TEKSTEN
EUROPEES BELASTINGRECHT

TEKSTEN EUROPEES BELASTINGRECHT

samengesteld en bewerkt door

MR. C. VAN RAAD

em. hoogleraar in het internationale belastingrecht aan de Universiteit Leiden

chairman van het International Tax Center Leiden

en

adviseur fiscaal verdragsrecht

VIJFENDERTIGSTE DRUK

2022

WOLTERS KLUWER – DEVENTER

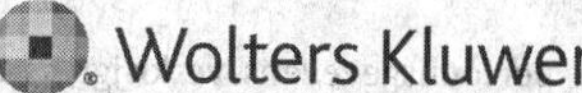

Citeerwijze:
Verkort: Van Raad, *Teksten Europees belastingrecht - 2022/2023.*
Volledig: C. van Raad (red.), *Teksten Europees belastingrecht - 2022/2023,*
Deventer: Wolters Kluwer 2022.

De kopij van deze editie is afgesloten op 1 juli 2022.

ISBN 978 90 13 16908 9 (paperback)
NUR 826-611

Voorwoord

Deze uitgave, waarvan de eerste druk in 1981 verscheen en vanaf 1993 een jaarlijkse editie uitkomt, was oorspronkelijk getiteld 'Belastingverdragen'. Met ingang van 1995 is de naam vervangen door 'Teksten Internationaal en EU Belastingrecht' dat de in de loop van de eerdere jaren verruimde inhoud van de bundel beter dekt. Met ingang van 2012 is de bundel gesplitst in een Internationaal deel en een EU-deel.

In dit EU-deel zijn in de eerste plaats opgenomen uittreksels van de Verdragen betreffende de Europese Unie (VEU) en de werking van de Europese Unie (VwEU). Daarna volgen onder meer de fiscale richtlijnen waarvan met name de ontwerp-richtlijnen inzake lege entiteiten (van 22 december 2021), inzake openaarmaking van informatie over de winstbelasting (van 24 november 2021) inzake DEBRA (van 11 mei 2022) en van de EU-voorstellen inzake Pillar 2 (van 12 december 2021) van groot belang zijn.

Het leeuwendeel van de inhoud van deze teksteditie wordt gevormd door de arresten van het Hof van Justitie EU (Hof en Gerecht) op het gebied van de directe belastingen. Van de meeste arresten is de integrale tekst opgenomen (in het Nederlands, tenzij deze (nog) niet beschikbaar is), terwijl bij minder van belang zijnde arresten volstaan is met een uittreksel of met het dictum.

Voor de conclusies van de Advocaten-Generaal bij het EU Hof van Justitie van de in deze bundel opgenomen arresten van dat Hof en voor de volledige teksten van die arresten waarvan slechts een samenvatting is opgenomen, wordt verwezen naar de bundel 'Materials on International, TP & EU Tax Law' (ed. Kees van Raad), uitgegeven door het International Tax Center Leiden, alsmede naar de website daarvan: www.itc-leiden.nl.

Bij de vijfendertigste druk

De vele ontwikkelingen gedurende de afgelopen twaalf maanden op internationaal en supranationaal terrein hebben wederom tot een groot aantal wijzigingen en aanvullingen in deze nieuwe druk geleid. Graag dank ik Bart Bosman en Raymond Luja voor hun hulp bij het verzamelen en verwerken van de benodigde teksten.

Vanzelfsprekend sta ik open voor suggesties van gebruikers omtrent de inhoud en vorm van deze bundel. Graag dank ik degenen die mij het afgelopen jaar hun suggesties toezonden. Berichten ontvang ik bij voorkeur per e-mail op mail@vanraad.eu of anders per post op het adres Celebesstraat 98, 2585 TP Den Haag.

's-Gravenhage, juni 2022

Kees van Raad

Inhoud

4

1523 21 februari 2013, zaak C-123/11 (**A Oy**)
1529 28 februari 2013, zaak C-168/11 (Manfred **Beker**, Christa Beker v. Finanzamt Heilbronn)
1536 28 februari 2013, zaak C-425/11 (Katja **Ettwein** v. Finanzamt Konstanz) – samenvatting
1538 28 februari 2013, zaak C-544/11 (Helga **Petersen**, Peter Petersen v. Finanzamt Ludwigshafen) – samenvatting
1539 25 april 2013, zaak C-64/11 (Europese **Commissie** v. Koninkrijk **Spanje**) *[F]* – samenvatting
1540 6 juni 2013, zaak C-383/10 (Europese **Commissie** v. Koninkrijk **België**)
1548 4 juli 2013, zaak C-350/11 (**Argenta Spaarbank** NV v. Belgische Staat)
1554 18 juli 2013, zaak C-261/11 (Europese **Commissie** v. Koninkrijk **Denemarken**) *[F]* – samenvatting
1555 18 juli 2013, zaak C-6/12 (**P Oy**)
1561 3 oktober 2013, zaak C-282/12 (**Itelcar** – Automóveis de Aluguer Lda v. Fazenda Pública)
1567 17 oktober 2013, zaak C-181/12 (Yvon **Welte** v. Finanzamt Velbert) – samenvatting
1568 22 oktober 2013, zaak C-276/12 (Jiří **Sabou** v. Finanční ředitelství pro hlavní město Prahu) – samenvatting
1569 7 november 2013, zaak C-322/11 (**K**)
1577 12 december 2013, zaak C-303/12 (Guido **Imfeld**, Nathalie **Garcet** v. Belgische Staat) – samenvatting
1578 12 december 2013, zaak C-362/12 (**Test Claimants in the Franked Investment Income Group** Litigation v. Commissioners of Inland Revenue, Commissioners for Her Majesty's Revenue and Customs)
1584 23 januari 2014, zaak C-164/12 (**DMC** Beteiligungsgesellschaft mbH v. Finanzamt Hamburg-Mitte)
1592 23 januari 2014, zaak C-296/12 (Europese **Commissie** v. Koninkrijk **België**) – samenvatting
1593 5 februari 2014, zaak C-385/12 (**Hervis** Sport- és Divatkereskedelmi Kft. v. Nemzeti Adó- és Vámhivatal Közép- dunántúli Regionális Adó Főigazgatósága)
1598 13 maart 2014, zaak C-375/12 (Margaretha **Bouanich** v. Directeur des services fiscaux de la Drôme) – samenvatting
1600 1 april 2014, zaak C-80/12 (**Felixstowe** Dock and Railway Company Ltd, Savers Health and Beauty Ltd, Walton Container Terminal Ltd, WPCS (UK) Finance Ltd, AS Watson Card Services (UK) Ltd, Hutchison Whampoa (Europe) Ltd, Kruidvat UK Ltd, Superdrug Stores plc v. The Commissioners for Her Majesty's Revenue & Customs) – samenvatting
1601 10 april 2014, zaak C-190/12 (**Emerging Markets** Series of DFA Investment Trust Company v. Dyrektor Izby Skarbowej w Bydgoszczy)
1614 5 juni 2014, zaken C-24/12 en C-27/12 (**X BV** (C-24/12), **TBG Limited** (C-27/12) v. Staatssecretaris van Financiën)
1620 12 juni 2014, zaken C-39/13 tot en met C-41/13 (Inspecteur van de Belastingdienst/Noord/kantoor Groningen v. **SCA Group Holding BV** (C-39/13), X AG, X1 Holding GmbH, X2 Holding GmbH, X3 Holding GmbH, D1 BV, D2 BV, D3 BV v. Inspecteur van de Belastingdienst Amsterdam (C-40/13), en Inspecteur van de Belastingdienst Holland-Noord/kantoor Zaandam v. MSA International Holdings BV, MSA Nederland BV (C-41/13))
1628 19 juni 2014, zaken C-53/13 en C-80/13 (**Strojírny Prostějov**, a.s. (C-53/13), ACO Industries Tábor s.r.o. (C-80/13) v. Odvolací finanční ředitelství) – samenvatting
1629 17 juli 2014, zaak C-48/13 (**Nordea Bank Danmark A/S** v. Skatteministeriet)
1634 3 september 2014, zaak C-127/12 (Europese **Commissie** v. Koninkrijk **Spanje**) *[F]* – samenvatting
1635 4 september 2014, zaak C-211/13 (Europese **Commissie** v. Bondsrepubliek **Duitsland**) *[F]* – samenvatting
1636 11 september 2014, zaak C-47/12 (**Kronos International** Inc. v. Finanzamt Leverkusen)
1646 11 september 2014, zaak C-489/13 (Ronny **Verest**, Gaby **Gerards** v. Belgische Staat) – samenvatting
1647 9 oktober 2014, zaak C-326/12 (Rita **van Caster**, Patrick van Caster v. Finanzamt Essen-Süd) – samenvatting
1648 22 oktober 2014, zaken C-344/13 en C-367/13 (Cristiano **Blanco** (C-344/13), Pier Paolo **Fabretti** (C-367/13) v. Agenzia delle Entrate – Direzione Provinciale I di Roma – Ufficio Controlli) – samenvatting
1649 13 november 2014, zaak C-112/14 (Europese **Commissie** v. **Verenigd Koninkrijk**) – samenvatting
1650 11 december 2014, zaak C-678/11 (Europese **Commissie** v. Koninkrijk **Spanje**) – samenvatting
1651 18 december 2014, C-87/13 (Staatssecretaris van Financiën v. **X**)
1655 18 december 2014, zaak C-133/13 (Staatssecretaris van Economische Zaken & Staatssecretaris van Financiën v. **Q**) – samenvatting

2786 24 februari 2022, zaak C-257/20 ("**Viva Telecom Bulgaria**" EOOD v. Direktor na Direktsia "Ozhalvane i danachno-osiguritelna praktika"- Sofia)

2803 24 februari 2022, gevoegde zaken C-52/21 en C-53/21 (**Pharmacie populaire** – La Sauvegarde SCRL v. Belgische Staat [C-52/21] en Pharma Santé Réseau Solidaris SCRL v. Belgische Staat [C-53/21])

2810 17 maart 2022, zaak C-545/19 (**AllianzGI-Fonds AEVN** v. Autoridate Tributária e Adueneira)

ARRESTEN EFTA HOF

10 2823 23 november 2004, zaak E-1/04 (**Fokus Bank** ASA v. The Norwegian State, represented by Skattedirektoratet (the Directorate of Taxes))

2830 7 mei 2008, zaak E-7/07 (**Seabrokers** AS v. The Norwegian State, represented by Skattedirektoratet (the Directorate of Taxes)

Verdrag betreffende de Europese Unie (VEU)

Verdrag betreffende de Europese Unie, te Maastricht gesloten op 7 februari 1992 en in werking getreden op 1 november 1993, zoals gewijzigd bij het Verdrag betreffende de Europese Unie, te Amsterdam gesloten op 2 oktober 1997 en in werking getreden op 1 mei 1999 en zoals laatstelijk gewijzigd bij het Verdrag tot wijziging van het Verdrag betreffende de Europese Unie en het Verdrag tot oprichting van de Europese Gemeenschap, te Lissabon gesloten op 13 december 2007 en in werking getreden op 1 december 2009.

Uittreksel

In het Verdrag betreffende de Europese Unie (VEU) staan de regels waaraan de Europese Unie en de lidstaten zich moeten houden alsmede de belangrijkste doelstellingen van de Europese Unie. Dit verdrag vormt tezamen met het Verdrag betreffende de werking van de Europese Unie (VwEU, zie uittreksel hierna) de basis van de Europese Unie. Het Verdrag van Lissabon heeft een aantal bepalingen die voordien in het EG-Verdrag (thans: VwEU) waren opgenomen, overgebracht naar het VEU. Voor zover de inhoud van de nieuwe artikelen in het VEU in grote mate aansluit bij de oude artikelen van het EG-Verdrag, zijn de oude artikelnummers tussen [ ] vermeld.

Titel I - Gemeenschappelijke bepalingen

Art. 4. 1. Overeenkomstig artikel 5 behoren bevoegdheden die in de Verdragen niet aan de Unie zijn toegedeeld, toe aan de lidstaten.

2. De Unie eerbiedigt de gelijkheid van de lidstaten voor de Verdragen, alsmede hun nationale identiteit die besloten ligt in hun politieke en constitutionele basisstructuren, waaronder die voor regionaal en lokaal zelfbestuur. Zij eerbiedigt de essentiële staatsfuncties, met name de verdediging van de territoriale integriteit van de staat, de handhaving van de openbare orde en de bescherming van de nationale veiligheid. Met name de nationale veiligheid blijft de uitsluitende verantwoordelijkheid van elke lidstaat.

3. *[10].* Krachtens het beginsel van loyale samenwerking respecteren de Unie en de lidstaten elkaar en steunen zij elkaar bij de vervulling van de taken die uit de Verdragen voortvloeien.

De lidstaten treffen alle algemene en bijzondere maatregelen die geschikt zijn om de nakoming van de uit de Verdragen of uit de handelingen van de instellingen van de Unie voortvloeiende verplichtingen te verzekeren.

De lidstaten vergemakkelijken de vervulling van de taak van de Unie en onthouden zich van alle maatregelen die de verwezenlijking van de doelstellingen van de Unie in gevaar kunnen brengen.

Art. 5 *[5].* 1. De afbakening van de bevoegdheden van de Unie wordt beheerst door het beginsel van bevoegdheidstoedeling. De uitoefening van die bevoegdheden wordt beheerst door de beginselen van subsidiariteit en evenredigheid.

2. Krachtens het beginsel van bevoegdheidstoedeling handelt de Unie enkel binnen de grenzen van de bevoegdheden die haar door de lidstaten in de Verdragen zijn toegedeeld om de daarin bepaalde doelstellingen te verwezenlijken. Bevoegdheden die in de Verdragen niet aan de Unie zijn toegedeeld, behoren toe aan de lidstaten.

3. Krachtens het subsidiariteitsbeginsel treedt de Unie op de gebieden die niet onder haar exclusieve bevoegdheid vallen, slechts op indien en voor zover de doelstellingen van het overwogen optreden niet voldoende door de lidstaten op centraal, regionaal of lokaal niveau kunnen worden verwezenlijkt, maar vanwege de omvang of de gevolgen van het overwogen optreden beter door de Unie kunnen worden bereikt.

De instellingen van de Unie passen het subsidiariteitsbeginsel toe overeenkomstig het protocol betreffende de toepassing van de beginselen van subsidiariteit en evenredigheid. De nationale parlementen zien er volgens de in dat protocol vastgelegde procedure op toe dat het subsidiariteitsbeginsel wordt geëerbiedigd.

4. Krachtens het evenredigheidsbeginsel gaan de inhoud en de vorm van het optreden van de Unie niet verder dan wat nodig is om de doelstellingen van de Verdragen te verwezenlijken.

De instellingen van de Unie passen het evenredigheidsbeginsel toe overeenkomstig het protocol betreffende de toepassing van de beginselen van subsidiariteit en evenredigheid.

Titel VI – Slotbepalingen

Art. 47 *[281].* De Unie bezit rechtspersoonlijkheid.

Verdrag betreffende de werking van de Europese Unie (VwEU)

Verdrag tot oprichting van de Europese Gemeenschap, te Rome gesloten op 25 maart 1957, zoals gewijzigd bij het Verdrag betreffende de Europese Unie, te Maastricht gesloten op 7 februari 1992 (en in werking getreden op 1 november 1993) en zoals vervolgens gewijzigd bij het Verdrag betreffende de Europese Unie, te Amsterdam gesloten op 2 oktober 1997 (en in werking getreden op 1 mei 1999) en zoals laatstelijk gewijzigd bij het Verdrag tot wijziging van het Verdrag betreffende de Europese Unie alsmede het Verdrag tot oprichting van de Europese Gemeenschap, te Lissabon gesloten op 13 december 2007 (en in werking getreden op 1 december 2009).

Uittreksel

> Bij het Verdrag van Lissabon is de naam van het EG-Verdrag zelf gewijzigd en heet het voortaan Verdrag betreffende de werking van de Europese Unie (VwEU). Daarnaast zijn de artikelen van het EG-Verdrag hernummerd. Voor zover de inhoud van de nieuwe artikelen in grote mate aansluit bij de oude artikelen van het EG-Verdrag zijn de oude artikelnummers tussen [ ] vermeld.

Tweede deel – Non-discriminatie en burgerschap van de Unie

Art. 18 *[12].* Binnen de werkingssfeer van de Verdragen en onverminderd de bijzondere bepalingen, daarin gesteld, is elke discriminatie op grond van nationaliteit verboden.

Het Europees Parlement en de Raad kunnen, volgens de gewone wetgevingsprocedure, regelingen treffen met het oog op het verbod van bedoelde discriminaties.

Art. 20 *[17].* 1. Er wordt een burgerschap van de Unie ingesteld. Burger van de Unie is een ieder die de nationaliteit van een lidstaat bezit. Het burgerschap van de Unie komt naast het nationale burgerschap doch komt niet in de plaats daarvan.

2. De burgers van de Unie genieten de rechten en hebben de plichten die bij de Verdragen zijn bepaald. Zij hebben, onder andere,

a. het recht zich vrij op het grondgebied van de lidstaten te verplaatsen en er vrij te verblijven;

b. het actief en passief kiesrecht bij de verkiezingen voor het Europees Parlement en bij de gemeenteraadsverkiezingen in de lidstaat waar zij verblijf houden, onder dezelfde voorwaarden als de onderdanen van die staat;

c. het recht op bescherming van de diplomatieke en consulaire instanties van iedere andere lidstaat op het grondgebied van derde landen waar de lidstaat waarvan zij onderdaan zijn, niet vertegenwoordigd is, onder dezelfde voorwaarden als de onderdanen van die lidstaat;

d. het recht om verzoekschriften tot het Europees Parlement te richten, zich tot de Europese ombudsman te wenden, alsook zich in een van de talen van de Verdragen tot de instellingen en de adviesorganen van de Unie te richten en in die taal antwoord te krijgen.

Deze rechten worden uitgeoefend onder de voorwaarden en binnen de grenzen welke bij de Verdragen en de maatregelen ter uitvoering daarvan zijn vastgesteld.

Art. 21 *[18].* 1. Iedere burger van de Unie heeft het recht vrij op het grondgebied van de lidstaten te reizen en te verblijven, onder voorbehoud van de beperkingen en voorwaarden die bij de Verdragen en de bepalingen ter uitvoering daarvan zijn vastgesteld.

2. Indien een optreden van de Unie noodzakelijk blijkt om deze doelstelling te verwezenlijken en de Verdragen niet in de daartoe vereiste bevoegdheden voorziet, kunnen het Europees Parlement en de Raad, volgens de gewone wetgevingsprocedure bepalingen vaststellen die de uitoefening van de in lid 1 bedoelde rechten vergemakkelijken.

3. Ter verwezenlijking van dezelfde doelstellingen als in lid 1 genoemd en tenzij de Verdragen in de daartoe vereiste bevoegdheden voorzien, kan de Raad, volgens een bijzondere wetgevingsprocedure, maatregelen inzake sociale zekerheid en sociale bescherming vaststellen. De Raad besluit met eenparigheid van stemmen, na raadpleging van het Europees Parlement.

Derde deel – Het beleid en intern optreden van de Unie

Titel IV – Het vrije verkeer van goederen, diensten en kapitaal

Hoofdstuk 1. De werknemers

Art. 45 *[39].* 1. Het verkeer van werknemers binnen de Unie is vrij.

2. Dit houdt de afschaffing in van elke discriminatie op grond van de nationaliteit tussen de werknemers der lidstaten, wat betreft de werkgelegenheid, de beloning en de overige arbeidsvoorwaarden.

3. Het houdt behoudens de uit hoofde van openbare orde, openbare veiligheid en volksgezondheid gerechtvaardigde beperkingen het recht in om,

a. in te gaan op een feitelijk aanbod tot tewerkstelling;
b. zich te dien einde vrij te verplaatsen binnen het grondgebied der lidstaten;
c. in een der lidstaten te verblijven teneinde daar een beroep uit te oefenen overeenkomstig de wettelijke en bestuursrechtelijke bepalingen welke voor de tewerkstelling van nationale werknemers gelden;
d. op het grondgebied van een lidstaat verblijf te houden, na er een betrekking te hebben vervuld, overeenkomstig de voorwaarden die zullen worden opgenomen in door de Commissie vast te stellen verordeningen.

4. De bepalingen van dit artikel zijn niet van toepassing op de betrekkingen in overheidsdienst.

Hoofdstuk 2. Het recht van vestiging

Art. 49 *[43].* In het kader van de volgende bepalingen zijn beperkingen van de vrijheid van vestiging voor onderdanen van een lidstaat op het grondgebied van een andere lidstaat verboden. Dit verbod heeft eveneens betrekking op beperkingen betreffende de oprichting van agentschappen, filialen of dochterondernemingen door de onderdanen van een lidstaat die op het grondgebied van een lidstaat zijn gevestigd.

De vrijheid van vestiging omvat, behoudens de bepalingen van het hoofdstuk betreffende het kapitaal, de toegang tot werkzaamheden anders dan in loondienst en de uitoefening daarvan alsmede de oprichting en het beheer van ondernemingen, en met name van vennootschappen in de zin van de tweede alinea van artikel 54, overeenkomstig de bepalingen welke door de wetgeving van het land van vestiging voor de eigen onderdanen zijn vastgesteld.

Zie in verband met de bovenstaande bepaling de hieronder opgenomen verklaring die is aanvaard bij gelegenheid van de ondertekening van de 'Slotakte en verklaringen van de intergouvernementele conferenties inzake de Europese Unie' van 7 februari 1992:

Verklaring betreffende de nationaliteit van een Lid-Staat

De Conferentie verklaart dat telkens wanneer in het Verdrag tot oprichting van de Europese Gemeenschap sprake is van onderdanen van de Lid-Staat, de vraag of een persoon de nationaliteit van deze of gene Lid-staat bezit, uitsluitend wordt geregeld door verwijzing naar het nationale recht van de betrokken Staat. De Lid-Staten kunnen, ter informatie, doormiddel van een bij het Voorzitterschap neder te leggen verklaring, aangeven welke personen voor Gemeenschapsdoeleinden als hun onderdanen moeten worden beschouwd; zij kunnen die verklaring indien nodig wijzigen.

Art. 52 *[46].* 1. De voorschriften van dit hoofdstuk en de maatregelen uit hoofde daarvan genomen doen niet af aan de toepasselijkheid van de wettelijke en bestuursrechtelijke bepalingen waarbij een bijzondere regeling is vastgesteld voor vreemdelingen welke bepalingen uit hoofde van de openbare orde, de openbare veiligheid en de volksgezondheid gerechtvaardigd zijn.

2. Het Europees Parlement en de Raad stellen volgens de gewone wetgevingsprocedure richtlijnen vast voor de coördinatie van voornoemde wettelijke en bestuursrechtelijke bepalingen.

Art. 54 *[48].* De vennootschappen welke in overeenstemming met de wetgeving van een lidstaat zijn opgericht en welke hun statutaire zetel, hun hoofdbestuur of hun hoofdvestiging binnen de Unie hebben, worden voor de toepassing van de bepalingen van dit hoofdstuk gelijkgesteld met de natuurlijke personen die onderdaan zijn van de lidstaten.

Onder vennootschappen worden verstaan maatschappen naar burgerlijk recht of handelsrecht, de coöperatieve verenigingen of vennootschappen daaronder begrepen, en de overige rechtspersonen naar publiek- of privaatrecht, met uitzondering van vennootschappen welke geen winst beogen.

Art. 55 *[294].* De lidstaten verlenen nationale behandeling wat betreft financiële deelneming door de onderdanen van de andere lidstaten in het kapitaal van rechtspersonen in de zin van artikel 54, onverminderd de toepassing der overige bepalingen van de Verdragen.

Hoofdstuk 3. De diensten

Art. 56 *[49].* In het kader van de volgende bepalingen zijn de beperkingen op het vrij verrichten van diensten binnen de Unie verboden ten aanzien van de onderdanen der lidstaten die in een andere lidstaat zijn gevestigd dan dat, waarin degene is gevestigd te wiens behoeve de dienst wordt verricht.

Het Europees Parlement en de Raad kunnen, volgens de gewone wetgevingsprocedure, de bepalingen van dit hoofdstuk van toepassing verklaren ten gunste van de onderdanen van een derde staat die diensten verrichten en binnen de Unie zijn gevestigd.

Art. 57 *[50].* In de zin van de Verdragen worden als diensten beschouwd de dienstverrichtingen welke gewoonlijk tegen vergoeding geschieden, voor zover de bepalingen, betreffende het vrije verkeer van goederen, kapitaal en personen op deze dienstverrichtingen niet van toepassing zijn.

De diensten omvatten met name werkzaamheden:
a. van industriële aard,
b. van commerciële aard,
c. van het ambacht,
d. van de vrije beroepen.

Onverminderd de bepalingen van het hoofdstuk betreffende het recht van vestiging, kan degene die de diensten verricht, daartoe zijn werkzaamheden tijdelijk uitoefenen in de lidstaat waar de dienst wordt verricht, onder dezelfde voorwaarden als die welke die staat aan zijn eigen onderdanen oplegt.

Art. 62 *[55].* De bepalingen van de artikelen 51 tot en met 54 zijn van toepassing op het onderwerp dat in dit hoofdstuk is geregeld.

Hoofdstuk 4. Kapitaal en betalingsverkeer

Art. 63 *[56].* 1. In het kader van de bepalingen van dit hoofdstuk zijn alle beperkingen van het kapitaalverkeer tussen lidstaten onderling en tussen lidstaten en derde landen verboden.
2. In het kader van de bepalingen van dit hoofdstuk zijn alle beperkingen van het betalingsverkeer tussen lidstaten onderling en tussen lidstaten en derde landen verboden.

Art. 64 *[57].* 1. Het bepaalde in artikel 63 doet geen afbreuk aan de toepassing op derde landen van beperkingen die op 31 december 1993 bestaan uit hoofde van het nationale recht of het recht van de Unie inzake het kapitaalverkeer naar of uit derde landen in verband met directe investeringen – met inbegrip van investeringen in onroerende goederen –, vestiging, het verrichten van financiële diensten of de toelating van waardepapieren tot de kapitaalmarkten. Voor beperkingen uit hoofde van nationaal recht in Bulgarije, Estland en Hongarije geldt als datum 31 december 1999. Voor beperkingen uit hoofde van nationaal recht in Kroatië geldt als datum 31 december 2002.
2. Hoewel het Europees Parlement en de Raad trachten de doelstelling van een niet aan beperkingen onderworpen vrij kapitaalverkeer tussen lidstaten en derde landen zoveel mogelijk te bereiken, stellen zij, onverminderd het bepaalde in de overige hoofdstukken van de Verdragen, volgens de gewone wetgevingsprocedure maatregelen vast betreffende het kapitaalverkeer naar of uit derde landen in verband met directe investeringen – met inbegrip van investeringen in onroerende goederen –, vestiging, het verrichten van financiële diensten of de toelating van waardepapieren tot de kapitaalmarkten.
3. In afwijking van lid 2, kan alleen de Raad, volgens een bijzondere wetgevingsprocedure, met eenparigheid van stemmen en na raadpleging van het Europees Parlement, maatregelen vaststellen die in het recht van de Unie een achteruitgang op het gebied van de liberalisering van het kapitaalverkeer naar of uit derde landen vormen.

Art. 65 *[58].* 1. Het bepaalde in artikel 63 doet niets af aan het recht van de lidstaten:
a. de terzake dienende bepalingen van hun belastingwetgeving toe te passen die onderscheid maken tussen belastingplichtigen die niet in dezelfde situatie verkeren met betrekking tot hun vestigingsplaats of de plaats waar hun kapitaal is belegd;
b. alle nodige maatregelen te nemen om overtredingen van de nationale wetten en voorschriften tegen te gaan, met name op fiscaal gebied en met betrekking tot het bedrijfseconomisch toezicht op financiële instellingen, of te voorzien in procedures voor de kennisgeving van kapitaalbewegingen ter informatie van de overheid of voor statistische doeleinden, dan wel maatregelen te nemen die op grond van de openbare orde of de openbare veiligheid gerechtvaardigd zijn.
2. De bepalingen van dit hoofdstuk doen geen afbreuk aan de toepasbaarheid van beperkingen inzake het recht van vestiging welke verenigbaar zijn met de Verdragen.
3. De in de leden 1 en 2 bedoelde maatregelen en procedures mogen geen middel tot willekeurige discriminatie vormen, noch een verkapte beperking van het vrije kapitaalverkeer en betalingsverkeer als omschreven in artikel 63.
4. Bij ontstentenis van maatregelen als bedoeld in artikel 64, lid 3, kan de Commissie, of, bij ontstentenis van een besluit van de Commissie binnen drie maanden na de indiening van het verzoek door de betrokken lidstaat, kan de Raad een besluit vaststellen waarin wordt bepaald dat door een lidstaat jegens een of meer derde landen genomen beperkende belastingmaatregelen verenigbaar worden geacht met de Verdragen, voor zover deze stroken met de doelstellingen van de Unie en verenigbaar zijn met de goede werking van de interne markt. De Raad besluit met eenparigheid van stemmen, op verzoek van een lidstaat.

Zie in verband met de bovenstaande bepaling de hieronder opgenomen Verklaring die is aanvaard bij gelegenheid van de ondertekening van de 'Slotakte en verklaringen van de intergouvernementele conferenties inzake de Europese Unie' van 7 februari 1992:

Verklaring betreffende artikel 73D [58, daarna 65] van het Verdrag tot oprichting van de Europese Gemeenschap [VwEU]
De Conferentie bevestigt dat het recht van de Lid-Staten om de ter zake dienende bepalingen van hun belastingwetgeving, bedoeld in artikel 73D [58, daarna 65], lid 1, onder a, van het Verdrag toe te passen, alleen van toepassing zal zijn voor wat betreft de bepalingen ter zake die eind 1993 gelden. Deze verklaring geldt evenwel slechts voor het kapitaalverkeer en het betalingsverkeer tussen Lid-Staten.

Hoofdstuk 1. Regels betreffende de mededinging

Tweede afdeling. Steunmaatregelen van de Staten

Art. 107 *[87].* 1. Behoudens de afwijkingen waarin de Verdragen voorzien, zijn steunmaatregelen van de staten of in welke vorm ook met staatsmiddelen bekostigd, die de mededinging door begunstiging van bepaalde ondernemingen of bepaalde producties vervalsen of dreigen te vervalsen, onverenigbaar met de interne markt, voor zover deze steun het handelsverkeer tussen de lidstaten ongunstig beïnvloedt.

2. Met de interne markt zijn verenigbaar:

a. steunmaatregelen van sociale aard aan individuele verbruikers op voorwaarde dat deze toegepast worden zonder onderscheid naar de oorsprong van de producten;

b. steunmaatregelen tot herstel van de schade veroorzaakt door natuurrampen of andere buitengewone gebeurtenissen;

c. steunmaatregelen aan de economie van bepaalde streken van de Bondsrepubliek Duitsland die nadeel ondervinden van de deling van Duitsland, voor zover deze steunmaatregelen noodzakelijk zijn om de door deze deling berokkende economische nadelen te compenseren. Vijf jaar na de inwerkingtreding van het Verdrag van Lissabon kan de Raad op voorstel van de Commissie een besluit tot intrekking van dit punt vaststellen.

3. Als verenigbaar met de interne markt kunnen worden beschouwd:

a. steunmaatregelen ter bevordering van de economische ontwikkeling van streken waarin de levensstandaard abnormaal laag is of waar een ernstig gebrek aan werkgelegenheid heerst en van de in artikel 349 bedoelde regio's, rekening houdend met hun structurele, economische en sociale situatie;

b. steunmaatregelen om de verwezenlijking van een belangrijk project van gemeenschappelijk Europees belang te bevorderen of een ernstige verstoring in de economie van een lidstaat op te heffen;

c. steunmaatregelen om de ontwikkeling van bepaalde vormen van economische bedrijvigheid of van bepaalde regionale economieën te vergemakkelijken, mits de voorwaarden waaronder het handelsverkeer plaatsvindt daardoor niet zodanig worden veranderd dat het gemeenschappelijk belang wordt geschaad;

d. steunmaatregelen om de cultuur en de instandhouding van het culturele erfgoed te bevorderen, wanneer door deze maatregelen de voorwaarden inzake het handelsverkeer en de mededingingsvoorwaarden in de Unie niet zodanig worden veranderd dat het gemeenschappelijk belang wordt geschaad;

e. andere soorten van steunmaatregelen aangewezen bij besluit van de Raad, op voorstel van de Commissie.

Art. 108 *[88].* 1. De Commissie onderwerpt tezamen met de lidstaten de in die staten bestaande steunregelingen aan een voortdurend onderzoek. Zij stelt de dienstige maatregelen voor, welke de geleidelijke ontwikkeling of de werking van de interne markt vereist.

2. Indien de Commissie, na de belanghebbenden te hebben aangemaand hun opmerkingen te maken, vaststelt dat een steunmaatregel door een staat of met staatsmiddelen bekostigd, volgens artikel 107 niet verenigbaar is met de interne markt of dat van deze steunmaatregel misbruik wordt gemaakt, bepaalt zij dat de betrokken staat die steunmaatregel moet opheffen of wijzigen binnen de door haar vast te stellen termijn.

Indien deze staat dat besluit niet binnen de gestelde termijn nakomt, kan de Commissie of iedere andere belanghebbende staat zich in afwijking van de artikelen 258 en 259 rechtstreeks tot het Hof van Justitie van de Europese Unie wenden.

Op verzoek van een lidstaat kan de Raad met eenparigheid van stemmen beslissen dat een door die staat genomen of te nemen steunmaatregel in afwijking van de bepalingen van artikel 107 of van de in artikel 109 bedoelde verordeningen als verenigbaar moet worden beschouwd met de interne markt, indien buitengewone omstandigheden een dergelijk besluit rechtvaardigen. Als de Commissie met betrekking tot deze steunmaatregel de in de eerste alinea van dit lid vermelde procedure heeft aangevangen, wordt deze door het verzoek van de betrokken staat aan de Raad geschorst, totdat de Raad zijn standpunt heeft bepaald.

Evenwel, indien de Raad binnen een termijn van drie maanden te rekenen van het verzoek zijn standpunt niet heeft bepaald, beslist de Commissie.

3. De Commissie wordt van elk voornemen tot invoering of wijziging van steunmaatregelen tijdig op de hoogte gebracht, om haar opmerkingen te kunnen maken. Indien zij meent dat zulk een voornemen volgens artikel 107 onverenigbaar is met de interne markt, vangt zij onverwijld de in het vorige lid bedoelde procedure aan. De betrokken lidstaat kan de voorgenomen maatregelen niet tot uitvoering brengen voordat die procedure tot een eindbeslissing heeft geleid.

4. De Commissie kan verordeningen vaststellen betreffende de soorten van staatssteun waaromtrent de Raad overeenkomstig artikel 109 heeft bepaald dat zij van de in lid 3 van dit artikel bedoelde procedure kunnen worden vrijgesteld.

Art. 109 *[89].* De Raad kan op voorstel van de Commissie en na raadpleging van het Europees Parlement alle verordeningen vaststellen, dienstig voor de toepassing van de artikelen 107 en 108, en met name de voorwaarden voor de toepassing van artikel 108, lid 3, bepalen alsmede de van die procedure vrijgestelde soorten van steunmaatregelen.

Hoofdstuk 3. De aanpassing van de wetgevingen

Art. 114 *[95].* 1. Tenzij in de Verdragen anders is bepaald, zijn de volgende bepalingen van toepassing voor de verwezenlijking van de doeleinden van artikel 26. Het Europees Parlement en de Raad stellen volgens de gewone wetgevingsprocedure en na raadpleging van het Economisch en Sociaal Comité de maatregelen vast inzake de onderlinge aanpassing van de wettelijke en bestuursrechtelijke bepalingen van de lidstaten die de instelling en de werking van de interne markt betreffen.

2. Lid 1 is niet van toepassing op de fiscale bepalingen, op de bepalingen inzake het vrije verkeer van personen en op de bepalingen inzake de rechten en belangen van werknemers.

3. De Commissie zal bij haar in lid 1 bedoelde voorstellen op het gebied van de volksgezondheid, de veiligheid, de milieubescherming en de consumentenbescherming uitgaan van een hoog beschermingsniveau, daarbij in het bijzonder rekening houdend met alle nieuwe ontwikkelingen die op wetenschappelijke gegevens zijn gebaseerd. Ook het Europees Parlement en de Raad zullen binnen hun respectieve bevoegdheden deze doelstelling trachten te verwezenlijken.

4. Wanneer een lidstaat het, nadat door het Europees Parlement en de Raad, door de Raad of door de Commissie een harmonisatiemaatregel is genomen, noodzakelijk acht nationale bepalingen te handhaven die hun rechtvaardiging vinden in gewichtige eisen als bedoeld in artikel 36 of verband houdend met de bescherming van het milieu of het arbeidsmilieu, geeft hij zowel van die bepalingen als van de redenen voor het handhaven ervan, kennis aan de Commissie.

5. Wanneer een lidstaat het, nadat door het Europees Parlement en de Raad, door de Raad of door de Commissie een harmonisatiemaatregel is genomen, noodzakelijk acht, nationale bepalingen te treffen die gebaseerd zijn op nieuwe wetenschappelijke gegevens die verband houden met de bescherming van het milieu of het arbeidsmilieu vanwege een specifiek probleem dat zich in die lidstaat heeft aangediend nadat de harmonisatiemaatregel is genomen, stelt hij de Commissie voorts, onverminderd lid 4, in kennis van de voorgenomen bepalingen en de redenen voor het vaststellen ervan.

6. Binnen zes maanden na de in de leden 4 en 5 bedoelde kennisgevingen keurt de Commissie de betrokken nationale bepalingen goed of wijst die af, nadat zij heeft nagegaan of zij al dan niet een middel tot willekeurige discriminatie, een verkapte beperking van de handel tussen de lidstaten, of een hinderpaal voor de werking van de interne markt vormen.

Indien de Commissie binnen deze termijn geen besluit neemt, worden de in lid 4 en lid 5 bedoelde nationale bepalingen geacht te zijn goedgekeurd.

Indien het complexe karakter van de aangelegenheid zulks rechtvaardigt en er geen gevaar bestaat voor de gezondheid van de mens, kan de Commissie de betrokken lidstaat ervan in kennis stellen dat de in dit lid bedoelde termijn met ten hoogste zes maanden kan worden verlengd.

7. Indien een lidstaat krachtens lid 6 gemachtigd is om nationale bepalingen te handhaven of te treffen die afwijken van een harmonisatiemaatregel, onderzoekt de Commissie onverwijld of er een aanpassing van die maatregel moet worden voorgesteld.

8. Indien een lidstaat een specifiek probleem in verband met volksgezondheid aan de orde stelt op een gebied waarop eerder harmonisatiemaatregelen zijn genomen, brengt hij dit ter kennis van de Commissie die onverwijld onderzoekt of zij passende maatregelen aan de Raad moet voorstellen.

9. In afwijking van de procedure van de artikelen 258 en 259 kan de Commissie of een lidstaat zich rechtstreeks tot het Hof van Justitie van de Europese Unie wenden indien zij/hij meent dat een andere lidstaat misbruik maakt van de in dit artikel bedoelde bevoegdheden.

10. Bovenbedoelde harmonisatiemaatregelen omvatten, in passende gevallen, een vrijwaringsclausule die de lidstaten machtigt om, op grond van één of meer van de in artikel 36 bedoelde niet-economische redenen, voorlopige maatregelen te treffen die aan toetsingsprocedure van de Unie worden onderworpen.

Art. 115 *[94].* Onverminderd artikel 114 stelt de Raad na raadpleging van het Europees Parlement en het Economisch en Sociaal Comité met eenparigheid van stemmen, volgens een bijzondere wetgevingsprocedure, richtlijnen vast voor de onderlinge aanpassing van de wettelijke en bestuursrechtelijke bepalingen der lidstaten welke rechtstreeks van invloed zijn op de instelling of de werking van de interne markt.

Zesde deel – Institutionele en financiële bepalingen

Titel I – Bepalingen inzake de instellingen

Hoofdstuk 1. De instellingen

Vijfde afdeling. Het Hof van Justitie van de Europese Unie

Art. 258 *[226].* Indien de Commissie van oordeel is dat een lidstaat een van de krachtens de Verdragen op hem rustende verplichtingen niet is nagekomen, brengt zij dienaangaande een met redenen omkleed advies uit, na deze staat in de gelegenheid te hebben gesteld zijn opmerkingen te maken.

Indien de betrokken staat dit advies niet binnen de door de Commissie vastgestelde termijn opvolgt, kan de Commissie de zaak aanhangig maken bij het Hof van Justitie van de Europese Unie.

Art. 267 *[234].* Het Hof van Justitie van de Europese Unie is bevoegd, bij wijze van prejudiciële beslissing, een uitspraak te doen

a. over de uitlegging van de Verdragen,

b. over de geldigheid en de uitlegging van de handelingen van de instellingen, de organen of de instanties van de Unie,

Indien een vraag te dien aanzien wordt opgeworpen voor een rechterlijke instantie van een der lidstaten, kan deze instantie, indien zij een beslissing op dit punt noodzakelijk acht voor het wijzen van haar vonnis, het Hof van Justitie verzoeken over deze vraag een uitspraak te doen.

Indien een vraag te dien aanzien wordt opgeworpen in een zaak aanhangig bij een nationale rechterlijke instantie waarvan de beslissingen volgens het nationale recht niet vatbaar zijn voor hoger beroep, is deze instantie gehouden zich tot het Hof te wenden.

Indien een dergelijke vraag wordt opgeworpen in een bij een nationale rechterlijke instantie aanhangige zaak betreffende een gedetineerde persoon, doet het Hof zo spoedig mogelijk uitspraak.

Hoofdstuk 2. Rechtshandelingen van de Unie, vaststellingsprocedures en overige bepalingen

Eerste Afdeling. Rechtshandelingen van de Unie

Art. 288 *[249].* Teneinde de bevoegdheden van de Unie te kunnen uitoefenen, stellen de instellingen verordeningen, richtlijnen, besluiten, aanbevelingen en adviezen vast.

Een verordening heeft een algemene strekking. Zij is verbindend in al haar onderdelen en is rechtstreeks toepasselijk in elke lidstaat.

Een richtlijn is verbindend ten aanzien van het te bereiken resultaat voor elke lidstaat waarvoor zij bestemd is, doch aan de nationale instanties wordt de bevoegdheid gelaten vorm en middelen te kiezen.

Een besluit is verbindend in al zijn onderdelen. Indien de adressaten worden vermeld, is het alleen voorhen verbindend.

Aanbevelingen en adviezen zijn niet verbindend.

Zevende deel – Algemene en slotbepalingen

Art. 351 *[307].* De rechten en verplichtingen voortvloeiende uit overeenkomsten vóór 1 januari 1958 of, voor de toetredende staten, vóór de datum van hun toetreding gesloten tussen één of meer lidstaten enerzijds en één of meer derde staten anderzijds, worden door de bepalingen van de Verdragen niet aangetast.

Voor zover deze overeenkomsten niet verenigbaar zijn met de Verdragen maakt de betrokken lidstaat of maken de betrokken lidstaten gebruik van alle passende middelen om de vastgestelde onverenigbaarheid op te heffen. Indien nodig verlenen de lidstaten elkaar bijstand teneinde dat doel te bereiken en volgen in voorkomende gevallen een gemeenschappelijke gedragslijn.

Bij de toepassing van de overeenkomsten, bedoeld in de eerste alinea, houden de lidstaten rekening met het feit dat de voordelen door elke lidstaat in de Verdragen toegestaan, een wezenlijk bestanddeel uitmaken van de totstandkoming van de Unie en dientengevolge onverbrekelijk verbonden zijn met de oprichting van gemeenschappelijke instellingen, met het toekennen van bevoegdheden aan die instellingen en met het verlenen van dezelfde voordelen door de overige lidstaten.

Art. 352 *[308].* 1. Indien een optreden van de Unie in het kader van de beleidsgebieden van de Verdragen nodig blijkt om een van de doelstellingen van de Verdragen te verwezenlijken zonder dat deze Verdragen in de daartoe vereiste bevoegdheden voorzien, stelt de Raad, op voorstel van de Commissie en na goedkeuring door het Europees Parlement, met eenparigheid van stemmen passende bepalingen vast. Wanneer de bepalingen door de Raad volgens een bijzondere wetgevingsprocedure worden vastgesteld, besluit hij eveneens met eenparigheid van stemmen, op voorstel van de Commissie en na goedkeuring van het Europees Parlement.

2. In het kader van de in artikel 5, lid 3, van het Verdrag betreffende de Europese Unie bedoelde procedure voor toetsing aan het subsidiariteitsbeginsel vestigt de Commissie de aandacht van de nationale parlementen op de voorstellen die op het onderhavige artikel worden gebaseerd.

3. De op het onderhavige artikel gebaseerde maatregelen mogen in gevallen waarin de Verdragen zulks uitsluiten geen harmonisatie van de wettelijke of bestuursrechtelijke bepalingen van de lidstaten inhouden.

4. Dit artikel kan niet als basis kan dienen voor het verwezenlijken van doelstellingen die tot het Gemeenschappelijk Buitenlands en Veiligheidsbeleid behoren en elke overeenkomstig het huidige artikel vastgestelde handeling eerbiedigt de in artikel 40, tweede alinea, van het Verdrag betreffende de Europese Unie gestelde beperkingen.

Transponeringstabel artikelnummers EG-Verdrag naar VwEU
(ingevolge het Verdrag van Lissabon (2007))

* nieuw artikel ingevoegd bij Verdrag van Lissabon
– geschrapt bij Verdrag van Lissabon

oud	nieuw
Eerste Deel	
Art. 1	-
Art. 1 bis*	1
T – I	
Art. 2	-
Art. 2A*	2
Art. 2B*	3
Art. 2C*	4
Art. 2D*	5
Art. 2E*	6
T – II	
Art. 2F*	7
Art. 3	8
Art. 4*	119
Art. 5	-
Art. 5 bis*	9
Art. 5 ter*	10
Art. 6	11
Art. 6 bis*	12
Art. 6 ter*	13
Art. 7	-
Art. 8	-
Art. 9	-
Art. 10	
Art. 11	326 – 334
Art. 11A	326 – 334
Art. 12	18
Art. 13	19
Art. 14	26
Art. 15	-
Art. 16	14
Art. 16A*	15
Art. 16B*	16
Art. 16C*	17
Tweede Deel	
Art. 16D*	18
Art. 16E*	19
Art. 17	20
Art. 18	21
Art. 19	22
Art. 20	23
Art. 21	24
Art. 22	25
Derde Deel	
T – I	
Art. 22 bis*	26
Art. 22 ter*	27
T – II	
Art. 23	28
Art. 24	29
H – 1	
Art. 25	30
Art. 26	31
Art. 27	32
H – 2	
Art. 27 bis*	33
H – 3	
Art. 28	34
Art. 29	35
Art. 30	36
Art. 31	37
T – II	
Art. 32	38
Art. 33	39
Art. 34	40
Art. 35	41
Art. 36	42
Art. 37	43
Art. 38	44
T – III	
H – 1	
Art. 39	45
Art. 40	46
Art. 41	47
Art. 42	48
H – 2	
Art. 43	49
Art. 44	50
Art. 45	51
Art. 46	52
Art. 47	53
Art. 48	54
Art. 48 bis*	55
H – 3	
Art. 49	56
Art. 50	57
Art. 51	58
Art. 52	59
Art. 53	60
Art. 54	61
Art. 55	62
H – 4	
Art. 56	63
Art. 57	64
Art. 58	65
Art. 59	66
Art. 60	75
T – IV	
H – 1	
Art. 61	67
Art. 61A*	68
Art. 61B*	69
Art. 61C*	70
Art. 61D*	71
Art. 61E*	72
Art. 61F*	73
Art. 61G*	74
Art. 61H*	75
Art. 61I*	76
H – 2	
Art. 62	77
Art. 63	78
Art. 63 bis*	79
Art. 63 ter*	80
Art. 64	72
H – 3	
Art. 65	81
Art. 66	74
Art. 67	-
Art. 68	-
Art. 69	-
H – 4	
Art. 69A*	82
Art. 69B*	83
Art. 69C*	84
Art. 69D*	85
Art. 69E*	86
H – 5	
Art. 69F*	87
Art. 69G*	88
Art. 69H*	89
T – V	
Art. 70	90
Art. 71	91
Art. 72	92
Art. 73	93
Art. 74	94
Art. 75	95
Art. 76	96
Art. 77	97
Art. 78	98
Art. 79	99
Art. 80	100
T – VI	
H – 1	
Art. 81	101
Art. 82	102
Art. 83	103
Art. 84	104
Art. 85	105
Art. 86	106
Art. 87	107
Art. 88	108
Art. 89	109
H – 2	
Art. 90	110
Art. 91	111
Art. 92	112
Art. 93	113
H – 3	
Art. 94*	115
Art. 95*	114
Art. 96	116
Art. 97	117
Art. 97 bis*	118
T – VII	
Art. 97 ter*	119
H – 1	
Art. 98	120
Art. 99	121
Art. 100	122
Art. 101	123
Art. 102	124
Art. 103	125
Art. 104	126
H – 2	
Art. 105	127
Art. 106	128
Art. 107	129
Art. 108	130
Art. 109	131
Art. 110	132
Art. 111*	138
Art. 111 bis*	133
H – 3	
Art. 112*	283
Art. 113*	294
Art. 114	134
Art. 115	135
H – 4	
Art. 115A*	136
Art. 115B*	137
Art. 115C*	138
H – 5	
Art. 116	-
Art. 116 bis*	139
Art. 117*	141
Art. 117 bis*	140
Art. 118	-
Art. 118 bis*	141
Art. 118 ter*	142
Art. 119	143
Art. 120	144
Art. 121*	140
Art. 122*	140
Art. 123*	140-141
Art. 124*	142
T – VIII	
Art. 125	146
Art. 126	147
Art. 127	148
Art. 128	149
Art. 129	150
Art. 130	151
Art. 131*	206
Art. 132	-
Art. 133*	207
Art. 134	-
Art. 135*	33
T – IX	
Art. 136	151
Art. 136 bis*	152
Art. 137	153
Art. 138	154
Art. 139	155
Art. 140	156
Art. 141	157
Art. 142	158
Art. 143	159
Art. 144	160
Art. 145	161
T – X	
Art. 146	162
Art. 147	163
Art. 148	164
T – XI	
Art. 149	165
Art. 150	166
T – XII	
Art. 151	167
T – XIII	
Art. 152	168
T – XIV	
Art. 153*	169
T – XV	
Art. 154	170
Art. 155	171
Art. 156	172
T – XVI	
Art. 157	173
T – XVII	
Art. 158	174
Art. 159	175
Art. 160	176
Art. 161	177
Art. 162	178
T – XVIII	
Art. 163	179
Art. 164	180
Art. 165	181
Art. 166	182
Art. 167	183
Art. 168	184
Art. 169	185
Art. 170	186

oud	nieuw
Art. 171	187
Art. 172	188
*Art. 172 bis**	189
Art. 173	190
T – XIX	
Art. 174	191
Art. 175	192
Art. 176	193
T – XX	
*Art. 176A**	194
T – XXI	
*Art. 176B**	195
T – XXII	
*Art. 176C**	196
T – XXIII	
*Art. 176D**	197
*Art. 177**	208
Art. 178	-
*Art. 179**	209
*Art. 180**	210
*Art. 181**	211
*Art. 181A**	212
Vierde Deel	
Art. 182	198
Art. 183	199
Art. 184	200
Art. 185	201
Art. 186	202
Art. 187	203
Art. 188	204
Vijfde Deel	
T – I	
*Art. 188A**	205
T – II	
*Art. 188B**	203
*Art. 188C**	204
T – III	
H – 1	
*Art. 188D**	208
*Art. 188E**	209
*Art. 188F**	210
*Art. 188G**	211
H – 2	
*Art. 188H**	212
*Art. 188I**	213
H – 3	
*Art. 188J**	214
T – IV	
*Art. 188K**	215
T-V	
*Art. 188L**	216
*Art. 188M**	217
*Art. 188N**	218
*Art. 188O**	219
T-VI	
*Art. 188P**	220
*Art. 188Q**	221
T-VII	
*Art. 188R**	222
Zesde Deel	
T – I	
H – 1	
Art. 189	-
Art. 190	223
Art. 191	224
Art. 192	225
Art. 193	226
Art. 194	227
Art. 195	228
Art. 196	229
Art. 197	230
Art. 198	231
Art. 199	232
Art. 200	233
Art. 201	234
*Art. 201 bis**	235
*Art. 202 ter**	236
Art. 204	237
Art. 205	238
Art. 206	239
Art. 207	240
Art. 208	241
Art. 209	242
Art. 210	243
Art. 211	-
*Art. 211 bis**	244
*Art. 212**	249
Art. 213	245
Art. 214	-
Art. 215	246
Art. 216	247
Art. 217	248
Art. 218	249
Art. 219	250
Art. 220	-
Art. 221	251
Art. 222	252
Art. 223	253
Art. 224	254
*Art. 224 bis**	255
Art. 225	256
Art. 225A	257
Art. 226	258
Art. 227	259
Art. 228	260
Art. 229	261
Art. 229A	262
Art. 230	263
Art. 231	264
Art. 232	265
Art. 233	266
Art. 234	267
Art. 235	268
*Art. 235bis**	269
Art. 236	270
Art. 237	271
Art. 238	272
Art. 239	273
Art. 240	274
*Art. 240 bis**	275
*Art. 240 ter**	276
Art. 241	277
Art. 242	278
Art. 243	279
Art. 244	280
Art. 245	281
*Art. 245 bis**	282
*Art. 245 ter**	283
*Art. 245 quater**	284
Art. 246	285
Art. 247	286
Art. 248	287
H – 2	
Art. 249	288
*Art. 249A**	289
*Art. 249B**	290
*Art. 249C**	291
*Art. 249D**	292
Art. 250	293
Art. 251	294
Art. 252	-
*Art. 252 bis**	295
Art. 253	296
Art. 254	297
*Art. 254 bis**	298
*Art. 255**	15
Art. 256	299
H – 3	
*Art. 256 bis**	300
Art. 257	-
Art. 258	301
Art. 259	302
Art. 260	303
Art. 261	-
Art. 262	304
H – 4	
Art. 263	305
Art. 264	306
Art. 265	307
H – 5	
Art. 266	308
Art. 267	309
T – II	
Art. 268	310
H – 1	
Art. 269	311
Art. 270	-
H – 2	
*Art. 270 bis**	312
H – 3	
*Art. 270 ter**	313
*Art. 271**	316
*Art. 272**	313-314
Art. 273	315
H – 4	
Art. 274	317
Art. 275	318
Art. 276	319
H – 5	
Art. 277	320
Art. 278	321
Art. 279	322
*Art. 279 bis**	323
*Art. 279 ter**	324
H – 6	
Art. 280	325
T – III	
*Art. 280A**	326
*Art. 280B**	327
*Art. 280C**	328
*Art. 280D**	329
*Art. 280E**	330
*Art. 280F**	331
*Art. 280G**	332
*Art. 280H**	333
*Art. 280I**	334
Zesde Deel	
Art. 281	-
Art. 282	335
Art. 283	336
Art. 284	337
Art. 285	338
*Art. 286**	16
Art. 287	339
Art. 288	340
Art. 289	341
Art. 290	342
Art. 291	343
Art. 292	344
Art. 293	-
*Art. 294**	55
Art. 295	345
Art. 296	346
Art. 297	347
Art. 298	348
Art. 299	349-355
*Art. 300**	218
*Art. 301**	215
*Art. 302**	220
*Art. 303**	220
*Art. 304**	220
*Art. 305**	-
Art. 306	350
Art. 307	351
Art. 308	352
*Art. 308 bis**	353
Art. 309	354
*Art. 310**	217
Art. 311	-
*Art. 311 bis**	355
Art. 312	356
Slotbepalingen	
Art. 313	357
*Art. 313 bis**	358
Art. 314	-

Transponeringstabel artikelnummers VEU voor en na het Verdrag van Lissabon (2007)

* nieuw artikel ingevoegd bij Verdrag van Lissabon
– geschrapt bij Verdrag van Lissabon

oud	nieuw
T – I	
Art. 1	1
*Art. 1 bis**	2
Art. 2	3
Art. 3	-
*Art. 3 bis**	4
*Art. 3 ter**	5
Art. 4	-
Art. 5	-
Art. 6	6
Art. 7	7
*Art. 7 bis**	8
T – II	
*Art. 8**	9
*Art. 8A**	10
*Art. 8B**	11
*Art. 8C**	12
T – III	
*Art. 9**	13

oud	nieuw
*Art. 9A**	14
*Art. 9B**	15
*Art. 9C**	16
*Art. 9D**	17
*Art. 9E**	18
*Art. 9F**	19
T – IV	
*Art. 10**	20
T – V	
H – 1	
*Art. 10A**	21
*Art. 10B**	22
H – 2	
*Art. 10C**	23
Art. 11	24
Art. 12	25
Art. 13	26
*Art. 13 bis**	27

oud	nieuw
Art. 14	28
Art. 15	29
*Art. 15 bis**	30
*Art. 15 ter**	31
Art. 16	32
Art. 17	42
Art. 18	33
Art. 19	34
Art. 20	35
Art. 21	36
Art. 22	30
Art. 23	31
Art. 24	37
Art. 25	38
*Art. 25 bis**	39
*Art. 25 ter**	40
Art. 26	-
Art. 27A	20
Art. 27B	20
Art. 27C	20
Art. 27D	20

oud	nieuw
Art. 27E	20
Art. 28	41
*Art. 28A**	42
*Art. 28B**	43
*Art. 28C**	44
*Art. 28D**	45
*Art. 28E**	46
Art. 29	-
Art. 30	-
Art. 31	-
Art. 32	-
Art. 33	-
Art. 34	-
Art. 35	-
Art. 36	-
Art. 37	-
Art. 38	-
Art. 39	-
Art. 40	20
Art. 40A	20
Art. 40B	20

oud	nieuw
Art. 41	-
Art. 42	-
Art. 43	-
Art. 43A	-
Art. 43B	-
Art. 44	-
Art. 44A	-
Art. 45	-
T – VI	
Art. 46	-
*Art. 46A**	47
Art. 47	40
Art. 48	48
Art. 49	49
*Art. 49A**	50
*Art. 49B**	51
*Art. 49C**	52
Art. 50	-
Art. 51	53
Art. 52	54
Art. 53	55

RICHTLIJN 2011/96/EU VAN DE RAAD van 30 november 2011 betreffende de gemeenschappelijke fiscale regeling voor moedermaatschappijen en dochterondernemingen uit verschillende lidstaten (herschikking) (2011/96/EU)

zoals gewijzigd door
- *Richtlijn 2014/86/EU van de Raad van 8 juli 2014, en*
- *Richtlijn (EU) 2015/121 van de Raad van 27 januari 2015*

Preambule 2015

DE RAAD VAN DE EUROPESE UNIE,
Gezien het Verdrag betreffende de werking van de Europese Unie, en met name artikel 115,
Gezien het voorstel van de Europese Commissie,
Na toezending van het ontwerp van wetgevingshandeling aan de nationale parlementen,
Gezien het advies van het Europees Parlement[1],
Gezien het advies van het Europees Economisch en Sociaal Comité[2],
Handelend volgens een bijzondere wetgevingsprocedure,
Overwegende hetgeen volgt:

1. Richtlijn 2011/96/EU van de Raad[3] stelt dividenden en andere uitkeringen van winst van dochterondernemingen aan hun moedermaatschappijen vrij van bronbelasting en elimineert dubbele belasting van zulke inkomsten op het niveau van de moedermaatschappij.
2. Er moet op worden toegezien dat Richtlijn 2011/96/EU niet wordt misbruikt door belastingplichtigen die onder de toepassing ervan vallen.
3 Sommige lidstaten passen nationale of verdragsrechtelijke bepalingen toe die algemeen of specifiek gericht zijn op het aanpakken van belastingontduiking, belastingfraude of misbruikpraktijken.
4. Deze bepalingen zijn echter wellicht niet even strikt en zijn hoe dan ook toegesneden op de specifieke kenmerken van het belastingstelsel van iedere lidstaat. Bovendien zijn er lidstaten die geen nationale of verdragsrechtelijke bepalingen ter bestrijding van misbruik hebben.
5. Het zou dan ook zeer nuttig zijn om in Richtlijn 2011/96/EU een gemeenschappelijke minimumbepaling ter bestrijding van misbruik op te nemen teneinde misbruik van de richtlijn te bestrijden en een consistentere toepassing in de verschillende lidstaten te bewerkstelligen.
6. De toepassing van antimisbruikregels moet evenredig zijn en moet specifiek gericht zijn op het aanpakken van een constructie of een reeks van constructies die kunstmatig is, met andere woorden, die de economische realiteit niet weerspiegelt.
7. Daartoe moeten de belastingdiensten van de lidstaten bij het beoordelen van de vraag of er bij een constructie of een reeks constructies sprake is van misbruik, een objectieve analyse maken van alle relevante feiten en omstandigheden.
8. Hoewel de lidstaten gebruik moeten maken van de antimisbruikbepaling om constructies aan te pakken die in hun geheel kunstmatig zijn, kunnen zich ook gevallen voordoen waarin slechts bepaalde stappen of onderdelen van een constructie kunstmatig zijn. De lidstaten moeten de antimisbruikbepaling eveneens kunnen toepassen om die specifieke stappen of onderdelen aan te pakken, waarbij de stappen of onderdelen van de constructie die wel authentiek zijn, ongemoeid worden gelaten. Aldus zou de antimisbruikbepaling zo doeltreffend mogelijk en op evenredige wijze worden toegepast. De „voor zover"-aanpak kan doeltreffend zijn in de gevallen waarin de betrokken entiteiten als zodanig niet kunstmatig zijn, maar bijvoorbeeld de aandelen waaruit de uitkering van winst voortkomt, niet daadwerkelijk aan een in een lidstaat gevestigde belastingplichtige toe te rekenen zijn, dit wil zeggen indien er eigendomsoverdracht van de aandelen plaatsvindt op grond van de rechtsvorm van de constructie, maar de kenmerken daarvan de economische realiteit niet weerspiegelen.
9. Deze richtlijn dient geen afbreuk te doen aan de mogelijkheden van de lidstaten om hun nationale of verdragsrechtelijke voorschriften ter bestrijding van belastingontduiking, belastingfraude en misbruik toe te passen.
10. Richtlijn 2011/96/EU dient derhalve dienovereenkomstig te worden gewijzigd.

1. Advies van 2 april 2014 (nog niet bekendgemaakt in het Publicatieblad).
2. Advies van 25 maart 2014 (PB C 226 van 16.7.h2014, blz. 40).
3. Richtlijn 2011/96/EU van de Raad van 30 november 2011 betreffende de gemeenschappelijke fiscale regeling voor moedermaatschappijen en dochterondernemingen uit verschillende lidstaten (PB L 345 van 29.12.2011, blz. 8).

Preambule 2014

DE RAAD VAN DE EUROPESE UNIE,
Gezien het Verdrag betreffende de werking van de Europese Unie, en met name artikel 115,
Gezien het voorstel van de Europese Commissie,
Na toezending van het ontwerp van wetgevingshandeling aan de nationale parlementen,
Gezien het advies van het Europees Parlement,
Gezien het advies van het Europees Economisch en Sociaal Comité, Handelend volgens een bijzondere wetgevingsprocedure,
Overwegende hetgeen volgt:

1. Richtlijn 2011/96/EU van de Raad stelt dividenden en andere winstuitkeringen van dochterondernemingen aan hun moedermaatschappijen vrij van bronbelasting en sluit dubbele belasting van zulke inkomsten op het niveau van de moedermaatschappij uit.
2. De voordelen van Richtlijn 2011/96/EU mogen niet leiden tot situaties waarin dubbele niet-heffing ontstaat en aldus onbedoelde belastingvoordelen worden gecreëerd voor groepen van moedermaatschappijen en dochterondernemingen uit verschillende lidstaten in vergelijking met groepen van ondernemingen uit eenzelfde lidstaat.
3. Teneinde situaties van dubbele niet-heffing als gevolg van incongruenties in de fiscale behandeling van winstuitkeringen door de lidstaten te vermijden, dienen de lidstaat van de moedermaatschappij en de lidstaat van haar vaste inrichting het voordeel van de belastingvrijstelling die wordt toegekend voor ontvangen winstuitkeringen, aan die moedermaatschappijen te ontzeggen voor zover die winst aftrekbaar is bij de dochteronderneming van de moedermaatschappij.
4. Deel A van bijlage I bij Richtlijn 2011/96/EU dient te worden geactualiseerd teneinde andere ondernemingsvormen die in Polen onder de vennootschapsbelasting vallen en andere ondernemingsvormen die in het vennootschapsrecht van Roemenië zijn opgenomen, daaraan toe te voegen.
5. Richtlijn 2011/96/EU dient derhalve dienovereenkomstig te worden gewijzigd.

Preambule 2011

DE RAAD VAN DE EUROPESE UNIE,
Gezien het Verdrag betreffende de werking van de Europese Unie, en met name artikel 115,
Gezien het voorstel van de Europese Commissie,
Na toezending van het ontwerp van wetgevingshandeling aan de nationale parlementen,
Gezien het advies van het Europees Parlement[1]
Gezien het advies van het Europees Economisch en Sociaal Comité[2],
Handelend volgens een bijzondere wetgevingsprocedure,
Overwegende hetgeen volgt:

1. Richtlijn 90/435/EEG van de Raad van 23 juli 1990 betreffende de gemeenschappelijke fiscale regeling voor moedermaatschappijen en dochterondernemingen uit verschillende lidstaten[3] is herhaaldelijk en ingrijpend gewijzigd[4]. Aangezien nieuwe wijzigingen nodig zijn, dient ter wille van de duidelijkheid tot herschikking van deze richtlijn te worden overgegaan.
2. Gelet op het arrest van het Hof van Justitie van 6 mei 2008 in zaak C-133/06[5], wordt een herformulering van artikel 4, lid 3, tweede alinea, van Richtlijn 90/435/EEG noodzakelijk geacht om duidelijk te maken dat de aldaar bedoelde bepalingen door de Raad worden vastgesteld overeenkomstig de in het Verdrag neergelegde procedure. Verder dienen de bijlagen van deze richtlijn te worden geactualiseerd.
3. Deze richtlijn strekt ertoe dividenden en andere winstuitkeringen van dochterondernemingen aan hun moedermaatschappijen vrij te stellen van bronbelasting en dubbele belastingheffing van zulke inkomsten op het niveau van de moedermaatschappij te elimineren.
4. Hergroeperingen van vennootschappen uit verschillende lidstaten kunnen noodzakelijk zijn teneinde in de Unie soortgelijke voorwaarden te scheppen als op een binnenlandse markt en daardoor de goede werking van de interne markt te verzekeren. Deze transacties mogen niet worden belemmerd door beperkingen, nadelen of distorsies die met name voortvloeien uit de fiscale voorschriften van de lidstaten. Er moet bijgevolg voor deze hergroeperingen in concurrentie-neutrale belastingvoorschriften worden voorzien om de ondernemingen in staat te stellen zich aan te passen aan de eisen van de interne markt, hun productiviteit te vergroten en hun concurrentiepositie op de internationale markt te versterken.

1. Advies uitgebracht op 4 mei 2011 (nog niet bekendgemaakt in het Publicatieblad).
2. PB C 107 van 6.4.2011, blz. 73.
3. PB L 225 van 20.8.1990, blz. 6.
4. Zie bijlage II, deel A.
5. Jurispr. 2008, blz. I-03189.

5. Deze hergroeperingen kunnen leiden tot de vorming van groepen van moeder- en dochtermaatschappijen.
6. Voor de inwerkingtreding van Richtlijn 90/435/EEG vertoonden de fiscale voorschriften betreffende de betrekkingen tussen moedermaatschappijen en dochterondernemingen uit verschillende lidstaten van land tot land aanzienlijke verschillen en waren deze in het algemeen minder gunstig dan de voorschriften voor de betrekkingen tussen moedermaatschappijen en dochterondernemingen van dezelfde lidstaat. De samenwerking tussen vennootschappen van verschillende lidstaten werd hierdoor benadeeld ten opzichte van de samenwerking tussen vennootschappen van dezelfde lidstaat. Deze benadeling moest worden opgeheven door invoering van een gemeenschappelijke regeling teneinde hergroeperingen van vennootschappen op Unieniveau aldus te vergemakkelijken.
7. Wanneer een moedermaatschappij als deelgerechtigde van haar dochteronderneming uitgekeerde winst ontvangt, moet de lidstaat van de moedermaatschappij zich onthouden van het belasten van deze winst, of die winst wel belasten, maar de moedermaatschappij dan toestaan het gedeelte van de belasting van de dochteronderneming dat op deze winst betrekking heeft, van haar eigen belasting af te trekken.
8. Voorts moet de winst, die een dochteronderneming aan haar moedermaatschappij uitkeert, van inhouding van een bronbelasting worden vrijgesteld teneinde de belastingneutraliteit te verzekeren.
9. De betaling van uitkeringen van winst aan, en de ontvangst ervan door een vaste inrichting van een moedermaatschappij moet op dezelfde wijze worden behandeld als betalingen tussen een dochteronderneming en een moedermaatschappij. Een en ander dient ook de situatie te omvatten waarin moedermaatschappij en dochteronderneming in dezelfde lidstaat zijn gevestigd, maar de vaste inrichting zich in een andere lidstaat bevindt. Anderzijds blijkt dat situaties waarin de vaste inrichting en de dochteronderneming in dezelfde lidstaat zijn gelegen, onverminderd de beginselen van het Verdrag, door de betrokken lidstaat kunnen worden behandeld op basis van zijn nationale wetgeving.
10. Wat de behandeling van vaste inrichtingen betreft, is het voor de lidstaten eventueel noodzakelijk de voorwaarden en de rechtsinstrumenten vast te stellen die vereist zijn voor de bescherming van hun belastingontvangsten en om omzeiling van de nationale wetgeving te voorkomen, overeenkomstig de beginselen van het Verdrag en rekening houdend met internationaal erkende belastingregels.
11. Wanneer groepen van ondernemingen in ketens zijn georganiseerd en winst via de keten van dochterondernemingen aan de moedermaatschappij wordt uitgekeerd, dient dubbele belastingheffing in deze gevallen te worden geëlimineerd, hetzij door een vrijstelling, hetzij door een belastingkrediet. De moedermaatschappij moet in het geval van een belastingkrediet iedere belasting van iedere dochteronderneming in de keten in mindering kunnen brengen, mits aan de voorwaarden van deze richtlijn is voldaan.
12. Deze richtlijn dient de verplichtingen van de lidstaten met betrekking tot de in bijlage II, deel B, genoemde termijnen voor omzetting in nationaal recht van de aldaar genoemde richtlijnen onverlet te laten,

HEEFT DE VOLGENDE RICHTLIJN VASTGESTELD:

Art. 1. *[Reikwijdte]*

1. Elke lidstaat past deze richtlijn toe:
   a. op uitkeringen van winst die door vennootschappen van die lidstaat zijn ontvangen van hun dochterondernemingen uit andere lidstaten;
   b. op winst die door vennootschappen van die lidstaat is uitgekeerd aan vennootschappen van andere lidstaten, waarvan zij dochterondernemingen zijn;
   c. op uitkeringen van winst die door in die lidstaat gelegen vaste inrichtingen van vennootschappen uit andere lidstaten zijn ontvangen van hun dochterondernemingen uit een andere lidstaat dan die waar de vaste inrichting is gevestigd;
   d. op winst die door vennootschappen van die staat wordt uitgekeerd aan in een andere lidstaat gevestigde vaste inrichtingen van vennootschappen van dezelfde lidstaat waarvan zij dochterondernemingen zijn.

[1]2. De lidstaten kennen de voordelen van deze richtlijn niet toe voor een constructie of een reeks van constructies die is opgezet met als hoofddoel of een van de hoofddoelen een belastingvoordeel te verkrijgen dat het doel of de toepassing van deze richtlijn ondermijnt, en die, alle relevante feiten en omstandigheden in aanmerking genomen, kunstmatig is.

Een constructie kan uit verscheidene stappen of onderdelen bestaan.

3. Voor de toepassing van lid 2 wordt een constructie of een reeks van constructies als kunstmatig beschouwd voor zover zij niet is opgezet op grond van geldige zakelijke redenen die de economische realiteit weerspiegelen.
4. Deze richtlijn vormt geen beletsel voor de toepassing van nationale of verdragsrechtelijke bepalingen ter bestrijding van belastingontduiking, belastingfraude en misbruik.

1. De leden 2, 3 en 4 vervangen ingevolge de wijziging van 2015 het oude lid 2 waarvan de tekst luidde: 'Deze richtlijn vormt geen beletsel voor de toepassing van nationale of verdragsrechtelijke voorschriften ter bestrijding van fraude en misbruiken'.

Art. 2. *[Definitie 'vennootschap van een lidstaat' en 'vaste inrichting']*
Voor de toepassing van deze richtlijn wordt verstaan onder:
a. 'vennootschap van een lidstaat' iedere vennootschap:
i. die een van de in bijlage I, deel A, genoemde rechtsvormen heeft;
ii. die volgens de fiscale wetgeving van een lidstaat wordt beschouwd in die staat haar fiscale woonplaats te hebben en die, volgens een met een derde staat gesloten verdrag op het gebied van dubbele belastingheffing, niet wordt beschouwd als fiscaal buiten de Unie te zijn gevestigd;
iii. die bovendien, zonder keuzemogelijkheid en zonder ervan te zijn vrijgesteld, onderworpen is aan een van de in bijlage I, deel B, genoemde belastingen of aan enige andere belasting die in de plaats zou treden van een van die belastingen;
b. 'vaste inrichting' een in een lidstaat gelegen vaste bedrijfsvestiging door middel waarvan een onderneming van een andere lidstaat haar bedrijf geheel of gedeeltelijk uitoefent, voor zover de winsten van die bedrijfsvestiging in de lidstaat waar zij is gevestigd, worden belast krachtens de toepasselijke bilaterale belastingovereenkomst of, bij ontstentenis van een dergelijke overeenkomst, krachtens de nationale wetgeving.

Art. 3. *[Definitie moedermaatschappij en dochtermaatschappij]*
1. Voor de toepassing van deze richtlijn:
a. wordt de hoedanigheid van moedermaatschappij toegekend:
i. aan ten minste iedere vennootschap van een lidstaat die voldoet aan de voorwaarden van artikel 2 en die een deelneming van ten minste 10% bezit in het kapitaal van een vennootschap van een andere lidstaat die aan dezelfde voorwaarden voldoet;
ii. onder dezelfde voorwaarden aan een vennootschap van een lidstaat die een deelneming van ten minste 10% bezit in het kapitaal van een vennootschap van diezelfde lidstaat welke geheel of gedeeltelijk wordt gehouden door een in een andere lidstaat gelegen vaste inrichting van eerstgenoemde vennootschap;
b. wordt onder 'dochteronderneming' verstaan de vennootschap in het kapitaal waarvan de onder a) bedoelde deelneming wordt gehouden.
2. In afwijking van lid 1 staat het de lidstaten vrij om:
a. bij wege van bilaterale overeenkomst het criterium 'deelneming in het kapitaal' te vervangen door het criterium 'bezit van stemrechten';
b. deze richtlijn niet toe te passen op de vennootschappen van die lidstaat die niet gedurende een ononderbroken periode van ten minste twee jaren een deelneming behouden welke recht geeft op de hoedanigheid van moedermaatschappij of op de vennootschappen waarin een vennootschap van een andere lidstaat niet gedurende een ononderbroken periode van ten minste twee jaren een dergelijke deelneming behoudt.

Art. 4. *[Voorkoming economisch dubbele belasting door lidstaat van (vaste inrichting van) moedermaatschappij]*
1. Wanneer een moedermaatschappij of haar vaste inrichting, op grond van de deelgerechtigdheid van de moedermaatschappij in haar dochteronderneming, uitgekeerde winst ontvangt, anders dan bij de liquidatie van de dochteronderneming, moeten de lidstaat van de moedermaatschappij en de lidstaat van haar vaste inrichting:
a. ofwel zich onthouden van het belasten van deze winst;[1] *voor zover die winst niet aftrekbaar is bij de dochteronderneming van de moedermaatschappij, en deze winst belasten voor zover die winst aftrekbaar is bij de dochteronderneming van de moedermaatschappij;*
b. ofwel de winst belasten, maar in dat geval de moedermaatschappij en de vaste inrichting toestaan van de verschuldigde belasting af te trekken het gedeelte van de belasting dat betrekking heeft op die winst en betaald is door de dochteronderneming en enigerlei kleindochteronderneming, op voorwaarde dat bij iedere schakel een vennootschap en haar kleindochteronderneming onder de in artikel 2 vastgestelde definities vallen en aan de in de artikel 3 gestelde eisen voldoen, tot het bedrag van de overeenstemmende verschuldigde belasting.
2. Niets in deze richtlijn belet de lidstaat van de moedermaatschappij een dochteronderneming als fiscaal transparant aan te merken op grond van de door die lidstaat verrichte beoordeling van de wettelijke kenmerken van die dochteronderneming, zoals die voortvloeien uit het recht dat haar oprichting heeft beheerst, en derhalve de moedermaatschappij over haar aandeel in de winst van haar dochteronderneming te belasten, indien en voor zover er winst is. In dit geval onthoudt de lidstaat van de moedermaatschappij zich ervan de door de dochteronderneming uitgekeerde winst te belasten.

Wanneer de lidstaat van de moedermaatschappij het aandeel van de moedermaatschappij in de winst van haar dochteronderneming, voor zover er winst is, evalueert, verleent hij haar vrijstelling van belasting op die winst, dan wel staat hij haar toe van de verschuldigde belasting af te trekken het gedeelte van de belasting dat verband houdt met het winstaandeel van de moedermaatschappij en betaald is door haar dochteronderneming en enigerlei kleindochteronderneming, op voorwaarde dat bij iedere schakel een vennootschap en haar kleindochteronderneming onder de in artikel 2 vastgelegde definities vallen en aan de in artikel 3 gestelde eisen voldoen, tot het bedrag van de overeenstemmende verschuldigde belasting.

1. 2014 toevoeging

3. Iedere lidstaat blijft bevoegd om te bepalen dat lasten die betrekking hebben op de deelneming en waardeverminderingen die voortvloeien uit de uitkering van de winst van de dochteronderneming, niet aftrekbaar zijn van de belastbare winst van de moedermaatschappij.

Indien in dit geval de kosten van beheer met betrekking tot de deelneming forfaitair worden vastgesteld, mag het forfaitaire bedrag niet meer dan 5% bedragen van de door de dochteronderneming uitgekeerde winst.

4. De leden 1 en 2 zijn van toepassing tot de datum van daadwerkelijke toepassing van een gemeenschappelijk stelsel van vennootschapsbelasting.

5. De Raad stelt met eenparigheid van stemmen volgens een bijzondere wetgevingsprocedure en na raadpleging van het Europees Parlement en het Europees Economisch en Sociaal Comité te zijner tijd de bepalingen vast die met ingang van de datum van daadwerkelijke inwerkingtreding van een gemeenschappelijk stelsel van vennootschapsbelasting moeten worden toegepast.

Art. 5. *[Vrijstelling dividendbelasting door lidstaat dochtermaatschappij]*
De door een dochteronderneming aan de moedermaatschappij uitgekeerde winst wordt vrijgesteld van bronbelasting.

Art. 6. *[Geen bronbelasting door lidstaat moedermaatschappij]*
De lidstaat onder wiens wetgeving de moedermaatschappij ressorteert, mag geen bronbelasting heffen op de winst die deze maatschappij van haar dochteronderneming ontvangt.

Art. 7. *[Bronbelasting]*
1. 'Bronbelasting' in de zin van deze richtlijn omvat niet de vervroegde betaling of vooruitbetaling (voorheffing) van de vennootschapsbelasting aan de lidstaat waarin de dochteronderneming is gevestigd, die in samenhang met een uitkering van winst aan de moedermaatschappij wordt verricht.

2. Deze richtlijn laat onverlet de toepassing van nationale of verdragsbepalingen die gericht zijn op de afschaffing of vermindering van dubbele economische belasting van dividenden, in het bijzonder van de bepalingen betreffende de betaling van belastingkredieten aan de gerechtigde tot de dividenden.

Art. 8. *[Implementatie]*
1. De lidstaten doen de nodige wettelijke en bestuursrechtelijke bepalingen in werking treden om uiterlijk 18 januari 2012 aan deze richtlijn te voldoen. Zij stellen de Commissie daarvan onverwijld in kennis.

Wanneer de lidstaten die bepalingen vaststellen, wordt in de bepalingen zelf of bij de officiële bekendmaking daarvan naar deze richtlijn verwezen. De regels voor de verwijzing worden vastgesteld door de lidstaten.

2. De lidstaten delen de Commissie de tekst van de belangrijkste bepalingen van intern recht mee die zij op het gebied waarop deze richtlijn van toepassing is, vaststellen, alsmede een transponeringstabel waarin wordt aangegeven in welke nationale bepalingen de bepalingen van deze richtlijn zijn verwerkt.

Art. 9.
Richtlijn 90/435/EEG, zoals gewijzigd bij de in bijlage II, deel A, genoemde handelingen, wordt ingetrokken, onverminderd de verplichtingen van de lidstaten met betrekking tot de in bijlage II, deel B, genoemde termijnen voor omzetting in nationaal recht van de aldaar genoemde richtlijnen.

Verwijzingen naar de ingetrokken richtlijn gelden als verwijzingen naar de onderhavige richtlijn en worden gelezen volgens de concordantietabel in bijlage III.

Art. 10.
Deze richtlijn treedt in werking op de twintigste dag na die van de bekendmaking ervan in het *Publicatieblad van de Europese Unie*.

Art. 11.
Deze richtlijn is gericht tot de lidstaten.

BIJLAGE I

Deel A. Lijst van de in artikel 2, onder a), punt i), bedoelde vennootschappen

a. De vennootschappen opgericht overeenkomstig Verordening (EG) nr. 2157/2001 van de Raad van 8 oktober 2001 betreffende het statuut van de Europese vennootschap (SE)[1], Richtlijn 2001/86/EG van de Raad van 8 oktober 2001 tot aanvulling van het statuut van de Europese vennootschap met betrekking tot de rol van de werknemers[2] en de coöperatieve vennootschappen opgericht overeenkomstig Verordening (EG) nr. 1435/2003 van de Raad van 22 juli 2003 betreffende het statuut voor een Europese Coöperatieve Vennootschap (SCE)[3] en Richtlijn 2003/72/EG

1. PB L 294 van 10.11.2001, blz. 1.
2. PB L 294 van 10.11.2001, blz. 22
3. PB L 207 van 18.8.2003, blz. 1.

van de Raad van 22 juli 2003 tot aanvulling van het statuut van een Europese coöperatieve vennootschap met betrekking tot de rol van de werknemers[1].

b. De vennootschappen naar **Belgisch** recht, geheten 'société anonyme'/'naamloze vennootschap', 'société en commandite par actions'/'commanditaire vennootschap op aandelen', 'société privée à responsabilité limitée'/ 'besloten vennootschap met beperkte aansprakelijkheid', 'société coopérative à responsabilité limitée'/'coöperatieve vennootschap met beperkte aansprakelijkheid', 'société coopérative à responsabilité illimitée'/'coöperatieve vennootschap met onbeperkte aansprakelijkheid', 'société en nom collectif'/'vennootschap onder firma', 'société en commandite simple'/'gewone commanditaire vennootschap', de overheidsbedrijven die een van vorengenoemde rechtsvormen hebben aangenomen, alsmede andere vennootschappen die zijn opgericht naar Belgisch recht en die onder de Belgische vennootschapsbelasting vallen.

c. De vennootschappen naar **Bulgaars** recht, geheten: 'събирателното дружество', 'командитното дружество', 'дружеството с ограничена отговорност', 'акционерното дружество', 'командитно дружество с акции', 'неперсо-нифицирано дружество', 'кооперации', 'кооперативни съюзи', 'държавни предприятия', die zijn opgericht naar Bulgaars recht en commerciële activiteiten uitoefenen.

d. De vennootschappen naar **Tsjechisch** recht, geheten: 'akciová polečnost', 'polečnost s ručením omezeným'.

e. De vennootschappen naar **Deense** [sic] recht, geheten 'aktieselskab' en 'anpartsselskab', alsmede de overige overeenkomstig de wet op de vennootschapsbelasting belastingplichtige ondernemingen, voor zover hun belastbare inkomsten worden berekend en belast volgens de algemene fiscaalrechtelijke regels van toepassing op 'aktieselskaber'.

f. De vennootschappen naar **Duits** recht, geheten 'Aktiengesellschaft', 'Kommanditgesellschaft auf Aktien', 'Gesellschaft mit beschränkter Haftung', 'Versicherungsverein auf Gegenseitigkeit', 'Erwerbs- und Wirtschaftsgenossenschaft', 'Betriebe gewerblicher Art von juristischen Personen des öffentlichen Rechts', alsmede andere vennootschappen die zijn opgericht naar Duits recht en die onder de Duitse vennootschapsbelasting vallen.

g. De vennootschappen naar **Ests** recht, geheten: 'täisühing', 'usaldusühing', 'osaühing', 'aktsiaselts', 'tulundusühistu'.

h. De vennootschappen die zijn opgericht naar of handelen onder **Iers** recht, de lichamen die zijn geregistreerd krachtens de Industrial and Provident Societies Act, de 'building societies' die zijn opgericht onder de Building Societies ACTS, en de 'trustee savings banks' in de zin van de Trustee Savings Banks Act van 1989.

i. De vennootschappen naar **Grieks** recht, geheten 'ανώνυμη εταιρεία', 'εταιρεία περιορισμένης ευθύνης (Ε.Π.Ε)' alsmede andere vennootschappen die zijn opgericht naar Grieks recht en die onder de Griekse vennootschapsbelasting vallen.

j. De vennootschappen naar **Spaans** recht, geheten: 'sociedad anónima', 'sociedad comanditaria por acciones', 'sociedad de responsabilidad limitada', de publiekrechtelijke lichamen die privaatrechtelijk werkzaam zijn. Andere naar Spaans recht opgerichte entiteiten die onderworpen zijn aan de Spaanse vennootschapsbelasting ('impuesto sobre sociedades').

k. De vennootschappen naar **Frans** recht, geheten 'société anonyme', 'société en commandite par actions', 'société à responsabilité limitée', 'sociétés par actions simplifiées', 'sociétés d'assurances mutuelles', 'caisses d'épargne et de prévoyance', 'sociétés civiles' die automatisch aan de vennootschapsbelasting onderworpen zijn, 'coopératives', 'unions de coopératives', de overheidsinstellingen en -bedrijven met een industrieel of commercieel karakter, alsmede andere vennootschappen die zijn opgericht naar Frans recht en die onder de Franse vennootschapsbelasting vallen.

l. De vennootschappen naar **Italiaans** recht, geheten 'società per azioni', 'società in accomandita per azioni', 'società a responsabilità limitata', 'società cooperative', 'società di mutua assicurazione', alsook de particuliere en publieke lichamen met uitsluitend of hoofdzakelijk commerciële werkzaamheden.

m. 'εταιρείες' naar **Cyprisch** recht, als omschreven in de wet op de inkomstenbelastingen.

n. De vennootschappen naar **Lets** recht, geheten: 'akciju sabiedr/ba', 'sabiedr/ba ar ierobežotu atbild/bu'.

o. De naar **Litouws** recht opgerichte vennootschappen.

p. De vennootschappen naar **Luxemburgs** recht, geheten 'société anonyme', 'société en commandite par actions', 'société à responsabilité limitée', 'société coopérative', 'société coopérative organisée comme une société anonyme', 'association d'assurances mutuelles', 'association d'épargne-pension', 'entreprise de nature commerciale, industrielle ou minière de l'Etat, des communes, des syndicats de communes, des établissements publics et des autres personnes morales de droit public', alsmede andere vennootschappen die zijn opgericht naar Luxemburgs recht en die onder de Luxemburgse vennootschapsbelasting vallen.

q. De vennootschappen naar **Hongaars** recht, geheten: 'közkereseti társaság', 'betéti társaság', 'közös vállalat', 'korlátolt felelősségű társaság', 'részvénytársaság', 'egyesülés', 'szövetkezet'.

r. De vennootschappen naar **Maltees** recht, geheten: 'Kumpaniji ta' Responsabilità Limitata', 'Soċjetajiet en commandite li l-kapital tagħhom maqsum f'azzjonijiet'.

s. De vennootschappen naar **Nederlands** recht, geheten 'naamloze vennootschap', 'besloten vennootschap met beperkte aansprakelijkheid', 'open commanditaire vennootschap', 'coöperatie', 'onderlinge waarborgmaatschap-

1. PB L 207 van 18.8.2003, blz. 25.

pij', 'fonds voor gemene rekening', 'vereniging op coöperatieve grondslag', en 'vereniging welke op onderlinge grondslag als verzekeraar of kredietinstelling optreedt', alsmede andere vennootschappen die zijn opgericht naar Nederlands recht en die onder de Nederlandse vennootschapsbelasting vallen.

t. De vennootschappen naar **Oostenrijks** recht, geheten 'Aktiengesellschaft', 'Gesellschaft mit beschränkter Haftung', 'Versicherungsvereine auf Gegenseitigkeit', 'Erwerbs- und Wirtschaftsgenossenschaften', 'Betriebe gewerblicher Art von Körperschaften des öffentlichen Rechts', 'Sparkassen', alsmede andere vennootschappen die zijn opgericht naar Oostenrijks recht en die onder de Oostenrijkse vennootschapsbelasting vallen.

u. [1]De vennootschappen naar **Pools** recht, geheten: 'spółka akcyjna', 'spółka ograniczoną odpowiedzialnością', 'spółka komandytowo-akcyjna'.

v. De naar **Portugees** recht opgerichte handelsvennootschappen of burgerlijke vennootschappen met handelsvorm, coöperatieven en overheidsbedrijven.

w. [2]De vennootschappen naar **Roemeens** recht, geheten: 'societăţipeacţiuni', 'societăţi în comandită pe acţiuni', 'societăţi cu răspundere limitată', 'societăţiînnume colectiv', 'societăţi în comandită simplă'.

x. De vennootschappen naar **Sloveens** recht, geheten: 'delniška družba', 'komanditna družba', 'družba z omejeno odgovornostjo'.

y. De vennootschappen naar **Slowaaks** recht, geheten: 'akciová spoločnosť', 'spoločnosť s ručením obmedzeným', 'komanditná spoločnosť'.

z. De vennootschappen naar **Fins** recht geheten: 'osakeyhtiö'/'aktiebolag', 'osuuskunta'/'andelslag', 'säästöpankki'/ 'sparbank' en 'vakuutusyhtiö'/'försäkringsbolag'.

aa. De vennootschappen naar **Zweeds** recht, geheten 'aktiebolag', 'försäkringsaktiebolag', 'ekonomiska föreningar', 'sparbanker', 'ömsesidiga försäkringsbolag'; 'försäkringsföreningar'.

ab. De vennootschappen naar **Brits** recht.

Deel B. Lijst van de in art. 2, onder a., punt iii., bedoelde belastingen

– impôt des sociétés/vennootschapsbelasting in **België**,
– корпоративен данък in **Bulgarije**,
– daň zpříjmů právnických osob in **Tsjechië**,
– selskabsskat in **Denemarken**,
– Körperschaftssteuer in **Duitsland**,
– tulumaks in **Estland**,
– corporation tax in **Ierland**,
– φόρος εισοδήματος νομικών προσώπων κερδοσκοπικού χαραχτήρα in **Griekenland**,
– impuesto sobre sociedades in **Spanje**,
– impôt sur les sociétés in **Frankrijk**,
– imposta sul reddito delle società in **Italië**,
– φόρος εισοδήματος in **Cyprus**,
– uznemumu ienakuma nodoklis in **Letland**,
– pelno mokestis in **Litouwen**,
– impôt sur le revenu des collectivités in **Luxemburg**,
– társasági adó, osztalékadó in **Hongarije**,
– taxxa fuq l-income in **Malta**,
– vennootschapsbelasting in **Nederland**,
– Körperschaftssteuer in **Oostenrijk**,
– podatek dochodowy od osób prawnych in **Polen**,
– imposto sobre o rendimento das pessoas colectivas in **Portugal**,
– impozit pe profit in **Roemenië**,
– davek od dobička pravnih oseb in **Slovenië**,
– daň zprijmovprávnických osôb in **Slowakije**,
– yhteisöjen tulovero/inkomstskatten för samfund in **Finland**,
– statlig inkomstskatt in **Zweden**,
– corporation tax in het **Verenigd Koninkrijk**.

1. Tekst aangepast in 2014
2. Tekst aangepast in 2014.

BIJLAGE II

Deel A. Ingetrokken richtlijn met overzicht van de achtereenvolgende wijzigingen ervan
(bedoeld in artikel 9)

Richtlijn 90/435/EEG van de Raad (PB L 225 van 20.8.1990, blz. 6)	
Punt XI.B.I.3 van bijlage I bij de Toetredingsakte van 1994 (PB C 241 van 29.8.1994, blz. 196)	
Richtlijn 2003/123/EG van de Raad (PB L 7 van 13.1.2004, blz. 41)	
Punt 9.8 van bijlage II bij de Toetredingsakte van 2003 (PB L 236 van 23.9.2003, blz. 555)	
Richtlijn 2006/98/EG van de Raad (PB L 363 van 20.12.2006, blz. 129)	uitsluitend punt 7 van de bijlage

Deel B. Termijnen voor omzetting in nationaal recht
(bedoeld in artikel 9)

Richtlijn	*Omzettingstermijn*
90/435/EEG	31 december 1991
2003/123/EG	1 januari 2005
2006/98/EG	1 januari 2007

RICHTLIJN 2014/86/EU VAN DE RAAD

van 8 juli 2014
tot wijziging van Richtlijn 2011/96/EU betreffende de gemeenschappelijke fiscale regeling voor moedermaatschappijen en dochterondernemingen uit verschillende lidstaten

Art. 1
Richtlijn 2011/96/EU wordt als volgt gewijzigd:
1. *[aanvulling art. 4, lid 1, onderdeel a: zie aldaar]*
2. *[vervanging van Annex I, deel A, onderdeel u: zie aldaar]*
3. *[vervanging van Annex I, deel A, onderdeel w: zie aldaar]*

Art. 2
1. De lidstaten doen de nodige wettelijke en bestuursrechtelijke bepalingen in werking treden om uiterlijk op 31 december 2015 aan deze richtlijn te voldoen. Zij delen de Commissie de tekst van die bepalingen onverwijld mee. Wanneer de lidstaten die bepalingen aannemen, wordt in die bepalingen zelf of bij de officiële bekendmaking ervan naar deze richtlijn verwezen. De regels voor die verwijzing worden vastgesteld door de lidstaten.
2. De lidstaten delen de Commissie de tekst van de belangrijkste bepalingen van intern recht mee die zij op het onder deze richtlijn vallende gebied vaststellen.

Art. 3
Deze richtlijn treedt in werking op de twintigste dag na die van de bekendmaking ervan in het Publicatieblad van de Europese Unie.

Art. 4
Deze richtlijn is gericht tot de lidstaten.

Gedaan te Brussel, 8 juli 2014.

RICHTLIJN (EU) 2015/121 VAN DE RAAD

van 27 januari 2015
tot wijziging van Richtlijn 2011/96/EU betreffende de gemeenschappelijke fiscale regeling voor moedermaatschappijen en dochterondernemingen uit verschillende lidstaten

Art. 1
Richtlijn 2011/96/EU wordt als volgt gewijzigd:
[vervanging lid 2 van Artikel 1; zie aldaar]

Art. 2

1. De lidstaten doen de nodige wettelijke en bestuursrechtelijke bepalingen in werking treden om uiterlijk 31 december 2015 aan deze richtlijn te voldoen. Zij delen de Commissie de tekst van die bepalingen onverwijld mee. Wanneer de lidstaten die bepalingen aannemen, wordt in die bepalingen zelf of bij de officiële bekendmaking ervan naar deze richtlijn verwezen. De regels voor die verwijzing worden vastgesteld door de lidstaten.
2. De lidstaten delen de Commissie de tekst van de belangrijkste bepalingen van intern recht mee die zij op het onder deze richtlijn vallende gebied vaststellen.

Art. 3

Deze richtlijn treedt in werking op de twintigste dag na die van de bekendmaking ervan in het Publicatieblad van de Europese Unie.

Art. 4

Deze richtlijn is gericht tot de lidstaten

Gedaan te Brussel, 27 januari 2015.

Council Directive 2009/133/EC of 19 October 2009 on the common system of taxation applicable to mergers, divisions, partial divisions, transfers of assets and exchanges of shares concerning companies of different Member States and to the transfer of the registered office of an SE or SCE between Member States

codified version of the

Council Directive 90/434/EEC of 23 July 1990 on the common system of taxation applicable to mergers, divisions, partial divisions, transfers of assets and exchanges of shares concerning companies of different Members States and to the transfer of the registered office, of an SE or SCE, between Member States, as amended by Council Directive 2005/19/EC of 17 February 2005 and the Directives regarding the accession of new Member States

[Text of the 2009 Preamble]

THE COUNCIL OF THE EUROPEAN UNION,
Having regard to the Treaty establishing the European Community, and in particular Article 94 thereof,
Having regard to the proposal from the Commission,
Having regard to the opinion of the European Parliament[1],
Having regard to the opinion of the European Economic and Social Committee[2],
Whereas:

1. Council Directive 90/434/EEC of 23 July 1990 on the common system of taxation applicable to mergers, divisions, partial divisions, transfers of assets and exchanges of shares concerning companies of different Member States and to the transfer of the registered office, of an SE or SCE, between Member States[3] has been substantially amended several times[4]. In the interests of clarity and rationality the said Directive should be codified.

2. Mergers, divisions, partial divisions, transfers of assets and exchanges of shares concerning companies of different Member States may be necessary in order to create within the Community conditions analogous to those of an internal market and in order thus to ensure the effective functioning of such an internal market. Such operations ought not to be hampered by restrictions, disadvantages or distortions arising in particular from the tax provisions of the Member States. To that end it is necessary, with respect to such operations, to provide for tax rules which are neutral from the point of view of competition, in order to allow enterprises to adapt to the requirements of the internal market, to increase their productivity and to improve their competitive strength at the international level.
3. Tax provisions disadvantage such operations, in comparison with those concerning companies of the same Member State. It is necessary to remove such disadvantages.
4. It is not possible to attain this objective by an extension at Community level of the systems in force in the Member States, since differences between these systems tend to produce distortions. Only a common tax system is able to provide a satisfactory solution in this respect.
5. The common tax system ought to avoid the imposition of tax in connection with mergers, divisions, partial divisions, transfers of assets or exchanges of shares, while at the same time safeguarding the financial interests of the Member State of the transferring or acquired company.
6. In respect of mergers, divisions or transfers of assets, such operations normally result either in the transformation of the transferring company into a permanent establishment of the company receiving the assets or in the assets becoming connected with a permanent establishment of the latter company.
7. The system of deferral of the taxation of the capital gains relating to the assets transferred until their actual disposal, applied to such of those assets as are transferred to that permanent establishment, permits exemption

1. Opinion of 13 January 2009 (not yet published in the Official Journal).
2. OJ C 100, 30.4.2009, p. 153.
3. OJ L 225, 20.8.1990, p. 1.
4. See Annex II, Part A.

RICHTLIJN 2009/133/EG VAN DE RAAD van 19 oktober 2009 betreffende de gemeenschappelijke fiscale regeling voor fusies, splitsingen, gedeeltelijke splitsingen, inbreng van activa en aandelenruil met betrekking tot vennootschappen uit verschillende lidstaten en voor de verplaatsing van de statutaire zetel van een SE of een SCE van een lidstaat naar een andere lidstaat

gecodificeerde versie van de

RICHTLIJN 90/434/EEG VAN DE RAAD van 23 juli 1990 betreffende de gemeenschappelijke fiscale regeling voor fusies, splitsingen, gedeeltelijke splitsingen, inbreng van activa en aandelenruil met betrekking tot vennootschappen uit verschillende lidstaten en voor de verplaatsing van de statutaire zetel van een SE of een SCE van een lidstaat naar een andere lidstaat zoals gewijzigd bij Richtlijn 2005/19/EG van de Raad van 17 februari 2005 en aangevuld door de Richtlijnen inzake de toetreding van nieuwe Lidstaten

DE RAAD VAN DE EUROPESE UNIE,
Gelet op het Verdrag tot oprichting van de Europese Gemeenschap, en met name op artikel 94,
Gezien het voorstel van de Commissie,
Gezien het advies van het Europees Parlement[1]
Gezien het advies van het Europees Economisch en Sociaal Comité[2]
Overwegende hetgeen volgt:

1. Richtlijn 90/434/EEG van de Raad van 23 juli 1990 betreffende de gemeenschappelijke fiscale regeling voor fusies, splitsingen, gedeeltelijke splitsingen, inbreng van activa en aandelenruil met betrekking tot vennootschappen uit verschillende lidstaten en voor de verplaatsing van de statutaire zetel van een SE of een SCE van een lidstaat naar een andere lidstaat[3] is herhaaldelijk en ingrijpend gewijzigd[4]. Ter wille van de duidelijkheid en een rationele ordening van de tekst dient tot codificatie van deze richtlijn te worden overgegaan.
2. Fusies, splitsingen, gedeeltelijke splitsingen, inbreng van activa en aandelenruil, betrekking hebbende op vennootschappen uit verschillende lidstaten kunnen noodzakelijk zijn teneinde in de Gemeenschap soortgelijke voorwaarden te scheppen als op een binnenlandse markt en daardoor de goede werking van de interne markt te verzekeren. Deze transacties moeten niet worden belemmerd door uit de fiscale voorschriften der lidstaten voortvloeiende bijzondere beperkingen, nadelen of distorsies. Er moet bijgevolg voor deze transacties worden voorzien in concurrentie-neutrale belastingvoorschriften om de ondernemingen in staat te stellen zich aan te passen aan de eisen van de gemeenschappelijke markt, hun productiviteit te vergroten en hun concurrentiepositie op de internationale markt te versterken.
3. Bepalingen van fiscale aard benadelen deze transacties thans ten opzichte van transacties met betrekking tot vennootschappen van een zelfde lidstaat. Deze benadeling moet worden opgeheven.
4. Dit doel kan niet worden bereikt door de in de lidstaten geldende nationale regelingen uit te breiden tot de gehele Gemeenschap, omdat de verschillen tussen deze regelingen distorsies kunnen veroorzaken. Daarom kan uitsluitend een gemeenschappelijke fiscale regeling een bevredigende oplossing bieden.
5. De gemeenschappelijke fiscale regeling moet voorkomen dat wegens fusies, splitsingen, gedeeltelijke splitsingen, inbreng van activa of aandelenruil belasting wordt geheven, met dien verstande dat de financiële belangen van de lidstaat van de inbrengende of verworven vennootschap moeten worden veiliggesteld.
6. Wat fusies, splitsingen en inbreng van activa betreft, hebben deze transacties normaliter tot resultaat dat de inbrengende vennootschap wordt omgezet in een vaste inrichting van de ontvangende vennootschap of dat de activa gaan behoren tot een vaste inrichting van laatstgenoemde vennootschap.
7. Toepassing van het systeem van uitstel van belastingheffing over de meerwaarde der ingebrachte goederen welke tot die vaste inrichting blijven behoren tot het tijdstip dat deze metterdaad wordt gerealiseerd, biedt de

1. Advies van 13 januari 2009 (nog niet bekendgemaakt in het Publicatieblad).
2. PB C 100 van 30.4.2009, blz. 153.
3. PB L 225 van 20.8.1990, blz. 1.
4. Zie bijlage II, deel A.

from taxation of the corresponding capital gains, while at the same time ensuring their ultimate taxation by the Member State of the transferring company at the date of their disposal.
8. While the companies listed in Annex I, Part A are corporate taxpayers in their Member State of residence, some of them may be considered to be fiscally transparent by other Member States. In order to preserve the effectiveness of this Directive, Member States treating non-resident corporate taxpayers as fiscally transparent should grant the benefits of this Directive to them. However, Member States should have the option not to apply the relevant provisions of this Directive when taxing a direct or indirect shareholder of those taxpayers.

9. It is also necessary to define the tax regime applicable to certain provisions, reserves or losses of the transferring company and to solve the tax problems occurring where one of the two companies has a holding in the capital of the other.
10. The allotment to the shareholders of the transferring company of securities of the receiving or acquiring company should not in itself give rise to any taxation in the hands of such shareholders.
11. The decision of an SE or SCE to reorganise its business by transferring its registered office should not be unduly hampered by discriminatory tax rules or by restrictions, disadvantages or distortions arising from national tax legislation which is contrary to Community Law. The transfer, or an event connected with the transfer, may give rise to some form of taxation in the Member State from which the office is transferred. Where the assets of the SE or of the SCE remain effectively connected with a permanent establishment in the Member State from which the registered office was transferred, that permanent establishment should enjoy benefits similar to those provided for by Articles 4, 5 and 6. Moreover, the taxation of shareholders on the occasion of the transfer of the registered office should be excluded.

12. This Directive does not deal with losses of a permanent establishment in another Member State recognised in the Member State of residence of an SE or SCE. In particular, where the registered office of an SE or SCE is transferred to another Member State, such transfer does not prevent the former Member State of residence from reinstating losses of the permanent establishment in due time.
13. It is necessary to allow Member States the possibility of refusing to apply this Directive where the merger, division, partial division, transfer of assets, exchange of shares or transfer of the registered office of an SE or SCE has as its objective tax evasion or avoidance or results in a company, whether or not it participates in the operation, no longer fulfilling the conditions required for the representation of employees in company organs.

14. One of the aims of this Directive is to eliminate obstacles to the functioning of the internal market, such as double taxation. In so far as this is not fully achieved by the provisions of this Directive, Member States should take the necessary measures to achieve this aim.
15. This Directive should be without prejudice to the obligations of the Member States relating to the time-limits for transposition into national law and application of the Directives set out in Annex II, Part B,

HAS ADOPTED THIS DIRECTIVE:

Chapter I. General provisions

Art. 1. [Scope]
Each Member State shall apply this Directive to the following:
a. mergers, divisions, partial divisions, transfers of assets and exchanges of shares involving companies from two or more Member States;
b. transfers of the registered office from one Member State to another Member State of a European company (Societas Europaea or SE), as established in Council Regulation (EC) No 2157/2001 on the Statute for a European company (SE)[1], and a European Cooperative Society (SCE), as established in Council Regulation (EC) No 1435/2003 on the Statute for a European Cooperative Society (SCE)[2].

Art. 2. [Definitions]
For the purposes of this Directive, the following definitions shall apply:
a. 'merger' means an operation whereby:
i. one or more companies, on being dissolved without going into liquidation, transfer all their assets and liabilities to another existing company in exchange for the issue to their shareholders of securities representing the

1. OJ L 294, 10.11.2001, p. 1.
2. OJ L 207, 18.8.2003, p. 1.

mogelijkheid belastingheffing ter zake van de betreffende boekwinsten te voorkomen, terwijl de latere heffing door de lidstaat van de inbrengende vennootschap op het moment van realisatie van deze winsten gewaarborgd blijft.

8. Hoewel de in bijlage I, deel A, genoemde vennootschappen belastingplichtige vennootschappen in hun woonstaat zijn, kunnen sommige ervan door andere lidstaten als fiscaal transparant worden aangemerkt. Om de doeltreffendheid van deze richtlijn te behouden, moeten de lidstaten die niet-ingezeten belastingplichtige vennootschappen als fiscaal transparant aanmerken, ook aan deze vennootschappen de voordelen van deze richtlijn toekennen. Evenwel moet de lidstaten de keuze worden gelaten de desbetreffende bepalingen van deze richtlijn niet toe te passen wanneer zij belasting heffen op directe of indirecte deelgerechtigden van die belastingplichtige vennootschappen.

9. Er moet tevens een regeling worden getroffen voor de fiscale behandeling van bepaalde reserves of verliezen van de inbrengende vennootschap en er moet een oplossing worden gevonden voor de fiscale problemen die aan de orde komen wanneer een van de vennootschappen een deelneming bezit in het kapitaal van de andere.

10. Toekenning van aandelen van de ontvangende of verwervende vennootschap aan de deelgerechtigden van de inbrengende vennootschap mag op zichzelf niet leiden tot enigerlei belastingheffing bij die deelgerechtigden.

11. Het besluit van een SE of een SCE om het bedrijf te reorganiseren door de statutaire zetel te verplaatsen, mag niet worden belemmerd door discriminerende belastingregels of beperkingen, nadelen of verstoringen als gevolg van nationale belastingwetgeving die in strijd is met het Gemeenschapsrecht. Het verplaatsen of een gebeurtenis die met die verplaatsing verband houdt, kan in de lidstaat van waaruit de statutaire zetel verplaatst wordt, aanleiding geven tot een belastingheffing. Wanneer de activa van de SE of de SCE daadwerkelijk verbonden blijven met een tot de SE of de SCE behorende vaste inrichting die gelegen is in de lidstaat van waaruit de statutaire zetel wordt verplaatst, moet die vaste inrichting soortgelijke voordelen genieten als die waarin de artikelen 4, 5 en 6 voorzien. Bovendien moet belastingheffing van de deelgerechtigden bij de verplaatsing van de statutaire zetel worden uitgesloten.

12. In deze richtlijn zijn geen bepalingen opgenomen betreffende de verliezen van een vaste inrichting in een andere lidstaat die in de woonstaat van een SE of SCE in de balans zijn opgenomen. Met name wanneer de statutaire zetel van een SE of SCE naar een andere lidstaat wordt verplaatst, doet dit geenszins afbreuk aan het recht van de vroegere lidstaat van vestiging om te gelegener tijd de verliezen bij de belastbare winsten op te tellen.

13. De lidstaten moeten het voordeel dat voortvloeit uit de toepassing van de bepalingen van de richtlijn kunnen weigeren indien de fusie, splitsing, gedeeltelijke splitsing, inbreng van activa, aandelenruil of de verplaatsing van de statutaire zetel van een SE of een SCE, belastingfraude of -ontwijking tot doel heeft of tot gevolg heeft dat een al dan niet aan de transactie deelnemende vennootschap niet meer voldoet aan de voorwaarden die vereist zijn voor de werknemersvertegenwoordiging in de vennootschapsorganen.

14. Een van de doelstellingen van deze richtlijn is obstakels weg te nemen die de werking van de interne markt kunnen belemmeren, zoals dubbele belastingheffing. Voor zover dit met deze richtlijn niet ten volle is gerealiseerd, moeten de lidstaten de nodige maatregelen nemen om dit doel alsnog te bereiken.

15. Deze richtlijn dient de verplichtingen van de lidstaten met betrekking tot de in bijlage II, deel B, genoemde termijnen voor omzetting in nationaal recht en toepassing van de aldaar genoemde richtlijnen onverlet te laten,

HEEFT DE VOLGENDE RICHTLIJN VASTGESTELD:

Hoofdstuk I. Algemene bepalingen

Art. 1. [Reikwijdte richtlijn]

Elke lidstaat past de in deze richtlijn opgenomen bepalingen toe op:

a. fusies, splitsingen, gedeeltelijke splitsingen, inbreng van activa en aandelenruil waarbij vennootschappen van twee of meer lidstaten betrokken zijn;

b. verplaatsingen van een lidstaat naar een andere lidstaat van de statutaire zetel van een Europese vennootschap (Societas Europaea of SE), opgericht volgens Verordening (EG) nr. 2157/2001 van de Raad van 8 oktober 2001 betreffende het statuut van de Europese vennootschap (SE)[1], en van een Europese coöperatieve vennootschap (SCE), opgericht volgens Verordening (EG) nr. 1435/2003 van de Raad van 22 juli 2003 betreffende het statuut voor een Europese coöperatieve vennootschap (SCE)[2].

Art. 2. [Definities]

Voor de toepassing van deze richtlijn wordt verstaan onder:

a. 'fusie': de rechtshandeling waarbij:

i. de activa en passiva van het vermogen van één of meer vennootschappen als gevolg en op het tijdstip van ontbinding zonder liquidatie in hun geheel op een andere, reeds bestaande vennootschap overgaan tegen uitgifte van bewijzen van deelgerechtigdheid in het maatschappelijk kapitaal van de andere vennootschap aan haar deel-

1. PB L 294 van 10.11.2001, blz. 1.
2. PB L 207 van 18.8.2003, blz. 1.

capital of that other company, and, if applicable, a cash payment not exceeding 10% of the nominal value, or, in the absence of a nominal value, of the accounting par value of those securities;

ii. two or more companies, on being dissolved without going into liquidation, transfer all their assets and liabilities to a company that they form, in exchange for the issue to their shareholders of securities representing the capital of that new company, and, if applicable, a cash payment not exceeding 10% of the nominal value, or in the absence of a nominal value, of the accounting par value of those securities;

iii. a company, on being dissolved without going into liquidation, transfers all its assets and liabilities to the company holding all the securities representing its capital;

b. 'division' means an operation whereby a company, on being dissolved without going into liquidation, transfers all its assets and liabilities to two or more existing or new companies, in exchange for the pro rata issue to its shareholders of securities representing the capital of the companies receiving the assets and liabilities, and, if applicable, a cash payment not exceeding 10% of the nominal value or, in the absence of a nominal value, of the accounting par value of those securities;

c. 'partial division' means an operation whereby a company transfers, without being dissolved, one or more branches of activity, to one or more existing or new companies, leaving at least one branch of activity in the transferring company, in exchange for the pro- rata issue to its shareholders of securities representing the capital of the companies receiving the assets and liabilities, and, if applicable, a cash payment not exceeding 10% of the nominal value or, in the absence of a nominal value, of the accounting par value of those securities;

d. 'transfer of assets' means an operation whereby a company transfers without being dissolved all or one or more branches of its activity to another company in exchange for the transfer of securities representing the capital of the company receiving the transfer;

e. 'exchange of shares' means an operation whereby a company acquires a holding in the capital of another company such that it obtains a majority of the voting rights in that company, or, holding such a majority, acquires a further holding, in exchange for the issue to the shareholders of the latter company, in exchange for their securities, of securities representing the capital of the former company, and, if applicable, a cash payment not exceeding 10% of the nominal value, in the absence of a nominal value, of the accounting par value of the securities issued in exchange;

f. 'transferring company' means the company transferring its assets and liabilities or transferring all or one or more branches of its activity;
g. 'receiving company' means the company receiving the assets and liabilities or all or one or more branches of the activity of the transferring company;
h. 'acquired company' means the company in which a holding is acquired by another company by means of an exchange of securities;
i. 'acquiring company' means the company which acquires a holding by means of an exchange of securities;

j. 'branch of activity' means all the assets and liabilities of a division of a company which from an organisational point of view constitute an independent business, that is to say an entity capable of functioning by its own means;

k. 'transfer of the registered office' means an operation whereby an SE or an SCE, without winding up or creating a new legal person, transfers its registered office from one Member State to another Member State.

Art. 3. [Definition 'company from a Member State']
For the purposes of this Directive, 'company from a Member State' shall mean any company which:
a. takes one of the forms listed in Annex, I Part A;
b. according to the tax laws of a Member State is considered to be resident in that Member State for tax purposes and, under the terms of a double taxation agreement concluded with a third country, is not considered to be resident for tax purposes outside the Community; and

c. is subject to one of the taxes listed in Annex I, Part B, without the possibility of an option or of being exempt, or to any other tax which may be substituted for any of those taxes.

gerechtigden, eventueel met een bijbetaling in geld welke niet meer mag bedragen dan 10% van de nominale waarde of, bij gebreke van een nominale waarde, van de fractiewaarde van deze bewijzen;

ii. de activa en passiva van het vermogen van twee of meer vennootschappen als gevolg en op het tijdstip van ontbinding zonder liquidatie in hun geheel op een door hen op te richten vennootschap overgaan tegen uitgifte van bewijzen van deelgerechtigdheid in het maatschappelijk kapitaal van de nieuwe vennootschap aan haar deelgerechtigden, eventueel met een bijbetaling in geld welke niet meer mag bedragen dan 10% van de nominale waarde of, bij gebreke van een nominale waarde, van de fractiewaarde van deze bewijzen;

iii. de activa en passiva van het vermogen van een vennootschap als gevolg en op het tijdstip van haar ontbinding zonder liquidatie in haar geheel op de vennootschap overgaan die alle bewijzen van deelgerechtigdheid in het maatschappelijk kapitaal bezit;

b. 'splitsing': de rechtshandeling waarbij de activa en passiva van het vermogen van een vennootschap als gevolg en op het tijdstip van haar ontbinding zonder liquidatie in hun geheel op twee of meer reeds bestaande of nieuwe vennootschappen overgaan tegen uitgifte, volgens een pro-rataregeling, van bewijzen van deelgerechtigdheid in het maatschappelijk kapitaal van de ontvangende vennootschappen aan haar deelgerechtigden, eventueel met een bijbetaling in geld welke niet meer mag bedragen dan 10% van de nominale waarde of, bij gebreke van een nominale waarde, van de fractiewaarde van deze bewijzen;

c. 'gedeeltelijke splitsing': de rechtshandeling waarbij één of meer takken van bedrijvigheid van een vennootschap, zonder dat deze wordt ontbonden, op één of meer reeds bestaande of nieuwe vennootschappen overgaan en ten minste één tak van bedrijvigheid in de inbrengende vennootschap overblijft tegen uitgifte, volgens een prorataregeling, van bewijzen van deelgerechtigdheid in het maatschappelijk kapitaal van de ontvangende vennootschappen aan haar deelgerechtigden, eventueel met een bijbetaling in geld welke niet meer mag bedragen dan 10% van de nominale waarde of, bij gebreke van een nominale waarde, van de fractiewaarde van deze bewijzen;

d. 'inbreng van activa': de rechtshandeling waarbij een vennootschap, zonder ontbonden te worden, haar gehele dan wel één of meer takken van haar bedrijvigheid inbrengt in een andere vennootschap, tegen verkrijging van bewijzen van deelgerechtigdheid in het maatschappelijk kapitaal van de vennootschap welke de inbreng ontvangt;

e. 'aandelenruil': de rechtshandeling waarbij een vennootschap in het maatschappelijk kapitaal van een andere vennootschap een deelneming verkrijgt waardoor zij een meerderheid van stemmen in die vennootschap krijgt, of waardoor zij, indien zij reeds over een meerderheid beschikt, haar deelneming vergroot, tegen uitgifte aan de deelgerechtigden van laatstgenoemde vennootschap, in ruil voor hun bewijzen van deelgerechtigdheid, van bewijzen van deelgerechtigdheid in het maatschappelijk kapitaal van eerstgenoemde vennootschap, eventueel met een bijbetaling in geld welke niet meer mag bedragen dan 10% van de nominale waarde, of bij gebreke van een nominale waarde, van de fractiewaarde van de in het kader van deze ruil uitgegeven bewijzen;

f. 'inbrengende vennootschap': de vennootschap die de activa en passiva van haar vermogen overdraagt of haar gehele dan wel één of meer takken van haar bedrijvigheid inbrengt;

g. 'ontvangende vennootschap': de vennootschap die de activa en passiva van het vermogen dan wel alle of één of meer takken van bedrijvigheid van de inbrengende vennootschap ontvangt;

h. 'verworven vennootschap': de vennootschap waarin een andere vennootschap een deelneming verwerft door middel van een effectenruil;

i. 'verwervende vennootschap': de vennootschap die een deelneming verwerft door middel van een effectenruil;

j. 'tak van bedrijvigheid': het totaal van de activa en passiva van een afdeling van een vennootschap die uit organisatorisch oogpunt een onafhankelijke exploitatie vormen, dat wil zeggen een geheel dat op eigen kracht kan functioneren;

k. 'verplaatsing van de statutaire zetel': de rechtshandeling waarbij een SE of een SCE, zonder haar onderneming te staken of een nieuwe rechtspersoon op te richten, haar statutaire zetel van een lidstaat naar een andere lidstaat verplaatst.

Art. 3. [Definitie 'vennootschap van een lidstaat']

Voor de toepassing van deze richtlijn wordt onder 'vennootschap van een lidstaat' verstaan iedere vennootschap:

a. die een van de in bijlage I, deel A, genoemde rechtsvormen heeft;

b. die volgens de fiscale wetgeving van een lidstaat wordt geacht fiscaal in die lidstaat te zijn gevestigd en die volgens een met een derde land gesloten verdrag inzake dubbele belastingheffing niet wordt geacht fiscaal buiten de Gemeenschap te zijn gevestigd, en

c. die, zonder mogelijkheid van keuze en zonder ervan te zijn vrijgesteld, is onderworpen aan een van de in bijlage I, deel B, genoemde belastingen of aan enige andere belasting die in de plaats zou komen van een van die belastingen.

Chapter II. Rules applicable to mergers, divisions, partial divisions, to transfers of assets and exchanges of shares

Art. 4. [Carry-over of balance-sheet values]
1. A merger, division or partial division shall not give rise to any taxation of capital gains calculated by reference to the difference between the real values of the assets and liabilities transferred and their values for tax purposes.

2. For the purpose of this Article, the following definitions shall apply:
a. 'value for tax purposes': the value on the basis of which any gain or loss would have been computed for the purposes of tax upon the income, profits or capital gains of the transferring company if such assets or liabilities had been sold at the time of the merger, division or partial division but independently of it;

b. 'transferred assets and liabilities': those assets and liabilities of the transferring company which, in consequence of the merger, division or partial division, are effectively connected with a permanent establishment of the receiving company in the Member State of the transferring company and play a part in generating the profits or losses taken into account for tax purposes.
3. Where paragraph 1 applies and where a Member State considers a non-resident transferring company as fiscally transparent on the basis of that Member State's assessment of the legal characteristics of that company arising from the law under which it is constituted and therefore taxes the shareholders on their share of the profits of the transferring company as and when those profits arise, that Member State shall not tax any income, profits or capital gains calculated by reference to the difference between the real values of the assets and liabilities transferred and their values for tax purposes.
4. Paragraphs 1 and 3 shall apply only if the receiving company computes any new depreciation and any gains or losses in respect of the assets and liabilities transferred according to the rules that would have applied to the transferring company or companies if the merger, division or partial division had not taken place.

5. Where, under the laws of the Member State of the transferring company, the receiving company is entitled to have any new depreciation or any gains or losses in respect of the assets and liabilities transferred computed on a basis different from that set out in paragraph 4, paragraph 1 shall not apply to the assets and liabilities in respect of which that option is exercised.
Art. 5. [Carry-over of provisions]
The Member States shall take the necessary measures to ensure that, where provisions or reserves properly constituted by the transferring company are partly or wholly exempt from tax and are not derived from permanent establishments abroad, such provisions or reserves may be carried over, with the same tax exemption, by the permanent establishments of the receiving company which are situated in the Member State of the transferring company, the receiving company thereby assuming the rights and obligations of the transferring company.

Art. 6. [Transfer of losses]
To the extent that, if the operations referred to in Article 1(a) were effected between companies from the Member State of the transferring company, the Member State would apply provisions allowing the receiving company to takeover the losses of the transferring company which had not yet been exhausted for tax purposes, it shall extend those provisions to cover the takeover of such losses by the receiving company's permanent establishments situated within its territory.
Art. 7. [Existing holdings in transferring company]
1. Where the receiving company has a holding in the capital of the transferring company, any gains accruing to the receiving company on the cancellation of its holding shall not be liable to any taxation.

2. The Member States may derogate from paragraph 1 where the receiving company has a holding of less than 15% in the capital of the transferring company.
From 1 January 2009 the minimum holding percentage shall be 10%.
Art. 8. [No taxation of shareholder in case of transfer of balance-sheet values]
1. On a merger, division or exchange of shares, the allotment of securities representing the capital of the receiving or acquiring company to a shareholder of the transferring or acquired company in exchange for securities representing the capital of the latter company shall not, of itself, give rise to any taxation of the income, profits or capital gains of that shareholder.

2. On a partial division, the allotment to a shareholder of the transferring company of securities representing the capital of the receiving company shall not, of itself, give rise to any taxation of the income, profits or capital gains of that shareholder.

Hoofdstuk II. Regels voor fusies, splitsingen, gedeeltelijke splitsingen, inbreng van activa en aandelenruil

Art. 4. [Overneming boekwaarden]

1. Fusies, splitsingen en gedeeltelijke splitsingen leiden niet tot enigerlei belastingheffing over de vermogenswinst die bepaald wordt door het verschil tussen de werkelijke waarde van de ingebrachte activa en passiva en hun fiscale waarde.

2. Voor de toepassing van dit artikel wordt verstaan onder:

a. 'fiscale waarde': de waarde welke voor de toepassing van de belastingen over het inkomen, de winst of de vermogenswinst de basis zou hebben gevormd voor de berekening van een winst of een verlies bij de inbrengende vennootschap, indien deze activa en passiva zouden zijn verkocht ten tijde van, maar onafhankelijk van, de fusie, splitsing of gedeeltelijke splitsing;

b. 'ingebrachte activa en passiva': de activa en passiva van de inbrengende vennootschap welke als gevolg van de fusie, splitsing of gedeeltelijke splitsing metterdaad gaan behoren tot een vaste inrichting van de ontvangende vennootschap in de lidstaat van de inbrengende vennootschap en bijdragen tot de totstandkoming van de resultaten die in aanmerking worden genomen voor de belastinggrondslag.

3. Wanneer lid 1 van toepassing is en een lidstaat een elders gevestigde inbrengende vennootschap als fiscaal transparant aanmerkt op grond van een beoordeling, door de lidstaat, van de juridische eigenschappen waarover de vennootschap beschikt ingevolge het recht waarnaar zij is opgericht, en de lidstaat daarom de deelgerechtigden over hun aandeel in de winst van de inbrengende vennootschap belast, indien en voor zover er winst is, heft de lidstaat generlei belasting over het inkomen, de winst of de vermogenswinst die bepaald wordt door het verschil tussen de werkelijke waarde van de ingebrachte activa en passiva en hun fiscale waarde.

4. De leden 1 en 3 zijn slechts van toepassing indien de ontvangende vennootschap verdere afschrijvingen, alsook meerwaarden en waardeverminderingen betreffende deze ingebrachte activa en passiva, berekent met toepassing van dezelfde regels als de inbrengende vennootschap had kunnen toepassen indien de fusie, splitsing of gedeeltelijke splitsing niet zou hebben plaatsgevonden.

5. Indien de wetgeving van de lidstaat van de inbrengende vennootschap de ontvangende vennootschap toestaat verdere afschrijvingen, alsook meerwaarden en waardeverminderingen betreffende de ingebrachte activa en passiva, te berekenen onder voorwaarden welke afwijken van die van lid 4, is lid 1 niet van toepassing op die activa en passiva waarvoor de ontvangende vennootschap van deze mogelijkheid gebruik heeft gemaakt.

Art. 5. [Overname reserves]

De lidstaten treffen de nodige maatregelen opdat de reserves die door de inbrengende vennootschap in overeenstemming met de voorschriften met gehele of gedeeltelijke vrijstelling van belasting zijn gevormd, behoudens de reserves uit vaste inrichtingen in het buitenland, onder dezelfde voorwaarden worden overgenomen door de vaste inrichtingen van de ontvangende vennootschap welke zijn gelegen in de lidstaat van de inbrengende vennootschap, waarbij de ontvangende vennootschap de rechten en verplichtingen van de inbrengende vennootschap overneemt.

Art. 6. [Overname verliezen]

Voor zover de lidstaat van de inbrengende vennootschap, indien de in artikel 1, onder a), bedoelde rechtshandelingen verricht werden tussen op zijn grondgebied gevestigde vennootschappen, bepalingen zou toepassen die de ontvangende vennootschap in staat stellen de fiscaal nog niet verrekende verliezen van de inbrengende vennootschap over te nemen, breidt die lidstaat deze bepalingen uit tot de overname van zulke verliezen door de vaste inrichtingen van de ontvangende vennootschap, die zich op zijn grondgebied bevinden.

Art. 7. [Bestaande deelneming in inbrengende vennootschap]

1. Indien de ontvangende vennootschap een deelneming bezit in het kapitaal van de inbrengende vennootschap, leiden de bij de ontvangende vennootschap bij beëindiging van haar deelneming in het kapitaal van de inbrengende vennootschap te voorschijn komende meerwaarden tot geen enkele vorm van belastingheffing.

2. De lidstaten mogen van lid 1 afwijken wanneer de deelneming van de ontvangende vennootschap in het kapitaal van de inbrengende vennootschap minder dan 15% bedraagt.

Vanaf 1 januari 2009 bedraagt de minimumdeelneming 10%.

Art. 8. [Geen belastingheffing bij aandeelhouder indien doorschuiven boekwaaarden]

1. Indien bij een fusie, een splitsing of een aandelenruil bewijzen van deelgerechtigdheid in het maatschappelijk kapitaal van de ontvangende of de verwervende vennootschap worden toegekend aan een deelgerechtigde van de inbrengende of verworven vennootschap, in ruil voor bewijzen van deelgerechtigdheid in het maatschappelijk kapitaal van deze laatste vennootschap, mag dit op zich niet leiden tot enigerlei belastingheffing over het inkomen, de winst of de vermogenswinst van deze deelgerechtigde.

2. Toekenning, bij een gedeeltelijke splitsing, van bewijzen van deelgerechtigdheid in het maatschappelijk kapitaal van de ontvangende vennootschap aan een deelgerechtigde van de inbrengende vennootschap, mag op zich niet leiden tot enigerlei belastingheffing over het inkomen, de winst of de vermogenswinst van deze deelgerechtigde.

3. Where a Member State considers a shareholder as fiscally transparent on the basis of that Member State's assessment of the legal characteristics of that shareholder arising from the law under which it is constituted and therefore taxes those persons having an interest in the shareholder on their share of the profits of the shareholder as and when those profits arise, that Member State shall not tax those persons on income, profits or capital gains from the allotment of securities representing the capital of the receiving or acquiring company to the shareholder.

4. Paragraphs 1 and 3 shall apply only if the shareholder does not attribute to the securities received a value for tax purposes higher than the value the securities exchanged had immediately before the merger, division or exchange of shares.
5. Paragraphs 2 and 3 shall apply only if the shareholder does not attribute to the sum of the securities received and those held in the transferring company, a value for tax purposes higher than the value the securities held in the transferring company had immediately before the partial division.

6. The application of paragraphs 1, 2 and 3 shall not prevent the Member States from taxing the gain arising out of the subsequent transfer of securities received in the same way as the gain arising out of the transfer of securities existing before the acquisition.
7. For the purpose of this Article, 'value for tax purposes 'shall mean the value on the basis of which any gain or loss would be computed for the purposes of tax upon the income, profits or capital gains of a shareholder of the company.
8. Where, under the law of the Member State in which he is resident, a shareholder may opt for tax treatment different from that set out in paragraphs 4 and 5, paragraphs 1, 2 and 3 shall not apply to the securities in respect of which such an option is exercised.

9. Paragraphs 1, 2 and 3 shall not prevent a Member State from taking into account when taxing shareholders any cash payment that may be made on the merger, division, partial division or exchange of shares.

Art. 9. [Corresponding application]
Articles 4, 5 and 6 shall apply to transfers of assets.

Chapter III. Special case of the transfer of a permanent establishment

Art. 10. [Permanent establishment in third Member State or Member State of receiving company]
1. Where the assets transferred in a merger, a division, a partial division or a transfer of assets include a permanent establishment of the transferring company which is situated in a Member State other than that of the transferring company, the Member State of the transferring company shall renounce any right to tax that permanent establishment.

The Member State of the transferring company may reinstate in the taxable profits of that company such losses of the permanent establishment as may previously have been set off against the taxable profits of the company in that Member State and which have not been recovered.

The Member State in which the permanent establishment is situated and the Member State of the receiving company shall apply the provisions of this Directive to such a transfer as if the Member State where the permanent establishment is situated were the Member State of the transferring company.

This paragraph shall also apply in the case where the permanent establishment is situated in the same Member State as that in which the receiving company is resident.
2. By way of derogation from paragraph 1, where the Member State of the transferring company applies a system of taxing worldwide profits, that Member State shall have the right to tax any profits or capital gains of the permanent establishment resulting from the merger, division, partial division or transfer of assets, on condition that it gives relief for the tax that, but for the provisions of this Directive, would have been charged on those profits or capital gains in the Member State in which that permanent establishment is situated, in the same way and in the same amount as it would have done if that tax had actually been charged and paid.

Chapter IV. Special case of transparent entities

Art. 11. [Transparent entities]
1. Where a Member State considers a non-resident transferring or acquired company to be fiscally transparent on the basis of that Member State's assessment of the legal characteristics of that company arising from the law under which it is constituted, it shall have the right not to apply the provisions of this Directive when taxing a direct or indirect shareholder of that company in respect of the income, profits or capital gains of that company.

3. Wanneer een lidstaat een deelgerechtigde als fiscaal transparant aanmerkt op grond van een beoordeling, door de lidstaat, van de juridische eigenschappen waarover de deelgerechtigde beschikt ingevolge het recht waarnaar hij is opgericht, en de lidstaat daarom personen met een belang in de deelgerechtigde over hun aandeel in de winst van de deelgerechtigde belast, indien en voor zover er winst is, onderwerpt de lidstaat die personen niet aan belasting over het inkomen, de winst of de vermogenswinst die voortvloeit uit de toekenning van de bewijzen van deelgerechtigheid in het maatschappelijk kapitaal van de ontvangende of verwervende vennootschap aan de deelgerechtigde.
4. De leden1 en 3 zijn slechts van toepassing indien de deelgerechtigde aan de in ruil ontvangen bewijzen geen hogere fiscale waarde toerekent dan de waarde die de geruilde bewijzen onmiddellijk vóór de fusie, de splitsing of de aandelenruil hadden.
5. De leden 2 en 3 zijn slechts van toepassing indien de deelgerechtigde aan de som van de in ruil ontvangen bewijzen en de door hem in de inbrengende vennootschap gehouden bewijzen geen hogere fiscale waarde toerekent dan de waarde die de door hem in de inbrengende vennootschap gehouden bewijzen onmiddellijk vóór de gedeeltelijke splitsing hadden.
6. De toepassing van de leden 1, 2 en 3 belet de lidstaten niet de winst die uit de latere vervreemding van de ontvangen bewijzen voortvloeit, op dezelfde wijze te belasten als de winst uit de vervreemding van de bewijzen die vóór de verwerving bestonden.
7. Voor de toepassing van dit artikel wordt onder 'fiscale waarde' verstaan: de waarde die als grondslag zou dienen voor de eventuele berekening van een meerwaarde of waardevermindering die onder de toepassing valt van een belasting over het inkomen, de winst of de vermogenswinst van de deelgerechtigde van de vennootschap.
8. Indien een deelgerechtigde overeenkomstig de wetgeving van de lidstaat waar hij zijn fiscale woonplaats heeft, een andere fiscale behandeling mag kiezen dan die welke in de leden 4 en 5 is omschreven, gelden de leden 1, 2 en 3 niet voor de bewijzen van deelgerechtigdheid waarvoor deze deelgerechtigde dit keuzerecht heeft uitgeoefend.
9. De leden 1, 2 en 3 vormen geen beletsel voor het in aanmerking nemen, ter fine van het belasten van de deelgerechtigde, van een bijbetaling in geld die hem eventueel zou worden toegekend bij de fusie, de splitsing, de gedeeltelijke splitsing of de aandelenruil.

Art. 9. [Overeenkomstige toepassing]
De artikelen 4, 5 en 6 zijn van toepassing op de inbreng van activa.

Hoofdstuk III. Bijzonder geval van de inbreng van een vaste inrichting

Art. 10. [Vaste inrichting inderde staat of staat van ontvangende vennootschap]
1. Indien tot de bij een fusie, een splitsing, een gedeeltelijke splitsing of een inbreng van activa ingebrachte goederen een vaste inrichting van de inbrengende vennootschap behoort welke is gelegen in een andere lidstaat dan die waaronder de inbrengende vennootschap ressorteert, ziet de lidstaat van de inbrengende vennootschap af van ieder recht tot belastingheffing ten aanzien van die vaste inrichting.

De lidstaat waaronder de inbrengende vennootschap ressorteert, mag bij het vaststellen van de belastbare winsten van deze vennootschap de vroegere verliezen van de vaste inrichting welke eventueel van de belastbare winst van die vennootschap in die lidstaat zijn afgetrokken en welke niet zijn gecompenseerd, bij de belastbare winsten optellen.

De lidstaat waar de vaste inrichting is gelegen en de lidstaat van de ontvangende vennootschap passen op die inbreng de bepalingen van deze richtlijn toe alsof de lidstaat waar de vaste inrichting is gelegen, de lidstaat van de inbrengende vennootschap was.

Dit lid is ook van toepassing indien de vaste inrichting is gelegen in dezelfde lidstaat als die waarin de ontvangende vennootschap haar fiscale woonplaats heeft.
2. In afwijking van lid 1 heeft de lidstaat van de inbrengende vennootschap die fiscaal een stelsel van wereldwinst toepast, het recht de winst of de vermogenswinst van de vaste inrichting die het resultaat is van de fusie, splitsing, gedeeltelijke splitsing of inbreng van activa, te belasten, op voorwaarde dat hij de aftrek toestaat van de belasting die zonder de bepalingen van deze richtlijn op die winst of die vermogenswinst zou zijn geheven in de lidstaat waar die vaste inrichting is gelegen, op dezelfde manier en voor hetzelfde bedrag als hij zou hebben gedaan indien die belasting werkelijk was geheven en betaald.

Hoofdstuk IV. Bijzonder geval van transparente entiteiten

Art. 11. [Transparante entiteiten]
1. Wanneer een lidstaat een niet-ingezeten inbrengende of verworven vennootschap als fiscaal transparant beschouwt op grond van een beoordeling, door de lidstaat, van de juridische eigenschappen waarover de vennootschap beschikt ingevolge het recht waarnaar zij is opgericht, dan heeft die lidstaat het recht bij het heffen van een belasting op het inkomen, de winst of de vermogenswinst van die vennootschap ten aanzien van directe of indirecte deelgerechtigden van die vennootschap de bepalingen van deze richtlijn niet toe te passen.

2. A Member State exercising the right referred to in paragraph 1 shall give relief for the tax which, but for the provisions of this Directive, would have been charged on the fiscally transparent company on its income, profits or capital gains, in the same way and in the same amount as that Member State would have done if that tax had actually been charged and paid.
3. Where a Member State considers a non-resident receiving or acquiring company to be fiscally transparent on the basis of that Member State's assessment of the legal characteristics of that company arising from the law under which it is constituted, it shall have the right not to apply Article 8(1), (2) and (3).

4. Where a Member State considers a non-resident receiving company to be fiscally transparent on the basis of that Member State's assessment of the legal characteristics of that company arising from the law under which it is constituted, that Member State may apply to any direct or indirect shareholders the same treatment for tax purposes as it would if the receiving company were resident in that Member State.

Chapter V. Rules applicable to the transfer of the registered office of an se or an sce

Art. 12. [SE/SCE registered office transfer]

1. Where:

a. an SE or an SCE transfers its registered office from one Member State to another Member State; or

b. in connection with the transfer of its registered office from one Member State to another Member State, an SE or an SCE, which is resident in the first Member State, ceases to be resident in that Member State and becomes resident in another Member State;

that transfer of registered office or the cessation of residence shall not give rise to any taxation of capital gains, calculated in accordance with Article 4(1), in the Member State from which the registered office has been transferred, derived from those assets and liabilities of the SE or SCE which, in consequence, remain effectively connected with a permanent establishment of the SE or of the SCE in the Member State from which the registered office has been transferred and play a part in generating the profits or losses taken into account for tax purposes.

2. Paragraph 1 shall apply only if the SE or the SCE computes any new depreciation and any gains or losses in respect of the assets and liabilities that remain effectively connected with that permanent establishment, as though the transfer of the registered office had not taken place or the SE or the SCE had not so ceased to be tax resident.
3. Where, under the laws of the Member State from which the registered office was transferred, the SE or the SCE is entitled to have any new depreciation or any gains or losses in respect of the assets and liabilities remaining in that Member State computed on a basis different from that set out in paragraph 2, paragraph 1 shall not apply to the assets and liabilities in respect of which that option is exercised.

Art. 13. [same]

1. Where:

a. an SE or an SCE transfers its registered office from one Member State to another Member State; or

b. in connection with the transfer of its registered office from one Member State to another Member State, an SE or an SCE, which is resident in the first Member State, ceases to be resident in that Member State and becomes resident in another Member State; the Member States shall take the necessary measures to ensure that, where provisions or reserves properly constituted by the SE or the SCE before the transfer of the registered office are partly or wholly exempt from tax and are not derived from permanent establishments abroad, such provisions or reserves may be carried over, with the same tax exemption, by a permanent establishment of the SE or the SCE which is situated within the territory of the Member State from which the registered office was transferred.

2. To the extent that a company transferring its registered office within the territory of a Member State would be allowed to carry forward or carry back losses which had not been exhausted for tax purposes, that Member State shall allow the permanent establishment, situated within its territory, of the SE or of the SCE transferring its registered office, to take over those losses of the SE or SCE which have not been exhausted for tax purposes, provided that the loss carry forward or carry back would have been available in comparable circumstances to a company which continued to have its registered office or which continued to be tax resident in that Member State.

Art. 14. [same]

1. The transfer of the registered office of an SE or of an SCE shall not, of itself, give rise to any taxation of the income, profits or capital gains of the shareholders.
2. The application of paragraph 1 shall not prevent the Member States from taxing the gain arising out of the subsequent transfer of the securities representing the capital of the SE or of the SCE that transfers its registered office.

2. Een lidstaat die het in lid 1 bedoelde recht uitoefent, staat aftrek toe van de belasting die zonder de bepalingen van deze richtlijn zou zijn geheven op het inkomen, de winst of de vermogenswinst van de fiscaal transparante onderneming, zulks op dezelfde manier en voor hetzelfde bedrag als die lidstaat zou hebben gedaan indien die belasting werkelijk was geheven en betaald.
3. Wanneer een lidstaat een niet-ingezeten ontvangende of verwervende vennootschap als fiscaal transparant beschouwt op grond van een beoordeling, door die lidstaat, van de juridische eigenschappen waarover de vennootschap beschikt ingevolge het recht waarnaar zij is opgericht, dan heeft die lidstaat het recht artikel 8, leden 1, 2 en 3, niet toe te passen.
4. Wanneer een lidstaat een niet-ingezeten ontvangende vennootschap als fiscaal transparant beschouwt op grond van een beoordeling, door de lidstaat, van de juridische eigenschappen waarover de vennootschap beschikt ingevolge het recht waarnaar zij is opgericht, kan die lidstaat op elk van de directe of indirecte deelgerechtigden, dezelfde behandeling voor fiscale doeleinden toepassen als hij zou toepassen indien de ontvangende vennootschap haar fiscale woonplaats had in die lidstaat.

Hoofdstuk V. Regels voor de verplaatsing van de statutaire zetel van een se of een sce

Art. 12. [Verplaatsing statutaire zetel SE/SCE]

1. Wanneer:
   a. een SE of een SCE haar statutaire zetel van een lidstaat naar een andere lidstaat verplaatst, of
   b. ingevolge de verplaatsing van haar statutaire zetel van een lidstaat naar een andere lidstaat, een SE of een SCE die haar fiscale woonplaats in de eerste lidstaat heeft, niet langer haar fiscale woonplaats heeft in die lidstaat, en een nieuwe fiscale woonplaats in een andere lidstaat verkrijgt,

leidt deze verplaatsing van de statutaire zetel of de opheffing van de fiscale woonplaats niet tot enigerlei belastingheffing over de vermogenswinst in de lidstaat van waar de statutaire zetel is verplaatst, welke wordt berekend overeenkomstig artikel 4, lid 1, en voortvloeit uit de activa en passiva van de SE of de SCE die bijgevolg feitelijk verbonden blijven met een vaste inrichting van de SE of de SCE in de lidstaat van waar de statutaire zetel is verplaatst, en die bijdragen tot de totstandkoming van de resultaten welke in aanmerking worden genomen voor de belastinggrondslag.

2. Lid 1 is slechts van toepassing indien de SE of de SCE verdere afschrijvingen, alsook meerwaarden en waardeverminderingen betreffende de activa en passiva die feitelijk verbonden blijven met die vaste inrichting, berekent alsof de statutaire zetel niet was verplaatst, dan wel de SE of de SCE haar fiscale woonplaats nog steeds in die lidstaat heeft.
3. Indien de wetgeving van de lidstaat van waar de statutaire zetel is verplaatst de SE of de SCE toestaat verdere afschrijvingen, alsook meerwaarden en waardeverminderingen betreffende de activa en passiva die in die lidstaat achterblijven, te berekenen onder voorwaarden welke afwijken van die van lid 2, is lid 1 niet van toepassing op de activa en passiva waarvoor van deze mogelijkheid gebruik wordt gemaakt.

Art. 13. [idem]

1. Wanneer:
   a. een SE of een SCE haar statutaire zetel van een lidstaat naar een andere lidstaat verplaatst, of
   b. ingevolge de verplaatsing van haar statutaire zetel van een lidstaat naar een andere lidstaat, een SE of een SCE die haar fiscale woonplaats in de eerste lidstaat heeft, niet langer haar fiscale woonplaats heeft in die lidstaat, en een nieuwe fiscale woonplaats in een andere lidstaat verkrijgt,

nemen de lidstaten de nodige maatregelen om ervoor te zorgen dat voorzieningen of reserves die de SE of de SCE volgens de voorschriften heeft aangelegd vóór de verplaatsing van de statutaire zetel, en die geheel of gedeeltelijk belastingvrij zijn en niet uit vaste inrichtingen in het buitenland voortkomen, met dezelfde belastingvrijstelling kunnen worden overgenomen door een SE of de SCE die is gevestigd op het grondgebied van de lidstaat van waar de statutaire zetel werd verplaatst.

2. Voor zover een vennootschap die haar zetel binnen het grondgebied van een lidstaat verplaatst, de fiscaal niet verrekende verliezen op vorige of volgende jaren mag afboeken, staat die lidstaat de op zijn grondgebied gelegen vaste inrichting van de SE of de SCE die haar zetel verplaatst, toe die fiscaal nog niet verrekende verliezen van de SE of de SCE over te nemen, op voorwaarde dat het afboeken van verliezen op vorige of volgende jaren in vergelijkbare omstandigheden mogelijk zou zijn geweest voor een vennootschap die in die lidstaat haar zetel of fiscale woonplaats behoudt.

Art. 14. [idem]

1. De verplaatsing van de statutaire zetel van een SE of een SCE leidt op zich niet tot enigerlei belastingheffing over het inkomen, de winst of de vermogenwinst van de deelgerechtigden.
2. De toepassing van lid 1 belet de lidstaten niet belasting te heffen over de winst die voortvloeit uit de latere vervreemding van de bewijzen van deelgerechtigdheid in het kapitaal van de SE of de SCE die haar statutaire zetel verplaatst.

Chapter VI. Final provisions

Art. 15. [Abuse, etc.]
1. A Member State may refuse to apply or withdraw the benefit of all or any part of the provisions of Articles 4 to 14 where it appears that one of the operations referred to in Article 1:

a. has as its principal objective or as one of its principal objectives tax evasion or tax avoidance; the fact that the operation is not carried out for valid commercial reasons such as the restructuring or rationalisation of the activities of the
companies participating in the operation may constitute a presumption that the operation has tax evasion or tax avoidance as its principal objective or as one of its principal objectives;

b. results in a company, whether participating in the operation or not, no longer fulfilling the necessary conditions for the representation of employees on company organs according to the arrangements which were in force prior to that operation.

2. Paragraph 1(b) shall apply as long as and to the extent that no Community law provisions containing equivalent rules on representation of employees on company organs are applicable to the companies covered by this Directive.

Art. 16. [Implementation]
Member States shall communicate to the Commission the texts of the main provisions of national law which they adopt in the field covered by this Directive.

Art. 17.
Directive 90/434/EEC, as amended by the acts listed in Annex II, Part A, is repealed, without prejudice to the obligations of the Member States relating to the time-limits for transposition into national law and application of the Directives set out in Annex II, Part B.

References to the repealed Directive shall be construed as references to this Directive and shall be read in accordance with the correlation table in Annex III.

Art. 18.
This Directive shall enter into force on the 20th day following its publication in the Official Journal of the European Union.

Art. 19.
This Directive is addressed to the Member States.

ANNEX I

Part A – List of companies referred to in Article 3(a)

a. companies (SE) incorporated under Regulation (EC) No 2157/2001 and Council Directive 2001/86/EC of 8 October 2001 supplementing the Statute for a European company with regard to the involvement of employees[1] and cooperative societies (SCE) incorporated under Regulation (EC) No 1435/2003 and Council Directive 2003/72/EC of 22 July 2003 supplementing the Statute for a European Cooperative Society with regard to the involvement of employees[2];

b. companies under **Belgian** law known as 'société anonyme'/'naamloze vennootschap', 'société en commandite par actions'/'commanditaire vennootschap op aandelen', 'société privée à responsabilité limitée'/'besloten vennootschap met beperkte aansprakelijkheid''société coopérative à responsabilité limitée'/'coöperatieve vennootschap met beperkte aansprakelijkheid', 'société coopérative à responsabilité illimitée'/'coöperatieve vennootschap met onbeperkte aansprakelijkheid', 'société en nom collectif'/'vennootschap onder firma', 'société en commandite simple'/'gewone commanditaire vennootschap', public undertakings which have adopted one of the abovementioned legal forms, and other companies constituted under Belgian law subject to the Belgian corporate tax;

c. companies under **Bulgarian** law known as 'събирателното дружество', 'командитното дружество', 'дружеството с ограничена отговорност', 'акционерното дружество', 'командитното дружество с акции', 'кооперации', 'кооперативни съюзи', 'държавни предприятия' constituted under Bulgarian law and carrying on commercial activities;

d. companies under **Czech** law known as 'akciová společnost' and 'společnost s ručením omezeným';

1. OJ L 294, 10.11.2001, p. 22.
2. OJ L 207, 18.8.2003, p. 25.

Hoofdstuk VI. Slotbepalingen

Art. 15. [Misbruik, enz.]

1. De lidstaten kunnen weigeren de bepalingen van de artikelen 4 tot en met 14 geheel of gedeeltelijk toe te passen of het voordeel ervan geheel of gedeeltelijk teniet te doen, indien blijkt dat een van de in artikel 1 bedoelde rechtshandelingen:

a. als hoofddoel of een der hoofddoelen belastingfraude of belastingontwijking heeft; wanneer de rechtshandeling niet plaatsvindt op grond van zakelijke overwegingen, zoals herstructurering of rationalisering van de activiteiten van de bij
de rechtshandeling betrokken vennootschappen, geldt het vermoeden dat die rechtshandeling als hoofddoel of een van de hoofddoelen belastingfraude of belastingontwijking heeft;

b. tot gevolg heeft dat een al dan niet aan de rechtshandeling deelnemende vennootschap niet meer voldoet aan de voorwaarden die vereist zijn voor de werknemersvertegenwoordiging in de vennootschapsorganen volgens de regeling die vóór de betrokken rechtshandeling van toepassing was.

2. Lid 1, onder b), blijft van toepassing zolang en voor zover geen communautaire regelgeving die gelijkwaardige bepalingen bevat inzake werknemersvertegenwoordiging in de vennootschapsorganen, van toepassing wordt op de vennootschappen die onder de onderhavige richtlijn vallen.

Art. 16. [Implementatie]

De lidstaten delen de Commissie de tekst mee van de belangrijkste bepalingen van intern recht die zij op het onder deze richtlijn vallende gebied vaststellen.

Art. 17.

Richtlijn 90/434/EEG, zoals gewijzigd bij de in bijlage II, deel A, genoemde besluiten, wordt ingetrokken, onverminderd de verplichtingen van de lidstaten met betrekking tot de in bijlage II, deel B, genoemde termijnen voor omzetting in nationaal recht en toepassing van de aldaar genoemde richtlijnen.

Verwijzingen naar de ingetrokken richtlijn gelden als verwijzingen naar de onderhavige richtlijn en worden gelezen volgens de concordantietabel in bijlage III.

Art. 18.

Deze richtlijn treedt in werking op de twintigste dag volgende op die van haar bekendmaking in het Publicatieblad van de Europese Unie.

Art. 19.

Deze richtlijn is gericht tot de lidstaten.

BIJLAGE I

Deel A – Lijst van de in artikel 3, onder a), bedoelde vennootschappen

a. De vennootschappen (SE) opgericht overeenkomstig Verordening (EG) nr. 2157/2001 en Richtlijn 2001/86/EG van de Raad van 8 oktober 2001 tot aanvulling van het statuut van de Europese vennootschap met betrekking tot de rol van de werknemers[1] , alsmede de coöperatieve vennootschappen (SCE) opgericht overeenkomstig Verordening (EG) nr. 1435/ 2003 en Richtlijn 2003/72/EG van de Raad van 22 juli 2003 tot aanvulling van het statuut van een Europese coöperatieve vennootschap met betrekking tot de rol van de werknemers[2].

b. De vennootschappen naar **Belgisch** recht, geheten: 'société anonyme'/'naamloze vennootschap', 'société en commandite par actions'/'commanditaire vennootschap op aandelen', 'société privée à responsabilité limitée'/ 'besloten vennootschap met beperkte aansprakelijkheid', 'société coopérative à responsabilité limitée'/'coöperatieve vennootschap met beperkte aansprakelijkheid', 'société coopérative à responsabilité illimitée'/'coöperatieve vennootschap met onbeperkte aansprakelijkheid', 'société en nom collectif'/'vennootschap onder firma', 'société en commandite simple'/'gewone commanditaire vennootschap', de overheidsbedrijven die een van vorengenoemde rechtsvormen hebben aangenomen, alsmede andere vennootschappen die zijn opgericht naar Belgisch recht en die onder de Belgische vennootschapsbelasting vallen;

c. De vennootschappen naar **Bulgaars** recht, geheten: 'събирателното дружество', 'командитното дружество', 'дружеството с ограничена отговорност', 'акционерното дружество', 'командитното дружество с акции', 'кооперации', 'кооперативни съюзи', 'държавни предприятия', die zijn opgericht naar Bulgaars recht en commerciële activiteiten uitoefenen.

d. De vennootschappen naar **Tsjechisch** recht, geheten: 'akciová společnost' en 'společnost s ručením omezeným'.

1. PB L 294 van 10.11.2001, blz. 1.
2. PB L 207 van 18.8.2003, blz. 1.

e. companies under **Danish** law known as 'aktieselskab' and 'anpartsselskab' and other companies subject to tax under the Corporation Tax Act, in so far as their taxable income is calculated and taxed in accordance with the general tax legislation rules applicable to 'aktieselskaber';

f. companies under **German** law known as 'Aktiengesellschaft', 'Kommanditgesellschaft auf Aktien', 'Gesellschaft mit beschränkter Haftung', 'Versicherungsverein auf Gegenseitigkeit', 'Erwerbs- und Wirtschaftsgenossenschaft', 'Betriebe gewerblicher Art von juristischen Personen des öffentlichen Rechts', and other companies constituted under German law subject to German corporate tax;
g. companies under **Estonian** law known as 'täisühing', 'usaldusühing', 'osaühing', 'aktsiaselts' and 'tulundusühistu';
h. companies incorporated or existing under **Irish** law, bodies registered under the Industrial and Provident Societies Act, building societies incorporated under the Building Societies Acts and trustee savings banks within the meaning of the Trustee Savings Banks Act, 1989;
i. companies under **Greek** law known as 'ανώνυμη εταιρεία' and εταιρεία περιορισμένης ευθύνης (Ε.Π.Ε.)';

j. companies under **Spanish** law known as 'sociedad anónima', 'sociedad comanditaria por acciones', 'sociedad de responsabilidad limitada', and those public law bodies which operate under private law;

k. companies under **French** law known as 'société anonyme', 'société en commandite par actions', 'société à responsabilité limitée', 'sociétés par actions simplifiées', 'sociétés dm'assurances mutuelles', 'caisses dm'épargne et de prévoyance', 'sociétés civiles 'which are automatically subject to corporation tax, 'coopératives', 'unions de coopératives', industrial and commercial public establishments and undertakings, and other companies constituted under French law subject to the French corporate tax;

l. companies under **Italian** law known as 'società per azioni', 'società in accomandita per azioni', 'società a responsabilità limitata', 'società cooperative', 'società di mutua assicurazione', and private and public entities whose activity is wholly or principally commercial;
m. companies (εταιρείες) under **Cypriot** law as defined in the income tax laws;

n. companies under Latvian law known as 'akciju sabiedrība' and 'sabiedrība ar ierobežotu atbildību';
o. companies incorporated under the law of **Lithuania**;
p. companies under **Luxembourg** law known as 'société anonyme', 'société en commandite par actions', 'société à responsabilité limitée', 'société coopérative', 'société coopérative organisée comme une société anonyme', 'association d'assurances mutuelles', 'association d'épargne-pension', 'entreprise de nature commerciale, industrielle ou minière de l'État, des communes, des syndicats de communes, des établissements publics et des autres personnes morales de droit public', and other companies constituted under Luxembourg law subject to the Luxembourg corporate tax;
q. companies under **Hungarian** law known as 'közkereseti társaság', 'betéti társaság', 'közös vállalat', 'korlátolt felelősségű társaság', 'részvénytársaság', 'egyesülés', 'közhasznú társaság 'and 'szövetkezet';
r. companies under **Maltese** law known as 'Kumpaniji ta' Responsabilità Limitata' and 'Soċjetajiet en commandite li l-kapital tagħhom maqsum f'azzjonijiet';
s. companies under **Dutch** law known as 'naamloze vennootschap', 'besloten vennootschap met beperkte aansprakelijkheid', 'open commanditaire vennootschap', 'coöperatie', 'onderlinge waarborgmaatschappij', 'fonds voor gemene rekening', 'vereniging op coöperatieve grondslag 'and 'vereniging welke op onderlinge grondslag als verzekeraar of kredietinstelling optreedt', and other companies constituted under Dutch law subject to the Dutch corporate tax;
t. companies under **Austrian** law known as 'Aktiengesellschaft', 'Gesellschaft mit beschränkter Haftung', and 'Erwerbs- und Wirtschaftsgenossenschaften';
u. companies under **Polish** law known as 'spółka akcyjna' and 'spółka z ograniczoną odpowiedzialnością';

v. commercial companies or civil law companies having a commercial form as well as other legal persons carrying on commercial or industrial activities, which are incorporated under Portuguese law;
w. companies under **Romanian** law known as 'societăţi pe acţiuni', 'societăţi în comandită pe acţiuni' and 'societăţi cu răspundere limitată';
x. companies under **Slovenian** law known as 'delniška družba', 'komanditna družba 'and 'družba z omejeno odgovornostjo';
y. companies under **Slovak** law known as 'akciová spoločnosť', 'spoločnosť s ručením obmedzeným' and 'komanditná spoločnosť';
z. companies under **Finnish** law known as 'osakeyhtiö'/'aktiebolag', 'osuuskunta'/'andelslag', 'säästöpankki'/ 'sparbank', and 'vakuutusyhtiö'/'försäkringsbolag';
aa. companies under **Swedish** law known as 'aktiebolag', 'bankaktiebolag', 'försäkringsaktiebolag', 'ekonomiska föreningar', 'sparbanker' and 'ömsesidiga försäkringsbolag';

e. De vennootschappen naar **Deens** recht, geheten: 'aktieselskab' en 'anpartsselskab', alsmede de overige overeenkomstig de wet op de vennootschapsbelasting belastingplichtige ondernemingen, voor zover hun belastbare inkomsten worden berekend en belast volgens de algemene fiscaalrechtelijke regels van toepassing op 'aktieselskaber'.

f. De vennootschappen naar **Duits** recht geheten: 'Aktiengesellschaft', 'Kommanditgesellschaft auf Aktien', 'Gesellschaft mit beschränkter Haftung', 'Versicherungsverein auf Gegenseitigkeit', 'Erwerbs- und Wirtschaftsgenossenschaft', 'Betriebe gewerblicher Art von juristischen Personen des öffentlichen Rechts', alsmede andere vennootschappen die zijn opgericht naar Duits recht en die onder de Duitse vennootschapsbelasting vallen.

g. De vennootschappen naar **Estlands** recht, geheten: 'täisühing', 'usaldusühing', 'osaühing', 'aktsiaselts' en 'tulundusühistu'.

h. De vennootschappen die zijn opgericht naar of handelen onder **Iers** recht, de lichamen die zijn geregistreerd krachtens de Industrial and Provident Societies Act, de 'building societies' die zijn opgericht onder de 'Building Societies Acts', en de 'trustee savings banks' in de zin van de 'Trustee Savings Banks Act' van 1989.

i. De vennootschappen naar **Grieks** recht, geheten: 'ανώνυμη εταιρεία' en 'εταιρεία περιορισμένης ευθύνης (Ε.Π.Ε.)'.

j. De vennootschappen naar **Spaans** recht, geheten: 'sociedad anónima', 'sociedad comanditaria por acciones', 'sociedad de responsabilidad limitada', alsmede de publiekrechtelijke lichamen die privaatrechtelijk werkzaam zijn.

k. De vennootschappen naar **Frans** recht, geheten: 'société anonyme', 'société en commandite par actions', 'société à responsabilité limitée', 'sociétés par actions simplifiées', 'sociétés d'assurances mutuelles', 'caisses d'épargne et de prévoyance', 'sociétés civiles' die automatisch aan de vennootschapsbelasting onderworpen zijn, 'coopératives', 'unions de coopératives', de overheidsinstellingen en -bedrijven met een industrieel of commercieel karakter, alsmede andere
vennootschappen die zijn opgericht naar Frans recht en die onder de Franse vennootschapsbelasting vallen.

l. De vennootschappen naar **Italiaans** recht, geheten: 'società per azioni', 'società in accomandita per azioni', 'società a responsabilità limitata', 'società cooperative', 'società di mutua assicurazione', alsook de particuliere en publieke lichamen met uitsluitend of hoofdzakelijk commerciële werkzaamheden.

m. De vennootschappen ('εταιρείες') naar **Cypriotisch** recht, zoals gedefinieerd in de wetten op de inkomstenbelasting.

n. De vennootschappen naar **Lets** recht, geheten: 'akciju sabiedrība' and 'sabiedrība ar ierobežotu atbildību'.

o. De vennootschappen naar **Litouws** recht.

p. De vennootschappen naar **Luxemburgs** recht, geheten: 'société anonyme', 'société en commandite par actions', 'société à responsabilité limitée', 'société coopérative', 'société coopérative organisée comme une société anonyme', 'association d'assurances mutuelles', 'association d'épargne-pension', 'entreprise de nature commerciale, industrielle ou minière de l'État, des communes, des syndicats de communes, des établissements publics et des autres personnes morales de droit public', alsmede andere vennootschappen die zijn opgericht naar Luxemburgs recht en die onder de Luxemburgse vennootschapsbelasting vallen.

q. De vennootschappen naar **Hongaars** recht, geheten: 'közkereseti társaság', 'betéti társaság', 'közös vállalat', 'korlátolt felelősségű társaság', 'részvénytársaság', 'egyesülés', 'közhasznú társaság' en 'szövetkezet'.

r. De vennootschappen naar **Maltees** recht, geheten: 'Kumpaniji ta' Responsabilità Limitata' en 'Soċjetajiet en commandite li l-kapital tagħhom maqsum f'azzjonijiet'.

s. De vennootschappen naar **Nederlands** recht, geheten: 'naamloze vennootschap', 'besloten vennootschap met beperkte aansprakelijkheid', 'open commanditaire vennootschap', 'coöperatie', 'onderlinge waarborgmaatschappij', 'fonds voor gemene rekening', 'vereniging op coöperatieve grondslag' en 'vereniging welke op onderlinge grondslag als verzekeraar of kredietinstelling optreedt', alsmede andere vennootschappen die zijn opgericht naar Nederlands recht en die onder de Nederlandse vennootschapsbelasting vallen.

t. De vennootschappen naar **Oostenrijks** recht, geheten: 'Aktiengesellschaft', 'Gesellschaft mit beschränkter Haftung' en 'Erwerbs- und Wirtschaftsgenossenschaften'.

u. De vennootschappen naar **Pools** recht, geheten: 'spółka akcyjna' en 'spółka z ograniczoną odpowiedzialnością'.

v. Handelsvennootschappen of vennootschappen met handelsvorm, alsmede andere naar **Portugees** recht opgerichte rechtspersonen die commerciële of industriële activiteiten uitoefenen.

w. De vennootschappen naar **Roemeens** recht, geheten: 'societăţi pe acţiuni', 'societăţi în comandită pe acţiuni' and 'societăţi cu răspundere limitată';

x. De vennootschappen naar **Sloveens** recht, geheten: 'delniška družba', 'komanditna družba' en 'družba z omejeno odgovornostjo'.

y. De vennootschappen naar **Slowaaks** recht, geheten: 'akciová spoločnosť', 'spoločnosť s ručením obmedzeným' en 'komanditná spoločnosť'.

z. De vennootschappen naar **Fins** recht, geheten: 'osakeyhtiö'/'aktiebolag', 'osuuskunta'/'andelslag', 'säästöpankki'/ 'sparbank' en 'vakuutusyhtiö'/'försäkringsbolag'.

aa. De vennootschappen naar **Zweeds** recht, geheten: 'aktiebolag', 'bankaktiebolag', 'försäkringsaktiebolag', 'ekonomiska föreningar', 'sparbanker' en 'ömsesidiga försäkringsbolag'.

ab. companies incorporated under the law of the United Kingdom.

Part B – List of taxes referred to in Article 3(c)

– impôt des sociétés/vennootschapsbelasting in **Belgium**,
– корпоративен данък in **Bulgaria**,
– daň z příjmů právnických osob in the **Czech Republic**,
– selskabsskat in **Denmark**,
– Körperschaftssteuer in **Germany**,
– tulumaks in **Estonia**,
– corporation tax in **Ireland**,
– φόρος εισοδήματος νομικών προσώπων κερδοσκοπικού-χαρακτήρα in **Greece**,
– impuesto sobre sociedades in **Spain**,
– impôt sur les sociétés in **France**,
– imposta sul reddito delle società in **Italy**,
– φόρος εισοδήματος in **Cyprus**,
– uzņēmumu ienākuma nodoklis in **Latvia**,
– pelno mokestis in **Lithuania**,
– impôt sur le revenu des collectivités in **Luxembourg**,
– társasági adó in **Hungary**,
– taxxa fuq l-income in **Malta**,
– vennootschapsbelasting in the **Netherlands**,
– Körperschaftssteuer in **Austria**,
– podatek dochodowy od osób prawnych in **Poland**,
– imposto sobre o rendimento das pessoas colectivas in **Portugal**,
– impozit pe profit in **Romania**,
– davek od dobička pravnih oseb in **Slovenia**,
– daň z príjmov právnických osôb in **Slovakia**,
– yhteisöjen tulovero/inkomstskatten för samfund in **Finland**,
– statlig inkomstskatt in **Sweden**,
– corporation tax in the **United Kingdom**.

ANNEX II

Part A – Repealed Directive with list of its successive amendments (referred to in Article 17)

Council Directive 90/434/EEC (OJ L 225, 20.8.1990, p. 1).
Point XI(B)(I)(2) of Annex I to the 1994 Act of Accession (OJ C 241, 29.8.1994, p. 196)
Point 9.7 of Annex II to the 2003 Act of Accession (OJ L 236, 23.9.2003, p. 559)
Council Directive 2005/19/EC (OJL 58, 4.3.2005, p. 19)
Council Directive 2006/98/EC (OJ L 363, 20.12.2006, p. 129), only point 6 of the Annex

Part B - List of time-limits for transposition into national law and application (referred to in Article 17)

Verordening 1999 Directive	Verordening 1999 Timelimit for transposition	Verordening 1999 Date of application
Verordening 1999 90/434/EEC Verordening 1999 2005/19/EC Verordening 1999 Verordening 1999 2006/98/EC	Verordening 1999 1 January 1992 Verordening 1999 1 January 2006(²) Verordening 1999 1 January 2007(³) Verordening 1999 1 January 2007	Verordening 1999 1 January 1993(¹) Verordening 1999 Verordening 1999 Verordening 1999
Verordening 1999(¹) Applicable to the Portuguese Republic only. Verordening 1999(²) As regards the provisions referred to in Article 2(1) of the Directive. Verordening 1999(³) As regards the provisions referred to in Article 2(2) of the Directive.		

ab. De vennootschappen naar het recht van het **Verenigd Koninkrijk**.

Deel B – Lijst van de in artikel 3, onder c) bedoelde belastingen

- vennootschapsbelasting/impôt des sociétés in **België**;
- корпоративен данък in **Bulgarije**;
- daň z příjmů právnických osob in **Tsjechië**;
- selskabsskat in **Denemarken**;
- Körperschaftssteuer in **Duitsland**;
- tulumaks in **Estland**;
- corporation tax in **Ierland**;
- φόρος εισοδήματος νομικών προσώπων κερδοσκοπικού-χαρακτήρα in **Griekenland**;
- impuesto sobre sociedades in **Spanje**;
- impôt sur les sociétés in **Frankrijk**;
- imposta sul reddito delle società in **Italië**;
- φόρος εισοδήματος in **Cyprus**;
- uzņēmumu ienākuma nodoklis in **Letland**;
- pelno mokestis in **Litouwen**;
- impôt sur le revenu des collectivités in **Luxemburg**;
- társasági adó in **Hongarije**;
- taxxa fuq l-income in **Malta**;
- vennootschapsbelasting in **Nederland**;
- Körperschaftssteuer in **Oostenrijk**;
- podatek dochodowy od osób prawnych in **Polen**;
- imposto sobre o rendimento das pessoas colectivas in **Portugal**;
- impozit pe profit in **Roemenië**;
- davek od dobička pravnih oseb in **Slovenië**;
- daň z príjmov právnických osôb in **Slowakije**;
- yhteisöjen tulovero/inkomstskatten för samfund in **Finland**;
- statlig inkomstskatt in **Zweden**;
- corporation tax in het **Verenigd Koninkrijk**.

BIJLAGE II

Deel A – Ingetrokken richtlijn met overzicht van de achtereenvolgende wijzigingen ervan (bedoeld in artikel 17)

Richtlijn 90/434/EEG van de Raad (PB L 225 van 20.8.1990, blz. 1).

Punt XI.B.I.2 van bijlage I bij de Toetredingsakte van 1994 (PB C 241 van 29.8.1994, blz. 196)
Punt 9.7 van bijlage II bij de Toetredingsakte van 2003 (PB L 236 van 23.9.2003, blz. 559)
Richtlijn 2005/19/EG van de Raad (PB L 58 van 4.3.2005, blz. 19)
Richtlijn 2006/98/EG van de Raad (PB L 363 van 20.12.2006, blz. 129), uitsluitend punt 6 van de bijlage.

Deel B – Termijnen voor omzetting in nationaal recht (bedoeld in artikel 17)

Verordening 1999 Richtlijn	Verordening 1999 Omzettingstermijn	Verordening 1999 Toepassingsdatum
Verordening 1999 90/434/EEC Verordening 1999 2005/19/EC Verordening 1999 Verordening 1999 2006/98/EC	Verordening 1999 1 januari 1992 Verordening 1999 1 januari 2006(2) Verordening 1999 1 januari 2007(3) Verordening 1999 1 januari 2007	Verordening 1999 1 januari 1993(1) Verordening 1999 Verordening 1999 Verordening 1999
Verordening 1999([1]) Uitsluitend wat de Portugese Republiek betreft. Verordening 1999([2]) Wat de in artikel 2, lid 1, van de richtlijn bedoelde bepalingen betreft. Verordening 1999([3]) Wat de in artikel 2, lid 2, van de richtlijn bedoelde bepalingen betreft.		

ANNEX III

Correlation Table

Verordening 1999 Directive 90/434/EEC	Verordening 1999 This Directive
Verordening 1999 Article 1 Verordening 1999 Article 2(a) first indent Verordening 1999 Article 2(a) second indent Verordening 1999 Article 2(a) third indent Verordening 1999 Article 2(b) Verordening 1999 Verordening 1999 Article 2(b)(a) Verordening 1999 Article 2(c) Verordening 1999 Article 2(d) Verordening 1999 Article 2(e) Verordening 1999 Article 2(f) Verordening 1999 Verordening 1999 Article 2(g) Verordening 1999 Article 2(h) Verordening 1999 Article 2(i) Verordening 1999 Article 2(j) Verordening 1999 Article 3(a) Verordening 1999 Verordening 1999 Article 3(b) Verordening 1999 Article 3(c), introductory phrase of the first subparagraph and second subparagraph Verordening 1999 Article 3(c), first subparagraph, first to twenty-seventh indents Verordening 1999 Verordening 1999 Article 4(1) first subparagraph Verordening 1999 Article 4(1) second subparagraph Verordening 1999 Article 4(2) Verordening 1999 Article 4(3) Verordening 1999 Article 4(4) Verordening 1999 Verordening 1999 Articles 5 and 6 Verordening 1999 Article 7(1) Verordening 1999 Article 7(2), first subparagraph	Verordening 1999 Article 7(2), second subparagraph, first sentence Verordening 1999 Article 7(2), second subparagraph, second sentence Verordening 1999 Verordening 1999 Articles 8, 9 and 10 Verordening 1999 Article 10a Verordening 1999 Article 10b Verordening 1999 Article 10c Verordening 1999 Article 10d Verordening 1999 Verordening 1999 Article 11 Verordening 1999 Article 12(1) Verordening 1999 Article 12(2) Verordening 1999 Article 12(3) Verordening 1999 – Verordening 1999 Verordening 1999 – Verordening 1999 Article 13 Verordening 1999 Annex Verordening 1999 – Verordening 1999 –

BIJLAGE III

Concordantietabel

Verordening 1999 Richtlijn 90/434/EEG	Verordening 1999 De onderhavige richtlijn
Verordening 1999 Verordening 1999 Artikel 1	Verordening 1999 Artikel 7, lid 2, tweede alinea, eerste zin
Verordening 1999 Artikel 2, onder a) eerste streepje	Verordening 1999 Artikel 7, lid 2, tweede alinea, tweede zin
Verordening 1999 Artikel 2, onder a) tweede streepje	Verordening 1999
Verordening 1999 Artikel 2, onder a) derde streepje	Verordening 1999 Artikelen 8, 9 en 10
Verordening 1999 Artikel 2, onder b) Verordening 1999	Verordening 1999 Artikel 10bis
Verordening 1999 Artikel 2, onder b) bis	Verordening 1999 Artikel 10ter
Verordening 1999 Artikel 2, onder c)	Verordening 1999 Artikel 10quater
Verordening 1999 Artikel 2, onder d)	Verordening 1999 Artikel 10quinquies
Verordening 1999 Artikel 2, onder e)	Verordening 1999
Verordening 1999 Artikel 2, onder f)	Verordening 1999 Artikel 11
Verordening 1999	Verordening 1999 Artikel 12, lid 1
Verordening 1999 Artikel 2, onder g)	Verordening 1999 Artikel 12, lid 2
Verordening 1999 Artikel 2, onder h)	Verordening 1999 Artikel 12, lid 3
Verordening 1999 Artikel 2, onder i)	Verordening 1999 —
Verordening 1999 Artikel 2, onder j)	Verordening 1999
Verordening 1999 Artikel 3, onder a)	Verordening 1999 —
Verordening 1999	Verordening 1999 Artikel 13
Verordening 1999 Artikel 3, onder b)	Verordening 1999 Bijlage
Verordening 1999 Artikel 3, onder c), eerste alinea,	Verordening 1999 —
aanhef, en tweede alinea	Verordening 1999 —
Verordening 1999 Artikel 3, onder c), eerste alinea, eerste tot en met zevenentwintigste	
Verordening 1999	
Verordening 1999 Artikel 4, lid 1, eerste alinea	
Verordening 1999 Artikel 4, lid 1, tweede alinea	
Verordening 1999 Artikel 4, lid 2	
Verordening 1999 Artikel 4, lid 3	
Verordening 1999 Artikel 4, lid 4	
Verordening 1999	
Verordening 1999 Artikelen 5 en 6	
Verordening 1999 Artikel 7, lid 1	
Verordening 1999 Artikel 7, lid 2, eerste alinea	

Council Directive of 3 June 2003 on a common system of taxation applicable to interest and royalty payments made between associated companies of different Member States (2003/49/EC)

as amended by Council Directive 2004/76/EC, of 29 April 2004 and Council Directive 2006/96/EG of 20 November 2006

The Directive may be further amended by:
– Proposal for a Council Directive *30 December 2003 [COM(2003) 841 final]* amending Directive 2003/49/EC on a common system of taxation applicable to interest and royalty payments made between associated companies of different Member States

The complete text the proposed amending 2011 Directive is reproduced at the end of the current Directive, below.

THE COUNCIL OF THE EUROPEAN UNION,
Having regard to the Treaty establishing the European Community, and in particular Article 94 thereof, Having regard to the proposal from the Commission[1] ,
Having regard to the Opinion of the European Parliament[2] ,
Having regard to the Opinion of the European Economic and Social Committee[3],
Whereas:

1. In a Single Market having the characteristics of a domestic market, transactions between companies of different Member States should not be subject to less favourable tax conditions than those applicable to the same transactions carried out between companies of the same Member State.
2. This requirement is not currently met as regards interest and royalty payments; national tax laws coupled, where applicable, with bilateral or multilateral agreements may not always ensure that double taxation is eliminated, and their application often entails burdensome administrative formalities and cash-flow problems for the companies concerned.
3. It is necessary to ensure that interest and royalty payments are subject to tax once in a Member State.
4. The abolition of taxation on interest and royalty payments in the Member State where they arise, whether collected by deduction at source or by assessment, is the most appropriate means of eliminating the aforementioned formalities and problems and of ensuring the equality of tax treatment as between national and cross-border transactions; it is particularly necessary to abolish such taxes in respect of such payments made between associated companies of different Member States as well as between permanent establishments of such companies.
5. The arrangements should only apply to the amount, if any, of interest or royalty payments which would have been agreed by the payer and the beneficial owner in the absence of a relationship.
6. It is moreover necessary not to preclude Member States from taking appropriate measures to combat fraud or abuse.
7. Greece and Portugal should, for budgetary reasons, be allowed a transitional period in order that they can gradually decrease the taxes, whether collected by deduction at source or by assessment, on interest and royalty payments, until they are able to apply the provisions of Article 1.
8. Spain, which has launched a plan for boosting the Spanish technological potential, for budgetary reasons should be allowed during a transitional period not to apply the provisions of Article 1 on royalty payments.
9. It is necessary for the Commission to report to the Council on the operation of the Directive three years after the date by which it must be transposed, in particular with a view to extending its coverage to other companies or undertakings and reviewing the scope of the definition of interest and royalties in pursuance of the necessary convergence of the provisions dealing with interest and royalties in national legislation and in bilateral or multilateral double-taxation treaties.

1. OJ C 123, 22.4.1998, p. 9.
2. OJ C 313, 12.10.1998, p. 151.
3. OJ C 284, 14.9.1998, p. 50.

Richtlijn van de Raad van 3 juni 2003 betreffende een gemeenschappelijke belastingregeling inzake uitkeringen van interest en royalty's tussen verbonden ondernemingen van verschillende lidstaten (2003/49/EC)

zoals gewijzigd door Richtlijn 2004/76/EG van de Raad van 29 april 2004 en Richtlijn 2006/96/EG van de Raad van 20 november 2006

De Richtlijn kan verder gewijzigd worden door:
– Voorstel voor een Richtlijn van de Raad *30 december 2003 [COM(2003) 841 definitief]* tot wijziging van Richtlijn 2003/49/ EG betreffende een gemeenschappelijke belastingregeling inzake uitkeringen van interest en royalty's tussen verbonden ondernemingen van verschillende lidstaten.

De volledige tekst van de voorgestelde de Wijzigingsrichtlijn van 2011 is opgenomen na het slot van de onderstaande Richtlijn.

DE RAAD VAN DE EUROPESE UNIE,
gelet op het Verdrag tot oprichting van de Europese Gemeenschap, en met name op artikel 94,
gezien het voorstel van de Commissie[1],
gezien het advies van het Europees Parlement[2],
gezien het advies van het Europees Economisch en Sociaal Comité[3],
Overwegende hetgeen volgt:

1. In een interne markt die de kenmerken van een binnenlandse markt heeft, zouden transacties tussen ondernemingen van verschillende lidstaten niet aan minder gunstige belastingvoorschriften onderworpen moeten zijn dan die welke voor soortgelijke transacties tussen ondernemingen van eenzelfde lidstaat gelden.
2. Met betrekking tot uitkeringen van interest en royalty's wordt thans niet aan deze eis voldaan; de nationale belastingwetten, in voorkomend geval in samenhang met bilaterale of multilaterale overeenkomsten, kunnen niet altijd waarborgen dat dubbele belasting wordt geëlimineerd en de toepassing ervan plaatst de betrokken ondernemingen vaak voor belastende administratieve formaliteiten en kasmiddelenproblemen.
3. Er moet worden gewaarborgd dat uitkeringen van interest en royalty's eenmaal in een lidstaat worden belast.
4. De afschaffing van de belasting op uitkeringen van interest en royalty's in de lidstaat waar zij ontstaan, ongeacht of deze door inhouding aan de bron of door aanslag wordt geënd, is het geschiktste middel om deze formaliteiten en problemen uit te bannen en een gelijke fiscale behandeling van nationale en transnationale transacties te waarborgen; deze belasting moet met name worden afgeschaft voor uitkeringen tussen verbonden ondernemingen van verschillende lidstaten en tussen vaste inrichtingen van deze ondernemingen.
5. De regelingen dienen uitsluitend van toepassing te zijn op het eventuele bedrag aan interest of royalty's dat zonder een bijzondere verhouding tussen de betaler en de uiteindelijk gerechtigde zou zijn overeengekomen.
6. Het mag de lidstaten bovendien niet worden belet passende maatregelen ter bestrijding van fraude of misbruik te nemen.
7. Aan Griekenland en Portugal moet om begrotingsredenen een overgangsperiode worden toegestaan gedurende welke zij de belasting op uitkeringen van interest en royalty's, ongeacht of deze door inhouding aan de bron of door aanslag wordt geënd, geleidelijk kunnen verlagen, totdat zij het bepaalde in artikel 1 kunnen toepassen.
8. Spanje heeft een plan ter bevordering van het Spaanse technologische potentieel gelanceerd en moet om begrotingsredenen de mogelijkheid krijgen tijdens een overgangsperiode het bepaalde in artikel 1 inzake uitkeringen van royalty's niet toe te passen.
9. De Commissie moet drie jaar na de datum waarop de richtlijn moet zijn omgezet verslag aan de Raad uitbrengen over de werking van deze richtlijn, in het bijzonder met het oog op uitbreiding van de werkingssfeer tot andere vennootschappen en ondernemingen en om de strekking van de definitie van

1. PB C 123 van 22.4.1998, blz. 9.
2. PB C 313 van 12.10.1998, blz. 151.
3. PB C 284 van 14.9.1998, blz. 50.

10. Since the objective of the proposed action, namely setting up a common system of taxation applicable to interest and royalty payments of associated companies of different Member States cannot be sufficiently achieved by the Member States and can therefore be better achieved at Community level, the Community may adopt measures, in accordance with the principle of subsidiarity as set out in Article 5 of the Treaty. In accordance with the principle of proportionality, as set out in that Article, this Directive does not go beyond what is necessary in order to achieve that objective,

HAS ADOPTED THIS DIRECTIVE:

Art. 1 – *Scope and procedure*

1. Interest or royalty payments arising in a Member State shall be exempt from any taxes imposed on those payments in that State, whether by deduction at source or by assessment, provided that the beneficial owner of the interest or royalties is a company of another Member State or a permanent establishment situated in another Member State of a company of a Member State. *[addition proposed on 30 December 2003:] and is effectively subject to tax on the interest or royalty payments in that other Member State.*
2. A payment made by a company of a Member State or by a permanent establishment situated in another Member State shall be deemed to arise in that Member State, hereafter referred to as the 'source State'.
3. A permanent establishment shall be treated as the payer of interest or royalties only insofar as those payments represent a tax-deductible expense for the permanent establishment in the Member State in which it is situated.
4. A company of a Member State shall be treated as the beneficial owner of interest or royalties only if it receives those payments for its own benefit and not as an intermediary, such as an agent, trustee or authorised signatory, for some other person.
5. A permanent establishment shall be treated as the beneficial owner of interest or royalties:
   a. if the debt-claim, right or use of information in respect of which interest or royalty payments arise is effectively connected with that permanent establishment, and
   b. if the interest or royalty payments represent income in respect of which that permanent establishment is subject in the Member State in which it is situated to one of the taxes mentioned in Article 3(a)(iii) or in the case of Belgium to the 'impôt des non-re´sidents/belasting der niet-verblijfhouders' or in the case of Spain to the 'Impuesto sobre la Renta de no Residentes' or to a tax which is identical or substantially similar and which is imposed after the date of entry into force of this Directive in addition to, or in place of, those existing taxes.
6. Where a permanent establishment of a company of a Member State is treated as the payer, or as the beneficial owner, of interest or royalties, no other part of the company shall be treated as the payer, or as the beneficial owner, of that interest or those royalties for the purposes of this Article.
7. This Article shall apply only if the company which is the payer, or the company whose permanent establishment is treated as the payer, of interest or royalties is an associated company of the company which is the beneficial owner, or whose permanent establishment is treated as the beneficial owner, of that interest or those royalties.
8. This Article shall not apply where interest or royalties are paid by or to a permanent establishment situated in a third State of a company of a Member State and the business of the company is wholly or partly carried on through that permanent establishment.
9. Nothing in this Article shall prevent a Member State from taking interest or royalties received by its companies, by permanent establishments of its companies or by permanent establishments situated in that State into account when applying its tax law.
10. A Member State shall have the option of not applying this Directive to a company of another Member State or to a permanent establishment of a company of another Member State in circumstances where the conditions set out in Article 3(b) have not been maintained for an uninterrupted period of at least two years.
11. The source State may require that fulfilment of the requirements laid down in this Article and in Article 3 be substantiated at the time of payment of the interest or royalties by an attestation. If fulfilment of the requirements laid down in this Article has not been attested at the time of payment, the Member State shall be free to require deduction of tax at source.
12. The source State may make it a condition for exemption under this Directive that it has issued a decision currently granting the exemption following an attestation certifying the fulfilment of the requirements laid

interest en royalty's te herzien in het belang van de noodzakelijke convergentie van de bepalingen betreffende interest en royalty's in de nationale wetgeving en in bilaterale of multilaterale overeenkomsten ter voorkoming van dubbele belasting.

10. Aangezien de doelstelling van het overwogen optreden, namelijk het opstellen van een gemeenschappelijke belastingregeling inzake uitkeringen van interest en royalty's tussen verbonden ondernemingen van verschillende lidstaten, niet voldoende door de lidstaten kan worden verwezenlijkt en derhalve beter op het niveau van de Gemeenschap kan geschieden, kan de Gemeenschap maatregelen vaststellen, overeenkomstig het beginsel van subsidiariteit als bedoeld in artikel 5 van het Verdrag. Overeenkomstig het beginsel van evenredigheid als bedoeld in genoemd artikel, gaat deze richtlijn niet verder dan hetgeen noodzakelijk is om die doelstelling te bereiken.

HEEFT DE VOLGENDE RICHTLIJN VASTGESTELD:

Art. 1 – *Werkingssfeer en procedure*

1. Uitkeringen van interest of royalty's die ontstaan in een lidstaat, worden vrijgesteld van alle belastingen in die bronstaat (door inhouding dan wel door aanslag), op voorwaarde dat een onderneming van een andere lidstaat, of een in een andere lidstaat gelegen vaste inrichting van een onderneming van een lidstaat, de uiteindelijk gerechtigde tot de interest of de royalty's is. *[toevoeging voorgesteld op 30 december 2003:] , en in die andere lidstaat effectief is onderworpen aan belasting over de uitkeringen van interest of royalty's.*

2. Uitkeringen die worden uitbetaald door een onderneming van een lidstaat of een in die lidstaat gelegen vaste inrichting van een onderneming van een andere lidstaat, worden geacht in die lidstaat te ontstaan (hierna: 'bronstaat').

3. Een vaste inrichting wordt alleen als uitbetaler van interest of royalty's behandeld voor zover de betrokken uitkeringen voor die vaste inrichting in de lidstaat waar zij gelegen is een aftrekbare bedrijfsuitgave vormen.

4. Een onderneming van een lidstaat wordt alleen als uiteindelijk gerechtigde tot interest of royalty's behandeld indien zij de betrokken uitkeringen te eigen gunste ontvangt, en niet als bemiddelende instantie, bijvoorbeeld als tussenpersoon, trustee of gemachtigde van een derde.

5. Een vaste inrichting wordt behandeld als uiteindelijk gerechtigde tot interest of royalty's:

a. voorzover de schuldvordering, het recht, het gebruik of de informatie ten aanzien waarvan de uitkeringen van interest of royalty's ontstaan, daadwerkelijk verband houdt met die vaste inrichting, en

b. voorzover de uitkeringen van interest of royalty's inkomsten zijn ten aanzien waarvan zij in de lidstaat waarin zij gelegen is onderworpen is aan één van de in artikel 3, onder a), punt iii), genoemde belastingen of, in het geval van België, aan de belasting der niet-verblijfhouders/impôt des non-résidents, en in het geval van Spanje aan de Impuesto sobre la Renta de no Residentes, dan wel aan ongeacht welke gelijke of in wezen gelijksoortige belasting die na de datum van inwerkingtreding van deze richtlijn in aanvulling op of in de plaats van die bestaande belastingen wordt geheven.

6. Indien een vaste inrichting van een onderneming van een lidstaat als betaler van of als uiteindelijk gerechtigde tot interest of royalty's wordt behandeld, wordt geen ander deel van de onderneming voor de toepassing van dit artikel als betaler van of als uiteindelijk gerechtigde tot de betrokken interest of royalty's behandeld.

7. Dit artikel vindt alleen toepassing indien de onderneming die de betaler van interest of royalty's is, of de onderneming waarvan de vaste inrichting als zodanig wordt behandeld, een verbonden onderneming is van de onderneming die de uiteindelijk gerechtigde is of waarvan de vaste inrichting wordt behandeld als de uiteindelijk gerechtigde tot de betrokken interest of royalty's.

8. Dit artikel vindt geen toepassing wanneer interest of royalty's wordt, resp. worden uitbetaald door of aan een in een derde land gelegen vaste bedrijfsvestiging van een onderneming van een lidstaat en de onderneming haar bedrijf geheel of gedeeltelijk uitoefent door middel van die vaste bedrijfsvestiging.

9. Dit artikel belet niet dat een lidstaat bij de toepassing van zijn belastingrecht interest of royalty's in aanmerking neemt die zijn ontvangen door zijn ondernemingen, vaste inrichtingen van zijn ondernemingen of door in die staat gelegen vaste inrichtingen.

10. Een lidstaat heeft de mogelijkheid deze richtlijn niet toe te passen op een onderneming van een andere lidstaat of op een vaste inrichting van een onderneming van een andere lidstaat indien de in artikel 3, onder b, genoemde voorwaarden niet vervuld waren gedurende een ononderbroken periode van ten minste twee jaar.

11. De bronstaat kan eisen dat op het tijdstip van uitbetaling van de interest of royalty's door middel van een attest wordt aangetoond dat de voorwaarden van dit artikel en van artikel 3 vervuld zijn. Indien op het tijdstip van uitbetaling niet is aangetoond dat de voorwaarden van dit artikel vervuld zijn, staat het de lidstaat vrij inhouding van bronbelasting op te leggen.

down in this Article and in Article 3. A decision on exemption shall be given within three months at most after the attestation and such supporting information as the source State may reasonably ask for have been provided, and shall be valid for a period of at least one year after it has been issued.

13. For the purposes of paragraphs 11 and 12, the attestation to be given shall, in respect of each contract for the payment, be valid for at least one year but for not more than three years from the date of issue and shall contain the following information:

a. proof of the receiving company's residence for tax purposes and, where necessary, the existence of a permanent establishment certified by the tax authority of the Member State in which the receiving company is resident for tax purposes or in which the permanent establishment is situated;

b. beneficial ownership by the receiving company in accordance with paragraph 4 or the existence of conditions in accordance with paragraph 5 where a permanent establishment is the recipient of the payment;

c. fulfilment of the requirements in accordance with Article 3(a)(iii) in the case of the receiving company;

d. a minimum holding or the criterion of a minimum holding of voting rights in accordance with Article 3(b);

e. the period for which the holding referred to in (d) has existed.

Member States may request in addition the legal justification for the payments under the contract (e.g. loan agreement or licensing contract).

14. If the requirements for exemption cease to be fulfilled, the receiving company or permanent establishment shall immediately inform the paying company or permanent establishment and, if the source State so requires, the competent authority of that State.

15. If the paying company or permanent establishment has withheld tax at source to be exempted under this Article, a claim may be made for repayment of that tax at source. The Member State may require the information specified in paragraph 13. The application for repayment must be submitted within the period laid down. That period shall last for at least two years from the date when the interest or royalties are paid.

16. The source State shall repay the excess tax withheld at source within one year following due receipt of the application and such supporting information as it may reasonably ask for. If the tax withheld at source has not been refunded within that period, the receiving company or permanent establishment shall be entitled on expiry of the year in question to interest on the tax which is refunded at a rate corresponding to the national interest rate to be applied in comparable cases under the domestic law of the source State.

Art. 2 – *Definition of interest and royalties*

For the purposes of this Directive:

a. the term 'interest' means income from debt-claims of every kind, whether or not secured by mortgage and whether or not carrying a right to participate in the debtor's profits, and in particular, income from securities and income from bonds or debentures, including premiums and prizes attaching to such securities, bonds or debentures; penalty charges for late payment shall not be regarded as interest;

b. the term 'royalties' means payments of any kind received as a consideration for the use of, or the right to use, any copyright of literary, artistic or scientific work, including cinematograph films and software, any patent, trade mark, design or model, plan, secret formula or process, or for information concerning industrial, commercial or scientific experience; payments for the use of, or the right to use, industrial, commercial or scientific equipment shall be regarded as royalties.

Art. 3 – *Definition of company, associated company and permanent establishment*

For the purposes of this Directive:

a. the term 'company of a Member State' means any company:

i. taking one of the forms listed in the Annex hereto; and

ii. which in accordance with the tax laws of a Member State is considered to be resident in that Member State and is not, within the meaning of a Double Taxation Convention on Income concluded with a third state, considered to be resident for tax purposes outside the Community; and

iii. which is subject to one of the following taxes without being exempt, or to a tax which is identical or substantially similar and which is imposed after the date of entry into force of this Directive in addition to, or in place of, those existing taxes:

12. De bronstaat mag aan vrijstelling uit hoofde van deze richtlijn de voorwaarde verbinden dat hij ingevolge een attest dat de voorwaarden van dit artikel en van artikel 3 zijn vervuld, een besluit heeft genomen op grond waarvan op dat ogenblik vrijstelling kan worden verleend. Het vrijstellingsbesluit moet uiterlijk drie maanden na de afgifte van het attest en de verstrekking van de bewijsstukken waarom de bronstaat redelijkerwijze kan verzoeken, worden genomen en heeft vervolgens een geldigheidsduur van ten minste een jaar.
13. Voor de toepassing van de leden 11 en 12 heeft het attest voor elke overeenkomst die aan de uitkering ten grondslag ligt een geldigheidsduur van ten minste een jaar tot ten hoogste drie jaar vanaf de datum van afgifte; het behelst de volgende gegevens:

a. een bewijs van de fiscale woonplaats van de ontvangende onderneming en, in voorkomend geval, van het bestaan van een vaste inrichting, afgegeven door de belastingautoriteit van de lidstaat waar de ontvangende onderneming haar fiscale woonplaats heeft of waar de vaste inrichting gelegen is;

b. een verklaring dat de ontvangende onderneming de uiteindelijk gerechtigde is als bedoeld in lid 4, dan wel dat de voorwaarden van lid 5 vervuld zijn indien de ontvanger van de uitkering een vaste inrichting is;

c. een verklaring dat de voorwaarden van artikel 3, onder a), punt iii), voor de ontvangende onderneming vervuld zijn;

d. een verklaring dat de ontvangende onderneming houdster is van een minimumdeelneming dan wel van een minimumpercentage van de stemrechten overeenkomstig artikel 3, onder b);

e. de vermelding hoelang die deelneming of stemrechten bestaan.

Daarnaast kunnen de lidstaten verzoeken om de rechtsgrond voor de uitkering uit hoofde van de overeenkomst (bijvoorbeeld de lenings- of licentieovereenkomst).
14. Indien de voorwaarden voor vrijstelling niet langer vervuld zijn, meldt de ontvangende onderneming of vaste inrichting dit onverwijld aan de uitbetalende onderneming of vaste inrichting en, indien de bronstaat dit eist, aan de bevoegde autoriteit van die staat.
15. Indien de uitbetalende onderneming of vaste inrichting bronbelasting waarvoor op grond van dit artikel vrijstelling moet worden verleend, heeft ingehouden, kan een vordering tot teruggave van die bronbelasting worden ingesteld. De lidstaat kan de in lid 13 genoemde gegevens opeisen. Het verzoek om teruggave moet binnen de gestelde termijn worden ingediend. Die termijn bedraagt ten minste twee jaar en gaat in op de datum waarop de interest of royalty's uitgekeerd zijn.
16. De bronstaat gaat binnen een jaar na ontvangst van de het verzoek en van de bewijsstukken waarom hij redelijkerwijze kan verzoeken, over tot teruggave van de ten onrechte ingehouden bronbelasting. Indien de bronbelasting niet binnen die termijn is teruggegeven, heeft de ontvangende onderneming of vaste inrichting bij het verstrijken van dat jaar recht op rente over de terug te geven belasting tegen de nationale rentevoet die in vergelijkbare gevallen krachtens het nationaal recht van de bronstaat wordt toegepast.

Art. 2 – *Definitie van interest en royalty's*
Voor de toepassing van deze richtlijn wordt verstaan onder:
a. 'interest': inkomsten uit schuldvorderingen van welke aard ook, al dan niet verzekerd door hypotheek en al dan niet aanspraak gevend op een aandeel in de winst van de schuldenaar, en in het bijzonder inkomsten uit leningen en inkomsten uit obligaties of schuldbewijzen, daaronder begrepen de aan zodanige leningen, obligaties of schuldbewijzen verbonden premies en prijzen. In rekening gebrachte boete voor te late betaling wordt niet als interest aangemerkt;
b. 'royalty's': vergoedingen van welke aard ook voor het gebruik van, of voor het recht van gebruik van, een auteursrecht op een werk op het gebied van letterkunde, kunst of wetenschap – daaronder begrepen bioscoopfilms en software – van een octrooi, een fabrieks- of handelsmerk, een tekening of model, een plan, een geheim recept of een geheime werkwijze, of voor inlichtingen omtrent ervaringen op het gebied van nijverheid, handel of wetenschap; vergoedingen voor het gebruik van of voor het recht van gebruik van industriële, commerciële of wetenschappelijke uitrusting worden als royalty's aangemerkt.

Art. 3 – *Definitie van onderneming, verbonden onderneming en vaste inrichting*
Voor de toepassing van deze richtlijn wordt verstaan onder:
a. 'onderneming van een lidstaat', elke onderneming:

i. die een van de op de lijst in de bijlage genoemde rechtsvormen heeft en

ii. die volgens de belastingwetgeving van een lidstaat wordt geacht in die lidstaat haar fiscale woonplaats te hebben en die niet volgens een met een derde land gesloten overeenkomst ter vermijding van dubbele inkomstenbelasting wordt geacht haar fiscale woonplaats buiten de Gemeenschap te hebben; en

iii. die onderworpen is aan een van de volgende belastingen of aan ongeacht welke gelijke of in wezen gelijksoortige belasting die na de datum van inwerkingtreding van deze richtlijn in aanvulling op of in de plaats van die bestaande belastingen wordt geheven:

– *impôt des sociétés/vennootschapsbelasting* in Belgium,
– *selskabsskat* in Denmark,
– *Körperschaftsteuer* in Germany,
– *Φορος εισοδηματος νομικών προσώπων* in Greece,
– *impuesto sobre sociedades* in Spain,
– *impôt sur les sociétés* in France,
– *corporation tax* in Ireland,
– *imposta sul reddito delle persone giuridiche* in Italy,
– *impôt sur le revenu des collectivités* in Luxembourg,
– *vennootschapsbelasting* in the Netherlands,
– *Körperschaftsteuer* in Austria,
– *imposto sobre orendimento da pessoas colectivas* in Portugal,
– *yhteisöjen tulovero/inkomstskatten för samfund* in Finland,
– *statlig inkomstskatt* in Sweden,
– *corporation tax* in the United Kingdom;
– *Dan z přijmu právnickych osob* in the Czech Republic,
– *Tulumaks* in Estonia,
– *φόρος εισοδήματος* in Cyprus,
– *Uznemumu ienakuma nodoklis* in Latvia,
– *Pelno mokestis* in Lithuania,
– *Társasági adó* in Hungary,
– *Taxxa fuq l-income* in Malta,
– *Podatek dochodowy od osób prawnych* in Poland,
– *Davek od dobička pravnih oseb* in Slovenia,
– *Dan z příjřov právnickych osob* in Slovakia,
– *корпоративен данък* in Bulgaria,
– *impozit pe profit, impozitul pe veniturile obtinute din România de nerezidenti* in Romania.

b. a company is an 'associated company' of a second company if, at least:

i. the first company has a direct minimum holding of 25% in the capital of the second company, or

ii. the second company has a direct minimum holding of 25% in the capital of the first company, or

iii. a third company has a direct minimum holding of 25% both in the capital of the first company and in the capital of the second company.

Holdings must involve only companies resident in Community territory.

However, Member States shall have the option of replacing the criterion of a minimum holding in the capital with that of a minimum holding of voting rights;

c. the term 'permanent establishment' means a fixed place of business situated in a Member State through which the business of a company of another Member State is wholly or partly carried on.

Art. 4 – *Exclusion of payments as interest or royalties*

1. The source State shall not be obliged to ensure the benefits of this Directive in the following cases:

a. payments which are treated as a distribution of profits or as a repayment of capital under the law of the source State;

b. payments from debt-claims which carry a right to participate in the debtor's profits;

c. payments from debt-claims which entitle the creditor to exchange his right to interest for a right to participate in the debtor's profits;

d. payments from debt-claims which contain no provision for repayment of the principal amount or where the repayment is due more than 50 years after the date of issue.

2. Where, by reason of a special relationship between the payer and the beneficial owner of interest or royalties, or between one of them and some other person, the amount of the interest or royalties exceeds the amount which would have been agreed by the payer and the beneficial owner in the absence of such a relationship, the provisions of this Directive shall apply only to the latter amount, if any.

Art. 5 – *Fraud and abuse*

1. This Directive shall not preclude the application of domestic or agreement-based provisions required for the prevention of fraud or abuse.

– *vennootschapsbelasting/impôt des sociétés* in België;
– *selskabsskat* in Denemarken;
– *Körperschaftsteuer* in Duitsland;
– Φορος εισοδηματος νομικών προσώπων in Griekenland;
– *impuesto sobre sociedades* in Spanje;
– *impôt sur les sociétés* in Frankrijk;
– *corporation tax* in Ierland;
– *imposta sul reddito delle persone giuridiche* in Italië;
– *impôt sur le revenu des collectivités* in Luxemburg;
– *vennootschapsbelasting* in Nederland;
– *Körperschaftsteuer* in Oostenrijk;
– *imposto sobre o rendimento das pessoas colectivas* in Portugal;
– *yhteisöjen tulovero/inkomstskatten för samfund* in Finland;
– *Statlig inkomstskatt* in Zweden;
– *corporation tax* in het Verenigd Koninkrijk;
– *Daň z příjmů právnických osob* in Tsjechië;
– *Tulumaks* in Estland;
– *φόρος εισοδήματος* in Cyprus;
– *Uznemumu ienakuma nodoklis* in Letland;
– *Pelno mokestis* in Litouwen;
– *Társasági adó* in Hongarije;
– *Taxxa fuq l-income* in Malta;
– *Podatek dochodowy od osób prawnych* in Polen;
– *davek od dobička pravnih oseb* in Slovenië;
– *Dan z príjmov právnickych osôb* in Slowakije;
– *корпоративен данък* in Bulgarije;
– *impozit pe profit, impozitul pe veniturile obtinute din România de nerezidenti* in Roemenië.

b. iedere onderneming die tenminste daardoor met een tweede onderneming verbonden is doordat:

i. de eerste onderneming rechtstreeks een deelneming van ten minste 25% in het kapitaal van de tweede onderneming heeft, dan wel

ii. de tweede onderneming rechtstreeks een deelneming van ten minste 25% in het kapitaal van de eerste onderneming heeft, dan wel

iii. een derde onderneming rechtstreeks een deelneming van ten minste 25% in het kapitaal van zowel de eerste onderneming als van de tweede onderneming heeft. De deelnemingen mogen enkel ondernemingen betreffen die binnen de Gemeenschap gevestigd zijn. De lidstaten hebben echter de mogelijkheid om het criterium van een minimumdeelneming in het kapitaal te vervangen door dat van een minimumpercentage van de stemrechten;

c. 'vaste inrichting': een in een lidstaat gelegen vaste bedrijfsvestiging door middel waarvan een onderneming van een andere lidstaat haar bedrijf geheel of gedeeltelijk uitoefent.

Art. 4 – *Uitsluiting van niet als interest of royalty's aan te merken uitkeringen*

1. In de volgende gevallen behoeft de bronstaat de voordelen van deze richtlijn niet toe te kennen:

a. uitkeringen die volgens het recht van de bronstaat als winstuitkering of terugbetaling van kapitaal worden behandeld;

b. uitkeringen uit schuldvorderingen die het recht geven deel te nemen in de winst van de schuldenaar;

c. uitkeringen uit schuldvorderingen die de schuldeiser het recht verlenen zijn recht op interest in te ruilen tegen het recht deel te nemen in de winst van de schuldenaar;

d. uitkeringen uit schuldvorderingen die geen bepalingen betreffende terugbetaling van de hoofdsom bevatten of waarvan de terugbetaling meer dan 50 jaar na de uitgiftedatum verschuldigd is.

2. Wanneer, ten gevolge van een bijzondere verhouding tussen de uitbetaler en de uiteindelijk gerechtigde van de interest of royalty's of tussen hen beiden en een derde het bedrag van de interest of royalty's hoger is dan het bedrag dat zonder een dergelijke verhouding door de uitbetaler en de uiteindelijk gerechtigde zou zijn overeengekomen, vindt deze richtlijn slechts toepassing op dit eventuele laatstgenoemde bedrag.

Art. 5 – *Fraude en misbruiken*

1. Deze richtlijn vormt geen beletsel voor de toepassing van nationale of verdragsrechtelijke voorschriften ter bestrijding van fraude en misbruiken.

2. Member States may, in the case of transactions for which the principal motive or one of the principal motives is tax evasion, tax avoidance or abuse, withdraw the benefits of this Directive or refuse to apply this Directive.

Art. 6 – *Transitional rules for the Czech Republic, Greece, Spain, Latvia, Lithuania, Poland, Portugal and Slovakia*
1. Greece, Latvia, Poland and Portugal shall be authorised not to apply the provisions of Article 1 until the dat of application referred to in Article 17(2) and (3) of Council Directive 2003/48/EC of 3 June 2003 on taxation of savings income in the form of interest payments. During a transitional period of eight years starting on the aforementioned date, the rate of tax on payments of interest or royalties made to an associated company of another Member State or to a permanent establishment situated in another Member State of an associated company of a Member State must not exceed 10 % during the first four years and 5 % during the final four years.

Lithuania shall be authorised not to apply the provisions of Article 1 until the date of application referred to in Article 17(2) and (3) of Directive 2003/48/EC. During a transitional period of six years starting on the aforementioned date, the rate of tax on payments of royalties made to an associated company of another Member State or to a permanent establishment situated in another Member State of an associated company of a Member State must not exceed 10 %. During the first four years of the six-year transitional period, the rate of tax on payments of interest made to an associated company of another Member State or to a permanent establishment situated in another Member State must not exceed 10 %; and for the following two years, the rate of tax on such payments of interest must not exceed 5 %.

Spain and the Czech Republic shall be authorised, for royalty payments only, not to apply the provisions of Article 1 until the date of application referred to in Article 17(2) and (3) of Directive 2003/48/EC. During a transitional period of six years starting on the aforementioned date, the rate of tax on payments of royalties made to an associated company of another Member State or to a permanent establishment situated in another Member State of an associated company of a Member State must not exceed 10 %. Slovakia shall be authorised, for royalty payments only, not to apply the provisions of Article 1 during a transitional period of two years starting on 1 May 2004.

These transitional rules shall, however, remain subject to the continued application of any rate of tax lower than those referred to in the first, second and third subparagraphs provided by bilateral agreements concluded between the Czech Republic, Greece, Spain, Latvia, Lithuania, Poland, Portugal or Slovakia and other Member States. Before the end of any of the transitional periods mentioned in this paragraph the Council may decide unanimously, on a proposal from the Commission, on a possible extension of the said transitional periods.
2. Where a company of a Member State, or a permanent establishment situated in that Member State of a company of a Member State:

- receives interest or royalties from an associated company of Greece, Latvia, Lithuania, Poland or Portugal,
- receives royalties from an associated company of the Czech Republic, Spain or Slovakia,
- receives interest or royalties from a permanent establishment situated in Greece, Latvia, Lithuania, Poland or Portugal, of an associated company of a Member State, or
- receives royalties from a permanent establishment situated in the Czech Republic, Spain or Slovakia, of an associated company of a Member State,

the first Member State shall allow an amount equal to the tax paid in the Czech Republic, Greece, Spain, Latvia, Lithuania, Poland, Portugal, or Slovakia in accordance with paragraph 1 on that income as a deduction from the tax on the income of the company or permanent establishment which received that income.
3. The deduction provided for in paragraph 2 need not exceed the lower of:

a. the tax payable in the Czech Republic, Greece, Spain, Latvia, Lithuania, Poland, Portugal or Slovakia, on such income on the basis of paragraph 1, or

b. that part of the tax on the income of the company or permanent establishment which received the interest or royalties, as computed before the deduction is given, which is attributable to those payments under the domestic law of the Member State of which it is a company or in which the permanent establishment is situated.

Art. 7 – *Implementation*
1. Member States shall bring into force the laws, regulations and administrative provisions necessary to comply with this Directive not later than 1 January 2004. They shall forthwith inform the Commission thereof.

2. Een lidstaat kan hetgenot van deze richtlijn ontzeggen of weigeren de richtlijn toe te passen in het geval van transacties met als voornaamste beweegreden of een van de voornaamste beweegredenen belastingfraude, belastingontwijking of misbruik.

Art. 6 – *Overgangsregels voor Tsjechië, Griekenland, Spanje, Letland, Litouwen, Polen, Portugal en Slowakije*

1. Griekenland, Letland, Polen en Portugal hebben de mogelijkheid artikel 1 niet toe te passen tot de toepassingsdatum bedoeld in artikel 17, leden 2 en 3, van Richtlijn 2003/48/EG van de Raad van 3 juni 2003 betreffende belastingheffing op inkomsten uit spaargelden in de vorm van rentebetaling. Gedurende een overgangsperiode van acht jaar die op de genoemde datum begint, mag de belasting op uitkeringen van interest of royalty's aan een verbonden onderneming van een andere lidstaat of een in een andere lidstaat gelegen vaste inrichting van een verbonden onderneming van een lidstaat gedurende de eerste vier jaar ten hoogste 10% en gedurende de laatste vier jaar ten hoogste5% bedragen.

'Litouwen heeft de mogelijkheid om artikel 1 niet toe te passen tot de toepassingsdatum bedoeld in artikel 17, leden 2 en 3, van Richtlijn 2003/48/EG. Gedurende een overgangsperiode van zes jaar die op de genoemde datum begint, mag de belasting op uitkeringen van royalty's aan een verbonden onderneming van een andere lidstaat of een in een andere lidstaat gelegen vaste inrichting van een verbonden onderneming van een lidstaat ten hoogste 10 % bedragen. Gedurende de eerste vier jaar van de overgangsperiode van zes jaar mag de belasting op uitkeringen van interest aan een verbonden onderneming van een andere lidstaat of een in een andere lidstaat gelegen vaste inrichting ten hoogste 10 % bedragen; de daaropvolgende twee jaar mag de belasting op dergelijke uitkeringen van interest ten hoogste 5 % bedragen.

Spanje en Tsjechië hebben, alleen voor de uitkeringen van royalty's, de mogelijkheid om artikel 1 niet toe te passen tot de toepassingsdatum bedoeld in artikel 17, leden 2 en 3, van Richtlijn 2003/48/EG. Gedurende een overgangsperiode van zes jaar die op de genoemde datum begint, mag de belasting op uitkeringen van royalty's aan een verbonden onderneming van een andere lidstaat of een in een andere lidstaat gelegen vaste inrichting van een verbonden onderneming van een lidstaat ten hoogste 10 % bedragen. Slowakije heeft, alleen voor de uitkeringen van royalty's, de mogelijkheid om artikel 1 niet toe te passen gedurende een overgangsperiode van twee jaar die op 1 mei 2004 ingaat.

Aan deze overgangsregels is echter de voorwaarde verbonden dat belastingtarieven die eventueel lager zijn dan die genoemd in de eerste, tweede en derde alinea, en waarin wordt voorzien door bilaterale overeenkomsten tussen Tsjechië, Griekenland, Spanje, Letland, Litouwen, Polen, Portugal of Slowakije en andere lidstaten, van toepassing blijven. Vóór het einde van elk van de in dit lid genoemde overgangsperioden kan de Raad, op voorstel van de Commissie, met eenparigheid van stemmen besluiten deze te verlengen.'

2. Indien een onderneming van een lidstaat of een in die lidstaat gelegen vaste inrichting van een onderneming van een lidstaat:

– interest of royalty's ontvangt van een verbonden onderneming van Griekenland, Letland, Litouwen of Portugal,

– royalty's ontvangt van een verbonden onderneming van Tsjechië, Spanje, Polen of Slowakije,

– interest of royalty's ontvangt van een in Griekenland, Letland, Litouwen of Portugal gelegen vaste inrichting van een verbonden onderneming van een lidstaat, of

– royalty's ontvangt van een in Tsjechië, Spanje, Polen of Slowakije gelegen vaste inrichting van een verbonden onderneming van een lidstaat,

staat de eerstgenoemde lidstaat toe dat een bedrag, gelijk aan de belasting die overeenkomstig lid 1 in Tsjechië, Griekenland, Spanje, Letland, Litouwen, Polen, Portugal of Slowakije over die inkomsten is betaald, in mindering wordt gebracht op de belasting over de inkomsten van de onderneming of de vaste inrichting die deze inkomsten heeft ontvangen.

3. De in lid 2 bedoelde vermindering behoeft niet hoger te zijn dan het laagste van de volgende twee bedragen:

a. de belasting die in Tsjechië, Griekenland, Spanje, Letland, Litouwen, Polen, Portugal of Slowakije verschuldigd is op grond van lid 1, of

b. het gedeelte van de belasting over de inkomsten van de onderneming of vaste inrichting die de interest of de royalty's heeft ontvangen, berekend voordat de vermindering is toegestaan, dat volgens de nationale wetgeving van de lidstaat van de onderneming of waar de vaste inrichting gelegen is, aan deze uitkeringen kan worden toegerekend.

Art. 7 – *Uitvoering*

1. De lidstaten doen de nodige wettelijke en bestuursrechtelijke bepalingen in werking treden om uiterlijk op 1 januari 2004 aan deze richtlijn te voldoen. Zij stellen de Commissie daarvan onverwijld in kennis.

When Member States adopt these measures, they shall contain a reference to this Directive or shall be accompanied by such reference on the occasion of their official publication. The methods of making such a reference shall be laid down by the Member States.
2. Member States shall communicate to the Commission the text of the main provisions of national law which they adopt in the field covered by this Directive, together with a table showing how the provisions of this Directive correspond to the national provisions adopted.

Art. 8 – *Review*
By 31 December 2006, the Commission shall report to the Council on the operation of this Directive, in particular with a view to extending its coverage to companies or undertakings other than those referred to in Article 3 and the Annex.

Art. 9 – *Delimitation clause*
This Directive shall not affect the application of domestic or agreement-based provisions which go beyond the provisions of this Directive and are designed to eliminate or mitigate the double taxation of interest and royalties.

Art. 10 – *Entry into force*
This Directive shall enter into force on the day of its publication in the Official Journal of the European Union.

Art. 11 – *Addressees*
This Directive is addressed to the Member States.

Wanneer de lidstaten deze bepalingen aannemen, wordt in die bepalingen naar de onderhavige richtlijn verwezen of wordt hiernaar verwezen bij de officiële bekendmaking van die bepalingen. De regels voor deze verwijzing worden vastgesteld door de lidstaten.

2. De lidstaten delen de Commissie de tekst van de belangrijkste bepalingen van intern recht mede die zij op het onder deze richtlijn vallende gebied vaststellen. In deze mededeling verstrekken de lidstaten een concordantietabel, waaruit blijkt welke vastgestelde nationale bepalingen overeenkomen met de bepalingen van deze richtlijn.

Art. 8 – *Herziening*

Uiterlijk 31 december 2006 brengt de Commissie aan de Raad verslag uit over de werking van de richtlijn, in het bijzonder met het oog op uitbreiding van de werkingssfeer tot andere vennootschappen en ondernemingen dan die bedoeld in artikel 3 en in de bijlage.

Art. 9 – *Vrijwaringsclausule*

Deze richtlijn laat de toepassing onverlet van nationale of verdragsbepalingen die verder reiken dan de bepalingen van deze richtlijn en gericht zijn op de afschaffing of matiging van dubbele belasting van interest en royalty's.

Art. 10 – *Inwerkingtreding*

Deze richtlijn treedt in werking op de dag van haar bekendmaking in het Publicatieblad van de Europese Unie.

Art. 11 – *Adressaten*

Deze richtlijn is gericht tot de lidstaten.

ANNEX

List of companies covered by Article 3(a) of the Directive

a. companies under **Belgian** law known as: 'naamloze vennootschap/socie´te´ anonyme, commanditaire vennootschap op aandelen/socie´te´ en commandite par actions, besloten vennootschap met beperkte aansprakelijkheid/socie´te´ prive´e a` responsabilite´ limite´e' and those public law bodies that operate under private law;
b. companies under **Danish** law known as: 'aktieselskab' and 'anpartsselskab';
c. companies under **German** law known as: 'Aktiengesellschaft, Kommanditgesellschaft auf Aktien, Gesellschaft mit beschra¨nkter Haftung' and 'bergrechtliche Gewerkschaft';
d. companies under **Greek** law known as 'ανωνυμη εταιρεία';
e. companies under **Spanish** law known as: 'sociedad anónima, sociedad comanditaria por acciones, sociedad de responsabilidad limitada' and those public law bodies which operate under private law;
f. companies under **French** law known as: 'société anonyme, société en commandite par actions, société à responsabilité limitée' and industrial and commercial public establishments and undertakings;
g. companies in **Irish** law known as public companies limited by shares or by guarantee, private companies limited by shares or by guarantee, bodies registered under the Industrial and Provident Societies Acts or building societies registered under the Building Societies Acts;
h. companies under **Italian** law known as: società per azioni, società in accomandita per azioni, società a responsabilità limitata and public and private entities carrying on industrial and commercial activities;
i. companies under **Luxembourg** law known as: société anonyme, société en commandite par actions, société à responsabilité limitée;
j. companies under **Dutch** law known as: naamloze vennootschap, besloten vennootschap met beperkte aansprakelijkheid;
k. companies under **Austrian** law nown as: Aktiengesellschaft, Gesellschaft mit beschränkter Haftung;
l. commercial companies or civil law companies having a commercial form, cooperatives and public undertakings incorporated in accodance with **Portuguese** law;
m. companies under **Finnish** law known as: osakeyhtiö/aktiebolag, osuuskunta/andelslag, säästöpankki/sparbank en vakuutusyhtiö/försäkringsbolag;
n. companies under **Swedish** law known as: aktiebolag, försäkringsaktiebolag;
o. companies incorporated under the law of the **United Kingdom**;
p. Companies under **Czech** law known as 'akciová společnost', 'společnost s ručením omezeným', 'veřejná obchodní společnost', 'komanditní společnost', 'drustvo';
q. Companies under **Estonian** law known as 'täisühing', 'usaldusühing', 'osaühing', 'aktsiaselts', 'tulundusühistu';
r. Companies under **Cypriot** law known as: companies in accordance with the Company's Law, Public Corporate Bodies as well as any other Body which is considered as a company in accordance with the Income tax Laws;
s. Companies under **Latvian** known as 'akciju sabiedrība', 'sabiedrība ar ierobežotu atbildību'.
t. Companies under incorporated under the law of **Lithuania**;
u. Companies under **Hungarian** law known as 'közkereseti társaság', 'betéti társaság', 'közös vállalat', 'korlátolt felelősségű társaság', 'részvénytársaság', 'egyesülés', 'közhasznú társaság', 'szövetkezet';
v. Companies under **Maltese** law known as 'Kumpaniji ta' Responsabilità Limitata, 'Soċjetajiet in akkomandita li l-kapital tagħhom jkun maqsum f'azzjonijiet';
w. Companies under **Polish** law known as 'spółka akcyjna', 'spółka z ograniczoną odpowiedzialnością';
x. Companies under **Slovenian** law known as 'delniška družba', 'komanditna delniška družba', 'komanditna družba', 'družba z omejeno odgovornostjo', 'družba z neomejeno odgovornostjo';
y. Companies under **Slovak** law known as 'akciová spoločnosť', 'spoločnosť s ručením obmedzeným', 'komanditná spoločnosť', 'verejná obchodná spoločnosť', 'drustvo';
z. De vennootschappen naar **Bulgarian** law known as: 'събирателното дружество', 'командитното дружество', 'дружеството с ограничена отговорност', 'акционерното дружество', 'командитното дружество сакции', 'кооперации', 'кооперативни съюзи', 'държавни предприятия', die zijn opgericht naar Bulgaars recht en commerciële activiteiten uitoefenen;
aa. Companies under **Romanian** law known as: 'societăţi pe acţiuni', 'societăţi în comandită pe acţiuni', 'societăţi cu răspundere limitată'.

BIJLAGE

Lijst van ondernemingen die onder artikel 3, onder a), van de richtlijn vallen

a. ondernemingen naar **Belgisch** recht, geheten naamloze vennootschap/société anonyme, commanditaire vennootschap op aandelen/société en commandite par actions, besloten vennootschap met beperkte aansprakelijkheid/société privée à responsabilité limitée, alsmede de publiekrechtelijke lichamen die privaatrechtelijk werkzaam zijn;
b. ondernemingen naar **Deens** recht, geheten aktieselskab, anpartsselskab;
c. ondernemingen naar **Duits** recht, geheten: Aktiengesellschaft, Kommanditgesellschaft auf Aktien, Gesellschaft mit beschränkter Haftung, bergrechtliche Gewerkschaft;
d. ondernemingen naar **Grieks** recht, geheten : 'ανωνυμη εταιρεία';
e. ondernemingen naar **Spaans** recht, geheten: sociedad anónima, sociedad comanditaria por acciones, sociedad de responsabilidad limitada, alsmede de publiekrechtelijke lichamen die privaatrechtelijk werkzaam zijn;
f. ondernemingen naar **Frans** recht, geheten: société anonyme, société en commandite par actions, société à responsabilité limitée, alsmede de openbare instellingen en ondernemingen met een industrieel of commercieel karakter;
g. ondernemingen naar **Iers** recht, geheten: public companies limited by shares or by guarantee, private companies limited by shares or by guarantee, institutions registered under the Industrial and Provident Societies Acts, of building societies registered under the Building Societies Acts;
h. ondernemingen naar **Italiaans** recht, geheten: società per azioni, società in accomandita per azioni, società a responsabilità limitata, alsmede openbare en particuliere lichamen die industriële en commerciële activiteiten uitoefenen;
i. ondernemingen naar **Luxemburgs** recht, geheten: société anonyme, société en commandite par actions, société à responsabilité limitée;
j. ondernemingen naar **Nederlands** recht, geheten: naamloze vennootschap, besloten vennootschap met beperkte aansprakelijkheid;
k. ondernemingen naar **Oostenrijks** recht, geheten: Aktiengesellschaft, Gesellschaft mit beschränkter Haftung;
l. handelsvennootschappen, burgerlijke vennootschappen met handelsvorm, coöperaties en openbare bedrijven opgericht naar **Portugees** recht;
m. ondernemingen naar **Fins** recht, geheten: osakeyhtiö/aktiebolag, osuuskunta/andelslag, säästöpankki/sparbank en vakuutusyhtiö/försäkringsbolag;
n. ondernemingen naar **Zweeds** recht, geheten: aktiebolag, försäkringsaktiebolag;
o. ondernemingen naar het recht van het **Verenigd Koninkrijk**.
p. Ondernemingen naar **Tsjechisch** recht, geheten 'akciová společnost', 'společnost s ručením omezeným', 'veřejná obchodní společnost', 'komanditní společnost', 'drustvo';
q. Ondernemingen naar **Estlands** recht, geheten 'täisühing', 'usaldusühing', 'osaühing', 'aktsiaselts', 'tulundusühistu';
r. Ondernemingen naar **Cypriotisch** recht, dat wil zeggen ondernemingen volgens de vennootschapswetgeving, publiekrechtelijke rechtspersonen en andere organen die volgens de wetgeving inzake de inkomstenbelasting ondernemingen zijn;
s. Ondernemingen naar **Lets** recht, geheten 'akciju sabiedrība', 'sabiedrība ar ierobežotu atbildību';
t. Ondernemingen naar **Litouws** recht;
u. Ondernemingen naar **Hongaars** recht, geheten 'közkereseti társaság', 'betéti társaság', 'közös vállalat', 'korlátolt felelességű társaság', 'részvénytársaság', 'egyesülés', 'közhasznœ társaság', 'szövetkezet';
v. Ondernemingen naar **Maltees** recht, geheten 'Kumpaniji ta' Responsabilità Limitata, 'Soċjetajiet in akkomandita li l-kapital tagħhom jkun maqsum f'azzjonijiet';
w. Ondernemingen naar **Pools** recht, geheten 'spółka akcyjna', 'spółka z ograniczoną odpowiedzialnodcią'.
x. Ondernemingen naar **Sloveens** recht, geheten 'delnigka družba', 'komanditna delnigka družba', 'komanditna družba', 'družba z omejeno odgovornostjo', 'družba z neomejeno odgovornostjo'.
y. Ondernemingen naar **Slowaaks** recht, geheten 'akciová spoločnosť', 'spoločnosť s ručením obmedzeným', 'komanditná spoločnosť, 'verejná obchodná spoločnosť, 'drustvo'.
z. De vennootschappen naar **Bulgaars** recht, geheten: 'събирателното дружество', 'командитното дружество', 'дружеството с ограничена отговорност', 'акционерното дружество', 'командитното дружество сакции', 'кооперации', 'кооперативни съюзи', 'държавни предприятия', die zijn opgericht naar Bulgaars recht en commerciële activiteiten uitoefenen;
aa. De vennootschappen naar **Roemeens** recht, geheten: 'societăţi pe acţiuni', 'societăţi în comandită pe acţiuni', 'societăţi cu răspundere limitată'.

RICHTLIJN 2008/7/EG VAN DE RAAD van 12 februari 2008 betreffende de indirecte belastingen op het bijeenbrengen van kapitaal

DE RAAD VAN DE EUROPESE UNIE,

Gelet op het Verdrag tot oprichting van de Europese Gemeenschap, en met name op de artikelen 93 en 94,
Gezien het voorstel van de Commissie,
Gezien het advies van het Europees Parlement[1],
Gezien het advies van het Europees Economisch en Sociaal Comite[2],
Overwegende hetgeen volgt:

1. Richtlijn 69/335/EEG van de Raad van 17 juli 1969 betreffende de indirecte belastingen op het bijeenbrengen van kapitaal[3] werd reeds verschillende malen ingrijpend gewijzigd[4]. Aangezien nieuwe wijzigingen nodig zijn, dient ter wille van de duidelijkheid tot herschikking van deze richtlijn te worden overgegaan.

2. De indirecte belastingen op het bijeenbrengen van kapitaal, te weten het recht op de inbreng van kapitaal in vennootschappen, hierna 'het kapitaalrecht' genoemd, het zegelrecht op effecten en het recht op herstructureringen, ongeacht of deze al dan niet een kapitaalsvermeerdering inhouden, leiden tot discriminaties, dubbele belastingheffing en ongelijkheden, die het vrije kapitaalverkeer hinderen. Hetzelfde geldt voor andere indirecte belastingen die dezelfde kenmerken hebben als het kapitaalrecht en het zegelrecht op effecten.

3. Het is derhalve in het belang van de interne markt de wetgeving betreffende de indirecte belastingen op het bijeenbrengen van kapitaal te harmoniseren, teneinde factoren die de mededingingsvoorwaarden kunnen verstoren of het vrije kapitaalverkeer hinderen, zoveel mogelijk weg te nemen.

4. Het kapitaalrecht heeft een ongunstige economische weerslag op de hergroepering en ontwikkeling van ondernemingen. Dit is in het bijzonder het geval in de huidige conjunctuurfase, waarin het beslist noodzakelijk is prioriteit te geven aan een heropleving van de investeringen.

5. Die doeleinden worden het best gediend met de afschaffing van het kapitaalrecht.

6. Het verlies aan ontvangsten als gevolg van de onmiddellijke toepassing van een dergelijke maatregel blijkt evenwel onaanvaardbaar te zijn voor lidstaten die momenteel het kapitaalrecht toepassen. Die lidstaten moeten derhalve de mogelijkheid krijgen om alle of een gedeelte van de desbetreffende verrichtingen aan het kapitaalrecht te blijven onderwerpen, met dien verstande dat in eenzelfde lidstaat één enkel belastingtarief moet gelden. Wanneer een lidstaat heeft afgezien van de heffing van het kapitaalrecht op alle of een gedeelte van de onder deze richtlijn vallende verrichtingen, mag hij niet meer de mogelijkheid hebben dit recht opnieuw in te voeren.

7. De idee van een interne markt gaat uit van de veronderstelling dat op het in het kader van een vennootschap bijeengebrachte kapitaal binnen de interne markt niet meer dan eenmaal een recht op het bijeenbrengen van kapitaal kan worden toegepast. Dienovereenkomstig mag, wanneer de lidstaat waaraan de heffingsbevoegdheid is toegekend, bepaalde of alle onder deze richtlijn vallende verrichtingen niet aan het kapitaalrecht onderwerpt, geen enkele andere lidstaat heffingsbevoegdheid uitoefenen ter zake van deze verrichtingen.

8. De gevallen waarin de lidstaten het kapitaalrecht blijven heffen, dienen aan strikte voorwaarden te worden onderworpen, met name wat vrijstellingen en verlagingen betreft.

9. Behalve het kapitaalrecht mogen er geen indirecte belastingen op het bijeenbrengen van kapitaal worden geheven. Er mag met name geen zegelrecht op effecten worden geheven, zowel met betrekking tot effecten die eigen kapitaal van vennootschappen als die welke leenkapitaal vertegenwoordigen, en ongeacht hun herkomst.

1. Advies van het Europees Parlement van 12 december 2007 (nog niet in het PB bekendgemaakt).
2. PB C 126 van 7.6.2007, blz. 6.
3. PB L 249 van 3.10.1969, blz. 25. Richtlijn laatstelijk gewijzigd bij Richtlijn 2006/98/EG (PB L 363 van 20.12.2006, blz. 129).
4. Zie bijlage II, deel A.

10. De in Richtlijn 69/335/EEG opgenomen lijst van kapitaalvennootschappen is onvolledig en dient derhalve te worden aangepast.

11. Daar de doelstellingen van deze richtlijn om bovengenoemde redenen niet voldoende door de lidstaten kunnen worden verwezenlijkt en derhalve beter door de Gemeenschap kunnen worden verwezenlijkt, kan de Gemeenschap, overeenkomstig het in artikel 5 van het Verdrag neergelegde subsidiariteitsbeginsel, maatregelen nemen. Overeenkomstig het in hetzelfde artikel neergelegde evenredigheidsbeginsel gaat deze richtlijn niet verder dan nodig is om deze doelstellingen te verwezenlijken.

12. De verplichting tot omzetting van deze richtlijn in nationaal recht dient te worden beperkt tot de bepalingen die ten opzichte van de vorige richtlijnen materieel zijn gewijzigd. De verplichting tot omzetting van de ongewijzigde bepalingen vloeit voort uit de vorige richtlijnen.

13. Deze richtlijn dient de verplichtingen van de lidstaten met betrekking tot de in bijlage II, deel B, genoemde termijnen voor omzetting in nationaal recht van de aldaar genoemde richtlijnen onverlet te laten.

14. Gezien de nadelige gevolgen van het kapitaalrecht, moet de Commissie om de drie jaar verslag uitbrengen over de werking van deze richtlijn met het oog op de afschaffing van dit recht,

HEEFT DE VOLGENDE RICHTLIJN VASTGESTELD:

HOOFDSTUK I. ONDERWERP EN TOEPASSINGSGEBIED

Artikel 1. Onderwerp

Deze richtlijn regelt de heffing van indirecte belastingen ter zake van:

a. de inbreng van kapitaal in kapitaalvennootschappen;
b. herstructureringsmaatregelen waarbij kapitaalvennootschappen zijn betrokken;
c. de uitgifte van bepaalde effecten en obligaties.

Artikel 2. Kapitaalvennootschap

1. Onder 'kapitaalvennootschap' in de zin van deze richtlijn wordt verstaan:
   a. iedere vennootschap in een van de in bijlage I opgenomen vormen;
   b. iedere vennootschap, vereniging of rechtspersoon waarvan de aandelen in het kapitaal of in het vermogen ter beurze kunnen worden verhandeld;
   c. iedere op het maken van winst gerichte vennootschap, vereniging of rechtspersoon waarvan de leden het recht hebben hun aandelen zonder voorafgaande goedkeuring over te dragen aan derden en voor de schulden van de vennootschap, vereniging of rechtspersoon slechts aansprakelijk zijn tot het bedrag van hun deelneming.
2. Voor de toepassing van deze richtlijn worden aan kapitaalvennootschappen gelijkgesteld: alle andere op het maken van winst gerichte vennootschappen, verenigingen of rechtspersonen.

Artikel 3. Inbreng van kapitaal

Voor de toepassing van deze richtlijn en behoudens artikel 4 worden de volgende verrichtingen aangemerkt als 'inbreng van kapitaal':

a. de oprichting van een kapitaalvennootschap;
b. de omzetting van een vennootschap, vereniging of rechtspersoon, niet zijnde een kapitaalvennootschap, in een kapitaalvennootschap;
c. een vermeerdering van het vennootschappelijk kapitaal van een kapitaalvennootschap door inbreng van zaken van welke aard ook;
d. een vermeerdering van het vennootschappelijk vermogen van een kapitaalvennootschap door inbreng van zaken van welke aard ook, waarvoor geen rechten worden toegekend die een aandeel in het vennootschappelijk kapitaal of in het vennootschappelijk vermogen vertegenwoordigen, doch rechten van dezelfde aard als die van vennoten, zoals stemrecht, recht op een aandeel in de winst of in het liquidatieoverschot;
e. de overbrenging, van een derde land naar een lidstaat, van de zetel van de werkelijke leiding van een kapitaalvennootschap waarvan de statutaire zetel zich in een derde land bevindt;
f. de overbrenging, van een derde land naar een lidstaat, van de statutaire zetel van een kapitaalvennootschap waarvan de zetel van de werkelijke leiding zich in een derde land bevindt;
g. een vermeerdering van het vennootschappelijk kapitaal van een kapitaalvennootschap door omzetting van winsten, reserves of voorzieningen;
h. een vermeerdering van het vennootschappelijk vermogen van een kapitaalvennootschap door prestaties van een vennoot, die geen vermeerdering van het vennootschappelijk kapitaal met zich brengt, maar beloond wordt met een wijziging van de aandeelhoudersrechten of de waarde van de aandelen kan verhogen;

i. het afsluiten van een lening door een kapitaalvennootschap, indien de schuldeiser recht heeft op een aandeel in de winst van de vennootschap;

j. het afsluiten van een lening door een kapitaalvennootschap bij een vennoot, bij de echtgenoot of een kind van een vennoot, alsmede het afsluiten van een lening bij een derde wanneer zij wordt gegarandeerd door een vennoot, mits deze leningen dezelfde functie hebben als een vermeerdering van het vennootschappelijk kapitaal.

Artikel 4. Herstructureringen

1. Voor de toepassing van deze richtlijn worden de volgende 'herstructureringen' niet als inbreng van kapitaal aangemerkt:

a. de inbreng, door een of meer kapitaalvennootschappen, van hun gehele vermogen of een of meer takken van bedrijvigheid in een of meer kapitaalvennootschappen die in oprichting zijn of reeds bestonden, mits de vergoeding voor deze inbreng ten minste gedeeltelijk bestaat uit effecten die het kapitaal van de verwervende vennootschap vertegenwoordigen;

b. de verwerving, door een in oprichting zijnde of reeds bestaande kapitaalvennootschap, van aandelen die een meerderheid van de stemrechten van een andere kapitaalvennootschap vertegenwoordigen, mits de vergoeding voor de verworven aandelen ten minste gedeeltelijk bestaat uit effecten die het kapitaal van de eerstgenoemde vennootschap vertegenwoordigen. Wordt de meerderheid van de stemrechten bereikt ingevolge verscheidene verrichtingen, dan worden uitsluitend de verrichting waarbij de meerderheid van de stemrechten wordt bereikt en de daarna volgende verrichtingen aangemerkt als herstructureringen.

2. 'Herstructureringen' omvatten tevens de overdracht naar een kapitaalvennootschap van het gehele vermogen van een andere kapitaalvennootschap die volledig eigendom is van de eerstgenoemde vennootschap.

HOOFDSTUK II. ALGEMENE BEPALINGEN

Artikel 5. Verrichtingen die niet aan indirecte belastingen zijn onderworpen

1. De lidstaten heffen bij kapitaalvennootschappen geen enkele indirecte belasting, in welke vorm ook, ter zake van:

a. de inbreng van kapitaal;

b. leningen of diensten verricht in het kader van de inbreng van kapitaal;

c. de inschrijving of elke andere formaliteit die een kapitaalvennootschap vanwege haar rechtsvorm in acht moet nemen alvorens met haar werkzaamheden te kunnen beginnen;

d. een wijziging in de akte van oprichting of de statuten van een kapitaalvennootschap, en met name:

i. de omzetting van een kapitaalvennootschap in een kapitaalvennootschap van andere aard,

ii. de overbrenging, van een lidstaat naar een andere lidstaat, van de zetel van de werkelijke leiding of van de statutaire zetel van een kapitaalvennootschap,

iii. de wijziging van het doel van een kapitaalvennootschap,

iv. de verlenging van de duur van een kapitaalvennootschap;

e. de in artikel 4 genoemde herstructureringen.

2. De lidstaten heffen geen enkele indirecte belasting, in welke vorm ook, ter zake van:

a. het opmaken, de uitgifte, de toelating ter beurze, het in omloop brengen of het verhandelen van aandelen, deelbewijzen of andere soortgelijke effecten, alsmede van certificaten van deze stukken, onverschillig door wie zij worden uitgegeven;

b. leningen, met inbegrip van staatsleningen, afgesloten tegen uitgifte van obligaties of andere verhandelbare effecten, onverschillig door wie deze worden uitgegeven, en alle daarmee verband houdende formaliteiten, alsmede het opmaken, de uitgifte, de toelating ter beurze, het in omloop brengen of het verhandelen van deze obligaties of andere verhandelbare effecten.

Artikel 6. Rechten en btw

1. Niettegenstaande artikel 5 kunnen de lidstaten de volgende rechten en belastingen heffen:

a. al dan niet forfaitaire rechten op de overdrachten van effecten;

b. overdrachtsrechten, daaronder begrepen kadastrale rechten, wegens inbreng van op hun grondgebied gelegen onroerende goederen of handelseigendommen in een kapitaalvennootschap;

c. overdrachtsrechten wegens inbreng van zaken van welke aard ook in een kapitaalvennootschap, voor zover de overdracht van deze zaken geschiedt tegen toekenning van andere waarden dan aandelen;

d. rechten op de vestiging, inschrijving of doorhaling van voorrechten en hypotheken;

e. rechten in de vorm van een vergoeding;

f. btw.

2. De heffing in de vorm van de in lid 1, onder b) tot en met e), genoemde rechten en belastingen verschilt niet naargelang de zetel van de werkelijke leiding of de statutaire zetel van de kapitaalvennootschap zich al

dan niet op het grondgebied bevindt van de lidstaat die deze heffing oplegt. Deze rechten en belastingen mogen niet hoger zijn dan die welke wegens andere soortgelijke verrichtingen worden geheven in de lidstaat die de heffing oplegt.

HOOFDSTUK III. BIJZONDERE BEPALINGEN

Artikel 7. Heffing van het kapitaalrecht in bepaalde lidstaten

1. Niettegenstaande artikel 5, lid 1, onder a), mag een lidstaat die op 1 januari 2006 een recht op de inbreng van kapitaal in kapitaalvennootschappen hief, hierna 'het kapitaalrecht' genoemd, dit recht blijven heffen, mits hij de artikelen 8 tot en met 14 in acht neemt.
2. Indien een lidstaat op enig tijdstip na 1 januari 2006 afziet van de heffing van het kapitaalrecht, mag hij dit recht nadien niet opnieuw invoeren.
3. Indien een lidstaat op enig tijdstip na 1 januari 2006 afziet van de heffing van het kapitaalrecht op de in artikel 3, onder g) tot en met j), bedoelde inbreng van kapitaal, mag hij dit recht op de desbetreffende inbreng van kapitaal niet opnieuw invoeren, niettegenstaande artikel 10, lid 2.
4. Indien een lidstaat op enig tijdstip na 1 januari 2006 afziet van de heffing van het kapitaalrecht op de terbeschikkingstelling van vast of werkkapitaal aan een filiaal, mag hij dit recht op de desbetreffende inbreng van kapitaal niet opnieuw invoeren, niettegenstaande artikel 10, lid 4.
5. Indien een lidstaat op enig tijdstip na 1 januari 2006 vrijstelling verleent krachtens artikel 13, mag hij de desbetreffende inbreng van kapitaal nadien niet meer aan het kapitaalrecht onderwerpen.

Artikel 8. Tarief van het kapitaalrecht

1. Het kapitaalrecht wordt geheven tegen een uniform tarief.
2. Het door een lidstaat toegepaste tarief van het kapitaalrecht mag niet hoger zijn dan het door die lidstaat op 1 januari 2006 toegepaste tarief.

   Wanneer een lidstaat het door hem toegepaste tarief na die datum verlaagt, mag hij dit nadien niet meer verhogen.
3. Het tarief van het kapitaalrecht mag in ieder geval ten hoogste 1 % bedragen.

Artikel 9. Uitsluiting van bepaalde lichamen van het toepassingsgebied

De lidstaten kunnen ervoor kiezen de in artikel 2, lid 2, bedoelde lichamen voor de heffing van het kapitaalrecht niet als kapitaalvennootschappen aan te merken.

Artikel 10. Aan het kapitaalrecht onderworpen verrichtingen en verdeling van heffingsbevoegdheid

1. Wanneer een lidstaat overeenkomstig artikel 7, lid 1, het kapitaalrecht blijft heffen, wordt de in artikel 3, onder a) tot en met d), bedoelde inbreng van kapitaal aan het kapitaalrecht onderworpen indien de zetel van de werkelijke leiding van de kapitaalvennootschap zich op het tijdstip van de kapitaalsinbreng in die lidstaat bevindt.

   De in artikel 3, onder e) en f), bedoelde inbreng van kapitaal wordt eveneens aan het kapitaalrecht onderworpen.
2. Wanneer een lidstaat het kapitaalrecht blijft heffen, mag de in artikel 3, onder g) tot en met j), bedoelde inbreng van kapitaal aan het kapitaalrecht worden onderworpen indien de zetel van de werkelijke leiding van de kapitaalvennootschap zich op het tijdstip van de kapitaalsinbreng in die lidstaat bevindt.
3. Wanneer de zetel van de werkelijke leiding van een kapitaalvennootschap zich in een derde land bevindt en de statutaire zetel in een lidstaat die het kapitaalrecht blijft heffen, wordt de inbreng van kapitaal in die lidstaat aan het kapitaalrecht onderworpen.
4. Wanneer de statutaire zetel en de zetel van de werkelijke leiding van een kapitaalvennootschap zich in een derde land bevinden, kan de terbeschikkingstelling van vast of werkkapitaal aan een filiaal dat zich bevindt in een lidstaat die het kapitaalrecht blijft heffen, in die lidstaat aan het kapitaalrecht worden onderworpen.

Artikel 11. Belastinggrondslag van het kapitaalrecht

1. In geval van de inbreng van kapitaal als bedoeld in artikel 3, onder a), c) en d), is de belastinggrondslag van het kapitaalrecht de werkelijke waarde van de zaken, van welke aard ook, die door de vennoten zijn ingebracht of tot inbreng waarvan zij gehouden zijn, na aftrek van de lasten en verbintenissen die in verband met elke inbreng voor rekening van de vennootschap komen.

   De heffing van het kapitaalrecht kan worden uitgesteld totdat de inbreng ook werkelijk is verricht.
2. In geval van de inbreng van kapitaal als bedoeld in artikel 3, onder b), e) en f), is de belastinggrondslag van het kapitaalrecht de werkelijke waarde van de op het tijdstip van de omzetting of overbrenging aan de vennootschap toebehorende zaken van welke aard ook, na aftrek van de op dat tijdstip op haar rustende lasten en verbintenissen.

3. In geval van de inbreng van kapitaal als bedoeld in artikel 3, onder g), is de belastinggrondslag van het kapitaalrecht het nominale bedrag van deze vermeerdering.
4. In geval van de inbreng van kapitaal als bedoeld in artikel 3, onder h), is de belastinggrondslag van het kapitaalrecht de werkelijke waarde van de verrichte diensten, na aftrek van de lasten en verbintenissen die in verband met deze diensten voor rekening van de vennootschap komen.
5. In geval van de inbreng van kapitaal als bedoeld in artikel 3, onder i) en j), is de belastinggrondslag van het kapitaalrecht het nominale bedrag van de afgesloten lening.
6. In de gevallen bedoeld in de leden 1 en 2 kan de werkelijke waarde van de aan elke vennoot toegekende of toebehorende aandelen worden gebruikt als de belastinggrondslag van het kapitaalrecht, behalve wanneer uitsluitend gereed geld wordt ingebracht.

Het bedrag waarover het recht wordt geheven, mag in geen geval lager liggen dan het nominale bedrag van de aan elke vennoot toegekende of toebehorende aandelen.

Artikel 12. Uitsluiting van de belastinggrondslag van het kapitaalrecht

1. In geval van een kapitaalsvermeerdering omvat de belastinggrondslag van het kapitaalrecht niet:
   a. het bedrag van de aan de kapitaalvennootschap toebehorende vermogensbestanddelen die worden aangewend voor de vermeerdering van het vennootschappelijk kapitaal en reeds met het kapitaalrecht werden belast;
   b. het bedrag van de door de kapitaalvennootschap afgesloten leningen die in aandelen worden omgezet en reeds met het kapitaalrecht werden belast.
2. Een lidstaat kan het bedrag van de inbreng van een voor de verbintenissen van een kapitaalvennootschap onbeperkt aansprakelijke vennoot, alsmede het bedrag van het aandeel van een zodanige vennoot in het vennootschappelijk vermogen, van de belastinggrondslag van het kapitaalrecht uitsluiten.

Indien een lidstaat gebruik maakt van die bevoegdheid, wordt elke verrichting waardoor de aansprakelijkheid van een vennoot wordt beperkt tot zijn deelneming in het vennootschappelijk kapitaal, in het bijzonder wanneer de beperking van de aansprakelijkheid voortvloeit uit een omzetting van de kapitaalvennootschap in een kapitaalvennootschap van een andere soort, aan het kapitaalrecht onderworpen.

Het kapitaalrecht wordt in al deze gevallen geheven over de waarde van het aandeel van de voor de verbintenissen van de kapitaalvennootschap onbeperkt aansprakelijke vennoten in het vennootschappelijk vermogen.

3. In geval van de inbreng van kapitaal als bedoeld in artikel 3, onder c), die volgt op een vermindering van het vennootschappelijk kapitaal wegens geleden verliezen, kan het gedeelte van de kapitaalsinbreng dat overeenkomt met de vermindering van het kapitaal, worden uitgesloten van de belastinggrondslag, op voorwaarde dat de kapitaalsinbreng plaatsvindt binnen vier jaar na de vermindering van het kapitaal.

Artikel 13. Vrijstelling voor de inbreng van kapitaal in bepaalde kapitaalvennootschappen

De lidstaten kunnen vrijstelling van het kapitaalrecht verlenen voor de inbreng van kapitaal in:

a. kapitaalvennootschappen die diensten van openbaar nut verrichten, zoals ondernemingen voor openbaar vervoer, havenondernemingen, ondernemingen voor water-, gas- en elektriciteitsvoorziening, mits ten minste de helft van het vennootschappelijk kapitaal in het bezit is van de staat of van andere territoriale publiekrechtelijke lichamen;
b. kapitaalvennootschappen die volgens hun statuten en in feite uitsluitend en rechtstreeks culturele en sociale doeleinden en doeleinden op het gebied van hulpverlening of volksontwikkeling nastreven.

De lidstaten die voor een dergelijke inbreng van kapitaal vrijstelling van het kapitaalrecht verlenen, verlenen deze ook voor de terbeschikkingstelling van vast of werkkapitaal aan een filiaal op hun grondgebied als bedoeld in artikel 10, lid 4.

Artikel 14. Uitzonderingsprocedure

Ten aanzien van bepaalde vormen van kapitaalsinbreng of kapitaalvennootschappen kunnen vrijstellingen of verlagingen van het tarief worden toegepast om redenen van fiscale billijkheid, uit sociale overwegingen of om een lidstaat in de gelegenheid te stellen aan bijzondere omstandigheden het hoofd te bieden.

Een lidstaat die voornemens is een dergelijke maatregel te nemen, stelt de Commissie hiervan tijdig op de hoogte ter toepassing van artikel 97 van het Verdrag.

HOOFDSTUK IV. SLOTBEPALINGEN

Artikel 15. Omzetting

1. De lidstaten doen de nodige wettelijke en bestuursrechtelijke bepalingen in werking treden om uiterlijk op 31 december 2008 aan de artikelen 3, 4, 5, 7, 8, 10, 12, 13 en 14 te voldoen. Zij delen de Commissie die bepa-

lingen onverwijld mede alsmede een transponeringstabel ter weergave van het verband tussen die bepalingen en deze richtlijn.

Wanneer de lidstaten die bepalingen aannemen, wordt in die bepalingen zelf of bij de officiële bekendmaking daarvan naar deze richtlijn verwezen. In de bepalingen wordt tevens vermeld dat verwijzingen in bestaande wettelijke en bestuursrechtelijke bepalingen naar de bij deze richtlijn ingetrokken richtlijnen, gelden als verwijzingen naar de onderhavige richtlijn. De regels voor deze verwijzing en de formulering van deze vermelding worden vastgesteld door de lidstaten.

2. De lidstaten delen de Commissie de tekst van de belangrijkste bepalingen van intern recht mede die zij op het onder deze richtlijn vallende gebied vaststellen.

Artikel 16. Intrekking

Richtlijn 69/355/EG, gewijzigd bij de in deel A van bijlage II vermelde richtlijnen, wordt met ingang van 1 januari 2009 ingetrokken, onverminderd de verplichtingen van de lidstaten met betrekking tot de in deel B van bijlage II genoemde termijnen voor omzetting in nationaal recht van de aldaar genoemde richtlijnen.

Verwijzingen naar de ingetrokken richtlijn gelden als verwijzingen naar de onderhavige richtlijn en worden gelezen volgens de in bijlage III opgenomen transponeringstabel.

Artikel 17. Evaluatie

De Commissie brengt om de drie jaar bij de Raad verslag uit over de werking van deze richtlijn, in het bijzonder met het oog op de afschaffing van het kapitaalrecht. Teneinde de Commissie bij deze evaluatie bij te staan, verstrekken de lidstaten aan de Commissie gegevens over de ontvangsten uit het kapitaalrecht.

Artikel 18. Inwerkingtreding

Deze richtlijn treedt in werking op de twintigste dag volgende op die van haar bekendmaking in het *Publicatieblad van de Europese Unie*.

De artikelen 1, 2, 6, 9, 10 en 11 zijn van toepassing met ingang van 1 januari 2009.

Artikel 19. Adressaten

Deze richtlijn is gericht tot de lidstaten.

Gedaan te Brussel, 12 februari 2008.

Voor de Raad
De voorzitter
A. BAJUK

BIJLAGE I.

Lijst van de in artikel 2, lid 1, onder a), bedoelde vennootschappen

1. Vennootschappen opgericht naar Verordening (EG) nr. 2157/2001 van de Raad van 8 oktober 2001 betreffende het statuut van de Europese vennootschap (SE)[1]
2. Vennootschappen naar Belgisch recht, geheten:
   i. société anonyme/naamloze vennootschap
   ii. société en commandite par actions/commanditaire vennootschap op aandelen
   iii. société privée à responsabilité limitée/besloten vennootschap met beperkte aansprakelijkheid
3. Vennootschappen naar Bulgaars recht, geheten:
   i. ‘Акционерно дружество’
   ii. ‘Командитно дружество с акции’
   iii. ‘Дружество с ограничена отговорност’
4. Vennootschappen naar Tsjechisch recht, geheten:
   i. akciová společnost
   ii. komanditní společnost
   iii. společnost s ručením omezeným
5. Vennootschappen naar Deens recht, geheten:
   i. aktieselskab
   ii. kommandit-aktieselskab

1. PB L 294 van 10.11.2001, blz. 1. Verordening laatstelijk gewijzigd bij Verordening (EG) nr. 1791/2006 (PB L 363 van 20.12.2006, blz. 1).

6. Vennootschappen naar Duits recht, geheten:
   i. Aktiengesellschaft
   ii. Kommanditgesellschaft auf Aktien
   iii. Gesellschaft mit beschränkter Haftung
7. Vennootschappen naar Ests recht, geheten:
   i. täisühing
   ii. usaldusühing
   iii. osaühing
   iv. aktsiaselts
   v. tulundusühistu
8. Vennootschappen naar Iers recht, geheten: companies incorporated with limited liability
9. Vennootschappen naar Grieks recht, geheten:
   i. Ανώνυμος Εταιρεία
   ii. Ετερόρρυθμος κατά μετοχάς Εταιρεία
   iii. Εταιρεία Περιωρισμένης Ευθύνης
10. Vennootschappen naar Spaans recht, geheten:
   i. sociedad anónima
   ii. sociedad comanditaria por acciones
   iii. sociedad de responsabilidad limitada
11. Vennootschappen naar Frans recht, geheten:
   i. société anonyme
   ii. société en commandite par actions
   iii. société à responsabilité limitée
12. Vennootschappen naar Italiaans recht, geheten:
   i. società per azioni
   ii. società in accomandita per azioni
   iii. società a responsabilità limitata
13. Vennootschappen naar Cyprisch recht, geheten: εταιρείες περιορισμένης ευθύνης
14. Vennootschappen naar Lets recht, geheten: kapitālsabiedrība
15. Vennootschappen naar Litouws recht, geheten:
   i. akcinė bendrovė
   ii. uždaroji akcinė bendrovė
16. Vennootschappen naar Luxemburgs recht, geheten:
   i. société anonyme
   ii. société en commandite par actions
   iii. société a responsabilité limitée
17. Vennootschappen naar Hongaars recht, geheten:
   i. részvénytársaság
   ii. korlátolt felelősség? társaság
18. Vennootschappen naar Maltees recht, geheten:
   i. Kumpaniji ta' Responsabilità Limitata
   ii. Soċjetajiet in akkomandita li l-kapital tagħhom jkun maqsum f'azzjonijiet
19. Vennootschappen naar Nederlands recht, geheten:
   i. naamloze vennootschap
   ii. besloten vennootschap met beperkte aansprakelijkheid
   iii. open commanditaire vennootschap
20. Vennootschappen naar Oostenrijks recht, geheten:
   i. Aktiengesellschaft
   ii. Gesellschaft mit beschränkter Haftung
21. Vennootschappen naar Pools recht, geheten:
   i. spółka akcyjna
   ii. spółka z ograniczoną odpowiedzialnością
22. Vennootschappen naar Portugees recht, geheten:
   i. sociedade anónima
   ii. sociedade em comandita por acções
   iii. sociedade por quotas

23. Vennootschappen naar Roemeens recht, geheten:
   i. 'societăţi în nume colectiv'
   ii. 'societăţi în comandită simplă'
   iii. 'societăţi pe acţiuni'
   iv. 'societăţi în comandită pe acţiuni'
   v. 'societăţi cu răspundere limitată'
24. Vennootschappen naar Sloveens recht, geheten:
   i. delniška družba
   ii. komanditna delniška družba
   iii. družba z omejeno odgovornostjo
25. Vennootschappen naar Slowaaks recht, geheten:
   i. akciová spoločnosť
   ii. spoločnosť s ručením obmedzeným
   iii. komanditná spoločnosť
26. Vennootschappen naar Fins recht, geheten:
   i. osakeyhtiö - aktiebolag
   ii. osuuskunta - andelslag
   iii. säästöpankki - sparbank
   iv. vakuutusyhtiö - försäkringsbolag
27. Vennootschappen naar Zweeds recht, geheten:
   i. aktiebolag
   ii. försäkringsaktiebolag
28. Vennootschappen naar het recht van het Verenigd Koninkrijk, geheten: companies incorporated with limited liability.

RICHTLIJN 2010/24/EU van 16 maart 2010 van de Raad betreffende de wederzijdse bijstand inzake de invordering van schuldvorderingen die voortvloeien uit belastingen, rechten en andere maatregelen

DE RAAD VAN DE EUROPESE UNIE,

Gelet op het Verdrag betreffende de werking van de Europese Unie, en met name op de artikelen 113 en 115,
Gezien het voorstel van de Commissie,
Gezien het advies van het Europees Parlement[1],
Gezien het advies van het Europees Economisch en Sociaal Comité[2],
Handelend overeenkomstig een bijzondere wetgevingsprocedure,
Overwegende hetgeen volgt:

1. Wederzijdse bijstand tussen de lidstaten met het oog op het invorderen van uit belastingen, rechten en andere maatregelen voortvloeiende schuldvorderingen van de lidstaten en van de Unie draagt bij tot de goede werking van de interne markt. Wederzijdse bijstand is een garantie voor fiscale neutraliteit en maakt dat lidstaten kunnen afzien van discriminerende beschermende maatregelen die zij ter voorkoming van belastingfraude en derving van begrotingsmiddelen ten aanzien van grensoverschrijdende handelingen hadden genomen.

2. Bij Richtlijn 76/308/EEG van de Raad van 15 maart 1976 betreffende de wederzijdse bijstand inzake de invordering van schuldvorderingen die voortvloeien uit verrichtingen die deel uitmaken van het financieringsstelsel van het Europees Oriëntatie- en Garantiefonds voor de Landbouw, alsmede van landbouwheffingen en douanerechten, is voor het eerst een regeling voor wederzijdse bijstand bij invordering opgezet[3]. Deze richtlijn is samen met haar wijzigingsbesluiten gecodificeerd bij Richtlijn 2008/55/EG van de Raad van 26 mei 2008 betreffende de wederzijdse bijstand inzake de invordering van schuldvorderingen die voortvloeien uit bepaalde bijdragen, rechten en belastingen, alsmede uit andere maatregelen[4].

3. Ofschoon die regeling een eerste stap vormde naar betere invorderingsprocedures in de Unie doordat zij de toepasselijke nationale regels nader tot elkaar bracht, bleek zij echter niet langer te voldoen aan de eisen van de interne markt zoals deze zich in de afgelopen 30 jaar heeft ontwikkeld.

4. Om de financiële belangen van de lidstaten en de neutraliteit van de interne markt beter te vrijwaren, is het noodzakelijk het toepassingsgebied van de wederzijdse invorderingsbijstand uit te breiden tot schuldvorderingen welke voortvloeien uit belastingen en rechten die er tot dusverre nog niet onder vielen; om aan het stijgende aantal verzoeken om bijstand te kunnen voldoen en betere resultaten te bereiken, moet de invorderingsbijstand efficiënter en effectiever worden georganiseerd en in praktisch opzicht gemakkelijker kunnen verlopen. Dit vergt belangrijke aanpassingen; een loutere wijziging van Richtlijn 2008/55/EG zou niet volstaan om de doelstellingen te verwezenlijken. Die richtlijn moet derhalve worden ingetrokken en worden vervangen door een nieuw rechtsinstrument, dat op de resultaten van de vigerende richtlijn voortbouwt maar de regels waar nodig helderder en nauwkeuriger maakt.

5. Verduidelijking van de regels zal de gegevensuitwisseling tussen de lidstaten verruimen. Voorts is het de bedoeling dat alle natuurlijke en rechtspersonen in de Unie onder die regels komen te vallen, gelet op het steeds grotere scala aan juridische constructies, dat naast de gebruikelijke trusts en stichtingen ook nieuwe, door belastingplichtigen in de lidstaten gecreëerde rechtsfiguren kan omvatten. Ook kan dan rekening worden gehouden met alle verschijningsvormen die met belastingen, rechten, heffingen, restituties en interventies verband houdende vorderingen van publieke autoriteiten kunnen aannemen, met inbegrip van tegen de betrokken belastingplichtige of tegen een derde ingestelde geldvorderingen die in de plaats treden van de oorspronkelijke schuldvordering. Verduidelijking van de regels is eerst en vooral nodig om de rechten en plichten van de betrokken partijen beter af te bakenen.

6. Deze richtlijn laat onverlet dat het de bevoegdheid van de lidstaten is te bepalen welke invorderingsmaatregelen er in hun interne recht ter beschikking staan. Het is echter zaak te beletten dat de naadloze werking van de regeling voor wederzijdse bijstand waarin deze richtlijn voorziet, in het gedrang komt door verschillen in nationaal recht of een gebrek aan coördinatie tussen bevoegde autoriteiten.

1. Advies van 10 februari 2010 (nog niet bekendgemaakt in het Publicatieblad).
2. Advies van 16 juli 2009 (nog niet bekendgemaakt in het Publicatieblad).
3. PB L 73 van 19.3.1976, blz. 18.
4. PB L 150 van 10.6.2008, blz. 28.

7. Wederzijdse bijstand kan inhouden dat de aangezochte autoriteit enerzijds aan de verzoekende autoriteit de inlichtingen verstrekt die deze nodig heeft om de in de verzoekende lidstaat ontstane schuldvorderingen in te vorderen, en aan de schuldenaar alle in de verzoekende lidstaat afgegeven documenten met betrekking tot die schuldvorderingen notificeert. Anderzijds kan de verzoekende autoriteit van de verzoekende autoriteit de schuldvorderingen invorderen die in de verzoekende lidstaat zijn ontstaan, of conservatoire maatregelen nemen om de invordering van deze schuldvorderingen te waarborgen.

8. De vaststelling van een uniforme titel voor het nemen van executiemaatregelen in de aangezochte lidstaat en een uniform standaardformulier voor de notificatie van akten en beslissingen met betrekking tot de schuldvordering moet een einde maken aan de problemen omtrent de erkenning en vertaling van in andere lidstaten afgegeven titels, die de efficiëntie van de vigerende bijstandsregeling in sterke mate belemmeren.

9. Er moet een rechtsgrondslag komen voor het zonder voorafgaand verzoek uitwisselen van inlichtingen over specifieke belastingteruggaven. De efficiëntie gebiedt voorts dat belastingambtenaren van een lidstaat aanwezig kunnen zijn bij en kunnen deelnemen aan administratieve onderzoeken in een andere lidstaat. Ook moet de inlichtingenuitwisseling tussen diensten rechtstreekser kunnen verlopen, teneinde de bijstand sneller en efficiënter te maken.

10. Gelet op de toenemende mobiliteit op de interne markt en de beperkingen die het Verdrag of andere wetgeving oplegt ter zake van de waarborgen welke kunnen worden verlangd van belastingplichtigen die niet op het nationale grondgebied zijn gevestigd, moeten de mogelijkheden om in een andere lidstaat verzoeken tot invordering of tot het nemen van conservatoire maatregelen in te dienen, worden uitgebreid. Aangezien het tijdstip van ontstaan van een schuldvordering van cruciaal belang is, moeten de lidstaten de mogelijkheid hebben een verzoek om wederzijdse bijstand in te dienen ook als nog niet alle nationale invorderingsmiddelen zijn aangewend, bijvoorbeeld wanneer de aanwending van die middelen in de verzoekende lidstaat tot onevenredige moeilijkheden zou leiden.

11. Een algemene verplichting om verzoeken en documenten in digitale vorm en via een elektronisch netwerk te doen toekomen, in combinatie met precieze regels inzake de taalregeling voor verzoeken en documenten, moet het de lidstaten mogelijk maken verzoeken sneller en vlotter te behandelen.

12. Het kan gebeuren dat, terwijl de invorderingsprocedure in de aangezochte lidstaat loopt, de schuldvordering, de door de autoriteiten van de verzoekende lidstaat verrichte notificatie of de executoriale titel door de betrokkene wordt betwist. Bepaald moet worden dat de betrokkene in dergelijke gevallen een rechtsgeding aanhangig moet maken bij de bevoegde instantie van de verzoekende lidstaat en dat de aangezochte autoriteit, tenzij de verzoekende autoriteit anders verzoekt, de door haar ingezette executieprocedure moet schorsen totdat de bevoegde instantie van de verzoekende lidstaat een beslissing heeft gegeven.

13. Teneinde de lidstaten ertoe te bewegen voldoende middelen in te zetten voor de invordering van schuldvorderingen van andere lidstaten, moet de aangezochte lidstaat de aan de invordering verbonden kosten op de schuldenaar kunnen verhalen.

14. De efficiëntie is er het meest mee gediend dat de aangezochte autoriteit die uitvoering geeft aan een verzoek om bijstand, de bevoegdheden kan aanwenden waarover zij krachtens haar nationale wetgeving beschikt voor uit dezelfde of soortgelijke belastingen of rechten voortvloeiende schuldvorderingen. Bij gebreke van soortgelijke belastingen of rechten zou de procedure die krachtens de nationale wetgeving van de aangezochte lidstaat geldt voor uit de inkomstenbelasting voortvloeiende schuldvorderingen het meest aangewezen zijn. Deze aanwending van de nationale wetgeving mag in de regel niet gelden met betrekking tot de preferentiële behandeling die wordt toegekend aan schuldvorderingen welke ontstaan in de aangezochte lidstaat. Wel zou het mogelijk moeten zijn de preferentiële behandeling op basis van een overeenkomst tussen de betrokken lidstaten tot schuldvorderingen van andere lidstaten uit te breiden.

15. Wat verjaringskwesties betreft, is het noodzakelijk de bestaande regels te vereenvoudigen door te bepalen dat de schorsing, onderbreking of verlenging van verjaringstermijnen in het algemeen onderworpen is aan de rechtsregels die gelden in de aangezochte lidstaat, tenzij schorsing, stuiting of verlenging van de verjaringstermijn krachtens de in die lidstaat geldende rechtsregels niet mogelijk is.

16. De efficiëntie gebiedt dat inlichtingen die in het kader van de wederzijdse bijstand zijn verstrekt, in de lidstaat die de inlichtingen ontvangt, mogen worden gebruikt voor andere doeleinden dan bepaald in deze richtlijn, mits dit is toegestaan bij de nationale wetgeving van zowel de lidstaat die de inlichtingen verstrekt als de lidstaat die de inlichtingen ontvangt.

17. Deze richtlijn mag de vervulling van verplichtingen tot het verstrekken van ruimere bijstand uit hoofde van bestaande bilaterale of multilaterale overeenkomsten of regelingen niet verhinderen.

18. De voor de uitvoering van deze richtlijn vereiste maatregelen moeten worden vastgesteld overeenkomstig Besluit 1999/468/EG van de Raad van 28 juni 1999 tot vaststelling van de voorwaarden voor de uitoefening van de aan de Commissie verleende uitvoeringsbevoegdheden[1].

19. Overeenkomstig punt 34 van het Interinstitutioneel Akkoord 'Beter wetgeven' worden de lidstaten ertoe aangespoord voor zichzelf en in het belang van de Unie hun eigen tabellen op te stellen, die, voor zover mogelijk, het verband weergeven tussen deze richtlijn en de omzettingsmaatregelen, en deze openbaar te maken.

20. Daar de doelstellingen van deze richtlijn, namelijk de instelling van een uniforme regeling voor bijstand bij invordering op de interne markt, niet voldoende door de lidstaten kunnen worden verwezenlijkt en derhalve wegens de vereiste uniformiteit, doeltreffendheid en doelmatigheid beter door de Unie kunnen worden verwezenlijkt, kan de Unie, overeenkomstig het in artikel 5 van het Verdrag neergelegde subsidiariteitsbeginsel, maatregelen nemen. Overeenkomstig het in hetzelfde artikel neergelegde evenredigheidsbeginsel gaat deze richtlijn niet verder dan nodig is om deze doelstellingen te verwezenlijken.

21. Deze richtlijn eerbiedigt de grondrechten en neemt de beginselen in acht die met name in het Handvest van de grondrechten van de Europese Unie zijn erkend,

HEEFT DE VOLGENDE RICHTLIJN VASTGESTELD:

Hoofdstuk I. Algemene bepalingen

Artikel 1. Onderwerp

In deze richtlijn worden de regels vastgesteld voor de bijstandsverlening tussen de lidstaten ten behoeve van de invordering in iedere lidstaat van de in artikel 2 bedoelde schuldvorderingen die in een andere lidstaat zijn ontstaan.

Artikel 2. Toepassingsgebied

1. Deze richtlijn is van toepassing op schuldvorderingen die voortvloeien uit:

a. alle vormen van belastingen en rechten, geheven door of ten behoeve van een lidstaat of zijn territoriale of staatkundige onderdelen, lokale overheden daaronder begrepen, dan wel ten behoeve van de Unie;

b. restituties, interventies en andere maatregelen die deel uitmaken van het stelsel van volledige of gedeeltelijke financiering door het Europees Landbouwgarantiefonds (ELGF) en het Europees Landbouwfonds voor Plattelandsontwikkeling (ELFPO), met inbegrip van in het kader van deze maatregelen te innen bedragen;

c. heffingen en andere rechten uit hoofde van de gemeenschappelijke marktordening voor suiker.

2. Het toepassingsgebied van deze richtlijn omvat:

a. administratieve sancties, boetes, heffingen en toeslagen in verband met de schuldvorderingen waarvoor om wederzijdse bijstand kan worden verzocht overeenkomstig lid 1, welke opgelegd zijn door de administratieve autoriteiten die bevoegd zijn om de desbetreffende belastingen of rechten te heffen of om administratieve onderzoeken daarnaar te verrichten, of welke op verzoek van de bovengenoemde administratieve autoriteiten door administratieve of gerechtelijke instanties bevestigd zijn;

b. heffingen voor in het kader van administratieve procedures in verband met belastingen en rechten afgegeven verklaringen en soortgelijke documenten;

c. interesten en kosten die verbonden zijn aan de schuldvorderingen waarvoor om wederzijdse bijstand kan worden verzocht overeenkomstig lid 1 of de punten a. en b. van het onderhavige lid.

3. Deze richtlijn is niet van toepassing op:

a. verplichte socialezekerheidsbijdragen, te betalen aan een lidstaat, een onderdeel van die lidstaat of een publiekrechtelijke socialezekerheidsinstelling;

b. heffingen die niet genoemd worden in lid 2;

c. contractueel verschuldigde bedragen, zoals betalingen voor openbare nutsvoorzieningen;

d. strafrechtelijke sancties die zijn opgelegd op grond van een strafvordering of andere niet onder lid 2, punt a., vallende strafrechtelijke sancties.

Artikel 3. Definities

Voor de toepassing van deze richtlijn wordt verstaan onder:

a. 'verzoekende autoriteit': een centraal verbindingsbureau, een verbindingsbureau of een verbindingsdienst van een lidstaat die een verzoek om bijstand indient betreffende een schuldvordering als bedoeld in artikel 2;

b. 'aangezochte autoriteit': een centraal verbindingsbureau, een verbindingsbureau of een verbindingsdienst van een lidstaat waaraan een verzoek om bijstand wordt gericht;

1. PB L 184 van 17.7.1999, blz. 23.

c. 'persoon':

i. een natuurlijk persoon,

ii. een rechtspersoon,

iii. indien de geldende wetgeving in die mogelijkheid voorziet, een vereniging van personen die bevoegd is rechtshandelingen te verrichten, maar niet de wettelijke status van rechtspersoon bezit, of

iv. een andere juridische constructie, ongeacht de aard of de vorm ervan, met of zonder rechtspersoonlijkheid, die activa bezit of beheert welke, met inbegrip van de daardoor gegenereerde inkomsten, aan onder deze richtlijn vallende belastingen zijn onderworpen;

d. 'langs elektronische weg': door middel van elektronische apparatuur voor gegevensverwerking, met inbegrip van digitale compressie, en gegevensopslag, met gebruikmaking van draden, radio, optische of andere elektromagnetische middelen;

e. 'CCN-netwerk': het op het gemeenschappelijke communicatienetwerk (common communications network–CCN) gebaseerde gemeenschappelijke platform dat de Unie ontwikkeld heeft voor het elektronische berichtenverkeer tussen autoriteiten die bevoegd zijn op het gebied van douane en belastingen.

Artikel 4. Organisatie

1. Iedere lidstaat deelt de Commissie uiterlijk op 20 mei 2010 mede welke de voor de toepassing van deze richtlijn bevoegde autoriteit(en) (hierna 'de bevoegde autoriteit') zijn en stelt de Commissie onverwijld in kennis van wijzigingen dienaangaande.

De Commissie stelt de ontvangen informatie ter beschikking van de andere lidstaten en maakt de lijst van de bevoegde autoriteiten van de lidstaten in het Publicatieblad van de Europese Unie bekend.

2. De bevoegde autoriteit wijst een centraal verbindingsbureau aan dat primair verantwoordelijk is voor de contacten met de andere lidstaten op het gebied van de onder deze richtlijn vallende wederzijdse bijstand.

Het centrale verbindingsbureau kan ook worden aangewezen als het bureau dat verantwoordelijk is voor de contacten met de Commissie.

3. De bevoegde autoriteit van iedere lidstaat kan verbindingsbureaus aanwijzen die verantwoordelijk zijn voor de contacten met andere lidstaten ten behoeve van de wederzijdse bijstand betreffende een of meer specifieke vormen of categorieën van de in artikel 2 bedoelde belastingen en rechten.

4. De bevoegde autoriteit van iedere lidstaat kan andere bureaus dan het centrale verbindingsbureau of de verbindingsbureaus als verbindingsdienst aanwijzen. Een verbindingsdienst verzoekt om of verleent wederzijdse bijstand op grond van deze richtlijn in verband met zijn specifieke territoriale of functionele bevoegdheid.

5. Een verbindingsbureau dat of een verbindingsdienst die een verzoek om wederzijdse bijstand ontvangt dat een optreden buiten de aan dat bureau of die dienst toegewezen bevoegdheid vereist, geeft het verzoek onverwijld door aan het bevoegde bureau c.q. de bevoegde dienst, voor zover bekend, of aan het centrale verbindingsbureau, en stelt de verzoekende autoriteit daarvan in kennis.

6. De bevoegde autoriteit van iedere lidstaat doet de Commissie mededeling van het centrale verbindingsbureau en de eventuele verbindingsbureaus of verbindingsdiensten die zij heeft aangewezen. De Commissie stelt de ontvangen informatie ter beschikking van de lidstaten.

7. Alle mededelingen worden toegezonden door of namens of, per individueel geval, met instemming van het centrale verbindingsbureau, dat zorg draagt voor een effectieve communicatie.

Hoofdstuk II. Uitwisseling van inlichtingen

Artikel 5. Verzoek om inlichtingen

1. Op verzoek van de verzoekende autoriteit verstrekt de aangezochte autoriteit alle inlichtingen die normaliter voor de verzoekende autoriteit van belang zijn ten behoeve van de invordering van haar schuldvorderingen als bedoeld in artikel 2. Met het oog op die inlichtingenverstrekking laat de aangezochte autoriteit alle administratieve onderzoeken verrichten die noodzakelijk zijn om deze inlichtingen te verkrijgen.

2. De aangezochte autoriteit is niet gehouden inlichtingen te verstrekken:

a. die zij niet zou kunnen verkrijgen voor de invordering van soortgelijke schuldvorderingen die in de aangezochte lidstaat zijn ontstaan;

b. waarmee een handels-, bedrijfs-, nijverheids- of beroepsgeheim zou worden onthuld;

c. waarvan mededeling een aantasting zou kunnen vormen van de veiligheid of in strijd zou kunnen zijn met de openbare orde van de aangezochte lidstaat.

3. In geen geval wordt lid 2 uitgelegd in die zin dat een aangezochte autoriteit van een lidstaat mag weigeren inlichtingen te verstrekken, louter omdat de inlichtingen bij een bank, een andere financiële instelling of een als vertegenwoordiger, agent of trustee optredende persoon berusten, of omdat de inlichtingen betrekking hebben op eigendomsbelangen in een persoon.

4. De aangezochte autoriteit stelt de verzoekende autoriteit op de hoogte van de beweegredenen die zich verzetten tegen het voldoen aan het verzoek tot inlichtingen.

Artikel 6. Uitwisseling van inlichtingen zonder voorafgaand verzoek

Indien een teruggaaf van belastingen of rechten, met uitzondering van de belasting over de toegevoegde waarde, betrekking heeft op een persoon die gevestigd is of zijn woonplaats heeft in een andere lidstaat, kan de lidstaat van teruggaaf de lidstaat van vestiging of woonplaats in kennis stellen van de aanstaande teruggaaf.

Artikel 7. Aanwezigheid in de administratiekantoren en deelname aan administratieve onderzoeken

1. De verzoekende autoriteit en de aangezochte autoriteit kunnen overeenkomen dat, ter bevordering van de wederzijdse bijstand waarin deze richtlijn voorziet, de door de verzoekende autoriteit gemachtigde ambtenaren, onder de door de aangezochte autoriteit vastgestelde voorwaarden,

a. aanwezig zijn in de kantoren waar de administratieve autoriteiten van de aangezochte lidstaat hun taken vervullen;

b. aanwezig zijn bij administratieve onderzoeken op het grondgebied van de aangezochte lidstaat;

c. de bevoegde ambtenaren van de aangezochte lidstaat in rechtszaken in die lidstaat bijstaan.

2. Voor zover dit bij de in de aangezochte lidstaat geldende wetgeving is toegestaan, kan in de in lid 1, onder b., bedoelde overeenkomst worden bepaald dat ambtenaren van de verzoekende lidstaat personen kunnen ondervragen en dossiers kunnen bestuderen.

3. Door de verzoekende autoriteit gemachtigde ambtenaren die gebruikmaken van de bij de leden 1 en 2 geboden mogelijkheden, dienen te allen tijde een schriftelijke opdracht te kunnen voorleggen waarin hun identiteit en hun officiële hoedanigheid zijn vermeld.

Hoofdstuk III. Bijstand bij de notifictie van documenten

Artikel 8. Verzoek tot notificatie van bepaalde documenten die betrekking hebben op schuldvorderingen

1. Op verzoek van de verzoekende autoriteit gaat de aangezochte autoriteit over tot notificatie aan de geadresseerde van alle, dus ook gerechtelijke, documenten met betrekking tot een in artikel 2 bedoelde schuldvordering of de invordering daarvan, welke uitgaan van de verzoekende lidstaat.

Het verzoek tot notificatie gaat vergezeld van een standaardformulier dat ten minste de volgende gegevens bevat:

a. naam, adres en andere gegevens die van belang zijn om de identiteit van de geadresseerde vast te stellen;

b. het doel van de notificatie en de termijn binnen welke de notificatie dient te geschieden;

c. een beschrijving van het aangehechte document en de aard en het bedrag van de betrokken schuldvordering;

d. naam, adres en andere contactgegevens met betrekking tot:

i. het bureau dat verantwoordelijk is voor het aangehechte document, en, indien dat een ander bureau is,

ii. het bureau waar nadere inlichtingen kunnen worden verkregen over het genotificeerde document of over de mogelijkheden tot betwisting van de betalingsverplichting.

2. De verzoekende autoriteit doet alleen een verzoek tot notificatie op grond van dit artikel wanneer zij niet kan notificeren volgens de regels voor de notificatie van het betrokken document in de verzoekende lidstaat of wanneer een dergelijke notificatie buitensporige problemen zou veroorzaken.

3. De aangezochte autoriteit stelt de verzoekende autoriteit onverwijld op de hoogte van het gevolg dat aan het verzoek tot notificatie is gegeven en meer in het bijzonder van de datum waarop het document aan de geadresseerde is genotificeerd.

Artikel 9. Wijze van notificatie

1. De aangezochte autoriteit zorgt ervoor dat de notificatie in de aangezochte lidstaat geschiedt volgens de wettelijke en bestuursrechtelijke bepalingen en administratieve praktijk van de aangezochte lidstaat.

2. Lid 1 doet niet af aan enige andere vorm van notificatie die door een bevoegde autoriteit van de verzoekende lidstaat wordt verricht overeenkomstig de in die lidstaat geldende voorschriften.

Een bevoegde autoriteit van de verzoekende lidstaat kan documenten rechtstreeks per aangetekende brief of langs elektronische weg notificeren aan een persoon op het grondgebied van een andere lidstaat.

Hoofdstuk IV. Invordering of conservatoire maatregelen

Artikel 10. Verzoek om inlichtingen

1. Op verzoek van de verzoekende autoriteit gaat de aangezochte autoriteit over tot invordering van de schuldvorderingen waarvoor een titel voor het nemen van executiemaatregelen in de verzoekende lidstaat bestaat.

2. Zodra de verzoekende autoriteit kennis krijgt van nuttige inlichtingen betreffende de zaak die de aanleiding tot het verzoek tot invordering vormde, doet zij die aan de aangezochte autoriteit toekomen.

Artikel 11. Voorwaarden voor het indienen van een verzoek tot invordering

1. Indien en zolang de schuldvordering en/of de titel voor het nemen van executiemaatregelen in de verzoekende lidstaat in die lidstaat wordt of worden betwist, kan de verzoekende autoriteit geen verzoek tot invordering indienen, behalve in gevallen waarin artikel 14, lid 4, derde alinea, wordt toegepast.
2. Voordat de verzoekende autoriteit een verzoek tot invordering doet, moet zij de passende invorderingsmiddelen aanwenden die in de verzoekende lidstaat ter beschikking staan, behalve in de volgende situaties:
a. indien het zonneklaar is dat er in de verzoekende lidstaat geen voor invordering vatbare vermogensbestanddelen zijn of dat die middelen niet tot een volledige betaling van de schuldvordering zullen leiden, en de verzoekende autoriteit over specifieke inlichtingen beschikt dat de betrokken persoon in de aangezochte lidstaat over vermogensbestanddelen beschikt;
b. wanneer de aanwending van die middelen in de verzoekende lidstaat tot onevenredige moeilijkheden zou leiden.

Artikel 12. Titel voor het nemen van executiemaatregelen in de aangezochte lidstaat en andere begeleidende documenten

1. Een verzoek tot invordering gaat vergezeld van een uniforme titel voor het nemen van executiemaatregelen in de aangezochte lidstaat.
Deze uniforme titel, die het nemen van executiemaatregelen in de aangezochte lidstaat mogelijk maakt, weerspiegelt de inhoud van de oorspronkelijke executoriale titel en vormt de enige basis voor invorderingsmaatregelen en conservatoire maatregelen die in de aangezochte lidstaat worden genomen. In de aangezochte lidstaat wordt geen erkenning, aanvulling of vervanging van de uniforme titel verlangd.
De uniforme executoriale titel bevat ten minste de volgende informatie:
a. de gegevens aan de hand waarvan de oorspronkelijke executoriale titel kan worden achterhaald, een beschrijving van de schuldvordering, onder meer de aard, het tijdvak waarop de schuldvordering betrekking heeft, alle data die relevant zijn voor de executie, alsmede het bedrag van de schuldvordering en de verschillende onderdelen ervan, zoals de hoofdsom, de geaccumuleerde interesten enz.;
b naam en andere gegevens die van belang zijn om de identiteit van de schuldenaar vast te stellen;
c. naam, adres en andere contactgegevens met betrekking tot:
i. het bureau dat verantwoordelijk is voor de vestiging van de schuldvordering, en, indien dat een ander bureau is,
ii. het bureau waar verdere inlichtingen kunnen worden verkregen over de schuldvordering of over de mogelijkheden tot betwisting van de betalingsverplichting.
2. Het verzoek tot invordering van een schuldvordering kan vergezeld gaan van andere, in de verzoekende lidstaat afgegeven documenten die betrekking hebben op de schuldvordering.

Artikel 13. Behandeling van het verzoek tot invordering

1. Met het oog op de invordering in de aangezochte lidstaat wordt iedere schuldvordering waarvoor een verzoek tot invordering is ingediend, behandeld alsof het een schuldvordering van de aangezochte lidstaat zelf betreft, tenzij in deze richtlijn anders is bepaald. De aangezochte autoriteit wendt de bevoegdheden en procedures aan waarover zij beschikt uit hoofde van de in de aangezochte lidstaat geldende wettelijke en bestuursrechtelijke bepalingen ter zake van schuldvorderingen met betrekking tot dezelfde belasting of hetzelfde recht dan wel, bij gebreke daarvan, een soortgelijke belasting of soortgelijk recht, tenzij in deze richtlijn anders is bepaald.
Indien de aangezochte autoriteit van oordeel is dat op haar grondgebied dezelfde noch soortgelijke belastingen of rechten worden geheven, wendt zij de bevoegdheden en procedures aan waarover zij beschikt uit hoofde van de in haar lidstaat geldende wettelijke en bestuursrechtelijke bepalingen ter zake van schuldvorderingen met betrekking tot de inkomstenbelasting, tenzij in deze richtlijn anders is bepaald.
De aangezochte lidstaat is er niet toe gehouden aan de schuldvorderingen van andere lidstaten de preferentiële behandeling toe te kennen die geldt voor soortgelijke schuldvorderingen die in de aangezochte lidstaat ontstaan, tenzij anderszins overeengekomen tussen de betrokken lidstaten of anderszins bepaald in het recht van de aangezochte lidstaat. Een lidstaat die een preferentiële behandeling toekent aan de vorderingen van een andere lidstaat kan niet weigeren dezelfde preferentiële behandeling onder dezelfde voorwaarden aan dezelfde of soortgelijke vorderingen van de overige lidstaten toe te kennen.
De aangezochte lidstaat vordert de schuldvordering in zijn eigen valuta in.
2. De aangezochte autoriteit stelt de verzoekende autoriteit met bekwame spoed op de hoogte van het gevolg dat zij aan het verzoek tot invordering heeft gegeven.
3. Met ingang van de datum waarop het verzoek tot invordering is ontvangen, brengt de aangezochte autoriteit achterstallige interesten in rekening overeenkomstig de in de aangezochte lidstaat geldende wettelijke en bestuursrechtelijke bepalingen.
4. De aangezochte autoriteit kan, indien de in de aangezochte lidstaat geldende wettelijke en bestuursrechtelijke bepalingen dit toelaten, aan de schuldenaar uitstel van betaling verlenen of een betaling in termijnen toestaan, en

zij kan daarvoor interesten aanrekenen. Zij geeft vervolgens aan de verzoekende autoriteit kennis van ieder besluit in deze zin.

5. Onverminderd artikel 20, lid 1, maakt de aangezochte autoriteit de door haar met betrekking tot de schuldvordering ingevorderde bedragen, inclusief de in de lid 3 en lid 4 van dit artikel bedoelde interesten, aan de verzoekende lidstaat over.

Artikel 14. Geschillen

1. Geschillen in verband met de schuldvordering, de oorspronkelijke titel voor het nemen van executiemaatregelen in de verzoekende lidstaat of de uniforme titel voor het nemen van executiemaatregelen in de aangezochte lidstaat, alsook geschillen in verband met de geldigheid van een notificatie door een bevoegde autoriteit van de verzoekende lidstaat, vallen onder de bevoegdheid van de bevoegde instanties van de verzoekende lidstaat. Indien een belanghebbende in de loop van de invorderingsprocedure de schuldvordering, de oorspronkelijke titel voor het nemen van executiemaatregelen in de verzoekende lidstaat of de uniforme titel voor het nemen van executiemaatregelen in de aangezochte lidstaat betwist, deelt de aangezochte autoriteit hem mee dat hij een rechtsgeding aanhangig moet maken bij de bevoegde instantie van de verzoekende lidstaat overeenkomstig de daar geldende rechtsregels.

2. Geschillen in verband met de in de aangezochte lidstaat genomen executiemaatregelen of in verband met de geldigheid van een notificatie door een bevoegde autoriteit van de aangezochte lidstaat worden aanhangig gemaakt bij de bevoegde instantie van die lidstaat overeenkomstig de daar geldende wettelijke en bestuursrechtelijke bepalingen.

3. Wanneer bij de bevoegde instantie van de verzoekende lidstaat een rechtsgeding als bedoeld in lid 1 aanhangig wordt gemaakt, stelt de verzoekende autoriteit de aangezochte autoriteit daarvan in kennis en deelt zij mee welk gedeelte van de schuldvordering niet wordt betwist.

4. Zodra de aangezochte autoriteit de in lid 3 bedoelde informatie heeft ontvangen, hetzij van de verzoekende autoriteit, hetzij van de belanghebbende, schorst zij de executieprocedure voor het betwiste gedeelte van de schuldvordering, in afwachting van de beslissing van de ter zake bevoegde instantie, tenzij de verzoekende autoriteit overeenkomstig de derde alinea van het onderhavige lid anders verzoekt.

Onverminderd artikel 16 kan de aangezochte autoriteit op verzoek van de verzoekende autoriteit of indien zij zulks anderszins nodig acht, overgaan tot het nemen van conservatoire maatregelen om de invordering te waarborgen, voor zover de in de aangezochte lidstaat geldende wettelijke en bestuursrechtelijke bepalingen dit toelaten.

De verzoekende autoriteit kan overeenkomstig de in de verzoekende lidstaat geldende wettelijke en bestuursrechtelijke bepalingen en administratieve praktijk de aangezochte autoriteit verzoeken een betwiste schuldvordering of het betwiste gedeelte van een schuldvordering in te vorderen, voor zover de desbetreffende, in de aangezochte lidstaat geldende wettelijke en bestuursrechtelijke bepalingen en administratieve praktijk dit toelaten. Een dergelijk verzoek dient met redenen te worden omkleed. Indien de uitkomst van de betwisting vervolgens voor de schuldenaar gunstig uitvalt, is de verzoekende autoriteit gehouden tot terugbetaling van elk ingevorderd bedrag, vermeerderd met eventueel verschuldigde vergoedingen, overeenkomstig de in de aangezochte lidstaat geldende rechtsregels.

Indien door de bevoegde autoriteiten van de verzoekende lidstaat of de aangezochte lidstaat een procedure voor onderling overleg is ingeleid en de uitkomst van de procedure kan gevolgen hebben voor de schuldvordering waarvoor om bijstand is verzocht, worden de invorderingsmaatregelen tot na de afronding van die procedure geschorst of opgeheven, tenzij het gaat om een geval van hoogdringendheid wegens fraude of insolventie. Indien invorderingsmaatregelen worden geschorst of opgeheven, is de tweede alinea van toepassing.

Artikel 15. Wijziging of intrekking van het verzoek om invorderingsbijstand

1. De verzoekende autoriteit stelt de aangezochte autoriteit onmiddellijk in kennis van een eventuele latere wijziging van het verzoek tot invordering of van de intrekking van het verzoek, met opgave van de redenen voor die wijziging of intrekking.

2. Indien de wijziging van het verzoek voortvloeit uit een beslissing van de in artikel 14, lid 1, bedoelde bevoegde instantie, doet de verzoekende autoriteit de kennisgeving van de beslissing vergezeld gaan van een aangepaste uniforme titel voor het nemen van executiemaatregelen in de aangezochte lidstaat. De aangezochte autoriteit handelt de invorderingsmaatregelen vervolgens verder af op basis van de aangepaste titel.

De invorderingsmaatregelen of conservatoire maatregelen die reeds zijn genomen op grond van de oorspronkelijke uniforme titel voor het nemen van executiemaatregelen in de aangezochte lidstaat, kunnen op grond van de aangepaste titel worden voortgezet, tenzij het verzoek is gewijzigd wegens ongeldigheid van de oorspronkelijke titel voor het nemen van executiemaatregelen in de verzoekende lidstaat of van de oorspronkelijke uniforme titel voor het nemen van executiemaatregelen in de aangezochte lidstaat.

De artikelen 12 en 14 zijn van toepassing op de aangepaste titel.

Artikel 16. Verzoek om conservatoire maatregelen

1. Op verzoek van de verzoekende autoriteit gaat de aangezochte autoriteit, voor zover haar nationale recht dit toelaat en overeenkomstig haar administratieve praktijk, over tot het nemen van conservatoire maatregelen, om de invordering te waarborgen wanneer een schuldvordering of de executoriale titel in de verzoekende lidstaat bij de indiening van het verzoek wordt betwist, of wanneer voor de schuldvordering nog geen titel voor het nemen van executiemaatregelen in de verzoekende lidstaat bestaat,voor zover conservatoire maatregelen op grond van het nationale recht en de bestuursrechtelijke bepalingen van de verzoekende lidstaat in een soortgelijke situatie eveneens mogelijk zijn.

Het document dat in voorkomend geval is opgesteld met het oog op het nemen van conservatoire maatregelen in de verzoekende lidstaat met betrekking tot de schuldvordering waarvoor om wederzijdse bijstand is verzocht, wordt aan het verzoek tot het nemen van conservatoire maatregelen in de aangezochte lidstaat gehecht. In de aangezochte lidstaat wordt geen erkenning, aanvulling of vervanging van dit document verlangd.

2. Het verzoek om conservatoire maatregelen kan vergezeld gaan van andere, in de verzoekende lidstaat afgegeven documenten die betrekking hebben op de schuldvordering.

Artikel 17. Regels die van toepassing zijn op het verzoek om conservatoire maatregelen

Teneinde uitvoering te geven aan artikel 16, zijn artikel 10, lid 2, artikel 13, leden 1 en 2, en de artikelen 14 en 15 van overeenkomstige toepassing.

Artikel 18. Begrenzing van de verplichtingen van de aangezochte autoriteit

1. De aangezochte autoriteit is er niet toe gehouden de in de artikelen 10 tot en met 16 bedoelde bijstand te verlenen, indien de invordering van de schuldvordering, wegens de situatie van de schuldenaar, ernstige moeilijkheden van economische of sociale aard zou opleveren in de aangezochte lidstaat, voor zover de in die lidstaat geldende wettelijke en bestuursrechtelijke bepalingen en administratieve praktijk een dergelijke uitzondering voor nationale schuldvorderingen toelaten.

2. De aangezochte autoriteit is er niet toe gehouden de in artikel 5 en de artikelen 7 tot en met 16 bedoelde bijstand te verlenen, indien het initiële verzoek om bijstand krachtens artikel 5, 7, 8, 10 of 16 betrekking heeft op schuldvorderingen die meer dan vijf jaar oud zijn, te rekenen vanaf de datum waarop de schuldvordering in de verzoekende lidstaat opeisbaar is geworden tot de datum van het initiële verzoek om bijstand.

In gevallen waarin de schuldvordering of de oorspronkelijke titel voor het nemen van executoriale maatregelen in de verzoekende lidstaat wordt betwist, wordt de termijn van vijf jaar evenwel geacht een aanvang te nemen op het tijdstip waarop in de verzoekende lidstaat vaststaat dat de schuldvordering of de executoriale titel niet langer kan worden betwist.

In gevallen waarin de bevoegde autoriteiten van de verzoekende lidstaat uitstel van betaling hebben verleend of betaling in termijnen hebben toegestaan, wordt de termijn van vijf jaar geacht een aanvang te nemen op het tijdstip waarop de volledige betalingstermijn is verstreken.

In deze gevallen is de aangezochte autoriteit er evenwel niet toe gehouden bijstand te verlenen met betrekking tot schuldvorderingen die meer dan tien jaar oud zijn, te rekenen vanaf de datum waarop de schuldvordering in de verzoekende lidstaat opeisbaar is geworden.

3. Een lidstaat is niet verplicht bijstand te verlenen indien het totale bedrag van de onder deze richtlijn vallende vorderingen waarvoor om bijstand wordt verzocht, minder dan 1 500 EUR bedraagt.

4. De aangezochte autoriteit deelt de verzoekende autoriteit de redenen voor een afwijzing van een verzoek om bijstand mee.

Artikel 19. Vragen aangaande verjaring

1. De vraagstukken met betrekking tot de verjaring worden uitsluitend geregeld bij de rechtsregels die gelden in de verzoekende lidstaat.

2. Wat de schorsing, stuiting of verlenging van verjaringstermijnen betreft, worden maatregelen tot invordering van schuldvorderingen die ingevolge een verzoek om bijstand door of namens de aangezochte autoriteit worden genomen en tot gevolg hebben dat de verjaringstermijn volgens de in de aangezochte lidstaat geldende rechtsregels wordt geschorst, gestuit of verlengd, geacht hetzelfde gevolg te hebben in de verzoekende lidstaat, op voorwaarde dat de in die lidstaat geldende rechtsregels in het overeenkomstig gevolg voorzien.

Indien de in de aangezochte lidstaat geldende rechtsregels geen schorsing, stuiting of verlenging van de verjaringstermijn toelaten, worden maatregelen tot invordering van schuldvorderingen die ingevolge een verzoek om bijstand door of namens de aangezochte autoriteit worden genomen en die, indien zij door of namens de verzoekende autoriteit in haar lidstaat waren genomen, tot gevolg hadden gehad dat de verjaringstermijn volgens de in de verzoekende lidstaat geldende rechtsregels was geschorst, gestuit of verlengd, geacht, voor wat dit gevolg betreft, te zijn genomen in deze laatste staat.

De eerste en tweede alinea doen niet af aan het recht van de bevoegde autoriteiten in de verzoekende lidstaat om maatregelen te nemen teneinde de verjaringstermijn overeenkomstig de in die lidstaat geldende rechtsregels te schorsen, te stuiten of te verlengen.
3. De verzoekende autoriteit en de aangezochte autoriteit stellen elkaar in kennis van iedere maatregel die de verjaringstermijn van de schuldvordering waarvoor de invorderingsmaatregelen of conservatoire maatregelen zijn gevraagd, stuit, schorst of verlengt of die zulks tot gevolg kan hebben.

Artikel 20. Kosten

1. Naast de in artikel 13, lid 5, bedoelde bedragen tracht de aangezochte autoriteit bij de betrokken persoon tot invordering over te gaan en de kosten in te houden die zij in verband met de invordering heeft gemaakt, overeenkomstig de wettelijke en bestuursrechtelijke bepalingen van de aangezochte lidstaat.
2. De lidstaten zien wederzijds af van vergoeding van de kosten die voortvloeien uit de wederzijdse bijstand die zij elkaar overeenkomstig deze richtlijn verlenen.
Wanneer de invordering evenwel tot een bijzonder probleem leidt, zeer hoge kosten veroorzaakt of verband houdt met de georganiseerde misdaad, kunnen de verzoekende en de aangezochte autoriteit per geval specifieke afspraken maken over de modaliteiten van de vergoeding.
3. Niettegenstaande lid 2 blijft de verzoekende lidstaat ten opzichte van de aangezochte lidstaat aansprakelijk voor de kosten en mogelijke verliezen welke het gevolg zijn van eisen die als niet gerechtvaardigd zijn erkend wat de gegrondheid van de schuldvordering of de geldigheid van de door de verzoekende autoriteit afgegeven titel voor het nemen van executoriale en/of conservatoire maatregelen betreft.

Hoofdstuk V. Algemene regels ten aanzien van alle soorten bijstandsverzoeken
Artikel 21. Standaardformulieren en wijze van communicatie

1. Verzoeken om inlichtingen overeenkomstig artikel 5, lid 1, verzoeken tot notificatie overeenkomstig artikel 8, lid 1, verzoeken tot invordering overeenkomstig artikel 10, lid 1, en verzoeken om conservatoire maatregelen overeenkomstig artikel 16, lid 1, worden met gebruikmaking van een standaardformulier langs elektronische weg ingediend, tenzij dit om technische redenen ondoenlijk is. Die formulieren worden voor zover mogelijk ook gebruikt voor iedere nadere mededeling in verband met het verzoek.
De uniforme titel voor het nemen van executiemaatregelen in de aangezochte lidstaat en het document voor het nemen van conservatoire maatregelen in de verzoekende lidstaat alsook de andere in de artikelen 12 en 16 bedoelde documenten worden eveneens langs elektronische weg verzonden, tenzij dit om technische redenen ondoenlijk is.
In voorkomend geval kunnen de standaardformulieren vergezeld gaan van verslagen, verklaringen en andere documenten, of van voor eensluidend gewaarmerkte afschriften of uittreksels van die documenten, die ook langs elektronische weg worden verzonden, tenzij dit om technische redenen ondoenlijk is.
Ook de uitwisseling van inlichtingen overeenkomstig artikel 6 kan geschieden met gebruikmaking van standaardformulieren en communicatie langs elektronische weg.
2. Lid 1 is niet van toepassing op inlichtingen en documenten die worden verkregen bij de aanwezigheid in administratiekantoren in een andere lidstaat of de deelname aan administratieve onderzoeken in een andere lidstaat overeenkomstig artikel 7.
3. Wanneer de communicatie niet langs elektronische weg of met gebruikmaking van standaardformulieren geschiedt, doet dit geen afbreuk aan de geldigheid van de verkregen inlichtingen of de maatregelen die zijn genomen om uitvoering te geven aan een verzoek om bijstand.

Artikel 22. Taalregeling

1. Verzoeken om bijstand, standaardformulieren voor notificatie en uniforme titels voor het nemen van executiemaatregelen in de verzoekende lidstaat worden verzonden, of gaan vergezeld van een vertaling, in de officiële taal of een van de officiële talen van de aangezochte lidstaat. Het feit dat sommige delen van die documenten niet in de officiële taal of een van de officiële talen van de aangezochte lidstaat maar in een andere taal gesteld zijn, doet niet af aan hun geldigheid noch aan de geldigheid van de procedure, mits die andere taal tussen de betrokken lidstaten overeengekomen is.
2. De documenten waarvoor overeenkomstig artikel 8 om notificatie wordt verzocht, kunnen in een officiële taal van de verzoekende lidstaat aan de aangezochte autoriteit worden toegezonden.
3. Indien een verzoek vergezeld gaat van andere dan de in de leden 1 en 2 bedoelde documenten, kan de aangezochte autoriteit indien noodzakelijk van de verzoekende autoriteit een vertaling van deze documenten in de officiële taal of een van de officiële talen van de aangezochte lidstaat of in een andere, bilateraal tussen de betrokken lidstaten overeengekomen taal verlangen.

Artikel 23. Verstrekken van inlichtingen en documenten

1. De in enigerlei vorm uit hoofde van deze richtlijn verstrekte inlichtingen vallen onder de geheimhoudingsplicht en genieten de bescherming waarin voor soortgelijke inlichtingen wordt voorzien bij de nationale wetgeving van de ontvangende lidstaat.

De inlichtingen in kwestie kunnen worden gebruikt voor de toepassing van executiemaatregelen of conservatoire maatregelen die betrekking hebben op onder deze richtlijn vallende schuldvorderingen. Ze kunnen ook worden gebruikt voor de vestiging en executie van verplichte socialezekerheidsbijdragen.

2. Personen die daartoe zijn gemachtigd door de instantie voor veiligheidsaccreditatie (IVA) van de Commissie mogen alleen toegang tot deze inlichtingen hebben voor zover dat nodig is voor het onderhoud en de uitbouw van het CCN-netwerk.

3. De lidstaat die de inlichtingen verstrekt, staat toe dat deze in de ontvangende lidstaat ook voor andere dan de in lid 1 bedoelde doeleinden worden gebruikt, indien de inlichtingen krachtens de wetgeving van de lidstaat die de inlichtingen verstrekt voor soortelijke doeleinden kunnen worden gebruikt.

4. Indien de verzoekende of de aangezochte autoriteit van oordeel is dat overeenkomstig deze richtlijn verkregen inlichtingen voor het in lid 1 beoogde doel van nut kunnen zijn voor een derde lidstaat, kan zij deze inlichtingen aan die derde lidstaat doorgeven, mits die doorgifte geschiedt overeenkomstig de in deze richtlijn bepaalde voorschriften en procedures. Zij stelt de lidstaat waaruit de inlichtingen afkomstig zijn in kennis van haar voornemen de inlichtingen met een derde lidstaat te delen. De lidstaat waaruit de inlichtingen afkomstig zijn, kan zich tegen het delen van de inlichtingen verzetten binnen tien werkdagen na de datum van ontvangst van de kennisgeving van de lidstaat die de inlichtingen wenst te delen.

5. Toestemming voor het overeenkomstig lid 3 gebruiken van overeenkomstig lid 4 doorgegeven inlichtingen kan alleen worden verleend door de lidstaat waaruit de inlichtingen afkomstig zijn.

6. De in enigerlei vorm uit hoofde van deze richtlijn verstrekte inlichtingen kunnen door alle autoriteiten in de lidstaat die de inlichtingen ontvangt als bewijs worden aangevoerd of gebruikt op dezelfde voet als soortgelijke inlichtingen die in die lidstaat zijn verkregen.

Hoofdstuk VI. Slotbepalingen

Artikel 24. Toepassing van andere overeenkomsten inzake bijstand

1. Deze richtlijn doet geen afbreuk aan de vervulling van een eventuele verplichting tot het verstrekken van ruimere bijstand uit hoofde van bestaande bilaterale of multilaterale overeenkomsten of regelingen, onder meer met betrekking tot de notificatie van gerechtelijke of buitengerechtelijke akten.

2. Wanneer de lidstaten dergelijke multilaterale of bilaterale overeenkomsten sluiten of regelingen treffen voor onder deze richtlijn vallende aangelegenheden, behalve voor het afwikkelen van een op zichzelf staand geval, stellen zij de Commissie daarvan onverwijld in kennis. De Commissie stelt op haar beurt de andere lidstaten daarvan in kennis.

3. Bij het verlenen van die meer uitgebreide wederzijdse bijstand uit hoofde van bilaterale of multilaterale overeenkomsten of regelingen kunnen de lidstaten gebruikmaken van het elektronische-communicatienetwerk en de standaardformulieren die voor de uitvoering van deze richtlijn worden gebruikt.

Artikel 25. Comité

1. De Commissie wordt bijgestaan door het invorderingscomité.
2. Wanneer naar dit lid wordt verwezen, zijn de artikelen 5 en 7 van Besluit 1999/468/EG van toepassing.
   De in artikel 5, lid 6, van Besluit 1999/468/EG bedoelde termijn bedraagt drie maanden.

Artikel 26. Uitvoeringsbepalingen

De Commissie stelt volgens de in artikel 25, lid 2, bedoelde procedure nadere regels vast voor de toepassing van artikel 4, leden 2, 3 en 4, artikel 5, lid 1, de artikelen 8 en 10, artikel 12, lid 1, artikel 13, leden 2 tot en met 5, artikel 15, artikel 16, lid 1, en artikel 21, lid 1.

Deze regels hebben ten minste betrekking op:

a. de praktische regeling ten aanzien van de organisatie van de contacten tussen de centrale verbindingsbureaus, de andere verbindingsbureaus en de verbindingsdiensten als bedoeld in artikel 4, leden 2, 3 en 4, van de verschillende lidstaten, alsook de contacten met de Commissie;

b. de wijze waarop mededelingen tussen de autoriteiten kunnen geschieden;

c. het formaat en andere kenmerken van de standaardformulieren die voor artikel 5, lid 1, artikel 8, artikel 10, lid 1, artikel 12, lid 1, en artikel 16, lid 1, moeten worden gebruikt;

d. de omrekening van de in te vorderen bedragen en de overmaking van ingevorderde bedragen.

Artikel 27. Rapportage

1. Elke lidstaat doet de Commissie jaarlijks uiterlijk op 31 maart mededeling van:
a. het aantal verzoeken om inlichtingen, tot notificatie en tot invordering of om conservatoire maatregelen dat hij jaarlijks aan elke aangezochte lidstaat zendt en van elke verzoekende lidstaat ontvangt;
b. het bedrag van de schuldvorderingen waarvoor om invorderingsbijstand wordt verzocht, en de ingevorderde bedragen.
2. De lidstaten kunnen alle overige inlichtingen verstrekken die nuttig kunnen zijn voor de evaluatie van de wederzijdse bijstandsverlening overeenkomstig deze richtlijn.
3. De Commissie brengt het Europees Parlement en de Raad om de vijf jaar verslag uit over de werking van de bij deze richtlijn ingestelde regeling.

Artikel 28. Omzetting

1. De lidstaten dienen uiterlijk op 31 december 2011 de nodige wettelijke en bestuursrechtelijke bepalingen vast te stellen en bekend te maken om aan deze richtlijn te voldoen. Zij stellen de Commissie daarvan onverwijld in kennis.

Zij passen die bepalingen toe vanaf 1 januari 2012.

Wanneer de lidstaten die bepalingen aannemen, wordt in die bepalingen zelf of bij de officiële bekendmaking daarvan naar deze richtlijn verwezen. De regels voor deze verwijzing worden vastgesteld door de lidstaten.
2. De lidstaten delen de Commissie de tekst van de belangrijkste bepalingen van intern recht mede die zij op het onder deze richtlijn vallende gebied vaststellen.

Artikel 29. Intrekking van Richtlijn 2008/55/EG

Richtlijn 2008/55/EG wordt ingetrokken met ingang van 1 januari 2012.

Verwijzingen naar de ingetrokken richtlijn gelden als verwijzingen naar deze richtlijn.

Artikel 30. Inwerkingtreding

Deze richtlijn treedt in werking op de twintigste dag volgende op die van haar bekendmaking in het Publicatieblad van de Europese Unie.

Artikel 31. Adressaten

Deze richtlijn is gericht tot de lidstaten.

Gedaan te Brussel, 16 maart 2010.

Voor de Raad
De voorzitster
E. SALGADO

ADMINISTRATIEVE SAMENWERKING

1. EU Richtlijn 2011/16/EU van 15 februari 2011

A. Tekst

zoals gewijzigd door

- [B] RICHTLIJN 2014/107/EU VAN DE RAAD van 9 december 2014 tot wijziging van Richtlijn 2011/16/EU wat betreft verplichte automatische uitwisseling van inlichtingen op belastinggebied *[tekst hierna opgenomen op blz. 111]*
- [C] RICHTLIJN (EU) 2015/2376 VAN DE RAAD van 8 december 2015 tot wijziging van Richtlijn 2011/16/EU wat betreft verplichte automatische uitwisseling van inlichtingen op belastinggebied *[tekst hierna opgenomen op blz. 117]*
- [D] RICHTLIJN (EU) 2016/881 VAN DE RAAD van 25 mei 2016 tot wijziging van Richtlijn 2011/16/EU wat betreft verplichte automatische uitwisseling van inlichtingen op belastinggebied *[tekst hierna opgenomen op blz. 126]*
- [E] RICHTLIJN (EU) 2016/2258 VAN DE RAAD van 6 december 2016 tot wijziging van Richtlijn 2011/16/EU wat betreft toegang tot antiwitwasinlichtingen door belastingautoriteiten *[tekst hierna opgenomen op blz. 131]*
- [F] RICHTLIJN (EU) 2018/822 VAN DE RAAD van 25 mei 2018 tot wijziging van Richtlijn 2011/16/EU wat betreft verplichte automatische uitwisseling van inlichtingen op belastinggebied met betrekking tot meldingsplichtige grensoverschrijdende constructies *[tekst hierna opgenomen op blz. 133]*
- [G] RICHTLIJN 2020/876 EU van 24 juni 2020 (DAC 6) VAN DE RAAD om te voorzien in de dringende behoefte aan uitstel van bepaalde termijnen voor de verstrekking en uitwisseling van inlichtingen op belastinggebied vanwege de COVID-19-pandemie *[tekst hierna opgenomen op blz. 145]*
- [H] RICHTLIJN 2021/514/EU van 22 maart 2021 (DAC 7) VAN DE RAAD tot wijziging van Richtlijn 2011/16/EU betreffende de administratieve samenwerking op het gebied van de belastingen *[tekst hierna opgenomen op blz. 148]*

Nog *niet* in de 2011 tekst zijn verwerkt de wijzigingen voorgesteld in de *Ontwerp*-Richtlijn COM92021) 565 final van 22 december 2021 tot vaststelling van regels ter voorkoming van misbruik van lege entiteiten voor belastingdoeleinden en *tot wijziging van Richtlijn 2011/16/EU, Hoofdstuk IV - Uitwisseling van informatie: Art. 13.*

Inhoudsopgave tekst 2011 zoals gewijzigd door de boven onder B t/m H vermelde Richtlijnen

De hieronder afgedrukte preambule is die van de oorspronkelijke richtlijn van 2011. De tekst van de preambules van de hierboven genoemde amenderende richtlijnen van 2014 t/m 2021 is verderop opgenomen als onderdeel van de complete teksten van die richtlijnen

DE RAAD VAN DE EUROPESE UNIE,

Gezien het Verdrag betreffende de werking van de Europese Unie, en met name de artikelen 113 en 115,
Gezien het voorstel van de Commissie,
Gezien het advies van het Europees Parlement[1],
Gezien het advies van het Europees Economisch en Sociaal Comité[2],
Handelend volgens een bijzondere wetgevingsprocedure,
Overwegende hetgeen volgt:

1. In dit tijdperk van globalisering moeten de lidstaten steeds vaker een beroep doen op wederzijdse bijstand bij belastingheffing. De mobiliteit van de belastingplichtigen, het aantal grensoverschrijdende transacties en de internationalisering van de financiële instrumenten hebben een hoge vlucht genomen, waardoor het voor de lidstaten steeds moeilijker wordt de juiste belastinggrondslag te bepalen. Dit belemmert de goede

1. Advies van 10 februari 2010 (nog niet bekendgemaakt in het Publicatieblad).
2. Advies van 16 juli 2009 (nog niet bekendgemaakt in het Publicatieblad).

werking van de belastingstelsels en leidt tot dubbele heffing, hetgeen op zich al aanzet tot belastingfraude en belastingontwijking, terwijl de controlebevoegdheid een nationale zaak blijft. De werking van de interne markt komt aldus in het gedrang.

2. Een lidstaat afzonderlijk kan bijgevolg zijn eigen belastingstelsel, met name wat de directe belastingen betreft, niet meer beheren zonder inlichtingen van andere lidstaten. Teneinde de negatieve gevolgen van deze ontwikkeling tot staan te brengen, is het absoluut zaak een nieuwe administratieve samenwerking tussen de belastingdiensten van de lidstaten op te zetten. Er is behoefte aan instrumenten die voor alle lidstaten in dezelfde regels, rechten en verplichtingen voorzien en aldus onderling vertrouwen kunnen wekken.

3. Daarom moet er een volledig nieuwe aanpak komen, op basis van een nieuwe tekst die de lidstaten de bevoegdheid te verlenen tot een efficiënte samenwerking op internationaal niveau om de negatieve gevolgen van een almaar toenemende globalisering voor de interne markt te ondervangen.

4. In deze context biedt de vigerende Richtlijn 77/799/EEG van de Raad van 19 december 1977 betreffende de wederzijdse bijstand van de bevoegde autoriteiten van de lidstaten op het gebied van de directe belastingen en heffingen op verzekeringspremies[1] niet langer de passende middelen. De grote tekortkomingen van deze richtlijn zijn aan de orde gesteld in het verslag van 22 mei 2000 van de ad hoc-raadsgroep fraudebestrijding en meer recentelijk in de mededeling van de Commissie van 27 september 2004 inzake het voorkomen en bestrijden van financiële wanpraktijken van ondernemingen en de mededeling van de Commissie van 31 mei 2006 over de noodzaak om een gecoördineerde strategie te ontwikkelen ter verbetering van de bestrijding van belastingfraude.

5. Richtlijn 77/799/EEG is, ook in haar gewijzigde vorm, geschreven in een context die niet aan de huidige eisen van de interne markt beantwoordt. Richtlijn 77/799/EEG kan niet meer voldoen aan de nieuwe eisen die aan de administratieve samenwerking worden gesteld.

6. Gelet op het aantal en het belang van de aanpassingen die moeten worden doorgevoerd, zou een loutere wijziging van Richtlijn 77/799/EEG niet volstaan om de hoger omschreven doelstellingen te verwezenlijken. Daarom moet Richtlijn 77/799/EEG worden ingetrokken en door een nieuwe wettekst worden vervangen. Deze tekst moet van toepassing zijn op de directe en de indirecte belastingen die nog niet onder andere uniale wetgeving vallen. In dit verband wordt deze nieuwe richtlijn geacht het passende instrument voor een doeltreffende administratieve samenwerking te zijn.

7. Deze richtlijn bouwt voort op de verwezenlijkingen van Richtlijn 77/799/EEG, maar voorziet waar nodig in duidelijker en preciezer voorschriften voor de administratieve samenwerking tussen de lidstaten, teneinde de werkingssfeer van deze samenwerking te verruimen, meer bepaald wat de uitwisseling van inlichtingen betreft. Duidelijker voorschriften moeten het met name ook mogelijk maken alle natuurlijke en rechtspersonen in de Unie te bestrijken, rekening gehouden met het steeds bredere scala aan wettelijke regelingen, waaronder niet alleen traditionele constructies zoals trusts, stichtingen en beleggingsfondsen, maar ook nieuwe instrumenten waarvan belastingbetalers in de lidstaten zich zouden kunnen bedienen.

8. De contacten tussen de lokale of nationale bureaus die met de administratieve samenwerking zijn belast, moet directer verlopen, waarbij communicatie tussen de centrale verbindingsbureaus de regel dient te zijn. Het ontbreken van directe contacten leidt tot inefficiëntie, onderbenutting van de regelingen voor administratieve samenwerking en vertraging bij het doorgeven van inlichtingen. Er dient derhalve te worden voorzien in directere contacten, om de samenwerking efficiënter en sneller te doen verlopen. De toedeling van bevoegdheden aan de verbindingsdiensten moet door de nationale wetgever worden geregeld.

9. De lidstaten moeten op verzoek van een andere lidstaat inlichtingen uitwisselen over welbepaalde zaken en het onderzoek verrichten dat noodzakelijk is om dergelijke inlichtingen te kunnen verkrijgen. Doel van het criterium „verwacht belang" is te voorzien in een zo ruim mogelijke uitwisseling van inlichtingen op belastinggebied en tegelijkertijd te verduidelijken dat de lidstaten niet vrijelijk fishing expeditions kunnen verrichten of om inlichtingen kunnen verzoeken die waarschijnlijk niet relevant zijn voor de belastingaangelegenheden van een bepaalde belastingplichtige. Hoewel artikel 20 van deze richtlijn procedurele vereisten bevat, moeten deze bepalingen ruim worden geïnterpreteerd om de effectieve uitwisseling van inlichtingen niet te belemmeren.

10. Het besef leeft dat verplichte, niet aan voorwaarden gebonden automatische uitwisseling van inlichtingen het meest doeltreffende middel is om een correcte vaststelling van de belastingschuld in grensoverschrijdende gevallen te bevorderen en fraude te bestrijden. Daartoe moet een stapsgewijze methode worden gevolgd, te

1. PB L 336 van 27.12.1977, blz. 15.

beginnen met de automatische uitwisseling van beschikbare inlichtingen betreffende vijf categorieën, waarna de desbetreffende bepalingen, na een verslag van de Commissie, worden getoetst.

11. Ook het eigener beweging uitwisselen van inlichtingen tussen de lidstaten moet geïntensiveerd en gestimuleerd worden.

12. Er dienen termijnen voor het verstrekken van inlichtingen op grond van deze richtlijn te worden vastgesteld met het oog op een tijdige en derhalve effectieve inlichtingenuitwisseling.

13. Het is belangrijk dat ambtenaren van de belastingdienst van een lidstaat aanwezig kunnen zijn op het grondgebied van een andere lidstaat.

14. De belastingsituatie van een of meer in verschillende lidstaten gevestigde belastingplichtigen is vaak van gezamenlijk of complementair belang. Daarom moet de mogelijkheid gecreëerd worden dat twee of meer lidstaten met wederzijdse instemming en op vrijwillige basis bij de personen in kwestie gelijktijdige controles uitvoeren.

15. Gezien het in bepaalde lidstaten bestaande wettelijke vereiste een belastingbetaler in kennis te stellen van besluiten of akten met betrekking tot zijn belastingplicht, en de daarmee samenhangende problemen voor belastingdiensten, onder meer indien de belastingbetaler naar een andere lidstaat verhuisd is, is het in die omstandigheden wenselijk dat de belastingdiensten de medewerking kunnen inroepen van de bevoegde autoriteiten in de lidstaat waarheen de belastingbetaler verhuisd is.

16. Terugmelding betreffende verstrekte inlichtingen zal de administratieve samenwerking tussen de lidstaten stimuleren.

17. Samenwerking tussen de lidstaten en de Commissie is noodzakelijk om de samenwerkingsprocedures doorlopend te kunnen bestuderen en ervaringen en de beste praktijken met elkaar te kunnen delen.

18. Het is van belang dat, met het oog op een efficiënte administratieve samenwerking, de krachtens deze richtlijn verkregen inlichtingen en bescheiden in de ontvangende lidstaat, met inachtneming van de in deze richtlijn opgenomen beperkingen, ook voor andere doeleinden kunnen worden gebruikt. Het is voorts belangrijk dat de lidstaten deze inlichtingen onder bepaalde voorwaarden aan een derde land kunnen doorgeven.

19. De gevallen waarin een aangezochte lidstaat het verstrekken van inlichtingen kan weigeren, moeten duidelijk omschreven en beperkt worden, rekening gehouden met bepaalde particuliere belangen die bescherming behoeven, alsook met het algemeen belang.

20. Een lidstaat zou evenwel niet mogen weigeren inlichtingen door te geven omdat hij hier geen nationaal belang bij heeft, omdat de inlichtingen berusten bij een bank, een andere financiële instelling, een gevolmachtigde of een persoon die als vertegenwoordiger of trustee optreedt, of omdat de inlichtingen betrekking hebben op eigendomsbelangen in een persoon.

21. Deze richtlijn bevat minimumvoorschriften en mag derhalve geen afbreuk doen aan het recht van de lidstaten om een verdergaande samenwerking met andere lidstaten aan te gaan overeenkomstig hun nationale wetgeving of in het kader van met andere lidstaten gesloten bilaterale of multilaterale overeenkomsten.

22. Er moet voorts duidelijk worden gemaakt dat de lidstaat die een derde land verder reikende samenwerking verleent dan die waarin deze richtlijn voorziet, deze samenwerking niet kan weigeren aan andere lidstaten welke ze willen aangaan.

23. De uitwisseling van inlichtingen dient te geschieden via gestandaardiseerde formulieren, formats en communicatiekanalen.

24. De doeltreffendheid van de administratieve samenwerking moet worden geëvalueerd, met name op basis van statistieken.

25. De maatregelen ter uitvoering van deze richtlijn moeten worden vastgesteld overeenkomstig Besluit 1999/468/EG van de Raad van 28 juni 1999 tot vaststelling van de voorwaarden voor de uitoefening van de aan de Commissie verleende uitvoeringsbevoegdheden[1].

26. Overeenkomstig punt 34 van het Interinstitutioneel Akkoord „Beter wetgeven" worden de lidstaten ertoe aangespoord voor zichzelf en in het belang van de Unie hun eigen tabellen op te stellen, die voor zover mogelijk het verband weergeven tussen de richtlijnen en de omzettingsmaatregelen, en deze openbaar te maken.

1. PB L 184 van 17.7.1999, blz. 23.

27. Elke uitwisseling van inlichtingen in de zin van deze richtlijn is onderworpen aan de bepalingen tot uitvoering van Richtlijn 95/46/EG van het Europees Parlement en de Raad van 24 oktober 1995 betreffende de bescherming van natuurlijke personen in verband met de verwerking van persoonsgegevens en betreffende het vrije verkeer van die gegevens[1] en aan Verordening (EG) nr. 45/2001 van het Europees Parlement en de Raad van 18 december 2000 betreffende de bescherming van natuurlijke personen in verband met de verwerking van persoonsgegevens door de communautaire instellingen en organen en betreffende het vrije verkeer van die gegevens[2]. Er dient evenwel te worden overwogen de reikwijdte te beperken van bepaalde rechten en verplichtingen die zijn neergelegd in Richtlijn 95/46/EG, teneinde de in artikel 13, lid 1, onder e), van die richtlijn bedoelde belangen te vrijwaren. Deze beperkingen zijn noodzakelijk en proportioneel gelet op de potentiële inkomstenderving voor de lidstaten en het cruciale belang van onder deze richtlijn vallende gegevens voor een efficiënte fraudebestrijding.

28. Deze richtlijn eerbiedigt de grondrechten en neemt de beginselen in acht die met name in het Handvest van de grondrechten van de Europese Unie zijn erkend.

29. Daar de doelstelling van deze richtlijn, namelijk een doeltreffende administratieve samenwerking tussen de lidstaten om de negatieve gevolgen van de toenemende globalisering voor de interne markt te ondervangen, niet voldoende door de lidstaten kan worden verwezenlijkt en derhalve wegens de vereiste uniformiteit en doeltreffendheid beter op uniaal niveau kan worden verwezenlijkt, kan de Unie, overeenkomstig het in artikel 5 van het Verdrag betreffende de Europese Unie neergelegde subsidiariteitsbeginsel, maatregelen nemen. Overeenkomstig het in hetzelfde artikel neergelegde evenredigheidsbeginsel gaat deze richtlijn niet verder dan hetgeen nodig is om deze doelstelling te verwezenlijken,

HEEFT DE VOLGENDE RICHTLIJN VASTGESTELD:

Hoofdstuk I. Algemene bepalingen

Art. 1. Onderwerp

1. Deze richtlijn legt de voorschriften en procedures vast voor de onderlinge samenwerking van de lidstaten met het oog op de uitwisseling van inlichtingen die naar verwachting van belang zijn voor de administratie en de handhaving van de nationale wetgeving van de lidstaten met betrekking tot de in artikel 2 bedoelde belastingen.
2. Deze richtlijn legt tevens de bepalingen vast voor de elektronische uitwisseling van de in lid 1 bedoelde inlichtingen, alsook de voorschriften en procedures voor de samenwerking van de lidstaten en de Commissie op het gebied van coördinatie en evaluatie.
3. Deze richtlijn laat de toepassing in de lidstaten van de regels inzake wederzijdse rechtshulp in strafzaken onverlet. Zij laat eveneens onverlet de verplichtingen van de lidstaten inzake ruimere administratieve samenwerking, welke voortvloeien uit andere rechtsinstrumenten, waaronder bilaterale en multilaterale overeenkomsten.

Art. 2. Toepassingsgebied

1. Deze richtlijn is van toepassing op elke vorm van belastingen die door of namens een lidstaat of de territoriale of bestuurlijke onderdelen van een lidstaat, met inbegrip van de lokale overheden, worden geheven.
2. Onverminderd lid 1 is deze richtlijn niet van toepassing op de belasting over de toegevoegde waarde en op de douanerechten, noch op de accijnzen, die vallen onder andere uniale wetgeving inzake administratieve samenwerking tussen de lidstaten. Deze richtlijn is evenmin van toepassing op de verplichte socialezekerheidsbijdragen, te betalen aan een lidstaat of een onderdeel van een lidstaat dan wel aan een publiekrechtelijke socialezekerheidsinstelling.
3. In geen geval worden de in lid 1 bedoelde belastingen uitgelegd als omvattende:
   a. leges, bijvoorbeeld voor certificaten en andere door autoriteiten uitgereikte stukken;
   b. contractueel verschuldigde bedragen, zoals retributies voor openbare nutsvoorzieningen.
4. Deze richtlijn is van toepassing op de in lid 1 bedoelde belastingen die worden geheven op het grondgebied waarop de Verdragen overeenkomstig artikel 52 van het Verdrag betreffende de Europese Unie van toepassing is.

Art. 3. Definities

In deze richtlijn wordt verstaan onder:

1. PB L 281 van 23.11.1995, blz. 31.
2. PB L 8 van 12.1.2001, blz. 1.

1. „bevoegde autoriteit" van een lidstaat, de door die lidstaat als zodanig aangewezen autoriteit. In het kader van deze richtlijn worden het centrale verbindingsbureau, de verbindingsdiensten en de bevoegde ambtenaren beschouwd als bevoegde autoriteiten bij delegatie overeenkomstig artikel 4;
2. „centraal verbindingsbureau", het bureau dat als zodanig is aangewezen en is belast met de primaire zorg voor de contacten met de andere lidstaten op het gebied van de administratieve samenwerking;
3. „verbindingsdienst", elk ander bureau dan het centrale verbindingsbureau dat als zodanig is aangewezen om op grond van deze richtlijn rechtstreeks inlichtingen uit te wisselen;
4. „bevoegde ambtenaar", elke ambtenaar die op grond van deze richtlijn gemachtigd is rechtstreeks inlichtingen uit te wisselen;
5. „verzoekende autoriteit", het centrale verbindingsbureau, een verbindingsdienst, of elke bevoegde ambtenaar van een lidstaat die namens de bevoegde autoriteit om bijstand verzoekt;
6. „aangezochte autoriteit", het centrale verbindingsbureau, een verbindingsdienst of elke bevoegde ambtenaar van een lidstaat die namens de bevoegde autoriteit om bijstand wordt verzocht;
7. „administratief onderzoek", alle door de lidstaten bij het vervullen van hun taken verrichte controles, onderzoeken en acties ter waarborging van de juiste toepassing van de belastingwetgeving;
8. „uitwisseling van inlichtingen op verzoek", de uitwisseling van inlichtingen in antwoord op een verzoek van de verzoekende lidstaat aan de aangezochte lidstaat met betrekking tot een specifiek geval;
9. „automatische uitwisseling":

„a. voor de toepassing van artikel 8, lid 1, en de artikelen 8 bis, 8 bis bis en 8 bis ter, de systematische verstrekking van vooraf bepaalde inlichtingen aan een andere lidstaat, zonder voorafgaand verzoek, met regelmatige, vooraf vastgestelde tussenpozen. Voor de toepassing van artikel 8, lid 1, betekent „beschikbare inlichtingen" inlichtingen die zich in de belastingdossiers van de inlichtingen verstrekkende lidstaat bevinden en die opvraagbaar zijn overeenkomstig de procedures voor het verzamelen en verwerken van inlichtingen in die lidstaat;

b. voor de toepassing van artikel 8, lid 3 bis, de systematische verstrekking van vooraf bepaalde inlichtingen over ingezetenen van andere lidstaten aan de betrokken lidstaat van verblijf, zonder voorafgaand verzoek, met regelmatige, vooraf vastgestelde tussenpozen;

c. voor de toepassing van andere bepalingen van deze richtlijn dan artikel 8, lid 1, artikel 8, lid 3 bis, en de artikelen 8 bis, 8 bis bis en 8 bis ter, de systematische verstrekking van vooraf bepaalde inlichtingen overeenkomstig de punten a) en b) van dit punt;

In het kader van artikel 8, leden 3 bis en 7 bis, artikel 21, lid 2, en bijlage IV hebben termen met een hoofdletter de betekenis die zij hebben volgens de overeenkomstige definities in bijlage I. In het kader van artikel 25, leden 3 en 4, hebben termen met een hoofdletter de betekenis die zij hebben volgens de overeenkomstige definities in bijlage I of V. In het kader van artikel 8 bis bis en bijlage III hebben termen met een hoofdletter de betekenis die ze hebben volgens de overeenkomstige definities in bijlage III. In het kader van artikel 8 bis quater en bijlage V hebben termen met een hoofdletter de betekenis die zij hebben volgens de overeenkomstige definities in bijlage V.

10. „spontane uitwisseling", het niet-systematisch, te eniger tijd en ongevraagd verstrekken van inlichtingen aan een andere lidstaat;
11. „persoon",

a. een natuurlijk persoon;

b. een rechtspersoon;

c. indien de geldende wetgeving in die mogelijkheid voorziet, een vereniging van personen die bevoegd is rechtshandelingen te verrichten, maar niet de status van rechtspersoon bezit, of

d. een andere juridische constructie, ongeacht de aard of de vorm, met of zonder rechtspersoonlijkheid, die activa, met inbegrip van de daardoor gegenereerde inkomsten, bezit of beheert welke aan belastingen in de zin van deze richtlijn zijn onderworpen;

12. „langs elektronische weg", door middel van elektronische apparatuur voor gegevensverwerking – met inbegrip van digitale compressie – en gegevensopslag, met gebruikmaking van kabels, radio, optische technologie of andere elektromagnetische middelen;
13. „CCN-netwerk", het op het gemeenschappelijke communicatienetwerk (common communication network – CCN) gebaseerde gemeenschappelijke platform dat de Unie heeft ontwikkeld voor het elektronische berichtenverkeer tussen autoriteiten die bevoegd zijn op het gebied van douane en belastingen.
14. „voorafgaande grensoverschrijdende ruling": een akkoord, een mededeling dan wel enig ander instrument of enige andere handeling met soortgelijk effect, ook indien afgegeven, gewijzigd of hernieuwd, in het kader van een belastingcontrole, mits aan de volgende voorwaarden is voldaan:

a. het of zij is afgegeven, gewijzigd of hernieuwd door of namens de regering of de belastingautoriteit van een lidstaat, of een territoriaal of staatkundig onderdeel van die lidstaat, met inbegrip van de lokale overheden, ongeacht of er effectief gebruik van wordt gemaakt;

b. het of zij is afgegeven, gewijzigd of hernieuwd, ten aanzien van een welbepaalde persoon of groep van personen, en deze persoon of groep personen kan zich erop beroepen;

c. het of zij de interpretatie of toepassing betreft van een wettelijke of bestuursrechtelijke bepaling ter toepassing of handhaving van nationale belastingwetgeving van de lidstaat of de territoriale of staatkundige onderdelen daarvan, met inbegrip van de lokale overheden;

d. het of zij betrekking heeft op een grensoverschrijdende transactie of op de vraag of er op grond van de activiteiten van een persoon in een ander rechtsgebied al dan niet sprake is van een vaste inrichting, en;

e. het of zij eerder is tot stand gekomen dan de transacties of activiteiten in een ander rechtsgebied op grond waarvan mogelijkerwijs sprake is van een vaste inrichting, of dan de indiening van een belastingaangifte voor het tijdvak waarin de transactie of reeks transacties dan wel de activiteiten hebben plaatsgevonden. De grensoverschrijdende transactie kan betrekking hebben op, maar is niet beperkt tot, het doen van investeringen, het leveren van goederen, het verrichten van diensten, het financieren of het gebruiken van materiële of immateriële activa, waarbij de persoon die de voorafgaande grensoverschrijdende ruling heeft gekregen, niet rechtstreeks betrokken hoeft te zijn;

15. „voorafgaande verrekenprijsafspraak": een akkoord, een mededeling dan wel enig ander instrument of enige andere handeling met soortgelijk effect, ook indien gemaakt, gewijzigd of hernieuwd, in het kader van een belastingcontrole, mits aan de volgende voorwaarden is voldaan:

a. het of zij is gemaakt, gewijzigd of hernieuwd door of namens de regering of de belastingautoriteit van een of meer lidstaten, of een territoriaal of staatkundig onderdeel daarvan, met inbegrip van de lokale overheden, ongeacht of er effectief gebruik van wordt gemaakt;

b. het of zij is gemaakt, gewijzigd of hernieuwd, ten aanzien van een welbepaalde persoon of groep van personen, en deze persoon of groep personen kan zich erop beroepen; en

c. voordat grensoverschrijdende transacties tussen verbonden ondernemingen hebben plaatsgevonden, een passende reeks criteria om de verrekenprijzen voor die transacties te bepalen of de toerekening van winsten aan een vaste inrichting is vastgesteld. Ondernemingen zijn verbonden ondernemingen wanneer één onderneming rechtstreeks of middellijk deelneemt aan de leiding van, aan de zeggenschap in of in het kapitaal van een andere onderneming of wanneer dezelfde personen rechtstreeks of middellijk deelnemen aan de leiding van, aan de zeggenschap in of in het kapitaal van de ondernemingen. Verrekenprijzen zijn de prijzen die een onderneming aan verbonden ondernemingen in rekening brengt voor de overdracht van materiële en immateriële goederen of voor het verlenen van diensten, en het „bepalen van verrekenprijzen" moet in die zin worden uitgelegd;

16. voor de toepassing van punt 14 is een „grensoverschrijdende transactie" een transactie of reeks van transacties waarbij:

a. niet alle partijen bij de transactie of reeks van transacties hun fiscale woonplaats hebben in de lidstaat die de voorafgaande grensoverschrijdende ruling afgeeft, wijzigt of hernieuwt;

b. een of meer van de partijen bij de transactie of reeks van transacties haar fiscale woonplaats tegelijkertijd in meer dan een rechtsgebied heeft;

c. een van de partijen bij de transactie of reeks van transacties haar bedrijf uitoefent in een ander rechtsgebied via een vaste inrichting en de transactie of reeks van transacties alle of een deel van de activiteiten van de vaste inrichting uitmaakt. Een grensoverschrijdende transactie of reeks van transacties omvat tevens de regelingen die worden getroffen door een persoon ten aanzien van de bedrijfsactiviteiten die hij in een ander rechtsgebied via een vaste inrichting uitoefent; of

d. die transacties of reeks van transacties een grensoverschrijdend effect hebben. Voor de toepassing van punt 15 is een „grensoverschrijdende transactie" een transactie of reeks van transacties tussen verbonden ondernemingen die niet allemaal hun fiscale woonplaats op het grondgebied van hetzelfde rechtsgebied hebben of een transactie of reeks transacties die een grensoverschrijdend effect heeft;

17. voor de toepassing van de punten 15 en 16 wordt onder „onderneming" verstaan iedere vorm van bedrijfsvoering.

18. „grensoverschrijdende constructie", een constructie die ofwel meer dan één lidstaat ofwel een lidstaat en een derde land betreft, waarbij ten minste één van de volgende voorwaarden is vervuld:

a. niet alle deelnemers aan de constructie hebben hun fiscale woonplaats in hetzelfde rechtsgebied;

b. een of meer van de deelnemers aan de constructie heeft zijn fiscale woonplaats tegelijkertijd in meer dan één rechtsgebied;

c. een of meer van de deelnemers aan de constructie oefent een bedrijf uit in een ander rechtsgebied via een in dat rechtsgebied gelegen vaste inrichting en de constructie behelst een deel of het geheel van het bedrijf van die vaste inrichting;

d. een of meer van de deelnemers aan de constructie oefent een activiteit uit in een ander rechtsgebied zonder in dat rechtsgebied zijn fiscale woonplaats te hebben of zonder in dat rechtsgebied een vaste inrichting te creëren;

e. een dergelijke constructie heeft mogelijk gevolgen voor de automatische uitwisseling van inlichtingen of de vaststelling van het uiteindelijk belang. Voor de toepassing van punten 18 tot en met 25 van dit artikel, artikel 8 bis ter en bijlage IV betekent een constructie tevens een reeks constructies. Een constructie kan uit verscheidene stappen of onderdelen bestaan;

19. „meldingsplichtige grensoverschrijdende constructie", iedere grensoverschrijdende constructie die ten minste één van de in bijlage IV vermelde wezenskenmerken bezit;

20. „wezenskenmerk", een eigenschap of kenmerk van een grensoverschrijdende constructie die geldt als een indicatie van een mogelijk risico op belastingontwijking, als genoemd in bijlage IV;

21. „intermediair", een persoon die een meldingsplichtige grensoverschrijdende constructie bedenkt, aanbiedt, opzet, beschikbaar maakt voor implementatie of de implementatie ervan beheert.

Intermediair is ook een persoon die, gelet op de betrokken feiten en omstandigheden en op basis van de beschikbare informatie en de deskundigheid die en het begrip dat nodig is om die diensten te verstrekken, weet of redelijkerwijs kon weten dat hij heeft toegezegd rechtstreeks of via andere personen hulp, bijstand of advies te verstrekken met betrekking tot het bedenken, aanbieden, opzetten, beschikbaar maken voor implementatie of beheren van de implementatie van een meldingsplichtige grensoverschrijdende constructie. Elke persoon heeft het recht bewijs te leveren van het feit dat een dergelijk persoon niet wist en redelijkerwijs niet kon weten dat die persoon bij een meldingsplichtige grensoverschrijdende constructie betrokken was. Daartoe kan die persoon alle relevante feiten en omstandigheden, beschikbare informatie en zijn relevante deskundigheid en begrip ervan vermelden.

Om een intermediair te zijn, dient een persoon ten minste één van de volgende aanvullende voorwaarden te vervullen:

a. fiscaal inwoner van een lidstaat zijn;

b. beschikken over een vaste inrichting in een lidstaat via welke de diensten in verband met de constructie worden verleend;

c. opgericht zijn in of onder de toepassing van de wetten vallen van een lidstaat;

d. ingeschreven zijn bij een beroepsorganisatie in verband met de verstrekking van juridische, fiscale of adviesdiensten in een lidstaat;

22. „relevante belastingplichtige", elke persoon voor wie een meldingsplichtige grensoverschrijdende constructie beschikbaar wordt gemaakt voor implementatie, of die gereed is om een meldingsplichtige grensoverschrijdende constructie te implementeren of die de eerste stap van een dergelijke constructie heeft geïmplementeerd;

23. voor de toepassing van artikel 8 bis ter, betekent „verbonden onderneming" een persoon die gelieerd is met een andere persoon op ten minste één van de volgende wijzen:

a. een persoon neemt deel aan de leiding van een andere persoon waarbij hij invloed van betekenis kan uitoefenen op die andere persoon;

b. een persoon neemt deel aan de zeggenschap over een andere persoon door middel van een deelneming van meer dan 25 % van de stemrechten;

c. een persoon neemt deel in het kapitaal van een andere persoon door middel van een eigendomsrecht van, rechtstreeks of middellijk, meer dan 25 % van het kapitaal;

d. een persoon heeft recht op 25 % of meer van de winsten van een andere persoon.

Indien meer dan één persoon deelneemt, als bedoeld onder a) tot en met d), aan de leiding van, aan zeggenschap over of in het kapitaal of de winsten van dezelfde persoon, worden alle betrokken personen als verbonden ondernemingen beschouwd.

Indien dezelfde personen deelnemen, als bedoeld onder a) tot en met d), aan de leiding van, aan zeggenschap over of in het kapitaal of de winsten van meer dan één persoon, worden alle betrokken personen als verbonden ondernemingen beschouwd.

Voor de toepassing van dit punt wordt een persoon die met betrekking tot de stemrechten of het kapitaalbezit van een entiteit samen met een andere persoon optreedt, beschouwd als houder van een deelneming in alle stemrechten of het volledige kapitaalbezit dat die andere persoon in de genoemde entiteit heeft.

Bij middellijke deelneming wordt vastgesteld of aan de eisen onder c) is voldaan door vermenigvuldiging van de deelnemingspercentages door de opeenvolgende niveaus heen.

Een persoon die meer dan 50 % van de stemrechten houdt, wordt geacht 100 % te houden. Een natuurlijk persoon, zijn of haar echtgenoot en bloedverwanten in de rechte lijn worden behandeld als één persoon;
24. „marktklare constructie", een grensoverschrijdende constructie die is bedacht of aangeboden, implementeerbaar is of beschikbaar is gemaakt voor implementatie zonder dat er wezenlijke aanpassingen nodig zijn;
25. „constructie op maat", een grensoverschrijdende constructie die geen marktklare constructie is.".
26. "gezamenlijke audit", een administratief onderzoek dat gezamenlijk door de bevoegde autoriteiten van twee of meer lidstaten wordt uitgevoerd, en verband houdt met een of meer personen van gezamenlijk of complementair belang voor de bevoegde autoriteiten van die lidstaten;
27. "gegevensinbreuk", een inbreuk op de beveiliging die leidt tot vernietiging, verlies, wijziging of elk voorval van ongepaste of ongeoorloofde inzage, openbaarmaking of gebruik van inlichtingen, met inbegrip van, maar niet beperkt tot, persoonsgegevens die worden doorgegeven, opgeslagen of anderszins verwerkt, als gevolg van opzettelijke onwettige handelingen, nalatigheid of ongevallen. Een gegevensinbreuk kan betrekking hebben op de vertrouwelijkheid, de beschikbaarheid en de integriteit van gegevens.

Art. 4. Organisatie

1. Elke lidstaat deelt de Commissie uiterlijk één maand na 11 maart 2011 mee welke de bevoegde autoriteit is in de zin van deze richtlijn, en stelt de Commissie onverwijld in kennis van elke wijziging.

De Commissie stelt de informatie beschikbaar voor de andere lidstaten en maakt de lijst van de autoriteiten van de lidstaten in het *Publicatieblad van de Europese Unie* bekend.

2. De bevoegde autoriteit wijst één centraal verbindingsbureau aan. Het is de taak van de bevoegde autoriteit de Commissie en de lidstaten van de aanwijzing in kennis te stellen.

Het centrale verbindingsbureau kan tevens worden aangewezen als zijnde belast met de contacten met de Commissie. Het is de taak van de bevoegde autoriteit de Commissie van de aanwijzing in kennis te stellen.

3. De bevoegde autoriteit van elke lidstaat kan verbindingsdiensten met de volgens de nationale wetgeving of het nationale beleid toegedeelde bevoegdheid aanwijzen. Het centrale verbindingsbureau houdt de lijst van de verbindingsdiensten bij en stelt deze beschikbaar voor de centrale verbindingsbureaus van de andere lidstaten en de Commissie.

4. De bevoegde autoriteit van elke lidstaat kan bevoegde ambtenaren aanwijzen. Het centrale verbindingsbureau houdt de lijst van bevoegde ambtenaren bij en stelt deze beschikbaar voor de centrale verbindingsbureaus van de andere lidstaten en de Commissie.

5. De ambtenaren die bij de administratieve samenwerking in de zin van deze richtlijn zijn betrokken, worden in elk geval geacht daartoe overeenkomstig de door de bevoegde autoriteiten vastgestelde regelingen bevoegd te zijn.

6. De verbindingsdienst of de bevoegde ambtenaar die een verzoek of een antwoord op een verzoek om samenwerking verzendt of ontvangt, stelt volgens de procedures van zijn lidstaat het centrale verbindingsbureau van deze lidstaat hiervan in kennis.

7. De verbindingsdienst of de bevoegde ambtenaar die een verzoek om samenwerking ontvangt dat een optreden vereist buiten de hem krachtens de nationale wetgeving of het nationale beleid verleende bevoegdheid, geeft het verzoek onverwijld door aan het centrale verbindingsbureau van zijn lidstaat en stelt de verzoekende autoriteit hiervan in kennis. In dat geval gaat de in artikel 7 gestelde termijn in op de dag nadat het verzoek om samenwerking aan het centrale verbindingsbureau is doorgezonden.

HOOFDSTUK II. UITWISSELING VAN INLICHTINGEN

Afdeling I. Uitwisseling van inlichtingen op verzoek

Art. 5. Procedure voor de uitwisseling van inlichtingen op verzoek

Op verzoek van de verzoekende autoriteit, deelt de aangezochte autoriteit alle in artikel 1, lid 1, bedoelde inlichtingen die deze in haar bezit heeft of naar aanleiding van een administratief onderzoek verkrijgt, aan de verzoekende autoriteit mee.

Art. 5 bis. Verwacht belang

1. Wat betreft een in artikel 5 bedoeld verzoek zijn de verzochte inlichtingen van verwacht belang indien op het ogenblik van het verzoek de verzoekende autoriteit van oordeel is dat er overeenkomstig haar nationale wetgeving een redelijke mogelijkheid bestaat dat de verzochte inlichtingen van belang zullen zijn voor de belastingaangelegenheden van één of meer belastingplichtigen, hetzij bij naam geïdentificeerd of anderszins, en het verzoek gerechtvaardigd is voor de doeleinden van het onderzoek.

2. Om het verwacht belang van de verzochte inlichtingen aan te tonen, verstrekt de verzoekende autoriteit ten minste de volgende inlichtingen aan de aangezochte autoriteit:

   a. het fiscale doel waarvoor de informatie wordt opgevraagd, en

b. een specificering van de inlichtingen die nodig zijn voor de uitvoering of handhaving van haar nationale wetgeving.

3. Indien een in artikel 5 bedoeld verzoek betrekking heeft op een groep belastingplichtigen die niet individueel kunnen worden geïdentificeerd, verstrekt de verzoekende autoriteit ten minste de volgende inlichtingen aan de aangezochte autoriteit:

a. een gedetailleerde beschrijving van de groep;

b. een toelichting bij de toepasselijke wetgeving en bij de feiten op basis waarvan redelijkerwijze vermoed kan worden dat de belastingplichtigen in de groep de toepasselijke wetgeving niet hebben nageleefd;

c. een toelichting bij de manier waarop de gevraagde inlichtingen zouden bijdragen tot het bepalen van de mate waarin de belastingplichtigen in de groep aan de toepasselijke wetgeving voldoen, en

d. in voorkomend geval, feiten en omstandigheden die verband houden met de betrokkenheid van een derde die actief heeft bijgedragen tot de mogelijke niet-naleving van de toepasselijke wetgeving door de belastingplichtigen in de groep.

Art. 6. Administratief onderzoek

1. De aangezochte autoriteit laat elk administratief onderzoek verrichten dat noodzakelijk is om de in artikel 5 bedoelde inlichtingen te kunnen verkrijgen.

2. Het in artikel 5 bedoelde verzoek kan een met redenen omkleed verzoek om een administratief onderzoek omvatten. Indien de aangezochte autoriteit van oordeel is dat er geen administratief onderzoek nodig is, deelt zij de verzoekende autoriteit onmiddellijk de redenen daarvoor mee.

3. Voor het verkrijgen van de gevraagde inlichtingen of het verrichten van het gevraagde administratieve onderzoek gaat de aangezochte autoriteit te werk volgens dezelfde procedures als handelde zij uit eigen beweging of op verzoek van een andere autoriteit van de eigen lidstaat.

4. Op specifiek verzoek van de verzoekende autoriteit deelt de aangezochte autoriteit originele stukken aan de verzoekende autoriteit mee, tenzij de geldende voorschriften van de lidstaat van de aangezochte autoriteit zich hiertegen verzetten.

Art. 7. Termijnen

1. De in artikel 5 bedoelde inlichtingen worden door de aangezochte autoriteit zo spoedig mogelijk, doch uiterlijk drie maanden na de datum van ontvangst van het verzoek verstrekt. Indien de aangezochte autoriteit echter niet binnen de gestelde termijn aan het verzoek kan voldoen, deelt zij de redenen hiervoor onmiddellijk, en in elk geval binnen drie maanden na ontvangst van het verzoek, aan de verzoekende autoriteit mee, met vermelding van de datum waarop zij denkt aan het verzoek te kunnen voldoen. De termijn mag niet langer zijn dan zes maanden te rekenen vanaf de datum van ontvangst van het verzoek.

Indien de aangezochte autoriteit die inlichtingen evenwel al in haar bezit heeft, verstrekt zij die binnen twee maanden na die datum.

2. In bijzondere gevallen kunnen de aangezochte en de verzoekende autoriteit andere dan de in lid 1 vastgestelde termijnen overeenkomen.

3. De ontvangst van het verzoek wordt door de aangezochte autoriteit aan de verzoekende autoriteit onmiddellijk, en in elk geval uiterlijk zeven werkdagen na ontvangst, indien mogelijk langs elektronische weg bevestigd.

4. De aangezochte autoriteit laat in voorkomend geval, uiterlijk een maand na ontvangst van het verzoek, aan de verzoekende autoriteit weten welke tekortkomingen het verzoek vertoont en welke aanvullende achtergrondinformatie zij verlangt. De in lid 1 gestelde termijnen gaan in dit geval in op de datum waarop de aangezochte autoriteit de nodige aanvullende informatie ontvangt.

5. vervallen

6. Indien de aangezochte autoriteit niet over de gevraagde inlichtingen beschikt en niet aan het verzoek om inlichtingen kan voldoen of het verzoek om de in artikel 17 genoemde redenen afwijst, deelt zij de redenen hiervoor onmiddellijk, en in elk geval uiterlijk een maand na ontvangst van het verzoek, aan de verzoekende autoriteit mee.

Afdeling II. Verplichte automatische uitwisseling van inlichtingen

Art. 8. Reikwijdte en voorwaarden van de verplichte automatische uitwisseling van inlichtingen

1. De bevoegde autoriteit van elke lidstaat verstrekt de bevoegde autoriteit van elke andere lidstaat automatisch alle inlichtingen waarover zij ten aanzien van ingezetenen van die andere lidstaat beschikt inzake de volgende specifieke inkomsten- en vermogenscategorieën, op te vatten in de zin van de nationale wetgeving van de lidstaat die de inlichtingen verstrekt:

a. inkomen uit een dienstbetrekking;

b. tantièmes en presentiegelden;

c. levensverzekeringsproducten die niet vallen onder andere Unierechtsinstrumenten inzake de uitwisseling van inlichtingen noch onder soortgelijke voorschriften;

d. pensioenen;

e. eigendom van en inkomsten uit onroerend goed;

f. royalty's.

Voor belastingtijdvakken die ingaan op of na 1 januari 2024, streven de lidstaten ernaar het door de lidstaat van verblijf afgegeven fiscaal identificatienummer (tax identification number, TIN) van ingezetenen op te nemen in de verstrekking van de in de eerste alinea bedoelde inlichtingen.

De lidstaten stellen de Commissie jaarlijks in kennis van ten minste twee inkomsten- en vermogenscategorieën die zijn opgenomen in de eerste alinea ten aanzien waarvan zij inlichtingen verstrekken over ingezetenen van een andere lidstaat.

2. De lidstaten stellen de Commissie vóór 1 januari 2024 in kennis van ten minste vier categorieën die zijn opgenomen in lid 1, eerste alinea, ten aanzien waarvan de bevoegde autoriteit van elke lidstaat automatisch inlichtingen verstrekt aan de bevoegde autoriteit van elke andere lidstaat over ingezetenen van die andere lidstaat. Dergelijke inlichtingen hebben betrekking op belastingtijdvakken die ingaan op of na 1 januari 2025.

3. De bevoegde autoriteit van een lidstaat kan aan de bevoegde autoriteit van elke andere lidstaat meedelen dat zij geen inlichtingen inzake een of meer van de in lid 1 vermelde inkomsten- en vermogenscategorieën wenst te ontvangen. Zij stelt ook de Commissie hiervan in kennis.

3 bis. Elke lidstaat neemt de nodige maatregelen om zijn rapporterende financiële instellingen ertoe te verplichten de in de bijlagen I en II vervatte regels inzake rapportage en due diligence toe te passen en deze, overeenkomstig deel IX van bijlage I, effectief te implementeren en na te leven. Overeenkomstig de in de bijlagen I en II vervatte toepasselijke regels inzake rapportage en due diligence verstrekt de bevoegde autoriteit van elke lidstaat binnen de in lid 6, onder b), vastgestelde termijn aan de bevoegde autoriteit van elke andere lidstaat automatisch de volgende inlichtingen met betrekking tot belastingtijdvakken vanaf 1 januari 2016 betreffende een te rapporteren rekening:

a. de naam, het adres, het fiscaal identificatienummer/de fiscale identificatienummers en, in het geval van een natuurlijke persoon, de geboortedatum en geboorteplaats van elke te rapporteren persoon die een rekeninghouder van de rekening is en, in het geval van een entiteit die een rekeninghouder is en waarvan met behulp van de regels inzake due diligence welke met de bijlagen sporen, wordt vastgesteld dat zij één of meer uiteindelijk belanghebbenden heeft die een te rapporteren persoon is, de naam, het adres en het fiscaal identificatienummer/de fiscale identificatienummers van de entiteit en de naam, het adres, het fiscaal identificatienummer/de fiscale identificatienummers en de geboortedatum en geboorteplaats van elke te rapporteren persoon;

b. het rekeningnummer (of het functionele equivalent daarvan bij het ontbreken van een rekeningnummer);

c. de naam en (eventueel) het identificatienummer van de rapporterende financiële instelling;

d. het saldo van de rekening of de waarde (in het geval van een kapitaalverzekering of lijfrenteverzekering met inbegrip van de geldswaarde of waarde bij afkoop) aan het eind van het desbetreffende kalenderjaar of een andere relevante periode waarover gerapporteerd dient te worden, of indien de rekening tijdens dat jaar of die periode werd opgeheven, de opheffing;

e. ter zake van een bewaarrekening:

i. het op de rekening (of ter zake van de rekening) gestorte of bijgeschreven totale brutobedrag aan rente, totale brutobedrag aan dividenden en totale brutobedrag aan overige inkomsten gegenereerd met betrekking tot de activa op de rekening gedurende het kalenderjaar of een andere relevante periode waarover gerapporteerd dient te worden, en

ii. de totale bruto-opbrengsten van de verkoop, terugbetaling of afkoop van financiële activa gestort of bijgeschreven op de rekening gedurende het kalenderjaar of een andere relevante periode waarover gerapporteerd dient te worden ter zake waarvan de rapporterende financiële instelling voor de rekeninghouder optrad als bewaarder, makelaar, vertegenwoordiger of anderszins als gevolmachtigde;

f. ter zake van een depositorekening, het totale brutobedrag aan rente gestort of bijgeschreven op de rekening gedurende het kalenderjaar of een andere relevante periode waarover gerapporteerd dient te worden, en

g. ter zake van een niet in lid 2, onder e) of onder f) omschreven rekening, het totale brutobedrag betaald of bijgeschreven op de rekening van de rekeninghouder met betrekking tot de rekening gedurende het kalenderjaar of een andere relevante periode waarover gerapporteerd dient te worden ter zake waarvan de rapporterende financiële instelling een betalingsverplichting heeft of debiteur is, met inbegrip van het totaalbedrag aan afbetalingen aan de rekeninghouder gedurende het kalenderjaar of een andere relevante periode waarover gerapporteerd dient te worden.

Ten behoeve van de uitwisseling van inlichtingen uit hoofde van dit lid worden, het bedrag en de aard van betalingen verricht ter zake van een te rapporteren rekening vastgesteld in overeenstemming met de nationale wetgeving van de lidstaat die de inlichtingen verstrekt, tenzij in dit lid of in de bijlagen anderszins is bepaald.

De eerste en de tweede alinea van dit lid hebben voorrang op lid 1, onder c), en andere rechtsinstrumenten van de Unie, met inbegrip van Richtlijn 2003/48/EG (*) van de Raad, voor zover de betreffende uitwisseling van inlichtingen onder het toepassingsgebied van lid 1, onder c), of van enig ander rechtsinstrument van de Unie, met inbegrip van Richtlijn 2003/48/EG, zou vallen.

4. vervallen

5. vervallen

6. De inlichtingen worden als volgt verstrekt:

a. voor de in lid 1 vermelde categorieën ten minste eenmaal per jaar, binnen zes maanden na het verstrijken van het belastingjaar van de lidstaat in de loop waarvan de inlichtingen beschikbaar zijn geworden;

b. voor de in lid 3 bis vermelde informatie jaarlijks, binnen negen maanden na het einde van het kalenderjaar of een andere geschikte periode waarover gerapporteerd dient te worden, waarop de inlichtingen betrekking hebben.

7. De Commissie stelt, binnen de in artikel 29, lid 1, bepaalde termijnen, volgens de in artikel 26, lid 2, bedoelde procedure de nadere regels betreffende de automatische uitwisseling van inlichtingen vast.

7 bis. Voor de toepassing van bijlage I, deel VIII, onderdeel B, punt 1, onder c), en deel VIII, onderdeel C, punt 17, onder g), stelt iedere lidstaat de Commissie uiterlijk 31 juli 2015 de lijst van entiteiten en rekeningen ter beschikking die moeten worden behandeld als, respectievelijk, niet-rapporterende financiële instellingen en uitgezonderde rekeningen. Elke lidstaat stelt de Commissie ook in kennis van eventuele wijzigingen dienaangaande. De Commissie publiceert de ontvangen informatie in lijstvorm in het *Publicatieblad van de Europese Unie* en werkt de lijst zo nodig bij.

De lidstaten zorgen ervoor dat deze categorieën van niet-rapporterende financiële instellingen en van uitgezonderde rekeningen aan alle voorschriften van bijlage I, deel VIII, onderdeel B, punt 1, onder c), en deel VIII, onderdeel C, punt 17, onder g), voldoen en in het bijzonder dat het toekennen van de status van niet-rapporterende financiële instelling aan een financiële instelling en van de status van uitgezonderde rekening aan een rekening het verwezenlijken van de doelstellingen van deze richtlijn niet in de weg staat.

8. Lidstaten die langs bilaterale of multilaterale weg met andere lidstaten overeenkomen automatisch inlichtingen over bijkomende inkomsten- en vermogenscategorieën uit te wisselen, doen mededeling van deze overeenkomsten aan de Commissie, die ze aan de overige lidstaten ter beschikking stelt.

Art. 8 bis. Omvang en voorwaarden van de verplichte automatische uitwisseling van inlichtingen over voorafgaande grensoverschrijdende rulings en voorafgaande verrekenprijsafspraken

1. De bevoegde autoriteit van een lidstaat die na 31 december 2016 een voorafgaande grensoverschrijdende ruling of voorafgaande verrekenprijsafspraak afgeeft of maakt, wijzigt of hernieuwt, verstrekt de bevoegde autoriteiten van alle andere lidstaten en de Europese Commissie automatisch inlichtingen daaromtrent, met inachtneming van de in lid 8 van dit artikel genoemde beperkingen, zulks overeenkomstig de uit hoofde van artikel 21 vastgestelde toepasselijke praktische regelingen.

2. De bevoegde autoriteit van een lidstaat verstrekt, overeenkomstig de krachtens artikel 21 vastgestelde toepasselijke praktische regelingen, ook de bevoegde autoriteiten van alle andere lidstaten, alsmede de Europese Commissie, de inlichtingen – beperkt tot de in lid 8 van dit artikel genoemde gevallen – over voorafgaande grensoverschrijdende rulings en voorafgaande verrekenprijsafspraken die zijn afgegeven of gemaakt, gewijzigd of hernieuwd binnen een periode beginnend vijf jaar vóór 1 januari 2017. Indien voorafgaande grensoverschrijdende rulings en voorafgaande verrekenprijsafspraken zijn afgegeven of gemaakt, gewijzigd of hernieuwd tussen 1 januari 2012 en 31 december 2013, worden die inlichtingen verstrekt op voorwaarde dat die voorafgaande grensoverschrijdende rulings of voorafgaande verrekenprijsafspraken nog geldig waren op 1 januari 2014. Indien voorafgaande grensoverschrijdende rulings en voorafgaande verrekenprijsafspraken zijn afgegeven of gemaakt, gewijzigd of hernieuwd tussen 1 januari 2014 en 31 december 2016, worden die inlichtingen verstrekt ongeacht of die voorafgaande grensoverschrijdende rulings of voorafgaande verrekenprijsafspraken nog geldig zijn. De lidstaten kunnen bepalen dat van de in dit lid bedoelde verstrekking van inlichtingen uitgesloten zijn, inlichtingen over voorafgaande grensoverschrijdende rulings en voorafgaande verrekenprijsafspraken die vóór 1 april 2016 zijn afgegeven of gemaakt, gewijzigd of hernieuwd ten aanzien van een bepaalde persoon of groep personen, met uitzondering van die welke hoofdzakelijk financiele of investeringsactiviteiten verrichten, met een jaarlijkse nettogroepsomzet, als gedefinieerd in artikel 2, punt 5, van Richtlijn 2013/34/EU van het Europees Parlement en de Raad (*), van minder dan 40 000 000 EUR (of het equivalent

* Richtlijn 2003/48/EG van de Raad van 3 juni 2003 betreffende belastingheffing op inkomsten uit spaargelden in de vorm van rentebetaling (PB L 157 van 26.6.2003, blz. 38).

daarvan in een andere valuta) in het boekjaar voorafgaand aan de datum waarop die grensoverschrijdende rulings en voorafgaande verrekenprijsafspraken zijn afgegeven of gemaakt, gewijzigd of hernieuwd.

3. Bilaterale of multilaterale voorafgaande verrekenprijsafspraken met derde landen worden van het toepassingsgebied van de automatische uitwisseling van inlichtingen overeenkomstig dit artikel uitgesloten indien de internationale belastingovereenkomst uit hoofde waarvan over de voorafgaande verrekenprijs-afspraken is onderhandeld, niet toestaat dat deze verrekenprijsafspraken aan derden worden vrijgegeven. Deze bilaterale of multilaterale voorafgaande verrekenprijsafspraken zullen overeenkomstig artikel 9 worden uitgewisseld, mits de internationale belastingovereenkomst uit hoofde waarvan over de voorafgaande verrekenprijsafspraken is onderhandeld, toestaat dat deze worden vrijgegeven en de bevoegde autoriteit van het derde land de toestemming geeft voor vrijgave van deze inlichtingen. Indien de bilaterale of multilaterale voorafgaande verrekenprijsafspraken van de automatische uitwisseling van inlichtingen overeenkomstig de eerste zin van de eerste alinea van dit lid worden uitgesloten, worden in plaats daarvan de in lid 6 van dit artikel bedoelde inlichtingen waarvan sprake in het verzoek dat tot deze bilaterale of multilaterale voorafgaande verrekenprijsafspraak heeft geleid, uitgewisseld op grond van de leden 1 en 2 van dit artikel.

4. De leden 1 en 2 zijn niet van toepassing wanneer een voorafgaande grensoverschrijdende ruling uitsluitend betrekking heeft op de belastingzaken van een of meer natuurlijke personen.

5. De inlichtingenuitwisseling geschiedt als volgt:

a. voor de op grond van lid 1 uitgewisselde inlichtingen: onverwijld zodra de voorafgaande grensoverschrijdende rulings of voorafgaande verrekenprijsafspraken zijn afgegeven of gemaakt, gewijzigd of hernieuwd en uiterlijk binnen drie maanden na het einde van het eerste halfjaar van het kalenderjaar waarin de voorafgaande grensoverschrijdende rulings of voorafgaande verrekenprijsafspraken zijn afgegeven of gemaakt, gewijzigd of hernieuwd;

b. voor de overeenkomstig lid 2 uitgewisselde inlichtingen: vóór 1 januari 2018.

6. De door een lidstaat uit hoofde van de leden 1 en 2 van dit artikel te verstrekken inlichtingen omvatten onder meer de volgende gegevens:

a. de identificatiegegevens van de persoon, niet zijnde een natuurlijke persoon, en in voorkomend geval van de groep personen waartoe deze behoort;

b. een samenvatting van de voorafgaande grensoverschrijdende ruling of voorafgaande verrekenprijsafspraak, met onder meer een omschrijving van de relevante zakelijke activiteiten of transacties of reeks van transacties, alsook alle andere inlichtingen die voor de bevoegde autoriteit nuttig kunnen zijn bij de evaluatie van een mogelijk belastingrisico, die niet mag leiden tot de openbaarmaking van een handels-, bedrijfs-, nijverheids- of beroepsgeheim of een fabrieks- of handelswerkwijze, of van inlichtingen waarvan het verstrekken in strijd zou zijn met de openbare orde;

c. de data waarop de voorafgaande grensoverschrijdende ruling of voorafgaande verrekenprijsafspraak is afgegeven of gemaakt, gewijzigd of hernieuwd;

d. de aanvangsdatum van de geldigheidsperiode van de voorafgaande grensoverschrijdende ruling of voorafgaande verrekenprijsafspraak, indien vermeld;

e. de einddatum van de geldigheidsperiode van de voorafgaande grensoverschrijdende ruling of voorafgaande verrekenprijsafspraak, indien vermeld;

f. het type voorafgaande grensoverschrijdende ruling of voorafgaande verrekenprijsafspraak;

g. het bedrag van de transactie of reeks van transacties van de voorafgaande grensoverschrijdende ruling of voorafgaande verrekenprijsafspraak, indien vermeld in de voorafgaande grensoverschrijdende ruling of voorafgaande verrekenprijsafspraak;

h. de beschrijving van de reeks criteria die zijn gebruikt voor de verrekenprijsvaststelling of de verrekenprijs zelf in het geval van een voorafgaande verrekenprijsafspraak;

i. de methode die wordt gebruikt voor de verrekenprijsvaststelling of de verrekenprijs zelf in het geval van een voorafgaande verrekenprijsafspraak;

j. de andere lidstaten, indien er zijn, waarop de voorafgaande grensoverschrijdende ruling of de voorafgaande verrekenprijsafspraak naar alle waarschijnlijkheid van invloed zal zijn;

k. personen, niet zijnde natuurlijke personen, in de andere lidstaten, indien die er zijn, op wie de voorafgaande grensoverschrijdende ruling of de voorafgaande verrekenprijsafspraak naar alle waarschijnlijkheid van invloed zal zijn (waarbij vermeld dient te worden met welke lidstaten de getroffen personen verbonden zijn); en

l. de vermelding of de meegedeelde inlichtingen gebaseerd zijn op de voorafgaande grensoverschrijdende ruling of de voorafgaande verrekenprijsafspraak zelf, dan wel op het in lid 3, tweede alinea, van dit artikel bedoelde verzoek.

7. Om de in lid 6 van dit artikel bedoelde uitwisseling van inlichtingen te vergemakkelijken stelt de Commissie praktische regelingen vast voor de uitvoering van dit artikel, daaronder begrepen maatregelen om de ver-

strekking van de in lid 6 van dit artikel genoemde inlichtingen te standaardiseren, in het kader van de procedure voor de vaststelling van het standaardformulier als bedoeld in artikel 20, lid 5.
8. Inlichtingen in de zin van de punten a), b), h) en k) van lid 6 van dit artikel worden niet medegedeeld aan de Europese Commissie.
9. De ontvangst van de inlichtingen wordt door de bevoegde autoriteit van de in lid 6, onder j), genoemde betrokken lidstaten onmiddellijk en in elk geval niet later dan zeven werkdagen na ontvangst, indien mogelijk langs elektronische weg, aan de verstrekkende bevoegde autoriteit bevestigd. Deze maatregel is van toepassing totdat het in artikel 21, lid 5, bedoelde gegevensbestand operationeel wordt.
10. De lidstaten kunnen, in overeenstemming met artikel 5 en met inachtneming van artikel 21, lid 4, om aanvullende inlichtingen verzoeken, daaronder begrepen de volledige tekst van een voorafgaande grensoverschrijdende ruling of een voorafgaande verrekenprijsafspraak.

Art. 8 bis bis. Reikwijdte van en voorwaarden met betrekking tot de verplichte automatische uitwisseling van inlichtingen met betrekking tot de landenrapporten
1. Iedere lidstaat neemt de noodzakelijke maatregelen om de Uiteindelijkemoederentiteit van een MNO-Groep die fiscaal ingezetene van die lidstaat is, of elke andere Rapporterende Entiteit overeenkomstig deel II van bijlage III, te verplichten een landenrapport in te dienen met betrekking tot het Te Rapporteren Boekjaar binnen een termijn van twaalf maanden na de laatste dag van het Te Rapporteren Boekjaar van de MNO-Groep overeenkomstig deel II van bijlage III.
2. De bevoegde autoriteit van een lidstaat waar het landenrapport overeenkomstig lid 1 is ingediend, bezorgt het landenrapport binnen de in lid 4 bepaalde termijn via automatische uitwisseling aan alle andere lidstaten waarvan, blijkens de informatie in het landenrapport, één of meer Groepsentiteiten van de MNO-Groep van de Rapporterende Entiteit fiscaal ingezetene zijn of waarin deze aan belasting onderworpen zijn met betrekking tot de activiteiten die via een vaste inrichting worden uitgeoefend.
3. Het landenrapport bevat de volgende informatie met betrekking tot de MNO-Groep:

a. informatie met betrekking tot het bedrag van de inkomsten, de winst (het verlies) vóór inkomstenbelasting, de betaalde inkomstenbelasting, de toerekenbare inkomstenbelasting, het gestorte kapitaal, de gecumuleerde winst, het aantal personeelsleden, materiële activa andere dan geldmiddelen of kasequivalenten met betrekking tot elk rechtsgebied waarin de MNO-Groep actief is;

b. een identificatie van elke Groepsentiteit van de MNO-Groep met vermelding van het rechtsgebied waarvan die Groepsentiteit fiscaal ingezetene is, en indien deze verschilt van het rechtsgebied waarvan die Groepsentiteit fiscaal ingezetene is, het rechtsgebied naar het recht waarvan een dergelijke Groepsentiteit is ingericht, en de aard van de belangrijkste bedrijfsactiviteit(en) die door die Groepsentiteit wordt (respectievelijk worden) uitgeoefend.

4. De mededeling vindt plaats binnen een termijn van 15 maanden na de laatste dag van het boekjaar van de MNO-Groep waarop het landenrapport betrekking heeft. Het eerste landenrapport wordt meegedeeld voor het boekjaar van de MNO-Groep dat begint op of na 1 januari 2016, en wel binnen 18 maanden na de laatste dag van dat boekjaar.

Art. 8 bis ter. Reikwijdte van en voorwaarden met betrekking tot de verplichte automatische uitwisseling van inlichtingen over meldingsplichtige grensoverschrijdende constructies
1. Iedere lidstaat neemt de noodzakelijke maatregelen om intermediairs te verplichten aan de bevoegde autoriteiten inlichtingen over meldingsplichtige grensoverschrijdende constructies waarvan zij kennis, bezit of controle hebben, te verstrekken binnen dertig dagen te rekenen vanaf:

a. de dag nadat de meldingsplichtige grensoverschrijdende constructie voor implementatie beschikbaar is gesteld, of

b. de dag nadat de meldingsplichtige grensoverschrijdende constructie voor gereed is implementatie, of

c. het ogenblik dat de eerste stap in de implementatie van de meldingsplichtige grensoverschrijdende constructie is ondernomen, naargelang wat het eerst plaatsvindt. Onverminderd de eerste alinea worden de in artikel 3, punt 21, tweede alinea, bedoelde intermediairs tevens verplicht inlichtingen te verstrekken binnen dertig dagen te rekenen vanaf de dag nadat zij, rechtstreeks of via andere personen, hulp, bijstand of advies hebben verstrekt.

2. In het geval van marktklare constructies nemen de lidstaten de noodzakelijke maatregelen om de intermediair te verplichten om de drie maanden een periodiek verslag op te stellen met een overzicht van nieuwe meldingsplichtige inlichtingen als bedoeld in punt 14, onder a), d), g), en h), die sinds het laatste ingediende verslag beschikbaar zijn geworden.
3. Wanneer de intermediair verplicht is inlichtingen over meldingsplichtige grensoverschrijdende constructies te verstrekken aan de bevoegde autoriteiten van meer dan één lidstaat, worden die inlichtingen alleen verstrekt aan de lidstaat die als eerste op de onderstaande lijst voorkomt:

a. de lidstaat waar de intermediair fiscaal inwoner is;

b. de lidstaat waar de intermediair een vaste inrichting heeft via welke de diensten met betrekking tot de constructie worden verstrekt;

c. de lidstaat waar de intermediair is opgericht of onder toepassing van de wetten valt;

d. de lidstaat waar de intermediair is ingeschreven bij een beroepsorganisatie in verband met de verstrekking van juridische, fiscale of adviesdiensten.

4. Wanneer er overeenkomstig lid 3 een meervoudige meldingsplicht bestaat, wordt de intermediair ontheven van het verstrekken van de inlichtingen als hij overeenkomstig het nationale recht aantoont dat dezelfde inlichtingen in een andere lidstaat zijn verstrekt.

5. Iedere lidstaat kan de noodzakelijke maatregelen nemen om intermediairs het recht op ontheffing van de verplichting tot het verstrekken van inlichtingen over een meldingsplichtige grensoverschrijdende constructie te verlenen, wanneer de meldingsplicht een inbreuk zou vormen op het wettelijk verschoningsrecht conform het nationale recht van die lidstaat. In die omstandigheden neemt iedere lidstaat de noodzakelijke maatregelen om de intermediairs te verplichten iedere andere intermediair of, bij gebreke daarvan, de relevante belastingplichtige onverwijld in kennis te stellen van zijn meldingsverplichtingen uit hoofde van lid 6.

Aan intermediairs mag slechts ontheffing krachtens de eerste alinea worden verleend voor zover zij optreden binnen de grenzen van de desbetreffende nationale wetten die hun beroep definiëren.

6. Iedere lidstaat neemt de noodzakelijke maatregelen om te eisen dat, wanneer er geen intermediair is of de intermediair de relevante belastingplichtige of een andere intermediair in kennis stelt van de toepassing van een ontheffing krachtens lid 5, de verplichting tot verstrekking van inlichtingen over een meldingsplichtige grensoverschrijdende constructie ligt bij de andere in kennis gestelde intermediair of, bij gebreke daarvan, bij de relevante belastingplichtige.

7. De relevante belastingplichtige bij wie de meldingsplicht ligt, verstrekt de inlichtingen binnen dertig dagen, te rekenen vanaf de dag nadat de meldingsplichtige grensoverschrijdende constructie voor implementatie ter beschikking van de relevante belastingplichtige is gesteld of gereed is voor implementatie door de relevante belastingplichtige of zodra de eerste stap voor de implementatie ervan met betrekking tot de relevante belastingplichtige is ondernomen, naargelang wat het eerst plaatsvindt.

Wanneer de relevante belastingplichtige verplicht is inlichtingen over de meldingsplichtige grensoverschrijdende constructie te verstrekken aan de bevoegde autoriteiten van meer dan één lidstaat, worden die inlichtingen alleen verstrekt aan de bevoegde autoriteiten van de lidstaat die als eerste op de onderstaande lijst voorkomt:

a. de lidstaat waar de relevante belastingplichtige fiscaal inwoner is;

b. de lidstaat waar de relevante belastingplichtige een vaste inrichting heeft die begunstigde van de constructie is;

c. de lidstaat waar de relevante belastingplichtige inkomsten ontvangt of winsten genereert, hoewel de relevante belastingplichtige geen fiscaal inwoner van een lidstaat is noch een vaste inrichting in een lidstaat heeft;

d. de lidstaat waar de relevante belastingplichtige een activiteit uitoefent, hoewel de relevante belastingplichtige geen fiscaal inwoner van een lidstaat is noch een vaste inrichting in een lidstaat heeft.

8. Wanneer er op grond van lid 7 een meervoudige meldingsplicht bestaat, wordt de relevante belastingplichtige ontheven van het verstrekken van de inlichtingen als hij overeenkomstig het nationale recht aantoont dat dezelfde inlichtingen in een andere lidstaat zijn verstrekt.

9. Iedere lidstaat neemt de noodzakelijke maatregelen om te eisen dat, wanneer er meer dan één intermediair is, de verplichting tot verstrekking van inlichtingen over de meldingsplichtige grensoverschrijdende constructie ligt bij alle intermediairs die bij dezelfde meldingsplichtige grensoverschrijdende constructie betrokken zijn.

Een intermediair wordt alleen ontheven van het verstrekken van de inlichtingen voor zover hij overeenkomstig het nationale recht aantoont dat dezelfde inlichtingen als bedoeld in lid 14 reeds door een andere intermediair zijn verstrekt.

10. Iedere lidstaat neemt de noodzakelijke maatregelen om te eisen dat, wanneer de meldingsplicht bij de relevante belastingplichtige ligt en er meer dan één relevante belastingplichtige is, de inlichtingen overeenkomstig lid 6 worden verstrekt door de belastingplichtige die als eerste op de onderstaande lijst voorkomt:

a. de relevante belastingplichtige die de meldingsplichtige grensoverschrijdende constructie is overeengekomen met de intermediair;

b. de relevante belastingplichtige die de implementatie van de constructie beheert.

Een relevante belastingplichtige wordt alleen ontheven van het verstrekken van de inlichtingen voor zover hij overeenkomstig het nationale recht aantoont dat dezelfde inlichtingen als bedoeld in lid 14 reeds door een andere relevante belastingplichtige zijn verstrekt.

11. Iedere lidstaat kan de noodzakelijke maatregelen nemen om te eisen dat iedere relevante belastingplichtige aan de belastingdienst inlichtingen verstrekt over het gebruik dat hij van de constructie maakt voor ieder jaar waarin hij er gebruik van maakt.
12. Iedere lidstaat neemt de noodzakelijke maatregelen om intermediairs en relevante belastingplichtigen te verplichten inlichtingen te verstrekken over meldingsplichtige grensoverschrijdende constructies waarvan de eerste stap is geïmplementeerd tussen de datum van inwerkingtreding en de datum van toepassing van deze richtlijn. De intermediairs en, in voorkomend geval, de relevante belastingplichtigen verstrekken inlichtingen over die meldingsplichtige grensoverschrijdende constructies uiterlijk 31 augustus 2020.
13. De bevoegde autoriteit van een lidstaat waar de inlichtingen overeenkomstig leden 1 tot en met 12 van dit artikel zijn verstrekt, deelt de in lid 14 van dit artikel bedoelde gegevens via automatische uitwisseling mee aan de bevoegde autoriteiten van alle andere lidstaten in overeenstemming met de krachtens artikel 21, lid 1, vastgestelde nadere regels.
14. De door de bevoegde autoriteit van een lidstaat uit hoofde van lid 13 mee te delen inlichtingen omvatten het volgende, voor zover van toepassing:
a. de identificatiegegevens van intermediairs en relevante belastingplichtigen, met inbegrip van hun naam, geboortedatum en -plaats (in het geval van een natuurlijk persoon), fiscale woonplaats, fiscaal identificatienummer, en, in voorkomend geval, van de personen die een verbonden onderneming vormen met de relevante belastingplichtige;
b. nadere bijzonderheden over de in bijlage IV vermelde wezenskenmerken op grond waarvan de grensoverschrijdende constructie gemeld moet worden;
c. een samenvatting van de inhoud van de meldingsplichtige grensoverschrijdende constructie, met onder meer de benaming waaronder zij algemeen bekend staat, indien voorhanden, en een omschrijving van de relevante zakelijke activiteiten of constructies, in algemene bewoordingen gesteld, die niet mag leiden tot de openbaarmaking van een handels-, bedrijfs-, nijverheids- of beroepsgeheim of een fabrieks- of handelswerkwijze, of van inlichtingen waarvan de onthulling in strijd zou zijn met de openbare orde;
d. de datum waarop de eerste stap voor de implementatie van de meldingsplichtige grensoverschrijdende constructie is of zal worden ondernomen;
e. nadere bijzonderheden van de nationale bepalingen die aan de meldingsplichtige grensoverschrijdende constructie ten grondslag liggen;
f. de waarde van de meldingsplichtige grensoverschrijdende constructie;
g. de lidstaat van de relevante belastingbetaler(s) en eventuele andere lidstaten waarop de meldingsplichtige grensoverschrijdende constructie naar alle waarschijnlijkheid van invloed zal zijn;
h. de identificatiegegevens van andere personen in een lidstaat, op wie de meldingsplichtige grensoverschrijdende constructie naar alle waarschijnlijkheid van invloed zal zijn, waarbij wordt vermeld met welke lidstaten deze personen verbonden zijn.
15. Dat een belastingdienst niet reageert op een meldingsplichtige grensoverschrijdende constructie impliceert niet dat de geldigheid of fiscale behandeling van die constructie wordt aanvaard.
16. Om de in lid 13 van dit artikel bedoelde uitwisseling van inlichtingen te vergemakkelijken, stelt de Commissie de nadere regels vast voor de uitvoering van dit artikel, waaronder maatregelen om de verstrekking van de in lid 14 van dit artikel bedoelde inlichtingen te standaardiseren, in het kader van de procedure voor de vaststelling van het standaardformulier als bedoeld in artikel 20, lid 5.
17. De Commissie heeft geen toegang tot de in lid 14, onder a), c) en h), bedoelde inlichtingen.
18. De automatische inlichtingenuitwisseling geschiedt binnen één maand te rekenen vanaf het einde van het kwartaal waarin de inlichtingen zijn verstrekt. De eerste inlichtingen worden uiterlijk op 31 oktober 2020 meegedeeld.

Art. 8 bis quater. Reikwijdte en voorwaarden van de verplichte automatische uitwisseling van door de platformexploitanten gerapporteerde inlichtingen
1. Elke lidstaat treft de nodige maatregelen om de rapporterende platformexploitanten te verplichten de due diligence-procedures uit te voeren en de rapportageverplichtingen te vervullen, als omschreven in bijlage V, delen II en III. Elke lidstaat ziet ook toe op de doeltreffende uitvoering en naleving van dergelijke maatregelen overeenkomstig bijlage V, deel IV.
2. Op grond van de toepasselijke due diligence-procedures en rapportageverplichtingen als omschreven in bijlage V, delen II en III, verstrekt de bevoegde autoriteit van een lidstaat waar de rapportage overeenkomstig lid 1 heeft plaatsgevonden, door middel van een automatische uitwisseling en binnen de in lid 3 gestelde termijn aan de bevoegde autoriteit van de lidstaat waarvan de te rapporteren verkoper een ingezetene is als bepaald op grond van bijlage V, deel II, onderdeel D, en, indien de te rapporteren verkoper onroerend goed verhuurt, in ieder geval aan de bevoegde autoriteit van de lidstaat waarin het onroerend goed is gelegen, de volgende inlichtingen over elke te rapporteren verkoper:

a. naam, geregistreerd kantooradres, fiscaal identificatienummer en, in voorkomend geval, het op grond van lid 4, eerste alinea, toegewezen individueel identificatienummer van de rapporterende platformexploitant, alsook handelsnaam (-namen) van het platform (de platforms) waarover de rapporterende platformexploitant rapporteert;

b. voor- en achternaam van de te rapporteren verkoper als die een natuurlijke persoon is, en de officiële naam van de te rapporteren verkoper als die een entiteit is;

c. het hoofdadres;

d. een fiscaal identificatienummer van de te rapporteren verkoper, met vermelding van elke lidstaat van afgifte, of, bij ontstentenis daarvan, de geboorteplaats van de te rapporteren verkoper als die een natuurlijke persoon is;

e. het nummer van inschrijving in het handelsregister van de te rapporteren verkoper als die een entiteit is;

f. het btw-identificatienummer van de te rapporteren verkoper, indien beschikbaar;

g. de geboortedatum van de te rapporteren verkoper als die een natuurlijke persoon is;

h. de identificatiecode van de financiële rekening waarop de tegenprestatie wordt betaald of gecrediteerd, voor zover bekend aan de rapporterende platformexploitant en voor zover de bevoegde autoriteit van de lidstaat waarvan de te rapporteren verkoper een ingezetene is in de zin van bijlage V, deel II, onderdeel D, de bevoegde autoriteiten van alle andere lidstaten niet in kennis heeft gesteld van het feit dat zij niet voornemens is de identificatiecode van de financiële rekening voor dat doel te gebruiken;

i. indien verschillend van de naam van de te rapporteren verkoper: bovenop de identificatiecode van de financiële rekening, de naam van de houder van de financiële rekening waarop de tegenprestatie wordt betaald of gecrediteerd, voor zover bekend aan de rapporterende platformexploitant, alsook alle andere financiële identificatiegegevens waarover de rapporterende platformexploitant beschikt met betrekking tot die rekeninghouder;

j. elke lidstaat waarvan de te rapporteren verkoper een ingezetene is zoals bepaald op grond van bijlage V, deel II, onderdeel D;

k. de totale tegenprestatie die is betaald of gecrediteerd tijdens elk kwartaal van de rapportageperiode, en het aantal relevante activiteiten waarvoor deze is betaald of gecrediteerd;

l. alle honoraria, commissielonen of belastingen die door het rapporterende platform tijdens elk kwartaal van de rapportageperiode ingehouden of geheven werden.

Indien de te rapporteren verkoper een onroerend goed verhuurt, worden de volgende aanvullende inlichtingen meegedeeld:

a. het postadres van elke eigendomslijst, vastgesteld op basis van de procedures als omschreven in bijlage V, deel II, onderdeel E, en het respectieve kadasternummer of het equivalent daarvan in het nationaal recht van de lidstaat waar het gelegen is, indien beschikbaar;

b. de totale tegenprestatie die is betaald of gecrediteerd tijdens elk kwartaal van de rapportageperiode, en het aantal relevante activiteiten dat is verricht voor elke eigendomslijst;

c. indien beschikbaar, het aantal verhuurdagen voor elke eigendomslijst tijdens de rapportageperiode en het type van elke eigendomslijst.

3. De mededeling op grond van lid 2 van dit artikel geschiedt met gebruikmaking van het geautomatiseerde standaardformaat als bedoeld in artikel 20, lid 4, uiterlijk twee maanden na het einde van de rapportageperiode waarop de op de rapporterende platformexploitant toepasselijke rapportageverplichtingen betrekking hebben. De eerste inlichtingen worden meegedeeld voor rapportageperiodes vanaf 1 januari 2023.

4. Om te voldoen aan de rapportageverplichtingen op grond van lid 1 van dit artikel, stelt elke lidstaat de noodzakelijke voorschriften vast om een rapporterende platformexploitant in de zin van bijlage V, deel I, onderdeel A, punt 4, onder b), te verplichten zich binnen de Unie te registreren. De bevoegde autoriteit van de lidstaat van registratie kent een rapporterende platformexploitant in die situatie een individueel identificatienummer toe.

De lidstaten stellen de voorschriften vast op grond waarvan het een rapporterende platformexploitant vrijstaat zich te registreren bij de bevoegde autoriteit van een enkele lidstaat overeenkomstig de voorschriften van bijlage V, deel IV, onderdeel F. De lidstaten nemen de nodige maatregelen om ervoor te zorgen dat een rapporterende platformexploitant in de zin van bijlage V, deel I, onderdeel A, punt 4, onder b), wiens registratie is ingetrokken overeenkomstig bijlage V, deel IV, onderdeel F, punt 7, zich alleen opnieuw kan registreren mits hij aan de autoriteiten van een betrokken lidstaat passende waarborgen verstrekt inzake zijn vast voornemen om te voldoen aan de rapportageverplichtingen binnen de Unie, ook wat betreft rapportageverplichtingen die alsnog moeten worden nagekomen.

De Commissie stelt bij uitvoeringshandelingen de praktische regelingen vast die nodig zijn voor de registratie en identificatie van rapporterende platformexploitanten. Die uitvoeringshandelingen worden volgens de in artikel 26, lid 2, bedoelde procedure vastgesteld.

5. Indien een platformexploitant wordt geacht een uitgesloten platformexploitant te zijn, stelt de bevoegde autoriteit van de lidstaat waar overeenkomstig bijlage V, deel I, onderdeel A, punt 3, is aangetoond dat het om een uitgesloten platformexploitant gaat, de bevoegde autoriteiten van alle andere lidstaten daarvan in kennis, alsmede van eventuele latere wijzigingen.

6. De Commissie zet uiterlijk op 31 december 2022 een centraal register op waarin de overeenkomstig lid 5 van dit artikel ter kennis te stellen en overeenkomstig bijlage V, deel IV, onderdeel F, punt 2, te verstrekken gegevens worden geregistreerd. Dat centraal register is beschikbaar voor de bevoegde autoriteiten van alle lidstaten.

7. De Commissie bepaalt door middel van uitvoeringshandelingen, op een met redenen omkleed verzoek van een lidstaat of op eigen initiatief, of de inlichtingen die automatisch moeten worden uitgewisseld op grond van een overeenkomst tussen de bevoegde autoriteiten van de betrokken lidstaat en een niet-Unierechtsgebied, in de zin van bijlage V, deel I, onderdeel A, punt 7, gelijkwaardig zijn aan de in bijlage V, deel III, onderdeel B, gespecificeerde inlichtingen. Die uitvoeringshandelingen worden volgens de in artikel 26, lid 2, bedoelde procedure vastgesteld.

Een lidstaat die om de in de eerste alinea bedoelde maatregel verzoekt, dient een met redenen omkleed verzoek in bij de Commissie.

Indien de Commissie van oordeel is dat zij niet over alle gegevens beschikt die nodig zijn voor de beoordeling van het verzoek, neemt zij binnen twee maanden na ontvangst van het verzoek contact op met de betrokken lidstaat en specificeert zij welke bijkomende gegevens vereist zijn. Zodra de Commissie over alle gegevens beschikt die zij nodig acht, stelt zij de verzoekende lidstaat binnen een maand daarvan in kennis en dient zij de relevante gegevens in bij het in artikel 26, lid 2, bedoelde comité.

Indien de Commissie op eigen initiatief handelt, stelt zij pas een in de eerste alinea bedoelde uitvoeringshandeling vast nadat een lidstaat met een niet-Unierechtsgebied een overeenkomst tussen bevoegde autoriteiten heeft gesloten op grond waarvan inlichtingen over verkopers die inkomsten uit door platforms gefaciliteerde activiteiten halen, automatisch moeten worden uitgewisseld.

Bij het bepalen of inlichtingen gelijkwaardig zijn in de zin van de eerste alinea met betrekking tot een relevante activiteit, houdt de Commissie terdege rekening met de mate waarin het regime waarop die inlichtingen zijn gebaseerd, overeenkomt met dat van bijlage V, met name wat betreft:

i. de definities van rapporterende platformexploitant, te rapporteren verkoper en relevante activiteit;
ii. de toepasselijke procedures voor het identificeren van te rapporteren verkopers;
iii. de rapportageverplichtingen, en
iv. de voorschriften en administratieve procedures waarover niet-Unierechtsgebieden moeten beschikken met het oog op de doeltreffende uitvoering en naleving van de in dat regime opgenomen due diligence-procedures en rapportageverplichtingen.

Dezelfde procedure is van toepassing om te bepalen dat inlichtingen niet langer gelijkwaardig zijn.".

Art. 8 ter. Statistieken over de automatische uitwisseling

1. De lidstaten doen de Commissie jaarlijks statistieken over de omvang van de automatische uitwisseling van inlichtingen uit hoofde van de artikelen 8, leden 1 en 3 bis, artikel 8 bis bis en artikel 8 bis quater toekomen, alsmede gegevens betreffende administratieve en andere relevante kosten en baten voor belastingdiensten en derden die betrekking hebben op de verrichte uitwisselingen, en mogelijke veranderingen.

Afdeling III. Spontane uitwisseling van inlichtingen

Art. 9. Reikwijdte en voorwaarden van de spontane uitwisseling van inlichtingen

1. De bevoegde autoriteit van elke lidstaat verstrekt, in elk van de volgende gevallen, de in artikel 1, lid 1, bedoelde inlichtingen aan de bevoegde autoriteit van elke andere betrokken lidstaat:

a. de bevoegde autoriteit van de ene lidstaat heeft redenen om aan te nemen dat in de andere lidstaat een derving van belasting bestaat;

b. een belastingplichtige verkrijgt in de ene lidstaat een vrijstelling of vermindering van belasting die voor hem een belastingplicht of een hogere belasting in de andere lidstaat zou moeten meebrengen;

c. transacties tussen een belastingplichtige in de ene lidstaat en een belastingplichtige in de andere lidstaat worden over een of meer andere landen geleid, op zodanige wijze dat daardoor in een van beide of in beide lidstaten een belastingbesparing kan ontstaan;

d. de bevoegde autoriteit van een lidstaat heeft redenen om aan te nemen dat er belastingbesparing ontstaat door een kunstmatige verschuiving van winsten binnen een groep van ondernemingen;

e. de aan de ene lidstaat door de bevoegde autoriteit van de andere lidstaat verstrekte inlichtingen hebben informatie opgeleverd die voor de vaststelling van de belastingschuld in de andere lidstaat van nut kan zijn.

2. De bevoegde overheden van elke lidstaat kunnen met de bevoegde overheden van de andere lidstaten spontaan alle inlichtingen uitwisselen waarvan zij kennis hebben en die de bevoegde overheden van de andere lidstaten van nut kunnen zijn.

Art. 10. Termijnen

1. De in artikel 9, lid 1, bedoelde inlichtingen worden door de bevoegde autoriteit zo snel mogelijk, en uiterlijk binnen een maand nadat zij deze beschikbaar krijgt, aan de autoriteit van elke andere betrokken lidstaat verstrekt.

2. De ontvangst van de in artikel 9 bedoelde inlichtingen wordt door de bevoegde autoriteit onmiddellijk en in elk geval binnen zeven werkdagen na ontvangst, indien mogelijk langs elektronische weg, aan de verstrekkende bevoegde autoriteit bevestigd.

Hoofdstuk III. Andere vormen van administratieve samenwerking

Afdeling I. Aanwezigheid in de administratiekantoren en deelname aan administratief onderzoek

Art. 11. Reikwijdte en voorwaarden

1. Met het oog op de uitwisseling van de inlichtingen als bedoeld in artikel 1, lid 1, kan de bevoegde autoriteit van een lidstaat de bevoegde autoriteit van een andere lidstaat verzoeken dat door eerstgenoemde gemachtigde ambtenaren overeenkomstig de door laatstgenoemde vastgestelde procedurele regelingen:

a. aanwezig zijn in de kantoren waar de administratieve autoriteiten van de aangezochte lidstaat hun taken vervullen;

b. aanwezig zijn bij administratieve onderzoeken op het grondgebied van de aangezochte lidstaat;

c. deelnemen aan de administratieve onderzoeken die worden uitgevoerd door de aangezochte lidstaat, waar passend met gebruikmaking van elektronische communicatiemiddelen.

De aangezochte autoriteit reageert binnen een termijn van 60 dagen na ontvangst van het verzoek op een verzoek overeenkomstig de eerste alinea, waarbij de verzoekende autoriteit de inwilliging van het verzoek of de gemotiveerde weigering ervan wordt meegedeeld.

Indien de verlangde inlichtingen vermeld staan in bescheiden waartoe de ambtenaren van de aangezochte autoriteit toegang hebben, ontvangen de ambtenaren van de verzoekende autoriteit een afschrift van die bescheiden.

2. Indien ambtenaren van de verzoekende autoriteit aanwezig zijn tijdens een administratief onderzoek of daaraan met gebruikmaking van elektronische communicatiemiddelen deelnemen, mogen zij personen ondervragen en bescheiden onderzoeken, met inachtneming van de door de aangezochte lidstaat vastgestelde procedurele regelingen.

Weigering door de te controleren persoon zich aan de controlemaatregelen van de ambtenaren van de verzoekende autoriteit te onderwerpen, wordt door de aangezochte autoriteit als een weigering jegens haar eigen ambtenaren aangemerkt.

3. De door de verzoekende lidstaat gemachtigde ambtenaren die overeenkomstig lid 1 in een andere lidstaat aanwezig zijn, dienen te allen tijde een schriftelijke opdracht te kunnen overleggen waaruit hun identiteit en hun officiële hoedanigheid blijken.

Afdeling II. Gelijktijdige controles

Art. 12. Gelijktijdige controles

1. In de gevallen waarin twee of meer lidstaten overeenkomen om gelijktijdig, elk op het eigen grondgebied, bij een of meer personen te wier aanzien zij een gezamenlijk of complementair belang hebben, controles te verrichten en de aldus verkregen inlichtingen uit te wisselen, zijn de leden 2, 3 en 4 van toepassing.

2. De bevoegde autoriteit van elke lidstaat bepaalt autonoom welke personen zij voor een gelijktijdige controle wil voorstellen. Zij deelt de bevoegde autoriteit van de andere betrokken lidstaten met opgave van redenen mee welke dossiers zij voor een gelijktijdige controle voorstelt.

Zij bepaalt binnen welke termijn die controles moeten plaatsvinden.

3. De bevoegde autoriteit van elke betrokken lidstaat beslist of zij aan de gelijktijdige controles wenst deel te nemen. Zij doet de autoriteit die de gelijktijdige controle voorstelt, binnen een termijn van 60 dagen na ontvangst van het voorstel een bevestiging van deelname of een gemotiveerde weigering toekomen.

4. De bevoegde autoriteit van elke betrokken lidstaat wijst een vertegenwoordiger aan die wordt belast met de leiding en de coördinatie van de controle.

Afdeling II bis. Gezamenlijke audits

Art. 12 bis. Gezamenlijke audits

1. De bevoegde autoriteit van een of meer lidstaten kan de bevoegde autoriteit van een andere lidstaat (of andere lidstaten) verzoeken een gezamenlijke audit uit te voeren. De aangezochte bevoegde autoriteiten reageren op het verzoek om een gezamenlijke audit binnen een termijn van 60 dagen na ontvangst van het verzoek. De aangezochte bevoegde autoriteiten kunnen een verzoek door de bevoegde autoriteit van een lidstaat om een gezamenlijke audit om gemotiveerde redenen verwerpen.

2. Gezamenlijke audits worden op vooraf overeengekomen en gecoördineerde wijze, met inbegrip van taalregelingen, uitgevoerd door de bevoegde autoriteiten van de verzoekende en de aangezochte lidstaten, en in overeenstemming met de wetgeving en de procedurele voorschriften van de lidstaat waar de activiteiten van een gezamenlijke audit plaatsvinden. In elke lidstaat waar de activiteiten van een gezamenlijke audit plaatsvinden, wijst de bevoegde autoriteit van die lidstaat een vertegenwoordiger aan die verantwoordelijk is voor het toezicht op en de coördinatie van de gezamenlijke audit in die lidstaat.

De rechten en plichten van de ambtenaren van lidstaten die deelnemen aan de gezamenlijke audit, worden in geval van hun aanwezigheid bij activiteiten die in een andere lidstaat worden verricht, vastgesteld overeenkomstig de wetgeving van de lidstaat waar de activiteiten van de gezamenlijke audit plaatsvinden. De ambtenaren van een andere lidstaat voegen zich naar de wetgeving van de lidstaat waar de activiteiten van een gezamenlijke audit plaatsvinden, maar oefenen geen bevoegdheden uit die verder gaan dan de bevoegdheden die hun krachtens de wetgeving van hun lidstaat zijn verleend.

3. Onverminderd lid 2 neemt een lidstaat waar de activiteiten van de gezamenlijke audit plaatsvinden, de nodige maatregelen om:

a. toe te staan dat ambtenaren van andere lidstaten die deelnemen aan de activiteiten van de gezamenlijke audit, personen ondervragen en bescheiden onderzoeken in samenspraak met de ambtenaren van de lidstaat waar de activiteiten van de gezamenlijke audit plaatsvinden, met inachtneming van de procedurele regelingen die zijn vastgesteld door de lidstaat waar die activiteiten plaatsvinden;

b. ervoor te zorgen dat bewijsmateriaal dat tijdens de activiteiten van de gezamenlijke audit is verzameld, kan worden beoordeeld, ook op de toelaatbaarheid ervan, onder dezelfde juridische voorwaarden als in het geval van een in die lidstaat uitgevoerde audit waaraan alleen de ambtenaren van die lidstaat deelnemen, onder meer in de loop van eventuele klachten-, herzienings- of beroepsprocedures, en

c. ervoor te zorgen dat de persoon (personen) die aan een gezamenlijke audit wordt (worden) onderworpen of erdoor wordt (worden) geraakt, dezelfde rechten en plichten heeft (hebben) als in het geval van een audit waaraan alleen de ambtenaren van die lidstaat deelnemen, onder meer in de loop van eventuele klachten-, herzienings- of beroepsprocedures.

4. Indien de bevoegde autoriteiten van twee of meer lidstaten een gezamenlijke audit verrichten, trachten zij het eens te worden over de feiten en omstandigheden die relevant zijn voor de gezamenlijke audit, en streven zij naar overeenstemming over de fiscale positie van de geaudite persoon (personen) op basis van de resultaten van de gezamenlijke audit. De bevindingen van de gezamenlijke audit worden neergelegd in een eindverslag. Punten waarover de bevoegde autoriteiten het eens zijn, worden in het eindverslag opgenomen en worden in aanmerking genomen in de relevante instrumenten die de bevoegde autoriteiten van de deelnemende lidstaten naar aanleiding van die gezamenlijke audit uitvaardigen.

Met inachtneming van de eerste alinea vinden de handelingen die de bevoegde autoriteiten van een lidstaat of een van zijn ambtenaren verrichten naar aanleiding van een gezamenlijke audit, alsmede eventuele verdere procedures in die lidstaat, zoals een besluit van de belastingautoriteiten, een beroepsprocedure of een daarmee verband houdende schikking, plaats overeenkomstig het nationaal recht van die lidstaat.

5. De geaudite persoon (personen) wordt (worden) binnen 60 dagen na het uitbrengen van het eindverslag in kennis gesteld van het resultaat van de gezamenlijke audit en krijgt (krijgen) een kopie van dat eindverslag.

Afdeling III. Administratieve kennisgeving

Art. 13. Verzoek tot kennisgeving

1. Op verzoek van de bevoegde autoriteit van een lidstaat gaat de bevoegde autoriteit van een andere lidstaat, overeenkomstig de in de aangezochte lidstaat geldende voorschriften voor de kennisgeving van soortgelijke akten, over tot kennisgeving aan de geadresseerde van alle door de administratieve autoriteiten van de verzoekende lidstaat afgegeven akten en besluiten die betrekking hebben op de toepassing op haar grondgebied van wetgeving betreffende belastingen in de zin van deze richtlijn.

2. Het verzoek tot kennisgeving vermeldt de naam en het adres van de geadresseerde, evenals alle overige informatie ter identificatie van de geadresseerde, en het onderwerp van de akte of het besluit waarvan kennis moet worden gegeven.

3. De aangezochte autoriteit stelt de verzoekende autoriteit onverwijld in kennis van het aan het verzoek gegeven gevolg en, in het bijzonder, van de datum waarop de akte of het besluit de geadresseerde ter kennis is gebracht.
4. Het verzoek tot kennisgeving wordt door de verzoekende autoriteit slechts gedaan indien de kennisgeving van de akten niet volgens de regels van de verzoekende lidstaat kan geschieden, of buitensporige problemen zou veroorzaken. De bevoegde autoriteit van een lidstaat kan, per aangetekende brief of langs elektronische weg, rechtstreeks van een document kennis geven aan een persoon op het grondgebied van een andere lidstaat.

Afdeling IV. Terugmelding

Art. 14. Voorwaarden

1. De bevoegde autoriteit die overeenkomstig artikel 5 of artikel 9 inlichtingen verstrekt, kan de ontvangende bevoegde autoriteit om terugmelding betreffende de ontvangen inlichtingen verzoeken. De bevoegde autoriteit die de inlichtingen heeft ontvangen doet in dat geval, zonder afbreuk te doen aan de in haar lidstaat geldende voorschriften inzake fiscale geheimhoudingsplicht en gegevensbescherming, zo spoedig mogelijk, doch uiterlijk drie maanden nadat het resultaat van het gebruik van de verlangde inlichtingen bekend is, een terugmelding aan de bevoegde autoriteit die de inlichtingen heeft verzonden. De Commissie stelt volgens de in artikel 26, lid 2, bedoelde procedure de nadere regels vast.
2. De bevoegde autoriteiten van de lidstaten doen eenmaal per jaar, overeenkomstig bilateraal overeengekomen praktische afspraken, een terugmelding over de automatische inlichtingenuitwisseling naar de andere betrokken lidstaten.

Afdeling V. Delen van de beste praktijken en ervaringen

Art. 15. Reikwijdte en voorwaarden

1. De lidstaten onderzoeken en evalueren, samen met de Commissie, de administratieve samenwerking op grond van deze richtlijn en delen onderling hun ervaringen, teneinde de samenwerking te verbeteren en in voorkomend geval voorschriften op de betrokken gebieden vast te stellen.
2. De lidstaten kunnen, samen met de Commissie, instructies opstellen betreffende al hetgeen noodzakelijk wordt geacht om de beste praktijken en ervaringen te kunnen delen.

Hoofdstuk IV. Voorwaarden inzake de administratieve samenwerking

Art. 16. Openbaarmaking van inlichtingen en bescheiden

1. De inlichtingen die de lidstaten elkaar op grond van deze richtlijn in enigerlei vorm verstrekken, vallen onder de geheimhoudingsplicht en genieten de bescherming waarin het nationale recht van de ontvangende lidstaat met betrekking tot soortgelijke inlichtingen voorziet. Die inlichtingen kunnen worden gebruikt voor de beoordeling, toepassing en handhaving van het nationale recht van de lidstaten met betrekking tot de in artikel 2 bedoelde belastingen, alsook met betrekking tot de btw en andere indirecte belastingen.";

De inlichtingen kunnen tevens worden gebruikt voor de vaststelling en invordering van andere belastingen en rechten vallend onder artikel 2 van Richtlijn 2010/24/EU van de Raad van 16 maart 2010 betreffende de wederzijdse bijstand inzake de invordering van schuldvorderingen die voortvloeien uit bepaalde belastingen, rechten en andere maatregelen[1], en voor de vaststelling en invordering van verplichte socialezekerheidsbijdragen.

De inlichtingen kunnen voorts worden gebruikt in mogelijk tot bestraffing leidende gerechtelijke en administratieve procedures wegens overtreding van de belastingwetgeving, onverminderd de algemene regels en de bepalingen betreffende de rechten van de verdachten en getuigen in dergelijke procedures.
2. Met toestemming van de bevoegde autoriteit van de lidstaat die op grond van deze richtlijn inlichtingen verstrekt, en enkel voor zover het uit hoofde van het nationale recht van de lidstaat van de ontvangende bevoegde autoriteit is toegestaan, kunnen de op grond van deze richtlijn ontvangen inlichtingen en bescheiden voor andere dan de in lid 1 bedoelde doeleinden worden gebruikt. Dergelijke toestemming wordt verleend indien de inlichtingen voor soortgelijke doeleinden kunnen worden gebruikt in de lidstaat van de bevoegde autoriteit die de inlichtingen verstrekt.

De bevoegde autoriteit van elke lidstaat kan aan de bevoegde autoriteiten van alle andere lidstaten een lijst meedelen van andere dan in lid 1 bedoelde doeleinden waarvoor overeenkomstig het nationale recht van die lidstaat de inlichtingen en bescheiden kunnen worden gebruikt. De bevoegde autoriteit die inlichtingen en bescheiden ontvangt, kan de ontvangen inlichtingen en bescheiden zonder de in de eerste alinea van dit lid

1. PB L 84 van 31.3.2010, blz. 1.

bedoelde toestemming gebruiken voor alle doeleinden die de inlichtingen verstrekkende lidstaat heeft meegedeeld.

3. De bevoegde autoriteit die van oordeel is dat de van de bevoegde autoriteit van een andere lidstaat verkregen inlichtingen de bevoegde autoriteit van een derde lidstaat van nut kunnen zijn voor de in lid 1 beoogde doelen, mag de inlichtingen aan deze autoriteit doorgeven, op voorwaarde dat dat in overeenstemming is met de in deze richtlijn vastgelegde voorschriften en procedures. Zij stelt de bevoegde autoriteit van de inlichtingen verstrekkende lidstaat in kennis van haar voornemen om die inlichtingen met een derde lidstaat te delen. De inlichtingen verstrekkende lidstaat kan zich hiertegen verzetten binnen tien werkdagen na de datum van ontvangst van de kennisgeving van de lidstaat die de inlichtingen wenst te delen.

4. Toestemming voor het gebruik overeenkomstig lid 2 van de overeenkomstig lid 3 doorgegeven inlichtingen kan slechts worden verleend door de bevoegde autoriteit van de lidstaat waarvan de inlichtingen afkomstig zijn.

5. Inlichtingen, verslagen, verklaringen en andere bescheiden, alsook voor eensluidend gewaarmerkte afschriften of uittreksels daarvan, die door de aangezochte autoriteit zijn verkregen en overeenkomstig deze richtlijn aan de verzoekende autoriteit zijn doorgegeven, kunnen door de bevoegde instanties van de verzoekende lidstaat op dezelfde voet als bewijs worden aangevoerd als soortgelijke inlichtingen, verslagen, verklaringen en andere bescheiden die door een andere autoriteit van die lidstaat zijn verstrekt.

6. Niettegenstaande de leden 1 tot en met 4 van dit artikel worden de inlichtingen die de lidstaten elkaar op grond van artikel 8 bis bis verstrekken, gebruikt voor de beoordeling van grote risico's inzake verrekenprijzen en andere risico's inzake grondslaguitholling en winstverschuiving, met inbegrip van het risico van niet-naleving van de voor verrekenprijzen geldende regels door de leden van de MNO-Groep, en, in voorkomend geval, voor economische en statistische analyse. Verrekenprijscorrecties door de belastingautoriteiten van de ontvangende lidstaat worden niet gebaseerd op de overeenkomstig artikel 8 bis bis uitgewisselde inlichtingen. Niettegenstaande het voorgaande is het niet verboden de inlichtingen die de lidstaten elkaar op grond van artikel 8 bis bis verstrekken, te gebruiken als basis voor verdere onderzoeken naar de verrekenprijsregelingen van de MNO-Groep of naar andere belastingaangelegenheden in het kader van een belastingcontrole en kunnen als gevolg daarvan de nodige aanpassingen worden aangebracht in het belastbare inkomen van een Groepsentiteit.

Art. 17. Beperkingen

1. De in artikel 5 bedoelde inlichtingen worden door de aangezochte autoriteit aan de verzoekende autoriteit van een andere lidstaat verstrekt, op voorwaarde dat de verzoekende autoriteit de inlichtingen eerst heeft trachten te verkrijgen uit alle gebruikelijke bronnen die zij in de gegeven omstandigheden kon aanspreken zonder dat het bereiken van de beoogde doelstellingen in het gedrang dreigde te komen.

2. De aangezochte lidstaat is op grond van deze richtlijn niet verplicht onderzoek in te stellen of inlichtingen te verstrekken, indien zijn wetgeving hem niet toestaat voor eigen doeleinden het onderzoek in te stellen of de gevraagde inlichtingen te verzamelen.

3. De bevoegde autoriteit van de aangezochte lidstaat kan weigeren inlichtingen te verstrekken, indien de verzoekende lidstaat, op juridische gronden, soortgelijke inlichtingen niet kan verstrekken.

4. Het verstrekken van inlichtingen kan worden geweigerd indien dit zou leiden tot de openbaarmaking van een handels-, bedrijfs-, nijverheids- of beroepsgeheim of een fabrieks- of handelswerkwijze, of indien het inlichtingen betreft waarvan de onthulling in strijd zou zijn met de openbare orde.

5. De aangezochte autoriteit deelt de verzoekende autoriteit mee op welke gronden zij het verzoek om inlichtingen afwijst.

Art. 18. Verplichtingen

1. De lidstaat die door een andere lidstaat overeenkomstig deze richtlijn om inlichtingen wordt verzocht, wendt de middelen aan waarover hij beschikt om de gevraagde inlichtingen te verzamelen, zelfs indien hij de inlichtingen niet voor eigen belastingdoeleinden nodig heeft. Die verplichting geldt onverminderd de leden 2, 3 en 4 van artikel 17, die, wanneer er een beroep op wordt gedaan, in geen geval zo kunnen worden uitgelegd dat een lidstaat kan weigeren inlichtingen te verstrekken uitsluitend omdat hij geen binnenlands belang bij deze inlichtingen heeft.

2. In geen geval worden de leden 2 en 4 van artikel 17 zo uitgelegd dat een aangezochte autoriteit kan weigeren inlichtingen te verstrekken, uitsluitend op grond dat deze berusten bij een bank, een andere financiële instelling, een gevolmachtigde of een persoon die als vertegenwoordiger of trustee optreedt, of dat zij betrekking hebben op eigendomsbelangen in een persoon.

3. Onverminderd lid 2 kan een lidstaat weigeren de gevraagde inlichtingen toe te zenden indien deze betrekking hebben op belastingtijdvakken vóór 1 januari 2011 en de toezending van de inlichtingen geweigerd

had kunnen worden op grond van artikel 8, lid 1, van Richtlijn 77/799/EEG indien daarom was verzocht vóór 11 maart 2011.

Art. 19. Verder reikende samenwerking
De lidstaat die voorziet in een samenwerking met een derde land welke verder reikt dan de bij deze richtlijn geregelde samenwerking, kan de verder reikende samenwerking niet weigeren aan een andere lidstaat die met hem deze verder reikende, wederzijdse samenwerking wenst aan te gaan.

Art. 20. Standaardformulieren en geautomatiseerde formaten
1. Het verzoek om inlichtingen of om een administratief onderzoek op grond van artikel 5 en het desbetreffende antwoord, de ontvangstbevestiging, het verzoek om aanvullende achtergrondinformatie en de mededeling dat aan het verzoek niet kan of zal worden voldaan, zoals bepaald in artikel 7, worden voor zover mogelijk verzonden met gebruikmaking van het door de Commissie volgens de in artikel 26, lid 2, bedoelde procedure vast te stellen standaardformulier.

Het standaardformulier kan vergezeld gaan van verslagen, verklaringen en andere bescheiden, of van voor eensluidend gewaarmerkte afschriften of uittreksels daarvan.
2. Het in lid 1 bedoelde standaardformulier bevat ten minste de volgende door de verzoekende autoriteit te verstrekken informatie:

a. de identiteit van de persoon naar wie het onderzoek of de controle is ingesteld en, in het geval van een groepsverzoek als bedoeld in artikel 5 bis, lid 3, een gedetailleerde beschrijving van de groep;

b. het fiscale doel waarvoor de informatie wordt opgevraagd.

De verzoekende autoriteit kan namen en adressen van personen die worden verondersteld in het bezit te zijn van de verlangde informatie, alsook andere elementen die het verzamelen van de informatie door de aangezochte autoriteit vereenvoudigen, doorgeven, voor zover deze bekend zijn en deze praktijk aansluit bij internationale ontwikkelingen.
3. Voor de spontane uitwisseling van inlichtingen en de desbetreffende ontvangstbevestiging op grond van respectievelijk de artikelen 9 en 10, verzoeken tot administratieve kennisgeving op grond van artikel 13, terugmeldingen op grond van artikel 14, en de inlichtingen op grond van artikel 16, leden 2 en 3, en artikel 24, lid 2, wordt gebruikgemaakt van de door de Commissie volgens de in artikel 26, lid 2, bedoelde procedure vastgestelde standaardformulieren.
4. Bij de automatische inlichtingenuitwisseling op grond van de artikelen 8 en 8 bis quater wordt gebruikgemaakt van het door de Commissie volgens de procedure van artikel 26, lid 2, vastgestelde geautomatiseerde standaardformaat, dat dergelijke automatische uitwisseling moet vergemakkelijken.
5. De Commissie stelt volgens de in artikel 26, lid 2, bedoelde procedure standaardformulieren, inclusief de talenregeling, vast voor:

a. de automatische uitwisseling van inlichtingen over voorafgaande grensoverschrijdende rulings en voorafgaande verrekenprijsafspraken overeenkomstig artikel 8 bis vóór 1 januari 2017;

b. de automatische uitwisseling van inlichtingen over meldingsplichtige grensoverschrijdende constructies overeenkomstig artikel 8 bis ter vóór 30 juni 2019.

Deze standaardformulieren bevatten niet meer rubrieken waarover gegevens worden uitgewisseld dan die welke in artikel 8 bis, lid 6, en artikel 8 bis ter, lid 14, worden opgesomd en andere daaraan gerelateerde velden die noodzakelijk zijn voor het verwezenlijken van de doelstellingen van artikel 8 bis respectievelijk artikel 8 bis ter.

De in de eerste alinea vermelde talenregeling staat er niet aan in de weg dat de lidstaten de in de artikelen 8 bis en 8 bis ter bedoelde inlichtingen in een van de officiële talen van de Unie verstrekken. Niettemin kan in die talenregeling worden bepaald dat de belangrijkste elementen van deze inlichtingen ook in een andere officiële taal van de Unie worden verstrekt.
6. Bij de automatische uitwisseling van inlichtingen met betrekking tot het landenrapport overeenkomstig artikel 8 bis bis wordt gebruikgemaakt van het standaardformulier zoals in de tabellen 1, 2 en 3 van deel III van bijlage III is vastgesteld. De Commissie stelt door middel van uitvoeringshandelingen uiterlijk op 31 december 2016 de talenregeling voor deze uitwisseling vast. Die talenregeling verhindert niet dat de lidstaten de in artikel 8 bis bis bedoelde inlichtingen in een van de officiële talen of werktalen van de Unie verstrekken. Niettemin kan in die talenregeling worden bepaald dat de belangrijkste elementen van deze inlichtingen ook in een andere officiële taal van de Unie worden verstrekt. Die uitvoeringshandelingen worden volgens de in artikel 26, lid 2, bedoelde procedure vastgesteld.

Art. 21. Nadere regels
1. De krachtens deze richtlijn verstrekte inlichtingen worden zoveel mogelijk verzonden langs elektronische weg, via het CCN-netwerk.

De Commissie stelt in voorkomend geval, volgens de in artikel 26, lid 2, bedoelde procedure, de nadere regels voor de uitvoering van de eerste alinea vast.

2. De Commissie heeft tot taak het CCN-netwerk in die zin aan te passen dat die inlichtingen tussen de lidstaten kunnen worden uitgewisseld en voor de beveiliging van het CCN-netwerk te zorgen. De lidstaten hebben tot taak hun systemen zodanig aan te passen dat die inlichtingen met behulp van het CCN-netwerk kunnen worden uitgewisseld en voor de beveiliging van hun systemen te zorgen. De lidstaten zorgen ervoor dat elke individuele te rapporteren persoon in kennis wordt gesteld van een schending van de beveiliging van zijn gegevens wanneer die schending afbreuk kan doen aan de bescherming van zijn persoonsgegevens of persoonlijke levenssfeer. De lidstaten zien af van iedere eis tot terugbetaling van de uit de toepassing van deze richtlijn voortvloeiende kosten, behalve, in voorkomend geval, de kosten van aan deskundigen betaalde vergoedingen.

3. De door de instantie voor veiligheidsaccreditatie van de Commissie gemachtigde personen hebben slechts toegang tot de inlichtingen voor zover dat met het oog op het beheer, het onderhoud en de ontwikkeling van het in lid 5 bedoelde gegevensbestand en het CCN-netwerk noodzakelijk is.

4. Het verzoek om samenwerking, waaronder het verzoek tot kennisgeving, en de bijgevoegde bescheiden kunnen in elke door de aangezochte en de verzoekende autoriteit overeengekomen taal zijn gesteld.

Het verzoek gaat slechts in bijzondere gevallen, op met redenen omkleed verzoek van de aangezochte autoriteit, vergezeld van een vertaling in de officiële taal of een van de officiële talen van de lidstaat van de aangezochte autoriteit.

5. De Commissie ontwikkelt uiterlijk op 31 december 2017 een beveiligd centraal gegevensbestand van de lidstaten betreffende administratieve samenwerking op belastinggebied en zorgt voor de technische en logistieke ondersteuning daarvan; in dat centraal gegevensbestand kunnen in het kader van artikel 8 bis, leden 1 en 2, van deze richtlijn te verstrekken inlichtingen worden opgeslagen om te voldoen aan de automatische uitwisseling als bedoeld in die leden.

De Commissie ontwikkelt uiterlijk op 31 december 2019 een beveiligd centraal gegevensbestand van de lidstaten betreffende administratieve samenwerking op belastinggebied en zorgt voor de technische en logistieke ondersteuning daarvan; in dat centraal gegevensbestand kunnen in het kader van artikel 8 bis ter, leden 13, 14 en 16, te verstrekken inlichtingen worden opgeslagen om te voldoen aan de automatische uitwisseling als bedoeld in die leden.

De bevoegde autoriteiten van alle lidstaten hebben toegang tot de in dit gegevensbestand opgeslagen inlichtingen. De Commissie heeft ook toegang tot de in dit gegevensbestand opgeslagen inlichtingen, evenwel met inachtneming van de in artikel 8 bis, lid 8, en artikel 8 bis ter, lid 17, genoemde beperkingen. De noodzakelijke praktische regelingen worden door de Commissie vastgesteld volgens de in artikel 26, lid 2, bedoelde procedure.

In afwachting dat dat beveiligd centraal gegevensbestand operationeel wordt, geschiedt de in artikel 8 bis, leden 1 en 2, en artikel 8 bis ter, leden 13, 14 en 16, bedoelde automatische uitwisseling volgens lid 1 van dit artikel en de toepasselijke praktische regelingen.

6. De verstrekking van inlichtingen overeenkomstig artikel 8 bis bis, lid 2, geschiedt langs elektronische weg met gebruikmaking van het CCN-netwerk. De Commissie stelt aan de hand van uitvoeringshandelingen de noodzakelijke praktische regelingen vast voor de upgrade van het CCN-netwerk. Die uitvoeringshandelingen worden volgens de in artikel 26, lid 2, bedoelde procedure vastgesteld.

7. De Commissie ontwikkelt en verstrekt technische en logistieke ondersteuning voor een beveiligde centrale interface voor administratieve samenwerking op het gebied van de belastingen, waarop de lidstaten inlichtingen uitwisselen met gebruikmaking van de standaardformulieren op grond van artikel 20, leden 1 en 3. De bevoegde autoriteiten van alle lidstaten hebben toegang tot die interface. Met het oog op het verzamelen van statistieken heeft de Commissie toegang tot informatie over de uitwisselingen die in de interface is opgeslagen en automatisch kan worden opgevraagd. De Commissie heeft alleen toegang tot anonieme en geaggregeerde gegevens. De toegang van de Commissie laat de verplichting van de lidstaten onverlet om statistieken te verstrekken over de uitwisseling van inlichtingen overeenkomstig artikel 23, lid 4.

De Commissie stelt aan de hand van uitvoeringshandelingen de noodzakelijke praktische regelingen vast. Die uitvoeringshandelingen worden volgens de in artikel 26, lid 2, bedoelde procedure vastgesteld.

Art. 22. Specifieke verplichtingen

1. De lidstaten nemen alle maatregelen die noodzakelijk zijn om:

a. een effectieve interne coördinatie binnen de in artikel 4 bedoelde organisatie te garanderen;

b. rechtstreekse samenwerking met de in artikel 4 bedoelde autoriteiten van de andere lidstaten tot stand te brengen;

c. de goede werking van de bij deze richtlijn ingestelde regelingen voor administratieve samenwerking te garanderen.

1 bis. Met het oog op de uitvoering en handhaving van de wetgeving van de lidstaten ter uitvoering van deze richtlijn en teneinde te waarborgen dat de administratieve samenwerking waarin zij voorziet, functioneert, stellen de lidstaten bij wet vast dat belastingautoriteiten toegang hebben tot de in de artikelen 13, 30, 31, 32 bis en 40 van Richtlijn (EU) 2015/849 van het Europees Parlement en de Raad bedoelde mechanismen, procedures, documenten en inlichtingen*.
2. De Commissie stelt elke lidstaat in kennis van alle algemene inlichtingen die zij in verband met de uitvoering en de toepassing van deze richtlijn ontvangt en kan verstrekken.

Hoofdstuk V. Betrekkingen met de Commissie

Art. 23. Evaluatie

1. De lidstaten en de Commissie onderzoeken en evalueren de wijze waarop de bij deze richtlijn ingestelde administratieve samenwerking functioneert.
2. De lidstaten delen de Commissie alle relevante gegevens mee die noodzakelijk zijn om de doeltreffendheid van de administratieve samenwerking overeenkomstig deze richtlijn ter bestrijding van belastingontduiking en belastingontwijking te kunnen evalueren.
3. De lidstaten doen de Commissie een jaarlijkse beoordeling toekomen van de doeltreffendheid van de in de artikelen 8, 8 bis, 8 bis bis en 8 bis ter bedoelde automatische inlichtingenuitwisseling en de daarmee bereikte resultaten. De Commissie stelt aan de hand van uitvoeringshandelingen de vorm en wijze van mededeling van deze jaarlijkse beoordeling vast. Die uitvoeringshandelingen worden volgens de in artikel 26, lid 2, bedoelde procedure vastgesteld.
3. De lidstaten doen de Commissie een jaarlijkse beoordeling toekomen van de doeltreffendheid van de in de artikelen 8, 8 bis, 8 bis bis en 8 bis bis bis bedoelde automatische inlichtingenuitwisseling en de daarmee bereikte resultaten. De Commissie stelt aan de hand van uitvoeringshandelingen de vorm en wijze van mededeling van deze jaarlijkse beoordeling vast. Die uitvoeringshandelingen worden volgens de in artikel 26, lid 2, bedoelde procedure vastgesteld.
4. De Commissie stelt volgens de in artikel 26, lid 2, bedoelde procedure een lijst van statistische gegevens vast die door de lidstaten moeten worden verstrekt voor de evaluatie van deze richtlijn.
5. vervallen
6. vervallen

Art. 23 bis. Vertrouwelijkheid van inlichtingen

1. De krachtens deze richtlijn aan de Commissie verstrekte inlichtingen worden door haar vertrouwelijk gehouden overeenkomstig de op de autoriteiten van de Unie toepasselijke bepalingen en mogen niet worden gebruikt voor andere doeleinden dan om te beoordelen of en in hoeverre de lidstaten aan deze richtlijn voldoen.
2. De krachtens artikel 23 door een lidstaat aan de Commissie verstrekte gegevens, alsmede alle door de Commissie opgestelde rapporten of bescheiden waarin van die gegevens gebruik wordt gemaakt, kunnen aan andere lidstaten worden doorgegeven. De doorgegeven gegevens vallen onder de geheimhoudingsplicht en genieten de bescherming waarin het nationale recht van de ontvangende lidstaat met betrekking tot soortgelijke inlichtingen voorziet.

De in de eerste alinea bedoelde door de Commissie opgestelde rapporten en bescheiden mogen door de lidstaten uitsluitend voor analytische doeleinden worden gebruikt, en mogen niet zonder uitdrukkelijke toestemming van de Commissie worden bekendgemaakt of aan andere personen of organen beschikbaar worden gesteld.

Niettegenstaande de eerste en de tweede alinea kan de Commissie jaarlijks geanonimiseerde samenvattingen publiceren van de statistische gegevens die de lidstaten haar overeenkomstig artikel 23, lid 4, meedelen.

Art. 23 bis bis. Wijzigingen van bijlage IV

De Commissie is bevoegd overeenkomstig artikel 26 bis gedelegeerde handelingen vast te stellen om bijlage IV te wijzigen en in de lijst van wezenskenmerken mogelijk agressieve fiscale planningconstructies of reeksen van constructies op te nemen naar aanleiding van geactualiseerde informatie over die constructies of reeksen van constructies die is verkregen uit de verplichte melding van dergelijke constructies.

* Richtlijn (EU) 2015/849 van het Europees Parlement en de Raad van 20 mei 2015 inzake de voorkoming van het gebruik van het financiële stelsel voor het witwassen van geld of terrorismefinanciering, tot wijziging van Verordening (EU) nr. 648/2012 van het Europees Parlement en de Raad en tot intrekking van Richtlijn 2005/60/EG van het Europees Parlement en de Raad en Richtlijn 2006/70/EG van de Commissie (PB L 141 van 5.6.2015, blz. 73).".

Hoofdstuk VI. Betrekkingen met derde landen

Art. 24. Uitwisseling van inlichtingen met derde landen

1. De bevoegde autoriteit van een lidstaat die van een derde land inlichtingen ontvangt welke naar verwachting van belang zijn voor de administratie en de handhaving van de binnenlandse wetgeving van die lidstaat betreffende de in artikel 2 bedoelde belastingen, kan deze inlichtingen verstrekken aan de bevoegde autoriteiten van de lidstaten voor welke die inlichtingen van nut kunnen zijn, en aan elke verzoekende autoriteit, mits dat krachtens een overeenkomst met dat derde land is toegestaan.
2. De bevoegde autoriteit kan, met inachtneming van de nationale voorschriften betreffende de doorgifte van persoonsgegevens aan derde landen, de overeenkomstig deze richtlijn ontvangen inlichtingen doorgeven aan een derde land, op voorwaarde dat aan elk van de volgende voorwaarden is voldaan:
   a. de bevoegde autoriteit van de lidstaat waaruit de inlichtingen afkomstig zijn, heeft daarin toegestemd;
   b. het derde land heeft zich ertoe verbonden de medewerking te verlenen die nodig is om bewijsmateriaal bijeen te brengen omtrent het ongeoorloofde of onwettige karakter van verrichtingen die blijken in strijd te zijn met of een misbruik te vormen van de belastingwetgeving.

Hoofdstuk VII. Algemene en slotbepalingen

Art. 25. Gegevensbescherming

1. Elke uitwisseling van inlichtingen op grond van deze richtlijn is onderworpen aan Verordening (EU) 2016/679 van het Europees Parlement en de Raad*. Voor de juiste toepassing van deze richtlijn beperken de lidstaten evenwel de reikwijdte van de verplichtingen en rechten die zijn neergelegd in artikel 13, artikel 14, lid 1, en artikel 15, van Verordening (EU) 2016/679, voor zover dit noodzakelijk is om de in artikel 23, lid 1, punt e), van die verordening bedoelde belangen te vrijwaren.
2. Verordening (EU) 2018/1725 van het Europees Parlement en de Raad** is van toepassing op de verwerking van persoonsgegevens in het kader van deze richtlijn door de instellingen, organen en instanties van de Unie. Voor de juiste toepassing van deze richtlijn wordt de reikwijdte van de verplichtingen en rechten die zijn neergelegd in artikel 15, artikel 16, lid 1, en de artikelen 17 tot en met 21, van Verordening (EU) 2018/1725 evenwel beperkt, voor zover dit noodzakelijk is om de in artikel 25, lid 1, onder c), van die verordening bedoelde belangen te vrijwaren.
3. Rapporterende financiële instellingen, intermediairs, rapporterende platformexploitanten en de bevoegde autoriteiten van de lidstaten worden als verwerkingsverantwoordelijken beschouwd wanneer zij, alleen of gezamenlijk, de doelen en middelen van de verwerking van persoonsgegevens bepalen in de zin van Verordening (EU) 2016/679.
4. Niettegenstaande lid 1 ziet elke lidstaat erop toe dat elke onder zijn jurisdictie vallende rapporterende financiële instelling, intermediair of rapporterende platformexploitant, naargelang het geval:
   a. elke betrokken natuurlijke persoon in kennis stelt van het feit dat de hem betreffende inlichtingen overeenkomstig deze richtlijn zullen worden verzameld en doorgegeven, en
   b. elke betrokken natuurlijke persoon tijdig alle inlichtingen verstrekt waarop hij van de verwerkingsverantwoordelijke recht heeft, zodat die natuurlijke persoon zijn rechten inzake gegevensbescherming kan uitoefenen en, in elk geval, voordat de inlichtingen worden gerapporteerd.

   Niettegenstaande de eerste alinea, punt b), stelt elke lidstaat regelgeving vast om de rapporterende platformexploitanten ertoe te verplichten de te rapporteren verkopers in kennis te stellen van de gerapporteerde tegenprestatie.
5. Overeenkomstig deze richtlijn verwerkte inlichtingen worden niet langer bewaard dan voor de verwezenlijking van de doelstellingen van deze richtlijn noodzakelijk is, en in elk geval overeenkomstig de nationale voorschriften inzake verjaring van iedere verwerkingsverantwoordelijke.
6. Een lidstaat waar een gegevensinbreuk heeft plaatsgevonden, meldt die inbreuk en alle daaropvolgende corrigerende maatregelen onverwijld aan de Commissie. De Commissie stelt alle lidstaten onverwijld in kennis van de haar gemelde of bekende gegevensinbreuk en van eventuele corrigerende maatregelen.

   Elke lidstaat kan de uitwisseling van inlichtingen met de lidstaat (lidstaten) waar de gegevensinbreuk heeft plaatsgevonden, schorsen door de Commissie en de betrokken lidstaat (lidstaten) daarvan schriftelijk in kennis te stellen. Een dergelijke schorsing wordt onmiddellijk van kracht.

* Verordening (EU) 2016/679 van het Europees Parlement en de Raad van 27 april 2016 betreffende de bescherming van natuurlijke personen in verband met de verwerking van persoonsgegevens en betreffende het vrije verkeer van die gegevens en tot intrekking van Richtlijn 95/46/EG (algemene verordening gegevensbescherming) (PB L 119 van 4.5.2016, blz. 1).

** Verordening (EU) 2018/1725 van het Europees Parlement en de Raad van 23 oktober 2018 betreffende de bescherming van natuurlijke personen in verband met de verwerking van persoonsgegevens door de instellingen, organen en instanties van de Unie en betreffende het vrije verkeer van die gegevens, en tot intrekking van Verordening (EG) nr. 45/2001 en Besluit nr. 1247/2002/EG (PB L 295 van 21.11.2018, blz. 39)."

De lidstaat (lidstaten) waar de gegevensinbreuk heeft plaatsgevonden, onderzoekt (onderzoeken), beperkt (beperken) en verhelpt (verhelpen) de gegevensinbreuk, en verzoekt (verzoeken), door de Commissie daarvan schriftelijk in kennis te stellen, om de schorsing van de toegang tot het CCN voor de toepassing van deze richtlijn indien de gegevensinbreuk niet onmiddellijk en op passende wijze onder controle kan worden gebracht. Op een dergelijk verzoek schorst de Commissie de toegang van die lidstaat (lidstaten) tot het CCN voor de toepassing van deze richtlijn.

Na melding, door de lidstaat waar de gegevensinbreuk heeft plaatsgevonden, van het feit dat de gegevensinbreuk is verholpen, geeft de Commissie de betrokken lidstaat (lidstaten) opnieuw toegang tot het CCN voor de toepassing van deze richtlijn. Indien een of meer lidstaten de Commissie verzoeken om gezamenlijk te verifiëren of de gegevensinbreuk is verholpen, geeft de Commissie pas na die verificatie de betrokken lidstaat (lidstaten) opnieuw toegang tot het CCN voor de toepassing van deze richtlijn.

Indien voor de toepassing van deze richtlijn een gegevensinbreuk in het centrale gegevensbestand of het CCN plaatsvindt die nadelige gevolgen kan hebben voor de uitwisseling van inlichtingen door de lidstaten via het CCN, stelt de Commissie de lidstaten zonder onnodige vertraging in kennis van de gegevensinbreuk en van eventuele corrigerende maatregelen die zijn genomen. Zulke corrigerende maatregelen kunnen inhouden dat de toegang tot het centrale gegevensbestand of het CCN voor de toepassing van deze richtlijn wordt geschorst totdat de gegevensinbreuk is verholpen.

7. De lidstaten, bijgestaan door de Commissie, komen de praktische regelingen overeen die nodig zijn voor de uitvoering van dit artikel, met inbegrip van beheerprocedures voor gegevensinbreuken die sporen met internationaal erkende goede praktijken en, in voorkomend geval, een gezamenlijke overeenkomst tussen de verwerkingsverantwoordelijken, een overeenkomst tussen gegevensverwerker en verwerkingsverantwoordelijke, of modellen daarvoor.

Art. 25 bis. Sancties

De lidstaten stellen de regels vast inzake de sancties die van toepassing zijn op inbreuken op krachtens deze richtlijn vastgestelde nationale bepalingen ter uitvoering van de artikelen 8 bis bis, 8 bis ter en 8 bis quater, en treffen alle maatregelen om ervoor te zorgen dat zij worden toegepast. De sancties zijn doeltreffend, evenredig en afschrikkend.

Art. 26. Comitéprocedure

1. De Commissie wordt bijgestaan door het Comité inzake administratieve samenwerking op belastinggebied. Dat comité is een comité in de zin van Verordening (EU) nr. 182/2011 van het Europees Parlement en de Raad (*).

2. Wanneer naar dit lid wordt verwezen, is artikel 5 van Verordening (EU) nr. 182/2011 van toepassing.

Art. 26 bis. Uitoefening van de bevoegdheidsdelegatie

1. De bevoegdheid om gedelegeerde handelingen vast te stellen wordt aan de Commissie toegekend onder de in dit artikel neergelegde voorwaarden.

2. De in artikel 23 bis bis bedoelde bevoegdheid om gedelegeerde handelingen vast te stellen, wordt aan de Commissie toegekend voor onbepaalde tijd met ingang van de datum van inwerkingtreding van deze richtlijn.

3. De Raad kan de in artikel 23 bis bis bedoelde bevoegdheidsdelegatie te allen tijde intrekken. Het besluit tot intrekking beëindigt de delegatie van de in dat besluit genoemde bevoegdheid. Het wordt van kracht op de dag na die van de bekendmaking ervan in het *Publicatieblad van de Europese Unie* of op een daarin genoemde latere datum. Het laat de geldigheid van de reeds van kracht zijnde gedelegeerde handelingen onverlet.

4. Zodra de Commissie een gedelegeerde handeling heeft vastgesteld, doet zij daarvan kennisgeving aan de Raad.

5. Een overeenkomstig artikel 23 bis bis vastgestelde gedelegeerde handeling treedt alleen in werking indien de Raad daartegen binnen een termijn van twee maanden na de kennisgeving van die handeling aan de Raad geen bezwaar heeft gemaakt, of indien de Raad voor het verstrijken van die termijn de Commissie heeft meegedeeld dat hij daartegen geen bezwaar zal maken. Die termijn wordt op initiatief van de Raad met twee maanden verlengd.

Art. 26 bis bis. Kennisgeving aan het Europees Parlement

De Commissie stelt het Europees Parlement in kennis van de door haar vastgestelde gedelegeerde handelingen, de mogelijke bezwaren die daartegen worden gemaakt en de intrekking van de bevoegdheidsdelegatie door de Raad.

* Verordening (EU) nr. 182/2011 van het Europees Parlement en de Raad van 16 februari 2011 tot vaststelling van de algemene voorschriften en beginselen die van toepassing zijn op de wijze waarop de lidstaten de uitoefening van de uitvoeringsbevoegdheden door de Commissie controleren (PB L 55 van 28.2.2011, blz. 13).

Art. 27. Verslaglegging
1. De Commissie dient om de vijf jaar na 1 januari 2013 bij het Europees Parlement en de Raad een verslag in over de toepassing van deze richtlijn.
2. De lidstaten en de Commissie evalueren om de twee jaar na 1 juli 2020 de relevantie van bijlage IV, en de Commissie dient een verslag in bij de Raad. Indien nodig gaat het verslag vergezeld van een wetgevingsvoorstel.

Art. 27 bis. Optioneel uitstel van termijnen vanwege de COVID-19-pandemie
1. Niettegenstaande de in artikel 8 bis ter, lid 12, bedoelde termijnen voor het verstrekken van inlichtingen over meldingsplichtige grensoverschrijdende constructies kunnen de lidstaten de nodige maatregelen nemen om intermediairs en relevante belastingplichtigen in staat te stellen uiterlijk op 28 februari 2021 inlichtingen te verstrekken over meldingsplichtige grensoverschrijdende constructies waarvan de eerste stap is geïmplementeerd tussen 25 juni 2018 en 30 juni 2020.
2. Indien de lidstaten de in lid 1 bedoelde maatregelen nemen, nemen zij tevens de nodige maatregelen opdat:

a. niettegenstaande artikel 8 bis ter, lid 18, de eerste inlichtingen uiterlijk op 30 april 2021 worden meegedeeld;

b. de in artikel 8 bis ter, leden 1 en 7, bedoelde termijn van 30 dagen voor het verstrekken van inlichtingen uiterlijk op 1 januari 2021 ingaat, indien:

i. een meldingsplichtige grensoverschrijdende constructie beschikbaar wordt gemaakt voor implementatie of klaar is voor implementatie, of indien de eerste stap van de implementatie ervan is gezet tussen 1 juli 2020 en 31 december 2020, of

ii. de intermediairs in de zin van artikel 3, punt 21, tweede alinea, rechtstreeks of via andere personen hulp, bijstand of advies verstrekken tussen 1 juli 2020 en 31 december 2020;

c. in het geval van marktklare constructies het eerste periodieke verslag overeenkomstig artikel 8 bis ter, lid 2, uiterlijk op 30 april 2021 door de intermediair wordt opgesteld.

3. Niettegenstaande de in artikel 8, lid 6, punt b), vastgestelde termijn, kunnen de lidstaten de nodige maatregelen nemen opdat de in artikel 8, lid 3 bis, bedoelde mededeling van inlichtingen met betrekking tot het kalenderjaar 2019 of een andere passende meldingsperiode, plaatsvindt binnen twaalf maanden na het einde van het kalenderjaar 2019 of de andere passende meldingsperiode.

Art. 27 ter. Verlenging van de periode van uitstel
1. De Raad kan op voorstel van de Commissie met eenparigheid van stemmen een uitvoeringsbesluit nemen om de in artikel 27 bis bedoeld periode van uitstel van de termijnen met drie maanden te verlengen, op voorwaarde dat de ernstige risico's voor de volksgezondheid, de belemmeringen en de economische verstoringen als gevolg van de COVID-19-pandemie aanhouden en lidstaten lockdownmaatregelen treffen.
2. Het voorstel voor een uitvoeringsbesluit van de Raad wordt ten minste één maand voor het verstrijken van de betrokken termijn ingediend bij de Raad.

Art. 28. Intrekking van Richtlijn 77/799/EEG
Richtlijn 77/799/EEG wordt ingetrokken met ingang van 1 januari 2013.

Verwijzingen naar de ingetrokken richtlijn gelden als verwijzingen naar de onderhavige richtlijn.

Art. 29. Omzetting
1. De lidstaten doen de nodige wettelijke en bestuursrechtelijke bepalingen in werking treden om met ingang van 1 januari 2013 aan deze richtlijn te voldoen.

Wat evenwel artikel 8 van deze richtlijn betreft, doen zij de nodige wettelijke en bestuursrechtelijke bepalingen in werking treden om met ingang van 1 januari 2015 aan dat artikel te voldoen.

Zij stellen de Commissie daarvan onverwijld in kennis.

Wanneer de lidstaten die bepalingen vaststellen, wordt in die bepalingen zelf of bij de officiële bekendmaking daarvan naar deze richtlijn verwezen. De regels voor de verwijzing worden vastgesteld door de lidstaten.
2. De lidstaten delen de Commissie de tekst van de belangrijkste bepalingen van intern recht mee die zij op het onder deze richtlijn vallende gebied vaststellen.

Art. 30. Inwerkingtreding
Deze richtlijn treedt in werking op de dag van de bekendmaking ervan in het *Publicatieblad van de Europese Unie*.

Art. 31. Adressaten
Deze richtlijn is gericht tot de lidstaten.

BIJLAGE IV. WEZENSKENMERKEN

Deel I. „Main benefit test"

De algemene wezenskenmerken in categorie A en de specifieke wezenskenmerken in categorie B en categorie C, punt 1, onder b), i), onder c) en onder d), mogen uitsluitend in aanmerking worden genomen indien ze aan de „main benefit test" voldoen.

Aan die toets is voldaan indien kan worden aangetoond dat het belangrijkste voordeel dat of een van de belangrijkste voordelen die, gelet op alle relevante feiten en omstandigheden, redelijkerwijs te verwachten valt van een constructie het verkrijgen van een belastingvoordeel is.

In het kader van het wezenskenmerk in categorie C, punt 1, kan de aanwezigheid van de in categorie C, punt 1, onder b), i), onder c) of onder d) bepaalde voorwaarden op zich geen reden zijn om te concluderen dat een constructie voldoet aan de „main benefit test".

Deel II. Categorieën wezenskenmerken

A. Algemene wezenskenmerken die aan de „main benefit test" zijn gekoppeld

1. Een constructie waarbij de relevante belastingplichtige of een deelnemer aan de constructie zich tot geheimhouding verbindt en op grond hiervan niet aan andere intermediairs of de belastingautoriteiten mag onthullen hoe de constructie een belastingvoordeel kan opleveren.
2. Een constructie waarbij de intermediair aanspraak maakt op een vergoeding (of rente, betaling van financieringskosten en andere uitgaven) voor de constructie en die vergoeding wordt vastgelegd op basis van:
   a. het bedrag van het belastingvoordeel dat de constructie oplevert, of
   b. de vraag of de constructie daadwerkelijk een belastingvoordeel heeft opgeleverd. De intermediair moet daarbij de vergoeding gedeeltelijk of volledig terugbetalen wanneer het met de constructie beoogde belastingvoordeel niet gedeeltelijk of volledig werd verwezenlijkt.
3. Een constructie waarbij gebruik wordt gemaakt van gestandaardiseerde documenten en/of een gestandaardiseerde structuur en die beschikbaar is voor meer dan één relevante belastingplichtige zonder dat er voor implementatie wezenlijke aanpassingen nodig zijn.

B. Specifieke wezenskenmerken die aan de „main benefit test" zijn gekoppeld

1. Een constructie waarbij een deelnemer aan de constructie een reeks geplande stappen onderneemt die erin bestaan een verlieslijdende onderneming te verwerven, de hoofdactiviteit van die onderneming stop te zetten en de verliezen ervan te gebruiken om de door hem verschuldigde belastingen te verminderen, onder meer door overdracht van die verliezen naar een ander rechtsgebied of door een versneld gebruik van die verliezen.
2. Een constructie die tot gevolg heeft dat inkomsten worden omgezet in vermogen, schenkingen of andere inkomstencategorieën die lager worden belast of van belasting worden vrijgesteld.
3. Een constructie die circulaire transacties omvat met als resultaat dat middelen worden rondgepompt („round-tripping"), meer bepaald met behulp van tussengeschoven entiteiten zonder ander primair handelsdoel of van transacties die elkaar compenseren of tenietdoen of andere soortgelijke kenmerken hebben.

C. Specifieke wezenskenmerken in verband met grensoverschrijdende transacties

1. Een constructie met aftrekbare grensoverschrijdende betalingen tussen twee of meer verbonden ondernemingen waarbij ten minste één van de volgende voorwaarden is vervuld:
   a. de ontvanger is in geen van de fiscale rechtsgebieden fiscaal inwoner;
   b. de ontvanger is fiscaal inwoner in een rechtsgebied, maar dat rechtsgebied:
      i. heft geen vennootschapsbelasting, of heft vennootschapsbelasting tegen een nultarief of bijna-nultarief, of
      ii. is opgenomen in een lijst van rechtsgebieden van derde landen die door de lidstaten gezamenlijk of in het kader van de OESO als niet-coöperatief zijn beoordeeld;
   c. de betaling geniet een volledige belastingvrijstelling in het rechtsgebied waar de ontvanger fiscaal inwoner is;
   d. de betaling geniet een fiscaal gunstregime in het rechtsgebied waar de ontvanger fiscaal inwoner is.
2. In meer dan één rechtsgebied wordt aanspraak gemaakt op aftrekken voor dezelfde afschrijving.
3. In meer dan één rechtsgebied wordt aanspraak gemaakt op voorkoming van dubbele belasting voor hetzelfde inkomens- of vermogensbestanddeel.

4. Een constructie met overdrachten van activa waarbij er een wezenlijk verschil bestaat tussen het bedrag dat in de betrokken rechtsgebieden wordt aangemerkt als de voor die activa te betalen vergoeding.

D. Specifieke wezenskenmerken in verband met automatische uitwisseling van inlichtingen en uiteindelijk belang

1. Een constructie die kan leiden tot het ondermijnen van de rapportageverplichting uit hoofde van de wetgeving ter omzetting van Uniewetgeving of evenwaardige overeenkomsten inzake de automatische uitwisseling van inlichtingen over financiële rekeningen, waaronder overeenkomsten met derde landen, of die profiteert van het gebrek aan die wetgeving of overeenkomsten. Dergelijke constructies omvatten ten minste het volgende:

a. het gebruik van een rekening, product of belegging die geen financiële rekening is of niet als zodanig te boek staat, maar die over eigenschappen beschikt die in wezen vergelijkbaar zijn met die van een financiële rekening;

b. de overdracht van financiële rekeningen of activa aan, of het gebruik van rechtsgebieden die niet gebonden zijn aan de automatische uitwisseling van inlichtingen over financiële rekeningen met de staat van verblijf van de relevante belastingplichtige;

c. de herkwalificatie van inkomsten en vermogen in producten of betalingen die niet onder de automatische uitwisseling van inlichtingen vallen;

d. de overdracht of omzetting van een financiële instelling of een financiële rekening of de activa daarvan in een financiële instelling of een financiële rekening of activa die niet onder de rapportage in het kader van de automatische uitwisseling van inlichtingen vallen;

e. het gebruik van rechtspersonen, juridische constructies of structuren die de rapportage over één of meer rekeninghouders of uiteindelijk begunstigden in het kader van de automatische uitwisseling van inlichtingen over financiële rekeningen stopzetten of daartoe strekken;

f. constructies die due-diligenceprocedures die door financiële instellingen worden gebruikt om te voldoen aan hun verplichtingen tot het rapporteren van inlichtingen over financiële rekeningen, ondermijnen of zwakke punten ervan benutten, onder meer via het gebruik van rechtsgebieden met ontoereikende of zwakke regelingen voor de handhaving van antiwitwaswetgeving of met zwakke transparantie-vereisten voor rechtspersonen of juridische constructies.

2. Een constructie waarbij de juridische of feitelijke eigendom niet-transparant is door het gebruik van personen, juridische constructies of structuren:

a. die geen wezenlijke economische, door voldoende personeel, uitrusting, activa en gebouwen ondersteunde activiteit uitoefenen, en

b. die zijn opgericht in, worden beheerd in, inwoner zijn van, onder zeggenschap staan in, of gevestigd zijn in een ander rechtsgebied dan het rechtsgebied van verblijf van een of meer van de uiteindelijk begunstigden van de activa die door die personen, juridische constructies of structuren worden aangehouden, en

c. indien de uiteindelijk begunstigden van die personen, juridische constructies of structuren, als gedefinieerd in Richtlijn (EU) 2015/849, niet-identificeerbaar zijn gemaakt.

E. Specifieke wezenskenmerken in verband met verrekenprijzen

1. Een constructie met gebruik van unilaterale veiligehavenregels.
2. Een constructie met overdracht van moeilijk te waarderen immateriële activa. De term „moeilijk te waarderen immateriële activa" omvat immateriële activa of rechten op immateriële activa waarvoor, op het tijdstip van de overdracht ervan tussen verbonden ondernemingen:

a. geen betrouwbare vergelijkbare activa bestaan, en

b. de prognoses van de toekomstige kasstromen of inkomsten die naar verwachting uit de overgedragen activa voortvloeien, of de aannames die worden gebruikt voor het waarderen van de immateriële activa, bijzonder onzeker zijn, waardoor het moeilijk is te voorspellen hoe succesvol de immateriële activa op het moment van de overdracht uiteindelijk zullen zijn.

3. Een constructie met een grensoverschrijdende overdracht binnen de groep van functies, en/of risico's en/of activa, indien de geraamde jaarlijkse winst vóór interest en belastingen (ebit) van de overdrager of overdragers, tijdens de periode van drie jaar na de overdracht, minder dan 50 % bedraagt van de geraamde jaarlijkse ebit van die overdrager of overdragers indien de overdracht niet had plaatsgevonden.

BIJLAGE V. DUE DILIGENCE-PROCEDURESS, RAPPORTAGEVERPLICHTINGEN EN ANDERE VOORSCHRIFTEN VOOR PLATFORMEXPLOITANTEN

Deze bijlage bevat de due diligence-procedures, de rapportageverplichtingen en andere voorschriften die rapporterende platformexploitanten moeten toepassen teneinde de lidstaten in staat te stellen de in artikel 8 bis quater van deze richtlijn bedoelde inlichtingen via automatische uitwisseling te verstrekken.

Voorts bevat deze bijlage de voorschriften en administratieve procedures die de lidstaten met het oog op de doeltreffende uitvoering en naleving van de in deze bijlage vervatte due diligence-procedures en rapportageverplichtingen moeten invoeren.

Deel I. Definities

De volgende termen hebben de hieronder uiteengezette betekenis:

A. *Rapporterende platformexploitanten*

1. "Platform": elke software, met inbegrip van een website of onderdeel daarvan en toepassingen waaronder mobiele toepassingen, die toegankelijk is voor gebruikers en waardoor verkopers in staat worden gesteld verbonden te zijn met andere gebruikers voor het verrichten van een relevante activiteit, direct of indirect, ten behoeve van dergelijke gebruikers. Daaronder begrepen zijn ook alle regelingen voor de inning en betaling van een tegenprestatie met betrekking tot de relevante activiteit.

De term "platform" omvat niet de software die zonder enige verdere interventie bij het verrichten van een relevante activiteit uitsluitend een van de volgende activiteiten mogelijk maakt: a) het uitvoeren van betalingen in verband met een relevante activiteit; b) het aanbieden of adverteren van een relevante activiteit door gebruikers; c) het doorverwijzen of overbrengen van gebruikers naar een platform.

2. "Platformexploitant": een entiteit die een overeenkomst sluit met een verkoper om een platform geheel of gedeeltelijk beschikbaar te stellen aan die verkoper.

3. "Uitgesloten platformexploitant": een platformexploitant die vooraf en jaarlijks ten genoegen van de bevoegde autoriteit van de lidstaat waaraan hij anders had moeten rapporteren, overeenkomstig de voorschriften van deel III, onderdeel A, punten 1 tot en met 3, heeft aangetoond dat het volledige bedrijfsmodel van het platform van dusdanige aard is dat het niet over te rapporteren verkopers beschikt.

4. "Rapporterende platformexploitant": een andere platformexploitant dan een uitgesloten platformexploitant, die in een van de volgende situaties verkeert:

a. hij is een fiscaal ingezetene van een lidstaat of, indien dat niet het geval is, voldoet hij aan een van de volgende voorwaarden:

i. hij is opgericht in overeenstemming met de wetgeving van een lidstaat;

ii. zijn plaats van leiding (inclusief de werkelijke leiding) bevindt zich in een lidstaat;

iii. hij heeft een vaste inrichting in een lidstaat en is geen gekwalificeerde platformexploitant buiten de Unie;

b. hij is geen fiscaal ingezetene van een lidstaat, noch is hij opgericht in overeenstemming met de wetten van een lidstaat, noch heeft hij zijn plaats van leiding of een vaste inrichting in een lidstaat, maar hij faciliteert de verrichting van een relevante activiteit door te rapporteren verkopers of een relevante activiteit in verband met de verhuur van onroerend goed dat in een lidstaat is gelegen, en hij is geen gekwalificeerde platformexploitant buiten de Unie.

5. "Gekwalificeerde platformexploitant buiten de Unie": een platformexploitant voor wie alle relevante activiteiten die hij faciliteert ook gekwalificeerde relevante activiteiten zijn en die een fiscaal ingezetene is van een gekwalificeerd niet-Unierechtsgebied of, indien hij dat niet is, aan een van de volgende voorwaarden voldoet:

a. hij is opgericht in overeenstemming met de wetgeving van een gekwalificeerd niet-Unierechtsgebied, of

b. zijn plaats van leiding (inclusief de werkelijke leiding) bevindt zich in een gekwalificeerd niet-Unierechtsgebied.

6. "Gekwalificeerd niet-Unierechtsgebied": een niet-Unierechtsgebied dat beschikt over een van kracht zijnde adequate overeenkomst tussen bevoegde autoriteiten met de bevoegde autoriteiten van alle lidstaten die in een door dit niet-Unierechtsgebied gepubliceerde lijst zijn aangemerkt als te rapporteren rechtsgebieden.

7. "Van kracht zijnde adequate overeenkomst tussen bevoegde autoriteiten": een overeenkomst tussen de bevoegde autoriteiten van een lidstaat en een niet-Unierechtsgebied, op grond waarvan de automatische uitwisseling plaatsvindt van inlichtingen die gelijkwaardig zijn aan die welke in deze bijlage, deel III, onderdeel B, zijn gespecificeerd, zoals bevestigd in een uitvoeringshandeling overeenkomstig artikel 8 bis quater, lid 7.

8. "Relevante activiteit": een van de onderstaande activiteiten die worden verricht voor een tegenprestatie:

a. de verhuur van een onroerend goed, daaronder begrepen zakelijk en niet-zakelijk onroerend goed, alsmede elk ander onroerend goed en parkeerruimten;

b. een persoonlijke dienst;

c. de verkoop van goederen;

d. de verhuur van transportmiddelen. De term "relevante activiteit" omvat niet de activiteiten die door een verkoper worden verricht in de hoedanigheid van werknemer van de platformexploitant of van een met de platformexploitant gelieerde entiteit.

9. "Gekwalificeerde relevante activiteiten": relevante activiteiten die vallen onder de automatische uitwisseling op grond van een vigerende adequate overeenkomst tussen bevoegde autoriteiten.

10. "Tegenprestatie": een compensatie onder welke vorm ook, met aftrek van alle honoraria, commissielonen of belastingen die door de rapporterende platformexploitant worden ingehouden of geheven, die wordt betaald of gecrediteerd aan een verkoper in verband met de relevante activiteit, en waarvan het bedrag door de platformexploitant gekend is of redelijkerwijs gekend kan worden.

11. "Persoonlijke dienst": een dienst die een tijdgebonden of taakgerichte activiteit omvat die door een of meer natuurlijke personen wordt uitgevoerd, hetzij zelfstandig, hetzij namens een entiteit, en die wordt verricht op verzoek van een gebruiker, hetzij online, hetzij fysiek offline, na facilitering door een platform.

B. Te rapporteren verkopers

1. "Verkoper": een gebruiker van een platform, hetzij een natuurlijke persoon, hetzij een entiteit, die op enig ogenblik tijdens de rapportageperiode op het platform is geregistreerd en een relevante activiteit verricht.

2. "Actieve verkoper": een verkoper die tijdens de rapportageperiode een relevante activiteit verricht, of aan wie een tegenprestatie wordt betaald of gecrediteerd in verband met een relevante activiteit tijdens de rapportageperiode.

3. "Te rapporteren verkoper": een actieve verkoper, die geen uitgesloten verkoper is, die een ingezetene is van een lidstaat of die een onroerend goed heeft verhuurd dat in een lidstaat is gelegen.

4. "Uitgesloten verkoper": een verkoper

a. die een overheidsinstantie is;

b. die een entiteit is waarvan de aandelen regelmatig worden verhandeld op een erkende effectenbeurs of een gelieerde entiteit is van een entiteit waarvan de aandelen regelmatig worden verhandeld op een erkende effectenbeurs;

c. die een entiteit is waarvoor de platformexploitant tijdens de rapportageperiode meer dan 2 000 relevante activiteiten heeft gefaciliteerd door de verhuur van onroerend goed met betrekking tot een eigendomslijst, of

d. voor wie de platformexploitant tijdens de rapportageperiode minder dan 30 relevante activiteiten heeft gefaciliteerd door de verkoop van goederen, en voor wie het totale bedrag van de tegenprestatie dat is betaald of gecrediteerd, ten hoogste 2 000 EUR bedroeg.

C. Overige definities

1. "Entiteit": een rechtspersoon of een juridische constructie, zoals een vennootschap, samenwerkingsverband, trust of stichting. Een entiteit is een gelieerde entiteit van een andere entiteit indien een van de entiteiten zeggenschap heeft over de andere, of indien beide entiteiten onder een gemeenschappelijk zeggenschap vallen. Daartoe wordt onder zeggenschap mede verstaan de directe of indirecte eigendom van meer dan 50 % van het aantal stemmen en de waarde in een entiteit. Bij indirecte deelneming wordt de nakoming van het vereiste dat meer dan 50 % van het eigendomsrecht in het kapitaal van de andere entiteit wordt gehouden, bepaald door vermenigvuldiging van de deelnemingspercentages door de opeenvolgende niveaus heen. Een persoon die meer dan 50 % van de stemrechten houdt, wordt geacht 100 % te houden.

2. "Overheidsinstantie": de regering van een lidstaat of ander rechtsgebied, een staatkundig onderdeel van een lidstaat of ander rechtsgebied (met inbegrip van een staat, provincie, district of gemeente), of een agentschap of instantie van een lidstaat of ander rechtsgebied of van een of meer van de voorgaande overheidsinstanties dat/die volledig daartoe behoort.

3. "TIN": het door een lidstaat afgegeven fiscaal identificatienummer, of een functioneel equivalent bij *gebreke van een fiscaal identificatienummer.*

4. "Btw-identificatienummer": het unieke nummer ter identificatie van een belastingplichtige of een nietbelastbare rechtspersoon, die is geregistreerd voor btw-doeleinden.

5. "Hoofdadres": het adres van de hoofdverblijfplaats van een verkoper die een natuurlijke persoon is, alsook het adres van het geregistreerde kantoor van een verkoper die een entiteit is.

6. “Rapportageperiode”: het kalenderjaar waarvoor de rapportage wordt afgesloten op grond van deel III.
7. “Eigendomslijst”: alle onroerende goederen die op hetzelfde straatadres gelegen zijn, in het bezit zijn van dezelfde eigenaar en door dezelfde verkoper via een platform te huur worden aangeboden.
8. “Identificatiecode van de financiële rekening”: het unieke identificatienummer of referentienummer van de rekening bij een bank of bij een andere vergelijkbare betalingsdienst waarover de platformexploitant beschikt en waarop de tegenprestatie wordt betaald of gecrediteerd.
9. “Goederen”: elke lichamelijke zaak.

Deel II. Due diligence-procedures

De volgende procedures zijn van toepassing om na te gaan wie te rapporteren verkopers zijn.

A. Verkopers die niet moeten worden gecontroleerd

Om te bepalen of een verkoper die een entiteit is, als uitgesloten verkoper kan gelden in de zin van deel I, onderdeel B, punt 4, onder a) en b), kan een rapporterende platformexploitant zich baseren op publiekelijk beschikbare informatie of een bevestiging van de verkoper die een entiteit is.

Om te bepalen of een verkoper kan gelden als een uitgesloten verkoper in de zin van deel I, onderdeel B, punt 4, onder c) en d), kan een rapporterende platformexploitant zich baseren op de registers waarover hij beschikt.

B. Verzameling van inlichtingen over de verkoper

1. De rapporterende platformexploitant verzamelt alle volgende inlichtingen voor elke verkoper die een natuurlijke persoon en geen uitgesloten verkoper is:

a. voor- en achternaam;

b. het hoofdadres;

c. elk aan die verkoper afgegeven TIN, met vermelding van elke lidstaat van afgifte, en bij gebrek daaraan, de geboorteplaats van die verkoper;

d. het btw-identificatienummer van die verkoper, indien van toepassing;

e. de geboortedatum.

2. De rapporterende platformexploitant verzamelt alle volgende inlichtingen voor elke verkoper die een entiteit en geen uitgesloten verkoper is:

a. de wettelijke benaming;

b. het hoofdadres;

c. elk aan die verkoper afgeven TIN, met vermelding van elke lidstaat van afgifte;

d. het btw-identificatienummer van die verkoper, indien van toepassing;

e. het bedrijfsregistratienummer;

f. het bestaan van elke vaste inrichting via welke relevante activiteiten worden verricht in de Unie, voor zover van toepassing, met aanduiding van elke respectieve lidstaat waar een dergelijke vaste inrichting is gelegen.

3. Niettegenstaande het bepaalde in de onderdeel B, punten 1 en 2, is de rapporterende platformexploitant niet verplicht de inlichtingen als bedoeld in onderdeel B, punt 1, onder b) tot en met e), en in onderdeel B, punt 2, onder b) tot en met f) te verzamelen indien de inlichtingen gebaseerd zijn op een directe bevestiging van de identiteit en de woonplaats van de verkoper via een identificatiedienst die door een lidstaat of de Unie beschikbaar is gesteld om de identiteit en de fiscale woonplaats van de verkoper vast te stellen.

4. Niettegenstaande het bepaalde in onderdeel B, punt 1, onder c), en in onderdeel B, punt 2, onder c) en e), is de rapporterende platformexploitant niet verplicht het TIN of, naargelang het geval, het bedrijfsregistratienummer te verzamelen in de volgende gevallen:

a. de lidstaat waarvan de verkoper een ingezetene is, geeft geen TIN of bedrijfsregistratienummer af aan de verkoper;

b. de lidstaat waarvan de verkoper een ingezetene is, verlangt niet dat het aan de verkoper afgegeven TIN wordt verzameld.

C. Verificatie van de inlichtingen over de verkoper

1. De rapporterende platformexploitant bepaalt of de inlichtingen die zijn verzameld op grond van onderdeel A, onderdeel B, punt 1, onderdeel B, punt 2, onder a) tot en met e), en onderdeel E betrouwbaar zijn, door gebruik te maken van alle inlichtingen en documenten waarover hij in zijn registers beschikt, alsmede van elke elektronische interface die gratis beschikbaar is gesteld door een lidstaat of de Unie teneinde de geldigheid van het TIN en/of btw-identificatienummer vast te stellen.

2. Niettegenstaande het bepaalde in onderdeel C, punt 1, kan de rapporterende platformexploitant voor de voltooiing van de due diligence-procedures op grond van onderdeel F, punt 2, bepalen of de inlichtingen die zijn verzameld op grond van onderdeel A, onderdeel B, punt 1, onderdeel B, punt 2, onder a) tot en met e), en onderdeel E, betrouwbaar zijn door gebruik te maken van de inlichtingen en documenten waarover hij in zijn elektronisch doorzoekbare registers beschikt.
3. In toepassing van onderdeel F, punt 3, onder b), en niettegenstaande het bepaalde in het onderdeel C, punten 1 en 2, ingeval de rapporterende platformexploitant redenen heeft om aan te nemen dat gegevens als bedoeld in onderdeel B of E onnauwkeurig kunnen zijn op basis van inlichtingen die zijn verstrekt door de bevoegde autoriteit van een lidstaat naar aanleiding van een verzoek betreffende een specifieke verkoper, verzoekt hij de verkoper de gegevens die niet correct zijn gebleken, te corrigeren, en ondersteunende documenten, gegevens of inlichtingen te verstrekken die betrouwbaar zijn en afkomstig uit een onafhankelijke bron, zoals:

a. een geldig identiteitsbewijs afgegeven door een overheidsorgaan,
b. een recent certificaat van fiscale woonplaats.

D. Vaststelling van de lidstaat (lidstaten) waarvan de verkoper een ingezetene is voor de doeleinden van deze richtlijn

1. Een rapporterende platformexploitant beschouwt een verkoper als een ingezetene van de lidstaat waar deze zijn hoofdadres heeft. Indien verschillend van de lidstaat van het hoofdadres van de verkoper, beschouwt een rapporterende platformexploitant een verkoper ook als een ingezetene van de lidstaat die aan de verkoper een TIN heeft afgegeven. Indien de verkoper inlichtingen heeft verstrekt in verband met het bestaan van een vaste inrichting op grond van onderdeel B, punt 2, onder f), beschouwt een rapporterende platformexploitant een verkoper ook als een ingezetene van die lidstaat die de verkoper heeft opgegeven.
2. Niettegenstaande het bepaalde in onderdeel D, punt 1, beschouwt een rapporterende platformexploitant een verkoper als een ingezetene van elke lidstaat die wordt bevestigd door een elektronische identificatiedienst die door een lidstaat of de Unie op grond van onderdeel B, punt 3, beschikbaar is gesteld.

E. Verzameling van inlichtingen over verhuurde onroerende goederen

Indien een verkoper een relevante activiteit in verband met de verhuur van onroerend goed verricht, verzamelt de rapporterende platformexploitant de adresgegevens van elke eigendomslijst en, voor zover toegekend, het respectieve kadasternummer of het equivalent daarvan in het nationale recht van de lidstaat waar het gelegen is. Indien een rapporterende platformexploitant meer dan 2 000 relevante activiteiten heeft gefaciliteerd door een eigendomslijst te verhuren voor dezelfde verkoper die een entiteit is, verzamelt de rapporterende platformexploitant ondersteunende documenten, gegevens of inlichtingen waaruit blijkt dat de eigendomslijst eigendom is van dezelfde eigenaar.

F. Tijdschema en geldigheid van de due diligence-procedures

1. De rapporterende platformexploitant voltooit uiterlijk op 31 december van de rapportageperiode de due diligence-procedures zoals bedoeld in de onderdelen A tot en met E.
2. Niettegenstaande het bepaalde in onderdeel F, punt 1, moeten voor verkopers die al op het platform waren geregistreerd op datum van 1 januari 2023 of vanaf de datum waarop een entiteit een rapporterende platformexploitant wordt, de in de onderdelen A tot en met E bedoelde due diligence-procedures worden voltooid uiterlijk op 31 december van de tweede rapportageperiode voor de rapporterende platformexploitant.
3. Niettegenstaande het bepaalde in onderdeel F, punt 1, kan een rapporterende platformexploitant zich baseren op de due diligence-procedures die in eerdere rapportageperioden werden uitgevoerd, mits:

a. de in onderdeel B, punten 1 en 2, vereiste inlichtingen over de verkoper werden hetzij verzameld en geverifieerd, hetzij bevestigd, in de laatste 36 maanden, en

b. er voor de rapporterende platformexploitant geen redenen zijn om aan te nemen dat de inlichtingen die op grond van de onderdelen A, B, en E, zijn verzameld, onbetrouwbaar of incorrect zijn (geworden).

G. Toepassing van de due diligence-procedures uitsluitend op actieve verkopers

De rapporterende platformexploitant kan ervoor kiezen de due diligence-procedures op grond van de onderdelen A tot en met F uitsluitend op actieve verkopers toe te passen.

H. Voltooiing van de due diligence-procedures door derden

1. Een rapporterende platformexploitant kan een beroep doen op een derde als dienstverrichter om de in dit deel bedoelde due diligence-verplichtingen te vervullen, maar de verantwoordelijkheid ter zake blijft bij de rapporterende platformexploitant berusten.
2. Indien een platformexploitant de due diligence-verplichtingen op grond van onderdeel H, punt 1, vervult voor een rapporterende platformexploitant met betrekking tot hetzelfde platform, voert die platformexploitant de due diligence-procedures op grond van de voorschriften van dit deel uit. De verantwoordelijkheid voor het vervullen van de due diligence-verplichtingen blijft bij de rapporterende platformexploitant berusten.

Deel III. Rapportageverplichtingen

A. Tijdstip en wijze van rapporteren

1. Een rapporterende platformexploitant in de zin van deel I, onderdeel A, punt 4, onder a), rapporteert aan de bevoegde autoriteit van de lidstaat die is bepaald overeenkomstig deel I, onderdeel A, punt 4, onder a), de in dit deel, onderdeel B, bedoelde inlichtingen met betrekking tot de rapportageperiode uiterlijk op 31 januari van het jaar dat volgt op het kalenderjaar waarin de verkoper als te rapporteren verkoper is aangemerkt. Indien er meer dan één rapporterende platformexploitant is, is eenieder onder hen die overeenkomstig het nationale recht kan aantonen dat dezelfde inlichtingen door een andere rapporterende platformexploitant zijn gerapporteerd, vrijgesteld van de verplichting die inlichtingen te rapporteren.
2. Indien een rapporterende platformexploitant in de zin van deel I, onderdeel A, punt 4, onder a), in meer dan een lidstaat voldoet aan een van de daarin genoemde voorwaarden, kiest hij een van die lidstaten uit waarin hij aan de rapportageverplichtingen van dit deel zal voldoen. Een rapporterende platformexploitant in die situatie rapporteert de in dit deel, onderdeel B, genoemde inlichtingen met betrekking tot de rapportageperiode aan de bevoegde autoriteit van de lidstaat van zijn keuze, overeenkomstig deel IV, onderdeel E, uiterlijk op 31 januari van het jaar dat volgt op het kalenderjaar waarin de verkoper is aangemerkt als een te rapporteren verkoper. Indien er meer dan één rapporterende platformexploitant is, is eenieder onder hen die overeenkomstig het nationale recht kan aantonen dat dezelfde inlichtingen door een andere rapporterende platformexploitant zijn gerapporteerd in een andere lidstaat, vrijgesteld van de verplichting die inlichtingen te rapporteren.
3. Een rapporterende platformexploitant in de zin van deel I, onderdeel A, punt 4, onder b), rapporteert de in dit deel, onderdeel B, genoemde inlichtingen met betrekking tot de rapportageperiode aan de bevoegde autoriteit van de lidstaat van registratie, overeenkomstig deel IV, onderdeel F, punt 1, uiterlijk op 31 januari van het jaar dat volgt op het kalenderjaar waarin de verkoper is aangemerkt als een te rapporteren verkoper.
4. Niettegenstaande het bepaalde in dit deel, onderdeel A, punt 3, is een rapporterende platformexploitant in de zin van deel I, onderdeel A, punt 4, onder b), niet verplicht de in dit deel, onderdeel B, bedoelde informatie te verstrekken met betrekking tot gekwalificeerde relevante activiteiten die vallen onder een vigerende adequate overeenkomst tussen bevoegde autoriteiten, die reeds voorziet in de automatische uitwisseling van gelijkwaardige inlichtingen met een lidstaat over te rapporteren verkopers die ingezetene zijn van die lidstaat.
5. Een rapporterende platformexploitant verstrekt tevens de in onderdeel B, punten 2 en 3, bedoelde inlichtingen aan de te rapporteren verkoper waarop zij betrekking hebben, uiterlijk op 31 januari van het jaar dat volgt op het kalenderjaar waarin de verkoper is aangemerkt als een te rapporteren verkoper.
6. De inlichtingen met betrekking tot de tegenprestatie die is betaald of gecrediteerd in een fiduciaire valuta, worden gerapporteerd in de munt waarin zij is betaald of gecrediteerd. Ingeval de tegenprestatie is betaald of gecrediteerd in een andere vorm dan een fiduciaire valuta, worden de inlichtingen gerapporteerd in de lokale munt, omgezet of gewaardeerd op een door de rapporterende platformexploitant consistent vastgestelde wijze.
7. Inlichtingen over de tegenprestatie en andere bedragen worden gerapporteerd voor het kwartaal van de rapportageperiode waarin de tegenprestatie is betaald of gecrediteerd.

B. Te rapporteren inlichtingen

Elke rapporterende platformexploitant rapporteert de volgende inlichtingen:
1. Naam, geregistreerd kantooradres, TIN en, in voorkomend geval, het op grond van deel IV, onderdeel F, punt 4, toegewezen individueel identificatienummer van de rapporterende platformexploitant, alsook handelsnaam (-namen) van het platform (de platforms) waarover de rapporterende platformexploitant rapporteert.
2. Met betrekking tot elke te rapporteren verkoper die een andere relevante activiteit heeft verricht dan de verhuur van een onroerend goed:

a. de inlichtingen die op grond van deel II, onderdeel B, verzameld moeten worden;

b. de identificatiecode van de financiële rekening, voor zover bekend aan de rapporterende platformexploitant en voor zover de bevoegde autoriteit van de lidstaat waarvan de te rapporteren verkoper een ingezetene is in de zin van deel II, onderdeel D, niet heeft bekendgemaakt dat zij niet voornemens is de identificatiecode van de financiële rekening voor dat doel te gebruiken;

c. indien verschillend van de naam van de te rapporteren verkoper, bovenop de identificatiecode van de financiële rekening, de naam van de houder van de financiële rekening waarop de tegenprestatie wordt betaald of gecrediteerd, voor zover bekend aan de rapporterende platformexploitant, alsook alle andere financiële identificatiegegevens waarover de rapporterende platformexploitant beschikt met betrekking tot die rekeninghouder;

d. elke lidstaat waarvan de te rapporteren verkoper voor de toepassing van deze richtlijn een ingezetene is als bepaald op grond van deel II, onderdeel D;

e. de totale tegenprestatie die is betaald of gecrediteerd tijdens elk kwartaal van de rapportageperiode, en het aantal relevante activiteiten waarvoor deze is betaald of gecrediteerd;

f. alle honoraria, commissielonen of belastingen die door de rapporterende platformexploitant tijdens elk kwartaal van de rapportageperiode ingehouden of geheven werden.

3. Met betrekking tot elke te rapporteren verkoper die een relevante activiteit in verband met de verhuur van onroerend goed verricht:

a. de inlichtingen die op grond van deel II, onderdeel B, verzameld moeten worden;

b. de identificatiecode van de financiële rekening, voor zover bekend aan de rapporterende platformexploitant en voor zover de bevoegde autoriteit van de lidstaat waarvan de te rapporteren verkoper een ingezetene is in de zin van deel II, onderdeel D, niet heeft bekendgemaakt dat zij niet voornemens is de identificatiecode van de financiële rekening voor dat doel te gebruiken;

c. indien verschillend van de naam van de te rapporteren verkoper, bovenop de identificatiecode van de financiële rekening, de naam van de houder van de financiële rekening waarop de tegenprestatie wordt betaald of gecrediteerd, voor zover bekend aan de rapporterende platformexploitant, alsook alle andere financiële identificatiegegevens waarover de rapporterende platformexploitant beschikt met betrekking tot die rekeninghouder;

d. elke lidstaat waarvan de te rapporteren verkoper voor de toepassing van deze richtlijn een ingezetene is als bepaald op grond van deel II, onderdeel D;

e. het adres van elke eigendomslijst, vastgesteld op basis van de procedures als omschreven in deel II, onderdeel E, en het respectieve kadasternummer of het equivalent daarvan in het nationale recht van de lidstaat waar het goed gelegen is, indien beschikbaar;

f. de totale tegenprestatie die is betaald of gecrediteerd tijdens elk kwartaal van de rapportageperiode, en het aantal relevante activiteiten dat is verricht voor elke eigendomslijst;

g. alle honoraria, commissielonen of belastingen die door de rapporterende platformexploitant tijdens elk kwartaal van de rapportageperiode ingehouden of geheven werden;

h. voor zover beschikbaar, het aantal dagen dat elke eigendomslijst werd verhuurd tijdens de rapportageperiode en het type van elke eigendomslijst.

Deel IV. Doeltreffende uitvoering

Op grond van artikel 8 bis quater voeren de lidstaten voorschriften en administratieve procedures in met het oog op de doeltreffende uitvoering en naleving van de due diligence-procedures en de rapportageverplichtingen die zijn beschreven in de delen II en III van deze bijlage.

A. Voorschriften om de verzamelings- en verificatievereisten van deel II te handhaven

1. De lidstaten treffen de nodige maatregelen om de rapporterende platformexploitanten te verplichten de verzamelings- en verificatievereisten van deel II te handhaven bij hun verkopers.

2. Indien een verkoper de volgens deel II vereiste inlichtingen niet verstrekt na twee aanmaningen volgend op het initiële verzoek van de rapporterende platformexploitant, maar niet voordat 60 dagen zijn verstreken, sluit de rapporterende platformexploitant de account van die verkoper af, verhindert hij dat de verkoper zich opnieuw op het platform registreert of houdt hij de betaling van de tegenprestatie aan de verkoper in zolang de verkoper de vereiste inlichtingen niet heeft verstrekt.

B. Voorschriften voor de rapporterende platformexploitanten om registers bij te houden van de stappen die zijn ondernomen en van eventuele inlichtingen die zijn gebruikt voor de uitvoering van de due diligence-procedures en rapportageverplichtingen, alsook adequate maatregelen om die registers te verkrijgen

1. De lidstaten treffen de nodige maatregelen om de rapporterende platformexploitanten te verplichten registers bij te houden van de stappen die zijn ondernomen en van eventuele inlichtingen die zijn gebruikt voor de uitvoering van de in de delen II en III beschreven due diligence-procedures en rapportageverplichtingen. Die registers worden een voldoende lange tijd bewaard en in elk geval voor een periode van ten minste vijf en ten hoogste tien jaar volgend op het einde van de rapportageperiode waarop zij betrekking hebben.
2. De lidstaten treffen de nodige maatregelen, met inbegrip van de mogelijkheid om rapporterende platformexploitanten een verplichting tot rapportage op te leggen, om ervoor te zorgen dat alle noodzakelijke inlichtingen worden gerapporteerd aan de bevoegde autoriteit zodat deze de verplichting om inlichtingen te verstrekken overeenkomstig artikel 8 bis quater, lid 2, kan naleven.

C. Administratieve procedures voor de verificatie van de naleving door de rapporterende platformexploitanten van de due diligence-procedures en rapportageverplichtingen

De lidstaten stellen administratieve procedures vast om te verifiëren of de rapporterende platformexploitanten de in de delen II en III beschreven due diligence-procedures en rapportageverplichtingen naleven.

D. Administratieve procedures voor de vervolgcontrole van een rapporterende platformexploitant die onvolledige of onnauwkeurige inlichtingen rapporteert

De lidstaten stellen procedures vast voor de vervolgcontrole van rapporterende platformexploitanten die onvolledige of onnauwkeurige inlichtingen rapporteren.

E. Administratieve procedure voor de keuze van een enkele lidstaat voor rapportage

Indien een rapporterende platformexploitant in de zin van deel I, onderdeel A, punt 4, onder a), in meer dan een lidstaat voldoet aan een van de daarin genoemde voorwaarden, kiest hij een van die lidstaten uit om aan zijn rapportageverplichtingen op grond van deel III te voldoen. De rapporterende platformexploitant stelt alle bevoegde autoriteiten van die lidstaten in kennis van zijn keuze.

F. Administratieve procedure voor unieke registratie van een rapporterende platformexploitant

1. Een rapporterende platformexploitant in de zin van deze bijlage, deel I, onderdeel A, punt 4, onder b), registreert zich op grond van artikel 8 bis quater, lid 4, bij de bevoegde autoriteit van om het even welke lidstaat bij de aanvang van zijn activiteit als platformexploitant.
2. De rapporterende platformexploitant verstrekt de lidstaat van unieke registratie de volgende inlichtingen:
   a. naam;
   b. postadres;
   c. elektronische adressen, met inbegrip van websites;
   d. eventuele TIN toegekend aan de rapporterende platformexploitant;
   e. een verklaring met informatie over de identificatie van die rapporterende platformexploitant voor btw-doeleinden binnen de Unie, op grond van titel XII, hoofdstuk 6, afdelingen 2 en 3, van Richtlijn 2006/112/EG van de Raad*;
   f. de lidstaten waarvan de te rapporteren verkopers ingezetenen zijn in de zin van deel II, onderdeel D.
3. De rapporterende platformexploitant stelt de lidstaat van unieke registratie in kennis van alle wijzigingen van de inlichtingen die in het kader van onderdeel F, punt 2, zijn verstrekt.
4. De lidstaat van unieke registratie kent een individueel identificatienummer toe aan de rapporterende platformexploitant en deelt dit via elektronische weg mee aan de bevoegde autoriteiten van alle lidstaten.
5. De lidstaat van unieke registratie verzoekt de Commissie om een rapporterende platformexploitant uit het centrale register te schrappen:
   a. indien de platformexploitant de lidstaat ervan in kennis stelt dat hij niet langer als platformexploitant actief is;
   b. indien er, bij gebreke van een kennisgeving op grond van punt a), redenen zijn om te veronderstellen dat een platformexploitant zijn activiteiten heeft stopgezet;

* Richtlijn 2006/112/EG van de Raad van 28 november 2006 betreffende het gemeenschappelijke stelsel van belasting over de toegevoegde waarde (PB L 347 van 11.12.2006, blz. 1).."

c. indien de platformexploitant niet langer beantwoordt aan de voorwaarden van deel I, onderdeel A, punt 4, onder b);

d. indien de lidstaat de registratie bij zijn bevoegde autoriteit heeft ingetrokken op grond van onderdeel F, punt 7.

6. Elke lidstaat stelt de Commissie onverwijld in kennis van elke platformexploitant in de zin van deel I, onderdeel A, punt 4, onder b), die zijn activiteiten als platformexploitant aanvangt zonder zich op grond van dit punt te registreren.

Indien een rapporterende platformexploitant niet voldoet aan de verplichting tot registratie of indien zijn registratie is ingetrokken overeenkomstig dit deel, onderdeel F, punt 7, nemen de lidstaten, onverminderd artikel 25 bis, doeltreffende, evenredige en afschrikkende maatregelen om de naleving in hun rechtsgebied te handhaven. De keuze van die maatregelen blijft bij de lidstaten berusten. De lidstaten streven er ook naar hun acties voor het handhaven van de naleving te coördineren, waarbij in het uiterste geval wordt voorkomen dat de rapporterende platformexploitant binnen de Unie kan opereren.

7. Indien een rapporterende platformexploitant na twee aanmaningen door de lidstaat van unieke registratie niet voldoet aan de rapportageverplichting overeenkomstig deze bijlage, deel III, onderdeel A, punt 3, neemt die lidstaat, onverminderd artikel 25 bis, de nodige maatregelen om de registratie van de rapporterende platformexploitant in te trekken op grond van artikel 8 bis quater, lid 4. De registratie wordt uiterlijk na het verstrijken van 90 dagen, maar niet vóór het verstrijken van 30 dagen na de tweede aanmaning ingetrokken.

B. Wijziging door Richtlijn 2014/107/EU inzake verplichte automatische uitwisseling

RICHTLIJN 2014/107/EU VAN DE RAAD
van 9 december 2014
tot wijziging van Richtlijn 2011/16/EU wat betreft verplichte automatische uitwisseling van inlichtingen op belastinggebied

DE RAAD VAN DE EUROPESE UNIE,

Gezien het Verdrag betreffende de werking van de Europese Unie, en met name artikel 115,

Gezien het voorstel van de Europese Commissie,

Na toezending van het ontwerp van wetgevingshandeling aan de nationale parlementen,

Gezien het advies van het Europees Parlement,

Gezien het advies van het Europees Economisch en Sociaal Comité[1],

Handelend volgens een bijzondere wetgevingsprocedure,

Overwegende hetgeen volgt:

1. Grensoverschrijdende belastingfraude en belastingontduiking zijn de afgelopen jaren een steeds groter probleem geworden, dat inmiddels zowel in de Unie als op mondiaal niveau hoog op de agenda staat. Niet-aangegeven en onbelaste inkomsten leiden tot een aanzienlijke derving van nationale belastingopbrengsten, en daarom moet de belastinginning dringend efficiënter en doelmatiger worden georganiseerd. Het automatisch uitwisselen van inlichtingen kan hierin een belangrijke rol spelen, en de Commissie heeft in haar mededeling van 6 december 2012, die een actieplan ter versterking van de strijd tegen belastingfraude en belastingontduiking bevat, dan ook beklemtoond dat de automatische uitwisseling van gegevens sterk moet worden bevorderd als de toekomstige Europese en internationale standaard voor transparantie en uitwisseling van inlichtingen in belastingzaken.

2. Ook op internationaal niveau (G20 en G8) is onlangs erkend dat het automatisch uitwisselen van inlichtingen een belangrijk instrument in de strijd tegen grensoverschrijdende belastingfraude en belastingontduiking is. De Verenigde Staten van Amerika hebben met verschillende andere landen, waaronder alle lidstaten, bilaterale overeenkomsten onderhandeld over de bilaterale automatische uitwisseling van inlichtingen, ter uitvoering van de United States' Foreign Account Tax Compliance Act (algemeen bekend als „FATCA"); aansluitend hierop heeft de G20 de Organisatie voor Economische Samenwerking en Ontwikkeling (OESO) opdracht gegeven om, uitgaande van deze overeenkomsten, één mondiale standaard voor de automatische uitwisseling van fiscale inlichtingen te ontwikkelen.

3. Europese Raad heeft op 22 mei 2013 verzocht het toepassingsgebied van de automatische inlichtingen-uitwisseling op Unieniveau en op mondiaal niveau te verruimen met het oog op de bestrijding van belastingfraude, belastingontduiking en agressieve fiscale planning, en tevens zijn waardering uitgesproken voor de inspanningen die in de G20, de G8 en de OESO worden geleverd om een mondiale standaard te ontwikkelen voor automatische uitwisseling van inlichtingen over financiële rekeningen in fiscale aangelegenheden.

4. In februari 2014 heeft de OESO de belangrijkste elementen van een mondiale standaard voor de automatische uitwisseling van inlichtingen over financiële rekeningen in fiscale aangelegenheden gepresenteerd, met name een model voor een overeenkomst tussen bevoegde autoriteiten en een gezamenlijke rapportagestandaard, die vervolgens door de ministers van Financiën van de G20 en de presidenten van de centrale banken zijn bekrachtigd. In juli 2014 heeft de Raad van de OESO de volledige mondiale standaard gepresenteerd, met inbegrip van de resterende elementen, met name de opmerkingen over het model voor een overeenkomst tussen bevoegde autoriteiten en de gezamenlijke rapportagestandaard en de informatietechnologische modaliteiten voor de implementatie van de mondiale standaard. Het volledige pakket betreffende de mondiale standaard is in september 2014 door de ministers van Financiën van de G20 en de presidenten van de centrale banken onderschreven.

5. Richtlijn 2011/16/EU van de Raad[2] voorziet al in de verplichte automatische uitwisseling van inlichtingen tussen lidstaten voor bepaalde categorieën van inkomsten en vermogen, vooral van niet-financiële aard, die

1. PB C 67 van 6.3.2014, blz. 68.
2. Richtlijn 2011/16/EU van de Raad van 15 februari 2011 betreffende de administratieve samenwerking op het gebied van de belastingen en tot intrekking van Richtlijn 77/799/EEG (PB L 64 van 11.3.2011, blz. 1).

belastingplichtigen hebben in andere lidstaten dan hun staat van verblijf. Zij omvat ook een stapsgewijze aanpak voor de versterking van de automatische uitwisseling van inlichtingen door de geleidelijke uitbreiding tot nieuwe inkomsten- en vermogenscategorieën en het schrappen van de voorwaarde dat de inlichtingen slechts hoeven te worden uitgewisseld als zij beschikbaar zijn. Vandaag de dag boeten de bestaande Unie- en internationale instrumenten voor administratieve samenwerking op het gebied van belastingen, gezien de toegenomen mogelijkheden om in het buitenland te investeren in een breed scala van financiële producten, in aan doeltreffendheid bij het bestrijden van grensoverschrijdende belastingfraude en belastingontduiking.

6. Zoals door het verzoek van de Europese Raad wordt benadrukt, behoort sneller werk te worden gemaakt van de uitbreiding van de automatische inlichtingenuitwisseling waarin artikel 8, lid 5, van Richtlijn 2011/16/EU reeds voorziet voor ingezetenen van andere lidstaten. Een initiatief van de Unie garandeert een coherente, consistente en alomvattende Uniebrede aanpak van de automatische inlichtingenuitwisseling op de interne markt, die bij zowel belastingdiensten als marktdeelnemers tot kostenbesparingen zou leiden.

7. Het feit dat de lidstaten met de Verenigde Staten van Amerika een overeenkomst in verband met Fatca hebben gesloten of weldra zullen sluiten, betekent dat die lidstaten in een verdergaande samenwerking in de zin van artikel 19 van Richtlijn 2011/16/EU voorzien of zullen voorzien, en de verplichting hebben of zullen hebben om die verdergaande samenwerking ook aan andere lidstaten te verlenen.

8. Het sluiten van parallelle en niet op elkaar afgestemde overeenkomsten door de lidstaten op basis van artikel 19 van Richtlijn 2011/16/EU zou kunnen leiden tot verstoringen die de goede werking van de interne markt zouden schaden. Met een nieuw systeem van uitgebreide automatische inlichtingenuitwisseling op basis van een Uniebreed rechtsinstrument zou het niet meer nodig zijn dat lidstaten op basis van dit artikel bilaterale of multilaterale overeenkomsten sluiten die, als er geen Uniewetgeving ter zake is, geschikt kunnen worden geacht.

9. Om de kosten te drukken en de administratieve lasten voor zowel de belastingdiensten als de marktdeelnemers te beperken, is het dan ook van cruciaal belang de uitbreiding van het toepassingsgebied van de automatische uitwisseling van inlichtingen binnen de Unie af te stemmen op internationale ontwikkelingen. Met het oog daarop moeten de lidstaten hun financiële instellingen regels inzake rapportage en due diligence opleggen die geheel consistent zijn met de regels van de door de OESO ontwikkelde gezamenlijke rapportagestandaard. Voorts moet het toepassingsgebied van artikel 8 van Richtlijn 2011/16/EU zo worden uitgebreid dat het dezelfde inlichtingencategorieën omvat als het model voor de overeenkomst tussen bevoegde autoriteiten en de gezamenlijke rapportagestandaard van de OESO. Verwacht wordt dat elke lidstaat slechts één lijst van op nationaal niveau gedefinieerde niet-rapporterende financiële instellingen en uitgezonderde rekeningen zal hebben, en deze zowel bij de uitvoering van deze richtlijn als bij de toepassing van andere overeenkomsten ter uitvoering van de mondiale standaard zal gebruiken.

10. De categorieën rapporterende financiële instellingen en te rapporteren rekeningen die door deze richtlijn worden bestreken, zijn bedoeld om de belastingplichtigen minder gelegenheid te geven om rapportage te vermijden door hun activa te verplaatsen naar financiële instellingen, of te investeren in financiële producten die buiten het toepassingsgebied van deze richtlijn vallen. Bepaalde financiële instellingen en rekeningen met een laag risico om voor belastingontduiking te worden gebruikt, zijn evenwel van het toepassingsgebied van deze richtlijn uitgesloten. Over het algemeen dienen er geen drempels te worden opgenomen in deze richtlijn, aangezien deze gemakkelijk kunnen worden omzeild door rekeningen over verschillende financiële instellingen te splitsen. De financiële inlichtingen die moeten worden gerapporteerd en uitgewisseld dienen niet alleen betrekking te hebben op alle relevante inkomsten (interesten, dividenden en vergelijkbare soorten inkomsten), maar ook op het saldo van de rekeningen en de opbrengsten van de verkoop van financiële activa, zodat situaties kunnen worden aangepakt waarin een belastingplichtige tracht vermogen te verbergen dat inkomsten of activa vertegenwoordigt waarover belasting is ontdoken. Daarom is de verwerking van inlichtingen uit hoofde van deze richtlijn noodzakelijk en toereikend om de belastingdiensten van de lidstaten in staat te stellen correct en ondubbelzinnig te bepalen om welke belastingplichtigen het gaat, hun belastingwetgeving in grensoverschrijdende situaties toe te passen en te handhaven, te beoordelen hoe waarschijnlijk belastingontduiking is en onnodig verder onderzoek te vermijden.

11. Rapporterende financiële instellingen kunnen hun verplichtingen inzake het verstrekken van inlichtingen aan individuele te rapporteren personen nakomen door de nadere regelingen inzake verstrekking, met inbegrip van de frequentie daarvan, te volgen waarin op grond van hun interne procedures overeenkomstig hun nationale recht is voorzien.

12. Rapporterende financiële instellingen, verzendende lidstaten en ontvangende lidstaten mogen, in hun hoedanigheid van verantwoordelijke voor de verwerking, de overeenkomstig deze richtlijn verwerkte inlich-

tingen niet langer bewaren dan nodig is voor de toepassing van deze richtlijn. Gezien de verschillen in de wetgevingen van de lidstaten moet de maximale bewaartermijn worden vastgesteld op basis van de voorschriften inzake verjaring waarin is voorzien in de nationale belastingwetgeving van elke verantwoordelijke voor de verwerking.

13. Teneinde te garanderen dat deze richtlijn in heel de Unie consequent wordt toegepast moeten de lidstaten bij het implementeren uitgaan van het door de OESO ontwikkelde commentaar over het model voor de overeenkomst tussen bevoegde autoriteiten en de gezamenlijke rapportagestandaard, die zij ter illustratie of interpretatie kunnen gebruiken. De Unie dient in haar optreden in dit verband met name rekening te houden met toekomstige ontwikkelingen op OESO-niveau.

14. De in artikel 8, lid 1, van Richtlijn 2011/16/EU vastgestelde voorwaarde dat de automatische uitwisseling afhankelijk kan zijn van de beschikbaarheid van de gevraagde inlichtingen dient niet te gelden voor de nieuwe bestanddelen die door deze richtlijn in Richtlijn 2011/16/EU zijn ingevoerd.

15. De verwijzing naar een minimumbedrag in artikel 8, lid 3, van Richtlijn 2011/16/EU dient te worden geschrapt, aangezien een dergelijk minimumbedrag in de praktijk niet werkbaar lijkt.

16. De evaluatie van de beschikbaarheidsvoorwaarde die in 2017 moet worden uitgevoerd, dient te worden uitgebreid tot alle vijf in artikel 8, lid 1, van Richtlijn 2011/16/EU vermelde categorieën, zodat kan worden onderzocht of uitwisseling van inlichtingen door alle lidstaten voor al deze categorieën zinvol is.

17. Deze richtlijn eerbiedigt de grondrechten en neemt de beginselen in acht die met name in het Handvest van de grondrechten van de Europese Unie zijn erkend, met inbegrip van het recht op bescherming van persoonsgegevens.

18. Daar de doelstelling van deze richtlijn, namelijk een doeltreffende administratieve samenwerking tussen de lidstaten onder voorwaarden die verenigbaar zijn met de goede werking van de interne markt, niet voldoende door de lidstaten kan worden verwezenlijkt, maar wegens de vereiste uniformiteit en doeltreffendheid beter op Unieniveau kan worden verwezenlijkt, kan de Unie, overeenkomstig het in artikel 5 van het Verdrag betreffende de Europese Unie neergelegde subsidiariteitsbeginsel, maatregelen nemen. Overeenkomstig het in hetzelfde artikel neergelegde evenredigheidsbeginsel gaat deze richtlijn niet verder dan hetgeen nodig is om deze doelstelling te verwezenlijken.

19. Gezien de bestaande structurele verschillen moet het aan Oostenrijk worden toegestaan om voor het eerst op 30 september 2018 in plaats van op 30 september 2017 automatisch krachtens deze richtlijn inlichtingen uit te wisselen.

20. Richtlijn 2011/16/EU moet derhalve dienovereenkomstig worden gewijzigd,

HEEFT DE VOLGENDE RICHTLIJN VASTGESTELD:

Artikel 1

Richtlijn 2011/16/EU wordt als volgt gewijzigd:

1. In artikel 3 wordt punt 9 vervangen door:

   „9. „automatische uitwisseling", de systematische verstrekking van vooraf bepaalde inlichtingen over ingezetenen van andere lidstaten aan de betrokken lidstaat van verblijf, zonder voorafgaand verzoek, met regelmatige, vooraf vastgestelde tussenpozen. In de context van artikel 8 betekent „beschikbare inlichtingen" inlichtingen die zich in de belastingdossiers van de inlichtingen verstrekkende lidstaat bevinden en die opvraagbaar zijn overeenkomstig de procedures voor het verzamelen en verwerken van inlichtingen in die lidstaat. In de context van artikel 8, lid 3 bis, artikel 8, lid 7 bis, artikel 21, lid 2, en artikel 25, leden 2 en 3, hebben termen met een hoofdletter de betekenis die ze hebben in het kader van de overeenkomstige definities in bijlage I.".

2. Artikel 8 wordt als volgt gewijzigd:

   a. lid 3 wordt vervangen door:

   „3. De bevoegde autoriteit van een lidstaat kan aan de bevoegde autoriteit van elke andere lidstaat meedelen dat zij geen inlichtingen inzake een of meer van de in lid 1 vermelde inkomsten- en vermogenscategorieën wenst te ontvangen. Zij stelt ook de Commissie hiervan in kennis. Een lidstaat die de

Commissie niet in kennis stelt van enige categorie ten aanzien waarvan hij over inlichtingen beschikt, kan worden geacht geen inlichtingen overeenkomstig lid 1 te willen ontvangen.";

b. het volgende lid wordt ingevoegd:

„3 bis. Elke lidstaat neemt de nodige maatregelen om zijn rapporterende financiële instellingen ertoe te verplichten de in de bijlagen I en II vervatte regels inzake rapportage en due diligence toe te passen en deze, overeenkomstig deel IX van bijlage I, effectief te implementeren en na te leven. Overeenkomstig de in de bijlagen I en II vervatte toepasselijke regels inzake rapportage en due diligence verstrekt de bevoegde autoriteit van elke lidstaat binnen de in lid 6, onder b), vastgestelde termijn aan de bevoegde autoriteit van elke andere lidstaat automatisch de volgende inlichtingen met betrekking tot belastingtijdvakken vanaf 1 januari 2016 betreffende een te rapporteren rekening:

a. de naam, het adres, het fiscaal identificatienummer/de fiscale identificatienummers en, in het geval van een natuurlijke persoon, de geboortedatum en geboorteplaats van elke te rapporteren persoon die een rekeninghouder van de rekening is en, in het geval van een entiteit die een rekeninghouder is en waarvan met behulp van de regels inzake due diligence welke met de bijlagen sporen, wordt vastgesteld dat zij één of meer uiteindelijk belanghebbenden heeft die een te rapporteren persoon is, de naam, het adres en het fiscaal identificatienummer/de fiscale identificatienummers van de entiteit en de naam, het adres, het fiscaal identificatienummer/ de fiscale identificatienummers en de geboortedatum en geboorteplaats van elke te rapporteren persoon;

b. het rekeningnummer (of het functionele equivalent daarvan bij het ontbreken van een rekeningnummer);

c. de naam en (eventueel) het identificatienummer van de rapporterende financiële instelling;

d. het saldo van de rekening of de waarde (in het geval van een kapitaalverzekering of lijfrenteverzekering met inbegrip van de geldswaarde of waarde bij afkoop) aan het eind van het desbetreffende kalenderjaar of een andere relevante periode waarover gerapporteerd dient te worden, of indien de rekening tijdens dat jaar of die periode werd opgeheven, de opheffing;

e. ter zake van een bewaarrekening:

i. het op de rekening (of ter zake van de rekening) gestorte of bijgeschreven totale brutobedrag aan rente, totale brutobedrag aan dividenden en totale brutobedrag aan overige inkomsten gegenereerd met betrekking tot de activa op de rekening gedurende het kalenderjaar of een andere relevante periode waarover gerapporteerd dient te worden, en

ii. de totale bruto-opbrengsten van de verkoop, terugbetaling of afkoop van financiële activa gestort of bijgeschreven op de rekening gedurende het kalenderjaar of een andere relevante periode waarover gerapporteerd dient te worden ter zake waarvan de rapporterende financiële instelling voor de rekeninghouder optrad als bewaarder, makelaar, vertegenwoordiger of anderszins als gevolmachtigde;

f. ter zake van een depositorekening, het totale brutobedrag aan rente gestort of bijgeschreven op de rekening gedurende het kalenderjaar of een andere relevante periode waarover gerapporteerd dient te worden, en

g. ter zake van een niet in lid 2, onder e) of onder f) omschreven rekening, het totale brutobedrag betaald of bijgeschreven op de rekening van de rekeninghouder met betrekking tot de rekening gedurende het kalenderjaar of een andere relevante periode waarover gerapporteerd dient te worden ter zake waarvan de rapporterende financiële instelling een betalingsverplichting heeft of debiteur is, met inbegrip van het totaalbedrag aan afbetalingen aan de rekeninghouder gedurende het kalenderjaar of een andere relevante periode waarover gerapporteerd dient te worden.

Ten behoeve van de uitwisseling van inlichtingen uit hoofde van dit lid worden, het bedrag en de aard van betalingen verricht ter zake van een te rapporteren rekening vastgesteld in overeenstemming met de nationale wetgeving van de lidstaat die de inlichtingen verstrekt, tenzij in dit lid of in de bijlagen anderszins is bepaald.

De eerste en de tweede alinea van dit lid hebben voorrang op lid 1, onder c), en andere rechtsinstrumenten van de Unie, met inbegrip van Richtlijn 2003/48/EG (*) van de Raad, voor zover de betreffende uitwisseling van inlichtingen onder het toepassingsgebied van lid 1, onder c), of van enig ander rechtsinstrument van de Unie, met inbegrip van Richtlijn 2003/48/EG, zou vallen.

c. lid 5 wordt vervangen door:

* Richtlijn 2003/48/EG van de Raad van 3 juni 2003 betreffende belastingheffing op inkomsten uit spaargelden in de vorm van rentebetaling (PB L 157 van 26.6.2003, blz. 38).";

„5. Vóór 1 juli 2017 presenteert de Commissie een verslag met een overzicht en een beoordeling van de ontvangen statistieken en gegevens betreffende, onder meer, de administratieve en andere relevante kosten en de baten van automatische uitwisseling van inlichtingen, alsook de daarmee samenhangende praktische aspecten. Indien passend, dient de Commissie bij de Raad een voorstel in betreffende de categorieën van lid 1 en de in dat lid gestelde voorwaarden, met inbegrip van de voorwaarde dat inlichtingen betreffende ingezetenen van andere lidstaten beschikbaar moeten zijn, of de in lid 3 bis vermelde bestanddelen, of beide. Bij de behandeling van een door de Commissie ingediend voorstel beoordeelt de Raad of de doeltreffendheid en de werking van de automatische uitwisseling van inlichtingen verder moeten worden verbeterd en of deze aan een strengere standaard moeten gaan beantwoorden, teneinde erin te voorzien dat:

a. de bevoegde autoriteit van elke lidstaat de bevoegde autoriteit van elke andere lidstaat met betrekking tot belastingtijdvakken vanaf 1 januari 2017 automatisch inlichtingen verstrekt ten aanzien van ingezetenen van die andere lidstaat, inzake alle in lid 1 vermelde inkomsten- en vermogenscategorieën, op te vatten in de zin van de nationale wetgeving van de lidstaat die de inlichtingen verstrekt, en

b. de lijsten van de in de leden 1 en 3 bis vermelde categorieën en bestanddelen worden uitgebreid met andere categorieën en bestanddelen, waaronder royalty's.";

d. lid 6 wordt vervangen door:

„6. De inlichtingen worden als volgt verstrekt:

a. voor de in lid 1 vermelde categorieën ten minste eenmaal per jaar, binnen zes maanden na het verstrijken van het belastingjaar van de lidstaat in de loop waarvan de inlichtingen beschikbaar zijn geworden;

b. voor de in lid 3 bis vermelde informatie jaarlijks, binnen negen maanden na het einde van het kalenderjaar of een andere geschikte periode waarover gerapporteerd dient te worden, waarop de inlichtingen betrekking hebben.";

e. het volgende lid wordt ingevoegd:

„7 bis. Voor de toepassing van bijlage I, deel VIII, onderdeel B, punt 1, onder c), en deel VIII, onderdeel C, punt 17, onder g), stelt iedere lidstaat de Commissie uiterlijk 31 juli 2015 de lijst van entiteiten en rekeningen ter beschikking die moeten worden behandeld als, respectievelijk, niet-rapporterende financiële instellingen en uitgezonderde rekeningen. Elke lidstaat stelt de Commissie ook in kennis van eventuele wijzigingen dienaangaande. De Commissie publiceert de ontvangen informatie in lijstvorm in het *Publicatieblad van de Europese Unie* en werkt de lijst zo nodig bij.

De lidstaten zorgen ervoor dat deze categorieën van niet-rapporterende financiële instellingen en van uitgezonderde rekeningen aan alle voorschriften van bijlage I, deel VIII, onderdeel B, punt 1, onder c), en deel VIII, onderdeel C, punt 17, onder g), voldoen en in het bijzonder dat het toekennen van de status van niet-rapporterende financiële instelling aan een financiële instelling en van de status van uitgezonderde rekening aan een rekening het verwezenlijken van de doelstellingen van deze richtlijn niet in de weg staat.".

3. In artikel 20, wordt lid 4 vervangen door:

„4. Bij de automatische inlichtingenuitwisseling in de zin van artikel 8 wordt gebruikgemaakt van het door de Commissie volgens de procedure van artikel 26, lid 2, vastgestelde geautomatiseerde standaardformaat, dat dergelijke automatische uitwisseling moet vergemakkelijken, en gebaseerd is op het bestaande geautomatiseerde formaat in de zin van artikel 9 van Richtlijn 2003/48/EG dat bij elke vorm van automatische inlichtingenuitwisseling moet worden gebruikt.".

4. Artikel 21, lid 2, wordt vervangen door:

„2. De Commissie heeft tot taak het CCN-netwerk in die zin aan te passen dat die inlichtingen tussen de lidstaten kunnen worden uitgewisseld en voor de beveiliging van het CCN-netwerk te zorgen. De lidstaten hebben tot taak hun systemen zodanig aan te passen dat die inlichtingen met behulp van het CCN-netwerk kunnen worden uitgewisseld en voor de beveiliging van hun systemen te zorgen. De lidstaten zorgen ervoor dat elke individuele te rapporteren persoon in kennis wordt gesteld van een schending van de beveiliging van zijn gegevens wanneer die schending afbreuk kan doen aan de bescherming van zijn persoonsgegevens of persoonlijke levenssfeer. De lidstaten zien af van iedere eis tot terugbetaling van de uit de toepassing van deze richtlijn voortvloeiende kosten, behalve, in voorkomend geval, de kosten van aan deskundigen betaalde vergoedingen.".

5. Artikel 25 wordt als volgt gewijzigd:

   a. de bestaande tekst van artikel 25 wordt lid 1;

   b. de volgende leden worden ingevoegd:

   „2. Rapporterende financiële instellingen en de bevoegde autoriteiten van elke lidstaat worden voor de toepassing van Richtlijn 95/46/EG als verantwoordelijke voor de verwerking beschouwd.
   3. Niettegenstaande lid 1 ziet elke lidstaat erop toe dat elke onder zijn jurisdictie vallende rapporterende financiële instelling elke betrokken individuele te rapporteren persoon in kennis stelt van het feit dat de hem betreffende inlichtingen als bedoeld in artikel 8, lid 3 bis, overeenkomstig deze richtlijn zullen worden verzameld en doorgegeven, en dat de rapporterende financiële instelling die persoon tijdig alle inlichtingen verstrekt waarop hij krachtens zijn nationale wetgeving tot uitvoering van Richtlijn 95/46/EG recht heeft, zodat de persoon zijn rechten inzake gegevensbescherming kan uitoefenen en, in elk geval, voordat de betrokken rapporterende financiële instelling de in artikel 8, lid 3 bis, bedoelde inlichtingen rapporteert aan de bevoegde autoriteit van zijn lidstaat van verblijf.
   4. Overeenkomstig deze richtlijn verwerkte inlichtingen worden niet langer bewaard dan voor de verwezenlijking van de doelstellingen van deze richtlijn noodzakelijk is, en in elk geval overeenkomstig de nationale voorschriften inzake verjaring van iedere verantwoordelijke voor de verwerking.”.

6. De bijlagen I en II, waarvan de tekst is opgenomen in de bijlage bij deze richtlijn, worden ingevoegd.

Artikel 2

1. De lidstaten dienen uiterlijk op 31 december 2015 de nodige wettelijke en bestuursrechtelijke bepalingen vast te stellen en bekend te maken om aan deze richtlijn te voldoen. Zij delen de Commissie de tekst van die bepalingen onverwijld mede. Zij passen die maatregelen toe vanaf 1 januari 2016. Wanneer de lidstaten die maatregelen vaststellen, wordt in de bepalingen zelf of bij de officiële bekendmaking daarvan naar deze richtlijn verwezen. De regels voor de verwijzing worden vastgesteld door de lidstaten.
2. Niettegenstaande lid 1, punt 2, onder b), van artikel 1 en lid 1 van dit artikel, past Oostenrijk de bepalingen van deze richtlijn toe vanaf 1 januari 2017, met betrekking tot de belastingtijdvakken vanaf die datum.
3. De lidstaten delen de Commissie de tekst van de belangrijkste bepalingen van intern recht mede die zij op het onder deze richtlijn vallende gebied vaststellen.

Artikel 3

Deze richtlijn treedt in werking op de twintigste dag na die van de bekendmaking ervan in het *Publicatieblad van de Europese Unie*.

Artikel 4

Deze richtlijn is gericht tot de lidstaten.

C. Wijziging door Richtlijn 2015/2376/EU inzake verplichte automatische uitwisseling

RICHTLIJN (EU) 2015/2376 VAN DE RAAD
van 8 december 2015
tot wijziging van Richtlijn 2011/16/EU wat betreft verplichte automatische uitwisseling van inlichtingen op belastinggebied

DE RAAD VAN DE EUROPESE UNIE,

Gezien het Verdrag betreffende de werking van de Europese Unie, en met name artikel 115,

Gezien het voorstel van de Europese Commissie, Na toezending van het ontwerp van wetgevingshandeling aan de nationale parlementen,

Gezien het advies van het Europees Parlement[1],

Gezien het advies van het Europees Economisch en Sociaal Comité[2],

Gezien het advies van het Comité van de Regio's[3],

Handelend volgens een bijzondere wetgevingsprocedure,

Overwegende hetgeen volgt:

1. Grensoverschrijdende belastingontwijking, agressieve fiscale planning en schadelijke belastingconcurrentie zijn de afgelopen jaren een steeds groter probleem geworden, dat inmiddels zowel in de Unie als op mondiaal niveau hoog op de agenda staat. Grondslaguitholling leidt tot een aanzienlijke derving van belastingopbrengsten voor de lidstaten, waardoor zij moeilijker een groeivriendelijk fiscaal beleid kunnen voeren. Het afgeven van voorafgaande fiscale rulings, waarmee een consequente en transparante toepassing van de wet makkelijker wordt, is een gangbare praktijk, ook in de Unie. Verduidelijking van het belastingrecht voor belastingbetalers biedt het bedrijfsleven zekerheid en kan daardoor investeringen bevorderen en de naleving van het recht stimuleren, en aldus ook bevorderlijk zijn voor de verdere ontwikkeling van de een gemaakte markt in de Unie op basis van de beginselen en vrijheden die ten grondslag liggen aan de verdragen. Rulings betreffende fiscaal geïnspireerde structuren hebben in bepaalde gevallen echter geleid tot lage belasting van kunstmatig hoge inkomsten in het land dat de voorafgaande ruling afgeeft, wijzigt of verlengt en geresulteerd in kunstmatig lage inkomsten voor belastingheffing in andere betrokken landen. Daarom is er dringend meer transparantie nodig. Daartoe moeten de instrumenten en mechanismen van Richtlijn 2011/16/EU van de Raad[4] worden uitgebreid.

2. De Europese Raad heeft in zijn conclusies van 18 december 2014 onderstreept dat de inspanningen voor de bestrijding van belastingontwijking en agressieve fiscale planning dringend moeten worden opgevoerd, zowel op mondiaal als op Unie-niveau. Gelet op het belang van transparantie verheugde de Europese Raad zich over het voornemen van de Commissie om een voorstel inzake de automatische uitwisseling van inlichtingen over fiscale rulings in de Unie in te dienen.

3. Richtlijn 2011/16/EU voorziet in de verplichte spontane uitwisseling van inlichtingen tussen de lidstaten in vijf specifieke gevallen en binnen bepaalde termijnen. De spontane inlichtingenuitwisseling in gevallen waarin de bevoegde autoriteit van een lidstaat redenen heeft om aan te nemen dat in een andere lidstaat sprake is van belastingderving, is al van toepassing op fiscale rulings – inzake de uitlegging of de toepassing van fiscale bepalingen in de toekomst – die een lidstaat met betrekking tot een bepaalde belastingbetaler afgeeft, wijzigt of verlengt, en die een grensoverschrijdende dimensie hebben.

4. Er doen zich evenwel verschillende belangrijke praktische moeilijkheden voor die een efficiënte spontane uitwisseling van inlichtingen over voorafgaande grensoverschrijdende rulings en voorafgaande verrekenprijsafspraken belemmeren, zoals het feit dat de lidstaat die de ruling afgeeft, zelf mag beslissen welke andere lidstaten op de hoogte moeten worden gebracht. Daarom moeten de uitgewisselde inlichtingen, in voorkomend geval, voor alle andere lidstaten beschikbaar zijn.

1. Advies van 27 oktober 2015 (nog niet bekendgemaakt in het Publicatieblad).
2. PB C 332 van 8.10.2015, blz. 64.
3. Advies van 14 oktober 2015 (nog niet bekendgemaakt in het Publicatieblad).
4. Richtlijn 2011/16/EU van de Raad van 15 februari 2011 betreffende de administratieve samenwerking op het gebied van de belastingen en tot intrekking van Richtlijn 77/799/EEG (PB L 64 van 11.3.2011, blz. 1).

5. Het toepassingsgebied van de automatische uitwisseling van voorafgaande grensoverschrijdende rulings en voorafgaande verrekenprijsafspraken die worden afgegeven of gemaakt, gewijzigd of hernieuwd voor een bepaalde persoon of groep van personen en waarop deze persoon of groep personen zich mag baseren, moet iedere materiële vorm dekken (ongeacht de bindende of niet-bindende aard ervan en de wijze van afgifte).

6. Met het oog op de rechtszekerheid moet Richtlijn 2011/16/EU worden gewijzigd door middel van de toevoeging van een goede definitie van voorafgaande grensoverschrijdende ruling en voorafgaande verrekenprijsafspraak. Deze definities moeten breed genoeg zijn om zeer uiteenlopende situaties te kunnen omvatten waaronder, maar niet beperkt tot, de onderstaande soorten voorafgaande grensoverschrijdende rulings en voorafgaande verrekenprijsafspraken:
- unilaterale voorafgaande verrekenprijsafspraken en/of verrekenprijsbeslissingen;
- bilaterale of multilaterale voorafgaande verrekenprijsafspraken en verrekenprijsbeslissingen;
- afspraken of beslissingen op grond waarvan wordt bepaald of er al dan niet een vaste inrichting bestaat;
- afspraken of beslissingen op grond waarvan wordt bepaald of er feiten zijn met een mogelijke impact op de belastinggrondslag van een vaste inrichting;
- afspraken of beslissingen op grond waarvan de fiscale status in een lidstaat wordt bepaald van een hybride entiteit die gerelateerd is aan een ingezetene van een ander rechtsgebied, en
- afspraken of beslissingen inzake de grondslag voor de afschrijving van een actief bestanddeel in één lidstaat, verworven van een concernonderneming in een ander rechtsgebied.

7. Belastingbetalers mogen zich gedurende bijvoorbeeld belastingprocedures of belastingcontroles beroepen op voorafgaande grensoverschrijdende rulings of voorafgaande verrekenprijsafspraken op voorwaarde dat de feiten waarop de voorafgaande grensoverschrijdende rulings of de voorafgaande verrekenprijsafspraken zijn gebaseerd, nauwkeurig zijn gepresenteerd en dat de belastingbetalers zich houden aan de voorwaarden in de voorafgaande grensoverschrijdende rulings of de voorafgaande verrekenprijsafspraken.

8. De lidstaten zullen inlichtingen uitwisselen, ongeacht of de belastingplichtige zich al dan niet aan de voorwaarden van de voorafgaande grensoverschrijdende ruling of de voorafgaande verrekenprijsafspraak houdt.

9. Het verstrekken van inlichtingen mag niet leiden tot de openbaarmaking van een handels-, bedrijfs-, nijverheids- of beroepsgeheim of een fabrieks- of handelswerkwijze, of van inlichtingen die in strijd zouden zijn met de openbare orde.

10. Om de vruchten te kunnen plukken van de verplichte automatische uitwisseling van voorafgaande grensoverschrijdende rulings en voorafgaande verrekenprijsafspraken, moeten de inlichtingen onmiddellijk nadat de ruling of de voorafgaande verrekenprijsafspraak is afgegeven of gemaakt, gewijzigd of hernieuwd, worden verstrekt, en daarom moeten regelmatige tijdstippen voor de inlichtingenverstrekking worden vastgesteld. Om dezelfde redenen moet ook worden voorzien in verplichte automatische uitwisseling van voorafgaande grensoverschrijdende rulings en voorafgaande verrekenprijsafspraken die zijn afgegeven of gemaakt, gewijzigd of hernieuwd binnen een periode van vijf jaar vóór de datum van toepassing van deze richtlijn en die op 1 januari 2014 nog geldig zijn. Bepaalde personen of groepen van personen met een jaarlijkse netto groepsomzet van minder dan 40 000 000 EUR zouden onder bepaalde voorwaarden kunnen worden uitgesloten van een dergelijke verplichte automatische uitwisseling.

11. Met het oog op de rechtszekerheid moeten, onder zeer strikte voorwaarden, bilaterale of multilaterale voorafgaande verrekenprijsafspraken met derde landen volgens het kader van bestaande internationale verdragen met die landen worden vrijgesteld van verplichte automatische uitwisseling, wanneer het volgens de bepalingen van die verdragen niet is toegestaan de uit hoofde van dat verdrag ontvangen inlichtingen vrij te geven aan een derde land. In die gevallen moeten echter in plaats daarvan de in artikel 8 bis, lid 6, bedoelde inlichtingen over de verzoeken die leiden tot het maken van die bilaterale of multilaterale voorafgaande verrekenprijsafspraken worden uitgewisseld. Daarom moeten in dergelijke gevallen de te verstrekken inlichtingen de aanwijzing bevatten dat deze op basis van een dergelijk verzoek worden verstrekt.

12. Bij de verplichte automatische uitwisseling van voorafgaande grensoverschrijdende rulings en voorafgaande verrekenprijsafspraken moet telkens een afgebakende reeks basisgegevens worden verstrekt die voor alle lidstaten toegankelijk zou zijn. De Commissie moet worden gemachtigd om praktische regelingen te treffen om deze inlichtingenverstrekking te standaardiseren volgens de procedure van Richtlijn 2011/16/EU (met een rol voor het Comité inzake administratieve samenwerking op belastinggebied) voor de vaststelling van een standaardformulier voor de inlichtingenuitwisseling. Die procedure moet ook worden gebruikt bij het vaststellen van verdere praktische regelingen voor de uitvoering van de inlichtingenuitwisseling, zoals specifi-

catie van taaleisen die zullen gelden voor de uitwisseling van inlichtingen met gebruikmaking van dat standaardformulier.

13. Bij de ontwikkeling van een dergelijk standaardformulier voor de verplichte automatische uitwisseling van inlichtingen is het wenselijk rekening te houden met de werkzaamheden verricht in het forum schadelijke belastingmaatregelen (Forum on Harmful Tax Practices) van de OESO, waar een standaardformulier voor de uitwisseling van gegevens wordt ontwikkeld in het kader van het actieplan inzake grondslaguitholling en winstverschuiving (Action Plan on Base Erosion and Profit Shifting). Het is wenselijk dat nauw met de OESO wordt samengewerkt, op een gecoördineerde wijze, en niet alleen op het gebied van de ontwikkeling van een dergelijk standaardformulier voor verplichte automatische uitwisseling van inlichtingen. Het uiteindelijke doel moet zijn, een gelijk speelveld op mondiaal niveau te creëren, waarbij de Unie het voortouw moet nemen en ervoor moet pleiten dat de omvang van de inlichtingen over voorafgaande grensoverschrijdende rulings en voorafgaande verrekenprijsafspraken tamelijk groot moet zijn.

14. De lidstaten moeten basisinlichtingen uitwisselen en een beperkte reeks basisinlichtingen moet ook aan de Commissie worden verstrekt. Op die manier kan de Commissie op elk moment de effectieve toepassing van de verplichte automatische uitwisseling van inlichtingen over voorafgaande grensoverschrijdende rulings en voorafgaande verrekenprijsafspraken monitoren en evalueren. De door de Commissie ontvangen inlichtingen mogen echter niet voor andere doeleinden worden gebruikt. Voorts, mag deze mededeling een lidstaat niet ontheffen van zijn verplichtingen inzake het melden van staatssteun bij de Commissie.

15. Terugkoppeling door de ontvangende lidstaat aan de verstrekkende lidstaat is noodzakelijk voor het functioneren van een doeltreffend systeem van automatische inlichtingenuitwisseling. Daarom moet uitdrukkelijk worden gesteld dat de bevoegde autoriteiten van de lidstaten een keer per jaar aan de andere betrokken lidstaten informatie moeten terugkoppelen over de automatische uitwisseling van inlichtingen. In de praktijk moet deze verplichte terugkoppeling geschieden door middel van onderling overeengekomen bilaterale regelingen.

16. Een lidstaat moet, indien nodig, na de fase van de verplichte automatische uitwisseling van inlichtingen krachtens deze richtlijn, een beroep kunnen doen op artikel 5 van Richtlijn 2011/16/EU betreffende de uitwisseling van inlichtingen op verzoek om aanvullende informatie te krijgen, daaronder begrepen de volledige tekst van voorafgaande grensoverschrijdende rulings of voorafgaande verrekenprijsafspraken, van de lidstaat die dergelijke rulings of verrekenprijsafspraken heeft afgegeven, respectievelijk gemaakt.

17. Er moet aan worden herinnerd dat in artikel 21, lid 4, van Richtlijn 2011/16/EU regels worden vastgesteld over de taal en de vertaling die gelden voor het verzoek om samenwerking, waaronder het verzoek tot kennisgeving, en de bijgevoegde bescheiden. Die regels moeten ook gelden wanneer lidstaten aanvullende inlichtingen vragen, na de fase van de verplichte automatische uitwisseling van basisinlichtingen over voorafgaande grensoverschrijdende rulings en voorafgaande verrekenprijsafspraken.

18. De lidstaten dienen alle nodige redelijke maatregelen te treffen om alle obstakels weg te nemen die een belemmering kunnen vormen voor de effectieve en zo breed mogelijke verplichte automatische uitwisseling van inlichtingen over voorafgaande grensoverschrijdende rulings en voorafgaande verrekenprijsafspraken.

19. Teneinde middelen efficiënter in te zetten, de inlichtingenuitwisseling te vergemakkelijken en te voorkomen dat elke lidstaat soortgelijke ontwikkelingen moet doorvoeren in zijn systemen om de inlichtingen op te slaan, moet specifiek worden voorzien in de oprichting van een centraal gegevensbestand, dat toegankelijk is voor alle lidstaten en de Commissie en waar de lidstaten inlichtingen zouden uploaden en opslaan in plaats van deze per beveiligde e-mail uit te wisselen. De nadere regels voor de oprichting van een dergelijk gegevensbestand moeten door de Commissie worden vastgesteld volgens de in artikel 26, lid 2, van Richtlijn 2011/16/EU bedoelde procedure.

20. Gelet op de aard en de omvang van de bij Richtlijn 2014/107/EU van de Raad[1] en deze richtlijn ingevoerde wijzigingen moet het tijdschema voor de indiening van inlichtingen, statistieken en verslagen waarin Richtlijn 2011/16/EU voorziet, worden verlengd. Deze verlenging moet ervoor zorgen dat in de te verstrekken inlichtingen rekening kan worden gehouden met de ervaringen die zijn opgedaan op basis van deze wijzigingen. De verlenging moet zowel gelden voor de statistieken en andere gegevens die de lidstaten vóór 1 januari 2018 moeten indienen als voor het verslag en, in voorkomend geval, het voorstel dat de Commissie vóór 1 januari 2019 moet indienen.

1. Richtlijn 2014/107/EU van de Raad van 9 december 2014 tot wijziging van Richtlijn 2011/16/EU wat betreft verplichte automatische uitwisseling van inlichtingen op belastinggebied (PB L 359 van 16.12.2014, blz. 1).

21. De bestaande bepalingen inzake vertrouwelijkheid moeten worden gewijzigd om rekening te houden met de uitbreiding van de verplichte automatische uitwisseling van inlichtingen tot voorafgaande grensoverschrijdende rulings en voorafgaande verrekenprijsafspraken.

22. Deze richtlijn eerbiedigt de grondrechten en neemt de beginselen in acht die met name in het Handvest van de grondrechten van de Europese Unie zijn erkend. Deze richtlijn beoogt met name te waarborgen dat het recht op bescherming van persoonsgegevens en de vrijheid van ondernemerschap onverkort worden geëerbiedigd.

23. Daar de doelstelling van deze richtlijn, namelijk een doeltreffende administratieve samenwerking tussen de lidstaten onder voorwaarden die verenigbaar zijn met het goed functioneren van de interne markt, niet voldoende door de lidstaten kan worden verwezenlijkt, maar wegens de vereiste uniformiteit en doeltreffendheid beter op Unieniveau kan worden verwezenlijkt, kan de Unie, overeenkomstig het in artikel 5 van het Verdrag betreffende de Europese Unie neergelegde subsidiariteitsbeginsel, maatregelen nemen. Overeenkomstig het in hetzelfde artikel neergelegde evenredigheidsbeginsel gaat deze richtlijn niet verder dan hetgeen nodig is om deze doelstelling te verwezenlijken.

24. Richtlijn 2011/16/EU moet derhalve dienovereenkomstig worden gewijzigd,

HEEFT DE VOLGENDE RICHTLIJN VASTGESTELD:

Artikel 1

Richtlijn 2011/16/EU wordt als volgt gewijzigd:

1. Artikel 3 wordt als volgt gewijzigd:
   a. punt 9 wordt vervangen door:

   „9. „automatische uitwisseling":
   a. voor de toepassing van artikel 8, lid 1, en artikel 8 bis, de systematische verstrekking van vooraf bepaalde inlichtingen aan een andere lidstaat, zonder voorafgaand verzoek, met regelmatige, vooraf vastgestelde tussenpozen. Voor de toepassing van artikel 8, lid 1, betekent „beschikbare inlichtingen" inlichtingen die zich bevinden in de belastingdossiers van de lidstaat die de inlichtingen verstrekt, en die opvraagbaar zijn overeenkomstig de procedures voor het verzamelen en verwerken van inlichtingen in die lidstaat;
   b. voor de toepassing van artikel 8, lid 3 bis, de systematische verstrekking van vooraf bepaalde inlichtingen over ingezetenen van andere lidstaten aan de betrokken lidstaat van verblijf, zonder voorafgaand verzoek, met regelmatige, vooraf vastgestelde tussenpozen. In de context van artikel 8, lid 3 bis, artikel 8, lid 7 bis, artikel 21, lid 2, en artikel 25, leden 2 en 3, hebben tussen aanhalingstekens geplaatste termen de betekenis die ze hebben volgens de overeenkomstige definities in bijlage I;
   c. voor de toepassing van alle andere bepalingen van deze richtlijn dan artikel 8, lid 1, artikel 8, lid 3 bis, en artikel 8 bis, de systematische verstrekking van vooraf bepaalde inlichtingen overeenkomstig de punten a) en b) van dit punt.";

   b. de volgende punten worden toegevoegd:

   „14. „voorafgaande grensoverschrijdende ruling": een akkoord, een mededeling dan wel enig ander instrument of enige andere handeling met soortgelijk effect, ook indien afgegeven, gewijzigd of hernieuwd, in het kader van een belastingcontrole, mits aan de volgende voorwaarden is voldaan:
   a. het of zij is afgegeven, gewijzigd of hernieuwd door of namens de regering of de belastingautoriteit van een lidstaat, of een territoriaal of staatkundig onderdeel van die lidstaat, met inbegrip van de lokale overheden, ongeacht of er effectief gebruik van wordt gemaakt;
   b. het of zij is afgegeven, gewijzigd of hernieuwd, ten aanzien van een welbepaalde persoon of groep van personen, en deze persoon of groep personen kan zich erop beroepen;
   c. het of zij de interpretatie of toepassing betreft van een wettelijke of bestuursrechtelijke bepaling ter toepassing of handhaving van nationale belastingwetgeving van de lidstaat of de territoriale of staatkundige onderdelen daarvan, met inbegrip van de lokale overheden;
   d. het of zij betrekking heeft op een grensoverschrijdende transactie of op de vraag of er op grond van de activiteiten van een persoon in een ander rechtsgebied al dan niet sprake is van een vaste inrichting, en;
   e. het of zij eerder is tot stand gekomen dan de transacties of activiteiten in een ander rechtsgebied op grond waarvan mogelijkerwijs sprake is van een vaste inrichting, of dan de indiening van

een belastingaangifte voor het tijdvak waarin de transactie of reeks transacties dan wel de activiteiten hebben plaatsgevonden. De grensoverschrijdende transactie kan betrekking hebben op, maar is niet beperkt tot, het doen van investeringen, het leveren van goederen, het verrichten van diensten, het financieren of het gebruiken van materiële of immateriële activa, waarbij de persoon die de voorafgaande grensoverschrijdende ruling heeft gekregen, niet rechtstreeks betrokken hoeft te zijn;
15. „voorafgaande verrekenprijsafspraak": een akkoord, een mededeling dan wel enig ander instrument of enige andere handeling met soortgelijk effect, ook indien gemaakt, gewijzigd of hernieuwd, in het kader van een belastingcontrole, mits aan de volgende voorwaarden is voldaan:

a. het of zij is gemaakt, gewijzigd of hernieuwd door of namens de regering of de belastingautoriteit van een of meer lidstaten, of een territoriaal of staatkundig onderdeel daarvan, met inbegrip van de lokale overheden, ongeacht of er effectief gebruik van wordt gemaakt;

b. het of zij is gemaakt, gewijzigd of hernieuwd, ten aanzien van een welbepaalde persoon of groep van personen, en deze persoon of groep personen kan zich erop beroepen; en

c. voordat grensoverschrijdende transacties tussen verbonden ondernemingen hebben plaatsgevonden, een passende reeks criteria om de verrekenprijzen voor die transacties te bepalen of de toerekening van winsten aan een vaste inrichting is vastgesteld. Ondernemingen zijn verbonden ondernemingen wanneer één onderneming rechtstreeks of middellijk deelneemt aan de leiding van, aan de zeggenschap in of in het kapitaal van een andere onderneming of wanneer dezelfde personen rechtstreeks of middellijk deelnemen aan de leiding van, aan de zeggenschap in of in het kapitaal van de ondernemingen. Verrekenprijzen zijn de prijzen die een onderneming aan verbonden ondernemingen in rekening brengt voor de overdracht van materiële en immateriële goederen of voor het verlenen van diensten, en het „bepalen van verrekenprijzen" moet in die zin worden uitgelegd;

16. voor de toepassing van punt 14 is een „grensoverschrijdende transactie" een transactie of reeks van transacties waarbij:

a. niet alle partijen bij de transactie of reeks van transacties hun fiscale woonplaats hebben in de lidstaat die de voorafgaande grensoverschrijdende ruling afgeeft, wijzigt of hernieuwt;

b. een of meer van de partijen bij de transactie of reeks van transacties haar fiscale woonplaats tegelijkertijd in meer dan een rechtsgebied heeft;

c. een van de partijen bij de transactie of reeks van transacties haar bedrijf uitoefent in een ander rechtsgebied via een vaste inrichting en de transactie of reeks van transacties alle of een deel van de activiteiten van de vaste inrichting uitmaakt. Een grensoverschrijdende transactie of reeks van transacties omvat tevens de regelingen die worden getroffen door een persoon ten aanzien van de bedrijfsactiviteiten die hij in een ander rechtsgebied via een vaste inrichting uitoefent; of

d. die transacties of reeks van transacties een grensoverschrijdend effect hebben. Voor de toepassing van punt 15 is een „grensoverschrijdende transactie" een transactie of reeks van transacties tussen verbonden ondernemingen die niet allemaal hun fiscale woonplaats op het grondgebied van hetzelfde rechtsgebied hebben of een transactie of reeks transacties die een grensoverschrijdend effect heeft;

17. voor de toepassing van de punten 15 en 16 wordt onder „onderneming" verstaan iedere vorm van bedrijfsvoering.".

2. In artikel 8 worden de leden 4 en 5 geschrapt.

3. De volgende artikelen worden ingevoegd:

„Art. 8 bis. Omvang en voorwaarden van de verplichte automatische uitwisseling van inlichtingen over voorafgaande grensoverschrijdende rulings en voorafgaande verrekenprijsafspraken

1. De bevoegde autoriteit van een lidstaat die na 31 december 2016 een voorafgaande grensoverschrijdende ruling of voorafgaande verrekenprijsafspraak afgeeft of maakt, wijzigt of hernieuwt, verstrekt de bevoegde autoriteiten van alle andere lidstaten en de Europese Commissie automatisch inlichtingen daaromtrent, met inachtneming van de in lid 8 van dit artikel genoemde beperkingen, zulks overeenkomstig de uit hoofde van artikel 21 vastgestelde toepasselijke praktische regelingen.

2. De bevoegde autoriteit van een lidstaat verstrekt, overeenkomstig de krachtens artikel 21 vastgestelde toepasselijke praktische regelingen, ook de bevoegde autoriteiten van alle andere lidstaten, alsmede de Europese Commissie, de inlichtingen – beperkt tot de in lid 8 van dit artikel genoemde gevallen – over voorafgaande grensoverschrijdende rulings en voorafgaande verrekenprijsafspraken die zijn afgegeven of gemaakt, gewijzigd of hernieuwd binnen een periode beginnend vijf jaar vóór 1 januari 2017. Indien voorafgaande grensoverschrijdende rulings en voorafgaande verrekenprijsafspraken zijn afgegeven of gemaakt, gewijzigd of hernieuwd tussen 1 januari 2012 en 31 december 2013, worden die inlichtingen verstrekt op voorwaarde dat die voorafgaande grensoverschrijdende rulings of voorafgaande verreken-

prijsafspraken nog geldig waren op 1 januari 2014. Indien voorafgaande grensoverschrijdende rulings en voorafgaande verrekenprijsafspraken zijn afgegeven of gemaakt, gewijzigd of hernieuwd tussen 1 januari 2014 en 31 december 2016, worden die inlichtingen verstrekt ongeacht of die voorafgaande grensoverschrijdende rulings of voorafgaande verrekenprijsafspraken nog geldig zijn. De lidstaten kunnen bepalen dat van de in dit lid bedoelde verstrekking van inlichtingen uitgesloten zijn, inlichtingen over voorafgaande grensoverschrijdende rulings en voorafgaande verrekenprijsafspraken die vóór 1 april 2016 zijn afgegeven of gemaakt, gewijzigd of hernieuwd ten aanzien van een bepaalde persoon of groep personen, met uitzondering van die welke hoofdzakelijk financiële of investeringsactiviteiten verrichten, met een jaarlijkse nettogroepsomzet, als gedefinieerd in artikel 2, punt 5, van Richtlijn 2013/34/EU van het Europees Parlement en de Raad (*), van minder dan 40 000 000 EUR (of het equivalent daarvan in een andere valuta) in het boekjaar voorafgaand aan de datum waarop die grensoverschrijdende rulings en voorafgaande verrekenprijsafspraken zijn afgegeven of gemaakt, gewijzigd of hernieuwd.

3. Bilaterale of multilaterale voorafgaande verrekenprijsafspraken met derde landen worden van het toepassingsgebied van de automatische uitwisseling van inlichtingen overeenkomstig dit artikel uitgesloten indien de internationale belastingovereenkomst uit hoofde waarvan over de voorafgaande verrekenprijsafspraken is onderhandeld, niet toestaat dat deze verrekenprijsafspraken aan derden worden vrijgegeven. Deze bilaterale of multilaterale voorafgaande verrekenprijsafspraken zullen overeenkomstig artikel 9 worden uitgewisseld, mits de internationale belastingovereenkomst uit hoofde waarvan over de voorafgaande verrekenprijsafspraken is onderhandeld, toestaat dat deze worden vrijgegeven en de bevoegde autoriteit van het derde land de toestemming geeft voor vrijgave van deze inlichtingen. Indien de bilaterale of multilaterale voorafgaande verrekenprijsafspraken van de automatische uitwisseling van inlichtingen overeenkomstig de eerste zin van de eerste alinea van dit lid worden uitgesloten, worden in plaats daarvan de in lid 6 van dit artikel bedoelde inlichtingen waarvan sprake in het verzoek dat tot deze bilaterale of multilaterale voorafgaande verrekenprijsafspraak heeft geleid, uitgewisseld op grond van de leden 1 en 2 van dit artikel.

4. De leden 1 en 2 zijn niet van toepassing wanneer een voorafgaande grensoverschrijdende ruling uitsluitend betrekking heeft op de belastingzaken van een of meer natuurlijke personen.

5. De inlichtingenuitwisseling geschiedt als volgt:

a. voor de overeenkomstig lid 1 uitgewisselde inlichtingen: binnen drie maanden na het einde van het eerste halfjaar van het kalenderjaar waarin de voorafgaande grensoverschrijdende rulings of voorafgaande verrekenprijsafspraken zijn afgegeven of gemaakt, gewijzigd of hernieuwd;

b. voor de overeenkomstig lid 2 uitgewisselde inlichtingen: vóór 1 januari 2018.

6. De door een lidstaat uit hoofde van de leden 1 en 2 van dit artikel te verstrekken inlichtingen omvatten onder meer de volgende gegevens:

a. de identificatiegegevens van de persoon, niet zijnde een natuurlijke persoon, en in voorkomend geval van de groep personen waartoe deze behoort;

b. een samenvatting van de inhoud van de voorafgaande grensoverschrijdende ruling of voorafgaande verrekenprijsafspraak, met onder meer een omschrijving van de relevante zakelijke activiteiten of transacties of reeks van transacties, in algemene bewoordingen gesteld, die niet mag niet leiden tot de openbaarmaking van een handels-, bedrijfs-, nijverheids- of beroepsgeheim of een fabrieks- of handelswerkwijze, of van inlichtingen die in strijd zouden zijn met de openbare orde;

c. de data waarop de voorafgaande grensoverschrijdende ruling of voorafgaande verrekenprijsafspraak is afgegeven of gemaakt, gewijzigd of hernieuwd;

d. de aanvangsdatum van de geldigheidsperiode van de voorafgaande grensoverschrijdende ruling of voorafgaande verrekenprijsafspraak, indien vermeld;

e. de einddatum van de geldigheidsperiode van de voorafgaande grensoverschrijdende ruling of voorafgaande verrekenprijsafspraak, indien vermeld;

f. het type voorafgaande grensoverschrijdende ruling of voorafgaande verrekenprijsafspraak;

g. het bedrag van de transactie of reeks van transacties van de voorafgaande grensoverschrijdende ruling of voorafgaande verrekenprijsafspraak, indien vermeld in de voorafgaande grensoverschrijdende ruling of voorafgaande verrekenprijsafspraak;

h. de beschrijving van de reeks criteria die zijn gebruikt voor de verrekenprijsvaststelling of de verrekenprijs zelf in het geval van een voorafgaande verrekenprijsafspraak;

i. de methode die wordt gebruikt voor de verrekenprijsvaststelling of de verrekenprijs zelf in het geval van een voorafgaande verrekenprijsafspraak;

j. de andere lidstaten, indien er zijn, waarop de voorafgaande grensoverschrijdende ruling of de voorafgaande verrekenprijsafspraak naar alle waarschijnlijkheid van invloed zal zijn;

k. personen, niet zijnde natuurlijke personen, in de andere lidstaten, indien die er zijn, op wie de voorafgaande grensoverschrijdende ruling of de voorafgaande verrekenprijsafspraak naar alle waarschijnlijkheid van invloed zal zijn (waarbij vermeld dient te worden met welke lidstaten de getroffen personen verbonden zijn); en

l. de vermelding of de meegedeelde inlichtingen gebaseerd zijn op de voorafgaande grensoverschrijdende ruling of de voorafgaande verrekenprijsafspraak zelf, dan wel op het in lid 3, tweede alinea, van dit artikel bedoelde verzoek.

7. Om de in lid 6 van dit artikel bedoelde uitwisseling van inlichtingen te vergemakkelijken stelt de Commissie praktische regelingen vast voor de uitvoering van dit artikel, daaronder begrepen maatregelen om de verstrekking van de in lid 6 van dit artikel genoemde inlichtingen te standaardiseren, in het kader van de procedure voor de vaststelling van het standaardformulier als bedoeld in artikel 20, lid 5.

8. Inlichtingen in de zin van de punten a), b), h) en k) van lid 6 van dit artikel worden niet medegedeeld aan de Europese Commissie.

9. De ontvangst van de inlichtingen wordt door de bevoegde autoriteit van de in lid 6, onder j), genoemde betrokken lidstaten onmiddellijk en in elk geval niet later dan zeven werkdagen na ontvangst, indien mogelijk langs elektronische weg, aan de verstrekkende bevoegde autoriteit bevestigd. Deze maatregel is van toepassing totdat het in artikel 21, lid 5, bedoelde gegevensbestand operationeel wordt.

10. De lidstaten kunnen, in overeenstemming met artikel 5 en met inachtneming van artikel 21, lid 4, om aanvullende inlichtingen verzoeken, daaronder begrepen de volledige tekst van een voorafgaande grensoverschrijdende ruling of een voorafgaande verrekenprijsafspraak.

Art. 8 ter. Statistieken over de automatische uitwisseling

1. Vóór 1 januari 2018 doen de lidstaten de Commissie jaarlijks statistieken over de omvang van de automatische uitwisseling van inlichtingen uit hoofde van de artikelen 8 en 8 bis toekomen, alsmede, voor zover mogelijk, gegevens betreffende administratieve en andere relevante kosten en baten voor belastingdiensten en derden die betrekking hebben op de verrichte uitwisselingen, en mogelijke veranderingen.

2. Vóór 1 januari 2019 presenteert de Commissie een verslag met een overzicht en een beoordeling van de uit hoofde van lid 1 van dit artikel ontvangen statistieken en gegevens betreffende, onder meer, administratieve en andere relevante kosten en baten met betrekking tot de automatische uitwisseling van inlichtingen, alsmede de daarmee samenhangende praktische aspecten. Indien passend, dient de Commissie bij de Raad een voorstel in betreffende de categorieën van artikel 8, lid 1, en de in dat lid gestelde voorwaarden, met inbegrip van de voorwaarde dat inlichtingen betreffende ingezetenen van andere lidstaten beschikbaar moeten zijn, of de in artikel 8, lid 3 bis, vermelde bestanddelen, of beide. Bij de behandeling van een door de Commissie ingediend voorstel beoordeelt de Raad of de doeltreffendheid en de werking van de automatische uitwisseling van inlichtingen verder moeten worden verbeterd en of deze aan een strengere standaard moeten gaan beantwoorden, teneinde erin te voorzien dat:

a. de bevoegde autoriteit van elke lidstaat de bevoegde autoriteit van elke andere lidstaat met betrekking tot belastingtijdvakken vanaf 1 januari 2019 automatisch inlichtingen verstrekt over ingezetenen van die andere lidstaat, met betrekking tot alle in artikel 8, lid 1, vermelde inkomsten- en vermogenscategorieën, op te vatten in de zin van de nationale wetgeving van de lidstaat die de inlichtingen verstrekt; en

b. de lijsten van de in artikel 8, lid 1, en artikel 8, lid 3 bis, vermelde categorieën en bestanddelen worden uitgebreid met andere categorieën en bestanddelen, waaronder royalty's.

4. In artikel 20 wordt het volgende lid toegevoegd:

„5. Een standaardformulier, dat de talenregeling bevat, wordt vóór 1 januari 2017 door de Commissie vastgesteld volgens de in artikel 26, lid 2, bedoelde procedure. De automatische uitwisseling van gegevens over voorafgaande grensoverschrijdende rulings en voorafgaande verrekenprijsafspraken overeenkomstig artikel 8 bis geschiedt aan de hand van dat standaardformulier. Dat standaardformulier bevat niet meer rubrieken waarover gegevens worden uitgewisseld dan die welke in artikel 8 bis, lid 6, worden opgesomd en de andere daaraan gerelateerde gebieden die noodzakelijk zijn voor het verwezenlijken van de doelstellingen van artikel 8 bis. De in de eerste alinea vermelde talenregeling staat er niet aan in de weg dat de lidstaten de in artikel 8 bis bedoelde inlichtingen in een van de officiële en werktalen van de Unie verstrekken. Niettemin kan in die talenregeling worden bepaald dat de belangrijkste elementen van deze inlichtingen ook in een andere officiële en werktaal van de Unie worden verstrekt.".

* Richtlijn 2013/34/EU van het Europees Parlement en van de Raad van 26 juni 2013 betreffende de jaarlijkse financiële overzichten, geconsolideerde financiële overzichten en aanverwante verslagen van bepaalde ondernemingsvormen, tot wijziging van Richtlijn 2006/43/EG van het Europees Parlement en de Raad en tot intrekking van Richtlijnen 78/660/EEG en 83/349/EEG van de Raad (PB L 182 van 29.6.2013, blz. 19).".

5. Artikel 21 wordt als volgt gewijzigd:
   a. lid 3 wordt vervangen door:

      „3. De door de instantie voor veiligheidsaccreditatie van de Commissie gemachtigde personen hebben slechts toegang tot de inlichtingen voor zover dat met het oog op het beheer, het onderhoud en de ontwikkeling van het in lid 5 bedoelde gegevensbestand en het CCN-netwerk noodzakelijk is.";
   b. het volgende lid wordt toegevoegd:

      „5. De Commissie ontwikkelt uiterlijk op 31 december 2017 een beveiligd centraal gegevensbestand van de lidstaten betreffende administratieve samenwerking op belastinggebied en zorgt voor de technische en logistieke ondersteuning daarvan; in dat centraal gegevensbestand kunnen in het kader van artikel 8 bis, leden 1 en 2, van deze richtlijn te verstrekken inlichtingen worden opgeslagen om te voldoen aan de automatische uitwisseling als bedoeld in die leden. De bevoegde autoriteiten van alle lidstaten hebben toegang tot de in dit gegevensbestand opgeslagen inlichtingen. De Commissie heeft ook toegang tot de in dit gegevensbestand opgeslagen inlichtingen, evenwel met inachtneming van in artikel 8 bis, lid 8 genoemde beperkingen. De noodzakelijke praktische regelingen worden door de Commissie vastgesteld volgens de in artikel 26, lid 2, bedoelde procedure. In afwachting dat dat beveiligd centraal gegevensbestand operationeel wordt, geschiedt de in artikel 8 bis, leden 1 en 2, bedoelde automatische uitwisseling van gegevens volgens lid 1 van dit artikel en de toepasselijke praktische regelingen.".
6. Artikel 23 wordt als volgt gewijzigd:
   a. lid 3 wordt vervangen door:

      „3. De lidstaten doen de Commissie een jaarlijkse beoordeling toekomen van de doeltreffendheid van de in artikel 8 en artikel 8 bis bedoelde automatische inlichtingenuitwisseling en de daarmee bereikte praktische resultaten. De vorm en wijze van mededeling van de jaarlijkse beoordeling worden door de Commissie volgens de in artikel 26, lid 2, bedoelde procedure vastgesteld.";
   b. de leden 5 en 6 worden geschrapt.
7. Het volgende artikel wordt ingevoegd:

   „Art. 23. bis. Vertrouwelijkheid van inlichtingen

   1. De krachtens deze richtlijn aan de Commissie verstrekte inlichtingen worden door haar vertrouwelijk gehouden overeenkomstig de op de autoriteiten van de Unie toepasselijke bepalingen en mogen niet worden gebruikt voor andere doeleinden dan om te beoordelen of en in hoeverre de lidstaten aan deze richtlijn voldoen.

   2. De krachtens artikel 23 door een lidstaat aan de Commissie verstrekte gegevens, alsmede alle door de Commissie opgestelde rapporten of bescheiden waarin van die gegevens gebruik wordt gemaakt, kunnen aan andere lidstaten worden doorgegeven. De doorgegeven gegevens vallen onder de geheimhoudingsplicht en genieten de bescherming waarin voor soortgelijke inlichtingen wordt voorzien bij het nationale recht van de ontvangende lidstaat. De in de eerste alinea bedoelde door de Commissie opgestelde rapporten en bescheiden mogen door de lidstaten uitsluitend voor analytische doeleinden worden gebruikt, en mogen niet zonder uitdrukkelijke toestemming van de Commissie worden bekendgemaakt of aan andere personen of organen beschikbaar worden gesteld.".
8. In artikel 25 wordt het volgende lid ingevoegd:

   „1 bis. Verordening (EG) nr. 45/2001 is van toepassing op de verwerking van persoonsgegevens in het kader van deze richtlijn door de instellingen en organen van de Unie. Voor de juiste toepassing van deze richtlijn wordt de omvang van de verplichtingen en rechten die zijn neergelegd in artikel 11, artikel 12, lid 1, en de artikelen 13 tot en met 17 van Verordening (EG) nr. 45/2001 evenwel beperkt, voor zover dit noodzakelijk is om de in artikel 20, lid 1, onder b), van die verordening bedoelde belangen te vrijwaren.".

Artikel 2

1. Uiterlijk op 31 december 2016 stellen de lidstaten de nodige wettelijke en bestuursrechtelijke bepalingen vast om aan deze richtlijn te voldoen en maken deze bekend. Zij delen de Commissie de tekst van die maatregelen onverwijld mee. Zij passen die maatregelen toe vanaf 1 januari 2017. Wanneer de lidstaten die maatregelen aannemen, wordt in die bepalingen zelf of bij de officiële bekendmaking ervan naar deze richtlijn verwezen. De regels voor die verwijzing worden vastgesteld door de lidstaten.

2. De lidstaten delen de Commissie de tekst van de belangrijkste bepalingen van intern recht mede die zij op het onder deze richtlijn vallende gebied vaststellen.

Artikel 3

Deze richtlijn treedt in werking op de dag van de bekendmaking ervan in het *Publicatieblad van de Europese Unie.*

Artikel 4

Deze richtlijn is gericht tot de lidstaten.

D. Wijziging door Richtlijn 2016/881/EU/ inzake verplichte automatische uitwisseling

RICHTLIJN (EU) 2016/881 VAN DE RAAD
van 25 mei 2016
tot wijziging van Richtlijn 2011/16/EU wat betreft verplichte automatische uitwisseling van inlichtingen op belastinggebied

DE RAAD VAN DE EUROPESE UNIE,

Gezien het Verdrag betreffende de werking van de Europese Unie, en met name de artikelen 113 en 115,
Gezien het voorstel van de Europese Commissie,
Na toezending van het ontwerp van wetgevingshandeling aan de nationale parlementen,
Gezien het advies van het Europees Parlement[1],
Gezien het advies van het Europees Economisch en Sociaal Comité[2],
Handelend volgens een bijzondere wetgevingsprocedure,
Overwegende hetgeen volgt:

1. Belastingfraude en belastingontduiking zijn de afgelopen jaren een almaar grotere uitdaging geworden en vormen thans een grote reden tot bezorgdheid, zowel in de Unie als op mondiaal niveau. De automatische uitwisseling van inlichtingen is in dit verband een belangrijk instrument; in haar mededeling van 6 december 2012, die een actieplan ter versterking van de strijd tegen belastingfraude en belastingontduiking bevat, heeft de Commissie de nadruk gelegd op de noodzaak om er daadkrachtig voor te ijveren dat automatische inlichtingenuitwisseling de toekomstige Europese en internationale standaard voor transparantie en uitwisseling van inlichtingen in belastingzaken wordt. De Europese Raad heeft in zijn conclusies van 22 mei 2013 verzocht het toepassingsgebied van de automatische inlichtingenuitwisseling op Unie- en mondiaal niveau te verruimen met het oog op de bestrijding van belastingfraude, belastingontduiking en agressieve fiscale planning.

2. Aangezien groepen van multinationale ondernemingen („MNO-Groepen") actief zijn in verschillende landen, hebben zij de mogelijkheid om aan agressieve fiscale planning te doen, wat voor binnenlandse ondernemingen onmogelijk is. Die praktijken van MNO-Groepen kunnen ondernemingen die uitsluitend nationaal actief zijn – normaal gesproken kleine en middelgrote ondernemingen – bijzonder sterk treffen, aangezien de belastingdruk voor deze bedrijven hoger is dan voor MNO-Groepen. Aan de andere kant lopen alle lidstaten een risico op inkomstenderving en dreigt concurrentie bij het aantrekken van MNO-Groepen te ontstaan waarbij aan deze groepen verdere belastingvoordelen worden geboden.

3. De belastingautoriteiten van de lidstaten hebben uitgebreide en relevante informatie over MNO-Groepen nodig met betrekking tot hun structuur, verrekenprijsbeleid en interne transacties binnen en buiten de Unie. Op grond van deze informatie kunnen de belastingautoriteiten met wijzigingen in de wetgeving of adequate risicobeoordelingen en belastingcontroles optreden tegen schadelijke belastingpraktijken en nagaan of ondernemingen zich schuldig hebben gemaakt aan praktijken die een kunstmatige verschuiving van aanzienlijke inkomsten naar belastingvoordelige omgevingen tot gevolg hebben.

4. Meer transparantie ten overstaan van de belastingautoriteiten zou tot gevolg kunnen hebben dat MNO-Groepen ertoe worden aangezet bepaalde praktijken stop te zetten en een billijke bijdrage in de belastingen te leveren in het land waar de winst wordt gegenereerd. Scherpere transparantie-eisen voor MNO-Groepen zijn derhalve een essentieel onderdeel van de strijd tegen grondslaguitholling en winstverschuiving.

5. De resolutie van de Raad en de vertegenwoordigers van de regeringen der lidstaten betreffende een gedragscode inzake verrekenprijsdocumentatie voor gelieerde ondernemingen in de Europese Unie („EU-TPD")[3] geeft reeds een manier aan voor MNO-Groepen in de Unie om de belastingautoriteiten inlichtingen te verstrekken over wereldwijde bedrijfsactiviteiten en het verrekenprijsbeleid („het groepsdossier") en over de concrete transacties van de lokale entiteit („het lokaal dossier"). De EU-TPD voorziet momenteel evenwel niet in een mechanisme voor het verstrekken van een landenrapport.

1. Advies van het Europees Parlement van 12 mei 2016 (nog niet bekendgemaakt in het Publicatieblad).
2. Advies van het Europees Economisch en Sociaal Comité van 28 april 2016 (nog niet bekendgemaakt in het Publicatieblad).
3. Resolutie van de Raad en de vertegenwoordigers van de regeringen der lidstaten, in het kader van de Raad bijeen, van 27 juni 2006 betreffende een gedragscode inzake verrekenprijsdocumentatie voor gelieerde ondernemingen in de Europese Unie (EU-TDP) (PB C 176 van 28.7.2006, blz. 1).

6. In het landenrapport moeten MNO-Groepen jaarlijks en voor elk fiscaal rechtsgebied waarin zij zaken doen, volgende inlichtingen verstrekken: het bedrag van de inkomsten, de winst vóór inkomstenbelasting, de betaalde en toerekenbare inkomstenbelasting. MNO-Groepen moeten ook verslag uitbrengen over het aantal personeelsleden, het gestorte kapitaal, de gecumuleerde winst en de materiële activa in elk fiscaal rechtsgebied. Ten slotte moeten de MNO-Groepen elke entiteit binnen de groep identificeren die zaken doet in een specifiek fiscaal rechtsgebied en moeten zij een indicatie geven van de bedrijfsactiviteiten die elke entiteit verricht.

7. Teneinde de overheidsmiddelen efficiënter in te zetten en de administratieve lasten voor MNO-Groepen te beperken, geldt de rapportageverplichting alleen voor MNO-Groepen waarvan het jaarlijks geconsolideerde groepsopbrengsten een bepaald bedrag overschrijdt. Deze richtlijn moet ervoor zorgen dat dezelfde informatie tijdig wordt ingezameld en ter beschikking wordt gesteld van de belastingdiensten in de gehele Unie.

8. Om de goede werking van de interne markt te garanderen, moet de Unie zorgen voor eerlijke concurrentie tussen MNO-Groepen van binnen de Unie en MNO-Groepen van buiten de Unie waarvan een of verscheidene entiteiten zich in de Unie bevinden. De rapportageverplichting moet dus voor beide soorten groepen gelden. Om een vlotte overgang te waarborgen, moeten de lidstaten evenwel de rapportageverplichting voor een Groepsentiteit die ingezetene is van een lidstaat en die niet de Uiteindelijkemoederentiteit of Surrogaatmoederentiteit van een MNO-Groep is, met één jaar kunnen uitstellen.

9. De lidstaten moeten regels vaststellen met betrekking tot de sancties die van toepassing zijn op inbreuken op krachtens deze richtlijn vastgestelde nationale bepalingen en zij moeten ervoor zorgen dat deze sancties worden toegepast. Hoewel de keuze van de sancties bij de lidstaten blijft berusten, moeten de sancties doeltreffend, evenredig en afschrikkend zijn.

10. Om de goede werking van de interne markt te garanderen, is het noodzakelijk ervoor te zorgen dat de lidstaten gecoördineerde regels inzake de transparantieverplichtingen van MNO-Groepen vaststellen.

11. Wat betreft de uitwisseling van inlichtingen tussen lidstaten, voorziet Richtlijn 2011/16/EU van de Raad[1] reeds in verplichte automatische uitwisseling van inlichtingen op een aantal terreinen.

12. Bij verplichte automatische uitwisseling van landenrapporten tussen lidstaten moet telkens een welomschreven set basisinlichtingen aan alle lidstaten worden verstrekt, waar blijkens de informatie in het landenrapport, één of meer Groepsentiteiten van de MNO-Groep fiscaal ingezetene zijn of aan belasting onderworpen zijn met betrekking tot bedrijfsactiviteiten die met behulp van een vaste inrichting van de MNO-Groep worden uitgeoefend.

13. Om de kosten te drukken en de administratieve lasten voor zowel de belastingdiensten als de MNO-Groepen te beperken, is het noodzakelijk te voorzien in regels die in overeenstemming zijn met de internationale ontwikkelingen en op een positieve manier bijdragen aan de tenuitvoerlegging ervan. Op 19 juli 2013 heeft de Organisatie voor Economische Samenwerking en Ontwikkeling (OESO) haar actieplan inzake grondslaguitholling en winstverschuiving (Action Plan on Base Erosion and Profit Shifting – „BEPS-actieplan") bekendgemaakt; dat actieplan is een belangrijk initiatief voor het wijzigen van de bestaande internationale belastingregels. Op 5 oktober 2015 heeft de OESO haar eindrapporten gepresenteerd, die door de ministers van Financiën van de G20 zijn bekrachtigd. Tijdens de bijeenkomst van 15 en 16 november 2015 is het OESO-pakket ook door de leiders van de G20 bekrachtigd.

14. In het kader van de werkzaamheden met betrekking tot actie 13 van het BEPS-actieplan zijn normen opgesteld voor het verstrekken van informatie door MNO-Groepen, met inbegrip van het groepsdossier, het lokaal dossier en het landenrapport. Daarom is het passend bij de vaststelling van de regels met betrekking tot het landenrapport rekening te houden met de OESO-normen.

15. Ingeval een Groepsentiteit niet alle informatie kan ontvangen of verkrijgen die nodig zijn om aan het rapportagevoorschrift van deze richtlijn te voldoen, kunnen de lidstaten dit beschouwen als een aanwijzing dat het nodig is om grote verrekenprijsrisico's en andere risico's inzake grondslaguitholling en winstverschuiving in verband met deze MNO-Groep te beoordelen.

16. Wanneer een lidstaat vaststelt dat een andere lidstaat herhaaldelijk nalaat om automatisch landenrapporten te verstrekken, moet hij trachten met die lidstaat in overleg te treden.

1. Richtlijn 2011/16/EU van de Raad van 15 februari 2011 betreffende de administratieve samenwerking op het gebied van de belastingen en tot intrekking van Richtlijn 77/799/EEG (PB L 64 van 11.3.2011, blz. 1).

17. De Unie moet in haar optreden op het vlak van landenrapporten met name rekening blijven houden met toekomstige ontwikkelingen op OESO-niveau. Teneinde te garanderen dat deze richtlijn in alle lidstaten consequent wordt toegepast, moeten de lidstaten bij het omzetten van deze richtlijn het door de OESO in 2015 opgestelde eindrapport over actie 13 van het in het kader van de OESO/G20 uitgevoerde project over grondslaguitholling en winstverschuiving, gebruiken ter illustratie of uitlegging van deze richtlijn.

18. Het is noodzakelijk om de taaleisen vast te stellen voor de uitwisseling van inlichtingen tussen de lidstaten met betrekking tot het landenrapport. Het is ook noodzakelijk om de praktische regelingen vast te stellen voor de upgrade van het in punt 13 van artikel 3 van Richtlijn 2011/16/EU gedefinieerde gemeenschappelijke communicatienetwerk (common communication network - „CCN-netwerk"). Om eenvormige voorwaarden te waarborgen voor de tenuitvoerlegging van artikel 20, lid 6, en artikel 21, lid 6, van Richtlijn 2011/16/EU moeten aan de Commissie uitvoeringsbevoegdheden worden toegekend. Die bevoegdheden moeten worden uitgeoefend overeenkomstig Verordening (EU) nr. 182/2011 van het Europees Parlement en de Raad[1].

19. Teneinde middelen efficiënter in te zetten, de inlichtingenuitwisseling te vergemakkelijken en te voorkomen dat elke lidstaat soortgelijke aanpassingen in zijn systemen moet doorvoeren, moet de uitwisseling van inlichtingen tot stand komen via het CCN-netwerk. De praktische regelingen voor de upgrade van het systeem moeten door de Commissie worden vastgesteld volgens de in artikel 26, lid 2, van Richtlijn 2011/16/EU bedoelde procedure.

20. De reikwijdte van de verplichte uitwisseling van inlichtingen moet derhalve worden uitgebreid tot de automatische uitwisseling van inlichtingen met betrekking tot landenrapporten.

21. In het verslag dat de lidstaten op grond van artikel 23 van Richtlijn 2011/16/EU jaarlijks aan de Commissie moeten doen toekomen, moet worden aangegeven in welke mate overeenkomstig artikel 8 bis bis van die richtlijn en bijlage III, deel II, punt 1, daarbij, lokale dossiers worden ingediend, en moet een lijst worden opgenomen van de rechtsgebieden waar Uiteindelijkemoederentiteiten van in de Unie gebaseerde Groepsentiteiten zijn gevestigd, maar volledige verslagen zijn niet ingediend of uitgewisseld.

22. De uit hoofde van deze richtlijn uitgewisselde inlichtingen geven geen aanleiding tot de onthulling van een commercieel, industrieel of beroepsgeheim of van een handelswerkwijze of van gegevens waarvan de onthulling in strijd zou zijn met de openbare orde.

23. Deze richtlijn eerbiedigt de grondrechten en neemt de beginselen in acht die met name zijn erkend in het Handvest van de grondrechten van de Europese Unie.

24. Daar de doelstelling van deze richtlijn, namelijk een doeltreffende administratieve samenwerking tussen de lidstaten onder voorwaarden die verenigbaar zijn met het goed functioneren van de interne markt, niet voldoende door de lidstaten kan worden verwezenlijkt en zij wegens de vereiste uniformiteit en doeltreffendheid dus beter op Unieniveau kan worden verwezenlijkt, kan de Unie, overeenkomstig het in artikel 5 van het Verdrag betreffende de Europese Unie neergelegde subsidiariteitsbeginsel, maatregelen nemen. Overeenkomstig het in hetzelfde artikel neergelegde evenredigheidsbeginsel gaat deze richtlijn niet verder dan hetgeen nodig is om deze doelstelling te verwezenlijken.

25. Richtlijn 2011/16/EU moet derhalve dienovereenkomstig worden gewijzigd,

HEEFT DE VOLGENDE RICHTLIJN VASTGESTELD:

Artikel 1

Richtlijn 2011/16/EU wordt als volgt gewijzigd:

1. Punt 9 van artikel 3 wordt vervangen door:

„9. „automatische uitwisseling":

a. voor de toepassing van artikel 8, lid 1, artikel 8 bis en artikel 8 bis bis, de systematische verstrekking van vooraf bepaalde inlichtingen aan een andere lidstaat, zonder voorafgaand verzoek, met regelmatige, vooraf vastgestelde tussenpozen. Voor de toepassing van artikel 8, lid 1, betekent „beschikbare inlichtingen" inlichtingen die zich in de belastingdossiers van de inlichtingen verstrekkende lidstaat

1. Verordening (EU) nr. 182/2011 van het Europees Parlement en de Raad van 16 februari 2011 tot vaststelling van de algemene voorschriften en beginselen die van toepassing zijn op de wijze waarop de lidstaten de uitoefening van de uitvoeringsbevoegdheden door de Commissie controleren (PB L 55 van 28.2.2011, blz. 13).

bevinden en die opvraagbaar zijn overeenkomstig de procedures voor het verzamelen en verwerken van inlichtingen in die lidstaat;

b. voor de toepassing van artikel 8, lid 3 bis, de systematische verstrekking van vooraf bepaalde inlichtingen over ingezetenen van andere lidstaten aan de betrokken lidstaat van verblijf, zonder voorafgaand verzoek, met regelmatige, vooraf vastgestelde tussenpozen;

c. voor de toepassing van andere bepalingen van deze richtlijn dan artikel 8, lid 1, artikel 8, lid 3 bis, artikel 8 bis en artikel 8 bis bis, de systematische verstrekking van vooraf bepaalde inlichtingen overeenkomstig de punten a) en b) van dit punt. In het kader van artikel 8, lid 3 bis, artikel 8, lid 7 bis, artikel 21, lid 2, en artikel 25, leden 2 en 3, hebben termen met een hoofdletter de betekenis die zij hebben volgens de overeenkomstige definities in bijlage I. In het kader van artikel 8 bis bis en bijlage III hebben termen met een hoofdletter de betekenis die ze hebben volgens de overeenkomstige definities in bijlage III.".

2. In afdeling II van hoofdstuk II wordt het volgende artikel toegevoegd:

„Art. 8 bis bis. Reikwijdte van en voorwaarden met betrekking tot de verplichte automatische uitwisseling van inlichtingen met betrekking tot de landenrapporten

1. Iedere lidstaat neemt de noodzakelijke maatregelen om de Uiteindelijkemoederentiteit van een MNO-Groep die fiscaal ingezetene van die lidstaat is, of elke andere Rapporterende Entiteit overeenkomstig deel II van bijlage III, te verplichten een landenrapport in te dienen met betrekking tot het Te Rapporteren Boekjaar binnen een termijn van twaalf maanden na de laatste dag van het Te Rapporteren Boekjaar van de MNO-Groep overeenkomstig deel II van bijlage III.

2. De bevoegde autoriteit van een lidstaat waar het landenrapport overeenkomstig lid 1 is ingediend, bezorgt het landenrapport binnen de in lid 4 bepaalde termijn via automatische uitwisseling aan alle andere lidstaten waarvan, blijkens de informatie in het landenrapport, één of meer Groepsentiteiten van de MNO-Groep van de Rapporterende Entiteit fiscaal ingezetene zijn of waarin deze aan belasting onderworpen zijn met betrekking tot de activiteiten die via een vaste inrichting worden uitgeoefend.

3. Het landenrapport bevat de volgende informatie met betrekking tot de MNO-Groep:

a. informatie met betrekking tot het bedrag van de inkomsten, de winst (het verlies) vóór inkomstenbelasting, de betaalde inkomstenbelasting, de toerekenbare inkomstenbelasting, het gestorte kapitaal, de gecumuleerde winst, het aantal personeelsleden, materiële activa andere dan geldmiddelen of kasequivalenten met betrekking tot elk rechtsgebied waarin de MNO-Groep actief is;

b. een identificatie van elke Groepsentiteit van de MNO-Groep met vermelding van het rechtsgebied waarvan die Groepsentiteit fiscaal ingezetene is, en indien deze verschilt van het rechtsgebied waarvan die Groepsentiteit fiscaal ingezetene is, het rechtsgebied naar het recht waarvan een dergelijke Groepsentiteit is ingericht, en de aard van de belangrijkste bedrijfsactiviteit(en) die door die Groepsentiteit wordt (respectievelijk worden) uitgeoefend.

4. De mededeling vindt plaats binnen een termijn van 15 maanden na de laatste dag van het boekjaar van de MNO-Groep waarop het landenrapport betrekking heeft. Het eerste landenrapport wordt meegedeeld voor het boekjaar van de MNO-Groep dat begint op of na 1 januari 2016, en wel binnen 18 maanden na de laatste dag van dat boekjaar.".

3. In artikel 16 wordt het volgende lid toegevoegd:

„6. Niettegenstaande de leden 1 tot en met 4 van dit artikel worden de inlichtingen die de lidstaten elkaar op grond van artikel 8 bis bis verstrekken, gebruikt voor de beoordeling van grote risico's inzake verrekenprijzen en andere risico's inzake grondslaguitholling en winstverschuiving, met inbegrip van het risico van niet-naleving van de voor verrekenprijzen geldende regels door de leden van de MNO-Groep, en, in voorkomend geval, voor economische en statistische analyse. Verrekenprijscorrecties door de belastingautoriteiten van de ontvangende lidstaat worden niet gebaseerd op de overeenkomstig artikel 8 bis bis uitgewisselde inlichtingen. Niettegenstaande het voorgaande is het niet verboden de inlichtingen die de lidstaten elkaar op grond van artikel 8 bis bis verstrekken, te gebruiken als basis voor verdere onderzoeken naar de verrekenprijsregelingen van de MNO-Groep of naar andere belastingaangelegenheden in het kader van een belastingcontrole en kunnen als gevolg daarvan de nodige aanpassingen worden aangebracht in het belastbare inkomen van een Groepsentiteit.".

4. In artikel 20 wordt het volgende lid toegevoegd:

„6. Bij de automatische uitwisseling van inlichtingen met betrekking tot het landenrapport overeenkomstig artikel 8 bis bis wordt gebruikgemaakt van het standaardformulier zoals in de tabellen 1, 2 en 3 van deel III van bijlage III is vastgesteld. De Commissie stelt door middel van uitvoeringshandelingen uiterlijk op 31 december 2016 de talenregeling voor deze uitwisseling vast. Die talenregeling verhindert niet dat de lidstaten de in artikel 8 bis bis bedoelde inlichtingen in een van de officiële talen of werktalen van de Unie verstrekken. Niettemin kan in die talenregeling worden bepaald dat de belangrijkste elementen van deze inlichtingen ook in een andere officiële taal van de Unie worden verstrekt. Die uitvoeringshandelingen worden volgens de in artikel 26, lid 2, bedoelde procedure vastgesteld.".

5. In artikel 21 wordt het volgende lid toegevoegd:

„6. De verstrekking van inlichtingen overeenkomstig artikel 8 bis bis, lid 2, geschiedt langs elektronische weg met gebruikmaking van het CCN-netwerk. De Commissie stelt aan de hand van uitvoeringshandelingen de noodzakelijke praktische regelingen vast voor de upgrade van het CCN-netwerk. Die uitvoeringshandelingen worden volgens de in artikel 26, lid 2, bedoelde procedure vastgesteld.".

6. Artikel 23, lid 3, wordt vervangen door:

„3. De lidstaten doen de Commissie een jaarlijkse beoordeling toekomen van de doeltreffendheid van de in de artikelen 8, 8 bis en 8 bis bis bedoelde automatische inlichtingenuitwisseling en de daarmee bereikte resultaten. De Commissie stelt aan de hand van uitvoeringshandelingen de vorm en wijze van mededeling van deze jaarlijkse beoordeling vast. Die uitvoeringshandelingen worden volgens de in artikel 26, lid 2, bedoelde procedure vastgesteld.".

7. Het volgende artikel wordt ingevoegd:

„Art. 25 bis. Sancties
De lidstaten stellen de regels vast inzake de sancties die van toepassing zijn op inbreuken op krachtens deze richtlijn vastgestelde nationale bepalingen ter uitvoering van artikel 8 bis bis, en treffen alle maatregelen om ervoor te zorgen dat zij worden toegepast. De sancties zijn doeltreffend, evenredig en afschrikkend.".

8. Artikel 26 wordt vervangen door:

„Art. 26. Comitéprocedure
1. De Commissie wordt bijgestaan door het Comité inzake administratieve samenwerking op belastinggebied. Dat comité is een comité in de zin van Verordening (EU) nr. 182/2011 van het Europees Parlement en de Raad (*).
2. Wanneer naar dit lid wordt verwezen, is artikel 5 van Verordening (EU) nr. 182/2011 van toepassing.

9. Bijlage III, waarvan de tekst is weergegeven in de bijlage bij deze richtlijn, wordt toegevoegd.

Artikel 2

1. De lidstaten stellen uiterlijk op 4 juni 2017 de nodige wettelijke en bestuursrechtelijke bepalingen vast om aan deze richtlijn te voldoen en maken deze bekend. Zij delen de Commissie de tekst van die bepalingen onverwijld mee. Zij passen die bepalingen toe vanaf 5 juni 2017. Wanneer de lidstaten die bepalingen vaststellen, wordt in de bepalingen zelf of bij de officiele bekendmaking daarvan naar deze richtlijn verwezen. De regels voor die verwijzing worden vastgesteld door de lidstaten. 2.De lidstaten delen de Commissie de tekst van de belangrijkste bepalingen van intern recht mee die zij op het onder deze richtlijn vallende gebied vaststellen.

Artikel 3

Deze richtlijn treedt in werking op de dag van de bekendmaking ervan in het *Publicatieblad van de Europese Unie*.

Artikel 4

Deze richtlijn is gericht tot de lidstaten.

* Verordening (EU) nr. 182/2011 van het Europees Parlement en de Raad van 16 februari 2011 tot vaststelling van de algemene voorschriften en beginselen die van toepassing zijn op de wijze waarop de lidstaten de uitoefening van de uitvoeringsbevoegdheden door de Commissie controleren (PB L 55 van 28.2.2011, blz. 13).".

E. Wijziging door Richtlijn 2016/2258/EU inzake toegang tot antiwitwas-inlichtingen

RICHTLIJN (EU) 2016/2258 VAN DE RAAD
van 6 december 2016
tot wijziging van Richtlijn 2011/16/EU wat betreft toegang tot antiwitwasinlichtingen door belastingautoriteiten

DE RAAD VAN DE EUROPESE UNIE,

Gezien het Verdrag betreffende de werking van de Europese Unie, en met name de artikelen 113 en 115,
Gezien het voorstel van de Europese Commissie,
Na toezending van het ontwerp van wetgevingshandeling aan de nationale parlementen,
Gezien het advies van het Europees Parlement[1],
Gezien het advies van het Europees Economisch en Sociaal Comité[2],
Handelend volgens een bijzondere wetgevingsprocedure,
Overwegende hetgeen volgt:

1. Richtlijn 2014/107/EU van de Raad[3], houdende wijziging van Richtlijn 2011/16/EU van de Raad[4], is sinds 1 januari 2016 van toepassing in 27 lidstaten en vanaf 1 januari 2017 in Oostenrijk. Met deze richtlijn wordt de internationale standaard voor de automatische uitwisseling van financiële rekeninggegevens in belastingzaken in de Unie uitgevoerd, waardoor wordt gewaarborgd dat inlichtingen betreffende rekeninghouders van financiële rekeningen worden gerapporteerd aan de lidstaat waarvan de rekeninghouder ingezetene is.

2. Richtlijn 2011/16/EU bepaalt dat wanneer de rekeninghouder een intermediaire structuur is, financiële instellingen door die structuur heen moeten kijken en de uiteindelijk begunstigden ervan moeten identificeren en rapporteren. Dit belangrijke onderdeel in de toepassing van de richtlijn is afhankelijk van antiwitwasinlichtingen („anti-money-laundering" – „AML") die zijn verkregen op grond van Richtlijn (EU) 2015/849 van het Europees Parlement en de Raad[5] om de uiteindelijk begunstigden te kunnen identificeren.

3. Om er doeltreffend op te kunnen toezien dat financiële instellingen de due-diligenceprocedures van Richtlijn 2011/16/EU toepassen, moeten de belastingautoriteiten toegang hebben tot AML-inlichtingen. Zonder die toegang zijn deze autoriteiten er niet toe in staat erop toe te zien, te bevestigen en te controleren dat de financiële instellingen Richtlijn 2011/16/EU naar behoren toepassen door de uiteindelijk begunstigden van intermediaire structuren correct te identificeren en te rapporteren.

4. Richtlijn 2011/16/EU bevat andere uitwisselingen van inlichtingen en vormen van administratieve samenwerking tussen lidstaten. In het kader van administratieve samenwerking in belastingzaken toegang verlenen tot AML-inlichtingen in het bezit van entiteiten op grond van Richtlijn (EU) 2015/849, zal ervoor zorgen dat belastingautoriteiten beter zijn gewapend om hun taken uit hoofde van Richtlijn 2011/16/EU te vervullen, alsmede om belastingontduiking en -fraude doeltreffender te bestrijden.

5. Het is daarom noodzakelijk te waarborgen dat de belastingautoriteiten toegang hebben tot AML-inlichtingen, -procedures, -documenten en -mechanismen, zodat zij hun taken bij het toezicht op de correcte toepassing van Richtlijn 2011/16/EU kunnen uitvoeren en met het oog op het functioneren van alle vormen van administratieve samenwerking uit hoofde van die richtlijn.

6. Deze richtlijn eerbiedigt de grondrechten en neemt de beginselen in acht die zijn erkend in het Handvest van de grondrechten van de Europese Unie. Wanneer in deze richtlijn wordt vereist dat toegang voor de belastingautoriteiten tot persoonsgegevens bij wet wordt vastgesteld, betekent dit niet noodzakelijk dat een wetgevingshandeling van een parlement nodig is, onverminderd het constitutionele bestel van de betrokken lidstaat. Een dergelijke wet dient evenwel duidelijk en precies te zijn en de toepassing ervan dient voor de per-

1. Advies van 22 november 2016 (nog niet bekendgemaakt in het Publicatieblad).
2. Advies van 19 oktober 2016 (nog niet bekendgemaakt in het Publicatieblad.
3. Richtlijn 2014/107/EU van de Raad van 9 december 2014 tot wijziging van Richtlijn 2011/16/EU wat betreft verplichte automatische uitwisseling van inlichtingen op belastinggebied (PB L 359 van 16.12.2014, blz. 1).
4. Richtlijn 2011/16/EU van de Raad van 15 februari 2011 betreffende de administratieve samenwerking op het gebied van de belastingen en tot intrekking van Richtlijn 77/799/EEG (PB L 64 van 11.3.2011, blz. 1).
5. Richtlijn (EU) 2015/849 van het Europees Parlement en de Raad van 20 mei 2015 inzake de voorkoming van het gebruik van het financiële stelsel voor het witwassen van geld of terrorismefinanciering, tot wijziging van Verordening (EU) nr. 648/2012 van het Europees Parlement en de Raad en tot intrekking van Richtlijn 2005/60/EG van het Europees Parlement en de Raad en Richtlijn 2006/70/EG van de Commissie (PB L 141 van 5.6.2015, blz. 73).

sonen die eraan zijn onderworpen, duidelijk en voorzienbaar te zijn, in overeenstemming met de jurisprudentie van het Hof van Justitie van de Europese Unie en het Europees Hof voor de Rechten van de Mens.

7. Daar de doelstelling van deze richtlijn, namelijk een doeltreffende administratieve samenwerking tussen de lidstaten en een doeltreffend toezicht erop onder voorwaarden die verenigbaar zijn met het goed functioneren van de interne markt, niet voldoende door de lidstaten kan worden verwezenlijkt en dit wegens de vereiste uniformiteit en doeltreffendheid dus beter op Unieniveau kan worden verwezenlijkt, kan de Unie, overeenkomstig het in artikel 5 van het Verdrag betreffende de Europese Unie neergelegde subsidiariteitsbeginsel, maatregelen nemen. Overeenkomstig het in hetzelfde artikel neergelegde evenredigheidsbeginsel gaat deze richtlijn niet verder dan nodig is om deze doelstelling te verwezenlijken.

8. De door de financiële instellingen op grond van Richtlijn 2011/16/EU verrichte customer due diligence-procedures zijn reeds van start gegaan en de eerste uitwisselingen moeten uiterlijk in september 2017 worden voltooid. Om ervoor te zorgen dat het doeltreffende toezicht op de toepassing van die richtlijn geen vertraging oploopt, dient deze wijzigingsrichtlijn derhalve zo spoedig mogelijk, en ten laatste op 1 januari 2018, in werking te treden en te zijn omgezet.

9. Richtlijn 2011/16/EU moet derhalve dienovereenkomstig worden gewijzigd,

HEEFT DE VOLGENDE RICHTLIJN VASTGESTELD:

Artikel 1

In artikel 22 van Richtlijn 2011/16/EU wordt het volgende lid ingevoegd:

> „1 bis. Met het oog op de tenuitvoerlegging en handhaving van de wetgeving van de lidstaten ter uitvoering van deze richtlijn en teneinde te waarborgen dat de administratieve samenwerking waarin zij voorziet, functioneert, stellen de lidstaten bij wet vast dat belastingautoriteiten toegang hebben tot de in de artikelen 13, 30, 31 en 40 van Richtlijn (EU) 2015/849 van het Europees Parlement en de Raad (*) bedoelde mechanismen, procedures, documenten en inlichtingen.

Artikel 2

1. De lidstaten dienen de wettelijke en bestuursrechtelijke bepalingen die nodig zijn om aan deze richtlijn te voldoen, uiterlijk 31 december 2017 vast te stellen en bekend te maken. Zij delen de Commissie de tekst van die bepalingen onverwijld mee. Zij passen die bepalingen toe met ingang van 1 januari 2018. Wanneer de lidstaten die bepalingen vaststellen, wordt in die bepalingen zelf of bij de officiële bekendmaking daarvan naar deze richtlijn verwezen. De regels voor de verwijzing worden vastgesteld door de lidstaten.
2. De lidstaten delen de Commissie de tekst van de belangrijkste bepalingen van intern recht mee die zij op het onder deze richtlijn vallende gebied vaststellen.

Artikel 3

Deze richtlijn treedt in werking op de datum waarop deze wordt vastgesteld.

Artikel 4

Deze richtlijn is gericht tot de lidstaten.

* Richtlijn (EU) 2015/849 van het Europees Parlement en de Raad van 20 mei 2015 inzake de voorkoming van het gebruik van het financiële stelsel voor het witwassen van geld of terrorismefinanciering, tot wijziging van Verordening (EU) nr. 648/2012 van het Europees Parlement en de Raad en tot intrekking van Richtlijn 2005/60/EG van het Europees Parlement en de Raad en Richtlijn 2006/70/EG van de Commissie (PB L 141 van 5.6.2015, blz. 73).”.

F. Wijziging door Richtlijn 2018/822/EU inzake meldingsplichtige grensoverschrijdende constructies

RICHTLIJN (EU) 2018/822 VAN DE RAAD
van 25 mei 2018
tot wijziging van Richtlijn 2011/16/EU wat betreft verplichte automatische uitwisseling van inlichtingen op belastinggebied met betrekking tot meldingsplichtige grensoverschrijdende constructies

DE RAAD VAN DE EUROPESE UNIE,

Gezien het Verdrag betreffende de werking van de Europese Unie, en met name de artikelen 113 en 115,
Gezien het voorstel van de Europese Commissie,
Na toezending van het ontwerp van wetgevingshandeling aan de nationale parlementen,
Gezien het advies van het Europees Parlement[1],
Gezien het advies van het Europees Economisch en Sociaal Comité[2],
Handelend volgens een bijzondere wetgevingsprocedure,
Overwegende hetgeen volgt:

1. Om nieuwe initiatieven op het gebied van fiscale transparantie op het niveau van de Unie te faciliteren, is de afgelopen paar jaren een reeks wijzigingen aangebracht in Richtlijn 2011/16/EU van de Raad[3]. Bij Richtlijn 2014/107/EU van de Raad[4] is de door de Organisatie voor Economische Samenwerking en Ontwikkeling (OESO) ontwikkelde gezamenlijke rapportagestandaard (Common Reporting Standard – „CRS") voor inlichtingen over financiële rekeningen binnen de Unie ingevoerd. De CRS voorziet in de automatische uitwisseling van inlichtingen over financiële rekeningen van niet-fiscale inwoners en vormt het mondiale kader voor die uitwisseling. Richtlijn 2011/16/EU is vervolgens gewijzigd bij Richtlijn (EU) 2015/2376 van de Raad[5], die voorziet in de automatische uitwisseling van inlichtingen over voorafgaande grensoverschrijdende fiscale rulings, en bij Richtlijn (EU) 2016/881 van de Raad[6], die voorziet in de verplichte automatische uitwisseling van inlichtingen tussen belastingautoriteiten met betrekking tot landenrapporten van multinationale ondernemingen. Gezien het nut dat antiwitwasinlichtingen kunnen hebben voor de belastingautoriteiten, is de lidstaten bij Richtlijn (EU) 2016/2258 van de Raad[7] een verplichting opgelegd om belastingautoriteiten toegang te geven tot de customer due diligence-procedures die door financiële instellingen worden verricht op grond van Richtlijn (EU) 2015/849 van het Europees Parlement en de Raad[8]. Hoewel Richtlijn 2011/16/EU herhaaldelijk is gewijzigd om de belastingautoriteiten meer middelen te verschaffen om te reageren op agressieve fiscale planning, is het nog altijd nodig bepaalde specifieke transparantieaspecten van het huidige fiscale kader te versterken.

2. Het is voor de lidstaten almaar moeilijker om hun nationale belastinggrondslagen tegen uitholling te beschermen nu fiscale planningsstructuren steeds geraffineerder worden en vaak profiteren van de toegenomen mobiliteit van kapitaal en personen binnen de interne markt. Dergelijke structuren bestaan gewoonlijk uit constructies die zich over meerdere rechtsgebieden uitstrekken, waarbij belastbare winsten worden verschoven naar gunstigere belastingregimes of de totale belastingdruk op een belastingplichtige wordt verlaagd. Daardoor lopen de lidstaten vaak aanzienlijke belastinginkomsten mis en kunnen zij moeilijker een groeivriendelijk fiscaal beleid voeren. Het is dan ook van wezenlijk belang dat de belastingautoriteiten van de lid-

1. Advies van 1 maart 2018 (nog niet bekendgemaakt in het Publicatieblad).
2. Advies van 18 januari 2018 (nog niet bekendgemaakt in het Publicatieblad).
3. Richtlijn 2011/16/EU van de Raad van 15 februari 2011 betreffende de administratieve samenwerking op het gebied van de belastingen en tot intrekking van Richtlijn 77/799/EEG (PB L 64 van 11.3.2011, blz. 1).
4. Richtlijn 2014/107/EU van de Raad van 9 december 2014 tot wijziging van Richtlijn 2011/16/EU wat betreft verplichte automatische uitwisseling van inlichtingen op belastinggebied (PB L 359 van 16.12.2014, blz. 1).
5. Richtlijn (EU) 2015/2376 van de Raad van 8 december 2015 tot wijziging van Richtlijn 2011/16/EU wat betreft verplichte automatische uitwisseling van inlichtingen op belastinggebied (PB L 332 van 18.12.2015, blz. 1).
6. Richtlijn (EU) 2016/881 van de Raad van 25 mei 2016 tot wijziging van Richtlijn 2011/16/EU wat betreft verplichte automatische uitwisseling van inlichtingen op belastinggebied (PB L 146 van 3.6.2016, blz. 8).
7. Richtlijn (EU) 2016/2258 van de Raad van 6 december 2016 tot wijziging van Richtlijn 2011/16/EU wat betreft toegang tot antiwitwasinlichtingen door belastingautoriteiten (PB L 342 van 16.12.2016, blz. 1).
8. Richtlijn (EU) 2015/849 van het Europees Parlement en de Raad van 20 mei 2015 inzake de voorkoming van het gebruik van het financiële stelsel voor het witwassen van geld of terrorismefinanciering, tot wijziging van Verordening (EU) nr. 648/2012 van het Europees Parlement en de Raad en tot intrekking van Richtlijn 2005/60/EG van het Europees Parlement en de Raad en Richtlijn 2006/70/EG van de Commissie (PB L 141 van 5.6.2015, blz. 73).

staten volledige en relevante informatie over mogelijk agressieve fiscale constructies krijgen. Daarmee zouden deze autoriteiten onverwijld kunnen reageren op schadelijke fiscale praktijken en mazen dichten door wetgeving vast te stellen of door passende risicobeoordelingen en belastingcontroles te verrichten. Dat belastingautoriteiten niet reageren op een gemelde constructie dient echter niet te impliceren dat ze de geldigheid of belastingbehandeling van die constructie aanvaarden.

3. Aangezien het merendeel van de mogelijk agressieve fiscale planningsconstructies zich over meer dan één rechtsgebied uitstrekt, zou de melding van inlichtingen over dergelijke constructies nog meer resultaat opleveren als die inlichtingen ook tussen de lidstaten zouden worden uitgewisseld. Met name de automatische uitwisseling van inlichtingen tussen belastingautoriteiten is van wezenlijk belang om die autoriteiten de informatie te bezorgen die zij nodig hebben om op te treden wanneer zij agressieve fiscale praktijken vaststellen.

4. Vanuit het inzicht dat een transparant kader voor de ontplooiing van bedrijfsactiviteiten kan bijdragen aan de bestrijding van belastingontwijking en -ontduiking op de interne markt, is aan de Commissie gevraagd om initiatieven te nemen voor de verplichte melding van informatie over mogelijk agressieve fiscale planningsconstructies overeenkomstig actiepunt 12 van het OESO-project inzake grondslaguitholling en winstverschuiving (BEPS). In dit verband heeft het Europees Parlement aangedrongen op strengere maatregelen tegen intermediairs die hun medewerking verlenen aan constructies die tot belastingontwijking en -ontduiking kunnen leiden. Het is tevens belangrijk erop te wijzen dat de OESO in de G7-verklaring van Bari van 13 mei 2017 inzake de bestrijding van fiscale criminaliteit en andere illegale geldstromen is gevraagd zich te buigen over manieren om constructies aan te pakken die zijn bedacht om rapportering overeenkomstig de CRS te omzeilen of die bedoeld zijn om uiteindelijk begunstigden af te schermen met niet-transparante structuren en zich daarbij te beraden op modelvoorschriften voor verplichte openbaarmaking die voortbouwen op de voor ontwijkingsconstructies gevolgde benadering die is beschreven in het verslag over BEPS-actie 12.

5. Er dient op te worden gewezen dat bepaalde financiële intermediairs en andere aanbieders van belastingadvies hun cliënten kennelijk actief hebben geholpen om geld in het buitenland te verbergen. En hoewel de bij Richtlijn 2014/107/EU ingevoerde CRS een belangrijke stap voorwaarts is naar de totstandbrenging van een kader van fiscale transparantie in de Unie, althans wat inlichtingen over financiële rekeningen betreft, is er nog ruimte voor verbetering.

6. De melding van mogelijk agressieve grensoverschrijdende fiscale planningsconstructies kan daadwerkelijk bijdragen aan de inspanningen die worden geleverd om een eerlijk belastingklimaat op de interne markt te scheppen. In dit verband zou een verplichting voor intermediairs om de belastingautoriteiten te informeren over bepaalde grensoverschrijdende constructies die kunnen worden gebruikt voor agressieve fiscale planning, een stap in de goede richting betekenen. Om dit in te bedden in een meer omvattend beleid zou het ook nodig zijn dat de belastingautoriteiten deze inlichtingen in een volgende fase, dat wil zeggen na de melding, delen met hun gelijken in andere lidstaten. Dergelijke regelingen moeten ook de CRS doeltreffender maken. Voorts zou het van wezenlijk belang zijn dat de Commissie toegang krijgt tot voldoende inlichtingen zodat zij kan toezien op de goede werking van deze richtlijn. Deze toegang tot inlichtingen voor de Commissie ontheft een lidstaat niet van zijn verplichtingen inzake het melden van staatssteun bij de Commissie.

7. Onderkend wordt dat de kans groter is dat het afschrikeffect dat met de melding van mogelijk agressieve grensoverschrijdende fiscale planningsconstructies wordt beoogd, wordt bereikt wanneer de belastingautoriteiten de relevante informatie vroegtijdig ontvangen, dat wil zeggen vóórdat dergelijke constructies daadwerkelijk geïmplementeerd zijn. Om het werk van de belastingdiensten van de lidstaten te vergemakkelijken, kan de daaropvolgende automatische uitwisseling van inlichtingen over dergelijke constructies om het kwartaal plaatsvinden.

8. Om de goede werking van de interne markt te garanderen en leemten in de voorgestelde regelgeving te voorkomen, moet de meldingsplicht worden opgelegd aan alle spelers die doorgaans betrokken zijn bij het bedenken, aanbieden, opzetten of beheren van de implementatie van een meldingsplichtige grensoverschrijdende transactie of een reeks van dergelijke transacties, alsmede aan diegenen die bijstand of advies verlenen. Er mag ook niet worden voorbijgegaan aan het feit dat de meldingsplicht bij een intermediair soms niet kan worden gehandhaafd omdat er een wettelijk verschoningsrecht bestaat of omdat er geen sprake is van een intermediair, bijvoorbeeld wanneer de belastingplichtige zelf een regeling bedenkt en implementeert. Het is dus van wezenlijk belang dat de belastingautoriteiten in die omstandigheden toch informatie kunnen blijven krijgen over belastinggerelateerde constructies die mogelijk verband houden met agressieve fiscale planning. Daarom dient de meldingsplicht in dergelijke gevallen te verschuiven naar de belastingplichtige die van de constructie profiteert.

9. In de loop der jaren zijn agressieve fiscale planningsconstructies steeds complexer geworden, en zij worden ook constant gewijzigd en aangepast in reactie op defensieve tegenmaatregelen van de belastingautoriteiten. Daarom is het doeltreffender om te proberen grip te krijgen op mogelijk agressieve fiscale planningsconstructies door een lijst samen te stellen van de kenmerken en elementen van transacties die een sterke aanwijzing voor belastingontwijking of -misbruik vormen, dan een definitie te geven van agressieve fiscale planning. Deze aanwijzingen worden „wezenskenmerken" genoemd.

10. Aangezien deze richtlijn inzake het melden van mogelijk agressieve grensoverschrijdende fiscale planningsconstructies in de eerste plaats gericht moet zijn op de goede werking van de interne markt, is het zaak op Unieniveau geen voorschriften vast te stellen die verder gaan dan nodig is om de beoogde doelstellingen te verwezenlijken. Daarom dienen gemeenschappelijke voorschriften inzake melding uitsluitend te gelden voor grensoverschrijdende situaties, dat wil zeggen situaties waarbij meer dan één lidstaat of een lidstaat en een derde land betrokken zijn. Vanwege de mogelijke gevolgen voor de werking van de interne markt is het in die omstandigheden te verantwoorden dat gemeenschappelijke voorschriften worden vastgesteld, in plaats dat de lidstaten deze aangelegenheid op nationaal niveau regelen. Een lidstaat zou verdere soortgelijke rapportagemaatregelen kunnen treffen, maar inlichtingen die zijn verzameld in aanvulling op de te melden inlichtingen uit hoofde van deze richtlijn, zouden niet automatisch gemeld moeten worden aan de bevoegde autoriteiten van de andere lidstaten. Die inlichtingen kunnen op verzoek dan wel spontaan worden uitgewisseld volgens de geldende regels.

11. Aangezien de te melden constructies een grensoverschrijdende dimensie moeten hebben, is het belangrijk dat de relevante inlichtingen worden gedeeld met de belastingautoriteiten in andere lidstaten, zodat het afschrikeffect van deze richtlijn ten aanzien van agressieve fiscale planningpraktijken zo doeltreffend mogelijk is. Het mechanisme voor de uitwisseling van inlichtingen in het kader van voorafgaande grensoverschrijdende rulings en voorafgaande prijsafspraken moet ook worden gebruikt voor de verplichte en automatische uitwisseling van te melden inlichtingen over mogelijk agressieve grensoverschrijdende fiscale planningsconstructies tussen belastingautoriteiten in de Unie.

12. Teneinde de automatische inlichtingenuitwisseling te vergemakkelijken en middelen efficiënter in te zetten, dienen de uitwisselingen te gebeuren via het door de Unie opgezette gemeenschappelijke communicatienetwerk („CCN-netwerk"). Hierbij zullen de inlichtingen worden opgeslagen in een beveiligd centraal gegevensbestand betreffende administratieve samenwerking op belastinggebied. De lidstaten dienen een reeks praktische regelingen te treffen, waaronder maatregelen om de verstrekking van alle vereiste inlichtingen te uniformeren door middel van de invoering van een standaardformulier. Daarbij dienen ook de taaleisen voor de beoogde inlichtingenuitwisseling te worden vastgesteld en dient het CCN-netwerk dienovereenkomstig te worden aangepast.

13. Teneinde de kosten en administratieve lasten voor zowel belastingdiensten als intermediairs tot een minimum te beperken en deze richtlijn tot een doeltreffend afschrikmiddel tegen agressieve fiscale planningpraktijken te maken, dient de automatische uitwisseling van inlichtingen in verband met meldingsplichtige grensoverschrijdende constructies binnen de Unie in lijn te zijn met internationale ontwikkelingen. Er moet worden voorzien in een specifiek wezenskenmerk ter bestrijding van constructies die tot doel hebben de meldingsplicht in verband met de automatische uitwisseling van inlichtingen te omzeilen. Voor de toepassing van dat wezenskenmerk moeten overeenkomsten inzake de automatische uitwisseling van inlichtingen over financiële rekeningen in het kader van de CRS worden beschouwd als gelijkwaardig aan de rapportageverplichtingen in artikel 8, lid 3 bis, van Richtlijn 2014/107/EU en in bijlage I daarbij. Bij de toepassing van de delen van deze richtlijn betreffende het tegengaan van constructies ter omzeiling van de CRS en constructies waarbij rechtspersonen, wettelijke regelingen of andere soortgelijke structuren zijn betrokken, kunnen lidstaten het werk van de OESO gebruiken, met name haar modelvoorschriften voor verplichte openbaarmaking ter bestrijding van constructies ter omzeiling van de CRS en ondoorzichtige offshorestructuren en het bijbehorende commentaar, als bron van voorbeelden of voor interpretatie, teneinde de consistente toepassing in alle lidstaten te waarborgen, voor zover die teksten op de bepalingen van Unierecht zijn afgestemd.

14. Hoewel de directe belastingen tot de bevoegdheid van de lidstaten blijven behoren, is het dienstig een vennootschapsbelastingtarief van nul of bijna-nul te vermelden, uitsluitend met de bedoeling een duidelijke omschrijving te geven van het toepassingsgebied van het wezenskenmerk dat betrekking heeft op constructies met grensoverschrijdende transacties, die uit hoofde van Richtlijn 2011/16/EU door intermediairs of, naargelang het geval, belastingplichtigen moeten worden gemeld en waarover de bevoegde autoriteiten automatisch inlichtingen moeten uitwisselen. Voorts is het dienstig te memoreren dat agressieve grensoverschrijdende fiscale planningsconstructies, waarvan het voornaamste doel of een van de voornaamste doelen erin bestaat een belastingvoordeel te verkrijgen dat het doel of de toepassing van de toepasselijke belasting-

wetgeving ondermijnt, onderworpen zijn aan de algemene antimisbruikregel van artikel 6 van Richtlijn (EU) 2016/1164 van de Raad[1].

15. Om de mogelijkheden voor de doeltreffendheid van deze richtlijn te verbeteren, dienen de lidstaten sancties vast te stellen voor overtredingen van de nationale omzettingsbepalingen. Dergelijke sancties moeten doeltreffend, evenredig en afschrikkend zijn.

16. Om uniforme voorwaarden te waarborgen voor de uitvoering van deze richtlijn, en met name de automatische inlichtingenuitwisseling tussen de belastingautoriteiten, moeten aan de Commissie uitvoeringsbevoegdheden worden toegekend voor de vaststelling van een standaardformulier met een beperkt aantal rubrieken, met inbegrip van de talenregeling. Om dezelfde reden moeten aan de Commissie ook uitvoeringsbevoegdheden worden toegekend voor de vaststelling van de nodige praktische regelingen voor de opwaardering van het centrale gegevensbestand betreffende administratieve samenwerking op belastinggebied. Die bevoegdheden moeten worden uitgeoefend overeenkomstig Verordening (EU) nr. 182/2011 van het Europees Parlement en de Raad[2].

17. De Europese Toezichthouder voor gegevensbescherming is overeenkomstig artikel 28, lid 2, van Verordening (EG) nr. 45/2001 van het Europees Parlement en de Raad geraadpleegd[3]. De verwerking van persoonsgegevens in het kader van deze richtlijn dient in overeenstemming te zijn met Richtlijn 95/46/EG van het Europees Parlement en de Raad[4] en Verordening (EG) nr. 45/2001.

18. Deze richtlijn eerbiedigt de grondrechten en neemt de beginselen in acht die met name zijn erkend in het Handvest van de grondrechten van de Europese Unie.

19. Daar de doelstelling van deze richtlijn, namelijk de werking van de interne markt verbeteren door het gebruik van agressieve grensoverschrijdende fiscale planningsconstructies te ontmoedigen, niet voldoende door de lidstaten kan worden verwezenlijkt doordat zij gericht is op regelingen die worden opgezet om te kunnen profiteren van marktinefficiënties die voortvloeien uit de wisselwerking tussen uiteenlopende nationale belastingregels, maar beter op Unieniveau kan worden verwezenlijkt, kan de Unie, overeenkomstig het in artikel 5 van het Verdrag betreffende de Europese Unie neergelegde subsidiariteitsbeginsel, maatregelen nemen. Overeenkomstig het in hetzelfde artikel neergelegde evenredigheidsbeginsel gaat deze richtlijn niet verder dan nodig is om deze doelstelling te verwezenlijken, met name gelet op het feit dat zij uitsluitend geldt voor grensoverschrijdende constructies die ofwel meer dan één lidstaat ofwel een lidstaat en een derde land betreffen.

20. Richtlijn 2011/16/EU moet derhalve dienovereenkomstig worden gewijzigd,

HEEFT DE VOLGENDE RICHTLIJN VASTGESTELD:

Artikel 1

Richtlijn 2011/16/EU wordt als volgt gewijzigd:

1. Artikel 3 wordt als volgt gewijzigd:
   a. punt 9 wordt als volgt gewijzigd:
      i. in de eerste alinea wordt punt a) vervangen door:

„a. voor de toepassing van artikel 8, lid 1, en de artikelen 8 bis, 8 bis bis en 8 bis ter, de systematische verstrekking van vooraf bepaalde inlichtingen aan een andere lidstaat, zonder voorafgaand verzoek, met regelmatige, vooraf vastgestelde tussenpozen. Voor de toepassing van artikel 8, lid 1, betekent „beschikbare inlichtingen" inlichtingen die zich in de belastingdossiers van de inlichtin-

1. Richtlijn (EU) 2016/1164 van de Raad van 12 juli 2016 tot vaststelling van regels ter bestrijding van belastingontwijkingspraktijken welke rechtstreeks van invloed zijn op de werking van de interne markt (PB L 193 van 19.7.2016, blz. 1).
2. Verordening (EU) nr. 182/2011 van het Europees Parlement en de Raad van 16 februari 2011 tot vaststelling van de algemene voorschriften en beginselen die van toepassing zijn op de wijze waarop de lidstaten de uitoefening van de uitvoeringsbevoegdheden door de Commissie controleren (PB L 55 van 28.2.2011, blz. 13).
3. Verordening (EG) nr. 45/2001 van het Europees Parlement en de Raad van 18 december 2000 betreffende de bescherming van natuurlijke personen in verband met de verwerking van persoonsgegevens door de communautaire instellingen en organen en betreffende het vrije verkeer van die gegevens (PB L 8 van 12.1.2001, blz. 1).
4. Richtlijn 95/46/EG van het Europees Parlement en de Raad van 24 oktober 1995 betreffende de bescherming van natuurlijke personen in verband met de verwerking van persoonsgegevens en betreffende het vrije verkeer van die gegevens (PB L 281 van 23.11.1995, blz. 31).

gen verstrekkende lidstaat bevinden en die opvraagbaar zijn overeenkomstig de procedures voor het verzamelen en verwerken van inlichtingen in die lidstaat;";

ii. in de eerste alinea wordt punt c) vervangen door:

„c. voor de toepassing van andere bepalingen van deze richtlijn dan artikel 8, lid 1, artikel 8, lid 3 bis, en de artikelen 8 bis, 8 bis bis en 8 bis ter, de systematische verstrekking van vooraf bepaalde inlichtingen overeenkomstig de punten a) en b) van dit punt.";

iii. in de tweede alinea wordt de eerste zin vervangen door:

„In het kader van artikel 8, lid 3 bis, artikel 8, lid 7 bis, artikel 21, lid 2, artikel 25, leden 2 en 3, en bijlage IV, hebben termen met een hoofdletter de betekenis die zij hebben volgens de overeenkomstige definities in bijlage I.";

b. de volgende punten worden toegevoegd:

„18. „grensoverschrijdende constructie", een constructie die ofwel meer dan één lidstaat ofwel een lidstaat en een derde land betreft, waarbij ten minste één van de volgende voorwaarden is vervuld:

a. niet alle deelnemers aan de constructie hebben hun fiscale woonplaats in hetzelfde rechtsgebied;

b. een of meer van de deelnemers aan de constructie heeft zijn fiscale woonplaats tegelijkertijd in meer dan één rechtsgebied;

c. een of meer van de deelnemers aan de constructie oefent een bedrijf uit in een ander rechtsgebied via een in dat rechtsgebied gelegen vaste inrichting en de constructie behelst een deel of het geheel van het bedrijf van die vaste inrichting;

d. een of meer van de deelnemers aan de constructie oefent een activiteit uit in een ander rechtsgebied zonder in dat rechtsgebied zijn fiscale woonplaats te hebben of zonder in dat rechtsgebied een vaste inrichting te creëren;

e. een dergelijke constructie heeft mogelijk gevolgen voor de automatische uitwisseling van inlichtingen of de vaststelling van het uiteindelijk belang. Voor de toepassing van punten 18 tot en met 25 van dit artikel, artikel 8 bis ter en bijlage IV betekent een constructie tevens een reeks constructies. Een constructie kan uit verscheidene stappen of onderdelen bestaan;

19. „meldingsplichtige grensoverschrijdende constructie", iedere grensoverschrijdende constructie die ten minste één van de in bijlage IV vermelde wezenskenmerken bezit;

20. „wezenskenmerk", een eigenschap of kenmerk van een grensoverschrijdende constructie die geldt als een indicatie van een mogelijk risico op belastingontwijking, als genoemd in bijlage IV;

21. „intermediair", een persoon die een meldingsplichtige grensoverschrijdende constructie bedenkt, aanbiedt, opzet, beschikbaar maakt voor implementatie of de implementatie ervan beheert.

Intermediair is ook een persoon die, gelet op de betrokken feiten en omstandigheden en op basis van de beschikbare informatie en de deskundigheid die en het begrip dat nodig is om die diensten te verstrekken, weet of redelijkerwijs kon weten dat hij heeft toegezegd rechtstreeks of via andere personen hulp, bijstand of advies te verstrekken met betrekking tot het bedenken, aanbieden, opzetten, beschikbaar maken voor implementatie of beheren van de implementatie van een meldingsplichtige grensoverschrijdende constructie. Elke persoon heeft het recht bewijs te leveren van het feit dat een dergelijk persoon niet wist en redelijkerwijs niet kon weten dat die persoon bij een meldingsplichtige grensoverschrijdende constructie betrokken was. Daartoe kan die persoon alle relevante feiten en omstandigheden, beschikbare informatie en zijn relevante deskundigheid en begrip ervan vermelden.

Om een intermediair te zijn, dient een persoon ten minste één van de volgende aanvullende voorwaarden te vervullen:

a. fiscaal inwoner van een lidstaat zijn;

b. beschikken over een vaste inrichting in een lidstaat via welke de diensten in verband met de constructie worden verleend;

c. opgericht zijn in of onder de toepassing van de wetten vallen van een lidstaat;

d. ingeschreven zijn bij een beroepsorganisatie in verband met de verstrekking van juridische, fiscale of adviesdiensten in een lidstaat;

22. „relevante belastingplichtige", elke persoon voor wie een meldingsplichtige grensoverschrijdende constructie beschikbaar wordt gemaakt voor implementatie, of die gereed is om een meldingsplichtige grensoverschrijdende constructie te implementeren of die de eerste stap van een dergelijke constructie heeft geïmplementeerd;

23. voor de toepassing van artikel 8 bis ter, betekent „verbonden onderneming" een persoon die gelieerd is met een andere persoon op ten minste één van de volgende wijzen:

a. een persoon neemt deel aan de leiding van een andere persoon waarbij hij invloed van betekenis kan uitoefenen op die andere persoon;

b. een persoon neemt deel aan de zeggenschap over een andere persoon door middel van een deelneming van meer dan 25 % van de stemrechten;

c. een persoon neemt deel in het kapitaal van een andere persoon door middel van een eigendomsrecht van, rechtstreeks of middellijk, meer dan 25 % van het kapitaal;

d. een persoon heeft recht op 25 % of meer van de winsten van een andere persoon.

Indien meer dan één persoon deelneemt, als bedoeld onder a) tot en met d), aan de leiding van, aan zeggenschap over of in het kapitaal of de winsten van dezelfde persoon, worden alle betrokken personen als verbonden ondernemingen beschouwd.

Indien dezelfde personen deelnemen, als bedoeld onder a) tot en met d), aan de leiding van, aan zeggenschap over of in het kapitaal of de winsten van meer dan één persoon, worden alle betrokken personen als verbonden ondernemingen beschouwd.

Voor de toepassing van dit punt wordt een persoon die met betrekking tot de stemrechten of het kapitaalbezit van een entiteit samen met een andere persoon optreedt, beschouwd als houder van een deelneming in alle stemrechten of het volledige kapitaalbezit dat die andere persoon in de genoemde entiteit heeft.

Bij middellijke deelneming wordt vastgesteld of aan de eisen onder c) is voldaan door vermenigvuldiging van de deelnemingspercentages door de opeenvolgende niveaus heen.

Een persoon die meer dan 50 % van de stemrechten houdt, wordt geacht 100 % te houden. Een natuurlijk persoon, zijn of haar echtgenoot en bloedverwanten in de rechte lijn worden behandeld als één persoon;

24. „marktklare constructie", een grensoverschrijdende constructie die is bedacht of aangeboden, implementeerbaar is of beschikbaar is gemaakt voor implementatie zonder dat er wezenlijke aanpassingen nodig zijn;

25. „constructie op maat", een grensoverschrijdende constructie die geen marktklare constructie is.".

2. Het volgende artikel wordt ingevoegd:

„Artikel 8 bis ter. Reikwijdte van en voorwaarden met betrekking tot de verplichte automatische uitwisseling van inlichtingen over meldingsplichtige grensoverschrijdende constructies

1. Iedere lidstaat neemt de noodzakelijke maatregelen om intermediairs te verplichten aan de bevoegde autoriteiten inlichtingen over meldingsplichtige grensoverschrijdende constructies waarvan zij kennis, bezit of controle hebben, te verstrekken binnen dertig dagen te rekenen vanaf:

a. de dag nadat de meldingsplichtige grensoverschrijdende constructie voor implementatie beschikbaar is gesteld, of

b. de dag nadat de meldingsplichtige grensoverschrijdende constructie voor gereed is implementatie, of

c. het ogenblik dat de eerste stap in de implementatie van de meldingsplichtige grensoverschrijdende constructie is ondernomen, naargelang wat het eerst plaatsvindt. Onverminderd de eerste alinea worden de in artikel 3, punt 21, tweede alinea, bedoelde intermediairs tevens verplicht inlichtingen te verstrekken binnen dertig dagen te rekenen vanaf de dag nadat zij, rechtstreeks of via andere personen, hulp, bijstand of advies hebben verstrekt.

2. In het geval van marktklare constructies nemen de lidstaten de noodzakelijke maatregelen om de intermediair te verplichten om de drie maanden een periodiek verslag op te stellen met een overzicht van nieuwe meldingsplichtige inlichtingen als bedoeld in punt 14, onder a), d), g), en h), die sinds het laatste ingediende verslag beschikbaar zijn geworden. 3.Wanneer de intermediair verplicht is inlichtingen over meldingsplichtige grensoverschrijdende constructies te verstrekken aan de bevoegde autoriteiten van meer dan één lidstaat, worden die inlichtingen alleen verstrekt aan de lidstaat die als eerste op de onderstaande lijst voorkomt:

a. de lidstaat waar de intermediair fiscaal inwoner is;

b. de lidstaat waar de intermediair een vaste inrichting heeft via welke de diensten met betrekking tot de constructie worden verstrekt;

c. de lidstaat waar de intermediair is opgericht of onder toepassing van de wetten valt;

d. de lidstaat waar de intermediair is ingeschreven bij een beroepsorganisatie in verband met de verstrekking van juridische, fiscale of adviesdiensten.

4. Wanneer er overeenkomstig lid 3 een meervoudige meldingsplicht bestaat, wordt de intermediair ontheven van het verstrekken van de inlichtingen als hij overeenkomstig het nationale recht aantoont dat dezelfde inlichtingen in een andere lidstaat zijn verstrekt.

5. Iedere lidstaat kan de noodzakelijke maatregelen nemen om intermediairs het recht op ontheffing van de verplichting tot het verstrekken van inlichtingen over een meldingsplichtige grensoverschrijdende constructie te verlenen, wanneer de meldingsplicht een inbreuk zou vormen op het wettelijk verschoningsrecht conform het nationale recht van die lidstaat. In die omstandigheden neemt iedere lidstaat de noodzakelijke maatregelen om de intermediairs te verplichten iedere andere intermediair of, bij gebreke daarvan, de relevante belastingplichtige onverwijld in kennis te stellen van zijn meldingsverplichtingen uit hoofde van lid 6. Aan intermediairs mag slechts ontheffing krachtens de eerste alinea worden verleend voor zover zij optreden binnen de grenzen van de desbetreffende nationale wetten die hun beroep definiëren.

6. Iedere lidstaat neemt de noodzakelijke maatregelen om te eisen dat, wanneer er geen intermediair is of de intermediair de relevante belastingplichtige of een andere intermediair in kennis stelt van de toepassing van een ontheffing krachtens lid 5, de verplichting tot verstrekking van inlichtingen over een meldingsplichtige grensoverschrijdende constructie ligt bij de andere in kennis gestelde intermediair of, bij gebreke daarvan, bij de relevante belastingplichtige.

7. De relevante belastingplichtige bij wie de meldingsplicht ligt, verstrekt de inlichtingen binnen dertig dagen, te rekenen vanaf de dag nadat de meldingsplichtige grensoverschrijdende constructie voor implementatie ter beschikking van de relevante belastingplichtige is gesteld of gereed is voor implementatie door de relevante belastingplichtige of zodra de eerste stap voor de implementatie ervan met betrekking tot de relevante belastingplichtige is ondernomen, naargelang wat het eerst plaatsvindt. Wanneer de relevante belastingplichtige verplicht is inlichtingen over de meldingsplichtige grensoverschrijdende constructie te verstrekken aan de bevoegde autoriteiten van meer dan één lidstaat, worden die inlichtingen alleen verstrekt aan de bevoegde autoriteiten van de lidstaat die als eerste op de onderstaande lijst voorkomt:

a. de lidstaat waar de relevante belastingplichtige fiscaal inwoner is;

b. de lidstaat waar de relevante belastingplichtige een vaste inrichting heeft die begunstigde van de constructie is;

c. de lidstaat waar de relevante belastingplichtige inkomsten ontvangt of winsten genereert, hoewel de relevante belastingplichtige geen fiscaal inwoner van een lidstaat is noch een vaste inrichting in een lidstaat heeft;

d. de lidstaat waar de relevante belastingplichtige een activiteit uitoefent, hoewel de relevante belastingplichtige geen fiscaal inwoner van een lidstaat is noch een vaste inrichting in een lidstaat heeft.

8. Wanneer er op grond van lid 7 een meervoudige meldingsplicht bestaat, wordt de relevante belastingplichtige ontheven van het verstrekken van de inlichtingen als hij overeenkomstig het nationale recht aantoont dat dezelfde inlichtingen in een andere lidstaat zijn verstrekt.

9. Iedere lidstaat neemt de noodzakelijke maatregelen om te eisen dat, wanneer er meer dan één intermediair is, de verplichting tot verstrekking van inlichtingen over de meldingsplichtige grensoverschrijdende constructie ligt bij alle intermediairs die bij dezelfde meldingsplichtige grensoverschrijdende constructie betrokken zijn. Een intermediair wordt alleen ontheven van het verstrekken van de inlichtingen voor zover hij overeenkomstig het nationale recht aantoont dat dezelfde inlichtingen als bedoeld in lid 14 reeds door een andere intermediair zijn verstrekt.

10. Iedere lidstaat neemt de noodzakelijke maatregelen om te eisen dat, wanneer de meldingsplicht bij de relevante belastingplichtige ligt en er meer dan één relevante belastingplichtige is, de inlichtingen overeenkomstig lid 6 worden verstrekt door de belastingplichtige die als eerste op de onderstaande lijst voorkomt:

a. de relevante belastingplichtige die de meldingsplichtige grensoverschrijdende constructie is overeengekomen met de intermediair;

b. de relevante belastingplichtige die de implementatie van de constructie beheert. Een relevante belastingplichtige wordt alleen ontheven van het verstrekken van de inlichtingen voor zover hij overeenkomstig het nationale recht aantoont dat dezelfde inlichtingen als bedoeld in lid 14 reeds door een andere relevante belastingplichtige zijn verstrekt.

11. Iedere lidstaat kan de noodzakelijke maatregelen nemen om te eisen dat iedere relevante belastingplichtige aan de belastingdienst inlichtingen verstrekt over het gebruik dat hij van de constructie maakt voor ieder jaar waarin hij er gebruik van maakt.

12. Iedere lidstaat neemt de noodzakelijke maatregelen om intermediairs en relevante belastingplichtigen te verplichten inlichtingen te verstrekken over meldingsplichtige grensoverschrijdende constructies

waarvan de eerste stap is geïmplementeerd tussen de datum van inwerkingtreding en de datum van toepassing van deze richtlijn. De intermediairs en, in voorkomend geval, de relevante belastingplichtigen verstrekken inlichtingen over die meldingsplichtige grensoverschrijdende constructies uiterlijk 31 augustus 2020.

13. De bevoegde autoriteit van een lidstaat waar de inlichtingen overeenkomstig leden 1 tot en met 12 van dit artikel zijn verstrekt, deelt de in lid 14 van dit artikel bedoelde gegevens via automatische uitwisseling mee aan de bevoegde autoriteiten van alle andere lidstaten in overeenstemming met de krachtens artikel 21, lid 1, vastgestelde nadere regels.

14. De door de bevoegde autoriteit van een lidstaat uit hoofde van lid 13 mee te delen inlichtingen omvatten het volgende, voor zover van toepassing:

a. de identificatiegegevens van intermediairs en relevante belastingplichtigen, met inbegrip van hun naam, geboortedatum en -plaats (in het geval van een natuurlijk persoon), fiscale woonplaats, fiscaal identificatienummer, en, in voorkomend geval, van de personen die een verbonden onderneming vormen met de relevante belastingplichtige;

b. nadere bijzonderheden over de in bijlage IV vermelde wezenskenmerken op grond waarvan de grensoverschrijdende constructie gemeld moet worden;

c. een samenvatting van de inhoud van de meldingsplichtige grensoverschrijdende constructie, met onder meer de benaming waaronder zij algemeen bekend staat, indien voorhanden, en een omschrijving van de relevante zakelijke activiteiten of constructies, in algemene bewoordingen gesteld, die niet mag leiden tot de openbaarmaking van een handels-, bedrijfs-, nijverheids- of beroepsgeheim of een fabrieks- of handelswerkwijze, of van inlichtingen waarvan de onthulling in strijd zou zijn met de openbare orde;

d. de datum waarop de eerste stap voor de implementatie van de meldingsplichtige grensoverschrijdende constructie is of zal worden ondernomen;

e. nadere bijzonderheden van de nationale bepalingen die aan de meldingsplichtige grensoverschrijdende constructie ten grondslag liggen;

f. de waarde van de meldingsplichtige grensoverschrijdende constructie;

g. de lidstaat van de relevante belastingbetaler(s) en eventuele andere lidstaten waarop de meldingsplichtige grensoverschrijdende constructie naar alle waarschijnlijkheid van invloed zal zijn;

h. de identificatiegegevens van andere personen in een lidstaat, op wie de meldingsplichtige grensoverschrijdende constructie naar alle waarschijnlijkheid van invloed zal zijn, waarbij wordt vermeld met welke lidstaten deze personen verbonden zijn.

15. Dat een belastingdienst niet reageert op een meldingsplichtige grensoverschrijdende constructie impliceert niet dat de geldigheid of fiscale behandeling van die constructie wordt aanvaard.

16. Om de in lid 13 van dit artikel bedoelde uitwisseling van inlichtingen te vergemakkelijken, stelt de Commissie de nadere regels vast voor de uitvoering van dit artikel, waaronder maatregelen om de verstrekking van de in lid 14 van dit artikel bedoelde inlichtingen te standaardiseren, in het kader van de procedure voor de vaststelling van het standaardformulier als bedoeld in artikel 20, lid 5.

17. De Commissie heeft geen toegang tot de in lid 14, onder a), c) en h), bedoelde inlichtingen.

18. De automatische inlichtingenuitwisseling geschiedt binnen één maand te rekenen vanaf het einde van het kwartaal waarin de inlichtingen zijn verstrekt. De eerste inlichtingen worden uiterlijk op 31 oktober 2020 meegedeeld.".

3. In artikel 20 wordt lid 5 vervangen door:

„5. De Commissie stelt volgens de in artikel 26, lid 2, bedoelde procedure standaardformulieren, inclusief de talenregeling, vast voor:

a. de automatische uitwisseling van inlichtingen over voorafgaande grensoverschrijdende rulings en voorafgaande verrekenprijsafspraken overeenkomstig artikel 8 bis vóór 1 januari 2017;

b. de automatische uitwisseling van inlichtingen over meldingsplichtige grensoverschrijdende constructies overeenkomstig artikel 8 bis ter vóór 30 juni 2019.

Deze standaardformulieren bevatten niet meer rubrieken waarover gegevens worden uitgewisseld dan die welke in artikel 8 bis, lid 6, en artikel 8 bis ter, lid 14, worden opgesomd en andere daaraan gerelateerde velden die noodzakelijk zijn voor het verwezenlijken van de doelstellingen van artikel 8 bis respectievelijk artikel 8 bis ter.

De in de eerste alinea vermelde talenregeling staat er niet aan in de weg dat de lidstaten de in de artikelen 8 bis en 8 bis ter bedoelde inlichtingen in een van de officiële talen van de Unie verstrekken. Niettemin kan in die talenregeling worden bepaald dat de belangrijkste elementen van deze inlichtingen ook in een andere officiële taal van de Unie worden verstrekt.".

4. In artikel 21 wordt lid 5 vervangen door:

„5. De Commissie ontwikkelt uiterlijk op 31 december 2017 een beveiligd centraal gegevensbestand van de lidstaten betreffende administratieve samenwerking op belastinggebied en zorgt voor de technische en logistieke ondersteuning daarvan; in dat centraal gegevensbestand kunnen in het kader van artikel 8 bis, leden 1 en 2, van deze richtlijn te verstrekken inlichtingen worden opgeslagen om te voldoen aan de automatische uitwisseling als bedoeld in die leden.

De Commissie ontwikkelt uiterlijk op 31 december 2019 een beveiligd centraal gegevensbestand van de lidstaten betreffende administratieve samenwerking op belastinggebied en zorgt voor de technische en logistieke ondersteuning daarvan; in dat centraal gegevensbestand kunnen in het kader van artikel 8 bis ter, leden 13, 14 en 16, te verstrekken inlichtingen worden opgeslagen om te voldoen aan de automatische uitwisseling als bedoeld in die leden.

De bevoegde autoriteiten van alle lidstaten hebben toegang tot de in dit gegevensbestand opgeslagen inlichtingen. De Commissie heeft ook toegang tot de in dit gegevensbestand opgeslagen inlichtingen, evenwel met inachtneming van de in artikel 8 bis, lid 8, en artikel 8 bis ter, lid 17, genoemde beperkingen. De noodzakelijke praktische regelingen worden door de Commissie vastgesteld volgens de in artikel 26, lid 2, bedoelde procedure.

In afwachting dat dat beveiligd centraal gegevensbestand operationeel wordt, geschiedt de in artikel 8 bis, leden 1 en 2, en artikel 8 bis ter, leden 13, 14 en 16, bedoelde automatische uitwisseling volgens lid 1 van dit artikel en de toepasselijke praktische regelingen.".

5. In artikel 23 wordt lid 3 vervangen door:

„3. De lidstaten doen de Commissie een jaarlijkse beoordeling toekomen van de doeltreffendheid van de in de artikelen 8, 8 bis, 8 bis bis en 8 bis ter bedoelde automatische inlichtingenuitwisseling en de daarmee bereikte resultaten. De Commissie stelt aan de hand van uitvoeringshandelingen de vorm en wijze van mededeling van deze jaarlijkse beoordeling vast. Die uitvoeringshandelingen worden volgens de in artikel 26, lid 2, bedoelde procedure vastgesteld.".

6. Artikel 25 bis wordt vervangen door:

„Artikel 25 bis. Sancties

De lidstaten stellen de regels vast inzake de sancties die van toepassing zijn op inbreuken op krachtens deze richtlijn vastgestelde nationale bepalingen ter uitvoering van de artikelen 8 bis bis en 8 bis ter, en treffen alle maatregelen om ervoor te zorgen dat zij worden toegepast. De sancties zijn doeltreffend, evenredig en afschrikkend.".

7. Artikel 27 wordt vervangen door:

„Artikel 27. Verslaglegging

1. De Commissie dient om de vijf jaar na 1 januari 2013 bij het Europees Parlement en de Raad een verslag in over de toepassing van deze richtlijn.
2. De lidstaten en de Commissie evalueren om de twee jaar na 1 juli 2020 de relevantie van bijlage IV, en de Commissie dient een verslag in bij de Raad. Indien nodig gaat het verslag vergezeld van een wetgevingsvoorstel.".

8. Bijlage IV, waarvan de tekst is weergegeven in de bijlage bij deze richtlijn, wordt toegevoegd.

Artikel 2

1. De lidstaten dienen uiterlijk op 31 december 2019 de nodige wettelijke en bestuursrechtelijke bepalingen vast te stellen en bekend te maken om aan deze richtlijn te voldoen. Zij delen de Commissie de tekst van die bepalingen onverwijld mee.

Zij passen die bepalingen toe vanaf 1 juli 2020.

Wanneer de lidstaten die bepalingen vaststellen, wordt in die bepalingen zelf of bij de officiële bekendmaking ervan naar deze richtlijn verwezen. De regels voor de verwijzing worden vastgesteld door de lidstaten.

2. De lidstaten delen de Commissie de tekst van de belangrijkste bepalingen van intern recht mee die zij op het onder deze richtlijn vallende gebied vaststellen.

Artikel 3

Deze richtlijn treedt in werking op de twintigste dag na die van de bekendmaking ervan in het *Publicatieblad van de Europese Unie*.

Artikel 4

Deze richtlijn is gericht tot de lidstaten.

Gedaan te Brussel, 25 mei 2018.

Voor de Raad

De voorzitter
V. GORANOV

BIJLAGE IV. WEZENSKENMERKEN

Deel I. „Main benefit test"

De algemene wezenskenmerken in categorie A en de specifieke wezenskenmerken in categorie B en categorie C, punt 1, onder b), i), onder c) en onder d), mogen uitsluitend in aanmerking worden genomen indien ze aan de „main benefit test" voldoen.

Aan die toets is voldaan indien kan worden aangetoond dat het belangrijkste voordeel dat of een van de belangrijkste voordelen die, gelet op alle relevante feiten en omstandigheden, redelijkerwijs te verwachten valt van een constructie het verkrijgen van een belastingvoordeel is.

In het kader van het wezenskenmerk in categorie C, punt 1, kan de aanwezigheid van de in categorie C, punt 1, onder b), i), onder c) of onder d) bepaalde voorwaarden op zich geen reden zijn om te concluderen dat een constructie voldoet aan de „main benefit test".

Deel II. Categorieën wezenskenmerken

A. Algemene wezenskenmerken die aan de „main benefit test" zijn gekoppeld

1. Een constructie waarbij de relevante belastingplichtige of een deelnemer aan de constructie zich tot geheimhouding verbindt en op grond hiervan niet aan andere intermediairs of de belastingautoriteiten mag onthullen hoe de constructie een belastingvoordeel kan opleveren.
2. Een constructie waarbij de intermediair aanspraak maakt op een vergoeding (of rente, betaling van financieringskosten en andere uitgaven) voor de constructie en die vergoeding wordt vastgelegd op basis van:
   a. het bedrag van het belastingvoordeel dat de constructie oplevert, of
   b. de vraag of de constructie daadwerkelijk een belastingvoordeel heeft opgeleverd. De intermediair moet daarbij de vergoeding gedeeltelijk of volledig terugbetalen wanneer het met de constructie beoogde belastingvoordeel niet gedeeltelijk of volledig werd verwezenlijkt.
3. Een constructie waarbij gebruik wordt gemaakt van gestandaardiseerde documenten en/of een gestandaardiseerde structuur en die beschikbaar is voor meer dan één relevante belastingplichtige zonder dat er voor implementatie wezenlijke aanpassingen nodig zijn.

B. Specifieke wezenskenmerken die aan de „main benefit test" zijn gekoppeld

1. Een constructie waarbij een deelnemer aan de constructie een reeks geplande stappen onderneemt die erin bestaan een verlieslijdende onderneming te verwerven, de hoofdactiviteit van die onderneming stop te zetten en de verliezen ervan te gebruiken om de door hem verschuldigde belastingen te verminderen, onder meer door overdracht van die verliezen naar een ander rechtsgebied of door een versneld gebruik van die verliezen.
2. Een constructie die tot gevolg heeft dat inkomsten worden omgezet in vermogen, schenkingen of andere inkomstencategorieën die lager worden belast of van belasting worden vrijgesteld.
3. Een constructie die circulaire transacties omvat met als resultaat dat middelen worden rondgepompt („round-tripping"), meer bepaald met behulp van tussengeschoven entiteiten zonder ander primair handelsdoel of van transacties die elkaar compenseren of tenietdoen of andere soortgelijke kenmerken hebben.

C. Specifieke wezenskenmerken in verband met grensoverschrijdende transacties

1. Een constructie met aftrekbare grensoverschrijdende betalingen tussen twee of meer verbonden ondernemingen waarbij ten minste één van de volgende voorwaarden is vervuld:
   a. de ontvanger is in geen van de fiscale rechtsgebieden fiscaal inwoner;
   b. de ontvanger is fiscaal inwoner in een rechtsgebied, maar dat rechtsgebied:

i. heft geen vennootschapsbelasting, of heft vennootschapsbelasting tegen een nultarief of bijna-nultarief, of

ii. is opgenomen in een lijst van rechtsgebieden van derde landen die door de lidstaten gezamenlijk of in het kader van de OESO als niet-coöperatief zijn beoordeeld;

c. de betaling geniet een volledige belastingvrijstelling in het rechtsgebied waar de ontvanger fiscaal inwoner is;

d. de betaling geniet een fiscaal gunstregime in het rechtsgebied waar de ontvanger fiscaal inwoner is.

2. In meer dan één rechtsgebied wordt aanspraak gemaakt op aftrekken voor dezelfde afschrijving.

3. In meer dan één rechtsgebied wordt aanspraak gemaakt op voorkoming van dubbele belasting voor hetzelfde inkomens- of vermogensbestanddeel.

4. Een constructie met overdrachten van activa waarbij er een wezenlijk verschil bestaat tussen het bedrag dat in de betrokken rechtsgebieden wordt aangemerkt als de voor die activa te betalen vergoeding.

D. Specifieke wezenskenmerken in verband met automatische uitwisseling van inlichtingen en uiteindelijk belang

1. Een constructie die kan leiden tot het ondermijnen van de rapportageverplichting uit hoofde van de wetgeving ter omzetting van Uniewetgeving of evenwaardige overeenkomsten inzake de automatische uitwisseling van inlichtingen over financiële rekeningen, waaronder overeenkomsten met derde landen, of die profiteert van het gebrek aan die wetgeving of overeenkomsten. Dergelijke constructies omvatten ten minste het volgende:

a. het gebruik van een rekening, product of belegging die geen financiële rekening is of niet als zodanig te boek staat, maar die over eigenschappen beschikt die in wezen vergelijkbaar zijn met die van een financiële rekening;

b. de overdracht van financiële rekeningen of activa aan, of het gebruik van rechtsgebieden die niet gebonden zijn aan de automatische uitwisseling van inlichtingen over financiële rekeningen met de staat van verblijf van de relevante belastingplichtige;

c. de herkwalificatie van inkomsten en vermogen in producten of betalingen die niet onder de automatische uitwisseling van inlichtingen vallen;

d. de overdracht of omzetting van een financiële instelling of een financiële rekening of de activa daarvan in een financiële instelling of een financiële rekening of activa die niet onder de rapportage in het kader van de automatische uitwisseling van inlichtingen vallen;

e. het gebruik van rechtspersonen, juridische constructies of structuren die de rapportage over één of meer rekeninghouders of uiteindelijk begunstigden in het kader van de automatische uitwisseling van inlichtingen over financiële rekeningen stopzetten of daartoe strekken;

f. constructies die due-diligenceprocedures die door financiële instellingen worden gebruikt om te voldoen aan hun verplichtingen tot het rapporteren van inlichtingen over financiële rekeningen, ondermijnen of zwakke punten ervan benutten, onder meer via het gebruik van rechtsgebieden met ontoereikende of zwakke regelingen voor de handhaving van antiwitwaswetgeving of met zwakke transparantievereisten voor rechtspersonen of juridische constructies.

2. Een constructie waarbij de juridische of feitelijke eigendom niet-transparant is door het gebruik van personen, juridische constructies of structuren:

a. die geen wezenlijke economische, door voldoende personeel, uitrusting, activa en gebouwen ondersteunde activiteit uitoefenen, en

b. die zijn opgericht in, worden beheerd in, inwoner zijn van, onder zeggenschap staan in, of gevestigd zijn in een ander rechtsgebied dan het rechtsgebied van verblijf van een of meer van de uiteindelijk begunstigden van de activa die door die personen, juridische constructies of structuren worden aangehouden, en

c. indien de uiteindelijk begunstigden van die personen, juridische constructies of structuren, als gedefinieerd in Richtlijn (EU) 2015/849, niet-identificeerbaar zijn gemaakt.

E. Specifieke wezenskenmerken in verband met verrekenprijzen

1. Een constructie met gebruik van unilaterale veiligehavenregels.

2. Een constructie met overdracht van moeilijk te waarderen immateriële activa. De term „moeilijk te waarderen immateriële activa" omvat immateriële activa of rechten op immateriële activa waarvoor, op het tijdstip van de overdracht ervan tussen verbonden ondernemingen:

a. geen betrouwbare vergelijkbare activa bestaan, en

b. de prognoses van de toekomstige kasstromen of inkomsten die naar verwachting uit de overgedragen activa voortvloeien, of de aannames die worden gebruikt voor het waarderen van de immateriële activa, bijzonder onzeker zijn, waardoor het moeilijk is te voorspellen hoe succesvol de immateriële activa op het moment van de overdracht uiteindelijk zullen zijn.

3. Een constructie met een grensoverschrijdende overdracht binnen de groep van functies, en/of risico's en/of activa, indien de geraamde jaarlijkse winst vóór interest en belastingen (ebit) van de overdrager of overdragers, tijdens de periode van drie jaar na de overdracht, minder dan 50 % bedraagt van de geraamde jaarlijkse ebit van die overdrager of overdragers indien de overdracht niet had plaatsgevonden."

G. Wijziging door Richtlijn 2020/876/EU inzake uitstel termijnen vanwege de COVID-19-pandemie

RICHTLIJN (EU) 2020/876 VAN DE RAAD
van 24 juni 2020
tot wijziging van Richtlijn 2011/16/EU om te voorzien in de dringende behoefte aan uitstel van bepaalde termijnen voor de verstrekking en uitwisseling van inlichtingen op belastinggebied vanwege de COVID-19-pandemie

DE RAAD VAN DE EUROPESE UNIE,

Gezien het Verdrag betreffende de werking van de Europese Unie, en met name de artikelen 113 en 115,
Gezien het voorstel van de Europese Commissie,
Na toezending van het ontwerp van wetgevingshandeling aan de nationale parlementen,
Gezien het advies van het Europees Parlement[1],
Gezien het advies van het Europees Economisch en Sociaal Comité[2],
Handelend volgens een bijzondere wetgevingsprocedure,
Overwegende hetgeen volgt:

1. De ernstige risico's voor de volksgezondheid en de overige belemmeringen die door de COVID-19-pandemie worden veroorzaakt, alsmede de door de lidstaten opgelegde lockdownmaatregelen om de pandemie te helpen indammen, hebben een aanzienlijk verstorend effect gehad op de capaciteit van bedrijven en belastingdiensten van de lidstaten om bepaalde verplichtingen op grond van Richtlijn 2011/16/EU van de Raad[3] na te komen.

2. Een aantal lidstaten en personen die uit hoofde van Richtlijn 2011/16/EU inlichtingen moeten verstrekken aan de bevoegde instanties van de lidstaten, hebben om uitstel verzocht van bepaalde in die richtlijn vastgestelde termijnen. Die termijnen hebben betrekking op de automatische uitwisseling van inlichtingen over financiële rekeningen waarvan de begunstigde fiscaal inwoner van een andere lidstaat is, en over meldingsplichtige grensoverschrijdende constructies die ten minste één van de in bijlage IV bij Richtlijn 2011/16/EU vermelde wezenskenmerken bevatten ("meldingsplichtige grensoverschrijdende constructies").

3. De ernstige verstoring die de COVID-19-pandemie heeft op de activiteiten van vele financiële instellingen en personen die verplicht zijn meldingsplichtige grensoverschrijdende constructies te melden, staat de tijdige naleving van hun meldingsverplichtingen op grond van Richtlijn 2011/16/EU in de weg. Financiële instellingen hebben momenteel dringende taken uit te voeren in verband met de COVID-19-pandemie.

4. Bovendien worden de financiële instellingen en personen met meldingsplicht geconfronteerd met ernstige werkonderbrekingen, voornamelijk als gevolg van het telewerk vanwege de lockdown in de meeste lidstaten. Ook beschikken de belastingdiensten van de lidstaten over een verminderde capaciteit om de gegevens te verzamelen en te verwerken.

5. Deze situatie vergt een dringende en, voor zover mogelijk, gecoördineerde reactie binnen de Unie. Daarom moeten de lidstaten de mogelijkheid krijgen om de termijn voor de uitwisseling van inlichtingen over financiële rekeningen waarvan de begunstigden fiscaal inwoner van een andere lidstaat zijn, uit te stellen, zodat de lidstaten hun nationale termijnen voor het verstrekken van dergelijke inlichtingen door de rapporterende financiële instellingen kunnen aanpassen. Voorts moeten de lidstaten ook de mogelijkheid krijgen om de termijnen uit te stellen voor het verstrekken en uitwisselen van inlichtingen over meldingsplichtige grensoverschrijdende constructies.

6. Het uitstel van de termijnen ("uitstel") is erop gericht een uitzonderlijke situatie het hoofd te bieden en mag de structuur die werd vastgesteld door Richtlijn 2011/16/EU, of de werking van die richtlijn, niet verstoren. Bijgevolg dient het uitstel beperkt te zijn en in verhouding te blijven tot de praktische moeilijkheden die door de COVID-19-pandemie worden veroorzaakt wat betreft de verstrekking en uitwisseling van inlichtingen.

7. In het licht van de huidige onzekerheid over hoe de COVID-19-pandemie zich verder zal ontwikkelen, en gelet op het feit dat de omstandigheden die de vaststelling van deze richtlijn rechtvaardigen nog enige tijd zouden kunnen aanhouden, is het passend in de mogelijkheid tot één optionele verlenging van de periode van

1. Advies van 19 juni 2020 (nog niet bekendgemaakt in het Publicatieblad).
2. Advies van 14 juni 2020 (nog niet bekendgemaakt in het Publicatieblad).
3. Richtlijn 2011/16/EU van de Raad van 15 februari 2011 betreffende de administratieve samenwerking op het gebied van de belastingen en tot intrekking van Richtlijn 77/799/EEG (PB L 64 van 11.3.2011, blz. 1).

uitstel te voorzien. Een dergelijke verlenging mag alleen plaatsvinden indien aan de voorwaarden van deze richtlijn is voldaan.

8. Gezien het aanzienlijke effect van de economische verstoringen als gevolg van de COVID-19-pandemie op de begrotingen, de personele middelen en de werking van de belastingdiensten van de lidstaten, moet de Raad de bevoegdheid krijgen om, op voorstel van de Commissie, met eenparigheid van stemmen te besluiten de periode van uitstel te verlengen.

9. Uitstel mag geen afbreuk doen aan de essentiële elementen van de verplichting om inlichtingen uit hoofde van Richtlijn 2011/16/EU te melden en uit te wisselen, en het moet worden voorkomen dat inlichtingen die tijdens de periode van uitstel meldingsplichtig worden, niet worden gemeld of niet worden uitgewisseld.

10. Gezien de urgentie die voortvloeit uit de uitzonderlijke omstandigheden als gevolg van de COVID-19-pandemie en de daarmee gepaard gaande volksgezondheidscrisis met haar sociale en economische gevolgen, werd het passend geacht een uitzondering te maken op de periode van acht weken bedoeld in artikel 4 van Protocol nr. 1 betreffende de rol van de nationale parlementen in de Europese Unie, gehecht aan het Verdrag betreffende de Europese Unie, het Verdrag betreffende de werking van de Europese Unie en het Verdrag tot oprichting van de Europese Gemeenschap voor Atoomenergie.

11. Richtlijn 2011/16/EU moet daarom dienovereenkomstig worden gewijzigd.

12. Aangezien de lidstaten in een zeer kort tijdsbestek moeten handelen om de termijnen uit te stellen die anders op grond van Richtlijn 2011/16/EU van toepassing zouden worden, moet deze richtlijn met spoed in werking treden,

HAS ADOPTED THIS DIRECTIVE:

Artikel 1

In Richtlijn 2011/16/EU worden de volgende artikelen ingevoegd:

"Artikel 27 bis. Optioneel uitstel van termijnen vanwege de COVID-19-pandemie

1. Niettegenstaande de in artikel 8 bis ter, lid 12, bedoelde termijnen voor het verstrekken van inlichtingen over meldingsplichtige grensoverschrijdende constructies kunnen de lidstaten de nodige maatregelen nemen om intermediairs en relevante belastingplichtigen in staat te stellen uiterlijk op 28 februari 2021 inlichtingen te verstrekken over meldingsplichtige grensoverschrijdende constructies waarvan de eerste stap is geïmplementeerd tussen 25 juni 2018 en 30 juni 2020.

2. Indien de lidstaten de in lid 1 bedoelde maatregelen nemen, nemen zij tevens de nodige maatregelen opdat:

a. niettegenstaande artikel 8 bis ter, lid 18, de eerste inlichtingen uiterlijk op 30 april 2021 worden meegedeeld;

b. de in artikel 8 bis ter, leden 1 en 7, bedoelde termijn van 30 dagen voor het verstrekken van inlichtingen uiterlijk op 1 januari 2021 ingaat, indien:

i. een meldingsplichtige grensoverschrijdende constructie beschikbaar wordt gemaakt voor implementatie of klaar is voor implementatie, of indien de eerste stap van de implementatie ervan is gezet tussen 1 juli 2020 en 31 december 2020, of

ii. de intermediairs in de zin van artikel 3, punt 21, tweede alinea, rechtstreeks of via andere personen hulp, bijstand of advies verstrekken tussen 1 juli 2020 en 31 december 2020;

c. in het geval van marktklare constructies het eerste periodieke verslag overeenkomstig artikel 8 bis ter, lid 2, uiterlijk op 30 april 2021 door de intermediair wordt opgesteld.

3. Niettegenstaande de in artikel 8, lid 6, punt b), vastgestelde termijn, kunnen de lidstaten de nodige maatregelen nemen opdat de in artikel 8, lid 3 bis, bedoelde mededeling van inlichtingen met betrekking tot het kalenderjaar 2019 of een andere passende meldingsperiode, plaatsvindt binnen twaalf maanden na het einde van het kalenderjaar 2019 of de andere passende meldingsperiode.

Artikel 27 ter. Verlenging van de periode van uitstel

1. De Raad kan op voorstel van de Commissie met eenparigheid van stemmen een uitvoeringsbesluit nemen om de in artikel 27 bis bedoeld periode van uitstel van de termijnen met drie maanden te verlengen, op voorwaarde dat de ernstige risico's voor de volksgezondheid, de belemmeringen en de economische verstoringen als gevolg van de COVID-19-pandemie aanhouden en lidstaten lockdownmaatregelen treffen.

2. Het voorstel voor een uitvoeringsbesluit van de Raad wordt ten minste één maand voor het verstrijken van de betrokken termijn ingediend bij de Raad.".

Artikel 2

Deze richtlijn treedt in werking op de dag na die van de bekendmaking ervan in het *Publicatieblad van de Europese Unie.*

Artikel 3

Deze richtlijn is gericht tot de lidstaten.

Gedaan te Brussel, 24 juni 2020.

Voor de Raad
De voorzitter
A. METELKO-ZGOMBI?

H. Wijziging door Richtlijn 2021/514/EU inzake administratieve samenwerking

RICHTLIJN (EU) 2021/514 VAN DE RAAD
van 22 maart 2021
tot wijziging van Richtlijn 2011/16/EU betreffende de administratieve samenwerking op het gebied van de belastingen

DE RAAD VAN DE EUROPESE UNIE,

Gezien het Verdrag betreffende de werking van de Europese Unie, en met name de artikelen 113 en 115,
Gezien het voorstel van de Europese Commissie, Na toezending van het ontwerp van wetgevingshandeling aan de nationale parlementen,
Gezien het advies van het Europees Parlement[1],
Gezien het advies van het Europees Economisch en Sociaal Comité[2],
Handelend volgens een bijzondere wetgevingsprocedure,
Overwegende hetgeen volgt:

1. Om rekening te houden met nieuwe initiatieven van de Unie op het gebied van fiscale transparantie is de afgelopen jaren een reeks wijzigingen aangebracht in Richtlijn 2011/16/EU van de Raad[3]. Die wijzigingen hadden voornamelijk betrekking op de invoering van rapportageverplichtingen – gevolgd door een mededeling aan andere lidstaten – in verband met financiële rekeningen, voorafgaande grensoverschrijdende rulings en voorafgaande verrekenprijsafspraken, landenrapporten en meldingsplichtige grensoverschrijdende constructies. Op die manier hebben die wijzigingen het toepassingsgebied van de automatische uitwisseling van inlichtingen uitgebreid. De belastingautoriteiten van de lidstaten beschikken nu over een breder instrumentarium voor samenwerking om diverse vormen van belastingfraude, -ontduiking en -ontwijking te kunnen opsporen en bestrijden.

2. De afgelopen jaren heeft de Commissie toezicht gehouden op de toepassing van Richtlijn 2011/16/EU en in 2019 heeft zij een evaluatie ervan voltooid. Hoewel er aanzienlijke vooruitgang is geboekt op het gebied van de automatische uitwisseling van inlichtingen, is er nog steeds behoefte aan een verbetering van de bepalingen die betrekking hebben op alle vormen van uitwisseling van inlichtingen en administratieve samenwerking.

3. Op grond van artikel 5 van Richtlijn 2011/16/EU moet de aangezochte autoriteit aan de verzoekende autoriteit alle inlichtingen meedelen die zij in haar bezit heeft of naar aanleiding van een administratief onderzoek verkrijgt, en die naar verwachting van belang zijn voor de administratie en de handhaving van de nationale wetgeving van de lidstaten inzake belastingen die binnen het toepassingsgebied van die richtlijn vallen. Om de doeltreffendheid van de uitwisseling van inlichtingen te garanderen en onterechte weigeringen van verzoeken te voorkomen, alsook met het oog op rechtszekerheid voor zowel de belastingdiensten als de belastingplichtigen, moet de internationaal overeengekomen norm "verwacht belang" duidelijk worden afgebakend en gecodificeerd.

4. Soms moeten verzoeken om inlichtingen worden behandeld met betrekking tot groepen belastingplichtigen die niet individueel kunnen worden geïdentificeerd, en het verwachte belang van de gevraagde inlichtingen kan dan alleen worden beschreven op basis van een gemeenschappelijke reeks kenmerken. In het licht hiervan moeten de belastingdiensten groepsverzoeken om inlichtingen blijven gebruiken binnen een duidelijk juridisch kader.

5. Het is van belang dat de lidstaten inlichtingen in verband met inkomsten uit intellectuele eigendom uitwisselen, aangezien dit domein van de economie vatbaar is voor winstverschuivingsconstructies vanwege de zeer mobiele aard van de onderliggende activa. Daarom moeten, met het oog op een betere bestrijding van belastingfraude, -ontduiking en -ontwijking, royalty's als omschreven in artikel 2, onder b), van Richtlijn 2003/49/EG van de Raad[4] worden opgenomen in de categorieën van inkomsten waarop de verplichte automatische uitwisseling van inlichtingen van toepassing is. De lidstaten moeten alles wat redelijkerwijze mag wor-

1. Nog niet bekendgemaakt in het Publicatieblad.
2. Nog niet bekendgemaakt in het Publicatieblad.
3. Richtlijn 2011/16/EU van de Raad van 15 februari 2011 betreffende de administratieve samenwerking op het gebied van de belastingen en tot intrekking van Richtlijn 77/799/EEG (PB L 64 van 11.3.2011, blz. 1).
4. Richtlijn 2003/49/EG van de Raad van 3 juni 2003 betreffende een gemeenschappelijke belastingregeling inzake uitkeringen van interest en royalty's tussen verbonden ondernemingen van verschillende lidstaten (PB L 157 van 26.6.2003, blz. 49).

den verwacht in het werk stellen om het door de lidstaat van verblijf afgegeven fiscaal identificatienummer (tax identification number, TIN) van ingezetenen op te nemen in de verstrekking van de categorieën van inkomsten en vermogen waarop de verplichte automatische uitwisseling van inlichtingen van toepassing is.

6. De digitalisering van de economie is de afgelopen jaren snel toegenomen. Een stijgend aantal complexe situaties in verband met belastingfraude, -ontduiking en -ontwijking is hiervan het gevolg. De grensoverschrijdende dimensie van diensten die worden aangeboden door platformexploitanten, heeft geleid tot een complexe situatie waarin het moeilijk kan zijn de belastingvoorschriften te handhaven en de naleving van de belastingwetgeving te garanderen. Er is een gebrek aan naleving van de belastingwetgeving en de waarde van niet aangegeven inkomsten is aanzienlijk. De belastingdiensten van de lidstaten beschikken over onvoldoende inlichtingen om een correcte beoordeling en controle uit te voeren van de bruto inkomsten in hun land uit commerciële activiteiten die via digitale platforms worden verricht. Dit is vooral problematisch wanneer de inkomsten of de belastbare bedragen binnenkomen via digitale platforms die in een ander rechtsgebied zijn gevestigd.

7. De belastingdiensten verzoeken de platformexploitanten regelmatig om inlichtingen. Voor de platformexploitanten ontstaan hierdoor aanzienlijke administratieve en nalevingskosten. Tegelijkertijd hebben sommige lidstaten een eenzijdige rapportageverplichting ingevoerd, die een extra administratieve last voor de platformexploitanten betekent aangezien zij veel nationale rapportagenormen moeten naleven. Het is daarom essentieel dat een uniforme rapportageverplichting wordt ingevoerd die overal in de interne markt zou gelden.

8. Aangezien een groot deel van de inkomsten of belastbare bedragen van de verkopers op digitale platforms grensoverschrijdend is, zou de rapportage van inlichtingen betreffende relevante activiteiten aanvullende positieve resultaten opleveren, mits ook de lidstaten die in aanmerking komen om de inkomsten te belasten, van die informatie in kennis worden gesteld. Met name de automatische uitwisseling van inlichtingen tussen belastingautoriteiten is van wezenlijk belang om die belastingautoriteiten de inlichtingen te bezorgen die zij nodig hebben om de verschuldigde inkomstenbelasting en belasting over de toegevoegde waarde (btw) correct vast te stellen.

9. Om de goede werking van de interne markt te garanderen, moeten de rapportagevoorschriften doeltreffend en eenvoudig zijn. Gezien de moeilijkheden om belastbare feiten te detecteren in verband met commerciële activiteiten die door digitale platforms worden gefaciliteerd, en tevens rekening houdend met de extra administratieve last voor de belastingdiensten in dergelijke gevallen, is het noodzakelijk een rapportageverplichting in te stellen voor platformexploitanten. De platformexploitanten zijn beter in staat om de noodzakelijke inlichtingen te verzamelen en te verifiëren met betrekking tot alle verkopers die werkzaam zijn op en gebruikmaken van een specifiek digitaal platform.

10. De rapportageverplichting moet zowel op grensoverschrijdende als op niet-grensoverschrijdende activiteiten betrekking hebben, teneinde de doeltreffendheid van de rapportagevoorschriften, de goede werking van de interne markt, een gelijk speelveld en het non-discriminatiebeginsel te waarborgen. Voorts zou een dergelijke toepassing van de rapportagevoorschriften de administratieve lasten voor de digitale platforms verminderen.

11. Gezien het wijdverspreide gebruik van digitale platforms bij commerciële activiteiten, zowel door natuurlijke personen als door entiteiten, is het cruciaal ervoor te zorgen dat de rapportageverplichting ongeacht de juridische aard van de verkoper van toepassing is. Er dient echter wel een uitzondering te worden gemaakt voor overheidsinstanties, die niet onder de rapportageverplichting mogen vallen.

12. De rapportage van inkomsten uit dergelijke activiteiten moet de belastingdiensten uitvoerige inlichtingen verschaffen die nodig zijn om de verschuldigde inkomstenbelasting correct vast te stellen.

13. Ter vereenvoudiging en vermindering van de nalevingskosten zou het redelijk zijn de platformexploitanten ertoe te verplichten inkomsten die verkopers door het gebruik van het digitale platform verkrijgen, in één enkele lidstaat te rapporteren.

14. Gezien de aard en de flexibiliteit van digitale platforms zou de rapportageverplichting ook moeten worden uitgebreid tot platformexploitanten die een commerciële activiteit in de Unie uitoefenen maar die geen fiscaal ingezetenen van een lidstaat zijn, noch zijn opgericht in overeenstemming met de wetten van een lidstaat, noch hun plaats van leiding of een vaste inrichting in een lidstaat hebben (buitenlandse platformexploitanten). Hierdoor zou een gelijk speelveld tussen alle digitale platforms worden gegarandeerd en oneerlijke concurrentie worden voorkomen. Om dit doel gemakkelijker te kunnen verwezenlijken, zouden buitenlandse platformexploitanten zich voor hun activiteiten in de interne markt in één enkele lidstaat moeten registreren

en daar ook rapporteren. Na het intrekken van een registratie van een buitenlandse platformexploitant moeten de lidstaten ervoor zorgen dat dergelijke buitenlandse platformexploitanten die zich opnieuw in de Unie registreren, ertoe verplicht worden de betrokken lidstaat passende garanties te bieden, zoals onder ede afgelegde schriftelijke verklaringen of zekerheidsstellingen.

15. Het is niettemin passend maatregelen vast te stellen die de administratieve lasten voor buitenlandse platformexploitanten en belastingautoriteiten van de lidstaten zouden verminderen, mits er adequate regelingen bestaan die ervoor zorgen dat gelijkwaardige inlichtingen worden uitgewisseld tussen een niet-Unierechtsgebied en een lidstaat. In die gevallen zou het passend zijn platformexploitanten die in een niet-Unierechtsgebied hebben gerapporteerd, te ontheffen van de verplichting in een lidstaat te rapporteren, voor zover de door de lidstaat ontvangen inlichtingen betrekking hebben op activiteiten die binnen het toepassingsgebied van deze richtlijn vallen en de inlichtingen gelijkwaardig zijn aan die welke krachtens de rapportagevoorschriften van deze richtlijn worden vereist. Om de administratieve samenwerking op dit gebied met niet-Unierechtsgebieden te bevorderen en te voorzien in de nodige flexibiliteit tijdens onderhandelingen over overeenkomsten tussen lidstaten en niet-Unierechtsgebieden, moet deze richtlijn het voor een gekwalificeerde platformexploitant van een niet-Unierechtsgebied mogelijk maken om gelijkwaardige inlichtingen over te rapporteren verkopers uitsluitend te rapporteren aan de belastingautoriteiten van een niet-Unierechtsgebied, die op hun beurt dergelijke inlichtingen zouden doen toekomen aan de belastingdiensten van de lidstaten. Waar passend moet dit mechanisme kunnen worden gebruikt om te voorkomen dat gelijkwaardige inlichtingen meer dan eens worden gerapporteerd en doorgegeven.

16. Aangezien belastingautoriteiten wereldwijd worden geconfronteerd met uitdagingen in verband met de almaar groeiende digitaalplatformeconomie, heeft de Organisatie voor Economische Samenwerking en Ontwikkeling (OESO) modelregels voor rapportage door platformexploitanten met betrekking tot verkopers in de deeleconomie en de kluseconomie (Model Rules for Reporting by Platform Operators with respect to Sellers in the Sharing and Gig Economy, modelregels) opgesteld. Gezien het grote aantal grensoverschrijdende activiteiten die worden verricht door digitale platforms en de verkopers die erop actief zijn, kan redelijkerwijs worden verwacht dat niet-Unierechtsgebieden voldoende zullen worden gestimuleerd om het voorbeeld van de Unie te volgen en de verzameling en wederzijdse automatische uitwisseling van inlichtingen over te rapporteren verkopers toe te passen volgens de modelregels. Hoewel de modelregels niet volledig samenvallen met het toepassingsgebied van deze richtlijn wat betreft de verkopers waarover inlichtingen moeten worden verstrekt en de digitale platforms via welke inlichtingen moeten worden gerapporteerd, wordt verwacht dat zij zullen voorzien in de rapportage van gelijkwaardige inlichtingen met betrekking tot relevante activiteiten die zowel onder deze richtlijn als onder de modelregels vallen, die eventueel nog verder kunnen worden uitgebreid met aanvullende relevante activiteiten.

17. Om eenvormige voorwaarden te waarborgen voor de uitvoering van deze richtlijn, moeten aan de Commissie uitvoeringsbevoegdheden worden toegekend. Die bevoegdheden moeten worden uitgeoefend in overeenstemming met Verordening (EU) nr. 182/2011 van het Europees Parlement en de Raad[1]. Meer in het bijzonder moet de Commissie door middel van uitvoeringshandelingen bepalen of inlichtingen die moeten worden uitgewisseld op grond van een overeenkomst tussen de bevoegde autoriteiten van een lidstaat en een niet-Unierechtsgebied, gelijkwaardig zijn aan de in deze richtlijn gespecificeerde inlichtingen. Aangezien het sluiten van overeenkomsten met niet-Unierechtsgebieden inzake administratieve samenwerking op belastinggebied onder de bevoegdheid van de lidstaten blijft vallen, kan de Commissie ook optreden naar aanleiding van een verzoek van een lidstaat. Die administratieve procedure moet, zonder het toepassingsgebied en de voorwaarden van deze richtlijn te wijzigen, rechtszekerheid bieden met betrekking tot de correlatie tussen de uit deze richtlijn voortvloeiende verplichtingen en eventuele overeenkomsten tussen lidstaten en niet-Unierechtsgebieden inzake de uitwisseling van inlichtingen. Daartoe is het noodzakelijk dat de gelijkwaardigheid op verzoek van een lidstaat ook kan worden bepaald voorafgaand aan de voorgenomen sluiting van een dergelijke overeenkomst. Indien de uitwisseling van inlichtingen gebaseerd is op een multilateraal instrument, moet het besluit of er sprake is van gelijkwaardigheid worden genomen ten aanzien van het gehele relevante kader waarop dit instrument betrekking heeft. Niettemin moet het in voorkomend geval mogelijk blijven om het besluit tot gelijkwaardigheid te nemen ten aanzien van een bilateraal instrument of de uitwisselingsrelatie met een afzonderlijk niet-Unierechtsgebied.

18. Ter voorkoming van belastingfraude, -ontduiking en -ontwijking is het passend dat de rapportage van commerciële activiteiten ook de verhuur van onroerend goed, de verlening van persoonlijke diensten, de ver-

1. Verordening (EU) nr. 182/2011 van het Europees Parlement en de Raad van 16 februari 2011 tot vaststelling van de algemene voorschriften en beginselen die van toepassing zijn op de wijze waarop de lidstaten de uitoefening van de uitvoeringsbevoegdheden door de Commissie controleren (PB L 55 van 28.2.2011, blz. 13).

koop van goederen en de verhuur van transportmiddelen omvat. Activiteiten die door een verkoper worden uitgeoefend in de hoedanigheid van werknemer van de platformexploitant, moeten niet onder dergelijke rapportageverplichting vallen.

19. Om onnodige nalevingskosten te beperken voor verkopers die onroerend goed verhuren, zoals hotelketens of touroperators, moet er per eigendomslijst een drempel voor het aantal verhuringen worden bepaald, waarboven de rapportageverplichting niet van toepassing is. Om echter te voorkomen dat intermediairs die als één verkoper op de digitale platforms verschijnen, bij het beheer van een groot aantal onroerende goederen rapportageverplichtingen omzeilen, moeten passende waarborgen worden ingebouwd.

20. De doelstelling om belastingfraude, -ontduiking en -ontwijking te voorkomen kan worden gegarandeerd door de platformexploitanten te verplichten tot rapportage in een vroeg stadium van de via de digitale platforms behaalde inkomsten, vóór de belastingautoriteiten van de lidstaten hun jaarlijkse belastingaanslagen uitbrengen. Om de werkzaamheden van de belastingautoriteiten van de lidstaten te vergemakkelijken, moeten de gerapporteerde inlichtingen worden uitgewisseld binnen één maand na de rapportage. Teneinde de automatische uitwisseling van inlichtingen te faciliteren en middelen efficiënter in te zetten, dienen de uitwisselingen van inlichtingen elektronisch plaats te vinden via het door de Unie opgezette gemeenschappelijke communicatienetwerk ("CCN-netwerk").

21. Indien buitenlandse platformexploitanten gelijkwaardige inlichtingen over te rapporteren verkopers rapporteren aan de respectieve belastingautoriteiten van niet-Unierechtsgebieden, wordt verwacht dat de due diligence-procedures en de rapportageverplichtingen daadwerkelijk worden nagekomen door de belastingautoriteiten van die rechtsgebieden. Wanneer dit echter niet het geval is, moeten buitenlandse platformexploitanten ertoe worden verplicht zich te registreren in de Unie en daar te rapporteren, en moeten de lidstaten de registratie-, due diligence- en rapportageverplichtingen van die buitenlandse platformexploitanten handhaven. Derhalve moeten de lidstaten regels vaststellen met betrekking tot sancties die van toepassing zijn op inbreuken op krachtens deze richtlijn vastgestelde nationale bepalingen en moeten zij alle maatregelen treffen die nodig zijn om ervoor te zorgen dat die sancties worden toegepast. Hoewel de keuze van de sancties bij de lidstaten blijft berusten, moeten de sancties doeltreffend, evenredig en afschrikkend zijn. Aangezien digitale platforms vaak een breed geografisch bereik hebben, is het passend dat de lidstaten op gecoördineerde wijze streven naar de handhaving van het naleven van de registratie- en rapportageverplichtingen die gelden voor digitale platforms die actief zijn vanuit niet-Unierechtsgebieden, waarbij in het uiterste geval wordt voorkomen dat digitale platforms binnen de Unie kunnen opereren. Binnen de grenzen van haar bevoegdheden moet de Commissie de coördinatie van het optreden van de lidstaten vergemakkelijken, waarbij rekening wordt gehouden met eventuele toekomstige gemeenschappelijke maatregelen ten aanzien van digitale platforms en met verschillen in de mogelijke maatregelen waarover de lidstaten beschikken.

22. Het is noodzakelijk de bepalingen van Richtlijn 2011/16/EU in verband met de aanwezigheid van ambtenaren van één lidstaat op het grondgebied van een andere lidstaat te versterken, alsmede om de uitvoering van gelijktijdige controles door twee of meer lidstaten aan te scherpen met het oog op de doeltreffende toepassing van die bepalingen. Daarom moet binnen een specifieke termijn door de bevoegde autoriteit van de aangezochte lidstaat worden gereageerd op verzoeken tot aanwezigheid van een ambtenaar van een andere lidstaat. Indien tijdens een administratief onderzoek ambtenaren van één lidstaat aanwezig zijn op het grondgebied van een andere lidstaat of via elektronische communicatiemiddelen aan een administratief onderzoek deelnemen, moeten zij onder de procedurele regelingen vallen die de aangezochte lidstaat heeft vastgesteld om personen rechtstreeks te ondervragen en bescheiden te onderzoeken.

23. Een lidstaat die voornemens is een gelijktijdige controle uit te voeren, moet ertoe worden verplicht de andere betrokken lidstaten daarvan in kennis te stellen. Ter wille van efficiëntie en rechtszekerheid is het passend te bepalen dat de bevoegde autoriteit van elke betrokken lidstaat ertoe verplicht wordt binnen een specifieke termijn te reageren.

24. Uit multilaterale controles die werden uitgevoerd met steun van het Fiscalis 2020-programma dat is opgezet bij Verordening (EU) nr. 1286/2013 van het Europees Parlement en de Raad[1], is het nut gebleken van gecoördineerde controles van een of meer belastingplichtigen die van gezamenlijk of complementair belang zijn voor de bevoegde autoriteiten van twee of meer lidstaten. Zulke gezamenlijke acties worden momenteel alleen uitgevoerd op basis van de gecombineerde toepassing van de bestaande bepalingen inzake de aanwezigheid van ambtenaren van één lidstaat op het grondgebied van een andere lidstaat en inzake gelijktijdige

1. Verordening (EU) nr. 1286/2013 van het Europees Parlement en de Raad van 11 december 2013 tot vaststelling van een actieprogramma ter verbetering van het functioneren van de belastingstelsels in de Europese Unie voor de periode 2014-2020 (Fiscalis 2020) en tot intrekking van Beschikking nr. 1482/2007/EG (PB L 347 van 20.12.2013, blz. 25).

controles. In veel gevallen heeft die praktijk echter aangetoond dat verdere verbeteringen nodig zijn om rechtszekerheid te scheppen.

25. Het is derhalve passend Richtlijn 2011/16/EU aan te vullen met een aantal bepalingen ter verduidelijking van het kader en de belangrijkste beginselen die moeten worden toegepast wanneer de bevoegde autoriteiten van lidstaten ervoor kiezen over te gaan tot een gezamenlijke audit. Gezamenlijke audits moeten een extra instrument zijn voor administratieve samenwerking tussen de lidstaten op het gebied van belastingen, en een aanvulling vormen op het bestaande kader dat voorziet in de mogelijkheid voor ambtenaren van een andere lidstaat om aanwezig te zijn in kantoren, deel te nemen aan administratieve onderzoeken en gelijktijdige controles te verrichten. Gezamenlijke audits zouden de vorm aannemen van administratieve onderzoeken die gezamenlijk door de bevoegde autoriteiten van twee of meer lidstaten worden uitgevoerd, en verband houden met een of meer personen van gezamenlijk of complementair belang voor de bevoegde autoriteiten van die lidstaten. Gezamenlijke audits kunnen een belangrijke bijdrage leveren tot een beter functioneren van de interne markt. Gezamenlijke audits moeten zo worden opgezet dat zij de belastingplichtigen rechtszekerheid bieden dankzij duidelijke procedureregels, met inbegrip van maatregelen om het risico van dubbele heffing te beperken.

26. Met het oog op rechtszekerheid moeten de bepalingen van Richtlijn 2011/16/EU inzake gezamenlijke audits ook de belangrijkste aspecten van de overige elementen van dat instrument bevatten, zoals de specifieke termijn voor het beantwoorden van een verzoek om een gezamenlijke audit, de reikwijdte van de rechten en plichten van de ambtenaren die deelnemen aan een gezamenlijke audit, en het proces dat leidt tot de opstelling van een eindverslag van een gezamenlijke audit. Die bepalingen inzake gezamenlijke audits mogen niet aldus worden uitgelegd dat zij vooruitlopen op procedures die in een lidstaat conform diens nationale recht zouden plaatsvinden naar aanleiding van of als vervolg op de gezamenlijke audit, zoals het heffen of vaststellen van belastingen bij besluit van de belastingautoriteiten van de lidstaten, de beroeps- of schikkingsprocedure in verband daarmee of de rechtsmiddelen die belastingplichtigen in het kader van die procedures ter beschikking staan. Met het oog op rechtszekerheid moet het eindverslag van een gezamenlijke audit een weergave zijn van de bevindingen waarover de betrokken bevoegde autoriteiten overeenstemming hebben bereikt. De betrokken bevoegde autoriteiten zouden bovendien kunnen overeenkomen dat het eindverslag van een gezamenlijke audit de punten bevat waarover geen overeenstemming kon worden bereikt. De onderling overeengekomen bevindingen van het eindverslag van een gezamenlijke audit moeten in aanmerking worden genomen in de relevante instrumenten die de bevoegde autoriteiten van de deelnemende lidstaten naar aanleiding van die gezamenlijke audit uitvaardigen.

27. Met het oog op rechtszekerheid is het passend te bepalen dat gezamenlijke audits moeten worden uitgevoerd op vooraf overeengekomen en gecoördineerde wijze en in overeenstemming met de wetgeving en procedurele voorschriften van de lidstaat waar de activiteiten van een gezamenlijke audit plaatsvinden. Dergelijke voorschriften kunnen ook de verplichting inhouden ervoor te zorgen dat ambtenaren van een lidstaat die aan de gezamenlijke audit in een andere lidstaat hebben deelgenomen, indien nodig ook deelnemen aan een eventuele klachten-, herzienings- of beroepsprocedure in die lidstaat.

28. De rechten en plichten van de ambtenaren die deelnemen aan de gezamenlijke audit, moeten in geval van hun aanwezigheid bij activiteiten die in een andere lidstaat worden verricht, worden vastgesteld overeenkomstig de wetgeving van de lidstaat waar de activiteiten van de gezamenlijke audit plaatsvinden. Ambtenaren van een andere lidstaat voegen zich naar de wetgeving van de lidstaat waar de activiteiten van een gezamenlijke audit plaatsvinden, en mogen tegelijkertijd geen bevoegdheden uitoefenen die verder gaan dan de bevoegdheden die hun krachtens de wetgeving van hun lidstaat zijn verleend.

29. Hoewel de bepalingen inzake gezamenlijke audits tot doel hebben een nuttig instrument voor administratieve samenwerking op belastinggebied te vormen, mag niets in deze richtlijn worden uitgelegd als strijdig met de vastgestelde regels inzake samenwerking tussen de lidstaten op justitieel gebied.

30. Het is van belang dat de inlichtingen die worden verstrekt uit hoofde van Richtlijn 2011/16/EU, in beginsel worden gebruikt voor de vaststelling, de uitvoering en de handhaving van belastingen die door het materiële toepassingsgebied van die richtlijn worden bestreken. Hoewel dit tot dusver niet was uitgesloten, is er als gevolg van een onduidelijk kader onzekerheid ontstaan over het gebruik van inlichtingen. Daarom, en gezien het belang van de btw voor de werking van de interne markt, is het passend te verduidelijken dat de inlichtingen die worden uitgewisseld tussen de lidstaten ook gebruikt mogen worden voor de vaststelling, de uitvoering en de handhaving van de btw en andere indirecte belastingen.

31. Een lidstaat die inlichtingen voor belastingdoeleinden aan een andere lidstaat verstrekt, dient het gebruik van die inlichtingen voor andere doeleinden toe te staan, voor zover dat uit hoofde van de nationale wetgeving

van beide lidstaten is toegestaan. Een lidstaat kan dit doen door na een verplicht verzoek van de andere lidstaat een ander gebruik toe te staan of door alle lidstaten een lijst mee te delen van andere doeleinden die zijn toegestaan.

32. Om de belastingdiensten die deelnemen aan de uitwisseling van inlichtingen uit hoofde van deze richtlijn bij te staan, moeten de lidstaten, met de hulp van de Commissie, praktische regelingen opstellen, in voorkomend geval met inbegrip van een gezamenlijke overeenkomst tussen de verwerkingsverantwoordelijken, een overeenkomst tussen de gegevensverwerker en de verwerkingsverantwoordelijke of modellen daarvoor. Alleen personen die door de instantie voor veiligheidsaccreditatie van de Commissie gemachtigd zijn, hebben toegang tot de op grond van Richtlijn 2011/16/EU meegedeelde en langs elektronische weg via het CCN verstrekte inlichtingen, en uitsluitend voor zover dit nodig is voor het beheer, het onderhoud en de ontwikkeling van het centrale gegevensbestand voor administratieve samenwerking op belastinggebied en van het CCN. De Commissie is tevens verantwoordelijk voor het waarborgen van de beveiliging van het centrale gegevensbestand voor administratieve samenwerking op belastinggebied en van het CCN.

33. Om gegevensinbreuken te voorkomen en mogelijke schade te beperken, is het van het grootste belang dat de beveiliging van alle gegevens die in het kader van Richtlijn 2011/16/EU tussen de bevoegde autoriteiten van de lidstaten worden uitgewisseld, wordt verbeterd. Daarom is het passend die richtlijn aan te vullen met regels inzake de procedure die de lidstaten en de Commissie moeten volgen in geval van een gegevensinbreuk in een lidstaat en wanneer de inbreuk plaatsvindt in het CCN. Gezien de gevoelige aard van de gegevens waarop een gegevensinbreuk betrekking zou kunnen hebben, zou het passend zijn te voorzien in maatregelen zoals het verzoeken om de schorsing van de uitwisseling van inlichtingen met de lidstaat/lidstaten waar de gegevensinbreuk heeft plaatsgevonden, of het schorsen van toegang tot het CCN voor een of meer lidstaten totdat de gegevensinbreuk is verholpen. Gezien de technische aard van de procedures voor gegevensuitwisseling, moeten de lidstaten, met de hulp van de Commissie, overeenstemming bereiken over de praktische regelingen die nodig zijn voor de uitvoering van de procedures die moeten worden gevolgd in geval van een gegevensinbreuk en over de maatregelen die moeten worden genomen om toekomstige gegevensinbreuken te voorkomen.

34. Om uniforme voorwaarden te waarborgen voor de uitvoering van Richtlijn 2011/16/EU, en met name de automatische uitwisseling van inlichtingen tussen de bevoegde autoriteiten, moeten aan de Commissie uitvoeringsbevoegdheden worden toegekend voor de vaststelling van een standaardformulier met een beperkt aantal rubrieken, met inbegrip van de talenregeling. Die bevoegdheden moeten worden uitgeoefend in overeenstemming met Verordening (EU) nr. 182/2011.

35. De Europese Toezichthouder voor gegevensbescherming is geraadpleegd overeenkomstig artikel 42 van Verordening (EU) 2018/1725 van het Europees Parlement en de Raad[1].

36. De verwerking van persoonsgegevens in het kader van Richtlijn 2011/16/EU moet in overeenstemming blijven met Verordening (EU) 2016/679 van het Europees Parlement en de Raad[2] en Verordening (EU) 2018/1725. Gegevensverwerking komt in Richtlijn 2011/16/EU uitsluitend aan bod met als doel een algemeen openbaar belang te dienen, namelijk belastingheffing en de beoogde bestrijding van belastingfraude, -ontduiking en -ontwijking, het veiligstellen van belastinginkomsten en het bevorderen van eerlijke belastingheffing, waardoor de mogelijkheden voor sociale, politieke en economische inclusie in de lidstaten worden versterkt. Daarom moeten de verwijzingen in Richtlijn 2011/16/EU naar het toepasselijke Unierecht inzake gegevensbescherming worden geactualiseerd en worden uitgebreid tot de voorschriften die door deze richtlijn worden ingevoerd. Dit is met name van belang om rechtszekerheid voor de verwerkingsverantwoordelijken en de gegevensverwerkers in de zin van de Verordeningen (EU) 2016/679 en (EU) 2018/1725 te waarborgen en tegelijkertijd te zorgen voor de bescherming van de rechten van de betrokkenen.

37. Deze richtlijn eerbiedigt de grondrechten en neemt de beginselen in acht die met name zijn erkend in het Handvest van de grondrechten van de Europese Unie. Deze richtlijn beoogt met name te waarborgen dat het recht op bescherming van persoonsgegevens en de vrijheid van ondernemerschap onverkort worden geëerbiedigd.

1. Verordening (EU) 2018/1725 van het Europees Parlement en de Raad van 23 oktober 2018 betreffende de bescherming van natuurlijke personen in verband met de verwerking van persoonsgegevens door de instellingen, organen en instanties van de Unie en betreffende het vrije verkeer van die gegevens, en tot intrekking van Verordening (EG) nr. 45/2001 en Besluit nr. 1247/2002/EG (PB L 295 van 21.11.2018, blz. 39).

2. Verordening (EU) 2016/679 van het Europees Parlement en de Raad van 27 april 2016 betreffende de bescherming van natuurlijke personen in verband met de verwerking van persoonsgegevens en betreffende het vrije verkeer van die gegevens en tot intrekking van Richtlijn 95/46/EG (algemene verordening gegevensbescherming) (PB L 119 van 4.5.2016, blz. 1).

38. Daar de doelstelling van deze richtlijn, namelijk doeltreffende administratieve samenwerking tussen de lidstaten onder voorwaarden die in overeenstemming zijn met de goede werking van de interne markt, niet voldoende door de lidstaten kan worden verwezenlijkt omdat de doelstelling van deze richtlijn om de samenwerking tussen de belastingdiensten te verbeteren, uniforme regels vereist die doeltreffend kunnen zijn in grensoverschrijdende situaties, maar beter door de Unie kan worden verwezenlijkt, kan de Unie overeenkomstig het in artikel 5 van het Verdrag betreffende de Europese Unie neergelegde subsidiariteitsbeginsel, maatregelen nemen. Overeenkomstig het in hetzelfde artikel neergelegde evenredigheidsbeginsel gaat deze richtlijn niet verder dan nodig is om die doelstelling te verwezenlijken.

39. Richtlijn 2011/16/EU moet derhalve dienovereenkomstig worden gewijzigd,

HEEFT DE VOLGENDE RICHTLIJN VASTGESTELD:

Artikel 1

Richtlijn 2011/16/EU wordt als volgt gewijzigd:

1. Artikel 3 wordt als volgt gewijzigd:

   a. in punt 9, eerste alinea, wordt punt a) vervangen door:

      "a. voor de toepassing van artikel 8, lid 1, en de artikelen 8 bis tot en met 8 bis quater, de systematische verstrekking van vooraf bepaalde inlichtingen aan een andere lidstaat, zonder voorafgaand verzoek, met regelmatige, vooraf vastgestelde tussenpozen. Voor de toepassing van artikel 8, lid 1, betekent "beschikbare inlichtingen" inlichtingen die zich in de belastingdossiers van de inlichtingen verstrekkende lidstaat bevinden en die opvraagbaar zijn overeenkomstig de procedures voor het verzamelen en verwerken van inlichtingen in die lidstaat;";

   b. in punt 9, eerste alinea, wordt punt c) vervangen door:

      "c. voor de toepassing van andere bepalingen van deze richtlijn dan artikel 8, leden 1 en 3 bis, en de artikelen 8 bis tot en met 8 bis quater, de systematische verstrekking van vooraf bepaalde inlichtingen overeenkomstig de punten a) en b) van de eerste alinea van dit punt.";

   c. in punt 9 wordt de tweede alinea vervangen door:

      "In het kader van artikel 8, leden 3 bis en 7 bis, artikel 21, lid 2, en bijlage IV hebben termen met een hoofdletter de betekenis die zij hebben volgens de overeenkomstige definities in bijlage I. In het kader van artikel 25, leden 3 en 4, hebben termen met een hoofdletter de betekenis die zij hebben volgens de overeenkomstige definities in bijlage I of V. In het kader van artikel 8 bis bis en bijlage III hebben termen met een hoofdletter de betekenis die ze hebben volgens de overeenkomstige definities in bijlage III. In het kader van artikel 8 bis quater en bijlage V hebben termen met een hoofdletter de betekenis die zij hebben volgens de overeenkomstige definities in bijlage V.";

   d. de volgende punten worden toegevoegd:

      "26. "gezamenlijke audit", een administratief onderzoek dat gezamenlijk door de bevoegde autoriteiten van twee of meer lidstaten wordt uitgevoerd, en verband houdt met een of meer personen van gezamenlijk of complementair belang voor de bevoegde autoriteiten van die lidstaten;
      27. "gegevensinbreuk", een inbreuk op de beveiliging die leidt tot vernietiging, verlies, wijziging of elk voorval van ongepaste of ongeoorloofde inzage, openbaarmaking of gebruik van inlichtingen, met inbegrip van, maar niet beperkt tot, persoonsgegevens die worden doorgegeven, opgeslagen of anderszins verwerkt, als gevolg van opzettelijke onwettige handelingen, nalatigheid of ongevallen. Een gegevensinbreuk kan betrekking hebben op de vertrouwelijkheid, de beschikbaarheid en de integriteit van gegevens.".

2. Het volgende artikel wordt ingevoegd:

   "Artikel 5 bis. Verwacht belang

   1. Wat betreft een in artikel 5 bedoeld verzoek zijn de verzochte inlichtingen van verwacht belang indien op het ogenblik van het verzoek de verzoekende autoriteit van oordeel is dat er overeenkomstig haar nationale wetgeving een redelijke mogelijkheid bestaat dat de verzochte inlichtingen van belang zullen zijn voor de belastingaangelegenheden van één of meer belastingplichtigen, hetzij bij naam geïdentificeerd of anderszins, en het verzoek gerechtvaardigd is voor de doeleinden van het onderzoek.

2. Om het verwacht belang van de verzochte inlichtingen aan te tonen, verstrekt de verzoekende autoriteit ten minste de volgende inlichtingen aan de aangezochte autoriteit:

a. het fiscale doel waarvoor de informatie wordt opgevraagd, en

b. een specificering van de inlichtingen die nodig zijn voor de uitvoering of handhaving van haar nationale wetgeving.

3. Indien een in artikel 5 bedoeld verzoek betrekking heeft op een groep belastingplichtigen die niet individueel kunnen worden geïdentificeerd, verstrekt de verzoekende autoriteit ten minste de volgende inlichtingen aan de aangezochte autoriteit:

a. een gedetailleerde beschrijving van de groep;

b. een toelichting bij de toepasselijke wetgeving en bij de feiten op basis waarvan redelijkerwijze vermoed kan worden dat de belastingplichtigen in de groep de toepasselijke wetgeving niet hebben nageleefd;

c. een toelichting bij de manier waarop de gevraagde inlichtingen zouden bijdragen tot het bepalen van de mate waarin de belastingplichtigen in de groep aan de toepasselijke wetgeving voldoen, en

d. in voorkomend geval, feiten en omstandigheden die verband houden met de betrokkenheid van een derde die actief heeft bijgedragen tot de mogelijke niet-naleving van de toepasselijke wetgeving door de belastingplichtigen in de groep.".

3. In artikel 6 wordt lid 2 vervangen door:

"2. Het in artikel 5 bedoelde verzoek kan een met redenen omkleed verzoek om een administratief onderzoek omvatten. Indien de aangezochte autoriteit van oordeel is dat er geen administratief onderzoek nodig is, deelt zij de verzoekende autoriteit onmiddellijk de redenen daarvoor mee.".

4. In artikel 7 wordt lid 1 vervangen door:

"1. De in artikel 5 bedoelde inlichtingen worden door de aangezochte autoriteit zo spoedig mogelijk, doch uiterlijk drie maanden na de datum van ontvangst van het verzoek verstrekt. Indien de aangezochte autoriteit echter niet binnen de gestelde termijn aan het verzoek kan voldoen, deelt zij de redenen hiervoor onmiddellijk, en in elk geval binnen drie maanden na ontvangst van het verzoek, aan de verzoekende autoriteit mee, met vermelding van de datum waarop zij denkt aan het verzoek te kunnen voldoen. De termijn mag niet langer zijn dan zes maanden te rekenen vanaf de datum van ontvangst van het verzoek.

Indien de aangezochte autoriteit die inlichtingen evenwel al in haar bezit heeft, verstrekt zij die binnen twee maanden na die datum.".

5. In artikel 7 wordt lid 5 geschrapt.

6. Artikel 8 wordt als volgt gewijzigd:

a. de leden 1 en 2 worden vervangen door:

"1. De bevoegde autoriteit van elke lidstaat verstrekt de bevoegde autoriteit van elke andere lidstaat automatisch alle inlichtingen waarover zij ten aanzien van ingezetenen van die andere lidstaat beschikt inzake de volgende specifieke inkomsten- en vermogenscategorieën, op te vatten in de zin van de nationale wetgeving van de lidstaat die de inlichtingen verstrekt:

a. inkomen uit een dienstbetrekking;

b. tantièmes en presentiegelden;

c. levensverzekeringsproducten die niet vallen onder andere Unierechtsinstrumenten inzake de uitwisseling van inlichtingen noch onder soortgelijke voorschriften;

d. pensioenen;

e. eigendom van en inkomsten uit onroerend goed;

f. royalty's.

Voor belastingtijdvakken die ingaan op of na 1 januari 2024, streven de lidstaten ernaar het door de lidstaat van verblijf afgegeven fiscaal identificatienummer (tax identification number, TIN) van ingezetenen op te nemen in de verstrekking van de in de eerste alinea bedoelde inlichtingen.

De lidstaten stellen de Commissie jaarlijks in kennis van ten minste twee inkomsten- en vermogenscategorieën die zijn opgenomen in de eerste alinea ten aanzien waarvan zij inlichtingen verstrekken over ingezetenen van een andere lidstaat.

2. De lidstaten stellen de Commissie vóór 1 januari 2024 in kennis van ten minste vier categorieën die zijn opgenomen in lid 1, eerste alinea, ten aanzien waarvan de bevoegde autoriteit van elke lidstaat automatisch inlichtingen verstrekt aan de bevoegde autoriteit van elke andere lidstaat over ingezete-

nen van die andere lidstaat. Dergelijke inlichtingen hebben betrekking op belastingtijdvakken die ingaan op of na 1 januari 2025.";

b. in lid 3 wordt de tweede alinea geschrapt.

7. Artikel 8 bis wordt als volgt gewijzigd:

a. in lid 5 wordt punt a) vervangen door:

"a. voor de op grond van lid 1 uitgewisselde inlichtingen: onverwijld zodra de voorafgaande grensoverschrijdende rulings of voorafgaande verrekenprijsafspraken zijn afgegeven of gemaakt, gewijzigd of hernieuwd en uiterlijk binnen drie maanden na het einde van het eerste halfjaar van het kalenderjaar waarin de voorafgaande grensoverschrijdende rulings of voorafgaande verrekenprijsafspraken zijn afgegeven of gemaakt, gewijzigd of hernieuwd;";

b. in lid 6 wordt punt b) vervangen door:

"b. een samenvatting van de voorafgaande grensoverschrijdende ruling of voorafgaande verrekenprijsafspraak, met onder meer een omschrijving van de relevante zakelijke activiteiten of transacties of reeks van transacties, alsook alle andere inlichtingen die voor de bevoegde autoriteit nuttig kunnen zijn bij de evaluatie van een mogelijk belastingrisico, die niet mag leiden tot de openbaarmaking van een handels-, bedrijfs-, nijverheids- of beroepsgeheim of een fabrieks- of handelswerkwijze, of van inlichtingen waarvan het verstrekken in strijd zou zijn met de openbare orde;".

8. Het volgende artikel wordt ingevoegd:

"Artikel 8 bis quater. Reikwijdte en voorwaarden van de verplichte automatische uitwisseling van door de platformexploitanten gerapporteerde inlichtingen

1. Elke lidstaat treft de nodige maatregelen om de rapporterende platformexploitanten te verplichten de due diligence-procedures uit te voeren en de rapportageverplichtingen te vervullen, als omschreven in bijlage V, delen II en III. Elke lidstaat ziet ook toe op de doeltreffende uitvoering en naleving van dergelijke maatregelen overeenkomstig bijlage V, deel IV.

2. Op grond van de toepasselijke due diligence-procedures en rapportageverplichtingen als omschreven in bijlage V, delen II en III, verstrekt de bevoegde autoriteit van een lidstaat waar de rapportage overeenkomstig lid 1 heeft plaatsgevonden, door middel van een automatische uitwisseling en binnen de in lid 3 gestelde termijn aan de bevoegde autoriteit van de lidstaat waarvan de te rapporteren verkoper een ingezetene is als bepaald op grond van bijlage V, deel II, onderdeel D, en, indien de te rapporteren verkoper onroerend goed verhuurt, in ieder geval aan de bevoegde autoriteit van de lidstaat waarin het onroerend goed is gelegen, de volgende inlichtingen over elke te rapporteren verkoper:

a. naam, geregistreerd kantooradres, fiscaal identificatienummer en, in voorkomend geval, het op grond van lid 4, eerste alinea, toegewezen individueel identificatienummer van de rapporterende platformexploitant, alsook handelsnaam (-namen) van het platform (de platforms) waarover de rapporterende platformexploitant rapporteert;

b. voor- en achternaam van de te rapporteren verkoper als die een natuurlijke persoon is, en de officiële naam van de te rapporteren verkoper als die een entiteit is;

c. het hoofdadres;

d. een fiscaal identificatienummer van de te rapporteren verkoper, met vermelding van elke lidstaat van afgifte, of, bij ontstentenis daarvan, de geboorteplaats van de te rapporteren verkoper als die een natuurlijke persoon is;

e. het nummer van inschrijving in het handelsregister van de te rapporteren verkoper als die een entiteit is;

f. het btw-identificatienummer van de te rapporteren verkoper, indien beschikbaar;

g. de geboortedatum van de te rapporteren verkoper als die een natuurlijke persoon is;

h. de identificatiecode van de financiële rekening waarop de tegenprestatie wordt betaald of gecrediteerd, voor zover bekend aan de rapporterende platformexploitant en voor zover de bevoegde autoriteit van de lidstaat waarvan de te rapporteren verkoper een ingezetene is in de zin van bijlage V, deel II, onderdeel D, de bevoegde autoriteiten van alle andere lidstaten niet in kennis heeft gesteld van het feit dat zij niet voornemens is de identificatiecode van de financiële rekening voor dat doel te gebruiken;

i. indien verschillend van de naam van de te rapporteren verkoper: bovenop de identificatiecode van de financiële rekening, de naam van de houder van de financiële rekening waarop de tegenprestatie wordt betaald of gecrediteerd, voor zover bekend aan de rapporterende platformexploitant, alsook alle andere financiële identificatiegegevens waarover de rapporterende platformexploitant beschikt met betrekking tot die rekeninghouder;

j. elke lidstaat waarvan de te rapporteren verkoper een ingezetene is zoals bepaald op grond van bijlage V, deel II, onderdeel D;

k. de totale tegenprestatie die is betaald of gecrediteerd tijdens elk kwartaal van de rapportageperiode, en het aantal relevante activiteiten waarvoor deze is betaald of gecrediteerd;

l. alle honoraria, commissielonen of belastingen die door het rapporterende platform tijdens elk kwartaal van de rapportageperiode ingehouden of geheven werden.

Indien de te rapporteren verkoper een onroerend goed verhuurt, worden de volgende aanvullende inlichtingen meegedeeld:

a. het postadres van elke eigendomslijst, vastgesteld op basis van de procedures als omschreven in bijlage V, deel II, onderdeel E, en het respectieve kadasternummer of het equivalent daarvan in het nationaal recht van de lidstaat waar het gelegen is, indien beschikbaar;

b. de totale tegenprestatie die is betaald of gecrediteerd tijdens elk kwartaal van de rapportageperiode, en het aantal relevante activiteiten dat is verricht voor elke eigendomslijst;

c. indien beschikbaar, het aantal verhuurdagen voor elke eigendomslijst tijdens de rapportageperiode en het type van elke eigendomslijst.

3. De mededeling op grond van lid 2 van dit artikel geschiedt met gebruikmaking van het geautomatiseerde standaardformaat als bedoeld in artikel 20, lid 4, uiterlijk twee maanden na het einde van de rapportageperiode waarop de op de rapporterende platformexploitant toepasselijke rapportageverplichtingen betrekking hebben. De eerste inlichtingen worden meegedeeld voor rapportageperiodes vanaf 1 januari 2023.

4. Om te voldoen aan de rapportageverplichtingen op grond van lid 1 van dit artikel, stelt elke lidstaat de noodzakelijke voorschriften vast om een rapporterende platformexploitant in de zin van bijlage V, deel I, onderdeel A, punt 4, onder b), te verplichten zich binnen de Unie te registreren. De bevoegde autoriteit van de lidstaat van registratie kent een rapporterende platformexploitant in die situatie een individueel identificatienummer toe.

De lidstaten stellen de voorschriften vast op grond waarvan het een rapporterende platformexploitant vrijstaat zich te registreren bij de bevoegde autoriteit van een enkele lidstaat overeenkomstig de voorschriften van bijlage V, deel IV, onderdeel F. De lidstaten nemen de nodige maatregelen om ervoor te zorgen dat een rapporterende platformexploitant in de zin van bijlage V, deel I, onderdeel A, punt 4, onder b), wiens registratie is ingetrokken overeenkomstig bijlage V, deel IV, onderdeel F, punt 7, zich alleen opnieuw kan registreren mits hij aan de autoriteiten van een betrokken lidstaat passende waarborgen verstrekt inzake zijn vast voornemen om te voldoen aan de rapportageverplichtingen binnen de Unie, ook wat betreft rapportageverplichtingen die alsnog moeten worden nagekomen.

De Commissie stelt bij uitvoeringshandelingen de praktische regelingen vast die nodig zijn voor de registratie en identificatie van rapporterende platformexploitanten. Die uitvoeringshandelingen worden volgens de in artikel 26, lid 2, bedoelde procedure vastgesteld.

5. Indien een platformexploitant wordt geacht een uitgesloten platformexploitant te zijn, stelt de bevoegde autoriteit van de lidstaat waar overeenkomstig bijlage V, deel I, onderdeel A, punt 3, is aangetoond dat het om een uitgesloten platformexploitant gaat, de bevoegde autoriteiten van alle andere lidstaten daarvan in kennis, alsmede van eventuele latere wijzigingen.

6. De Commissie zet uiterlijk op 31 december 2022 een centraal register op waarin de overeenkomstig lid 5 van dit artikel ter kennis te stellen en overeenkomstig bijlage V, deel IV, onderdeel F, punt 2, te verstrekken gegevens worden geregistreerd. Dat centraal register is beschikbaar voor de bevoegde autoriteiten van alle lidstaten.

7. De Commissie bepaalt door middel van uitvoeringshandelingen, op een met redenen omkleed verzoek van een lidstaat of op eigen initiatief, of de inlichtingen die automatisch moeten worden uitgewisseld op grond van een overeenkomst tussen de bevoegde autoriteiten van de betrokken lidstaat en een niet-Unie-rechtsgebied, in de zin van bijlage V, deel I, onderdeel A, punt 7, gelijkwaardig zijn aan de in bijlage V, deel III, onderdeel B, gespecificeerde inlichtingen. Die uitvoeringshandelingen worden volgens de in artikel 26, lid 2, bedoelde procedure vastgesteld.

Een lidstaat die om de in de eerste alinea bedoelde maatregel verzoekt, dient een met redenen omkleed verzoek in bij de Commissie.

Indien de Commissie van oordeel is dat zij niet over alle gegevens beschikt die nodig zijn voor de beoordeling van het verzoek, neemt zij binnen twee maanden na ontvangst van het verzoek contact op met de betrokken lidstaat en specificeert zij welke bijkomende gegevens vereist zijn. Zodra de Commissie over alle gegevens beschikt die zij nodig acht, stelt zij de verzoekende lidstaat binnen een maand daarvan in kennis en dient zij de relevante gegevens in bij het in artikel 26, lid 2, bedoelde comité.

Indien de Commissie op eigen initiatief handelt, stelt zij pas een in de eerste alinea bedoelde uitvoeringshandeling vast nadat een lidstaat met een niet-Unierechtsgebied een overeenkomst tussen bevoegde autoriteiten heeft gesloten op grond waarvan inlichtingen over verkopers die inkomsten uit door platforms gefaciliteerde activiteiten halen, automatisch moeten worden uitgewisseld.

Bij het bepalen of inlichtingen gelijkwaardig zijn in de zin van de eerste alinea met betrekking tot een relevante activiteit, houdt de Commissie terdege rekening met de mate waarin het regime waarop die inlichtingen zijn gebaseerd, overeenkomt met dat van bijlage V, met name wat betreft:

i. de definities van rapporterende platformexploitant, te rapporteren verkoper en relevante activiteit;
ii. de toepasselijke procedures voor het identificeren van te rapporteren verkopers;
iii. de rapportageverplichtingen, en
iv. de voorschriften en administratieve procedures waarover niet-Unierechtsgebieden moeten beschikken met het oog op de doeltreffende uitvoering en naleving van de in dat regime opgenomen due diligence-procedures en rapportageverplichtingen.

Dezelfde procedure is van toepassing om te bepalen dat inlichtingen niet langer gelijkwaardig zijn.".

9. Artikel 8 ter wordt als volgt gewijzigd:

a. lid 1 wordt vervangen door:

"1. De lidstaten doen de Commissie jaarlijks statistieken over de omvang van de automatische uitwisseling van inlichtingen uit hoofde van de artikelen 8, leden 1 en 3 bis, artikel 8 bis bis en artikel 8 bis quater toekomen, alsmede gegevens betreffende administratieve en andere relevante kosten en baten voor belastingdiensten en derden die betrekking hebben op de verrichte uitwisselingen, en mogelijke veranderingen.";

b. lid 2 wordt geschrapt.

10. Artikel 11 wordt als volgt gewijzigd:

a. lid 1 wordt vervangen door:

"1. Met het oog op de uitwisseling van de inlichtingen als bedoeld in artikel 1, lid 1, kan de bevoegde autoriteit van een lidstaat de bevoegde autoriteit van een andere lidstaat verzoeken dat door eerstgenoemde gemachtigde ambtenaren overeenkomstig de door laatstgenoemde vastgestelde procedurele regelingen:

a. aanwezig zijn in de kantoren waar de administratieve autoriteiten van de aangezochte lidstaat hun taken vervullen;
b. aanwezig zijn bij administratieve onderzoeken op het grondgebied van de aangezochte lidstaat;
c. deelnemen aan de administratieve onderzoeken die worden uitgevoerd door de aangezochte lidstaat, waar passend met gebruikmaking van elektronische communicatiemiddelen. De aangezochte autoriteit reageert binnen een termijn van 60 dagen na ontvangst van het verzoek op een verzoek overeenkomstig de eerste alinea, waarbij de verzoekende autoriteit de inwilliging van het verzoek of de gemotiveerde weigering ervan wordt meegedeeld. Indien de verlangde inlichtingen vermeld staan in bescheiden waartoe de ambtenaren van de aangezochte autoriteit toegang hebben, ontvangen de ambtenaren van de verzoekende autoriteit een afschrift van die bescheiden.";

b. in lid 2 wordt de eerste alinea vervangen door:

"Indien ambtenaren van de verzoekende autoriteit aanwezig zijn tijdens een administratief onderzoek of daaraan met gebruikmaking van elektronische communicatiemiddelen deelnemen, mogen zij personen ondervragen en bescheiden onderzoeken, met inachtneming van de door de aangezochte lidstaat vastgestelde procedurele regelingen.".

11. In artikel 12 wordt lid 3 vervangen door:

"3. De bevoegde autoriteit van elke betrokken lidstaat beslist of zij aan de gelijktijdige controles wenst deel te nemen. Zij doet de autoriteit die de gelijktijdige controle voorstelt, binnen een termijn van 60 dagen na ontvangst van het voorstel een bevestiging van deelname of een gemotiveerde weigering toekomen.".

12. De volgende afdeling wordt ingevoegd:

"**AFDELING II BIS. GEZAMENLIJKE AUDITS**

Artikel 12 bis. Gezamenlijke audits

1. De bevoegde autoriteit van een of meer lidstaten kan de bevoegde autoriteit van een andere lidstaat (of andere lidstaten) verzoeken een gezamenlijke audit uit te voeren. De aangezochte bevoegde autoriteiten reageren op het verzoek om een gezamenlijke audit binnen een termijn van 60 dagen na ontvangst van het verzoek. De aangezochte bevoegde autoriteiten kunnen een verzoek door de bevoegde autoriteit van een lidstaat om een gezamenlijke audit om gemotiveerde redenen verwerpen.

2. Gezamenlijke audits worden op vooraf overeengekomen en gecoördineerde wijze, met inbegrip van taalregelingen, uitgevoerd door de bevoegde autoriteiten van de verzoekende en de aangezochte lidstaten, en in overeenstemming met de wetgeving en de procedurele voorschriften van de lidstaat waar de activiteiten van een gezamenlijke audit plaatsvinden. In elke lidstaat waar de activiteiten van een gezamenlijke audit plaatsvinden, wijst de bevoegde autoriteit van die lidstaat een vertegenwoordiger aan die verantwoordelijk is voor het toezicht op en de coördinatie van de gezamenlijke audit in die lidstaat.

De rechten en plichten van de ambtenaren van lidstaten die deelnemen aan de gezamenlijke audit, worden in geval van hun aanwezigheid bij activiteiten die in een andere lidstaat worden verricht, vastgesteld overeenkomstig de wetgeving van de lidstaat waar de activiteiten van de gezamenlijke audit plaatsvinden. De ambtenaren van een andere lidstaat voegen zich naar de wetgeving van de lidstaat waar de activiteiten van een gezamenlijke audit plaatsvinden, maar oefenen geen bevoegdheden uit die verder gaan dan de bevoegdheden die hun krachtens de wetgeving van hun lidstaat zijn verleend.

3. Onverminderd lid 2 neemt een lidstaat waar de activiteiten van de gezamenlijke audit plaatsvinden, de nodige maatregelen om:

a. toe te staan dat ambtenaren van andere lidstaten die deelnemen aan de activiteiten van de gezamenlijke audit, personen ondervragen en bescheiden onderzoeken in samenspraak met de ambtenaren van de lidstaat waar de activiteiten van de gezamenlijke audit plaatsvinden, met inachtneming van de procedurele regelingen die zijn vastgesteld door de lidstaat waar die activiteiten plaatsvinden;

b. ervoor te zorgen dat bewijsmateriaal dat tijdens de activiteiten van de gezamenlijke audit is verzameld, kan worden beoordeeld, ook op de toelaatbaarheid ervan, onder dezelfde juridische voorwaarden als in het geval van een in die lidstaat uitgevoerde audit waaraan alleen de ambtenaren van die lidstaat deelnemen, onder meer in de loop van eventuele klachten-, herzienings- of beroepsprocedures, en

c. ervoor te zorgen dat de persoon (personen) die aan een gezamenlijke audit wordt (worden) onderworpen of erdoor wordt (worden) geraakt, dezelfde rechten en plichten heeft (hebben) als in het geval van een audit waaraan alleen de ambtenaren van die lidstaat deelnemen, onder meer in de loop van eventuele klachten-, herzienings- of beroepsprocedures.

4. Indien de bevoegde autoriteiten van twee of meer lidstaten een gezamenlijke audit verrichten, trachten zij het eens te worden over de feiten en omstandigheden die relevant zijn voor de gezamenlijke audit, en streven zij naar overeenstemming over de fiscale positie van de geaudite persoon (personen) op basis van de resultaten van de gezamenlijke audit. De bevindingen van de gezamenlijke audit worden neergelegd in een eindverslag. Punten waarover de bevoegde autoriteiten het eens zijn, worden in het eindverslag opgenomen en worden in aanmerking genomen in de relevante instrumenten die de bevoegde autoriteiten van de deelnemende lidstaten naar aanleiding van die gezamenlijke audit uitvaardigen.

Met inachtneming van de eerste alinea vinden de handelingen die de bevoegde autoriteiten van een lidstaat of een van zijn ambtenaren verrichten naar aanleiding van een gezamenlijke audit, alsmede eventuele verdere procedures in die lidstaat, zoals een besluit van de belastingautoriteiten, een beroepsprocedure of een daarmee verband houdende schikking, plaats overeenkomstig het nationaal recht van die lidstaat.

5. De geaudite persoon (personen) wordt (worden) binnen 60 dagen na het uitbrengen van het eindverslag in kennis gesteld van het resultaat van de gezamenlijke audit en krijgt (krijgen) een kopie van dat eindverslag.".

13. Artikel 16 wordt als volgt gewijzigd:

a. in lid 1 wordt de eerste alinea vervangen door:

"1. De inlichtingen die de lidstaten elkaar op grond van deze richtlijn in enigerlei vorm verstrekken, vallen onder de geheimhoudingsplicht en genieten de bescherming waarin het nationale recht van de ontvangende lidstaat met betrekking tot soortgelijke inlichtingen voorziet. Die inlichtingen kunnen worden gebruikt voor de beoordeling, toepassing en handhaving van het nationale recht van de lidstaten met betrekking tot de in artikel 2 bedoelde belastingen, alsook met betrekking tot de btw en andere indirecte belastingen.";

b. lid 2 wordt vervangen door:

"2. Met toestemming van de bevoegde autoriteit van de lidstaat die op grond van deze richtlijn inlichtingen verstrekt, en enkel voor zover het uit hoofde van het nationale recht van de lidstaat van de ontvangende bevoegde autoriteit is toegestaan, kunnen de op grond van deze richtlijn ontvangen inlichtingen en bescheiden voor andere dan de in lid 1 bedoelde doeleinden worden gebruikt. Dergelijke toestemming wordt verleend indien de inlichtingen voor soortgelijke doeleinden kunnen worden gebruikt in de lidstaat van de bevoegde autoriteit die de inlichtingen verstrekt.

De bevoegde autoriteit van elke lidstaat kan aan de bevoegde autoriteiten van alle andere lidstaten een lijst meedelen van andere dan in lid 1 bedoelde doeleinden waarvoor overeenkomstig het nationale recht van die lidstaat de inlichtingen en bescheiden kunnen worden gebruikt. De bevoegde autoriteit die inlichtingen en bescheiden ontvangt, kan de ontvangen inlichtingen en bescheiden zonder de in de eerste alinea van dit lid bedoelde toestemming gebruiken voor alle doeleinden die de inlichtingen verstrekkende lidstaat heeft meegedeeld.".

14. Artikel 20 wordt als volgt gewijzigd:

a. in lid 2 wordt de eerste alinea vervangen door:

"2. Het in lid 1 bedoelde standaardformulier bevat ten minste de volgende door de verzoekende autoriteit te verstrekken informatie:

a. de identiteit van de persoon naar wie het onderzoek of de controle is ingesteld en, in het geval van een groepsverzoek als bedoeld in artikel 5 bis, lid 3, een gedetailleerde beschrijving van de groep;

b. het fiscale doel waarvoor de informatie wordt opgevraagd.";

b. de leden 3 en 4 worden vervangen door:

"3. Voor de spontane uitwisseling van inlichtingen en de desbetreffende ontvangstbevestiging op grond van respectievelijk de artikelen 9 en 10, verzoeken tot administratieve kennisgeving op grond van artikel 13, terugmeldingen op grond van artikel 14, en de inlichtingen op grond van artikel 16, leden 2 en 3, en artikel 24, lid 2, wordt gebruikgemaakt van de door de Commissie volgens de in artikel 26, lid 2, bedoelde procedure vastgestelde standaardformulieren.

4. Bij de automatische inlichtingenuitwisseling op grond van de artikelen 8 en 8 bis quater wordt gebruikgemaakt van het door de Commissie volgens de procedure van artikel 26, lid 2, vastgestelde geautomatiseerde standaardformaat, dat dergelijke automatische uitwisseling moet vergemakkelijken.".

15. Aan artikel 21 wordt het volgende lid toegevoegd:

"7. De Commissie ontwikkelt en verstrekt technische en logistieke ondersteuning voor een beveiligde centrale interface voor administratieve samenwerking op het gebied van de belastingen, waarop de lidstaten inlichtingen uitwisselen met gebruikmaking van de standaardformulieren op grond van artikel 20, leden 1 en 3. De bevoegde autoriteiten van alle lidstaten hebben toegang tot die interface. Met het oog op het verzamelen van statistieken heeft de Commissie toegang tot informatie over de uitwisselingen die in de interface is opgeslagen en automatisch kan worden opgevraagd. De Commissie heeft alleen toegang tot anonieme en geaggregeerde gegevens. De toegang van de Commissie laat de verplichting van de lidstaten onverlet om statistieken te verstrekken over de uitwisseling van inlichtingen overeenkomstig artikel 23, lid 4.

De Commissie stelt aan de hand van uitvoeringshandelingen de noodzakelijke praktische regelingen vast. Die uitvoeringshandelingen worden volgens de in artikel 26, lid 2, bedoelde procedure vastgesteld.".

16. In artikel 22 wordt lid 1 bis vervangen door:

"1 bis. Met het oog op de uitvoering en handhaving van de wetgeving van de lidstaten ter uitvoering van deze richtlijn en teneinde te waarborgen dat de administratieve samenwerking waarin zij voorziet, functioneert, stellen de lidstaten bij wet vast dat belastingautoriteiten toegang hebben tot de in de artikelen 13, 30, 31, 32 bis en 40 van Richtlijn (EU) 2015/849 van het Europees Parlement en de Raad bedoelde mechanismen, procedures, documenten en inlichtingen*.

* Richtlijn (EU) 2015/849 van het Europees Parlement en de Raad van 20 mei 2015 inzake de voorkoming van het gebruik van het financiële stelsel voor het witwassen van geld of terrorismefinanciering, tot wijziging van Verordening (EU) nr. 648/2012 van het Europees Parlement en de Raad en tot intrekking van Richtlijn 2005/60/EG van het Europees Parlement en de Raad en Richtlijn 2006/70/EG van de Commissie (PB L 141 van 5.6.2015, blz. 73).".

17. In artikel 23 bis wordt lid 2 vervangen door:

"2. De krachtens artikel 23 door een lidstaat aan de Commissie verstrekte gegevens, alsmede alle door de Commissie opgestelde rapporten of bescheiden waarin van die gegevens gebruik wordt gemaakt, kunnen aan andere lidstaten worden doorgegeven. De doorgegeven gegevens vallen onder de geheimhoudingsplicht en genieten de bescherming waarin het nationale recht van de ontvangende lidstaat met betrekking tot soortgelijke inlichtingen voorziet.

De in de eerste alinea bedoelde door de Commissie opgestelde rapporten en bescheiden mogen door de lidstaten uitsluitend voor analytische doeleinden worden gebruikt, en mogen niet zonder uitdrukkelijke toestemming van de Commissie worden bekendgemaakt of aan andere personen of organen beschikbaar worden gesteld.

Niettegenstaande de eerste en de tweede alinea kan de Commissie jaarlijks geanonimiseerde samenvattingen publiceren van de statistische gegevens die de lidstaten haar overeenkomstig artikel 23, lid 4, meedelen.".

18. Artikel 25 wordt vervangen door:

"Artikel 25. Gegevensbescherming

1. Elke uitwisseling van inlichtingen op grond van deze richtlijn is onderworpen aan Verordening (EU) 2016/679 van het Europees Parlement en de Raad**. Voor de juiste toepassing van deze richtlijn beperken de lidstaten evenwel de reikwijdte van de verplichtingen en rechten die zijn neergelegd in artikel 13, artikel 14, lid 1, en artikel 15, van Verordening (EU) 2016/679, voor zover dit noodzakelijk is om de in artikel 23, lid 1, punt e), van die verordening bedoelde belangen te vrijwaren.

2. Verordening (EU) 2018/1725 van het Europees Parlement en de Raad† is van toepassing op de verwerking van persoonsgegevens in het kader van deze richtlijn door de instellingen, organen en instanties van de Unie. Voor de juiste toepassing van deze richtlijn wordt de reikwijdte van de verplichtingen en rechten die zijn neergelegd in artikel 15, artikel 16, lid 1, en de artikelen 17 tot en met 21, van Verordening (EU) 2018/1725 evenwel beperkt, voor zover dit noodzakelijk is om de in artikel 25, lid 1, onder c), van die verordening bedoelde belangen te vrijwaren.

3. Rapporterende financiële instellingen, intermediairs, rapporterende platformexploitanten en de bevoegde autoriteiten van de lidstaten worden als verwerkingsverantwoordelijken beschouwd wanneer zij, alleen of gezamenlijk, de doelen en middelen van de verwerking van persoonsgegevens bepalen in de zin van Verordening (EU) 2016/679.

4. Niettegenstaande lid 1 ziet elke lidstaat erop toe dat elke onder zijn jurisdictie vallende rapporterende financiële instelling, intermediair of rapporterende platformexploitant, naargelang het geval:

a. elke betrokken natuurlijke persoon in kennis stelt van het feit dat de hem betreffende inlichtingen overeenkomstig deze richtlijn zullen worden verzameld en doorgegeven, en

b. elke betrokken natuurlijke persoon tijdig alle inlichtingen verstrekt waarop hij van de verwerkingsverantwoordelijke recht heeft, zodat die natuurlijke persoon zijn rechten inzake gegevensbescherming kan uitoefenen en, in elk geval, voordat de inlichtingen worden gerapporteerd.

Niettegenstaande de eerste alinea, punt b), stelt elke lidstaat regelgeving vast om de rapporterende platformexploitanten ertoe te verplichten de te rapporteren verkopers in kennis te stellen van de gerapporteerde tegenprestatie.

5. Overeenkomstig deze richtlijn verwerkte inlichtingen worden niet langer bewaard dan voor de verwezenlijking van de doelstellingen van deze richtlijn noodzakelijk is, en in elk geval overeenkomstig de nationale voorschriften inzake verjaring van iedere verwerkingsverantwoordelijke.

6. Een lidstaat waar een gegevensinbreuk heeft plaatsgevonden, meldt die inbreuk en alle daaropvolgende corrigerende maatregelen onverwijld aan de Commissie. De Commissie stelt alle lidstaten onverwijld in kennis van de haar gemelde of bekende gegevensinbreuk en van eventuele corrigerende maatregelen.

Elke lidstaat kan de uitwisseling van inlichtingen met de lidstaat (lidstaten) waar de gegevensinbreuk heeft plaatsgevonden, schorsen door de Commissie en de betrokken lidstaat (lidstaten) daarvan schriftelijk in kennis te stellen. Een dergelijke schorsing wordt onmiddellijk van kracht.

** Verordening (EU) 2016/679 van het Europees Parlement en de Raad van 27 april 2016 betreffende de bescherming van natuurlijke personen in verband met de verwerking van persoonsgegevens en betreffende het vrije verkeer van die gegevens en tot intrekking van Richtlijn 95/46/EG (algemene verordening gegevensbescherming) (PB L 119 van 4.5.2016, blz. 1).

† Verordening (EU) 2018/1725 van het Europees Parlement en de Raad van 23 oktober 2018 betreffende de bescherming van natuurlijke personen in verband met de verwerking van persoonsgegevens door de instellingen, organen en instanties van de Unie en betreffende het vrije verkeer van die gegevens, en tot intrekking van Verordening (EG) nr. 45/2001 en Besluit nr. 1247/2002/EG (PB L 295 van 21.11.2018, blz. 39)."

De lidstaat (lidstaten) waar de gegevensinbreuk heeft plaatsgevonden, onderzoekt (onderzoeken), beperkt (beperken) en verhelpt (verhelpen) de gegevensinbreuk, en verzoekt (verzoeken), door de Commissie daarvan schriftelijk in kennis te stellen, om de schorsing van de toegang tot het CCN voor de toepassing van deze richtlijn indien de gegevensinbreuk niet onmiddellijk en op passende wijze onder controle kan worden gebracht. Op een dergelijk verzoek schorst de Commissie de toegang van die lidstaat (lidstaten) tot het CCN voor de toepassing van deze richtlijn.

Na melding, door de lidstaat waar de gegevensinbreuk heeft plaatsgevonden, van het feit dat de gegevensinbreuk is verholpen, geeft de Commissie de betrokken lidstaat (lidstaten) opnieuw toegang tot het CCN voor de toepassing van deze richtlijn. Indien een of meer lidstaten de Commissie verzoeken om gezamenlijk te verifiëren of de gegevensinbreuk is verholpen, geeft de Commissie pas na die verificatie de betrokken lidstaat (lidstaten) opnieuw toegang tot het CCN voor de toepassing van deze richtlijn.

Indien voor de toepassing van deze richtlijn een gegevensinbreuk in het centrale gegevensbestand of het CCN plaatsvindt die nadelige gevolgen kan hebben voor de uitwisseling van inlichtingen door de lidstaten via het CCN, stelt de Commissie de lidstaten zonder onnodige vertraging in kennis van de gegevensinbreuk en van eventuele corrigerende maatregelen die zijn genomen. Zulke corrigerende maatregelen kunnen inhouden dat de toegang tot het centrale gegevensbestand of het CCN voor de toepassing van deze richtlijn wordt geschorst totdat de gegevensinbreuk is verholpen.

7. De lidstaten, bijgestaan door de Commissie, komen de praktische regelingen overeen die nodig zijn voor de uitvoering van dit artikel, met inbegrip van beheerprocedures voor gegevensinbreuken die sporen met internationaal erkende goede praktijken en, in voorkomend geval, een gezamenlijke overeenkomst tussen de verwerkingsverantwoordelijken, een overeenkomst tussen gegevensverwerker en verwerkingsverantwoordelijke, of modellen daarvoor.

19. Artikel 25 bis wordt vervangen door:

"Artikel 25 bis. Sancties

De lidstaten stellen de regels vast inzake de sancties die van toepassing zijn op inbreuken op krachtens deze richtlijn vastgestelde nationale bepalingen ter uitvoering van de artikelen 8 bis bis, 8 bis ter en 8 bis quater, en treffen alle maatregelen om ervoor te zorgen dat zij worden toegepast. De sancties zijn doeltreffend, evenredig en afschrikkend.".

20. Bijlage V, waarvan de tekst is vervat in de bijlage bij deze richtlijn, wordt toegevoegd.

Artikel 2

1. De lidstaten stellen uiterlijk op 31 december 2022 de nodige wettelijke en bestuursrechtelijke bepalingen vast om aan deze richtlijn te voldoen, en maken deze bekend. Zij stellen de Commissie daarvan onmiddellijk in kennis.

Zij passen die bepalingen toe met ingang van 1 januari 2023.

Wanneer de lidstaten die bepalingen vaststellen, wordt in de bepalingen zelf of bij de officiële bekendmaking daarvan naar deze richtlijn verwezen. De regels voor de verwijzing worden vastgesteld door de lidstaten.

2. In afwijking van lid 1 van dit artikel stellen de lidstaten uiterlijk op 31 december 2023 de nodige wettelijke en bestuursrechtelijke bepalingen vast om aan artikel 1, punt 1), d), van deze richtlijn met betrekking tot artikel 3, punt 26), van Richtlijn 2011/16/EU en aan artikel 1, punt 12), van deze richtlijn met betrekking tot afdeling II bis van Richtlijn 2011/16/EU te voldoen. Zij stellen de Commissie daarvan onmiddellijk in kennis.

Zij passen die bepalingen uiterlijk met ingang van 1 januari 2024 toe.

Wanneer de lidstaten die bepalingen vaststellen, wordt in de bepalingen zelf of bij de officiële bekendmaking daarvan naar deze richtlijn verwezen. De regels voor de verwijzing worden vastgesteld door de lidstaten.

3. De lidstaten delen de Commissie de tekst van de belangrijkste bepalingen van intern recht mee die zij op het onder deze richtlijn vallende gebied vaststellen.

Artikel 3

Deze richtlijn treedt in werking op de twintigste dag na die van de bekendmaking ervan in het Publicatieblad van de Europese Unie.

Artikel 4

Deze richtlijn is gericht tot de lidstaten.

Gedaan te Brussel, 22 maart 2021.
Voor de Raad
De voorzitter
M. do C. ANTUNES

Bijlage V. Due diligence-procedures, rapportageverplichtingen en andere voorschriften voor platformexploitanten

Deze bijlage bevat de due diligence-procedures, de rapportageverplichtingen en andere voorschriften die rapporterende platformexploitanten moeten toepassen teneinde de lidstaten in staat te stellen de in artikel 8 bis quater van deze richtlijn bedoelde inlichtingen via automatische uitwisseling te verstrekken.

Voorts bevat deze bijlage de voorschriften en administratieve procedures die de lidstaten met het oog op de doeltreffende uitvoering en naleving van de in deze bijlage vervatte due diligence-procedures en rapportageverplichtingen moeten invoeren.

Deel I. Definities

De volgende termen hebben de hieronder uiteengezette betekenis:

A. Rapporterende platformexploitanten

1. “Platform”: elke software, met inbegrip van een website of onderdeel daarvan en toepassingen waaronder mobiele toepassingen, die toegankelijk is voor gebruikers en waardoor verkopers in staat worden gesteld verbonden te zijn met andere gebruikers voor het verrichten van een relevante activiteit, direct of indirect, ten behoeve van dergelijke gebruikers. Daaronder begrepen zijn ook alle regelingen voor de inning en betaling van een tegenprestatie met betrekking tot de relevante activiteit.

De term “platform” omvat niet de software die zonder enige verdere interventie bij het verrichten van een relevante activiteit uitsluitend een van de volgende activiteiten mogelijk maakt: a) het uitvoeren van betalingen in verband met een relevante activiteit; b) het aanbieden of adverteren van een relevante activiteit door gebruikers; c) het doorverwijzen of overbrengen van gebruikers naar een platform.

2. “Platformexploitant”: een entiteit die een overeenkomst sluit met een verkoper om een platform geheel of gedeeltelijk beschikbaar te stellen aan die verkoper.

3. “Uitgesloten platformexploitant”: een platformexploitant die vooraf en jaarlijks ten genoegen van de bevoegde autoriteit van de lidstaat waaraan hij anders had moeten rapporteren, overeenkomstig de voorschriften van deel III, onderdeel A, punten 1 tot en met 3, heeft aangetoond dat het volledige bedrijfsmodel van het platform van dusdanige aard is dat het niet over te rapporteren verkopers beschikt.

4. “Rapporterende platformexploitant”: een andere platformexploitant dan een uitgesloten platformexploitant, die in een van de volgende situaties verkeert:

a. hij is een fiscaal ingezetene van een lidstaat of, indien dat niet het geval is, voldoet hij aan een van de volgende voorwaarden:

i. hij is opgericht in overeenstemming met de wetgeving van een lidstaat;

ii. zijn plaats van leiding (inclusief de werkelijke leiding) bevindt zich in een lidstaat;

iii. hij heeft een vaste inrichting in een lidstaat en is geen gekwalificeerde platformexploitant buiten de Unie;

b. hij is geen fiscaal ingezetene van een lidstaat, noch is hij opgericht in overeenstemming met de wetten van een lidstaat, noch heeft hij zijn plaats van leiding of een vaste inrichting in een lidstaat, maar hij faciliteert de verrichting van een relevante activiteit door te rapporteren verkopers of een relevante activiteit in verband met de verhuur van onroerend goed dat in een lidstaat is gelegen, en hij is geen gekwalificeerde platformexploitant buiten de Unie.

5. “Gekwalificeerde platformexploitant buiten de Unie”: een platformexploitant voor wie alle relevante activiteiten die hij faciliteert ook gekwalificeerde relevante activiteiten zijn en die een fiscaal ingezetene is van een gekwalificeerd niet-Unierechtsgebied of, indien hij dat niet is, aan een van de volgende voorwaarden voldoet:

a. hij is opgericht in overeenstemming met de wetgeving van een gekwalificeerd niet-Unierechtsgebied, of

b. zijn plaats van leiding (inclusief de werkelijke leiding) bevindt zich in een gekwalificeerd niet-Unierechtsgebied.

6. “Gekwalificeerd niet-Unierechtsgebied”: een niet-Unierechtsgebied dat beschikt over een van kracht zijnde adequate overeenkomst tussen bevoegde autoriteiten met de bevoegde autoriteiten van alle lidstaten die in een door dit niet-Unierechtsgebied gepubliceerde lijst zijn aangemerkt als te rapporteren rechtsgebieden.
7. “Van kracht zijnde adequate overeenkomst tussen bevoegde autoriteiten”: een overeenkomst tussen de bevoegde autoriteiten van een lidstaat en een niet-Unierechtsgebied, op grond waarvan de automatische uitwisseling plaatsvindt van inlichtingen die gelijkwaardig zijn aan die welke in deze bijlage, deel III, onderdeel B, zijn gespecificeerd, zoals bevestigd in een uitvoeringshandeling overeenkomstig artikel 8 bis quater, lid 7.
8. “Relevante activiteit”: een van de onderstaande activiteiten die worden verricht voor een tegenprestatie:
   a. de verhuur van een onroerend goed, daaronder begrepen zakelijk en niet-zakelijk onroerend goed, alsmede elk ander onroerend goed en parkeerruimten;
   b. een persoonlijke dienst;
   c. de verkoop van goederen;
   d. de verhuur van transportmiddelen. De term “relevante activiteit” omvat niet de activiteiten die door een verkoper worden verricht in de hoedanigheid van werknemer van de platformexploitant of van een met de platformexploitant gelieerde entiteit.
9. “Gekwalificeerde relevante activiteiten”: relevante activiteiten die vallen onder de automatische uitwisseling op grond van een vigerende adequate overeenkomst tussen bevoegde autoriteiten.
10. “Tegenprestatie”: een compensatie onder welke vorm ook, met aftrek van alle honoraria, commissielonen of belastingen die door de rapporterende platformexploitant worden ingehouden of geheven, die wordt betaald of gecrediteerd aan een verkoper in verband met de relevante activiteit, en waarvan het bedrag door de platformexploitant gekend is of redelijkerwijs gekend kan worden.
11. “Persoonlijke dienst”: een dienst die een tijdgebonden of taakgerichte activiteit omvat die door een of meer natuurlijke personen wordt uitgevoerd, hetzij zelfstandig, hetzij namens een entiteit, en die wordt verricht op verzoek van een gebruiker, hetzij online, hetzij fysiek offline, na facilitering door een platform.

B. Te rapporteren verkopers

1. “Verkoper”: een gebruiker van een platform, hetzij een natuurlijke persoon, hetzij een entiteit, die op enig ogenblik tijdens de rapportageperiode op het platform is geregistreerd en een relevante activiteit verricht.
2. “Actieve verkoper”: een verkoper die tijdens de rapportageperiode een relevante activiteit verricht, of aan wie een tegenprestatie wordt betaald of gecrediteerd in verband met een relevante activiteit tijdens de rapportageperiode.
3. “Te rapporteren verkoper”: een actieve verkoper, die geen uitgesloten verkoper is, die een ingezetene is van een lidstaat of die een onroerend goed heeft verhuurd dat in een lidstaat is gelegen.
4. “Uitgesloten verkoper”: een verkoper
   a. die een overheidsinstantie is;
   b. die een entiteit is waarvan de aandelen regelmatig worden verhandeld op een erkende effectenbeurs of een gelieerde entiteit is van een entiteit waarvan de aandelen regelmatig worden verhandeld op een erkende effectenbeurs;
   c. die een entiteit is waarvoor de platformexploitant tijdens de rapportageperiode meer dan 2 000 relevante activiteiten heeft gefaciliteerd door de verhuur van onroerend goed met betrekking tot een eigendomslijst, of
   d. voor wie de platformexploitant tijdens de rapportageperiode minder dan 30 relevante activiteiten heeft gefaciliteerd door de verkoop van goederen, en voor wie het totale bedrag van de tegenprestatie dat is betaald of gecrediteerd, ten hoogste 2 000 EUR bedroeg.

C. Overige definities

1. “Entiteit”: een rechtspersoon of een juridische constructie, zoals een vennootschap, samenwerkingsverband, trust of stichting. Een entiteit is een gelieerde entiteit van een andere entiteit indien een van de entiteiten zeggenschap heeft over de andere, of indien beide entiteiten onder een gemeenschappelijk zeggenschap vallen. Daartoe wordt onder zeggenschap mede verstaan de directe of indirecte eigendom van meer dan 50 % van het aantal stemmen en de waarde in een entiteit. Bij indirecte deelneming wordt de nakoming van het vereiste dat meer dan 50 % van het eigendomsrecht in het kapitaal van de andere entiteit wordt gehouden, bepaald door vermenigvuldiging van de deelnemingspercentages door de opeenvolgende niveaus heen. Een persoon die meer dan 50 % van de stemrechten houdt, wordt geacht 100 % te houden.
2. “Overheidsinstantie”: de regering van een lidstaat of ander rechtsgebied, een staatkundig onderdeel van een lidstaat of ander rechtsgebied (met inbegrip van een staat, provincie, district of gemeente), of een agent-

schap of instantie van een lidstaat of ander rechtsgebied of van een of meer van de voorgaande overheidsinstanties dat/die volledig daartoe behoort.

3. "TIN": het door een lidstaat afgegeven fiscaal identificatienummer, of een functioneel equivalent bij gebreke van een fiscaal identificatienummer.

4. "Btw-identificatienummer": het unieke nummer ter identificatie van een belastingplichtige of een niet-belastbare rechtspersoon, die is geregistreerd voor btw-doeleinden.

5. "Hoofdadres": het adres van de hoofdverblijfplaats van een verkoper die een natuurlijke persoon is, alsook het adres van het geregistreerde kantoor van een verkoper die een entiteit is.

6. "Rapportageperiode": het kalenderjaar waarvoor de rapportage wordt afgesloten op grond van deel III.

7. "Eigendomslijst": alle onroerende goederen die op hetzelfde straatadres gelegen zijn, in het bezit zijn van dezelfde eigenaar en door dezelfde verkoper via een platform te huur worden aangeboden.

8. "Identificatiecode van de financiële rekening": het unieke identificatienummer of referentienummer van de rekening bij een bank of bij een andere vergelijkbare betalingsdienst waarover de platformexploitant beschikt en waarop de tegenprestatie wordt betaald of gecrediteerd.

9. "Goederen": elke lichamelijke zaak.

Deel II. Due diligence-procedures

De volgende procedures zijn van toepassing om na te gaan wie te rapporteren verkopers zijn.

A. Verkopers die niet moeten worden gecontroleerd

Om te bepalen of een verkoper die een entiteit is, als uitgesloten verkoper kan gelden in de zin van deel I, onderdeel B, punt 4, onder a) en b), kan een rapporterende platformexploitant zich baseren op publiekelijk beschikbare informatie of een bevestiging van de verkoper die een entiteit is.

Om te bepalen of een verkoper kan gelden als een uitgesloten verkoper in de zin van deel I, onderdeel B, punt 4, onder c) en d), kan een rapporterende platformexploitant zich baseren op de registers waarover hij beschikt.

B. Verzameling van inlichtingen over de verkoper

1. De rapporterende platformexploitant verzamelt alle volgende inlichtingen voor elke verkoper die een natuurlijke persoon en geen uitgesloten verkoper is:

a. voor- en achternaam;

b. het hoofdadres;

c. elk aan die verkoper afgegeven TIN, met vermelding van elke lidstaat van afgifte, en bij gebrek daaraan, de geboorteplaats van die verkoper;

d. het btw-identificatienummer van die verkoper, indien van toepassing;

e. de geboortedatum.

2. De rapporterende platformexploitant verzamelt alle volgende inlichtingen voor elke verkoper die een entiteit en geen uitgesloten verkoper is:

a. de wettelijke benaming;

b. het hoofdadres;

c. elk aan die verkoper afgeveven TIN, met vermelding van elke lidstaat van afgifte;

d. het btw-identificatienummer van die verkoper, indien van toepassing;

e. het bedrijfsregistratienummer;

f. het bestaan van elke vaste inrichting via welke relevante activiteiten worden verricht in de Unie, voor zover van toepassing, met aanduiding van elke respectieve lidstaat waar een dergelijke vaste inrichting is gelegen.

3. Niettegenstaande het bepaalde in de onderdeel B, punten 1 en 2, is de rapporterende platformexploitant niet verplicht de inlichtingen als bedoeld in onderdeel B, punt 1, onder b) tot en met e), en in onderdeel B, punt 2, onder b) tot en met f) te verzamelen indien de inlichtingen gebaseerd zijn op een directe bevestiging van de identiteit en de woonplaats van de verkoper via een identificatiedienst die door een lidstaat of de Unie beschikbaar is gesteld om de identiteit en de fiscale woonplaats van de verkoper vast te stellen.

4. Niettegenstaande het bepaalde in onderdeel B, punt 1, onder c), en in onderdeel B, punt 2, onder c) en e), is de rapporterende platformexploitant niet verplicht het TIN of, naargelang het geval, het bedrijfsregistratienummer te verzamelen in de volgende gevallen:

a. de lidstaat waarvan de verkoper een ingezetene is, geeft geen TIN of bedrijfsregistratienummer af aan de verkoper;

b. de lidstaat waarvan de verkoper een ingezetene is, verlangt niet dat het aan de verkoper afgegeven TIN wordt verzameld.

C. Verificatie van de inlichtingen over de verkoper

1. De rapporterende platformexploitant bepaalt of de inlichtingen die zijn verzameld op grond van onderdeel A, onderdeel B, punt 1, onderdeel B, punt 2, onder a) tot en met e), en onderdeel E betrouwbaar zijn, door gebruik te maken van alle inlichtingen en documenten waarover hij in zijn registers beschikt, alsmede van elke elektronische interface die gratis beschikbaar is gesteld door een lidstaat of de Unie teneinde de geldigheid van het TIN en/of btw-identificatienummer vast te stellen.
2. Niettegenstaande het bepaalde in onderdeel C, punt 1, kan de rapporterende platformexploitant voor de voltooiing van de due diligence-procedures op grond van onderdeel F, punt 2, bepalen of de inlichtingen die zijn verzameld op grond van onderdeel A, onderdeel B, punt 1, onderdeel B, punt 2, onder a) tot en met e), en onderdeel E, betrouwbaar zijn door gebruik te maken van de inlichtingen en documenten waarover hij in zijn elektronisch doorzoekbare registers beschikt.
3. In toepassing van onderdeel F, punt 3, onder b), en niettegenstaande het bepaalde in het onderdeel C, punten 1 en 2, ingeval de rapporterende platformexploitant redenen heeft om aan te nemen dat gegevens als bedoeld in onderdeel B of E onnauwkeurig kunnen zijn op basis van inlichtingen die zijn verstrekt door de bevoegde autoriteit van een lidstaat naar aanleiding van een verzoek betreffende een specifieke verkoper, verzoekt hij de verkoper de gegevens die niet correct zijn gebleken, te corrigeren, en ondersteunende documenten, gegevens of inlichtingen te verstrekken die betrouwbaar zijn en afkomstig uit een onafhankelijke bron, zoals:

a. een geldig identiteitsbewijs afgegeven door een overheidsorgaan,

b. een recent certificaat van fiscale woonplaats.

D. Vaststelling van de lidstaat (lidstaten) waarvan de verkoper een ingezetene is voor de doeleinden van deze richtlijn

1. Een rapporterende platformexploitant beschouwt een verkoper als een ingezetene van de lidstaat waar deze zijn hoofdadres heeft. Indien verschillend van de lidstaat van het hoofdadres van de verkoper, beschouwt een rapporterende platformexploitant een verkoper ook als een ingezetene van de lidstaat die aan de verkoper een TIN heeft afgegeven. Indien de verkoper inlichtingen heeft verstrekt in verband met het bestaan van een vaste inrichting op grond van onderdeel B, punt 2, onder f), beschouwt een rapporterende platformexploitant een verkoper ook als een ingezetene van die lidstaat die de verkoper heeft opgegeven.
2. Niettegenstaande het bepaalde in onderdeel D, punt 1, beschouwt een rapporterende platformexploitant een verkoper als een ingezetene van elke lidstaat die wordt bevestigd door een elektronische identificatiedienst die door een lidstaat of de Unie op grond van onderdeel B, punt 3, beschikbaar is gesteld.

E. Verzameling van inlichtingen over verhuurde onroerende goederen

Indien een verkoper een relevante activiteit in verband met de verhuur van onroerend goed verricht, verzamelt de rapporterende platformexploitant de adresgegevens van elke eigendomslijst en, voor zover toegekend, het respectieve kadasternummer of het equivalent daarvan in het nationale recht van de lidstaat waar het gelegen is. Indien een rapporterende platformexploitant meer dan 2 000 relevante activiteiten heeft gefaciliteerd door een eigendomslijst te verhuren voor dezelfde verkoper die een entiteit is, verzamelt de rapporterende platformexploitant ondersteunende documenten, gegevens of inlichtingen waaruit blijkt dat de eigendomslijst eigendom is van dezelfde eigenaar.

F. Tijdschema en geldigheid van de due diligence-procedures

1. De rapporterende platformexploitant voltooit uiterlijk op 31 december van de rapportageperiode de due diligence-procedures zoals bedoeld in de onderdelen A tot en met E.
2. Niettegenstaande het bepaalde in onderdeel F, punt 1, moeten voor verkopers die al op het platform waren geregistreerd op datum van 1 januari 2023 of vanaf de datum waarop een entiteit een rapporterende platformexploitant wordt, de in de onderdelen A tot en met E bedoelde due diligence-procedures worden voltooid uiterlijk op 31 december van de tweede rapportageperiode voor de rapporterende platformexploitant.
3. Niettegenstaande het bepaalde in onderdeel F, punt 1, kan een rapporterende platformexploitant zich baseren op de due diligence-procedures die in eerdere rapportageperioden werden uitgevoerd, mits:

a. de in onderdeel B, punten 1 en 2, vereiste inlichtingen over de verkoper werden hetzij verzameld en geverifieerd, hetzij bevestigd, in de laatste 36 maanden, en

b. er voor de rapporterende platformexploitant geen redenen zijn om aan te nemen dat de inlichtingen die op grond van de onderdelen A, B, en E, zijn verzameld, onbetrouwbaar of incorrect zijn (geworden).

G. Toepassing van de due diligence-procedures uitsluitend op actieve verkopers

De rapporterende platformexploitant kan ervoor kiezen de due diligence-procedures op grond van de onderdelen A tot en met F uitsluitend op actieve verkopers toe te passen.

H. Voltooiing van de due diligence-procedures door derden

1. Een rapporterende platformexploitant kan een beroep doen op een derde als dienstverrichter om de in dit deel bedoelde due diligence-verplichtingen te vervullen, maar de verantwoordelijkheid ter zake blijft bij de rapporterende platformexploitant berusten.
2. Indien een platformexploitant de due diligence-verplichtingen op grond van onderdeel H, punt 1, vervult voor een rapporterende platformexploitant met betrekking tot hetzelfde platform, voert die platformexploitant de due diligence-procedures op grond van de voorschriften van dit deel uit. De verantwoordelijkheid voor het vervullen van de due diligence-verplichtingen blijft bij de rapporterende platformexploitant berusten.

Deel III. Rapportageverplichtingen

A. Tijdstip en wijze van rapporteren

1. Een rapporterende platformexploitant in de zin van deel I, onderdeel A, punt 4, onder a), rapporteert aan de bevoegde autoriteit van de lidstaat die is bepaald overeenkomstig deel I, onderdeel A, punt 4, onder a), de in dit deel, onderdeel B, bedoelde inlichtingen met betrekking tot de rapportageperiode uiterlijk op 31 januari van het jaar dat volgt op het kalenderjaar waarin de verkoper als te rapporteren verkoper is aangemerkt. Indien er meer dan één rapporterende platformexploitant is, is eenieder onder hen die overeenkomstig het nationale recht kan aantonen dat dezelfde inlichtingen door een andere rapporterende platformexploitant zijn gerapporteerd, vrijgesteld van de verplichting die inlichtingen te rapporteren.
2. Indien een rapporterende platformexploitant in de zin van deel I, onderdeel A, punt 4, onder a), in meer dan een lidstaat voldoet aan een van de daarin genoemde voorwaarden, kiest hij een van die lidstaten uit waarin hij aan de rapportageverplichtingen van dit deel zal voldoen. Een rapporterende platformexploitant in die situatie rapporteert de in dit deel, onderdeel B, genoemde inlichtingen met betrekking tot de rapportageperiode aan de bevoegde autoriteit van de lidstaat van zijn keuze, overeenkomstig deel IV, onderdeel E, uiterlijk op 31 januari van het jaar dat volgt op het kalenderjaar waarin de verkoper is aangemerkt als een te rapporteren verkoper. Indien er meer dan één rapporterende platformexploitant is, is eenieder onder hen die overeenkomstig het nationale recht kan aantonen dat dezelfde inlichtingen door een andere rapporterende platformexploitant zijn gerapporteerd in een andere lidstaat, vrijgesteld van de verplichting die inlichtingen te rapporteren.
3. Een rapporterende platformexploitant in de zin van deel I, onderdeel A, punt 4, onder b), rapporteert de in dit deel, onderdeel B, genoemde inlichtingen met betrekking tot de rapportageperiode aan de bevoegde autoriteit van de lidstaat van registratie, overeenkomstig deel IV, onderdeel F, punt 1, uiterlijk op 31 januari van het jaar dat volgt op het kalenderjaar waarin de verkoper is aangemerkt als een te rapporteren verkoper.
4. Niettegenstaande het bepaalde in dit deel, onderdeel A, punt 3, is een rapporterende platformexploitant in de zin van deel I, onderdeel A, punt 4, onder b), niet verplicht de in dit deel, onderdeel B, bedoelde informatie te verstrekken met betrekking tot gekwalificeerde relevante activiteiten die vallen onder een vigerende adequate overeenkomst tussen bevoegde autoriteiten, die reeds voorziet in de automatische uitwisseling van gelijkwaardige inlichtingen met een lidstaat over te rapporteren verkopers die ingezetene zijn van die lidstaat.
5. Een rapporterende platformexploitant verstrekt tevens de in onderdeel B, punten 2 en 3, bedoelde inlichtingen aan de te rapporteren verkoper waarop zij betrekking hebben, uiterlijk op 31 januari van het jaar dat volgt op het kalenderjaar waarin de verkoper is aangemerkt als een te rapporteren verkoper.
6. De inlichtingen met betrekking tot de tegenprestatie die is betaald of gecrediteerd in een fiduciaire valuta, worden gerapporteerd in de munt waarin zij is betaald of gecrediteerd. Ingeval de tegenprestatie is betaald of gecrediteerd in een andere vorm dan een fiduciaire valuta, worden de inlichtingen gerapporteerd in de lokale munt, omgezet of gewaardeerd op een door de rapporterende platformexploitant consistent vastgestelde wijze.
7. Inlichtingen over de tegenprestatie en andere bedragen worden gerapporteerd voor het kwartaal van de rapportageperiode waarin de tegenprestatie is betaald of gecrediteerd.

B. Te rapporteren inlichtingen

Elke rapporterende platformexploitant rapporteert de volgende inlichtingen:

1. Naam, geregistreerd kantooradres, TIN en, in voorkomend geval, het op grond van deel IV, onderdeel F, punt 4, toegewezen individueel identificatienummer van de rapporterende platformexploitant, alsook handelsnaam (-namen) van het platform (de platforms) waarover de rapporterende platformexploitant rapporteert.

2. Met betrekking tot elke te rapporteren verkoper die een andere relevante activiteit heeft verricht dan de verhuur van een onroerend goed:

a. de inlichtingen die op grond van deel II, onderdeel B, verzameld moeten worden;

b. de identificatiecode van de financiële rekening, voor zover bekend aan de rapporterende platformexploitant en voor zover de bevoegde autoriteit van de lidstaat waarvan de te rapporteren verkoper een ingezetene is in de zin van deel II, onderdeel D, niet heeft bekendgemaakt dat zij niet voornemens is de identificatiecode van de financiële rekening voor dat doel te gebruiken;

c. indien verschillend van de naam van de te rapporteren verkoper, bovenop de identificatiecode van de financiële rekening, de naam van de houder van de financiële rekening waarop de tegenprestatie wordt betaald of gecrediteerd, voor zover bekend aan de rapporterende platformexploitant, alsook alle andere financiële identificatiegegevens waarover de rapporterende platformexploitant beschikt met betrekking tot die rekeninghouder;

d. elke lidstaat waarvan de te rapporteren verkoper voor de toepassing van deze richtlijn een ingezetene is als bepaald op grond van deel II, onderdeel D;

e. de totale tegenprestatie die is betaald of gecrediteerd tijdens elk kwartaal van de rapportageperiode, en het aantal relevante activiteiten waarvoor deze is betaald of gecrediteerd;

f. alle honoraria, commissielonen of belastingen die door de rapporterende platformexploitant tijdens elk kwartaal van de rapportageperiode ingehouden of geheven werden.

3. Met betrekking tot elke te rapporteren verkoper die een relevante activiteit in verband met de verhuur van onroerend goed verricht:

a. de inlichtingen die op grond van deel II, onderdeel B, verzameld moeten worden;

b. de identificatiecode van de financiële rekening, voor zover bekend aan de rapporterende platformexploitant en voor zover de bevoegde autoriteit van de lidstaat waarvan de te rapporteren verkoper een ingezetene is in de zin van deel II, onderdeel D, niet heeft bekendgemaakt dat zij niet voornemens is de identificatiecode van de financiële rekening voor dat doel te gebruiken;

c. indien verschillend van de naam van de te rapporteren verkoper, bovenop de identificatiecode van de financiële rekening, de naam van de houder van de financiële rekening waarop de tegenprestatie wordt betaald of gecrediteerd, voor zover bekend aan de rapporterende platformexploitant, alsook alle andere financiële identificatiegegevens waarover de rapporterende platformexploitant beschikt met betrekking tot die rekeninghouder;

d. elke lidstaat waarvan de te rapporteren verkoper voor de toepassing van deze richtlijn een ingezetene is als bepaald op grond van deel II, onderdeel D;

e. het adres van elke eigendomslijst, vastgesteld op basis van de procedures als omschreven in deel II, onderdeel E, en het respectieve kadasternummer of het equivalent daarvan in het nationale recht van de lidstaat waar het goed gelegen is, indien beschikbaar;

f. de totale tegenprestatie die is betaald of gecrediteerd tijdens elk kwartaal van de rapportageperiode, en het aantal relevante activiteiten dat is verricht voor elke eigendomslijst;

g. alle honoraria, commissielonen of belastingen die door de rapporterende platformexploitant tijdens elk kwartaal van de rapportageperiode ingehouden of geheven werden;

h. voor zover beschikbaar, het aantal dagen dat elke eigendomslijst werd verhuurd tijdens de rapportageperiode en het type van elke eigendomslijst.

Deel IV. Doeltreffende uitvoering

Op grond van artikel 8 bis quater voeren de lidstaten voorschriften en administratieve procedures in met het oog op de doeltreffende uitvoering en naleving van de due diligence-procedures en de rapportageverplichtingen die zijn beschreven in de delen II en III van deze bijlage.

A. Voorschriften om de verzamelings- en verificatievereisten van deel II te handhaven

1. De lidstaten treffen de nodige maatregelen om de rapporterende platformexploitanten te verplichten de verzamelings- en verificatievereisten van deel II te handhaven bij hun verkopers.

2. Indien een verkoper de volgens deel II vereiste inlichtingen niet verstrekt na twee aanmaningen volgend op het initiële verzoek van de rapporterende platformexploitant, maar niet voordat 60 dagen zijn verstreken, sluit de rapporterende platformexploitant de account van die verkoper af, verhindert hij dat de verkoper zich opnieuw op het platform registreert of houdt hij de betaling van de tegenprestatie aan de verkoper in zolang de verkoper de vereiste inlichtingen niet heeft verstrekt.

B. Voorschriften voor de rapporterende platformexploitanten om registers bij te houden van de stappen die zijn ondernomen en van eventuele inlichtingen die zijn gebruikt voor de uitvoering van de due diligence-procedures en rapportageverplichtingen, alsook adequate maatregelen om die registers te verkrijgen

1. De lidstaten treffen de nodige maatregelen om de rapporterende platformexploitanten te verplichten registers bij te houden van de stappen die zijn ondernomen en van eventuele inlichtingen die zijn gebruikt voor de uitvoering van de in de delen II en III beschreven due diligence-procedures en rapportageverplichtingen. Die registers worden een voldoende lange tijd bewaard en in elk geval voor een periode van ten minste vijf en ten hoogste tien jaar volgend op het einde van de rapportageperiode waarop zij betrekking hebben.
2. De lidstaten treffen de nodige maatregelen, met inbegrip van de mogelijkheid om rapporterende platformexploitanten een verplichting tot rapportage op te leggen, om ervoor te zorgen dat alle noodzakelijke inlichtingen worden gerapporteerd aan de bevoegde autoriteit zodat deze de verplichting om inlichtingen te verstrekken overeenkomstig artikel 8 bis quater, lid 2, kan naleven.

C. Administratieve procedures voor de verificatie van de naleving door de rapporterende platformexploitanten van de due diligence-procedures en rapportageverplichtingen

De lidstaten stellen administratieve procedures vast om te verifiëren of de rapporterende platformexploitanten de in de delen II en III beschreven due diligence-procedures en rapportageverplichtingen naleven.

D. Administratieve procedures voor de vervolgcontrole van een rapporterende platformexploitant die onvolledige of onnauwkeurige inlichtingen rapporteert

De lidstaten stellen procedures vast voor de vervolgcontrole van rapporterende platformexploitanten die onvolledige of onnauwkeurige inlichtingen rapporteren.

E. Administratieve procedure voor de keuze van een enkele lidstaat voor rapportage

Indien een rapporterende platformexploitant in de zin van deel I, onderdeel A, punt 4, onder a), in meer dan een lidstaat voldoet aan een van de daarin genoemde voorwaarden, kiest hij een van die lidstaten uit om aan zijn rapportageverplichtingen op grond van deel III te voldoen. De rapporterende platformexploitant stelt alle bevoegde autoriteiten van die lidstaten in kennis van zijn keuze.

F. Administratieve procedure voor unieke registratie van een rapporterende platformexploitant

1. Een rapporterende platformexploitant in de zin van deze bijlage, deel I, onderdeel A, punt 4, onder b), registreert zich op grond van artikel 8 bis quater, lid 4, bij de bevoegde autoriteit van om het even welke lidstaat bij de aanvang van zijn activiteit als platformexploitant.
2. De rapporterende platformexploitant verstrekt de lidstaat van unieke registratie de volgende inlichtingen:
   a. naam;
   b. postadres;
   c. elektronische adressen, met inbegrip van websites;
   d. eventuele TIN toegekend aan de rapporterende platformexploitant;
   e. een verklaring met informatie over de identificatie van die rapporterende platformexploitant voor btw-doeleinden binnen de Unie, op grond van titel XII, hoofdstuk 6, afdelingen 2 en 3, van Richtlijn 2006/112/EG van de Raad*;
   f. de lidstaten waarvan de te rapporteren verkopers ingezetenen zijn in de zin van deel II, onderdeel D.
3. De rapporterende platformexploitant stelt de lidstaat van unieke registratie in kennis van alle wijzigingen van de inlichtingen die in het kader van onderdeel F, punt 2, zijn verstrekt.
4. De lidstaat van unieke registratie kent een individueel identificatienummer toe aan de rapporterende platformexploitant en deelt dit via elektronische weg mee aan de bevoegde autoriteiten van alle lidstaten.
5. De lidstaat van unieke registratie verzoekt de Commissie om een rapporterende platformexploitant uit het centrale register te schrappen:

* Richtlijn 2006/112/EG van de Raad van 28 november 2006 betreffende het gemeenschappelijke stelsel van belasting over de toegevoegde waarde (PB L 347 van 11.12.2006, blz. 1).

a. indien de platformexploitant de lidstaat ervan in kennis stelt dat hij niet langer als platformexploitant actief is;

b. indien er, bij gebreke van een kennisgeving op grond van punt a), redenen zijn om te veronderstellen dat een platformexploitant zijn activiteiten heeft stopgezet;

c. indien de platformexploitant niet langer beantwoordt aan de voorwaarden van deel I, onderdeel A, punt 4, onder b);

d. indien de lidstaat de registratie bij zijn bevoegde autoriteit heeft ingetrokken op grond van onderdeel F, punt 7.

6. Elke lidstaat stelt de Commissie onverwijld in kennis van elke platformexploitant in de zin van deel I, onderdeel A, punt 4, onder b), die zijn activiteiten als platformexploitant aanvangt zonder zich op grond van dit punt te registreren.

Indien een rapporterende platformexploitant niet voldoet aan de verplichting tot registratie of indien zijn registratie is ingetrokken overeenkomstig dit deel, onderdeel F, punt 7, nemen de lidstaten, onverminderd artikel 25 bis, doeltreffende, evenredige en afschrikkende maatregelen om de naleving in hun rechtsgebied te handhaven. De keuze van die maatregelen blijft bij de lidstaten berusten. De lidstaten streven er ook naar hun acties voor het handhaven van de naleving te coördineren, waarbij in het uiterste geval wordt voorkomen dat de rapporterende platformexploitant binnen de Unie kan opereren.

7. Indien een rapporterende platformexploitant na twee aanmaningen door de lidstaat van unieke registratie niet voldoet aan de rapportageverplichting overeenkomstig deze bijlage, deel III, onderdeel A, punt 3, neemt die lidstaat, onverminderd artikel 25 bis, de nodige maatregelen om de registratie van de rapporterende platformexploitant in te trekken op grond van artikel 8 bis quater, lid 4. De registratie wordt uiterlijk na het verstrijken van 90 dagen, maar niet vóór het verstrijken van 30 dagen na de tweede aanmaning ingetrokken.

Voorstel voor een RICHTLIJN VAN DE RAAD tot vaststelling van regels ter voorkoming van misbruik van lege entiteiten voor belastingdoeleinden *en tot wijziging van Richtlijn 2011/16/EU*

Brussel, 22.12.2021

COM(2021) 565 final
2021/0434 (CNS)

{SEC(2021) 565 final} - {SWD(2021) 577 final} - {SWD(2021) 578 final} - {SWD(2021) 579 final}2021/0434 (CNS)

Uit: Voorstel voor een RICHTLIJN VAN DE RAAD tot vaststelling van regels ter voorkoming van misbruik van lege entiteiten voor belastingdoeleinden en tot wijziging van Richtlijn 2011/16/EU

Hoofdstuk IV. Uitwisseling van informatie

Artikel 13. Wijzigingen van Richtlijn 2011/16/EU

Richtlijn 2011/16/EU wordt als volgt gewijzigd:

1. In artikel 3 wordt punt 9 als volgt gewijzigd:
   a. punt a) wordt vervangen door:
   "a. voor de toepassing van artikel 8, lid 1, en de artikelen 8 bis tot en met 8 bis quinquies, de systematische verstrekking van vooraf bepaalde inlichtingen aan een andere lidstaat, zonder voorafgaand verzoek, met regelmatige, vooraf vastgestelde tussenpozen; voor de toepassing van artikel 8, lid 1, betekent "beschikbare inlichtingen" inlichtingen die zich in de belastingdossiers van de inlichtingen verstrekkende lidstaat bevinden en die opvraagbaar zijn overeenkomstig de procedures voor het verzamelen en verwerken van inlichtingen in die lidstaat;"
   b. punt c) wordt vervangen door:
   "c. voor de toepassing van andere bepalingen van deze richtlijn dan artikel 8, lid 1, artikel 8, lid 3 bis, en de artikelen 8 bis tot en met 8 bis quinquies, de systematische verstrekking van vooraf bepaalde inlichtingen overeenkomstig de punten a) en b) van dit punt."
2. In afdeling II van hoofdstuk II wordt het volgende artikel 8 bis quinquies toegevoegd:
   "*Artikel 8 bis quinquies. Reikwijdte van en voorwaarden met betrekking tot de verplichte automatische uitwisseling van informatie over ondernemingen die verplicht zijn te rapporteren over indicatoren voor een minimum aan inhoud*
   1. De bevoegde autoriteit van een lidstaat die overeenkomstig artikel 7 van Richtlijn [PB voeg titel en PB-referentie in]* van een op haar grondgebied gevestigde onderneming inlichtingen ontvangt, deelt deze inlichtingen door middel van automatische uitwisseling en binnen 30 dagen na ontvangst van die inlichtingen, mee aan de bevoegde autoriteiten van alle andere lidstaten overeenkomstig lid 4 en de toepasselijke praktische regelingen die op grond van artikel 21 goedgekeurd zijn.
   2. De bevoegde autoriteit van een lidstaat die verklaart dat een onderneming het vermoeden heeft weerlegd overeenkomstig artikel 9 van Richtlijn [PB voeg titel en PB-referentie in] of dat een onderneming overeenkomstig artikel 10 van die richtlijn is vrijgesteld, deelt deze informatie door middel van automatische uitwisseling en binnen 30 dagen na die verklaring, mee aan de bevoegde autoriteiten van alle andere lidstaten overeenkomstig de toepasselijke praktische regelingen die op grond van artikel 21 van goedgekeurd zijn.
   3. De bevoegde autoriteit van een lidstaat die via een controle op grond van het nationale recht van die lidstaat concludeert dat een onderneming niet voldoet aan de indicatoren van een minimum aan het inhoud als bepaald in artikel 7 van Richtlijn [PB voeg titel en PB-referentie in], deelt deze inlichtingen door middel van automatische uitwisseling en binnen 30 dagen nadat het resultaat van de controle definitief wordt, mee aan de bevoegde autoriteiten van alle andere lidstaten overeenkomstig de toepasselijke praktische regelingen die op grond van artikel 21 goedgekeurd zijn.
   4. De informatie die door een bevoegde autoriteit van een lidstaat overeenkomstig lid 1 over elke onderneming moet worden verstrekt, omvat:
      a. het fiscaal identificatienummer (FIN) van de onderneming die moet rapporteren overeenkomstig artikel 6 van Richtlijn [PB];
      b. waar beschikbaar, het btw-nummer van de onderneming die moet rapporteren overeenkomstig artikel 6 van Richtlijn [PB];

c. de identificatie van de aandeelhouders van de onderneming en de uiteindelijk begunstigde(n) van de onderneming, als omschreven in artikel 3, punten 5 en 6;

d. de identificatie van de eventuele andere lidstaten waarop de rapportage van de onderneming betrekking kan hebben;

e. de identificatie van alle personen in de andere lidstaten op wie de rapportage van de onderneming betrekking kan hebben;

f. de door de onderneming verstrekte verklaring overeenkomstig artikel 7, lid 1;

g. de samenvatting van het bewijsmateriaal dat de onderneming overeenkomstig artikel 7, lid 2, heeft verstrekt.

5. Onverminderd lid 4, omvat de informatie die door een bevoegde autoriteit van een lidstaat overeenkomstig lid 2 over elke onderneming moet worden verstrekt, ook:

h. de verklaring van de bevoegde autoriteit van de lidstaat dat de onderneming het vermoeden uit hoofde van artikel 9 van Richtlijn [PB] heeft weerlegd of dat de onderneming uit hoofde van artikel 10 van die richtlijn is vrijgesteld van rapportage;

i. een samenvatting van het aanvullende bewijsmateriaal dat de bevoegde autoriteit relevant acht voor het afgeven van de verklaring dat het vermoeden uit hoofde van artikel 9 van Richtlijn [PB] is weerlegd of dat de onderneming uit hoofde van artikel 10 van die richtlijn is vrijgesteld van rapportage.

6. Onverminderd lid 4, omvat de informatie die door een bevoegde autoriteit van een lidstaat overeenkomstig lid 3 over elke onderneming moet worden verstrekt, ook het controleverslag als een dergelijk verslag is opgesteld door de bevoegde autoriteit.

7. Om de uitwisseling van informatie bedoeld in de leden 4, 5 en 6, te vergemakkelijken, keurt de Commissie, via uitvoeringshandelingen, de praktische regelingen goed die nodig zijn voor de uitvoering van de leden 1 tot en met 6 van dit artikel, met inbegrip van maatregelen om de in de leden 4, 5 en 6 van dit artikel bedoelde mededeling van de inlichtingen te standaardiseren. Deze uitvoeringshandelingen worden overeenkomstig de in artikel 26, lid 2, bedoelde onderzoeksprocedure vastgesteld.

8. Voor de toepassing van de leden 1 tot en met 5 van dit artikel betekent "onderneming" onderneming als omschreven in artikel 3, punt 1), van Richtlijn [PB].

9. De verwerkte informatie wordt bewaard gedurende vijf jaar en in ieder geval niet langer dan nodig is voor de verwezenlijking van de doelstellingen van deze richtlijn.

10. De bevoegde autoriteiten van elke lidstaat worden beschouwd als verwerkingsverantwoordelijken en de Commissie wordt beschouwd als gegevensverwerker.

11. Lidstaten kunnen in geval van ongeoorloofde openbaarmaking van de in lid 4, punten a) tot en met f) bedoelde informatie besluiten de uitwisseling van informatie uit hoofde van deze richtlijn met de lidstaat waar de ongeoorloofde openbaarmaking heeft plaatsgevonden, bij wijze van verzachtende maatregel op te schorten."

3. in artikel 20 wordt lid 5 vervangen door:

"5. De Commissie stelt via uitvoeringshandelingen standaardformulieren, inclusief de talenregeling, vast voor:

a. de automatische uitwisseling van inlichtingen over voorafgaande grensoverschrijdende rulings en voorafgaande verrekenprijsafspraken overeenkomstig artikel 8 bis vóór 1 januari 2017;

b. de automatische uitwisseling van inlichtingen over meldingsplichtige grensoverschrijdende constructies overeenkomstig artikel 8 bis ter vóór 30 juni 2019;

c. de automatische uitwisseling van inlichtingen over ondernemingen die verplicht zijn te rapporteren over indicatoren voor een minimum aan inhoud overeenkomstig artikel 8 bis quinquies vóór 1 januari 2024.

Deze uitvoeringshandelingen worden overeenkomstig de in artikel 26, lid 2, bedoelde onderzoeksprocedure vastgesteld.

Deze standaardformulieren bevatten niet meer rubrieken waarover gegevens worden uitgewisseld dan die welke in artikel 8 bis, lid 6, artikel 8 bis ter, lid 14 en artikel 8 bis quinquies, leden 4, 5 en 6, worden opgesomd en andere daaraan gerelateerde velden die noodzakelijk zijn voor het verwezenlijken van de doelstellingen van artikel 8 bis respectievelijk artikel 8 bis ter en artikel 8 bis quater.

De in de eerste alinea vermelde talenregeling belet de lidstaten niet de in de artikelen 8 bis, 8 bis ter en artikel 8 bis quinquies bedoelde inlichtingen in een van de officiële talen van de Unie verstrekken. Niettemin kan in die talenregeling worden bepaald dat de belangrijkste elementen van deze inlichtingen ook in een andere officiële taal van de Unie worden verstrekt."

4. in artikel 21 wordt lid 5 vervangen door:

"5. De Commissie ontwikkelt uiterlijk op 31 december 2017 een beveiligd centraal gegevensbestand van de lidstaten betreffende administratieve samenwerking op belastinggebied en zorgt voor de technische en logistieke ondersteuning daarvan; in dat centraal gegevensbestand kunnen in het kader van artikel 8 bis, leden 1 en 2, van deze richtlijn te verstrekken inlichtingen worden opgeslagen om te voldoen aan de automatische uitwisseling als bedoeld in die leden.

De Commissie ontwikkelt uiterlijk op 31 december 2019 een beveiligd centraal gegevensbestand van de lidstaten betreffende administratieve samenwerking op belastinggebied en zorgt voor de technische en logistieke ondersteuning daarvan; in dat centraal gegevensbestand kunnen in het kader van artikel 8 bis ter, leden 13, 14 en 16, te verstrekken inlichtingen worden opgeslagen om te voldoen aan de automatische uitwisseling als bedoeld in die leden.

De Commissie ontwikkelt uiterlijk op 30 juni 2024 een beveiligd centraal gegevensbestand van de lidstaten betreffende administratieve samenwerking op belastinggebied en zorgt voor de technische en logistieke ondersteuning daarvan; in dat centraal gegevensbestand kunnen in het kader van artikel 8 bis quinquies, leden 1, 2 en 3, te verstrekken inlichtingen worden opgeslagen om te voldoen aan de automatische uitwisseling als bedoeld in die leden.

De bevoegde autoriteiten van alle lidstaten hebben toegang tot de in dit gegevensbestand opgeslagen inlichtingen. De Commissie heeft ook toegang tot de in dit gegevensbestand opgeslagen inlichtingen, evenwel met inachtneming van de in artikel 8 bis, lid 8, en artikel 8 bis ter, lid 17, genoemde beperkingen. De Commissie stelt door middel van uitvoeringshandelingen de noodzakelijke praktische regelingen vast voor de tenuitvoerlegging van de eerste, tweede en derde alinea van dit lid. Deze uitvoeringshandelingen worden overeenkomstig de in artikel 26, lid 2, bedoelde onderzoeksprocedure vastgesteld.

In afwachting dat dat beveiligd centraal gegevensbestand operationeel wordt, geschiedt de in artikel 8 bis, leden 1 en 2, en artikel 8 bis ter, leden 13, 14 en 16, en artikel 8 bis quinquies, leden 1, 2 en 3, bedoelde automatische uitwisseling volgens lid 1 van dit artikel en de toepasselijke praktische regelingen."

RICHTLIJN (EU) 2021/2101 VAN HET EUROPEES PARLEMENT EN DE RAAD van 24 november 2021 tot wijziging van Richtlijn 2013/34/EU wat betreft de openbaarmaking van informatie over de winstbelasting door bepaalde ondernemingen en bijkantoren

HET EUROPEES PARLEMENT EN DE RAAD VAN DE EUROPESE UNIE,

Gezien het Verdrag betreffende de werking van de Europese Unie, en met name artikel 50, lid 1,

Gezien het voorstel van de Europese Commissie,

Na toezending van het ontwerp van wetgevingshandeling aan de nationale parlementen,

Gezien het advies van het Europees Economisch en Sociaal Comité[1],

Handelend volgens de gewone wetgevingsprocedure[2],

Overwegende hetgeen volgt:

1. Transparantie is van essentieel belang voor een goede werking van de interne markt. In haar mededelingen van 27 oktober 2015, met als titel "Het werkprogramma van de Commissie voor 2016 – Tijd voor verandering", en van 16 december 2014, met als titel "Het werkprogramma van de Commissie voor 2015 – Een nieuwe start", heeft de Commissie de noodzaak om tegemoet te komen aan de roep van de burgers van de Unie om rechtvaardigheid en transparantie en de noodzaak voor de Unie om zich als mondiaal rolmodel op te stellen, als prioriteit aangeduid. Het is van essentieel belang dat er bij inspanningen om de transparantie te vergroten sprake is van wederkerigheid tussen concurrenten.

2. Het Europees Parlement drong in zijn resolutie van 26 maart 2019[3] aan op een ambitieuze openbare verslaglegging per land als middel om de transparantie van ondernemingen te vergroten en het openbaar toezicht te verbeteren. Parallel met de Raadswerkzaamheden ter bestrijding van ontwijking van vennootschapsbelasting, moet er meer openbaar toezicht komen op de vennootschapsbelasting die betaald wordt door multinationale ondernemingen die actief zijn binnen de Unie, om ervoor te zorgen dat zij zich transparanter en verantwoordelijker opstellen en daarmee bijdragen aan het welzijn van onze samenleving. Dergelijk toezicht is eveneens noodzakelijk voor een beter onderbouwd publiek debat over met name de mate waarin bepaalde in de Unie opererende multinationale ondernemingen de belastingwetgeving naleven, en over de gevolgen van het naleven van de belastingwetgeving voor de reële economie. Ook het algemeen economisch belang zou zijn gebaat bij gemeenschappelijke regels inzake vennootschapsbelastingstechnische transparantie, en wel doordat die regels in de hele Unie gelijkwaardige waarborgen ter bescherming van investeerders, schuldeisers en andere derden in het algemeen bieden, en aldus helpen het vertrouwen van de burgers van de Unie in de billijkheid van de nationale belastingstelsels terug te winnen. Dit openbaar toezicht kan worden bereikt door middel van een verslag inzake informatie over de winstbelasting, ongeacht waar de uiteindelijke moederonderneming van de multinationale groep gevestigd is.

3. Openbare verslaglegging per land vormt een doeltreffend en passend instrument om de transparantie met betrekking tot de activiteiten van multinationale ondernemingen te vergroten en het publiek in staat te stellen het effect van deze activiteiten op de reële economie te beoordelen. Ook stelt het aandeelhouders beter in staat de door ondernemingen genomen risico's naar behoren te evalueren, zorgt het ervoor dat investeringsstrategieën worden gebaseerd op nauwkeurige informatie en geeft het besluitvormers meer mogelijkheden om de doeltreffendheid en de effecten van nationale wetgeving te beoordelen. Het openbaar toezicht moet worden uitgeoefend zonder het investeringsklimaat in de Unie of het concurrentievermogen van ondernemingen van de Unie, kleine en middelgrote ondernemingen als bepaald in Richtlijn 2013/34/EU van het Europees Parlement en de Raad[4] inbegrepen, te benadelen.

1. PB C 487 van 28.12.2016, blz. 62.

2. Standpunt van het Europees Parlement van 27 maart 2019 (PB C 108 van 26.3.2021, blz. 623) en standpunt van de Raad in eerste lezing van 28 september 2021 (nog niet bekendgemaakt in het Publicatieblad). Standpunt van het Europees Parlement van 11 november 2021 (nog niet bekendgemaakt in het Publicatieblad).

3. PB C 108 van 26.3.2021, blz. 8.

4. Richtlijn 2013/34/EU van het Europees Parlement en van de Raad van 26 juni 2013 betreffende de jaarlijkse financiële overzichten, geconsolideerde financiële overzichten en aanverwante verslagen van bepaalde ondernemingsvormen, tot wijziging van Richtlijn 2006/43/EG van het Europees Parlement en de Raad en tot intrekking van Richtlijnen 78/660/EEG en 83/349/EEG van de Raad (PB L 182 van 29.6.2013, blz. 19).

4. Openbare verslaglegging per land zou naar verwachting ook positieve gevolgen hebben voor het recht van werknemers op informatie en raadpleging, zoals bedoeld in Richtlijn 2002/14/EG van het Europees Parlement en de Raad[5] en, doordat er meer kennis over de activiteiten van ondernemingen beschikbaar wordt, voor de kwaliteit van de dialoog binnen ondernemingen.

5. Naar aanleiding van de conclusies van de Europese Raad van 22 mei 2013 werd in Richtlijn 2013/34/EU een evaluatieclausule ingevoegd. Bij die evaluatieclausule werd de Commissie opgedragen de mogelijkheid te onderzoeken om voor grote ondernemingen in andere bedrijfssectoren de verplichting in te voeren om jaarlijks een verslaglegging per land op te stellen, rekening houdend met de ontwikkelingen in de Organisatie voor Economische Samenwerking en Ontwikkeling (OESO) en met de resultaten van aanverwante Europese initiatieven.

6. De Unie heeft openbare verslaglegging per land al ingevoerd in de bankensector door Richtlijn 2013/36/EU van het Europees Parlement en de Raad[6], alsmede in de winningsindustrie en in de houtkap door Richtlijn 2013/34/EU.

7. Met de door deze richtlijn vastgestelde invoering van openbare verslaglegging per land is de Unie een wereldleider geworden als het om het bevorderen van financiële transparantie en transparantie van het bedrijfsleven gaat.

8. Transparantere financiële verslaglegging zal gunstig zijn voor iedereen, want het maatschappelijk middenveld zal zo nauwer betrokken raken, werknemers zullen beter worden geïnformeerd en beleggers zullen minder risicomijdend worden. Bovendien zullen ondernemingen profiteren van betere relaties met belanghebbende partijen, wat dankzij een duidelijker risicoprofiel en een betere reputatie op zijn beurt leiden zal tot grotere stabiliteit en een gemakkelijkere toegang tot financiering.

9. In haar mededeling van 25 oktober 2011, met als titel "Een vernieuwde EU-strategie 2011-2014 ter bevordering van maatschappelijk verantwoord ondernemen", heeft de Commissie maatschappelijk verantwoord ondernemen gedefinieerd als de verantwoordelijkheid die ondernemingen dragen voor de effecten van hun activiteiten op de samenleving. Maatschappelijk verantwoord ondernemen moet door ondernemingen worden aangestuurd. De overheid kan een ondersteunende rol spelen door middel van een slimme mix van vrijwillige beleidsmaatregelen en, waar nodig, aanvullende regelgeving. Ondernemingen kunnen verder gaan dan loutere naleving van de wet en maatschappelijk verantwoord gaan ondernemen door sociale, ecologische, ethische, consument- of mensenrechtengerelateerde aspecten te integreren in hun bedrijfsstrategie en -activiteiten.

10. Het publiek moet zicht kunnen krijgen op alle activiteiten van een groep ondernemingen indien zij bepaalde soorten entiteiten heeft die in de Unie zijn gevestigd. Ingeval een groep uitsluitend via dochterondernemingen of bijkantoren activiteiten binnen de Unie uitoefent, moeten die dochterondernemingen en bijkantoren het verslag van de uiteindelijke moederonderneming openbaar en toegankelijk maken. Indien die informatie of dat verslag niet beschikbaar is of de uiteindelijke moederonderneming de dochterondernemingen of bijkantoren niet alle vereiste informatie verstrekt, stellen die dochterondernemingen en bijkantoren een verslag op, dat zij toegankelijk maken, met daarin alle informatie over de winstbelasting waarover zij beschikken, c.q. die zij verkregen of verworven hebben, en een verklaring dat hun uiteindelijke moederonderneming niet de benodigde informatie beschikbaar heeft gesteld. Echter, om redenen van evenredigheid en doeltreffendheid moet de verplichting om het verslag inzake de winstbelasting te publiceren en toegankelijk te maken beperkt blijven tot middelgrote en grote in de Unie gevestigde dochterondernemingen en tot in de Unie opgerichte bijkantoren van een vergelijkbare grootte. Het toepassingsgebied van Richtlijn 2013/34/EU moet daarom worden uitgebreid tot bijkantoren die in een lidstaat zijn opgericht door een onderneming die buiten de Unie is gevestigd onder een rechtsvorm die vergelijkbaar is met de ondernemingsvormen in de lijst van bijlage I bij Richtlijn 2013/34/EU. Bijkantoren die gesloten zijn als bedoeld in artikel 37, punt k), van Richtlijn (EU) 2017/1132 van het Europees Parlement en de Raad[7], moeten niet langer onder de verslagleggingsverplichtingen van onderhavige richtlijn vallen.

5. Richtlijn 2002/14/EG van het Europees Parlement en de Raad van 11 maart 2002 tot vaststelling van een algemeen kader betreffende de informatie en de raadpleging van de werknemers in de Europese Gemeenschap (PB L 80 van 23.3.2002, blz. 29).

6. Richtlijn 2013/36/EU van het Europees Parlement en de Raad van 26 juni 2013 betreffende toegang tot het bedrijf van kredietinstellingen en het prudentieel toezicht op kredietinstellingen, tot wijziging van Richtlijn 2002/87/EG en tot intrekking van de Richtlijnen 2006/48/EG en 2006/49/EG (PB L 176 van 27.6.2013, blz. 338).

7. Richtlijn (EU) 2017/1132 van het Europees Parlement en de Raad van 14 juni 2017 aangaande bepaalde aspecten van het vennootschapsrecht (PB L 169 van 30.6.2017, blz. 46).

11. Multinationale groepen en, in voorkomend geval, bepaalde op zichzelf staande ondernemingen moeten een verslag inzake informatie over de winstbelasting openbaar maken indien hun inkomsten, gemeten naar de geconsolideerde inkomsten van de groep of de inkomsten van de op zichzelf staande onderneming, over twee opeenvolgende boekjaren een bepaalde omvang overschrijden. Anderzijds dient deze verplichting te eindigen ingeval die inkomsten over een periode van twee opeenvolgende boekjaren het relevante bedrag niet langer overschrijden. In dergelijke gevallen dient de multinationale groep of de op zichzelf staande onderneming nog verplicht te zijn te rapporteren over het eerste boekjaar volgend op het laatste boekjaar waarin haar inkomsten het relevante bedrag nog overschreden. De multinationale groep of de op zichzelf staande onderneming dient opnieuw aan de verslagleggingsverplichtingen te worden onderworpen zodra haar inkomsten het relevante bedrag opnieuw over een periode van twee opeenvolgende boekjaren overschrijden. Gezien de brede waaier aan stelsels voor financiële verslaglegging waaraan financiële overzichten kunnen voldoen, moet "inkomsten" voor het bepalen van het toepassingsgebied dezelfde betekenis hebben als "netto-omzet" voor ondernemingen die onder het recht van een lidstaat vallen en moeten zij worden begrepen conform het nationale stelsel voor financiële verslaglegging van die lidstaat. Artikel 43, lid 2, punt c), van Richtlijn 86/635/EEG van de Raad[8] en artikel 66, lid 2, van Richtlijn 91/674/EEG van de Raad[9] bevatten definities voor het bepalen van de netto-omzet van respectievelijk een kredietinstelling en een verzekeringsonderneming. Voor andere ondernemingen moeten de inkomsten worden beoordeeld volgens het stelsel voor financiële verslaglegging op basis waarvan hun financiële overzichten worden opgesteld. Voor de inhoud van het verslag inzake informatie over de winstbelasting moet echter een andere definitie van "inkomsten" van toepassing zijn.

12. Om dubbele verslaglegging voor de banksector te voorkomen, moeten de uiteindelijke moederondernemingen en de op zichzelf staande ondernemingen die onder Richtlijn 2013/36/EU vallen en die in hun verslag overeenkomstig artikel 89 van die richtlijn melding maken van al hun activiteiten en, in voorkomend geval, van alle activiteiten van hun verbonden ondernemingen die in hun geconsolideerde financiële overzichten zijn opgenomen, met inbegrip van activiteiten die niet onder de bepalingen in deel drie, titel I, hoofdstuk 2, van Verordening (EU) nr. 575/2013 van het Europees Parlement en de Raad[10] vallen, van de verslagleggingsvereisten in deze richtlijn worden vrijgesteld.

13. Het verslag inzake informatie over de winstbelasting moet, indien van toepassing, een lijst bevatten van alle dochterondernemingen, met betrekking tot het desbetreffende boekjaar, die zijn gevestigd in de Unie of in fiscale jurisdicties die zijn opgenomen in bijlage I en, indien van toepassing, in bijlage II bij de toepasselijke versie van de conclusies van de Raad over de herziene EU-lijst van jurisdicties die niet coöperatief zijn op belastinggebied. Om te voorkomen dat er administratieve lasten ontstaan, moet de uiteindelijke moederonderneming kunnen uitgaan van de lijst van dochterondernemingen de ondernemingen die in de geconsolideerde financiële overzichten van de uiteindelijke moederonderneming zijn opgenomen. Het verslag inzake informatie over de winstbelasting moet ook informatie verstrekken over alle activiteiten van de verbonden ondernemingen van de groep, geconsolideerd in de financiële overzichten van de uiteindelijke moederonderneming, of, afhankelijk van de omstandigheden, over alle activiteiten van de op zichzelf staande onderneming. De informatie moet beperkt zijn tot wat nodig is om daadwerkelijk openbaar toezicht mogelijk te maken, zodat de openbaarmaking geen aanleiding geeft tot disproportionele risico's of nadelen voor de betrokken ondernemingen wat betreft concurrentievermogen of verkeerde interpretaties. Het verslag inzake informatie over de winstbelasting moet uiterlijk twaalf maanden na de balansdatum toegankelijk worden gemaakt. Eventuele kortere termijnen voor de publicatie van financiële overzichten mogen niet van toepassing zijn op het verslag inzake informatie over de winstbelasting. De door deze richtlijn ingevoerde bepalingen doen geen afbreuk aan de bepalingen van Richtlijn 2013/34/EU in verband met jaarlijkse financiële overzichten en geconsolideerde financiële overzichten.

14. Om te voorkomen dat er administratieve lasten ontstaan, moeten ondernemingen het recht hebben om de informatie op te stellen volgens de verslagleggingsinstructies in bijlage III, afdeling III, delen B en C, bij Richtlijn 2011/16/EU van de Raad[11] wanneer zij overeenkomstig deze richtlijn een verslag inzake informatie over de winstbelasting opstellen. Het verslag inzake informatie over de winstbelasting moet vermelden welk verslag-

8. Richtlijn 86/635/EEG van de Raad van 8 december 1986 betreffende de jaarrekening en de geconsolideerde jaarrekening van banken en andere financiële instellingen (PB L 372 van 31.12.1986, blz. 1).

9. Richtlijn 91/674/EEG van de Raad van 19 december 1991 betreffende de jaarrekening en de geconsolideerde jaarrekening van verzekeringsondernemingen (PB L 374 van 31.12.1991, blz. 7).

10. Verordening (EU) nr. 575/2013 van het Europees Parlement en de Raad van 26 juni 2013 betreffende prudentiële vereisten voor kredietinstellingen en tot wijziging van Verordening (EU) nr. 648/2012 (PB L 176 van 27.6.2013, blz. 1).

11. Richtlijn 2011/16/EU van de Raad van 15 februari 2011 betreffende de administratieve samenwerking op het gebied van de belastingen en tot intrekking van Richtlijn 77/799/EEG (PB L 64 van 11.3.2011, blz. 1).

leggingstelsel is gevolgd. Het verslag inzake informatie over de winstbelasting zou daarnaast een algemene commentaar met uitleg kunnen bevatten voor het geval er op groepsniveau aanzienlijke discrepanties bestaan tussen de bedragen van toerekenbare belastingen en van de betaalde belastingen, rekening houdend met de overeenkomstige bedragen in vorige boekjaren.

15. Het is belangrijk ervoor te zorgen dat de gegevens vergelijkbaar zijn. Met het oog daarop moeten aan de Commissie uitvoeringsbevoegdheden worden toegekend om een gemeenschappelijk model en formaten voor elektronische verslaglegging vast te stellen – die machineleesbaar moeten zijn – voor het opstellen van het verslag inzake informatie over de winstbelasting krachtens deze richtlijn. Bij het vaststellen van dat gemeenschappelijk model en die formaten voor verslaglegging moet de Commissie rekening houden met de vooruitgang die is geboekt op het gebied van digitalisering en toegankelijkheid van door ondernemingen bekendgemaakte informatie, vooral wat betreft de ontwikkeling van het centraal Europees toegangspunt, zoals voorgesteld in haar mededeling van 24 september 2020met titel als "Een kapitaalmarktenunie ten dienste van mensen en ondernemingen – Een nieuw actieplan". Die bevoegdheden moeten worden uitgeoefend in overeenstemming met Verordening (EU) nr. 182/2011 van het Europees Parlement en de Raad[12].

16. Om ervoor te zorgen dat burgers over voldoende gedetailleerde informatie beschikken om in staat te zijn beter te beoordelen in hoeverre multinationale ondernemingen in de lidstaten tot het welzijn van de samenleving bijdragen, moet de informatie naar lidstaat worden uitgesplitst. Daarnaast moet de informatie over de activiteiten van multinationale ondernemingen ook gedetailleerde informatie bevatten over fiscale jurisdicties in derde landen die specifieke uitdagingen opleveren. Voor alle andere activiteiten in derde landen moet de informatie worden verstrekt op geaggregeerde basis, tenzij de onderneming meer gedetailleerde cijfers wil presenteren.

17. Voor bepaalde fiscale jurisdicties moet sterk in detail worden getreden. In het verslag inzake informatie over de winstbelasting moet informatie steeds afzonderlijk worden bekendgemaakt voor elke jurisdictie die is opgenomen in de bijlagen bij de conclusies van de Raad over de herziene EU-lijst van jurisdicties die niet coöperatief zijn op belastinggebied[13], en de latere bijwerkingen daarvan die tweemaal per jaar specifiek worden goedgekeurd, doorgaans in februari en oktober, en in de C-serie van het *Publicatieblad van de Europese Unie* worden bekendgemaakt. Bijlage I bij deze conclusies van de Raad bevat de "EU-lijst van jurisdicties die niet coöperatief zijn op belastinggebied" en bijlage II de "Stand van zaken van de samenwerking met de EU in verband met de gedane toezeggingen van coöperatieve jurisdicties inzake de toepassing van de beginselen van goed fiscaal bestuur". Wat bijlage I betreft, moet rekening worden gehouden met de jurisdicties die op 1 maart van het boekjaar waarover het verslag inzake informatie over de winstbelasting moet worden opgesteld, zijn opgenomen in de lijst. Wat bijlage II betreft, moet rekening worden gehouden met de jurisdicties die op 1 maart van het boekjaar waarover het verslag inzake informatie over de winstbelasting moet worden opgesteld en op 1 maart van het voorgaande boekjaar in die bijlage zijn vermeld.

18. Onmiddellijke openbaarmaking van de gegevens die in het verslag inzake informatie over de winstbelasting moeten worden opgenomen, kan in bepaalde gevallen bijzonder nadelig zijn voor de handelspositie van een onderneming. Daarom zouden de lidstaten ondernemingen moeten kunnen toestaan de openbaarmaking van specifieke gegevens een beperkt aantal jaren uit te stellen, mits zij dat uitstel duidelijk meedelen en motiveren in het verslag, en hun motivering documenteren. De door ondernemingen weggelaten informatie moet in een later verslag openbaar worden gemaakt. Informatie in verband met fiscale jurisdicties die zijn opgenomen in de bijlagen I en II bij de conclusies van de Raad over de herziene EU-lijst van jurisdicties die niet-coöperatief zijn op belastinggebied mag nooit worden weggelaten.

19. Om de transparantie en de verantwoordelijkheid van vennootschappen ten opzichte van investeerders, schuldeisers, andere derden en het grote publiek te versterken en passende governance te garanderen, moeten de leden van de administratieve, leidinggevende en toezichthoudende organen van de uiteindelijke moederonderneming of van de op zichzelf staande onderneming die in de Unie is gevestigd en die verplicht is het verslag inzake informatie over de winstbelasting op te stellen, te publiceren en toegankelijk te maken, collectief verantwoordelijk zijn voor de naleving van de verslagleggingsverplichtingen uit hoofde van deze richtlijn. Aangezien de leden van de administratieve, leidinggevende en toezichthoudende organen van dochterondernemingen die in de Unie zijn gevestigd en waarover een buiten de Unie gevestigde uiteindelijke moederonder-

12.Verordening (EU) nr. 182/2011 van het Europees Parlement en de Raad van 16 februari 2011 tot vaststelling van de algemene voorschriften en beginselen die van toepassing zijn op de wijze waarop de lidstaten de uitoefening van de uitvoeringsbevoegdheden door de Commissie controleren (PB L 55 van 28.2.2011, blz. 13).

13.Zie de conclusies van de Raad over de herziene EU-lijst van jurisdicties die niet-coöperatief zijn op belastinggebied en de bijlagen daarbij (PB C 413 I van 12.10.2021, blz. 1).

neming zeggenschap uitoefent, of de persoon (personen) die voor bijkantoren met de openbaarmakingsformaliteiten is (zijn) belast, mogelijk maar over een beperkte kennis beschikt (beschikken) van de inhoud van het door de uiteindelijke moederonderneming opgestelde verslag inzake informatie over de winstbelasting of mogelijk slechts beperkt in staat is (zijn) die informatie of dat verslag van de uiteindelijke moederonderneming te verkrijgen, dient het tot de verantwoordelijkheid van deze leden of deze personen te behoren er naar beste kennis en vermogen op toe te zien dat het verslag inzake informatie over de winstbelasting van de uiteindelijke moederonderneming of de op zichzelf staande onderneming opgesteld en openbaar gemaakt wordt op een wijze die strookt met deze richtlijn, of dat de dochteronderneming of het bijkantoor alle beschikbare, verkregen of verworven informatie overeenkomstig deze richtlijn heeft opgesteld, bekendgemaakt en toegankelijk gemaakt. Indien de informatie of het verslag onvolledig is, dient het tot de verantwoordelijkheid van deze leden of deze personen te behoren een verklaring bekend te maken dat de uiteindelijke moederonderneming of de op zichzelf staande onderneming niet de nodige informatie beschikbaar heeft gesteld.

20. Om ervoor te zorgen dat het publiek weet heeft van de reikwijdte en de naleving van de door onderhavige richtlijn in Richtlijn 2013/34/EU ingevoegde verslagleggingsverplichtingen, moeten de lidstaten voorschrijven dat de wettelijke auditoren en de wettelijke auditkantoren aangeven of een onderneming verplicht was een verslag inzake informatie over de winstbelasting te publiceren, en zo ja, of dit verslag werd gepubliceerd.

21. De verplichtingen voor de lidstaten om in sancties te voorzien en alle nodige maatregelen te nemen om ervoor te zorgen dat die sancties worden gehandhaafd krachtens Richtlijn 2013/34/EU, geldt voor inbreuken op de op grond van deze richtlijn vastgestelde nationale bepalingen inzake de openbaarmaking van informatie over de winstbelasting door bepaalde ondernemingen en bijkantoren.

22. Met deze richtlijn wordt beoogd de transparantie van vennootschappen en de transparantie van en het openbaar toezicht op informatie over de winstbelasting van vennootschappen te vergroten door het bestaande wettelijke kader betreffende de verplichtingen voor vennootschappen en ondernemingen met betrekking tot de publicatie van verslagen aan te passen om de belangen zowel van deelnemers als van derden te beschermen in de zin van artikel 50, lid 2, punt g) van het Verdrag betreffende de werking van de Europese Unie (VWEU). Zoals het Hof van Justitie met name heeft geoordeeld in zaak C-97/96, Verband deutscher Daihatsu-Händler[14], spreekt artikel 50, lid 2, punt g), VWEU van de bescherming van de belangen van "derden" in het algemeen, zonder daarbij onderscheid te maken of bepaalde categorieën uit te zonderen. De term "derden" heeft dus niet alleen betrekking op investeerders en schuldeisers maar bestrijkt ook andere belanghebbende derden, onder wie concurrenten en het grote publiek. Bovendien kan het verwezenlijken van de vrijheid van vestiging, een taak die artikel 50, lid 1, VWEU in zeer ruime bewoordingen aan de instellingen toevertrouwt, niet door artikel 50, lid 2, VWEU worden ingeperkt. Aangezien deze richtlijn alleen verplichtingen om verslagen inzake informatie over de winstbelasting te publiceren betreft, en niet over de harmonisatie van belastingen gaat, vormt artikel 50, lid 1, VWEU de juiste rechtsgrondslag.

23. Om ervoor te zorgen dat de interne markt ten volle functioneert en er voor multinationale ondernemingen van de Unie en die van derde landen een gelijk speelveld bestaat, moet de Commissie blijven zoeken naar mogelijkheden voor meer rechtvaardigheid en fiscale transparantie. Met name moet de Commissie binnen het kader van de evaluatieclausule nagaan of, onder meer, volledige splitsing deze richtlijn doeltreffender zou maken.

24. Daar de doelstelling van deze richtlijn niet voldoende door de lidstaten kan worden verwezenlijkt, maar vanwege de gevolgen ervan beter door de Unie kan worden verwezenlijkt, kan de Unie, overeenkomstig het in artikel 5 van het Verdrag betreffende de Europese Unie neergelegde subsidiariteitsbeginsel, maatregelen nemen. Overeenkomstig het in hetzelfde artikel neergelegde evenredigheidsbeginsel gaat deze richtlijn niet verder dan nodig is om deze doelstelling te verwezenlijken.

25. Deze richtlijn komt tegemoet aan de bezorgdheid die belanghebbende partijen hebben uitgesproken in verband met de noodzaak om iets te doen aan verstoringen op de interne markt zonder afbreuk te doen aan het concurrentievermogen van de Unie. Zij mag geen onnodige administratieve lasten voor ondernemingen veroorzaken. In het kader van deze richtlijn staat de omvang van de openbaar te maken informatie in het algemeen in verhouding tot de doelstellingen van grotere bedrijfstransparantie en meer openbaar toezicht. Deze richtlijn eerbiedigt derhalve de grondrechten en neemt de beginselen in acht die met name zijn erkend in het Handvest van de grondrechten van de Europese Unie.

14. Arrest van het Hof van Justitie van 4 december 1997, Verband deutscher Daihatsu-Händler, C-97/96, ECLI:EU:C:1997:581.

26. Overeenkomstig de gezamenlijke politieke verklaring van 28 september 2011van de lidstaten en de Commissie over toelichtende stukken hebben de lidstaten zich ertoe verbonden om in gerechtvaardigde gevallen de kennisgeving van hun omzettingsmaatregelen vergezeld te doen gaan van een of meer stukken waarin het verband tussen de onderdelen van een richtlijn en de overeenkomstige delen van de nationale omzettingsinstrumenten wordt toegelicht. Met betrekking tot deze richtlijn acht de wetgever de toezending van die stukken gerechtvaardigd.

27. Richtlijn 2013/34/EU moet derhalve dienovereenkomstig worden gewijzigd,

HEBBEN DE VOLGENDE RICHTLIJN VASTGESTELD:

Art 1. Wijzigingen van Richtlijn 2013/34/EU

Richtlijn 2013/34/EU wordt als volgt gewijzigd:

1. In artikel 1 wordt het volgende lid ingevoegd:

"1 bis. De coördinatiemaatregelen die in de artikelen 48 bis tot en met 48 sexies en artikel 51 worden voorgeschreven, zijn ook van toepassing op de wettelijke en bestuursrechtelijke bepalingen van de lidstaten met betrekking tot bijkantoren die in een lidstaat zijn opgericht door een onderneming die niet onder het recht van een lidstaat valt, maar een rechtsvorm heeft die vergelijkbaar is met een van de in bijlage I genoemde ondernemingsvormen. Artikel 2 is van toepassing op deze bijkantoren voor zover de artikelen 48 bis tot en met 48 sexies en artikel 51 van toepassing zijn op dergelijke bijkantoren."

2. Na artikel 48 wordt het volgende hoofdstuk ingevoegd:

"HOOFDSTUK 10 BIS. VERSLAG INZAKE INFORMATIE OVER DE WINSTBELASTING

Art 48 bis. Definities betreffende de verslaglegging inzake informatie over de winstbelasting

1. Voor de toepassing van dit hoofdstuk wordt verstaan onder:
   1. "uiteindelijke moederonderneming": een onderneming die de geconsolideerde financiële overzichten opstelt van het grootste geheel van ondernemingen;
   2. "geconsolideerde financiële overzichten": de door een moederonderneming van een groep opgestelde financiële overzichten waarin de activa, de passiva, het eigen vermogen, de baten en de lasten worden gepresenteerd als die van één economische eenheid;
   3. "fiscale jurisdictie": een jurisdictie van een staat of van een niet-staat die fiscale autonomie heeft wat de vennootschapsbelasting betreft;
   4. "op zichzelf staande onderneming": onderneming die geen deel uitmaakt van een groep als gedefinieerd in artikel 2, punt 11.
2. Voor de toepassing van artikel 48 ter van deze richtlijn heeft "inkomsten" dezelfde betekenis als:
   a. "netto-omzet", voor ondernemingen die onder het recht van een lidstaat vallen die de op basis van Verordening (EG) nr. 1606/2002 vastgestelde internationale standaarden voor jaarrekeningen niet toepassen, of
   b. "inkomsten" als gedefinieerd door of in de zin van het stelsel voor financiële verslaglegging op basis waarvan de financiële overzichten worden opgesteld, voor andere ondernemingen.

Art 48 ter. Ondernemingen en bijkantoren die een verslag inzake informatie over de winstbelasting moeten opstellen

1. De lidstaten verplichten de onder hun nationaal recht vallende uiteindelijke moederondernemingen waarvan de totale geconsolideerde inkomsten op hun balansdatum voor elk van de laatste twee opeenvolgende boekjaren blijkens hun geconsolideerde financiële overzichten meer bedroegen dan 750 000 000 EUR, om met betrekking tot het laatste van deze twee opeenvolgende boekjaren een verslag inzake informatie over de winstbelasting op te stellen, te publiceren en toegankelijk te maken.

De lidstaten bepalen dat een uiteindelijke moederonderneming niet langer aan in de eerste alinea bedoelde verslagleggingsverplichtingen onderworpen is wanneer de totale geconsolideerde inkomsten op haar balansdatum voor elk van de laatste twee opeenvolgende boekjaren blijkens haar geconsolideerde financiële overzichten minder dan 750 000 000 EUR bedroegen.

De lidstaten verplichten de onder hun nationaal recht vallende op zichzelf staande ondernemingen waarvan de totale inkomsten op hun balansdatum voor elk van de laatste twee opeenvolgende boekjaren blijkens hun jaarlijkse financiële overzichten meer bedroegen dan 750 000 000 EUR, om met betrekking tot het laatste van de meest recente twee opeenvolgende boekjaren een verslag inzake informatie over de winstbelasting op te stellen, te publiceren en toegankelijk te maken.

De lidstaten bepalen dat een op zichzelf staande onderneming niet langer aan in de derde alinea bedoelde verslagleggingsverplichtingen onderworpen is wanneer de totale inkomsten op haar balansdatum voor elk van de laatste twee opeenvolgende boekjaren blijkens haar financiële overzichten minder dan 750 000 000 EUR bedroegen.

2. De lidstaten bepalen dat de regel in lid 1 niet van toepassing is op op zichzelf staande ondernemingen of uiteindelijke moederondernemingen en hun verbonden ondernemingen indien die ondernemingen, inclusief hun bijkantoren, zijn gevestigd of een vaste inrichting of permanente bedrijfsactiviteit hebben op het grondgebied van één enkele lidstaat en in geen enkel andere fiscale jurisdictie.

3. De lidstaten bepalen dat de regel in lid 1 van dit artikel niet van toepassing is op op zichzelf staande ondernemingen en uiteindelijke moederondernemingen indien die ondernemingen of hun verbonden ondernemingen, overeenkomstig artikel 89 van Richtlijn 2013/36/EU van het Europees Parlement en de Raad (*), een verslag openbaar maken dat informatie bevat over al hun activiteiten en, in het geval van uiteindelijke moederondernemingen, over alle activiteiten van alle verbonden ondernemingen die in de geconsolideerde financiële overzichten zijn opgenomen.

4. De lidstaten verplichten respectievelijk in artikel 3, leden 3 en 4, bedoelde middelgrote en grote dochterondernemingen die onder hun nationaal recht vallen en onder zeggenschap staan van een uiteindelijke moederonderneming die niet onder het recht van een lidstaat valt en waarvan de totale geconsolideerde inkomsten op haar balansdatum voor elk van de laatste twee opeenvolgende boekjaren blijkens haar geconsolideerde financiële overzichten meer bedroegen dan 750 000 000 EUR, om met betrekking tot het laatste van die meest recente twee opeenvolgende boekjaren een verslag inzake informatie over de winstbelasting betreffende die uiteindelijke moederonderneming te publiceren en toegankelijk te maken.

Indien die informatie of dat verslag niet beschikbaar is, verzoekt de dochteronderneming haar uiteindelijke moederonderneming om alle informatie te verstrekken die zij nodig heeft om zich van haar verplichtingen uit hoofde van de eerste alinea te kwijten. Indien de uiteindelijke moederonderneming niet alle vereiste informatie verstrekt, zorgt de dochteronderneming voor het opstellen, de publicatie en de toegankelijkheid van een verslag inzake informatie over de winstbelasting, dat alle informatie bevat waarover zij beschikt c.q. die zij verkregen of verworven heeft, en een verklaring dat haar uiteindelijke moederonderneming de nodige informatie niet beschikbaar heeft gesteld.

De lidstaten bepalen dat middelgrote en grote dochterondernemingen niet langer aan de in dit lid beschreven verslagleggingsverplichtingen onderworpen zijn wanneer de totale geconsolideerde inkomsten van de uiteindelijke moederonderneming op haar balansdatum voor elk van de laatste twee opeenvolgende boekjaren blijkens haar geconsolideerde financiële overzichten minder dan 750 000 000 EUR bedroegen.

5. De lidstaten verplichten bijkantoren die op hun grondgebied zijn opgericht door niet onder het recht van een lidstaat vallende ondernemingen, om met betrekking tot het laatste van de meest recente twee opeenvolgende boekjaren een verslag inzake informatie over de winstbelasting betreffende de uiteindelijke moederonderneming of de in de zesde alinea, punt a), bedoelde op zichzelf staande onderneming bedoeld in de zesde alinea, punt a), te publiceren en toegankelijk te maken.

Indien die informatie of dat verslag niet beschikbaar is, verzoekt (verzoeken) de persoon (personen) die is (zijn) belast met de in artikel 48 sexies, lid 2, bedoelde openbaarmakingsformaliteiten de uiteindelijke moederonderneming of de in de zesde alinea, punt a), van dit lid bedoelde op zichzelf staande onderneming om alle informatie die hij (zij) nodig heeft (hebben) om zich van zijn (hun) verplichtingen te kwijten.

Indien niet alle vereiste informatie wordt verstrekt, zorgt het bijkantoor voor het opstellen, de publicatie en de toegankelijkheid van een verslag inzake informatie over de winstbelasting, dat alle informatie bevat waarover het beschikt c.q. die het verworven of verkregen heeft, en een verklaring om aan te geven dat de uiteindelijke moederonderneming of de op zichzelf staande onderneming de nodige informatie niet beschikbaar heeft gesteld.

De lidstaten bepalen dat de in dit lid beschreven verslagleggingsverplichtingen alleen van toepassing zijn op bijkantoren met een netto-omzet die in elk van de laatste twee opeenvolgende boekjaren de op grond van artikel 3, lid 2, omgezette drempelwaarde heeft overschreden.

De lidstaten bepalen dat een bijkantoor dat onderworpen is aan de in dit lid bedoelde verslagleggingsverplichtingen niet langer aan deze verplichtingen is onderworpen, wanneer zijn netto-omzet in elk van de laatste twee opeenvolgende boekjaren minder dan de op grond van artikel 3, lid 2, omgezette drempelwaarde bedroeg.

De lidstaten bepalen dat de regels van dit lid alleen van toepassing zijn op een bijkantoor indien aan de volgende criteria is voldaan:

a. de onderneming die het bijkantoor heeft opgericht, is hetzij een verbonden onderneming van een groep waarvan de uiteindelijke moederonderneming niet onder het recht van een lidstaat valt en waarvan de totale geconsolideerde inkomsten op haar balansdatum voor elk van de laatste twee opeenvolgende boekjaren blijkens haar geconsolideerde financiële overzichten meer bedroegen dan 750 000 000 EUR, hetzij een op zichzelf staande onderneming waarvan de totale inkomsten op haar balansdatum voor elk van de laatste twee opeenvolgende boekjaren blijkens haar financiële overzichten meer bedroegen dan 750 000 000 EUR, en

b. de in punt a) van deze alinea bedoelde uiteindelijke moederonderneming heeft geen middelgrote of grote dochteronderneming als bedoeld in lid 4.

De lidstaten bepalen dat een bijkantoor niet langer aan de in dit lid bedoelde verslagleggingsverplichtingen is onderworpen wanneer gedurende twee opeenvolgende boekjaren niet langer aan het in punt a) bepaalde criterium wordt voldaan.

6. De lidstaten passen de regels van de leden 4 en 5 van dit artikel niet toe indien een niet onder het recht van een lidstaat vallende uiteindelijke moederonderneming of op zichzelf staande onderneming een verslag inzake informatie over de winstbelasting heeft opgesteld op een wijze die strookt met artikel 48 quater, en aan de volgende criteria is voldaan:

a. het verslag wordt gratis, in een elektronische, machineleesbare vorm voor het publiek toegankelijk gemaakt:

i. op de website van die uiteindelijke moederonderneming of die op zichzelf staande onderneming;

ii. in ten minste een van de officiële talen van de Unie;

iii. niet later dan twaalf maanden na de balansdatum van het boekjaar waarover het verslag wordt opgesteld, en

b. het verslag vermeldt de naam en het hoofdkantoor van een enkele onder het recht van een lidstaat vallende dochteronderneming of de naam en het adres van een enkel onder het recht van een lidstaat vallend bijkantoor die, respectievelijk dat, overeenkomstig artikel 48 quinquies, lid 1, een verslag heeft gepubliceerd.

7. De lidstaten schrijven voor dat dochterondernemingen of bijkantoren die niet onder de bepalingen van de leden 4 en 5 van dit artikel vallen, een verslag inzake informatie over de winstbelasting publiceren en toegankelijk maken indien die dochterondernemingen of bijkantoren slechts dienen om de verslagleggingsverplichtingen in dit hoofdstuk te omzeilen.

Art. 48 quater. Inhoud van het verslag inzake informatie over de winstbelasting

1. Het uit hoofde van artikel 48 ter vereiste verslag inzake informatie over de winstbelasting omvat informatie over alle activiteiten van de op zichzelf staande onderneming of uiteindelijke moederonderneming, inclusief de activiteiten van alle verbonden ondernemingen die in de financiële overzichten van het betrokken boekjaar zijn geconsolideerd.

2. De in lid 1 bedoelde informatie omvat:

a. de naam van de uiteindelijke moederonderneming of de op zichzelf staande onderneming, het betrokken boekjaar, de voor het opstellen van het verslag gebruikte munteenheid en, indien van toepassing, de lijst van alle dochterondernemingen die in de geconsolideerde financieel overzichten van de uiteindelijke moederonderneming zijn opgenomen, met betrekking tot het desbetreffende boekjaar, gevestigd in de Unie of in fiscale jurisdicties die zijn opgenomen in de bijlagen I en II bij de conclusies van de Raad over de herziene EU-lijst van jurisdicties die niet- coöperatief zijn op belastinggebied;

b. een korte beschrijving van de aard van haar activiteiten;

c. het aantal werknemers, uitgedrukt in voltijdequivalenten;

d. inkomsten, die worden berekend als:

i. de som van de netto-omzet, overige bedrijfsopbrengsten, opbrengsten uit deelnemingen, exclusief van verbonden ondernemingen ontvangen dividenden, opbrengsten uit andere effecten en vorderingen die tot de vaste activa behoren, overige rentebaten en soortgelijke opbrengsten, als genoemd in de bijlagen V en VI bij deze richtlijn, of

ii. de inkomsten als gedefinieerd door het stelsel voor financiële verslaglegging op basis waarvan de financiële overzichten worden opgesteld, exclusief waardecorrecties en van verbonden ondernemingen ontvangen dividenden;

e. het bedrag van de winst of het verlies vóór winstbelasting;

f. het bedrag van de toerekenbare winstbelasting tijdens het betrokken boekjaar, te berekenen als de belastinglasten van het lopende jaar die in de betrokken fiscale jurisdictie zijn erkend met betrekking tot de belastbare winsten of verliezen van het boekjaar door ondernemingen en bijkantoren;

g. het bedrag van de winstbelasting betaald op kasmiddelenbasis, te berekenen als het bedrag van de winstbelasting die ondernemingen en bijkantoren in de betrokken fiscale jurisdictie tijdens het betrokken boekjaar hebben betaald, en

h. het bedrag van de gecumuleerde winst aan het eind van het betrokken boekjaar.

Voor de toepassing van punt d) omvatten de inkomsten transacties met verbonden partijen.

Voor de toepassing van punt f) hebben de belastinglasten van het lopende jaar alleen betrekking op de activiteiten van een onderneming in het relevante boekjaar en omvatten deze geen uitgestelde belastingen of voorzieningen voor onzekere belastingverplichtingen.

Voor de toepassing van punt g) omvatten de betaalde belastingen de door andere ondernemingen betaalde bronbelastingen in verband met betalingen aan ondernemingen en bijkantoren binnen een groep.

Voor de toepassing van punt h) wordt onder gecumuleerde winst de som verstaan van de winsten van voorgaande boekjaren en het betrokken boekjaar, over de uitkering waarvan nog geen beslissing is genomen. Wat betreft bijkantoren is de gecumuleerde winst de winst van de onderneming die het bijkantoor heeft opgericht.

3. De lidstaten staan toe dat de in lid 2 van dit artikel opgesomde informatie wordt gerapporteerd op basis van de verslagleggingsinstructies bedoeld in afdeling III, delen B en C, van bijlage III bij Richtlijn 2011/16/EU van de Raad (**).

4. De in de leden 2 en 3 van dit artikel genoemde informatie wordt gepresenteerd aan de hand van een gemeenschappelijk model en machineleesbare formaten voor elektronische verslaglegging. De Commissie stelt dat gemeenschappelijk model en die formaten voor elektronische verslaglegging vast door middel van uitvoeringshandelingen. Die uitvoeringshandelingen worden volgens de in artikel 50, lid 2, bedoelde onderzoeksprocedure vastgesteld.

5. Het verslag inzake informatie over de winstbelasting geeft de in lid 2 of lid 3 bedoelde informatie voor elke lidstaat afzonderlijk weer. Indien een lidstaat meerdere fiscale jurisdicties omvat, wordt de informatie op het niveau van de lidstaat geaggregeerd.

Het verslag inzake informatie over de winstbelasting geeft ook de in lid 2 of lid 3 van dit artikel genoemde informatie afzonderlijk weer voor elke fiscale jurisdictie die op 1 maart van het boekjaar waarover het verslag wordt opgesteld, is opgenomen in bijlage I bij de conclusies van de Raad over de herziene EU-lijst van jurisdicties die niet-coöperatief zijn op belastinggebied, en verstrekt deze informatie afzonderlijk voor elke fiscale jurisdictie die, op 1 maart van het boekjaar waarover het verslag wordt opgesteld en op 1 maart van het voorgaande boekjaar is opgenomen in bijlage II bij de conclusies van de Raad over de herziene EU-lijst van jurisdicties die niet-coöperatief zijn op belastinggebied.

Het verslag inzake informatie over de winstbelasting geeft ook de in lid 2 of lid 3 bedoelde informatie voor andere fiscale jurisdicties op geaggregeerde basis weer.

De informatie wordt aan elke betrokken fiscale jurisdictie toegewezen op basis van vestiging, het bestaan van een vaste inrichting of permanente bedrijfsactiviteiten die, vanwege de activiteiten van de groep of de op zichzelf staande onderneming, in die fiscale jurisdictie onderworpen kunnen zijn aan winstbelastingen.

Indien de activiteiten van meerdere verbonden ondernemingen binnen één fiscale jurisdictie aan winstbelasting onderworpen kunnen zijn, is de aan die fiscale jurisdictie toegewezen informatie de som van de informatie over die activiteiten van elke verbonden onderneming en hun bijkantoren in die fiscale jurisdictie.

Informatie over een bepaalde activiteit wordt niet gelijktijdig aan meer dan één fiscale jurisdictie toegewezen.

6. De lidstaten kunnen toestaan dat een of meer specifieke gegevens die anderszins overeenkomstig lid 2 of lid 3 openbaar moeten worden gemaakt, tijdelijk uit het verslag worden weggelaten indien de openbaarmaking ervan bijzonder nadelig zou zijn voor de handelspositie van de ondernemingen waarop het verslag betrekking heeft. Alle weglatingen worden in het verslag duidelijk aangegeven, met een terdege gemotiveerde uitleg over de redenen daarvoor.

De lidstaten zorgen ervoor dat alle op grond van de eerste alinea weggelaten informatie maximaal vijf jaar na de datum van de oorspronkelijke weglating openbaar wordt gemaakt in een later verslag inzake informatie over de winstbelasting.

De lidstaten zorgen ervoor dat in lid 5 van dit artikel bedoelde informatie in verband met fiscale jurisdicties die zijn opgenomen in de bijlagen I en II bij de conclusies van de Raad over de herziene EU-lijst van jurisdicties die niet-coöperatief zijn op belastinggebied nooit mag worden weggelaten.

7. Het verslag inzake informatie over de winstbelasting kan, waar toepasselijk op groepsniveau, een algemene commentaar met uitleg bevatten voor eventuele materiële discrepanties tussen de overeenkomstig lid 2, punten f) en g), openbaar gemaakte bedragen, in voorkomend geval rekening houdend met de overeenkomstige bedragen in vorige boekjaren.

8. De in het verslag inzake informatie over de winstbelasting gebruikte munteenheid is de munteenheid waarin de geconsolideerde financiële overzichten van de uiteindelijke moederonderneming of de jaarlijkse financiële overzichten van de op zichzelf staande onderneming worden gepresenteerd. De lidstaten mogen niet eisen dat dit verslag in een andere munteenheid wordt gepubliceerd dan de munteenheid die in de financiële overzichten wordt gebruikt.

In het geval vermeld in artikel 48 ter, lid 4, tweede alinea, is de in het verslag inzake informatie over de winstbelasting gebruikte munteenheid evenwel die waarin de dochteronderneming haar jaarlijkse financiële overzichten publiceert.

9. Lidstaten die de euro niet hebben ingevoerd mogen de drempel van 750 000 000 EUR in de nationale munteenheid omzetten. Bij die omzetting passen die lidstaten de wisselkoers toe die op 21 december 2021in het *Publicatieblad van de Europese Unie* wordt bekendgemaakt. Die lidstaten mogen de drempel met maximaal 5 % vermeerderen of verminderen om ronde bedragen in de nationale munteenheid te verkrijgen.

De in artikel 48 ter, leden 4 en 5, genoemde drempelwaarden worden omgezet in een bedrag van dezelfde waarde in de nationale munteenheid van de betrokken derde landen door toepassing van de wisselkoers op 21 december 2021, afgerond op het dichtstbijzijnde duizendtal.

10. Het verslag inzake informatie over de winstbelasting vermeldt of het overeenkomstig lid 2 dan wel overeenkomstig lid 3 van dit artikel is opgesteld.

Art. 48 quinquies. Publicatie en toegankelijkheid

1. Het verslag inzake informatie over de winstbelasting en de verklaring die zijn bedoeld in artikel 48 ter van deze richtlijn, worden gepubliceerd binnen twaalf maanden na de balansdatum van het boekjaar waarover het verslag wordt opgesteld als voorgeschreven bij elke lidstaat overeenkomstig de artikelen 14 tot en met 28 van Richtlijn (EU) 2017/1132 van het Europees Parlement en de Raad (***) en, in voorkomend geval, overeenkomstig artikel 36 van Richtlijn (EU) 2017/1132.

2. De lidstaten zorgen ervoor dat het verslag inzake informatie over de winstbelasting en de verklaring die overeenkomstig lid 1 van dit artikel door de ondernemingen worden gepubliceerd, in ten minste een van de officiële talen van de Unie gratis en uiterlijk twaalf maanden na de balansdatum van het boekjaar waarover het verslag wordt opgesteld, toegankelijk worden gemaakt voor het publiek, op de website van:

a. de onderneming indien artikel 48 ter, lid 1, van toepassing is;

b. de dochteronderneming of een verbonden onderneming indien artikel 48 ter, lid 4, van toepassing is, of

c. het bijkantoor, de onderneming die het bijkantoor heeft opgericht of een verbonden onderneming indien artikel 48 ter, lid 5, van toepassing is.

3. De lidstaten mogen ondernemingen vrijstellen van de toepassing van de regels in lid 2 van dit artikel indien het overeenkomstig lid 1 van dit artikel gepubliceerde verslag inzake informatie over de winstbelasting gelijktijdig gratis voor iedere binnen de Unie gevestigde derde in een machineleesbaar formaat voor elektronische verslaglegging toegankelijk wordt gemaakt op de website van het in artikel 16 van Richtlijn (EU) 2017/1132 bedoelde register. De website van de in lid 2 van dit artikel bedoelde ondernemingen en bijkantoren bevat informatie over die vrijstelling en een verwijzing naar de website van het betrokken register.

4. Het in artikel 48 ter, leden 1, 4, 5, 6 en 7, bedoelde verslag, en in voorkomend geval, de in leden 4 en 5 van dat artikel bedoelde verklaring, blijven minstens vijf opeenvolgende jaren toegankelijk op de betrokken website.

Art. 48 sexies. Verantwoordelijkheid voor het opstellen, publiceren en toegankelijk maken van het verslag inzake informatie over de winstbelasting

1. De lidstaten bepalen dat de leden van de administratieve, leidinggevende en toezichthoudende organen van de in artikel 48 ter, lid 1, bedoelde uiteindelijke moederondernemingen of op zichzelf staande ondernemingen, handelend binnen de hun krachtens het nationaal recht toegewezen bevoegdheden, collectief verantwoordelijk zijn om ervoor te zorgen dat het verslag inzake informatie over de winstbelasting wordt opgesteld, gepubliceerd en toegankelijk gemaakt overeenkomstig de artikelen 48 ter, 48 quater en 48 quinquies.

2. De lidstaten bepalen dat de leden van de administratieve, leidinggevende en toezichthoudende organen van de in artikel 48 ter, lid 4, van deze richtlijn bedoelde dochterondernemingen en de persoon (personen) die is (zijn) aangewezen voor het vervullen van de in artikel 41 van Richtlijn (EU) 2017/1132 bedoelde openbaarmakingsformaliteiten voor de bijkantoren als bedoeld in artikel 48 ter, lid 5, van deze richtlijn, handelend binnen de hun krachtens het nationaal recht toegewezen bevoegdheden, collectief verantwoordelijk zijn om er naar hun beste weten en vermogen voor te zorgen dat het verslag inzake

informatie over de winstbelasting wordt opgesteld op een wijze die, naargelang het geval, strookt met of in overeenstemming is met artikelen 48 ter en 48 quater, en dat het wordt gepubliceerd en toegankelijk gemaakt overeenkomstig artikel 48 quinquies.

Art. 48 septies. Verklaring van de wettelijke auditor
De lidstaten schrijven voor dat, indien de financiële overzichten van een onder het recht van een lidstaat vallende onderneming moeten worden gecontroleerd door een of meer wettelijke auditors of auditkantoren, in het auditverslag wordt aangegeven of de onderneming, met betrekking tot het boekjaar dat voorafging aan het boekjaar waarover de te controleren financiële overzichten zijn opgesteld, uit hoofde van artikel 48 ter verplicht was een verslag inzake informatie over de winstbelasting te publiceren en zo ja, of het verslag in overeenstemming met artikel 48 quinquies is gepubliceerd.

Art. 48 octies. Aanvangsdatum voor de verslaglegging inzake informatie over de winstbelasting
De lidstaten zorgen ervoor dat de wettelijke en bestuursrechtelijke bepalingen tot omzetting van de artikelen 48 bis tot en met 48 septies van toepassing zijn uiterlijk vanaf de aanvangsdatum van het eerste boekjaar dat op of na 22 juni 2024van start gaat.

Art. 48 nonies. Evaluatieclausule
Uiterlijk op 22 juni 2027dient de Commissie een verslag in over de naleving, en het effect, van de verslagleggingsverplichtingen beschreven in de artikelen 48 bis tot en met 48 septies, en, rekening houdend met de situatie op OESO- niveau, de noodzaak om afdoende transparantie te waarborgen en de noodzaak om een concurrerend klimaat voor ondernemingen en particuliere investeringen te behouden en te waarborgen, evalueert en beoordeelt zij met name of de verplichting tot verslaglegging inzake informatie over de winstbelasting als beschreven in artikel 48 ter moet worden uitgebreid naar grote ondernemingen en grote groepen, als omschreven in artikel 3, lid 4 respectievelijk lid 7, en of de bij artikel 48 quater vastgestelde inhoud van het verslag inzake informatie over de winstbelasting met aanvullende gegevens moet worden uitgebreid. In dat verslag beoordeelt de Commissie ook het effect van de presentatie van de fiscale informatie op geaggregeerde basis voor fiscale jurisdicties in derde landen, als bepaald in artikel 48 quater, lid 5, en van de tijdelijke weglating van gegevens, als bepaald in artikel 48 quater, lid 6, op de doeltreffendheid van deze richtlijn.

De Commissie brengt hierover verslag uit aan het Europees Parlement en de Raad, in voorkomend geval vergezeld van een wetgevingsvoorstel.

(*) Richtlijn 2013/36/EU van het Europees Parlement en de Raad van 26 juni 2013 betreffende toegang tot het bedrijf van kredietinstellingen en het prudentieel toezicht op kredietinstellingen, tot wijziging van Richtlijn 2002/87/EG en tot intrekking van de Richtlijnen 2006/48/EG en 2006/49/EG (PB L 176 van 27.6.2013, blz. 338).
(**) Richtlijn 2011/16/EU van de Raad van 15 februari 2011 betreffende de administratieve samenwerking op het gebied van de belastingen en tot intrekking van Richtlijn 77/799/EEG (PB L 64 van 11.3.2011, blz. 1).
(***) Richtlijn (EU) 2017/1132 van het Europees Parlement en de Raad van 14 juni 2017 aangaande bepaalde aspecten van het vennootschapsrecht (PB L 169 van 30.6.2017, blz. 46)."

3. In artikel 49 wordt het volgende lid ingevoegd:

"3 bis. Vóór de vaststelling van een gedelegeerde handeling raadpleegt de Commissie de door elke lidstaat aangewezen deskundigen overeenkomstig de beginselen die zijn neergelegd in het Interinstitutioneel Akkoord van 13 april 2016over beter wetgeven (*).

(*) PB L 123 van 12.5.2016, blz. 1."

Art. 2. Omzetting
1. De lidstaten doen de nodige wettelijke en bestuursrechtelijke bepalingen in werking treden om uiterlijk op 22 juni 2023aan deze richtlijn te voldoen. Zij delen de Commissie de tekst van die bepalingen onverwijld mee.
Wanneer de lidstaten die bepalingen vaststellen, wordt in die bepalingen zelf of bij de officiële bekendmaking daarvan naar deze richtlijn verwezen. De regels voor deze verwijzing worden vastgesteld door de lidstaten.
2. De lidstaten delen de Commissie de tekst van de belangrijkste bepalingen van intern recht mede die zij op het onder deze richtlijn vallende gebied vaststellen.

Art. 3. Inwerkingtreding
Deze richtlijn treedt in werking op de twintigste dag na die van de bekendmaking ervan in het *Publicatieblad van de Europese Unie*.

Art. 4. Adressaten

Deze richtlijn is gericht tot de lidstaten.

Gedaan te Straatsburg, 24 november 2021.

Voor het Europees Parlement	Voor de Raad
De voorzitter	De voorzitter
D.M. SASSOLI	A. LOGAR

ATAD 1 en 2 (Antibelastingontwijkingsrichtlijnen 1 en 2)

RICHTLIJN (EU) 2016/1164 VAN DE RAAD van 12 juli 2016 tot vaststelling van regels ter bestrijding van belastingontwijkingspraktijken welke rechtstreeks van invloed zijn op de werking van de interne markt

RICHTLIJN (EU) 2017/952 VAN DE RAAD van 29 mei 2017 tot wijziging van Richtlijn (EU) 2016/1164 wat betreft hybridemismatches met derde landen

Ten behoeve van de overzichtelijkheid is de inhoud van deze Richtlijnen onderstaand als volgt opgenomen:

Preambules ATAD 1 en ATAD 2
Geconsolideerde tekst ATAD 1 en ATAD 2

PREAMBULE Antibelastingontwijkingsrichtlijn 1 (ATAD 1)

Richtlijn (EU) 2016/1164 van de Raad van 12 juli 2016 tot vaststelling van regels ter bestrijding van belastingontwijkingspraktijken welke rechtstreeks van invloed zijn op de werking van de interne markt

12 juli 2016 PbEU 2016, L 193/1

DE RAAD VAN DE EUROPESE UNIE,

Gezien het Verdrag betreffende de werking van de Europese Unie, en met name artikel 115,
Gezien het voorstel van de Europese Commissie,
Na toezending van het ontwerp van wetgevingshandeling aan de nationale parlementen,
Gezien het advies van het Europees Parlement,[1]
Gezien het advies van het Europees Economisch en Sociaal Comité,[2]
Handelend volgens een bijzondere wetgevingsprocedure,
Overwegende hetgeen volgt:

1. Met de huidige politieke prioriteiten op het gebied van de internationale belastingheffing wordt benadrukt dat moet worden gewaarborgd dat er belasting wordt betaald waar waarde en winsten worden gegenereerd. Het is dan ook absoluut noodzakelijk het vertrouwen in de eerlijkheid van belastingstelsels te herstellen en overheden in staat te stellen hun fiscale soevereiniteit daadwerkelijk uit te oefenen. Deze nieuwe politieke doelstellingen zijn omgezet in aanbevelingen voor concrete maatregelen in het kader van het initiatief ter bestrijding van grondslaguitholling en winstverschuiving (Base Erosion and Profit Shifting – BEPS) van de Organisatie voor Economische Samenwerking en Ontwikkeling (OESO). De Europese Raad toonde zich in zijn conclusies van 13-14 maart 2013 en 19-20 december 2013 verheugd over deze werkzaamheden. Als antwoord op de behoefte aan een eerlijkere belastingheffing heeft de Commissie in haar mededeling van 17 juni 2015 een actieplan voor eerlijke en doeltreffende vennootschapsbelasting in de Europese Unie gepresenteerd.

2. De eindverslagen over de 15 actiepunten van de OESO ter bestrijding van BEPS zijn op 5 oktober 2015 openbaar gemaakt. De Raad toonde zich daarmee ingenomen in zijn conclusies van 8 december 2015. Daarin beklemtoonde de Raad dat er op EU-niveau gemeenschappelijke, doch flexibele, oplossingen moeten worden gevonden die stroken met de OESO- conclusies inzake BEPS. Daarnaast steunde de Raad een doeltreffende, snelle en gecoördineerde implementatie op EU- niveau van de maatregelen ter bestrijding van BEPS, en was hij van oordeel dat, waar passend, voor EU-richtlijnen moet worden gekozen om de conclusies van de OESO over BEPS op EU-niveau toe te passen. Het is voor de goede werking van de interne markt van essentieel belang dat de lidstaten, ten minste, op een voldoende coherente en gecoördineerde wijze hun toezeggingen inzake BEPS implementeren en meer in het algemeen actie ondernemen om belastingontwijkingspraktijken te ontmoedigen en een billijke en doeltreffende belastingheffing in de Unie te waarborgen. In een markt van sterk geïntegreerde economieën is er behoefte aan gemeenschappelijke strategische benaderingen en gecoördineerde maatregelen om de werking van de interne markt te verbeteren en de positieve effecten van het BEPS-initiatief te maximaliseren. Bovendien kan alleen een gemeenschappelijk kader versnippering van de markt voorkomen en een einde maken aan bestaande mismatches en marktverstoringen. Tot slot bieden nationale uitvoeringsmaatregelen die overal in de Unie langs dezelfde lijnen lopen, belastingplichtigen rechtszekerheid, omdat zij verenigbaar zijn met het Unierecht.

3. Er moeten regels worden vastgesteld om het gemiddelde niveau van bescherming tegen agressieve fiscale planning op de interne markt te verhogen. Aangezien deze regels in 28 verschillende vennootschapsbelastingstelsels moeten worden ingepast, moeten zij beperkt blijven tot algemene bepalingen en moet de uitvoering ervan

1. Nog niet bekendgemaakt in het Publicatieblad.
2. Nog niet bekendgemaakt in het Publicatieblad.

worden overgelaten aan de lidstaten; zij verkeren immers in een betere positie om de specifieke elementen van die regels zodanig vorm te geven dat ze optimaal bij hun vennootschapsbelastingstelsel aansluiten. Dit doel kan worden bereikt door voor de nationale vennootschapsbelastingstelsels in de Unie een minimumniveau van bescherming tegen belastingontwijkingspraktijken te creëren. Daarom moeten de door de lidstaten te ondernemen stappen om de output van de vijftien OESO-actiepunten tegen BEPS te implementeren, worden gecoördineerd teneinde de doeltreffendheid van de interne markt als geheel te verbeteren bij de bestrijding van belastingontwijkingspraktijken. Er moet dus een gemeenschappelijk minimumniveau van bescherming voor de interne markt op specifieke gebieden worden vastgesteld.

4. Er moeten regels worden vastgesteld die van toepassing zijn op alle belastingplichtigen die in een lidstaat aan vennootschapsbelasting onderworpen zijn. Aangezien daartoe een breder scala van nationale belastingen gedekt zou moeten worden, is het niet wenselijk het toepassingsgebied van de richtlijn uit te breiden tot soorten entiteiten die in een lidstaat niet aan vennootschapsbelasting onderworpen zijn, met name transparante entiteiten. Die regels moeten ook gelden voor vaste inrichtingen van de belastingplichtige vennootschappen die in een andere lidstaat of andere lidstaten gelegen zijn. Belastingplichtige vennootschappen kunnen fiscaal inwoner zijn van een lidstaat of naar het recht van een lidstaat zijn opgericht. Vaste inrichtingen van entiteiten die fiscaal inwoner van een derde land zijn, moeten ook onder die regels vallen wanneer zij in een of meer lidstaten gelegen zijn.

5. Er moeten regels worden vastgesteld tegen de uitholling van de belastinggrondslagen op de interne markt en de verschuiving van winsten weg uit de interne markt. Op de volgende gebieden moeten er regels komen om dat doel te helpen bereiken: beperking van de aftrekbaarheid van rente, exitheffingen, een algemene antimisbruikregel, regels betreffende gecontroleerde buitenlandse vennootschappen en regels om hybride mismatches aan te pakken. Wanneer de toepassing van deze regels tot dubbele heffing leidt, moet aan belastingplichtigen een tegemoetkoming worden verleend middels aftrek van de in een andere lidstaat of een derde land, naargelang van het geval, betaalde belasting. De regels moeten dus niet alleen tot doel hebben om belastingontwijkingspraktijken tegen te gaan, maar ook om te voorkomen dat er andere marktobstakels, zoals dubbele heffing, ontstaan.

6. In een poging om hun wereldwijde belastingschuld te verlagen zijn groepsmaatschappijen door middel van excessieve rentebetalingen steeds meer aan BEPS gaan doen. De regel inzake beperking van de renteaftrek, waarbij de aftrekbaarheid van het financieringskostensurplus van belastingplichtigen wordt beperkt, is noodzakelijk om dergelijke praktijken te ontmoedigen. Daarom moet een ratio voor aftrekbaarheid worden vastgesteld die gekoppeld is aan de belastbare winst vóór rente, belastingen, afschrijvingen en amortisatie (ebitda) van een belastingplichtige. lidstaten die een hoger beschermingsniveau willen waarborgen, zouden die ratio kunnen verlagen, of termijnen kunnen stellen of het bedrag van niet-gecompenseerde financieringskosten dat voorwaarts of achterwaarts kan worden verrekend, kunnen beperken. Aangezien het de bedoeling is minimumnormen te bepalen, zou de lidstaten de mogelijkheid kunnen worden geboden een alternatieve maatregel aan te nemen met de belastbare winst vóór rente en belastingen (ebit) van een belastingplichtige als basis, die zodanig zou worden vastgesteld dat hij gelijkwaardig is aan de op de ebitda gebaseerde ratio. De lidstaten zouden naast de in deze richtlijn opgenomen regel inzake renteaftrekbeperking ook gebruik kunnen maken van specifieke regels tegen schuldfinanciering binnen een groep, met name regels betreffende onderkapitalisatie. Van belasting vrijgestelde baten mogen niet met aftrekbare financieringskosten worden verrekend. Om te bepalen hoeveel rente in mindering kan worden gebracht, mogen namelijk alleen belastbare inkomsten in aanmerking worden genomen.

7. Wanneer de belastingplichtige deel uitmaakt van een groep die een wettelijk voorgeschreven geconsolideerde jaarrekening opmaakt, kan de wereldwijde schuldenlast van de groep als geheel in aanmerking worden genomen om te bepalen of belastingplichtigen een hoger bedrag aan financieringskostensurplus mogen aftrekken. Het kan ook passend zijn om regels vast te stellen voor een ontsnappingsclausule in relatie tot het eigen vermogen, wanneer de regel inzake renteaftrekbeperking niet van toepassing is indien de onderneming kan aantonen dat de ratio tussen haar eigen vermogen en balanstotaal nagenoeg gelijk is aan of hoger is dan de overeenkomstige groepsratio. De regel inzake renteaftrekbeperking moet gelden ter zake van het financieringskostensurplus van een belastingplichtige, zonder dat een onderscheid wordt gemaakt naargelang deze lasten voortvloeien uit een schuld die in het binnenland of grensoverschrijdend in een andere EU- lidstaat dan wel in een derde land is aangegaan, of naargelang zij hun oorsprong vinden bij derden, gelieerde ondernemingen dan wel binnen een groep. Indien een groep in een lidstaat meer dan één entiteit omvat, kan die lidstaat de algehele positie van alle entiteiten van de groep in dezelfde staat in beschouwing nemen, en ook een belastingstelsel voor afzonderlijke entiteiten kan overwegen om de overdracht van winsten of renteaftrekmogelijkheden tussen entiteiten binnen een groep mogelijk te maken bij de toepassing van regels die de aftrekbaarheid van rente beperken.

8. Om de met de regels gepaard gaande administratieve en nalevingslasten terug te dringen zonder het fiscale effect ervan aanmerkelijk te verminderen, kan het passend zijn te voorzien in een 'safe harbour rule' (veilige havenregel), zodat de netto rente altijd aftrekbaar is tot een vast bedrag, wanneer dit leidt tot een hogere aftrek dan met de op de ebitda gebaseerde ratio. De lidstaten zouden het vaste drempelbedrag kunnen verlagen om zo een hoger beschermingsniveau voor hun binnenlandse belastinggrondslag te garanderen. Aangezien BEPS in principe worden bewerkstelligd door excessieve rentebetalingen tussen entiteiten die gelieerde ondernemingen zijn,

is het passend en nodig de mogelijkheid te creëren dat op zichzelf staande entiteiten, gezien de beperkte risico's op belastingontwijking, van de werkingssfeer van de regel inzake renteaftrekbeperking worden uitgesloten. Met het oog op een vlotte overgang naar de nieuwe regel inzake renteaftrekbeperking zouden de lidstaten kunnen voorzien in een grandfatheringclausule met betrekking tot bestaande leningen voor zover de voorwaarden ervan later niet worden gewijzigd, d.w.z. in geval van een latere wijziging zou de grandfathering niet gelden voor verhogingen van het bedrag of verlengingen van de termijn van de lening, maar slechts beperkt zijn tot de oorspronkelijke voorwaarden van de lening. Onverminderd de staatssteunregels zouden de lidstaten tevens het financieringskostensurplus kunnen uitsluiten dat ontstaat in verband met leningen welke ter financiering van langlopende openbare infrastructuurprojecten worden gebruikt; dergelijke financieringsregelingen houden immers weinig of geen risico's op BEPS in. In dit verband dienen de lidstaten naar behoren aan te tonen dat financieringsregelingen ten behoeve van openbare infrastructuurprojecten bijzondere kenmerken hebben die een dergelijke behandeling rechtvaardigen, in tegenstelling tot andere financieringsregelingen waarop de beperkingsregel wél van toepassing is.

9. Hoewel algemeen wordt aanvaard dat beperkingen van de renteaftrekbaarheid ook moeten gelden voor financiële ondernemingen, dat wil zeggen financiële instellingen en verzekeringsondernemingen, wordt ook erkend dat deze twee sectoren bijzondere kenmerken hebben, die een meer op hen toegesneden aanpak vereisen. Aangezien het debat hierover in de internationale en de EU-context nog geen beslissende conclusies heeft opgeleverd, kunnen er nog geen specifieke regels voor de financiële en de verzekeringssector worden vastgesteld, en de lidstaten moeten hen derhalve van de werkingssfeer van de renteaftrekbeperkingsregels kunnen uitsluiten.

10. Exitheffingen zorgen ervoor dat wanneer een belastingplichtige activa of zijn fiscale woonplaats buiten het fiscale rechtsgebied van een staat brengt, de economische waarde van vermogenswinsten die op het grondgebied van die staat zijn gecreëerd, daar in de heffing worden betrokken, ook als deze winsten op het tijdstip van vertrek nog niet gerealiseerd werden. Daarom dient te worden gespecificeerd in welke gevallen belastingplichtigen onderworpen zijn aan exitheffingsregels en belast worden over niet-gerealiseerde vermogenswinsten die in de door hen overgebrachte activa zijn opgebouwd. Het is ook nuttig te verduidelijken dat overbrengingen van activa, waaronder gelden, tussen een moedermaatschappij en haar dochterondernemingen buiten het toepassingsgebied van de beoogde exitheffingsregel vallen. Om het bedrag daarvan te berekenen, is het van wezenlijk belang om op basis van het zakelijkheidsbeginsel (arm's length principle) een marktwaarde voor de overgebrachte activa op het tijdstip van het naar buiten brengen van de activa vast te stellen. Om te waarborgen dat deze regel verenigbaar is met het gebruik van de verrekeningsmethode, is het wenselijk de lidstaten de mogelijkheid te bieden zich te baseren op het tijdstip waarop het recht om de overgebrachte activa in de heffing te betrekken, niet langer bestaat. Het recht op belastingheffing dient op nationaal niveau te worden vastgesteld. Daarnaast is het noodzakelijk de ontvangende staat in staat te stellen om de door de exitstaat bepaalde waarde van de overgebrachte activa te betwisten wanneer deze de bovengenoemde marktwaarde niet weergeeft. De lidstaten zouden daartoe gebruik kunnen maken van bestaande mechanismen om geschillen te beslechten. Het is noodzakelijk om binnen de Unie de toepassing van exitheffingen te regelen en te verduidelijken onder welke voorwaarden deze heffingen verenigbaar zijn met het Unierecht. In die situaties moeten belastingplichtigen het recht hebben het vastgestelde bedrag aan exitheffingen onmiddellijk te betalen dan wel de betaling ervan uit te stellen door deze te voldoen in termijnen over een bepaald aantal jaren, eventueel in combinatie met rente en zekerheidstelling.

De lidstaten zouden hiertoe van de betrokken belastingplichtigen kunnen verlangen dat zij de vereiste informatie in een verklaring opnemen. Er mag geen exitheffing plaatsvinden wanneer de overbrenging van activa van tijdelijke aard is en het de bedoeling is dat de activa terugkomen naar de lidstaat van de overbrenger, wanneer de overbrenging plaatsvindt ter vervulling van prudentiële kapitaalvereisten of met het oog op liquiditeitsbeheer of wanneer het gaat om financieringstransacties van effecten of activa die als zekerheid worden gesteld.

11. Algemene antimisbruikregels worden in belastingstelsels opgenomen om fiscale misbruikpraktijken aan te pakken waartegen nog geen voorzieningen zijn getroffen door middel van doelgerichte bepalingen. Het doel van deze regels is dus mazen te dichten zonder dat zij de toepasselijkheid van specifieke antimisbruikregels doorkruisen. In de Unie moeten algemene antimisbruikregels worden toegepast op kunstmatige constructies; voor het overige moet de belastingplichtige het recht hebben om zijn handelsactiviteiten in de fiscaal efficiëntste vorm te gieten. Voorts is het belangrijk te waarborgen dat de algemene antimisbruikregels op uniforme wijze toepassing vinden in binnenlandse situaties, binnen de Unie en ten aanzien van derde landen, zodat de reikwijdte ervan en de toepassingsresultaten in binnenlandse en grensoverschrijdende situaties niet uiteenlopen. De lidstaten mag niet worden belet sancties toe te passen indien de algemene antimisbruikregel geldt. Bij de beoordeling of een constructie als kunstmatig moet worden beschouwd, zou de lidstaten de mogelijkheid kunnen worden geboden alle geldige economische redenen te onderzoeken, inclusief de financiële activiteiten.

12. Door de toepassing van regels betreffende gecontroleerde buitenlandse vennootschappen (controlled foreign companies – cfc's) worden de inkomsten van een laagbelaste dochteronderneming waarover een moedermaatschappij zeggenschap uitoefent, aan deze moedermaatschappij toegerekend. De moedermaatschappij wordt vervolgens door de staat waarvan zij fiscaal inwoner is, over deze toegerekende inkomsten belast. Afhankelijk van de beleidsprioriteiten van die staat kunnen de cfc-regels gericht zijn op een laagbelaste dochteronderneming in haar

geheel of op specifieke categorieën van inkomsten, dan wel beperkt zijn tot inkomsten die kunstmatig naar de dochteronderneming zijn gesluisd. Om er met name voor te zorgen dat de cfc-regels een evenredig antwoord bieden op de zorgen inzake BEPS, is het van essentieel belang dat de lidstaten die hun cfc-regels beperken tot inkomsten die weggesluisd zijn naar de dochteronderneming, zich specifiek richten op situaties waarin het grootse deel van de besluitvormingsfuncties die weggesluisde inkomsten hebben gegenereerd op het niveau van de dochteronderneming die onder zeggenschap staat, worden uitgeoefend in de lidstaat van de belastingplichtige. Teneinde de administratieve belasting en de nalevingskosten te beperken, zou moeten worden toegestaan dat die lidstaten bepaalde entiteiten met geringe winst of een lage winstmarge vrijstellen, aangezien die een beperkter risico's op belastingontwijking vormen. Het is daarom noodzakelijk dat de cfc-regels worden uitgebreid tot de winst van vaste inrichtingen wanneer deze winst niet aan belasting is onderworpen of van belasting is vrijgesteld in de lidstaat van de belastingplichtige. Het is echter niet nodig om op grond van de cfc-regels de winst te belasten van vaste inrichtingen waaraan naar nationaal recht belastingvrijstelling wordt geweigerd omdat deze vaste inrichtingen worden behandeld als waren zij gecontroleerde buitenlandse vennootschappen. Teneinde een hoger beschermingsniveau te waarborgen, zouden de lidstaten de deelnemingsdrempel kunnen verlagen, of een hogere drempel kunnen hanteren bij het vergelijken van de daadwerkelijk betaalde vennootschapsbelasting met de vennootschapsbelasting die in de lidstaat van de belastingplichtige zou zijn geheven. De lidstaten zouden bij de omzetting van de cfc-regels in hun nationale wetgeving een voldoende hoge fractionele drempel voor het belastingtarief kunnen hanteren.

Het is wenselijk dat situaties zowel in derde landen als in de Unie worden aangepakt. Om verenigbaar te zijn met de fundamentele vrijheden, moeten de inkomstencategorieën worden gecombineerd met een substance-uitzondering, teneinde binnen de Unie de gevolgen van de regels te beperken tot gevallen waarin de cfc geen wezenlijke economische activiteit uitoefent. Het is belangrijk dat belastingdiensten en belastingplichtigen samenwerken met het oog op het vergaren van de relevante feiten en omstandigheden op basis waarvan kan worden bepaald of de uitzonderingsregel moet worden toegepast. Het dient aanvaardbaar te zijn dat de lidstaten ter omzetting van de cfc-regels in hun nationale wetgeving gebruikmaken van witte, grijze of zwarte lijsten van derde landen, die worden opgesteld op grond van bepaalde criteria uit deze richtlijn en waarin de hoogte van het vennootschapsbelastingtarief kan worden vermeld, of dat zij op basis daarvan opgestelde witte lijsten van lidstaten gebruiken.

13. Hybride mismatches zijn het gevolg van verschillen in de wettelijke kwalificatie van betalingen (financiële instrumenten) of entiteiten en deze verschillen komen naar boven in de interactie tussen de wettelijke stelsels van twee rechtsgebieden. Dergelijke mismatches leiden vaak tot een dubbele aftrek (dat wil zeggen een aftrek in beide staten) dan wel een aftrek van de inkomsten in de ene staat zonder dat deze inkomsten in de belastinggrondslag van de andere staat worden betrokken. Om de effecten van hybride mismatchstructuren te neutraliseren, moeten er regels worden vastgesteld die erin voorzien dat een van de twee rechtsgebieden die bij een mismatch betrokken zijn, de aftrek van een betaling met een dergelijk resultaat dient te weigeren. Het is in deze context nuttig om te verduidelijken dat de maatregelen van deze richtlijn om hybride mismatches aan te pakken, gericht zijn op mismatchsituaties die te wijten zijn aan verschillen in de juridische kwalificatie van een financieel instrument of entiteit, en niet bedoeld zijn om de algemene kenmerken van het belastingstelsel van een lidstaat te beïnvloeden. Hoewel de lidstaten in het kader van de Groep gedragscode (belastingregeling ondernemingen) richtsnoeren hebben aanvaard voor de fiscale behandeling van hybride entiteiten en hybride vaste inrichtingen in de Unie, alsmede voor de fiscale behandeling van hybride entiteiten in relaties met derde landen, is het toch nog nodig bindende regels vast te stellen. Het is van cruciaal belang dat verder wordt gewerkt aan hybride mismatches tussen de lidstaten en derde landen, alsook aan andere hybride mismatches zoals die met vaste inrichtingen.

14. Er moet worden verduidelijkt dat de tenuitvoerlegging van de in deze richtlijn vervatte regels ter bestrijding van belastingontwijking geen afbreuk mag doen aan de verplichting die belastingplichtigen hebben om het zakelijkheidsbeginsel (arm's length principle) in acht te nemen, noch aan het recht van een lidstaat om een belastingschuld, in voorkomend geval, in overeenstemming met het zakelijkheidsbeginsel (arm's length principle) naar boven te corrigeren.

15. De Europese Toezichthouder voor gegevensbescherming is geraadpleegd overeenkomstig artikel 28, lid 2, van Verordening (EG) nr. 45/2001 van het Europees Parlement en de Raad.[1] Het recht op bescherming van persoonsgegevens overeenkomstig artikel 8 van het Handvest van de grondrechten van de Europese Unie en Richtlijn 95/46/EG van het Europees Parlement en de Raad[2] zijn van toepassing op de verwerking van persoonsgegevens in het kader van deze richtlijn.

1. Verordening (EG) nr. 45/2001 van het Europees Parlement en de Raad van 18 december 2000 betreffende de bescherming van natuurlijke personen in verband met de verwerking van persoonsgegevens door de communautaire instellingen en organen en betreffende het vrije verkeer van die gegevens (PB L 8 van 12.1.2001, p. 1).

2. Richtlijn 95/46/EG van het Europees Parlement en de Raad van 24 oktober 1995 betreffende de bescherming van natuurlijke personen in verband met de verwerking van persoonsgegevens en betreffende het vrije verkeer van die gegevens (PB L 281 van 23.11.1995, blz. 31).

16. Daar een hoofddoel van deze richtlijn erin bestaat de interne markt als geheel beter te wapenen tegen grensoverschrijdende belastingontwijkingspraktijken, is het niet mogelijk dit doel voldoende te verwezenlijken als de lidstaten elk afzonderlijk optreden. De nationale vennootschapsbelastingstelsels verschillen van elkaar en onafhankelijk optreden van de lidstaten zou slechts de bestaande versnippering van de interne markt op het gebied van de directe belastingen reproduceren. Dergelijk optreden zou dus geen einde maken aan inefficiënties en verstoringen bij de interactie van aparte nationale maatregelen. Een gebrek aan coördinatie zou het resultaat zijn. Gelet op het feit dat vele van de inefficiënties op de interne markt hoofdzakelijk tot problemen van grensoverschrijdende aard leiden, dienen maatregelen om dit op te lossen op het niveau van de Unie te worden genomen. Het is daarom van wezenlijk belang oplossingen vast te stellen die werken voor de interne markt als geheel, en dit kan beter worden verwezenlijkt op het niveau van de Unie. De Unie kan derhalve maatregelen nemen overeenkomstig het in artikel 5 van het Verdrag betreffende de Europese Unie neergelegde subsidiariteitsbeginsel. Overeenkomstig het in hetzelfde artikel neergelegde evenredigheidsbeginsel gaat deze richtlijn niet verder dan nodig is om deze doelstelling te verwezenlijken. Door een minimumniveau van bescherming voor de interne markt vast te stellen, strekt deze richtlijn er alleen toe het minimaal vereiste niveau van coördinatie binnen de Unie te bereiken om haar doelstellingen te verwezenlijken.

17. De Commissie dient vier jaar na de inwerkingtreding van deze richtlijn de tenuitvoerlegging ervan te evalueren en verslag uit te brengen bij de Raad. De lidstaten dienen de Commissie alle voor deze evaluatie noodzakelijke informatie te verstrekken.

PREAMBULE Antibelastingontwijkingsrichtlijn 2 (ATAD 2)

Richtlijn (EU) 2017/952 van de Raad van 29 mei 2017 tot wijziging van Richtlijn (EU) 2016/1164 wat betreft hybridemismatches met derde landen

29 mei 2017 PbEU 2017, L 144/1

DE RAAD VAN DE EUROPESE UNIE,

Gezien het Verdrag betreffende de werking van de Europese Unie, en met name artikel 115,
Gezien het voorstel van de Europese Commissie,
Na toezending van het ontwerp van wetgevingshandeling aan de nationale parlementen,
Gezien het advies van het Europees Parlement,[1]
Gezien het advies van het Europees Economisch en Sociaal Comité,[2]
Handelend volgens een bijzondere wetgevingsprocedure,
Overwegende hetgeen volgt:

1. Het is absoluut noodzakelijk het vertrouwen in de eerlijkheid van belastingstelsels te herstellen en overheden in staat te stellen hun fiscale soevereiniteit daadwerkelijk uit te oefenen. De Organisatie voor Economische Samenwerking en Ontwikkeling (OESO) heeft daarom in het kader van het initiatief ter bestrijding van grondslaguitholling en winstverschuiving (Base Erosion and Profit Shifting – BEPS) aanbevelingen voor concrete maatregelen uitgebracht.

2. De eindrapporten over de 15 actiepunten van de OESO ter bestrijding van BEPS zijn op 5 oktober 2015 openbaar gemaakt. In zijn conclusies van 8 december 2015 heeft de Raad dit verwelkomd. Hij benadrukte ook de behoefte om op het niveau van de Unie gemeenschappelijke, doch flexibele oplossingen te vinden die stroken met de OESO-conclusies inzake BEPS.

3. Als antwoord op de behoefte aan een eerlijkere belastingheffing en, in het bijzonder, om gevolg te geven aan de OESO-conclusies inzake BEPS, heeft de Commissie op 28 januari 2016 haar pakket bestrijding belastingontwijking gepresenteerd. In het kader van dat pakket is Richtlijn (EU) 2016/1164 van de Raad[3] inzake regels ter bestrijding van belastingontwijking vastgesteld.

4. Richtlijn (EU) 2016/1164 biedt een kader om hybride mismatches aan te pakken.

5. Er dienen regels te worden vastgesteld om hybride mismatches op een zo alomvattend mogelijke manier te neutraliseren. Aangezien Richtlijn (EU) 2016/1164 uitsluitend ziet op hybride mismatches die ontstaan bij de wisselwerking tussen de vennootschapsbelastingstelsels van de lidstaten, heeft de Raad (Ecofin) op 12 juli 2016 een verklaring afgelegd waarin de Commissie wordt verzocht om – met het oog op een akkoord uiterlijk eind 2016 –

1. Advies van 27 april 2017 (nog niet bekendgemaakt in het Publicatieblad).
2. Advies van 14 december 2016 (nog niet bekendgemaakt in het Publicatieblad).
3. Richtlijn (EU) 2016/1164 van de Raad van 12 juli 2016 tot vaststelling van regels ter bestrijding van belasting-ontwijkingspraktijken welke rechtstreeks van invloed zijn op de werking van de interne markt (PB L 193 van 19.7.2016, blz. 1).

uiterlijk in oktober 2016 een voorstel in te dienen over hybride mismatches met derde landen, teneinde te voorzien in regels die in overeenstemming zijn met en niet minder doeltreffend zijn dan de regels die in het OESO-rapport over het neutraliseren van de effecten van regelingen met een hybride mismatch, actie 2 – definitief verslag van 2015 ("OESO-rapport over BEPS-actie 2") worden aanbevolen.

6. Richtlijn (EU) 2016/1164 erkent onder andere dat het van cruciaal belang is dat meer wordt gedaan aan andere hybride mismatches, zoals die waarbij vaste inrichtingen betrokken zijn. In dit licht is het van essentieel belang in die richtlijn ook bepalingen op te nemen betreffende hybride mismatches met een vaste inrichting.

7. Teneinde te voorzien in een kader dat strookt met en niet minder doeltreffend is dan het BEPS-rapport van de OESO over actie 2, is het zaak dat Richtlijn (EU) 2016/1164 ook regels bevat betreffende hybride overdrachten en geïmporteerde mismatches, en op het volledige scala van resultaten van dubbele aftrek ziet, om te voorkomen dat belastingplichtigen gebruikmaken van resterende lacunes.

8. Richtlijn (EU) 2016/1164 bevat regels betreffende hybride mismatches tussen lidstaten en moet daarom ook regels bevatten betreffende hybride mismatches met derde landen waarbij ten minste een van de betrokken partijen een vennootschapsbelastingplichtige is of, in het geval van omgekeerde hybriden, een entiteit in een lidstaat, en regels betreffende geïmporteerde mismatches. De regels betreffende hybride mismatches en mismatches ingevolge fiscaal inwonerschap dienen bijgevolg te gelden voor alle belastingplichtigen die in een lidstaat aan de vennootschapsbelasting onderworpen zijn, daaronder begrepen voor vaste inrichtingen, of voor regelingen die als vaste inrichtingen worden beschouwd, van entiteiten die inwoner van een derde land zijn. Regels betreffende omgekeerde hybride mismatches moeten gelden voor alle entiteiten die door een lidstaat als fiscaal transparant worden aangemerkt.

9. Regels betreffende hybride mismatches moeten betrekking hebben op mismatchsituaties die het gevolg zijn van een dubbele aftrek, van een verschil in de kwalificatie van financiële instrumenten, betalingen en entiteiten, of van de toerekening van betalingen. Aangezien hybride mismatches tot een dubbele aftrek of tot een aftrek zonder betrekking in de heffing zouden kunnen leiden, moeten regels worden vastgesteld volgens welke de betrokken lidstaat de aftrek van een betaling, lasten of verliezen weigert dan wel eist dat de belastingplichtige de betaling in zijn belastbare winst opneemt, naargelang het geval. Deze regels gelden echter uitsluitend voor aftrekbare betalingen en mogen de algemene kenmerken van een belastingstelsel niet beïnvloeden, ongeacht of het een traditioneel stelsel dan wel een verrekeningsstelsel is.

10. Er is sprake van een hybride mismatch met een vaste inrichting als de verschillen tussen de regels in het rechtsgebied van de vaste inrichting en het rechtsgebied van inwonerschap voor de toerekening van inkomsten en uitgaven tussen verschillende onderdelen van dezelfde entiteit aanleiding geven tot een mismatch met betrekking tot de belastinguitkomsten, waaronder de gevallen waarin een mismatch ontstaat doordat een vaste inrichting krachtens de wetgeving van het rechtsgebied van het bijkantoor buiten beschouwing blijft. Deze mismatches kunnen leiden tot een dubbele aftrek of tot een aftrek zonder betrekking in de heffing, en moeten dus worden weggenomen. In geval van buiten beschouwing blijvende vaste inrichtingen moet de lidstaat waarvan de belastingplichtige inwoner is, de winst die anders aan de vaste inrichting zouden worden toegerekend, in de heffing betrekken.

11. Eventuele aanpassingen die uit hoofde van deze richtlijn moeten worden uitgevoerd, zouden in beginsel geen gevolgen mogen hebben voor de verdeling van heffingsbevoegdheden tussen rechtsgebieden die op grond van een verdrag tot het vermijden van dubbele belasting is vastgesteld.

12. Ter wille van de proportionaliteit is het noodzakelijk om alleen de gevallen aan te pakken waarin het risico van belastingontwijking door het gebruik van hybride mismatches aanzienlijk is. Het is derhalve passend te voorzien in bepalingen betreffende hybride mismatches die ontstaan tussen het hoofdhuis en een vaste inrichting, of tussen twee of meer vaste inrichtingen van dezelfde entiteit, betreffende hybride mismatches tussen de belastingplichtige en zijn gelieerde ondernemingen of tussen gelieerde ondernemingen, en die hybride mismatches die het gevolg zijn van een gestructureerde regeling waarbij een belastingplichtige is betrokken.

13. Mismatches die specifiek voortvloeien uit het hybride karakter van entiteiten, moeten alleen worden aangepakt wanneer een van de gelieerde ondernemingen – ten minste – feitelijke zeggenschap over de andere gelieerde ondernemingen heeft. Bijgevolg moet in die gevallen worden vereist dat een gelieerde onderneming door de belastingplichtige of een andere gelieerde onderneming wordt gehouden, dan wel dat zij zelf de belastingplichtige of een andere gelieerde onderneming houdt, door middel van een deelneming in de vorm van stemrechten, kapitaalbezit of recht op 50 percent of meer van de winst. Bij de toepassing van dit vereiste moeten de rechten of het bezit van personen die samen optreden, worden samengeteld.

14. Om ervoor te zorgen dat de definitie van "gelieerde onderneming" breed genoeg is voor het doel van de regels betreffende hybride mismatches, dient die definitie ook te zien op een entiteit die deel uitmaakt van dezelfde voor de boekhouding geconsolideerd groep, een onderneming waarin de belastingplichtige invloed van betekenis op de

leiding uitoefent en, omgekeerd, een onderneming die invloed van betekenis op de leiding van de belastingplichtige uitoefent.

15. Het is nodig vier categorieën van hybride mismatches aan te pakken: ten eerste hybride mismatches die het gevolg zijn van betalingen uit hoofde van een financieel instrument; ten tweede hybride mismatches die het gevolg zijn van verschillen in de toerekening van betalingen die aan een hybride entiteit of een vaste inrichting zijn verricht (onder meer als gevolg van betalingen aan een buiten beschouwing blijvende vaste inrichting); ten derde hybride mismatches die voortvloeien uit door een hybride entiteit aan haar eigenaar verrichte betalingen of veronderstelde betalingen tussen het hoofdkantoor en een vaste inrichting of tussen twee of meer vaste inrichtingen; ten slotte resultaten van dubbele aftrek die het gevolg zijn van door een hybride entiteit of vaste inrichting verrichte betalingen.

16. Wat betreft betalingen uit hoofde van een financieel instrument, zou er sprake kunnen zijn van een hybride mismatch als het resultaat van aftrek zonder betrekking in de heffing terug te voeren is op de verschillen in de kwalificatie van het instrument of de betalingen uit hoofde ervan. Indien het type betaling krachtens de wetgeving van het rechtsgebied van de ontvanger in aanmerking komt voor voorkoming van dubbele belasting zoals een vrijstelling van belastingen, een verlaagd belastingtarief of een verrekening of teruggave van belasting, dan moet de betaling, voor de hoogte van het resulterende bedrag waarop te weinig belasting is betaald, worden beschouwd als aanleiding gevend tot een hybride mismatch. Een betaling uit hoofde van een financieel instrument dient echter niet te worden beschouwd als aanleiding gevend tot een hybride mismatch als de in het rechtsgebied van de ontvanger toegekende belastingvermindering alleen het gevolg is van de fiscale status van de ontvanger of van het feit dat het instrument volgens de voorwaarden van een bijzondere regeling wordt gehouden.

17. Om te vermijden dat de interactie tussen de regel inzake hybride financiële instrumenten en de aan banken opgelegde vereisten inzake verliesabsorptiecapaciteit tot onbedoelde resultaten leidt, en zonder afbreuk te doen aan staatssteunregels, moeten de lidstaten over de mogelijkheid beschikken intragroepsinstrumenten die louter zijn uitgegeven om aan de vereisten inzake verliesabsorptiecapaciteit van de uitgevende instelling te voldoen, en niet om belastingen te ontwijken, van het toepassingsgebied van deze richtlijn uit te sluiten.

18. Wat betreft aan een hybride entiteit of vaste inrichting verrichte betalingen, zou er sprake kunnen zijn van een hybride mismatch als het resultaat van de aftrek zonder betrekking in de heffing het gevolg is van verschillen in de regels die van toepassing zijn op de toerekening van die betaling tussen de hybride entiteit en de eigenaar ervan in geval van een aan een hybride entiteit verrichte betaling tussen het hoofdkantoor en een vaste inrichting of tussen twee of meer vaste inrichtingen in het geval van een veronderstelde betaling aan een vaste inrichting. De definitie van hybride mismatch dient slechts van toepassing te zijn als de mismatch het gevolg is van verschillen in de regels betreffende de toerekening van betalingen krachtens de wetgeving van de twee rechtsgebieden, en een betaling dient geen aanleiding te geven tot een hybride mismatch als hoe dan ook een hybride mismatch was ontstaan als gevolg van de belastingvrije status van de ontvanger uit hoofde van de wetgeving van een rechtsgebied van de ontvanger.

19. De definitie van hybride mismatch moet ook resultaten van de aftrek zonder betrekking in de heffing omvatten die het gevolg zijn van betalingen aan een buiten beschouwing blijvende vaste inrichting. Een buiten beschouwing blijvende vaste inrichting is een regeling die krachtens de wetgeving van het rechtsgebied van het hoofdkantoor wordt beschouwd als aanleiding gevend tot een vaste inrichting, maar die krachtens de wetgeving van het andere rechtsgebied niet als een vaste inrichting wordt beschouwd. De regel betreffende hybride mismatches dient evenwel niet te gelden als de mismatch hoe dan ook zou zijn ontstaan vanwege de belastingvrije status van de ontvanger krachtens de wetgeving van een rechtsgebied van de ontvanger.

20. Wat betreft door een hybride entiteit verrichte betalingen aan haar eigenaar of veronderstelde betalingen tussen het hoofdkantoor en een vaste inrichting of tussen twee of meer vaste inrichtingen, zou er sprake kunnen zijn van een hybride mismatch als de resultaten van aftrek zonder betrekking in de heffing het gevolg zijn van het feit dat de betaling of veronderstelde betaling niet in aanmerking wordt genomen in het rechtsgebied van de ontvanger. In dat geval, indien de mismatch voortvloeit uit de niet-toerekening van de betaling of veronderstelde betaling, is het rechtsgebied van de ontvanger het rechtsgebied waarin de betaling of veronderstelde betaling wordt beschouwd als te zijn ontvangen uit hoofde van de wetgeving van het rechtsgebied van de betaler. Zoals het geval is voor andere mismatches door hybride entiteiten en bijkantoren die aanleiding geven tot resultaten van aftrek zonder betrekking in de heffing, is er geen sprake van een hybride mismatch als de ontvanger krachtens de wetgeving van het rechtsgebied van de ontvanger vrijgesteld is van belastingen. Wat betreft deze categorie van hybride mismatches, zou er slechts sprake zijn van een mismatch voor zover in het rechtsgebied van de betaler is toegestaan dat de aftrek met betrekking tot de betaling of veronderstelde betaling wordt afgezet tegen een bedrag dat geen dubbel in aanmerking genomen inkomen betreft. Indien in het rechtsgebied van de betaler is toegestaan dat de aftrek wordt overgeheveld naar een volgend belastingtijdvak, zou het vereiste om krachtens deze richtlijn een aanpassing aan te brengen, kunnen worden uitgesteld totdat de aftrek in het rechtsgebied van de betaler daadwerkelijk wordt afgezet tegen niet dubbel in aanmerking genomen inkomen.

21. De definitie van hybride mismatch moet ook de resultaten van dubbele aftrek omvatten, ongeacht of deze het gevolg zijn van betalingen, lasten die krachtens de nationale wetgeving niet als betalingen gelden of het gevolg zijn van verliezen door amortisatie of afschrijving. Zoals het geval is voor veronderstelde betalingen en door een hybride entiteit verrichte betalingen die door de ontvanger buiten beschouwing worden gehouden, is er evenwel slechts sprake van een hybride mismatch voor zover in het rechtsgebied van de betaler is toegestaan dat de aftrek wordt afgezet tegen een bedrag dat geen dubbel in aanmerking genomen inkomen betreft. Dit betekent dat, indien in het rechtsgebied van de betaler is toegestaan dat de aftrek wordt overgeheveld naar een volgend belastingtijdvak, het vereiste om krachtens deze richtlijn een aanpassing aan te brengen, zou kunnen worden uitgesteld totdat de aftrek in het rechtsgebied van de betaler daadwerkelijk wordt afgezet tegen niet dubbel in aanmerking genomen inkomen.

22. Verschillen in belastingresultaten die uitsluitend terug te voeren zijn op verschillen in de aan een betaling toegekende waarde, onder meer door de toepassing van interne verrekeningsprijzen, dienen niet onder de werkingssfeer van een hybride mismatch te vallen. Voorts is het zo dat, aangezien rechtsgebieden verschillende belastingtijdvakken hebben en verschillende regels hanteren om te bepalen wanneer winst in aanmerking wordt genomen of uitgaven worden gemaakt, deze timingverschillen over het algemeen niet dienen te worden beschouwd als aanleiding gevend tot mismatches in belastingresultaten. Een aftrekbare betaling uit hoofde van een financieel instrument waarvan niet redelijkerwijs kan worden verwacht dat deze binnen een redelijke termijn in de winst wordt betrokken, dient echter te worden beschouwd als aanleiding gevend tot een hybride mismatch indien dat resultaat van aftrek zonder betrekking in de heffing terug te voeren is op verschillen in de kwalificatie van het financieel instrument of de betalingen uit hoofde ervan. Het moet duidelijk zijn dat een mismatch zou kunnen ontstaan indien een uit hoofde van een financieel instrument verrichte betaling niet binnen een redelijke termijn in de winst wordt betrokken. Een dergelijke betaling moet worden beschouwd als een betaling die binnen een redelijke termijn in de winst wordt betrokken, indien de betaling door de ontvanger wordt opgenomen binnen twaalf maanden te rekenen vanaf het einde van het belastingtijdvak van de betaler of als bepaald volgens een zakelijkheidscriterium ("arm's length"-beginsel). De lidstaten zouden kunnen eisen dat een betaling binnen een vastgestelde termijn in de winst wordt betrokken om te vermijden dat er een mismatch ontstaat en om belastingcontrole te waarborgen.

23. Hybride overdrachten zouden aanleiding kunnen geven tot een verschil in fiscale behandeling indien, als gevolg van een regeling tot overdracht van een financieel instrument, de onderliggende opbrengst van dat instrument werd behandeld alsof zij was verkregen door meer dan een van de partijen bij de regeling. In die gevallen zou de betaling uit hoofde van de hybride overdracht aanleiding kunnen geven tot een aftrek voor de betaler, terwijl ze door de ontvanger als opbrengst van het onderliggende instrument zou worden aangemerkt. Dit verschil in fiscale behandeling zou kunnen leiden tot een aftrek zonder betrekking in de heffing of tot een surplus aan te verrekenen belasting voor de bronbelasting op het onderliggende instrument. Deze mismatches moeten dus worden weggenomen. In het geval van een aftrek zonder betrekking in de heffing moeten dezelfde regels gelden als voor het neutraliseren van mismatches als gevolg van betalingen uit hoofde van een hybride financieel instrument. In het geval van hybride overdrachten die zijn gestructureerd om een surplus aan te verrekenen belasting voort te brengen, moet de betrokken lidstaat de betaler beletten het surplus aan te verrekenen belasting te gebruiken om een belastingvoordeel te verkrijgen, mede door de toepassing van een algemene antimisbruikregel die in overeenstemming is met artikel 6 van Richtlijn (EU) 2016/1164.

24. Het is noodzakelijk een bepaling op te nemen op basis waarvan de lidstaten een aanpak kunnen ontwikkelen voor discrepanties in de omzetting en tenuitvoerlegging van deze richtlijn die, ondanks het feit dat de lidstaten in overeenstemming met deze richtlijn handelen, tot een hybride mismatch leiden. Wanneer een dergelijke situatie zich voordoet en de primaire regel in deze richtlijn niet van toepassing is, zou een secundaire regel van toepassing moeten zijn. Niettemin zijn zowel de primaire als de secundaire regel enkel van toepassing op hybride mismatches als omschreven in de richtlijn, en mogen zij geen invloed hebben op de algemene kenmerken van het belastingstelsel van een lidstaat.

25. Geïmporteerde mismatches verschuiven het effect van een hybride mismatch tussen partijen in derde landen met behulp van een niet-hybride instrument naar het rechtsgebied van een lidstaat en ondermijnen zo de doeltreffendheid van de regels die hybride mismatches neutraliseren. Een aftrekbare betaling in een lidstaat kan worden gebruikt voor de financiering van uitgaven waarbij sprake is van een hybride mismatch. Om dergelijke geïmporteerde mismatches tegen te gaan, moet worden voorzien in regels waarbij de aftrek van een betaling wordt verboden wanneer het overeenkomstige inkomen uit die betaling, direct of indirect, wordt afgezet tegen een aftrek in het kader van een hybride mismatch die aanleiding geeft tot een dubbele aftrek of tot een aftrek zonder betrekking in de heffing tussen derde landen.

26. Een mismatch door dubbel inwonerschap zou tot een dubbele aftrek kunnen leiden indien een betaling van een belastingplichtige die een dubbel inwonerschap heeft, wordt afgetrokken krachtens de wetgevingen van beide rechtsgebieden waarvan de belastingplichtige inwoner is. Aangezien mismatches door dubbel inwonerschap aanleiding zouden kunnen geven tot resultaten van dubbele aftrek, moeten zij in het toepassingsgebied van deze

richtlijn worden opgenomen. Een lidstaat dient de dubbele aftrek die zich ten aanzien van een vennootschap met dubbel inwonerschap voordoet, te weigeren, voor zover deze betaling wordt afgezet tegen een bedrag dat krachtens de wetgeving van het andere rechtsgebied niet als inkomen wordt beschouwd.

27. De doelstelling van deze richtlijn bestaat erin de interne markt als geheel beter te wapenen tegen hybride mismatches. Dit kan niet voldoende worden verwezenlijkt als de lidstaten elk afzonderlijk optreden, aangezien de nationale vennootschapsbelastingstelsels van elkaar verschillen en onafhankelijk optreden van de lidstaten slechts de bestaande versnippering van de interne markt op het gebied van de directe belastingen zou reproduceren. Dergelijk optreden zou dus geen einde maken aan inefficiënties en verstoringen bij de interactie van aparte nationale maatregelen. Een gebrek aan coördinatie zou hiervan het resultaat zijn. Gelet op het grensoverschrijdende karakter van hybride mismatches de behoefte aan oplossingen die werken voor de interne markt als geheel, kan deze doelstelling beter op het niveau van de Unie worden verwezenlijkt. Daarom kan de Unie, overeenkomstig het in artikel 5 van het Verdrag betreffende de Europese Unie neergelegde subsidiariteitsbeginsel, maatregelen nemen. Overeenkomstig het in hetzelfde artikel neergelegde evenredigheidsbeginsel gaat deze richtlijn niet verder dan nodig is om deze doelstelling te verwezenlijken. Door te voorzien in het vereiste niveau van bescherming voor de interne markt, strekt deze richtlijn er alleen toe het niveau van coördinatie binnen de Unie te bereiken dat noodzakelijk is om haar doelstelling te verwezenlijken.

28. Bij de tenuitvoerlegging van deze richtlijn dienen de lidstaten gebruik te maken van de toepasselijke toelichting en voorbeelden in het OESO-rapport over BEPS-actie 2, als bron van voorbeelden of uitlegging voor zover deze sporen met het bepaalde in deze richtlijn en met het recht van de Unie.

29. De regels betreffende hybride mismatches in artikel 9, leden 1 en 2, zijn alleen van toepassing voor zover de situatie met betrekking tot een belastingplichtige tot een mismatch leidt. Er zou geen sprake mogen zijn van een mismatch wanneer een regeling uit hoofde van artikel 9, lid 5, of artikel 9 bis aan een aanpassing onderworpen is, en dienovereenkomstig zouden regelingen die uit hoofde van de genoemde delen van deze richtlijn aan een aanpassing onderworpen zijn, niet aan een nadere aanpassing uit hoofde van de regels betreffende hybride mismatches onderworpen mogen zijn.

30. Indien de mismatch in belastingresultaten op grond van de bepalingen van een andere richtlijn, zoals Richtlijn 2011/96/EU van de Raad,[1] wordt geneutraliseerd, dienen de regels betreffende hybride mismatches van deze richtlijn niet van toepassing te zijn.

31. De Commissie dient vijf jaar na de inwerkingtreding van deze richtlijn de tenuitvoerlegging ervan te evalueren en verslag uit te brengen bij de Raad. De lidstaten dienen de Commissie alle voor deze evaluatie noodzakelijke informatie te verstrekken.

32. Richtlijn (EU) 2016/1164 moet derhalve dienovereenkomstig worden gewijzigd.

Antibelastingontwijkingsrichtlijnen 1 en 2 (ATAD 1 en 2)

Richtlijn (EU) 2016/1164 van de Raad van 12 juli 2016 tot vaststelling van regels ter bestrijding van belastingontwijkingspraktijken welke rechtstreeks van invloed zijn op de werking van de interne markt (PbEU 2016, L 193/1) waarin verwerkt Richtlijn (EU) 2017/952 van de Raad van 29 mei 2017 tot wijziging van Richtlijn (EU) 2016/1164 wat betreft hybridemismatches met derde landen (PbEU 2017, L 144/1)

geconsolideerde tekst

Artikel 1. Toepassingsgebied

1. Deze richtlijn is van toepassing op alle belastingplichtigen die in een of meer lidstaten aan vennootschapsbelasting onderworpen zijn, met inbegrip van in een of meer lidstaten gelegen vaste inrichtingen van entiteiten die hun fiscale woonplaats in een derde land hebben.
2. Artikel 9 bis geldt tevens voor alle entiteiten die door een lidstaat als fiscaal transparant worden aangemerkt.

Artikel 2. Definities

Voor de toepassing van deze richtlijn wordt verstaan onder:
1. 'financieringskosten': rentelasten op alle vormen van schuld, andere kosten die economisch gelijkwaardig zijn aan rente en kosten in verband met het aantrekken van financiële middelen als omschreven in het nationale recht, met inbegrip van, maar niet beperkt tot, betalingen in het kader van winstdelende leningen, toegerekende rente

1. Richtlijn 2011/96/EU van de Raad van 30 november 2011 betreffende de gemeenschappelijke fiscale regeling voor moedermaatschappijen en dochterondernemingen uit verschillende lidstaten (PB L 345 van 29.12.2011, blz. 8).

op instrumenten als converteerbare obligaties en nulcouponobligaties, bedragen in het kader van alternatieve financieringsregelingen, zoals islamitische financiering, het financieringskostenelement van betalingen voor financiële leasing, gekapitaliseerde rente opgenomen in de balanswaarde van een gerelateerd actief, of de afschrijving van gekapitaliseerde rente, bedragen bepaald door verwijzing naar een financieringsopbrengst onder verrekenprijsregels waar van toepassing, notionele rentebedragen in het kader van afgeleide instrumenten of hedgingregelingen met betrekking tot de leningen van een entiteit, bepaalde winsten op buitenlandse valuta en verliezen op leningen en instrumenten in verband met het aantrekken van financiële middelen, garantieprovisies voor financieringsregelingen, afsluitprovisies en soortgelijke kosten in verband met het lenen van middelen;

2. 'financieringskostensurplus': het bedrag waarmee de aftrekbare financieringskosten van een belastingplichtige de belastbare rentebaten en andere economisch gelijkwaardige belastbare inkomsten die de belastingplichtige overeenkomstig het nationale recht ontvangt, overschrijden;

3. 'belastingtijdvak': een belastingjaar, een kalenderjaar of een andere passende periode voor belastingdoeleinden;

4. 'gelieerde onderneming':

a. een entiteit waarin de belastingplichtige rechtstreeks of middellijk een deelneming qua stemrecht of kapitaalbezit houdt van 25 percent of meer of gerechtigd is tot ontvangst van 25 percent of meer van de winst van die entiteit;

b. een natuurlijke persoon of een entiteit die rechtstreeks of middellijk een deelneming qua stemrecht of kapitaalbezit houdt van 25 percent of meer of gerechtigd is tot ontvangst van 25 percent of meer van de winst van de belastingplichtige;

Indien een natuurlijke persoon of een entiteit rechtstreeks of middellijk een deelneming van 25 percent of meer houdt in een belastingplichtige en een of meer entiteiten, worden alle betrokken entiteiten, waaronder de belastingplichtige, eveneens als gelieerde ondernemingen beschouwd.

Voor de toepassing van artikelen 9 en 9 bis geldt het volgende:

a. wanneer de mismatch ontstaat op grond van punt 9, eerste alinea, onder b), c), d), e) of g) van dit artikel, of wanneer een aanpassing nodig is uit hoofde van artikel 9, lid 3, of artikel 9 bis, wordt de definitie van gelieerde onderneming gewijzigd zodat het vereiste van 25 percent wordt vervangen door een vereiste van 50 percent;

b. een persoon die met betrekking tot de stemrechten of het kapitaalbezit van een entiteit samen met een andere persoon optreedt, wordt beschouwd als houder van een deelneming in de stemrechten die of het kapitaalbezit dat die andere persoon in de genoemde entiteit heeft;

c. onder 'gelieerde onderneming' wordt tevens verstaan een entiteit die deel uitmaakt van dezelfde voor de financiële boekhouding geconsolideerde groep als de belastingplichtige, een onderneming waarin de belastingplichtige invloed van betekenis op de leiding uitoefent of een onderneming die invloed van betekenis op de leiding van de belastingplichtige uitoefent;

5. 'financiële onderneming': een van de volgende entiteiten:

a. een kredietinstelling of een beleggingsonderneming als omschreven in artikel 4, lid 1, punt 1, van Richtlijn 2004/39/EG van het Europees Parlement en de Raad[1] of een beheerder van alternatieve beleggingsinstellingen (abi-beheerder) als omschreven in artikel 4, lid 1, onder b), van Richtlijn 2011/61/EU van het Europees Parlement en de Raad[2] of een beheermaatschappij van een instelling voor collectieve belegging in effecten (icbe) als omschreven in artikel 2, lid 1, onder b), van Richtlijn 2009/65/EG van het Europees Parlement en de Raad;[3]

b. een verzekeringsonderneming als omschreven in artikel 13, punt 1, van Richtlijn 2009/138/EG van het Europees Parlement en de Raad;[4]

c. een herverzekeringsonderneming als omschreven in artikel 13, punt 4, van Richtlijn 2009/138/EG;

d. een instelling voor bedrijfspensioenvoorziening die onder het toepassingsgebied van Richtlijn 2003/41/EG van het Europees Parlement en de Raad[5] valt, tenzij een lidstaat ervoor heeft gekozen deze richtlijn geheel of gedeeltelijk niet toe te passen op die instelling overeenkomstig artikel 5 van die richtlijn of de gedelegeerde van een instelling voor bedrijfspensioenvoorziening als bedoeld in artikel 19, lid 1, van die richtlijn;

1. Richtlijn 2004/39/EG van het Europees Parlement en de Raad van 21 april 2004 betreffende markten voor financiële instrumenten, tot wijziging van de Richtlijnen 85/611/EEG en 93/6/EEG van de Raad en van Richtlijn 2000/12/EG van het Europees Parlement en de Raad en houdende intrekking van Richtlijn 93/22/EEG van de Raad (PB L 145 van 30.4.2004, blz. 1).

2. Richtlijn 2011/61/EU van het Europees Parlement en de Raad van 8 juni 2011 inzake beheerders van alternatieve beleggingsinstellingen en tot wijziging van de Richtlijnen 2003/41/EG en 2009/65/EG en van de Verordeningen (EG) nr. 1060/2009 en (EU) nr. 1095/2010 (PB L 174 van 1.7.2011, blz. 1).

3. Richtlijn 2009/65/EG van het Europees Parlement en de Raad van 13 juli 2009 tot coördinatie van de wettelijke en bestuursrechtelijke bepalingen betreffende bepaalde instellingen voor collectieve belegging in effecten (icbe's) (PB L 302 van 17.11.2009, blz. 32).

4. Richtlijn 2009/138/EG van het Europees Parlement en de Raad van 25 november 2009 betreffende de toegang tot en uitoefening van het verzekerings- en het herverzekeringsbedrijf (Solvabiliteit II) (PB L 335 van 17.12.2009, blz. 1).

5. Richtlijn 2003/41/EG van het Europees Parlement en de Raad van 3 juni 2003 betreffende de werkzaamheden van en het toezicht op instellingen voor bedrijfspensioenvoorziening (PB L 235 van 23.9.2003, blz. 10).

e. pensioeninstellingen die pensioenregelingen uitvoeren welke worden beschouwd als socialezekerheidsregelingen die onder Verordening (EG) nr. 883/2004 van het Europees Parlement en de Raad[1] en Verordening (EG) nr. 987/2009 van het Europees Parlement en de Raad[2] vallen, alsook elke juridische entiteit die is opgericht met het oog op de beleggingen van die regelingen;

f. een alternatieve beleggingsinstelling (abi) beheerd door een abi-beheerder als omschreven in artikel 4, lid 1, onder b), van Richtlijn 2011/61/EU of een abi die onder toezicht staat uit hoofde van het toepasselijke nationale recht;

g. een icbe in de zin van artikel 1, lid 2, van Richtlijn 2009/65/EG;

h. een centrale tegenpartij als omschreven in artikel 2, punt 1, van Verordening (EU) nr. 648/2012 van het Europees Parlement en de Raad;[3]

i. een centrale effectenbewaarinstelling als omschreven in artikel 2, lid 1, punt 1, van Verordening (EU) nr. 909/2014 van het Europees Parlement en de Raad;[4]

6. 'overbrenging van activa': een handeling waarbij een lidstaat het recht verliest om de overgebrachte activa in de heffing te betrekken, terwijl de juridische of economische eigendom van de activa bij dezelfde belastingplichtige blijft;

7. 'overbrenging van fiscale woonplaats': een handeling waarbij een belastingplichtige ophoudt fiscaal inwoner van een lidstaat te zijn en gelijktijdig het fiscale inwonerschap in een andere lidstaat of een derde land verwerft;

8. 'overbrenging van het bedrijf van een vaste inrichting': een handeling waarbij een belastingplichtige ophoudt een belastbare aanwezigheid in een lidstaat te hebben en gelijktijdig een dergelijke aanwezigheid in een andere lidstaat of een derde land verwerft zonder dat hij fiscaal inwoner van die lidstaat of dat derde land wordt;

9. 'hybride mismatch': een situatie waarbij een belastingplichtige of, met betrekking tot artikel 9, lid 3, een entiteit betrokken is, en waarin:

a. een betaling uit hoofde van een financieel instrument aanleiding geeft tot een resultaat van aftrek zonder betrekking in de heffing, en:

i. die betaling niet binnen een redelijke termijn in de heffing wordt betrokken, en

ii. de mismatch is terug te voeren op verschillen in de kwalificatie van het instrument of de betaling uit hoofde ervan.

Voor de toepassing van de eerste alinea wordt een betaling uit hoofde van een financieel instrument geacht binnen een redelijke termijn in de winst te zijn betrokken indien:

i. de betaling in het rechtsgebied van de ontvanger wordt opgenomen in een belastingtijdvak dat begint binnen twaalf maanden na het einde van het belastingtijdvak van de betaler, of

ii. redelijkerwijs kan worden verwacht dat de betaling in het belastinggebied van de ontvanger in een toekomstig belastingtijdvak in de heffing zal worden betrokken, en betalingsvoorwaarden gelden die normaliter tussen onafhankelijke ondernemingen zouden worden overeengekomen;

b. een betaling aan een hybride entiteit aanleiding geeft tot een aftrek zonder betrekking in de heffing en de mismatch het gevolg is van verschillen in de toerekening van betalingen aan de hybride entiteit krachtens de wetgeving van het rechtsgebied waar de hybride entiteit is gevestigd of geregistreerd en het rechtsgebied van een persoon met een deelneming in die hybride entiteit;

c. een betaling aan een entiteit met een of meer vaste inrichtingen aanleiding geeft tot een aftrek zonder betrekking in de heffing, en die mismatch het gevolg is van verschillen in de toerekening van betalingen tussen het hoofdhuis en de vaste inrichting of tussen twee of meer vaste inrichtingen van dezelfde entiteit krachtens de wetgeving van het rechtsgebied waar die entiteit actief is;

d. een betaling aanleiding geeft tot een aftrek zonder betrekking in de heffing die het gevolg is van een betaling aan een buiten beschouwing blijvende vaste inrichting;

e. een betaling door een hybride entiteit aanleiding geeft tot een aftrek zonder betrekking in de heffing en die mismatch ontstaat doordat de betaling krachtens de wetgeving van het rechtsgebied van de ontvanger buiten beschouwing blijft;

f. een veronderstelde betaling tussen het hoofdhuis en de vaste inrichting of tussen twee of meer vaste inrichtingen aanleiding geeft tot een aftrek zonder betrekking in de heffing en die mismatch ontstaat doordat de betaling krachtens de wetgeving van het rechtsgebied van de ontvanger buiten beschouwing blijft, of

g. er een resultaat van dubbele aftrek is.

1. Verordening (EG) nr. 883/2004 van het Europees Parlement en de Raad van 29 april 2004 betreffende de coördinatie van de socialezekerheidsstelsels (PB L 166 van 30.4.2004, blz. 1).

2. Verordening (EG) nr. 987/2009 van het Europees Parlement en de Raad van 16 september 2009 tot vaststelling van de wijze van toepassing van Verordening (EG) nr. 883/2004 betreffende de coördinatie van de socialezekerheidsstelsels (PB L 284 van 30.10.2009, blz. 1).

3. Verordening (EU) nr. 648/2012 van het Europees Parlement en de Raad van 4 juli 2012 betreffende otc-derivaten, centrale tegenpartijen en transactieregisters (PB L 201 van 27.7.2012, blz. 1).

4. Verordening (EU) nr. 909/2014 van het Europees Parlement en de Raad van 23 juli 2014 betreffende de verbetering van de effectenafwikkeling in de Europese Unie, betreffende centrale effectenbewaarinstellingen en tot wijziging van Richtlijnen 98/26/EG en 2014/65/EU en Verordening (EU) nr. 236/2012 (PB L 257 van 28.8.2014, blz. 1).

Voor de toepassing van punt 9:

a. geeft een betaling die de onderliggende opbrengst van een overgedragen financieel instrument vertegenwoordigt, geen aanleiding tot een hybride mismatch krachtens punt a) van de eerste alinea, indien de betaling door een financieel handelaar wordt verricht in het kader van een hybride overdracht op de markt, op voorwaarde dat het rechtsgebied van de betaler van de financieel handelaar eist dat hij alle bedragen die hij in verband met het overgedragen financiële instrument heeft ontvangen, in de winst betrekt;

b. is er slechts sprake van een hybride mismatch krachtens punt e), f) of g) van de eerste alinea, voor zover in het rechtsgebied van de betaler is toegestaan dat de aftrek wordt afgezet tegen een bedrag dat geen dubbel in aanmerking genomen inkomen betreft;

c. wordt een mismatch niet aangemerkt als een hybride mismatch, tenzij hij ontstaat tussen gelieerde ondernemingen, tussen een belastingplichtige en een gelieerde onderneming, tussen het hoofdhuis en de vaste inrichting, tussen twee of meer vaste inrichtingen van dezelfde entiteit of uit hoofde van een gestructureerde regeling.

Voor de toepassing van dit punt 9) en de artikelen 9, 9 bis en 9 ter wordt verstaan onder:

a. 'mismatch': een dubbele aftrek of een aftrek zonder betrekking in de heffing;

b. 'dubbele aftrek': aftrek van dezelfde betaling, lasten of verliezen in het rechtsgebied waar de betaling haar oorsprong vindt, de lasten zijn opgekomen of de verliezen zijn geleden (het rechtsgebied van de betaler), en in een ander rechtsgebied (het rechtsgebied van de investeerder). In geval van een betaling door een hybride entiteit of een vaste inrichting is het rechtsgebied van de betaler het rechtsgebied waar de hybride entiteit of de vaste inrichting is gevestigd of zich bevindt;

c. 'aftrek zonder betrekking in de heffing': de aftrek van een betaling of veronderstelde betaling tussen het hoofdkantoor en de vaste inrichting of tussen twee of meer vaste inrichtingen in enig rechtsgebied waarin die betaling of veronderstelde betaling wordt beschouwd als te zijn verricht (rechtsgebied van de betaler) zonder dat dezelfde betaling of veronderstelde betaling in het rechtsgebied van de ontvanger in de heffing wordt betrokken voor belastingdoeleinden. Het rechtsgebied van de ontvanger is enig rechtsgebied waarin die betaling of veronderstelde betaling wordt ontvangen of wordt beschouwd als te zijn ontvangen krachtens de wetgeving van enig ander rechtsgebied;

d. 'aftrek': het bedrag dat krachtens de wetgeving van het rechtsgebied van de betaler of de investeerder als aftrekbaar van de belastbare winst wordt beschouwd; de term 'aftrekbaar' wordt dienovereenkomstig geïnterpreteerd;

e. 'betrekking in de heffing': het bedrag dat krachtens de wetgeving van het rechtsgebied van de ontvanger in rekening wordt gebracht bij de berekening van de belastbare winst. Een betaling uit hoofde van een financieel instrument wordt niet beschouwd als betrokken in de heffing voor zover de betaling louter vanwege de manier waarop die betaling krachtens de wetgeving in het rechtsgebied van de ontvanger wordt gekwalificeerd, in aanmerking komt voor enige belastingvermindering. De term 'betrokken in de heffing' wordt dienovereenkomstig geïnterpreteerd;

f. 'belastingvermindering': een belastingvrijstelling, een verlaagd belastingtarief of een verrekening of teruggave van belasting (die geen verrekening is van bronbelastingen);

g. 'dubbel in aanmerking genomen inkomen': een inkomensbestanddeel dat in de heffing wordt betrokken krachtens de wetgeving van de beide rechtsgebieden waartussen de mismatch is ontstaan;

h. 'persoon': een natuurlijke persoon of een entiteit;

i. 'hybride entiteit': alle entiteiten of regelingen die krachtens de wetgeving van één rechtsgebied als een belastbare entiteit worden beschouwd en waarvan de winst of de uitgaven krachtens de wetgeving van een ander rechtsgebied als de winst of de uitgaven van een of meer andere personen worden beschouwd;

j. 'financieel instrument': elk instrument dat leidt tot rendement op vreemd of eigen vermogen dat wordt belast volgens de regels voor het belasten van vreemd vermogen, eigen vermogen en derivaten uit hoofde van de wetgeving van het rechtsgebied van de ontvanger of de betaler, waaronder een hybride overdracht;

k. 'financieel handelaar': een persoon of entiteit die regelmatig voor eigen rekening financiële instrumenten koopt en verkoopt, met als doel winst te maken;

l. 'hybride overdracht': alle regelingen voor het overdragen van een financieel instrument waarbij de onderliggende opbrengst van het overgedragen financieel instrument voor belastingdoeleinden wordt behandeld alsof deze tegelijkertijd is verkregen door meer dan een van de partijen bij die regeling;

m. 'hybride overdracht op de markt': een hybride overdracht waartoe door een financieel handelaar wordt overgegaan in het kader van de normale uitoefening van zijn activiteiten, en niet als onderdeel van een gestructureerde regeling;

n. 'buiten beschouwing blijvende vaste inrichting': een regeling die krachtens de wetgeving van het rechtsgebied van het hoofdhuis wordt beschouwd als aanleiding gevend tot een vaste inrichting en die krachtens de wetgeving van het andere rechtsgebied niet als een vaste inrichting wordt beschouwd;

10. 'voor de financiële boekhouding geconsolideerde groep': een groep bestaande uit alle entiteiten die volledig zijn opgenomen in een geconsolideerde jaarrekening, opgesteld overeenkomstig de internationale standaarden voor financiële verslaglegging of het nationale systeem voor financiële verslaglegging van een lidstaat;

11. 'gestructureerde regeling': een regeling die betrekking heeft op een hybride mismatch die al in de voorwaarden van de regeling is ingeprijsd, dan wel een regeling die zodanig is opgezet dat er een hybride mismatch uit resulteert, tenzij van de belastingplichtige of een gelieerde onderneming niet redelijkerwijs kon worden verwacht dat deze zich bewust waren van de hybride mismatch en zij geen profijt trokken uit het belastingvoordeel dat uit de hybride mismatch voortvloeit.

Artikel 3. Minimumniveau van bescherming

Deze richtlijn vormt geen beletsel voor de toepassing van nationale of verdragsrechtelijke bepalingen die tot doel hebben een hoger niveau van bescherming te garanderen voor binnenlandse vennootschapsbelastinggrondslagen.

Artikel 4. Beperking van de aftrekbaarheid van rente

1. Een financieringskostensurplus kan worden afgetrokken in het belastingtijdvak waarin het is ontstaan, ten belope van maximaal 30 percent van de winst vóór rente, belastingen, waardeverminderingen en afschrijvingen (ebitda) van de belastingplichtige.
Voor de toepassing van dit artikel kunnen de lidstaten ook als belastingplichtige behandelen:

a. een entiteit die de regels namens een groep mag of moet toepassen, als bepaald in het nationale belastingrecht;

b. een entiteit in een groep, als omschreven volgens het nationale belastingrecht, die de resultaten van de leden niet voor belastingdoeleinden consolideert.

In zulke gevallen mogen het financieringskostensurplus en de ebitda worden berekend op het niveau van de groep en omvatten zij de resultaten van alle leden daarvan.

2. De ebitda wordt berekend door de voor belastingen gecorrigeerde bedragen van het financieringskostensurplus en de voor belastingen gecorrigeerde bedragen van waardeverminderingen en afschrijvingen op te tellen bij de winst die in de lidstaat van de belastingplichtige aan vennootschapsbelasting onderworpen is. Belastingvrije winst wordt uitgesloten van de ebitda van een belastingplichtige.

3. In afwijking van lid 1 kan aan de belastingplichtige het recht worden toegekend:

a. op aftrek van het financieringskostensurplus tot 3 000 000 EUR;

b. op volledige aftrek van het financieringskostensurplus indien de belastingplichtige een op zichzelf staande entiteit is.

Voor de toepassing van lid 1, tweede alinea, geldt het bedrag van 3.000.000 EUR voor de volledige groep.

Voor de toepassing van punt b) van de eerste alinea wordt onder 'op zichzelf staande entiteit' een belastingplichtige verstaan die geen deel uitmaakt van een voor de financiële boekhouding geconsolideerde groep en geen gelieerde onderneming of vaste inrichting heeft.

4. De lidstaten kunnen het financieringskostensurplus van het toepassingsgebied van lid 1 uitsluiten indien het is ontstaan in verband met:

a. leningen die vóór 17 juni 2016 zijn gesloten, maar de uitsluiting strekt zich niet uit tot daaropvolgende wijzigingen van deze leningen;

b. leningen die voor de financiering van een langlopend openbaar infrastructuurproject worden gebruikt waarbij de uitvoerder van het project, de financieringskosten, de activa en de winst zich allemaal in de Unie bevinden.

Voor de toepassing van punt b) van de eerste alinea wordt onder 'langlopend openbaar infrastructuurproject' een project verstaan dat bedoeld is om een grootschalig actief dat door een lidstaat wordt beschouwd als zijnde van algemeen belang, te leveren, te verbeteren, te exploiteren en/of te onderhouden.

Wanneer punt b) van de eerste alinea van toepassing is, wordt alle winst uit een langlopend openbaar infrastructuurproject uitgesloten van de ebitda van de belastingplichtige, en wordt het uitgesloten financieringskostensurplus niet opgenomen in het financieringskostensurplus van de groep ten aanzien van derden als bedoeld in lid 5, onder b).

5. Wanneer de belastingplichtige lid is van een voor de financiële boekhouding geconsolideerde groep, kan hem het recht worden toegekend op:

a. volledige aftrek van zijn financieringskostensurplus indien hij kan aantonen dat de ratio tussen zijn eigen vermogen en balanstotaal gelijk is aan of hoger is dan de overeenkomstige ratio van de groep, onder de volgende voorwaarden:

i. de ratio tussen het eigen vermogen en het balanstotaal van de belastingplichtige wordt geacht gelijk te zijn aan de overeenkomstige ratio van de groep wanneer de ratio tussen het eigen vermogen en het balanstotaal van de belastingplichtige maximaal twee procentpunten lager is; en

ii. alle activa en verplichtingen worden gewaardeerd volgens dezelfde methode als in de geconsolideerde jaarrekening, opgesteld overeenkomstig de internationale standaarden voor financiële verslaglegging of het nationale systeem voor financiële verslaglegging van een lidstaat;

of

b. aftrek van het financieringskostensurplus voor een bedrag dat hoger is dan hetgeen hij zou mogen aftrekken op grond van lid 1. Deze hogere grens voor de aftrekbaarheid van het financieringskostensurplus geldt voor de voor de financiële boekhouding geconsolideerde groep waarvan de belastingplichtige lid is, en wordt berekend in twee stappen:

i. eerst wordt de ratio van de groep bepaald door het financieringskostensurplus van de groep ten opzichte van derden te verdelen over de ebitda van de groep; en

ii. vervolgens wordt de ratio van de groep vermenigvuldigd met de overeenkomstig lid 2 berekende ebitda van de belastingplichtige.

6. De lidstaat van de belastingplichtige kan in regels voorzien voor:

a. de voorwaartse verrekening, zonder beperking in de tijd, van het financieringskostensurplus dat in het lopende belastingtijdvak niet kan worden afgetrokken overeenkomstig de leden 1 tot en met 5;

b. de voorwaartse verrekening, zonder beperking in de tijd, en de achterwaartse verrekening, voor ten hoogste drie jaar, van het financieringskostensurplus dat in het lopende belastingtijdvak niet kan worden afgetrokken overeenkomstig de leden 1 tot en met 5; of

c. de voorwaartse verrekening, zonder beperking in de tijd, van het financieringskostensurplus en, voor ten hoogste vijf jaar, van de niet-gebruikte rentecapaciteit, die in het lopende belastingtijdvak niet kunnen worden afgetrokken overeenkomstig de leden 1 tot en met 5.

7. De lidstaten kunnen financiële ondernemingen uitsluiten van het toepassingsgebied van de leden 1 tot en met 6, ook wanneer die financiële ondernemingen deel uitmaken van een voor de financiële boekhouding geconsolideerde groep.

8. Voor de toepassing van de leden 1 tot en met 7 kan aan de belastingplichtige het recht worden toegekend om gebruik te maken van een geconsolideerde jaarrekening die volgens andere verslagleggingsnormen is opgesteld dan de internationale standaarden voor financiële verslaglegging of het nationale systeem voor financiële verslaglegging van een lidstaat.

Artikel 5. Exitheffingen

1. Een belastingplichtige is onderworpen aan de heffing voor een bedrag dat gelijk is aan de marktwaarde van de overgebrachte activa, op het tijdstip van overbrenging van de activa, minus hun fiscale boekwaarde, in elk van de volgende gevallen:

a. een belastingplichtige brengt activa over van zijn hoofdhuis naar zijn vaste inrichting in een andere lidstaat of in een derde land, voor zover de lidstaat van het hoofdhuis vanwege de overbrenging niet langer het recht heeft de overgebrachte activa in de heffing te betrekken;

b. een belastingplichtige brengt activa over van zijn vaste inrichting in een lidstaat naar zijn hoofdhuis of een andere vaste inrichting in een andere lidstaat of in een derde land, voor zover de lidstaat van de vaste inrichting vanwege de overbrenging niet langer het recht heeft de overgebrachte activa in de heffing te betrekken;

c. een belastingplichtige brengt zijn fiscale woonplaats over naar een andere lidstaat of naar een derde land, behalve voor de activa die daadwerkelijk verbonden blijven met een vaste inrichting in de eerste lidstaat;

d. een belastingplichtige brengt het bedrijf van zijn vaste inrichting over van een lidstaat naar een andere lidstaat of naar een derde land, voor zover de lidstaat van de vaste inrichting vanwege de overbrenging niet langer het recht heeft de overgebrachte activa in de heffing te betrekken.

2. Aan een belastingplichtige wordt het recht toegekend de betaling van een exitheffing als bedoeld in lid 1 uit te stellen door deze te voldoen in termijnen, gespreid over een periode van vijf jaar, in elk van de volgende gevallen:

a. een belastingplichtige brengt activa over van zijn hoofdhuis naar zijn vaste inrichting in een andere lidstaat of in een derde land dat partij is bij de Overeenkomst betreffende de Europese Economische Ruimte (EER-overeenkomst);

b. een belastingplichtige brengt activa over van zijn vaste inrichting in een lidstaat naar zijn hoofdhuis of een andere vaste inrichting in een andere lidstaat of in een derde land dat partij is bij de EER-overeenkomst;

c. een belastingplichtige brengt zijn fiscale woonplaats over naar een andere lidstaat of naar een derde land dat partij is bij de EER-overeenkomst;

d. een belastingplichtige brengt het bedrijf van zijn vaste inrichting over naar een andere lidstaat of naar een derde land dat partij is bij de EER-overeenkomst.

Dit lid is van toepassing op derde landen die partij zijn bij de EER-overeenkomst, indien deze met de lidstaat van de belastingplichtige of met de Unie een overeenkomst hebben gesloten betreffende wederzijdse bijstand inzake de invordering van schuldvorderingen die voortvloeien uit belastingen, die gelijkstaat met de wederzijdse bijstand waarin is voorzien in Richtlijn 2010/24/EU van de Raad.[1]

3. Indien een belastingplichtige de betaling uitstelt overeenkomstig lid 2, kan rente worden berekend overeenkomstig de wetgeving van de lidstaat van de belastingplichtige of van de vaste inrichting, naargelang van het geval.

Indien er een aantoonbaar en werkelijk gevaar van niet-invordering bestaat, kan van een belastingplichtige ook een zekerheid worden verlangd als voorwaarde voor uitstel van betaling overeenkomstig lid 2.

1. Richtlijn 2010/24/EU van de Raad van 16 maart 2010 betreffende de wederzijdse bijstand inzake de invordering van schuldvorderingen die voortvloeien uit belastingen, rechten en andere maatregelen (PB L 84 van 31.3.2010, blz. 1).

De tweede alinea is niet van toepassing wanneer de wetgeving in de lidstaat van de belastingplichtige of van de vaste inrichting voorziet in de mogelijkheid tot invordering van de belastingschuld bij een andere belastingplichtige die lid is van dezelfde groep en zijn fiscale woonplaats in die lidstaat heeft.

4. Wanneer lid 2 van toepassing is, wordt het uitstel van betaling onmiddellijk ingetrokken en wordt de belastingschuld invorderbaar in de volgende gevallen:

a. de overgebrachte activa of het bedrijf van de vaste inrichting van de belastingplichtige worden verkocht of anderszins vervreemd;

b. de overgebrachte activa worden vervolgens overgebracht naar een derde land;

c. de fiscale woonplaats van de belastingplichtige of het bedrijf van zijn vaste inrichting wordt naderhand overgebracht naar een derde land;

d. de belastingplichtige gaat failliet of wordt geliquideerd;

e. de belastingplichtige verzuimt zijn verplichtingen met betrekking tot de afbetalingstermijnen na te komen en corrigeert deze situatie niet binnen een redelijke termijn, die niet meer dan twaalf maanden bedraagt.

De punten b) en c) zijn niet van toepassing op derde landen die partij zijn bij de EER-overeenkomst, indien deze met de lidstaat van de belastingplichtige of met de Unie een overeenkomst hebben gesloten betreffende wederzijdse bijstand inzake de invordering van schuldvorderingen die voortvloeien uit belastingen, die vergelijkbaar is met de wederzijdse bijstand waarin is voorzien in Richtlijn 2010/24/EU.

5. Wanneer activa, de fiscale woonplaats of het bedrijf van een vaste inrichting naar een andere lidstaat worden of wordt overgebracht, aanvaardt die lidstaat de waarde die is vastgesteld door de lidstaat van de belastingplichtige of van de vaste inrichting als beginwaarde van deze activa voor belastingdoeleinden, tenzij deze niet overeenstemt met de marktwaarde.

6. Voor de toepassing van de leden 1 tot en met 5 wordt onder 'marktwaarde' verstaan het bedrag waarvoor activa kunnen worden verhandeld of wederzijdse verplichtingen kunnen worden afgewikkeld in een rechtstreekse transactie tussen bereidwillige niet-gerelateerde kopers en verkopers.

7. Als het de bedoeling is dat de activa binnen een periode van twaalf maanden naar de lidstaat van de overbrenger terugkeren, is dit artikel niet van toepassing op overdrachten van activa in verband met effectenfinanciering, activa die als zekerheid worden gesteld of wanneer de activa worden overgebracht om aan prudentiële kapitaalvereisten te voldoen dan wel met het oog op liquiditeitsbeheer.

Artikel 6. Algemene antimisbruikregel

1. Voor de berekening van de verschuldigde vennootschapsbelasting laten de lidstaten een constructie of een reeks van constructies buiten beschouwing die is opgezet met als hoofddoel of een van de hoofddoelen een belastingvoordeel te verkrijgen dat het doel of de toepassing van het toepasselijke belastingrecht ondermijnt, en die, alle relevante feiten en omstandigheden in aanmerking genomen, kunstmatig is. Een constructie kan uit verscheidene stappen of onderdelen bestaan.

2. Voor de toepassing van lid 1 wordt een constructie of een reeks van constructies als kunstmatig beschouwd voor zover zij niet is opgezet op grond van geldige zakelijke redenen die de economische realiteit weerspiegelen.

3. Wanneer een constructie of een reeks van constructies overeenkomstig lid 1 buiten beschouwing wordt gelaten, wordt de belastingschuld berekend op grond van het nationale recht.

Artikel 7. Regel betreffende gecontroleerde buitenlandse vennootschappen (cfc's)

1. De lidstaat van een belastingplichtige behandelt een entiteit, of een vaste inrichting waarvan de winst in die lidstaat niet aan belasting is onderworpen of vrijgesteld is van belasting, als een gecontroleerde buitenlandse vennootschap, indien de volgende voorwaarden zijn vervuld:

a. in het geval van een entiteit: de belastingplichtige houdt zelf, of tezamen met zijn gelieerde ondernemingen, een rechtstreekse of middellijke deelneming van meer dan 50 percent van de stemrechten, bezit rechtstreeks of middellijk meer dan 50 percent van het kapitaal of heeft recht op meer dan 50 percent van de winst van die entiteit; en

b. de daadwerkelijke door de entiteit of vaste inrichting betaalde vennootschapsbelasting op de winsten ervan is lager dan het verschil tussen de vennootschapsbelasting die op de entiteit of de vaste inrichting zou zijn geheven krachtens het toepasselijke vennootschapsbelastingstelsel in de lidstaat van de belastingplichtige en de daadwerkelijke door de entiteit of vaste inrichting betaalde vennootschapsbelasting op de winsten ervan.

Voor de toepassing van punt b) van de eerste alinea wordt geen rekening gehouden met de vaste inrichting van een gecontroleerde buitenlandse vennootschap die niet aan belasting is onderworpen of van belasting is vrijgesteld in het rechtsgebied van de gecontroleerde buitenlandse vennootschap. Voorts wordt de vennootschapsbelasting die in de lidstaat van de belastingplichtige zou zijn geheven, berekend volgens de regels van de lidstaat van de belastingplichtige.

2. Wanneer een entiteit of een vaste inrichting als een gecontroleerde buitenlandse vennootschap wordt behandeld overeenkomstig lid 1, neemt de lidstaat van de belastingplichtige het volgende op in de belastinggrondslag:

a. de niet-uitgekeerde winst van de entiteit of de winst van de vaste inrichting, afkomstig uit de volgende categorieën:

i. rente of andere inkomsten die worden gegenereerd door financiële activa;
ii. royalty's of andere inkomsten die worden gegenereerd door intellectuele eigendom;
iii. dividenden en inkomsten uit de vervreemding van aandelen;
iv. inkomsten uit financiële leasing;
v. inkomsten uit verzekerings-, bank- en andere financiële activiteiten;
vi. inkomsten uit factureringsvennootschappen die hun verkoop- en diensteninkomsten halen uit goederen en diensten, gekocht van en verkocht aan gelieerde ondernemingen, en weinig of geen economische waarde toevoegen.

Dit punt is niet van toepassing niet wanneer de gecontroleerde buitenlandse vennootschap een wezenlijke economische activiteit, ondersteund door personeel, uitrusting, activa en gebouwen, uitoefent zoals blijkt uit de relevante feiten en omstandigheden.

Wanneer de gecontroleerde buitenlandse vennootschap inwoner is van of gelegen is in een derde land dat geen partij is bij de EER-overeenkomst, kunnen de lidstaten besluiten af te zien van de toepassing van de voorgaande alinea.

of

b. de niet-uitgekeerde winst van de entiteit of vaste inrichting die voortkomen uit kunstmatige constructies die zijn opgezet met als wezenlijk doel een belastingvoordeel te verkrijgen.

Voor de toepassing van dit punt wordt een constructie of een reeks constructies als kunstmatig aangemerkt voor zover de entiteit of vaste inrichting geen eigenaar van de activa zou zijn, of niet de risico's op zich zou hebben genomen die al haar inkomsten, of een deel ervan, genereren indien zij niet onder de zeggenschap stond van een vennootschap waar de voor die activa en risico's relevante sleutelfuncties worden verricht, welke een relevante rol vervullen bij het genereren van de inkomsten van de gecontroleerde vennootschap.

3. Wanneer, volgens de regels van een lidstaat, de belastinggrondslag van een belastingplichtige wordt berekend overeenkomstig lid 2, onder a), kan die lidstaat ervoor kiezen een entiteit of vaste inrichting niet als gecontroleerde buitenlandse vennootschap te behandelen op grond van lid 1, indien een derde of minder van de aan de entiteit of de vaste inrichting toevallende inkomsten onder de categorieën van lid 2, onder a), valt.

Wanneer, volgens de regels van een lidstaat, de belastinggrondslag van een belastingplichtige wordt berekend overeenkomstig lid 2, onder a), kan die lidstaat ervoor kiezen financiële ondernemingen niet als gecontroleerde buitenlandse vennootschappen te behandelen, indien een derde of minder van de inkomsten van de entiteit uit de categorieën onder lid 2, onder a), voortkomt uit transacties met de belastingplichtige of zijn gelieerde ondernemingen.

4. De lidstaten kunnen van het toepassingsgebied van lid 2, onder b), uitsluiten: een entiteit of vaste inrichting

a. met een boekhoudkundige winst van ten hoogste 750 000 EUR, en inkomsten uit andere activiteiten dan handel van ten hoogste 75 000 EUR; of

b. waarvan de boekhoudkundige winst ten hoogste 10 percent van de exploitatiekosten voor het belastingtijdvak bedraagt.

Voor de toepassing van punt b) van de eerste alinea mogen de exploitatiekosten niet de kosten omvatten van goederen die worden verkocht buiten het land waarvan de entiteit inwoner is, of waar de vaste inrichting is gelegen, voor belastingdoeleinden, noch betalingen aan gelieerde ondernemingen.

Artikel 8. Berekening van inkomsten uit een gecontroleerde buitenlandse vennootschap

1. Wanneer artikel 7, lid 2, onder a), van toepassing is, worden de in de belastinggrondslag van de belastingplichtige te begrijpen inkomsten berekend volgens de regels van de wet op de vennootschapsbelasting van de lidstaat waar de belastingplichtige zijn fiscale woonplaats heeft of is gelegen. Verliezen van de entiteit of vaste inrichting worden niet in de belastinggrondslag begrepen maar kunnen, in overeenstemming met het nationale recht, voorwaarts worden verrekend en in aanmerking genomen in daaropvolgende belastingtijdvakken.

2. Wanneer artikel 7, lid 2, onder b), van toepassing is, worden de in de belastinggrondslag van de belastingplichtige te begrijpen inkomsten beperkt tot bedragen die zijn gegenereerd door activa en risico's die verbonden zijn met de sleutelfuncties die worden verricht door de controlerende vennootschap. De toerekening van inkomsten uit een gecontroleerde buitenlandse vennootschap geschiedt volgens het zakelijkheidsbeginsel (arm's length principle).

3. De in de belastinggrondslag te begrijpen inkomsten worden berekend naar evenredigheid van de deelneming van de belastingplichtige in de entiteit als omschreven in artikel 7, lid 1, onder a).

4. De inkomsten worden begrepen in het belastingtijdvak van de belastingplichtige waarin het belastingjaar van de entiteit eindigt.

5. Wanneer de entiteit winst aan de belastingplichtige uitkeert, en deze uitgekeerde winst in de belastbare inkomsten van de belastingplichtige is begrepen, worden de bedragen van de inkomsten die voordien overeenkomstig artikel 7 in de belastinggrondslag waren begrepen, afgetrokken van de belastinggrondslag bij de berekening van de belasting die verschuldigd is over de uitgekeerde inkomsten, teneinde te garanderen dat er geen dubbele heffing plaatsvindt.

6. Wanneer de belastingplichtige zijn deelneming in de entiteit of het bedrijf van de vaste inrichting vervreemdt en een deel van de vervreemdingsopbrengsten voordien overeenkomstig artikel 7 in de belastinggrondslag is begrepen, wordt dat bedrag afgetrokken van de belastinggrondslag bij de berekening van de belasting die verschuldigd is over die opbrengsten, teneinde te garanderen dat er geen dubbele heffing plaatsvindt.
7. De lidstaat van de belastingplichtige staat toe dat de door de entiteit of vaste inrichting betaalde belasting van de belastingschuld van de belastingplichtige wordt afgetrokken in de staat waar hij zijn fiscale woonplaats heeft of zich bevindt. De aftrek wordt berekend overeenkomstig het nationale recht.

Artikel 9. Hybride mismatches

1. Voor zover een hybride mismatch tot een dubbele aftrek leidt:
   a. wordt de aftrek in de lidstaat die het rechtsgebied van de investeerder is, geweigerd, en
   b. indien de aftrek niet wordt geweigerd in het rechtsgebied van de investeerder, wordt de aftrek geweigerd in de lidstaat die het rechtsgebied van de betaler is.

   Een dergelijke aftrek komt evenwel in aanmerking om te worden afgezet tegen dubbel in aanmerking genomen inkomen, hetzij in het desbetreffende belastingtijdvak, hetzij in een later belastingtijdvak.
2. Voor zover een hybride mismatch leidt tot een aftrek zonder betrekking in de heffing:
   a. wordt de aftrek in de lidstaat die het rechtsgebied van de betaler is, geweigerd, en
   b. indien de aftrek niet wordt geweigerd in het rechtsgebied van de betaler, wordt het bedrag van de betaling dat anders aanleiding zou geven tot een mismatch, betrokken in de winst in de lidstaat die het rechtsgebied van de ontvanger is.
3. Een lidstaat weigert een aftrek van een betaling door een belastingplichtige voor zover deze betaling direct of indirect dient ter financiering van aftrekbare uitgaven die aanleiding geven tot een hybride mismatch middels een transactie of een reeks transacties tussen gelieerde ondernemingen of waartoe is overgegaan in het kader van een gestructureerde regeling, behoudens voor zover in een van de bij de transactie of reeks transacties betrokken rechtsgebieden met betrekking tot deze hybride mismatch een gelijkwaardige aanpassing is gemaakt.
4. Een lidstaat kan voorzien in de uitsluiting van het toepassingsgebied van:
   a. lid 2, onder b), van dit artikel: hybride mismatches als omschreven in artikel 2, punt 9, eerste alinea, onder b), c), d) of f);
   b. lid 2, onder a) en b), van dit artikel: hybride mismatches die het gevolg zijn van een betaling van rente in het kader van een financieel instrument aan een gelieerde onderneming, indien:
      i. het financieel instrument elementen van conversie, bail-in of afschrijving bevat;
      ii. het financieel instrument louter is uitgegeven om te voldoen aan de voor de bankensector geldende vereisten inzake verliesabsorptiecapaciteit, en als dusdanig wordt erkend in de vereisten inzake verliesabsorptiecapaciteit van de belastingplichtige;
      iii. het financieel instrument is uitgegeven
         – in samenhang met financiële instrumenten die elementen van conversie, bail-in of afschrijving bevatten op het niveau van een moederonderneming;
         – op het niveau dat noodzakelijk is om te voldoen aan de geldende vereisten inzake verliesabsorptiecapaciteit;
         – niet als onderdeel van een gestructureerde regeling, en
      iv. de totale netto-aftrek voor de geconsolideerde groep uit hoofde van de regeling niet hoger is dan wat het geval was geweest indien de belastingplichtige een dergelijk financieel instrument rechtstreeks op de markt had uitgegeven.

   Punt b) is van toepassing tot 31 december 2022.
5. Voor zover een hybride mismatch betrekking heeft op winst van een buiten beschouwing blijvende vaste inrichting die niet aan belasting is onderworpen in de lidstaat waarvan de belastingplichtige fiscaal inwoner is, verplicht deze lidstaat de belastingplichtige ertoe de winst die anders zouden worden toegerekend aan de buiten beschouwing blijvende vaste inrichting, te betrekken in de heffing. Dit is van toepassing tenzij de lidstaat verplicht is de winst vrij te stellen op grond van een door de lidstaat met een derde land gesloten verdrag tot het vermijden van dubbele belasting.
6. Voor zover een hybride overdracht wordt opgezet met het oog op vermindering van de bronbelasting op een uit een overgedragen financieel instrument verkregen betaling aan meer dan een van de betrokken partijen, beperkt de lidstaat van de belastingplichtige het voordeel van die vermindering naar evenredigheid van de netto belastbare inkomsten ter zake van die betaling.

Artikel 9 bis. Mismatches door een omgekeerde hybride

1. Indien een of meer gelieerde entiteiten die geen inwoner zijn in totaal een direct of indirect belang hebben van 50 percent of meer in de stemrechten, de kapitaalbelangen of de rechten op een deel van de winst van een hybride entiteit die is opgericht of gevestigd in een lidstaat, zich bevinden in een rechtsgebied dat of in rechtsgebieden die de hybride entiteit als een belastingplichtige aanmerken, wordt de hybride entiteit beschouwd als

inwoner van die lidstaat en belast naar haar winst voor zover die winst niet anderszins wordt belast krachtens de wetgeving van de lidstaat of een ander rechtsgebied.
2. Lid 1 is niet van toepassing op een collectief beleggingsvehikel. Voor de toepassing van dit artikel wordt onder collectief beleggingsvehikel een beleggingsfonds of -vehikel verstaan dat een ruime verspreiding kent, een gediversifieerde effectenportefeuille aanhoudt en in het land waar het gevestigd is, aan regelgeving ter bescherming van investeerders onderworpen is.

Artikel 9 ter. Mismatches door fiscaal inwonerschap

Voor zover een aftrek voor betalingen, lasten of verliezen van een belastingplichtige die fiscaal inwoner is van twee of meer rechtsgebieden, in beide rechtsgebieden aftrekbaar is van de grondslag voor heffing, weigert de lidstaat van de belastingplichtige de aftrek, voor zover in het andere rechtsgebied is toegestaan dat de dubbele aftrek wordt afgezet tegen inkomen dat geen dubbel in aanmerking genomen inkomen is. Indien beide rechtsgebieden lidstaten zijn, wordt de aftrek geweigerd in de lidstaat waar de belastingplichtige volgens het verdrag tot het vermijden van dubbele belasting tussen de twee betrokken lidstaten niet als inwoner wordt aangemerkt.

Artikel 10. Evaluatie

1. De Commissie evalueert de tenuitvoerlegging van deze richtlijn, en met name de gevolgen van artikel 4, uiterlijk op 9 augustus 2020 en brengt verslag uit bij de Raad. Indien nodig gaat het verslag van de Commissie vergezeld van een wetgevingsvoorstel.

In afwijking van de eerste alinea evalueert de Commissie uiterlijk op 1 januari 2022 de tenuitvoerlegging van de artikelen 9 en 9 ter, en in het bijzonder de gevolgen van de in artikel 9, lid 4, punt b), bedoelde vrijstelling, en brengt zij daarover verslag uit bij de Raad.
2. De lidstaten verstrekken de Commissie alle informatie die noodzakelijk is voor de evaluatie van de tenuitvoerlegging van deze richtlijn.
3. De in artikel 11, lid 6, bedoelde lidstaten verstrekken de Commissie vóór 1 juli 2017 alle informatie die nodig is om de doeltreffendheid van de nationale specifieke regels ter voorkoming van risico's op grondslaguitholling en winstverschuiving (base erosion and profit shifting – BEPS) te beoordelen.

Artikel 11. Omzetting

1. De lidstaten stellen uiterlijk op 31 december 2018 de nodige wettelijke en bestuursrechtelijke bepalingen vast om aan deze richtlijn te voldoen en maken deze bekend. Zij delen de Commissie de tekst van die bepalingen onverwijld mee.

Zij passen die bepalingen toe vanaf 1 januari 2019.

Wanneer de lidstaten die bepalingen aannemen, wordt in die bepalingen zelf of bij de officiële bekendmaking ervan naar deze richtlijn verwezen. De regels voor die verwijzing worden vastgesteld door de lidstaten.
2. De lidstaten delen de Commissie de tekst van de belangrijkste bepalingen van intern recht mee die zij op het onder deze richtlijn vallende gebied vaststellen.
3. Wanneer in deze richtlijn sprake is van een geldbedrag in euro (EUR), mogen de lidstaten die niet de euro als munt hebben, ervoor kiezen om op 12 juli 2016 het overeenkomstige bedrag in hun valuta te berekenen.
4. In afwijking van artikel 5, lid 2, mag Estland, zolang het niet-uitgekeerde winsten niet belast, een overdracht van activa in monetaire of niet-monetaire vorm, waaronder contanten, van een vaste inrichting in Estland aan een hoofdhuis of een andere vaste inrichting in een andere lidstaat of in een derde land dat partij is bij de EER-overeenkomst, als winstuitkering beschouwen en inkomstenbelasting vorderen, zonder belastingplichtigen het recht te verlenen de betaling van deze belasting uit te stellen.
5. In afwijking van lid 1 stellen de lidstaten uiterlijk op 31 december 2019 de nodige wettelijke en bestuursrechtelijke bepalingen vast om aan artikel 5 te voldoen en maken deze bekend. Zij delen de Commissie de tekst van die bepalingen onverwijld mee.

Zij passen die bepalingen toe vanaf 1 januari 2020.

Wanneer de lidstaten die bepalingen aannemen, wordt in die bepalingen zelf of bij de officiële bekendmaking ervan naar deze richtlijn verwezen. De regels voor die verwijzing worden vastgesteld door de lidstaten.
5 bis. In afwijking van lid 1 stellen de lidstaten uiterlijk op 31 december 2019 de nodige wettelijke en bestuursrechtelijke bepalingen vast om aan artikel 9 te voldoen en maken deze bekend. Zij delen de Commissie de tekst van die bepalingen onverwijld mee.

Zij passen die bepalingen toe vanaf 1 januari 2020.

Wanneer de lidstaten die bepalingen aannemen, wordt in die bepalingen zelf of bij de officiële bekendmaking ervan naar deze richtlijn verwezen. De regels voor die verwijzing worden vastgesteld door de lidstaten.
6. In afwijking van artikel 4 kunnen de lidstaten die op 8 augustus 2016 beschikken over nationale specifieke regels ter voorkoming van risico's op BEPS die even doeltreffend zijn als de in deze richtlijn vervatte regel inzake renteaftrekbeperking, deze specifieke regels toepassen tot het einde van het eerste volledige boekjaar volgend op

de datum van bekendmaking, op de officiële website, van de overeenkomst tussen de OESO-leden over een minimumnorm met betrekking tot BEPS-actie 4, doch uiterlijk tot 1 januari 2024.

Artikel 12. Inwerkingtreding

Deze richtlijn treedt in werking op de twintigste dag na die van de bekendmaking ervan in het Publicatieblad van de Europese Unie.

Artikel 13. Adressaten

Deze richtlijn is gericht tot de lidstaten.

Voorstel voor een RICHTLIJN VAN DE RAAD tot vaststelling van regels ter voorkoming van misbruik van lege entiteiten voor belastingdoeleinden en tot wijziging van Richtlijn 2011/16/EU

Brussel, 22.12.2021

COM(2021) 565 final
2021/0434 (CNS)

{SEC(2021) 565 final} - {SWD(2021) 577 final} - {SWD(2021) 578 final} - {SWD(2021) 579 final}

TOELICHTING

1. Achtergrond van het voorstel

– ***Motivering en doel van het voorstel***

De Europese Commissie heeft op 18 mei 2021 een mededeling over de belastingheffing van ondernemingen in de 21e eeuw[1] goedgekeurd ter bevordering van een robuust, efficiënt en billijk belastingstelsel voor ondernemingen in de Europese Unie. De mededeling bevat zowel een korte- als een langetermijnvisie die het herstel van Europa na de COVID-19-pandemie moet ondersteunen en in de komende jaren voor toereikende overheidsinkomsten moet zorgen. Zij is bedoeld om een eerlijk en stabiel ondernemingsklimaat tot stand te brengen, dat duurzame en banenscheppende groei in de Unie kan stimuleren. Dit voorstel is een van de gerichte kortetermijninitiatieven die in de mededeling zijn aangekondigd als middel om het huidige belastingstelsel te verbeteren en meer bepaald te zorgen voor een eerlijke en doeltreffende belastingheffing.

Op dit gebied is de afgelopen jaren aanzienlijke vooruitgang geboekt, met onder meer de goedkeuring van de richtlijn bestrijding belastingontwijking (ATAD)[2] en de uitbreiding van het toepassingsgebied van de richtlijn administratieve samenwerking op belastinggebied (DAC)[3]. Toch blijft het risico bestaan dat juridische entiteiten zonder minimum aan inhoud en economische activiteit worden gebruikt voor oneigenlijke belastingdoeleinden als belastingontduiking en -ontwijking, zoals ook blijkt uit recente massale onthullingen in de media[4]. Hoewel er geldige redenen kunnen zijn voor het gebruik van dergelijke entiteiten, zijn verdere maatregelen nodig om situaties aan te pakken waarin belastingplichtigen hun verplichtingen ontlopen of ingaan tegen de belastingwetgeving door misbruik te maken van ondernemingen die geen enkele economische activiteit uitoefenen. In die gevallen wordt de totale belastingschuld van de belastingplichtige verlaagd zodat de belastingdruk wordt verschoven ten koste van eerlijke belastingplichtigen en bedrijfsbeslissingen op de interne markt worden verstoord. Zonder doeltreffende aanpak ontstaat hierdoor een klimaat van oneerlijke belastingconcurrentie en oneerlijke verdeling van de belastingdruk. Deze richtlijn is van toepassing op alle ondernemingen die als fiscaal inwoner worden beschouwd en in aanmerking komen voor een certificaat van fiscale woonplaats in een lidstaat.

Deze richtlijn bestrijdt belastingontwijking en -ontduiking die de werking van de interne markt rechtstreeks schaden, en bevat bepalingen ter bestrijding van belastingontwijking en -ontduiking op een specifiek gebied. Zij vormt een antwoord op een verzoek van het Europees Parlement om EU-maatregelen tegen het misbruik van lege entiteiten voor belastingdoeleinden en, meer in het algemeen, op de vraag van verschillende lidstaten, ondernemingen en het maatschappelijk middenveld naar een krachtigere en coherentere EU-aanpak van belastingontwijking en -ontduiking.

– ***Verenigbaarheid met bestaande bepalingen op het beleidsterrein***

Deze richtlijn maakt deel uit van de centrale EU-strategie inzake directe vennootschapsbelasting om ervoor te zorgen dat iedereen eerlijk zijn deel betaalt. De Commissie heeft de afgelopen tien jaar consequent beleid gevoerd ter bestrijding van belastingontwijking en -ontduiking.

1. COM(2021) 251 final.
2. Richtlijn (EU) 2016/1164 van de Raad van 12 juli 2016 tot vaststelling van regels ter bestrijding van belastingontwijkingspraktijken welke rechtstreeks van invloed zijn op de werking van de interne markt (PB L 193 van 19.7.2016, blz. 1).
3. Richtlijn 2011/16/EU van de Raad van 15 februari 2011 betreffende de administratieve samenwerking op het gebied van de belastingen en tot intrekking van Richtlijn 77/799/EEG (PB L 64 van 11.3.2011, blz. 1).
4. Bijvoorbeeld het OpenLux-onderzoek en onlangs nog de Pandora Papers.

In 2012 bijvoorbeeld heeft de Commissie een aanbeveling over agressieve fiscale planning bekendgemaakt, waarin zij de lidstaten aanbeveelt specifieke maatregelen te treffen tegen dubbele niet-heffing en kunstmatige constructies voor belastingdoeleinden. In 2016 is de richtlijn bestrijding belastingontwijking (ATAD) aangenomen om te zorgen voor een gecoördineerde uitvoering in de lidstaten van belangrijke maatregelen tegen belastingontwijking die voortvloeien uit de acties van het internationale project inzake grondslaguitholling en winstverschuiving. De richtlijn betreffende administratieve samenwerking (DAC) is sinds de vaststelling ervan in 2011 herhaaldelijk herzien en uitgebreid om een grootschalige en tijdige uitwisseling van belastinggerelateerde informatie in de hele EU mogelijk te maken, ook wat betreft fiscale rulings en verplichte rapportering van constructies door belastingintermediairs. Internationaal gezien bestaat sinds 2017 de EU-lijst van niet-coöperatieve gebieden in belastingzaken om onder meer de belastinggrondslagen van de lidstaten te beschermen tegen schadelijke belastingpraktijken van derde landen.

Bestaande fiscale instrumenten op EU-niveau bevatten echter geen expliciete bepalingen die gericht zijn tegen lege entiteiten, d.w.z. entiteiten die, ook al lijken zij dat wel te doen, geen enkele echte economische activiteit uitoefenen, en die kunnen worden misbruikt voor belastingontwijking of -ontduiking. Dat dergelijke entiteiten een bedreiging kunnen vormen voor de eengemaakte markt, en met name voor de belastinggrondslagen van de lidstaten, is duidelijk gebleken uit de recente belastingschandalen.

– *Samenhang met andere beleidsgebieden van de EU (mogelijke toekomstige initiatieven die van belang zijn voor het beleidsgebied)*

Deze richtlijn sluit aan bij de mededeling van de Commissie over de belastingheffing van ondernemingen in de 21e eeuw voor een robuust, doeltreffend en eerlijk belastingstelsel voor ondernemingen in de EU en weerspiegelt een van de in die mededeling beoogde beleidsinitiatieven. Het vormt ook een aanvulling op een aantal andere beleidsinitiatieven die de Commissie tegelijkertijd voorstaat, zowel op korte als op langere termijn. Een van die initiatieven is een voorstel voor een richtlijn tot vaststelling van een mondiaal minimumbelastingniveau voor multinationale groepen in de Unie. De huidige richtlijn, die het gebruik van in de Unie gevestigde lege entiteiten voor belastingdoeleinden moet ontmoedigen, heeft een ruimer toepassingsgebied dan de richtlijn betreffende een minimumbelastingniveau, aangezien zij betrekking heeft op alle entiteiten en juridische constructies die fiscaal inwoner van de Unie zijn, zonder enige drempel op basis van inkomsten. Anderzijds is het rechtskader inzake het minimumbelastingniveau alleen van toepassing op MNO-groepen en grootschalige binnenlandse concerns met gezamenlijke inkomsten van meer dan 750 miljoen EUR. Dergelijke groepen vallen ook binnen de werkingssfeer van deze richtlijn omdat beide initiatieven verschillende doelstellingen hebben.

Het rechtskader voor het minimumbelastingniveau heeft uitsluitend betrekking op het tarief, dus het belastingniveau. Het heeft geen betrekking op potentieel schadelijke kenmerken van de belastinggrondslag en het strekt er evenmin toe te onderzoeken of een entiteit over voldoende materiële inhoud beschikt om de haar opgedragen activiteit uit te oefenen. Het klopt wel dat de tenuitvoerlegging van de regels inzake het minimumbelastingniveau de oprichting van lege entiteiten geleidelijk en tot op zekere hoogte kan ontmoedigen, maar dat is een onzeker resultaat dat in dit stadium niet kan worden gegarandeerd.

Door de groepen die binnen het toepassingsgebied van de richtlijn inzake een minimumbelastingniveau vallen, uit te sluiten van het toepassingsgebied van deze richtlijn zouden lege entiteiten die behoren tot kleinere groepen die onder de drempel van 750 miljoen EUR blijven, bovendien ongelijk behandeld worden. Het zouden dan voornamelijk grote MNO-groepen zijn die van de transparantievereisten en de fiscale gevolgen van deze richtlijn zouden worden vrijgesteld.

Aanvullende aangekondigde initiatieven omvatten voorstellen om van alle EU-entiteiten te eisen dat zij hun effectieve belastingtarief jaarlijks publiceren en om de fiscale bevoordeling van schuldfinanciering aan te pakken door aandelenfinanciering op de eengemaakte markt op gelijke voet te plaatsen met vreemd vermogen. Bovendien is deze richtlijn consistent met en een aanvulling op beleid van de Unie inzake transparantie van informatie over uiteindelijk begunstigden.

2. Rechtsgrondslag, subsidiariteit en evenredigheid

– *Rechtsgrondslag*

Wetgeving op het gebied van de directe belastingen valt binnen het toepassingsgebied van artikel 115 van het Verdrag betreffende de werking van de Europese Unie (VWEU). Hierin is bepaald dat wettelijke maatregelen inzake onderlinge aanpassing op grond van dit artikel in de vorm van een richtlijn moeten worden aangenomen.

– ***Subsidiariteit (bij niet-exclusieve bevoegdheid)***

Dit voorstel is in overeenstemming met het subsidiariteitsbeginsel. Het onderwerp is van dien aard dat een gemeenschappelijk initiatief voor de gehele interne markt noodzakelijk is.

De regels van deze richtlijn strekken ertoe grensoverschrijdende belastingontwijking- en ontduiking aan te pakken en een gemeenschappelijk kader te bieden dat op gecoördineerde wijze in de nationale wetgeving van de lidstaten kan worden geïmplementeerd. Dergelijke doelstellingen kunnen niet op bevredigende wijze worden bereikt door middel van maatregelen van elke lidstaat afzonderlijk.

Het gebruik van juridische entiteiten en constructies zonder minimum aan inhoud voor belastingontwijking of -ontduiking blijft doorgaans niet beperkt tot het grondgebied van één lidstaat. Een belangrijk kenmerk van dergelijke regelingen is dat zij betrekking hebben op de belastingstelsels van meer dan een lidstaat tegelijk. Een regeling die het gebruik van een in een andere lidstaat gevestigde lege entiteit omvat, kan dus gevolgen hebben voor meerdere lidstaten.

Uit een beoordeling van de regels van de lidstaten ter bestrijding van belastingontwijking en -ontduiking blijkt een grote mate van versnippering. Sommige lidstaten hebben gerichte regels of praktijken ontwikkeld, met inbegrip van criteria over inhoud, om misbruik door lege entiteiten op het gebied van belastingen tegen te gaan. De meeste lidstaten passen echter geen gerichte regels toe, maar baseren zich op algemene antimisbruikregels die zij dan geval per geval toepassen. Zelfs tussen de paar lidstaten die wel specifieke regels op nationaal niveau hebben ontwikkeld, lopen de regels aanzienlijk uiteen en weerspiegelen zij veeleer nationale belastingstelsels en -prioriteiten dan dat zij gericht zijn op de interne markt.

Mochten de lidstaten elk apart optreden, zou deze versnippering nog erger kunnen worden. Een dergelijke aanpak zou de huidige inefficiënties en verstoringen bij de interactie van aparte nationale maatregelen bestendigen. Als het de bedoeling is oplossingen te vinden die werken voor de interne markt als geheel en de (interne en externe) weerbaarheid ervan tegen belastingontduikings- en -ontwijkingspraktijken die alle lidstaten in gelijke mate treffen of kunnen treffen, vergroten, is een gecoördineerd initiatief op EU-niveau nodig.

Een EU-initiatief zou ook meerwaarde bieden in vergelijking met wat met een veelheid aan nationale acties kan worden bereikt. Aangezien de beoogde regels een grensoverschrijdende dimensie hebben en lege entiteiten geregeld worden gebruikt voor het uithollen van de belastinggrondslag van een andere lidstaat dan die waar de lege entiteit is gevestigd, is het absoluut noodzakelijk dat in alle voorstellen uiteenlopende belangen binnen de interne markt tegen elkaar worden afgewogen en het volledige plaatje wordt bekeken, om zo tot gemeenschappelijke doelstellingen en oplossingen te komen. Dit is alleen mogelijk als wetgeving centraal wordt opgesteld. Bovendien kan een gemeenschappelijke aanpak van lege entiteiten zorgen voor rechtszekerheid en de nalevingskosten voor bedrijven die in de EU actief zijn, verminderen.

Deze aanpak is dus in overeenstemming met het in artikel 5 van het Verdrag betreffende de Europese Unie neergelegde subsidiariteitsbeginsel.

– ***Evenredigheid***

De beoogde maatregelen gaan niet verder dan het waarborgen van het minimaal noodzakelijke niveau van bescherming voor de interne markt. De richtlijn voorziet daarom niet in een volledige harmonisatie, maar slechts in een minimumbescherming voor de belastingstelsels van de lidstaten.

De richtlijn voorziet met name in een test om de lidstaten te helpen om op gecoördineerde wijze in de hele EU duidelijke gevallen van lege entiteiten die voor belastingdoeleinden worden misbruikt, op te sporen. Nationale voorschriften, waaronder voorschriften tot omzetting van het EU-recht, blijven van toepassing op de identificatie van lege entiteiten die niet onder deze richtlijn vallen. De maatregelen in deze richtlijn zouden ook de toepassing van die nationale voorschriften moeten vergemakkelijken, aangezien de lidstaten toegang zullen hebben tot nieuwe informatie over lege entiteiten. Daarnaast stelt de richtlijn de gevolgen vast voor lege entiteiten, rekening houdend met bestaande overeenkomsten en verdragen tussen lidstaten en derde landen voor de afschaffing van dubbele belasting op opbrengsten en, in voorkomend geval, kapitaal.

Zo waarborgt de richtlijn het noodzakelijke niveau van coördinatie binnen de Unie om haar doelstellingen te verwezenlijken. In dit licht bekeken gaat het voorstel niet verder dan wat nodig is om de doelstellingen ervan te verwezenlijken en is het derhalve in overeenstemming met het evenredigheidsbeginsel.

– ***Keuze van het instrument***

Het voorstel betreft een richtlijn, het enige beschikbare instrument op basis van de rechtsgrondslag van artikel 115 VWEU.

3. Evaluatie, raadpleging van belanghebbenden en effectbeoordeling

[niet opgenomen]

4. Gevolgen voor de begroting

[niet opgenomen]

5. Overige elementen

– ***Uitvoeringsplanning en regelingen betreffende controle, evaluatie en rapportage***

Dit voorstel moet, zodra het als richtlijn is vastgesteld, uiterlijk op 30 juni 2023 in de nationale wetgeving van de lidstaten worden omgezet en op 1 januari 2024 in werking treden. Met het oog op het toezicht op en de evaluatie van de tenuitvoerlegging van de richtlijn verstrekken de lidstaten de Commissie jaarlijks relevante informatie per belastingjaar, met inbegrip van een lijst met statistische gegevens. Artikel 12 van de richtlijn bepaalt wat die relevante informatie is.

De Commissie dient om de vijf jaar, te rekenen vanaf [1 januari 2024], bij het Europees Parlement en de Raad een verslag in over de toepassing van de richtlijn. De resultaten van dit voorstel zullen worden meegenomen in het evaluatieverslag aan het Europees Parlement en de Raad dat uiterlijk [1 januari 2029] zal worden opgesteld.

– ***Artikelsgewijze toelichting***

De richtlijn is in grote lijnen inclusief en heeft tot doel alle ondernemingen te bestrijken die voor belastingdoeleinden als fiscaal inwoner van een lidstaat kunnen worden beschouwd, ongeacht hun rechtsvorm. Zij heeft daarom ook betrekking op juridische constructies, zoals personenvennootschappen, die voor belastingdoeleinden worden beschouwd als ingezetenen van een lidstaat.

De richtlijn is gericht op een specifieke regeling die bedoeld is om belastingen te ontduiken of te ontwijken. De regeling betreft de oprichting van ondernemingen in de EU die zogenaamd een economische activiteit uitoefenen maar dat in werkelijkheid helemaal niet doen. Zij zijn namelijk enkel opgericht om bepaalde belastingvoordelen door te sluizen naar de uiteindelijk begunstigde of de groep waartoe zij behoren, als geheel. Een participatieonderneming kan bijvoorbeeld alle betalingen uit financiële activiteiten van ondernemingen in verschillende EU-lidstaten innen, daarbij gebruik maken van de vrijstellingen van bronbelasting op grond van de richtlijn interest en royalty's[1], en vervolgens deze opbrengsten doorsluizen naar een verbonden onderneming in een laagbelastend derde land en zo de gunstige belastingverdragen of zelfs het nationale belastingrecht van een bepaalde lidstaat uitbuiten. Om een dergelijke regeling aan te pakken, stelt de richtlijn een test vast die de lidstaten zal helpen ondernemingen te identificeren die een economische activiteit uitoefenen maar geen minimum aan inhoud hebben en misbruikt worden om belastingvoordelen te verkrijgen. Deze test kan een "inhoudstoets" worden genoemd. Bovendien verbindt de richtlijn fiscale gevolgen aan ondernemingen die geen minimum aan inhoud hebben ("leeg" zijn). Zij voorziet ook in de automatische uitwisseling van informatie en in de mogelijkheid voor een lidstaat om een andere lidstaat te verzoeken belastingcontroles uit te voeren voor een bredere groep ondernemingen die worden beschouwd als ondernemingen die een risico vormen (aangezien zij bepaalde kenmerken vertonen) maar niet noodzakelijkerwijs te weinig inhoud hebben in de zin van deze richtlijn. Het definiëren van de juiste fiscale behandeling en de uitwisseling van informatie moet het opzetten van de beoogde regeling ontmoedigen doordat alle verkregen of te behalen belastingvoordelen worden geneutraliseerd.

Daarom is de richtlijn zo opgezet dat zij in wezen de logische volgorde van elke stap van de bovengenoemde inhoudstoets weerspiegelt. Er zijn zeven stappen: ondernemingen die moeten rapporteren (omdat zij beschouwd worden als een risico); rapportage; mogelijkheid om vrijstelling van rapportage te verkrijgen omdat er geen fiscale motieven zijn; vermoeden van een gebrek aan een minimum aan inhoud; mogelijkheid

1. Richtlijn 2003/49/EG van de Raad van 3 juni 2003 betreffende een gemeenschappelijke belastingregeling inzake uitkeringen van interest en royalty's tussen verbonden ondernemingen van verschillende lidstaten (PB L 157 van 26.6.2003, blz. 49).

om dit vermoeden te weerleggen; fiscale gevolgen; automatische uitwisseling van informatie door de gegevens beschikbaar te stellen in een centraal gegevensbestand, en eventueel verzoek om een belastingcontrole uit te voeren.

Ondernemingen die moeten rapporteren

De eerste stap verdeelt de verschillende soorten ondernemingen in ondernemingen die een risico vormen wegens onvoldoende inhoud en kans op misbruik, en ondernemingen die een laag risico vormen. Risicogevallen zijn die welke tegelijkertijd een aantal kenmerken vertonen die gewoonlijk worden waargenomen bij ondernemingen die onvoldoende inhoud hebben. Deze kenmerken worden gewoonlijk "gateway" genoemd. Gevallen die een laag risico vormen, zijn gevallen die geen of slechts een paar van deze kenmerken hebben, en dus de gatewaytest niet doorstaan.

Met de kenmerken die voor een gateway worden gehanteerd, kan worden nagegaan welke ondernemingen die ogenschijnlijk geografisch mobiele grensoverschrijdende activiteiten ontplooien en bovendien voor hun eigen administratie een beroep doen op andere ondernemingen, met name professionele derde dienstverleners of gelijkwaardige diensten, als risico kunnen worden aangemerkt.

Gevallen die een laag risico vormen en de gatewaytest niet doorstaan, zijn voor deze richtlijn niet relevant. Middelen kunnen daarom worden toegespitst op de meest risicovolle gevallen, dus gevallen die wel alle relevante kenmerken vertonen en daardoor de gatewaytest doorstaan.

Met het oog op de fiscale zekerheid worden ondernemingen die bepaalde activiteiten verrichten, uitdrukkelijk uitgesloten: zij worden van meet af aan beschouwd als ondernemingen die een laag risico vormen en dus als irrelevant voor de toepassing van de richtlijn. Dat zijn onder meer ondernemingen die de gatewaytest niet doorstaan of waarvan, als zij dat wel zouden doen, in een latere fase van de test zou blijken dat zij irrelevant zijn voor de toepassing van de richtlijn. Ondernemingen die onder een van de uitsluitingen vallen, hoeven niet te overwegen of zij al dan niet de gatewaytest doorstaan.

Rapportage

Alleen voor de ondernemingen die in de eerste stap worden beschouwd als ondernemingen die een risico vormen, wordt de tweede stap, de kern van de inhoudstoets, verricht. Aangezien zij een risico vormen, wordt deze ondernemingen verzocht in hun belastingaangifte over hun inhoud te rapporteren.

Rapporteren over inhoud betekent het verstrekken van specifieke informatie, die gewoonlijk reeds uit de belastingaangifte van de onderneming voortvloeit, op een wijze die de beoordeling van de door de onderneming uitgeoefende activiteit vergemakkelijkt. Daarbij wordt gefocust op specifieke omstandigheden die gewoonlijk aanwezig zijn in een onderneming die substantiële economische activiteiten verricht.

Drie elementen worden belangrijk geacht: om te beginnen bedrijfsruimten die uitsluitend ter beschikking staan van de onderneming; ten tweede ten minste één eigen en actieve bankrekening in de Unie; en ten derde ten minste één directeur die in de buurt van de onderneming woont en zich bezighoudt met de activiteiten van de onderneming, of anders een aanzienlijk aantal werknemers van de onderneming die zich bezighouden met haar opbrengsten genererende kernactiviteiten en in de buurt van de onderneming wonen. Of een directeur zich bezighoudt met de activiteiten van de onderneming, kan worden aangetoond via zijn kwalificaties, die hem in staat moeten stellen een actieve rol te spelen in de besluitvorming, via de formele bevoegdheden waarover hij beschikt en via zijn daadwerkelijke deelname aan de dagelijkse leiding van de onderneming. Als er geen directeur met de nodige kwalificaties in de buurt van de onderneming woont, wordt verwacht dat de onderneming een toereikende band heeft met de lidstaat waarvan zij fiscaal inwoner is, als de meeste van haar werknemers die dagelijkse taken uitoefenen, voor fiscale doeleinden in de buurt van de die lidstaat zijn gevestigd. De besluitvorming moet ook plaatsvinden in de lidstaat van de onderneming. Deze specifieke elementen zijn geselecteerd op basis van de internationale norm inzake substantiële economische activiteiten voor fiscale doeleinden.

Er zij op gewezen dat deze elementen betrekking hebben op ondernemingen met grensoverschrijdende activiteiten die geografisch mobiel zijn en geen eigen middelen voor hun eigen beheer hebben.

Bovendien moet de rapportage vergezeld gaan van voldoende bewijsstukken, die ook bij de belastingaangifte moeten worden gevoegd (als zij er al geen deel van uitmaken). De bewijsstukken zijn bedoeld om de belastingdiensten in staat te stellen de gerapporteerde informatie meteen te verifiëren en een algemeen overzicht te krijgen van de situatie van de onderneming zodat kan worden nagegaan of een belastingcontrole moet worden gestart.

Vermoeden van een gebrek aan een minimum aan inhoud en misbruik van belastingen

De derde stap van de test is de passende beoordeling van de informatie die de onderneming in de tweede stap heeft verstrekt met betrekking tot haar inhoud. Er wordt uiteengezet hoe het resultaat van de rapportage, namelijk de verklaring van de onderneming dat zij al dan niet over relevante elementen beschikt, moet worden beoordeeld, althans op het eerste gezicht.

Een onderneming die een risico vormt aangezien zij de gatewaytest doorstaat, en waarvan de rapportage ook leidt tot de vaststelling dat zij ten minste een van de relevante elementen met betrekking tot inhoud mist, moet voor de toepassing van deze richtlijn worden vermoed een "lege" onderneming te zijn, dus een onderneming die niet over voldoende inhoud beschikt en wordt misbruikt voor belastingdoeleinden.

Een onderneming die een risico vormt maar waarvan uit de rapportage blijkt dat zij over alle relevante elementen met betrekking tot inhoud beschikt, moet voor de toepassing van deze richtlijn worden vermoed geen "lege" onderneming te zijn. Dit vermoeden sluit echter niet uit dat de belastingdiensten nog steeds kunnen besluiten dat de betrokken onderneming:

- een lege onderneming is in de zin van deze richtlijn aangezien de bewijsstukken de gerapporteerde informatie niet bevestigen; of
- een lege onderneming is of onvoldoende economische activiteit uitoefent volgens andere nationale voorschriften dan deze richtlijn, rekening houdend met de verstrekte bewijsstukken en/of aanvullende elementen; of
- niet de uiteindelijk begunstigde is van enige stroom aan opbrengsten die eraan wordt betaald.

Weerlegging

De vierde stap betreft het recht van de onderneming waarvan wordt vermoed dat zij leeg is en voor belastingdoeleinden wordt misbruikt in de zin van deze richtlijn, om het tegendeel te bewijzen, namelijk te bewijzen dat zij wel inhoud heeft of in ieder geval niet wordt misbruikt voor belastingdoeleinden. Deze mogelijkheid is zeer belangrijk omdat de inhoudstoets louter gebaseerd is op indicatoren en misschien geen rekening houdt met alle specifieke feiten en omstandigheden van elk afzonderlijk geval. Belastingplichtigen zullen dus daadwerkelijk het recht hebben om te stellen dat zij geen lege entiteit in de zin van deze richtlijn zijn.

Om het vermoeden te weerleggen moeten de belastingplichtigen concreet bewijs leveren van hun activiteiten en de wijze waarop zij die verrichten. Dat bewijs moet informatie bevatten over de commerciële (dus niet-fiscale) redenen waarom de onderneming is opgericht en wordt behouden terwijl zij geen eigen bedrijfsruimte en/of bankrekening noch leidinggevenden of werknemers nodig heeft. Het moet ook informatie bevatten over de middelen die deze onderneming gebruikt om haar activiteiten daadwerkelijk uit te voeren. Daarnaast moet het ook informatie bevatten waarmee kan worden nagegaan of er een verband bestaat tussen de onderneming en de lidstaat waarvan zij verklaart fiscaal inwoner te zijn, dus of de belangrijkste beslissingen over de waardegenererende activiteiten van de onderneming daar worden genomen.

Naast bovengenoemde essentiële informatie die de onderneming moet verstrekken, kan zij ook aanvullende informatie bezorgen om haar standpunt kracht bij te zetten. De belastingdienst van de staat waar de onderneming haar fiscale woonplaats heeft, moet dan deze informatie beoordelen. Als de belastingdienst ervan overtuigd is dat een onderneming het vermoeden dat zij een lege onderneming is in de zin van deze richtlijn, heeft weerlegd, moet zij het resultaat van de weerlegging voor het desbetreffende belastingjaar kunnen certificeren. Aangezien de procedure om het vermoeden te weerleggen waarschijnlijk een last zal vormen voor zowel de onderneming als de belastingdienst, kan, als wordt geconcludeerd dat er wel degelijk sprake is van een minimum aan inhoud voor belastingdoeleinden, de geldigheid van de weerlegging met nog eens vijf jaar worden verlengd na het desbetreffende belastingjaar (de weerlegging zal dan dus in totaal zes jaar gelden), op voorwaarde dat de juridische en feitelijke omstandigheden die de onderneming heeft bewezen, ongewijzigd blijven. Na deze periode zal de onderneming de procedure voor de weerlegging opnieuw moeten doorlopen, als zij dat wenst.

Vrijstelling wegens gebrek aan fiscale motieven

Een onderneming die de gatewaytest doorstaat en/of niet over een minimum aan inhoud beschikt, kan worden gebruikt voor echte bedrijfsactiviteiten zonder een belastingvoordeel te creëren voor zichzelf, de groep van ondernemingen waarvan zij deel uitmaakt of de uiteindelijk begunstigde. Een dergelijke onderneming moet te allen tijde de gelegenheid hebben om dit te bewijzen en om te verzoeken om een vrijstelling van de verplichtingen van deze richtlijn.

Om een dergelijke vrijstelling te verkrijgen wordt van de onderneming verwacht dat zij elementen aandraagt waarmee een vergelijking kan worden gemaakt van de belastingschuld van de structuur of de groep waarvan zij deel uitmaakt met en zonder haar als tussengeplaatste onderneming. Dit is vergelijkbaar met de exercitie om regelingen voor agressieve fiscale planning te beoordelen (Aanbeveling van de Commissie van 6 december 2012 over agressieve fiscale planning[1]).

Net als voor het beoordelen van de weerlegging van het vermoeden, is de belastingdienst van de opgegeven fiscale woonplaats van de onderneming het best geplaatst om het door de onderneming overgelegde relevante bewijs te beoordelen. Als de belastingdienst ervan overtuigd is dat een specifieke tussengeplaatste onderneming in de groep geen invloed heeft op de belastingschuld van de groep, moet hij kunnen certificeren dat de onderneming niet het risico loopt als "leeg" in de zin van deze richtlijn te worden beschouwd voor een belastingjaar. Aangezien de procedure om een vrijstelling te verkrijgen een last kan vormen voor zowel de onderneming als de belastingdienst, kan, als wordt geconcludeerd dat er geen sprake is van de bedoeling om belastingen te ontwijken of te ontduiken, de geldigheid van de vrijstelling met nog eens vijf jaar worden verlengd (de vrijstelling zal dan dus in totaal zes jaar gelden), op voorwaarde dat de juridische en feitelijke omstandigheden die de onderneming heeft bewezen, ongewijzigd blijven. Na deze periode zal de onderneming de procedure voor de vrijstelling opnieuw moeten doorlopen, als zij die vrijstelling wenst te behouden en kan bewijzen daar aanspraak op te kunnen maken.

Gevolgen

Zodra een onderneming wordt vermoed een lege entiteit te zijn in de zin van deze richtlijn, en dit vermoeden niet weerlegt, moeten fiscale gevolgen ontstaan. Deze gevolgen moeten evenredig zijn en tot doel hebben de fiscale impact te neutraliseren, door geen fiscale voordelen te erkennen die zijn verkregen of kunnen worden verkregen via de onderneming overeenkomstig in de lidstaat geldende overeenkomsten of verdragen of relevante EU-richtlijnen, met name Richtlijn 2011/96/EU van de Raad betreffende de gemeenschappelijke fiscale regeling voor moedermaatschappijen en dochterondernemingen uit verschillende lidstaten en Richtlijn 2003/49/EG betreffende een gemeenschappelijke belastingregeling inzake uitkeringen van interest en royalty's tussen verbonden ondernemingen van verschillende lidstaten. Deze voordelen zouden in feite niet worden erkend als geen rekening zou worden gehouden met de relevante overeenkomsten, verdragen en richtlijnen van de Unie met betrekking tot de onderneming waarvan is vastgesteld dat zij niet over een minimum aan inhoud beschikt en die het tegendeel niet heeft bewezen.

Aangezien een onderneming, om deze voordelen te verkrijgen, normaal gezien een verklaring van fiscaal inwonerschap moet verstrekken om een efficiënt proces mogelijk te maken, zal de lidstaat van de fiscale woonplaats van de lege entiteit ofwel helemaal geen verklaring van fiscale woonplaats afgeven ofwel een verklaring met een waarschuwing, namelijk met een expliciete vermelding om te voorkomen dat het wordt gebruikt om bovengenoemde voordelen te verkrijgen. Dat er geen of een speciaal - met de hierboven beschreven waarschuwing - verklaring van fiscale woonplaats wordt afgegeven doet geen afbreuk aan de nationale regels van de lidstaat waarvan de lege entiteit fiscaal inwoner is met betrekking tot eventuele fiscale verplichtingen in verband met de lege entiteit. Het is enkel een administratieve praktijk om het land van herkomst ervan in kennis te stellen dat het de voordelen van zijn belastingverdrag met de lidstaat van de lege entiteit (of de toepasselijke EU-richtlijnen) niet mag toekennen aan die entiteit.

Als aan de onderneming toegekende belastingvoordelen niet worden erkend, moet worden bepaald hoe de opbrengstenstromen van en naar de onderneming en eventuele activa die eigendom zijn van de onderneming, moeten worden belast. Met name moet worden bepaald welk rechtsgebied bevoegd is om die opbrengstenstroom en/of activa te belasten. Dat mag geen invloed hebben op belastingen die van toepassing zijn op het niveau van de lege entiteit zelf; de lidstaat van de lege entiteit kan de lege entiteit dus blijven beschouwen als fiscaal inwoner van zijn grondgebied en belasting heffen op de relevante opbrengstenstroom en/of activa op grond van zijn nationale wetgeving.

De toewijzing van heffingsrechten moet rekening houden met alle rechtsgebieden die gevolgen kunnen ondervinden van transacties waarbij de lege entiteit betrokken is. Behalve de lidstaat van de lege entiteit zijn dergelijke rechtsgebieden:

i. in het geval van opbrengstenstromen: enerzijds het rechtsgebied van herkomst of het rechtsgebied waar de betaler van de opbrengsten is gevestigd en anderzijds het rechtsgebied van de eindbestemming van de stroom, namelijk het rechtsgebied van de aandeelhouder van de onderneming;

1. PB L 338 van 12.12.2012, blz. 41.

ii. in het geval van onroerend goed: enerzijds het rechtsgebied van herkomst of het rechtsgebied waar de activa zich bevinden en anderzijds het rechtsgebied waar de eigenaar woont, dus het rechtsgebied van de aandeelhouder van de onderneming;
iii. in het geval van waardevolle roerende goederen, zoals kunstcollecties, jachten, enz.: het rechtsgebied van de eigenaar, dus dat van de aandeelhouder van de onderneming.

De toewijzing van de heffingsbevoegdheid heeft noodzakelijkerwijs alleen gevolgen voor de lidstaten, die door deze richtlijn gebonden zijn en kan dus onmogelijk gevolgen hebben voor derde landen. Er zullen zich echter wel situaties voordoen waarbij derde landen betrokken zijn, bijvoorbeeld wanneer opbrengsten uit een derde land naar een lege entiteit vloeien of wanneer de aandeelhouder(s) van de lege entiteit zich in een derde land bevindt (bevinden) of wanneer de lege entiteit activa bezit die in een derde land gelegen zijn. In die gevallen moeten overeenkomsten ter voorkoming van dubbele belasting tussen een lidstaat en een derde land naar behoren worden nageleefd wat de verdeling van de heffingsbevoegdheid betreft. Bij ontstentenis van dergelijke overeenkomsten past de betrokken lidstaat zijn nationale wetgeving toe.

Er zijn met name vier scenario's mogelijk:

1. derde land rechtsgebied van herkomst van de betaler - EU rechtsgebied van lege entiteit - EU rechtsgebied van aandeelhouder(s)

In dat geval is het rechtsgebied van herkomst niet gebonden door de richtlijn, terwijl de rechtsgebieden van de lege entiteit en van de aandeelhouder wel onder de richtlijn vallen.

– Derde land herkomst / betaler: mag binnenlandse belasting heffen op de uitgaande betaling of kan besluiten het met het EU-rechtsgebied van de aandeelhouder geldende verdrag toe te passen

– EU lege entiteit: blijft fiscaal inwoner van de respectieve lidstaat en moet voldoen aan de relevante verplichtingen van de nationale wetgeving, met inbegrip van het rapporteren van de ontvangen betaling; kan het bewijs leveren van de belasting die op de betaling is toegepast

– EU aandeelhouder(s): neemt de door de lege entiteit ontvangen betaling op in het belastbaar inkomen, overeenkomstig de nationale wetgeving, en kan aanspraak maken op aftrek van alle aan de bron betaalde belastingen, overeenkomstig het toepasselijke verdrag met het rechtsgebied van het derde land van herkomst. Houdt ook rekening met alle door de lege entiteit betaalde belastingen en brengt deze in mindering.

2. EU rechtsgebied van herkomst van de betaler - EU rechtsgebied van lege entiteit - EU rechtsgebied van aandeelhouder(s)

In dat geval vallen alle rechtsgebieden binnen het toepassingsgebied van de richtlijn en zijn zij erdoor gebonden.

– EU bron / betaler: zal geen recht hebben om de betaling te belasten maar kan binnenlandse belasting heffen op de uitgaande betaling voor zover zij niet kan vaststellen of de aandeelhouder(s) van de onderneming in de EU is (zijn)

– EU lege entiteit: blijft fiscaal inwoner van de respectieve lidstaat en moet voldoen aan de relevante verplichtingen van de nationale wetgeving, met inbegrip van het rapporteren van de ontvangen betaling; kan het bewijs leveren van de belasting die op de betaling is toegepast

– EU aandeelhouder(s): neemt (nemen) de door de lege entiteit ontvangen betaling op in het belastbaar inkomen, overeenkomstig de nationale wetgeving, en kan (kunnen) aanspraak maken op aftrek van alle aan de bron betaalde belastingen, ook op grond van de EU-richtlijnen betaalde. Houdt ook rekening met alle door de lege entiteit betaalde belastingen en brengt deze in mindering.

3. EU rechtsgebied van herkomst van de betaler - EU rechtsgebied van lege entiteit - derde land rechtsgebied van aandeelhouder(s)

In dat geval zijn alleen het rechtsgebied van herkomst en dat van de lege entiteit gebonden door de richtlijn en is het rechtsgebied van de aandeelhouder dat niet.

– EU bron / betaler: belast de uitgaande betaling overeenkomstig het verdrag met het rechtsgebied van het derde land van de aandeelhouder(s) of, bij ontstentenis van een dergelijk verdrag, overeenkomstig zijn nationale recht.

– EU lege entiteit: blijft fiscaal inwoner van een lidstaat en moet voldoen aan de relevante verplichtingen van de nationale wetgeving, met inbegrip van het rapporteren van de ontvangen betaling; kan het bewijs leveren van de belasting die op de betaling is toegepast.

– Derde land aandeelhouder(s): hoewel het rechtsgebied van het derde land van de aandeelhouder(s) niet verplicht is gevolgen toe te passen, kan het worden verzocht een belastingverdrag met de lidstaat van herkomst toe te passen om in een vermindering te voorzien.

4. Derde land rechtsgebied van herkomst van de betaler - EU rechtsgebied van lege entiteit - derde land rechtsgebied van aandeelhouder(s)

– Derde land herkomst / betaler: kan binnenlandse belasting heffen op de uitgaande betaling of kan besluiten belasting te heffen overeenkomstig het belastingverdrag dat van kracht is met het rechtsgebied van de aandeelhouder(s) in het derde land als dat de EU lege entiteit ook wenst te negeren.

– EU lege entiteit: blijft fiscaal inwoner van een lidstaat en moet voldoen aan de relevante verplichtingen van de nationale wetgeving, met inbegrip van het rapporteren van de ontvangen betaling; kan het bewijs leveren van de belasting die op de betaling is toegepast

– Derde land aandeelhouder(s): hoewel het rechtsgebied van het derde land van de aandeelhouder niet verplicht is gevolgen toe te passen, kan het overwegen een belastingverdrag met het rechtsgebied van herkomst toe te passen om in een vermindering te voorzien.

Scenario's waarbij lege ondernemingen buiten de EU gevestigd zijn, vallen buiten het toepassingsgebied van de richtlijn.

Uitwisseling van informatie

Alle lidstaten hebben te allen tijde toegang tot informatie over lege entiteiten van de EU, zonder dat zij om die informatie moeten verzoeken. Daarom wordt informatie uitgewisseld tussen de lidstaten vanaf de eerste stap, wanneer een onderneming in de zin van deze richtlijn wordt geacht een risico te vormen. De uitwisseling is ook van toepassing wanneer de belastingdienst van een lidstaat een beoordeling verricht op basis van feiten en omstandigheden van individuele gevallen, en besluit te certificeren dat een bepaalde onderneming het vermoeden een lege entiteit te zijn, heeft weerlegd of moet worden vrijgesteld van de verplichtingen van deze richtlijn. Zo kunnen alle lidstaten tijdig kennis nemen van de uitoefening van de discretionaire bevoegdheid en de redenen die aan iedere beoordeling ten grondslag liggen. De lidstaten kunnen de lidstaat van de onderneming ook verzoeken belastingcontroles uit te voeren als zij vermoeden dat de onderneming niet over een minimum aan inhoud beschikt in de zin van deze richtlijn.

Om ervoor te zorgen dat de inlichtingen tijdig beschikbaar zijn voor alle lidstaten die er belang bij kunnen hebben, wordt de informatie automatisch uitgewisseld via een centraal gegevensbestand dankzij het bestaande mechanisme voor administratieve samenwerking in belastingzaken. De lidstaten wisselen de informatie in alle bovengenoemde scenario's onverwijld en in elk geval binnen 30 dagen na het tijdstip waarop de administratie over dergelijke informatie beschikt, uit. Dat betekent dus binnen 30 dagen na ontvangst van belastingaangiften of binnen 30 dagen nadat de belastingdienst een besluit heeft genomen om te bevestigen dat een onderneming een vermoeden heeft weerlegd of moet worden vrijgesteld. De automatische uitwisseling vindt ook plaats binnen 30 dagen na de afronding van een controle van een onderneming die een risico vormt in de zin van deze richtlijn, als het resultaat van die controle gevolgen heeft voor de informatie over deze onderneming die al uitgewisseld is of had moeten zijn. In artikel 13 van deze richtlijn wordt beschreven welke informatie moet worden uitgewisseld. In principe moet dergelijke informatie alle lidstaten in staat stellen de door ondernemingen die een risico vormen in de zin van deze richtlijn gerapporteerde informatie te ontvangen. Als een administratie van een lidstaat een weerlegging van een vermoeden of een vrijstelling van de verplichtingen van deze richtlijn beoordeelt, moet de uitgewisselde informatie andere lidstaten in staat stellen de redenen voor deze beoordeling te begrijpen. Als lidstaten betwijfelen of een onderneming die de gatewaytest doorstaat, over een minimum aan inhoud beschikt, moeten zij een andere lidstaat steeds om een belastingcontrole van die onderneming kunnen verzoeken. De aangezochte lidstaat voert de belastingcontrole binnen een redelijke termijn uit en deelt het resultaat mee aan de verzoekende lidstaat. Als het besluit is dat een onderneming een lege entiteit is, verloopt de uitwisseling van informatie automatisch overeenkomstig artikel 13 van deze richtlijn.

Sancties

De voorgestelde wetgeving laat de vaststelling van sancties voor overtredingen van de rapportageverplichtingen waarin deze richtlijn zoals omgezet in de nationale rechtsorde, voorziet, over aan de lidstaten. De sancties moeten doeltreffend, evenredig en afschrikkend zijn. Er moet een minimumniveau van coördinatie tussen de lidstaten worden bereikt door middel van de vaststelling van een minimumboete overeenkomstig de bestaande bepalingen in de financiële sector. Sancties moeten een administratieve geldboete omvatten van ten minste 5 % van de omzet van de onderneming. Een dergelijk minimumbedrag moet rekening houden met de omstandigheden van de specifieke entiteit die moet rapporteren.

2021/0434 (CNS)

Voorstel voor een RICHTLIJN VAN DE RAAD tot vaststelling van regels ter voorkoming van misbruik van lege entiteiten voor belastingdoeleinden en tot wijziging van Richtlijn 2011/16/EU

DE RAAD VAN DE EUROPESE UNIE,

Gezien het Verdrag betreffende de werking van de Europese Unie, en met name artikel 115,
Gezien het voorstel van de Commissie,
Na toezending van het ontwerp van wetgevingshandeling aan de nationale parlementen,
Gezien het advies van het Europees Parlement[1],
Gezien het advies van het Europees Economisch en Sociaal Comité[2],
Handelend volgens een bijzondere wetgevingsprocedure,
Overwegende hetgeen volgt:

1. Het waarborgen van een billijke en doeltreffende belastingheffing in de Unie en het voorkomen van belastingontwijking en -ontduiking blijven grote beleidsprioriteiten in de Unie. De laatste jaren is er op dit gebied aanzienlijke vooruitgang geboekt, met name met de vaststelling van Richtlijn 2016/1164 van de Raad[3] betreffende de bestrijding van belastingontwijking en met de uitbreiding van het toepassingsgebied van Richtlijn 2011/16/EU van de Raad[4] betreffende administratieve samenwerking; toch zijn verdere maatregelen nodig ten aanzien van specifiek vastgestelde praktijken van belastingontwijking en -ontduiking waarvoor het bestaande rechtskader van de Unie nog niet volstaat. Met name multinationale groepen creëren vaak ondernemingen zonder een minimum aan inhoud, om hun totale belastingschuld te verlagen, onder meer door winsten te verschuiven vanuit bepaalde lidstaten met hoge belastingen waar zij economische activiteiten uitoefenen en waarde voor hun bedrijf creëren. Dit voorstel vormt een aanvulling op de vooruitgang die is geboekt inzake bedrijfstransparantie met informatievereisten over uiteindelijk begunstigden die zijn ingevoerd in het antiwitwaskader; daarin worden situaties aangepakt waarin ondernemingen worden opgericht om werkelijke eigendom te verbergen, hetzij van de onderneming zelf hetzij van de activa die zij beheren en waarvan zij eigenaar zijn, zoals onroerend goed of goederen met een hoge waarde.

2. Er wordt erkend dat ondernemingen zonder minimum aan inhoud in een lidstaat kunnen worden opgericht met als hoofddoel een belastingvoordeel te verkrijgen, met name door de belastinggrondslag van een andere lidstaat uit te hollen. Hoewel sommige lidstaten een wettelijk of administratief kader hebben ontwikkeld om hun belastinggrondslag hiertegen te beschermen, hebben de desbetreffende regels vaak een beperkt effect aangezien zij alleen van toepassing zijn op het grondgebied van één lidstaat en situaties waarbij meer dan één lidstaat betrokken is, niet doeltreffend aanpakken. Bovendien verschillen de nationale regels die op dit gebied gelden, aanzienlijk tussen de verschillende lidstaten; er zijn zelfs lidstaten die helemaal geen regels hebben over misbruik van ondernemingen zonder of met slechts een minimum aan inhoud voor belastingdoeleinden.

3. Er moet een gemeenschappelijk kader komen om de lidstaten weerbaarder te maken tegen praktijken van belastingontwijking en -ontduiking die verband houden met het gebruik van ondernemingen die geen economische activiteit verrichten, ook al lijken zij dat wel te doen, en dus geen of slechts een minimum aan inhoud voor belastingdoeleinden hebben. Zo kan worden voorkomen dat ondernemingen zonder een minimum aan inhoud worden gebruikt als instrumenten voor belastingontduiking of -ontwijking. Aangezien deze ondernemingen in de ene lidstaat gevestigd kunnen zijn, maar zodanig kunnen worden gebruikt dat de belastinggrondslag van een andere lidstaat wordt uitgehold, is het van cruciaal belang overeenstemming te bereiken over een gemeenschappelijke reeks regels om te bepalen wat als ontoereikende inhoud voor belastingdoeleinden op de interne markt moet worden beschouwd en om specifieke fiscale gevolgen te bepalen voor een dergelijk gebrek aan inhoud. Als blijkt dat een onderneming voor de toepassing van deze richtlijn over voldoende inhoud beschikt, hoeft dit de lidstaten er niet van te weerhouden regels ter bestrijding van belastingontwijking en -ontduiking te blijven toepassen, op voorwaarde dat die regels stroken met de EU-wetgeving.

1. PB C ..., blz. ... Nog niet bekendgemaakt in het Publicatieblad.
2. PB C ..., blz. ... Nog niet bekendgemaakt in het Publicatieblad.
3. Richtlijn (EU) 2016/1164 van de Raad van 12 juli 2016 tot vaststelling van regels ter bestrijding van belastingontwijkingspraktijken welke rechtstreeks van invloed zijn op de werking van de interne markt (PB L 193 van 19.7.2016, blz. 1).
4. Richtlijn 2011/16/EU van de Raad van 15 februari 2011 betreffende de administratieve samenwerking op het gebied van de belastingen en tot intrekking van Richtlijn 77/799/EEG (PB L 64 van 11.3.2011, blz. 1).

4. Om een omvattende aanpak te waarborgen moeten de regels gelden voor alle ondernemingen in de Unie die belastingplichtig zijn in een lidstaat, ongeacht hun rechtsvorm en status, als zij hun fiscale woonplaats in een lidstaat hebben en in aanmerking komen voor een verklaring van fiscale woonplaats in die lidstaat.

5. Voor de goede werking van de interne markt en de evenredigheid en doeltreffendheid van potentiële regels is het wenselijk het toepassingsgebied ervan te beperken tot ondernemingen die mogelijk worden beschouwd als onderneming zonder een minimum aan inhoud en met als hoofddoel het verkrijgen van een belastingvoordeel. Het is dus van belang een gatewaytest op te stellen in de vorm van een reeks van drie cumulatieve voorwaarden, om te besluiten welke ondernemingen in die mate een risico vormen dat zij aan rapportagevereisten kunnen worden onderworpen. Een eerste voorwaarde zou het mogelijk maken vast te stellen welke ondernemingen vermoedelijk hoofdzakelijk geografisch mobiele economische activiteiten verrichten, aangezien het meestal lastiger is te bepalen op welke plaats die activiteiten daadwerkelijk worden verricht. Dergelijke activiteiten leiden gewoonlijk tot belangrijke passieve opbrengstenstromen. Ondernemingen waarvan de opbrengsten voornamelijk uit passieve opbrengstenstromen bestaan, zouden dus aan deze voorwaarde voldoen. Ook moet er rekening mee worden gehouden dat entiteiten die activa voor privégebruik aanhouden, zoals onroerend goed, jachten, jets, kunstwerken of eigen vermogen, mogelijk voor langere perioden geen inkomsten hebben maar als eigenaar van deze activa toch aanzienlijke belastingvoordelen mogelijk maken. Aangezien zuiver binnenlandse situaties de goede werking van de interne markt niet bedreigen en het best op nationaal niveau kunnen worden aangepakt, moet een tweede voorwaarde gericht zijn op ondernemingen die grensoverschrijdende activiteiten ontplooien. Bij het bepalen of grensoverschrijdende activiteiten worden verricht, moet rekening worden gehouden met enerzijds de aard van de transacties van de onderneming, namelijk binnenlands of buitenlands, en anderzijds haar eigendom, aangezien entiteiten die alleen activa aanhouden voor privédoeleinden, mogelijk gedurende lange tijd geen transacties verrichten. Met een derde voorwaarde moet worden vastgesteld welke ondernemingen geen of onvoldoende eigen middelen hebben om kernbeheersactiviteiten uit te voeren. Ondernemingen die niet over voldoende eigen middelen beschikken, doen vaak een beroep op derden voor diensten op het gebied van administratie, beheer, correspondentie en naleving van de wettelijke voorschriften, of sluiten overeenkomsten met verbonden ondernemingen voor het verlenen van dergelijke diensten teneinde een juridische en fiscale aanwezigheid op te zetten en te behouden. Wanneer uitsluitend bepaalde nevendiensten worden uitbesteed, zoals alleen boekhoudkundige diensten, terwijl de kernactiviteiten bij de onderneming blijven, zou dit op zich niet volstaan om te oordelen dat een onderneming aan deze voorwaarde voldoet. Hoewel dergelijke dienstverleners voor andere, niet-fiscale, doeleinden kunnen worden gereguleerd, kunnen hun verplichtingen voor dergelijke andere doeleinden niet altijd het risico beperken dat zij bijdragen aan de oprichting en handhaving van ondernemingen die misbruikt worden voor belastingontwijking en -ontduiking.

6. Het zou billijk zijn om ondernemingen waarvan de activiteiten voldoende transparant moeten zijn en die dus geen risico vormen op een gebrek aan inhoud voor belastingdoeleinden, vrij te stellen van de beoogde regels. Ook ondernemingen met een effect dat tot de handel is toegelaten of genoteerd is op een gereglementeerde of multilaterale handelsfaciliteit, en bepaalde financiële ondernemingen die direct of indirect in de Unie streng gereguleerd zijn en onderworpen zijn aan strengere transparantievereisten en strenger toezicht, moeten van het toepassingsgebied van deze richtlijn worden uitgesloten. Zuivere holdings die zich in hetzelfde rechtsgebied bevinden als de operationele dochteronderneming en hun uiteindelijk begunstigde(n), zullen wellicht evenmin tot doel hebben een belastingvoordeel te verkrijgen. Hetzelfde geldt voor onderholdings die zich in hetzelfde rechtsgebied bevinden als hun aandeelhouder of uiteindelijke moederentiteit. Zij moeten daarom ook worden uitgesloten. Van ondernemingen die voltijds en uitsluitend een voldoende aantal personen in dienst nemen om hun activiteiten te verrichten, moet eveneens worden geoordeeld dat zij geen gebrek aan een minimum aan inhoud hebben. Hoewel redelijkerwijs niet mag worden verwacht dat zij de gatewaytest doorstaan, moeten zij omwille van de rechtszekerheid uitdrukkelijk worden uitgesloten.

7. Om een onderscheid te maken tussen ondernemingen waarover mogelijk kan worden geoordeeld dat zij over onvoldoende inhoud voor belastingdoeleinden beschikken, en te zorgen dat de regels alleen van toepassing zijn op ondernemingen die over onvoldoende inhoud voor belastingdoeleinden beschikken, moeten ondernemingen informatie verstrekken over hun middelen in de lidstaat waarvan zij fiscaal inwoner zijn. Dergelijke informatie is noodzakelijk om na te gaan of de onderneming over middelen beschikt en daadwerkelijk economische activiteiten uitoefent in de lidstaat waarvan zij fiscaal inwoner is, en dat er een afdoende verband bestaat tussen de inkomsten of het vermogen van de onderneming en die lidstaat.

8. Om de tenuitvoerlegging van deze richtlijn te vergemakkelijken, moeten ondernemingen die mogelijk niet over een minimum aan inhoud beschikken en zouden kunnen worden gebruikt met als hoofddoel een belastingvoordeel te verkrijgen, in hun jaarlijkse belastingaangifte aangeven en bewijzen dat zij over een minimum

aan middelen beschikken, zoals personen en gebouwen in de lidstaat waarvan zij fiscaal inwoner zijn. Hoewel wordt erkend dat voor verschillende activiteiten verschillende niveaus of soorten middelen nodig kunnen zijn, wordt toch onder alle omstandigheden een gemeenschappelijk minimumniveau van middelen verwacht. Deze beoordeling moet er uitsluitend op gericht zijn de inhoud van ondernemingen voor belastingdoeleinden vast te stellen, en stelt geenszins de rol in vraag die "verrichters van trustdiensten en vennootschapsrechtelijke diensten" als gedefinieerd in Richtlijn (EU) 2015/849 van het Europees Parlement en de Raad[1] hebben bij de identificatie van witwassen, de basisdelicten daarvan en terrorismefinanciering. Omgekeerd kan het ontbreken van een minimum aan middelen beschouwd worden als een aanwijzing voor een gebrek aan inhoud als een onderneming reeds het risico loopt om voor belastingdoeleinden een gebrek aan inhoud te vertonen. Om de verenigbaarheid met de relevante internationale normen te waarborgen moet een gemeenschappelijk minimumniveau worden gebaseerd op de bestaande EU- en internationale normen inzake substantiële economische activiteiten in het kader van preferentiële belastingregelingen of bij ontstentenis van vennootschapsbelasting[2], zoals ontwikkeld in het kader van het Forum voor schadelijke belastingpraktijken. Ook moet worden bepaald dat bewijsstukken bij de belastingaangifte moeten worden gevoegd ter staving van de verklaring van de onderneming dat zij over een minimum aan middelen beschikt. De administratie moet ook in staat worden gesteld een standpunt te formuleren over de feiten en omstandigheden van de onderneming en te beslissen of een controleprocedure moet worden ingeleid.

9. Om fiscale zekerheid te waarborgen zijn gemeenschappelijke regels voor de inhoud van de verklaringen van ondernemingen noodzakelijk. Van ondernemingen die de gatewaytest doorstaan en dus onderworpen zijn aan rapportagevereisten, moet worden vermoed dat zij niet beschikken over voldoende inhoud voor belastingdoeleinden als zij ook verklaren niet te beschikken over een of meer van de elementen die cumulatief een minimum aan inhoud vormen, of als zij niet het vereiste bewijsmateriaal verstrekken. Van ondernemingen die verklaren over alle elementen van het minimum aan inhoud te beschikken en het vereiste bewijsmateriaal verstrekken, moet dan weer worden vermoed dat zij beschikken over een minimum aan inhoud voor belastingdoeleinden en dus geen verdere verplichtingen en gevolgen uit hoofde van deze richtlijn hebben. Dit mag echter geen afbreuk doen aan toepasselijke wetgeving en het recht van de administratie om een controle te verrichten, ook op basis van het verstrekte bewijsmateriaal en eventueel tot een andere conclusie te komen.

10. Er wordt erkend dat de vraag of een onderneming daadwerkelijk economische activiteiten voor belastingdoeleinden verricht dan wel hoofdzakelijk belastingontwijking of -ontduiking dient, uiteindelijk een kwestie van feiten en omstandigheden. Dit moet per geval worden beoordeeld voor elke specifieke onderneming. Daarom moeten ondernemingen waarvan wordt vermoed dat zij niet over een minimum aan inhoud voor belastingdoeleinden beschikken, het recht hebben het tegendeel te bewijzen, dus ook dat zij niet primair fiscale doelstellingen dienen, en dat vermoeden te weerleggen. Als zij voldaan hebben aan hun rapportageverplichtingen uit hoofde van deze richtlijn, moeten zij aanvullende informatie verstrekken aan de administratie van de lidstaat waarvan zij fiscaal inwoner zijn. Zij kunnen daarbij alle informatie verstrekken die zij passend achten, maar er moeten gezamenlijke vereisten worden vastgesteld over wat passend aanvullend bewijsmateriaal kan zijn en dus in alle gevallen moeten worden verlangd. Als de lidstaat op basis van dergelijk aanvullend bewijsmateriaal van mening is dat een onderneming het vermoeden van gebrek aan inhoud voldoende heeft weerlegd, moet hij een besluit kunnen uitvaardigen om te certificeren dat de onderneming over een minimum aan inhoud voor belastingdoeleinden beschikt overeenkomstig deze richtlijn. Een dergelijk besluit kan geldig blijven gedurende de periode waarin de feitelijke en juridische omstandigheden van de onderneming ongewijzigd blijven en tot zes jaar na de datum van uitvaardiging van het besluit. Zo blijven de middelen die moeten worden toegewezen aan zaken waarvan is aangetoond dat er geen sprake is van een lege entiteit in de zin van deze richtlijn, beperkt.

11. Aangezien deze richtlijn bedoeld is ter voorkoming van belastingontwijking en -ontduiking die door acties van ondernemingen zonder minimum aan inhoud wellicht welig tieren, en om te zorgen voor belastingzekerheid en een betere werking van de interne markt, is het van het grootste belang vrijstellingen mogelijk te maken voor ondernemingen die de gatewaytest doorstaan maar die als tussengeplaatste onderneming toch geen werkelijk voordeel zouden opleveren voor de algemene fiscale positie van de groep van de onderneming

1. Richtlijn (EU) 2015/849 van het Europees Parlement en de Raad van 20 mei 2015 inzake de voorkoming van het gebruik van het financiële stelsel voor het witwassen van geld of terrorismefinanciering, tot wijziging van Verordening (EU) nr. 648/2012 van het Europees Parlement en de Raad en tot intrekking van Richtlijn 2005/60/EG van het Europees Parlement en de Raad en Richtlijn 2006/70/EG van de Commissie (PB L 141 van 5.6.2015, blz. 73).

2. Secretariaat-generaal van de Raad, 9637/18 FISC 241 ECOFIN 555, Code of Conduct (Business Taxation), Guidance on the interpretation of the third criterion; OECD/G20 Base Erosion and Profit Shifting Project, Countering Harmful Tax Practices More Effectively, Taking into Account Transparency and Substance, Action 5: Final Report.

of van de uiteindelijk begunstigde(n). Daarom moeten dergelijke ondernemingen het recht hebben de administratie van de lidstaat waarvan zij fiscaal inwoner zijn, te verzoeken een besluit te nemen dat hen van meet af aan volledig vrijstelt van de naleving van de voorgestelde regels. Een dergelijke vrijstelling moet ook in de tijd beperkt zijn, zodat de administratie regelmatig kan nagaan of de feitelijke en juridische omstandigheden die het vrijstellingsbesluit rechtvaardigen, nog steeds gelden. Tegelijkertijd zal een eventuele verlenging van de looptijd van een dergelijk besluit het mogelijk maken de middelen voor gevallen die moeten worden vrijgesteld van het toepassingsgebied van de richtlijn, te beperken.

12. Om fiscale zekerheid en eerlijke belastingheffing in de interne markt te waarborgen, is het passend om uitdrukkelijk de regels vast te stellen betreffende de behandeling voor belastingdoeleinden van opbrengstenstromen van en naar ondernemingen waarvan is vastgesteld dat zij niet over een minimum aan inhoud voor belastingdoeleinden beschikken en die geen bewijs van het tegendeel hebben geleverd, noch hebben bewezen dat zij niet dienen om een belastingvoordeel te verkrijgen. Dergelijke opbrengsten moeten belastbaar zijn in de lidstaat van de fiscale woonplaats van de aandeelhouder(s), alsof zij rechtstreeks aan die aandeelhouder(s) zouden zijn betaald. Om het risico van dubbele belastingheffing te voorkomen, moet de eventueel in de lidstaat van de onderneming betaalde belasting in aanmerking worden genomen en in mindering worden gebracht op de belasting die verschuldigd is aan de lidstaat van de aandeelhouder(s) van de onderneming. Als de aandeelhouder(s) geen fiscaal inwoner van een lidstaat is/zijn, moeten die opbrengsten belastbaar zijn in de lidstaat van de fiscale woonplaats van de betaler, alsof zij rechtstreeks aan de aandeelhouder (s) van de onderneming zouden zijn betaald. Regels van gelijke werking moeten van toepassing zijn op situaties waarin er geen opbrengstenstromen zijn. Dit kan met name het geval zijn bij het aanhouden van onroerende of andere eigendommen met een zeer hoge waarde voor louter privédoeleinden of van louter deelnemingen in aandelenkapitaal. Aangezien er een risico bestaat dat meerdere ondernemingen zonder een minimum aan inhoud in een keten worden opgericht, is het ook van essentieel belang uit te sluiten dat de opbrengsten belastbaar worden geacht in het rechtsgebied van een aandeelhouder die zelf een onderneming zonder een minimum aan inhoud is. Deze richtlijn mag geen afbreuk doen aan de verdeling van de heffingsbevoegdheid in overeenstemming met overeenkomsten en verdragen die voorzien in de afschaffing van de dubbele belasting op opbrengsten en, in voorkomend geval, kapitaal, die zijn gesloten tussen een lidstaat en een derde land.

13. Om de doeltreffendheid van het voorgestelde kader te waarborgen, moeten passende fiscale gevolgen worden vastgesteld voor ondernemingen die geen minimum aan inhoud voor belastingdoeleinden hebben. Ondernemingen die aan het gatewaycriterium beantwoorden en waarvan wordt vermoed dat zij over onvoldoende inhoud voor belastingdoeleinden beschikken, en die bovendien geen bewijs van het tegendeel hebben geleverd nog hebben bewezen niet tot doel te hebben een belastingvoordeel te verkrijgen, mogen niet profiteren van de bepalingen van overeenkomsten en verdragen die voorzien in de afschaffing van dubbele belasting op opbrengsten en, in voorkomend geval, kapitaal, waarbij de lidstaat van hun fiscale woonplaats partij is, noch van andere overeenkomsten, met inbegrip van bepalingen in internationale ter stimulering en bescherming van investeringen, met hetzelfde doel of effect. Dergelijke ondernemingen mogen niet kunnen profiteren van Richtlijn 2011/96/EU van de Raad[1] en Richtlijn 2003/49/EG van de Raad[2]. Daarom mogen deze ondernemingen geen recht hebben op een verklaring van fiscale woonplaats voor zover die ertoe strekt dat zij deze voordelen zouden krijgen. De lidstaat waarvan de onderneming fiscaal inwoner is, moet dus weigeren een verklaring van fiscale woonplaats af te geven. Anderzijds moet die lidstaat een dergelijke verklaring wel kunnen afgeven wanneer in een waarschuwing wordt aangegeven dat deze door de onderneming niet mag worden gebruikt om de genoemde belastingvoordelen te verkrijgen. Deze weigering van een verklaring van fiscale woonplaats, of het afgeven van een speciale verklaring van fiscale woonplaats, mag geen afbreuk doen aan de nationale regels van de lidstaat van de onderneming met betrekking tot de fiscale woonplaats en de daarmee verbonden relevante verplichtingen. Zij zou veeleer dienen om aan andere lidstaten en derde landen mee te delen dat geen vrijstelling of teruggaaf mag worden verleend voor transacties waarbij deze onderneming betrokken is op grond van enig verdrag met de lidstaat van de onderneming of, in voorkomend geval, richtlijnen van de Unie.

14. Aangezien ondernemingen zonder een minimum aan inhoud kunnen worden gebruikt om een belastingvoordeel te verkrijgen ten koste van een andere lidstaat dan die waar zij hun fiscale woonplaats hebben, moet de relevante informatie worden gedeeld met de bevoegde autoriteiten van de andere lidstaten. Om alle

1. Richtlijn 2011/96/EU van de Raad van 30 november 2011 betreffende de gemeenschappelijke fiscale regeling voor moedermaatschappijen en dochterondernemingen uit verschillende lidstaten (PB L 345 van 29.12.2011, blz. 8).
2. Richtlijn 2003/49/EG van de Raad van 3 juni 2003 betreffende een gemeenschappelijke belastingregeling inzake uitkeringen van interest en royalty's tussen verbonden ondernemingen van verschillende lidstaten (PB L 157 van 26.6.2003, blz. 49).

belangstellende lidstaten tijdig toegang te verlenen tot die informatie, moet deze automatisch worden uitgewisseld via het door de Unie ontwikkelde gemeenschappelijk communicatienetwerk (CCN). In dit verband moeten de gegevens worden opgeslagen in een beveiligd centraal gegevensbestand over administratieve samenwerking op belastinggebied dat voor alle lidstaten beschikbaar is. De lidstaten dienen een reeks praktische regelingen te treffen, waaronder maatregelen om de verstrekking van alle vereiste inlichtingen te uniformeren door middel van de invoering van een standaardformulier. Daarbij dienen ook de taaleisen voor de beoogde inlichtingenuitwisseling te worden vastgesteld en dient het CCN-netwerk dienovereenkomstig te worden aangepast. Na het stadium van verplichte automatische uitwisseling van inlichtingen overeenkomstig deze richtlijn, moet een lidstaat waar nodig een beroep kunnen doen op artikel 5 van Richtlijn 2011/16/EU van de Raad wat betreft de uitwisseling van inlichtingen op verzoek om aanvullende inlichtingen over rapporterende ondernemingen te verkrijgen van de lidstaat waaraan dergelijke ondernemingen deze inlichtingen zouden moeten rapporteren. Hoe sneller antwoorden op verzoeken om informatie worden ontvangen, hoe doeltreffender zij zijn; het is dus passend ervoor te zorgen dat verzoeken om informatie snel worden beantwoord.

15. Richtlijn 2011/16/EU moet daarom dienovereenkomstig worden gewijzigd.

16. Om de doeltreffendheid te verbeteren moeten de lidstaten sancties vaststellen voor overtredingen van de nationale bepalingen ter omzetting van deze richtlijn. Deze sancties moeten doeltreffend, evenredig en afschrikkend zijn. Om fiscale zekerheid en een minimumniveau van coördinatie tussen alle lidstaten te waarborgen, moet een minimumboete worden vastgesteld, rekening houdend met de situatie van elke specifieke onderneming. De beoogde regels zijn gebaseerd op zelfbeoordeling door ondernemingen met betrekking tot de vraag of zij al dan niet beantwoorden aan de gatewaycriteria. Om de bepalingen doeltreffend te maken en gepaste naleving in de hele Unie te stimuleren, en rekening houdend met het feit dat een lege onderneming in de ene lidstaat kan worden gebruikt om de belastinggrondslag van een andere lidstaat uit te hollen, is het van belangrijk dat elke lidstaat het recht heeft een andere lidstaat te verzoeken om belastingcontroles uit te voeren bij ondernemingen die het risico lopen niet te voldoen aan het in deze richtlijn omschreven minimum aan inhoud. Om de doeltreffendheid te vergroten is het derhalve van essentieel belang dat de aangezochte lidstaat verplicht is een dergelijke controle uit te voeren en informatie over de uitkomst ervan uit te wisselen, ook als die uitkomst is dat er geen sprake is van een lege entiteit.

17. Aangezien de correcte tenuitvoerlegging en handhaving van de voorgestelde regels in elke lidstaat van cruciaal belang is voor de bescherming van de belastinggrondslag van andere lidstaten, moet de Commissie toezicht houden op die tenuitvoerlegging en handhaving. De lidstaten moeten de Commissie daarom regelmatig specifieke informatie, met inbegrip van statistieken, verstrekken over de uitvoering en handhaving op hun grondgebied van de nationale maatregelen die uit hoofde van deze richtlijn zijn vastgesteld.

18. Om de doeltreffendheid van de voorgestelde nieuwe regels te beoordelen, moet de Commissie een evaluatie opstellen op basis van de door de lidstaten verstrekte informatie en andere beschikbare gegevens. Het verslag van de Commissie moet worden gepubliceerd.

19. Om eenvormige voorwaarden te waarborgen voor de uitvoering van deze richtlijn en van Richtlijn 2011/16/EU, in het bijzonder wat betreft de automatische uitwisseling van inlichtingen tussen belastingautoriteiten, moeten aan de Commissie uitvoeringsbevoegdheden worden toegekend om een standaardformulier vast te stellen met een beperkt aantal componenten, waaronder de talenregeling en de nodige praktische regelingen voor de modernisering van het centraal gegevensbestand voor administratieve samenwerking op belastinggebied. Die bevoegdheden, als bepaald in Richtlijn 2011/16/EU, moeten worden uitgeoefend in overeenstemming met Verordening (EU) nr. 182/2011 van het Europees Parlement en de Raad[1].

20. De Europese Toezichthouder voor gegevensbescherming is geraadpleegd overeenkomstig artikel 42 van Verordening (EU) 2018/1725 van het Europees Parlement en de Raad[2].

1. Verordening (EU) nr. 182/2011 van het Europees Parlement en de Raad van 16 februari 2011 tot vaststelling van de algemene voorschriften en beginselen die van toepassing zijn op de wijze waarop de lidstaten de uitoefening van de uitvoeringsbevoegdheden door de Commissie controleren (PB L 55 van 28.2.2011, blz. 13).

2. Verordening (EU) 2018/1725 van het Europees Parlement en de Raad van 23 oktober 2018 betreffende de bescherming van natuurlijke personen in verband met de verwerking van persoonsgegevens door de instellingen, organen en instanties van de Unie en betreffende het vrije verkeer van die gegevens, en tot intrekking van Verordening (EG) nr. 45/2001 en Besluit nr. 1247/2002/EG (PB L 295 van 21.11.2018, blz. 39).

21. De verwerking van persoonsgegevens in het kader van Richtlijn 2011/16/EU moet in overeenstemming zijn met Verordening (EU) 2016/679 van het Europees Parlement en de Raad[1] en Verordening (EU) 2018/1725. Gegevensverwerking komt in Richtlijn 2011/16/EU uitsluitend aan bod met als doel een algemeen openbaar belang te dienen, namelijk belastingheffing en de beoogde bestrijding van belastingfraude, -ontduiking en -ontwijking, het veiligstellen van belastinginkomsten en het bevorderen van eerlijke belastingheffing, waardoor de mogelijkheden voor sociale, politieke en economische inclusie in de lidstaten worden versterkt.

22. Daar de doelstelling van deze richtlijn niet voldoende door de lidstaten kan worden verwezenlijkt, maar vanwege het feit dat dergelijke ondernemingen gewoonlijk in één lidstaat zijn gevestigd maar worden gebruikt op een wijze die van invloed is op de belastinggrondslag van een of meer andere lidstaten, beter door de Unie kan worden verwezenlijkt, kan de Unie, overeenkomstig het in artikel 5 van het Verdrag betreffende de Europese Unie neergelegde subsidiariteitsbeginsel, maatregelen nemen. Overeenkomstig het in hetzelfde artikel neergelegde evenredigheidsbeginsel gaat deze richtlijn niet verder dan nodig is om die doelstelling te verwezenlijken.

HEEFT DE VOLGENDE RICHTLIJN VASTGESTELD:

Hoofdstuk I. Algemene bepalingen

Artikel 1. Onderwerp

Deze richtlijn legt voor ondernemingen in de lidstaten indicatoren voor een minimum aan inhoud vast, evenals regels voor de fiscale behandeling van ondernemingen die niet aan de indicatoren voldoen.

Artikel 2. Toepassingsgebied

Deze richtlijn is van toepassing op alle ondernemingen die als fiscaal inwoner worden beschouwd en in aanmerking komen voor een verklaring van fiscale woonplaats in een lidstaat.

Deze richtlijn doet geen afbreuk aan andere Uniewetgeving.

Artikel 3. Definities

Voor de toepassing van deze richtlijn wordt verstaan onder:
1. “onderneming”: een entiteit die een economische activiteit uitoefent, ongeacht de rechtsvorm ervan, en die fiscaal inwoner is van een lidstaat;
2. “belastingjaar” : een belastingjaar, een kalenderjaar of een andere passende periode voor belastingdoeleinden;
3. “inkomsten”: de som van de netto-omzet, overige bedrijfsopbrengsten, opbrengst uit deelnemingen, met inbegrip van dividenden ontvangen van verbonden ondernemingen, opbrengsten uit andere beleggingen en leningen die tot de vaste activa behoren, overige rentebaten en soortgelijke baten als vermeld in de bijlagen V en VI bij Richtlijn 2013/34/EU van het Europees Parlement en de Raad[2];
4. “lidstaat van de onderneming”: de lidstaat waarvan de onderneming fiscaal inwoner is;
5. “uiteindelijk begunstigde”: een uiteindelijke begunstigde als omschreven in artikel 3, punt 6, van Richtlijn (EU) 2015/849 van het Europees Parlement en de Raad;
6. “aandeelhouders van de onderneming”: de individuen of entiteiten die rechtstreeks aandelen, belangen, deelnemingen, lidmaatschapsrechten, recht op voordelen of andere evenwaardige rechten of aanspraken in de onderneming bezitten, en, in het geval van indirecte deelnemingen, die individuen of entiteiten die een belang in de onderneming bezitten via een of een keten van ondernemingen die geen van alle voldoen aan de in artikel 7, lid 1, van deze richtlijn genoemde indicatoren van een minimum aan inhoud.

Artikel 4. Relevante opbrengsten

Voor de toepassing van de hoofdstukken II en III wordt onder “relevante opbrengsten” verstaan opbrengsten die tot een van de volgende categorieën behoren:

1. Verordening (EU) 2016/679 van het Europees Parlement en de Raad van 27 april 2016 betreffende de bescherming van natuurlijke personen in verband met de verwerking van persoonsgegevens en betreffende het vrije verkeer van die gegevens en tot intrekking van Richtlijn 95/46/EG (algemene verordening gegevensbescherming) (PB L 119 van 4.5.2016, blz. 1).

2. Richtlijn 2013/34/EU van het Europees Parlement en van de Raad van 26 juni 2013 betreffende de jaarlijkse financiële overzichten, geconsolideerde financiële overzichten en aanverwante verslagen van bepaalde ondernemingsvormen, tot wijziging van Richtlijn 2006/43/EG van het Europees Parlement en de Raad en tot intrekking van Richtlijnen 78/660/EEG en 83/349/EEG van de Raad (PB L 182 van 29.6.2013, blz. 19).

a. interest of andere opbrengsten uit financiële activa, met inbegrip van cryptoactiva, als omschreven in artikel 3, lid 1, punt 2, van het voorstel voor een verordening van het Europees Parlement en de Raad betreffende markten in cryptoactiva en tot wijziging van Richtlijn (EU) 2019/1937[1];
b. royalty's of andere opbrengsten die worden gegenereerd door intellectuele of immateriële eigendom of verhandelbare rechten;
c. dividenden en opbrengsten uit de vervreemding van aandelen;
d. opbrengsten uit financiële leasing;
e. opbrengsten uit onroerende eigendom;
f. opbrengsten uit andere roerende eigendom dan contanten, aandelen of effecten, die voor privédoeleinden worden aangehouden en een boekwaarde hebben van meer dan een miljoen euro;
g. opbrengsten uit verzekerings-, bank- en andere financiële activiteiten;
h. opbrengsten uit diensten die de onderneming aan andere verbonden ondernemingen heeft uitbesteed.

Artikel 5. Verbonden onderneming

1. Voor de toepassing van de artikelen 4 en 7 wordt onder "verbonden onderneming" een persoon verstaan die gelieerd is met een andere persoon op ten minste één van de volgende wijzen:
a. een persoon neemt deel aan de leiding van een andere persoon waarbij hij invloed van betekenis kan uitoefenen op die andere persoon;
b. een persoon neemt deel aan de zeggenschap over een andere persoon door middel van een deelneming van meer dan 25 % van de stemrechten;
c. een persoon neemt deel in het kapitaal van een andere persoon door middel van een eigendomsrecht van, direct of indirect, meer dan 25 % van het kapitaal;
d. een persoon heeft recht op 25 % of meer van de winsten van een andere persoon.
2. Als meer dan één persoon deelneemt aan de leiding, aan de zeggenschap, in het kapitaal of in de winst van dezelfde persoon als bedoeld in lid 1, worden alle betrokken personen als verbonden ondernemingen beschouwd.

Als dezelfde personen deelnemen aan de leiding, aan de zeggenschap, in het kapitaal of in de winst van meer dan één persoon als bedoeld in lid 1, worden alle betrokken personen als verbonden ondernemingen beschouwd.
3. Voor de toepassing van de leden 1 en 2 worden onder een persoon zowel rechtspersonen als natuurlijke personen verstaan. Een persoon die met betrekking tot de stemrechten of het kapitaalbezit van een entiteit samen met een andere persoon optreedt, wordt beschouwd als houder van een deelneming in de stemrechten die of het kapitaalbezit dat die andere persoon in de genoemde entiteit heeft.
4. Bij indirecte deelname wordt vastgesteld of aan de criteria van lid 1, punt c), is voldaan door vermenigvuldiging van de deelnemingspercentages doorheen de opeenvolgende niveaus. Een persoon die meer dan 50 % van de stemrechten houdt, wordt geacht 100 % te houden.

Een individu, zijn of haar echtgenoot en bloedverwanten in de rechte lijn worden behandeld als één persoon.

Hoofdstuk II. Identificatie van ondernemingen die niet voldoen aan de indicatoren van een minimum aan inhoud voor belastingdoeleinden

Artikel 6. De rapporterende ondernemingen

1. De lidstaten verplichten ondernemingen die voldoen aan de volgende criteria te rapporteren aan de bevoegde autoriteiten van de lidstaten overeenkomstig artikel 7:
a. meer dan 75 % van de inkomsten van de onderneming in de twee voorgaande belastingjaren zijn relevante opbrengsten;
b. de onderneming verricht grensoverschrijdende activiteiten om een van de volgende redenen:
i. meer dan 60 % van de boekwaarde van de activa van de onderneming die onder artikel 4, punten e) en f), vallen, bevond zich de twee voorafgaande belastingjaren buiten de lidstaat van de onderneming;
ii. ten minste 60 % van de relevante opbrengsten van de onderneming wordt verworven of uitbetaald via grensoverschrijdende transacties;
c. in de twee voorgaande belastingjaren heeft de onderneming het beheer van de dagelijkse activiteiten en de besluitvorming over belangrijke functies uitbesteed.

1. COM/2020/593 final.

Een onderneming die activa aanhoudt die opbrengsten genereren die onder artikel 4, punten e) en f), vallen, wordt ook vermoed aan het criterium in punt a) van de eerste alinea te voldoen, ongeacht of deze activa in de twee voorgaande belastingjaren opbrengsten voor de onderneming hebben gegenereerd, als de boekwaarde van deze activa meer dan 75 % van de totale boekwaarde van de activa van de onderneming bedraagt.

Een onderneming die activa aanhoudt die opbrengsten genereren die onder artikel 4, punt c), vallen, wordt ook vermoed aan het criterium in punt a) van de eerste alinea te voldoen, ongeacht of deze activa in de twee voorgaande belastingjaren opbrengsten voor de onderneming hebben gegenereerd, als de boekwaarde van deze activa meer dan 75 % van de totale boekwaarde van de activa van de onderneming bedraagt.

2. In afwijking van lid 1 zorgen de lidstaten ervoor dat de vereisten van artikel 7 niet gelden voor de ondernemingen die tot een van de volgende categorieën behoren:

a. ondernemingen met een effect dat tot de handel toegelaten is of genoteerd is op een gereglementeerde markt of multilaterale handelsfaciliteit als omschreven in Richtlijn 2014/65/EU van het Europees Parlement en de Raad[1];

b. gereglementeerde financiële ondernemingen;

c. ondernemingen met als hoofdactiviteit het houden van aandelen in operationele activiteiten in dezelfde lidstaat, terwijl hun uiteindelijke begunstigden ook fiscaal inwoner van dezelfde lidstaat zijn;

d. ondernemingen met holdingactiviteiten die fiscaal inwoner zijn van dezelfde lidstaat als de aandeelhouder(s) of de uiteindelijke moederentiteit, als omschreven in afdeling I, punt 7, van bijlage III bij Richtlijn 2011/16/EU;

e. ondernemingen met ten minste vijf fulltime-equivalenten aan werknemers of personeelsleden die uitsluitend de activiteiten verrichten die de relevante opbrengsten genereren;

Punt b) van de eerste alinea is van toepassing op de volgende "gereglementeerde financiële ondernemingen":

a. een kredietinstelling als omschreven in artikel 4, lid 1, punt 1, van Verordening (EU) nr. 575/2013 van het Europees Parlement en de Raad[2];

b. een beleggingsonderneming als omschreven in artikel 4, lid 1, punt 1, van Richtlijn 2014/65/EU van het Europees Parlement en de Raad[3];

c. een beheerder van alternatieve beleggingsinstellingen (abi-beheerder) als omschreven in artikel 4, lid 1, punt b), van Richtlijn 2011/61/EU van het Europees Parlement en de Raad (2), met inbegrip van een beheerder van EuVECA in de zin van Verordening (EU) nr. 345/2013 van het Europees Parlement en de Raad[4], een beheerder van EuSEF in de zin van Verordening (EU) nr. 346/2013 van het Europees Parlement en de Raad[5], en een beheerder van Eltif in de zin van Verordening (EU) 2015/760 van het Europees Parlement en de Raad[6];

d. een beheersmaatschappij voor een instelling voor collectieve belegging in effecten (icbe) als omschreven in artikel 2, lid 1, punt b), van Richtlijn 2009/65/EG van het Europees Parlement en de Raad[7];

e. een verzekeringsonderneming als omschreven in artikel 13, punt 1, van Richtlijn 2009/138/EG van het Europees Parlement en de Raad[8];

f. een herverzekeringsonderneming als omschreven in artikel 13, punt 4, van Richtlijn 2009/138/EG;

1. Richtlijn 2014/65/EU van het Europees Parlement en de Raad van 15 mei 2014 betreffende markten voor financiële instrumenten en tot wijziging van Richtlijn 2002/92/EG en Richtlijn 2011/61/EU (PB L 173 van 12.6.2014, blz. 349).

2. Verordening (EU) nr. 575/2013 van het Europees Parlement en de Raad van 26 juni 2013 betreffende prudentiële vereisten voor kredietinstellingen en beleggingsondernemingen en tot wijziging van Verordening (EU) nr. 648/2012 (PB L 176 van 27.6.2013, blz. 1).

3. Richtlijn 2014/65/EU van het Europees Parlement en de Raad van 15 mei 2014 betreffende markten voor financiële instrumenten en tot wijziging van Richtlijn 2002/92/EG en Richtlijn 2011/61/EU (PB L 173 van 12.6.2014, blz. 349).

4. Verordening (EU) nr. 345/2013 van het Europees Parlement en de Raad van 17 april 2013 betreffende Europese durfkapitaalfondsen (PB L 115 van 25.4.2013, blz. 1);

5. Verordening (EU) nr. 346/2013 van het Europees Parlement en de Raad van 17 april 2013 inzake Europese sociaalondernemerschapsfondsen (PB L 115 van 25.4.2013, blz. 18);

6. Verordening (EU) 2015/760 van het Europees Parlement en de Raad van 29 april 2015 betreffende Europese langetermijnbeleggingsinstellingen (PB L 123 van 19.5.2015, blz. 98).

7. Richtlijn 2009/65/EG van het Europees Parlement en de Raad van 13 juli 2009 tot coördinatie van de wettelijke en bestuursrechtelijke bepalingen betreffende bepaalde instellingen voor collectieve belegging in effecten (icbe's) (PB L 302 van 17.11.2009, blz. 32).

8. Richtlijn 2009/138/EG van het Europees Parlement en de Raad van 25 november 2009 betreffende de toegang tot en uitoefening van het verzekerings- en het herverzekeringsbedrijf (Solvabiliteit II) (PB L 335 van 17.12.2009, blz. 1).

g. een instelling voor bedrijfspensioenvoorziening als omschreven in artikel 1, punt 6), van Richtlijn (EU) 2016/2341 van het Europees Parlement en de Raad[1];

h. pensioeninstellingen die pensioenregelingen uitvoeren welke worden beschouwd als socialezekerheidsregelingen die onder Verordening (EG) nr. 883/2004 van het Europees Parlement en de Raad[2] en Verordening (EG) nr. 987/2009 van het Europees Parlement en de Raad[3] vallen, alsook elke juridische entiteit die is opgericht met het oog op de beleggingen van die regelingen;

i. een alternatieve beleggingsinstelling (abi) beheerd door een abi-beheerder als omschreven in artikel 4, lid 1, punt b), van Richtlijn 2011/61/EU of een abi die onder toezicht staat uit hoofde van het toepasselijke nationale recht;

j. een icbe in de zin van artikel 1, lid 2, van Richtlijn 2009/65/EG;

k. een centrale tegenpartij als omschreven in artikel 2, punt 1, van Verordening (EU) nr. 648/2012 van het Europees Parlement en de Raad[4];

l. een centrale effectenbewaarinstelling als omschreven in artikel 2, lid 1, punt 1, van Verordening (EU) nr. 909/2014 van het Europees Parlement en de Raad[5];

m. een verzekerings- of herverzekerings-Special Purpose Vehicle waaraan overeenkomstig artikel 211 van Richtlijn 2009/138/EG vergunning is verleend;

n. een entiteit voor securitisatiedoeleinden als omschreven in artikel 2, punt 2, van Verordening (EU) nr. 2017/2402 van het Europees Parlement en de Raad[6];

o. een verzekeringsholding als omschreven in artikel 212, lid 1, punt f), van Richtlijn 2009/138/EG of een gemengde financiële holding als omschreven in artikel 212, lid 1, punt h), van Richtlijn 2009/138/EG, die deel uitmaakt van een verzekeringsgroep die onderworpen is aan toezicht op het niveau van de groep overeenkomstig artikel 213 van die richtlijn en die niet is vrijgesteld van groepstoezicht overeenkomstig artikel 214, lid 2, van Richtlijn 2009/138/EG;

p. een betalingsinstelling als omschreven in artikel 1, lid 1, punt d), van Richtlijn (EU) 2015/2366 van het Europees Parlement en de Raad[7];

q. een instelling voor elektronisch geld als omschreven in artikel 2, punt 1, van Richtlijn 2009/110/EG van het Europees Parlement en de Raad[8];

r. een crowdfundingdienstverlener als omschreven in artikel 2, lid 1, punt e), van Verordening (EU) 2020/1503 van het Europees Parlement en de Raad[9];

s. een aanbieders van cryptoactivadiensten als omschreven in artikel 3, lid 1, punt 8) van [het voor een verordening van het Europees Parlement en de Raad betreffende markten in cryptoactiva en tot wijziging van Richtlijn (EU) 2019/1937[10]] bij het verrichten van een of meer cryptoactivadiensten als omschreven in artikel

1. Richtlijn (EU) 2016/2341 van het Europees Parlement en de Raad van 14 december 2016 betreffende de werkzaamheden van en het toezicht op instellingen voor bedrijfspensioenvoorziening (IBPV's) (PB L 354 van 23.12.2016, blz. 37).
2. Verordening (EG) nr. 883/2004 van het Europees Parlement en de Raad van 29 april 2004 betreffende de coördinatie van de socialezekerheidsstelsels (PB L 166 van 30.4.2004, blz. 1).
3. Verordening (EG) nr. 987/2009 van het Europees Parlement en de Raad van 16 september 2009 tot vaststelling van de wijze van toepassing van Verordening (EG) nr. 883/2004 betreffende de coördinatie van de socialezekerheidsstelsels (PB L 284 van 30.10.2009, blz. 1).
4. Verordening (EU) nr. 648/2012 van het Europees Parlement en de Raad van 4 juli 2012 betreffende otc-derivaten, centrale tegenpartijen en transactieregisters (PB L 201 van 27.7.2012, blz. 1).
5. Verordening (EU) nr. 909/2014 van het Europees Parlement en de Raad van 23 juli 2014 betreffende de verbetering van de effectenafwikkeling in de Europese Unie, betreffende centrale effectenbewaarinstellingen en tot wijziging van Richtlijnen 98/26/EG en 2014/65/EU en Verordening (EU) nr. 236/2012 (PB L 257 van 28.8.2014, blz. 1).
6. Verordening (EU) 2017/2402 van het Europees Parlement en de Raad van 12 december 2017 tot vaststelling van een algemeen kader voor securitisatie en tot instelling van een specifiek kader voor eenvoudige, transparante en gestandaardiseerde securitisatie, en tot wijziging van de Richtlijnen 2009/65/EG, 2009/138/EG en 2011/61/EU en de Verordeningen (EG) nr. 1060/2009 en (EU) nr. 648/2012 (PB L 347 van 28.12.2017, blz. 35).
7. Richtlijn (EU) 2015/2366 van het Europees Parlement en de Raad van 25 november 2015 betreffende betalingsdiensten in de interne markt, houdende wijziging van de Richtlijnen 2002/65/EG, 2009/110/EG en 2013/36/EU en Verordening (EU) nr. 1093/2010 en houdende intrekking van Richtlijn 2007/64/EG (PB L 337 van 23.12.2015, blz. 35).
8. Richtlijn 2009/110/EG van het Europees Parlement en de Raad van 16 september 2009 betreffende de toegang tot, de uitoefening van en het prudentieel toezicht op de werkzaamheden van instellingen voor elektronisch geld, tot wijziging van de Richtlijnen 2005/60/EG en 2006/48/EG en tot intrekking van Richtlijn 2000/46/EG (PB L 267 van 10.10.2009, blz. 7).
9. Verordening (EU) 2020/1503 van het Europees Parlement en de Raad van 7 oktober 2020 betreffende Europese crowdfundingdienstverleners voor bedrijven en tot wijziging van Verordening (EU) 2017/1129 en Richtlijn (EU) 2019/1937 (PB L 347 van 20.10.2020, blz. 1).
10. COM/2020/593 final.

3, lid 1, punt 9 van [het voor een verordening van het Europees Parlement en de Raad betreffende markten in cryptoactiva en tot wijziging van Richtlijn (EU) 2019/1937].

Artikel 7. Indicatoren van een minimum aan inhoud voor belastingdoeleinden

1. De lidstaten verplichten ondernemingen die aan de criteria van artikel 6, lid 1, voldoen, in hun jaarlijkse belastingaangifte voor elk belastingjaar te verklaren of zij voldoen aan de volgende indicatoren met betrekking tot een minimum aan inhoud:

a. de onderneming beschikt over eigen bedrijfsruimten in de lidstaat, of over bedrijfsruimten die uitsluitend door haar worden gebruikt;

b. de onderneming heeft ten minste één eigen en actieve bankrekening in de Unie;

c. een van de volgende indicatoren:

i. een of meer directeurs van de onderneming:

1. zijn fiscaal inwoner van de lidstaat van de onderneming, of wonen dicht genoeg bij die lidstaat dat de afstand verenigbaar is met de goede uitvoering van hun taken;

2. zijn gekwalificeerd en gemachtigd om besluiten te nemen met betrekking tot de activiteiten die relevante opbrengsten genereren voor de onderneming of met betrekking tot de activa van de onderneming;

3. maken geregeld actief en onafhankelijk gebruik van de in punt 2) bedoelde machtiging;

4. zijn geen werknemers van een onderneming die geen verbonden onderneming is en vervullen niet de functie van directeur of gelijkwaardig in andere ondernemingen die geen verbonden ondernemingen zijn;

ii. de meerderheid van de werknemers (in aantal fulltime-equivalenten) van de onderneming zijn fiscaal inwoner van de lidstaat van de onderneming, of wonen dicht genoeg bij die lidstaat dat de afstand verenigbaar is met de goede uitvoering van hun taken, en deze werknemers zijn gekwalificeerd om de activiteiten te verrichten die voor de onderneming relevante opbrengsten genereren.

2. In lid 1 bedoelde ondernemingen voegen bewijsstukken bij hun belastingaangifte. De bewijsstukken bevatten de volgende gegevens

a. adres en soort bedrijfsruimten;

b. bedrag van de bruto-inkomsten en het type daarvan;

c. bedrag van de bedrijfskosten en het type daarvan;

d. type bedrijfsactiviteiten dat wordt verricht om relevante opbrengsten te genereren;

e. aantal directeurs, hun kwalificaties, machtigingen en fiscale woonplaats, of aantal werknemers (in fulltime-equivalenten) dat de bedrijfsactiviteiten verricht die de relevante opbrengsten genereren, hun kwalificaties en fiscale woonplaats;

f. uitbestede bedrijfsactiviteiten;

g. bankrekeningnummer, mandaten om toegang te krijgen tot de bankrekening en betalingsinstructies te gebruiken of uit te geven, en bewijs dat het om een actieve rekening gaat.

Artikel 8. Vermoeden van een minimum aan inhoud voor belastingdoeleinden

1. Een onderneming die verklaart te voldoen aan alle in artikel 7, lid 1, bepaalde indicatoren met betrekking tot een minimum aan inhoud, en daarvoor afdoende bewijsstukken verstrekt overeenkomstig artikel 7, lid 2, wordt vermoed voor het belastingjaar een minimum aan inhoud te hebben.

2. Een onderneming die verklaart niet te voldoen aan een of meer in artikel 7, lid 1, bepaalde indicatoren met betrekking tot een minimum aan inhoud, of geen afdoende bewijsstukken verstrekt overeenkomstig artikel 7, lid 2, wordt vermoed voor het belastingjaar geen minimum aan inhoud te hebben.

Artikel 9. Weerlegging van het vermoeden

1. De lidstaten nemen passende maatregelen om ondernemingen die worden vermoed geen minimum aan inhoud te hebben overeenkomstig artikel 8, lid 2, in staat te stellen dit vermoeden te weerleggen door aanvullende bewijsstukken te verstrekken van de bedrijfsactiviteiten die zij verrichten om relevante opbrengsten te genereren.

2. Voor de toepassing van lid 1 verstrekken ondernemingen de volgende aanvullende bewijsstukken:

a. een document aan de hand waarvan de commerciële redenen voor de vestiging van de onderneming kunnen worden vastgesteld;

b. informatie over de personeelsprofielen, met inbegrip van het niveau van hun ervaring, hun beslissingsbevoegdheid in de algemene organisatie, hun rol en positie in het organisatieschema, het soort arbeidsovereenkomst, hun kwalificaties en de duur van het dienstverband;

c. concrete aanwijzingen dat de besluitvorming over de activiteit die de relevante opbrengsten genereert, plaatsvindt in de lidstaat van de onderneming.

3. Een lidstaat oordeelt dat een onderneming het vermoeden heeft weerlegd als uit het bewijsmateriaal dat de onderneming overeenkomstig lid 2 heeft verstrekt, blijkt dat zij de voortdurend zeggenschap heeft gehad over en de risico's heeft gedragen van de bedrijfsactiviteiten die de relevante opbrengsten hebben gegenereerd of, bij gebrek aan opbrengsten, van haar activa.

4. Aan het einde van het belastingjaar waarvoor de onderneming het vermoeden met succes heeft weerlegd, overeenkomstig lid 3, mag een lidstaat er gedurende een periode van vijf jaar van uitgaan dat de onderneming het vermoeden heeft weerlegd op voorwaarde dat de feitelijke en juridische omstandigheden van de onderneming gedurende deze periode ongewijzigd blijven.

Artikel 10. Vrijstelling

1. Een lidstaat neemt passende maatregelen opdat een onderneming die aan de criteria van artikel 6, lid 1, voldoet, om een vrijstelling van haar verplichtingen uit hoofde van deze richtlijn kan verzoeken indien het bestaan van de onderneming niet leidt tot een vermindering van de belastingschuld van haar uiteindelijk begunstigde(n) of van de groep waartoe de onderneming behoort als geheel.

2. Een lidstaat kan die vrijstelling voor één belastingjaar verlenen indien de onderneming voldoende en objectief bewijs levert dat haar hoedanigheid van tussengeplaatste onderneming niet leidt tot een belastingvoordeel voor de uiteindelijk begunstigde(n) of voor de groep waartoe de onderneming behoort als geheel. Dat bewijs omvat informatie over de structuur en de activiteiten van de groep. Dat bewijs maakt het mogelijk het bedrag van de totale belasting die verschuldigd is door de uiteindelijk begunstigde(n) of door de groep als geheel bij een tussengeplaatste onderneming, te vergelijken met het bedrag dat onder dezelfde omstandigheden verschuldigd zou zijn zonder tussengeplaatste onderneming.

3. Aan het einde van het belastingjaar waarvoor de vrijstelling overeenkomstig lid 2 is verleend, kan een lidstaat de geldigheidsduur van de vrijstelling met vijf jaar verlengen op voorwaarde dat de feitelijke en juridische omstandigheden van de onderneming, met inbegrip van de uiteindelijk begunstigde(n) en de groep, in die periode ongewijzigd blijven.

Hoofdstuk III. Fiscale behandeling van ondernemingen die geen minimum aan inhoud voor belastingdoeleinden hebben

Artikel 11. Fiscale gevolgen van het gebrek aan een minimum aan inhoud voor belastingdoeleinden in andere lidstaten dan de lidstaat van de onderneming

1. Andere lidstaten dan de lidstaat van de onderneming houden geen rekening met de met de lidstaat van de onderneming gesloten overeenkomsten en verdragen die voorzien in de afschaffing van de dubbele belasting op opbrengsten en, in voorkomend geval, kapitaal, noch met de artikelen 4, 5 en 6 van Richtlijn 2011/96/EU en artikel 1 van Richtlijn 2003/49/EG, voor zover deze richtlijnen van toepassing zijn op de onderneming die geacht wordt fiscaal inwoner van een lidstaat te zijn, als aan de volgende voorwaarden is voldaan:

a. van een onderneming wordt vermoed dat zij niet over een minimum aan inhoud beschikt;

b. een onderneming weerlegt voor een belastingjaar het in punt a) bedoelde vermoeden niet.

2. De lidstaat van de aandeelhouder(s) van de onderneming belast de relevante opbrengsten van de onderneming overeenkomstig zijn nationale recht alsof deze rechtstreeks aan de aandeelhouder(s) van de onderneming waren toegekomen, en brengt de in de lidstaat van de onderneming over die opbrengsten betaalde belasting in mindering, als aan de volgende voorwaarden is voldaan:

a. de relevante opbrengsten komen toe aan een onderneming waarvan wordt vermoed dat zij niet over een minimum aan inhoud beschikt;

b. de onderneming weerlegt het in punt a) bedoelde vermoeden niet;

c. zowel de aandeelhouders van de onderneming als de betaler zijn fiscaal inwoner van een lidstaat.

De eerste alinea is van toepassing ongeacht enige geldende overeenkomsten of verdragen met een andere lidstaat waarbij wordt voorzien in de afschaffing van de dubbele belasting op opbrengsten en, in voorkomend geval, kapitaal.

Als de betaler geen fiscaal inwoner van een lidstaat is, belast de lidstaat van de aandeelhouder(s) van de onderneming de relevante opbrengsten van de onderneming overeenkomstig zijn nationale recht alsof deze rechtstreeks aan de aandeelhouder(s) van de onderneming waren toegekomen, onverminderd enige geldende overeenkomsten of verdragen tussen de lidstaat van aandeelhouder(s) van de onderneming en het rechtsgebied van de betaler waarbij wordt voorzien in de afschaffing van dubbele belasting op opbrengsten en, in voorkomend geval, kapitaal.

Als de aandeelhouder(s) van de onderneming geen fiscaal inwoner van een lidstaat is/zijn, heft de lidstaat van de betaler van deze opbrengsten bronbelasting overeenkomstig zijn nationale recht, onverminderd enige overeenkomsten of verdragen met het rechtsgebied van het derde land van de aandeelhouder(s) waarbij wordt voorzien in de afschaffing van dubbele belasting op opbrengsten en, in voorkomend geval, kapitaal.

3. Als eigendommen als bedoeld in artikel 4 eigendom zijn van een onderneming waarvan wordt vermoed dat zij geen minimum aan inhoud heeft en die onderneming dit vermoeden niet weerlegt:

a. belast de lidstaat waar de in artikel 4, punt e), bedoelde eigendom gelegen is, dergelijke eigendommen overeenkomstig zijn nationale recht, alsof de eigendom rechtstreeks eigendom was van de aandeelhouder(s), onverminderd overeenkomsten of verdragen met het rechtsgebied van de aandeelhouder(s) van de onderneming waarbij wordt voorzien in de afschaffing van dubbele belasting op opbrengsten en, in voorkomend geval, kapitaal;

b. belast de lidstaat van de aandeelhouder(s) van de onderneming dergelijke eigendommen overeenkomstig zijn nationale recht, alsof de eigendom rechtstreeks eigendom was van de aandeelhouder(s), onverminderd overeenkomsten of verdragen met het rechtsgebied waar het goed gelegen is waarbij wordt voorzien in de afschaffing van dubbele belasting op opbrengsten en, in voorkomend geval, kapitaal.

Artikel 12. Fiscale gevolgen van het gebrek aan een minimum aan inhoud voor belastingdoeleinden in de lidstaat van de onderneming

Als een onderneming in de lidstaat waar zij fiscaal inwoner is, niet over een minimum aan inhoud voor belastingdoeleinden beschikt, neemt die lidstaat een van de volgende beslissingen:

a. zij weigert de afgifte van een verklaring van fiscale woonplaats aan een onderneming voor gebruik buiten de rechtsgebied van deze lidstaat;

b. zij geeft een verklaring van fiscale woonplaats af waarin wordt gesteld dat de onderneming geen recht heeft op de voordelen van overeenkomsten en verdragen die voorzien in de afschaffing van de dubbele belasting van opbrengsten en, in voorkomend geval, kapitaal, of van internationale overeenkomsten met een soortgelijk doel of gevolg, of van de artikelen 4, 5 en 6 van Richtlijn 2011/96/EU en artikel 1 van Richtlijn 2003/49/EG.

Hoofdstuk IV. Uitwisseling van informatie

Artikel 13. Wijzigingen van Richtlijn 2011/16/EU

Richtlijn 2011/16/EU wordt als volgt gewijzigd:

1. In artikel 3 wordt punt 9 als volgt gewijzigd:

   a. punt a) wordt vervangen door:

   "a. voor de toepassing van artikel 8, lid 1, en de artikelen 8 bis tot en met 8 bis quinquies, de systematische verstrekking van vooraf bepaalde inlichtingen aan een andere lidstaat, zonder voorafgaand verzoek, met regelmatige, vooraf vastgestelde tussenpozen; voor de toepassing van artikel 8, lid 1, betekent "beschikbare inlichtingen" inlichtingen die zich in de belastingdossiers van de inlichtingen verstrekkende lidstaat bevinden en die opvraagbaar zijn overeenkomstig de procedures voor het verzamelen en verwerken van inlichtingen in die lidstaat;"

   b. punt c) wordt vervangen door:

   "c. voor de toepassing van andere bepalingen van deze richtlijn dan artikel 8, lid 1, artikel 8, lid 3 bis, en de artikelen 8 bis tot en met 8 bis quinquies, de systematische verstrekking van vooraf bepaalde inlichtingen overeenkomstig de punten a) en b) van dit punt."

2. In afdeling II van hoofdstuk II wordt het volgende artikel 8 bis quinquies toegevoegd:

   "*Artikel 8 bis quinquies. Reikwijdte van en voorwaarden met betrekking tot de verplichte automatische uitwisseling van informatie over ondernemingen die verplicht zijn te rapporteren over indicatoren voor een minimum aan inhoud*

   1. De bevoegde autoriteit van een lidstaat die overeenkomstig artikel 7 van Richtlijn [PB voeg titel en PB-referentie in]* van een op haar grondgebied gevestigde onderneming inlichtingen ontvangt, deelt deze inlichtingen door middel van automatische uitwisseling en binnen 30 dagen na ontvangst van die inlichtingen, mee aan de bevoegde autoriteiten van alle andere lidstaten overeenkomstig lid 4 en de toepasselijke praktische regelingen die op grond van artikel 21 goedgekeurd zijn.

   2. De bevoegde autoriteit van een lidstaat die verklaart dat een onderneming het vermoeden heeft weerlegd overeenkomstig artikel 9 van Richtlijn [PB voeg titel en PB-referentie in] of dat een onderneming overeenkomstig artikel 10 van die richtlijn is vrijgesteld, deelt deze informatie door middel van automatische uitwisseling en binnen 30 dagen na die verklaring, mee aan de bevoegde autoriteiten van alle andere

lidstaten overeenkomstig de toepasselijke praktische regelingen die op grond van artikel 21 van goedgekeurd zijn.

3. De bevoegde autoriteit van een lidstaat die via een controle op grond van het nationale recht van die lidstaat concludeert dat een onderneming niet voldoet aan de indicatoren van een minimum aan het inhoud als bepaald in artikel 7 van Richtlijn [PB voeg titel en PB-referentie in], deelt deze inlichtingen door middel van automatische uitwisseling en binnen 30 dagen nadat het resultaat van de controle definitief wordt, mee aan de bevoegde autoriteiten van alle andere lidstaten overeenkomstig de toepasselijke praktische regelingen die op grond van artikel 21 goedgekeurd zijn.

4. De informatie die door een bevoegde autoriteit van een lidstaat overeenkomstig lid 1 over elke onderneming moet worden verstrekt, omvat:

a. het fiscaal identificatienummer (FIN) van de onderneming die moet rapporteren overeenkomstig artikel 6 van Richtlijn [PB];

b. waar beschikbaar, het btw-nummer van de onderneming die moet rapporteren overeenkomstig artikel 6 van Richtlijn [PB];

c. de identificatie van de aandeelhouders van de onderneming en de uiteindelijk begunstigde(n) van de onderneming, als omschreven in artikel 3, punten 5 en 6;

d. de identificatie van de eventuele andere lidstaten waarop de rapportage van de onderneming betrekking kan hebben;

e. de identificatie van alle personen in de andere lidstaten op wie de rapportage van de onderneming betrekking kan hebben;

f. de door de onderneming verstrekte verklaring overeenkomstig artikel 7, lid 1;

g. de samenvatting van het bewijsmateriaal dat de onderneming overeenkomstig artikel 7, lid 2, heeft verstrekt.

5. Onverminderd lid 4, omvat de informatie die door een bevoegde autoriteit van een lidstaat overeenkomstig lid 2 over elke onderneming moet worden verstrekt, ook:

h. de verklaring van de bevoegde autoriteit van de lidstaat dat de onderneming het vermoeden uit hoofde van artikel 9 van Richtlijn [PB] heeft weerlegd of dat de onderneming uit hoofde van artikel 10 van die richtlijn is vrijgesteld van rapportage;

i. een samenvatting van het aanvullende bewijsmateriaal dat de bevoegde autoriteit relevant acht voor het afgeven van de verklaring dat het vermoeden uit hoofde van artikel 9 van Richtlijn [PB] is weerlegd of dat de onderneming uit hoofde van artikel 10 van die richtlijn is vrijgesteld van rapportage.

6. Onverminderd lid 4, omvat de informatie die door een bevoegde autoriteit van een lidstaat overeenkomstig lid 3 over elke onderneming moet worden verstrekt, ook het controleverslag als een dergelijk verslag is opgesteld door de bevoegde autoriteit.

7. Om de uitwisseling van informatie bedoeld in de leden 4, 5 en 6, te vergemakkelijken, keurt de Commissie, via uitvoeringshandelingen, de praktische regelingen goed die nodig zijn voor de uitvoering van de leden 1 tot en met 6 van dit artikel, met inbegrip van maatregelen om de in de leden 4, 5 en 6 van dit artikel bedoelde mededeling van de inlichtingen te standaardiseren. Deze uitvoeringshandelingen worden overeenkomstig de in artikel 26, lid 2, bedoelde onderzoeksprocedure vastgesteld.

8. Voor de toepassing van de leden 1 tot en met 5 van dit artikel betekent "onderneming" onderneming als omschreven in artikel 3, punt 1), van Richtlijn [PB].

9. De verwerkte informatie wordt bewaard gedurende vijf jaar en in ieder geval niet langer dan nodig is voor de verwezenlijking van de doelstellingen van deze richtlijn.

10. De bevoegde autoriteiten van elke lidstaat worden beschouwd als verwerkingsverantwoordelijken en de Commissie wordt beschouwd als gegevensverwerker.

11. Lidstaten kunnen in geval van ongeoorloofde openbaarmaking van de in lid 4, punten a) tot en met f) bedoelde informatie besluiten de uitwisseling van informatie uit hoofde van deze richtlijn met de lidstaat waar de ongeoorloofde openbaarmaking heeft plaatsgevonden, bij wijze van verzachtende maatregel op te schorten."

3. in artikel 20 wordt lid 5 vervangen door:

"5. De Commissie stelt via uitvoeringshandelingen standaardformulieren, inclusief de talenregeling, vast voor:

a. de automatische uitwisseling van inlichtingen over voorafgaande grensoverschrijdende rulings en voorafgaande verrekenprijsafspraken overeenkomstig artikel 8 bis vóór 1 januari 2017;

b. de automatische uitwisseling van inlichtingen over meldingsplichtige grensoverschrijdende constructies overeenkomstig artikel 8 bis ter vóór 30 juni 2019;

c. de automatische uitwisseling van inlichtingen over ondernemingen die verplicht zijn te rapporteren over indicatoren voor een minimum aan inhoud overeenkomstig artikel 8 bis quinquies vóór 1 januari 2024.

Deze uitvoeringshandelingen worden overeenkomstig de in artikel 26, lid 2, bedoelde onderzoeksprocedure vastgesteld.

Deze standaardformulieren bevatten niet meer rubrieken waarover gegevens worden uitgewisseld dan die welke in artikel 8 bis, lid 6, artikel 8 bis ter, lid 14 en artikel 8 bis quinquies, leden 4, 5 en 6, worden opgesomd en andere daaraan gerelateerde velden die noodzakelijk zijn voor het verwezenlijken van de doelstellingen van artikel 8 bis respectievelijk artikel 8 bis ter en artikel 8 bis quater.

De in de eerste alinea vermelde talenregeling belet de lidstaten niet de in de artikelen 8 bis, 8 bis ter en artikel 8 bis quinquies bedoelde inlichtingen in een van de officiële talen van de Unie verstrekken. Niettemin kan in die talenregeling worden bepaald dat de belangrijkste elementen van deze inlichtingen ook in een andere officiële taal van de Unie worden verstrekt."

4. in artikel 21 wordt lid 5 vervangen door:

"5. De Commissie ontwikkelt uiterlijk op 31 december 2017 een beveiligd centraal gegevensbestand van de lidstaten betreffende administratieve samenwerking op belastinggebied en zorgt voor de technische en logistieke ondersteuning daarvan; in dat centraal gegevensbestand kunnen in het kader van artikel 8 bis, leden 1 en 2, van deze richtlijn te verstrekken inlichtingen worden opgeslagen om te voldoen aan de automatische uitwisseling als bedoeld in die leden.

De Commissie ontwikkelt uiterlijk op 31 december 2019 een beveiligd centraal gegevensbestand van de lidstaten betreffende administratieve samenwerking op belastinggebied en zorgt voor de technische en logistieke ondersteuning daarvan; in dat centraal gegevensbestand kunnen in het kader van artikel 8 bis ter, leden 13, 14 en 16, te verstrekken inlichtingen worden opgeslagen om te voldoen aan de automatische uitwisseling als bedoeld in die leden.

De Commissie ontwikkelt uiterlijk op 30 juni 2024 een beveiligd centraal gegevensbestand van de lidstaten betreffende administratieve samenwerking op belastinggebied en zorgt voor de technische en logistieke ondersteuning daarvan; in dat centraal gegevensbestand kunnen in het kader van artikel 8 bis quinquies, leden 1, 2 en 3, te verstrekken inlichtingen worden opgeslagen om te voldoen aan de automatische uitwisseling als bedoeld in die leden.

De bevoegde autoriteiten van alle lidstaten hebben toegang tot de in dit gegevensbestand opgeslagen inlichtingen. De Commissie heeft ook toegang tot de in dit gegevensbestand opgeslagen inlichtingen, evenwel met inachtneming van de in artikel 8 bis, lid 8, en artikel 8 bis ter, lid 17, genoemde beperkingen. De Commissie stelt door middel van uitvoeringshandelingen de noodzakelijke praktische regelingen vast voor de tenuitvoerlegging van de eerste, tweede en derde alinea van dit lid. Deze uitvoeringshandelingen worden overeenkomstig de in artikel 26, lid 2, bedoelde onderzoeksprocedure vastgesteld.

In afwachting dat dat beveiligd centraal gegevensbestand operationeel wordt, geschiedt de in artikel 8 bis, leden 1 en 2, en artikel 8 bis ter, leden 13, 14 en 16, en artikel 8 bis quinquies, leden 1, 2 en 3, bedoelde automatische uitwisseling volgens lid 1 van dit artikel en de toepasselijke praktische regelingen."

Hoofdstuk V. Handhaving

Artikel 14. Sancties

De lidstaten stellen de voorschriften vast ten aanzien van de sancties die van toepassing zijn op overtredingen van nationale bepalingen die zijn vastgesteld op grond van deze richtlijn en nemen alle nodige maatregelen om ervoor te zorgen dat deze sancties worden uitgevoerd. De sancties moeten doeltreffend, evenredig en afschrikkend zijn.

De lidstaten zorgen ervoor dat deze sancties een administratieve geldboete omvatten van ten minste 5 % van de omzet van de onderneming in het desbetreffende belastingjaar, als de onderneming die op grond van artikel 6 verplicht is te rapporteren, voor een belastingjaar niet binnen de gestelde termijn aan deze verplichting voldoet of een valse aangifte doet in de belastingaangifte uit hoofde van artikel 7.

Artikel 15. Verzoek om belastingcontrole

Als de bevoegde autoriteit van een lidstaat redenen heeft om aan te nemen dat een onderneming die fiscaal inwoner is van een andere lidstaat, haar verplichtingen uit hoofde van deze richtlijn niet is nagekomen, kan eerstgenoemde lidstaat de bevoegde autoriteit van laatstgenoemde lidstaat verzoeken een belastingcontrole bij de onderneming uit te voeren.

De bevoegde autoriteit van de aangezochte lidstaat begint deze controle binnen een maand na ontvangst van het verzoek en voert de belastingcontrole uit overeenkomstig de regels voor belastingcontroles van de aangezochte lidstaat.

De bevoegde autoriteit die de belastingcontrole heeft uitgevoerd, zendt zo spoedig mogelijk en uiterlijk één maand nadat het resultaat van de belastingcontrole bekend is, een terugmelding aan de bevoegde autoriteit van de verzoekende lidstaat.

Artikel 16. Toezicht

1. De lidstaten delen de Commissie voor elk belastingjaar de volgende gegevens mee:

a. aantal ondernemingen dat aan de voorwaarden van artikel 6, lid 1, voldoet;

b. aantal ondernemingen dat overeenkomstig artikel 7 heeft gerapporteerd;

c. overeenkomstig artikel 14 opgelegde sancties voor niet-naleving van de voorschriften van deze richtlijn;

d. aantal ondernemingen waarvan wordt vermoed dat zij niet over een minimum aan inhoud beschikken overeenkomstig artikel 8 en aantal ondernemingen dat dit vermoeden overeenkomstig artikel 9 heeft weerlegd;

e. aantal ondernemingen dat uit hoofde van artikel 10 van de verplichtingen van deze richtlijn is vrijgesteld;

f. aantal controles van ondernemingen die aan de voorwaarden van artikel 6, lid 1, voldoen;

g. aantal gevallen waarin is vastgesteld dat een onderneming waarvan werd vermoed dat zij over een minimum aan inhoud beschikte, geen substantiële activiteit bleek te hebben, met name naar aanleiding van een controle;

h. aantal ingediende verzoeken om uitwisseling van informatie en aantal ontvangen verzoeken;

i. aantal ingediende verzoeken om belastingcontroles en aantal ontvangen verzoeken.

De lidstaten stellen de Commissie op haar verzoek in kennis van alle andere informatie die nodig is voor het toezicht op en de evaluatie van de tenuitvoerlegging van deze richtlijn.

2. De lidstaten delen de in lid 1 genoemde gegevens om de twee jaar uiterlijk op 31 december van het belastingjaar volgend op het einde van de tweejaarlijkse periode.

Artikel 17. Verslagen

1. Uiterlijk op 31 december 2028 brengt de Commissie aan het Europees Parlement en de Raad verslag uit over de tenuitvoerlegging van deze richtlijn.

2. Bij het opstellen van dit verslag houdt de Commissie rekening met de informatie die de lidstaten overeenkomstig artikel 15 hebben meegedeeld.

3. De Commissie maakt het verslag bekend op haar website.

Hoofdstuk VI. Slotbepalingen

Artikel 18. Omzetting

1. De lidstaten dienen uiterlijk op [30 juni 2023] de nodige wettelijke en bestuursrechtelijke bepalingen vast te stellen en bekend te maken om aan deze richtlijn te voldoen. Zij delen de Commissie de tekst van die bepalingen onmiddellijk mee.

Zij passen die bepalingen toe vanaf [1 januari 2024].

Wanneer de lidstaten die bepalingen vaststellen, wordt in die bepalingen zelf of bij de officiële bekendmaking ervan naar deze richtlijn verwezen. De regels voor die verwijzing worden vastgesteld door de lidstaten.

1. De lidstaten delen de Commissie de tekst van de belangrijkste bepalingen van intern recht mee die zij op het onder deze richtlijn vallende gebied vaststellen.

Artikel 19. Inwerkingtreding

Deze richtlijn treedt in werking op de twintigste dag na die van de bekendmaking ervan in het Publicatieblad van de Europese Unie.

Artikel 20. Adressaten

Deze richtlijn is gericht tot de lidstaten.

Gedaan te Brussel,

Voor de Raad
De voorzitter

Proposal for a COUNCIL DIRECTIVE on laying down rules on a debt-equity bias reduction allowance and on limiting the deductibility of interest for corporate income tax purposes

11 May 2022
COM(2022) 216 final
2022/0154 (CNS)

{SEC(2022) 204 final} - {SWD(2022) 144 final} - {SWD(2022) 145 final} - {SWD(2022) 146 final}

THE COUNCIL OF THE EUROPEAN UNION,

Having regard to the Treaty on the Functioning of the European Union, and in particular Article 115 thereof,
Having regard to the proposal from the European Commission,
After transmission of the draft legislative act to the national parliaments,
Having regard to the opinion of the European Parliament[1],
Having regard to the opinion of the European Economic and Social Committee[2],
Acting in accordance with a special legislative procedure,
Whereas:

1. Promoting a fair and sustainable business environment, including through targeted tax measures that incentivise investment and growth, is a high political priority of the Union. To support sustainable and long-term corporate financing, the tax system should minimise unintended distortions of business decisions, for example towards debt rather than equity financing. While the Commission's Capital Markets Union 2020 Action Plan[3] includes important actions to support such financing, for example Action 4 - Encouraging more long-term and equity financing from institutional investors, targeted tax measures should be adopted in order to enhance such actions. Such measures should take into account fiscal sustainability considerations.

2. Member States' tax systems allow the taxpayers to deduct interest payments on debt financing, and thereby reduce the corporate income tax liability, while costs related to equity financing are non-tax deductible in most Member States. The asymmetric tax treatment of debt and equity financing across the Union induces a bias towards debt in investment decisions. Moreover, where Member States provide for a tax allowance on equity financing in their domestic law, such national measures differ significantly in terms of policy design.

3. In order to remove possible tax related distortions among Member States, it is necessary to lay down a common framework of rules to address the tax related debt-equity bias across the Union in a coordinated manner. Such rules should ensure that equity and debt financing are treated in a similar way for tax purposes across the single market. At the same time, a common Union legislative framework should be sustainable also in the short term for Member States' budgets. Such framework should therefore include rules, on the one hand, for the tax deductibility of equity financing costs and, on the other, for limiting the tax deductibility of debt financing costs.

4. To ensure a simple and comprehensive legislative framework, the common framework of rules should apply to all undertakings in the Union that are subject to corporate income tax in a Member State. Financial undertakings have special features and require a specific treatment. If the rules to address the tax related debt-equity bias were to apply to them, the economic burden of the measures would be unequally distributed at the expense of non-financial undertakings. Financial undertakings should therefore be excluded from the scope of this Directive.

1. OJ C , , p. .Not yet published in the Official Journal.
2. OJ C , , p. .Not yet published in the Official Journal.
3. Communication from the Commission to the European Parliament, the Council, the European Economic and Social Committee and the Committee of the Regions 'A Capital Markets Union for people and businesses-new action plan', COM(2020) 590 final (https://eur-lex.europa.eu/resource.html?uri=cellar:61042990-fe46-11ea-b44f-01aa75ed71a1.0001.02/DOC_1&format=PDF)

5. To neutralise the bias against equity financing, an allowance should be envisaged so that increases in a taxpayer's equity from one tax period to the next are deductible from its taxable base, subject to certain conditions. The allowance should be calculated by multiplying the increase in equity with a notional interest rate based on risk-free interest rate as laid down in the implementing acts adopted pursuant to Article 77e(2) of Directive 2009/138/EC. Such risk-free interest rates are already part of EU law and have been practically and effectively applied as such. Any part of the allowance that cannot be deducted in a tax period due to insufficient taxable profits may be carried forward. Taking into account the specific challenges that small- and medium-sized enterprises (SMEs) face in accessing capital markets, an increased allowance on equity should be envisaged for taxpayers that are SMEs. In order for the deduction of an allowance on equity to be sustainable for public finances in the short term, it should be limited in time. To safeguard the system from abuses, it is necessary to exclude the tax value of a taxpayer's own shares as well as that of its participation in associated enterprises from the calculation of changes in equity. In the same vein, it is necessary to provide for the taxation of a decrease in a taxpayer's equity from one tax period to the following one, to prevent an equity increase from being effected in an abusive manner. Such a rule would also encourage the retention of a level of equity. It would apply so that where there is a decrease in equity of a taxpayer that has benefitted from an allowance on equity increase, an amount calculated in the same way as the allowance would become taxable for 10 tax periods; unless the taxpayer provides evidence that this decrease is exclusively due to losses incurred during the tax period or due to a legal obligation.

6. In order to avoid a misuse of the deduction of the allowance on equity, it is necessary to lay down specific anti-tax avoidance rules. Such rules should target, in particular, schemes put in place to circumvent the conditions on which an equity increase qualifies for an allowance under this Directive, for instance, through the intra-group transfer of participations in associated enterprises. Such rules should also target schemes put in place to claim an allowance in the absence of any equity increase at group level. For example, intra-group debt financing or contributions in cash could be used for these purposes. Specific anti-tax avoidance rules should also prevent schemes from being put in place to claim that an increase in equity, and the corresponding allowance, is higher than it actually is, for example, through an increase in loan financing receivables or overvaluation of assets. Moreover, the general anti-tax abuse rule in Article 6 of Council Directive (EU) 2016/1164[4] applies against abusive acts which are not covered by the specific anti-tax avoidance framework of this Directive.

7. To effectively address the tax-related debt-equity bias in a manner sustainable for the Union's public finances, an allowance for equity financing should be accompanied by a limitation on the deductibility of debt financing costs. An interest limitation rule should therefore limit the deductibility of exceeding borrowing costs and apply independently from the allowance. Given the different objectives between such a rule and the existing anti-tax avoidance rule on interest limitation of Article 4 of Directive (EU) 2016/1164, both rules should be maintained. Taxpayers should first calculate the deductibility of exceeding borrowing costs under this Directive and then under ATAD. In the event that the latter results in a lower amount of deductible exceeding borrowing costs, the taxpayer should deduct this lower amount and carry forward or back any difference between the two amounts in accordance with Article 4 of ATAD.

8. As the implementation and enforcement of the Union rules in each Member State are critical for safeguarding Member States' tax bases and, where necessary, for properly reviewing the Union rules, such implementation and enforcement should be monitored by the Commission. Member States should therefore communicate to the Commission, on a regular basis, specific information on the implementation and enforcement in their territory of national measures transposing this Directive.

9. In order to evaluate the effectiveness of this Directive, the Commission should prepare and publish an evaluation report on the basis of the information provided by Member States and of other available data.

10. In order to enable the smooth and prompt amendment of certain non-essential elements of this Directive taking into account ongoing developments, the power to adopt acts in accordance with Article 290 of the Treaty on the Functioning of the European Union should be delegated to the Commission, so that the latter can amend this Directive, to modify the level of the risk premium rate as an element for the calculation of the allowance on equity. It is of particular importance that the Commission carry out appropriate consultations during its preparatory work, including at expert level, and that those consultations be conducted in accordance with the principles laid down in the Interinstitutional Agreement of 13 April 2016 on Better Law-

4. Council Directive (EU) 2016/1164 of 12 July 2016 laying down rules against tax avoidance practices that directly affect the functioning of the internal market (OJ L 193, 19.7.2016, p. 1).

Making[5]. In particular, to ensure equal participation in the preparation of delegated acts, the Council should receive all documents at the same time as Member States' experts, and its experts should systematically be given access to meetings of Commission expert groups dealing with the preparation of delegated acts.

11. Since the objective of this Directive cannot sufficiently be achieved by the Member States but can rather, by reason of the need to provide balanced incentives for business location and entrepreneurship in the single market, be better achieved at Union level, the Union may adopt measures, in accordance with the principle of subsidiarity as set out in Article 5 of the Treaty on European Union. In accordance with the principle of proportionality as set out in that Article, this Directive should not go beyond what is necessary in order to achieve that objective,

HAS ADOPTED THIS DIRECTIVE:

Chapter I. General provisions

Article 1. Subject matter

This Directive lays down rules on the deduction, for corporate income tax purposes, of an allowance on increases in equity and on the limitation of the tax deductibility of exceeding borrowing costs.

Article 2. Scope

This Directive applies to taxpayers that are subject to corporate income tax in one or more Member States, including permanent establishments in one or more Member State of entities resident for tax purposes in a third country.

However, this Directive does not apply to the following financial undertakings:

a. 'credit institution' as defined in Article 4(1), point (1), of Regulation (EU) No 575/2013 the European Parliament and of the Council[6];

b. 'investment firm' as defined in Article 4(1), point (1), of Directive 2014/65/EU the European Parliament and of the Council[7];

c. 'alternative investment fund manager' as defined in Article 4(1), point (b), of Directive 2011/61/EU of the European Parliament and of the Council[8], including a manager of European venture capital funds under Regulation (EU) No 345/2013 of the European Parliament and of the Council[9], a manager of European social entrepreneurship funds under Regulation (EU) No 346/2013 of the European Parliament and of the Council[10] and a manager of European long-term investment funds under Regulation (EU) 2015/760 of the European Parliament and of the Council[11];

d. 'undertaking for collective investment in transferable securities' management company' as defined Article 2(1), point (b), of Directive 2009/65/EC of the European Parliament and of the Council[12];

e. 'insurance undertaking' as defined in Article 13, point (1), of Directive 2009/138/EC of the European Parliament and of the Council[13];

f. 'reinsurance undertaking' as defined in Article 13, point (4), of Directive 2009/138/EC;

g. 'institution for occupational retirement provision' as defined in Article 6, point (1), of Directive (EU)

5. OJ L 123, 12.5.2016, p. 1.

6. Regulation (EU) No 575/2013 of the European Parliament and of the Council of 26 June 2013 on prudential requirements for credit institutions and investment firms and amending Regulation (EU) No 648/2012 (OJ L 176, 27.6.2013, p. 1).

7. Directive 2014/65/EU of the European Parliament and of the Council of 15 May 2014 on markets in financial instruments and amending Directive 2002/92/EC and Directive 2011/61/EU (OJ L 173, 12.6.2014, p. 349).

8. Directive 2011/61/EU of the European Parliament and of the Council of 8 June 2011 on Alternative Investment Fund Managers and amending Directives 2003/41/EC and 2009/65/EC and Regulations (EC) No 1060/2009 and (EU) No 1095/2010 (OJ L 174, 1.7.2011, p. 1).

9. Regulation (EU) No 345/2013 of the European Parliament and of the Council of 17 April 2013 on European venture capital funds (OJ L 115, 25.4.2013, p. 1).

10. Regulation (EU) No 346/2013 of the European Parliament and of the Council of 17 April 2013 on European social entrepreneurship funds (OJ L 115, 25.4.2013, p. 18).

11. Regulation (EU) 2015/760 of the European Parliament and of the Council of 29 April 2015 on European long-term investment funds (OJ L 123, 19.5.2015, p. 98).

12. Directive 2009/65/EC of the European Parliament and of the Council of 13 July 2009 on the coordination of laws, regulations and administrative provisions relating to undertakings for collective investment in transferable securities (UCITS) (OJ L 302, 17.11.2009, p. 32).

13. Directive 2009/138/EC of the European Parliament and of the Council of 25 November 2009 on the taking-up and pursuit of the business of Insurance and Reinsurance (Solvency II) (OJ L 335, 17.12.2009, p. 1).

2016/2341 of the European Parliament and of the Council[14];
h. pension institutions operating pension schemes which are covered by Regulation (EC) No 883/2004 of the European Parliament and of the Council[15] as well as any legal entity set up for the purpose of investment in such schemes;
i. 'alternative investment fund' as defined in Article 4(1), point (a), of Directive 2011/61/EU, managed by an alternative investment fund manager, as defined in Article 4(1), point (b), of Directive 2011/61/EU or an alternative investment fund as defined in Article 4(1), point (a), of Directive 2011/61/EU supervised under the applicable national law;
j. undertakings for collective investment in transferable securities within the meaning of Article 1(2) of Directive 2009/65/EC;
k. 'central counterparty' as defined in Article 2, point (1), of Regulation (EU) No 648/2012 of the European Parliament and of the Council[16];
l. 'central securities depository' as defined in Article 2(1), point (1), of Regulation (EU) No 909/2014 of the European Parliament and of the Council[17];
m. a special purpose vehicle authorised in accordance with Article 211 of Directive 2009/138/EC;
n. 'securitisation special purpose entity' as defined in Article 2, point (2), of Regulation (EU) No 2017/2402 of the European Parliament and of the Council[18];
o. 'insurance holding company' as defined in Article 212(1), point (f), of Directive 2009/138/EC or 'mixed financial holding company' as defined in Article 212(1), point (h), of Directive 2009/138/EC, which is part of an insurance group that is subject to supervision at the level of the group pursuant to Article 213 of that Directive and which is not excluded from group supervision pursuant to Article 214(2) of Directive 2009/138/EC;
p. 'payment institution' as defined in Article 4, point (4), of Directive (EU) 2015/2366 of the European Parliament and of the Council[19];
q. 'electronic money institution' as defined in Article 2, point (1), of Directive 2009/110/EC of the European Parliament and of the Council[20];
r. 'crowdfunding service provider' as defined in Article 2(1), point (e), of Regulation (EU) 2020/1503 of the European Parliament and of the Council[21];
s. 'crypto-asset service provider' as defined in Article 3(1), point (8), of Regulation .../... of the European Parliament and of the Council[22].

Article 3. Definitions

For the purposes of this Directive, the following definitions shall apply:
1. 'associated enterprise' means a person who is related to another person in any of the following ways:
    a. the person participates in the management of the other person by being in a position to exercise a significant influence over the other person;

14. Directive (EU) 2016/2341 of the European Parliament and of the Council of 14 December 2016 on the activities and supervision of institutions for occupational retirement provision (IORPs) (OJ L 354, 23.12.2016, p. 37).
15. Regulation (EC) No 883/2004 of the European Parliament and of the Council of 29 April 2004 on the coordination of social security systems (OJ L 166, 30.4.2004, p. 1).
16. Regulation (EU) No 648/2012 of the European Parliament and of the Council of 4 July 2012 on OTC derivatives, central counterparties and trade repositories (OJ L 201, 27.7.2012, p. 1).
17. Regulation (EU) No 909/2014 of the European Parliament and of the Council of 23 July 2014 on improving securities settlement in the European Union and on central securities depositories and amending Directives 98/26/EC and 2014/65/EU and Regulation (EU) No 236/2012 (OJ L 257, 28.8.2014, p. 1).
18. Regulation (EU) 2017/2402 of the European Parliament and of the Council of 12 December 2017 laying down a general framework for securitisation and creating a specific framework for simple, transparent and standardised securitisation, and amending Directives 2009/65/EC, 2009/138/EC and 2011/61/EU and Regulations (EC) No 1060/2009 and (EU) No 648/2012 (OJ L 347, 28.12.2017, p. 35).
19. Directive (EU) 2015/2366 of the European Parliament and of the Council of 25 November 2015 on payment services in the internal market, amending Directives 2002/65/EC, 2009/110/EC and 2013/36/EU and Regulation (EU) No 1093/2010, and repealing Directive 2007/64/EC (OJ L 337, 23.12.2015, p. 35).
20. Directive 2009/110/EC of the European Parliament and of the Council of 16 September 2009 on the taking up, pursuit and prudential supervision of the business of electronic money institutions amending Directives 2005/60/EC and 2006/48/EC and repealing Directive 2000/46/EC (OJ L 267, 10.10.2009, p. 7).
21. Regulation (EU) 2020/1503 of the European Parliament and of the Council of 7 October 2020 on European crowdfunding service providers for business, and amending Regulation (EU) 2017/1129 and Directive (EU) 2019/1937 (OJ L 347, 20.10.2020, p. 1).
22. Regulation of the European Parliament and of the Council on Markets in Crypto-assets, and amending Directive (EU) 2019/193731 (OJ L...) (OJ: Please insert in the text the number of the Regulation contained in document 2020/0265/COD and insert the number, date, and OJ reference of that Directive in the footnote.)

b. the person participates in the control of the other person through a holding that exceeds 25% of the voting rights;

c. the person participates in the capital of the other person through a right of ownership that, directly or indirectly, exceeds 25% of the subscribed capital;

d. the person is entitled to 25% or more of the profits of the other person.

If more than one person participates in the management, control, capital or profits of the same person, as referred to in paragraph 1, all persons concerned shall be regarded as associated enterprises.

If the same persons participate in the management, control, capital or profits of more than one person, as referred to in paragraph 1 all persons concerned shall be regarded as associated enterprises.

For the purposes of this definition, 'person' means both legal and natural persons. A person who acts together with another person in respect of the voting rights or capital ownership of an entity shall be treated as holding a participation in all of the voting rights or capital ownership of that entity that are held by the other person.

In indirect participations, the fulfilment of the criteria set out in point (c) of paragraph 1 shall be determined by multiplying the rates of holding through the successive tiers. A person holding more than 50% of the voting rights shall be deemed to hold 100%.

The spouse, and lineal descendants of an individual, together with the individual, shall be treated as a single person.

An associated enterprise in accordance with this paragraph shall also include any operation as a result of which a person becomes an associated enterprise;

2. 'tax period' means a calendar year or any other appropriate period for tax purposes;
3. 'group' means a group as defined in Article 2, point (11), Directive 2013/34/EU of the European Parliament and of the Council[23].
4. 'participation' means participating interest as defined in Article 2, point (2), of Directive 2013/34/EU;
5. 'SME' means all undertakings which do not exceed the threshold for medium-sized undertakings, as laid down in Article 3(3) of Directive 2013/34/EU;
6. 'equity' means, in a given tax period, the sum of the taxpayer's paid-up capital, share premium accounts, revaluation reserve and other reserves and profit or loss brought forward;
7. 'net equity' means the difference between the equity of a taxpayer and the sum of the tax value of the taxpayer's participation in the capital of associated enterprises and the taxpayer's own shares;
8. 'reserves' means any of the following:
   1. legal reserve, in so far as national law requires such a reserve;
   2. reserve for own shares, in so far as national law requires such a reserve, without prejudice to Article 24(1), point (b), of Directive 2012/30/EU;
   3. reserves provided for by the articles of association;
   4. other reserves, including the fair value reserve.

Chapter II. Allowance on equity and interest deductions

Article 4. Allowance on Equity

1. An allowance on equity shall be deductible, for 10 consecutive tax periods, from the taxable base of a taxpayer for corporate income tax purposes up to 30% of the taxpayer's earnings before interest, tax, depreciation and amortisation ("EBITDA").

If the deductible allowance on equity, in accordance with the first subparagraph, is higher than the taxpayer's net taxable income in a tax period, Member States shall ensure that the taxpayer may carry forward, without time limitation, the excess of allowance on equity to the following periods.

Member States shall ensure that the taxpayers may carry forward, for a maximum of 5 tax periods, the part of the allowance on equity which exceeds 30% of EBITDA in a tax period.

2. Subject to Article 5, the base of the allowance on equity shall be calculated as the difference between the level of net equity at the end of the tax period and the level of net equity at the end of the previous tax period.

The allowance on equity shall be equal to the base of the allowance multiplied by the 10-year risk-free interest rate for the relevant currency and increased by a risk premium of 1% or, where the taxpayer is an SME, a risk premium of 1.5%.

23. Directive 2013/34/EU of the European Parliament and of the Council of 26 June 2013 on the annual financial statements, consolidated financial statements and related reports of certain types of undertakings, amending Directive 2006/43/EC of the European Parliament and of the Council and repealing Council Directives 78/660/EEC and 83/349/EEC (OJ L 182, 29.6.2013, p. 19).

For the purposes of the second subparagraph of this paragraph, the 10-year risk-free interest rate for the relevant currency shall be the risk-free interest rate with a maturity of 10 years for the relevant currency, as laid down in the implementing acts adopted pursuant to Article 77e(2) of Directive 2009/138/EC for the reference date of 31 December of the year preceding the relevant tax period.

3. If, after having obtained an allowance on equity, the base of the allowance on equity is negative in a tax period, an amount equal to the negative allowance on equity shall become taxable for 10 consecutive tax periods, up to the overall increase of net equity for which such allowance has been obtained under this Directive, unless the taxpayer provides sufficient evidence that this is due to accounting losses incurred during the tax period or due to a legal obligation to reduce capital.

4. The Commission shall be empowered to adopt delegated acts in accordance with Article 9 amending paragraph 2 of this Article by modifying the rate of the risk premium, where any of the following two conditions is met:

a. the 10-year risk-free interest rate as referred to in paragraph 2 of this Article varies by more than two percentage points with regard to at least three Union currencies compared to the tax period in which the most recent delegated act modifying the risk premium, or, where there is no such delegated act, this Directive started to apply; or

b. zero or negative growth of the gross domestic product of the EU area in at least two successive quarters;

and

c. the relevant data, reports and statistics, including those provided by Member States, conclude that the EU average of the financing conditions of debt for taxpayers in scope of this directive has more than doubled or halved since the last determination of the risk premium established in paragraph 2.

The percentage of increase or decrease of the risk premium shall take into account the changes in the financing conditions mentioned under point (c) of the first subparagraph other than changes in the risk-free interest rate for the EU as laid down in the implementing acts adopted pursuant to Article 77e(2) of Directive 2009/138/EC, and in any case shall not be greater than the percentage of increase or decrease of the financing conditions mentioned under point (c) of the first subparagraph.

Article 5. Anti-Abuse Rules

1. Member States shall take appropriate measures to ensure that the base of the allowance on equity does not include the amount of any increase which is the result of:

a. granting loans between associated enterprises;

b. a transfer between associated enterprises of participations or of a business activity as a going concern;

c. a contribution in cash from a person resident for tax purposes in a jurisdiction that does not exchange information with the Member State in which the taxpayer seeks to deduct the allowance on equity.

This paragraph shall not apply if the taxpayer provides sufficient evidence that the relevant transaction has been carried out for valid commercial reasons and does not lead to a double deduction of the defined allowance on equity.

2. Where an increase in equity is the result of a contribution in kind or investment in an asset, Member States shall take the appropriate measures to ensure that the value of the asset is taken into account for the calculation of the base of the allowance only where the asset is necessary for the performance of the taxpayer's income-generating activity.

If the asset consists of shares, it shall be taken into account at its book value.

If the asset is other than shares, it shall be taken into account at its market value, unless a different value has been given by a certified external auditor.

3. Where an increase in equity is the result of a reorganisation of a group, such increase shall only be taken into account for the calculation of the base of the allowance on equity for the taxpayer in accordance with Article 4 to the extent that it does not result in converting into new equity the equity (or part thereof) that already existed in the group before the re-organisation.

Article 6. Limitation to Interest Deduction

1. Member States shall ensure that a taxpayer is able to deduct from its taxable base for corporate income tax purposes exceeding borrowing costs as defined in Article 1, point (2), of Council Directive (EU) 2016/1164[24] up to an amount (a) corresponding to 85% of such costs incurred during the tax period. If such amount is

24. Council Directive (EU) 2016/1164 of 12 July 2016 laying down rules against tax avoidance practices that directly affect the functioning of the internal market (OJ L 193, 19.7.2016, p. 1).

higher than the amount (b) determined in accordance with Article 4 of Directive (EU) 2016/1164, Member States shall ensure that the taxpayer be entitled to deduct only the lower of the two amounts in the tax period. The difference between the two amounts (a) and (b) shall be carried forward or back in accordance with Article 4 of Directive (EU) 2016/1164.
2. Paragraph 1 shall apply to exceeding borrowing costs incurred from [OP insert the date of entry into force of this Directive].

Chapter III. Monitoring and reporting

Article 7. Monitoring

Within 3 months from the end of every tax period, each Member State shall communicate the following information to the Commission regarding the tax period:
a. the number of taxpayers that have benefited from the allowance on equity in the tax period, also as a percentage of the total number of taxpayers falling within the scope of this Directive;
b. the number of SMEs that have benefitted from the allowance in the tax period, including as a percentage of the total number of SMEs falling within the scope of this Directive and the number of SMEs that have benefitted from the allowance, which are part of large groups within the meaning of Article 3(7) of Directive 2013/34/EU;
c. the total amount of expenditure incurred or tax revenue lost due to the deduction of allowance on equity allocated to the allowance on equity as compared to the national gross domestic product of the Member State;
d. the total amount of exceeding borrowing costs;
e. the total amount of non-deductible exceeding borrowing costs.;
f. the number of taxpayers to which anti-abuse measures have been applied in the tax period pursuant to this Directive including the related tax consequences and sanctions applied;
g. the data on the evolution in the Member State of the debt/equity ratio, within the meaning of Annex III, parts (A) and (C) to Directive 2013/34/EU.

Article 8. Reports

1. By 31 December 2027, the Commission shall present a report to the European Parliament and to the Council on the implementation of this Directive.
2. When drawing up the report, the Commission shall take into account the information communicated by Member States pursuant to Article 7.
3. The Commission shall publish the report on its website.

Chapter IV. Final provisions

Article 9. Exercise of Delegation

1. The power to adopt delegated acts is conferred on the Commission subject to the conditions laid down in this Article.
2. The power to adopt delegated acts referred to in Article 4(5) shall be conferred on the Commission for an indeterminate period of time from [OP insert the date of entry into force of this Directive].
3. The delegation of power referred to in Article 4(5) may be revoked at any time by the Council. A decision to revoke shall put an end to the delegation of the power specified in that decision. It shall take effect the day following the publication of the decision in the Official Journal of the European Union or at a later date specified therein. It shall not affect the validity of any delegated acts already in force.
4. Before adopting a delegated act, the Commission shall consult experts designated by each Member State in accordance with the principles laid down in the Interinstitutional Agreement of 13 April 2016 on Better Law-Making.
5. As soon as it adopts a delegated act, the Commission shall notify it to the Council.
6. A delegated act adopted pursuant to Article 4(5) shall enter into force only if no objection has been expressed by the Council within a period of 2 months of notification of that act to the Council or if, before the expiry of that period, the Council has informed the Commission that it will not object. That period shall be extended by 2 months at the initiative of the Council.

Article 10. Informing the European Parliament

The European Parliament shall be informed of the adoption of delegated acts by the Commission, of any objection to them, and of the revocation of a delegation of powers by the Council.

Article 11. Transposition

1. Member States shall adopt and publish, by [31 December 2023] at the latest, the laws, regulations and administrative provisions necessary to comply with this Directive. They shall forthwith communicate to the Commission the text of those provisions.

They shall apply those provisions from [1 January 2024].

When Member States adopt those provisions, they shall include a reference to this Directive or accompany those provisions with such a reference on the occasion of their official publication. Member States shall determine how such reference is to be made.

2. Member States may defer the application of the provisions of this Directive to taxpayers that on [1 January 2024] benefit from an allowance on equity under national law for a period up to 10 years and in no case for a period longer than the duration of the benefit under national law.

3. Member States shall communicate to the Commission the text of the main provisions of national law which they adopt in the field covered by this Directive.

Article 12. Entry into force

This Directive shall enter into force on the twentieth day following that of its publication in the Official Journal of the European Union.

Article 13. Addressees

This Directive is addressed to the Member States.

EXPLANATORY MEMORANDUM

1. Context of the proposal

Reasons for and objectives of the proposal

On 18 May 2021, the European Commission adopted a Communication on Business Taxation for the 21st century[25] to promote a robust, efficient and fair business tax system in the EU. It sets out both a long-term and short-term vision to support Europe's recovery from the COVID-19 pandemic and to ensure adequate public revenues over the coming years. In the same vein, the EU's Capital Markets Union Action Plan (CMU)[26] aims at helping companies to raise the capital they need and improve their equity position, especially during a recovery period implying higher deficits and debt levels, as well a greater need for equity investment. In particular, Action 4 of the CMU[27] incentivises institutional investors to make more long-term investments and thus supports re-equitisation in the corporate sector, with a view to fostering the sustainable and digital transition of the EU economy. An initiative at EU level to address the debt-equity bias complements the aforementioned Action 4, with the aim to create an equitable and stable business environment, which can boost a sustainable and job-rich growth in the Union.

Tax systems in the EU allow for the deduction of interest payments on debt when calculating the tax base for corporate income tax purposes, while costs related to equity financing, such as dividends, are mostly non-tax deductible. This asymmetry in tax treatment is one of the factors favouring the use of debt over equity for financing investments. Currently, only 6 Member States address the debt-equity bias from a tax perspective and the relevant national measures differ significantly. Unless the tax-induced debt-equity bias is effectively tackled across the single market, EU business will continue to have insufficient incentives towards equity over debt financing and relevant tax planning considerations will continue distorting distribution of investment and growth.

With a view to addressing the tax-induced debt-equity bias across the single market in a coordinated way, this directive lays down rules to provide, under certain conditions, for the deductibility for tax purposes of

25.Communication From The Commission To The European Parliament And The Council, Business Taxation for the 21st Century, COM(2021) 251 final.

26.Communication From The Commission To The European Parliament, The Council, The European Economic And Social Committee And The Committee Of The Regions, A Capital Markets Union for people and businesses-new action plan, COM/2020/590 final.

27.Action 4 - Encouraging more long-term and equity financing from institutional investors | European Commission (europa.eu).

notional interest on increases in equity and to limit the tax deductibility of exceeding borrowing costs. It applies to all taxpayers that are subject to corporate tax in one or more Member State, except for financial undertakings. Since small and medium enterprises (SMEs) usually face a higher burden to obtain financing, it is proposed to grant a higher notional interest rate to SMEs.

This proposal also replies to the European Parliament's expectation that the Commission would put forth a proposal for a debt-equity bias reduction allowance, including effective anti-avoidance provisions to avoid any allowance on equity being used as a new tool for base erosion[28].

Consistency with existing and possible future provisions in the policy area

This Directive is part of the EU strategy on business taxation, which aims to ensure a fair and efficient tax system across the EU.

In 2016, the anti-tax avoidance directive (ATAD)[29] was adopted to ensure a fairer tax environment through the coordinated implementation in Member States of key measures against tax avoidance that mostly stemmed from the international Base Erosion and Profit Shifting (BEPS) project actions. While the fight against tax avoidance is not its predominant purpose, this proposal also includes an interest limitation rule. In light of the different objectives between this proposal and the ATAD rule on interest limitation, the two rules on limiting the deductibility of interest should apply in parallel.

Existing tax instruments at EU level do not contain, however, measures to address the debt-equity bias in the single market by balancing the tax treatment of debt and equity across the EU.

This Directive follows up to the Commission's Communication on Business Taxation for the 21st century for a robust, efficient and fair business tax system in the EU and reflects one of the policy initiatives envisaged in such Communication. As such, it complements a number of other policy initiatives promoted by the Commission in parallel, in the short- and long-term.

The aforementioned policy initiatives include a proposal for Business in Europe: Framework for Income Taxation (BEFIT), as a single corporate tax rulebook for the EU, based on the key features of having a common tax base and allocating profits between Member States through methods that include a formula (formulary apportionment). While the BEFIT proposal is still in an early stage of development, the two initiatives contribute to the same vision of a fair, effective and sustainable business environment in the EU.

Consistency with other Union policies

This proposal contributes to the Capital Markets Union. In particular, key objectives of the CMU are to render financing more accessible to EU business and to promote the integration of national capital markets into a genuine single market. By removing the tax-induced debt-equity bias, this proposal is aimed at avoiding over-reliance on debt and encouraging the re-equitisation of businesses. As a result, companies will be in a better position to invest for the future, which will support growth and innovation and support the competitiveness of the EU economy. This will also increase their resilience to unforeseen changes in the business environment and decrease the risk of insolvency, thus contributing to enhancing financial stability.

2. Legal basis, subsidiarity and proportionality

Legal basis

Direct tax legislation falls within the ambit of Article 115 of the Treaty on the Functioning of the EU (TFEU). The clause stipulates that legal measures of approximation under that article shall take the legal form of a Directive.

Subsidiarity (for non-exclusive competence)

This proposal complies with the principle of subsidiarity. The nature of the subject requires a common initiative across the internal market.

28.Report on the impact of national tax reforms on the EU economy, (2021/2074(INI)) https://www.europarl.europa.eu/doceo/document/A-9-2021-0348_EN.html

29.Council Directive (EU) 2016/1164 of 12 July 2016 laying down rules against tax avoidance practices that directly affect the functioning of the internal market (OJ L 193, 19.7.2016, p. 1).

The rules of this Directive aim to tackle the debt-equity bias in the EU corporate sector from a tax perspective and provide a common framework to be implemented into Member States' national laws in a coordinated manner. Such aims cannot be achieved in a satisfactory manner through action undertaken by each Member State while acting on its own.

Tax debt-equity bias arises from the different treatment of debt and equity financing costs for tax purposes and is a problem common to business across EU Member States. Despite this, only 6 Member States have taken tax measures to approximate the tax treatment of debt and equity. Although there is soft law guidance[30] for this type of tax incentives by the Code of Conduct Group (Business Taxation), the relevant national measures of the 6 Member States differ in terms of design elements and anti-tax avoidance rules, especially given the different circumstances and the different policy goals pursued in each Member State.

The complete lack of relevant tax debt bias mitigating measures in 21 Member States along with the existence of significantly different measures in another 6 Member States may create distortions to the function of the internal market and can affect the location of investment in a significant manner.

Furthermore, an EU initiative would add value, as compared to what a multitude of actions taken at national level can attain. A single rule for the EU will ensure legal certainty and allow reducing compliance costs for business as taxpayers will need to comply with a single rule for all their operations in the single market. An EU-wide rule is also expected to boost competition in the single market by ensuring that all businesses, regardless of where they are located, have similar incentives towards appropriate financing.

An EU-wide initiative in the form of a binding legislative proposal is therefore necessary to address in a coordinated and effective manner a problem that is common across the EU. An EU initiative would prevent potential loopholes between diverging national initiatives and would ensure that location of business and investment are not adversely impacted.

Proportionality

The envisaged measures do not go beyond ensuring the minimum necessary level of protection for the internal market. The Directive lays down rules to provide, across the EU and for all EU taxpayers, for the deductibility of an allowance on equity financing costs complemented by a rule to limit the deductibility of interest on debt financing instruments. The Directive also ensures the sustainability of the measures for Member States' budgets by virtue of a general rule that limits the deductibility of financing costs from taxpayers' taxable base. By setting a common EU-wide framework, the Directive allows legal certainty across the single market and the reduction of compliance costs for taxpayers.

Thus, the Directive ensures only the essential degree of coordination within the Union for the purpose of materializing its aims. In this light, the proposal does not go beyond what is necessary to achieve its objectives and is therefore compliant with the principle of proportionality.

Choice of the instrument

The proposal is for a Directive, which is the only available instrument under the legal base of Article 115 TFEU.

3. Results of ex-post evaluations, stakeholder consultations and impact assessments

Ex-post evaluations/fitness checks of existing legislation

There is no EU legislation addressing the debt-equity bias. Therefore, evaluation is not relevant.

Stakeholder consultations

On 1 July 2021, TAXUD launched a public consultation on a potential initiative to address the debt-equity bias. It contained a variety of questions aimed, inter alia, at delineating the problem and its drivers and identifying the appropriate form of EU action and the key features of a possible measure. The consultation closed on 7 October 2021 with a total of 67 replies.

The respondents were 37 business associations mainly representing financial organisations of all sizes (including SME), 12 companies/business organisations (mostly tax accountant and financial organisations), 3

30.WK 11093/2019 REV 1

academic and research institutions, 8 NGOs or others (mostly chamber of commerce, stock exchanges) and 7 individual citizens. Most respondents came from either Belgium (14/67), Germany (14/67) or France (12/67).

NGOs and academics are of the view that the main reason companies use debt is to decrease their tax liability and avoid dilution of their shareholders, whereas business associations and companies consider that it is the necessity of finding financing means.

A majority of respondents, among them 100% of academics, 86% of citizens, 50% of corporations and 42% of business associations, find that an EU initiative to address the tax debt-equity bias would be a useful tool to support the recovery of companies from the COVID-19 crisis and incentivise investment through equity in the transition to a greener digitalised economy without creating distortions in the single market. Companies, NGOs and academics strongly think firms should be encouraged, amongst others from a tax perspective, to use more equity and less debt.

Business associations, companies and academics clearly agree that such an initiative will reduce the room for harmful tax practices in the single market. Importantly, a majority of respondents, among them 71% of corporations, 66% of academics, 43% of citizens and 28% of business associations, think that an EU initiative would be beneficial for enterprises operating across the single market.

On the different options, a majority of respondents are very negative on the option of suppressing completely interest deductibility, among them 75% of corporations, 72% of business associations, 71% of citizens and 66% of academics find it the least suitable option and a majority is quite negative about the option for an allowance on corporate financial capital that would replace the tax deduction of interest. It was considered the best option only by 16% of corporations, 14% of citizens, 5% of business associations and no academic. On the contrary, a majority of respondents are favourable to an allowance that provides for the deductibility of a notional interest on new equity (while maintaining the existing interest deductibility). It appears the best option for 66% of academics, 28% of business associations, 25% of corporations and 14% of citizens. Business associations and companies are even more favourable to the option of having an allowance on the stock of equity, while NGOs and academics are less favourable to this option.

Finally, a majority of respondents to this point strongly agree that the initiative should come with robust rules to avoid aggressive tax planning practices, among them 71% of citizens, 66% of academics, 42% of business associations and 33% of corporations.

In designing its proposal, the Commission took into account the results of the consultation. In particular, amongst the various policy options, the Commission decided to proceed with a proposal to give an allowance only to new equity and not to consider eliminating all deductibility of debt. Furthermore, the directive provides a robust anti-abuse framework as the need has been highlighted by the respondents.

In addition, the Commission appreciates that the protection of Member States' taxable revenues is essential to ensure a sustainable economy and safeguard public finances during the ongoing recovery period after the pandemic. Consequently, the Commission proposes to mitigate the debt-equity bias through measures addressing both the equity and the debt sides, combining an allowance for new equity with a limitation to the deductibility of debt costs.

Collection and use of expertise

In identifying appropriate measures to tackle the debt-equity bias, the Commission drew on the relevant expertise of Member States that have already put in place similar measures (Belgium, Portugal, Poland, Cyprus, Malta and Italy). The Commission undertook exchanges with some of the relevant tax administrations on the anti-abuse framework and to better understand the impact in terms of costs and benefits of the various measures.

The Commission met with national public authorities/agencies, business associations and civil society groups that participate in the Commission Expert Group "Platform for Tax Good Governance, Aggressive Tax Planning and Double Taxation". The Commission also had exchanges with the European Economic and Social Committee (EESC).

Impact assessment

An impact assessment was carried out to prepare this initiative.

On 17 March 2022 the Regulatory Scrutiny Board (RSB) issued a positive opinion with reservations on the submitted impact assessment regarding this proposal, including several suggestions for improvement.[31] The Impact Assessment report (IA) was further revised along these lines, as explained below. The IA examines five policy options in addition to the baseline scenario, i.e. no action.

Option 1 would introduce an allowance on the stock of corporate equity indefinitely, whereas Option 2 would also introduce an allowance but only for new equity and for ten years.

Option 3 would envisage an allowance on corporate capital (i.e. equity and debt) while disallowing current deductibility of interest payments and Option 4 would completely disallow the deductibility of interest expenses. Option 5 would combine an allowance for notional interest on new corporate equity (same as proposed under Option 2) for ten years with a partial limitation of tax deductibility for all companies.

A rate top-up for SMEs[32] would be applied in all cases outlined under policy options 1, 2, 3 and 5..

The various Options have been compared against the following criteria: a) Making the tax system neutral for financing decisions, b) Enhancing the fairness of the tax system, c) Reducing distortions in the single market and d) Stimulating growth and investment in the EU. The comparison revealed that Options 1, 2, 3 and 4 can be expected to be to some degree effective in meeting some of the objectives of this initiative. However, Option 5 is the preferred option, because it successfully addresses the debt-equity bias, while balancing the budgetary impacts and addressing the fairness aspects of the tax system. It is expected to have a positive impact on investment and GDP, and moderate impacts on employment.

Economic impacts

For the assessment of the economic impacts the modelling was done by the European Commission's Joint Research Centre based on the CORTAX model.

Benefits

The preferred option (Option 5) is expected to have a positive economic impact. As main direct benefit, it will favour higher equity ratios and so reduce insolvency risks. By increasing equity investments across the EU, this option is expected to indirectly promote the development of innovative technology. Equity is particularly important for fast-growing innovative companies in their early stages and scale-ups willing to compete globally. The green and digital transition requires new and innovative investments that will benefit from the measure. By benefiting from a higher notional interest rate, SMEs will have an increased access to the equity market. Positive effects on competitiveness, innovation, growth and employment in the EU are expected. It will also tackle fragmentation of the single market by eliminating different treatment under different national allowance for equity measures and providing same administrative rules in all EU Member States. Finally, it will provide uniform and effective measures against aggressive tax planning in the EU.

Costs

The costs related to the selected option are essentially an increase in compliance costs for businesses and tax administrations. Tax compliance costs for business are expected to increase in a limited manner. Overall, costs should be relatively limited because the additional data to be reported to benefit from the allowance should be relatively simple to provide. For tax administrations, costs are also expected to increase modestly. This proposal does not significantly increase compliance burden for firms or for tax administrations.

Main changes implemented

The RSB issued a positive opinion with reservations on the IA. In particular, it was noted that IA should better highlight how the preferred option best achieves the objectives. Furthermore, the RSB noted that the IA should be enhanced as regards the possibility to use non regulatory measures and should better reflect the different stakeholder views throughout the main analysis and annexes. Annex I to the Impact Assessment explains how the RSB reservations were addressed. Several parts of the IA were revised. First, the IA has been revised in

31.[Please insert the links to the summary sheet and the positive opinion of the RSB after their publication.]

32. SMEs would be defined as per Article 3 of the Accounting Directive 2013/34/EU of the European Parliament and of the Council of 26 June 2013. In addition it would be required that for a company to be considered a SME, it must not be part of a group of businesses which, at consolidated level, exceeds at least two of the three limits of Article 3 under the Accounting Directive (Average number of employees in the fiscal year 250; net turnover of EUR 40 million; balance sheet total of EUR 20 million).

order to clarify that a non-regulatory option could not be effective Second, the IA has been expanded in order to reflect in detail the scale of anticipated effects on equity investment and the impact of the preferred option on tax revenues in absolute terms. The IA was also enhanced with further analysis of the reasons why an option acting both on the equity and debt sides has been considered as fit for purpose. Third, several sections of the main part of the IA were revised in order to include relevant stakeholder input, gathered through the open public consultation procedure.

4. Budgetary implications

See Legislative Financial Statement.

5. Other elements

Implementation plans and monitoring, evaluation and reporting arrangements

This proposal, once adopted as a Directive, should be transposed into Member States' national law by 31 December 2023 and come into effect as of 1 January 2024. For the purpose of monitoring and evaluation of the implementation of the Directive, Member States will have to provide the Commission, on a yearly basis, with relevant information per tax year, including a list of statistical data. The relevant information is set out in Article 7 of the Directive.

The Commission shall submit a report on the application of this Directive to the European Parliament and to the Council every five years, which should start counting after [1 January 2024]. The results of this proposal will be included in the report to the European Parliament and to the Council that will be issued by [1 January 2029].

Detailed explanation of the specific provisions of the proposal

This proposal applies to all taxpayers which are subject to corporate income tax in one or more Member States, with the exception of financial undertakings, as defined in Article 3(1).

It includes two separate measures that apply independently: 1) an allowance on equity; and 2) a limitation to interest deduction. Financial undertakings are not in the scope of the measures. Some financial undertakings are subject to regulatory equity requirements that prevent under-equitisation. In addition, many are unlikely to be affected by the countervailing interest limitation deduction applicable to exceeding borrowing costs. Therefore, should financial undertakings be included in the scope, the economic burden of the measures would be unequally distributed at the expense of non-financial undertakings.

Allowance on equity

The allowance on equity is computed by multiplying the allowance base with the relevant notional interest rate.

Allowance on equity = Allowance Base X Notional Interest Rate (NIR)

The allowance base is equal to the difference between equity at the end of the tax year and equity at the end of the previous tax year that is the year-on-year increase in equity.

If the allowance base of a taxpayer that has already benefitted from an allowance on equity under the rules of this Directive, is negative in a given tax period (equity decrease), a proportionate amount will become taxable for 10 consecutive tax periods and up to the total increase of net equity for which such allowance has been obtained, unless the taxpayer provides evidence that this is due to losses incurred during the tax period or due to a legal obligation.

Equity is defined by reference to Directive 2013/34/EU (Accounting Directive)[33], meaning the sum of Paid-up Capital, Share premium account, Revaluation reserve and Reserves[34] and Profits or Losses carried forward. Net equity is then defined as the difference between the equity of a taxpayer and the sum of the tax value of its

33.In the sense of Annex III to Directive 2013/34/EU of the European Parliament and of the Council on the annual financial statements, consolidated financial statements and related reports of certain types of undertakings.

34.Reserves include: 1. Legal reserve, in so far as national law requires such a reserve; 2. Reserve for own shares, in so far as national law requires such a reserve, without prejudice to point (b) of Article 24(1) of Directive 2012/30/EU; 3. Reserves provided for by the articles of association; 4. Other reserves, including the fair value reserve.

participation in the capital of associated enterprises and of its own shares. This definition is meant to prevent cascading the allowance through participations.

The relevant notional interest rate is based on two components: the risk-free interest rate and a risk premium. The risk-free interest rate is the risk-free interest rate with a maturity of ten years, as laid down in the implementing acts to Article 77e(2) of Directive 2009/138/EC[35], in which the allowance is claimed, for the currency of the taxpayer. The risk premium is set at 1%, to better account for the risk premium that investors actually pay and better mitigate the bias. The risk premium is set at 1.5% in the case of taxpayers qualifying as small or medium-sized enterprises, to better reflect the higher risk premium they incur to obtain financing. There should be no discretion on the part of Member States as to whether to apply this higher rate for SMEs or what rate to apply as the top-up for SMEs in order to avoid selectivity concerns as regards EU State Aids rules and to ensure a level playing field for SMEs in the EU regardless of their place of residence.

NIR = Risk Free Rate + Risk Premium

Risk Premium = 1% (or 1.5% for SMEs)

The notional interest rate is hence equal to the currency specific risk-free rate plus 1% or 1.5% (NIR = risk free rate + 1% or, for SMEs, NIR = risk free rate + 1.5%). This approach ensures that the measure has an impact while remains simple to implement and does not harm Member States' budgets. It also ensures that the specific circumstances of different businesses are taken into account. A specific currency rate better ensures the balance of tax treatment between equity and debt since it takes into account the currency risk separately for each currency and reflects the specific situation of each taxpayer.

The allowance is granted for ten years to approximate the maturity of most debt, while keeping the overall budgetary cost of the allowance on equity under control. This means that if an increase in a taxpayer's equity qualifies for an allowance on equity under this proposal, the relevant allowance, computed as above, shall be deductible in the year it was incurred (TY) and in the next successive nine years (TY+9). If, in the following year (TY+1), a new increase in a taxpayer's equity also qualifies for an allowance on equity under this proposal, the new allowance on equity will also be deductible for the tax year it was incurred and the following nine years since its incurrence (until TY+10).

By way of example, if a company having equity of 100, decides to increase in year t its equity by 20, an allowance will be deducted from its taxable base every year for ten years (until t+9) calculated as 20 times the notional interest rate, i.e. 20 times the risk-free interest rate for the relevant currency plus 20 (20 times the risk premium defined as 1).

Year	t	t-1
Equity of Company A	120	100

Allowance base = 120 – 100 = 20

Allowance = Allowance base X NIR = 20 X NIR

The allowance will be available for 10 consecutive years: t, t+1, t+2, ...t+9

If the company is a small or medium enterprise, the allowance will be calculated in the same way. The NIR will simply be different since the risk premium is higher (1.5% instead of 1%).

To prevent tax abuse, the deductibility of the allowance is limited to a maximum of 30% of the taxpayer's EBITDA (earnings before interest, tax, depreciation and amortization) for each tax year. A taxpayer will be able to carry forward, without time limitation, the part of the allowance on equity that would not be deducted in a tax year due to insufficient taxable profit. In addition, the taxpayer will be able to carry forward, for a period of maximum five years, unused allowance capacity, where the allowance on equity does not reach the aforementioned maximum amount.

Robust anti-abuse measures will ensure that the rules on the deductibility of an allowance on equity are not used for unintended purposes. These anti-abuse rules are inspired from the Guidance on notional interest deduction regimes which was adopted by the Code of Conduct Group in 2019 and address well-known existing schemes, such as cascading the allowance within a group.

35. Directive 2009/138/EC Of The European Parliament And Of The Council of 25 November 2009 on the taking-up and pursuit of the business of Insurance and Reinsurance (Solvency II) (recast) (OJ L 335/17.12.2009, p.1)

A first measure would exclude from the base of the allowance equity increases that originate from (i) intra-group loans, (ii) intra-group transfers of participations or existing business activities and (iii) cash contributions under certain conditions. Thus, for example, as regards intra-group loans, the measure should prevent that an equity injection granted to company A located in Member State A is used to grant a loan to a related company B located in Member State B. This is because in such case, company B would also use this money to inject equity in another related company C, located in Member State C. This would lead to multiplying the allowance on equity with only one genuine equity increase at group level.

Another measure sets out specific conditions for taking into account equity increases originating from contributions in kind or investments in assets. It aims to prevent the overvaluation of assets or purchase of luxury goods for the purpose of increasing the base of the allowance. Thus, for example, the value of an asset and the related costs should not exceed reasonable professional needs and any part of the value of the asset contributed or recorded in the taxpayer's accounting books over its market value should be deducted from the base of the allowance.

A third measure targets the re-categorisation of old capital as new capital, which would qualify as an equity increase for the purpose of the allowance. Such re-categorisation could be achieved through a liquidation and the creation of start-ups. For example, if an existing company, with retained earnings, is liquidated, there will be an increase in the equity of the parent company due to the incorporation of the retained earnings. If a new subsidiary is subsequently created and is no longer held by the parent, the previously increased base of allowance of the parent would not be reduced by the value of the participation in the subsidiary.

Limitation to interest deduction

On the debt side, the allowance for notional interest on equity is accompanied by a limitation to the tax deductibility of debt-related interest payments. In particular, a proportional restriction will limit the deductibility of interest to 85% of exceeding borrowing costs (i.e. interest paid minus interest received). Such an approach allows addressing the debt-equity bias simultaneously from both the equity and the debt side, which is most efficient and preserves the sustainability of Member States' public finances.

Given that interest limitation rules already apply in the EU under Article 4 of the ATAD, the taxpayer will apply the rule of Article 6 of this proposal as a first step and then, calculate the limitation applicable in accordance with article 4 of ATAD. If the result of applying the ATAD rule is a lower deductible amount, the taxpayer will be entitled to carry forward or back the difference in accordance with Article 4 of ATAD.

By way of example, if company A has exceeding borrowing costs of 100, it should:
1. First, apply Article 6 of this directive proposal that limits the deductibility to 85% of 100 = 85 and thus renders a non-deductible amount of 15.
2. Second, compute the amount that would be deductible under Article 4 of the ATAD. If the deductible amount is lower, e.g. 80 (and subsequently the non-deductible higher, i.e. 20), the difference in the deductibility, i.e. the additional non-deductible amount (i.e. 85-80 = 5) would be carried forward or back in accordance with the conditions of Article 4 of ATAD, as transposed in national law.

The outcome for company A is that 15 (100 - 85) of interest borrowing costs are non-deductible and a further 5 (85 – 80) of interest borrowing costs are carried forward or back.

Monitoring and reporting

Member States will provide specific data to the Commission on a yearly basis in order to allow monitoring the implementation and effects of the new rules. The Commission will rely on these data, amongst others, in order to evaluate the implementation of the Directive and report accordingly.

Delegation

The Commission will have the power to modify the risk premium rate by adopting delegated acts. The Commission may exercise such power only under specific circumstances, i.e. where inflation and/or economic growth trends require an increase or decrease of the risk premium and provided that relevant data, reports and statistics, including those provided by Member States, conclude that the EU average of the financing conditions of debt of the companies in scope of the directive have doubled or halved since the last determination of the risk premium. In such cases it is in fact essential to be able to change applicable rates to reflect real market conditions quickly and smoothly, without recourse to a full legislative procedure. The power of the Commission is however duly restricted and revocable.

Transposition

Member States that have rules in place providing for an allowance on equity increases may defer the application of the provisions of this directive for the duration of rights already established under domestic rules (grandfathering) Taxpayers that, on [1 January 2024] benefit from an allowance on equity, under domestic law (in Belgium, Cyprus, Italy, Malta, Poland and Portugal) will be able to continue to benefit from such allowance under national law for a period of up to 10 years and in no case for a period longer than the duration of the benefit under national law. Conversely the rules of this directive will apply from their date of application to all other taxpayers in all Member States.

RICHTLIJN (EU) 2017/1852 VAN DE RAAD van 10 oktober 2017 betreffende mechanismen ter beslechting van belastinggeschillen in de Europese Unie

10 oktober 2017

DE RAAD VAN DE EUROPESE UNIE,
Gezien het Verdrag betreffende de werking van de Europese Unie, en met name artikel 115,
Gezien het voorstel van de Europese Commissie,
Na toezending van het ontwerp van wetgevingshandeling aan de nationale parlementen,
Gezien het advies van het Europees Parlement[1],
Gezien het advies van het Europees Economisch en Sociaal Comité[2],
Handelend volgens een bijzondere wetgevingsprocedure,
Overwegende hetgeen volgt:

1. Situaties waarin verschillende lidstaten de bepalingen van bilaterale belastingovereenkomsten en -verdragen of het Verdrag ter afschaffing van dubbele belasting in geval van winstcorrecties tussen verbonden ondernemingen (90/436/EEG)[3] („het arbitrageverdrag van de Unie") op een verschillende wijze uitleggen of toepassen, kunnen ernstige fiscale belemmeringen vormen voor ondernemingen die over de grenzen heen actief zijn. Dergelijke belemmeringen leiden tot een buitensporige belastingdruk op ondernemingen en er is een reëel risico dat zij economische verstoringen en inefficiënties veroorzaken en negatieve gevolgen hebben voor grensoverschrijdende investeringen en de groei.

2. Om die reden is het noodzakelijk dat er in de Unie mechanismen zijn die zorgen voor de doeltreffende beslechting van geschillen betreffende de uitleg en de toepassing van dergelijke bilaterale belastingverdragen en van het arbitrageverdrag van de Unie, en met name van geschillen die tot dubbele belasting leiden.

3. De mechanismen waarin bilaterale belastingverdragen en het arbitrageverdrag van de Unie momenteel voorzien, leiden mogelijk niet in alle gevallen tot een doeltreffende beslechting van dergelijke geschillen binnen een redelijke termijn. De monitoring die in het kader van de tenuitvoerlegging van het arbitrageverdrag van de Unie heeft plaatsgevonden, heeft een aantal belangrijke tekortkomingen aan het licht gebracht, met name wat de toegang tot de procedure en wat de duur en de effectieve sluiting van de procedure betreft.

4. Om tot een eerlijker belastingklimaat te komen, moeten de transparantieregels worden verbeterd en de maatregelen ter bestrijding van belastingontwijking worden versterkt. Tegelijkertijd is het in de geest van een eerlijk belastingstelsel noodzakelijk dat ervoor wordt gezorgd dat geschilbeslechtingsmechanismen alomvattend, effectief en duurzaam zijn. In de mechanismen ter beslechting van geschillen moeten ook verbeteringen worden aangebracht om in te spelen op het risico dat er alsmaar meer geschillen over dubbele of meervoudige belasting zullen rijzen, waarmee mogelijk grote bedragen zijn gemoeid, omdat belastingdiensten regelmatiger en doelgerichter controles uitvoeren.

5. Om eerlijke en efficiënte belastingstelsels in de Unie tot stand te brengen, is het van essentieel belang dat er een doeltreffend en efficiënt kader voor de beslechting van belastinggeschillen wordt ingevoerd dat voor rechts zekerheid en een bedrijfsvriendelijk klimaat voor investeringen zorgt. De mechanismen ter beslechting van geschillen moeten ook een geharmoniseerd en transparant kader voor de regeling van geschillen bieden en aldus voordelen voor alle belastingplichtigen opleveren.

6. De beslechting van geschillen moet gelden voor een verschillende uitleg en verschillende toepassingen van bilaterale belastingverdragen en van het arbitrageverdrag van de Unie, met name voor een verschillende uitleg en verschillende toepassingen die tot dubbele belasting leiden. Dit moet worden verwezenlijkt aan de hand van een procedure waarbij de zaak in een eerste fase aan de belastingautoriteiten van de betrokken lidstaten wordt voorgelegd met de bedoeling het geschil via een procedure voor onderling overleg te beslechten. De lidstaten moeten worden aangemoedigd om gebruik te maken van niet-bindende alternatieve vormen van geschilbeslechting, zoals bemiddeling of verzoening, tijdens de laatste fasen van de periode van de procedure voor onderling overleg. Indien binnen een bepaalde termijn geen overeenstemming wordt bereikt, moet de zaak worden behandeld in het kader van een geschilbeslechtingsprocedure. Er moet flexibiliteit worden betracht bij het kiezen van de methode voor de geschilbeslechting, hetzij door middel van ad-hocstructuren, hetzij door middel van meer permanente structuren. Geschilbeslechtingsprocedures kunnen de vorm aannemen van een raadgevende commissie, samengesteld uit zowel vertegenwoordigers van de betrokken belastingautoriteiten als vooraanstaande onafhankelijke personen, of

1. Standpunt van 6 juli 2017 (nog niet bekendgemaakt in het Publicatieblad).
2. Standpunt van 22 februari 2017 (nog niet bekendgemaakt in het Publicatieblad).
3. PB L 225 van 20.8.1990, blz. 10.

van een commissie voor alternatieve geschilbeslechting (waarbij deze laatste voor flexibiliteit bij het kiezen van de methode voor de geschilbeslechting zorgt). Waar passend kunnen de lidstaten voorts, via een bilaterale overeenkomst, kiezen voor het gebruik van andere geschilbeslechtingsprocedures, zoals „eindbod"-arbitrage („final offer" arbitration) (ook arbitrage van „het laatste beste bod" („last best offer" arbitration) genoemd), om het geschil op een bindende manier te regelen. De belastingautoriteiten moeten een bindend eindbesluit nemen onder verwijzing naar het advies van een raadgevende commissie of van een commissie voor alternatieve geschilbeslechting.

7. Het verbeterde mechanisme ter beslechting van geschillen moet voortbouwen op binnen de Unie bestaande mechanismen, waaronder het arbitrageverdrag van de Unie. Het toepassingsgebied van deze richtlijn moet echter ruimer zijn dan dat van het arbitrageverdrag van de Unie, dat beperkt is tot verrekenprijsgeschillen en de toerekening van winst aan vaste inrichtingen. Deze richtlijn moet van toepassing zijn op alle belastingplichtigen die onderworpen zijn aan belastingen op inkomsten en vermogen die onder bilaterale belastingverdragen en het arbitrageverdrag van de Unie vallen. Tegelijkertijd moeten de administratieve lasten voor natuurlijke personen, micro-ondernemingen en kleine en middelgrote ondernemingen worden verlicht wanneer ze gebruikmaken van de geschilbeslechtingsprocedure. Daarnaast moet de geschilbeslechtingsfase worden versterkt. Het is meer in het bijzonder noodzakelijk om een tijdslimiet vast te stellen voor de duur van de procedures voor de beslechting van geschillen over dubbele belasting en om de voor de belastingplichtigen geldende voorwaarden van de geschilbeslechtingsprocedure vast te leggen.

8. Om eensluidende voorwaarden voor de uitvoering van deze richtlijn te waarborgen, moeten aan de Commissie uitvoeringsbevoegdheden worden toegekend. Die bevoegdheden moeten worden uitgeoefend overeenkomstig Verordening (EU) nr. 182/2011 van het Europees Parlement en de Raad.[1]

9. Deze richtlijn eerbiedigt de grondrechten en neemt de beginselen in acht die met name zijn erkend in het Handvest van de grondrechten van de Europese Unie. Deze richtlijn beoogt met name te waarborgen dat het recht op een eerlijk proces en de vrijheid van ondernemerschap onverkort worden geëerbiedigd.

10. Daar de doelstelling van deze richtlijn, namelijk de vaststelling van een doeltreffende en efficiënte procedure om geschillen te beslechten in de context van de goede werking van de interne markt, niet in voldoende mate door de lidstaten kan worden verwezenlijkt, maar wegens de omvang en de gevolgen van de maatregel beter op Unieniveau kan worden verwezenlijkt, kan de Unie, overeenkomstig het in artikel 5 van het Verdrag betreffende de Europese Unie neergelegde subsidiariteitsbeginsel, maatregelen nemen. Overeenkomstig het in hetzelfde artikel neergelegde evenredigheidsbeginsel gaat deze richtlijn niet verder dan nodig is om die doelstelling te verwezenlijken.

11. De Commissie dient na vijf jaar een evaluatie van de toepassing van deze richtlijn te verrichten, en de lidstaten moeten de Commissie daarbij helpen door haar passende informatie te verstrekken,

HEEFT DE VOLGENDE RICHTLIJN VASTGESTELD:

Artikel 1. Onderwerp en toepassingsgebied

Bij deze richtlijn worden voorschriften vastgesteld met betrekking tot een mechanisme ter beslechting van geschillen tussen lidstaten welke ontstaan naar aanleiding van de uitleg en toepassing van overeenkomsten en verdragen die voorzien in de afschaffing van dubbele belasting op inkomsten en, waar van toepassing, op vermogen. De richtlijn stelt tevens de rechten en plichten van de belanghebbenden vast voor het geval dat dergelijke geschillen zich voordoen. Voor de toepassing van deze richtlijn wordt de kwestie die aanleiding geeft tot een dergelijk geschil hierna in deze richtlijn een „geschilpunt" genoemd.

Artikel 2. Definities

1. Voor de toepassing van deze richtlijn wordt verstaan onder:

a. „bevoegde autoriteit": de autoriteit van een lidstaat die als zodanig door de betrokken lidstaat is aangewezen;

b. „bevoegde rechtbank": de rechterlijke of andere instantie van een lidstaat die als zodanig door de betrokken lidstaat is aangewezen;

c. „dubbele belasting": de heffing door twee of meer lidstaten van belastingen die onder een overeenkomst of verdrag als bedoeld in artikel 1 vallen, op dezelfde belastbare inkomsten of hetzelfde belastbare vermogen wanneer zulks aanleiding geeft tot i) een additionele belastingheffing, ii) een toename van de belastingverplichtingen of iii) de annulering of vermindering van verliezen die met belastbare winst kunnen worden verrekend;

1. Verordening (EU) nr. 182/2011 van het Europees Parlement en de Raad van 16 februari 2011 tot vaststelling van de algemene voorschriften en beginselen die van toepassing zijn op de wijze waarop de lidstaten de uitoefening van de uitvoeringsbevoegdheden door de Commissie controleren (PB L 55 van 28.2.2011, blz. 13).

d. „belanghebbende": elke persoon, met inbegrip van een natuurlijke persoon, die een fiscaal ingezetene is van een lidstaat en voor wiens belastingheffing het geschilpunt rechtstreekse gevolgen heeft.
2. Tenzij de context anders vereist, hebben termen die in deze richtlijn niet worden gedefinieerd de betekenis die zij op dat ogenblik hebben uit hoofde van de betrokken overeenkomsten of verdragen als bedoeld in artikel 1, die van toepassing zijn op de datum van ontvangst van de eerste kennisgeving van de handeling die heeft geleid of zal leiden tot een geschilpunt. Bij gebreke van een definitie uit hoofde van dergelijke overeenkomsten of verdragen hebben termen die niet zijn gedefinieerd de betekenis die zij op dat moment hadden krachtens de wetgeving van de betrokken lidstaat met betrekking tot de belastingen waarop genoemde overeenkomsten of verdragen van toepassing zijn, waarbij een betekenis krachtens de toepasselijke belastingwetgeving van die lidstaat voorrang heeft op een betekenis die krachtens andere wetten van die lidstaat aan de term wordt gegeven.

Artikel 3. Klacht

1. Elke belanghebbende heeft het recht een klacht in te dienen met betrekking tot een geschilpunt bij elk van de bevoegde autoriteiten van elk van de betrokken lidstaten, waarbij om de beslechting van het geschil wordt verzocht. De klacht moet worden ingediend binnen een termijn van drie jaar, te rekenen vanaf de ontvangst van de eerste kennisgeving van de handeling die tot het geschilpunt aanleiding geeft of zal geven, ongeacht of de belanghebbende de nationale rechtsmiddelen van de betrokken lidstaten aanwendt. De belanghebbende dient de klacht tegelijkertijd en met dezelfde gegevens bij elk van de bevoegde autoriteiten in en geeft in de klacht aan welke andere lidstaten betrokken zijn. De belanghebbende zorgt ervoor dat elke betrokken lidstaat de klacht ontvangt in ten minste één van de volgende talen:

a. een van de officiële talen van die lidstaat in overeenstemming met nationale wetgeving, of

b. een andere taal die deze lidstaat hiervoor aanvaardt.

2. Elke bevoegde autoriteit bevestigt de ontvangst van de klacht binnen een termijn van twee maanden, te rekenen vanaf de ontvangst van de klacht. Elke bevoegde autoriteit stelt tevens de bevoegde autoriteiten van de andere betrokken lidstaten binnen twee maanden na ontvangst van de klacht in kennis van die ontvangst. De bevoegde autoriteiten stellen elkaar op dat moment ook in kennis van de taal of talen waarin zij tijdens de desbetreffende procedurehandelingen willen communiceren.
3. De klacht wordt alleen aanvaard indien de belanghebbende die de klacht indient in een eerste fase de bevoegde autoriteiten van elk van de betrokken lidstaten de volgende inlichtingen verschaft:

a. het/de naam (namen), adres (adressen), fisca(a)le identificatienummer(s) en alle andere inlichtingen die nodig zijn voor de identificatie van de belanghebbende (belanghebbenden) die de klacht heeft (hebben) ingediend bij de bevoegde autoriteiten, en van elke andere belanghebbende;

b. de betrokken belastingtijdvakken;

c. nadere informatie over de relevante feiten en omstandigheden van de zaak (met inbegrip van bijzonderheden over de structuur van de transactie en over de verhouding tussen de belanghebbende en de andere partijen bij de relevante transacties, alsmede van de feiten die te goeder trouw in een wederzijds bindende overeenkomst tussen de belang hebbende en de belastingdienst zijn vastgelegd, waar van toepassing) en meer in het bijzonder de aard en de datum van de handelingen die aanleiding geven tot het geschilpunt (waaronder, in voorkomend geval, bijzonderheden over dezelfde in de andere lidstaat ontvangen inkomsten en over de opneming daarvan in de belastbare inkomsten in de andere lidstaat, en bijzonderheden over de belastingen die in verband met die inkomsten in de andere lidstaat zijn geheven of zullen worden geheven), alsmede de daarmee verband houdende bedragen in de valuta's van de betrokken lidstaten, met een afschrift van eventuele bewijsstukken;

d. een verwijzing naar de toepasselijke nationale regels en naar de overeenkomsten of verdragen als bedoeld in artikel 1; indien meer dan één overeenkomst of verdrag van toepassing is, vermeldt de belanghebbende die de klacht indient welke overeenkomst of welk verdrag met betrekking tot het geschilpunt in kwestie wordt uitgelegd. Die overeenkomst of dat verdrag is voor de toepassing van deze richtlijn de toepasselijke overeenkomst of het toepasselijke verdrag;

e. de volgende informatie, verstrekt door de belanghebbende die de klacht heeft ingediend bij de bevoegde autoriteiten, samen met een afschrift van eventuele bewijsstukken:

i. een verklaring waarom de belanghebbende meent dat er sprake is van een geschilpunt;

ii. nadere bijzonderheden over elk door de belanghebbende ingesteld beroep en elke door de belanghebbende opgestarte rechtszaak met betrekking tot de relevante transacties, en over elke rechterlijke beslissing in verband met het geschilpunt;

iii. een toezegging van de belanghebbende dat hij zo volledig en zo snel mogelijk op alle toepasselijke verzoeken van een bevoegde autoriteit zal reageren en op verzoek van de bevoegde autoriteiten alle documentatie zal verstrekken;

iv. in voorkomend geval, een afschrift van het definitieve besluit over de belastingaanslag – in de vorm van een definitieve belastingaanslag, een verslag van de belastingcontrole of een ander gelijkwaardig document – dat aanleiding geeft tot het geschilpunt, en een afschrift van elk ander document dat de belastingautoriteiten met betrekking tot het geschilpunt hebben verstrekt;

v. in voorkomend geval, informatie over eventuele klachten die door de belanghebbende zijn ingediend uit hoofde van een andere procedure voor onderling overleg of uit hoofde van een andere geschilbeslechtingsprocedure, als omschreven in artikel 16, lid 5, en een uitdrukkelijke toezegging van de belanghebbende dat hij het bepaalde in artikel 16, lid 5, zal naleven;

f. alle door de bevoegde autoriteiten gevraagde specifieke aanvullende informatie die noodzakelijk wordt geacht voor een grondig onderzoek van de zaak in kwestie.

4. De bevoegde autoriteiten van elk van de betrokken lidstaten kunnen om de in lid 3, onder f), bedoelde informatie verzoeken binnen drie maanden, te rekenen vanaf de ontvangst van de klacht. Indien dit door de bevoegde autoriteiten nodig wordt geacht, kunnen verdere verzoeken om informatie worden gedaan tijdens de in artikel 4 bedoelde procedure voor onderling overleg. Nationale wetgeving inzake de bescherming van informatie en de bescherming van het handels-, bedrijfs-, nijverheids- of beroepsgeheim of van een fabrieks- of handelswerkwijze is toepasselijk.

Een belanghebbende die een verzoek overeenkomstig lid 3, onder f), ontvangt, antwoordt binnen drie maanden na ontvangst van het verzoek. Tegelijkertijd wordt ook een afschrift van dit antwoord toegezonden aan de bevoegde autoriteiten van de andere betrokken lidstaten.

5. De bevoegde autoriteiten van elk van de betrokken lidstaten nemen een besluit over de aanvaarding of afwijzing van de klacht binnen zes maanden na ontvangst van die klacht of binnen zes maanden na ontvangst van de in lid 3, onder f), bedoelde informatie, indien dat later is. De bevoegde autoriteiten stellen de belanghebbende en de bevoegde autoriteiten van de andere lidstaten onverwijld in kennis van hun besluit.

Een bevoegde autoriteit kan binnen zes maanden na ontvangst van een klacht, of binnen zes maanden na ontvangst van de in lid 3, onder f), bedoelde informatie, indien dat later is, besluiten het geschilpunt eenzijdig te beslechten, zonder de andere bevoegde autoriteiten van de betrokken lidstaten erbij te betrekken. In dat geval stelt de betreffende bevoegde autoriteit de belanghebbende en de andere bevoegde autoriteiten van de betrokken lidstaten daarvan onverwijld in kennis. Na die kennisgeving worden de procedurehandelingen uit hoofde van deze richtlijn beëindigd.

6. Een belanghebbende die een klacht wenst in te trekken, dient gelijktijdig bij elk van de bevoegde autoriteiten van de betrokken lidstaten een schriftelijke kennisgeving van intrekking in. Met die kennisgeving worden alle procedurehan delingen uit hoofde van deze richtlijn onmiddellijk beëindigd. De bevoegde autoriteiten van de lidstaten die een dergelijke kennisgeving ontvangen, stellen de andere bevoegde autoriteiten van de betrokken lidstaten onverwijld in kennis van die beëindiging van procedurehandelingen.

Indien een geschilpunt om welke reden dan ook ophoudt te bestaan, worden alle procedurehandelingen uit hoofde van deze richtlijn onmiddellijk beëindigd en stellen de bevoegde autoriteiten van de betrokken lidstaten de belanghebbende onverwijld in kennis van deze situatie met de opgave van de algemene redenen daarvoor.

Artikel 4. Procedure voor onderling overleg

1. Indien de bevoegde autoriteiten van de betrokken lidstaten een klacht aanvaarden, trachten zij binnen een termijn van twee jaar, te rekenen vanaf de laatste kennisgeving van een besluit van een van de lidstaten tot aanvaarding van de klacht, het geschilpunt in onderling overleg te beslechten.

De in de eerste alinea bedoelde termijn van twee jaar kan op verzoek van een bevoegde autoriteit van een betrokken lidstaat aan alle andere bevoegde autoriteiten van de betrokken lidstaten met ten hoogste één jaar worden verlengd, mits de verzoekende bevoegde autoriteit dit verzoek schriftelijk motiveert.

2. Zodra de bevoegde autoriteiten van de lidstaten binnen de in lid 1 vastgestelde termijn overeenstemming over de beslechting van het geschilpunt hebben bereikt, stelt de bevoegde autoriteit van elk van de betrokken lidstaten de belanghebbende daarvan onverwijld in kennis in de vorm van een besluit dat bindend is voor de autoriteit en afdwingbaar door de belanghebbende, mits de belanghebbende het besluit aanvaardt en, indien toepasselijk, afziet van het recht om andere rechtsmiddelen aan te wenden. Indien er reeds procedurehandelingen met betrekking tot dergelijke andere rechtsmiddelen waren begonnen, wordt het besluit enkel bindend en afdwingbaar zodra de belanghebbende ten overstaan van de bevoegde autoriteiten van de betrokken lidstaten bewijzen heeft verstrekt die aantonen dat er stappen zijn gezet om deze procedurehandelingen te beëindigen. Deze bewijzen worden verstrekt uiterlijk zestig dagen nadat de belanghebbende van het bovengenoemde besluit in kennis is gesteld. Het besluit wordt vervolgens onverwijld uitgevoerd, ongeacht de termijnen waarin de nationale wetgeving van de betrokken lidstaten voorziet.

3. Indien de bevoegde autoriteiten van de betrokken lidstaten binnen de in lid 1 vastgestelde termijn geen overeenstemming bereiken over de beslechting van het geschilpunt, stelt de bevoegde autoriteit van elk van de betrokken lidstaten de belanghebbende daarvan in kennis, met opgave van de algemene redenen waarom geen overeenstemming kon worden bereikt.

Artikel 5. Besluit van de bevoegde autoriteit betreffende de klacht

1. De bevoegde autoriteit van een betrokken lidstaat kan binnen de in artikel 3, lid 5, vastgestelde termijn tot afwijzing van een klacht besluiten wanneer:

a. de uit hoofde van artikel 3, lid 3, vereiste inlichtingen ontbreken (waaronder informatie waarom uit hoofde van artikel 3, lid 3, onder f), is verzocht en die niet binnen de in artikel 3, lid 4, vastgestelde termijn is ingediend);

b. er geen sprake is van een geschilpunt, of

c. de klacht niet binnen de in artikel 3, lid 1, bedoelde termijn van drie jaar is ingediend.

Wanneer de bevoegde autoriteit de belanghebbende daarvan overeenkomstig het bepaalde in artikel 3, lid 5, in kennis stelt, geeft zij de algemene redenen voor haar afwijzing op.

2. Indien een bevoegde autoriteit van een betrokken lidstaat binnen de in artikel 3, lid 5, vastgestelde termijn geen besluit over de klacht heeft genomen, wordt de klacht geacht door die bevoegde autoriteit te zijn aanvaard.

3. Wanneer alle bevoegde autoriteiten van de betrokken lidstaten de klacht hebben afgewezen, heeft de belanghebbende het recht om overeenkomstig de nationale voorschriften beroep in te stellen tegen het besluit van de bevoegde autoriteiten van de betrokken lidstaten. De belanghebbende die dit recht van beroep uitoefent, kan geen verzoek indienen uit hoofde van artikel 6, lid 1, onder a):

a. zolang het besluit nog in beroep wordt behandeld overeenkomstig de wetgeving van de betrokken lidstaat;

b. wanneer het besluit tot afwijzing nog vatbaar is voor beroep in het kader van de beroepsprocedure van de betrokken lidstaten, of

c. wanneer een besluit tot afwijzing is bevestigd in het kader van de onder a) bedoelde beroepsprocedure, maar het in een van de betrokken lidstaten niet mogelijk is af te wijken van het besluit van de betrokken rechtbank of andere gerechtelijke instanties.

Indien het recht van beroep is uitgeoefend, wordt het besluit van de betrokken rechtbank of andere gerechtelijke instantie in aanmerking genomen voor de toepassing van artikel 6, lid 1, onder a).

Artikel 6. Geschilbeslechting door de raadgevende commissie

1. Op verzoek van de belanghebbende aan de bevoegde autoriteiten van de betrokken lidstaten stellen die bevoegde autoriteiten overeenkomstig artikel 8 een raadgevende commissie (een „raadgevende commissie") in indien:

a. de klacht van die belanghebbende op grond van artikel 5, lid 1, werd afgewezen door minstens één maar niet alle bevoegde autoriteiten van de betrokken lidstaten, of

b. de bevoegde autoriteiten van de betrokken lidstaten de klacht van de belanghebbende hadden aanvaard, maar binnen de in artikel 4, lid 1, vastgestelde termijn geen overeenstemming hebben kunnen bereiken over de beslechting van het geschilpunt in onderling overleg.

De belanghebbende kan een dergelijk verzoek enkel doen indien, overeenkomstig de toepasselijke nationale regels tegen de in artikel 5, lid 1, bedoelde afwijzing, geen beroep kan worden ingesteld, geen beroep aanhangig is of de belanghebbende formeel afstand heeft gedaan van zijn recht van beroep. Het verzoek bevat een verklaring in die zin.

De belanghebbende doet het verzoek om een raadgevende commissie op te richten schriftelijk, uiterlijk vijftig dagen na ontvangst van de kennisgeving op grond van artikel 3, lid 5, of artikel 4, lid 3, of uiterlijk vijftig dagen na afgifte van het besluit door de betrokken rechtbank of gerechtelijke instantie krachtens artikel 5, lid 3, naargelang het geval. De raadgevende commissie wordt uiterlijk 120 dagen na ontvangst van het verzoek ingesteld; zodra dat is gebeurd, stelt de voorzitter van deze commissie de belanghebbende daarvan onverwijld in kennis.

2. De in het geval van lid 1, onder a), ingestelde raadgevende commissie neemt binnen zes maanden nadat zij is ingesteld een besluit over de aanvaarding van de klacht. Zij stelt de bevoegde autoriteiten in kennis van haar besluit binnen dertig dagen na de vaststelling ervan.

Indien de raadgevende commissie heeft bevestigd dat aan alle voorschriften van artikel 3 is voldaan, wordt op verzoek van een van de bevoegde autoriteiten de procedure voor onderling overleg van artikel 4 opgestart. De betrokken bevoegde autoriteit stelt de raadgevende commissie, de andere betrokken bevoegde autoriteiten en de belanghebbende van dat verzoek in kennis. De in artikel 4, lid 1, genoemde termijn begint vanaf de datum van de kennisgeving van het besluit dat de raadgevende commissie betreffende de aanvaarding van de klacht heeft genomen.

Indien geen van de bevoegde autoriteiten binnen een termijn van zestig dagen na de datum van de kennisgeving van het besluit van de raadgevende commissie heeft verzocht om de procedure voor onderling overleg op te starten, brengt de raadgevende commissie overeenkomstig artikel 14, lid 1, advies uit over de beslechting van het geschilpunt. In dat geval wordt, voor de toepassing van artikel 14, lid 1, de raadgevende commissie geacht te zijn ingesteld op de datum waarop de termijn van zestig dagen verstrijkt.

3. In het geval van lid 1, eerste alinea, onder b), van dit artikel brengt de raadgevende commissie overeenkomstig artikel 14, lid 1, advies uit over de beslechting van het geschilpunt.

Artikel 7. Benoemingen door bevoegde rechtbanken of nationale benoemingsinstanties

1. Indien een raadgevende commissie niet is ingesteld binnen de in artikel 6, lid 1, vastgestelde termijn, bepalen de lidstaten dat de belanghebbende in kwestie zich kan wenden tot een bevoegde rechtbank of een andere instan-

tie of persoon die krachtens het nationale recht van die lidstaten bevoegd is om een dergelijke functie te vervullen (nationale benoemingsinstantie), om de raadgevende commissie in te stellen.

Indien de bevoegde autoriteit van een lidstaat heeft nagelaten ten minste één vooraanstaande onafhankelijke persoon en een plaatsvervanger te benoemen, kan de belanghebbende de bevoegde rechtbank of de nationale benoemingsinstantie in die lidstaat verzoeken een vooraanstaande onafhankelijke persoon en een plaatsvervanger te benoemen uit de in artikel 9 bedoelde lijst.

Indien de bevoegde autoriteiten van alle betrokken lidstaten zulks hebben nagelaten, kan de belanghebbende de bevoegde rechtbanken of de nationale benoemingsinstantie van elke lidstaat verzoeken de beide vooraanstaande onafhankelijke personen te benoemen uit de in artikel 9 bedoelde lijst. Deze vooraanstaande onafhankelijke personen benoemen overeenkomstig artikel 8, lid 3, de voorzitter door loting uit de lijst van onafhankelijke personen.

Belanghebbenden delen hun verzoek om de vooraanstaande onafhankelijke personen en hun plaatsvervangers te benoemen mee aan elk van hun respectieve woonstaten indien meer dan één belanghebbende bij de procedurehandelingen betrokken is, dan wel aan de lidstaten waarvan de bevoegde autoriteiten hebben nagelaten ten minste één vooraanstaande onafhankelijke persoon en een plaatsvervanger te benoemen indien het slechts één belanghebbende betreft.

2. De benoeming van de onafhankelijke personen en hun plaatsvervangers in overeenstemming met lid 1 van dit artikel wordt pas aan een bevoegde rechtbank van een lidstaat of een nationale benoemingsinstantie voorgelegd na het verstrijken van de in artikel 6, lid 1, genoemde termijn van 120 dagen, en binnen een termijn van dertig dagen na het verstrijken van die termijn.

3. De bevoegde rechtbank of de nationale benoemingsinstantie doet overeenkomstig lid 1 uitspraak en stelt de verzoeker daarvan in kennis. De door de bevoegde rechtbank te volgen procedure voor het benoemen van de onafhankelijke personen wanneer de lidstaten zulks nalaten, is dezelfde procedure als die welke uit hoofde van de nationale voorschriften bij arbitrage in civielrechtelijke en handelszaken toepasselijk is wanneer rechtbanken of nationale benoemingsinstanties arbiters benoemen omdat partijen er niet in geslaagd zijn overeenstemming ter zake te bereiken. De bevoegde rechtbank of nationale benoemingsinstantie van de lidstaat stelt de bevoegde autoriteit van die lidstaat in kennis, die op haar beurt onverwijld de bevoegde autoriteiten van de andere betrokken lidstaten in kennis stelt. De bevoegde autoriteit van de lidstaat die in eerste instantie heeft nagelaten de vooraanstaande onafhankelijke persoon en diens plaatsvervanger te benoemen, kan beroep aantekenen tegen het besluit van de rechtbank of nationale benoemingsinstantie in die lidstaat, op voorwaarde dat de bevoegde autoriteit hiertoe het recht heeft krachtens nationale wetgeving. In geval van een afwijzing heeft de verzoeker het recht om tegen de uitspraak van de rechtbank beroep in te stellen overeenkomstig de nationale procedurevoorschriften.

Artikel 8. De raadgevende commissie

1. De in artikel 6 bedoelde raadgevende commissie is als volgt samengesteld:

a. één voorzitter;

b. één vertegenwoordiger van elke betrokken bevoegde autoriteit. Indien de bevoegde autoriteiten het erover eens zijn, kan het aantal vertegenwoordigers worden verhoogd tot twee per bevoegde autoriteit;

c. één vooraanstaande onafhankelijke persoon die door elke bevoegde autoriteit van de betrokken lidstaten wordt benoemd uit de in artikel 9 bedoelde lijst. Indien de bevoegde autoriteiten het erover eens zijn, kan het aantal benoemde personen worden verhoogd tot twee per bevoegde autoriteit.

2. De bepalingen voor de benoeming van de vooraanstaande onafhankelijke personen worden overeengekomen tussen de bevoegde autoriteiten van de betrokken lidstaten. Na de benoeming van de vooraanstaande onafhankelijke personen wordt in overeenstemming met de voor de benoeming van de onafhankelijke personen geldende bepalingen voor ieder van hen een plaatsvervanger benoemd voor gevallen waarin de onafhankelijke personen verhinderd zijn hun functie uit te oefenen.

3. Indien er over de bepalingen voor de benoeming van vooraanstaande onafhankelijke personen geen overeen stemming is bereikt overeenkomstig lid 2, geschiedt de benoeming van die personen door loting.

4. Tenzij de vooraanstaande onafhankelijke personen door de bevoegde rechtbank of nationale benoemingsinstantie volgens de bepalingen van artikel 7, lid 1, zijn benoemd, kan de bevoegde autoriteit van elk van de betrokken lidstaten bezwaar maken tegen de benoeming van een bepaalde vooraanstaande onafhankelijke persoon om elke vooraf tussen de betrokken bevoegde autoriteiten overeengekomen reden of om een van de volgende redenen:

a. deze persoon behoort tot of werkt namens een van de betrokken belastingadministraties of heeft op een bepaald moment tijdens de drie voorafgaande jaren in die situatie verkeerd;

b. deze persoon heeft een deelneming van betekenis of stemrecht in een van de belanghebbenden in kwestie – of heeft die er in de loop van de vijf jaar vóór zijn benoeming gehad – of is er werknemer of adviseur – of is dat in de loop van de vijf jaar vóór zijn benoeming geweest;

c. deze persoon biedt onvoldoende garanties om het geschil of de geschillen objectief te behandelen;

d. deze persoon is een werknemer van een bedrijf dat belastingadvies verleent of anderszins beroepsmatig belastingadvies verleent, of heeft in de loop van een periode van ten minste drie jaar vóór zijn benoeming in die situatie verkeerd.

5. Een bevoegde autoriteit van een betrokken lidstaat kan eisen dat een overeenkomstig lid 2 of lid 3 benoemde vooraanstaande persoon of diens plaatsvervanger opening van zaken geeft wat betreft belangen, relaties of andere aangelegenheden die naar verwachting de onafhankelijkheid of onpartijdigheid van die persoon kunnen beïnvloeden, of waarvan redelijkerwijs kan worden aangenomen dat die persoon de procedurehandelingen met vooringenomenheid zal ingaan.

Gedurende een periode van twaalf maanden nadat het besluit van de raadgevende commissie is genomen, mag een vooraanstaande onafhankelijke persoon die deel uitmaakt van de raadgevende commissie, niet in een situatie verkeren die voor een bevoegde autoriteit een aanleiding zou zijn geweest om bezwaar te maken tegen zijn benoeming, als bedoeld in dit lid, indien die persoon in die situatie had verkeerd op het moment van de benoeming voor de bewuste raadgevende commissie.

6. De vertegenwoordigers van de bevoegde autoriteiten en de vooraanstaande onafhankelijke personen die overeenkomstig lid 1 van dit artikel zijn benoemd, kiezen een voorzitter uit de in artikel 9 bedoelde lijst van personen. Tenzij anders is overeengekomen door de vertegenwoordigers van elke bevoegde autoriteit en de vooraanstaande onafhankelijke personen, is de voorzitter een rechter.

Artikel 9. Lijst van vooraanstaande onafhankelijke personen

1. De lijst van vooraanstaande onafhankelijke personen bestaat uit alle door de lidstaten benoemde vooraanstaande onafhankelijke personen. Elke lidstaat benoemt daartoe ten minste drie personen die bekwaam en onafhankelijk zijn, en in staat zijn onpartijdig en integer te handelen.

2. Elke lidstaat stelt de Commissie in kennis van de namen van de vooraanstaande onafhankelijke personen die hij heeft benoemd. Elke lidstaat verstrekt de Commissie tevens volledige en actuele informatie over de professionele en academische achtergrond, bekwaamheid en deskundigheid van deze personen en over elk belangenconflict dat zij mogelijk hebben. De lidstaten kunnen in de kennisgeving specificeren welke van deze personen als voorzitter kan worden benoemd.

3. De lidstaten stellen de Commissie onverwijld in kennis van alle wijzigingen die in de lijst van onafhankelijke personen worden aangebracht.

Elke lidstaat legt procedures vast voor de verwijdering van de lijst van vooraanstaande onafhankelijke personen van een door die lidstaat benoemde persoon die niet langer onafhankelijk is.

Indien een lidstaat, rekening houdend met de desbetreffende bepalingen van dit artikel, gegronde redenen heeft om er bezwaar tegen te maken dat een vooraanstaande onafhankelijke persoon op de bovengenoemde lijst blijft staan vanwege een gebrek aan onafhankelijkheid, stelt hij de Commissie daarvan in kennis en onderbouwt hij zijn bezorgdheid met passende bewijzen. De Commissie stelt op haar beurt de lidstaat die de persoon in kwestie heeft benoemd in kennis van de bezwaren en de desbetreffende bewijzen. Op grond van deze bezwaren en desbetreffende bewijzen neemt deze laatste lidstaat binnen zes maanden de nodige maatregelen om het bezwaar te onderzoeken, en verder neemt de lidstaat het besluit of de persoon op de lijst gehandhaafd wordt of van de lijst verwijderd wordt. De lidstaat stelt de Commissie vervolgens onverwijld in kennis van zijn besluit.

Artikel 10. De commissie voor alternatieve geschilbeslechting

1. De bevoegde autoriteiten van de betrokken lidstaten kunnen overeenkomen om in plaats van een raadgevende commissie een commissie voor alternatieve geschilbeslechting (een „commissie voor alternatieve geschilbeslechting") in te stellen om overeenkomstig artikel 14 advies uit te brengen over de beslechting van het geschilpunt. De bevoegde autoriteiten van de lidstaten kunnen tevens overeenkomen een commissie voor alternatieve geschilbeslechting in te stellen in de vorm van een commissie van permanente aard (een „permanente commissie").

2. Behalve wat betreft de bepalingen van artikel 8, leden 4 en 5, inzake de onafhankelijkheid van haar leden, kan de commissie voor alternatieve geschilbeslechting qua vorm en samenstelling verschillen van de raadgevende commissie.

Een commissie voor alternatieve geschilbeslechting kan, waar passend, elke geschilbeslechtingsprocedure of -techniek toepassen om het geschilpunt op bindende wijze op te lossen. Als alternatief voor het soort geschilbeslechtingsprocedure dat de raadgevende commissie uit hoofde van artikel 8 gebruikt, namelijk het onafhankelijk advies, kunnen op grond van dit artikel door de bevoegde autoriteiten van de betrokken lidstaten andere soorten geschilbeslechtingsprocedures zoals „eindbod"-arbitrage („final offer" arbitration) (ook arbitrage van „het laatste beste bod" („last best offer" arbitration) genoemd) worden overeengekomen en door de commissie voor alternatieve geschilbeslechting worden toegepast.

3. De bevoegde autoriteiten van de betrokken lidstaten komen overeenkomstig artikel 11 de werkingsregels overeen.

4. De artikelen 12 en 13 zijn van toepassing op de commissie voor alternatieve geschilbeslechting, tenzij in de werkingsregels als bedoeld in artikel 11 anders is overeengekomen.

Artikel 11. Werkingsregels

1. De lidstaten bepalen dat de bevoegde autoriteit van elk van de betrokken lidstaten de belanghebbende binnen de in artikel 6, lid 1, genoemde termijn van 120 dagen in kennis stelt van het volgende:

a. de werkingsregels van de raadgevende commissie of van de commissie voor alternatieve geschilbeslechting;

b. de termijn waarbinnen het advies over de beslechting van het geschilpunt moet worden uitgebracht;

c. verwijzingen naar alle toepasselijke bepalingen van intern recht van de lidstaten en alle toepasselijke overeenkomsten of verdragen.

2. De werkingsregels worden ondertekend tussen de bevoegde autoriteiten van de lidstaten die bij het geschil betrokken zijn.

De werkingsregels bevatten met name het volgende:

a. de beschrijving en de kenmerken van het geschilpunt;

b. het mandaat waarover de bevoegde autoriteiten van de lidstaten overeenstemming bereiken wat de te regelen juridische en feitelijke kwesties betreft;

c. de vorm van het geschilbeslechtingsorgaan, ofwel een raadgevende commissie, ofwel een commissie voor alternatieve geschilbeslechting, alsmede het soort procedure voor de alternatieve geschilbeslechting, indien de procedure verschilt van die van het onafhankelijke advies door een raadgevende commissie;

d. het tijdschema van de geschilbeslechtingsprocedure;

e. de samenstelling van de raadgevende commissie of van de commissie voor alternatieve geschilbeslechting (met inbegrip van het aantal en de namen van de leden, gegevens over hun bekwaamheid en kwalificaties, en informatie over eventuele belangenconflicten van de leden);

f. de regels voor deelname van de belanghebbende (belanghebbenden) en derde partijen aan de procedurehandelingen, de uitwisselingen van memoranda, inlichtingen en bewijsstukken, de kosten, het soort geschilbeslechtingsprocedure dat gebruikt wordt en alle andere relevante procedurele of organisatorische aangelegenheden;

g. de logistieke regelingen voor de procedurehandelingen van de raadgevende commissie en het uitbrengen van haar advies.

Indien een raadgevende commissie overeenkomstig artikel 6, lid 1, eerste alinea, onder a), is ingesteld om advies uit te brengen, dan bevatten de werkingsregels alleen de in artikel 11, lid 2, tweede alinea, onder a), d), e) en f), bedoelde informatie.

3. De Commissie stelt door middel van uitvoeringshandelingen standaardwerkingsregels op aan de hand van de bepalingen van de tweede alinea van lid 2 van dit artikel. Dergelijke standaardwerkingsregels zijn van toepassing in gevallen waarin de werkingsregels onvolledig zijn of waarin aan de belanghebbende geen kennis werd gegeven van de werkingsregels. Die uitvoeringshandelingen worden vastgesteld volgens de in artikel 20, lid 2, bedoelde procedure.

4. Indien de bevoegde autoriteiten geen kennis hebben gegeven van de werkingsregels aan de belanghebbende overeenkomstig leden 1 en 2, worden deze door de vooraanstaande onafhankelijke personen en de voorzitter op basis van het in lid 3 bedoelde standaardformulier aangevuld en aan de belanghebbende toegezonden binnen een termijn van twee weken, te rekenen vanaf de datum waarop de raadgevende commissie of de commissie voor alternatieve geschilbeslechting is ingesteld. Wanneer de onafhankelijke personen en de voorzitter geen overeenstemming hebben bereikt over de werkingsregels of de belanghebbende daarvan niet in kennis hebben gesteld, kan of kunnen de belanghebbende of belanghebbenden zich tot een bevoegde rechtbank in een van de betrokken lidstaten wenden om een beschikking te verkrijgen die bevel geeft tot toepassing van de werkingsregels.

Artikel 12. Kosten van de procedurehandelingen

1. Met uitzondering van het bepaalde in lid 2, en tenzij de bevoegde autoriteiten van de betrokken lidstaten anders zijn overeengekomen, worden de hierna genoemde kosten gelijk over de lidstaten verdeeld:

a. de uitgaven van de vooraanstaande onafhankelijke personen, die een bedrag vormen dat gelijk is aan het gemiddelde van de gebruikelijke terugbetaling aan hoge ambtenaren van de betrokken lidstaten, en

b. de vergoeding van de onafhankelijke personen, indien van toepassing, die beperkt is tot 1 000 EUR per persoon per dag voor iedere dag dat de raadgevende commissie of de commissie voor alternatieve geschilbeslechting bijeenkomt.

De kosten die de belanghebbende maakt, worden niet door de lidstaten gedragen.

2. Indien de belanghebbende:

a. een kennisgeving van intrekking van de klacht heeft ingediend, overeenkomstig artikel 3, lid 6, of

b. na een afwijzing uit hoofde van artikel 5, lid 1, een verzoek overeenkomstig artikel 6, lid 1, heeft ingediend en de raadgevende commissie heeft besloten dat de betrokken bevoegde autoriteiten de klacht terecht hebben afgewezen, en indien de bevoegde autoriteiten van de betrokken lidstaten het erover eens zijn, worden alle kosten als bedoeld in lid 1, onder a) en b), gedragen door de belanghebbende.

Artikel 13. Inlichtingen, bewijsmiddelen en hoorzittingen

1. Ten behoeve van de in artikel 6 bedoelde procedure kan (kunnen) de belanghebbende (belanghebbenden), indien de bevoegde autoriteiten van de betrokken lidstaten het erover eens zijn, aan de raadgevende commissie of de commissie voor alternatieve geschilbeslechting alle inlichtingen, bewijsmiddelen en stukken verschaffen die van dienst kunnen zijn om tot een besluit te komen. Op verzoek van de raadgevende commissie of van de commissie voor alternatieve geschilbeslechting verschaffen de belanghebbende (belanghebbenden) en de bevoegde autoriteiten van de betrokken lidstaten alle inlichtingen, bewijsmiddelen en stukken. Deze bevoegde autoriteiten mogen in de volgende gevallen echter weigeren om inlichtingen aan de raadgevende commissie te verstrekken:

a. voor het verkrijgen van de inlichtingen moeten administratieve maatregelen worden genomen die in strijd zijn met de nationale wetgeving;

b. de inlichtingen zijn op grond van de nationale wetgeving van de betrokken lidstaat niet verkrijgbaar;

c. de inlichtingen hebben betrekking op handelsgeheimen, bedrijfsgeheimen, nijverheidsgeheimen, beroepsgeheimen of op een fabrieks- of handelswerkwijze;

d. de bekendmaking van de inlichtingen is in strijd met de openbare orde.

2. Belanghebbenden kunnen op eigen verzoek en met instemming van de bevoegde autoriteiten van de betrokken lidstaten voor een raadgevende commissie of een commissie voor alternatieve geschilbeslechting verschijnen of zich daar laten vertegenwoordigen. Indien de raadgevende commissie of de commissie voor alternatieve geschilbeslechting zulks verlangt, zijn de belanghebbenden gehouden voor haar te verschijnen of zich er te laten vertegenwoordigen.

3. De vooraanstaande onafhankelijke personen en alle andere leden zijn volgens de nationale wetgeving van elk van de betrokken lidstaten aan het beroepsgeheim gebonden voor wat betreft de informatie die zij verkrijgen in hun hoedanigheid van lid van een raadgevende commissie of een commissie voor alternatieve geschilbeslechting. Belanghebbenden, en waar van toepassing hun vertegenwoordigers, zeggen toe alle informatie (met inbegrip van kennis van documenten) die zij tijdens deze procedurehandelingen verkrijgen, als vertrouwelijk te behandelen. Indien daarom tijdens de procedurehandelingen wordt verzocht, leggen de belanghebbende en zijn vertegenwoordigers tegenover de bevoegde autoriteiten van de betrokken lidstaten een verklaring in die zin af. De lidstaten stellen passende sancties vast voor elke inbreuk op de geheimhoudingsplicht.

Artikel 14. Advies van de raadgevende commissie of van de commissie voor alternatieve geschilbeslechting

1. Een raadgevende commissie of commissie voor alternatieve geschilbeslechting brengt uiterlijk zes maanden na de datum waarop zij is ingesteld, advies uit aan de bevoegde autoriteiten van de betrokken lidstaten. Indien de raadgevende commissie of de commissie voor alternatieve geschilbeslechting van oordeel is dat het geschilpunt van zodanige aard is dat meer dan zes maanden nodig zijn om advies te kunnen uitbrengen, kan deze termijn met drie maanden worden verlengd. De raadgevende commissie of de commissie voor alternatieve geschilbeslechting stelt de bevoegde autoriteiten van de betrokken lidstaten en de belanghebbenden van elke verlenging in kennis.
2. De raadgevende commissie of de commissie voor alternatieve geschilbeslechting baseert haar advies op de bepalingen van de toepasselijke overeenkomsten of verdragen bedoeld in artikel 1, alsmede op eventuele toepasselijke nationale voorschriften.
3. De raadgevende commissie of de commissie voor alternatieve geschilbeslechting neemt haar advies aan met gewone meerderheid van leden. Indien geen meerderheid kan worden bereikt, is de stem van de voorzitter bepalend voor het definitieve advies. De voorzitter deelt het advies van de raadgevende commissie of van de commissie voor alternatieve geschilbeslechting mee aan de bevoegde autoriteiten.

Artikel 15. Eindbesluit

1. Binnen een termijn van zes maanden na de kennisgeving van het advies van de raadgevende commissie of van de commissie voor alternatieve geschilbeslechting bereiken de betrokken bevoegde autoriteiten overeenstemming over de beslechting van het geschilpunt.
2. De bevoegde autoriteiten kunnen een besluit nemen dat afwijkt van het advies van de raadgevende commissie of van de commissie voor alternatieve geschilbeslechting. Indien zij er echter niet in slagen overeenstemming over de beslechting van het geschilpunt te bereiken, zijn zij aan dat advies gebonden.
3. Elke lidstaat schrijft voor dat zijn bevoegde autoriteit het eindbesluit betreffende de beslechting van het geschilpunt onverwijld ter kennis brengt van de belanghebbende. Indien de belanghebbende niet binnen een termijn van dertig dagen na het nemen van het besluit daarvan in kennis is gesteld, kan hij overeenkomstig de toepasselijke nationale voorschriften in zijn lidstaat van woonplaats beroep instellen om het eindbesluit te verkrijgen.
4. Het eindbesluit is bindend voor de betrokken lidstaten en vormt geen precedent. Het eindbesluit wordt ten uitvoer gelegd mits de belanghebbende (belanghebbenden) het aanvaardt (aanvaarden) en afziet (afzien) van het recht om enig internrechtelijk rechtsmiddel aan te wenden binnen zestig dagen vanaf de datum waarop het eindbesluit ter kennis is gebracht, indien van toepassing.

Behalve indien de betreffende rechtbank of andere gerechtelijke instantie van een betrokken lidstaat overeenkomstig de toepasselijke nationale voorschriften betreffende rechtsmiddelen en met toepassing van de criteria uit hoofde van artikel 8 besluit dat er sprake was van een gebrek aan onafhankelijkheid, wordt het eindbesluit ten uitvoer gelegd volgens de nationale wetgeving van de betrokken lidstaten, die als gevolg van het eindbesluit hun belastingheffing wijzigen, ongeacht de termijnen in de nationale wetgeving. Indien het eindbesluit niet ten uitvoer is gelegd, kan de belanghebbende zich wenden tot de bevoegde rechtbank van de lidstaat die heeft nagelaten het eindbesluit ten uitvoer te leggen, teneinde de tenuitvoerlegging ervan af te dwingen.

Artikel 16. Wisselwerking met nationale procedures en afwijkingen

1. Het feit dat een door een lidstaat verrichte handeling die een geschilpunt tot gevolg heeft, definitief wordt volgens de nationale wetgeving, belet de belanghebbenden niet gebruik te maken van de procedures waarin deze richtlijn voorziet.
2. Het feit dat het geschilpunt het voorwerp is van een procedure voor onderling overleg of een geschilbeslechtings procedure uit hoofde van respectievelijk artikel 4 en artikel 6, belet een lidstaat niet om voor diezelfde zaak gerechtelijke procedures of procedures met het oog op de toepassing van administratieve en strafrechtelijke sancties in te stellen of voort te zetten.
3. De belanghebbenden kunnen de beschikbare nationale rechtsmiddelen van de betrokken lidstaten aanwenden. Wanneer de belanghebbende evenwel een procedure tot aanwending van een dergelijk rechtsmiddel heeft ingesteld, gaan de respectievelijk in artikel 3, lid 5, en artikel 4, lid 1, genoemde termijnen pas in op de datum waarop de beslissing in die procedure definitief is geworden of waarop die procedurehandelingen anderszins definitief zijn gesloten of wanneer de procedurehandelingen zijn opgeschort.
4. Indien de bevoegde rechtbank of andere gerechtelijke instantie van een lidstaat een beslissing over een geschilpunt heeft genomen, en het nationale recht van die lidstaat hem niet toestaat af te wijken van de beslissing, kan deze lidstaat bepalen dat:

a. alvorens door de bevoegde autoriteiten van de betrokken lidstaten in het kader van de procedure voor onderling overleg uit hoofde van artikel 4 overeenstemming is bereikt over dat geschilpunt, de bevoegde autoriteit van die lidstaat de andere bevoegde autoriteiten van de betrokken lidstaten in kennis stelt van de beslissing van de bevoegde rechtbank of andere gerechtelijke instantie, en die procedure wordt beëindigd met ingang van de datum van die kennisgeving;

b. alvorens de belanghebbende een verzoek heeft ingediend uit hoofde van artikel 6, lid 1, de bepalingen van artikel 6, lid 1, niet van toepassing zijn indien het geschilpunt onopgelost was gebleven tijdens de gehele duur van de procedure voor onderling overleg uit hoofde van artikel 4, in welk geval de bevoegde autoriteit van die lidstaat de andere bevoegde autoriteiten van de betrokken lidstaten in kennis stelt van de gevolgen van de beslissing van de bevoegde rechtbank of andere gerechtelijke instantie;

c. de geschilbeslechtingsprocedure krachtens artikel 6 wordt beëindigd indien de beslissing van de bevoegde rechtbank of andere gerechtelijke instantie is genomen nadat een verzoek door een belanghebbende was ingediend uit hoofde van artikel 6, lid 1, maar voordat de raadgevende commissie of de commissie voor alternatieve geschilbeslechting overeenkomstig artikel 14 aan de bevoegde autoriteiten van de betrokken lidstaten advies heeft uitgebracht, in welk geval de bevoegde autoriteit van de relevante betrokken lidstaat de andere bevoegde autoriteiten van de betrokken lidstaten en de raadgevende commissie of de commissie voor alternatieve geschilbeslechting in kennis stelt van de gevolgen van de beslissing van de bevoegde rechtbank of andere gerechtelijke instantie.

5. De indiening van een klacht zoals voorzien in artikel 3 maakt een einde aan alle andere lopende procedurehandelingen volgens de procedure voor onderling overleg of de geschilbeslechtingsprocedure uit hoofde van een overeenkomst die of een verdrag dat wordt uitgelegd of toegepast in verband met het desbetreffende geschilpunt. Dergelijke lopende procedurehandelingen betreffende het desbetreffende geschilpunt worden beëindigd met ingang van de datum van de eerste ontvangst van de klacht door een van de bevoegde autoriteiten van de betrokken lidstaten.
6. In afwijking van artikel 6 mag een betrokken lidstaat de toegang tot de geschilbeslechtingsprocedure uit hoofde van dat artikel weigeren indien in die lidstaat sancties zijn opgelegd in verband met gecorrigeerde inkomsten of gecorrigeerd vermogen voor belastingfraude, opzettelijk verzuim en grove nalatigheid. Wanneer er een gerechtelijke of administratieve procedure is opgestart die aanleiding zou kunnen geven tot dergelijke sancties, en deze procedure gelijktijdig met een van de in deze richtlijn bedoelde procedures wordt gevoerd, kan een bevoegde autoriteit de in deze richtlijn bedoelde procedure schorsen vanaf de datum van aanvaarding van de klacht tot de datum van het uiteindelijke resultaat van de procedure.
7. Een lidstaat kan toegang tot de geschilbeslechtingsprocedure uit hoofde van artikel 6 van geval tot geval weigeren indien een geschilpunt geen betrekking heeft op dubbele belasting. In dat geval stelt de bevoegde autoriteit van bedoelde lidstaat de belanghebbende en de bevoegde autoriteiten van de andere betrokken lidstaten daarvan onverwijld in kennis.

Artikel 17. Bijzondere bepalingen voor natuurlijke personen en kleine ondernemingen

Indien de belanghebbende hetzij:

a. een natuurlijke persoon is, of

b. geen grote onderneming is en geen deel uitmaakt van een grote groep (beide termen als gedefinieerd in Richtlijn 2013/34/EU van het Europees Parlement en de Raad[1]),
kan de belanghebbende de klachten, de antwoorden op een verzoek om aanvullende informatie, intrekkingen en verzoeken vermeld in respectievelijk artikel 3, leden 1, 4 en 6, en artikel 6, lid 1, („mededelingen"), bij wijze van afwijking van die bepalingen alleen indienen bij de bevoegde autoriteit van de lidstaat waarvan de belanghebbende ingezetene is. De bevoegde autoriteit van die lidstaat stelt de bevoegde autoriteiten van alle andere betrokken lidstaten daarvan tegelijkertijd in kennis, zulks binnen twee maanden na ontvangst van deze mededelingen. Zodra een dergelijke kennisgeving is geschied, wordt de belanghebbende geacht de mededeling op de datum van die kennisgeving bij alle betrokken lidstaten te hebben ingediend.

Indien er aanvullende informatie wordt ontvangen uit hoofde van artikel 3, lid 4, zendt de bevoegde autoriteit van de lidstaat die de aanvullende informatie heeft ontvangen, tegelijkertijd ook een afschrift daarvan toe aan de bevoegde autoriteiten van de andere betrokken lidstaten. Zodra deze afschriften zijn toegezonden, wordt de aanvullende informatie geacht door alle betrokken lidstaten te zijn ontvangen op de datum waarop deze ontvangst van informatie heeft plaatsgevonden.

Artikel 18. Openbaarmaking

1. Raadgevende commissies en commissies voor alternatieve geschilbeslechting brengen hun adviezen schriftelijk uit.
2. De bevoegde autoriteiten kunnen overeenkomen de in artikel 15 bedoelde eindbesluiten in hun geheel te publiceren, indien alle belanghebbenden daarmee instemmen.
3. Indien de bevoegde autoriteiten of de belanghebbende niet met de publicatie van het volledige eindbesluit instemmen, publiceren de bevoegde autoriteiten een samenvatting van het eindbesluit. Deze samenvatting bevat een beschrijving van de kwestie en het onderwerp, de datum, de betrokken belastingtijdvakken, de rechtsgrondslag, de bedrijfstak en een beknopte beschrijving van het uiteindelijke resultaat. Deze samenvatting omvat ook een beschrijving van de gebruikte wijze van arbitrage.
De bevoegde autoriteiten zenden de overeenkomstig de eerste alinea te publiceren informatie vóór de publicatie ervan toe aan de belanghebbende. Uiterlijk zestig dagen na de ontvangst van deze informatie kan de belanghebbende de bevoegde autoriteiten verzoeken geen informatie te publiceren die op een handels-, bedrijfs-, nijverheids- of beroepsgeheim of op een fabrieks- of handelswerkwijze betrekking heeft, of die in strijd is met de openbare orde.
4. De Commissie stelt door middel van uitvoeringshandelingen standaardformulieren vast voor de mededeling van de in de leden 2 en 3 van dit artikel bedoelde informatie. Die uitvoeringshandelingen worden volgens de in artikel 20, lid 2, bedoelde procedure vastgesteld.
5. De bevoegde autoriteiten stellen de Commissie onverwijld in kennis van de overeenkomstig lid 3 te publiceren informatie.

Artikel 19. Rol van de Commissie en administratieve ondersteuning

1. De Commissie houdt de in artikel 8, lid 4, bedoelde lijst van de bevoegde autoriteiten en van de vooraanstaande onafhankelijke personen actueel en stelt deze lijsten online beschikbaar. Deze lijst bevat alleen de namen van die personen.
2. De lidstaten stellen de Commissie in kennis van de in artikel 13 bedoelde maatregelen die zij hebben genomen om inbreuken op de geheimhoudingsplicht te bestraffen. De Commissie stelt de andere lidstaten daarvan in kennis.
3. De Commissie houdt een centraal register bij waarin de overeenkomstig artikel 18, leden 2 en 3, gepubliceerde informatie wordt gearchiveerd en online beschikbaar wordt gesteld.

Artikel 20. Comitéprocedure

1. De Commissie wordt bijgestaan door het comité voor de beslechting van geschillen. Dat comité is een comité in de zin van Verordening (EU) nr. 182/2011.
2. Wanneer naar dit lid wordt verwezen, is artikel 5 van Verordening (EU) nr. 182/2011 van toepassing.

Artikel 21. Evaluatie

Uiterlijk op 30 juni 2024 evalueert de Commissie de uitvoering van deze richtlijn en legt zij aan de Raad een verslag voor. Indien nodig gaat dat verslag vergezeld van een wetgevingsvoorstel.

1. Richtlijn 2013/34/EU van het Europees Parlement en de Raad van 26 juni 2013 betreffende de jaarlijkse financiële overzichten, geconsolideerde financiële overzichten en aanverwante verslagen van bepaalde ondernemingsvormen, tot wijziging van Richtlijn 2006/43/EG van het Europees Parlement en de Raad en tot intrekking van Richtlijnen 78/660/EEG en 83/349/EEG van de Raad (PB L 182 van 29.6.2013, blz. 19).

Artikel 22. Omzetting

1. De lidstaten doen de nodige wettelijke en bestuursrechtelijke bepalingen in werking treden om uiterlijk op 30 juni 2019 aan deze richtlijn te voldoen. Zij delen de Commissie de tekst van die bepalingen onverwijld mee.

Wanneer de lidstaten die bepalingen aannemen, wordt in die bepalingen zelf of bij de officiële bekendmaking ervan naar deze richtlijn verwezen. De regels voor die verwijzing worden vastgesteld door de lidstaten.

2. De lidstaten delen de Commissie de tekst van de belangrijkste bepalingen van intern recht mee die zij op het onder deze richtlijn vallende gebied vaststellen.

Artikel 23. Inwerkingtreding

Deze richtlijn treedt in werking op de twintigste dag na die van de bekendmaking ervan in het *Publicatieblad van de Europese Unie*.

Zij is van toepassing op elke klacht die wordt ingediend met ingang van 1 juli 2019 betreffende geschillen met betrekking tot inkomsten of vermogen verkregen in een belastingjaar dat begint op of na 1 januari 2018. Bevoegde autoriteiten van betrokken lidstaten kunnen evenwel overeenkomen deze richtlijn toe te passen op elke klacht die is ingediend vóór die datum of op eerdere belastingjaren.

Artikel 24. Adressaten

Deze richtlijn is gericht tot de lidstaten.

Gedaan te Luxemburg, 10 oktober 2017.

Voorstel voor een RICHTLIJN VAN DE RAAD tot waarborging van een mondiaal minimumniveau van belastingheffing van multinationale groepen in de Unie {SWD(2021) 580 final}

Brussel, 22.12.2021
COM(2021) 823 final
2021/0433 (CNS)

2021/0433 (CNS)

Voorstel voor een RICHTLIJN VAN DE RAAD tot waarborging van een mondiaal minimumniveau van belastingheffing van multinationale groepen in de Unie

DE RAAD VAN DE EUROPESE UNIE,

Gezien het Verdrag betreffende de werking van de Europese Unie, en met name artikel 115,
Gezien het voorstel van de Europese Commissie,
Na toezending van het ontwerp van wetgevingshandeling aan de nationale parlementen,
Gezien het advies van het Europees Parlement[1],
Gezien het advies van het Europees Economisch en Sociaal Comité[2],
Handelend volgens een bijzondere wetgevingsprocedure,
Overwegende hetgeen volgt:

1. De afgelopen jaren heeft de Unie belangrijke maatregelen genomen om de strijd tegen agressieve fiscale planning op de interne markt op te voeren. In de richtlijnen ter bestrijding van belastingontwijking zijn regels vastgesteld om de uitholling van belastinggrondslagen op de interne markt en de verschuiving van winsten uit de interne markt tegen te gaan. Met die regels zijn de aanbevelingen van de Organisatie voor Economische Samenwerking en Ontwikkeling (OESO) in het kader van het initiatief tegen grondslaguitholling en winstverschuiving (BEPS), die ervoor moeten zorgen dat winsten van multinationale ondernemingen (MNO's) worden belast waar de winstgenererende economische activiteiten worden verricht en waarde wordt gecreëerd, in Unierecht omgezet.

2. In een onafgebroken streven om een einde te maken aan fiscale praktijken die MNO's in staat stellen winsten te verschuiven naar jurisdicties waar zij niet of zeer laag worden belast, heeft de OESO ook een reeks internationale belastingregels opgesteld die moeten waarborgen dat MNO's een billijk deel van de belastingen betalen, ongeacht waar zij actief zijn. Deze ingrijpende hervorming wil met een mondiaal minimumniveau van belastingheffing een ondergrens creëren voor de concurrentie met vennootschapsbelastingtarieven. Door de voordelen van winstverschuivingen naar jurisdicties met geen of zeer lage belastingheffing grotendeels weg te nemen, zal de hervorming voor mondiale minimumbelastingheffing het speelveld voor ondernemingen wereldwijd gelijktrekken en jurisdicties in staat stellen hun belastinggrondslag beter te beschermen.

3. Dit politieke doel is vertaald in de modelvoorschriften ter bestrijding van mondiale grondslaguitholling (Global Anti-Base Erosion of GloBE), die op 14 december 2021 zijn goedgekeurd door het inclusief kader (IF) inzake BEPS van de OESO/G20, waaraan de lidstaten zich hebben gecommitteerd. In zijn conclusies[3] van 7 december 2021 heeft de Raad opnieuw zijn krachtige steun voor de hervorming voor mondiale minimumbelastingheffing uitgesproken en zich tot een snelle uitvoering van het akkoord door middel van Uniewetgeving verbonden. In dit verband is het zaak dat de lidstaten de door hen aangegane verbintenis voor een mondiaal minimumniveau van belastingheffing daadwerkelijk inlossen.

4. In een Unie van sterk geïntegreerde economieën is het van wezenlijk belang dat de hervorming voor mondiale minimumbelastingheffing op een voldoende coherente en gecoördineerde wijze gestalte wordt gegeven. Gelet op de omvang, bijzonderheden en technische kenmerken van de nieuwe internationale belastingregels kan alleen een gemeenschappelijk Uniekader voorkomen dat de uitvoering ervan tot een versnippering van de interne markt leidt. Bovendien biedt een gemeenschappelijk kader, dat is ontwikkeld om verenigbaar te zijn

1. PB C van , blz. .
2. PB C van , blz. .
3. Conclusies van de Raad 14767/21 van 7 december 2021.

met de door het Verdrag gewaarborgde fundamentele vrijheden, belastingplichtigen rechtszekerheid bij de uitvoering van de regels.

5. Er moeten regels worden vastgesteld om op Unieniveau een efficiënt en coherent kader voor de mondiale minimumbelastingheffing op te zetten. Dit kader creëert een systeem van twee onderling verbonden regels, de zogenaamde GloBE-voorschriften, door middel waarvan een aanvullende belasting, de zogenaamde bijheffing, moet worden geïnd telkens wanneer het effectieve belastingtarief van een MNO in een bepaalde jurisdictie onder 15 % ligt. In dat geval wordt de jurisdictie als laagbelast beschouwd. De twee regels worden de regel inzake inkomeninclusie (Income Inclusion Rule (IIR)) en de regel inzake onderbelaste betalingen (Undertaxed Payments Rule (UTPR)) genoemd. In dit systeem is de in een lidstaat gelegen moederentiteit van een MNO verplicht de IIR toe te passen op haar aandeel in de bijheffing ter zake van elke laagbelaste entiteit van de groep, ongeacht of deze in of buiten de Unie is gelegen. De UTPR moet fungeren als een vangnet voor de IIR door eventuele restbedragen van de bijheffing te herverdelen in gevallen waarin moederentiteiten met toepassing van de IIR de bijheffing ter zake van laagbelaste entiteiten niet volledig hebben kunnen innen.

6. Bij de uitvoering van de door de lidstaten overeengekomen GloBE-modelvoorschriften moet zo nauw mogelijk worden aangesloten bij het mondiale akkoord. Deze richtlijn volgt nauwgezet de inhoud en de structuur van de GloBE-modelvoorschriften. Om de verenigbaarheid met het primaire Unierecht en meer in het bijzonder met de vrijheid van vestiging te waarborgen, moeten de regels van deze richtlijn van toepassing zijn zowel op in een lidstaat ingezeten entiteiten als op niet-ingezeten entiteiten van een moederentiteit gelegen in die lidstaat. Deze richtlijn moet ook van toepassing zijn op zeer omvangrijke louter binnenlandse groepen. Op die manier wordt het wettelijke kader zo opgezet dat elke vorm van discriminatie tussen grensoverschrijdende en binnenlandse situaties wordt vermeden. Alle entiteiten, met inbegrip van de moederentiteit die de IIR toepast, die zijn gelegen in een lidstaat waar laag belast wordt, worden onderworpen aan de bijheffing. Evenzo worden groepsentiteiten van dezelfde moederentiteit die zijn gelegen in een andere lidstaat waar laag belast wordt, onderworpen aan de bijheffing.

7. Er moet worden gegarandeerd dat belastingontwijkingspraktijken worden ontmoedigd, maar er moet evenzeer worden vermeden dat kleinere MNO's op de interne markt negatieve gevolgen ondervinden. Daarom mag deze richtlijn slechts van toepassing zijn op in de Unie gelegen entiteiten die deel uitmaken van een MNO-groep of omvangrijke binnenlandse groep met een jaarlijkse geconsolideerde inkomensdrempel van ten minste 750 000 000 EUR. Deze drempel is in overeenstemming met de drempel van bestaande internationale belastingregels zoals de regels inzake verslaglegging per land[4]. Entiteiten die onder het toepassingsgebied van de richtlijn vallen, worden groepsentiteiten genoemd. Bepaalde entiteiten moeten van het toepassingsgebied worden uitgesloten op grond van hun specifieke doel en status. Het betreft hier entiteiten die geen winstoogmerk hebben en activiteiten verrichten in het algemeen belang en die derhalve normaal niet onderworpen zijn aan belasting in de lidstaat waar zij zijn gelegen. Om die specifieke belangen te beschermen, is het noodzakelijk om overheidslichamen, internationale organisaties, non-profitorganisaties en pensioenfondsen uit te sluiten van het toepassingsgebied van deze richtlijn. Ook beleggingsfondsen en vastgoedbeleggingsvehikels moeten van het toepassingsgebied worden uitgesloten als zij bovenaan de eigendomsketen staan, omdat bij dergelijke zogenaamde doorstroomentiteiten de gegeneerde inkomsten worden belast bij de eigenaren.

8. De uiteindelijkemoederentiteit (UPE) van een MNO-groep of omvangrijke binnenlandse groep die onmiddellijk of middellijk een zeggenschapsbelang in alle andere groepsentiteiten van de MNO-groep of omvangrijke binnenlandse groep heeft, staat centraal in het systeem. Aangezien de UPE doorgaans verplicht is de financiële rekeningen van alle entiteiten van de MNO-groep of omvangrijke binnenlandse groep te consolideren of, indien dat niet het geval is, daartoe verplicht zou zijn krachtens een aanvaardbare standaard voor financiële verslaglegging, beschikt zij over kritieke informatie en is zij de entiteit bij uitstek om ervoor te zorgen dat het niveau van belastingheffing per jurisdictie voor de groep in overeenstemming is met het overeengekomen minimumtarief. Wanneer de UPE in de Unie is gelegen, moet haar de primaire verplichting uit hoofde van deze richtlijn worden opgelegd om de IIR toe te passen op het aan haar toerekenbare deel van de bijheffing ter zake van alle laagbelaste groepsentiteiten van de MNO-groep, ongeacht of deze in of buiten de Unie zijn gelegen. De UPE die bovenaan een omvangrijke binnenlandse groep staat, past de IIR toe op het volledige bedrag aan bijheffing ter zake van haar laagbelaste groepsentiteiten.

9. In bepaalde omstandigheden schuift deze verplichting door naar andere in de Unie gelegen groepsentiteiten van de MNO-groep. Ten eerste, wanneer de UPE in een derdelands jurisdictie is gelegen die de GloBE-

4. Richtlijn (EU) 2016/881 van de Raad van 25 mei 2016 tot wijziging van Richtlijn 2011/16/EU wat betreft verplichte automatische uitwisseling van inlichtingen op belastinggebied (PB L 146 van 3.6.2016, blz. 8) [DAC4].

modelvoorschriften noch gelijkwaardige regels ten uitvoer heeft gelegd en dus geen gekwalificeerde IIR heeft, moeten tussenliggende moederentiteiten (IPE's) die in de eigendomsketen onder de UPE staan en in de Unie zijn gelegen, krachtens de richtlijn de verplichting hebben om de IIR toe te passen tot maximaal het aan hen toerekenbare deel van de bijheffing, tenzij een IPE die de IIR moet toepassen, een zeggenschapsbelang heeft in een andere IPE, in welk geval de IIR door laatstgenoemde moet worden toegepast.

10. Ten tweede, ongeacht of de UPE in een jurisdictie is gelegen die al dan niet een gekwalificeerde IIR heeft, moeten partieel gehouden moederentiteiten (POPE's) die in de Unie zijn gelegen en voor meer dan 20 % eigendom zijn van belanghouders buiten de MNO-groep, krachtens deze richtlijn de verplichting hebben om de IIR toe te passen tot maximaal het aan hen toerekenbare deel van de bijheffing. Een POPE mag de IIR evenwel niet toepassen wanneer zij in volle eigendom wordt gehouden door een andere POPE die de IIR moet toepassen. Ten derde, wanneer de UPE in een jurisdictie zonder gekwalificeerde IIR is gelegen, moeten de groepsentiteiten van de MNO-groep de UTPR toepassen op alle restbedragen van bijheffing die niet aan de IIR onderworpen zijn geweest, naar rato van een toerekeningsformule op basis van het aantal werknemers dat zij hebben, en hun materiële activa. Ten vierde, wanneer de UPE in een derdelands jurisdictie met een gekwalificeerde IIR is gelegen, moeten de groepsentiteiten van de MNO-groep de UTPR toepassen op de in die derdelands jurisdictie gelegen groepsentiteiten, wanneer in die derdelands jurisdictie laag belast is op basis van het effectieve belastingtarief van alle groepsentiteiten in die jurisdictie, inclusief dat van de UPE.

11. Overeenkomstig de beleidsdoelstellingen van de hervorming voor mondiale minimumbelastingheffing met betrekking tot eerlijke belastingconcurrentie tussen jurisdicties moet het effectieve belastingtarief worden berekend op jurisdictieniveau. Met het oog op de berekening van het effectieve belastingtarief moet deze richtlijn voorzien in een gemeenschappelijke reeks specifieke regels voor de berekening van de belastinggrondslag, het zogenaamde kwalificerende inkomen of verlies, en voor de betaalde belastingen, de zogenaamde betrokken belastingen. Het uitgangspunt zijn de voor consolidatiedoeleinden gebruikte financiële rekeningen waarop verschillende correcties worden aangebracht, onder andere om rekening te houden met tijdelijke verschillen, teneinde verstoringen tussen jurisdicties te vermijden. Vervolgens kunnen het kwalificerende inkomen of verlies en de betrokken belastingen van bepaalde entiteiten worden toegerekend aan andere relevante entiteiten binnen de MNO-groep om de neutraliteit te garanderen van de fiscale behandeling van kwalificerend inkomen of verlies dat in verschillende jurisdicties aan betrokken belastingen onderworpen kan zijn, vanwege het soort entiteit (doorstroomentiteit, hybride entiteit of vaste inrichting) dan wel vanwege de specifieke fiscale behandeling van het inkomen (dividenduitkering of CFC-regeling).

12. Het effectieve belastingtarief van een MNO-groep in elke jurisdictie waar hij activiteiten verricht, of van een omvangrijke binnenlandse groep, moet worden vergeleken met het overeengekomen minimumbelastingtarief van 15 % om te bepalen of de MNO-groep of omvangrijke binnenlandse groep aan een bijheffing moet worden onderworpen en dus de IIR of UTPR moet toepassen. Het minimumbelastingtarief van 15 % dat is overeengekomen door het inclusief kader inzake BEPS van de OESO/G20, houdt een evenwicht tussen de verschillende vennootschapsbelastingtarieven die wereldwijd worden toegepast. Wanneer het effectieve belastingtarief van een MNO-groep onder het minimumbelastingtarief in een gegeven jurisdictie daalt, moet de bijheffing worden toegerekend aan de entiteiten in de MNO-groep die de belasting met toepassing van de IIR en de UTPR verschuldigd zijn, teneinde het mondiaal overeengekomen minimale effectieve tarief van 15 % in acht te nemen. Wanneer het effectieve belastingtarief van een omvangrijke binnenlandse groep onder het minimumbelastingtarief daalt, moet de UPE bovenaan de omvangrijke binnenlandse groep de IIR toepassen ter zake van haar laagbelaste groepsentiteiten, teneinde ervoor te zorgen dat de groep belasting verschuldigd is naar een effectief minimumtarief van 15 %.

13. Om de lidstaten de vruchten te laten plukken van de opbrengsten van de bijheffing op de laagbelaste groepsentiteiten op hun grondgebied, moeten zij ervoor kunnen kiezen om een systeem van binnenlandse bijheffing toe te passen. Groepsentiteiten van een MNO-groep in een lidstaat die ervoor heeft gekozen om in zijn binnenlandse belastingstelsel regels toe te passen die gelijkwaardig zijn aan de IIR en de UTPR, moeten de bijheffing aan deze lidstaat betalen. Hoewel de lidstaten enige flexibiliteit krijgen bij de technische uitvoering van het systeem van binnenlandse bijheffing, moet een dergelijk systeem toch garanderen dat het kwalificerende inkomen of verlies van de groepsentiteiten op dezelfde of op een gelijkwaardige wijze als de IIR en de UTPR van deze richtlijn aan een minimale effectieve belasting wordt onderworpen.

14. Om een evenredige aanpak te waarborgen, moet rekening worden gehouden met bepaalde specifieke situaties van lagere BEPS-risico's. In de richtlijn moet daarom een substance-uitzondering worden opgenomen op basis van de kosten in verband met werknemers en de waarde van materiële activa in een gegeven jurisdictie. Zo kunnen - tot op bepaalde hoogte - situaties worden aangepakt waarin een MNO-groep of een omvangrijke binnenlandse groep economische activiteiten verricht die een materiële aanwezigheid in een laagbelaste

jurisdictie vereisten, omdat in een dergelijk geval BEPS-praktijken maar weinig voordeel zouden opleveren. Voorts moet rekening worden gehouden met het specifieke geval van MNO-groepen die zich in de beginfase van hun internationale activiteiten bevinden, om geen obstakels op te werpen voor het ontplooien van grensoverschrijdende activiteiten voor MNO-groepen die in hun binnenlandse jurisdictie waar zij hoofdzakelijk actief zijn, laag worden belast. De laagbelaste binnenlandse activiteiten van dergelijke groepen moeten daarom gedurende een overgangsperiode van vijf jaar, en op voorwaarde dat de MNO-groep in niet meer dan zes andere jurisdicties groepsentiteiten heeft, van de toepassing van de regels worden uitgesloten. Om een gelijke behandeling van omvangrijke binnenlandse groepen te waarborgen, moet ook het inkomen uit de activiteiten van dergelijke groepen gedurende een overgangsperiode van vijf jaar worden uitgesloten.

15. Door het sterk volatiele karakter en de lange economische cyclus van de scheepvaartsector is deze sector traditioneel onderworpen aan alternatieve of aanvullende belastingregelingen in de lidstaten. Om de desbetreffende beleidslogica niet te ondermijnen en de lidstaten in staat te stellen de scheepvaartsector een eigen fiscale behandeling te blijven geven in overeenstemming met de internationale praktijk en de staatssteunregels, moet het inkomen uit scheepvaartactiviteiten van het systeem worden uitgesloten.

16. Om een evenwicht te bereiken tussen de doelstellingen van de hervorming voor mondiale minimumbelastingheffing en de administratieve lasten voor de belastingdiensten en belastingplichtigen, moet deze richtlijn voorzien in een de minimis-uitzondering voor MNO-groepen of omvangrijke binnenlandse groepen met een gemiddeld inkomen van minder dan 10 000 000 EUR en een gemiddeld kwalificerend inkomen of verlies van minder dan 1 000 000 EUR in een jurisdictie. Aan dergelijke MNO-groepen of omvangrijke binnenlandse groepen mag geen bijheffing worden opgelegd ook als hun effectieve belastingtarief onder het minimumbelastingtarief in die jurisdictie ligt.

17. De toepassing van de regels van deze richtlijn op MNO-groepen en omvangrijke binnenlandse groepen die voor het eerst onder het toepassingsgebied ervan vallen, kan tot verstoringen leiden door de aanwezigheid van fiscale attributen, inclusief verliezen uit voorgaande verslagjaren, of als gevolg van tijdelijke verschillen, en daarom moeten overgangsregels worden vastgesteld. Er moet ook worden voorzien in een geleidelijke verlaging van de tarieven voor de uitzonderingen met betrekking tot de loonkosten en de materiële activa over een periode van tien jaar om de overgang naar het nieuwe belastingsysteem vlot te laten verlopen.

18. Voor een efficiënte toepassing van het systeem is het van wezenlijk belang dat procedures op groepsniveau worden gecoördineerd. Er zal een systeem moeten worden opgezet dat een ongehinderde informatiestroom garandeert binnen de MNO-groep en naar de belastingdiensten waar de groepsentiteiten zijn gelegen. De primaire verantwoordelijkheid voor het indienen van de informatieaangifte moet bij de groepsentiteit zelf liggen. Zij moet evenwel van die verantwoordelijkheid worden ontheven wanneer de MNO-groep een andere entiteit heeft aangewezen om de informatieaangifte in te dienen en te delen. Dat kan een lokale entiteit zijn of een entiteit uit een andere jurisdictie waarvoor een overeenkomst tussen bevoegde autoriteiten bestaat met de lidstaat van de groepsentiteit. In de eerste twaalf maanden na de inwerkingtreding van deze richtlijn moet de Commissie een evaluatie van de richtlijn verrichten in overeenstemming met het door het inclusief kader bereikte akkoord over de aangiftevereisten in het kader van het GloBE-uitvoeringskader. Gelet op de nalevingsaanpassingen die dit systeem vereist, moeten groepen die voor het eerst onder het toepassingsgebied van deze richtlijn vallen, een periode van achttien maanden krijgen om aan de informatievereisten te voldoen.

19. Gelet op de voordelen van transparantie op het gebied van de belastingen is het bemoedigend dat een aanzienlijke hoeveelheid informatie zal worden verstrekt aan de belastingautoriteiten in alle deelnemende jurisdicties. MNO-groepen die onder het toepassingsgebied van deze richtlijn vallen, moeten de verplichting hebben om uitgebreide en gedetailleerde informatie te verstrekken over hun winsten en effectieve belastingtarief in elke jurisdictie waar zij groepsentiteiten hebben. Er kan worden verwacht dat een dergelijke uitgebreide rapportage de transparantie ten goede zal komen.

20. De doeltreffendheid en billijkheid van de hervorming voor mondiale minimumbelastingheffing hangen sterk af van de uitvoering die er wereldwijd wordt aan gegeven. Het zal derhalve van vitaal belang zijn dat alle belangrijke handelspartners van de Unie een gekwalificeerde IIR dan wel een gelijkwaardige reeks regels inzake minimumbelasting toepassen. In dit verband, en ter ondersteuning van de rechtszekerheid en de efficiëntie van de regels voor een mondiale minimumbelasting, is het zaak nader te omschrijven onder welke voorwaarden de in een derdelands jurisdictie ten uitvoer gelegde regels die geen omzetting van de regels van het mondiale akkoord inhouden, als gelijkwaardig met een gekwalificeerde IIR kunnen worden aangemerkt. Te dien einde moet deze richtlijn erin voorzien dat de Commissie, op basis van bepaalde parameters, een beoordeling van de gelijkwaardigheidscriteria verricht en dat er een lijst van derdelands jurisdicties wordt opge-

steld die aan de gelijkwaardigheidscriteria voldoen. Deze lijst kan door middel van een gedelegeerde handeling worden gewijzigd nadat er een beoordeling is verricht van het wettelijke kader dat door een derdelands jurisdictie in haar interne recht ten uitvoer is gelegd.

21. Ter wijziging van bepaalde niet-essentiële onderdelen van deze richtlijn moet aan de Commissie de bevoegdheid worden overgedragen om overeenkomstig artikel 290 van het Verdrag betreffende de werking van de Europese Unie handelingen vast te stellen. Het doel daarvan is om, na een beoordeling door de Commissie, wijzigingen te kunnen aanbrengen in de bijlage die een lijst bevat met jurisdicties waarvan het binnenlandse wettelijke kader kan worden aangemerkt als gelijkwaardig aan een gekwalificeerde IIR.

22. De regels voor de toepassing van de UTPR moeten toepassing vinden vanaf 1 januari 2024 om derdelands jurisdicties de mogelijkheid te bieden de IIR toe te passen in de eerste fase van de uitvoering van de GloBE-modelvoorschriften.

23. De doelstelling van deze richtlijn, namelijk het creëren van een gemeenschappelijk kader voor een mondiaal minimumniveau van belastingheffing in de Unie op basis van de gemeenschappelijke aanpak van de GloBE-modelvoorschriften, kan niet voldoende door de lidstaten afzonderlijk worden verwezenlijkt. Autonoom optreden van de lidstaten zou het risico van een versnippering van de interne markt verhogen. Aangezien het van wezenlijk belang is om oplossingen vast te stellen die werken voor de interne markt als geheel, kan deze doelstelling, vanwege de omvang van de hervorming voor mondiale minimumbelastingheffing, beter worden verwezenlijkt op het niveau van de Unie. Daarom kan de Unie, overeenkomstig het in artikel 5 van het Verdrag betreffende de Europese Unie neergelegde subsidiariteitsbeginsel, maatregelen nemen.

24. De Europese Toezichthouder voor gegevensbescherming is geraadpleegd overeenkomstig artikel 42, lid 1, van Verordening (EU) 2018/1725[5] van het Europees Parlement en de Raad. Het recht op bescherming van persoonsgegevens overeenkomstig artikel 8 van het Handvest van de grondrechten van de EU en Verordening (EU) 2016/679[6] van het Europees Parlement en de Raad zijn van toepassing op de verwerking van persoonsgegevens in het kader van deze richtlijn,

HEEFT DE VOLGENDE RICHTLIJN VASTGESTELD:

Hoofdstuk I. Algemene bepalingen

Artikel 1. Onderwerp

Bij deze richtlijn worden gemeenschappelijke maatregelen voor de minimale effectieve belastingheffing van MNO-groepen vastgesteld in de vorm van:

a. een regel inzake inkomeninclusie (de zogenaamde "Income Inclusion Rule" of IIR), in overeenstemming waarmee een moederentiteit van een MNO-groep of een omvangrijke binnenlandse groep het aan haar toerekenbare deel van de bijheffing ter zake van de laagbelaste groepsentiteiten berekent en int; en

b. een regel inzake onderbelaste betalingen (de zogenaamde "Undertaxed Payments Rule" of UTPR), in overeenstemming waarmee een groepsentiteit van een MNO-groep een aan haar toerekenbaar deel van de door de uiteindelijkemoederentiteit van de groep berekende bijheffing int dat krachtens de IIR niet in rekening is gebracht ter zake van de laagbelaste groepsentiteiten.

Artikel 2. Toepassingsgebied

1. Deze richtlijn is van toepassing op in de Unie gelegen groepsentiteiten die deel uitmaken van een MNO-groep of omvangrijke binnenlandse groep met een jaarinkomen van 750 000 000 EUR of hoger in zijn geconsolideerde jaarrekening in ten minste twee van de laatste vier opeenvolgende verslagjaren.

2. Wanneer een of meer van de in lid 1 bedoelde vier verslagjaren langer of korter is dan twaalf maanden, wordt het in dat lid bedoelde jaarinkomen voor elk van die verslagjaren pro rata aangepast.

5. Verordening (EG) nr. 45/2001 van het Europees Parlement en de Raad van 18 december 2000 betreffende de bescherming van natuurlijke personen in verband met de verwerking van persoonsgegevens door de communautaire instellingen en organen en betreffende het vrije verkeer van die gegevens (PB L 8 van 12.1.2001, blz. 1).

6. Richtlijn 95/46/EG van het Europees Parlement en de Raad van 24 oktober 1995 betreffende de bescherming van natuurlijke personen in verband met de verwerking van persoonsgegevens en betreffende het vrije verkeer van die gegevens (PB L 281 van 23.11.1995, blz. 31).

3. Deze richtlijn is niet van toepassing op de volgende entiteiten (hierna "uitgesloten entiteiten" genoemd), tenzij de indienende groepsentiteit ervoor heeft gekozen om die entiteiten niet als uitgesloten aan te merken overeenkomstig artikel 43, lid 1:

a. een overheidslichaam, een internationale organisatie, een non-profitorganisatie, een pensioenfonds, een beleggingsentiteit die een uiteindelijkemoederentiteit is, en een vastgoedbeleggingsvehikel dat een uiteindelijkemoederentiteit is; of

b. een entiteit die voor ten minste 95 % door een of meer van de in punt a) bedoelde entiteiten in eigendom wordt gehouden, onmiddellijk dan wel via verschillende dergelijke entiteiten, met uitzondering van entiteiten die pensioendiensten verlenen, en die

i. uitsluitend, of nagenoeg uitsluitend, wordt gedreven om activa aan te houden of middelen te beleggen ten behoeve van de in punt a) bedoelde entiteit of entiteiten; of

ii. uitsluitend activiteiten verricht die ondergeschikt zijn aan de door de in punt a) bedoelde entiteit of entiteiten verrichte activiteiten; of

c. een entiteit die voor ten minste 85 % door een of meer van de in punt a) bedoelde entiteiten in eigendom wordt gehouden, onmiddellijk dan wel via een of meer van dergelijke entiteiten, op voorwaarde dat nagenoeg al haar inkomen afkomstig is van dividenden of vermogenswinsten of -verliezen die van de berekening van het kwalificerende inkomen zijn uitgesloten overeenkomstig artikel 15, lid 2, punt b).

Artikel 3. Definities

Voor de toepassing van deze richtlijn wordt verstaan onder:

1. "entiteit": een rechtspersoon of juridische constructie die een afzonderlijke financiële rekening opstelt;
2. "groepsentiteit": een entiteit of vaste inrichting die deel uitmaakt van een MNO-groep of een omvangrijke binnenlandse groep;
3. "groep":

a. een geheel van entiteiten die met elkaar verbonden zijn door eigendom of zeggenschap zoals omschreven in het aanvaardbare verslagleggingskader voor de opstelling van een geconsolideerde jaarrekening door de uiteindelijkemoederentiteit, inclusief iedere entiteit die mogelijkerwijs van de geconsolideerde jaarrekening van de uiteindelijkemoederentiteit is uitgesloten op de enkele grond van haar kleine omvang, materieel belang of het feit dat zij voor de verkoop wordt aangehouden; en

b. een entiteit die een of meer vaste inrichtingen heeft, op voorwaarde dat zij geen deel uitmaakt van een andere groep zoals omschreven in punt a);

4. "MNO-groep": een groep die ten minste één entiteit of vaste inrichting omvat die niet in de jurisdictie van de uiteindelijkemoederentiteit is gelegen;
5. "omvangrijke binnenlandse groep": een groep waarvan alle entiteiten in dezelfde lidstaat zijn gelegen;
6. "geconsolideerde jaarrekening":

a. de jaarrekening, opgesteld door een entiteit overeenkomstig een aanvaardbare standaard voor financiële verslaglegging, waarin de activa, passiva, baten, lasten en kasstromen van die entiteit en alle onder haar zeggenschap staande entiteiten zijn weergegeven als die van één enkele economische entiteit;

b. voor groepen als omschreven in punt 3 b), de jaarrekening opgesteld door een hoofdentiteit overeenkomstig een aanvaardbare standaard voor financiële verslaglegging;

c. de jaarrekening die niet is opgesteld door een uiteindelijkemoederentiteit overeenkomstig een aanvaardbare standaard voor financiële verslaglegging en die vervolgens is gecorrigeerd om materiële concurrentieverstoringen te voorkomen; of

d. wanneer de uiteindelijkemoederentiteit geen jaarrekening zoals omschreven in de punten a), b) of c), opstelt, de jaarrekening die zou zijn opgesteld als de uiteindelijkemoederentiteit verplicht was geweest om een dergelijke jaarrekening op te stellen overeenkomstig:

i. een aanvaardbare standaard voor financiële verslaglegging; of

ii. een andere standaard voor financiële verslaglegging en op voorwaarde dat de desbetreffende jaarrekening is gecorrigeerd om materiële concurrentieverstoringen te voorkomen;

7. "verslagjaar": de verslagleggingsperiode waarover:

a. de uiteindelijkemoederentiteit van een MNO-groep of een omvangrijke binnenlandse groep haar geconsolideerde jaarrekening opstelt of, indien de uiteindelijkemoederentiteit geen geconsolideerde jaarrekening opstelt, het kalenderjaar; en

b. het effectieve belastingtarief en de bijheffing worden berekend;

8. "indienende groepsentiteit": een entiteit die een aangifte met informatie betreffende de bijheffing indient overeenkomstig artikel 42 van deze richtlijn;

9. "doorstroomentiteit": een entiteit die als fiscaal transparant wordt aangemerkt met betrekking tot haar opbrengsten, kosten, winsten of verliezen in de jurisdictie waarin zij is opgericht, en die niet fiscaal ingezeten is en onderworpen is aan een betrokken belasting op haar opbrengsten of winsten in een andere jurisdictie.

Voor de toepassing van deze definitie wordt onder een fiscaal transparante entiteit verstaan een entiteit waarvan de opbrengsten, kosten, winsten of verliezen krachtens de wetten van een jurisdictie op dezelfde manier worden behandeld alsof zij rechtstreeks door de eigenaar van die entiteit zijn verworven of gemaakt;

10. "vaste inrichting":

a. een bedrijfsinrichting of daarmee gelijkgestelde inrichting in een jurisdictie waar deze wordt aangemerkt als een vaste inrichting overeenkomstig een van kracht zijnd toepasselijk belastingverdrag, op voorwaarde dat die jurisdictie het aan die inrichting toerekenbare inkomen in de heffing betrekt overeenkomstig een soortgelijke bepaling als artikel 7 van het OESO-modelverdrag inzake belasting naar inkomen en vermogen[7];

b. als er geen van kracht zijnd toepasselijk belastingverdrag bestaat, een bedrijfsinrichting of daarmee gelijkgestelde inrichting in een jurisdictie die het aan die bedrijfsinrichting toerekenbare inkomen op nettobasis in de heffing betrekt op soortgelijke wijze als waarop zij haar eigen fiscale inwoners in de heffing betrekt;

c. als een jurisdictie geen vennootschapsbelastingstelsel heeft, een aldaar gelegen bedrijfsinrichting of daarmee gelijkgestelde inrichting die overeenkomstig het OESO-modelverdrag inzake belasting naar inkomen en vermogen als een vaste inrichting zou zijn aangemerkt, op voorwaarde dat die jurisdictie het recht zou hebben gehad om het overeenkomstig artikel 7 van dat verdrag aan die bedrijfsinrichting toerekenbare inkomen in de heffing te betrekken; of

d. een andere bedrijfsinrichting of daarmee gelijkgestelde inrichting met behulp waarvan werkzaamheden worden uitgeoefend buiten de jurisdictie waar de hoofdentiteit is gelegen, indien die jurisdictie het aan die werkzaamheden toerekenbare inkomen vrijstelt;

11. "uiteindelijkemoederentiteit":

a. een entiteit die onmiddellijk of middellijk een zeggenschapsbelang in een andere entiteit houdt en die zelf niet, onmiddellijk of middellijk, eigendom is van een andere entiteit die een zeggenschapsbelang in haar houdt; of

b. een hoofdentiteit;

12. "minimumbelastingtarief": vijftien procent (15 %);

13. "bijheffing": de overeenkomstig artikel 26 berekende extra belasting voor een jurisdictie of groepsentiteit;

14. "fiscaal regime inzake gecontroleerde buitenlandse vennootschappen (CFC's)": een reeks fiscale regels krachtens welke een onmiddellijke of middellijke aandeelhouder van een buitenlandse entiteit onderworpen is aan belasting over zijn aandeel in het volledige inkomen, of een deel daarvan, dat door die buitenlandse entiteit is verdiend, ongeacht of dat inkomen aan de aandeelhouder is uitgekeerd;

15. "gekwalificeerde regel inzake inkomeninclusie" ("gekwalificeerde IIR"): een reeks regels die in het interne recht van een jurisdictie ten uitvoer is gelegd en die:

a. gelijkwaardig is aan de in deze richtlijn vastgestelde regels in overeenstemming waarmee de moederentiteit van een MNO-groep het aan haar toerekenbare deel van de bijheffing ter zake van de laagbelaste groepsentiteiten berekent en int;

b. ten uitvoer is gelegd en wordt toegepast op een wijze die consistent is met de in deze richtlijn vastgestelde regels en de jurisdictie niet toestaat voordelen met betrekking tot die regels te verlenen;

16. "laagbelaste groepsentiteit":

a. een groepsentiteit van een MNO-groep in een laagbelastende jurisdictie; of

b. een staatloze groepsentiteit die, met betrekking tot een verslagjaar, een effectief belastingtarief heeft dat lager is dan het minimale effectieve belastingtarief;

17. "tussenliggende moederentiteit": een groepsentiteit die, onmiddellijk of middellijk, een eigendomsbelang in een andere groepsentiteit in dezelfde MNO-groep heeft en niet kwalificeert als uiteindelijkemoederentiteit, partieel gehouden moederentiteit, vaste inrichting of beleggingsentiteit;

18. "zeggenschapsbelang": eigendomsbelang in een entiteit waarbij de houder van het belang verplicht is de activa, passiva, baten, lasten en kasstromen van de entiteit post voor post te consolideren, of daartoe verplicht zou zijn geweest, overeenkomstig een aanvaardbare standaard voor financiële verslaglegging;

Een hoofdentiteit wordt geacht het zeggenschapsbelang in haar vaste inrichtingen te houden.

19. "partieel gehouden moederentiteit": een groepsentiteit die, onmiddellijk of middellijk, een eigendomsbelang in een andere groepsentiteit van dezelfde MNO-groep houdt, en waarvan meer dan 20 % van haar eigen-

7. OESO-modelverdrag inzake belasting naar inkomen en vermogen, als gewijzigd.

domsbelang in de winst, onmiddellijk of middellijk, wordt gehouden door personen die geen groepsentiteit van de MNO-groep zijn, en die niet kwalificeert als uiteindelijkemoederentiteit, vaste inrichting of beleggingsentiteit;
20. "eigendomsbelang": alle rechten op de winsten, het kapitaal of de reserves van een entiteit of een vaste inrichting;
21. "moederentiteit": een uiteindelijkemoederentiteit, die geen uitgesloten entiteit, tussenliggende moederentiteit of partieel gehouden moederentiteit is;
22. "aanvaardbare standaard voor financiële verslaglegging": internationale standaarden voor financiële verslaglegging (IFRS en IFRS zoals goedgekeurd door de EU overeenkomstig Verordening (EG) nr. 1606/2002) en de algemeen aanvaarde verslagleggingsbeginselen van Australië, Brazilië, Canada, de lidstaten van de Europese Unie, de lidstaten van de Europese Economische Ruimte, Hongkong (China), Japan, Mexico, Nieuw-Zeeland, de Volksrepubliek China, de Republiek India, de Republiek Korea, Rusland, Singapore, Zwitserland, het Verenigd Koninkrijk en de Verenigde Staten van Amerika;
23. "gekwalificeerde binnenlandse bijheffing": een bijheffing die in het interne recht van een jurisdictie ten uitvoer is gelegd en die:

a. voorziet in de vaststelling van de overwinsten van de in die jurisdictie gelegen groepsentiteiten overeenkomstig de in deze richtlijn vastgestelde regels en in de toepassing van het minimumbelastingtarief op die overwinsten voor die jurisdictie en de groepsentiteiten overeenkomstig de in deze richtlijn vastgestelde regels; en

b. ten uitvoer is gelegd en wordt toegepast op een wijze die consistent is met de in deze richtlijn vastgestelde regels en de jurisdictie niet toestaat voordelen met betrekking tot die regels te verlenen;

24. "beleggingsentiteit":

a. een beleggingsfonds of vastgoedbeleggingsvehikel;

b. een entiteit die voor ten minste 95 %, onmiddellijk of middellijk, in eigendom wordt gehouden door een entiteit als bedoeld in punt a) of via een of meer van dergelijke entiteiten, en die uitsluitend, of nagenoeg uitsluitend, wordt gedreven om activa aan te houden of middelen te beleggen ten behoeve van die entiteit of entiteiten;

c. een entiteit die voor ten minste 85 % door een in punt a) bedoelde entiteit in eigendom wordt gehouden, op voorwaarde dat nagenoeg al haar inkomen afkomstig is van dividenden of vermogenswinsten of -verliezen die zijn uitgesloten van de berekening van het kwalificerende inkomen voor de toepassing van deze richtlijn;

25. "beleggingsfonds": een entiteit of constructie die aan de volgende voorwaarden voldoet:

a. zij is opgezet om financiële of niet-financiële activa van een aantal, hoofdzakelijk niet-verbonden beleggers samen te brengen;

b. zij belegt volgens een welomschreven beleggingsbeleid;

c. zij stelt beleggers in staat de transactie-, onderzoeks- en analysekosten te verlagen of het risico collectief te spreiden;

d. zij is in de eerste plaats opgezet om beleggingsinkomsten of -winsten te genereren, of bescherming te bieden tegen een specifieke of algemene gebeurtenis of uitkomst;

e. haar beleggers hebben een recht op de opbrengsten uit de activa van het fonds of de door die activa gegenereerde inkomsten, op basis van hun bijdrage;

f. zij, of haar leiding, is onderworpen aan de regelgeving voor beleggingsfondsen in de jurisdictie waar ze is opgericht of wordt beheerd; en

g. zij wordt voor rekening van de beleggers beheerd door deskundigen op het gebied van het beheer van beleggingsfondsen;

26. "vastgoedbeleggingsvehikel": een breed gehouden entiteit die overwegend onroerend goed bezit en die is onderworpen aan één enkel belastingniveau, ofwel ten aanzien van het vehikel zelf ofwel ten aanzien van de belanghouders, met maximaal één jaar uitstel;
27. "pensioenfonds":

a. een entiteit die in een jurisdictie is opgericht en wordt gedreven uitsluitend of nagenoeg uitsluitend ten behoeve van het beheer of de verstrekking van pensioenuitkeringen en aanvullende of incidentele uitkeringen aan natuurlijke personen, en die:

i. is gereglementeerd in die jurisdictie; of

ii wordt gehouden door een fiduciaire overeenkomst of een trust, die deze uitkeringen overeenkomstig de nationale wetgeving verstrekt;

b. een entiteit die pensioendiensten verleent;

28. "een entiteit die pensioendiensten verleent": een entiteit die is opgericht en wordt gedreven uitsluitend of nagenoeg uitsluitend om middelen te beleggen ten behoeve van de in punt 27 bedoelde entiteiten of gere-

glementeerde werkzaamheden uit te oefenen die een aanvulling vormen op de in punt 27 bedoelde werkzaamheden, waarbij de entiteit die pensioendiensten verleent, deel uitmaakt van dezelfde groep als de entiteiten die laatstgenoemde werkzaamheden verrichten;

29. "laagbelastende jurisdictie": een lidstaat of derdelands jurisdictie waarin een MNO-groep, in een gegeven verslagjaar, een effectief belastingtarief heeft dat lager is dan het minimumbelastingtarief;

30. "kwalificerend inkomen of verlies": het inkomen of verlies uit de financiële verslaglegging van een groepsentiteit, gecorrigeerd overeenkomstig de in hoofdstuk III en de hoofdstukken VI en VII van deze richtlijn omschreven regels;

31. "niet-gekwalificeerde restitueerbare imputatiebelasting": elke belasting, met uitzondering van een gekwalificeerde imputatiebelasting, die is toegerekend aan, of betaald door, een groepsentiteit en die:

a. aan de uiteindelijk gerechtigde van een door een dergelijke groepsentiteit uitgekeerd dividend restitueerbaar is met betrekking tot dat dividend, dan wel door de uiteindelijk gerechtigde verrekenbaar is met een andere belastingverplichting dan een belastingverplichting met betrekking tot een dergelijk dividend; of

b. restitueerbaar is aan de uitkerende vennootschap bij uitkering van een dividend aan een aandeelhouder.

Voor de toepassing van deze definitie wordt onder een gekwalificeerde imputatiebelasting verstaan een betrokken belasting die is toegerekend aan, of betaald door, een groepsentiteit of een vaste inrichting en die restitueerbaar of verrekenbaar is aan de ontvanger van het door de groepsentiteit respectievelijk de hoofdentiteit uitgekeerde dividend, op voorwaarde dat de restitutie betaalbaar is dan wel de verrekening wordt verleend:

a. door een andere jurisdictie dan de jurisdictie die de betrokken belastingen heeft geheven;

b. aan een vennootschap/uiteindelijk gerechtigde van het dividend die aan belasting is onderworpen naar een nominaal tarief dat gelijk is aan of hoger is dan het minimumbelastingtarief op het ontvangen dividend krachtens het interne recht van de jurisdictie die de betrokken belastingen heeft geheven van de groepsentiteit;

c. aan een natuurlijke persoon/uiteindelijk gerechtigde van het dividend die fiscaal inwoner is van de jurisdictie die de betrokken belastingen heeft geheven van de groepsentiteit, en die aan belasting is onderworpen naar een nominaal tarief dat gelijk is aan of hoger is dan het normale belastingtarief dat van toepassing is op gewone inkomsten; of

d. aan een overheidslichaam, internationale organisatie, non-profitorganisatie, pensioenfonds, beleggingsentiteit die geen deel uitmaakt van de MNO-groep, of levensverzekeringsonderneming voor zover het dividend wordt ontvangen in verband met pensioenfondswerkzaamheden die op dezelfde wijze aan belasting onderworpen zijn als een pensioenfonds;

32. "gekwalificeerd restitueerbaar belastingkrediet":

a. een restitueerbaar belastingkrediet dat in de vorm van contante of daarmee gelijkgestelde middelen betaalbaar is aan een groepsentiteit binnen vier jaar te rekenen vanaf de datum waarop de groepsentiteit aanspraak maakt op het restitueerbare belastingkrediet krachtens de wetgeving van de jurisdictie die het krediet verleent; of

b. indien het belastingkrediet gedeeltelijk restitueerbaar is, het deel van het restitueerbare belastingkrediet dat in de vorm van contante of daarmee gelijkgestelde middelen betaalbaar is aan een groepsentiteit binnen vier jaar te rekenen vanaf de datum waarop de groepsentiteit aanspraak maakt op het gedeeltelijke restitueerbare belastingkrediet;

33. "hoofdentiteit": een entiteit die het netto-inkomen of -verlies uit de financiële verslaglegging van een vaste inrichting in haar jaarrekening opneemt;

34. "fiscaal transparante entiteit":

a. een doorstroomentiteit die als fiscaal transparant wordt aangemerkt in de jurisdictie waar de eigenaar ervan is gelegen;

b. een entiteit die niet fiscaal ingezeten is en niet onderworpen is aan een betrokken belasting of een gekwalificeerde binnenlandse bijheffing op basis van haar plaats van leiding, plaats van oprichting of soortgelijke criteria, voor zover met betrekking tot haar opbrengsten, kosten, winsten of verliezen:

i. de eigenaren ervan zijn gelegen in een jurisdictie die de entiteit als fiscaal transparant aanmerkt;

ii. zij geen bedrijfsinrichting heeft in de jurisdictie waar zij is opgericht; en

iii.de opbrengsten, kosten, winsten of verliezen niet zijn toe te rekenen aan een vaste inrichting;

35. "groepsentiteit-eigenaar": een groepsentiteit die, onmiddellijk of middellijk, een eigendomsbelang houdt in een andere groepsentiteit van dezelfde MNO-groep;

36. "in aanmerking komend uitdelingsbelastingstelsel": een vennootschapsbelastingstelsel dat:

a. alleen winstbelasting heft wanneer die winsten worden uitgekeerd of worden geacht te worden uitgekeerd aan aandeelhouders, of wanneer de vennootschap bepaalde niet-zakelijke kosten maakt;

b. in de heffing betrekt naar een tarief dat gelijk is aan of hoger is dan het minimumbelastingtarief; en

c. van kracht was op of vóór 1 juli 2021;

37. "gekwalificeerde regel inzake onderbelaste betalingen" ("gekwalificeerde UTPR"): een reeks regels die in het interne recht van een jurisdictie ten uitvoer is gelegd en die:

a. gelijkwaardig is aan de in deze richtlijn vastgestelde regels in overeenstemming waarmee een jurisdictie het aan haar toerekenbare deel van de bijheffing van een MNO-groep int dat krachtens de IIR niet in rekening is gebracht ter zake van de laagbelaste groepsentiteiten van die groep;

b. ten uitvoer is gelegd en wordt toegepast op een wijze die consistent is met de in deze richtlijn vastgestelde regels en de jurisdictie niet toestaat voordelen met betrekking tot die regels te verlenen;

38. "aangewezen indienende entiteit": de groepsentiteit, niet zijnde de uiteindelijkemoederentiteit, die door de MNO-groep is aangewezen om namens de MNO-groep de in artikel 42 vastgestelde aangifteverplichtingen na te komen.

Artikel 4. Locatie van een groepsentiteit

1. Een groepsentiteit, met uitzondering van een doorstroomentiteit, wordt geacht te zijn gelegen in de jurisdictie waar zij op basis van haar plaats van leiding, plaats van oprichting of soortgelijke criteria wordt aangemerkt als fiscaal inwoner.

Wanneer de locatie van een groepsentiteit, met uitzondering van een doorstroomentiteit, aan de hand van de eerste alinea niet kan worden bepaald, wordt zij geacht te zijn gelegen in de jurisdictie waar ze is opgericht.

2. Een doorstroomentiteit wordt als staatloos aangemerkt, tenzij zij de uiteindelijkemoederentiteit van een MNO-groep is of zij verplicht is om een regel inzake inkomeninclusie toe te passen overeenkomstig de artikelen 5, 6 en 7, in welk geval de doorstroomentiteit wordt geacht te zijn gelegen in de jurisdictie waar ze is opgericht.

3. Een vaste inrichting als omschreven in artikel 3, punt 10, a), wordt geacht te zijn gelegen in de jurisdictie waar zij als vaste inrichting wordt aangemerkt en belastingplichtig is op grond van het van kracht zijnde toepasselijke belastingverdrag.

Een vaste inrichting als omschreven in artikel 3, punt 10, b), wordt geacht te zijn gelegen in de jurisdictie waar zij onderworpen is aan inkomstenbelasting op grond van haar zakelijke aanwezigheid.

Een vaste inrichting als omschreven in artikel 3, punt 10, c), wordt geacht te zijn gelegen in de jurisdictie waar zij zich bevindt.

Een vaste inrichting als omschreven in artikel 3, punt 10, d), wordt als staatloos aangemerkt.

4. Wanneer een groepsentiteit kan worden geacht in twee jurisdicties te zijn gelegen en die jurisdicties een toepasselijk belastingverdrag hebben, wordt de groepsentiteit geacht te zijn gelegen in de jurisdictie waar zij krachtens dat belastingverdrag als fiscaal inwoner wordt aangemerkt.

Wanneer het toepasselijke belastingverdrag vereist dat de bevoegde autoriteiten de fiscale woonplaats van de groepsentiteit in onderlinge overeenkomst bepalen en er geen overeenkomst wordt bereikt, is lid 5 van toepassing.

Wanneer er geen voorkoming van dubbele belasting wordt geboden krachtens het toepasselijke belastingverdrag doordat een groepsentiteit fiscaal inwoner is van beide jurisdicties die partij zijn bij dat verdrag, is lid 5 van toepassing.

5. Wanneer een groepsentiteit kan worden geacht in twee jurisdicties te zijn gelegen en die jurisdicties geen toepasselijk belastingverdrag hebben, wordt de groepsentiteit geacht te zijn gelegen in de jurisdictie die het hoogste bedrag aan betrokken belastingen voor het verslagjaar heeft geheven.

Bij de berekening van het in de eerste alinea bedoelde bedrag aan betrokken belastingen blijft het bedrag aan belastingen dat overeenkomstig een fiscaal regime inzake gecontroleerde buitenlandse vennootschappen is betaald, buiten beschouwing.

Als het bedrag aan betrokken belastingen dat in de twee jurisdicties verschuldigd is, even hoog is of gelijk is aan nul, wordt de groepsentiteit geacht te zijn gelegen in de jurisdictie met het hoogste bedrag aan op basis van substance uitgesloten inkomen, berekend op entiteitsbasis overeenkomstig artikel 27.

Als het bedrag aan op basis van substance uitgesloten inkomen in de twee jurisdicties even hoog is of gelijk is aan nul, wordt de groepsentiteit als staatloos aangemerkt, tenzij zij een uiteindelijkemoederentiteit is, in welk geval ze wordt geacht te zijn gelegen in de jurisdictie waar ze is opgericht.

6. Wanneer als gevolg van de toepassing van de leden 4 en 5 een moederentiteit wordt geacht te zijn gelegen in een jurisdictie waar zij niet is onderworpen aan een gekwalificeerde regel inzake inkomeninclusie, wordt zij geacht onderworpen te zijn aan de gekwalificeerde regel inzake inkomeninclusie van de andere jurisdictie, tenzij een van kracht zijnd toepasselijk belastingverdrag de toepassing van een dergelijke regel verbiedt.

7. Wanneer een groepsentiteit haar locatie in de loop van een verslagjaar wijzigt, wordt zij geacht te zijn gelegen in de jurisdictie waar ze krachtens dit artikel geacht was te zijn gelegen bij het begin van dat verslagjaar.

Hoofdstuk II. Regel inzake inkomensinclusie en regel inzake onderbelaste betalingen

Artikel 5. Uiteindelijkemoederentiteit in de Unie

1. De lidstaten dragen er zorg voor dat een in een lidstaat gelegen uiteindelijkemoederentiteit voor het verslagjaar is onderworpen aan de bijheffing ("IIR-bijheffing") ter zake van haar in een andere lidstaat dan wel in een derdelands jurisdictie gelegen laagbelaste groepsentiteiten.
2. De lidstaten dragen er zorg voor dat een in een lidstaat gelegen uiteindelijkemoederentiteit, wanneer zij een laagbelaste entiteit is, voor het verslagjaar is onderworpen aan de IIR-bijheffing samen met haar in dezelfde lidstaat gelegen laagbelaste groepsentiteiten.

Artikel 6. Tussenliggende moederentiteit in de Unie

1. De lidstaten dragen er zorg voor dat een in een lidstaat gelegen tussenliggende moederentiteit die wordt gehouden door een in een derdelands jurisdictie gelegen uiteindelijkemoederentiteit, voor het verslagjaar is onderworpen aan de IIR-bijheffing ter zake van haar in een andere lidstaat dan wel in een derdelands jurisdictie gelegen laagbelaste groepsentiteiten.
2. De lidstaten dragen er zorg voor dat een in een lidstaat gelegen tussenliggende moederentiteit die wordt gehouden door een in een derdelands jurisdictie gelegen uiteindelijkemoederentiteit, wanneer zij een laagbelaste entiteit is, voor het verslagjaar is onderworpen aan de IIR-bijheffing samen met haar in dezelfde lidstaat gelegen laagbelaste groepsentiteiten.
3. De leden 1 en 2 zijn niet van toepassing wanneer:
   a. de uiteindelijkemoederentiteit voor het verslagjaar is onderworpen aan een gekwalificeerde regel inzake inkomeninclusie in de jurisdictie waarin zij is gelegen; of
   b. een andere tussenliggende moederentiteit die is gelegen in een lidstaat of een derdelands jurisdictie waar zij voor het verslagjaar is onderworpen aan een gekwalificeerde regel inzake inkomeninclusie, onmiddellijk of middellijk een zeggenschapsbelang in de tussenliggende moederentiteit houdt.

Artikel 7. Partieel gehouden moederentiteit in de Unie

1. De lidstaten dragen er zorg voor dat een in een lidstaat gelegen partieel gehouden moederentiteit voor het verslagjaar is onderworpen aan de IIR-bijheffing ter zake van haar laagbelaste groepsentiteiten.
2. De lidstaten dragen er zorg voor dat een in een lidstaat gelegen partieel gehouden moederentiteit, wanneer zij een laagbelaste entiteit is, voor het verslagjaar is onderworpen aan de IIR-bijheffing samen met haar in dezelfde lidstaat gelegen laagbelaste groepsentiteiten.
3. De leden 1 en 2 zijn niet van toepassing wanneer de eigendomsbelangen van de partieel gehouden moederentiteit volledig worden gehouden, onmiddellijk of middellijk, door een andere partieel gehouden moederentiteit die in een lidstaat dan wel in een derdelands jurisdictie is gelegen en voor het verslagjaar aan een gekwalificeerde regel inzake inkomeninclusie is onderworpen.

Artikel 8. Toerekening van de bijheffing krachtens de regel inzake inkomeninclusie

1. De door een moederentiteit verschuldigde IIR-bijheffing ter zake van een laagbelaste groepsentiteit overeenkomstig de artikelen 5, 6 en 7 is gelijk aan de bijheffing van de laagbelaste groepsentiteit, zoals berekend overeenkomstig artikel 26, vermenigdvuldigd met het aan de moederentiteit toerekenbare deel van die bijheffing voor het verslagjaar.
2. Het aan een moederentiteit toerekenbare deel van de bijheffing ter zake van een laagbelaste groepsentiteit is evenredig aan het belang van de moederentiteit in het inkomen van de laagbelaste groepsentiteit.
3. Behalve het overeenkomstig lid 1 aan een moederentiteit toegerekende bedrag omvat de door een moederentiteit verschuldigde IIR-bijheffing overeenkomstig artikel 5, lid 2, artikel 6, lid 2, en artikel 7, lid 2, het volledige bedrag van de voor die moederentiteit berekende bijheffing overeenkomstig artikel 26.

Artikel 9. Verrekeningsmechanisme voor de regel inzake inkomeninclusie

1. Wanneer een in een lidstaat gelegen tussenliggende moederentiteit een eigendomsbelang in een laagbelaste groepsentiteit houdt via een andere tussenliggende moederentiteit die in een lidstaat of een derdelands jurisdictie is gelegen waar zij is onderworpen aan een gekwalificeerde regel inzake inkomeninclusie voor het

verslagjaar, wordt de overeenkomstig artikel 6, lid 1, verschuldigde bijheffing verminderd met een bedrag dat gelijk is aan het gedeelte van het aan de tussenliggende moederentiteit toerekenbare deel in de bijheffing die door de andere tussenliggende moederentiteit is verschuldigd.
2. Wanneer een in een lidstaat gelegen moederentiteit een eigendomsbelang in een laagbelaste groepsentiteit houdt via een partieel gehouden moederentiteit die in een lidstaat of een derdelands jurisdictie is gelegen waar zij is onderworpen aan een gekwalificeerde regel inzake inkomeninclusie voor het verslagjaar, wordt de overeenkomstig artikel 5, lid 1, artikel 6, lid 1, of artikel 7, lid 1, verschuldigde bijheffing verminderd met een bedrag dat gelijk is aan het gedeelte van het aan de moederentiteit toerekenbare deel in de bijheffing die door de partieel gehouden moederentiteit is verschuldigd.

Artikel 10. Keuze voor toepassing van een gekwalificeerde binnenlandse bijheffing

1. De lidstaten kunnen ervoor kiezen een gekwalificeerde binnenlandse bijheffing toe te passen.
Als een lidstaat waarin groepsentiteiten van een MNO-groep zijn gelegen, ervoor kiest een gekwalificeerde binnenlandse bijheffing toe te passen, worden alle laagbelaste groepsentiteiten van de MNO-groep in die lidstaat onderworpen aan die binnenlandse bijheffing voor het verslagjaar.
2. Wanneer een moederentiteit van een MNO-groep in een lidstaat is gelegen en haar onmiddellijk of middellijk gehouden laagbelaste groepsentiteiten die in een andere lidstaat of een derdelands jurisdictie zijn gelegen, onderworpen zijn aan een gekwalificeerde binnenlandse bijheffing voor het verslagjaar in die jurisdictie, wordt het bedrag van een overeenkomstig artikel 26 berekende bijheffing die overeenkomstig de artikelen 5, 6 en 7 door de moederentiteit verschuldigd is, verminderd met het bedrag van de bijheffing dat door die groepsentiteiten verschuldigd is, tot maximaal nul.
3. Wanneer het bedrag van de gekwalificeerde binnenlandse bijheffing dat is meegenomen in de berekening van de jurisdictionele bijheffing overeenkomstig artikel 26 voor een verslagjaar, in de loop van de drie daaropvolgende verslagjaren niet volledig is betaald, wordt het niet-betaalde bedrag van de binnenlandse bijheffing toegevoegd aan de jurisdictionele bijheffing die is berekend overeenkomstig artikel 26, lid 3.
4. De lidstaten die voor de toepassing van een binnenlandse bijheffing kiezen, stellen de Commissie hiervan in kennis binnen vier maanden na de vaststelling van de nodige nationale wettelijke en bestuursrechtelijke bepalingen om aan deze richtlijn te voldoen.

Artikel 11. Toepassing van een UTPR op de volledige MNO-groep

Wanneer de uiteindelijkemoederentiteit van een MNO-groep in een derdelands jurisdictie is gelegen die geen gekwalificeerde regel inzake inkomeninclusie toepast, dragen de lidstaten er zorg voor dat haar in de Unie gelegen groepsentiteiten onderworpen zijn, in de lidstaat waar zij zijn gelegen, aan een bijheffing voor het verslagjaar ("UTPR-bijheffing") ten belope van het overeenkomstig artikel 13 aan die lidstaat toegewezen bedrag. Groepsentiteiten die een beleggingsentiteit of pensioenfonds zijn, worden niet aan de UTPR-bijheffing onderworpen.

Artikel 12. Toepassing van een UTPR in de UPE-jurisdictie

Wanneer de uiteindelijkemoederentiteit van een MNO-groep in een laagbelastende jurisdictie is gelegen, dragen de lidstaten er zorg voor dat haar in een lidstaat gelegen groepsentiteiten worden onderworpen aan een UTPR-bijheffing voor het verslagjaar ten belope van het overeenkomstig artikel 13 aan die lidstaat toegerekende bedrag ter zake van de laagbelaste groepsentiteiten die in de jurisdictie van de uiteindelijkemoederentiteit zijn gelegen, ongeacht of die jurisdictie een gekwalificeerde regel inzake inkomeninclusie toepast.
Groepsentiteiten die een beleggingsentiteit of pensioenfonds zijn, worden niet aan de UTPR-bijheffing onderworpen.

Artikel 13. Berekening en toerekening van het bedrag aan UTPR-bijheffing

1. De aan een lidstaat toegerekende UTPR-bijheffing wordt berekend door de totale UTPR-bijheffing, zoals bepaald overeenkomstig lid 2, te vermenigvuldigen met het UTPR-percentage van de lidstaat, zoals bepaald overeenkomstig lid 5.
2. De totale UTPR-bijheffing voor een verslagjaar is de som van de bijheffing van alle laagbelaste groepsentiteiten van de MNO-groep voor dat verslagjaar, zoals bepaald overeenkomstig artikel 26, behoudens de in de leden 3 en 4 vastgestelde correcties.
3. De UTPR-bijheffing van een laagbelaste groepsentiteit is gelijk aan nul wanneer, voor het verslagjaar, die laagbelaste groepsentiteit volledig wordt gehouden, onmiddellijk door de uiteindelijkemoederentiteit, dan wel middellijk door een of meer moederentiteiten, gelegen in:

a. ofwel een lidstaat;
b. ofwel een derdelands jurisdictie waar zij een gekwalificeerde regel inzake inkomeninclusie moet toepassen ter zake van haar laagbelaste groepsentiteit voor het verslagjaar.
4. Wanneer lid 3 niet van toepassing is, wordt de UTPR-bijheffing van een laagbelaste groepsentiteit verminderd met het bedrag aan bijheffing dat is toegerekend aan een moederentiteit die in een jurisdictie is gelegen waar zij een gekwalificeerde regel inzake inkomeninclusie moet toepassen ter zake van de groepsentiteit.
5. Het UTPR-percentage van een lidstaat wordt voor ieder verslagjaar en voor iedere MNO-groep berekend volgens de volgende formule:

$$50\% \quad x \quad \frac{\textit{(aantal werknemers in de lidstaat)}}{\textit{aantal werknemers in alle UTPR jurisdicties}}$$

$$+\,50\% \quad x \quad \frac{\textit{materiële activa in de lidstaat}}{\textit{materiële activa in alle UTPR jurisdicties}}$$

waarbij

a. het aantal werknemers in de lidstaat het totale aantal werknemers omvat van alle groepsentiteiten van de MNO-groep gelegen in die lidstaat;

b. het aantal werknemers in alle jurisdicties met een gekwalificeerde UTPR het totale aantal werknemers omvat van alle groepsentiteiten van de MNO-groep gelegen in een jurisdictie die een van kracht zijnde gekwalificeerde UTPR heeft voor het verslagjaar;

c. de totale waarde van de materiële activa in de lidstaat de som is van de nettoboekwaarde van de materiële activa van alle groepsentiteiten van de MNO-groep gelegen in die lidstaat;

d. de totale waarde van de materiële activa in alle jurisdicties met een gekwalificeerde UTPR de som is van de nettoboekwaarde van de materiële activa van alle groepsentiteiten van de MNO-groep gelegen in een jurisdictie die een van kracht zijnde gekwalificeerde UTPR heeft voor het verslagjaar.

6. Het aantal werknemers is het aantal werknemers, uitgedrukt in voltijdequivalenten, van alle in de betreffende jurisdictie gelegen groepsentiteiten, inclusief zelfstandige contractanten mits zij deelnemen aan de reguliere bedrijfsactiviteiten van de groepsentiteit.

De materiële activa omvatten de materiële activa van alle in de betreffende jurisdictie gelegen groepsentiteiten maar geen liquide of daarmee gelijkgestelde middelen, immateriële of financiële activa.

7. Aan een vaste inrichting worden de werknemers toegerekend van wie de loonkosten zijn opgenomen in haar afzonderlijke financiële rekeningen overeenkomstig artikel 17, lid 1, die zijn gecorrigeerd overeenkomstig artikel 17, lid 2, alsook de materiële activa die daarin zijn opgenomen.

Het aantal werknemers en de nettoboekwaarde van de materiële activa van een beleggingsentiteit zijn geen factor in de formule.

Het aantal werknemers en de nettoboekwaarde van de materiële activa van een doorstroomentiteit zijn geen factor in de formule, tenzij zij zijn toegerekend aan een vaste inrichting of, bij gebreke van een vaste inrichting, aan de groepsentiteiten die zijn gelegen in de jurisdictie waar de doorstroomentiteit is opgericht.

8. In afwijking van lid 5 wordt het UTPR-percentage van een lidstaat voor een MNO-groep geacht nul te zijn voor een verslagjaar wanneer die lidstaat het aan hem in een voorgaand verslagjaar toegerekende bedrag aan UTPR-bijheffing niet heeft geïnd bij de betreffende groepsentiteiten.

Het aantal werknemers en de nettoboekwaarde van de materiële activa van de groepsentiteiten van een MNO-groep die is gelegen in een lidstaat met een UTPR-percentage van nul voor een verslagjaar, zijn geen factor in de formule voor de toerekening van de totale UTPR-bijheffing aan de MNO-groep voor dat verslagjaar.

Hoofdstuk III. Berekening van het kwalificerende inkomen of verlies

Artikel 14. Bepaling van het kwalificerende inkomen of verlies

1. Het kwalificerende inkomen of verlies van elke groepsentiteit wordt berekend door de in de artikelen 15 tot en met 18 beschreven correcties aan te brengen in het netto-inkomen of -verlies uit de financiële verslaglegging van de groepsentiteit voor het verslagjaar vóór consolidatiecorrecties voor transacties binnen de groep, zoals bepaald volgens de verslagleggingsstandaard die is gebruikt voor de opstelling van de geconsolideerde jaarrekening van de uiteindelijkemoederentiteit.
2. Wanneer het redelijkerwijs niet haalbaar is om het netto-inkomen of -verlies uit de financiële verslaglegging van een groepsentiteit te bepalen op basis van de verslagleggingsstandaard die is gebruikt voor de opstelling van de geconsolideerde jaarrekening van de uiteindelijkemoederentiteit, kan, in afwijking van lid 1, het netto-inkomen of -verlies uit de financiële verslaglegging van de groepsentiteit voor het verslagjaar worden bepaald aan de hand van een andere aanvaardbare standaard voor financiële verslaglegging of een goedgekeurde standaard voor financiële verslaglegging, mits:

a. de financiële rekeningen van de groepsentiteit worden gevoerd op basis van die andere verslaggevingsstandaard;

b. de informatie in de financiële rekeningen betrouwbaar is; en

c. verschillen op lange termijn van meer dan 1 000 000 EUR die voortvloeien uit de toepassing van een bepaalde grondslag of standaard op baten- of lastenposten of transacties die afwijkt van de verslagleggingsstandaard die voor de opstelling van de geconsolideerde jaarrekening van de uiteindelijkemoederentiteit is gebruikt, worden gecorrigeerd om overeenstemming te bereiken met de voor die post vereiste behandeling op grond van de verslagleggingsstandaard die voor de opstelling van de geconsolideerde jaarrekening is gebruikt.

Onder een goedgekeurde standaard voor financiële verslaglegging wordt, met betrekking tot een entiteit, verstaan een reeks algemeen aanvaardbare verslagleggingsbeginselen die zijn toegestaan door een erkend verslagleggingsorgaan in de jurisdictie waar die entiteit is gelegen. In dit verband wordt onder erkend verslagleggingsorgaan verstaan het orgaan dat de wettelijke bevoegdheid in een jurisdictie heeft om standaarden voor financiële verslaglegging voor te schrijven, vast te stellen of te aanvaarden.

3. Wanneer een uiteindelijkemoederentiteit haar geconsolideerde jaarrekening niet heeft opgesteld overeenkomstig een aanvaardbare standaard voor financiële verslaglegging als bedoeld in artikel 3, punt 6, wordt de geconsolideerde jaarrekening van de uiteindelijkemoederentiteit gecorrigeerd om materiële concurrentieverstoringen te voorkomen.

Wanneer een uiteindelijkemoederentiteit geen geconsolideerde jaarrekening opstelt, is de geconsolideerde jaarrekening van de uiteindelijkemoederentiteit die welke zou zijn opgesteld als de uiteindelijkemoederentiteit verplicht was geweest om een dergelijke geconsolideerde jaarrekening op te stellen overeenkomstig:

a. een aanvaardbare standaard voor financiële verslaglegging; of

b. een andere standaard voor financiële verslaglegging op voorwaarde dat de desbetreffende geconsolideerde jaarrekening is gecorrigeerd om materiële concurrentieverstoringen te voorkomen.

Wanneer de toepassing van een bepaalde grondslag of procedure volgens een reeks algemeen aanvaarde verslagleggingsbeginselen tot een materiële concurrentieverstoring leidt, wordt de financieel administratieve verwerking van een post of transactie die aan die grondslag of procedure onderworpen is, gecorrigeerd om overeenstemming te bereiken met de voor die post of transactie vereiste verwerking op grond van de internationale standaarden voor financiële verslaglegging.

Onder een materiële concurrentieverstoring wordt, met betrekking tot de toepassing van een bepaalde grondslag of procedure volgens een reeks algemeen aanvaardbare verslagleggingsbeginselen, verstaan een toepassing die leidt tot een variatie van meer dan 10 % van de opbrengsten of 75 000 000 EUR in vergelijking met het bedrag dat door toepassing van de overeenkomstige grondslag of procedure zou zijn bepaald.

Artikel 15. Correcties voor de bepaling van het kwalificerende inkomen of verlies

1. Voor de toepassing van dit artikel wordt verstaan onder:

a. “nettobelastinglast”: het nettobedrag van de volgende posten:

i. als een last toegerekende betrokken belastingen;

ii. uitgestelde belastingvorderingen die toerekenbaar zijn aan een verlies voor het verslagjaar;

iii. als een last toegerekende gekwalificeerde binnenlandse bijheffingen;

iv. uit de bepalingen van deze richtlijn voortvloeiende belastingen; en

v. als een last toegerekende niet-gekwalificeerde restitueerbare imputatiebelastingen;

b. “uitgesloten dividend”: een dividend dat of andere uitkering die is ontvangen of toegerekend ter zake van een eigendomsbelang, met uitzondering van een ontvangen of toegerekend dividend of andere uitkering ter zake van:

i. een eigendomsbelang in een entiteit van minder dan 10 % (“portefeuilledeelneming”) ter zake waarvan een groepsentiteit aanspraak maakt op alle of nagenoeg alle rechten op winsten, kapitaal of reserves, ongeacht of de groepsentiteit de juridische eigendom van die portefeuille bezit, gedurende een periode van minder dan één jaar op de datum van uitkering; en

ii een eigendomsbelang in een beleggingsentiteit ter zake waarvan een keuze overeenkomstig artikel 41 is gemaakt;

c. “uitgesloten vermogenswinst of -verlies”: een in het netto-inkomen of -verlies uit de financiële verslaglegging van de groepsentiteit inbegrepen nettowinst of -verlies naar aanleiding van:

i. voordelen die voortvloeien uit veranderingen in de reële waarde van een eigendomsbelang, met uitzondering van een portefeuilledeelneming;

ii. winsten of verliezen ter zake van een eigendomsbelang dat is opgenomen volgens de vermogensmutatiemethode; en

iii. voordelen uit de vervreemding van een eigendomsbelang, met uitzondering van de vervreemding van een portefeuilledeelneming;

d. "inbegrepen winst of verlies op basis van de herwaarderingsmethode": een winst of verlies, vermeerderd of verminderd met alle daarmee samenhangende betrokken belastingen voor het verslagjaar, voortvloeiende uit de toepassing van een verslagleggingsmethode of -praktijk die, ter zake van materiële vaste activa:

i. de boekwaarde van een dergelijk actief regelmatig aanpast aan de reële waarde ervan;

ii. de waardeveranderingen in de gerealiseerde en niet-gerealiseerde resultaten verwerkt; en

iii. de opbrengst die of het verlies dat is toegerekend aan de gerealiseerde en niet-gerealiseerde resultaten, vervolgens niet onder winst of verlies rapporteert;

e. "asymmetrische winst of verlies uit wisselkoersverschillen": een winst of verlies uit wisselkoersverschillen die of dat:

i. is meegenomen in de berekening van het belastbare inkomen of verlies van een groepsentiteit en toerekenbaar is aan schommelingen in de wisselkoers tussen de functionele valuta voor de verslaglegging en de functionele valuta voor belastingen van de groepsentiteit;

ii. is meegenomen in de berekening van het netto-inkomen of -verlies uit de financiële verslaglegging van een groepsentiteit en toerekenbaar is aan schommelingen in de wisselkoers tussen de functionele valuta voor de verslaglegging en de functionele valuta voor belastingen van de groepsentiteit;

iii. is meegenomen in de berekening van het netto-inkomen of -verlies uit de financiële verslaglegging van een groepsentiteit en toerekenbaar is aan schommelingen in de wisselkoers tussen een vreemde valuta en de functionele valuta voor de verslaglegging van de groepsentiteit; en

iv. toerekenbaar is aan schommelingen in de wisselkoers tussen een vreemde valuta en de functionele valuta voor belastingen van de groepsentiteit;

f. "beleidshalve niet-toegestane last":

i. een aan de groepsentiteit toegerekende last voor illegale betalingen, inclusief steekpenningen en smeergeld; en

ii. een aan de groepsentiteit toegerekende last voor boeten en sancties ten belope van een bedrag dat gelijk is aan of groter is dan 50 000 EUR of een gelijkwaardig bedrag in de functionele valuta waarin het netto-inkomen of -verlies uit de financiële verslaglegging van de groepsentiteit is berekend;

g. "fout of wijziging in de verslagleggingsbeginselen in een voorgaande periode": een wijziging in het beginsaldo van het eigen vermogen van een groepsentiteit bij de aanvang van een verslagjaar, die te wijten is aan:

i. een correctie van een fout bij de bepaling van het netto-inkomen of -verlies uit de financiële verslaglegging in een voorgaand verslagjaar die gevolgen had voor de baten en lasten die zijn meegenomen in de berekening van het kwalificerende inkomen of verlies in dat voorgaande verslagjaar, behalve wanneer die correctie heeft geleid tot een materiële vermindering van een verplichting voor betrokken belastingen krachtens artikel 24; en

ii. een wijziging in de verslagleggingsbeginselen of -grondslagen die gevolgen had voor de baten of lasten die zijn meegenomen in de berekening van het kwalificerende inkomen of verlies;

h. "last voor opgebouwd pensioen": het verschil tussen het bedrag van de last die in het netto-inkomen of -verlies uit de financiële verslaglegging is opgenomen, en het bedrag dat aan een pensioenfonds is bijgedragen voor het verslagjaar.

2. Het netto-inkomen of -verlies uit de financiële verslaglegging van een groepsentiteit wordt met het bedrag van de volgende posten gecorrigeerd om haar kwalificerende inkomen of verlies te bepalen:

a. nettobelastinglasten;
b. uitgesloten dividenden;
c. uitgesloten vermogenswinsten of -verliezen;
d. inbegrepen winsten of verliezen op basis van de herwaarderingsmethode;
e. overeenkomstig artikel 33 uitgesloten voordelen uit de vervreemding van activa en verplichtingen;
f. asymmetrische winsten en verliezen uit wisselkoersverschillen;
g. beleidshalve niet-toegestane lasten;
h. fouten en wijzigingen in de verslagleggingsbeginselen in een voorgaande periode; en
i. lasten voor opgebouwd pensioen.

3. Overeenkomstig de keuze van de indienende groepsentiteit kan het bedrag van een last voor een aandelengerelateerde vergoeding dat door een groepsentiteit voor een verslagjaar fiscaal in mindering is gebracht, worden afgetrokken van het netto-inkomen of -verlies uit de financiële verslaglegging van die groepsentiteit om haar kwalificerende inkomen of verlies voor datzelfde verslagjaar te berekenen.

Wanneer niet is gekozen om gebruik te maken van aandelenopties, wordt het bedrag van de last voor een aandelengerelateerde vergoeding dat is afgetrokken van het netto-inkomen of -verlies uit de financiële verslaglegging van de groepsentiteit om haar kwalificerende netto-inkomen of -verlies voor een verslagjaar te berekenen, opnieuw toegevoegd in het verslagjaar waarin de keuze is vervallen.

Wanneer een deel van het bedrag van de last voor een aandelengerelateerde vergoeding is toegerekend in de financiële rekeningen van de groepsentiteit in verslagjaren die voorafgaan aan het verslagjaar waarin de keuze wordt gemaakt, wordt een bedrag dat gelijk is aan het verschil tussen het totale bedrag van de last voor een aandelengerelateerde vergoeding dat is afgetrokken om het kwalificerende inkomen of verlies in die voorgaande verslagjaren te berekenen, en het totale bedrag van de last voor een aandelengerelateerde vergoeding dat zou zijn afgetrokken om het kwalificerende inkomen of verlies in die voorgaande verslagjaren te berekenen indien de keuze in die verslagjaren was gemaakt, meegenomen in de berekening van het kwalificerende inkomen of verlies van de groepsentiteit voor dat verslagjaar.

De keuze wordt gemaakt overeenkomstig artikel 43, lid 1, en is consequent van toepassing op alle in dezelfde jurisdictie gelegen groepsentiteiten voor het jaar waarin de keuze wordt gemaakt en alle daaropvolgende verslagjaren.

In het verslagjaar waarin de keuze wordt herroepen, wordt het bedrag van de niet-betaalde last voor een aandelengerelateerde vergoeding dat hoger is dan de in de financiële verslaglegging toegerekende last, meegenomen in de berekening van het kwalificerende inkomen of verlies van de groepsentiteit.

4. Transacties tussen in verschillende jurisdicties gelegen groepsentiteiten worden voor hetzelfde bedrag in de financiële rekeningen van de groepsentiteiten toegerekend in overeenstemming met het zakelijkheidsbeginsel.

Een verlies uit een verkoop of andere overdracht van activa tussen in dezelfde jurisdictie gelegen groepsentiteiten wordt voor een bedrag in overeenstemming met het zakelijkheidsbeginsel toegerekend.

5. Gekwalificeerde restitueerbare belastingkredieten worden aangemerkt als baten voor de berekening van het kwalificerende inkomen of verlies van een groepsentiteit. Restitueerbare belastingkredieten die niet voldoen aan de definitie van een gekwalificeerd restitueerbaar belastingkrediet zoals bepaald in artikel 3, punt 32, worden niet aangemerkt als baten voor de berekening van het kwalificerende inkomen of verlies van een groepsentiteit.

6. Overeenkomstig de keuze van de indienende groepsentiteit kunnen opbrengsten en verliezen met betrekking tot activa en verplichtingen die in de geconsolideerde jaarrekening van een groepsentiteit voor een verslagjaar op basis van reële waarde of bijzondere waardevermindering worden opgenomen, worden bepaald op basis van het realisatiebeginsel om het kwalificerende inkomen of verlies van die groepsentiteit voor hetzelfde verslagjaar te berekenen.

Opbrengsten of verliezen die voortvloeien uit verslaglegging op basis van reële waarde of bijzondere waardevermindering van een actief of een verplichting, worden niet meegenomen in de berekening van het kwalificerende inkomen of verlies van een groepsentiteit krachtens de eerste alinea.

De boekwaarde van een actief of een verplichting met het oog op de bepaling van een opbrengst of verlies krachtens de eerste alinea is de boekwaarde op het tijdstip waarop het actief is verworven of de verplichting is aangegaan, dan wel de eerste dag van het verslagjaar waarin de keuze is gemaakt, naargelang welke datum het laatst valt.

De keuze wordt gemaakt overeenkomstig artikel 43, lid 1, en is van toepassing op de activa en verplichtingen van alle in een jurisdictie gelegen groepsentiteiten, tenzij de indienende groepsentiteit ervoor kiest om de keuze te beperken tot de materiële activa van de groepsentiteiten of tot beleggingsentiteiten.

In het verslagjaar waarin de keuze wordt herroepen, wordt een bedrag dat gelijk is aan het verschil tussen de reële waarde van het actief of de verplichting op de eerste dag van het verslagjaar waarin de herroeping plaatsvindt, en de boekwaarde van het actief of de verplichting die op grond van de keuze is bepaald, meegenomen in de berekening van het kwalificerende inkomen of verlies van de groepsentiteiten.

7. Overeenkomstig de keuze van de indienende groepsentiteit kan het kwalificerende inkomen of verlies van een in een jurisdictie gelegen groepsentiteit dat voortvloeit uit de vervreemding van in die jurisdictie gelegen onroerend goed door die groepsentiteit aan derde partijen voor een verslagjaar, op de volgende wijze worden gecorrigeerd.

De netto-opbrengst uit de vervreemding van onroerend goed als bedoeld in de eerste alinea in het verslagjaar waarin de keuze is gemaakt, wordt verrekend met elk nettoverlies uit de vervreemding van onroerend goed als bedoeld in de eerste alinea in het verslagjaar waarin de keuze is gemaakt en in de vier verslagjaren die aan dat verslagjaar voorafgaan ("vijfjaarsperiode"). De netto-opbrengst wordt eerst verrekend met het nettoverlies dat, in voorkomend geval, is ontstaan in het vroegste verslagjaar van de vijfjaarsperiode. Restbedragen van netto-opbrengst worden voortgewenteld en verrekend met eventuele nettoverliezen die zijn ontstaan in daaropvolgende verslagjaren van de vijfjaarsperiode.

Restbedragen van netto-opbrengst die na toepassing van de tweede alinea resteren, worden gelijkmatig over de vijfjaarsperiode verdeeld om het kwalificerende inkomen of verlies te berekenen van elke in die jurisdictie gelegen groepsentiteit die een netto-opbrengst heeft behaald uit de vervreemding van onroerend goed als bedoeld in de eerste alinea in het verslagjaar waarin de keuze is gemaakt. Het aan een groepsentiteit toegerekende restbedrag van netto-opbrengst is een bedrag dat gelijk is aan de netto-opbrengst van die groepsentiteit gedeeld door de netto-opbrengst van alle groepsentiteiten.

Wanneer er geen groepsentiteit in een jurisdictie een netto-opbrengst heeft behaald uit de vervreemding van onroerend goed als bedoeld in de eerste alinea in het verslagjaar waarin de keuze is gemaakt, wordt het restbedrag van netto-opbrengst als bedoeld in de derde alinea gelijkelijk aan elke groepsentiteit in die jurisdictie toegerekend en gelijkmatig over de vijfjaarsperiode verdeeld om het kwalificerende inkomen of verlies van elk van die groepsentiteiten te berekenen.

Alle opbrengsten of verliezen voor de verslagjaren voorafgaande aan het jaar van keuze zijn onderworpen aan correcties overeenkomstig artikel 28, lid 1.De keuze wordt jaarlijks gemaakt overeenkomstig artikel 43, lid 2.

8. Een last die samenhangt met een financieringsregeling waarbij een of meer leden van een MNO-groep krediet verlenen aan een of meer andere leden van dezelfde groep ("concernfinancieringsregeling"), wordt niet meegenomen in de berekening van het kwalificerende inkomen of verlies van een groepsentiteit als de volgende voorwaarden zijn vervuld:

a. de groepsentiteit is gelegen in een laagbelastende jurisdictie of in een jurisdictie waarin ook laag zou zijn belast indien de last niet was toegerekend aan de groepsentiteit;

b. het is redelijkerwijs te verwachten dat, gedurende de looptijd van de concernfinancieringsregeling, het bedrag aan lasten dat zou moeten worden meegenomen in de berekening van het kwalificerende inkomen of verlies zou stijgen, zonder dat daar een aanzienlijke stijging van het belastbare inkomen van de groepsentiteit tegenover had gestaan;

c. de groepsentiteit is tegenpartij bij een concernfinancieringsregeling in een hoogbelastende jurisdictie of in een jurisdictie waarin niet laag zou zijn belast indien de last niet was toegerekend aan de groepsentiteit.

9. Een uiteindelijkemoederentiteit kan ervoor kiezen om haar geconsolideerde financieel administratieve verwerking toe te passen op de baten, lasten, opbrengsten en verliezen van transacties tussen groepsentiteiten die in dezelfde jurisdictie zijn gelegen en deel uitmaken van een fiscaal geconsolideerde groep, om het kwalificerende netto-inkomen of -verlies van die groepsentiteiten te berekenen.

De keuze wordt gemaakt overeenkomstig artikel 43, lid 1.

In het verslagjaar waarin de keuze is gemaakt of herroepen, worden passende correcties aangebracht zodat kwalificerende inkomens- of verliesbestanddelen niet meer dan één keer in aanmerking worden genomen of buiten beschouwing blijven als gevolg van die keuze of herroeping.

10. Een verzekeringsonderneming sluit bij de berekening van haar kwalificerende inkomen of verlies elk bedrag uit dat aan polishouders is aangerekend voor door haar betaalde belastingen ter zake van opbrengsten voor de polishouders. Een verzekeringsonderneming neemt in de berekening van haar kwalificerende inkomen of verlies alle opbrengsten voor de polishouders mee die niet zijn opgenomen in haar netto-inkomen of -verlies uit de financiële verslaglegging voor zover de overeenkomstige toename of afname van de verplichting ten opzichte van haar polishouders is opgenomen in haar netto-inkomen of -verlies uit de financiële verslaglegging.

11. Een bedrag dat is toegerekend als een afname van het eigen vermogen van een groepsentiteit en dat voortvloeit uit gedane of verschuldigde uitkeringen ter zake van een door die groepsentiteit uitgegeven instrument overeenkomstig prudentiële regelgevingsvereisten ("aanvullend tier 1-kapitaal"), wordt bij de berekening van haar kwalificerende inkomen of verlies als een last aangemerkt.

Elk bedrag dat is opgenomen als een toename van het eigen vermogen van een groepsentiteit en dat voortvloeit uit ontvangen of te ontvangen uitkeringen ter zake van door de groepsentiteit gehouden aanvullend tier 1-kapitaal, wordt meegenomen in de berekening van haar kwalificerende inkomen of verlies.

Artikel 16. Uitsluiting van inkomen uit internationale scheepvaart

1. Voor de toepassing van dit artikel wordt verstaan onder:

a. "inkomen uit internationale scheepvaart": het door een groepsentiteit behaalde netto-inkomen uit de volgende activiteiten:

i. vervoer van passagiers of vracht per schip in het internationale verkeer, waarbij dat vervoer niet plaatsvindt via binnenwateren in dezelfde jurisdictie, ongeacht of het schip eigendom is van, geleased wordt door of anderszins ter beschikking staat van de groepsentiteit;

ii. leasing van een schip dat wordt gebruikt voor het vervoer van passagiers of vracht in het internationale verkeer, op basis van charter met volledige uitrusting, bemanning en bevoorrading;

iii. leasing van een schip aan een andere groepsentiteit, welk schip wordt gebruikt voor het vervoer van passagiers of vracht in het internationale verkeer, op basis van rompbevrachting;

iv. participatie in een poolovereenkomst, een gemeenschappelijke onderneming of een internationaal opererend agentschap voor het vervoer van passagiers of vracht per schip in het internationale verkeer; en

v. verkoop van een schip als bedoeld in punt a) mits het schip gedurende ten minste één jaar door de groepsentiteit voor gebruik is aangehouden;

b. "inkomen uit gekwalificeerde nevenactiviteiten in de internationale scheepvaart": het door een groepsentiteit behaalde netto-inkomen uit de volgende activiteiten, mits die activiteiten hoofdzakelijk worden verricht in verband met het vervoer van passagiers of vracht per schip in het internationale verkeer:

i. leasing van een schip, op basis van rompbevrachting, aan een andere scheepvaartonderneming die geen groepsentiteit is, mits de charterovereenkomst niet langer dan drie jaar duurt;

ii. slotcharterovereenkomst;

iii. verkoop van door andere scheepvaartondernemingen uitgegeven vervoersbewijzen voor het binnenlandse deel van een internationale reis;

iv. leasing en kortdurende opslag van containers of overligkosten voor laattijdige retour van containers;

v. dienstverlening aan andere scheepvaartondernemingen door ingenieurs, onderhoudspersoneel, vrachtbehandelaars, cateringpersoneel en personeel voor klantenservice; en

vi. inkomen uit investeringen, waarbij de investeringen die het inkomen genereren, integraal zijn verricht in het kader van de exploitatie van schepen in het internationale verkeer.

2. Het door een groepsentiteit behaalde inkomen uit activiteiten in de internationale scheepvaart en uit gekwalificeerde nevenactiviteiten in de internationale scheepvaart wordt niet meegenomen in de berekening van haar kwalificerende inkomen of verlies, op voorwaarde dat zij aantoont dat het strategische of commerciële beheer van alle betrokken schepen feitelijk wordt verricht vanuit de jurisdictie waar de groepsentiteit is gelegen.

3. Wanneer de berekening van het door een groepsentiteit behaalde inkomen uit activiteiten in de internationale scheepvaart en uit gekwalificeerde nevenactiviteiten in de internationale scheepvaart in een verlies resulteert, wordt dat verlies niet meegenomen in de berekening van het kwalificerende inkomen of verlies van die groepsentiteit.

4. Voor zover het totale inkomen dat door in een jurisdictie gelegen groepsentiteiten is behaald uit gekwalificeerde nevenactiviteiten in de internationale scheepvaart meer dan 50 % van hun totale inkomen uit activiteiten in de internationale scheepvaart bedraagt, wordt het inkomen boven die drempel meegenomen in de berekening van hun kwalificerende inkomen of verlies.

5. De door een groepsentiteit gemaakte kosten die rechtstreeks voortvloeien uit haar activiteiten in de internationale scheepvaart en gekwalificeerde nevenactiviteiten in de internationale scheepvaart als bedoeld in lid 1, worden aan die activiteiten toegerekend voor de berekening van het door die groepsentiteit behaalde netto-inkomen uit activiteiten in de internationale scheepvaart en netto-inkomen uit gekwalificeerde nevenactiviteiten in de internationale scheepvaart.

De door een groepsentiteit gemaakte kosten die onrechtstreeks voortvloeien uit haar activiteiten in de internationale scheepvaart en gekwalificeerde nevenactiviteiten in de internationale scheepvaart als bedoeld in lid 1, worden aan die activiteiten toegerekend voor de berekening van het door die groepsentiteit behaalde netto-inkomen uit activiteiten in de internationale scheepvaart en gekwalificeerde nevenactiviteiten in de internationale scheepvaart op basis van haar opbrengsten uit die activiteiten in verhouding tot haar totale opbrengsten.

6. Alle door een groepsentiteit gemaakte rechtstreekse en onrechtstreekse kosten die worden toegerekend aan haar inkomen uit activiteiten in de internationale scheepvaart en gekwalificeerde nevenactiviteiten in de internationale scheepvaart overeenkomstig lid 5, worden niet meegenomen in de berekening van haar kwalificerende inkomen of verlies.

Artikel 17. Toerekening van het kwalificerende inkomen of verlies tussen een hoofdentiteit en een vaste inrichting

1. Wanneer een groepsentiteit een vaste inrichting is zoals omschreven in artikel 3, punt 10, a), b) of c), is haar netto-inkomen of -verlies uit de financiële verslaglegging het netto-inkomen of -verlies zoals weergegeven in haar afzonderlijke financiële rekeningen.

Wanneer een vaste inrichting geen afzonderlijke financiële rekeningen heeft, is haar netto-inkomen of -verlies uit de financiële verslaglegging het bedrag dat in haar afzonderlijke financiële rekeningen zou zijn weergegeven indien deze op zichzelf waren opgesteld en in overeenstemming met de verslagleggingsstandaard die is gebruikt bij de opstelling van de geconsolideerde jaarrekening van de uiteindelijkemoederentiteit.

2. Wanneer een groepsentiteit aan de definitie van een vaste inrichting in artikel 3, punt 10, a) of b), voldoet, wordt haar netto-inkomen of -verlies uit de financiële verslaglegging gecorrigeerd zodat dit alleen de baten en lasten omvat die aan haar zijn toe te rekenen overeenkomstig het toepasselijke belastingverdrag of de binnen-

landse wetgeving van de jurisdictie waar zij is gelegen, ongeacht het bedrag aan baten dat aan belasting is onderworpen en het bedrag aan lasten dat kan worden afgetrokken in die jurisdictie.
Wanneer een groepsentiteit aan de definitie van een vaste inrichting in artikel 3, punt 10, c), voldoet, wordt haar netto-inkomen of -verlies uit de financiële verslaglegging gecorrigeerd zodat dit alleen de baten en lasten omvat die aan haar waren toe te rekenen geweest overeenkomstig artikel 7 van het OESO-modelbelastingverdrag[8].
3. Wanneer een groepsentiteit aan de definitie van een vaste inrichting in artikel 3, punt 10, d), voldoet, wordt haar netto-inkomen of -verlies uit de financiële verslaglegging berekend op basis van de baten die zijn vrijgesteld in de jurisdictie waar de hoofdentiteit is gelegen en die zijn toe te rekenen aan de buiten die jurisdictie verrichte werkzaamheden, en van de lasten die fiscaal niet aftrekbaar zijn in de jurisdictie waar de hoofdentiteit is gelegen en die zijn toe te rekenen aan die werkzaamheden buiten die jurisdictie.
4. Het netto-inkomen of -verlies uit de financiële verslaglegging van een vaste inrichting wordt niet in aanmerking genomen bij de bepaling van het kwalificerende inkomen of verlies van de hoofdentiteit.
5. Wanneer een kwalificerend verlies van een vaste inrichting wordt aangemerkt als een last van de hoofdentiteit voor de berekening van haar binnenlandse belastbare inkomen en niet wordt verrekend met het binnenlandse belastbare inkomen van de vaste inrichting noch van de hoofdentiteit, wordt dat kwalificerende verlies aangemerkt als een last van de hoofdentiteit voor de berekening van haar kwalificerende inkomen of verlies.

Kwalificerend inkomen dat nadien door de vaste inrichting wordt behaald, wordt in afwijking van lid 4 aangemerkt als kwalificerend inkomen van de hoofdentiteit tot het bedrag van het kwalificerende verlies dat voordien overeenkomstig de eerste alinea als een last van de hoofdentiteit was aangemerkt.

Artikel 18. Toerekening en berekening van het kwalificerende inkomen of verlies van een doorstroomentiteit

1. Het netto-inkomen of -verlies uit de financiële verslaglegging van een groepsentiteit die een doorstroomentiteit is, wordt verminderd met het bedrag dat is toe te rekenen aan de eigenaren ervan die geen deel uitmaken van de MNO-groep en die hun eigendomsbelang in de doorstroomentiteit onmiddellijk dan wel via een of meer fiscaal transparante entiteiten houden, tenzij:
   a. de doorstroomentiteit een uiteindelijkemoederentiteit is; of
   b. de doorstroomentiteit, onmiddellijk dan wel via een of meer fiscaal transparante entiteiten, door een uiteindelijkemoederentiteit wordt gehouden.
2. Het netto-inkomen of -verlies uit de financiële verslaglegging van een groepsentiteit die een doorstroomentiteit is, wordt verminderd met het netto-inkomen of -verlies uit de financiële verslaglegging dat wordt toegerekend aan een andere groepsentiteit.
3. Wanneer een doorstroomentiteit haar bedrijf geheel of gedeeltelijk uitoefent via een vaste inrichting, wordt haar netto-inkomen of -verlies uit de financiële verslaglegging dat na toepassing van lid 1 resteert, toegerekend aan die vaste inrichting overeenkomstig artikel 17.
4. Wanneer een fiscaal transparante entiteit niet de uiteindelijkemoederentiteit is, wordt het netto-inkomen of -verlies uit de financiële verslaglegging van de doorstroomentiteit dat na toepassing van lid 3 resteert, toegerekend aan haar groepsentiteit-eigenaren overeenkomstig hun eigendomsbelang in de doorstroomentiteit.
5. Wanneer een omgekeerd hybride entiteit of een fiscaal transparante entiteit de uiteindelijkemoederentiteit is, wordt het netto-inkomen of -verlies uit de financiële verslaglegging dat na toepassing van lid 3 resteert, toegerekend aan de omgekeerd hybride entiteit of de fiscaal transparante entiteit.

Onder een omgekeerd hybride entiteit wordt verstaan een doorstroomentiteit die niet als fiscaal transparant wordt aangemerkt in de jurisdictie waarin de eigenaar ervan is gelegen.
6. De leden 3, 4 en 5 worden apart toegepast met betrekking tot elk eigendomsbelang in de doorstroomentiteit.

Hoofdstuk IV. Berekening van gecorrigeerde betrokken belastingen

Artikel 19. Betrokken belastingen

1. De betrokken belastingen van een groepsentiteit omvatten:
   a. belastingen die in de financiële rekeningen van een groepsentiteit zijn toegerekend ter zake van door haar gegenereerde opbrengsten of winsten, of haar aandeel in de opbrengsten of winsten van een groepsentiteit waarin zij een eigendomsbelang houdt;

8. OESO-modelverdrag inzake belasting naar inkomen en vermogen, als gewijzigd.

b. belastingen op uitgekeerde winsten, met winst gelijkgestelde uitkeringen en niet-zakelijke kosten die in een in aanmerking komend uitdelingsbelastingstelsel worden geheven;

c. belastingen die worden geheven in plaats van een algemeen toepasselijke vennootschapsbelasting; en

d. belastingen die worden geheven op basis van ingehouden winsten en eigen vermogen, inclusief belastingen op diverse bestanddelen op basis van opbrengsten en eigen vermogen.

2. De betrokken belastingen van een groepsentiteit omvatten niet:

a. de aan een moederentiteit toegerekende bijheffing op grond van een gekwalificeerde regel inzake inkomeninclusie;

b. de aan een groepsentiteit toegerekende bijheffing op grond van een gekwalificeerde binnenlandse bijheffing;

c. belastingen die zijn toe te rekenen aan een door een groepsentiteit verrichte correctie naar aanleiding van de toepassing van een gekwalificeerde UTPR;

d. niet-gekwalificeerde restitueerbare imputatiebelasting; en

e. door een verzekeringsonderneming betaalde belastingen ter zake van opbrengsten voor polishouders.

3. Betrokken belastingen ter zake van netto-opbrengsten of -verliezen die voortvloeien uit de vervreemding van onroerend goed als bedoeld in artikel 15, lid 7, eerste alinea, in het verslagjaar waarin de keuze is gemaakt, worden niet meegenomen in de berekening van de gecorrigeerde betrokken belastingen.

Artikel 20. Gecorrigeerde betrokken belastingen

1. De gecorrigeerde betrokken belastingen van een groepsentiteit voor een verslagjaar worden bepaald door de som van de fiscale lasten die in haar netto-inkomen of -verlies uit de financiële verslaglegging ter zake van betrokken belastingen voor het verslagjaar zijn toegerekend, te corrigeren voor:

a. het nettobedrag van vermeerderingen en verminderingen van betrokken belastingen voor het verslagjaar zoals bepaald in de leden 2 en 3;

b. het totale bedrag van de correctie voor uitgestelde belastingen zoals bepaald in artikel 21; en

c. verhogingen of verlagingen van betrokken belastingen die zijn toegerekend aan het eigen vermogen of de gerealiseerde en niet-gerealiseerde resultaten met betrekking tot bedragen die zijn meegenomen in de berekening van het kwalificerende inkomen of verlies dat aan belasting onderworpen zal zijn.

2. De vermeerderingen van de betrokken belastingen van een groepsentiteit voor het verslagjaar omvatten:

a. het bedrag van betrokken belastingen dat in de financiële rekeningen is toegerekend als een last in de winst vóór belastingen;

b. het bedrag van uitgestelde belastingvorderingen voor kwalificerend verlies dat is gebruikt overeenkomstig artikel 22, lid 3;

c. het bedrag van betrokken belastingen met betrekking tot een onzekere belastingsituatie dat voordien krachtens lid 3, punt d), was uitgesloten en dat voor het verslagjaar is betaald; en

d. het bedrag van het krediet of de restitutie ter zake van een gekwalificeerd restitueerbaar belastingkrediet dat als een vermindering op de belastinglasten was toegerekend.

3. De verminderingen van de betrokken belastingen van een groepsentiteit voor het verslagjaar omvatten:

a. het bedrag van belastinglasten ter zake van baten die niet zijn meegenomen in de berekening van het kwalificerende inkomen of verlies overeenkomstig hoofdstuk III;

b. het bedrag van het krediet of de restitutie ter zake van een restitueerbaar belastingkrediet, niet zijnde een gekwalificeerd restitueerbaar belastingkrediet, dat niet als een vermindering op de belastinglast was toegerekend;

c. het bedrag van aan een groepsentiteit gerestitueerde of verrekende betrokken belastingen dat niet als een correctie op belastinglasten was aangemerkt, tenzij het betrekking heeft op een gekwalificeerd restitueerbaar belastingkrediet;

d. het bedrag van belastinglasten ter zake van een onzekere belastingsituatie; en

e. het bedrag van belastinglasten dat naar verwachting niet binnen drie jaar na afloop van het verslagjaar zal worden betaald.

4. Voor de berekening van de gecorrigeerde betrokken belastingen wordt een bedrag van een betrokken belasting, wanneer dit in meer dan één punt in de leden 1 tot en met 3 wordt omschreven, slechts eenmaal in aanmerking genomen.

5. Wanneer er voor een verslagjaar een netto kwalificerend verlies bestaat in een jurisdictie en het bedrag van de gecorrigeerde betrokken belastingen voor die jurisdictie negatief is en lager dan een bedrag dat gelijk is aan het netto kwalificerende verlies vermenigvuldigd met het minimumbelastingtarief ("de verwachte gecorrigeerde betrokken belastingen"), wordt het bedrag dat gelijk is aan het verschil tussen het bedrag van de gecorrigeerde betrokken belastingen en het bedrag van de verwachte gecorrigeerde betrokken belastingen, als

extra bijheffing voor dat verslagjaar aangemerkt. Het bedrag van de extra bijheffing wordt aan elke groepsentiteit in de jurisdictie toegerekend overeenkomstig artikel 28, lid 3.

Artikel 21. Totaal bedrag van de correctie voor uitgestelde belastingen

1. Voor de toepassing van dit artikel wordt verstaan onder:

a. "niet-toegestane toerekening": mutatie in de uitgestelde belastinglast die is toegerekend in de financiële rekeningen van een groepsentiteit ter zake van een onzekere belastingsituatie en uitkeringen van een groepsentiteit;

b. "niet-gebruikte toerekening": toename in een uitgestelde belastingverplichting die in de financiële rekeningen van een groepsentiteit voor een verslagjaar is toegerekend en naar verwachting niet zal worden betaald binnen de in lid 7 bepaalde termijn, ten aanzien van welke verplichting de indienende groepsentiteit heeft gekozen om deze niet in het totale bedrag van de correctie voor uitgestelde belastingen voor dat verslagjaar op te nemen.

2. Wanneer het binnenlandse belastingtarief in een jurisdictie onder het minimale effectieve belastingtarief ligt, is het totale bedrag van de correctie voor uitgestelde belastingen waarmee de gecorrigeerde betrokken belastingen van een groepsentiteit voor een verslagjaar moet worden vermeerderd overeenkomstig artikel 20, lid 1, punt b), de uitgestelde belastinglast die in haar financiële rekeningen is toegerekend ter zake van betrokken belastingen, behoudens de correcties overeenkomstig de leden 3 tot en met 6.

Wanneer het binnenlandse belastingtarief in een jurisdictie boven het minimale belastingtarief ligt, is het totale bedrag van de correctie voor uitgestelde belastingen waarmee de gecorrigeerde betrokken belastingen van een groepsentiteit voor een verslagjaar moet worden vermeerderd overeenkomstig artikel 20, lid 1, punt b), de uitgestelde belastinglast die in haar financiële rekeningen is toegerekend ter zake van betrokken belastingen, herberekend naar het minimumbelastingtarief, behoudens de correcties overeenkomstig de leden 3 tot en met 6.

3. Het totale bedrag van de correctie voor uitgestelde belastingen wordt verhoogd met:

a. het in de loop van het verslagjaar betaalde bedrag van niet-toegestane toerekeningen of niet-gebruikte toerekeningen; en

b. het in de loop van het verslagjaar betaalde bedrag van teruggenomen uitgestelde belastingverplichtingen die in een voorgaand verslagjaar zijn vastgesteld.

4. Wanneer voor een verslagjaar een uitgestelde belastingvordering voor een verlies niet in de financiële rekeningen is toegerekend omdat niet aan de opnamecriteria is voldaan, wordt het totale bedrag van de correctie voor uitgestelde belastingen verminderd met het bedrag dat het totale bedrag van de correctie voor uitgestelde belastingen zou hebben verlaagd als er een uitgestelde belastingvordering voor een verlies voor het verslagjaar was toegerekend.

5. Het totale bedrag van de correctie voor uitgestelde belastingen omvat niet:

a. het bedrag van uitgestelde belastinglasten ter zake van bestanddelen die niet zijn meegenomen in de berekening van het kwalificerende inkomen of verlies overeenkomstig hoofdstuk III;

b. het bedrag van uitgestelde belastinglasten ter zake van niet-toegestane toerekeningen en niet-gebruikte toerekeningen;

c. het bedrag van het effect van een waarderingscorrectie of een correctie van de financieel administratieve verwerking ter zake van een uitgestelde belastingvordering;

d. het bedrag van uitgestelde belastinglasten die voortvloeien uit een herwaardering ter zake van een wijziging in het toepasselijke binnenlandse belastingtarief; en

e. het bedrag van uitgestelde belastinglasten ter zake van het ontstaan en het gebruik van belastingkredieten.

6. Wanneer een uitgestelde belastingvordering, die is toe te rekenen aan een kwalificerend verlies van een groepsentiteit, voor een verslagjaar is toegerekend naar een lager tarief dan het minimumtarief, kan zij worden herberekend naar het minimumtarief in hetzelfde verslagjaar.

Wanneer een uitgestelde belastingvordering overeenkomstig de eerste alinea wordt verhoogd, wordt het totale bedrag van de correctie voor uitgestelde belastingen overeenkomstig verlaagd.

7. Een uitgestelde belastingverplichting die niet is betaald of teruggedraaid binnen de vijf daaropvolgende verslagjaren, wordt teruggenomen voor zover zij in aanmerking was genomen in het totale bedrag van de correctie voor uitgestelde belastingen van een groepsentiteit.

Het bedrag van de teruggenomen uitgestelde belastingverplichtingen dat voor het verslagjaar is bepaald, wordt aangemerkt als een vermindering van de betrokken belasting van het vijfde voorgaande verslagjaar, en het effectieve belastingtarief en de bijheffing van dat verslagjaar worden herberekend overeenkomstig artikel 28, lid 1.

8. Wanneer voor een toegerekende uitgestelde belastingverplichting die niet is betaald binnen de vijf daaropvolgende jaren, een uitzondering op terugname bestaat, wordt deze verplichting in afwijking van lid 7 niet teruggenomen. Een toerekening waarvoor een uitzondering op terugname bestaat, is een bedrag van opgenomen belastinglasten dat toerekenbaar is aan wijzigingen in de daarmee samenhangende uitgestelde belastingverplichtingen, ter zake van de volgende bestanddelen:

a. kostenaftrekken met betrekking tot materiële activa;

b. de kosten van een licentie- of soortgelijke overeenkomst van een overheid voor het gebruik van onroerend goed of de exploitatie van natuurlijke hulpbronnen waar een aanzienlijke investering in materiële activa mee gemoeid is;

c. onderzoeks- en ontwikkelingskosten;

d. ontmantelings- en saneringskosten;

e. waarderingen tegen reële waarde van niet-gerealiseerde netto-opbrengsten;

f. nettowinsten uit wisselkoersverschillen;

g. verzekeringsreserves en geactiveerde acquisitiekosten voor verzekeringscontracten;

h. opbrengsten uit de verkoop van materiële goederen die in dezelfde jurisdictie als de groepsentiteit zijn gelegen, en die worden geherinvesteerd in materiële goederen in dezelfde jurisdictie; en

i. extra toegerekende bedragen die voortvloeien uit wijzigingen in de verslagleggingsbeginselen met betrekking tot de onder de punten a) tot en met h) vermelde bestanddelen.

Artikel 22. Keuze met betrekking tot kwalificerend verlies

1. In afwijking van artikel 21 kan een indienende groepsentiteit een keuze met betrekking tot kwalificerend verlies voor een jurisdictie maken, in overeenstemming waarmee er een uitgestelde belastingvordering voor een kwalificerend verlies wordt bepaald voor elk verslagjaar waarin er sprake is van een netto kwalificerend verlies in de jurisdictie. Te dien einde is de uitgestelde belastingvordering voor een kwalificerend verlies gelijk aan het netto kwalificerend verlies voor een verslagjaar voor de jurisdictie, vermenigvuldigd met het minimumtarief.

Er kan geen keuze met betrekking tot kwalificerend verlies worden gemaakt voor een jurisdictie met een in aanmerking komend uitdelingsbelastingstelsel als omschreven in artikel 38.

2. De overeenkomstig lid 1 bepaalde uitgestelde belastingvordering voor een kwalificerend verlies wordt gebruikt in een daaropvolgend verslagjaar waarin er sprake is van een netto kwalificerend inkomen voor de jurisdictie ten belope van een bedrag dat gelijk is aan het netto kwalificerend inkomen vermenigvuldigd met het minimumtarief of, indien dit lager is, het beschikbare bedrag van de uitgestelde belastingvordering voor een kwalificerend verlies.

3. De uitgestelde belastingvordering voor een kwalificerend verlies wordt verminderd met het bedrag dat voor een verslagjaar wordt gebruikt en het saldo wordt overgedragen naar de daaropvolgende verslagjaren.

4. Wanneer een keuze met betrekking tot kwalificerend verlies wordt herroepen, worden resterende uitgestelde belastingvorderingen voor kwalificerend verlies tot nul verlaagd vanaf de eerste dag van het eerste verslagjaar waarin de keuze met betrekking tot kwalificerend verlies niet langer van toepassing is.

5. De keuze met betrekking tot kwalificerend verlies wordt gemaakt bij de indiening van de eerste aangifte met informatie betreffende de bijheffing van de MNO-groep, waarbij wordt vermeld voor welke jurisdictie de keuze geldt.

6. Wanneer een doorstroomentiteit die de uiteindelijkemoederentiteit van een MNO-groep is, krachtens dit artikel een keuze met betrekking tot kwalificerend verlies maakt, wordt de uitgestelde belastingvordering voor een kwalificerend verlies berekend op basis van het kwalificerende verlies van de doorstroomentiteit nadat dit is verlaagd overeenkomstig artikel 36, lid 3.

Artikel 23. Specifieke toerekening van betrokken belastingen die op bepaalde soorten groepsentiteiten drukken

1. Aan een vaste inrichting wordt het bedrag van de betrokken belastingen toegerekend die zijn opgenomen in de financiële rekeningen van een groepsentiteit en die betrekking hebben op kwalificerend inkomen of verlies van de vaste inrichting.

2. Aan een groepsentiteit-eigenaar wordt het bedrag van de betrokken belastingen toegerekend die zijn opgenomen in de financiële rekeningen van een fiscaal transparante entiteit en die betrekking hebben op kwalificerend inkomen of verlies van een groepsentiteit-eigenaar overeenkomstig artikel 18, lid 4.

3. Aan een groepsentiteit wordt het bedrag van de betrokken belastingen toegerekend die zijn opgenomen in de financiële rekeningen van haar onmiddellijke of middellijke groepsentiteit-eigenaren in het kader van een fiscaal regime inzake gecontroleerde buitenlandse vennootschappen, voor zover die betrokken belastingen betrekking hebben op kwalificerend inkomen of verlies van de groepsentiteit.

4. Aan een vaste inrichting die een hybride entiteit is, wordt het bedrag van de betrokken belastingen toegerekend die zijn opgenomen in de financiële rekeningen van haar groepsentiteit-eigenaar en die betrekking hebben op kwalificerend inkomen van de hybride entiteit.

Onder hybride entiteit wordt verstaan een entiteit die voor de inkomstenbelasting als afzonderlijke persoon wordt aangemerkt in de jurisdictie waar zij is gelegen, maar als fiscaal transparant in de jurisdictie waar haar eigenaar is gelegen.

5. Aan een groepsentiteit die in de loop van het verslagjaar een uitkering heeft gedaan, wordt het bedrag van de betrokken belastingen toegerekend dat is opgenomen in de financiële rekeningen van haar onmiddellijke groepsentiteit-eigenaren voor dergelijke uitkeringen.

6. Een groepsentiteit waaraan overeenkomstig de leden 3 en 4 betrokken belastingen zijn toegerekend ter zake van passief inkomen, neemt die betrokken belastingen op ten belope van een bedrag dat gelijk is aan de betrokken belastingen die zijn toegerekend ter zake van dat passief inkomen.

In afwijking van de eerste alinea neemt de groepsentiteit het bedrag op dat voortvloeit uit de vermenigvuldiging van het bijheffingspercentage voor de jurisdictie met het bedrag van het passief inkomen van de groepsentiteit dat is opgenomen in het kader van een fiscaal regime inzake gecontroleerde buitenlandse vennootschappen of een regel betreffende fiscale transparantie wanneer het resultaat lager is dan het volgens de eerste alinea bepaalde bedrag. Voor de toepassing van deze alinea wordt voor de bepaling van het bijheffingspercentage voor de jurisdictie geen rekening gehouden met betrokken belastingen ter zake van dat passief inkomen bij de groepsentiteit-eigenaar.

Betrokken belastingen bij de groepsentiteit-eigenaar ter zake van zulk passief inkomen die na de toepassing van dit lid resteren, worden niet toegerekend volgens de leden 3 en 4.

Voor de toepassing van dit lid wordt onder passief inkomen verstaan de volgende inkomensbestanddelen voor zover zij aan belasting zijn onderworpen geweest in het kader van een fiscaal regime inzake gecontroleerde buitenlandse vennootschappen of omdat de entiteit die zulk inkomen uitkeert, als hybride entiteit wordt aangemerkt:

a. een dividend of daarmee gelijkgestelde betaling;
b. rente of daarmee gelijkgestelde betaling;
c. huur;
d. royalty;
e. lijfrente; of
f. netto-opbrengsten uit een actief van het soort dat inkomen als omschreven onder de punten a) tot en met e) voortbrengt.

7. Wanneer het kwalificerend inkomen van een vaste inrichting wordt aangemerkt als kwalificerend inkomen van de hoofdentiteit overeenkomstig artikel 17, lid 5, worden de betrokken belastingen met betrekking tot dat inkomen in de jurisdictie waar de vaste inrichting is gelegen, aangemerkt als betrokken belastingen van de hoofdentiteit ten belope van een bedrag dat niet hoger is dan dat inkomen vermenigvuldigd met het hoogste binnenlandse belastingtarief voor regulier inkomen in de jurisdictie waar de hoofdentiteit is gelegen.

Artikel 24. Correcties en belastingtariefwijzigingen na indiening

1. Wanneer een groepsentiteit een correctie van haar betrokken belastingen in haar financiële rekeningen voor een voorgaand verslagjaar verwerkt, wordt die correctie aangemerkt als een correctie op betrokken belastingen in het verslagjaar waarin de correctie is verricht, tenzij de correctie betrekking heeft op een verslagjaar waarin er een daling is van de betrokken belastingen voor de jurisdictie.

Wanneer er een daling is van de betrokken belastingen die zijn opgenomen in de gecorrigeerde betrokken belastingen van de groepsentiteit voor een voorgaand verslagjaar, worden het effectieve belastingtarief en de bijheffing voor dat verslagjaar herberekend overeenkomstig artikel 28, lid 1, door de gecorrigeerde betrokken belastingen te verminderen met het bedrag van de daling van de betrokken belastingen. Het kwalificerende inkomen voor het verslagjaar en andere relevante verslagjaren wordt dienovereenkomstig aangepast.

Overeenkomstig de keuze van de indienende groepsentiteit kan een daling van de betrokken belastingen die van geen materieel belang is, worden aangemerkt als een correctie op de betrokken belastingen in het verslagjaar waarin de correctie wordt verricht. Een daling van de betrokken belastingen die van geen materieel belang is, is een daling van minder dan 1 000 000 EUR in de gecorrigeerde betrokken belastingen die zijn vastgesteld voor de jurisdictie voor het verslagjaar.

2. Wanneer het toepasselijke binnenlandse belastingtarief wordt verlaagd tot onder het minimumbelastingtarief en die verlaging tot een uitgestelde belastinglast leidt, wordt het bedrag van die uitgestelde belastinglast aangemerkt als een correctie op de verplichting van de groepsentiteit ter zake van betrokken belastingen die overeenkomstig de artikelen 19 en 20 in aanmerking zijn genomen voor een voorgaand verslagjaar.

3. Wanneer een uitgestelde belastinglast in aanmerking was genomen naar een lager tarief dan het minimale effectieve belastingtarief en het toepasselijke belastingtarief vervolgens is verhoogd, wordt het bedrag van de uitgestelde belastinglast naar aanleiding van die verhoging bij de betaling ervan aangemerkt als een correctie op de verplichting van een groepsentiteit ter zake van betrokken belastingen die voor een voorgaand verslagjaar overeenkomstig de artikelen 19 en 20 zijn opgelegd.

De correctie volgens de eerste alinea mag niet hoger zijn dan een bedrag dat gelijk is aan de uitgestelde belastinglast, herberekend naar het minimumtarief.

4. Wanneer meer dan 1 000 000 EUR van het als belastinglast aan een groepsentiteit toegerekende bedrag dat is opgenomen in de gecorrigeerde betrokken belastingen voor een verslagjaar, niet is betaald binnen drie jaar na afloop van dat verslagjaar, worden het effectieve belastingtarief en de bijheffing voor het verslagjaar waarin het onbetaalde bedrag was gevorderd als een betrokken belasting, herberekend overeenkomstig artikel 28, lid 1, door dat onbetaalde bedrag uit te sluiten van de gecorrigeerde betrokken belastingen.

Hoofdstuk V. Berekening van het effectieve belastingtarief en de bijheffing

Artikel 25. Bepaling van het effectieve belastingtarief

1. Het effectieve belastingtarief van een MNO-groep wordt berekend voor elk verslagjaar en voor elke jurisdictie mits er een netto kwalificerend inkomen is, volgens de volgende formule:

$$\textit{Effectief belastingtarief} = \frac{\textit{gecorrigeerde betrokken belastingen van de groepsentiteiten in de jurisdictie}}{\textit{netto kwalificerend ingkomen van de groepsentiteiten in de jurisdictie}}$$

waarbij de gecorrigeerde betrokken belastingen van de groepsentiteiten de som is van de gecorrigeerde betrokken belastingen van alle in de jurisdictie gelegen groepsentiteiten, bepaald overeenkomstig hoofdstuk IV.

2. Het netto kwalificerende inkomen van de groepsentiteiten in de jurisdictie voor een verslagjaar wordt bepaald volgens de volgende formule:

$$\textit{Netto kwalificerend inkomen of verlies} = \textit{kwalificerend inkomen van de groepsentiteiten} - \textit{kwalificerende verliezen van de groepsentiteiten}$$

waarbij

a. het kwalificerende inkomen van de groepsentiteiten de som is van het kwalificerende inkomen van alle in de jurisdictie gelegen groepsentiteiten, bepaald overeenkomstig hoofdstuk III, rekening houdende met, in voorkomend geval, de uitsluiting van inkomen uit internationale scheepvaart overeenkomstig artikel 16;

b. de kwalificerende verliezen van de groepsentiteiten de som is van de kwalificerende verliezen van alle in de jurisdictie gelegen groepsentiteiten, bepaald overeenkomstig hoofdstuk III.

3. Gecorrigeerde betrokken belastingen en het kwalificerende inkomen of verlies van groepsentiteiten die beleggingsentiteiten zijn, worden niet meegenomen in de berekening van het effectieve belastingtarief overeenkomstig lid 1 en in de berekening van het netto kwalificerende inkomen overeenkomstig lid 2.

4. Het effectieve belastingtarief van de in een jurisdictie gelegen staatloze groepsentiteiten wordt berekend, voor ieder verslagjaar, los van het effectieve belastingtarief van de in dezelfde jurisdictie gelegen groepsentiteiten.

Artikel 26. Berekening van de bijheffing

1. Wanneer het effectieve belastingtarief van een jurisdictie waarin groepsentiteiten zijn gelegen, lager is dan het minimumbelastingtarief voor een verslagjaar, berekent de MNO-groep afzonderlijk de bijheffing voor elk van zijn groepsentiteiten die een kwalificerend inkomen hebben dat is meegenomen in de berekening van het netto kwalificerend inkomen van die jurisdictie. De bijheffing wordt berekend op jurisdictionele grondslag.

2. Het bijheffingspercentage voor een jurisdictie voor een verslagjaar wordt berekend volgens de volgende formule:

$$\textit{Bijheffingspercentage} = \textit{minimumbelastingtarief} - \textit{effectief belastingtarief}$$

waarbij het effectieve belastingtarief het overeenkomstig artikel 25 berekende tarief is.

3. De jurisdictionele bijheffing voor een verslagjaar wordt berekend volgens de volgende formule:

$$\textit{Jurisdictionele bijheffing} = (\textit{bijheffingspercentage over winst}) + \textit{extra bijheffing} - \textit{binnenlandse bijheffing}$$

waarbij

a. de extra bijheffing het overeenkomstig artikel 28 bepaalde bedrag aan belasting is;

b. de binnenlandse bijheffing het overeenkomstig artikel 10 bepaalde bedrag aan belasting is.

4. De in lid 3 bedoelde overwinst voor de jurisdictie voor het verslagjaar wordt berekend volgens de volgende formule:

Overwinst = netto kwalificerend inkomen – op basis van substance uitgesloten inkomen

waarbij

a. het netto kwalificerende inkomen het overeenkomstig artikel 25, lid 2, bepaalde inkomen is;

b. het op basis van substance uitgesloten inkomen het overeenkomstig artikel 27 bepaalde bedrag is.

Voor de toepassing van dit lid wordt onder overwinst verstaan een bedrag dat gelijk is aan het verschil tussen het netto kwalificerende inkomen van de groepsentiteiten, berekend op het niveau van de jurisdictie waarin de groepsentiteiten zijn gelegen, en het op basis van substance uitgesloten inkomen van die groepsentiteiten in die jurisdictie.

5. De bijheffing van een groepsentiteit voor een verslagjaar wordt berekend volgens de volgende formule:

Bijheffing van een groepsentiteit = jurisdictionele bijheffing

x

kwalificerend inkomen van de groepsentiteit
totaal kwalificerend inkomen van de groepsentiteiten

waarbij

a. het kwalificerende inkomen van een groepsentiteit het overeenkomstig hoofdstuk III bepaalde inkomen is;

b. het totale kwalificerende inkomen van alle groepsentiteiten de som is van het kwalificerende inkomen van de groepsentiteiten.

6. Als de jurisdictionele bijheffing voortvloeit uit een herberekening ingevolge artikel 28, lid 1, en er sprake is van een netto kwalificerend verlies in de jurisdictie voor het verslagjaar, wordt de bijheffing toegerekend aan elke groepsentiteit aan de hand van de formule in lid 5, op basis van het kwalificerende inkomen van de groepsentiteiten in de verslagjaren waarvoor de herberekeningen ingevolge artikel 28, lid 1, zijn verricht.

7. De bijheffing van de in een jurisdictie gelegen staatloze groepsentiteiten wordt berekend, voor ieder verslagjaar, los van de bijheffing van alle andere in dezelfde jurisdictie gelegen groepsentiteiten.

Artikel 27. Op substance gebaseerde inkomensuitzondering

1. Voor de toepassing van dit artikel wordt verstaan onder:

a. "in aanmerking komende werknemers": voltijd- of deeltijdwerknemers van een groepsentiteit en zelfstandige contractanten die deelnemen aan de reguliere bedrijfsactiviteiten van de MNO-groep onder leiding en controle van de MNO-groep;

b. "in aanmerking komende loonkosten": uitgaven voor werknemersbeloningen, inclusief salarissen, lonen en andere kosten die de werknemer een rechtstreeks en apart persoonlijk voordeel opleveren, zoals ziektekosten- en pensioenbijdragen, loon- en arbeidsbelastingen, en socialezekerheidsbijdragen van de werkgever;

c. "in aanmerking komende materiële activa":

i. in die jurisdictie gelegen materiële vaste activa;

ii. in die jurisdictie gelegen natuurlijke hulpbronnen;

iii. het gebruiksrecht van een lessee op in die jurisdictie gelegen materiële activa; en

iv. een licentie- of soortgelijke overeenkomst van een overheid voor het gebruik van onroerend goed of de exploitatie van natuurlijke hulpbronnen waar een aanzienlijke investering in materiële activa mee gemoeid is.

2. Tenzij een indienende entiteit van een MNO-groep ervoor kiest de op substance gebaseerde inkomensuitzondering niet toe te passen, wordt het netto kwalificerende inkomen voor een jurisdictie, met het oog op de berekening van de bijheffing, verminderd met een bedrag dat gelijk is aan de som van de uitzondering voor de loonkosten en de uitzondering voor materiële activa voor elke in de jurisdictie gelegen groepsentiteit.

3. De uitzondering voor de loonkosten van een in een jurisdictie gelegen groepsentiteit is gelijk aan 5 % van haar in aanmerking komende loonkosten van in aanmerking komende werknemers die in die jurisdictie werkzaamheden voor de MNO-groep uitoefenen, met uitzondering van in aanmerking komende loonkosten die:

a. gekapitaliseerd en opgenomen zijn in de grondslag voor de uitzondering voor in aanmerking komende materiële activa; en

b. toerekenbaar zijn aan inkomen dat overeenkomstig artikel 16 is uitgesloten.

In aanmerking komende werknemers worden geacht zich te bevinden in de jurisdictie waar zij werkzaamheden voor de MNO-groep uitoefenen.

4. De uitzondering voor materiële activa van een in een jurisdictie gelegen groepsentiteit is gelijk aan 5 % van de boekwaarde van de in aanmerking komende materiële activa die in de jurisdictie zijn gelegen, met uitzondering van:

a. de boekwaarde van vastgoed, inclusief terreinen en gebouwen, dat wordt aangehouden voor verkoop, voor leasing of voor investeringen;

b. de boekwaarde van materiële activa die worden gebruikt om inkomen te genereren dat overeenkomstig artikel 16 is uitgesloten.

5. Voor de toepassing van lid 4 is de boekwaarde van in aanmerking komende materiële activa het gemiddelde van de boekwaarde van in aanmerking komende materiële activa aan het begin en het einde van het verslagjaar, zoals opgenomen in de jaarrekening van de uiteindelijkemoederentiteit, verminderd met geaccumuleerde afschrijvingen en waardeverminderingen en vermeerderd met aan de kapitalisatie van loonkosten toerekenbare bedragen.

6. Voor de toepassing van de leden 3 en 4 zijn de in aanmerking komende loonkosten en de in aanmerking komende materiële activa van een groepsentiteit die een vaste inrichting is, die welke zijn opgenomen in haar afzonderlijke financiële rekeningen overeenkomstig artikel 17, leden 1 en 2, op voorwaarde dat zij in dezelfde jurisdictie als de vaste inrichting zijn gelegen.

De in aanmerking komende loonkosten en de in aanmerking komende materiële activa van een vaste inrichting worden door de hoofdentiteit buiten beschouwing gelaten.

Wanneer het inkomen van een vaste inrichting overeenkomstig artikel 18, lid 1, en artikel 36, lid 5, is uitgesloten, worden de in aanmerking komende loonkosten en de in aanmerking komende materiële activa van die vaste inrichting in dezelfde mate niet meegenomen in de berekening voor de MNO-groep volgens dit artikel.

7. In aanmerking komende loonkosten van in aanmerking komende werknemers die zijn betaald door, en in aanmerking komende materiële activa die eigendom zijn van, een doorstroomentiteit die niet zijn toegerekend overeenkomstig lid 6, worden toegerekend aan:

a. de groepsentiteit-eigenaren van de doorstroomentiteit, naar rato van het bedrag dat hun overeenkomstig artikel 18, lid 4, is toegerekend, mits de in aanmerking komende werknemers en de in aanmerking komende materiële activa zich in de jurisdictie van de groepsentiteit-eigenaren bevinden; en

b. de doorstroomentiteit, indien zij de uiteindelijkemoederentiteit is, verminderd naar rato van het inkomen dat niet is meegenomen in de berekening van het kwalificerende inkomen van de doorstroomentiteit overeenkomstig artikel 36, leden 1 en 2, mits de in aanmerking komende werknemers en de in aanmerking komende materiële activa zich in de jurisdictie van de doorstroomentiteit bevinden.

Alle andere in aanmerking komende loonkosten en in aanmerking komende materiële activa van de doorstroomentiteit worden niet meegenomen in de berekeningen van het op basis van substance uitgesloten inkomen van de MNO-groep.

8. Het op basis van substance uitgesloten inkomen van de in een jurisdictie gelegen staatloze groepsentiteiten wordt berekend, voor ieder verslagjaar, los van het op basis van substance uitgesloten inkomen van alle andere in dezelfde jurisdictie gelegen groepsentiteiten.

9. Het op basis van substance uitgesloten inkomen dat overeenkomstig dit artikel is berekend, omvat niet de uitgezonderde loonkosten en de uitgezonderde materiële activa van beleggingsentiteiten.

Artikel 28. Extra bijheffing

1. Wanneer overeenkomstig artikel 15, lid 7, artikel 21, lid 7, artikel 24, leden 1 en 4, en artikel 38, lid 5, een correctie op betrokken belastingen of kwalificerend inkomen of verlies tot herberekening van het effectieve belastingtarief en de bijheffing van de MNO-groep voor een voorgaand verslagjaar leidt, worden het effectieve belastingtarief en de bijheffing herberekend volgens de regels in de artikelen 25 tot en met 27. Als het bedrag aan bijheffing voor een periode stijgt naar aanleiding van die herberekening, wordt dit aangemerkt als een extra bijheffing voor de toepassing van artikel 25, lid 3, voor het verslagjaar waarin de herberekening is verricht.

2. Wanneer de overeenkomstig lid 1 verrichte herberekening tot een extra bijheffing leidt, en er sprake is van een netto kwalificerend verlies voor de jurisdictie, is het kwalificerende inkomen van elke in de jurisdictie gelegen groepsentiteit een bedrag dat gelijk is aan de aan die groepsentiteiten toegerekende bijheffing overeenkomstig artikel 26, leden 5 en 6, gedeeld door het minimumbelastingtarief.

3. Wanneer er overeenkomstig artikel 20, lid 5, een extra bijheffing verschuldigd is, is het kwalificerende inkomen van elke in de jurisdictie gelegen groepsentiteit een bedrag dat gelijk is aan de aan die groepsentitei-

ten toegerekende extra bijheffing, gedeeld door het minimumbelastingtarief. De toerekening geschiedt pro rata aan elke groepsentiteit op basis van de volgende formule:

(Kwalificerend inkomen of verlies x minimumbelastingtarief)
– gecorrigeerde betrokken belastingen

De extra bijheffing wordt uitsluitend toegerekend aan groepsentiteiten die een bedrag van gecorrigeerde betrokken belastingen registreren dat lager is dan nul en lager dan het kwalificerende inkomen of verlies van die groepsentiteiten, vermenigvuldigd met het minimumbelastingtarief.

4. Wanneer aan een groepsentiteit een extra bijheffing wordt toegerekend overeenkomstig dit artikel, wordt zij aangemerkt als een laagbelaste groepsentiteit voor de toepassing van hoofdstuk II.

Artikel 29. De minimis-uitzondering

1. Overeenkomstig de keuze van de indienende groepsentiteit is, in afwijking van de artikelen 25 tot en met 28, de verschuldigde bijheffing voor de in een jurisdictie gelegen groepsentiteiten gelijk aan nul voor een verslagjaar indien, voor dat verslagjaar:

a. de gemiddelde kwalificerende opbrengsten van de in die jurisdictie gelegen groepsentiteiten lager zijn dan 10 000 000 EUR; en

b. het gemiddelde kwalificerende inkomen of verlies van die jurisdictie een verlies is of minder bedraagt dan 1 000 000 EUR.

De keuze wordt jaarlijks gemaakt overeenkomstig artikel 43, lid 2.

2. De gemiddelde kwalificerende opbrengsten of het gemiddelde kwalificerende inkomen of verlies bedoeld in lid 1 is het gemiddelde van de kwalificerende opbrengsten of het kwalificerende inkomen of verlies van de in de jurisdictie gelegen groepsentiteiten voor het verslagjaar en de twee voorgaande verslagjaren.

Als er geen in de jurisdictie gelegen groepsentiteiten met kwalificerende opbrengsten of een kwalificerend verlies in het eerste of tweede voorgaande verslagjaar zijn, worden die verslagjaren uitgesloten van de berekening van de gemiddelde kwalificerende opbrengsten of het gemiddelde kwalificerende inkomen of verlies van die jurisdictie.

3. De kwalificerende opbrengsten van de in een jurisdictie gelegen groepsentiteiten voor een verslagjaar zijn de som van de opbrengsten van de in die jurisdictie gelegen groepsentiteiten, verminderd of vermeerderd met overeenkomstig hoofdstuk III verrichte correcties.

4. Het kwalificerende inkomen of verlies van een jurisdictie voor een verslagjaar is het netto kwalificerende inkomen of verlies van die jurisdictie zoals berekend overeenkomstig artikel 25, lid 2.

5. De de minimis-uitzondering is niet van toepassing op staatloze entiteiten en beleggingsentiteiten. De opbrengsten en het kwalificerende inkomen van die entiteiten worden niet meegenomen in de berekening van de de minimis-uitzondering.

Artikel 30. In minderheidseigendom gehouden groepsentiteiten

1. Voor de toepassing van dit artikel wordt verstaan onder:

a. "in minderheidseigendom gehouden groepsentiteit": een groepsentiteit waarin de uiteindelijkemoederentiteit een onmiddellijk of middellijk eigendomsbelang van 30 % of minder houdt;

b. "in minderheidseigendom gehouden moederentiteit": een in minderheidseigendom gehouden groepsentiteit die onmiddellijk of middellijk het zeggenschapsbelang houdt in een andere in minderheidseigendom gehouden groepsentiteit, behalve wanneer het zeggenschapsbelang van de eerstgenoemde entiteit onmiddellijk of middellijk wordt gehouden door een andere in minderheidseigendom gehouden groepsentiteit;

c. "in minderheidseigendom gehouden subgroep": een in minderheidseigendom gehouden moederentiteit en haar in minderheidseigendom gehouden dochterondernemingen; en

d. "in minderheidseigendom gehouden dochteronderneming": een in minderheidseigendom gehouden groepsentiteit waarin het zeggenschapsbelang onmiddellijk of middellijk wordt gehouden door een in minderheidseigendom gehouden moederentiteit.

2. De berekening van het effectieve belastingtarief en de bijheffing voor een jurisdictie overeenkomstig de hoofdstukken III tot en met VII ter zake van een in minderheidseigendom gehouden subgroep wordt verricht alsof elke in minderheidseigendom gehouden subgroep een afzonderlijke MNO-groep is.

De gecorrigeerde betrokken belastingen en het kwalificerende inkomen of verlies van leden van een in minderheidseigendom gehouden subgroep worden niet meegenomen in de bepaling van het restbedrag van het effectieve belastingtarief van de MNO-groep, berekend overeenkomstig artikel 25, lid 1, en van het netto kwalificerende inkomen, berekend overeenkomstig artikel 25, lid 2.

3. Het effectieve belastingtarief en de bijheffing van een in minderheidseigendom gehouden groepsentiteit die geen lid is van een in minderheidseigendom gehouden subgroep, wordt berekend op entiteitsbasis overeenkomstig de hoofdstukken III tot en met VII.

De gecorrigeerde betrokken belastingen en het kwalificerende inkomen of verlies van de in minderheidseigendom gehouden groepsentiteit worden niet meegenomen in de bepaling van het restbedrag van het effectieve belastingtarief van de MNO-groep, berekend overeenkomstig artikel 25, lid 1, en van het netto kwalificerende inkomen, berekend overeenkomstig artikel 25, lid 2.

Dit artikel is niet van toepassing op een in minderheidseigendom gehouden groepsentiteit die een beleggingsentiteit is.

Hoofdstuk VI. Bijzondere regels voor vennootschappelijke herstructurering en holdingstructuren

Artikel 31. Toepassing van de geconsolideerde inkomensdrempel op fusies en splitsingen van groepen

1. Voor de toepassing van dit artikel wordt verstaan onder:
   a. "fusie": regelingen waarbij:
      i. alle of nagenoeg alle entiteiten van twee afzonderlijke groepen op zodanige wijze onder gezamenlijke zeggenschap worden gebracht dat zij entiteiten van een samengevoegde groep vormen; of
      ii. een entiteit die geen lid is van een groep, op zodanige wijze onder gezamenlijke zeggenschap van een andere entiteit of groep wordt gebracht dat zij entiteiten van een samengevoegde groep vormen;
   b. "splitsing": regelingen waarbij de entiteiten van één groep worden gesplitst in twee of meer verschillende groepen die niet langer door dezelfde uiteindelijkemoederentiteit worden geconsolideerd.
2. Wanneer twee of meer groepen in een van de laatste vier opeenvolgende verslagjaren tot één groep fuseren, wordt de geconsolideerde inkomensdrempel van de MNO-groep als bedoeld in artikel 2, lid 1, geacht voor dat jaar te zijn bereikt indien de som van het in elk van hun geconsolideerde jaarrekeningen opgenomen inkomen voor dat verslagjaar 750 000 000 EUR of meer bedraagt.
3. Wanneer een entiteit die geen lid is van een groep ("de doelentiteit"), in het verslagjaar met een entiteit of een groep ("de overnemende partij") fuseert, en de doelentiteit noch de overnemende partij geconsolideerde jaarrekeningen heeft voor een van de laatste vier opeenvolgende verslagjaren, wordt de geconsolideerde inkomensdrempel van de MNO-groep geacht voor dat jaar te zijn bereikt indien de som van de in elk van hun jaarrekeningen of geconsolideerde jaarrekeningen voor dat jaar 750 000 000 EUR of meer bedraagt.
4. Wanneer één MNO-groep wordt gesplitst in twee of meer groepen (elk een "gesplitste groep"), wordt de geconsolideerde inkomensdrempel geacht te zijn bereikt door elke afgesplitste groep indien deze rapporteert:
   a. een jaarinkomen van 750 000 000 EUR of meer in het eerste verslagjaar na de splitsing; en
   b. een jaarinkomen van 750 000 000 EUR of meer in ten minste twee van de tweede tot en met de vierde opeenvolgende verslagjaren na de splitsing.

Artikel 32. Groepsentiteiten die aansluiten bij een MNO-groep of deze verlaten

1. Wanneer een entiteit ("de doelentiteit") een groepsentiteit van een MNO-groep wordt of dat niet langer is als gevolg van een overdracht van een al dan niet middellijk eigendomsbelang in de doelentiteit in het verslagjaar ("het overnamejaar"), wordt de doelentiteit voor de toepassing van deze richtlijn als een lid van de MNO-groep behandeld op voorwaarde dat een deel van haar activa, passiva, baten, lasten en kasstromen post voor post in het overnamejaar worden opgenomen in de geconsolideerde jaarrekening van de uiteindelijkemoederentiteit.

   Het effectieve belastingtarief en de bijheffing van de doelentiteit worden berekend overeenkomstig de leden 2 tot en met 8.
2. In het overnamejaar wordt het netto-inkomen of -verlies uit de financiële verslaglegging en de gecorrigeerde betrokken belastingen van de doelentiteit opgenomen in de geconsolideerde jaarrekening van de uiteindelijkemoederentiteit.
3. In het overnamejaar, en in ieder verslagjaar nadien, zijn het kwalificerende inkomen of verlies en de gecorrigeerde betrokken belastingen van de doelentiteit gebaseerd op de historische boekwaarde van haar activa en passiva.
4. In het overnamejaar wordt in de berekening van de overeenkomstig artikel 27, lid 3, in aanmerking komende loonkosten van de doelentiteit rekening gehouden met de kosten die tot uiting komen in de geconsolideerde jaarrekening van de uiteindelijkemoederentiteit.
5. De berekening van de boekwaarde van de overeenkomstig artikel 27, lid 4, in aanmerking te nemen materiële activa wordt, in voorkomend geval, aangepast naar rato van de periode dat de doelentiteit in het overnamejaar lid was van de MNO-groep.

6. Met uitzondering van de kwalificerende uitgestelde belastingvordering voor verlies, worden de uitgestelde belastingvorderingen en de uitgestelde belastingverplichtingen die tussen MNO-groepen worden overgedragen, door de overnemende MNO-groep op dezelfde wijze en in dezelfde mate in aanmerking genomen als controleerde de overnemende MNO-groep de groepsentiteit toen deze vorderingen en verplichtingen ontstonden.
7. Uitgestelde belastingverplichtingen van de doelentiteit die voordien waren opgenomen in het totale bedrag van de correctie voor uitgestelde belastingen, worden in het overnamejaar overeenkomstig artikel 21, lid 7, behandeld als afgetrokken door de vervreemdende MNO-groep en als toegevoegd door de overnemende MNO-groep, met dien verstande dat latere verminderingen van de betrokken belastingen effect hebben in het jaar waarin het bedrag wordt teruggenomen.
8. Wanneer de doelentiteit tijdens het overnamejaar een moederentiteit is in twee of meer MNO-groepen, past zij de regel inzake inkomeninclusie afzonderlijk toe op de haar toerekenbare delen in de voor elke MNO-groep bepaalde bijheffing van laagbelaste groepsentiteiten.
9. De verkrijging of vervreemding van een zeggenschapsbelang in een doelentiteit wordt als een verkrijging of vervreemding van activa en passiva behandeld op voorwaarde dat de jurisdictie waar de doelentiteit is gelegen of, in het geval van een fiscaal transparante entiteit, de jurisdictie waar de activa zijn gelegen, de verkrijging of vervreemding van dat zeggenschapsbelang op dezelfde, of op een vergelijkbare wijze, behandelt als een verkrijging of vervreemding van activa en passiva en een betrokken belasting van de verkoper heft op basis van het verschil tussen de heffingsgrondslag en de in ruil voor het zeggenschapsbelang betaalde vergoeding of de reële waarde van de activa en passiva.

Artikel 33. Overdracht van activa en passiva

1. Voor de toepassing van dit artikel wordt onder "reorganisatie" verstaan: een omzetting of overdracht van activa en passiva in ruil voor de uitgifte van aandelen of, in voorkomend geval, een andere methode van betaling ten belope van niet meer dan 10 % van de nominale waarde van die aandelen, door de overnemende groepsentiteit of een met de overnemende groepsentiteit verbonden persoon, waarbij de uit de overdracht voortvloeiende winsten of verliezen – geheel of gedeeltelijk – niet worden belast en waarbij de overnemende groepsentiteit de historische waarde van de overgedragen activa, aangepast voor belastbare winsten of verliezen uit de overdracht, moet gebruiken om het belastbare inkomen na de overdracht op grond van lokale regels te berekenen.
2. Een groepsentiteit die activa en passiva vervreemdt ("de overdragende entiteit"), neemt de winsten of verliezen uit die vervreemding op bij de berekening van haar kwalificerende inkomen of verlies.
Een groepsentiteit die activa en passiva overneemt ("de overnemende entiteit"), bepaalt haar kwalificerende inkomen of verlies op basis van haar boekwaarde van de overgenomen activa en passiva zoals die overeenkomstig een aanvaardbare standaard voor financiële verslaglegging van de uiteindelijkemoederentiteit is bepaald.
3. In afwijking van lid 2 gebeurt, wanneer een vervreemding of overname van activa van activa en passiva in het kader van een reorganisatie plaatsvindt, het volgende:
   a. de overdragende entiteit sluit bij de berekening van haar kwalificerende inkomen of verlies winsten of verliezen uit die vervreemding uit; en
   b. de overnemende entiteit bepaalt haar kwalificerende inkomen of verlies op basis van de boekwaarde bij overdracht van de overgenomen activa en passiva.
4. In afwijking van de leden 2 en 3 gebeurt, wanneer de overdracht van activa en passiva plaatsvindt in het kader van een reorganisatie die voor de overdragende entiteit in een belastbare winst of verlies resulteert, het volgende:
   a. de overdragende entiteit neemt bij de berekening van haar kwalificerende inkomen of verlies winsten of verliezen uit die vervreemding op voor het gedeelte van de winst dat aan belasting is onderworpen, of voor het gedeelte van het verlies waarmee de heffingsgrondslag in de jurisdictie van de overdragende entiteit wordt versmald; en
   b. de overnemende entiteit bepaalt haar kwalificerende inkomen of verlies op basis van de boekwaarde bij overdracht van de overgenomen activa en passiva, verminderd met het gedeelte van de winst dat aan belasting is onderworpen, of vermeerderd met het gedeelte van het verlies waarmee de heffingsgrondslag in de jurisdictie van de overdragende entiteit wordt versmald.
5. Overeenkomstig de keuze van de indienende groepsentiteit mag een groepsentiteit, wanneer deze in de jurisdictie waar zij is gelegen, de grondslag van haar activa en het bedrag van haar passiva voor fiscale doeleinden moet of mag aanpassen aan de reële waarde; het volgende doen:
   a. in de berekening van haar kwalificerende inkomen of verlies voor elk van haar activa en passiva een winst- of verliesbedrag opnemen dat gelijk is aan het verschil tussen de boekwaarde ten behoeve van de

financiële verslaglegging van het actief of passief vlak vóór de datum van de gebeurtenis die aanleiding heeft gegeven tot de fiscale aanpassing ("het triggering event"), en de reële waarde van het actief of passief vlak na het triggering event;

b. de reële waarde ten behoeve van de financiële verslaglegging van het actief of passief vlak na het triggering event gebruiken om kwalificerend inkomen of verlies in verslagjaren na het triggering event te berekenen;

c. het nettototaal van op grond van punt a) bepaalde bedragen opnemen in de berekening van het kwalificerende inkomen of verlies door ofwel de nettototaalbedragen op te nemen in het verslagjaar van het triggering event, dan wel door één vijfde van het nettototaal van deze bedragen op te nemen in het jaar van het triggering event en in de vier daarop volgende verslagjaren.

Het overeenkomstig punt a) bepaalde bedrag wordt voor door het triggering event ontstane belastbare winst of verlies uit de overdracht aangepast om het belastbare inkomen na de overdracht volgens eventuele lokale regels te berekenen.

Indien de groepsentiteit de MNO-groep verlaat in een verslagjaar voordat het overeenkomstig punt a) bepaalde volledige bedrag in de berekening van haar kwalificerende inkomen of verlies is opgenomen, wordt het resterende bedrag in dat verslagjaar opgenomen.

Artikel 34. Joint ventures

1. Voor de toepassing van dit artikel wordt verstaan onder:

a. "joint venture": een entiteit niet zijnde een uiteindelijkemoederentiteit van een MNO-groep waarvan de financiële resultaten volgens de vermogensmutatiemethode worden gerapporteerd in de geconsolideerde jaarrekening van de uiteindelijkemoederentiteit, op voorwaarde dat die uiteindelijkemoederentiteit – al dan niet middellijk – ten minste 50 % van haar eigendomsbelang houdt;

b. "met een joint venture gelieerde partij":

i. een entiteit waarvan de activa, passiva, baten, lasten en kasstromen krachtens een aanvaardbare standaard voor financiële verslaglegging van een joint venture worden geconsolideerd of zouden worden geconsolideerd indien de joint venture die activa, passiva, baten, lasten en kasstromen krachtens een aanvaardbare standaard voor financiële verslaglegging had moeten consolideren; of

ii een vaste inrichting waarvan de hoofdentiteit een joint venture is of een in punt a) bedoelde entiteit is.

2. Een moederentiteit die, al dan niet middellijk, een eigendomsbelang houdt in een joint venture of een met een joint venture gelieerde partij (tezamen: "een joint venture-groep"), past de regel inzake inkomeninclusie overeenkomstig de artikelen 5 tot en met 9 op het haar toerekenbare deel in de bijheffing van elk lid van de joint venture-groep toe.

3. De berekening van de bijheffing van de joint venture en de daarmee gelieerde partijen vindt overeenkomstig de hoofdstukken III tot en met VII plaats als waren zij groepsentiteiten van een afzonderlijke MNO-groep en als was de joint venture de uiteindelijkemoederentiteit van die groep.

4. De door de joint venture-groep verschuldigde bijheffing wordt verminderd met het aan elke moederentiteit toerekenbare deel in de bijheffing van elk lid van de joint venture-groep die onder de toepassing van de leden 2 en 3 valt. Resterende bedragen aan bijheffing worden bijgeteld bij het totale bedrag aan UTPR-bijheffing overeenkomstig artikel 13.

Artikel 35. MNO-groepen met verschillende moedermaatschappijen

1. Voor de toepassing van dit artikel wordt verstaan onder:

a. "MNO-groep met verschillende moedermaatschappijen": twee of meer groepen waarbij de uiteindelijkemoederentiteiten van die groepen een regeling aangaan die een stapelstructuur of een regeling voor een dubbele notering is die ten minste één entiteit of vaste inrichting omvat die in een andere jurisdictie is gelegen;

b. "stapelstructuur": een regeling waarbij:

i. 50 % of meer van de eigendomsbelangen in de uiteindelijkemoederentiteiten van afzonderlijke groepen die, indien deze aan een effectenbeurs worden genoteerd, tegen één koers noteren en die door hun rechtsvorm, beperkingen inzake overdracht, of andere voorwaarden, onderling zijn gecombineerd en niet onafhankelijk van elkaar kunnen worden overgedragen of verhandeld; en

ii. een van de uiteindelijkemoederentiteiten geconsolideerde jaarrekeningen opstelt waarin de activa, passiva, baten, lasten en kasstromen van entiteiten in alle betrokken groepen samen worden gepresenteerd als die van één enkele economische eenheid; en

c. "regeling met een dubbele notering": een regeling aangegaan door twee of meer uiteindelijkemoederentiteiten van afzonderlijke groepen op grond waarvan:

i. de uiteindelijkemoederentiteiten ermee instemmen hun activiteiten uitsluitend op basis van een contract samen te voegen;

ii. de activiteiten van de uiteindelijkemoederentiteiten op grond van contractuele overeenkomsten als één enkele economische eenheid worden beheerd, terwijl de afzonderlijke rechtspersonen van elke uiteindelijkemoederentiteit behouden blijven;

iii. de eigendomsbelangen van de uiteindelijkemoederentiteiten die de overeenkomst omvatten, op verschillende kapitaalmarkten afzonderlijk worden genoteerd, verhandeld of overgedragen; en

iv. de uiteindelijkemoederentiteiten geconsolideerde jaarrekeningen moeten opstellen waarin de activa, passiva, baten, lasten en kasstromen van entiteiten in alle groepen samen worden gepresenteerd als die van één enkele economische entiteit.

2. Wanneer groepsentiteiten deel uitmaken van een MNO-groep met verschillende moedermaatschappijen, worden de entiteiten en groepsentiteiten van elke groep als leden van één MNO-groep met verschillende moedermaatschappijen behandeld.

Een entiteit niet zijnde een uitgesloten entiteit wordt als groepsentiteit behandeld indien zij post voor post wordt geconsolideerd door de MNO-groep met verschillende moedermaatschappijen of indien haar zeggenschapsbelangen worden gehouden door entiteiten binnen de MNO-groep met verschillende moedermaatschappijen.

3. De geconsolideerde jaarrekeningen van de MNO-groep met verschillende moedermaatschappijen zijn de gezamenlijke geconsolideerde jaarrekeningen als bedoeld in de definities van een stapelstructuur of een regeling met dubbele notering in lid 1, opgesteld krachtens een aanvaardbare standaard voor financiële verslaglegging, die geacht wordt de standaard voor financiële verslaglegging van de uiteindelijkemoederentiteit te zijn.

4. De uiteindelijkemoederentiteiten van de afzonderlijke groepen die de MNO-groep met verschillende moedermaatschappijen vormen, zijn de uiteindelijkemoederentiteiten van de MNO-groep met verschillende moedermaatschappijen.

Wanneer deze richtlijn ten aanzien van een MNO-groep met verschillende moedermaatschappijen wordt toegepast, zijn verwijzingen naar een uiteindelijkemoederentiteit, in voorkomend geval, van toepassing als gold het verwijzingen naar meerdere moederentiteiten.

5. De moederentiteiten van de in een lidstaat gelegen MNO-groep met verschillende moedermaatschappijen, daaronder begrepen iedere uiteindelijkemoederentiteit, passen de regel inzake inkomeninclusie overeenkomstig de artikelen 5 tot en met 9 op het hun toerekenbare deel in de bijheffing van de laagbelaste groepsentiteiten toe.

6. De groepsentiteiten van de MNO-groep met verschillende moedermaatschappijen die in een lidstaat gelegen zijn, passen de UTPR overeenkomstig de artikelen 11, 12 en 13 toe, rekening houdende met de bijheffing van elke laagbelaste groepsentiteit die een lid van de MNO-groep met verschillende moedermaatschappijen is.

7. De uiteindelijkemoederentiteiten van de MNO-groep met verschillende moedermaatschappijen dienen de aangifte met informatie betreffende de bijheffing overeenkomstig artikel 42, lid 2, in, tenzij zij één aangewezen indienende entiteit aanwijzen. Die aangifte bevat informatie over elk van de groepen waaruit de MNO-groep met verschillende moedermaatschappijen bestaat.

Hoofdstuk VII. Regelingen inzake fiscale neutraliteit en uitkeringsregelingen

Artikel 36. Uiteindelijkemoederentiteit die een doorstroomentiteit is

1. Het kwalificerende inkomen van een doorstroomentiteit die een uiteindelijkemoederentiteit is, wordt – voor het verslagjaar – verminderd met het bedrag aan kwalificerend inkomen dat wordt toegerekend aan de houder van een eigendomsbelang in de doorstroomentiteit, op voorwaarde dat:

a. het inkomen binnen twaalf maanden na het einde van dit verslagjaar aan belasting onderworpen is tegen een nominaal tarief dat gelijk is aan of hoger dan het minimumbelastingtarief; of

b. redelijkerwijs mag worden verwacht dat het totale bedrag aan betrokken belastingen en door de houder van een eigendomsbelang over het inkomen voldane belastingen gelijk is aan of hoger dan een bedrag dat gelijk is aan dat inkomen vermenigvuldigd met het minimumbelastingtarief.

2. Het kwalificerende inkomen van een doorstroomentiteit die een uiteindelijkemoederentiteit is, wordt – voor het verslagjaar – verminderd met het bedrag aan kwalificerend inkomen dat wordt toegerekend aan de houder van een eigendomsbelang in de doorstroomentiteit, op voorwaarde dat de houder van een eigendomsbelang:

a. een natuurlijk persoon is die een fiscaal inwoner is van de jurisdictie waar de uiteindelijkemoederentiteit is gelegen en eigendomsbelangen houdt die een recht op 5 % of minder van de winst en activa van de uiteindelijkemoederentiteit vertegenwoordigen; of

b. een overheidslichaam, internationale organisatie, non-profitorganisatie of pensioenfonds niet zijnde een pensioendiensten verlenende entiteit is die fiscaal inwoner is van de jurisdictie waar de uiteindelijkemoederentiteit is gelegen en eigendomsbelangen houdt die een recht op 5 % of minder van de winst en activa van de uiteindelijkemoederentiteit vertegenwoordigen.

3. Het kwalificerende verlies van een doorstroomentiteit die een uiteindelijkemoederentiteit is, wordt – voor het verslagjaar – verminderd met het bedrag aan kwalificerend verlies dat wordt toegerekend aan de houder van een eigendomsbelang in de doorstroomentiteit.

De eerste alinea is niet van toepassing wanneer de houder van een eigendomsbelang dat verlies in de jurisdictie waar hij een fiscaal inwoner is, niet bij het berekenen van zijn belastbaar inkomen mag gebruiken.

4. De betrokken belastingen van een doorstroomentiteit die een uiteindelijkemoederentiteit is, worden verminderd naar rato van het overeenkomstig lid 1 verminderde bedrag aan kwalificerend inkomen.

5. De leden 1, 2, 3 en 4 zijn van toepassing op een vaste inrichting via welke een doorstroomentiteit die een uiteindelijkemoederentiteit is, geheel of gedeeltelijk haar bedrijf uitoefent, of via welke het bedrijf van een fiscaal transparante entiteit geheel of gedeeltelijk wordt uitgeoefend, op voorwaarde dat het eigendomsbelang van de uiteindelijkemoederentiteit in die fiscaal transparante entiteit onmiddellijk of via een of meer fiscaal transparante entiteiten wordt gehouden.

Artikel 37. Uiteindelijkemoederentiteit onderworpen aan een aftrekbaardividendregime

1. Voor de toepassing van dit artikel wordt verstaan onder:

a. "aftrekbaardividendregime": een belastingregeling die één belastingniveau op het inkomen van de eigenaren of gerechtigden van een entiteit toepast door van het inkomen van de entiteit de winst af te trekken of uit te sluiten die aan de eigenaren of uiteindelijk gerechtigden wordt uitgekeerd, dan wel door een coöperatie van belasting vrij te stellen;

b. "aftrekbaar dividend" met betrekking tot een groepsentiteit die aan een aftrekbaardividendregime is onderworpen:

i. een winstuitkering aan de houder van een eigendomsbelang in de groepsentiteit die volgens de wetgeving van de jurisdictie waar deze is gelegen, van het belastbare inkomen van de groepsentiteit aftrekbaar is; of

ii. een ledendividend uitgekeerd aan een lid van een coöperatie; en

c. "coöperatie": een entiteit die namens haar leden gezamenlijk goederen of diensten afzet of aankoopt en die in de jurisdictie waarin zij is gelegen, onderworpen is aan een belastingregeling die de fiscale neutraliteit garandeert ten aanzien van goederen of diensten die door de leden via de coöperatie worden verkocht of aangekocht.

2. Een uiteindelijkemoederentiteit van een MNO-groep die aan een aftrekbaardividendregime is onderworpen, vermindert voor het belastingjaar – tot maximaal nul – haar kwalificerende inkomen met het bedrag dat zij als aftrekbaar uitkeert binnen twaalf maanden na het einde van het verslagjaar, op voorwaarde dat:

a. het dividend bij de ontvanger aan belasting onderworpen is voor een belastingtijdvak dat afloopt binnen twaalf maanden na het einde van het verslagjaar, tegen een nominaal tarief dat gelijk is aan of hoger dan het minimumbelastingtarief; of

b. redelijkerwijs mag worden verwacht dat het totale bedrag aan betrokken belastingen en door de ontvanger over dat dividend voldane belastingen gelijk is aan of hoger dan een bedraag dat gelijk is aan dat inkomen vermenigvuldigd met het minimumbelastingtarief.

3. Een uiteindelijkemoederentiteit van een MNO-groep die aan een aftrekbaardividendregime is onderworpen, vermindert ook voor het belastingjaar – tot maximaal nul – haar kwalificerende inkomen met het bedrag dat zij als aftrekbaar uitkeert binnen twaalf maanden na het einde van het verslagjaar, op voorwaarde dat de ontvanger:

a. een natuurlijke persoon is en het dividend als een ledendividend wordt ontvangen van een inkoopcoöperatie;

b. een natuurlijk persoon is die een fiscaal inwoner is van dezelfde jurisdictie waar de uiteindelijkemoederentiteit is gelegen en eigendomsbelangen houdt die een recht op 5 % of minder van de winst en activa van de uiteindelijkemoederentiteit vertegenwoordigen; of

c. een overheidslichaam, internationale organisatie, non-profitorganisatie of pensioenfonds niet zijnde een pensioendiensten verlenende entiteit is die fiscaal inwoner is van de jurisdictie waar de uiteindelijkemoederentiteit is gelegen en die eigendomsbelangen houdt die een recht op 5 % of minder van de winst en activa van de uiteindelijkemoederentiteit vertegenwoordigen.

4. De betrokken belastingen van een uiteindelijkemoederentiteit niet zijnde de belasting waarvoor het dividend aftrekbaar was, worden verminderd naar rato van het overeenkomstig lid 2 verminderde bedrag aan kwalificerend inkomen.
5. Wanneer de uiteindelijkemoederentiteit een eigendomsbelang houdt in een andere groepsentiteit die aan een aftrekbaardividendregime is onderworpen – onmiddellijk of via een of meer groepsentiteiten – zijn de leden 2 en 3 van toepassing op andere groepsentiteiten die gelegen zijn in de jurisdictie van de uiteindelijkemoederentiteit die aan het aftrekbaardividendregime onderworpen is, voor zover haar kwalificerende inkomen verder door de uiteindelijkemoederentiteit wordt uitgekeerd aan ontvangers die aan de vereisten van lid 2 voldoen.
6. Voor de toepassing van lid 4 wordt een ledendividend dat wordt uitgekeerd door een inkoopcoöperatie, als belastbaar bij de ontvanger behandeld voor zover dat dividend aftrekbare lasten of kosten in de berekening van het belastbare inkomen of verlies van de ontvanger vermindert.

Artikel 38. In aanmerking komende uitdelingsbelastingstelsels

1. Een indienende groepsentiteit kan er ten aanzien van een groepsentiteit die aan een in aanmerking komend uitdelingsbelastingstelsel is onderworpen, voor kiezen om het overeenkomstig lid 2 van dit artikel als een fictieve inhouding bepaalde bedrag mee te nemen in de berekening van de gecorrigeerde betrokken belastingen van de groepsentiteit voor het verslagjaar.

De keuze wordt jaarlijks overeenkomstig artikel 43, lid 2, gemaakt en geldt voor alle groepsentiteiten die in een jurisdictie zijn gelegen.
2. Het bedrag van de fictieve inhouding is het laagste van deze beide bedragen:

a. het bedrag aan gecorrigeerde betrokken belastingen dat noodzakelijk is om het overeenkomstig artikel 26, lid 2, voor de jurisdictie voor het verslagjaar berekende effectieve belastingtarief te verhogen tot het minimumbelastingtarief; of

b. het bedrag aan belastingen dat zou zijn betaald indien de groepsentiteiten hun totale inkomen tijdens het verslagjaar volgens het in aanmerking komende uitdelingsbelastingstelsel hadden uitgekeerd.

3. Wanneer op grond van artikel 1 een keuze wordt gemaakt, wordt voor ieder verslagjaar waarin die keuzemogelijkheid van toepassing is, een terugneemrekening voor fictieve inhoudingen aangelegd. Het bedrag van de in jurisdictie fictief ingehouden belasting wordt bijgeteld bij de terugneemrekening voor fictieve inhoudingen voor het verslagjaar waarin die is aangelegd.

Aan het eind van elk daarop volgend verslagjaar wordt het bedrag van terugneemrekeningen voor fictieve inhoudingen dat voor voorafgaande verslagjaren is aangelegd, verminderd – tot maximaal nul – met de belastingen die de groepsentiteiten in het verslagjaar ten aanzien van daadwerkelijke of fictieve uitkeringen hebben voldaan.

Bedragen die op de terugneemrekeningen voor fictieve inhoudingen na de toepassing van de eerste alinea overblijven, worden – tot maximaal nul – verminderd met een bedrag gelijk aan het netto kwalificerende verlies voor een jurisdictie vermenigvuldigd met het minimumbelastingtarief.
4. Bedragen die na de toepassing van de laatste alinea van lid 3 van het netto kwalificerende verlies overblijven, worden overgedragen naar de volgende verslagjaren en verminderen het resterende bedrag op de terugneemrekeningen voor fictieve inhoudingen dat na de toepassing van lid 3 overblijft.
5. Het eventueel resterende saldo van de terugneemrekening voor fictieve inhoudingen aan het einde van het vierde verslagjaar nadat die rekening was aangelegd, wordt behandeld als een vermindering van de gecorrigeerde betrokken belastingen overeenkomstig artikel 28, lid 1, voor het verslagjaar waarin die rekening is aangelegd.
6. Belastingen die in het verslagjaar over daadwerkelijke of fictieve uitkeringen worden voldaan, worden niet in de gecorrigeerde betrokken belastingen opgenomen voor zover zij een terugneemrekening voor fictieve inhoudingen verminderen overeenkomstig lid 3.
7. Wanneer een groepsentiteit die onder een keuzemogelijkheid op grond van lid 1 valt, de MNO-groep verlaat of nagenoeg al haar activa worden overgedragen aan een persoon niet zijnde een groepsentiteit van dezelfde MNO-groep die in dezelfde jurisdictie is gelegen, wordt het eventuele uitstaande saldo van de terugneemrekeningen voor fictieve inhoudingen uit de voorafgaande verslagjaren waarin die rekening is aangelegd, behandeld als een vermindering van de gecorrigeerde betrokken belastingen voor elk van die verslagjaren overeenkomstig artikel 28, lid 1.

Aan extra bijheffing verschuldigde bedragen worden vermenigvuldigd met de volgende ratio om de voor de jurisdictie verschuldigde extra bijheffing te bepalen:

$$\frac{\textit{Kwalificerend inkomen groepsentiteit}}{\textit{Netto kwalificerend inkomen jurisdictie}}$$

waarbij:

a. het kwalificerende inkomen van de groepsentiteit overeenkomstig hoofdstuk III wordt bepaald voor elk verslagjaar waarin er voor de jurisdictie een uitstaand saldo van de terugneemrekeningen voor fictieve inhoudingen is; en

b. het netto kwalificerende inkomen voor de jurisdictie overeenkomstig artikel 25, lid 2, wordt bepaald voor elk verslagjaar waarin er voor de jurisdictie een uitstaand saldo van de terugneemrekeningen voor fictieve inhoudingen is.

Artikel 39. Bepaling van het effectieve belastingtarief en de bijheffing voor een beleggingsentiteit

1. Wanneer een groepsentiteit van een MNO-groep een beleggingsentiteit is die geen transparante entiteit is en die niet de keuzes overeenkomstig de artikelen 40 en 41 heeft gemaakt, wordt het effectieve belastingtarief van die beleggingsentiteit afzonderlijk berekend van het effectieve belastingtarief van de jurisdictie waar deze is gelegen.

2. Het in lid 1 bedoelde effectieve belastingtarief van de beleggingsentiteit is gelijk aan haar gecorrigeerde betrokken belastingen gedeeld door een bedrag dat gelijk is aan het aan de MNO-groep toerekenbare deel in het kwalificerende inkomen of verlies van de beleggingsentiteit.

Wanneer meer dan één beleggingsentiteit in een jurisdictie is gelegen, wordt hun effectieve belastingtarief berekend door samenvoeging van hun gecorrigeerde betrokken belastingen, alsmede het aan de MNO-groep toerekenbare deel in hun kwalificerende inkomen of verlies.

3. De gecorrigeerde betrokken belastingen van een in lid 1 bedoelde beleggingsentiteit zijn de gecorrigeerde betrokken belastingen die overeenkomstig artikel 23 zijn toe te rekenen aan het aan de MNO-groep toerekenbare deel in het kwalificerende inkomen van de beleggingsentiteit en de aan de beleggingsentiteit toegerekende betrokken belastingen.

4. De bijheffing van een in lid 1 bedoelde beleggingsentiteit is een bedrag gelijk aan het percentage van de bijheffing van de beleggingsentiteit vermenigvuldigd met een bedrag gelijk aan het verschil tussen het aan de MNO-groep toerekenbare deel in het kwalificerende inkomen van de beleggingsentiteit en het op basis van substance uitgesloten inkomen zoals berekend voor de beleggingsentiteit.

Wanneer meer dan één beleggingsentiteit in een jurisdictie is gelegen, wordt hun bijheffing berekend door samenvoeging van hun op basis van substance uitgesloten bedragen aan inkomen, alsmede het aan de MNO-groep toerekenbare deel in hun kwalificerende inkomen of verlies.

Het percentage van de bijheffing van een beleggingsentiteit is gelijk aan het verschil tussen het minimumbelastingtarief en het effectieve belastingtarief van die beleggingsentiteit.

5. Het op basis van substance uitgesloten inkomen wordt voor een beleggingsentiteit bepaald overeenkomstig artikel 27, leden 1 tot en met 7. De in aanmerking komende materiële activa en in aanmerking komende loonkosten van in aanmerking komende werknemers die voor dat soort entiteit in aanmerking worden genomen, worden verminderd naar rato van het aan de MNO-groep toerekenbare deel in het kwalificerende inkomen van de beleggingsentiteit gedeeld door het totale kwalificerende inkomen van die beleggingsentiteit.

6. Voor de toepassing van dit artikel wordt het aan de MNO-groep toerekenbare deel in het kwalificerende inkomen of verlies van een beleggingsentiteit overeenkomstig artikel 8 bepaald.

Artikel 40. Keuze om een beleggingsentiteit als een fiscaal transparante entiteit te behandelen

1. Voor de toepassing van dit artikel wordt onder "verzekeringsbeleggingsentiteit" een entiteit verstaan die voldoet aan de definities van een beleggingsfonds in artikel 3, punt 25, of van een vastgoedbeleggingsvehikel in artikel 3, punt 26, ware deze niet opgericht met betrekking tot verplichtingen uit hoofde van een verzekerings- of annuïteitencontract en ware deze niet volledig eigendom van een entiteit die gereglementeerd is in de jurisdictie waarin zij als verzekeringsonderneming is gelegen.

2. Overeenkomstig de keuze van de indienende groepsentiteit mag een beleggingsentiteit of een verzekeringsbeleggingsentiteit als een fiscaal transparante entiteit worden behandeld indien de groepsentiteit-eigenaar in de jurisdictie waar deze is gelegen, aan belasting onderworpen is tegen reële marktwaarde of volgens een daarmee vergelijkbare regeling op basis van de jaarlijkse veranderingen in de reële waarde van haar eigendomsbelangen in die entiteit, en het op de groepsentiteit-eigenaar van toepassing zijnde belastingtarief voor dat inkomen gelijk is aan of groter dan het minimumbelastingtarief.

3. Een groepsentiteit die middellijk een eigendomsbelang in een beleggingsentiteit of verzekeringsbeleggingsentiteit houdt onmiddellijk via een andere beleggingsentiteit of een verzekeringsbeleggingsentiteit, wordt geacht tegen reële marktwaarde of volgens een daarmee vergelijkbare regeling ten aanzien van haar middellijke eigendomsbelang in eerstgenoemde entiteit of verzekeringsbeleggingsentiteit aan belasting onderworpen te zijn indien zij tegen reële marktwaarde of volgens een daarmee vergelijkbare regeling ten

aanzien van haar onmiddellijke eigendomsbelang in laatstgenoemde entiteit of verzekeringsbeleggingsentiteit aan belasting onderworpen is.
4. De keuze wordt gemaakt overeenkomstig artikel 43, lid 1.
Indien de keuze wordt herroepen, wordt winst of verlies uit de vervreemding van een door een beleggingsentiteit of verzekeringsbeleggingsentiteit gehouden actief of passief bepaald op basis van de reële marktwaarde van het actief of passief op de eerste dag van het jaar waarin de herroeping plaatsvindt.

Artikel 41. Keuze om een methode van belastbare uitkering toe te passen

1. Overeenkomstig de keuze van de indienende groepsentiteit mag een groepsentiteit-eigenaar van een beleggingsentiteit een methode van belastbare uitkering toepassen ten aanzien van haar eigendomsbelang in de beleggingsentiteit, op voorwaarde dat de groepsentiteit-eigenaar geen beleggingsentiteit is en redelijkerwijs mag worden verwacht dat zij aan belasting over uitkeringen van de beleggingsentiteit onderworpen is tegen een belastingtarief dat gelijk is aan of groter dan het minimumbelastingtarief.
2. Onder een methode van belastbare uitkering worden uitkeringen en fictieve uitkeringen van het kwalificerende inkomen van een beleggingsentiteit opgenomen in het kwalificerende inkomen van de groepsentiteit-eigenaar die de uitkering heeft ontvangen.
Het bedrag aan door de beleggingsentiteit voldane betrokken belastingen dat de groepsentiteit-eigenaar kan verrekenen met de uit de uitkering voortvloeiende belastingverplichting, wordt opgenomen in het kwalificerende inkomen en de gecorrigeerde betrokken belastingen van de groepsentiteit-eigenaar die de uitkering heeft ontvangen.
Het aandeel van de groepsentiteit-eigenaar in het niet-uitgekeerde netto kwalificerende inkomen van de beleggingsentiteit in het derde jaar voorafgaand aan het verslagjaar ("het geteste jaar") wordt als kwalificerend inkomen van die beleggingsentiteit voor het verslagjaar behandeld. Het bedrag gelijk aan dat kwalificerende inkomen wordt, vermenigvuldigd met het minimumbelastingtarief, voor de toepassing van hoofdstuk II voor het verslagjaar behandeld als bijheffing van een laagbelaste groepsentiteit.
Het kwalificerende inkomen of verlies van een beleggingsentiteit en de aan dat inkomen toe te rekenen gecorrigeerde betrokken belastingen voor het verslagjaar worden uitgesloten van de berekening van het effectieve belastingtarief overeenkomstig hoofdstuk V en artikel 39, leden 1 tot en met 4, met uitzondering van het in het tweede lid bedoelde bedrag aan betrokken belastingen.
3. Het niet-uitgekeerde netto kwalificerende inkomen van een beleggingsentiteit voor een verslagjaar is het bedrag aan kwalificerend inkomen van die beleggingsentiteit voor het geteste jaar, verminderd – tot maximaal nul – met:
a. de betrokken belastingen van de beleggingsentiteit;
b. uitkeringen en fictieve uitkeringen aan aandeelhouders niet zijnde beleggingsentiteiten in de periode tussen het begin van het derde jaar voorafgaand aan het verslagjaar en het einde van het verslagjaar ("de geteste periode");
c. kwalificerende verliezen ontstaan tijdens de geteste periode; en
d. resterende bedragen aan kwalificerende verliezen die het niet-uitgekeerde netto kwalificerende inkomen van die beleggingsentiteit voor een voorafgaand, getest jaar nog niet hebben verminderd ("de voorwaartse verrekening van beleggingsverlies").

Het niet-uitgekeerde netto kwalificerende inkomen van een beleggingsentiteit wordt niet verminderd met uitkeringen of fictieve uitkeringen waarmee het niet-uitgekeerde netto kwalificerende inkomen van die beleggingsentiteit voor een voorafgaand, getest jaar reeds is verminderd op grond van punt b) van de eerste alinea.
Het niet-uitgekeerde netto kwalificerende inkomen van een beleggingsentiteit wordt niet verminderd met het bedrag aan kwalificerende verliezen waarmee het niet-uitgekeerde netto kwalificerende inkomen van die beleggingsentiteit voor een voorafgaand, getest jaar reeds is verminderd op grond van punt c) van de eerste alinea.
4. Voor de toepassing van dit artikel wordt een fictieve uitkering geacht plaats te vinden wanneer een al dan niet middellijk eigendomsbelang in de beleggingsentiteit wordt overgedragen aan een entiteit die geen deel uitmaakt van de MNO-groep, en die uitkering gelijk is aan het deel in het aan dat eigendomsbelang toe te rekenen niet-uitgekeerde netto kwalificerende inkomen op de datum van die overdracht, bepaald zonder de fictieve uitkering in aanmerking te nemen.
5. De keuze wordt gemaakt overeenkomstig artikel 43, lid 1.
Indien de keuze wordt herroepen, wordt het aandeel van de groepsentiteit-eigenaar in het niet-uitgekeerde netto kwalificerende inkomen van de beleggingsentiteit voor het geteste jaar voorafgaand aan de herroeping, als kwalificerend inkomen van de beleggingsentiteit voor het verslagjaar behandeld. Het bedrag

gelijk aan dat kwalificerende inkomen wordt, vermenigvuldigd met het minimumbelastingtarief, voor de toepassing van hoofdstuk II voor het verslagjaar behandeld als bijheffing van een laagbelaste groepsentiteit.

Hoofdstuk VIII. Administratieve bepalingen

Artikel 42. Aangifteverplichtingen

1. Voor de toepassing van dit artikel wordt verstaan onder:

a. "aangewezen lokale entiteit": de groepsentiteit van een MNO-groep die in een lidstaat is gelegen en die door de in dezelfde lidstaat gelegen overige groepsentiteiten van de MNO-groep is aangewezen om, namens hen, overeenkomstig dit artikel de aangifte met informatie betreffende de bijheffing in te dienen en de kennisgevingen te doen;

b. "kwalificerende overeenkomst tussen bevoegde autoriteiten": een bilaterale of multilaterale overeenkomst of regeling tussen twee of meer jurisdicties die in de automatische uitwisseling van jaarlijkse informatieverstrekkingen voorziet.

2. Een in een lidstaat gelegen groepsentiteit dient overeenkomstig lid 5 een aangifte met informatie betreffende de bijheffing bij haar belastingdienst in.

Die aangifte kan namens de groepsentiteit worden ingediend door een aangewezen lokale entiteit.

3. In afwijking van lid 2 hoeft een groepsentiteit bij haar belastingdienst geen aangifte met informatie betreffende de bijheffing in te dienen indien die aangifte, overeenkomstig de vereisten van lid 5, wordt ingediend door:

a. de uiteindelijkemoederentiteit die in een jurisdictie is gelegen die een van kracht zijnde kwalificerende overeenkomst tussen bevoegde autoriteiten heeft met de lidstaat waar de groepsentiteit is gelegen; of

b. de aangewezen indienende entiteit die in een jurisdictie is gelegen die een van kracht zijnde kwalificerende overeenkomst tussen bevoegde autoriteiten heeft met de lidstaat waar de groepsentiteit is gelegen.

4. Wanneer lid 3 van toepassing is, geeft de groepsentiteit, of de aangewezen lokale entiteit namens haar, aan haar belastingdienst kennis van de identiteit van de entiteit die de aangifte met informatie betreffende de bijheffing indient, en van de jurisdictie waar zij is gelegen.

5. De aangifte met informatie betreffende de bijheffing omvat de volgende informatie over de MNO-groep:

a. identificatie van de groepsentiteiten, met inbegrip van hun (eventuele) fiscale identificatienummers, de jurisdictie waar zij zijn gelegen, en hun status volgens de voorschriften van deze richtlijn;

b. informatie over de algemene vennootschapsstructuur van de MNO-groep, met inbegrip van de zeggenschapsbelangen in de groepsentiteiten die door andere groepsentiteiten worden gehouden;

c. de informatie die noodzakelijk is voor het berekenen van:

i. het effectieve belastingtarief voor elke jurisdictie en de bijheffing van elke groepsentiteit;

ii. de bijheffing van een lid van een joint venture-groep;

iii. de toerekening aan elke jurisdictie van de bijheffing volgens de regel inzake inkomeninclusie en het bedrag aan UTPR-bijheffing; en

d. een overzicht van de keuzes die overeenkomstig de desbetreffende bepalingen van deze richtlijn zijn gemaakt.

6. In afwijking van lid 5 dient de groepsentiteit of de aangewezen lokale entiteit, wanneer een groepsentiteit is gelegen in een lidstaat met een uiteindelijkemoederentiteit die is gelegen in een derdelands jurisdictie die voorschriften toepast die overeenkomstig artikel 51 als gelijkwaardig aan de voorschriften van deze richtlijn zijn beoordeeld, een aangifte met informatie betreffende de bijheffing in die de volgende informatie bevat:

a. alle informatie die voor de toepassing van artikel 7 noodzakelijk is, daaronder begrepen:

i. identificatie van alle groepsentiteiten waarin een in een lidstaat gelegen partieel gehouden moederentiteit, al dan niet middellijk, op enig tijdstip tijdens het verslagjaar een eigendomsbelang houdt en de structuur van die eigendomsbelangen;

ii. alle informatie die noodzakelijk is om het effectieve belastingtarief te berekenen van de jurisdicties waar een in punt i) genoemde, in een lidstaat gelegen partieel gehouden moederentiteit groepsentiteiten houdt, en de verschuldigde bijheffing; en

iii. alle informatie die overeenkomstig de artikelen 8, 9 of 10 in dat verband van belang is;

b. alle informatie die voor de toepassing van artikel 12 noodzakelijk is, daaronder begrepen:

i. identificatie van alle in de jurisdictie van de uiteindelijkemoederentiteit gelegen groepsentiteiten en de structuur van die eigendomsbelangen;

ii. alle informatie die noodzakelijk is om het effectieve belastingtarief van de jurisdictie van de uiteindelijkemoederentiteit en de verschuldigde bijheffing te berekenen; en

iii. alle informatie die noodzakelijk is om die bijheffing toe te rekenen op basis van de UTPR-toerekeningsformule van artikel 13.

7. De in de leden 5 en 6 bedoelde aangifte met informatie betreffende de bijheffing en alle desbetreffende kennisgevingen wordt uiterlijk vijftien maanden na de laatste dag van het verslagjaar ingediend bij de belastingdienst van de lidstaat waar de groepsentiteit is gelegen.

Artikel 43. Keuzemogelijkheden

1. De in artikel 2, lid 3, artikel 15, lid 3, artikel 15, lid 6, artikel 15, lid 9, artikel 40, lid 4, en artikel 41, lid 5, bedoelde keuzes gelden voor een periode van vijf jaar, met ingang van het jaar waarin de keuze wordt gemaakt. De keuze wordt automatisch verlengd tenzij de indienende groepsentiteit de keuze aan het einde van de periode van vijf jaar herroept. Een herroeping van de keuze geldt voor een periode van vijf jaar, met ingang van het jaar waarin de herroeping plaatsvindt.
2. De in artikel 15, lid 7, artikel 29, lid 1, en artikel 38, lid 1, bedoelde keuzes gelden voor een periode van één jaar. De keuze wordt automatisch verlengd tenzij de indienende groepsentiteit de keuze aan het einde van het jaar herroept.
3. De keuze wordt ter kennis gebracht van de belastingdienst van de lidstaat waar de indienende groepsentiteit is gelegen.

Artikel 44. Sancties

1. De lidstaten stellen de voorschriften vast ten aanzien van de sancties die van toepassing zijn op overtredingen van nationale bepalingen die zijn vastgesteld op grond van deze richtlijn en nemen alle nodige maatregelen om ervoor te zorgen dat deze sancties worden uitgevoerd. De sancties moeten doeltreffend, evenredig en afschrikkend zijn.
2. Een groepsentiteit die het vereiste om overeenkomstig artikel 42 binnen de voorgeschreven termijn een aangifte met informatie betreffende de bijheffing voor een belastingjaar in te dienen, niet nakomt of die een valse verklaring aflegt, krijgt een bestuurlijke geldboete opgelegd ten belope van 5 % van haar omzet in het betrokken verslagjaar. Deze sanctie wordt alleen toegepast wanneer de groepsentiteit, na eventuele aanmaningen, binnen een periode van zes maanden geen aangifte met informatie betreffende de bijheffing voor een belastingjaar overeenkomstig artikel 42 heeft verschaft.

HOOFDSTUK IX. OVERGANGSBEPALINGEN

Artikel 45. Tax attributes bij overgang

1. Voor de toepassing van dit artikel wordt onder "overgangsjaar" het eerste verslagjaar verstaan waarin een MNO-groep onder de toepassing van deze richtlijn valt.
2. Voor de toepassing van dit artikel zijn tax attributes:
   a. uitgestelde belastingvorderingen;
   b. uitgestelde belastingverplichtingen; en
   c. overgedragen activa.
3. Wanneer het effectieve belastingtarief voor een jurisdictie in een overgangsjaar, en voor elk volgende verslagjaar, wordt bepaald, houdt de MNO-groep rekening met de uitgestelde belastingvorderingen en uitgestelde belastingverplichtingen die voor het overgangsjaar in de jaarrekeningen van de groepsentiteiten in een jurisdictie zijn weergegeven of openbaar gemaakt.

Uitgestelde belastingvorderingen en uitgestelde belastingverplichtingen worden in aanmerking genomen tegen het laagste van deze beide tarieven: het minimumbelastingtarief of het toepasselijke binnenlandse belastingtarief. Een uitgestelde belastingvordering die tegen een lager tarief dan het minimumbelastingtarief is opgenomen, mag tegen het minimumbelastingtarief in aanmerking worden genomen indien de belastingplichtige kan aantonen dat de uitgestelde belastingvordering aan een kwalificerend verlies valt toe te rekenen.

Het effect van waarderingscorrecties of correcties van de boekhoudkundige verwerking ter zake van een uitgestelde belastingvordering wordt buiten beschouwing gelaten.
4. Uitgestelde belastingvorderingen voortvloeiend uit posten die van de berekening van kwalificerend inkomen of verlies overeenkomstig hoofdstuk III worden uitgesloten, worden van de in lid 3 bedoelde berekening uitgesloten wanneer die uitgestelde belastingvorderingen zijn ontstaan door een transactie die na 15 december 2021 plaatsvindt.
5. In het geval van een overdracht van activa tussen groepsentiteiten na 15 december 2021 en vóór de aanvang van een overgangsjaar is de waarde van de verworven activa gebaseerd op de boekwaarde bij de overdragende entiteit van de overgedragen activa op het tijdstip van de overdracht.

Artikel 46. Tijdelijke versoepeling voor de op substance gebaseerde inkomensuitzondering

1. Voor de toepassing van artikel 27, lid 3, wordt de waarde van 5 % vervangen door de waarden uit de onderstaande tabel:

2023	10%
2024	9,8%
2025	9,6%
2026	9,4%
2027	9,2%
2028	9,0%
2029	8,2%
2030	7,4%
2031	6,6%
2032	5,8%

2. Voor de toepassing van artikel 27, lid 4, wordt de waarde van 5 % vervangen door de waarden uit de onderstaande tabel:

2023	8%
2024	7,8%
2025	7,6%
2026	7,4%
2027	7,2%
2028	7,0%
2029	6,6%
2030	6,2%
2031	5,8%
2032	5,4%

Artikel 47. Uitzondering van de IIR en UTPR voor MNO-groepen in het beginstadium van hun internationale activiteiten

1. De overeenkomstig artikel 5, lid 2, door een in een lidstaat gelegen uiteindelijkemoederentiteit verschuldigde bijheffing wordt tot nul verminderd in de
eerste vijf jaar van het beginstadium van de internationale activiteit van de MNO-groep, onverminderd de vereisten van hoofdstuk V.
2. Wanneer de uiteindelijkemoederentiteit van een MNO-groep in een derdelands jurisdictie is gelegen, wordt de overeenkomstig artikel 13, lid 2, door een in een lidstaat gelegen groepsentiteit verschuldigde bijheffing tot nul verminderd in de eerste vijf jaar van het beginstadium van de internationale activiteit van de MNO-groep, onverminderd de vereisten van hoofdstuk V.
3. Een MNO-groep wordt geacht in het beginstadium van zijn internationale activiteit te verkeren indien:
   a. deze in niet meer dan zes jurisdicties groepsentiteiten heeft; en
   b. de som van de nettoboekwaarde van de materiële activa van alle groepsentiteiten van de MNO-groep niet zijnde de in de referentiejurisdictie gelegen groepsentiteit niet meer dan 50 000 000 EUR bedraagt.

Voor de toepassing van punt b) wordt onder “referentiejurisdictie” de jurisdictie verstaan waar de groepsentiteiten van de MNO-groep de hoogste som van de nettoboekwaarde van materiële activa hebben in het verslagjaar waarin de MNO-groep voor het eerst onder de toepassing van deze richtlijn valt.
4. De in de leden 1 en 2 bedoelde periode van vijf verslagjaren vangt aan bij het begin van het verslagjaar waarin de MNO-groep voor het eerst onder de toepassing van deze richtlijn valt.

Voor MNO-groepen die onder de toepassing van deze richtlijn vallen op het ogenblik dat deze in werking treedt, vangt de in lid 1 bedoelde periode van vijf jaar aan op 1 januari 2023.

Voor MNO-groepen die onder de toepassing van deze richtlijn vallen op het ogenblik dat deze in werking treedt, vangt de in lid 2 bedoelde periode van vijf jaar aan op 1 januari 2024.

5. De uiteindelijkemoederentiteit stelt de belastingdienst van de lidstaat waarin zij is gelegen, in kennis van de aanvang van het beginstadium van haar internationale activiteit.

Artikel 48. Tijdelijke versoepeling voor aangifteverplichtingen

Onverminderd artikel 42, lid 7, worden de in artikel 42 bedoelde aangifte met informatie betreffende de bijheffing en kennisgevingen bij de belastingdienst van de lidstaten ingediend uiterlijk achttien maanden na de laatste dag van het verslagjaar dat het overgangsjaar is.

HOOFDSTUK X. SPECIFIEKE TOEPASSING VAN DE IIR OP OMVANGRIJKE BINNENLANDSE GROEPEN

Artikel 49. Omvangrijke binnenlandse groepen

De lidstaten dragen er zorg voor dat de in een lidstaat gelegen uiteindelijkemoederentiteit van een omvangrijke binnenlandse groep op grond van artikel 5, lid 2, voor het verslagjaar onderworpen is aan de IIR-bijheffing, berekend overeenkomstig de hoofdstukken III, IV en V, ten aanzien van zijn laagbelaste groepsentiteiten.

Artikel 50. Overgangsbepalingen

1. De overeenkomstig artikel 49 door een in een lidstaat gelegen uiteindelijkemoederentiteit verschuldigde bijheffing wordt tot nul verminderd in de eerste vijf verslagjaren, met ingang van de eerste dag van het verslagjaar waarin de omvangrijke binnenlandse groep voor het eerst onder de toepassing van deze richtlijn valt.
2. Voor omvangrijke binnenlandse groepen die onder de toepassing van deze richtlijn vallen op het ogenblik dat deze in werking treedt, vangt de in lid 1 bedoelde periode van vijf jaar aan op 1 januari 2023.

HOOFDSTUK XI. SLOTBEPALINGEN

Artikel 51. Beoordeling van gelijkwaardigheid

1. Het in het interne recht van een derdelands jurisdictie ten uitvoer gelegde wettelijke kader wordt aangemerkt als gelijkwaardig aan een gekwalificeerde regel inzake inkomeninclusie zoals vastgesteld in hoofdstuk II indien het aan de volgende voorwaarden voldoet:
   a. het legt een reeks regels op in overeenstemming waarmee de moederentiteit van een MNO-groep het aan haar toerekenbare deel van de bijheffing ter zake van de laagbelaste groepsentiteiten van de MNO-groep berekent en int;
   b. het stelt een minimaal effectief belastingtarief van ten minste 15 % vast, onder welke drempel een groepsentiteit als laagbelast wordt aangemerkt;
   c. voor de berekening van het minimale effectieve belastingtarief is alleen een samenvoeging van het inkomen van in dezelfde jurisdictie gelegen entiteiten toegestaan; en
   d. er wordt vermindering verleend voor in een lidstaat betaalde bijheffing krachtens de in deze richtlijn vastgestelde regel inzake inkomeninclusie.
2. De derdelands jurisdicties die in hun interne recht een wettelijk kader ten uitvoer hebben gelegd dat kan worden aangemerkt als gelijkwaardig aan een gekwalificeerde regel inzake inkomeninclusie overeenkomstig lid 1, worden opgenomen in de bijgevoegde lijst.
3. Deze lijst kan worden gewijzigd na een beoordeling van het wettelijke kader dat door een derdelands jurisdictie in haar interne recht ten uitvoer is gelegd. De beoordeling wordt verricht door de Commissie in overeenstemming met de in lid 1 vastgestelde voorwaarden. Aansluitend op die beoordeling is de Commissie bevoegd om overeenkomstig artikel 52 gedelegeerde handelingen vast te stellen tot wijziging van de bijlage.

Artikel 52. Uitoefening van de bevoegdheidsdelegatie

1. De bevoegdheid om gedelegeerde handelingen vast te stellen, wordt aan de Commissie toegekend onder de in dit artikel neergelegde voorwaarden.
2. De in artikel 51, lid 3, bedoelde bevoegdheid om gedelegeerde handelingen vast te stellen, wordt aan de Commissie toegekend voor onbepaalde tijd met ingang van de datum van inwerkingtreding van deze richtlijn.
3. De in artikel 51, lid 3, bedoelde bevoegdheidsdelegatie kan te allen tijde door de Raad worden ingetrokken. Het besluit tot intrekking beëindigt de delegatie van de in dat besluit genoemde bevoegdheid. Het wordt van kracht op de dag na die van de bekendmaking ervan in het Publicatieblad van de Europese Unie of op een

daarin genoemde latere datum. Het laat de geldigheid van de reeds van kracht zijnde gedelegeerde handelingen onverlet.

4. Zodra de Commissie een gedelegeerde handeling vaststelt, stelt zij de Raad daarvan in kennis.

5. Een overeenkomstig artikel 51, lid 3, vastgestelde gedelegeerde handeling treedt alleen in werking indien de Raad daartegen binnen een termijn van twee maanden na de kennisgeving van de handeling geen bezwaar heeft gemaakt, of indien de Raad voor het verstrijken van die termijn de Commissie heeft meegedeeld dat hij daartegen geen bezwaar zal maken. Die termijn kan op initiatief van de Raad met twee maanden worden verlengd.

Artikel 53. Informatieverstrekking aan het Europees Parlement

De Commissie stelt het Europees Parlement in kennis van de door haar vastgestelde gedelegeerde handelingen, de mogelijke bezwaren die daartegen worden gemaakt en de intrekking van de bevoegdheidsdelegatie door de Raad.

Artikel 54. Bilaterale overeenkomst over vereenvoudigde rapportageverplichtingen

De Unie kan met in de bijlage opgenomen derdelands jurisdicties een overeenkomst sluiten om een kader voor de vereenvoudiging van de in artikel 42, lid 6, vastgestelde rapportageprocedures vast te stellen.

Artikel 55. Omzetting

De lidstaten doen de nodige wettelijke en bestuursrechtelijke bepalingen in werking treden om uiterlijk op 31 december 2022 aan deze richtlijn te voldoen.

Zij delen de Commissie de tekst van die bepalingen onmiddellijk mee.

Zij passen die bepalingen toe vanaf 1 januari 2023.

Zij passen evenwel de bepalingen om aan de artikelen 11, 12 en 13 van deze richtlijn te voldoen, toe vanaf 1 januari 2024.

In die wettelijke en bestuursrechtelijke bepalingen zelf of bij de officiële bekendmaking ervan wordt naar deze richtlijn verwezen. De regels voor die verwijzing worden vastgesteld door de lidstaten.

Artikel 56. Inwerkingtreding

Deze richtlijn treedt in werking op de dag na die van de bekendmaking ervan in het Publicatieblad van de Europese Unie.

Artikel 57. Adressaten

Deze richtlijn is gericht tot de lidstaten.

TOELICHTING

1. ACHTERGROND VAN HET VOORSTEL

- ***Motivering en doel van het voorstel***

In zijn conclusies van 27 november 2020 heeft de Raad zijn onverminderde steun bevestigd aan de werkzaamheden van het inclusief kader (Inclusive Framework of IF) van de OESO/G20 inzake grondslaguitholling en winstverschuiving (BEPS) om tot een mondiale, op consensus gebaseerde oplossing te komen, rekening houdend met de belangen van alle lidstaten, opdat alle ondernemingen een billijke belasting over de winsten uit hun activiteiten in de EU zouden betalen.

Bij deze richtlijn worden regels vastgesteld voor een minimumniveau van effectieve vennootschapsbelastingheffing bij grote multinationale groepen en omvangrijke louter binnenlandse groepen die actief zijn op de eengemaakte markt; deze regels zijn in overeenstemming met het door het IF op 8 oktober 2021 bereikte akkoord en knopen nauw aan bij de door het IF overeengekomen OESO-modelvoorschriften die op 20 december 2021 zijn gepubliceerd.

In aansluiting op het BEPS-project van de OESO uit 2015 heeft het IF zich over de fiscale uitdagingen van de digitalisering van de economie gebogen. Het heeft zich daarbij geconcentreerd op twee werkterreinen: pijler 1, waarin een gedeeltelijke herverdeling van de heffingsrechten naar marktjurisdicties wordt voorgesteld, en pijler 2, die voorstelt om een minimale effectieve belastingheffing van grote multinationale groepen in te voeren.

De twee pijlers moeten een oplossing bieden voor verschillende, maar met elkaar samenhangende vraagstukken die verband houden met de toenemende mondialisering en digitalisering van de economie. De twee beleidsdoelen van pijler 1 en 2 bestaan erin de resterende BEPS-uitdagingen aan te pakken en een ondergrens vast te leggen voor buitensporige belastingconcurrentie tussen jurisdicties.

Pijler 2 bevat twee regels die in de binnenlandse belastingwetgeving van de landen moeten worden opgenomen, en een verdragsrechtelijke regel. De twee binnenlandse belastingregels, namelijk de *Income Inclusion Rule* (regel inzake inkomeninclusie of IIR) en het vangnet voor die regel, de *Undertaxed Payments Rule* (regel inzake onderbelaste betalingen of UTPR), staan samen bekend als de GloBE-voorschriften (*Global anti-Base Erosion*). De onderworpenheidsregel (*Subject-to-Tax Rule* of STTR) is een verdragsrechtelijke regel op grond waarvan bronjurisdicties beperkte bronbelasting mogen heffen op bepaalde betalingen van verbonden partijen die onder een minimumtarief aan belasting onderworpen zijn. De OESO-modelvoorschriften bevatten uitsluitend bepalingen met betrekking tot de GloBE-modelvoorschriften.

Volgens het gedetailleerde uitvoeringsplan dat in de verklaring van het IF van oktober 2021 is opgenomen, zouden de nationale uitvoeringsbepalingen voor de GloBE-modelvoorschriften vanaf 1 januari 2023 in werking en van toepassing moeten zijn.

Aangezien de Europese Unie met haar eengemaakte markt een sterk geïntegreerde economie vormt, is het zaak te garanderen dat het tweepijlerakkoord in alle lidstaten op coherente en consistente wijze wordt uitgevoerd. Om een dergelijk niveau van uitvoering in de EU en de verenigbaarheid met het EU-recht te garanderen, zal de uitvoering van pijler 2 in de EU primair worden geregeld in een richtlijn. De richtlijn geeft uitsluitend uitvoering aan de GloBE-modelvoorschriften. De STTR is een materie die bij uitstek in bilaterale belastingverdragen kan worden geregeld. De richtlijn weerspiegelt het mondiale OESO-akkoord, maar is op enkele punten aangepast om de verenigbaarheid met het EU-recht te waarborgen.

- ***Samenhang met bestaande bepalingen op het beleidsterrein***

Deze richtlijn bouwt voort op de mededeling van de Commissie aan het Europees Parlement en de Raad over "*Belastingheffing van ondernemingen in de 21e eeuw*" van 18 mei 2021[9].

De uitvoering van de GloBE-modelvoorschriften in de EU kan gevolgen hebben voor bestaande bepalingen in de richtlijn ter bestrijding van belastingontwijking (ATAD)[10] en meer in het bijzonder de regels voor gecontroleerde buitenlandse vennootschappen (CFC-regels), die in wisselwerking kunnen treden met de primaire regel onder pijler 2, de IIR. De Commissie heeft onderzocht hoe de wisselwerking tussen de CFC-regels van de ATAD en de IIR het best kan worden geregeld en is tot de conclusie gekomen dat een wijziging van de ATAD in dit verband niet nodig is. Bovendien druist het niet in tegen de OESO-modelvoorschriften om de CFC-regels van de ATAD te blijven toepassen naast de GloBE-modelvoorschriften. In de praktijk zullen eerst de CFC-regels van de ATAD worden toegepast en zullen eventuele extra belastingen die een moedermaatschappij in het kader van een CFC-regeling in een bepaald verslagjaar heeft betaald, in aanmerking worden genomen in de GloBE-modelvoorschriften door deze toe te wijzen aan de desbetreffende laagbelaste entiteit met het oog op de berekening van het effectieve belastingtarief voor die jurisdictie.

Voorts moet de omzetting van de GloBE-modelvoorschriften in de EU het pad effenen naar overeenstemming over het nog hangende voorstel tot herschikking van de rente- en royaltyrichtlijn[11], dat al sinds 2011 bij de Raad ligt. De herschikking van deze richtlijn (die de belemmeringen op het gebied van bronbelasting voor grensoverschrijdende rente- en royaltyuitkeringen binnen een ondernemingsgroep wegneemt) strekte ertoe de richtlijnvoordelen afhankelijk te maken van de voorwaarde dat de rente in de staat van bestemming aan de belasting was onderworpen. Een aantal lidstaten was echter van oordeel dat de rente- en royaltyrichtlijn verder moest gaan en een minimaal niveau van belasting in de staat van bestemming als voorwaarde moest stellen voor het achterwege blijven van bronbelastingheffing. Met de uitvoering van de GloBE-modelvoorschriften in de EU zou dit discussiepunt bij de herschikking van de richtlijn moeten zijn opgelost.

9. COM(2021) 251 final

10. Richtlijn (EU) 2016/1164 van de Raad van 12 juli 2016 tot vaststelling van regels ter bestrijding van belastingontwijkingspraktijken welke rechtstreeks van invloed zijn op de werking van de interne markt (PB L 193 van 19.7.2016, blz. 1).

11. Voorstel voor een richtlijn van de Raad betreffende een gemeenschappelijke belastingregeling inzake uitkeringen van interest en royalty's tussen verbonden ondernemingen van verschillende lidstaten (herschikking) (COM(2011) 0714 definitief - 2011/0314 (CNS)).

2. RECHTSGRONDSLAG, SUBSIDIARITEIT EN EVENREDIGHEID

- ***Rechtsgrondslag***

Artikel 115 van het Verdrag betreffende de werking van de Europese Unie (VWEU) vormt de rechtsgrondslag voor wetgevingsinitiatieven op het gebied van de directe belastingen. Hoewel er niet uitdrukkelijk naar directe belastingen wordt verwezen, is in artikel 115 sprake van richtlijnen voor de onderlinge aanpassing van de nationale wetgevingen die rechtstreeks van invloed zijn op de instelling of de werking van de interne markt. Om aan deze voorwaarde te voldoen, moet voorgestelde EU-wetgeving op het gebied van de directe belastingen tot doel hebben bestaande inconsistenties in de werking van de interne markt weg te nemen. In de huidige stand van zake is het ontbreken van regels die een minimale effectieve vennootschapsbelasting in de eengemaakte markt garanderen, zo'n bestaande inconsistentie. In artikel 115 is bepaald dat wettelijke maatregelen inzake onderlinge aanpassing op grond van dit artikel in de vorm van een richtlijn moeten worden aangenomen.

- ***Subsidiariteit (bij niet-exclusieve bevoegdheid)***

Dit voorstel strookt met het subsidiariteitsbeginsel als bedoeld in artikel 5 van het Verdrag betreffende de Europese Unie (VEU). Het onderwerp is van dien aard dat een gemeenschappelijk initiatief voor de gehele interne markt noodzakelijk is.

De richtlijn introduceert een minimale effectieve belastingheffing hoofdzakelijk op de winsten van grote multinationals die actief zijn op de interne markt en daarbuiten. Zij schept een gemeenschappelijk kader voor de gecoördineerde tenuitvoerlegging van de OESO-modelvoorschriften in de nationale wetgeving van de lidstaten, aangepast aan de vereisten van het EU-recht.

Optreden op EU-niveau is noodzakelijk omdat het van wezenlijk belang is dat de OESO-modelvoorschriften in de EU op uniforme wijze worden uitgevoerd. De OESO-modelvoorschriften vertegenwoordigen in de eerste plaats "een gemeenschappelijke aanpak": het is dus zaak om op de interne markt met één reeks uniforme regels en een gemeenschappelijk minimumbeschermingsniveau te werken. In de EU, een markt van sterk geïntegreerde economieën, is er behoefte aan gemeenschappelijke strategische benaderingen en gecoördineerde maatregelen om de werking van de interne markt te verbeteren en de positieve impact van een minimale effectieve belastingheffing op bedrijfswinsten te maximaliseren. Dit is alleen mogelijk als wetgeving centraal wordt vastgesteld en op uniforme wijze wordt omgezet.

Aangezien multinationale groepen gewoonlijk in verschillende EU-lidstaten aanwezig zijn en de GloBE-modelvoorschriften een grensoverschrijdende dimensie hebben, is het voorts ook essentieel dat er geen verschillen ontstaan in de werking van die voorschriften, bijvoorbeeld in de methode voor de berekening van het effectieve belastingtarief of de verschuldigde bijheffing. Zulke verschillen kunnen immers mismatches veroorzaken en de eerlijke concurrentie op de interne markt verstoren. Het is daarom van wezenlijk belang oplossingen vast te stellen die werken voor de interne markt als geheel, en deze kunnen beter worden verwezenlijkt op het niveau van de Unie.

Een EU-initiatief zou een meerwaarde bieden in vergelijking met een lappendeken van nationale implementatiemethoden. Aangezien de GloBE-modelvoorschriften een sterke grensoverschrijdende dimensie hebben, zou een optreden op EU-niveau de uiteenlopende belangen op de interne markt met elkaar in evenwicht brengen waarbij rekening wordt gehouden met alle factoren, teneinde gezamenlijke doelstellingen en oplossingen in kaart te brengen. Tot slot moeten de maatregelen ter uitvoering van de OESO-modelvoorschriften worden vastgesteld in overeenstemming met het primaire recht en in de hele Unie een gemeenschappelijke lijn volgen om belastingplichtigen de rechtszekerheid te bieden dat het nieuwe rechtskader verenigbaar is met de fundamentele vrijheden van de EU, inclusief de vrijheid van vestiging.

- ***Evenredigheid***

Het voorstel is in overeenstemming met het evenredigheidsbeginsel als bedoeld in artikel 5 VEU.

De OESO-modelvoorschriften zijn van toepassing op multinationale ondernemingen met een gezamenlijke groepsomzet van ten minste 750 miljoen EUR op basis van de geconsolideerde jaarrekening. De beoogde maatregelen gaan niet verder dan het waarborgen van een minimale effectieve belastingheffing van dergelijke entiteiten die actief zijn op de interne markt, en ze zijn in overeenstemming met de OESO-modelvoorschriften en de vereisten van het EU-recht. De uitbreiding van de regel inzake inkomeninclusie (IIR) tot omvangrijke binnenlandse groepen (met een gezamenlijke groepsomzet van ten minste 750 miljoen EUR) zal naar verwachting slechts een beperkt aantal belastingplichtigen treffen en gaat niet verder dan wat absoluut nodig is om te waarborgen dat de richtlijn verenigbaar is met het EU-recht. De richtlijn gaat dus niet verder dan wat nodig is om haar doelstellingen te verwezenlijken en neemt het evenredigheidsbeginsel in acht.

- *Keuze van het instrument*

Het voorstel betreft een richtlijn en dat is het enige instrument dat als rechtsgrondslag op basis van artikel 115 VWEU beschikbaar is.

3. EVALUATIE, RAADPLEGING VAN BELANGHEBBENDEN EN EFFECTBEOORDELING

- *Raadpleging van belanghebbenden*

De meeste lidstaten zijn lid van de OESO en waren betrokken bij de gedetailleerde technische besprekingen van de pijler 2-werkzaamheden tussen 2019 en 2021. De OESO-deskundigen hebben ook regelmatig updates gegeven en vragen van de Raad over het project beantwoord.

De OESO heeft in december 2019 en januari 2021 publieke raadplegingen over enkele elementen van het pijler 2-concept gehouden, in beide gevallen gevolgd door een publieke onlineconferentie. Daarnaast heeft de Commissie interne discussies gevoerd, met enkele lidstaten en met deskundigen van de OESO, met name wanneer zij twijfels had over bepaalde technische aspecten van de voorgestelde oplossingen.

Op 6 november 2019 heeft DG TAXUD een vergadering van werkgroep IV georganiseerd waar de lidstaten hebben kunnen debatteren over de doelstellingen en beginselen voor de modernisering van de internationale belastingheffing van ondernemingen, over juridische aspecten en implicaties van de jurisprudentie van het HvJEU voor de mogelijke benaderingen van de modernisering van de internationale belastingheffing van ondernemingen, en over specifieke ontwerpopties voor de modernisering van de internationale belastingheffing van ondernemingen.

Aangezien de pijler 2-richtlijn uitvoering zal geven aan een internationaal overeengekomen norm die een minimale effectieve belastingheffing op bedrijfswinsten van grote multinationale groepen moet waarborgen, en er door de OESO uitvoerige publieke raadplegingen over dit onderwerp zijn gehouden, heeft de Commissie, gelet op het zeer strakke tijdschema voor de uitvoering van die norm, besloten om met dit richtlijnvoorstel te komen zonder eerst een openbare raadpleging te houden.

- *Effectbeoordeling*

Om onderstaande redenen is er geen effectbeoordeling voor dit voorstel verricht.

Op 12 oktober 2020 heeft het secretariaat van de OESO een economische effectbeoordeling gepubliceerd als basis voor de discussies van het inclusief kader over de manier waarop de voorstellen voor pijler 1 en pijler 2 invulling moesten krijgen. Deze economische effectbeoordeling was opgesteld door het secretariaat van de OESO in overleg met leden van het inclusief kader, OESO-werkgroep nr. 2, andere internationale organisaties, de academische wereld en andere belanghebbenden.

Om die reden heeft de Commissie geen eigen volledige effectbeoordeling verricht. De diensten van de Commissie hebben echter wel een eigen voorlopige raming gemaakt van het effect van pijler 2 van de door de OESO/het IF voorgestelde internationale hervormingen van de vennootschapsbelasting, die op 25 oktober 2019 aan de Raad is gepresenteerd.

De belangrijke beleidsbeslissingen zijn in wezen al genomen door het inclusief kader en op het hoogste politieke niveau (de ministers van Financiën van de G20 en de staatshoofden van de G20). Alle EU-lidstaten die lid zijn van het inclusief kader[12], hebben zich al akkoord verklaard met de belangrijkste aspecten van pijler 2 en zich ertoe verbonden de OESO-modelvoorschriften toe te passen. Er zijn geen beleidsopties waaruit de EU kan kiezen omdat de hoofdlijnen, zoals het toepassingsgebied of de belastingtarieven en belastinggrondslag, al vastgelegd en overeengekomen zijn.

Bovendien heerst er zeer grote politieke urgentie om vaart te zetten achter dit project - met andere woorden om de OESO-modelvoorschriften al vanaf begin 2023 in de EU toe te passen, zoals overeengekomen in het inclusief kader. Het is dus zaak om werk te maken van de aanpassing en uitvoering van dit initiatief voor de EU-lidstaten.

12.Alle lidstaten behalve Cyprus. Cyprus heeft evenwel al meegedeeld dat het zich niet verzet tegen de inhoud van de door het inclusief kader afgegeven verklaring.

4. GEVOLGEN VOOR DE BEGROTING

Dit voorstel voor een richtlijn heeft geen gevolgen voor de begroting van de EU.

5. OVERIGE ELEMENTEN

- ***Artikelsgewijze toelichting***

De richtlijn strekt ertoe regels vast te stellen om een minimumniveau van belasting van grote multinationale ondernemingen en omvangrijke binnenlandse groepen te waarborgen, in overeenstemming met het door het IF op 8 oktober 2021 bereikte mondiale akkoord en met de door het IF overeengekomen en op 20 december 2021 gepubliceerde OESO-modelvoorschriften, wanneer een lidstaat ertoe gehouden is de GloBE-modelvoorschriften toe te passen.

Algemene structuur van pijler 2

Pijler 2 bestaat uit twee regels die in de binnenlandse belastingwetgeving van de landen moeten worden opgenomen, en een verdragsrechtelijke regel. De twee binnenlandse belastingregels, namelijk de regel inzake inkomeninclusie (Income Inclusion Rule of IIR) en het vangnet voor die regel, de regel inzake onderbelaste betalingen (Undertaxed Payments Rule of UTPR), staan samen bekend als de GloBE-modelvoorschriften. De onderworpenheidsregel (Subject-to-Tax Rule of STTR) is een verdragsrechtelijke regel op grond waarvan bronjurisdicties beperkte bronbelasting mogen heffen op bepaalde betalingen van verbonden partijen die onder een minimumtarief aan belasting onderworpen zijn. Aangezien de uitvoering van de STTR een zaak van de individuele jurisdicties is, zal de EU op dit gebied geen actie ondernemen en blijft de STTR dus buiten het bestek van dit voorstel.

Pijler 2 is van toepassing op groepen van multinationale ondernemingen (MNO's) en omvangrijke binnenlandse groepen met een gezamenlijke jaarlijkse groepsomzet van ten minste 750 miljoen EUR op basis van hun geconsolideerde jaarrekening. Deze drempel werd vastgesteld door het IF in een streven naar samenhang met bestaand internationaal beleid op het gebied van de vennootschapsbelasting, zoals de regels inzake landenrapportage. Overheidslichamen, internationale organisaties, non-profitorganisaties, pensioenfondsen en beleggingsfondsen die uiteindelijkemoederentiteiten (UPE's) van een MNO-groep zijn, zijn niet onderworpen aan de GloBE-modelvoorschriften.

De IIR bewerkstelligt dat er bij een moederentiteit belasting wordt bijgeheven ter zake van laagbelaste inkomsten van onderdelen van de groep (die groepsentiteiten worden genoemd). De IIR vindt toepassing van boven naar onder, dat wil zeggen dat de regel wordt toegepast door de entiteit die bovenaan (of bijna bovenaan) de eigendomsketen in de MNO-groep staat, gewoonlijk de UPE. Wanneer echter de UPE de IIR niet toepast, zullen een of meer tussenliggende moederentiteiten (IPE's) de IIR op hun laagbelaste groepsentiteiten moeten toepassen. Ten aanzien van de IIR geldt een "split-ownership"-regel voor deelnemingen van minder dan 80 %. Dit betekent dat de IIR zal worden toegepast door een partieel gehouden moederentiteit (POPE) op de onder haar zeggenschap staande dochterondernemingen in een subset van de MNO-groep, met voorrang op de UPE, wanneer de eigendom in die POPE voor meer dan 20 % wordt gehouden door aandeelhouders buiten de MNO-groep. Wanneer een MNO-groep verschillende POPE's telt, zal de IIR worden toegepast door de POPE die in de eigendomsketen het dichtst bij de laagbelaste groepsentiteit staat.

De UTPR fungeert als een vangnet voor de IIR en vindt toepassing in situaties waarin er geen gekwalificeerde IIR in de jurisdictie van de UPE bestaat of waarin er sprake is van een laag belastingniveau in de jurisdictie van de UPE. De UTPR bewerkstelligt dat jurisdicties mogen bijheffen voor zover de laagbelaste inkomsten van een groepsentiteit niet zijn onderworpen aan belasting op grond van een IIR. Volgens de UTPR mogen jurisdicties bijheffen volgens een tweeledige formule die aanknoopt bij de boekwaarde van materiële activa in de jurisdictie en het aantal werknemers in de jurisdictie. In het mondiale akkoord wordt ernaar gestreefd om de IIR vanaf 1 januari 2023 in werking te hebben, terwijl de UTPR een jaar later geïmplementeerd moet zijn.

De GloBE-modelvoorschriften bewerkstelligen dat er op jurisdictionele grondslag wordt bijgeheven op basis van een effectieftarieftoets. Als het effectieve belastingtarief van de groepsentiteiten van een MNO-groep, berekend voor al die entiteiten samen in één jurisdictie, onder het minimumbelastingtarief van 15 % daalt, wordt er een bijheffing verschuldigd voor elke groepsentiteit in deze jurisdictie om het effectieve tarief van die jurisdictie op het niveau van het minimumtarief te brengen. Het effectieve tarief voor een tijdvak wordt berekend door de voor dat tijdvak aan die jurisdictie toerekenbare vennootschaps- en gelijkwaardige belastingen (de zogenaamde "gecorrigeerde betrokken belastingen") te delen door het voor die jurisdictie gecorrigeerde inkomen van die MNO-groep. Op basis van de effectieftarieftoets wordt zowel de toepassing van de pijler 2-regels geactiveerd als berekend hoeveel extra belasting de MNO-groep verschuldigd is.

De GloBE-modelvoorschriften voorzien ook in een substance-uitzondering op basis van een formule, die de impact van pijler 2 op MNO-groepen in een jurisdictie waar zij reële economische activiteiten verrichten, moet beperken.

Uitvoering in de EU – vormgeving en andere keuzes

De richtlijn geeft uitvoering aan de GloBE-modelvoorschriften in de EU op basis van de OESO-modelvoorschriften en rekening houdende met specifieke kenmerken van het EU-recht en de eengemaakte markt. Aangezien de richtlijn uitvoering geeft aan een internationaal overeengekomen norm die een minimale effectieve belastingheffing van grote multinationale groepen moet waarborgen, waren de opties en keuzemogelijkheden bij de vormgeving beperkt.

Algemeen genomen sluit de richtlijn nauw aan bij de OESO-modelvoorschriften, maar haar toepassingsgebied is uitgebreid tot omvangrijke louter binnenlandse groepen om te waarborgen dat de fundamentele vrijheden in acht worden genomen. Voorts maakt de richtlijn gebruik van een optie uit het commentaar bij de modelvoorschriften volgens welke de lidstaat van een groepsentiteit die de IIR toepast (doorgaans de jurisdictie van de UPE), niet alleen moet waarborgen dat er effectief belasting op het overeengekomen minimumniveau wordt geheven bij buitenlandse dochterondernemingen maar ook bij alle in die lidstaat ingezeten groepsentiteiten en in die lidstaat gelegen vaste inrichtingen (vi's) van de MNO-groep. De OESO-modelvoorschriften bepalen dat de jurisdictie die de IIR toepast, alleen rekening houdt met het effectieve belastingtarief van de buitenlandse entiteiten.

Hoofdstuk I. Algemene bepalingen

Hoofdstuk I van de richtlijn bevat algemene bepalingen, namelijk het onderwerp, het toepassingsgebied, definities en de locatie van een groepsentiteit.

Het toepassingsgebied van de richtlijn wordt omschreven aan de hand van in de Unie gelegen groepsentiteiten die deel uitmaken van een MNO-groep of een omvangrijke binnenlandse groep (bestaande uit groepsentiteiten) met een geconsolideerd groepsinkomen van ten minste 750 miljoen EUR in ten minste twee van de vier voorgaande jaren. Om verschillende beleidsredenen, waaronder het behoud van het beginsel van fiscale neutraliteit en de samenhang met de OESO-modelvoorschriften, zijn de volgende entiteiten van het toepassingsgebied van de richtlijn uitgesloten: overheidslichamen, internationale organisaties, non-profitorganisaties, pensioenfondsen en, mits zij bovenaan de groepsstructuur staan, beleggingsentiteiten en vastgoedbeleggingsvehikels. Entiteiten die voor ten minste 95 % eigendom zijn van uitgesloten entiteiten, zijn ook uitgesloten van het toepassingsgebied van de richtlijn.

Wat de locatie van een groepsentiteit, met inbegrip van een vi, betreft, bepaalt de richtlijn dat een groepsentiteit die geen vi of doorstroomentiteit is, in de jurisdictie is gelegen waarvan zij wordt geacht fiscaal inwoner te zijn. Wanneer de locatie van een dergelijke groepsentiteit aan de hand van deze regel niet kan worden bepaald, wordt zij geacht te zijn gelegen in de jurisdictie waar ze is opgericht. De richtlijn bepaalt ook de locatie van een groepsentiteit die een vi is, en omvat tiebreakerbepalingen voor specifieke situaties.

Hoofdstuk II. Toepassing van de regel inzake inkomeninclusie en de regel inzake onderbelaste betalingen

Hoofdstuk II bevat de regels voor de toepassing van de IIR en de UTPR door de lidstaten.

De regel inzake inkomeninclusie (IIR)

Overeenkomstig de richtlijn is de IIR van toepassing in de volgende situaties:

1. UPE in de EU
Als de UPE in de EU is gelegen, zal zij onderworpen zijn aan de bijheffing ter zake van haar laagbelaste groepsentiteiten in diezelfde en in andere EU-lidstaten en in derdelands jurisdicties.

2. IPE/POPE in de EU met UPE buiten de EU
Als er geen UPE in de EU is, zouden de laagbelaste groepsentiteiten van de MNO-groep in de EU effectief in aanmerking worden genomen door de derdelands UPE van de groep als deze de IIR toepast. Als er evenwel ten minste één POPE of één IPE (als de jurisdictie waar de UPE is gelegen, geen IIR toepast) in de EU is, dan zal de IPE/POPE onderworpen zijn aan de bijheffing ter zake van haar laagbelaste, onmiddellijk of middellijk in eigendom gehouden groepsentiteiten in de EU en derdelands jurisdicties.

3. POPE in de EU met UPE in de EU
Hoewel de bijheffing ter zake van laagbelaste groepsentiteiten normaal wordt opgelegd aan een in de EU gelegen UPE (zie 1) hierboven), kan het ook voorkomen dat de primaire heffingsbevoegdheid bij de lidstaat van een POPE ligt. In die gevallen moet er een bottom-upmethode worden gevolgd om de POPE die de belasting verschuldigd is, te bepalen. Daartoe wordt eerst gekeken naar de in volledige eigendom gehouden groepsentiteiten op het laagste niveau en vandaar wordt naar boven toe gewerkt tot de eerste POPE, die de bijheffing op grond van de IIR verschuldigd zal zijn ter zake van haar laagbelaste groepsentiteiten. De andere POPE's tot en met de UPE zullen ook onderworpen zijn aan de IIR, maar met recht op verrekening van de bijheffing die is verschuldigd door een andere POPE lager in de keten.

De richtlijn bepaalt in welke mate een moederentiteit via de IIR de bijheffing bij een groepsentiteit mag innen. Dit toerekenbare deel is in de regel gebaseerd op de grootte van het belang dat de moederentiteit in het inkomen van de laagbelaste groepsentiteit heeft.

Wat, ten slotte, omvangrijke binnenlandse groepen betreft, is de in een lidstaat gelegen uiteindelijkemoederentiteit onderworpen aan de bijheffing op grond van de IIR ter zake van haar laagbelaste groepsentiteiten.

Binnenlandse bijheffing

Om geen afbreuk te doen aan de soevereiniteit van de lidstaten, bepaalt de richtlijn dat een lidstaat ervoor kan kiezen om de bijheffing intern toe te passen op groepsentiteiten die op zijn grondgebied zijn gelegen (binnenlandse bijheffing). Deze keuze maakt het mogelijk dat de bijheffing wordt opgelegd en geïnd in een jurisdictie waarin laag is belast, veeleer dan dat alle aanvullende belasting op het niveau van de UPE wordt geïnd. Wanneer deze keuze wordt gemaakt, zal de moederentiteit die de IIR toepast, de gekwalificeerde binnenlandse bijheffing moeten verrekenen wanneer zij de bijheffing voor de desbetreffende jurisdictie berekent.

De regel inzake onderbelaste betalingen (UTPR)

De richtlijn bepaalt dat in omstandigheden waarin de UPE buiten de EU is gelegen in een jurisdictie die geen gekwalificeerde IIR toepast, al haar groepsentiteiten in jurisdicties met een passend UTPR-kader aan de UTPR onderworpen zullen zijn. In die omstandigheid zal aan in een lidstaat gelegen groepsentiteiten van een dergelijke MNO-groep een deel van de bijheffing worden toegerekend die verband houdt met de laagbelaste dochterondernemingen van de MNO-groep, en zal dat deel door hen in hun lidstaat moeten worden betaald.

De richtlijn bepaalt dat de UTPR ook van toepassing zal zijn op situaties waarin de jurisdictie van de UPE een gekwalificeerde IIR toepast maar de UPE, samen met haar in diezelfde jurisdictie gelegen dochterondernemingen, laagbelast is. De bijheffing voor de laagbelaste UPE en haar binnenlandse dochterondernemingen zal worden opgelegd via de UTPR aan alle in aanmerking komende entiteiten in de hele MNO-groep, inclusief in een lidstaat gelegen entiteiten. Dit mag alleen gebeuren wanneer de UPE buiten de EU is gelegen omdat een in de EU gelegen UPE ofwel de IIR-beginselen op zichzelf en haar binnenlandse dochterondernemingen toepast ofwel bevestigt dat er extra heffing heeft plaatsgevonden via de binnenlandse bijheffing. Daarom mag er in het kader van de UTPR geen bijheffing worden toegerekend wanneer de UPE in de EU is gelegen.

In overeenstemming met de OESO-modelvoorschriften zijn in de richtlijn de berekening en de toerekening van de UTPR-bijheffing gebaseerd op twee factoren: het aantal werknemers en de boekwaarde van materiële activa.

Hoofdstuk III. Berekening van het kwalificerende inkomen of verlies

Hoofdstuk III bevat regels voor de bepaling van **"kwalificerend inkomen"**, dat wil zeggen het gecorrigeerde inkomen dat in aanmerking zal worden genomen voor de berekening van het effectieve belastingtarief. Om dit inkomen te berekenen, wordt uitgegaan van het netto-inkomen of -verlies uit de financiële verslaglegging van de groepsentiteit voor het verslagjaar, zoals bepaald voor de opstelling van de geconsolideerde jaarrekening. Vervolgens wordt dit inkomen of verlies gecorrigeerd als omschreven in artikel 15.

In overeenstemming met de OESO-modelvoorschriften sluit de richtlijn **inkomen uit de internationale scheepvaart** en **inkomen uit nevenactiviteiten in de internationale scheepvaart** uit van de toepassing van de GloBE-modelvoorschriften. Deze uitsluiting knoopt aan bij het beginsel dat in de nationale belastingstelsels inkomen uit de scheepvaart vaak wordt belast volgens een reeks regels die losstaan van de regels van het reguliere vennootschapsbelastingstelsel.

Dit hoofdstuk bevat ook regels die specifiek gericht zijn op groepsentiteiten die een vi of een doorstroomentiteit zijn. In die gevallen zijn speciale regels nodig om te vermijden dat het aan die entiteiten toerekenbare inkomen tweemaal dan wel helemaal niet meegerekend wordt. Deze speciale regels zullen er ook voor zorgen dat er minder mogelijkheden tot belastingontwijking zijn.

Hoofdstuk IV. Berekening van gecorrigeerde betrokken belastingen

In hoofdstuk IV worden de betrokken belastingen gedefinieerd en de regels bepaald voor de berekening van de "**gecorrigeerde betrokken belastingen**" van een groepsentiteit voor een verslagjaar. Het hoofdbeginsel bij de toerekening van betrokken belastingen is dat deze worden toegewezen aan de jurisdictie waar de onderliggende winsten die aan deze belastingen onderworpen zijn, werden behaald.

Om dit beginsel te waarborgen, voorziet de richtlijn ook in speciale regels voor grensoverschrijdende belastingen of inkomstenstromen in het geval van een vi, transparante entiteit, gecontroleerde buitenlandse vennootschap (CFC) en hybride entiteit, of belastingen op dividenden.

Hoofdstuk V. Berekening van het effectieve belastingtarief en de bijheffing

Hoofdstuk V bevat regels voor de berekening van het effectieve belastingtarief van een MNO-groep in een jurisdictie voor een gegeven verslagjaar. Het effectieve tarief wordt berekend door de gecorrigeerde betrokken belastingen van de groep te delen door het gecorrigeerde inkomen dat de groep in een bepaalde jurisdictie voor een verslagjaar heeft verworven.

Overeenkomstig het mondiale akkoord stelt de richtlijn het **minimale effectieve belastingtarief** voor de toepassing van de GloBE-modelvoorschriften vast op 15 %.

Hoofdstuk V heeft ook betrekking op de berekening en toerekening van de bijheffing. Eerst wordt het bijheffingspercentage voor een jurisdictie berekend als het verschil tussen het minimale effectieve belastingtarief van 15 % en het effectieve belastingtarief van die jurisdictie. Vervolgens wordt dit bijheffingspercentage vermenigvuldigd met het GloBE-inkomen van die jurisdictie voor het gegeven jaar.

Tot slot wordt het **op basis van substance uitgesloten inkomen** (in voorkomend geval) in mindering gebracht om de jurisdictionele bijheffing te bepalen. Overeenkomstig de OESO-modelvoorschriften voorziet de richtlijn in een op substance gebaseerde inkomensuitzondering die aanknoopt bij de loonkosten en de materiële activa. De indienende entiteit van een MNO-groep kan ervoor kiezen om de op substance gebaseerde inkomensuitzondering voor een jurisdictie niet toe te passen.

Tot slot wordt de bijheffing voor elke groepsentiteit in een jurisdictie bepaald door de jurisdictionele bijheffing toe te rekenen aan de verschillende groepsentiteiten in die jurisdictie op basis van het GloBE-inkomen van elke groepsentiteit in die jurisdictie.

Wanneer er als gevolg van een correctie van betrokken belastingen of het kwalificerende inkomen of verlies in een voorgaand verslagjaar een extra bijheffing moet worden geïnd, moet die bijheffing volgens de richtlijn worden aangemerkt als extra **bijheffing voor het actuele verslagjaar**.

Om de nalevingslasten in laagrisicosituaties te beperken, geldt er een uitzondering voor minimale winstbedragen, namelijk de **de minimis-inkomensuitzondering**. Deze vindt toepassing wanneer de winsten van de groepsentiteiten van een MNO-groep in een jurisdictie minder dan 1 miljoen EUR en de opbrengsten minder dan 10 miljoen EUR bedragen. In die omstandigheden en op voorwaarde dat voor de de minimis-inkomensuitzondering is gekozen, wordt de bijheffing van de groepsentiteiten in die jurisdictie geacht voor GloBE-doeleinden nul te zijn.

Hoofdstuk VI. Bijzondere regels voor fusies en overnames

Dit hoofdstuk bevat bijzondere regels met betrekking tot fusies, overnames, joint ventures en MNO-groepen met verschillende moedermaatschappijen. Het voorziet in de toepassing van een geconsolideerde inkomensdrempel voor groepsmaatschappijen bij een fusie of splitsing. Bij de aan- of verkoop van een groepsentiteit door een MNO-groep die onder het toepassingsgebied van de regels valt, moet de groepsentiteit in kwestie in dat jaar als lid van beide groepen worden aangemerkt, met bepaalde correcties op de waarden van de attributen die voor de toepassing van de GloBE-modelvoorschriften worden gebruikt (betrokken belastingen, in aanmerking komende loonkosten, in aanmerking komende materiële activa, uitgestelde belastingvorderingen onder GloBE). Er zijn regels voor de opname van opbrengsten of verliezen en voor boekwaarden bij een overdracht van activa en verplichtingen, inclusief reorganisaties. Er is ook een bijzondere bepaling om joint ventures in aanmerking te nemen, die anders niet zouden worden opgenomen in de definitie van een MNO-groep voor GloBE-doeleinden. Tot slot is er een specifieke regel voor MNO-groepen met verschillende moedermaatschappijen die ervoor zorgt dat groepsentiteiten als deel van één MNO-groep worden behandeld.

Hoofdstuk VII. Regimes inzake fiscale neutraliteit en belasting van uitdelingen

Hoofdstuk VII bevat regels met betrekking tot regimes van fiscale neutraliteit en uitdelingsbelastingstelsels.

Om ongewenste effecten te vermijden, zoals een disproportionele UTPR-bijheffing op een MNO-groep, voorziet de richtlijn in bijzondere regels voor de berekening van het inkomen van de uiteindelijkemoederentiteit, wanneer het om een doorstroomentiteit gaat of die entiteit aan een aftrekbaardividendregime onderworpen is.

Voor **beleggingsentiteiten** zijn er specifieke regels voor de vaststelling van het effectieve belastingtarief, de bijheffing, de mogelijkheid om deze entiteiten aan te merken als fiscaal transparant, en de mogelijkheid om te kiezen voor de methode van belastbare uitkeringen.

Met betrekking tot **uitdelingsbelastingstelsels**[13] is in de richtlijn bepaald dat, op grond van de jaarlijkse keuze die de indienende entiteit maakt ten aanzien van groepsentiteiten die aan een dergelijk in aanmerking komend uitdelingsbelastingstelsel onderworpen zijn, een belasting op fictieve uitkeringen wordt meegenomen in de berekening van de gecorrigeerde betrokken belastingen van de desbetreffende groepsentiteiten. Dit betekent dat er een terugneemrekening voor belasting op fictieve uitkeringen moet worden aangehouden voor elk verslagjaar waarvoor de keuze wordt gemaakt. Als er, over een periode van vier jaar, geen belasting op dergelijke fictieve uitkeringen naar het minimumtarief is betaald en de groepsentiteit geen aanvaardbaar verlies heeft geleden, moet de bijheffing worden betaald op basis van het uitstaande saldo van de terugneemrekening voor het jaar in kwestie.

Hoofdstuk VIII. Administratieve bepalingen

Hoofdstuk VIII bevat administratieve bepalingen, inclusief aangifteverplichtingen.

Volgens de richtlijn moet een in een lidstaat gelegen groepsentiteit van een MNO-groep een **aangifte met informatie betreffende de bijheffing** indienen, tenzij de aangifte wordt ingediend door de MNO-groep in een andere jurisdictie waarmee de lidstaat een overeenkomst inzake inlichtingenuitwisseling heeft.

De vereiste aangifte mag worden ingediend door de groepsentiteit dan wel namens haar door een andere aangewezen lokale entiteit die in de lidstaat is gelegen.

Als de groepsentiteit geen aangifte hoeft in te dienen, moet zij haar belastingdienst toch de identiteit en de locatie meedelen van de groepsentiteit die de aangifte voor de MNO-groep indient.

Aangiften moeten worden ingediend binnen een termijn van vijftien maanden na het einde van het verslagjaar waarop zij betrekking hebben.

In de richtlijn zijn ook sancties vastgesteld voor gevallen waarin een MNO-groep de door de richtlijn opgelegde verplichtingen niet nakomt.

Hoofdstuk IX. Overgangsregels

Hoofdstuk IX bevat overgangsregels. Deze regels beschrijven hoe bepaalde elementen van de GloBE-modelvoorschriften moeten worden vastgesteld wanneer een groep ze voor het eerst moet toepassen [om de nalevingslasten te verlagen]. Dit hoofdstuk bevat ook overgangsregels voor de op substance gebaseerde inkomensuitzondering; parameters voor het uitsluiten van in het binnenland gegeneerd inkomen van de IIR en UTPR voor omvangrijke binnenlandse groepen respectievelijk MNO-groepen, in het beginstadium van hun activiteiten; een tijdelijke versoepeling voor aangifteverplichtingen en portefeuilledeelnemingen.

Hoofdstuk X. Specifieke toepassing van de IIR op omvangrijke binnenlandse groepen

Dit hoofdstuk breidt de toepassing van de IIR uit tot zuiver binnenlandse groepen die in een lidstaat zijn gelegen, wanneer zij aan de drempel van 750 miljoen EUR voldoen. Dit specifieke aspect van de EU-regels moet elk risico van discriminatie in een lidstaat vermijden tussen entiteiten die deel uitmaken van een groep met grensoverschrijdende activiteiten, en entiteiten die deel uitmaken van een groep met louter binnenlandse

13.In uitdelingsbelastingstelsels wordt, eenvoudig gezegd, de belasting van winsten uitgesteld totdat de winsten als dividend of anderszins worden uitgekeerd.

activiteiten. Deze omvangrijke binnenlandse groepen zullen hun effectieve belastingtarief berekenen en, in voorkomend geval, een bijheffing op grond van de IIR opgelegd krijgen.

Om een gelijke behandeling te handhaven met MNO-groepen die zich in de beginfase van hun internationale activiteiten bevinden, staat dit hoofdstuk aan omvangrijke binnenlandse groepen ook een vijfjarige overgangsperiode toe waarin hun laagbelaste binnenlandse activiteiten van de toepassing van de regels uitgesloten blijven.

Hoofdstuk XI. Slotbepalingen

Van de leden van het inclusief kader wordt verwacht dat zij de modelvoorschriften die zijn opgenomen in het akkoord over een mondiaal minimumniveau van belastingheffing van MNO-groepen in de Unie uiterlijk eind 2022 ten uitvoer leggen. Vervolgens wordt verwacht dat het inclusief kader van de OESO te zijner tijd een onderlinge toetsing van de omzetting van de regels door de IF-leden zal verrichten, zodat kan worden bepaald of hun nationale regels als "gekwalificeerd" zijn aan te merken, dat wil zeggen of zij naar letter en geest in overeenstemming zijn met de modelvoorschriften.

Daarnaast zal het inclusief kader van de OESO in een apart proces vaststellen onder welke voorwaarden het GILTI-regime van de VS en de GloBE-voorschriften naast elkaar kunnen bestaan, om een gelijk speelveld te garanderen. Dit sluit aan bij het verzoek dat de VS naar verwachting zal doen om hun wetskader dat momenteel wordt herzien, aan te merken als gelijkwaardig aan hetgeen is opgenomen in het mondiale akkoord en met name aan de primaire regel (de regel inzake inkomeninclusie). In de richtlijn zijn de voorwaarden vastgesteld aan de hand waarvan de Commissie de gelijkwaardigheid van derdelands systemen zal kunnen toetsen en de jurisdicties die aan die voorwaarden voldoen, in een lijst bij de richtlijn zal kunnen opnemen. De Commissie zal ook worden belast met eventuele wijzigingen van de bijgevoegde lijst op grond van een beoordeling die wordt uitgevoerd nadat een derdelands jurisdictie haar wettelijke kader heeft gewijzigd. De wijziging van de bijlage zal moeten gebeuren volgens de regels voor gedelegeerde handelingen.

In dit hoofdstuk is ook bepaald wanneer de toepassing van de richtlijnregels van start gaat, namelijk 1 januari 2023, met uitzondering van de UTPR, waarvan de toepassing wordt uitgesteld tot 1 januari 2024.

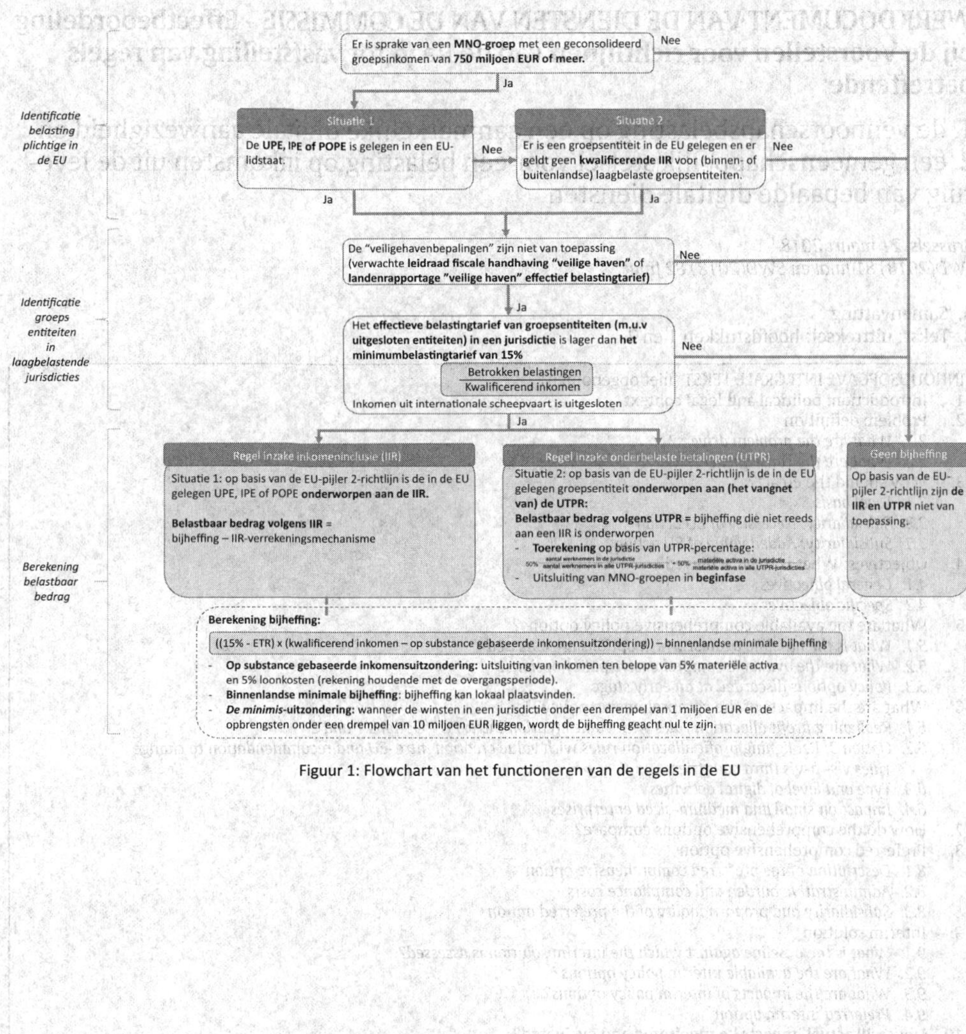

Figuur 1: Flowchart van het functioneren van de regels in de EU

WERKDOCUMENT VAN DE DIENSTEN VAN DE COMMISSIE - Effectbeoordeling bij de Voorstellen voor richtlijnen van de Raad tot vaststelling van regels betreffende:

1. de vennootschapsbelasting op een aanmerkelijke digitale aanwezigheid en 2. een gemeenschappelijk stelsel voor een belasting op inkomsten uit de levering van bepaalde digitale diensten

Brussels, 21 maart 2018
SWD(2018) 81 final en SWD(2018) 82 final

A. Samenvatting
B. Tekst: uittreksel: hoofdstukken 1 en 2

INHOUDSOPGAVE INTEGRALE TEKST (niet opgenomen)

A. Samenvatting

Effectbeoordeling van een eerlijke belastingheffing van de digitale economie

A. Behoefte aan actie

Waarom? Wat is het probleem?
Met de vennootschapsbelasting wordt beoogd om winsten te belasten waar de waarde wordt gecreëerd, maar het huidige internationale fiscale kader is voor de traditionele economie ontworpen. Het is in dit kader onmogelijk om rekening te houden met nieuwe manieren van waardecreatie in de digitale economie, waar minder fysieke aanwezigheid is vereist en waar gebruikersbijdragen en immateriële activa een belangrijke rol spelen. Dit heeft een effect op de overheidsbegrotingen en de sociale rechtvaardigheid. Als gevolg hiervan nemen steeds meer lidstaten unilaterale maatregelen, waardoor het gevaar bestaat dat de eengemaakte markt versnippert.

Wat moet met dit initiatief worden bereikt?
Ten eerste wordt met het initiatief naar verwachting de integriteit en de goede werking van de eengemaakte markt beschermd. Ten tweede zal zij ervoor zorgen dat de financiën van de lidstaten houdbaar zijn en dat de nationale vennootschapsbelastinggrondslagen niet worden uitgehold door de digitalisering. Ten derde zal zij bijdragen aan het in stand houden van de sociale rechtvaardigheid en een gelijk speelveld tussen alle bedrijven.

Wat is de meerwaarde van maatregelen op EU-niveau?
Aangezien het probleem de internationale toewijzing van heffingsbevoegdheden betreft, kan het niet alomvattend worden aangepakt op het niveau van de lidstaten. Acties op EU-niveau zouden bovendien voorkomen dat de eengemaakte markt versnippert, bedrijven met nieuwe belemmeringen te maken krijgen of potentiële achterdeurtjes ontstaan door het ongecoördineerde optreden van verschillende lidstaten.

B. Oplossingen

Welke wetgevende en niet-wetgevende beleidsmaatregelen zijn overwogen? Heeft een bepaalde optie de voorkeur? Waarom?
Als eerste wordt een alomvattende oplossing bestudeerd. De belangrijkste opties zijn:

Optie 1: wijzig de regels voor het voorstel betreffende een gemeenschappelijke geconsolideerde heffingsgrondslag voor de vennootschapsbelasting (CCCTB);

Optie 2: Richtlijn betreffende een digitale vaste inrichting en beginselen inzake de winsttoerekening, met aanpassingen aan de CCCTB;

Optie 3 (voorkeursoptie): Optie 2 en een aanbeveling om de regels ten aanzien van derde landen te veranderen.

Op de tweede plaats, aangezien een herziening van de vennootschapsbelastingregels tijd zal kosten en om te voorkomen dat de lidstaten overgaan tot unilaterale maatregelen, wordt ook een **tijdelijke** oplossing overwogen. De tijdelijke oplossing waarnaar de voorkeur uitgaat, is een richtlijn betreffende een gemeenschappelijk stelsel voor een belasting op bepaalde digitale activiteiten.

Wie steunt welke optie?
Alomvattende oplossing: 14 van de 21 nationale belastingautoriteiten en 58 % van de 446 respondenten op de open publieke raadpleging zijn van mening dat de alomvattende oplossing de beste manier is om de huidige problemen aan te pakken.

Tijdelijke oplossing: 10 van de 21 nationale belastingautoriteiten en 53 % van de respondenten op de open publieke raadpleging zijn van mening dat een "belasting op inkomsten uit bepaalde digitale diensten" de beste manier is om de huidige problemen aan te pakken.

C. Effecten van de voorkeursoptie

Wat zijn de voordelen van de voorkeursoptie (indien van toepassing, anders van de belangrijkste opties)?
Alomvattende oplossing: deze oplossing zou het rechtsvaardigheidsgevoel van **burgers** verbeteren, door ervoor te zorgen dat grote bedrijven met aanmerkelijke digitale activiteiten zich niet onttrekken aan hun plicht om belasting te betalen in de EU. **Bedrijven** zouden van een gelijker speelveld profiteren omdat met de herziening van de regels concurrentieverstoringen worden weggenomen. **Nationale belastingdiensten** zouden profiteren van een positief effect op de overheidsfinanciën omdat de oplossing zal bijdragen aan de duurzaamheid van het vennootschapsbelastingstelsel op de lange termijn.

Tijdelijke oplossing: hiermee zou het rechtsvaardigheidsgevoel van burgers verbeteren, door te zorgen voor een minimumniveau aan belastingheffing in de EU voor bedrijven die hoofdzakelijk met gebruikersbijdragen en data werken. Door een versnippering op de eengemaakte markt te voorkomen, biedt deze oplossing bedrijven die actief zijn in de EU een stabiel fiscaal kader

Wat zijn de kosten van de voorkeursoptie (indien van toepassing, anders die van de belangrijkste opties)?
Alomvattende oplossing: De maatregel zal hogere administratieve en nalevingslasten met zich meebrengen voor alle **bedrijven** die onder het toepassingsgebied vallen. **Nationale belastingdiensten** zouden daarnaast te maken krijgen met kosten om het nieuwe stelsel uit te voeren, met name als het gaat om IT en het opleiden van personeel.

Tijdelijke oplossing: **Grote bedrijven**, die zich boven de drempelwaarden bevinden, zouden te maken krijgen met extra verslagleggingseisen om hun belastinggrondslag te berekenen in de lidstaten waarin zij actief zijn. **Nationale belastingdiensten** zouden daarnaast te maken krijgen met initiële kosten om het nieuwe stelsel uit te voeren, met name als het gaat om IT en het opleiden van personeel.

Wat zijn de gevolgen voor bedrijven, het mkb en micro-ondernemingen?
Alomvattende oplossing - de maatregel zou opnieuw zorgen voor een gelijk speelveld tussen multinationals en kleinere bedrijven die vaak minder gedigitaliseerd of grensoverschrijdend actief zijn. Dit zou gunstig zijn voor kleine, middelgrote en micro-ondernemingen. De administratieve en nalevingslasten zouden door de maatregel kunnen toenemen, wat nadeliger zou kunnen uitpakken voor kleine en middelgrote bedrijven die grensoverschrijdend actief zijn.

Tijdelijke oplossing - deze oplossing zou geen gevolgen voor kleine en middelgrote bedrijven hebben omdat de inkomsten hiervan niet boven de drempelwaarde uitkomen.

Zijn er significante gevolgen voor de nationale begrotingen en overheden?
De alomvattende oplossing zou bijdragen aan de duurzaamheid van het vennootschapsbelastingstelsel op de lange termijn en een eerlijkere verdeling van belastinginkomsten. De tijdelijke oplossing zou extra inkomsten voor nationale begrotingen genereren, hoewel de te verwachten extra inkomsten uit de belasting door het beperkte toepassingsgebied en de toepassing van de drempels vrij beperkt zullen zijn.

Zijn er nog andere significante gevolgen?
Het voorstel zal de visie van de EU weergeven en een voorbeeld voor de internationale besprekingen zijn.

D. Opvolging

Wanneer wordt dit beleid geëvalueerd?
De Commissie zal de uitvoering van het wetgevingsvoorstel monitoren. Er zou vijf jaar na de tenuitvoerlegging een evaluatie worden verricht.

B. Tekst: uittreksel: hoofdstukken 1 en 2

1. INTRODUCTION: POLITICAL AND LEGAL CONTEXT

The digital single market is one of the 10 political priorities of the European Commission. The digital single market strategy[1] aims at opening up digital opportunities for people and businesses in a market of over 500 million EU consumers. Completing the digital single market could contribute up to EUR 415 billion per year to Europe's economy, create jobs and transform our public services. In the 18 months following the adoption of the digital single market strategy, the European Commission delivered the announced proposals. In the mid-term review of the strategy[2] it has updated its analysis and focused on the next series of challenges. Digital technologies are transforming our world and having an important impact on taxation systems. They help to improve their management, offering solutions to reduce administrative burdens, facilitate collaboration between tax authorities, and address tax evasion. However, they also transform business models, putting pressure on taxation systems of EU Member States.

To fully deliver on its potential, the digital single market needs a modern and stable tax framework for the digital economy. This framework is important to stimulate innovation, tackle market fragmentation and allow all players to tap into the new market dynamics under fair and balanced conditions. It is essential to ensure tax certainty for business investment and to prevent new tax loopholes emerging in the single market.[3]

Policy makers are struggling to find solutions which would ensure fair and effective taxation as the digital transformation of the economy accelerates. There are weaknesses in the international tax rules as they were originally designed in the 1920s for 'brick and mortar' businesses and have now become outdated. In particular, this has led to a misalignment of the place where value is created, notably in the case of user contributions, and the allocation of the taxing rights and ability to enforce taxation (Hallerstein, 2014).

Being grounded in the concept of physical presence, the current corporate tax rules no longer fit the modern context, where online trading across borders with no physical presence has been facilitated and where businesses rely heavily on hard-to-value intangible assets, where automation, user generated contents and data collection, analysis and treatment have moved from being auxiliary to being core activities for value creation. These issues potentially impact all businesses. As a result, some businesses are present in some countries where they offer services to consumers and conclude contracts with them, taking full advantage of the infrastructure and legal framework available while they are not considered established for corporate tax purposes. This situation tilts the playing field in their favour compared to established companies.

In contrast, the VAT system is effectively being adapted to the digital economy, as announced in the Action Plan on VAT[4] adopted in April 2016. Notably, the problem of digital companies establishing themselves in Member States with low VAT rates, or digital companies not being established in the EU at all, is addressed by taxing sales in the Member State of the consumer rather than in the Member State where the supplier is established (i.e., the

1. COM(2015) 192.
2. COM(2017) 228.
3. The scope of this initiative is limited to tax issues arising in corporate taxation. Challenges in relation to the application of personal income taxes, especially of relevance for collaborative models, are not addressed in this framework. They are notably covered in the June 2016 Communication on an Agenda for the Collaborative economy (COM(2016) 356 final.
4. COM(2016) 148 final.

VAT system is evolving towards the 'destination principle').[1] It is in the framework of this reform that the VAT proposal on e-commerce was adopted by finance ministers in December 2017.[2]

Since the start of its mandate, this Commission has taken action to ensure the principle that all businesses operating in the EU pay their taxes where profits are made and thus where value is created. This principle is essential for a fair and effective taxation in the single market, and it can only be enforced through common and coordinated measures. Divergent national approaches within the EU can fragment the single market, increase tax uncertainty, destabilise the level playing field and open new loopholes for tax abuse. As already identified in the Commission's report in May 2014,[3] the international tax framework needs to be reformed so that it effectively captures the value created from new business models. As it has so far proved difficult to agree on solutions at global level (OECD, 2015a), the Commission has adopted a communication in September 2017 on "A fair and efficient tax system in the EU for the digital single market"[4]. The Communication sets out an ambitious agenda for a common EU approach in the absence of adequate global progress, with the aim to ensure that the digital economy is taxed effectively and in a way that ensures fairness and supports growth.

The growing challenge of ensuring that all actors in the digital economy are fairly taxed on their income has still not been adequately addressed, primarily due to a lack of international consensus and the multidimensional nature of the challenge. The OECD examined this issue in the context of its BEPS project. However, at the time it proved difficult to agree on structural solutions at global level, as is evident from the OECD report on BEPS Action 1 (OECD, 2015a). The OECD has published its interim report on the taxation of the digital economy and presented it to the G20 Finance Ministers at their meeting in March 2018 (OECD, 2018). A final report is due in 2020, with a progress update in 2019.

The current situation is clearly unsustainable in an increasingly globalised and digitally connected world, where ever more activity is moving into the digital space. Failure to address this situation will lead to more opportunities for tax avoidance, less tax revenues for public budgets, negative impact on social fairness, including through erosion of the social budgets, and it will destabilise the level playing field for businesses. This puts at risk EU competitiveness, fair taxation and the sustainability of Member States' budgets. In its conclusions of 5 December 2017, the ECOFIN Council looked forward to appropriate Commission proposals by early 2018, taking into account relevant developments in the ongoing discussions at the OECD. EU leaders committed to global change of taxation rules, to adapt their tax systems to ensure that digitally-generated profits in the European Union are taxed where the value is created.[5]

The OECD is continuing its work on finding global solutions that can address the challenges, which is an opportunity for the EU to feed its work into this process. The Commission has followed closely the preparatory work at OECD level to ensure its approach is coordinated as much as possible. Indeed, there is a very broad agreement on the problem analysis and the most promising directions for solutions. As is clear from the interim report (OECD, 2018), work at the OECD through the Inclusive Framework[6] will focus on finding consensus-based solutions by 2020. Annex 13 explains the interaction between the Commission's initiative and the work of the OECD.

The priority for the Commission is to propose a meaningful, comprehensive solution, that can positively impact solutions at international level, against a baseline scenario in which digitalisation progresses rapidly, and so does the pressure to act. The impact assessment therefore concentrates on assessing comprehensive policy options and identifying a preferred solution in responding to core objectives. The comprehensive solutions revolve around structural changes that address the root issue, aligning the way in which the right to tax and profits are allocated between jurisdictions with the new ways of value creation. The assessment is done against a baseline scenario, in which the CCCTB and other relevant initiatives underway, such as the recently adopted VAT e-commerce proposals, will be implemented.

Arriving at a meaningful comprehensive solution can take time, but there is an urgent need to act. The urgency for an EU action lies in the immediate threat of unilateral actions from Member States that risks further fragmenting the single market while preventing the full roll-out of the digital single market. The longer it takes to find a solution, the bigger the pressure on individual Member States to act to ensure fair taxation and a more level play-

1. In the 2011 Communication on the Future of VAT (COM(2011) 851 final), the Commission outlined that the general principle of EU VAT law should be based on taxation taking place in the country where the good or the service is consumed (the destination principle). In considering the Communication, Council in May 2012 broadly endorsed the destination principle as the way forward for a definitive VAT system in the EU (Council conclusions).
2. Council Directive (EU) 2017/2455 (OJ L 348, 29.12.2017, p. 7–22).
3. European Commission Expert Group on Taxation of the Digital Economy Report, May 2014.
4. COM(2017) 547 final.
5. ECOFIN Council conclusion, 'A' Item note 15175/17.
6. The Inclusive Framework brings together about 110 jurisdictions to collaborate on the implementation of the OECD/G20 Base Erosion and Profit Shifting (BEPS) Package.

ing field among businesses. The imperative to act now has been confirmed by the different consultation activities that the Commission has carried out as part of the preparatory works that are the basis for this impact assessment report. From the 462 respondents to the open public consultation, 82% as well as 16 out of 21 national tax administrations agree that "something should be done about the current international tax rules in what concerns the digital economy".[1] Therefore, unilateral initiatives are expected to spread. Since 2013, there is an accelerating trend of countries testing or planning to implement alternative approaches to ensure effective taxation of the digital economy (see section 9.1).

There are clear risks of postponing EU action

- There is a risk of **creating additional barriers** to the emergence and scaling-up of new businesses, especially start-ups. The digital single market cannot reach its full potential if young and innovative companies are held back by antiquated tax rules.
- There is a risk of quickly **losing our competitiveness** by deterring investment, innovation and growth by offering an uncertain, unstable, fragmented and outdated tax framework.
- Moreover, there is a risk of **missing the chance to realistically agree on a common response in the future.** The more measures are already in place, the less likely are the chances to agree on a common approach.

This is why the Commission believes that more immediate, interim measures should be considered. Hence this impact assessment also examines interim solutions to tackle the problem. These solutions revolve around new taxes that are relatively easy to implement and can serve as a good proxy for the comprehensive solution until this is implemented. This is in line with the Conclusions of the 5 December 2017 ECOFIN Council, which invite the Commission to assess such measures.

This impact assessment concludes that the best comprehensive policy option centres on new permanent establishment rules capturing 'digital presence' and new rules for profit allocation to the permanent establishment taking into account the contribution of users to the value creation process. These would be implemented within the EU through a Directive with a broad scope. All companies surpassing certain digital activity thresholds in a jurisdiction would trigger a (digital) permanent establishment in that jurisdiction. To make the current proposal for a Common Consolidated Corporate Tax Base (CCCTB) consistent with these new rules, the CCCTB proposal would have to be adapted to reflect the new digital permanent establishment rules. Its apportionment formula would also be adapted by introducing a factor that reflects the importance of user contributions to value creation, in line with the new principles for profit allocation. The new rules laid down in the Directive (and included in the CCCTB) would apply to companies that are tax resident in EU Member States. To deal with companies that have no tax presence anywhere in the EU, the Directive would be complemented by a Recommendation to Member States to update their double tax conventions in line with the new rules.

For the time period until implementation of the comprehensive solution, the preferred interim solution is a tax on gross revenue levied on digital activities relying strongly on user contributions. This is notably the case for revenue from services related to online advertising and from multi-sided digital platforms, connecting different sides of the relevant market (these types of businesses are further explained in section 2.1.3). After implementation of the comprehensive solution, the interim tax on revenue should stop being applied.

2. PROBLEM DEFINITION

The digitalisation of the global economy is happening fast and corporate taxation rules are outdated. Today's rules have been built on the principle that profits should be taxed where the value is created. However, they were largely conceived in the early 20th century. A vast majority of the respondents to the open public consultation (65%) as well as 13 out of 21 national tax administrations surveyed agreed with this view that the current rules are not at all or only to a little extent adapted to the digital economy (see Annex 2 for more details).

1. Annex 2 presents a detailed summary of the results. The OECD has also carried out a public consultation exercise recently between September and October 2017. A summary of the main results can be found in Annex 2 to this report.

Figure (1): Problem tree

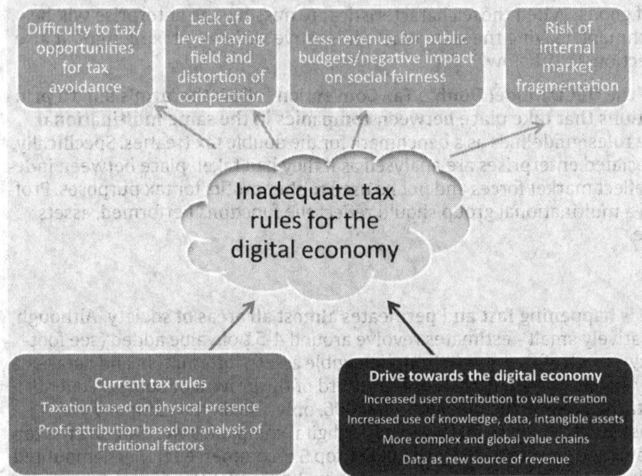

1.1. What are the problem drivers?

1.1.1. Current corporate tax rules

In the vast majority of cases, the allocation of taxing rights between two countries is laid down in bilateral double tax treaties. The network of double tax treaties within the EU is almost complete.[1] The network of double tax conventions with the most relevant third countries is also quite dense.[2] These treaties lay down the rules of 'where to tax', i.e. what triggers a right to tax in a country, and 'how much to tax', i.e. how much of corporate income is allocated to a country. Tax residence in a country creates a right, in principle, for the residence country to tax worldwide income. Today's permanent establishment rules determine the threshold and type of activity that needs to be carried out in a country in order for a non- resident business to be taxable in that country. Non-tax residents become liable to tax if they have a presence that amounts to a permanent establishment.[3] In cases where there is no double tax treaty, domestic rules on tax residence and permanent establishment apply, without a mechanism to ensure that double taxation or double non-taxation does not happen.

The international corporate tax rules aim to tax profits where the value is created, but the implementation of this principle in the current international tax framework was mainly designed for the traditional economy. Because the current rules on permanent establishment are largely based on having a physical presence and treat the permanent establishment as if it was effectively a separate enterprise, these rules were clearly developed for the traditional economy. However, only profits attributed to the permanent establishment can be taxed. Today the profit of multinational groups that can be attributed to the subsidiaries and permanent establishments in various countries is determined by transfer pricing rules, based on an analysis of the functions performed, the assets used and the risks assumed by the different entities within the group. These transfer pricing rules, too, were developed mainly for the traditional economy.[4]

Most double tax treaties of EU Member States have been negotiated on the basis of the OECD Model Double Tax Convention, according to which having a permanent establishment requires a fixed place of business. Such a place will normally encompass physical premises, facilities and installations used for business purposes. This could also include a server, but it needs to be used to carry out **core** business activities, and not only preparatory or auxiliary ones. Furthermore, to be 'fixed', the establishment requires a certain degree of permanence (often 6 months). Marketing alone, without corresponding sales taking place in the same location, will usually not be con-

1. Only 4 bilateral situations are missing: Cyprus with Croatia and Luxemburg, and Denmark with France and Spain.
2. All Member States have double tax treaties with China, India and Canada. Only one Member State (Croatia) does not have a treaty with the US. There are 6 Member States that have no treaty with Japan.
3. To avoid that a company has to pay tax on the same income both in the country of the permanent establishment and in the country of tax residence, double tax conventions lay down rules to relieve double taxation in the form of an exemption of foreign income or a tax credit for taxes paid abroad.
4. Section 2.2 of the OECD Action 1 report (OECD, 2015a) contains a comprehensive and more detailed explanation of today's corporate tax rules and their origins.

sidered to be a core activity. The same is true for other activities common for the digital economy, such as data collection and analysis. Moreover, some specific installations have traditionally been explicitly exempt, such as a warehouse for the storage and delivery of goods. When those characteristics are missing, the enterprise will be deemed not to have a permanent establishment, leaving the state where it is active without a taxing right. It also results in tax loopholes as explained in section 2.2.1 below.

The transfer pricing guidelines based on the OECD Model Double Tax Convention follow the 'arm's length principle' to determine the price for transactions that take place between companies in the same multinational group. Member States generally use these rules/guidelines as a benchmark for the double tax treaties. Specifically, transactions that take place between associated enterprises are analysed as if they had taken place between independent enterprises to ensure that they reflect market forces and not be used to shift profits for tax purposes. Profits accruing to an associated enterprise in a multinational group should reflect the functions performed, assets used and risks assumed by that enterprise.

1.1.2. Drive towards the digital economy

The digitalisation of the global economy is happening fast and permeates almost all areas of society. Although the size of the 'digital economy' is still relatively small - estimates revolve around 4-5% of value added (see footnote 42) - businesses of all kinds now derive much of their value from intangible assets, information and data. As a result, the digital economy displays a very strong growth path. Close to a third of the growth of Europe's overall industrial output is already due to the uptake of digital technologies.[1] In 2006, only one digital company was among the top 20 firms by market capitalisation whereas in 2017, already 9 digital companies were among the top 20.[2] Between 2008 and 2016, the annual average growth of revenues of the top 5 e-commerce retailers amounted to a staggering 32%, compared to only 1% in the whole EU retail sector. Between 2006 and 2016, digital advertising revenue in Europe has multiplied by more than 5.[3]

There is no well-defined digital sector as such. Notably, the Information and Communication Technology (ICT) sector is no synonym for the digital economy. Rather, one might consider the ICT sector as the backbone of the digital economy (and important driver for the digitalisation of more traditional industries). The ICT sector comprises both manufacturing activities and services, though services represent more than 90% of the total production. Computer and related activities is by far the largest sub-sector, followed by Telecommunications (Figure 1 in Annex 5) provides a breakdown by Member State). ICT services are also growing at much faster rates than the ICT manufacturing sector (European Commission, 2017b).

Digital companies should not be considered pre-dominantly as ICT companies. Many companies commonly considered as digital companies do not belong to the ICT sector. The 2017 World Investment Report (UNCTAD, 2017a and 2017b) has developed a methodology to classify international companies into (1) digital companies, (2) IT and telecoms companies (both enablers of the global digital economy) and (3) 'other multinational companies'. IT and telecoms companies are broadly equivalent to the ICT sector. They are either IT hardware manufacturers or software developers/providers of IT services, or they are providers of telecommunication infrastructure and connectivity. Digital companies are characterised by the nature of their operations, which are strongly linked to the internet. The report further distinguishes between providers of internet platforms, e-commerce, digital solutions and digital content.

Focussing on the top companies in each category clearly shows the much more dynamic revenue growth in the digital sector. Based on a unique assignment of companies into one of the categories, UNCTAD (2017b) has produced new lists of top 100 multinationals in the categories 'IT and telecoms' and 'digital'.[4] Table (1) reports summary statistics for the largest companies in each category. Average revenue growth was around 14% for the top

1. This is accompanied by a larger background process of creating value by adding services to products or by replacing a product with a service, which is known in in economic literature as 'servitisation' of products. For details, see Vandermerwe, S. and Rada, J. (1988). Moreover, according to World Bank data, over the past two decades, the value added of the services sector in general (in terms of relative weight in GDP) has increased from about 58% in 1995 to 69% in 2015 (https://data.worldbank.org/indicator/NV.SRV.TETC.ZS).

2. In this comparison, a company is considered 'digital' if it belongs to the sectors: technology, consumer services (e-commerce) or telecommunications. In this sense, in 2006 the only digital company was Microsoft and in 2017, the 9 digital companies were: Apple Inc, Alphabet Inc-Cl A, Microsoft Corp, Amazon.com Inc, Facebook Inc-A, Tencent Holdings Ltd, Alibaba Group Holding-Sp Adr, AT&T Inc and China Mobile Ltd.

3. IAB Europe and IHS Markit (2017); IAB and IHS establish figures on online advertising spending in Europe based on data received from 27 European countries, of which 21 are members of the European Union (EU countries missing are Cyprus, Estonia, Latvia, Lithuania, Luxembourg, Malta and Portugal and non-EU countries included are Belarus, Norway, Russia, Serbia, Switzerland and Turkey)

4. As the focus in UNCTAD (2017b) is on international investment, only companies which exceed a certain threshold of international activity are considered. Furthermore, the companies need to report certain information in their publicly available financial accounts.

digital firms, compared to around 3% for IT and telecom enterprises and 0.2% for other multinational enterprises, although total revenue by the largest digital companies is still considerably lower than that of the other sectors. The table also reports the 'international footprint' and the relevance of intangible assets, discussed in the next subsection.

Table (1): Revenue growth, international footprint and relevance of intangible assets of largest multinational companies

Type of MNE	Total revenue	Annual revenue growth	International footprint	Relevance of intangible assets
Digital	872	14.2%	2.1	3.1
IT & Telecoms	2825	3.1%	2.2	1.2
Other	5682	0.2%	1.1	1.4

Source: Own computations based on UNCTAD (2017a and 2017b) and Bureau van Dijk Orbis database.
Notes: Total revenue for the latest available year for the top companies in each category in $ billion. 'Digital' and 'IT&Telecoms' each consist of 100 companies. The category 'Other' only includes 83 companies, since some of the companies on UNCTAD's usual list of top 100 global companies belong to the first two categories. Annual average growth is measured over the latest 7 available years. International footprint is the ratio of the share of foreign sales in total sales to the share of foreign assets in total assets. The relevance of intangible assets is computed as the market capitalisation over equity book value minus 1.

1.1.3. Specificities of digital business models in relation to taxation

The main characteristics of digital business models - as compared to more traditional ones - are their ability to conduct activities remotely, the contribution of internet users in their value creation, the importance of intangible assets and a tendency to winner-takes-most dynamics.

a. Limited physical presence

Businesses in the digital economy can easily conduct activity remotely and are therefore very active in cross-border trade. Little physical presence is required to sell into a market. From one click on the computer, consumers can order goods and services from all over the world, translating into new market reach. For digital services more specifically, this is even more acute as the delivery of the service itself requires no or little physical presence. Such activities used to be mostly conducted locally in the destination location, and are now more and more conducted remotely in the country of origin (at source), although increasingly relying on consumer information from the destination country. One observes a disintermediation process – also referred as a '*scale without mass*' business structure.

As a result, businesses of the digital economy have a fundamentally different international footprint, with far fewer assets in the location of their foreign sales. One way to measure this phenomenon is by measuring the share of foreign assets in total assets against the share of foreign sales in total sales.

International footprint = (foreign sales/total sales)/(foreign assets/total assets)

Doing so for the three categories of largest global companies (see Table (1) above) shows that, compared to the traditional non-IT companies, digital companies, have a much larger share of sales earned outside their home country relative to the assets they hold abroad. UNCTAD (2017a) provides a more detailed breakdown which helps arriving at a clearer picture. As displayed in Figure 2 of Annex 5, the international footprint is particularly striking, with values exceeding 2.0, for internet platforms (search, social networks or other platforms), electronic payment companies and companies classified as 'other e-commerce', which includes for example major travel platforms. In contrast, telecom companies, traditional businesses and online retailers, but also providers of digital media have a balanced ratio of around 1.

b. Disruption in value creation and indirect revenue generation

The relevance of user contributions is central, materialising through the mass of adopters, the provision of personal data and other forms of user contributions to the production process. Participating in a platform or a network creates a value. As opposed to the conventional 'value chain' business model where value is generated by the supplier of a product or a service, a large part of the value derived by users of an online platform is created by other users. This is particularly true for multi- sided platforms. The positive effects that one user of a good or service has on their value to other users are known as 'network effects'[1], meaning that the marginal benefit of adopting the service increases with the number of users.

The concept of 'prosumers' is emerging where end-users participate in the value creation.[2] The end-user is no longer solely a consumer but contributes, either actively or passively, to the value creation.[3] The consumer may receive services for free, but also provides data that are valuable for a company or contributes more actively to the service, for example by uploading content. This is a phenomenon that Colin (2013) associates to a form of work without monetised compensation (obvious examples are Google or Facebook to which access is free but all activities, searches, interactions that reveal interests and preferences are recorded and can used to create value). Petruzzi and Buriak (2017) also refer to 'unconscious contributor' or 'unconscious employees'. This creates challenges in determining where and by whom value is created.

Often digital businesses provide one type of products for free and monetise others, creating a disconnection between revenues generated and services provided. Revenue generation in the digital economy derives from both direct payments (subscription or transaction fees) and indirect payments through the generation of value in one activity (e.g. social media, search engines) that is later monetised as input for another activity (e.g. sales of advertising space or transmission of data). The generation of income via advertisements arguably replicates the selling of advertisement space on television or radio. What does make a difference, however, is the unique, almost personalised manner in which advertising placements track the user – by responding directly to their search-engine searches or direct clicks on advertisements (Commission Expert Group on Taxation of the Digital Economy, 2014). Taken together the disconnection between the consumers of advertisements and the advertising companies and the fact that user data are central to the personalisation of advertisements result in a particularly stark deviation from the principle of taxation where the value is created.

c. *Importance of intangible assets*

One key feature of intangible assets is that they are difficult to value reliably, while they are the essence of a competitive advantage in some businesses. When generated internally, generally accounting principles including international accounting standards prohibit the recognition of those assets, even though they are a core component of a business model. As a consequence, they do not appear on a company's balance sheet until such assets are either acquired or otherwise transferred to a third party for a consideration (e.g. through a business combination), in which case the financial statements of the acquiring company must generally recognise these assets for their fair value.

There is evidence that intangible assets are particularly important for companies with significant digital activities. Markets tend to attribute their own value to assets, whether recognised or not. Therefore, as a proxy, differences in the importance of intangible assets can be derived by comparing differences between a company's equity book value and its market valuation (UNCTAD, 2017a). The increasing importance of intangible assets is shown by a widening gap between book and market values of companies. Undisclosed intangibles of the largest digital multinationals are estimated to be on average roughly equal to 3 times the company's total equity book value – significantly more than the average recorded for IT & telecom companies and other multinational enterprises (see Table 1 above). At the same time, the excess in market capitalisation over equity book values are of course also an indication of the market expectations about future revenue generation.

d. *Winner takes most dynamics*

Digital markets are often dominated by a few 'superstar' firms. Today's big players of the digital economy are fairly young companies that have created new markets and quickly become global, dominant players. Common characteristics related to this phenomenon include the volatility in the market (the rapid gaining and losing of market share), the tendency towards monopoly and oligopoly and the relevance of user contributions to the success of the business model (OECD, 2015a). Although modern technologies, such as the internet, software and cloud services, make it possible to enter markets at minimal costs and as such threaten a dominant position (Evans and Schmalensee, 2016), digitalisation and globalisation contribute to a trend of 'winner takes most' markets that are dominated by a few 'superstar' firms (Veugelers, 2017). For digital markets this has to do with the relevance of large fixed investments, combined with low marginal costs (once developed digital goods can be reproduced at

1. See Commission Staff Working Document on Online Platforms, accompanying the document "Communication on Online Platforms and the Digital Single market" (COM(2016) 288).
2. The term was first coined by futurist Alvin Toffler in his work Future Shock (1970) and later developed in its sequel, The Third Wave (1980).
3. For example, network effects will be particularly relevant marketplaces multi-sided platforms) or social media that connect users. Reliance on big data is very strong for social media, internet search services and online advertising platforms while it is moderate for cloud services.

almost no cost), network and lock-in effects.[1] These are strong forces bringing about increasingly concentrated markets.[2]

Based on the above discussion, some digital business models stand out in particular. There is no unique or best way to categorise business models. Box (1) identifies four categories based on the nature of activities, how revenues are generated and what this implies for taxation in the locations where activities take place. Often, companies are hybrid and mix the business models identified below.

Box (1): Business models in the digital economy

1. The digital platform model granting access to a marketplace

This business model offers a marketplace for users of the platform, which acts as an intermediary. The model typically covers two services: (i) the platform offers access to users in exchange for a fee (transaction-based or subscription); and (ii) the users offer services or goods among themselves.

This model connects demand and supply: this can be spare capacity and demand in the case of collaborative platforms; it uses reputational currency mechanisms to underpin consumption; and in some cases it enables individuals to share 'access' to assets rather than exchanging them outright. Revenue models vary significantly among platforms. Most adopt a fixed or variable commission-based approach, with commissions ranging from 1-2% within peer-to-peer lending to up to 20% for ride-sharing services. The value is derived from marketing, brands, collection and exploitation of user data needed for the matching of users and developments in software to enable better this user matching.

2. The advertising model

The model typically covers two services: (i) a platform offers access to a service that can be a social network, a search engine, a content etc. to users for free, in exchange of personal data; and (ii) personal data obtained from such users is used to sell targeted advertisement placements or it is sold, either to advertising companies or to others businesses.

The model relies on advertising revenues by targeting marketing messages to consumers or selling user data to business developers. The extent to which platform users have to provide personal data in exchange of an access to a service varies significantly from one activity or company to another as well as the degree of users' awareness and level of involvement (passive versus active participation) in giving away personal data. More and personalised user data enables better targeting of marketing messages and increases the value of the advertisement medium. This value is difficult to measure for tax purposes. The specificity of such revenue model is that it disconnects users from the revenue sources.

3. The digital platform model granting access to content/solutions

The model covers typically one service: the platform offers users access to a platform and to content or solutions in exchange for a (subscription) fee.

This model covers a diverse set of digital activities, including online media, streaming and broadcasting of digital content, gaming activities, the provision of digital solutions such as e-payment services or cloud computing. The business either provides access to digital contents such as music, videos or e-books that were traditionally connected to a physical product (for example, a DvD or a book) and charges a (subscription) fee for (continued) access. In cases where the services is provided for free and financed through the sale of targeted advertisement placements or the sale of data, the activity is considered to fall under business model 2 above. Or it offers a solution, such as cloud computing services or provision of software. The service provided is fully digitalised. In the business- to-consumer segment, the provision of the service often does not require any physical presence in the location, i.e. the market can be served fully remotely. For digital solutions in the business-to-business sector, the service is often highly customised and therefore tends to require more physical presence at the location of the consumer.

4. The distant sales model/e-commerce

This model equates to online retail activities. Goods are sold via a website, and physically transferred afterwards. Revenues are generated from the sales of goods.

1. See for example Shapiro and Varian (1998). Moreover, the literature on barriers to market entry recognises the type of lock-in effects that networks can entail as a possible switching barrier, which is one form of a barrier to market entry. Similarly, low taxes, giving a cost advantage to the incumbent firm, are one form of a market barrier. A review of the literature on market barriers and a classification of different forms of barriers is provided in McAfee et al. (2003).

2. Capacity limits, product differentiation and potential for multi-homing (i.e. the possibility to be active on several similar platforms) however can limit the level of concentration (Haucap and Heimeshoff, 2014).

1.2. What are the consequences?

1.2.1. Difficulty to tax/opportunities for tax avoidance

a. Misalignment of value creation and taxes

For globally active companies that do not require physical presence to gather and process data there is a strong misalignment between value creation and taxation.[1] The use of intangibles and of data knowledge (including consumer data) and other user contributions to improve or develop products and services or to define marketing, sales and pricing policies has increased considerably, although it is not a new phenomenon. It does not raise tax issues as long as a company's activities are pre-dominantly domestic, in which case all value creation would also be 'domestically' captured for taxing purposes. However, it does raise an issue in a global context. The current permanent establishment and transfer pricing rules that address the questions 'where to tax' and 'how much to tax' do not take into account the user contribution in the allocation of taxable profits, which results in a mismatch with the value creation. The views of stakeholders have been tested on this topic: 67% of respondents to the open public consultation as well as 15 out of 21 national tax authorities agree with the statement that "states are not able to collect taxes on the value that some digital companies create on their territory".

b. Artificial avoidance of permanent establishment rules

Since the current permanent establishment rules are grounded in physical presence and traditional core activities, they can be easily circumvented for certain digital activities. Even sizeable digital activities in a location do not always result in a permanent establishment in that location (see Section 2.1.1). Moreover, it is often fairly easy for digital economy businesses to find arrangements that circumvent the existence of a permanent establishment. Avoidance of a permanent establishment happens in practice through (i) the use of commissionaire arrangements and (ii) the treatment of some critical functions as preparatory or auxiliary. Through commissionaire arrangements a person sells products in a country in its own name but on behalf of a foreign enterprise that owns these products. Other arrangements involve contracts that are substantially negotiated in one state but are finalised or authorised abroad, or where the person who concludes contracts is an 'independent agent' to whom exceptions are available. Moreover, businesses have been able to avoid creating a permanent establishment by categorising their business activity as qualifying for one of the 'specific activity exemptions' according to which a permanent establishment is deemed not to exist where a place of business is only used to carry out the activities listed in that paragraph. One example is the use of a storage facility solely for the delivery of goods to customers. Another possibility to trigger exemptions is by breaking up into smaller operations to claim that each part is merely engaged in preparatory or auxiliary activities. A more detailed discussion on the artificial avoidance of permanent establishment rules is provided in Annex 7.

c. Shifting profits through transfer of intangible assets

Even where there is a permanent establishment, tax can be avoided by shifting mobile intangible assets to low tax jurisdictions. Not only can intangible assets be shifted fairly easily from one jurisdiction to another, but they also are difficult to value. In the absence of rules that are robust against abuse, this opens significant opportunities for aggressive tax planning, which allow more digitalised companies to benefit from certain tax regimes and push down their tax burden. This is done via intra-group payments (royalties) for which an objective transfer price is difficult to determine. Profits allocation rules follow contractual arrangements of transactions between intragroup companies. Indeed, legal ownership of intangibles is a decisive factor for determining profits, resulting in entities with little business activity potentially benefitting from high profit allocation (Olbert and Spengel, 2017).

A detailed examination of tax rules confirms the profit shifting opportunities multinational enterprises with sizeable intangible assets have. Out of seven important tax planning structures identified by Ramboll Management Consulting and Corit Advisory (2015), three involve the use of intellectual property. The same study determines the prevalence across Member States of tax rules that are necessary or conducive for the set-up of aggressive tax planning schemes. It identifies 15 Member States whose tax frameworks have elements that directly promote or prompt an aggressive tax planning structure. All but two Member States show a lack of anti-abuse rules. ZEW (2016) estimates the impact of aggressive cross-border tax planning schemes on the effective average tax rates. It shows without ambiguity that placing intellectual property in a country with a generous intellectual property box allows lowering the effective average tax rate significantly - and more than any other tax planning structure.

Econometric studies evidence the importance of the location of intangibles, and notably intellectual property, in profit shifting strategies. Dischinger and Riedel (2011) find that for European multinational enterprises a one percentage point increase in corporate income tax rate reduces intangible assets in the balance sheet by about

1. That is, the phenomenon of disintermediation due to a process of dematerialisation in the business model of digitalised firms.

1.7%. Several contributions evidence more generally the significant effect of corporate taxation on the number of patent applications and relocations (Karkinsky and Riedel, 2012, Böhm et al., 2012, Griffith et al., 2014, Alstadtsaeter et al., 2018). More evidence on this is summarised in Annex 7.

The views of stakeholders have been tested on this topic as well: 73% of respondents to the open public consultation as well as 14 out of 21 national tax authorities agree with the statement that "the current international taxation rules allow digital companies to benefit from certain tax regimes and push down their tax contributions".

1.2.2. Lack of a level playing field and distortion of competition

Digital businesses models in the EU face a lower effective average tax burden than traditional business models. Based on stylised business models, ZEW et al. (2017) finds that a cross-border digital business model is subject to an effective average tax rate of only 9.5%. This compares to a rate of 23.2% of a cross-border traditional business. To a certain extent, the lower tax levels simply reflect that modern tax policy recognises the importance of R&D and digitalisation for future growth and prosperity, as is also reflected in the CCCTB proposal which includes an allowance for R&D expenses.[1] However, beneficial regimes targeting very mobile assets also indicate that countries compete fiercely on this very mobile segment. Through aggressive tax planning, for example by placing intellectual property in an intermediary company located in an EU country with an attractive intellectual property box regime, companies can achieve effective average tax rate levels of zero and below, i.e. their activity is effectively subsidised (ZEW, 2016). Table (2) reports effective average tax rates for different business models and type of companies.

Table (2): Effective average tax rates of different model companies

	Domestic company	Multinational group	Multinational group engaged in aggressive tax planning using most beneficial IP box regime
Traditional business model	20.9	23.2	16.2
Digital business model	8.5	9.5	-2.3

Source: Own computations based on ZEW (2016, 2017) and ZEW et al. (2017).
Notes: 1/ Aggressive tax planning by the multinational group is assumed to be done though exploitation of the most beneficial intellectual property regime available in the EU. 2/ For the multinational groups, cross-border investments within the EU and with certain third countries (notably: US, Canada, Japan, Norway and Switzerland) are considered. 3/ The 9.5% for the multinational group with a digital business model is an average of 8.9% for a business-to-business model and 10.1% for a business-to-consumer model.

A lower tax burden for digital businesses can result in competitive distortions that contribute to a lack of a level playing field between different types of companies. Some evidence exists, suggesting that tax planning can result in higher mark-ups and competitive advantages (see Annex 7). This is not only true between those companies that are more digitalised and those that are less, but also between digital companies that pay tax in a given Member State and those that serve the same market remotely or minimise payments through aggressive tax planning. A lack of a level playing field also occurs across the single market, as some Member States feature more prominently in tax planning schemes than others. In the worst case, a significantly lower tax burden enables larger digitalised companies to drive out market competitors or hinder potential entrants. This is economically inefficient and hurts innovation, growth and welfare.

Both the national tax authorities as well as the wider public that responded to the public consultation have confirmed that the competition between traditional and digital businesses is not an equal one. 13 out of 21 national tax authorities and 65% of the respondents to the public consultation agree that "the current international taxation rules do not allow for fair competition between traditional and digital companies".

1.2.3. Less revenue for public budgets/negative impact on social fairness

Lower (or even no) taxes paid on profits from digital activities puts at risk the sustainability of public finances. It results in unfair burden sharing across taxpayers, constraints the financing of our social models and ultimately weakens our social contract. Although it is difficult to isolate the share of digital activities, the tax revenue shortfalls from aggressive tax planning activities cost billions of euros every year. It has been estimated in a study for the European Parliament that within the EU the corporate tax revenue losses amount to about EUR 50-70 billion

1. Three factors explain the difference in effective average tax rates. Expenses for the creation of software and other intangible goods, which play a much bigger role for digital businesses, are often immediately deductible whereas physical assets used in the traditional business model are depreciated over time. Businesses active in digital activities typically spend relatively more on R&D activities, for which many countries apply tax incentives. Finally, an important number of countries offer lower tax rates for earnings derived from intellectual property ('intellectual property boxes').

(Dover et al., 2015).[1] This is equivalent to the lower bound to around 0.4% of GDP. Governments of countries, whose tax bases are eroded, either have to raise revenue from other taxes or have less revenues for growth-enhancing reforms and for redistribution purposes to fight inequalities. Recent new estimates by Tørsløv et al. (2017) show that the aggregated loss to tax havens for Germany, France, Italy and Spain would reach over EUR 40 billion per year (see Figure 4 in Annex 7).

The perception of the social fairness of the tax system suffers if companies do not contribute their 'fair share' to budgets. Digital businesses conducting sizeable activities in a jurisdiction will usually also benefit from the public infrastructure offered by that jurisdiction. For mostly 'web-based' companies, this will include the physical internet infrastructure, rule of law and judiciary in the country, but also the education and digital skills of potential users. Within the single market, all companies with cross-border activities benefit from the fundamental freedoms. Therefore, a non- contribution to public budgets is seen as inherently unfair by many and can undermine taxpayer morale. This perception is widely shared by both the national tax administrations as well as the respondents to the public consultations. 14 out of 21 tax administrations as well as 67% of respondent agree that "social fairness is impacted because some digital companies do not pay their fair share of taxes".

1.2.4. Risk of further single market fragmentation

An uncoordinated implementation of national measures adds distortions to the functioning of the single market, also contributing to business uncertainty on the future tax framework. The introduction of country-specific tax regimes leads to distortions of competition, high tax compliance costs and may result in double taxation of digitalised companies that supply cross-border services in the single market. This hurts the competitiveness of the EU as a whole and adds uncertainty. Moreover, a patchwork of national measures generates new incentives and opportunities for tax arbitrage. Some Member States already have in place targeted regimes, in the areas of both direct and indirect taxation, others are planning such taxes. Section 9.1., 9.3.1 and Table (1) in Annex 6 provide an overview of relevant national taxes/initiatives.

1. Their methodology assumes that national deviations from the average corporate tax to gross operating surplus of companies ratio are due to tax avoidance.

Council of the European Union - ECOFIN Report to the European Council on tax issues

7 June 2019 (OR. en)
nr. 9773/19
FISC 281 ECOFIN 52

A. INITIATIVES IN THE AREA OF EU TAX LAW

Common (Consolidated) Corporate Tax Base

7. As part of relaunching the 2011 Common Consolidated Corporate Tax Base proposal, the Commission put forward proposals for Council Directives on a Common Corporate Tax Base, hereafter "CCTB"15, and on a Common Consolidated Corporate Tax Base, hereafter "CCCTB"16. The CCTB proposal lays down common rules for computing the tax base of multinational companies within the EU, whilst the CCCTB proposal complements the CCTB proposal with the consolidation element.

8. On 6 December 2016, the ECOFIN Council took the view17 that work on the CCTB proposal should focus as a priority on the "elements of a common tax base", in particular chapters I to V, whilst the CCCTB proposal would only be examined at technical level once discussions on the CCTB proposal will have been successfully concluded.

9. The Maltese Presidency subsequently focused technical discussions on the novel elements of the CCTB proposal, i.e. its tax incentives: the super-deduction for research and development expenses to support innovation (Article 9), the new allowance for growth and investment to address the debt financing bias (Article 11), and the temporary loss relief (Article 42). The issue of the right mix between harmonisation and flexibility in the context of increased international competition being constantly resurfacing, the ECOFIN Council held a policy debate on the matter on 23 May 2017. On this occasion, several Ministers supported the objective of an as broad as possible corporate tax base to preserve national tax revenues.

10. During the Estonian and Bulgarian Presidencies, the Working Party on Tax Questions (WPTQ) concluded the article-by-article examination of all chapters of the CCTB proposal, and a debate was initiated on the extent to which the CCTB proposal could provide an appropriate policy response to the direct taxation challenges posed by the digital economy. The Bulgarian Presidency also developed a first compromise text on CCTB chapter IV (depreciation rules) and reached agreement among delegations on the idea of evaluating the impact of certain articles of the CCTB proposal on national tax revenues using a common methodology and common hypotheses. It also initiated discussions on the level of harmonisation, scope and flexibility for Member States.

11. The Austrian Presidency discussed the results of the abovementioned national tax revenue assessments at HLWP level, which allowed to provide guidance to ongoing discussions at technical level in the WPTQ. On this basis, the Austrian Presidency put forward compromise texts on CCTB chapters I to V and proposed to:

a. extend the compulsory scope of the CCTB to cover all corporate income taxpayers and explore new specific (but principle-based) provisions in the CCTB for SMEs and specific sectors, complemented, where necessary by Council implementing acts;

b. discussed the proposed tax incentives in CCTB Articles 9 (3), 11 and 42 at a later stage, after the technical core of the common corporate tax base has been agreed upon, considering their major impact on national tax revenues;

c. also postpone discussions on CCTB Article 5 to a later stage considering that significant changes to this Article are included in the Commission's proposal on significant digital presence (SDP) and work is also ongoing on this in the OECD.

12. The Romanian Presidency continued work on this file in the same direction as the previous Presidency and elaborated compromise texts on chapters I to V. Since discussions on the technical core of these chapters could not deliver further progress, the Presidency extended work at technical level to chapters VI to IX.

13. The Romanian Presidency notably initiated a debate on how to tackle the overlap between ATAD and CCTB in respect of anti tax avoidance rules. Most delegations agreed in this respect that:

a. CCTB Articles 13 (interest limitation) and 53-54 (switch-over clause) are directly linked to the calculation of the common tax base, though there is no consensus on the level of harmonisation to aim for in respect interest limitation and some delegations remain opposed to the insertion of a switch-over clause;

b. the level of harmonisation provided for in ATAD in respect of other anti-tax avoidance rules may be considered as sufficient for the time being, though there is no consensus on whether the corresponding rules should be left in ATAD or imported into CCTB.

14. The views of Member States' delegations also continued to diverge on the cornerstone issue of whether or not to extend the CCTB scope to all corporate income taxpayers, which undermines further progress at technical level. A majority of delegations continue indeed to either oppose or have reservations to such extension, whilst a number of delegations - including the French and German delegations, who presented a joint position paper on the CCTB proposal in 2018 - hold the opposite view or remain undecided.

15. The Romanian Presidency facilitated discussions on the technical implications that such scope extension would have on the CCTB proposal as a whole. In particular, the Presidency suggested to explore exemptions from CCTB rules for certain specific sectors such as shipping, mining or forestry, and/or specific rules for SMEs. However, this endeavour did not help to bridge the gap between the two groups of delegations.

16. The Romanian Presidency also followed up on the national tax revenue assessments performed in 2018 with the presentation of a Commission study on the impact of the CCTB proposal on the effective tax burden of corporations, using the results of the "Tax Analyser" model.

17. The outcome of these discussions is reflected in the last Presidency compromise text.[1]

1. Doc. 9676//19.

Voorstel voor een
RICHTLIJN VAN DE RAAD
betreffende een **gemeenschappelijke heffingsgrondslag voor de vennootschapsbelasting** ('CCTB')

COM(2016) 685 final
2016/0337 (CNS)

25 oktober 2016

A. Toelichting
B. Preambule
C. Tekst

A. TOELICHTING

1. Achtergrond van het voorstel

Motivering en doel van het voorstel

Op 16 maart 2011 heeft de Commissie een richtlijn betreffende een gemeenschappelijke geconsolideerde heffingsgrondslag voor de vennootschapsbelasting (Common Consolidated Corporate Tax Base, CCCTB) voorgesteld. Het voorstel, dat nog steeds in behandeling is bij de Raad, is één van de REFIT-initiatieven van de Commissie en heeft tot doel in één enkele reeks vennootschapsbelastingregels te voorzien op grond waarvan vennootschappen o

p de gehele interne markt activiteiten kunnen ontplooien. Het CCCTB-voorstel van 2011 zou het vennootschappen derhalve mogelijk maken de Unie voor de doeleinden van de vennootschapsbelasting als een eengemaakte markt te behandelen, waardoor hun grensoverschrijdende activiteiten worden vergemakkelijkt en de handel en investeringen worden bevorderd.

De laatste tijd is het de internationale gemeenschap duidelijk geworden dat de huidige regels voor de vennootschapsbelasting de voeling met de hedendaagse werkelijkheid hebben verloren. Over het algemeen wordt vennootschapsbelasting immers op nationaal niveau geheven, terwijl de economische context steeds mondialer, mobieler en digitaler is geworden. Bedrijfsmodellen en ondernemingsstructuren zijn complexer geworden, waardoor het makkelijker wordt om met winsten te schuiven[1]. Daarnaast hebben de verschillen tussen nationale vennootschapsbelastingstelsels ervoor gezorgd dat agressieve fiscale planning de afgelopen tien jaar hoogtij heeft kunnen vieren. Wanneer nationale voorschriften worden opgesteld zonder met de grensoverschrijdende dimensie van zakelijke activiteiten rekening te houden, is het immers niet verwonderlijk dat er mismatches ontstaan in de wisselwerking tussen uiteenlopende nationale vennootschapsbelastingstelsels. Dergelijke mismatches resulteren in een risico van dubbele belastingheffing en dubbele niet-belastingheffing, en verstoren aldus de werking van de interne markt. In deze omstandigheden is het voor lidstaten steeds moeilijker geworden om met behulp van eenzijdige maatregelen agressieve fiscale planningspraktijken[2] effectief te bestrijden en op die manier hun nationale heffingsgrondslagen tegen uitholling en het schuiven met winsten te beschermen.

Aangezien de huidige prioriteit van Europa erin bestaat om duurzame groei en investeringen binnen een eerlijke en beter geïntegreerde markt te bevorderen, is een nieuw kader vereist voor een rechtvaardige en efficiënte belastingheffing over vennootschapswinsten. In dit verband fungeert de CCCTB als een effectief instrument voor de toerekening van inkomsten aan de plaats waar de waarde wordt gecreëerd. Dat gebeurt door middel van een formule die gebaseerd is op drie factoren (nl. activa, arbeid en omzet) waaraan eenzelfde gewicht is toegekend. Aangezien deze factoren aanknopen bij de plaats waar een vennootschap haar winsten

1. In het werkdocument van de diensten van de Commissie (SWD(2015) 121 final) wordt een gedetailleerd overzicht gegeven van de historische ontwikkeling en de actuele thema's en uitdagingen op het gebied van belastingheffing op multinationale winsten.
2. "Agressieve fiscale planning houdt in dat wordt geprofiteerd van de technische details van een belastingsysteem of van incongruenties tussen twee of meer belastingsystemen met als doel de verschuldigdheid van belasting te verminderen" (aanbeveling van de Commissie van 6 december 2012 over agressieve fiscale planning, C(2012) 8806 final).

maakt, zijn ze beter tegen agressieve fiscale planningspraktijken bestand dan de wijdverbreide verrekenprijsmethoden die voor winsttoerekening worden gehanteerd.

Naast de anti-ontgaansfunctie van de CCCTB zou het opnieuw gelanceerde project ook zijn functie behouden als een vennootschapsbelastingstelsel dat grensoverschrijdende handel en investeringen op de interne markt vergemakkelijkt. Momenteel moeten bedrijven met grensoverschrijdende activiteiten aan niet minder dan 28 uiteenlopende vennootschapsbelastingstelsels voldoen. Dit is een lastig proces, zowel qua timing als in economisch opzicht, en het leidt de aandacht af van de hoofdactiviteit, namelijk zaken doen. De opnieuw gelanceerde CCCTB zou nog steeds de voordelen van het voorstel van 2011 bieden: voor groepen vennootschappen met een belastbare aanwezigheid in ten minste één lidstaat zou één enkele reeks regels gelden voor de berekening van hun heffingsgrondslag in de hele Europese Unie (EU), waardoor zij maar aan één enkele belastingdienst ("one-stop-shop") verantwoording zouden moeten afleggen. Grensoverschrijdende vermindering van verliezen zou nog steeds een automatische uitkomst van consolidatie zijn en binnen de groep zouden verrekenprijsregels geen toepassing vinden, omdat de verdeling van de groepsbrede inkomsten door middel van een evenredige toewijzing op grond van een formule zou plaatsvinden.

Het verschil in vergelijking met het voorstel van 2011 is dat het opnieuw gelanceerde initiatief verplichte regels zou vaststellen voor groepen boven een bepaalde omvang teneinde het stelsel beter te wapenen tegen agressieve fiscale planningspraktijken. Dit gezegd zijnde, zou het ook belangrijk zijn dat entiteiten die in de Unie onderworpen zijn aan vennootschapsbelasting maar die niet voldoen aan de criteria om onder het gemeenschappelijk kader te vallen, de mogelijkheid krijgen om voor de toepassing van deze regels te kiezen.

Op weg naar een CCCTB

De besprekingen die sinds 2011 in de Raad zijn gevoerd, hebben aangetoond dat het CCCTB-voorstel, doordat het een zeer ambitieus project is, zonder een gefaseerde aanpak waarschijnlijk niet in zijn geheel zou goedgekeurd geraken. Verschillende elementen (met name belastingconsolidatie) hebben immers aanleiding gegeven tot een moeilijk debat en zouden hierdoor vooruitgang met betrekking tot andere fundamentele kenmerken van het stelsel kunnen tegenhouden. In een poging om deze hinderpalen voor het boeken van vooruitgang te omzeilen, heeft de Commissie in haar actieplan van juni 2015 voor een stapsgewijze benadering van de CCCTB gepleit. In dit actieplan wordt voorgesteld de werkzaamheden op het gebied van de consolidatie uit te stellen en eerst overeenstemming te bereiken over een bindende reeks regels voor de gemeenschappelijke grondslag, dat wil zeggen de gemeenschappelijke heffingsgrondslag voor de vennootschapsbelasting. Dat neemt evenwel niet weg dat de Commissie beide voorstellen, dat wil zeggen het voorstel voor een gemeenschappelijke heffingsgrondslag voor de vennootschapsbelasting én het CCCTB-voorstel, gelijktijdig en als onderdeel van één enkel initiatief zal indienen. Het CCCTB-voorstel van 2011, dat momenteel in behandeling is bij de Raad, zal worden ingetrokken op het moment waarop de Commissie de nieuwe voorstellen aanneemt. Het is in dit verband van fundamenteel belang dat belastingconsolidatie een essentieel onderdeel van het CCCTB-initiatief blijft, aangezien de grote fiscale obstakels waarmee ondernemingen in de Unie worden geconfronteerd, het meest doeltreffend binnen een geconsolideerde groep kunnen worden aangepakt.

Dit voorstel voor een richtlijn richt zich op de zogenaamde "eerste stap" van de gefaseerde aanpak. Het beperkt zich dan ook tot de elementen die deel uitmaken van de gemeenschappelijke grondslag, dat wil zeggen de regels om de heffingsgrondslag van de vennootschapsbelasting te berekenen, met inbegrip van een aantal bepalingen om belastingontwijking tegen te gaan en met betrekking tot de internationale dimensie van het voorgestelde belastingstelsel. In vergelijking met het voorstel uit 2011 zijn er twee elementen toegevoegd: regels tegen de voorkeursbehandeling van vreemd ten opzichte van eigen vermogen, en er wordt een extra grote aftrek toegekend voor onderzoek en ontwikkeling (O&O). Het is de bedoeling dat consolidatie in een apart richtlijnvoorstel (de tweede stap) aan bod komt, zodat deze kwestie kan worden onderzocht in een tweede fase, dat wil zeggen nadat er politieke overeenstemming is bereikt over de elementen van de gemeenschappelijke grondslag. Tot die tijd blijft het voorstel voor een CCCTB ter behandeling bij de Raad. Als compensatie voor het feit dat belastingplichtigen tijdelijk de voordelen van belastingconsolidatie ontzegd worden, is voorzien in een mechanisme voor grensoverschrijdend verminderen en inhalen van verliezen. Dit zou in werking blijven tot de consolideerde heffingsgrondslag (CCCTB) wordt ingevoerd, waarbij grensoverschrijdende vermindering van verliezen het automatische gevolg is van de toepassing van de regels.

Samenhang met de huidige bepalingen op dit beleidsgebied

De herlancering van het CCCTB-voorstel vormt de kern van de op 17 juni 2015 aangenomen mededeling van de Commissie (COM(2015) 302[1]) over een actieplan voor een eerlijk en doeltreffend vennootschapsbelastingstelsel in de EU. In het actieplan zijn vijf belangrijke actiegebieden vastgesteld. Het plan maakt een balans op van het bestaande vennootschapsbelastingbeleid in de Unie en is erop gericht een vennootschapsbelastingstelsel in de EU in te voeren waarbij bedrijfswinsten worden belast in het rechtsgebied waar daadwerkelijk waarde wordt gecreëerd. De CCCTB wordt gepresenteerd als een overkoepelend initiatief dat een uiterst doeltreffend instrument zou kunnen zijn voor de verwezenlijking van de doelstelling van een eerlijkere en doeltreffendere belastingheffing.

Bovendien zou het opnieuw gelanceerde CCCTB-voorstel regels bevatten die betrekking hebben op een aantal van de belangrijkste acties van het OESO-initiatief inzake grondslaguitholling en winstverschuiving (Base Erosion and Profit Shifting, BEPS). Deze elementen zijn thans in de vorm van minimumnormen opgenomen in de onlangs aangenomen Richtlijn 2016/1164/EU van de Raad[2] (ook wel aangeduid als anti-ontgaansrichtlijn (ATAD)). Het ligt dan ook in de lijn van de verwachtingen dat de CCCTB de anti-ontgaansonderdelen van de ATAD zal bevatten, maar binnen de nieuwe wettelijk context. De normen zouden immers deel moeten uitmaken van een gemeenschappelijk EU-breed vennootschapsbelastingstelsel en in plaats van minimumnormen absolute regels moeten vastleggen.

Het onderhavige initiatief van herlancering van de CCCTB neemt een belangrijke plaats in tussen de geplande projecten van de Commissie op het gebied van een eerlijkere belastingheffing. Het is de bedoeling het CCCTB-voorstel aan het publiek te presenteren op dezelfde dag als een voorstel voor een richtlijn betreffende hybride mismatches met derde landen (dat de ATAD zal wijzigen) en een voorstel voor een richtlijn inzake geschillenbeslechting. Bovendien bouwt het voorstel voort op onlangs goedgekeurde belastingprojecten. Naast de ATAD zijn dat de herzieningen van de moeder-dochterrichtlijn (MDR) (2014 en 2015) en het voorstel voor een herschikking van de rente- en royaltyrichtlijn (RRR) (2011). Het MDR-initiatief en sommige van de wijzigingen die in verband met de RRR zijn besproken, weerspiegelen de huidige politieke prioriteiten die erop gericht zijn de EU-belastingwetgeving beter bestand te maken tegen agressieve fiscale planningspraktijken.

Samenhang met andere beleidsgebieden van de Unie

De CCCTB valt binnen de werkingssfeer van initiatieven van de Commissie voor eerlijkere belastingheffing en zou bijdragen tot het wegnemen van obstakels die verstoringen creëren die de goede werking van de interne markt belemmeren. In die optiek is het CCCTB-voorstel grotendeels complementair met de EU-vennootschapswetgeving en past het algemeen genomen in het kader van projecten zoals de kapitaalmarktenunie en de talrijke initiatieven op het gebied van fiscale transparantie, uitwisseling van inlichtingen en bestrijding van witwaspraktijken.

2. Rechtsgrondslag, subsidiariteit en evenredigheid

Rechtsgrondslag

Dit voorstel valt binnen het toepassingsgebied van artikel 115 van het Verdrag betreffende de werking van de Europese Unie (VWEU). Daarin is bepaald dat de maatregelen voor de onderlinge aanpassing op grond van dit artikel rechtstreeks van invloed moeten zijn op de instelling of de werking van de interne markt.

De herlancering van het CCCTB-initiatief heeft tot doel om zaken doen binnen de EU te vergemakkelijken door belastingplichtigen te onderwerpen aan één enkel rulebook van vennootschapsbelastingwetgeving dat op de gehele interne markt van toepassing is, en tevens om het systeem steviger en beter bestand te maken tegen agressieve fiscale planning. Beide doelstellingen hebben een onmiskenbare en rechtstreekse invloed op de interne markt, juist omdat ze streven naar het terugdringen van verstoringen van de werking ervan.

Subsidiariteit (voor niet-exclusieve bevoegdheden)

Dit initiatief is in overeenstemming met het subsidiariteitsbeginsel.

1. Mededeling van de Commissie aan het Europees Parlement en de Raad - Een eerlijk en doeltreffend vennootschapsbelastingstelsel in de Europese Unie: vijf belangrijke actiegebieden (COM(2015) 302 final van 17 juni 2015).
2. Richtlijn 2016/1164/EU van de Raad van 12 juli 2016 tot vaststelling van regels ter bestrijding van belastingontwijkingspraktijken welke rechtstreeks van invloed zijn op de werking van de interne markt (PB L 193 van 19.7.2016, blz. 1-14).

Hoewel de problemen en de redenen om op te treden, zoals in de vorige onderdelen is uitgelegd, een uiteenlopende oorsprong hebben, lijkt het erop dat hun schadelijke gevolgen alleen door middel van een gemeenschappelijke oplossing effectief kunnen worden aangepakt: de onderlinge aanpassing van vennootschapsbelastingstelsels in de Unie zou de verstoringen van de markt verminderen doordat een eerlijker en coherenter belastingklimaat tot stand wordt gebracht waarin bedrijven kunnen opereren. Het is duidelijk dat dit doel niet met ongecoördineerde maatregelen van de lidstaten kan worden verwezenlijkt, maar in plaats daarvan met een optreden op Unieniveau moet worden gerealiseerd. Initiatieven die door elke lidstaat afzonderlijk gepland en ontplooid worden, zouden de huidige situatie alleen bestendigen, of zelfs verergeren, omdat belastingplichtigen nog steeds met achtentwintig uiteenlopende en soms tegenstrijdige belastingstelsels te maken zouden hebben.

Met de geplande herlancering van de CCCTB wordt beoogd in te spelen op de behoefte aan meer groei en werkgelegenheid op de interne markt, en tevens de strijd aan te gaan met agressieve fiscale planningspraktijken. Al deze doelstellingen zijn in wezen gericht op het aanpakken van problemen die het vermogen van een afzonderlijke lidstaat te boven gaan en wegens de aard ervan een gemeenschappelijke aanpak vereisen. In dit licht zouden alle maatregelen alleen resultaten kunnen opleveren als de regels op een uniforme wijze op de gehele interne markt worden toegepast. Is dat niet het geval, dan blijft het gebied van de vennootschapsbelasting gefragmenteerd, waardoor fiscale belemmeringen en oneerlijke fiscale concurrentiepraktijken hoogtij kunnen blijven vieren.

Bovendien worden praktijken om belasting te ontwijken, tegenwoordig vooral in een grensoverschrijdende context opgezet. Het is immers de wisselwerking tussen verschillende belastingstelsels die kansen biedt voor het misbruiken van mismatches in de wisselwerking tussen de nationale vennootschapsbelastingregels of die het profiteren daarvan vergemakkelijkt. Het feit dat de EU een sterk geïntegreerde interne markt is, houdt bovendien in dat er van uitgebreide grensoverschrijdende activiteiten sprake is, waardoor het des te belangrijker is dat overeenstemming over gecoördineerde oplossingen wordt bereikt.

Gezien de omvang en de gevolgen van de voorgenomen CCCTB-herlancering zouden de doelstellingen van het voorstel, namelijk het terugdringen van de verstoringen die uit de huidige wisselwerking tussen 28 nationale belastingstelsels voortvloeien, en het scheppen van gunstiger voorwaarden voor grensoverschrijdende investeringen op de interne markt, beter op EU-niveau kunnen worden bereikt.

De meeste hoofdkenmerken van het CCCTB-stelsel kunnen alleen door middel van een gemeenschappelijk optreden worden geregeld. Zo zouden mismatches in de juridische kwalificatie van entiteiten of betalingen die tot dubbele belastingheffing of tot dubbele niet-belastingheffing leiden, worden uitgebannen in de betrekkingen tussen vennootschappen die de gemeenschappelijke vennootschapsbelastingregels toepassen. Afzonderlijke maatregelen door individuele lidstaten zouden deze problemen in het gunstigste geval alleen bilateraal oplossen. Grensoverschrijdende verliescompensatie zou per definitie het meest doeltreffend kunnen werken als alle betrokken lidstaten dit zouden willen bieden, ook al mag de bilaterale benadering als tweede beste optie niet worden uitgesloten. Bovendien zijn belastingvrije interne reorganisaties van groepen, de afschaffing van complexe onderlinge verrekenprijzen van groepen en de evenredige toewijzing van inkomsten op groepsniveau op grond van een formule grensoverschrijdende kwesties en kunnen zij alleen in het kader van gemeenschappelijke voorschriften worden geregeld.

Evenredigheid

De voorgenomen maatregelen zijn zowel geschikt als noodzakelijk voor het bereiken van het beoogde resultaat. Ze gaan niet verder dan de harmonisering van de heffingsgrondslag voor de vennootschapsbelasting, wat een voorwaarde is voor het terugdringen van vastgestelde belemmeringen die de interne markt verstoren. Bovendien houdt de opnieuw gelanceerde CCCTB geen beperking in van de soevereiniteit van de lidstaten bij het bepalen van de gewenste hoeveelheid belastinginkomsten om aan de doelstellingen van hun begrotingsbeleid te voldoen. In dit verband laat het plan het recht van de lidstaten onverlet om hun eigen vennootschapsbelastingtarieven te bepalen.

Hoewel de Commissie voortdurend op de noodzaak van een coördinatie van nationale fiscale praktijken heeft gewezen, is het duidelijk dat coördinatie alleen niet volstaat voor het uitbannen van belastinggerelateerde verstoringen van de interne markt. De ervaring heeft geleerd dat coördinatie een langzaam proces is, en de resultaten van de pogingen die daartoe in het verleden zijn ondernomen, zijn tot dusver bescheiden geweest. Bovendien heeft fiscale coördinatie doorgaans alleen betrekking op specifieke, gerichte vraagstukken en kan deze niet inspelen op de grote verscheidenheid aan problemen waarmee vennootschappen op de interne markt worden geconfronteerd en waarvoor een holistische oplossing is vereist.

Het is de bedoeling dat het verplichte toepassingsgebied van de opnieuw gelanceerde CCCTB op zodanige manier wordt afgebakend dat de CCCTB alleen op de noodzakelijke categorieën belastingplichtigen is gericht, namelijk groepen van vennootschappen die een bepaalde omvang overschrijden. Dat is omdat groepen met hoge inkomsten meestal over voldoende middelen beschikken om agressieve fiscale planningsstrategieën te kunnen implementeren.

De voorgenomen regels zouden bijgevolg niet verder gaan dan wat nodig is om de doelstellingen van het Verdrag voor een beter functioneren van de interne mark te bereiken.

Keuze van het instrument

Zoals gezegd, kunnen de verstoringen op de interne markt alleen worden aangepakt door middel van bindende rechtsregels en een gemeenschappelijk wetgevingskader. Zachte wetgeving zou een gewaagde keuze zijn, omdat lidstaten zouden kunnen besluiten deze helemaal niet toe te passen, of omdat dit zou kunnen leiden tot een gefragmenteerde aanpak. Een dergelijke uitkomst zou hoogst ongewenst zijn en zou niet alleen rechtsonzekerheid voor belastingplichtigen met zich meebrengen, maar ook het streven naar een gecoördineerd en coherent vennootschapsbelastingstelsel op de interne markt in het gedrang brengen. Daar de structuur van de gemeenschappelijke heffingsgrondslag naar verwachting bovendien de nationale begrotingen zal beïnvloeden, met name door de toewijzing op basis van een formule, is het van essentieel belang dat de voorschriften die de samenstelling ervan definiëren, consistent en doeltreffend worden toegepast. De kans dat deze doelstelling wordt gerealiseerd, is veel groter als voor bindende wetgeving wordt gekozen.

Overeenkomstig artikel 115 VWEU "stelt de Raad (...) met eenparigheid van stemmen (...) richtlijnen vast voor de onderlinge aanpassing van de wettelijke en bestuursrechtelijke bepalingen der lidstaten welke rechtstreeks van invloed zijn op de instelling of de werking van de interne markt". Het Verdrag schrijft derhalve voor dat wetgeving op het gebied van directe belastingen uitsluitend de vorm van richtlijnen mag aannemen. Volgens artikel 288 VWEU is een richtlijn verbindend ten aanzien van het te bereiken resultaat voor elke lidstaat waarvoor zij bestemd is, doch aan de nationale instanties wordt de bevoegdheid gelaten vorm en middelen te kiezen om dit resultaat te bereiken. In die optiek moet de richtlijn van algemene aard blijven omdat beslissingen over technische aspecten en de kleinste details aan de lidstaten moeten worden overgelaten.

3. Resultaten van de raadplegingen van belanghebbenden en effectbeoordeling

Raadplegingen van belanghebbenden

De Commissie heeft een openbare raadpleging georganiseerd om alle belanghebbenden bij het proces te betrekken en belanghebbende partijen de mogelijkheid te bieden om hun bijdrage aan de herlancering van de CCTB te leveren. Aan deze raadplegingsprocedure hebben 175 belanghebbenden deelgenomen. Geregistreerde verenigingen leverden het grootste deel van de antwoorden (37 %), gevolgd door individuele vennootschappen (32 %), waarvan de meeste midden- en kleinbedrijven waren. Dit onderstreept de belangstelling van kleinere bedrijven voor het voorstel.

Afhankelijk van het soort respondent waren er verschillende opvattingen over de vraag of de CCCTB het geschikte instrument is voor het aanpakken van winstverschuiving en het verminderen van de administratieve lasten. Hoewel het voorstel in het algemeen positief beoordeeld wordt, leggen ngo's en overheidsinstanties sterker de nadruk op het effect van de CCCTB op fiscale planningsactiviteiten. Bedrijven benadrukken veeleer het belang van het verminderen van de nalevingskosten en het scheppen van een ondernemingsvriendelijk klimaat voor investeringen. Ze wijzen echter ook op het risico op hogere administratieve lasten als het stelsel zou worden gedomineerd door regels om belastingontwijking tegen te gaan.

De tijdens de openbare raadpleging ontvangen bijdragen zijn in de effectbeoordeling verwerkt: daar wordt naar verwezen in verschillende onderdelen en ook in een speciale bijlage.

Bijeenbrengen en benutten van deskundigheid

De effectbeoordeling bevat de resultaten van drie studies.

1. De CORTAX-studie uitgevoerd door het gemeenschappelijk centrum voor onderzoek van de Europese Commissie. Het CORTAX-model is een algemeen evenwichtsmodel dat voor het inschatten van de effecten van hervormingen van de vennootschapsbelasting in 28 EU-landen is ontworpen en waarin van gedetailleerde gegevens uit verschillende gegevensbronnen gebruik wordt gemaakt.
2. Studie door het centrum voor Europees economisch onderzoek (ZEW) naar de gevolgen van belastinghervormingen die de ongelijke behandeling van schuld- en eigenvermogensinstrumenten moeten aanpakken, voor de kosten van kapitaal en voor de effectieve belastingtarieven. De studie heeft vooral betrekking op de mate waarin de belastingstelsels van de EU28-lidstaten thans bedrijfsschulden bevoordelen, en gaat na of de verschillende hervormingsopties in principe in staat zouden zijn de bevoordeling van schulden aan te pakken en investeringen te bevorderen.
3. Studie door het centrum voor Europees economisch onderzoek (ZEW) naar het effect van fiscale planning op de effectieve belastingtarieven. In deze studie worden de gemiddelde en marginale effectieve belastingtarieven bepaald waarin rekening is gehouden met de mogelijkheid dat multinationale ondernemingen geavanceerde fiscale planningsstrategieën, zoals onder meer het gebruik van preferentiële belastingregelingen, implementeren.

Effectbeoordeling

De belangrijkste onderzochte beleidsoptie is een voorstel voor een gemeenschappelijke geconsolideerde heffingsgrondslag voor de vennootschapsbelasting, maar de effecten van de eerste stap zonder consolidatie zijn ook beoordeeld. Een belangrijke keuze die daarbij moet worden gemaakt, betreft het toepassingsgebied van een dergelijke heffingsgrondslag, dat wil zeggen voor wie deze zou gelden. De belangrijkste onderzochte opties zijn het verplicht stellen van de CCCTB voor alle ondernemingen of alleen voor een subgroep van ondernemingen. Er is een breed scala aan opties onderzocht voor het aanpakken van de bevoordeling van schulden waartoe de huidige belastingstelsels aanleiding geven. De twee voornaamste mogelijkheden zijn: het toestaan van de aftrekbaarheid van financieringskosten van zowel vreemd als eigen vermogen of het verbieden daarvan. Wat de stimuleringsmaatregelen voor O&O betreft, wordt in het kader van de belangrijkste opties gedacht aan een belastingaftrek voor uitgaven voor O&O-investeringen met een variërende mate van generositeit.

Het afwegen van de verschillende opties heeft tot een voorkeursoptie geleid: een CCCTB die verplicht is voor grote ondernemingen met een "aftrek voor groei en investeringen" en een aftrek voor O&O-uitgaven. De aftrek voor groei en investeringen bestaat uit aftrekposten voor financieringskosten van vreemd en eigen vermogen binnen bepaalde grenzen met de bedoeling misbruik en fiscale planning te voorkomen. De aftrek voor O&O-uitgaven is zodanig opgezet dat de bestaande fiscale stimuleringsmaatregelen voor O&O ten minste gehandhaafd blijven. Uit de analyse blijkt dat de CCCTB duidelijke voordelen biedt ten opzichte van het alternatief waarbij geen actie wordt ondernomen.

Verwacht wordt dat een keuze voor de voorkeursoptie tot eerlijker belastingstelsels zal leiden en een gelijk speelveld tot stand zal brengen doordat stimulansen voor agressieve fiscale planning in de EU effectief worden weggenomen. Aldus zou er gemakkelijker voor kunnen worden gezorgd dat vennootschappen hun eerlijk deel van de fiscale lasten betalen, en zou het moreel van de belastingplichtige worden opgekrikt. Bovendien zouden grensoverschrijdende fiscale belemmeringen binnen de EU effectief worden weggewerkt. Hoewel duidelijk is dat er voor consolidatie een belangrijke rol is weggelegd in de strijd tegen belastingontwijking, zouden de regels betreffende een gemeenschappelijke grondslag al een eind maken aan bepaalde vormen van winstverschuiving, zoals het misbruik maken van mismatches in de wisselwerking tussen belastingstelsels. De verstoringen van de financieringsbesluiten van vennootschappen zouden worden verminderd met behulp van een aftrek voor groei en investeringen, die ervoor zorgt dat financiering van eigen en vreemd vermogen op gelijke voet komen te staan. De fiscale stimuleringsmaatregelen voor O&O worden niet alleen gehandhaafd, maar ook verbeterd en gestroomlijnd.

De verwachte economische voordelen van het voorstel zijn positief. Een gemeenschappelijke heffingsgrondslag voor de vennootschapsbelasting met grensoverschrijdende verliescompensatie en een aftrek voor groei en investeringen zou leiden tot een stijging van de investeringen en de werkgelegenheid met niet minder dan respectievelijk 3,6 % en 0,5 %. De gemiddelde groei zou met bijna 1,3 % toenemen. De nalevingskosten zullen naar verwachting een daling te zien geven, met name met de CCCTB (10 % minder nalevingstijd en 2,5 % minder nalevingskosten). De kosten van het opzetten van een dochteronderneming zouden tot 67 % dalen, waardoor het voor ondernemingen (waaronder midden- en kleinbedrijven) gemakkelijker wordt om in het buitenland actief te worden.

De voorkeursoptie zal naar verwachting geen milieueffecten van betekenis sorteren. Ook de maatschappelijke gevolgen zullen beperkt uitvallen.

Gezonde regelgeving en vereenvoudiging

Fiscale nalevingskosten vormen een aanzienlijke last voor bedrijven en één van de grote voordelen van de invoering van de CCCTB zal de vermindering daarvan zijn. De geschatte nalevingskosten voor grote ondernemingen belopen ongeveer 2 % van de betaalde belastingen, terwijl deze kosten voor midden- en kleinbedrijven op 30 % van de betaalde belastingen worden geraamd. Aangenomen wordt dat de nalevingskosten stijgen naarmate de grensoverschrijdende activiteiten en het aantal dochterondernemingen toenemen. Uit gegevens over belastinghervormingen blijkt dat er na de crisis tal van hervormingen van de vennootschapsbelasting zijn doorgevoerd en dat veel van deze maatregelen waren gericht op het versterken van het internationale antimisbruikkader. In het licht hiervan blijft het terugdringen van de nalevingskosten bij het opzetten van een extra dochteronderneming een groot voordeel. De kosten die verband houden met de tijd die het oprichten van een nieuwe dochteronderneming in een lidstaat in beslag neemt, zullen naar schatting met 62 à 67 % dalen. Wat de terugkerende kosten (eenmalige omschakelingskosten worden buiten beschouwing gelaten) betreft, zou volgens de effectbeoordeling de aan nalevingsactiviteiten bestede tijd na de invoering van de CCCTB met 8 % teruglopen. Aan de hand van deze tijdsbesparingen kan een ruwe berekening worden gemaakt van de omvang van de totale kostenbesparingen die de CCCTB met zich mee zou brengen. Als 5 % van de middelgrote ondernemingen hun activiteiten in het buitenland uitbreidt, kan een eenmalige kostenbesparing van circa 1 miljard EUR worden verwacht. Als alle multinationale ondernemingen de CCCTB toepassen, zouden de terugkerende nalevingskosten met ongeveer 0,8 miljard EUR kunnen teruglopen.

Het voordeel voor de belastingdiensten is dat zij met minder verrekenprijskwesties en met minder gevallen te maken zullen krijgen, omdat de fiscale aangelegenheden van een groep vennootschappen voornamelijk worden behandeld door de dienst van de lidstaat waar de moedermaatschappij is gevestigd. Daartegenover staat dat zolang de CCCTB niet voor alle ondernemingen verplicht is gesteld, nationale diensten met extra nalevingskosten zullen worden geconfronteerd omdat twee parallelle systemen in stand moeten worden gehouden.

Om het streven naar een eerlijker belastingstelsel op evenredige wijze te realiseren, wordt in de voorkeursoptie voor de CCCTB voorgesteld om deze alleen voor een subgroep van ondernemingen verplicht te stellen, en dat op basis van hun omvang. Aldus zouden zowel micro-ondernemingen als midden- en kleinbedrijven van de verplichte toepassing van de CCCTB vrijgesteld zijn. Het beperken van de verplichte toepassing tot voor de boekhouding geconsolideerde groepen met een geconsolideerde groepsomzet van meer dan 750 miljoen EUR zorgt ervoor dat de CCCTB op het overgrote deel (ongeveer 64 %) van de door groepen gegenereerde omzet van toepassing is, terwijl het risico dat de CCCTB ook voor zuiver binnenlandse groepen geldt, wordt beperkt. De drempel is in overeenstemming met de aanpak die in het kader van andere EU-initiatieven ter bestrijding van belastingontwijking wordt gevolgd. Tegelijkertijd biedt het voorstel vennootschappen waarvoor de toepassing van de CCCTB niet verplicht is, de mogelijkheid om voor het CCCTB-stelsel te kiezen. Dit biedt midden- en kleinbedrijven en micro-ondernemingen een maximum aan flexibiliteit, waarbij hun de voordelen van een CCCTB worden geboden zonder dat deze voor die vennootschappen verplicht wordt gesteld.

4. Gevolgen voor de begroting

Dit voorstel voor een richtlijn heeft geen gevolgen voor de begroting van de Europese Unie.

5. Overige elementen

Uitvoeringsplanning en regelingen betreffende controle, evaluatie en rapportage

De Commissie zal de toepassing van de richtlijn vijf jaar na de inwerkingtreding ervan beoordelen en aan de Raad verslag uitbrengen over de werking ervan. De lidstaten delen de Commissie de tekst van de bepalingen van intern recht mee die zij op het onder deze richtlijn vallende gebied vaststellen.

Toelichtende stukken (voor richtlijnen)

Zie overweging 22.

Gedetailleerde toelichting bij de specifieke bepalingen van het voorstel

Dit voorstel is de "eerste stap" (gemeenschappelijke heffingsgrondslag voor de vennootschapsbelasting) in een tweestappenaanpak voor een EU-breed vennootschapsbelastingstelsel en voorziet in gemeenschappelijke vennootschapsbelastingregels voor de berekening van de heffingsgrondslag van ondernemingen en vaste inrichtingen in de Unie.

- Toepassingsgebied: anders dan het voorstel van 2011, dat in een optioneel systeem voor alle vennootschappen voorzag, zal deze richtlijn verplicht zijn voor vennootschappen die deel uitmaken van een groep die een bepaalde omvang overschrijdt. Het criterium voor de vaststelling van de drempel voor de omvang zal betrekking hebben op de totale geconsolideerde inkomsten van een groep die een geconsolideerde jaarrekening deponeert. Om een zekere mate van samenhang tussen de beide stappen (dat wil zeggen de gemeenschappelijke heffingsgrondslag voor de vennootschapsbelasting en de CCCTB) te bewerkstelligen, zullen vennootschappen ook aan de eisen voor consolidatie moeten voldoen om binnen het verplichte toepassingsgebied van de gemeenschappelijke grondslag te vallen. Hierdoor zal worden gewaarborgd dat zodra het volledige initiatief met de goedkeuring van de onderdelen betreffende de consolidatie en de toekenningsformule wordt verwezenlijkt, alle belastingplichtigen die onder de regels betreffende de gemeenschappelijke grondslag vallen, automatisch tot het CCCTB-stelsel zullen toetreden. Deze gemeenschappelijke regels zullen ook, optioneel, beschikbaar zijn voor bedrijven die niet aan deze voorwaarden voldoen.

- Definitie van een vaste inrichting: de omschrijving van het concept "vaste inrichting" in deze richtlijn sluit nauw aan bij de sinds BEPS aanbevolen definitie van een vaste inrichting in het OESO-modelbelastingverdrag. Anders dan in het voorstel uit 2011 vallen onder de herziene definitie alleen vaste inrichtingen die in de Unie gelegen zijn en toebehoren aan een belastingplichtige die fiscaal inwoner van de Unie is. Op die manier wordt gewaarborgd dat alle betrokken belastingplichtigen dit begrip op dezelfde wijze interpreteren en wordt uitgesloten dat er zich mismatches voordoen als gevolg van uiteenlopende definities. Het werd niet als essentieel beschouwd om een gemeenschappelijke definitie te introduceren van een vaste inrichting die in een derde land gelegen is of van een vaste inrichting die in de Unie gelegen is maar toebehoort aan een belastingplichtige die fiscaal inwoner van een derde land is. De regeling van de problematiek van derde landen wordt daarmee aan bilaterale belastingverdragen en de nationale wetgeving overgelaten.

- Heffingsgrondslag: deze is ruim opgezet. Alle inkomsten moeten belastbaar zijn tenzij zij uitdrukkelijk zijn vrijgesteld. Dividendinkomsten uit of vervreemdingsopbrengsten van aandelen in een vennootschap die niet tot de groep behoort, zullen worden vrijgesteld bij deelnemingen van ten minste 10 % om te voorkomen dat buitenlandse directe investeringen dubbel worden belast. In dezelfde geest zullen ook de winsten van vaste inrichtingen worden vrijgesteld van belasting in de staat waar het hoofdkantoor zich bevindt.

Bedrijfsuitgaven en bepaalde andere posten zullen in mindering worden gebracht op de belastbare inkomsten. Het nieuwe voorstel voor een gemeenschappelijke heffingsgrondslag voor de vennootschapsbelasting zal ook de lijst van niet-aftrekbare kosten uit het voorstel van 2011 overnemen, met een aantal noodzakelijke aanpassingen om de samenhang te garanderen. Om innovatie in de economie te ondersteunen, zal dit opnieuw gelanceerde initiatief een extra grote aftrek voor O&O-kosten introduceren, bovenop de al zeer gulle O&O-regeling uit het voorstel van 2011. De hoofdbepaling van dat voorstel met betrekking tot de aftrekbaarheid van O&O-kosten blijft dan ook gelden; O&O-kosten zullen volledig kunnen worden opgevoerd in het jaar waarin zij zijn gemaakt (met uitzondering van onroerende zaken). Daarnaast zullen belastingplichtigen het recht krijgen op een jaarlijkse extra grote aftrek van 50 % voor O&O-uitgaven tot 20 000 000 EUR. Voor zover die O&O-uitgaven de drempel van 20 000 000 EUR te boven gaan, kunnen belastingplichtigen 25% van het bedrag daarboven aftrekken.

Aangezien een van de belangrijkste beleidsinitiatieven met betrekking tot het functioneren van de interne markt tot doel heeft kleinschalig en innovatief ondernemerschap te ondersteunen, zal het opnieuw gelanceerde voorstel voor een gemeenschappelijke heffingsgrondslag voor de vennootschapsbelasting voorzien in een verhoogde extra aftrek voor kleine startende bedrijven zonder gelieerde ondernemingen, die bijzonder innoverend zijn (een categorie waaronder met name start-ups zullen vallen). In dat kader kunnen belastingplichtigen die volgens de richtlijn in aanmerking komen, 100 % van hun O&O-kosten aftrekken voor zover deze een bedrag van 20 000 000 EUR niet te boven gaan, mits zij geen gelieerde ondernemingen hebben.

- Beperking van de aftrekbaarheid van rente: dit is een nieuwe regel (niet opgenomen in het voorstel van 2011) die ook in de anti-ontgaansrichtlijn voorkomt en als onderdeel van het BEPS-initiatief aan een gedetailleerde analyse onderworpen werd. De regel beperkt de aftrekbaarheid van rentelasten (en andere financiële lasten) om winstverschuiving naar laagbelastende landen te ontmoedigen. Volgens deze regel mogen rentelasten (en andere financiële lasten) alleen volledig worden afgetrokken voor zover deze lasten kunnen worden afgezet tegen belastbare rentebaten (en andere financiële baten). De aftrekbaarheid van een overschot aan rentelasten zal evenwel worden onderworpen aan beperkingen, die moeten worden gekoppeld aan de belastbare winst vóór rente, belastingen, waardeverminderingen en afschrijvingen ("ebitda") van een belastingplichtige.

- Aftrek voor groei en investeringen ("AGI"): het opnieuw gelanceerde initiatief beoogt de asymmetrie aan te pakken waarbij betaalde rente op leningen (met bepaalde beperkingen) aftrekbaar is van de gemeenschappelijke grondslag van een belastingplichtige terwijl dat niet het geval is voor winstuitkeringen. Dit leidt ertoe dat financiering door middel van vreemd vermogen duidelijk wordt bevoordeeld boven financiering met eigen vermogen. Gelet op de risico's die een dergelijke situatie met zich meebrengt voor de schuldpositie van bedrijven, zal in het opnieuw gelanceerde voorstel voor een gemeenschappelijke heffingsgrondslag voor de vennootschapsbelasting een maatregel worden opgenomen om de voorkeursbehandeling van vreemd vermogen ten opzichte van eigen vermogen tegen te gaan en zo tegenwicht te bieden aan het huidige kader dat financiering door eigen vermogen ontmoedigt. Belastingplichtigen zullen een aftrek voor groei en investeringen krijgen waarbij de toenames van hun eigen vermogen van hun heffingsgrondslag aftrekbaar zullen zijn, onder bepaalde voorwaarden zoals maatregelen tegen potentiële cascade-effecten en anti-ontgaansbepalingen. In de evaluatie van de gemeenschappelijke heffingsgrondslag zal de Commissie bijzondere aandacht besteden aan het functioneren van de AGI en het resultaat daarvan zal de basis vormen voor een eventuele herdefinitie en herijking.

- Afschrijving: de essentie van de maatregel volgens welke vaste activa fiscaal kunnen worden afgeschreven, blijft, met bepaalde uitzonderingen, ongewijzigd ten opzichte van het voorstel van 2011. Er zijn nu echter meer activa voor individuele afschrijving vatbaar, aangezien materiële vaste activa met een middellange gebruiksduur uit het poolsysteem verwijderd zijn.

- Verliezen: zoals ook in het voorstel van 2011 het geval was, kunnen belastingplichtigen verliezen onbeperkt voortwentelen, zonder beperking ten aanzien van het jaarlijks aftrekbare bedrag. De richtlijn legt een verband tussen de regels betreffende de aftrekbaarheid van rente en de fiscale behandeling van verliezen. Er is aldus een beleidskeuze gemaakt voor een uitermate effectieve bepaling inzake renteaftrekbaarheid, in die zin dat ieder bedrag dat als verlies kwalificeert, het gevolg van een handelsactiviteit is. De regel is ook versterkt met een antimisbruikbepaling die gericht is tegen pogingen om de regels inzake de aftrekbaarheid van verliezen te omzeilen door verlieslijdende bedrijven op te kopen.

Tijdelijke vermindering van verliezen met later inhalen: als gedeeltelijke compensatie voor het ontbreken van de voordelen van grensoverschrijdende consolidatie gedurende de "eerste stap" zal worden voorzien in de mogelijkheid om, onder strikte voorwaarden, verliezen op te voeren die zijn geleden door een directe dochteronderneming of vaste inrichting die zich in een andere lidstaat bevindt. Deze vermindering zal een tijdelijk karakter hebben, aangezien de moedermaatschappij, rekening houdend met de eerder afgetrokken verliezen, eventuele latere winsten van deze directe dochterondernemingen of vaste inrichtingen aan haar eigen heffingsgrondslag zal toevoegen. Indien deze winsten bovendien niet binnen een bepaald aantal jaren worden opgevoerd, zullen de afgetrokken verliezen hoe dan ook automatisch worden bijgeteld.

- Anti-ontgaansmaatregelen: zoals ook in het voorstel van 2011 zal het systeem een reeks maatregelen tegen belastingontwijking bevatten. De algemene antimisbruikregel is opgesteld in overeenstemming met de formulering in de anti-ontgaansrichtlijn en aangevuld met maatregelen die ontworpen zijn om specifieke soorten belastingontwijking tegen te gaan. Om discriminerende situaties te voorkomen, is het van wezenlijk belang om in de praktijk te waarborgen dat de algemene antimisbruikregel op uniforme wijze toepassing vindt in binnenlandse situaties, binnen de Unie en ten aanzien van derde landen, zodat de reikwijdte ervan en de toepassingsresultaten in binnenlandse en grensoverschrijdende situaties niet uiteenlopen.

Wat specifieke anti-ontgaansmaatregelen betreft, is het gewoonlijk noodzakelijk om na te gaan hoe hoog de belastingen aan de andere kant van de grens zijn om te bepalen of de belastingplichtige belastingen moet betalen over zijn buitenlandse inkomsten. De regels bevatten een switch-over bepaling, die gericht is op bepaalde soorten inkomsten die hun oorsprong in een derde land vinden. De bepaling moet garanderen dat inkomsten in de Unie belastbaar zijn als de belastingheffing in het derde land onder een bepaald niveau is gebleven. De wettelijke bepalingen betreffende buitenlandse gecontroleerde vennootschappen ("cfc's") hangen grotendeels samen met de bepalingen in de anti-ontgaansrichtlijn en zorgen ervoor dat inkomsten uit een laagbelaste gecontroleerde dochteronderneming worden toegerekend aan de moedermaatschappij teneinde winstverschuiving te ontmoedigen. De cfc-regels zijn ook van toepassing op de winst van vaste inrichtingen wanneer deze winst niet aan belasting is onderworpen of van belasting is vrijgesteld in de lidstaat van de belastingplichtige.

- Hybride mismatches: aangezien mismatches voortvloeien uit nationale verschillen in de juridische kwalificatie van bepaalde soorten entiteiten of financiële betalingen, mogen zij zich normaal niet voordoen bij bedrijven die de gemeenschappelijke regels voor de berekening van hun heffingsgrondslag toepassen. Aangezien het echter waarschijnlijk is dat er zich mismatches zullen blijven voordoen in de wisselwerking tussen het kader van de gemeenschappelijke grondslag en dat van de nationale of derdelands vennootschapsbelastingstelsels, bevat deze richtlijn bepalingen die erin voorzien dat een van beide rechtsgebieden bij een mismatch de aftrek van een betaling weigert dan wel erop toeziet dat de overeenkomstige inkomsten in de gemeenschappelijke grondslag worden begrepen.

B. PREAMBULE

DE RAAD VAN DE EUROPESE UNIE,

Gezien het Verdrag betreffende de werking van de Europese Unie, en met name artikel 115,
Gezien het voorstel van de Commissie,
Na toezending van het ontwerp van wetgevingshandeling aan de nationale parlementen,
Gezien het advies van het Europees Parlement[1],
Gezien het advies van het Europees Economisch en Sociaal Comité[2],
Handelend volgens een bijzondere wetgevingsprocedure,
Overwegende hetgeen volgt:

1. Bedrijven die binnen de Unie over de grenzen heen actief willen zijn, worden geconfronteerd met grote obstakels en marktverstoringen die het gevolg zijn van het naast elkaar bestaan van en de wisselwerking tussen 28 verschillende stelsels van vennootschapsbelasting. Bovendien zijn fiscale planningstructuren in de loop der tijd steeds verfijnder geworden, omdat ze zich door meerdere rechtsgebieden heen ontwikkelen en effectief profiteren van de technische aspecten van een belastingstelsel of van mismatches tussen twee of meer nationale belastingstelsels met het oog op de vermindering van de belastingverplichting van bedrijven. Hoewel deze situaties tekortkomingen aan het licht brengen die volledig verschillend van aard zijn, creëren ze allebei obstakels die de goede werking van de interne markt belemmeren. Daarom moet actie om deze problemen te verhelpen, beide soorten marktfalen aanpakken.

2. Ter ondersteuning van de goede werking van de interne markt moet het vennootschapsbelastingklimaat in de EU vorm worden gegeven overeenkomstig het beginsel dat bedrijven hun eerlijk deel van de belasting betalen in het/de rechtsgebied(en) waar hun winsten tot stand komen. Daarom is het nodig om te voorzien in mechanismen die bedrijven ontmoedigen om te profiteren van mismatches tussen nationale belastingstelsels om hun belastingverplichting te verlagen. Het is even belangrijk om ook groei en economische ontwikkeling op de interne markt te stimuleren door grensoverschrijdende handel en zakelijke investeringen te bevorderen. Te dien einde is het noodzakelijk om de risico's van zowel dubbele belastingheffing als dubbele niet-belastingheffing in de Unie uit te sluiten door het uitbannen van incongruenties bij de wisselwerking tussen nationale vennootschapsbelastingstelsels. Tegelijkertijd hebben bedrijven een eenvoudig werkbaar belasting- en rechtskader nodig waarbinnen zij hun commerciële activiteiten kunnen ontwikkelen en ook over de grenzen heen in de Unie kunnen ontplooien. In dit verband moeten ook resterende gevallen van discriminatie worden uitgebannen.

3. Zoals aangegeven in het voorstel voor een richtlijn van de Raad betreffende een gemeenschappelijke geconsolideerde heffingsgrondslag voor de vennootschapsbelasting (CCCTB)[3] van 16 maart 2011 zou een vennootschapsbelastingstelsel waarbij de Unie als een eengemaakte markt wordt aangemerkt voor de berekening van de heffingsgrondslag van bedrijven voor de vennootschapsbelasting, het voor in de Unie gevestigde bedrijven gemakkelijker maken om grensoverschrijdende activiteiten te ontplooien en het concurrentievermogen van de Unie als internationale investeringsplaats helpen te versterken. Het CCCTB-voorstel uit 2011 had vooral tot doel het voor bedrijven gemakkelijker te maken om hun commerciële activiteiten binnen de Unie verder te ontplooien. Voorts moet er ook rekening mee worden gehouden dat een CCCTB de werking van de interne markt uiterst doeltreffend kan verbeteren door constructies voor belastingontwijking aan te pakken. In dit licht moet het CCCTB-initiatief nieuw leven worden ingeblazen om zowel de facilitering voor het

1. PB C [...] van [...], blz. [...].
2. PB C [...] van [...], blz. [...].
3. Voorstel voor een richtlijn van de Raad betreffende een gemeenschappelijke geconsolideerde heffingsgrondslag voor de vennootschapsbelasting (COM(2011) 121 definitief/2 van 3.10.2011).

bedrijfsleven als de beoogde aanpak van belastingontwijking op gelijke voet ter hand te nemen. Met een dergelijke benadering zou het beste worden tegemoet gekomen aan het doel om verstoringen in de werking van de interne markt uit te bannen.

4. Aangezien er snel moet worden gehandeld om de goede werking van de interne markt te waarborgen, enerzijds door een gunstiger klimaat te scheppen voor handel en investeringen en anderzijds door deze markt beter te wapenen tegen constructies van belastingontwijking, moet het ambitieuze CCCTB-initiatief in twee afzonderlijke voorstellen worden opgesplitst. In een eerste fase moeten er regels voor een gemeenschappelijke heffingsgrondslag voor de vennootschapsbelasting worden vastgesteld, voordat in een tweede fase de kwestie van consolidatie wordt geregeld.

5. Agressieve fiscale planningstructuren zijn een fenomeen dat vooral in een grensoverschrijdende context speelt, hetgeen impliceert dat de deelnemende groepen een minimum aan middelen bezitten. Om redenen van evenredigheid moeten de regels voor een gemeenschappelijke grondslag daarom alleen verplicht zijn voor bedrijven die deel uitmaken van een groep met een aanzienlijke omvang. Te dien einde moet een aan de omvang gerelateerde drempel worden vastgesteld op basis van het totale geconsolideerde inkomen van een groep die een geconsolideerde jaarrekening opstelt. Om de samenhang tussen de beide stappen van het CCCTB-initiatief te waarborgen, moeten voorts de regels voor een gemeenschappelijke grondslag verplicht worden voor bedrijven die als een groep zouden worden aangemerkt indien het initiatief in zijn geheel wordt aangenomen. Om beter invulling te geven aan de beoogde facilitatie van handel en investeringen op de interne markt, moeten ook bedrijven die niet aan de desbetreffende criteria voldoen, kunnen kiezen of zij de regels voor een gemeenschappelijke heffingsgrondslag voor de vennootschapsbelasting al dan niet toepassen.

6. Er dient te worden bepaald wat moet worden verstaan onder een vaste inrichting die in de Unie is gelegen en toebehoort aan een belastingplichtige die fiscaal inwoner van de Unie is. Op die manier wordt gewaarborgd dat alle betrokken belastingplichtigen dit begrip op dezelfde wijze interpreteren en wordt uitgesloten dat er zich mismatches voordoen als gevolg van uiteenlopende definities. Daarentegen moet het niet als essentieel worden beschouwd om een gemeenschappelijke definitie te introduceren van een vaste inrichting die in een derde land is gelegen of van een vaste inrichting die in de Unie is gelegen maar toebehoort aan een belastingplichtige die fiscaal inwoner van een derde land is. Dit aspect kan beter worden geregeld in bilaterale belastingverdragen en nationale wetgeving, gelet op de ingewikkelde interactie met internationale overeenkomsten.

7. Om de risico's van belastingontwijking, die de werking van de interne markt verstoren, te beperken, dient een gemeenschappelijke heffingsgrondslag voor de vennootschapsbelasting breed van opzet te zijn. Daarom moeten alle inkomsten belastbaar zijn tenzij zij uitdrukkelijk zijn vrijgesteld. Bij deelnemingen van ten minste 10 % dienen dividendinkomsten uit of vervreemdingsopbrengsten van aandelen in een vennootschap die niet tot de groep behoort, te worden vrijgesteld om te voorkomen dat buitenlandse directe investeringen dubbel worden belast. In dezelfde geest dienen ook de winsten van vaste inrichtingen te worden vrijgesteld van belasting in de staat waar het hoofdkantoor zich bevindt. De overweging hier is ook dat de vrijstelling van in het buitenland verkregen inkomsten tegemoetkomt aan de behoefte van bedrijven aan eenvoud. Wanneer zij vermindering voor dubbele belasting geven, verlenen de meeste lidstaten momenteel immers vrijstelling voor dividenden en vervreemdingsopbrengsten van aandelen, omdat dan niet hoeft te worden berekend hoeveel belasting de belastingplichtige mag verrekenen voor de in het buitenland betaalde belasting, met name wanneer daarbij rekening moet worden gehouden met de vennootschapsbelasting die is betaald door de dividenduitkerende vennootschap.

8. Bedrijfsuitgaven en bepaalde andere posten moeten in mindering worden gebracht op de belastbare inkomsten. Tot de aftrekbare bedrijfsuitgaven moeten normaal alle kosten worden gerekend die betrekking hebben op de omzet alsook alle uitgaven ter verwerving, behoud en zekerstelling van inkomen. Om innovatie in de economie te ondersteunen en de interne markt te moderniseren, dient te worden voorzien in aftrekmogelijkheden voor uitgaven voor onderzoek en ontwikkeling, inclusief een extra grote aftrek, en deze uitgaven moeten volledig worden afgetrokken in het jaar waarin zij zijn verricht (met uitzondering van onroerende zaken). Kleine startende bedrijven zonder gelieerde ondernemingen, die bijzonder innoverend zijn (een categorie waaronder met name start-ups zullen vallen), moeten ook worden ondersteund door een verhoogde extra aftrek voor uitgaven voor onderzoek en ontwikkeling. Om de rechtszekerheid te waarborgen, dient er tevens een lijst van niet-aftrekbare kosten te worden vastgesteld.

9. Recente ontwikkelingen op het gebied van internationale belastingheffing hebben onderstreept dat multinationale ondernemingen, om hun wereldwijde belastingverplichtingen omlaag te brengen, in toenemende mate belastingontwijkende maatregelen hebben genomen, die leiden tot uitholling van de belastinggrondslag

en winstverschuiving, door middel van buitensporige rentebetalingen. Het is dan ook noodzakelijk om de aftrekbaarheid van rentelasten (en andere financiële lasten) te beperken, om dergelijke praktijken te ontmoedigen. In die context dient de aftrekbaarheid van rentelasten (en andere financiële lasten) alleen zonder beperking te worden toegestaan voor zover die lasten kunnen worden afgezet tegen belastbare rentebaten (en andere financiële baten). De aftrekbaarheid van een overschot aan rentelasten moet evenwel worden onderworpen aan beperkingen, die moeten worden gekoppeld aan de belastbare winst vóór rente, belastingen, waardeverminderingen en afschrijvingen ("ebitda") van een belastingplichtige.

10. Doordat rente die over leningen wordt betaald, aftrekbaar is van de heffingsgrondslag van een belastingplichtige terwijl dit niet het geval is voor winstuitkeringen, wordt financiering door middel van vreemd vermogen onmiskenbaar bevoordeeld ten opzichte van financiering door middel van eigen vermogen. Gelet op de risico's die dit met zich meebrengt voor de schuldpositie van bedrijven, is het zaak maatregelen te nemen die de huidige benadeling van financiering door eigen vermogen tegengaan. Vanuit deze optiek wordt voorgesteld om belastingplichtigen een aftrek voor groei en investeringen toe te kennen, op basis waarvan toenames van het eigen vermogen van een belastingplichtige onder bepaalde voorwaarden van diens heffingsgrondslag aftrekbaar zijn. Daarbij is het zaak te waarborgen dat dit stelsel niet tot cascade-effecten leidt en te dien einde is het noodzakelijk om de fiscale boekwaarde van de deelnemingen van een belastingplichtige in gelieerde ondernemingen uit te sluiten. Om deze aftrekregeling voldoende robuust te maken, is het ten slotte noodzakelijk om ook anti-ontgaansregels vast te stellen.

11. Vaste activa moeten voor belastingdoeleinden kunnen worden afgeschreven, behoudens enkele uitzonderingen. Materiële en immateriële vaste activa met een middellange of lange gebruiksduur moeten afzonderlijk worden afgeschreven; alle andere aftrekbare activa moeten daarentegen in een pool worden geplaatst. Afschrijving in een pool betekent een vereenvoudiging voor zowel de belastingautoriteiten als de belastingplichtigen, omdat dan niet langer een lijst van de verschillende soorten vaste activa en de gebruiksduur ervan moet worden opgesteld en bijgehouden.

12. Om de verschuiving van passieve (voornamelijk financiële) inkomsten weg van vennootschappen met een hoge belastingdruk te ontmoedigen, moeten eventuele verliezen die dergelijke bedrijven aan het einde van een belastingjaar hebben geleden, worden geacht grotendeels overeen te komen met het resultaat van handelsactiviteiten. Daarom moeten belastingplichtigen verliezen onbeperkt kunnen blijven voortwentelen, zonder beperking ten aanzien van het jaarlijks aftrekbare bedrag. Aangezien het doel van voorwaartse verliesverrekening erin bestaat dat een belastingplichtige belasting betaalt over zijn werkelijke inkomsten, is er geen reden om dit mechanisme in de tijd te beperken. Wat het idee van een achterwaartse verliesverrekening betreft, is het niet noodzakelijk om een dergelijke regeling in te voeren, aangezien dit een tamelijk zeldzaam gebruik is in de lidstaten en doorgaans tot buitensporige complexiteit leidt. Daarnaast moet er een antimisbruikbepaling worden vastgesteld ten aanzien van pogingen om de regels inzake verliesverrekening te omzeilen door middel van de aankoop van verlieslijdende bedrijven, zodanig dat deze pogingen worden voorkomen, gedwarsboomd of tegengegaan.

13. Om de cashflowsituatie van bedrijven te verbeteren - door bijvoorbeeld aanloopverliezen in de ene lidstaat te compenseren met winsten in een andere lidstaat - en grensoverschrijdende ontplooiing binnen de Unie te stimuleren, dienen belastingplichtigen het recht te hebben om de verliezen van hun directe dochterondernemingen en vaste inrichtingen in andere lidstaten tijdelijk op zich te nemen. Daartoe dienen moedermaatschappijen of hoofdkantoren gelegen in een lidstaat de mogelijkheid te hebben om, in een bepaald belastingjaar, de verliezen die hun directe dochterondernemingen of vaste inrichtingen in andere lidstaten in datzelfde belastingjaar hebben geleden, op hun heffingsgrondslag in mindering te brengen naar evenredigheid van hun deelneming. De moedermaatschappij moet nadien de verplichting hebben om, rekening houdend met de eerder afgetrokken verliezen, eventuele latere winsten van deze directe dochterondernemingen of vaste inrichtingen aan haar eigen heffingsgrondslag toe te voegen. Omdat het essentieel is om de nationale belastingopbrengsten te waarborgen, moeten de in mindering gebrachte verliezen ook automatisch opnieuw aan de heffingsgrondslag worden toegevoegd indien dit na een bepaald aantal jaren nog niet is gebeurd dan wel indien niet langer is voldaan aan de vereisten om als een directe dochteronderneming of vaste inrichting te kwalificeren.

14. Om te voorkomen dat de heffingsgrondslag van rechtsgebieden met hogere belastingen wordt uitgehold door de verschuiving van winsten naar landen met lagere belastingen door middel van kunstmatig opgevoerde verrekenprijzen, dienen transacties tussen een belastingplichtige en zijn gelieerde onderneming(en) onderworpen te zijn aan prijsaanpassingen overeenkomstig het zakelijkheidsbeginsel, dat een algemeen toegepast criterium is.

15. Het is cruciaal om in passende anti-ontgaansmaatregelen te voorzien om de regels betreffende de gemeenschappelijke grondslag beter te wapenen tegen agressieve fiscale planning. De regeling moet met name een algemene antimisbruikbepaling bevatten, aangevuld met maatregelen die ertoe strekken specifieke vormen van belastingontwijking aan banden te leggen. Aangezien algemene antimisbruikbepalingen gericht zijn tegen fiscale misbruikpraktijken die nog niet zijn aangepakt met specifieke bepalingen, vullen zij leemtes in, hetgeen de toepasbaarheid van specifieke antimisbruikregels niet in de weg staat. In de Unie moeten algemene antimisbruikregels worden toegepast op kunstmatige constructies. Voorts is het belangrijk te waarborgen dat de algemene antimisbruikregels op uniforme wijze toepassing vinden in binnenlandse situaties, in grensoverschrijdende situaties binnen de Unie en in grensoverschrijdende situaties met bedrijven die in derde landen zijn gevestigd, zodat de reikwijdte ervan en de toepassingsresultaten niet uiteenlopen.

16. Wat specifieke anti-ontgaansmaatregelen betreft, is het vaak noodzakelijk om na te gaan hoe hoog de belastingen aan de andere kant van de grens zijn om te bepalen of de belastingplichtige belastingen moet betalen over zijn buitenlandse inkomsten. Dit creëert een gelijk speelveld met betrekking tot de hoogte van de belastingen en de mate van concurrentie op de interne markt en beschermt tevens de markt tegen uitholling van de heffingsgrondslag ten opzichte van derde landen. In dit verband is het noodzakelijk om te voorzien in een switch-over bepaling die gericht is op bepaalde soorten inkomsten die in een derde land zijn verkregen, zoals winstuitkeringen en vervreemdingsopbrengsten van aandelen, om te waarborgen dat deze inkomsten in de Unie belastbaar zijn indien de belastingen in een derde land onder een bepaald niveau blijven. Wetgeving ten aanzien van buitenlandse gecontroleerde vennootschappen ("cfc's") is ook een onmisbaar element van een vennootschapsbelastingstelsel en zorgt ervoor dat inkomsten uit een laagbelaste gecontroleerde dochteronderneming worden toegerekend aan de moedermaatschappij teneinde winstverschuiving te ontmoedigen. In dat opzicht is het noodzakelijk dat de cfc-regels ook van toepassing zijn op de winst van vaste inrichtingen wanneer deze winst niet aan belasting is onderworpen of van belasting is vrijgesteld in de lidstaat van de belastingplichtige.

17. Gelet op het feit dat hybride mismatches doorgaans resulteren in een dubbele aftrek (dat wil zeggen een aftrek in beide staten) of een aftrek van de inkomsten in de ene staat zonder dat zij in de heffingsgrondslag worden begrepen van een andere, hebben dergelijke situaties een duidelijk negatief effect op de interne markt doordat zij de mechanismen ervan verstoren en mazen creëren waardoor ontgaanspraktijken kunnen gedijen. Aangezien mismatches voortvloeien uit nationale verschillen in de juridische kwalificatie van bepaalde soorten entiteiten of financiële betalingen, doen zij zich normaal niet voor bij bedrijven die de gemeenschappelijke regels voor de berekening van hun heffingsgrondslag toepassen. Mismatches zouden echter blijven bestaan bij de wisselwerking tussen het kader voor de gemeenschappelijke grondslag en dat van nationale of derdelands vennootschapsbelastingstelsels. Om de effecten tegen te gaan van regelingen waarbij gebruikt wordt gemaakt van een hybride mismatch, dienen bepalingen te worden vastgesteld die erin voorzien dat een van beide rechtsgebieden bij een mismatch de aftrek van een betaling weigert dan wel erop toeziet dat de overeenkomstige inkomsten in de heffingsgrondslag voor de vennootschapsbelasting worden begrepen.

18. De Europese Toezichthouder voor gegevensbescherming is geraadpleegd overeenkomstig artikel 28, lid 2, van Verordening (EG) nr. 45/2001 van het Europees Parlement en de Raad[1]. De verwerking van persoonsgegevens in het kader van deze richtlijn dient in overeenstemming te zijn met de toepasselijke nationale bepalingen inzake gegevensbescherming ter uitvoering van Richtlijn 95/46/EG[2], die zal worden vervangen door Verordening (EU) 2016/679[3], en van Verordening (EG) nr. 45/2001[4].

19. Ter aanvulling of wijziging van bepaalde niet-essentiële onderdelen van deze richtlijn moet aan de Commissie de bevoegdheid worden overgedragen om overeenkomstig artikel 290 van het Verdrag betreffende de werking van de Europese Unie handelingen vast te stellen ten aanzien van (i) de follow-up van wetswijzigin-

1. Verordening (EG) nr. 45/2001 van het Europees Parlement en de Raad van 18 december 2000 betreffende de bescherming van natuurlijke personen in verband met de verwerking van persoonsgegevens door de communautaire instellingen en organen en betreffende het vrije verkeer van die gegevens (PB L 8 van 12.1.2001, blz. 1).

2. Richtlijn 95/46/EG van het Europees Parlement en de Raad van 24 oktober 1995 betreffende de bescherming van natuurlijke personen in verband met de verwerking van persoonsgegevens en betreffende het vrije verkeer van die gegevens (PB L 281 van 23.11.1995, blz. 31).

3. Verordening (EU) 2016/679 van het Europees Parlement en de Raad van 27 april 2016 betreffende de bescherming van natuurlijke personen in verband met de verwerking van persoonsgegevens en betreffende het vrije verkeer van die gegevens en tot intrekking van Richtlijn 95/46/EG (algemene verordening gegevensbescherming) (PB L 119 van 4.5.2016, blz. 1).

4. Verordening (EG) nr. 45/2001 van het Europees Parlement en de Raad van 18 december 2000 betreffende de bescherming van natuurlijke personen in verband met de verwerking van persoonsgegevens door de communautaire instellingen en organen en betreffende het vrije verkeer van die gegevens (PB L 8 van 12.1.2001, blz. 1-22).

gen in de lidstaten met betrekking tot vennootschapsvormen en vennootschapsbelastingen en de overeenkomstige wijziging van bijlagen I en II; (ii) de vaststelling van extra definities; (iii) de vaststelling van nadere anti-ontgaansbepalingen op een aantal specifieke gebieden die relevant zijn voor de aftrek voor groei en investeringen; (iv) de nadere omschrijving van de begrippen juridisch en economisch eigendom van geleasede activa; (v) de berekening van de kapitaal- en rente-elementen van leasebetalingen en de afschrijvingsgrondslag van geleasede activa; en (vi) de nadere omschrijving van de categorieën vaste activa die aan afschrijving onderhevig zijn. Het is van bijzonder belang dat de Commissie bij haar voorbereidende werkzaamheden tot passende raadpleging overgaat, onder meer op deskundigenniveau. De Commissie moet bij de voorbereiding en opstelling van de gedelegeerde handelingen ervoor zorgen dat de desbetreffende documenten tijdig en op gepaste wijze gelijktijdig worden toegezonden aan het Europees Parlement en aan de Raad.

20. Teneinde uniforme voorwaarden te garanderen voor de tenuitvoerlegging van deze richtlijn, moeten aan de Commissie uitvoeringsbevoegdheden worden verleend ten behoeve van de jaarlijkse vaststelling van een lijst van vennootschapsvormen van derde landen die vergelijkbaar zijn met de in bijlage I opgenomen vennootschapsvormen. Deze bevoegdheden dienen te worden uitgeoefend in overeenstemming met Verordening (EU) nr. 182/2011 van het Europees Parlement en de Raad[1].

21. Daar de doelstellingen van deze richtlijn, te weten het verbeteren van het functioneren van de interne markt door internationale ontwijkingspraktijken tegen te gaan en het voor bedrijven gemakkelijker te maken om over de grenzen heen activiteiten te ontplooien binnen de Unie, niet voldoende kunnen worden verwezenlijkt door individueel en ongecoördineerd optreden van de lidstaten en onderlinge afstemming noodzakelijk is om deze doelstellingen te verwezenlijken, en derhalve, vanwege het feit dat de richtlijn ziet op het tegengaan van inefficiënties op de interne markt als gevolg van de wisselwerking tussen uiteenlopende nationale belastingregels die hun weerslag hebben op de interne markt en grensoverschrijdende activiteit ontmoedigen, beter op het niveau van de Unie kunnen worden verwezenlijkt, kan de Unie, overeenkomstig het in artikel 5 van het Verdrag betreffende de Europese Unie neergelegde subsidiariteitsbeginsel, maatregelen nemen. Overeenkomstig het in hetzelfde artikel neergelegde evenredigheidsbeginsel gaat deze richtlijn niet verder dan nodig is om deze doelstellingen te verwezenlijken, met name gelet op het feit dat het verplichte toepassingsgebied beperkt is tot groepen die een bepaalde omvang te boven gaan.

22. In overeenstemming met de gezamenlijke politieke verklaring van 28 september 2011 van de lidstaten en de Commissie[2] hebben de lidstaten zich ertoe verbonden om in verantwoorde gevallen de kennisgeving van hun omzettingsmaatregelen vergezeld te doen gaan van één of meer stukken waarin het verband tussen de onderdelen van een richtlijn en de overeenkomstige delen van de nationale omzettingsmaatregelen wordt toegelicht. Met betrekking tot deze richtlijn acht de wetgever de toezending van dergelijke stukken verantwoord.

23. De Commissie dient de toepassing van de richtlijn te evalueren vijf jaar na de inwerkingtreding ervan en verslag uit te brengen bij de Raad over de werking ervan. De lidstaten dienen de Commissie de tekst van de bepalingen van intern recht mee te delen die zij op het onder deze richtlijn vallende gebied vaststellen,

HEEFT DE VOLGENDE RICHTLIJN VASTGESTELD:

C. TEKST

Hoofdstuk I. Onderwerp, toepassingsgebied en definities

Artikel 1. Onderwerp

1. Bij deze richtlijn wordt een regeling voor een gemeenschappelijke grondslag voor de belasting van bepaalde vennootschappen ingesteld en worden voorschriften voor de berekening van die grondslag vastgesteld.
2. Een vennootschap die de bij deze richtlijn ingestelde regeling toepast, is niet langer onderworpen aan het nationale vennootschapsbelastingrecht ten aanzien van alle in deze richtlijn geregelde aangelegenheden, tenzij anders is bepaald.

1. Verordening (EU) nr. 182/2011 van het Europees Parlement en de Raad van 16 februari 2011 tot vaststelling van de algemene voorschriften en beginselen die van toepassing zijn op de wijze waarop de lidstaten de uitoefening van de uitvoeringsbevoegdheden door de Commissie controleren (PB L 55 van 28.2.2011, blz. 13).
2. Gezamenlijke politieke verklaring van 28 september 2011 van de lidstaten en de Commissie over toelichtende stukken (PB C 369 van 17.12.2011, blz. 14).

Artikel 2. Toepassingsgebied

1. De bepalingen van deze richtlijn zijn van toepassing op een vennootschap die is opgericht naar het recht van een lidstaat, daaronder begrepen haar vaste inrichtingen in andere lidstaten, indien de vennootschap aan elk van de volgende voorwaarden voldoet:

a. zij heeft een van de in bijlage I genoemde vennootschapsvormen;

b. zij is onderworpen aan een van de in bijlage II genoemde vennootschapsbelastingen of aan een soortgelijke belasting die naderhand is ingevoerd;

c. zij maakt deel uit van een voor de financiële boekhouding geconsolideerde groep met een totaal geconsolideerd groepsinkomen dat het bedrag van 750 000 000 EUR te boven gaat gedurende het boekjaar dat aan het betreffende boekjaar voorafgaat;

d. zij kwalificeert als een moedermaatschappij of een kwalificerende dochteronderneming zoals bedoeld in artikel 3 en/of heeft een of meer vaste inrichtingen in andere lidstaten zoals bedoeld in artikel 5.

2. Deze richtlijn is ook van toepassing op een vennootschap die is opgericht naar het recht van een derde land met betrekking tot haar vaste inrichtingen gelegen in een of meer lidstaten, indien de vennootschap aan de in lid 1, onder b) tot en met d), gestelde voorwaarden voldoet.

Om aan de in lid 1, onder a), gestelde voorwaarde te voldoen, volstaat het dat de vennootschap in een derde land een vorm heeft die vergelijkbaar is met een van de in bijlage I genoemde vennootschapsvormen. Voor de toepassing van lid 1, onder a), stelt de Commissie elk jaar een lijst van vennootschapsvormen van derde landen vast die worden geacht vergelijkbaar te zijn met de in bijlage I genoemde vennootschapsvormen. Deze uitvoeringshandeling wordt vastgesteld overeenkomstig de in artikel 68, lid 2, bedoelde onderzoeksprocedure. Het feit dat een vennootschapsvorm niet is opgenomen in die lijst, vormt geen beletsel voor de toepassing van deze richtlijn op die vorm.

3. Een vennootschap die voldoet aan de in lid 1, onder a) en b), gestelde voorwaarden maar niet aan de in dat lid onder c) of d) gestelde voorwaarden, kan ervoor kiezen om de bij deze richtlijn ingestelde regeling gedurende een periode van vijf belastingjaren toe te passen, ook voor haar vaste inrichtingen in andere lidstaten. Deze periode wordt automatisch met telkens vijf belastingjaren verlengd, tenzij er een kennisgeving van beëindiging wordt gedaan zoals bedoeld in artikel 65, lid 3. Aan de in lid 1, onder a) en b), gestelde voorwaarden moet zijn voldaan telkens wanneer de verlenging plaatsvindt.

4. De bij deze richtlijn ingestelde regeling is niet van toepassing op een scheepvaartmaatschappij die aan een bijzondere belastingregeling is onderworpen. Bij het bepalen van de vennootschappen die tot dezelfde groep behoren zoals bedoeld in artikel 3, worden ook scheepvaartmaatschappijen die aan een bijzonder belastingregeling zijn onderworpen, in aanmerking genomen.

5. De Commissie is bevoegd overeenkomstig artikel 66 gedelegeerde handelingen vast te stellen om bijlagen I en II te wijzigen naar aanleiding van wetswijzigingen in de lidstaten met betrekking tot vennootschapsvormen en vennootschapsbelastingen.

Artikel 3. Moedermaatschappij en kwalificerende dochterondernemingen

1. Kwalificerende dochterondernemingen zijn alle directe dochter- en kleindochterondernemingen waarin de moedermaatschappij de volgende rechten heeft:

a. een recht om meer dan 50 % van de stemrechten uit te oefenen; en

b. een eigendomsrecht van meer dan 75 % van het kapitaal van de dochteronderneming of meer dan 75 % van de rechten die aanspraak geven op winst.

2. Voor de berekening van de in lid 1 bedoelde drempels met betrekking tot kleindochterondernemingen gelden de volgende regels:

a. zodra de stemrechtdrempel voor een dochteronderneming is bereikt, wordt de moedermaatschappij geacht 100 % van deze rechten te houden;

b. aanspraak op winst en eigendom van kapitaal worden berekend door vermenigvuldiging van de belangen die, rechtstreeks en middellijk, worden gehouden in dochterondernemingen op ieder niveau. Eigendomsrechten ten belope van 75 % of minder die rechtstreeks of middellijk door de moedermaatschappij worden gehouden, daaronder begrepen rechten in vennootschappen die inwoner zijn van een derde land, worden bij de berekening ook in aanmerking genomen.

Artikel 4. Definities

Voor de toepassing van deze richtlijn wordt verstaan onder:

1. belastingplichtige: een vennootschap die voldoet aan de in artikel 2, leden 1 of 2, gestelde voorwaarden of die ervoor gekozen heeft om de bij deze richtlijn ingestelde regeling toe te passen in overeenstemming met artikel 2, lid 3;

2. niet-belastingplichtige: een vennootschap die niet voldoet aan de in artikel 2, leden 1 of 2, gestelde voorwaarden of die er niet voor gekozen heeft om de bij deze richtlijn ingestelde regeling toe te passen in overeenstemming met artikel 2, lid 3;
3. ingezeten belastingplichtige: een belastingplichtige die fiscaal inwoner is van een lidstaat;
4. niet-ingezeten belastingplichtige: een belastingplichtige die geen fiscaal inwoner is van een lidstaat;
5. inkomsten: de opbrengsten van verkopen en van alle overige transacties, exclusief belasting over de toegevoegde waarde en andere belastingen en heffingen die ten behoeve van overheidslichamen worden geïnd, van geldelijke of van niet-geldelijke aard, daaronder begrepen opbrengsten van de vervreemding van activa en rechten, rente, dividenden en andere winstuitkeringen, liquidatieopbrengsten, royalty's, subsidies en toelagen, ontvangen giften, vergoedingen en onverplichte betalingen. Niet-geldelijke giften van een belastingplichtige vallen ook onder inkomsten. Door de belastingplichtige bijeengebracht eigen vermogen of aan hem terugbetaalde schuld vallen niet onder inkomsten;
6. kosten: afnamen in het netto-eigenvermogen van de vennootschap gedurende het boekjaar in de vorm van een uitstroom of waardevermindering van activa of in de vorm van een opname of waardevermeerdering van verplichtingen, andere dan die met betrekking tot geldelijke of niet-geldelijke uitkeringen aan aandeelhouders of bezitters van eigen vermogen in die hoedanigheid;
7. belastingjaar: een kalenderjaar of een ander toepasselijk tijdvak voor belastingdoeleinden;
8. winst: het positieve verschil tussen de inkomsten en de aftrekbare kosten en andere aftrekposten in een belastingjaar;
9. verlies: het negatieve verschil tussen de inkomsten en de aftrekbare kosten en andere aftrekposten in een belastingjaar;
10. voor de financiële boekhouding geconsolideerde groep: alle entiteiten die volledig zijn opgenomen in een geconsolideerde jaarrekening, opgesteld overeenkomstig de internationale standaarden voor financiële verslaglegging of een nationaal systeem voor financiële verslaglegging;
11. onderzoek en ontwikkeling: experimentele of theoretische werkzaamheden die voornamelijk worden verricht om nieuwe kennis te verwerven over de fundamentele aspecten van verschijnselen en waarneembare feiten, zonder dat hiermee een bijzondere toepassing of een bijzonder gebruik wordt beoogd (fundamenteel onderzoek); origineel onderzoek dat wordt verricht om nieuwe kennis te verwerven, maar voornamelijk is gericht op een specifiek, praktisch doel (toegepast onderzoek); systematische werkzaamheden die voortbouwen op kennis verkregen uit onderzoek en praktijkervaring, waarbij nieuwe kennis wordt opgedaan, die wordt ingezet om nieuwe producten of processen te ontwikkelen of om bestaande producten of processen te verbeteren (experimentele ontwikkeling);
12. financieringskosten: rentelasten op alle vormen van schuld, andere kosten die economisch gelijkwaardig zijn aan rente en kosten in verband met het aantrekken van financiële middelen als omschreven in het nationale recht, met inbegrip van betalingen in het kader van winstdelende leningen, toegerekende rente op converteerbare obligaties en nulcouponobligaties, betalingen in het kader van alternatieve financieringsregelingen, de financieringskostenelementen van betalingen voor financiële leasing, gekapitaliseerde rente opgenomen in de balanswaarde van een gerelateerd actief, de afschrijving van gekapitaliseerde rente, bedragen bepaald door verwijzing naar een financieringsopbrengst onder verrekenprijsregels, notionele rentebedragen in het kader van afgeleide instrumenten of hedgingregelingen met betrekking tot de leningen van een entiteit, het vastgelegde rendement op nettovermogenstoenames als bedoeld in artikel 11 van deze richtlijn, bepaalde koerswinsten en -verliezen op leningen en instrumenten in verband met het aantrekken van financiële middelen, garantieprovisies voor financieringsregelingen, afsluitprovisies en soortgelijke kosten in verband met het lenen van middelen;
13. financieringskostensurplus: het bedrag waarmee de aftrekbare financieringskosten van een belastingplichtige de belastbare rentebaten en andere belastbare inkomsten die de belastingplichtige ontvangt en die economisch gelijkwaardig zijn aan rentebaten, overschrijden;
14. overbrenging van activa: een handeling waarbij een lidstaat het recht verliest om de overgebrachte activa in de heffing te betrekken, terwijl de juridische of economische eigendom van de activa bij dezelfde belastingplichtige blijft;
15. overbrenging van fiscale woonplaats: een handeling waarbij een belastingplichtige ophoudt fiscaal inwoner van een lidstaat te zijn en gelijktijdig het fiscale inwonerschap in een andere lidstaat of een derde land verwerft;
16. overbrenging van het bedrijf van een vaste inrichting: een handeling waarbij een belastingplichtige ophoudt een belastbare aanwezigheid in een lidstaat te hebben en gelijktijdig een dergelijke aanwezigheid in een andere lidstaat of een derde land verwerft zonder dat hij fiscaal inwoner van die lidstaat of dat derde land wordt;

17. fiscale boekwaarde: de afschrijvingsgrondslag van een vast actief of een activapool minus de totale afschrijving die is verricht;
18. marktwaarde: het bedrag waarvoor een actief kan worden verhandeld of wederzijdse verplichtingen kunnen worden afgewikkeld in een rechtstreekse transactie tussen bereidwillige niet-gerelateerde partijen;
19. vaste activa: materiële activa die onder bezwarende titel zijn verkregen of die zijn voortgebracht door de belastingplichtige en immateriële activa die onder bezwarende titel zijn verkregen indien zij afzonderlijk kunnen worden gewaardeerd en in de bedrijfsvoering worden aangewend ter verwerving, behoud of zekerstelling van inkomsten gedurende meer dan twaalf maanden, behalve indien de verkrijgings- of voortbrengingskosten minder dan 1 000 EUR bedragen. Vaste activa omvatten ook financiële activa, met uitzondering van voor handelsdoeleinden aangehouden financiële activa overeenkomstig artikel 21;
20. financiële activa: aandelen gehouden in en leningen verstrekt aan gelieerde ondernemingen als bedoeld in artikel 56 van deze richtlijn, deelnemingen als bedoeld in artikel 2, lid 2, van Richtlijn 2013/34/EU van het Europees Parlement en van de Raad[1], leningen verstrekt aan ondernemingen waarmee een deelnemingsverhouding bestaat, effecten die tot de vaste activa behoren, overige leningen, en eigen aandelen voor zover het nationale recht toestaat dat zij in de balans worden opgenomen;
21. verkrijgings- of voortbrengingskosten: het bedrag aan kasmiddelen of kasequivalenten dat op het tijdstip van verkrijging of voortbrenging is of moet worden betaald, of de waarde van andere activa die zijn geruild of verbruikt om een materieel vast actief te verkrijgen;
22. materiële vaste activa met een lange gebruiksduur: materiële vaste activa met een gebruiksduur van ten minste 15 jaar. Gebouwen, luchtvaartuigen en schepen worden geacht duurzame materiële vaste activa te zijn;
23. materiële vaste activa met een middellange gebruiksduur: materiële vaste activa die geen materiële vaste activa met een lange gebruiksduur zijn in de zin van punt 22 en waarvan de gebruiksduur ten minste 8 jaar bedraagt;
24. tweedehands activa: vaste activa waarvan de gebruiksduur bij aanschaf al ten dele is verstreken en die geschikt zijn om verder te worden gebruikt in hun huidige staat of na herstelling;
25. gebruiksduur: de periode gedurende welke een actief naar verwachting beschikbaar is voor gebruik of het aantal productie- of vergelijkbare eenheden die een belastingplichtige van het actief verwacht te verkrijgen;
26. verbeteringskosten: alle extra uitgaven met betrekking tot een vast actief die de capaciteit van het actief wezenlijk verhogen of het functioneren ervan wezenlijk verbeteren of die meer dan 10 % vertegenwoordigen van de oorspronkelijke afschrijvingsgrondslag van het actief;
27. voorraden en onderhanden werk: activa die bestemd zijn voor de verkoop of zich in het productieproces met het oog op de verkoop bevinden, dan wel activa in de vorm van grond- en hulpstoffen die tijdens het productieproces of bij het verlenen van diensten worden verbruikt;
28. economisch eigenaar: de persoon die in wezen alle voordelen geniet en alle risico's draagt die aan een vast actief verbonden zijn, ongeacht of hij de juridisch eigenaar is. Een belastingplichtige die het recht heeft een vast actief te bezitten, te gebruiken en te vervreemden, en die het risico op verlies of vernietiging draagt, wordt hoe dan ook als economisch eigenaar aangemerkt;
29. financiële onderneming: een van de volgende entiteiten:
   a. een kredietinstelling of een beleggingsonderneming als omschreven in artikel 4, lid 1, punt 1, van Richtlijn 2004/39/EG van het Europees Parlement en de Raad[2], een beheerder van alternatieve beleggingsinstellingen (abi-beheerder) als omschreven in artikel 4, lid 1, onder b), van Richtlijn 2011/61/EU van het Europees Parlement en de Raad[3] of een beheermaatschappij als omschreven in artikel 2, lid 1, onder b), van Richtlijn 2009/65/EG van het Europees Parlement en de Raad[4];

1. Richtlijn 2013/34/EU van het Europees Parlement en van de Raad van 26 juni 2013 betreffende de jaarlijkse financiële overzichten, geconsolideerde financiële overzichten en aanverwante verslagen van bepaalde ondernemingsvormen, tot wijziging van Richtlijn 2006/43/EG van het Europees Parlement en de Raad en tot intrekking van Richtlijnen 78/660/EEG en 83/349/EEG van de Raad (PB L 182 van 29.6.2013, blz. 19).
2. Richtlijn 2004/39/EG van het Europees Parlement en de Raad van 21 april 2004 betreffende markten voor financiële instrumenten, tot wijziging van de Richtlijnen 85/611/EEG en 93/6/EEG van de Raad en van Richtlijn 2000/12/EG van het Europees Parlement en de Raad en houdende intrekking van Richtlijn 93/22/EEG van de Raad (PB L 145 van 30.4.2004, blz. 1).
3. Richtlijn 2011/61/EU van het Europees Parlement en de Raad van 8 juni 2011 inzake beheerders van alternatieve beleggingsinstellingen en tot wijziging van de Richtlijnen 2003/41/EG en 2009/65/EG en van de Verordeningen (EG) nr. 1060/2009 en (EU) nr. 1095/2010 (PB L 174 van 1.7.2011, blz. 1).
4. Richtlijn 2009/65/EG van het Europees Parlement en de Raad van 13 juli 2009 tot coördinatie van de wettelijke en bestuursrechtelijke bepalingen betreffende bepaalde instellingen voor collectieve belegging in effecten (icbe's) (PB L 302 van 17.11.2009, blz. 32).

b. een verzekeringsonderneming als omschreven in artikel 13, punt 1, van Richtlijn 2009/138/EG van het Europees Parlement en de Raad[1];
c. een herverzekeringsonderneming als omschreven in artikel 13, punt 4, van Richtlijn 2009/138/EG;
d. een instelling voor bedrijfspensioenvoorziening als omschreven in artikel 6, onder a), van Richtlijn 2003/41/EG van het Europees Parlement en de Raad[2], tenzij een lidstaat ervoor heeft gekozen deze richtlijn geheel of gedeeltelijk niet toe te passen op die instelling overeenkomstig artikel 5 van die richtlijn of de gedelegeerde van een instelling voor bedrijfspensioenvoorziening als bedoeld in artikel 19, lid 1, van Richtlijn 2003/41/EG;
e. een pensioeninstelling die pensioenregelingen uitvoert welke zijn aan te merken als socialezekerheidsregelingen die onder de Verordeningen (EG) nr. 883/2004 van het Europees Parlement en de Raad[3] en Verordening (EG) nr. 987/2009 van het Europees Parlement en de Raad[4] vallen, alsook elke juridische entiteit die is opgericht met het oog op belegging in die pensioenregelingen;
f. een alternatieve beleggingsinstelling (abi) als omschreven in artikel 4, lid 1, onder a), van Richtlijn 2011/61/EU die wordt beheerd door een abi-beheerder als omschreven in artikel 4, lid 1, onder b), van Richtlijn 2011/61/EU, of een abi waarop toezicht wordt gehouden krachtens het nationale recht;
g. een icbe als omschreven in artikel 1, lid 2, van Richtlijn 2009/65/EG;
h. een centrale tegenpartij (CTP) als omschreven in artikel 2, punt 1, van Verordening (EU) nr. 648/2012 van het Europees Parlement en de Raad[5];
i. een centrale effectenbewaarinstelling als omschreven in artikel 2, lid 1, punt 1, van Verordening (EU) nr. 909/2014 van het Europees Parlement en de Raad[6];

30. entiteit: iedere juridische regeling met het oog op de uitoefening van een bedrijf door een vennootschap dan wel door een fiscaal transparante structuur;
31. hybride mismatch: een situatie tussen een belastingplichtige en een gelieerde onderneming of een gestructureerde regeling tussen partijen in verschillende fiscale rechtsgebieden waarin een van de volgende resultaten te wijten is aan verschillen in de juridische kwalificatie van een financieel instrument of een entiteit, of aan de aanmerking van een commerciële aanwezigheid als vaste inrichting:

a. dezelfde betaling, kosten of verliezen worden zowel in het rechtsgebied waar de betaling haar oorsprong vindt, de kosten zijn gemaakt of de verliezen zijn geleden, als in het andere rechtsgebied in aftrek gebracht van de belastbare grondslag ("dubbele aftrek");
b. een betaling wordt in aftrek gebracht van de belastbare grondslag in het rechtsgebied waar de betaling haar oorsprong vindt, zonder dat deze betaling op overeenkomstige wijze in het andere rechtsgebied in de heffing wordt betrokken ("aftrek zonder betrekking in de heffing");
c. in geval van verschillen bij de aanmerking van een commerciële aanwezigheid als vaste inrichting, het onbelast blijven van inkomsten die hun oorsprong vinden in een rechtsgebied, zonder dat deze inkomsten op overeenkomstige wijze in het andere rechtsgebied in de heffing worden betrokken ("onbelast zonder betrekking in de heffing").

Een hybride mismatch treedt slechts op in zoverre dezelfde in twee rechtsgebieden afgetrokken betaling, gemaakte kosten of geleden verliezen het bedrag aan inkomsten te boven gaan dat in beide rechtsgebieden in de heffing is betrokken en aan dezelfde bron kan worden toegerekend.
Een hybride mismatch omvat ook de overdracht van een financieel instrument in het kader van een gestructureerde regeling met een belastingplichtige, waarbij de onderliggende opbrengst van het overgedragen financiële instrument voor belastingdoeleinden wordt behandeld alsof deze tegelijkertijd is verkregen door meer dan een van de partijen bij de regeling, die fiscaal inwoner zijn van verschillende rechtsgebieden, met een van de volgende resultaten:

1. Richtlijn 2009/138/EG van het Europees Parlement en de Raad van 25 november 2009 betreffende de toegang tot en uitoefening van het verzekerings- en het herverzekeringsbedrijf (Solvabiliteit II) (PB L 335 van 17.12.2009, blz. 1).
2. Richtlijn 2003/41/EG van het Europees Parlement en de Raad van 3 juni 2003 betreffende de werkzaamheden van en het toezicht op instellingen voor bedrijfspensioenvoorziening (PB L 235 van 23.9.2003, blz. 10).
3. Verordening (EG) nr. 883/2004 van het Europees Parlement en de Raad van 29 april 2004 betreffende de coördinatie van de socialezekerheidsstelsels (PB L 200 van 7.6.2004, blz. 1).
4. Verordening (EG) nr. 987/2009 van het Europees Parlement en de Raad van 16 september 2009 tot vaststelling van de wijze van toepassing van Verordening (EG) nr. 883/2004 betreffende de coördinatie van de socialezekerheidsstelsels (PB L 284 van 30.10.2009, blz. 1).
5. Verordening (EU) nr. 648/2012 van het Europees Parlement en de Raad van 4 juli 2012 betreffende otc-derivaten, centrale tegenpartijen en transactieregisters (PB L 201 van 27.7.2012, blz. 1).
6. Verordening (EU) nr. 909/2014 van het Europees Parlement en de Raad van 23 juli 2014 betreffende de verbetering van de effectenafwikkeling in de Europese Unie, betreffende centrale effectenbewaarinstellingen en tot wijziging van Richtlijnen 98/26/EG en 2014/65/EU en Verordening (EU) nr. 236/2012 (PB L 257 van 28.8.2014, blz. 1).

a. een aftrek van een betaling die verband houdt met de onderliggende opbrengst, zonder dat deze betaling op overeenkomstige wijze in de heffing wordt betrokken, tenzij de onderliggende opbrengst in het belastbare inkomen van een van de betrokken partijen is opgenomen;

b. een vermindering van bronbelasting voor een betaling die is verkregen uit het overgedragen financieel instrument, aan meer dan een van de betrokken partijen;

32. gestructureerde regeling: een regeling waarbij sprake is van een hybride mismatch die al in de voorwaarden van de regeling is verwerkt, dan wel een regeling die zodanig is opgezet dat er een hybride mismatch uit resulteert, tenzij van de belastingplichtige of een gelieerde onderneming niet redelijkerwijs kon worden verwacht dat deze zich bewust waren van de hybride mismatch en zij geen profijt trokken uit het belastingvoordeel dat uit de hybride mismatch voortvloeit;

33. nationaal vennootschapsbelastingrecht: de wet van een lidstaat die voorziet in een van de in bijlage II genoemde belastingen.

De Commissie kan overeenkomstig artikel 66 gedelegeerde handelingen vaststellen om meer begrippen te definiëren.

Artikel 5. Vaste inrichting in een lidstaat toebehorend aan een belastingplichtige die fiscaal inwoner van de Unie is

1. Een belastingplichtige wordt geacht te beschikken over een vaste inrichting in een andere lidstaat dan de lidstaat waarvan hij fiscaal inwoner is, wanneer hij in die andere lidstaat een vaste bedrijfsinrichting heeft door middel waarvan zijn werkzaamheden geheel of gedeeltelijk worden uitgeoefend, daaronder met name begrepen:

a. een plaats waar leiding wordt gegeven;

b. een bijkantoor;

c. een kantoor;

d. een fabriek;

e. een werkplaats;

f. een mijn, een olie- of gasbron, een steengroeve of een andere plaats waar natuurlijke rijkdommen worden gewonnen.

2. De plaats van uitvoering van een bouwwerk of van constructie- of montagewerkzaamheden vormt slechts een vaste inrichting indien de duur ervan twaalf maanden overschrijdt.

3. Het begrip "vaste inrichting" omvat niet de volgende activiteiten, mits deze activiteiten, of in het geval van punt f), het totaal van de activiteiten van de vaste bedrijfsinrichting, van voorbereidende aard zijn of het karakter van hulpwerkzaamheid hebben:

a. het gebruik van inrichtingen, uitsluitend voor de opslag, uitstalling of aflevering van aan de belastingplichtige toebehorende goederen of koopwaar;

b. het aanhouden van een voorraad van aan de belastingplichtige toebehorende goederen of koopwaar, uitsluitend voor de opslag, uitstalling of aflevering;

c. het aanhouden van een voorraad van aan de belastingplichtige toebehorende goederen of koopwaar, uitsluitend voor bewerking of verwerking door een andere persoon;

d. het aanhouden van een vaste bedrijfsinrichting, uitsluitend om voor de belastingplichtige goederen of koopwaar aan te kopen of inlichtingen in te winnen;

e. het aanhouden van een vaste bedrijfsinrichting, uitsluitend om voor de belastingplichtige enige andere werkzaamheid uit te oefenen;

f. het aanhouden van een vaste bedrijfsinrichting, uitsluitend voor een combinatie van de onder a) tot en met e) genoemde werkzaamheden.

4. Indien een persoon in een lidstaat namens een belastingplichtige handelt en daarbij gewoonlijk overeenkomsten afsluit, of gewoonlijk de hoofdrol vervult die leidt tot het afsluiten van overeenkomsten, die stelselmatig zonder wezenlijke aanpassing door de belastingplichtige worden afgesloten, wordt die belastingplichtige, onverminderd lid 5, geacht in die lidstaat een vaste inrichting te hebben met betrekking tot de werkzaamheden die die persoon voor de belastingplichtige verricht.

De in de eerste alinea genoemde overeenkomsten worden gesloten:

a. op naam van de belastingplichtige, of

b. voor het overdragen van de eigendom van of het verlenen van het gebruiksrecht op zaken die eigendom zijn van deze belastingplichtige of waarop hij een gebruiksrecht heeft, of

c. voor het verlenen van diensten door de belastingplichtige.

De eerste en tweede alinea zijn niet van toepassing indien de werkzaamheden van die persoon van voorbereidende aard zijn of het karakter van hulpwerkzaamheid hebben zoals bedoeld in lid 3 waardoor zij, indien zij door middel van een vaste bedrijfsinrichting worden uitgeoefend, deze vaste bedrijfsinrichting op grond van de bepalingen van dat lid niet tot een vaste inrichting zouden maken.

5. a. Lid 4 is niet van toepassing indien de persoon die in een lidstaat namens een belastingplichtige handelt, in die lidstaat als een onafhankelijke vertegenwoordiger zaken doet en voor de belastingplichtige optreedt in de normale uitoefening van zijn bedrijf. Indien een persoon evenwel uitsluitend of vrijwel uitsluitend optreedt namens een of meerdere belastingplichtigen met wie hij een "nauwe band" heeft, wordt deze persoon ten aanzien van deze belastingplichtigen niet als onafhankelijk vertegenwoordiger in de zin van dit lid aangemerkt.

b. Voor de toepassing van dit artikel heeft een persoon een "nauwe band" met een belastingplichtige indien de een, rechtstreeks of middellijk, het recht heeft om meer dan 50 % van de stemrechten in de ander uit te oefenen, dan wel een eigendomsrecht bezit van meer dan 50 % van het kapitaal van de ander of meer dan 50 % van de rechten die aanspraak geven op winst.

6. De omstandigheid dat een belastingplichtige die fiscaal inwoner is van een lidstaat, een belastingplichtige beheerst of door een belastingplichtige wordt beheerst die fiscaal inwoner is van een andere lidstaat of die in die andere lidstaat zaken doet (hetzij door middel van een vaste inrichting, hetzij op andere wijze), stempelt een van beide belastingplichtigen niet tot een vaste inrichting van de andere.

Hoofdstuk II. Berelening van de heffingsgrondslag

Artikel 6. Algemene beginselen

1. Voor de berekening van de heffingsgrondslag worden winsten en verliezen alleen in aanmerking genomen wanneer zij gerealiseerd zijn.
2. Iedere transactie of belastbaar feit wordt afzonderlijk gewaardeerd.
3. De berekening van de heffingsgrondslag geschiedt op consistente wijze, tenzij uitzonderlijke omstandigheden een wijziging rechtvaardigen.
4. De heffingsgrondslag wordt voor ieder belastingjaar berekend, tenzij anders is bepaald. Een belastingjaar bestaat uit een periode van twaalf maanden, tenzij anders is bepaald.

Artikel 7. Bestanddelen van de heffingsgrondslag

De heffingsgrondslag wordt berekend als inkomsten minus vrijgestelde inkomsten, aftrekbare kosten en andere aftrekposten.

Artikel 8. Vrijgestelde inkomsten

De volgende inkomsten worden niet opgenomen in de heffingsgrondslag:

a. subsidies die rechtstreeks samenhangen met de verkrijging, voortbrenging of verbetering van vaste activa die worden afgeschreven overeenkomstig de artikelen 31 tot en met 41;

b. opbrengsten van de vervreemding van de in artikel 37, lid 2, bedoelde gepoolde activa, inclusief de marktwaarde van niet-geldelijke giften;

c. opbrengsten van de vervreemding van aandelen, mits de belastingplichtige gedurende de twaalf maanden voorafgaand aan de vervreemding een deelneming in het kapitaal van de vennootschap van ten minste 10 % heeft aangehouden of over ten minste 10 % van de stemrechten van de vennootschap heeft beschikt, met uitzondering van de opbrengsten van de vervreemding van aandelen die voor handelsdoeleinden worden aangehouden als bedoeld in artikel 21, lid 3, en van aandelen die door levensverzekeringsondernemingen worden aangehouden overeenkomstig artikel 28, onder b);

d. ontvangen winstuitkeringen, mits de belastingplichtige gedurende een aaneengesloten periode van twaalf maanden een deelneming in het kapitaal van de uitkerende vennootschap van ten minste 10 % heeft aangehouden of over ten minste 10 % van de stemrechten van de uitkerende vennootschap heeft beschikt, met uitzondering van winstuitkeringen op aandelen die voor handelsdoeleinden worden aangehouden als bedoeld in artikel 21, lid 4, en winstuitkeringen die door levensverzekeringsondernemingen zijn ontvangen overeenkomstig artikel 28, onder c);

e. inkomsten van een vaste inrichting, ontvangen door de belastingplichtige in de lidstaat waarvan hij fiscaal inwoner is.

Artikel 9. Aftrekbare kosten

1. Kosten zijn alleen aftrekbaar voor zover zij in het rechtstreekse zakelijke belang van de belastingplichtige zijn gemaakt.
2. De in lid 1 bedoelde kosten omvatten alle kosten die betrekking hebben op de omzet alsook alle kosten, exclusief aftrekbare belasting over de toegevoegde waarde, die door de belastingplichtige zijn gemaakt ter

verwerving of zekerstelling van inkomsten, inclusief uitgaven voor onderzoek en ontwikkeling en kosten van het bijeenbrengen van eigen of vreemd vermogen voor bedrijfsdoeleinden.

3. Naast de bedragen die aftrekbaar zijn als uitgaven voor onderzoek en ontwikkeling overeenkomstig lid 2, kan de belastingplichtige per belastingjaar nog eens 50 % van dergelijke uitgaven, met uitzondering van die voor roerende materiële vaste activa, die hij in de loop van dat jaar heeft gemaakt, aftrekken. Voor zover de uitgaven voor onderzoek en ontwikkeling een drempel van 20 000 000 EUR te boven gaan, kan de belastingplichtige 25% van het bedrag daarboven aftrekken.

In afwijking van de eerste alinea kan de belastingplichtige nog eens 100 % van zijn uitgaven voor onderzoek en ontwikkeling tot een maximum van 20 000 000 EUR in aftrek brengen indien hij aan elk van de volgende voorwaarden voldoet:

a. het betreft een niet-beursgenoteerde onderneming met minder dan 50 werknemers en een jaaromzet en/of een jaarbalanstotaal van niet meer dan 10 000 000 EUR;

b. de onderneming is nog geen vijf jaar ingeschreven. Indien de belastingplichtige niet ingeschreven hoeft te zijn, kan als startpunt van de periode van vijf jaar het tijdstip worden genomen waarop de onderneming met haar economische activiteiten van start is gegaan dan wel waarop zij daarover belasting verschuldigd is geworden;

c. de onderneming is niet door een fusie tot stand gekomen;

d. de onderneming heeft geen gelieerde ondernemingen.

4. De lidstaten kunnen bepalen dat giften en schenkingen aan charitatieve instellingen aftrekbaar zijn.

Artikel 10. Andere aftrekposten

Er wordt een aftrek verricht met betrekking tot de afschrijving van vaste activa als bedoeld in de artikelen 30 tot en met 40.

Artikel 11. Aftrek voor groei en investeringen ("AGI")

1. Voor de toepassing van dit artikel betekent de "AGI-vermogensgrondslag" voor een bepaald belastingjaar het verschil tussen het vermogen van een belastingplichtige en de fiscale boekwaarde van zijn deelneming in het kapitaal van gelieerde ondernemingen als bedoeld in artikel 56.

2. Voor de toepassing van dit artikel wordt onder "vermogen" het volgende verstaan:

a. "eigen vermogen" zoals beschreven onder letter A onder "Eigen vermogen en overige passiva" in bijlage III bij Richtlijn 2013/34/EU van het Europees Parlement en van de Raad[1];

b. "eigen vermogen" zoals beschreven onder letter L in bijlage IV bij Richtlijn 2013/34/EU;

c. "eigen vermogen" zoals omschreven in de internationale standaarden voor financiële verslaglegging (IFRS) die in de Unie zijn aangenomen en worden gebruikt overeenkomstig Verordening (EG) nr. 1606/2002 van het Europees Parlement en de Raad[2].

3. Overeenkomstig de leden 1 tot en met 6 kan van de heffingsgrondslag van een belastingplichtige een bedrag worden afgetrokken dat gelijk is aan het vastgelegde rendement op de toenames van de AGI-vermogensgrondslag. Indien er sprake is van een afname van de AGI-vermogensgrondslag, dan wordt een bedrag dat gelijk is aan het vastgelegde rendement op de afname van de AGI-vermogensgrondslag, belastbaar.

4. Toenames of afnames van de AGI-vermogensgrondslag worden, voor de eerste tien belastingjaren waarin een belastingplichtige onderworpen is aan de bij deze richtlijn ingestelde regeling, berekend als het verschil tussen zijn AGI-vermogensgrondslag aan het eind van het desbetreffende belastingjaar en zijn AGI-vermogensgrondslag op de eerste dag van het eerste belastingjaar onder de bij deze richtlijn ingestelde regeling. Na de eerste tien belastingjaren wordt de verwijzing naar het bedrag van de AGI-vermogensgrondslag dat aftrekbaar is van de AGI-vermogensgrondslag aan het eind van het desbetreffende belastingjaar, elk jaar met een belastingjaar naar voren gehaald.

5. Het in lid 3 genoemde vastgelegde rendement is gelijk aan het rendement van de benchmark voor tienjaars-overheidsobligaties in de eurozone per december van het jaar voorafgaand aan het desbetreffende belastingjaar, zoals gepubliceerd door de Europese Centrale Bank, vermeerderd met een risicopremie van twee

1. Richtlijn 2013/34/EU van het Europees Parlement en van de Raad van 26 juni 2013 betreffende de jaarlijkse financiële overzichten, geconsolideerde financiële overzichten en aanverwante verslagen van bepaalde ondernemingsvormen, tot wijziging van Richtlijn 2006/43/EG van het Europees Parlement en de Raad en tot intrekking van Richtlijnen 78/660/EEG en 83/349/EEG van de Raad (PB L 182 van 29.6.2013, blz. 19).

2. Verordening (EG) nr. 1606/2002 van het Europees Parlement en de Raad van 19 juli 2002 betreffende de toepassing van internationale standaarden voor jaarrekeningen (PB L 243 van 11.9.2002, blz. 1).

procentpunten. Er geldt een ondergrens van twee procent indien de ontwikkeling van het rendement op jaarbasis negatief is.

6. De Commissie is bevoegd overeenkomstig artikel 66 gedelegeerde handelingen aan te nemen om nadere anti-ontgaansbepalingen vast te stellen, met name op de volgende voor de AGI relevante gebieden:

a. leningen binnen de groep en leningen waar gelieerde ondernemingen bij betrokken zijn;

b. inbreng in geld en inbreng in natura;

c. overbrenging van deelnemingen;

d. de herclassificatie van oud kapitaal tot nieuw kapitaal door middel van liquidaties en de oprichting van start-ups;

e. de oprichting van dochterondernemingen;

f. de overname van bedrijven in handen van gelieerde ondernemingen;

g. "double dipping"-constructies waarbij de aftrekbaarheid van rente wordt gecombineerd met aftrek onder de AGI;

h. toenames in het bedrag van de vorderingen op gelieerde ondernemingen in het kader van kredietfinanciering ten opzichte van het bedrag van dergelijke vorderingen op de referentiedatum.

Artikel 12. Niet-aftrekbare posten

In afwijking van de artikelen 9 en 10 zijn de volgende posten niet aftrekbaar:

a. winstuitkeringen en aflossingen van eigen of vreemd vermogen;

b. 50 % van representatiekosten, tot een bedrag dat [x]% van de inkomsten gedurende het belastingjaar niet te boven gaat;

c. de overdracht van ingehouden winsten naar een reserve die deel uitmaakt van het eigen vermogen van de vennootschap;

d. vennootschapsbelasting en soortgelijke winstbelastingen;

e. steekpenningen en andere illegale betalingen;

f. boetes en financiële sancties, met inbegrip van kosten voor te late betaling, die verschuldigd zijn aan een overheid wegens niet-naleving van wetgeving;

g. door een vennootschap verrichte uitgaven voor het verkrijgen van inkomsten die zijn vrijgesteld overeenkomstig artikel 8, onder c), d) en e);

h. andere giften en schenkingen dan die bedoeld in artikel 9, lid 4;

i. verkrijgings- of voortbrengingskosten of kosten in verband met de verbetering van vaste activa die aftrekbaar zijn krachtens de artikelen 10 en 18, met uitzondering van de uitgaven voor onderzoek en ontwikkeling. De in artikel 33, lid 1, onder a), en artikel 33, lid 2, onder a) en b), bedoelde kosten worden niet aangemerkt als uitgaven voor onderzoek en ontwikkeling;

j. verliezen geleden door een vaste inrichting in een derde land.

Artikel 13. Beperking van de aftrekbaarheid van rente

1. Financieringskosten zijn aftrekbaar tot het bedrag van de rente of andere belastbare inkomsten uit financiële activa die door de belastingplichtige zijn ontvangen.

2. Een financieringskostensurplus is aftrekbaar in het belastingjaar waarin het is ontstaan, ten belope van maximaal 30 procent van de winst vóór rente, belastingen, waardeverminderingen en afschrijvingen (ebitda) van de belastingplichtige dan wel tot een bedrag van maximaal 3 000 000 EUR, naargelang welk van beide het hoogste is.

Voor de toepassing van dit artikel geldt dat indien een belastingplichtige namens een groep mag of moet handelen, zoals omschreven in de voorschriften van een nationaal systeem voor de belasting van groepen, de volledige groep als een belastingplichtige wordt aangemerkt. Onder deze omstandigheden worden het financieringskostensurplus en de ebitda berekend voor de gehele groep. Het bedrag van 3 000 000 EUR geldt ook voor de gehele groep.

3. De ebitda wordt berekend door de voor belastingen gecorrigeerde bedragen van het financieringskostensurplus en de voor belastingen gecorrigeerde bedragen van waardeverminderingen en afschrijvingen op te tellen bij de heffingsgrondslag van de belastingplichtige. Belastingvrije inkomsten worden uitgesloten van de ebitda van een belastingplichtige.

4. In afwijking van lid 2 heeft een belastingplichtige die als een op zichzelf staand bedrijf kwalificeert, het recht op volledige aftrek van zijn financieringskostensurplus. Onder een op zichzelf staand bedrijf wordt verstaan een belastingplichtige die geen deel uitmaakt van een voor de financiële boekhouding geconsolideerde groep en geen gelieerde ondernemingen of vaste inrichtingen heeft.

5. In afwijking van lid 2 is het financieringskostensurplus volledig aftrekbaar indien het is ontstaan in verband met:

a. leningen die zijn gesloten voor [datum van politieke overeenstemming over deze richtlijn], met uitzondering van latere wijzigingen van deze leningen;

b. leningen die voor de financiering van langlopende openbare-infrastructuurprojecten worden gebruikt waarbij de uitvoerder van het project, de financieringskosten, de activa en de inkomsten zich allemaal in de Unie bevinden.

Voor de toepassing van punt b) wordt onder langlopend openbare-infrastructuurproject een project verstaan dat bedoeld is om een grootschalig actief dat door een lidstaat wordt beschouwd als zijnde van algemeen belang, te leveren, te verbeteren, te exploiteren of te onderhouden.

Wanneer punt b) van toepassing is, worden inkomsten uit een langlopend openbare-infrastructuurproject uitgesloten van de ebitda van de belastingplichtige.

6. Een financieringskostensurplus dat in een bepaald belastingjaar niet kan worden afgetrokken, wordt voorwaarts verrekend zonder beperking in de tijd.

7. De leden 1 tot en met 6 zijn niet van toepassing op financiële ondernemingen, daaronder begrepen ondernemingen die deel uitmaken van een voor de financiële boekhouding geconsolideerde groep.

Artikel 14. Uitgaven ten behoeve van aandeelhouders, rechtstreekse verwanten van die aandeelhouders of gelieerde ondernemingen

Voordelen toegekend aan een aandeelhouder die een natuurlijk persoon is, aan zijn of haar echtgenoot of bloedverwanten in de rechte lijn dan wel aan een gelieerde onderneming zoals bedoeld in artikel 56, worden niet aangemerkt als aftrekbare kosten indien deze voordelen niet zouden worden toegekend aan een onafhankelijke derde.

Hoofdstuk III. Timing en kwantificering

Artikel 15. Algemene beginselen

Inkomsten, kosten en alle overige aftrekposten worden in de balans verwerkt in het belastingjaar waarin zij zijn genoten of ontstaan, tenzij in deze richtlijn anders is bepaald.

Artikel 16. Tijdstip waarop inkomsten zijn genoten

1. Inkomsten zijn genoten op het tijdstip waarop het recht om ze te ontvangen, ontstaat en zij op betrouwbare wijze kunnen worden gewaardeerd, ongeacht of de desbetreffende bedragen daadwerkelijk zijn betaald.

2. Inkomsten uit handel in goederen worden geacht te zijn genoten overeenkomstig lid 1 indien de volgende voorwaarden vervuld zijn:

a. de belastingplichtige heeft de eigendom van de verkochte goederen aan de koper overgedragen;

b. de belastingplichtige behoudt geen feitelijke zeggenschap over de verkochte goederen;

c. het bedrag van de inkomsten kan op betrouwbare wijze worden bepaald;

d. het is waarschijnlijk dat de economische voordelen met betrekking tot de transactie naar de belastingplichtige zullen vloeien;

e. de reeds gemaakte of nog te maken kosten met betrekking tot de transactie kunnen op betrouwbare wijze worden gewaardeerd.

3. Inkomsten uit dienstverlening worden geacht te zijn genoten voor zover de diensten zijn verricht en mits de volgende voorwaarden vervuld zijn:

a. het bedrag van de inkomsten kan op betrouwbare wijze worden bepaald;

b. het is waarschijnlijk dat de economische voordelen met betrekking tot de transactie naar de dienstverlener zullen vloeien;

c. de mate van voltooiing van de transactie aan het einde van het belastingjaar kan op betrouwbare wijze worden bepaald;

d. de reeds gemaakte of nog te maken kosten met betrekking tot de transactie kunnen op betrouwbare wijze worden gewaardeerd.

Indien niet voldaan is aan de voorwaarden onder a) tot en met d), worden inkomsten uit dienstverlening slechts geacht te zijn genoten voor zover zij aan aftrekbare uitgaven kunnen worden gerelateerd.

4. Indien inkomsten voortkomen uit termijnbetalingen aan de belastingplichtige, worden deze inkomsten geacht te zijn genoten op het tijdstip waarop elke afzonderlijke termijn betaalbaar wordt.

Artikel 17. Ontstaan van aftrekbare kosten

Aftrekbare kosten zijn ontstaan wanneer alle onderstaande voorwaarden zijn vervuld:
a. de verplichting tot betaling is ontstaan; indien de kosten bestaan uit termijnbetalingen door de belastingplichtige, ontstaat de verplichting tot betaling op het tijdstip waarop elke afzonderlijke termijn betaalbaar wordt;
b. het bedrag van de verplichting kan met redelijke nauwkeurigheid worden gekwantificeerd;
c. in het geval van handel in goederen zijn de wezenlijke voordelen en risico's verbonden aan de eigendom ervan aan de belastingplichtige overgedragen en in het geval van dienstverlening zijn de diensten door de belastingplichtige afgenomen.

Artikel 18. Kosten in verband met niet-afschrijfbare activa

Verkrijgings- of voortbrengingskosten van vaste materiële activa zoals bedoeld in artikel 38 of kosten ter verbetering van deze activa zijn aftrekbaar in het belastingjaar waarin zij worden vervreemd, op voorwaarde dat de opbrengst van die vervreemding in de heffingsgrondslag wordt begrepen.

Artikel 19. Bepaling van voorraden en onderhanden werk

1. Het totale bedrag aan aftrekbare kosten in een belastingjaar wordt vermeerderd met de waarde van de voorraden en het onderhanden werk aan het begin van het belastingjaar en verminderd met de waarde van de voorraden en het onderhanden werk aan het einde van datzelfde belastingjaar, met uitzondering van de voorraden en het onderhanden werk in verband met langlopende overeenkomsten zoals bedoeld in artikel 22.
2. De kostprijs van voorraden en onderhanden werk wordt op consequente wijze bepaald door middel van de fifo-methode (eerst in, eerst uit), de lifo-methode (laatst in, eerst uit) of de methode van de gewogen gemiddelde kostprijs.
3. De kostprijs van voorraden en onderhanden werk met betrekking tot bestanddelen die normaliter niet onderling uitwisselbaar zijn en goederen of diensten die worden geproduceerd respectievelijk verleend en afgescheiden voor specifieke projecten, wordt afzonderlijk bepaald.

Artikel 20. Waardering

1. De heffingsgrondslag wordt berekend op basis van de volgende elementen:
a. de geldelijke tegenprestatie voor de transactie, zoals de prijs van de verkochte goederen of de verleende diensten;
b. de marktwaarde, indien de tegenprestatie voor de transactie geheel of gedeeltelijk van niet-geldelijke aard is;
c. de marktwaarde, in het geval van een niet-geldelijke gift;
d. de marktwaarde van financiële activa en financiële verplichtingen aangehouden voor handelsdoeleinden.
2. De heffingsgrondslag, omvattende de inkomsten en de uitgaven, wordt uitgedrukt in EUR in de loop van het belastingjaar of op de laatste dag van het belastingjaar tegen de door de Europese Centrale Bank gepubliceerde jaarlijkse gemiddelde wisselkoers voor het kalenderjaar of, indien het belastingjaar niet samenvalt met het kalenderjaar, tegen het gemiddelde van de door de Europese Centrale Bank in de loop van het belastingjaar gepubliceerde dagkoersen.
3. Lid 2 is niet van toepassing op een belastingplichtige in een lidstaat die niet de euro heeft ingevoerd.

Artikel 21. Financiële activa en financiële verplichtingen aangehouden voor handelsdoeleinden (handelsportefeuille)

1. Een financieel actief of een financiële verplichting wordt aangemerkt als aangehouden voor handelsdoeleinden, indien het actief of de verplichting:
a. hoofdzakelijk wordt verworven respectievelijk aangegaan met het oog op de verkoop of terugkoop op korte termijn;
b. deel uitmaakt van een portefeuille van geïdentificeerde financiële instrumenten, daaronder begrepen derivaten, die gezamenlijk worden beheerd en waarvoor aanwijzingen bestaan van een recent, feitelijk patroon van winstneming op korte termijn.
2. In afwijking van de artikelen 16 en 17 worden verschillen tussen de marktwaarde van financiële activa of financiële verplichtingen die voor handelsdoeleinden worden aangehouden, zoals berekend aan het begin van een belastingjaar of op de datum van aanschaf indien die later valt, en hun marktwaarde zoals berekend aan het einde van hetzelfde belastingjaar, in de heffingsgrondslag van dat belastingjaar begrepen.

3. De opbrengst van voor handelsdoeleinden aangehouden financiële activa of financiële verplichtingen die worden vervreemd, wordt bij de heffingsgrondslag opgeteld. De marktwaarde van die activa of verplichtingen aan het begin van het belastingjaar of op de datum van aanschaf indien die later valt, wordt in mindering gebracht op de heffingsgrondslag.
4. Indien winstuitkeringen worden ontvangen voor deelnemingen die voor handelsdoeleinden worden aangehouden, vindt de in artikel 8, onder d), bedoelde vrijstelling van de heffingsgrondslag geen toepassing.
5. In afwijking van artikel 8, onder c), worden verschillen tussen de marktwaarde van financiële activa of financiële verplichtingen die niet langer voor handelsdoeleinden maar wel nog als vast actief worden aangehouden, zoals berekend aan het begin van een belastingjaar of op de datum van aanschaf indien die later valt, en hun marktwaarde zoals berekend aan het einde van hetzelfde belastingjaar, in de heffingsgrondslag van dat belastingjaar begrepen.

In afwijking van artikel 8, onder c), worden verschillen tussen de marktwaarde van financiële activa of financiële verplichtingen die niet langer als vast actief maar wel nog voor handelsdoeleinden worden aangehouden, zoals berekend aan het begin van een belastingjaar of op de datum van aanschaf indien die later valt, en hun marktwaarde zoals berekend aan het einde van hetzelfde belastingjaar, in de heffingsgrondslag van dat belastingjaar begrepen.

De marktwaarde van financiële activa of financiële verplichtingen aan het einde van het belastingjaar gedurende welk zij werden geherclassificeerd van vast actief tot voor handelsdoeleinden aangehouden actief of verplichting en omgekeerd, is tevens hun marktwaarde aan het begin van het jaar na de herclassificatie.
6. De in artikel 8, onder c), bedoelde periode begint of wordt onderbroken wanneer het financiële actief of de financiële verplichting niet langer voor handelsdoeleinden wordt aangehouden of niet langer een vast actief is.

Artikel 22. Langlopende overeenkomsten

1. Een langlopende overeenkomst is een overeenkomst die aan alle onderstaande voorwaarden voldoet:
   a. zij is gesloten met het oog op de vervaardiging, montage of constructie of met het oog op dienstverlening;
   b. zij heeft, althans naar verwachting, een looptijd van meer dan twaalf maanden.
2. In afwijking van artikel 16 worden inkomsten in verband met een langlopende overeenkomst geacht te zijn genoten naar rato van het gedeelte van de langlopende overeenkomst dat in het desbetreffende belastingjaar voltooid is. Het voltooiingspercentage van de langlopende overeenkomst wordt bepaald op basis van de verhouding van de in dat jaar gemaakte kosten tot de totale geschatte kosten.
3. Kosten in verband met een langlopende overeenkomst zijn aftrekbaar in het belastingjaar waarin zij zijn ontstaan.

Artikel 23. Voorzieningen

1. In afwijking van artikel 17 kan, wanneer aan het einde van het belastingjaar vaststaat dat de belastingplichtige een in rechte afdwingbare verplichting of een waarschijnlijke toekomstige in rechte afdwingbare verplichting heeft die voortvloeit uit in dat of in een voorgaand belastingjaar verrichte werkzaamheden of transacties, ieder uit die verplichting voortkomend bedrag dat op betrouwbare wijze kan worden geschat, in aftrek worden gebracht, op voorwaarde dat de uiteindelijke afwikkeling van het bedrag naar verwachting zal leiden tot aftrekbare kosten.

Voor de toepassing van dit artikel kan een in rechte afdwingbare verplichting voortvloeien uit elk van het volgende:
   a. een overeenkomst;
   b. wetgeving;
   c. een bestuursrechtelijk besluit dat algemene strekking heeft of tot een bepaalde belastingplichtige is gericht;
   d. andere wettelijke beschikkingen.

Wanneer de verplichting betrekking heeft op een werkzaamheid of transactie die zal worden voortgezet in toekomstige belastingjaren, wordt de voorziening naar evenredigheid gespreid over de geschatte duur van de werkzaamheid of transactie.

Voorzieningen krachtens dit artikel worden getoetst en gecorrigeerd aan het einde van elk belastingjaar. Bij de berekening van de heffingsgrondslag in toekomstige belastingjaren wordt rekening gehouden met bedragen die reeds in aftrek zijn gebracht op grond van dit artikel.
2. Als betrouwbare schatting zoals bedoeld in lid 1 gelden de verwachte kosten voor de afwikkeling van de bestaande in rechte afdwingbare verplichting aan het einde van het belastingjaar, op voorwaarde dat die

schatting gebaseerd is op alle relevante factoren, waaronder de ervaringen uit het verleden van de vennootschap, de groep of de sector. Bij het waarderen van een voorziening geldt het volgende:

a. er wordt rekening gehouden met alle risico's en onzekerheden, maar onzekerheid vormt geen rechtvaardiging voor het creëren van buitensporige voorzieningen;

b. als de voorziening een periode van twaalf maanden of meer bestrijkt en er geen overeengekomen disconteringsvoet is, wordt de voorziening gedisconteerd tegen het jaarlijkse gemiddelde van de Euro Interbank Offered Rate (Euribor) voor verplichtingen met een looptijd van twaalf maanden, zoals gepubliceerd door de Europese Centrale Bank, in het kalenderjaar waarin het belastingjaar eindigt;

c. er wordt rekening gehouden met toekomstige gebeurtenissen waarvan redelijkerwijs kan worden verwacht dat zij zullen plaatsvinden;

d. er wordt rekening gehouden met toekomstige voordelen die rechtstreeks samenhangen met de gebeurtenis die aanleiding geeft tot de voorziening.

3. Voorzieningen zijn niet aftrekbaar met betrekking tot:

a. potentiële verliezen

b. toekomstige stijgingen van de kosten.

Artikel 24. Pensioenen

Een lidstaat kan bepalen dat pensioenvoorzieningen aftrekbaar zijn.

Artikel 25. Aftrek voor oninbare vorderingen

1. Aftrek is toegestaan voor een oninbare vordering indien de volgende voorwaarden vervuld zijn:

a. de belastingplichtige heeft, aan het einde van het belastingjaar, alle redelijke stappen als omschreven in lid 2 ondernomen om betaling te verkrijgen en het is waarschijnlijk dat de vordering geheel of gedeeltelijk onbetaald zal blijven; of de belastingplichtige heeft een groot aantal homogene vorderingen uit dezelfde bedrijfstak en kan op procentuele basis een betrouwbare schatting maken van het bedrag van de oninbare vordering, met dien verstande dat de waarde van elke homogene vordering geringer is dan 0,1 % van de totale waarde van alle homogene vorderingen. De belastingplichtige komt tot een betrouwbare schatting op basis van alle relevante factoren, waaronder ervaringen uit het verleden;

b. er bestaat tussen de debiteur en de belastingplichtige geen relatie zoals bedoeld in artikel 3 en de debiteur en de belastingplichtige zijn ook geen gelieerde ondernemingen zoals bedoeld in artikel 56. Indien de debiteur een natuurlijk persoon is, nemen de debiteur noch zijn of haar echtgenoot of bloedverwanten in de rechte lijn deel in de leiding of de zeggenschap over de belastingplichtige dan wel, rechtstreeks of middellijk, in het kapitaal van de belastingplichtige zoals bedoeld in artikel 56;

c. er is geen aftrek voor de oninbare vordering gevraagd op grond van artikel 39;

d. indien de oninbare vordering betrekking heeft op een handelsvordering, is een met de vordering overeenstemmend bedrag als inkomsten in de heffingsgrondslag begrepen.

2. Bij het bepalen of alle redelijke stappen zijn ondernomen om betaling te verkrijgen, wordt rekening gehouden met de onder a) tot en met e) genoemde factoren, op voorwaarde dat zij op objectief bewijs gebaseerd zijn:

a. of de inningskosten in verhouding staan tot de vordering;

b. of er kans op succesvolle inning bestaat;

c. of in de gegeven omstandigheden redelijkerwijs kan worden verwacht dat de belastingplichtige de vordering tracht te innen;

d. hoeveel tijd er sinds de vervaldatum van de vordering is verstreken;

e. of de debiteur insolvent is verklaard, of een rechtsvordering is ingesteld dan wel of een incassobureau is ingeschakeld.

3. Indien een eerder als oninbaar afgetrokken vordering alsnog wordt voldaan, wordt het geïnde bedrag bij de heffingsgrondslag opgeteld in het jaar van voldoening.

Artikel 26. Afdekking

1. Winsten en verliezen op een afdekkingsinstrument die voortvloeien uit een waardering of een vervreemding, worden op dezelfde wijze behandeld als de overeenkomstige winsten en verliezen op de afgedekte positie. Er is sprake van een afdekkingsrelatie indien beide onderstaande voorwaarden vervuld zijn:

a. de afdekkingsrelatie is tevoren formeel aangemerkt en gedocumenteerd;

b. de afdekking is naar verwachting zeer effectief en de effectiviteit kan betrouwbaar worden bepaald.

2. Indien de afdekkingsrelatie een einde neemt of een reeds aangehouden financieel instrument naderhand als afdekkingsinstrument wordt behandeld, waardoor op dat instrument een andere belastingregeling van

toepassing wordt, worden verschillen tussen de nieuwe, volgens artikel 20 te bepalen waarde van het instrument aan het einde van het belastingjaar en de marktwaarde aan het begin van hetzelfde belastingjaar in de heffingsgrondslag begrepen.

De marktwaarde van het afdekkingsinstrument aan het einde van het belastingjaar waarin op dat instrument een andere belastingregeling van toepassing is geworden, is gelijk aan de marktwaarde ervan aan het begin van het jaar na de overgang naar de andere belastingregeling.

Artikel 27. Waardering van voorraden en onderhanden werk

1. Een belastingplichtige gebruikt consequent dezelfde waarderingsmethode voor alle voorraden en onderhanden werk van soortgelijke aard en met een soortgelijk gebruik.

De kostprijs van voorraden en onderhanden werk omvat alle inkoopkosten, directe conversiekosten en andere directe kosten die zijn ontstaan bij het transport naar de huidige locatie en de verwerking tot de huidige toestand in het desbetreffende belastingjaar.

De kostprijs is exclusief de aftrekbare belasting over de toegevoegde waarde.

Een belastingplichtige die indirecte kosten heeft meegenomen bij de waardering van voorraden en onderhanden werk voordat de bepalingen van deze richtlijn op hem van toepassing werden, kan de indirecte-kostprijsmethode blijven toepassen.

2. Voorraden en onderhanden werk worden gewaardeerd op de laatste dag van het belastingjaar tegen de kostprijs of de opbrengstwaarde, naargelang welke van beide het laagst is.

De opbrengstwaarde is de geschatte verkoopprijs in het kader van de normale bedrijfsuitoefening minus de geschatte kosten van voltooiing en de geschatte kosten die nodig zijn om de verkoop te realiseren.

Artikel 28. Verzekeringsondernemingen

Voor verzekeringsondernemingen waaraan vergunning is verleend om in een lidstaat overeenkomstig Richtlijn 73/239/EEG[1] van de Raad het schadeverzekeringsbedrijf, overeenkomstig Richtlijn 2002/83/EG[2] van het Europees Parlement en de Raad het levensverzekeringsbedrijf en overeenkomstig Richtlijn 2005/68/EG[3] van het Europees Parlement en de Raad het herverzekeringsbedrijf uit te oefenen, gelden de volgende bijkomende voorschriften:

a. het verschil tussen de marktwaarde aan het einde en aan het begin van hetzelfde belastingjaar of op de datum van voltooiing van de aanschaf, indien die later valt, van activa die door levensverzekeringsondernemingen worden aangehouden als beleggingen voor rekening en risico van polishouders van levensverzekeringen, wordt in de heffingsgrondslag begrepen;

b. het verschil tussen de marktwaarde op het tijdstip van vervreemding en aan het begin van hetzelfde belastingjaar of op de datum van voltooiing van de aanschaf, indien die later valt, van activa die door levensverzekeringsondernemingen worden aangehouden als beleggingen voor rekening en risico van polishouders van levensverzekeringen, wordt in de heffingsgrondslag begrepen;

c. winstuitkeringen die door levensverzekeringsondernemingen zijn ontvangen, worden in de heffingsgrondslag meegenomen;

d. de technische voorzieningen van verzekeringsondernemingen die zijn gevormd in overeenstemming met Richtlijn 91/674/EEG[4] van de Raad, zijn aftrekbaar, met uitzondering van egalisatievoorzieningen. Een lidstaat kan bepalen dat egalisatievoorzieningen aftrekbaar zijn. De in aftrek gebrachte bedragen worden getoetst en gecorrigeerd aan het einde van elk belastingjaar. Bij de berekening van de heffingsgrondslag in toekomstige jaren wordt rekening gehouden met de reeds in aftrek gebrachte bedragen.

1. Eerste Richtlijn 73/239/EEG van de Raad van 24 juli 1973 tot coördinatie van de wettelijke en bestuursrechtelijke bepalingen betreffende de toegang tot het directe verzekeringsbedrijf, met uitzondering van de levensverzekeringsbranche, en de uitoefening daarvan (PB L 228 van 16.8.1973, blz. 3).
2. Richtlijn 2002/83/EG van het Europees Parlement en de Raad van 5 november 2002 betreffende levensverzekering (PB L 345 van 19.12.2002, blz. 1).
3. Richtlijn 2005/68/EG van het Europees Parlement en de Raad van 16 november 2005 betreffende herverzekering en houdende wijziging van Richtlijnen 73/239/EEG en 92/49/EEG van de Raad en van Richtlijnen 98/78/EG en 2002/83/EG (PB L 232 van 9.12.2005, blz. 1).
4. Richtlijn 91/674/EEG van de Raad van 19 december 1991 betreffende de jaarrekening en de geconsolideerde jaarrekening van verzekeringsondernemingen (PB L 374 van 19.12.1991, blz. 1).

Artikel 29. Exitheffingen

1. Een bedrag dat gelijk is aan de marktwaarde van overgebrachte activa, op het tijdstip van overbrenging van de activa, minus hun fiscale boekwaarde, wordt behandeld als genoten inkomsten in elk van de volgende gevallen:

a. een belastingplichtige brengt activa over van zijn hoofdkantoor naar zijn vaste inrichting in een andere lidstaat of in een derde land;

b. een belastingplichtige brengt activa over van zijn vaste inrichting in een lidstaat naar zijn hoofdkantoor of een andere vaste inrichting in een andere lidstaat of in een derde land, voor zover de lidstaat van de vaste inrichting vanwege de overbrenging niet langer het recht heeft de overgebrachte activa in de heffing te betrekken;

c. een belastingplichtige brengt zijn fiscale woonplaats over naar een andere lidstaat of naar een derde land, behalve voor de activa die daadwerkelijk verbonden blijven met een vaste inrichting in de eerste lidstaat;

d. een belastingplichtige brengt het bedrijf van zijn vaste inrichting over van een lidstaat naar een andere lidstaat of naar een derde land, voor zover de lidstaat van de vaste inrichting vanwege de overbrenging niet langer het recht heeft de overgebrachte activa in de heffing te betrekken.

2. De lidstaat naar welke de activa, de fiscale woonplaats of het bedrijf van een vaste inrichting worden verplaatst, aanvaardt de waarde die door de lidstaat van de belastingplichtige of van de vaste inrichting is vastgesteld, als beginwaarde van deze activa voor belastingdoeleinden.

3. Dit artikel is niet van toepassing op de overbrenging van activa met het oog op effectenfinanciering, zekerheidstelling, naleving van prudentiële kapitaalvereisten of liquiditeitsbeheer, als het de bedoeling is dat deze activa binnen een periode van twaalf maanden terugkeren naar de lidstaat van de overbrenger.

Hoofdstuk IV. Afschrijving van vaste activa

Artikel 30. Register van vaste activa

1. Verkrijgings-, voortbrengings- of verbeteringskosten worden, tezamen met de desbetreffende datum, voor ieder vast actief afzonderlijk in een register van vaste activa ingeschreven.

2. Wanneer een vast actief wordt vervreemd, worden de gegevens over de vervreemding, de datum van vervreemding daaronder begrepen, en de eventuele uit de vervreemding voortvloeiende opbrengsten of vergoedingen in het register van vaste activa ingeschreven.

3. Het register van vaste activa wordt op zodanige wijze bijgehouden dat het voldoende informatie, inclusief afschrijvingsgegevens, biedt voor de berekening van de heffingsgrondslag.

Artikel 31. Afschrijvingsgrondslag

1. De afschrijvingsgrondslag omvat kosten die rechtstreeks verband houden met de verkrijging, voortbrenging of verbetering van een vast actief. Deze kosten omvatten niet de aftrekbare belasting over de toegevoegde waarde. De kosten voor verkrijging, voortbrenging of verbetering van een vast actief omvatten niet de rente.

2. De afschrijvingsgrondslag van een als gift ontvangen actief is de onder de inkomsten geboekte marktwaarde.

3. De afschrijvingsgrondslag van een afschrijfbaar vast actief wordt verminderd met overheidssubsidies die rechtstreeks samenhangen met de verkrijging, voortbrenging of verbetering van het actief zoals bedoeld in artikel 8, onder a).

4. Er wordt geen rekening gehouden met de afschrijving van vaste activa die niet beschikbaar zijn voor gebruik.

Artikel 32. Recht op afschrijving

1. Behoudens lid 3 wordt de afschrijving in aftrek gebracht door de economisch eigenaar.

2. In het geval van leasecontracten waarbij de economische en de juridische eigendom niet samenvallen, is de economisch eigenaar gerechtigd om het rente-element in de leasebetalingen op zijn heffingsgrondslag in aftrek te brengen, tenzij dat element niet in de heffingsgrondslag van de juridisch eigenaar is begrepen.

3. Als de economisch eigenaar van een actief niet kan worden geïdentificeerd, is de juridisch eigenaar gerechtigd om de afschrijving in aftrek te brengen. In dat geval wordt zowel het rente- als het kapitaalelement in de leasebetalingen in de heffingsgrondslag van de juridisch eigenaar begrepen en kunnen beide elementen door de lessee in aftrek worden gebracht.

4. Een vast actief mag door niet meer dan één belastingplichtige tegelijkertijd worden afgeschreven, tenzij hetzij de juridische hetzij de economische eigendom door meerdere belastingplichtigen wordt gedeeld.

5. Een belastingplichtige mag niet afzien van afschrijving.

6. De Commissie is bevoegd overeenkomstig artikel 66 gedelegeerde handelingen vast te stellen met betrekking tot:

a. de definitie van juridische en economische eigendom, met name ter zake van geleasede activa;
b. de berekening van het kapitaal- en het rente-element in leasebetalingen;
c. de berekening van de afschrijvingsgrondslag van een geleased actief.

Artikel 33. Afzonderlijk af te schrijven activa

1. Onverminderd lid 2 en de artikelen 37 en 38 worden vaste activa afzonderlijk en lineair over hun gebruiksduur afgeschreven. De gebruiksduur van een vast actief wordt als volgt bepaald:

a. commerciële, kantoor- en andere gebouwen, evenals andere voor de bedrijfsuitoefening gebruikte onroerende zaken, met uitzondering van industriële gebouwen en structuren: 40 jaar;
b. industriële gebouwen en structuren: 25 jaar;
c. materiële vaste activa met een lange gebruiksduur, andere dan de onder a) en b), bedoelde activa: 15 jaar;
d. materiële vaste activa met een middellange gebruiksduur: 8 jaar;
e. immateriële vaste activa: de periode gedurende welke het actief wettelijke bescherming geniet of gedurende welke het recht is toegekend of, indien die periode niet kan worden bepaald: 15 jaar.

2. Tweedehands gebouwen en andere soorten onroerende zaken, tweedehands materiële vaste activa met een lange gebruiksduur, tweedehands materiële vaste activa met een middellange gebruiksduur en tweedehands immateriële vaste activa worden afgeschreven overeenkomstig de volgende voorschriften:

a. tweedehands commerciële, kantoor- en andere gebouwen, evenals andere voor de bedrijfsuitoefening gebruikte onroerende zaken, met uitzondering van industriële gebouwen en structuren: 40 jaar, tenzij de belastingplichtige aantoont dat de geschatte resterende gebruiksduur van het actief korter is dan 40 jaar, in welk geval het over die kortere periode wordt afgeschreven;
b. tweedehands industriële gebouwen en structuren: 25 jaar, tenzij de belastingplichtige aantoont dat de geschatte resterende gebruiksduur van het actief korter is dan 25 jaar, in welk geval het over die kortere periode wordt afgeschreven;
c. tweedehands materiële vaste activa met een lange gebruiksduur, andere dan de onder a) en b), bedoelde activa: 15 jaar, tenzij de belastingplichtige aantoont dat de geschatte resterende gebruiksduur van het actief korter is dan 15 jaar, in welk geval het over die kortere periode wordt afgeschreven;
d. tweedehands materiële vaste activa met een middellange gebruiksduur: 8 jaar, tenzij de belastingplichtige aantoont dat de geschatte resterende gebruiksduur van het actief korter is dan 8 jaar, in welk geval het over die kortere periode wordt afgeschreven;
e. tweedehands immateriële vaste activa: 15 jaar, tenzij de resterende periode gedurende welke het actief wettelijke bescherming geniet of gedurende welke het recht is toegekend, kan worden bepaald, in welk geval het over die periode wordt afgeschreven.

Artikel 34. Timing

1. Een afschrijving van een volledig jaar wordt in aftrek gebracht in het jaar van verkrijging of ingebruikneming van het vaste actief, naargelang welk van beide het laatst valt. Er wordt geen afschrijving in aftrek gebracht in het jaar van vervreemding.
2. De fiscale boekwaarde van een actief dat wordt vervreemd, of zodanig beschadigd raakt dat het niet langer voor bedrijfsdoeleinden geschikt is, en de fiscale boekwaarde van eventuele verbeteringskosten met betrekking tot dat actief worden van de heffingsgrondslag afgetrokken in het jaar van vervreemding of beschadiging.
3. Wanneer een niet-afschrijfbaar materieel vast actief aanleiding heeft gegeven tot een uitzonderlijke waardevermindering overeenkomstig artikel 39, worden de krachtens artikel 18 aftrekbare kosten verminderd om rekening te houden met de uitzonderlijke aftrek die een belastingplichtige reeds heeft ontvangen.

Artikel 35. Doorschuifregeling voor vervangende activa

1. Wanneer de opbrengst van de vervreemding, inclusief vergoedingen voor schade, van een afzonderlijk af te schrijven actief of een materieel vast actief dat niet onderhevig is aan slijtage en veroudering zoals bedoeld in artikel 38, onder a), vóór het einde van het tweede belastingjaar volgend op het belastingjaar waarin de vervreemding plaatsvond, opnieuw zal worden geïnvesteerd in een soortgelijk actief dat voor dezelfde of soortgelijke bedrijfsdoeleinden wordt gebruikt, mag het bedrag waarmee die opbrengst de fiscale boekwaarde van het actief te boven gaat, in aftrek worden gebracht in het jaar van vervreemding. De afschrijvingsgrondslag van het vervangende actief wordt met hetzelfde bedrag verminderd.

Een actief dat vrijwillig wordt vervreemd, moet ten minste gedurende een periode van drie jaar voorafgaand aan de vervreemding in eigendom zijn geweest.
2. Het in lid 1 bedoelde vervangende actief mag zijn aangeschaft in het belastingjaar voorafgaand aan de vervreemding. Indien geen vervangend actief wordt aangeschaft vóór het einde van het tweede belastingjaar na het jaar waarin de vervreemding van het actief plaatsvond, wordt het in het jaar van vervreemding in aftrek gebrachte bedrag, vermeerderd met 10 %, bij de heffingsgrondslag opgeteld in het tweede belastingjaar volgend op de vervreemding.

Artikel 36. Afschrijving van verbeteringskosten

1. Verbeteringskosten worden afgeschreven overeenkomstig de regels die van toepassing zijn op het vaste actief dat werd verbeterd alsof zij betrekking hebben op een nieuw verworven vast actief. Niettegenstaande dit worden verbeteringskosten met betrekking tot gehuurde onroerende zaken afgeschreven overeenkomstig artikel 32 en artikel 33, lid 2, onder a).
2. Indien de belastingplichtige aantoont dat de geschatte resterende gebruiksduur van een afzonderlijk afgeschreven vast actief korter is dan de in artikel 33, lid 1, beschreven gebruiksduur van het actief, worden verbeteringskosten over die kortere periode afgeschreven.

Artikel 37. Activapool

1. Vaste activa, andere dan de in de artikelen 33 en 38 bedoelde, worden gezamenlijk in één activapool afgeschreven tegen een jaarlijks tarief van 25 % van de afschrijvingsgrondslag.
2. De afschrijvingsgrondslag van de activapool aan het einde van een belastingjaar is de fiscale boekwaarde ervan aan het einde van het voorgaande belastingjaar, gecorrigeerd voor de activa die in het desbetreffende belastingjaar in de pool zijn opgenomen of deze hebben verlaten. Kosten in verband met de verkrijging, voortbrenging en verbetering van activa worden bij de afschrijvingsgrondslag geteld, terwijl opbrengsten van de vervreemding van activa en ontvangen vergoedingen voor het verlies of de vernietiging van een actief in mindering worden gebracht.
3. Indien de overeenkomstig lid 2 berekende afschrijvingsgrondslag negatief is, wordt een bedrag bijgeteld om de afschrijvingsgrondslag op nul te brengen. Hetzelfde bedrag wordt bij de heffingsgrondslag opgeteld.

Artikel 38. Niet-afschrijfbare activa

De volgende activa zijn niet-afschrijfbaar:
a. materiële vaste activa die niet onderhevig zijn aan slijtage en veroudering zoals grond, kunstvoorwerpen, antiquiteiten of sieraden;
b. financiële activa.

Artikel 39. Uitzonderlijke waardeverminderingen

1. Een belastingplichtige die aantoont dat de waarde van een niet-afschrijfbaar materieel vast actief zoals bedoeld in artikel 38, onder a), aan het einde van een belastingjaar is gedaald door overmacht of criminele activiteiten van derden, kan een bedrag dat gelijk is aan deze waardedaling, van de heffingsgrondslag aftrekken. Een dergelijke aftrek is evenwel niet toegestaan voor activa waarvan de vervreemdingsopbrengst van belasting is vrijgesteld.
2. Indien de waarde van een actief waarop in een voorgaand belastingjaar een afschrijving zoals bedoeld in lid 1 heeft plaatsgevonden, vervolgens stijgt, wordt een met die stijging overeenstemmend bedrag bij de heffingsgrondslag opgeteld in het jaar waarin de stijging plaatsvindt. Dit bedrag of de som van deze bedragen mag evenwel het bedrag van de oorspronkelijk toegestane aftrek niet te boven gaan.

Artikel 40. Nadere bepaling van de categorieën van vaste activa

De Commissie is bevoegd overeenkomstig artikel 66 gedelegeerde handelingen vast te stellen tot nadere bepaling van de in dit hoofdstuk bedoelde categorieën van vaste activa.

Hoofdstuk V. Verliezen

Artikel 41. Verliezen

1. Door een ingezeten belastingplichtige of een vaste inrichting van een niet-ingezeten belastingplichtige in een belastingjaar geleden verliezen kunnen worden overgedragen naar en in aftrek worden gebracht in daaropvolgende belastingjaren, tenzij in deze richtlijn anders is bepaald.

2. Een vermindering van de heffingsgrondslag door de inaanmerkingneming van verliezen uit voorgaande belastingjaren mag niet tot een negatief bedrag leiden.
3. Door een ingezetene belastingplichtige of een vaste inrichting van een niet-ingezetene belastingplichtige in voorgaande jaren geleden verliezen worden niet in aftrek gebracht indien aan elk van de volgende voorwaarden is voldaan:
   a. een andere vennootschap verwerft een deelneming in de belastingplichtige waardoor de verworven belastingplichtige een kwalificerende dochteronderneming van de verwervende partij zoals bedoeld in artikel 3 wordt;
   b. de bedrijfsactiviteiten van de verworven belastingplichtige ondergaan een ingrijpende wijziging, hetgeen inhoudt dat de verworven belastingplichtige een bepaalde activiteit staakt die in het voorgaande belastingjaar meer dan [60 %] van zijn omzet uitmaakte, of dat hij nieuwe activiteiten ontplooit die in het belastingjaar waarin zij worden aangevat of in het daaropvolgende belastingjaar meer dan [60 %] van zijn omzet uitmaken.
4. De oudste verliezen worden het eerst in aftrek gebracht.

Artikel 42. Verminderen en inhalen van verliezen

1. Een ingezetene belastingplichtige die nog steeds winstgevend is na aftrek van zijn eigen verliezen overeenkomstig artikel 41, mag daarnaast verliezen in aftrek brengen die in datzelfde belastingjaar zijn geleden door zijn directe kwalificerende dochterondernemingen zoals bedoeld in artikel 3, lid 1, of door (een) vaste inrichting(en) gelegen in andere lidstaten. Deze vermindering voor verliezen wordt toegekend voor een beperkte periode overeenkomstig de leden 3 en 4 van dit artikel.
2. De aftrek is naar rato van de deelneming die de ingezeten belastingplichtige houdt in zijn kwalificerende dochterondernemingen zoals bedoeld in artikel 3, lid 1, dan wel voor het volledige bedrag ten aanzien van vaste inrichtingen. In geen geval mag de vermindering van de heffingsgrondslag van de ingezeten belastingplichtige tot een negatief bedrag leiden.
3. De ingezeten belastingplichtige telt alle latere winsten van zijn kwalificerende dochterondernemingen zoals bedoeld in artikel 3, lid 1, of van zijn vaste inrichtingen, bij zijn heffingsgrondslag op tot het bedrag dat eerder als verlies in aftrek werd gebracht.
4. Overeenkomstig de leden 1 en 2 afgetrokken verliezen worden automatisch opnieuw in de heffingsgrondslag van de ingezeten belastingplichtige opgenomen in elk van de volgende gevallen:
   a. aan het einde van het vijfde belastingjaar nadat de verliezen aftrekbaar zijn geworden, is er nog geen winst in de heffingsgrondslag opgenomen, of de opgenomen winsten zijn lager dan het totale bedrag aan afgetrokken verliezen;
   b. de kwalificerende dochteronderneming zoals bedoeld in artikel 3, lid 1, is verkocht, geliquideerd, of omgevormd tot een vaste inrichting;
   c. de vaste inrichting is verkocht, geliquideerd of omgevormd tot een dochteronderneming;
   d. de moedermaatschappij voldoet niet langer aan de vereisten van artikel 3, lid 1.

Hoofdstuk VI. Regels betreffende toetreding tot en uittreding uit de regeling van de heffingsgrondslag

Artikel 43. Opname en waardering van activa en verplichtingen

Alle activa en verplichtingen worden opgenomen tegen de volgens de nationale belastingregels berekende waarde onmiddellijk voorafgaand aan de datum waarop de toepassing van de bij deze richtlijn ingestelde regeling op de belastingplichtige van start gaat.

Artikel 44. Het in aanmerking komen van vaste activa voor afschrijving

Behalve de artikelen 30 tot en met 40 zijn de volgende regels van toepassing op de afschrijving van vaste activa die de overgang maken van het nationale vennootschapsbelastingrecht naar de regeling van de heffingsgrondslag:
a. vaste activa die afzonderlijk af te schrijven zijn zowel krachtens het voordien op de belastingplichtige toepasselijke nationale vennootschapsbelastingrecht als krachtens de bij deze richtlijn ingestelde regeling, worden afgeschreven overeenkomstig artikel 33, lid 2;
b. vaste activa die afzonderlijk af te schrijven waren krachtens het voordien op de belastingplichtige toepasselijke nationale vennootschapsbelastingrecht maar niet krachtens de bij deze richtlijn ingestelde regeling, worden in de in artikel 37 bedoelde activapool opgenomen;
c. vaste activa die krachtens het voordien op de belastingplichtige toepasselijke nationale vennootschapsbelastingrecht deel uitmaakten van een activapool met het oog op afschrijving, worden in de in artikel 37

bedoelde activapool opgenomen, ook als zij krachtens de bij deze richtlijn ingestelde regeling afzonderlijk af te schrijven zouden zijn;

d. vaste activa die niet afschrijfbaar waren of niet werden afgeschreven krachtens het voordien op de belastingplichtige toepasselijke nationale vennootschapsbelastingrecht, maar wel afschrijfbaar zijn krachtens de bij deze richtlijn ingestelde regeling, worden afgeschreven overeenkomstig artikel 33, lid 1, of artikel 37, naargelang het geval;

e. activa die afzonderlijk afschrijfbaar waren of deel uitmaakten van een activapool met het oog op afschrijving krachtens het voordien op de belastingplichtige toepasselijke nationale vennootschapsbelastingrecht, maar niet afschrijfbaar zijn krachtens de bij deze richtlijn ingestelde regeling, worden opgenomen tegen de volgens de nationale belastingregels berekende fiscale boekwaarde onmiddellijk voorafgaand aan de datum waarop de toepassing van de bij deze richtlijn ingestelde regeling op de belastingplichtige van start gaat. De fiscale boekwaarde van die activa is aftrekbaar in het belastingjaar waarin zij worden vervreemd, op voorwaarde dat de opbrengst van de vervreemding in de heffingsgrondslag wordt begrepen.

Artikel 45. Langlopende overeenkomsten

1. Inkomsten en kosten die overeenkomstig artikel 22, leden 2 en 3, worden geacht te zijn genoten of ontstaan voordat de bij deze richtlijn ingestelde regeling op de belastingplichtige van toepassing werd, maar die nog niet in de heffingsgrondslag krachtens het voordien op de belastingplichtige toepasselijke nationale vennootschapsbelastingrecht waren begrepen, worden bij de heffingsgrondslag opgeteld of ervan afgetrokken overeenkomstig de voordien op de belastingplichtige toepasselijke nationale wetgeving.

2. Inkomsten die, voordat de bij deze richtlijn ingestelde regeling op de belastingplichtige van toepassing werd, krachtens het nationale vennootschapsbelastingrecht voor een hoger bedrag werden belast dan het bedrag waarvoor zij overeenkomstig artikel 22, lid 2, in de heffingsgrondslag zouden zijn opgenomen, worden in mindering gebracht op de heffingsgrondslag in het eerste belastingjaar waarin de bij deze richtlijn ingestelde regeling van toepassing wordt op de belastingplichtige.

Artikel 46. Voorzieningen, inkomsten en aftrekposten

1. Voorzieningen zoals bedoeld in artikel 23 en aftrek voor oninbare vorderingen zoals bedoeld in artikel 25 zijn slechts aftrekbaar voor zover zij het gevolg zijn van activiteiten of transacties die zijn uitgevoerd nadat de bij deze richtlijn ingestelde regeling van toepassing werd op de belastingplichtige.

2. Inkomsten die overeenkomstig artikel 16 worden geacht te zijn genoten voordat de bij deze richtlijn ingestelde regeling op de belastingplichtige van toepassing werd, maar die nog niet in de heffingsgrondslag krachtens het voordien op de belastingplichtige toepasselijke nationale vennootschapsbelastingrecht waren begrepen, worden bij de heffingsgrondslag opgeteld overeenkomstig de voordien op de belastingplichtige toepasselijke nationale wetgeving.

3. Kosten die zijn gemaakt nadat de bij deze richtlijn ingestelde regeling op de belastingplichtige van toepassing werd, maar die betrekking hebben op activiteiten of transacties die zijn uitgevoerd voordat de richtlijn van toepassing werd en waarvoor geen aftrek heeft plaatsgevonden, zijn aftrekbaar.

4. Bedragen die reeds door een belastingplichtige zijn afgetrokken voordat de bij deze richtlijn ingestelde regeling op hem van toepassing werd, kunnen niet nogmaals in aftrek worden gebracht.

Artikel 47. Verliezen vóór toetreding

Een belastingplichtige die verliezen voortwentelt die zijn geleden voordat de bij deze richtlijn ingestelde regeling op hem van toepassing werd en waarvoor hij nog geen vermindering heeft gekregen, kan deze verliezen in mindering brengen op de heffingsgrondslag indien en voor zover de nationale wetgeving die op hem van toepassing was en volgens welke die verliezen werden geleden, een dergelijk aftrek toestaat.

Artikel 48. Opname van activa en verplichtingen

De activa en verplichtingen van een belastingplichtige op wie de bij deze richtlijn ingestelde regeling niet langer van toepassing is, worden opgenomen tegen de waarde zoals berekend volgens de bij deze richtlijn ingestelde regeling, tenzij in deze richtlijn anders is bepaald.

Artikel 49. Opname van de activapool van een belastingplichtige

De activapool van een belastingplichtige op wie de bij deze richtlijn ingestelde regeling niet langer van toepassing is, wordt met het oog op de nationale belastingregels die vervolgens van toepassing worden, als één activapool opgenomen, waarop degressief wordt afgeschreven tegen een jaarlijks tarief van 25 %.

Artikel 50. Inkomsten en kosten uit langlopende overeenkomsten

De inkomsten en kosten die voortvloeien uit langlopende overeenkomsten van een belastingplichtige op wie de bij deze richtlijn ingestelde regeling niet langer van toepassing is, worden behandeld in overeenstemming met het nationale vennootschapsbelastingrecht dat vervolgens van toepassing wordt. Inkomsten en kosten die in het kader van de bij deze richtlijn ingestelde regeling evenwel al in aanmerking zijn genomen voor belastingdoeleinden, worden niet opnieuw in aanmerking genomen.

Artikel 51. Voorzieningen, inkomsten en aftrekposten

1. Kosten van een belastingplichtige op wie de bij deze richtlijn ingestelde regeling niet langer van toepassing is en die reeds zijn afgetrokken overeenkomstig de artikelen 9, 23 en 25, kunnen niet nogmaals in aftrek worden gebracht onder het nationale vennootschapsbelastingrecht dat vervolgens van toepassing wordt.
2. Inkomsten van een belastingplichtige op wie de bij deze richtlijn ingestelde regeling niet langer van toepassing is en die reeds in zijn heffingsgrondslag zijn opgenomen overeenkomstig artikel 4, lid 5, en artikel 16, kunnen niet nogmaals worden opgenomen onder het nationale vennootschapsbelastingrecht dat vervolgens van toepassing wordt.
3. Kosten gemaakt door de belastingplichtige overeenkomstig de bij deze richtlijn ingestelde regeling waarvoor deels geen vermindering heeft plaatsgevonden nadat de bij deze richtlijn ingestelde regeling niet langer van toepassing is op de belastingplichtige, zijn aftrekbaar in overeenkomstig de bij deze richtlijn ingestelde regeling.

Artikel 52. Verliezen bij uittreding

Verliezen die een belastingplichtige overeenkomstig de bij deze richtlijn ingestelde regeling heeft geleden en waarvoor hij nog geen vermindering heeft gekregen, worden voortgewenteld overeenkomstig het nationale vennootschapsbelastingrecht dat vervolgens van toepassing wordt.

Hoofdstuk VII. Betrekkingen tussen de belastingplichtige en andere entiteiten

Artikel 53. Switch-over

1. In afwijking van artikel 8, onder c) en d), is een belastingplichtige niet vrijgesteld van belasting ter zake van buitenlandse inkomsten die hij heeft ontvangen als winstuitkering van een entiteit in een derde land of als opbrengst uit de vervreemding van aandelen in een entiteit in een derde land wanneer die entiteit in het land waar zij haar fiscale woonplaats heeft, onderworpen is aan een wettelijk vennootschapsbelastingtarief dat minder dan de helft bedraagt van het wettelijke belastingtarief waaraan de belastingplichtige in verband met deze buitenlandse inkomsten onderworpen zou zijn geweest in de lidstaat waar hij zijn fiscale woonplaats heeft.

De eerste alinea is niet van toepassing indien een verdrag ter voorkoming van dubbele belasting tussen de lidstaat waarvan de belastingplichtige fiscaal inwoner is en het derde land waarvan die entiteit fiscaal inwoner is, zich verzet tegen "switching over" van vrijstelling naar heffing ter zake van de specifiek genoemde categorieën buitenlandse inkomsten.
2. Wanneer lid 1 van toepassing is, wordt de belastingplichtige aan de belasting onderworpen ter zake van de buitenlandse inkomsten, waarbij de in het derde land betaalde belasting wordt afgetrokken van zijn belastingschuld in de lidstaat waarvan hij fiscaal inwoner is. De aftrek is niet hoger dan het bedrag aan belastingen, zoals berekend vóór de aftrek, dat toerekenbaar is aan de belastbare inkomsten.
3. Bij vervreemding van aandelen in een entiteit die haar fiscale woonplaats in een derde land heeft, worden verliezen door de lidstaten uitgesloten van het toepassingsgebied van dit artikel.

Artikel 54. Berekening van de inkomsten van een buitenlandse vaste inrichting

Wanneer artikel 53 van toepassing is op de inkomsten van een vaste inrichting in een derde land, worden haar inkomsten, kosten en andere aftrekposten bepaald volgens de bij deze richtlijn ingestelde regeling.

Artikel 55. Rente en royalty's en andere aan de bron belaste inkomsten

1. Een aftrek van de door een belastingplichtige te betalen belasting ("belastingverrekening") wordt toegestaan wanneer die belastingplichtige inkomsten verkrijgt die reeds zijn belast in een andere lidstaat of in een derde land, met uitzondering van inkomsten die zijn vrijgesteld krachtens artikel 8, onder c), d) of e).
2. De hoogte van de belastingverrekening wordt bepaald door het bedrag van de inkomsten te verminderen met de desbetreffende aftrekbare kosten.

3. De belastingverrekening voor de in een derde land verschuldigde belasting mag niet hoger zijn dan de definitief door een belastingplichtige verschuldigde vennootschapsbelasting, tenzij anders is bepaald in een overeenkomst die is gesloten tussen de lidstaat waarvan de belastingplichtige fiscaal inwoner is en het derde land.

Hoofdstuk VIII. Transacties tussen gelieerde ondernemingen

Artikel 56. Gelieerde ondernemingen

1. Indien een belastingplichtige deelneemt in de leiding of de zeggenschap over dan wel, rechtstreeks of middellijk, in het kapitaal van een niet-belastingplichtige of van een niet tot dezelfde groep behorende belastingplichtige, worden beide ondernemingen aangemerkt als gelieerde ondernemingen.

Indien dezelfde personen deelnemen in de leiding of de zeggenschap over dan wel, rechtstreeks of middellijk, in het kapitaal van een belastingplichtige en een niet-belastingplichtige, of van niet tot dezelfde groep behorende belastingplichtigen, worden alle betrokken ondernemingen aangemerkt als gelieerde ondernemingen.

Een belastingplichtige wordt aangemerkt als een gelieerde onderneming met zijn vaste inrichting in een derde land. Een niet-ingezeten belastingplichtige wordt aangemerkt als een gelieerde onderneming met zijn vaste inrichting in een lidstaat.

2. Voor de toepassing van lid 1 gelden de volgende regels:

a. onder deelname aan de zeggenschap wordt verstaan een deelneming van meer dan 20 % van de stemrechten;

b. onder deelname in het kapitaal wordt verstaan een eigendomsrecht van meer dan 20 % van het kapitaal;

c. onder deelname aan de leiding wordt verstaan de mogelijkheid om invloed van betekenis uit te oefenen op de leiding van de gelieerde onderneming;

d. een natuurlijk persoon, zijn of haar echtgenoot en bloedverwanten in de rechte lijn worden behandeld als één persoon.

Bij middellijke deelname wordt vastgesteld of aan de eisen onder a) en b) van dit lid is voldaan door vermenigvuldiging van de deelnemingspercentages in de opeenvolgende niveaus. Een belastingplichtige die meer dan 50 % van de stemrechten houdt, wordt geacht 100 % te houden.

Voor de toepassing van artikel 61 wordt, indien er sprake is van een hybride mismatch waarbij een hybride entiteit betrokken is, onder de onder a) en b) van de eerste alinea genoemde deelname verstaan een deelneming van meer dan 50 % van de stemrechten of een eigendomsrecht van meer dan 50 % van het kapitaal.

Artikel 57. Prijscorrecties in gelieerde verhoudingen

1. Wanneer in de betrekkingen tussen gelieerde ondernemingen voorwaarden worden overeengekomen of opgelegd die afwijken van die welke zouden zijn overeengekomen tussen onafhankelijke ondernemingen, mogen inkomsten die de belastingplichtige zou hebben genoten maar ten gevolge van die voorwaarden niet heeft genoten, worden begrepen in de inkomsten van die belastingplichtige en dienovereenkomstig worden belast.

2. De aan een vaste inrichting toerekenbare inkomsten bestaan in datgene wat de vaste inrichting naar verwachting zou behalen, in het bijzonder via haar handelen met andere onderdelen van dezelfde belastingplichtige, indien zij een afzonderlijke en onafhankelijke onderneming zou zijn die dezelfde of soortgelijke werkzaamheden zou verrichten onder dezelfde of soortgelijke omstandigheden, rekening houdend met de door de belastingplichtige via de vaste inrichting en via andere onderdelen van dezelfde belastingplichtige uitgeoefende functies, gebruikte vermogensbestanddelen en genomen risico's.

Hoofdstuk IX. Antimisbruikregels

Artikel 58. Algemene antimisbruikregel

1. Voor de berekening van de heffingsgrondslag krachtens de bij deze richtlijn ingestelde regeling, laten de lidstaten een constructie of een reeks van constructies buiten beschouwing die is opgezet met als hoofddoel een belastingvoordeel te verkrijgen dat het doel of de toepassing van deze richtlijn ondermijnt, en die, alle relevante feiten en omstandigheden in aanmerking genomen, kunstmatig is. Een constructie kan uit verscheidene stappen of onderdelen bestaan.

2. Voor de toepassing van lid 1 wordt een constructie of een reeks van constructies als kunstmatig beschouwd voor zover zij niet is opgezet op grond van geldige zakelijke redenen die de economische realiteit weerspiegelen.

3. Een constructie of een reeks van constructies die overeenkomstig lid 1 buiten beschouwing wordt gelaten, wordt voor de berekening van de heffingsgrondslag behandeld op basis van haar economische substance.

Artikel 59. Gecontroleerde buitenlandse vennootschappen (cfc's)

1. Een entiteit, of een vaste inrichting waarvan de winst niet aan belasting is onderworpen of van belasting is vrijgesteld in de lidstaat van haar hoofdkantoor, wordt behandeld als een gecontroleerde buitenlandse vennootschap, indien de volgende voorwaarden zijn vervuld:

a. in het geval van een entiteit: de belastingplichtige houdt zelf, of tezamen met zijn gelieerde ondernemingen, een rechtstreekse of middellijke deelneming van meer dan 50 % van de stemrechten, bezit rechtstreeks of middellijk meer dan 50 % van het kapitaal of heeft recht op meer dan 50 % van de winst van die entiteit; en

b. de vennootschapsbelasting die de entiteit of vaste inrichting daadwerkelijk op haar winst heeft betaald, is lager dan het verschil tussen de vennootschapsbelasting die op de winst van de entiteit of de vaste inrichting zou zijn geheven krachtens de bij deze richtlijn ingestelde regeling en de vennootschapsbelasting die de entiteit of vaste inrichting daadwerkelijk op die winst heeft betaald.

Voor de toepassing van punt b) van de eerste alinea wordt bij de berekening van de vennootschapsbelasting die volgens de bij deze richtlijn ingestelde regeling op de winst van de entiteit zou zijn geheven in de lidstaat van de belastingplichtige, geen rekening gehouden met de inkomsten van een vaste inrichting van de entiteit die niet aan belasting is onderworpen of van belasting is vrijgesteld in het rechtsgebied van de gecontroleerde buitenlandse vennootschap.

2. Wanneer een entiteit of vaste inrichting overeenkomstig lid 1 als een gecontroleerde buitenlandse vennootschap wordt behandeld, zijn niet-uitgekeerde inkomsten van de entiteit of vaste inrichting aan belasting onderworpen voor zover zij worden verkregen uit de volgende categorieën:

a. rente of andere inkomsten die worden gegenereerd door financiële activa;
b. royalty's of andere inkomsten die worden gegenereerd door intellectuele eigendom;
c. dividenden en inkomsten uit de vervreemding van aandelen;
d. inkomsten uit financiële leasing;
e. inkomsten uit verzekerings-, bank- en andere financiële activiteiten;
f. inkomsten uit factureringsvennootschappen die hun inkomsten behalen met de aan- en verkoop van goederen en diensten van en aan gelieerde ondernemingen, en weinig of geen economische waarde toevoegen.

De eerste alinea is niet van toepassing op een gecontroleerde buitenlandse vennootschap die inwoner is van of gelegen is in een lidstaat of in een derde land dat partij is bij de EER-Overeenkomst, wanneer de gecontroleerde buitenlandse vennootschap is opgericht op grond van geldige zakelijke redenen die de economische realiteit weerspiegelen. Voor de toepassing van dit artikel is de activiteit van de gecontroleerde buitenlandse vennootschap een weerspiegeling van de economische realiteit voor zover deze activiteit wordt ondersteund door personeel, uitrusting, activa en gebouwen in een mate die passend is voor de omvang ervan.

3. Een entiteit of vaste inrichting wordt niet behandeld als een gecontroleerde buitenlandse vennootschap zoals bedoeld in lid 1 wanneer niet meer dan een derde van de inkomsten die opkomen in de entiteit of vaste inrichting, onder de categorieën a) tot en met f) van lid 2 valt.

Financiële ondernemingen worden niet behandeld als een gecontroleerde buitenlandse vennootschap overeenkomstig lid 1 wanneer niet meer dan een derde van de in de entiteit of vaste inrichting opgekomen winsten uit de categorieën a) tot en met f) van lid 2 voortkomen uit transacties met de belastingplichtige of zijn gelieerde ondernemingen.

Artikel 60. Berekening van inkomsten van een gecontroleerde buitenlandse vennootschap

1. De in de heffingsgrondslag te begrijpen inkomsten worden berekend volgens de bij deze richtlijn ingestelde regeling. Verliezen van de entiteit of vaste inrichting worden niet in de heffingsgrondslag begrepen maar voortgewenteld en in aanmerking genomen bij de toepassing van artikel 59 in daaropvolgende belastingjaren.

2. Wanneer de gecontroleerde buitenlandse vennootschap een entiteit is, worden de in de heffingsgrondslag te begrijpen inkomsten berekend naar evenredigheid van het door de belastingplichtige gehouden recht te delen in de winsten van de buitenlandse entiteit. Wanneer de gecontroleerde buitenlandse vennootschap een vaste inrichting is, worden alle inkomsten in de heffingsgrondslag begrepen.

3. De inkomsten van de entiteit of vaste inrichting worden begrepen in de heffingsgrondslag van het belastingjaar waarin het belastingjaar van de entiteit of vaste inrichting eindigt.

4. Wanneer de entiteit aan de belastingplichtige winst uitkeert afkomstig uit inkomsten die eerder in de heffingsgrondslag van de belastingplichtige waren begrepen overeenkomstig artikel 59 en de belastingplichtige over deze winstuitkeringen belasting is verschuldigd, wordt bij de berekening van de desbetreffende belasting het bedrag aan inkomsten dat eerder in de heffingsgrondslag was begrepen overeenkomstig artikel 59, van die heffingsgrondslag afgetrokken.
5. Wanneer de belastingplichtige zijn deelneming in de entiteit vervreemdt, wordt met het oog op de berekening van de door de belastingplichtige verschuldigde belasting de opbrengst verminderd met alle niet-uitgekeerde bedragen die reeds in de heffingsgrondslag zijn begrepen.

Artikel 61. Hybride mismatch

1. Voor zover een hybride mismatch tussen lidstaten leidt tot een dubbele aftrek van dezelfde betaling, kosten of verliezen, wordt de aftrek uitsluitend toegekend in de lidstaat waar een dergelijke betaling haar oorsprong vindt, de kosten zijn gemaakt of de verliezen zijn geleden.

Voor zover een hybride mismatch waarbij een derde land betrokken is, leidt tot een dubbele aftrek van dezelfde betaling, kosten of verliezen, weigert de betrokken lidstaat de aftrek van dergelijke betalingen, kosten of verliezen, tenzij het derde land dat reeds heeft gedaan.
2. Voor zover een hybride mismatch tussen lidstaten resulteert in een aftrek zonder betrekking in de heffing, weigert de lidstaat van de betaler de aftrek van die betaling.

Voor zover een hybride mismatch waarbij een derde land betrokken is, leidt tot een aftrek zonder betrekking in de heffing:

a. indien de betaling haar oorsprong vindt in een lidstaat, weigert die lidstaat de aftrek, of
b. indien de betaling haar oorsprong vindt in een derde land, vereist de betrokken lidstaat dat de belastingplichtige die betaling in de heffingsgrondslag begrijpt, tenzij het derde land de aftrek reeds heeft geweigerd of heeft bepaald dat de betaling in de grondslag moet worden begrepen.

3. Voor zover een hybride mismatch tussen lidstaten waarbij een vaste inrichting betrokken is, ertoe leidt dat belasting achterwege blijft zonder dat er sprake is van betrekking in de heffing, vereist de lidstaat waarvan de belastingplichtige fiscaal inwoner is, dat de belastingplichtige de aan de vaste inrichting toegerekende inkomsten in de heffingsgrondslag begrijpt.

Voor zover een hybride mismatch waarbij een vaste inrichting gelegen in een derde land betrokken is, ertoe leidt dat belasting achterwege blijft zonder dat er sprake is van betrekking in de heffing, vereist de betrokken lidstaat dat de belastingplichtige de aan de vaste inrichting in het derde land toegerekende inkomsten in de heffingsgrondslag begrijpt.
4. Voor zover een betaling van een belastingplichtige aan een gelieerde onderneming in een derde land direct of indirect wordt afgezet tegen een betaling, kosten of verliezen die ingevolge een hybride mismatch aftrekbaar zijn in twee verschillende rechtsgebieden buiten de Unie, staat de lidstaat van de belastingplichtige niet toe dat de betaling door de belastingplichtige aan een gelieerde onderneming in een derde land van de heffingsgrondslag wordt afgetrokken, tenzij een van de betrokken derde landen de aftrek van de betaling, kosten of verliezen die in twee verschillende rechtsgebieden aftrekbaar zouden zijn, reeds heeft geweigerd.
5. Voor zover de overeenkomstige opname in de heffingsgrondslag van een aftrekbare betaling door een belastingplichtige aan een gelieerde onderneming in een derde land direct of indirect wordt afgezet tegen een betaling die, ingevolge een hybride mismatch, door de ontvanger niet in zijn heffingsgrondslag wordt begrepen, staat de lidstaat van de belastingplichtige niet toe dat de betaling door de belastingplichtige aan een gelieerde onderneming in een derde land van de heffingsgrondslag wordt afgetrokken, tenzij een van de betrokken derde landen de aftrek van de niet in de grondslag begrepen betaling reeds heeft geweigerd.
6. Voor zover een hybride mismatch leidt tot een vermindering van de bronbelasting op een betaling die is verkregen uit een overgedragen financieel instrument, aan meer dan een van de betrokken partijen, beperkt de lidstaat van de belastingplichtige het voordeel van die vermindering naar evenredigheid van de netto belastbare inkomsten ter zake van die betaling.
7. Voor de toepassing van dit artikel wordt onder "betaler" verstaan de entiteit of vaste inrichting waar de betaling haar oorsprong vindt, de kosten zijn gemaakt of de verliezen zijn geleden.

Artikel 61 bis. Mismatches ingevolge fiscaal inwonerschap

Voor zover een betaling, kosten of verliezen van een belastingplichtige die fiscaal inwoner is van zowel een lidstaat als een derde land, overeenkomstig de wetten van die lidstaat en dat derde land in beide rechtsgebieden van de heffingsgrondslag aftrekbaar zijn en die betaling, kosten of verliezen in de lidstaat van de belastingplichtige kunnen worden afgezet tegen belastbare inkomsten die in het derde land niet in de heffingsgrondslag zijn begrepen, weigert de lidstaat van de belastingplichtige de aftrek van de betaling, kosten of verliezen, tenzij het derde land dit reeds heeft gedaan.

Hoofdstuk X. Transparante entiteiten

Artikel 62. Toerekening van de inkomsten van transparante entiteiten aan belastingplichtigen met een belang

1. Wanneer een entiteit in de lidstaat waar zij is gevestigd, als transparant wordt behandeld, neemt een belastingplichtige die een belang in de entiteit heeft, zijn aandeel in de inkomsten van de entiteit op in zijn heffingsgrondslag. Met het oog op deze berekening worden de inkomsten bepaald volgens de bij deze richtlijn ingestelde regeling.
2. Transacties tussen een belastingplichtige en de in lid 1 bedoelde entiteit worden buiten beschouwing gelaten naar evenredigheid van het aandeel van de belastingplichtige in de entiteit. Dienovereenkomstig worden de uit die transacties verkregen inkomsten van de belastingplichtige geacht een deel te zijn van het op een zakelijke grondslag berekende bedrag dat tussen onafhankelijke ondernemingen zou zijn overeengekomen, naar evenredigheid van het door derden in de entiteit gehouden aandeel.
3. De belastingplichtige heeft recht op vermindering voor dubbele belasting overeenkomstig artikel 55.

Artikel 63. Als transparant aanmerken van derdelands entiteiten

Wanneer een entiteit in een derde land gelegen is, wordt overeenkomstig de wetgeving van de lidstaat van de belastingplichtige bepaald of zij al dan niet transparant is.

Hoofdstuk XI. Beheer en procedures

Artikel 64. Kennisgeving van de toepassing van de bij deze richtlijn ingestelde regeling aan de bevoegde autoriteiten

Een vennootschap zoals bedoeld in artikel 2, leden 1, 2 of 3, stelt de bevoegde autoriteit van de lidstaat waarvan zij fiscaal inwoner is of waar haar vaste inrichting gelegen is, ervan in kennis dat zij onder het toepassingsgebied van deze richtlijn valt.

Artikel 65. Termijn gedurende welke de kennisgeving geldt

1. Een belastingplichtige past de bij deze richtlijn ingestelde regeling toe voor zover hij daartoe verplicht blijft overeenkomstig artikel 2, leden 1 en 2.
2. Een belastingplichtige waarop de bij deze richtlijn ingestelde regeling niet langer van toepassing is, kan ervoor kiezen om deze regeling te blijven toepassen mits hij voldoet aan de voorwaarden van artikel 2, lid 3.
3. Een belastingplichtige die ervoor heeft gekozen om de bij deze richtlijn ingestelde regeling toe te passen overeenkomstig artikel 2, lid 3, en besluit om deze niet langer toe te passen aan het einde van de termijn van vijf belastingjaren, stelt de bevoegde autoriteit van de lidstaat waarvan hij fiscaal inwoner is dan wel de bevoegde autoriteit van de lidstaat waar zijn vaste inrichting gelegen is, naar gelang het geval, daarvan in kennis.
4. Een belastingplichtige die ervoor heeft gekozen om de bij deze richtlijn ingestelde regeling toe te passen overeenkomstig artikel 2, lid 3, en besluit om deze te blijven toepassen aan het einde van de termijn van vijf belastingjaren, verstrekt de bevoegde autoriteit van de lidstaat waarvan hij fiscaal inwoner is dan wel de bevoegde autoriteit van de lidstaat waar zijn vaste inrichting gelegen is, naar gelang het geval, het bewijs dat aan de voorwaarden van artikel 2, lid 1, onder a) en b), is voldaan.

Hoofdstuk XII. Slotbepalingen

Artikel 66. Uitoefening van de delegatie

1. De bevoegdheid om gedelegeerde handelingen vast te stellen, wordt aan de Commissie toegekend onder de in dit artikel neergelegde voorwaarden.
2. De bevoegdheid tot vaststelling van de in de artikel 2, lid 5, artikel 4, lid 5, artikel 11, lid 6, artikel 32, lid 5, en artikel 40 bedoelde gedelegeerde handelingen wordt aan de Commissie toegekend voor onbepaalde tijd met ingang van de datum van inwerkingtreding van deze richtlijn.
3. De in artikel 2, lid 5, artikel 4, lid 5, artikel 11, lid 6, artikel 32, lid 5, en artikel 40 bedoelde bevoegdheidsdelegatie kan te allen tijde door de Raad worden ingetrokken. Het besluit tot intrekking beëindigt de delegatie van de in dat besluit genoemde bevoegdheid. Het wordt van kracht op de dag na die van de bekendmaking ervan in het Publicatieblad van de Europese Unie of op een daarin genoemde latere datum. Het laat de geldigheid van de reeds van kracht zijnde gedelegeerde handelingen onverlet.
4. Zodra de Commissie een gedelegeerde handeling vaststelt, stelt zij de Raad daarvan in kennis.
5. Een overeenkomstig artikel 2, lid 5, artikel 4, lid 5, artikel 11, lid 6, artikel 32, lid 5, en artikel 40 vastgestelde gedelegeerde handeling treedt alleen in werking indien de Raad daartegen binnen een termijn van

[twee maanden] na de kennisgeving van de handeling aan de Raad geen bezwaar heeft gemaakt, of indien de Raad vóór het verstrijken van die termijn de Commissie heeft meegedeeld dat hij daartegen geen bezwaar zal maken. De termijn wordt op initiatief van de Raad met [twee maanden] verlengd.

Artikel 67. Kennisgeving aan het Europees Parlement

De Commissie stelt het Europees Parlement in kennis van de door haar vastgestelde gedelegeerde handelingen, de mogelijke bezwaren die daartegen worden gemaakt en de intrekking van de bevoegdheidsdelegatie door de Raad.

Artikel 68. Comitéprocedure

1. De Commissie wordt bijgestaan door een comité. Dat comité is een comité in de zin van Verordening (EU) nr. 182/2011.
2. Wanneer naar dit lid wordt verwezen, is artikel 5 van Verordening (EU) nr. 182/2011 van toepassing.

Artikel 69. Evaluatie

Vijf jaar na de inwerkingtreding van deze richtlijn verricht de Commissie een evaluatie van de toepassing ervan en brengt zij verslag uit bij de Raad over de werking ervan.

Niettegenstaande de eerste alinea onderzoekt de Commissie drie jaar na de inwerkingtreding van deze richtlijn de werking van artikel 11 om na te gaan of een herdefinitie en herijking van de AGI noodzakelijk is. De Commissie verricht een grondige analyse van de wijze waarop de AGI bedrijven die voor de toepassing van de bij deze richtlijn ingestelde regeling kunnen kiezen, kan stimuleren om hun activiteiten met eigen vermogen te financieren.

De Commissie deelt haar bevindingen mee aan de lidstaten zodat er rekening mee kan worden gehouden bij de opzet en de implementatie van nationale vennootschapsbelastingstelsels.

Artikel 70. Omzetting

1. De lidstaten dienen uiterlijk op 31 december 2018 de nodige wettelijke en bestuursrechtelijke bepalingen vast te stellen en bekend te maken om aan deze richtlijn te voldoen. Zij delen de Commissie de tekst van die bepalingen onverwijld mee.

Zij passen die bepalingen toe vanaf 1 januari 2019.

Wanneer de lidstaten die bepalingen aannemen, wordt in die bepalingen zelf of bij de officiële bekendmaking ervan naar deze richtlijn verwezen. De regels voor die verwijzing worden vastgesteld door de lidstaten.
2. De lidstaten delen de Commissie de tekst van de bepalingen van intern recht mee die zij op het onder deze richtlijn vallende gebied vaststellen.
3. De lidstaten die niet de euro als munt hebben, kunnen ervoor kiezen om, daar waar deze richtlijn een geldbedrag in euro's (EUR) noemt, de overeenkomstige waarde te berekenen in hun nationale munt op de datum waarop deze richtlijn is aangenomen.

Artikel 71. Inwerkingtreding

Deze richtlijn treedt in werking op de twintigste dag na die van de bekendmaking ervan in het Publicatieblad van de Europese Unie.

Artikel 72. Adressaten

Deze richtlijn is gericht tot de lidstaten.

BIJLAGE I

a. De Europese vennootschap of Societas Europaea (SE), opgericht overeenkomstig Verordening (EG) nr. 2157/2001[1] van de Raad en Richtlijn 2001/86/EG[2] van de Raad;

b. De Europese coöperatieve vennootschap (SE), opgericht overeenkomstig Verordening (EG) nr. 1435/2003[3] van de Raad en Richtlijn 2003/72/EG[4] van de Raad;

c. De vennootschappen naar Belgisch recht, geheten "naamloze vennootschap"/"société anonyme", "commanditaire vennootschap op aandelen"/"société en commandite par actions", "besloten vennootschap met beperkte aansprakelijkheid"/"société privée à responsabilité limitée", "coöperatieve vennootschap met beperkte aansprakelijkheid"/"société coopérative à responsabilité limitée", "coöperatieve vennootschap met onbeperkte aansprakelijkheid"/"société coopérative à responsabilité illimitée", "vennootschap onder firma"/ "société en nom collectif", "gewone commanditaire vennootschap"/"société en commandite simple", de overheidsbedrijven die een van vorengenoemde rechtsvormen hebben aangenomen, alsmede andere vennootschappen die zijn opgericht naar Belgisch recht en die onder de Belgische vennootschapsbelasting vallen;

d. De vennootschappen naar Bulgaars recht, geheten: "събирателното дружество", "командитното дружество", "дружеството с ограничена отговорност", "акционерното дружество", "командитното дружество с акции", "кооперации", "кооперативни съюзи", "държавни предприятия", die zijn opgericht naar Bulgaars recht en commerciële activiteiten uitoefenen;

e. De vennootschappen naar Tsjechisch recht, geheten: "akciová společnost", "společnost s ručením omezeným", "veřejná obchodní společnost", "komanditní společnost", "družstvo";

f. De vennootschappen naar Deens recht, geheten "aktieselskab" en "anpartsselskab", alsmede de overige overeenkomstig de wet op de vennootschapsbelasting belastingplichtige ondernemingen, voor zover hun belastbare inkomsten worden berekend en belast volgens de algemene fiscaalrechtelijke regels van toepassing op "aktieselskaber".

g. De vennootschappen naar Duits recht, geheten "Aktiengesellschaft", "Kommanditgesellschaft auf Aktien", "Gesellschaft mit beschränkter Haftung", "Versicherungsverein auf Gegenseitigkeit", "Erwerbs- und Wirtschaftsgenossenschaft", "Betriebe gewerblicher Art von juristischen Personen des öffentlichen Rechts", alsmede andere vennootschappen die zijn opgericht naar Duits recht en die onder de Duitse vennootschapsbelasting vallen;

h. De vennootschappen naar Ests recht, geheten: "täisühing", "usaldusühing", "osaühing", "aktsiaselts", "tulundusühistu";

i. De vennootschappen die zijn opgericht naar of handelen onder Iers recht, de lichamen die zijn geregistreerd krachtens de Industrial and Provident Societies Act, de "building societies" die zijn opgericht onder de Building Societies Acts, en de "trustee savings banks" in de zin van de Trustee Savings Banks Act van 1989;

j. De vennootschappen naar Grieks recht, geheten"ανώνυμη εταιρεία", "εταιρεία περιωρισμένης ευθύνης (Ε.Π.Ε.)";

k. De vennootschappen naar Spaans recht, geheten "sociedad anónima", "sociedad comanditaria por acciones", "sociedad de responsabilidad limitada", alsmede de publiekrechtelijke lichamen die privaatrechtelijk werkzaam zijn;

l. De vennootschappen naar Frans recht, geheten "société anonyme", "société en commandite par actions", "société à responsabilité limitée", "sociétés par actions simplifiées", "sociétés d'assurances mutuelles", "caisses d'épargne et de prévoyance", "sociétés civiles" die automatisch aan de vennootschapsbelasting onderworpen zijn, "coopératives", "unions de coopératives", de overheidsinstellingen en -bedrijven met een industrieel of commercieel karakter, alsmede andere vennootschappen die zijn opgericht naar Frans recht en die onder de Franse vennootschapsbelasting vallen;

m. De vennootschappen naar Kroatisch recht, geheten "dioničko društvo", "društvo s ograničenom odgovornošću", alsmede andere vennootschappen die zijn opgericht naar Kroatisch recht en die onder de Kroatische winstbelasting vallen;

1. Verordening (EG) nr. 2157/2001 van de Raad van 8 oktober 2001 betreffende het statuut van de Europese vennootschap (SE) (PB L 294 van 10.11.2001, blz. 1).
2. Richtlijn 2001/86/EG van de Raad van 8 oktober 2001 tot aanvulling van het statuut van de Europese vennootschap met betrekking tot de rol van de werknemers (PB L 294 van 10.11.2001, blz. 22).
3. Verordening (EG) nr. 1435/2003 van de Raad van 22 juli 2003 betreffende het statuut voor een Europese coöperatieve vennootschap (SCE) (PB L 207 van 18.8.2003, blz. 1).
4. Richtlijn 2003/72/EG van de Raad van 22 juli 2003 tot aanvulling van het statuut van een Europese coöperatieve vennootschap met betrekking tot de rol van de werknemers (PB L 207 van 18.8.2003, blz. 25).

n. De vennootschappen naar Italiaans recht, geheten "società per azioni", "società in accomandita per azioni", "società a responsabilità limitata", "società cooperative", "società di mutua assicurazione", alsook de particuliere en publieke lichamen met uitsluitend of hoofdzakelijk commerciële werkzaamheden;
o. De vennootschappen naar Cyprisch recht: "εταιρείες", als omschreven in de wet op de inkomstenbelastingen;
p. De vennootschappen naar Lets recht, geheten "akciju sabiedrība", "sabiedrība ar ierobežotu atbildību";
q. De naar Litouws recht opgerichte vennootschappen;
r. De vennootschappen naar Luxemburgs recht, geheten "société anonyme", "société en commandite par actions", "société à responsabilité limitée", "société coopérative", "société coopérative organisée comme une société anonyme", "association d'assurances mutuelles", "association d'épargne-pension", "entreprise de nature commerciale, industrielle ou minière de l'Etat, des communes, des syndicats de communes, des établissements publics et des autres personnes morales de droit public", alsmede andere vennootschappen die zijn opgericht naar Luxemburgs recht en die onder de Luxemburgse vennootschapsbelasting vallen;
s. De vennootschappen naar Hongaars recht, geheten "közkereseti társaság", "betéti társaság", "közös vállalat", "korlátolt felelősségű társaság", "részvénytársaság", "egyesülés", "közhasznú társaság", "szövetkezet";
t. De vennootschappen naar Maltees recht, geheten "Kumpaniji ta' Responsabilita Limitata", "Soċjetajiet en commandite li l-kapital tagħhom maqsum f'azzjonijiet";
u. De vennootschappen naar Nederlands recht, geheten "naamloze vennootschap", "besloten vennootschap met beperkte aansprakelijkheid", "open commanditaire vennootschap", "coöperatie", "onderlinge waarborgmaatschappij", "fonds voor gemene rekening", "vereniging op coöperatieve grondslag" en "vereniging welke op onderlinge grondslag als verzekeraar of kredietinstelling optreedt", alsmede andere vennootschappen die zijn opgericht naar Nederlands recht en die onder de Nederlandse vennootschapsbelasting vallen;
v. De vennootschappen naar Oostenrijks recht, geheten "Aktiengesellschaft", "Gesellschaft mit beschränkter Haftung", "Versicherungsvereine auf Gegenseitigkeit", "Erwerbs- und Wirtschaftsgenossenschaften", "Betriebe gewerblicher Art von Körperschaften des öffentlichen Rechts", "Sparkassen", alsmede andere vennootschappen die zijn opgericht naar Oostenrijks recht en die onder de Oostenrijkse vennootschapsbelasting vallen;
w. De vennootschappen naar Pools recht, geheten "spółka akcyjna", "spółka z ograniczoną odpowiedzialnością", "spółdzielnia", "przedsiębiorstwo państwowe";
x. De naar Portugees recht opgerichte handelsvennootschappen of burgerlijke vennootschappen met handelsvorm, coöperatieven en overheidsbedrijven;
y. De vennootschappen naar Roemeens recht, geheten "societăţi pe acţiuni", "societăţi în comandită pe acţiuni", "societăţi cu răspundere limitată";
z. De vennootschappen naar Sloveens recht, geheten "delniška družba", "komanditna delniška družba", "komanditna družba", "družba z omejeno odgovornostjo", "družba z neomejeno odgovornostjo";
aa. De vennootschappen naar Slowaaks recht, geheten "akciová spoločnosť", "spoločnosť s ručením obmedzeným", "komanditná spoločnosť", "verejná obchodná spoločnosť", "družstvo";
bb. De vennootschappen naar Fins recht, geheten "osakeyhtiö"/"aktiebolag", "osuuskunta"/"andelslag", "säästöpankki"/"sparbank" en "vakuutusyhtiö"/"försäkringsbolag";
cc. De vennootschappen naar Zweeds recht, geheten "aktiebolag", "försäkringsaktiebolag", "ekonomiska föreningar", "sparbanker", "ömsesidiga försäkringsbolag";
dd. De vennootschappen naar Brits recht.

BIJLAGE II

België/Belgique	Vennootschapsbelasting/Impôt des sociétés
България	корпоративен данък
Česká republika	Daň z příjmů právnických osob
Danmark	Selskabsskat
Deutschland	Körperschaftsteuer
Eesti	Tulumaks
Éire/Ireland	Cáin chorparáide/Corporation Tax
Ελλάδα	Φόρος εισοδήματος νομικών προσώπων κερδοσκοπικού χαρακτήρα
España	Impuesto sobre sociedades
France	Impôt sur les sociétés
Hrvatska	Porez na dobit
Italia	Imposta sul reddito delle società
Κύπρος	Φόρος Εισοδήματος
Latvija	Uzņēmumu ienākuma nodoklis
Lietuva	Pelno mokestis
Luxembourg	Impôt sur le revenu des collectivités
Magyarország	Társasági adó
Malta	Taxxa fuq l-income
Nederland	Vennootschapsbelasting
Österreich	Körperschaftsteuer
Polska	Podatek dochodowy od osób prawnych
Portugal	Imposto sobre o rendimento das pessoas colectivas
România	Impozit pe profit
Slovenija	Davek od dobička pravnih oseb
Slovensko	Daň z príjmov právnických osôb
Suomi/Finland	Yhteisöjen tulovero/inkomstskatten för samfund
Sverige	Statlig inkomstskatt
United Kingdom	Corporation Tax

Voorstel voor een RICHTLIJN VAN DE RAAD betreffende een **gemeenschappelijke heffingsgrondslag voor de vennootschapsbelasting**

13024/18
FISC 418 ECOFIN 902
2016/0337(CNS)

5 december 2018

DE RAAD VAN DE EUROPESE UNIE,

(...)

Hoofdstuk I. Onderwerp, toepassingsgebied en definities

Artikel 1. Onderwerp

1. Bij deze richtlijn wordt een regeling voor een gemeenschappelijke grondslag voor de belasting van bepaalde vennootschappen ingesteld en worden voorschriften voor de berekening van die grondslag vastgesteld.
2. Een vennootschap die de bij deze richtlijn ingestelde regeling toepast, is niet langer onderworpen aan het nationale vennootschapsbelastingrecht ten aanzien van alle in deze richtlijn geregelde aangelegenheden, tenzij in deze richtlijn anders is bepaald.

Artikel 2. Toepassingsgebied

1. De bepalingen van deze richtlijn zijn van toepassing op een vennootschap die is opgericht naar het recht van een lidstaat, daaronder begrepen haar vaste inrichtingen in andere lidstaten, indien de vennootschap aan elk van de volgende voorwaarden voldoet:
   a. zij heeft een van de in bijlage I genoemde vennootschapsvormen;
   b. zij is onderworpen aan een van de in bijlage II genoemde vennootschapsbelastingen of aan een soortgelijke belasting die naderhand is ingevoerd;
   c. [zij maakt deel uit van een voor de financiële boekhouding geconsolideerde groep met een totaal geconsolideerd groepsinkomen dat het bedrag van 750 000 000 EUR te boven gaat gedurende het boekjaar dat aan het betreffende boekjaar voorafgaat;
   d. zij kwalificeert als een moedermaatschappij of een kwalificerende dochteronderneming als bedoeld in artikel 3 en/of heeft een of meer vaste inrichtingen in andere lidstaten, zoals bedoeld in artikel 5].
2. Deze richtlijn is ook van toepassing op een vennootschap die is opgericht naar het recht van een derde land met betrekking tot haar vaste inrichtingen gelegen in een of meer lidstaten, indien de vennootschap aan de in lid 1, punt[en] b) [tot en met d)], gestelde voorwaarden voldoet.

   Om aan de in lid 1, punt a), gestelde voorwaarde te voldoen, volstaat het dat de vennootschap in een derde land een vorm heeft die vergelijkbaar is met een van de in bijlage I genoemde vennootschapsvormen. Voor de toepassing van lid 1, punt a), stelt de Commissie elk jaar een lijst van vennootschapsvormen van derde landen vast die worden geacht vergelijkbaar te zijn met de in bijlage I genoemde vennootschapsvormen. Deze uitvoeringshandeling wordt vastgesteld overeenkomstig de in artikel 68, lid 2, bedoelde onderzoeksprocedure. Het feit dat een vennootschapsvorm van een derde land niet is opgenomen in die lijst, vormt geen beletsel voor de toepassing van deze richtlijn op die vorm.

[3. Een vennootschap die voldoet aan de in lid 1, punt a) en punt b), gestelde voorwaarden maar niet aan de in punt c) en/of punt d) van dat lid gestelde voorwaarden, kan ervoor kiezen om de bij deze richtlijn ingestelde regeling gedurende een periode van vijf belastingjaren toe te passen, ook voor haar vaste inrichtingen in andere lidstaten. Deze periode wordt automatisch met telkens vijf belastingjaren verlengd tenzij er een kennisgeving van beëindiging als bedoeld in artikel 65, lid 3, wordt gedaan. Aan de in lid 1, punt a) en punt b), gestelde voorwaarden moet zijn voldaan telkens wanneer de verlenging plaatsvindt.]
4. De bij deze richtlijn ingestelde regeling is niet van toepassing op een scheepvaartmaatschappij die aan een bijzondere belastingregeling voor deze sector is onderworpen. [Bij het bepalen van de vennootschappen die tot dezelfde groep behoren, zoals bedoeld in artikel 3, worden ook scheepvaartmaatschappijen die aan de bijzondere belastingregeling zijn onderworpen, in aanmerking genomen.]

[5. De Commissie is bevoegd om overeenkomstig artikel 66 gedelegeerde handelingen vast te stellen om de bijlagen I en II te wijzigen naar aanleiding van wetswijzigingen in de lidstaten met betrekking tot vennootschapsvormen en vennootschapsbelastingen.]

[Artikel 3. Moedermaatschappij en kwalificerende dochterondernemingen

1. Kwalificerende dochterondernemingen zijn alle directe dochter- en kleindochter-ondernemingen waarin de moedermaatschappij de volgende rechten heeft:

a. het recht om meer dan 50 % van de stemrechten uit te oefenen; en

b. het eigendomsrecht van meer dan 75 % van het kapitaal van de dochteronderneming of meer dan 75 % van de rechten die aanspraak geven op winst.

2. Voor de berekening van de in lid 1 bedoelde drempels met betrekking tot kleindochterondernemingen gelden de volgende regels:

a. zodra de stemrechtdrempel voor een dochteronderneming is bereikt, wordt de moedermaatschappij geacht 100 % van deze rechten te houden;

b. aanspraak op winst en eigendom van kapitaal worden berekend door vermenigvuldiging van de belangen die, rechtstreeks en middellijk, worden gehouden in dochter-ondernemingen op ieder niveau. Eigendomsrechten ten belope van 75 % of minder die rechtstreeks of middellijk door de moedermaatschappij worden gehouden, daaronder begrepen rechten in vennootschappen die inwoner zijn van een derde land, worden bij de berekening ook in aanmerking genomen.]

Artikel 4. Definities

Voor de toepassing van deze richtlijn wordt verstaan onder:

1. belastingplichtige: een vennootschap die voldoet aan de in artikel 2, lid 1 of 2, gestelde voorwaarden of die ervoor gekozen heeft om de bij deze richtlijn ingestelde regeling toe te passen in overeenstemming met artikel 2, lid 3;

2. niet-belastingplichtige: een vennootschap die niet voldoet aan de in artikel 2, lid 1 of 2, gestelde voorwaarden en die er niet voor gekozen heeft om de bij deze richtlijn ingestelde regeling toe te passen in overeenstemming met artikel 2, lid 3;

3. ingezeten belastingplichtige: een belastingplichtige die fiscaal inwoner is van een lidstaat;

4. niet-ingezeten belastingplichtige: een belastingplichtige die geen fiscaal inwoner is van een lidstaat;

5. inkomsten: de opbrengsten van verkopen en van alle overige transacties, exclusief belasting over de toegevoegde waarde en andere belastingen en heffingen die ten behoeve van overheidslichamen worden geïnd, van geldelijke of van niet-geldelijke aard, daaronder begrepen opbrengsten van de vervreemding van activa en rechten, rente, dividenden en andere winstuitkeringen, met inbegrip van verkapte winstuitkeringen, verkapte inbreng, liquidatieopbrengsten, royalty's, subsidies en toelagen, ontvangen giften, vergoedingen en onverplichte betalingen. Niet-geldelijke giften van een belastingplichtige vallen ook onder inkomsten. Door de belastingplichtige bijeengebracht eigen vermogen of aan hem terugbetaalde schuld vallen niet onder inkomsten;

6. kosten: afnamen in het netto-eigenvermogen van de vennootschap gedurende het belastingjaar in de vorm van een uitstroom of waardevermindering van activa of in de vorm van een opname of waardevermeerdering van verplichtingen, andere dan die met betrekking tot geldelijke of niet-geldelijke uitkeringen aan aandeelhouders of bezitters van eigen vermogen in die hoedanigheid;

7. belastingtijdvak: een tijdvak van twaalf maanden of een ander voor belastingdoeleinden toepasselijk tijdvak van ten hoogste twaalf maanden;

8. winst: het positieve verschil tussen de inkomsten en de aftrekbare kosten en andere aftrekposten in een belastingjaar;

9. verlies: het negatieve verschil tussen de inkomsten en de aftrekbare kosten en andere aftrekposten in een belastingjaar;

10. voor de financiële boekhouding geconsolideerde groep: alle entiteiten die volledig zijn opgenomen in een geconsolideerde jaarrekening, opgesteld overeenkomstig de internationale standaarden voor financiële verslaglegging of een nationaal systeem voor financiële verslaglegging;

10a. verkapte winstuitkering: een tot een daling van de winst leidend en niet als winstuitkering aangegeven economisch voordeel dat de belastingplichtige verstrekt aan in artikel 14 vermelde personen en niet zou hebben verstrekt aan onafhankelijke derden;

11. [onderzoek en ontwikkeling: experimentele of theoretische werkzaamheden die voornamelijk worden verricht om nieuwe kennis te verwerven over de fundamentele aspecten van verschijnselen en waarneembare feiten, zonder dat hiermee een bijzondere toepassing of een bijzonder gebruik wordt beoogd (fundamenteel

onderzoek); origineel onderzoek dat wordt verricht om nieuwe kennis te verwerven, maar voornamelijk is gericht op een specifiek, praktisch doel (toegepast onderzoek); systematische werkzaamheden die voortbouwen op kennis verkregen uit onderzoek en praktijkervaring, waarbij nieuwe kennis wordt opgedaan, die wordt ingezet om nieuwe producten of processen te ontwikkelen of om bestaande producten of processen te verbeteren (experimentele ontwikkeling);]

12. financieringskosten: rentelasten op alle vormen van schuld, andere kosten die economisch gelijkwaardig zijn aan rente en kosten in verband met het aantrekken van financiële middelen als omschreven in het nationale recht, met inbegrip van betalingen in het kader van winstdelende leningen, toegerekende rente op converteerbare obligaties en nulcoupon-obligaties, betalingen in het kader van alternatieve financieringsregelingen, de financierings-kostenelementen van betalingen voor financiële leasing, gekapitaliseerde rente opgenomen in de balanswaarde van een gerelateerd actief, de afschrijving van gekapitaliseerde rente, bedragen bepaald door verwijzing naar een financieringsopbrengst onder verrekenprijsregels, notionele rentebedragen in het kader van afgeleide instrumenten of hedgingregelingen met betrekking tot de leningen van een entiteit, het vastgelegde rendement op nettovermogens-toenames als bedoeld in artikel 11 van deze richtlijn, bepaalde koerswinsten en -verliezen op leningen en instrumenten in verband met het aantrekken van financiële middelen, garantieprovisies voor financieringsregelingen, afsluitprovisies en soortgelijke kosten in verband met het lenen van middelen;

13. financieringskostensurplus: het bedrag waarmee de aftrekbare financieringskosten van een belastingplichtige de belastbare rentebaten en andere belastbare inkomsten die de belasting-plichtige ontvangt en die economisch gelijkwaardig zijn aan rentebaten, overschrijden;

14. overbrenging van activa: een handeling waarbij een lidstaat het recht verliest om de overgebrachte activa in de heffing te betrekken, terwijl de juridische of economische eigendom van de activa bij dezelfde belastingplichtige blijft;

15. overbrenging van fiscale woonplaats: een handeling waarbij een belastingplichtige ophoudt fiscaal inwoner van een lidstaat te zijn en gelijktijdig het fiscale inwonerschap in een andere lidstaat of een derde land verwerft;

16. overbrenging van het bedrijf van een vaste inrichting: een handeling waarbij een belastingplichtige ophoudt een belastbare aanwezigheid in een lidstaat te hebben en gelijktijdig een dergelijke aanwezigheid in een andere lidstaat of een derde land verwerft zonder dat hij fiscaal inwoner van die lidstaat of dat derde land wordt;

17. fiscale boekwaarde: de afschrijvingsgrondslag van een vast actief of een activapool minus de totale afschrijving die is verricht;

18. marktwaarde: het bedrag waarvoor een actief kan worden verhandeld of wederzijdse verplichtingen kunnen worden afgewikkeld in een rechtstreekse transactie tussen bereidwillige niet-gerelateerde partijen;

19. vaste activa: materiële activa die zijn verkregen of die zijn voortgebracht door de belastingplichtige en immateriële activa die zijn verkregen, indien zij afzonderlijk kunnen worden gewaardeerd en in de bedrijfsvoering worden aangewend of naar verwachting zullen worden aangewend ter verwerving, behoud of zekerstelling van inkomsten gedurende meer dan twaalf maanden, behalve indien de verkrijgings- of voortbrengingskosten minder dan 1 000 EUR bedragen. Vaste activa omvatten ook financiële activa, met uitzondering van overeenkomstig artikel 21 voor handelsdoeleinden aangehouden financiële activa;

20. financiële activa: aandelen gehouden in en leningen verstrekt aan gelieerde ondernemingen als bedoeld in artikel 56 van deze richtlijn, deelnemingen als bedoeld in artikel 2, lid 2, van Richtlijn 2013/34/EU van het Europees Parlement en van de Raad[1], leningen verstrekt aan ondernemingen waarmee de belastingplichtige een deelnemingsverhouding heeft, effecten die tot de vaste activa behoren, overige leningen, en eigen aandelen voor zover het nationale recht toestaat dat zij in de balans worden opgenomen;

21. verkrijgings- of voortbrengingskosten: het bedrag aan kasmiddelen of kasequivalenten dat op het tijdstip van verkrijging of voortbrenging is of moet worden betaald, of de waarde van andere activa die zijn geruild of verbruikt om een materieel vast actief te verkrijgen. In het geval van immateriële vaste activa zijn alleen verkrijgingskosten betrokken;

22. materiële vaste activa met een lange gebruiksduur: materiële vaste activa met een gebruiks-duur van ten minste 15 jaar. Gebouwen, luchtvaartuigen en schepen worden geacht materiële vaste activa met een lange gebruiksduur te zijn;

1. Richtlijn 2013/34/EU van het Europees Parlement en van de Raad van 26 juni 2013 betreffende de jaarlijkse financiële overzichten, geconsolideerde financiële overzichten en aanverwante verslagen van bepaalde ondernemingsvormen, tot wijziging van Richtlijn 2006/43/EG van het Europees Parlement en de Raad en tot intrekking van Richtlijnen 78/660/EEG en 83/349/EEG van de Raad (PB L 182 van 29.6.2013, blz. 19).

23. materiële vaste activa met een middellange gebruiksduur: materiële vaste activa die geen materiële vaste activa met een lange gebruiksduur zijn in de zin van punt 22 en waarvan de gebruiksduur ten minste acht jaar bedraagt;

23a. materiële vaste activa met een korte gebruiksduur: materiële vaste activa die geen materiële vaste activa met een lange of middellange gebruiksduur zijn in de zin van punt 22 respectievelijk punt 23 en waarvan de gebruiksduur minder dan acht jaar bedraagt;

24. tweedehands activa: vaste activa waarvan de gebruiksduur bij aanschaf al ten dele is verstreken en die geschikt zijn om verder te worden gebruikt in hun huidige staat of na herstelling;

25. gebruiksduur: de periode gedurende welke een actief naar verwachting beschikbaar is voor gebruik of het aantal productie- of vergelijkbare eenheden die een belastingplichtige van het actief verwacht te verkrijgen;

26. verbeteringskosten: alle extra uitgaven met betrekking tot een vast actief die de capaciteit van het actief wezenlijk verhogen of het functioneren ervan wezenlijk verbeteren, of die meer dan 10 % vertegenwoordigen van de oorspronkelijke afschrijvingsgrondslag van het actief;

27. voorraden en onderhanden werk: activa die bestemd zijn voor de verkoop of zich in het productieproces met het oog op de verkoop bevinden, dan wel activa in de vorm van grond- en hulpstoffen die tijdens het productieproces of bij het verlenen van diensten worden verbruikt;

28. economisch eigenaar: de persoon die in wezen alle voordelen geniet en alle risico's draagt die aan een vast actief verbonden zijn, ongeacht of hij de juridisch eigenaar is. Een belasting-plichtige die het recht heeft een vast actief te bezitten, te gebruiken en te vervreemden, en die het risico op verlies of vernietiging draagt, wordt hoe dan ook als economisch eigenaar aangemerkt;

29. financiële onderneming: een van de volgende entiteiten:

a. een kredietinstelling of een beleggingsonderneming als omschreven in artikel 4, lid 1, punt 1, van Richtlijn 2004/39/EG van het Europees Parlement en de Raad[1], een beheerder van alternatieve beleggingsinstellingen (abi-beheerder) als omschreven in artikel 4, lid 1, punt b), van Richtlijn 2011/61/EU van het Europees Parlement en de Raad[2] of een beheermaatschappij als omschreven in artikel 2, lid 1, punt b), van Richtlijn 2009/65/EG van het Europees Parlement en de Raad[3];

b. een verzekeringsonderneming als omschreven in artikel 13, punt 1, van Richtlijn 2009/138/EG van het Europees Parlement en de Raad[4];

c. een herverzekeringsonderneming als omschreven in artikel 13, punt 4, van Richtlijn 2009/138/EG;

d. een instelling voor bedrijfspensioenvoorziening als omschreven in artikel 6, punt a), van Richtlijn 2003/41/EG van het Europees Parlement en de Raad[5], tenzij een lidstaat ervoor heeft gekozen deze richtlijn geheel of gedeeltelijk niet toe te passen op die instelling overeenkomstig artikel 5 van die richtlijn, of de gedelegeerde van een instelling voor bedrijfspensioenvoorziening als bedoeld in artikel 19, lid 1, van Richtlijn 2003/41/EG;

e. een pensioeninstelling die pensioenregelingen uitvoert welke zijn aan te merken als socialezekerheidsregelingen die onder Verordening (EG) nr. 883/2004 van het Europees Parlement en de Raad[6] en Verordening (EG) nr. 987/2009 van het Europees Parlement en de Raad[7] vallen, alsook elke juridische entiteit die is opgericht met het oog op belegging in die pensioenregelingen;

f. een alternatieve beleggingsinstelling (abi) als omschreven in artikel 4, lid 1, punt a), van Richtlijn 2011/61/EU die wordt beheerd door een abi-beheerder als omschreven in artikel 4, lid 1, punt b), van Richtlijn 2011/61/EU, of een abi waarop toezicht wordt gehouden krachtens het nationale recht;

1. Richtlijn 2004/39/EG van het Europees Parlement en de Raad van 21 april 2004 betreffende markten voor financiële instrumenten, tot wijziging van de Richtlijnen 85/611/EEG en 93/6/EEG van de Raad en van Richtlijn 2000/12/EG van het Europees Parlement en de Raad en houdende intrekking van Richtlijn 93/22/EEG van de Raad (PB L 145 van 30.4.2004, blz. 1).
2. Richtlijn 2011/61/EU van het Europees Parlement en de Raad van 8 juni 2011 inzake beheerders van alternatieve beleggingsinstellingen en tot wijziging van de Richtlijnen 2003/41/EG en 2009/65/EG en van de Verordeningen (EG) nr. 1060/2009 en (EU) nr. 1095/2010 (PB L 174 van 1.7.2011, blz. 1).
3. Richtlijn 2009/65/EG van het Europees Parlement en de Raad van 13 juli 2009 tot coördinatie van de wettelijke en bestuursrechtelijke bepalingen betreffende bepaalde instellingen voor collectieve belegging in effecten (icbe's) (PB L 302 van 17.11.2009, blz. 32).
4. Richtlijn 2009/138/EG van het Europees Parlement en de Raad van 25 november 2009 betreffende de toegang tot en uitoefening van het verzekerings- en het herverzekeringsbedrijf (Solvabiliteit II) (PB L 335 van 17.12.2009, blz. 1).
5. Richtlijn 2003/41/EG van het Europees Parlement en de Raad van 3 juni 2003 betreffende de werkzaamheden van en het toezicht op instellingen voor bedrijfspensioenvoorziening (PB L 235 van 23.9.2003, blz. 10).
6. Verordening (EG) nr. 883/2004 van het Europees Parlement en de Raad van 29 april 2004 betreffende de coördinatie van de socialezekerheidsstelsels (PB L 200 van 7.6.2004, blz. 1).
7. Verordening (EG) nr. 987/2009 van het Europees Parlement en de Raad van 16 september 2009 tot vaststelling van de wijze van toepassing van Verordening (EG) nr. 883/2004 betreffende de coördinatie van de socialezekerheidsstelsels (PB L 284 van 30.10.2009, blz. 1).

g. een icbe als omschreven in artikel 1, lid 2, van Richtlijn 2009/65/EG;

h. een centrale tegenpartij (CTP) als omschreven in artikel 2, punt 1, van Verordening (EU) nr. 648/2012 van het Europees Parlement en de Raad[1];

i. een centrale effectenbewaarinstelling als omschreven in artikel 2, lid 1, punt 1, van Verordening (EU) nr. 909/2014 van het Europees Parlement en de Raad[2];

30. entiteit: iedere juridische regeling met het oog op de uitoefening van een bedrijf door een vennootschap dan wel door een fiscaal transparante structuur;

31. hybride mismatch: een situatie tussen een belastingplichtige en een gelieerde onderneming of een gestructureerde regeling tussen partijen in verschillende fiscale rechtsgebieden waarin een van de volgende resultaten te wijten is aan verschillen in de juridische kwalificatie van een financieel instrument of een entiteit, of aan de aanmerking van een commerciële aanwezigheid als vaste inrichting:

a. dezelfde betaling, kosten of verliezen worden zowel in het rechtsgebied waar de betaling haar oorsprong vindt, de kosten zijn gemaakt of de verliezen zijn geleden, als in het andere rechtsgebied in aftrek gebracht van de belastbare grondslag ("dubbele aftrek");

b. een betaling wordt in aftrek gebracht van de belastbare grondslag in het rechtsgebied waar de betaling haar oorsprong vindt, zonder dat deze betaling op overeenkomstige wijze in het andere rechtsgebied in de heffing wordt betrokken ("aftrek zonder betrekking in de heffing");

c. in geval van verschillen bij de aanmerking van een commerciële aanwezigheid als vaste inrichting, het onbelast blijven van inkomsten die hun oorsprong vinden in een rechtsgebied, zonder dat deze inkomsten op overeenkomstige wijze in het andere rechtsgebied in de heffing worden betrokken ("onbelast zonder betrekking in de heffing").

Een hybride mismatch treedt slechts op in zoverre dezelfde in twee rechtsgebieden afgetrokken betaling, gemaakte kosten of geleden verliezen het bedrag aan inkomsten te boven gaan dat in beide rechtsgebieden in de heffing is betrokken en aan dezelfde bron kan worden toegerekend.

Een hybride mismatch omvat ook de overdracht van een financieel instrument in het kader van een gestructureerde regeling met een belastingplichtige, waarbij de onderliggende opbrengst van het overgedragen financiele instrument voor belastingdoeleinden wordt behandeld alsof deze tegelijkertijd is verkregen door meer dan een van de partijen bij de regeling, die fiscaal inwoner zijn van verschillende rechtsgebieden, met een van de volgende resultaten:

a. een aftrek van een betaling die verband houdt met de onderliggende opbrengst, zonder dat deze betaling op overeenkomstige wijze in de heffing wordt betrokken, tenzij de onderliggende opbrengst in het belastbare inkomen van een van de betrokken partijen is opgenomen;

b. een vermindering van bronbelasting voor een betaling die is verkregen uit het overgedragen financieel instrument, aan meer dan een van de betrokken partijen;

(32) gestructureerde regeling: een regeling waarbij sprake is van een hybride mismatch die al in de voorwaarden van de regeling is verwerkt, dan wel een regeling die zodanig is opgezet dat er een hybride mismatch uit resulteert, tenzij van de belastingplichtige of een gelieerde onderneming niet redelijkerwijs kon worden verwacht dat deze zich bewust waren van de hybride mismatch en zij geen profijt trokken uit het belastingvoordeel dat uit de hybride mismatch voortvloeit;

33. nationaal vennootschapsbelastingrecht: de wet van een lidstaat die voorziet in een van de in bijlage II genoemde belastingen.

De Commissie kan overeenkomstig artikel 66 gedelegeerde handelingen vaststellen om meer begrippen te definiëren.

Artikel 5. Vaste inrichting in een lidstaat toebehorend aan een belastingplichtige die fiscaal inwoner van de Unie is

1. Een belastingplichtige wordt geacht te beschikken over een vaste inrichting in een andere lidstaat dan de lidstaat waarvan hij fiscaal inwoner is, wanneer hij in die andere lidstaat een vaste bedrijfsinrichting heeft door middel waarvan zijn werkzaamheden geheel of gedeeltelijk worden uitgeoefend, daaronder met name begrepen:

a. een plaats waar leiding wordt gegeven;

b. een bijkantoor;

c. een kantoor;

1. Verordening (EU) nr. 648/2012 van het Europees Parlement en de Raad van 4 juli 2012 betreffende otc-derivaten, centrale tegenpartijen en transactieregisters (PB L 201 van 27.7.2012, blz. 1).

2. Verordening (EU) nr. 909/2014 van het Europees Parlement en de Raad van 23 juli 2014 betreffende de verbetering van de effectenafwikkeling in de Europese Unie, betreffende centrale effectenbewaarinstellingen en tot wijziging van Richtlijnen 98/26/EG en 2014/65/EU en Verordening (EU) nr. 236/2012 (PB L 257 van 28.8.2014, blz. 1).

d. een fabriek;

e. een werkplaats;

f. een mijn, een olie- of gasbron, een steengroeve of een andere plaats waar natuurlijke rijkdommen worden gewonnen.

2. De plaats van uitvoering van een bouwwerk of van constructie- of montagewerkzaamheden vormt slechts een vaste inrichting indien de duur ervan twaalf maanden overschrijdt.

3. Het begrip "vaste inrichting" omvat niet de volgende activiteiten, mits deze activiteiten, of in het geval van punt f), het totaal van de activiteiten van de vaste bedrijfsinrichting, van voorbereidende aard zijn of het karakter van hulpwerkzaamheid hebben:

a. het gebruik van inrichtingen, uitsluitend voor de opslag, uitstalling of aflevering van aan de belastingplichtige toebehorende goederen of koopwaar;

b. het aanhouden van een voorraad van aan de belastingplichtige toebehorende goederen of koopwaar, uitsluitend voor de opslag, uitstalling of aflevering;

c. het aanhouden van een voorraad van aan de belastingplichtige toebehorende goederen of koopwaar, uitsluitend voor bewerking of verwerking door een andere persoon;

d. het aanhouden van een vaste bedrijfsinrichting, uitsluitend om voor de belasting-plichtige goederen of koopwaar aan te kopen of inlichtingen in te winnen;

e. het aanhouden van een vaste bedrijfsinrichting, uitsluitend om voor de belastingplichtige enige andere werkzaamheid uit te oefenen;

f. het aanhouden van een vaste bedrijfsinrichting, uitsluitend voor een combinatie van de in de punten a) tot en met e) genoemde werkzaamheden.

4. Indien een persoon in een lidstaat namens een belastingplichtige handelt en daarbij gewoonlijk overeenkomsten afsluit, of gewoonlijk de hoofdrol vervult die leidt tot het afsluiten van overeenkomsten, die stelselmatig zonder wezenlijke aanpassing door de belastingplichtige worden afgesloten, wordt die belastingplichtige, onverminderd lid 5, geacht in die lidstaat een vaste inrichting te hebben met betrekking tot de werkzaamheden die die persoon voor de belastingplichtige verricht.

De in de eerste alinea genoemde overeenkomsten worden gesloten:

a. op naam van de belastingplichtige, of

b. voor het overdragen van de eigendom van of het verlenen van het gebruiksrecht op zaken die eigendom zijn van deze belastingplichtige of waarop hij een gebruiksrecht heeft, of

c. voor het verlenen van diensten door de belastingplichtige.

De eerste en de tweede alinea zijn niet van toepassing indien de werkzaamheden van die persoon van voorbereidende aard zijn of het karakter van hulpwerkzaamheid hebben zoals bedoeld in lid 3 waardoor zij, indien zij door middel van een vaste bedrijfsinrichting worden uitgeoefend, deze vaste bedrijfsinrichting op grond van de bepalingen van dat lid niet tot een vaste inrichting zouden maken.

5.

a. Lid 4 is niet van toepassing indien de persoon die in een lidstaat namens een belastingplichtige handelt, in die lidstaat als een onafhankelijke vertegenwoordiger zaken doet en voor de belastingplichtige optreedt in de normale uitoefening van zijn bedrijf. Indien een persoon evenwel uitsluitend of vrijwel uitsluitend optreedt namens een of meerdere belastingplichtigen met wie hij een "nauwe band" heeft, wordt deze persoon ten aanzien van deze belastingplichtigen niet als onafhankelijk vertegenwoordiger in de zin van dit lid aangemerkt.

b. Voor de toepassing van dit artikel heeft een persoon een "nauwe band" met een belastingplichtige indien de een, rechtstreeks of middellijk, het recht heeft om meer dan 50 % van de stemrechten in de ander uit te oefenen, dan wel een eigendomsrecht bezit van meer dan 50 % van het kapitaal van de ander of meer dan 50% van de rechten die aanspraak geven op winst.

6. De omstandigheid dat een belastingplichtige die fiscaal inwoner is van een lidstaat, een belastingplichtige beheerst of door een belastingplichtige wordt beheerst die fiscaal inwoner is van een andere lidstaat of die in die andere lidstaat zaken doet (hetzij door middel van een vaste inrichting, hetzij op andere wijze), stempelt een van beide belastingplichtigen niet tot een vaste inrichting van de andere.

Hoofdstuk II. Berekening van de heffingsgrondslag

Artikel 6. Algemene beginselen

1. Voor de berekening van de heffingsgrondslag worden winsten en verliezen alleen in aanmerking genomen wanneer zij gerealiseerd zijn.

2. Iedere transactie of belastbaar feit wordt afzonderlijk gewaardeerd.

3. De heffingsgrondslag wordt op consistente wijze berekend, tenzij uitzonderlijke omstandigheden een wijziging rechtvaardigen in de manier waarop de berekening plaatsvindt.
4. De heffingsgrondslag wordt voor ieder belastingjaar berekend, tenzij anders is bepaald.
5. De heffingsgrondslag wordt bepaald op basis van de nationale boekhoudregels, mits zij verenigbaar zijn met de in deze richtlijn vastgestelde regels.
6. De in deze richtlijn vastgestelde regels beletten de lidstaten niet nationale stelsels voor de belasting van groepen toe te passen, met inbegrip van een stelsel voor de belasting van afzonderlijke entiteiten dat de overdracht van winsten of rentecapaciteit mogelijk maakt. Indien een belastingplichtige namens een groep mag of moet handelen, zoals omschreven in de voorschriften van een nationaal stelsel voor de belasting van groepen, wordt de volledige groep als een belastingplichtige aangemerkt.

Artikel 7. Bestanddelen van de heffingsgrondslag

1. De heffingsgrondslag wordt berekend als inkomsten minus vrijgestelde inkomsten, aftrekbare kosten en andere aftrekposten.
[2. Als alternatief kan de heffingsgrondslag worden berekend als het verschil tussen de boekwaarde van het (netto-)bedrijfsvermogen aan het eind van het belastingjaar en de boekwaarde van het (netto-)bedrijfsvermogen aan het eind van het voorgaande belastingjaar, vermeerderd met de waarde van eventuele aflossingen van nominaal kapitaal en winst-uitkeringen, en verminderd met eventuele bedrijfsvermogensvermeerderingen die overeenkomstig het vennootschapsrecht zijn gerealiseerd, mits het resultaat hetzelfde is als het resultaat dat met de berekening volgens lid 1 wordt verkregen. De berekening wordt verricht met inachtneming van de regels inzake belastingvrijstelling van inkomsten, inzake de aftrekbaarheid van kosten, inzake opname en waardering en inzake afschrijving, zoals die in deze richtlijn zijn vastgesteld.]

Artikel 8. Vrijgestelde inkomsten

De volgende inkomsten worden niet opgenomen in de heffingsgrondslag:
a. subsidies die rechtstreeks samenhangen met de verkrijging, voortbrenging of verbetering van vaste activa die worden afgeschreven overeenkomstig de artikelen 30 tot en met 40;
b. opbrengsten van de vervreemding van de in artikel 37, lid 2, bedoelde gepoolde activa, inclusief de marktwaarde van niet-geldelijke giften;
c. opbrengsten van de vervreemding van aandelen, mits de belastingplichtige gedurende de twaalf maanden voorafgaand aan de vervreemding een deelneming in het kapitaal van de vennootschap van ten minste 10 % heeft aangehouden of over ten minste 10 % van de stemrechten van de vennootschap heeft beschikt, met uitzondering van de opbrengsten van de vervreemding van aandelen die voor handelsdoeleinden worden aangehouden als bedoeld in artikel 21, lid 3, en van aandelen die door levensverzekeringsondernemingen worden aangehouden overeenkomstig artikel 28, punt b);
d. ontvangen winstuitkeringen, met inbegrip van verkapte winstuitkeringen, mits de belastingplichtige gedurende een ononderbroken periode van ten minste twaalf maanden een deelneming in het kapitaal van de uitkerende vennootschap van ten minste 10 % aanhoudt of over ten minste 10 % van de stemrechten van de uitkerende vennootschap beschikt, met uitzondering van winstuitkeringen op aandelen die voor handelsdoeleinden worden aangehouden als bedoeld in artikel 21, lid 4, en winstuitkeringen die door levens-verzekeringsondernemingen zijn ontvangen overeenkomstig artikel 28, punt c);
e. inkomsten van een vaste inrichting, ontvangen door de belastingplichtige in de lidstaat waarvan hij fiscaal inwoner is.

Artikel 9. Aftrekbare kosten

1. Kosten zijn alleen aftrekbaar voor zover zij in het rechtstreekse zakelijke belang van de belastingplichtige zijn gemaakt.
2. De in lid 1 bedoelde kosten omvatten alle kosten die betrekking hebben op de omzet alsook alle kosten, exclusief aftrekbare belasting over de toegevoegde waarde, die door de belastingplichtige zijn gemaakt ter verwerving of zekerstelling van inkomsten, inclusief uitgaven voor onderzoek en ontwikkeling en kosten van het bijeenbrengen van eigen of vreemd vermogen voor bedrijfsdoeleinden.
[3. Naast de bedragen die aftrekbaar zijn als uitgaven voor onderzoek en ontwikkeling overeenkomstig lid 2, en mits de belastingplichtige niet direct of indirect profiteert van enig voordeel, in welke vorm ook, dat uit hoofde van de nationale wetgeving door een lidstaat wordt toegekend met betrekking tot dergelijke uitgaven voor onderzoek en ontwikkeling, kan de belastingplichtige per belastingjaar nog eens 50 % van dergelijke uitgaven aftrekken, met uitzondering van de uitgaven in verband met de activa als bedoeld in artikel 33, lid 1, punten c), d) en e), en artikel 33, lid 2, punten c), d) en e), die hij gedurende dat jaar heeft gedaan.

Voor zover de uitgaven voor onderzoek en ontwikkeling de drempel van 20 000 000 EUR te boven gaan, kan de belastingplichtige 25% van het bedrag daarboven aftrekken.

In afwijking van de eerste alinea kan de belastingplichtige nog eens [100 %] van zijn uitgaven voor onderzoek en ontwikkeling tot een maximum van 20 000 000 EUR in aftrek brengen indien hij aan elk van de volgende voorwaarden voldoet:

a. het betreft een niet-beursgenoteerde onderneming met minder dan 50 werknemers en een jaaromzet en/of een jaarbalanstotaal van niet meer dan 10 000 000 EUR;

b. de onderneming is nog geen vijf jaar ingeschreven. Indien de belastingplichtige niet ingeschreven hoeft te zijn, kan als startpunt van de periode van vijf jaar het tijdstip worden genomen waarop de onderneming met haar economische activiteiten van start is gegaan dan wel waarop zij daarover belasting verschuldigd is geworden;

c. de onderneming is niet tot stand gekomen door een fusie of elke andere vorm van bedrijfsreorganisatie;

d. de onderneming heeft geen gelieerde ondernemingen als bedoeld in artikel 56;

e. de onderneming profiteert niet direct of indirect van enig voordeel, in welke vorm ook, dat uit hoofde van de nationale wetgeving door een lidstaat wordt toegekend met betrekking tot dergelijke uitgaven voor onderzoek en ontwikkeling.]

4. De lidstaten kunnen bepalen dat giften en schenkingen aan charitatieve instellingen aftrekbaar zijn.

Artikel 10. Andere aftrekposten

Er wordt een aftrek verricht met betrekking tot de afschrijving van vaste activa als bedoeld in de artikelen 30 tot en met 40.

[Artikel 11. Aftrek voor groei en investeringen ("AGI")

1. Voor de toepassing van dit artikel betekent de "AGI-vermogensgrondslag" voor een bepaald belastingjaar het verschil tussen de boekwaarde van het eigen vermogen van een belastingplichtige en de boekwaarde van zijn deelneming in het kapitaal van gelieerde ondernemingen als bedoeld in artikel 56.

2. Voor de toepassing van dit artikel wordt onder "eigen vermogen" het volgende verstaan:

a. Indien de belastingplichtige een vennootschap is, het totaal van:

i. het geplaatste kapitaal;
ii. de agiorekening;
iii. de herwaarderingsreserve;
iv. de reserves:
- de wettelijke reserve;
- de reserve voor eigen aandelen;
- de statutaire reserves;
- de overige reserves, met inbegrip van de reëlewaardereserve;
v. de overgedragen resultaten; en
vi. de resultaten van het boekjaar.

Indien de belastingplichtige een vaste inrichting is, betekent de term het eigen vermogen van die belastingplichtige dat aan de vaste inrichting kan worden toegerekend.

3. Overeenkomstig de leden 1 tot en met 6 kan van de heffingsgrondslag van een belastingplichtige een bedrag worden afgetrokken dat gelijk is aan het vastgelegde rendement op de toenames van de AGI-vermogensgrondslag. Indien er sprake is van een afname van de AGI-vermogensgrondslag, dan wordt een bedrag dat gelijk is aan het vastgelegde rendement op de afname van de AGI-vermogensgrondslag, belastbaar.

4. a. Toenames of afnames van de AGI-vermogensgrondslag worden, voor de eerste [tien] belastingjaren waarin een belastingplichtige onderworpen is aan de bij deze richtlijn ingestelde regeling, berekend als het verschil tussen zijn AGI-vermogensgrondslag aan het eind van het desbetreffende belastingjaar en zijn AGI-vermogensgrondslag op de eerste dag van het eerste belastingjaar onder de bij deze richtlijn ingestelde regeling.

b. Indien de berekening van de AGI-vermogensgrondslag resulteert in een afname van deze grondslag, wordt in afwijking van punt a) de wijziging in de AGI-vermogens-grondslag herberekend zonder rekening te houden met de boekhoudkundige verliezen die de belastingplichtige heeft geleden vanaf het eerste belastingjaar dat de regels van deze richtlijn van toepassing zijn. Indien deze herberekening resulteert in een toename van de AGI-vermogensgrondslag, wordt met die toename geen rekening gehouden.

c. Na de eerste tien belastingjaren wordt de verwijzing naar het bedrag van de AGI-vermogensgrondslag dat aftrekbaar is van de AGI-vermogensgrondslag aan het eind van het desbetreffende belastingjaar, elk jaar met een belastingjaar naar voren gehaald.

5. Het in lid 3 genoemde vastgelegde rendement is gelijk aan het rendement van de benchmark voor tienjaars-overheidsobligaties in de eurozone per december van het jaar voorafgaand aan het desbetreffende belastingjaar, zoals gepubliceerd door de Europese Centrale Bank, vermeerderd met een risicopremie van twee procentpunten. Er geldt een ondergrens van twee procent indien de ontwikkeling van het rendement op jaarbasis negatief is.

6. Indien er een regeling of een reeks regelingen is getroffen met als hoofddoel een belasting-voordeel uit hoofde van dit artikel te verkrijgen, wordt in afwijking van de leden 1 tot en met 5 het volgende van de AGI-vermogensgrondslag uitgesloten:

a. leningen binnen de groep en leningen waar gelieerde ondernemingen bij betrokken zijn, als bedoeld in artikel 56;

b. inbreng in geld en inbreng in natura binnen de groep;

c. overbrenging van activa en deelnemingen binnen de groep;

d. de herclassificatie van oud kapitaal tot nieuw kapitaal door middel van liquidaties en de oprichting van start-ups;

e. de oprichting van dochterondernemingen;

f. de overname, geheel of gedeeltelijk, van bedrijven in handen van gelieerde ondernemingen;

g. "double dipping"-constructies waarbij de aftrekbaarheid van rente wordt gecombineerd met aftrek onder de AGI;

h. toenames in het bedrag van de vorderingen op gelieerde ondernemingen in het kader van kredietfinanciering ten opzichte van het bedrag van dergelijke vorderingen op de referentiedatum.]

Artikel 12. Niet-aftrekbare posten

In afwijking van de artikelen 9 en 10 zijn de volgende posten niet aftrekbaar:

a. winstuitkeringen, met inbegrip van verkapte winstuitkeringen, en aflossingen van eigen of vreemd vermogen;

b. 50 % van representatiekosten, tot een bedrag dat [x]% van de inkomsten gedurende het belastingjaar niet te boven gaat.

De lidstaten kunnen de aftrekbaarheid van kosten die verband houden met de levensstijl of de privésfeer, verder beperken;

c. de overdracht van ingehouden winsten naar een reserve die deel uitmaakt van het eigen vermogen van de vennootschap;

d. vennootschapsbelasting en soortgelijke winstbelastingen;

e. steekpenningen en andere illegale betalingen;

f. boetes en financiële sancties, met inbegrip van kosten voor te late betaling, die verschuldigd zijn aan een overheid wegens niet-naleving van wetgeving;

g. door een belastingplichtige verrichte uitgaven voor het verkrijgen van inkomsten die zijn vrijgesteld overeenkomstig artikel 8, punten c), d) en e);

h. giften aan personen die geen werknemer van de belastingplichtige zijn. De niet-aftrekbaarheidsregel is niet van toepassing indien de verkrijgings- of voortbrengingskosten van de bestanddelen die de begunstigde in het boekjaar heeft ontvangen, in totaal niet meer dan [50 EUR] bedragen;

i. andere giften en schenkingen dan die bedoeld in artikel 9, lid 4;

j. verkrijgings- of voortbrengingskosten of kosten in verband met de verbetering van vaste activa die aftrekbaar zijn krachtens de artikelen 10 en 18, met uitzondering van de uitgaven voor onderzoek en ontwikkeling. De in artikel 33, lid 1, punt a), en artikel 33, lid 2, punten a) en b), bedoelde kosten worden niet aangemerkt als uitgaven voor onderzoek en ontwikkeling;

k. [jaarlijkse bijdragen van banken uit hoofde van de richtlijn herstel en afwikkeling van banken en de verordening gemeenschappelijk afwikkelingsmechanisme;]

l. verliezen geleden door een vaste inrichting in een derde land.

Artikel 13. Beperking van de aftrekbaarheid van rente

1. Financieringskosten zijn aftrekbaar tot het bedrag van de rente of andere belastbare inkomsten uit financiële activa die door de belastingplichtige zijn ontvangen.

2. Een financieringskostensurplus is aftrekbaar in het belastingjaar waarin het is ontstaan, ten belope van maximaal 30 procent van de winst vóór rente, belastingen, waarde-verminderingen en afschrijvingen (ebitda)

van de belastingplichtige, dan wel tot een bedrag van maximaal 3 000 000 EUR, naargelang welk van beide het hoogste is.

Indien een groep als een belastingplichtige wordt behandeld overeenkomstig artikel 6, worden het financieringskostensurplus en de ebitda berekend voor de gehele groep. Het bedrag van 3 000 000 EUR geldt ook voor de gehele groep.

3. De ebitda wordt berekend door de voor belastingen gecorrigeerde bedragen van het financieringskostensurplus en de voor belastingen gecorrigeerde bedragen van waardeverminderingen en afschrijvingen op te tellen bij de heffingsgrondslag van de belastingplichtige. Belastingvrije inkomsten worden uitgesloten van de ebitda van een belastingplichtige.

4. In afwijking van lid 2 heeft een belastingplichtige die als een op zichzelf staand bedrijf wordt gekwalificeerd, het recht op volledige aftrek van zijn financieringskostensurplus. Onder een op zichzelf staand bedrijf wordt verstaan een belastingplichtige die geen deel uitmaakt van een voor de financiële boekhouding geconsolideerde groep en geen gelieerde ondernemingen of vaste inrichtingen heeft.

5. In afwijking van lid 2 is het financieringskostensurplus volledig aftrekbaar indien het is ontstaan in verband met:

a. leningen die zijn gesloten voor [datum van politiek akkoord over deze richtlijn], met uitzondering van latere wijzigingen van deze leningen;

b. leningen die voor de financiering van langlopende openbare-infrastructuurprojecten worden gebruikt, waarbij de uitvoerder van het project, de financieringskosten, de activa en de inkomsten zich allemaal in de Unie bevinden.

Voor de toepassing van punt b) wordt onder langlopend openbare-infrastructuurproject een project verstaan dat bedoeld is om een grootschalig actief dat door een lidstaat wordt beschouwd als zijnde van algemeen belang, te leveren, te verbeteren, te exploiteren of te onderhouden.

Wanneer punt b) van toepassing is, worden inkomsten uit een langlopend openbare-infrastructuurproject uitgesloten van de ebitda van de belastingplichtige.

6. Een financieringskostensurplus dat in een bepaald belastingjaar niet kan worden afgetrokken, wordt voorwaarts verrekend zonder beperking in de tijd.

7. De leden 1 tot en met 6 zijn niet van toepassing op financiële ondernemingen, daaronder begrepen ondernemingen die deel uitmaken van een voor de financiële boekhouding geconsolideerde groep.

Artikel 14. Uitgaven ten behoeve van aandeelhouders, rechtstreekse verwanten van die aandeelhouders of gelieerde ondernemingen

Voordelen die worden toegekend aan een aandeelhouder die een natuurlijk persoon is of aan een andere persoon die een persoonlijke band met de aandeelhouder heeft, dan wel aan een gelieerde onderneming als bedoeld in artikel 56, worden niet aangemerkt als aftrekbare kosten of de inkomsten worden verhoogd, naargelang het geval, indien deze voordelen niet zouden worden toegekend aan een onafhankelijke derde.

Hoofdstuk III. Timing en kwantificering

Artikel 15. Algemene beginselen

Inkomsten, kosten en alle overige aftrekposten worden in de balans verwerkt in het belastingjaar waarin zij zijn genoten of ontstaan, tenzij in deze richtlijn anders is bepaald.

Artikel 16. Tijdstip waarop inkomsten zijn genoten

1. Inkomsten zijn genoten op het tijdstip waarop het recht om ze te ontvangen, ontstaat en zij op betrouwbare wijze kunnen worden gewaardeerd, ongeacht of de desbetreffende bedragen daadwerkelijk zijn betaald.

2. Inkomsten uit handel in goederen worden geacht te zijn genoten overeenkomstig lid 1 indien de volgende voorwaarden vervuld zijn:

a. de belastingplichtige heeft de eigendom van de verkochte goederen aan de koper overgedragen;

b. de belastingplichtige behoudt geen feitelijke zeggenschap over de verkochte goederen;

c. het bedrag van de inkomsten kan op betrouwbare wijze worden bepaald;

d. het is waarschijnlijk dat de economische voordelen met betrekking tot de transactie naar de belastingplichtige zullen vloeien;

e. de reeds gemaakte of nog te maken kosten met betrekking tot de transactie kunnen op betrouwbare wijze worden gewaardeerd.

3. Inkomsten uit dienstverlening worden geacht te zijn genoten voor zover de diensten zijn verricht en mits de volgende voorwaarden vervuld zijn:

a. het bedrag van de inkomsten kan op betrouwbare wijze worden bepaald;

b. het is waarschijnlijk dat de economische voordelen met betrekking tot de transactie naar de dienstverlener zullen vloeien;

c. de mate van voltooiing van de transactie aan het einde van het belastingjaar kan op betrouwbare wijze worden bepaald;

d. de reeds gemaakte of nog te maken kosten met betrekking tot de transactie kunnen op betrouwbare wijze worden gewaardeerd.

Indien niet voldaan is aan de voorwaarden in de punten a) tot en met d), worden inkomsten uit dienstverlening slechts geacht te zijn genoten voor zover zij aan aftrekbare uitgaven kunnen worden gerelateerd.

4. Indien inkomsten voortkomen uit termijnbetalingen aan de belastingplichtige, worden deze inkomsten geacht te zijn genoten op het tijdstip waarop elke afzonderlijke termijn betaalbaar wordt.

Artikel 17. Ontstaan van aftrekbare kosten

Aftrekbare kosten zijn ontstaan wanneer alle onderstaande voorwaarden zijn vervuld:

a. de verplichting tot betaling is ontstaan; indien de kosten bestaan uit termijnbetalingen door de belastingplichtige, ontstaat de verplichting tot betaling op het tijdstip waarop elke afzonderlijke termijn betaalbaar wordt;

b. het bedrag van de verplichting kan worden gekwantificeerd;

c. in het geval van handel in goederen zijn de wezenlijke voordelen en risico's verbonden aan de eigendom ervan aan de belastingplichtige overgedragen en, in het geval van dienstverlening, zijn de diensten door de belastingplichtige afgenomen.

Artikel 18. Kosten in verband met niet-afschrijfbare activa

Verkrijgings- of voortbrengingskosten van vaste materiële activa als bedoeld in artikel 38 of kosten ter verbetering van deze activa zijn aftrekbaar in het belastingjaar waarin zij worden vervreemd, op voorwaarde dat de opbrengst van die vervreemding in de heffingsgrondslag wordt begrepen.

Artikel 19. Voorraden en onderhanden werk

1. Het totale bedrag aan aftrekbare kosten in een belastingjaar wordt vermeerderd met de waarde van de voorraden en het onderhanden werk aan het begin van het belastingjaar en verminderd met de waarde van de voorraden en het onderhanden werk aan het einde van datzelfde belastingjaar, met uitzondering van de voorraden en het onderhanden werk in verband met langlopende overeenkomsten als bedoeld in artikel 22.

2. De kostprijs van voorraden en onderhanden werk wordt bepaald door middel van de fifo-methode (eerst in, eerst uit), de lifo-methode (laatst in, eerst uit) of de methode van de gewogen gemiddelde kostprijs.

3. De kostprijs van voorraden en onderhanden werk met betrekking tot bestanddelen die normaliter niet onderling uitwisselbaar zijn en goederen of diensten die worden geproduceerd respectievelijk verleend en afgescheiden voor specifieke projecten, wordt afzonderlijk bepaald.

4. Een belastingplichtige gebruikt dezelfde waarderingsmethode voor alle voorraden en onderhanden werk van soortgelijke aard en met een soortgelijk gebruik.

De kostprijs van voorraden en onderhanden werk omvat alle inkoopkosten, directe conversiekosten en andere directe kosten die zijn ontstaan bij het transport naar de huidige locatie en de verwerking tot de huidige toestand in het desbetreffende belastingjaar.

De kostprijs is exclusief de aftrekbare belasting over de toegevoegde waarde.

[Een belastingplichtige die indirecte kosten heeft meegenomen bij de waardering van voorraden en onderhanden werk voordat de bepalingen van deze richtlijn op hem van toepassing werden, kan de indirectekostprijsmethode blijven toepassen.]

5. Voorraden en onderhanden werk worden gewaardeerd op de laatste dag van het belastingjaar tegen de kostprijs of de netto-opbrengstwaarde, naargelang welke van beide het laagst is.

De netto-opbrengstwaarde is de geschatte verkoopprijs in het kader van de normale bedrijfsuitoefening minus de geschatte kosten van voltooiing en de geschatte kosten die nodig zijn om de verkoop te realiseren.

Artikel 20. Waardering

1. De heffingsgrondslag wordt berekend op basis van de volgende elementen:

a. de geldelijke tegenprestatie voor de transactie, zoals de prijs van de verkochte goederen of de verleende diensten;

b. de marktwaarde, indien de tegenprestatie voor de transactie geheel of gedeeltelijk van niet-geldelijke aard is;

c. de marktwaarde, in het geval van een niet-geldelijke gift;

d. de marktwaarde van financiële activa en financiële verplichtingen aangehouden voor handelsdoeleinden.

2. De heffingsgrondslag, omvattende de inkomsten en de uitgaven, wordt uitgedrukt in EUR in de loop van het belastingjaar of op de laatste dag van het belastingjaar tegen de door de Europese Centrale Bank gepubliceerde jaarlijkse gemiddelde wisselkoers voor het kalenderjaar of, indien het belastingjaar niet samenvalt met het kalenderjaar, tegen het gemiddelde van de door de Europese Centrale Bank in de loop van het belastingjaar gepubliceerde dagkoersen.

3. Lid 2 is niet van toepassing op een belastingplichtige in een lidstaat die niet de euro heeft ingevoerd.

Artikel 21. Financiële instrumenten aangehouden voor handelsdoeleinden (handelsportefeuille)

1. Een financieel instrument wordt aangemerkt als aangehouden voor handelsdoeleinden, indien het instrument:

a. hoofdzakelijk wordt verworven respectievelijk aangegaan met het oog op de verkoop of terugkoop ervan binnen twaalf kalendermaanden;

b. deel uitmaakt van een portefeuille van geïdentificeerde financiële instrumenten, daaronder begrepen derivaten, die gezamenlijk worden beheerd en waarvoor aanwijzingen bestaan van een recent, feitelijk patroon van winstneming op korte termijn.

2. In afwijking van de artikelen 16 en 17 worden verschillen tussen de marktwaarde van financiële instrumenten die voor handelsdoeleinden worden aangehouden, zoals berekend aan het begin van een belastingjaar of op de datum van aanschaf indien die later valt, en de marktwaarde ervan zoals berekend aan het einde van hetzelfde belastingjaar, in de heffingsgrondslag van dat belastingjaar begrepen.

3. De opbrengst van een voor handelsdoeleinden aangehouden financieel instrument dat wordt vervreemd, wordt bij de heffingsgrondslag opgeteld. De marktwaarde van dat instrument aan het begin van het belastingjaar of op de datum van aanschaf indien die later valt, wordt in mindering gebracht op de heffingsgrondslag.

4. Indien winstuitkeringen worden ontvangen voor deelnemingen die voor handelsdoeleinden worden aangehouden, vindt de in artikel 8, punt d), bedoelde vrijstelling van de heffingsgrondslag geen toepassing.

5. In afwijking van artikel 8, punt c), worden verschillen tussen de marktwaarde van een financieel instrument dat niet langer voor handelsdoeleinden maar wel nog als vast actief wordt aangehouden, zoals berekend aan het begin van een belastingjaar of op de datum van aanschaf indien die later valt, en de marktwaarde ervan zoals berekend aan het einde van hetzelfde belastingjaar, in de heffingsgrondslag van dat belastingjaar begrepen.

In afwijking van artikel 8, punt c), worden verschillen tussen de marktwaarde van een financieel instrument dat niet langer als vast actief maar wel nog voor handelsdoeleinden wordt aangehouden, zoals berekend aan het begin van een belastingjaar of op de datum van aanschaf indien die later valt, en marktwaarde ervan zoals berekend aan het einde van hetzelfde belastingjaar, in de heffingsgrondslag van dat belastingjaar begrepen.

De marktwaarde van een financieel instrument aan het einde van het belastingjaar waarin het werd geherclassificeerd van vast actief tot voor handelsdoeleinden aangehouden instrument en omgekeerd, is tevens de marktwaarde ervan aan het begin van het jaar na de herclassificatie.

6. De in artikel 8, punt c), bedoelde periode begint of wordt onderbroken wanneer het financieel instrument niet langer voor handelsdoeleinden wordt aangehouden of niet langer een vast actief is.

Artikel 22. Langlopende overeenkomsten

1. Een langlopende overeenkomst is een overeenkomst die aan alle onderstaande voorwaarden voldoet:

a. zij is gesloten met het oog op vervaardiging, montage of constructie of met het oog op dienstverlening;

b. de looptijd ervan bedraagt meer dan twaalf maanden of zal die termijn naar verwachting overschrijden.

2. In afwijking van artikel 16 worden inkomsten in verband met een langlopende overeenkomst geacht te zijn genoten naar rato van het gedeelte van de langlopende overeenkomst dat in het desbetreffende belastingjaar voltooid is. Het voltooiingspercentage van de langlopende overeenkomst wordt bepaald op basis van de verhouding van de in dat jaar gemaakte kosten tot de totale geschatte kosten.

3. Kosten in verband met een langlopende overeenkomst zijn aftrekbaar in het belastingjaar waarin zij zijn ontstaan.

Artikel 23. Voorzieningen

1. In afwijking van artikel 17 kan, indien aan het einde van het belastingjaar vaststaat dat de belastingplichtige een in rechte afdwingbare verplichting heeft die voortvloeit uit in dat of in een voorgaand belastingjaar verrichte werkzaamheden of transacties, ieder uit die verplichting voortkomend bedrag dat op betrouwbare wijze kan worden geschat, in aftrek worden gebracht, op voorwaarde dat de uiteindelijke afwikkeling van het bedrag naar verwachting zal leiden tot aftrekbare kosten. Dat geldt ook voor openbare toezeggingen die naar verwachting binnen de volgende twee kalenderjaren zullen leiden tot aftrekbare kosten.

Voor de toepassing van dit artikel kan een in rechte afdwingbare verplichting voortvloeien uit elk van het volgende:

a. een overeenkomst;
b. wetgeving;
c. een bestuursrechtelijk besluit dat algemene strekking heeft of tot een bepaalde belastingplichtige is gericht;
d. andere wettelijke beschikkingen.

Indien de verplichting betrekking heeft op een werkzaamheid of transactie die zal worden voortgezet in toekomstige belastingjaren, wordt de voorziening naar evenredigheid gespreid over de geschatte duur van de werkzaamheid of transactie.

Voorzieningen krachtens dit artikel worden getoetst en gecorrigeerd aan het einde van elk belastingjaar. Bij de berekening van de heffingsgrondslag in toekomstige belastingjaren wordt rekening gehouden met bedragen die reeds in aftrek zijn gebracht op grond van dit artikel.

2. Als betrouwbare schatting zoals bedoeld in lid 1 gelden de verwachte kosten voor de afwikkeling van de bestaande in rechte afdwingbare verplichting aan het einde van het belastingjaar, op voorwaarde dat die schatting gebaseerd is op alle relevante factoren, waaronder de ervaringen uit het verleden van de vennootschap, de groep of de sector. Bij het waarderen van een voorziening geldt het volgende:

a. er wordt rekening gehouden met alle risico's en onzekerheden, maar onzekerheid vormt geen rechtvaardiging voor het creëren van buitensporige voorzieningen;
b. indien de voorziening een periode van twaalf maanden of meer bestrijkt en er geen overeengekomen disconteringsvoet is, wordt de voorziening gedisconteerd tegen de rendementsvoet van de benchmark voor tienjaars-overheidsobligaties in de eurozone per december van het jaar voorafgaand aan het desbetreffende belastingjaar, zoals gepubliceerd door de Europese Centrale Bank, vermeerderd met een risicopremie van twee procentpunten;
c. er wordt rekening gehouden met toekomstige gebeurtenissen waarvan redelijkerwijs kan worden verwacht dat zij zullen plaatsvinden;
d. er wordt rekening gehouden met toekomstige voordelen die rechtstreeks samenhangen met de gebeurtenis die aanleiding geeft tot de voorziening.

3. Voorzieningen zijn niet aftrekbaar met betrekking tot:

a. potentiële verliezen;
b. toekomstige stijgingen van de kosten.

Artikel 24. Pensioenen

Een lidstaat kan bepalen dat pensioenvoorzieningen aftrekbaar zijn.

Artikel 25. Aftrek voor oninbare vorderingen

1. Aftrek is toegestaan voor een oninbare vordering indien de volgende voorwaarden vervuld zijn:

a. de belastingplichtige heeft, aan het einde van het belastingjaar, alle redelijke stappen als omschreven in lid 2 ondernomen om betaling te verkrijgen en het is waarschijnlijk dat de vordering geheel of gedeeltelijk onbetaald zal blijven; of de belastingplichtige heeft een groot aantal homogene vorderingen uit dezelfde bedrijfstak en kan op procentuele basis een betrouwbare schatting maken van het bedrag van de oninbare vordering, met dien verstande dat de waarde van elke homogene vordering geringer is dan 0,1 % van de totale waarde van alle homogene vorderingen. De belastingplichtige komt tot een betrouwbare schatting op basis van alle relevante factoren, waaronder ervaringen uit het verleden;

b. [er bestaat tussen de debiteur en de belastingplichtige geen relatie als bedoeld in artikel 3 en] de debiteur en de belastingplichtige [zijn ook geen] gelieerde ondernemingen als bedoeld in artikel 56. Indien de debiteur een natuurlijk persoon is, nemen de debiteur noch zijn of haar echtgenoot of (geregistreerde) partner, zijn of haar bloedverwanten in de rechte lijn, zijn of haar broers en zussen of hun afstammelingen deel in de leiding of de zeggenschap over de belastingplichtige dan wel, rechtstreeks of middellijk, in het kapitaal van de belastingplichtige als bedoeld in artikel 56;

c. indien de oninbare vordering betrekking heeft op een handelsvordering, is een met de vordering overeenstemmend bedrag als inkomsten in de heffingsgrondslag begrepen.
2. Bij het bepalen of alle redelijke stappen zijn ondernomen om betaling te verkrijgen, wordt rekening gehouden met de in de punten a), b) en c) genoemde factoren, op voorwaarde dat zij op objectief bewijs gebaseerd zijn:
a. of de inningskosten al dan niet in verhouding staan tot de vordering; of
b. of er kans op succesvolle inning bestaat, ook in gevallen waarin de debiteur insolvent is verklaard, er een rechtsvordering is ingesteld of een incassobureau is ingeschakeld; of
c. of in de gegeven omstandigheden redelijkerwijs kan worden verwacht dat de belastingplichtige de vordering tracht te innen.
3. Indien een eerder als oninbaar afgetrokken vordering alsnog wordt voldaan, wordt het geïnde bedrag bij de heffingsgrondslag opgeteld in het jaar van voldoening.

Artikel 26. Afdekking

1. Winsten en verliezen op een afdekkingsinstrument die voortvloeien uit een waardering of een vervreemding, worden op dezelfde wijze behandeld als de overeenkomstige winsten en verliezen op de afgedekte positie. Er is sprake van een afdekkingsrelatie indien beide onderstaande voorwaarden vervuld zijn:
a. de afdekkingsrelatie is tevoren formeel aangemerkt en gedocumenteerd;
b. de afdekking is naar verwachting zeer effectief en de effectiviteit kan op betrouwbare wijze worden bepaald.
2. Indien de afdekkingsrelatie een einde neemt of een reeds aangehouden financieel instrument naderhand als afdekkingsinstrument wordt behandeld, waardoor op dat instrument een andere belastingregeling van toepassing wordt, worden verschillen tussen de nieuwe, volgens artikel 20 te bepalen waarde van het afdekkingsinstrument aan het einde van het belastingjaar en de marktwaarde aan het begin van hetzelfde belastingjaar in de heffingsgrondslag begrepen.

De marktwaarde van het afdekkingsinstrument aan het einde van het belastingjaar waarin op dat instrument een andere belastingregeling van toepassing is geworden, is gelijk aan de marktwaarde ervan aan het begin van het jaar na de overgang naar de andere belasting-regeling.

Artikel 28. Verzekeringsondernemingen

Voor verzekeringsondernemingen waaraan vergunning is verleend om in een lidstaat overeenkomstig Richtlijn 73/239/EEG van de Raad[1] het schadeverzekeringsbedrijf, overeenkomstig Richtlijn 2002/83/EG van het Europees Parlement en de Raad[2] het levens-verzekeringsbedrijf en overeenkomstig Richtlijn 2005/68/EG van het Europees Parlement en de Raad[3] het herverzekeringsbedrijf uit te oefenen, gelden de volgende bijkomende voorschriften:
a. het verschil tussen de marktwaarde aan het einde en aan het begin van hetzelfde belastingjaar of op de datum van voltooiing van de aanschaf, indien die later valt, van activa die door levensverzekeringsondernemingen worden aangehouden als beleggingen voor rekening en risico van polishouders van levensverzekeringen, wordt in de heffingsgrondslag begrepen;
b. het verschil tussen de marktwaarde op het tijdstip van vervreemding en aan het begin van hetzelfde belastingjaar of op de datum van voltooiing van de aanschaf, indien die later valt, van activa die door levensverzekeringsondernemingen worden aangehouden als beleggingen voor rekening en risico van polishouders van levensverzekeringen, wordt in de heffingsgrondslag begrepen;
c. winstuitkeringen die door levensverzekeringsondernemingen zijn ontvangen, worden in de heffingsgrondslag meegenomen;
d. de technische voorzieningen van verzekeringsondernemingen die zijn gevormd in overeenstemming met Richtlijn 91/674/EEG van de Raad[4], zijn aftrekbaar. De in aftrek gebrachte bedragen worden getoetst en gecor-

1. Eerste Richtlijn 73/239/EEG van de Raad van 24 juli 1973 tot coördinatie van de wettelijke en bestuursrechtelijke bepalingen betreffende de toegang tot het directe verzekeringsbedrijf, met uitzondering van de levensverzekeringsbranche, en de uitoefening daarvan (PB L 228 van 16.8.1973, blz. 3).

2. Richtlijn 2002/83/EG van het Europees Parlement en de Raad van 5 november 2002 betreffende levensverzekering (PB L 345 van 19.12.2002, blz. 1).

3. Richtlijn 2005/68/EG van het Europees Parlement en de Raad van 16 november 2005 betreffende herverzekering en houdende wijziging van Richtlijnen 73/239/EEG en 92/49/EEG van de Raad en van Richtlijnen 98/78/EG en 2002/83/EG (PB L 232 van 9.12.2005, blz. 1).

4. Richtlijn 91/674/EEG van de Raad van 19 december 1991 betreffende de jaarrekening en de geconsolideerde jaarrekening van verzekeringsondernemingen (PB L 374 van 19.12.1991, blz. 7).

rigeerd aan het einde van elk belastingjaar. Bij de berekening van de heffingsgrondslag in toekomstige jaren wordt rekening gehouden met de reeds in aftrek gebrachte bedragen.

Artikel 29. Exitheffingen

1. Een bedrag dat gelijk is aan de marktwaarde van overgebrachte activa, op het tijdstip van overbrenging van de activa, minus hun fiscale boekwaarde, wordt behandeld als genoten inkomsten in elk van de volgende gevallen:

a. een belastingplichtige brengt activa over van zijn hoofdkantoor naar zijn vaste inrichting in een andere lidstaat of in een derde land;

b. een belastingplichtige brengt activa over van zijn vaste inrichting in een lidstaat naar zijn hoofdkantoor of een andere vaste inrichting in een andere lidstaat of in een derde land, voor zover de lidstaat van de vaste inrichting vanwege de overbrenging niet langer het recht heeft de overgebrachte activa in de heffing te betrekken;

c. een belastingplichtige brengt zijn fiscale woonplaats over naar een andere lidstaat of naar een derde land, behalve voor de activa die daadwerkelijk verbonden blijven met een vaste inrichting in de eerste lidstaat;

d. een belastingplichtige brengt het bedrijf van zijn vaste inrichting over van een lidstaat naar een andere lidstaat of naar een derde land, voor zover de lidstaat van de vaste inrichting vanwege de overbrenging niet langer het recht heeft de overgebrachte activa in de heffing te betrekken.

2. De lidstaat naar welke de activa, de fiscale woonplaats of het bedrijf van een vaste inrichting worden verplaatst, aanvaardt de waarde die door de lidstaat van de belastingplichtige of van de vaste inrichting is vastgesteld, als beginwaarde van deze activa voor belastingdoeleinden.

3. Dit artikel is niet van toepassing op de overbrenging van activa met het oog op effectenfinanciering, zekerheidstelling, naleving van prudentiële kapitaalvereisten of liquiditeitsbeheer, als het de bedoeling is dat deze activa binnen een periode van twaalf maanden terugkeren naar de lidstaat van de overbrenger.

Hoofdstuk IV. Afschijving van vaste activa

Artikel 30. Register van vaste activa

1. Verkrijgings-, voortbrengings- of verbeteringskosten worden, tezamen met de datum van ingebruikneming na de verkrijging, voortbrenging of verbetering, voor ieder vast actief afzonderlijk in een register van vaste activa ingeschreven.

2. Wanneer een vast actief wordt vervreemd, worden de gegevens over de vervreemding, de datum van vervreemding daaronder begrepen, en de eventuele uit de vervreemding voortvloeiende opbrengsten of vergoedingen in het register van vaste activa ingeschreven.

3. Het register van vaste activa wordt op zodanige wijze bijgehouden dat het voldoende informatie biedt voor de berekening van de heffingsgrondslag en bevat ten minste:

- de omschrijving van het actief;
- de maand van ingebruikneming;
- de afschrijvingsgrondslag;
- de gebruiksduur overeenkomstig artikel 33;
- de tijdens het lopende belastingjaar gecumuleerde afschrijvingen;
- het totaal van de gecumuleerde afschrijvingen;
- de afschrijvingsgrondslag exclusief het totaal van de gecumuleerde afschrijvingen en exclusief uitzonderlijke waardevermindering;
- de maand van schorsing of hervatting van de boeking van fiscale afschrijvingen;
- de maand van de vervreemding.

Artikel 31. Afschrijvingsgrondslag

1. De afschrijvingsgrondslag omvat kosten die rechtstreeks verband houden met de verkrijging, voortbrenging of verbetering van een vast actief. Deze kosten omvatten niet de aftrekbare belasting over de toegevoegde waarde. De kosten voor verkrijging, voortbrenging of verbetering van een vast actief omvatten niet de rente.

2. De afschrijvingsgrondslag van een als gift ontvangen vast actief is de onder de inkomsten geboekte marktwaarde.

3. De afschrijvingsgrondslag van een afschrijfbaar vast actief wordt verminderd met het bedrag aan subsidies die rechtstreeks samenhangen met de verkrijging, voortbrenging of verbetering van het actief, als bedoeld in artikel 8, punt a).

4. Er wordt geen rekening gehouden met de afschrijving van vaste activa die gedurende meer dan twaalf maanden niet zijn gebruikt om redenen waarop de belastingplichtige geen vat heeft.

De afschrijving wordt stopgezet vanaf de maand die volgt op de maand waarin de in de eerste zin bedoelde periode is afgelopen en wordt hervat, na het einde van de periode van twaalf maanden, vanaf de maand waarin het actief opnieuw in gebruik wordt genomen.

Artikel 32. Recht op afschrijving

1. Behoudens lid 3 wordt de afschrijving in aftrek gebracht door de economisch eigenaar.
2. In het geval van contracten waarbij de economische en de juridische eigendom niet samenvallen, is de economisch eigenaar gerechtigd om het rente-element in de betalingen op zijn heffingsgrondslag in aftrek te brengen, tenzij dat element niet in de heffingsgrondslag van de juridisch eigenaar is begrepen.
3. Als de economisch eigenaar van een actief niet kan worden geïdentificeerd, is de juridisch eigenaar gerechtigd om de afschrijving in aftrek te brengen. In het geval van leasecontracten wordt zowel het rente- als het kapitaalelement in de leasebetalingen in de heffingsgrondslag van de juridisch eigenaar begrepen en kunnen beide elementen door de leasenemer in aftrek worden gebracht.
4. Een vast actief mag binnen een belastingjaar door niet meer dan één belastingplichtige worden afgeschreven, tenzij de juridische of de economische eigendom door meerdere belastingplichtigen wordt gedeeld of het actief van economisch of juridisch eigenaar is veranderd.
5. Een belastingplichtige mag niet afzien van afschrijving.
[6. De Raad stelt met eenparigheid van stemmen, op voorstel van de Commissie, het volgende vast:
   a. de berekening van het kapitaal- en het rente-element in leasebetalingen;
   b. de berekening van de afschrijvingsgrondslag van een geleased actief.]

Artikel 33. Afzonderlijk af te schrijven activa

1. Onverminderd lid 2 en de artikelen 37 en 38 worden vaste activa afzonderlijk en lineair over hun gebruiksduur afgeschreven. De gebruiksduur van een vast actief wordt als volgt bepaald:
   a. commerciële, kantoor- en andere gebouwen, evenals andere voor de bedrijfsuitoefening gebruikte onroerende zaken, met uitzondering van industriële gebouwen en structuren: 40 jaar;
   b. industriële gebouwen en structuren: 25 jaar;
   c. materiële vaste activa met een lange gebruiksduur, andere dan de in de punten a) en b) bedoelde activa: 15 jaar;
   d. materiële vaste activa met een middellange gebruiksduur: 8 jaar;
   e. materiële vaste activa met een korte gebruiksduur: 5 jaar;
   f. immateriële vaste activa, [met inbegrip van verworven goodwill]: de periode gedurende welke het actief wettelijke bescherming geniet of gedurende welke het recht is toegekend of, indien die periode niet kan worden bepaald: 15 jaar.
2. Tweedehands gebouwen en andere soorten onroerende zaken, tweedehands materiële vaste activa met een lange gebruiksduur, tweedehands materiële vaste activa met een middellange gebruiksduur, tweedehands materiële vaste activa met een korte gebruiksduur en tweedehands immateriële vaste activa worden afgeschreven overeenkomstig de volgende voorschriften:
   a. tweedehands commerciële, kantoor- en andere gebouwen, evenals andere voor de bedrijfsuitoefening gebruikte onroerende zaken, met uitzondering van industriële gebouwen en structuren: 40 jaar, tenzij de belastingplichtige aantoont dat de geschatte resterende gebruiksduur van het actief korter is dan 40 jaar, in welk geval het over die kortere periode wordt afgeschreven;
   b. tweedehands industriële gebouwen en structuren: 25 jaar, tenzij de belastingplichtige aantoont dat de geschatte resterende gebruiksduur van het actief korter is dan 25 jaar, in welk geval het over die kortere periode wordt afgeschreven;
   c. tweedehands materiële vaste activa met een lange gebruiksduur, andere dan de in de punten a) en b) bedoelde activa: 15 jaar, tenzij de belastingplichtige aantoont dat de geschatte resterende gebruiksduur van het actief korter is dan 15 jaar, in welk geval het over die kortere periode wordt afgeschreven;
   d. tweedehands materiële vaste activa met een middellange gebruiksduur: 8 jaar, tenzij de belastingplichtige aantoont dat de geschatte resterende gebruiksduur van het actief korter is dan 8 jaar, in welk geval het over die kortere periode wordt afgeschreven;
   e. tweedehands materiële vaste activa met een korte gebruiksduur: 5 jaar, tenzij de belastingplichtige aantoont dat de geschatte resterende gebruiksduur van het actief korter is dan 5 jaar, in welk geval het over die kortere periode wordt afgeschreven;

f. tweedehands immateriële vaste activa: 15 jaar, tenzij de resterende periode gedurende welke het actief wettelijke bescherming geniet of gedurende welke het recht is toegekend, kan worden bepaald, in welk geval het over die periode wordt afgeschreven.

Artikel 34. Timing

1. Afschrijvingen worden maandelijks in aftrek gebracht vanaf de maand van ingebruikneming van het vaste actief. Er wordt geen afschrijving in aftrek gebracht in de maand van vervreemding.
2. De fiscale boekwaarde van een actief dat wordt vervreemd, of zodanig beschadigd raakt dat het niet langer voor bedrijfsdoeleinden geschikt is, en de fiscale boekwaarde van eventuele verbeteringskosten met betrekking tot dat actief worden van de heffingsgrondslag afgetrokken in de maand van vervreemding of beschadiging.

Artikel 35. Doorschuifregeling voor vervangende activa

1. Wanneer de opbrengst van de vervreemding, inclusief vergoedingen voor schade, van een afzonderlijk af te schrijven actief of grond, vóór het einde van het tweede belastingjaar volgend op het belastingjaar waarin de vervreemding plaatsvond, opnieuw zal worden geïnvesteerd in een soortgelijk actief dat voor dezelfde bedrijfsdoeleinden wordt gebruikt, mag de belastingplichtige het bedrag waarmee die opbrengst de fiscale boekwaarde van het vervreemde actief te boven gaat, in aftrek brengen in het jaar van vervreemding. De afschrijvingsgrondslag van het vervangende actief wordt met hetzelfde bedrag verminderd.

Een actief dat vrijwillig wordt vervreemd, moet ten minste gedurende een periode van drie jaar voorafgaand aan de vervreemding in eigendom zijn geweest.

2. Het in lid 1 bedoelde vervangende actief mag zijn aangeschaft in het belastingjaar voorafgaand aan de vervreemding. Indien geen vervangend actief wordt aangeschaft vóór het einde van het tweede belastingjaar na het jaar waarin de vervreemding van het actief plaatsvond [en behalve in gevallen van overmacht], wordt het in het jaar van vervreemding in aftrek gebrachte bedrag, vermeerderd met 10 %, bij de heffingsgrondslag opgeteld in het tweede belastingjaar volgend op de vervreemding.

Artikel 36. Afschrijving van verbeteringskosten

1. Verbeteringskosten worden afgeschreven overeenkomstig de regels die van toepassing zijn op het vaste actief dat werd verbeterd alsof zij betrekking hebben op een nieuw verworven vast actief, met inbegrip van de gebruiksduur overeenkomstig artikel 33, lid 1, punten a) tot en met e). Niettegenstaande dit worden verbeteringskosten met betrekking tot gehuurde activa afgeschreven overeenkomstig artikel 32 en artikel 33, lid 2, punten a) tot en met e).
2. Indien de belastingplichtige aantoont dat de geschatte resterende gebruiksduur van een afzonderlijk afgeschreven vast actief korter is dan de in artikel 33, lid 1, punten a) tot en met e), beschreven gebruiksduur van het actief, worden verbeteringskosten over die kortere periode afgeschreven.

Artikel 37. Activapool

1. De lidstaten kunnen ook voorzien in afschrijving van de in artikel 33, lid 1, punt e), en lid 2, punt e) bedoelde vaste activa, en wel gezamenlijk in één activapool tegen een jaarlijks tarief van 25 % van de afschrijvingsgrondslag.
2. De afschrijvingsgrondslag van de activapool aan het einde van een belastingjaar is de fiscale boekwaarde ervan aan het einde van het voorgaande belastingjaar, gecorrigeerd voor de activa die in het desbetreffende belastingjaar in de pool zijn opgenomen of deze hebben verlaten. Kosten in verband met de verkrijging, voortbrenging en verbetering van activa worden bij de afschrijvingsgrondslag geteld, terwijl opbrengsten van de vervreemding van activa en ontvangen vergoedingen voor het verlies of de vernietiging van een actief in mindering worden gebracht.
3. Indien de overeenkomstig lid 2 berekende afschrijvingsgrondslag negatief is, wordt een bedrag bijgeteld om de afschrijvingsgrondslag op nul te brengen. Hetzelfde bedrag wordt bij de heffingsgrondslag opgeteld.

Artikel 38. Niet-afschrijfbare activa

De volgende activa zijn niet-afschrijfbaar:
a. materiële vaste activa die niet onderhevig zijn aan slijtage en veroudering zoals grond, kunstvoorwerpen, antiquiteiten en sieraden;
b. financiële activa met uitzondering van voor handelsdoeleinden aangehouden financiële activa.

Artikel 39. Uitzonderlijke waardeverminderingen

1. Een belastingplichtige die aantoont dat de waarde van een materieel vast actief aan het einde van een belastingjaar is gedaald door overmacht of criminele activiteiten van derden, kan een bedrag dat gelijk is aan deze waardedaling, van de heffingsgrondslag aftrekken. Een dergelijke aftrek is evenwel niet toegestaan voor activa waarvan de vervreemdingsopbrengst van belasting is vrijgesteld.
2. Indien de waarde van een materieel vast actief vervolgens stijgt, wordt een met die stijging overeenstemmend bedrag bij de heffingsgrondslag opgeteld in het jaar waarin de stijging plaatsvindt. Dit bedrag of de som van deze bedragen mag evenwel het bedrag van de oorspronkelijk toegestane aftrek niet te boven gaan.
3. Indien een niet-afschrijfbaar materieel vast actief aanleiding heeft gegeven tot een uitzonderlijke waardevermindering, worden de krachtens artikel 18 aftrekbare kosten verminderd om rekening te houden met de uitzonderlijke aftrek die een belastingplichtige reeds heeft ontvangen.

[Artikel 40. Nadere bepaling van de categorieën van vaste activa

De Raad, die met eenparigheid van stemmen op voorstel van de Commissie besluit, geeft een nadere omschrijving van de in dit hoofdstuk vermelde categorieën vaste activa.]

Hoofdstuk V. Verliezen

Artikel 41. Verliezen

1. Door een ingezeten belastingplichtige of een vaste inrichting van een niet-ingezeten belastingplichtige in een belastingjaar geleden verliezen kunnen behoudens andersluidende bepaling in deze richtlijn volledig op navolgende wijze worden overgedragen naar en in aftrek worden gebracht in daaropvolgende belastingjaren:
   a. tot een bedrag van 1 miljoen EUR in zoverre de verliezen gedekt worden door winst;
   b. tot [60%] van de belastbare winst in het desbetreffende belastingjaar na aftrek van het bedrag in punt a).
2. Een vermindering van de heffingsgrondslag door de inaanmerkingneming van verliezen uit voorgaande belastingjaren mag niet tot een negatief bedrag leiden.
3. Door een ingezetene belastingplichtige of een vaste inrichting van een niet-ingezetene belastingplichtige in voorgaande jaren geleden verliezen worden niet in aftrek gebracht indien aan elk van de volgende voorwaarden is voldaan:
   a. een andere entiteit of een natuurlijk persoon verwerft een deelneming in de belastingplichtige, waardoor de totale deelneming van de verwervende partij in de belastingplichtige meer dan 50% bedraagt;
   b. de bedrijfsactiviteiten van de belastingplichtige ondergaan een ingrijpende wijziging, hetgeen inhoudt dat de belastingplichtige een bepaalde activiteit staakt die in het voorgaande belastingjaar meer dan [60 %] van zijn omzet uitmaakte, of dat hij nieuwe activiteiten ontplooit die in het belastingjaar waarin zij worden aangevat of in het daaropvolgende belastingjaar meer dan [60 %] van zijn omzet uitmaken.
4. De oudste verliezen worden het eerst in aftrek gebracht.

[Artikel 42. Verminderen en inhalen van verliezen

1. Een ingezetene belastingplichtige die nog steeds winstgevend is na aftrek van zijn eigen verliezen overeenkomstig artikel 41, mag daarnaast verliezen in aftrek brengen die in datzelfde belastingjaar zijn geleden door zijn directe kwalificerende dochterondernemingen zoals bedoeld in artikel 3, lid 1, of door (een) vaste inrichting(en) gelegen in andere lidstaten. Deze vermindering voor verliezen wordt toegekend voor een beperkte periode overeenkomstig de leden 3 en 4 van dit artikel.

Indien een belastingplichtige namens een groep mag of moet handelen, zoals omschreven in de nationale wetgeving van een lidstaat, en indien de ondernemingen die deel van een dergelijke groep uitmaken ingezetene van deze lidstaat zijn en op hen de regels van deze richtlijn van toepassing zijn, kan de groep als directe kwalificerende dochteronderneming worden aangemerkt.
2. De aftrek voor verliezen overeenkomstig dit artikel is uitsluitend beschikbaar indien de verliezen in kwestie niet tijdelijk of anderszins overeenkomstig de wetgeving van een lidstaat in aftrek zijn gebracht.
3. De aftrek is naar rato van de deelneming die de ingezeten belastingplichtige houdt in zijn directe kwalificerende dochterondernemingen als bedoeld in artikel 3, lid 1, dan wel voor het volledige bedrag ten aanzien van vaste inrichtingen. In geen geval mag de vermindering van de heffingsgrondslag van de ingezeten belastingplichtige tot een negatief bedrag leiden.
4. De ingezeten belastingplichtige telt alle latere winsten van zijn directe kwalificerende dochterondernemingen als bedoeld in artikel 3, lid 1, of van zijn vaste inrichtingen, bij zijn heffingsgrondslag op tot het bedrag dat eerder als verlies in aftrek werd gebracht.

5. Overeenkomstig de leden 1, 2 en 3 afgetrokken verliezen worden automatisch opnieuw in de heffingsgrondslag van de ingezeten belastingplichtige opgenomen in elk van de volgende gevallen:

a. aan het einde van het vijfde belastingjaar nadat de verliezen aftrekbaar zijn geworden, is er nog geen winst in de heffingsgrondslag opgenomen, of de opgenomen winsten zijn lager dan het totale bedrag aan afgetrokken verliezen;

b. de directe kwalificerende dochteronderneming als bedoeld in artikel 3, lid 1, is verkocht, geliquideerd, gefuseerd of omgevormd tot een vaste inrichting;

c. de vaste inrichting is verkocht, geliquideerd of omgevormd tot een dochteronderneming;

d. de moedermaatschappij voldoet niet langer aan de vereisten van artikel 3, lid 1.]

Verordening nr. 2137/85 van de Raad van 25 juli 1985 tot instelling van Europese economische samenwerkingsverbanden (EESV)[1]

Uittreksel

Art. 21. 1. De winst die uit de werkzaamheid van het samenwerkingsverband ontstaat, wordt beschouwd als winst van de leden, en wordt verdeeld in de verhouding die is vastgesteld in de oprichtingsovereenkomst of, indien deze daaromtrent niets bepaalt, in gelijke delen.
2. ...

Art. 40. Het resultaat van de werkzaamheid van het samenwerkingsverband is slechts bij zijn leden belastbaar.

Wet van 28 juni 1989, Stb. 245, houdende uitvoering van de Verordening van de Raad van de Europese Gemeenschappen van 25 juli 1985 tot instelling van Europese economische samenwerkingsverbanden

Op 1 juli 1989 is in werking getreden de Wet van 28 juni 1989, Stb. 245, houdende uitvoering van de Verordening van de Raad van de Europese Gemeenschappen van 25 juli 1985 tot instelling van Europese economische samenwerkingsverbanden.

Met ingang van 3 juli 1989 zullen in Nederland gevestigde Europese economische samenwerkingsverbanden kunnen worden geregistreerd in het Handelsregister dat wordt gehouden door de Kamer van Koophandel en Fabrieken. De Europese economische samenwerkingsverbanden met zetel in Nederland zijn rechtspersonen naar Nederlands recht en daarop zijn de in de uitvoeringswet aangegeven bepalingen toepasselijk.

Resolutie van de staatssecretaris van Financiën, 1 maart 1990, nr. WDB90/63

1. Algemeen

In deze aanschrijving worden de fiscale aspecten uiteengezet van het bij de Verordening van de Raad van de Europese Gemeenschappen van 25 juli 1985, nr. 2137/85, (PB EG L199/1) (bijgevoegd en hierna genoemd: de verordening) in het leven geroepen Europese economische samenwerkingsverband (hierna: EESV). Deze nieuwe rechtsvorm is in het bijzonder bedoeld voor zogenaamde joint ventures tussen ondernemingen uit verschillende Lid-Staten van de EG.

De verordening, die verbindend is in al haar onderdelen en rechtstreeks toepasselijk is in elke Lid-Staat, is op 1 juli 1989 in werking getreden. De verordening laat echter op enkele punten de Lid-Staten ruimte om in de nationale sfeer wettelijke voorzieningen te treffen. Zo is in de Wet van 28 juni 1989 (Stb. 245) tot uitvoering van de hierboven genoemde verordening onder meer bepaald, dat een samenwerkingsverband waarvan de zetel in Nederland is gevestigd rechtspersoonlijkheid bezit.

Het EESV heeft onder meer de volgende kenmerken:

a. het doel van het samenwerkingsverband is de economische werkzaamheid van zijn leden te vergemakkelijken of te ontwikkelen, dan wel de resultaten daarvan te verbeteren of te vergroten, maar niet het behalen van winst voor zichzelf. Zijn werkzaamheid dient samen te hangen met de economische werkzaamheid van zijn leden en kan ten opzichte daarvan slechts een ondersteunend karakter hebben; zo is het een EESV bij voorbeeld verboden zich te ontwikkelen tot houdstermaatschappij van een groep ondernemingen (artikel 3 van de verordening);

b. van het EESV kunnen uitsluitend lid zijn privaatrechtelijke of publiekrechtelijke lichamen en natuurlijke personen die een industriële, commerciële, ambachtelijke of agrarische werkzaamheid of een vrij beroep uitoefenen of andere diensten verrichten in de Gemeenschap. Het EESV dient ten minste te bestaan uit twee vennootschappen die hun hoofdkantoor in verschillende Lid-Staten hebben of twee natuurlijke personen die hun voornaamste werkzaamheid in verschillende Lid-Staten uitoefenen. Een combinatie van een vennootschap en een natuurlijk persoon is ook toegestaan mits het hoofdkantoor van de vennootschap in een andere Lid-Staat is gevestigd dan die waar de natuurlijke persoon zijn voornaamste werkzaamheid uitoefent (artikel 4 van de verordening);

c. bij het EESV staat het persoonlijke karakter van het lidmaatschap voorop (artikel 22, eerste lid, van de verordening; de overdracht van de deelneming in het EESV is slechts geldig indien de overige leden daartoe met eenparigheid van stemmen toestemming hebben verleend);

d. de winst uit de werkzaamheid van het EESV wordt beschouwd als winst van de leden en wordt verdeeld in de verhouding die is vastgelegd in de oprichtingsovereenkomst of, indien die daaromtrent niets bepaalt, in gelijke delen. De leden moeten het verlies van het samenwerkingsverband aanzuiveren (artikel 21 van de verordening);

1. Gepubliceerd in *PbEG* L 199/1.

het fiscale resultaat van het samenwerkingsverband is slechts belastbaar bij de leden (artikel 40 van de verordening);

e. de leden van het samenwerkingsverband zijn onbeperkt en hoofdelijk aansprakelijk voor de schulden van het samenwerkingsverband, ongeacht de aard daarvan (artikel 24 van de verordening).

In het onderstaande wordt ingegaan op de fiscale aspecten voor de ondernemers in de zin van artikel 6 van de Wet op de inkomstenbelasting 1964 en de lichamen die zijn onderworpen aan de vennootschapsbelasting die deelnemen in een EESV.

Het resultaat van de werkzaamheid van het samenwerkingsverband, de winst, wordt op grond van artikel 40 van de verordening niet belast bij het EESV zelf maar bij de leden. Deze leden worden direct in de heffing van de inkomsten- of vennootschapsbelasting betrokken als waren de in het EESV behaalde voordelen rechtstreeks door hen genoten ('transparence fiscale'). Met betrekking tot de overige belastingen zijn in de verordening geen bepalingen opgenomen. Voor die belastingen geldt onverkort de nationale wetgeving en geldt dus geen 'transparence fiscale'.

2. Het EESV en de Wet op de vennootschapsbelasting 1969, alsmede de Wet op de inkomstenbelasting 1964

2.1. Algemeen

Het EESV is niet aan de vennootschapsbelasting onderworpen. Dit houdt bij voorbeeld in dat:

a. een EESV geen deelnemingsvrijstelling in de zin van artikel 13 van de Wet op de vennootschapsbelasting 1969 kan genieten;

b. van een EESV als zodanig geen stamrecht als bedoeld in artikel 19 van de Wet op de inkomstenbelasting 1964 kan worden bedongen.

2.2. Resultaat van het EESV wordt beschouwd als resultaat van de leden

Het resultaat van het EESV wordt in het kader van de heffing naar de winst direct belast met inkomstenbelasting bij de leden-natuurlijke personen en met vennootschapsbelasting bij de leden-rechtspersonen. Nu het resultaat rechtstreeks bij hen moet worden belast en de werkzaamheden ondersteunend moeten zijn voor hun ondernemingsactiviteiten, dienen de leden van het EESV voor hun aandeel in het samenwerkingsverband de activa en passiva van het EESV tot hun ondernemingsvermogen te rekenen.

Door deze 'transparence fiscale' worden bij voorbeeld de aandelen die het EESV houdt in een vennootschap toegerekend aan de leden. Indien vervolgens op het niveau van het aan de vennootschapsbelasting onderworpen lid wordt voldaan aan de criteria van artikel 13 van de Wet op de vennootschapsbelasting 1969, is de deelnemingsvrijstelling bij dat lid van toepassing.

Ten slotte zij nog opgemerkt dat de onder punt d van het algemene deel van deze aanschrijving vermelde bepaling over de winstverdeling, de inspecteur niet belet de aangifte te corrigeren indien tussen verbonden ondernemingen niet zakelijk ('at arm's length') is gehandeld.

2.3. Het EESV en de WIR/investeringsaftrek

Voor de aanslagregeling over jaren waarin de Wet investeringsrekening nog geldt, kan het volgende worden opgemerkt. Het EESV kan geen aanspraak maken op investeringsbijdragen en is derhalve ook geen desinvesteringsbetaling verschuldigd. De transparence fiscale leidt via de toerekening van de activa en passiva ertoe dat het de achterliggende leden zijn die eventueel aanspraak kunnen maken op WIR-premie, dan wel de desinvesteringsbetaling verschuldigd zijn. Voor de investeringsaftrek die per 1 januari 1990 is ingevoerd, geldt in voorkomende gevallen mutatis mutandis hetzelfde.

2.4. Het EESV en de vaste inrichting

De niet in Nederland woonachtige of gevestigde leden van een EESV dat in Nederland werkzaam is, worden in Nederland in de belastingheffing betrokken indien en voor zover hun onderneming, c.q. vrije beroep in Nederland wordt gedreven met behulp van een vaste inrichting of vaste vertegenwoordiger als bedoeld in artikel 49 van de Wet op de inkomstenbelasting 1964, juncto artikel 17 van de Wet op de vennootschapsbelasting 1969. Het begrip vaste inrichting wordt beheerst door de nationale wetgeving en de door Nederland met de EG-Lid-Staten gesloten verdragen ter voorkoming van dubbele belasting, dan wel uitsluitend door de nationale wetgeving (Portugal). Onder deze belastingverdragen wordt, conform het OESO-modelverdrag, in uitzondering op de hoofdregel een vaste inrichting niet aanwezig geacht indien sprake is van activiteiten van voorbereidende aard of hulpwerkzaamheden ten dienste van één onderneming. Ook indien de activiteiten van het EESV zouden samenvallen met de aard van de activiteiten zoals hiervoor beschreven, dan nog kan die uitzonderingsbepaling bij het EESV geen toepassing vinden omdat de activiteiten van het EESV voor verschillende ondernemingen worden verricht.

Volledigheidshalve merk ik nog op dat met betrekking tot niet in Nederland woonachtige leden natuurlijke personen die een vrij beroep uitoefenen, voor de toepassing van de bovengenoemde verdragen niet het vereiste van een vaste inrichting geldt, maar dat zij in Nederland in de belastingheffing kunnen worden betrokken, indien zij voor het verrichten van hun werkzaamheden in Nederland over een vast middelpunt beschikken en wel voor zover de opbrengsten aan dat vaste middelpunt kunnen worden toegerekend. Omdat de hierboven genoemde uitzonderingsbepaling op het begrip vaste inrichting niet geldt voor het begrip vast middelpunt maar overigens de begrippen vast middelpunt en vaste inrichting inhoudelijk vrijwel aan elkaar gelijk zijn, zal de belastingheffing in

Nederland over de winst van de leden die een vrij beroep uitoefenen en de leden-natuurlijke personen die een onderneming drijven in de praktijk op overeenkomstige wijze plaatsvinden.

Indien de in Nederland woonachtige of gevestigde leden van het EESV dat buiten Nederland werkzaam is, in verband daarmee aldaar over een vaste inrichting (c.q. vast middelpunt) beschikken, wordt aan hen een aftrek ter voorkoming van dubbele belasting toegekend volgens de in de verdragen opgenomen regels, of volgens de regels van het Besluit voorkoming dubbele belasting 1989 (Stb. 594) in niet verdragssituaties.

2.5. Het EESV en de buitenlandse bronbelasting

Verdragen ter voorkoming van dubbele belasting zijn van toepassing op inwoners van één van de verdragsluitende Staten. Voor inwonerschap is doorgaans subjectieve belastingplicht op grond van woonplaats, plaats van leiding of enige andere omstandigheid vereist. Nu het EESV krachtens communautair recht voor zijn resultaten niet zelf in de belastingheffing wordt betrokken, kan het samenwerkingsverband niet als inwoner worden beschouwd voor de toepassing van deze verdragen.

Niet alle verdragen hanteren dit inwonersbegrip. In sommige verdragen komen specifieke hiervan afwijkende bepalingen voor. Zo wordt in het belastingverdrag met de Verenigde Staten o.a. als inwoner aangemerkt een Nederlands lichaam, zijnde een vennootschap, al dan niet rechtspersoonlijkheid bezittend, opgericht in Nederland. In beginsel geldt dit ook voor het EESV. Dit betekent echter niet dat het EESV als zodanig zich zou kunnen beroepen op de in het verdrag neergelegde vrijstellingen of beperkingen van de belastingheffing van een van beide Staten. De toewijzingsbepalingen voor de vermindering van bronheffing spreken namelijk van (bepaalde) inkomsten die worden genoten door of betaald aan een inwoner van het andere land. Nu de betreffende inkomsten voor de belastingheffing in Nederland worden toegerekend aan de leden, voldoet het EESV niet aan de voorwaarden en kan het derhalve zelf geen aanspraak maken op toepassing van die bepalingen te zijnen aanzien.

In het verdrag met Italië wordt voor de toepassing van dat verdrag aangesloten bij het begrip 'persoon' waar onder andere iedere rechtspersoon onder is te begrijpen. Het EESV, dat rechtspersoonlijkheid bezit, is dus aan te merken als een persoon in de zin van het verdrag met Italië. Echter voor de toepassing van de verdragsbepalingen inzake vermindering van bronheffing geldt ook onder dit verdrag dat de inkomsten moeten worden genoten door of betaald zijn aan een inwoner van het andere land, zodat ook hier het EESV zelf geen aanspraak kan maken op toepassing van die bepalingen te zijnen aanzien.

In het verdrag met Zwitserland dient voor verdragstoepassing de woonplaats van een rechtspersoon bepaald te worden volgens de belastingwetgeving van elk van beide verdragsluitende Staten. Tevens bevat dit verdrag nog de bepaling dat een vermindering van bronheffing slechts kan worden verzocht indien onderworpenheid bestaat aan een directe belasting ter zake van het genieten van die inkomsten. Dit laatste gaat, zoals gezegd, niet op voor het EESV.

Voor alle verdragen geldt derhalve dat het EESV als zodanig geen aanspraak kan maken op verlaging van bronheffing. In verband met de transparance fiscale zal voor de individuele leden moeten worden beoordeeld of zij op verdragstoepassing aanspraak kunnen maken.

3. Het EESV en de Wet op de dividendbelasting 1965

Een EESV valt niet onder de lichamen als vermeld in artikel 1 van de Wet op de dividendbelasting 1965 omdat bij het EESV niet kan worden gesproken van een vennootschap met een in aandelen verdeeld kapitaal. Over het aan de leden toekomende resultaat van het EESV is dan ook geen dividendbelasting verschuldigd.

Met betrekking tot de situatie dat een EESV aandelen houdt in een lichaam als bedoeld in artikel 1 van deze wet, merk ik nog het volgende op. Over de opbrengst van die aandelen wordt in beginsel dividendbelasting ingehouden, welke belasting als gevolg van de transparence fiscale, een heffing van de leden is. Indien op het niveau van het aan de vennootschapsbelasting onderworpen lid de opbrengsten van aandelen of winstbewijzen onder artikel 13 van de Wet op de vennootschapsbelasting 1969 vallen, brengt een redelijke wetstoepassing met zich mee artikel 4, tweede lid van de onderhavige wet ook hier toe te passen, zodat inhouding van dividendbelasting alsdan in zoverre achterwege mag blijven.

4. Het EES Ven de Wet op de loonbelasting 1964 en de volksverzekeringen

Een EESV kan inhoudingsplichtig zijn voor de loonbelasting en daarmee tevens voor de premie voor de volksverzekeringen. Dit doet zich voor als wordt voldaan aan de vereisten van de Wet op de loonbelasting 1964. Voor alle duidelijkheid merk ik nog op dat indien een EESV niet in Nederland is gevestigd van inhoudingsplicht slechts sprake kan zijn als het over een vaste inrichting dan wel een vaste vertegenwoordiger beschikt als bedoeld in artikel 6, tweede lid, onderdeel a, van de Wet op de loonbelasting 1964. Voor de volledigheid merk ik nog op dat onderdeel b van het tweede lid van dat artikel nog in de mogelijkheid voorziet dat een niet in Nederland gevestigde EESV door mij als inhoudingsplichtige wordt aangewezen indien het één of meer personen in Nederland in dienst heeft.

5. Het EESV en de Wet op de vermogensbelasting 1964

Het lidmaatschap in een in Nederland gevestigde EESV van een in Nederland wonend lid-natuurlijk persoon is voor de heffing van de vermogensbelasting een bezitting in de zin van artikel 4 van de Wet op de vermogensbelasting 1964.

Het lidmaatschap in een buiten Nederland gevestigde EESV van een in Nederland wonend lid-natuurlijk persoon is, wanneer het EESV in het land van vestiging rechtspersoonlijkheid is toegekend, een bezitting in de zin van artikel 4 als bedoeld in de vorige alinea. Is aan het EESV in het land van vestiging geen rechtspersoonlijkheid toegekend, dan dient een in Nederland wonend lid-natuurlijk persoon ter zake van zijn aandeel in dat EESV naar verhouding van zijn gerechtigdheid tot het vermogen daarin, de activa en passiva van dat EESV tot zijn ondernemingsvermogen te rekenen.

Het lidmaatschap in een in Nederland gevestigde EESV van een buiten Nederland wonend lid-natuurlijk persoon, is in beginsel niet aan de vermogensbelasting onderworpen. Dit is echter wel het geval indien dat buiten Nederland wonend lid, afgezien van zijn deelname in het EESV, in Nederland over een vaste inrichting of vaste vertegenwoordiger beschikt en het lidmaatschap tot het vermogen van deze vaste inrichting of vaste vertegenwoordiger behoort.

6. Het EESV en de Wet op de omzetbelasting 1968

De prestaties van het samenwerkingsverband aan de leden zijn – voor zover het samenwerkingsverband optreedt als ondernemer – op de normale wijze aan de heffing van omzetbelasting onderworpen. Dit betekent dat in voorkomende gevallen ook de vrijstelling van toepassing kan zijn die geldt voor diensten van het samenwerkingsverband aan de leden (artikel 11, eerste lid, onderdeel u van deze wet, juncto artikel 9 van het Uitvoeringsbesluit omzetbelasting 1968 en artikel 9a van de Uitvoeringsbeschikking omzetbelasting 1968).

7. Het EESV en de Wet op belastingen van rechtsverkeer

Bij het EESV kan niet gesproken worden van een in aandelen verdeeld kapitaal, zodat het EESV niet onderworpen is aan de kapitaalsbelasting.

Inbreng van onroerend goed is voor de overdrachtsbelasting vrijgesteld (artikel 15, eerste lid, onderdeel e van deze wet).

8. Het EESV en de Algemene wet inzake rijksbelastingen

Het EESV is een lichaam in de zin van de Algemene wet inzake rijksbelastingen. Voor de heffing over het resultaat van de werkzaamheid van het samenwerkingsverband heeft dit echter geen betekenis omdat die heffing als gevolg van de 'transparence fiscale' direct plaatsvindt bij de leden van het EESV. Voor de heffing van belastingen waarvoor de 'transparance fiscale' niet geldt, worden de aanslagen ten name van het EESV gesteld. Een eventuele administratiefrechtelijke sanctie in het kader van een navorderingsaanslag in de inkomsten- of vennootschapsbelasting ter zake van de winst van de werkzaamheid van het EESV, zal alleen aan de achterliggende leden kunnen worden opgelegd en wel slechts indien ten aanzien van deze leden aannemelijk is dat er sprake is van grove schuld of opzet. Of hiervan sprake is zal afhangen van de feitelijke omstandigheden. De verplichtingen ten dienste van de belastingheffing over het resultaat van de werkzaamheid van het samenwerkingsverband rusten direct op de leden van het EESV. Met betrekking tot de belastingen waarvoor de 'transparence fiscale' niet geldt, zijn de bestuurders, namens het lichaam, gehouden de gegevens en inlichtingen te verstrekken en de boeken en andere bescheiden ter inzage te verstrekken.

9. Het EESV en de wet van 22 mei 1845 (Stb. 1926, 334) op de invordering van 's Rijks directe belastingen

De verordening bepaalt in artikel 24 dat de leden van het samenwerkingsverband onbeperkt en hoofdelijk aansprakelijk zijn voor de schulden van het samenwerkingsverband. Ingevolge de tiende overweging van de verordening worden hieronder ook de schulden op het gebied van belastingen en sociale zekerheid begrepen. Het invorderingsregime met betrekking tot de verschuldigde belastingen is derhalve als volgt:

– de invordering van de belasting over het resultaat van de werkzaamheid van het EESV geschiedt bij de leden aan wie de aanslag is opgelegd; als gevolg van de 'transparence fiscale' betreft het hier geen schuld van het EESV, maar door de leden uit eigen hoofde verschuldigde belasting, zodat de hoofdelijke aansprakelijkheid voor deze belastingschuld niet geldt.

– de invordering van de belastingen waarvoor de 'transparence fiscale' niet geldt vindt in eerste instantie plaats bij het EESV. Wanneer het EESV zijn schulden niet binnen de betalingstermijn betaalt, kan elk van de leden hoofdelijk aansprakelijk worden gesteld voor de voldoening van die schulden.

10. Omzetting coöperatie in EESV en EESV in coöperatie

10.1. Algemeen

Ingevolge artikel 8 van de Wet van 28 juni 1989, Stb. 245, tot uitvoering van de verordening kan een coöperatie worden omgezet in een EESV, zonder dat daardoor het bestaan van de rechtspersoon wordt beëindigd. Ook de omgekeerde situatie (EESV wordt coöperatie) is mogelijk. Wat betreft de fiscale aspecten die bij deze omzettingen aan de orde komen geldt het volgende.

10.2. Omzetting coöperatie in EESV

Bij een omzetting van een coöperatie in een EESV houdt de coöperatie op binnen Nederland belastbare winst te genieten en zal op grond van artikel 8 van de Wet op de vennootschapsbelasting 1969, juncto artikel 16 van de Wet op de inkomstenbelasting 1964, over de stille en fiscale reserves afrekening dienen plaats te vinden. Tevens zal bij een dergelijke omzetting het regime inzake de desinvesteringsbetaling c.q. desinvesteringsbijtelling van toepassing zijn. Voor de heffing van de overige belastingen, waarbij met name te denken valt aan de overdrachtsbelasting, heeft deze omzetting geen consequenties.

10.3. Omzetting EESV in coöperatie

Bij omzetting van een EESV in een coöperatie is fiscaal gezien sprake van overdracht van een gedeelte van een onderneming door de leden van het EESV aan de coöperatie tegen uitreiking van een lidmaatschapsrecht in die coöperatie. Dit leidt in de inkomstenbelasting of vennootschapsbelasting tot heffing over de overdrachtswinst, zijnde het verschil tussen de waarde in het economische verkeer van het lidmaatschapsrecht en de boekwaarde van het overgedragen gedeelte van de onderneming. Tevens zal bij een dergelijke omzetting het regime inzake de desinvesteringsbetaling c.q. desinvesteringsbijtelling van toepassing zijn.

Bij ondernemers-rechtspersonen kan heffing over deze overdachtswinst echter onder nader te stellen voorwaarden achterwege blijven, mits wordt voldaan aan de in artikel 14 van de Wet op de vennootschapsbelasting 1969 gestelde eisen. Voor de heffing van de overige belastingen, waarbij met name te denken valt aan de overdrachtsbelasting, heeft deze omzetting geen consequenties.

Voorstel voor een VERORDENING VAN DE RAAD betreffende het statuut van de Europese stichting (FE)

COM(2012) 35 final

Uittreksel

A. TOELICHTING

1. Achtergrond van het voorstel

1.1. Algemeen kader

In de EU spelen stichtingen een belangrijke rol, met name in de civiele samenleving. Via hun zeer uiteenlopende activiteiten op velerlei terreinen, dragen zij bij aan de bevordering van de fundamentele waarden en doelstellingen van de Unie, zoals eerbiediging van mensenrechten, bescherming van minderheden, werkgelegenheid en sociale vooruitgang, bescherming en verbetering van het milieu en bevordering van wetenschap en techniek. In dit verband leveren stichtingen een aanzienlijke bijdrage aan de verwezenlijking van de ambitieuze doelstellingen van de Europa 2020-strategie voor een slimme, duurzame en inclusieve groei[1]. Zij stimuleren en faciliteren ook een grotere betrokkenheid van zowel burger als civiele samenleving bij het Europese project. Dit neemt echter niet weg dat stichtingen bij de uitoefening van hun activiteiten overal in de EU nog steeds diverse obstakels op hun weg vinden.

In de in april 2011 door de Commissie aangenomen mededeling inzake de Akte voor de interne markt (Single Market Act)[2] is de noodzaak benadrukt om ter bevordering van de groei en de werkgelegenheid en ter versterking van het concurrentievermogen 'een einde te maken aan de marktversnippering en tevens de barrières en obstakels voor het vrije verkeer van diensten, de innovatie en de creativiteit uit de weg te ruimen'. Tevens is daarin uitdrukkelijk aangegeven hoe belangrijk het is dat het vertrouwen van de burgers in de interne markt wordt versterkt en dat zij kunnen profiteren van alle voordelen die de interne markt te bieden heeft. Gezien de bijdrage die stichtingen leveren aan de sociale economie en aan de financiering van innovatieve projecten van algemeen belang, wordt in de Single Market Act dan ook opgeroepen de obstakels uit de weg te ruimen waarmee stichtingen worden geconfronteerd wanneer zij grensoverschrijdende activiteiten willen verrichten. Eenzelfde oproep is gedaan in het verslag over het EU-burgerschap van 2010 getiteld 'Het wegnemen van de belemmeringen voor de rechten van EU-burgers'[3], waarin wordt onderstreept dat burgeractie op EU-niveau verder kan worden bevorderd door de Europese dimensie van de activiteiten van stichtingen van algemeen belang te vergroten.

Daarnaast is door de Commissie in haar mededeling van 25 oktober 2011 getiteld 'Initiatief voor sociaal ondernemerschap'[4] het belang onderstreept van een verdere ontwikkeling van Europese rechtsvormen voor entiteiten die in de sociaaleconomische sector actief zijn (zoals stichtingen, coöperaties en onderlinge maatschappijen). Het initiatief voor sociaal ondernemerschap is bedoeld ter ondersteuning van de ontwikkeling van ondernemingen die met hun activiteiten primair een sociaal effect beogen, en de voorgestelde maatregelen zijn dan ook gericht op en dienen ten behoeve van sociaaleconomische instellingen (inclusief stichtingen) die voldoen aan de algemene criteria die in de mededeling zijn geformuleerd om als een 'sociale onderneming' te kunnen worden beschouwd.

Ook het Europees Parlement heeft in zijn resolutie in reactie op de mededeling van de Commissie inzake de Single Market Act opgeroepen om een passend wettelijk kader tot stand te brengen voor stichtingen (en voor onderlinge maatschappijen en verenigingen); in schriftelijke verklaring 84/2010 van maart 2011 werd gepleit voor de opstelling van een statuut voor deze instellingen en ook in zijn eerdere resoluties van 2009 en 2006[5] werd de Commissie opgeroepen om deze doelstelling te realiseren. Daarnaast heeft het Europees Economisch en Sociaal Comité in zijn initiatiefadvies van 2010 gepleit voor een Europees statuut voor stichtingen[6] en aangegeven hoe een dergelijk statuut er volgens het Comité uit zou moeten zien. Ook het Comité van de Regio's heeft in een advies over

1. COM(2010) 2020.
2. COM(2011) 206.
3. COM(2010) 603.
4. COM(2011) 682.
5. Resolutie van het Europees Parlement van 6 april 2011 over een interne markt voor Europeanen (2010/2278(INI)); schriftelijke verklaring 84/210; resolutie van het Europees Parlement van 19 februari 2009 over de sociale economie (2008/ 2250(INI)); en resolutie van het Europees Parlement van 4 juli 2006 over recente ontwikkelingen en vooruitzichten in het vennootschapsrecht (2006/2051(INI)).
6. INT/498 – CESE 634/2010 – april 2010.

de Single Market Act zijn steun heeft uitgesproken voor het door de Commissie aangekondigde initiatief inzake stichtingen[1].

1.2. Gronden voor en doelstellingen van het voorstel

Stichtingen zijn niet in staat hun middelen op efficiënte wijze over de grenzen heen te kanaliseren in de EU. Als stichtingen besluiten grensoverschrijdende activiteiten uit te oefenen, moeten zij een deel van de ingezamelde financiële middelen besteden aan juridische adviezen en aan het voldoen aan de juridische en administratieve verplichtingen die uit hoofde van de verschillende nationale rechtssystemen worden opgelegd.

Met het onderhavige initiatief wordt een nieuwe Europese rechtsvorm in het leven geroepen waarmee stichtingen zich binnen de interne markt gemakkelijker kunnen vestigen en activiteiten kunnen ontplooien. Het zal stichtingen in staat stellen particuliere middelen in de EU efficiënter over de grenzen heen te kanaliseren ter ondersteuning van doelen van algemeen belang. Dit zou er op zijn beurt toe moeten leiden – onder andere dankzij lagere kosten voor stichtingen – dat er meer middelen beschikbaar zijn om activiteiten van algemeen belang te financieren, hetgeen een positief effect zou moeten hebben op het algemeen welzijn van de Europese burgers en op de EU-economie als geheel.

Dit voorstel heeft geen betrekking op de bijzondere situatie van politieke stichtingen die banden hebben met politieke partijen op Europees niveau. Sinds 2007 is op deze stichtingen specifieke EU-regelgeving van toepassing, met name wat hun toegang (alsook die van politieke partijen op Europees niveau) tot EU-financiering betreft[2]. De Commissie is deze regelgeving momenteel aan het bestuderen en zal in de loop van 2012 een wetgevingsvoorstel tot wijziging ervan aannemen[3].

2. Uitkomsten van de raadpleging van belanghebbenden en van de effectbeoordeling

...

3. Juridische elementen van het voorstel

...

4. Gedetailleerde toelichting bij het voorstel

Hoofdstuk I (Algemene bepalingen) bevat het onderwerp, de op de FE toepasselijke regels en een lijst met definities ter verduidelijking van de begrippen die in de verordening worden gebruikt.

Tevens worden in hoofdstuk I de belangrijkste kenmerken van de FE omschreven: de FE is een instelling van algemeen nut die in alle lidstaten van de EU rechtspersoonlijkheid en volledige handelingsbevoegdheid heeft; de FE heeft een grensoverschrijdende dimensie met betrekking tot de verrichte activiteiten of heeft een statutair omschreven doel waarbij in ten minste twee lidstaten activiteiten worden uitgeoefend; bij de oprichting bedragen de activa van de FE ten minste 25 000 EUR. Het is de FE toegestaan economische activiteiten uit te oefenen, mits de winst in overeenstemming met de verordening wordt aangewend voor het verwezenlijken van haar doelen van algemeen belang. Omwille van de rechtszekerheid bevat de verordening een limitatieve lijst van doelen van algemeen belang die krachtens het burgerlijke en fiscale recht van de meeste lidstaten als zodanig worden aanvaard.

In hoofdstuk II (Oprichting) worden de oprichtingsmethoden van de FE beschreven en wordt aangegeven welke bepalingen de statuten ten minste moeten bevatten en welke eisen er gelden voor de registerinschrijving van een FE.

Ten aanzien van de oprichting is in de verordening bepaald dat de FE ex nihilo kan worden opgericht (bij testamentaire beschikking, notariële akte of schriftelijke verklaring door een of meer natuurlijke personen, rechtspersonen of publiekrechtelijke lichamen in overeenstemming met het toepasselijke nationale recht), dan wel kan ontstaan uit een fusie tussen instellingen van algemeen nut die in een of meer lidstaten gevestigd zijn, of via de omzetting van een nationale, op wettige wijze in een lidstaat gevestigde instelling van algemeen nut in een FE.

In het hoofdstuk is ook een lijst opgenomen van de bescheiden en gegevens waarvan verzoeken tot registerinschrijving vergezeld moeten gaan en die openbaar moeten worden gemaakt. Ter vergemakkelijking van het registratieproces is voorts bepaald dat registers met elkaar moeten samenwerken wat bescheiden en gegevens van FE's betreft.

Hoofdstuk III (Organisatie van de FE) bevat bepalingen betreffende de raad van bestuur, de directeuren en de raad van toezicht, met inbegrip van bepalingen inzake belangenconflicten.

Om de geloofwaardigheid en betrouwbaarheid van de FE te waarborgen, moet de FE hoge normen op het gebied van transparantie en verantwoordingsplicht in acht nemen.

1. CdR 330/2010 definitief.
2. Zie Verordening (EG) nr. 1524/2007 van 18 december 2007 tot wijziging van Verordening (EG) nr. 2004/2003 van 4 november 2003 betreffende het statuut en de financiering van politieke partijen op Europees niveau.
3. Zie het Werkprogramma van de Commissie voor 2012, punt nr. 76.

In hoofdstuk IV (Statutaire zetel en zetelverplaatsing) wordt geregeld dat een FE haar statutaire zetel naar een andere lidstaat kan verplaatsen zonder dat zij daarbij haar rechtspersoonlijkheid verliest en moet worden geliquideerd.

Hoofdstuk V (Rol van werknemers en vrijwilligers) bevat regels voor de voorlichting en raadpleging van werknemers en vrijwilligers overeenkomstig het ter zake geldende Unierecht.

Het voorstel bevat geen bepalingen over de vertegenwoordiging van werknemers in de raad van bestuur, omdat een dergelijke medezeggenschap op bestuursniveau bij instellingen van algemeen nut slechts in een zeer beperkt aantal lidstaten voorkomt.

In Hoofdstuk VI (Ontbinding van de FE) van de verordening wordt de mogelijkheid geboden een FE weer om te zetten in een instelling van algemeen nut naar het recht van de lidstaatwaar zij haar statutaire zetel heeft, mits de statuten van de FE dat toestaan. Het hoofdstuk bevat tevens bepalingen over de liquidatie van de FE ingeval het doel van de FE is verwezenlijkt of niet langer kan worden verwezenlijkt, ingeval de termijn waarvoor de FE is opgericht, is verstreken, of ingeval de FE geen activa meer heeft.

In hoofdstuk VII (Toezicht door de lidstaat) worden verregaande bevoegdheden verleend aan de bevoegde nationale toezichthoudende autoriteiten, zodat zij op efficiënte wijze toezicht kunnen houden op de activiteiten van de instellingen van algemeen nut waarvoor zij verantwoordelijk zijn. Zo hebben de toezichthoudende autoriteiten de bevoegdheid wijzigingen in de doelomschrijving van de FE goed te keuren, een onderzoek in te stellen naar de gang van zaken binnen de FE, waarschuwingen te geven aan de raad van bestuur, en de raad van bestuur te gelasten zich naar de statuten van de FE, de verordening en het toepasselijke nationale recht te voegen, een bestuurder te ontslaan of daartoe een verzoek bij de bevoegde rechter te dienen en de FE te liquideren of een verzoek daartoe bij de bevoegde rechter in te dienen. De toezichthoudende autoriteiten zijn ook verplicht samen te werken en onderling informatie uit te wisselen. Dit hoofdstuk bevat ook bepalingen over de samenwerking van registers en toezichthoudende autoriteiten met belastingdiensten.

Hoofdstuk VIII (Fiscale behandeling) van de verordening zorgt ervoor dat de FE en haar donoren automatisch dezelfde fiscale voordelen genieten als die welke voor binnenlandse instellingen van algemeen nut gelden. Er wordt immers voorgeschreven dat een lidstaat FE's moet gelijkstellen met instellingen van algemeen nut die krachtens het recht van de betrokken lidstaat zijn opgericht. Bij de behandeling van donoren en begunstigden van de FE moet ditzelfde beginsel worden toegepast.

In hoofdstuk IX (Slotbepalingen) worden de lidstaten verplicht voorschriften vast te stellen inzake sancties die van toepassing zijn op inbreuken op de bepalingen van deze verordening en de nodige maatregelen te nemen om ervoor te zorgen dat deze sancties worden toegepast.

Het voorstel bevat tevens een evaluatieclausule.

A. TEKST

Voorstel voor een VERORDENING VAN DE RAAD betreffende het statuut van de Europese stichting (FE)

HOOFDSTUK 1. ALGEMENE BEPALINGEN

AFDELING 1. ONDERWERP, TOEPASSELIJKE REGELS EN DEFINITIES

Artikel 1. Onderwerp

Bij deze verordening worden de voorwaarden vastgesteld waaronder een Europese stichting (Fundatio Europaea, hierna 'FE' genoemd) kan worden opgericht en functioneert.

Artikel 2. Definities

In deze verordening wordt verstaan onder:

1. 'activa': alle materiële en immateriële middelen die eigendom kunnen zijn of waarover zeggenschap kan worden uitgeoefend om waarde te creëren;
2. 'ongerelateerde economische activiteit': een door de FE uitgeoefende economische activiteit die niet direct het doel van algemeen belang van de instelling van algemeen nut dient;
3. 'testamentaire beschikking': een akte in de zin van het nationale recht van de lidstaat waar de erflater gevestigd is, waarin wordt beschreven hoe de bezittingen van de erflater na diens overlijden dienen te worden beheerd en verdeeld;
4. 'publiekrechtelijk lichaam': een entiteit die al dan niet juridisch deel uitmaakt van de centrale, nationale, regionale of lokale overheid, dan wel enige andere bij wet opgerichte overheidsinstantie, en die openbare diensten verleent of wettelijk verankerde taken van openbaar belang vervult;
5. 'instelling van algemeen nut': een stichting die een doel van algemeen belang dient en/of een vergelijkbare rechtspersoon van algemeen nut, zonder leden, die is opgericht krachtens het recht van een van de lidstaten;
6. 'lidstaat van herkomst': de lidstaat waarin de FE haar statutaire zetel heeft op het tijdstip onmiddellijk voorafgaand aan de verplaatsing van haar zetel naar een andere lidstaat;

7. 'lidstaat van ontvangst': de lidstaat waarnaar de statutaire zetel van de FE is verplaatst.

Artikel 3. Op de FE toepasselijke regels

1. De FE is onderworpen aan deze verordening en aan haar statuten.
2. Aangelegenheden die niet of slechts gedeeltelijk bij deze verordening en/of de statuten van de FE worden geregeld, zijn onderworpen aan de volgende regels:
   a. de door de lidstaten vastgestelde voorschriften om de effectieve toepassing van deze verordening te waarborgen;
   b. voor niet onder a) vallende aangelegenheden, de bepalingen van intern recht die op instellingen van algemeen nut van toepassing zijn.

Artikel 4. Informatieverschaffing

1. Op de FE betrekking hebbende informatie die ingevolge deze verordening openbaar moet worden gemaakt, wordt overeenkomstig het toepasselijke nationale recht op zodanig wijze bekendgemaakt dat die informatie gemakkelijk toegankelijk is voor het publiek.
2. In alle papieren en digitale brieven en bestelformulieren van de FE, alsook op iedere website van de FE worden de volgende gegevens vermeld:
   a. de vereiste informatie om het in artikel 22, lid 1, bedoelde register te bepalen, met vermelding van het nummer waaronder de FE in dat register is ingeschreven;
   b. de naam van de FE, de lidstaat waarin de FE haar statutaire zetel heeft, en het adres van die statutaire zetel;
   c. in voorkomend geval, het feit dat tegen de FE een insolventie- of ontbindingsprocedure loopt.

AFDELING 2. ALGEMENE VEREISTEN VOOR DE FE

Artikel 5. Doel van algemeen belang

1. De FE is een zelfstandig opgerichte instelling van algemeen nut.
2. De FE dient het algemeen belang in ruime zin. Zij kan slechts worden opgericht voor onderstaande doeleinden, waaraan al haar activa onvoorwaardelijk worden aangewend:
   a. kunst, cultuur en instandhouding van historisch erfgoed;
   b. milieubescherming;
   c. burgerlijke of mensenrechten;
   d. bestrijding van discriminatie op basis van geslacht, ras, etnische afkomst, godsdienst, handicap, seksuele geaardheid dan wel enige andere vorm van discriminatie volgens de wet;
   e. sociaal welzijn, met inbegrip van armoedepreventie en -bestrijding;
   f. humanitaire hulp of hulp bij rampen;
   g. ontwikkelingshulp en -samenwerking;
   h. hulp aan vluchtelingen en immigranten;
   i. bescherming en ondersteuning van kinderen, jongeren of ouderen;
   j. hulp aan of bescherming van mensen met een handicap;
   k. dierenbescherming;
   l. wetenschap, onderzoek en innovatie;
   m. onderwijs en opleiding;
   n. Europese en internationale verstandhouding;
   o. welzijn, gezondheid en medische zorg;
   p. consumentenbescherming;
   q. hulp aan of bescherming van kwetsbare en achtergestelde groepen;
   r. amateursport;
   s. infrastructurele ondersteuning van organisaties van algemeen nut.

Artikel 6. Grensoverschrijdende component

Ten tijde van de registratie verricht de FE activiteiten of heeft zij een statutair doel dat voorziet in de uitoefening van activiteiten in ten minste twee lidstaten.

Artikel 7. Activa

1. De activa van de FE luiden in euro.
2. De activa van de FE bedragen ten minste 25 000 EUR.

Artikel 8. Aansprakelijkheid

De aansprakelijkheid van de FE is beperkt tot de omvang van haar activa.

AFDELING 3. RECHTSPERSOONLIJKHEID EN HANDELINGSBEVOEGDHEID

Artikel 9. Rechtspersoonlijkheid

De FE heeft in alle lidstaten rechtspersoonlijkheid. De FE verkrijgt rechtspersoonlijkheid op de dag waarop zij overeenkomstig het bepaalde in de artikelen 21, 22 en 23 in het register is ingeschreven.

Artikel 10. Handelingsbevoegdheid

1. De FE heeft in alle lidstaten volledige handelingsbevoegdheid. Behoudens beperkingen uit hoofde van de statuten heeft de FE alle rechten die nodig zijn om haar activiteiten te kunnen uitoefenen, met inbegrip van het recht roerende en onroerende zaken te bezitten, giften te doen, fondsen te werven en donaties van welke aard dan ook te aanvaarden en te houden, met inbegrip van aandelen en andere effecten, legaten en giften in natura verkregen uit rechtmatige bronnen, ook uit derde landen. De FE heeft tevens het recht zich in gelijk welke lidstaat te vestigen wanneer dat nodig is om haar activiteiten te kunnen uitoefenen.
2. Met het oog op de verwezenlijking van haar doel kan de FE alle statutair geoorloofde handelingen verrichten op een wijze die rechtmatig is, strookt met haar hoedanigheid van instelling van algemeen nut en in overeenstemming is met het bepaalde in deze verordening.
3. Behoudens eventuele beperkingen uit hoofde van haar statuten kan de FE ook in derde landen activiteiten uitoefenen.

Artikel 11. Economische activiteiten

1. Behoudens eventuele beperkingen uit hoofde van haar statuten is de FE bevoegd en vrij om zich ook met handels- of andere economische activiteiten bezig te houden, mits de daaruit voortvloeiende winst volledig wordt aangewend voor het verwezenlijken van het doel of de doelen van algemeen belang van de FE.
2. Economische activiteiten die geen verband houden met het doel van algemeen belang van de FE, mogen ten hoogste 10% van de jaarlijkse netto-omzet van de FE uitmaken, mits de resultaten uit deze ongerelateerde economische activiteiten afzonderlijk in de boeken worden gepresenteerd.

HOOFDSTUK II. OPRICHTING

[Artikelen 12 – 26]

HOOFDSTUK III. ORGANISATIE VAN DE FE

[Artikelen 27 – 34]

HOOFDSTUK IV. STATUTAIRE ZETEL EN ZETELVERPLAATSING

Artikel 35. Zetel van de FE

De statutaire zetel en het hoofdbestuur of de hoofdvestiging van de FE zijn gelegen in de Europese Unie.

Artikel 36. Zetelverplaatsing

1. De FE kan haar statutaire zetel naar een andere lidstaat verplaatsen. Een zetelverplaatsing leidt noch tot de liquidatie van de FE, noch tot de vorming van een nieuwe rechtspersoon en laat alle vóór de verplaatsing bestaande rechten en plichten onverlet.
2. De verplaatsing treedt in werking op de datum van inschrijving van de FE in het register van de lidstaat van ontvangst.
3. De FE mag haar statutaire zetel niet verplaatsen indien zij het voorwerp uitmaakt van de uitoefening van toezichtbevoegdheden neergelegd in artikel 46, lid 2, tweede alinea, indien zij in overeenstemming met artikel 40 wordt ontbonden, indien tegen haar een liquidatie-, insolventie- of soortgelijke procedure is ingeleid, of indien de verplaatsing in strijd is met de statuten van de FE dan wel de verwezenlijking van haar doel in gevaar brengt.
4. De inschrijving in het register van de lidstaat van ontvangst en de doorhaling van de inschrijving in het register van de lidstaat van herkomst worden openbaar gemaakt.

Artikel 37. Procedure voor de verplaatsing van de zetel

1. De raad van bestuur van de FE dient een voorstel tot zetelverplaatsing in bij de bevoegde autoriteit van de lidstaat van herkomst.
2. Het voorstel tot zetelverplaatsing bevat ten minste de volgende gegevens:
   a. de naam van de FE, het adres van haar statutaire zetel in de lidstaat van herkomst, de vereiste informatie over het in artikel 22, lid 1, bedoelde register en het nummer waaronder de FE in dat register is ingeschreven;
   b. de voorgenomen naam van de FE en het voorgenomen adres van de statutaire zetel van de FE in de lidstaat van ontvangst;
   c. in voorkomend geval, de gewijzigde statuten van de FE;

d. het voorgenomen tijdschema voor de zetelverplaatsing;

e. een verslag waarin de juridische en economische aspecten van de voorgenomen zetelverplaatsing worden toegelicht en onderbouwd en waarin de gevolgen van de zetelverplaatsing voor schuldeisers en werknemers van de FE worden toegelicht.

3. De bevoegde autoriteit van de lidstaat van herkomst verifieert of de in artikel 36, lid 3, bedoelde situaties niet bestaan en geeft onverwijld een attest af waaruit blijkt dat alle voorbereidende handelingen zijn verricht en aan alle formaliteiten is voldaan.

4. De FE dient de volgende bescheiden en gegevens in bij de bevoegde autoriteit van de lidstaat van ontvangst:

a. het in lid 3 bedoelde attest;

b. het door de raad van bestuur goedgekeurde voorstel tot zetelverplaatsing;

c. de in artikel 23, lid 1, bedoelde bescheiden en gegevens.

5. De bevoegde autoriteit van de lidstaat van ontvangst verifieert onverwijld of aan alle in dit hoofdstuk gestelde materiële en formele voorwaarden voor de zetelverplaatsing is voldaan en stelt het bevoegde register van de lidstaat van ontvangst van haar besluit in kennis. De bevoegde autoriteit van de lidstaat van ontvangst kan de zetelverplaatsing alleen weigeren indien niet aan de in de vorige alinea bedoelde voorwaarden is voldaan.

6. Het bevoegde register van de lidstaat van ontvangst schrijft de FE in in het register. De bevoegde autoriteit van de lidstaat van ontvangst stelt het bevoegde register van de lidstaat van herkomst onverwijld in kennis van de inschrijving van de FE in het register van de lidstaat van ontvangst.

Het bevoegde register van de lidstaat van herkomst haalt de inschrijving van de FE onverwijld door, doch niet voordat de bovenbedoelde kennisgeving is ontvangen.

HOOFDSTUK V. ROL VAN WERKNEMER EN VRIJWILLIGERS

[Artikelen 38 – 39]

HOOFDSTUK VI. ONTBINDING VAN DE FE

[Artikelen 40 – 44]

HOOFDSTUK VII. TOEZICHT DOOR DE LIDSTAAT

[Artikelen 45 – 48]

HOOFDSTUK VIII. FISCALE BEHANDELING

Artikel 49. Fiscale behandeling van de FE

1. In de lidstaat waar de FE haar statutaire zetel heeft, geniet zij dezelfde fiscale behandeling als de instellingen van algemeen nut die in die lidstaat gevestigd zijn, wat de inkomsten- en vermogenswinstbelasting, de schenkings- en successierechten, de onroerendgoedbelasting, de overdrachtsbelasting, de registratiebelasting, de zegelrechten en soortgelijke belastingen betreft.

2. Wat de in lid 1 bedoelde belastingen betreft, geniet de FE in de andere lidstaten dan die waar zij haar statutaire zetel heeft, dezelfde fiscale behandeling als de instellingen van algemeen nut die in de betrokken lidstaten gevestigd zijn.

3. Voor de toepassing van de leden 1 en 2 wordt de FE aangemerkt als gelijkwaardig aan een instelling van algemeen nut die krachtens het recht van de betrokken lidstaten is opgericht.

Artikel 50. Fiscale behandeling van donoren van de FE

1. Natuurlijke of rechtspersonen die op nationaal of grensoverschrijdend niveau een donatie doen aan de FE, genieten dezelfde fiscale behandeling als die welke geldt voor donaties die worden gedaan aan instellingen van algemeen nut die zijn gevestigd in de lidstaat waar de donor belastingplichtig is, wat de inkomstenbelasting, de schenkingsrechten, de overdrachtsbelasting, de registratiebelasting, de zegelrechten en soortgelijke belastingen betreft.

2. Voor de toepassing van lid 1 wordt de FE die de donatie ontvangt, aangemerkt als gelijkwaardig aan een instelling van algemeen nut die is opgericht overeenkomstig het recht van de lidstaat waar de donor belastingplichtig is.

Artikel 51. Fiscale behandeling van begunstigden van de FE

Wat ontvangen giften of andere voordelen betreft, worden begunstigden van de FE behandeld alsof zij die giften en andere voordelen hadden ontvangen van een instelling

HOOFDSTUK IX. SLOTBEPALINGEN

[Artikelen 52 – 54]

Artikel 55. Inwerkingtreding

Deze verordening treedt in werking op de twintigste dag na die van de bekendmaking ervan in het *Publicatieblad van de Europese Unie*.

Zij is van toepassing met ingang van [twee jaar na de inwerkingtreding van deze verordening].

Deze verordening is verbindend in al haar onderdelen en is rechtstreeks toepasselijk in elke lidstaat.

Staatssteun en belastingconcurrentie

A. Resolutie van de Raad en de vertegenwoordigers van de Regeringen der lidstaten, in het kader van de Raad bijeen, betreffende een Gedragscode inzake de belastingregeling voor ondernemingen

1 december 1997

DE RAAD VAN DE EUROPESE UNIE EN DE VERTEGENWOORDIGERS VAN DE REGERINGEN DER LIDSTATEN, IN HET KADER VAN DE RAAD BIJEEN,

ERAAN HERINNEREND dat in april 1996 tijdens de informele bijeenkomst van de ministers van Financiën en Economische Zaken te Verona de aanzet is gegeven tot een integrale aanpak met betrekking tot het belastingbeleid en dat een en ander tijdens de bijeenkomst van september 1997 te Mondorf-les-Bains is bevestigd, in het licht van de volgende overwegingen: een op Europees niveau gecoördineerde actie is noodzakelijk om nog bestaande verstoringen op de interne markt te reduceren, om te voorkomen dat aanzienlijke belastinginkomsten worden misgelopen en om de belastingstructuren zodanig om te vormen dat zij gunstiger zijn voor de werkgelegenheid,

MET ERKENNING VAN de belangrijkste bijdrage van de groep 'Belastingbeleid' aan de voorbereiding van deze resolutie,

NOTA NEMEND van de mededeling van de Commissie aan de Raad en het Europees Parlement van 5 november 1997,

MET ERKENNING VAN de positieve effecten van eerlijke concurrentie en van de noodzaak om het internationale concurrentievermogen van de Europese Unie en de lidstaten te consolideren, maar tevens vaststellend dat belastingconcurrentie ook kan leiden tot belastingmaatregelen met schadelijke gevolgen,

MET ERKENNING derhalve VAN de noodzaak van een gedragscode inzake de belastingregeling voor ondernemingen die tot doel heeft belastingmaatregelen met schadelijke gevolgen tegen te gaan,

BENADRUKKEND dat de gedragscode een politieke verbintenis is en dus noch op de rechten en plichten van de lidstaten van invloed is, noch op de respectieve bevoegdheden van de lidstaten en de Gemeenschap zoals deze uit het Verdrag voortvloeien,

NEMEN DE volgende GEDRAGSCODE AAN:

GEDRAGSCODE

Inzake de belastingregeling voor ondernemingen

Ter zake beoogde belastingmaatregelen

A. Onverminderd de onderscheiden bevoegdheden van de lidstaten en de Gemeenschap, betreft deze gedragscode, die betrekking heeft op belastingregeling voor ondernemingen, maatregelen die de locatie van economische activiteiten in de Gemeenschap in aanzienlijke mate beïnvloeden of kunnen beïnvloeden.

Bovenbedoelde economische activiteiten omvatten tevens alle activiteiten die binnen een groep van ondernemingen worden uitgeoefend. De belastingmaatregelen waarop de code betrekking heeft, omvatten wettelijke en bestuursrechtelijke bepalingen en administratieve praktijken.

B. Binnen de in paragraaf A omschreven werkingssfeer worden als potentieel schadelijk en derhalve als onder deze gedragscode vallend beschouwd de belastingmaatregelen die een daadwerkelijk belastingniveau opleveren dat beduidend lager is, inclusief belasting tegen nultarief, dan die welke normaal gesproken in de betrokken lidstaat van toepassing zijn.

Een dergelijk belastingniveau kan het gevolg zijn van het nominale belastingtarief, van de belastinggrondslag of van andere factoren. Bij de beoordeling van het schadelijke karakter van de maatregelen wordt onder andere rekening gehouden met de volgende criteria:

1. worden de voordelen uitsluitend aan niet-ingezetenen of voor transacties met niet-ingezetenen toegekend?
2. staan de voordelen geheel los van de binnenlandse economie, zodat zij geen gevolgen hebben voor de nationale belastinggrondslag?
3. worden de voordelen ook toegekend als er geen sprake is van enige daadwerkelijke economische activiteit of substantiële economische aanwezigheid in de lidstaat die deze belastingvoordelen biedt?
4. wijken de regels voor het bepalen van de winst uit de binnenlandse activiteiten van een multinationale groep van ondernemingen af van de internationaal aanvaarde beginselen, met name van de in OESO-verband goedgekeurde regels?

5. zijn de belastingmaatregelen onvoldoende doorzichtig, ook wanneer de wettelijke voorschriften op bestuursrechtelijk niveau minder stringent en op ondoorzichtige wijze worden toegepast?

Standstill en terugdraaiing

Standstill

C. De lidstaten verbinden zich ertoe geen nieuwe belastingmaatregelen in te voeren die schadelijk zijn in de zin van deze gedragscode. De lidstaten nemen derhalve bij het bepalen van hun toekomstige beleid de aan de gedragscode ten grondslag liggende principes in acht en bij het beoordelen of nieuwe belastingmaatregelen al dan niet schadelijk zijn, houden zij naar behoren rekening met het in de paragrafen E tot en met I bedoelde onderzoek.

Terugdraaiing

D. De lidstaten verbinden zich ertoe hun bestaande voorschriften en heersende praktijken opnieuw te bezien in het licht van de aan de gedragscode ten grondslag liggende principes en het in de paragrafen E tot en met I bedoelde onderzoek. De lidstaten wijzigen deze voorschriften en praktijken indien nodig om alle schadelijke maatregelen zo spoedig mogelijk af te schaffen, rekening houdend met de besprekingen in de Raad na de onderzoeksprocedure.

Onderzoek

Verstrekking van informatie

E. Overeenkomstig de beginselen van doorzichtigheid en openheid, verstrekken de lidstaten el kaar informatie over bestaande en beoogde belastingmaatregelen die mogelijk binnen de werkingssfeer van de gedragscode vallen. De lidstaten dienen in het bijzonder op verzoek van een andere lidstaat informatie te verstrekken over belastingmaatregelen waarop de gedragscode van toepassing lijkt te zijn. Ingeval de beoogde belastingmaatregelen door het parlement moeten worden goedgekeurd, mag de bovenbedoelde informatie worden verstrekt nadat de maatregelen aan het parlement zijn voorgelegd.

Onderzoek van schadelijke maatregelen

F. Elke lidstaat kan verzoeken om belastingmaatregelen van een andere lidstaat die mogelijk binnen de werkingssfeer van de gedragscode vallen, te bespreken en te becommentariëren. Aldus kan worden vastgesteld of de maatregelen in kwestie al dan niet schadelijk zijn in het licht van hun mogelijke effecten in de Gemeenschap. Bij dat onderzoek wordt rekening gehouden met alle in paragraaf B genoemde criteria.

G. De Raad wijst tevens op de noodzaak om bij dit onderzoek zorgvuldig te beoordelen wat voor effecten de belastingmaatregelen op de andere lidstaten hebben, onder andere in het licht van de daadwerkelijke belastingheffing op de betrokken activiteiten in de gehele Gemeenschap.

Voorzover de belastingmaatregelen worden gebruikt om de economische ontwikkeling van bepaalde gebieden te bevorderen, wordt nagegaan of zij in verhouding staan tot de beoogde doelstelling en of zij doelgericht zijn. In het kader van dit onderzoek wordt vooral aandacht besteed aan de bijzondere kenmerken en eisen van de ultraperifere gebieden en de kleine eilanden, zonder afbreuk te doen aan de integriteit en de samenhang van de communautaire rechtsorde, daaronder begrepen de interne markt en de gemeenschappelijke beleidssectoren.

Procedure

H. Door de Raad wordt een groep ingesteld om de belastingmaatregelen waarop deze gedragscode mogelijk van toepassing is, te onderzoeken en om toezicht te houden op de verstrekking van informatie over deze maatregelen. De Raad nodigt elke lidstaat en de Commissie uit een vertegenwoordiger op hoog niveau en een plaatsvervanger aan te wijzen voor deze groep, die door de vertegenwoordiger van een lidstaat wordt voorgezeten. De groep, die op gezette tijden vergadert, selecteert en onderzoekt de belastingmaatregelen overeenkomstig het bepaalde in de paragrafen E tot en met G. De groep brengt regelmatig verslag uit over de onderzochte maatregelen. Deze verslagen worden aan de Raad voor beraadslaging toegezonden en, indien de Raad daartoe besluit, bekendgemaakt.

I. De Raad verzoekt de Commissie de groep bij te staan bij de nodige voorbereidende werkzaamheden, en de informatieverstrekking en het verloop van het onderzoek te vergemakkelijken. Hiertoe vraagt de Raad de lidstaten de in paragraaf E bedoelde informatie aan de Commissie te verstrekken zodat de Commissie de uitwisseling van informatie tussen de lidstaten kan coördineren.

Steunmaatregelen van de staten

J. De Raad constateert dat een deel van de belastingmaatregelen waarop de gedragscode betrekking heeft, mogelijk binnen de werkingssfeer van de artikelen 92 tot en met 94 van het Verdrag betreffende steunmaatregelen van de staten valt. De Raad neemt er nota van dat de Commissie toezegt om voor medio 1998, onverminderd het Gemeenschapsrecht en de doelstellingen van het Verdrag, richtsnoeren voor de toepassing van de regels inzake steunmaatregelen van de staten op maatregelen betreffende de directe belasting op bedrijven, bekend te maken nadat zij de deskundigen van de lidstaten in het kader van een multilaterale bijeenkomst een ontwerp zal hebben voorgelegd en dat zij zich ertoe verbindt er streng op toe te zien dat de regels inzake de bedoelde steunmaatregelen nauwgezet worden nageleefd, met inachtneming van onder andere de negatieve effecten van deze steunmaatregelen die door de toepassing van de gedragscode aan het licht worden gebracht. De Raad neemt tevens nota van het voornemen van de Commissie om de geldende belastingregelingen en de nieuwe ontwerpen van de lidstaten te onderzoeken of opnieuw te onderzoeken, daarbij zorg dragende voor samenhang en gelijke behandeling in de toepassing van de regels en de doelstellingen van het Verdrag.

Bestrijding van belastingontwijking en -ontduiking

K. De Raad verzoekt de lidstaten om, overeenkomstig de nationale wetgeving, hun volledige medewerking aan de bestrijding van belastingontwijking en -ontduiking te verlenen, met name bij de verstrekking van informatie aan andere lidstaten.

L. De Raad merkt op dat bepalingen ter bestrijding van misbruik of tegenmaatregelen in de belastingwetgeving en in verdragen tot het vermijden van dubbele belasting een fundamentele rol vervullen bij het tegengaan van belastingontwijking en -ontduiking.

Geografische uitbreiding

M. De Raad acht het dienstig dat de beginselen die de uitbanning van schadelijke belastingmaatregelen beogen, in een zo ruim mogelijk geografisch kader aangenomen worden. Om dat te bereiken, verbinden de lidstaten zich ertoe de aanvaarding ervan buiten de Gemeenschap te bevorderen; tevens verbinden zij zich er toe de aanvaarding ervan te bevorderen in gebieden waar het Verdrag niet van toepassing is.

In het bijzonder verbinden de lidstaten die afhankelijke of geassocieerde gebieden bezitten of die in andere gebieden bijzondere verantwoordelijkheden dragen of fiscale voorrechten genieten, zich er in het kader van hun grondwettelijke voorschriften toe dat de onderhavige beginselen in die gebieden worden toegepast. Deze lidstaten rapporteren over de stand van zaken in verslagen aan de in paragraaf H bedoelde groep, die deze verslagen zal beoordelen in het kader van het hierboven omschreven onderzoek.

Voortgangsbewaking en herziening

N. Teneinde een evenwichtige en doeltreffende toepassing van de gedragscode te waarborgen, verzoekt de Raad de Commissie om jaarlijks over de toepassing van de gedragscode en van de steunmaatregelen op belastinggebied verslag aan hem uit te brengen. De Raad en de lidstaten zullen de inhoud van de gedragscode twee jaar na de aanneming ervan aan een onderzoek onderwerpen.

Staatssteun en belastingconcurrentie
B. VERORDENING (EU) 2015/1589 VAN DE RAAD van 13 juli 2015
Inzake toepassing art. 18 VWEU (Staatssteun)

tot vaststelling van nadere bepalingen voor de toepassing van artikel 108 van het Verdrag betreffende de werking van de Europese Unie (codificatie)

(Voor de EER relevante tekst)

DE RAAD VAN DE EUROPESE UNIE,

Gezien het Verdrag betreffende de werking van de Europese Unie, en met name artikel 109,
Gezien het voorstel van de Europese Commissie,
Gezien het advies van het Europees Parlement[1],
Overwegende hetgeen volgt:

1. Verordening (EG) nr. 659/1999 van de Raad[2] is herhaaldelijk en ingrijpend gewijzigd[3]. Ter wille van de duidelijkheid en een rationele ordening van de tekst dient tot codificatie van die verordening te worden overgegaan.

2. Onverminderd bijzondere procedurele voorschriften vervat in verordeningen voor bepaalde sectoren, moet deze verordening van toepassing zijn op steun in alle sectoren. Met het oog op de toepassing van de artikelen 93 en 107 van het Verdrag betreffende de werking van de Europese Unie (VWEU), is de Commissie op grond van artikel 108 VWEU specifiek bevoegd om te beslissen of staatssteun verenigbaar is met de interne markt, wanneer zij bestaande steunregelingen onderzoekt, zich over nieuwe of gewijzigde steunmaatregelen uitspreekt en optreedt wegens niet-nakoming van haar besluiten of van de aanmeldingsplicht.

3. In het kader van een gemoderniseerd systeem van staatssteunvoorschriften als bijdrage aan zowel de tenuitvoerlegging van de Europa 2020-strategie voor groei als de begrotingsconsolidatie, dient artikel 107 VWEU doeltreffend en eenvormig te worden toegepast in de gehele Unie. Verordening (EG) nr. 659/1999 heeft de vroegere praktijk van de Commissie geconsolideerd en versterkt om de rechtszekerheid te vergroten en de ontwikkeling van het staatssteunbeleid in een transparante omgeving te ondersteunen.

4. Met het oog op de rechtszekerheid moet worden omschreven onder welke omstandigheden steun moet worden beschouwd als bestaande steun. De voltooiing en versterking van de interne markt is een geleidelijk proces, wat tot uitdrukking komt in de voortdurende ontwikkeling van het beleid inzake staatssteun. Ingevolge deze ontwikkelingen kunnen bepaalde maatregelen die op het moment waarop zij tot uitvoering werden gebracht geen staatssteun vormden, steun zijn geworden.

5. Overeenkomstig artikel 108, lid 3, VWEU moeten geplande nieuwe steunmaatregelen steeds ter kennis van de Commissie worden gebracht en kunnen alleen met haar toestemming tot uitvoering worden gebracht.

6. De lidstaten zijn op grond van artikel 4, lid 3, van het Verdrag betreffende de Europese Unie (VEU) gehouden om met de Commissie samen te werken en haar alle inlichtingen te verschaffen die zij behoeft om haar taken uit hoofde van deze verordening te kunnen vervullen.

7. De termijn waarbinnen de Commissie het eerste onderzoek van aangemelde steunmaatregelen dient te beëindigen, dient te worden gesteld op twee maanden vanaf de ontvangst van een volledige aanmelding of van een behoorlijk gemotiveerde verklaring waarin de betrokken lidstaat meedeelt dat hij de aanmelding als volledig beschouwt omdat de door de Commissie gevraagde aanvullende informatie niet beschikbaar is of reeds is verstrekt. Dit onderzoek moet om redenen van rechtszekerheid met een besluit worden afgesloten.

8. In de gevallen waarin de uitkomst van het eerste onderzoek de Commissie niet tot de slotsom kan brengen dat een steunmaatregel met de interne markt verenigbaar is, dient de formele onderzoeksprocedure te worden ingeleid, zodat de Commissie alle inlichtingen kan verzamelen die zij nodig heeft om de verenigbaarheid van de steunmaatregel te beoordelen en om de belanghebbenden in de gelegenheid te stellen hun opmerkingen kenbaar te maken. De rechten van de belanghebbenden kunnen het best in het kader van de formele onderzoeksprocedure van artikel 108, lid 2, VWEU worden gewaarborgd.

1. Advies van 29 april 2015 (nog niet bekendgemaakt in het Publicatieblad).
2. Verordening (EG) nr. 659/1999 van de Raad van 22 maart 1999 tot vaststelling van nadere bepalingen voor de toepassing van artikel 108 van het Verdrag betreffende de werking van de Europese Unie (PB L 83 van 27.3.1999, blz. 1).
3. Zie bijlage I.

9. Ter beoordeling van de verenigbaarheid met de interne markt van aangemelde of onrechtmatige staatssteun, waarvoor de Commissie op grond van artikel 108 VWEU uitsluitend bevoegd is, dient ervoor te worden gezorgd dat de Commissie, met het oog op de handhaving van de staatssteunregels, de bevoegdheid heeft een lidstaat, een onderneming of een ondernemersvereniging om alle nodige marktinformatie te verzoeken indien zij twijfelt aan de verenigbaarheid van de betrokken maatregel met de Unievoorschriften en om die reden de formele onderzoeksprocedure heeft ingesteld. De Commissie dient deze bevoegdheid met name te gebruiken in gevallen waarin een ingewikkelde inhoudelijke beoordeling nodig lijkt. Bij het besluit deze bevoegdheid te gebruiken, dient de Commissie naar behoren rekening te houden met de duur van het eerste onderzoek.

10. Ter beoordeling van de verenigbaarheid van een steunmaatregel nadat de formele onderzoeksprocedure is ingeleid, met name inzake technisch complexe zaken die inhoudelijk moeten worden onderzocht, dient de Commissie, indien de door de betrokken lidstaat tijdens het eerste onderzoek verstrekte informatie onvoldoende is, door middel van een gewoon verzoek of bij besluit, van een lidstaat, een onderneming of een ondernemersvereniging te kunnen verlangen dat zij alle voor de afronding van haar beoordeling noodzakelijke marktinformatie verstrekken, met inachtneming van het evenredigheidsbeginsel, met name voor kleine en middelgrote ondernemingen.

11. In het licht van de bijzondere verhouding tussen begunstigden van steun en de betrokken lidstaat, dient de Commissie alleen met instemming van de betrokken lidstaat om informatie van een begunstigde van steun te kunnen verzoeken. De verstrekking van informatie door de begunstigde van de betrokken steunmaatregel vormt geen rechtsgrondslag voor bilaterale onderhandelingen tussen de Commissie en de betrokken begunstigde.

12. De Commissie dient de adressaten van verzoeken om informatie te bepalen op basis van objectieve criteria, aangepast per geval, en ervoor te zorgen dat, indien het verzoek aan een steekproef van ondernemingen of ondernemersverenigingen gericht is, binnen elke categorie een representatieve reeks respondenten is gekozen. De gezochte informatie dient met name te bestaan uit feitelijke bedrijfs- en marktgegevens en een analyse op basis van feiten van het functioneren van de markt.

13. Als initiatiefnemer van de procedure is de Commissie verantwoordelijk voor het onderzoek van zowel de informatieoverdracht door de lidstaten, de ondernemingen of de ondernemersverenigingen, als de beweerde vertrouwelijkheid voor de bekendgemaakte informatie.

14. De Commissie dient de inachtneming van de aan ondernemingen of ondernemersverenigingen gerichte verzoeken om informatie, waar passend, te kunnen afdwingen door middel van evenredige geldboeten en dwangsommen. Bij het bepalen van de bedragen van de geldboeten en dwangsommen dient de Commissie terdege rekening te houden met de beginselen van evenredigheid en redelijkheid, met name met betrekking tot kleine of middelgrote ondernemingen. De rechten van de partijen van wie wordt verlangd dat zij informatie verschaffen, dienen te worden gevrijwaard door hen, voorafgaand aan een besluit waarbij geldboeten of dwangsommen worden opgelegd, in de gelegenheid te stellen hun standpunten uiteen te zetten. Het Hof van Justitie van de Europese Unie dient, overeenkomstig artikel 261 VWEU, over volledige rechtsmacht wat betreft de geldboeten of dwangsommen te beschikken.

15. Met inachtneming van de beginselen van evenredigheid en redelijkheid, moet de Commissie de mogelijkheid hebben de dwangsommen te verminderen of volledig kwijt te schelden, indien de adressaten van de verzoeken de verzochte informatie verschaffen, zij het na het verstrijken van de termijn.

16. Geldboeten en dwangsommen gelden niet voor lidstaten omdat deze, overeenkomstig artikel 4, lid 3, VEU verplicht zijn om loyaal met de Commissie samen te werken, en de Commissie alle informatie te verschaffen die nodig is om haar taken uit hoofde van deze verordening te vervullen.

17. De Commissie dient, na onderzoek van de door de belanghebbenden ingediende opmerkingen, haar onderzoek met een eindbeslissing af te sluiten zodra elke twijfel is weggenomen. Mocht het onderzoek niet binnen 18 maanden na het begin van de procedure zijn afgesloten, moet de betrokken lidstaat in voorkomend geval om een besluit kunnen verzoeken, dat de Commissie dan binnen twee maanden moet nemen.

18. Ter bescherming van de rechten van verdediging van de betrokken lidstaat, dient hij afschriften te ontvangen van de informatieverzoeken die aan andere lidstaten, aan ondernemingen of aan ondernemersverenigingen zijn verzonden, en zijn commentaar te kunnen indienen met betrekking tot de ontvangen opmerkingen. Hij dient tevens op de hoogte te worden gesteld van de namen van de ondernemingen en de ondernemersverenigingen waaraan een verzoek werd gericht, voor zover die entiteiten geen rechtmatig belang bij de bescherming van hun identiteit hebben aangetoond.

19. De Commissie dient naar behoren rekening te houden met het rechtmatige belang van de ondernemingen bij het beschermen van hun bedrijfsgevoelige informatie. Het dient voor de Commissie niet mogelijk te zijn om door respondenten verstrekte vertrouwelijke informatie die niet kan worden geaggregeerd of anderszins geanonimiseerd, in een besluit te gebruiken, tenzij zij vooraf hun toestemming heeft gekregen om deze informatie aan de betrokken lidstaat vrij te geven.

20. In gevallen waarin als vertrouwelijk aangemerkte informatie niet onder de geheimhoudingsplicht lijkt te vallen, dient een mechanisme te bestaan aan de hand waarvan de Commissie kan besluiten in hoeverre die informatie mag worden vrijgegeven. In het besluit om een bewering dat informatie vertrouwelijk is te verwerpen, dient een termijn te worden vermeld, na afloop waarvan de informatie wordt vrijgegeven, zodat de betrokkene een beroep kan doen op de ter beschikking staande rechterlijke bescherming, inclusief voorlopige maatregelen.

21. Om de correcte en doeltreffende toepassing van de regels inzake staatssteun te waarborgen, moet de Commissie de mogelijkheid hebben om een besluit dat op onjuiste informatie berust, te herroepen.

22. De Commissie dient alle gevallen van onrechtmatige steun te onderzoeken, teneinde de naleving te waarborgen van artikel 108 VWEU, met name van de aanmeldingsverplichting en de „standstill"-bepaling in lid 3 van dat artikel. Met het oog op de transparantie en de rechtszekerheid moeten de procedures voor dergelijke gevallen worden vastgesteld. De Commissie dient bij niet-naleving door een lidstaat van de aanmeldingsplicht of van de „standstill"-bepaling niet gebonden te zijn aan termijnen.

23. De Commissie moet de mogelijkheid hebben informatie over onrechtmatige steun, ongeacht de bron ervan, ambtshalve te onderzoeken om de inachtneming van artikel 108 VWEU, en met name van de aanmeldingsverplichting en de „standstill"-bepaling in artikel 108, lid 3, VWEU, te waarborgen en om een steunmaatregel op zijn verenigbaarheid met de interne markt te beoordelen.

24. De Commissie dient in gevallen van onrechtmatige steun het recht te hebben om alle nodige informatie te vergaren om een besluit te kunnen nemen en, waar nodig, onverwijld niet-vervalste mededinging te herstellen. Het is derhalve wenselijk dat de Commissie jegens de betrokken lidstaat voorlopige maatregelen kan nemen. Die voorlopige maatregelen kunnen bestaan in een bevel tot informatieverstrekking, tot opschorting of tot terugvordering. De Commissie moet bij niet-nakoming van een bevel tot informatieverstrekking in staat worden gesteld om op grond van de beschikbare inlichtingen te beslissen, en zich bij niet-nakoming van een opschortings- of terugvorderingsbevel rechtstreeks tot het Hof van Justitie te wenden overeenkomstig artikel 108, lid 2, tweede alinea, VWEU.

25. In gevallen van niet met de interne markt verenigbare onrechtmatige steun, dient de daadwerkelijke mededinging te worden hersteld. Het is hiertoe noodzakelijk dat de steun, met inbegrip van de rente, onverwijld wordt teruggevorderd. Het is passend de terugvordering overeenkomstig de procedures van nationaal recht te doen geschieden. De toepassing van die procedures mag, door verhindering van de onverwijlde en daadwerkelijke uitvoering van het besluit van de Commissie, het herstel van daadwerkelijke mededinging niet beletten. De lidstaten moeten daartoe dan ook alle nodige maatregelen treffen om de effectiviteit van dat besluit te verzekeren.

26. Ter wille van de rechtszekerheid dient een termijn van tien jaar te worden bepaald, na het verstrijken waarvan geen terugvordering van onrechtmatige steun meer kan worden bevolen.

27. Ten behoeve van de rechtszekerheid dienen verjaringstermijnen te worden bepaald voor het opleggen en afdwingen van geldboeten en dwangsommen.

28. Misbruik van steun kan de werking van de interne markt op soortgelijke wijze beïnvloeden als onrechtmatige steun en moet dus volgens soortgelijke procedures worden behandeld. Anders dan onrechtmatige steun, is mogelijk misbruikte steun al eerder door de Commissie goedgekeurd. De Commissie mag derhalve geen terugvordering kunnen gelasten ten aanzien van misbruikte steun.

29. De Commissie is overeenkomstig artikel 108, lid l, VWEU verplicht om in samenwerking met de lidstaten alle bestaande steunregelingen aan een voortdurend onderzoek te onderwerpen. Het is in het belang van de transparantie en de rechtszekerheid passend de werkingssfeer van de samenwerking uit hoofde van dat artikel nader te omschrijven.

30. Teneinde te waarborgen dat de bestaande steunregelingen verenigbaar zijn met de interne markt, moet de Commissie overeenkomstig artikel 108, lid 1, VWEU dienstige maatregelen voorstellen indien een bestaande steunregeling niet of niet langer met de interne markt verenigbaar is, en zij de in artikel 108, lid 2, VWEU vastgestelde procedure moet inleiden indien de betrokken lidstaat weigert de voorgestelde maatregelen uit te voeren.

31. In deze verordening moeten alle mogelijkheden worden omschreven waarover derden beschikken om hun belangen in procedures betreffende staatssteun te verdedigen.

32. Klachten zijn een belangrijke bron van informatie voor het opsporen van inbreuken op de staatssteunregels van de Unie. Teneinde de kwaliteit te waarborgen van de klachten die bij de Commissie worden ingediend en tegelijk de transparantie en rechtszekerheid te waarborgen, dienen de voorwaarden te worden bepaald waaraan een klacht dient te voldoen om de Commissie informatie over mogelijk onrechtmatige steun ter beschikking te stellen en het eerste onderzoek te kunnen instellen. Klachten die niet aan deze voorwaarden voldoen, dienen te worden behandeld als algemene marktinformatie en dienen niet noodzakelijk tot ambtshalve onderzoeken te leiden.

33. Van klagers dient te worden verlangd dat zij aantonen dat zij belanghebbende zijn in de zin van artikel 108, lid 2, VWEU en van artikel 1, onder h), van deze verordening. Van hen dient tevens te worden verlangd dat zij een

bepaalde hoeveelheid informatie verschaffen via een formulier dat de Commissie door middel van een uitvoeringsbepaling moet kunnen vaststellen. Om mogelijke klagers niet te ontmoedigen, dient in de uitvoeringsbepaling in acht genomen te worden dat de eisen voor het indienen van een klacht door een belanghebbende niet te onereus mogen zijn.

34. Met het oog op een coherente aanpak door de Commissie van vergelijkbare kwesties voor de gehele interne markt dient te worden voorzien in een specifieke rechtsgrondslag om onderzoeken naar bepaalde economische sectoren of bepaalde steuninstrumenten in verscheidene lidstaten in te stellen. Met het oog op de evenredigheidseisen en de zware administratieve last die met dergelijke onderzoeken gepaard gaat, dienen sectorale onderzoeken alleen te worden uitgevoerd indien op grond van de beschikbare informatie een redelijk vermoeden bestaat dat staatssteunmaatregelen in een bepaalde sector de mededinging binnen de interne markt van verscheidene lidstaten materieel kunnen beperken of vervalsen, of dat bestaande steunmaatregelen in een bepaalde sector in verscheidene lidstaten niet of niet langer met de interne markt verenigbaar zijn. Door middel van dergelijke onderzoeken kan de Commissie horizontale staatssteunvraagstukken doelmatig en transparant behandelen en vooraf een totaalbeeld van de betrokken sector verwerven.

35. Het is noodzakelijk voor alle bestaande steunregelingen een algemene rapportageverplichting vast te stellen, zodat de Commissie op doeltreffende wijze de nakoming van haar besluiten kan volgen en de Commissie en de lidstaten gemakkelijker kunnen samenwerken met het oog op het voortdurend onderzoek van alle bestaande steunregelingen in de lidstaten overeenkomstig artikel 108, lid 1, VWEU.

36. Wanneer de Commissie ernstige twijfel koestert omtrent de nakoming van haar besluiten, moet zij over bijkomende instrumenten beschikken om zich ervan te kunnen vergewissen dat aan haar besluiten gevolg wordt gegeven. In dit verband vormen controles ter plaatse een passend en nuttig instrument, met name wanneer er sprake zou kunnen zijn van misbruik van steun. De Commissie moet daarom de bevoegdheid hebben controles ter plaatse te verrichten en zij moet, indien een onderneming zich tegen een dergelijke controle verzet, kunnen rekenen op de medewerking van de bevoegde autoriteiten van de lidstaten.

37. Een coherente toepassing van de staatssteunregels vereist ook dat regelingen worden uitgewerkt voor de samenwerking tussen de rechterlijke instanties van de lidstaten en de Commissie. Deze samenwerking is relevant voor alle rechterlijke instanties van de lidstaten die artikel 107, lid 1, en artikel 108 VWEU toepassen. Met name dienen de nationale rechterlijke instanties de mogelijkheid te hebben zich tot de Commissie te wenden om informatie of adviezen over de toepassing van de regels betreffende de staatssteun te verkrijgen. De Commissie dient echter ook de mogelijkheid te hebben schriftelijke of mondelinge opmerkingen in te dienen bij de nationale rechterlijke instanties die artikel 107, lid 1, of artikel 108 VWEU moeten toepassen. Als zij de nationale rechterlijke instanties in dit verband ondersteunt, dient de Commissie te handelen overeenkomstig haar verplichting om het algemeen belang te verdedigen.

38. De opmerkingen en adviezen van de Commissie dienen artikel 267 VWEU onverlet te laten en de nationale rechterlijke instanties niet rechtens te binden. Zij moeten worden ingediend binnen het kader van de nationale procedures en praktijken, waaronder die welke de rechten van de partijen beschermen, onverminderd de volledige onafhankelijkheid van de nationale rechterlijke instanties. Door de Commissie ambtshalve ingediende opmerkingen dienen beperkt te blijven tot zaken die van belang zijn voor de coherente toepassing van artikel 107, lid 1, of artikel 108 VWEU, met name tot zaken die van belang zijn voor de tenuitvoerlegging of de verdere ontwikkeling van de jurisprudentie van de Unie ter zake van staatssteun.

39. Het is in het belang van de transparantie en de rechtszekerheid dienstig publieke informatie te verstrekken over de besluiten van de Commissie, terwijl terzelfder tijd het beginsel behouden dient te blijven dat besluiten in staatssteunzaken tot de betrokken lidstaat worden gericht. Het is derhalve passend om alle besluiten die de belangen van de belanghebbenden zouden kunnen raken, integraal of in de vorm van een samenvatting te publiceren of om van niet of niet integraal gepubliceerde besluiten exemplaren voor de belanghebbenden beschikbaar te stellen.

40. Bij het bekendmaken van haar besluiten dient de Commissie, overeenkomstig artikel 339 VWEU, de regels inzake de geheimhoudingsplicht, waaronder de bescherming van alle vertrouwelijke informatie en persoonsgegevens, na te leven.

41. De Commissie dient, in nauw overleg met het Adviescomité inzake overheidssteun, de mogelijkheid te hebben uitvoeringsbepalingen vast te stellen betreffende nadere regels inzake de procedures waarin deze verordening voorziet,

HEEFT DE VOLGENDE VERORDENING VASTGESTELD:

Hoofdstuk I. Algemeen

Artikel 1. Definities

Voor de toepassingen van deze verordening wordt verstaan onder:

a. 'steun', elke maatregel die aan alle in artikel 107, lid 1, VWEU vervatte criteria voldoet;

b. 'bestaande steun',

i. onverminderd de artikelen 144 en 172 van de Akte van toetreding van Oostenrijk, Finland en Zweden, onverminderd bijlage IV, punt 3 en aanhangsel, bij de Akte van toetreding van Tsjechië, Estland, Cyprus, Letland, Litouwen, Hongarije, Malta, Polen, Slovenië en Slowakije, onverminderd bijlage V, punt 2 en punt 3, onder b), en aanhangsel, bij de Akte van toetreding van Bulgarije en Roemenië, en onverminderd bijlage IV, punt 2 en punt 3, onder b), en aanhangsel, bij de Akte van toetreding van Kroatië, alle steun die voor de inwerkingtreding van het VWEU in de respectieve lidstaat bestond, dat wil zeggen steunregelingen en individuele steun die vóór de inwerkingtreding van het VWEU in de respectieve lidstaat tot uitvoering zijn gebracht en die na de inwerkingtreding nog steeds van toepassing zijn;

ii. goedgekeurde steun, dat wil zeggen steunregelingen en individuele steun die door de Commissie of de Raad zijn goedgekeurd;

iii. steun die geacht wordt te zijn goedgekeurd overeenkomstig artikel 4, lid 6, van Verordening (EG) nr. 659/1999 of artikel 4, lid 6, van deze verordening, dan wel vóór Verordening (EG) nr. 659/1999 maar in overeenstemming met de onderhavige procedure;

iv. steun die overeenkomstig artikel 17 van deze verordening als bestaande steun wordt beschouwd;

v. steun die als bestaande steun wordt beschouwd, omdat kan worden vastgesteld dat hij op het moment van tot uitvoering brengen geen steun vormde, maar vervolgens steun is geworden vanwege de ontwikkeling van de interne markt, zonder dat de betrokken lidstaat er wijzigingen in heeft aangebracht; maatregelen die vanwege de liberalisering van een activiteit door het Unierecht steun zijn geworden, worden na de voor de liberalisering voorgeschreven datum niet als bestaande steun beschouwd;

c. 'nieuwe steun', alle steun, dat wil zeggen steunregelingen en individuele steun, die geen bestaande steun is, met inbegrip van wijzigingen in bestaande steun;

d. 'steunregeling', elke regeling op grond waarvan aan ondernemingen die in de regeling op algemene en abstracte wijze zijn omschreven, individuele steun kan worden toegekend zonder dat hiervoor nog uitvoeringsmaatregelen vereist zijn, alsmede elke regeling op grond waarvan steun die niet gebonden is aan een specifiek project voor onbepaalde tijd en/of voor een onbepaald bedrag aan een of meer ondernemingen kan worden toegekend;

e. 'individuele steun', steun die niet wordt toegekend op grond van een steunregeling, alsook steun die op grond van een steunregeling wordt toegekend en moet worden aangemeld;

f. 'onrechtmatige steun', nieuwe steun die in strijd met artikel 108, lid 3, VWEU tot uitvoering wordt gebracht;

g. 'misbruik van steun', steun die door de begunstigde wordt gebruikt in strijd met een besluit dat werd genomen overeenkomstig artikel 4, lid 3, of artikel 7, leden 3 en 4, van Verordening (EG) nr. 659/1999 of artikel 4, lid 3, of artikel 9, leden 3 en 4, van deze verordening;

h. 'belanghebbende', een lidstaat en een persoon, onderneming of ondernemersvereniging waarvan de belangen door de toekenning van steun kunnen worden geraakt, in het bijzonder de begunstigde van de steun, concurrerende ondernemingen en beroepsverenigingen.

Hoofdstuk II. Procedure betreffende aangemelde steun

Artikel 2. Aanmelding van nieuwe steun

1. Tenzij anders is bepaald in verordeningen op grond van artikel 109 VWEU of op grond van andere desbetreffende bepalingen, wordt elk voornemen om nieuwe steun te verlenen tijdig door de betrokken lidstaat bij de Commissie aangemeld. De Commissie stelt de betrokken lidstaat onverwijld van de ontvangst van een aanmelding in kennis.

2. In de aanmelding verstrekt de betrokken lidstaat alle informatie die de Commissie nodig heeft om overeenkomstig de artikelen 4 en 9 een besluit te nemen ('volledige aanmelding').

Artikel 3. 'Standstill'-bepaling

Op grond van artikel 2, lid l, aan te melden steun mag niet uitgevoerd worden, alvorens de Commissie een besluit tot goedkeuring van die steun heeft genomen of wordt geacht dat te hebben genomen.

Artikel 4. Eerste onderzoek van de aanmelding en besluiten van de Commissie

1. De Commissie onderzoekt de aanmelding onverwijld na ontvangst. Onverminderd artikel 10 neemt de Commissie een besluit overeenkomstig de leden 2, 3 of 4 van dit artikel.

2. Indien de Commissie na een eerste onderzoek tot de bevinding komt dat de aangemelde maatregel geen steun vormt, stelt zij dat bij besluit vast.

3. Indien de Commissie na een eerste onderzoek tot de bevinding komt dat de aangemelde maatregel, in zoverre deze binnen het toepassingsgebied van artikel 107, lid l, VWEU valt, geen twijfel doet rijzen over de verenigbaarheid ervan met de interne markt, neemt zij een besluit houdende dat de maatregel verenigbaar is met de interne markt ('besluit om geen bezwaar te maken'). In het besluit wordt nader aangegeven welke uitzondering uit hoofde van het VWEU is toegepast.

4. Indien de Commissie na een eerste onderzoek tot de bevinding komt dat de aangemelde maatregel twijfel doet rijzen over de verenigbaarheid ervan met de interne markt, neemt zij een besluit dat ertoe strekt de procedure overeenkomstig artikel 108, lid 2, VWEU in te leiden ('besluit tot inleiding van de formele onderzoeksprocedure').
5. De in de leden 2, 3 en 4 van dit artikel bedoelde besluiten worden binnen twee maanden genomen. Die termijn gaat in op de dag na de ontvangst van een volledige aanmelding. De aanmelding wordt als volledig beschouwd als de Commissie binnen twee maanden na ontvangst van de aanmelding of van aanvullende informatie waarom was gevraagd niet om verdere informatie heeft verzocht. Deze termijn kan met toestemming van de Commissie en de betrokken lidstaat worden verlengd. Indien nodig kan de Commissie kortere termijnen vaststellen.
6. Indien de Commissie niet binnen de in lid 5 genoemde termijn een besluit overeenkomstig de leden 2, 3 of 4 heeft genomen, wordt de steun geacht door de Commissie te zijn goedgekeurd. Daarop kan de betrokken lidstaat de maatregelen ten uitvoer leggen, na de Commissie hiervan vooraf in kennis te hebben gesteld, tenzij de Commissie binnen een termijn van 15 werkdagen na de ontvangst van de kennisgeving een besluit overeenkomstig dit artikel neemt.

Artikel 5. Verzoek om informatie aan de aanmeldende lidstaat

1. Indien de Commissie van mening is dat de informatie die de betrokken lidstaat over een volgens artikel 2 aangemelde maatregel heeft verstrekt, onvolledig is, verzoekt zij om alle nodige aanvullende informatie. Wanneer de Commissie het antwoord hierop van de lidstaat ontvangt, geeft zij de lidstaat daarvan bevestiging.
2. Indien de betrokken lidstaat de gevraagde informatie niet binnen de door de Commissie gestelde termijn verstrekt of deze onvolledig verstrekt, zendt de Commissie een aanmaning, waarbij zij een passende bijkomende termijn vaststelt waarbinnen de informatie moet worden verstrekt.
3. Indien de gevraagde informatie niet binnen de gestelde termijn is verstrekt, wordt de aanmelding als ingetrokken beschouwd, tenzij ofwel de termijn vóór het verstrijken ervan met toestemming van de Commissie en de betrokken lidstaat is verlengd, ofwel de betrokken lidstaat vóór het verstrijken ervan, in een behoorlijk gemotiveerde verklaring, de Commissie heeft medegedeeld dat hij de aanmelding als volledig beschouwt omdat de gevraagde aanvullende informatie niet beschikbaar is of reeds is verstrekt. In dit geval gaat de in artikel 4, lid 5, vermelde termijn in op de dag na ontvangst van de verklaring. Indien de aanmelding geacht wordt te zijn ingetrokken, stelt de Commissie de lidstaat daarvan in kennis.

Artikel 6. Formele onderzoeksprocedure

1. Het besluit om de formele onderzoeksprocedure in te leiden behelst een samenvatting van de relevante feiten en rechtspunten, een eerste beoordeling van de Commissie omtrent de steunverlenende aard van de voorgestelde maatregel, alsook de redenen waarom getwijfeld wordt aan de verenigbaarheid ervan met de interne markt. In het besluit worden de betrokken lidstaat en de andere belanghebbenden uitgenodigd om hun opmerkingen mede te delen binnen een vastgestelde termijn die in de regel niet langer dan een maand mag zijn. In naar behoren gerechtvaardigde gevallen kan de Commissie deze termijn verlengen.
2. De ingekomen opmerkingen worden aan de betrokken lidstaat medegedeeld. Indien een belanghebbende hierom verzoekt op grond dat hem schade kan worden berokkend, wordt zijn identiteit geheim gehouden voor de betrokkenlidstaat. Deze lidstaat kan op de ingediende opmerkingen reageren binnen een vastgestelde termijn, die in de regel niet langer dan een maand mag zijn. In naar behoren gerechtvaardigde gevallen kan de Commissie deze termijn verlengen.

Artikel 7. Verzoek om informatie aan andere bronnen

1. Na de inleiding van de formele onderzoeksprocedure van artikel 6, met name inzake technisch complexe zaken die inhoudelijk moeten worden onderzocht, kan de Commissie, indien de door de betrokken lidstaat tijdens het eerste onderzoek verschafte informatie ontoereikend is, een andere lidstaat, een onderneming of een ondernemersvereniging verzoeken dat deze alle marktinformatie verstrekt die nodig is om de Commissie in staat te stellen haar beoordeling van de betrokken maatregel af te ronden, met inachtneming van het evenredigheidsbeginsel, met name voor kleine en middelgrote ondernemingen.
2. De Commissie kan uitsluitend om informatie verzoeken:
   a. indien die beperkt is tot de formele onderzoeksprocedures waarvan de Commissie heeft vastgesteld dat die tot dan toe ontoereikend zijn, en
   b. wat de begunstigden van steun betreft, indien de betrokken lidstaat met het verzoek instemt.
3. De ondernemingen of ondernemersverenigingen die, naar aanleiding van een verzoek om marktinformatie van de Commissie, informatie verschaffen op basis van de leden 6 en 7, dienen hun antwoord tegelijk bij de Commissie en de betrokken lidstaat in, voor zover de verschafte stukken geen informatie bevatten die vertrouwelijk is ten opzichte van die lidstaat.

De Commissie beheert en monitort de uitwisseling van informatie tussen de lidstaten, de ondernemingen of de ondernemersverenigingen, en verifieert de beweerde vertrouwelijkheid van de uitgewisselde informatie.
4. De Commissie verzoekt alleen om informatie die de het verzoek betreffende lidstaten, ondernemingen of ondernemersverenigingen ter beschikking staat.
5. De lidstaten verstrekken de informatie op grond van een eenvoudig verzoek en binnen een door de Commissie vastgestelde termijn die in de regel niet langer dan een maand mag zijn. Indien een lidstaat de verzochte informatie niet binnen die termijn of onvolledig verschaft, zendt de Commissie een aanmaning.
6. De Commissie kan door middel van een eenvoudig verzoek informatie van een onderneming of ondernemersvereniging verlangen. Wanneer de Commissie een eenvoudig verzoek om informatie aan een onderneming of ondernemersvereniging toezendt, vermeldt zij de rechtsgrondslag voor en het doel van het verzoek, geeft zij aan welke informatie wordt verlangd, en stelt zij een redelijke termijn vast waarbinnen die informatie moet worden verstrekt. Zij vermeldt ook de geldboeten die in artikel 8, lid 1, zijn bepaald voor het verschaffen van onjuiste of misleidende informatie.
7. De Commissie kan een onderneming of ondernemersvereniging bij besluit om informatie verzoeken. Indien de Commissie ondernemingen of ondernemersverenigingen bij besluit verzoekt informatie te verstrekken, vermeldt zij de rechtsgrondslag voor en het doel van het verzoek, geeft zij aan welke informatie wordt verlangd en stelt zij een redelijke termijn vast waarbinnen die informatie moet worden verstrekt. Naargelang het geval, vermeldt zij ook de in artikel 8, lid 1, bepaalde geldboeten en vermeldt zij de in artikel 8, lid 2, bepaalde dwangsommen of legt zij deze op. Zij wijst daarenboven op het recht van de onderneming of ondernemersvereniging om bij het Hof van Justitie van de Europese Unie een rechtsmiddel tegen het besluit in te stellen.
8. Wanneer de Commissie een verzoek uitbrengt overeenkomstig lid 1 of lid 6 van dit artikel of een besluit vaststelt overeenkomstig lid 7, verschaft zij tegelijk de betrokken lidstaat een afschrift daarvan. De Commissie geeft aan welke criteria zij heeft toegepast om de ontvanger van een verzoek of een besluit te bepalen.
9. Tot het verstrekken namens de betrokken onderneming van de informatie waarom wordt verzocht of die wordt verlangd, zijn gehouden de eigenaren van de ondernemingen of hun vertegenwoordigers of, in het geval van rechtspersonen, vennootschappen of verenigingen zonder rechtspersoonlijkheid, de krachtens de wet of statuten tot vertegenwoordiging bevoegde personen. Naar behoren gemachtigde personen kunnen de informatie verstrekken namens hun opdrachtgevers. De opdrachtgevers blijven niettemin volledig verantwoordelijk indien de verstrekte informatie onjuist, onvolledig of misleidend is.

Artikel 8. Geldboeten en dwangsommen

1. De Commissie kan, indien nodig of evenredig geacht, bij besluit aan ondernemingen of ondernemersverenigingen geldboeten van ten hoogste 1 % van de in het voorafgaande boekjaar behaalde omzet opleggen, wanneer deze opzettelijk of uit grove onachtzaamheid:
a. in antwoord op een verzoek in de zin van artikel 7, lid 6, onjuiste of misleidende informatie verstrekken;
b. in antwoord op een overeenkomstig artikel 7, lid 7, vastgesteld besluit onjuiste, onvolledige of misleidende informatie verstrekken, dan wel de informatie niet binnen de vastgestelde termijn verstrekken.
2. De Commissie kan bij besluit aan ondernemingen of ondernemersverenigingen dwangsommen opleggen indien een onderneming of ondernemersvereniging verzuimt de volledige en juiste informatie te verstrekken, zoals verlangd bij het overeenkomstig artikel 7, lid 7, door de Commissie vastgestelde besluit.

De dwangsommen belopen ten hoogste 5 % van de gemiddelde dagelijkse omzet van de betrokken onderneming of de betrokken vereniging in het voorafgaande boekjaar voor elke werkdag waarmee de in haar besluit vastgestelde termijn wordt overschreden, berekend vanaf de in het besluit vastgestelde datum, totdat de ondernemingen of ondernemers verenigingen de informatie waarom de Commissie verzoekt of die door haar wordt verlangd, verstrekken op volledige en juiste wijze.
3. Bij de vaststelling van het bedrag van de geldboete of de dwangsom wordt met de aard, de zwaarte en de duur van de inbreuk rekening gehouden, met inachtneming van de beginselen van evenredigheid en redelijkheid, met name voor kleine en middelgrote ondernemingen.
4. Wanneer de ondernemingen of ondernemersverenigingen de verplichting zijn nagekomen ter afdwinging waarvan de dwangsom was opgelegd, kan de Commissie de uiteindelijk verschuldigde dwangsom verminderen ten aanzien van het bedrag dat voortvloeit uit het oorspronkelijke besluit waarbij dwangsommen werden opgelegd. De Commissie kan de dwangsommen tevens kwijtschelden.
5. Alvorens de in lid 1 of lid 2 van dit artikel bedoelde besluiten vast te stellen, stelt de Commissie een laatste termijn van twee weken om de betrokken ondernemingen of ondernemersverenigingen de ontbrekende marktinformatie te doen verstrekken en stelt zij hen tevens in de gelegenheid hun standpunt kenbaar te maken.
6. Het Hof van Justitie van de Europese Unie bezit ter zake van een rechtsmiddel tegen door de Commissie opgelegde geldboeten of dwangsommen volledige rechtsmacht in de zin van artikel 261 VWEU. Het kan de opgelegde geldboete of dwangsom intrekken, verlagen of verhogen.

Artikel 9. Besluiten van de Commissie tot beëindiging van de formele onderzoeksprocedure

1. Onverminderd artikel 10, wordt de formele onderzoeksprocedure beëindigd bij een besluit als bepaald in de leden 2 tot en met 5 van dit artikel.
2. Indien de Commissie, in voorkomend geval na wijziging van de aangemelde maatregel door de betrokken lidstaat, tot de bevinding komt dat die maatregel geen steun vormt, stelt zij dit bij besluit vast.
3. Indien de Commissie, in voorkomend geval na wijziging van de aangemelde maatregel door de betrokken lidstaat, tot de bevinding komt dat de twijfel over de verenigbaarheid van die maatregel met de interne markt is weggenomen, neemt zij een besluit waarbij de steun verenigbaar met de interne markt wordt verklaard ('positief besluit'). In het besluit wordt nader aangegeven welke uitzondering uit hoofde van het VWEU is toegepast.
4. De Commissie kan aan een positief besluit voorwaarden verbinden die haar in staat stellen de steun als verenigbaar met de interne markt te beschouwen, alsmede verplichtingen opleggen die het toezicht op de naleving van het besluit mogelijk maken ('voorwaardelijk besluit').
5. Indien de Commissie tot de bevinding komt dat de aangemelde steun niet met de interne markt verenigbaar is, neemt zij een besluit houdende dat de steun niet tot uitvoering mag worden gebracht ('negatief besluit').
6. Besluiten uit hoofde van de leden 2 tot en met 5 worden genomen zodra de in artikel 4, lid 4, bedoelde twijfel is weggenomen. De Commissie streeft er zoveel mogelijk naar binnen 18 maanden na de inleiding van de procedure een besluit vast te stellen. Deze termijn kan worden verlengd in onderlinge overeenstemming tussen de Commissie en de betrokken lidstaat.
7. Wanneer de in lid 6 van dit artikel genoemde termijn is verstreken, neemt de Commissie op verzoek van de betrokken lidstaat binnen twee maanden een besluit op basis van de informatie waarover zij beschikt. In voorkomend geval neemt de Commissie, wanneer de verstrekte informatie niet toereikend is om de verenigbaarheid vast te stellen, een negatief besluit.
8. Alvorens de in de leden 2 tot en met 5 bedoelde besluiten vast te stellen, stelt de Commissie de betrokken lidstaat in de gelegenheid om zijn standpunt binnen een termijn die in de regel niet langer dan een maand mag zijn, kenbaar te maken ten aanzien van de op grond van artikel 7, lid 3, door de Commissie ontvangen en aan de betrokken lidstaat verschafte informatie.
9. De Commissie maakt in een overeenkomstig de leden 2 tot en met 5 van dit artikel vastgesteld besluit alleen gebruik van door respondenten verstrekte vertrouwelijke informatie die niet kan worden geaggregeerd of anderszins geanonimiseerd wanneer zij hun toestemming heeft gekregen om deze informatie vrij te geven aan de betrokken lidstaat. De Commissie kan een met een redenen omkleed besluit vaststellen, dat ter kennis van de betrokken onderneming of ondernemersvereniging wordt gebracht, waarin zij tot de bevinding komt dat de door een respondent verschafte, als vertrouwelijk gemarkeerde informatie niet beschermd is en een datum bepaalt na welke die informatie zal worden vrijgegeven. Die termijn mag niet korter dan één maand zijn.
10. De Commissie houdt naar behoren rekening met het gerechtvaardigde belang van de ondernemingen bij het beschermen van hun bedrijfsgevoelige informatie en andere vertrouwelijke informatie. Een onderneming of een ondernemersvereniging, die informatie verstrekt krachtens artikel 7, en die geen begunstigde van de betrokken steunmaatregel is, kan, wanneer bekendmaking schade zou kunnen veroorzaken, verzoeken dat haar identiteit voor de betrokken lidstaat geheim wordt gehouden.

Artikel 10. Intrekking van de aanmelding

1. Zolang de Commissie geen besluit heeft genomen overeenkomstig artikel 4 of artikel 9, kan de betrokken lidstaat de aanmelding in de zin van artikel 2 ten gepaste tijde intrekken.
2. In de gevallen waarin de Commissie de formele onderzoeksprocedure heeft ingeleid, wordt deze door de Commissie beëindigd.

Artikel 11. Herroeping van een besluit

Na de betrokken lidstaat de gelegenheid te hebben gegeven opmerkingen in te dienen, kan de Commissie een uit hoofde van artikel 4, lid 2 of 3, of artikel 9, lid 2, 3 of 4 genomen besluit herroepen, indien het besluit berustte op tijdens de procedure verstrekte onjuiste informatie die voor het besluit doorslaggevend was. Alvorens een besluit te herroepen en een nieuw besluit te nemen, leidt de Commissie de formele onderzoeksprocedure uit hoofde van artikel 4, lid 4, in. De artikelen 6, 9 en 12, artikel 13, lid 1, en de artikelen 15, 16 en 17 zijn van overeenkomstige toepassing.

Hoofdstuk III. Procedure betreffende onrechtmatige steun

Artikel 12. Onderzoek, verzoek om informatie en bevel tot het verstrekken van informatie

1. Onverminderd artikel 24 kan de Commissie ambtshalve informatie, uit welke bron ook, onderzoeken met betrekking tot mogelijk onrechtmatige steun.

De Commissie onderzoekt een klacht die een belanghebbende overeenkomstig artikel 24, lid 2, heeft ingediend, zo snel mogelijk en zorgt ervoor dat de betrokken lidstaat volledig en regelmatig van de vooruitgang en het resultaat van het onderzoek op de hoogte wordt gehouden.

2. Zo nodig verzoekt de Commissie de betrokken lidstaat om informatie. Artikel 2, lid 2, en artikel 5, leden l en 2, zijn van overeenkomstige toepassing.

Nadat de formele onderzoeksprocedure is ingeleid, kan de Commissie, op grond van de artikelen 7 en 8, die van overeenkomstige toepassing zijn, tevens een andere lidstaat, een onderneming of een ondernemersvereniging om informatie verzoeken.

3. Indien de betrokken lidstaat, ondanks een aanmaning overeenkomstig artikel 5, lid 2, de gevraagde informatie niet binnen de door de Commissie gestelde termijn verstrekt of onvolledige informatie verstrekt, verlangt de Commissie de te verstrekken informatie bij besluit ('bevel tot het verstrekken van informatie'). In dat besluit wordt aangegeven welke informatie wordt verlangd, en wordt een passende termijn gesteld waarbinnen deze moet worden verstrekt.

Artikel 13. Bevel tot opschorting van steun of tot voorlopige terugvordering van steun

1. Na de betrokken lidstaat de gelegenheid te hebben gegeven zijn opmerkingen in te dienen, kan de Commissie een besluit nemen waarbij de lidstaat wordt gelast alle onrechtmatige steun op te schorten, totdat de Commissie een besluit heeft genomen over de verenigbaarheid van de steun met de interne markt ('opschortingsbevel').

2. Na de betrokken lidstaat de gelegenheid te hebben gegeven zijn opmerkingen in te dienen, kan de Commissie een besluit nemen waarbij de lidstaat wordt gelast alle onrechtmatige steun voorlopig terug te vorderen, totdat de Commissie een besluit heeft genomen over de verenigbaarheid van de steun met de interne markt ('terugvorderingsbevel'), indien wordt voldaan aan alle onderstaande criteria:

a. er bestaat volgens een gevestigde praktijk geen twijfel omtrent de steunverlenende aard van de maatregel;
b. er moet dringend worden opgetreden;
c. er bestaat een ernstig gevaar dat een mededinger aanzienlijke en onherstelbare schade oploopt.

Terugvordering dient volgens de procedure van artikel 16, leden 2 en 3, te geschieden. Nadat de steun daadwerkelijk is teruggevorderd, neemt de Commissie binnen de voor aangemelde steun geldende termijn een besluit.

De Commissie kan de lidstaat machtigen de terugbetaling van de steun vergezeld te doen gaan van reddingssteun voor de betrokken onderneming.

Het bepaalde in deze alinea is slechts van toepassing op onrechtmatige steun die ten uitvoer is gelegd na de inwerkingtreding van Verordening (EG) nr. 659/1999.

Artikel 14. Niet-naleving van een bevel

Indien de betrokken lidstaat geen gevolg geeft aan een opschortings- of terugvorderingsbevel, kan de Commissie, terwijl zij het materiële onderzoek aan de hand van de beschikbare informatie voortzet, zich rechtstreeks tot het Hof van Justitie van de Europese Unie wenden teneinde te doen vaststellen dat het verzuim een inbreuk op het VWEU vormt.

Artikel 15. Besluiten van de Commissie

1. Het onderzoek naar mogelijke onrechtmatige steun resulteert in een besluit overeenkomstig artikel 4, leden 2, 3 of 4. In geval van een besluit tot inleiding van een formele onderzoeksprocedure wordt de procedure afgesloten bij een besluit overeenkomstig artikel 9. Indien een lidstaat niet voldoet aan een bevel tot het verstrekken van informatie, wordt het besluit op grond van de beschikbare informatie genomen.

2. In geval van eventuele onrechtmatige steun en onverminderd artikel 13, lid 2, is de Commissie niet aan de in artikel 4, lid 5, en artikel 9, leden 6 en 7, bepaalde termijn gebonden.

3. Artikel 11 is van overeenkomstige toepassing.

Artikel 16. Terugvordering van steun

1. Indien negatieve besluiten worden genomen in gevallen van onrechtmatige steun besluit de Commissie dat de betrokken lidstaat alle nodige maatregelen dient te nemen om de steun van de begunstigde terug te vorderen ('terugvorderingsbesluit'). De Commissie verlangt geen terugvordering van de steun indien zulks in strijd is met een algemeen beginsel van het Unierecht.

2. De op grond van een terugvorderingsbesluit terug te vorderen steun omvat rente tegen een door de Commissie vastgesteld passend percentage. De rente is betaalbaar vanaf de datum waarop de onrechtmatige steun voor de begunstigde beschikbaar was tot de datum van daadwerkelijke terugbetaling van de steun.

3. Onverminderd een beschikking van het Hof van Justitie van de Europese Unie overeenkomstig artikel 278 VWEU, dient terugvordering onverwijld en in overeenstemming met de nationaalrechtelijke procedures van de betrokken lidstaat te geschieden, voor zover die procedures een onverwijlde en daadwerkelijke tenuitvoerlegging van het besluit van de Commissie toelaten. Daartoe nemen de betrokken lidstaten in geval van een procedure voor

een nationale rechterlijke instantie alle nodige maatregelen, met inbegrip van voorlopige maatregelen, waarover zij binnen hun nationale rechtsstelsel beschikken om dit doel te bereiken, onverminderd het Unierecht.

Hoofdstuk IV. Verjaringstermijnen

Artikel 17. Verjaringstermijn voor de terugvordering van steun

1. De bevoegdheden van de Commissie om steun terug te vorderen verjaren na een termijn van tien jaar.
2. Deze termijn gaat in op de dag waarop de onrechtmatige steun als individuele steun of in het kader van een steunregeling aan de begunstigde is verleend. Door elke maatregel van de Commissie of een op haar verzoek optredende lidstaat ten aanzien van de onrechtmatige steun wordt de verjaring gestuit. Na elke stuiting begint de termijn van voren af aan te lopen. De verjaring wordt geschorst, zolang over het besluit van de Commissie een beroep aanhangig is bij het Hof van Justitie van de Europese Unie.
3. Steun ten aanzien waarvan de verjaringstermijn is verstreken, wordt als bestaande steun beschouwd.

Artikel 18. Verjaringstermijn voor het opleggen van geldboeten en dwangsommen

1. Voor de bij artikel 8 aan de Commissie verleende bevoegdheden geldt een verjaringstermijn van drie jaar.
2. De in lid 1 bepaalde termijn gaat in op de dag waarop de in artikel 8 bedoelde inbreuk is gemaakt. Bij voortdurende of voortgezette inbreuken gaat de termijn echter pas in op de dag waarop de inbreuk is beëindigd.
3. Iedere handeling die de Commissie stelt met het oog op het onderzoek van of procedures ten aanzien van een in artikel 8 bedoelde inbreuk, stuit de verjaring van de oplegging van geldboeten of dwangsommen, vanaf de dag waarop van de handeling aan de betrokken onderneming of ondernemersvereniging kennis is gegeven.
4. Na iedere stuiting begint een nieuwe verjaringstermijn te lopen. De verjaring treedt echter ten laatste in op de dag waarop een termijn van zes jaar is verstreken zonder dat de Commissie een geldboete of een dwangsom heeft opgelegd. Die termijn wordt verlengd met de periode gedurende welke de verjaringstermijn in overeenstemming met lid 5 van dit artikel wordt geschorst.
5. De verjaring ter zake van de oplegging van geldboeten en dwangsommen wordt geschorst zolang het besluit van de Commissie bij het Hof van Justitie van de Europese Unie aanhangig is.

Artikel 19. Verjaringstermijn voor de tenuitvoerlegging van geldboeten en dwangsommen

1. De verjaringstermijn voor de aan de Commissie verleende bevoegdheden om overeenkomstig artikel 8 vastgestelde besluiten ten uitvoer te leggen, beloopt vijf jaar.
2. De in lid 1 bepaalde termijn gaat in op de dag waarop het krachtens artikel 8 genomen besluit in kracht van gewijsde is gegaan.
3. De in lid 1 van dit artikel bepaalde verjaringstermijn wordt gestuit:
   a. door de kennisgeving van een besluit waarbij het oorspronkelijke bedrag van de geldboete of de dwangsom wordt gewijzigd of waarbij een daartoe strekkend verzoek wordt afgewezen;
   b. door elke handeling van een op verzoek van de Commissie handelende lidstaat of van de Commissie tot inning van de geldboete of de dwangsom.
4. Na iedere stuiting begint een nieuwe verjaringstermijn te lopen.
5. De in lid 1 bedoelde verjaringstermijn wordt geschorst zolang:
   a. de respondent betalingsfaciliteiten worden toegestaan;
   b. de tenuitvoerlegging krachtens een beslissing van het Hof van Justitie van de Europese Unie is opgeschort.

Hoofdstuk V. Procedure betreffende misbruik van steun

Artikel 20. Misbruik van steun

Onverminderd artikel 28 kan de Commissie in gevallen van misbruik van steun de formele onderzoeksprocedure inleiden, overeenkomstig artikel 4, lid 4. De artikelen 6 tot en met 9, 11 en 12, artikel 13, lid 1, en de artikelen 14 tot en met 17 zijn van overeenkomstige toepassing.

Hoofdstuk VI. Procedure betreffende bestaande steunregelingen

Artikel 21. Samenwerking op grond van artikel 108, lid 1, VWEU

1. De Commissie ontvangt van de betrokken lidstaat alle nodige informatie om in samenspraak met deze lidstaat krachtens artikel 108, lid 1, VWEU de bestaande steunregelingen te kunnen onderzoeken.
2. Indien de Commissie van mening is dat een steunregeling niet of niet langer verenigbaar is met de interne markt, stelt zij de betrokken lidstaat van haar eerste oordeel in kennis en geeft zij de betrokken lidstaat de gelegenheid om binnen een termijn van één maand zijn opmerkingen in te dienen. In naar behoren gerechtvaardigde gevallen kan de Commissie deze termijn verlengen.

Artikel 22. Voorstel voor dienstige maatregelen

Indien de Commissie, in het licht van de door een lidstaat overeenkomstig artikel 21 verstrekte informatie, tot de gevolgtrekking komt dat de bestaande steunregeling niet of niet langer verenigbaar is met de interne markt, geeft zij een aanbeveling waarbij de betrokken lidstaat dienstige maatregelen worden voorgesteld. Die aanbeveling kan met name voorstellen inhouden om:
a. de betrokken steunregeling inhoudelijk te wijzigen, of
b. procedurele vereisten in te voeren, of
c. de steunregeling of te schaffen.

Artikel 23. Rechtsgevolgen van een voorstel voor dienstige maatregelen

1. Indien de betrokken lidstaat de voorgestelde maatregelen aanvaardt en de Commissie daarvan in kennis stelt, legt de Commissie dit vast en deelt zij dit aan de lidstaat mede. Door zijn aanvaarding verbindt de lidstaat zich ertoe de dienstige maatregelen ten uitvoer te leggen.
2 Indien de betrokken lidstaat de voorgestelde maatregelen niet aanvaardt en de Commissie, gelet op de argumenten van de betrokken lidstaat, bij haar zienswijze blijft dat die maatregelen noodzakelijk zijn, leidt zij de procedure van artikel 4, lid 4, in. De artikelen 6, 9 en 11 zijn van overeenkomstige toepassing.

Hoofdstuk VII. Belanghebbenden

Artikel 24. Rechten van de belanghebbenden

1. Elke belanghebbende kan overeenkomstig artikel 6 opmerkingen indienen naar aanleiding van een besluit van de Commissie om een formele onderzoeksprocedure in te leiden. Elke belanghebbende die opmerkingen heeft ingediend en elke ontvanger van individuele steun krijgt een afschrift van de door de Commissie overeenkomstig artikel 9 genomen besluiten toegezonden.
2. Elke belanghebbende kan een klacht indienen om de Commissie in kennis te stellen van mogelijk onrechtmatige steun of van mogelijk misbruik van steun. Te dien einde vult de belanghebbende een in een uitvoeringsbepaling als bedoeld in artikel 33 vastgesteld formulier in, en verschaft hij de daarin gevraagde verplichte informatie.

Wanneer de Commissie van oordeel is dat de belanghebbende het verplichte klachtenformulier niet heeft nageleefd of de feiten en juridische argumenten die de belanghebbende heeft aangevoerd, onvoldoende gronden bieden om, op grond van een provisioneel onderzoek, aan te tonen dat er sprake is van onrechtmatige steun of misbruik van steun, stelt zij de belanghebbende daarvan in kennis en nodigt zij deze uit om opmerkingen in te dienen binnen een bepaalde termijn die in de regel niet langer dan een maand mag zijn. Indien de belanghebbende zijn standpunten niet binnen die vastgestelde termijn kenbaar maakt, wordt de klacht geacht te zijn ingetrokken. De Commissie stelt de betrokken lidstaat ervan in kennis als een klacht wordt geacht te zijn ingetrokken.

De Commissie stuurt de klager een afschrift van het besluit over een geval dat betrekking heeft op het onderwerp van de klacht.
3. Desgewenst ontvangt elke belanghebbende een afschrift van krachtens artikel 4, artikel 9, artikel 12, lid 3, en artikel 13 genomen besluiten.

Hoofdstuk VIII. Onderzoeken naar bepaalde sectoren van de economie en naar steuninstrumenten

Artikel 25. Onderzoeken naar bepaalde sectoren van de economie en naar steuninstrumenten

1. Wanneer er op grond van de beschikbare informatie een redelijk vermoeden bestaat dat staatssteunmaatregelen in een bepaalde sector of op basis van een bepaald steuninstrument de mededinging binnen de interne markt materieel kunnen beperken of vervalsen, of dat bestaande steunmaatregelen in een bepaalde sector in verscheidene lidstaten niet of niet meer verenigbaar zijn met de interne markt, kan de Commissie in verscheidene lidstaten onderzoek doen naar die sector van de economie of naar het gebruik van het betrokken steuninstrument. In het kader van dat onderzoek kan de Commissie de lidstaten en/of de betrokken ondernemingen of ondernemersverenigingen verzoeken alle informatie te verschaffen die voor de toepassing van de artikelen 107 en 108 VWEU noodzakelijk is, met inachtneming van het evenredigheidsbeginsel.

De Commissie motiveert bij alle krachtens dit artikel verstuurde informatieverzoeken het onderzoek en de keuze van de adressaten.

De Commissie maakt een verslag over de uitkomsten van haar onderzoek naar bepaalde sectoren van de economie of bepaalde soorten steuninstrumenten in verscheidene lidstaten bekend en verzoekt de lidstaten en betrokken ondernemingen of ondernemersverenigingen opmerkingen te maken.
2. De informatie die uit sectorale onderzoeken is verkregen, kan in het kader van procedures krachtens deze verordening worden gebruikt.
3. De artikelen 5, 7 en 8 van deze verordening zijn van overeenkomstige toepassing.

Hoofdstuk IX. Toezicht

Artikel 26. Jaarverslagen

1. De lidstaten dienen bij de Commissie jaarlijks een verslag in over alle bestaande steunregelingen waarvoor bij een voorwaardelijk besluit op grond van artikel 9, lid 4, geen specifieke rapportageverplichting is opgelegd.
2. Indien de betrokken lidstaat na aanmaning verzuimt een jaarverslag in te dienen, kan de Commissie met betrekking tot de betrokken steunregeling handelen overeenkomstig artikel 22.

Artikel 27. Controle ter plaatse

1. Indien de Commissie ernstige twijfel heeft over de naleving van besluiten om geen bezwaar te maken, positieve besluiten of voorwaardelijke besluiten met betrekking tot individuele steun, stelt de betrokken lidstaat, na de gelegenheid te hebben gekregen opmerkingen in te dienen, de Commissie in staat om controles ter plaatse te verrichten.
2. Teneinde na te gaan of is voldaan aan het besluit, mogen de door de Commissie gemachtigde ambtenaren:
   a. alle ruimten en terreinen van de betrokken onderneming betreden;
   b. ter plaatse mondelinge uitleg vragen;
   c. boeken en andere zakelijke bescheiden onderzoeken en kopieën maken of verlangen.

   Indien nodig kan de Commissie zich door onafhankelijke deskundigen laten bijstaan.
3. De Commissie zendt de betrokken lidstaat tijdig een aankondiging van de controle ter plaatse, met vermelding van de identiteit van de in haar opdracht handelende ambtenaren en deskundigen. Indien de lidstaat naar behoren gerechtvaardigde bezwaren heeft tegen de door de Commissie gekozen deskundigen, worden de deskundigen in onderlinge overeenstemming met de lidstaat aangesteld. De ambtenaren van de Commissie en de deskundigen die bevoegd zijn de controle ter plaatse te verrichten, leggen een schriftelijke machtiging voor waarin voorwerp en doel van de controle zijn beschreven.
4. Ambtenaren die gemachtigd zijn door de lidstaat op het grondgebied waarvan de controle dient te worden verricht, mogen de controle bijwonen.
5. De Commissie verstrekt de betrokken lidstaat een afschrift van elk verslag dat ingevolge de controle wordt opgesteld.
6. Wanneer een onderneming zich verzet tegen een controle waartoe de Commissie krachtens dit artikel opdracht heeft gegeven, verleent de betrokken lidstaat aan de door de Commissie gemachtigde ambtenaren en deskundigen de nodige bijstand, teneinde hen in staat te stellen de controle te verrichten.

Artikel 28. Niet-naleving van besluiten en arresten

1. Indien de betrokken lidstaat, met name in gevallen bedoeld in artikel 16 van deze verordening, niet voldoet aan een voorwaardelijk of negatief besluit, kan de Commissie overeenkomstig artikel 108, lid 2, VWEU de zaak rechtstreeks bij het Hof van Justitie van de Europese Unie aanhangig maken.
2. Indien de Commissie van oordeel is dat de betrokken lidstaat een arrest van het Hof van Justitie van de Europese Unie niet is nagekomen, kan zij de zaak verder afhandelen overeenkomstig artikel 260 VWEU.

Hoofdstuk X. Samenwerking met de nationale rechterlijke instanties

Artikel 29. Samenwerking met de nationale rechterlijke instanties

1. De rechterlijke instanties van de lidstaten kunnen naar aanleiding van de toepassing van artikel 107, lid 1, en artikel 108 VWEU de Commissie verzoeken informatie te verstrekken waarover zij beschikt, of een advies te geven over vragen betreffende de toepassing van staatssteunregels.
2. Indien de coherente toepassing van artikel 107, lid 1, of artikel 108 VWEU zulks vereist, kan de Commissie, eigener beweging, schriftelijke opmerkingen indienen bij de rechterlijke instanties van de lidstaten die belast zijn met de toepassing van de regels inzake staatssteun. Met toestemming van de betrokken rechterlijke instantie kan zij ook mondelinge opmerkingen maken.

   Voorafgaand aan de formele indiening van haar opmerkingen stelt de Commissie de betrokken lidstaat op de hoogte van haar voornemen daartoe.

   Uitsluitend met het oog op de formulering van haar opmerkingen kan de Commissie de desbetreffende rechterlijke instantie van de lidstaat verzoeken om haar alle voor de beoordeling van de aangelegenheid noodzakelijke stukken toe te zenden.

Hoofdstuk XI. Gemeenschappelijke bepalingen

Artikel 30. Geheimhoudingsplicht

De Commissie en de lidstaten, alsmede hun ambtenaren en overige personeelsleden, met inbegrip van de door de Commissie aangewezen onafhankelijke deskundigen, mogen de informatie die zij bij de toepassing van deze verordening hebben verkregen en die onder de geheimhoudingsplicht valt, niet openbaar maken.

Artikel 31. Adressaten van besluiten

1. De op grond van artikel 7, lid 7, artikel 8, leden 1 en 2, en artikel 9, lid 9, vastgestelde besluiten worden gericht tot de betrokken onderneming of ondernemersvereniging. De Commissie stelt de adressaten onverwijld in kennis va de besluiten en geeft de adressaten de gelegenheid om de Commissie mee te delen welke informatie volgens hen onder de geheimhoudingsplicht valt.
2. Alle overige overeenkomstig de hoofdstukken II, III, V, VI en IX vastgestelde besluiten van de Commissie worden tot de betrokken lidstaat gericht. De Commissie stelt de betrokken lidstaat onverwijld daarvan in kennis en geeft die lidstaat de gelegenheid om de Commissie mee te delen welke informatie volgens hem onder de geheimhoudingsplicht valt.

Artikel 32. Bekendmaking van besluiten

1. De Commissie maakt in het Publicatieblad van de Europese Unie een samenvatting bekend van haar besluiten uit hoofde van artikel 4, leden 2 en 3, en artikel 22 juncto artikel 23, lid 1. Die samenvatting houdt de vermelding in dat een afschrift van het besluit in de authentieke taalversie(s) kan worden verkregen.
2. De Commissie maakt besluiten uit hoofde van artikel 4, lid 4, in de authentieke taalversie bekend in het Publicatieblad van de Europese Unie. In de andere taalversies van het Publicatieblad dan die van de authentieke taalversie gaat de authentieke taalversie vergezeld van een relevante samenvatting in de taal van die taalversie van het Publicatieblad.
3. De Commissie maakt besluiten uit hoofde van artikel 8, leden 1 en 2, en artikel 9 bekend in het Publicatieblad van de Europese Unie.
4. In gevallen waarin artikel 4, lid 6, of artikel 10, lid 2, van toepassing is, wordt in het Publicatieblad van de Europese Unie een korte mededeling bekendgemaakt.
5. De Raad kan met eenparigheid van stemmen besluiten om besluiten uit hoofde van artikel 108, lid 2, derde alinea, VWEU bekend te maken in het Publicatieblad van de Europese Unie.

Artikel 33. Uitvoeringsbepalingen

De Commissie is bevoegd om, volgens de procedure van artikel 34, uitvoeringsbepalingen vast te stellen met betrekking tot:
a. de vorm, de inhoud en de overige bijzonderheden van aanmeldingen;
b. de vorm, de inhoud en de overige bijzonderheden van jaarlijkse verslagen;
c. de vorm, de inhoud en de overige bijzonderheden van de overeenkomstig artikel 12, lid 1, en artikel 24, lid 2, ingediende klachten;
d. bijzonderheden met betrekking tot verjaringstermijnen en de berekening van verjaringstermijnen, en
e. het in artikel 16, lid 2, bedoelde rentepercentage.

Artikel 34. Raadpleging van het Adviescomité inzake overheidssteun

1. Voordat de Commissie uitvoeringsbepalingen uit hoofde van artikel 33 aanneemt, raadpleegt zij het Adviescomité inzake overheidssteun dat is ingesteld bij Verordening (EU) 2015/1588 van de Raad[1] ('het comité').
2. Het comité wordt geraadpleegd tijdens een door de Commissie bijeengeroepen vergadering. De te bespreken ontwerpen en documenten worden bij de convocatie gevoegd. De vergadering wordt ten vroegste twee maanden na toezending van de convocatie gehouden. Deze termijn kan in urgente gevallen worden verkort.
3. De vertegenwoordiger van de Commissie legt het comité een ontwerp van de te nemen maatregelen voor. Het comité brengt binnen een termijn die de voorzitter naar gelang van de urgentie van de zaak kan vaststellen advies uit over het ontwerp, zo nodig door middel van een stemming.
4. Het advies wordt in de notulen opgenomen. Voorts heeft iedere lidstaat het recht te verzoeken dat zijn standpunt in de notulen wordt opgenomen. Het comité kan aanbevelen het advies bekend te maken in het Publicatieblad van de Europese Unie.
5. De Commissie houdt zoveel mogelijk rekening met het door het comité uitgebrachte advies. Zij brengt het comité op de hoogte van de wijze waarop zij rekening heeft gehouden met zijn advies.

Artikel 35. Intrekking

Verordening (EG) nr. 659/1999 wordt ingetrokken.

Verwijzingen naar de ingetrokken verordening gelden als verwijzingen naar de onderhavige verordening en worden gelezen volgens de concordantietabel in bijlage II.

1. Verordening (EU) 2015/1588 van de Raad van 13 juli 2015 betreffende de toepassing van de artikelen 107 en 108 van het Verdrag betreffende de werking van de Europese Unie op bepaalde soorten horizontale steunmaatregelen (zie bladzijde 1 van dit Publicatieblad).

Artikel 36. Inwerkingtreding

Deze verordening treedt in werking op de twintigste dag na die van de bekendmaking ervan in het Publicatieblad van de Europese Unie.

Deze verordening is verbindend in al haar onderdelen en is rechtstreeks toepasselijk in elke lidstaat.

Gedaan te Brussel, 13 juli 2015.

Voor de Raad
De voorzitter
F. ETGEN

BIJLAGE I

Ingetrokken verordening met overzicht van de achtereenvolgende wijzigingen ervan

Verordening (EG) nr. 659/1999 van de Raad	(PB L 83 van 27.3.1999, blz. 1)
Onderdeel 5, punt 6, van bijlage II bij de Akte van toetreding van 2003	
Verordening (EG) nr. 1791/2006 van de Raad	(PB L 363 van 20.12.2006, blz. 1)
Verordening (EU) nr. 517/2013 van de Raad	(PB L 158 van 10.6.2013, blz. 1)
Verordening (EU) nr. 734/2013 van de Raad	(PB L 204 van 31.7.2013, blz. 15)

BIJLAGE II

Concordantietabel

Verordening (EG) nr. 659/1999	De onderhavige verordening
Artikelen 1 tot en met 6	Artikelen 1 tot en met 6
Artikel 6 bis	Artikel 7
Artikel 6 ter	Artikel 8
Artikel 7	Artikel 9
Artikel 8	Artikel 10
Artikel 9	Artikel 11
Artikel 10	Artikel 12
Artikel 11, lid 1	Artikel 13, lid 1
Artikel 11, lid 2, eerste alinea, aan hef	Artikel 13, lid 2, eerste alinea, aanhef
Artikel 11, lid 2, eerste alinea, eerste streepje	Artikel 13, lid 2, eerste alinea, punt a)
Artikel 11, lid 2, eerste alinea, tweede streepje	Artikel 13, lid 2, eerste alinea, punt b)
Artikel 11, lid 2, eerste alinea, derde streepje	Artikel 13, lid 2, eerste alinea, punt c)
Artikel 11, lid 2, tweede, derde en vierde alinea	Artikel 13, lid 2, tweede, derde en vierde alinea
Artikel 12	Artikel 14
Artikel 13	Artikel 15
Artikel 14	Artikel 16
Artikel 15	Artikel 17
Artikel 15 bis	Artikel 18
Artikel 15 ter	Artikel 19
Artikel 16	Artikel 20
Artikel 17	Artikel 21
Artikel 18	Artikel 22
Artikel 19	Artikel 23
Artikel 20	Artikel 24
Artikel 20 bis	Artikel 25
Artikel 21	Artikel 26
Artikel 22	Artikel 27
Artikel 23	Artikel 28
Artikel 23 bis	Artikel 29
Artikel 24	Artikel 30
Artikel 25	Artikel 31
Artikel 26, leden 1 en 2	Artikel 32, leden 1 en 2
Artikel 26, lid 2 bis	Artikel 32, lid 3
Artikel 26, lid 3	Artikel 32, lid 3
Artikel 26, lid 4	Artikel 32, lid 4
Artikel 26, lid 5	Artikel 32, lid 5
Artikel 27	Artikel 33
Artikel 28	-
Artikel 29	Artikel 34
-	Artikel 35
Artikel 30	Artikel 36
-	Bijlage I
-	Bijlage I

Staatssteun en belastingconcurrentie

C. MEDEDELING van de Commissie betreffende het begrip 'staatssteun' in de zin van artikel 107, lid 1, VWEU (2016)

19 juli 2016

2016/C 262/01

MEDEDELING VAN DE COMMISSIE

Mededeling van de Commissie betreffende het begrip 'staatssteun' in de zin van artikel 107, lid 1, VWEU

Inhoudsopgave

1. Inleiding

1. In het kader van de modernisering van het staatssteunbeleid wenst de Commissie de sleutelbegrippen met betrekking tot het begrip 'staatssteun' in de zin van artikel 107, lid 1, van het Verdrag betreffende de werking van de Europese Unie nader te verduidelijken. Dit moet bijdragen tot een eenvoudigere, transparantere en coherentere toepassing van dit begrip in de hele Unie.

2. Deze mededeling ziet alleen op het begrip 'staatssteun' in de zin van artikel 107, lid 1, van het Verdrag, dat zowel de Commissie als de overheden in de lidstaten (met inbegrip van de nationale rechter) moeten toepassen in samenhang met de aanmeldings- en stand-still-verplichtingen die in artikel 108, lid 3, van het Verdrag zijn vastgesteld. Deze mededeling ziet niet op de verenigbaarheid van staatssteun met de interne markt overeenkomstig artikel 107, leden 2 en 3, en artikel 106, lid 2, van het Verdrag, die door de Commissie moet worden beoordeeld.

3. Aangezien het begrip 'staatssteun' een objectief en juridisch begrip is dat rechtstreeks door het Verdrag wordt omschreven[1], wordt in deze mededeling duidelijk gemaakt hoe de Commissie artikel 107, lid 1, van het Verdrag, zoals uitgelegd door het Hof van Justitie en het Gerecht (hierna tezamen 'de Unierechter' genoemd), interpreteert. Voor kwesties die nog niet door de Unierechter zijn onderzocht, zal de Commissie uiteenzetten hoe zij meent dat het begrip staatssteun dient te worden begrepen. De in deze mededeling geformuleerde standpunten laten de uitlegging van het begrip staatssteun door de Unierechter onverlet[2]; de referentie bij uitstek voor de uitlegging van het Verdrag is steeds de rechtspraak van de Unierechter.

4. Beklemtoond moet worden dat de Commissie door dit objectieve begrip is gebonden en dat zij bij de toepassing daarvan slechts over een beperkte beoordelingsvrijheid beschikt, namelijk wanneer de door de Commissie gemaakte beoordelingen een technisch of ingewikkeld karakter hebben, met name in situaties die complexe economische beoordelingen vergen.[3]

5. Artikel 107, lid 1, van het Verdrag definieert 'staatssteun' als 'steunmaatregelen van de staten of in welke vorm ook met staatsmiddelen bekostigd, die de mededinging door begunstiging van bepaalde ondernemingen of bepaalde producties vervalsen of dreigen te vervalsen, [...], voor zover deze steun het handelsverkeer tussen de lidstaten ongunstig beïnvloedt'[4]. In deze mededeling zullen de verschillende bestanddelen van het begrip staatssteun worden toegelicht: het bestaan van een onderneming; de toerekenbaarheid van de maatregel aan de Staat; de bekostiging ervan uit staatsmiddelen; het verlenen van een voordeel; het selectieve karakter van de maatregel, en de gevolgen ervan voor de mededinging en het handelsverkeer tussen de lidstaten. Daarnaast wordt in deze mededeling, gezien de door de lidstaten geformuleerde behoefte aan specifieke aanwijzingen, nader ingegaan op het begrip steun ten aanzien van overheidsfinanciering van infrastructuur.

2. De begrippen 'onderneming' en 'economische activiteit'

6. De staatssteunregels zijn alleen van toepassing wanneer de begunstigde van een maatregel een 'onderneming' is.

2.1. Algemene beginselen

7. Volgens vaste rechtspraak van het Hof van Justitie dient een onderneming te worden omschreven als 'elke eenheid die een economische activiteit uitoefent, ongeacht haar rechtsvorm en de wijze waarop zij wordt

1. Zie arrest van het Hof van Justitie van 22 december 2008, British Aggregates Association / Commissie, C-487/06 P, ECLI:EU:C:2008:757, punt 111.

2. Zie arrest van het Hof van Justitie van 21 juli 2011, Alcoa Trasformazioni Srl / Commissie, C-194/09 P, ECLI:EU:C:2011:497, punt 125.

3. Zie arrest British Aggregates Association, reeds aangehaald, ECLI:EU:C:2008:757, punt 114, en arrest van het Hof van Justitie van 2 september 2010, Commissie / Scott SA, C-290/07 P, ECLI:EU:C:2010:480, punt 66.

4. De staatssteunregels zijn op de voortbrenging van en handel in landbouwproducten, die op grond van artikel 38, lid 1, van het Verdrag ook visserijproducten omvatten, slechts in zoverre van toepassing als door het Europees Parlement en de Raad is bepaald (artikel 42 van het Verdrag).

gefinancierd'[1]. Of een bepaalde entiteit als onderneming wordt aangemerkt, hangt dus volledig af van de aard van haar activiteiten. Dit algemene beginsel heeft drie belangrijke gevolgen.

8. Ten eerste is de status van de entiteit in het nationale recht niet bepalend. Zo moet bijvoorbeeld een entiteit die volgens het nationale recht een vereniging of een sportclub is, misschien toch als een onderneming in de zin van artikel 107, lid 1, van het Verdrag worden aangemerkt. Hetzelfde geldt voor een entiteit die formeel een onderdeel van de overheid is. Het enige relevante criterium is de vraag of de entiteit een economische activiteit uitoefent.

9. Ten tweede is de toepassing van de staatssteunregels niet afhankelijk van de vraag of de entiteit is opgezet om winst te genereren. Ook entiteiten zonder winstoogmerk kunnen goederen of diensten op een markt aanbieden.[2] Wanneer dit niet het geval is, vallen entiteiten zonder winstoogmerk buiten het staatssteuntoezicht.

10. Ten derde houdt, wanneer een entiteit als onderneming wordt aangemerkt, dit steeds verband met een specifieke activiteit. Een entiteit die zowel economische als niet-economische activiteiten verricht, dient alleen ten aanzien van de economische activiteiten als onderneming te worden aangemerkt.[3]

11. Meerdere afzonderlijke rechtspersonen kunnen voor de toepassing van de staatssteunregels worden geacht één economische entiteit te vormen. Die economische entiteit wordt dan beschouwd als de betrokken onderneming. In dat verband beschouwt het Hof van Justitie het bestaan van een zeggenschapsdeelneming en van andere functionele, economische of organieke banden als relevant.[4]

12. Om het onderscheid tussen economische en niet-economische activiteiten duidelijk te maken, geldt als vaste rechtspraak van het Hof van Justitie dat iedere activiteit die erin bestaat goederen of diensten op een markt aan te bieden, een economische activiteit is.[5]

13. De vraag of er voor bepaalde diensten een markt bestaat, kan afhangen van de wijze waarop die diensten in de betrokken lidstaat zijn georganiseerd[6], en kan dus verschillen van lidstaat tot lidstaat. Bovendien kan, door politieke keuzes of als gevolg van economische ontwikkelingen, de classificatie van een bepaalde dienst mettertijd veranderen. Wat vandaag geen economische activiteit is, kan dat in de toekomst wel worden, en omgekeerd.

14. Het besluit van een overheid om niet toe te staan dat derden een bepaalde dienst verrichten (omdat zij bijvoorbeeld die dienst intern wil verrichten), sluit niet uit dat er sprake is van een economische activiteit. Hoewel de markt op die wijze wordt afgeschermd, kan er toch sprake zijn van een economische activiteit wanneer andere marktdeelnemers bereid en in staat zouden zijn de dienst op de betrokken markt te verrichten.

1. Arrest van het Hof van Justitie van 12 september 2000, Pavel Pavlov e.a. / Stichting Pensioenfonds Medische Specialisten, C-180/98 t/m C-184/98, ECLI:EU:C:2000:428, punt 74; arrest van het Hof van Justitie van 10 januari 2006, Ministero dell'Economia e delle Finanze / Cassa di Risparmio di Firenze SpA e.a., C-222/04, ECLI:EU:C:2006:8, punt 107.

2. Arrest van het Hof van Justitie van 29 oktober 1980, Heintz van Landewyck SARL e.a. / Commissie, 209 tot 215 en 218/78, ECLI:EU:C:1980:248, punt 88; arrest van het Hof van Justitie van 16 november 1995, Fédération française des sociétés d'assurance (FFSA) e.a. / Ministère de l'Agriculture et de la PŒche, C-244/94, ECLI:EU:C:1995:392, punt 21; arrest van het Hof van Justitie van 1 juli 2008, Motosykletistiki Omospondia Ellados NPID (MOTOE) / Elliniko Dimosio, C-49/07, ECLI:EU:C:2008:376, punten 27 en 28.

3. Arrest van het Gerecht van 12 december 2000, Aéroports de Paris / Commissie, T-128/98, ECLI:EU:T:2000:290, punt 108.

4. Arrest van het Hof van Justitie van 16 december 2010, AceaElectrabel Produzione SpA / Commissie, C-480/09 P, ECLI:EU:C:2010:787, punten 47 t/m 55; arrest van het Hof van Justitie van 10 januari 2006, Ministero dell'Economia e delle Finanze / Cassa di Risparmio di Firenze SpA e.a., C-222/04, ECLI:EU:C:2006:8, punt 112.

5. Zie arrest van het Hof van Justitie van 16 juni 1987, Commissie/Italië, 118/85, ECLI:EU:C:1987:283, punt 7; arrest van het Hof van Justitie van 18 juni 1998, Commissie/Italië, C-35/96, ECLI:EU:C:1998:303, punt 36; arrest van het Hof van Justitie van 12 september 2000, Pavel Pavlov e.a. / Stichting Pensioenfonds Medische Specialisten, C-180/98 t/m C-184/98, ECLI:EU:C:2000:428, punt 75.

6. Arrest van het Hof van Justitie van 17 februari 1993, Christian Poucet / Assurances générales de France (AGF) en Caisse mutuelle régionale du Languedoc-Roussillon (Camulrac) en Daniel Pistre / Caisse autonome nationale de compensation de l'assurance vieillesse des artisans (Cancava), C-159/91 en C-160/91, ECLI:EU:C:1993:63, punten 16 t/m 20.

Meer algemeen is het feit dat een bepaalde dienst intern wordt verricht, niet relevant voor het economische karakter van de activiteit.[1]

15. Aangezien het onderscheid tussen economische en niet-economische activiteiten tot op zekere hoogte afhangt van specifieke politieke en economische ontwikkelingen in een bepaalde lidstaat, kan er geen uitputtende lijst worden opgesteld van activiteiten die a priori nooit economische activiteiten zouden zijn. Dit soort lijsten zou geen reële rechtszekerheid bieden en zou dus weinig bruikbaar zijn. In plaats daarvan wordt in de punten 17 tot en met 37 geprobeerd dit onderscheid voor een aantal belangrijke sectoren te verduidelijken.

16. Het enkele feit dat een entiteit aandelen, of zelfs zeggenschapsdeelnemingen, houdt in een onderneming die goederen of diensten op een markt aanbiedt, betekent niet dat die entiteit voor de toepassing van artikel 107, lid 1, van het Verdrag automatisch als een onderneming dient te worden beschouwd. Wanneer het houden van die deelneming enkel meebrengt dat aan de hoedanigheid van aandeelhouder verbonden rechten worden uitgeoefend, alsmede, in voorkomend geval, dividenden, die loutere vruchten van de eigendom van een goed zijn, worden geïnd, zal die entiteit niet als onderneming worden beschouwd indien zij zelf geen goederen of diensten op een markt aanbiedt.[2]

2.2. Uitoefening van overheidsgezag

17. Artikel 107, lid 1, van het Verdrag is niet van toepassing op het handelen van de Staat wanneer het om 'uitoefening van overheidsgezag'[3] gaat of wanneer organen die onder de Staat vallen, handelen 'in hun hoedanigheid van overheid'[4]. Een entiteit kan worden geacht bij haar handelen overheidsgezag uit te oefenen wanneer de betrokken activiteit tot de kerntaken van de Staat behoort, of die wegens haar aard, doel en de regels waaraan zij is onderworpen, met die taken verband houdt.[5] Algemeen gesproken, en tenzij de betrokken lidstaat besloten heeft marktmechanismen te introduceren, vormen activiteiten die intrinsiek tot de overheidsprerogatieven behoren en die de Staat op zich neemt, geen economische activiteiten. Voorbeelden van dit soort activiteiten zijn:

a. het leger of de politie[6];
b. de luchtverkeersveiligheid en luchtverkeersleiding[7];
c. de maritieme veiligheid en verkeersafwikkeling[8];
d. milieu-inspectiediensten[9];
e. de organisatie, financiering en handhaving van gevangenisstraffen[10];

1. Zie de conclusie van advocaat-generaal Geelhoed van 28 september 2006, Asociación Nacional de Empresas Forestales (Asemfo) / Transformación Agraria SA (Tragsa) en Administración del Estado, C-295/05, ECLI:EU:C:2006:619, punten 110 t/m 116; Verordening (EG) nr. 1370/ 2007 van het Europees Parlement en de Raad van 23 oktober 2007 betreffende het openbaar personenvervoer per spoor en over de weg en tot intrekking van Verordening (EEG) nr. 1191/69 van de Raad en Verordening (EEG) nr. 1107/70 van de Raad (PB L 315 van 3.12.2007, blz. 1), artikel 5, lid 2, en artikel 6, lid 1; Besluit 2011/501/EU van de Commissie van 23 februari 2011 betreffende de door Duitsland toegekende staatssteun in zaak C 58/06 (ex NN 98/05) ten gunste van Bahnen der Stadt Monheim (BSM) en Rheinische Bahngesellschaft (RBG) in het Verkehrsverbund Rhein-Ruhr (PB L 210 van 17.8.2011, blz. 1), overwegingen 208 en 209.

2. Arrest van het Hof van Justitie van 10 januari 2006, Ministero dell'Economia e delle Finanze / Cassa di Risparmio di Firenze SpA e.a., C-222/04, ECLI:EU:C:2006:8, punten 107 t/m 118 en 125.

3. Arrest van het Hof van Justitie van 16 juni 1987, Commissie/Italië, 118/85, ECLI:EU:C:1987:283, punten 7 en 8.

4. Arrest van het Hof van Justitie van 4 mei 1988, Corinne Bodson / SA Pompes funèbres des régions libérées, 30/87, ECLI:EU:C:1988:225, punt 18.

5. Zie met name arrest van het Hof van Justitie van 19 januari 1994, SAT Fluggesellschaft GmbH / Eurocontrol, C-364/92, ECLI:EU:C:1994:7, punt 30, en arrest van het Hof van Justitie van 18 maart 1997, Diego Calì & Figli Srl / Servizi ecologici porto di Genova SpA (SEPG), C-343/95, ECLI:EU:C:1997:160, punten 22 en 23.

6. Besluit van de Commissie van 7 december 2011 betreffende steunmaatregel SA.32820 (2011/NN) – Verenigd Koninkrijk – Aid to Forensic Science Services (PB C 29 van 2.2.2012, blz. 4), punt 8.

7. Arrest SAT Fluggesellschaft GmbH / Eurocontrol, reeds aangehaald, ECLI:EU:C:1994:7, punt 27; arrest van het Hof van Justitie van 26 maart 2009, SELEX Sistemi Integrati SpA / Commissie en Eurocontrol, C-113/07 P, ECLI:EU:C:2009:191, punt 71.

8. Besluit van de Commissie van 16 oktober 2002 betreffende steunmaatregel N 438/02 – België – Subsidies voor de havenbedrijven voor de uitvoering van overheidstaken (PB C 284 van 21.11.2002, blz. 2).

9. Arrest Diego Calì & Figli, reeds aangehaald, ECLI:EU:C:1997:160, punt 22.

10. Besluit van de Commissie van 19 juli 2006 betreffende steunmaatregel N 140/06 – Litouwen – Subsidie aan overheidsbedrijven in penitentiaire inrichtingen (PB C 244 van 11.10.2006, blz. 12).

f. de ontwikkeling en revitalisering van gronden in handen van de overheid[1], en
g. het op grond van een aan ondernemingen bij wet opgelegde meldingsplicht verzamelen van door de overheid te gebruiken gegevens[2].

18. Voor zover een overheidsinstantie een economische activiteit verricht die van de uitoefening van haar bevoegdheden van openbaar gezag kan worden losgekoppeld, handelt die instantie, wat deze activiteit betreft, als onderneming. Indien daarentegen die economische activiteit niet van de uitoefening van haar bevoegdheden van openbaar gezag kan worden gescheiden, hangen alle door die instantie verrichte activiteiten samen met de uitoefening van deze bevoegdheden – en vallen zij dus niet onder het begrip 'onderneming'.[3]

2.3. Sociale zekerheid

19. Of socialezekerheidsregelingen als economische activiteit moeten worden aangemerkt, hangt af van de wijze waarop deze zijn opgezet en gestructureerd. In wezen maakt de rechtspraak een onderscheid tussen regelingen die op het solidariteitsbeginsel zijn gebaseerd, en regelingen met een economisch karakter.

20. Op het solidariteitsbeginsel gebaseerde socialezekerheidsregelingen die geen economische activiteit inhouden, hebben doorgaans de volgende kenmerken:
a. de regeling berust op een systeem van verplichte aansluiting[4];
b. de regeling vervult een functie van uitsluitend sociale aard[5];
c. de regeling mist ieder winstoogmerk[6];
d. de betaalde uitkeringen zijn niet afhankelijk van het bedrag van de premies[7];
e. het bedrag van de betaalde prestaties is niet noodzakelijkerwijs evenredig aan de beroepsinkomsten van de verzekerde[8], en
f. de regeling staat onder overheidstoezicht[9].

21. Dergelijke op het solidariteitsbeginsel gebaseerde regelingen dienen te worden onderscheiden van regelingen die een economische activiteit omvatten.[10] Die laatste regelingen worden doorgaans gekenmerkt door:
a. het feit dat deelneming facultatief is[11];

1. Besluit van de Commissie van 27 maart 2014 betreffende steunmaatregel SA.36346 – Duitsland – GRW – Kommunale wirtschaftsnahe Infrastruktur – a) Industrie- und Gewerbegelände (PB C 141 van 9.5.2014, blz. 2). In het kader van een maatregel waarbij de revitalisering (met inbegrip van het schoonmaken) van gronden in handen van de overheid werd gesteund, kwam de Commissie tot de bevinding dat een terrein bouwrijp maken en het zorgen voor de aansluiting op nutsvoorzieningen (water, gas, riolering en elektriciteit) en vervoersnetwerken (spoorwegen en wegen) geen economische activiteit is, maar deel uitmaakt van de overheidstaken van de Staat, namelijk beschikbaarstelling van en het toezicht op gronden in overeenstemming met lokale plannen voor stads- en gebiedsontwikkeling.

2. Arrest van het Hof van Justitie van 12 juli 2012, Compass-Datenbank GmbH / Oostenrijk, C-138/11, ECLI:EU:C:2012:449, punt 40.

3. Arrest Compass-Datenbank GmbH, reeds aangehaald, ECLI:EU:C:2012:449, punt 38, en arrest van het Hof van Justitie van 26 maart 2009, SELEX Sistemi Integrati SpA / Commissie en Eurocontrol, C-113/07 P, ECLI:EU:C:2009:191, punt 72 e.v.

4. Arrest van het Hof van Justitie van 17 februari 1993, Christian Poucet / Assurances générales de France (AGF) en Caisse mutuelle régionale du Languedoc-Roussillon (Camulrac) en Daniel Pistre / Caisse autonome nationale de compensation de l'assurance vieillesse des artisans (Cancava), C-159/91 en C-160/91, ECLI:EU:C:1993:63, punt 13.

5. Arrest van het Hof van Justitie van 22 januari 2002, Cisal di Battistello Venanzio & C. Sas / Istituto nazionale per l'assicurazione contro gli infortuni sul lavoro (INAIL), C-218/00, ECLI:EU:C:2002:36, punt 45.

6. Arrest van het Hof van Justitie van 16 maart 2004, AOK Bundesverband e.a. / Ichthyol-Gesellschaft Cordes, Hermani & Co e.a., C-264/01, C-306/01, C-354/01 en C-355/01, ECLI:EU:C:2004:150, punt 47 t/m 55.

7. Arrest Poucet en Pistre, reeds aangehaald, ECLI:EU:C:1993:63, punten 15 t/m 18.

8. Arrest Cisal/INAIL, reeds aangehaald, ECLI:EU:C:2002:36, punt 40.

9. Arrest Poucet en Pistre, reeds aangehaald, C-159/91 en C-160/91, ECLI:EU:C:1993:63, punt 14; arrest Cisal/INAIL, reeds aangehaald, ECLI:EU:C:2002:36, punten 43 t/m 48; arrest AOK Bundesverband, reeds aangehaald, ECLI:EU:C:2004:150, punten 51 t/m 55.

10. Zie met name arrest van het Hof van Justitie van 16 november 1995, Fédération française des sociétés d'assurance (FFSA) e.a. / Ministère de l'Agriculture et de la PŒche, C-244/94, ECLI:EU:C:1995:392, punt 19.

11. Arrest van het Hof van Justitie van 21 september 1999, Albany International BV / Stichting Bedrijfspensioenfonds Textielindustrie, C-67/96, ECLI:EU:C:1999:430, punten 80 t/m 87.

b. het kapitalisatiebeginsel (de uitkeringen hangen enkel af van de betaalde premies en de financiële resultaten van de regeling)[1];
c. het winstgerichte karakter ervan[2], en
d. het feit dat de uitkeringen een aanvulling zijn op die van een basisstelsel[3].

22. In sommige regelingen worden kenmerken van beide categorieën gecombineerd. In dat geval hangt de kwalificatie van de regeling af van een beoordeling van de verschillende elementen en hun relatieve belang.[4]

2.4. De gezondheidszorg

23. Binnen de Unie verschillen de zorgstelsels sterk van lidstaat tot lidstaat. Of en in welke mate verschillende zorgaanbieders met elkaar concurreren, wordt in ruime mate bepaald door deze specifieke nationale kenmerken.

24. In sommige lidstaten zijn publieke ziekenhuizen een integrerend onderdeel van een nationaal gezondheidsstelsel en zijn deze bijna volledig gebaseerd op het solidariteitsbeginsel.[5] Die ziekenhuizen worden rechtstreeks gefinancierd uit sociale premies en andere staatsmiddelen, en leveren hun diensten kosteloos aan de personen die zijn aangesloten, op basis van een universele dekking.[6] De Unierechter heeft bevestigd dat, waar dit soort structuur bestaat, de betrokken organisaties niet handelen als ondernemingen.[7]

25. Waar die structuur bestaat, hebben zelfs activiteiten die op zich een economisch karakter kunnen hebben, maar die alleen worden uitgevoerd om een andere niet-economische dienst te kunnen verrichten, geen economisch karakter. Een organisatie die producten aankoopt, zelfs in grote hoeveelheden, om er diensten mee aan te bieden die geen economisch karakter hebben, handelt niet als onderneming op grond van het enkele feit dat zij koper is op een markt.[8]

26. In vele andere lidstaten bieden ziekenhuizen en andere zorgaanbieders hun diensten aan tegen betaling, hetzij rechtstreeks door patiënten, hetzij door hun verzekering.[9] In die stelsels speelt er een zekere mate van concurrentie tussen ziekenhuizen wat betreft het aanbieden van zorgdiensten. Waar dit het geval is, is het enkele feit dat een zorgdienst wordt verricht door een publiek ziekenhuis, niet voldoende om de activiteit als niet-economisch aan te merken.

27. De Unierechter heeft ook duidelijk gemaakt dat zorgdiensten die onafhankelijke dokters en andere particuliere zorgaanbieders tegen vergoeding voor eigen risico verrichten, als een economische activiteit dienen te worden aangemerkt.[10] Dezelfde beginselen gelden voor apotheken.

1. Arrest FFSA, ree.ds aangehaald, ECLI:EU:C:1995:392, punten 9 en 17 t/m 20; arrest Albany International, reeds aangehaald, ECLI:EU:C:1999:430, punten 81 t/m 85; zie ook arrest van het Hof van Justitie van 21 september 1999, Brentjens' Handelsonderneming BV / Stichting Bedrijfspensioenfonds voor de Handel in Bouwmaterialen, C-115/97 t/m C-117/97, ECLI:EU:C:1999:434, punten 81 t/m 85; arrest van het Hof van Justitie van 21 september 1999, Maatschappij Drijvende Bokken BV / Stichting Pensioenfonds voor de Vervoer- en Havenbedrijven, C-219/ 97, ECLI:EU:C:1999:437, punten 71 t/m 75, en arrest van het Hof van Justitie van 12 september 2000, Pavel Pavlov e.a. / Stichting Pensioenfonds Medische Specialisten, C-180/98 t/m C-184/98, ECLI:EU:C:2000:428, punten 114 en 115.

2. Arrest Brentjens' Handelsonderneming, reeds aangehaald, ECLI:EU:C:1999:434, punten 74 t/m 85.

3. Arrest Pavel Pavlov e.a., reeds aangehaald, ECLI:EU:C:2000:428, punten 67 t/m 70.

4. Arrest van het Hof van Justitie van 5 maart 2009, Kattner Stahlbau GmbH / Maschinenbau- und Metall-Berufsgenossenschaft, C-350/07, ECLI: EU:C:2009:127, punt 33 e.v.

5. Een uitgesproken voorbeeld hiervan is het Spaanse Sistema Nacional de Salud (SNS) (zie arrest van het Gerecht van 4 maart 2003, Federación Nacional de Empresas de Instrumentación Científica, Médica, Técnica y Dental (FENIN) / Commissie, T-319/99, ECLI:EU:T:2003:50, en arrest van het Hof van Justitie van 11 juli 2006, Federación Española de Empresas de Tecnología Sanitaria (FENIN) / Commissie, C-205/03 P, ECLI:EU:C:2006:453, punten 25 t/m 28).

6. Afhankelijk van de algemene kenmerken van het stelsel, doet het feit dat heffingen die slechts een beperkt deel van de reële kostprijs van de dienst dekken, niets af aan de kwalificatie van de dienst als niet-economische activiteit.

7. Arrest FENIN, reeds aangehaald, ECLI:EU:T:2003:50, punt 39, en arrest FENIN, reeds aangehaald, ECLI:EU:C:2006:453, punten 25 t/m 28.

8. Arrest FENIN, reeds aangehaald, ECLI:EU:T:2003:50, punt 40.

9. Zie bijv. arrest van het Hof van Justitie van 12 juli 2001, B.S.M. Smits, echtgenote van Geraets / Stichting Ziekenfonds VGZ en H.T.M. Peerbooms / Stichting CZ Groep Zorgverzekeringen, C-157/99, ECLI:EU:C:2001:404, punten 53 t/m 58.

10. Zie arrest van het Hof van Justitie van 12 september 2000, Pavel Pavlov e.a. / Stichting Pensioenfonds Medische Specialisten, C-180/98 t/m C-184/98, ECLI:EU:C:2000:428, punten 75 en 77.

2.5. Onderwijs en onderzoeksactiviteiten

28. Openbaar onderwijs dat binnen het nationale onderwijsstelsel wordt gefinancierd door de Staat en onder staatstoezicht staat, kan als een niet-economische activiteit worden beschouwd. Het Hof van Justitie verklaarde dat de Staat 'bij de organisatie en de handhaving van een dergelijk openbaar onderwijsstelsel, dat volledig of hoofdzakelijk uit de staatskas wordt gefinancierd en niet door de leerlingen of hun ouders, niet de bedoeling heeft werkzaamheden tegen vergoeding te verrichten, maar zijn sociale, culturele en opvoedkundige taak jegens zijn bevolking vervult'[1].

29. Aan het niet-economische karakter van openbaar onderwijs wordt in beginsel niet afgedaan door het feit dat leerlingen of hun ouders soms onderwijs- of inschrijvingsgelden moeten betalen als bijdrage in de werkingskosten van het stelsel. Dit soort financiële bijdragen dekt vaak slechts een fractie van de reële kosten van de dienst en kan dus niet worden beschouwd als een vergoeding voor de verrichte dienst. Daarom doen deze bijdragen niet af aan het niet-economische karakter van een algemene onderwijsdienst die overwegend uit overheidsmiddelen wordt bekostigd.[2] Deze beginselen kunnen gelden voor diensten in het openbaar onderwijs zoals beroepsopleiding[3], particuliere en openbare basisscholen[4] en peuterspeelzalen/kleuterscholen[5], nevenactiviteiten als docent aan een universiteit[6], en hoger onderwijs[7].

30. Deze publieke onderwijsdiensten dienen te worden onderscheiden van diensten die overwegend door ouders of leerlingen of uit commerciële inkomsten worden bekostigd. Zo valt bijvoorbeeld hoger onderwijs dat volledig door studenten wordt bekostigd, duidelijk in deze laatste categorie. In bepaalde lidstaten kunnen ook overheidsinstanties onderwijsdiensten aanbieden die, als gevolg van hun aard, hun financieringsstructuur en het feit dat er concurrerende particuliere organisaties bestaan, als economische activiteit moeten worden aangemerkt.

31. In het licht van de in de punten 28, 29 en 30 uiteengezette beginselen is de Commissie van mening dat bepaalde activiteiten van universiteiten en onderzoeksorganisaties buiten het toepassingsbereik van de staatssteunregels vallen. Daarbij gaat het om de kerntaken van die organisaties, namelijk:

a. opleiding met het oog op meer en beter gekwalificeerd menselijk kapitaal;

b. het verrichten van onafhankelijk onderzoek en ontwikkeling met het oog op meer kennis en een beter inzicht, daaronder begrepen samenwerking bij onderzoek en ontwikkeling;

c. de verspreiding van onderzoeksresultaten.

32. De Commissie beschouwt activiteiten inzake kennisoverdracht (licentiëring, het creëren van spin-offs, of andere vormen van beheer van door de onderzoeksorganisatie of -infrastructuur gecreëerde kennis) als niet-economisch wanneer deze worden uitgevoerd door de onderzoeksorganisatie of onderzoeksinfrastructuur (met inbegrip van afdelingen of dochterondernemingen daarvan) of samen met of namens andere dergelijke entiteiten, en wanneer alle inkomsten uit deze activiteiten opnieuw in de primaire activiteiten van de betrokken onderzoeksorganisatie of onderzoeksinfrastructuur worden geïnvesteerd.[8]

2.6. Cultuur en instandhouding van erfgoed, met inbegrip van natuurbehoud

33. Cultuur is een drager van identiteit, waarden en zingeving die een afspiegeling zijn van en een bepalende invloed hebben op de samenlevingen in de Unie. De sector cultuur en instandhouding van erfgoed bestrijkt

1. Arrest van het Hof van Justitie van 11 september 2007, Commissie/Duitsland, C-318/05, ECLI:EU:C:2007:495, punt 68. Zie ook besluit van de Commissie van 25 april 2001 betreffende steunmaatregel N 118/00 – Frankrijk – Subsidies van de overheid voor professionele sportclubs (PB C 333 van 28.11.2001, blz. 6).

2. Arrest van het EVA-Hof van Justitie van 21 februari 2008, zaak E-5/07, Private Barnehagers Landsforbund / Toezichthoudende Autoriteit van de EVA, Jurispr. EVA-Hof 2008, blz. 62, punt 83.

3. Arrest van het Hof van Justitie van 27 september 1988, Belgische Staat / René Humbel en Marie-Thérèse Edel, 263/86, ECLI:EU:C:1988:451, punt 18.

4. Arrest van het Hof van Justitie van 11 september 2007, Commissie/Duitsland, C-318/05, ECLI:EU:C:2007:495, punten 65 t/m 71; arrest van het Hof van Justitie van 11 september 2007, Herbert Schwarz en Marga Gootjes-Schwarz / Finanzamt Bergisch Gladbach, C-76/05, ECLI:EU:C:2007:492, punten 37 t/m 47.

5. Arrest Private Barnehagers Landsforbund, reeds aangehaald.

6. Arrest van het Hof van Justitie van 18 december 2007, Hans-Dieter Jundt en Hedwig Jundt / Finanzamt Offenburg, C-281/06, ECLI:EU:C:2007:816, punten 28 t/m 39.

7. Arrest van het Hof van Justitie van 7 december 1993, Stephan Max Wirth / Landeshauptstadt Hannover, C-109/92, ECLI:EU:C:1993:916, punten 14 t/m 22.

8. Zie punt 19 van de kaderregeling betreffende staatssteun voor onderzoek, ontwikkeling en innovatie (PB C 198 van 27.6.2014, blz. 1).

een breed scala doelstellingen en activiteiten, met onder meer musea, archieven, bibliotheken, kunstencentra en cultuurcentra of artistieke of culturele locaties, theaters, operahuizen, concerthallen, archeologische vindplaatsen, monumenten, historische locaties en gebouwen, traditionele gebruiken en ambachten, festivals en tentoonstellingen, maar ook culturele en artistieke educatie. Europa's rijke natuurlijke erfgoed, met inbegrip van het behoud van biodiversiteit, habitats en soorten, biedt verdere waardevolle voordelen voor de samenlevingen in de Unie.

34. Gezien hun bijzondere karakter kunnen bepaalde activiteiten op het gebied van cultuur en instandhouding van cultureel en natuurlijk erfgoed op niet-commerciële wijze worden georganiseerd en dus niet-economisch van aard zijn. Overheidsfinanciering van die activiteiten vormt dan ook mogelijk geen staatssteun. De Commissie is van mening dat overheidsfinanciering van een activiteit op het gebied van cultuur of instandhouding van erfgoed die kosteloos toegankelijk is voor het brede publiek, een zuiver maatschappelijke en culturele doelstelling dient die niet-economisch van aard is. Evenzo doet het feit dat bezoekers van een culturele instelling of deelnemers aan een activiteit op het gebied van cultuur of instandhouding van erfgoed, met inbegrip van natuurbehoud, die open staat voor het brede publiek, een financiële bijdrage moeten leveren die slechts een fractie van de reële kosten dekt, niet af aan het niet-economische karakter van die activiteit, omdat die bijdrage niet kan worden beschouwd als een echte vergoeding voor de geleverde dienst.

35. Daarentegen dienen activiteiten op het gebied van cultuur of instandhouding van erfgoed (met inbegrip van natuurbehoud) die overwegend worden bekostigd met bezoekers- of gebruikersvergoedingen of met andere commerciële middelen (bijv. commerciële tentoonstellingen, bioscopen, commerciële muziekuitvoeringen en festivals, en kunstacademies die overwegend worden bekostigd met onderwijsgelden) als economisch te worden aangemerkt. Evenzo dienen activiteiten op het gebied van instandhouding van erfgoed of cultuur die uitsluitend ten goede komen aan bepaalde ondernemingen – en niet aan het brede publiek (bijv. de restauratie van een door een particuliere onderneming gebruikt historisch pand) – in de regel als economisch te worden aangemerkt.

36. Bovendien zijn talrijke activiteiten op het gebied van cultuur of instandhouding van erfgoed objectief gezien niet-substitueerbaar (bijv. publiek toegankelijke archieven die unieke documenten bezitten) en valt hierdoor het bestaan van een echte markt uit te sluiten. Volgens de Commissie zouden ook deze activiteiten niet-economisch van aard zijn.

37. In gevallen waarin een entiteit culturele activiteiten of activiteiten op het gebied van instandhouding van erfgoed uitoefent, waarvan sommige niet-economisch zijn in de zin van de punten 34 en 36 en andere economisch, zal de overheidsfinanciering die zij ontvangt, alleen in zoverre onder de staatssteunregels vallen als deze de kosten dekt die aan de economische activiteiten verbonden zijn.[1]

3. 'Afkomstig van de staat'

38. Bij de vraag of een voordeel rechtstreeks of zijdelings met staatsmiddelen wordt bekostigd en de vraag of die maatregel aan de Staat valt toe te rekenen, gaat het om twee afzonderlijke en cumulatieve voorwaarden om van staatssteun te kunnen spreken.[2] Zij worden echter vaak samen onderzocht wanneer een maatregel aan artikel 107, lid 1, van het Verdrag wordt getoetst, omdat zij beide betrekking hebben op de publieke herkomst van de betrokken maatregel.

3.1. Toerekenbaarheid

39. In gevallen waarin een overheidsinstantie een voordeel aan een begunstigde verleent, valt deze maatregel per definitie aan de Staat toe te rekenen, zelfs indien de betrokken instantie juridische autonomie ten opzichte van andere overheden geniet. Hetzelfde geldt indien een overheidsinstantie een publiek- of privaatrechtelijke orgaan aanwijst om de maatregel waarmee een voordeel wordt verleend, te beheren.

1. Zoals uiteengezet in punt 207, is de Commissie van mening dat overheidsfinanciering voor gebruikelijke faciliteiten (zoals restaurants, winkels of betaald-parkeerplaatsen) van infrastructuur die vrijwel uitsluitend voor een niet-economische activiteit wordt gebruikt, in de regel het handelsverkeer tussen de lidstaten niet beïnvloedt. Evenzo is de Commissie van mening dat overheidsfinanciering voor gebruikelijke faciliteiten die beschikbaar worden gesteld in het kader van niet-economische activiteiten op het gebied van cultuur en instandhouding van erfgoed (bijv. een winkel, café of garderobe tegen betaling in een museum) normaal gesproken geen invloed heeft op het handelsverkeer tussen de lidstaten.

2. Zie bijv. arrest van het Hof van Justitie van 16 mei 2002, Frankrijk/Commissie ('Stardust Marine'), C-482/99, ECLI:EU:C:2002:294, punt 24; arrest van het Gerecht van 5 april 2006, Deutsche Bahn AG / Commissie, T-351/02, ECLI:EU:T:2006:104, punt 103.

Het Unierecht kan namelijk niet toestaan dat de regels inzake toezicht op staatssteun kunnen worden omzeild door zelfstandige instellingen op te richten die worden belast met de uitkering van steun.[1]

40. Toerekenbaarheid ligt evenwel minder voor de hand indien het voordeel wordt toegekend via overheidsbedrijven.[2] In dergelijke gevallen dient te worden uitgemaakt of de overheid geacht kan worden op een of andere manier bij de vaststelling van de maatregelen betrokken te zijn geweest.[3]

41. Het enkele feit dat een maatregel door een overheidsbedrijf wordt genomen, is op zich niet voldoende om die maatregel als toerekenbaar aan de Staat te beschouwen.[4] Er hoeft echter niet te worden aangetoond dat in een bepaalde zaak de overheid het overheidsbedrijf concreet ertoe heeft aangezet de betrokken maatregel te nemen.[5] Gelet immers op de noodzakelijkerwijs nauwe relatie tussen de Staat en overheidsbedrijven, is het risico immers reëel dat de via die bedrijven toegekende staatssteun op weinig transparante wijze en in strijd met de in het Verdrag vastgelegde staatssteunregels wordt verleend.[6] Verder zal het, juist als gevolg van de bevoorrechte betrekkingen tussen de Staat en overheidsbedrijven, voor derden in de regel zeer moeilijk zijn om in een concreet geval aan te tonen dat door dergelijke bedrijven genomen maatregelen werkelijk in opdracht van de overheid zijn getroffen.[7]

42. Om die redenen kan de toerekenbaarheid aan de Staat van een door een overheidsbedrijf genomen steunmaatregel worden afgeleid uit een samenstel van aanwijzingen die blijken uit de omstandigheden van de zaak en de context waarin deze maatregel is genomen.[8]

3.1.1. Aanwijzingen voor toerekenbaarheid

43. Mogelijke aanwijzingen om te bepalen of een maatregel aan de Staat valt toe te rekenen, zijn onder meer[9]:

a. de vaststelling dat de betrokken instantie het kwestieuze besluit niet kon nemen zonder rekening te houden met de door de overheid gestelde eisen;

b. de aanwezigheid van organieke factoren die het overheidsbedrijf met de Staat verbinden;

c. het feit dat het bedrijf waarlangs steun werd verleend, rekening moest houden met de aanwijzingen van overheidsinstanties[10];

d. het feit dat het overheidsbedrijf deel uitmaakt van de structuur van de overheidsdiensten;

e. de aard van de activiteiten van het overheidsbedrijf[11] en het feit dat het overheidsbedrijf bij het verrichten van deze activiteiten op de markt normaal concurreert met particuliere marktdeelnemers;

f. de juridische status van het bedrijf (of het publiek recht dan wel het algemene vennootschapsrecht van toepassing is), al kan het enkele feit dat een overheidsbedrijf in de vorm van een gemeenrechtelijke kapi-

1. Arrest van het Gerecht van 12 december 1996, Compagnie nationale Air France / Commissie, T-358/94, ECLI:EU:T:1996:194, punt 62.

2. Het begrip 'overheidsbedrijf' (openbaar bedrijf) kan worden gedefinieerd aan de hand van Richtlijn 2006/111/EG van de Commissie van 16 november 2006 betreffende de doorzichtigheid in de financiële betrekkingen tussen lidstaten en openbare bedrijven en de financiële doorzichtigheid binnen bepaalde ondernemingen (PB L 318 van 17.11.2006, blz. 17). Volgens artikel 2, onder b), van die richtlijn wordt onder 'openbare bedrijven' verstaan 'alle bedrijven waarover overheden rechtstreeks of middellijk een dominerende invloed kunnen uitoefenen uit hoofde van eigendom, financiële deelneming of de desbetreffende regels'.

3. Arrest van het Hof van Justitie van 16 mei 2002, Frankrijk/Commissie ('Stardust Marine'), C-482/99, ECLI:EU:C:2002:294, punt 52.

4. Arrest Stardust Marine, reeds aangehaald, ECLI:EU:C:2002:294. Zie ook arrest van het Gerecht van 26 juni 2008, SIC – Sociedade Independente de Comunicaçªo SA / Commissie, T-442/03, ECLI:EU:T:2008:228, punten 93 t/m 100.

5. Voorts hoeft in een specifiek geval niet te worden aangetoond dat het overheidsbedrijf zich anders zou hebben gedragen indien het autonoom had gehandeld; zie arrest van het Gerecht van 25 juni 2015, Servizi assicurativi del commercio estero SpA (SACE) en Sace BT / Commissie, T-305/13, ECLI:EU:T:2015:435, punt 48.

6. Arrest Stardust Marine, reeds aangehaald, ECLI:EU:C:2002:294, punt 53.

7. Arrest Stardust Marine, reeds aangehaald, ECLI:EU:C:2002:294, punt 54.

8. Arrest Stardust Marine, reeds aangehaald, ECLI:EU:C:2002:294, punt 55.

9. Arrest Stardust Marine, reeds aangehaald, ECLI:EU:C:2002:294, punten 55 en 56. Zie ook conclusie van advocaat-generaal Jacobs van 13 december 2001, Frankrijk/Commissie ('Stardust Marine'), C-482/99, ECLI:EU:C:2001:685, punten 65 t/m 68.

10. Arrest van het Hof van Justitie van 23 oktober 2014, Commerz Nederland NV / Havenbedrijf Rotterdam NV, C-242/13, ECLI:EU:C:2014:2224, punt 35.

11. Bijvoorbeeld wanneer maatregelen worden genomen door publieke ontwikkelingsbanken die doelstellingen van overheidsbeleid nastreven (arrest van het Gerecht van 27 februari 2013, Nitrogénmüvek Vegyipari Zrt / Commissie, T-387/11, ECLI:EU:T:2013:98, punt 63) of wanneer maatregelen worden genomen door privatiseringsagentschappen of publieke pensioenfondsen (arrest van het Gerecht van 28 januari 2016, Slovenië/Commissie ('ELAN'), T-507/12, ECLI:EU:T:2016:35, punt 86).

taalvennootschap is opgericht, niet als een voldoende reden gelden om toerekenbaarheid aan de Staat uit te sluiten[1], gelet op de autonomie die het aan deze rechtsvorm kan ontlenen;

g. de mate waarin de overheid toezicht uitoefent op de bedrijfsvoering van het bedrijf;

h. elke andere aanwijzing waaruit in het concrete geval blijkt dat de overheid bij de vaststelling van een maatregel betrokken is of dat het onwaarschijnlijk is dat zij hierbij niet betrokken is, mede gelet op de omvang van deze maatregel, op de inhoud ervan of op de eraan verbonden voorwaarden.

3.1.2. Toerekenbaarheid en verplichtingen op grond van het Unierecht

44. Een maatregel is niet toerekenbaar aan een lidstaat indien de lidstaat, zonder enige beoordelingsmarge, verplicht is deze op grond van het Unierecht ten uitvoer te leggen. In dat geval vloeit de maatregel voort uit een handeling van de Uniewetgeving en valt deze niet aan de Staat toe te rekenen.[2]

45. Dit is echter niet het geval in situaties waarin het Unierecht mogelijkheden biedt voor bepaalde nationale maatregelen en de lidstaat over een beoordelingsmarge beschikt i) ten aanzien van de vraag of hij de desbetreffende maatregelen neemt, of ii) met betrekking tot de kenmerken van de concrete maatregel die uit staatsteunperspectief relevant zijn.[3]

46. Maatregelen die meerdere lidstaten gezamenlijk vaststellen, zijn aan alle betrokken lidstaten toe te rekenen overeenkomstig artikel 107, lid 1, van het Verdrag.[4]

3.2. Staatsmiddelen

3.2.1. Algemene beginselen

47. Alleen voordelen die rechtstreeks of zijdelings met staatsmiddelen worden bekostigd, kunnen staatssteun in de zin van artikel 107, lid 1, van het Verdrag vormen.[5]

48. Staatsmiddelen omvatten alle middelen van de overheidssector[6], met inbegrip van middelen van decentrale (gedecentraliseerde, federatieve, regionale of andere) bestuursniveaus[7] en, onder bepaalde omstandigheden, middelen van particuliere instanties (zie de punten 57 en 58). Daarbij doet niet ter zake of een instelling uit de overheidssector al dan niet autonoom is.[8] Middelen die de centrale bank van een lidstaat aan specifieke kredietinstellingen verschaft, behelzen in de regel de overdracht van staatsmiddelen.[9]

1. Arrest van het Hof van Justitie van 16 mei 2002, Frankrijk/Commissie ('Stardust Marine'), C-482/99, ECLI:EU:C:2002:294, punt 57.

2. Zie arrest van het Hof van Justitie van 23 april 2009, Sandra Puffer / Unabhängiger Finanzsenat, Außenstelle Linz, C-460/07, ECLI:EU:C:2009:254, punt 70 (betreffende het recht op aftrek in het kader van het door de Unie opgezette btw-stelsel) en arrest van het Gerecht van 5 april 2006, Deutsche Bahn AG / Commissie, T-351/02, ECLI:EU:T:2006:104, punt 102 (betreffende door Unierecht vereiste belastingvrijstellingen).

3. Zie arrest van het Hof van Justitie van 10 december 2013, Commissie / Ierland e.a., C-272/12 P, ECLI:EU:C:2013:812, punten 45 t/m 53 (betreffende een bij beschikking van de Raad aan een lidstaat verleende toestemming om bepaalde belastingvrijstellingen in te voeren). Het arrest maakt ook duidelijk dat de omstandigheid dat een beschikking van de Raad op het gebied van harmonisatie van wetgeving op voorstel van de Commissie werd vastgesteld, niet ter zake doet, omdat het begrip staatssteun een objectief begrip is.

4. Besluit 2010/606/EU van de Commissie van 26 februari 2010 betreffende de door het Koninkrijk België, de Franse Republiek en het Groothertogdom Luxemburg ten uitvoer gelegde steunmaatregel C 9/2009 (ex NN 45/08, NN 49/08 en NN 50/08) ten gunste van Dexia NV (PB L 274 van 19.10.2010, blz. 54).

5. Arrest van het Hof van Justitie van 24 januari 1978, Openbaar Ministerie van het Koninkrijk der Nederlanden / Jacobus Philippus van Tiggele, 82/77, ECLI:EU:C:1978:10, punten 25 en 26; arrest van het Gerecht van 12 december 1996, Compagnie nationale Air France / Commissie, T-358/94, ECLI:EU:T:1996:194, punt 63.

6. Arrest Air France, reeds aangehaald, ECLI:EU:T:1996:194, punt 56.

7. Arrest van het Hof van Justitie van 14 oktober 1987, Duitsland/Commissie, 248/84, ECLI:EU:C:1987:437, punt 17; arrest van het Gerecht van 6 maart 2002, Territorio Histórico de Álava – Diputación Foral de Álava, Ramondín, SA en Ramondín Cápsulas, SA / Commissie, T-92/00 en T-103/00, ECLI:EU:T:2002:61, punt 57.s

8. Arrest Air France, reeds aangehaald, ECLI:EU:T:1996:194, punten 58 t/m 62.

9. Zie de mededeling van de Commissie betreffende de toepassing vanaf 1 augustus 2013 van de staatssteunregels op maatregelen ter ondersteuning van banken in het kader van de financiële crisis ('Bankenmededeling') (PB C 216 van 30.7.2013, blz. 1), met name punt 62. Wel heeft de Commissie duidelijk gemaakt dat wanneer een centrale bank op een bankencrisis reageert met algemene maatregelen die open staan voor alle vergelijkbare marktspelers op de markt (bijv. door op gelijke voorwaarden leningen toe te staan aan de gehele markt) – en niet met selectieve maatregelen ten behoeve van individuele banken – die algemene maatregelen vaak buiten het toepassingsgebied van het staatssteuntoezicht vallen.

49. Ook middelen van overheidsbedrijven vormen staatsmiddelen in de zin van artikel 107, lid 1, van het Verdrag, omdat de Staat het gebruik van die middelen kan sturen.[1]) Voor de toepassing van het staatssteunrecht kunnen ook overdrachten binnen een overheidsconcern staatssteun vormen indien bijvoorbeeld middelen worden overgedragen van de moedermaatschappij aan haar dochteronderneming (ook al vormt deze uit economisch oogpunt één onderneming). [2] De vraag of de overdracht van die middelen aan de Staat valt toe te rekenen, wordt behandeld in onderdeel 3.1. De omstandigheid dat een overheidsbedrijf een begunstigde van een steunmaatregel is, betekent niet dat het via een andere steunmaatregel steun mag verlenen aan een andere begunstigde.[3]

50. De omstandigheid dat een maatregel waarmee een voordeel wordt verleend, niet rechtstreeks door de Staat wordt gefinancierd, maar door van overheidswege ingestelde of aangewezen publiek- of privaatrechtelijke beheersorganen, betekent niet noodzakelijk dat de maatregel niet met staatsmiddelen wordt bekostigd.[4] Een overheidsmaatregel ter begunstiging van bepaalde ondernemingen of bepaalde producten verliest zijn karakter van kosteloos voordeel niet doordat deze geheel of gedeeltelijk wordt gefinancierd uit van overheidswege verplicht gestelde bijdragen van de betrokken ondernemingen.[5]

51. De overdracht van staatsmiddelen kan uiteenlopende vormen aannemen, zoals subsidies, leningen, garanties, deelnemingen in het kapitaal van ondernemingen en voordelen in natura. Een vaste en concrete toezegging om staatsmiddelen op een later tijdstip beschikbaar te stellen, wordt ook als een overdracht van staatsmiddelen beschouwd. Er hoeft geen positieve overdracht van middelen plaats te vinden; het is voldoende dat de Staat inkomsten derft. Het afzien van inkomsten die anders aan de Staat zouden zijn betaald, vormt een overdracht van staatsmiddelen.[6] Zo voldoet een derving van belasting- en socialezekerheidsinkomsten als gevolg van door de lidstaat verleende vrijstellingen of verlagingen van belastingen of sociale premies of door vrijstelling van de verplichtingen tot betaling van geldboetes of andere financiële sancties, aan het criterium 'staatsmiddelen' van artikel 107, lid 1, van het Verdrag.[7] Het doen ontstaan van een concreet risico dat de Staat – als gevolg van een garantie of een contractueel aanbod – in de toekomst een extra last zal moeten dragen, is voldoende voor de toepassing van artikel 107, lid 1.[8]

52. Indien overheden of overheidsbedrijven goederen of diensten aanbieden tegen een prijs onder de marktprijs, of in een onderneming investeren op een wijze die niet strookt met het criterium van de marktdeelnemer in een markteconomie, zoals dat in punt 73 e.v. wordt beschreven, impliceert dit dat de Staat inkomsten derft (en bovendien een voordeel verleent).

53. De toewijzing van licenties om het openbare domein te bezetten of te gebruiken, of het verlenen van toegang tot natuurlijke hulpbronnen of de toewijzing van bijzondere of uitsluitende rechten[9] zonder een ade-

1. Arrest van het Hof van Justitie van 16 mei 2002, Frankrijk/Commissie ('Stardust Marine'), C-482/99, ECLI:EU:C:2002:294, punt 38. Zie ook arrest van het Hof van Justitie van 29 april 2004, Griekenland/Commissie, C-278/00, ECLI:EU:C:2004:239, punten 53 en 54, en arrest van het Hof van Justitie van 8 mei 2003, Italië en SIM 2 Multimedia SpA / Commissie, C-328/99 en C-399/00, ECLI:EU:C:2003:252, punten 33 en 34.

2. Arrest van het Hof van Justitie van 11 juli 1996, Syndicat français de l'Express international (SFEI) e.a. / La Poste e.a., C-39/94, ECLI:EU:C:1996:285, punt 62.

3. Arrest van het Gerecht van 24 maart 2011, Freistaat Sachsen e.a. / Commissie, T-443/08 en T-455/08, ECLI:EU:T:2011:117, punt 143.

4. Arrest van het Hof van Justitie van 22 maart 1977, Steinike & Weinlig / Duitsland, 78/76, ECLI:EU:C:1977:52, punt 21.

5. Arrest Steinike & Weinlig, reeds aangehaald, ECLI:EU:C:1977:52, punt 22.

6. Arrest van het Hof van Justitie van 16 mei 2000, Frankrijk / Ladbroke Racing Ltd en Commissie, C-83/98 P, ECLI:EU:C:2000:248, punten 48 t/m 51.

7. Arrest van het Hof van Justitie van 15 maart 1994, Banco de Crédito Industrial SA, thans Banco Exterior de España SA / Ayuntamiento de Valencia, C-387/92, ECLI:EU:C:1994:100, punt 14 (met betrekking tot belastingvrijstellingen). Voorts kunnen afwijkingen van de normale insolventieregels, waarbij ondernemingen hun bedrijf kunnen voortzetten onder omstandigheden waarin een dergelijke mogelijkheid uitgesloten is bij toepassing van de gewone regels van het faillissementsrecht, een extra last voor de Staat met zich meebrengen indien overheidsinstanties tot de belangrijkste schuldeisers van de betrokken ondernemingen behoren of wanneer die maatregelen als een feitelijke kwijtschelding van vorderingen van de overheid zijn aan te merken; zie arrest van het Hof van Justitie van 17 juni 1999, Industrie Aeronautiche e Meccaniche Rinaldo Piaggio SpA / International Factors Italia SpA (Ifitalia) e.a., C-295/97, ECLI:EU:C:1999:313, punten 40 t/m 43, en arrest van het Hof van Justitie van 1 december 1998, Ecotrade Srl / Altiforni e Ferriere di Servola SpA (AFS), C-200/97, ECLI:EU:C:1998:579, punt 45

8. Arrest Ecotrade Srl, reeds aangehaald, ECLI:EU:C:1998:579, punt 41 en arrest van het Hof van Justitie van 19 maart 2013, Bouygues SA en Bouygues Télécom SA / Commissie e.a., C-399/10 P en C-401/10 P, ECLI:EU:C:2013:175, punten 137, 138 en 139.

9. In de zin van artikel 2, onder f) en g), van Richtlijn 2006/111/EG van de Commissie van 16 november 2006 betreffende de doorzichtigheid in de financiële betrekkingen tussen lidstaten en openbare bedrijven en de financiële doorzichtigheid binnen bepaalde ondernemingen (PB L 318 van 17.11.2006, blz. 17).

quate, marktconforme vergoeding kan inhouden dat de Staat middelen derft (en ook dat een voordeel wordt toegekend)[1].

54. In die gevallen dient te worden nagegaan of de Staat, naast zijn rol als beheerder van de betrokken openbare goederen, handelt als een toezichthouder die beleidsdoelstellingen nastreeft door aan de selectieprocedure van de betrokken ondernemingen kwalitatieve criteria te verbinden (die vooraf op transparante en niet-discriminerende wijze zijn vastgesteld).[2] Wanneer de Staat als toezichthouder handelt, kan hij rechtmatig besluiten om de inkomsten die anders zouden kunnen worden behaald, niet te maximaliseren, zonder daarmee in de werkingssfeer van de staatssteunregels te vallen, mits alle betrokken marktdeelnemers overeenkomstig het non-discriminatiebeginsel worden behandeld en er een inherent verband is tussen het behalen van de reguleringsdoelstelling en het derven van de inkomsten.[3]

55. Hoe dan ook is er sprake van een overdracht van staatsmiddelen indien, in een bepaald geval, de overheid voor de toegang tot het openbare domein of natuurlijke hulpbronnen of de toekenning van bepaalde bijzondere of uitsluitende rechten niet het normale bedrag in het kader van de algemene regeling berekent.

56. Een negatief indirect effect op staatsinkomsten als gevolg van reguleringsmaatregelen vormt geen overdracht van staatsmiddelen wanneer dat een inherent aspect van de maatregel is.[4] Zo vormt een afwijking van de bepalingen van het arbeidsrecht waardoor het kader wordt gewijzigd waarin de contractuele verhoudingen tussen ondernemingen en hun werknemers tot stand komen, geen overdracht van staatsmiddelen, ook al kunnen hierdoor de sociale premies of de aan de Staat verschuldigde belastingen dalen.[5] Evenmin houdt nationale wetgeving waarmee voor bepaalde goederen een minimumprijs wordt vastgesteld, een overdracht van staatsmiddelen in.[6]

1. Zie ook punt 33 van de mededeling van de Commissie betreffende de toepassing van de staatssteunregels van de Europese Unie op voor het verrichten van diensten van algemeen economisch belang verleende compensatie (PB C 8 van 11.1.2012, blz. 4).

2. Zie arrest van het Gerecht van 4 juli 2007, Bouygues SA en Bouygues Télécom SA / Commissie, T-475/04, ECLI:EU:T:2007:196, waarin het Gerecht (in punt 104) opmerkte dat nationale autoriteiten bij het verlenen van toegang tot een schaars collectief goed als de radiofrequenties, zowel de rol van toezichthouder als die van beheerder van die collectieve goederen vervullen.

3. Zie, in die zin, punten 28, 29 en 30 van het besluit van de Commissie van 20 juli 2004 betreffende steunmaatregel NN 42/2004 – Frankrijk – Wijziging met terugwerkende kracht van de door Orange en SFR te betalen kosten voor een UMTS-vergunning (PB C 275 van 8.11.2005, blz. 3), bevestigd door de Unierechter (arrest Bouygues SA en Bouygues Télécom SA, reeds aangehaald, ECLI:EU:T:2007:196, punten 108 t/m 111 en 113, en arrest Bouygues SA en Bouygues Télécom SA, reeds aangehaald, ECLI:EU:C:2009:223, punten 94 t/m 98 en 125). In dit geval vervulde de Staat, bij de toekenning UMTS-radiospectrumvergunningen, tegelijkertijd de rol van telecomtoezichthouder en die van beheerder van die collectieve goederen en streefde hij de reguleringsdoelstellingen na die waren uiteengezet in Richtlijn 97/13/EG van het Europees Parlement en de Raad van 10 april 1997 betreffende een gemeenschappelijk kader voor algemene machtigingen en individuele vergunningen op het gebied van telecommunicatiediensten (PB L 117 van 7.5.1997, blz. 15). In dit soort situaties, zo heeft de Unierechter bevestigd, was met het verlenen van vergunningen zonder het maximaliseren van de inkomsten die hadden kunnen worden behaald, geen staatssteun gemoeid, aangezien de betrokken maatregelen gerechtvaardigd waren door de reguleringsdoelstellingen die in Richtlijn 97/13/EG waren vastgesteld en het non- discriminatiebeginsel in acht werd genomen. Daarentegen heeft het Hof van Justitie in zijn arrest van 8 september 2011, Commissie/NederlandC-279/08 P (ECLI:EU:C:2011:551, punt 88 e.v.), geen reguleringsargumenten onderscheiden die zouden rechtvaardigen dat vrij verhandelbare emissierechten, zonder tegenprestatie, worden verleend. Zie ook arrest van het Hof van Justitie van 14 januari 2015, Eventech Ltd / Parking Adjudicator, C-518/13, ECLI:EU:C:2015:9, punt 46 e.v.

4. Arrest van het Hof van Justitie van 13 maart 2001, PreussenElektra AG / Schleswag AG, C-379/98, ECLI:EU:C:2001:160, punt 62.

5. Arrest van het Hof van Justitie van 17 maart 1993, Firma Sloman Neptun Schiffahrts AG / Seebetriebsrat Bodo Ziesemer der Sloman Neptun Schiffahrts AG, C-72/91 en C-73/91, ECLI:EU:C:1993:97, punten 20 en 21. Zie ook arrest van het Hof van Justitie van 7 mei 1998, Epifanio Viscido e.a. / Ente Poste Italiane, C-52/97, C-53/97 en C-54/97, ECLI:EU:C:1998:209, punten 13 en 14, en arrest van het Hof van Justitie van 30 november 1993, Petra Kirsammer-Hack / Nurhan Sidal, C-189/91, ECLI:EU:C:1993:907, punten 17 en 18, met betrekking tot het feit dat de niet-toepassing van een aantal bepalingen van het arbeidsrecht geen overdracht van staatsmiddelen behelst.

6. Arrest van het Hof van Justitie van 24 januari 1978, Openbaar Ministerie van het Koninkrijk der Nederlanden / Jacobus Philippus van Tiggele, 82/77, ECLI:EU:C:1978:10, punten 25 en 26.

3.2.2. *Beheersende invloed over de middelen*

57. De herkomst van de middelen is niet relevant, op voorwaarde dat deze, voordat zij direct of indirect aan de begunstigden werden overgedragen, onder staatscontrole komen en dus ter beschikking blijven van de bevoegde nationale autoriteiten[1], zelfs indien de middelen geen eigendom worden van de overheid[2].

58. Bijgevolg houden subsidies die worden bekostigd uit parafiscale heffingen of door de Staat opgelegde bijdragen, en die overeenkomstig wetgeving worden beheerd en verdeeld, een overdracht van staatsmiddelen in, zelfs indien deze middelen niet door de overheid worden beheerd.[3] Bovendien kan aan dat beginsel niet worden afgedaan door de enkele omstandigheid dat de particuliere bijdragen waarmee de maatregelen gedeeltelijk moeten worden gefinancierd, vrijwillig van aard zijn, aangezien het relevante criterium niet de herkomst van middelen is, maar de mate waarin het overheidsorgaan is tussengekomen bij de vaststelling van de betrokken maatregelen en van de financieringswijze ervan.[4] Dat staatsmiddelen worden overgedragen, kan alleen in zeer specifieke omstandigheden worden uitgesloten, met name indien middelen van de leden van een brancheorganisatie worden bestemd voor het financieren van een specifieke doelstelling ten behoeve van de leden, door een particuliere organisatie zijn vastgesteld en een louter commercieel doel dienen, en indien de lidstaat louter handelt als instrument voor de inning van een door de sectorale organisatie opgelegde bijdrage.[5]

59. Van een overdracht van staatsmiddelen is ook sprake indien de middelen ter beschikking staan van meerdere lidstaten samen, die gezamenlijk over het gebruik van die middelen beschikken.[6] Dit zou bijvoorbeeld het geval zijn voor middelen uit het Europees stabiliteitsmechanisme (ESM).

60. Ook middelen afkomstig van de Unie (bijv. uit de structuurfondsen), van de Europese Investeringsbank of het Europees Investeringsfonds, of van internationale financiële instellingen zoals het Internationaal Monetair Fonds of de Europese Bank voor Wederopbouw en Ontwikkeling, worden als staatsmiddelen beschouwd indien nationale autoriteiten een beoordelingsruimte hebben ten aanzien van het gebruik van deze middelen (met name de keuze van begunstigden).[7] Wanneer deze middelen daarentegen rechtstreeks door de Unie, de Europese Investeringsbank of het Europees Investeringsfonds worden toegekend, zonder enige beoordelingsruimte voor de nationale autoriteiten, vormen deze middelen geen staatsmiddelen (bijv. de onder direct beheer toegekende financiering in het kader van het Horizon 2020-kaderprogramma, het EU-programma voor het concurrentievermogen van ondernemingen en voor kleine en middelgrote ondernemingen (COSME), of middelen voor het trans-Europees vervoersnetwerk (TEN-T)).

1. Zie bijv. arrest van het Hof van Justitie van 17 juli 2008, Essent Netwerk Noord BV, C-206/06, ECLI:EU:C:2008:413, punt 70; arrest van het Hof van Justitie van 16 mei 2000, Frankrijk / Ladbroke Racing Ltd en Commissie, C-83/98 P, ECLI:EU:C:2000:248, punt 50.

2. Zie arrest van het Gerecht van 12 december 1996, Compagnie nationale Air France / Commissie, T-358/94, ECLI:EU:T:1996:194, punten 65, 66 en 67, met betrekking tot door de Caisse des Dépôts et Consignations (CDC) verleende steun die werd gefinancierd uit vrijwillige deposito's van particulieren die te allen tijde konden worden opgevraagd. Deze omstandigheid deed echter niet af aan de conclusie dat die middelen staatsmiddelen waren omdat de in- en uitboekingen van geldmiddelen een saldo opleverden, dat CDC kon gebruiken alsof de met dit saldo overeenkomende geldmiddelen definitief te harer beschikking stonden. Zie ook arrest van het Hof van Justitie van 16 mei 2000, Frankrijk / Ladbroke Racing Ltd en Commissie, C-83/98 P, ECLI:EU:C:2000:248, punt 50.

3. Arrest van het Hof van Justitie van 2 juli 1974, Italië/Commissie, 173/73, ECLI:EU:C:1974:71, punt 16; arrest van het Hof van Justitie van 11 maart 1992, Compagnie Commerciale de l'Ouest e.a. / Receveur principal des douanes de La Pallice Port, C-78/90 t/m C-83/90, ECLI:EU:C:1992:118, punt 35; arrest van het Hof van Justitie van 17 juli 2008, Essent Netwerk Noord BV, C-206/06, ECLI:EU:C:2008:413, punten 58 t/m 74.

4. Arrest van het Gerecht van 27 september 2012, Frankrijk e.a. / Commissie, T-139/09, T-243/09 en T-328/09, ECLI:EU:T:2012:496, punten 63 en 64.

5. Zie arrest van het Hof van Justitie van 15 juli 2004, Pearle BV e.a. / Hoofdbedrijfschap Ambachten, C-345/02, ECLI:EU:C:2004:448, punt 41, en arrest van het Hof van Justitie van 30 mei 2013, Doux Élevage SNC en Coopérative agricole UKL-ARREE / Ministère de l'Agriculture, de l'Alimentation, de la PŒche, de la Ruralité et de l'Aménagement du territoire en Comité interprofessionnel de la dinde française (CIDEF), C-677/11, ECLI:EU:C:2013:348.

6. Besluit 2010/606/EU van de Commissie van 26 februari 2010 betreffende de door het Koninkrijk België, de Franse Republiek en het Groothertogdom Luxemburg ten uitvoer gelegde steunmaatregel C 9/2009 (ex NN 45/08, NN 49/08 en NN 50/08) ten gunste van Dexia NV (PB L 274 van 19.10.2010, blz. 54).

7. Zie bijvoorbeeld, wat de structuurfondsen betreft, het besluit van de Commissie van 22 november 2006 betreffende steunmaatregel N 157/ 06 – Verenigd Koninkrijk – South Yorkshire Digital Region Broadband Project (PB C 80 van 13.4.2007, blz. 2), punten 21 en 29 (een gedeeltelijk door het Europees Fonds voor Regionale Ontwikkeling (EFRO) gefinancierde maatregel). Wat betreft financiering voor de voortbrenging van en handel in landbouwproducten, wordt het toepassingsbereik van de staatssteunregels beperkt door artikel 42 van het Verdrag.

3.2.3. Rol van de Staat bij de herverdeling tussen particuliere entiteiten

61. Regelgeving die leidt tot financiële herverdeling van één particuliere entiteit naar een andere, zonder dat de Staat daarbij verder enige rol speelt, houdt – in beginsel – geen overdracht van staatsmiddelen in indien de middelen rechtstreeks van één particuliere entiteit naar een andere stromen, zonder dat zij langs door van overheidswege ingestelde of aangewezen publiek- of privaatrechtelijke beheersorganen verlopen.[1]

62. Zo brengt een door een lidstaat aan particuliere elektriciteitsbedrijven opgelegde verplichting om tegen vaste minimumtarieven elektriciteit uit hernieuwbare energiebronnen af te nemen, geen enkele rechtstreekse of zijdelingse overdracht van staatsmiddelen aan de producenten van dit soort elektriciteit met zich mee.[2] In dit geval zijn de betrokken ondernemingen (d.w.z. de particuliere elektriciteitsbedrijven) niet door de Staat aangewezen om een steunregeling te beheren, maar zijn zij alleen gebonden door een verplichting een bepaald soort elektriciteit aan te kopen met hun eigen financiële middelen.

63. Van een overdracht van staatsmiddelen is evenwel sprake wanneer de heffingen die particulieren verschuldigd zijn, via een publieke of particuliere entiteit verlopen die deze moet doorgeven aan de begunstigde onderneming.

64. Dit is bijvoorbeeld zelfs het geval wanneer een particuliere entiteit bij wet wordt aangewezen om die heffingen namens de Staat te innen en door te leiden naar de begunstigden, zonder dat deze entiteit de opbrengsten uit deze heffingen mag gebruiken voor andere doelstellingen dan die welke bij wet zijn vastgesteld. In dit geval blijven de betrokken bedragen onder toezicht van de overheid en staan zij dus ter beschikking van de nationale autoriteiten, hetgeen voldoende reden is om ze als staatsmiddelen te beschouwen.[3] Aangezien dit beginsel geldt voor zowel overheidsinstanties als particuliere entiteiten die aangewezen zijn om de heffingen te innen en de betalingen te verrichten, is een verandering van het statuut van de tussenpersoon van publieke entiteit in particuliere entiteit niet relevant voor het criterium 'staatsmiddelen' indien de Staat die entiteit van nabij blijft volgen.[4]

65. Voorts vormt ook een mechanisme voor de volledige compensatie van de meerkosten die voor ondernemingen voortvloeien uit de afnameverplichting van een product van bepaalde aanbieders tegen een hogere prijs dan de marktprijs, waarbij de compensatie wordt gefinancierd door alle eindverbruikers van dat product, een met staatsmiddelen bekostigde maatregel, zelfs wanneer dit mechanisme ten dele is gebaseerd op een rechtstreekse overdracht van middelen tussen particuliere entiteiten.[5]

4. Voordeel

4.1. Het begrip 'voordeel' in algemene zin

66. Een voordeel in de zin van artikel 107, lid 1, van het Verdrag is een economisch voordeel dat een onderneming onder normale marktvoorwaarden – d.w.z. zonder overheidsingrijpen – niet had kunnen verkrijgen.[6] In onderdeel 4.2 van deze mededeling zijn nadere aanwijzingen te vinden over de vraag of een voordeel als onder normale marktvoorwaarden verkregen kan worden beschouwd.

1. Arrest van het Hof van Justitie van 24 januari 1978, Openbaar Ministerie van het Koninkrijk der Nederlanden / Jacobus Philippus van Tiggele, 82/77, ECLI:EU:C:1978:10, punten 25 en 26.
2. Arrest van het Hof van Justitie van 13 maart 2001, PreussenElektra AG / Schhleswag AG, C-379/98, ECLI:EU:C:2001:160, punten 59 t/m 62. Het Hof verklaarde dat de aan de particuliere ondernemingen opgelegde afnameverplichting geen enkele rechtstreekse of zijdelingse overdracht van staatsmiddelen met zich meebrengt en dat aan deze conclusie niet wordt afgedaan door het feit dat de inkomsten van de aan die verplichting onderworpen ondernemingen dalen, hetgeen tot een daling van de belastingontvangsten kan leiden, omdat dit gevolg inherent is aan een dergelijke regeling. Zie ook arrest van het Hof van Justitie van 5 maart 2009, Unión de Televisiones Comerciales Asociadas (UTECA) / Administración General del Estado, C-222/07, ECLI:EU:C:2009:124, punten 43 t/m 47 (over het feit dat aan omroeporganisaties ten behoeve van filmproductie opgelegde verplichte bijdragen, geen overdracht van staatsmiddelen met zich meebrengen).
3. Arrest van het Hof van Justitie van 17 juli 2008, Essent Netwerk Noord BV, C-206/06, ECLI:EU:C:2008:413, punten 69 t/m 75.
4. Besluit 2011/528/EU van de Commissie van 8 maart 2011 betreffende de staatssteun in zaak C 24/09 (ex NN 446/08) – Staatssteun voor energie-intensieve ondernemingen, Wet op groene elektriciteit, Oostenrijk (PB L 235 van 10.9.2011, blz. 42), overweging 76.
5. Arrest van het Hof van Justitie 19 december 2013, Association Vent De Colère! Fédération nationale e.a. / Ministre de l'Écologie, du Développement durable, des Transports et du Logement en Ministre de l'Économie, des Finances et de l'Industrie, C-262/12, ECLI:EU:C:2013:851, punten 25 en 26.
6. Arrest van het Hof van Justitie van 11 juli 1996, Syndicat français de l'Express international (SFEI) e.a. / La Poste e.a., C-39/94, ECLI:EU:C:1996:285, punt 60; arrest van het Hof van Justitie van 29 april 1999, Spanje/Commissie, C-342/96, ECLI:EU:C:1999:210, punt 41.

67. Alleen de gevolgen van de maatregel voor de onderneming zijn relevant, en niet de oorzaken of doeleinden van de overheidsmaatregel.[1] Telkens wanneer de financiële situatie van een onderneming verbetert als gevolg van overheidsingrijpen[2] op voorwaarden die afwijken van normale marktvoorwaarden, is er sprake van een voordeel. Om dit te kunnen beoordelen, dient de financiële situatie van de onderneming ná de maatregel te worden vergeleken met haar financiële situatie indien de maatregel niet was genomen.[3] Aangezien alleen de gevolgen van de maatregel voor de onderneming van belang zijn, doet niet ter zake of het voordeel voor de onderneming verplicht is in die zin dat zij het niet kon vermijden of weigeren.[4]

68. Ook de precieze vorm van de maatregel is niet van belang om te bepalen of daarmee een economisch voordeel aan de onderneming wordt verleend.[5] Niet alleen het verlenen van positieve economische voordelen is relevant voor het begrip 'staatssteun', maar ook het verlichten van economische lasten[6] kan een voordeel zijn. Dit laatste is een ruime categorie die iedere verlichting van lasten omvat die normaal gesproken op het budget van een onderneming drukken.[7] Dit omvat alle situaties waarin economische spelers worden bevrijd van de inherente kosten van hun economische activiteiten.[8] Indien bijvoorbeeld een lidstaat een deel van de kosten van de werknemers van een bepaalde onderneming betaalt, wordt die onderneming daarmee bevrijd van kosten die inherent zijn aan haar economische activiteiten. Van een voordeel is ook sprake wanneer de overheid een salaristoelage betaalt aan de werknemers van een bepaalde onderneming, ook al was er voor de onderneming geen wettelijke verplichting om die toelage te betalen.[9] Hieronder vallen ook situaties waarin bepaalde marktdeelnemers niet de kosten hoeven te dragen die andere, vergelijkbare marktdeelnemers normaal gesproken binnen een bepaalde rechtsorde moeten dragen, ongeacht het niet-economische karakter van de activiteit waarmee de kosten verband houden.[10]

69. Kosten die voortvloeien uit door de Staat opgelegde wettelijke verplichtingen[11], kunnen in beginsel worden beschouwd als verband houdende met de inherente kosten van de economische activiteit, zodat met eventuele compensaties voor die kosten een voordeel aan de onderneming wordt verleend[12]. Dit betekent dat het bestaan van een voordeel in beginsel niet valt uit te sluiten wanneer het voordeel niet verder gaat dan een compensatie van kosten voortvloeiend uit het opleggen van een wettelijke verplichting. Hetzelfde geldt voor de situatie waarin de onderneming wordt bevrijd van de kosten die zij niet had moeten maken indien er geen

1. Arrest van het Hof van Justitie van 2 juli 1974, Italië/Commissie, 173/73, ECLI:EU:C:1974:71, punt 13.

2. Het begrip 'overheidsingrijpen' ziet niet alleen op positieve maatregelen van de Staat, maar betreft ook het feit dat overheden in bepaalde omstandigheden geen maatregelen nemen, bijvoorbeeld om schulden in te vorderen; zie bijv. arrest van het Hof van Justitie van 12 oktober 2000, Spanje/Commissie ('Magefesa'), C-480/98, EU:C:2000:559, punten 19 en 20.

3. Arrest van het Hof van Justitie van 2 juli 1974, Italië/Commissie, 173/73, ECLI:EU:C:1974:71, punt 13.

4. Beschikking 2004/339/EG van de Commissie van 15 oktober 2003 betreffende de door Italië ten uitvoer gelegde maatregelen ten gunste van RAI SpA (PB L 119 van 23.4.2004, blz. 1), overweging 69; conclusie van advocaat-generaal Fennelly van 26 november 1998, Frankrijk/ Commissie, C-251/97, ECLI:EU:C:1998:572, punt 26.

5. Arrest van het Hof van Justitie van 24 juli 2003, Altmark Trans GmbH en Regierungspräsidium Magdeburg / Nahverkehrsgesellschaft Altmark GmbH, C-280/00, ECLI:EU:C:2003:415, punt 84.

6. Zoals bijvoorbeeld belastingvoordelen of verlagingen van sociale premies.

7. Arrest van het Hof van Justitie van 15 maart 1994, Banco de Crédito Industrial SA, thans Banco Exterior de España SA / Ayuntamiento de Valencia, C-387/92, ECLI:EU:C:1994:100, punt 13; arrest van het Hof van Justitie van 19 september 2000, Duitsland/Commissie, C-156/98, ECLI:EU:C:2000:467, punt 25; arrest van het Hof van Justitie van 19 mei 1999, Italië/Commissie, C-6/97, ECLI:EU:C:1999:251, punt 15; arrest van het Hof van Justitie van 3 maart 2005, Wolfgang Heiser / Finanzamt Innsbruck, C-172/03, ECLI:EU:C:2005:130, punt 36.

8. Arrest van het Hof van Justitie van 20 november 2003, Ministère de l'Économie, des Finances et de l'Industrie / GEMO SA, C-126/01, ECLI:EU:C:2003:622, punten 28 t/m 31 (over het kosteloos ophalen en verwijderen van afval).

9. Arrest van het Hof van Justitie van 26 september 1996, Frankrijk/Commissie, C-241/94, ECLI:EU:C:1996:353, punt 40; arrest van het Hof van Justitie van 12 december 2002, België/Commissie, C-5/01, ECLI:EU:C:2002:754, punten 38 en 39; arrest van het Gerecht van 11 september 2012, Corsica Ferries France SAS / Commissie, T-565/08, ECLI:EU:T:2012:415, punten 137 en 138, bevestigd in beroep, zie arrest van het Hof van Justitie van 4 september 2014, Société nationale maritime Corse-Méditerranée (SNCM) SA en Frankrijk / Corsica Ferries France SAS, C-533/12 P en C-536/12 P, ECLI:EU:C:2014:2142.

10. Zie de richtsnoeren voor staatssteun aan luchthavens en luchtvaartmaatschappijen (PB C 99 van 4.4.2014, blz. 3), punt 37.

11. Wat de landbouwsector betreft, zouden voorbeelden van het opleggen van een wettelijke verplichting veterinaire of voedselveiligheidscontroles en testen zijn die aan de landbouwproducenten worden opgelegd. Daarentegen worden controles en testen die worden uitgevoerd en gefinancierd door overheidsinstanties en die niet wettelijk verplicht uit te voeren zijn of door de landbouwproducenten moeten worden gefinancierd, niet beschouwd als aan de ondernemingen opgelegde wettelijke verplichtingen. Zie Besluit (EU) 2015/2432 van de Commissie van 18 september 2015 inzake de door Duitsland verleende staatssteun voor melkkwaliteitstests in het kader van de wet melk en vetten – SA.35484 (2013/C) (ex SA.35484 (2012/NN)) (PB L 334 van 22.12.2015, blz. 23) en Besluit (EU) 2016/290 van de Commissie van 4 april 2016 inzake de door Verband der deutschen Milchwirtschaft e.V (vereniging van de Duitse zuivelsector) uitgevoerde steunmaatregelen in verband met de wet melk en vetten SA.35484 (2013/C) (ex SA.35484 (2012/NN)) (PB L 59 van 4.3.2016, blz. 194).

12. Arrest van het Gerecht van 25 maart 2015, België/Commissie, T-538/11, ECLI:EU:T:2015:188, punten 74 t/m 78.

uit de overheidsmaatregel voortvloeiende prikkel was geweest, omdat de onderneming, zonder deze prikkel, haar activiteit anders had gestructureerd.[1] Evenmin valt het bestaan van een voordeel uit te sluiten indien een maatregel lasten van een andere aard compenseert die geen verband houden met die maatregel.[2]

70. Wat betreft de kosten gemaakt bij het beheer van een dienst van algemeen economisch belang (DAEB), heeft het Hof in zijn Altmark-arrest duidelijk gemaakt dat kan worden uitgesloten dat een voordeel wordt verleend wanneer vier cumulatieve voorwaarden zijn vervuld.[3] In de eerste plaats moet de begunstigde onderneming daadwerkelijk belast zijn met de uitvoering van openbare-dienstverplichtingen en moeten die verplichtingen duidelijk omschreven zijn. In de tweede plaats moeten de parameters op basis waarvan de compensatie wordt berekend, vooraf op objectieve en transparante wijze zijn vastgesteld. In de derde plaats mag de compensatie niet hoger zijn dan nodig is om de kosten van de uitvoering van de openbare-dienstverplichtingen, rekening houdende met de opbrengsten en een redelijke winst, geheel of gedeeltelijk te dekken. In de vierde plaats moet, wanneer de met de uitvoering van openbare-dienstverplichtingen te belasten onderneming niet is gekozen in het kader van een openbare aanbesteding waarbij een kandidaat kan worden geselecteerd welke deze diensten tegen de laagste kosten voor de gemeenschap kan leveren, de noodzakelijke compensatie worden vastgesteld op basis van de kosten die een gemiddelde, goed beheerde onderneming, die zodanig is uitgerust dat zij aan de vereisten van de openbare dienst kan voldoen, zou hebben gemaakt om deze verplichtingen uit te voeren, rekening houdende met de opbrengsten en een redelijke winst uit de uitoefening van deze verplichtingen. De Commissie heeft haar uitlegging van deze voorwaarden verder uitgewerkt in haar mededeling betreffende de toepassing van de staatssteunregels van de Europese Unie op voor het verrichten van diensten van algemeen economisch belang verleende compensatie.[4]

71. Het bestaan van een voordeel is uitgesloten in het geval van de terugbetaling van onverschuldigde belastingen[5], van een verplichting voor de nationale autoriteiten om schade te vergoeden die zij aan bepaalde ondernemingen hebben veroorzaakt[6] of de betaling van een schadevergoeding bij onteigening[7].

72. Het bestaan van een voordeel wordt niet uitgesloten door het enkele feit dat concurrerende ondernemingen in andere lidstaten in een gunstigere positie verkeren[8], omdat het begrip 'voordeel' is gebaseerd op een analyse van de financiële positie van een onderneming binnen haar eigen juridische en feitelijke context mét en zónder de specifieke maatregel.

4.2. Het criterium van de marktdeelnemer in een markteconomie

4.2.1. Inleiding

73. De rechtsorde van de Unie is neutraal ten aanzien van de regeling van het eigendomsrecht[9] en doet op geen enkele wijze afbreuk aan het recht van lidstaten om als economische spelers op te treden. Wanneer over-

1. Indien een onderneming bijvoorbeeld subsidie ontvangt om een investering in een steungebied te doen, kan niet worden aangevoerd dat hiermee niet de kosten zouden worden verlicht die normaal gesproken in het budget van de onderneming zouden zijn opgenomen, aangezien de onderneming, zónder de subsidie, de investering niet had uitgevoerd.

2. Arrest van het Hof van Justitie van 8 december 2011, France Télécom SA / Commissie, C-81/10 P, ECLI:EU:C:2011:811, punten 43 t/m 50. Dit geldt logischerwijs ook voor een maatregel die een onderneming bevrijdt van de kosten om de status van ambtenaren te vervangen door een status van werknemers die vergelijkbaar is met die van de medewerkers van haar concurrenten. In dat geval zou de betrokken onderneming daarmee een voordeel verleend krijgen (hierover bestond er voordien enige onzekerheid na het arrest van het Gerecht van 16 maart 2004, Danske Busvognmænd / Commissie, T-157/01, ECLI:EU:T:2004:76, punt 57). Zie, over de compensatie voor gestrande kosten, ook arrest van het Gerecht van 11 februari 2009, Iride SpA en Iride Energia SpA / Commissie, T-25/07, ECLI:EU:T:2009:33, punten 46 t/m 56.

3. Arrest van het Hof van Justitie van 24 juli 2003, Altmark Trans GmbH en Regierungspräsidium Magdeburg / Nahverkehrsgesellschaft Altmark GmbH, C-280/00, ECLI:EU:C:2003:415, punten 87 t/m 95.

4. PB C 8 van 11.1.2012, blz. 4.

5. Arrest van het Hof van Justitie van 27 maart 1980, Italiaanse Administratie van de Staatsfinanciën / Denkavit italiana Srl, 61/79, ECLI:EU:C:1980:100, punten 29 t/m 32.

6. Arrest van het Hof van Justitie van 27 september 1988, Asteris AE e.a. / Helleense Republiek en Europese Economische Gemeenschap, 106 tot 120/87, ECLI:EU:C:1988:457, punten 23 en 24.

7. Arrest van het Gerecht van 1 juli 2010, Nuova Terni Industrie Chimiche SpA / Commissie, T-64/08, ECLI:EU:T:2010:270, punten 59 t/m 63, 140 en 141 (waar wordt duidelijk gemaakt dat met de betaling van een schadevergoeding bij onteigening geen voordeel wordt verleend, maar dat wanneer deze vergoeding achteraf wordt verlengd, dit staatssteun kan vormen).

8. Arrest van het Hof van Justitie van 2 juli 1974, Italië/Commissie, 173/73, ECLI:EU:C:1974:71, punt 17; zie ook arrest van het Gerecht van 29 september 2000, Confederación Española de Transporte de Mercancías (CETM) / Commissie, T-55/99, ECLI:EU:T:2000:223, punt 85.

9. In artikel 345 van het Verdrag is bepaald: 'De Verdragen laten de regeling van het eigendomsrecht in de lidstaten onverlet.'.

heden direct of indirect economische transacties aangaan, in welke vorm ook,[1] zijn zij onderworpen aan staatssteunregels van de Unie.

74. Economische transacties die worden aangegaan door overheidsinstanties (met inbegrip van overheidsbedrijven), verlenen geen voordeel aan de tegenpartij van die transactie – en vormen dus geen steun – indien zij marktconform verlopen.[2] Dit beginsel is verder ontwikkeld ten aanzien van verschillende economische transacties. De Unierechter heeft het 'beginsel van de investeerder (handelend) in een markteconomie' ontwikkeld om te bepalen of in gevallen van overheidsinvesteringen (en met name kapitaalinjecties) sprake is van staatssteun: om te bepalen of de investering van een overheidsinstantie staatssteun vormt, dient te worden beoordeeld of in soortgelijke omstandigheden een particuliere investeerder van een vergelijkbare omvang ertoe zou kunnen worden gebracht de betrokken investering te doen.[3]

Voorts heeft de Unierechter, om te onderzoeken of met schuldherschikkingen door publieke schuldeisers staatssteun gemoeid is, het 'criterium van de particuliere schuldeiser' ontwikkeld, waarbij de handelwijze van een publieke schuldeiser wordt vergeleken met die van hypothetische particuliere schuldeisers die zich in een vergelijkbare situatie zouden bevinden.[4] Ten slotte heeft de Unierechter het 'criterium van de particuliere verkoper' ontwikkeld om na te gaan of met een verkoop door een overheidsinstantie staatssteun is gemoeid, door te kijken of een particuliere verkoper, onder normale marktomstandigheden, dezelfde of een betere prijs had kunnen krijgen.[5]

75. Die criteria zijn varianten op hetzelfde basisconcept dat de gedragingen van overheidsinstanties vergelijkbaar moeten zijn met die van vergelijkbare particuliere economische spelers onder normale marktomstandigheden, om te bepalen of met de economische transacties welke die instanties aangaan, een voordeel wordt verleend aan de tegenpartij bij die transacties. In deze mededeling zal de Commissie het daarom, in algemene bewoordingen, hebben over het criterium van 'de marktdeelnemer in een markteconomie' als de te hanteren methode om na te gaan of een reeks economische transacties die overheidsinstanties aangaan, op normale marktvoorwaarden plaatsvinden, en of daarmee aan hun tegenpartijen een voordeel wordt verleend (dat onder normale marktvoorwaarden niet had gespeeld). De algemene beginselen en de relevante criteria voor het toepassen van het criterium van de marktdeelnemer in een markteconomie worden uiteengezet in de onderdelen 4.2.2. en 4.2.3.

4.2.2. Algemene beginselen

76. Het criterium van de marktdeelnemer in een markteconomie heeft tot doel na te gaan of de Staat een onderneming een voordeel heeft verleend door ten aanzien van een bepaalde transactie niet te handelen als een marktdeelnemer in een markteconomie. In dat verband doet het niet ter zake of de maatregel voor de overheidsinstanties een rationeel middel is om overwegingen van overheidsbeleid na te streven (bijv. werkgelegenheid). Ook de vraag of de begunstigde onderneming al dan niet rendabel is, is op zich geen beslissende aanwijzing om te bepalen of de betrokken economische transactie marktconform is. Het beslissende element is de vraag of de overheidsinstanties hebben gehandeld zoals een marktdeelnemer in een markteconomie in een vergelijkbare situatie had gedaan. Is dat niet het geval, dan heeft de begunstigde onderneming een econo-

1. Zie bijv. arrest van het Hof van Justitie van 10 juli 1986, België/Commissie, 40/85, ECLI:EU:C:1986:305, punt 12.

2. Arrest van het Hof van Justitie van 11 juli 1996, Syndicat français de l'Express international (SFEI) e.a. / La Poste e.a., C-39/94, ECLI:EU:C:1996:285, punten 60 en 61.

3. Zie bijv. arrest van het Hof van Justitie van 21 maart 1990, België/Commissie ('Tubemeuse'), C-142/87, ECLI:EU:C:1990:125, punt 29; arrest van het Hof van Justitie van 21 maart 1991, Italië/Commissie ('Alfa Romeo'), C-305/89, ECLI:EU:C:1991:142, punten 18 en 19; arrest van het Gerecht van 30 april 1998, Cityflyer Express Ltd / Commissie, T-16/96, ECLI:EU:T:1998:78, punt 51; arrest van het Gerecht van 21 januari 1999, Neue Maxhütte Stahlwerke GmbH en Lech-Stahlwerke GmbH / Commissie, T-129/95, T-2/96 en T-97/96, ECLI:EU:T:1999:7, punt 104; arrest van het Gerecht van 6 maart 2003, Westdeutsche Landesbank Girozentrale en deelstaat Noord-Rijnland-Westfalen / Commissie, T-228/99 en T-233/99, ECLI:EU:T:2003:57.

4. Arrest van het Hof van Justitie van 22 november 2007, Spanje/Commissie, C-525/04 P, ECLI:EU:C:2007:698; arrest van het Hof van Justitie van 24 januari 2013, Frucona Kogice a.s. / Commissie, C-73/11 P, ECLI:EU:C:2013:32; arrest van het Hof van Justitie van 29 juni 1999, Déménagements-Manutention Transport SA (DMT), C-256/97, ECLI:EU:C:1999:332.

5. Arrest van het Gerecht van 28 februari 2012, Land Burgenland en Oostenrijk / Commissie, T-268/08 en T-281/08, ECLI:EU:T:2012:90.

misch voordeel ontvangen dat deze onder normale marktomstandigheden niet had kunnen verkrijgen,[1] waardoor zij in een gunstigere positie werd gebracht dan die van haar concurrenten[2].

77. Voor de toepassing van het criterium van de marktdeelnemer in een markteconomie dient alleen rekening te worden gehouden met de voordelen en verplichtingen die verband houden met de rol van de Staat in zijn hoedanigheid van marktdeelnemer – en niet met die welke verband houden met zijn rol van overheid.[3] Immers, dit criterium is doorgaans niet van toepassing indien de Staat handelt in zijn hoedanigheid van overheid – en niet die van een marktdeelnemer. Indien een overheidsmaatregel bijvoorbeeld is ingegeven door redenen van overheidsbeleid (bijv. redenen van maatschappelijke of regionale ontwikkeling), kan het optreden van de Staat uit oogpunt van overheidsbeleid misschien rationeel zijn, maar tegelijk overwegingen omvatten waarmee een marktdeelnemer in een markteconomie in de regel geen rekening zou houden. Bijgevolg dient het criterium van de marktdeelnemer in een markteconomie te worden toegepast, los van alle overwegingen die uitsluitend verband houden met de rol van een lidstaat als overheid (bijv. overwegingen van sociale aard of van regionaal of sectoraal beleid).[4]

78. Of een overheidsmaatregel marktconform is, moet vooraf worden beoordeeld, rekening houdende met de informatie die beschikbaar was op het ogenblik dat tot de maatregel werd besloten.[5] Immers, een voorzichtige marktdeelnemer in een markteconomie zou normaal gesproken vooraf zijn eigen beoordeling van de strategie en de financiële vooruitzichten van een project maken[6], bijvoorbeeld aan de hand van een businessplan. Er kan niet worden volstaan met het gebruik van achteraf gemaakte economische beoordelingen die tot de vaststelling komen dat de door de betrokken lidstaat gedane investering daadwerkelijk winstgevend is geweest.[7]

79. Indien een lidstaat aanvoert dat hij als marktdeelnemer in een markteconomie heeft gehandeld, moet hij bij twijfel het bewijs leveren waaruit blijkt dat het besluit om de transactie uit te voeren, is genomen op grond van economische analyses die te vergelijken zijn met die welke een rationele marktdeelnemer in een markteconomie (die zich in een situatie bevindt die zo dicht mogelijk die van de betrokken overheidsinstantie benadert), had laten uitvoeren om de winstgevendheid of economische voordelen van de transactie te bepalen.[8]

80. Of een transactie marktconform is, moet worden bepaald aan de hand van een globale beoordeling van de effecten van de transactie op de betrokken onderneming, zonder rekening te houden met de vraag of de gebruikte specifieke middelen voor het verrichten van de transactie voor marktdeelnemers in een markteconomie beschikbaar zouden zijn. Zo kan de toepasselijkheid van het criterium van de marktdeelnemer in een

1. Arrest van het Gerecht van 6 maart 2003, Westdeutsche Landesbank Girozentrale en deelstaat Noord-Rijnland-Westfalen / Commissie, T-228/99 en T-233/99, ECLI:EU:T:2003:57, punt 208.

2. Zie, in die zin, arrest van het Hof van Justitie van 5 juni 2012, Commissie / Électricité de France (EdF), C-124/10 P, ECLI:EU:C:2012:318, punt 90; arrest van het Hof van Justitie van 15 maart 1994, Banco de Crédito Industrial SA, thans Banco Exterior de España SA / Ayuntamiento de Valencia, C-387/92, ECLI:EU:C:1994:100, punt 14; arrest van het Hof van Justitie van 19 mei 1999, Italië/Commissie, C-6/97, ECLI:EU:C:1999:251, punt 16.

3. Arrest van het Hof van Justitie van 5 juni 2012, Commissie / Électricité de France (EdF), C-124/10 P, ECLI:EU:C:2012:318, punten 79 t/m 81; arrest van het Hof van Justitie van 10 juli 1986, België/Commissie, 234/84, ECLI:EU:C:1986:302, punt 14; arrest van het Hof van Justitie van 10 juli 1986, België/Commissie, 40/85, ECLI:EU:C:1986:305, punt 13; arrest van het Hof van Justitie van 14 september 1994, Spanje/Commissie, C-278/92, C-279/92 en C-280/92, ECLI:EU:C:1994:325, punt 22; arrest van het Hof van Justitie van 28 januari 2003, Duitsland/Commissie, C-334/99, ECLI:EU:C:2003:55, punt 134.

4. Arrest Commissie/EdF, reeds aangehaald, ECLI:EU:C:2012:318, punt 79, 80 en 81; arrest België/Commissie, reeds aangehaald, ECLI:EU:C:1986:302, punt 14; arrest België/Commissie, reeds aangehaald, ECLI:EU:C:1986:305, punt 13; arrest Spanje/ Commissie, reeds aangehaald, ECLI:EU:C:1994:325, punt 22; arrest Duitsland/Commissie, reeds aangehaald, ECLI:EU:C:2003:55, punt 134; arrest van het Gerecht van 6 maart 2003, Westdeutsche Landesbank Girozentrale en deelstaat Noord-Rijnland-Westfalen / Commissie, T-228/99 en T-233/99, ECLI:EU:T:2003:57; arrest van het Gerecht van 24 september 2008, Kahla/Thüringen Porzellan GmbH / Commissie, T-20/03, ECLI:EU:T:2008:395; arrest van het Gerecht van 17 oktober 2002, Linde AG / Commissie, T-98/00, ECLI:EU:T:2002:248.

5. Arrest Commissie/EdF, reeds aangehaald, ECLI:EU:C:2012:318, punten 83, 84 en 85 en 105; arrest van het Hof van Justitie van 16 mei 2002, Frankrijk/Commissie ('Stardust Marine'), C-482/99, ECLI:EU:C:2002:294, punten 71 en 72; arrest van het Gerecht van 30 april 1998, Cityflyer Express Ltd / Commissie, T-16/96, ECLI:EU:T:1998:78, punt 76;

6. Arrest Commissie/EdF, reeds aangehaald, ECLI:EU:C:2012:318, punten 82 t/m 85 en 105.

7. Arrest Commissie/EdF, reeds aangehaald, ECLI:EU:C:2012:318, punt 85.

8. Arrest Commissie/EdF, reeds aangehaald, ECLI:EU:C:2012:318, punten 82 t/m 85. Zie ook arrest van het Hof van Justitie van 24 oktober 2013, Land Burgenland e.a. / Commissie, C-214/12 P, C-215/12 P en C-223/12 P, ECLI:EU:C:2013:682, punt 61. Hoe diepgaand dit soort beoordeling vooraf gebeurt, kan variëren afhankelijk van de complexiteit van de betrokken transactie en de waarde van de betrokken activa, goederen of diensten. Normaal gesproken dient dit soort beoordelingen te worden uitgevoerd met de hulp van deskundigen met de nodige kennis en ervaring. Deze beoordelingen dienen steeds te zijn gebaseerd op objectieve criteria en beleidsoverwegingen mogen daarbij niet meespelen. Beoordelingen door onafhankelijke deskundigen kunnen de geloofwaardigheid van de beoordeling beter helpen te onderbouwen.

markteconomie niet alleen worden uitgesloten op de grond dat de gehanteerde middelen een fiscaal karakter hebben.[1]

81. In bepaalde gevallen kunnen meerdere, opeenvolgende maatregelen van overheidsingrijpen, voor de toepassing van artikel 107, lid 1, van het Verdrag, als één enkele maatregel worden beschouwd. Dit kan onder meer het geval zijn wanneer opeenvolgende maatregelen, met name gelet op de chronologie en de doeleinden ervan alsook op de toestand waarin de onderneming zich ten tijde van die maatregelen bevond, zo nauw met elkaar verbonden zijn dat zij onmogelijk afzonderlijk kunnen worden bezien.[2] Wanneer bijvoorbeeld een reeks overheidsmaatregelen ten behoeve van dezelfde onderneming in een betrekkelijk korte tijdsspanne plaatsvinden, met elkaar verbonden zijn of alle gepland of voorzienbaar waren op het tijdstip van de eerste maatregel, kunnen zij als één maatregel worden beoordeeld. Wanneer de latere maatregel daarentegen een gevolg was van op het tijdstip van de eerdere maatregel niet te voorziene maatregelen[3], dienen de beide maatregelen in de regel afzonderlijk te worden bezien.

82. Om te bepalen of bepaalde transacties marktconform zijn, dienen alle betrokken omstandigheden van een specifieke zaak in aanmerking te worden genomen. Er kunnen bijvoorbeeld uitzonderlijke omstandigheden zijn waarin de inkoop van goederen of diensten door een overheid, zelfs al gebeurt die tegen marktprijzen, niet als marktconform kan worden beschouwd.[4]

4.2.3. Vaststelling van de marktconformiteit

83. Bij de toepassing van het criterium van de marktdeelnemer in een markteconomie is het dienstig om een onderscheid te maken tussen situaties waarin de vraag of de transactie marktconform verloopt, rechtstreeks kan worden beantwoord aan de hand van transactiespecifieke marktgegevens, en situaties waarin, door het ontbreken van dit soort gegevens, de vraag of de transactie marktconform verloopt, dient te worden onderzocht aan de hand van andere beschikbare methoden.

4.2.3.1. Gevallen waarin de marktconformiteit rechtstreeks kan worden vastgesteld

84. Of een transactie marktconform is, kan in de volgende situaties onmiddellijk worden vastgesteld aan de hand van transactiespecifieke marktinformatie:

i. wanneer de transactie plaatsvindt op voet van gelijkheid (pari passu) tussen overheidsinstanties en private partijen, of

ii. wanneer het daarbij gaat om de aan- en verkoop van activa, goederen en diensten (of andere vergelijkbare transacties) via een concurrerende, transparante, niet-discriminerende en onvoorwaardelijke inschrijvingsprocedure.

85. In die gevallen zou het, indien uit de specifieke marktinformatie voor de transactie blijkt dat deze niet marktconform verloopt, normaal gesproken niet passend zijn om andere waarderingsmethoden te gebruiken om tot een afwijkende conclusie te komen.[5]

1. Arrest Commissie/EdF, reeds aangehaald, ECLI:EU:C:2012:318, punt 88.

2. Arrest van het Hof van Justitie van 19 maart 2013, Bouygues SA en Bouygues Télécom SA / Commissie e.a., C-399/10 P en C-401/10 P, ECLI:EU:C:2013:175, punt 104; arrest van het Gerecht van 13 september 2010, Griekenland e.a. / Commissie, zaken T-415/05, T-416/05 en T-423/ 05, ECLI:EU:T:2010:386, punt 177, en arrest van het Gerecht van 15 september 1998, BP Chemicals Limited / Commissie, T-11/95, ECLI:EU:T:1998:199, punten 170 en 171.

3. Besluit van de Commissie van 19 december 2012 betreffende steunmaatregel SA.35378 – Duitsland – Finanzierung des Flughafens Berlin Brandenburg (PB C 36 van 8.2.2013, blz. 10), punten 14 t/m 33.

4. Zo heeft het Gerecht in zijn arrest van 28 januari 1999, Bretagne Angleterre Irlande (BAI) / Commissie (T-14/96, ECLI:EU:T:1999:12, punten 74 t/m 79) verklaard dat de aankoop bij P&O Ferries van reisvouchers door nationale autoriteiten niet beantwoordde aan een daadwerkelijke behoefte, en dat de nationale autoriteiten dus niet hadden gehandeld als een particuliere marktdeelnemer die onder normale omstandigheden van een markteconomie handelt. Bijgevolg werd met die aankoop een voordeel aan P&O Ferries verleend dat zij onder normale marktomstandigheden niet had kunnen verkrijgen en vormden alle bij de uitvoering van die aankoopovereenkomst betaalde bedragen staatssteun.

5. Zie, in die zin, arrest van het Hof van Justitie van 24 oktober 2013, Land Burgenland e.a. / Commissie, C-214/12 P, C-215/12 P en C-233/12 P, ECLI:EU:C:2013:682, punten 94 en 95. In die zaak verklaarde het Hof met name dat wanneer een overheid een haar toebehorend bedrijf verkoopt middels een aanbestedingsprocedure, mag worden vermoed dat de marktprijs overeenkomt met het hoogste (bindende en geloofwaardige) bod, zonder dat hoeft te worden gebruikgemaakt van andere waarderingsmethoden, zoals onafhankelijke deskundigenrapporten.

i. Transacties op voet van gelijkheid

86. Wanneer een transactie op dezelfde voorwaarden (en dus met dezelfde risico- en beloningsgraad) plaatsvindt voor overheidsinstanties en particuliere marktdeelnemers die zich in een vergelijkbare situatie bevinden (een transactie op voet van gelijkheid)[1], zoals het geval kan zijn bij publiek-private partnerschappen, mag daaruit normaal gesproken worden afgeleid dat die transactie marktconform verloopt[2]. Indien daarentegen een overheidsinstantie en particuliere marktdeelnemers die zich in een vergelijkbare situatie bevinden, gelijktijdig aan dezelfde transactie deelnemen, doch op verschillende voorwaarden, is dit normaal gesproken een aanwijzing dat het optreden van de overheidsinstantie niet marktconform is.[3]

87. Meer bepaald dienen, om een transactie als een transactie op voet van gelijkheid te kunnen beschouwen, de volgende criteria te worden onderzocht:

a. hebben de overheidsinstanties en particuliere partijen op hetzelfde moment tot de maatregel besloten en hebben zij deze terzelfder tijd uitgevoerd? Of is er tussen die maatregelen tijd verlopen en zijn de economische omstandigheden inmiddels veranderd?

b. zijn de voorwaarden van de transactie dezelfde voor de overheidsinstanties en alle betrokken particuliere partijen, mede rekening houdende met de mogelijkheid om de risicograad in de loop van de tijd te verhogen of te verlagen?

c. heeft de maatregel van de particuliere partijen een reële economische betekenis en is deze niet louter symbolisch of marginaal?[4], en

d. was de uitgangspositie van de betrokken overheidsinstanties en particuliere partijen ten aanzien van de transactie vergelijkbaar, rekening houdende met bijvoorbeeld hun eerdere economische blootstelling aan de betrokken ondernemingen (zie onderdeel 4.2.3.3), de mogelijke synergie-effecten die kunnen worden behaald,[5] de mate waarin de verschillende investeerders vergelijkbare transactiekosten dragen,[6] of alle andere voor de overheidsinstantie of particuliere partij specifieke omstandigheden die de vergelijking kunnen vertekenen?

88. De voorwaarde dat investeringen op voet van gelijkheid moeten plaatsvinden, valt wellicht niet toe te passen in bepaalde gevallen waarin de rol van de overheid (door het unieke karakter of de omvang ervan) zodanig is dat deze in de praktijk niet door een marktdeelnemer in een markteconomie kan worden vervuld.

1. De voorwaarden kunnen niet worden geacht dezelfde te zijn indien overheidsinstanties en particuliere marktdeelnemers op dezelfde voorwaarden handelen, maar op verschillende tijdstippen, na een verandering in de economische situatie die voor de transactie relevant is.

2. Zie, in dat verband, arrest van het Gerecht van 12 december 2000, Alitalia – Linee aeree italiane SpA / Commissie, T-296/97, ECLI:EU:T:2000:289, punt 81.

3. Indien de transacties echter verschillen en niet gelijktijdig plaatsvinden, levert het enkele feit dat de voorwaarden verschillen, geen beslissende (positieve of negatieve) aanwijzing op dat de transactie door de overheidsinstantie marktconform is verlopen.

4. Zo was de Commissie bijvoorbeeld in de zaak-Citynet Amsterdam van mening dat wanneer twee particuliere investeerders één derde van het totale aandelenkapitaal van een onderneming in bezit nemen (en gelet op de algemene aandeelhoudersstructuur en het feit dat hun aandelen volstaan om een blokkerende minderheid ten aanzien van strategische beslissingen van de onderneming te vormen), deze investering geacht kan worden economisch een aanzienlijke impact te hebben (zie Beschikking 2008/729/EG van de Commissie van 11 december 2007 betreffende steunmaatregel C 53/2006 (ex N 262/05, ex CP 127/04) ten gunste van Glasvezelnet Amsterdam voor een investering in een glasvezeltoegangsnetwerk door de gemeente Amsterdam (PB L 247 van 16.9.2008, blz. 27), overwegingen 96 t/m 100). Daarentegen bedroeg in steunzaak N 429/ 2010 – Agricultural Bank of Greece (ATE) (PB C 317 van 29.10.2011, blz. 5) het particuliere aandeel in de investering slechts 10 % (tegen een overheidsaandeel van 90 %), zodat de Commissie tot de conclusie kwam dat niet was voldaan aan de voorwaarde van een investering op voet van gelijkheid, aangezien de kapitaalinjectie door de Staat niet gepaard ging met een vergelijkbare deelneming door particuliere aandeelhouders en evenmin evenredig was aan het aantal door de overheid gehouden aandelen. Zie ook arrest van het Gerecht van 12 december 2000, Alitalia – Linee aeree italiane SpA / Commissie, T-296/97, ECLI:EU:T:2000:289, punt 81.

5. Zij moeten zich ook door dezelfde industriële logica laten leiden; zie Beschikking 2005/137/EG van de Commissie van 15 oktober 2003 betreffende de financiële participatie van het Waalse Gewest in Carsid SA (PB L 47 van 18.2.2005, blz. 28), overwegingen 67 t/m 70.

6. Bij transactiekosten kan het gaan om de kosten die de respectieve investeerders moeten maken voor het screenen en selecteren van het investeringsproject, het uitwerken van de contractvoorwaarden of het monitoren van de prestaties tijdens de duur van het contract. Wanneer bijvoorbeeld banken in handen van de overheid steeds de kosten dragen om investeringsprojecten te screenen met het oog op kredietfinanciering, is het enkele feit dat particuliere investeerders tegen dezelfde rentevoet mee investeren niet voldoende om steun te kunnen uitsluiten.

ii. De aan- en verkoop van activa, goederen en diensten (of andere vergelijkbare transacties) via concurrerende, transparante, niet-discriminerende en onvoorwaardelijke inschrijvingsprocedures

89. Indien de aan- en verkoop van activa, goederen en diensten (of andere vergelijkbare transacties[1] verloopt via een concurrerende[2], transparante, niet-discriminerende en onvoorwaardelijke inschrijvingsprocedure in overeenstemming met de Verdragsbeginselen voor overheidsopdrachten[3] (zie de punten 90 tot en met 94), mag worden aangenomen dat die transacties marktconform zijn, mits de correcte criteria voor het selecteren van de koper of verkoper zijn gehanteerd zoals beschreven in de punten 95 en 96. Indien een lidstaat daarentegen, om redenen van overheidsbeleid, besluit een bepaalde activiteit te steunen en bijvoorbeeld het aan financiering te verschaffen bedrag via een inschrijvingsprocedure verdeelt (zoals in het geval van steun voor de opwekking van hernieuwbare energie of het louter beschikbaar houden van capaciteit voor de opwekking van elektriciteit), zou dit niet onder dit onderdeel ii) vallen. In dat geval kan een inschrijvingsprocedure alleen het toegekende bedrag zo laag mogelijk houden, maar valt een voordeel niet uit te sluiten.

90. Een inschrijvingsprocedure moet concurrerend zijn, zodat alle geïnteresseerde en aan de voorwaarden beantwoordende inschrijvers aan de procedure kunnen deelnemen.

91. De procedure moet transparant zijn, om alle geïnteresseerde inschrijvers de kans te bieden tijdens iedere fase van de inschrijvingsprocedure gelijk en afdoende geïnformeerd te zijn. Toegankelijkheid van informatie, voldoende tijd voor belangstellende inschrijvers en heldere selectie- en gunningscriteria zijn alle cruciale elementen van een transparante selectieprocedure. Aan een inschrijvingsprocedure moet ook voldoende ruchtbaarheid worden gegeven, zodat alle potentiële inschrijver daarvan kennis kunnen krijgen. Hoeveel ruchtbaarheid aan een bepaalde zaak moet worden gegeven om deze voldoende onder de aandacht te brengen, is afhankelijk van de kenmerken van de activa, goederen en diensten. Voor activa, goederen en diensten die, gezien hun grotere waarde of andere kenmerken, inschrijvers kunnen aantrekken die Europees of internationaal actief zijn, dient die inschrijvingsprocedure zo te worden aangekondigd dat kandidaat- inschrijvers worden aangetrokken die Europees of internationaal actief zijn.

92. Niet-discriminerende behandeling van alle inschrijvers in alle fasen van de procedure en objectieve selectie- en gunningscriteria die vóór de procedure zijn vastgesteld, zijn onmisbare voorwaarden om te garanderen dat de daaruit resulterende transactie marktconform verloopt. Om een gelijke behandeling te waarborgen, moeten de gunningscriteria van het contract het mogelijk maken om inschrijvingen objectief te vergelijken en te beoordelen.

93. Het feit dat de in de richtlijnen inzake overheidsopdrachten[4] vastgestelde procedures worden gebruikt en nageleefd, kan worden geacht voldoende te zijn om aan de bovenstaande voorwaarden te voldoen, mits alle voorwaarden zijn vervuld om de desbetreffende procedure te gebruiken. Een en ander geldt niet in specifieke omstandigheden die het onmogelijk maken om een marktprijs te bepalen, zoals het gebruik van de procedure van gunning door onderhandelingen zonder bekendmaking van een aankondiging van een opdracht. Indien slechts één bod wordt ingediend, zou de procedure doorgaans niet voldoende zijn om een marktprijs te garanderen, tenzij er ofwel i) bijzonder stevige garanties zijn in de vormgeving van de procedure die een reële en daadwerkelijke mededinging verzekeren en het er niet naar uitziet dat, realistisch gezien, slechts één partij in

1. Bijv. het leasen van bepaalde goederen of de toekenning van concessies voor de commerciële exploitatie van natuurlijke hulpbronnen.

2. In het kader van staatssteun heeft de Unierechter het vaak over een 'open' aanbestedingsprocedure (zie bijv. arrest van het Gerecht van 5 augustus 2003, P & O European Ferries (Vizcaya), SA en Diputación Foral de Vizcaya / Commissie, T-116/01 en T-118/01, ECLI:EU:T:2003:217, punten 117 en 118; arrest van het Hof van Justitie van 24 oktober 2013, Land Burgenland e.a. / Commissie, C-214/12 P, C-215/12 P en C-233/12 P, ECLI:EU:C:2013:682, punt 94). Het gebruik van het woord 'open' verwijst evenwel niet naar een specifieke procedure op grond van Richtlijn 2014/ 24/EU van het Europees Parlement en de Raad van 26 februari 2014 betreffende het plaatsen van overheidsopdrachten en tot intrekking van Richtlijn 2004/18/EG (PB L 40 van 11.2.2014, blz. 20) en Richtlijn 2014/25/EU van het Europees Parlement en de Raad van 26 februari 2014 betreffende het plaatsen van opdrachten in de sectoren water- en energievoorziening, vervoer en postdiensten en houdende intrekking van Richtlijn 2004/17/EG (PB L 94 van 28.3.2014, blz. 243). Daarom lijkt het woord 'concurrerend' beter geschikt. Het is niet de bedoeling om hiermee af te wijken van de in de rechtspraak uiteengezette inhoudelijke voorwaarden.

3. Arrest van het Hof van Justitie van 7 december 2000, Telaustria Verlags GmbH en Telefonadress GmbH / Telekom Austria AG, C-324/98, ECLI:EU:C:2000:669, punt 62; beschikking van het Hof van Justitie van 3 december 2001, Bent Mousten Vestergaard / Spéttrup Boligselskab, C-59/00, ECLI:EU:C:2001:654, punt 20. Zie ook de interpretatieve mededeling van de Commissie over de Gemeenschapswetgeving die van toepassing is op het plaatsen van opdrachten die niet of slechts gedeeltelijk onder de richtlijnen inzake overheidsopdrachten vallen (PB C 179 van 1.8.2006, blz. 2).

4. Richtlijn 2014/24/EU van het Europees Parlement de Raad van 26 februari 2014 betreffende het plaatsen van overheidsopdrachten (reeds aangehaald); Richtlijn 2014/25/EU van het Europees Parlement en de Raad van 26 februari 2014 betreffende het plaatsen van opdrachten in de sectoren water- en energievoorziening, vervoer en postdiensten (reeds aangehaald).

staat is een geloofwaardig bod in te dienen, dan wel ii) de overheden via bijkomende wegen zijn nagegaan dat de uitkomst overeenstemt met de marktprijs.

94. Een inschrijvingsprocedure voor de verkoop van activa, goederen of diensten geldt als onvoorwaardelijk wanneer het een potentiële inschrijver in het algemeen vrij staat om de te verkopen activa, goederen en diensten te verwerven en deze voor eigen doeleinden te gebruiken, ongeacht of hij zelf bepaalde ondernemingen drijft. Indien als voorwaarde geldt dat de koper bijzondere verplichtingen ten behoeve van de overheid of in het algemeen belang op zich neemt die een particuliere verkoper niet had geëist – afgezien van die welke voortvloeien uit het algemene nationale recht of uit een besluit van de diensten voor ruimtelijke ordening –, kan de inschrijvingsprocedure niet als onvoorwaardelijk worden beschouwd.

95. Wanneer overheidsinstanties activa, goederen en diensten verkopen, dient het enige relevante criterium voor de selectie van de koper de hoogste prijs te zijn,[1] mede rekening houdende met de verlangde contractuele regelingen (bijv. verkoopgarantie van de verkoper of andere toezeggingen voor de periode na de verkoop). Alleen met geloofwaardige[2] en bindende biedingen dient rekening te worden gehouden.[3]

96. Wanneer overheidsinstanties activa, goederen en diensten kopen, dienen aan de inschrijvingsprocedure verbonden specifieke voorwaarden niet-discriminerend te zijn en nauw en objectief verband te houden met het voorwerp van de opdracht en de specifieke economische doelstelling van de opdracht. Daarmee zou het mogelijk moeten zijn om het in verhouding tot de waarde van de opdracht economisch meest voordelige bod te selecteren. De criteria dienen daarom zo te worden bepaald dat daarmee een daadwerkelijk concurrerende inschrijvingsprocedure mogelijk is die de succesvolle inschrijver een normaal rendement oplevert, en niets meer dan dat. In de praktijk betekent dit dat inschrijvingsprocedures worden gebruikt die aanzienlijk gewicht toekennen aan het bestanddeel 'prijs' van het bod of die anders waarschijnlijk een concurrerende uitkomst opleveren (bijv. bepaalde reverse tenders met voldoende duidelijke gunningscriteria).

4.2.3.2. De marktconformiteit van een transactie bepalen aan de hand van benchmarking of andere waarderingsmethoden

97. Indien een transactie via een inschrijvingsprocedure of op voet van gelijkheid heeft plaatsgevonden, levert dit direct en specifiek bewijs op dat de transactie marktconform is. Indien een transactie echter niet via een inschrijvingsprocedure plaatsvindt of indien de maatregel van de overheidsinstanties niet op voet van gelijkheid met die van particuliere marktdeelnemers plaatsvindt, betekent dit niet automatisch dat de transactie niet marktconform is.[4] In dit soort zaken kan de marktconformiteit nog steeds worden beoordeeld via i) benchmarking of ii) andere waarderingsmethoden.[5]

i. Benchmarking

98. Om te bepalen of een transactie marktconform is, kan die transactie worden beoordeeld in het licht van de voorwaarden waarop vergelijkbare transacties door vergelijkbare particuliere partijen in vergelijkbare situaties hebben plaatsgevonden (benchmarking).

99. Om een geschikte benchmark te bepalen, dient met bijzondere aandacht te worden gekeken naar het soort betrokken marktdeelnemer (bijv. een concern, een speculatief fonds of een belegger op lange termijn die winst op langere termijn wil behalen), het soort transactie waarom het gaat (bijv. een deelneming in het eigen vermogen of een schuldentransactie) en de betrokken markt of markten (bijv. financiële markten, snelgroeiende technologiemarkten, markten in nutssectoren of infrastructuurmarkten). Ook het tijdstip van de transac-

1. Arrest van het Gerecht van 28 februari 2012, Land Burgenland en Oostenrijk / Commissie, T-268/08 en T-281/08, ECLI:EU:T:2012:90, punt 87.

2. Ook een ongevraagd bod kan geloofwaardig zijn, afhankelijk van de omstandigheden van de zaak, en met name de vraag of het bod bindend is (zie arrest van het Gerecht van 13 december 2011, Konsum Nord ekonomisk förening / Commissie, T-244/08, ECLI:EU:T:2011:732, punten 73, 74 en 75).

3. Zo zou bijvoorbeeld in de inschrijvingsprocedure geen rekening worden gehouden met aankondigingen zonder juridisch bindende voorwaarden; zie arrest Land Burgenland en Oostenrijk / Commissie, reeds aangehaald, ECLI:EU:T:2012:90, punt 87; arrest Konsum Nord ekonomisk förening, reeds aangehaald, ECLI:EU:T:2011:732, punten 67 en 75.

4. Zie arrest van het Gerecht van 12 juni 2014, Scheepsbouwkundig Advies- en Rekencentrum (Sarc) BV / Commissie, T-488/11, ECLI:EU:T:2014:497, punt 98.

5. Wanneer de marktprijs wordt bepaald aan de hand van transacties op voet van gelijkheid of inschrijvingsprocedures, kunnen die uitkomsten niet worden betwist met andere waarderingsmethoden – zoals onafhankelijke studies (zie arrest van het Hof van Justitie van 24 oktober 2013, Land Burgenland en Oostenrijk / Commissie, C-214/12 P, C-215/12 P en C-223/12 P, ECLI:EU:C:2013:682, punten 94 en 95).

tie is van bijzonder belang wanneer belangrijke economische ontwikkelingen hebben plaatsgevonden. In voorkomend geval moeten de beschikbare marktbenchmarks misschien worden aangepast afhankelijk van de specifieke kenmerken van de transactie met de Staat (bijv. de situatie van de begunstigde onderneming en de relevante markt).[1] Benchmarking is misschien geen geschikte methode om marktprijzen te bepalen indien de beschikbare benchmarks niet zijn bepaald rekening houdende met marktoverwegingen of indien de bestaande prijzen sterk verstoord zijn door overheidsmaatregelen.

100. Vaak wordt met benchmarking niet één precieze referentiewaarde bepaald, maar eerder een bandbreedte van mogelijke waarden die worden verkregen door een reeks vergelijkbare transacties te beoordelen. Wanneer de waardering tot doel heeft na te gaan of de overheidsmaatregel marktconform is, geldt doorgaans als geschikte methode dat wordt gekeken naar maatstaven die de centrale tendentie weergeven, zoals het gemiddelde of de mediaan van de reeks vergelijkbare transacties.

ii. Andere waarderingsmethoden

101. Of een transactie marktconform is, kan ook worden bepaald aan de hand van een algemeen aanvaarde standaardwaarderingsmethode.[2] Dit soort methode moet zijn gebaseerd op de beschikbare objectieve, verifieerbare en betrouwbare gegevens[3], die voldoende gedetailleerd zijn en die de economische situatie tot uiting brengen zoals die bestond op het tijdstip waarop tot de transactie werd besloten, rekening houdende met de risicograad en toekomstige verwachtingen.[4] Afhankelijk van de waarde van de transactie, dient de robuustheid van de waardering in de regel te worden bevestigd door een gevoeligheidsanalyse uit te voeren, waarin verschillende zakelijke scenario's worden onderzocht, noodplannen worden opgesteld en de uitkomsten worden vergeleken met alternatieve waarderingsmethoden. Het is mogelijk dat een nieuwe waardering (vooraf) moet worden uitgevoerd indien de transactie vertraging oploopt, en rekening moet worden gehouden met recente veranderingen in de marktomstandigheden.

102. Een vrij algemeen aanvaarde standaardmethode om het (jaarlijkse) rendement op investeringen te bepalen, is het berekenen van de interne opbrengstvoet (IRR).[5] Het investeringsbesluit kan ook worden beoordeeld in termen van de netto contante waarde (NCW) ervan[6], die uitkomsten oplevert die in de meeste gevallen vergelijkbaar zijn met die van de IRR[7]. Om te beoordelen of de investering op marktvoorwaarden plaatsvindt, moet het rendement op de investering worden vergeleken met het normale door de markt verwachte rendement. Een normaal verwacht rendement (of de kapitaalkosten van de investering) kan worden omschreven als het gemiddelde verwachte rendement dat de markt verlangt van de investering, op basis van algemeen aanvaarde criteria, in het bijzonder het risico van de investering, rekening houdende met de financiële positie van de onderneming en de specifieke kenmerken van de sector, de regio of het land. Indien het niet redelijk is dit normale rendement te verwachten, zou de investering waarschijnlijk niet op marktvoorwaarden plaatsvinden. Over het algemeen is het zo dat hoe risicovoller het project is, des te hoger het rendement is dat financiers zullen verlangen, d.w.z. des te hoger de kapitaalkosten zijn.

1. Zie arrest van het Gerecht van 6 maart 2003, Westdeutsche Landesbank Girozentrale en deelstaat Noord-Rijnland-Westfalen / Commissie, T-228/99 en T-233/99, ECLI:EU:T:2003:57, punt 251.
2. Zie arrest van het Gerecht van 29 maart 2007, Scott SA / Commissie, T-366/00, ECLI:EU:T:2007:99, punt 134, en arrest van het Hof van Justitie van 16 december 2010, Seydaland Vereinigte Agrarbetriebe GmbH & Co. KG / BVVG Bodenverwertungs- und -erwaltungs GmbH, C-239/ 09, ECLI:EU:C:2010:778, punt 39.
3. Zie arrest van het Gerecht van 16 september 2004, Valmont Nederland BV / Commissie, T-274/01, ECLI:EU:T:2004:266, punt 71.
4. Zie arrest Scott SA / Commissie, reeds aangehaald, ECLI:EU:T:2007:99, punt 158.
5. De IRR is niet gebaseerd op het boekhoudkundige rendement in een bepaald jaar, maar houdt rekening met de toekomstige kasstromen die de investeerder verwacht te ontvangen over de hele levensduur van de investering. Deze wordt omschreven als de disconteringsvoet waarbij de NCW van de kasstromen nul is.
6. De NCW is het verschil tussen de positieve en negatieve kasstromen gedurende de levensduur van de investeringen, contant gemaakt tegen het passende rendement (de kapitaalkosten).
7. Er is een volledige correlatie tussen de NCW en de IRR in gevallen waarin de IRR gelijk is aan de opportuniteitskosten van de investeerder. Is de NCW van een investering positief, dan betekent dit dat het project een IRR heeft die hoger ligt dan het vereiste rendement (opportuniteitskosten voor de investeerder). In dat geval loont het om de investering uit te voeren. Heeft het project een NCW die gelijk is aan nul, dan is de IRR gelijk aan het vereiste rendement. In dit geval is het niet relevant of de investeerder de investering uitvoert of elders investeert. Wanneer de NCW negatief is, is de IRR lager dan de kapitaalkosten. De investering is onvoldoende winstgevend, omdat er elders betere kansen zijn. Wanneer de IRR en de NCW resulteren in uiteenlopende investeringsbesluiten (dit soort verschil kan zich met name voordoen bij projecten die elkaar uitsluiten), dient in beginsel, aansluitend bij de marktpraktijk, de voorkeur te gaan naar de NCW-methode, tenzij er aanzienlijke onzekerheid is ten aanzien van de passende disconteringsvoet.

103. De geschikte waarderingsmethode kan afhangen van de marktpositie van de betrokken onderneming[1], de beschikbaarheid van gegevens of het soort transacties. Daar waar bijvoorbeeld een investeerder winst probeert te genereren door in ondernemingen te investeren (in welk geval de IRR of NCW waarschijnlijk de geschiktste methode zijn), tracht een schuldeiser betaling te verkrijgen van de bedragen die hem verschuldigd zijn (de hoofdsom plus eventuele rente) door een schuldenaar binnen de contractueel en wettelijk vastgestelde termijn[2] (in dat geval kan de waardering van zekerheden, bijvoorbeeld de waarde van activa, relevanter zijn). In het geval van de verkoop van gronden is een taxatie die een onafhankelijke deskundige vóór de aanvang van de onderhandelingen uitvoert om de marktwaarde te bepalen op grond van algemeen aanvaarde marktindicaties en taxatiecriteria, in beginsel voldoende.[3]

104. Methoden om de IRR of de NCW van een investering te bepalen, leveren doorgaans niet één precieze waarde op die kan worden geaccepteerd, maar eerder een reeks mogelijke waarden (afhankelijk van de economische, juridische of andere specifieke omstandigheden van de transactie die inherent zijn aan de waarderingsmethode). Wanneer de waardering tot doel heeft na te gaan of de overheidsmaatregel marktconform is, geldt doorgaans als geschikte methode dat wordt gekeken naar maatstaven die de centrale tendentie weergeven, zoals het gemiddelde of de mediaan van de reeks vergelijkbare transacties.

105. Voorzichtige marktdeelnemers in een markteconomie beoordelen hun maatregelen aan de hand van meerdere methodieken om de ramingen te bevestigen (bijv. NCW-berekeningen die worden gevalideerd door benchmarkingmethoden). De omstandigheid dat de verschillende methodieken op dezelfde waardering uitkomen, zal een verdere aanwijzing zijn om een echte marktprijs te bepalen. Zodoende zal het feit dat er complementaire waarderingsmethodieken zijn die elkaars bevindingen bevestigen, als een positieve aanwijzing worden beschouwd wanneer wordt beoordeeld of een transactie marktconform is.

4.2.3.3. Analyse van nulscenario's in geval van eerdere economische blootstelling aan de betrokken onderneming

106. De omstandigheid dat de betrokken overheidsinstantie voordien al economisch was blootgesteld aan een onderneming, dient mede in aanmerking te worden genomen bij het onderzoek of een transactie marktconform is, mits een vergelijkbare particuliere marktdeelnemer dit soort eerdere blootstelling had kunnen hebben (in zijn hoedanigheid van bijvoorbeeld aandeelhouder van een onderneming).[4]

107. Eerdere blootstelling moet voor de toepassing van het criterium van de marktdeelnemer in een markteconomie worden bezien in het kader van nulscenario's. In het geval van bijvoorbeeld een eigen- of vreemdvermogensmaatregel in een overheidsbedrijf in moeilijkheden dient het verwachte rendement op dit soort investering te worden vergeleken met het verwachte rendement in het nulscenario van de liquidatie van de onderneming. Indien die liquidatie hogere winst of lagere verliezen oplevert, zou een voorzichtige marktdeelnemer in een markteconomie voor die optie kiezen.[5] Daartoe mogen in de in aanmerking te nemen liquidatiekosten niet de kosten begrepen zijn die verband houden met de taken als overheid, maar alleen de kosten die

1. In het geval van bijvoorbeeld een liquidatie van een onderneming kan een waardering op basis van de liquidatiewaarde of de waarde van activa de meest geschikte waarderingsmethode zijn.

2. Zie bijv. arrest van het Hof van Justitie van 29 april 1999, Spanje/Commissie, C-342/96, ECLI:EU:C:1999:210, punt 46, en arrest van het Hof van Justitie van 29 juni 1999, Déménagements-Manutention Transport SA (DMT), C-256/97, ECLI:EU:C:1999:332, punt 24.

3. Indien de vergelijkende methode (benchmarking) niet geschikt is en de waarde van de gronden niet met andere algemeen aanvaarde methoden nauwkeurig blijkt te kunnen worden bepaald, kan een alternatieve methode worden toegepast, zoals de waarderingsmethode van het Vergleichspreissystem (VPS) die Duitsland voorstelde (en die voor land- en bosbouwgronden is bekrachtigd in het besluit van de Commissie van 19 december 2012 betreffende steunmaatregel SA.33167 – Duitsland – Waarderingmethode voor de verkoop van land- en bosbouwgrond door de overheid (PB C 43 van 15.2.2013, blz. 7)). Zie, over de beperkingen van andere methoden, arrest van het Hof van Justitie van 16 december 2010, Seydaland Vereinigte Agrarbetriebe GmbH & Co. KG / BVVG Bodenverwertungs- und -verwaltungs GmbH, C-239/09, ECLI:EU:C:2010:778, punt 52.

4. Zie arrest van het Hof van Justitie van 3 april 2014, Commissie / Nederland en ING Groep NV, C-224/12 P, ECLI:EU:C:2014:213, punten 29 t/m 37. Met die eerdere blootstelling dient echter geen rekening te worden gehouden indien deze voortvloeit uit een maatregel die, bij een globale beoordeling van alle aspecten van die maatregel, niet had kunnen worden genomen door een winstgerichte particuliere investeerder (arrest van het Hof van Justitie van 24 oktober 2013, Land Burgenland e.a. / Commissie, C-214/12 P, C-215/12 P en C-233/12 P, ECLI:EU:C:2013:682, punten 52 t/m 61).

5. Zie, in dat verband, arrest van het Gerecht van 12 december 2000, Alitalia – Linee aeree italiane SpA / Commissie, T-296/97, ECLI:EU:T:2000:289, of arrest van het Hof van Justitie van 24 januari 2013, Frucona Kogice a.s. / Commissie, C-73/11 P, ECLI:EU:C:2013:32, punten 79 en 80.

een rationale marktdeelnemer in een markteconomie zou maken[1], mede rekening houdende met de ontwikkeling van de sociale, economische en milieucontext waarin deze opereert[2].

4.2.3.4. Specifieke overwegingen om te bepalen of lening- en garantievoorwaarden marktconform zijn

108. Evenals andere transacties kunnen door overheidsinstanties (met inbegrip van overheidsbedrijven) verstrekte leningen en garanties staatssteun behelzen indien deze niet op marktvoorwaarden plaatsvinden.

109. Wat garanties betreft, moet normaal gesproken de driehoeksverhouding van een overheidsinstantie als garant, een kredietnemer en een kredietgever worden onderzocht.[3] In de meeste gevallen zou steun alleen aanwezig kunnen zijn op het niveau van de kredietnemer, omdat deze met de overheidsgarantie een voordeel verleend krijgt doordat hij kan lenen tegen een rentevoet die hij zonder de garantie op de markt niet had kunnen krijgen[4] (of doordat hij had kunnen lenen in een situatie waarin hij, bij wijze van uitzondering, op de markt geen lening had kunnen krijgen tegen welke rentevoet dan ook). Evenwel kan, in bepaalde specifieke omstandigheden, de toekenning van een overheidsgarantie ook steun voor de kredietgever behelzen, met name wanneer de garantie achteraf wordt afgegeven voor een bestaande verplichting tussen kredietgever en kredietnemer wanneer niet verzekerd is dat het voordeel volledig wordt doorgegeven aan de kredietnemer[5], of wanneer een gegarandeerde lening wordt gebruikt om een niet-gegarandeerde lening terug te betalen[6].

110. Een garantie die wordt verleend op voorwaarden die gunstiger zijn dan de marktvoorwaarden, rekening houdende met de economische positie van de kredietnemer, verleent een voordeel aan deze laatste (die geen premie betaalde die het risico dat de garant aangaat, correct weergeeft).[7] Over het algemeen zijn onbeperkte garanties niet marktconform. Dit geldt ook voor impliciete garanties die voortvloeien uit de aansprakelijkheid van de Staat voor de schulden van insolvente ondernemingen die tegen de normale faillissementsregels beschermd zijn.[8]

111. Bij gebreke van specifieke marktinformatie over een bepaalde schuldentransactie kan de vraag of het schuldinstrument marktconform is, worden beantwoord aan de hand van een vergelijking met gelijksoortige markttransacties (d.w.z. via benchmarking). In het geval van leningen en garanties valt informatie over de financieringskosten van de onderneming bijvoorbeeld te halen uit andere (recente) leningen die de betrokken onderneming is aangegaan, het rendement op door de onderneming uitgegeven obligaties of de spreads van de credit default swap (cds) op die onderneming. Vergelijkbare markttransacties kunnen bijvoorbeeld ook gelijksoortige lening- of garantietransacties van een steekproef van benchmarkondernemingen zijn, obligaties uitgegeven door een steekproef van benchmarkondernemingen of cds-spreads op een steekproef van benchmarkondernemingen. Indien er, in het geval van garanties, op de financiële markten geen overeenkomstige benchmark voor de garantiepremie te vinden is, dient de totale financiële kostprijs van de gegarandeerde lening, met inbegrip van het rentepercentage van de lening en de garantiepremie, te worden vergeleken met

1. Arrest van het Hof van Justitie van 28 januari 2003, Duitsland/Commissie, C-334/99, ECLI:EU:C:2003:55, punt 140.

2. Arrest van het Gerecht van 11 september 2012, Corsica Ferries France SAS / Commissie, T-565/08, ECLI:EU:T:2012:415, punt 79 t/m 84, bevestigd in beroep, zie arrest van het Hof van Justitie van 4 september 2014, Société nationale maritime Corse-Méditerranée (SNCM) SA en Frankrijk / Corsica Ferries France SAS, C-533/12 P en C-536/12 P, ECLI:EU:C:2014:2142, punten 40 en 41. In die zaak bevestigde de Unierechter dat het, in beginsel, op lange termijn economisch rationeel kan zijn voor particuliere investeerders, met name voor grote concerns, om aanvullende vergoedingen te betalen (om bijvoorbeeld het merkimago van een groep te beschermen). Niettemin dient uitvoerig te worden aangetoond dat de betaling van dit soort aanvullende vergoedingen noodzakelijk is in het concrete geval waarin het imago moet worden beschermd, en dient ook te worden aangetoond dat die betalingen een vaste praktijk zijn bij particuliere ondernemingen in vergelijkbare omstandigheden (voorbeelden alleen zijn niet voldoende).

3. Over de beoordeling die moet worden uitgevoerd met betrekking tot de mogelijke toekenning van staatssteun in de vorm van een garantie, zie ook de mededeling van de Commissie betreffende de toepassing van de artikelen 87 en 88 van het EG-Verdrag op staatssteun in de vorm van garanties (PB C 155 van 20.6.2008, blz. 10). Die mededeling wordt niet vervangen door de onderhavige mededeling.

4. Zie arrest van het Hof van Justitie van 8 december 2011, Residex Capital IV CV / Gemeente Rotterdam, C-275/10, ECLI:EU:C:2011:814, punt 39.

5. Zie arrest van het Hof van Justitie van 19 maart 2015, OTP Bank Nyrt / Magyar Állam en Magyar Államkincstár, C-672/13, ECLI:EU:C:2015:185.

6. Zie arrest Residex Capital IV CV, reeds aangehaald, ECLI:EU:C:2011:814, punt 42.

7. Zie arrest van het Hof van Justitie van 3 april 2014, Frankrijk/Commissie, C-559/12 P, ECLI:EU:C:2014:217, punt 96.

8. Zie arrest Frankrijk/Commissie, reeds aangehaald, ECLI:EU:C:2014:217, punt 98.

de marktprijs van een vergelijkbare, niet-gegarandeerde lening. Benchmarkingmethoden kunnen worden aangevuld met waarderingsmethoden die op het rendement op kapitaal zijn gebaseerd.[1]

112. Om gemakkelijker te kunnen nagaan of een maatregel voldoet aan het criterium van de marktdeelnemer in een markteconomie, heeft de Commissie benaderende maatstaven uitgewerkt om het steunkarakter van leningen en garanties te bepalen.

113. Voor leningen is de methode voor het berekenen van een referentiepercentage dat als benaderende maatstaf kan dienen voor de marktprijs in situaties waarin vergelijkbare markttransacties niet gemakkelijk kunnen worden bepaald (hetgeen eerder te verwachten valt bij transacties met beperkte bedragen en/of transacties waarbij kleine en middelgrote ondernemingen (kmo's) betrokken zijn), uitgewerkt in de mededeling over het referentiepercentage[2]. Dat referentiepercentage is echter slechts een benaderende maatstaf.[3] Indien vergelijkbare transacties doorgaans hebben plaatsgevonden tegen een prijs die lager ligt dan de maatstaf die het referentiepercentage oplevert, kan de lidstaat deze lagere prijs als de marktprijs beschouwen. Indien daarentegen diezelfde onderneming recentelijk vergelijkbare transacties heeft uitgevoerd tegen een prijs die hoger ligt dan het referentiepercentage en haar financiële situatie en de marktomgeving in wezen ongewijzigd zijn gebleven, kan dat referentiepercentage niet als valabele benaderende maatstaf dienen voor markttarieven voor die specifieke zaak.

114. De Commissie heeft nadere aanwijzingen over benaderende maatstaven (en onweerlegbare vermoedens ('safe-harbours') voor kmo's) ontwikkeld in de garantiemededeling[4]. Volgens die mededeling is het, om het bestaan van steun uit te sluiten, normaal gesproken voldoende dat de kredietnemer niet in financiële moeilijkheden verkeert, dat de garantie met een specifieke transactie verband houdt, dat de kredietgever een deel van het risico draagt en dat de kredietnemer voor de garantie een marktconforme prijs betaalt.

4.3. Indirect voordeel

115. Een voordeel kan worden verleend aan andere ondernemingen dan die waaraan de staatsmiddelen rechtstreeks worden overgedragen (indirect voordeel).[5] Een maatregel kan ook zowel een direct voordeel voor de begunstigde onderneming zijn als een indirect voordeel voor andere ondernemingen, bijvoorbeeld ondernemingen die op een verder activiteitsniveau actief zijn.[6] De directe begunstigde van het voordeel kan ofwel een onderneming zijn of een entiteit (natuurlijke persoon of rechtspersoon) die geen economische activiteiten uitoefent.[7]

116. Dit soort indirecte voordelen dient te worden onderscheiden van louter secundaire economische effecten die inherent zijn aan bijna alle staatssteunmaatregelen (bijv. door een toename van de productie). Met het oog daarop dienen de voorzienbare effecten van de maatregelen vooraf te worden onderzocht. Van een indirect voordeel is sprake indien de maatregel zodanig is vormgegeven dat de secundaire effecten daarvan worden doorgeleid naar duidelijk te onderscheiden ondernemingen of groepen van ondernemingen. Dit is bijvoorbeeld het geval indien de directe steun, rechtens of feitelijk, afhankelijk wordt gesteld van de afname van goe-

1. Bijvoorbeeld aan de hand van de RAROC (Risk Adjusted Return on Capital), het rendement dat kredietgevers en investeerders verlangen om voor vergelijkbare benchmarkrisico's en -looptijden financiering te verschaffen aan een onderneming die in dezelfde sector actief is.

2. Zie de mededeling van de Commissie over de herziening van de methode waarmee de referentie- en disconteringspercentages worden vastgesteld (PB C 14 van 19.1.2008, blz. 6). Voor achtergestelde leningen, die niet onder de mededeling inzake het referentiepercentage vallen, kan worden gebruikgemaakt van de methodiek die is beschreven in het besluit van de Commissie van 11 december 2008 betreffende steunmaatregel N 55/2008 – Duitsland – GA/EFRE – Nachrangdarlehen (PB C 9 van 14.1.2009, blz. 1).

3. Wanneer in verordeningen van de Commissie of in besluiten van de Commissie over steunregelingen voor het bepalen van het steunbedrag wordt verwezen naar het referentiepercentage, zal de Commissie dit beschouwen als een vaste benchmark die geen steun inhoudt ('safe-harbour').

4. Mededeling van de Commissie betreffende de toepassing van de artikelen 87 en 88 van het EG-Verdrag op staatssteun in de vorm van garanties (PB C 155 van 20.6.2008, blz. 10).

5. Arrest van het Hof van Justitie van 19 september 2000, Duitsland/Commissie, C-156/98, ECLI:EU:C:2000:467, punten 26 en 27; arrest van het Hof van Justitie van 28 juli 2011, Mediaset SpA / Commissie, C-403/10 P, ECLI:EU:C:2011:533, punten 73 t/m 77; arrest van het Hof van Justitie van 13 juni 2002, Nederland/Commissie, C-382/99 ECLI:EU:C:2002:363, punten 60 t/m 66; arrest van het Gerecht van 4 maart 2009, Italië/ Commissie, T-424/05, ECLI:EU:T:2009:49, punten 136 t/m 147. Zie ook artikel 107, lid 2, onder a), van het Verdrag.

6. Ingeval een tussenliggende onderneming enkel een constructie is voor de overdracht van het voordeel aan de begunstigde en zij geen voordeel behoudt, dient zij normaal gesproken niet als een begunstigde van staatssteun te worden beschouwd.

7. Arrest van het Hof van Justitie van 19 september 2000, Duitsland/Commissie, C-156/98, ECLI:EU:C:2000:467, punten 26 en 27. arrest van het Hof van Justitie van 28 juli 2011, Mediaset SpA / Commissie, C-403/10 P, ECLI:EU:C:2011:533, punt 81.

deren of diensten die uitsluitend door bepaalde ondernemingen (bijv. ondernemingen uit bepaalde gebieden) worden geproduceerd.[1]

5. Selectiviteit

5.1. Algemene beginselen

117. Om binnen de werkingssfeer van artikel 107, lid 1, van het Verdrag te vallen, moet een overheidsmaatregel 'bepaalde ondernemingen of bepaalde producties' begunstigen. Dit betekent dat niet alle maatregelen die economische spelers begunstigen, onder het begrip 'steun' vallen, maar alleen de maatregelen waarmee een selectief voordeel wordt verleend aan bepaalde ondernemingen, categorieën van ondernemingen of bepaalde economische sectoren.

118. Maatregelen met een zuiver algemene strekking die niet slechts bepaalde ondernemingen of de productie van bepaalde goederen begunstigen, vallen niet onder artikel 107, lid 1, van het Verdrag. In de rechtspraak is evenwel gepreciseerd dat zelfs maatregelen die op het eerste gezicht op alle ondernemingen van toepassing zijn, in zekere mate selectief kunnen zijn en dus kunnen worden aangemerkt als maatregelen die bepaalde ondernemingen of bepaalde producties begunstigen.[2] Noch het grote aantal begunstigde ondernemingen (waarbij het zelfs kan gaan om alle ondernemingen in een bepaalde sector), noch de verscheidenheid en de grootte van de sectoren waartoe deze ondernemingen behoren, kan grond zijn om een overheidsmaatregel als algemene maatregel van economisch beleid te beschouwen, indien niet alle economische sectoren het voordeel daarvan kunnen genieten.[3] Het feit dat de steun niet voor een of meer bijzondere en vooraf aangewezen begunstigden is bedoeld, maar met toepassing van een aantal objectieve criteria en binnen een vooraf bepaald globaal budget aan een onbepaald aantal begunstigden kan worden verleend die niet tevoren zijn geïndividualiseerd, volstaat niet om het selectieve karakter van de maatregel te ontkennen.[4]

119. Om het begrip 'selectiviteit' in het kader van het staatssteunrecht te verduidelijken, is het dienstig een onderscheid te maken tussen materiële selectiviteit en regionale selectiviteit. Bovendien is het dienstig om verdere aanwijzingen te geven over bepaalde kwesties die specifiek op fiscale (of vergelijkbare) maatregelen betrekking hebben.

5.2. Materiële selectiviteit

120. De materiële selectiviteit van een maatregel betekent dat de maatregel alleen geldt voor bepaalde (groepen van) ondernemingen of bepaalde economische sectoren in een bepaalde lidstaat. Van materiële selectiviteit kan de jure of de facto sprake zijn.

5.2.1. De jure en de facto selectiviteit

121. De jure selectiviteit vloeit rechtstreeks voort uit de juridische criteria voor de toekenning van een maatregel die formeel uitsluitend is voorbehouden aan bepaalde ondernemingen (bijv. ondernemingen van een bepaalde grootte, actief in bepaalde sectoren, of met een bepaalde rechtsvorm[5]; in een bepaalde periode opgerichte of recentelijk op een gereglementeerde markt genoteerde ondernemingen[6]; ondernemingen die beho-

1. Daarentegen kan tot een louter secundair economisch effect in de vorm van een toegenomen productie (dat niet neerkomt op indirecte steun) worden geconcludeerd wanneer de steun enkel wordt doorgeleid via een onderneming (bijv. een financiële intermediair) die deze volledig doorgeeft aan de begunstigde van de steun.

2. Arrest van het Hof van Justitie van 29 juni 1999, Déménagements-Manutention Transport SA (DMT), C-256/97, ECLI:EU:C:1999:332, punt 27; arrest van het Gerecht van 6 maart 2002, Territorio Histórico de Álava – Diputación Foral de Álava e.a. / Commissie, T-127/99, T-129/99 en T-148/99, ECLI:EU:T:2002:59, punt 149.

3. Zie bijv. arrest van het Hof van Justitie van 17 juni 1999, België/Commissie, C-75/97, ECLI:EU:C:1999:311, punt 32; arrest van het Hof van Justitie van 8 november 2001, Adria-Wien Pipeline GmbH en Wietersdorfer & Peggauer Zementwerke GmbH / Finanzlandesdirektion für Kärnten, C-143/99, ECLI:EU:C:2001:598, punt 48.

4. Arrest van het Gerecht van 29 september 2000, Confederación Española de Transporte de Mercancías (CETM) / Commissie, T-55/99, ECLI:EU:T:2000:223, punt 40. Zie ook arrest van het Gerecht van 13 september 2012, Italië/Commissie, T-379/09, ECLI:EU:T:2012:422, punt 47. In die zaak ging het om een maatregel voor gedeeltelijke accijnsvrijstelling voor stookolie voor kasverwarming. Het Gerecht gaf aan dat de omstandigheid dat de vrijstelling ten goede kon komen aan alle bedrijven die voor glastuinbouw kiezen, op zich niet voldoende was om het algemene karakter van de maatregel aan te tonen.

5. Arrest van het Hof van Justitie van 8 september 2011, Ministero dell'Economia e delle Finanze en Agenzia delle Entrate / Paint Graphos Soc. coop. arl e.a., C-78/08 t/m C-80/08, ECLI:EU:C:2011:550, punt 52.

6. Arrest van het Gerecht van 4 september 2009, Italië/Commissie, T-211/05, ECLI:EU:T:2009:304, punt 120, en arrest van het Hof van Justitie van 24 november 2011, Italië/Commissie, C-458/09 P, ECLI:EU:C:2011:769, punten 59 en 60.

ren tot een categorie met bepaalde kenmerken of die binnen een groep met bepaalde taken zijn belast[1]; noodlijdende ondernemingen[2], of ondernemingen die exporteren of ondernemingen die met de uitvoer verband houdende activiteiten verrichten[3]. Van de facto of feitelijke selectiviteit is sprake wanneer de formele criteria voor de toepassing van de maatregel weliswaar algemeen en objectief zijn geformuleerd, maar de maatregel zodanig is vormgegeven dat de effecten ervan één bepaalde groep ondernemingen aanzienlijk begunstigen (zoals in de voorbeelden in de voorgaande zin).[4]

122. Feitelijke selectiviteit kan het resultaat zijn van voorwaarden of drempels die lidstaten opleggen waardoor bepaalde ondernemingen niet in het genot van de maatregel kunnen komen. Zo kan bijvoorbeeld het feit dat een belastingmaatregel (bijv. een belastingkrediet) alleen geldt voor investeringen die een bepaalde drempel (afgezien van een omwille van administratieve doelmatigheid vastgestelde lage drempel) overschrijden, betekenen dat de maatregel de facto is voorbehouden aan ondernemingen die over aanzienlijke financiële middelen beschikken.[5] Een maatregel waarmee slechts voor een korte periode bepaalde voordelen worden toegekend, kan ook de facto selectief zijn.[6]

5.2.2. Selectiviteit als gevolg van discretionaire praktijken van overheidsdiensten

123. Algemene maatregelen die op het eerste gezicht van toepassing zijn op alle ondernemingen, maar die beperkt worden door de beoordelingsruimte van overheidsdiensten, zijn selectief.[7] Dit is het geval wanneer het feit dat bepaalde criteria zijn vervuld, niet automatisch recht geeft op de maatregel.

124. Overheidsdiensten beschikken over beoordelingsbevoegdheid voor de toepassing van een maatregel, met name wanneer de criteria voor steunverlening zeer algemeen of vaag zijn geformuleerd, hetgeen noodzakelijkerwijs een beoordelingsruimte met zich meebrengt. Een voorbeeld is het geval waarin de belastingdienst de voorwaarden voor toekenning van een belastingvoordeel aanpast op grond van de kenmerken van de investeringsprojecten die hij voorgelegd krijgt. Evenzo moet, indien de belastingdienst beschikt over ruime beoordelingsbevoegdheid om de begunstigden te kiezen of de voorwaarden te bepalen waaronder een belastingvoordeel wordt toegekend op basis van criteria die vreemd zijn aan het belastingstelsel – zoals het behoud van de werkgelegenheid -, de uitoefening van die beoordelingsbevoegdheid worden beschouwd als begunstiging van 'bepaalde ondernemingen of bepaalde producties'.[8]

125. De omstandigheid dat voor een belastingaftrek voorafgaande administratieve toestemming vereist is, betekent niet automatisch dat het een selectieve maatregel betreft. Dit is niet het geval wanneer een voorafgaande administratieve toestemming is gebaseerd op objectieve, niet-discriminerende criteria die vooraf kenbaar zijn, zodat een grens wordt gesteld aan de beoordelingsvrijheid van de overheidsdiensten. Een dergelijk stelsel van voorafgaande administratieve toestemming moet bovendien berusten op gemakkelijk toegankelijke procedureregels, die de betrokkenen waarborgen dat hun aanvraag binnen een redelijke termijn objectief

1. Arrest van het Hof van Justitie van 22 juni 2006, België en Forum 187 vzw / Commissie, C-182/03 en C-217/03, ECLI:EU:C:2006:416, punt 122.
2. Arrest van het Gerecht van 4 februari 2016, Heitkamp BauHolding GmbH / Commissie, T-287/11, ECLI:EU:T:2016:60, punt 129 e.v.
3. Arrest van het Hof van Justitie van 10 december 1969, Commissie/Frankrijk, 6 en 11/69, ECLI:EU:C:1969:68, punt 3; arrest van het Hof van Justitie van 7 juni 1988, Griekenland/Commissie, 57/86, ECLI:EU:C:1988:284, punt 8, en arrest van het Hof van Justitie van 15 juli 2004, Spanje/ Commissie, C-501/00, ECLI:EU:C:2004:438, punt 92.
4. Dit was het geval in arrest van het Hof van Justitie van 15 november 2011, Commissie en Spanje / Government of Gibraltar en Verenigd Koninkrijk, C-106/09 P en C-107/09 P, ECLI:EU:C:2011:732 (betreffende de belastinghervorming in Gibraltar, waarmee offshorevennootschappen feitelijk werden begunstigd); zie punt 101 e.v. van dat arrest. De hervorming introduceerde een systeem van drie belastingen dat van toepassing is op alle ondernemingen in Gibraltar: een personeelsbelasting (payroll tax), een belasting op het gebruik van bedrijfsruimten (business property occupation tax – BPOT) en een registratierecht (registration fee). Voor de belastingplicht met betrekking tot de personeelsbelasting en de BPOT zou een plafond van 15 % van de winst gelden. Het Gerecht verklaarde dat een samenstel van verschillende heffingen offshorevennootschappen van meet af aan van elke heffing uitsluit, doordat deze geen werknemers in dienst hebben en evenmin over bedrijfsruimten in Gibraltar beschikken.
5. Arrest van het Gerecht van 6 maart 2002, Territorio Histórico de Álava – Diputación Foral de Álava, Ramondín, SA en Ramondín Cápsulas, SA / Commissie, T-92/00 en T-103/00, ECLI:EU:T:2002:61, punt 39.
6. Arrest van het Gerecht van 12 september 2007, Italië en Brandt Italia SpA / Commissie, T-239/04 en T-323/04, ECLI:EU:T:2007:260, punt 66; arrest van het Gerecht van 4 september 2009, Italië/Commissie, T-211/05, ECLI:EU:T:2009:304, punt 120; arrest van het Hof van Justitie van 24 november 2011, Italië/Commissie, C-458/09 P, ECLI:EU:C:2011:769, punten 59 en 60.
7. Zie arrest van het Hof van Justitie van 29 juni 1999, Déménagements-Manutention Transport SA (DMT), C-256/97, ECLI:EU:C:1999:332, punt 27.
8. Zie arrest van het Hof van Justitie van 18 juli 2013, P Oy, C-6/12, ECLI:EU:C:2013:525, punt 27.

en onpartijdig zal worden behandeld, terwijl eventuele weigeringen bovendien in het kader van een beroep in rechte moeten kunnen worden betwist.[1]

5.2.3. De beoordeling van materiële selectiviteit voor maatregelen ter verlichting van de normale lasten van ondernemingen

126. Wanneer lidstaten positieve ad-hocmaatregelen nemen die ten goede komen aan één of meer specifieke ondernemingen (bijv. toekenning van financiële middelen of activa aan bepaalde onderneming), is het doorgaans eenvoudig om te concluderen dat die maatregelen een selectief karakter hebben, omdat zij de gunstige behandeling voorbehouden voor één of enkele ondernemingen.[2]

127. De situatie is doorgaans minder duidelijk wanneer lidstaten ruimere maatregelen vaststellen, die gelden voor alle ondernemingen die aan bepaalde criteria voldoen en waarmee de lasten worden verlicht welke die ondernemingen normaal gesproken moeten dragen (bijv. belastingvrijstellingen of vrijstellingen van sociale premies voor ondernemingen die aan bepaalde criteria voldoen).

128. In dergelijke gevallen dient de selectiviteit van de maatregelen normaal gesproken te worden beoordeeld aan de hand van een onderzoek in drie stappen. In de eerste plaats moet worden bepaald wat de referentieregeling is. In de tweede plaats moet worden nagegaan of een bepaalde maatregel van die regeling afwijkt, voor zover hij differentiaties invoert tussen marktdeelnemers die zich, gelet op de aan de regeling inherente doelstellingen, in een feitelijk en juridisch vergelijkbare situatie bevinden. Het cruciale onderdeel van dit gedeelte van het onderzoek is dat wordt nagegaan of er sprake is van een afwijking, zodat op basis daarvan conclusies kunnen worden getrokken ten aanzien van de vraag of de maatregel a priori selectief is. Indien de betrokken maatregel geen afwijking van de referentieregeling is, is hij niet selectief. Indien dat echter wel het geval is (en hij dus a priori selectief is), dient in de derde stap van het onderzoek te worden bezien of de afwijking gerechtvaardigd wordt door de aard of de opzet van de (referentie)regeling.[3] Indien een a priori selectieve maatregel door de aard of de opzet van de regeling gerechtvaardigd wordt, zal hij niet als selectief worden beschouwd en zal hij dus buiten de werkingssfeer van artikel 107, lid 1, van het Verdrag vallen.[4]

129. Toch kan deze analyse in drie stappen in bepaalde gevallen niet worden toegepast, gezien de praktische effecten van de betrokken maatregelen. Beklemtoond moet worden dat artikel 107, lid 1, van het Verdrag geen onderscheid maakt naar de redenen of doeleinden van de overheidsmaatregelen, maar op hun gevolgen ziet, onafhankelijk dus van de gebruikte technieken.[5] Dit betekent dat in bepaalde, uitzonderlijke gevallen het niet voldoende is om te onderzoeken of een bepaalde maatregel afwijkt van de regels van de referentieregeling zoals de betrokken lidstaat die heeft vastgesteld. Ook moet worden nagegaan of de grenzen van de referentieregeling coherent zijn afgebakend, dan wel op een duidelijk willekeurige of vooringenomen wijze, zodat bepaalde ondernemingen worden begunstigd die zich in een vergelijkbare situatie bevinden ten aanzien van de opzet van de betrokken regeling.

130. Zodoende heeft het Hof van Justitie in zijn arrest van 15 november 2011 over de belastinghervorming in Gibraltar[6] verklaard dat de referentieregeling die de betrokken lidstaat had vastgesteld, weliswaar op algemene criteria was gebaseerd, maar in werkelijkheid tot discriminatie leidt tussen ondernemingen die zich in een vergelijkbare situatie bevinden wat het door de voorgenomen belastinghervorming nagestreefde doel

1. Zie bijv. arrest van het Hof van Justitie van 12 juli 2001, B.S.M. Smits, echtgenote van Geraets / Stichting Ziekenfonds VGZ en H.T.M. Peerbooms / Stichting CZ Groep Zorgverzekeringen, C-157/99, ECLI:EU:C:2001:404, punt 90; arrest van het Hof van Justitie van 3 juni 2010, Sporting Exchange Ltd / Minister van Justitie, C-203/08, ECLI:EU:C:2010:307, punt 50.

2. Zie arrest van het Hof van Justitie van 4 juni 2015, Commissie / MOL Magyar Olaj- és Gázipari Nyrt., C-15/14 P, ECLI:EU:C:2015:362, punt 60 e.v.; conclusie van advocaat-generaal Mengozzi van 27 juni 2013, Deutsche Lufthansa AG / Flughafen Frankfurt-Hahn GmbH, C-284/12, ECLI:EU:C:2013:442, punt 52.

3. Zie bijv. arrest van het Hof van Justitie van 8 september 2011, Commissie/Nederland, C-279/08 P, ECLI:EU:C:2011:551, punt 62; arrest van het Hof van Justitie van 8 november 2001, Adria-Wien Pipeline GmbH en Wietersdorfer & Peggauer Zementwerke GmbH / Finanzlandesdirektion für Kärnten, C-143/99, ECLI:EU:C:2001:598.

4. Zie bijv. arrest van het Hof van Justitie van 8 september 2011, Ministero dell'Economia e delle Finanze en Agenzia delle Entrate / Paint Graphos Soc. coop. arl e.a., C-78/08 t/m C-80/08, ECLI:EU:C:2011:550, punt 49 e.v.; arrest van het Hof van Justitie van 29 april 2004, GIL Insurance Ltd e.a. / Commissioners of Customs & Excise, C-308/01, ECLI:EU:C:2004:252.

5. Zie arrest van het Hof van Justitie van 22 december 2008, British Aggregates / Commissie, C-487/06 P, ECLI:EU:C:2008:757, punten 85 en 89 en de aldaar aangehaalde rechtspraak; arrest van het Hof van Justitie van 8 september 2011, Commissie/Nederland, C-279/08 P, ECLI:EU:C:2011:551, punt 51; arrest van het Hof van Justitie van 15 november 2011, Commissie en Spanje / Government of Gibraltar en Verenigd Koninkrijk, C-106/09 P en C-107/09 P, ECLI:EU:C:2011:732, punt 87.

6. Arrest Commissie en Spanje / Government of Gibraltar en Verenigd Koninkrijk, reeds aangehaald, ECLI:EU:C:2011:732.

betreft, hetgeen offshorevennootschappen een selectief voordeel oplevert.[1] In dit verband wees het Hof erop dat de omstandigheid dat offshorevennootschappen niet worden belast, niet toevallig uit de betrokken regeling voortvloeit, maar het onvermijdelijke gevolg is van het feit dat de belastinggrondslagen nauwgezet aldus zijn vastgesteld dat offshorevennootschappen geen belastbare grondslag hebben.[2]

131. Een vergelijkbare controle kan ook nodig zijn in bepaalde gevallen van bestemmingsheffingen, waar er elementen zijn die erop wijzen dat de grenzen van de heffing op duidelijk willekeurige of vooringenomen wijze zijn afgebakend, zodat bepaalde producten of bepaalde activiteiten worden begunstigd die in een vergelijkbare situatie verkeren ten aanzien van de opzet van de betrokken heffingen.

Zo heeft het Hof van Justitie in de zaak-Ferring[3] geoordeeld dat een heffing die wordt toegepast op de rechtstreekse verkoop van geneesmiddelen door farmaceutische laboratoria, maar niét op de verkoop door groothandelaren, selectief was. Gelet op de bijzondere feitelijke omstandigheden – zoals de duidelijke doelstelling van de maatregel en de gevolgen ervan – heeft het Hof zich niet ertoe beperkt na te gaan of de betrokken maatregel een afwijking zou opleveren van de referentieregeling die door de heffing wordt gevormd. Het heeft ook een vergelijking gemaakt van de situatie van de (heffingsplichtige) farmaceutische laboratoria en de (van de heffing vrijgestelde) groothandelaren en geconcludeerd dat het niet-opleggen van de heffing op de rechtstreekse verkoop van groothandelaren erop neerkomt dat dezen a priori een selectieve belastingvrijstelling krijgen.[4]

5.2.3.1. Bepaling van de referentieregeling

132. De referentieregeling vormt het ijkpunt waaraan de selectiviteit van een maatregel wordt getoetst.

133. De referentieregeling bestaat uit een coherent geheel van regels die algemeen toepasselijk zijn – op grond van objectieve criteria – voor alle ondernemingen die vallen binnen het toepassingsgebied ervan zoals dat door de doelstelling ervan is omschreven. Meestal bakenen die regels niet alleen het toepassingsgebied van de regeling af, maar ook de voorwaarden waarop de regeling van toepassing is, de rechten en plichten van de daaraan onderworpen ondernemingen en de technische details van het functioneren van de regeling.

134. In het geval van belastingen is de referentieregeling gebaseerd op elementen als belastinggrondslag, belastingplichtigen, belastbare feiten en belastingpercentages. Zo kan een referentieregeling worden bepaald voor het vennootschapsbelastingstelsel,[5] het btw-stelsel[6] of het algemene stelsel van belasting over verzekeringspremies[7]. Hetzelfde geldt voor (op zichzelf staande) bestemmingsheffingen, zoals heffingen op bepaalde producten of activiteiten met een negatief effect op het milieu of de gezondheid, die niet echt een onderdeel zijn van een ruimere belastingregeling. Dit betekent dat, afgezien van bijzondere gevallen die in de punten 129, 130 en 131 aan bod kwamen, de referentieregeling in beginsel de heffing zelf is.[8]

5.2.3.2. Afwijking van de referentieregeling

135. Wanneer de referentieregeling is bepaald, is de volgende stap in de analyse het onderzoek van de vraag of een bepaalde maatregel, in afwijking van die regeling, differentieert tussen ondernemingen. Met het oog daarop dient te worden nagegaan of de maatregel bepaalde ondernemingen of bepaalde producties kan

1. Arrest Commissie en Spanje / Government of Gibraltar en Verenigd Koninkrijk, reeds aangehaald, ECLI:EU:C:2011:732, punt 101 e.v.

2. Arrest Commissie en Spanje / Government of Gibraltar en Verenigd Koninkrijk, reeds aangehaald, ECLI:EU:C:2011:732, punt 106.

3. Arrest van het Hof van Justitie van 22 november 2001, Ferring SA / Agence centrale des organismes de sécurité sociale (ACOSS), C-53/00, ECLI:EU:C:2001:627, punt 20.

4. Arrest Ferring, reeds aangehaald, ECLI:EU:C:2001:627, punten 19 en 20.

5. Zie arrest van het Hof van Justitie van 8 september 2011, Ministero dell'Economia e delle Finanze en Agenzia delle Entrate / Paint Graphos Soc. coop. arl e.a., C-78/08 t/m C-80/08, ECLI:EU:C:2011:550, punt 50. Het Hof gebruikt in dit verband soms ook de term 'de algemene [belasting] regeling' (zie arrest van het Hof van Justitie van 22 juni 2006, België en Forum 187 vzw / Commissie, C-182/03 en C-217/03, ECLI:EU:C:2006:416, punt 95) of 'algemene belastingregeling' (zie arrest van het Hof van Justitie van 15 december 2005, Italië/Commissie, C-66/02, ECLI:EU:C:2005:768, punt 100).

6. Zie de redenering van het Hof van Justitie ten aanzien van selectiviteit in zijn arrest van 3 maart 2005, Wolfgang Heiser / Finanzamt Innsbruck, C-172/03, ECLI:EU:C:2005:130, punt 40 e.v.

7. Zie arrest van het Hof van Justitie van 29 april 2004, GIL Insurance Ltd e.a. / Commissioners of Customs & Excise, C-308/01, ECLI:EU:C:2004:252, punten 75 en 78.

8. Zie arrest van het Gerecht van 7 maart 2012, British Aggregates Association / Commissie, T-210/02 RENV, ECLI:EU:T:2012:110, punten 49 en 50. Zelfs indien een heffing in het nationale recht wordt opgenomen om een Unierichtlijn om te zetten, blijft die heffing de referentieregeling.

begunstigen ten opzichte van andere ondernemingen die in een vergelijkbare feitelijke en juridische situatie verkeren, in het licht van de intrinsieke doelstellingen van de referentieregeling.[1] De lidstaat kan zich niet beroepen op externe beleidsdoelstellingen – zoals doelstellingen van regionaal beleid, milieubeleid of industrieel beleid – om de gedifferentieerde behandeling van ondernemingen te rechtvaardigen.[2]

136. De vormgeving van bepaalde bestemmingsheffingen (en met name de heffingsgrondslagen ervan), zoals milieu- en gezondheidsheffingen die worden opgelegd om bepaalde activiteiten of producten te ontraden die ongunstig uitwerken op het milieu of de gezondheid van de mens, zal normaal gesproken de nagestreefde doelstellingen tot uiting brengen. In dergelijke gevallen vormt een gedifferentieerde behandeling voor activiteiten of producten waarvan de situatie, wat de nagestreefde intrinsieke doelstelling betreft, afwijkt van de activiteiten of producten die aan de belasting onderworpen zijn, geen afwijking.[3]

137. Indien een maatregel bepaalde ondernemingen of bepaalde producties begunstigt die zich in een vergelijkbare juridische en feitelijke situatie bevinden, is de maatregel a priori selectief.

5.2.3.3. Rechtvaardiging door de aard of de opzet van de referentieregeling

138. Een maatregel die afwijkt van de referentieregeling (a priori selectiviteit) is steeds niet-selectief indien deze is gerechtvaardigd door de aard of de opzet van die regeling. Dit is het geval wanneer een maatregel rechtstreeks uit de basis- of hoofdbeginselen van de referentieregeling voortvloeit of resulteert uit inherente mechanismen die noodzakelijk zijn voor het functioneren en de doeltreffendheid van de regeling.[4] Daarentegen kunnen externe beleidsdoelstellingen die vreemd zijn aan de regeling, daarvoor niet worden ingeroepen.[5]

139. Een mogelijke rechtvaardigingsgrond zou bijvoorbeeld kunnen zijn de noodzaak om fraude of belastingontwijking te bestrijden, de noodzaak om met bijzondere boekhoudkundige vereisten rekening te houden, de administratieve beheersbaarheid, het beginsel van de fiscale neutraliteit[6], het progressieve herverdelende functie ervan, de noodzaak om dubbele belasting te vermijden[7], en de doelstelling van het optimaliseren van de invordering van belastingschulden.

140. Het staat echter aan de lidstaten om controle- en toezichtprocedures in te voeren en te doen toepassen die geschikt zijn om de coherentie te waarborgen tussen de afwijkingen en de logica en algemene opzet van de belastingregeling.[8] Opdat belastingvrijstellingen kunnen worden gerechtvaardigd door de aard of de algemene opzet van het stelsel, moet ook gewaarborgd zijn dat zij evenredig zijn en niet verder gaan dan nodig is, in die zin dat het legitiem nagestreefde doel niet met minder vergaande middelen kan worden bereikt.[9]

1. In zijn arrest Paint Graphos heeft het Hof echter aangegeven dat, gelet op de specifieke kenmerken van coöperatieve vennootschappen die voor hun wijze van functioneren specifieke beginselen volgen, die ondernemingen niet kunnen worden geacht zich in een vergelijkbare feitelijke en juridische situatie te bevinden als commerciële vennootschappen, voor zover zij evenwel in het economisch belang van hun leden optreden en zij met deze laatste niet een zuiver commerciële, maar een bijzondere persoonlijke relatie onderhouden, waarin de leden actief betrokken worden en recht hebben op een billijk aandeel in de economische resultaten (zie arrest van het Hof van Justitie van 8 september 2011, Ministero dell'Economia e delle Finanze en Agenzia delle Entrate / Paint Graphos Soc. coop. arl e.a., C-78/08 t/m C-80/08, ECLI:EU:C:2011:550, punt 61).

2. Arrest van het Hof van Justitie van 18 juli 2013, P Oy, C-6/12, ECLI:EU:C:2013:525, punt 27 e.v.

3. Een heffing die in het nationale recht wordt opgenomen om een Unierichtlijn om te zetten en die, binnen het toepassingsgebied ervan, voorziet in een gedifferentieerde behandeling voor bepaalde activiteiten of producten, kan een aanwijzing zijn dat die activiteiten of producten verkeren in een situatie die afwijkt van de nagestreefde intrinsieke doelstelling.

4. Zie bijv. arrest van het Hof van Justitie van 8 september 2011, Ministero dell'Economia e delle Finanze en Agenzia delle Entrate / Paint Graphos Soc. coop. arl e.a., C-78/08 t/m C-80/08, ECLI:EU:C:2011:550, punt 69.

5. Zie arrest Paint Graphos, reeds aangehaald, ECLI:EU:C:2011:550, punten 69 en 70; arrest van het Hof van Justitie van 6 september 2006, Portugal/Commissie, C-88/03, ECLI:EU:C:2006:511, punt 81; arrest van het Hof van Justitie van 8 september 2011, Commissie/Nederland, C-279/08 P, ECLI:EU:C:2011:551; arrest van het Hof van Justitie van 22 december 2008, British Aggregates / Commissie, C-487/06 P, ECLI:EU:C:2008:757; arrest van het Hof van Justitie van 18 juli 2013, P Oy, C-6/12, ECLI:EU:C:2013:525, punt 27 e.v.

6. Voor instellingen voor collectieve belegging, zie onderdeel 5.4.2.

7. In zijn arrest Paint Graphos (reeds aangehaald, ECLI:EU:C:2011:550) had het Hof van Justitie het (in punt 71) over de mogelijkheid om de aard of de opzet van het nationale belastingstelsel in te roepen om te rechtvaardigen dat coöperatieve vennootschappen die hun gehele winst aan hun leden uitkeren, niet op het niveau van de coöperatie worden belast, vooropgesteld dat de belasting bij haar leden wordt geheven.

8. Arrest Paint Graphos, reeds aangehaald, ECLI:EU:C:2011:550, punt 74.

9. Arrest Paint Graphos, reeds aangehaald, ECLI:EU:C:2011:550, punt 75.

141. Het is immers aan de lidstaat die een dergelijke differentiatie tussen ondernemingen heeft ingevoerd, om aan te tonen dat deze differentiatie daadwerkelijk is gerechtvaardigd door de aard en de opzet van de betrokken regeling.[1]

5.3. Regionale selectiviteit

142. In beginsel vallen uitsluitend maatregelen die gelden voor het gehele grondgebied van de lidstaat, buiten het regionale selectiviteitscriterium van artikel 107, lid 1, van het Verdrag. Het referentiekader hoeft echter, zoals hierna wordt geschetst, niet noodzakelijk te worden afgebakend als de volledige lidstaat.[2] Dit betekent dat niet alle maatregelen die alleen voor bepaalde delen van het grondgebied van lidstaat van toepassing zijn, automatisch selectief zijn.

143. Volgens vaste rechtspraak[3] zijn maatregelen met een regionaal of lokaal toepassingsgebied mogelijk niet selectief, indien bepaalde vereisten zijn vervuld. Deze rechtspraak behandelde tot dusver alleen belastingmaatregelen. Aangezien regionale selectiviteit echter een algemeen begrip is, gelden de beginselen die de Unierechter ten aanzien van belastingmaatregelen heeft geformuleerd, ook voor andere soorten maatregelen.

144. Bij de beoordeling van regionale selectiviteit moeten drie scenario's worden onderscheiden[4]:

1. In het eerste scenario dat tot de regionale selectiviteit van een maatregel leidt, beslist de centrale overheid van een lidstaat eenzijdig om in een bepaald geografisch gebied een belastingtarief toe te passen dat lager ligt dan het nationale tarief.

2. Het tweede scenario is dat van een symmetrische decentralisatie van fiscale bevoegdheden[5], een model van fiscale bevoegdheidsverdeling waarin elke decentrale overheid op een bepaald bestuursniveau (regio, district of andere) van een lidstaat rechtens of in feite dezelfde autonome bevoegdheden heeft om, onafhankelijk van de centrale overheid, het belastingtarief vast te stellen binnen het gebied waarvoor zij bevoegd is. In dat geval zijn maatregelen waartoe de decentrale bestuursniveaus hebben beslist, niet selectief, omdat het niet mogelijk is een normaal belastingtarief te bepalen dat als referentiekader kan dienen.

3. In het derde scenario – dat van de asymmetrische decentralisatie van fiscale bevoegdheden[6] – kunnen alleen bepaalde regionale of lokale overheden belastingmaatregelen binnen hun grondgebied vaststellen. In dat geval is de beoordeling van het selectieve karakter van de kwestieuze maatregel afhankelijk van de vraag of de betrokken overheid voldoende autonoom is van de centrale overheid van de lidstaat.[7] Dit is het geval wanneer drie cumulatieve criteria voor autonomie zijn vervuld: institutionele, procedurele, en economische en financiële autonomie.[8] Indien al deze autonomiecriteria vervuld zijn wanneer een regionale of lokale overheid besluit een belastingmaatregel vast te stellen die alleen op haar grondgebied van toepassing is, vormt de betrokken regio – en niet de lidstaat – het geografische referentiekader.

5.3.1. Institutionele autonomie

145. Van institutionele autonomie is sprake wanneer het besluit over de belastingmaatregel is genomen door een regionale of lokale overheid met een eigen constitutionele, politieke en administratieve status, die los staat van die van de centrale overheid. In de Azoren-zaak merkte het Hof op dat de Azoren krachtens de Portugese Grondwet een autonome regio zijn met een eigen politiek-administratieve status en eigen overheidsorga-

1. Arrest van het Hof van Justitie van 15 november 2011, Commissie en Spanje / Government of Gibraltar en Verenigd Koninkrijk, C-106/09 P en C-107/09 P, ECLI:EU:C:2011:732, punt 146; arrest van het Hof van Justitie van 29 april 2002, Nederland/ Commissie, C-159/01, ECLI:EU:C:2004:246, punt 43; arrest van het Hof van Justitie van 6 september 2006, Portugal/Commissie, C-88/03, ECLI:EU:C:2006:511.
2. Arrest van het Hof van Justitie van 6 september 2006, Portugal/Commissie, C-88/03, ECLI:EU:C:2006:511, punt 57; arrest van het Hof van Justitie van 11 september 2008, Unión General de Trabajadores de La Rioja (UGT-Rioja) e.a. / Juntas Generales del Territorio Histórico de Vizcaya e.a., C-428/06 t/m C-434/06, ECLI:EU:C:2008:488, punt 47.
3. Arrest Portugal/Commissie, reeds aangehaald, ECLI:EU:C:2006:511, punt 57 e.v.; arrest Unión General de Trabajadores de La Rioja (UGT- Rioja), reeds aangehaald, ECLI:EU:C:2008:488, punt 47 e.v.
4. Arrest Portugal/Commissie, reeds aangehaald, ECLI:EU:C:2006:511, punt 63 t/m 66.
5. Zie de conclusie van advocaat-generaal Geelhoed van 20 oktober 2005, Portugal/Commissie, C-88/03, ECLI:EU:C:2005:618, punt 60.
6. Zie de conclusie van advocaat-generaal Geelhoed van 20 oktober 2005, Portugal/Commissie, C-88/03, ECLI:EU:C:2005:618, punt 60.
7. Arrest Portugal/Commissie, reeds aangehaald, ECLI:EU:C:2006:511, punt 58: 'Uitgesloten kan niet worden dat een regionale entiteit als gevolg van haar status, rechtens en feitelijk, ten opzichte van het centrale bestuur van een lidstaat dermate autonoom is dat zij, door de maatregelen die zij vaststelt, en niet het centrale bestuur, een fundamentele rol speelt in de vaststelling van de politieke en economische omgeving waarin de ondernemingen opereren.'
8. Arrest Portugal/Commissie, reeds aangehaald, ECLI:EU:C:2006:511, punt 67.

nen, die hun eigen belastingbevoegdheden kunnen uitoefenen en de nationale belastingbepalingen aan de specifieke regionale kenmerken kunnen aanpassen.[1]

146. De beoordeling of dit criterium in iedere individuele zaak is vervuld, moet met name een onderzoek inhouden van de grondwet en andere relevante wetgeving van een lidstaat, zodat kan worden nagegaan of een bepaalde regio inderdaad een eigen politiek-administratieve status en eigen overheidsorganen heeft, die hun eigen belastingbevoegdheden kunnen uitoefenen.

5.3.2. Procedurele autonomie

147. Van procedurele autonomie is sprake wanneer een besluit over een belastingmaatregel is genomen zonder dat de centrale overheid rechtstreekse zeggenschap heeft over de inhoud ervan.

148. Het essentiële criterium om te bepalen of er sprake is van procedurele autonomie, is niet de omvang van de aan het decentrale bestuursniveau verleende bevoegdheid, maar de mogelijkheid voor die overheid om krachtens deze bevoegdheid autonoom een beslissing over een belastingmaatregel te nemen, d.w.z. zonder dat de centrale overheid rechtstreekse zeggenschap heeft over de inhoud ervan.

149. De omstandigheid dat er een overleg- of verzoeningsprocedure tussen de centrale en regionale (of lokale) overheden bestaat om conflicten te voorkomen, betekent niet automatisch dat een decentraal bestuursniveau procedurele autonomie heeft, tenzij die instantie – en niet de centrale overheid – de eindbeslissing over de goedkeuring van de betrokken maatregel neemt.[2]

150. Het enkele feit dat de besluiten die een decentraal bestuursniveau vaststelt, aan rechterlijke toetsing zijn onderworpen, betekent op zich nog niet dat dat bestuursniveau geen procedurele autonomie heeft, omdat het bestaan van die rechterlijke toetsing inherent is aan het bestaan van een rechtsstaat.[3]

151. Een regionale (of lokale) belastingmaatregel hoeft niet volledig gescheiden te zijn van een meer algemeen belastingstelsel, om geen staatssteun te vormen. Met name hoeft het betrokken belastingstelsel (heffingsgrondslag, belastingtarieven, regels inzake belastinginning en vrijstellingen) niet volledig te zijn overgedragen aan het decentrale bestuursniveau.[4] Wanneer bijvoorbeeld de decentralisatie van de vennootschapsbelasting beperkt blijft tot de bevoegdheid om de tarieven binnen een beperkte bandbreedte aan te passen, zonder dat de bevoegdheid om de heffingsgrondslag te veranderen (belastingvoordelen en -vrijstellingen enz.) wordt overgedragen, zou kunnen worden geoordeeld dat hiermee de voorwaarde van de procedurele autonomie is vervuld indien de betrokken regio met de vooraf voor de tarieven vastgestelde bandbreedte betekenisvolle autonome belastingbevoegdheden kan uitoefenen, zonder dat de centrale overheid rechtstreekse zeggenschap heeft over de inhoud ervan.

5.3.3. Economische en financiële autonomie

152. Van economische en financiële autonomie is sprake wanneer een decentraal bestuursniveau de financiële en politieke consequenties van een belastingverlagende maatregel draagt. Dat is niet het geval wanneer het decentrale bestuursniveau geen begroting beheert, d.w.z. geen zeggenschap over de ontvangsten en de uitgaven heeft.

153. Bijgevolg mogen, wil er sprake zijn van economische en financiële autonomie, de financiële consequenties van een belastingmaatregel in de regio niet door bijdragen of subsidies van andere regio's of de centrale overheid worden gecompenseerd. Daarom sluit een direct causaal verband tussen de door het decentrale bestuursniveau vastgestelde belastingmaatregel en de financiële steun van andere regio's of de centrale overheid van de betrokken lidstaat het bestaan van dit soort autonomie uit.[5]

154. Aan het bestaan van economische en financiële autonomie wordt niet afgedaan door het feit dat een derving van belastinginkomsten als gevolg van de tenuitvoerlegging van overgedragen belastingbevoegdheden (bijv. een lager belastingtarief) wordt gecompenseerd door een parallelle verhoging van diezelfde inkomsten door de komst van nieuwe bedrijven die door de lagere tarieven worden aangetrokken.

1. Arrest Portugal/Commissie, reeds aangehaald, ECLI:EU:C:2006:511, punt 70.
2. Arrest van het Hof van Justitie van 11 september 2008, Unión General de Trabajadores de La Rioja (UGT-Rioja) e.a. / Juntas Generales del Territorio Histórico de Vizcaya e.a., C-428/06 t/m C-434/06, ECLI:EU:C:2008:488, punten 96 t/m 100.
3. Arrest Unión General de Trabajadores de La Rioja (UGT-Rioja), reeds aangehaald, ECLI:EU:C:2008:488, punten 80 t/m 83.
4. Arrest van het Hof van Justitie van 6 september 2006, Portugal/Commissie, C-88/03, ECLI:EU:C:2006:511.
5. Arrest Unión General de Trabajadores de La Rioja (UGT-Rioja), reeds aangehaald, ECLI:EU:C:2008:488, punt 129 e.v.

155. Voor de autonomiecriteria is niet vereist dat de regels inzake belastingheffing aan de regionale of lokale overheden zijn overgedragen, noch hoeven de belastinginkomsten daadwerkelijk door die overheden te worden geïnd. De centrale overheid kan nog steeds verantwoordelijk blijven voor de inning van de gedecentraliseerde belastingen indien de kosten van de inning door het decentrale bestuursniveau worden gedragen.

5.4. Specifieke thema's inzake belastingmaatregelen

156. Het staat de lidstaten vrij het economische beleid te kiezen dat zij het meest geschikt achten, en met name om de belastingdruk, naar eigen inzicht, over de verschillende productiefactoren te verdelen. Niettemin zijn de lidstaten verplicht die bevoegdheid in overeenstemming met het Unierecht uit te oefenen.[1]

5.4.1. Coöperatieve vennootschappen

157. In beginsel volgen volwaardige coöperatieve vennootschappen voor hun wijze van functioneren specifieke beginselen die hen duidelijk onderscheiden van andere marktdeelnemers.[2] Met name gelden voor hen specifieke lidmaatschapsregels en hun activiteiten strekken tot wederzijds voordeel van hun leden[3], niet het belang van externe investeerders. Bovendien kunnen reserves en activa niet worden uitgekeerd en moeten deze voor het gemeenschappelijke belang van de leden worden ingezet. Ten slotte hebben coöperaties doorgaans beperkte toegang tot kapitaalmarkten en generen zij lage winstmarges.

158. Gelet op deze specifieke kenmerken kunnen coöperaties niet worden geacht zich in een feitelijke en juridische situatie te bevinden die vergelijkbaar is met die van commerciële vennootschappen, zodat die preferente fiscale behandeling voor coöperaties buiten het toepassingsgebied van de staatssteunregels kan vallen, voor zover[4]:
- zij in het economische belang van hun leden optreden;
- zij met hun leden niet een zuiver commerciële, maar een bijzondere persoonlijke relatie onderhouden;
- de leden actief betrokken zijn bij het beheer van de activiteiten, en
- zij recht hebben op een billijk aandeel in de economische resultaten.

159. Indien de te onderzoeken coöperatieve vennootschap vergelijkbaar blijkt te zijn met commerciële vennootschappen, dient zij in hetzelfde referentiekader te worden opgenomen als commerciële vennootschappen en moet daarop de analyse in drie stappen worden toegepast, zoals die in de punten 128 tot en met 141 is beschreven. In de derde stap van die analyse moet dan worden nagegaan of de betrokken belastingregeling gerechtvaardigd wordt door de opzet van het belastingstelsel.[5]

160. Met het oog daarop dient te worden aangetekend dat de maatregel in overeenstemming dient te zijn met de basis- of hoofdbeginselen van het belastingstelsel van de lidstaat (ten opzichte van de aan dat stelsel inherente mechanismen). Een afwijking voor coöperatieve vennootschappen waarbij deze zelf niet op het niveau van de coöperatie worden belast, kan bijvoorbeeld worden gerechtvaardigd door het feit dat zij hun gehele winst aan hun leden uitkeren en dat de belasting dan bij hun individuele leden wordt geheven. Hoe dan ook moet de verlaagde belasting evenredig zijn en mag deze niet verder gaan dan wat noodzakelijk is. Bovendien moet de betrokken lidstaat geschikte controle- en toezichtprocedures toepassen.[6]

1. Met name mogen lidstaten geen wetgeving invoeren of handhaven die onverenigbare staatssteun inhoudt of een discriminatie die strijdig is met de fundamentele vrijheden; zie onder meer arrest van het Hof van Justitie van 17 september 2009, Glaxo Wellcome GmbH & Co. KG / Finanzamt München II, zaak C-182/08, ECLI:EU:C:2009:559, punt 34 en de aldaar aangehaalde rechtspraak.
2. Zie de overwegingen van Verordening van de Raad (EG) nr. 1435/2003 van 22 juli 2003 betreffende het statuut voor een Europese Coöperatieve Vennootschap (SCE) (PB L 207 van 18.8.2003, blz. 1).
3. De zeggenschap over coöperaties is op billijke wijze over de leden verdeeld, zoals blijkt uit de regel 'één man, één stem'.
4. Zie arrest van het Hof van Justitie van 8 september 2011, Ministero dell'Economia e delle Finanze en Agenzia delle Entrate / Paint Graphos Soc. coop. arl e.a., C-78/08 t/m C-80/08, ECLI:EU:C:2011:550, punten 55 en 61.
5. Zie arrest Paint Graphos, reeds aangehaald, ECLI:EU:C:2011:550, punten 69 en 75.
6. Zie arrest Paint Graphos, reeds aangehaald, ECLI:EU:C:2011:550, punten 74 en 75.

5.4.2. Instellingen voor collectieve belegging[1]

161. Het is algemeen aanvaard dat beleggingsvehikels, zoals instellingen voor collectieve belegging[2], aan een passend niveau van belasting moeten zijn onderworpen, omdat zij in wezen opereren als intermediaire constructies tussen (externe) investeerders en de doelondernemingen waarin wordt geïnvesteerd. Wanneer er geen belastingregels voor beleggingsfondsen of -maatschappijen zijn, zou dit ertoe kunnen leiden dat een beleggingsfonds wordt behandeld als een afzonderlijke belastingplichtige – waardoor een bijkomende 'belastinglaag' wordt opgelegd op inkomsten of winsten van die intermediaire constructie. Binnen deze context proberen lidstaten meestal om ongunstige belastingeffecten op beleggingen via beleggingsfondsen of -maatschappijen te beperken ten opzichte van directe beleggingen door individuele beleggers en, zo veel mogelijk, ervoor te zorgen dat de totale, uiteindelijke belastingdruk op de korf van diverse soorten beleggingen ongeveer dezelfde is, ongeacht de constructie die voor de belegging wordt gebruikt.

162. Belastingmaatregelen die de fiscale neutraliteit willen garanderen voor beleggingen in collectieve beleggingsfondsen of -maatschappijen, mogen niet als selectief worden gezien wanneer die maatregelen niet ertoe strekken bepaalde collectieve beleggingsinstellingen of bepaalde soorten beleggingen te begunstigen[3], maar juist bedoeld zijn om economische dubbele belasting te beperken of uit te schakelen in overeenstemming met de algemene beginselen die inherent zijn aan de betrokken belastingregeling. Voor de toepassing van dit onderdeel wordt onder 'fiscale neutraliteit' verstaan dat belastingplichtigen op dezelfde wijze worden behandeld, ongeacht of zij in activa beleggen (zoals overheidspapier en vennootschappen op aandelen), al dan niet middellijk via beleggingsfondsen. Een belastingregeling voor instellingen voor collectieve beleggingen die de doelstelling van fiscale transparantie in acht nemen op het niveau van de intermediaire constructie, kan dus mogelijk gerechtvaardigd zijn door de opzet van het betrokken belastingstelsel, mits het voorkomen van dubbele economische belasting een beginsel is dat inherent is aan het betrokken belastingstelsel. Daarentegen dient een preferente fiscale behandeling die beperkt is tot beleggingsconstructies die aan specifieke voorwaarden voldoen[4] – ten nadele van andere beleggingsconstructies die zich in een feitelijk en juridisch vergelijkbare situatie bevinden – als selectief te worden gezien,[5] bijvoorbeeld wanneer de belastingregels voorzien in een gunstige behandeling voor nationale durfkapitaalfondsen, sociale investeringsfondsen of langetermijnbeleggings-instellingen en op EU-niveau geharmoniseerde EuVECA[6]-, EuSEF[7]- of ELTIF[8]-fondsen.

163. Fiscale neutraliteit betekent echter niet dat dit soort investeringsconstructies volledig van belasting dient te zijn vrijgesteld of dat de fondsbeheerders dienen te worden vrijgesteld van belasting over de vergoedingen die zij berekenen voor het beheren van de onderliggende activa waarin door de fondsen wordt belegd.[9]

1. Dit onderdeel is niet beperkt tot instellingen voor collectieve belegging die vallen onder Richtlijn 2009/65/EG van het Europees Parlement en de Raad van 13 juli 2009 tot coördinatie van de wettelijke en bestuursrechtelijke bepalingen betreffende bepaalde instellingen voor collectieve belegging in effecten (icbe's). Het ziet ook op andere soorten instellingen voor collectieve belegging die niét onder die richtlijn vallen, zoals onder meer alternatieve beleggingsinstellingen in de zin van Richtlijn 2011/61/EU van het Europees Parlement en de Raad van 8 juni 2011 inzake beheerders van alternatieve beleggingsinstellingen en tot wijziging van de Richtlijnen 2003/41/EG en 2009/65/EG en van de Verordeningen (EG) nr. 1060/2009 en (EU) nr. 1095/2010 (PB L 174 van 1.7.2011, blz. 1).

2. Dit soort instellingen kunnen zijn opgericht op grond van het contractenrecht (als gewone fondsen bestuurd door beheerders), het trustrecht (als unit trusts) of krachtens het vennootschapsrecht (als beleggingsmaatschappijen); zie artikel 1, lid 3, van Richtlijn 2009/65/EG.

3. Zie arrest van het Gerecht van 4 maart 2009, Associazione italiana del risparmio gestito en Fineco Asset Management SpA / Commissie, T-445/05, ECLI:EU:T:2009:50, punt 78 e.v., waarin het Gerecht Beschikking 2006/638/EG van de Commissie van 6 september 2005 (PB L 268 van 27.9.2006, blz. 1) bekrachtigde waarbij een steunregeling onverenigbaar was verklaard waarmee bepaalde instellingen voor collectieve belegging in overdraagbare effecten die zijn gespecialiseerd in aandelen in op gereglementeerde markten genoteerde vennootschappen met een kleine of middelgrote beurswaarde, fiscale prikkels kregen.

4. Bijv. een gunstige fiscale behandeling op het niveau van de beleggingsconstructie waaraan de voorwaarde is verbonden dat drie kwart van de activa van het fonds in kmo's wordt belegd.

5. Zie arrest Associazione italiana del risparmio gestito en Fineco Asset Management SpA, reeds aangehaald, ECLI:EU:T:2009:50, punt 150.

6. Verordening (EU) nr. 345/2013 van het Europees Parlement en de Raad van 17 april 2013 betreffende Europese durfkapitaalfondsen (PB L 115 van 25.4.2013, blz. 1).

7. Verordening (EU) nr. 346/2013 van het Europees Parlement en de Raad van 17 april 2013 inzake Europese sociaalondernemerschapsfondsen (PB L 115 van 25.4.2013, blz. 18).

8. Verordening (EU) 2015/760 van het Europees Parlement en de Raad van 29 april 2015 betreffende Europese langetermijnbeleggingsinstellingen (PB L 123 van 19.5.2015, blz. 98).

9. De redenering van neutraliteit achter de bijzondere belasting van beleggingsinstellingen geldt voor het kapitaal van het fonds, niet voor de eigen inkomsten en het eigen kapitaal van de beheersmaatschappijen; zie het besluit van de Toezichthoudende Autoriteit van de EVA van 18 maart 2009 ten aanzien van staatssteun in het kader van de belastingheffing op investeringsondernemingen volgens de Gesetz über Investmentunternehmen (IUG) in Liechtenstein (PB C 236 van 1.10.2009, blz. 6).

Evenmin kan dit verantwoorden dat voor de betrokken belastingregelingen een collectieve belegging fiscaal gunstiger wordt behandeld dan een individuele belegging.[1] In dergelijke gevallen zou de belastingregeling onevenredig zijn en verder gaan dan hetgeen noodzakelijk is om de doelstelling van het voorkomen van dubbele belasting te bereiken – en zou het dus een selectieve maatregel betreffen.

5.4.3. Fiscale amnestie

164. Bij fiscale amnestie gaat het doorgaans om immuniteit tegen strafrechtelijke sancties, geldboeten en (gedeeltelijke of volledige) rentebetalingen. Hoewel in sommige gevallen van amnestie de belastingbedragen volledig moeten worden betaald[2], houden andere een gedeeltelijke kwijtschelding van de verschuldigde belasting in[3].

165. Over het algemeen kan een fiscale amnestiemaatregel voor ondernemingen als een algemene maatregel worden beschouwd indien de volgende voorwaarden zijn vervuld.[4]

166. In de eerste plaats staat de maatregel daadwerkelijk open voor alle ondernemingen, ongeacht de bedrijfstak of grootte, die belastingverplichtingen hebben uitstaan die verschuldigd zijn tegen de door de maatregel vastgestelde datum, zonder dat enige vooraf bepaalde groep ondernemingen wordt begunstigd. In de tweede plaats houdt de maatregel geen feitelijke selectiviteit ten gunste van bepaalde ondernemingen of sectoren in. In de derde plaats blijft het optreden van de belastingdienst beperkt tot het beheer van de tenuitvoerlegging van de fiscale amnestie, zonder enige beoordelingsmarge wat betreft de toekenning of de intensiteit van de maatregel. Ten slotte sluit de maatregel de mogelijkheid tot controle niet uit.

167. De beperkte looptijd van fiscale amnestiemaatregelen, die slechts voor een beperkte periode gelden[5] voor belastingverplichtingen die verschuldigd waren vóór een vooraf bepaalde datum en die nog uitstaan op het tijdstip van de invoering van de fiscale amnestie, is inherent aan het concept van een fiscale amnestie die moet zorgen voor zowel een betere inning van de belastingen als een betere naleving van de regels door de belastingplichtigen.

168. Fiscale amnestiemaatregelen kunnen ook als algemene maatregelen worden beschouwd indien zij stroken met een door de nationale wetgever nagestreefd doel, namelijk de inachtneming van een algemeen rechtsbeginsel, zoals de eerbiediging van het beginsel van een redelijke termijn.[6]

5.4.4. Fiscale rulings en schikkingen met de belastingdienst

5.4.4.1. Rulings van de belastingdienst

169. Een fiscale ruling is bedoeld om vooraf vast te leggen hoe de gewone belastingregeling in een bepaald geval zal worden toegepast in het licht van de specifieke feiten en omstandigheden. Om redenen van rechtszekerheid geven vele nationale belastingdiensten fiscale rulings af over de fiscale behandeling van specifieke transacties.[7] Dit kan gebeuren door vooraf te bepalen hoe de bepalingen van een bilateraal verdrag of nationale belastingregels in een bepaald geval zullen worden toegepast of hoe de zakelijke ('arm's length') winst zal worden bepaald voor transacties tussen verbonden partijen wanneer door onzekerheid een voorafgaande beslissing ('ruling') gerechtvaardigd is om zeker te zijn dat de prijs voor bepaalde intragroepstransacties volgens het zakelijkheidsbeginsel ('arm's length-beginsel') is bepaald.[8] Lidstaten kunnen hun belastingplichtigen

1. Zie besluit van de Commissie van 12 mei 2010 betreffende steunmaatregel N 131/2009 – Finland – AsuntoREIT-järjestelmä/ BostadsREIT- system (PB C 178 van 3.7.2010, blz. 1), punt 33.
2. Fiscale amnestie kan ook de mogelijkheid bieden om niet-aangegeven activa of inkomsten aan te geven.
3. Zie arrest van het Hof van Justitie van 29 maart 2012, Ministero dell'Economia e delle Finanze en Agenzia delle Entrate / 3M Italia SpA, C-417/10, ECLI:EU:C:2012:184, punt 12.
4. Zie besluit van de Commissie van 11 juli 2012 betreffende steunmaatregel SA.33183 – Letland – Tax Support Measure (TSM) (PB C 1 van 4.1.2013, blz. 6).
5. De periode waarin de maatregel loopt, dient voldoende ruim te zijn om alle belastingplichtigen waarop de maatregel van toepassing is, in staat te stellen het voordeel van de maatregel te proberen genieten.
6. Zie arrest van het Hof van Justitie van 29 maart 2012, Ministero dell'Economia e delle Finanze en Agenzia delle Entrate / 3M Italia SpA, C-417/10, ECLI:EU:C:2012:184, punten 40, 41 en 42.
7. Sommige lidstaten hebben circulaires vastgesteld waarin het toepassingsgebied en de omvang van hun rulingpraktijk zijn geregeld. Een aantal van hen maakt hun rulings ook bekend.
8. Zie Besluit van de Commissie van 21 oktober 2015 betreffende steunmaatregel SA.38374 – Starbucks (nog niet bekendgemaakt); Besluit van de Commissie van 21 oktober 2015 betreffende steunmaatregel SA.38375 – Fiat (nog niet bekendgemaakt), en Besluit van de Commissie van 11 januari 2016 betreffende steunmaatregel SA.37667 – Staatssteunregeling inzake vrijstelling van overwinst (nog niet bekendgemaakt); in al deze zaken is beroep ingesteld.

rechtszekerheid en voorspelbaarheid bieden aangaande de toepassing van de algemene belastingregels, hetgeen het beste wordt verzekerd indien hun administratieve rulingpraktijk transparant is en de rulings worden bekendgemaakt.

170. Bij de toekenning van een fiscale ruling moeten echter de staatssteunregels in acht worden genomen. Wanneer met een fiscale ruling een uitkomst wordt bekrachtigd die geen betrouwbare afspiegeling is van hetgeen de uitkomst zou zijn van een normale toepassing van de algemene belastingregeling, kan met die ruling een selectief voordeel worden toegekend aan de partij waaraan die ruling wordt afgegeven, voor zover die selectieve behandeling ertoe leidt dat de belasting die de betrokken partij in die lidstaat verschuldigd is, wordt verlaagd ten opzichte van vennootschappen die in een vergelijkbare feitelijke en juridische situatie verkeren.

171. Het Hof van Justitie heeft verklaard dat door een versmalling van de heffingsgrondslag van een onderneming die resulteert uit een belastingmaatregel waardoor een belastingplichtige bij intragroepstransacties verrekenprijzen ('transfer prices') kan hanteren die geen afspiegeling zijn van de prijzen die in rekening worden gebracht in een omgeving waarin vrije mededinging heerst (d.w.z. prijzen die worden bepaald door onafhankelijke ondernemingen die onder vergelijkbare omstandigheden zakelijk onderhandelen), een selectief voordeel aan die belastingplichtige wordt verleend, doordat deze de verschuldigde belasting op grond van het algemene belastingstelsel verlaagd ziet ten opzichte van onafhankelijke vennootschappen die voor het bepalen van hun belastbare grondslag gebruikmaken van hun daadwerkelijk geboekte winst.[1] Bijgevolg wordt met een fiscale ruling waarbij voor het bepalen van de belastbare winst van een concernentiteit een verrekenprijsmethode wordt gehanteerd die geen betrouwbare benadering van een marktgebaseerde uitkomst oplevert die in overeenstemming is met het zakelijkheidsbeginsel, een selectief voordeel verleend aan de ontvanger ervan. Het streven naar een 'betrouwbare benadering van een marktgebaseerde uitkomst' betekent dat iedere afwijking van de beste raming van een marktgebaseerde uitkomst beperkt moet blijven tot en evenredig moet zijn aan de onzekerheid die verbonden is aan de gekozen verrekenprijsmethode of de bij deze benaderingsexercitie gebruikte statistische instrumenten.

172. Dit zakelijkheidsbeginsel maakt dus noodzakelijkerwijs deel uit van de beoordeling wanneer de Commissie aan groepsvennootschappen toegekende belastingmaatregelen aan artikel 107, lid 1, van het Verdrag toetst, ongeacht of een lidstaat dit beginsel in zijn nationale rechtsorde heeft opgenomen en ongeacht in welke vorm. Aldus gaat de Commissie na of de uit hoofde van de vennootschapsbelasting belastbare winst van een groepsvennootschap is bepaald op basis van een methode die een betrouwbare benadering van een marktgebaseerde uitkomst oplevert. Een fiscale ruling waarin zo een methode tot uitdrukking komt, garandeert dat die vennootschap geen gunstige behandeling krijgt op grond van het gewone stelsel van de vennootschapsbelasting in de betrokken lidstaat vergeleken met niet tot een concern behorende vennootschappen die worden belast op hun boekhoudkundige winst, hetgeen een afspiegeling is van prijzen die op de markt tot stand komen via zakelijk onderhandelen. Het zakelijkheidsbeginsel dat de Commissie toepast wanneer zij verrekenprijsrulings aan de staatssteunregels toetst, is aldus een toepassing van artikel 107, lid 1, van het Verdrag, dat een ongelijke fiscale behandeling verbiedt van ondernemingen die zich in een vergelijkbare feitelijke en juridische situatie bevinden. Dit beginsel bindt de lidstaten, en de nationale belastingvoorschriften zijn niet uitgesloten van de werkingssfeer ervan.[2]

173. Wanneer de Commissie nagaat of met een verrekenprijsruling het in artikel 107, lid 1, van het Verdrag besloten zakelijkheidsbeginsel in acht wordt genomen, kan zij rekening houden met het houvast dat de Organisatie voor Economische Samenwerking en Ontwikkeling (OESO) biedt, met name de *OECD Transfer Pricing*

1. Zie arrest van het Hof van Justitie van 22 juni 2006, België en Forum 187 vzw / Commissie, C-182/03 en C-217/03, ECLI:EU:C:2006:416. In dit arrest over de Belgische regeling voor coördinatiecentra, waarin het Hof van Justitie zich moest uitspreken over een beroep tegen een Commissiebeschikking (Beschikking 2003/757/EG van de Commissie van 17 februari 2003 betreffende de steunregeling die door België ten uitvoer is gelegd ten gunste van in België gevestigde coördinatiecentra (PB L 282 van 30.10.2003, blz. 25)), concludeerde het Hof onder meer dat met de methode voor het vaststellen van de belastbare inkomsten in het kader van die regeling een selectief voordeel aan die centra werd verschaft. In die regeling werd de belastbare winst vastgesteld op een forfaitair bedrag, dat overeenkwam met een percentage van het totaal van de uitgaven en bedrijfskosten, exclusief personeelskosten en financiële lasten. Volgens het Hof '[moet], [o]m na te gaan of de vaststelling van de belastbare inkomsten als voorzien in de regeling voor coördinatiecentra, deze een voordeel verschaft, de genoemde regeling [...] worden vergeleken met de algemene regeling, die is gebaseerd op het verschil tussen lasten en baten van een onderneming die haar bedrijf uitoefent in een omgeving waarin vrije mededinging heerst'. Het Hof verklaarde daarna dat 'de uitsluiting van [personeelskosten en de financiële lasten] van de kosten aan de hand waarvan de belastbare inkomsten van deze centra worden vastgesteld, niet [kan] leiden tot verrekenprijzen die in de buurt liggen van die welke zouden worden gehanteerd in een omgeving waarin vrije mededinging heerst', waarvan het Hof concludeerde dat dit 'de genoemde centra een economisch voordeel [verschaft]' (punten 96 en 97 van het arrest).

2. Zie arrest België en Forum 187 vzw, reeds aangehaald, ECLI:EU:C:2006:416, punt 81. Zie ook arrest van het Gerecht van 25 maart 2015, België/Commissie, T-538/11, ECLI:EU:T:2015:188, punten 65 en 66 en de aldaar aangehaalde rechtspraak.

Guidelines for Multinational Enterprises and Tax Administrations. Die richtsnoeren handelen niet over staatssteunkwesties op zich, maar zij brengen de internationale consensus over verrekenprijzen in kaart en zijn een nuttige leidraad voor belastingdiensten en multinationale ondernemingen wat betreft de vraag hoe ervoor te zorgen dat een verrekenprijsmethode een marktconforme uitkomst oplevert. Indien bij een verrekenprijsregeling de OESO-verrekenprijsrichtlijnen in acht worden genomen, met inbegrip van de aanwijzingen met betrekking tot de keuze van wat de meest geschikte methode is en hoe die tot een betrouwbare benadering van een marktgebaseerde uitkomst leidt, is het bijgevolg weinig waarschijnlijk dat een fiscale ruling waarin die regeling wordt vastgelegd, aanleiding geeft tot staatssteun.

174. Samenvattend kan worden geconcludeerd dat met een fiscale ruling aan de betrokken partijen met name een selectief voordeel wordt verleend wanneer:

a. de ruling het nationale belastingrecht onjuist toepast en dit een lager belastingbedrag oplevert;[1]

b. de ruling niet beschikbaar is voor ondernemingen in een vergelijkbare juridische en feitelijke situatie,[2] of

c. de belastingdienst een 'gunstigere' behandeling toepast dan voor andere belastingplichtigen die zich in een vergelijkbare feitelijke en juridische situatie bevinden. Dit kan bijvoorbeeld het geval zijn wanneer de belastingdienst instemt met een verrekenprijsregeling die niet zakelijk is omdat de in die ruling gehanteerde methode een uitkomst oplevert die afwijkt van een betrouwbare benadering van een marktgebaseerde uitkomst.[3] Hetzelfde geldt voor een ruling waarbij de betrokken partij alternatieve, indirectere methoden mag hanteren voor het berekenen van haar belastbare winst – bijvoorbeeld het gebruik van vaste marges voor een kostprijs-plus- of resale-minus-methode voor het bepalen van passende verrekenprijzen – terwijl directere methoden beschikbaar zijn.[4]

5.4.4.2. Schikkingen met de belastingdienst

175. Schikkingen met de belastingdienst vinden doorgaans plaats in het kader van geschillen tussen de belastingplichtige en de belastingdienst over het bedrag van de verschuldigde belasting. Dit is in een aantal lidstaten een gebruikelijke praktijk. Het aangaan van dit soort fiscale schikkingen biedt de belastingdienst de mogelijkheid om lang aanslepende juridische geschillen voor de nationale rechter te vermijden en om een snelle invordering van de verschuldigde belasting te verzekeren. Ook al valt de bevoegdheid van de lidstaten op dit gebied niet te betwisten, toch kan met het sluiten van een schikking met de belastingdienst staatssteun gemoeid zijn, met name wanneer blijkt dat het bedrag van de verschuldigde belasting is verlaagd zonder duidelijke rechtvaardigingsgrond (zoals het optimaliseren van de invordering van schulden) of op een onevenredige wijze in het voordeel van de belastingplichtige.[5]

1. Zie Beschikking 2003/601/EG van de Commissie van 17 februari 2003 betreffende steunmaatregel C 54/2001 (ex NN 55/2000) Ierland – Buitenlandse inkomsten (PB L 204 van 13.8.2003, blz. 51), overwegingen 33, 34 en 35.

2. Dit zou bijvoorbeeld het geval zijn indien sommige ondernemingen die transacties uitvoeren met dochterentiteiten, deze rulings niet mogen aanvragen, in tegenstelling tot een vooraf bepaalde categorie ondernemingen. Zie in dit verband Beschikking 2004/77/EG van de Commissie van 24 juni 2003 betreffende de door België ten uitvoer gelegde steunregeling in de vorm van een fiscaal rulingstelsel voor US Foreign Sales Corporations (PB L 23 van 28.1.2004, blz. 14), overwegingen 56 t/m 62.

3. Zie Besluit van de Commissie van 21 oktober 2015 betreffende steunmaatregel SA.38374 – Starbucks (nog niet bekendgemaakt); Besluit van de Commissie van 21 oktober 2015 betreffende steunmaatregel SA.38375 – Fiat (nog niet bekendgemaakt), en Besluit van de Commissie van 11 januari 2016 betreffende steunmaatregel SA.37667 – Staatssteunregeling inzake vrijstelling van overwinst (nog niet bekendgemaakt); in al deze zaken is beroep ingesteld.

4. Zie Beschikking 2003/438/EG van de Commissie van 16 oktober 2002 betreffende staatssteunregeling C 50/2001 (ex NN 47/2000) – Financieringsmaatschappijen – ten uitvoer gelegd door Luxemburg (PB L 153 van 20.6.2003, blz. 40), overwegingen 43 en 44; Beschikking 2003/ 501/EG van de Commissie van 16 oktober 2002 betreffende staatssteunregeling C 49/2001 (ex NN 46/2000) – Coördinatiecentra – ten uitvoer gelegd door Luxemburg (PB L 170 van 9.7.2003, blz. 20), overwegingen 46, 47 en 50; Beschikking 2003/757/EG van de Commissie van 17 februari 2003 betreffende de steunregeling die door België ten uitvoer is gelegd ten gunste van in België gevestigde coördinatiecentra (PB L 282 van 30.10.2003, blz. 25), overwegingen 89 t/m 95, en het desbetreffende arrest van het Hof van Justitie van 22 juni 2006, België en Forum 187 vzw / Commissie, C-182/03 en C-217/03, ECLI:EU:C:2006:416, punten 96 en 97; Beschikking 2004/76/EG van de Commissie van 13 mei 2003 betreffende de steunregeling die Frankrijk ten uitvoer heeft gelegd ten faveure van hoofdkantoren en logistieke centra (PB L 23 van 28.1.2004, blz. 1), overwegingen 50 en 53; Besluit van de Commissie van 21 oktober 2015 betreffende steunmaatregel SA.38374 – Starbucks (nog niet bekendgemaakt, beroep aanhangig), overwegingen 282 t/m 285; Besluit van de Commissie van 21 oktober 2015 betreffende steunmaatregel SA.38375 – Fiat (nog niet bekendgemaakt, beroep aanhangig), overweging 245.

5. Zie Besluit 2011/276/EU van de Commissie van 26 mei 2010 betreffende de door België ten uitvoer gelegde steunmaatregel C 76/03 (ex NN 69/03) in de vorm van een dading met de fiscus ten gunste van Umicore NV (voorheen Union Minière NV) (PB L 122 van 11.5.2011, blz. 76).

176. In dit verband kan een schikking tussen de belastingdienst en een belastingplichtige met name een selectief voordeel inhouden wanneer[1]:

a. de belastingdienst aan een belastingplichtige onevenredige concessies doet en daardoor een 'gunstigere' discretionaire behandeling toepast dan voor andere belastingplichtigen die zich in een vergelijkbare feitelijke en juridische situatie bevinden;

b. de schikking in strijd is met de toepasselijke belastingregels en tot een lager belastingbedrag heeft geleid, buiten een redelijke bandbreedte. Dit kan bijvoorbeeld het geval zijn wanneer vaststaande feiten, op grond van de toepasselijke regels, tot een andere heffingsgrondslag hadden moeten leiden (maar het verschuldigde belastingbedrag onrechtmatig is verlaagd).

5.4.5. Afschrijvingsregels

177. In de regel vormen zuiver technische belastingmaatregelen zoals afschrijvingsregels geen staatssteun. De methode voor het berekenen van de afschrijving van activa verschilt van lidstaat tot lidstaat, maar dit soort methoden kan inherent zijn aan de belastingstelsels waarvan zij deel uitmaken.

178. De moeilijkheid om te bepalen of er bij het afschrijvingspercentage voor bepaalde activa mogelijk sprake is van selectiviteit, schuilt in het feit dat een benchmark moet worden bepaald (waarvan een bepaald afschrijvingspercentage of een bepaalde afschrijvingsmethode een afwijking zou kunnen zijn). Boekhoudkundig gesproken, heeft deze exercitie doorgaans tot doel de economische waardevermindering van de activa tot uiting te brengen om een getrouw beeld te krijgen van de financiële situatie van de onderneming, maar de fiscale procedure dient andere doelstellingen, zoals ondernemingen in staat stellen hun aftrekbare uitgaven in de tijd te spreiden.

179. Stimuleringsregelingen op het gebied van afschrijvingen (zoals een kortere afschrijvingstermijn, een gunstigere afschrijvingsmethode[2], versnelde afschrijving enz.) voor bepaalde soorten activa of ondernemingen, die niet zijn gebaseerd op de leidbeginselen van de betrokken afschrijvingsregels, kan tot staatssteun aanleiding geven. Daarentegen kunnen regels voor de versnelde en vervroegde afschrijving van geleasede activa als algemene maatregelen worden beschouwd indien de betrokken leaseovereenkomsten daadwerkelijk openstaan voor ondernemingen uit alle sectoren en van elke grootte.[3]

180. Wanneer de belastingdienst over beoordelingsbevoegdheid beschikt om per onderneming of per sector verschillende afschrijvingsperioden of verschillende waarderingsmethoden vast te stellen, spreekt het voor zich dat er een vermoeden van selectiviteit is. Evenzo houdt een voorafgaande goedkeuring van een belastingdienst als voorwaarde om een afschrijvingsregeling te kunnen toepassen, selectiviteit in indien de goedkeuring niet beperkt blijft tot het vooraf nagaan of de wettelijke vereisten zijn vervuld.[4]

5.4.6. Belastingregeling op forfaitaire grondslag voor specifieke activiteiten

181. Specifieke bepalingen die geen discretionaire elementen bevatten (bijvoorbeeld bepalingen waardoor de inkomstenbelasting op forfaitaire grondslag kan worden vastgesteld), kunnen worden gerechtvaardigd door de aard en de opzet van het stelsel wanneer deze bijvoorbeeld rekening houden met bijzondere boekhoudkundige vereisten of met het belang van gronden bij activa die kenmerkend zijn voor bepaalde sectoren.

182. Dit soort bepalingen zijn derhalve niet selectief indien de volgende voorwaarden zijn vervuld:

a. de regeling op forfaitaire grondslag is ingegeven door de zorg om onevenredige regeldruk te vermijden voor bepaalde soorten ondernemingen, gezien hun beperkte grootte of de sector waarin zij actief zijn (bijv. de landbouw of de visserij);

b. de regeling op forfaitaire grondslag leidt er gemiddeld niet toe dat die ondernemingen een lagere belastingdruk krijgen dan andere ondernemingen die zijn uitgesloten van het toepassingsbereik van de regeling, en levert geen voordelen op voor een subcategorie begunstigden van de regeling.

1. Zie Besluit 2011/276/EU van de Commissie van 26 mei 2010 betreffende de door België ten uitvoer gelegde steunmaatregel C 76/03 (ex NN 69/03) in de vorm van een dading met de fiscus ten gunste van Umicore NV (voorheen Union Minière NV) (PB L 122 van 11.5.2011, blz. 76), overweging 155.

2. De methode van degressieve afschrijving (declining-balance) of sum-of-the-years-digits-methode tegenover de meest gebruikte methode van de lineaire afschrijving.

3. Zie besluit van de Commissie van 20 november 2012 betreffende steunmaatregel SA.34736 – Spanje – Vervroegde afschrijving van bepaalde via financiële leasing verworven activa (PB C 384 van 13.12.2012, blz. 1).

4. Zie Beschikking 2007/256/EG van de Commissie van 20 december 2006 betreffende de door Frankrijk uit hoofde van artikel 39 CA van de Code général des impôts ten uitvoer gelegde steunmaatregel (Steunmaatregel C 46/2004 (ex NN 65/2004)) (PB L 112 van 30.4.2007, blz. 41), overweging 122.

5.4.7. Antimisbruikbepalingen

183. De vaststelling van antimisbruikbepalingen kan worden gerechtvaardigd door maatregelen om belastingontwijking door belastingplichtigen te voorkomen.[1] Toch kunnen dit soort bepalingen selectief zijn indien daarmee een afwijking (de niet-toepassing van de antimisbruikbepalingen) wordt toegestaan voor specifieke ondernemingen of transacties, hetgeen niet zou stroken met de argumenten die aan de betrokken antimisbruikbepalingen ten grondslag liggen.[2]

5.4.8. Accijnzen

184. Hoewel accijnzen grotendeels op Unieniveau zijn geharmoniseerd (hetgeen van invloed kan zijn voor het criterium van de toerekenbaarheid[3], betekent dit niet automatisch dat accijnsvrijstellingen in deze sectoren buiten het toepassingsgebied van de staatssteunregels zouden vallen. Immers, met een accijnsverlaging kan een selectief voordeel worden verleend aan de ondernemingen die het betrokken product als grondstof gebruiken of op de markt afzetten.[4]

6. Beïnvloeding van het handelsverkeer en de mededinging

6.1. Algemene beginselen

185. Overheidssteun voor ondernemingen vormt alleen staatssteun in de zin van artikel 107, lid 1, van het Verdrag indien deze 'de mededinging door begunstiging van bepaalde ondernemingen of bepaalde producties vervalst of dreigt te vervalsen' en 'voor zover deze steun het handelsverkeer tussen de lidstaten ongunstig beïnvloedt'.

186. Dit zijn twee onderscheiden en noodzakelijke onderdelen van het begrip 'steun'. In de praktijk worden deze criteria bij de beoordeling van staatssteunmaatregelen vaak gezamenlijk behandeld, omdat zij in de regel als onlosmakelijk met elkaar verbonden worden beschouwd.[5]

6.2. Vervalsing van de mededinging

187. Een door de Staat toegekende maatregel wordt geacht de mededinging te vervalsen of het risico daartoe in te houden wanneer daarmee de concurrentiepositie van de begunstigde onderneming ten opzichte van andere, concurrerende ondernemingen kan worden versterkt.[6] Praktisch gezien, kan doorgaans tot het bestaan van een vervalsing van de mededinging in de zin van artikel 107, lid 1, van het Verdrag worden geconcludeerd wanneer de Staat een financieel voordeel verleent aan een onderneming in een geliberaliseerde sector waar er concurrentie is of zou kunnen zijn.[7]

188. De omstandigheid dat overheden een openbare dienst inbesteden (zelfs indien het hun vrij staat derden met die dienst te belasten), sluit als dusdanig geen mogelijke vervalsing van de mededinging uit. Niettemin valt een mogelijke vervalsing van de mededinging uit te sluiten indien elk van de volgende voorwaarden is vervuld:

a. een bepaalde dienst is onderworpen aan een wettelijk monopolie (vastgesteld overeenkomstig Unierecht)[8];

1. Arrest van het Hof van Justitie van 29 april 2004, GIL Insurance Ltd e.a. / Commissioners of Customs & Excise, C-308/01, ECLI:EU: C:2004:252, punt 65 e.v.

2. Zie Beschikking 2007/256/EG van de Commissie van 20 december 2006 betreffende de door Frankrijk uit hoofde van artikel 39 CA van de Code général des impôts ten uitvoer gelegde steunmaatregel (PB L 112 van 30.4.2007, blz. 41), overweging 81 e.v.

3. Zie onderdeel 3.1.

4. Zie bijv. Beschikking 1999/779/EG van de Commissie van 3 februari 1999 betreffende staatssteun van Oostenrijk in de vorm van vrijstelling van de drankbelasting (Getränkesteuer) op wijn en andere gegiste dranken bij rechtstreekse verkoop aan de verbruikers op de plaats van productie (PB L 305 van 30.11.1999, blz. 27).

5. Arrest van het Gerecht van 15 juni 2000, Alzetta Mauro e.a. / Commissie, T-298/97 enz., ECLI:EU:T:2000:151, punt 81.

6. Arrest van het Hof van Justitie van 17 september 1980, Philip Morris Holland BV / Commissie, 730/79, ECLI:EU:C:1980:209, punt 11; arrest Alzetta Mauro, reeds aangehaald, ECLI:EU:T:2000:151, punt 80.

7. Arrest Alzetta Mauro, reeds aangehaald, ECLI:EU:T:2000:151, punten 141 t/m 147; arrest van het Hof van Justitie van 24 juli 2003, Altmark Trans GmbH en Regierungspräsidium Magdeburg / Nahverkehrsgesellschaft Altmark GmbH, C-280/00, ECLI:EU:C:2003:415.

8. Van een wettelijk monopolie is sprake wanneer een bepaalde dienst door wet- of regelgeving is voorbehouden aan een uitsluitende dienstverrichter, met een duidelijk verbod voor iedere andere partij om dit soort dienst te verrichten (zelfs niet om te voldoen aan een eventuele restbehoefte van bepaalde klantengroepen). Evenwel betekent het enkele feit dat een specifieke onderneming is belast met het verrichten van een openbare dienst, niet dat die onderneming een wettelijk monopolie geniet.

b. het wettelijke monopolie sluit niet alleen concurrentie óp de markt uit, maar ook concurrentie óm die markt, doordat het iedere mogelijkheid uitsluit dat de desbetreffende uitsluitende dienstverrichter concurrentie krijgt[1];

c. de dienst concurreert niet met vergelijkbare diensten, en

d. indien de dienstverrichter actief is op een andere (geografische of product-)markt die openstaat voor concurrentie, dient kruissubsidiëring te worden uitgesloten. Dit vereist dat een gescheiden boekhouding wordt gevoerd, dat kosten en baten op passende wijze worden toegerekend en dat overheidsfinanciering die wordt verschaft voor de dienst die onder het wettelijke monopolie valt, niet aan andere activiteiten ten goede kan komen.

189. Overheidssteun houdt het risico in dat de mededinging wordt vervalst, zelfs indien de begunstigde onderneming met die steun niet wordt geholpen te groeien en haar marktaandeel te vergroten. Het is voldoende dat de onderneming dankzij de steun een sterkere concurrentiepositie kan behouden dan het geval was geweest indien de steun niet was verschaft. In dat verband is het, wil steun geacht worden de mededinging te vervalsen, doorgaans voldoende dat steun de begunstigde ervan een voordeel verleent door de onderneming te bevrijden van de kosten die zij normaliter in het kader van haar lopend beheer of van haar normale activiteiten had moeten dragen.[2] Volgens de definitie van staatssteun is het niet vereist dat de vervalsing van de mededinging of de beïnvloeding van het handelsverkeer aanzienlijk of materieel is. De omstandigheid dat het steunbedrag gering is of de begunstigde onderneming klein, sluit immers niet a priori de mogelijkheid uit dat de mededinging wordt vervalst of dreigt te worden vervalst,[3] mits het risico op dit soort vervalsing niet louter hypothetisch is.[4]

6.3. Beïnvloeding van het handelsverkeer

190. Overheidssteun voor ondernemingen vormt alleen staatssteun in de zin van artikel 107, lid 1, van het Verdrag 'voor zover deze steun het handelsverkeer tussen de lidstaten ongunstig beïnvloedt'. In dat verband hoeft niet te worden vastgesteld dat de steun het handelsverkeer tussen de lidstaten daadwerkelijk heeft beïnvloed, maar dient enkel te worden onderzocht of die steun dat handelsverkeer ongunstig kan beïnvloeden.[5] Met name heeft de Unierechter geoordeeld dat '[w]anneer steun van een lidstaat de positie van bepaalde ondernemingen in het handelsverkeer [binnen de Unie] versterkt ten opzichte van andere concurrerende ondernemingen, dit handelsverkeer [moet] worden geacht door de steun te worden beïnvloed'.[6]

191. Overheidssteun kan ook worden geacht het handelsverkeer tussen de lidstaten te kunnen beïnvloeden indien de begunstigde onderneming niet direct in het grensoverschrijdende handelsverkeer actief is. Zo kan de subsidie het voor marktdeelnemers uit andere lidstaten moeilijker maken om de markt te betreden, omdat het lokale aanbod in stand wordt gehouden of wordt verruimd.[7]

192. De omstandigheid dat het steunbedrag betrekkelijk gering is of de begunstigde onderneming vrij klein, sluit niet a priori de mogelijkheid uit dat het handelsverkeer tussen de lidstaten ongunstig wordt beïnvloed.[8] Een overheidssubsidie die wordt verleend aan een onderneming die alleen lokale of regionale diensten verricht en geen diensten verricht buiten de staat van vestiging, kan niettemin gevolgen hebben voor het handelsverkeer tussen de lidstaten wanneer ondernemingen uit andere lidstaten deze diensten kunnen

1. Arrest van het Gerecht van 16 juli 2014, Duitsland/Commissie, T-295/12, ECLI:EU:T:2014:675, punt 158; besluit van de Commissie van 7 juli 2002 betreffende steunmaatregel N 356/2002 – Verenigd Koninkrijk – Financiële middelen met behulp waarvan Railtrack plc op een financieel gezonde en veilige basis van de onderbewindstelling van Network Rail kan worden ontheven (PB C 232 van 28.9.2002, blz. 2), punten 75, 76 en 77. Indien bijvoorbeeld een concessie wordt toegekend via een concurrerende procedure, is er concurrentie om die markt.

2. Arrest van het Hof van Justitie van 3 maart 2005, Wolfgang Heiser / Finanzamt Innsbruck, C-172/03, ECLI:EU:C:2005:130, punt 55.

3. Arrest van het Gerecht van 29 september 2000, Confederación Española de Transporte de Mercancías (CETM) / Commissie, T-55/99, ECLI:EU:T:2000:223, punt 89; arrest van het Hof van Justitie van 24 juli 2003, Altmark Trans GmbH en Regierungspräsidium Magdeburg / Nahverkehrsgesellschaft Altmark GmbH, C-280/00, ECLI:EU:C:2003:415, punt 81.

4. Arrest Altmark Trans GmbH, reeds aangehaald, ECLI:EU:C:2003:415, punt 79.

5. Arrest van het Hof van Justitie van 14 januari 2015, Eventech Ltd / Parking Adjudicator, C-518/13, ECLI:EU:C:2015:9, punt 65; arrest van het Hof van Justitie van 8 mei 2013, Eric Libert e.a., C-197/11 en C-203/11, ECLI:EU:C:2013:288, punt 76.

6. Arrest Eventech Ltd, reeds aangehaald, ECLI:EU:C:2015:9, punt 66; arrest Eric Libert, reeds aangehaald, ECLI:EU:C:2013:288, punt 77; arrest van het Gerecht van 4 april 2001, Regione Friuli Venezia Giulia / Commissie, T-288/97, ECLI:EU:T:2001:115, punt 41.

7. Arrest Eventech Ltd, reeds aangehaald, ECLI:EU:C:2015:9, punt 67; arrest Eric Libert, reeds aangehaald, ECLI:EU:C:2013:288, punt 78; arrest Altmark Trans GmbH, reeds aangehaald, ECLI:EU:C:2003:415, punt 78.

8. Arrest Eventech Ltd, reeds aangehaald, ECLI:EU:C:2015:9, punt 68.

verrichten (mede via het recht van vestiging) en die mogelijkheid niet louter hypothetisch is. Wanneer een lidstaat bijvoorbeeld aan een onderneming overheidssubsidie toekent om vervoersdiensten te verrichten, kan de verrichting van die diensten, dankzij de subsidie, in stand blijven of toenemen, met als gevolg dat de kansen van in andere lidstaten gevestigde ondernemingen om hun vervoersdiensten op de markt van die lidstaat te verrichten, afnemen.[1] Dit effect valt echter minder te verwachten wanneer de omvang van de economische activiteit zeer klein is, zoals bijvoorbeeld kan blijken uit een zeer lage omzet.

193. In beginsel kan beïnvloeding van het handelsverkeer ook spelen wanneer de begunstigde onderneming haar productie volledig of grotendeels uit de Unie exporteert, maar in dergelijke omstandigheden is die beïnvloeding minder direct en mag deze niet worden aangenomen op grond van het enkele feit dat de markt voor concurrentie open staat.[2]

194. Om beïnvloeding van het handelsverkeer vast te stellen, hoeft de markt niet te worden afgebakend of de impact van de maatregel op de concurrentiepositie van de begunstigde en haar concurrenten nader te worden onderzocht.[3]

195. Beïnvloeding van het handelsverkeer tussen de lidstaten mag echter niet louter hypothetisch zijn of worden aangenomen. Vastgesteld moet worden waarom de maatregel de mededinging vervalst of dreigt te vervalsen en het handelsverkeer tussen de lidstaten kán beïnvloeden, op grond van de voorzienbare effecten van de maatregelen.[4]

196. In een aantal besluiten heeft de Commissie geoordeeld dat, gezien de specifieke omstandigheden van de betrokken zaken, de maatregel een zuiver lokaal karakter had en het handelsverkeer tussen de lidstaten dus niet beïnvloedde. In die zaken heeft de Commissie zich met name ervan vergewist dat de begunstigde goederen of diensten aan een beperkt gebied binnen een lidstaat leverde en dat er weinig kans was dat deze klanten uit andere lidstaten zou aantrekken, en dat niet viel te voorzien dat de maatregel meer dan een marginaal effect zou hebben op de voorwaarden voor grensoverschrijdende investeringen of grensoverschrijdende vestiging.

197. Ook al is het niet mogelijk om algemene categorieën maatregelen te bepalen die doorgaans aan deze criteria voldoen, toch bevatten eerdere besluiten voorbeelden van situaties waarin de Commissie, in het licht van de specifieke omstandigheden, tot de bevinding kwam dat overheidssteun het handelsverkeer tussen de lidstaten niet ongunstig kon beïnvloeden. Een aantal voorbeelden zijn:

a. sport- en recreatievoorzieningen die een overwegend lokaal publiek bedienen en waarvan niet te verwachten valt dat zij klanten of investeringen uit andere lidstaten zullen aantrekken[5];

b. culturele evenementen en entiteiten die economische activiteiten verrichten[6], waarbij het weinig waarschijnlijk is dat deze gebruikers of bezoekers van een vergelijkbaar aanbod in andere lidstaten zullen aan-

1. Arrest Altmark Trans, reeds aangehaald, ECLI:EU:C:2003:415, punten 77 en 78.

2. Arrest van het Hof van Justitie van 21 maart 1990, België/Commissie ('Tubemeuse'), C-142/87, ECLI:EU:C:1990:125, punt 35; arrest van het Hof van Justitie van 30 april 2009, Commissie / Italië en Wam SpA, C-494/06 P, ECLI:EU:C:2009:272, punt 62.

3. Arrest van het Hof van Justitie van 17 september 1980, Philip Morris Holland BV / Commissie, 730/79, ECLI:EU:C:1980:209; arrest van het Gerecht van 4 september 2009, Italië/Commissie, T-211/05, ECLI:EU:T:2009:304, punten 157 t/m 160; arrest van het Gerecht van 15 juni 2000, Alzetta Mauro e.a. / Commissie, T-298/97 enz., ECLI:EU:T:2000:151, punt 95.

4. Arrest van het Gerecht van 6 juli 1995, gevoegde zaken T-447/93, T-448/93 en T-449/93, Associazione Italiana Tecnico Economica del Cemento e.a. / Commissie, ECLI:EU:T:1995:130 punt 141.

5. Zie bijv. besluit van de Commissie van 21 december 2000 betreffende steunmaatregel N 258/2000 – Duitsland – Recreatiezwembad Dorsten (PB C 172 van 16.6.2001, blz. 16); Beschikking 2004/114/EG van de Commissie van 29 oktober 2003 betreffende de door Nederland ten uitvoer gelegde steunmaatregelen ten gunste van jachthavens zonder winstoogmerk in Nederland (PB L 34 van 6.2.2004, blz. 63); besluit van de Commissie van 29 april 2015 betreffende steunmaatregel SA.37963 – Verenigd Koninkrijk – Sportscotland – Glenmore Lodge (PB C 277 van 21.8.2015, blz. 3); besluit van de Commissie van 29 april 2015 betreffende steunmaatregel SA.38208 – Verenigd Koninkrijk – Vermeende staatssteun betreffende Community Amateur Sports Clubs (PB C 277 van 21.8.2015, blz. 4).

6. Zie onderdeel 2.6 voor de voorwaarden waarop activiteiten op het gebied van cultuur of instandhouding van erfgoed economisch van aard zijn in de zin van artikel 107, lid 1, van het Verdrag. Voor activiteiten op het gebied van cultuur of instandhouding van erfgoed die niet-economisch van aard zijn, hoeft niet te worden onderzocht of eventuele overheidsfinanciering het handelsverkeer kan beïnvloeden.

trekken[1]. De Commissie is van mening dat alleen financiering voor grote en gerenommeerde culturele instellingen en evenementen in een lidstaat waarvoor buiten de thuisregio ervan breed promotie wordt gevoerd, het potentieel heeft om het handelsverkeer tussen de lidstaten ongunstig te beïnvloeden;

c. ziekenhuizen en andere zorgvoorzieningen die het gebruikelijke aanbod medische diensten voor een lokale bevolking aanbieden en die waarschijnlijk geen klanten of investeringen uit andere lidstaten zullen aantrekken[2];

d. nieuwsmedia en/of culturele producten die, om taalkundige en geografische redenen, een lokaal beperkt publieksbereik hebben[3];

e. een conferentiecentrum ten aanzien waarvan het echt onwaarschijnlijk is dat zijn locatie en het potentiële effect van de steun op de tarieven gebruikers van andere centra in andere lidstaten zal afleiden[4];

f. een informatie- en netwerkplatform dat problemen in verband met werkloosheid en sociale conflicten direct moet oplossen binnen een vooraf afgebakend en zeer klein gebied[5];

g. kleine luchthavens[6] of havens[7] die in hoofdzaak lokale gebruikers bedienen, waardoor de concurrentie om die diensten wordt beperkt tot het lokale niveau en waarvoor de invloed op grensoverschrijdende investeringen in werkelijkheid niet meer dan marginaal is;

h. de financiering van bepaalde kabelbanen (en met name skiliften) in gebieden met weinig voorzieningen en beperkt toeristisch potentieel. De Commissie heeft duidelijk gemaakt dat doorgaans de volgende factoren in aanmerking worden genomen om een onderscheid te maken tussen voorzieningen ten behoeve van een activiteit die niet-lokale gebruikers kan aantrekken – en die doorgaans geacht worden het handelsverkeer te beïnvloeden – en sportvoorzieningen in regio's met beperkte voorzieningen en beperkt toeristisch potentieel, waar overheidssteun het handelsverkeer tussen de lidstaten wellicht niet beïnvloedt[8]: a) de locatie van de voorzieningen (in stedelijk gebied of als verbinding tussen woonkernen); b) de periode dat de voorziening in bedrijf is; c) hoofdzakelijk lokale gebruikers (verhouding dagpassen/ weekpassen); d) het totale aantal en de capaciteit van de voorzieningen ten opzichte van het aantal lokale gebruikers, en e) de aanwezigheid in het gebied van andere toeristische voorzieningen. Vergelijkbare factoren zouden, met de nodige aanpassingen, ook relevant kunnen zijn voor andere soorten voorzieningen.

198. Ook al blijkt uit de omstandigheden waarin de steun wordt toegekend, meestal voldoende dat de steun het handelsverkeer tussen de lidstaten ongunstig kan beïnvloeden en de mededinging kan vervalsen of drei-

1. Zie bijv. besluit van de Commissie van 18 februari 2004 betreffende steunmaatregel N 630/03 – Italië – Steun voor lokale musea in de regio Sardinië (PB C 275 van 8.12.2005, blz. 3), besluit van de Commissie van 7 november 2012 betreffende steunmaatregel SA.34466 – Cyprus – Centrum voor visuele kunst en onderzoek (Costas and Rita Severis Foundation) (PB C 1 van 4.1.2013, blz. 10); besluit van de Commissie van 6 november 2013 betreffende steunmaatregel SA.36581 – Griekenland – Bouw van archeologisch museum te Messara, Kreta (PB C 353 van 3.12.2013, blz. 4); besluit van de Commissie van 2 juli 2013 betreffende steunmaatregel SA.35909 – Tsjechië – Toeristische infrastructuur (pro NUTS II regio Jihovýchod) (PB C 306 van 22.10.2013, blz. 4); besluit van de Commissie van 20 november 2012 betreffende steunmaatregel SA.34891 – Polen – Staatssteun aan Zwifzek Gmin Fortecznych Twierdzy Przemydl (PB C 293 van 9.10.2013, blz. 1).

2. Zie bijv. besluit van de Commissie van 27 februari 2002 betreffende steunmaatregel N 543/2001 – Ierland – Fiscale afschrijving voor ziekenhuizen (PB C 154 van 28.6.2002, blz. 4); besluit van de Commissie van 7 november 2011 betreffende steunmaatregel SA.34576 – Portugal – Zorgeenheid Jean Piaget/Nordeste (PB C 73 van 13.3.2013, blz. 1); besluit van de Commissie van 29 april 2015 betreffende steunmaatregel SA.37432 – Tsjechië – Financiering openbare ziekenhuizen in de regio Hradec Králové (PB C 203 van 19.6.2015, blz. 2); besluit van de Commissie van 29 april 2015 betreffende steunmaatregel SA.37904 – Duitsland – Vermeende steun aan 'Ärztehauses Durmersheim' door de gemeente Durmersheim (PB C 188 van 5.6.2015, blz. 2); besluit van de Commissie van 29 april 2015 betreffende steunmaatregel SA.38035 – Duitsland – Vermeende steun aan een gespecialiseerde revalidatiekliniek voor orthopedie en traumachirurgie (PB C 188 van 5.6.2015, blz. 3).

3. Zie bijv. besluit van de Commissie van 27 juni 2007 betreffende steunmaatregel N 257/2007 – Spanje – Steun ter bevordering van theaterproducties in Baskenland (PB C 173 van 26.7.2007, blz. 1); besluit van de Commissie van 14 december 2004 betreffende steunmaatregel N 458/2004 – Spanje – Overheidssteun voor Espacio Editorial Andaluza Holding, S.L (PB C 131 van 28.5.2005, blz. 1); besluit van de Commissie van 7 november 2012 betreffende steunmaatregel SA.33243 – Portugal – Jornal de Madeira (PB C 16 van 19.1.2013, blz. 1).

4. Zie bijv. besluit van de Commissie van 21 januari 2003 betreffende steunmaatregel N 486/2002 – Zweden – Bouw van een conferentiecentrum (Gemeente Gotland) (PB C 75 van 27.3.2003, blz. 2).

5. Zie besluit van de Commissie van 29 april 2015 betreffende steunmaatregel SA.33149 – Duitsland – Städtische Projekt 'Wirtschaftsbüro Gaarden' – Kiel (PB C 188 van 5.6.2015, blz. 1).

6. Zie bijv. besluit van de Commissie van 7 mei 2014 betreffende steunmaatregel SA.38441 – Verenigd Koninkrijk – Isles of Scilly Air links (PB C 5 van 9.1.2015, blz. 4).

7. . Zie bijv. besluit van de Commissie van 26 juni 2015 betreffende steunmaatregel SA.39403 – Nederland – Voorgenomen investering voor herinrichting Haven Lauwersoog (PB C 259 van 7.8.2015, blz. 4); steunmaatregel SA.42219 – Duitsland – Sanering Schuhmacherbrücke Sportboothafen Maasholm (PB C 426 van 18.12.2015, blz. 5).

8. Steunmaatregelen van de Staten – Italië – Mededeling van de Commissie aan de overige lidstaten en andere belanghebbenden betreffende steunmaatregel N 376/01 – Steunregeling ten behoeve van kabelbaaninstallaties (PB C 172 van 18.7.2002, blz. 2).

gen te vervalsen, toch dienen die omstandigheden passend te worden uiteengezet. In het geval van steunregelingen is het in de regel voldoende de kenmerken van de betrokken regeling te onderzoeken.[1]

7. Infrastructuur: enige specifieke verduidelijkingen

7.1. Inleiding

199. De aanwijzingen met betrekking tot het begrip staatssteun zoals die in deze mededeling worden geboden, gelden voor overheidsfinanciering van infrastructuur die voor economische doeleinden wordt gebruikt, zoals die geldt voor iedere andere overheidsfinanciering ten behoeve van een economische activiteit.[2] Toch is het, gezien het strategische belang van overheidsfinanciering van infrastructuur (niet het minst ter bevordering van groei) en de vragen die deze vaak doet rijzen, passend specifiek in te gaan op de vraag wanneer overheidsfinanciering van infrastructuur een onderneming begunstigt, deze een voordeel verleent en invloed heeft op de mededinging en het handelsverkeer tussen de lidstaten.

200. Bij infrastructuurprojecten zijn vaak meerdere categorieën spelers betrokken en eventuele staatssteun kan potentieel ten goede komen aan de bouw (met inbegrip van uitbreidingen of verbeteringen), de exploitatie of het gebruik van de infrastructuur.[3] Daarom is het, voor dit onderdeel, nuttig om een onderscheid te maken tussen de ontwikkelaar en/of eerste eigenaar ('ontwikkelaar/eigenaar'[4] van een infrastructuurvoorziening, de beheerders ervan (d.w.z. de ondernemingen die rechtstreeks gebruikmaken van de infrastructuur om diensten aan eindgebruikers te leveren, met inbegrip van ondernemingen die de infrastructuur overnemen van de ontwikkelaar/eigenaar met het oog op commerciële exploitatie of die een concessie of lease verwerven voor het gebruik en de exploitatie van de infrastructuurvoorziening), en eindgebruikers van een infrastructuurvoorziening, ook al kunnen deze functies elkaar in sommige gevallen overlappen.

7.2. Steun aan de ontwikkelaar/eigenaar

7.2.1. Economische activiteit of niet-economische activiteit?

201. Van oudsher werd overheidsfinanciering van vele infrastructuurvoorzieningen geacht niet onder de staatssteunregels te vallen omdat de bouw en exploitatie ervan werden geacht algemene maatregelen van overheidsbeleid te vormen, en geen economische activiteit.[5] Recentelijk hebben diverse factoren, zoals liberalisering, privatisering, marktintegratie en technologische vooruitgang, de mogelijkheden voor commerciële exploitatie van infrastructuur echter verruimd.

202. In het arrest in de zaak-Aéroports de Paris[6] heeft het Gerecht deze ontwikkeling erkend, door duidelijk te maken dat de exploitatie van een luchthaven als een economische activiteit moest worden beschouwd. Recentelijk is in het arrest in de zaak-Flughafen Leipzig/Halle[7] bevestigd dat de bouw van een landingsbaan van een commerciële luchthaven een economische activiteit op zich is. Hoewel deze beide zaken specifiek op luchthavens betrekking hebben, lijken de door Unierechter ontwikkelde beginselen algemener te mogen worden uitgelegd en dus van toepassing te zijn op andere infrastructuurvoorzieningen die onlosmakelijk verbonden zijn met een economische activiteit.[8]

1. Arrest van het Hof van Justitie van 14 oktober 1987, Duitsland/Commissie, 248/84, ECLI:EU:C:1987:437, punt 18.
2. 'Overheidsfinanciering voor infrastructuur' omvat alle vormen van beschikbaarstelling van staatsmiddelen ten behoeve van de bouw, verwerving of exploitatie van infrastructuur.
3. Dit onderdeel ziet niet4 op mogelijke steun voor de aannemers die bij de bouw van de infrastructuur betrokken zijn.
4. Met 'eigenaar' wordt iedere entiteit bedoeld die daadwerkelijke eigendomsrechten uitoefent over de infrastructuur en de economische voordelen ervan geniet. Wanneer bijvoorbeeld de eigenaar zijn eigendomsrechten afstaat aan een afzonderlijke entiteit (bijvoorbeeld een havenautoriteit) die de infrastructuur beheert namens de eigenaar, kan dit, uit oogpunt van staatssteuntoezicht, worden gezien als het vervangen van de eigenaar.
5. XXVe Verslag over het mededingingsbeleid, 1995, punt 175.
6. Arrest van het Gerecht van 12 december 2000, Aéroports de Paris / Commissie, T-128/98, ECLI:EU:T:2000:290, punt 125, in hogere voorziening bevestigd door arrest van het Hof van Justitie van 24 oktober 2002, Aéroports de Paris / Commissie, C-82/01 P, ECLI:EU:C:2002:617. Zie ook arrest van het Gerecht van 17 december 2008, Ryanair Ltd / Commissie, T-196/04, ECLI:EU:T:2008:585, punt 88.
7. Arrest van het Gerecht van 24 maart 2011, Freistaat Sachsen e.a. / Commissie, T-443/08 en T-455/08, ECLI:EU:T:2011:117, met name de punten 93 en 94, in beroep bevestigd door arrest van het Hof van Justitie van 19 december 2012, Mitteldeutsche Flughafen AG en Flughafen Leipzig-Halle GmbH / Commissie, C-288/11 P, ECLI:EU:C:2012:821, punten 40 t/m 43 en 47.
8. Arrest Mitteldeutsche Flughafen AG en Flughafen Leipzig-Halle GmbH, reeds aangehaald, ECLI:EU:C:2012:821, punten 43 en 44. Arrest van het Hof van Justitie van 14 januari 2015, Eventech Ltd / Parking Adjudicator, C-518/13, ECLI:EU:C:2015:9, punt 40.

203. Daartegenover staat dat financiering van infrastructuur die niet bedoeld is om commercieel te worden geëxploiteerd, in beginsel is uitgesloten van de toepassing van de staatssteunregels. Daarbij gaat het bijvoorbeeld om infrastructuur die wordt gebruikt voor activiteiten die de Staat in de regel verricht bij de uitoefening van overheidsgezag (bijv. militaire installaties, luchtverkeersleiding op luchthavens, vuurtorens en andere uitrusting ten behoeve van de algemene scheepvaart, met inbegrip van binnenwateren, bescherming tegen overstromingen en laagwaterbeheer in het algemeen belang, en politie- en douanetaken) of die niet wordt gebruikt om goederen of diensten op een markt aan te bieden (bijv. wegen die kosteloos beschikbaar worden gesteld aan het publiek). Dit soort activiteiten zijn niet economisch van aard en vallen derhalve buiten het toepassingsgebied van de staatsteunregels en dat geldt bijgevolg ook voor overheidsfinanciering van de daarmee verband houdende infrastructuur.[1]

204. Wanneer oorspronkelijk niet-economische infrastructuur wordt herbestemd voor economisch gebruik (wanneer bijvoorbeeld een militair vliegveld wordt omgevormd voor de burgerluchtvaart), zullen alleen de kosten die worden gemaakt voor de omvorming van de infrastructuur naar economisch gebruik, in aanmerking worden genomen bij de toetsing aan de staatssteunregels.[2]

205. Indien infrastructuur voor zowel economische als niet-economische activiteiten wordt gebruikt, zal de overheidsfinanciering alleen onder de staatssteunregels vallen voor zover daarmee de kosten worden gedekt die met de economische activiteiten verband houden.

206. Indien een entiteit zowel economische als niet-economische activiteiten uitoefent, moeten lidstaten ervoor zorgen dat de overheidsfinanciering ten behoeve van de niet-economische activiteiten niet kan worden gebruikt voor kruissubsidiëring van de economische activiteiten. Een en ander kan met name worden geborgd door de overheidsfinanciering te beperken tot de nettokosten (met inbegrip van de kapitaalkosten) van de niet-economische activiteiten, die worden vastgesteld aan de hand van een duidelijke boekhoudkundige scheiding.

207. Indien bij gemengd gebruik de infrastructuur bijna uitsluitend voor een niet-economische activiteit wordt gebruikt, is de Commissie van mening dat de financiering ervan volledig buiten het toepassingsgebied van de staatssteunregels kan vallen, mits het economische gebruik zuiver ondersteunend blijft, d.w.z. een activiteit is die rechtstreeks verband houdt met en noodzakelijk is voor de exploitatie van de infrastructuur of intrinsiek verband houdt met het niet-economische hoofdgebruik ervan. Dit zou moeten worden geacht het geval te zijn wanneer bij de economische activiteiten dezelfde input (bijv. materialen, uitrusting, arbeid, vaste activa) worden gebruikt als bij de primaire niet-economische activiteiten. Ondersteunende activiteiten moeten, wat de capaciteit van de infrastructuur betreft, beperkt in omvang blijven.[3] Bij dit soort ondersteunende activiteiten kan het bijvoorbeeld gaan om een onderzoeksorganisatie die incidenteel haar uitrusting en laboratoria aan industriële partners verhuurt.[4] Ook vindt de Commissie dat overheidsfinanciering voor gebruikelijke faciliteiten (zoals restaurants, winkels of betaald-parkeerplaatsen) van infrastructuur die vrijwel uitsluitend voor een niet-economische activiteit wordt gebruikt, in de regel het handelsverkeer tussen de lidstaten niet beïnvloedt, omdat het weinig waarschijnlijk is dat die gebruikelijke faciliteiten klanten uit andere lidstaten zullen aantrekken en het weinig waarschijnlijk is dat de financiering ervan meer dan een marginaal effect zal hebben op grensoverschrijdende investeringen of grensoverschrijdende vestiging.

208. Zoals het Hof van Justitie in zijn arrest in de zaak-Flughafen Leipzig/Halle heeft erkend, kan de bouw van infrastructuur (of een deel daarvan) deel uitmaken van de bevoegdheden van openbaar gezag van de Staat.[5] In

1. Arrest van het Hof van Justitie van 16 juni 1987, Commissie/Italië, 118/85, ECLI:EU:C:1987:283, punten 7 en 8. Arrest van het Hof van Justitie van 4 mei 1988, Corinne Bodson / SA Pompes funèbres des régions libérées, C-30/87, ECLI:EU:C:1988:225, punt 18; Arrest van het Gerecht van 24 maart 2011, Freistaat Sachsen e.a. / Commissie, T-443/08 en T-455/08, ECLI:EU:T:2011:117, punt 98.

2. Zie Besluit 2013/664/EU van de Commissie van 25 juli 2012 betreffende steunmaatregel SA.23324 – C 25/07 (ex NN 26/07) – Finland Finavia, Airpro en Ryanair op de Luchthaven Tampere-Pirkkala (PB L 309 van 13.11.2013, blz. 27) en besluit van de Commissie van 2 juli 2013 betreffende steunmaatregel SA.35388 (2013/C) (ex 2013/NN en ex 2012/N) – Polen – Ontwikkeling van de luchthaven Gdynia-Kosakowo (PB C 243 van 23.8.2013, blz. 25).

3. In dit verband kan het economische gebruik van de infrastructuur geacht worden ondersteunend te zijn wanneer de jaarlijks voor die activiteiten uitgetrokken capaciteit ten hoogste 20 % van de totale jaarcapaciteit van de onderzoeksinfrastructuur bedraagt.

4. Indien de activiteiten niet ondersteunend blijven, kunnen ook secundaire economische activiteiten aan de staatssteunregels onderworpen worden (zie arrest van het Gerecht van 12 september 2013, Duitsland/Commissie, T-347/09, ECLI:EU:T:2013:418 (over de verkoop van hout en toeristische activiteiten van verenigingen voor natuurbehoud)).

5. Arrest van het Hof van Justitie van 19 december 2012, Mitteldeutsche Flughafen AG en Flughafen Leipzig-Halle GmbH / Commissie, C-288/ 11 P, ECLI:EU:C:2012:821, punt 47.

dat geval valt overheidsfinanciering van de infrastructuur (of het betrokken deel ervan) niet onder de staatssteunregels.

209. Door de onzekerheid die er vóór het arrest-Aéroports de Paris bestond, konden overheden met recht aannemen dat de overheidsfinanciering van luchthaveninfrastructuur die vóór dat arrest werd toegekend, geen staatssteun vormde en dat deze maatregelen dan ook niet bij de Commissie hoefden te worden aangemeld. Bijgevolg kan de Commissie dit soort financieringsmaatregelen die vóór het arrest-Aéroports de Paris definitief zijn goedgekeurd, niet ter discussie stellen op grond van de staatssteunregels.[1] Dit houdt geen vermoeden in ten aanzien van de aan- of afwezigheid van staatssteun of enig gewettigd vertrouwen ten aanzien van financieringsmaatregelen die vóór het arrest-Aéroports de Paris definitief zijn goedgekeurd; dit punt zal van geval tot geval moeten worden nagegaan.[2]

7.2.2. Vervalsing van de mededinging en beïnvloeding van het handelsverkeer

210. De achterliggende argumenten in de zaken waarin de Commissie van oordeel was dat bepaalde maatregelen het handelsverkeer tussen de lidstaten niet ongunstig konden beïnvloeden zoals aangegeven in de punten 196 en 197, kunnen ook relevant zijn voor bepaalde overheidsfinanciering van infrastructuur, met name lokale of gemeentelijke infrastructuur, zelfs indien die commercieel wordt geëxploiteerd. Een van de relevante kenmerken van dit soort zaken zou een overwegend lokaal verzorgingsgebied zijn, alsmede bewijs dat het weinig waarschijnlijk is dat grensoverschrijdende investeringen meer dan marginaal ongunstig zouden worden beïnvloed. Zo is het bijvoorbeeld weinig waarschijnlijk dat de bouw van lokale recreatievoorzieningen, zorgvoorzieningen, kleine luchthavens of havens die hoofdzakelijk lokale gebruikers bedienen en waarvan de effecten op grensoverschrijdende investeringen marginaal zijn, het handelsverkeer ongunstig beïnvloeden. Bewijs dat er geen sprake is van beïnvloeding van het handelsverkeer zou onder meer gegevens kunnen omvatten waaruit blijkt dat de infrastructuur slechts in beperkte mate door personen van buiten de lidstaat wordt gebruikt en dat grensoverschrijdende investeringen op de te onderzoeken markt minimaal zijn of waarschijnlijk niet ongunstig zouden worden beïnvloed.

211. Er zijn omstandigheden waarin bepaalde infrastructuur niet te maken krijgt met concurrentie van andere gelijk- of andersoortige infrastructuur waarmee diensten worden aangeboden met een aanzienlijke mate van substitueerbaarheid, of directe concurrentie van dit soort diensten.[3] De omstandigheid dat geen directe concurrentie tussen infrastructuurvoorzieningen speelt, doet zich waarschijnlijk voor bij uitgebreide netwerkinfrastructuur die een natuurlijk monopolie is[4], d.w.z. waarvoor duplicering economisch niet verantwoord zou zijn. Evenzo kunnen er sectoren zijn waarin particuliere financiering voor de bouw van infrastructuur onbeduidend is.[5] De Commissie is van mening dat beïnvloeding van het handelsverkeer tussen de lidstaten of vervalsing van de mededinging bij de bouw van infrastructuur in de regel kan worden uitgesloten in gevallen waarin het tegelijkertijd zo is dat i) een infrastructuurvoorziening doorgaans niet met directe concurrentie te maken krijgt, ii) particuliere financiering in de betrokken sector en lidstaat onbeduidend is, en iii) die infrastructuur niet is ontworpen om een specifieke onderneming of sector selectief te begunstigen, maar voordelen oplevert voor de samenleving als geheel.

212. Wil volledige overheidsfinanciering van een bepaald project buiten het toepassingsgebied van de staatssteunregels vallen, dan moeten lidstaten ervoor zorgen dat de voor de bouw van infrastructuur verschafte financiering in de in punt 211 vermelde situaties niet kan worden gebruikt voor kruissubsidiëring of indirecte

1. Besluit 2013/693/EU van de Commissie van 3 oktober 2012 betreffende steunmaatregel SA.23600 – C 38/08 (ex NN 53/07) – Duitsland – Financiering van de luchthaven van München, terminal 2 (PB L 319 van 29.11.2013, blz. 8), overwegingen 74 t/m 81. In de richtsnoeren van de Commissie inzake overheidssteun voor de luchtvaart van 1994 werd verklaard dat '[d]e aanleg van nieuwe of de uitbreiding van bestaande infrastructuur (zoals luchthavens, autowegen, bruggen, enz.) een algemene economische beleidsmaatregel [is] waarop de Commissie geen toezicht kan uitoefenen op grond van de [Verdrags]voorschriften inzake steunmaatregelen van de staten' (PB C 350 van 10.12.1994, blz. 5), punt 12.

2. Deze toelichting doet niet af aan de regels van het cohesiebeleid in die omstandigheden; hierover zijn bij andere gelegenheden de nodige aanwijzingen gegeven. Zie bijv. de *Guidance note* van de Commissie ten behoeve van het Coördinatiecomité voor de Fondsen (COCOF), *Verification of compliance with State Aids rules in infrastructure cases*, beschikbaar onder: http://ec.europa.eu/regional-policy/sources/docoffic/cocof/2012/cocof-12-0059-01-en.pdf.

3. Zo kunnen bijvoorbeeld diensten van commerciële veerdienstmaatschappijen concurreren met een tolbrug of -tunnel.

4. Bij netwerkinfrastructuur vullen de verschillende onderdelen van het netwerk elkaar aan – in plaats van met elkaar te concurreren.

5. De vraag of er in een bepaalde sector slechts sprake is van onbeduidende marktfinanciering, dient te worden beoordeeld op het niveau van de betrokken lidstaat – niet op regionaal of lokaal niveau – zoals bij het onderzoek naar het bestaan van een markt in een lidstaat (zie bijv. arrest van het Gerecht van 26 november 2015, Spanje/Commissie, T-461/13, ECLI:EU:T:2015:891, punt 44).

subsidiëring van andere economische activiteiten, met inbegrip van de exploitatie van de infrastructuur. Kruissubsidiëring kan worden uitgesloten door ervoor te zorgen dat de eigenaar van de infrastructuur geen andere economische activiteit verricht of, indien de eigenaar van de infrastructuur wel andere economische activiteiten verricht, door een gescheiden boekhouding te voeren, waarbij kosten en baten op passende wijze worden toegerekend en wordt geborgd dat de overheidsfinanciering niet ten goede komt aan andere activiteiten. Indirecte steun, met name voor de infrastructuurbeheerder, kan worden voorkomen door bijvoorbeeld de exploitatie aan te besteden.

7.2.3. Steun aan de infrastructuurontwikkelaar/-eigenaar – een overzicht per sector

213. Dit onderdeel biedt een overzicht van de wijze waarop de Commissie het staatssteunkarakter van infrastructuurfinanciering in verschillende sectoren denkt te gaan beoordelen, rekening houdende met de belangrijkste kenmerken die overheidsfinanciering van infrastructuur in de verschillende sectoren momenteel doorgaans vertoont ten aanzien van de hierboven genoemde voorwaarden. Een en ander laat de uitkomsten onverlet van de concrete individuele beoordeling van projecten in het licht van hun specifieke kenmerken, de wijze waarop een bepaalde lidstaat het verrichten van diensten heeft georganiseerd wat betreft het gebruik van de infrastructuur, en de ontwikkeling van zakelijke diensten en de interne markt. Dit treedt niet in de plaats van een individuele beoordeling van de vraag of bij de concrete financieringsmaatregel van specifieke infrastructuur alle bestanddelen van het begrip staatssteun vervuld zijn. De Commissie heeft voor specifieke sectoren ook meer gedetailleerde aanwijzingen gegeven in een aantal van haar richtsnoeren en kaderregelingen.

214. **Luchthaveninfrastructuur** omvat verschillende soorten infrastructuur. Op grond van de rechtspraak van de Unierechter staat vast dat de meeste luchthaveninfrastructuur[1] is bedoeld om tegen betaling aan luchtvaartmaatschappijen luchthavendiensten te leveren[2], die als economische activiteiten zijn aan te merken, en dat de financiering daarvan bijgevolg aan de staatssteunregels is onderworpen. Ook indien infrastructuur is bedoeld voor niet-luchtvaartgebonden zakelijke diensten die worden geleverd aan andere gebruikers, is de overheidsfinanciering daarvan aan de staatssteunregels onderworpen.[3] Aangezien luchthavens vaak onderling concurreren, beïnvloedt de financiering van luchthaveninfrastructuur waarschijnlijk ook het handelsverkeer tussen de lidstaten ongunstig. Daarentegen valt overheidsfinanciering van infrastructuur die is bedoeld voor activiteiten die de Staat verricht bij de uitoefening van overheidsgezag, niet onder de staatssteunregels. Luchtverkeersleiding, luchthavenbrandweer (ARFF), politie, douane en activiteiten die noodzakelijk zijn om de burgerluchtvaart te beveiligen tegen wederrechtelijke daden, worden doorgaans beschouwd als taken met dit soort niet-economische karakter.

215. Zoals uit de desbetreffende besluiten van de Commissie volgt[4], komt ook overheidsfinanciering van **haveninfrastructuur** ten goede aan een economische activiteit en is deze bijgevolg in beginsel aan de staatssteunregels onderworpen. Evenals luchthavens kunnen havens onderling concurreren en beïnvloedt de financiering van haveninfrastructuur bijgevolg waarschijnlijk ook het handelsverkeer tussen de lidstaten ongunstig. Investeringen ten behoeve van infrastructuur die noodzakelijk is voor activiteiten die de Staat verricht bij de uitoefening van overheidsgezag, vallen echter niet onder het staatssteuntoezicht. Maritieme verkeersafwikkeling, brandbestrijding, politie en douane worden doorgaans beschouwd als taken met dit soort niet-economische karakter.

216. **Breedbandinfrastructuur** wordt gebruikt om op het gebied van telecommunicatie connectiviteit tussen eindgebruikers mogelijk te maken. Tegen betaling connectiviteit aan eindgebruikers leveren is een economische activiteit. Breedbandinfrastructuur wordt in vele gevallen door exploitanten aangelegd zonder enige overheidsfinanciering, hetgeen een bewijs is voor aanzienlijke marktfinanciering, en in vele geografische gebieden concurreren diverse netwerken van verschillende exploitanten.[5] Breedbandinfrastructuur is een onderdeel van grote, geïnterconnecteerde en commercieel geëxploiteerde netwerken. Om die redenen is over-

1. Zoals start- en landingsbanen en de bebakening ervan, terminals, platforms, taxibanen of gecentraliseerde grondafhandelingsinfrastructuur (zoals transportbanden voor bagage).
2. Richtsnoeren voor staatssteun aan luchthavens en luchtvaartmaatschappijen (PB C 99 van 4.4.2014, blz. 3), punt 31.
3. Richtsnoeren voor staatssteun aan luchthavens en luchtvaartmaatschappijen (PB C 99 van 4.4.2014, blz. 3), punt 33.
4. Besluit van de Commissie van 27 maart 2014 betreffende steunmaatregel SA.38302 – Italië – Haven van Salerno (PB C 156 van 23.5.2014, blz. 10); besluit van de Commissie van 22 februari 2012 betreffende steunmaatregel SA.30742 (N/2010) – Litouwen – Bouw passagiers- en vrachtterminal in Klaipeda (PB C 121 van 26.4.2012, blz. 1); besluit van de Commissie van 2 juli 2013 betreffende steunmaatregel SA.35418 (2012/ N) – Griekenland – Uitbreiding haven van Piraeus (PB C 256 van 5.9.2013, blz. 2).
5. Zoals aangegeven in punt 211 en voetnoot 5, dient de vraag of er slechts sprake is van onbeduidende marktfinanciering in een bepaalde sector te worden beoordeeld op het niveau van de betrokken lidstaat – niet op regionaal of lokaal niveau.

heidsfinanciering van breedbandinfrastructuur voor het leveren van connectiviteit aan eindgebruikers onderworpen aan de staatssteunregels, zoals uiteengezet in de EU-richtsnoeren voor de toepassing van de staatssteunregels in het kader van de snelle uitrol van breedbandnetwerken.[1] Daarentegen is het verbinden van uitsluitend overheden een niet-economische activiteit en vormt de overheidsfinanciering van zogeheten 'gesloten netwerken' dus geen staatssteun.[2]

217. **Energie-infrastructuur**[3] wordt gebruikt om tegen betaling energiediensten te verrichten, hetgeen als een economische activiteit geldt. Energie-infrastructuur wordt in ruime mate gebouwd door marktpartijen, hetgeen een bewijs is voor aanzienlijke marktfinanciering, en gefinancierd uit gebruikerstarieven. Overheidsfinanciering van energie-infrastructuur begunstigt dus een economische activiteit en beïnvloedt waarschijnlijk het handelsverkeer tussen de lidstaten en is bijgevolg in beginsel aan de staatssteunregels onderworpen.[4]

218. Overheidsfinanciering van **onderzoekinfrastructuur** kan een economische activiteit begunstigen en is dus onderworpen aan de staatssteunregels voor zover de infrastructuur in feite is bedoeld om economische activiteiten te verrichten (zoals het verhuren van uitrusting of laboratoria aan ondernemingen, het leveren van diensten aan ondernemingen of het uitvoeren van contractonderzoek). Overheidsfinanciering van onderzoeksinfrastructuur die wordt gebruikt voor niet-economische activiteiten, zoals onafhankelijk onderzoek met het oog op meer kennis en beter inzicht, valt evenwel niet onder de staatssteunregels. Gedetailleerdere aanwijzingen over het verschil tussen economische en niet-economische activiteiten op het gebied van onderzoek zijn te vinden in de kaderregeling betreffende staatssteun voor onderzoek, ontwikkeling en innovatie.[5]

219. Hoewel de exploitatie van **spoorweginfrastructuur**[6] een economische activiteit kan vormen[7], voldoet de aanleg van spoorweginfrastructuur die op gelijke en niet-discriminerende voorwaarden aan gebruikers beschikbaar wordt gesteld – in tegenstelling tot de exploitatie van infrastructuur –, meestal aan de in punt 211 genoemde voorwaarden en is het doorgaans zo dat de financiering ervan het handelsverkeer tussen de lidstaten niet ongunstig beïnvloedt of de mededinging vervalst. Om zeker te zijn dat de volledige financiering van een bepaald project niet is onderworpen aan de staatssteunregels, moeten de lidstaten er bovendien op toezien dat de in punt 212 genoemde voorwaarden zijn vervuld. Dezelfde redenering geldt voor investeringen in **spoorbruggen, spoortunnels** en **infrastructuur voor het stadsvervoer**[8].

220. Hoewel **wegen** die kosteloos voor gebruik door het publiek beschikbaar worden gesteld, algemene infrastructuurvoorzieningen zijn en de financiering ervan niet onder de staatssteunregels valt, vormt de exploitatie van een tolweg in vele gevallen een economische activiteit. Toch voldoet de aanleg van dit soort weginfra-

1. PB C 25 van 11.1.2013, blz. 1. In de richtsnoeren wordt verklaard dat de breedbandsector specifieke kenmerken heeft, met name doordat een breedbandnetwerk meerdere exploitanten van telecomdiensten kan hosten en dus een kans kan bieden voor de aanwezigheid van concurrerende exploitanten.

2. EU-richtsnoeren voor de toepassing van de staatssteunregels in het kader van de snelle uitrol van breedbandnetwerken (PB C 25 van 26.1.2013, blz. 1), punt 11 en voetnoot 14.

3. Energie-infrastructuur omvat met name transmissie-, distributie- en opslaginfrastructuur voor elektriciteit, gas en olie. Zie, voor meer details, de definitie in de richtsnoeren inzake staatssteun ten behoeve van milieubescherming en energie 2014-2020 (PB C 200 van 28.6.2014, blz. 1), punt 31.

4. Richtsnoeren inzake staatssteun ten behoeve van milieubescherming en energie 2014-2020 (PB C 200 van 28.6.2014, blz. 1), onderdeel 3.8; besluit van de Commissie van 10 juli 2014 betreffende steunmaatregel SA.36290 – Verenigd Koninkrijk – Northern Ireland Gas Pipeline – extension to the West and the North West (PB C 348 van 3.10.2014, blz. 6).

5. PB C 198 van 27.6.2014, blz. 1, punt 17 e.v.

6. Zoals spoorlijnen en treinstations.

7. Deze opmerking laat de vraag onverlet of een door de Staat aan de infrastructuurbeheerder verleend voordeel als staatssteun is aan te merken. Indien bijvoorbeeld de exploitatie van de infrastructuur onder een wettelijk monopolie valt en indien concurrentie voor de markt van het beheren van de infrastructuur is uitgesloten, kan een door de Staat aan de infrastructuurbeheerder verleend voordeel de mededinging niet vervalsen en vormt dit bijgevolg geen staatssteun; zie punt 188 van deze mededeling, en besluit van de Commissie van 17 juli 2002 betreffende steunmaatregel N 356/2002 – Verenigd Koninkrijk – Financiële middelen met behulp waarvan Railtrack plc op een financieel gezonde en veilige basis van de onderbewindstelling van Network Rail kan worden ontheven (PB C 232 van 28.9.2002, blz. 2) en besluit van de Commissie van 2 mei 2013 betreffende steunmaatregel betreffende steunmaatregel SA.35948 – Tsjechië – Verlenging interoperabiliteitsregeling spoorwegvervoer (ex N 469/08) (PB C 306 van 22.10.2013, blz. 7). Zoals uiteengezet in punt 188, moet de eigenaar of beheerder, indien deze op een andere, geliberaliseerde markt actief is, om kruissubsidiëring te voorkomen, een gescheiden boekhouding voeren, kosten en baten op passende wijze toerekenen en ervoor zorgen dat overheidsfinanciering niet ten goede komt van andere activiteiten.

8. Zoals tramsporen of ondergronds openbaar vervoer.

structuur, met inbegrip van tolwegen[1] – in tegenstelling tot de exploitatie van een tolweg en mits deze geen specifieke infrastructuur vormt – doorgaans aan de in punt 211 genoemde voorwaarden en is het doorgaans zo dat de financiering ervan het handelsverkeer tussen de lidstaten niet ongunstig beïnvloedt of de mededinging vervalst.[2] Om zeker te zijn dat de volledige overheidsfinanciering van een bepaald project niet is onderworpen aan de staatssteunregels, moeten de lidstaten er bovendien op toezien dat de in punt 212 genoemde voorwaarden zijn vervuld. Dezelfde redenering geldt ook voor investeringen in **bruggen**, **tunnels** en **binnenwateren (bijv. rivieren en kanalen)**.

221. Hoewel het beheer van **water- en afvalwaternetwerken**[3] een economische activiteit is, voldoet de aanleg van een uitgebreid water- en afvalwaternetwerk op zich doorgaans aan de in punt 211 genoemde voorwaarden en is het doorgaans zo dat de financiering ervan de mededinging niet vervalst of het handelsverkeer tussen de lidstaten ongunstig beïnvloedt. Om zeker te zijn dat de volledige financiering van een bepaald project niet is onderworpen aan de staatssteunregels, moeten de lidstaten er bovendien op toezien dat de in punt 212 genoemde voorwaarden zijn vervuld.

7.3. Steun aan beheerders

222. Wanneer alle elementen van artikel 107, lid 1, van het Verdrag zijn vervuld ten aanzien van de ontwikkelaar/eigenaar van infrastructuur, is staatssteun aan de ontwikkelaar/eigenaar van die infrastructuur aanwezig, ongeacht of dezen rechtstreeks gebruikmaken van de infrastructuur om zelf goederen of diensten aan te bieden dan wel of zij de infrastructuur beschikbaar stellen aan een derde-beheerder die op zijn beurt diensten aan eindgebruikers van infrastructuur aanbiedt (zoals bijvoorbeeld het geval kan zijn wanneer de eigenaar van een luchthaven een concessie verleent voor het verrichten van diensten op de luchthaven).

223. Beheerders die van de gesteunde infrastructuur gebruikmaken om diensten aan eindgebruikers aan te bieden, genieten een voordeel indien zij door het gebruik van de infrastructuur een economisch voordeel verleend krijgen dat zij onder normale marktomstandigheden niet hadden kunnen krijgen. Dit is doorgaans het geval indien wat zij betalen voor het recht om de infrastructuur te beheren, lager ligt dan wat zij onder normale marktomstandigheden voor een vergelijkbare infrastructuur zouden betalen. De nodige aanwijzingen over hoe te bepalen of de beheersvoorwaarden marktconform zijn, zijn te vinden in onderdeel 4.2. Conform dat onderdeel is de Commissie van mening dat een economisch voordeel voor de beheerder met name valt uit te sluiten indien de concessie om de infrastructuur (of delen daarvan) te beheren, tegen een positieve prijs wordt toegewezen via een inschrijvingsprocedure die aan alle in de punten 90 tot en met 96 genoemde voorwaarden voldoet.[4]

224. De Commissie wijst er evenwel nogmaals op dat zij, indien een lidstaat zijn aanmeldingsverplichting niet in acht neemt en er twijfel bestaat ten aanzien van de verenigbaarheid van de aan de ontwikkelaar/eigenaar verleende steun met de interne markt, een bevel kan doen uitgaan waarbij de lidstaat wordt gelast de tenuitvoerlegging van de maatregel op te schorten en alle uitgekeerde bedragen voorlopig terug te vorderen totdat de Commissie een besluit heeft genomen over de verenigbaarheid van die maatregel. Bovendien rust ook op de nationale rechters de verplichting om op verzoek van concurrenten hetzelfde te doen. Voorts kan, indien de Commissie na haar beoordeling van de maatregel een besluit vaststelt waarbij de steun met de interne markt onverenigbaar wordt verklaard en zij de terugvordering ervan gelast, een effect op de infrastructuurbeheerder niet worden uitgesloten.

1. Met inbegrip van wegen om commercieel exploiteerbare gronden te ontsluiten; zie Besluit (EU) 2015/508 van de Commissie van 1 oktober 2014 betreffende de vermoedelijke infrastructuursteun van Duitsland ten gunste van Propapier PM2 GmbH – SA.36147 (C 30/10) (ex NN 45/10; ex CP 327/08) (PB L 89 van 1.4.2015, blz. 72), en besluit van de Commissie van 8 januari 2016 betreffende steunmaatregel SA.36019 (2014/ NN) – België – Financiering van de weginfrastructuur in de omgeving van een vastgoedproject – Uplace (PB C 46 van 5.2.2016, blz. 1).

2. Een atypische situatie waarin staatssteun niet kan worden uitgesloten, zou bijvoorbeeld die zijn van een brug of tunnel tussen twee lidstaten, die een dienst aanbiedt die grotendeels substitueerbaar is met die van commerciële veerdienstmaatschappijen of de aanleg van een tolweg die rechtstreeks met een andere tolweg concurreert (bijv. twee tolwegen die parallel met elkaar lopen, en dus grotendeels onderling substitueerbare diensten aanbieden).

3. Watervoorzienings- en afvalwaternetwerken omvatten de infrastructuur voor de distributie van water en het vervoer van afvalwater, zoals de betrokken buizen.

4. Zie besluit van de Commissie van 1 oktober 2014 betreffende steunmaatregel SA.38478 – Hongarije – Ontwikkeling van de nationale openbare haven Gyer-Göny?(PB C 418 van 21.11.2014, blz. 9). Daarentegen valt een voordeel voor de ontwikkelaar/eigenaar van infrastructuur niet uit te sluiten door een aanbestedingsprocedure en betekent de aanbestedingsprocedure alleen dat de toegekende steun tot een minimum beperkt blijft.

7.4. Steun aan eindgebruikers

225. Indien een infrastructuurbeheerder staatssteun heeft ontvangen of indien zijn middelen staatsmiddelen vormen, is deze in staat om de gebruikers van de infrastructuur (voor zover deze ondernemingen zijn) een voordeel te verlenen, tenzij de gebruiksvoorwaarden voldoen aan het criterium van de marktdeelnemer in een markteconomie, d.w.z. dat de infrastructuur op marktvoorwaarden aan de gebruikers ervan beschikbaar wordt gesteld.

226. Overeenkomstig de reeds in onderdeel 4.2 uiteengezette algemene beginselen, kan in dit soort gevallen de verlening van een voordeel aan gebruikers worden uitgesloten wanneer de vergoedingen voor het gebruik van de infrastructuur zijn vastgesteld via een inschrijvingsprocedure die aan alle in de punten 90 tot en met 96 genoemde voorwaarden voldoet.

227. Wanneer, zoals in onderdeel 4.2 is uiteengezet, dit specifieke bewijs niet voorhanden is, kan de vraag of een transactie marktconform verloopt, worden beoordeeld in het licht van de voorwaarden waarop het gebruik van vergelijkbare infrastructuur wordt toegestaan door vergelijkbare particuliere marktdeelnemers in een vergelijkbare situatie (benchmarking), mits dit soort vergelijking mogelijk is.

228. Indien geen van de bovenstaande waarderingscriteria kan worden toegepast, kan het feit dat een transactie marktconform is, worden aangetoond aan de hand van een algemeen aanvaarde standaardwaarderingsmethode. De Commissie is van mening dat voor overheidsfinanciering van open infrastructuur die niet voor een of meerdere specifieke gebruikers is bestemd, aan het criterium van de marktdeelnemer in een markteconomie kan worden voldaan wanneer de gebruikers ervan, uit ex-ante standpunt, incrementeel bijdragen aan de winstgevendheid van het project of de beheerder. Dit is het geval wanneer de infrastructuurbeheerder zakelijke regelingen met individuele gebruikers uitwerkt waarmee alle uit die regelingen voortvloeiende kosten kunnen worden gedekt, met inbegrip van een redelijke winstmarge op basis van degelijke middellangetermijnvooruitzichten. Bij deze analyse moeten ook alle incrementele inkomsten en verwachte incrementele kosten die voor de beheerder in verband met de activiteiten van de betrokken gebruiker ontstaan, in aanmerking worden genomen.[1]

8. Slotbepalingen

229. Deze mededeling vervangt de volgende mededelingen van de Commissie:

– Mededeling van de Commissie aan de lidstaten – Toepassing van de artikelen 92 en 93 van het EEG-Verdrag en van artikel 5 van Richtlijn 80/723/EEG op openbare bedrijven in de industriesector[2];

– Mededeling van de Commissie betreffende staatssteunelementen bij de verkoop van gronden en gebouwen door openbare instanties[3];

– Mededeling van de Commissie over de toepassing van de regels betreffende steunmaatregelen van de staten op maatregelen op het gebied van de directe belastingen op ondernemingen[4].

230. Deze mededeling vervangt alle andersluidende verklaringen met betrekking tot het begrip 'staatssteun' in bestaande mededelingen, bekendmakingen, kaderregelingen en richtsnoeren van de Commissie, met uitzondering van verklaringen met betrekking tot specifieke sectoren en voor zover gerechtvaardigd door de specifieke kenmerken ervan.

1. Zie bijv. Besluit (EU) 2015/508 van de Commissie van 1 oktober 2014 betreffende de vermoedelijke infrastructuursteun van Duitsland ten gunste van Propapier PM2 GmbH – SA.36147 (C 30/10) (ex NN 45/10; ex CP 327/08) (PB L 89 van 1.4.2015, blz. 72). Zie ook de richtsnoeren voor staatssteun aan luchthavens en luchtvaartmaatschappijen (PB C 99 van 4.4.2014, blz. 3), punten 61 t/m 64.
2. PB C 307 van 13.11.1993, blz. 3.
3. PB C 209 van 10.7.1997, blz. 3.
4. PB C 384 van 10.12.1998, blz. 3.

D. Mededeling van de Commissie betreffende de terugvordering van onrechtmatige en onverenigbare staatssteun

(2019/C 247/01)

23 juli 2019

Inhoudsopgave

1. Inleiding

1. Sinds 2012 heeft de Europese Commissie (hierna "de Commissie" genoemd) de agenda voor de modernisering van het staatssteunbeleid (hierna "SAM" genoemd)[1] uitgevoerd. In het kader van deze SAM-exercitie heeft de Commissie een reeks richtsnoeren gestroomlijnd en geconsolideerd. Een wetgevingspakket gaf de lidstaten ook meer verantwoordelijkheid en zorgde voor meer samenwerking tussen de Commissie en de lidstaten op het gebied van de handhaving van de staatssteunvoorschriften. Daardoor kennen de lidstaten nu meer steun toe zonder dat deze vooraf door de Commissie wordt getoetst. Voor de Commissie-Juncker was dit een bijzonder aandachtspunt en sinds 2015 valt meer dan 96 % van de nieuwe steunmaatregelen waarvoor voor het eerst uitgaven worden gerapporteerd, onder de algemene groepsvrijstellingsverordening[2] (hierna "de AGVV" genoemd) – een toename in absolute cijfers van 28 procentpunten ten opzichte van 2013[3]. Zelf heeft de

1. Mededeling van de Commissie aan de Raad, het Europees Parlement, het Europees Economisch en Sociaal Comité en het Comité van de Regio's "De modernisering van het EU-staatssteunbeleid", COM(2012) 209 final van 8.5.2012.
2. Verordening (EU) nr. 651/2014 van de Commissie van 17 juni 2014 waarbij bepaalde categorieën steun op grond van de artikelen 107 en 108 van het Verdrag met de interne markt verenigbaar worden verklaard (PB L 187 van 26.6.2014, blz. 1).
3. Zie http://ec.europa.eu/competition/state_aid/scoreboard/index_en.html

Commissie de downstreammonitoring versterkt om ervoor te zorgen dat lidstaten concurrentieverstoringen opheffen door de steun terug te vorderen die in strijd met de staatssteunvoorschriften is uitgekeerd. Dit is een belangrijk onderdeel van de algemene handhavingsagenda van de Commissie.

2. Doel van deze mededeling is het toelichten van de voorschriften en procedures van de Europese Unie die van toepassing zijn bij de terugvordering van staatssteun, en van de wijze waarop de Commissie met de lidstaten samenwerkt om te garanderen dat hun verplichtingen uit hoofde van het recht van de Europese Unie in acht worden genomen. Deze mededeling is gericht tot de instanties in de lidstaten die zijn belast met de tenuitvoerlegging van een besluit waarin de Commissie de terugvordering van staatssteun heeft gelast (hierna "terugvorderingsbesluit" genoemd).

3. In 1973 heeft het Hof van Justitie van de Europese Unie (hierna "het Hof van Justitie" genoemd) voor het eerst bepaald dat de Commissie, wanneer haar van een met de interne markt onverenigbare steunmaatregel blijkt, bevoegd is te beslissen dat een lidstaat die maatregel moet intrekken of wijzigen[1]. In 1983[2] heeft de Commissie de lidstaten meegedeeld dat zij had besloten alle haar ter beschikking staande middelen aan te wenden om de verplichtingen die de lidstaten hebben uit hoofde van wat thans artikel 108, lid 3, van het Verdrag betreffende de werking van de Europese Unie (hierna "VWEU" genoemd) is, te doen nakomen[3], met inbegrip van de eis dat in strijd met staatssteunvoorschriften van de Europese Unie toegekende steun wordt teruggevorderd.

4. In de tweede helft van jaren 1980 en in de jaren 1990 is de Commissie lidstaten stelselmatiger beginnen te gelasten onverenigbare steun terug te vorderen. In 1999 zijn met Verordening (EG) nr. 659/1999 van de Raad[4], thans vervangen door Verordening (EU) 2015/1589 van de Raad[5] (hierna "de procedureverordening" genoemd), de basisregels voor terugvordering ingevoerd. Nadere uitvoeringsbepalingen zijn vastgesteld in Verordening (EG) nr. 794/2004 van de Commissie[6] (hierna "de uitvoeringsverordening" genoemd).

5. In 2007 heeft de Commissie haar beleid en haar praktijk toegelicht in de mededeling "Naar een doelmatige tenuitvoerlegging van beschikkingen van de Commissie waarbij lidstaten wordt gelast onrechtmatige en onverenigbare steun terug te vorderen"[7] (hierna "de terugvorderingsmededeling van 2007" genoemd).

6. Sindsdien is de praktijk van de Commissie en de rechtspraak van het Gerecht en het Hof van Justitie (hierna tezamen "de Unierechter" genoemd) geëvolueerd. De onderhavige mededeling licht die ontwikkelingen toe en vervangt de terugvorderingsmededeling van 2007.

7. Deze mededeling maakt deel uit van het raamwerk voor het gemoderniseerde staatssteuntoezicht dat met SAM is geïntroduceerd, doordat deze voor de lidstaten een hulpmiddel is bij hun verantwoordelijkheden om de correcte handhaving van staatssteunvoorschriften te waarborgen, betere samenwerking tussen de Commissie en lidstaten bevordert en het optreden van de Commissie nog beter voorspelbaar maakt.

8. Voorts wil deze mededeling bijdragen aan een robuuste handhaving van het mededingingsbeleid, in lijn met de prioriteit van de Commissie om mededingingsverstoringen aan te pakken die het gelijke speelveld op de interne markt aantasten. Enerzijds stimuleert de handhaving van het terugvorderingsbeleid efficiëntie en groei op de interne markt. Anderzijds kan versterkte samenwerking tussen de Commissie en lidstaten het aantal gevallen beperken waarin van inbreukprocedures moet worden gebruikgemaakt.

9. Met deze mededeling worden geen andere rechten of verplichtingen gecreëerd of gewijzigd dan die welke zijn vervat in het Verdrag betreffende de werking van de Europese Unie, in de procedureverordening en in de uitvoeringsverordening, zoals uitgelegd door de Unierechter.

1. Zie arrest van het Hof van Justitie van 12 juli 1973, Commissie/Duitsland ("Kohlegesetz"), 70/72, ECLI:EU:C:1973:87, punt 13.
2. Mededeling van de Commissie (PB C 318 van 24.11.1983, blz. 3).
3. PB C 202 van 7.6.2016, blz. 47.
4. Verordening (EG) nr. 659/1999 van de Raad van 22 maart 1999 tot vaststelling van nadere bepalingen voor de toepassing van artikel 108 van het Verdrag betreffende de werking van de Europese Unie (PB L 83 van 27.3.1999, blz. 1).
5. Verordening (EU) 2015/1589 van de Raad van 13 juli 2015 tot vaststelling van nadere bepalingen voor de toepassing van artikel 108 van het Verdrag betreffende de werking van de Europese Unie (codificatie) (PB L 248 van 24.9.2015, blz. 9).
6. Verordening (EG) nr. 794/2004 van de Commissie van 21 april 2004 tot uitvoering van Verordening (EG) nr. 659/1999 van de Raad tot vaststelling van nadere bepalingen voor de toepassing van artikel 93 van het EG-Verdrag (PB L 140 van 30.4.2004, blz. 1).
7. PB C 272 van 15.11.2007, blz. 4.

2. Algemene beginselen

10. Het VWEU verbiedt lidstaten om ondernemingen financiële voordelen te geven waardoor de mededinging op de interne markt zou worden verstoord. Op grond van artikel 107, lid 1, VWEU is staatssteun onverenigbaar met de interne markt tenzij hij onder de categorieën afwijkingen valt die in de leden 2 en 3 van datzelfde artikel zijn vastgesteld. In artikel 42, artikel 93, artikel 106, lid 2, artikel 108, lid 2, en artikel 108, lid 4, VWEU is ook bepaald op welke voorwaarden staatssteun met de interne markt verenigbaar is of als zodanig kan worden beschouwd.

11. Op grond van artikel 108 VWEU is de Commissie uitsluitend bevoegd om de verenigbaarheid van een steunmaatregel met de interne markt te beoordelen[1]. De Commissie valt bij die beoordeling onder toezicht van het Gerecht en het Hof van Justitie[2].

12. In artikel 108, lid 3, VWEU is bepaald dat iedere lidstaat de Commissie van elk voornemen tot invoering of wijziging van steunmaatregelen op de hoogte moet brengen. Het is lidstaten daardoor verboden om de voorgenomen steunmaatregel ten uitvoer te brengen voordat de Commissie een eindbesluit heeft vastgesteld over de verenigbaarheid ervan met de interne markt (de zgn. "standstillverplichting").

13. Nieuwe steunmaatregelen[3] die tot uitvoering zijn gebracht zonder kennisgeving aan of voorafgaande goedkeuring van de Commissie, zijn onrechtmatig[4]. Aangezien de standstillverplichting rechtstreekse werking heeft[5], moet de nationale rechter aan deze onrechtmatigheid van de steun alle consequenties verbinden. Meer bepaald moet de betrokken lidstaat in beginsel de tenuitvoerlegging ervan beëindigen en, wanneer de maatregel reeds ten uitvoer is gelegd, de terugvordering ervan gelasten, behoudens wanneer zich uitzonderlijke omstandigheden voordoen[6]. Zelf moet de Commissie ook de onverenigbaarheid van de onrechtmatige steun met de interne markt aantonen voordat zij de terugvordering ervan gelast[7].

14. Het VWEU bevat weliswaar geen uitdrukkelijke bepaling over de terugvordering van onrechtmatige staatssteun, maar het Hof van Justitie heeft geoordeeld dat terugvordering het noodzakelijke complement is van het in artikel 107, lid 1, VWEU vastgestelde algemene verbod op staatssteun en de doeltreffendheid van de in artikel 108, lid 3, VWEU vervatte standstillverplichting beschermt[8].

15. De Unierechter heeft nadien verdere toelichting gegeven over de reikwijdte van de terugvorderingsverplichting en de vraag hoe daaraan te voldoen. De regels en procedures in de procedureverordening en de uitvoeringsverordening zijn op die rechtspraak gebaseerd.

1. Zie arrest van het Hof van Justitie van 21 november 1991, Fédération nationale du commerce extérieur des produits alimentaires e.a./Frankrijk ("Zalm"), C-354/90, ECLI:EU:C:1991:440, punt 14; arrest van het Hof van Justitie van 15 december 2005, Unicredito Italiano, C-148/04, ECLI:EU:C:2005:774, punt 42.

2. Zie arrest van het Hof van Justitie van 8 december 2011, Residex Capital IV, C-275/10, ECLI:EU:C:2011:814, punt 27.

3. Zie artikel 1, punt c), van Verordening (EU) 2015/1589 van de Raad van 13 juli 2015 tot vaststelling van nadere bepalingen voor de toepassing van artikel 108 van het Verdrag betreffende de werking van de Europese Unie (codificatie) (PB L 248 van 24.9.2015, blz. 9).

4. Op grond van artikel 109 en artikel 108, lid 4, VWEU kunnen bepaalde categorieën staatssteun worden vrijgesteld van de verplichting tot aanmelding bij de Commissie, op grond van de zogenaamde "vrijstellingsverordeningen". Ook steun die op grond van een vrijstellingsverordening is toegekend zonder aan de daarin bepaalde voorwaarden voor vrijstelling van aanmelding te voldoen, is onrechtmatig; zie arrest van het Hof van Justitie van 5 maart 2019, Eesti Pagar, C-349/17, ECLI:EU:C:2019:172, punten 84-87. In artikel 108, lid 2, VWEU is ook voorzien in het uitzonderlijke en specifieke geval waarin de Raad kan beslissen dat steun verenigbaar is met de interne markt; zie arrest van het Hof van Justitie van 4 december 2013, Commissie/Raad, C-117/10, ECLI:EU:C:2013:786, punt 51.

5. Zie arrest van het Hof van Justitie van 21 november 1991, Fédération nationale du commerce extérieur des produits alimentaires e.a./Frankrijk ("Zalm"), C-354/90, ECLI:EU:C:1991:440, punt 11; arrest van het Hof van Justitie van 21 november 2013, Deutsche Lufthansa, C-284/12, ECLI:EU:C:2013:755, punt 29.

6. Zie in die zin arrest van het Hof van Justitie van 11 juli 1996, SFEI e.a., C-39/94, ECLI:EU:C:1996:285, punten 68-71. Zie ook arrest van het Hof van Justitie van 5 maart 2019, Eesti Pagar, C-349/17, ECLI:EU:C:2019:172, punten 92-94. Voor meer informatie over de rol van de nationale rechter bij de handhaving van de staatssteunvoorschriften, zie de mededeling van de Commissie over de handhaving van de staatssteunregels door de nationale rechterlijke instanties (PB C 85 van 9.4.2009, blz. 1), of iedere wetgevingshandeling tot wijziging of vervanging daarvan.

7. Het Hof heeft duidelijk gemaakt dat de Commissie geen terugvordering van onrechtmatige steun kan eisen zonder eerst de steun op zijn verenigbaarheid met de interne markt te onderzoeken volgens de procedure van artikel 108, lid 2, VWEU; zie in die zin het arrest van het Hof van Justitie van 14 februari 1990, Frankrijk/Commissie ("Boussac"), 301/87, ECLI:EU:C:1990:67, punten 9 en 10-22. Een en ander sluit niet uit dat de Commissie in specifieke gevallen een bevel tot terugvordering kan doen uitgaan; zie punt 27.

8. Zie arrest van het Hof van Justitie van 11 december 1973, Lorenz GmbH/Bundesrepublik Deutschland e.a., 120/73, ECLI:EU:C:1973:152, punten 3 en 4.

2.1. Terugvordering – Doel en reikwijdte

16. Terugvordering heeft tot doel de toestand te herstellen die op de interne markt bestond voordat de steun werd uitgekeerd[1]. Door de onrechtmatige steun terug te betalen, verliest de begunstigde ervan immers het voordeel dat hij ten opzichte van zijn concurrenten genoot[2]. Om de aan de onrechtmatige steun verbonden financiële voordelen weg te nemen, moet over het onrechtmatig toegekende steunbedrag ook rente worden gevorderd (hierna "terugvorderingsrente" genoemd). Door de terugvorderingsrente te betalen verliest de begunstigde van de steun het financiële voordeel dat uit het kosteloos ter beschikking stellen van de betrokken steun is voortgevloeid, vanaf de datum waarop deze de begunstigde ter beschikking is gesteld totdat deze is terugbetaald[3].

17. Op grond van artikel 16, lid 1, van de procedureverordening moet de Commissie onrechtmatige en onverenigbare steun terugvorderen tenzij zulks in strijd is met een algemeen beginsel van het recht van de Europese Unie. Met een terugvorderingsbesluit gelast de Commissie een lidstaat de steun terug te vorderen.

18. In artikel 16, lid 2, van de procedureverordening is bepaald dat de steun moet worden teruggevorderd, vermeerderd met de rente die is opgelopen tot de datum van daadwerkelijke terugvordering van de steun. In de uitvoeringsverordening is de methode vastgesteld voor het berekenen van de terugvorderingsrente (zie deel 4.4.2).

19. Ten slotte is in artikel 16, lid 3, van de procedureverordening bepaald dat "terugvordering onverwijld en in overeenstemming met de nationaalrechtelijke procedures van de betrokken lidstaat [dient] te geschieden, voor zover die procedures een onverwijlde en daadwerkelijke tenuitvoerlegging van het besluit van de Commissie toelaten".

2.2. Het beginsel van loyale samenwerking

2.2.1. Het algemene beginsel

20. Krachtens artikel 4, lid 3, van het Verdrag betreffende de Europese Unie[4] (hierna "VEU" genoemd) vergemakkelijken de lidstaten de vervulling van de taken van de Europese Unie. Overeenkomstig het beginsel van loyale samenwerking moeten de Europese Unie en de lidstaten elkaar steunen bij de vervulling van die taken, om de doelstellingen van de Europese Unie te verwezenlijken.

21. Dit beginsel, dat geldt voor alle betrekkingen tussen de Commissie en de lidstaten, is van bijzonder belang voor het beleid inzake de terugvordering van staatssteun[5].

22. De Commissie en de lidstaten moeten te goeder trouw samenwerken in alle fasen van staatssteunprocedures, met name tijdens een onderzoek overeenkomstig artikel 108, lid 2, VWEU. Door reeds tijdens het onderzoek goed samen te werken, kan een terugvorderingsbesluit gemakkelijker en sneller ten uitvoer worden gelegd.

2.2.2. Het beginsel toegepast op het delen van informatie

23. De door een terugvorderingsbesluit geraakte lidstaat moet de Commissie op regelmatige basis verslag doen over de tenuitvoerlegging van dat besluit. Dankzij die samenwerking kan de Commissie nagaan of een terugvorderingsbesluit correct ten uitvoer wordt gelegd en kan zij ook beter bepalen of er behoefte is aan bijstand.

24. Met name kan de Commissie voorbeelden van spreadsheets delen waarmee de lidstaat informatie kan verschaffen over begunstigden van steun en over steunbedragen. Ook kan de Commissie simulaties delen van berekeningen van terug te vorderen steun, op basis van de formules of methodieken die in het betrokken terugvorderingsbesluit zijn vastgesteld.

1. Zie arrest van het Hof van Justitie van 11 december 2012, Commissie/Spanje ("Magefesa II"), C-610/10, ECLI:EU:C:2012:781, punt 105.
2. Zie arrest van het Hof van Justitie van 4 april 1995, Commissie/Italië ("Alfa Romeo"), C-348/93, ECLI:EU:C:1995:95, punt 27.
3. Zie arrest van het Gerecht van 8 juni 1995, Siemens/Commissie, T-459/93, ECLI:EU:T:1995:100, punten 97-101.
4. PB C 202 van 7.6.2016, blz. 13.
5. Zie arrest van het Hof van Justitie van 11 september 2014, Commissie/Duitsland ("Biria Gruppe"), C-527/12, ECLI:EU:C:2014:2193, punten 51 en 56.

25. In dat verband kan de Commissie, in lijn met het terugvorderingsbesluit, de betrokken lidstaat bijstaan bij het nader bepalen van de bewijslast en het soort bewijsmateriaal dat nodig is voor het bepalen van onder meer de identiteit van de begunstigden van de steun, het terug te vorderen steunbedrag en de uiteindelijk teruggevorderde bedragen. De Commissie kan ook voorbeelden delen van escrowovereenkomsten (zie punt 118).

2.3. De verplichting tot terugvordering

26. Terugvordering van staatssteun is geen sanctie[1], maar juist het logische gevolg van de vaststelling van de onrechtmatigheid ervan[2] en dit gevolg kan niet afhankelijk zijn van de vorm waarin de steun is verleend[3]. Bijgevolg is de terugvordering niet te beschouwen als een maatregel die onevenredig is ten opzichte van de VWEU-doelstellingen op het gebied van staatssteun[4], noch brengt zij een ongerechtvaardigde verrijking van de betrokken lidstaat met zich mee, aangezien deze hiermee alleen een geldbedrag terugkrijgt dat nooit aan de begunstigde had mogen worden uitbetaald[5].

27. Overeenkomstig artikel 13, lid 2, van de procedureverordening kan de Commissie haar beoordelingsbevoegdheid gebruiken en reeds tijdens haar onderzoek van de betrokken steunmaatregelen een terugvorderingsbevel vaststellen – d.w.z. voordat zij een eindbesluit heeft genomen over de verenigbaarheid van de steunmaatregelen met de interne markt – indien een reeks cumulatieve criteria is vervuld.

28. Wanneer de Commissie daarentegen een besluit vaststelt waarin zij tot de bevinding komt dat steun onverenigbaar is met de interne markt (een zgn. "negatief besluit"), beschikt zij niet over een beoordelingsbevoegdheid en is zij verplicht de terugvordering van de steun te gelasten[6] tenzij zulks in strijd zou zijn met een algemeen beginsel van het recht van de Europese Unie. Om die reden hoeft de Commissie, zodra zij heeft aangetoond dat een steunmaatregel onrechtmatig en onverenigbaar met de interne markt is, niet meer te motiveren waarom zij de terugvordering ervan gelast[7].

29. Ongeacht de bron van de terugvorderingsverplichting – een terugvorderingsbevel of een terugvorderingsbesluit – moet de betrokken lidstaat de terugvordering, in overeenstemming met artikel 16, leden 2 en 3, van de procedureverordening, daadwerkelijk en onverwijld ten uitvoer leggen. De maatregelen die de lidstaat neemt, mogen niet alleen gericht zijn op een onverwijlde en daadwerkelijke tenuitvoerlegging van het terugvorderingsbesluit, de terugvordering moet daarmee ook daadwerkelijk worden bereikt[8].

2.4. Grenzen aan de verplichting tot terugvordering

2.4.1. Algemene beginselen van het recht van de Europese Unie

30. Op grond van artikel 288 VWEU is een besluit in al zijn onderdelen verbindend voor de daarin vermelde adressaten. In het geval van staatssteun richt de Commissie haar besluit tot de betrokken lidstaat die verplicht is om alle nodige maatregelen te nemen om dit besluit uit te voeren[9], met inbegrip van voorlopige maatrege-

1. Zie arrest van het Hof van Justitie van 17 juni 1999, België/Commissie ("Maribel bis/ter-regeling"), C-75/97, ECLI:EU:C:1999:311, punt 65.

2. Zie arrest van het Hof van Justitie van 21 december 2016, Commissie/Aer Lingus, C-164/15 P en C-165/15 P, ECLI:EU:C:2016:990, ECLI:EU:C:2016:990, punten 114 en 116.

3. Zie arrest van het Hof van Justitie van 17 september 2015, Commissie/Italië ("Venetië en Chioggia II"), C-367/14, ECLI:EU:C:2015:611, punt 41.

4. Zie arrest van het Hof van Justitie van 21 maart 1990, België/Commissie ("Tubemeuse"), 142/87, ECLI:EU:C:1990:125, punt 66.

5. Zie arrest van het Gerecht van 1 maart 2017, SNCM/Commissie, T-454/13, ECLI:EU:T:2017:134, punt 269.

6. Zie arrest van het Hof van Justitie van 7 maart 2002, Italië/Commissie ("Werkgelegenheidsmaatregelen I"), C-310/99, ECLI:EU:C:2002:143, punt 99.

7. Zie arrest van het Gerecht van 20 september 2011, Regione autonoma della Sardegna e.a./Commissie, T-394/08, T-408/08, T-453/08 en T-454/08, ECLI:EU:T:2011:493, punt 152.

8. Zie arrest van het Hof van Justitie van 29 maart 2012, Commissie/Italië ("Hotelsector op Sardinië"), C-243/10, ECLI:EU:C:2012:182, punt 35.

9. Zie artikel 31, lid 2, van de procedureverordening waarin is bepaald dat negatieve besluiten tot de betrokken lidstaat moeten worden gericht.

len[1]. Besluiten van de Commissie worden vermoed rechtmatig te zijn en blijven verbindend in al hun onderdelen, ook wanneer er een procedure voor de Unierechter loopt[2].

31. In overeenstemming met de rechtspraak van de Unierechter en met artikel 16, lid 1, van de procedureverordening hoeft de Commissie geen staatssteun terug te vorderen indien zulks in strijd is met een algemeen beginsel van het recht van de Europese Unie.

32. Het VEU noch het VWEU noemt algemene beginselen van het recht van de Europese Unie of geeft daarvan een overzicht; de Unierechter heeft deze beginselen daarentegen afgeleid van de algemene beginselen die de rechtsstelsels van de lidstaten gemeen hebben. In de volgende punten wordt ingegaan op de algemene beginselen van het recht van de Europese Unie die in het kader van de tenuitvoerlegging van de terugvorderingsverplichting het vaakst worden aangevoerd.

33. Deze beginselen mogen dan aan het volledige rechtskader van de Europese Unie ten grondslag liggen, toch zijn zij in het kader van het beleid inzake de terugvordering van staatssteun onderhevig aan een restrictieve uitlegging[3]. Daarom kunnen algemene beweringen over een mogelijke schending van een algemeen beginsel van het recht van de Europese Unie niet worden geaccepteerd.

2.4.1.1. Het rechtszekerheidsbeginsel

34. Het rechtszekerheidsbeginsel vereist dat rechtsregels duidelijk en nauwkeurig zijn en voorzienbare gevolgen hebben, opdat de belanghebbenden daaraan houvast hebben in door het recht van de Europese Unie beheerste rechtssituaties en -betrekkingen[4]. Daarom genieten lidstaten en begunstigden van steun bescherming tegen een terugvorderingsbevel in geval van schending van rechtszekerheid.

35. De Unierechter heeft het rechtszekerheidsbeginsel restrictief uitgelegd en heeft aanvaard dat terugvordering alleen in uitzonderlijke, van geval tot geval te beoordelen omstandigheden wordt beperkt.

36. Wanneer staatssteun in strijd met de standstillverplichting is toegekend, is een vertraging van de kant van de Commissie bij de uitoefening van haar toezichtsbevoegdheden en het gelasten van de terugvordering van steun geen voldoende rechtsgrondslag om terugvordering te beperken of uit te sluiten[5].

37. Bovendien houden de beginselen van de voorrang en de doeltreffendheid van het recht van de Europese Unie in, dat lidstaten en begunstigden van steun zich niet op het rechtszekerheidsbeginsel kunnen beroepen om terugvordering te beperken in geval van een conflict tussen het nationale recht en het recht van de Europese Unie. Het recht van de Europese Unie heeft voorrang en nationale voorschriften moeten buiten toepassing blijven of zodanig worden uitgelegd dat de nuttige werking van het recht van de Europese Unie wordt behouden[6].

38. In de rechtsorde van bepaalde lidstaten wordt de nationale rechtsgrondslag van een steunmaatregel na een terugvorderingsbesluit nietig vanaf de datum van de inwerkingtreding ervan als gevolg van de vaststelling van een terugvorderingsbesluit door de Commissie. In het licht van het doeltreffendheidsbeginsel kan dit soort bepalingen in het nationale recht niet afdoen aan de rechtmatigheid van het besluit van de Commissie

1. Zie arrest van het Hof van Justitie van 14 november 2018, Commissie/Griekenland ("Hellenic Shipyards II"), C-93/17, ECLI:EU:C:2018:903, punt 69.
2. Zie arrest van het Hof van Justitie van 9 juli 2015, Commissie/Frankrijk ("Scheepvaartverbindingen Marseille-Corsica"), C-63/14, ECLI:EU:C:2015:458, punt 44.
3. Zie arrest van het Gerecht van 20 september 2011, Regione autonoma della Sardegna e.a./Commissie, T-394/08, T-408/08, T-453/08 en T-454/08, ECLI:EU:T:2011:493, punt 283.
4. Zie arrest van het Hof van Justitie van 15 februari 1996, Duff e.a., C-63/93, ECLI:EU:C:1996:51, punt 20.
5. Het rechtszekerheidsbeginsel verzet zich ertegen dat de Commissie eindeloos kan wachten met de uitoefening van haar bevoegdheden. Het Hof van Justitie heeft evenwel verklaard dat "een vertraging van de kant van de Commissie bij de uitoefening van haar bevoegdheden tot het houden van toezicht en het gelasten van de terugvordering van die steun, de terugvorderingsbeschikking alleen onrechtmatig maakt in uitzonderlijke gevallen waarin sprake is van kennelijke nalatigheid van de Commissie en een duidelijke schending van haar zorgvuldigheidsplicht"; zie arrest van het Hof van Justitie van 22 april 2008, Commissie/Salzgitter, C-408/04 P, ECLI:EU:C:2008:236, punt 106. In de zaak van de Franse fiscale GIE's heeft de Commissie besloten dat, als gevolg van de specifieke combinatie van uitzonderlijke omstandigheden in die zaak, terugvordering beperkt diende te worden tot de steun die was toegekend na de datum van het besluit van de Commissie tot inleiding van de formele onderzoeksprocedure overeenkomstig artikel 6 van de procedureverordening, om het rechtszekerheidsbeginsel te beschermen; zie Beschikking 2007/256/EG van de Commissie van 20 december 2006 betreffende de door Frankrijk uit hoofde van artikel 39 CA van de Code général des impôts ten uitvoer gelegde steunmaatregel (Steunmaatregel C 46/2004 (ex NN 65/2004)) (PB L 112 van 30.4.2007, blz. 41).
6. Zie arrest van het Hof van Justitie van 5 oktober 2006, Commissie/Frankrijk ("Scott"), C-232/05, ECLI:EU:C:2006:651, punten 50-53.

en de verplichting tot terugvordering. Terugvordering kan niet afhankelijk zijn van de gevolgen naar nationaal recht van de niet-nakoming van de standstillverplichting[1].

2.4.1.2. Het vertrouwensbeginsel

39. Het vertrouwensbeginsel[2] is een rechtstreeks uitvloeisel van het rechtszekerheidsbeginsel en de Unierechter heeft deze beginselen in samenhang toegepast. Het betreft hier de situatie waarin bij eenieder die van de bevoegde instellingen van de Europese Unie nauwkeurige, onvoorwaardelijke en onderling overeenstemmende toezeggingen heeft gekregen, gegronde verwachtingen zijn gewekt. Die toezeggingen moeten bovendien in overeenstemming met de geldende normen zijn gedaan[3]. Zodoende kunnen lidstaten en begunstigden van steun zich, op grond van dit vertrouwensbeginsel, erop verlaten dat de Commissie geen terugvordering van steun zal gelasten.

40. Gelet op het dwingende karakter van artikel 108, lid 3, VWEU kan een lidstaat wiens autoriteiten in strijd met de standstillverplichting steun hebben toegekend, niet aanvoeren dat die schending in hoofde van een begunstigde een gewettigd vertrouwen doet ontstaan dat de steun niet zal worden teruggevorderd. Anders zouden de artikelen 107 en 108 VWEU elk nuttig effect verliezen[4].

41. Evenmin kan, in geval van schending van de standstillverplichting, de begunstigde van steun aanvoeren dat bij hem gewettigd vertrouwen is gewekt dat de toekenning van de steun rechtmatig was, behoudens in uitzonderlijke omstandigheden[5]. Een behoedzame ondernemer zal immers normaliter in staat zijn, zich ervan te vergewissen of de steun naar behoren is goedgekeurd door de Commissie[6]. Dit beginsel geldt ook voor kleine ondernemingen[7].

42. De Unierechter heeft een reeks situaties onderscheiden waarin geen gewettigd vertrouwen wordt gewekt en die dus terugvordering van de betrokken steun niet kunnen beperken of uitsluiten. Met name wordt door de volgende situaties geen gewettigd vertrouwen gewekt:

- het stilzwijgen van de Commissie over een bij haar aangemelde steunmaatregel[8];
- het kennelijke stilzitten van de Commissie ten aanzien van een steunmaatregel die niet is aangemeld[9];
- de vaststelling van een besluit tot inleiding van een formeel onderzoek overeenkomstig artikel 6 van de procedureverordening, waarin de Commissie gewoonweg een eerste beoordeling maakt van de betrokken steunmaatregelen, omdat een begunstigde van steun geen gewettigd vertrouwen kan ontlenen aan een voorlopig besluit[10];
- het betrekkelijk langdurig stilzitten van de Commissie[11];

1. Zie arrest van het Gerecht van 7 oktober 2010, DHL Aviation en DHL Hub Leipzig/Commissie, T-452/08, ECLI:EU:T:2010:427, punten 34 en 41.

2. Zie, over het vertrouwensbeginsel, arrest van het Hof van Justitie van 20 september 1990, Commissie/Duitsland, C-5/89, ECLI:EU:C:1990:320, punten 13 en 14.

3. Zie arrest van het Hof van Justitie van 24 maart 2011, ISD Polska e.a./Commissie, C-369/09 P, ECLI:EU:C:2011:175, punt 123; arrest van het Hof van Justitie van 16 december 2010, Kahla Thüringen Porzellan/Commissie, C-537/08 P, ECLI:EU:C:2010:769, punt 63; arrest van het Hof van Justitie van 16 december 2008, Masdar (UK)/Commissie, C-47/07 P, ECLI:EU:C:2008:726, punten 34 en 81.

4. Zie arrest van het Hof van Justitie van 9 juni 2011, Diputación Foral de Vizcaya e.a./Commissie, C-465/09 P tot C-470/09 P, ECLI:EU:C:2011:372, punt 150.

5. Zie arrest van het Gerecht van 15 november 2018, Deutsche Telekom/Commissie, T-207/10, ECLI:EU:T:2018:786, punt 42. Het Hof van Justitie heeft slechts eenmaal erkend dat er sprake was van gewettigd vertrouwen in hoofde van een begunstigde: in het arrest-RSV; zie arrest van het Hof van Justitie van 24 november 1987, RSV/Commissie, 223/85, ECLI:EU:C:1987:502. De Unierechter heeft de uitzonderlijke omstandigheden van die zaak evenwel beklemtoond door te weigeren de bescherming van het gewettigd vertrouwen verder uit te breiden dan de uitzonderlijke situatie waarvan sprake in de zaak-RSV; zie bijv. arrest van het Gerecht van 14 januari 2004, Fleuren Compost/Commissie, T-109/01, ECLI:EU:T:2004:4, punten 145-148, en het arrest van het Hof van Justitie van 29 april 2004, Italië/Commissie, C-298/00 P, ECLI:EU:C:2004:240, punt 90.

6. Zie arrest van het Hof van Justitie van 20 maart 1997, Land Rheinland-Pfalz/Alcan Deutschland, C-24/95, ECLI:EU:C:1997:163, punt 25.

7. Zie arrest van het Hof van Justitie van 29 april 2004, Italië/Commissie, C-298/00 P, ECLI:EU:C:2004:240, punt 88.

8. Zie arrest van het Gerecht van 30 november 2009, Frankrijk/Commissie, T-427/04 en T-17/05, ECLI:EU:T:2009:474, punt 261.

9. Zie arrest van het Hof van Justitie van 8 december 2011, France Télécom/Commissie, C-81/10 P, ECLI:EU:C:2011:811, punten 58-60.

10. Zie arrest van het Gerecht van 27 februari 2013, Nitrogénm?vek Vegyipari/Commissie, T-387/11, ECLI:EU:T:2013:98, punt 121; arrest van het Gerecht van 25 maart 2009, Alcoa Trasformazioni/Commissie, T-332/06, ECLI:EU:T:2009:79, punt 61.

11. Zie arrest van het Hof van Justitie van 28 juli 2011, Diputación Foral de Vizcaya e.a./Commissie, C-471/09 P tot C-473/09 P, ECLI:EU:C:2011:521, punten 64-65, 68, 74-77.

– een eerder besluit van de Commissie[1];

– de vaststelling van meerdere opeenvolgende besluiten van de Commissie waarbij de toekenning van de steun wordt goedgekeurd, maar die nadien door de Unierechter nietig zijn verklaard[2];

– een aan de Raad voorgelegd voorstel van de Commissie voor een besluit[3].

2.4.1.3. Het beginsel van het gezag van gewijsde

43. Het beginsel van het gezag van gewijsde houdt in dat “rechterlijke beslissingen die definitief zijn geworden nadat de beschikbare beroepsmogelijkheden zijn uitgeput of na afloop van de voor deze beroepen gestelde termijnen, niet meer in geding kunnen worden gebracht”[4].

44. Het Hof van Justitie heeft het belang van dit beginsel in zowel de rechtsorde van de Europese Unie als de rechtsorden van de lidstaten erkend[5]. Aangezien de toepassing van het beginsel van het gezag van gewijsde de voorrang en de doeltreffendheid van het recht van de Europese Unie niet mag ondermijnen, kan dit beginsel echter niet worden gebruikt om een inbreuk op het recht van de Europese Unie te rechtvaardigen en in de weg staan aan de terugvordering van staatssteun[6].

45. Op grond van het beginsel van de voorrang van het recht van de Europese Unie hebben staatssteunvoorschriften van de Europese Unie voorrang op daarmee strijdige nationale wetgeving, die buiten toepassing moet blijven. Dit geldt ook voor nationale voorschriften en rechterlijke beslissingen die ten gevolge hebben dat door de toepassing van het beginsel van het gezag van gewijsde de staatssteunvoorschriften van de Europese Unie worden geschonden.

46. Wat meer bepaald onrechtmatige steun betreft, is het zo dat de wijze waarop het beginsel van het gezag van gewijsde ten uitvoer wordt gelegd, krachtens het beginsel van de procedurele autonomie van de lidstaten een zaak van hun interne rechtsorde is, van een in kracht van gewijsde gegane beslissing van een nationale rechter geen belemmering mag maken, noch tot gevolg mag hebben dat het de nationale rechterlijke instanties of de nationale autoriteiten onmogelijk wordt gemaakt om de noodzakelijke consequenties te verbinden aan de schending van de standstillverplichting[7].

2.4.1.4. Volstrekte onmogelijkheid om steun terug te vorderen

47. Het beginsel dat “niemand rechtens tot het onmogelijke is gehouden” behoort tot de algemene beginselen van het recht van de Europese Unie[8]. Het bestaan van uitzonderlijke omstandigheden die het voor een lidstaat volstrekt onmogelijk maken om het terugvorderingsbesluit ten uitvoer te leggen, is de enige omstandigheid

1. Een eerder besluit waarin wordt geconcludeerd dat een bepaalde maatregel geen staatssteun vormt of waarbij een bepaalde staatssteunmaatregel verenigbaar wordt verklaard met de interne markt, moet worden gelezen als strikt van toepassing op de bijzondere feiten en omstandigheden van die specifieke zaak. Elk geval moet op zijn eigen merites worden beoordeeld. Zo heeft het Hof van Justitie bijvoorbeeld geoordeeld dat door een eerder besluit dat verklaarde dat een maatregel voor een beperkte tijd geen staatssteun vormde en dat was gebaseerd op de op een bepaalde tijdstip heersende omstandigheden, geen gewettigd vertrouwen kan worden gewekt ten aanzien van de toekomstige beoordeling van het staatssteunkarakter van een vergelijkbare maatregel; zie arrest van het Hof van Justitie van 21 juli 2011, Alcoa Trasformazioni/Commissie, C-194/09 P, ECLI:EU:C:2011:497, punten 72-75. Een andere situatie doet zich voor indien de Commissie haar beoordeling van een maatregel uitsluitend wijzigt op grond van een striktere toepassing van de Verdragsregels inzake staatssteun. In die omstandigheden, concludeerde het Hof, dat de begunstigden van steun mochten verwachten dat een besluit waarmee de Commissie terugkomt op haar vroegere benadering, hun de nodige tijd zou geven om rekening te houden met deze wijziging en dat zij dus de bescherming van gewettigd vertrouwen genieten; zie in die zin het arrest van het Hof van Justitie van 22 juni 2006, België/Commissie (“Forum 187”), C-182/03 en C-217/03, ECLI:EU:C:2006:416, punt 71.

2. In het CELF II-arrest verklaarde het Hof van Justitie dat de weinig gangbare opeenvolging van nietigverklaringen in beginsel de moeilijkheid van de zaak uitdrukt en bij de steunontvanger veel eerder de twijfels doet toenemen wat de verenigbaarheid van de litigieuze staatssteun betreft, dan dat zij gewettigd vertrouwen doet ontstaan; zie arrest van het Hof van Justitie van 11 maart 2010, CELF en ministre de la Culture et de la Communication (“CELF II”), C-1/09, ECLI:EU:C:2010:136, punten 51-52 en 55.

3. Zie arrest van het Hof van Justitie van 24 maart 2011, ISD Polska e.a./Commissie, C-369/09 P, ECLI:EU:C:2011:175, punt 124.

4. Zie arrest van het Hof van Justitie van 22 december 2010, Commissie/Slowakije (“Frucona Košice”), C-507/08, ECLI:EU:C:2010:802, punt 59.

5. Zie arrest van het Hof van Justitie van 24 januari 2013, Commissie/Spanje (“Magefesa”), C-529/09, ECLI:EU:C:2013:31, punt 64.

6. Zie arrest van het Hof van Justitie van 18 juli 2007, Lucchini, C-119/05, ECLI:EU:C:2007:434, punten 61-63; arrest van het Hof van Justitie van 11 november 2015, Klausner Holz Niedersachsen, C-505/14, ECLI:EU:C:2015:742, punt 45.

7. Zie arrest van het Hof van Justitie van 11 november 2015, Klausner Holz Niedersachsen, C-505/14, ECLI:EU:C:2015:742, punt 40; zie ook arrest van het Hof van Justitie van 5 maart 2019, Eesti Pagar, C-349/17, ECLI:EU:C:2019:172, punten 138 en 139.

8. Zie arrest van het Hof van Justitie van 6 november 2018, Scuola Elementare Maria Montessori/Commissie, C-622/16 P tot C-624/16 P, ECLI:EU:C:2018:873, punt 79.

die het Hof van Justitie heeft erkend als rechtvaardiging voor de niet-uitvoering van dat besluit door de lidstaat[1].

48. De volstrekte onmogelijkheid is door de Unierechter op restrictieve wijze uitgelegd. Een lidstaat moet aantonen dat hij oprechte pogingen tot terugvordering van de steun heeft ondernomen en moet, overeenkomstig artikel 4, lid 3, VEU, met de Commissie samenwerken om de ondervonden moeilijkheden te overwinnen[2].

49. Het staat aan de lidstaat om aan te tonen dat er redenen bestaan die rechtvaardigen dat de onverenigbare steun niet[3] of slechts gedeeltelijk wordt teruggevorderd. Welk soort bewijsmateriaal nodig is om de volstrekte onmogelijkheid aan te tonen, is afhankelijk van de specifieke kenmerken van elke zaak.

50. De betrokken lidstaat kan niet aantonen dat de tenuitvoerlegging van het terugvorderingsbesluit volstrekt onmogelijk is, door zich ertoe te beperken de Commissie in kennis te stellen van interne moeilijkheden van juridische, politieke of praktische aard[4].

51. Zodoende kan de betrokken lidstaat zich, ter rechtvaardiging van de niet-nakoming van een terugvorderingsbesluit, niet beroepen op het bestaan van de volstrekte onmogelijkheid op grond van eisen van nationaal recht zoals nationale verjaringstermijnen[5], het ontbreken in het nationaal recht van een recht om terugvordering op te leggen[6] of een rechtsvacuüm[7]. Evenmin kan een lidstaat zich op bepalingen, praktijken of situaties van zijn interne rechtsorde beroepen, met inbegrip van vrees voor sociale onlusten[8], ter rechtvaardiging van zijn niet-nakoming van uit het recht van de Europese Unie voortvloeiende verplichtingen[9]. Alleen in zeer specifieke gevallen kan de grondslag voor een volstrekte onmogelijkheid juridisch van aard zijn, mits deze met het recht van de Europese Unie in overeenstemming is[10].

52. De lidstaat moet onverwijld de nodige maatregelen bepalen en vaststellen[11]. Om die uitkomst te bereiken moet de betrokken lidstaat misschien nieuwe wetgevingshandelingen, met inbegrip van wetgeving, vaststellen of bepalingen van nationaal recht die het niet mogelijk maken de ondervonden moeilijkheden snel te overwinnen, terzijde schuiven. Ten slotte moeten de pogingen tot terugvordering uitputtend zijn en naar behoren met bewijsmateriaal worden gestaafd[12].

53. Evenmin wordt aan de verplichting tot terugvordering afgedaan door de economische situatie van de begunstigde. De omstandigheid dat een onderneming in financiële moeilijkheden verkeert of zelfs insolvent

1. Zie arrest van het Hof van Justitie van 9 november 2017, Commissie/Griekenland ("Larco"), C-481/16, ECLI:EU:C:2017:845, punt 28.
2. Zie arrest van het Hof van Justitie van 12 februari 2015, Commissie/Frankrijk ("Plans de campagne"), C-37/14, ECLI:EU:C:2015:90, punt 67.
3. Zie in die zin het arrest van het Hof van Justitie van 9 juli 2015, Commissie/Frankrijk ("Scheepvaartverbindingen Marseille-Corsica"), C-63/14, ECLI:EU:C:2015:458, punten 52 en 53.
4. Zie arrest van het Hof van Justitie van 9 november 2017, Commissie/Griekenland ("Larco"), C-481/16, ECLI:EU:C:2017:845, punt 29; zie ook arrest van het Hof van Justitie van 6 november 2018, Scuola Elementare Maria Montessori/Commissie, C-622/16 P tot C-624/16 P, ECLI:EU:C:2018:873, punten 91 en 95.
5. Zie arrest van het Hof van Justitie van 20 maart 1997, Land Rheinland-Pfalz/Alcan Deutschland, C-24/95, ECLI:EU:C:1997:163, punten 34-37.
6. Zie arrest van het Hof van Justitie van 21 maart 1991, Italië/Commissie ("Lanerossi"), 303/88, ECLI:EU:C:1991:136, punten 52 en 60.
7. Zie arrest van het Hof van Justitie van 17 oktober 2013, Commissie/Griekenland ("Ellinikos Xrysos"), C-263/12, ECLI:EU:C:2013:673, punt 36.
8. In dat verband heeft het Hof duidelijk gemaakt dat "[w]at de eventuele sociale onlusten betreft die de openbare orde zouden kunnen verstoren, het – zoals de advocaat-generaal in punt 86 van zijn conclusie heeft opgemerkt – vaste rechtspraak [is] dat de betrokken lidstaat, wanneer dergelijke onlusten dreigen, alle dienstige maatregelen dient te treffen om de doeltreffende werking van het Unierecht te waarborgen, teneinde de correcte uitvoering van dit recht in het belang van alle marktdeelnemers te verzekeren, tenzij zou vaststaan dat zijn optreden gevolgen voor de openbare orde zou hebben waaraan hij met de hem ter beschikking staande middelen niet het hoofd kan bieden"; zie arrest van het Hof van Justitie van 9 juli 2015, Commissie/Frankrijk ("Scheepvaartverbindingen Marseille-Corsica"), C-63/14, ECLI:EU:C:2015:458, punt 52.
9. Zie arrest van het Hof van Justitie van 17 september 2015, Commissie/Italië ("Venetië en Chioggia II"), C-367/14, ECLI:EU:C:2015:611, punt 51.
10. Zie arrest van het Hof van Justitie van 11 september 2014, Commissie/Duitsland ("Biria Gruppe"), C-527/12, ECLI:EU:C:2014:2193, punt 49.
11. Zie arrest van het Hof van Justitie van 9 juli 2015, Commissie/Frankrijk ("Scheepvaartverbindingen Marseille-Corsica"), C-63/14, ECLI:EU:C:2015:458, punt 49.
12. Zie arrest van het Hof van Justitie van 9 juli 2015, Commissie/Frankrijk ("Scheepvaartverbindingen Marseille-Corsica"), C-63/14, ECLI:EU:C:2015:458, punt 57.

is, vormt geen bewijs dat terugvordering onmogelijk is[1], tenzij de onderneming is geliquideerd en geen activa kunnen worden teruggevorderd[2] (zie deel 4.8). Bovendien is terugvordering van steun onmogelijk wanneer de begunstigde niet langer bestaat, zonder enige rechtsopvolger en economische opvolger (zie punt 135).

54. Terugvordering is niet bedoeld om het rendement voor de lidstaten te maximaliseren, maar om op de interne markt de situatie van vóór de steunverlening te herstellen. Bijgevolg zijn mogelijke verliezen voor een lidstaat in zijn hoedanigheid van aandeelhouder of schuldeiser geen rechtvaardiging voor zijn niet-nakoming van de terugvorderingsverplichting.

55. Hoewel de volstrekte onmogelijkheid om steun terug te vorderen een kwestie is die doorgaans aan de orde komt tijdens de tenuitvoerlegging van een terugvorderingsbesluit, kan de volstrekte onmogelijkheid om steun terug te vorderen reeds worden vastgesteld tijdens het formele onderzoek van de Commissie overeenkomstig artikel 6 van de procedureverordening[3].

2.4.2. Verjaringstermijn

56. In artikel 17, lid 1, van de procedureverordening is bepaald dat de bevoegdheden van de Commissie om steun terug te vorderen na een termijn van tien jaar verjaren (de zgn. "verjaringstermijn").

57. Overeenkomstig artikel 17, lid 2, van de procedureverordening gaat de verjaringstermijn in op de dag waarop de onrechtmatige steun aan de begunstigde is verleend[4], als individuele steun of in het kader van een steunregeling[5]. In het geval van een steunregeling loopt de verjaringstermijn niet vanaf de datum van vaststelling van de rechtsgrondslag ervan, doch vanaf het tijdstip waarop de individuele steun in het kader van die regeling is toegekend[6].

58. De datum waarop steun is toegekend, is afhankelijk van de aard van de betrokken steun. In het geval van een meerjarenregeling die betalingen of de periodieke verlening van andere voordelen inhoudt, kan er een aanzienlijk tijdsverschil zitten tussen de datum van vaststelling van de rechtsgrondslag van de steunregeling en de datum waarop de betrokken ondernemingen daadwerkelijk de steun toegekend zullen krijgen. In dat geval moet de steun, voor de berekening van de verjaringstermijn, geacht worden pas aan de begunstigde te zijn verleend op de datum waarop de steun daadwerkelijk door de begunstigde is ontvangen[7].

59. Het in punt 58 bedoelde beginsel geldt ook voor een steunregeling met belastingmaatregelen die op periodieke basis worden toegekend (bijv. belastingverlagingen op iedere jaarlijkse of halfjaarlijkse belastingaangifte); hiervoor begint de verjaringstermijn voor ieder belastingjaar te lopen op de datum waarop de belasting verschuldigd is.

60. Om een terugvorderingsbesluit af te dwingen, kan het zijn dat de betrokken lidstaat controles moet uitvoeren, bijvoorbeeld fiscale controles van bepaalde belastingjaren, ook wanneer de in het nationale recht gestelde termijn is verstreken. In dat geval kunnen nationale verjaringsregels geen rechtvaardiging zijn voor het niet-nakomen van de verplichting tot terugvordering en moeten zij desnoods buiten toepassing blijven[8].

61. Aangezien het onderzoek van een steunmaatregel een bilaterale procedure tussen de lidstaat en de Commissie is, kan de verjaringstermijn, nadat deze is beginnen te lopen, worden gestuit door iedere handeling die wordt gesteld door de Commissie of door de lidstaat op verzoek van de Commissie[9]. Dit geldt ongeacht of de handeling ter kennis van de begunstigde van de steun is gebracht[10] dan wel of deze daarvan kennis heeft

1. Zie arrest van het Hof van Justitie van 15 januari 1986, Commissie/België, 52/84, ECLI:EU:C:1986:3, punt 14.
2. Zie arrest van het Hof van Justitie van 2 juli 2002, Commissie/Spanje, C-499/99, ECLI:EU:C:2002:408, punt 37.
3. Zie arrest van het Hof van Justitie van 6 november 2018, Scuola Elementare Maria Montessori/Commissie, C-622/16 P tot C-624/16 P, ECLI:EU:C:2018:873, punten 82 en 84.
4. Zie arrest van het Gerecht van 25 januari 2018, BSCA/Commissie, T-818/14, ECLI:EU:T:2018:33, punt 72.
5. De begrippen "steunregeling" en "individuele steun" worden omschreven in, respectievelijk, de punten d) en e) van artikel 1 van de procedureverordening.
6. Zie arrest van het Hof van Justitie van 8 decemberh 2011, France Télécom/Commissie, C-81/10 P, ECLI:EU:C:2011:811, punt 80.
7. Zie arrest van het Hof van Justitie van 8 december 2011, France Télécom/Commissie, C-81/10 P, ECLI:EU:C:2011:811, punt 82.
8. Zie arrest van het Hof van Justitie van 20 maart 1997, Land Rheinland-Pfalz/Alcan Deutschland, C-24/95, ECLI:EU:C:1997:163, punten 34-37.
9. Zo stuit bijvoorbeeld een informatieverzoek van de Commissie aan de betrokken lidstaat de verjaringstermijn en begint die termijn opnieuw te lopen; zie arrest van het Hof van Justitie van 26 april 2018, ANGED, C-233/16, ECLI:EU:C:2018:280, punten 84 en 85.
10. Zie arrest van het Hof van Justitie van 6 oktober 2005, Scott/Commissie, C-276/03 P, ECLI:EU:C:2005:590, punten 27 en 36.

gekregen. Indien een besluit van de Commissie het voorwerp van een procedure voor de Unierechter is, blijft de verjaringstermijn opgeschort tot het eind van die procedure.

62. In artikel 17, lid 3, van de procedureverordening is bepaald dat “steun ten aanzien waarvan de verjaringstermijn is verstreken, als bestaande steun [wordt] beschouwd”. De in de procedureverordening bepaalde verjaringstermijn “[sluit enkel uit] dat steun wordt teruggevorderd die meer dan tien jaar voor het eerste optreden van de Commissie is ingevoerd”[1].

2.5. De toepassing van nationaal recht en de onverwijlde en daadwerkelijke tenuitvoerlegging van terugvorderingsbesluiten van de Commissie

63. In artikel 16, lid 3, van de procedureverordening zijn de vereisten van het doeltreffendheidsbeginsel gecodificeerd[2]. Aan de terugvorderingsverplichting is alleen voldaan wanneer de betrokken lidstaat het bedrag aan onverenigbare steun, vermeerderd met terugvorderingsrente, daadwerkelijk heeft teruggevorderd[3] (hierna “het volledige terug te vorderen bedrag” genoemd).

64. De betrokken lidstaat kan kiezen met welke middelen hij aan zijn verplichting tot terugvordering van de steun voldoet, mits deze het doeltreffendheidsbeginsel[4] en het gelijkwaardigheidsbeginsel in acht nemen[5]. De vraag of de betrokken lidstaat, in overeenstemming met die beginselen, onverwijlde en daadwerkelijke uitvoering aan de terugvorderingsverplichting heeft gegeven, kan uitsluitend van geval tot geval worden beoordeeld[6].

3. De respectieve rol van de Commissie en van de betrokken lidstaat

65. Zowel de Commissie als de lidstaten hebben bij de tenuitvoerlegging van de terugvorderingsbesluiten een fundamentele rol te vervullen en moeten aan een daadwerkelijke tenuitvoerlegging van het terugvorderingsbeleid bijdragen. Een robuuste handhaving van het terugvorderingsbeleid, in combinatie met nauwe en proactieve samenwerking, biedt een effectief antwoord op verstoringen van de mededinging op de interne markt en helpt het volledige potentieel van de interne markt waar te maken.

3.1. De rol van de Commissie

66. De Commissie tracht in haar terugvorderingsbesluiten de begunstigden van de onverenigbare steun te identificeren en de terug te vorderen steun te kwantificeren[7]. Zo kunnen terugvorderingsbesluiten sneller ten uitvoer worden gelegd en wordt de nakoming van de terugvorderingsverplichting vereenvoudigd. Indien zulks niet mogelijk is, beschrijft de Commissie in het terugvorderingsbesluit de methodiek waarmee de lidstaat de begunstigden moet identificeren en het terug te vorderen steunbedrag moet bepalen[8].

67. Overeenkomstig het beginsel van loyale samenwerking levert de Commissie de betrokken lidstaat bijstand bij de tenuitvoerlegging van het terugvorderingsbesluit door onder meer:
- voorbeelden van spreadsheets te delen waarmee de betrokken lidstaat informatie kan verschaffen over begunstigden van steun en over steunbedragen (zie de punten 24 en 25);

1. Arrest van het Hof van Justitie van 23 januari 2019, Fallimento Traghetti del Mediterraneo, C-387/17, ECLI:EU:C:2019:51, punt 52; zie arrest van het Gerecht van 30 april 2002, Government of Gibraltar/Commissie, T-195/01 en T-207/01, ECLI:EU:T:2002:111, punt 130.
2. Zie arrest van het Hof van Justitie van 11 september 2014, Commissie/Duitsland (“Biria Gruppe”), C-527/12, ECLI:EU:C:2014:2193, punten 39 en 41.
3. Zie in die zin arrest van het Hof van Justitie van 6 oktober 2011, Commissie/Italië (“Venetië en Chioggia I”), C-302/09, ECLI:EU:C:2011:634, punten 38 en 39.
4. Zie arrest van het Hof van Justitie van 5 oktober 2006, Commissie/Frankrijk (“Scott”), C-232/05, ECLI:EU:C:2006:651, punt 49.
5. Overeenkomstig het gelijkwaardigheidsbeginsel moet het nationale recht worden toegepast op een wijze die niet discriminerend is vergeleken met soortgelijke, louter door het nationale recht beheerste gevallen; zie arrest van het Hof van Justitie van 13 juni 2002, Nederland/Commissie, C-382/99, ECLI:EU:C:2002:363, punt 90.
6. Zie arrest van het Hof van Justitie van 11 september 2014, Commissie/Duitsland (“Biria Gruppe”), C-527/12, ECLI:EU:C:2014:2193, punt 43.
7. Hoewel het doorgaans niet gecompliceerd is om de begunstigde van individuele steun te identificeren, is de Commissie in de regel niet bij machte om elk van de begunstigden van een onverenigbare steunregeling te identificeren, laat staan het precieze bedrag dat aan steun is ontvangen.
8. De Commissie is niet rechtens verplicht om in haar terugvorderingsbesluit het precieze terug te vorderen bedrag aan te geven. Het volstaat dat de Commissie gegevens opneemt waarmee de lidstaat zonder buitensporige moeilijkheden dit bedrag zelf kan vaststellen; zie arrest van het Hof van Justitie van 28 juli 2011, Mediaset/Commissie, C-403/10 P, ECLI:EU:C:2011:533, punt 126.

- verzoeken te beoordelen om de termijn voor de tenuitvoerlegging van een terugvorderingsbesluit te verlengen (zie deel 4.1);
- een startbijeenkomst te organiseren (zie deel 4.2);
- een instrument aan te reiken om de terugvorderingsrente te berekenen (zie punt 111);
- voorbeelden te delen van escrowovereenkomsten die kunnen dienen voor de voorlopige terugvordering van steun (zie punt 118);
- de betrokken lidstaat te informeren over de voorlopige en definitieve afsluiting van een terugvorderingsprocedure (zie deel 4.9).

3.2. De rol van de lidstaat

68. De lidstaten vervullen een cruciale rol bij de daadwerkelijke tenuitvoerlegging van het terugvorderingsbeleid. Met name kunnen lidstaten door nauwkeurige en volledige informatie te verschaffen in de loop van het formele onderzoek overeenkomstig artikel 6 van de procedureverordening, bijdragen tot de vaststelling van terugvorderingsbesluiten die gemakkelijker afdwingbaar zijn, en kunnen zij het risico dat terugvordering niet onverwijld en daadwerkelijk plaatsvindt, voorkomen of beperken. Meer bepaald kan een lidstaat specifieke omstandigheden aanvoeren die, in zijn ogen, door de Commissie in aanmerking dienen te worden genomen wanneer de termijn voor de uitvoering van de terugvorderingsverplichting wordt bepaald (zie de punten 71 en 72).

69. Overeenkomstig artikel 16, lid 1, van de procedureverordening dient de betrokken lidstaat alle nodige maatregelen te nemen om de steun van de begunstigde terug te vorderen. Afhankelijk van de rechtsorde van de betrokken lidstaat kunnen meerdere instanties – op lokaal, regionaal of nationaal niveau – bij de terugvorderingsprocedure betrokken zijn. Een tot een lidstaat gericht besluit is voor alle organen van de betrokken staat, de rechterlijke instanties daaronder begrepen, verbindend[1].

70. Bij gebreke van bepalingen van het recht van de Europese Unie op dit gebied staat het aan elke lidstaat om een terugvorderingsbesluit ten uitvoer te leggen door de voorschriften en procedures toe te passen die in het nationale recht zijn vastgesteld[2]. Hoewel elke lidstaat aanwijst welke entiteit daadwerkelijk belast is met de uitvoering van het terugvorderingsbesluit, hebben sommige lidstaten één instantie belast met de taak van de coördinatie van en het toezicht op de nationale terugvorderingsprocedure. De ervaring van de Commissie is dat één coördinerende instantie bijdraagt aan de onverwijlde en daadwerkelijke uitvoering van terugvorderingsbesluiten, omdat hiermee op nationaal niveau kennis wordt verzameld en verspreid en een stabiel communicatiekanaal met de diensten van de Commissie tot stand komt.

4. Uitvoering van terugvorderingsbesluiten

71. Wanneer de Commissie concludeert dat reeds toegekende steun onverenigbaar is met de interne markt en de terugvordering ervan gelast, moet de betrokken lidstaat de steun intrekken[3] en deze, in voorkomend geval, terugvorderen[4] binnen de door de Commissie gestelde termijn (hierna "de terugvorderingstermijn" genoemd). Terugvordering na de terugvorderingstermijn voldoet niet aan de vereisten van het recht van de Europese Unie en levert niet-nakoming van het terugvorderingsbesluit op[5]. Hoe dan ook blijft op de betrokken lidstaat een verplichting rusten om de terugvordering van de onrechtmatige steun af te dwingen en zo snel mogelijk na het verstrijken van de terugvorderingstermijn een eind te maken aan de inbreuk op het recht van de Europese Unie.

72. In haar terugvorderingsbesluit stelt de Commissie voor de betrokken lidstaat twee termijnen vast: i) een termijn om precieze informatie in te dienen over de maatregelen die de lidstaat voornemens is te nemen en reeds heeft genomen om het terugvorderingsbesluit ten uitvoer te leggen (doorgaans binnen twee maanden

1. Zie arrest van het Hof van Justitie van 21 mei 1987, Albako/BALM, 249/85, ECLI:EU:C:1987:245, punt 17. Zie ook arrest van het Hof van Justitie van 5 maart 2019, Eesti Pagar, C-349/17, ECLI:EU:C:2019:172, punt 90.
2. Zie arrest van het Hof van Justitie van 13 juni 2002, Nederland/Commissie ("Tankstations"), C-382/99, ECLI:EU:C:2002:363, punt 90.
3. Een en ander betekent dat een lidstaat alle nodige maatregelen moet treffen die nodig zijn om de situatie van vóór de steunverlening te herstellen, onder meer door bijvoorbeeld een overeenkomst te ontbinden; zie arrest van het Hof van Justitie van 8 december 2011, Residex Capital IV, C-275/10, ECLI:EU:C:2011:814, punten 45-47.
4. Zie arrest van het Hof van Justitie van 20 maart 1997, Land Rheinland-Pfalz/Alcan Deutschland, C-24/95, ECLI:EU:C:1997:163, punt 34.
5. Zie in die zin arrest van het Hof van Justitie van 22 december 2010, Commissie/Italië ("Recentelijk aan de beurs genoteerde ondernemingen"), C-304/09, ECLI:EU:C:2010:812, punt 32.

na de betekening ervan), en ii) een termijn om de terugvorderingsverplichtingen te vervullen (doorgaans binnen vier maanden na de betekening ervan[1]). Meer bepaald moet de lidstaat binnen de eerste termijn doorgaans volledige informatie verschaffen over de identiteit van de begunstigden (voor zover die nog niet in het terugvorderingsbesluit zijn genoemd), over het terug te vorderen bedrag en over de nationale procedure die zal worden gevolgd om de terugvorderingsverplichting te vervullen.

73. Het staat de betrokken lidstaat vrij de nationale procedure te kiezen om een terugvorderingsbesluit ten uitvoer te brengen, op voorwaarde dat deze de onverwijlde en daadwerkelijke uitvoering van het terugvorderingsbesluit mogelijk maakt[2]. De ervaring van de Commissie is dat snelle, gespecialiseerde administratieve procedures bijzonder doeltreffend kunnen zijn en lidstaten in staat kunnen stellen hun verplichtingen correct na te komen. Ongeacht de nationale procedure die voor het uitvoeren van een terugvorderingsbesluit wordt gekozen, is de bevoegde autoriteit of rechterlijke instantie verplicht zorg te dragen voor de volle werking van het recht van de Europese Unie[3].

4.1. Verzoek om een verlenging van de termijn voor de tenuitvoerlegging van het besluit

74. Indien een lidstaat op moeilijkheden stuit om het terugvorderingsbesluit binnen de terugvorderingstermijn uit te voeren, is hij verplicht die moeilijkheden aan de Commissie voor te leggen, tijdig genoeg om haar de kans te geven de situatie te beoordelen, samen met voorstellen voor passende oplossingen[4]. Daarbij kan het ook gaan om een voorstel om de terugvorderingstermijn te verlengen.

75. In deze gevallen moeten de Commissie en de betrokken lidstaat te goeder trouw samenwerken om, met volledige inachtneming van het recht van de Europese Unie, de moeilijkheden te overwinnen[5]. Evenzo moet de betrokken lidstaat de Commissie alle noodzakelijke gegevens verstrekken opdat zij kan nagaan of de gekozen middelen een adequate uitvoering van het terugvorderingsbesluit opleveren[6].

76. Het is staande praktijk van de Commissie om een verlenging van de termijn voor de uitvoering van haar besluit alleen in uitzonderlijke omstandigheden toe te staan indien de lidstaat met sluitend bewijs kan aantonen dat alle overige mogelijke maatregelen die in een tijdige uitvoering van het besluit van de Commissie zouden resulteren, niet doeltreffend zouden zijn.

77. Verzoeken om een verlenging van de terugvorderingstermijn worden niet ingewilligd wanneer de vertraging bij de terugvordering te wijten is aan de door de lidstaat gekozen middelen, terwijl snellere mogelijkheden voorhanden waren.

78. Verzoeken om de terugvorderingstermijn te verlengen kunnen niet worden ingewilligd wanneer deze termijn is verstreken[7] (zie punt 71).

4.2. Startvergadering

79. De Commissie stelt de autoriteiten van de betrokken lidstaat meestal een startvergadering voor kort na de betekening van een terugvorderingsbesluit. Deze vindt bij voorkeur plaats binnen één maand, en hoe dan ook vóór het verstrijken van de in punt 74 bedoelde eerste termijn voor het verstrekken van informatie.

80. De startvergadering moet de terugvorderingsprocedure vergemakkelijken en versnellen door tussen de Commissie en de autoriteiten van de betrokken lidstaat een verhouding in een geest van samenwerking en transparantie tot stand te brengen. De Commissie licht ook toe welke instrumenten zij de lidstaat kan aanbieden om de terugvordering te vergemakkelijken.

1. De Commissie kan een andere terugvorderingstermijn bepalen, op basis van de specifieke omstandigheden van het geval; zie punt 68.
2. Zie arrest van het Hof van Justitie van 11 september 2014, Commissie/Duitsland ("Biria Gruppe"), C-527/12, ECLI:EU:C:2014:2193, punt 41.
3. Zie ook arrest van het Hof van Justitie van 5 maart 2019, Eesti Pagar, C-349/17, ECLI:EU:C:2019:172, punt 91.
4. Zie arrest van het Hof van Justitie van 9 november 2017, Commissie/Griekenland ("Larco"), C-481/16, ECLI:EU:C:2017:845, punt 29.
5. Zie arrest van het Hof van Justitie van 20 maart 2014, Rousse Industry/Commissie, C-271/13 P, ECLI:EU:C:2014:175, punt 78.
6. Zie, voor een illustratie van voorstellen voor uitvoering, het arrest van het Hof van Justitie van 12 december 2002, Commissie/Duitsland, C-209/00, ECLI:EU:C:2002:747, punten 40-44.
7. Zie in die zin het arrest van het Hof van Justitie van 9 juli 2015, Commissie/Frankrijk ("Scheepvaartverbindingen Marseille-Corsica"), C-63/14, ECLI:EU:C:2015:458, punt 45.

81. Tijdens de startvergadering tracht de Commissie initiële feedback te geven over de terugvorderingsstrategie en de uitvoeringsmaatregelen die de betrokken lidstaat voornemens is te nemen om de nakoming van het terugvorderingsbesluit te garanderen.

82. Deelname aan een startvergadering is niet verplicht, maar de Commissie moedigt lidstaten stellig aan deze gelegenheid te baat te nemen om de nodige houvast te krijgen over de belangrijkste aspecten van het terugvorderingsproces en om te anticiperen op verzoeken om verduidelijking die zij nodig mochten hebben.

4.3. Identificatie van de begunstigden waarvan de steun moet worden teruggevorderd

83. Onrechtmatige steun die met de interne markt onverenigbaar is bevonden, moet worden teruggevorderd van de begunstigden die deze feitelijk hebben genoten[1]. Wanneer de begunstigden van de steun niet in het terugvorderingsbesluit worden geïdentificeerd, moet de betrokken lidstaat naar de individuele situatie van iedere betrokken onderneming kijken[2].

84. Overeenkomstig artikel 345 VWEU gelden voor particuliere ondernemingen en overheidsondernemingen dezelfde staatssteunvoorschriften; er is geen onderscheid tussen hen wanneer het er op aankomt onrechtmatige steun terug te vorderen.

4.3.1. Identificatie van de tot een groep van ondernemingen behorende begunstigde van steun

85. Doorgaans is de identificatie van de begunstigde van de steun geen complexe zaak. In sommige gevallen echter moet de Commissie misschien nagaan welke onderneming binnen een groep van ondernemingen een economische eenheid vormt die de steun heeft genoten.

86. Wanneer bepaalde transacties binnen een groep ondernemingen hebben plaatsgevonden, kan de Commissie de reikwijdte van de terugvordering verder beperken tot slechts één begunstigde van de steun binnen de groep. De Commissie kan in haar terugvorderingsbesluit evenwel concluderen dat ondernemingen die tot een groep behoren, zelfs al kwalificeren ze volgens het nationale recht als afzonderlijke rechtspersonen, een economische eenheid vormen voor de toepassing van het mededingingsrecht[3] en de steun hebben genoten. De Commissie kan ook concluderen dat andere ondernemingen van die groep de steun hebben genoten.

87. In het in punt 86 bedoelde geval kan de betrokken lidstaat in het terugvorderingsbesluit worden gelast om de steun niet alleen terug te vorderen van de onderneming die daarvan rechtstreeks heeft geprofiteerd, maar ook van de hele groep van ondernemingen die een economische eenheid vormen, of van sommige daarvan deel uitmakende rechtspersonen[4] die ook van de steun hebben geprofiteerd.

88. Bij de tenuitvoerlegging van dit soort terugvorderingsbesluit moet de betrokken lidstaat aan de Commissie bewijzen dat hij de steun naar behoren heeft teruggevorderd hetzij van de rechtstreekse begunstigde ervan, hetzij van de andere ondernemingen die onder de terugvorderingsverplichting vallen.

4.3.2. Uitbreiding van het terugvorderingsbevel; economische continuïteit

89. Indien in de uitvoeringsfase van een terugvorderingsbesluit de steun niet van de oorspronkelijke begunstigde kan worden teruggevorderd en de steun aan een andere onderneming is doorgegeven, dient de lidstaat de terugvordering uit te breiden tot de onderneming die het voordeel, als gevolg van de overdracht van activiteiten, daadwerkelijk heeft genoten, zodat gewaarborgd is dat de terugvorderingsverplichting niet wordt omzeild[5].

90. Het Hof van Justitie heeft een onderscheid gemaakt tussen twee middelen om de activiteiten van een onderneming over te dragen. Daarbij gaat het om i) de volledige of gedeeltelijke verkoop van de activa van een

1. Zie arrest van het Hof van Justitie van 29 april 2004, Duitsland/Commissie ("SMI"), C-277/00, ECLI:EU:C:2004:238, punt 75.
2. Zie arrest van het Hof van Justitie van 13 februari 2014, Mediaset, C-69/13, ECLI:EU:C:2014:71, punt 22.
3. Volgens de rechtspraak van het Hof van Justitie moeten juridisch zelfstandige natuurlijke personen of rechtspersonen voor de toepassing van het mededingingsrecht van de Europese Unie als één onderneming worden behandeld wanneer zij een economische eenheid vormen; zie arrest van het Hof van Justitie van 12 juli 1984, Hydrotherm, 170/83, ECLI:EU:C:1984:271, punt 11. De Commissie beschikt over een ruime beoordelingsvrijheid om te bepalen of ondernemingen van een groep als een economische eenheid dan wel als juridisch en financieel zelfstandige ondernemingen moeten worden beschouwd; zie arrest van het Gerecht van 29 juni 2000, DSG/Commissie, T-234/95, ECLI:EU:T:2000:174, punt 124.
4. Zie arrest van het Gerecht van 29 juni 2000, DSG/Commissie, T-234/95, ECLI:EU:T:2000:174, punt 124.
5. Zie arrest van het Gerecht van 13 september 2010, Griekenland/Commissie, T-415/05, T-416/05 en T-423/05, ECLI:EU:T:2010:386, punten 143-146.

onderneming, waardoor de activiteit niet langer door dezelfde rechtspersoon wordt uitgevoerd ("asset deal"), en ii) de verkoop van de aandelen van een onderneming, waarbij de onderneming die de steun heeft genoten, haar rechtspersoonlijkheid behoudt en haar activiteiten verder blijft uitoefenen ("share deal")[1].

4.3.2.1. Asset deal

91. Wanneer de begunstigde van onverenigbare steun een nieuwe onderneming opricht of de activa daarvan aan een andere onderneming overdraagt om zijn activiteiten geheel of gedeeltelijk voort te zetten, wordt met de voortzetting van die activiteiten misschien de door de steun veroorzaakte verstoring van de mededinging verlengd. Bijgevolg kan van de nieuw opgerichte onderneming of van de koper van de activa, indien deze dat voordeel behoudt, worden verlangd dat hij de betrokken steun terugbetaalt.

92. In een scenario met een asset deal gaat de Commissie van geval tot geval na of er sprake is van economische continuïteit tussen ondernemingen, aan de hand van een open stel niet-cumulatieve criteria. Met name kan de Commissie rekening houden met de volgende criteria[2]: i) het voorwerp van de overdracht (activa[3] en verplichtingen, continuïteit inzake werknemers, gebundelde activa); ii) de verkoopprijs[4]; iii) de identiteit van de aandeelhouders of de eigenaren van de verkoper en de koper; iv) het tijdstip van de overname (tijdens het eerste onderzoek overeenkomstig artikel 4 van de procedureverordening, tijdens het formele onderzoek overeenkomstig artikel 6 van die verordening, of na de vaststelling van het terugvorderingsbesluit); v) de economische logica van de transactie[5].

4.3.2.2. Share deal

93. De verkoop aan een derde van aandelen in een begunstigde van onverenigbare steun doet niet af aan de verplichting van de begunstigde om die steun terug te betalen[6].

94. Wanneer de aandelen in de onderneming waaraan onrechtmatige staatssteun is verleend, worden verkocht, maar de onderneming haar rechtspersoonlijkheid behoudt en zij de met de staatssteun gesubsidieerde

1. Zie arrest van het Hof van Justitie van 29 april 2004, Duitsland/Commissie ("SMI"), C-277/00, ECLI:EU:C:2004:238, punten 78 en 84.

2. De Commissie is niet verplicht rekening te houden met alle hierboven vermelde elementen; zie in die zin arrest van het Gerecht van 28 maart 2012, Ryanair/Commissie, T-123/09, ECLI:EU:T:2012:164, punten 155 en 156.

3. Wat betreft het voorwerp van de transactie, in beginsel hoeven de verkochte activa slechts een deel te zijn van die welke eigendom zijn van de begunstigde van de steun. Hoe groter het deel van de oorspronkelijke activiteiten dat wordt overgedragen aan een nieuwe entiteit, des te groter de kans dat de economische activiteit met betrekking tot de verkochte activa de positieve effecten van de onverenigbare steun blijft ondervinden; zie Besluit (EU) 2015/1826 van de Commissie van 15 oktober 2014 betreffende de staatssteun SA.33797 – (2013/C) (ex 2013/NN) (ex 2011/CP) ten uitvoer gelegd door Slowakije ten gunste van NCHZ (PB L 269 van 15.10.2015, blz. 71). Wat economische continuïteit betreft, zie besluit van de Commissie van 17 september 2008 betreffende Steunmaatregelen N 321/2008, N 322/2008 en N 323/2008 – Griekenland – Verkoop van bepaalde activa van Olympic Airlines/Olympic Airways Services (PB C 18 van 23.1.2010, blz. 9); besluit van de Commissie van 12 november 2008 betreffende Steunmaatregel N 510/2008 – Italië – Verkoop van activa van Alitalia (PB C 46 van 25.2.2009, blz. 6), en besluit van de Commissie van 4 april 2012 betreffende Steunmaatregel SA.34547 – Frankrijk – Overname van activa van de groep Sernam in het kader van de gerechtelijke saneringsprocedure (PB C 305 van 10.10.2012, blz. 10).

4. Wanneer de activa via een open, transparante, niet-discriminerende en onvoorwaardelijke biedprocedure aan de hoogste bieder worden verkocht, wordt de prijs die wordt betaald, doorgaans geacht de marktprijs te zijn. Dit beginsel is door de Commissie gevolgd in Besluit (EU) 2016/151 van de Commissie van 1 oktober 2014 betreffende steunmaatregel SA.31550 (2012/C) (ex 2012/NN) van Duitsland ten gunste van de Nürburgring (PB L 34 van 10.2.2016, blz. 1); Besluit 2014/539/EU van de Commissie van 27 maart 2014 betreffende de door Griekenland toegekende staatssteun SA.34572 (13/C) (ex 13/NN) ten gunste van de Larco General Mining & Metallurgical Company S.A. (PB L 254 van 28.8.2014, blz. 24), en Besluit (EU) 2015/1587 van de Commissie van 7 mei 2015 betreffende de steunmaatregel SA.35546 (2013/C) (ex 2012/NN) die Portugal ten uitvoer heeft gelegd ten gunste van Estaleiros Navais de Viana do Castelo S.A. (PB L 250 van 25.9.2015, blz. 208).

5. De Commissie concludeerde dat er sprake was van economische continuïteit in gevallen waarin er geen veranderingen zouden komen in de bedrijfsvoering, de omvang van de activiteiten of de productie; zie bijv. Besluit (EU) 2015/1826 van de Commissie van 15 oktober 2014 betreffende de staatssteun SA.33797 – (2013/C) (ex 2013/NN) (ex 2011/CP) ten uitvoer gelegd door Slowakije ten gunste van NCHZ (PB L 269 van 15.10.2015, blz. 71). Omgekeerd stelde de Commissie zich, in gevallen waarin aanzienlijke veranderingen in de activiteiten of bedrijfsstrategie konden worden aangetoond, op het standpunt dat er geen sprake was van economische continuïteit; zie Besluit (EU) 2016/151 van de Commissie van 1 oktober 2014 betreffende steunmaatregel SA.31550 (2012/C) (ex 2012/NN) van Duitsland ten gunste van de Nürburgring (PB L 34 van 10.2.2016, blz. 1) en Besluit (EU) 2016/152 van de Commissie van 1 oktober 2014 betreffende steunmaatregel SA.27339 (12/C) (ex 11/NN) die Duitsland ten uitvoer heeft gelegd ten gunste van de luchthaven van Zweibrücken en de luchtvaartmaatschappijen die van de luchthaven gebruikmaken (PB L 34 van 10.2.2016, blz. 68). Hoe dan ook is de economische logica op zich niet als een doorslaggevend element in aanmerking genomen wanneer de economische continuïteit tussen twee ondernemingen werd onderzocht.

6. Zie arrest van het Hof van Justitie van 29 april 2004, Duitsland/Commissie ("SMI"), C-277/00, ECLI:EU:C:2004:238, punt 81.

activiteiten blijft uitoefenen, moet de lidstaat de steun van die onderneming terugvorderen[1]. Het is immers die onderneming die een voordeel ten opzichte van haar concurrenten behoudt.

4.3.2.3. Concentraties en andere bedrijfsreorganisaties

95. Afgezien van asset deals en share deals kan het ook zijn dat een lidstaat moet bepalen van welke onderneming de steun moet worden teruggevorderd na een concentratie of een andere vorm van bedrijfsreorganisatie. In die gevallen moet de betrokken lidstaat de rechtsopvolger van de oorspronkelijke begunstigde van de steun identificeren en de steun van de overblijvende entiteit terugvorderen[2].

4.3.3. De begunstigden van steun in de vorm van belastingmaatregelen

96. Wat betreft het specifieke geval van regelingen waarbij belastingverlagingen worden toegekend, de betrokken lidstaten moeten de ondernemingen identificeren die het met de regeling toegekende voordeel hebben genoten, en de steun van hen terugvorderen.

97. Voor het identificeren van een begunstigde is het niet relevant of de steunmaatregel door de betrokken onderneming correct is toegepast in haar belastingaangifte, dan wel in strijd met de toepasselijke nationale voorschriften[3]. De relevante vraag is of een onderneming de belastingverlaging heeft genoten waarvan gebleken is dat die met de interne markt onverenigbare staatssteun vormt. Nationale procedures om de onjuiste toepassing of het misbruik van nationale belastingvoorschriften aan te pakken, kunnen de onverwijlde en daadwerkelijke terugvordering van staatssteun niet in het gedrang brengen.

4.4. Kwantificering van het terug te vorderen bedrag

98. Wanneer het steunbedrag reeds in het besluit van de Commissie wordt gekwantificeerd, moet de lidstaat uitvoering geven aan het door de Commissie vastgestelde besluit. Indien de lidstaat de kwantificering van het steunbedrag betwist, moet de kwestie voor de Unierechter worden gebracht. Hieruit volgt dat de lidstaat het steunbedrag moet terugvorderen zoals dat in het terugvorderingsbesluit is bepaald, tenzij en totdat het besluit door het Gerecht of het Hof van Justitie is opgeschort of nietig verklaard.

99. Indien de Commissie het precieze bedrag van de terug te vorderen steun niet in het terugvorderingsbesluit heeft gekwantificeerd, moet de betrokken lidstaat de van elk van de begunstigden terug te vorderen steun kwantificeren op basis van de in het terugvorderingsbesluit beschreven methodiek[4].

100. In beginsel verlangt de Commissie van de lidstaat dat deze alle steun terugvordert, tenzij de steun, op het tijdstip van de toekenning ervan, voldeed aan de toepasselijke voorwaarden die waren vastgesteld door: i) een verordening waarbij bepaalde categorieën steun op grond van de artikelen 107 en 108 VWEU met de interne markt verenigbaar worden verklaard (een "groepsvrijstellingsverordening"); ii) een verordening waarin wordt vastgesteld dat bepaalde overheidssteun niet aan alle criteria van artikel 107, lid 1, VWEU voldoet en dus is vrijgesteld van de verplichting tot aanmelding op grond van artikel 108, lid 3, VWEU (een "de-minimisverordening"); iii) een ander, eerder besluit van de Commissie[5].

101. De Commissie kan instemmen met de toepassing met terugwerkende kracht van de de-minimisregel op een begunstigde van steun, op de volgende voorwaarden:

– het volledige steunbedrag mag het de-minimisplafond niet overschrijden[6]. In dit verband kan niet worden geaccepteerd dat gemiddelde bedragen per begunstigde worden gehanteerd, omdat zulks geen garanties biedt dat geen enkele onderneming een totaalbedrag heeft gekregen dat dat plafond overschrijdt[7];

1. Zie arrest van het Hof van Justitie van 1 oktober 2015, Electrabel en Dunamenti Erömü/Commissie, C-357/14 P, ECLI:EU:C:2015:642, punt 113.
2. Zie in die zin arrest van het Hof van Justitie van 7 maart 2018, SNCF Mobilités/Commissie, C-127/16 P, ECLI:EU:C:2018:165.
3. Zie arrest van het Hof van Justitie van 14 juli 2011, Commissie/Italië ("Tremonti bis"), C-303/09, ECLI:EU:C:2011:483, punt 43.
4. Zie arrest van het Hof van Justitie van 13 februari 2014, Mediaset, C-69/13, ECLI:EU:C:2014:71, punt 21. Zie ook punt 66.
5. Zie bijv. Beschikking 2002/892/EG van de Commissie van 11 juli 2001 betreffende de door Spanje ten uitvoer gelegde steunregeling ten gunste van bepaalde recentelijk opgerichte ondernemingen inh Álava (Spanje) (PB L 314 van 18.11.2002, blz. 1), overweging 90.
6. Zie arrest van het Gerecht van 20 september 2011, Regione autonoma della Sardegna e.a./Commissie, T-394/08, T-408/08, T-453/08 en T-454/08, ECLI:EU:T:2011:493, punten 310-312, bevestigd door arrest van het Hof van Justitie van 13 juni 2013, HGA e.a./Commissie, C-630/11 P tot C-633/11 P, ECLI:EU:C:2013:387.
7. Zie arrest van het Hof van Justitie van 13 september 2017, Commissie/België, C-591/14, ECLI:EU:C:2017:670, punt 46.

– wanneer een lidstaat achteraf het bedrag nagaat dat over een periode van drie belastingjaren aan de-minimissteun is toegekend, moet hij rekening houden met elke periode van drie belastingjaren die de datum omvat waarop de steun is toegekend die van terugvordering dient te worden uitgesloten[1]; en

– aan alle voorwaarden uit de toepasselijke verordening die met terugwerkende kracht kunnen worden toegepast, is voldaan[2].

102. Bij de berekening van het terug te vorderen bedrag kan een lidstaat ook rekening houden met de vraag of de begunstigde belasting over de ontvangen steun heeft voldaan. Is dat het geval (d.w.z. de brutosteun is niet gelijk aan de nettosteun), dan kan de lidstaat, in overeenstemming met zijn nationale belastingvoorschriften, rekening houden met de eerdere betaling van belasting door alleen het nettobedrag van de begunstigde van de steun terug te vorderen.

103. Wanneer een begunstigde van onrechtmatige en onverenigbare steun daarentegen geen belasting over de ontvangen steun heeft voldaan (d.w.z. de brutosteun is gelijk aan de nettosteun), moet de begunstigde het brutobedrag van de ontvangen steun terugbetalen.

104. Hoe dan ook moet de betrokken lidstaat ervoor zorgen dat de begunstigde van de steun geen verdere belastingverlaging kan krijgen door aan te voeren dat zijn belastbaar inkomen is gedaald.

4.4.1. Belastingmaatregelen

105. In het kader van staatssteun die via een belastingverlaging is toegekend "betekent het herstel van de vroegere toestand [...] dat zo veel mogelijk wordt teruggegaan naar de situatie die zou hebben bestaan indien de betrokken transacties waren verricht zonder dat de belastingvermindering was toegekend"[3].

106. De betrokken lidstaat moet daarom het correcte belastingbedrag berekenen dat een onderneming zonder de onrechtmatige steunmaatregel had moeten betalen. Deze kwantificering kan alleen zijn gebaseerd op de daadwerkelijke keuzen die in het verleden zijn gemaakt, zonder rekening te houden met alternatieve, hypothetische keuzen die beschikbaar waren geweest[4]. Alleen automatisch toepasselijke aftrekken waarin wordt voorzien door, in voorkomend geval, het nationale en internationale recht of door het terugvorderingsbesluit, kunnen in aanmerking worden genomen.

107. Wanneer een lidstaat bijvoorbeeld een terugvorderingsbesluit ten uitvoer legt door de heffingsgrondslag van de begunstigde van de steun te verruimen, zouden andere belastingverlagingen die al beschikbaar waren op het tijdstip dat de oorspronkelijke belasting verschuldigd was, in beginsel nog steeds kunnen worden toegepast[5].

108. Op grond van de in artikel 339 VWEU en artikel 30 van de procedureverordening vastgestelde geheimhoudingsplicht is het vertrouwelijke karakter van belastingdocumenten in dit verband geen geldige rechtvaardigingsgrond om het vereiste bewijsmateriaal niet te verschaffen.

109. Overeenkomstig nationaal recht moet de belastingdienst van de betrokken lidstaten om de belastingbedragen te kunnen innen (met inbegrip van in de vorm van belastingverlagingen toegekende staatssteun), misschien interne belastingcontroles verrichten vóór de eigenlijke terugvordering. Dergelijke belastingcontroles zijn acceptabel mits i) zij leiden tot terugvordering binnen de terugvorderingstermijn, en ii) de in het besluit voor het kwantificeren van de terug te vorderen steun uiteengezette methodiek wordt gevolgd.

1. Indien een lidstaat bijvoorbeeld in 2018 aanvoert dat een op 31 december 2014 toegekend voordeel met terugwerkende kracht als de-minimissteun kan worden beschouwd, moet die lidstaat aantonen dat ook wanneer die nieuwe de-minimissteun wordt meegerekend, het desbetreffende plafond niet is overschreden in een van de volgende perioden van drie jaar: 2012-2014, 2013-2015 en 2014-2016. Dit betekent dat de Commissie alleen kan toestaan dat die vermeende de-minimissteun met terugwerkende kracht wordt meegerekend, op voorwaarde dat het betrokken de-minimisplafond nimmer wordt overschreden.

2. Zoals ook is bepaald in Verordening (EU) nr. 1407/2013 van de Commissie van 18 december 2013 betreffende de toepassing van de artikelen 107 en 108 van het Verdrag betreffende de werking van de Europese Unie op de-minimissteun (PB L 352 van 24.12.2013, blz. 1).

3. Zie arrest van het Hof van Justitie van 15 december 2005, Unicredihto Italiano, C-148/04, ECLI:EU:C:2005:774, punt 117.

4. Zie arrest van het Hof van Justitie van 15 december 2005, Unicredito Italiano, C-148/04, ECLI:EU:C:2005:774, punten 118-119.

5. In dat geval moeten voor deze andere belastingverlagingen de volgende voorwaarden vervuld zijn: i) zij mogen niet resulteren in (nieuwe) staatssteun; ii) zij moeten voor alle belastingplichtigen op dezelfde wijze gelden; iii) zij zijn van toepassing volgens een regel die bestond op het tijdstip dat de onrechtmatige steun is toegekend, en iv) de voor de verlagingen in aanmerking komende ondernemingen genieten de verlagingen automatisch (d.w.z. de toepassing van de verlagingen vereist geen voorafgaande toestemming van de lidstaat, noch de tijdige activering van een optie door de belastingplichtige).

4.4.2. De berekening van de terugvorderingsrente

110. Op grond van artikel 16, lid 2, van de procedureverordening omvat de op grond van een terugvorderingsbesluit terug te vorderen steun rente vanaf de datum waarop de steun voor de begunstigde beschikbaar is gekomen tot de terugvordering ervan[1]. Overeenkomstig de uitvoeringsverordening moet het rentepercentage op samengestelde grondslag worden toegepast[2].

111. Het staat aan de betrokken lidstaat om het precieze bedrag aan terug te vorderen rente te kwantificeren. Om die taak te vergemakkelijken, heeft de Commissie de lidstaten een instrument beschikbaar gesteld om rente te berekenen in overeenstemming met de in de uitvoeringsverordening vastgestelde regels[3].

4.5. De betekening van terugvorderingsbevelen

112. De lidstaat waaraan een terugvorderingsbesluit is gericht, moet de begunstigde gelasten de met de interne markt onverenigbare steun terug te betalen binnen de daartoe in het besluit gestelde termijn. Een onmiddellijke betekening van het terugvorderingsbevel, waarbij de terugbetaling van de staatssteun binnen de terugvorderingstermijn wordt gelast, is van cruciaal belang om te garanderen dat aan de voorwaarden van artikel 16, lid 3, van de procedureverordening wordt voldaan (zie punt 19).

113. De aard en de kenmerken van een terugvorderingsbevel kunnen verschillen afhankelijk van onder meer de steunverlenende autoriteit, de wijze waarop de onverenigbare steun is toegekend, en het bedrag ervan. Onverminderd de specifieke kenmerken van het betrokken nationale rechtsstelsel is het de ervaring van de Commissie dat gestandaardiseerde formulieren en procedures voor de betekening van terugvorderingsbevelen kunnen bijdragen tot een tijdige en daadwerkelijke tenuitvoerlegging van terugvorderingsbesluiten.

114. De verwijzing naar nationaal recht houdt ook in dat in beginsel alle voorschriften en procedures uit de rechtsorde van de betrokken lidstaat van toepassing zijn, ongeacht de bron ervan. Daarom kan voor begunstigden van steun die geen statutaire zetel of vaste inrichting op het grondgebied van de betrokken lidstaat hebben, de betekening van terugvorderingsbevelen verlopen volgens de regels en procedures van internationale overeenkomsten of internationaal privaatrecht welke in die lidstaat van toepassing zijn.

115. In overeenstemming met het beginsel van loyale samenwerking moeten lidstaten de Commissie zo spoedig mogelijk waarschuwen indien zij moeilijkheden verwachten bij het betekenen van een terugvorderingsbevel.

4.6. Voorlopige tenuitvoerlegging van terugvordering

116. Wanneer een terugvorderingsbesluit juridisch nog kan worden aangevochten, kan een lidstaat instemmen met voorlopige terugbetaling van de terug te vorderen steun.

117. De betrokken lidstaat kan voorlopige terugvordering overwegen voor zover die afdoende is om de volledige – zij het voorlopige – opheffing van de door de onverenigbare steun veroorzaakte verstoring van de mededinging te garanderen. Daartoe moet de betrokken lidstaat erop toezien dat de begunstigde niet langer het aan de onrechtmatige en onverenigbare steun verbonden voordeel geniet. De betrokken lidstaat dient ten genoegen van de Commissie de noodzaak van voorlopige maatregelen aan te tonen en dient een uitputtende beschrijving in te dienen van de voorlopige maatregelen die worden overwogen.

1. In het geval van terugvorderingsbesluiten die het voorwerp zijn van een procedure voor de rechter, moet de terugvorderingsrente ook worden berekend voor de periodes waarvoor het besluit bij rechterlijke beschikking werd opgeschort of is nietig verklaard door een arrest in eerste aanleg dat nadien is vernietigd door het Hof van Justitie; zie in die zin arrest van het Hof van Justitie van 12 februari 2008, CELF en ministre de la Culture et de la Communication ("CELF I"), C-199/06, ECLI:EU:C:2008:79, punten 56-58 en 69.

2. Referentie- en disconteringspercentages (in %) vanaf 1 augustus 1997 worden bekendgemaakt op de website van directoraat-generaal Concurrentie van de Commissie.

3. Toegang tot dit instrument wordt verleend na een registratieprocedure op zowel nationaal niveau als het niveau van de Europese Unie. Deze registratie garandeert dat alleen de daartoe gemachtigde ambtenaren van de autoriteiten van de betrokken lidstaat en van de diensten van de Commissie toegang hebben tot het instrument.

118. Voorlopige tenuitvoerlegging van het terugvorderingsbevel kan bijvoorbeeld worden verwezenlijkt doordat de begunstigde het volledige terug te vorderen bedrag op een escrowrekening betaalt[1]. De Commissie is bereid voorbeelden van geschikte escrowovereenkomsten te delen. Een lidstaat kan bij de Commissie ook een specifieke overeenkomst voor een escrowrekening indienen die aan de in punt 117 genoemde voorwaarden voldoet.

119. Omgekeerd is het afgeven van garanties voor de toekomstige betaling van het terugvorderingsbedrag geen afdoende voorlopige maatregel omdat de steun in de tussentijd ter beschikking van de begunstigde blijft.

120. Een andere mogelijkheid is dat een begunstigde, indien het nationale recht daarin voorziet, ervoor kiest om het steunbedrag en de terugvorderingsrente aan de lidstaat terug te betalen op grond van een bijzondere clausule waarbij de steun naar de begunstigde terugkeert indien de uiteindelijke uitkomst van het lopende geding gunstig uitvalt voor laatstgenoemde.

121. In uitzonderlijke gevallen mogen ook andere methoden van voorlopige tenuitvoerlegging worden gebruikt, zolang de hierboven beschreven beginselen in acht worden genomen. Bij gebreke van onverwijlde definitieve terugvordering dienen de lidstaten gebruik te maken van bestaande bepalingen in hun rechtsorde waarmee hun autoriteiten een provisionele betaling van de steun kunnen gelasten[2], zelfs wanneer die bepaling niet specifiek bedoeld is om staatssteun terug te vorderen[3].

4.7. Alternatieve middelen om terug te vorderen

122. Wanneer een lidstaat steun anders dan door betaling in contanten terugvordert, moet hij de Commissie alle noodzakelijke gegevens verstrekken zodat zij kan nagaan of het gekozen middel een adequate uitvoering van het besluit oplevert[4]. De Commissie accepteert alternatieve methoden om terug te vorderen alleen indien: i) zij een geschikt instrument zijn om de mededingingsvoorwaarden die door de toekenning van de onrechtmatige steunmaatregel zijn vervalst, te herstellen; ii) zij door de Commissie en andere belanghebbenden als zodanig kunnen worden geïdentificeerd[5], en iii) de lidstaat aantoont dat zij een gelijkwaardig effect hebben als een betaling in contanten.

123. De Commissie ontvangt regelmatig verzoeken om terugvordering te accepteren die ten uitvoer wordt gelegd via alternatieve middelen, zoals terugvordering in natura of het compenseren van staatssteunvorderingen met bestaande vorderingen die de begunstigde bij de betrokken lidstaat heeft uitstaan.

124. De Commissie kan alleen in uitzonderlijke omstandigheden instemmen met terugvordering in natura indien de in punt 122 genoemde voorwaarden zijn vervuld en indien de betrokken lidstaat handelt in overeenstemming met de volgende basisbeginselen:

– de waarde van de activa wordt op objectieve wijze bepaald zodat de Commissie kan concluderen dat de waarde gelijkwaardig is aan het terugvorderingsbedrag, vermeerderd met de passende terugvorderingsrente;

– de terugvordering in natura is toegestaan volgens nationaal recht. De lidstaat moet de Commissie in kennis stellen van de desbetreffende wettelijke bepalingen op nationaal niveau waarin wordt voorzien in terugvordering in natura;

1. De betaling van het met terugvorderingsrente vermeerderde totale steunbedrag op een escrowrekening kan worden geregeld in een specifieke overeenkomst, die wordt afgesloten tussen de lidstaat, een bank of een trustee en de begunstigde van de steun, en waarin de partijen overeenkomen dat het op een escrowrekening betaalde bedrag wordt vrijgegeven aan deze of gene partij, afhankelijk van de uiteindelijke uitkomst van het geding. Wordt met de definitieve beslissing van de Unierechter het terugvorderingsbesluit slechts ten dele bevestigd met een vermindering van het terugvorderingsbedrag tot gevolg, dan moeten de op de escrowrekening aangehouden middelen, met inbegrip van eventuele winst of verlies, naar rato aan de betrokken lidstaat en de begunstigde van de steun worden overgedragen.

2. Zo kan in het Franse recht de nationale rechter de provisionele betaling van de steun gelasten (d.w.z. in afwachting van de procedure ten gronde in de zaak) indien de verplichting om de steun terug te betalen niet in ernst ter discussie kan worden gesteld. Deze provisionele vordering tot betaling (een zgn. "référé-provision") kan worden toegewezen voor een terugvorderingsbevel dat is afgegeven na een besluit van de Commissie.

3. Sommige lidstaten beschikken bijvoorbeeld niet over bepalingen waarmee hun met de terugvordering belaste autoriteiten provisionele betalingen kunnen vorderen op grond van het belastingrecht, maar hebben wel vergelijkbare civielrechtelijke bepalingen. In die gevallen dient een lidstaat gebruik te maken van de voorschriften die de provisionele tenuitvoerlegging van het besluit mogelijk maken, ongeacht de procedure die voor de tenuitvoerlegging ervan is gekozen.

4. Zie arrest van het Hof van Justitie van 7 juli 2009, Commissie/Griekenland ("Olympic Airways II"), C-369/07, ECLI:EU:C:2009:428, punt 79.

5. Zie arrest van het Hof van Justitie van 12 december 2002, Commissie/Duitsland, C-209/00, ECLI:EU:C:2002:747, punten 57-58.

– er moet worden vermeden dat economische activiteiten worden verricht met gebruikmaking van de activa van de begunstigde voor een bepaalde periode na het besluit (bijvoorbeeld ten minste totdat die activa overeenkomstig standaardboekhoudregels volledig zijn afgeschreven). Op dit punt wordt verwezen naar de in punt 92 beschreven criteria om na te gaan of er sprake is van economische continuïteit.

125. De Commissie kan alleen in uitzonderlijke omstandigheden instemmen met compensatie van vorderingen indien de betrokken lidstaat handelt in overeenstemming met de volgende basisbeginselen:
- in het nationale recht is voorzien in de mogelijkheid om vorderingen te compenseren[1];
- deze zijn zeker, vaststaand en invorderbaar; en
- de genomen maatregelen zijn volledig transparant zodat de Commissie zich ervan kan vergewissen dat zij geschikt zijn voor het doel van het opheffen van de door de steun veroorzaakte verstoring van de mededinging.

126. Uitstel van terugvordering of betaling in tranches na de terugvorderingstermijn zou betekenen dat de terugvorderingsverplichting niet onverwijld ten uitvoer wordt gelegd, en is dus niet toegestaan, zelfs indien daarmee het rendement van de betrokken lidstaat zou worden gemaximaliseerd (zie punt 54).

4.8. Insolventieprocedure

127. Een begunstigde van steun die de steun en de verschuldigde terugvorderingsrente niet kan terugbetalen, overleeft op de markt in beginsel alleen dankzij de steun die hij ontvangt. Om de situatie op de interne markt dus met terugwerkende kracht te herstellen door het opheffen van de steun, moet die begunstigde van de steun de interne markt verlaten. Indien de begunstigde van de steun de markt verlaat, maar het voordeel ten dele of volledig wordt overgedragen aan een rechtsopvolger en economische opvolger, dient de terugvorderingsverplichting tot die opvolger te worden uitgebreid (zie deel 4.3.2).

128. Om de steun van een insolvente begunstigde terug te vorderen, kan de lidstaat alleen de activa van de begunstigde van de steun in beslag nemen en de begunstigde laten liquideren indien deze laatste niet in staat is de steun terug te betalen, of elke andere maatregel treffen waarmee de steun kan worden teruggevorderd, zoals bepaald op grond van zijn nationale recht[2]. In dit verband kan terugvordering van de steun door middel van een procedure die bedoeld is om de begunstigde te liquideren, in beginsel niet als onevenredig ten opzichte van de doelstellingen van het VWEU gelden[3]. Daarom moet de betrokken lidstaat die procedure inleiden in zijn hoedanigheid van schuldeiser of aandeelhouder, wanneer hij in die positie verkeert[4].

129. Zodra ten aanzien van de begunstigde van de steun een insolventieprocedure loopt, kan het herstel van de vroegere toestand en de opheffing van de verstoring van de mededinging die uit de steun voortvloeit, worden verwezenlijkt door de vordering tot terugbetaling van de betrokken steun binnen de terugvorderingstermijn op de lijst van schuldvorderingen te doen opnemen[5]. In dat geval moet de opname van de schuldvorde-ring worden gevolgd door i) terugvordering van het volledige terug te vorderen bedrag of, indien dat niet kan worden verwezenlijkt, ii) de liquidatie van de onderneming en de definitieve stopzetting van haar activiteiten[6].

130. Wat betreft de eerste in punt 129 genoemde voorwaarde, de betrokken lidstaat moet het terug te vorderen bedrag op de lijst van schuldvorderingen laten opnemen, d.w.z. de onverenigbare steun, vermeerderd met de terugvorderingsrente opgelopen tot de volledige terugbetaling of tot een vroegere datum indien op die vroegere datum op grond van nationaal recht de rente niet meer oploopt voor alle schuldeisers (bijv. de datum van de inleiding van de insolventieprocedure). Aangezien met terugvorderingsrente het financiële voordeel

1. Zie arrest van het Hof van Justitie van 7 juli 2009, Commissie/Griekenland ("Olympic Airways II"), C-369/07, ECLI:EU:C:2009:428, punt 68.
2. Zie arrest van het Hof van Justitie van 17 januari 2018, Commissie/Griekenland ("United Textiles"), C-363/16, ECLI:EU:C:2018:12, punt 36.
3. Zie arrest van het Hof van Justitie van 21 maart 1990, België/Commissie ("Tubemeuse"), 142/87, ECLI:EU:C:1990:125, punten 65-66.
4. Zie arrest van het Hof van Justitie van 17 januari 2018, Commissie/Griekenland ("United Textiles"), C-363/16, ECLI:EU:C:2018:12, punt 38.
5. Aangezien terugvordering verloopt volgens de nationaalrechtelijke procedures van de betrokken lidstaat, bepaalt het nationale recht de rangorde van de staatssteunvordering op de lijst van schuldvorderingen, mits met die rangorde het doeltreffendheidsbeginsel en het gelijkwaardigheidsbeginsel in acht worden genomen; zie punt 64. Hoe dan ook kan de staatssteunvordering geen lagere rang hebben dan die van gewone, concurrente vorderingen.
6. Zie arrest van het Hof van Justitie van 11 december 2012, Commissie/Spanje ("Magefesa II"), C-610/10, ECLI:EU:C:2012:781, punten 72 en 104.

dat uit de beschikbaarstelling van de steun is voortgevloeid, verloren gaat (zie punt 16) en de terugvordering ervan, als dusdanig, hetzelfde doel dient als de terugvordering van de hoofdsom van de steun, moeten lidstaten de hoofdsom van de steun en de terugvorderingsrente met dezelfde rangorde doen opnemen.

131. Wat betreft de tweede in punt 129 genoemde voorwaarde, voorzien bepaalde lidstaten in procedures om de activiteiten van insolvente ondernemingen geheel of gedeeltelijk te herstructureren of tijdelijk voort te zetten. Niettemin moeten dergelijke procedures buiten toepassing blijven omdat zij, bij gebreke van een tijdige terugvordering van het volledige terug te vorderen bedrag, de liquidatie en de stopzetting van de activiteiten van de begunstigde van de steun beletten[1].

132. Wanneer dus een plan voor de voortzetting van de activiteit van de begunstigde van de steun wordt voorgelegd aan de commissie van schuldeisers, kunnen de autoriteiten van de betrokken lidstaat dat plan alleen steunen indien het de garantie biedt dat het volledige terug te vorderen bedrag binnen de terugvorderingstermijn wordt teruggevorderd. Een lidstaat kan in het kader van de terugvorderingsprocedure geen afstand doen van een deel van zijn vordering indien de begunstigde van de steun zijn activiteiten voortzet na de terugvorderingstermijn.

133. Er kunnen zich gevallen voordoen waarin de aandeelhouders van een begunstigde van steun besluiten om deze vrijwillig te liquideren, buiten een procedure beheerd door of onder toezicht van een rechter om. Ongeacht de gekozen procedure, gelden daarbij dezelfde beginselen als die welke in dit deel zijn geschetst.

134. Alle organen van de betrokken lidstaat, met inbegrip van zijn rechterlijke instanties, moeten alle bepalingen in het kader van de nationale insolventieprocedure of de nationale voorschriften inzake vrijwillige liquidatie buiten toepassing laten die, doordat zij de terug te vorderen steun ter beschikking van de begunstigde laten, geen onverwijlde en daadwerkelijke uitvoering van een terugvorderingsbesluit van de Commissie garanderen. Evenzo is de Commissie van mening dat de lidstaat elk besluit moet aanvechten dat door zijn nationale rechterlijke instanties in strijd met het recht van de Europese Unie is genomen[2].

135. Om de terugvorderingsverplichting na te komen, geldt een begunstigde van steun als geliquideerd wanneer zijn activiteiten zijn stopgezet en zijn activa en belangen tegen marktvoorwaarden zijn verkocht[3]. Hoewel nationale voorschriften van toepassing zijn, moet de verkoop plaatsvinden via een open, transparante en niet-discriminerende procedure[4]. De waardering van de activa moet door een onafhankelijke deskundige worden uitgevoerd. De ervaring van de Commissie is dat aan deze vereisten doorgaans is voldaan in het geval van faillissementsprocedures onder rechterlijk toezicht. Om te voorkomen dat de koper van de activa aansprakelijk is voor de terugbetaling van de steun, moet de lidstaat ervoor zorgen dat er geen economische continuïteit is (zie deel 4.3.2).

4.9. Voorlopige en definitieve afsluiting van terugvorderingsprocedures

136. De afgelopen jaren heeft de Commissie de interne praktijk ontwikkeld van een “voorlopige afsluiting” van terugvorderingsprocedures. Deze is van toepassing in situaties waarin een terugvorderingsbesluit door een lidstaat voorlopig ten uitvoer is gelegd, maar niet als definitief uitgevoerd kan worden beschouwd als gevolg van: i) aanhangige geschillen op het niveau van de Europese Unie of op nationaal niveau; ii) lopende nationale administratieve procedures die nog een effect kunnen hebben op het vervullen van de terugvorderingsverplichting, of iii) nog lopende insolventieprocedures waarin staatssteunvorderingen correct met de juiste rangorde zijn geregistreerd.

137. Overeenkomstig het beginsel van loyale samenwerking tracht de Commissie de betrokken lidstaten mee te delen wanneer zij een terugvorderingsprocedure voorlopig afsluit.

138. Na de voorlopige afsluiting van een terugvorderingsprocedure moet de betrokken lidstaat de Commissie op de hoogte houden en op verzoek en ten minste eenmaal per jaar informatie en bewijsmateriaal blijven verstrekken totdat de Commissie concludeert dat de betrokken lidstaat het terugvorderingsbesluit definitief heeft uitgevoerd.

1. Zie in die zin arrest van het Gerecht van 21 oktober 2014, Italië/Commissie, T-268/13, ECLI:EU:T:2014:900, punten 62-64.
2. Zie in die zin arrest van het Hof van Justitie van 17 november 2011, Commissie/Italië (“Werkgelegenheidsmaatregelen II”), C-496/09, ECLI:EU:C:2011:740, punt 74.
3. Zie arrest van het Hof van Justitie van 29 april 2004, Duitsland/Commissie (“SMI”), C-277/00, ECLI:EU:C:2004:238, punt 86.
4. Zie in die zin de mededeling van de Commissie betreffende het begrip staatssteun in de zin van artikel 107, lid 1, van het Verdrag betreffende de werking van de Europese Unie (PB C 262 van 19.7.2016, blz. 1), punten 89-96.

139. De Commissie blijft de betrokken lidstaat ook op de hoogte houden van haar beoordeling van de stand van zaken in de procedure. Bij brief van haar diensten deelt zij de lidstaat ook mee wanneer de terugvorderingsprocedure definitief is afgesloten. In dat stadium wordt de terugvorderingsprocedure ook geschrapt van de lijst met staatssteunzaken waarin terugvorderingsprocedures lopen, zoals die op de website van directoraat-generaal Concurrentie van de Commissie wordt bekendgemaakt[1].

140. Noch de voorlopige noch de definitieve afsluiting van een terugvorderingsprocedure staat er aan in de weg dat de Commissie die zaak opnieuw kritischer beziet of de procedure opnieuw inleidt. Dat zou het geval zijn indien nieuwe feiten de omstandigheden veranderen die de Commissie ertoe hadden gebracht de procedure af te sluiten.

5. Procedures voor de nationale rechter

141. De tenuitvoerlegging van terugvorderingsbesluiten kan leiden tot procedures voor de nationale rechter[2]. Het is de ervaring van de Commissie dat procedures voor de bestuursrechter, voor zover beschikbaar, meestal garanderen dat terugvorderingsbevelen sneller kunnen worden afgedwongen dan procedures voor de civiele rechter.

142. Bij procedures voor de terugvordering van staatssteun vallen twee hoofdcategorieën te onderscheiden: i) vorderingen van de terugvorderende autoriteit die van de rechter een beslissing wil verkrijgen om een begunstigde die niet bereid is de steun terug te betalen, tot terugbetaling te dwingen, en ii) vorderingen van begunstigden die het terugvorderingsbevel, met inbegrip van individuele maatregelen om terugvordering te garanderen, betwisten.

143. Het risico bestaat dat de uitvoering van een terugvorderingsbesluit wordt vertraagd wanneer de daartoe genomen nationale maatregelen bij de rechter worden aangevochten[3].

144. Indien de begunstigde van de steun om voorlopige maatregelen verzoekt met betrekking tot de uitvoering van de nationale maatregelen die zijn genomen om het terugvorderingsbesluit van de Commissie uit te voeren, wegens de vermeende onrechtmatigheid van het besluit in kwestie, moet de nationale rechter vaststellen of het geval in kwestie voldoet aan de voorwaarden die het Hof van Justitie in de zaak-Zuckerfabrik[4] en de zaak-Atlanta[5] heeft vastgesteld. Volgens die rechtspraak kunnen voorlopige maatregelen door een nationale rechter alleen worden toegewezen indien aan elk van de volgende voorwaarden is voldaan[6]:

i. die rechter koestert ernstige twijfel omtrent de geldigheid van de handeling van de Europese Unie en de nationale rechter verwijst, wanneer de vraag betreffende de geldigheid van de betwiste handeling nog niet aan het Hof van Justitie is voorgelegd, deze vraag zelf[7];

ii. de zaak is spoedeisend in die zin dat voorlopige maatregelen noodzakelijk zijn om te voorkomen dat de partij die erom verzoekt, ernstige en onherstelbare schade lijdt;

iii. de nationale rechter houdt naar behoren rekening met het belang van de Europese Unie; en

iv. bij de beoordeling van al die voorwaarden eerbiedigt hij de uitspraken van het Hof van Justitie of het Gerecht over de rechtmatigheid van de handeling van de Europese Unie, of een beschikking in kort geding waarbij op Europees niveau soortgelijke voorlopige maatregelen zijn getroffen.

145. Wanneer niet aan de in de punt 144 beschreven voorwaarden is voldaan, kan de betrokken lidstaat zich niet op door de nationale rechter toegewezen voorlopige maatregelen beroepen, om te rechtvaardigen dat hij

1. Zie http://ec.europa.eu/competition/state_aid/studies_reports/recovery.html
2. Voor meer informatie over de rol van de nationale rechter bij de handhaving van de staatssteunvoorschriften, zie de mededeling van de Commissie over de handhaving van de staatssteunregels door de nationale rechterlijke instanties (PB C 85 van 9.4.2009, blz. 1), of iedere rechtshandeling tot wijziging of vervanging daarvan.
3. De betrokken nationale rechterlijke instantie kan voor haar samenwerking met de Commissie gebruikmaken van de samenwerkingsinstrumenten die door artikel 29, lid 1, van de procedureverordening worden geboden.
4. Zie arrest van het Hof van Justitie van 21 februari 1991, Zuckerfabrik Süderdithmarschen en Zuckerfabrik Soest/Hauptzollamt Itzehoe en Hauptzollamt Paderborn, 143/88 en C-92/89, ECLI:EU:C:1991:65, punten 23 e.v.
5. Zie arrest van het Hof van Justitie van 9 november 1995, Atlanta Fruchthandelsgesellschaft e.a. (I)/Bundesamt für Ernährung und Forstwirtschaft, C-465/93, ECLI:EU:C:1995:369, punt 51.
6. Zie arrest van het Hof van Justitie van 29 maart 2012, Commissie/Italië ("Hotelsector op Sardinië"), C-243/10, ECLI:EU:C:2012:182, punt 48.
7. Zie arrest van het Hof van Justitie van 14 juli 2011, Commissie/Italië ("Tremonti bis"), C-303/09, ECLI:EU:C:2011:483, punt 46.

heeft nagelaten het besluit ten uitvoer te leggen[1]. In dat verband staat het aan de lidstaat om aan te tonen dat aan alle voorwaarden is voldaan[2].

6. Gevolgen van een niet-nakoming van een terugvorderingsbesluit van de Commissie

146. Wanneer de betrokken lidstaat een terugvorderingsbesluit niet is nagekomen en niet heeft kunnen aantonen dat daarbij sprake was van volstrekte onmogelijkheid, kan de Commissie een inbreukprocedure inleiden. Bovendien mag zij de betaling van nieuwe, verenigbare steun aan de begunstigde of begunstigden in kwestie afhankelijk stellen van de terugvordering van de vorige steun die onrechtmatig en onverenigbaar is bevonden.

6.1. Inbreukprocedures

147. Inbreuken op staatssteunvoorschriften van het VWEU beïnvloeden het handelsverkeer ongunstig en schaden rechtstreeks de belangen van andere spelers op de betrokken markten, die niet hetzelfde soort steun genieten.

6.1.1. Vorderingen op grond van artikel 108, lid 2, VWEU

148. Gezien het belang van de staatssteunvoorschriften voor het beschermen van de mededinging en het doeltreffende functioneren van de interne markt, is in artikel 108, lid 2, VWEU bepaald dat, indien de betrokken lidstaat het terugvorderingsbesluit niet binnen de terugvorderingstermijn nakomt, de Commissie zich tot het Hof van Justitie kan wenden. Anders dan in artikel 258 VWEU wordt in artikel 108, lid 2, VWEU niet in een precontentieuze fase voorzien[3].

149. Om een zaak op grond van artikel 108, lid 2, VWEU voor het Hof van Justitie te brengen, moet de Commissie eerst aantonen welke bij het terugvorderingsbesluit aan de lidstaat opgelegde verplichting niet is vervuld. Doorgaans bevat het terugvorderingsbesluit twee soorten verplichtingen: i) de verplichting om de Commissie in kennis te stellen van de reeds genomen en de voorgenomen maatregelen om het besluit ervan ten uitvoer te leggen en haar op de hoogte te houden van de stand van zaken in de zaak na de terugvorderingstermijn, en ii) de verplichting om binnen de terugvorderingstermijn de verplichting tot terugvordering van de staatssteun na te komen.

150. Bijgevolg kan de schending van een van deze beide verplichtingen, alsmede van iedere andere in het terugvorderingsbesluit vastgestelde verplichting, resulteren in een vordering overeenkomstig artikel 108, lid 2, VWEU. De schending mag dan vast staan indien de betrokken verplichting niet binnen de terugvorderingstermijn is vervuld, toch blijven lidstaten ook verplicht om de terugvordering van de onrechtmatige steun af te dwingen na het verstrijken van die termijn.

151. De terugvorderingsverplichting is een resultaatsverbintenis. Om de door de steun veroorzaakte verstoring van de mededinging op te heffen, dienen lidstaten het volledige terug te vorderen bedrag daadwerkelijk terug te vorderen[4].

152. De Commissie overweegt stelselmatig een zaak voor de rechter te brengen indien terugvordering niet wordt verwezenlijkt, ongeacht de redenen voor het uitblijven daarvan[5] en ongeacht de nationale instantie die of het nationale orgaan dat intern aansprakelijk is voor de niet-nakoming van de terugvorderingsverplichting[6].

153. Het besluit om een zaak voor de rechter te brengen valt onder de bevoegdheid van de Commissie. Het wordt genomen op individuele basis, in het licht van objectieve gronden, de inzet van de lidstaat en de acties

1. Zie arrest van het Hof van Justitie van 6 oktober 2011, Commissie/Italië ("Venetië en Chioggia I"), C-302/09, ECLI:EU:C:2011:634, punt 50.
2. Zie arrest van het Hof van Justitie van 17 september 2015, Commissie/Italië ("Venetië en Chioggia II"), C-367/14, ECLI:EU:C:2015:611, punt 50.
3. Zie arrest van het Hof van Justitie van 3 juli 2001, Commissie/België, C-378/98, ECLI:EU:C:2001:370, punt 26.
4. Zie arrest van het Hof van Justitie van 17 januari 2018, Commissie/Griekenland ("United Textiles"), C-363/16, ECLI:EU:C:2018:12, punt 34; arrest van het Hof van Justitie van 24 januari 2013, Commissie/Spanje ("Magefesa"), C-529/09, ECLI:EU:C:2013:31, punt 91. Dit laat natuurlijk de grenzen aan de verplichting tot terugvordering onverlet; zie deel 2.4.
5. Een en ander laat een aangetoonde volstrekte onmogelijkheid om de steun terug te vorderen, onverlet.
6. Zie arrest van het Hof van Justitie van 30 september 2003, Köbler, C-224/01, ECLI:EU:C:2003:513, punten 31-33.

die reeds zijn ondernomen om het besluit ten uitvoer te leggen[1].De Commissie kan ook rekening houden met de vraag of de steun gedeeltelijk is teruggevorderd en zo ja, voor welk percentage.

6.1.2. Vorderingen op grond van artikel 260, lid 2, VWEU

154. In artikel 260, lid 2, VWEU is bepaald dat de Commissie, indien zij van oordeel is dat de lidstaat de verplichtingen die in een arrest overeenkomstig artikel 108, lid 2, VWEU zijn vastgesteld, niet is nagekomen, de zaak voor het Hof kan brengen, nadat zij deze staat de mogelijkheid heeft geboden zijn opmerkingen in te dienen.

155. Als referentiedatum voor de beoordeling van het bestaan van een inbreuk in de zin van artikel 260, lid 2, VWEU geldt het einde van de termijn die is gesteld in de op grond van de eerste alinea van artikel 260, lid 2, VWEU gezonden ingebrekestelling[2].

156. De procedure van artikel 260, lid 2, VWEU heeft tot doel een in gebreke gebleven lidstaat ertoe te brengen een eerder niet-nakomingsarrest uit te voeren, en daarmee de effectieve toepassing van het recht van de Europese Unie te verzekeren. Beide sancties waarin de genoemde bepaling voorziet – de dwangsom en de forfaitaire som – dienen ditzelfde doel.

157. Over de sancties wordt beslist door het Hof van Justitie op basis van een (voor het Hof van Justitie niet bindend) voorstel van de Commissie. Dit voorstel voor sancties in een vordering op grond van artikel 260, lid 2, VWEU volgt de criteria die zijn uiteengezet in een mededeling van de Commissie[3] die regelmatig wordt bijgewerkt. Volgens die mededeling gelden bij het opleggen van een financiële sanctie aan een lidstaat drie hoofdcriteria: i) de ernst van de inbreuk; ii) de duur daarvan, en iii) de noodzaak te garanderen dat de sanctie zelf afschrikkend werkt teneinde herhaling van de inbreuk te voorkomen. De Commissie beschouwt de schending van de verplichting tot terugvordering steeds als een ernstige inbreuk[4].

1. Sinds de vaststelling van de terugvorderingsmededeling van 2007 heeft het Hof van Justitie geoordeeld over diverse kwesties die de Commissie op grond van artikel 108, lid 2, VWEU aan het Hof had voorgelegd. Zie arrest van het Hof van Justitie van 17 januari 2018, Commissie/Griekenland ("United Textiles"), C-363/16, ECLI:EU:C:2018:12; arrest van het Hof van Justitie van 9 november 2017, Commissie/Griekenland ("Larco"), C-481/16, ECLI:EU:C:2017:845; arrest van het Hof van Justitie van 9 juli 2015, Commissie/Frankrijk ("Scheepvaartverbindingen Marseille-Corsica"), C-63/14, ECLI:EU:C:2015:458; arrest van het Hof van Justitie van 6 mei 2015, Commissie/Duitsland ("Deutsche Post"), C-674/13, ECLI:EU:C:2015:302; arrest van het Hof van Justitie van 11 september 2014, Commissie/Duitsland ("Biria Gruppe"), C-527/12, ECLI:EU:C:2014:2193; arrest van het Hof van Justitie van 5 juni 2014, Commissie/Italië ("Vrijstelling accijns"), C-547/11, ECLI:EU:C:2014:1319; arrest van het Hof van Justitie van 12 december 2013, Commissie/Italië ("Preferent stroomtarief"), C-411/12, ECLI:EU:C:2013:832; arrest van het Hof van Justitie van 17 oktober 2013, Commissie/Italië ("Alcoa"), C-344/12, ECLI:EU:C:2013:667; arrest van het Hof van Justitie van 17 oktober 2013, Commissie/Griekenland ("Ellinikos Xrysos"), C-263/12, ECLI:EU:C:2013:673; arrest van het Hof van Justitie van 10 oktober 2013, Commissie/Italië ("Ixfin"), C-353/12, ECLI:EU:C:2013:651; arrest van het Hof van Justitie van 21 maart 2013, Commissie/Italië ("Veerdienstmaatschappijen Sardinië"), C-613/11, ECLI:EU:C:2013:192; arrest van het Hof van Justitie van 28 juni 2012, Commissie/Griekenland ("Hellenic Shipyards I"), C-485/10, ECLI:EU:C:2012:395; arrest van het Hof van Justitie van 29 maart 2012, Commissie/Italië ("Hotelsector op Sardinië"), C-243/10, ECLI:EU:C:2012:182; arrest van het Hof van Justitie van 1 maart 2012, Commissie/Griekenland ("Belastingvrij reservefonds"), C-354/10, ECLI:EU:C:2012:109; arrest van het Hof van Justitie van 13 oktober 2011, Commissie/Italië ("New Interline"), C-454/09, ECLI:EU:C:2011:650; arrest van het Hof van Justitie van 6 oktober 2011, Commissie/Italië ("Venetië en Chioggia I"), C-302/09, ECLI:EU:C:2011:634; arrest van het Hof van Justitie van 14 juli 2011, Commissie/Italië ("Tremonti bis"), C-303/09, ECLI:EU:C:2011:483; arrest van het Hof van Justitie van 5 mei 2011, Commissie/Italië ("Handelsbeurzen"), C-305/09, ECLI:EU:C:2011:274; arrest van het Hof van Justitie van 14 april 2011, Commissie/Polen ("Technologie Buczek"), C-331/09, ECLI:EU:C:2011:250; arrest van het Hof van Justitie van 22 december 2010, Commissie/Slowakije ("Frucona Košice"), C-507/08, ECLI:EU:C:2010:802; arrest van het Hof van Justitie van 22 december 2010, Commissie/Italië ("Recentelijk aan de beurs genoteerde ondernemingen"), C-304/09, ECLI:EU:C:2010:812; arrest van het Hof van Justitie van 13 november 2008, Commissie/Frankrijk ("Artikel 44 septies CGI"), C-214/07, ECLI:EU:C:2008:619; arrest van het Hof van Justitie van 19 juni 2008, Commissie/Duitsland ("Kahla/Thüringen"), C-39/06, ECLI:EU:C:2008:349; arrest van het Hof van Justitie van 14 februari 2008, Commissie/Griekenland ("Olympic Airways I"), C-419/06, ECLI:EU:C:2008:89; arrest van het Hof van Justitie van 6 december 2007, Commissie/Italië ("Spoedmaatregelen werkgelegenheid"), C-280/05, ECLI:EU:C:2007:753.

2. Zie arrest van het Hof van Justitie van 17 september 2015, Commissie/Italië ("Venetië en Chioggia II"), C-367/14, ECLI:EU:C:2015:611, punt 35.

3. Mededeling van de Commissie - Uitvoering van artikel 228 van het EG-Verdrag, SEC(2005) 1658 (cf. PB C 126 van 7.6.2007, blz. 15), als gewijzigd en bijgewerkt door de op de website van de Commissie bekendgemaakte mededelingen.

4. Zie arrest van het Hof van Justitie van 13 mei 2014, Commissie/Spanje ("Baskische fiscale steun"), C-184/11, ECLI:EU:C:2014:316, punt 69.

158. De Commissie overweegt stelselmatig om, overeenkomstig artikel 260, lid 2, VWEU, zaken voor het Hof van Justitie te brengen waarin de betrokken lidstaat een arrest overeenkomstig artikel 108, lid 2, VWEU niet nakomt[1].

6.2. *Het Deggendorf-arrest*

159. In zijn arrest in de zaak-Deggendorf heeft het Hof van Justitie verklaard dat de Commissie steun aan een onderneming met de interne markt verenigbaar mag verklaren met als voorwaarde dat de onderneming eerdere onrechtmatige steun terugbetaalt, gezien het cumulatieve effect van de betrokken steunverleningen[2].

160. Juridisch zelfstandige natuurlijke personen of rechtspersonen moeten voor de toepassing van het mededingingsrecht van de Europese Unie als één onderneming worden behandeld wanneer zij een economische eenheid vormen. In dergelijke gevallen moet de Commissie, ten behoeve van de beoordeling van het cumulatieve effect van eerdere en voorgenomen nieuwe steun, rekening houden met de groep waarvan de begunstigde van de steun deel uitmaakt[3].

7. Slotbepalingen

161. Met deze mededeling wordt de terugvorderingsmededeling van 2007 ingetrokken.

162. De Commissie kan deze mededeling herzien op grond van toekomstige belangrijke ontwikkelingen in haar praktijk op het gebied van de terugvordering van staatssteun of relevante veranderingen van de toepasselijke voorschriften of rechtspraak van de Europese Unie.

163. Voor vragen over de terugvordering van staatssteun kunnen de autoriteiten van de lidstaten contact opnemen met het centrale contactpunt binnen de Commissie: comp-recovery-state-aid@ec.europa.eu

1. Sinds de vaststelling van de terugvorderingsmededeling van 2007 heeft het Hof van Justitie geoordeeld over diverse kwesties die de Commissie op grond van artikel 260, lid 2, VWEU aan het Hof had voorgelegd. Zie arrest van het Hof van Justitie van 14 november 2018, Commissie/Griekenland ("Hellenic Shipyards II"), C-93/17, ECLI:EU:C:2018:903; arrest van het Hof van Justitie van 17 september 2015, Commissie/Italië ("Venetië en Chioggia II"), C-367/14, ECLI:EU:C:2015:611; arrest van het Hof van Justitie van 17 november 2011, Commissie/Italië ("Werkgelegenheidsmaatregelen II"), C-496/09, ECLI:EU:C:2011:740; arrest van het Hof van Justitie van 13 mei 2014, Commissie/Spanje ("Baskische fiscale steun"), C-184/11, ECLI:EU:C:2014:316; arrest van het Hof van Justitie van 7 juli 2009, Commissie/Griekenland ("Olympic Airways II"), C-369/07, ECLI:EU:C:2009:428; arrest van het Hof van Justitie van 11 december 2012, Commissie/Spanje ("Magefesa II"), C-610/10, ECLI:EU:C:2012:781. In al deze arresten, met uitzondering van de zaak-Baskische fiscale steun, heeft het Hof van Justitie zowel een forfaitaire som als een dwangsom opgelegd. Meer bepaald heeft het Hof in de zaak-Hellenic Shipyards een dwangsom van 7 294 000 EUR opgelegd per halfjaarlijkse vertraging bij de tenuitvoerlegging van de maatregelen die nodig zijn ter nakoming van het arrest van het Hof en een forfaitaire som van 10 miljoen EUR. In de zaak-Venetië en Chioggia II heeft het Hof een dwangsom van 12 miljoen EUR opgelegd per halfjaarlijkse vertraging bij de tenuitvoerlegging van de maatregelen die nodig zijn ter nakoming van het arrest van het Hof en een forfaitaire som van 30 miljoen EUR. In de zaak-Werkgelegenheidsmaatregelen II heeft het Hof een dwangsom opgelegd waarvan het bedrag wordt berekend door het basisbedrag van 30 miljoen EUR te vermenigvuldigen met het percentage van de onrechtmatige steun waarvan de terugvordering nog niet heeft plaatsgevonden of niet is bewezen aan het einde van de betrokken periode, ten opzichte van het totaalbedrag dat nog niet is teruggevorderd op de datum van uitspraak van dat arrest, per halfjaar vertraging bij het treffen van de maatregelen die nodig zijn ter nakoming van het arrest van het Hof op grond van artikel 108 VWEU (punt 68), plus een forfaitaire som van 30 miljoen (EUR) (punt 97). In de zaak-Baskische fiscale steun heeft het Hof een forfaitaire som van 30 miljoen EUR opgelegd (punt 84). In de zaak-Olympic Airways II heeft het Hof een dwangsom opgelegd van 16 000 EUR per dag vertraging bij het nemen van de maatregelen die nodig zijn ter nakoming van het arrest van het Hof (punt 127) en een forfaitaire som van 2 miljoen EUR (punt 150). In de zaak-Magefesa II heeft het Hof een dwangsom opgelegd van 50 000 EUR per dag vertraging bij het nemen van de maatregelen die nodig zijn ter nakoming van het arrest van het Hof (punt 136) en een forfaitaire som van 20 miljoen EUR (punt 148).
2. Zie arrest van het Hof van Justitie van 15 mei 1997, TWD/Commissie, C-355/95 P, ECLI:EU:C:1997:241, punten 25 en 26.
3. Zie arrest van het Gerecht van 8 september 2009, AceaElectrabel/Commissie, T-303/05, ECLI:EU:T:2009:312, punt 163, zoals bevestigd door arrest van het Hof van Justitie van 16 december 2010, AceaElectrabel/Commissie, C-480/09 P, ECLI:EU:C:2010:787.

E. Ontwerp-Verordening betreffende buitenlandse subsidies die de interne markt verstoren

2021/0114 (COD)
5 mei 2021

Hoofdstuk 1. Algemene bepalingen

Artikel 1. Onderwerp en toepassingsgebied

1. Deze verordening stelt voorschriften en procedures vast voor het onderzoek van buitenlandse subsidies die de interne markt verstoren, en voor het herstel van die verstoringen. Dergelijke verstoringen kunnen zich voordoen ten aanzien van enigerlei economische activiteit, en met name bij concentraties en openbare aanbestedingsprocedures.
2. Deze verordening gaat buitenlandse subsidies tegen die worden toegekend aan een onderneming die op de interne markt een economische activiteit uitoefent. Een onderneming die zeggenschap verkrijgt over of fuseert met een in de Unie gevestigde onderneming, of een onderneming die aan een openbare aanbestedingsprocedure deelneemt, wordt geacht een economische activiteit op de interne markt uit te oefenen.

Artikel 2. Bestaan van buitenlandse subsidie

1. Voor de toepassing van deze verordening wordt er geacht van een buitenlandse subsidie sprake te zijn indien een derde land een financiële bijdrage verstrekt waarmee aan een onderneming die op de interne markt een economische activiteit uitoefent, een voordeel wordt verleend, en die bijdrage rechtens of feitelijk is beperkt tot een individuele onderneming of bedrijfstak of tot meerdere ondernemingen of bedrijfstakken.
2. Voor de toepassing van deze verordening
   a. omvat een financiële bijdrage:
      i. de overdracht van middelen of verplichtingen, zoals kapitaalinjecties, subsidies, leningen, leninggaranties, fiscale stimulansen, compensaties voor exploitatietekorten, compensatie voor door de overheid opgelegde financiële lasten, schuldkwijtschelding, debt-to-equity-swaps of schuldherschikkingen;
      ii. de derving van anders verschuldigde inkomsten; of
      iii. de levering van goederen of diensten of de aankoop van goederen en diensten;
   b. omvat de door het derde land verstrekte financiële bijdrage de financiële bijdrage verstrekt door:
      i. de centrale overheid en overheden op alle overige niveaus;
      ii. buitenlandse overheidsinstanties, waarvan de handelingen aan het derde land zijn toe te rekenen, gelet op elementen zoals de kenmerken van die entiteit, de juridische en economische omgeving in de staat waarin die entiteit actief is, met inbegrip van de rol van de overheid in de economie; of
      iii. een particuliere entiteit waarvan de handelingen aan het derde land zijn toe te rekenen, rekening houdende met alle relevante omstandigheden.

Artikel 3. Verstoringen op de interne markt

1. Van een verstoring op de interne markt wordt er geacht sprake te zijn indien een buitenlandse subsidie de concurrentiepositie van de betrokken onderneming op de interne markt kan verbeteren en indien zij daardoor de mededinging op de interne markt daadwerkelijk of potentieel ongunstig beïnvloedt. Of er sprake is van een verstoring op de interne markt wordt bepaald op basis van indicatoren die onder meer kunnen zijn:
   a. het bedrag van de subsidie;
   b. de aard van de subsidie;
   c. de situatie van de onderneming en de betrokken markten;
   d. het niveau van de economische activiteiten van de betrokken onderneming op de interne markt;
   e. het doel van en de voorwaarden verbonden aan de buitenlandse subsidie, alsmede het gebruik ervan op de interne markt.
2. Een buitenlandse subsidie verstoort de interne markt waarschijnlijk niet indien het totale bedrag ervan, over een opeenvolgende periode van drie boekjaren, 5 miljoen EUR onderschrijdt.

Artikel 4. Categorieën buitenlandse subsidies met het grootste risico op verstoring van de interne markt

Bij een buitenlandse subsidie die tot een van de volgende categorieën behoort, is het risico op een verstoring van de interne markt het grootst:

1. een buitenlandse subsidie toegekend aan een noodlijdende onderneming, d.w.z. die zonder subsidies op korte of middellange termijn gedoemd is te verdwijnen, tenzij er een herstructureringsplan ligt dat kan leiden tot de levensvatbaarheid van die onderneming op lange termijn en een aanzienlijke eigen bijdrage van de onderneming omvat;
2. een buitenlandse subsidie in de vorm van een onbeperkte garantie voor schulden of verplichtingen van de onderneming, d.w.z. zonder enige beperking wat betreft het bedrag of de duur van die garantie;
3. een buitenlandse subsidie die rechtstreeks een concentratie vergemakkelijkt;
4. een buitenlandse subsidie waarmee een onderneming een kennelijk voordelige inschrijving kan indienen, op basis waarvan de onderneming de overheidsopdracht zou worden gegund.

Artikel 5. Afweging

1. De Commissie maakt, in voorkomend geval, een afweging tussen de negatieve effecten van een buitenlandse subsidie in termen van verstoring op de interne markt en de positieve effecten voor de ontwikkeling van de betrokken economische activiteit.
2. De Commissie houdt met deze afweging van de negatieve en positieve effecten rekening wanneer zij een besluit neemt over het al dan niet opleggen van herstelmaatregelen of het accepteren van verbintenissen en over de aard en omvang van die herstelmaatregelen of verbintenissen.

Artikel 6. Verbintenissen en herstelmaatregelen

1. Om de daadwerkelijk of potentieel door een buitenlandse subsidie veroorzaakte verstoring op de interne markt te verhelpen, kan de Commissie herstelmaatregelen opleggen. De betrokken onderneming kan ook verbintenissen aanbieden.
2. Verbintenissen of herstelmaatregelen verhelpen de door de buitenlandse subsidie op de interne markt veroorzaakte verstoring volledig en effectief.
3. Verbintenissen of herstelmaatregelen kunnen bestaan uit het volgende:
   a. het aanbieden van toegang op billijke en niet-discriminerende voorwaarden tot infrastructuur die is verworven met of gesteund door de verstorende buitenlandse subsidies, tenzij in die billijke en niet-discriminerende toegang al wordt voorzien door wetgeving die in de Unie van kracht is;
   b. de inkrimping van capaciteit of marktaanwezigheid;
   c. het afzien van bepaalde investeringen;
   d. het op billijke, redelijke en niet-discriminerende voorwaarden verlenen van licenties voor activa verworven of ontwikkeld met de hulp van buitenlandse subsidies;
   e. de bekendmaking van resultaten van onderzoek en ontwikkeling;
   f. de afstoting van bepaalde activa;
   g. de eis dat de betrokken ondernemingen de concentratie ontbinden;
   h. de terugbetaling van de buitenlandse subsidie, vermeerderd met een passende rente.
4. De Commissie kan rapportage- en transparantievoorwaarden opleggen.
5. Indien een onderneming verbintenissen aanbiedt die de verstoring op de interne markt volledig en effectief verhelpen, kan de Commissie deze accepteren en voor de onderneming verbindend verklaren in een besluit met verbintenissen overeenkomstig artikel 9, lid 3.
6. Indien de betrokken onderneming voorstelt de buitenlandse subsidie vermeerderd met een passende rente terug te betalen, accepteert de Commissie die terugbetaling als verbintenis indien zij zich ervan kan vergewissen dat de terugbetaling transparant en effectief is, doch rekening houdende met het risico op omzeiling.

Hoofdstuk 2. Ambtshalve toetsing van buitenlandse subsidies

Artikel 7. Ambtshalve toetsing van buitenlandse subsidies

De Commissie kan ambtshalve informatie uit enigerlei bron over mogelijke verstorende buitenlandse subsidies onderzoeken.

Artikel 8. Voorlopige beoordeling

1. De Commissie verzamelt alle informatie die zij nodig acht om, op voorlopige basis, te beoordelen of de te onderzoeken financiële bijdrage een buitenlandse subsidie vormt en of deze de interne markt verstoort. Daartoe kan de Commissie met name:
   a. overeenkomstig artikel 11 om informatie verzoeken ;
   b. overeenkomstig artikel 12 of 13 inspecties uitvoeren in de Unie en buiten de Unie.

2. Indien de Commissie, op basis van de voorlopige beoordeling, van oordeel is dat er voldoende aanwijzingen zijn dat aan een onderneming een buitenlandse subsidie is toegekend die de interne markt verstoort, doet zij het volgende:

a. zij stelt een besluit vast tot inleiding van een diepgaand onderzoek ("besluit tot inleiding van het diepgaande onderzoek"), dat een samenvatting van de relevante feitelijke en juridische kwesties geeft en een voorlopige beoordeling bevat van de vraag of er sprake is van een buitenlandse subsidie en van de daadwerkelijke of potentiële verstoring op de interne markt;

b. zij stelt de betrokken onderneming daarvan in kennis; en

c. zij maakt een bericht bekend in het *Publicatieblad van de Europese Unie*, waarin zij belanghebbenden, lidstaten en het betrokken derde land uitnodigt binnen een gestelde termijn schriftelijk hun standpunt te formuleren.

3. Indien de Commissie na een voorlopige beoordeling tot de conclusie komt dat er onvoldoende gronden zijn om het diepgaande onderzoek in te leiden, ofwel omdat er geen sprake is van een buitenlandse subsidie ofwel omdat er geen aanwijzingen zijn van een daadwerkelijke of potentiële verstoring op de interne markt, sluit zij de voorlopige beoordeling af en stelt zij de betrokken onderneming daarvan in kennis.

Artikel 9. Diepgaand onderzoek

1. Tijdens het diepgaande onderzoek voert de Commissie verder onderzoek naar de buitenlandse subsidie die de interne markt verstoort en die in het besluit tot inleiding van het diepgaande onderzoek als dusdanig is geïdentificeerd, waarbij zij overeenkomstig de artikelen 11, 12 en 13 alle informatie verzamelt die zij noodzakelijk acht.

2. Indien de Commissie tot de bevinding komt dat een buitenlandse subsidie de interne markt verstoort in de zin van de artikelen 3 tot en met 5, kan zij herstelmaatregelen opleggen ("besluit met herstelmaatregelen").

3. Indien de Commissie tot de bevinding komt dat een buitenlandse subsidie de interne markt verstoort in de zin van de artikelen 3 tot en met 5, en de betrokken onderneming verbintenissen aanbiedt die de Commissie passend en afdoende acht om de verstoring volledig en effectief te verhelpen, kan zij deze verbintenissen bij besluit verbindend maken voor de onderneming ("besluit met verbintenissen"). Een besluit waarin de terugbetaling van een buitenlandse subsidie overeenkomstig artikel 6, lid 6, wordt geaccepteerd, wordt als een besluit met verbintenissen beschouwd.

4. De Commissie stelt een besluit "geen bezwaar" vast indien zij tot de bevinding komt dat:

a. de voorlopige beoordeling zoals die in haar besluit tot inleiding van het diepgaande onderzoek wordt gegeven, geen bevestiging vindt; of

b. positieve effecten overeenkomstig artikel 5 opwegen tegen een verstoring op de interne markt.

Artikel 10. Voorlopige maatregelen

De Commissie kan voorlopige maatregelen treffen wanneer:

1. er aanwijzingen zijn dat een financiële bijdrage een buitenlandse subsidie vormt en de interne markt verstoort, en

2. er een ernstig risico bestaat op aanzienlijke en onherstelbare schade voor de mededinging op de interne markt.

Artikel 11. Informatieverzoeken

1. De Commissie kan verlangen dat een betrokken onderneming alle noodzakelijke informatie verstrekt.

2. De Commissie kan die informatie ook verlangen van andere ondernemingen of ondernemersverenigingen.

3. Een informatieverzoek aan een onderneming of een ondernemersvereniging:

a. vermeldt de rechtsgrondslag en het doel ervan, geeft aan welke informatie vereist is en stelt een passende termijn vast waarbinnen de informatie moet worden verstrekt;

b. bevat een verklaring dat, indien de verstrekte informatie onjuist, onvolledig of misleidend is, de in artikel 15 bepaalde geldboeten en dwangsommen kunnen worden opgelegd;

c. bevat een verklaring dat, overeenkomstig artikel 14, bij gebreke van medewerking van de betrokken onderneming de Commissie een besluit kan nemen op grond van de beschikbare feiten.

4. Op verzoek van de Commissie verstrekken lidstaten haar alle informatie die zij nodig heeft om de haar bij deze verordening opgedragen taken te vervullen.

5. De Commissie kan ook verlangen dat een derde land alle noodzakelijke informatie verstrekt.

Artikel 12. Inspecties binnen de Unie

1. De Commissie kan de noodzakelijke inspecties bij ondernemingen verrichten.

2. Indien de Commissie een dergelijke inspectie uitvoert, beschikken de door de Commissie tot het verrichten van een inspectie gemachtigde functionarissen over de volgende bevoegdheden:

a. het betreden van alle lokalen en terreinen van de betrokken onderneming;

b. het onderzoeken van de boeken en andere zakelijke bescheiden en het maken of verlangen van kopieën;

c. het aan vertegenwoordigers of personeelsleden van de onderneming verzoeken om toelichting bij feiten of documenten die verband houden met het voorwerp en het doel van de inspectie, en het optekenen van hun antwoorden;

d. het verzegelen van lokalen en boeken of andere bescheiden van de onderneming voor de duur van, en voor zover nodig voor, de inspectie.

3. De betrokken onderneming onderwerpt zich aan bij besluit van de Commissie gelaste inspecties. De door de Commissie tot het verrichten van een inspectie gemachtigde functionarissen en andere begeleidende personen oefenen hun bevoegdheden uit op vertoon van een besluit van de Commissie dat:

a. het voorwerp en het doel van de inspectie vermeldt;

b. een verklaring bevat dat, overeenkomstig artikel 14, bij gebreke van medewerking van de betrokken onderneming de Commissie een besluit kan nemen op grond van de beschikbare feiten;

c. de mogelijkheid vermeldt dat de in artikel 15 bepaalde geldboeten en dwangsommen worden opgelegd.

4. De Commissie stelt de lidstaat op het grondgebied waarvan de inspectie zal worden verricht, geruime tijd vóór de inspectie hiervan in kennis.

5. De functionarissen van de Commissie en de functionarissen die zijn gemachtigd of aangewezen door de lidstaat op het grondgebied waarvan de inspectie zal worden verricht, verlenen, op verzoek van de lidstaat of van de Commissie, de door de Commissie gemachtigde functionarissen en andere begeleidende personen actief bijstand. Daartoe beschikken zij over de in lid 2 genoemde bevoegdheden.

6. Indien door de Commissie gemachtigde functionarissen of andere begeleidende personen vaststellen dat een onderneming zich tegen een inspectie in de zin van dit artikel verzet, verleent de betrokken lidstaat hun de nodige bijstand en verzoekt hij zo nodig de politie of een gelijkwaardige wetshandhavingsautoriteit om bijstand zodat zij in staat zijn hun inspectie te verrichten.

7. Op verzoek van de Commissie voert een lidstaat op zijn grondgebied overeenkomstig zijn nationale recht een inspectie of andere feitenonderzoek uit, om uit te maken of er sprake is van een buitenlandse subsidie die de interne markt verstoort.

Artikel 13. Inspecties buiten de Unie

Om de haar bij deze verordening opgedragen taken uit te voeren, kan de Commissie inspecties verrichten op het grondgebied van een derde land, mits de betrokken onderneming daarmee heeft ingestemd en de regering van het derde land officieel in kennis is gesteld van en akkoord is gegaan met de inspectie. Artikel 12, lid 1, artikel 12, lid 2, en artikel 12, lid 3, punten a) en b), zijn van overeenkomstige toepassing.

Artikel 14. Niet-medewerking

1. De Commissie kan op grond van de beschikbare feiten een besluit krachtens artikel 8 of artikel 9 nemen indien een betrokken onderneming of een derde land:

a. onvolledige, onjuiste of misleidende informatie verstrekt in antwoord op een informatieverzoek op grond van artikel 11;

b. de gevraagde informatie niet binnen de door de Commissie gestelde termijn verstrekt;

c. weigert zich te onderwerpen aan een op grond van artikel 12 of 13 gelaste inspectie door de Commissie binnen of buiten de Unie of

d. de voorlopige beoordeling of het diepgaande onderzoek anderszins belemmert.

2. Indien een onderneming of ondernemersvereniging, een lidstaat of het derde land onjuiste of misleidende informatie aan de Commissie heeft verstrekt, wordt die informatie buiten beschouwing gelaten.

3. Indien een betrokken onderneming, met inbegrip van een overheidsbedrijf waarover de Staat al dan niet middellijk zeggenschap uitoefent, niet de informatie verstrekt die noodzakelijk is om te bepalen of haar met een financiële bijdrage een voordeel wordt verleend, kan die onderneming geacht worden dat voordeel te hebben ontvangen.

4. Indien moet worden gebruikgemaakt van feiten voor zover die beschikbaar zijn, kan de uitkomst van de procedure voor de betrokken onderneming minder gunstig uitvallen dan wanneer zij medewerking had verleend.

Artikel 15. Geldboeten en dwangsommen

1. De Commissie kan bij besluit geldboeten of dwangsommen opleggen indien een betrokken onderneming of ondernemersvereniging opzettelijk of uit onachtzaamheid:

a. in antwoord op een verzoek krachtens artikel 11 onjuiste, onvolledige of misleidende informatie verstrekt, dan wel de informatie niet binnen de vastgestelde termijn verstrekt;

b. tijdens een inspectie overeenkomstig artikel 12 geen volledige inzage geeft in de daartoe gevraagde boeken of andere bescheiden in verband met de onderneming;

c. in antwoord op een overeenkomstig artikel 12, lid 2, punt c), gestelde vraag:

i. een onjuist of misleidend antwoord geeft;

ii. nalaat binnen de door de Commissie vastgestelde termijn een door een personeelslid gegeven onjuist, onvolledig of misleidend antwoord te corrigeren, of

iii. nalaat of weigert een volledig antwoord te geven met betrekking tot feiten in verband met het voorwerp en het doel van een inspectie die is gelast bij wege van een besluit krachtens artikel 12, lid 3;

d. weigert zich aan op grond van artikel 12 gelaste inspecties te onderwerpen of zegels heeft verbroken die overeenkomstig artikel 12, lid 2, punt d), zijn aangebracht.

2. In de in lid 1 bedoelde gevallen bedragen de opgelegde geldboeten ten hoogste 1 % van de totale omzet van de betrokken onderneming of ondernemersvereniging in het voorafgaande boekjaar.

3. In de in lid 1 bedoelde gevallen bedragen de opgelegde dwangsommen ten hoogste 5 % van de gemiddelde dagelijkse gezamenlijke omzet van de betrokken onderneming of ondernemersvereniging in het voorafgaande boekjaar voor elke werkdag waarmee de in haar besluit vastgestelde termijn wordt overschreden, berekend vanaf de in het besluit vastgestelde datum, totdat zij de door de Commissie verlangde informatie volledig en correct verstrekt.

4. Voordat de Commissie een besluit overeenkomstig lid 1 vaststelt, stelt zij een laatste termijn van twee weken vast om van de betrokken onderneming of ondernemersvereniging de ontbrekende informatie te ontvangen.

5. Indien een betrokken onderneming een besluit met verbintenissen krachtens artikel 9, lid 3, een besluit tot oplegging van voorlopige maatregelen krachtens artikel 10 of een besluit tot oplegging van herstelmaatregelen krachtens artikel 9, lid 2, niet nakomt, kan de Commissie bij besluit:

a. geldboeten opleggen van ten hoogste 10 % van de totale omzet van de betrokken onderneming in het voorafgaande boekjaar; en

b. dwangsommen opleggen van ten hoogste 5 % van de gemiddelde dagelijkse gezamenlijke omzet van de betrokken onderneming in het voorafgaande boekjaar, vanaf de dag van het besluit van de Commissie waarbij die dwangsommen worden opgelegd, totdat de Commissie vindt dat de betrokken onderneming het besluit in acht neemt.

6. Bij de vaststelling van het bedrag van de geldboete of de dwangsom wordt met de aard, de ernst en de duur van de inbreuk rekening gehouden, met inachtneming van de beginselen van evenredigheid en redelijkheid.

Artikel 16. Herroeping

De Commissie kan een krachtens artikel 9, lid 2, 3 of 4, genomen besluit herroepen en een nieuw besluit vaststellen in de volgende gevallen:

1. indien de betrokken onderneming in strijd met haar verbintenissen of de opgelegde herstelmaatregelen handelt;
2. indien het besluit op onvolledige, onjuiste of misleidende informatie berust.

Hoofdstuk 3. Concentraties

Artikel 17. Verstoringen op de interne markt door buitenlandse subsidies bij concentraties

Bij een concentratie blijft de beoordeling van de vraag of er sprake is van een verstoring op de interne markt in de zin van de artikelen 3 of 4 beperkt tot de betrokken concentratie. Alleen buitenlandse subsidies die zijn toegekend in de drie kalenderjaren voorafgaand aan de sluiting van de overeenkomst, de aankondiging van het openbare overnamebod of de verwerving van een zeggenschapsbelang worden in de beschouwing betrokken.

Artikel 18. Definitie van en aanmeldingsdrempels voor concentraties

1. Voor de toepassing van deze verordening wordt een concentratie geacht tot stand te komen indien er een duurzame wijziging van zeggenschap voortvloeit uit:

a. de fusie van twee of meer voorheen onafhankelijke ondernemingen of delen van ondernemingen;

b. de verwerving door één of meer personen die reeds zeggenschap over ten minste één onderneming bezitten, of door één of meer ondernemingen, van zeggenschap – door de verwerving van participaties in het kapitaal of activa, bij overeenkomst of op enige andere wijze –, rechtstreeks of middellijk, over één of meer andere ondernemingen of delen daarvan.

2. De oprichting van een gemeenschappelijke onderneming die duurzaam alle functies van een zelfstandige economische eenheid vervult, vormt een concentratie in de zin van lid 1.

3. Voor de toepassing van artikel 19 wordt er geacht van een "aan te melden concentratie" sprake te zijn indien bij een concentratie:

a. de verworven onderneming of ten minste één van de bij de concentratie betrokken ondernemingen in de Unie is gevestigd en in de Unie een totale omzet van ten minste 500 miljoen EUR behaalt; en

b. de betrokken ondernemingen in de drie kalenderjaren vóór de aanmelding van derde landen een totale financiële bijdrage van meer dan 50 miljoen EUR hebben ontvangen.

4. Bij de oprichting van een in lid 2 bedoelde gemeenschappelijke onderneming wordt er geacht van een "aan te melden concentratie" sprake te zijn indien:

a. de gemeenschappelijke onderneming of een van haar moedermaatschappijen in de Unie is gevestigd en in de Unie een totale omzet van ten minste 500 miljoen EUR behaalt; en

b. de gemeenschappelijke onderneming en haar moedermaatschappijen in de drie kalenderjaren vóór de aanmelding van derde landen een totale financiële bijdrage van meer dan 50 miljoen EUR hebben ontvangen.

Artikel 19. Voorafgaande aanmelding van concentraties

1. Aan te melden concentraties worden bij de Commissie aangemeld vóór de totstandbrenging ervan en na de sluiting van de overeenkomst, de aankondiging van het openbare overnamebod of de verwerving van een zeggenschapsbelang.

2. De betrokken ondernemingen kunnen de voorgenomen concentratie ook aanmelden indien zij aan de Commissie aantonen dat zij te goeder trouw voornemens zijn een overeenkomst te sluiten of, in het geval van een openbaar overnamebod, indien zij publiekelijk hun voornemen tot het doen van een dergelijk bod hebben aangekondigd, voor zover de voorgenomen overeenkomst of het voorgenomen bod zou leiden tot een op grond van lid 1 aan te melden concentratie.

3. Concentraties door fusie in de zin van artikel 18, lid 1, punt a), of door verwerving van gezamenlijke zeggenschap in de zin van artikel 18, lid 1, punt b), worden gezamenlijk aangemeld door de partijen bij de fusie of door de partijen die de gezamenlijke zeggenschap verwerven. In alle overige gevallen vindt de aanmelding plaats door de persoon of de onderneming die de zeggenschap over één of meer ondernemingen of een gedeelte daarvan verwerft.

4. Indien de betrokken ondernemingen hun aanmeldingsverplichting niet nakomen, kan de Commissie een aan te melden concentratie overeenkomstig deze verordening toetsen, door de aanmelding ervan te verlangen. In dat geval is de Commissie niet aan de in artikel 23, leden 1 en 4, genoemde termijnen gebonden.

5. De Commissie kan de voorafgaande aanmelding van een concentratie die geen aan te melden concentratie in de zin van artikel 18 is, verlangen op enig tijdstip vóór de totstandbrenging ervan indien zij vermoedt dat de betrokken ondernemingen buitenlandse subsidies hebben ontvangen in de drie jaar vóór de concentratie. Die concentratie wordt geacht een voor de toepassing van deze verordening aan te melden concentratie te zijn.

Artikel 20. Omschrijving van zeggenschap

1. Voor de toepassing van artikel 18 berust zeggenschap op rechten, overeenkomsten of andere middelen die, afzonderlijk of gezamenlijk, met inachtneming van alle feitelijke en juridische omstandigheden, het mogelijk maken een beslissende invloed uit te oefenen op de activiteiten van een onderneming, en met name door:

a. eigendoms- of gebruiksrechten op alle activa van een onderneming of delen daarvan;

b. rechten of overeenkomsten die een beslissende invloed verschaffen op de samenstelling, het stemgedrag of de besluiten van de ondernemingsorganen.

2. Zeggenschap wordt verkregen door personen of ondernemingen die:

a. zelf rechthebbenden zijn of aan de betrokken overeenkomsten rechten ontlenen, of

b. de bevoegdheid hebben, hoewel zij zelf geen rechthebbenden zijn, noch aan deze overeenkomsten rechten ontlenen, de daaruit voortvloeiende rechten uit te oefenen.

Artikel 21. Berekening van de omzet

1. De totale omzet omvat de bedragen met betrekking tot de verkoop van goederen en het leveren van diensten door de betrokken ondernemingen tijdens het laatste boekjaar in het kader van de normale bedrijfsuitoefening, onder aftrek van kortingen, van belasting over de toegevoegde waarde en van andere rechtstreeks met de omzet samenhangende belastingen. Bij de totale omzet van een betrokken onderneming wordt geen rekening gehouden met transacties tussen de in lid 4 bedoelde ondernemingen.

De op de interne markt behaalde omzet omvat de op de interne markt aan ondernemingen of consumenten verkochte producten en verleende diensten.

2. Vindt de concentratie plaats via de verwerving van delen van één of meer ondernemingen, welke delen al dan niet een eigen rechtspersoonlijkheid bezitten, dan wordt, in afwijking van lid 1, ten aanzien van de vervreemder of vervreemders alleen rekening gehouden met de omzet van de delen die het voorwerp van de concentratie zijn.

Indien echter twee of meer transacties als bedoeld in de eerste alinea binnen een periode van twee jaar plaatsvinden tussen dezelfde personen of ondernemingen, dan worden deze aangemerkt als één en dezelfde concentratie die op de dag van de laatste transactie heeft plaatsgevonden.

3. De omzet wordt voor de volgende categorieën ondernemingen vervangen door:

a. bij kredietinstellingen en andere financiële instellingen: de som van de onderstaande batenposten zoals omschreven in Richtlijn 86/635/EEG van de Raad[1], in voorkomend geval na aftrek van de belasting over de toegevoegde waarde en van andere rechtstreeks met de betrokken baten samenhangende belastingen:

i. rente en soortgelijke baten;

ii. opbrengsten uit effecten:

- opbrengsten uit aandelen en andere niet-vastrentende effecten;
- opbrengsten uit deelnemingen;
- opbrengsten uit aandelen in verbonden ondernemingen;

iii. ontvangen provisie;

iv. nettobaten uit financiële transacties;

v. overige bedrijfsopbrengsten.

b. bij verzekeringsmaatschappijen: de waarde van de bruto geboekte premies, die alle uit hoofde van de door of namens de verzekeringsonderneming gesloten verzekeringsovereenkomsten ontvangen en te ontvangen bedragen omvatten, met inbegrip van de aan herverzekering afgestane premies en na aftrek van belastingen en parafiscale bijdragen of heffingen over het bedrag van de afzonderlijke premies of het totale premievolume.

Voor de toepassing van punt a) omvat de omzet van een kredietinstelling of een financiële instelling op de interne markt de batenposten, zoals omschreven in dat punt, van het bijkantoor dat of de afdeling van die instelling die in de interne markt is gevestigd.

4. Onverminderd lid 2, worden voor de berekening van de totale omzet van een betrokken onderneming de omzetten van de volgende ondernemingen opgeteld:

a. de betrokken onderneming;

b. de ondernemingen waarin de betrokken onderneming, rechtstreeks of middellijk:

i. hetzij meer dan de helft van het kapitaal of de bedrijfsactiva bezit,

ii. hetzij de bevoegdheid heeft om meer dan de helft van de stemrechten uit te oefenen,

iii. hetzij de bevoegdheid heeft om meer dan de helft van de leden van de raad van toezicht, de raad van bestuur of de krachtens de wet tot vertegenwoordiging bevoegde organen te benoemen,

iv. hetzij het recht heeft de zaken van de onderneming te leiden;

c. de ondernemingen die in de betrokken onderneming over de in punt b) genoemde rechten of bevoegdheden beschikken;

d. de ondernemingen waarin een in punt c) bedoelde onderneming over de in punt b) genoemde rechten of bevoegdheden beschikt;

e. de ondernemingen waarin twee of meer in de punten a) tot en met d) bedoelde ondernemingen gezamenlijk over de in punt b) genoemde rechten of bevoegdheden beschikken.

5. Indien de betrokken ondernemingen gezamenlijk beschikken over de in lid 4, punt b), genoemde rechten of bevoegdheden, wordt bij de berekening van de omzet van de betrokken ondernemingen:

[1] Richtlijn 86/635/EEG van de Raad van 8 december 1986 betreffende de jaarrekening en de geconsolideerde jaarrekening van banken en andere financiële instellingen (PB L 372 van 31.12.1986, blz. 1).

a. rekening gehouden met de omzet die is behaald met de verkoop van producten en het verlenen van diensten tussen de gemeenschappelijke onderneming en derde ondernemingen, en wordt deze omzet in gelijke delen aan de betrokken ondernemingen toegerekend;

b. geen rekening gehouden met de omzet die is behaald met de verkoop van producten en het verlenen van diensten tussen de gemeenschappelijke onderneming en elk van de betrokken ondernemingen of enige andere met een van die ondernemingen verbonden onderneming in de zin van lid 4, punten b) tot en met e).

Artikel 22. Optelling van financiële bijdragen

De totale financiële bijdrage aan een betrokken onderneming wordt berekend door optelling van de respectieve financiële bijdragen die alle in artikel 21, lid 4, punten a) tot en met e), bedoelde ondernemingen van derde landen hebben ontvangen.

Artikel 23. Opschorting van concentraties en termijnen

1. Een aan te melden concentratie wordt niet tot stand gebracht zolang deze niet is aangemeld. Daarnaast zijn de volgende termijnen van toepassing:

a. indien de Commissie de volledige aanmelding heeft ontvangen, wordt de concentratie niet tot stand gebracht voor een periode van 25 werkdagen na ontvangst van die aanmelding;

b. indien de Commissie uiterlijk 25 werkdagen na ontvangst van de volledige aanmelding een diepgaand onderzoek inleidt, wordt de concentratie niet tot stand gebracht voor een periode van 90 werkdagen na de inleiding van het diepgaande onderzoek; die periode wordt met 15 werkdagen verlengd indien de betrokken ondernemingen overeenkomstig artikel 6 verbintenissen aanbieden om de verstoring op de interne markt te verhelpen;

c. indien bij een besluit krachtens artikel 24, lid 3, punt a) of b), is verklaard dat de concentratie de interne markt niet verstoort, mag deze vervolgens tot stand worden gebracht.

Iedere periode vangt aan op de eerste werkdag na de ontvangst van, respectievelijk, de volledige aanmelding of de vaststelling van het desbetreffende besluit van de Commissie.

2. Lid 1 staat niet in de weg aan de tenuitvoerlegging van een openbaar overnamebod of van een reeks transacties met effecten, met inbegrip van effecten converteerbaar in andere effecten, die ter verhandeling worden toegelaten tot een markt, zoals een effectenbeurs, waardoor zeggenschap wordt verkregen van meerdere verkopers, mits:

a. de concentratie overeenkomstig artikel 19 onverwijld bij de Commissie wordt aangemeld, en

b. de verkrijger de aan de betrokken effecten verbonden stemrechten niet uitoefent dan wel slechts uitoefent om de volle waarde van zijn belegging te handhaven op basis van een door de Commissie overeenkomstig lid 3 verleende ontheffing.

3. De Commissie kan op verzoek ontheffing verlenen van de in lid 1 of 2 vastgestelde verplichtingen. Het verzoek om een ontheffing vermeldt de gronden voor de ontheffing. Bij haar beslissing over het verzoek houdt de Commissie met name rekening met de gevolgen van de opschorting voor één of meer bij de concentratie betrokken ondernemingen of voor derden, alsmede met het risico op een verstoring op de interne markt dat de concentratie kan inhouden. Aan een dergelijke ontheffing kunnen voorwaarden en verplichtingen worden verbonden om te waarborgen dat er geen verstoring op de interne markt is. Een ontheffing kan te allen tijde, ofwel vóór de aanmelding ofwel na de transactie, worden aangevraagd en verleend.

4. De in lid 1, punt b), gestelde termijnen worden verlengd indien de betrokken ondernemingen uiterlijk binnen 15 werkdagen na de inleiding van het diepgaande onderzoek krachtens artikel 8 een verzoek daartoe indienen. De betrokken ondernemingen kunnen slechts één dergelijk verzoek indienen. Evenzo kunnen op elk ogenblik na de inleiding van het diepgaande onderzoek de in de lid 1, punt b), gestelde termijnen met instemming van de betrokken ondernemingen door de Commissie worden verlengd. De totale duur van de verlenging of verlengingen die krachtens dit lid worden toegestaan, bedraagt niet meer dan 20 werkdagen.

5. De in lid 1 gestelde termijnen kunnen bij uitzondering worden geschorst indien de ondernemingen niet de volledige informatie hebben verstrekt die de Commissie op grond van artikel 11 had gevraagd, of geweigerd hebben zich aan een bij een besluit krachtens artikel 12 gelaste inspectie te onderwerpen.

6. De Commissie kan krachtens artikel 24, lid 3, een besluit vaststellen zonder dat zij gebonden is aan de in de leden 1 en 4 genoemde termijnen, in gevallen waarin:

a. zij vaststelt dat een concentratie tot stand is gebracht in strijd met de verbintenissen verbonden aan een besluit op grond van artikel 24, lid 3, punt a), waarbij is vastgesteld dat, zonder de verbintenissen, de concentratie de interne markt zou verstoren; of

b. een besluit krachtens artikel 24, lid 1, is herroepen.

7. Transacties die in strijd met lid 1 tot stand worden gebracht, worden alleen als geldig beschouwd nadat een besluit krachtens artikel 24, lid 3, is vastgesteld.
8. Dit artikel tast niet de geldigheid aan van transacties met effecten, met inbegrip van effecten converteerbaar in andere effecten, die ter verhandeling worden toegelaten tot een markt, zoals een effectenbeurs, tenzij de kopers en de verkopers wisten of dienden te weten dat de transactie in strijd met lid 1 tot stand is gebracht.

Artikel 24. Procedurevoorschriften voor de voorlopige beoordeling en het diepgaande onderzoek van aangemelde concentraties

1. Artikel 8, artikel 9, leden 1, 3 en 4, en de artikelen 10, 11, 12, 13, 14 en 16 zijn op aangemelde concentraties van toepassing.
2. De Commissie kan een diepgaand onderzoek krachtens artikel 8, lid 2, inleiden uiterlijk 25 werkdagen na ontvangst van de volledige aanmelding.
3. Na het diepgaande onderzoek stelt de Commissie een van de volgende besluiten vast:
   a. een besluit met verbintenissen krachtens artikel 9, lid 3;
   b. een besluit "geen bezwaar" krachtens artikel 9, lid 4;
   c. een besluit dat een concentratie verbiedt, indien de Commissie tot de bevinding komt dat een buitenlandse subsidie de interne markt verstoort in de zin van de artikelen 3 tot en met 5.
4. Besluiten krachtens lid 3 worden uiterlijk binnen 90 werkdagen na het inleiden van het diepgaande onderzoek vastgesteld, eventueel te verlengen overeenkomstig artikel 23, lid 1, punt b), of artikel 23, leden 4 en 5. Indien de Commissie binnen die termijn geen besluit vaststelt, mogen de betrokken ondernemingen de concentratie tot stand brengen.
5. In informatieverzoeken aan een onderneming vermeldt de Commissie of termijnen op grond van artikel 23, lid 5, worden opgeschort indien de onderneming binnen de gestelde termijn geen volledige informatie verschaft.
6. De Commissie kan, indien zij tot de bevinding komt dat een concentratie reeds tot stand is gebracht en gebleken is dat die concentratie de interne markt verstoort in de zin van de artikelen 3 tot en met 5, een van de volgende maatregelen vaststellen:
   a. de betrokken ondernemingen verplichten de concentratie te ontbinden, met name door ontbinding van de fusie of door verkoop van alle verkregen aandelen of activa, om zo de situatie te herstellen zoals die bestond vóór de totstandbrenging van de concentratie; indien herstel van de situatie zoals die vóór de totstandbrenging van de concentratie bestond, door middel van ontbinding van de concentratie niet mogelijk is, kan de Commissie elke andere passende maatregel nemen om, voor zover mogelijk, een dergelijk herstel te bereiken;
   b. elke andere passende maatregel gelasten om te bereiken dat de betrokken ondernemingen de concentratie ontbinden of andere herstelmaatregelen nemen zoals opgelegd in haar besluit.

   De in de punten a) en b) genoemde maatregelen kunnen worden opgelegd bij een besluit krachtens lid 3, punt c), of bij een afzonderlijk besluit.

   De Commissie kan de in de punten a) of b) genoemde maatregelen vaststellen indien zij tot de bevinding komt dat een concentratie tot stand is gebracht in strijd met een besluit krachtens lid 3, punt a), waarbij is vastgesteld dat, zonder de verbintenissen, de concentratie aan het criterium van lid 3, punt c), zou voldoen.
7. De Commissie kan de in artikel 10 bedoelde voorlopige maatregelen ook gelasten wanneer:
   a. een concentratie in strijd met artikel 19 tot stand is gebracht;
   b. een concentratie in strijd met een besluit met verbintenissen krachtens lid 3, punt a), van dit artikel tot stand is gebracht.

Artikel 25. Geldboeten en dwangsommen in concentratiezaken

1. De Commissie kan geldboeten en dwangsommen opleggen zoals vastgesteld in artikel 15.
2. Daarnaast kan de Commissie bij besluit aan de betrokken ondernemingen geldboeten van ten hoogste 1 % van de in het voorafgaande boekjaar behaalde totale omzet opleggen, indien deze, opzettelijk of uit onachtzaamheid, onjuiste of misleidende informatie verstrekken in een aanmelding overeenkomstig artikel 19 of in een aanvulling daarop.
3. De Commissie kan bij besluit aan de betrokken ondernemingen geldboeten van ten hoogste 10 % van de in het voorafgaande boekjaar behaalde totale omzet opleggen, indien zij opzettelijk of uit onachtzaamheid:
   a. nalaten een aan te melden concentratie overeenkomstig artikel 19 vóór de totstandbrenging ervan aan te melden, tenzij zij daartoe uitdrukkelijk krachtens artikel 23 zijn gemachtigd;
   b. een aangemelde concentratie tot stand brengen in strijd met artikel 23;

c. een aangemelde concentratie die overeenkomstig artikel 24, lid 3, punt c), is verboden, tot stand brengen.

Hoofdstuk 4. Openbare aanbestedingsprocedures

Artikel 26. Verstoringen op de interne markt door buitenlandse subsidies bij openbare aanbestedingsprocedures

Onder buitenlandse subsidies die een verstoring van een openbare aanbestedingsprocedure veroorzaken of dreigen te veroorzaken, worden buitenlandse subsidies verstaan die een onderneming in staat stellen om voor de betrokken werken, leveringen of diensten een inschrijving in te dienen die kennelijk voordelig is. De beoordeling van de vraag of er sprake is van een verstoring op de interne markt in de zin van artikel 3 en of van een inschrijving met betrekking tot werken, leveringen of diensten die kennelijk voordelig is, blijft beperkt tot de betrokken openbare aanbestedingsprocedure. Alleen buitenlandse subsidies die in de drie jaar vóór de aanmelding zijn toegekend, worden in de beschouwing betrokken.

Artikel 27. Omschrijving van en aanmeldingsdrempel in openbare aanbestedingsprocedures

1. Voor de toepassing van artikel 28 wordt onder "openbare aanbestedingsprocedure" begrepen:
a. alle soorten in Richtlijn 2014/24/EU en Richtlijn 2014/25/EU van het Europees Parlement en de Raad vastgestelde gunningsprocedures voor de plaatsing van een overheidsopdracht in de zin van artikel 2, lid 1, punt 5, van Richtlijn 2014/24/EU of een opdracht voor werken, leveringen en diensten in de zin van artikel 2, punt 1, van Richtlijn 2014/25/EU;
b. een procedure voor de gunning van een concessie voor werken of voor diensten in de zin van artikel 5, punt 1, van Richtlijn 2014/23/EU van het Europees Parlement en de Raad;
c. procedures voor de gunning van opdrachten bedoeld in artikel 10, lid 4, punt a), van Richtlijn 2014/23/EU, artikel 9, lid 1, punt a), van Richtlijn 2014/24/EU en artikel 20, lid 1, punt a), van Richtlijn 2014/25/EU.
2. Voor de toepassing van artikel 28 wordt er geacht sprake te zijn van een aan te melden buitenlandse financiële bijdrage in een openbare aanbestedingsprocedure in de EU indien de geraamde waarde van die overheidsopdracht gelijk is aan of groter dan 250 miljoen EUR.
3. Procedures voor de gunning van opdrachten die onder het toepassingsgebied van Richtlijn 2009/81/EG van het Europees Parlement en de Raad[2] vallen, vallen niet onder dit hoofdstuk.
4. Voor de toepassing van dit hoofdstuk zijn de definities van het begrip "aanbestedende dienst" in artikel 6 van Richtlijn 2014/23/EU, artikel 2, lid 1, van Richtlijn 2014/24/EU en artikel 3 van Richtlijn 2014/25/EU en van het begrip "aanbestedende instantie" in artikel 7 van Richtlijn 2014/23/EU en artikel 4 van Richtlijn 2014/25/EU van toepassing.

Artikel 28. Voorafgaande aanmelding van buitenlandse financiële bijdragen in het kader van openbare aanbestedingsprocedures

1. Bij het indienen van een inschrijving of bij een verzoek tot deelname aan een openbare aanbestedingsprocedure doen ondernemingen bij de aanbestedende dienst of de aanbestedende instantie aanmelding van alle in de drie jaar vóór die aanmelding ontvangen buitenlandse financiële bijdragen of bevestigen zij in een verklaring dat zij in de voorbije drie jaar geen buitenlandse financiële bijdragen hebben ontvangen. Aan ondernemingen die deze informatie of verklaring niet verstrekken, wordt de opdracht niet gegund.
2. De verplichting uit hoofde van dit lid om buitenlandse financiële bijdragen aan te melden, geldt voor ondernemers, voor in artikel 26, lid 2, van Richtlijn 2014/23/EU, artikel 19, lid 2, van Richtlijn 2014/24/EU en artikel 37, lid 2, van Richtlijn 2014/25/EU bedoelde combinaties van ondernemers, voor hoofdonderaannemers en voor hoofdleveranciers. Een onderaannemer of leverancier geldt als hoofdonderaannemer of hoofdleverancier indien zijn deelname de belangrijkste elementen van de uitvoering van de opdracht garandeert en hoe dan ook indien het economische aandeel van zijn bijdrage meer dan 30 % van de geraamde waarde van de opdracht bedraagt.
3. Voor combinaties van ondernemers, hoofdonderaannemers en hoofdleveranciers neemt de leidinggevende ondernemer de aanmelding voor zijn rekening.

[2] Richtlijn 2009/81/EG van het Europees Parlement en de Raad van 13 juli 2009 betreffende de coördinatie van de procedures voor het plaatsen door aanbestedende diensten van bepaalde opdrachten voor werken, leveringen en diensten op defensie- en veiligheidsgebied, en tot wijziging van Richtlijnen 2004/17/EG en 2004/18/EG (PB L 216 van 20.8.2009, blz. 76).

4. De aanbestedende dienst of de aanbestedende instantie geleidt de aanmelding onverwijld naar de Commissie door.
5. Indien de in lid 1 bedoelde onderneming, ondernemers of groepen van ondernemers een buitenlandse financiële bijdragen niet aanmelden, of indien die aanmelding niet naar de Commissie wordt doorgeleidt, kan de Commissie een onderzoek beginnen.
6. Indien de Commissie vermoedt dat een onderneming in de drie jaar vóór de inschrijving of vóór het verzoek tot deelname aan de openbare aanbestedingsprocedure buitenlandse subsidies heeft ontvangen, kan zij, op enig tijdstip vóór de gunning van de opdracht, de aanmelding eisen van de buitenlandse financiële bijdragen die deze onderneming heeft ontvangen in openbare aanbestedingsprocedures en die niet krachtens artikel 27, lid 2, hoefden te worden aangemeld of die onder de toepassing van lid 5 van dit artikel vallen. Zodra de Commissie de aanmelding van dit soort financiële bijdrage heeft gevraagd, wordt deze beschouwd als een aan te melden buitenlandse financiële bijdrage in een openbare aanbestedingsprocedure.

Artikel 29. Procedurevoorschriften voor de voorlopige beoordeling en het diepgaande onderzoek van aangemelde financiële bijdragen in openbare aanbestedingsprocedures

1. Artikel 8, artikel 9, leden 1, 3 en 4, en de artikelen 11, 12, 13, 14, 16 en 22 zijn van toepassing op aangemelde financiële bijdragen in openbare aanbestedingsprocedures.
2. De Commissie voert uiterlijk 60 dagen nadat zij de aanmelding heeft ontvangen, een voorlopige beoordeling uit.
3. De Commissie beslist binnen de termijn voor het afronden van een voorlopige beoordeling of zij een diepgaand onderzoek inleidt en stelt de betrokken onderneming en de aanbestedende dienst of de aanbestedende instantie daarvan onverwijld in kennis.
4. De Commissie kan een besluit tot afsluiting van het diepgaande onderzoek vaststellen uiterlijk 200 dagen na ontvangst van de aanmelding. In uitzonderlijke omstandigheden kan deze termijn, na raadpleging van de betrokken aanbestedende dienst of aanbestedende instantie, worden verlengd.

Artikel 30. Besluiten van de Commissie

1. Indien de Commissie na een diepgaand onderzoek tot de bevinding komt dat een onderneming een buitenlandse subsidie heeft ontvangen die de interne markt verstoort in de zin van de artikelen 3 tot en met 5, en indien de betrokken onderneming verbintenissen aanbiedt die de verstoring op de interne markt volledig en effectief opheffen, stelt zij krachtens artikel 9, lid 3, een besluit met verbintenissen vast. De beoordeling krachtens artikel 5 resulteert niet in een met het Unierecht onverenigbare wijziging van de oorspronkelijk door de onderneming ingediende inschrijving.
2. Indien de betrokken onderneming geen verbintenissen aanbiedt of indien de Commissie de in lid 1 bedoelde verbintenissen niet passend en afdoende acht om de verstoring volledig en effectief te verhelpen, stelt zij een besluit vast waarbij de gunning van de opdracht aan de betrokken onderneming wordt verboden ("verbodsbesluit voor de gunning van de opdracht").
3. Wanneer de Commissie na een diepgaand onderzoek niet tot de bevinding komt dat een onderneming een buitenlandse subsidie ontvangt die de interne markt verstoort, stelt zij een besluit krachtens artikel 9, lid 4, vast.

Artikel 31. Evaluaties in openbare aanbestedingsprocedures met een aanmelding en opschorting van de gunning

1. Tijdens de voorlopige beoordeling en het diepgaande onderzoek kan de evaluatie van de inschrijvingen in een openbare aanbestedingsprocedure doorlopen. De opdracht wordt niet gegund voordat de in artikel 29, lid 2, gestelde termijn is verstreken.
2. Indien krachtens artikel 29, lid 3, een besluit tot inleiding van een diepgaand onderzoek wordt genomen, wordt de opdracht aan een onderneming die een aanmelding op grond van artikel 28 indient, pas gegund nadat de Commissie tot een besluit op grond van artikel 30, lid 3, is gekomen of nadat de in artikel 29, lid 4, gestelde termijn is verstreken. Indien de Commissie binnen deze termijn geen besluit heeft vastgesteld, mag de opdracht aan enigerlei onderneming worden gegund, ook aan de onderneming die de aanmelding heeft ingediend.
3. De opdracht mag alleen worden gegund aan een onderneming die op grond van artikel 28 een verklaring heeft ingediend voordat de Commissie een van de in artikel 30 genoemde besluiten vaststelt of voordat in de in artikel 29, lid 4, gestelde termijn is verstreken, indien de evaluatie van de inschrijving heeft aangetoond dat de betrokken onderneming hoe dan ook de meest voordelige inschrijving heeft ingediend.

4. Indien de Commissie krachtens artikel 30, lid 2, een besluit over de meest voordelige inschrijving afgeeft, kan de opdracht worden gegund aan de onderneming die de op één na beste inschrijving heeft ingediend en niet onder een besluit krachtens artikel 30, lid 2, valt.
5. Indien de Commissie krachtens artikel 30, lid 1 of 3, een besluit vaststelt, mag de opdracht worden gegund aan iedere onderneming die de meest voordelige inschrijving heeft ingediend, met inbegrip van (in voorkomend geval) de onderneming of ondernemingen die op grond van artikel 28 de aanmelding heeft of hebben ingediend.
6. In alle gevallen stelt de aanbestedende dienst of de aanbestedende instantie de Commissie in kennis van alle besluiten met betrekking tot de uitkomst van de openbare aanbestedingsprocedure.
7. De beginselen inzake overheidsopdrachten – zoals evenredigheid, non-discriminatie, gelijke behandeling en transparantie – worden in acht genomen ten aanzien van alle ondernemingen die bij de openbare aanbestedingsprocedure zijn betrokken. Het onderzoek van buitenlandse subsidies op grond van deze verordening leidt er niet toe dat de aanbestedende dienst of de aanbestedende instantie de betrokken onderneming behandelt op een wijze die met die beginselen strijdig is.
8. Iedere termijn vangt aan op de eerste werkdag na de ontvangst van de aanmelding of de vaststelling van het desbetreffende besluit van de Commissie.

Artikel 32. Geldboeten en dwangsommen voor financiële bijdragen in het kader van openbare aanbestedingsprocedures

1. De Commissie kan geldboeten en dwangsommen opleggen zoals vastgesteld in artikel 15.
2. Daarnaast kan de Commissie bij besluit aan de betrokken ondernemingen geldboeten van ten hoogste 1 % van de in het voorafgaande boekjaar behaalde totale omzet opleggen, indien deze, opzettelijk of uit onachtzaamheid, onjuiste of misleidende informatie verstrekken in een aanmelding overeenkomstig artikel 28 of in een aanvulling daarop.
3. De Commissie kan bij besluit aan de betrokken ondernemingen geldboeten van ten hoogste 10 % van de in het voorafgaande boekjaar behaalde totale omzet opleggen, indien deze, opzettelijk of uit onachtzaamheid, tijdens de openbare aanbestedingsprocedure een subsidie niet overeenkomstig artikel 28 aanmelden.

Hoofdstuk 5. Gemeenschappelijke procedurevoorschriften

Artikel 33. Verhouding tussen procedures

1. Een financiële bijdrage die op grond van artikel 19 in het kader van een concentratie is aangemeld, kan relevant zijn en opnieuw worden beoordeeld met betrekking tot een andere economische activiteit.
2. Een financiële bijdrage die op grond van artikel 28 in het kader van een openbare aanbestedingsprocedure is aangemeld, kan relevant zijn en kan opnieuw worden beoordeeld met betrekking tot een andere economische activiteit.

Artikel 34. Marktonderzoek

1. Indien de beschikbare informatie een redelijk vermoeden staaft dat buitenlandse subsidies in een specifieke bedrijfstak, voor een specifiek type economische activiteit of op basis van een specifiek subsidie-instrument de interne markt kunnen verstoren, kan de Commissie een marktonderzoek voeren naar die specifieke bedrijfstak, dat specifieke type economische activiteit of het gebruik van het betrokken subsidie-instrument. Tijdens dat marktonderzoek kan de Commissie de betrokken ondernemingen of ondernemersverenigingen vragen de noodzakelijke informatie te verstrekken en kan zij de noodzakelijke inspecties verrichten. De Commissie kan ook de betrokken lidstaat of het betrokken derde land vragen informatie te verstrekken.
2. De Commissie kan een verslag bekendmaken over de uitkomsten van haar marktonderzoek naar specifieke bedrijfstakken, specifieke types economische activiteit of specifieke subsidie-instrumenten en kan belanghebbenden verzoeken opmerkingen te maken.
3. De Commissie kan de met dergelijke marktonderzoeken verkregen informatie gebruiken in het kader van procedures op grond van deze verordening.
4. De artikelen 11, 12, 13 en 15 van deze verordening zijn van toepassing.

Artikel 35. Verjaringstermijnen

1. Voor de bevoegdheden van de Commissie uit hoofde van artikel 9 geldt een verjaringstermijn van tien jaar, die ingaat op de dag waarop een buitenlandse subsidie aan de betrokken onderneming wordt toegekend. De verjaringstermijn wordt gestuit door elke door de Commissie op grond van de artikelen 8, 11, 12 of 13 ten

aanzien van een buitenlandse subsidie gestelde handeling. Na iedere stuiting begint een nieuwe verjaringstermijn te lopen.

2. Voor de bevoegdheden van de Commissie om geldboeten en dwangsommen op grond van de artikelen 15, 25 en 32 op te leggen, geldt een verjaringstermijn van drie jaar, die ingaat op de dag waarop de in de artikelen 15, 25 of 32 bedoelde inbreuk is gemaakt. Bij voortdurende of voortgezette inbreuken gaat de verjaringstermijn in op de dag waarop de inbreuk is beëindigd. De verjaringstermijn voor het opleggen van geldboeten of dwangsommen wordt gestuit door elke handeling van de Commissie ten aanzien van een in de artikelen 15, 25 of 32 bedoelde inbreuk. Na iedere stuiting begint een nieuwe verjaringstermijn te lopen.

3. Voor de bevoegdheden van de Commissie om besluiten af te dwingen waarbij geldboeten en dwangsommen op grond van de artikelen 15, 25 en 32 worden opgelegd, geldt een verjaringstermijn van vijf jaar, die ingaat op de dag waarop het besluit van de Commissie tot het opleggen van geldboeten of dwangsommen is genomen. Iedere handeling die door de Commissie, of door een op verzoek van de Commissie handelende lidstaat, wordt gesteld om de betaling van de geldboete of dwangsom af te dwingen, stuit die verjaringstermijn. Na iedere stuiting begint een nieuwe verjaringstermijn te lopen.

Artikel 36. Bekendmaking van besluiten

1. De Commissie maakt een samenvatting bekend van de besluiten die krachtens artikel 8, lid 2, zijn vastgesteld.

2. De Commissie maakt de krachtens artikel 9, leden 2, 3 en 4, artikel 24, lid 3, en artikel 30, leden 1, 2 en 3, vastgestelde besluiten in het *Publicatieblad van de Europese Unie* bekend.

3. Bij de bekendmaking van samenvattingen en besluiten houdt de Commissie terdege rekening met het rechtmatige belang van ondernemingen dat hun bedrijfsgevoelige informatie en andere vertrouwelijke informatie wordt beschermd.

Artikel 37. Adressaten van besluiten

1. Krachtens artikel 8, artikel 9, artikel 15, artikel 24, lid 3, artikel 25, artikel 30, lid 1, en artikel 32 vastgestelde besluiten worden gericht tot de betrokken ondernemingen of ondernemersvereniging. De Commissie brengt het besluit onverwijld ter kennis van de adressaat en geeft de adressaat de gelegenheid om de Commissie aan te geven welke informatie hij als vertrouwelijk beschouwt. De Commissie verstrekt de betrokken aanbestedende dienst of aanbestedende instantie een afschrift van alle besluiten van de Commissie die zijn gericht tot een onderneming die aan een openbare aanbestedingsprocedure deelneemt.

2. Krachtens artikel 30, leden 2 en 3, vastgestelde besluiten worden gericht tot de betrokken aanbestedende dienst of aanbestedende instantie. De Commissie verschaft de onderneming waaraan de overheidsopdracht niet mag worden gegund, een afschrift van dat besluit.

Artikel 38. Openbaarmaking en recht van verweer

1. De Commissie geeft, voordat zij een besluit krachtens artikel 9, artikel 15, artikel 24, lid 3, punt c), artikel 25, artikel 30, lid 2, of artikel 32 vaststelt, de betrokken onderneming de gelegenheid opmerkingen te maken over de gronden waarop de Commissie voornemens is haar besluit vast te stellen.

2. De Commissie baseert haar besluiten uitsluitend op bezwaren ten aanzien waarvan de betrokken ondernemingen in de gelegenheid zijn gesteld hun opmerkingen kenbaar te maken.

Artikel 39. Geheimhoudingsplicht

1. De op grond van deze verordening verkregen informatie wordt uitsluitend gebruikt voor het doel waarvoor zij is verkregen.

2. De Commissie, haar functionarissen en andere onder haar toezicht werkende personen maken geen onder de geheimhoudingsplicht vallende informatie bekend die zij op grond van deze verordening hebben verkregen.

3. De leden 1 en 2 vormen geen beletsel voor de openbaarmaking van statistische gegevens en verslagen die geen informatie bevatten waaruit de identiteit van specifieke ondernemingen of ondernemersverenigingen blijkt.

Hoofdstuk 6. Verhouding tot andere instrumenten

Artikel 40. Verhouding tot andere instrumenten

1. Deze verordening laat de toepassing van de artikelen 101, 102, 106, 107 en 108 van het Verdrag, van Verordening (EG) nr. 1/2003 van de Raad[3] en van Verordening (EG) nr. 139/2004 van de Raad[4] onverlet.
2. Deze verordening laat de toepassing van Richtlijn (EU) 2016/1037 van het Europees Parlement en de Raad van 8 juni 2016 onverlet[5].
3. Deze verordening laat de toepassing van Richtlijn (EU) 2019/452 van het Europees Parlement en de Raad[6] onverlet.
4. Deze verordening heeft voorrang op Verordening (EU) 2016/1035 van het Europees Parlement en de Raad totdat die verordening overeenkomstig artikel 18 ervan van toepassing wordt. Wanneer na die datum een buitenlandse subsidie binnen het toepassingsgebied van zowel Verordening (EU) 2016/1035 als deze verordening valt, heeft Verordening (EU) 2016/1035 voorrang. De bepalingen van deze verordening die op overheidsopdrachten en concentraties van toepassing zijn, hebben evenwel voorrang op Verordening (EU) 2016/1035.
5. Deze verordening heeft voorrang op Verordening (EEG) nr. 4057/86 van de Raad.
6. Deze verordening laat de toepassing van Richtlijn (EU) 2019/712 van het Europees Parlement en de Raad onverlet. Aan te melden concentraties in de zin van artikel 18 van deze verordening waarbij luchtvaartmaatschappijen betrokken zijn, vallen onder de bepalingen van hoofdstuk 3. Openbare aanbestedingsprocedures in de zin van artikel 27 van deze verordening waarbij luchtvaartmaatschappijen betrokken zijn, vallen onder de bepalingen van hoofdstuk 4.
7. Een onderzoek op grond van deze verordening wordt niet uitgevoerd, noch worden maatregelen opgelegd of gehandhaafd indien dat onderzoek of die maatregelen strijdig zijn met de verplichtingen van de Unie uit hoofde van ter zake relevante internationale overeenkomsten die de Unie heeft gesloten. Met name worden krachtens deze verordening geen maatregelen getroffen die neerkomen op een bijzondere maatregel tegen een subsidie in de zin van artikel 32.1 van de overeenkomst inzake subsidies en compenserende maatregelen. Deze verordening staat er niet aan in de weg dat de Unie op grond van internationale overeenkomsten haar rechten uitoefent of haar verplichtingen nakomt.

Hoofdstuk 7. Overgangs- en slotbepalingen

Artikel 41. Comitéprocedure voor besluiten

Besluiten krachtens artikel 9, artikel 24, lid 3, en artikel 30 worden vastgesteld volgens de in artikel 43, lid 2, bedoelde raadplegingsprocedure.

Artikel 42. Comitéprocedure voor uitvoeringshandelingen

1. De Commissie is bevoegd gedelegeerde handelingen vast te stellen met betrekking tot:
   a. de vorm, inhoud en procedureregels voor de aanmelding van concentraties op grond van artikel 19;
   b. vorm, inhoud en procedureregels voor de aanmelding van buitenlandse financiële bijdragen in openbare aanbestedingsprocedures op grond van artikel 28;
   c. nadere gegevens over de openbaarmaking op grond van artikel 38;
   d. de vorm, inhoud en procedureregels voor transparantievereisten;
   e. nadere regels voor de berekening van termijnen;
   f. de voorwaarden en termijnen om verbintenissen voor te stellen op grond van artikel 30;
   g. nadere regels over de in de artikelen 28, 29, 30 en 31 bedoelde procedurele stappen met betrekking tot onderzoeken naar openbare aanbestedingsprocedures.
2. De in lid 1 bedoelde uitvoeringshandelingen worden volgens de in artikel 43, lid 2, bedoelde raadplegingsprocedure vastgesteld.

Artikel 43. Comité

1. De Commissie wordt bijgestaan door een comité. Dat comité is een comité in de zin van Verordening (EU) nr. 182/2011.
2. Indien naar dit lid wordt verwezen, is artikel 4 van Verordening (EU) nr. 182/2011 van toepassing.

3. Verordening (EG) nr. 1/2003 van de Raad van 16 december 2002 betreffende de uitvoering van de mededingingsregels van de artikelen 81 en 82 van het Verdrag (PB L 1 van 4.1.2003, blz. 1).
4. Verordening (EG) nr. 139/2004 van de Raad van 20 januari 2004 betreffende de controle op concentraties van ondernemingen (PB L 24 van 29.1.2004, blz. 1).
5. Verordening (EU) 2016/1037 van het Europees Parlement en de Raad betreffende bescherming tegen invoer met subsidiëring uit landen die geen lid zijn van de Europese Unie (PB L 176 van 30.6.2016, blz. 55).
6. Verordening (EU) 2019/452 van het Europees Parlement en de Raad van 19 maart 2019 tot vaststelling van een kader voor de screening van buitenlandse directe investeringen in de Unie (PB L 79I van 21.3.2019, blz. 1).

Artikel 44. Gedelegeerde handelingen

1. De Commissie is bevoegd gedelegeerde handelingen vast te stellen met betrekking tot:
   a. de wijziging van de in de artikel 18 en 27 vastgestelde aanmeldingsdrempels, in het licht van de praktijk van de Commissie tijdens de eerste vijf jaar van toepassing van deze verordening, en rekening houdende met de doeltreffendheid van de toepassing;
   b. de ontheffing van bepaalde categorieën betrokken ondernemingen van de verplichting tot aanmelding overeenkomstig de artikelen 19 en 28, in het licht van de praktijk van de Commissie in de eerste vijf jaar van toepassing van deze verordening, ingeval met deze praktijk economische activiteiten kunnen worden geïdentificeerd waarbij buitenlandse subsidies de interne markt waarschijnlijk niet verstoren;
   c. de wijziging van de in de artikelen 24 en 29 voor toetsing en diepgaande onderzoeken gestelde termijnen.
2. De in lid 1 bedoelde gedelegeerde handelingen worden overeenkomstig artikel 45 vastgesteld.

Artikel 45. Uitoefening van de bevoegdheidsdelegatie

1. De bevoegdheid om gedelegeerde handelingen vast te stellen, wordt aan de Commissie toegekend onder de in dit artikel neergelegde voorwaarden.
2. De in artikel 44 bedoelde bevoegdheid om gedelegeerde handelingen vast te stellen, wordt aan de Commissie toegekend voor onbepaalde tijd met ingang van twee jaar na de datum van inwerkingtreding van deze verordening.
3. Het Europees Parlement of de Raad kan de in artikel 44 bedoelde bevoegdheidsdelegatie te allen tijde intrekken. Het besluit tot intrekking beëindigt de delegatie van de in dat besluit genoemde bevoegdheid. Het wordt van kracht op de dag na die van de bekendmaking ervan in het *Publicatieblad van de Europese Unie* of op een daarin genoemde latere datum. Het laat de geldigheid van reeds van kracht zijnde gedelegeerde handelingen onverlet.
4. Vóór de vaststelling van een gedelegeerde handeling raadpleegt de Commissie de door elke lidstaat aangewezen deskundigen overeenkomstig de beginselen die zijn neergelegd in het Interinstitutioneel Akkoord van 13 april 2016 over beter wetgeven.
5. Zodra de Commissie een gedelegeerde handeling heeft vastgesteld, doet zij daarvan gelijktijdig kennisgeving aan het Europees Parlement en de Raad.
6. Een overeenkomstig artikel 44 vastgestelde gedelegeerde handeling treedt alleen in werking indien het Europees Parlement noch de Raad daartegen binnen een termijn van twee maanden na de kennisgeving van de handeling aan het Europees Parlement en de Raad bezwaar heeft gemaakt, of indien zowel het Europees Parlement als de Raad voor het verstrijken van die termijn de Commissie hebben medegedeeld dat zij daartegen geen bezwaar zullen maken. Die termijn wordt op initiatief van het Europees Parlement of de Raad met twee maanden verlengd.

Artikel 46. Evaluatie

Uiterlijk vijf jaar na de inwerkingtreding van deze verordening dient de Commissie bij het Europees Parlement en de Raad een verslag in over de toepassing van deze verordening, in voorkomend geval vergezeld van de nodige wetgevingsvoorstellen.

Artikel 47. Overgangsbepalingen

1. Deze verordening is van toepassing op buitenlandse subsidies die zijn toegekend in de tien jaar vóór de datum van toepassing van deze verordening, indien die buitenlandse subsidies de interne markt verstoren nadat deze verordening van toepassing werd.
2. Deze verordening is van toepassing op buitenlandse financiële bijdragen die zijn toegekend in de drie jaar vóór de datum van toepassing van deze verordening, indien die buitenlandse financiële bijdragen zijn toegekend aan een onderneming die op grond van deze verordening een concentratie aanmeldt of die financiële bijdragen in het kader van een openbare aanbestedingsprocedure aanmeldt.
3. Deze verordening is niet van toepassing op concentraties waarvoor de overeenkomst is gesloten, het openbaar overnamebod is aangekondigd of een zeggenschapsbelang is verworven vóór de datum van toepassing van deze verordening.
4. Deze verordening is niet van toepassing op openbare aanbestedingsprocedures die zijn ingeleid vóór de datum van toepassing van deze verordening.

Artikel 48. Inwerkingtreding en datum van toepassing

Deze verordening treedt in werking op de twintigste dag na die van de bekendmaking ervan in het *Publicatieblad van de Europese Unie*.

Zij is van toepassing met ingang van [*datum – zes maanden na de datum van inwerkingtreding*].

Deze verordening is verbindend in al haar onderdelen en is rechtstreeks toepasselijk in elke lidstaat.

Gedaan te Brussel,

Voor het Europees Parlement	Voor de Raad
De voorzitter	De voorzitter

Transfer pricing (EU)

A. Verdrag ter afschaffing van dubbele belasting in geval van winstcorrecties tussen verbonden ondernemingen (90/436/EEG) ('Arbitrage Verdrag')[1, 2]

Gesloten door de EG-lidstaten op 23 juli 1990 en in werking getreden op 1 januari 1995. Het verdrag van 1990 is gewijzigd bij een Protocol van 25 mei 1999.[3]

Bij het aanvullende verdrag van 21 december 1995 zijn Oostenrijk, Finland en Zweden tot het verdrag van 1990 toegetreden. Bij het aanvullende verdrag van 8 december 2004 zijn Tsjechië, Estland, Cyprus, Letland, Litouwen, Hongarije, Malta, Polen, Slovenië en Slowakije toegetreden, en bij het aanvullend verdrag van 1 juli 2008 Bulgarije en Roemenië.

Het verdrag werd door Nederland goedgekeurd bij de wet van 27 oktober 1993 (Stb. 576). Voor de tekst van deze wet alsmede van de parlementaire behandeling ervan wordt verwezen naar Nederlandse Regelingen van Internationaal Belastingrecht, onderdeel III.H, hoofdstuk I (blz. 1 e.v.).

Hoofdstuk I. Toepassingsgebied van het Verdrag

Art 1. *[Gevallen waarop van toepassing]* 1. Dit Verdrag is van toepassing indien om fiscale redenen winst die is opgenomen in de winst van een onderneming van een verdragsluitende Staat, ook wordt of vermoedelijk zal worden opgenomen in de winst van een onderneming van een andere verdragsluitende Staat op grond van het feit dat de beginselen van artikel 4, die, hetzij rechtstreeks, hetzij in de overeenkomstige bepalingen van de wetgeving van de betrokken Staat, worden toegepast, niet in acht zijn genomen.
2. Voor de toepassing van dit Verdrag wordt een vaste inrichting van een onderneming van een verdragsluitende Staat die gelegen is in een andere verdragsluitende Staat, geacht een onderneming te zijn van de Staat waarin zij is gelegen.
3. Lid 1 is ook van toepassing, indien een der betrokken ondernemingen verliezen heeft geleden en geen winst heeft gemaakt.

Art. 2. *[Belastingen waarop van toepassing]* 1. Dit Verdrag is van toepassing op belastingen naar het inkomen.
2. De bestaande belastingen waarop dit verdrag van toepassing is, zijn met name:
i. in België:
a. de personenbelasting/impôt des personnes physiques,
b. de vennootschapsbelasting/impôt des sociétés,
c. de rechtspersonenbelasting/impôt des personnes morales,
d. de belasting der niet-verblijfhouders/impôt des non-résidents,
e. de aanvullende gemeente- en de agglomeratiebelasting op de personeelsbelasting/taxe communale et taxe d'agglomération additionnelles à l'impôt des personnes physiques;
ii. in Bulgaria:
a. данък върху доходите на физическите лица
b. корпоративен данък
iii. in de Tsjechische Republiek:
a. daň z přijmů fyzických osob,
b. daň z přijmů právnických osob;
iv. in Denemarken:
a. indkomstskat til staten,
b. den kommunale indkomstskat,
c. den amtskommunale indkomstskat;
v. in Duitsland:
a. Einkommensteuer,
b. Körperschaftsteuer,
c. Gewerbesteuer, voor zover deze belasting naar de ondernemingswinst wordt berekend;

1. *Trb.* 1990, 173 en 1997, 260.
2. *Publikatieblad EG* 16 juli 1999, nr. C 202/01; ook gepubliceerd in *Trb.* 1999, 148. Dit Protocol verlengt de initiële looptijd van het verdrag, te weten vijf jaar, via wijziging van artikel 20, voor perioden van telkens vijf jaar; zie nader dat artikel.
3. De daaruit voortvloeiende wijzigingen zijn in de tekst verwerkt. De tekst van het Protocol is hierna ook separaat opgenomen.

vi. in Estland:
a. tulumaks;
vii. in Griekenland:
a. φόρος εσοδήματος φυσικών προσώπων,
b. φόρος εσοδήματος νομικών προσώπων,
c. εισφορά υπέρ των επιχεειρήσεω ύδρευσης και αποχέτευσης;
viii.in Spanje:
a. Impuesto sobre la Renta de las Personas Fisicas,
b. Impuesto sobre Sociedades,
c. Impuesto sobre la Renta de no Residentes;
ix. in Frankrijk:
a. impôt sur le revenu,
b. impôt sur les sociétés;
x. in Ierland:
a. income tax,
b. corporation tax;
xi. in Italië:
a. imposta sul reddito delle persone fisiche,
b. imposta sul reddito delle società,
c. imposta regionale sulle attività produttive;
xii. in Cyprus:
a. Φόρος Εισοδήματος,
b. Ἐκτακτη Εισφορα για την Ἀμυνα της Δημοκρατιας;
xiii.in Letland:
a. uzdemumu ienakuma nodoklis,
b. iedzivotaju ienakuma nodoklis;
xiv. in Litouwen:
a. Gyventoju pajamu mokestis,
b. Pelno mokestis;
xv. in Luxemburg:
a. impôt sur le revenu des personnes physiques,
b. impôt sur le revenu des collectivités,
c. impôt commercial, voor zover deze belasting naar de ondernemingswinst wordt berekend;
xvi. in Hongarije:
a. személyi jövedelemadó,
b. társasági adó,
c. osztalékadó;
xvii.in de Republiek Malta:
a. taxxa fuq l-income;
xviii.in Nederland:
a. de inkomstenbelasting,
b. de vennootschapsbelasting;
xix. in Oostenrijk:
a. Einkommensteuer,
b. Körperschaftsteuer;
xx. in Polen:
a. podatek dochodowy od osób fizycznych,
b. podatek dochodowy od osób prawnych;
xxi. in Portugal:
a. imposto sobre o rendimento das pessoas singulares,
b. imposto sobre o rendimento das pessoas colectivas,
c. derrama para os municipios sobre o imposto sobre o rendimento das pessoas colectivas;
xxii.in Romania:
a. impozitul pe venit
b. impozitul pe profit
c. impozitul pe veniturile obţinute din România de nerezidenti
xxiii.in Slovenië:
a. dohodnina,
b. davek od dobioka pravnih oseb;
xxiv.in Slowakije:
a. daň z príjmov právnických osôb,
b. daň z príjmov fyzických osôb;

xxv.in Finland:
a. valtion tuloverot/de statliga inkomstskatterna,
b. yhteisöjen tulovero/inkomstskatten för samfund,
c. kunnallisvero/kommunalskatten,
d. kirkollisvero/kyrkoskatten,
e. kortotulon lähdevero/källskatten å ränteinkomst,
f. rajoitetusti verovelvollisen lähdevero/källskatten för begränsat skattsykyldig;

xxvi.in Zweden:
a. statlig inkomstskatt,
b. kupongskatt,
c. kommunal inkomstskatt;

xxvii.in het Verenigd Koninkrijk:
a. income tax,
b. corporation tax.

3. Dit Verdrag is ook van toepassing op alle gelijke of in wezen gelijksoortige belastingen die na de datum van ondertekening van dit Verdrag naast of in de plaats van de bestaande belastingen worden geheven. De bevoegde autoriteiten van de verdragsluitende Staten delen elkaar alle wijzigingen mee die in hun onderscheiden nationale wetgevingen zijn aangebracht.

Hoofdstuk II. Algemene bepalingen

Deel 1. Begripsbepalingen

Art. 3. *[Definities]* 1. In dit verdrag betekent de uitdrukking 'bevoegde autoriteit':

- *in België:*
  De Minister van Financiën of zijn bevoegde vertegenwoordiger
  Le Ministre des Finances of zijn bevoegde vertegenwoordiger
- *in Denemarken:*
  Skatteministeren of zijn bevoegde vertegenwoordiger
- *in Duitsland:*
  Der Bundesminister der Finanzen of zijn bevoegde vertegenwoordiger
- *in Griekenland:*
  Υπουργός των Οικονομικώς of zijn bevoegde vertegenwoordiger
- *in Spanje:*
  El Ministro de Economia y Hacienda of zijn bevoegde vertegenwoordiger
- *in Frankrijk:*
  Le Ministre chargé du budget of zijn bevoegde vertegenwoordiger
- *in Ierland:*
  The Revenue Commissioners of hun bevoegde vertegenwoordiger
- *in Italië:*
  Il Capo del Dipartimento per le Politiche Fiscali of zijn bevoegde vertegenwoordiger;
- *in Luxemburg:*
  Le Ministre des Finances of zijn bevoegde vertegenwoordiger
- *in Nederland:*
  De Minister van Financiën of zijn bevoegde vertegenwoordiger
- *in het Verenigd Koninkrijk:*
  The Commissioners of Inland Revenue of hun bevoegde vertegenwoordiger
- *in Portugal:*
  O Ministro das Finanças of zijn bevoegde vertegenwoordiger
- *in Oostenrijk:*
  Der Bundesminister für Finanzen of zijn bevoegde vertegenwoordiger
- *in Finland:*
  Valtiovarainministeriö of zijn bevoegde vertegenwoordiger
  Finansministeriet of zijn bevoegde vertegenwoordiger
- *in Zweden;*
  Finansministern of zijn bevoegde vertegenwoordiger.
- *in de Tsjechische Republiek:*
  Ministr financi of zijn bevoegde vertegenwoordiger;
- *in de Republiek Estland:*
  Rahandusminister of zijn bevoegde vertegenwoordiger;
- *in de Republiek Cyprus:*
  Ο Υπουρέος Οικονομικών of zijn bevoegde vertegenwoordiger;

- *in de Republiek Letland:*
Valsts iedemumu dienests;
- *in de Republiek Litouwen:*
Finansu ministras of zijn bevoegde vertegenwoordiger;
- *in de Republiek Hongarije:*
A pénzügyminiszter of zijn bevoegde vertegenwoordiger;
- *in de Republiek Malta:*
Il-Ministru responsabbli ghall-Finanzi of zijn bevoegde vertegenwoordiger;
- *in de Republiek Polen:*
Minister Finansów of zijn bevoegde vertegenwoordiger;
- *in de Republiek Slovenië:*
Ministrstvo za finance of zijn bevoegde vertegenwoordiger;
- *in de Slowaakse Republiek:*
Minister financii of zijn bevoegde vertegenwoordiger.
- *in Bulgaria:*
Министъра на финансите или негов упълномощен представител,
- *in Romania:*
Agenţia Naţionala de Administrare Fiscala.

2. Iedere uitdrukking die in dit Verdrag niet nader is omschreven, heeft, tenzij het zinsverband anders vereist, de betekenis welke zij heeft in het kader van het Verdrag tot het vermijden van dubbele belasting dat tussen de betrokken Staten is gesloten.

Deel 2. Beginselen die van toepassing zijn op de winstcorrecties tussen verbonden ondernemingen en op de toerekening van winst aan een vaste inrichting

Art. 4. *[Toepassing arm's length beginsel]* De volgende beginselen dienen in acht te worden genomen bij de toepassing van dit Verdrag:

1. Indien:

a. een onderneming van een verdragsluitende Staat onmiddellijk of middellijk deelneemt aan de leiding van, aan het toezicht op, dan wel in het kapitaal van een onderneming van een andere verdragsluitende Staat, of

b. dezelfde personen onmiddellijk of middellijk deelnemen aan de leiding van, aan het toezicht op, dan wel in het kapitaal van een onderneming van een verdragsluitende Staat en een onderneming van een andere verdragsluitende Staat,

en, in het ene of in het andere geval, tussen de beide ondernemingen in hun handelsbetrekkingen of financiële betrekkingen voorwaarden worden overeengekomen of opgelegd, die afwijken van die welke zouden worden overeengekomen tussen onafhankelijke ondernemingen, mag winst die een van de ondernemingen zonder deze voorwaarden zou hebben behaald, maar ten gevolge van die voorwaarden niet heeft behaald, worden begrepen in de winst van die onderneming en dienovereenkomstig worden belast.

2. Indien een onderneming van een verdragsluitende Staat in een andere verdragsluitende Staat haar bedrijf uitoefent door middel van een aldaar gevestigde vaste inrichting, wordt in elk van de Staten aan die vaste inrichting de winst toegerekend die zij geacht zou kunnen worden te behalen, indien zij een zelfstandige onderneming zou zijn die dezelfde of soortgelijke werkzaamheden zou uitoefenen onder dezelfde of soortgelijke omstandigheden en die geheel onafhankelijk transacties zou aangaan met de onderneming waarvan zij een vaste inrichting is.

Art. 5. *[Kennisgeving correctie]* Indien een verdragsluitende Staat het voornemen heeft de winst van een onderneming te corrigeren conform de beginselen van artikel 4, stelt hij de onderneming tijdig in kennis van zijn voornemen en geeft hij haar de gelegenheid de andere onderneming in te lichten, zodat deze de andere verdragsluitende Staat op haar beurt kan inlichten.

De verdragsluitende Staat die dergelijke inlichtingen verstrekt, mag niet worden verhinderd de beoogde correctie uit te voeren.

Indien beide ondernemingen en de andere verdragsluitende Staat na die kennisgeving de correctie aanvaarden, zijn de artikelen 6 en 7 niet van toepassing.

Deel 3. Regeling voor onderling overleg en arbitrageprocedure

Art. 6. *[Voorleggen aan bevoegde autoriteit]* 1. Indien een onderneming van oordeel is dat in een zaak waarop dit Verdrag van toepassing is, de beginselen van artikel 4 niet in acht zijn genomen, kan zij, onverminderd de in de wetgeving van de betrokken verdragsluitende Staten geldende rechtsmiddelen, haar zaak voorleggen aan de bevoegde autoriteit van de verdragsluitende Staat waarvan zij inwoner is of waarin haar vaste inrichting is gelegen. De zaak moet worden voorgelegd binnen drie jaar na de eerste kennisgeving van de maatregel waarvan dubbele belasting in de zin van artikel 1 het gevolg is of kan zijn.

De onderneming licht terzelfder tijd de bevoegde autoriteit in van de andere verdragsluitende Staten die eventueel bij de zaak betrokken zijn. De bevoegde autoriteit licht vervolgens onverwijld de bevoegde autoriteiten van die andere verdragsluitende Staten in.

2. *[Onderling overleg]* De bevoegde autoriteit tracht, indien het bezwaar haar gegrond voorkomt en indien zij niet zelf in staat is tot een bevredigende oplossing te komen, de aangelegenheid in onderlinge overeenstemming met de bevoegde autoriteit van iedere andere betrokken verdragsluitende Staat te regelen, teneinde dubbele belasting te voorkomen op basis van de in artikel 4 vermelde beginselen. De overeengekomen regeling wordt uitgevoerd ongeacht de termijnen in de nationale wetgeving van de betrokken verdragsluitende Staten.

Art. 7. *[Raadgevende commissie]* 1. Indien de betrokken bevoegde autoriteiten er binnen twee jaar gerekend vanaf de vroegste datum waarop de zaak aan een der bevoegde autoriteiten is voorgelegd overeenkomstig artikel 6, lid 1, niet in slagen tot een regeling te komen waardoor een einde wordt gemaakt aan dubbele belasting, richten zij een raadgevende commissie op die advies moet uitbrengen over de wijze waarop de dubbele belasting in kwestie moet worden afgeschaft.

De ondernemingen kunnen de nationale rechtsmiddelen van de betrokken verdragsluitende Staten aanwenden. Wanneer de zaak evenwel aan een rechtbank is voorgelegd, gaat de in de eerste alinea bedoelde termijn van twee jaar in op de datum waarop de beslissing in hoogste instantie volgens de nationale wetgeving definitief is geworden.

2. Het feit dat de zaak aan de raadgevende Commissie is voorgelegd vormt geen beletsel voor een verdragsluitende Staat om voor diezelfde zaak rechtsvervolging of procedures met het oog op de toepassing van administratieve sancties in te stellen of voort te zetten.

3. Indien de wetgeving van een verdragsluitende Staat de bevoegde autoriteiten niet de mogelijkheid laat van de beslissing van een rechterlijke instantie af te wijken, geldt lid 1 slechts indien de verbonden onderneming van die Staat de termijn voor het instellen van beroep heeft laten verstrijken, dan wel indien een zodanig beroep is ingetrokken voordat er een uitspraak is gedaan. Deze bepaling is niet van invloed op het beroep, voor zover dat betrekking heeft op andere elementen dan die welke in artikel 6 zijn bedoeld.

4. De bevoegde autoriteiten kunnen van de in lid 1 genoemde termijnen afwijken indien zij zulks overeenkomen en ook de betrokken verbonden ondernemingen daarmee instemmen.

5. Indien en voor zover de leden 1 tot en met 4 niet worden toegepast, blijven de rechten van elk der verbonden ondernemingen, als bedoeld in artikel 6, onverlet.

Art. 8. *[Uitzondering bij ernstige strafbaarheid]* 1. De bevoegde autoriteit van een verdragsluitende Staat is niet verplicht gebruik te maken van de regeling voor onderling overleg of de in artikel 7, lid 1, genoemde commissie op te richten wanneer in een gerechtelijke of administratieve procedure definitief wordt uitgesproken dat een van de betrokken ondernemingen, wegens handelingen die aanleiding geven tot winstcorrectie uit hoofde van artikel 4, ernstig strafbaar is.

2. Wanneer tegelijk met een van de in de artikelen 6 en 7 bedoelde procedures een gerechtelijke of administratieve procedure aanhangig is over de vraag of een van de betrokken ondernemingen, wegens handelingen die aanleiding geven tot winstcorrectie uit hoofde van artikel 4, ernstig strafbaar is, kunnen de bevoegde autoriteiten de afwikkeling van eerstgenoemde procedures schorsen totdat de gerechtelijke of administratieve procedure is voltooid.

Art. 9. *[Samenstelling commissie]* 1. De in artikel 7, lid 1, genoemde raadgevende commissie bestaat behalve de voorzitter uit:

– twee vertegenwoordigers van elke betrokken bevoegde autoriteit: dit aantal kan in onderling overleg tussen de bevoegde autoriteiten tot één worden beperkt;

– een even aantal onafhankelijke personen die aan de hand van de in lid 4 bedoelde lijst van personen in onderlinge overeenstemming of, bij gebreke van overeenstemming, door loting worden aangewezen door de betrokken bevoegde autoriteiten.

2. Tegelijk met de onafhankelijke personen wordt in overeenstemming met de voor de aanwijzing van deze personen geldende bepalingen voor ieder van hen een plaatsvervanger aangewezen voor het geval dat de onafhankelijke personen verhinderd zijn hun functie uit te oefenen.

3. In het geval van loting kan iedere onafhankelijke persoon door elk der bevoegde autoriteiten worden gewraakt in vooraf tussen de betrokken bevoegde autoriteiten overeengekomen omstandigheden, en voorts indien:

– deze persoon behoort tot een van de betrokken belastingdiensten of ten behoeve van een van deze diensten werkzaam is;

– deze persoon een belangrijke deelneming in een of in elk van de verbonden ondernemingen heeft of heeft gehad of er werknemer of adviseur van is of is geweest;

– deze persoon met het oog op de regeling van de te behandelen zaak of zaken onvoldoende garanties biedt voor de daarbij te betrachten objectiviteit.

4. Er wordt een lijst van onafhankelijke personen opgesteld uit de door de verdragsluitende Staten aangewezen onafhankelijke personen. Elke verdragsluitende Staat wijst daartoe vijf personen aan en stelt de secretaris-generaal van de Raad van de Europese Gemeenschappen van die aanwijzing in kennis.

Deze personen moeten onderdaan zijn van een verdragsluitende Staat en hun woonplaats hebben op het gebied waar dit Verdrag van toepassing is. Zij moeten bekwaam en onafhankelijk zijn.

De verdragsluitende Staten mogen wijzigingen aanbrengen in de in de eerste alinea bedoelde lijst. Zij stellen de secretaris-generaal van de Raad van de Europese Gemeenschappen daarvan onverwijld in kennis.

5. De vertegenwoordigers en onafhankelijke personen die zijn aangewezen overeenkomstig lid 1, wijzen aan de hand van de in lid 4 bedoelde lijst een voorzitter aan, onverminderd het recht van elke betrokken bevoegde autoriteit om de aldus gekozen persoon te wraken in een van de in lid 3 bedoelde situaties.

De voorzitter moet voldoen aan de vereisten om in zijn land de hoogste rechterlijke ambten te bekleden of moet bekend staan als een kundig rechtsgeleerde.

6. De leden van de raadgevende commissie zijn verplicht tot geheimhouding van al hetgeen hun uit hoofde van de procedure ter kennis komt. De verdragsluitende Staten stellen passende bepalingen vast om elke inbreuk op de geheimhoudingsplicht tegen te gaan. Zij delen de Commissie van de Europse Gemeenschappen onverwijld mede welke bepalingen zij hebben vastgesteld. De Commissie stelt de overige verdragsluitende Staten daarvan in kennis.

7. De verdragsluitende Staten doen het nodige opdat de raadgevende commissie, nadat de zaak haar is voorgelegd, onverwijld kan bijeenkomen.

Art. 10. *[Werkwijze commissie]* 1. Ten behoeve van de in artikel 7 bedoelde procedure kunnen de betrokken verbonden ondernemingen aan de raadgevende commissie alle inlichtingen, bewijsmiddelen en stukken verschaffen die naar hun mening dienstig kunnen zijn om tot een beslissing te komen. De ondernemingen en de bevoegde autoriteiten van de betrokken verdragsluitende Staten dienen te voldoen aan elk verzoek van de commissie om inlichtingen, bewijsmiddelen of stukken. Dit legt de bevoegde autoriteiten van de verdragsluitende Staat evenwel geen verplichting op om:

a. administratieve maatregelen te nemen die in strijd zijn met de wetgeving of de administratieve praktijk van die of van de andere verdragsluitende Staat;

b. inlichtingen te verstrekken die niet verkrijgbaar zijn volgens wetgeving of in de normale gang van zaken in de administratie van die of van de andere verdragsluitende Staat;

c. inlichtingen te verstrekken die een handels-, bedrijfs-, nijverheids- of beroepsgeheim of een fabrieks- of handelswerkwijze zouden onthullen, dan wel inlichtingen waarvan het verstrekken in strijd zou zijn met de openbare orde.

2. Elk van de verbonden ondernemingen kan op eigen verzoek door de raadgevende commissie worden gehoord of zich daar laten vertegenwoordigen. Indien de commissie zulks verlangt, is elk der verbonden ondernemingen gehouden voor haar te verschijnen of zich er te laten vertegenwoordigen.

Art. 11. *[Advies van commissie en kosten]* 1. De in artikel 7 bedoelde raadgevende commissie brengt binnen zes maanden nadat zij hierom werd verzocht, advies uit.

De commissie dient haar advies te baseren op de bepalingen van artikel 4.

2. De Commissie stelt haar advies vast met gewone meerderheid van haar leden. De betrokken bevoegde autoriteiten kunnen aanvullende procedureregels overeenkomen.

3. De kosten van de commissieprocedure worden, voor zover het niet de door de verbonden ondernemingen gemaakte kosten betreft, gelijkelijk over de betrokken verdragsluitende Staten verdeeld.

Art. 12. *[Besluit bevoegde autoriteiten]* 1. De bij de in artikel 7 bedoelde procedure betrokken bevoegde autoriteiten nemen in onderlinge overeenstemming en op basis van de bepalingen van artikel 4, een besluit tot afschaffing van de dubbele belasting binnen een termijn van zes maanden vanaf de datum waarop de commissie haar advies heeft uitgebracht.

De bevoegde autoriteiten kunnen een van het advies van de commissie afwijkend besluit nemen. Indien zij op dit punt niet tot overeenstemming kunnen komen, zijn zij verplicht zich aan het advies van de commissie te houden.

2. De bevoegde autoriteiten kunnen overeenkomen het in lid 1 bedoelde besluit te publiceren indien de betrokken ondernemingen hiermee instemmen.

Art. 13. *['Override' definitieve nationale beslissingen]* Het definitieve karakter van de beslissingen die de betrokken verdragsluitende Staten nemen met betrekking tot de belastingheffing van winsten die voortvloeien uit een transactie tussen verbonden ondernemingen, vormt geen beletsel om de in de artikelen 6 en 7 bedoelde procedures toe te passen.

Art. 14. *[Afschaffing dubbele belastingheffing]* Voor de toepassing van dit Verdrag wordt dubbele belastingheffing op winst geacht te zijn afgeschaft, indien:

a. ofwel de winst is opgenomen in de fiscale winstberekening in slechts één Staat;

b. ofwel de op deze winst te heffen belasting in één Staat wordt verminderd met een bedrag dat gelijk is aan de op deze winst in de andere Staat geheven belasting.

Hoofdstuk III. Slotbepalingen

Art. 15. *[Verplichtingen onder andere verdragen]* Dit Verdrag laat onverlet verdergaande verplichtingen met betrekking tot het afschaffen van dubbele belasting in geval van winstcorrecties tussen verbonden ondernemingen, voortvloeiend uit andere verdragen waarbij de verdragsluitende Staten partij zijn of zullen zijn of uit de nationale wetgeving van die Staten.

Art. 16. *[Territoriaal toepassingsbereik]* 1. Het territoriale toepassingsgebied van dit Verdrag is dat van artikel 227, lid 1, van het Verdrag tot oprichting van de Europese Economische Gemeenschap, onverminderd lid 2 van het onderhavige artikel.

2. Dit Verdrag is niet van toepassing op

– de Franse gebieden, genoemd in bijlage IV van het Verdrag tot oprichting van de Europese Economische Gemeenschap;

– de Faröer-eilanden en Groenland.

Art. 17. *[Bekrachtiging]* Dit Verdrag wordt door de verdragsluitende Staten bekrachtigd. De akten van bekrachtiging worden nedergelegd bij de secretaris-generaal van de Raad van de Europese Gemeenschappen.

Art. 18. *[Inwerkingtreding]* Dit Verdrag treedt in werking op de eerste dag van de derde maand die volgt op het nederleggen van de akte van bekrachtiging door de ondertekenende Staat die deze handeling als laatste verricht. Het Verdrag is van toepassing op de procedures bedoeld in artikel 6, lid 1, die na de inwerkingtreding zijn ingeleid.

Art. 19. *[Verdragsgegevens]* De secretaris-generaal van de Raad van de Europese Gemeenschappen stelt de ondertekenende Staten in kennis van:

a. het nederleggen van iedere akte van bekrachtiging;

b. de datum van inwerkingtreding van dit Verdrag;

c. de in artikel 9, lid 4, bedoelde lijst van door de verdragsluitende Staten aangewezen onafhankelijke personen, alsmede de wijzigingen daarin.

Art. 20.[1] *[Werkingsduur]* Dit Verdrag wordt voor vijf jaar gesloten. Het wordt met telkens vijf jaar verlengd, mits geen van de verdragsluitende staten uiterlijk zes maanden voor het verstrijken van de lopende periode daartegen schriftelijk bezwaar maakt bij de secretaris-generaal van de Raad van de Europese Unie.

Art. 21. *[Herziening verdrag]* Iedere verdragsluitende Staat kan te allen tijde verzoeken om herziening van dit Verdrag. In dat geval roept de Voorzitter van de Raad van de Europese Gemeenschappen een conferentie voor de herziening bijeen.

Art. 22. *[Teksten verdrag]* Dit Verdrag, opgesteld in één exemplaar in de Deense, de Duitse, de Engelse, de Franse, de Griekse, de Ierse, de Italiaanse, de Nederlandse, de Portugese en de Spaanse taal, zijnde de tien teksten gelijkelijk authentiek, wordt nedergelegd in het archief van het Secretariaat-generaal van de Raad van de Europese Gemeenschappen. De secretaris-generaal zendt een voor eensluidend gewaarmerkt afschrift daarvan toe aan de Regering van elke ondertekenende Staat.

Gemeenschappelijke verklaringen

Verklaring met betrekking tot artikel 4, punt 1

Artikel 4, punt 1, heeft zowel betrekking op het geval waarin een transactie rechtstreeks tussen twee juridisch onderscheiden ondernemingen tot stand komt, als op het geval waarin een transactie tot stand komt tussen de ene onderneming en de in een derde verdragsluitende Staat gelegen vaste inrichting van de andere onderneming.

Verklaring met betrekking tot artikel 9, lid 6

De Lid-Staten behouden de volledige vrijheid ten aanzien van de aard en de draagwijdte van de passende bepalingen die zij vaststellen om inbreuken op de geheimhoudingsplicht tegen te gaan.

Verklaring met betrekking tot artikel 13

Wanneer in een of meer betrokken verdragsluitende Staten de beslissingen betreffende belastingen waarop de procedures van de artikelen 6 en 7 van toepassing zijn, na afsluiting van de procedure van artikel 6 of na de in artikel 12 bedoelde beslissing zijn gewijzigd en daaruit dubbele belasting in de zin van artikel 1 voortvloeit, mede gelet op de toepassing van het resultaat van deze procedure of beslissing, zijn de artikelen 6 en 7 van toepassing.

1. Deze tekst werd ingevoegd door het Protocol van 25 mei 1999. De bij die gelegenheid vervallen tekst luidde: 'Dit Verdrag wordt voor vijf jaar gesloten. Zes maanden vóór het verstrijken van die periode komen de verdragsluitende Staten bijeen om te beslissen over de verlenging van dit Verdrag en over eventuele andere maatregelen dienaangaande'.

Eenzijdige verklaringen

Verklaring met betrekking tot artikel 7

Frankrijk en het Verenigd Koninkrijk verklaren dat zij artikel 7, lid 3, zullen toepassen.

Individuele verklaringen van de verdragsluitende Staten met betrekking tot artikel 8

...

Nederland

Verklaring gebaseerd op artikel 8 van het Arbitrage-verdrag van Nederland. Onder 'een zware straf' wordt verstaan een door de rechter opgelegde straf wegens het opzettelijk begaan van een van de in artikel 68, eerste lid, van de Algemene wet inzake rijksbelastingen genoemde feiten.

...

Protocol van 25 mei 1999

Art. 1. Het Verdrag ter afschaffing van dubbele belasting in geval van winstcorrecties tussen verbonden ondernemingen wordt als volgt gewijzigd.

Artikel 20 wordt vervangen door:

'Art. 20

Dit Verdrag wordt voor vijf jaar gesloten. Het wordt met telkens vijf jaar verlengd, mits geen van de verdragsluitende staten uiterlijk zes maanden voor het verstrijken van de lopende periode daartegen schriftelijk bezwaar maakt bij de secretaris- generaal van de Raad van de Europese Unie'.

Art. 2. 1. Dit Protocol wordt door de ondertekenende staten bekrachtigd overeenkomstig hun grondwettelijke voorschriften. De akten van bekrachtiging worden nedergelegd bij de secretaris-generaal van de Raad van de Europese Unie.

2. De secretaris-generaal van de Raad van de Europese Unie stelt de ondertekenende staten in kennis van
   a. het nederleggen van iedere akte van bekrachtiging:
   b. de datum van inwerkingtreding van dit Protocol.

Art. 3. 1. Dit Protocol treedt in werking op de eerste dag van de derde maand die volgt op het nederleggen van de akte van bekrachtiging door de ondertekenende staat die deze handeling als laatste verricht.[1]

2. Dit Protocol wordt van kracht op 1 januari 2000.

3. Het tijdvak van 1 januari 2000 tot de datum van inwerkingtreding van het Protocol wordt niet meegerekend bij de beoordeling van de vraag of de zaak binnen de in artikel 6, lid 1, van het arbitrageverdrag gestelde termijn is ingediend.

Art. 4. Dit Protocol opgesteld in één exemplaar in de Deense, de Duitse, de Engelse, de Finse, de Griekse, de Ierse, de Italiaanse, de Nederlandse, de Portugese, de Zweedse en de Spaanse taal, zijnde al deze teksten gelijkelijk authentiek, wordt nedergelegd in het archief van het secretariaat-generaal van de Raad van de Europese Unie. De secretaris-generaal zendt een voor eensluidend gewaarmerkt afschrift daarvan toe aan de regering van elke Verdragsluitende staat.

1. Het Protocol trad voor de 15 'oude' lidstaten op 1 november 2004 in werking. De 'Convention on the Accession of the 10 new EU Member States to the Convention on the elimination of double taxation in connection with the adjustment of profits of associated enterprises (90/436/EEC) of 23 July 1990 (the EC Arbitration Convention)· werd op 8 december 2004 getekend (OJ 30 juni 2005). Dit toetredingsverdrag treedt in werking op de eerste dag van de derde maand na het neerleggen van de laatste akte van ratificatie, aanvaarding of goedkeuring van deze 10 EU lidstaten. In het najaar van 2001 maakte de regering over de actuele status van het Arbitrageverdrag opmerkingen bij de parlementaire behandeling van de *Wijziging van belastingwetten c.a. (Belastingplan 2002-II Economische infrastructuur), 28 034, nr. 5 (Nota naar aanleiding van het verslag), blz. 32-35:* De leden van de fractie van het CDA stellen vragen over de status van het EU-Arbitrageverdrag. Het is bekend dat op dit moment het EU-Arbitrageverdrag niet meer van toepassing is daar nog niet voldoende landen het verlengingsprotocol hebben geratificeerd. Het voorkomen en voortvarend oplossen van geschillen ten aanzien van internationale dubbele belasting is voor mij een belangrijk aandachtspunt. .... Nederland is een groot voorstander van arbitrage. Dit blijkt uit het feit dat Nederland één van de landen is die het verlengingsprotocol van het EU-Arbitrageverdrag wel heeft geratificeerd en uit het feit dat de Nederlandse insteek in verdragsonderhandelingen mede het opnemen van een arbitragebepaling omvat. Daarom acht ik het een spijtige ontwikkeling dat het verlengingsprotocol nog niet door alle EU-landen is geratificeerd. In dit kader is het mijn intentie om te trachten afspraken te maken met de EU-landen die het verlengingsprotocol wel hebben geratificeerd teneinde dit verdrag op een bilaterale basis van toepassing te laten zijn, ondanks het feit dat de formele verlenging voor alle EU-landen nog niet is ingetreden. Mijn verwachting is dat de publicatie van een dergelijke bilaterale afspraak zowel een positieve impuls zal geven aan de bereidheid van andere landen om een soortgelijke afspraak te maken met Nederland, als aan het tempo waarin de EU-landen die het verlengingsprotocol nog niet hebben geratificeerd tot ratificatie zullen overgaan.

Transfer pricing (EU)

B. Raad van de Europese Unie – Herziene gedragscode voor een efficiënte toepassing van het Verdrag ter afschaffing van dubbele belasting in geval van winstcorrecties tussen verbonden ondernemingen ('Arbitrageverdrag')

OJ C 322/1, 30 december 2009

DE RAAD VAN DE EUROPESE UNIE EN DE VERTEGENWOORDIGERS VAN DE REGERINGEN VAN DE LIDSTATEN, IN HET KADER VAN DE RAAD BIJEEN,

GELET OP het Verdrag van 23 juli 1990 ter afschaffing van dubbele belasting in geval van winstcorrecties tussen verbonden ondernemingen (het 'Arbitrageverdrag'),

ERKENNENDE dat bij de lidstaten als partij bij het Arbitrageverdrag en bij de belastingplichtigen behoefte bestaat aan nadere regels voor een efficiënte tenuitvoerlegging van het Arbitrageverdrag,

NOTA NEMENDE VAN de mededeling van de Commissie van 14 september 2009 over de werkzaamheden van het Gezamenlijk EU-forum over verrekenprijzen van maart 2007 tot maart 2009, die is gebaseerd op de verslagen van het Forum over sancties en verrekenprijzen en over de interpretatie van enkele bepalingen van het Arbitrageverdrag,

BENADRUKKENDE dat deze gedragscode een politieke verbintenis is en geen afbreuk doet aan de rechten en verplichtingen van de lidstaten noch aan de respectieve bevoegdheden van de lidstaten en de Europese Unie die uit het Verdrag betreffende de Europese Unie en het Verdrag betreffende de werking van de Europese Unie voortvloeien,

ERKENNENDE dat de toepassing van deze gedragscode oplossingen op een meer algemeen niveau niet in de weg mag staan,

NOTA NEMENDE VAN de conclusies van het verslag van het Forum over sancties,

STELLEN HIERBIJ DE VOLGENDE HERZIENE GEDRAGSCODE VAST:

Onverminderd de respectieve bevoegdheden van de lidstaten en de Europese Unie heeft deze herziene gedragscode betrekking op de toepassing van het Arbitrageverdrag en bepaalde daarmee samenhangende aspecten van onderlingoverleg-procedures in het kader van dubbelbelastingverdragen tussen lidstaten.

1. Toepassingsgebied van het Arbitrageverdrag

1.1. Verrekenprijskwesties bij driehoekssituaties binnen de EU

a. In het kader van deze gedragscode wordt als driehoekssituatie binnen de EU aangemerkt een situatie waarbij de bevoegde autoriteiten van twee EU-lidstaten, in de eerste fase van de procedure van het Arbitrageverdrag, dubbele belastingheffing in een verrekenprijskwestie niet volledig kunnen wegnemen met toepassing van het zakelijkheidsbeginsel, omdat een verbonden onderneming die in (een) andere lidstaat (lidstaten) is gelegen en door beide bevoegde autoriteiten is geïdentificeerd (op basis van een vergelijkbaarheidsanalyse inclusief een functionele analyse en andere gerelateerde feitelijke elementen), in een keten van relevante transacties of handels-/financiële betrekkingen een aanzienlijke rol heeft gespeeld bij de totstandkoming van een niet-zakelijk resultaat, hetgeen als zodanig wordt erkend door de belastingplichtige op wie de dubbele belasting drukt en die om de toepassing van de bepalingen van het Arbitrageverdrag heeft verzocht.

b. Het toepassingsgebied van het Arbitrageverdrag omvat alle transacties binnen de EU in het kader van driehoekssituaties tussen lidstaten.

1.2. Onderkapitalisering[1]

In het Arbitrageverdrag wordt duidelijk verwezen naar winsten die voortvloeien uit handelsbetrekkingen of financiële betrekkingen, zonder dat wordt beoogd enig onderscheid aan te brengen tussen deze specifieke vormen van winst. Op het zakelijkheidsbeginsel gebaseerde correcties van winsten die voortvloeien uit financiële betrekkingen, daaronder begrepen leningen en leningvoorwaarden, dienen derhalve te worden geacht onder het toepassingsgebied van het Arbitrageverdrag te vallen.

2. Ontvankelijkheid van een zaak

Op basis van artikel 18 van het Arbitrageverdrag wordt de lidstaten aanbevolen het Arbitrageverdrag van toepassing te verklaren op een zaak wanneer het verzoek na de datum van inwerkingtreding van de toetreding van nieuwe lidstaten tot het Arbitrageverdrag doch binnen de voorgeschreven termijn is voorgelegd, ook als de correctie op vroegere boekjaren ziet.

3. Ernstige strafbaarheid

Aangezien artikel 8, lid 1, de mogelijkheid biedt om in geval van een ernstig strafbaar feit de toegang tot het Arbitrageverdrag te weigeren, en gelet op de praktische ervaring die sinds 1995 is opgedaan, wordt de lidstaten aanbevolen hun eenzijdige verklaringen in de bijlage bij het Arbitrageverdrag te preciseren of te herzien, teneinde te verduidelijken dat er slechts sprake is van ernstige strafbaarheid in uitzonderlijke gevallen zoals fraude.

1. Voorbehouden: Bulgarije is de mening toegedaan dat winstcorrecties ingevolge een aanpassing van de kostprijs van een lening (d.w.z. het rentepercentage) onder de werkingssfeer van het Arbitrageverdrag vallen. Tegelijk is Bulgarije van mening dat het Arbitrageverdrag daarentegen geen betrekking heeft op winstcorrecties die hun oorsprong vinden in aanpassingen van het financieringsbedrag. Het feit dat de nationale voorschriften van de lidstaten grote onderlinge verschillen vertonen, alsook het feit dat er geen internationaal erkende reeks voorschriften bestaat voor de toepassing van het zakelijkheidsbeginsel (arm's length-principle) op de kapitaalstructuur van ondernemingen zijn van aanzienlijke invloed op de mate waarin winstcorrecties ingevolge een aanpassing van het leningbedrag aan het zakelijkheidsbeginsel beantwoorden.

Tsjechië zal de door het Arbitrageverdrag vastgestelde procedure van onderling overleg niet toepassen in zaken die onder de nationale voorschriften ter bestrijding van misbruik vallen.

Nederland deelt de zienswijze dat een correctie van het rentetarief (kostprijs van de lening) die krachtens op het zakelijkheidsbeginsel gebaseerde nationale wetgeving is geschied, onder de werkingssfeer van het Arbitrageverdrag valt. Aanpassingen van het leningbedrag, alsook krachtens het zakelijkheidsbeginsel verrichte aanpassingen van de aftrekbaarheid van de rente die door een op onderkapitalisering gebaseerde aanpak zijn ingegeven of krachtens het zakelijkheidsbeginsel verrichte aanpassingen die hun oorsprong vinden in de wetgeving ter bestrijding van misbruik, worden geacht buiten de werkingssfeer van het Arbitrageverdrag te vallen. Nederland handhaaft zijn voorbehoud tot de OESO richtsnoeren zal hebben verstrekt over de wijze waarop het zakelijkheidsbeginsel moet worden toegepast op de onderkapitalisering van verbonden ondernemingen.

Griekenland is van oordeel dat de correcties die onder de werkingssfeer van het Arbitrageverdrag vallen, die zijn welke betrekking hebben op het rentetarief van een lening. Aanpassingen van het leningbedrag en de aftrekbaarheid van de lopende rente op een lening dienen niet onder het Arbitrageverdrag te vallen, wegens de beperkingen die door de vigerende nationale wetgeving worden opgelegd.

Hongarije is van mening dat alleen die gevallen waarin de dubbele belasting haar oorsprong vindt in de aanpassing van het rentetarief van de lening en de aanpassing op het zakelijkheidsbeginsel gebaseerd is, onder de werkingssfeer van het Arbitrageverdrag vallen.

Italië is van oordeel dat het Arbitrageverdrag kan worden ingeroepen in gevallen van dubbele belasting die hun oorsprong vinden in prijscorrecties van financiële transacties die niet in overeenstemming met het zakelijkheidsbeginsel zijn geschied. Omgekeerd kan dat verdrag niet worden ingeroepen om een oplossing te vinden voor gevallen van dubbele belasting die hun oorsprong vinden in aanpassingen van het bedrag van de lening, of de gevallen van dubbele belasting die zich hebben voorgedaan wegens de onderlinge verschillen tussen de nationale voorschriften betreffende het toegelaten financieringsbedrag of betreffende de aftrekbaarheid van de rente.

Letland interpreteert het Arbitrageverdrag in die zin dat het niet kan worden ingeroepen ingeval de dubbele belasting het gevolg is van de toepassing van de algemene nationale wetgeving betreffende de correcties van het bedrag van de lening of betreffende de aftrekbaarheid van rentebetalingen die niet gebaseerd is op het zakelijkheidsbeginsel als omschreven in artikel 4 van het Arbitrageverdrag.

Daarom is Letland van mening dat alleen aanpassingen van rente-aftrekken die krachtens op het zakelijkheidsbeginsel gebaseerde nationale wetgeving zijn geschied, onder de werkingssfeer van het Arbitrageverdrag vallen.

Polen is van mening dat de door het Arbitrageverdrag vastgestelde procedure alleen van toepassing is op rente-aanpassingen. Correcties van het leningbedrag horen niet onder de werkingssfeer van het verdrag te vallen. Onzes inziens is het nagenoeg onmogelijk te bepalen hoe de kapitaalstructuur er in de praktijk moet uitzien om in overeenstemming te zijn met het zakelijkheidsbeginsel.

Portugal is evenwel bereid zijn standpunt te herzien zodra op internationaal niveau consensus is bereikt, met name op basis van OESO-richtsnoeren, over de toepassing van het zakelijkheidsbeginsel op het bedrag van de schulden (onder meer in geval van onderkapitalisering) tussen verbonden ondernemingen.

Slowakije is van mening dat een correctie van het rentepercentage op grond van op het zakelijkheidsbeginsel gebaseerde wetgeving onder de werkingssfeer van het Arbitrageverdrag moet vallen, maar dat de winstcorrecties die uit de toepassing van nationale voorschriften ter bestrijding van misbruik voortvloeien, buiten de werkingssfeer van het Arbitrageverdrag moeten vallen.

4. De aanvangsdatum van de termijn van drie jaar (uiterste termijn om een zaak voor te leggen overeenkomstig artikel 6, lid 1, van het Arbitrageverdrag)

De datum van 'de eerste aanslag of soortgelijke maatregel waarvan dubbele belasting in de zin van artikel 1 van het Arbitrageverdrag het gevolg is of kan zijn, bijvoorbeeld door een verrekenprijscorrectie'[1] wordt beschouwd als de aanvangsdatum van de termijn van drie jaar.

In geschillen over verrekenprijzen wordt de lidstaten aanbevolen deze definitie eveneens te hanteren voor de bepaling van de termijn van drie jaar die in artikel 25, lid 1, van het OESO-modelverdrag inzake belasting naar inkomen en vermogen is voorgeschreven en in de dubbelbelastingverdragen tussen lidstaten ten uitvoer is gelegd.

5. De aanvangsdatum van de termijn van twee jaar (artikel 7, lid 1, van het Arbitrageverdrag)

a. Met het oog op de toepassing van artikel 7, lid 1, van het Arbitrageverdrag wordt een zaak als voorgelegd beschouwd, zoals bedoeld in artikel 6, lid 1, wanneer de belastingplichtigde volgende inlichtingen en stukken heeft verstrekt:

i. gegevens (zoals naam, adres, fiscaal identificatienummer) van de onderneming van de lidstaat die de zaak voorlegt, en van de andere partijen bij de relevante transacties;

ii. informatie over de relevante feiten en omstandigheden van de zaak (waaronder informatie over de verhouding tussen de onderneming en de andere partijen bij de relevante transacties);

iii. gegevens over de betrokken belastingtijdvakken;

iv. afschriften van de aanslagen, het verslag van de belastingcontrole of soortgelijke maatregelen waarvan dubbele belasting beweerdelijk het gevolg is;

v. informatie over de beroeps- en geschillenprocedures die de onderneming of de andere partijen bij de relevante transacties hebben ingeleid, alsmede over de beslissingen van rechterlijke instanties in verband met de zaak;

vi. een toelichting van de onderneming waarom zij meent dat de beginselen van artikel 4 van het Arbitrageverdrag niet in acht zijn genomen;

vii. een verbintenis van de onderneming dat zij zo spoedig mogelijk aan alle redelijke en passende verzoeken van een bevoegde autoriteit zal voldoen en alle stukken ter beschikking van de bevoegde autoriteiten zal houden; en

viii. alle specifieke aanvullende informatie waarom de bevoegde autoriteit verzoekt binnen twee maanden nadat de belastingplichtige de zaak heeft voorgelegd.

b. De termijn van twee jaar vangt aan op de laatste van de volgende data:

i. de datum van de aanslag, dat wil zeggen een definitieve beslissing van de belastingdienst over de aanvullende inkomsten of een soortgelijke maatregel;

ii. de datum waarop het verzoek en de minimuminformatie als bedoeld in punt 5, onder a), aan de bevoegde autoriteit is voorgelegd.

6. Procedures van onderling overleg in het kader van het Arbitrageverdrag

6.1. Algemene bepalingen

a. Het door de OESO bepleite zakelijkheidsbeginsel ('arm's length') wordt toegepast zonder rekening te houden met de rechtstreekse fiscale gevolgen voor een lidstaat.

b. Geschillen worden zo spoedig mogelijk geregeld rekening houdende met de ingewikkeldheid van de problemen bij het geschil in kwestie.

c. Alle passende middelen om zo spoedig mogelijk tot een regeling in onderling overleg te komen, waaronder persoonlijke vergaderingen, komen in aanmerking. In voorkomend geval wordt de onderneming uitgenodigd om bij de bevoegde autoriteit een toelichting te geven.

d. Gelet op de bepalingen van deze gedragscode moet in onderling overleg een regeling worden getroffen binnen twee jaar na de datum waarop de zaak voor het eerst aan een van de bevoegde autoriteiten is voorgelegd overeenkomstig punt 5, onder b), van deze gedragscode. Er wordt evenwel erkend dat het in sommige situaties (zoals wanneer een oplossing in het verschiet ligt, bij uiterst ingewikkelde transacties of in driehoekssituaties) passend kan zijn artikel 7, lid 4, van het Arbitrageverdrag toe te passen (verlenging van termijnen) om een korte verlenging overeen te komen.

e. De onderlingoverleg-procedure mag niet leiden tot onredelijke of buitensporige nalevingskosten voor de persoon die hierom heeft gevraagd, of voor andere personen die bij de zaak betrokken zijn.

1. Voorbehoud: De vertegenwoordiger van de Italiaanse belastingdienst is van mening dat 'de datum van de eerste aanslag of soortgelijke maatregel waarin of waarmee een verrekenprijscorrectie is uitgevoerd en waarvan dubbele belasting in de zin van artikel 1 het gevolg is of kan zijn' als aanvangsdatum van de termijn van drie jaar moet worden beschouwd, aangezien de toepassing van het bestaande Arbitrageverdrag beperkt zou moeten blijven tot de gevallen waarin een verrekenprijscorrectie is uitgevoerd.

6.2. Verrekenprijskwesties bij driehoekssituaties binnen de EU

a. Zodra de bevoegde autoriteiten van de lidstaten het erover eens zijn dat de zaak in kwestie als een driehoekssituatie binnen de EU moet worden aangemerkt, dienen zij de andere bevoegde autoriteit(en) in de EU onmiddellijk te verzoeken als waarnemer of actieve stakeholder aan de procedure en de besprekingen deel te nemen, en gezamenlijk over de geprefereerde aanpak te beslissen. Evenzo dient alle informatie met de andere bevoegde autoriteit(en) in de EU te worden gedeeld door middel van bijvoorbeeld de uitwisseling van informatie. De andere bevoegde autoriteit(en) moet(en) worden verzocht de werkelijke of mogelijke betrokkenheid van 'haar' ('hun') belastingplichtige te bevestigen.

b. De betrokken bevoegde autoriteiten kunnen een van de volgende benaderingen toepassen om dubbele belastingheffing in driehoekssituaties binnen de EU in het kader van het Arbitrageverdrag weg te nemen.

i. De bevoegde autoriteiten kiezen voor een multilaterale aanpak (onmiddellijke en volledige deelname van alle betrokken bevoegde autoriteiten); of

ii. De bevoegde autoriteiten leiden een bilaterale procedure in - waarbij de twee partijen bij de bilaterale procedure de bevoegde autoriteiten zijn die (op basis van een vergelijkbaarheidsanalyse inclusief een functionele analyse en andere gerelateerde feitelijke elementen) de verbonden onderneming die in een andere lidstaat is gelegen en in de keten van relevante transacties of handels- en financiële betrekkingen een aanzien-lijke rol heeft gespeeld bij de totstandkoming van een niet-zakelijk resultaat, hebben geïdentificeerd en verzoeken de andere bevoegde autoriteit(en) in de EU als waarnemer deel te nemen aan de besprekingen in het kader van de onderlingoverleg-procedure; of

iii. De bevoegde autoriteiten leiden tegelijkertijd meer dan een bilaterale procedure in en verzoeken de andere bevoegde autoriteit(en) in de EU als waarnemer deel te nemen aan de besprekingen in de respectieve onderlingoverleg-procedure.

De lidstaten wordt aanbevolen een multilaterale procedure toe te passen om zulke gevallen van dubbele belastingheffing op te lossen. Dit moet evenwel geschieden in overeenstemming met alle bevoegde autoriteiten, op basis van de specifieke feiten en omstandigheden van het geval. Indien een multilaterale benadering niet mogelijk is en er tegelijkertijd twee (of meer) bilaterale procedures worden ingesteld, dienen alle desbetreffende bevoegde autoriteiten bij de eerste fase van de procedure van het Arbitrageverdrag te worden be-trokken, hetzij als verdragsluitende staat in het kader van het oorspronkelijke beroep op het Arbitrageverdrag hetzij als waarnemer.

c. De status van waarnemer kan wijzigen in die van stakeholder afhankelijk van het verloop van de besprekingen en de voorgelegde bescheiden. Indien de andere bevoegde autoriteit(en) aan de tweede fase (arbitrage) wil(len) deelnemen, moet (en) zij ook stakeholder worden.

Het feit dat de andere bevoegde autoriteit(en) in de EU tijdens de volledige duur van de besprekingen slechts als waarnemer optreedt (optreden), heeft dit geen gevolgen voor de toepassing van de bepalingen van het Arbitrageverdrag (bijvoorbeeld wat termijnen en procedures betreft).

Deelname als waarnemer bindt de andere bevoegde autoriteit(en) niet aan het eindresultaat van de procedure van het Arbitrageverdrag.

Iedere uitwisseling van informatie in het kader van de procedure moet in overeenstemming zijn met de gebruikelijke wettelijke en bestuursrechtelijke voorschriften en procedures.

d. De belastingplichtige(n) dient (dienen) de betrokken belastingdienst(en) zo spoedig mogelijk in kennis te stellen van de eventuele betrokkenheid van (een) andere partij(en) in (een) andere lidstaat (lidstaten). Deze kennisgeving moet te gepasten tijde worden gevolgd door een presentatie van alle relevante feiten en bescheiden. Een dergelijke aanpak zal niet alleen tot een snellere oplossing van problemen van dubbele belastingheffing leiden, maar ook helpen te voorkomen dat een oplossing als gevolg van verschillen in de procedure-termijnen in de lidstaten uitblijft.

6.3. Praktisch verloop en transparantie

a. Om kosten en vertragingen als gevolg van vertaling zoveel mogelijk te beperken, dient de onderlingoverleg-procedure, en met name de uitwisseling van standpuntnota's, in een gemeenschappelijke werktaal te verlopen, of op een manier die hetzelfde effect heeft, indien de bevoegde autoriteiten op bilaterale (of multi-laterale) basis tot een regeling kunnen komen.

b. De onderneming die om een onderlingoverleg-procedure heeft verzocht, wordt door de bevoegde autoriteit waaraan zij het verzoek heeft voorgelegd, op de hoogte gehouden van alle ontwikkelingen in de procedure die voor haar relevant zijn.

c. De vertrouwelijkheid van persoonsgegevens die uit hoofde van een bilateraal belastingverdrag of het recht van een lidstaat beschermd zijn, wordt gewaarborgd.

d. Binnen een maand nadat de belastingplichtige om een onderlingoverleg-procedure heeft verzocht, bevestigt de bevoegde autoriteit ontvangst van dit verzoek. Tezelfdertijd licht zij de bevoegde autoriteiten van de andere lidstaten in die bij de zaak betrokken zijn, doet zij hun een afschrift van het verzoek van de belastingplichtige toekomen.

e. Indien de bevoegde autoriteit van mening is dat de onderneming de in punt 5, onder a), bedoelde minimuminformatie voor het inleiden van een onderlingoverleg-procedure niet heeft verstrekt, nodigt zij de onderneming binnen twee maanden na ontvangst van het verzoek uit haar de specifieke aanvullende informatie te verstrekken die zij nodig heeft.
f. De lidstaten zien erop toe dat de bevoegde autoriteit op een van de volgende wijzen gehoor geeft aan de onderneming die het verzoek indient:
i. indien de bevoegde autoriteit niet van mening is dat de winst van de onderneming in de winst van een onderneming van een andere lidstaat is of kan worden opgenomen, stelt zij de onderneming in kennis van haar twijfels, waarbij zij om nadere opmerkingen verzoekt;
ii. indien het verzoek volgens de bevoegde autoriteit gegrond is en zij zelf tot een bevredigende oplossing kan komen, stelt zij de onderneming hiervan in kennis en verricht zij zo spoedig mogelijk de correctie of verleent zij zo spoedig mogelijk de tegemoetkoming waarvan de juistheid is aangetoond;
iii. indien het verzoek volgens de bevoegde autoriteit gegrond is maar zij zelf niet tot een bevredigende oplossing kan komen, deelt zij de onderneming mee dat zij zal trachten de zaak te regelen in onderling overleg met de bevoegde autoriteit van de andere betrokken lidstaten.
g. Indien een zaak volgens een bevoegde autoriteit gegrond is, dient zij een onderlingoverleg-procedure in te leiden door de bevoegde autoriteit van de andere lidstaat (lidstaten) over haar besluit in te lichten en een afschrift van de in punt 5, onder a), van deze gedragscode bedoelde informatie te doen toekomen. Tegelijkertijd deelt zij de persoon die een beroep op het Arbitrageverdrag heeft gedaan, mee dat zij de onderlingoverleg-procedure heeft ingeleid. Tevens stelt de bevoegde autoriteit die de onderlingoverleg- procedure inleidt, de bevoegde autoriteit van de andere lidstaat (lidstaten) en de persoon die het verzoek heeft voorgelegd, op basis van de informatie waarover zij beschikt, ervan in kennis of de zaak binnen de in artikel 6, lid 1, van het Arbitrageverdrag bedoelde termijn is voorgelegd, en welke de aanvangsdatum van de in artikel 7, lid 1, van het Arbitrageverdrag bedoelde termijn van twee jaar is.

6.4. Uitwisseling van standpuntnota's

a. De lidstaten verbinden zich ertoe dat, na de inleiding van de onderlingoverleg-procedure, de bevoegde autoriteit van het land waarin een aanslag – dat wil zeggen een definitieve beslissing van de belastingdienst over de inkomsten of een soortgelijke maatregel, waarin een correctie is aangebracht waarvan dubbele belasting in de zin van artikel 1 van het Arbitrageverdrag het gevolg is of kan zijn – is of zal worden opgelegd, de bevoegde autoriteiten van de andere betrokken lidstaten een standpuntnota doet toekomen met de volgende inlichtingen:
i. de argumenten van de persoon die het verzoek indient;
ii. de mening van de bevoegde autoriteit over de zaak, bijvoorbeeld waarom zij meent dat er sprake is of kan zijn van dubbele belasting;
iii. de manier waarop de zaak kan worden opgelost teneinde dubbele belasting te elimineren, met een volledige toelichting van het voorstel.
b. In de standpuntnota wordt een volledige motivering van de aanslag of de correctie opgenomen. Voorts gaat de nota vergezeld van de basisdocumentatie ter ondersteuning van het standpunt van de bevoegde autoriteit en een lijst van alle andere stukken waarop de correctie gebaseerd is.
c. De standpuntnota wordt zo spoedig mogelijk toegezonden aan de bevoegde autoriteiten van de andere lidstaten die bij de zaak betrokken zijn, rekening houdende met de complexiteit van de specifieke zaak, doch uiterlijk binnen vier maanden na de laatste van de volgende data:
i. de datum van de aanslag, dat wil zeggen een definitieve beslissing van de belastingdienst over de aanvullende inkomsten of een soortgelijke maatregel;
ii. de datum waarop het verzoek en de minimuminformatie als bedoeld in punt 5, onder i), aan de bevoegde autoriteit is voorgelegd.
d. De lidstaten verbinden zich ertoe dat wanneer een bevoegde autoriteit van een land waarin geen aanslag of soortgelijke maatregel is of zal worden opgelegd waarvan dubbele belasting in de zin van artikel 1 van het Arbitrageverdrag het gevolg is of kan zijn, bijvoorbeeld door een verrekenprijscorrectie, een standpuntnota van een andere bevoegde autoriteit ontvangt, zij zo spoedig mogelijk antwoordt, rekening houdende met de complexiteit van de specifieke zaak, doch uiterlijk binnen zes maanden na ontvangst van de standpuntnota.
e. Het antwoord kan een van de twee volgende vormen aannemen:
i. indien de bevoegde autoriteit van mening is dat er sprake is of kan zijn van dubbele belasting en zij met de in de standpuntnota voorgestelde oplossing instemt, stelt zij de andere bevoegde autoriteit(en) hiervan in kennis en verricht zij zo spoedig mogelijk de correctie of verleent zij zo spoedig mogelijk de tegemoetkoming;
ii. indien de bevoegde autoriteit niet van mening is dat er sprake is of kan zijn van dubbele belasting, of indien zij niet met de in de standpuntnota voorgestelde oplossing instemt, zendt zij de andere bevoegde autoriteit(en) een standpuntnota van antwoord toe waarin zij haar argumenten uiteenzet en een indicatief tijdschema voor de behandeling van de zaak voorstelt, rekening houdende met de complexiteit ervan. In voor-komend geval wordt een datum voor een persoonlijke vergadering voorgesteld, uiterlijk achttien maanden na de laatste van de volgende data:

aa. de datum van de aanslag, dat wil zeggen een definitieve beslissing van de belastingdienst over de aanvullende inkomsten of een soortgelijke maatregel;
bb. de datum waarop het verzoek en de minimuminformatie als bedoeld in punt 5, onder a), aan de bevoegde autoriteit is voorgelegd.
f. De lidstaten ondernemen de nodige stappen om de procedures, waar mogelijk, te bespoedigen. In dit verband dienen de lidstaten te overwegen om op regelmatige basis, en ten minste eenmaal per jaar, persoonlijke vergaderingen tussen hun bevoegde autoriteiten te organiseren om lopende onderlingoverleg-procedures te bespreken (mits het aantal zaken zulke regelmatige vergaderingen rechtvaardigt).

6.5. Dubbelbelastingverdragen tussen lidstaten

In geschillen over verrekenprijzen wordt de lidstaten aanbevolen de bepalingen van de punten 1, 2 en 3 eveneens toe te passen op onderlingoverleg-procedures die zijn ingeleid overeenkomstig artikel 25, lid 1, van het OESO-modelverdrag inzake belasting naar inkomen en vermogen, dat ten uitvoer is gelegd in de dubbelbelasting-verdragen tussen lidstaten.

7. Procedure tijdens de tweede fase van het Arbitrageverdrag

7.1. Lijst van onafhankelijke personen

a. De lidstaten verbinden zich ertoe de secretaris-generaal van de Raad onverwijld in kennis te stellen van de namen van de vijf vooraanstaande onafhankelijke personen die aangewezen kunnen worden als lid van de in artikel 7, lid 1, van het Arbitrageverdrag bedoelde raadgevende commissie, en van alle wijzigingen van de lijst.
b. Wanneer de lidstaten de secretaris-generaal van de Raad in kennis stellen van de namen van hun vooraanstaande onafhankelijke personen, verstrekken zij een curriculum vitae van deze personen, waarin onder andere hun ervaring op juridisch en fiscaal gebied en met name op het gebied van verrekenprijzen wordt vermeld.
c. De lidstaten kunnen op hun lijst eveneens vermelden welke vooraanstaande onafhankelijke personen voldoen aan de eisen om als voorzitter te worden aangewezen.
d. De secretaris-generaal van de Raad verzoekt de lidstaten jaarlijks de namen van hun vooraanstaande onafhankelijke personen te bevestigen en/of de namen van hun vervangers mee te delen.
e. De volledige lijst van alle vooraanstaande onafhankelijke personen wordt bekendgemaakt op de website van de Raad.
f. De vooraanstaande onafhankelijke personen hoeven geen onderdaan of inwoner te zijn van de staat die hen aanwijst, maar moeten wel onderdaan van een lidstaat zijn en hun woonplaats hebben binnen het grondgebied waarop het Arbitrageverdrag van toepassing is.
g. De bevoegde autoriteiten wordt aanbevolen een overeengekomen verklaring van aanvaarding evenals een verklaring van onafhankelijkheid met betrekking tot het specifieke geval op te stellen, die door de geselecteerde vooraanstaande onafhankelijke personen dienen te worden ondertekend.

7.2. Oprichting van de raadgevende commissie

a. Tenzij de betrokken lidstaten anders overeenkomen, neemt de lidstaat die de eerste aanslag heeft opgelegd, dat wil zeggen de definitieve beslissing van de belastingdienst over de aanvullende inkomsten of een soortgelijke maatregel waarvan dubbele belasting in de zin van artikel 1 van het Arbitrageverdrag het gevolg is of kan zijn, het initiatief voor de oprichting van de raadgevende commissie en regelt hij in overleg met de andere lidstaat (lidstaten) de bijeenkomsten van deze commissie.
b. De bevoegde autoriteiten dienen de raadgevende commissie uiterlijk zes maanden na het verstrijken van de in artikel 7 van het Arbitrageverdrag bedoelde termijn op te richten. Wanneer een bevoegde autoriteit dit niet doet, heeft een andere betrokken bevoegde autoriteit het recht om dit initiatief te nemen.
c. De raadgevende commissie bestaat normaal uit de voorzitter en de vertegenwoordigers van de bevoegde autoriteiten, tezamen met twee vooraanstaande onafhankelijke personen. In het geval van driehoekssituaties, waarbij een raadgevende commissie volgens de multilaterale aanpak moet worden opgericht, dienen de lidstaten de bepalingen van artikel 11, lid 2, van het Arbitrageverdrag in acht te nemen en zo nodig aanvullende procedureregels vast te stellen, opdat de raadgevende commissie, inclusief haar voorzitter, haar advies bij gewone meerderheid van leden kan vaststellen.
d. De raadgevende commissie wordt bijgestaan door een secretariaat waarvan de faciliteiten worden verstrekt door de lidstaat die het initiatief voor de oprichting van de raadgevende commissie heeft genomen, tenzij de betrokken lidstaten anders overeenkomen. Om zijn onafhankelijkheid te waarborgen, staat het secre-tariaat onder toezicht van de voorzitter van de raadgevende commissie. De leden van het secretariaat zijn verplicht tot geheimhouding, zoals bepaald in artikel 9, lid 6, van het Arbitrageverdrag.
e. De plaats waar de raadgevende commissie bijeenkomt en de plaats waar zij haar advies uitbrengt, kunnen tevoren worden bepaald door de bevoegde autoriteiten van de betrokken lidstaten.

f. De lidstaten verschaffen de raadgevende commissie vóór haar eerste bijeenkomst alle relevante documentatie en informatie, met name alle documenten, verslagen, briefwisseling en conclusies waarvan tijdens de onderlingoverleg- procedure gebruik is gemaakt.

7.3. Werking van de raadgevende commissie

a. Een zaak wordt geacht aan de raadgevende commissie te zijn voorgelegd op de datum waarop de voorzitter bevestigt dat de leden alle in punt 7.2, onder f), bedoelde relevante documentatie en informatie hebben ontvangen.
b. De procedure voor de raadgevende commissie vindt plaats in de officiële taal of talen van de betrokken lidstaten, tenzij de bevoegde autoriteiten in onderlinge overeenstemming anders besluiten, waarbij de wensen van de raadgevende commissie in aanmerking worden genomen.
c. De raadgevende commissie kan verlangen dat de partij waarvan een verklaring of document afkomstig is, zorg draagt voor een vertaling in de taal of talen van de procedure.
d. Onverminderd artikel 10 van het Arbitrageverdrag kan de raadgevende commissie verlangen dat de lidstaten en met name de lidstaat die de eerste aanslag heeft opgelegd, dat wil zeggen de definitieve beslissing van de belastingdienst over de aanvullende inkomsten of een soortgelijke maatregel waarvan dubbele belasting in de zin van artikel 1 van het Arbitrageverdrag het gevolg is of kan zijn, voor haar verschijnen.
e. De kosten van de procedure voor de raadgevende commissie, die gelijkelijk over de betrokken lidstaten worden verdeeld, bestaan uit de administratieve kosten van de raadgevende commissie en de vergoedingen en kosten van de vooraanstaande onafhankelijke personen.
f. Tenzij de bevoegde autoriteiten van de betrokken lidstaten anders overeenkomen:
   i. is de terugbetaling van de kosten van de vooraanstaande onafhankelijke personen beperkt tot de gebruikelijke terugbetaling voor hoge ambtenaren van de lidstaat die het initiatief voor de oprichting van de raadgevende commissie heeft genomen;
   ii. is de vergoeding van de vooraanstaande onafhankelijke personen vastgesteld op 1 000 EUR per persoon en per dag dat de raadgevende commissie bijeenkomt, en is de vergoeding van de voorzitter 10 % hoger dan die van de andere vooraanstaande onafhankelijke personen.
g. Tenzij de bevoegde autoriteiten van de betrokken lidstaten anders overeenkomen, betaalt de lidstaat die het initiatief voor de oprichting van de raadgevende commissie heeft genomen, de kosten van de procedure voor de raadgevende commissie.

7.4. Advies van de raadgevende commissie

De lidstaten verwachten dat het advies de volgende inlichtingen bevat:
a. de naam van de leden van de raadgevende commissie;
b. het verzoek, waarin de volgende inlichtingen zijn opgenomen:
   i. de naam en het adres van de betrokken ondernemingen;
   ii. de betrokken bevoegde autoriteiten;
   iii. een beschrijving van de feiten en omstandigheden van het geschil;
   iv. een duidelijke beschrijving van de eisen;
c. een korte samenvatting van de procedure;
d. de argumenten en methoden waarop het advies is gebaseerd;
e. het advies;
f. de plaats waar het advies is uitgebracht;
g. de datum waarop het advies is uitgebracht;
h. de handtekening van de leden van de raadgevende commissie.

Het besluit van de bevoegde autoriteiten en het advies van de raadgevende commissie worden als volgt ter kennis gebracht:

i. Nadat het besluit is genomen, zendt de bevoegde autoriteit waaraan de zaak was voorgelegd, een afschrift van het besluit van de bevoegde autoriteiten en het advies van de raadgevende commissie toe aan alle betrokken ondernemingen.

ii. De bevoegde autoriteiten van de betrokken lidstaten kunnen overeenkomen dat het besluit en het advies volledig mogen worden gepubliceerd. Zij kunnen ook overeenkomen om het besluit en het advies te publiceren zonder vermelding van de namen van de betrokken ondernemingen en met weglating van alle gegevens waaruit de identiteit van de betrokken ondernemingen zou kunnen blijken. In beide gevallen is de toestemming van de ondernemingen vereist, en vóór publicatie moeten de betrokken ondernemingen aan de bevoegde autoriteit waaraan de zaak was voorgelegd, schriftelijk hebben meegedeeld dat zij geen bezwaar hebben tegen publicatie van het besluit en het advies.

iii. Van het advies van de raadgevende commissie worden drie originelen (of meer in het geval van driehoekssituaties) opgemaakt, waarvan er een aan elke bevoegde autoriteit van de betrokken lidstaten wordt toegezonden en een ter archivering aan het secretariaat-generaal van de Raad wordt overgemaakt. Indien er overeenstemming bestaat over de publicatie van het advies, wordt dit in de oorspronkelijke taal of talen openbaar gemaakt op de website van de Commissie.

8. Inning van belasting en berekening van rente bij grensoverschrijdende geschillenregeling

a. De lidstaten wordt aanbevolen alle nodige maatregelen te nemen opdat ondernemingen die een grensoverschrijdende geschillenregelingsprocedure in het kader van het Arbitrageverdrag hebben ingesteld, voor de duur van die procedure uitstel van inning van belasting kunnen verkrijgen onder dezelfde voorwaarden als die welke gelden voor ondernemingen die nationale beroeps- of geschillenprocedures hebben ingesteld, ook al kunnen deze maatregelen in sommige lidstaten wetswijzigingen vereisen. Het is passend dat de lidstaten deze maatregelen ook van toepassing verklaren op grensoverschrijdende geschillenregelingsprocedures in het kader van hun onderlinge dubbel-belastingverdragen.

b. Aangezien een belastingplichtige tijdens de onderhandelingen in het kader van een onderlingoverleg- procedure geen nadeel mag ondervinden van het bestaan van verschillende benaderingen ter zake van de berekening en de vergoeding van rente zolang de procedure niet is afgerond, wordt de lidstaten aanbevolen een van de volgende benaderingen toe te passen:

i. inning en teruggaaf van belasting zonder dat dit aanleiding geeft tot rente, of
ii. inning en teruggaaf van belasting mét rente, of
iii. aparte behandeling van ieder geval wat de berekening of vergoeding van rente betreft (eventueel in de loop van de onderlingoverleg-procedure).

9. Toetreding van de nieuwe lidstaten tot het Arbitrageverdrag

De lidstaten streven ernaar het verdrag van toetreding van nieuwe lidstaten tot het Arbitrageverdrag ten spoedigste, doch uiterlijk twee jaar na hun toetreding tot de EU, te ondertekenen en te ratificeren.

10. Slotbepalingen

Om een gelijke en doeltreffende toepassing van de gedragscode te waarborgen, worden de lidstaten verzocht om de twee jaar bij de Commissie een verslag over de praktische werking van de gedragscode in te dienen. Op basis van deze verslagen brengt de Commissie verslag uit aan de Raad en kan zij een voorstel tot herziening van de bepalingen van de gedragscode indienen.

Transfer pricing (EU)

C. Raad van de Europese Unie – Resolutie en Gedragscode inzake verrekenprijsdocumentatie

29 juni 2006
OJ C (2006) 176 – 28 juli 2006

1. RESOLUTIE van de Raad en de vertegenwoordigers van de regeringen der lidstaten, in het kader van de Raad bijeen, van 27 juni 2006 betreffende een gedragscode inzake verrekenprijsdocumentatie voor gelieerde ondernemingen in de Europese Unie (EU-TDP)
2006/C 176/01

DE RAAD VAN DE EUROPESE UNIE EN DE VERTEGENWOORDIGERS VAN DE REGERINGEN DER LIDSTATEN, IN HET KADER VAN DE RAAD BIJEEN,

GELET OP de studie van de Europese Commissie 'Company Taxation in the Internal Market'[1],

GELET OP het voorstel van de Commissie in haar mededeling van 23 oktober 2001 'Naar een interne markt zonder belastingbelemmeringen -Een strategie voor het verschaffen van een geconsolideerde heffingsgrondslag aan ondernemingen voor de vennootschapsbelasting op hun activiteiten in de gehele EU[2]' voor de oprichting van een 'Gezamenlijk EU- forum over verrekenprijzen',

GELET OP de conclusies van de Raad van 11 maart 2002 waarin dit initiatief gunstig wordt onthaald, en de oprichting van het Forum in juni 2002,

Overwegende hetgeen volgt:

De interne markt is een ruimte zonder grenzen waarin het vrije verkeer van goederen, personen, diensten en kapitaal is gegarandeerd.

In een interne markt die de kenmerken van een binnenlandse markt heeft, mogen transacties tussen gelieerde ondernemingen uit verschillende lidstaten geen minder gunstige behandeling krijgen dan dezelfde transacties tussen gelieerde ondernemingen uit dezelfde lidstaat.

Met het oog op de goede werking van de interne markt is het van wezenlijk belang om de nalevingskosten op het gebied van verrekenprijsdocumentatie voor gelieerde ondernemingen te verminderen.

Deze gedragscode biedt de lidstaten en belastingplichtigen een nuttig instrument voor de implementatie van gestandaardiseerde en ten dele gecentraliseerde verrekenprijsdocumentatie in de EU, met als doel de verplichtingen met betrekking tot verrekenprijzen ten aanzien van grensoverschrijdende activiteiten te vereenvoudigen.

Het gebruik van gestandaardiseerde en ten dele gecentraliseerde verrekenprijsdocumentatie die in de lidstaten ter onderbouwing van de zakelijkheid van verrekenprijzen moet worden verstrekt, zou de ondernemingen helpen meer profijt te trekken van de interne markt.

Verrekenprijsdocumentatie in de EU moet worden bekeken in het kader van de OESO-richtlijnen voor verrekenprijzen.

Er dient op flexibele wijze gebruik te worden gemaakt van gestandaardiseerde en ten dele gecentraliseerde documentatie rekening houdende met de bijzondere omstandigheden van een bedrijf in kwestie.

Een lidstaat kan besluiten helemaal geen regels voor verrekenprijsdocumentatie vast te stellen dan wel minder verrekenprijsdocumentatie te verlangen dan die welke in deze gedragscode is opgenomen,

ERKENNENDE dat een gemeenschappelijke EU-brede aanpak inzake documentatieverplichtingen voordelig is voor zowel belastingplichtigen, die met name hun nalevingskosten zouden zien dalen en minder risico zouden lopen op sancties wegens niet-naleving van documentatieverplichtingen, als belastingdiensten dankzij de grotere transparantie en samenhang,

ZICH VERHEUGEND OVER de mededeling van de Commissie van 7 november 2005[3] over de werkzaamheden van het Gezamenlijk EU-forum over verrekenprijzen met betrekking tot verrekenprijsdocumentatie voor gelieerde ondernemingen in de EU en houdende een voorstel voor een gedragscode inzake verrekenprijsdocumentatie voor gelieerde ondernemingen in de EU,

1 SEC(2001) 1681 van 23.10.2001.
2 COM(2001) 582 def. van 23.10.2001.
3 COM(2005) 543 def. van 7.11.2005.

BENADRUKKEND dat de gedragscode een politieke verbintenis is en geen afbreuk doet aan de rechten en verplichtingen van de lidstaten of de respectieve bevoegdheidsgebieden van de lidstaten en de Gemeenschap die uit het EG-Verdrag voortvloeien,

ERKENNENDE dat de tenuitvoerlegging van deze gedragscode niet in de weg mag staan aan oplossingen op een hoger mondiaal niveau,

HEBBEN OVEREENSTEMMING BEREIKT OVER DE VOLGENDE GEDRAGSCODE:

[2.] GEDRAGSCODE inzake verrekenprijsdocumentatie voor gelieerde ondernemingen in de Europese Unie (EU-TDP)

Onverminderd de respectieve bevoegdheidsgebieden van de lidstaten en de Gemeenschap betreft deze gedragscode de implementatie van gestandaardiseerde en ten dele gecentraliseerde verrekenprijsdocumentatie voor gelieerde ondernemingen in de EU. De code is gericht tot de lidstaten maar is ook bedoeld om multinationale concerns ertoe aan te zetten EU-TDP te gebruiken.

1. De lidstaten aanvaarden gestandaardiseerde en ten dele gecentraliseerde verrekenprijsdocumentatie voor gelieerde ondernemingen in de EU, dat wil zeggen de in de bijlage bedoelde 'EU-TPD', en beschouwen deze als een basispakket van gegevens voor de beoordeling van de verrekenprijzen van een multinationaal concern.

2. Het staat multinationale concerns vrij al dan niet gebruik te maken van de EU-TPD.

3. Voor de winsttoerekening aan een vaste inrichting hanteren de lidstaten vergelijkbare documentatieverplichtingen als voor verrekenprijzen.

4. De lidstaten houden op passende wijze rekening met de in de bijlage opgenomen algemene beginselen en verplichtingen en laten zich erdoor leiden telkens wanneer dit nodig is.

5. De lidstaten verbinden zich ertoe van kleinere en minder complexe ondernemingen (inclusief kleine en middelgrote ondernemingen) niet evenveel en even ingewikkelde documentatie te verlangen als die welke van grotere en complexere ondernemingen kan worden verwacht.

6. De lidstaten:
   a. mogen geen onredelijke nalevingskosten of administratieve lasten veroorzaken wanneer zij van een onderneming eisen dat zij documentatie opstelt of verzamelt;
   b. mogen geen documentatie eisen die geen betrekking heeft op de onderzochte transacties; en
   c. moeten garanderen dat vertrouwelijke gegevens die in de documentatie zijn opgenomen, niet openbaar worden gemaakt.

7. De lidstaten mogen geen sanctie wegens niet-naleving van documentatieverplichtingen opleggen wanneer belastingplichtigen de in de bijlage opgenomen eisen inzake gestandaardiseerde en samenhangende documentatie of de nationale documentatieverplichtingen van een lidstaat te goeder trouw, op redelijke wijze en binnen een redelijke termijn nakomen en hun documentatie naar behoren gebruiken om zakelijke verrekenprijzen vast te stellen.

8. Teneinde een uniforme en effectieve toepassing van deze gedragscode te garanderen, wordt de lidstaten verzocht jaarlijks verslag uit te brengen bij de Commissie van alle maatregelen die zij hebben genomen naar aanleiding van deze code en de praktische werking ervan.

3. BIJLAGE bij de Gedragscode inzake verrekenprijsdocumentatie voor gelieerde ondernemingen in de Europese Unie (EU-TDP)

Afdeling 1. Inhoud van de EU-TDP

1. De gestandaardiseerde en samenhangende EU-TPD van een multinationaal concern omvat twee hoofdcomponenten:
   i. één pakket documentatie met gemeenschappelijke gestandaardiseerde gegevens die relevant zijn voor alle EU-onderdelen van een multinationaal concern (de 'masterfile'), en
   ii. verschillende pakketten gestandaardiseerde documentatie met landenspecifieke gegevens ('landenspecifieke documentatie').

De EU-TPD moet voldoende gedetailleerd zijn om een belastingdienst in staat te stellen een risicobeoordeling te verrichten voor een case-selectie of bij het begin van een belastingcontrole, relevante en gerichte vragen te stellen met betrekking tot de verrekenprijzen van het concern, en de verrekenprijzen voor de transacties binnen de groep te beoordelen. Behoudens de bepalingen in paragraaf 31 stelt de onderneming voor elke betrokken lidstaat één enkel dossier op dat bestaat uit de gemeenschappelijke masterfile die in alle betrokken lidstaten wordt gebruikt, en het landenspecifieke documentatiepakket voor elke lidstaat apart.

2. In de EU-TPD moeten alle onderstaande gegevens worden verstrekt rekening houdende met de complexiteit van de onderneming en de transacties. In de mate van het mogelijke moet gebruik worden gemaakt van informatie die binnen de groep reeds aanwezig is (bijvoorbeeld voor beheersdoeleinden). Van een multinationaal concern mag evenwel worden geëist dat het voor dit doel documentatie opstelt die anders niet zou bestaan.

3. De EU-TPD omvat alle in de EU gevestigde concernonderdelen en documenteert tevens concerntransacties tussen buiten de EU gevestigde ondernemingen en in de EU gevestigde concernonderdelen.

4. Masterfile

4.1. De 'masterfile'moet bij de economische realiteit van de onderneming aansluiten en een voor alle betrokken EU-lidstaten relevante en beschikbare 'blauwdruk'vormen van het multinationale concern en de verrekenprijsmethode die het hanteert.

4.2. De masterfile moet de volgende elementen omvatten:

a. een algemene omschrijving van de onderneming en de bedrijfsstrategie, inclusief wijzigingen van de bedrijfsstrategie ten opzichte van het voorgaande belastingjaar;

b. een algemene omschrijving van de organisatorische, juridische en operationele structuur van het multinationale concern (inclusief een organisatieschema, een lijst van concernonderdelen en een omschrijving van de deelneming van de moedermaatschappij in de dochterondernemingen);

c. de algemene identificatie van de gelieerde ondernemingen die betrokken zijn bij concerntransacties met ondernemingen in de EU;

d. een algemene omschrijving van de concerntransacties met gelieerde ondernemingen in de EU, d.w.z. een algemene omschrijving van:de transactiestromen (materiële en immateriële activa, diensten, financiële stromen),de factuurstromen, ende waarde van de transactiestromen;

e. een algemene omschrijving van uitgeoefende functies en gelopen risico's en een omschrijving van wijzigingen in functies en risico's ten opzichte van het voorgaande belastingjaar, bijvoorbeeld omschakeling van volledige distributie naar commissiehandel;

f. de eigendom van immateriële activa (octrooien, handelsmerken, merknamen, kennis enz.) en betaalde of ontvangen royalty's;

g. het verrekenprijsbeleid van het multinationale concern voor transacties binnen de groep of een omschrijving van de verrekenprijsmethode van het concern waarin de zakelijke grondslag van de interne verrekenprijzen wordt verduidelijkt;

h. een lijst van zogenaamde cost contribution agreements, APA's en rulings inzake verrekenprijsaspecten die betrekking hebben op EU-concernonderdelen; eneen verklaring van elke binnenlandse belastingplichtige waarin deze zich ertoe verbindt op verzoek extra informatie te verstrekken binnen een redelijke termijn overeenkomstig de nationale regels.

5. **Landenspecifieke documentatie**

5.1. De landenspecifieke documentatie vormt een aanvulling op de masterfile. Beide samen vormen het documentatie-dossier voor de relevante EU-lidstaat. De landenspecifieke documentatie zou toegankelijk zijn voor de belastingdiensten die er een rechtmatig belang bij hebben dat de transacties waarop de documentatie betrekking heeft, een passende fiscale behandeling krijgen.

5.2. De landenspecifieke documentatie moet, ter aanvulling van de masterfile, de volgende elementen omvatten:

a. een gedetailleerde omschrijving van de onderneming en de bedrijfsstrategie, inclusief wijzigingen van de bedrijfsstrategie ten opzichte van het voorgaande belastingjaar; en

b. informatie over, d.w.z. een omschrijving en een verduidelijking van, landenspecifieke concerntransacties, inclusief: de transactiestromen (materiële en immateriële activa, diensten, financiële stromen),de factuurstromen, ende waarde van de transactiestromen;

c. een vergelijkbaarheidsanalyse, d.w.z.:kenmerken van goederen en diensten, functionele analyse (uitgeoefende functies, gebruikte activa, gelopen risico's), contractuele voorwaarden, economische omstandigheden, en specifieke bedrijfsstrategieën;

d. een toelichting op de keuze voor en de toepassing van de verrekenprijsmethode(n), dat wil zeggen de reden waarom voor een specifieke verrekenprijsmethode is gekozen en de wijze waarop deze is toegepast;

e. relevante informatie over interne en/of externe vergelijkingspunten indien deze beschikbaar zijn; en

f. een omschrijving van de implementatie en toepassing van het verrekenprijsbeleid van het concern voor interne transacties.

6. Een multinationaal concern moet de mogelijkheid hebben om elementen in de masterfile op te nemen in plaats van in de landenspecifieke documentatie, waarbij deze evenwel even gedetailleerd moeten blijven als in de landenspecifieke documentatie. De landenspecifieke documentatie moet worden opgesteld in een taal die wordt voorgeschreven door de specifieke lidstaat in kwestie, ook als het concern ervoor kiest de landenspecifieke documentatie in de masterfile op te nemen.

7. Landenspecifieke gegevens en documenten die betrekking hebben op een concerntransactie waarbij een of meer lidstaten zijn betrokken, moeten ofwel in de landenspecifieke documentatie van alle betrokken lidstaten ofwel in de gemeenschappelijke masterfile worden opgenomen.

8. Een multinationaal concern moet de mogelijkheid hebben om de landenspecifieke documentatie op te stellen in de vorm van één documentatiepakket (met informatie over alle bedrijven in dat land) of in aparte dossiers voor ieder bedrijf of geheel van activiteiten in dat land.

9. De landenspecifieke documentatie moet worden opgesteld in een taal die door de specifieke lidstaat in kwestie is voorgeschreven.

Afdeling 2. Algemene voorschriften en verplichtingen voor multinationale concerns met betrekking tot het gebruik van EU-verrekenprijsdocumentatie

10. Het staat multinationale concerns vrij al dan niet gebruik te maken van de EU-TPD. Een multinationaal concern mag evenwel niet willekeurig omschakelen tussen de EU-TPD en andere documentatiemethoden, maar dient deze methode consistent toe te passen in de gehele EU en gedurende het gehele jaar.

11. Een multinationaal concern dat besluit de EU-TPD-methode toe te passen, dient dit in de regel te doen voor alle gelieerde ondernemingen die betrokken zijn bij concerntransacties met ondernemingen in de EU waarvoor verrekenprijsregels gelden. Behoudens de bepalingen in paragraaf 31 dient een multinationaal concern dat voor de EU-TPD kiest, derhalve de in afdeling 1 genoemde documentatie te bewaren voor alle concernonderdelen in de betrokken lidstaat, inclusief vaste inrichtingen.

12. Wanneer een multinationaal concern besloten heeft in een bepaald belastingjaar de EU-TPD te volgen, moet ieder onderdeel van het concern zijn respectieve belastingdienst daarvan in kennis stellen.

13. Multinationale concerns moeten zich ertoe verbinden de masterfile tijdig op te stellen om aan alle gerechtvaardigde verzoeken van een van de betrokken belastingdiensten te kunnen voldoen.

14. De belastingplichtige in een bepaalde lidstaat moet zijn EU-TPD, op verzoek van een belastingdienst, binnen een redelijke termijn, rekening houdende met de complexiteit van de transacties, ter beschikking stellen.

15. De verplichting om documentatie ter beschikking te stellen van de belastingdienst, berust bij de belastingplichtige die de belastingaangifte moet indienen en die een sanctie zou krijgen indien geen passende documentatie ter beschikking werd gesteld. Dit is ook het geval wanneer de documentatie wordt opgesteld en bewaard door één concernonderdeel ten behoeve van een ander. Wanneer een multinationaal concern voor de EU-TPD kiest, betekent dit dat het zich jegens alle gelieerde ondernemingen in de EU ertoe verbindt om de masterfile en de respectieve landenspecifieke documentatie ter beschikking te stellen van zijn nationale belastingdienst.

16. Wanneer een belastingplichtige in zijn belastingaangifte de winst op zijn jaarrekening corrigeert naar aanleiding van de toepassing van het zakelijkheidsbeginsel, moet hij de berekening van die correctie kunnen documenteren.

17. De aggregatie van transacties moet op consistente wijze geschieden, inzichtelijk zijn voor de belastingdienst en worden verricht in overeenstemming met paragraaf 1.42 van de OESO-richtlijnen voor verrekenprijzen (volgens welke transacties die zo nauw met elkaar zijn verbonden of elkaar opvolgen dat zij afzonderlijk niet juist kunnen worden beoordeeld, mogen worden geaggregeerd). Deze regels moeten op redelijke wijze worden toegepast, waarbij met name rekening wordt gehouden met het aantal en de complexiteit van de transacties.

Afdeling 3. Algemene voorschriften en verplichtingen voor lidstaten met betrekking tot het gebruik van EU-verrekenprijsdocumentatie

18. Aangezien de EU-TPD een basispakket van gegevens voor de beoordeling van de verrekenprijzen van een multinationaal concern is, kan een lidstaat in zijn nationale wetgeving bepalen dat, op verzoek of in het kader van een belastingcontrole, de EU-TPD moet worden aangevuld met verdere gegevens en documenten.

19. De termijn voor het verstrekken van verdere gegevens en documenten op specifiek verzoek (zie paragraaf 18) moet geval per geval worden vastgesteld in het licht van de hoeveelheid en de gedetailleerdheid van de gevraagde gegevens en documenten. Afhankelijk van specifieke plaatselijke regels dient de belastingplichtige een redelijke termijn te krijgen (die kan variëren naar gelang van de complexiteit van de transactie) om de aanvullende gegevens te verzamelen.

20. Belastingplichtigen voorkomen sancties wegens ontoereikende medewerking wanneer zij ermee hebben ingestemd de EU-TPD-methode te hanteren en zij op specifiek verzoek of bij een belastingcontrole op redelijke wijze en binnen een redelijke termijn aanvullende informatie en documenten verstrekken die niet in EU-TPD worden verlangd (zie paragraaf 18).

21. Belastingplichtigen dienen hun EU-TPD, dat wil zeggen de masterfile en de landenspecifieke documentatie, slechts bij het begin van een belastingcontrole of op specifiek verzoek aan de belastingdienst voor te leggen.

22. Wanneer een lidstaat eist dat een belastingplichtige bij zijn belastingaangifte informatie over verrekenprijzen verstrekt, mag dit niet meer behelzen dan een korte vragenlijst of een relevant risicobeoordelingsformulier.

23. Documenten hoeven niet noodzakelijk altijd in de landstaal te worden vertaald. Teneinde de kosten en vertragingen als gevolg van vertalingen zo veel mogelijk te beperken, moeten de lidstaten in de mate van het mogelijke documenten in een vreemde taal aanvaarden. Wat de EU-verrekenprijsdocumentatie betreft, dienen de belastingdiensten bereid te zijn de masterfile te aanvaarden in een taal die door alle betrokken lidstaten wordt begrepen. Masterfiles hoeven slechts te worden vertaald wanneer dat absoluut noodzakelijk is en specifiek daarom wordt verzocht.

24. De lidstaten mogen belastingplichtigen niet verplichten om de documentatie langer dan een redelijke termijn te bewaren, die in overeenstemming is met de nationale wettelijke verplichtingen van toepassing daar waar de belastingplichtige belastbaar is, ongeacht de plaats waar de documentatie, of een deel ervan, wordt bewaard.

25. De lidstaten dienen bij de beoordeling van vergelijkingspunten uit het binnen- of buitenland rekening te houden met de specifieke feiten en omstandigheden van een geval. Zo mogen bijvoorbeeld vergelijkingspunten uit pan-Europese databanken niet automatisch worden verworpen of mag het gebruik van vergelijkingspunten uit het buitenland op zich er niet toe leiden dat een belastingplichtige wordt bestraft wegens het niet-naleven van documentatieverplichtingen.

Afdeling 4. Algemene voorschriften en verplichtingen voor multinationale concerns en lidstaten met betrekking tot het gebruik van EU-verrekenprijsdocumentatie

26. Wanneer documentatie die is opgesteld voor een tijdvak, ook voor latere tijdvakken relevant blijft en nog steeds de zakelijke grondslag van prijzen onderbouwt, kan het dienstig zijn in de documentatie voor latere tijdvakken te verwijzen naar de vroegere documentatie in plaats van deze opnieuw op te nemen.

27. Het is niet nodig de documentatie die gebruikt is bij onderhandelingen tussen ondernemingen die op zakelijke grondslag optreden (bijvoorbeeld bij de verstrekking van een leenfaciliteit of de afsluiting van een groot contract), in de documentatie te reproduceren, mits deze adequate gegevens omvat waarmee de zakelijke grondslag van de prijsstelling kan worden beoordeeld.

28. De door een onderneming voor te leggen documentatie kan verschillen naargelang zij een dochter- dan wel een moedermaatschappij binnen het concern is, dat wil zeggen dat een dochtermaatschappij normaal geen gegevens moet verstrekken over alle grensoverschrijdende verhoudingen en transacties tussen gelieerde ondernemingen binnen een multinationaal concern maar slechts over de verhoudingen en transacties die ter zake doen voor de dochtermaatschappij in kwestie.

29. Het mag voor belastingdiensten geen enkele rol spelen waar een belastingplichtige zijn documentatie opstelt en bewaart, voorzover deze toereikend is en de betrokken belastingdiensten desgevraagd tijdig ter beschikking wordt gesteld. Belastingplichtigen moeten hun documentatie, inclusief hun EU-verrekenprijsdocumentatie, derhalve op gecentraliseerde of gedecentraliseerde wijze kunnen bewaren.

30. Het moet aan de belastingplichtigen worden overgelaten te bepalen hoe de documentatie wordt bewaard – op papier, in elektronische vorm of anderszins –, op voorwaarde dat deze op redelijke wijze aan de belastingdiensten ter beschikking kan worden gesteld.

31. In naar behoren gemotiveerde gevallen, bijvoorbeeld wanneer een multinationaal concern een gedecentraliseerde organisatorische, juridische of operationele structuur heeft of bestaat uit verschillende grote afdelingen die totaal verschillende productgroepen en een eigen verrekenprijsbeleid hebben of geen interne transacties binnen de groep verrichten, en ook in het geval van een pas verworven bedrijf, moet een multinationaal concern de mogelijkheid worden geboden om meer dan een masterfile op te stellen of bepaalde concernonderdelen niet in de EU-TPD te betrekken.

Afdeling 5. Woordenlijst

MULTINATIONALE ONDERNEMING EN MULTINATIONAAL CONCERN
Overeenkomstig de OESO-richtlijnen voor verrekenprijzen is:
- een multinationale onderneming een onderneming die deel uitmaakt van een multinationaal concern;
- een multinationaal concern een groep van gelieerde ondernemingen met bedrijfsvestigingen in twee of meer landen.

GESTANDAARDISEERDE DOCUMENTATIE
Een reeks uniforme EU-brede voorschriften met betrekking tot documentatieverplichtingen volgens welke alle ondernemingen in de EU een eigen specifieke documentatie samenstellen. Doel van deze meer normatieve aanpak

is te komen tot een gedecentraliseerd maar gestandaardiseerd documentatiepakket, dat wil zeggen dat iedere eenheid binnen een multinationaal concern zijn eigen documentatie opstelt maar volgens dezelfde regels.

GECENTRALISEERDE (MONDIAAL GEÏNTEGREERDE) DOCUMENTATIE
Eén enkel documentatiepakket (basisdocumentatie) op mondiale of regionale basis, opgesteld door de moedermaatschappij of het hoofdkantoor van een groep ondernemingen op een gestandaardiseerde en consistente wijze voor de gehele EU. Dit documentatiepakket kan dienen als basis voor het opstellen van lokale landendocumentatie aan de hand van lokale en centrale gegevensbronnen.

EU-VERREKENPRIJSDOCUMENTATIE (EU-TPD)
In de EU-verrekenprijsdocumentatiemethode (EU-TPD) worden elementen van de gestandaardiseerde en de gecentraliseerde (mondiaal geïntegreerde) documentatiemethode met elkaar gecombineerd. Een multinationaal concern stelt één pakket van gestandaardiseerde en samenhangende verrekenprijsdocumentatie op dat twee hoofdcomponenten omvat:

i. één uniform documentatiepakket met gemeenschappelijke gestandaardiseerde gegevens die relevant zijn voor alle EU- concernonderdelen (de 'masterfile'), en
ii. verschillende pakketten gestandaardiseerde documentatie met landenspecifieke gegevens ('landenspecifieke documentatie').

Het documentatiepakket voor een bepaald land zou dus bestaan uit de gemeenschappelijke 'masterfile', aangevuld met de gestandaardiseerde 'landenspecifieke documentatie' voor dat land.

SANCTIE WEGENS NIET-NALEVING VAN DOCUMENTATIEVERPLICHTINGEN
Een bestuurlijke (of civielrechtelijke) sanctie die wordt opgelegd wegens niet-naleving van de EU-TPD-verplichtingen of de nationale documentatieverplichtingen van een lidstaat (naar gelang van de verplichtingen waartoe een multinationaal concern zich heeft verbonden) op het tijdstip waarop de EU-TPD of de door een lidstaat vereiste nationale documentatie ter beschikking van de belastingdienst had moeten worden gesteld.

SANCTIE WEGENS ONTOEREIKENDE MEDEWERKING
Een bestuurlijke (of civielrechtelijke) sanctie die wordt opgelegd wegens het niet tijdig naleven van een specifiek verzoek van een belastingdienst om, aanvullend op de EU-TPD of de nationale documentatievereisten van een lidstaat (naar gelang van de verplichtingen waartoe een multinationaal concern zich heeft verbonden), verdere gegevens of documenten te verstrekken.

SANCTIE NAAR AANLEIDING VAN CORRECTIE
Een sanctie die wordt opgelegd wegens niet-naleving van het zakelijkheidsbeginsel, doorgaans in de vorm van een toeslag tegen een vast bedrag of een bepaald percentage van de verrekenprijscorrectie of de niet-aangegeven belastingsom.

Transfer pricing (EU)
D. MEDEDELING van de Commissie inzake het Gemeenschappelijk EU-forum Verrekenprijzen en APA's binnen de EU

26 februari 2007
COM(2007) 71

Mededeling van de Commissie aan de Raad, het Europees Parlement en het Europees Economisch en Sociaal Comité
over de werkzaamheden van het Gemeenschappelijk EU-forum Verrekenprijzen op het gebied van procedures om geschillen te voorkomen en te beslechten en op het gebied van voorafgaande afspraken over prijzen (advance pricing agreements of APA's) binnen de EU

{SEC(2007) 246}

Inhoudsopgave

1. Doel en context

1. Binnen de EU zijn er verschillen in nationale voorschriften inzake verrekenprijzen volgens welke transacties tussen belastingplichtigen waarover dezelfde aandeelhouders zeggenschap hebben belast worden alsof het om transacties tussen onafhankelijke belastingplichtigen ging. Dit verschil in nationale voorschriften doet evenwel afbreuk aan de goede werking van de interne markt en vormt een zware administratieve last voor de belastingplichtigen.

2. Om praktische oplossingen voor dit probleem te vinden heeft de Commissie in oktober 2002 een Gemeenschappelijk EU-forum Verrekenprijzen opgericht. De Commissie heeft tweemaal een mededeling gepubliceerd over de werkzaamheden van dit forum. De eerste mededeling[1] verwees naar een gedragscode[2] in verband met het verdrag tot afschaffing van dubbele belasting (het 'Arbitrageverdrag[3]') die ten doel had de werking van dit verdrag

1 PB C/2004/122 van 30/4/2004, blz. 4.
2 PB C/2006/176 van 28.7.2006, blz. 8.
3 PB L/1990/225 van 20.8.1990 – Verdrag 90/436/EEG.

doelmatiger te maken. De tweede mededeling[1] verwees naar een gedragscode[2] in verband met de documentatie-eisen voor verrekenprijzen binnen de EU. Deze gedragscode bevat regels betreffende de hoeveelheid en soort documenten die de lidstaten zullen vragen en aanvaarden voor de toepassing van hun eigen voorschriften inzake verrekenprijzen.

3. Geschillen in verband met verrekenprijzen tussen een belastingplichtige en een belastingdienst leiden vaak tot dubbele belasting en tot geschillen tussen belastingadministraties om deze dubbele belasting te verlichten. Hoewel de gedragscode in verband met de doelmatige tenuitvoerlegging van het Arbitrageverdrag die de lidstaten in december 2004 hebben goedgekeurd in principe zou moeten bijdragen tot de afschaffing van dubbele belasting bij verrekenprijzen binnen de EU binnen een termijn van niet meer dan drie jaar, zou het zeer wenselijk zijn in de eerste plaats dergelijke geschillen tussen belastingadministraties te voorkomen.

4. Het voornaamste doel van deze derde mededeling is geschillen over verrekenprijzen en de daarmee verband houdende dubbele belastingheffing te voorkomen door in de eerste plaats een gids op te stellen om te komen tot voorafgaande afspraken over prijzen (hierna ook: 'Advance Pricing Agreements' of APA's genoemd) binnen de EU. APA's zijn overeenkomsten tussen de belastingadministraties van de betrokken EU-lidstaten waarin is vastgelegd hoe toekomstige transacties tussen in twee of meer lidstaten gevestigde gelieerde belastingplichtigen zullen worden belast. De gids is gebaseerd op de beste praktijken die het Forum heeft gevonden.

5. De Commissie is van oordeel dat de APA-gids een efficiënt instrument is om geschillen te voorkomen en zowel nuttig is voor belastingadministraties als voor belastingplichtigen. Door APA's kan vooraf zekerheid worden verkregen over de wijze waarop verrekenprijzen worden vastgesteld; kostbare en tijdrovende onderzoeken door de belastingdienst zullen worden voorkomen of zullen minder kostbaar en tijdrovend worden voor transacties waarop de APA betrekking heeft, wat besparingen moet opleveren voor alle bij een APA betrokken partijen.

6. In deze APA-gids wordt uitgelegd hoe lidstaten de APA-procedure moeten leiden en bij de procedure betrokken belastingplichtigen bijstaan. De APA-procedure zal vlotter verlopen indien deze gids wordt gevolgd, hetgeen op zijn beurt het gebruik van APA's in de EU zal bevorderen en leiden tot minder geschillen en minder dubbele belasting.

2. Werkzaamheden van het gemeenschappelijk EU-Forum Verrekenprijzen van maart 2005 tot september 2006

7. Het volledige verslag dat door het forum is opgesteld is opgenomen in een werkdocument.[3] Binnen het algemene kader van geschillenvoorkoming en -beslechting heeft het Forum verscheidene procedures overwogen die de last van verrekenprijzen voor belastingplichtigen in de EU zouden kunnen verlichten. Overwogen werden gelijktijdige boekenonderzoeken, het advies van of bemiddeling door deskundigen, een systeem van voorafgaande kennisgeving, voorafgaand overleg of voorafgaande overeenstemming en de mogelijkheden van APA-procedures.

2.1. Gelijktijdige boekenonderzoeken

8. Een gelijktijdig boekenonderzoek wordt in het algemeen beschouwd als een methode volgens welke twee of meer landen samen controles verrichten bij belastingplichtigen. Hoewel het Forum erkende dat deze methode aantrekkelijk kon zijn voor lidstaten vanuit nalevingsoogpunt, werd geoordeeld dat hierdoor meer geschillen konden ontstaan dan worden opgelost.

2.2. Advies van of bemiddeling door deskundigen

9. Het Forum heeft nagedacht over de verklaring in het commentaar bij artikel 25 van het OESO-modelbelastingverdrag dat landen advies van deskundigen zouden kunnen inwinnen om gevallen van dubbele belasting te helpen oplossen. Deskundigen van de belastingdiensten waren niet van oordeel dat het oordeel van een deskundige buitenstaander een nuttig instrument kon zijn om dubbele belastingheffing te voorkomen gelet op het Arbitrageverdrag waarin reeds is bepaald dat geschillen opgelost moeten worden door middel van een onafhankelijk arbitragepanel.

2.3. Voorafgaande kennisgeving, voorafgaand overleg of voorafgaande overeenstemming.

10. Het Forum onderzocht de mogelijkheden van een kader voor voorafgaande overeenstemming of ten minste overleg voordat de belastingadministraties verrekenprijscorrecties toepassen. De interactie zou beperkt kunnen zijn tot een loutere kennisgeving van een verrekenprijscorrectie (waardoor een geschil spoediger zou kunnen worden geregeld), worden uitgebreid tot voorafgaand overleg tussen belastingadministraties voordat een verreken-

1 PB C/2006/49 van 28.2.2006, blz. 23.

2 PB C/2006/176 van 28.7.2006, blz. 1.

3 Nog niet gepubliceerd.

prijscorrectie definitief wordt (waardoor latere geschillen ook spoediger kunnen worden geregeld of kunnen worden voorkomen) of gebruik van een systeem van voorafgaande overeenstemming (waarbij een belastingadministratie erin zou toestemmen een overeenkomstige correctie toe te passen om dubbele belasting te voorkomen voordat de eerste correctie definitief zou worden) om geschillen in de eerste plaats te voorkomen.

11. Het Forum was van mening dat het weliswaar mogelijk was al het bovenstaande te doen met de bestaande mechanismen, maar dat het tijdrovend zou zijn efficiënte mechanismen te ontwikkelen en dat daarvoor ingrijpende wijzigingen in de nationale wetgevingen moesten worden aangebracht. Het Forum meende dat het hiermee de grenzen van zijn mandaat wellicht zou overschrijden en dat het zijn tijd en middelen in de eerste plaats moest inzetten om APA-procedures te ontwikkelen.

12. De Commissie is van oordeel dat een systeem van voorafgaande overeenstemming alel dubbele belasting binnen de EU elimineert en dat het daarom nuttig zou zijn dit punt in de toekomst verder uit te diepen.

2.4. Voorafgaande afspraken over prijzen ofwel Advance Pricing Agreements of APA's

13. Een APA is een overeenkomst tussen belastingadministraties over de wijze waarop bepaalde verrekenprijstransacties tussen belastingplichtigen in de toekomst zullen worden belast. Een APA voorkomt vaak geschillen tussen belastingadministraties over transacties waarop de APA betrekking heeft. APA's zijn een voorbeeldige methode om geschillen te voorkomen.

14. Het Forum heeft de voor- en nadelen van APA's diepgaand onderzocht en is tot de conclusie gekomen dat APA's aanzienlijke voordelen hebben voor zowel belastingplichtigen als belastingadministraties. Op de eerste plaats ontstaat er zekerheid over de belastingbehandeling van door de APA gedekte transacties – een zekerheid waarbij zowel belastingdiensten baat hebben (die niet langer een audit moeten uitvoeren om de correcte verrekenprijzen vast te stellen; het enige wat nog gecontroleerd moet worden is de correcte toepassing van de APA) als de belastingplichtigen (die weten hoe zij de verrekenprijzen moeten vaststellen daar hierover overeenstemming is bereikt tussen de betrokken belastingadministraties).

15. Gezien de aanmerkelijke voordelen die aan APA's zijn verbonden, was het Forum van oordeel dat het passend was beste praktijken te identificeren voor de toepassing van APA-procedures binnen de EU. Deze zijn beschreven in de gids in de bijlage bij deze mededeling.

2.5. Wat zijn de hoofdpunten van de APA-gids van de EU?

16. In deze gids is de APA-procedure beschreven: de verschillende stadia die normalerwijze worden doorlopen voordat een APA tot stand komt en wat idealiter in elk stadium moet gebeuren.

17. De nadruk van deze gids ligt op bi- en multilaterale APA's omdat deze als het beste instrument worden beschouwd om dubbele belasting te voorkomen. In de gids wordt echter ook aandacht geschonken aan unilaterale APA's.

18. De procedure wordt onderverdeeld in vier stadia en beschreven wordt wat in elk stadium moet gebeuren.

19. APA's beginnen met het verzoek om een APA van een belastingplichtige. Het verdient aanbeveling dat deze informeel contact opneemt met alle mogelijk betrokken belastingadministraties; voorts wordt beschreven wat in dit informele stadium moet worden gedaan om ervoor te zorgen dat het APA-verzoek op efficiënte wijze wordt behandeld.

Vervolgens wordt informatie verstrekt over de gegevens die in het officiële verzoek moeten worden opgenomen. Hoewel elke APA anders zal zijn, zijn er toch basisgegevens die waarschijnlijk in elk verzoek moeten voorkomen.

20. Voorts wordt in de gids beschreven wat gedaan moet worden voor een efficiënt verloop van de procedure nadat het officiële verzoek is ontvangen. Elke betrokken belastingadministratie gaat na of de daarin voorgestelde verrekenprijsbehandeling aanvaardbaar is. De betrokken belastingadministraties zullen moeten onderhandelen over de details van de verrekenprijsbehandeling en daarover afspraken maken. Hoe dit het best kan worden aangepakt, is ook beschreven in de gids.

21. Om een APA tot stand te brengen moeten de betrokken belastingadministraties officieel afspraken maken zodat zij en de betrokken belastingplichtigen zekerheid verkrijgen over de belastingbehandeling van de transacties. In de gids is aangegeven wat de inhoud van deze officiële afspraak moet zijn om deze zekerheid te verkrijgen.

22. In een aanhangsel bij de gids wordt een voorbeeld gegeven van het typische verloop van de APA-procedure en de tijd die deze in beslag neemt.

23. In de gids worden ook enkele problemen besproken die vaak tijdens, of zelfs voor, de APA-procedure ontstaan en wordt aangegeven hoe deze kunnen worden aangepakt om te voorkomen dat zij een efficiënt verloop van de APA-procedure zelf in de weg staan. Het Forum heeft zijn aandacht vooral gevestigd op gebieden waarop, zoals de ervaring heeft uitgewezen, de meeste problemen zich voordoen: de terugwerkende kracht van de belasting-

behandeling in de APA, vergoedingen en complexiteitsdrempels (die een ongewenste belemmering voor de APA-procedure kunnen vormen) en de soort en de omvang van de transacties die door de APA moeten worden gedekt.

3. Het Arbitrageverdrag en aanverwante kwesties.

24. Het Forum houdt zich voortdurend bezig met de follow-up van het Arbitrageverdrag. Het is essentieel dat het Arbitrageverdrag en de daarmee verband houdende gedragscode die in december 2004 werd goedgekeurd door de lidstaten in acht worden genomen.

25. Eind september 2006 hadden twaalf lidstaten het Toetredingsverdrag tot het Arbitrageverdrag[1] geratificeerd en andere lidstaten hadden te kennen gegeven dat zij het verdrag in de komende maanden zouden ratificeren.

26. Het Forum heeft ook de tenuitvoerlegging begeleid van de aanbeveling in de eerste gedragscode die betrekking had op de schorsing van de belastinginning. Eind september 2006 hebben 16 lidstaten bevestigd dat zij de belastinginning schorsen gedurende de geschillenbeslechtingsprocedure en de andere lidstaten hebben geantwoord dat zij bezig waren met de herziening van teksten om dit mogelijk te maken. Dit punt zal in de toekomst in het oog moeten worden gehouden.

27. Tenslotte bleek uit de antwoorden van de belastingadministraties van de lidstaten op de bijgewerkte vragenlijst van 2005 over hangende procedures voor onderling overleg in het kader van het Arbitrageverdrag van de EU dat geen van de 24 gevallen waarin de belastingplichtige het verzoek voor 1 januari 2000 had ingediend aan een arbitragecommissie was voorgelegd.

28. Het aantal lang aanslepende gevallen van dubbele belasting in het kader van verrekenprijzen betekent, naar het oordeel van de Commissie, om redenen waarop niet nader behoeft te worden ingegaan, dat het Arbitrageverdrag in de EU niet zo doeltreffend is om een einde te maken aan dubbele belasting in verband met verrekenprijzen als het verondersteld wordt te doen. Hierdoor wordt afbreuk gedaan aan de goede werking van de eengemaakte markt. De Commissie is voornemens te onderzoeken hoe dit probleem kan worden aangepakt. Vanuit het perspectief van de eengemaakte markt moet er wellicht een instrument komen waarmee op een minder tijdrovende en meer doeltreffende manier een einde kan worden gemaakt aan dubbele belasting. De Commissie merkt verder op dat het Arbitrageverdrag zich slechts met dubbele belasting bezighoudt die verband houdt met verrekenprijzen en dat het nieuwe materiaal in artikel 25 van het OESO-modelverdrag en bijgevoegd commentaar verder gaat door partijen bij het verdrag een bindende, verplichte arbitrageprocedure te bieden om een einde te maken aan alle dubbele belasting.

4. Toekomstig werkprogramma van het Forum

29. Gelet op deze recente resultaten op het gebied van verrekenprijzen binnen de EU en de noodzaak te blijven toezien op het gebruik van de nieuwe instrumenten, en ook omdat het onderzoek van verschillende andere kwesties moet worden voortgezet, heeft de Commissie besloten het Forum een nieuw mandaat van twee jaar te geven.

30. Het Forum is begonnen te onderzoeken wat zijn nieuwe werkprogramma voor 20072008 zou kunnen zijn.

31. In het kader van het huidige werkprogramma van het Forum moeten met name sancties en rente in verband met verrekenprijscorrecties nog worden onderzocht.

32. In de toekomst zal het voorkomen en regelen van geschillen ongetwijfeld op de agenda blijven staan, daar deze kwesties van groot belang zijn voor belastingplichtigen en belastingadministraties.

33. Het Forum dient de Commissie ook bij te staan bij het toezicht op de implementatie van de gedragscodes door de lidstaten en van de gids die op grond van de conclusies van het Forum is uitgegeven. De lidstaten zullen immers verslag moeten uitbrengen over het gebruik van de verschillende instrumenten en over praktische problemen die zich daarbij voordoen, zodat een evaluatie kan worden gemaakt van de doeltreffendheid van deze instrumenten in het wegnemen van dubbele belasting bij winstcorrecties tussen gelieerde ondernemingen.

34. Wat het Arbitrageverdrag betreft, wijst de Commissie, naar aanleiding van de reacties die zij na de goedkeuring van de gedragscode heeft ontvangen, op de volgende kwesties die verduidelijkt dienen te worden om het verdrag beter te doen functioneren: de termijn voor het oprichten van de arbitragecommissie, wat onder een zware straf moet worden verstaan, de mogelijke uitbreiding van het toepassingsgebied tot meer dan twee lidstaten, de termijn om het definitieve besluit uit te voeren, de rol van de belastingplichtige, wat precies onder een verrekenprijscorrectie valt (bijv. moet onderkapitalisering in aanmerking worden genomen). De Commissie heeft tenslotte opmerkingen ontvangen waarin wordt gepleit voor de oprichting van een vast, onafhankelijk secretariaat.

1 PB C/2005/160 van 30.6.2005, blz. 1-22.

5. Conclusies van de Commissie

35. De Commissie feliciteert het Forum met het geleverde werk en zijn bijdrage tot een vermindering van de last van verrekenprijsvoorschriften in de EU in het algemeen en het voorkomen en regelen van geschillen in het bijzonder. De werkzaamheden van het Forum hebben sinds oktober 2002 geleid tot een aantal verbeteringen die de grensoverschrijdende handel hebben vergemakkelijkt en de werking van de eengemaakte markt dus hebben verbeterd.

36. Wat de werkzaamheden van het Forum betreft op het gebied van de procedures voor het voorkomen en regelen van geschillen, ondersteunt de Commissie de conclusies en voorstellen van het Forum inzake APA's. Op grond hiervan heeft de Commissie bijgevoegde gids voor APA's in de EU opgesteld.

37. Deze gids vormt een basis voor APA-procedures in de gehele EU. Door het volgen van de daarin gegeven aanwijzingen zullen de lidstaten het gebruik van APA's bevorderen waardoor er minder geschillen en minder gevallen van dubbele belasting zullen zijn. Dit zal bijdragen tot het verwijderen van fiscale belemmeringen en tot het realiseren van de hoofddoelstellingen van de eengemaakte markt: een beter investeringsklimaat, een meer competitief bedrijfsklimaat, groei en banen.

38. De Commissie nodigt de Raad uit zijn goedkeuring te hechten aan de voorgestelde gids inzake APA's in de EU en nodigt de lidstaten uit de daarin vervatte aanbevelingen spoedig in hun nationale wettelijke of bestuursrechtelijke bepalingen op te nemen.

39. De lidstaten wordt verzocht jaarlijks verslag uit te brengen bij de Commissie over alle maatregelen die zij naar aanleiding van deze gids hebben genomen en over de werking van de gids in de praktijk. Aan de hand van deze verslagen zal de Commissie deze gids op gezette tijden evalueren.

BIJLAGE

Gids voor APA's (Advance Pricing Agreements) in de Europese Unie

1. Wettelijk kader

1. Volgens artikel 25, lid 3, van het OESO-modelbelastingverdrag mogen landen overeenkomsten sluiten om vooraf zekerheid te verkrijgen op het gebied van verrekenprijzen; een dergelijke overeenkomst wordt hierna APA genoemd (de afkorting van de Engelse term 'Advance Pricing Agreement').

2. Een APA is een regeling waarbij van te voren een reeks criteria wordt vastgelegd (bijv. methode, vergelijkbare waarden en passende correcties daarop, kritische veronderstellingen over toekomstige gebeurtenissen) voor de vaststelling van verrekenprijzen voor bepaalde transacties over een bepaalde periode.

3. Bij de APA mag niet nauwkeurig de werkelijke winst worden overeengekomen die in de toekomst moet worden belast.

Bij de APA worden volgens het 'arm's length'-principe regelingen vastgesteld voor het bepalen van verrekenprijzen voor de door de APA gedekte toekomstige transacties.

4. APA's moeten zekerheid verschaffen aan belastingplichtigen en belastingadministraties. De preciese wijze waarop dit geschiedt kan verschillen, afhankelijk van de wetgeving van de lidstaat waarin de belastingplichtige belasting betaalt.

5. De belastingplichtigen blijft steeds onderworpen aan de gewone voorschriften van de belastingadministratie. Ook wanneer er een APA is, heeft een belastingadministratie nog steeds het recht een bedrijfscontrole uit te voeren. In normale omstandigheden wordt de bedrijfscontrole echter slechts uitgevoerd om de APA te controleren door een onderzoek van de voorwaarden en kritische veronderstellingen die daaraan ten grondslag liggen.

6. Voor bilaterale en multilaterale APA's moeten overeenkomsten worden gesloten tussen de belastingadministraties en tussen elke belastingadministratie en de betrokken belastingplichtige. Voor unilaterale APA's behoeven slechts overeenkomsten te worden gesloten tussen een belastingadministratie en de betrokken belastingplichtige.

2. Organisatie van APA-procedures in de lidstaten

7. Belastingadministraties moeten al hun bekwaamheden en passende middelen kunnen inzetten om een APA tot stand te brengen.

APA-programma's moeten centraal worden gecoördineerd.

Belastingadministraties hebben twee hoofdtaken bij de behandeling van een APA-verzoek: in de eerste plaats beoordelen zij het verzoek en op de tweede plaats onderhandelen zij over een overeenkomst met de andere belastingadministratie.

8. De onderhandelingen tussen belastingadministraties worden gevoerd door de bevoegde autoriteiten. Het is de verantwoordelijkheid van de bevoegde autoriteit ervoor te zorgen dat de beoordeling en controle van de APA en de onderhandelingen met andere landen plaatsvinden. Dit geldt zelfs indien de bevoegde autoriteit voor deskundig advies een beroep doet op andere afdelingen van de belastingadministratie.

3. Toegang tot het APA-programma

9. Het is op de eerste plaats aan de belastingplichtige te besluiten op welke transacties het APA-verzoek betrekking heeft.

De belastingadministratie kan het verzoek onderzoeken en het wijzigen of afwijzen.

De belastingadministratie dient het verzoek te aanvaarden indien aan alle eisen is voldaan.

In de praktijk werken belastingplichtige en belastingadministratie samen om voor beide partijen aanvaardbare voorwaarden te vinden die in de APA moeten worden opgenomen.

Indien het APA-verzoek wordt ingetrokken, dient dit niet automatisch tot een bedrijfscontrole te leiden.

10. Bij de uitvoering van een APA-programma door een belastingadministratie mogen nationale overwegingen een rol spelen.

11. Voorschriften inzake vergoedingen en complexiteitsdrempels kunnen door belastingadministraties worden gebruikt om te waarborgen dat APA's slechts ter beschikking worden gesteld wanneer dit door deze belastingadministraties passend wordt geacht.

4. Vergoedingen

12. Het is aan de lidstaten om te besluiten of vergoedingen moeten worden betaald.

Een efficiënte dienstverlening mag niet afhankelijk zijn van de vergoeding, want deze moet als vanzelfsprekend worden beschouwd.

13. Indien vergoedingen worden betaald, moeten deze een vaste som zijn, als een zuivere vergoeding voor deelname en/of verband houden met de extra kosten die de belastingadministratie als gevolg van de APA moet maken.

14. Vergoedingen zijn met name aangewezen indien een belastingadministratie zonder vergoedingen niet in staat zou zijn een APA-programma te hebben. Maar zij mogen niet zo hoog zijn dat zij een ontmoediging vormen om een APA-verzoek in te dienen.

5. Complexiteitsdrempels

15. Indien gebruik wordt gemaakt van complexiteitsdrempels, dan zijn zij een indicatie voor de gepastheid van een APA, zij uitgaan van de omstandigheden in een bepaald geval en mogen niet te dwingend zijn.

Complexiteitsdrempels moeten consequent op alle belastingplichtigen worden toegepast.

16. De waarschijnlijke houding van andere belastingadministraties die rechtstreeks bij een APA zijn betrokken moet ook een factor zijn bij de toepassing van complexiteitsdrempels: een drempel kan worden verlaagd wanneer andere belastingadministraties bereid zijn het APA-verzoek te aanvaarden.

Of een belastingplichtige deelname aan een APA-programma kan worden geweigerd op grond van een complexiteitsdrempel, moet tijdens het vooroverleg worden besproken.

17. Het aantal of de omvang van de transacties mogen niet als onfeilbare indicatoren voor de onzekerheid of het risico van verrekenprijzen worden beschouwd. Complexiteitsdrempels moeten rekening houden met de relatieve omvang en het verrekenprijsrisico (voor de belastingplichtige) van de transacties.

6. Documentatie

18. Wanneer een multinational gebruik maakt van de EU-verrekenprijsdocumentatie, vormt dit een nuttige basis voor een APA-verzoek.

Daaraan kunnen met nut documenten inzake het verrekenprijsbeleid worden toegevoegd waarop het verzoek is gebaseerd en verslagen waarop het verzoek berust. De eisen inzake documentatie mogen niet onevenredig bezwarend zijn voor de belastingplichtigen, maar de belastingadministratie moet in de gelegenheid worden gesteld om de door de APA te dekken transacties volledig te evalueren.

De aanhangsels A en B bevatten lijsten met documenten die waarschijnlijk van nut kunnen zijn bij een APA-verzoek. Wat werkelijk nodig is wanneer het verzoek officieel wordt ingediend, moet bij het vooroverleg worden overeengekomen.

19. Er moet altijd overeenstemming worden bereikt over de specifieke informatie die nodig is om het APA-verzoek te kunnen controleren, als onderdeel van de APA-onderhandelingen. De belastingplichtige moet gedurende de gehele APA-procedure de documentatie bewaren zodat de belastingadministratie kan controleren hoe de APA wordt toegepast.

7. Verloop van de APA-procedure

20. Belastingadministraties en belastingplichtigen moeten zo veel mogelijk samenwerken om ervoor te zorgen dat de APA-procedure zo efficiënt mogelijk verloopt.

De APA-procedure kan in vier stadia worden ingedeeld:

a. Vooroverleg / Informeel verzoek
b. Officiële indiening van het verzoek
c. Beoordeling van en onderhandelingen over de APA
d. Officiële overeenkomst

7.1. Vooroverleg / Informeel verzoek

21. Bij het vooroverleg moeten alle partijen kunnen beoordelen of het APA-verzoek kans op slagen heeft. De belastingadministratie moet voldoende informatie krijgen om deze beoordeling te kunnen maken. Ten minste moeten gegevens worden verstrekt over de door de APA te dekken activiteiten en transacties, de betrokken belastingplichtigen, de methode waaraan de voorkeur wordt gegeven, de gewenste looptijd van de APA, terugwerkende kracht en betrokken landen.

Bij het vooroverleg moet de belastingadministratie zich een redelijk oordeel kunnen vormen over de aanvaardbaarheid van het verzoek.

Belastingplichtigen dienen contact op te nemen met de belastingadministraties zodra zij een duidelijk beeld hebben van hun voorgenomen acties op het gebied van een APA.

22. De belastingadministraties kunnen ook informatie verstrekken wanneer zij anoniem worden benaderd, maar op anonieme basis kunnen natuurlijk geen afspraken worden gemaakt. De belastingplichtige moet in ieder geval een betrekkelijk duidelijk beeld hebben van zijn voornemens indien hij op anonieme wijze een bijeenkomst wenst, maar de anonieme contacten mogen niet te lang worden voortgezet.

23. De belastingadministratie moet zo spoedig mogelijk duidelijk aangeven of een officieel verzoek van de belastingplichtige kans op slagen heeft en zo mogelijk ook aangeven welke aspecten tot problemen aanleiding zouden kunnen geven.

24. De belastingplichtige dient contact op te nemen met alle lidstaten die rechtstreeks betrokken zijn bij de beoogde APA. Wanneer met meer dan een belastingadministratie contact wordt opgenomen, moet steeds dezelfde informatie worden verstrekt (dit geldt voor de gehele APA-procedure).

25. Als onderdeel van het vooroverleg moeten de bevoegde autoriteiten elkaar zo nodig raadplegen. Wanneer een dergelijk overleg noodzakelijk wordt geacht, moet het zo spoedig mogelijk plaatsvinden.

Tijdens het vooroverleg moeten de belastingplichtige en de belastingadministratie bespreken welke documenten bij het officiële verzoek moeten worden gevoegd. Indien er complexiteitsdrempels zijn, moeten die ook worden besproken. De belastingadministratie moet van het vooroverleg ook gebruik maken om de inhoud van het verzoek te beïnvloeden wanneer dit bevorderlijk is voor een efficiënt verloop van de procedure.

7.2. Officiële indiening van het APA-verzoek

26. De officiële indiening van het APA-verzoek moet zo spoedig mogelijk gebeuren in verhouding tot de jaren die door de APA worden bestreken en met name zo spoedig mogelijk na de informele contacten. De belastingplichtige moet het verzoek officieel bij de belastingadministratie indienen waar hij belasting betaalt en tegelijkertijd in alle andere betrokken landen. Wanneer lidstaten verschillende wettelijke of bestuursrechtelijke procedures hebben op het gebied van APA's, moet de belastingplichtige ervoor zorgen dat alle verzoeken tijdig worden ingediend. De belastingadministratie moet ernaar streven de belastingplichtige zo spoedig mogelijk mede te delen of het verzoek om een APA officieel in behandeling is genomen en zo spoedig mogelijk aanvullende documenten vragen indien deze nodig zijn om de APA te beoordelen en een standpunt te bepalen.

Inhoud van het officiële verzoek

27. Bij het indienen van het officiële verzoek moet de belastingplichtige er zo veel mogelijk voor zorgen dat dit alle gegevens bevat die de belastingadministratie nodig heeft om het verzoek te beoordelen en om een standpunt te bepalen over de methode die later zal worden gebruikt om de onafhankelijke, zakelijke (arm's length) prijs te berekenen. In de aanhangsels A en B is vermeld welke gegevens meestal nodig zullen zijn, maar dat is niet noodzakelijkerwijs het minimum en niet het maximum. In elk specifiek geval zal moeten worden bepaald welke gegevens het officiële verzoek precies dient te bevatten.

28. Een belastingadministratie heeft het recht aanvullende informatie op te vragen om het APA-verzoek te kunnen beoordelen.

7.3. Beoordeling van en onderhandelingen over de APA

29. De beoordeling en de onderhandelingen hebben een ander doel, zelfs indien het soms gepast kan zijn deze taken deels tezamen uit te voeren. Er moet worden gezocht naar een evenwichtige benadering om ervoor te zorgen dat de beoordeling zo snel mogelijk plaatsvindt en dat de onderhandelingen zo snel mogelijk beginnen.

Bij de beoordeling moet de belastingadministratie de voorwaarden voor de APA formuleren waaraan zij de voorkeur geeft. Bij de onderhandelingen met de andere betrokken belastingadministraties moeten eventuele verschillen tussen hen worden opgelost zodat één stel voorwaarden kan worden opgelegd aan alle betrokken belastingplichtigen.

30. Zodra het officiële verzoek is ontvangen, moeten de bevoegde autoriteiten van de betrokken belastingadministraties contact opnemen met elkaar en een tijdschema voor de APA opstellen. De belastingplichtige moet bij het opstellen van het tijdschema worden betrokken; in aanhangsel C is een modeltijdschema opgenomen. Bij multilaterale APA's kunnen de bevoegde autoriteiten overeenkomen dat een bevoegde autoriteit de organisatie van de procedure leidt.

31. De belastingplichtige dient de belastingadministratie door het verstrekken van inlichtingen te helpen bij de beoordeling van het verzoek. De beoordeling moet zo spoedig mogelijk worden voltooid zodat met de onderhandelingen kan worden begonnen.
32. De belastingadministraties moeten alles in het werk stellen om de lasten die de beoordeling met zich brengt tot een minimum te beperken door slechts relevante informatie op te vragen; de belastingplichtigen moeten op hun beurt alle gevraagde informatie zo spoedig mogelijk verstrekken. Het moet mogelijk zijn overeenstemming te bereiken over wat relevante informatie is.
33. Alle informatie die aan een belastingadministratie wordt verstrekt moet ook aan de andere betrokken belastingadministraties worden verstrekt. Ook moet informatie worden uitgewisseld over de gegevens die werden opgevraagd. Voor elke APA moet worden vastgelegd of de belastingplichtige, of bij uitzondering de belastingadministratie, dit door gegevensuitwisseling zal doen.
34. Wanneer een belastingadministratie een beoordeling maakt die afwijkt van het verzoek van de belastingplichtige, moet deze beoordeling met de belastingplichtige worden besproken.
35. Als onderdeel van het beoordelingsproces dient de belastingadministratie ernaar te streven de belastingplichtigen ertoe te brengen dat hij het standpunt van de belastingadministratie aanvaardt. Het is in het voordeel van de belastingadministratie en de belastingplichtige samen te werken om de procedure naar een voor beide partijen aanvaardbare conclusie te voeren.
36. Belastingadministraties en belastingplichtigen dienen in een APA samen te werken om vertragingen te beperken, met name door de benodigde gegevens tijdig op te vragen en deze tijdig te verstrekken. Belastingadministraties dienen altijd te overwegen verzoeken om informatie gezamenlijk / gemeenschappelijk te doen wanneer dit ertoe strekt vertragingen te beperken.
37. Zodra zij met de beoordeling klaar is, moet een belastingadministratie trachten de onderhandelingen te beginnen en zo nodig moeten de andere betrokken belastingadministraties trachten hun beoordelingen te voltooien zodat de onderhandelingen kunnen beginnen.
38. In het stadium van de beoordeling nemen de bevoegde autoriteiten contact met elkaar op indien dit ertoe zal bijdragen tot een APA te komen. Indien mogelijk dient een voorlopige overeenkomst te worden bereikt. Het verdient echter de voorkeur dat een belastingadministratie ten minste een voorlopige beoordeling in gedachten heeft voordat de onderhandelingen tussen de bevoegde autoriteiten werkelijk beginnen.
39. Indien dit in het belang is van de APA-procedure, moeten inleidende onderhandelingen beginnen voordat de beoordeling klaar is, maar dit mag er niet toe leiden dat de belastingadministraties de voltooiing van de beoordeling ten onrechte uitstellen.
40. Voor de meeste APA's dient elke bevoegde autoriteit schriftelijk een standpunt in te nemen over de beoordeling van de belastingadministratie. De officiële uitwisseling van standpunten vindt plaats door een uitwisseling van de op schrift gestelde standpunten van de bevoegde autoriteiten. Dit dient zo spoedig mogelijk na de ontvangst van het verzoek te worden gedaan.
41. De bevoegde autoriteiten behoeven hun standpunten niet schriftelijk uit te wisselen indien de APA-procedure hierdoor efficiënter en sneller verloopt. Indien alle bevoegde autoriteiten hun standpunt op schrift hebben gesteld voordat de eigenlijke onderhandelingen beginnen, zal dit echter in de meeste gevallen helpen eventuele geschillen snel en efficiënt te onderkennen en op te lossen. Indien een bevoegde autoriteit haar standpunt op schrift heeft gesteld, dienen andere bij de onderhandelingen betrokken bevoegde autoriteiten ten minste uiteen te zetten met welke punten zij het niet eens zijn.

Inhoud van de schriftelijke standpunten van de bevoegde autoriteiten

42. Het schriftelijke standpunt dient het standpunt te bevatten van de bij de APA betrokken belastingadministratie. In Aanhangsel D zijn enige punten vermeld die waarschijnlijk in een schriftelijk standpunt van een bevoegde autoriteit moeten worden opgenomen.
43. De onderhandelingen beginnen door de toezending van de standpunten van de bevoegde autoriteiten. Er moet een tijdschema voor de onderhandelingen worden opgesteld. De belastingplichtigen dienen van alle significante ontwikkelingen in kennis te worden gesteld.

Indien de bevoegde autoriteiten hiermee instemmen, kunnen de belastingplichtigen de vergaderingen van de bevoegde autoriteiten bijwonen om een toelichting op de feiten te geven.

44. Indien dit nuttig wordt geacht kunnen de bevoegde autoriteiten regelmatig vergaderen om het gehele APA-programma door te nemen, maar dit mag geen belemmering zijn om vergaderingen over individuele zaken te houden.

7.4. Officiële sluiting van de APA

45. De officiële APA dient van kracht te worden door officiële overeenkomsten tussen de betrokken belastingadministraties (in een multilaterale APA zou er een enkele overeenkomst kunnen zijn tussen alle belastingadministraties of een bilaterale overeenkomst tussen elke belastingadministratie).

In alle overeenkomsten moeten de voorwaarden van de APA zijn vermeld.

46. Deze overeenkomsten moeten zekerheid bieden aan alle partijen die bij de APA zijn betrokken; mits aan de voorwaarden van de APA wordt voldaan, worden de verrekenprijzen voor de transacties bepaald als in de APA vastgesteld en geeft de belastingadministratie geen andere interpretatie aan de transacties. De belastingadministraties dienen erop toe te zien dat zij deze zekerheid kunnen verschaffen.
47. In aanhangsel E zijn de punten vermeld die waarschijnlijk in alle officiële APA's moeten worden opgenomen.

8. APA's: specifieke gebieden

8.1. Door de APA te dekken transacties en deelnemers

48. Het is de belastingplichtige die in de eerste plaats moet beslissen welke transacties en welke eenheden van het concern hij in de APA wenst te zien opgenomen. Maar het is de belastingadministratie die moet besluiten of zij het verzoek van de belastingplichtige aanvaardt.
49. Het is van belang dat belastingadministraties zo flexibel mogelijk zijn bij het tegemoetkomen aan de wensen van de belastingplichtige over wat hij in de APA wenst op te nemen. Aanbevolen wordt dat de belastingplichtige in het verzoek verklaart waarom hij bepaalde bedrijven en transacties wel of niet in de APA wil opnemen.
50. Een belastingadministratie moet op eigen initiatief informatie uitwisselen (afhankelijk van eventuele beperkingen waarin de nationale wetgeving voorziet) met een andere belastingadministratie die naar het oordeel van de eerstgenoemde bij de APA moet worden betrokken. De belastingplichtige moet worden geraadpleegd over de belastingadministraties die bij de APA moeten worden betrokken daar de belastingplichtige moet instemmen met de voorwaarden van de APA.

8.2. Kritische veronderstellingen

51. De belastingplichtige moet in zijn verzoek aangeven van welke veronderstellingen hij is uitgegaan bij het kiezen van de methode voor de zakelijke (arm's length) vaststelling van prijzen van toekomstige transacties.
52. Kritische veronderstellingen zijn uiteraard essentieel voor de APA en moeten zorgvuldig worden beschreven om te waarborgen dat de in de APA vastgelegde methode de zakelijke prijzen inderdaad weergeeft.
53. Belastingplichtigen en belastingadministraties moeten ernaar streven kritische veronderstellingen te identificeren die zo mogelijk zijn gebaseerd op waarneembare, betrouwbare en onafhankelijke gegevens.
54. Kritische veronderstellingen moeten worden afgestemd op de individuele omstandigheden van de belastingplichtige, de bedrijfsomgeving, de methode en het soort te dekken transacties.
55. Kritische veronderstellingen moeten niet zo nauw worden omschreven dat de door de APA te verschaffen zekerheid daardoor in gevaar wordt gebracht, maar moeten betrekking hebben op een zo ruime variatie van onderliggende feiten als aanvaardbaar is voor de partijen die bij de APA zijn betrokken.
56. De APA moet parameters bevatten voor een vooraf vast te stellen aanvaardbaar niveau van afwijking van sommige veronderstellingen en slechts indien ook deze worden overschreden kan het noodzakelijk worden weer te gaan onderhandelen.
57. Indien niet wordt voldaan aan kritische veronderstellingen moeten de belastingplichtigen dit mededelen aan hun belastingadministraties.

Alle partijen die bij de APA zijn betrokken moeten overleg plegen om te onderzoeken waarom niet aan een kritische veronderstelling werd voldaan en of de APA-methode nog gepast is.

Er moet dan zoveel mogelijk worden geprobeerd opnieuw over de APA te onderhandelen.

8.3. Terugwerkende kracht

58. Terugwerkende kracht kan – wanneer de nationale wetgeving dit toestaat – in overweging worden genomen wanneer dit geschillen kan oplossen of de mogelijkheid van geschillen over eerdere periodes kan wegnemen.
59. Terugwerkende kracht mag slechts een bijkomstig resultaat zijn van een APA en slechts worden toegepast wanneer dit gepast is, gelet op de feiten in een bepaald geval. Voor de toepassing van terugwerkende kracht moeten in de vorige perioden dezelfde feiten en omstandigheden aanwezig zijn geweest als die waarop de APA betrekking heeft.
60. De APA kan slechts met toestemming van de belastingplichtige met terugwerkende kracht worden toegepast.
61. Een belastingadministratie maakt gebruik van de gewone nationale maatregelen indien zij, als onderdeel van de APA-procedure, feiten ontdekt die van invloed zijn op de belastingheffing in vroegere periodes. Maar de belastingadministraties dienen de belastingplichtige van een voorgenomen actie in kennis te stellen zodat deze eventueel een verklaring kan geven van de feiten voordat zij tot een navordering overgaan.

8.4. Publicatie van statistieken

62. Het zou nuttig zijn indien elke belastingadministratie statistische gegevens over APA's bekend zou maken.

8.5. Unilaterale APA's

63. Hoewel er omstandigheden kunnen zijn waarin de belastingplichtige goede redenen heeft om aan te nemen dat een unilaterale APA meer geschikt is dan een bilaterale APA, wordt de voorkeur gegeven aan bilaterale APA's. Hoewel een unilaterale APA het risico van dubbele belasting in zekere mate kan beperken, moet ervoor worden gezorgd dat zij, op dezelfde wijze als bilaterale of multilaterale APA's, in overeenstemming zijn met het 'arm's length'-principe.
64. In eerste instantie heeft de belastingplichtige het recht te beslissen of een unilaterale of bilaterale APA nodig is.
65. Een lidstaat die bezig is met de voorbereiding van een unilaterale APA kan overwegen ook andere lidstaten bij de APA te betrekken. De belastingplichtigen moeten echter niet tot een bilaterale APA worden gedwongen.
66. Belastingadministraties kunnen verzoeken om unilaterale APA's afwijzen wanneer zij van oordeel zijn dat een bilaterale of multilaterale APA meer aangewezen is, of dat een APA in het geheel niet passend is.
67. De rechten van andere belastingadministraties en belastingplichtigen kunnen niet door het bestaan van een unilaterale APA worden aangetast. Het sluiten van een unilaterale APA betekent niet dat later geen procedure voor onderling overleg kan worden gevolgd.
68. Bij de Gedragscode Bedrijfsbelasting hebben de lidstaten zich ertoe verbonden op eigen initiatief gegevens uit te wisselen over de unilaterale APA's die zij hebben gesloten. De gegevens moeten zo spoedig mogelijk na de sluiting van de unilaterale APA worden toegezonden aan elke andere belastingadministratie die rechtstreeks bij de unilaterale APA is betrokken.

8.6. Vergemakkelijking van de toegang tot APA's voor het midden- en kleinbedrijf

69. De belastingadministraties moeten hun ervaring met de problemen van het midden- en kleinbedrijf benutten om de toegang van deze bedrijven tot APA's gemakkelijker te maken indien APA's nuttig zijn om geschillen te voorkomen of deze te regelen.

Aanhangsel A: Informatie die waarschijnlijk moet worden opgenomen in het officiële verzoek om een bilaterale of multilaterale APA

De te verstrekken gegevens hangen af van de feitelijke situatie en moeten bij voorkeur al bij het vooroverleg tussen belastingplichtigen en belastingadministraties worden besproken.

Deze gegevens kunnen in twee grote categorieën worden ingedeeld: gegevens over het verleden – historische gegevens – die reeds in het een of andere formaat beschikbaar kunnen zijn maar die voor het APA-verzoek moeten worden verzameld en gegevens die speciaal voor het APA-verzoek moeten worden gecreëerd.

Bij het onderzoeken van de historische gegevens moeten de lidstaten in gedachten houden dat APA's betrekking hebben op de toekomst en dat deze historische informatie dus minder relevant kan zijn voor toekomstige periodes. Maar historische informatie zal noodzakelijk zijn om de APA in perspectief te plaatsen en een beter oordeel over de toekomst mogelijk te maken.

Het verdient aanbeveling dat de belastingadministratie en de belastingplichtige bij het vooroverleg nagaan welke gegevens bij het indienen van het officiële verzoek moeten worden verstrekt. Het doel is een evenwicht te vinden tussen de hoeveelheid gegevens die de belastingadministratie nodig heeft om het verzoek te kunnen beoordelen en de last die het verstrekken van een grote hoeveelheid gegevens voor de belastingplichtige met zich brengt.

De belastingadministratie heeft in ieder geval het recht nadere informatie op te vragen en de belastingplichtige het recht nadere informatie te verstrekken.

1. Naam en adres van alle verbonden ondernemingen (waaronder alle vaste vestigingen) die partij zijn bij de APA.
2. Het organisatieschema van het concern waarop alle eenheden te zien zijn die betrokken zijn bij de door de APA te dekken transacties.
3. Een analyse van de trends in de bedrijfstak en op de markt die waarschijnlijk van invloed zullen zijn op de onderneming. Marktstudies en financiële studies die in dit verband zijn gemaakt dienen, indien relevant, ook te worden bijgesloten. Een beschrijving van bedrijfsstrategie die naar verwachting in de door de APA te dekken periode zal worden gevolgd en, indien deze anders was, van de strategie die in vorige periodes werd gevolgd. Deze beschrijving kan ook prognoses omvatten, managementbudgetten, informatie over de verwachte bedrijfsontwikkelingen en concurrentie, toekomstige marketing-, productie-en onderzoek-en ontwikkelingsstrategie. Ook kunnen gegevens worden verstrekt over degenen die de bevoegdheid en verantwoordelijkheid hebben om de bedrijfsstrategie te ontwikkelen en te bepalen.
4. De door de belastingplichtigen gewenste looptijd van de APA, eventueel met inbegrip van de gewenste terugwerkende kracht.
5. Een functie-analyse (zie Aanhangsel B) van de door de APA te dekken partijen en transacties.
6. De reden waarom de belastingplichtige voor deze transacties een APA wenst.

7. De kritische veronderstellingen waarvan de APA uitgaat.

8. Gegevens over de voorgestelde methode voor de te dekken transacties en bewijsmateriaal voor het standpunt dat deze resultaten zal opleveren die in overeenstemming zijn met het 'arm's length'-principe.

Afhankelijk van de methode en hoe deze moet worden toegepast, kan dit bewijsmateriaal het volgende omvatten:

a. een bespreking van de vijf OESO-vergelijkbaarheidsfactoren, met name de in aanmerking genomen vergelijkingselementen en daarop toegepaste correcties om vergelijkbaarheid te verkrijgen.

b. redenen waarom de in het APA-verzoek gebruikte methode werd gekozen;

c. een voorbeeld hoe de voorgestelde methode op de financiële gegevens wordt toegepast.

9. Een lijst van APA's die reeds zijn gesloten door een van de verbonden ondernemingen die bij de APA zijn betrokken en die betrekking hebben op dezelfde of soortgelijke transacties, indien de belastingautoriteiten daarover niet reeds beschikken.

10. Gedetailleerde financiële informatie over de eenheden in de APA over de drie jaren voorafgaande aan de APA. Dit zou het volgende kunnen omvatten:

a. de drie wettelijke voorgeschreven jaarrekeningen;

b. een analyse van de producten-/dienstenlijnen waaruit de bruto- en nettomarges blijken en de daarmee verband houdende kosten van de in de APA op te nemen producten/diensten, indien beschikbaar en nuttig.

11. Een lijst van alle wettelijke overeenkomsten tussen verbonden ondernemingen die van invloed zijn op de door de APA te dekken transacties. Bijvoorbeeld: licentieovereenkomsten, aankoopovereenkomsten, distributieovereenkomsten en onderzoek- en ontwikkelingsdienstenovereenkomsten.

12. Voor de jaren waarvoor om terugwerkende kracht wordt verzocht – wanneer dit volgens de nationale wetgeving mogelijk is – gegevens over de fiscale situatie van elke betrokken eenheid in deze jaren, bijv. belastingaangifte aanvaard, belastingaangifte ingediend, maar niet aanvaard, ingediende belastingaangifte wordt gecontroleerd enz., met gegevens over eventueel nog niet afgesloten procedures voor onderling overleg en een overzicht van de wettelijke termijnen waaruit blijkt of nog correcties mogelijk zijn voor de aanslagjaren.

Aanhangsel B: Functionele analyse

De functionele analyse is het voornaamste instrument in elke verrekenprijsprocedure. De inhoud moet op de betrokken belastingplichtige en op de door de APA te dekken transacties worden afgestemd. Afhankelijk van de situatie moet uit het APA-verzoek ook in zekere mate blijken welke eenheid welke functies uitoefent in het geheel van activiteiten van de multinational. De belastingadministraties moeten er evenwel aan denken dat zij geen beoordeling maken van transacties die niet door de APA worden gedekt. Deze informatie moet voor hen voldoende zijn om het geheel van de betrokken transacties te begrijpen.

Activiteiten en functies

Alle activiteiten die verband houden met de door de APA te dekken transacties moeten worden beschreven (onderzoek en ontwikkeling, productie, distributie, marketing, het soort dienstverlening enz.). De economische waarde en de ondernemerswaarde van deze activiteiten moeten duidelijk worden gemaakt en er moeten gegevens worden verstrekt over de interactie tussen deze activiteiten en die van andere eenheden van het concern. De markt en de positie van de eenheid op de markt moeten worden beschreven, alsmede het soort afnemer, het soort product dat wordt verkocht, hoe het wordt ontwikkeld of aangekocht, bij wie het wordt aangekocht en aan wie verkocht.

Risico's

De risico's van een eenheid in verband met de door de APA te dekken transacties moeten worden beschreven en beoordeeld. Typische risico's kunnen verband houden met het product, de gebruikte technieken, veroudering, de markt, krediet, wisselkoersen en rechtszaken.

Gebruikte activa

Het soort werkkapitaal, het bedrag aan werkkapitaal, materiële en immateriële activa die bij de door de APA te dekken transacties worden gebruikt moeten worden beschreven. Opnieuw moet het betrekkelijk belang van deze activa voor de transacties, indien mogelijk, worden geanalyseerd.

Meer gegevens zijn nodig indien voor de door de APA te dekken transacties gebruik wordt gemaakt van intellectuele-eigendomsrechten. Vermeld moet worden hoe de intellectuele-eigendomsrechten binnen het concern werden gecreëerd of door het concern werden verworven. Ook moet worden vermeld welke eenheid nu eigenaar is van de intellectuele-eigendomsrechten en hoe deze eigenaar is geworden, hoe de intellectuele-eigendomsrechten worden gebruikt en welke waarde deze aan de transacties toevoegen.

Aanhangsel C: Voorbeeld van een tijdschema voor de sluiting van een APA

Elke APA is anders: daarom is het gevaarlijk een tijdschema op te stellen dat voor alle APA's zou moeten gelden. Het beste is dat de betrokkenen zo spoedig mogelijk na de ontvangst van een APA-verzoek een tijdschema opstellen. De belastingadministraties kunnen de tijd die de APA-onderhandelingen in beslag nemen zo kort mogelijk houden door de verstrekte informatie snel en efficiënt te onderzoeken; de belastingplichtigen kunnen de tijd die de APA-onderhandelingen in beslag nemen zo kort mogelijk houden door snel alle nodige informatie te verstrekken. Het tijdschema, dat slechts als voorbeeld dient, geeft een overzicht van alle stadia die APA's normalerwijze moeten doorlopen.

Vooroverleg / Stadium van de informele aanvraag – maand 0.
De belastingplichtige neemt informeel contact op met twee belastingadministraties om een APA aan te vragen. De belastingadministraties luisteren naar zijn verklaringen en geven aan of zijn bijzondere geval voor een APA in aanmerking kan komen. De belastingadministraties plegen overleg met elkaar om te zien of overeenstemming mogelijk is. Elke belastingadministratie houdt een korte bespreking met de belastingplichtige om hem mede te delen welke informatie hij in eerste instantie moet verstrekken en welke methode het meest aangewezen is.

Maanden 1-3
Het officiële verzoek wordt bij elke belastingadministratie ingediend. De bevoegde autoriteiten stellen in maand 1 een tijdschema op om het verzoek te beoordelen en daarover te onderhandelen. Beide belastingadministraties voeren onafhankelijk van elkaar een eerste onderzoek uit en vragen zo nodig nadere gegevens op.

Maanden 4-12
De belastingadministraties zetten hun beoordeling onafhankelijk van elkaar voort met de volledige medewerking van de belastingplichtige. Er zou een eerste vergadering met alle betrokkenen kunnen plaatsvinden waarop de belastingplichtige een uiteenzetting geeft over zijn verzoek. De bevoegde autoriteiten plegen zo nodig overleg. De belastingplichtige wordt bij deze beoordeling betrokken en wordt geraadpleegd. Aan het einde van deze periode heeft elke belastingadministratie zijn standpunt bepaald. De bevoegde autoriteiten kunnen nu hun op schrift gestelde standpunten uitwisselen. Zij komen overeen een vergadering te houden om deze in maand 14 te bespreken.

Maand 13
Elke bevoegde autoriteit beoordeelt het standpunt van de andere bevoegde autoriteit en vraagt zo nodig nadere gegevens op. (Een andere optie is dat een bevoegde autoriteit in maand 12 haar standpunt schriftelijk uiteenzet en dat de andere bevoegde autoriteit haar standpunt in maand 13 uiteenzet waarin zij haar mening geeft over het standpunt van de andere autoriteit en zo nodig alternatieven voorstelt.)

Maanden 14-16
De bevoegde autoriteiten voeren besprekingen. Er worden nadere inlichtingen ingewonnen bij de belastingplichtige die op de hoogte wordt gehouden van de onderhandelingen van de bevoegde autoriteiten.

Maand 17
De bevoegde autoriteiten bereiken overeenstemming. De belastingplichtige wordt geraadpleegd en geeft aan of hij het ermee eens is.

Maand 18
Tussen de bevoegde autoriteiten wordt officieel overeenstemming bereikt over de APA. Er vindt een officiële uitwisseling van documenten plaats. De belastingplichtige krijgt de verzekering dat de APA aanvaardbaar is.

Meer ingewikkelde gevallen kunnen meer tijd in beslag nemen, maar met de medewerking en planning van alle partijen moet de tijd om een APA te sluiten tot een minimum worden beperkt.

Aanhangsel D: Inhoud van het schriftelijke standpunt van de bevoegde autoriteiten

Daar elk geval anders is, zullen de schriftelijke standpunten ook verschillen. Maar hieronder wordt aangegeven wat in de schriftelijke standpunten in ieder geval dient te worden vermeld. Om ervoor te zorgen dat een APA-procedure zonder onnodige vertraging verloopt, moeten de onderhandelingen tussen de bevoegde autoriteiten zo spoedig mogelijk na de ontvangst van het verzoek beginnen, doorgaans nadat een schriftelijk standpunt is opgesteld.

Doorgaans moet het schriftelijke standpunt het volgende bevatten:

1. De conclusie van de bevoegde autoriteit, de motivering, de methode waaraan de voorkeur wordt gegeven en de redenen daarvoor.
2. De redenen van de afwijzing of wijziging van de methode die de belastingplichtige oorspronkelijk heeft voorgesteld.
3. De feiten die bij het bereiken van bovenstaande conclusie het meest relevant werden geacht. Indien van toepassing moet bijzondere aandacht worden besteed aan feiten die tijdens de APA-procedure aan het licht kwamen, in tegenstelling tot die welke in het oorspronkelijke verzoek waren vermeld.
4. De kritische veronderstellingen waarvan de APA afhankelijk zal zijn.
5. Een standpunt over eventuele terugwerkende elementen en over de toekomstige looptijd van de APA.
6. Voorstellen over de wijze waarop toezicht op de APA wordt uitgeoefend.

7. Een beschrijving van het verdragsrecht en het nationale recht dat op de APA van toepassing zal zijn en dat de belastingplichtige zekerheid zal verschaffen.

Aanhangsel E: Gegevens die waarschijnlijk in een APA-overeenkomst moeten voorkomen

1. De looptijd van de APA en de datum van inwerkingtreding.
2. Een beschrijving van de methode die aanvaardbaar is voor het bepalen van verrekenprijzen en de kritische veronderstellingen (zie aanhangsel F) die daaraan ten grondslag liggen, wil de APA van toepassing zijn.
3. De overeenkomst dat de APA bindend zal zijn voor de betrokken belastingadministraties.
4. Een overeenkomst over de wijze waarop toezicht wordt uitgeoefend op de APA.
5. Een overeenkomst over de documentatie die tijdens de looptijd van de APA moet worden bijgehouden om daarop toezicht te kunnen uitoefenen, bijv. jaarverslagen.
6. Eventueel een overeenkomst inzake terugwerkende kracht.
7. In welke omstandigheden de APA zal moeten worden herzien.
8. In welke omstandigheden de APA vervroegd of zelfs met terugwerkende kracht zal worden opgezegd (bijv. indien blijkt dat onjuiste inlichtingen werden verstrekt).

Aanhangsel F: Kritische veronderstellingen

Kritische veronderstellingen zullen variëren, afhankelijk van de APA zelf, maar het is mogelijk dat op enige van de volgende gebieden van veronderstellingen moet worden uitgegaan:

1. de betrokken nationale belastingwetgeving en de verdragsbepalingen;
2. tarieven, rechten, invoerbeperkingen en overheidsvoorschriften;
3. de economische voorwaarden, marktaandeel, marktvoorwaarden, de eindverkoopprijs en verkoopvolume;
4. de aard van de functies en risico's van de bij de transacties betrokken ondernemingen;
5. wisselkoersen, rentetarieven, kredietwaardigheid en kapitaalstructuur;
6. het beheer of de financiële verslaglegging en indeling van inkomsten en uitgaven;
7. de ondernemingen die in elk rechtsgebied actief zijn en de vorm waarin zij actief zullen zijn.

Aanbeveling van de Commissie van 21 december 1993 betreffende belastingen op bepaalde inkomsten die door niet-ingezetenen verworven zijn in een andere Lid-Staat dan die waarvan zij ingezetene zijn (94/79/EG)[1]

De Commissie van de Europese Gemeenschappen,

Gelet op het Verdrag tot oprichting van de Europese Gemeenschap, inzonderheid op artikel 155, tweede streepje,

Overwegende dat de interne markt een ruimte zonder binnengrenzen omvat, waarin het vrije verkeer van goederen, personen, diensten en kapitaal is gewaarborgd;

Overwegende dat het vrije verkeer van personen kan worden belemmerd door bepalingen op het gebied van de belasting op inkomsten van natuurlijke personen, die tot gevolg hebben dat niet-ingezetenen zwaarder worden belast dan ingezetenen die zich in een vergelijkbare situatie bevinden;

Overwegende dat initiatieven moeten worden ontplooid om te zorgen voor een volledig vrij verkeer van personen ten behoeve van de goede werking van de interne markt; dat het van belang is de Lid-Staten de voorschriften ter kennis te brengen die naar het oordeel van de Commissie kunnen waarborgen dat niet-ingezetenen een fiscale behandeling genieten die even gunstig is als die welke op ingezetenen wordt toegepast;

Overwegende dat dit initiatief geen afbreuk doet aan het door de Commissie voeren van een actief beleid op het gebied van inbreukprocedures, teneinde ervoor te zorgen dat de grondbeginselen van het Verdrag worden nageleefd;

Overwegende dat in deze benadering geen onderscheid hoeft te worden gemaakt tussen de belasting op inkomsten uit dienstbetrekking en de belasting op inkomsten uit zelfstandige beroepen, alsmede inkomsten uit werkzaamheden in de land- en bosbouw, de industrie en de handel, aangezien de regels inzake gelijke behandeling en niet-discriminatie ten opzichte van ingezetenen zonder onderscheid van toepassing zijn op personen die dergelijke inkomsten verwerven;

Overwegende dat het beginsel van de gelijke behandeling, dat voortvloeit uit artikel 48 en uit artikel 52 van het Verdrag, ertoe verplicht de fiscale voordelen en aftrekposten waarvan ingezetenen gebruik kunnen maken, niet te weigeren aan personen die dergelijke inkomsten verwerven, indien zij hun inkomsten overwegend verwerven in het land waarin zij werkzaam zijn;

Overwegende dat redelijkerwijze mag worden aangenomen dat een persoon zijn inkomsten overwegend verwerft in het land waarin hij werkzaam is, indien deze inkomsten ten minste 75% van zijn totale belastbare inkomen vormen;

Overwegende dat de Lid-Staat waarvan een natuurlijke persoon ingezetene is, de mogelijkheid moet behouden deze persoon geen voor ingezetenen geldende aftrekposten of andere fiscale voordelen te laten genieten, indien de betreffende persoon dezelfde of vergelijkbare aftrekposten of andere voordelen reeds geniet in de Lid-Staat waarin hij werkzaam is;

Overwegende dat de Lid-Staten de mogelijkheid behouden bepalingen te handhaven of in te voeren die voor de belastingplichtigen gunstiger zijn dan die van deze aanbeveling,

Beveelt de Lid-Staten aan:

Artikel 1. Toepassingsgebied

1. De Lid-Staten passen de bepalingen van deze aanbeveling toe op natuurlijke personen die ingezetene zijn van een Lid-Staat en waarvan uit hoofde van de inkomstenbelasting in een andere Lid-Staat waarvan zij geen ingezetene zijn, de volgende inkomsten worden belast:
   - inkomsten uit dienstbetrekking,
   - pensioenuitkeringen en andere vergelijkbare uitkeringen uit hoofde van vroegere werkzaamheden, alsmede pensioenuitkeringen van de sociale zekerheid,
   - inkomsten uit vrije beroepen en andere zelfstandige werkzaamheden, waaronder ook de inkomsten van artiesten en sportlieden,
   - inkomsten uit werkzaamheden in de land- en bosbouw,
   - inkomsten uit werkzaamheden in industrie en handel.
2. Voor de tenuitvoerlegging van deze aanbeveling wordt ingezetene gedefinieerd overeenkomstig de bepalingen van de tussen de Lid-Staten gesloten verdragen ter voorkoming van dubbele belastingheffing, of bij ontstentenis daarvan overeenkomstig het nationale recht.

1 *Publicatieblad EG* 10 februari 1994, nr. L 39/22. Zie voor commentaar de aantekening in *V-N* 1994, blz. 892.

Artikel 2. Belastingen op inkomsten van de niet-ingezetene

1. De in artikel 1, lid 1, bedoelde inkomsten worden in de Lid-Staat waar zij worden belast, niet zwaarder belast dan het geval zou zijn, indien de belastingplichtige, zijn echtgenote en zijn kinderen ingezetenen van deze Lid-Staat zouden zijn.
2. Aan de toepassing van het bepaalde in lid 1 is de voorwaarde verbonden dat de in artikel 1, lid 1, bedoelde inkomsten, die belastbaar zijn in de Lid-Staat waarvan de natuurlijke persoon niet-ingezetene is, ten minste 75% van het totale belastbare inkomen van deze persoon in het belastingjaar bedragen.
De Lid-Staat die de belasting heft, kan de betrokken natuurlijke persoon verzoeken met alle nodige bewijsstukken aan te tonen dat hij ten minste 75% van zijn inkomen in de betreffende Lid-Staat verwerft.
3. Ingeval de natuurlijke persoon die in de Lid-Staat die de belasting heft de in lid 1 bedoelde fiscale behandeling geniet, andere dan de in artikel 1, lid 1, bedoelde inkomsten heeft, zijn de bepalingen van dit lid eveneens van toepassing op deze andere inkomsten.
4. In afwijking van het bepaalde in lid 1 is het de Lid-Staat die de in artikel 1, lid 1, bedoelde inkomsten belast, toegestaan aftrekposten en andere fiscale voordelen te weigeren, indien deze verband houden met inkomsten die in deze Lid-Staat niet belastbaar zijn.

Artikel 3. Tweemaal toestaan van aftrekposten en andere fiscale voordelen

De Lid-Staat waarvan de natuurlijke persoon ingezetene is, kan aftrekposten en andere fiscale voordelen die in deze Lid-Staat gewoonlijk aan ingezetenen worden toegestaan, aan de betrokken persoon weigeren, indien deze dezelfde of vergelijkbare aftrekposten geniet in de Lid-Staat die zijn in artikel 1 bedoelde inkomsten belast.

Artikel 4. Gunstiger bepalingen voor de belastingplichtigen

De Lid-Staten hebben de mogelijkheid bepalingen te handhaven of in te voeren die voor de belastingplichtige gunstiger zijn dan die welke in deze aanbeveling voorzien zijn.

Artikel 5. Slotbepalingen

De Lid-Staten wordt verzocht de Commissie vóór 31 december 1994 de voornaamste wettelijke en bestuursrechtelijke bepalingen mede te delen die zij vaststellen om aan deze aanbeveling gevolg te geven en de Commissie van alle latere wijzigingen op dit gebied in kennis te stellen.

Artikel 6

Deze aanbeveling is gericht tot de Lid-Staten.

Toelichting

I. Algemene opmerkingen

1. Het vrije verkeer van personen, dat is vastgelegd in de artikelen 3, 48, 49, 52 en 53 van het Verdrag van Rome, is een van de belangrijkste doelstellingen van de Gemeenschap en tevens een fundamenteel onderdeel van de interne markt, die in het Verdrag omschreven wordt als een ruimte zonder binnengrenzen, waarin het vrije verkeer van goederen, personen, diensten en kapitaal is gewaarborgd volgens de bepalingen van (dit) Verdrag.

Het vrije verkeer is een grondrecht van werknemers en hun gezinnen. De Gemeenschap hecht veel waarde aan het bevorderen van de mobiliteit van werknemers, met name in grensstreken. Daarom heeft de Commissie in het Witboek inzake groei, concurrentievermogen en werkgelegenheid de noodzaak van een flexibele arbeidsmarkt benadrukt en opgemerkt dat als eerste stap in deze richting de geografische mobiliteit van werknemers verbeterd moet worden door de belemmeringen daarvoor weg te nemen.

Dit vrije verkeer wordt nog steeds belemmerd door bepaalde fiscale regelingen, waarvan de toepassing in veel gevallen tot gevolg heeft dat inkomsten van personen die gebruik maken van het vrije verkeer om hun werkzaamheden uit te oefenen in een andere Lid-Staat dan die waarvan zij ingezetene zijn, fiscaal minder gunstig behandeld worden dan die van ingezetenen van de betreffende Staat.

Dientengevolge worden heden ten dage honderdduizenden personen regelmatig gediscrimineerd. De grote aantallen klachten die de Commissie ontvangt en de tot het Europees Parlement gerichte verzoekschriften zijn hiervan het bewijs.

Aangezien aan het Verdrag zelf het beginsel van niet-discriminatie ten grondslag ligt, is een heldere en spoedige oplossing vereist.

Het probleem raakt de volgende categorieën personen:
- grensarbeiders,
- andere werknemers in dienstbetrekking,
- zij die uit hoofde van een vroegere betrekking een pensioen- of andere uitkering ontvangen,

– personen die een vrij beroep of andere zelfstandige werkzaamheden uitoefenen, inclusief artiesten en sportlieden,
– personen die in de land- en bosbouw werkzaam zijn,
– personen met werkzaamheden in industrie of handel.

2. In beginsel worden deze personen belast in het land waarin zij hun werkzaamheden uitoefenen. In dergelijke gevallen passen de meeste Lid-Staten op hen de zogenaamde niet-ingezetenenregeling toe, een belastingregeling die afwijkt van die welke op ingezetenen toegepast wordt. Dit impliceert in het algemeen dat alleen de inkomsten waarvan de bron zich bevindt in het land waar de werkzaamheden uitgeoefend worden, belast worden en dat niet de fiscale voordelen verleend worden waarvan ingezetenen in verband met hun gezinssituatie kunnen profiteren, noch de verschillende aftrekposten toegestaan worden waarvan deze laatsten gebruik kunnen maken; het idee hierachter is dat dergelijke voordelen verleend moeten worden door het land waarvan de betrokken persoon ingezetene is. De voordelen kunnen worden onderverdeeld in verschillende categorieën en houden rekening met de draagkracht van de belastingplichtige:

– wat de werknemer zelf betreft, gaat het met name om de belastingvrije voet, waarmee ervoor gezorgd wordt dat een bepaald minimum inkomen onbelast is, maar ook om specifieke aftrekposten voor medische kosten of bijzondere lasten;

– indien de werknemer gehuwd is, geeft deze staat recht op gezamenlijke belastingheffing van de gehuwden, eventueel met toepassing van 'splitsing' op toepassing van het huwelijksquotiënt (in België; min of meer vergelijkbaar met voetoverheveling in Nederland) of andere belastingfaciliteiten die per Lid-Staat verschillen;

– voor kinderen gelden vaak bijzondere aftrekposten, die nog hoger zijn in het geval van gehandicapte kinderen, voorts aftrek van onderwijskosten, enz.

Vaak echter kunnen dergelijke personen evenmin profiteren van zulke voordelen in het land waarvan zij ingezetene zijn, aangezien zij in dat land geen of onvoldoende belastbare inkomsten hebben.

Een uitzondering op deze regel wordt gevormd door de fiscale behandeling van inkomsten van bepaalde grensarbeiders, waarvoor de Lid-Staten door middel van bilaterale verdragen overeengekomen zijn dat de betreffende inkomsten belast worden in het land waarvan deze werknemers ingezetene zijn (op in totaal 26 mogelijke bilaterale relaties is in 14 gevallen bepaald dat belasting wordt geheven in het land waarvan de betrokkene(n) ingezetene is, en in 12 gevallen dat belasting wordt geheven in het land waar de werkzaamheden uitgeoefend worden). Slechts in het geval waarin grensarbeiders uitsluitend belast worden in het land waarvan zij ingezetene zijn, genieten zij een niet-discriminerende behandeling, omdat zij in dat geval op dezelfde wijze belast worden als de andere ingezetenen.

Personen in dienstbetrekking, zelfstandigen, personen met werkzaamheden in de land- en bosbouw of met industriële of handelsactiviteiten in een andere Lid-Staat dan die waarvan zij ingezetene zijn en die in de eerste Lid-Staat belast worden, worden daarentegen in de meeste gevallen zwaarder belast dan zij die dezelfde activiteiten uitoefenen in de Lid-Staat waarvan zij tevens ingezetene zijn.

3. Om deze situatie te ondervangen heeft de Commissie in 1979 een voorstel voor een richtlijn ingediend inzake de harmonisatie van regelingen op het gebied van de belastingen op inkomen met het oog op het vrije verkeer van werknemers binnen de Gemeenschap. Bovendien heeft de Commissie inbreukprocedures aangespannen tegen bepaalde Lid-Staten wegens discriminerende belastingvoorschriften ten nadele van niet-ingezetenen.

4. Ondanks jarenlange discussies kon de Raad over dit voorstel geen besluit nemen, met name omdat een aantal Lid-Staten zich verzet tegen het beginsel van belastingheffing over inkomsten van grensarbeiders in hun woonland. Voorts heeft een aantal verenigingen van grensarbeiders aangevoerd dat belastingheffing in het woonland in vele gevallen zou leiden tot hogere belastingen dan thans het geval is (bij voorbeeld in het geval België-Luxemburg en in dat van Denemarken-Duitsland).

Tenslotte waren vele Lid-Staten van oordeel dat het vraagstuk van de fiscale behandeling van niet-ingezeten werknemers in het algemeen beter geregeld kan worden door bilaterale verdragen.

5. In het licht van deze situatie heeft de Commissie in 1992 haar richtlijnvoorstel uit 1979 teruggetrokken en is zij van oordeel dat het moment is aangebroken om nieuwe initiatieven te ontplooien, waarmee de Lid-Staten ertoe kunnen worden gebracht discriminerende bepalingen betreffende de belastingheffing op niet-ingezetenen uit hun wetgeving te schrappen en hun wetgeving aan te passen met gemeenschappelijke gedragsregels als uitgangspunt.

Dit lijkt des te meer noodzakelijk, omdat bepaalde Lid-Staten eigener beweging reeds hun belastingstelsel op dit gebied gewijzigd hebben en andere van plan zijn dat te doen. De Commissie is derhalve van mening dat het ontbreken van communautaire gedragsregels het risico doet ontstaan dat in de Lid-Staten zeer uiteenlopende nieuwe regelingen ingevoerd worden.

6. Wat de jurisprudentie betreft, zij vermeld dat het Hof op dit gebied op 26 januari 1993 een arrest heeft gewezen (zaak C 112/91 - Werner/Finanzamt Aachen).

Het Hof heeft voor recht verklaard dat 'artikel 52 EEG-Verdrag niet eraan in de weg staat, dat een Lid-Staat zijn eigen onderdanen die hun beroepswerkzaamheden op zijn grondgebied uitoefenen [...] zwaarder belast wanneer zij niet in deze Staat wonen, dan wanneer zij daar wel wonen.' Het Hof heeft zich in dit arrest evenwel niet uitgesproken over de mogelijkheid dat een Lid-Staat zich op dezelfde wijze opstelt jegens ingezetenen van andere Lid-Staten. Inmiddels heeft het Hof een nieuwe zaak in behandeling, waarin om een prejudiciële uitspraak verzocht is (zaak C 279/93, Finanzamt Köln- Altstadt/Roland Schumackers), die betrekking heeft op de vraag of toepassing van de fiscale regeling voor niet-ingezetenen op een onderdaan van een andere Lid-Staat verenigbaar is met het Gemeenschapsrecht.

7. De voorliggende aanbeveling past volledig in het kader van het actieve beleid van de Commissie om, met name door middel van inbreukprocedures, ervoor te zorgen dat de fundamentele rechten van het Verdrag, die de Europese burger moet kunnen genieten, volledig nageleefd worden.

8. Om de in het voorgaande uiteengezette redenen heeft de Commissie deze aanbeveling opgesteld, waarin de beginselen en regels geformuleerd worden die ten grondslag moeten liggen aan de bepalingen van de Lid-Staten die van toepassing zijn op de fiscale behandeling van niet-ingezetenen.

9. Het is wellicht zinvol de aandacht te vestigen op de belangrijkste onderdelen van de aanbeveling:

– het toepassingsgebied ervan strekt zich uit tot alle personen met een dienstbetrekking, alsmede tot de pensioenen en tot andere economische activiteiten. In vergelijking tot het voorstel uit 1979 is het toepassingsgebied uitgebreid tot de zelfstandigen en tot activiteiten in de land- en bosbouw en in de industrie en handel; ten aanzien van de belastingheffing hierop worden steeds vaker verzoekschriften en klachten ontvangen;

– de verdeling van het recht belasting te heffen tussen de Lid-Staat waar de werkzaamheden plaatsvinden, en de Lid-Staat waarvan de betrokkene ingezetene is, welke verdeling geregeld is in door de betrokken Lid-Staten gesloten verdragen ter voorkoming van dubbele belastingheffing, wordt gerespecteerd ten aanzien van de inkomsten van grensarbeiders. Deshalve kunnen deze worden belast in de Staat waarin zij werkzaam zijn, of in de Staat waarvan zij ingezetene zijn;

– er wordt een nauwkeurige omschrijving gegeven van de regels die door de Lid-Staat waarin niet-ingezetenen hun werkzaamheden uitoefenen, nageleefd moeten worden om te zorgen voor een niet-discriminerende belastingheffing, indien de situatie van de betreffende personen vergelijkbaar is met die van de eigen ingezetenen. Een vergelijkbare situatie wordt geacht te bestaan, indien in de Lid-Staat waarin de werkzaamheden plaatsvinden, de verworven inkomsten ten minste 75% van het totale belastbare inkomen van de niet-ingezetene bedragen;

– de Lid-Staat waarvan de belastingplichtige ingezetene is, behoudt de mogelijkheid hem bepaalde voordelen of bepaalde aftrekposten te weigeren, indien deze reeds zijn toegestaan door de Lid-Staat waarin de betrokkene zijn werkzaamheden uitoefent. Beoogd wordt immers ervoor te zorgen dat de personen waarvoor de aanbeveling bedoeld is, niet gediscrimineerd worden, niet dat zij een gunstigere behandeling krijgen dan andere belastingplichtigen.

De Commissie is van oordeel dat deze bepalingen helder, evenwichtig en eenvoudig toepasbaar zijn, en dat zij een billijke oplossing kunnen bieden voor het grootste deel van de problemen met betrekking tot de belastingheffing op niet- ingezetenen.

10. Naar het oordeel van de Commissie kan de tenuitvoerlegging van het mechanisme van de aanbeveling ertoe nopen dat de uitwisseling van inlichtingen tussen de belastingdienst van het land waarvan de belastingplichtige ingezetene is, en de dienst van het land waar hij zijn werkzaamheden verricht, geïntensiveerd wordt. De Commissie wijst er in dit verband op dat de overeenkomstig Richtlijn 77/799 EEG[1] toegepaste bepalingen het de Lid-Staten toestaan alle hiertoe noodzakelijke inlichtingen uit te wisselen. Indien mocht blijken dat deze uitwisseling in de praktijk onvoldoende functioneert, is de Commissie bereid met de Lid-Staten de maatregelen te bestuderen die noodzakelijk zouden zijn om in dit functioneren verbetering te brengen.

11. Gegeven het belang van de doelstelling van volledige verwezenlijking van het vrije verkeer van personen, dat een essentieel bestanddeel vormt van de interne markt, beveelt de Commissie de Lid-Staten aan de noodzakelijke belastingmaatregelen zo spoedig mogelijk ten uitvoer te leggen.

De Commissie zal de maatregelen die de Lid-Staten voor de tenuitvoerlegging van deze aanbeveling treffen, evalueren en zo nodig besluiten andere maatregelen te nemen, waarbij zij onder meer rekening zal houden met de jurisprudentie van het Hof op het onderhavige gebied.

II. Toelichting op enkele artikelen

Artikel 1

12. In lid 1 van dit artikel wordt gedefinieerd op welke categorieën personen deze aanbeveling van toepassing is. Onder de aanbeveling vallen natuurlijke personen die ingezetene zijn van een Lid-Staat en die uit hoofde van de inkomstenbelasting belast worden in een andere Lid-Staat, waarvan zij geen ingezetene zijn.

Lid 1 bevat voorts een opsomming van de categorieën inkomsten die onder het toepassingsgebied van de aanbeveling vallen. De eerste twee categorieën inkomsten (inkomsten uit dienstbetrekking en pensioenen) waren

1 *PB* nr. L 336 van 27 december 1977, blz. 15.

reeds opgenomen in het voorstel voor een richtlijn uit 1979. Hieraan zijn toegevoegd de inkomsten uit vrije beroepen en andere werkzaamheden van zelfstandige aard, de inkomsten uit werkzaamheden in de land- en bosbouw, alsmede de inkomsten uit werkzaamheden in industrie of handel, zodat de personen die dergelijke beroepen of werkzaamheden uitoefenen, op gelijke voet behandeld worden met de loontrekkenden en pensioengerechtigden.

Wat de voor deze categorieën inkomsten gebruikte definities betreft, is merendeels gebruik gemaakt van de definities die gehanteerd worden in het modelverdrag van de Organisatie voor Economische en Sociale Ontwikkeling.

13. In lid 2 van dit artikel worden de criteria gepreciseerd op basis waarvan moet worden vastgesteld van welk land een persoon ingezetene is. Hiertoe is het nuttig in de eerste plaats te verwijzen naar de desbetreffende bepalingen in de door de Lid-Staten gesloten verdragen ter voorkoming van dubbele belastingheffing, aangezien in de bepalingen van deze verdragen duidelijk vastgesteld wordt van welk land een persoon die fiscale banden heeft met twee Lid-Staten, ingezetene is.

Het verwijzen naar nationale bepalingen betreffende de fiscale woonplaats levert naar het oordeel van de Commissie meer problemen op, daar deze bepalingen uiteen kunnen lopen. Hiernaar zou slechts moeten worden verwezen bij ontstentenis van een verdrag tussen de twee betrokken Lid-Staten[1].

Artikel 2

14. In lid 1 van dit artikel wordt het beginsel bepaald dat de in artikel 1 bedoelde personen en inkomsten niet aan een hogere belasting mogen worden onderworpen dan die welke de betrokken Lid-Staat van zijn ingezetenen heft.

Ingevolge dit beginsel moeten de betrokken personen in het land waar zij werkzaam zijn, gebruik kunnen maken van dezelfde bijzondere aftrekposten ter bepaling van het belastbaar inkomen en dezelfde algemene aftrekposten of andere belastingvoordelen, als die welke ingezetenen toegestaan worden.

Ingeval in de Lid-Staat waar de werkzaamheden uitgeoefend worden, een bijzondere fiscale regeling bestaat voor gezinnen (bij voorbeeld het systeem van splitsing, huwelijksquotiënt, enz.), wordt een dergelijk voordeel geacht eveneens toegepast te worden op de in artikel 1, lid 1, bedoelde inkomsten die een niet-ingezetene in deze Staat verworven heeft. Dergelijke bijzondere regelingen hebben meestal betrekking op gezamenlijke belastingheffing op de betrokken personen (echtgenoot/echtgenote en eventueel kinderen), in welk geval de Lid-Staat waar de werkzaamheden uitgeoefend worden, de mogelijkheid heeft de inkomsten van deze personen in aanmerking te nemen bij het bepalen van het belastingtarief dat van toepassing is op de inkomsten waarvoor de betreffende Lid-Staat het recht heeft belasting te heffen.

15. In lid 2 van dit artikel wordt bepaald dat dit beginsel slechts van toepassing is, wanneer de inkomsten van de betrokken personen die verworven zijn in het land waarin de werkzaamheden uitgeoefend worden, ten minste 75% van het totale belastbare inkomen van deze personen bedragen.

De Commissie is van mening dat een behandeling die gelijk is aan die van ingezetenen, slechts gerechtvaardigd is, wanneer de niet-ingezetene zich in een situatie bevindt die met die van ingezetenen vergelijkbaar is. Een dergelijke situatie wordt geacht te bestaan, als de niet-ingezetene zijn inkomsten overwegend, dat wil zeggen voor ten minste 75% van zijn totale belastbare inkomen, verwerft in het land waarin hij zijn werkzaamheden uitoefent. In dit geval zou immers ook het risico ontstaan dat het bedrag van zijn belastbare inkomsten in het land waarvan hij ingezetene is, te laag is om in aanmerking te komen voor aftrekposten en andere voordelen die in de wetgeving van dit land bepaald zijn.

Als de niet-ingezetene daarentegen een belangrijk deel van zijn inkomsten verwerft in het land waarvan hij ingezetene is, lijkt het niet gerechtvaardigd de Lid-Staat waarin hij zijn werkzaamheden verricht te verplichten hem het voordeel van aftrekposten te laten genieten. Daarnaast heeft de grens van 75% als voordeel dat de Lid-Staat waarin de werkzaamheden verricht worden, eventueel kan afzien van het in aanmerking nemen van het buiten deze Lid-Staat verworven inkomen (met toepassing van een progressief belastingtarief), waardoor de taak van de belastingdienst aanmerkelijk vereenvoudigd wordt.

De Commissie is van mening dat met deze benadering vrijwel alle problemen worden opgelost waarmee niet-ingezetenen zich geconfronteerd zien, wanneer hun inkomsten worden belast in het land waarin zij hun werkzaamheden uitoefenen.

In het algemeen moet opgemerkt worden dat een volledig billijke en neutrale behandeling van alle mogelijkheden die zich op dit gebied kunnen voordoen, bij de huidige stand van zaken onmogelijk is. Hiervan kan slechts sprake zijn, indien de wet- en regelgeving voor de inkomstenbelasting binnen de Gemeenschap volledig geharmoniseerd is.

1 Tussen de volgende Lid-Staten zijn de betrekkingen niet bij een bilateraal verdrag geregeld (stand per 1 januari 1993):

Griekenland-Portugal	Portugal-Ierland
Griekenland-Spanje	Spanje-Ierland
Griekenland-Ierland	Portugal-Luxemburg
Griekenland-Luxemburg	Portugal-Nederland.

16. In de tweede alinea van hetzelfde lid 2 wordt voorts bepaald dat de Lid-Staat de niet-ingezetene kan verzoeken aan te tonen dat hij ten minste 75% van zijn inkomen op het grondgebied van de betreffende Lid-Staat verwerft. Naar de mening van de Commissie kan dit worden aangetoond met behulp van documenten zoals een kopie van het belastingformulier, een werkgeversverklaring, een kopie van de balans, enz.

17. Op grond van artikel 1 is de in de aanbeveling bepaalde fiscale behandeling slechts van toepassing op inkomsten uit dienstbetrekking en uit een zelfstandig beroep, alsmede op pensioenen en de overige economische activiteiten die hier vermeld worden.

Het komt echter voor dat een persoon die dergelijke inkomsten verwerft in een Lid-Staat waarvan hij geen ingezetene is, daarnaast andere inkomsten heeft in die Lid-Staat, bij voorbeeld uit onroerend goed. Artikel 2, lid 3, heeft tot doel ervoor te zorgen dat deze andere inkomsten fiscaal op dezelfde wijze behandeld worden.

18. Artikel 2, lid 4, schept voor de Lid-Staten de mogelijkheid de betrokkene geen aftrekposten of andere fiscale voordelen te laten genieten, indien deze verband houden met inkomsten die in de Lid-Staat waarin de werkzaamheden uitgeoefend worden, niet belastbaar zijn. Het lijkt immers niet gerechtvaardigd bepaalde aftrekposten toe te staan die ten nauwste verband houden met inkomsten die in deze Lid-Staat niet belastbaar zijn. Een voorbeeld hiervan is de aftrek voor de aankoop van bepaalde effecten, aangezien inkomsten uit vermogen over het algemeen belastbaar zijn in het land waarvan de betrokken persoon ingezetene is.

Artikel 3

19. Het doel van deze aanbeveling is ervoor te zorgen dat personen die bepaalde inkomsten verwerven in een Lid-Staat waarvan zij geen ingezetene zijn, niet-discriminerend en billijk belast worden.

Daarentegen moet worden voorkomen dat niet-ingezetenen fiscaal gunstiger behandeld worden dan andere belastingplichtigen. Dit geval zou zich kunnen voordoen, indien zij in de Lid-Staat waarvan zij ingezetene zijn, gebruik kunnen maken van aftrekposten en andere fiscale voordelen die hun reeds toegestaan worden in de Lid-Staat waarin zij werkzaam zijn.

Bijgevolg is in dit artikel bepaald dat de Lid-Staat waarvan de betrokkene ingezetene is, in dergelijke gevallen de betreffende aftrekposten en andere fiscale voordelen kan weigeren.

De Commissie is overigens wel van mening dat in de praktijk de toepassing van deze mogelijkheid zeer beperkt zal zijn. Zo is bij voorbeeld vastgesteld dat als de Lid-Staat waarvan de betrokkene ingezetene is, de gewone toerekening toepast om in andere Staten verworven inkomsten in aanmerking te nemen – hetgeen ook door de meerderheid van de Lid-Staten gedaan wordt–, dubbele aftrekposten in beginsel niet kunnen voorkomen.

Artikel 4

20. In deze aanbeveling worden de minimumvoorwaarden vastgesteld om een niet-discriminerende belastingheffing te waarborgen voor niet-ingezetenen in het land waarin zij werkzaam zijn.

De aanbeveling belet de Lid-Staten niet regelingen te handhaven of in te voeren die voor de belastingplichtigen gunstiger zijn.

Aanbeveling van de Commissie van 25 mei 1994 betreffende de belastingheffing bij kleine en middelgrote ondernemingen (voor de EER relevante tekst) (94/390/EG)[1]

De Commissie van de Europese Gemeenschappen,

Gelet op het Verdrag tot oprichting van de Europese Gemeenschap, inzonderheid op artikel 155, tweede streepje,

Overwegende dat de Raad op 28 juli 1989 Besluit 89/490/EEG inzake de verbetering van het ondernemingsklimaat en de bevordering van de ontwikkeling van ondernemingen, in het bijzonder van het midden- en kleinbedrijf, in de Gemeenschap, herzien bij Besluit 91/319/EEG, heeft vastgesteld;

Overwegende dat de Raad in zijn resolutie van 17 juni 1992 betreffende de communautaire acties ter ondersteuning van het bedrijfsleven, in het bijzonder van het midden- en kleinbedrijf, met inbegrip van ambachtelijke bedrijven zijn toezegging om de consolidatie van de ten gunste van het bedrijfsleven gevoerde acties te ondersteunen, heeft bevestigd;

Overwegende dat de Raad bij Besluit 93/379/EEG met ingang van 1 juli 1993 een programma heeft vastgesteld ter versterking van de prioritaire acties en ter verzekering van de continuïteit van het beleid ten aanzien van de ondernemingen; dat in dit programma prioriteit wordt toegekend aan de verbetering van het juridische, fiscale en bestuurlijke klimaat voor de ondernemingen;

Overwegende dat eenmanszaken en personenvennootschappen een aanzienlijk aantal vormen in het geheel van kleine en middelgrote ondernemingen van welke categorie de betekenis voor de werkgelegenheid herhaalde malen in de verschillende mededelingen van de Commissie en meer in het bijzonder in het Witboek over de groei, het concurrentievermogen en de werkgelegenheid werd benadrukt; dat het van belang is de investeringscapaciteit van deze ondernemingen te bevorderen;

Overwegende dat de wijze waarop eenmanszaken en personenvennootschappen, die in het algemeen aan de inkomstenbelasting zijn onderworpen, worden belast, gezien de progressiviteit van deze belasting in het bijzonder in vergelijking met de vennootschapsbelasting, een rem vormt op de zelffinancieringscapaciteit van deze ondernemingen hetgeen, in een economische context waarin de toegang tot externe financiering de neiging vertoont geringer te worden, derhalve hun investeringscapaciteit beperkt;

Overwegende dat de huidige structuur van de tarieven van de inkomsten- en van de vennootschapsbelasting een bron van concurrentiedistorsie tussen ondernemingen naar hun rechtsvorm vormt, hetgeen in het nadeel van eenmanszaken en personenvennootschappen uitwerkt; dat het wenselijk is naar belastingneutraliteit te streven, althans ten aanzien van de implicaties van de belastingstelsels voor de weer in de onderneming geïnvesteerde ondernemingswinst en dus voor de zelffinancieringscapaciteit van de ondernemingen;

Overwegende dat enkele Lid-Staten reeds maatregelen hebben getroffen om de distorsie tussen de belastingregelingen, al naar gelang de winst van een onderneming aan de inkomsten- of aan de vennootschapsbelasting is onderworpen, te beperken door ofwel eenmanszaken en personenvennootschappen in staat te stellen te kiezen voor betaling van vennootschapsbelasting op hun weer in de onderneming geïnvesteerde winst, ofwel de progressiviteit van de inkomstenbelasting in vergelijking met de tarieven van de vennootschapsbelasting op kapitaalvennootschappen te beperken;

Overwegende dat de omzetting van de eenmanszaak of de personenvennootschap in een kapitaalvennootschap, ondanks het effect daarvan op andere dan fiscale gebieden, voor de ondernemer en de onderneming een oplossing kan bieden voor het probleem van de hoogte van de belasting op de niet-uitgekeerde winst van deze ondernemingen; dat het bijgevolg noodzakelijk is dat zulks zonder aanzienlijke fiscale kosten kan geschieden,

Doet de volgende aanbeveling:

Artikel 1.

De Lid-Staten wordt verzocht de nodige belastingmaatregelen te nemen om de ontmoedigende werking van de progressiviteit van de inkomstenbelasting op eenmanszaken en personenvennootschappen met betrekking tot de weer in de onderneming geïnvesteerde winst te corrigeren. De Lid-Staten wordt verzocht met name de mogelijkheden te overwegen:

a. daartoe deze ondernemingen en vennootschappen het recht te geven te kiezen voor de vennootschapsbelasting en/of

b. de belastingdruk op geïnvesteerde winst te beperken tot een tarief dat met dat van de vennootschapsbelasting vergelijkbaar is.

1 *Publikatieblad EG* 9 juli 1994, nr. L 177/1.

Artikel 2.

De Lid-Staten wordt verzocht de nodige maatregelen te nemen of uit te breiden om de fiscale belemmeringen voor de verandering van de rechtsvorm van ondernemingen weg te nemen, in het bijzonder waar het omzetting van eenmanszaken of personenvennootschappen in kapitaalvennootschappen betreft.

Artikel 3.

De Lid-Staten wordt verzocht vóór 31 juli 1995 de Commissie kennis te geven van de tekst van de voornaamste wettelijke en bestuursrechtelijke maatregelen die zij aannemen om aan deze aanbeveling gevolg te geven en haar mededeling te doen van elke latere wijziging op dit gebied.

Artikel 4.

Deze aanbeveling is gericht tot de Lid-Staten.

Toelichting

De betekenis van het midden- en kleinbedrijf (MKB) voor het scheppen van werkgelegenheid en het stimuleren van de groei werd herhaalde malen benadrukt in de verklaringen en resoluties van de Europese Raad, de Raad en het Europees Parlement. De Europese Raad van Edinburg op 11 en 12 december 1992 heeft in het bijzonder de nadruk gelegd op de noodzaak maatregelen te treffen ter stimulering van particuliere investeringen, met name van het MKB.

In het Witboek van de Europese Commissie over groei, concurrentievermogen en werkgelegenheid werd gewezen op de verantwoordelijkheid van de Regeringen en de Gemeenschap voor de totstandbrenging van een klimaat dat zo gunstig mogelijk is voor het concurrentievermogen van de ondernemingen en met name van het MKB, gezien hun betekenis voor de dynamiek, de produktiviteit, het aanpassingsvermogen en de innovatie van de Europese economie.

De noodzaak een gunstiger klimaat tot stand te brengen voor het bedrijfsleven staat centraal in het Strategisch Programma voor de interne markt[1] dat door de Commissie werd opgesteld. De ontwikkeling van het MKB moet immers ondersteund worden om ten volle profijt te kunnen trekken van de interne markt. De verbetering van het belastingklimaat voor het MKB is in dit opzicht essentieel.

De Commissie heeft haar aandacht gericht op de fiscale behandeling van deze ondernemingen, zulks in het kader van de in het Witboek geformuleerde hoofdlijnen, met het doel de aanpassing van het MKB aan de nieuwe eisen op het gebied van concurrentievermogen te vergemakkelijken.

Uit een op de wijze waarop ondernemingen belast worden gericht specifiek onderzoek, waarvan de resultaten in de bijlagen[2] worden weergegeven, blijkt dat de fiscale behandeling verschillend is al naar gelang de rechtsvorm van de ondernemingen. Wegens hun rechtsvorm worden eenmanszaken en personenvennootschappen veelal naar het totaal van hun inkomsten belast met inkomstenbelasting. De progressiviteit van deze belasting is zodanig dat de marginale belastingtarieven, hoewel soms lager, in het algemeen hoger zijn dan het tarief van de vennootschapsbelasting. Deze situatie kan tot concurrentiedistorsies leiden tussen ondernemingen op grond van hun rechtsvorm, in het bijzonder wanneer het zelffinancieringsvermogen van eenmanszaken en personenvennootschappen wegens de zwaardere belastingdruk verminderd dreigt te worden ten opzichte van kapitaalvennootschappen van dezelfde of zelfs grotere omvang. Ook kan in bepaalde gevallen de ontwikkeling van de onderneming geschaad worden. Gezien het aandeel van eenmanszaken en personenvennootschappen in het geheel van de ondernemingen in de Europese Unie (veelal wordt geschat dat een op de twee ondernemingen geen kapitaalvennootschap is), is dit belastingaspect van niet te verwaarlozen betekenis.

Enkele Lid-Staten hebben belastingregelingen ingevoerd die gericht zijn op fiscale neutraliteit tussen kapitaalvennootschappen en andere ondernemingsvormen. Hoewel de bereikte fiscale neutraliteit daarvan nooit volledig is en de term fiscale gelijkwaardigheid in feite passender zou zijn, is de interferentie van deze stelsels met het

1 COM(93) 632 def. – Mededeling van de Commissie aan de Raad van 22 december 1993: 'Een optimale benutting van de door de interne markt geboden kansen': strategisch programma.

2 Red.: De toelichting gaat vergezeld van een 'Bijlage' alsmede van een viertal genummerde bijlagen:

1. Vergelijking van het tarief van de vennootschapsbelasting met het tarief van de inkomstenbelasting – Effect op de belastingdruk op ondernemingen.
2. Maatregelen tot verzachting van de fiscale consequenties van de omvorming tot kapitaalvennootschappen van eenmanszaken of personenvennootschappen.
3. Vergelijkende cijfers over de omvang van de sector ondernemingen.
4. Beschrijving van de 'bedrijfsregels' – Denemarken.

algemene belastingstelsel minimaal. Deze specifieke regelingen hebben tot doel te komen tot een grotere billijkheid in de fiscale behandeling van de in de ondernemingen geïnvesteerde winst, ongeacht hun rechtsvorm (Denemarken, Griekenland) of tot beperking van de progressiviteit van de inkomstenbelasting voor industriële of commerciële ondernemingen (Duitsland).

In de meeste Lid-Staten is de in dit verband het meeste naar voren gebrachte oplossing (ook al zijn de implicaties daarvan ingewikkeld en raken zij verschillende andere gebieden dan het fiscale, in het bijzonder het sociale gebied) echter de omvorming van de eenmanszaak of de personenvennootschap tot een kapitaalvennootschap. Om deze omzettingen te vergemakkelijken bestaan vaak fiscale faciliteiten.

De Commissie wenst deze faciliteiten in de gehele Unie te bevorderen door Lid-Staten die daar nog niet over beschikken te verzoeken ofwel deze in te voeren ofwel maatregelen met overeenkomstige werking te treffen.

De in dit document geschetste ideeën zijn enerzijds gebaseerd op beschikbare gegevens en anderzijds op de door de Lid-Staten verstrekte antwoorden op een vragenlijst betreffende de wijze waarop ondernemingen worden belast en de fiscale bepalingen die gelden ingeval van omvorming van een eenmanszaak of een personenvennootschap tot een kapitaalvennootschap.

Conclusies

Aangezien het overgrote deel van het MKB niet de vorm van een kapitaalvennootschap heeft en gezien de essentiële rol van deze ondernemingen voor de vitaliteit van het bedrijfsleven in de Gemeenschap en voor de creatie van werkgelegenheid, moedigt de Commissie de Lid-Staten aan alle mogelijke initiatieven te nemen die tot doel hebben de ongunstige effecten van de huidige belastingstelsels op de zelffinanciering van eenmanszaken en personenvennootschappen te corrigeren. Een grotere billijkheid in de fiscale behandeling van door deze ondernemingen ingehouden of weer geïnvesteerde winst door hun de mogelijkheid te bieden hun zelffinancieringsvermogen te verbeteren en hun kaspositie te versterken moet hen in staat stellen enerzijds beter weerstand te bieden aan de moeilijkheden die het MKB gewoonlijk ondervindt, zeer in het bijzonder in perioden van laagconjunctuur, en anderzijds zo goed mogelijk, dankzij een groter investeringsvermogen, te profiteren van een economische opleving. Deze initiatieven zouden bovendien het voordeel hebben dat ondernemers werkelijk vrij zijn te kiezen uit de voor hun bedrijvigheid beschikbare rechtsvormen, daar de invloed van de belastingen op hun keuze wordt verminderd.

De in Denemarken en Griekenland ingevoerde bijzondere regelingen, alsmede de Duitse benadering, vormen een interessante illustratie van de mogelijkheden die op dit gebied bestaan. Maatregelen van overeenkomstige werking kunnen worden overwogen (bij voorbeeld een bijzondere investeringsreserve). Het is de taak van de Lid-Staten de bij hun binnenlandse belastingstelsel best passende regelingen te kiezen.

Ook al is de omzetting van de eenmanszaak of de personenvennootschap in een kapitaalvennootschap, wegens het effect daarvan op andere dan fiscale gebieden, niet noodzakelijk het ideale antwoord op deze problematiek, niettemin gaat het hier om een deugdelijk antwoord en is het bovendien wenselijk dat de ondernemer gedurende de gehele levensduur van de onderneming de voor haar ontwikkeling meest geschikte rechtsvorm kan kiezen. Aan deze benadering wordt overigens in vele Lid-Staten de voorkeur gegeven. Terwijl in de meeste Lid-Staten wordt geoordeeld dat deze omvormingen met zich brengen dat in juridisch opzicht de bedrijvigheid van de onderneming wordt gestaakt, worden de fiscale consequenties die er gewoonlijk uit voortvloeien dikwijls verzacht.

Uit het onderzoek van de communautaire situatie blijkt dat fiscale bepalingen betreffende de omvorming van eenmanszaken of personenvennootschappen tot kapitaalvennootschap in het algemeen een bepaalde minimumneutraliteit kunnen garanderen. Niettemin blijven hier en daar veranderingen van de belastingvoorschriften wenselijk. Het gaat met name om het algemeen toepasselijk maken van de mogelijkheid bedrijfsverliezen ten laste van ondernemers en vennoten in aanmerking te nemen, als de overdracht daarvan aan de nieuw gevormde kapitaalvennootschap niet mogelijk is; en om een vermindering van de overdrachtsrechten op de inbreng van activa, daarbij zou voor de bepaling van de hoogte van de overdrachtsrechten kunnen worden aangesloten bij de waarde die wordt toegekend in verband met een eventueel uitstel van belastingheffing op meerwaarden. De Commissie verzoekt de Lid-Staten de bestaande regelingen te vervolmaken en in sommige gevallen aan te passen teneinde te verzekeren dat de omvorming van eenmanszaken of personenvennootschappen in fiscaal opzicht zo soepel mogelijk kan geschieden.

De twee benaderingen behoeven elkaar niet uit te sluiten en de Lid-Staten wordt in het bijzonder verzocht uit te gaan van in bepaalde Lid-Staten ontwikkelde originele initiatieven met het doel, in samenwerking met de belanghebbende partijen, op het probleem van de zelffinanciering van kleine en middelgrote ondernemingen toegesneden oplossingen te zoeken.

Alfabetische lijst van de opgenomen arresten van het Hof van Justitie van de EU ('HJEU')[1]: Hof van Justitie (HvJ: C-arresten) en Gerecht (G: T-arresten)

3D I *19 december 2012* ▪ zaak C-207/11 (3D I Srl v. Agenzia delle Entrate – Ufficio di Cremona)
3M Italia *29 maart 2012* ▪ zaak C-417/10 (Ministero dell'Economia e delle Finanze, Agenzia delle Entrate v. 3M Italia SpA)

A *18 december 2007* ▪ zaak C-101/05 (Skatteverket v. A)
A en B *10 mei 2007* ▪ zaak C-102/05 (Skatteverket v. A en B)
A Oy *19 juli 2012* ▪ zaak C-48/11 (Veronsaajien oikeudenvalvontayksikkö v. A Oy)
A Oy *21 februari 2013* ▪ zaak C-123/11 (A Oy)
A Oy *23 november 2017* ▪ zaak C-292-16 (A OY)
A.T. *11 december 2008* ▪ zaak C-285/07 (A.T. v. Finanzamt Stuttgart-Körperschaften)
Aberdeen Property *18 juni 2009* ▪ zaak C-303/07 (Aberdeen Property Fininvest Alpha Oy)
A-Brauerei *19 december 2018* ▪ zaak 374/17 (Finanzamt B v. A-Brauerei)
Accor *15 september 2011* ▪ zaak C-310/09 (Ministre du Budget, des Comptes publics et de la Fonction publique v. Accor SA)
ACT Group Litigation *12 december 2006* ▪ zaak C-374/04 (Test Claimants in Class IV of the ACT Group Litigation v. Commissioners of Inland Revenue)
Aer Lingus *21 december 2016* ▪ gevoegde zaken C-164/15 P en C-165/15 P (Europese Commissie v. Aer Lingus Ltd en Ryanair Designated Activity Company) - uittreksel
AFEP *17 mei 2017* ▪ zaak C-365/16 (Association française des entreprises privées (AFEP), Axa SA, Compagnie générale des établissements Michelin SCA, Danone SA, ENGIE SA, voorheen GDF Suez, Eutelsat Communications SA, LVMH Moët Hennessy-Louis Vuitton SE, Orange SA, Sanofi SA, Suez Environnement Company SA, Technip SA, Total SA, Vivendi SA, Eurazeo SA, Safran SA, Scor SE, Unibail-Rodamco SE, Zodiac Aerospace SA v. Ministre des Finances et des Comptes publics) (voorlopige editie)
A-Fonds *2 mei 2019* ▪ zaak C-598/17 (A-Fonds v. Inspecteur van de Belastingdienst)
Alcan *20 maart 1997* ▪ zaak C-24/95 (Land Rheinland-Pfalz v. Alcan Deutschland GmbH) (uittreksel)
AllianzGI *17 maart 2022* ▪ zaak C-545/19 (AllianzGI-Fonds AEVN v. Autoridade Tributária e Adueneira)
Amazon *12 mei 2021* ▪ gevoegde zaken T-816/17 en T-318/18 (Grand Duchy of Luxembourg v. Amazon EU Sàrl) [F]
AMID *14 december 2000* ▪ zaak C-141/99 (Algemene Maatschappij voor Investering en Dienstverlening NV [AMID] v. Belgische Staat)
Amurta *8 november 2007* ▪ zaak C-379/05 (Amurta SGPS v. Inspecteur van de Belastingdienst/Amsterdam)
Andersen og Jensen *15 januari 2002* ▪ zaak C-43/00 (Andersen og Jensen ApS v. Skatteministeriet)
Andres *28 juni 2018* ▪ zaak C-203/16 P (Dirk Andres v. Europese Commissie)
Anton van Zantbeek *30 januari 2020* ▪ zaak C-725/18 (Anton van Zantbeek VOF v. Ministerraad)
Apple *15 juli 2020* ▪ gevoegde zaken T-778/16 en T-892/16 (Ireland, Grand Duchy of Luxembourg, Apple Sales International, Apple Operations Europe v European Commission)
Arens-Sikken *11 september 2008* ▪ zaak C-43/07 (D.M.M.A. Arens-Sikken v. Staatssecretaris van Financiën)
Argenta *4 juli 2013* ▪ zaak C-350/11 (Argenta Spaarbank NV v. Belgische Staat)
Argenta Spaarbank *26 oktober 2017* ▪ zaak C-39/16 (Argenta Spaarbank NV tegen Belgische Staat)
Argenta Spaarbank *17 oktober 2019* ▪ zaak C-459/18 (Argenta Spaarbank NV v. Belgische Staat)
Asscher *27 juni 1996* ▪ zaak C-107/94 (Asscher v. Staatssecretaris van Financiën)
Athinaïki Zythopoiia *4 oktober 2001* ▪ zaak C-294/99 (Athinaïki Zythopoiia AE v. Elliniko Dimosio)
AURES *27 februari 2020* ▪ zaak C-405/18 (AURES Holdings a.s. v. Odvolací financní reditelství)
Avoir fiscal *28 januari 1986* ▪ zaak 270/83 (Commissie v. Franse Republiek, 'Avoir fiscal')

Baars *13 april 2000* ▪ zaak C-251/98 (C. Baars v. Inspecteur der Belastingen Particulieren/Ondernemingen Gorinchem)
Bachmann *28 januari 1992* ▪ zaak 204/90 (Bachmann v. Belgische Staat)

1. Het Hof van Justitie van de EU ('HJEU') betaat uit twee rechtsprekende instanties: het Hof van Justidie en het Gerecht

Banco Bilbao Vizcaya Argentaria *8 december 2011* ▪ zaak C-157/10 (Banco Bilbao Vizcaya Argentaria, SA v. Administración General del Estado)
Banque Fédérative *3 april 2008* ▪ zaak C-27/07 (Banque Fédérative du Crédit Mutuel v. Ministre de l'Économie, des Finances et de l'Industrie)
Barbier *11 december 2003* ▪ zaak C-364/01 (Erven van H. Barbier v. Inspecteur van de Belastingdienst Particulieren/ Ondernemingen buitenland te Heerlen)
Baudinet *4 februari 2016* ▪ zaak C-194/15 (Véronique Baudinet, Pauline Boyer, Adrien Boyer, Édouard Boyer v. Agenzia delle Entrate – Direzione Provinciale I di Torino) [F] – beschikking
Bauer *2 oktober 2008* ▪ zaak C-360/06 (Heinrich Bauer Verlag BeteiligungsGmbH v. Finanzamt für Grossunternehmen in Hamburg) – samenvatting
Bechtel *22 juni 2017* ▪ zaak C-20/16 (Wolfram Bechtel, Marie-Laure Bechtel v. Finanzamt Offenburg)
Beker en Beker *28 februari 2013* ▪ zaak C-168/11 (Manfred Beker, Christa Beker v. Finanzamt Heilbronn)
Belgische Staat *24 oktober 2019* ▪ zaak C-35/19 (BU v. Belgische Staat)
Berlioz Investment Fund *16 mei 2017* ▪ zaak *C-682/15* (Berlioz Investment Fund SA v. Directeur de l'administration des contributions directes)
Bevola & Trock *12 juni 2018* ▪ zaak C-650/16 (A/S Bevola, Jens W. Trock ApS v. Skatteministeriet)
Bevrijdende voorheffing *4 maart 2004* ▪ zaak C-334/02 (Commissie v. Franse Republiek ['Bevrijdende voorheffing'])
Biehl *8 mei 1990* ▪ zaak 175/88 (Biehl v. Administration des contributions van het Groothertogdom Luxemburg) – samenvatting
Biehl II *26 oktober 1995* ▪ zaak C-151/94 (Commissie v. Groothertogdom Luxemburg, 'Biehl II') – samenvatting
Bisignani *22 februari 2018* ▪ zaak C-125/17 (Luigi Bisignani v. Agenzia delle Entrate – Direzione Provinciale 1 di Roma) (beschikking) [F]
Blanckaert *8 september 2005* ▪ zaak C-512/03 (J.E.J. Blanckaert v. Inspecteur van de Belastingdienst/ Particulieren/Ondernemingen Buitenland te Heerlen)
Block *12 februari 2009* ▪ zaak C-67/08 (Margarete Block v. Finanzamt Kaufbeuren) – samenvatting
Bosal Holding *18 september 2003* ▪ zaak C-168/01 (Bosal Holding BV v. Staatssecretaris van Financiën)
Bosman *15 december 1995* ▪ zaak C-415/93 ([Voetbalbonden] v. Bosman) (uittreksel)
Bouanich *19 januari 2006* ▪ zaak C-265/04 (Margaretha Bouanich v. Skatteverket)
Bouanich *13 maart 2014* ▪ zaak C-375/12 (Margaretha Bouanich v. Directeur des services fiscaux de la Drôme) – samenvatting
Brisal *13 juli 2016* ▪ zaak C-18/15 (Brisal – Auto Estradas do Litoral SA, KBC Finance Ireland v. Fazenda Pública)
BT Pension Scheme *14 september 2017* ▪ zaak C-628/15 (The Trustees of the BT Pension Scheme v. Commissioners for Her Majesty's Revenue and Customs)
Bukanovsky *19 november 2015* ▪ zaak C-241/14 (Roman Bukovansky v. Finanzamt Lörrach)
Burda *26 juni 2008* ▪ zaak C-284/06 (Finanzamt Hamburg-Am Tierpark v. Burda GmbH, voorheen Burda Verlagsbeteiligungen GmbH)
Busley/Cibrian *15 oktober 2009* ▪ zaak C-35/08 (Grundstücksgemeinschaft Busley/Cibrian v. Finanzamt Stuttgart-Körperschaften)

Cadbury Schweppes *12 september 2006* ▪ zaak C-196/04 (Cadbury Schweppes plc, Cadbury Schweppes Overseas Ltd v. Commissioners of Inland Revenue)
Carrefour *20 september 2018* ▪ zaak C-510/16 (Carrefour Hypermarchés SAS, Fnac Paris, Fnac Direct, Relais Fnac, Codirep, Fnac Périphérie v. Ministre des Finances en des Comptes publics)
Cartesio *16 december 2008* ▪ zaak C-210/06 (Cartesio Oktató és Szolgáltató bt)
Centro Equestre *15 februari 2007* ▪ zaak C-345/04 (Centro Equestre da Lezíria Grande Lda v. Bundesamt für Finanzen)
CIBA *15 april 2010* ▪ zaak C-96/08 (CIBA Speciality Chemicals Central and Eastern Europe Szolgátató, Tanácsadó és Keresdedelmi kft v. Adó- és Pénzügyi Ellenorzési Hivatal [APEH] Hatósági Foosztály)
CLT-UFA *23 februari 2006* ▪ zaak C-253/03 (CLT-UFA SA v. Finanzamt Köln-West)
Cobelfret *12 februari 2009* ▪ zaak C-138/07 (Belgische Staat v. Cobelfret NV)
College Pension Plan of British Columbia *13 november 2019* ▪ zaak C-641/17 (College Pension Plan of British Columbia v. Finanzamt München Abteilung III)
Columbus Container Services *6 december 2007* ▪ zaak C-298/05 (Columbus Container Services BVBA & Co. v. Finanzamt Bielefeld-Innenstadt)
Commerzbank *13 juli 1993* ▪ zaak 330/91 (The Queen v. … Commerzbank AG) – samenvatting

Euro Park Service *8 maart 2017* ▪ zaak C-14/16 (Euro Park Service, rechtsopvolgster van de SCI Cairnbulg Nanteuil, v. Ministre des Finances et des Comptes publics)
Eurowings *26 oktober 1999* ▪ zaak C-294/97 (Eurowings Luftverkehrs AG v. Finanzamt Dortmund-Unna)
EV *20 september 2018* ▪ zaak C-685/16 (EV v. Finanzamt Lippstadt)

F.E. Familienprivatstiftung Eisenstadt *17 september 2015* ▪ zaak C-588/13 (F.E. Familienprivatstiftung Eisenstadt, in tegenwoordigheid van: Unabhängiger Finanzsenat, Außenstelle Wien)
Feilen *30 juni 2016* ▪ zaak C-123/15 (Max-Heinz Feilen v. Finanzamt Fulda)
Felixstowe *1 april 2014* ▪ zaak C-80/12 (Felixstowe Dock and Railway Company Ltd, Savers Health and Beauty Ltd, Walton Container Terminal Ltd, WPCS (UK) Finance Ltd, AS Watson Card Services (UK) Ltd, Hutchison Whampoa (Europe) Ltd, Kruidvat UK Ltd, Superdrug Stores plc v. The Commissioners for Her Majesty's Revenue & Customs) – samenvatting
Ferrero *24 juni 2010* ▪ gevoegde zaken C-338/08 en C-339/08 (P. Ferrero e C. SpA v. Agenzia delle Entrate – Ufficio di Alba (C-338/08) en General Beverage Europe BV v. Agenzia delle Entrate – Ufficio di Torino 1 (C-339/08))
Fiat *24 september 2019* ▪ gevoegde zaken T-755/15 en T-759/15 (Groothertogdom Luxemburg [T-755/15] en Fiat Chrysler Finance Europe [T-759/15] v. Europese Commissie)
Fidelity Funds *21 juni 2018* ▪ zaak C-480/16 (Fidelity Funds, Fidelity Investment Funds, Fidelity Institutional Funds v. Skatteministerium)
FII Group Litigation *12 december 2006* ▪ zaak C-446/04 (Test Claimants in the FII Group Litigation v. Commissioners of Inland Revenue)
FIM Santander *10 mei 2012* ▪ gevoegde zaken C-338/11, C-339/11, C-340/11, C-341/11, C-342/11, C-343/11, C-344/11, C-345/11, C-346/11 en C-347/11 (FIM Santander Top 25 Euro Fi)
Finanzamt Linz *6 oktober 2015* ▪ zaak C-66/14 (Finanzamt Linz v. Bundesfinanzgericht, Außenstelle Linz)
Fisher *12 oktober 2017* ▪ zaak C-192/16 (Stephen Fisher, Anne Fisher, Peter Fisher v. Commissioners for Her Majesty's Revenue & Customs) [beschikking]
Foggia *10 november 2011* ▪ zaak C-126/10 (Foggia – Sociedade Gestora de Participaçies Sociais SA v. Secretário de Estado dos Assuntos Fiscais)
Fournier *10 maart 2005* ▪ zaak C-39/04 (Laboratoires Fournier SA v. Direction des vérifications nationales et internationales) – samenvatting
Futura *15 mei 1997* ▪ zaak C-250/95 (Futura Participations SA, Singer v. Administration des contributions)

Gaz de France *1 oktober 2009* ▪ zaak C-247/08 (Gaz de France – Berliner Investissement SA v. Bundeszentralamt für Steuern)
Gerritse *12 juni 2003* ▪ zaak C-234/01 (Arnoud Gerritse)
Geurts *25 oktober 2007* ▪ zaak C-464/05 (Maria Geurts, Dennis Vogten v. Administratie van de btw, registratie en domeinen, Belgische Staat) – samenvatting
Gibraltar Betting and Gaming Association *13 juni 2017* ▪ zaak C-591/15 (The Queen, op verzoek van The Gibraltar Betting and Gaming Association Limited, v. Commissioners for Her Majesty's Revenue and Customs, Her Majesty's Treasury)
Gielen *18 maart 2010* ▪ zaak C-440/08 (F. Gielen v. Staatssecretaris van Financiën)
Gilly *12 mei 1998* ▪ zaak C-336/96 (R. Gilly v. Directeur des services fiscaux du Bas-Rhin)
Glaxo Wellcome *17 september 2009* ▪ zaak C-182/08 (Glaxo Wellcome GmbH & Co. KG v. Finanzamt München II)
Google Ireland *3 maart 2020* ▪ zaak C-482/18 (Google Ireland Limited v. Nemzeti Adó- és Vámhivatal Kiemelt Adó- és Vámigazgatósága)
Groupe Steria *2 september 2015* ▪ zaak C-386/14 (Groupe Steria SCA v. Ministère des Finances et des Comptes publics)
Grønfeldt *18 december 2007* ▪ zaak C-436/06 (Per Grønfeldt, Tatiana Grønfeldt v. Finanzamt Hamburg – Am Tierpark) – samenvatting
GS *14 juni 2018* ▪ zaak C-440/17 (GS v. Bundeszentralamt für Steuern)
Gschwind *14 september 1999* ▪ zaak C-391/97 (F. Gschwind v. Finanzamt Aachen-Außenstadt) – samenvatting
GVC Services (Bulgaria) *2 april 2020* ▪ zaak C-458/18 („GVC Services (Bulgaria)" EOOD v. Direktor na Direktsia „Obzhalvane i danachno-osiguritelna praktika" – Sofia)

Halley *15 september 2011* ▪ zaak C-132/10 (Olivier Halley, Julie Halley, Marie Halley v. Belgische Staat)
Halliburton *12 april 1994* ▪ zaak C-1/93 (Halliburton v. Staatssecretaris) – samenvatting
Haribo *10 februari 2011* ▪ gevoegde zaken C-436/08 en C-437/08 (Haribo Lakritzen Hans Riegel BetriebsgmbH [C-436/08] en Österreichische Salinen AG [C-437/08] v. Finanzamt Linz)
Hengartner Gasser *15 juli 2010* ▪ zaak C-70/09 (Alexander Hengartner, Rudolf Gasser v. Landesregierung Vorarlberg) – samenvatting
Hervis *5 februari 2014* ▪ zaak C-385/12 (Hervis Sport- és Divatkereskedelmi Kft. v. Nemzeti Adó- és Vámhivatal Közép- dunántœli Regionális Adó Feigazgatósága)
Holböck *24 mei 2007* ▪ zaak C-157/05 (Holböck v. FA Salzburg-Land)
Hollmann *11 oktober 2007* ▪ zaak C-443/06 (Erika Waltraud Ilse Hollmann v. Fazenda Pública) – samenvatting
Holmen *19 juni 2019* ▪ zaak C-608/17 (Skatteverket v. Holmen AB)
Hornbach-Baumarkt *31 mei 2018* ▪ zaak C-382/16 (Hornbach-Baumarkt AG v. Finanzamt Landau)
HSBC Holdings *1 oktober 2009* ▪ zaak C-569/07 (HSBC Holdings plc, Vidacos Nominees Ltd v. The Commissioners of Her Majesty's Revenue & Customs) – samenvatting
Huijbrechts *22 november 2018* ▪ zaak C-679/17 (Vlaams Gewest, vertegenwoordigd door de Vlaamse Regering, in de persoon van de Vlaamse minister van Begroting, Financiën en Energie, Vlaams Gewest, vertegenwoordigd door de Vlaamse Regering, in de persoon van de Vlaamse minister van Omgeving, Natuur en Landbouw v. Johannes Huijbrechts)
Hünnebeck *8 juni 2016* ▪ zaak C-479/14 (Sabine Hünnebeck v. Finanzamt Krefeld)

ICI *16 juli 1998* ▪ zaak C-264/96 (Imperial Chemical Industries plc [ICI] v. K. Hall Colmer [Her Majesty's Inspector of Taxes])
Imfeld en Garcet *12 december 2013* ▪ zaak C-303/12 (Guido Imfeld, Nathalie Garcet v. Belgische Staat) – samenvatting
Impresa Pizzarotti *8 oktober 2020* ▪ zaak C-558/19 (Impresa Pizzarotti & C SPA Italia Sucursala Cluj v. Agenția Națională de Administrare Fiscală – Direcția Generală de Administrare a Marilor Contribuabili)
INPS *30 april 2020* ▪ zaak C-168/19 en C-169/19 (HB [C-168/19], IC [C-169/19] v. Istituto nazionale della previdenza sociale [INPS])
Itelcar *3 oktober 2013* ▪ zaak C-282/12 (Itelcar – Automóveis de Aluguer Lda v. Fazenda Pública)

Jacob & Lassus *22 maart 2018* ▪ gevoegde zaken C-327/16 en C-421/16 (Marc Jacob v. Ministre des Finances et des Comptes publics (C-327/16) en Ministre des Finances en des Comptes publics v. Marc Lassus (C-421/16))
Jacob & Lennertz, *14 maart 2019* ▪ zaak C-174/18 (Jean Jacob, Dominique Lennertz v. Belgische Staat)
Jäger *17 januari 2008* ▪ zaak C-256/06 (Theodor Jäger v. Finanzamt Kusel-Landstuhl) – samenvatting
Jobra *4 december 2008* ▪ zaak C-330/07 (Jobra Vermögensverwaltungs-Gesellschaft mbH v. Finanzamt Amstetten Melk Scheibbs) – samenvatting
Jundt *18 december 2007* ▪ zaak C-281/06 (Hans-Dieter Jundt, Hedwig Jundt v. Finanzamt Offenburg) – samenvatting

---

K *7 november 2013* ▪ zaak C-322/11 (K)
KBC Bank NV *4 juni 2009* ▪ gevoegde zaken C-439/07 en C-499/07 (Belgische Staat v. KBC Bank NV, en Beleggen, Risicokapitaal, Beheer NV v. Belgische Staat) — samenvatting
Keller *23 februari 2006* ▪ zaak C-471/04 (Finanzamt Offenbach am Main-Land v. Keller Holding GmbH) — samenvatting
Kerckhaert Morres *14 november 2006* ▪ zaak C-513/04 (Mark Kerckhaert, Bernadette Morres v. Belgische Staat)
Kieback *18 juni 2015* ▪ zaak C-9/14 (Staatssecretaris van Financiën v. D. G. Kieback)
Kofoed *5 juli 2007* ▪ zaak C-321/05 (Hans Markus Kofoed v. Skatteministeriet)
KÖGÁZ *11 oktober 2007* ▪ zaken C-283/06 en C-312/06 (KÖGÁZ rt, enz. v. Vas Megyei Közigazgatási Hivatal [C-312/06]) –samenvatting
Kohll et Kohll-Schlesser *26 mei 2016* ▪ zaak C-300/15 (Charles Kohll, Sylvie Kohll-Schlesser v. Directeur de l'administration des contributions directes)
Köln-Aktienfonds Deka *30 januari 2020* ▪ zaak C-156/17 (Köln-Aktienfonds Deka v. Staatssecretaris van Financiën)

Lakebrink *18 juli 2007* ▪ zaak C-182/06 (Luxemburgse Staat v. Hans Ulrich Lakebrink, Katrin Peters-Lakebrink)
Lankhorst-Hohorst *12 december 2002* ▪ zaak C-324/00 (Lankhorst-Hohorst GmbH v. Finanzamt Steinfurt)
Lasertec *10 mei 2007* ▪ zaak C-492/04 (Lasertec v. FA Emmendingen)
Lasteyrie du Saillant *11 maart||2004* ▪ zaak C-9/02 (Hughes de Lasteyrie du Saillant v. Ministère de l'Économie, des Finances et de l'Industrie)
Lenz *15 juli 2004* ▪ zaak C-315/02 (Anneliese Lenz v. Finanzlandesdirektion für Tirol)
Leur-Bloem *17 juli 1997* ▪ zaak C-28/95 (Leur-Bloem v. Inspecteur der Belastingdienst/Ondernemingen/Amsterdam 2)
Levy en Sebbag *19 september 2012* ▪ zaak C-540/11 (Daniel Levy, Carine Sebbag v. État belge) (beschikking) [F] – samenvatting
Lexel, *20 januari 2021* zaak C-484/19 (Lexel AB v Skatteverket)
Lidl Belgium *15 mei 2008* ▪ zaak C-414/06 (Lidl Belgium GmbH & Co. KG v. Finanzamt Heilbronn)
Lindman *13 november 2003* ▪ zaak C-42/02 (Dana Elisabeth Lindman)
de Lobkowitz *10 mei 2017* ▪ zaak C-690/15 (Wenceslas de Lobkowicz v. Ministère des Finances et des Comptes publics) (voorlopige editie)

Manninen *7 september 2004* ▪ zaak C-319/02 (Petri Manninen)
Marks & Spencer *13 december 2005* ▪ zaak C-446/03 (Marks & Spencer plc v. David Halsey [Her Majesty's Inspector of Taxes])
Masco & Damixa *21 december 2016* ▪ zaak C-593/14 (Masco Denmark ApS, Damixa ApS v. Skatteministeriet)
Mattner *22 april 2010* ▪ zaak C-510/08 (Vera Mattner v. Finanzamt Velbert) – samenvatting
Meilicke *6 maart 2007* ▪ zaak C-292/04 (Wienand Meilicke, Heidi Christa Weyde, Marina Stöffler v. Finanzamt Bonn-Innenstadt) – samenvatting
Meilicke II *30 juni 2011* ▪ zaak C-262/09 (Wienand Meilicke, Heidi Christa Weyde, Marina Stöffler v. Finanzamt Bonn-Innenstadt)
Meindl *25 januari 2007* ▪ zaak C-329/05 (Finanzamt Dinslaken v. Gerold Meindl, Christine Meindl-Berger) – samenvatting
Memira *19 juni 2019* ▪ zaak C-607/17 (Skatteverket v. Memira Holding AB)
Metallgesellschaft *8 maart 2001* ▪ zaken C-397/98 en C-410/98 (Metallgesellschaft Ltd e.a., Hoechst AG, Hoechst (UK) Ltd v. Commissioners of Inland Revenue, HM Attorney General)
Miljoen *17 september 2015* ▪ zaken C-10/14, C-14/14 en C-17/14 (J.B.G.T. Miljoen [C-10/14], X [C-14/14], Société Générale SA [C-17/14] v. Staatssecretaris van Financiën)
Missionswerk *10 februari 2011* ▪ zaak C-25/10 (Missionswerk Werner Heukelbach eV v. Belgische Staat) – samenvatting
MK *18 maart 2021* ▪ zaak C-388/19 (MK v. Autoridade Tributária e Aduaneira) *(uittreksel)*
Montag *6 december 2018* ▪ zaak C-480/17 (Frank Montag v. Finanzamt Köln-Mitte)

N *7 september 2006* ▪ zaak C-470/04 (N v. Inspecteur van de Belastingdienst Oost/kantoor Almelo)
National Grid Indus *29 november 2011* ▪ zaak C-371/10 (National Grid Indus BV v. Inspecteur van de Belastingdienst Rijnmond / kantoor Rotterdam)
N Luxembourg 1 *26 februari 2019* ▪ gevoegde zaken C-115/16, C-118/16, C-119/16 en C-299/16 (N. Luxembourg 1 [C-115/16], X Denmark A/S [C-118/16], C Danmark I [C-119/16], Z Denmark ApS [C-299/16] v. Skatteministeriet)
NN *26 mei 2016* ▪ zaak C-48/15 (Belgische Staat, FOD Financiën v. NN [L] International SA, voorheen ING International SA, rechtsopvolgster van ING [L] Dynamc SA)
NN *4 juli 2018* ▪ zaak C-28/17 (NN A/S v. Skatteministeriet)

Océ van der Grinten *25 september 2003* ▪ zaak C-58/01 (Océ van der Grinten NV v. Commissioners of Inland Revenue)
Oostenrijk v. Duitsland *12 september 2017* ▪ zaak C-648/15 (Republiek Oostenrijk v. Bondsrepubliek Duitsland)
Orange European Smallcap Fund *20 mei 2008* ▪ zaak C-194/06 (Staatssecretaris van Financiën v. Orange European Smallcap Fund NV)
Oy AA *18 juli 2007* ▪ zaak C-231/05 (Oy AA)

P *18 juli 2013* ▪ zaak C-6/12 (P Oy)
Paint Graphos *8 september 2011* ▪ gevoegde zaken C-78/08 tot en met C-80/08 (Ministero dell'Economia e delle Finanze, Agenzia delle Entrate v. Paint Graphos Soc. coop. arl [C-78/08], Adige Carni Soc. coop. arl, in liquidation, v. Agenzia delle Entrate, Ministero dell'Economia e delle Finanze [C-79/08], en Ministero delle Finanze v. Michele Franchetto [C-80/08]
Panayi Accumulation & Maintenance Settlements *14 september 2017* ▪ zaak C-646/15 (Trustees of the Panayi Accumulation & Maintenance Settlements v. Commissioners for Her Majesty's Revenue and Customs)
Papillon *27 november 2008* ▪ zaak C-418/07 (Société Papillon v. Ministère du Budget, des Comptes publics et de la Fonction publique)
Pelati *18 oktober 2012* ▪ zaak C-603/10 (Pelati d.o.o. v. Republika Slovenija)
Pensioenfonds Metaal en Techniek *2 juni 2016* ▪ zaak C-252/14 (Pensioenfonds Metaal en Techniek v. Skatteverket)
Persche *27 januari 2009* ▪ zaak C-318/07 (Hein Persche v. Finanzamt Lüdenscheid)
Petersen en Petersen *28 februari 2013* ▪ zaak C-544/11 (Helga Petersen, Peter Petersen v. Finanzamt Ludwigshafen) – samenvatting
Pharmacie Populaire *24 februari 2022* ▪ gevoegde zaken C-52/21 en C-53/21 (Pharmacie populaire - La Sauvegarde SCRL v. Belgische Staat [C-52/21] en Pharma Santé Réseau Solidaris SCRL v. Belgische Staat [C-53/21])
Philip Electronics *6 september 2012* ▪ zaak C-18/11 (The Commissioners for Her Majesty's Revenue & Customs v. Philips Electronics UK Ltd)
Picart *15 maart 2018* ▪ zaak C-355/16 (Christian Picart v. Ministre des Finances et des Comptes publics)
Polen *16 mei 2019* ▪ gevoegde zaken T-0836/16 en T-624/17 (Republiek Polen v. Europese Commissie)
Pontina Ambiente *25 februari 2010* ▪ zaak C-172/08 (Pontina Ambiente Srl v. Regione Lazio) – samenvatting
Porto Antico di Genova *25 oktober 2007* ▪ zaak C-427/05 (Agenzia delle Entrate – Ufficio di Genova 1 v. Porto Antico di Genova SpA) – samenvatting
Prunus *5 mei 2011* ▪ zaak C-384/09 (Prunus SARL, Polonium SA v. Directeur des services fiscaux)
Punch Graphix *18 oktober 2012* ▪ zaak C-371/11 (Punch Graphix Prepress Belgium NV v. Belgische Staat)

Radgen *21 september 2016* ▪ zaak C-478/15 (Peter Radgen, Lilian Radgen v. Finanzamt Ettlingen)
Real Vida Seguros *9 september 2021* ▪ zaak C-449/20 (Real Vida Seguros A v. Autoridade Tributária e Aduaneira)
Regione Sardegna *17 november 2009* ▪ zaak C-169/08 (Presidente del Consiglio dei Ministri v. Regione Sardegna)
Renneberg *16 oktober 2008* ▪ zaak C-527/06 (R.H.H. Renneberg v. Staatssecretaris van Financiën)
Rewe *29 maart 2007* ▪ zaak C-347/04 (Rewe Zentralfinanz eG v. Finanzamt Köln-Mitte) — samenvatting
Rimbaud *28 oktober 2010* ▪ zaak C-72/09 (Établissements Rimbaud SA v. Directeur général des impôts, Directeur des services fiscaux d'Aix-en-Provence)
Riskin & Timmermans *30 juni 2016* ▪ zaak C-176/15 (Guy Riskin, Geneviève Timmermans v. Belgische Staat)
Ritter-Coulais *23 februari 2006* ▪ zaak C-152/03 (Hans-Jürgen Ritter-Coulais & Monique Ritter-Coulais v. Finanzamt Germersheim)
Royal Bank of Scotland *29 april 1999* ▪ zaak C-311/97 (Royal Bank of Scotland plc v. Elliniko Dimisio [Griekse Staat]) – samenvatting
Rüffler *23 april 2009* ▪ zaak C-544/07 (Uwe Rüffler v. Dyrektor Izby Skarbowej we Wroclawiu Osrodek Zamiejscowy w Walbrzychu) – samenvatting

---

Sabou *22 oktober 2013* ▪ zaak C-276/12 (Jiří Sabou v. Finanční ředitelství pro hlavní město Prahu) – samenvatting
Safir *28 april 1998* ▪ zaak C-118/96 (J. Safir v. Skattemyndigheten i Dalrnas län) – samenvatting
Saint-Gobain *21 september 1999* ▪ zaak C-307/97 (Compagnie de Saint-Gobain v. Finanzamt Aachen-Innenstadt)
Sandoz *14 oktober 1999* ▪ zaak C-439/97 (Sandoz GmbH v. Finanzlandesdirektion für Wien, Niederösterreich und Burgenland) – samenvatting
Sauvage en Lejeune *24 oktober 2018* ▪ zaak C-602/17 (Benoît Sauvage, Kristel Lejeune v. Belgische Staat)
Schempp *12 juli 2005* ▪ zaak C-403/03 (Egon Schempp v. Finanzamt München V)

Scheunemann *19 juli 2012* ▪ zaak C-31/11 (Marianne Scheunemann v. Finanzamt Bremerhaven) – samenvatting
Scheuten Solar Technology *21 juli 2011* ▪ zaak C-397/09 (Scheuten Solar Technology GmbH v. Finanzamt Gelsenkirchen-Süd)
Schilling *13 november 2003* ▪ zaak C-209/01 (Theodor Schilling, Angelika Fleck-Schilling v. Finanzamt Nürnberg-Süd) – samenvatting
Schröder *31 maart 2011* ▪ zaak C-450/09 (Ulrich Schröder v. Finanzamt Hameln) – samenvatting
Schulz *15 september 2011* ▪ zaak C-240/10 (Cathy Schulz-Delzers, Pascal Schulz v. Finanzamt Stuttgart III)
Schumacker *14 februari 1995* ▪ zaak C-279/93 (Finanzamt Köln-Altstadt v. Schumacker)
Schwarz *11 september 2007* ▪ zaak C-76/05 (Herbert Schwarz, Marga Gootjes-Schwarz v. Finanzamt Bergisch Gladbach) – samenvatting
Scorpio *3 oktober 2006* ▪ zaak C-290/04 (FKP Scorpio Konzertproduktionen GmbH v. Finanzamt Hamburg-Eimsbüttel)
SECIL *24 november 2016* ▪ zaak C-464/14 (SECIL – Companhia Geral de Cal e Cimento SA v. Fazenda Pública)
SGI *21 januari 2010* ▪ zaak C-311/08 (Société de Gestion Industrielle SA [SGI] v. Belgische Staat)
SIAT *5 juli 2012* ▪ zaak C-318/10 (Société d'investissement pour l'agriculture tropicale SA (SIAT) v. Belgische Staat)
Skandia *26 juni 2003* ▪ zaak C-422/01 (Skandia) – samenvatting
Société Générale *30 april 2020* ▪ zaak C-565/18 (Société Générale SA v. Agenzia delle Entrate – Direzione Regionale Lombardia Ufficio Contenzioso)
Société Générale *25 februari 2021* ▪ zaak C-403/19) (Société Générale SA v. Ministre de l'Action et des Comptes publics) *(uittreksel)*
Sofina *22 november 2018* ▪ zaak C-575/17 (Sofina SA, Rebelco SA, Sidro SA v Ministre de l'Action et des Comptes publics)
Sparkasse Allgäu *14 april 2016* ▪ zaak C-522/14 (Sparkasse Allgäu v. Finanzamt Kempten)
Speranza *1 juli 2010* ▪ zaak C-35/09 (Ministero dell'Economia e delle Finanze, Agenzia delle Entrate v. Paolo Speranza) – samenvatting
Stahlwerk Ergste Westig *6 november 2007* ▪ zaak C-415/06 (Stahlwerk Ergste Westig GmbH contre Finanzamt Düsseldorf- Mettmann [F]) – samenvatting
Starbucks *24 september 2019* ▪ gevoegde zaken T-760/15 en T-636/16 (Koninkrijk der Nederlanden [T-760/15], Starbucks Corp., Starbucks Manufacturing Emea BV [T-636/16] v. Europese Commissie)
Stauffer *14 september 2006* ▪ zaak C-386/04 (Centro di Musicologia Walter Stauffer v. Finanzamt München für *Körperschaften)*
STEKO *22 januari 2009* ▪ zaak C-377/07 (Finanzamt Speyer-Germersheim v. STEKO Industriemontage GmbH) – samenvatting
Svensson *14 november 1995* ▪ zaak C-484/93 (Svensson en Gustavsson v. Ministre du Logement et de l'Urbanisme) – samenvatting

---

Talotta *22 maart 2007* ▪ zaak C-383/05 (Raffaele Talotta v. État belge) – samenvatting
Tate & Lyle *12 juli 2012* ▪ zaak C-384/11 (Tate & Lyle Investments Ltd v. Belgische Staat) (beschikking) – samenvatting
T Denmark *26 februari 2019* ▪ gevoegde zaken C-116/16 en C-117/16 (Skatteministeriet v T Denmark [C-116/16], Y. Denmark Aps [C-117/16])
Tesco *3 maart 2020* ▪ zaak C-323/18 (Tesco-Global Áruházak Zrt. V. Nemzeti Adó- és Vámhivatal Fellebbviteli Igazgatósága)
Test Claimants CFC *23 april 2008* ▪ zaak C-201/05 (The Test Claimants in the CFC and Dividend Group Litigation v. Commissioners of Inland Revenue)
Test Claimants FII Group Litigation *13 november 2012* ▪ zaak C-35/11 (Test Claimants in the FII Group Litigation v. Commissioners of Inland Revenue, The Commissioners for Her Majesty's Revenue & Customs)
Test Claimants FII Group *12 december 2013* ▪ (Test Claimants in the Franked Investment Income Group Litigation v. Commissioners of Inland Revenue, Commissioners for Her Majesty's Revenue and Customs)
Thin Cap Group Litigation *13 maart 2007* ▪ zaak C-524/04 (Test Claimants in the Thin Cap Group Litigation v. Commissioners of Inland Revenue)
Timac Agro Deutschland *17 december 2015* ▪ zaak C-388/14 (Timac Agro Deutschland GmbH v. Finanzamt Sankt Augustin)
Truck Center *22 december 2008* ▪ zaak C-282/07 (Belgische Staat – FOD Financiën v. Truck Center SA)

TTL *25 juli 2018* ▪ zaak C-553/16 ("TTL" EOOD v. Direktor na Direktsia "Obzhalvane i danachno-osiguritelna praktika"- Sofia)
Turpeinen *9 november 2006* ▪ zaak C-520/04 (Pirkko Marjatta Turpeinen) – samenvatting

---

Unicredito *5 december 2005* ▪ zaak C-148/04 (Unicredito Italiano SpA v. Agenzia delle Entrate, Ufficio Genova 1) - uittreksel

---

Van Hilten-van der Heijden *23 februari 2006* ▪ zaak C-513/03 (Erven van M.E.A. van Hilten-van der Heijden v. Inspecteur van de Belastingdienst/Particulieren/Ondernemingen Buitenland te Heerlen)
Van der Weegen & Pot *8 juni 2017* ▪ zaak C-580/15 (Maria Eugenia Van der Weegen, Miguel Juan Van der Weegen, Anna Pot, als rechtsopvolgers van Johannes Van der Weegen, overleden, Anna Pot v. Belgische Staat)
Vander Zwalmen *14 oktober 1999* ▪ zaak C-229/98 (G. Vander Zwalmen & E. Massart v. Belgische Staat)
Vergers du Vieux Tauves *22 december 2008* ▪ zaak C-48/07 (Belgische Staat – Federale Overheidsdienst Financiën v. Les Vergers du Vieux Tauves SA)
Verkooijen *6 juni 2000* ▪ zaak C-35/98 (Staatssecretaris van Financiën v. B.G.M. Verkooijen)
Vestergaard *28 oktober 1999* ▪ zaak C-55/98 (Skatteministeriet v. Bent Vestergaard) – samenvatting
Viva Telecom Bulgaria *24 februari 2022* ▪ zaak C-257/20 ("Viva Telecom Bulgaria" EOOD v. Direktor na Direktsia Özhalvane i danachno-osiguritelna praktika"- Sofia)
Vodafone *3 maart 2020* ▪ zaak C-75/18 (Vodafone Magyarország Mobil Távközlési Zrt. v. Nemzeti Adó- és Vámhivatal Fellebbviteli Igazgatósága)
Voralberger Landes- und Hypothekenbank *22 november 2018* ▪ zaak C-625/17 (Voralberger Landes- und Hypothekenbank AG v Finanzamt Feldkirch)

W.N. *13 april 2000* ▪ zaak C-420/98 (W.N. v. Staatssecretaris van Financiën) – samenvatting
Wächtler *26 februari 2019* ▪ zaak C-581/17 (Martin Wächtler v. Finanzamt Konstanz)
Wallentin *1 juli 2004* ▪ zaak C-169/03 (Florian W. Wallentin v. Riksskatteverket) – samenvatting
Wannsee *23 oktober 2008* ▪ zaak C-157/07 (Finanzamt für Körperschaften III in Berlin v. Krankenheim Ruhesitz am Wannsee-Seniorenheimstatt GmbH)
Waypoint Aviation *13 oktober 2011* ▪ zaak C-9/11 (Waypoint Aviation SA v. de Belgische Staat – FOD Financiën)
Weidert *15 juli 2004* ▪ zaak C-242/03 (Minister van Financiën v. Jean-Claude Weidert, Élisabeth Paulus) – samenvatting
Welte *17 oktober 2013* ▪ zaak C-181/12 (Yvon Welte v. Finanzamt Velbert) – samenvatting
Wereldhave Belgium *8 maart 2017* ▪ zaak C-448/15 (Belgische Staat v. Wereldhave Belgium Comm. VA, Wereldhave International NV, Wereldhave NV)
Werner *26 januari 1993* ▪ zaak 112/91 (Werner v. Finanzamt Aachen-Innenstadt)
Wielockx *11 augustus 1995* ▪ zaak C-80/94 (Wielockx v. Inspecteur der Directe Belastingen)
World Duty Free *21 december 2016* ▪ gevoegde zaken C-20/15 P en C-21/15 P (Europese Commissie v. World Duty Free Group SA [C-20/15 P], Banco Santander SA [C-21/15 P], Santusa Holding SL [C-21/15 P])

X *18 oktober 2012* ▪ zaak C-498/10 (X NV v. Staatssecretaris van Financiën)
X *10 juni 2015* ▪ zaak C-686/13 (X AB v. Skatteverket)
X *9 februari 2017* ▪ zaak C-283/15 (X v. Staatssecretaris van Financiën)
X *15 februari 2017* ▪ zaak C-317/15 (X v. Staatssecretaris van Financiën)
X *17 mei 2017* ▪ zaak C-68/15 (X v. Ministerraad)
X *22 februari 2018* ▪ gevoegde zaken C-398/16 en C-399/16 (X BV (C-398/16), X NV (C-399/16) v. Staatssecretaris van Financiën)
X *26 februari 2019* ▪ zaak C-135/17 (X GmbH v. Finanzamt Stuttgart – Körperschaften)
X AB & Y AB *18 november 1999* ▪ zaak C-200/98 (X AB & Y AB v. Riksskatteverket)
X BV *11 juni 2009* ▪ zaak C-429/07 (Inspecteur van de Belastingdienst v. X BV) – samenvatting
X Holding *25 februari 2010* ▪ zaak C-337/08 (X Holding BV v. Staatssecretaris van Financiën)
X Passenheim *11 juni 2009* ▪ gevoegde zaken C-155/08 en C-157/08 (X, E.H.A. Passenheim-van Schoot v. Staatssecretaris van Financiën) – samenvatting

X, Y *21 november 2002* ▪ zaak C-436/00 (X, Y v. Riksskatteverket)
XY *21 december 2021* ▪ zaak C-394/20 (XY v. Finanzamt V)

Zanotti *20 mei 2010* ▪ zaak C-56/09 (Emiliano Zanotti v. Agenzia delle Entrate – Ufficio Roma 2)
Zurstrassen *16 mei 2000* ▪ zaak C-87/99 (P. Zurstrassen v. Administration des contributions directes) – samenvatting
Zwijnenburg *20 mei 2010* ▪ zaak C-352/08 (Modehuis A. Zwijnenburg BV v. Staatssecretaris van Financiën)
Zyla *23 januari 2019* ▪ zaak C-272/17 (K.M. Zyla v. Staatssecretaris van Financiën)

HvJ EG 28 januari 1986, zaak 270/83 (Commissie v. Franse Republiek ['Avoir fiscal'])

Een Italiaanse verzekeringsmaatschappij opereerde in Frankrijk via een branch aldaar. Naar Frans recht had het Italiaanse lichaam geen recht op een imputatie-credit met betrekking tot het dividend dat zij ontving op aan de branch toerekenbare Franse aandelen.

HvJ EG: Schending van de vrijheid van vestiging met betrekking tot de rechtsvorm waarin in Frankrijk wordt geopereerd aangezien naar Frans fiscaal recht lichamen die winst uit Frankrijk genieten, ongeacht of zij in Frankrijk zijn gevestigd gelijk worden belast: beide worden slechts over hun Franse winst in de heffing betrokken. Geen van de rechtvaardigingen die Frankrijk aanvoerde (voorkoming belastingvermijding, verschillen in nationale belastingstelsels, compensatie van nadelen met voordelen) kan worden geaccepteerd.

Hof: *Mackenzie Stuart, president, U. Everling, K. Bahlmann en R. Joliet, kamerpresidenten, T. Koopmans, O. Due, Y. Galmot, C. Kakouris en T. F. O'Higgins, rechters*

Advocaat-generaal: *G.F. Mancini*

Voor de tekst van de Conclusie van Advocaat-Generaal Mancini wordt verwezen naar band 22, onderdeel III.J, van de Nederlandse Regelingen van Internationaal Belastingrecht.

1. Bij verzoekschrift, neergelegd ter griffie van het Hof op 12 december 1983, heeft de Commissie van de Europese Gemeenschappen krachtens artikel 169 EEG-Verdrag beroep ingesteld om te doen vaststellen dat de Franse Republiek, door het voordeel van het 'avoir fiscal' te onthouden aan filialen en agentschappen in Frankrijk van in een andere Lid-Staat gevestigde verzekeringsmaatschappijen, de krachtens het EEG-Verdrag, met name artikel 52, op haar rustende verplichtingen niet is nagekomen.

De betrokken nationale wettelijke regeling

2. De Franse belastingregeling kent een belasting van 50% op alle door belastingplichtige vennootschappen en rechtspersonen behaalde winsten, vennootschapsbelasting (impôt sur les sociétés) genaamd, die de tegenhanger vormt van de inkomstenbelasting voor natuurlijke personen. Vennootschappen zijn deze belasting in beginsel verschuldigd, ongeacht de plaats waar zich hun zetel bevindt. Daarbij wordt krachtens artikel 209 GCI echter slechts rekening gehouden met winsten die zijn behaald door in Frankrijk gedreven ondernemingen, alsmede door ondernemingen die krachtens een overeenkomst inzake dubbele belasting in Frankrijk mogen worden belast.

3. Om de cumulatieve belastingheffing over door vennootschappen uitgedeelde winsten – doordat over deze winsten eerst bij de vennootschap die dividenden uitdeelt, vennootschapsbelasting wordt geheven en vervolgens bij de ontvanger van dividenden inkomstenbelasting of vennootschapsbelasting, – te matigen, voorziet artikel 158 bis van de Code général des impôts (hierna: CGI) een belastingkrediet, 'avoir fiscal' genaamd, dat wordt toegekend aan de ontvangers van dividenden die door Franse vennootschappen worden uitgedeeld, ten belope van de helft van de door deze laatsten daadwerkelijk betaalde bedragen. Met dit 'avoir fiscal' wordt de door de rechthebbende verschuldigde belasting voldaan. Voor hem is het inkomen en het kan slechts worden gebruikt voor zover het deel uitmaakt van de grondslag voor de door de rechthebbende verschuldigde inkomstenbelasting.

4. Artikel 158 ter CGI, tweede alinea, bepaalt, dat het voordeel van het 'avoir fiscal' 'is voorbehouden aan personen wier werkelijke woonplaats of zetel in Frankrijk is gevestigd'. Voorts kan volgens artikel 242 quater CGI dit voordeel slechts worden toegekend aan personen die hun woonplaats hebben op het grondgebied van landen die met Frankrijk overeenkomsten tot het vermijden van dubbele belasting hebben gesloten.

5. Volgens de door partijen aan het Hof verstrekte inlichtingen wordt in de tussen Frankrijk en vier Lid-Staten, namelijk de Bondsrepubliek Duitsland, Luxemburg, Nederland en het Verenigd Koninkrijk, gesloten overeenkomsten voorzien, dat een vennootschap met zetel in deze Lid-Staten die aandelen van Franse vennootschappen heeft in het vermogen van haar hoofdinrichting, aanspraak kan maken op het 'avoir fiscal'. Daarentegen is in geen enkel geval een aanspraak op het 'avoir fiscal' voorzien voor aandelen die deel uitmaken van het vermogen van vaste inrichtingen, filialen of agentschappen van vennootschappen waarvan de zetel niet in Frankrijk is gevestigd.

6. Uit genoemde bepalingen blijkt, zoals wordt bevestigd door artikel 15 van de Wet op de middelen voor 1978 (nr. 77 – 1467 van 30.12.1977, JORF 1977, blz. 6316), dat verzekeringsmaatschappijen die hun zetel in Frankrijk hebben, met inbegrip van de door buitenlandse verzekeringsmaatschappijen in Frankrijk opgerichte dochtermaatschappijen, aanspraak kunnen maken op het 'avoir fiscal' voor aandelen van Franse vennootschappen die zij in portefeuille hebben. Deze aanspraak wordt echter geweigerd aan vaste inrichtingen in de vorm van agentschappen of filialen, die in Frankrijk zijn opgericht door verzekeringsmaatschappijen met zetel in een andere Lid-Staat.

Onderwerp van het beroep

7. Met het onderhavige beroep wegens niet-nakoming wil de Commissie doen vaststellen, dat deze regeling inzake het 'avoir fiscal' discriminerend is ten opzichte van agentschappen en filialen van verzekeringsmaatschappijen met zetel in een andere Lid-Staat en een indirecte beperking vormt van de vrijheid om een secundaire inrichting op te richten. De Commissie voegt hieraan toe, dat zij het beroep weliswaar beperkt tot de verzekeringssector omdat de klachten die haar hebben bereikt, alleen deze sector betreffen, doch dat iedere Lid-Staat en inzonderheid Frankrijk niettemin aan een arrest van het Hof ook op andere gebieden alle nodige gevolgen dient te verbinden.

8. De Franse regering verzet zich er tegen, dat het onderwerp van het onderhavige beroep aldus door de Commissie wordt uitgebreid tot alle vennootschappen, ongeacht hun activiteiten.

9. Terzake zij opgemerkt, dat zelfs indien de gevolgen van de litigieuze nationale bepalingen zich in het bijzonder doen gevoelen in een sector als die van het verzekeringsbedrijf waar agentschappen van buitenlandse verzekeringsmaatschappijen verplicht zijn technische vermogensreserves aan te leggen in het land van de bedrijfsvoering, dit zelfde stelsel niettemin ook van toepassing is op andere sectoren. Het valt daarom te betreuren dat het onderhavige beroep, waar het beperkt is tot verzekeringsmaatschappijen, de problematiek aan de orde stelt in termen die slechts een gedeelte van het toepassingsgebied van de betrokken Franse wettelijke regeling dekken. Deze vaststelling doet echter niet af aan de ontvankelijkheid van het beroep.

10. Daar in de loop van de procedure enige onduidelijkheden aan het licht zijn getreden omtrent de afbakening van het onderwerp van het onderhavige beroep, zij nog opgemerkt, dat het beroep betrekking heeft op de ongelijkheid van behandeling, wat de aanspraak op het 'avoir fiscal' betreft, tussen verzekeringsmaatschappijen met zetel in Frankrijk, met inbegrip van in Frankrijk door buitenlandse vennootschappen opgerichte dochtermaatschappijen, en filialen en agentschappen die door verzekeringsmaatschappijen met zetel in een andere Lid-Staat in Frankrijk zijn opgericht. Het beroep is dus niet in het algemeen gericht tegen ieder verschil in behandeling tussen vennootschappen als zelfstandige juridische entiteit enerzijds en filialen en agentschappen zonder rechtspersoonlijkheid anderzijds. Tenslotte zij in het bijzonder beklemtoond, dat het beroep niet gaat over eventuele verschillen in belastingheffing terzake van enerzijds filialen en agentschappen en anderzijds dochterondernemingen van vennootschappen met zetel in een andere Lid-Staat, wanneer deze filialen en agentschappen of dochterondernemingen de winsten die in de door hen in Frankrijk gedreven ondernemingen zijn gemaakt, naar hun moedermaatschappijen overmaken.

Toepassing van artikel 52 EEG-Verdrag

11. De Commissie voert twee middelen aan om aan te tonen, dat de bestreden regeling van het 'avoir fiscal' in strijd is met artikel 52, tweede alinea, EEG-Verdrag. In de eerste plaats worden in deze regeling filialen en agentschappen in Frankrijk van verzekeringsmaatschappijen met zetel in andere Lid-Staten gediscrimineerd ten opzichte van vennootschappen met zetel in Frankrijk. Het belastingstelsel belet deze filialen en agentschappen Franse aandelen in hun portefeuille op te nemen en benadeelt hen dus bij de uitoefening van hun bedrijfswerkzaamheden in Frankrijk. De discriminatie valt te meer op, nu het Franse fiscale recht ter bepaling van de belastbare inkomsten op Franse vennootschappen dezelfde regeling toepast als op vaste inrichtingen van buitenlandse vennootschappen. In de tweede plaats beperkt dit belastingstelsel, dat nadelig uitvalt voor filialen en agentschappen van buitenlandse verzekeringsmaatschappijen, indirect de vrijheid, waarover in andere Lid-Staten gevestigde verzekeringsmaatschappijen moeten beschikken, om zich in Frankrijk te vestigen hetzij in de vorm van een dochteronderneming dan wel in de vorm van een filiaal of agentschap. Het stimuleert de keuze van de vorm van een dochteronderneming om te ontkomen aan het nadeel van een weigering van het 'avoir fiscal'.

12. Volgens de Franse regering vormt dit verschil in behandeling geen discriminatie en is het dus niet in strijd met de verplichting van een Lid-Staat ingevolge artikel 52, tweede alinea, om op vennootschappen met zetel in andere Lid-Staten dezelfde bepalingen toe te passen welke door zijn wetgeving voor de eigen onderdanen zijn vastgesteld. Hiertoe voert de Franse regering twee reeksen argumenten aan, waarmee zij in hoofdzaak wil aantonen, dat in casu een verschil in behandeling gerechtvaardigd is door objectief verschillende situaties en voorts, dat dit verschil in behandeling verband houdt met de bijzonderheden van de belastingstelsels die per Lid-Staat verschillen, alsook met de overeenkomsten inzake dubbele belasting.

13. In de eerste plaats zij vastgesteld, dat artikel 52 EEG-Verdrag een van de fundamentele gemeenschapsbepalingen is en dat het sedert het einde van de overgangsperiode rechtstreeks toepasselijk is in de Lid-Staten. Volgens deze bepaling omvat de vrijheid van vestiging voor onderdanen van een Lid-Staat op het grondgebied van een andere Lid-Staat de toegang tot werkzaamheden anders dan in loondienst en de uitoefening daarvan alsmede de oprichting en het beheer van ondernemingen overeenkomstig de bepalingen welke door de wetgevingen van het land van vestiging voor de eigen onderdanen zijn vastgesteld. De opheffing van de beperkingen op de vrijheid van vestiging heeft eveneens betrekking op beperkingen betreffende de oprichting van agentschappen, filialen of dochterondernemingen door de onderdanen van een Lid-Staat die op het grondgebied van een andere Lid-Staat zijn gevestigd.

14. Artikel 52 heeft dus ten doel, te verzekeren dat elke onderdaan van een Lid-Staat die zich, zij het ook secundair, in een andere Lid-Staat vestigt om aldaar werkzaamheden anders dan in loondienst te verrichten, aldaar als eigen onderdaan wordt behandeld, en verbiedt iedere uit wettelijke regelingen voortvloeiende discriminatie op grond van nationaliteit als een beperking van de vrijheid van vestiging.

15. De beide door de Commissie aangevoerde middelen, te weten de discriminatie door de Franse wetgeving van filialen en agentschappen van in andere Lid-Staten gevestigde verzekeringsmaatschappijen ten opzichte van in Frankrijk gevestigde maatschappijen, en de beperking van de vrijheid van vestiging in de vorm van filialen en agentschappen voor wat buitenlandse verzekeringsmaatschappijen betreft, blijken dus nauw verband met elkaar te houden. Zij moeten derhalve te zamen worden onderzocht.

16. Het staat vast dat naar Frans recht en inzonderheid naar artikel 158 ter CGI, verzekeringsmaatschappijen met zetel in Frankrijk voor dividenden van aandelen in Franse vennootschappen die zij in portefeuille hebben, aanspraak kunnen maken op het 'avoir fiscal', terwijl de filialen en agentschappen van verzekeringsmaatschappijen met zetel in een andere Lid-Staat, geen aanspraak hierop hebben. In dit opzicht worden verzekeringsmaatschappijen met zetel in een andere Lid-Staat, die hun bedrijfsactiviteiten in Frankrijk uitoefenen door middel van filialen of agentschappen, niet op dezelfde wijze behandeld als verzekeringsmaatschappijen met zetel in Frankrijk.

17. Met een eerste reeks argumenten wil de Franse regering aantonen, dat dit verschil in behandeling is gerechtvaardigd door objectieve verschillen tussen de positie van een verzekeringsmaatschappij met zetel in Frankrijk en die van een filiaal of agentschap van een verzekeringsmaatschappij met zetel in een andere Lid-Staat. Bedoeld verschil berust op een in alle rechtsordes bekend en in het internationale recht erkend onderscheid tussen ingezetenen en niet-ingezetenen; op fiscaal gebied is dit verschil onmisbaar. Dit verschil is dus ook van toepassing in het kader van artikel 52 EEG-Verdrag. Bovendien worden filialen en agentschappen van vennootschappen met zetel in het buitenland in verscheidene opzichten bevoordeeld boven Franse vennootschappen, hetgeen eventuele nadelen met betrekking tot het 'avoir fiscal' compenseert. Tenslotte zijn deze nadelen in elk geval van ondergeschikt belang en kunnen zij gemakkelijk worden vermeden door de oprichting van een dochteronderneming in Frankrijk.

18. Te dezen zij in de eerste plaats opgemerkt, dat de vrijheid van vestiging die in artikel 52 aan de onderdanen van een andere Lid-Staat wordt toegekend en die voor hen de toegang omvat van werkzaamheden anders dan in loondienst en de uitoefening daarvan overeenkomstig de bepalingen welke in de wetgeving van het land van vestiging voor de eigen onderdanen zijn vastgesteld, overeenkomstig artikel 58 EEG-Verdrag voor de vennootschappen welke in overeenstemming met de wetgeving van een Lid-Staat zijn opgericht en welke hun statutaire zetel, hun hoofdbestuur of hun hoofdvestiging binnen de Gemeenschap hebben, het recht meebrengt om in de betrokken Lid-Staat hun bedrijfsactiviteit uit te oefenen door middel van een agentschap of een filiaal. Met betrekking tot de vennootschappen zij in dit verband opgemerkt, dat hun zetel in bovengenoemde zin, naar het voorbeeld van de nationaliteit van natuurlijke personen, dient ter bepaling van hun binding aan de rechtsorde van een staat. Zou de Lid-Staat van vestiging vrijelijk een andere behandeling mogen toepassen, enkel omdat de zetel van een vennootschap in een andere Lid-Staat is gevestigd, dan zou daarmee aan deze bepaling iedere inhoud worden ontnomen.

19. Ook al kan niet geheel worden uitgesloten, dat een onderscheid naar de zetel van de vennootschap of een onderscheid naar de woonplaats van een natuurlijk persoon op een gebied als het belastingrecht onder bepaalde omstandigheden gerechtvaardigd kan zijn, in casu moet toch worden opgemerkt, dat de Franse belastingbepalingen, wat de vaststelling van de belastinggrondslag ter bepaling van de vennootschapsbelasting betreft, geen onderscheid maken tussen vennootschappen met zetel in Frankrijk en agentschappen en filialen in Frankrijk van vennootschappen met zetel in het buitenland. Krachtens artikel 209 CGI zijn beide belasting verschuldigd over de winst die is behaald in in Frankrijk gedreven ondernemingen – doch niet over de in het buitenland behaalde winst –, of die krachtens een overeenkomst inzake dubbele belasting in Frankrijk mag worden belast.

20. Aangezien de bestreden regeling vennootschappen met zetel in Frankrijk en agentschappen en filialen in Frankrijk van vennootschappen met zetel in het buitenland voor de belasting op hun winst op een lijn stelt, kan zij deze niet, zonder een discriminatie in het leven te roepen, in het kader van dezelfde belastingheffing verschillend behandelen op het punt van de toekenning van een daarop betrekking hebbend voordeel, zoals het 'avoir fiscal'. Door beide vestigingsvormen, wat de belasting op door hen behaalde winst betreft, identiek te behandelen heeft de Franse wetgever namelijk erkend, dat tussen deze beide, voor wat de wijze van heffing en de voorwaarden van deze belasting aangaat, geen objectief verschil in situatie bestaat, dat een verschil in behandeling kan rechtvaardigen.

21. In tegenstelling tot hetgeen de Franse regering verdedigt, kan het verschil in behandeling evenmin worden gerechtvaardigd door eventuele voordelen die filialen en agentschappen hebben ten opzichte van vennootschappen, en die volgens de Franse regering de uit de weigering van het 'avoir fiscal' voortvloeiende nadelen zouden compenseren. Gesteld al dat deze voordelen bestaan, dan kunnen zij geen inbreuk op de in artikel 52 neergelegde verplichting rechtvaardigen, om met betrekking tot het 'avoir fiscal' nationale behandeling te verlenen. Evenmin behoeft in dit verband de omvang te worden geraamd van de nadelen die voor filialen en agentschappen van buitenlandse verzekeringsmaatschappijen uit de weigering van het 'avoir fiscal' voortvloeien, of behoeft te wor-

den onderzocht, of deze nadelen van invloed kunnen zijn op de door hen toegepaste tarieven, want artikel 52 verbiedt elke, zelfs geringe, discriminatie.

22. Ook het feit dat verzekeringsmaatschappijen met zetel in een andere Lid-Staat voor hun vestiging vrijelijk de vorm van een dochteronderneming kunnen kiezen teneinde aanspraak te kunnen maken op het 'avoir fiscal', kan een verschil in behandeling niet rechtvaardigen. Immers, artikel 52, eerste alinea, tweede zin, biedt de economische subjecten uitdrukkelijk de mogelijkheid om vrijelijk de rechtsvorm te kiezen die bij de uitoefening van hun werkzaamheden in een andere Lid-Staat past, zodat deze vrije keuze niet mag worden beperkt door discriminerende fiscale bepalingen.

23. Met een tweede reeks argumenten wil de Franse regering aantonen, dat het verschil in behandeling in feite een gevolg is van de bijzondere kenmerken van en de verschillen tussen de belastingstelsels in de verschillende Lid-Staten, alsook van de overeenkomsten inzake dubbele belasting. Zolang de betrokken wettelijke regelingen niet zijn geharmoniseerd, zijn per geval verschillende maatregelen nodig om rekening te houden met deze verschillen tussen belastingstelsels en zijn zij dus gerechtvaardigd wat artikel 52 EEG-Verdrag betreft. Zo is de in casu bestreden regeling in het bijzonder noodzakelijk om het ontgaan van belasting te voorkomen. De toepassing van fiscale wetgevingen op natuurlijke personen en vennootschappen die in verschillende Lid-Staten hun werkzaamheden uitoefenen, wordt geregeld door overeenkomsten inzake dubbele belasting, waarvan het bestaan uitdrukkelijk in artikel 220 EEG-Verdrag wordt erkend. Het in de bestreden regeling voorziene verschil in behandeling is dus niet in strijd met artikel 52 EEG-Verdrag.

24. Te dezen moet in de eerste plaats worden vastgesteld, dat het ontbreken van harmonisatie van de wettelijke regelingen van de Lid-Staten inzake vennootschapsbelasting onderhavig verschil in behandeling niet kan rechtvaardigen. Hoewel bij gebreke van een dergelijke harmonisatie de fiscale positie van een vennootschap afhankelijk is van het nationale recht dat op die vennootschap van toepassing is, verbiedt artikel 52 EEG-Verdrag elke Lid-Staat om met betrekking tot personen die gebruik maken van de vrijheid om zich aldaar te vestigen, in zijn wetgeving bepalingen op te nemen inzake de uitoefening van hun bedrijfsactiviteiten die verschillen van die welke zijn vastgesteld voor de eigen onderdanen.

25. Ook kan in dit verband geen beroep worden gedaan op het risico dat belasting wordt ontgaan. Artikel 52 EEG-Verdrag staat geen afwijkingen van het fundamentele beginsel van de vrijheid van vestiging toe voor dergelijke redenen. Overigens lijken de terzake door de Franse regering overgelegde berekeningen om aan te tonen, dat wanneer filialen en agentschappen van vennootschappen met zetel in andere Lid-Staten aanspraak op het 'avoir fiscal' zou worden verleend, dit deze zou stimuleren om de in hun bezit zijnde aandelen van Franse vennootschappen onder het vermogen van de filialen en agentschappen in Frankrijk te boeken, niet overtuigend. Deze berekeningen zijn namelijk gebaseerd op de veronderstelling, dat de overdracht van door filialen of agentschappen gemaakte winst naar de hoofdzetel van de vennootschap een 'avoir fiscal' zou opleveren; deze veronderstelling vindt evenwel geen steun in artikel 158 bis CGI. De Commissie heeft in de onderhavige procedure evenmin verlangd, dat in dergelijke gevallen een 'avoir fiscal' moet worden voorzien.

26. Ten slotte betoogt de Franse regering ten onrechte, dat het onderhavige verschil in behandeling voortvloeit uit de overeenkomsten inzake dubbele belasting. Deze overeenkomsten hebben namelijk geen betrekking op de in casu onderzochte gevallen, zoals hierboven omschreven. Bovendien zijn de door de betrokkenen aan artikel 52 EEG-Verdrag ontleende rechten onvoorwaardelijk en kan een Lid-Staat de eerbiediging van deze rechten niet afhankelijk stellen van de inhoud van een overeenkomst met een andere Lid-Staat. Dit artikel staat met name niet toe, dat terzake van deze rechten een voorwaarde van wederkerigheid wordt gesteld teneinde overeenkomstige voordelen in andere Lid-Staten te verkrijgen.

27. Uit het voorgaande volgt, dat artikel 158 ter CGI, door filialen en agentschappen in Frankrijk van in een andere Lid-Staat gevestigde verzekeringsmaatschappijen geen aanspraak op het 'avoir fiscal' te verlenen voor de door die filialen en agentschappen ontvangen dividenden van Franse vennootschappen, aan deze vennootschappen niet dezelfde voorwaarden toekent als die welke door de Franse wetgeving voor verzekeringsmaatschappijen met zetel in Frankrijk zijn vastgesteld. Voor verzekeringsmaatschappijen met zetel in een andere Lid-Staat vormt deze discriminatie een beperking van hun vrijheid van vestiging, die in strijd is met artikel 52, eerste en tweede alinea, EEG-Verdrag.

28. Derhalve dient te worden vastgesteld dat de Franse Republiek, door filialen en agentschappen in Frankrijk van verzekeringsmaatschappijen met zetel in een andere Lid-Staat voor de door die filialen en agentschappen ontvangen dividenden van Franse vennootschappen niet onder dezelfde voorwaarden aanspraak op het 'avoir fiscal' te verlenen als de verzekeringsmaatschappijen met zetel in Frankrijk, de krachtens artikel 52 EEG-Verdrag op haar rustende verplichtingen niet is nagekomen.

29. ...

HET HOF VAN JUSTITIE

rechtdoende, verklaart:

1. Door filialen en agentschappen in Frankrijk van verzekeringsmaatschappijen met een zetel in een andere Lid-Staat voor de door die filialen en agentschappen ontvangen dividenden van Franse vennootschappen niet onder dezelfde voorwaarden aanspraak op het 'avoir fiscal' te verlenen als de verzekeringsmaatschappijen met zetel in Frankrijk, is de Franse Republiek de krachtens artikel 52 EEG-Verdrag op haar rustende verplichtingen niet nagekomen.

2. De Franse Republiek wordt verwezen in de kosten van de procedure.

HvJ EG 27 september 1988, zaak 81/87 (The Queen v. ... Daily Mail and General Trust PLC)

Daily Mail, een in het VK gevestigd lichaam, wenste zijn fiscale vestigingsplaats over te brengen naar Nederland, leidend tot einde van zijn VK binnenlandse belastingplicht). Naar VK belastingrecht diende voor zo'n overbrenging toestemming te worden verkregen van de VK belastingdienst, die daarvoor afrekening over de stille reserves verlangde. Daily Mail stelde dat zo'n afrekening een belemmering van de vrijheid van (primaire) vestiging inhoudt.

HvJ EG: (escapitisch) Geen schending van die vrijheid daar het EG Verdrag er niet in voorziet hoe een lichaam dat zijn rechtspositie ontleent aan het rechtsstelsel van de ene lidstaat, verplaatst kan worden naar een andere lidstaat. Dit kan slechts worden opgelost door gemeenschappelijke regelgeving. Bij ontbreken daarvan zijn lidstaten vrij in het stellen van regels.

Hof:	*Mackenzie Stuart, president, G. Bosco, O. Due en G. C. Rodríguez Iglesias, kamerpresidenten, T. Koopmans, U. Everling, K. Bahlmann, Y. Galmot, R. Joliet, T. F. O'Higgins en F. A. Schockweiler, rechters*
Advocaat-generaal:	*M. Darmon*

Voor de tekst van de Conclusie van Advocaat-Generaal Darmon en van het Rapport ter terechtzitting wordt verwezen naar band 22, onderdeel III.J, van de Nederlandse Regelingen van Internationaal Belastingrecht

1. Bij beschikking van 6 februari 1987, ingekomen ten Hove op 19 maart daaraanvolgend, heeft de High Court of Justice, Queen's Bench Division, krachtens artikel 177 EEG-Verdrag vier prejudiciële vragen gesteld over de uitlegging van de artikelen 52 en 58 EEG-Verdrag en van richtlijn 73/148 van de Raad van 21 mei 1973 inzake de opheffing van de beperkingen van de verplaatsing en het verblijf van onderdanen van de Lid-Staten binnen de Gemeenschap ter zake van vestiging en verrichten van diensten (PB 1973, L 172, blz. 14).

2. Deze vragen zijn gerezen in een geding tussen de vennootschap Daily Mail and General Trust PLC, verzoekster in het hoofdgeding (hierna: verzoekster), en het Britse Ministerie van Financiën, onder meer ter verkrijging van een verklaring voor recht, dat verzoekster geen toestemming krachtens de Britse fiscale wetgeving nodig heeft om haar vestiging in het Verenigd Koninkrijk op te geven en naar Nederland te verplaatsen.

3. Uit de processtukken blijkt, dat volgens het Britse vennootschapsrecht een vennootschap zoals verweerster, die overeenkomstig die wetgeving is opgericht en haar statutaire zetel in het Verenigd Koninkrijk heeft, haar centrale bestuurszetel buiten het Verenigd Koninkrijk kan vestigen zonder haar rechtspersoonlijkheid of haar hoedanigheid van vennootschap naar Brits recht te verliezen.

4. Volgens de Britse fiscale wetgeving zijn alleen vennootschappen die hun fiscale vestiging in het Verenigd Koninkrijk hebben, onderworpen aan de Britse vennootschapsbelasting. Als fiscale vestiging van een vennootschap geldt de plaats waar de centrale bestuurszetel is gevestigd.

5. Section 482(1)(a) van de Income and Corporation Taxes Act 1970 verbiedt vennootschappen met fiscale vestiging in het Verenigd Koninkrijk die vestiging zonder toestemming van het Ministerie van Financiën op te geven.

6. In 1984 vroeg verzoekster, een houdster- en beleggingsmaatschappij, om toestemming in de zin van genoemde nationale bepaling om haar bestuurszetel te verplaatsen naar Nederland, waar de wetgeving er niet aan in de weg staat, dat buitenlandse vennootschappen aldaar hun bestuurszetel vestigen. Zij was met name van plan, in Nederland de vergaderingen van de raad van bestuur te houden en er kantoren te huren voor haar administratie. Zonder op die toestemming te wachten, besloot zij vervolgens in Nederland een kantoor te openen voor het beheer van beleggingen met het oog op dienstverrichtingen ten behoeve van derden.

7. Tussen partijen staat vast, dat verzoekster met de voorgenomen verplaatsing van haar bestuurszetel voornamelijk voor zich de mogelijkheid wilde scheppen om, na de overbrenging van haar fiscale vestiging naar Nederland, een belangrijk deel van de aandelen waaruit haar niet-vaste activa bestaan, te verkopen en met de opbrengst ervan haar eigen aandelen op te kopen, zonder de belastingen te moeten betalen die zij ingevolge de Britse fiscale wetgeving over die transacties verschuldigd zou zijn, met name wegens de aanzienlijke vermogenswinst op de aandelen die zij voornemens was te verkopen. Na de verplaatsing van haar bestuurszetel naar Nederland zou verzoekster onder de Nederlandse vennootschapsbelasting vallen, maar de voorgenomen transacties zouden enkel worden belast voor zover na de overbrenging van de fiscale vestiging nog vermogenswinst zou ontstaan.

8. Na langdurige onderhandelingen met het Ministerie van Financiën, dat verzoekster voorstelde, althans een deel van de aandelen vóór haar vertrek uit het Verenigd Koninkrijk te verkopen, heeft verzoekster de zaak in 1986 voor de High Court of Justice, Queen's Bench Division, gebracht. Daar voerde zij aan, dat de artikelen 52 en 58 EEG-Verdrag haar het recht verlenen, haar bestuurszetel zonder voorafgaande toestemming naar een andere Lid-Staat

over te brengen, dan wel het recht om die toestemming te verkrijgen zonder dat er voorwaarden aan worden verbonden.

9. Ten einde dit geschil te kunnen oplossen, heeft de nationale rechterlijke instantie de behandeling van de zaak geschorst en het Hof verzocht om een prejudiciële beslissing over de volgende vragen:

'1. Staan de artikelen 52 en 58 EEG-Verdrag eraan in de weg, dat een Lid-Staat een rechtspersoon met centrale bestuurszetel in die staat verbiedt, die bestuurszetel zonder voorafgaande toestemming naar een andere Lid-Staat te verplaatsen, indien

a. de betaling van belasting over reeds gemaakte winst kan worden ontweken, en/of

b. door die verplaatsing belasting kan worden ontweken die verschuldigd zou kunnen worden indien de vennootschap haar bestuurszetel in die Lid-Staat behield?

2. Geeft richtlijn 73/148 een rechtspersoon die haar bestuurszetel in een bepaalde Lid-Staat heeft, het recht die bestuurszetel onder de in vraag 1 vermelde omstandigheden zonder voorafgaande toestemming of goedkeuring naar een andere Lid-Staat te verplaatsen, en zo ja, zijn de relevante bepalingen in dit geval rechtstreeks toepasselijk?

3. Zo wel voorafgaande toestemming of goedkeuring mag worden verlangd, mag een Lid-Staat deze dan op de in de vraag 1 genoemde gronden weigeren?

4. Maakt het enig verschil, dat volgens de toepasselijke wetgeving van die Lid-Staat een natuurlijke persoon of een personenvennootschap geen toestemming nodig heeft voor de verplaatsing van zijn/haar vestiging naar een andere Lid-Staat?'

10. Voor een nadere uiteenzetting van de feiten van het hoofdgeding, de toepasselijke nationale wetgeving en de bij het Hof ingediende opmerkingen wordt verwezen naar het rapport ter terechtzitting. Deze elementen van het dossier worden hieronder slechts weergegeven voor zover dat noodzakelijk is voor de redenering van het Hof.

De eerste vraag

11. Met de eerste vraag wil de verwijzende rechter in wezen vernemen, of de artikelen 52 en 58 EEG-Verdrag aan een overeenkomstig de wetgeving van een Lid-Staat opgerichte vennootschap die aldaar haar statutaire zetel heeft, het recht verlenen haar bestuurszetel naar een andere Lid-Staat te verplaatsen, en, zo ja, of de Lid-Staat van oorsprong dit recht dan afhankelijk kan stellen van de toestemming van de nationale instanties, welke toestemming afhangt van de fiscale situatie van de vennootschap.

12. Met betrekking tot het eerste onderdeel van deze vraag betoogt verzoekster in wezen, dat artikel 58 EEG-Verdrag aan vennootschappen waarop het van toepassing is, uitdrukkelijk hetzelfde recht verleent om hun hoofdvestiging in een andere Lid-Staat te hebben, als bij artikel 52 aan natuurlijke personen is toegekend. Verplaatsing van de centrale bestuurszetel van een vennootschap naar een andere Lid-Staat zou hetzelfde zijn als vestiging van die vennootschap in die Lid-Staat, aangezien zij aldaar haar besluitvormingscentrum lokaliseert, wat neerkomt op reële en daadwerkelijke economische activiteit.

13. Het Verenigd Koninkrijk voert in wezen aan, dat het EEG-Verdrag vennootschappen geen algemeen recht toekent om hun centrale bestuurszetel naar een andere Lid-Staat te verplaatsen. Het feit dat de bestuurszetel van een vennootschap zich in een bepaalde Lid-Staat bevindt, zou niet noodzakelijkerwijs betekenen, dat die vennootschap een reële en daadwerkelijke economische activiteit in die staat uitoefent, en zou dus niet zijn te beschouwen als vestiging in de zin van artikel 52 EEG- Verdrag.

14. De Commissie beklemtoont in de eerste plaats, dat bij de huidige stand van het gemeenschapsrecht de voorwaarden waaronder een vennootschap haar bestuurszetel naar een andere Lid-Staat kan verplaatsen, nog steeds afhangen van het nationale recht van de staat waar zij is opgericht, en van die waar zij zich gaat vestigen. In dit verband wijst de Commissie op de verschillen tussen de nationale wettelijke regelingen inzake het vennootschapsrecht. Sommige regelingen laten de verplaatsing van de bestuurszetel toe, in bepaalde gevallen zelfs zonder daaraan rechtsgevolgen te verbinden, ook niet op fiscaal gebied. Volgens andere regelingen verliest een vennootschap haar rechtspersoonlijkheid wanneer zij haar administratie of besluitvormingscentrum verplaatst uit de Lid-Staat waar zij is opgericht. Alle regelingen kennen evenwel de mogelijkheid, een vennootschap in de ene Lid-Staat te ontbinden en in een andere opnieuw op te richten. De Commissie is van mening, dat wanneer verplaatsing van de centrale bestuurszetel naar nationaal recht mogelijk is, het recht om die zetel naar een andere Lid-Staat te verplaatsen, een door artikel 52 EEG-Verdrag beschermd recht is.

15. Gezien deze uiteenlopende opvattingen, wijst het Hof er in de eerste plaats op, zoals het al vele malen heeft gedaan, dat de vrijheid van vestiging een van de fundamentele beginselen van de Gemeenschap is en dat de verdragsbepalingen die deze vrijheid waarborgen, sedert het einde van de overgangsperiode rechtstreekse werking hebben. Het recht om zich in een andere Lid-Staat te vestigen, wordt door die bepalingen niet enkel toegekend aan gemeenschapsonderdanen, doch ook aan de in artikel 58 bedoelde vennootschappen.

16. Hoewel die bepalingen met name beogen te verzekeren dat buitenlandse onderdanen en vennootschappen in de Lid-Staat van ontvangst op dezelfde wijze worden behandeld als de onderdanen van die Lid-Staat, verbieden zij de Lid-Staat van oorsprong ook, de vestiging in een andere Lid-Staat te bemoeilijken van een van zijn onderdanen of van een naar zijn nationaal recht opgerichte en onder de definitie van artikel 58 vallende vennootschap. Zoals de Commissie terecht heeft opgemerkt, zouden de door de artikelen 52 en volgende gewaarborgde rechten hun betekenis verliezen indien de Lid-Staat van oorsprong ondernemingen kon beletten het land te verlaten teneinde zich in een andere Lid-Staat te vestigen. Voor natuurlijke personen is het recht om hun land met dat doel te verlaten, uitdrukkelijk voorzien in richtlijn 73/148, waarop de tweede prejudiciële vraag betrekking heeft.

17. In het geval van vennootschappen wordt het recht van vestiging normaliter uitgeoefend door de oprichting van agentschappen, filialen of dochterondernemingen, zoals uitdrukkelijk voorzien in de tweede zin van artikel 52, lid 1. Het is trouwens deze vorm van vestiging waarvoor verzoekster in casu heeft gekozen door in Nederland een kantoor voor het beheer van beleggingen te openen. Een vennootschap kan haar recht van vestiging ook uitoefenen door deel te nemen in de oprichting van een vennootschap in een andere Lid-Staat; artikel 221 EEG-Verdrag waarborgt dan, dat haar ten aanzien van haar deelneming in het kapitaal van de nieuwe vennootschap nationale behandeling ten deel valt.

18. De Britse wettelijke bepaling waarom het in het hoofdgeding gaat, stelt geen enkele beperking aan verrichtingen zoals hierboven omschreven. Evenmin belet zij de gedeeltelijke of gehele overdracht van de activiteiten van een naar Brits recht opgerichte vennootschap aan een in een andere Lid-Staat nieuw opgerichte vennootschap, zo nodig na ontbinding van de Britse vennootschap en vereffening van haar belastingschuld in het Verenigd Koninkrijk. De toestemming van het Ministerie van Financiën is enkel vereist wanneer de vennootschap haar centrale bestuurszetel uit het Verenigd Koninkrijk wenst te verplaatsen met behoud van haar rechtspersoonlijkheid en haar hoedanigheid van vennootschap naar Brits recht.

19. In dit verband zij erop gewezen, dat, anders dan natuurlijke personen, vennootschappen hun bestaan ontlenen aan de wet en wel, bij de huidige stand van het gemeenschapsrecht, aan de nationale wet. Zij bestaan enkel krachtens de verschillende nationale wetgevingen, die de oprichtings- en werkingsvoorwaarden ervan bepalen.

20. Zoals de Commissie heeft beklemtoond, vertonen de wettelijke regelingen van de Lid-Staten aanzienlijke verschillen, zowel met betrekking tot de aanknoping met het nationale grondgebied, die vereist is voor de oprichting van een vennootschap, als met betrekking tot de mogelijkheid dat een naar het recht van een Lid-Staat opgerichte vennootschap die aanknoping later wijzigt. Bepaalde Lid-Staten verlangen, dat niet enkel de statutaire zetel, maar ook het feitelijke hoofdkantoor, dat wil zeggen het hoofdbestuur van de vennootschap, zich op hun grondgebied bevindt, zodat verplaatsing van het hoofdbestuur naar een ander land onderstelt dat de vennootschap eerst wordt ontbonden, met alle fiscaal- en vennootschapsrechtelijke gevolgen van dien. Volgens de wetgeving van andere Lid-Staten kunnen vennootschappen hun hoofdbestuur naar het buitenland verplaatsen, maar in sommige landen zoals het Verenigd Koninkrijk is dat recht aan bepaalde beperkingen onderworpen, terwijl de rechtsgevolgen van een verplaatsing, met name op fiscaal gebied, van Lid-Staat tot Lid-Staat verschillen.

21. In het EEG-Verdrag is rekening gehouden met deze verschillen tussen de nationale wettelijke regelingen. Bij de omschrijving, in artikel 58 van het Verdrag, van de vennootschappen waarvoor het recht van vestiging geldt, worden statutaire zetel, hoofdbestuur en hoofdvestiging van een vennootschap op gelijke voet geplaatst als element van aanknoping. Verder bepaalt artikel 220, dat de Lid-Staten, voor zover nodig, overeenkomsten sluiten ter verzekering van, onder meer, de handhaving van de rechtspersoonlijkheid in geval van verplaatsing van de zetel van vennootschappen van het ene land naar het andere. Met betrekking tot deze materie is echter nog geen enkele overeenkomst van kracht geworden.

22. Hieraan moet worden toegevoegd, dat geen van de krachtens artikel 54, lid 3, sub g, EEG-Verdrag vastgestelde richtlijnen inzake de coördinatie van het vennootschapsrecht betrekking heeft op de verschillen waarom het hier gaat.

23. Bijgevolg moet worden vastgesteld, dat het Verdrag de verschillen tussen de nationale wettelijke regelingen met betrekking tot de vereiste aanknoping en de vraag of, en zo ja hoe, de statutaire zetel of het feitelijke hoofdkantoor van een naar nationaal recht opgerichte vennootschap naar een andere Lid-Staat kan worden verplaatst, beschouwt als vraagstukken waarvoor de regels inzake het recht van vestiging geen oplossing bieden, doch die in toekomstige wetgeving of overeenkomsten moeten worden geregeld.

24. Onder deze omstandigheden kunnen de artikelen 52 en 58 EEG-Verdrag niet aldus worden uitgelegd, dat zij naar het recht van een Lid-Staat opgerichte vennootschappen het recht geven, hun centrale bestuurszetel en hun hoofdbestuur naar een andere Lid-Staat te verplaatsen met behoud van hun hoedanigheid van vennootschap naar het recht van de eerste Lid-Staat.

25. Op het eerste onderdeel van de eerste vraag moet mitsdien worden geantwoord, dat de artikelen 52 en 58 EEG-Verdrag aldus moeten worden uitgelegd, dat zij bij de huidige stand van het gemeenschapsrecht aan een ven-

nootschap die is opgericht overeenkomstig het recht van een Lid-Staat en in die Lid-Staat haar statutaire zetel heeft, niet het recht geven haar centrale bestuurszetel naar een andere Lid-Staat te verplaatsen.

26. Gezien dit antwoord, behoeft het tweede onderdeel van de eerste vraag niet te worden beantwoord.

De tweede vraag

27. Met zijn tweede vraag wenst de verwijzende rechter te vernemen, of de bepalingen van richtlijn 73/148 van de Raad van 21 mei 1973 inzake de opheffing van de beperkingen van de verplaatsing en het verblijf van onderdanen van de Lid-Staten binnen de Gemeenschap ter zake van vestiging en verrichten van diensten, een vennootschap het recht geven haar centrale bestuurszetel naar een andere Lid-Staat te verplaatsen.

28. Dienaangaande kan worden volstaan met erop te wijzen, dat die richtlijn, naar uit het intitulé en de bepalingen ervan blijkt, enkel betrekking heeft op de verplaatsing en het verblijf van natuurlijke personen, en dat die bepalingen zich naar hun aard niet lenen voor overeenkomstige toepassing op rechtspersonen.

29. Mitsdien moet op de tweede vraag worden geantwoord, dat richtlijn 73/148 aldus moet worden uitgelegd, dat de bepalingen ervan een vennootschap niet het recht geven haar centrale bestuurszetel naar een andere Lid-Staat te verplaatsen.

De derde en de vierde vraag

30. Gezien de antwoorden op de eerste twee vragen van de nationale rechter, zijn de derde en de vierde vraag niet meer van belang.

31. …

HET HOF VAN JUSTITIE

uitspraak doende op de door de High Court of Justice, Queen's Bench Division, bij beschikking van 6 februari 1987 gestelde vragen, verklaart voor recht:

1. De artikelen 52 en 58 EEG-Verdrag moeten aldus worden uitgelegd, dat zij bij de huidige stand van het gemeenschapsrecht aan een vennootschap die is opgericht overeenkomstig het recht van een Lid-Staat en in die Lid-Staat haar statutaire zetel heeft, niet het recht geven haar centrale bestuurszetel naar een andere Lid-Staat te verplaatsen.

2. Richtlijn 73/148 van de Raad van 21 mei 1973 inzake de opheffing van de beperkingen van de verplaatsing en het verblijf van onderdanen van de Lid-Staten binnen de Gemeenschap ter zake van vestiging en verrichten van diensten, moet aldus worden uitgelegd, dat de bepalingen ervan een vennootschap niet het recht geven haar centrale bestuurszetel naar een andere Lid-Staat te verplaatsen.

HvJ EG 8 mei 1990, zaak C-175/88 (Biehl v. Administration des contributions van het Groothertogdom Luxemburg)

Vijfde kamer: *Sir Gordon Slynn en M. Zuleeg, kamerpresident en R. Joliet, J. C. Moitinho de Almeida en F. Grévisse, rechters*
Advocaat-generaal: *M. Darmon*

Biehl, Duits staatsburger, woonde in Luxemburg en was daar gedurende ongeveer 10 jaar in loondienst werkzaam. Op 1 november 1983 keerde hij metterwoon terug naar Duitsland. Naar Luxemburgs belastingrecht was hij niet gerechtigd tot een teruggaaf van de loonbelasting die gedurende de 10 maanden dat hij in 1983 in Luxemburg werkzaam was geweest, was ingehouden tegen het tarief van toepassing op een jaarinkomen van twaalf maanden. Schending van het vrije verkeer van werknemers?

HET HOF VAN JUSTITIE (Vijfde kamer)

verklaart voor recht:

Artikel 48, lid 2, EEG-Verdrag staat eraan in de weg, dat volgens de belastingwetgeving van een Lid-Staat de belasting die is ingehouden op het loon van een werknemer die onderdaan is van een Lid-Staat en die slechts gedurende een deel van het jaar binnenlands belastingplichtige is omdat hij zich in de loop van het belastingjaar in het land vestigt of daaruit vertrekt, definitief aan de schatkist toevalt en niet voor teruggave vatbaar is.

HvJ EG 28 januari 1992, zaak C-204/90*
(Bachmann v. Belgische Staat)

Naar Belgisch belastingrecht zijn (bepaalde) verzekeringspremies betaald aan een in België gevestigde verzekeringsmaatschappij aftrekbaar (terwijl de latere uitkeringen belastbaar zijn) en zijn dergelijke premies betaald aan een buitenlandse maatschappij niet aftrekbaar (en latere uitkeringen ook niet belastbaar). In verband met het contante-waardevoordeel van het eerste systeem boven het tweede systeem, stelde de in België wonende en in dienstbetrekking werkende Bachmann, die premies betaalde aan een Duitse verzekeringsmaatschappij, dat er sprake was van een inbreuk op de vrijheid van werknemersverkeer.

HvJ EG: Inderdaad schending van de vrijheid van werknemersverkeer. De door België aangevoerde rechtvaardiging voor deze schending (behoud van de fiscale cohesie binnen het Belgische belastingstelsel) moet evenwel worden aanvaard nu er een rechtstreeks verband bestaat tussen de aftrekbaarheid van de premies en de belastbaarheid van de latere uitkeringen (door mogelijke latere remigratie van Bachmann naar Duitsland kan deze immers in gevaar komen).

Hof:	*O. Due, president, R. Joliet, F.A. Schockweiler, F. Grévisse, kamerpresidenten, C.N. Kakouris, J.C. Moitinho de Almeida, G.C. Rodríguez Iglesias, M. Díez de Velasco en M. Zuleeg, rechters*
Advocaat-generaal:	*J. Mischo*

Voor de tekst van de Conclusie van Advocaat-Generaal Mischo en van het Rapport ter terechtzitting wordt verwezen naar band 22, onderdeel III.J, van de Nederlandse Regelingen van Internationaal Belastingrecht

1. Bij arrest van 28 juni 1990, ingekomen ten Hove op 5 juli daaraanvolgend, heeft het Belgische Hof van Cassatie krachtens artikel 177 EEG-Verdrag een prejudiciële vraag gesteld over de uitlegging van de artikelen 48, 59, 67 en 106 EEG-Verdrag.

2. Deze vraag is gerezen in een geding tussen Bachmann, van Duitse nationaliteit, die in België heeft gewerkt, en de Belgische Staat betreffende de weigering van de directeur der directe belastingen van Brussel-I om Bachmann toe te staan, de in Duitsland betaalde premies voor een verzekering tegen ziekte en invaliditeit en voor een levensverzekering, die hij had gesloten voordat hij naar België kwam, in aftrek te brengen op zijn totale bedrijfsinkomen in de jaren 1973 tot 1976.

3. Deze weigering is gebaseerd op het in het hoofdgeding toepasselijke artikel 54 van het Wetboek van de Inkomstenbelastingen (hierna: 'WIB'), volgens hetwelk enkel de aan een door België erkende mutualiteitsvereniging gestorte bijdragen van vrije verzekering tegen ziekte en invaliditeit en de in België gestorte bijdragen van aanvullende verzekering tegen ouderdom en vroegtijdige dood van het bedrijfsinkomen mogen worden afgetrokken.

4. Bachmann stelde tegen dat besluit beroep in bij het Hof van Beroep te Brussel. Nadat dit beroep was verworpen, wendde hij zich tot het Hof van Cassatie, dat heeft besloten de behandeling van de zaak te schorsen totdat het Hof uitspraak zou hebben gedaan over de volgende prejudiciële vraag:

'Zijn de bepalingen van het Belgische fiscale recht, die ter zake van de inkomstenbelasting voor de aftrekbaarheid van premies voor een ziekte- en invaliditeitsverzekering of voor een verzekering tegen de risico's van ouderdom en overlijden, de voorwaarde stellen dat die premies 'in België' zijn betaald, verenigbaar met de artikelen 48, 59, inzonderheid de eerste alinea, 67 en 106 van het EEG-Verdrag?'

5. Voor een nadere uiteenzetting van de feiten van het hoofdgeding, het procesverloop en de bij het Hof ingediende schriftelijke opmerkingen wordt verwezen naar het rapport ter terechtzitting. Deze elementen van het dossier worden hierna slechts weergegeven voor zover dat noodzakelijk is voor de redenering van het Hof.

6. Vooraf moet worden opgemerkt, dat het Hof niet bevoegd is, zich in het kader van een procedure krachtens artikel 177 EEG-Verdrag uit te spreken over de verenigbaarheid van nationale rechtsregels met het gemeenschapsrecht. Daarentegen kan het de nationale rechter wel alle gegevens over de uitlegging van het gemeenschapsrecht verschaffen om hem in staat te stellen de verenigbaarheid van deze regels met de vermelde communautaire bepalingen te beoordelen.

7. Mitsdien moet de prejudiciële vraag van de nationale rechter aldus worden opgevat, of de artikelen 48, 59, 67 en 106 EEG-Verdrag zich ertegen verzetten dat de wettelijke regeling van een Lid-Staat de aftrekbaarheid van premies voor de verzekering tegen ziekte en invaliditeit of tegen ouderdom en overlijden afhankelijk stelt van de voorwaarde dat zij in die staat zijn betaald.

* Ook gepubliceerd in FED 1992/286 (Wattel).

Artikel 48 EEG-Verdrag

8. De Belgische regering merkt op, dat de betrokken bepalingen zonder onderscheid naar gelang van de nationaliteit van toepassing zijn op Belgische werknemers en op werknemers-onderdanen van andere Lid-Staten die de voordien in het buitenland gesloten overeenkomsten willen voortzetten, en dat de bewering van de Commissie, dat deze bepalingen in het bijzonder de belastingplichtigen benadelen die onderdaan zijn van andere Lid-Staten, elke grond mist.

9. In dit verband moet erop worden gewezen, dat werknemers die werkzaam zijn geweest in een Lid-Staat en later in een andere Lid-Staat gaan werken of daar een werkkring zoeken, hun verzekeringen tegen ouderdom en overlijden of tegen ziekte en invaliditeit gewoonlijk hebben gesloten bij verzekeringsmaatschappijen die gevestigd zijn in eerstgenoemde staat. Daaruit volgt, dat de betrokken nationale bepalingen vooral nadelig kunnen werken voor deze werknemers, die in het algemeen onderdanen van andere Lid-Staten zijn.

10. Wat de verzekering tegen ouderdom en overlijden betreft, merkt de Belgische regering op, dat de in België werkzame onderdanen van andere Lid-Staten die de begunstigden zijn van dergelijke voordien in een andere Lid-Staat gesloten overeenkomsten, weliswaar hun premies niet kunnen aftrekken van het totale belastbare inkomen in België, doch dat daartegenover de pensioenen, renten, kapitalen of afkoopwaarden die zij krachtens die overeenkomsten van de verzekeraars ontvangen, geen belastbare inkomsten zijn, zoals blijkt uit artikel 32, bis, in het WIB ingevoegd bij wet van 5 januari 1976 (Belgisch Staatsblad van 6 februari 1976, blz. 81). Indien zij na terugkeer in hun land van herkomst over die bedragen belasting moeten betalen, is dat niet het gevolg van een door de Belgische wet gecreëerde belemmering van het vrij verkeer van werknemers, maar van de onbekende harmonisatie van de belastingwetgevingen van de Lid-Staten.

11. Dit argument kan niet worden aanvaard. Gewoonlijk zijn het immers de onderdanen van de andere Lid-Staten die, nadat zij in België werkzaam zijn geweest, naar hun land van herkomst terugkeren waar over de uitkeringen van de verzekeringsmaatschappijen belasting wordt geheven, zodat zij de niet-aftrekbaarheid van de premies voor de inkomstenbelasting niet kunnen compenseren met een belastingvrijstelling voor de door de verzekeringsmaatschappijen uitgekeerde bedragen. Weliswaar is deze situatie het gevolg van de ontbrekende harmonisatie van de belastingwetgevingen van de Lid-Staten, doch deze harmonisatie kan niet als voorwaarde vooraf worden gesteld voor de toepassing van artikel 48 EEG-Verdrag.

12. Wat de verzekering tegen ziekte en invaliditeit betreft, merkt de Belgische regering op, dat de betrokken bepalingen het vrij verkeer van werknemers niet belemmeren, daar een gemeenschapsonderdaan die in België wil gaan werken, zijn contract zonder nadeel kan opzeggen en een nieuwe overeenkomst kan sluiten met een door België erkende mutualiteitsvereniging teneinde van de aftrekbaarheid te profiteren. Dat zou hij normaliter trouwens ook doen, daar de dekking door deze verzekeringen afhankelijk is van het stelsel van verplichte verzekeringen, dat van Lid-Staat tot Lid-Staat verschilt.

13. Dit argument kan evenmin worden aanvaard. De noodzaak om met een in een Lid-Staat gevestigde verzekeringsmaatschappij gesloten contracten op te zeggen om in aanmerking te kunnen komen voor de in een andere Lid-Staat voorziene aftrek, terwijl de betrokkene meent dat voortzetting van dat contract in zijn belang is, vormt door de moeite en de lasten die dit meebrengt, immers een hinderpaal voor de vrijheid van verkeer van de betrokkenen.

14. De Belgische, de Duitse, de Nederlandse en de Deense regering zijn van mening, dat bepalingen als de door de nationale rechter bedoelde in elk geval gerechtvaardigd zijn om redenen van algemeen belang.

15. In dit verband wijst de Duitse regering erop, dat wat de verzekeringen tegen ouderdom en overlijden en tegen ziekte en invaliditeit betreft uit de rechtspraak van het Hof (zie het arrest van 4 december 1986, zaak 205/84, Commissie/Duitsland, Jurispr. 1986, blz. 3755, r.o. 49) blijkt, dat de Lid-Staten het sluiten van verzekeringen bij een in een andere Lid-Staat gevestigde verzekeringsmaatschappij mogen onderwerpen aan een vergunningregeling, teneinde de consumenten, als verzekeringnemers en verzekerden, te beschermen. Indien de Lid-Staten verzekeringscontracten die niet aan deze voorwaarde voldoen, niet hoeven te aanvaarden, zijn zij evenmin gehouden ze fiscaal te bevoordelen.

16. Dit argument kan niet worden aanvaard. Bij gebreke van communautaire harmonisatiemaatregelen mogen de Lid-Staten ter bescherming van de verzekerden en verzekeringnemers als consumenten het sluiten van bepaalde verzekeringen weliswaar afhankelijk stellen van het bezit van een vergunning door de verzekeringsmaatschappij, doch een dergelijk algemeen belang kan niet worden ingeroepen om te weigeren het bestaan te erkennen van verzekeringen die zijn gesloten bij in andere Lid-Staten gevestigde maatschappijen toen de verzekeringnemer-verzekerde daar verbleef.

17. De Belgische, de Nederlandse en de Deense regering zijn van mening, dat bepalingen als die van artikel 54 WIB noodzakelijk zijn, enerzijds omdat het moeilijk, zoniet onmogelijk, is om het bewijs van de betaling van premies in andere Lid-Staten te controleren, en anderzijds om de samenhang van het belastingstelsel op het gebied van de verzekering tegen ouderdom en overlijden te handhaven.

18. Wat de doeltreffendheid van de fiscale controles betreft, moet worden opgemerkt, dat een Lid-Staat een beroep kan doen op richtlijn 77/799/EEG van de Raad van 19 december 1977 betreffende de wederzijdse bijstand van de bevoegde autoriteiten van de Lid-Staten op het gebied van de directe belasting (PB 1977, L 336, blz. 15; hierna: 'de richtlijn') om na te gaan, of in een andere Lid-Staat betalingen zijn verricht, wanneer, zoals in het hoofdgeding het geval is, voor de juiste vaststelling van de inkomstenbelasting met deze betalingen rekening moet worden gehouden (artikel 1, lid 1).

19. De Belgische regering merkt echter op, dat er in sommige Lid-Staten geen rechtsgrondslag bestaat op grond waarvan de verzekeringsmaatschappijen verplicht zouden zijn de gegevens te verstrekken die noodzakelijk zijn voor de controle van de op het grondgebied van die staten verrichte betalingen.

20. In dit verband moet erop worden gewezen, dat artikel 8, lid 1, van de richtlijn de fiscale autoriteiten van de Lid-Staten niet tot samenwerking verplicht, wanneer hun wetgeving of administratieve praktijk de bevoegde autoriteit niet toestaat voor eigen doeleinden een onderzoek in te stellen of inlichtingen in te winnen of te gebruiken. Het feit dat niet om een dergelijke samenwerking kan worden verzocht, kan de niet-aftrekbaarheid van de verzekeringspremies echter niet rechtvaardigen. Niets belet immers de betrokken fiscale autoriteiten om van de belanghebbende de bewijzen te vragen die zij noodzakelijk achten en eventueel de aftrek te weigeren als die bewijzen niet worden overgelegd.

21. Met betrekking tot de noodzaak om de samenhang van het belastingstelsel te handhaven, heeft het Hof in het heden gewezen arrest Commissie/België (zaak C-300/90, Jurispr. 1992, blz. I-305) overwogen, dat in de Belgische regeling een verband bestaat tussen de aftrekbaarheid van de premies en de heffing van belasting over de bedragen die de verzekeringsmaatschappijen ingevolge verzekeringscontracten tegen ouderdom en overlijden uitkeren. Volgens artikel 32 bis WIB zijn pensioenen, renten, kapitalen en afkoopwaarden van levensverzekeringscontracten immers vrijgesteld van belasting, wanneer de in artikel 54 voorziene aftrek van de premies niet is toegekend.

22. Hieruit volgt, dat in een dergelijk belastingstelsel de derving van inkomsten waartoe de aftrek van de premies voor levensverzekeringen – de verzekeringen tegen ouderdom en overlijden daaronder begrepen – van het totale belastbare inkomen leidt, wordt gecompenseerd door de heffing van belasting over de door de verzekeringsmaatschappijen uitgekeerde pensioenen, renten of kapitalen. Wordt geen aftrek van dergelijke premies toegekend, dan zijn deze bedragen vrijgesteld van belasting.

23. De samenhang van een dergelijk belastingstelsel, de inrichting waarvan een zaak is van iedere Lid-Staat afzonderlijk, veronderstelt dus, dat die staat belasting kan innen over de door de verzekeringsmaatschappijen uitgekeerde bedragen, wanneer hij verplicht zou zijn de aftrek van in een andere Lid-staat betaalde levensverzekeringspremies te accepteren.

24. In zoverre moet worden vastgesteld, dat een verbintenis van de verzekeringsmaatschappij om die belasting te betalen, geen voldoende garantie vormt. In geval van niet-nakoming zou deze verbintenis immers in de Lid-Staat van vestiging moeten worden geëxecuteerd. En nog afgezien van de moeilijkheid voor een staat om het bestaan en de hoogte te achterhalen van uitkeringen die door in een andere staat gevestigde verzekeringsmaatschappijen worden gedaan, valt niet uit te sluiten dat redenen van openbare orde kunnen worden ingeroepen om de inning van de belasting te beletten.

25. Een dergelijke verbintenis kan in beginsel weliswaar gepaard gaan met een zekerheidsstelling door de verzekeringsmaatschappij, maar dit zou voor haar extra kosten meebrengen die zij zal willen doorberekenen in de verzekeringspremies, zodat de verzekerden (die bovendien geconfronteerd zouden kunnen worden met een dubbele belastingheffing over de contractuele uitkeringen) er geen enkel belang meer bij zouden hebben om die overeenkomsten voort te zetten.

26. Weliswaar bestaan tussen sommige Lid-Staten bilaterale akkoorden die de fiscale aftrek van premies betaald in een andere staat dan die welke dat voordeel verleent, toestaan en die het recht om over de door de verzekeringsmaatschappijen contractueel verschuldigde bedragen belasting te heffen aan één bepaalde staat toekennen. Een dergelijke oplossing is echter enkel op grond van zulke akkoorden mogelijk of op grond van de nodige coördinatie- of harmonisatiemaatregelen door de Raad.

27. Daaruit volgt, dat in de huidige stand van het gemeenschapsrecht de samenhang van een dergelijk belastingstelsel niet kan worden verzekerd door minder restrictieve bepalingen dan de in het hoofdgeding bedoelde en dat iedere andere maatregel waarmee de inning door de betrokken staat van de in zijn wettelijke regeling voorziene belasting op de door de verzekeringsmaatschappijen contractueel verschuldigde bedragen zou kunnen worden veiliggesteld, soortgelijke gevolgen zou hebben als uit de niet-aftrekbaarheid van de premies voortvloeien.

28. Gelet op het voorgaande moet worden vastgesteld, dat op het gebied van verzekering tegen ouderdom en overlijden, bepalingen als voorzien in de onderhavige Belgische wet, gerechtvaardigd zijn door de noodzaak, de samenhang te verzekeren van het belastingstelsel waarvan zij deel uitmaken, en dat dergelijke bepalingen dus niet in strijd zijn met artikel 48 EEG-Verdrag.

29. Vastgesteld moet echter worden, dat artikel 32 bis WIB eerst vanaf 1975 van toepassing is en derhalve slechts een deel van de betrokken periode bestrijkt. Het is aan de nationale rechter om op grond van bovenstaande overwegingen te beoordelen, of de door hem genoemde bepalingen wat het resterende gedeelte van die periode betreft, noodzakelijk waren ter bereiking van de hiervóór genoemde doelstelling van algemeen belang.

30. Het ligt eveneens op de weg van de nationale rechter om te beoordelen, of de genoemde bepalingen ook voor de verzekeringen tegen ziekte en invaliditeit noodzakelijk waren ter bereiking van die doelstelling.

Artikel 59 EEG-Verdrag

31. Vastgesteld moet worden, dat bepalingen als die van de onderhavige Belgische wet het vrij verrichten van diensten beperken. Bepalingen die de vestiging van een verzekeringsmaatschappij in een Lid-Staat impliceren opdat de verzekerden in die staat in aanmerking kunnen komen voor bepaalde fiscale aftrekken, schrikken de verzekerden immers af om zich te wenden tot in een andere Lid-Staat gevestigde verzekeringsmaatschappijen en belemmeren laatstgenoemden derhalve bij het vrij verrichten van diensten.

32. Volgens de rechtspraak van het Hof (zie het arrest van 4 december 1986, reeds aangehaald, r.o. 52) is het vereiste van een vaste inrichting evenwel verenigbaar met artikel 59 EEG-Verdrag, wanneer het onmisbaar is om het beoogde doel van algemeen belang te kunnen bereiken.

33. Zoals uit bovenstaande overwegingen blijkt, is dit voor het tijdvak na 1975 het geval voor de verzekeringen tegen ouderdom en overlijden. Wat de jaren daarvoor alsmede de verzekeringen tegen ziekte en invaliditeit betreft, dient de nationale rechter uit te maken, of de door hem genoemde bepalingen eveneens nood-zakelijk waren om de samenhang van het belastingstelsel waarvan zij deel uitmaken, te garanderen.

Artikel 67, lid 1, en artikel 106 EEG-Verdrag

34. Bepalingen als die in artikel 54 WIB zijn niet in strijd met de artikelen 67 en 106 EEG-Verdrag. In dit verband volstaat het erop te wijzen, dat artikel 67, niet de beperkingen verbiedt die niet op de overmakingen van kapitaal zijn gericht, maar die indirect voortvloeien uit beperkingen ten aanzien van de andere fundamentele vrijheden, en dat bepalingen als die welke voor de nationale rechter in geding zijn, geen beletsel vormen voor de betaling van premies aan in een andere Lid-Staat gevestigde verzekeringsmaatschappijen en evenmin voor de betaling in de valuta van de Lid-Staat waar die maatschappij is gevestigd.

35. Derhalve moet op de prejudiciële vraag worden geantwoord, dat de artikelen 48 en 59 EEG-Verdrag zich ertegen verzetten, dat de wettelijke regeling van een Lid-Staat de aftrekbaarheid van premies voor de verzekering tegen ziekte en invaliditeit of tegen ouderdom en overlijden afhankelijk stelt van de voorwaarde, dat deze premies in die staat zijn betaald. Deze voorwaarde kan echter gerechtvaardigd zijn door de noodzaak, de samenhang van de toepasselijke fiscale regeling te verzekeren. De artikelen 67 en 106 EEG-Verdrag verzetten zich niet tegen een dergelijke wettelijke regeling.

36. ...

HET HOF VAN JUSTITIE

uitspraak doende op de door het Belgische Hof van Cassatie bij arrest van 28 juni 1990 gestelde vraag, verklaart voor recht:

De artikelen 48 en 59 EEG-Verdrag verzetten zich ertegen, dat de wettelijke regeling van een Lid-Staat de aftrekbaarheid van premies voor de verzekering tegen ziekte en invaliditeit of tegen ouderdom en overlijden afhankelijk stelt van de voorwaarde, dat deze premies in die staat zijn betaald. Deze voorwaarde kan echter gerechtvaardigd zijn door de noodzaak, de samenhang van de toepasselijke fiscale regeling te verzekeren. De artikelen 67 en 106 EEG-Verdrag verzetten zich niet tegen een dergelijke wettelijke regeling.

HvJ EG 26 januari 1993, zaak C-112/91* (Werner v. Finanzamt Aachen-Innenstadt)

Werner, een tandarts woonachtig in Aachen (D), trouwde met een vrouw in Vaals (NL) en ging bij haar wonen terwijl hij zijn tandartsenpraktijk in Aachen voortzette. In Duitsland werd hij vervolgens belast als niet-inwoner en kwam als gevolg daarvan niet in aanmerking kwam voor de speciale tarieftoepassing voor gehuwden en ook niet meer voor bepaalde persoonlijke aftrekposten waar inwoners van Duitsland wel recht op hadden.

HvJ EG: Geen schending van enige vrije-verkeersbepaling daar hier een staat zijn eigen onderdaan zwaarder belast vanwege wonen in een andere lidstaat.

Hof: *O. Due, president, C. N. Kakouris, G. C. Rodríguez Iglesias, M. Zuleeg en J. L. Murray, kamerpresidenten, G. F. Mancini, R. Joliet, F. A. Schockweiler, J. C. Moitinho de Almeida, F. Grévisse, M. Díez de Velasco, P. J. G. Kapteyn en D. A. O. Edward, rechters*

Advocaat-generaal: *M. Darmon*

Voor de tekst van de Conclusie van Advocaat-Generaal Darmon en van het Rapport ter terechtzitting wordt verwezen naar band 22, onderdeel III.J, van de Nederlandse Regelingen van Internationaal Belastingrecht

1. Bij beschikking van 10 januari 1991, binnengekomen ten Hove op 15 april daaraanvolgend, heeft het Finanzgericht Köln krachtens artikel 177 EEG-Verdrag drie prejudiciële vragen gesteld over de uitlegging van de bepalingen van het Verdrag betreffende het recht van vestiging en het verbod van discriminatie op grond van nationaliteit, teneinde vast te stellen, of met het gemeenschapsrecht verenigbaar zijn twee nationale wettelijke regelingen, betreffende de inkomstenbelasting en de vermogensbelasting, krachtens welke belastingplichtigen verschillend worden behandeld naargelang zij ingezetenen zijn of niet.

2. Deze vragen zijn gerezen in een geding tussen Werner en het Finanzamt Aachen-Innenstadt, over de voorwaarden voor de belastingplichtigheid ingevolge het Einkommensteuergesetz en het Vermögensteuergesetz.

3. Volgens § 1, lid 1, sub 1, van het Einkommensteuergesetz zijn natuurlijke personen die hun woonplaats of gewone verblijfplaats in Duitsland hebben, belastingplichtig voor hun gehele inkomen. Natuurlijke personen daarentegen die niet hun woonplaats of gewone verblijfplaats in Duitsland hebben, zijn ingevolge het vierde lid van dit artikel slechts belastingplichtig voor het in Duitsland verworven gedeelte van hun inkomen. § 49, lid 1, sub 3, bepaalt, dat inkomsten van Duitse oorsprong onder meer inkomsten uit in Duitsland verrichte zelfstandige arbeid zijn. Bij onbeperkte belastingplicht geldt voor gehuwde paren een voordeliger tarief, het zogenoemde 'splitting'-tarief. Bovendien mogen onbeperkt belastingplichtigen bepaalde uitgaven van hun belastbaar inkomen aftrekken, zoals de premies voor ziekte-, ongevallen- en wettelijke aansprakelijkheidsverzekering, voor het algemene ouderdomspensioen en werkloosheidsuitkering, kosten voor levensonderhoud, een gedeelte van de bouwspaarbijdragen, kerkbelasting en bepaalde uitgaven voor scholing en opleiding. Deze voordelen blijven onthouden aan beperkt belastingplichtigen, op wie voorts deels andere belastingtarieven van toepassing zijn.

4. Het Vermögensteuergesetz bevat gelijksoortige bepalingen. Deze wet kent onbeperkt belastingplichtigen bepaalde aftrekmogelijkheden toe, met name wanneer zij te zamen met de echtgenoot of met kinderen ten laste worden aangeslagen. Ook deze voordelen worden aan beperkt belastingplichtigen onthouden.

5. Verzoeker in het hoofdgeding is Duits onderdaan en woont sinds 1961 met zijn echtgenote in Nederland. Uit de opmerkingen van partijen blijkt, dat hij houder is van de door de Duitse wet vereiste diploma's en kwalificaties voor het beroep van tandheelkundige. Tot oktober 1981 oefende hij dit beroep uit als werknemer bij een in Aken (Bondsrepubliek Duitsland) gevestigde tandartspraktijk. Nadien heeft hij zich, eveneens in Aken, als zelfstandig tandarts gevestigd. Zijn inkomsten zijn uitsluitend afkomstig uit deze werkzaamheid.

6. Bij de vaststelling van de belasting voor 1992 merkte het Finanzamt Aachen-Innenstadt Werner aan als beperkt belastingplichtig voor de inkomstenbelasting en vermogensbelasting, op grond dat hij zijn woonplaats niet in Duitsland had.

7. Daar Werner in aanmerking wenste te komen voor het splittingtarief in de inkomstenbelasting en voor de aftrekmogelijkheden van de vermogensbelasting, diende hij bij het Finanzamt Aachen-Innenstadt tegen beide aanslagen een bezwaarschrift in, waarin hij stelde, dat de Duitse belastingwetgeving in strijd was met artikel 52 EEG-Verdrag. Nadat het Finanzamt beide bezwaarschriften had afgewezen, heeft Werner beroep ingesteld bij het Finanzgericht Köln.

8. Deze rechterlijke instantie achtte het noodzakelijk, het Hof de volgende drie prejudiciële vragen voor te leggen over de uitlegging van de artikelen 7 en 52 EEG-Verdrag:

* Ook gepubliceerd in VN 1993 blz. 1269.

'1. Behelst artikel 52 EEG-Verdrag enkel het gebod onderdanen van andere Lid-Staten op dezelfde wijze te behandelen als eigen onderdanen of behelst het tevens een verbod van beperkingen van de vrijheid van vestiging?

2. Zo artikel 52 EEG-Verdrag beperkingen van de vrijheid van vestiging verbiedt: Zijn belastingnadelen die voortvloeien uit de omstandigheid dat een belastingplichtige in een Lid-Staat van de Europese Gemeenschappen woont (Koninkrijk der Nederlanden), terwijl hij uitsluitend of vrijwel uitsluitend (voor meer dan 90%) in een andere Lid-Staat (Bondsrepubliek Duitsland) belastbaar inkomen verwerft, respectievelijk aldaar onder de vermogensbelasting vallend[e] vermogen bezit, doordat hij zich beroepsmatig in laatstbedoeld land heeft gevestigd en er als zelfstandige werkzaam is, in strijd met dat verbod?

Moet de Lid-Staat waar de belastingplichtige zijn zelfstandige werkzaamheden uitoefent, hun derhalve behandelen als een binnenlands belastingplichtige?

3. Is het in strijd met het in artikel 7 EEG-Verdrag neergelegde verbod van indirecte discriminatie, wanneer op grond van de bepalingen inzake beperkte binnenlandse belastingplicht een Duits onderdaan die in de in vraag 2 bedoelde feitelijke omstandigheden verkeert, aanzienlijk zwaarder wordt belast dan een in het land zelf wonende onbeperkt belastingplichtige die voor het overige in dezelfde omstandigheden verkeert?'

9. Voor een nadere uiteenzetting van de feiten van het hoofdgeding, de toepasselijke bepalingen, het procesverloop en de bij het Hof ingediende schriftelijke opmerkingen wordt verwezen naar het rapport ter terechtzitting. Deze elementen van het dossier worden hierna slechts weergegeven voor zover dat noodzakelijk is voor de redenering van het Hof.

Het recht van verblijf

10. Uit het dossier blijkt, dat het Finanzgericht Köln met de eerste en tweede vraag in wezen wenst te vernemen, of artikel 52 EEG-Verdrag eraan in de weg staat, dat een Lid-Staat zijn eigen onderdanen die hun beroepsactiviteiten op zijn grondgebied uitoefenen en die uitsluitend of nagenoeg uitsluitend aldaar inkomen verwerven of uitsluitend of nagenoeg uitsluitend aldaar hun vermogen bezitten, zwaarder belast wanneer zij niet in deze staat wonen dan wanneer zij daar wel wonen.

11. De nationale rechter merkt op, dat naar aanleiding van de rechtspraak van het Hof twijfel is gerezen over de verenigbaarheid met artikel 52 van de verschillende fiscale behandeling van ingezetenen en niet-ingezetenen in het Einkommensteuergesetz en het Vermögensteuergesetz. Uit het arrest van 7 februari 1979 (zaak 115/78, Knoors, *Jurispr.* 1979, blz. 399) volgt volgens de verwijzende rechter, dat de omstandigheid, dat Werner zich in een ander land heeft gevestigd dan het land waar hij woont, hem in een situatie brengt die vergelijkbaar is met die van alle andere personen die de door het Verdrag verzekerde rechten en vrijheden genieten. Onder verwijzing naar het arrest van 8 mei 1990 (zaak C-175/88, Biehl, *Jurispr.* 1990, blz. I-1779) is de nationale rechter voorts van oordeel, dat belastingnadelen een beperking van het in artikel 52 vastgelegde recht van vestiging vormen. Tenslotte wijst hij erop, dat volgens het arrest van 28 januari 1986 (zaak 270/83, Commissie Frankrijk, *Jurispr.* 1983, blz. 273) noch het ontbreken van geharmoniseerde belastingwetgeving, noch de verplichting tot naleving van een met een andere Lid-Staat gesloten overeenkomst, zoals in de onderhavige zaak de Overeenkomst van 16 juni 1959 tussen het Koninkrijk der Nederlanden en de Bondsrepubliek Duitsland tot het vermijden van dubbele belasting op het gebied van belastingen op het inkomen en van het vermogen alsmede van verscheidene andere aangelegenheden op belastinggebied (*BGBl.* 1960, II, blz. 1781), een rechtvaardiging kan zijn voor een verschil in behandeling inzake de uitoefening van door het Verdrag verleende rechten.

12. Om te beginnen moet worden gewezen op de diepgaande verschillen tussen de omstandigheden die ten grondslag lagen aan genoemde arresten, en het onderhavige geval.

13. In de eerste plaats is Werner – anders dan de verzoeker in de zaak Knoors, die een Nederlands onderdaan was die zich op grond van beroepskwalificaties die hij in een andere Lid-Staat, namelijk België, had behaald, in Nederland wilde vestigen – een Duits onderdaan, die zich op grond van beroepskwalificaties en ervaring die hij in zijn Lid-Staat van herkomst heeft verworven, in deze Lid-Staat heeft gevestigd.

14. Het onderhavige geval verschilt eveneens van de situatie in het arrest Biehl (reeds aangehaald). Op Biehl, een Duits onderdaan, was namelijk de Luxemburgse belastingwetgeving van toepassing, die teruggave van te veel ingehouden belasting afhankelijk stelde van het hebben van vaste verblijfplaats op het grondgebied van het Groothertogdom Luxemburg, en die dus in het bijzonder onderdanen van andere Lid-Staten benadeelde. Werner echter is een Duits onderdaan die belastingplichtig blijft in de Lid-Staat waar hij gevestigd is.

15. Het arrest Commissie/Frankrijk (reeds aangehaald), tenslotte, betrof eveneens een andere casuspositie. In die zaak ging het om de toepassing van verschillende belastingregels op vennootschappen, al naargelang zij hun statutaire zetel in Frankrijk dan wel in een andere Lid-Staat hadden, met als gevolg dat laatstbedoelden minder gunstig werden behandeld dan in Frankrijk gevestigde vennootschappen. Volgens artikel 58 EEG-Verdrag worden vennootschappen die in overeenstemming met de wetgeving van een Lid-Staat zijn opgericht en die hun statutaire zetel, hun hoofdbestuur of hun hoofdvestiging binnen de Gemeenschap hebben, voor de toepassing van de bepa-

lingen van het hoofdstuk betreffende het recht van vestiging gelijkgesteld met natuurlijke personen die onderdaan zijn van de Lid-Staten. In dit verband komt, gelijk het Hof in dat arrest overwoog (r.o. 18), het begrip vennootschapszetel in deze zin overeen met nationaliteit voor natuurlijke personen. Het door Werner betwiste verschil in fiscale behandeling daarentegen is niet gebaseerd op het criterium van de nationaliteit van natuurlijke personen, maar op de verblijfplaats.

16. Er zij op gewezen, dat Werner een Duits onderdaan is, die in Duitsland zijn diploma's en beroepskwalificaties heeft behaald, altijd zijn beroep in dat land heeft uitgeoefend, en op wie de Duitse belastingwetgeving van toepassing is. Het enige element dat het zuiver nationale kader ontstijgt, is de omstandigheid, dat Werner in een andere Lid-Staat woont dan die waar hij zijn beroep uitoefent.

17. Mitsdien moet op de vraag van de nationale rechter worden geantwoord, dat artikel 52 EEG-Verdrag er niet aan in de weg staat, dat een Lid-Staat zijn eigen onderdanen die hun beroepsactiviteiten op zijn grondgebied uitoefenen en die uitsluitend of nagenoeg uitsluitend aldaar inkomen verwerven of uitsluitend of nagenoeg uitsluitend aldaar vermogen bezitten, zwaarder belast wanneer zij niet in deze staat wonen dan wanneer zij daar wel wonen.

De discriminatie

18. Met zijn derde vraag wenst het Finanzgericht Köln te vernemen, of artikel 7 EEG-Verdrag eraan in de weg staat, dat een Lid-Staat zijn eigen onderdanen die hun beroepsactiviteiten op zijn grondgebied uitoefenen, zwaarder belast wanneer zij niet in deze staat wonen dan wanneer zij daar wel wonen.

19. Artikel 7 bepaalt, dat binnen de werkingssfeer van het Verdrag, en onverminderd de bijzondere bepalingen daarin gesteld, elke vorm van discriminatie op grond van nationaliteit verboden is.

20. Gelijk het Hof overwoog in zijn arrest van 9 juni 1977 (zaak 90/76, Van Ameyde, *Jurispr.* 1977, blz. 1091, r.o. 27), wordt de doorwerking van het in artikel 7 vastgelegde beginsel voor het recht van vestiging door artikel 52 verzekerd. Hieruit volgt, dat een met artikel 52 verenigbare regeling ook met artikel 7 verenigbaar is.

Kosten

21. ...

HET HOF VAN JUSTITIE

uitspraak doende op de door het Finanzgericht Köln bij beschikking van 12 mei 1988 gestelde vragen, verklaart voor recht:

Artikel 52 EEG-Verdrag staat er niet aan in de weg, dat een Lid-Staat zijn eigen onderdanen die hun beroepsactiviteiten op zijn grondgebied uitoefenen en die uitsluitend of nagenoeg uitsluitend aldaar inkomen verwerven of uitsluitend of nagenoeg uitsluitend aldaar vermogen bezitten, zwaarder belast wanneer zij niet in deze staat zou wonen dan wanneer zij daar wel wonen.

HvJ EG 13 juli 1993, zaak C-33MP0/91 (The Queen v. ... Commerzbank AG)

Hof: *G. C. Rodríguez Iglesias, kamerpresident, waarnemend voor de president, M. Zuleeg en J. L. Murray, kamerpresidenten, G. F. Mancini, R. Joliet, F. A. Schockweiler, J. C. Moitinho de Almeida, F. Grévisse en D. A. O. Edward, rechters*

Advocaat-generaal: *M. Darmon*

De Duitse Commerzbank opereerde op de Britse markt via een filiaal. Naar VK belastingrecht was Commerzbank als niet-inwoner niet gerechtigd tot heffingsrente over het bedrag van een verkregen belastingteruggaaf.

HET HOF VAN JUSTITIE

verklaart voor recht:

De artikelen 52 en 58 EEG-Verdrag staan eraan in de weg, dat de wetgeving van een Lid-Staat een aanvulling bij teruggaaf van onverschuldigde belasting verleent aan vennootschappen die in die Lid-Staat gevestigd zijn in de zin van de belastingwetgeving, en deze weigert aan vennootschappen die in een andere Lid-Staat gevestigd zijn in de zin van de belastingwetgeving. De omstandigheid dat deze laatste niet van de belasting zouden zijn vrijgesteld in die zij wel indien Lid-Staat waren gevestigd, is hierbij niet van belang.

HvJ EG 12 april 1994, zaak C-1/93 (Halliburton Services BV v. Staatssecretaris van Financiën)

Zesde kamer: *G. F. Mancini, kamerpresident, M. Díez de Velasco (rapporteur), C. N. Kakouris, F. A. Schockweiler en P. J. G. Kapteyn, rechters*

Advocaat-generaal: *C. O. Lenz*

Als onderdeel van een grensoverschrijdende reorganisatie werd door een Duitse groepsmaatschappij van een US concern in Nederland gelegen onroerend goed overgedragen aan een Nederlandse groepsmaatschappij. Nu het overdragende lichaam geen Nederlands lichaam was maar een Duits, was de overdracht niet vrijgesteld van Nederlandse overdrachtsbelasting.

HET HOF VAN JUSTITIE (Zesde kamer)

verklaart voor recht:

De artikelen 52 en 58 EEG-Verdrag verzetten zich ertegen, dat de nationale regeling van een Lid-Staat vrijstelling van de overdrachtsbelasting die normalerwijze verschuldigd is ter zake van overdracht of verkoop, bij een reorganisatie binnen een groep van vennootschappen enkel toestaat wanneer de voor vrijstelling in aanmerking komende vennootschap de onroerende goederen verkrijgt van een naar nationaal recht opgerichte vennootschap, en dat voordeel weigert wanneer de vervreemdende vennootschap naar het recht van een andere Lid-Staat is opgericht.

HvJ EG 14 februari 1995, zaak C-279/93*
(Finanzamt Köln-Altstadt v. Schumacker)

Schumacker, onderdaan en inwoner van België, verdiende nagenoeg zijn gehele inkomen als schoorsteenmetselaar in Duitsland. Als niet-inwoner was hij aldaar niet gerechtigd tot bepaalde faciliteiten (gesplitst tarief voor gehuwden, persoonlijke aftrekposten) die wel beschikbaar waren voor inwoners.

HvJ EG: Inwoners en niet-inwoners verkeren in het algemeen niet in een vergelijkbare positie. Dit is evenwel anders indien de niet-inwoner (nagenoeg) zijn gehele inkomen in de bronstaat verdient, zodat hij niet in de gelegenheid is zijn persoonlijke aftrekposten enz. in zijn woonstaat in aanmerking te nemen. Daarom is er in dit geval toch sprake van schending van de vrijheid van werknemersverkeer.

Hof:	*G. C. Rodríguez Iglesias, president, F. A. Schockweiler (rapporteur), P. J. G. Kapteyn en C. Gulmann, kamerpresidenten, G. F. Mancini, C. N. Kakouris, J. C. Moitinho de Almeida, J. L. Murray, D. A. O. Edward, J. P. Puissochet en G. Hirsch, rechters*
Advocaat-generaal:	*M. P. Léger*

Voor de tekst van de Conclusie van Advocaat-Generaal Léger en van het Rapport ter terechtzitting wordt verwezen naar band 15, onderdeel III.J, van de Nederlandse Regelingen van Internationaal Belastingrecht

1. Bij beschikking van 14 april 1993, binnengekomen bij het Hof op 14 mei daaraanvolgend, heeft het Bundesfinanzhof krachtens artikel 177 EEG-Verdrag enkele prejudiciële vragen gesteld over de uitlegging van artikel 48 EEG-Verdrag, teneinde te kunnen beoordelen of sommige wettelijke bepalingen van de Bondsrepubliek Duitsland inzake inkomstenbelasting, die belastingplichtigen verschillend behandelen al naar gelang zij op het nationale grondgebied wonen of niet, verenigbaar zijn met het gemeenschapsrecht.

2. Deze vragen zijn gerezen in een geding tussen het Finanzamt Köln-Altstadt en R. Schumacker, een Belgisch onderdaan, over de voorwaarden van de belastingheffing ter zake van de door laatstgenoemde in Duitsland verworven inkomsten uit arbeid in dienstbetrekking.

3. Het Duitse Einkommensteuergesetz (hierna: 'EStG') maakt bij de belastingheffing van werknemers onderscheid naar gelang van hun woonplaats.

4. Volgens § 1, lid 1, EStG zijn natuurlijke personen die hun woonplaats of gewone verblijfplaats in Duitsland hebben, belastingplichtig over hun gehele inkomen ('onbeperkte belastingplicht').

5. Natuurlijke personen daarentegen die niet hun woonplaats of gewone verblijfplaats in Duitsland hebben, zijn ingevolge het vierde lid van deze bepaling slechts belastingplichtig over de in Duitsland verworven inkomsten ('beperkte belastingplicht'). Tot de inkomsten uit Duitse bron behoren volgens § 49, lid 1, sub 4, onder meer inkomsten uit in Duitsland verrichte arbeid in dienstbetrekking.

6. De belasting over de inkomsten uit arbeid in dienstbetrekking wordt in de Bondsrepubliek Duitsland in het algemeen door de werkgever als loonbelasting op het salaris van de werknemers ingehouden en vervolgens afgedragen aan de fiscus.

7. Voor de inhouding van de loonbelasting worden de onbeperkt belastingplichtige werknemers ingedeeld in tariefgroepen (§ 38 b EStG). Tariefgroep I (algemene tarief van de belasting) omvat de ongehuwde werk-nemers. Gehuwde, niet duurzaam gescheiden levende werknemers vallen onder tariefgroep III (het zogenoemde 'splitting'-tarief, § 26b EStG), indien beide echtgenoten in Duitsland wonen en onbeperkt belastingplichtig zijn. De Duitse 'splitting'-regeling is ingevoerd om de progressie van de inkomstenbelasting af te zwakken. Zij houdt in, dat het totale inkomen van beide echtgenoten wordt samengeteld, waarna het fictief aan elk van hen voor de helft wordt toegerekend en vervolgens belast. Heeft de ene echtgenoot een hoog en de ander een laag inkomen, dan wordt de belastinggrondslag door de 'splitting' genivelleerd en de progressie van de inkomstenbelasting afgezwakt.

8. Voorts kunnen onbeperkt belastingplichtige werknemers verzoeken om correctie van de over een jaar geheven loonbelasting ('Lohnsteuer jahres ausgleichsverfahren', § 426 EStG): Door de werkgever wordt een gedeelte van de geheven loonbelasting aan de werknemer gerestitueerd, wanneer de som van de maandelijkse inhoudingen hoger was dan het volgens de jaartabel verschuldigde belastingbedrag - bij voorbeeld omdat het salaris maandelijks varieerde.

* Ook gepubliceerd in BNB 1995/187 (Daniëls), FED 1995/1864 (Kamphuis).

9. Tot 1990 konden onbeperkt belastingplichtige werknemers ook bij de fiscus verzoeken om correctie van de over een jaar geheven loonbelasting. Sedertdien hebben zij het recht om het Finanzamt te verzoeken om de belasting bij wege van aanslag vast te stellen ('Einkommensteuerveranlagungsverfahren', § 46 EStG). Aldus kunnen inkomsten uit arbeid in dienstbetrekking worden gecompenseerd met verliezen bij andere categorieën inkomsten (bij voorbeeld dividenden).

10. Tenslotte worden onbeperkt belastingplichtigen belast naar hun totale draagkracht, dit wil zeggen dat ook alle overige bestanddelen van hun inkomen en hun persoonlijke en gezinssituatie in aanmerking worden genomen (gezinslasten, uitgaven voor sociale voorzieningen en andere lasten die in het algemeen recht geven op belastingaftrek en -vermindering).

11. Sommige van deze voordelen worden de beperkt belastingplichtigen onthouden. De Duitse wet van 24 juni 1994 'zur einkommensteuerlichen Entlastung von Grenzpendlern und anderer steuerpflichtigen natürlichen Personen und zur Änderung anderer gesetzlicher Vorschriften (Grenzpendlergesetz)', dat aan deze situatie op nationaal niveau tegemoet wil komen, is in casu niet van belang, daar het nog niet in werking was getreden ten tijde van de feiten van het hoofdgeding.

12. Volgens de destijds vigerende wetgeving werden beperkt belastingplichtigen ongeacht hun burgerlijke staat in tariefgroep I (het algemene tarief) ingedeeld (§ 39d EStG). Zij misten dus het 'splitting'-voordeel, en gehuwde belastingplichtigen werden op dezelfde voet behandeld als ongehuwden.

13. Voor de beperkt belastingplichtigen gold een vereenvoudigde belastingregeling. De door de werkgever maandelijks ingehouden loonbelasting werd in hun geval als eindheffing voor de inkomstenbelasting beschouwd. Zij konden geen aanspraak maken op de correctie van de loonbelasting door de werkgever (§ 50, lid 5, EStG) en evenmin op vaststelling van de belasting door de fiscus bij wege van aanslag. Door het ontbreken van een correctiemogelijkheid konden zij de eventueel te veel betaalde loonbelasting niet aan het eind van het jaar terugkrijgen.

14. Tenslotte hadden de beperkt belastingplichtigen in tegenstelling tot de onbeperkt belastingplichtigen geen mogelijkheid om uitgaven voor sociale voorzieningen (premies ouderdomspensioen, ziektekosten- of invaliditeitsverzekering) die de in de belastingtabel verwerkte vaste bedragen te boven gingen, in aftrek te brengen.

15. Verzoeker in het hoofdgeding heeft met zijn gezin steeds in België gewoond. Na een werkkring aldaar, werkte hij van 15 mei 1988 tot 31 december 1989 in Duitsland in loondienst doch bleef hij in België wonen. Mevrouw Schumacker oefent geen beroepswerkzaamheden uit; alleen in 1988 ontving zij een werkloosheidsuitkering in België. Sinds 1989 wordt het inkomen van het gezin uitsluitend gevormd door verzoekers salaris.

16. Op grond van artikel 15, lid 1, van de Duits-Belgische Overeenkomst van 11 april 1967 tot vermijding van dubbele belasting kwam de bevoegdheid belasting te heffen over verzoekers salaris vanaf 15 mei 1988 toe aan de Bondsrepubliek Duitsland als het land waar de arbeid werd verricht. Op zijn salaris werd derhalve in Duitsland overeenkomstig de §§ 1, lid 4, en 39d EStG loonbelasting ingehouden door zijn werkgever, berekend volgens tariefgroep I.

17. Op 6 maart 1989 verzocht Schumacker het Finanzamt om de loonbelasting uit billijkheidsoverwegingen (§ 163 van de Abgabenordnung) te berekenen volgens tariefgroep III (die normaliter geldt voor gehuwde ingezetenen en recht geeft op 'splitting') en het verschil tussen de maandelijks op basis van tariefgroep I ingehouden bedrag[en] en het bedrag dat op grond van tariefgroep III zou zijn verschuldigd, terug te betalen.

18. Het Finanzamt wees het verzoek af bij beschikking van 22 juni 1989. Daarop wendde Schumacker zich tot het Finanzgericht Köln, dat zijn vorderingen met betrekking tot 1988 en 1989 toewees en het Finanzamt gelastte om een billijkheidsbeschikking krachtens § 163 Abgabenordnung te geven. Het Finanzamt stelde tegen het vonnis van het Finanzgericht Köln beroep in 'Revision' in.

19. Het Bundesfinanzhof vraagt zich af, of artikel 48 EEG-Verdrag van belang kan zijn voor de in casu te geven uitspraak. Het heeft bijgevolg besloten de behandeling van de zaak te schorsen en het Hof te verzoeken om een prejudiciële beslissing over de navolgende vragen:

'1. Kan artikel 48 EEG-Verdrag het recht van de Bondsrepubliek Duitsland beperken om inkomstenbelasting te heffen van onderdanen van andere Lid-Staten?

Zo ja:

2. Staat artikel 48 EEG-Verdrag de Bondsrepubliek Duitsland dan toe, van een natuurlijke persoon van Belgische nationaliteit die zijn enige woonplaats en zijn gewone verblijfplaats in België heeft en aldaar zijn beroepskwalificaties en beroepservaring heeft verworven c.q opgedaan, een hogere inkomstenbelasting te heffen dan van een persoon die zijn woonplaats in de Bondsrepubliek Duitsland heeft en die voor het overige in vergelijkbare omstandigheden verkeert, wanneer eerstgenoemde in de Bondsrepubliek Duitsland arbeid in loondienst gaat verrichten zonder zijn woonplaats naar dat land te verleggen?

3. Luidt het antwoord op de vorige vraag anders, indien de in die vraag genoemde persoon van Belgische nationaliteit zijn inkomen vrijwel uitsluitend (d.w.z. voor meer dan 90%) in de Bondsrepubliek Duitsland ver-

werft en dat inkomen ingevolge de tussen de Bondsrepubliek Duitsland en het Koninkrijk België gesloten Overeenkomst tot vermijding van dubbele belasting ook enkel in de Bondsrepubliek Duitsland belastbaar is?
4. Is het in strijd met artikel 48 EEG-Verdrag, wanneer de Bondsrepubliek Duitsland natuurlijke personen zonder woon- of gewone verblijfplaats in de Bondsrepubliek Duitsland, die echter aldaar inkomsten uit arbeid in dienstbetrekking verwerven, zowel uitsluit van de correctie van de over een jaar geheven loonbelasting als van de mogelijkheid om in de inkomstenbelasting te worden aangeslagen ter zake van de inkomsten uit arbeid in dienstbetrekking?'

De eerste vraag

20. De vraag van de nationale rechter is in wezen, of artikel 48 EEG-Verdrag aldus moet worden uitgelegd, dat het beperkingen kan stellen aan het recht van een Lid-Staat, de voorwaarden en de modaliteiten van de heffing van belasting ter zake van op zijn grondgebied door een onderdaan van een Lid-Staat verworven inkomsten vast te stellen.

21. Voor antwoord op deze vraag moet erop worden gewezen, dat ofschoon bij de huidige stand van het gemeenschapsrecht de directe belastingen als zodanig niet tot de bevoegdheidssfeer van de Gemeenschap behoren, de Lid-Staten niettemin verplicht zijn de bij hen verbleven bevoegdheden in overeenstemming met het gemeenschapsrecht uit te oefenen (zie arrest van 4 oktober 1991, zaak C 246/89, Commissie/Verenigd Koninkrijk, *Jurispr.* 1991, blz. I-4585, r.o. 12).

22. Het vrije verkeer van personen binnen de gemeenschap brengt volgens artikel 48, lid 2, EEG-Verdrag de afschaffing mee van alle discriminatie op grond van nationaliteit tussen de werknemers der Lid-Staten, onder meer ten aanzien van de beloning.

23. Het Hof heeft in dit verband in het arrest van 8 mei 1990 (zaak C-175/88, Biehl, *Jurispr.* 1990, blz. I-1779, r.o. 12) beslist, dat het beginsel van gelijke behandeling op het gebied van de beloning zou worden uitgehold, wanneer daaraan afbreuk kon worden gedaan door discriminerende nationale bepalingen inzake inkomstenbelasting. Om die redenen heeft de Raad in artikel 7 van verordening (EEG) nr. 1612/68 van 15 oktober 1968 betreffende het vrije verkeer van werknemers binnen de Gemeenschap (PB 1968, L 257, blz. 2) bepaald, dat een werknemer die onderdaan is van een Lid-Staat, op het grondgebied van een andere Lid-Staat dezelfde fiscale voordelen geniet als de nationale werknemers.

24. Derhalve moet op de eerste vraag worden geantwoord, dat artikel 48 EEG-Verdrag aldus moet worden uitgelegd, dat het beperkingen kan stellen aan het recht van een Lid-Staat om de voorwaarden en de modaliteiten van de belastingheffing ter zake van op zijn grondgebied door een onderdaan van een andere Lid-Staat verworven inkomsten vast te stellen, in zover dit artikel een Lid-Staat niet toestaat om een onderdaan van een andere Lid-Staat die gebruik heeft gemaakt van zijn recht op vrij verkeer en arbeid in loondienst verricht op het grondgebied van de eerste staat, bij de heffing van de directe belastingen ongunstiger te behandelen dan een eigen onderdaan in dezelfde omstandigheden.

De tweede en de derde vraag

25. Met deze vragen, die te zamen moeten worden onderzocht, wenst de nationale rechter te vernemen, enerzijds of artikel 48 EEG-Verdrag aldus moet worden uitgelegd dat het zich verzet tegen de toepassing van een regeling van een Lid-Staat waardoor een werknemer die onderdaan is van een andere Lid-Staat en in deze laatste staat woont, doch in loondienst werkzaam is in de eerste staat, zwaarder wordt belast dan een werknemer die in de eerste staat woont en aldaar dezelfde werkzaamheid verricht. En anderzijds, of het voor het antwoord op die vraag verschil maakt, wanneer de onderdaan van de tweede Lid-Staat zijn inkomen geheel of vrijwel uitsluitend verwerft door de in de eerste Lid-Staat verrichte arbeid en in de tweede Lid-Staat onvoldoende inkomsten geniet om aldaar zodanig te worden belast, dat zijn persoonlijke en gezinssituatie in aanmerking kunnen worden genomen.

26. Om te beginnen moet worden bedacht, dat de regels inzake gelijke behandeling volgens vaste rechtspraak niet alleen de zichtbare discriminaties op grond van nationaliteit verbieden, maar ook alle verkapte vormen van discriminatie die door toepassing van andere onderscheidingscriteria in feite tot hetzelfde resultaat leiden (arrest van 12 februari 1974, zaak 152/ 73, Sotgiu, *Jurispr.* 1974, blz. 153, r.o. 11).

27. Het is juist, dat de in het hoofdgeding omstreden regeling van toepassing is ongeacht de nationaliteit van de betrokken belastingplichtige.

28. Een nationale regeling van dit type, die een onderscheid maakt aan de hand van het woonplaatscriterium, in die zin dat zij aan niet-ingezetenen bepaalde belastingvoordelen onthoudt die zij ingezetenen wel toekent, kan evenwel in het nadeel werken van hoofdzakelijk onderdanen van andere Lid-Staten. De niet-ingezetenen zijn immers in de meeste gevallen buitenlanders.

29. Het voorbehouden van fiscale voordelen aan uitsluitend de ingezetenen van een Lid-Staat, kan derhalve een indirecte discriminatie op grond van nationaliteit opleveren.

30. Volgens vaste rechtspraak is er slechts sprake van discriminatie, wanneer verschillende regels worden toegepast op vergelijkbare situaties of wanneer dezelfde regel wordt toegepast op verschillende situaties.

31. Bij de directe belastingen nu is de situatie van ingezetenen en die van niet-ingezetenen in het algemeen niet vergelijkbaar.

32. Het door een niet-ingezetene in een staat verworven inkomen vormt meestal slechts een deel van zijn totale inkomen, waarvan het zwaartepunt is geconcentreerd op de plaats waar hij woont. De persoonlijke draagkracht van de niet-ingezetene, die gevormd wordt door zijn totale inkomsten en zijn persoonlijke en gezinssituatie, kan voorts het gemakkelijkst worden beoordeeld op de plaats waar hij het centrum van zijn persoonlijke en vermogensrechtelijke belangen heeft. Die plaats correspondeert in het algemeen met de gebruikelijke woonplaats van de betrokkene. Ook in het internationale belastingrecht, en in het bijzonder het door de Organisatie voor Economische Samenwerking en Ontwikkeling (OESO) opgestelde modelverdrag inzake dubbele belasting, wordt aanvaard dat het in beginsel de woonstaat is die bevoegd is de belastingplichtige naar het wereldinkomen te belasten, daarbij rekening houdend met diens persoonlijke en gezinsomstandigheden.

33. Dit is anders voor de ingezetene, aangezien in zijn geval de belangrijkste inkomstenbestanddelen gewoonlijk in de woonstaat zijn geconcentreerd. Voorts beschikt deze staat in het algemeen over de nodige gegevens om de globale draagkracht van de belastingplichtige, gelet op zijn persoonlijke en gezinssituatie, te kunnen beoordelen.

34. Wanneer derhalve een Lid-Staat een niet-ingezetene niet in aanmerking brengt voor bepaalde belastingvoordelen die hij aan de ingezetene verleent, dan is dat in de regel niet discriminerend, aangezien deze twee categorieën belastingplichtigen zich niet in een vergelijkbare situatie bevinden.

35. Onder deze omstandigheden verzet artikel 48 EEG-Verdrag zich in beginsel niet tegen de toepassing van een regeling van een Lid-Staat waardoor de inkomsten van de niet-ingezetene die in deze staat in loondienst werkzaam is, zwaarder worden belast dan die van de ingezetene met dezelfde werkzaamheid.

36. Dit is echter anders in een geval als het onderhavige, waarin de niet-ingezetene geen inkomsten van betekenis geniet in de woonstaat en het grootste deel van zijn belastbaar inkomen verwerft door de arbeid verricht in een andere staat, met als gevolg dat de woonstaat hem niet de voordelen kan toekennen die voortvloeien uit de inaanmerkingneming van zijn persoonlijke en gezinssituatie.

37. Tussen de situatie van een dergelijke niet-ingezetene en die van een in een soortgelijke functie werkzame ingezetene bestaat geen objectief verschil dat grond kan opleveren voor een verschillende behandeling ten aanzien van het in aanmerking nemen bij de belastingheffing van de persoonlijke en gezinssituatie van de belastingplichtige.

38. In het geval van een niet-ingezetene die het grootste deel van zijn inkomen en nagenoeg zijn gehele gezinsinkomen verwerft in een andere Lid-Staat dan de woonstaat, is de discriminatie gelegen in het feit dat met de persoonlijke en de gezinssituatie van deze niet-ingezetene noch in de woonstaat noch in de staat waarin hij werkzaam is, rekening wordt gehouden.

39. Onderzocht dient nog te worden, of er voor deze discriminatie een rechtvaardigingsgrond kan bestaan.

40. Door de Lid-Staten die opmerkingen hebben ingediend, is aangevoerd dat de discriminerende behandeling – wat betreft het rekening houden met de persoonlijke en gezinssituatie en de toepassing van de 'splitting' – gerechtvaardigd wordt door de noodzaak van een coherente toepassing van de belastingregelingen op niet-ingezetenen. Het Hof heeft de noodzaak, de samenhang van het belastingstelsel te verzekeren, als rechtvaardigingsgrond aanvaard in het arrest van 28 januari 1992 (zaak C-204/90, Bachmann, *Jurispr.* 1992, blz. I-249, r.o. 28). Volgens deze staten bestaat er een verband tussen het in aanmerking nemen van de persoonlijke en gezinssituatie en het recht belasting te heffen naar het wereldinkomen. Aangezien het aan de woonstaat is, die bij uitsluiting bevoegd is het wereldinkomen te belasten, rekening te houden met de persoonlijke en gezinssituatie, behoort de staat waar de niet-ingezetene werkzaam is, diens persoonlijke en gezinssituatie niet in aanmerking te nemen, daar anders de persoonlijke en gezinssituatie van de niet-ingezetene tweemaal in aanmerking wordt genomen en hij in beide staten de desbetreffende belastingfaciliteiten geniet.

41. Dit argument kan niet worden aanvaard. In een geval als in het hoofdgeding aan de orde is, kan de woonstaat de persoonlijke en gezinssituatie van de belastingplichtige niet in aanmerking nemen, omdat de verschuldigde belasting daartoe te gering is. In een dergelijk geval verlangt het gemeenschapsrechtelijke beginsel van gelijke behandeling, dat de persoonlijke en gezinssituatie van de niet-ingezeten buitenlander in de staat waar hij werkzaam is, op dezelfde wijze in aanmerking wordt genomen als voor ingezeten onderdanen en dat hem dezelfde belastingvoordelen worden toegekend.

42. Het in het hoofdgeding omstreden onderscheid vindt derhalve geen rechtvaardiging in de noodzaak, de samenhang van het toepasselijke belastingstelsel te verzekeren.

43. Het Finanzamt heeft ter terechtzitting gewezen op administratieve moeilijkheden die de staat waar de arbeid wordt verricht, verhinderen inzicht te verkrijgen in de inkomsten die op zijn grondgebied werkzame niet-ingezetenen genieten in hun woonstaat.

44. Dit argument kan evenmin worden aanvaard.

45. Richtlijn 77/799/EEG van de Raad van 19 december 1977 betreffende de wederzijdse bijstand van de bevoegde autoriteiten van de Lid-Staten op het gebied van de directe belastingen (*PB* 1977, L 336, blz. 15) biedt namelijk vergelijkbare mogelijkheden om de noodzakelijke gegevens te verkrijgen, als er tussen de belastingdiensten op nationaal vlak bestaan. Er zijn derhalve geen administratieve beletselen om in de staat waar de arbeid wordt verricht, rekening te houden met de persoonlijke en gezinssituatie van de niet-ingezetene.

46. Bovendien moet, meer in het bijzonder wat de Bondsrepubliek Duitsland betreft, worden vastgesteld dat zij grensarbeiders die in Nederland wonen en in Duitsland werken, de met de persoonlijke en gezinssituatie samenhangende tegemoetkomingen, daaronder begrepen de 'splitting'-faciliteit, verleent. Indien deze gemeenschapsonderdanen ten minste 90% van hun inkomen op Duits grondgebied verwerven, worden zij namelijk behandeld zoals Duitse onderdanen, op grond van het Ausführungsgesetz Grenzgänger Niederlande van 21 oktober 1980, dat uitvoering geeft aan het aanvullend protocol bij de overeenkomst van 16 juni 1959 tussen de Bondsrepubliek Duitsland en het Koninkrijk der Nederlanden tot het vermijden van dubbele belasting.

47. Op de tweede en de derde vraag dient derhalve te worden geantwoord, dat artikel 48 EEG-Verdrag aldus moet worden uitgelegd dat het zich verzet tegen de toepassing van de regeling van een Lid-Staat waardoor een werknemer die onderdaan van een andere Lid-Staat is, waarin hij ook woont, en die in eerstgenoemde staat arbeid in loondienst verricht, zwaarder wordt belast dan een werknemer die in de eerste staat woont en aldaar dezelfde werkzaamheid verricht, wanneer, zoals in casu in het hoofdgeding, de onderdaan van de tweede staat zijn inkomen geheel of vrijwel uitsluitend verwerft door de in de eerste staat verrichte arbeid en in de tweede staat onvoldoende inkomsten geniet om aldaar aan een belastingheffing te worden onderworpen, waarbij rekening kan worden gehouden met zijn persoonlijke en gezinssituatie.

De vierde vraag

48. Deze vraag van de nationale rechter houdt in, of artikel 48 EEG-Verdrag aldus moet worden uitgelegd dat het zich ertegen verzet, dat de wetgeving van een Lid-Staat inzake directe belastingen procedures als de jaarlijkse correctie van de ingehouden loonbelasting en de vaststelling van de belasting op inkomsten uit arbeid in dienstbetrekking bij wege van aanslag, voorbehoudt aan ingezetenen, met uitsluiting van natuurlijke personen die in die staat weliswaar niet hun woon- of gewone verblijfplaats hebben, doch aldaar inkomsten uit dienstbetrekking verwerven.

49. Blijkens het antwoord op de tweede en de derde vraag worden niet-ingezeten gemeenschapsonderdanen in materieel opzicht gediscrimineerd tegenover in Duitsland wonende Duitse onderdanen. Nagegaan moet worden, of een dergelijke discriminatie eveneens in formeel opzicht bestaat, in zover de voormelde procedures slechts openstaan voor ingezeten Duitse onderdanen en niet voor niet-ingezeten gemeenschapsonderdanen. Zo nodig moet worden onderzocht, of deze discriminatie gerechtvaardigd is.

50. In Duitsland geldt de aan de bron geheven loonbelasting als voldoening van de belasting die over de inkomsten uit arbeid in dienstbetrekking is verschuldigd.

51. Uit de verwijzingsbeschikking blijkt, dat wegens dit bevrijdende karakter van de heffing aan de bron de niet-ingezetenen om redenen van administratieve vereenvoudiging de mogelijkheid wordt onthouden om door middel van de procedure van de jaarlijkse correctie van de ingehouden loonbelasting of de vaststelling van de belasting op inkomsten uit arbeid in dienstbetrekking bij wege van aanslag, op het belastbaar inkomen drukkende lasten in aftrek te brengen (zoals verwervingskosten, bijzondere uitgaven of zogenoemde 'buitengewone lasten') en aldus restitutie van een deel van de ingehouden loonbelasting te verkrijgen.

52. Hieruit kan een nadeel voor de niet-ingezetenen voortvloeien ten opzichte van de ingezetenen, daar volgens de §§ 42, 42a en 46 EStG bij hen voor de belastingheffing met alle op het belastbare inkomen drukkende lasten rekening wordt gehouden.

53. De Duitse regering heeft in haar opmerkingen benadrukt, dat het Duitse recht een procedure kent op grond waarvan niet-ingezeten belastingplichtigen de belastingdienst kunnen verzoeken om afgifte van een verklaring met daarin vermeld de aftrekken waarop zij aanspraak hebben, die door de belastingdienst achteraf gelijkmatig over het gehele kalenderjaar moeten worden verdeeld (§ 39d EStG). Volgens deze bepaling juncto § 41c EStG mag de werkgever dan bij de eerstvolgende salarisbetaling de tot dat tijdstip ingehouden loonbelasting restitueren, ingeval de werknemer hem een verklaring overlegt die terugwerkende kracht heeft. Indien de werkgever dit niet doet, kan de wijziging na afloop van het kalenderjaar door de belastingdienst worden uitgevoerd.

54. Hierbij moet echter worden opgemerkt, dat deze bepalingen geen bindende kracht hebben en dat noch het Finanzamt Köln-Altstadt noch de Duitse regering een bepaling heeft kunnen noemen die de belastingdienst ver-

plicht, in alle gevallen te voorzien in de discriminerende gevolgen die uit de toepassing van de betrokken bepalingen van het EStG voortvloeien.

55. Voorts kunnen, omdat zij niet voor de genoemde procedures in aanmerking komen, niet-ingezetenen die in de loop van het jaar hun betrekking in een Lid-Staat hebben opgezegd om in een andere Lid-Staat te gaan werken, of die een gedeelte van het jaar werkloos zijn geweest, geen teruggaaf van eventueel te veel geheven belasting verkrijgen van hun werkgever of de belastingdienst.

56. Blijkens de verwijzingsbeschikking bestaat er in het Duitse recht een billijkheidsregeling (§ 163 Abgabenordnung) volgens welke de niet-ingezetene de belastingdienst kan verzoeken zijn situatie te herbezien en het belastbare bedrag te herberekenen.

57. Voor de eisen van artikel 48 EEG-Verdrag volstaat het echter niet, wanneer de buitenlandse werknemer zich moet verlaten op door de belastingdienst van geval tot geval genomen billijkheidsmaatregelen. In het arrest Biehl (reeds aangehaald) heeft het Hof overigens een soortgelijk betoog van de Luxemburgse belastingdienst afgewezen.

58. Artikel 48 EEG-Verdrag verlangt dus een gelijke behandeling van niet-ingezeten gemeenschapsonderdanen en ingezeten nationale onderdanen op procedureel vlak. De uitsluiting van niet-ingezeten gemeenschapsonderdanen van de jaarlijkse afrekeningsprocedures die voor ingezeten nationale onderdanen bestaan, vormt een ongerechtvaardigde discriminatie.

59. Aan de nationale rechter moet derhalve worden geantwoord, dat artikel 48 EEG-Verdrag aldus moet worden uitgelegd dat het zich ertegen verzet, dat de wetgeving van een Lid-Staat inzake directe belastingen procedures als de jaarlijkse correctie van de ingehouden loonbelasting en de vaststelling van de belasting op inkomsten uit arbeid in dienstbetrekking bij wege van aanslag, voorbehoudt aan ingezetenen, met uitsluiting van natuurlijke personen die in die staat weliswaar niet hun woon- of gewone verblijfplaats hebben, doch aldaar inkomsten uit arbeid in dienstbetrekking verwerven.

Kosten

60. ...

HET HOF VAN JUSTITIE

uitspraak doende op de door het Bundesfinanzhof bij beschikking van 14 april 1993 gestelde vragen, verklaart voor recht:

1. Artikel 48 EEG-Verdrag moet aldus worden uitgelegd, dat het beperkingen kan stellen aan het recht van een Lid- Staat om de voorwaarden en de modaliteiten van de belastingheffing ter zake van op zijn grondgebied door een onderdaan van een andere Lid-Staat verworven inkomsten vast te stellen, in zover dit artikel een Lid-Staat niet toestaat om een onderdaan van een andere Lid-Staat van een andere Lid-Staat die gebruik heeft gemaakt van zijn recht op vrij verkeer en arbeid in loondienst verricht op het grondgebied van de eerste staat, bij de heffing van de directe belastingen ongunstiger te behandelen dan een nationale onderdaan in dezelfde omstandigheden.

2. Artikel 48 EEG-Verdrag moet worden uitgelegd, dat het zich verzet tegen de toepassing van de regeling van een Lid-Staat waardoor een werknemer die onderdaan van een andere Lid-Staat is, waarin hij ook woont, en die in eerstgenoemde staat arbeid in loondienst verricht, zwaarder wordt belast dan een werknemer die in de eerste staat woont en aldaar dezelfde werkzaamheid verricht, wanneer, zoals in casu in het hoofdgeding, de onderdaan van de tweede staat zijn inkomen geheel of vrijwel uitsluitend verwerft door de in de eerste staat verrichte arbeid en in de tweede staat onvoldoende inkomsten geniet om aldaar aan een belastingheffing te worden onderworpen, waarbij rekening kan worden gehouden met zijn persoonlijke en gezinssituatie.

3. Artikel 48 EEG-Verdrag moet worden uitgelegd dat het zich ertegen verzet, dat de wetgeving van een Lid-Staat inzake directe belastingen procedures als de jaarlijkse correctie van de ingehouden loonbelasting en de vaststelling van de belasting op inkomsten uit arbeid in dienstbetrekking bij wege van aanslag, voorbehoudt aan ingezetenen, met uitsluiting van natuurlijke personen die in die staat weliswaar niet hun woon- of gewone verblijfplaats hebben, doch aldaar inkomsten uit arbeid in dienstbetrekking verwerven.

HvJ EG 11 augustus 1995, zaak C-80/94*
(G. H. E. J. Wielockx v. Inspecteur der directe belastingen)

Wielockx, onderdaan en inwoner van België, was als fysiotherapeut werkzaam in Nederland. Als niet in Nederland woonachtige ondernemer was hij niet gerechtigd tot het vormen van een fiscale oudedagsreserve.

HvJ EG: De door Nederland (naar aanleiding van Bachmann) aangevoerde cohesie van het Nederlandse belastingstelsel als rechtvaardigingsgrond voor dit onderscheid (waarschijnlijk geen mogelijkheid om de latere vrijvallende oudedagsreserve te belasten) wordt afgewezen: het staat Nederland vrij om in zijn belastingverdrag met België zich de heffing over de vrijvallende reserve voor te behouden (en daarvoor een nationale heffingsbepaling in het leven te roepen).

Hof:	*G. C. Rodríguez Iglesias, president, F. A. Schockweiler, P. J. G. Kapteyn, C. Gulmann en P. Jann, kamerpresidenten, G. F. Mancini, J. C. Moitinho de Almeida, D. A. O. Edward (rapporteur), G. Hirsch, H. Ragnemalm en L. Sévon, rechters*
Advocaat-generaal:	*P. Léger*

Voor de tekst van de Conclusie van Advocaat-Generaal Léger en van het Rapport ter terechtzitting wordt verwezen naar band 18, onderdeel III.J, van de Nederlandse Regelingen van Internationaal Belastingrecht

1. Bij uitspraak van 16 februari 1994, ingekomen bij het Hof op 2 maart daaraanvolgend, heeft het Gerechtshof te 's-Hertogenbosch krachtens artikel 177 EG-Verdrag drie prejudiciële vragen gesteld over de uitlegging van artikel 52 EEG-Verdrag (thans EG-Verdrag).

2. Die vragen zijn gerezen in een geschil tussen Wielockx, van Belgische nationaliteit en woonachtig in België, en de Inspecteur der directe belastingen (hierna: 'inspecteur') over de weigering van deze laatste om het belastbaar inkomen van betrokkene te verminderen met de toevoegingen aan de oudedagsreserve.

3. Artikel 1 van de Nederlandse Wet op de inkomstenbelasting 1964 (*Stb.* 1964, 519; hierna: 'wet van 1964') omschrijft 'binnenlandse belastingplichtigen' als natuurlijke personen die binnen het Rijk wonen, terwijl 'buitenlandse belastingplichtigen' worden omschreven als natuurlijke personen die niet in Nederland wonen, doch binnenlands inkomen genieten.

4. Bij artikel 44d, lid 1, van de wet van 1964, zoals aangevuld bij de wet van 16 november 1972 (*Stb.* 1972, 612), is een vrijwillig stelsel van fiscale oudedagsreserve voor zelfstandigen ingevoerd. Ingevolge dit stelsel kunnen de belanghebbenden een deel van hun winst uit onderneming reserveren voor de vorming van een oudedagsreserve, wat het voordeel heeft dat de bedragen die elk jaar worden gespaard, in de onderneming blijven.

5. Volgens artikel 3, lid 3, van de wet van 1964 wordt ten aanzien van binnenlandse belastingplichtigen belasting geheven naar het inkomen dat zij genieten als winst uit onderneming, verminderd met de toevoegingen aan en vermeerderd met de afnemingen van de oudedagsreserve. De maximale toevoeging aan een oudedagsreserve gedurende een kalenderjaar, die voor aftrek in aanmerking kan komen, wordt verminderd met het bedrag van de premies die op grond van verplichte deelneming in een bedrijfspensioenfonds zijn betaald.

6. Ingevolge artikel 44f, lid 1, sub e, van dezelfde wet wordt de oudedagsreserve opgeheven wanneer de belastingplichtige de leeftijd van 65 jaar bereikt. Zij wordt dan als inkomen aangemerkt en onderworpen hetzij aan belastingheffing ineens over het volledige kapitaal, hetzij aan uitgestelde belastingheffing over de periodiek uit dat kapitaal betaalde uitkeringen.

7. Overeenkomstig de artikelen 48 en 49 van de wet van 1964 wordt ten aanzien van buitenlandse belastingplichtigen uitsluitend belasting geheven naar het 'belastbaar binnenlands inkomen', dat wil zeggen het in een kalenderjaar op Nederlands grondgebied genoten inkomen, verminderd met de verliezen. De oudedagsreserve maakt geen deel uit van de bedragen die krachtens artikel 48, lid 3, van de wet van 1964 op dit inkomen in mindering kunnen worden gebracht. Op grond van een ministeriële fiscaal-juridische circulaire kan evenwel een correctie worden toegepast, waardoor persoonlijke verplichtingen en buitengewone lasten in mindering kunnen worden gebracht, wanneer ten minste 90% van het wereldinkomen van de niet-ingezeten belastingplichtige in Nederland aan inkomstenbelasting is onderworpen. Deze circulaire heeft geen betrekking op de oudedagsreserve.

8. Artikel 18 van het OESO-Modelverdrag (Modelverdrag inzake dubbele heffing van inkomsten- en vermogensbelasting, rapport van het Comité fiscale zaken van de OESO, 1977) bepaalt: 'Onder voorbehoud van de bepalingen van artikel 19, lid 2 [betreffende de ambtenaren-pensioenen], zijn pensioenen en andere soortgelijke beloningen

* Ook gepubliceerd in BNB 1995/319 (Wattel), FED 1995/878 (Kamphuis), VN 1995 blz. 2908.

betaald aan een inwoner van een Verdragsluitende Staat ter zake van een vroegere dienstbetrekking, slechts in die Staat belastbaar.'

9. Voorts wordt in artikel 14, lid 1, van de tussen Nederland en België gesloten bilaterale overeenkomst tot het vermijden van dubbele belasting (*Trb*. 1970, nr. 192) bepaald, dat voordelen of inkomsten verkregen door een inwoner van een van de staten in de uitoefening van een vrij beroep in de andere staat belastbaar zijn, indien hij aldaar voor het verrichten van zijn werkzaamheden over een vast middelpunt beschikt.

10. Wielockx is zelfstandig fysiotherapeut te Venlo (Nederland) en als zodanig maat in een maatschap. Hij verwerft al zijn inkomsten in Nederland en is aldaar belastingplichtig.

11. Wielockx verzocht de inspecteur het in 1987 in Nederland genoten belastbaar inkomen (73 912 HFL, door de belastingdienst teruggebracht tot 65 643 HFL) te verminderen met 5145 HFL uit hoofde van toevoeging aan de oudedagsreserve. Dit verzoek werd door de inspecteur afgewezen.

12. Wielockx kwam daarvan in beroep bij de belastingkamer van het Gerechtshof te 's-Hertogenbosch. Daar het twijfelde aan de verenigbaarheid van de Nederlandse bepalingen inzake de oudedagsreserve met de in artikel 52 EG-Verdrag geregelde vrijheid van vestiging, heeft het Gerechtshof de behandeling van de zaak geschorst en het Hof verzocht om een prejudiciële beslissing over de volgende vragen:

'1. Verbiedt artikel 52 van het Verdrag tot oprichting van de Europese Economische Gemeenschap of enige andere bepaling van dat Verdrag een Lid-Staat, zoals Nederland, een belasting te heffen naar het inkomen van natuurlijke personen, waarbij aan belastingplichtigen die winst uit onderneming genieten, het recht is toegekend ten laste van het onzuiver inkomen een zogenoemde oudedagsreserve te vormen – verwezen zij naar artikel 3, lid 3, aanhef en onderdeel a, in verbinding met de artikelen 44d tot en met 44l van de Wet op de inkomstenbelasting 1964, zoals die voor het onderhavige jaar luidden –, doch dit recht wordt onthouden aan een in een andere Lid-Staat wonende belastingplichtige met de nationaliteit van die andere Lid-Staat die in eerstbedoelde Lid-Staat winst uit onderneming geniet en ten aanzien daarvan in de heffing van vorenbedoelde belasting wordt betrokken?

2. Is hierbij van betekenis, dat op grond van hoofdstuk III van de Wet op de inkomstenbelasting 1964 (Voorwerp van de belasting bij buitenlandse belastingplichtigen) afnemingen van de oudedagsreserve niet tot het belastbaar binnenlands inkomen van de buitenlandse belastingplichtige behoren, waardoor binnen het vigerende Nederlandse belastingstelsel de samenhang tussen de aftrekbaarheid van toevoegingen aan de oudedagsreserve en de belastbaarheid van afnemingen daarvan ten aanzien van buitenlandse belastingplichtigen niet is gewaarborgd?

3. Is mede van belang, of het inkomen van de buitenlands belastingplichtige al dan niet geheel of nagenoeg geheel is verdiend met werkzaamheden welke zijn verricht in eerstbedoelde Lid-Staat?'

13. Met de eerste en de derde vraag wenst de nationale rechter in wezen te vernemen, of artikel 52 van het Verdrag zich ertegen verzet, dat een Lid-Staat zijn inwoners toestaat, de voor de vorming van een oudedagsreserve bestemde winst uit onderneming op het belastbaar inkomen in mindering te brengen, doch dit voordeel onthoudt aan belastingplichtige gemeenschapsonderdanen die weliswaar in een andere Lid-Staat wonen, maar in de eerste staat (nagenoeg) al hun inkomsten verwerven.

14. Met de tweede vraag wenst de verwijzende rechter te vernemen, of een dergelijk verschil in behandeling kan worden gerechtvaardigd door het feit, dat de periodieke uitkeringen die de niet-ingezeten belastingplichtige nadien uit de oudedagsreserve uitbetaald krijgt, niet zijn belast in de staat waar hij zijn beroepswerkzaamheden uitoefent, maar in de staat van de woonplaats, waarmee die staat een bilaterale overeenkomst tot het vermijden van dubbele belasting heeft gesloten.

15. Deze vragen dienen te zamen te worden onderzocht.

16. Om te beginnen zij eraan herinnerd, dat ofschoon de directe belastingen tot de bevoegdheid van de Lid-Staten behoren, deze niettemin verplicht zijn die bevoegdheid in overeenstemming met het gemeenschapsrecht uit te oefenen en zich derhalve van elke openlijke of verkapte discriminatie op grond van nationaliteit te onthouden (arrest van 14 februari 1995, zaak C-279/93, Schumacker, nog niet gepubliceerd in de *Jurisprudentie*, r.o. 21 en 26).

17. Volgens vaste rechtspraak is er sprake van discriminatie, wanneer verschillende regels worden toegepast op vergelijkbare situaties of wanneer dezelfde regel wordt toegepast op verschillende situaties.

18. Op het gebied van de directe belastingen is de situatie van ingezetenen en die van niet-ingezetenen van een bepaalde staat in het algemeen niet vergelijkbaar. Die situaties verschillen immers objectief van elkaar, zowel wat de bron van inkomsten als wat de persoonlijke draagkracht of de persoonlijke en gezinssituatie betreft (arrest Schumacker, reeds aangehaald, r.o. 31 e.v.).

19. Derhalve kan een verschillende behandeling van deze twee categorieën belastingplichtigen als zodanig niet worden aangemerkt als discriminatie in de zin van het Verdrag.

20. De niet-ingezeten belastingplichtige – werknemer of zelfstandige – die (nagenoeg) zijn gehele inkomen verwerft in de staat waar hij zijn beroepswerkzaamheden uitoefent, bevindt zich evenwel wat de inkomstenbelasting betreft, objectief in dezelfde situatie als de inwoner van deze staat, die er dezelfde werkzaamheden uitoefent. Beiden zijn enkel in deze staat belastingplichtig volgens dezelfde belastinggrondslag.

21. Indien de niet-ingezeten belastingplichtige, ten aanzien van de van zijn belastbaar inkomen af te trekken bedragen, fiscaal niet op dezelfde wijze wordt behandeld als de ingezeten belastingplichtige, zal met zijn persoonlijke situatie noch door de belastingdienst van de staat waar hij zijn beroepswerkzaamheden uitoefent – waar hij immers niet woont –, noch door die van de woonstaat – waar hij immers geen inkomen geniet – rekening worden gehouden. Dientengevolge zal hij voor een groter totaalbedrag worden aangeslagen en worden benadeeld ten opzichte van de ingezeten belastingplichtige.

22. Hieruit volgt, dat de niet-ingezeten belastingplichtige die, zoals in het hoofdgeding, (nagenoeg) zijn gehele inkomen verwerft in de staat waar hij zijn beroepswerkzaamheden uitoefent, maar geen aftrekbare oudedagsreserve kan opbouwen onder dezelfde fiscale voorwaarden als de ingezeten belastingplichtige, wordt gediscrimineerd.

23. Ter rechtvaardiging van het in casu door niet-ingezeten belastingplichtigen geleden fiscale nadeel beroept de Nederlandse regering zich op het beginsel van fiscale samenhang, neergelegd in het arrest van 28 januari 1992 (zaak C-204/90, Bachmann, *Jurispr.* 1992, blz. I-249). Volgens dit beginsel moet er een correlatie bestaan tussen de bedragen die van de belastbare grondslag worden afgetrokken, en die waarover belasting wordt geheven. Indien een niet-ingezetene in Nederland een oudedagsreserve kon opbouwen en aldus een recht op pensioen kon verwerven, zou dit pensioen aan de belastingheffing in Nederland ontkomen, aangezien een dergelijk inkomen ingevolge de belastingovereenkomst tussen België en Nederland in de woonstaat wordt belast.

24. Zoals de advocaat-generaal in punt 54 van zijn conclusie heeft opgemerkt, belast de staat ingevolge overeenkomsten tegen dubbele belasting die, zoals bovenbedoelde overeenkomst, met het OESO-Modelverdrag overeenkomen, alle door zijn ingezetenen ontvangen pensioenen, ongeacht in welke staat de premies zijn betaald, maar ziet hij daartegenover af van belastingheffing over in het buitenland ontvangen pensioenen, ook wanneer deze berusten op in het binnenland betaalde en als aftrekbaar beschouwde premies. De fiscale samenhang bestaat dus niet op het niveau van een zelfde persoon, door een strikte correlatie tussen de aftrekbaarheid van de premies en de belastingheffing over de pensioenuitkeringen, maar bevindt zich op een ander niveau, te weten dat van de wederkerigheid van de in de verdragsluitende staten toepasselijke voorschriften.

25. Aangezien de fiscale samenhang is verzekerd door een met een andere Lid-Staat gesloten bilaterale overeenkomst, kan dit beginsel niet worden aangevoerd als reden om een aftrek als die waarom het hier gaat, te weigeren.

26. Aansluitend bij de schriftelijke opmerkingen van de Commissie moet er in elk geval aan worden herinnerd, dat overeenkomstig richtlijn 77/799/EEG van de Raad van 19 december 1977 betreffende de wederzijdse bijstand van de bevoegde autoriteiten van de Lid-Staten op het gebied van de directe belastingen (*PB* 1977, L 336, blz. 15), de belastingdiensten te allen tijde alle nodige inlichtingen kunnen inwinnen.

27. Uit het voorgaande volgt, dat een regeling van een Lid-Staat, op grond waarvan ingezetenen van deze staat de voor de vorming van de oudedagsreserve bestemde winst uit onderneming op het belastbaar inkomen in mindering kunnen brengen, doch die dit voordeel onthoudt aan belastingplichtige gemeenschapsonderdanen die in een andere Lid-Staat wonen, maar in de eerste staat (nagenoeg) hun gehele inkomen verwerven, niet kan worden gerechtvaardigd door het feit, dat de periodieke uitkeringen die de niet-ingezeten belastingplichtige nadien uit de oudedagsreserve uitbetaald krijgt, niet in deze staat zijn belast, maar in de staat van de woonplaats – waarmee de eerste staat een bilaterale overeenkomst tot het vermijden van dubbele belasting heeft gesloten –, zelfs indien de veralgemening van het voordeel een strikte samenhang tussen de aftrekbaarheid van toevoegingen aan de oudedagsreserve en de belastbaarheid van afnemingen daarvan onder het in de eerste staat geldende belastingstelsel niet kan waarborgen, en dat een dergelijk verschil in behandeling in strijd is met artikel 52 van het Verdrag.

Kosten

28. ...

HET HOF VAN JUSTITIE

uitspraak doende op de door het Gerechtshof te 's-Hertogenbosch bij uitspraak van 16 februari 1994 gestelde vragen, verklaart voor recht:

Een regeling van een Lid-Staat, op grond waarvan ingezetenen van deze staat de voor de vorming van een oudedagsreserve bestemde winst uit onderneming op het belastbaar inkomen in mindering kunnen brengen, doch die dit voordeel onthoudt aan belastingplichtige gemeenschapsonderdanen die in een andere Lid-Staat wonen, maar in de eerste staat (nagenoeg) hun gehele inkomen verwerven, kan niet worden gerechtvaardigd door het

feit, dat de periodieke uitkeringen die de niet-ingezetenen belastingplichtige nadien uit de oudedagsreserve uitbetaald krijgt, niet in deze staat zijn belast, maar in de staat van de woonplaats – waarmee de eerste staat een bilaterale overeenkomst tot het vermijden van dubbele belasting heeft gesloten –, zelfs indien de veralgemening van het voordeel een strikte samenhang tussen de aftrekbaarheid van toevoegingen aan de oudedagsreserve en de belastbaarheid van afnemingen daarvan onder het in de eerste staat geldende belastingstelsel niet kan waarborgen. Een dergelijk verschil in behandeling is derhalve in strijd met artikel 52 van het Verdrag.

HvJ EG 26 oktober 1995, zaak C-151/94 (Commissie v. Groothertogdom Luxemburg ['Biehl II'])

Zesde kamer: *C. N. Kakouris, kamerpresident, G. Hirsch, G. F. Mancini (rapporteur), F. A. Schockweiler en H. Ragnemalm, rechters*
Advocaat-generaal: *F.G. Jacobs*

Na het arrest Biehl (175/88) paste Luxemburg zijn fiscale regelgeving niet aan, waarop de Europese Commissie een procedure tegen Luxemburg aanspande.

HET HOF VAN JUSTITIE

verklaart voor recht:

Door bepalingen te handhaven krachtens welke belasting die teveel is geheven over het loon of het salaris van een onderdaan van een Lid-Staat, die slechts gedurende een gedeelte van het belastingjaar op het nationale grondgebied heeft gewoond en/of er een werkzaamheid in loondienst heeft uitgeoefend, definitief toevalt aan de schatkist en niet kan worden terugbetaald, heeft het Groothertogdom Luxemburg niet voldaan aan de verplichtingen die op hem rusten krachtens artikel 48, lid 2, EG-Verdrag en artikel 7, lid 2 van Verordening (EEG) nr. 1612/68 van de Raad van 15 oktober 1968 betreffende het vrije verkeer van werknemers binnen de Gemeenschap.

HvJ EG 14 november 1995, zaak C-484/93
(P. Svensson en L. Gustavsson v. Ministre du Logement et de l'Urbanisme)

Hof: *G. C. Rodríguez Iglesias, president, D. A. O. Edward en G. Hirsch, kamerpresidenten, G. F. Mancini, F. A. Schockweiler, J. C. Moitinho de Almeida (rapporteur), C. Gulmann, J. L. Murray, P. Jann, H. Ragnemalm en L. Sévon, rechters*

Advocaat-generaal: *M. B. Elmer*

Een in Luxemburg woonachtig echtpaar diende bij de Luxemburgse overheid een aanvraag in voor een subsidie van de interest die zij aan een Belgische bank betaalden ter zake van hun woningfinanciering. De aanvraag werd afgewezen omdat de lening niet door een in Luxemburg gevestigde bank was verstrekt.

HET HOF VAN JUSTITIE

verklaart voor recht:

De artikelen 59 en 67 EG-Verdrag staan eraan in de weg, dat een Lid-Staat de toekenning van een sociale steun voor huisvesting, inzonderheid een rentesubsidie, afhankelijk stelt van de voorwaarde dat de leningen voor de financiering van de bouw, de aankoop of de verbetering van de gesubsidieerde woning zijn aangegaan bij een in die Lid-Staat erkende kredietinstelling, waarvoor vereist is dat die instelling aldaar is gevestigd.

HvJ EG 15 december 1995, zaak C-415/93* ([Voetbalbonden] v. J.-M. Bosman)

Hof: *G. C. Rodríguez Iglesias, president, C. N. Kakouris, D. A. O. Edward en G. Hirsch, kamerpresidenten, G. F. Mancini (rapporteur), J. C. Moitinho de Almeida, P. J. G. Kapteyn, C. Gulmann, J. L. Murray, P. Jann en H. Ragnemalm, rechters*

Advocaat-generaal: *C.O. Lenz*

Het bestaan van een belemmering van het vrije verkeer van werknemers

92. Derhalve moet worden onderzocht, of de transferregels een door artikel 48 van het Verdrag verboden belemmering van het vrije verkeer van werknemers opleveren.

93. Gelijk het Hof herhaaldelijk heeft vastgesteld, is het vrije verkeer van werknemers een van de fundamentele beginselen van de Gemeenschap en hebben de verdragsbepalingen die deze vrijheid waarborgen, rechtstreekse werking sedert het einde van de overgangsperiode.

94. Het Hof heeft eveneens geoordeeld, dat de verdragsbepalingen inzake het vrije verkeer van personen het de gemeenschapsonderdanen gemakkelijk beogen te maken, om het even welk beroep uit te oefenen op het gehele grondgebied van de Gemeenschap, en in de weg staan aan regelingen die deze onderdanen minder gunstig behandelen wanneer zij op het grondgebied van een andere Lid-Staat een economische activiteit willen verrichten (zie arresten van 7 juli 1988, zaak 143/87, Stanton, *Jurispr.* 1988, blz. 3877, r.o. 13, en 7 juli 1992, zaak C-370/90, Singh, *Jurispr.* 1992, blz. I-4265, r.o. 16).

95. In deze context beschikken de onderdanen van de Lid-Staten in het bijzonder over het rechtstreeks aan het Verdrag ontleende recht om hun land van herkomst te verlaten teneinde zich naar het grondgebied van een andere Lid-Staat te begeven en aldaar te verblijven om er een economische activiteit te verrichten (zie onder meer arresten van 5 februari 1991, C-363/89, Roux, *Jurispr.* 1991, blz. I-273, r.o. 9, en Singh, reeds aangehaald, r.o. 17).

96. Bepalingen die een onderdaan van een Lid-Staat beletten of ervan weerhouden zijn land van herkomst te verlaten om zijn recht van vrij verkeer uit te oefenen, leveren derhalve belemmeringen van die vrijheid op, zelfs wanneer zij onafhankelijk van de nationaliteit van de betrokken werknemers van toepassing zijn (zie ook arrest van 7 maart 1991, zaak C-10/90, Masgio, *Jurispr.* 1991, blz. I-1119, r.o. 18 en 19).

97. In zijn arrest van 27 september 1988 (zaak 81/87, Daily Mail and General Trust, *Jurispr.* 1988, blz. 5483, r.o. 16) heeft het Hof overigens verklaard, dat hoewel de verdragsbepalingen inzake de vrijheid van vestiging met name beogen te verzekeren dat buitenlandse onderdanen en vennootschappen in de Lid-Staat van ontvangst op dezelfde wijze worden behandeld als de onderdanen in die Lid-Staat, zij de Lid-Staat van oorsprong ook verbieden, de vestiging in een andere Lid-Staat te bemoeilijken van een van zijn onderdanen of van een naar zijn nationaal recht opgerichte en onder de definitie van artikel 58 vallende vennootschap. De door de artikelen 52 e.v. van het Verdrag gewaarborgde rechten zouden hun betekenis verliezen, indien de Lid-Staat van oorsprong ondernemingen kon beletten het land te verlaten teneinde zich in een andere Lid-Staat te vestigen. Dezelfde overwegingen gelden, wat artikel 48 van het Verdrag betreft, voor de regels die het vrije verkeer belemmeren van onderdanen van een Lid-Staat die in andere Lid-Staat arbeid in loondienst willen verrichten.

98. De in de hoofdgedingen aan de orde zijnde transferregels gelden evenwel ook voor de transfer van spelers tussen clubs die tot verschillende nationale verenigingen binnen een zelfde Lid-Staat behoren, en voor transfers tussen clubs die tot dezelfde nationale vereniging behoren, gelden soortgelijke regels.

99. Gelijk Bosman, de Deense regering en de advocaat-generaal – in de punten 209 en 210 van zijn conclusie – hebben opgemerkt, kunnen deze regels het vrije verkeer van spelers die hun activiteit in een andere Lid-Staat willen verrichten, beperken door hen te beletten of hen ervan te weerhouden hun club te verlaten, zelfs na het verstrijken van de arbeidsovereenkomst die hen aan die club bindt.

100. Door te bepalen dat een beroepsvoetballer slechts voor een in een andere Lid-Staat gevestigde club kan gaan spelen indien deze club aan zijn oude club een transfervergoeding betaalt, waarvan het bedrag tussen de twee clubs wordt overeengekomen of wordt bepaald volgens de reglementen van de sportverenigingen, beperken die regels immers het vrije verkeer van werknemers.

...

104. De transferregels leveren derhalve door artikel 48 van het Verdrag in beginsel verboden belemmeringen van het vrije verkeer van werknemers op. Dit zou slechts anders zijn, indien die regels een rechtmatig, met het Verdrag

* Ook gepubliceerd in FED 1997/176 (Weber).

verenigbaar doel zouden nastreven en hun rechtvaardiging zouden vinden in dwingende redenen van algemeen belang. In een dergelijk geval zou de toepassing van die regels evenwel ook geschikt moeten zijn om de verwezenlijking van het betrokken doel te waarborgen en zou zij niet verder mogen gaan dan nodig is voor het bereiken van dat doel (zie, onder meer, arrest Kraus, reeds aangehaald, r.o. 32, en arrest van 30 november 1995, zaak C-55/94, Gebhard, nog niet gepubliceerd in de *Jurisprudentie*, r.o. 37).

HET HOF VAN JUSTITIE

uitspraak doende op de door het Hof van Beroep te Luik bij arrest van 1 oktober 1993 gestelde vragen, verklaart voor recht:

1. Artikel 48 EEG-Verdrag verzet zich tegen de toepassing van door sportverenigingen vastgelegde regels, volgens welke een beroepsvoetballer die onderdaan is van een Lid-Staat, bij het verstrijken van het contract dat hem aan een club bindt, door een club van een andere Lid-Staat slechts in dienst kan worden genomen, indien deze club van herkomst een transfer-, opleidings- of promotievergoeding heeft betaald.

2. Artikel 48 EEG-Verdrag verzet zich tegen de toepassing van door sportverenigingen vastgestelde regels, volgens welke de voetbalclubs voor de door hen georganiseerde competitiewedstrijden slechts een beperkt aantal beroepsspelers mogen opstellen die onderdaan zijn van een andere Lid-Staat.

3. Op de rechtstreekse werking van artikel 48 EEG-Verdrag kan geen beroep worden gedaan tot staving van vorderingen ter zake van een transfer-, opleidings- of promotievergoeding die op de datum van het onderhavige arrest reeds is betaald of nog is verschuldigd ter uitvoering van een vóór die datum ontstane verbintenis, behalve door de justitiabelen die vóór die datum een beroep in rechte hebben ingesteld of een naar nationaal recht daarmee gelijk te stellen bezwaarschrift hebben ingediend.

HvJ EG 27 juni 1996, zaak C-107/94*
(P. H. Asscher v. Staatssecretaris van Financiën)

Vijfde kamer: *D. A. O. Edward, kamerpresident, J. P. Puissochet, J. C. Moitinho de Almeida, C. Gulmann en M. Wathelet (rapporteur), rechters*

Advocaat-generaal: *P. Léger*

Voor de tekst van de Conclusie van Advocaat-Generaal Léger en van het Rapport ter terechtzitting wordt verwezen naar band 22, onderdeel III.J, van de Nederlandse Regelingen van Internationaal Belastingrecht

1. Bij arrest van 23 maart 1994, binnengekomen bij het Hof op 30 maart daaraanvolgend, heeft de Hoge Raad der Nederlanden krachtens artikel 177 EG-Verdrag vijf prejudiciële vragen gesteld over de uitlegging van artikel 48 EEG-Verdrag, thans EG-Verdrag.

2. Deze vragen zijn gerezen in een geding tussen de Staatssecretaris van Financiën en P.H. Asscher, een Nederlands onderdaan die in Nederland werkt zonder daar woonachtig te zijn, over de toepassing op laatstgenoemde van een hoger loonbelastingtarief dan het tarief dat wordt toegepast op in Nederland woonachtige of gelijkgestelde belastingplichtigen, die daar dezelfde werkzaamheid uitoefenen.

3. In Nederland is de directe belastingheffing van natuurlijke personen geregeld in de Wet op de inkomstenbelasting van 16 december 1964 (*Staatsblad* 519; hierna: 'Wet IB') en in de Wet op de loonbelasting van 18 december 1964 (*Staatsblad* 521; hierna: 'Wet LB'), zoals die in de loop van het jaar 1989 zijn gewijzigd (gewijzigde versies opgenomen in *Staatsblad* 1990, 103 respectievelijk 104).

4. Krachtens de wetten van 27 en 28 april 1989 (*Staatsblad* 122, 123, 129 en 611) is met ingang van 1 januari 1990 zowel voor de inkomstenbelasting als voor de loonbelasting een gecombineerde heffing van belasting en premies voor de volksverzekeringen ingevoerd. De heffing geschiedt sindsdien op basis van een uniforme grondslag: het belastbaar inkomen en het inkomen op basis waarvan de sociale premies worden berekend, stemmen met elkaar overeen, zodat het bedrag vrijgesteld van belasting en premieheffing (dat wil zeggen de basisaftrek) gelijk is.

5. De tarieftabel voor de belastingen, die uit drie schijven bestaat, is opgenomen in de artikelen 20a en 20b van de Wet LB (en, op dezelfde wijze, in de artikelen 53a en 53b van de Wet IB), die, uitsluitend voor de eerste schijf van het belastbare bedrag, verschillende tarieven bevatten. Vóór de belastinghervorming gold voor de eerste schijf echter een zelfde belastingtarief van 14% voor alle belastingplichtigen die een salaris uit binnenlandse bron genoten.

6. Artikel 20a bevat een tabel voor in Nederland woonachtige of gelijkgestelde belastingplichtigen. Gelijkstelling vindt plaats wanneer de niet-ingezeten belastingplichtige aantoont, dat zijn wereldinkomen geheel of nagenoeg geheel (dat wil zeggen voor ten minste 90%) bestaat uit in Nederland belastbaar inkomen, waarbij deze laatste voorwaarde wordt geacht te zijn vervuld, indien de belastingplichtige in Nederland is onderworpen aan de premieheffing voor het verplichte algemene stelsel van volksverzekeringen. Voor deze belastingplichtigen bedraagt de belasting over de eerste schijf van het belastbare bedrag 13%.

7. Voor het belastingjaar 1990 kwam de eerste schijf van het belastbare bedrag overeen met een belastbaar jaarinkomen van lager dan of gelijk aan 42 123 HFL. Het tarief van de premies algemene volksverzekeringen, welke, tegelijkertijd met de belasting, alleen over de eerste belastingschijf werden geheven, was op dat moment 22,1%. Het totale percentage dat ingezetenen en gelijkgestelde belastingplichtigen over de eerste schijf van hun salaris betaalden, bedroeg derhalve 35,1%.

8. Artikel 20b bevat een tabel, de zogenoemde buitenlandertabel, voor niet-ingezeten belastingplichtigen die niet voldoen aan de voorwaarden van artikel 20a, dat wil zeggen die minder dan 90% van hun wereldinkomen in Nederland verwerven en geen premies aan de Nederlandse volksverzekeringen behoeven te betalen. Voor deze belastingplichtigen geldt voor de eerste belastingschijf een hoger tarief, namelijk 25%.

9. Wat de twee andere belastingschijven betreft, bedraagt de belasting voor alle belastingplichtigen zonder onderscheid 50% over de tweede schijf van het belastbare bedrag en 60% over de derde schijf (vóór de hervorming van 1989 gold voor de derde schijf een percentage van 72%).

10. Blijkens het dossier is Asscher in Nederland directeur van een vennootschap met beperkte aansprakelijkheid, P.H. Asscher BV, waarvan hij enig aandeelhouder is.

11. Asscher is tevens werkzaam in België, waar hij directeur is van een vennootschap naar Belgisch recht, de vennootschap Vereudia, waarvoor hij alleen in België werkzaamheden uitoefent.

* Ook gepubliceerd in BNB 1996/350 (Van der Geld), VN 1996 blz. 2597.

12. In mei 1986 verlegde Asscher zijn woonplaats van Nederland naar België, zonder dat deze verhuizing enige wijziging meebracht voor de uitoefening van zijn werkzaamheden in Nederland en in België.

13. Wat de belastingen betreft, zijn de regels over de verdeling van de bevoegdheid tot belastingheffing tussen het Koninkrijk België en het Koninkrijk der Nederlanden neergelegd in de bilaterale overeenkomst van 19 oktober 1970 tot het vermijden van dubbele belasting op het gebied van belastingen naar het inkomen en naar het vermogen en tot vaststellen van enige andere regelen verband houdende met de belastingheffing (*Tractatenblad* 1970, nr. 192; hierna: de 'overeenkomst').

14. Krachtens artikel 16, lid 1, juncto artikel 24, lid 2, sub 1, eerste volzin, van deze overeenkomst is het door Asscher in Nederland verkregen inkomen, te weten het salaris dat zijn Nederlandse vennootschap hem betaalt, enkel in Nederland belastbaar.

15. In België, zijn woonstaat, wordt Asscher over zijn overige inkomsten belast. De door hem in Nederland verkregen inkomsten zijn vrijgesteld van belasting, maar op grond van artikel 24, lid 2, sub 1, tweede volzin, van voormelde overeenkomst behoudt België het recht om met de vrijgestelde inkomsten rekening te houden bij het bepalen van het belastingtarief, om aldus de progressieregel toe te passen.

16. Op het vlak van de sociale zekerheid is de situatie van Asscher als volgt.

17. Totdat Asscher in mei 1986 zijn woonplaats naar België verlegde, was hij aangesloten bij het Nederlandse stelsel van volksverzekeringen. Sindsdien was hij niet langer verplicht, premies aan de Nederlandse volksverzekeringen te betalen en was hij op het gebied van de sociale zekerheid uitsluitend aan de Belgische wettelijke regeling onderworpen. Ten tijde van de feiten was hij in België verplicht aangesloten bij het sociale-zekerheidsstelsel voor zelfstandigen.

18. In juni 1990, de salarisperiode die in het hoofdgeding aan de orde is, werd op het door Asscher in Nederland ontvangen salaris over de eerste belastingschijf het tarief van 25% toegepast.

19. Na afwijzing van het door hem ingediende bezwaar tegen de inhouding van belasting op zijn salaris over de maand juni 1990, stelde Asscher hoger beroep in bij het Gerechtshof te Amsterdam met het betoog, dat de toepassing van het 25%-tarief een algemene indirecte discriminatie op grond van nationaliteit vormde, die in strijd was met de artikelen 7 en 48 EEG-Verdrag, thans de artikelen 6 en 48 EG-Verdrag.

20. In zijn arrest van 13 april 1992 wees het Gerechtshof het betoog betreffende discriminatie af. Het merkte op, dat vóór 1 januari 1990 een belastingplichtige als Asscher, die geen premies voor de volksverzekeringen behoefde te betalen (hierna: de 'niet-premiebetalende belastingplichtige'), loon- en inkomstenbelasting betaalde tegen hetzelfde tarief als een belastingplichtige die wel premies voor de volksverzekeringen diende te betalen (hierna: de 'premiebetalende belastingplichtige'), maar dat laatstgenoemde deze premies van zijn belastinggrondslag kon aftrekken.

21. Volgens het Gerechtshof heeft de algemene tariefverlaging die met ingang van 1 januari 1990 heeft plaatsgevonden, voor de premiebetalende belastingplichtige als tegenhanger gehad, dat de premies voor de volksverzekeringen niet meer van het belastbare bedrag kunnen worden afgetrokken. Dit nadeel deed zich echter niet voor de niet-premiebetalende belastingplichtigen gevoelen. Indien, aldus het Gerechtshof, voor niet-premiebetalende belastingplichtigen niet een hoger belastingtarief gold, zou de algemene tariefverlaging voor hen een ongerechtvaardigd voordeel ten opzichte van andere belastingplichtigen hebben betekend. Het oordeelde derhalve, dat de invoering, in het kader van de belastinghervorming, van verschillende belastingtarieven naar gelang de belastingplichtige al dan niet premies betaalt, objectief gerechtvaardigd was.

22. Asscher heeft tegen dit arrest beroep tot cassatie ingesteld.

23. Omdat de Hoge Raad twijfels had over de uitlegging van bepalingen van het EG-Verdrag, heeft hij besloten de behandeling van de zaak te schorsen en het Hof de volgende prejudiciële vragen voor te leggen:

'1. Laat artikel 48 van het Verdrag toe dat een Lid-Staat (de werkstaat) het in die staat bij een aldaar gevestigde werkgever verdiende loon aanzienlijk zwaarder met inkomsten- en loonbelasting treft indien de werknemer niet in de werkstaat maar in een andere Lid-Staat woont?

2. Indien de vraag onder 1 ontkennend moet worden beantwoord, is dan het verschil in behandeling niettemin toegestaan indien het wereldinkomen van de werknemer, berekend naar de maatstaven van de werkstaat, aldus is samengesteld dat het voor minder dan 90 percent bestaat uit inkomsten die door de werkstaat bij niet-inwoners in de inkomstenbelasting kunnen worden betrokken?

3. Is het geoorloofd door een verschil in belastingtarief als hier bedoeld in aanmerking te nemen dat de werknemer in de werkstaat niet is onderworpen aan premieheffing voor de in die staat geldende volksverzekeringen?

4. Is hierbij van betekenis of de werknemer in de woonstaat onderworpen is aan premieheffing voor vergelijkbare verzekeringen?

5. Maakt het voor het antwoord op voormelde vragen verschil of de werknemer onderdaan van de werkstaat is?'

24. Teneinde de rechtspositie van Asscher te preciseren in het licht van de verdragsbepalingen op het gebied van het vrije verkeer van personen, moet om te beginnen de aard van de door hem uitgeoefende economische activiteiten worden gekwalificeerd.

25. Volgens vaste rechtspraak van het Hof moet als 'werknemer' in de zin van artikel 48 van het Verdrag worden aangemerkt, iedere persoon die reëele en daadwerkelijke arbeid verricht, met uitsluiting van werkzaam-heden van zo geringe omvang dat zij louter marginaal en bijkomstig blijken. Volgens deze rechtspraak is het hoofdkenmerk van de arbeidsverhouding, dat iemand gedurende een bepaalde tijd voor een ander en onder diens gezag prestaties levert en als tegenprestatie een vergoeding ontvangt (arrest van 3 juli 1986, zaak 66/85, Lawrie-Blum, *Jurispr.* 1986, blz. 2121, r.o. 17).

26. Aangezien Asscher in Nederland directeur is van een vennootschap waarvan hij enig aandeelhouder is, oefent hij zijn werkzaamheid niet uit in het kader van een positie van ondergeschiktheid. Derhalve moet hij niet worden aangemerkt als 'werknemer' in de zin van artikel 48 van het Verdrag, maar als een persoon die een werkzaamheid anders dan in loondienst uitoefent in de zin van artikel 52 van het Verdrag.

27. Wat de werkzaamheid van Asscher in België betreft, volstaat de vaststelling, dat uit het dossier waarover het Hof beschikt volgt, zonder dat dit punt door partijen is betwist, dat de beroepsactiviteit die hij in die staat verricht eveneens als een werkzaamheid anders dan in loondienst moet worden aangemerkt.

28. Mitsdien moet worden onderzocht, of een wettelijke regeling als thans aan de orde, verenigbaar is met artikel 52, en niet met artikel 48, van het Verdrag.

29. In elk geval moet worden gepreciseerd dat, volgens het arrest van 20 mei 1992 (zaak C 106/91, Ramrath, *Jurispr.* 1992, blz. I-3351, r.o. 17), bij vergelijking van de artikelen 48 en 52 van het Verdrag blijkt, dat zij op dezelfde beginselen zijn gebaseerd, zowel met betrekking tot de toegang tot en het verblijf op het grondgebied van de Lid-Staten van personen op wie het gemeenschapsrecht van toepassing is, als met betrekking tot het verbod van iedere discriminatie jegens hen op grond van nationaliteit. Hetzelfde geldt voor de uitoefening, op het grondgebied van de Lid-Staten, van een economische activiteit door personen op wie het gemeenschapsrecht van toepassing is.

30. In het licht van deze overwegingen moeten de prejudiciële vragen van de Hoge Raad der Nederlanden worden beantwoord.

De vijfde prejudiciële vraag

31. Met de vijfde prejudiciële vraag, die als eerste moet worden onderzocht, wenst de verwijzende rechterlijke instantie in hoofdzaak te vernemen, of een onderdaan van een Lid-Staat, die in een andere Lid-Staat, zijn woonstaat, een werkzaamheid anders dan in loondienst verricht, jegens zijn staat van herkomst, op het grondgebied waarvan hij een andere werkzaamheid anders dan in loondienst verricht, een beroep kan doen op de bepalingen van artikel 52 van het Verdrag.

32. Volgens vaste rechtspraak kunnen de verdragsbepalingen inzake de vrijheid van vestiging weliswaar niet worden toegepast op zuiver interne aangelegenheden van een Lid-Staat, doch dit neemt niet weg, dat de draagwijdte van artikel 52 van het Verdrag niet aldus kan worden uitgelegd, dat de eigen onderdanen van een bepaalde Lid-Staat van de toepassing van het gemeenschapsrecht worden uitgesloten, wanneer zij zich, door hun handelwijze, ten opzichte van hun staat van herkomst in een vergelijkbare positie bevinden als alle andere personen die de door het Verdrag gewaarborgde rechten en vrijheden genieten (zie, in die zin, arresten van 7 februari 1979, zaak 115/78, Knoors, *Jurispr.* 1979, blz. 399, r.o. 24; 3 oktober 1990, zaak C-61/89, Bouchoucha, *Jurispr.* 1990, blz. I-3551, r.o. 13; 31 maart 1993, zaak C-19/92, Kraus, *Jurispr.* 1993, blz. I-1663, r.o. 15, en 23 februari 1994, zaak C-419/92, Scholz, *Jurispr.* 1994, blz. I-505).

33. In casu oefende Asscher vóór 1986 vanuit Nederland, zijn staat van herkomst, een economische activiteit uit in België. Sinds de verlegging van zijn woonplaats naar België, in mei 1986, oefent hij zowel in Nederland als in België een economische activiteit uit, welke dubbele economische activiteit rechtstreekse gevolgen heeft voor de berekening, voor het belastingjaar 1990, van zijn belasting op inkomen in Nederland, welke het voorwerp van het hoofdgeding vormt. Mitsdien moet worden opgemerkt, dat Asscher gebruik heeft gemaakt van de door het Verdrag erkende rechten en vrijheden en dat hij een beroep kan doen op de overeenkomstige verdragsbepalingen.

34. Mitsdien moet op de vijfde prejudiciële vraag worden geantwoord, dat een onderdaan van een Lid-Staat, die in een andere Lid-Staat, zijn woonstaat, een werkzaamheid anders dan in loondienst uitoefent, tegenover zijn staat van herkomst, op het grondgebied waarvan hij een andere werkzaamheid anders dan in loondienst uitoefent, een beroep kan doen op de bepalingen van artikel 52 van het Verdrag, wanneer hij zich, door de uitoefening van een economische activiteit in een andere Lid-Staat dan zijn staat van herkomst, ten opzichte van laatstgenoemde staat

in een vergelijkbare positie bevindt als iedere andere persoon die ten opzichte van de staat van ontvangst een beroep doet op de door het Verdrag gewaarborgde rechten en vrijheden.

De eerste en de tweede prejudiciële vraag

35. Met de eerste en de tweede vraag, die gezamenlijk moeten worden onderzocht, wenst de verwijzende rechter in hoofdzaak te vernemen, in de eerste plaats, of artikel 52 van het Verdrag aldus moet worden uitgelegd, dat het zich ertegen verzet, dat een Lid-Staat een communautair onderdaan die op zijn grondgebied een werkzaamheid anders dan in loondienst verricht en tegelijkertijd in een andere Lid-Staat, zijn woonstaat, een andere werkzaamheid anders dan in loondienst uitoefent, aan een hoger inkomstenbelastingtarief onderwerpt dan het tarief dat wordt toegepast op ingezetenen die dezelfde werkzaamheid uitoefenen. De verwijzende rechter wenst in de tweede plaats te vernemen, of het antwoord op deze vraag wordt beïnvloed door de omstandigheid, dat het wereldinkomen van de belastingplichtige voor minder dan 90% bestaat uit inkomsten die door de staat waar hij werkt, doch niet woont, in de inkomstenbelasting kunnen worden betrokken.

36. Om deze vragen te beantwoorden moet er eerst aan worden herinnerd, dat ofschoon de directe belastingen tot de bevoegdheid van de Lid-Staten behoren, zulks niet wegneemt dat laatstgenoemden deze bevoegdheid in overeenstemming met het gemeenschapsrecht dienen uit te oefenen en zich dus moeten onthouden van elke zichtbare of verkapte discriminatie op grond van nationaliteit (zie arresten van 14 februari 1995, zaak C-279/93, Schumacker, *Jurispr.* 1995, blz. I-225, r.o. 21 en 26, en 11 augustus 1995, zaak C-80/94, Wielockx, *Jurispr.* 1995, blz. I-2493, r.o. 16).

37. Vastgesteld moet worden, dat de wettelijke regeling die in het hoofdgeding aan de orde is, van toepassing is, ongeacht de nationaliteit van de betrokken belastingplichtige.

38. Een nationale wettelijke regeling van dit type, die onderscheid maakt op basis van, in het bijzonder, het woonplaatscriterium, in dier voege dat het tarief van de loon- en de inkomstenbelasting voor bepaalde niet-ingezetenen hoger is dan voor ingezeten en gelijkgestelde belastingplichtigen, kan voornamelijk ongunstig werken voor onderdanen van andere Lid-Staten. Niet-ingezetenen zijn immers in de meeste gevallen niet-onderdanen. Hieraan moet worden toegevoegd, dat een wettelijke regeling als in het hoofdgeding aan de orde is, des te meer hoofdzakelijk buitenlandse onderdanen zal kunnen raken, daar naast het woonplaatscriterium als criterium geldt, of het wereldinkomen voor tenminste 90% uit in Nederland afkomstige inkomsten bestaat.

39. Onder deze omstandigheden kan het een indirecte discriminatie op grond van nationaliteit opleveren, wanneer op niet-ingezeten belastingplichtigen die minder dan 90% van hun wereldinkomen in Nederland verwerven – welke voorwaarde wordt geacht te zijn vervuld indien zij in dit land geen premies voor de volksverzekeringen betalen – een hoger loonbelasting- en inkomstenbelastingtarief wordt toegepast dan op ingezeten en gelijkgestelde belastingplichtigen.

40. Vervolgens moet worden opgemerkt, dat er volgens vaste rechtspraak sprake is van discriminatie, wanneer verschillende regels worden toegepast op vergelijkbare situaties of wanneer dezelfde regel wordt toegepast op verschillende situaties (arrest Wielockx, reeds aangehaald, r.o. 17).

41. Op het gebied van de directe belastingen is de situatie van ingezetenen en die van niet-ingezetenen van een bepaalde staat in het algemeen niet vergelijkbaar. Die situaties verschillen immers objectief van elkaar, zowel wat de bron van inkomsten als wat de persoonlijke draagkracht of de persoonlijke en gezinssituatie betreft (arrest Wielockx, reeds aangehaald, r.o. 18, citaat uit het arrest Schumacker, reeds aangehaald, r.o. 31 e.v.).

42. Niettemin moet worden gepreciseerd dat, wanneer een fiscaal voordeel wordt onthouden aan niet-ingezetenen, een verschil in behandeling tussen deze twee categorieën van belastingplichtigen kan worden aangemerkt als discriminatie in de zin van het Verdrag, wanneer er geen objectief verschil bestaat dat grond kan opleveren voor een verschillende behandeling van beide categorieën belastingplichtigen op dit punt (zie, in die zin, arrest Schumacker, reeds aangehaald, r.o. 36-38).

43. Wanneer een Lid-Staat fiscale voordelen die verband houden met de inaanmerkingneming van de persoonlijke en gezinssituatie, onthoudt aan een belastingplichtige die op zijn grondgebied werkt, doch niet woont, maar deze voordelen wel toekent aan ingezeten belastingplichtigen, is er volgens de rechtspraak van het Hof sprake van discriminatie, wanneer de niet-ingezetene zijn gehele of nagenoeg zijn gehele wereldinkomen in die staat verdient, aangezien dan de inkomsten in de woonstaat voor de inaanmerkingneming van de persoonlijke en gezinssituaties onvoldoende zijn. Deze beide categorieën belastingplichtigen bevinden zich dus in een vergelijkbare situatie, wat de inaanmerkingneming van de persoonlijke en gezinssituatie betreft (arrest Schumacker, reeds aangehaald, r.o. 36-38).

44. In het geval van een niet-ingezeten belastingplichtige die niet zijn gehele of nagenoeg zijn gehele inkomen verwerft in de staat waar hij werkt, doch niet woont, kan het daarentegen gerechtvaardigd zijn, dat de werkstaat dergelijke voordelen onthoudt, aangezien vergelijkbare voordelen worden toegekend in de woonstaat, die op grond van internationaal belastingrecht de persoonlijke gezinssituatie in aanmerking moet nemen.

45. In casu bestaat het verschil in behandeling in het feit, dat voor niet-ingezetenen die minder dan 90% van hun wereldinkomen in Nederland verdienen, in de eerste schijf een belastingtarief van 25% geldt, terwijl voor ingezetenen van Nederland die dezelfde werkzaamheid uitoefenen, in de eerste schijf een tarief van 13% geldt, zelfs al verdienen zij in Nederland minder dan 90% van hun wereldinkomen.

46. Volgens de Nederlandse regering vormt het hogere belastingtarief een compensatie voor de toepassing van de belastingprogressie, waaraan bepaalde niet-ingezetenen zouden ontsnappen omdat hun belastingplicht beperkt is tot inkomsten die zij in Nederland verkrijgen.

47. Dienaangaande moet worden gepreciseerd, dat de inkomsten die worden verkregen in de staat waar de belastingplichtige zijn economische activiteit uitoefent zonder daar te wonen, op grond van artikel 24, lid 2, sub 1, van de overeenkomst, dat het model volgt van artikel 23 A, leden 1 en 3, van het OESO-modelverdrag (methode van vrijstelling met voorbehoud van progressie), uitsluitend in die staat belastbaar zijn en in de woonstaat zijn vrijgesteld. De woonstaat behoudt evenwel het recht om met deze inkomsten rekening te houden bij de berekening van het bedrag van de belasting over de overige inkomsten van de betrokken belastingplichtige teneinde, in het bijzonder, de progressieregel toe te passen.

48. In de omstandigheden van de onderhavige zaak kan een belastingplichtige dus niet aan toepassing van de progressieregel ontkomen op grond dat hij niet-ingezetene is. Bijgevolg bevinden beide categorieën belastingplichtigen zich ten opzichte van deze regel in een vergelijkbare situatie.

49. In die omstandigheden vormt het feit dat op bepaalde niet-ingezetenen een hoger tarief voor de belasting op inkomen toepasselijk is dan op ingezetenen en gelijkgestelden, een bij artikel 52 van het Verdrag verboden discriminatie.

50. Vervolgens moet worden onderzocht, of er een eventuele rechtvaardiging voor deze discriminatie bestaat.

51. In de eerste plaats is volgens de Nederlandse regering een verschil in belastingtarief voor niet-ingezetenen en niet-premiebetalende belastingplichtigen enerzijds en ingezeten en gelijkgestelde belastingplichtigen anderzijds, gerechtvaardigd door de noodzaak om te vermijden, dat de belastingdruk voor eerstgenoemde aanzienlijk lichter is dan voor laatstgenoemden. Zonder de toepassing van een verhoogd tarief zouden niet-ingezeten en niet-premiebetalende belastingplichtigen een fiscaal voordeel genieten ten opzichte van ingezetenen en gelijkgestelden, voor wie de afschaffing van de aftrekbaarheid van de sociale premies tot een stijging van het belastbare inkomen en een overeenkomstige belastingverhoging heeft geleid.

52. Dit argument kan niet worden aanvaard.

53. Opgemerkt moet worden, dat het vermeende voordeel voor deze niet-ingezetenen, zo hiervan al sprake is, voortvloeit uit het besluit van de Nederlandse wetgever om de aftrekbaarheid van de sociale premies af te schaffen. Dit besluit treft uiteraard enkel de belastingplichtigen die verplicht zijn premies te betalen, hetgeen, volgens de Nederlandse regering, de belastingplichtigen die deze premies in Nederland niet hoeven te betalen, bevoordeelt. Deze omstandigheid mag geen aanleiding zijn voor een fiscale compensatie ten laste van laatstgenoemden, aangezien dit zou betekenen, dat zij worden gestraft voor het feit dat zij in Nederland geen sociale premies betalen.

54. Het is hoe dan ook het een of het ander. Ofwel is Asscher enkel bij het Belgische stelsel van sociale zekerheid regelmatig aangesloten, en dan mag hij niet door middel van een fiscale compensatie worden gestraft omdat hij in Nederland geen sociale premies betaalt, ofwel zou Asscher uitsluitend of gelijktijdig moeten zijn aangesloten bij het Nederlandse stelsel van sociale zekerheid, in welk geval Nederland van hem premies zou kunnen verlangen en hij zou worden uitgesloten van de 'buitenlandertabel', zoals in rechtsoverweging 8 van dit arrest is uiteengezet. Hieruit volgt, dat de al dan niet aansluiting bij het ene of het andere nationale stelsel van sociale zekerheid in geen van beide situaties een rechtvaardiging kan vormen voor de toepassing van een hoger belastingtarief op niet-ingezetenen.

55. In de tweede plaats moet worden onderzocht, of het verschil in tarief wordt gerechtvaardigd door de noodzaak, de samenhang van het belastingstelsel van de betrokken Lid-Staat te verzekeren, gelijk zowel de Staatssecretaris van Financiën, in het kader van de nationale procedure, als de Franse regering hebben betoogd.

56. In de arresten 28 januari 1992 (zaak C-204/90), Bachmann, *Jurispr.* 1992, blz. I-249, en zaak C-300/90, Commissie/ België, *Jurispr.* 1992, blz. I-305) oordeelde het Hof immers, dat de noodzaak om de samenhang van een belastingstelsel te verzekeren, een rechtvaardiging kan vormen voor een regeling die het vrije verkeer van werknemers binnen de Gemeenschap beperkt.

57. Dit is in casu evenwel niet het geval.

58. In voormelde zaken bestond er een rechtstreeks verband tussen de aftrekbaarheid van de premies en de belasting over de bedragen die de verzekeraars ingevolge verzekeringen tegen ouderdom en overlijden verschuldigd waren, welk verband moest blijven bestaan teneinde de samenhang van het betrokken belastingstelsel te behouden. In dat geval had de belastingplichtige immers de keuze tussen, enerzijds, aftrekbaarheid van de verze-

keringspremies en belastbaarheid van de bij afloop van het contract uitgekeerde kapitalen en renten en, anderzijds, niet-aftrekbaarheid van de premies, maar vrijstelling van de bij afloop van het contract ontvangen renten en kapitalen.

59. In casu daarentegen bestaat er fiscaal gezien geen rechtstreeks verband tussen, enerzijds, de toepassing van een verhoogd belastingtarief op het inkomen van bepaalde niet-ingezetenen die minder dan 90% van hun wereldinkomen in Nederland verdienen en, anderzijds, het feit dat over het inkomen uit Nederlandse bron van deze niet-ingezetenen geen sociale premies worden geheven.

60. In de eerste plaats immers is aan de toepassing van een hoger belastingtarief geen enkele sociale bescherming verbonden. In de tweede plaats kan de situatie waarin bepaalde niet-ingezetenen niet bij het Nederlandse stelsel van sociale zekerheid zijn aangesloten, met als gevolg dat over hun inkomsten uit Nederlandse bron geen sociale premies worden geïnd, zo hiervoor een grond bestaat, zich slechts voordoen doordat, ter zake van de vaststelling van de toe te passen wetgeving, het algemene dwingende stelsel van verordening (EEG) nr. 1408/71 van de Raad van 14 juni 1971 betreffende de toepassing van de sociale-zekerheidsregelingen op loontrekkenden en hun gezinnen, die zich binnen de Gemeenschap verplaatsen (*PB* 1971, L 149, blz. 2), wordt toegepast. Daaraan is ingevolge diezelfde bepaling in beginsel het logische gevolg verbonden, dat de betrokkenen enkel zijn aangesloten bij het stelsel van sociale zekerheid van de woonstaat, waar zij een deel van hun beroepswerkzaamheden uitoefenen.

61. De rechtspraak van het Hof, volgens welke de Lid-Staten niet zelf kunnen bepalen in hoeverre hun eigen wettelijke regeling of die van een andere Lid-Staat van toepassing is, aangezien zij gehouden zijn de vigerende bepalingen van gemeenschapsrecht na te leven (zie arresten van 23 september 1982, zaak 276/81, Kuijpers, *Jurispr.* 1982, blz. 3027, r.o. 14; 12 juni 1986, zaak 302/84, Ten Holder, *Jurispr.* 1986, blz. 1821, r.o. 21, en 10 juli 1986, zaak 60/85, Luijten, *Jurispr.* 1986, blz. 2365, r.o. 14), verzet zich ertegen, dat een Lid-Staat door middel van fiscale maatregelen in werkelijkheid beoogt de niet-aansluiting bij zijn stelsel van sociale zekerheid en de niet-betaling van premies aan dat stelsel te compenseren.

62. Gelet op het voorgaande moet op de eerste twee vragen worden geantwoord, dat artikel 52 van het Verdrag aldus moet worden uitgelegd, dat het zich ertegen verzet, dat een Lid-Staat op een onderdaan van een Lid-Staat, die op zijn grondgebied een werkzaamheid anders dan in loondienst uitoefent en tegelijkertijd in een andere Lid-Staat, zijn woonstaat, een andere dan in loondienst verricht, een hoger inkomstenbelasting-tarief toepast dan het tarief dat wordt toegepast op ingezetenen die dezelfde werkzaamheid uitoefenen, wanneer er tussen deze belastingplichtigen en ingezetenen en gelijkgestelde belastingplichtigen geen enkel objectief verschil in situatie bestaat dat dit verschil in behandeling kan rechtvaardigen.

De derde en de vierde prejudiciële vraag

63. De derde en de vierde vraag zijn in het kader van het onderzoek van eventuele rechtvaardigingen voor discriminatie reeds beantwoord (zie in het bijzonder rechtsoverwegingen 53 en 54 alsmede 59-61).

64. Mitsdien moet aan de Hoge Raad der Nederlanden worden geantwoord, dat artikel 52 van het Verdrag zich ertegen verzet, dat een Lid-Staat door middel van een verhoogd inkomstenbelastingtarief in aanmerking neemt dat een belastingplichtige, ingevolge de relevante bepalingen van verordening nr. 1408/71 op het gebied van de vaststelling van de toe te passen sociale wetgeving, geen bijdragen aan het nationale stelsel van sociale zekerheid hoeft te betalen. De omstandigheid dat de belastingplichtige is aangesloten bij het stelsel van sociale zekerheid van zijn woonstaat, hetgeen eveneens voortvloeit uit verordening nr. 1408/71, is in dit verband irrelevant.

Kosten

65. ...

HET HOF VAN JUSTITIE (Vijfde kamer)

uitspraak doende op de door de Hoge Raad der Nederlanden bij arrest van 23 maart 1994 gestelde prejudiciële vragen, verklaart voor recht:

1. Een onderdaan van een Lid-Staat, die in een andere Lid-Staat, zijn woonstaat, een werkzaamheid anders dan in loondienst uitoefent, kan tegenover zijn staat van herkomst, op het rondgebied waarvan hij een andere werkzaamheid anders dan in loondienst uitoefent, een beroep doen op de bepalingen van artikel 52 van het Verdrag, wanneer hij zich, door de uitoefening van een economische activiteit in een andere Lid-Staat dan zijn staat van herkomst, ten opzichte van laatstgenoemde staat in een vergelijkbare positie bevindt als iedere persoon die ten opzichte van de staat van ontvangst een beroep doet op de door het Verdrag gewaarborgde rechten en vrijheden.

2. Artikel 52 van het Verdrag moet aldus worden uitgelegd, dat het zich ertegen verzet, dat een Lid-Staat op een onderdaan van een Lid-Staat, die op zijn grondgebied een werkzaamheid anders dan in loondienst uitoe-

fent en tegelijkertijd in een andere Lid-Staat, zijn woonstaat, een andere werkzaamheid anders dan in loondienst verricht, een hoger inkomstenbelastingtarief toepast dan het tarief dat wordt toegepast op ingezetenen die dezelfde werkzaamheid uitoefenen, wanneer er tussen deze belastingplichtigen en ingezetenen en gelijkgestelde belastingplichtigen geen enkel objectief verschil in situatie bestaat dat een dergelijk verschil in behandeling kan rechtvaardigen.

3. Artikel 52 van het Verdrag verzet zich ertegen, dat een Lid-Staat door middel van een verhoogd inkomstenbelastingtarief in aanmerking neemt dat een belastingplichtige, ingevolge de relevante bepalingen van verordening nr. 1408/71 op het gebied van de vaststelling van de toe te passen sociale wetgeving, geen bijdragen aan het nationale stelsel van sociale zekerheid hoeft te betalen. De omstandigheid dat de belastingplichtige is aangesloten bij het stelsel van sociale zekerheid van zijn woonstaat, hetgeen eveneens voortvloeit uit verordening nr. 1408/71, is in dit verband irrelevant.

HvJ EG 17 oktober 1996, zaken C-283/94, C-291/94 en C-292/94* (Denkavit Internationaal BV, VITIC Amsterdam BV en Voormeer BV v. Bundesamt für Finanzen)

Kwestie inzake art. 3.2 Moeder-dochter richtlijn dat voorschrijft dat de moeder de deelneming gedurende ten minste twee jaar moet 'behouden': betekent dit dat a. de richtlijn slechts van toepassing is op dividend dat na twee jaar houderschap wordt uitgekeerd of b. komen, nadat (later) aan dit vereiste is voldaan, ook de tijdens die tweejaarsperiode uitgekeerde dividenden voor toepassing in aanmerking?

HvJ EG: op grond van een grammaticaal en taalversies-vergelijkend onderzoek moet worden geoordeeld dat interpretatie b. de juiste is. Het is aan de lidstaten om daaraan uitwerking te geven: door toepassing achteraf of door toepassing vooraf met zekerheidsstelling.

Vijfde kamer: *J. C. Moitinho de Almeida, kamerpresident, L. Sévon, D. A. O. Edward, P. Jann (rapporteur) en M. Wathelet, rechters*

Advocaat-generaal: *F.G. Jacobs*

1. Bij beschikkingen van 19 september 1994, ingekomen bij het Hof op 19 en 27 oktober daaraanvolgend, heeft het Finanzgericht Köln krachtens artikel 177 EG-Verdrag een aantal prejudiciële vragen gesteld over de uitlegging van richtlijn 90/435/EEG van de Raad van 23 juli 1990 betreffende de gemeenschappelijke fiscale regeling voor moedermaatschappijen en dochterondernemingen uit verschillende Lid-Staten (*PB* 1990, L 225, blz. 6; hierna: 'richtlijn'), inzonderheid van de artikelen 3, lid 2, en 5 van deze richtlijn.

2. Die vragen zijn gerezen in drie gedingen die door Denkavit Internationaal BV (hierna: 'Denkavit'), VITIC Amsterdam BV (hierna: 'VITIC') en Voormeer BV (hierna: 'Voormeer'), vennootschappen naar Nederlands recht, die ieder een deelneming in het kapitaal van een Duitse vennootschap bezitten, tegen het Bundesamt für Finanzen (hierna: het 'Bundesamt') zijn ingesteld betreffende de belasting op de winst van hun dochterondernemingen.

3. Krachtens artikel 3, lid 1, sub a, van de richtlijn wordt de hoedanigheid van moedermaatschappij toegekend aan iedere vennootschap van een Lid-Staat, die voldoet aan de voorwaarden van artikel 2 van de richtlijn en die een deelneming van ten minste 25% bezit in het kapitaal van een vennootschap van een andere Lid-Staat. Krachtens artikel 3, lid 2, tweede streepje, van de richtlijn staat het een Lid-Staat vrij om, in afwijking van lid 1, 'deze richtlijn niet toe te passen op de vennootschappen van deze Lid-Staat die niet gedurende een ononderbroken periode van ten minste twee jaren een deelneming behouden welke recht geeft op de hoedanigheid van moedermaatschappij of op de maatschappijen waarin een vennootschap van een andere Lid-Staat niet gedurende een ononderbroken periode van ten minste twee jaren een dergelijke deelneming behoudt'.

4. Artikel 5, lid 1, van de richtlijn bepaalt, dat de door een dochteronderneming aan de moedermaatschappij uitgekeerde winst, althans wanneer laatstgenoemde een minimumdeelneming van 25% bezit in het kapitaal van de dochteronderneming, van bronbelasting wordt vrijgesteld. Krachtens artikel 5, lid 3, van de richtlijn mag de Bondsrepubliek Duitsland uiterlijk tot medio 1996 een bronbelasting van 5% heffen.

5. Volgens artikel 8, lid 1, moest de richtlijn vóór 1 januari 1992 in nationaal recht zijn omgezet.

6. In Duitsland is de richtlijn omgezet bij § 44d van het Einkommensteuergesetz (wet inkomstenbelasting; hierna: 'EStG'). Terwijl lid 1 van dit artikel overeenkomstig artikel 5, leden 1 en 3, van de richtlijn voorziet in een vermindering van de bronbelasting tot een tarief van 5%, bepaalt lid 2, waarbij artikel 3, lid 2, tweede streepje, van de richtlijn wordt omgezet, dat 'de hoedanigheid van moedermaatschappij in de zin van lid 1 wordt toegekend aan iedere vennootschap die (...) op het tijdstip waarop de dividendbelasting verschuldigd wordt, (...) kan bewijzen dat zij sinds ten minste twaalf maanden ononderbroken een directe deelneming bezit gelijk aan ten minste een kwart van het nominale kapitaal van de [dochter] onderneming'.

7. In zaak C-283/94 bezat Denkavit sinds 1973 een rechtstreekse deelneming van 20% in het kapitaal van de Duitse vennootschap Denkavit Futtermittel GmbH. Op 14 juli 1992 kwam de deelneming van Denkavit in haar dochteronderneming door de verwerving van andere aandelen op 99,4%. Klaarblijkelijk met het oog op een voor 16 oktober 1992 voorziene winstuitkering door de dochteronderneming verzocht Denkavit de Duitse belastingadministratie op 6 oktober 1992 om vermindering van de bronbelasting overeenkomstig § 44d, lid 1, EStG. In haar verzoek verbond zij zich uitdrukkelijk, gedurende een ononderbroken periode van ten minste twee jaar na de datum van verkrijging, namelijk 14 juli 1992, haar deelneming van meer dan 25% in haar dochteronderneming te behouden.

* Ook gepubliceerd in FED 1996/995 (Brandsma), VN 1997 blz. 763.

8. De belastingadministratie weigerde evenwel de aangevraagde vrijstelling, op grond dat de bij § 44d, lid 2, EStG gestelde termijn van twaalf maanden voor het behoud van de deelneming niet in acht was genomen.

9. Nadat Denkavit vergeefs een bezwaarschrift had ingediend en bij het Finanzgericht Köln beroep had ingesteld, wijzigde de belastingadministratie op 17 mei 1993 haar beschikking en stemde zij in met een bronbelasting tegen een lager tarief met ingang van 15 juli 1993, dat wil zeggen een jaar na de verwerving van de grotere deelneming, op voorwaarde dat Denkavit tot 30 september 1995 een toereikende deelneming behield.

10. Daarop beperkte Denkavit haar beroep tot de periode vóór 15 juli 1993. Voor de verwijzende rechter betoogde zij met name, dat zij een rechtmatig belang had bij de vaststelling van de onwettigheid van de beschikking waarbij het Bundesamt had geweigerd de bronbelasting voor de periode tot 14 juli 1993 te verlagen, omdat de dochteronderneming als gevolg van deze weigering de aanvankelijk voor 16 oktober 1992 voorziene winstuitkering achterwege had gelaten. Door dit gedwongen uitblijven van de winstuitkering had zij aanzienlijke rente gederfd, waarvoor zij na afloop van de procedure voor het Finanzgericht vergoeding wilde vorderen.

11. In zaak C-291/94 bezat VITIC sinds 1987 een rechtstreekse deelneming van 19% in het kapitaal van de Duitse vennootschap Wesumat GmbH. Op 2 januari 1992 werd deze deelneming door de verwerving van andere aandelen vergroot tot 95%. Op 15 oktober 1991 besloot de dochteronderneming uit de winst op de balansdatum op 31 december 1990 dividend uit te keren dat op 15 januari 1992 betaalbaar werd gesteld. Het aan de moedermaatschappij toekomende dividend werd uitbetaald na aftrek van onder meer de dividendbelasting tegen het normale tarief.

12. Op 29 juni 1992 vorderde VITIC overeenkomstig § 44d, lid 1, EStG terugbetaling van de ingehouden belasting, voor zover deze hoger was dan het verlaagde tarief van 5%.

13. Op 16 oktober 1992 weigerde de belastingadministratie de gevorderde terugbetaling op grond dat de in § 44d, lid 2, EStG gestelde termijn van twaalf maanden niet in acht was genomen.

14. Nadat haar bezwaarschrift was verworpen, stelde VITIC beroep in bij het Finanzgericht Köln.

15. In zaak C-292/94 verwierf Voormeer op 27 februari 1992 96,13% van het kapitaal van de Duitse vennootschap Framode GmbH. Op 28 april 1992 besloot deze over het boekjaar van 1 maart 1991 tot 29 februari 1992 een dividend uit te keren dat betaalbaar werd gesteld op 4 mei 1992. Het aan de moedermaatschappij toekomende dividend werd uitbetaald na aftrek van onder meer de dividendbelasting tegen het normale tarief.

16. Op 15 oktober 1992 vorderde Voormeer terugbetaling van de ingehouden belasting, voor zover deze hoger was dan het verlaagde tarief van 5%. Aangezien de belastingadministratie om dezelfde redenen als in de zaak VITIC de gevorderde terugbetaling weigerde, diende Voormeer op 22 januari 1993 een bezwaarschrift in. Nadat dit op 23 februari 1993 was afgewezen, stelde zij beroep in bij het Finanzgericht Köln.

17. Wanneer alleen van het nationale recht wordt uitgegaan, moeten de beroepen in de drie hoofdgedingen volgens het Finanzgericht Köln worden verworpen. Het Finanzgericht betwijfelt evenwel, of § 44d, lid 2, EStG verenigbaar is met artikel 3, lid 2, van de richtlijn, dat niet lijkt te eisen dat de minimumperiode gedurende welke de moedermaatschappij haar deelneming in het kapitaal van de dochteronderneming moet behouden, reeds is verstreken op het tijdstip waarop om vermindering van de bronbelasting wordt verzocht. Daarom heeft het Finanzgericht besloten de behandeling van de zaak te schorsen en het Hof de volgende prejudiciële vragen te stellen:

In zaak C-283/94

'1. Moet richtlijn 90/435/EEG van de Raad van 23 juli 1990 betreffende de gemeenschappelijke fiscale regeling voor moedermaatschappijen en dochterondernemingen uit verschillende Lid-Staten (PB 1990, L 225, blz. 6), inzonderheid artikel 3, lid 2, van deze richtlijn, aldus worden uitgelegd, dat de Lid-Staten een in een andere Lid-Staat gevestigde moedermaatschappij van de in artikel 5 voorziene belastingvoordelen mogen uitsluiten, wanneer de moedermaatschappij op het tijdstip van de uitkering van de betrokken winst weliswaar nog niet sinds een ononderbroken periode van ten minste twaalf maanden rechtstreeks ten minste een kwart van het nominale kapitaal van de binnenlandse dochteronderneming bezit, doch zich jegens de fiscus van de Lid-Staat van vestiging van de dochteronderneming verbonden heeft, haar deelneming in de dochteronderneming gedurende een ononderbroken periode van ten minste twee jaar na de verwerving ervan te behouden?
2. Zo neen, moet richtlijn 90/435/EEG van de Raad van 23 juli 1990 betreffende de gemeenschappelijke fiscale regeling voor moedermaatschap pijen en dochterondernemingen uit verschillende Lid-Staten (*PB* 1990, L 225, blz. 6), aldus worden uitgelegd, dat een moedermaatschappij die voldoet aan de voorwaarden van de artikelen 2 en 3 van de richtlijn, zich tegenover de Lid-Staat van vestiging van de dochteronderneming rechtstreeks op artikel 5 van de richtlijn kan beroepen tot staving van haar recht op vrijstelling of vermindering van de bronbelasting, waarin dat artikel voorziet en is het, zo dit het geval is, de nationale rechter van de Lid-Staat van vestiging van de dochteronderneming, die dit recht moet beschermen?
3. Indien vraag 1 ontkennend wordt beantwoord: wanneer de Lid-Staat van vestiging van de dochteronderneming artikel 3, lid 2, van de richtlijn onjuist in nationaal recht heeft omgezet, voor zover de in de richtlijn gestelde minimumtermijn van deelneming naar nationaal recht reeds moet zijn verstreken voor de winstuit-

kering waarvoor ingevolge artikel 5 van de richtlijn het belastingvoordeel geldt, heeft de in de vragen 1 en 2 bedoelde moedermaatschappij dan volgens de criteria van het arrest van het Hof van 19 november 1991 (gevoegde zaken C-6/90 en C-9/90, Francovich e.a., *Jurispr.* 1991, blz. I-5357) tegenover die Lid-Staat een op het gemeenschapsrecht gebaseerd of uit het gemeenschapsrecht voortvloeiend recht op schadevergoeding voor de gederfde rente als gevolg van het uitstel van de daadwerkelijke winstuitkering van de dochteronderneming waartoe gedurende de genoemde nationale termijn is besloten, tot na afloop van die termijn?'

In de zaken C-291/94 en C-292/94

'1. Moet richtlijn 90/435/EEG van de Raad van 23 juli 1990 betreffende de gemeenschappelijke fiscale regeling voor moedermaatschappijen en dochterondernemingen uit verschillende Lid-Staten (*PB* 1990, L 225, blz. 6), inzonderheid artikel 3, lid 2, van de richtlijn, aldus worden uitgelegd, dat de Lid-Staten een in een andere Lid-Staat gevestigde moedermaatschappij van de in artikel 5 voorziene fiscale voordelen mogen uitsluiten, wanneer de moedermaatschappij op het tijdstip van de uitkering van de betrokken winst weliswaar nog niet sinds een ononderbroken periode van ten minste twee jaar rechtstreeks ten minste een kwart van het nominale kapitaal van de binnenlandse dochteronderneming bezit, doch deze minimumperiode van behoud van de deelneming nadien in acht wordt genomen?

2. Zo neen, moet richtlijn 90/435/EEG aldus worden uitgelegd, dat een moedermaatschappij die voldoet aan de voorwaarden van de artikelen 2 en 3 van de richtlijn, zich tegenover de Lid-Staat van vestiging van de dochteronderneming rechtstreeks op artikel 5 van de richtlijn kan beroepen tot staving van haar recht op vrijstelling of vermindering van de bronbelasting, waarin dat artikel voorziet, en is het, zo dit het geval is, de nationale rechter van de Lid-Staat van vestiging van de dochteronderneming die dit recht moet beschermen?'

De eerste vraag

18. Met zijn eerste vraag in de drie zaken wenst de nationale rechter in wezen te vernemen, of een Lid-Staat het verlenen van het bij artikel 5, lid 1, van de richtlijn voorziene voordeel afhankelijk mag stellen van de voorwaarde dat de moedermaatschappij op het tijdstip van de winstuitkering gedurende een periode die ten minste gelijk is aan die welke deze Lid-Staat krachtens artikel 3, lid 2, van de richtlijn heeft vastgesteld, een minimumdeelneming van 25% in het kapitaal van de dochteronderneming heeft bezeten. In zaak C-283/94 vraagt het Finanzgericht bovendien, of het antwoord anders dient te luiden, wanneer de moedermaatschappij die vóór het verstrijken van de minimumperiode het voordeel aanvraagt, zich eenzijdig verbindt om haar deelneming gedurende deze periode te behouden.

19. Volgens Denkavit en de Commissie blijkt uit de tekst zelf van de richtlijn, dat de krachtens artikel 3, lid 2, gestelde minimumperiode niet noodzakelijkerwijs moet zijn verstreken op het tijdstip waarop het belastingvoordeel wordt verleend. De richtlijn beoogt immers de grensoverschrijdende deelnemingen te stimuleren en niet de totstandkoming van dergelijke deelnemingen af te remmen door de toegang te belemmeren tot de belastingvoordelen die in het kader van de bilaterale samenwerking worden verleend.

20. De Commissie voegt daaraan toe, dat zij in het op 16 januari 1969 bij de Raad ingediende voorstel voor een richtlijn (*PB* 1969, C 39, blz. 1) had aanbevolen een vennootschap die normaliter aan de gestelde voorwaarden voldoet niet meer (met terugwerkende kracht) als moedermaatschappij te beschouwen, indien deze zich binnen twee jaar van de door haar verworven deelneming ontdoet. Het belastingvoordeel zou bijgevolg vanaf de verwerving van de deelneming moeten worden verleend, waarbij later kan worden gecontroleerd of de periode in acht is genomen.

21. Het Bundesamt betoogt hoofdzakelijk, dat bij gebreke van enige aanwijzing op dit punt in artikel 3, lid 2, van de richtlijn, de Lid-Staten ter zake vrij kunnen oordelen. De Belgische, de Duitse, de Griekse, de Italiaanse en de Nederlandse regering delen in grote lijnen deze opvatting. Huns inziens biedt trouwens alleen de uit de betrokken Duitse bepaling voortvloeiende uitlegging de administratie de mogelijkheid misbruik te bestrijden. Een latere controle, of de periode van deelneming daadwerkelijk in acht is genomen, stuit op heel wat praktische en technische moeilijkheden, met name bij grensoverschrijdende dividenduitkering.

22. Dienaangaande zij allereerst eraan herinnerd, dat de richtlijn, zoals met name blijkt uit de derde overweging van de considerans, ten doel heeft, door de invoering van een gemeenschappelijke fiscale regeling iedere benadeling van de samenwerking tussen vennootschappen uit verschillende Lid-Staten tegenover de samenwerking tussen vennootschappen van eenzelfde Lid-Staat op te heffen en aldus de grensoverschrijdende samenwerking te vergemakkelijken. Ter voorkoming van dubbele belasting, bepaalt artikel 5, lid 1, van de richtlijn dan ook, dat de winstuitkering in de staat van de dochteronderneming van bronbelasting wordt vrijgesteld.

23. Krachtens artikel 3, lid 2, van de richtlijn kunnen de Lid-Staten dit belastingvoordeel weliswaar afhankelijk stellen van een minimumperiode van deelneming die de Lid-Staten vrij kunnen vaststellen, doch die in geen geval langer mag zijn dan twee jaar.

24. Volgens de tekst zelf van artikel 3, lid 2, tweede streepje, van de richtlijn kan de vrijstelling van de inhouding evenwel slechts aan de moedermaatschappij worden ontzegd, indien zij '(...) niet gedurende een ononderbroken periode van ten minste twee jaren een dergelijke deelneming behoudt'.

25. Uit de tekst van deze bepaling en met name uit het gebruik van de tegenwoordige tijd ('behoudt') in alle taalversies, behalve de Deense, blijkt dat de moedermaatschappij om in aanmerking te komen voor het belastingvoordeel, gedurende een bepaalde periode een deelneming in de dochtermaatschappij moet bezitten zonder dat het noodzakelijk is dat deze periode reeds is verstreken op het tijdstip waarop het belastingvoordeel wordt verleend. Het gebruik van een verleden tijd in de Deense versie van deze bepaling doet aan deze uitlegging niet af.

26. Deze uitlegging wordt bovendien bevestigd door het doel van de richtlijn dat, zoals aangegeven in rechtsoverweging 22 van dit arrest, strekt tot verlichting van de fiscale regeling voor grensoverschrijdende samenwerkingen. De Lid-Staten kunnen dus op dit punt niet eenzijdig beperkende maatregelen vaststellen, bij voorbeeld door het vereiste, zoals in casu wordt gesteld, dat op het tijdstip van de winstuitkering waarvoor het fiscaal voordeel wordt aangevraagd, reeds een minimumperiode van deelneming in acht is genomen.

27. Ook moet de mogelijkheid van de Lid-Staten om een minimumperiode voor te schrijven, gedurende welke de moedermaatschappij een deelneming in de dochteronderneming moet bezitten, strikt worden uitgelegd aangezien zij een afwijking is op het in artikel 5, lid 1, van de richtlijn neergelegde beginsel van de vrijstelling van de bronbelasting. Een uitlegging die, ten nadele van de rechthebbende ondernemingen, verder gaat dan de tekst zelf van artikel 3, lid 2, is dus niet aanvaardbaar.

28. De regeringen die opmerkingen hebben ingediend, brengen tegen de gegeven uitlegging in, dat de Lid-Staten die gebruik hebben gemaakt van de door artikel 3, lid 2, van de richtlijn geboden mogelijkheid, voor het merendeel deze bepaling aldus hebben uitgelegd, dat daarin wordt verlangd dat de minimumperiode van deelneming is verstreken op het tijdstip waarop de belastingvrijstelling wordt aangevraagd of de winsten door de dochteronderneming worden uitgekeerd. Bij de vaststelling van de richtlijn door de Raad zou namelijk zijn overeengekomen om betrekkelijk vage bewoordingen te gebruiken om verschillende uitleggingen mogelijk te maken naar gelang van de behoeftes van de nationale rechtsorde. De door de Commissie en Denkavit voorgestane restrictieve uitlegging zou dus in strijd zijn met de bedoeling van de wetgever.

29. Dit argument kan niet slagen. Door de Lid-Staten in de Raad geuite intenties, zoals die welke door de regeringen in hun opmerkingen zijn aangevoerd, hebben geen rechtskracht, wanneer zij niet in wettelijke bepalingen zijn neergelegd. Deze laatste zijn immers bestemd voor de justitiabelen die overeenkomstig de vereisten van het rechtszekerheidsbeginsel op de inhoud ervan moeten kunnen afgaan.

30. In de tweede plaats betogen het Bundesamt en de Duitse regering, dat de uitlegging die voortvloeit uit de omzetting door de Duitse wetgever van artikel 3, lid 2, van de richtlijn, steun vindt in artikel 1, lid 2, dat bepaalt dat de richtlijn, 'geen beletsel (vormt) voor de toepassing van nationale of verdragsrechtelijke voorschriften ter bestrijding van fraude en misbruiken.'

31. Dienaangaande zij opgemerkt, dat artikel 1, lid 2, van de richtlijn een beginselbepaling is, waarvan de inhoud in artikel 3, lid 2, van deze richtlijn nader wordt gepreciseerd. Zo dient deze laatste bepaling met name, hetgeen door geen van de partijen die bij het Hof opmerkingen hebben ingediend, wordt betwist, ter bestrijding van misbruiken, die bestaan in deelnemingen in het kapitaal van vennootschappen die enkel tot doel hebben om te profiteren van het voorziene belastingvoordeel, zonder dat het de bedoeling is om de deelneming duurzaam te behouden. Derhalve is het niet aangewezen om artikel 1, lid 2, van de richtlijn als basis te gebruiken voor de uitlegging van artikel 3, lid 2.

32. Bijgevolg kunnen de Lid-Staten het verlenen van het bij artikel 5, lid 1, van de richtlijn voorziene belastingvoordeel niet afhankelijk stellen van de voorwaarde dat de moedermaatschappij op het tijdstip van de winstuitkering gedurende de bij artikel 3, lid 2, gestelde minimumperiode een deelneming in de dochteronderneming heeft bezeten, voor zover deze periode nadien nog in acht wordt genomen.

33. Met betrekking tot dit laatste punt staat het de Lid-Staten, gelet op de behoeften van hun nationale rechtsorde, vrij te bepalen volgens welke modaliteiten de inachtneming van deze periode wordt verzekerd. De richtlijn zegt immers niets over de wijze waarop de Lid-Staten die gebruik hebben gemaakt van de bij artikel 3, lid 2, van de richtlijn geboden mogelijkheid, de minimumperiode van deelneming moeten doen naleven wanneer deze na het verzoek om belastingvrijstelling verstrijkt. In het bijzonder zijn de Lid-Staten, anders dan de Commissie betoogt, niet verplicht, de vrijstelling reeds aan het begin van deze periode te verlenen, zonder de zekerheid te hebben dat zij, indien de moedermaatschappij de door hen gestelde minimumperiode van deelneming niet in acht neemt, de belasting later zullen kunnen innen. Evenmin blijkt uit de richtlijn dat de Lid-Staten de belastingvrijstelling onmiddellijk moeten verlenen, wanneer de moedermaatschappij zich eenzijdig verbindt tot inachtneming van de minimumperiode van deelneming.

34. De argumenten, die door de Duitse en de Griekse regering worden ontleend aan het feit dat wanneer de belastingadministraties belastingvoordelen zouden verlenen waarvan pas later wordt onderzocht of zij gerechtvaardigd

zijn, de aard zelf van de bronbelasting zou worden miskend en de rechtszekerheid zou worden aangetast, zijn dus irrelevant.

35. Het verlenen van het belastingvoordeel vanaf het tijdstip van de verwerving, door de moedermaatschappij, van een voldoende deelneming in het kapitaal van de dochteronderneming, te zamen met een eventuele navordering wanneer blijkt dat de minimumperiode van deelneming niet in acht is genomen, is immers niet het enige middel om het vereiste van artikel 3, lid 2, van de richtlijn te doen naleven. Zoals blijkt uit punt 34 van de conclusie van de advocaat-generaal hebben sommige Lid-Staten in dergelijke gevallen regelingen getroffen, welke in adequate procedures voorzien. Bij gebreke van enige aanwijzing in de richtlijn op dit punt, staat het evenwel niet aan het Hof om de Lid-Staten deze of gene van deze methoden voor te schrijven.

36. Gelet op het voorgaande moet op de eerste vraag worden geantwoord, dat een Lid-Staat het verlenen van het bij artikel 5, lid 1, van de richtlijn voorziene belastingvoordeel niet afhankelijk mag stellen van de voorwaarde dat de moedermaatschappij op het tijdstip van de winstuitkering gedurende een periode die ten minste gelijk is aan die welke deze Lid-Staat krachtens artikel 3, lid 2, van de richtlijn heeft gesteld, een minimum-deelneming van 25% van het kapitaal van de dochteronderneming heeft bezeten. Het staat aan de Lid-Staten, overeenkomstig de procedures van hun nationale recht de regels vast te stellen om deze minimumperiode te doen naleven. In elk geval verplicht de richtlijn deze Lid-Staten niet, het voordeel onmiddellijk te verlenen, wanneer de moedermaatschappij zich eenzijdig verbindt om de minimumperiode van deelneming in acht te nemen.

De tweede vraag

37. Met de tweede vraag wenst de verwijzende rechter te vernemen of in geval de nationale wetgeving onverenigbaar is met artikel 3, lid 2, van de richtlijn, de moedermaatschappijen die voldoen aan de voorwaarden van artikel 3, lid 2, van de richtlijn, zich voor de nationale rechter rechtstreeks op artikel 5 van de richtlijn kunnen beroepen.

38. Dienaangaande zij vastgesteld, dat artikel 5, lid 1, van de richtlijn klaar en duidelijk voorziet in de vrijstelling van de inhouding van de bronbelasting voor de moedermaatschappijen die een minimumdeelneming van 25% in het kapitaal van hun dochteronderneming bezitten. Evenzo blijkt uit lid 3 van deze bepaling duidelijk, dat de Bondsrepubliek Duitsland tot medio 1996 een bronbelasting van 5% mag heffen.

39. Artikel 3, lid 2, van de richtlijn biedt de Lid-Staten weliswaar de mogelijkheid om van dit beginsel af te wijken wanneer de moedermaatschappij haar deelneming in de dochteronderneming niet gedurende een minimumperiode behoudt, en laat hun een beoordelingsmarge met betrekking tot de duur van deze periode, die niet langer dan twee jaar mag zijn, en, zoals reeds vastgesteld, met betrekking tot de toepasselijke administratieve procedures, doch deze elementen sluiten niet uit, dat op basis van de in artikel 5 van de richtlijn vervatte beginselbepalingen minimumrechten kunnen worden vastgesteld (zie in die zin het arrest van 14 juli 1994, zaak C-91/92, Faccini Dori, *Jurispr.* 1994, blz. I-3325, r.o. 17).

40. Derhalve moet op de tweede vraag worden geantwoord dat wanneer een Lid-Staat gebruik heeft gemaakt van de bij artikel 3, lid 2, van de richtlijn geboden mogelijkheid, de moedermaatschappijen zich voor de nationale rechters rechtstreeks op de bij artikel 5, leden 1 en 3, van deze richtlijn verleende rechten kunnen beroepen, voor zover deze moedermaatschappijen de door deze Lid-Staat gestelde periode van deelneming in acht nemen.

De derde vraag

41. Met de derde vraag, die enkel zaak C-283/94 betreft, wenst de verwijzende rechter bij een ontkennend antwoord van het Hof op de eerste vraag te vernemen, of de onjuiste omzetting van de richtlijn door de betrokken Lid-Staat de moedermaatschappijen recht geeft op vergoeding van de door hen gederfde rente als gevolg van het uitstel van de winstuitkering door de dochteronderneming tot het verstrijken van de krachtens artikel 3, lid 2, van de richtlijn gestelde minimumperiode van deelneming.

42. Volgens de Duitse belastingadministratie is deze vraag irrelevant en dus niet-ontvankelijk, omdat Denkavit in het beroep in het hoofdgeding geen vergoeding heeft gevorderd van de schade die zij zou hebben geleden doordat de verlaging van de inhouding pas later werd verleend.

43. Van haar kant betwijfelt de Duitse regering, of kan worden gesteld dat Denkavit schade heeft geleden, aangezien haar dochteronderneming de mogelijkheid heeft behouden om de voor uitkering bestemde gelden elders te beleggen.

44. Dienaangaande volstaat een verwijzing naar de vaste rechtspraak, volgens welke het uitsluitend aan de nationale rechter aan wie het geschil is voorgelegd en die de verantwoordelijkheid draagt voor de te geven rechterlijke beslissing, staat om, gelet op de bijzonderheden van elk geval, te oordelen over de noodzaak van een prejudiciële beslissing voor het wijzen van zijn vonnis alsmede over de relevantie van de vragen die hij aan het Hof voorlegt. Een verzoek van een nationale rechter kan slechts worden afgewezen, wanneer duidelijk blijkt, dat de gevraagde uitlegging van het gemeenschapsrecht geen verband houdt met een reëel geschil of met het voorwerp van het

hoofdgeding (zie onder meer arrest van 28 maart 1996, zaak C-129/94, Ruiz Bernáldez, nog niet gepubliceerd in de *Jurisprudentie*, r.o. 7).

45. In casu heeft Denkavit ter terechtzitting verklaard, dat haar beroep voor de verwijzende rechter strekte tot vaststelling van de onwettigheid van de handeling waarbij het Bundesamt had geweigerd haar een verlaging van de inhouding voor de periode van 14 juli 1992 tot 14 juli 1993 te verlenen, en dus tot vaststelling van haar procesbelang overeenkomstig de vereisten van het nationaal recht, ter voorbereiding van een latere schadevergoedingsactie.

46. Bijgevolg kan niet worden geconcludeerd dat de vraag van de verwijzende rechter geen enkel verband houdt met een reëel geschil of met het voorwerp van het hoofdgeding. Zij moet dus worden onderzocht.

47. Volgens vaste rechtspraak is het beginsel van de aansprakelijkheid van de staat voor schade die aan particulieren wordt berokkend door aan hem toerekenbare schendingen van het gemeenschapsrecht, inherent aan het systeem van het Verdrag (zie met name arresten van 5 maart 1996, gevoegde zaken C-46/93 en C-48/93, Brasserie du pêcheur, nog niet gepubliceerd in de *Jurisprudentie*, r.o. 31, en 8 oktober 1996, gevoegde zaken C-178/94, C-179/94, C-188/94, C-189/94 en C-190/94, Dillenkofer e.a., nog niet gepubliceerd in de *Jurisprudentie*, r.o. 20).

48. In die arresten was het Hof, gelet op de omstandigheden van de zaak, van oordeel dat het gemeenschapsrecht een recht op schadevergoeding toekent wanneer is voldaan aan drie voorwaarden, te weten dat de geschonden rechtsregel ertoe strekt aan particulieren rechten toe te kennen, dat sprake is van een voldoende gekwalificeerde schending, en ten slotte dat er een direct causaal verband bestaat tussen de schending van de op de staat rustende verplichting en de door de benadeelde personen geleden schade (arresten Brasserie du pêcheur, reeds aangehaald, r.o. 51, en Dillenkofer e.a., reeds aangehaald, r.o. 21 en 23). Het Hof heeft met name vastgesteld, dat deze voorwaarden van toepassing zijn wanneer een Lid-Staat een gemeenschapsrichtlijn op onjuiste wijze in zijn nationale recht omzet (arrest van 26 maart 1996, zaak C-392/93, British Telecommunications, nog niet gepubliceerd in de *Jurisprudentie*, r.o. 40).

49. In beginsel staat het weliswaar aan de nationale rechter om na te gaan of is voldaan aan de voorwaarden voor de aansprakelijkheid van een staat ten gevolge van schending van het gemeenschapsrecht, doch zij vastgesteld, dat het Hof in casu over alle elementen beschikt die nodig zijn om te beoordelen of de feiten van de onderhavige zaak als een voldoende gekwalificeerde schending van het gemeenschapsrecht moeten worden aangemerkt.

50. Uit de rechtspraak van het Hof vloeit voort, dat een schending van het gemeenschapsrecht voldoende gekwalificeerd is, wanneer een instelling of een Lid-Staat in de uitoefening van zijn normatieve bevoegdheid de aan de uitoefening van zijn bevoegdheden gestelde grenzen kennelijk en ernstig heeft overschreden (arresten Brasserie du pêcheur, reeds aangehaald, r.o. 55, en Dillenkofer e.a., reeds aangehaald, r.o. 25). Elementen die in dit verband in de beschouwing kunnen worden betrokken, zijn onder meer de mate van duidelijkheid en nauwkeurigheid van de geschonden regel (arresten Brasserie du pêcheur, reeds aangehaald, r.o. 56, en British Telecommunications, reeds aangehaald, r.o. 42).

51. Aangaande de voorwaarde betreffende het verstrijken van de periode van deelneming op de datum waarop het belastingvoordeel wordt toegekend, zij in casu opgemerkt, dat de door de Bondsrepubliek Duitsland aangenomen uitlegging wordt gevolgd door vrijwel alle andere Lid-Staten die gebruik hebben gemaakt van de vrijstellingsmogelijkheid. Op grond van overleg in de Raad waren deze Lid-Staten immers blijkbaar van mening, dat zij een dergelijke uitlegging mochten aannemen. Op dit punt zij met name opgemerkt, dat in artikel 1, lid 2, van de richtlijn uitdrukkelijk wordt gesproken van de bestrijding van misbruiken.

52. Aangezien de onderhavige zaak de eerste is die betrekking heeft op de richtlijn, gaf de rechtspraak van het Hof de Duitse Bondsrepubliek geen enkele aanwijzing omtrent de uitlegging die aan de betrokken bepaling moest worden gegeven.

53. Onder deze omstandigheden kan het feit dat een Lid-Staat bij de omzetting van de richtlijn van mening was dat hij mocht verlangen dat de minimumperiode van deelneming op de datum van de winstuitkering reeds was verstreken, niet als een voldoende gekwalificeerde schending van het gemeenschapsrecht in de zin van voormelde arresten Brasserie du pêcheur, British Telecommunications en Dillenkofer e.a. worden beschouwd.

54. Derhalve moet op de derde vraag worden geantwoord, dat een Lid-Staat volgens het gemeenschapsrecht niet verplicht is, aan een moedermaatschappij de schade te vergoeden die zij heeft geleden ten gevolge van het feit dat hij bij de omzetting van de richtlijn in strijd met het recht heeft bepaald dat de krachtens artikel 3, lid 2, gestelde minimumperiode van deelneming reeds moet zijn verstreken op het tijdstip van de winstuitkering waarvoor het bij artikel 5 voorziene belastingvoordeel geldt.

Kosten

...

HET HOF VAN JUSTITIE (Vijfde kamer)

uitspraak doende op de door het Finanzgericht Köln bij beschikkingen van 19 september 1994 gestelde vragen, verklaart voor recht:

1. **Een Lid-Staat mag het verlenen van het belastingvoordeel, voorzien bij artikel 5, lid 1, van richtlijn 90/435/EEG van de Raad van 23 juli 1990 betreffende de gemeenschappelijke fiscale regeling voor moedermaatschappijen en dochterondernemingen uit verschillende Lid-Staten, niet afhankelijk stellen van de voorwaarde dat de moedermaatschappij op het tijdstip van de winstuitkering gedurende een periode die ten minste gelijk is aan die welke deze Lid-Staat krachtens artikel 3, lid 2, van de richtlijn heeft gesteld, een minimumdeelneming van 25% van het kapitaal van de dochteronderneming heeft bezeten. Het staat aan de Lid-Staten, overeenkomstig de procedures van hun nationale recht de regels vast te stellen om deze minimumperiode te doen naleven. In elk geval verplicht de richtlijn deze Lid-Staten niet, het voordeel onmiddellijk te verlenen, wanneer de moedermaatschappij zich eenzijdig verbindt om de minimumperiode van deelneming in acht te nemen.**

2. **Wanneer een Lid-Staat gebruik heeft gemaakt van de bij artikel 3, lid 2, van voormelde richtlijn geboden mogelijkheid, kunnen de moedermaatschappijen zich voor de nationale rechters rechtstreeks op de bij artikel 5, leden 1 en 3, van deze richtlijn verleende rechten beroepen, voor zover deze moedermaatschappijen de door deze Lid-Staten gestelde periode van deelneming in acht nemen.**

3. **Een Lid-Staat is volgens het gemeenschapsrecht niet verplicht, aan een moedermaatschappij de schade te vergoeden die zij heeft geleden ten gevolge van het feit dat hij bij de omzetting van de richtlijn in strijd met het recht heeft bepaald dat de krachtens artikel 3, lid 2, gestelde minimumperiode van deelneming reeds moet zijn verstreken op het tijdstip van de winstuitkering waarvoor het bij artikel 5 voorziene belastingvoordeel geldt.**

HvJ EU 20 maart 1997, zaak C-24/95 (Land Rheinland-Pfalz v. Alcan Deutschland GmbH)

HET HOF VAN JUSTITIE:	*G. C. Rodríguez Iglesias, president, J. C. Moitinho de Almeida en J. L. Murray, kamerpresidenten, P. J. G. Kapteyn, C. Gulmann, D. A. O. Edward, J.-P. Puissochet, G. Hirsch, P. Jann (rapporteur), H. Ragnemalm en M. Wathelet, rechters*
Advocaat-Generaal:	*F. G. Jacobs*

Dictum

HET HOF VAN JUSTITIE,

uitspraak doende op de door het Bundesverwaltungsgericht bij beschikking van 28 september 1994 gestelde vragen, verklaart voor recht:

1. **De bevoegde autoriteit is op grond van het gemeenschapsrecht verplicht, het besluit tot toekenning van steun, die onrechtmatig is toegekend, overeenkomstig een onaantastbare beschikking van de Commissie waarbij de steun onverenigbaar met de gemeenschappelijke markt wordt verklaard en de terugvordering van deze steun wordt gelast, in te trekken, ook indien zij de termijn waarna intrekking naar nationaal recht in verband met de rechtszekerheid is uitgesloten, heeft laten verstrijken.**

2. **De bevoegde autoriteit is op grond van het gemeenschapsrecht verplicht, het besluit tot toekenning van steun, die onrechtmatig is toegekend, overeenkomstig een onaantastbare beschikking van de Commissie waarbij de steun onverenigbaar met de gemeenschappelijke markt wordt verklaard en de terugvordering van deze steun wordt gelast, in te trekken, ook indien de bevoegde autoriteit in zodanige mate voor de onwettigheid daarvan verantwoordelijk is, dat de intrekking jegens de begunstigde een schending van de goede trouw lijkt, wanneer de steunontvanger, omdat de procedure van artikel 93 van het Verdrag niet in acht is genomen, geen gewettigd vertrouwen kon hebben in de rechtmatigheid van de steun.**

3. **De bevoegde autoriteit is op grond van het gemeenschapsrecht verplicht, het besluit tot toekenning van steun, die onrechtmatig is toegekend, overeenkomstig een onaantastbare beschikking van de Commissie waarbij de steun onverenigbaar met de gemeenschappelijke markt wordt verklaard en de terugvordering van deze steun wordt gelast, in te trekken, ook indien dit naar nationaal recht wegens het ontbreken van verrijking in verband met de afwezigheid van kwade trouw bij de steunontvanger, uitgesloten is.**

HvJ EG 15 mei 1997, zaak C-250/95*
(Futura Participations SA, Singer v. Administration des contributions van het Groothertogdom Luxemburg)

Luxemburg bepaalde de door Luxemburg te belasten VI-winst van een in Frankrijk gevestigd lichaam aan de hand van de indirecte methode (evenredige toerekening van de wereldwijde winst), doch weigerde de op die basis bepaalde verliezen in aanmerking te nemen omdat ze niet berustten op een boekhouding van de Luxemburgse VI.

HvJ EG: Terwijl het uitgangspunt dat een lidstaat geen verliezen die slechts op evenredigheidsbasis zijn berekend in aanmerking behoeft te nemen juist is, gaat een verplichting naast boeken ten behoeve van de vestigingsstaat van het lichaam ook boeken ten behoeve van de VI-staat bij te houden te ver. Voldoende is dat het buitenslands gevestigde lichaam de verliezen 'duidelijk en nauwkeurig' aantoont.

Hof:	*G. C. Rodríguez Iglesias, kamerpresident, J. C. Moitinho de Almeida, J. L. Murray en L. Sevón, kamerpresidenten, P. J. G. Kapteyn, C. Gulmann, D. A. O. Edward (rapporteur), J. P. Puissochet, H. Ragnemalm, M. Wathelet en R. Schintgen, rechters*
Advocaat-generaal:	*C. O. Lenz*

1. Bij arrest van 12 juli 1995, ingekomen bij het Hof op 19 juli daaraanvolgend, heeft de Luxemburgse Conseil d'État krachtens artikel 177 EG-Verdrag een prejudiciële vraag gesteld over de uitlegging van artikel 52 EEG-Verdrag, thans EG-Verdrag.

2. Deze vraag is gerezen in een geding tussen Futura Participations SA (hierna: 'Futura'), gevestigd te Parijs, en haar Luxemburgs filiaal Singer (hierna: 'Singer'), enerzijds, en de Administration des contributions, anderzijds, betreffende de bepaling van de maatstaf van heffing voor de door Singer over 1986 te betalen inkomstenbelasting.

3. Artikel 4, lid 2, van de Frans-Luxemburgse overeenkomst van 1 april 1958 ter voorkoming van dubbele belasting en ter vaststelling van regels van wederzijdse administratieve bijstand inzake inkomsten- en vermogensbelasting (hierna: de 'overeenkomst') bepaalt, dat wanneer een onderneming vaste inrichtingen bezit in beide overeenkomstsluitende staten, elke staat slechts de inkomsten kan belasten die uit de activiteiten van de op zijn grondgebied gevestigde vaste inrichtingen zijn verkregen. Een filiaal is een vaste inrichting in de zin van deze overeenkomst (artikel 2, lid 3, sub 2b).

4. Ingevolge de artikelen 159 en 160 van de Luxemburgse wet van 4 december 1967 betreffende de inkomstenbelasting (hierna: de 'Luxemburgse wet') zijn alle collectieve organisaties aan de inkomstenbelasting onderworpen.

5. In beginsel zijn alle inkomsten van de collectieve organisaties die als Luxemburgse ingezetenen zijn aan te merken, aan deze belasting onderworpen, ongeacht waar zij zijn verworven (artikel 159, lid 2, van de Luxemburgse wet). Wanneer deze belastingplichtigen evenwel buiten Luxemburg inkomsten hebben verworven, genieten zij bepaalde vrijstellingen teneinde dubbele belastingheffing te voorkomen. Indien een internationale overeenkomst ter voorkoming van dubbele belasting toepasselijk is, is het bedrag van de in het buitenland verworven inkomsten vrijgesteld van de Luxemburgse belasting (artikel 134 van de Luxemburgse wet). Bij gebreke van een dergelijke overeenkomst dient de ingezeten belastingplichtige over alle in het buitenland verworven inkomsten de Luxemburgse belasting te betalen, verminderd met het bedrag van de reeds in het buitenland betaalde belasting over de betrokken inkomsten (artikel 134 bis van de Luxemburgse wet).

6. Voorts kunnen ingezeten belastingplichtigen ingevolge artikel 109, lid 2, van de Luxemburgse wet overgebrachte verliezen uit eerdere jaren aftrekken van hun totale netto inkomen, op voorwaarde dat zij 'in het boekjaar waarin het verlies is ontstaan, een regelmatige boekhouding' hebben gevoerd (artikel 114, lid 2, sub 3, van de Luxemburgse wet).

7. De als niet-ingezeten belastingplichtigen aan te merken collectieve organisaties worden alleen voor de 'binnenlandse inkomsten' belast, dat wil zeggen die welke rechtstreeks of indirect door hun vaste inrichting in Luxemburg zijn verworven (artikel 160, lid 1, van de Luxemburgse wet).

8. Niet-ingezeten belastingplichtigen zijn niet verplicht met betrekking tot hun activiteiten in Luxemburg een afzonderlijke boekhouding te voeren. Bij gebreke van een afzonderlijke boekhouding mogen zij het bedrag van hun in Luxemburg belastbare inkomsten vaststellen op basis van een pro rata-toerekening van hun totale inkomsten, zodat een gedeelte van die inkomsten wordt geacht voort te komen uit de Luxemburgse activiteiten van de belastingplichtige.

* Ook gepubliceerd in FED 1998/365 (Weber).

9. Bovendien mogen de niet-ingezeten belastingplichtigen krachtens artikel 157, lid 2, van de Luxemburgse wet overgebrachte verliezen uit eerdere jaren aftrekken van hun totale netto inkomsten, 'op voorwaarde dat deze economisch verband houden met binnenlandse inkomsten en de boekhouding binnen het land wordt gevoerd'. Ter terechtzitting heeft de Luxemburgse regering bevestigd dat, wil aan deze laatste voorwaarde voldaan zijn, de boekhouding betreffende de Luxemburgse activiteiten van de belastingplichtige in overeenstemming moet zijn met de ter zake geldende Luxemburgse regels (hierna: de 'regelmatige boekhouding').

10. Daar Singer in het jaar 1986 geen regelmatige boekhouding had gevoerd, had zij haar belastbare inkomsten voor dat jaar bepaald op basis van een toerekening van de totale inkomsten van Futura. In de belastingaangifte voor dat jaar verzocht het filiaal de belastingdienst bovendien, van haar inkomsten in 1986 bepaalde tussen 1981 en 1986 ontstane verliezen ten bedrage van meer dan 23 000 000 LFR te mogen aftrekken. Daar Singer voor die periode evenmin over een regelmatige boekhouding beschikte, was ook het bedrag van de verliezen berekend op basis van een toerekening van alle door Futura in de betrokken periode geleden verliezen.

11. De belastingdienst wees het verzoek van Singer af, met het betoog, dat naar Luxemburgs recht een niet-ingezeten belastingplichtige verliezen slechts kan overbrengen, wanneer aan de voorwaarden van artikel 157, lid 2, van de Luxemburgse wet is voldaan en niet 'op basis van een toerekening'. Op 14 juli 1993 bevestigde de belastingdirecteur dit besluit.

12. Daarop stelden de vennootschap Futura en Singer beroep in bij de nationale rechter, strekkende tot herziening, althans nietigverklaring van dat besluit. In het kader van hun beroep betoogden zij, dat de weigering om met de betrokken verliezen rekening te houden in strijd was met de hun door artikel 52 van het Verdrag gegarandeerde vrijheid van vestiging.

13. Bij gevolg heeft de verwijzende rechter de behandeling van de zaak geschorst en het Hof verzocht om een prejudiciële beslissing over de navolgende vraag:

> 'Zijn de bepalingen van artikel 157 van de wet betreffende de inkomstenbelasting en, voor zoveel nodig, de artikelen 4 en 24, lid 2, tweede alinea, van de Frans-Luxemburgse overeenkomst ter voorkoming van dubbele belasting verenigbaar met de bepalingen van artikel 52 EEG-Verdrag, voor zover zij de toepassing van de bepalingen betreffende de overbrenging van verliezen op niet-ingezeten belastingplichtigen die in Luxemburg een vaste inrichting hebben, afhankelijk stellen van de voorwaarde, dat de verliezen verband houden met binnenlandse inkomsten en de boekhouding regelmatig wordt gevoerd en binnen het land bewaard?'

De ontvankelijkheid van de prejudiciële vraag

14. Volgens de Franse regering bevat het verwijzingsarrest onvoldoende feitelijke en juridische gegevens om de Lid-Staten in staat te stellen opmerkingen ter zake in te dienen en het Hof om de nationale rechter een nuttig antwoord op de voorgelegde vraag te geven. Haars inziens moet het betrokken verzoek om een prejudiciële beslissing dus niet-ontvankelijk worden verklaard.

15. Dienaangaande volstaat de vaststelling dat, zoals de advocaat-generaal in de punten 21 en 22 van zijn conclusie heeft opgemerkt, alle gegevens die nodig zijn voor de beoordeling van de feitelijke en juridische omstandigheden van de zaak uit de vraag en uit het verwijzingsarrest blijken. Bijgevolg is het verzoek om een prejudiciële beslissing ontvankelijk.

De prejudiciële vraag

16. Met zijn vraag wenst de verwijzende rechter in wezen te vernemen, of artikel 52 van het Verdrag zich ertegen verzet, dat een Lid-Staat de overbrenging van verliezen uit eerdere jaren door een belastingplichtige die in die staat een filiaal heeft zonder er te zijn gevestigd, afhankelijk stelt van de voorwaarde, enerzijds, dat de verliezen economisch verband houden met de door de belastingplichtige in die staat verworven inkomsten, en, anderzijds, dat de belastingplichtige gedurende de periode waarin de verliezen zijn ontstaan in die staat een boekhouding van zijn activiteiten heeft gevoerd en bewaard, die in overeenstemming is met de ter zake geldende nationale regels.

17. De twee voorwaarden waarvan de overbrenging van verliezen afhankelijk is gesteld, te weten het economisch verband en het voeren van een boekhouding, zullen successievelijk worden onderzocht. Beklemtoond zij, dat de eerste voorwaarde de gegevens betreft die bij de berekening van de hoogte van de belasting in aanmerking kunnen worden genomen, terwijl de tweede voorwaarde daarentegen enkel betrekking heeft op de bewijsmiddelen betreffende die berekening.

De eerste voorwaarde (het economisch verband)

18. De eerste voorwaarde houdt in, dat de verliezen economisch verband houden met de inkomsten die zijn verworven in de Lid-Staat waar de belasting wordt geheven, zodat alleen de verliezen kunnen worden overgebracht die voortvloeien uit de activiteit van de niet-ingezeten belastingplichtige op het grondgebied van die staat.

19. Volgens vaste rechtspraak behoren de directe belastingen weliswaar tot de bevoegdheid van de Lid-Staten, doch dienen laatstgenoemden hun bevoegdheid ter zake in overeenstemming met het gemeenschapsrecht uit te oefenen en zich dus te onthouden van elke zichtbare of verkapte discriminatie op grond van nationaliteit (arresten van 14 februari 1995, zaak C-279/93, Schumacker, *Jurispr.* 1995, blz. I-225, r.o. 21 en 26; 11 augustus 1995, zaak C-80/94, Wielockx, *Jurispr.* 1995, blz. I-2493, r.o. 16, en 27 juni 1996, zaak C-107/94, Asscher, *Jurispr.* 1996, blz. I-3089, r.o. 36).

20. In casu bepaalt de Luxemburgse wet voor de ingezeten belastingplichtigen, dat al hun inkomsten belastbaar zijn, zonder dat de maatstaf van heffing tot hun Luxemburgse activiteiten beperkt is. Ofschoon is voorzien in vrijstellingen, waardoor een gedeelte van, of, in sommige gevallen, zelfs al hun buiten Luxemburg verworven inkomsten aldaar niet worden belast, omvat de maatstaf van heffing voor deze belastingplichtigen bijgevolg op zijn minst de winsten en verliezen uit hun Luxemburgse activiteiten.

21. Voor de berekening van de maatstaf van heffing voor de niet-ingezeten belastingplichtigen daarentegen worden alleen de winsten en de verliezen uit hun Luxemburgse activiteiten in aanmerking genomen.

22. Een dergelijke regeling, die in overeenstemming is met het fiscale territorialiteitsbeginsel, kan niet worden geacht een door het Verdrag verboden zichtbare of verkapte discriminatie op te leveren.

De tweede voorwaarde (voeren van een boekhouding)

23. De tweede voorwaarde houdt in, dat de belastingplichtige in het jaar waarin hij de verliezen heeft geleden die hij wil overbrengen, in de Lid-Staat waar de belasting wordt geheven een boekhouding van zijn activiteiten in die staat heeft gevoerd die in overeenstemming is met de in dat jaar ter zake geldende nationale regels.

24. Een dergelijke voorwaarde kan een beperking in de zin van artikel 52 van het Verdrag opleveren van de vrijheid van vestiging voor een – ingevolge artikel 58 van het Verdrag met natuurlijke personen die onderdaan zijn van de Lid-Staten gelijkgestelde – vennootschap die een filiaal wenst op te richten in een andere Lid-Staat dan die waar zij is gevestigd.

25. Wil die vennootschap immers eventuele verliezen van haar filiaal kunnen overbrengen, dan dient zij naast haar eigen boekhouding, die in overeenstemming moet zijn met de fiscale bepalingen die gelden in de Lid-Staat waar zij is gevestigd, een afzonderlijke boekhouding te voeren voor de activiteiten van haar filiaal, die voldoet aan de fiscale bepalingen die van toepassing zijn in de staat waar het filiaal is gevestigd. Bovendien is zij verplicht die boekhouding te bewaren waar het filiaal, en niet waar haar zetel gevestigd is.

26. Een dergelijke voorwaarde, die specifiek de in een andere Lid-Staat gevestigde vennootschappen treft, is dan ook in beginsel verboden ingevolge artikel 52 van het Verdrag. Dit zou slechts anders zijn, indien er een rechtmatig doel mee wordt nagestreefd dat zich met het Verdrag verdraagt en dat gerechtvaardigd is uit hoofde van dwingende redenen van algemeen belang. Daarenboven moet die voorwaarde in dat geval geschikt zijn om de verwezenlijking van het nagestreefde doel te waarborgen, en mag zij niet verder gaan dan nodig is voor het bereiken van dat doel (zie, in die zin, arresten van 30 november 1995, zaak C-55/94, Gebhard, *Jurispr.* 1995, blz. I-4165, r.o. 37; 31 maart 1993, zaak C-19/92, Kraus, *Jurispr.* 1993, blz. I-1663, r.o. 32, en 15 december 1995, zaak C-415/93, Bosman, *Jurispr.* 1995, blz. I-4921, r.o. 104).

27. In casu betogen de Luxemburgse regering en de regering van het Verenigd Koninkrijk, dat een nationale maatregel als de tweede voorwaarde onontbeerlijk is om het bedrag van de in een Lid-Staat belastbare inkomsten door diens belastingdienst te kunnen controleren.

28. De Luxemburgse regering voegt daaraan toe, dat de nationale bepaling volgens welke de niet-ingezeten belastingplichtige in het jaar waarin hij de verliezen heeft geleden die hij wil overbrengen, een regelmatige boekhouding van zijn activiteiten te Luxemburg moet hebben gevoerd, een bewijsvoorschrift is dat wordt gerechtvaardigd door het feit, dat de betrokken staat zich er moet kunnen van vergewissen, enerzijds, dat de verliezen waarvan de overbrenging wordt verzocht, daadwerkelijk uit de Luxemburgse activiteiten van de belastingplichtige voortspruiten en, anderzijds, dat het bedrag van die verliezen volgens de Luxemburgse regels voor de inkomsten- en verliesberekening die golden in het jaar waarin de verliezen zijn ontstaan, overeenstemt met de daadwerkelijk door de belastingplichtige geleden verliezen.

29. Bovendien stelt de Luxemburgse regering, dat de verplichting om een regelmatige boekhouding tijdens het betrokken jaar op Luxemburgs grondgebied te bewaren, is ingevoerd om de belastingdienst in staat te stellen, te allen tijde de boekhoudkundige stukken te controleren.

30. De Commissie daarentegen is van mening, dat weliswaar de met de tweede voorwaarde nagestreefde doelstellingen rechtmatig zijn vanuit het oogpunt van het Verdrag, doch dat deze voorwaarde niet onontbeerlijk is ter verwezenlijking van die doelstellingen. De Luxemburgse autoriteiten zouden het bedrag van de verliezen immers kunnen verifiëren aan de hand van de boekhouding die de niet-ingezeten belastingplichtige voert op de plaats waar zijn zetel gevestigd is. Bovendien kunnen zij zich krachtens richtlijn 77/799/EEG van de Raad van 19 december 1977 betreffende de wederzijdse bijstand van de bevoegde autoriteiten van de Lid-Staten op het gebied van de

directe belastingen (*PB* 1977, L 336, blz. 15) steeds wenden tot de autoriteiten van een andere Lid-Staat, teneinde elke inlichting te verkrijgen die van nut kan zijn voor de vaststelling van de door de belastingplichtige verschuldigde belasting.

31. Het Hof heeft meermaals geoordeeld, dat de doeltreffendheid van de fiscale controles een dwingende reden van algemeen belang vormt, die een beperking van de door het Verdrag gegarandeerde fundamentele vrijheden kan rechtvaardigen (zie, bij voorbeeld, arrest van 20 februari 1979, zaak 120/78, Rewe-Zentral, 'Cassis de Dijon', *Jurispr.* 1979, blz. 649, r.o. 8). Zo mag een Lid-Staat maatregelen toepassen die een duidelijke en nauwkeurige toetsing mogelijk maken van het bedrag van zowel de in die staat belastbare inkomsten, als van de aldaar in voorkomend geval over te brengen verliezen.

32. Bij de huidige stand van het gemeenschapsrecht worden de met de tweede voorwaarde nagestreefde doelstellingen, anders dan de Commissie stelt, niet bereikt indien de Luxemburgse autoriteiten ter controle van de bedragen waaruit de maatstaf van heffing is samengesteld, zouden moeten afgaan op de boekhouding die de niet-ingezeten belastingplichtige volgens de regels van een andere Lid-Staat voert.

33. Tot op heden is immers niet voorzien in een harmonisatie van de nationale bepalingen inzake de bepaling van de maatstaf van heffing voor de rechtstreekse belastingen. Bijgevolg stelt elke Lid-Staat zijn eigen regels vast ter bepaling van de winst, het inkomen, de kosten, de aftrekken en vrijstellingen, alsook van de desbetreffende bedragen die in aanmerking komen bij de berekening van de belastbare inkomsten of bij de berekening van de over te brengen verliezen.

34. Dienaangaande is niet van belang, dat de gemeenschapswetgever in artikel 54, lid 3, sub g, van het Verdrag in een zekere coördinatie van de regels inzake de jaarrekeningen van bepaalde vormen van vennootschappen heeft voorzien. Immers, zelfs indien de volgens gemeenschappelijke regels opgestelde rekeningen van een vennootschap onderscheid maakten tussen de activiteiten van de verschillende filialen – wat die regels niet verlangen –, zouden de in voorkomend geval voor ieder filiaal in die rekeningen opgenomen bedragen niet noodzakelijkerwijs relevant zijn voor de berekening van de maatstaf van heffing voor de betrokken filialen.

35. Bijgevolg bestaan er geen garanties, dat de overeenkomstig de gemeenschappelijke coördinatieregels opgestelde rekeningen van een vennootschap of de rekeningen die worden opgesteld ter bepaling van de maatstaf van heffing in de Lid-Staat waar de vennootschap is gevestigd, de relevante gegevens verschaffen omtrent het bedrag van de belastbare inkomsten en van de over te brengen verliezen in een andere Lid-Staat waar de vennootschap een filiaal heeft opgericht.

36. Evenwel dient nog te worden onderzocht, of de vereisten van de tweede voorwaarde niet verder gaan dan noodzakelijk is voor de controle van het bedrag van de verliezen die in mindering kunnen worden gebracht op de inkomsten die een belastingplichtige verwerft in een later jaar dan dat waarin de verliezen zijn ontstaan.

37. Dienaangaande zij opgemerkt, dat naar Luxemburgs recht de niet-ingezeten belastingplichtigen in de regel niet verplicht zijn om met betrekking tot hun activiteiten in Luxemburg een regelmatige boekhouding te voeren, wat betekent dat de Luxemburgse autoriteiten in beginsel afstand hebben gedaan van elke mogelijkheid om de boekhoudkundige stukken van die belastingplichtigen te inspecteren.

38. Pas wanneer een niet-ingezeten belastingplichtige verzoekt om overbrenging van verliezen uit een verstreken jaar, is hij verplicht aan te tonen dat hij in die periode een regelmatige boekhouding van zijn activiteiten in Luxemburg heeft gevoerd en in die staat bewaard.

39. Op het ogenblik waarop dat verzoek wordt gedaan, is het enige belang van de Luxemburgse autoriteiten evenwel hierin gelegen, dat zij duidelijk en nauwkeurig kunnen nagaan, of het bedrag van de verliezen waarvan de overbrenging wordt verzocht, volgens de Luxemburgse regels voor de inkomsten- en verliesberekening die golden in het jaar waarin de verliezen zijn ontstaan, overeenstemt met de daadwerkelijk door de belastingplichtige in Luxem burg geleden verliezen. Daaruit volgt dat, indien deze belastingplichtige het bedrag van de betrokken verliezen duidelijk en nauwkeurig bewijst, deze autoriteiten hem de overbrenging van die verliezen niet mogen weigeren op grond van het feit dat hij in het betrokken jaar geen regelmatige boekhouding van zijn activiteiten in Luxemburg heeft gevoerd en in die staat bewaard.

40. In een situatie als de onderhavige is het niet onontbeerlijk, dat de middelen waarmee de niet-ingezeten belastingplichtige het bedrag van de over te brengen verliezen mag bewijzen, beperkt zijn tot die voorzien in de Luxemburgse wetgeving.

41. In dit verband zij eraan herinnerd, dat de bevoegde autoriteiten van een Lid-Staat steeds op grond van richtlijn 77/799 de bevoegde autoriteiten van een andere Lid-Staat kunnen verzoeken hun alle inlichtingen te verstrekken die hun van nut kunnen zijn om voor de door hen toe te passen wetgeving het juiste bedrag van de inkomstenbelasting te bepalen die een in die andere Lid-Staat gevestigde belastingplichtige verschuldigd is.

42. Opgemerkt zij evenwel, dat een Lid-Staat die niet-ingezeten belastingplichtigen toestaat het bedrag van hun belastbare inkomsten te bepalen op basis van een pro rata-toerekening van de totale inkomsten, niet verplicht is

een berekening van het bedrag van de over te brengen verliezen, gebaseerd op toerekening van de totale verliezen, te aanvaarden. Immers, gelet op de onnauwkeurigheden van de toerekeningsmethode, is een Lid-Staat in geen geval verplicht de maatstaf van heffing voor een belastingplichtige uitsluitend op basis van die methode vast te stellen.

43. Gelet op het voorgaande, moet op de gestelde vraag worden geantwoord, dat artikel 52 van het Verdrag zich er niet tegen verzet, dat een Lid-Staat de overbrenging van verliezen uit eerdere jaren door een belastingplichtige die op zijn grondgebied een filiaal heeft zonder aldaar te zijn gevestigd, afhankelijk stelt van de voorwaarde, dat de verliezen economisch verband houden met de inkomsten die de belastingplichtige in die staat heeft verworven, mits ingezeten belastingplichtigen niet gunstiger worden behandeld. Het verzet zich echter ertegen, dat de overbrenging van verliezen afhankelijk wordt gesteld van de voorwaarde, dat de belastingplichtige in het jaar waarin de verliezen zijn ontstaan, in die Lid-Staat een boekhouding van de door hem aldaar verrichte activiteiten heeft gevoerd en bewaard, die in overeenstemming is met de ter zake geldende nationale regels. De betrokken Lid-Staat mag evenwel verlangen, dat de niet-ingezetene belastingplichtige duidelijk en nauwkeurig aantoont, dat het bedrag van de verliezen die hij stelt te hebben geleden, volgens de in het betrokken jaar geldende nationale regels voor de inkomsten- en verliesberekening overeenstemt met de daadwerkelijk door de belastingplichtige in die staat geleden verliezen.

Kosten

...

HET HOF VAN JUSTITIE

uitspraak doende op de door de Luxemburgse Conseil d'État bij arrest van 12 juli 1995 gestelde vraag, verklaart voor recht:

Artikel 52 EG-Verdrag verzet zich er niet tegen, dat een Lid-Staat de overbrenging van verliezen uit eerdere jaren door een belastingplichtige die op zijn grondgebied een filiaal heeft zonder aldaar te zijn gevestigd, afhankelijk stelt van de voorwaarde, dat de verliezen economisch verband houden met de inkomsten die de belastingplichtige in die staat heeft verworven, mits ingezeten belastingplichtigen niet gunstiger worden behandeld. Het verzet zich echter ertegen, dat de overbrenging van verliezen afhankelijk wordt gesteld van de voorwaarde, dat de belastingplichtige in het jaar waarin de verliezen zijn ontstaan, in die Lid-Staat een boekhouding van de door hem aldaar verrichte activiteiten heeft gevoerd en bewaard, die in overeenstemming is met de ter zake geldende nationale regels. De betrokken Lid-Staat mag evenwel verlangen, dat de niet-ingezeten belastingplichtige duidelijk en nauwkeurig aantoont, dat het bedrag van de verliezen die hij stelt te hebben geleden, volgens de in het betrokken jaar geldende nationale regels voor de inkomsten- en verliesberekening overeenstemt met de daadwerkelijk door de belastingplichtige in die staat geleden verliezen.

HvJ EG 17 juli 1997, zaak C-28/95*
(A. Leur-Bloem v. Inspecteur der Belastingdienst/Ondernemingen Amsterdam 2)

Hof:	*G. C. Rodríguez Iglesias, president, G. F. Mancini, J. C. Moitinho de Almeida, J. L. Murray en L. Sevón, kamerpresidenten, C. N. Kakouris, P. J. G. Kapteyn, C. Gulmann, D. A. O. Edward, J. P. Puissochet, G. Hirsch, P. Jann (rapporteur) en H. Ragnemalm, rechters*
Advocaat-generaal:	*F.G. Jacobs*

Voor de tekst van de Conclusie van Advocaat-Generaal Jacobs en van het Rapport ter terechtzitting wordt verwezen naar band 22, onderdeel III.J, van de Nederlandse Regelingen van Internationaal Belastingrecht

1. Bij uitspraak van 26 januari 1995, ingekomen bij het Hof op 6 februari daaraanvolgend, heeft het Gerechtshof te Amsterdam krachtens artikel 177 EG-Verdrag een aantal prejudiciële vragen gesteld over de uitlegging van de artikelen 2, sub d, en 11, lid 1, sub a, van richtlijn 90/434/EEG van de Raad van 23 juli 1990 betreffende de gemeenschappelijke fiscale regeling voor fusies, splitsingen, inbreng van activa en aandelenruil met betrekking tot vennootschappen uit verschillende Lid-Staten (*PB* 1990, L 225, blz. 1; hierna: 'richtlijn').

2. Deze vragen zijn gerezen in een geding tussen A. Leur-Bloem en de inspecteur der Belastingdienst/Ondernemingen Amsterdam 2 (hierna: 'inspecteur').

3. A. Leur-Bloem, enig aandeelhouder en directeur van twee besloten vennootschappen naar Nederlands recht, was voornemens de aandelen in een derde besloten vennootschap, een holding, te kopen, waarbij de betaling zou geschieden door ruil met de aandelen in de beide eerstbedoelde vennootschappen. Na deze transactie zou Leur-Bloem niet meer rechtstreeks, doch nog slechts indirect enig aandeelhouder van de twee andere vennootschappen zijn.

4. Leur-Bloem is onderworpen aan de Wet op de inkomstenbelasting 1964 (hierna: 'Nederlandse wet'). Ingevolge artikel 14 b, lid 1, van de Nederlandse wet wordt in het kader van een aandelenfusie de winst uit aanmerkelijk belang buiten de belastingheffing gehouden. De toepassing van deze faciliteit houdt in wezen een uitstel van belastingheffing in.

5. Artikel 14 b, lid 2, sub a en b, van de Nederlandse wet luidt als volgt:

'2. Een aandelenfusie wordt aanwezig geacht indien:

a. een in Nederland gevestigde vennootschap tegen uitreiking van eigen aandelen of winstbewijzen, eventueel met een bijbetaling, een zodanig bezit aan aandelen in een andere in Nederland gevestigde vennootschap verwerft dat zij meer dan de helft van de stemrechten in de laatstgenoemde vennootschap kan uitoefenen, teneinde de onderneming van die vennootschap en die van een andere in financieel en economisch opzicht duurzaam in een eenheid samen te brengen;

b. een in een Lid-Staat van de Europese Gemeenschappen gevestigde vennootschap tegen uitreiking van eigen aandelen of winstbewijzen, eventueel met een bijbetaling, een zodanig bezit aan aandelen in een in een andere Lid-Staat van de Europese Gemeenschappen gevestigde vennootschap verwerft dat zij meer dan de helft van de stemrechten in de laatstgenoemde vennootschap kan uitoefenen, teneinde de onderneming van die vennootschap en die van een andere in financieel en economisch opzicht duurzaam in een eenheid samen te brengen.'

6. Onder 'onderneming' in de zin van de Nederlandse wet dient in wezen de economische activiteit van een rechtspersoon te worden verstaan, terwijl de term 'vennootschap' naar de rechtspersoon verwijst.

7. Leur-Bloem verzocht de Nederlandse belastingdienst de voorgenomen transactie als een 'aandelenfusie' in de zin van de Nederlandse wettelijke regeling aan te merken, zodat zij zou kunnen profiteren van belastingvrijstelling voor de eventueel uit de vervreemding van aandelen verkregen winst, en eventuele verliezen binnen de aldus tot stand gekomen fiscale eenheid zou kunnen compenseren.

8. De inspecteur, die van mening was dat geen sprake was van aandelenfusie in de zin van artikel 14 b, lid 2, sub a, van de Nederlandse wet, wees het verzoek af.

9. Daarop stelde Leur-Bloem tegen die uitspraak beroep in bij het Gerechtshof te Amsterdam. Volgens haar moest de transactie namelijk als een fusie worden aangemerkt, op grond dat daarmee een nauwere samenwerking tussen de vennootschappen werd beoogd.

* Ook gepubliceerd in BNB 1998/32 (Van der Geld), FED 1997/768 (Weber), VN 1997 blz. 2825.

10. Volgens de inspecteur daarentegen had de voorgenomen transactie niet tot doel, de onderneming van deze vennootschappen in financieel en economisch opzicht duurzaam in een grotere eenheid samen te brengen. In financieel en economisch opzicht bestond die eenheid immers reeds, omdat beide vennootschappen dezelfde directeur en enig aandeelhouder hadden.

11. Volgens het Gerechtshof diende voor de beslechting van dit geding een bepaling van de Nederlandse wet te worden uitgelegd, die was ingevoegd bij de omzetting van de richtlijn in nationaal recht.

12. In dit verband stelde de verwijzende rechter vast, dat de richtlijn volgens de overwegingen van haar considerans strekt tot opheffing van de bepalingen van fiscale aard die onder meer fusies en aandelenruil tussen vennootschappen uit verschillende Lid-Staten benadelen ten opzichte van dergelijke transacties met betrekking tot vennootschappen van een zelfde Lid-Staat, alsook dat in de bewoordingen van artikel 14 b, lid 2, sub a, enerzijds, en sub b, anderzijds, van de Nederlandse wet geen onderscheid wordt gemaakt tussen fusies waarbij uitsluitend in Nederland gevestigde vennootschappen betrokken zijn en fusies waarbij in verschillende Lid-Staten van de Gemeenschap gevestigde vennootschappen betrokken zijn.

13. Ten slotte merkte hij op, dat uit de doelstellingen van de richtlijn, de tekst van de betrokken bepaling van de Nederlandse wet, alsmede de wetsgeschiedenis, inzonderheid de Memorie van Toelichting, blijkt dat de Nederlandse wetgever aandelenfusies tussen uitsluitend in Nederland gevestigde vennootschappen enerzijds en tussen in verschillende Lid-Staten gevestigde vennootschappen anderzijds op dezelfde wijze heeft willen behandelen.

14. Artikel 2, sub d en h, van de richtlijn luidt als volgt:

'Voor de toepassing van deze richtlijn wordt verstaan onder
(...)
d. aandelenruil: de rechtshandeling waarbij een vennootschap in het maatschappelijk kapitaal van een andere vennootschap een deelneming verkrijgt waardoor zij een meerderheid van stemmen in die vennootschap krijgt, en wel door aan de deelgerechtigden van de andere vennootschap, in ruil voor hun effecten, bewijzen van deelgerechtigdheid in het maatschappelijk kapitaal van de eerste vennootschap uit te reiken, eventueel met een bijbetaling in geld welke niet meer mag bedragen dan 10% van de nominale waarde of, bij gebreke van een nominale waarde, van de fractiewaarde van de bewijzen die worden geruild;
(...)
h. verwervende vennootschap: de vennootschap die een deelneming verwerft door middel van een effectenruil.'

Titel II van de richtlijn, bestaande uit de artikelen 4 tot en met 8, bevat de regels die van toepassing zijn op de fiscale behandeling van fusies, splitsingen en aandelenruil. Volgens artikel 8 mag de toekenning, bij onder meer een aandelenruil, van bewijzen van deelgerechtigdheid in het maatschappelijk kapitaal van de verwervende vennootschap aan een deelgerechtigde van de verworven vennootschap in ruil voor bewijzen van deelgerechtigdheid in het maatschappelijk kapitaal van deze laatste vennootschap, op zich niet leiden tot enigerlei belastingheffing op het inkomen of de meerwaarden van deze deelgerechtigde.

Artikel 11, lid 1, sub a, van de richtlijn bepaalt:

'1. De Lid-Staten kunnen weigeren de bepalingen van de titels II, III en IV geheel of gedeeltelijk toe te passen of het voordeel ervan teniet doen indien blijkt dat de fusie, splitsing, inbreng van activa of aandelenruil

a. als hoofddoel of een der hoofddoelen belastingfraude of -ontwijking heeft; het feit dat een van de in artikel 1 bedoelde rechtshandelingen niet plaatsvindt op grond van zakelijke overwegingen, zoals herstructurering of rationalisering van de activiteiten van de bij de transactie betrokken vennootschappen, kan doen veronderstellen dat die transactie als hoofddoel of een van de hoofddoelen belastingfraude of -ontwijking heeft.'

15. Van oordeel dat uitlegging van de bepalingen van de richtlijn noodzakelijk is voor de beslechting van het bij hem aanhangig geding, heeft het Gerechtshof te Amsterdam de behandeling van de zaak geschorst en het Hof de volgende prejudiciële vragen voorgelegd:

'1. Kunnen aan het Hof van Justitie vragen worden gesteld met betrekking tot de uitleg van de bepalingen en de strekking van een richtlijn van de Raad van de Europese Gemeenschappen, ook indien in de concreet aanwezige situatie die richtlijn niet rechtstreeks van toepassing is, maar de concreet aanwezige situatie naar de bedoeling van de nationale wetgever op dezelfde wijze dient te worden behandeld als een situatie waarop de richtlijn wel betrekking heeft?

Bij een bevestigende beantwoording van de eerste vraag:

2. a. Kan van een aandelenruil in de zin van artikel 2, aanhef en onderdeel d, van richtlijn 90/434/EEG van de Raad van 23 juli 1990 sprake zijn, indien de verwervende vennootschap in de zin van onderdeel h van dat artikel, niet zelf een onderneming drijft?

b. Staat aan een aandelenruil in vorenbedoelde zin in de weg, dat dezelfde natuurlijke persoon die vóór de ruil enig aandeelhouder en directeur van de verworven vennootschappen was, na de ruil directeur en enig aandeelhouder van de verwervende vennootschap is?

c. Is van een aandelenruil in vorenbedoelde zin slechts sprake, indien deze ertoe strekt de onderneming van de verwervende vennootschap en die van een ander in financieel en economisch opzicht duurzaam in een eenheid samen te brengen?

d. Is van een aandelenruil in vorenbedoelde zin slechts sprake, indien deze ertoe strekt de ondernemingen van twee of meer verworven vennootschappen in financieel en economisch opzicht duurzaam in een eenheid samen te brengen?

e. Is een aandelenruil die plaatsvindt teneinde horizontale fiscale verliescompensatie tussen de deelnemende vennootschappen binnen een fiscale eenheid als bedoeld in artikel 15 van de Wet op de vennootschapsbelasting 1969 te bewerkstelligen, een voldoende zakelijke overweging voor die ruil in de zin van artikel 11 van de richtlijn?'

De eerste vraag

16. Met zijn eerste vraag wenst de verwijzende rechter in wezen te vernemen, of het Hof krachtens artikel 177 van het Verdrag bevoegd is het gemeenschapsrecht uit te leggen wanneer dit de betrokken situatie niet rechtstreeks regelt, doch de nationale wetgever bij de omzetting van de bepalingen van een richtlijn in nationaal recht heeft besloten, zuiver interne situaties op dezelfde wijze te behandelen als situaties die onder de richtlijn vallen, en hij zijn wetgeving dus heeft aangepast aan het gemeenschapsrecht.

17. Volgens Leur-Bloem is het Hof bevoegd, gelet op de doelstelling van de richtlijn en het beginsel van gelijke behandeling. Wanneer immers nationale fusies en communautaire fusies niet op dezelfde wijze zouden worden behandeld, zou zulks leiden tot distorsies van de mededinging tussen concerns met dezelfde structuren, doch waarvan het ene een communautair karakter heeft en het andere niet.

18. Volgens de Commissie, alsmede de Nederlandse en de Duitse regering is het Hof niet bevoegd vragen te beantwoorden die geen verband houden met de werkingssfeer van de richtlijn. Dat is in casu het geval, omdat de richtlijn ingevolge artikel 1 van toepassing is op fusies, splitsingen, inbreng van activa en aandelenruil waarbij vennootschappen van verschillende Lid-Staten zijn betrokken.

19. Voorts verwijzen de Commissie en de Nederlandse regering naar het arrest van 28 maart 1995 (zaak C-346/93, Kleinwort Benson, *Jurispr.* 1995, blz. I-615), dat is gewezen in het kader van het Verdrag van 27 september 1968 betreffende de rechterlijke bevoegdheid en de tenuitvoerlegging van beslissingen in burgerlijke en handelszaken (*PB* 1972, L 299, blz. 32; hierna: 'Executieverdrag'), en waarin het Hof zich onbevoegd heeft verklaard. Dienaangaande betogen zij dat, gezien de materiële gelijkheid van de procedures, geen onderscheid moet worden gemaakt tussen de vragen die worden gesteld in het kader van het Executieverdrag, en de vragen die krachtens artikel 177 van het Verdrag worden gesteld.

20. De Commissie stelt, dat volgens dit arrest het Hof slechts bevoegd is, wanneer de nationale regeling rechtstreeks en onvoorwaardelijk naar het gemeenschapsrecht verwijst. In het hoofdgeding is dit evenwel niet het geval.

21. De Nederlandse regering beklemtoont, dat het door het Hof te wijzen arrest niet bindend zou zijn voor de nationale rechterlijke instanties in de zin van het reeds aangehaald arrest Kleinwort Benson, omdat de ge-vraagde uitlegging enkel de verwijzende rechter in staat moet stellen het nationale recht toe te passen. Ook de verwijzing naar het gemeenschapsrecht in de Memorie van Toelichting bij de Nederlandse wet is niet bindend, doch zij kan enkel een gegeven zijn voor de uitlegging van deze wet.

22. De Duitse regering stelt, dat het Hof, gelijk het heeft verklaard in het arrest van 8 november 1990 (zaak C-231/89, Gmurzynska-Bscher, *Jurispr.* 1990, blz. I-4003), zich niet bij wege van prejudiciële beslissing dient uit te spreken, wanneer, zoals in de zaak in het hoofdgeding, de aan het Hof ter uitlegging voorgelegde bepaling van gemeenschapsrecht kennelijk niet van toepassing is.

23. Overeenkomstig artikel 177 van het Verdrag is het Hof bevoegd, bij wijze van prejudiciële beslissing, een uitspraak te doen over de uitlegging van dit Verdrag, alsmede van de handelingen van de instellingen van de Gemeenschap.

24. Volgens vaste rechtspraak is de procedure van artikel 177 van het Verdrag een instrument van samenwerking tussen het Hof en de nationale rechterlijke instanties. Bijgevolg staat het uitsluitend aan de nationale rechterlijke instanties waarbij het geding aanhangig is en die de verantwoordelijkheid voor het te wijzen vonnis dragen, om met inachtneming van de bijzondere omstandigheden van het concrete geval zowel de noodzaak van een prejudiciële beslissing voor het wijzen van hun vonnis als de juridische relevantie van de vragen die zij het Hof stellen, te beoordelen (zie inzonderheid arrest van 18 oktober 1990, gevoegde zaken C-297/88 en C-197/89, Dzodzi, *Jurispr.* 1990, blz. I-3763, r.o. 33 en 34, en arrest Gmurzynska-Bscher, reeds aangehaald, r.o. 18 en 19).

25. Wanneer de door de nationale rechterlijke instantie gestelde vragen betrekking hebben op de uitlegging van een bepaling van gemeenschapsrecht, is het Hof derhalve in beginsel verplicht daarop te antwoorden (zie arresten Dzodzi en Gmurzynska-Bscher, reeds aangehaald, r.o. 35 respectievelijk r.o. 20). Immers, uit de tekst van artikel

177 noch uit het doel van de bij dit artikel ingestelde procedure blijkt, dat de auteurs van het Verdrag de bevoegdheid van het Hof om bij wege van prejudiciële beslissing uitspraak te doen over een bepaling van gemeenschapsrecht hebben willen uitsluiten in het bijzondere geval, dat het nationale recht van een Lid-Staat naar de inhoud van die bepaling verwijst ter vaststelling van de voorschriften die in een zuiver interne situatie van die Lid-Staat van toepassing zijn (zie arresten Dzodzi en Gmurzynska- Bscher, reeds aangehaald, r.o. 36 respectievelijk r.o. 25).

26. Een verzoek van een nationale rechterlijke instantie kan immers slechts worden afgewezen, indien blijkt dat van de procedure van artikel 177 van het Verdrag een oneigenlijk gebruik wordt gemaakt en wel om via een geconstrueerd geschil een uitspraak van het Hof uit te lokken, of wanneer duidelijk is dat het gemeenschapsrecht rechtstreeks noch indirect van toepassing kan zijn op de omstandigheden van het geval (zie in die zin arresten Dzodzi en Gmurzynska-Bscher, reeds aangehaald, r.o. 40 respectievelijk r.o. 23).

27. Op grond van deze rechtspraak heeft het Hof zich herhaaldelijk bevoegd verklaard om op verzoeken om een prejudiciële beslissing betreffende bepalingen van gemeenschapsrecht uitspraak te doen in situaties waarin de feiten van het hoofdgeding buiten de werkingssfeer van het gemeenschapsrecht vielen, doch waarin deze bepalingen van toepassing waren gemaakt hetzij door middel van het nationale recht, hetzij door middel van eenvoudige contractuele bepalingen (zie voor de toepassing van het gemeenschapsrecht door middel van het nationale recht, arresten Dzodzi en Gmurzynska- Bscher, reeds aangehaald, alsmede arresten van 26 september 1985, zaak 166/84, Thomasdünger, *Jurispr.* 1985, blz. 3001, en 24 januari 1991, zaak C-384/89, Tomatis en Fulchiron, *Jurispr.* 1991, blz. I-127, en voor de toepassing van het gemeenschapsrecht door middel van contractuele bepalingen, arresten van 25 juni 1992, zaak C-88/91, Federconsorzi, *Jurispr.* 1992, blz. I-4035, en 12 november 1992, zaak C-73/89, Fournier, *Jurispr.* 1992, blz. I-5621; hierna: 'rechtspraak Dzodzi'). In die arresten hadden zowel de bepalingen van nationaal recht als de contractuele bepalingen waarin de communautaire bepalingen waren overgenomen, de toepassing van deze laatste kennelijk niet beperkt.

28. In het arrest Kleinwort Benson (reeds aangehaald) daarentegen heeft het Hof zich onbevoegd verklaard om uitspraak te doen op een verzoek om een prejudiciële beslissing betreffende het Executieverdrag.

29. In dat arrest wees het Hof erop (r.o. 19), dat, anders dan in de rechtspraak Dzodzi, de bepalingen van het Executieverdrag waarvan het Hof om uitlegging was gevraagd, als zodanig niet door het recht van de betrokken Verdragsluitende Staat toepasselijk waren gemaakt, maar dat de betrokken nationale wet enkel naar het Executieverdrag was gemodelleerd en de bewoordingen ervan slechts gedeeltelijk had overgenomen (r.o. 16). Voorts stelde het vast (r.o. 18), dat de wet uitdrukkelijk voorzag in de mogelijkheid, dat de autoriteiten van de Verdragsluitende Staat wijzigingen vaststellen 'die tot verschillen leiden' tussen de bepalingen van die wet en de overeenkomstige bepalingen van het Executieverdrag. Bovendien maakte de wet uitdrukkelijk onderscheid tussen bepalingen die van toepassing waren op communautaire situaties, en die welke van toepassing waren op interne situaties. In het eerste geval waren de nationale rechterlijke instanties bij de uitlegging van de relevante bepalingen van de wet gebonden door de rechtspraak van het Hof inzake het Executieverdrag, terwijl zij in het tweede geval daarmee slechts rekening behoefden te houden, zodat zij daarvan konden afwijken.

30. Dat is in casu evenwel niet het geval.

31. De nationale rechter is van oordeel, dat het begrip 'aandelenfusie', bezien in zijn communautaire context, moet worden uitgelegd om het bij hem aanhangige geschil te kunnen beslechten, dat dit begrip in de richtlijn voorkomt, dat het is overgenomen in de nationale wet tot omzetting van de richtlijn en dat het mede van toepassing is verklaard op vergelijkbare zuiver interne situaties.

32. Wanneer een nationale wettelijke regeling zich voor haar oplossingen voor zuiver interne situaties conformeert aan de in het gemeenschapsrecht gekozen oplossingen, teneinde inzonderheid discriminaties ten nadele van nationale onderdanen of, zoals in de zaak in het hoofdgeding, eventuele distorsies van de mededinging te voorkomen, heeft de Gemeenschap er immers stellig belang bij, dat ter vermijding van uiteenlopende uitleggingen in de toekomst de overgenomen bepalingen of begrippen van het gemeenschapsrecht op eenvormige wijze worden uitgelegd, ongeacht de omstandigheden waaronder zij toepassing moeten vinden (zie in die zin arrest Dzodzi, reeds aangehaald, r.o. 37).

33. Evenwel zij gepreciseerd dat het in een dergelijk geval in het kader van de door artikel 177 beoogde bevoegdheidsverdeling tussen de nationale rechter en het Hof uitsluitend aan de nationale rechter staat, de precieze strekking van die verwijzing naar het gemeenschapsrecht te beoordelen, en het Hof enkel bevoegd is om de bepalingen van het gemeenschapsrecht te onderzoeken (arresten Dzodzi en Federconsorzi, reeds aangehaald, r.o. 41 en 42, respectievelijk r.o. 10). Welke grenzen de nationale wetgever eventueel heeft gesteld aan de toepassing van het gemeenschapsrecht op zuiver interne situaties, is immers een vraag van nationaal recht, die derhalve uitsluitend door de rechterlijke instanties van de betrokken Lid-Staten kan worden beoordeeld (arrest Dzodzi, reeds aangehaald, r.o. 42, en arrest van 12 november 1992, zaak C-73/89, Fournier, *Jurispr.* 1992, blz. I-5621, r.o. 23).

34. Uit al het voorgaande volgt, dat op de eerste vraag moet worden geantwoord, dat het Hof krachtens artikel 177 van het Verdrag bevoegd is het gemeenschapsrecht uit te leggen wanneer dit de betrokken situatie niet recht-

streeks regelt, doch de nationale wetgever bij de omzetting van de bepalingen van een richtlijn in nationaal recht heeft besloten, zuiver interne situaties op dezelfde wijze te behandelen als situaties die door de richtlijn worden geregeld, en hij zijn nationale wetgeving dus heeft aangepast aan het gemeenschapsrecht.

De tweede vraag

De tweede vraag, sub a tot en met d

35. De tweede vraag, sub a tot en met d, van de verwijzende rechter betreft artikel 2, sub d, van de richtlijn, waarin de term aandelenruil wordt gedefinieerd. Gelet op de bewoordingen van deze vraag heeft zij evenwel in feite betrekking op de voorwaarde inzake het in financieel en economisch opzicht duurzaam in één eenheid samenbrengen van de onderneming van de twee vennootschappen, welke voorwaarde in artikel 2, sub d, van de richtlijn niet voorkomt, doch door de Nederlandse wetgever bij de omzetting van de richtlijn aan de definitie van de richtlijn is toegevoegd. Blijkens de stukken van het hoofdgeding is deze voorwaarde opgenomen om, zoals op grond van artikel 11 van de richtlijn is toegestaan, rechtshandelingen die hoofdzakelijk belastingfraude of -ontwijking tot doel hebben, uit te sluiten van de toekenning van de fiscale voordelen waarin de richtlijn voorziet. De tweede vraag, sub a tot en met d, moet dus niet alleen worden onderzocht met inachtneming van artikel 2, sub d, maar ook met inachtneming van artikel 11 van de richtlijn, volgens hetwelk aan de Lid-Staten met name op dit punt een bevoegdheid werd voorbehouden.

36. In de eerste plaats zij opgemerkt, dat uit artikel 2, sub d, alsmede uit het algemene stelsel van de richtlijn voortvloeit, dat de bij de richtlijn ingevoerde gemeenschappelijke fiscale regeling, die verschillende fiscale voordelen behelst, zonder onderscheid van toepassing is op elke fusie, splitsing, inbreng van activa en aandelenruil, ongeacht om welke redenen deze plaatsvindt en of deze van financiële, economische of zuiver fiscale aard is.

37. Derhalve staat het feit, dat de verwervende vennootschap in de zin van artikel 2, sub h, van de richtlijn niet zelf een onderneming drijft, of dat dezelfde natuurlijke persoon die enig aandeelhouder en directeur van de verworven vennootschappen was, enig aandeelhouder en directeur van de verwervende vennootschap wordt, niet eraan in de weg dat de rechtshandeling als een aandelenruil in de zin van artikel 2, sub d, van de richtlijn wordt aangemerkt. Evenmin is het noodzakelijk, dat de onderneming van twee vennootschappen in financieel en economisch opzicht duurzaam in één eenheid wordt samengebracht, om deze rechtshandeling als een aandelenruil in de zin van deze bepaling te kunnen aanmerken.

38. In de tweede plaats zij opgemerkt, dat de Lid-Staten ingevolge artikel 11, lid 1, sub a, de bepalingen van de richtlijn, daaronder begrepen de fiscale voordelen waarop het hoofdgeding betrekking heeft, geheel of gedeeltelijk buiten toepassing mogen laten of het voordeel ervan teniet mogen doen indien blijkt dat de fusie, splitsing, inbreng van activa of aandelenruil onder meer als hoofddoel of een der hoofddoelen belastingfraude of -ontwijking heeft.

39. Artikel 11, lid 1, sub a, preciseert dat de Lid-Staat in het kader van deze voorbehouden bevoegdheid kan bepalen dat er sprake is van een vermoeden van belastingfraude of -ontwijking, wanneer 'een van de (...) bedoelde rechtshandelingen niet plaatsvindt op grond van zakelijke overwegingen, zoals herstructurering of rationalisering van de activiteiten van de bij de transactie betrokken vennootschappen'.

40. Uit de artikelen 2, sub d en h, en 11, lid 1, sub a, volgt dus, dat de Lid-Staten de in de richtlijn bedoelde fiscale voordelen moeten toekennen voor de in artikel 2, sub d, bedoelde aandelenruil, tenzij belastingfraude of -ontwijking het hoofddoel of een der hoofddoelen van deze rechtshandeling is. In dat verband kunnen de Lid-Staten bepalen, dat het feit dat deze rechtshandelingen niet op grond van zakelijke overwegingen hebben plaatsgevonden, een vermoeden van belastingfraude of -ontwijking oplevert.

41. Bij het onderzoek of de bedoelde rechtshandeling een dergelijk doel heeft, kunnen de bevoegde nationale autoriteiten zich evenwel niet ertoe beperken vooraf vastgestelde algemene criteria toe te passen, doch moeten zij in elk concreet geval deze rechtshandeling in haar geheel onderzoeken. Volgens vaste rechtspraak dient een dergelijk onderzoek vatbaar te zijn voor rechterlijke toetsing (zie in die zin arrest van 31 maart 1993, zaak C-19/92, Kraus, *Jurispr.* 1993, blz. I-1663, r.o. 40).

42. Dit onderzoek kan eventueel mede de door de verwijzende rechter in zijn tweede vraag, sub a tot en met d, genoemde elementen omvatten. Geen van deze elementen kan evenwel op zichzelf doorslaggevend worden geacht. Een fusie of herstructurering in de vorm van een aandelenruil als gevolg waarvan een nieuwe houdstermaatschappij ontstaat die dus geen onderneming bezit, kan immers worden geacht op grond van zakelijke overwegingen te hebben plaatsgevonden. Dergelijke overwegingen kunnen eveneens een juridische herstructurering van vennootschappen noodzakelijk maken, die in economisch en financieel opzicht reeds een eenheid vormen. Evenmin is het uitgesloten dat zakelijke overwegingen ten grondslag kunnen liggen aan een aandelenfusie die voor een beperkte periode en niet duurzaam een bepaalde structuur in het leven wil roepen, ook al kan zulks een aanwijzing voor belastingfraude of -ontwijking vormen.

43. Bij gebreke van gemeenschapsrechtelijke bepalingen die de toepassing van het in artikel 11, lid 1, sub a, bedoelde vermoeden nader preciseren, dienen de Lid-Staten met inachtneming van het evenredigheidsbeginsel de hiertoe noodzakelijke nadere bepalingen vast te stellen.

44. De vaststelling van een voorschrift van algemene strekking waarbij bepaalde categorieën van rechtshandelingen automatisch van het belastingvoordeel worden uitgesloten op basis van criteria als die genoemd in de tweede vraag, sub a tot en met d, ongeacht of er werkelijk sprake is van belastingfraude of -ontwijking, zou verder gaan dan noodzakelijk is om een dergelijke belastingfraude of -ontwijking te voorkomen en zou afbreuk doen aan het door de richtlijn nagestreefde doel. Dat zou eveneens het geval zijn, indien een dergelijk voorschrift gepaard gaat met een eenvoudige mogelijkheid van afwijking welke ter discretie van de administratieve instantie wordt gelaten.

45. Een dergelijke uitlegging is in overeenstemming met de doelstellingen van zowel de richtlijn als artikel 11 daarvan. Volgens de eerste overweging van de considerans heeft de richtlijn immers tot doel, concurrentie-neutrale belastingvoorschriften tot stand te brengen om de ondernemingen in staat te stellen zich aan te passen aan de eisen van de gemeenschappelijke markt, hun productiviteit te vergroten en hun concurrentiepositie op de internationale markt te versterken. In deze overweging heet het eveneens, dat fusies, splitsingen, inbreng van activa en aandelenruil waarbij vennootschappen uit verschillende Lid-Staten zijn betrokken, niet moeten worden belemmerd door uit de fiscale voorschriften van de Lid-Staten voortvloeiende bijzondere beperkingen, nadelen of distorsies. Enkel wanneer de voorgenomen rechtshandeling belastingfraude of -ontwijking tot doel heeft, kunnen de Lid-Staten volgens artikel 11, alsmede volgens de laatste overweging van de considerans weigeren de richtlijn toe te passen.

De tweede vraag, sub e

46. Met zijn tweede vraag sub e wenst de nationale rechter te vernemen, of horizontale fiscale verliescompensatie tussen de bij de rechtshandeling betrokken vennootschappen een zakelijke overweging in de zin van artikel 11 van de richtlijn is.

47. Uit de tekst en de doelstellingen van artikel 11 en van de richtlijn blijkt, dat het begrip 'zakelijke overwegingen' ruimer is dan het louter nastreven van een zuiver fiscaal voordeel. Derhalve kan een aandelenfusie die enkel een dergelijk doel wil bereiken, geen zakelijke overweging in de zin van dit artikel opleveren.

48. Mitsdien moet op de tweede vraag worden geantwoord:

a. Artikel 2, sub d, van de richtlijn vereist niet, dat de verwervende vennootschap in de zin van artikel 2, sub h, van deze richtlijn zelf een onderneming drijft, noch dat de onderneming van twee vennootschappen in financieel en economisch opzicht duurzaam in één eenheid wordt samengebracht. Ook de omstandigheid dat dezelfde natuurlijke persoon die enig aandeelhouder en directeur van de verworven vennootschappen was, enig aandeelhouder en directeur van de verwervende vennootschap wordt, staat niet eraan in de weg dat de betrokken rechtshandeling als een aandelenfusie kan worden aangemerkt.

b. Artikel 11 van de richtlijn moet aldus worden uitgelegd, dat bij het onderzoek of de voorgenomen rechtshandeling belastingfraude of -ontwijking als hoofddoel of een der hoofddoelen heeft, de bevoegde nationale autoriteiten in elk concreet geval deze rechtshandeling in haar geheel moeten onderzoeken. Een dergelijk onderzoek dient vatbaar te zijn voor rechterlijke toetsing. Overeenkomstig artikel 11, lid 1, sub a, van de richtlijn kunnen de Lid-Staten bepalen, dat het feit dat de voorgenomen rechtshandeling niet op grond van zakelijke overwegingen heeft plaatsgevonden, een vermoeden van belastingfraude of -ontwijking oplevert. Zij dienen met inachtneming van het evenredigheidsbeginsel de daarvoor noodzakelijke nationale procedures vast te stellen. De vaststelling van een voorschrift van algemene strekking waarbij bepaalde categorieën van rechtshandelingen automatisch van het belastingvoordeel worden uitgesloten op basis van criteria als genoemd in het tweede antwoord sub a, ongeacht of er werkelijk sprake is van belastingfraude of -ontwijking, zou verder gaan dan noodzakelijk is om een dergelijke belastingfraude of -ontwijking te voorkomen en zou afbreuk doen aan het door de richtlijn nagestreefde doel.

c. Het begrip 'zakelijke overweging' in de zin van artikel 11 van de richtlijn moet aldus worden uitgelegd, dat het ruimer is dan het nastreven van een zuiver fiscaal voordeel als horizontale verliescompensatie.

Kosten

...

HET HOF VAN JUSTITIE

uitspraak doende op de door het Gerechtshof te Amsterdam bij uitspraak van 26 januari 1995 gestelde vragen, verklaart voor recht:

Het Hof is krachtens artikel 177 EG-Verdrag bevoegd het gemeenschapsrecht uit te leggen wanneer dit de betrokken situatie niet rechtstreeks regelt, doch de nationale wetgever bij de omzetting van de bepalingen van

een richtlijn in nationaal recht heeft besloten, zuiver interne situaties op dezelfde wijze te behandelen als situaties die door de richtlijn worden geregeld, en hij zijn nationale wetgeving dus heeft aangepast aan het gemeenschapsrecht.

a. Artikel 2, sub d, van richtlijn 90/434/EEG van de Raad van 23 juli 1990 betreffende de gemeenschappelijke fiscale regeling voor fusies, splitsingen, inbreng van activa en aandelenruil met betrekking tot vennootschappen uit verschillende Lid-Staten, vereist niet, dat de verwervende vennootschap in de zin van artikel 2, sub h, van deze richtlijn zelf een onderneming drijft, noch dat de onderneming van twee vennootschappen in financieel en economisch opzicht duurzaam in één eenheid wordt samengebracht. Ook de omstandigheid dat dezelfde natuurlijke persoon die enig aandeelhouder en directeur van de verworven vennootschappen was, enig aandeelhouder en directeur van de verwervende vennootschap wordt, staat niet eraan in de weg dat de betrokken rechtshandeling als een aandelenfusie kan worden aangemerkt.

b. Artikel 11 van richtlijn 90/434 moet aldus worden uitgelegd, dat bij het onderzoek of de voorgenomen rechtshandeling belastingfraude of -ontwijking als hoofddoel of een der hoofddoelen heeft, de bevoegde nationale autoriteiten in elk concreet geval deze rechtshandeling in haar geheel moeten onderzoeken. Een dergelijk onderzoek dient vatbaar te zijn voor rechterlijke toetsing. Overeenkomstig artikel 11, lid 1, sub a, van richtlijn 90/434 kunnen de Lid-Staten bepalen, dat het feit dat de voorgenomen rechtshandeling niet op grond van zakelijke overwegingen heeft plaatsgevonden, een vermoeden van belastingfraude of -ontwijking oplevert. Zij dienen met inachtneming van het evenredigheidsbeginsel de daarvoor noodzakelijke nationale procedures vast te stellen. De vaststelling van een voorschrift van algemene strekking waarbij bepaalde categorieën van rechtshandelingen automatisch van het belastingvoordeel worden uitgesloten op basis van criteria als genoemd in het tweede antwoord sub a, ongeacht of er werkelijk sprake is van belastingfraude of -ontwijking, zou verder gaan dan noodzakelijk is om een dergelijke belastingfraude of -ontwijking te voorkomen en zou afbreuk doen aan het door richtlijn 90/434 nagestreefde doel.

c. Het begrip 'zakelijke overweging' in de zin van artikel 11 van richtlijn 90/434 moet aldus worden uitgelegd, dat het ruimer is dan het nastreven van een zuiver fiscaal voordeel als horizontale verliescompensatie.

HvJ EG 28 april 1998, zaak C-118/96 (J. Safir v. Skattemyndigheten i Dalarnas län)

Hof:	*G. C. Rodríguez Iglesias, president, C. Gulmann, H. Ragnemalm, M. Wathelet en R. Schintgen, kamerpresidenten, G. F. Mancini, J. C. Moitinho de Almeida (rapporteur), P. J. G. Kapteyn, J. L. Murray, D. A. O. Edward, J. P. Puissochet, G. Hirsch en P. Jann, rechters*
Advocaat-generaal:	*G. Tesauro*

Samenvatting arrest *(V-N 1998/30.2)*

Belanghebbende, J. Safir, inwoner van Zweden, heeft een kapitaalverzekering gesloten bij een buitenlandse professionele verzekeraar. Dergelijke verzekeringen leiden in Zweden niet tot fiscale premieaftrek noch in het geval de verzekering gesloten is bij een Zweedse verzekeraar, noch wanneer de verzekering gesloten is bij een buitenlandse verzekeraar. Daar staat dan tegenover dat de uitkeringen ook niet belast zijn. Niettemin wordt ter zake van dergelijke verzekeringen wel belasting geheven: indien de verzekering gesloten is bij een in Zweden gevestigde verzekeraar betreft het een soort rendementheffing verschuldigd door de verzekeraar en met betrekking tot het verzekerde kapitaal: er wordt van en bij de verzekeraar een forfaitair rendement berekend over het kapitaal zoals dat aan het einde van het voorafgaande kalenderjaar is vastgesteld. Dit bedrag wordt dan onder andere nog gecorrigeerd met bepaalde schulden. Het rendement wordt getroffen door een belastingtarief van 27%. Indien de verzekeraar buiten Zweden is gevestigd is deze heffing niet van toepassing. Teneinde evenwel geen verschil in fiscale behandeling te laten ontstaan tussen verzekeringen gesloten bij binnenlandse en bij buitenlandse verzekeraars wordt een soort compenserende heffing verschuldigd door de verzekeringnemer die de desbetreffende verzekering bij een buitenlandse verzekeraar heeft gesloten. Deze belasting bedraagt 15% van de aan de buitenlandse verzekeraar betaalde premie. Daarnaast moet de belasting-plichtige zich laten inschrijven en moet hij de premiebetaling aanmelden bij de belastingdienst. Van de heffing kan vrijstelling of vermindering worden verleend indien de belastingplichtige aantoont dat de buitenlandse verzekeraar in diens vestigingsstaat onderworpen is aan een inkomstenbelasting die vergelijkbaar is met die welke door in Zweden gevestigde verzekeraars verschuldigd is. In geschil is of deze regeling ertoe leidt dat buitenlandse verzekeraars zich in een nadeliger positie bevinden dan in Zweden gevestigde verzekeraars en aldus sprake is van een onaanvaardbare discriminatie of belemmering.

De Zweedse regering stelde zich op het standpunt dat de onderhavige regeling noodzakelijk is omdat het onmogelijk is de nationale regeling op eenzelfde wijze toe te passen op buitenlandse verzekeraars als op binnenlandse verzekeraars. Anderzijds wenste men te voorkomen dat buitenlandse verzekeraars bevoordeeld worden doordat aldaar gesloten levensverzekeringen geheel buiten de heffing zouden kunnen blijven.

Het Hof van Justitie is van oordeel dat hier sprake is van een belemmering in de zin van het EG-Verdrag, in het bijzonder betreffende het vrije verkeer van diensten (art. 59 EG-Verdrag): met name is er sprake van een verstoring van het vrij verrichten van grensoverschrijdende diensten doordat een uitgebreide procedure moet worden gevoerd om vermindering van belastingheffing te verkrijgen, welke procedure niet gevoerd behoeft te worden indien de verzekeringen worden gesloten bij binnenlandse verzekeraars. Verder blijkt dat, indien de verzekering vrij snel wordt afgekocht, die afkoop feitelijk meer kost dan bij afkoop van een binnenlandse verzekeraar. Tevens wijst het hof erop dat het bewijs dat door de verzekeringnemer geleverd moet worden dat de buitenlandse verzekeraar aldaar onderworpen is aan de inkomstenbelasting voor de verzekeringnemer veelal moeilijk te leveren is. Tot slot oordeelt het hof ook nog dat in feite een vergelijking moet worden gemaakt tussen de heffing over het rendement van Zweedse verzekeraars en buitenlandse verzekeraars, hetgeen vrijwel onmogelijk is gelet op de verschillende heffingsstelsels.

Er is evenmin sprake van een objectieve rechtvaardiging van het onderscheid – de argumenten die de Zweedse regering aanvoerde worden verworpen – tussen binnenlandse en buitenlandse verzekeringen. Tot slot stelt het hof dat er andere systemen denkbaar zijn die doorzichtiger zijn en die de fiscale leemte eveneens kunnen voorkomen, maar het vrije verkeer van diensten minder of niet beperken. In dit verband wijst het hof op een rendementheffing ter zake van het kapitaal van levensverzekeringen die forfaitair wordt berekend en op dezelfde wijze voor alle verzekeringen geldt, ongeacht waar de verzekeraar zich bevindt. Gelet op het voorgaande komt het hof niet meer toe aan beoordeling van art. 6, 73B en 73D EG-Verdrag.

HET HOF VAN JUSTITIE

verklaart voor recht:

Artikel 59 EG Verdrag verzet zich tegen de toepassing van een nationale wettelijke regeling betreffende de belastingheffing op levensverzekeringen in de vorm van kapitaalverzekeringen zoals die in het hoofdgeding aan de orde is.

HvJ EG 12 mei 1998, zaak C-336/96*
(R. Gilly v. Directeur des services fiscaux du Bas-Rhin)

Mevr. Gilly, onderdaan van zowel Duitsland als (als gevolg van haar huwelijk) Frankrijk, woonde in Frankrijk en werkte als lerares op een Duitse openbare school. Op grond van het belastingverdrag Duitsland-Frankrijk was haar salaris aan Duitsland toegewezen. Haar woonstaat Frankrijk kende haar ingevolge dat verdrag (beperkte) belastingverrekening toe, waarbij een deel van de Duitse belasting onverrekend bleef (tariefverschil). Hierdoor ontstond een verschil in belastingdruk tussen mevr. Gilly en iemand die in overigens dezelfde positie verkeerde doch in Duitsland woonde.

HvJ EG: Het door toepassing van het belastingverdrag optredende verschil in eindresultaat berust op een dispariteit tussen de twee belastingstelsels die zich voordoet als gevolg van het ontbreken van EG-regels op dit terrein en niet van discriminatie.

Hof:	*G. C. Rodríguez Iglesias, president, M. Wathelet (rapporteur) en R. Schintgen, kamerpresidenten, G. F. Mancini, J. C. Moitinho de Almeida, P. J. G. Kapteyn, J. L. Murray, J. P. Puissochet, G. Hirsch, L. Sevón en K. M. Ioannou, rechters*
Advocaat-generaal:	*D. Ruiz-Jarabo Colomer*

1. Bij vonnis van 10 oktober 1996, binnengekomen bij het Hof op 11 oktober daaraanvolgend, heeft het Tribunal administratif de Strasbourg het Hof krachtens artikel 177 EG-Verdrag zes prejudiciële vragen gesteld over de uitlegging van de artikelen 6, 48 en 220 van dit Verdrag.

2. Die vragen zijn gerezen in het kader van verscheidene gedingen tussen de heer en mevrouw Gilly en de directeur des services fiscaux du Bas-Rhin over de berekening van de inkomstenbelasting van natuurlijke personen voor de jaren 1989, 1990, 1991, 1992 en 1993 overeenkomstig de op 21 juli 1959 te Parijs ondertekende overeenkomst tussen de Franse Republiek en de Bondsrepubliek Duitsland tot het vermijden van dubbele belasting en houdende bepalingen inzake wederzijdse administratieve en juridische bijstand op het gebied van belastingen naar het inkomen en naar het vermogen, alsmede op het gebied van bedrijfsbelastingen en grondbelastingen (hierna: 'overeenkomst'), zoals gewijzigd bij de op 9 juni 1969 en 28 september 1989 te Bonn ondertekende aanvullende protocollen.

3. De heer en mevrouw Gilly wonen in Frankrijk, dicht bij de Duitse grens. De heer Gilly, van Franse nationaliteit, is leraar in het openbaar onderwijs in Frankrijk. Zijn echtgenote, die de Duitse nationaliteit heeft en door haar huwelijk tevens de Franse nationaliteit heeft verworven, werkt als onderwijzeres op een openbare school in Duitsland, die gelegen is in het grensgebied.

4. Met betrekking tot de belastingheffing ter zake van inkomsten uit arbeid in dienstbetrekking is in artikel 13, lid 1, van de overeenkomst de volgende hoofdregel geformuleerd:

> 'Onder voorbehoud van hetgeen in de hiernavolgende leden is bepaald, zijn inkomsten uit niet-zelfstandige arbeid slechts belastbaar in de staat waarin de persoonlijke werkzaamheden worden uitgeoefend uit hoofde waarvan die inkomsten worden genoten. Als inkomsten uit niet-zelfstandige arbeid worden onder meer beschouwd bezoldigingen, salarissen, lonen, gratificaties of andere emolumenten, alsmede alle soortgelijke voordelen die worden betaald of toegekend door andere dan de in artikel 14 bedoelde personen.'

5. Artikel 13, lid 5, sub a, voorziet in een afwijking van die regel voor grensarbeiders, wier inkomsten uit arbeid in dienstbetrekking belastbaar zijn in de woonstaat:

> 'In afwijking van het bepaalde in de leden 1, 3 en 4, zijn de inkomsten uit niet-zelfstandige arbeid van personen die werkzaam zijn in het grensgebied van een van de staten en hun vaste verblijfplaats hebben in het grensgebied van de andere staat, waarnaar zij gewoonlijk elke dag terugkeren, uitsluitend belastbaar in laatstgenoemde staat.'

6. Met betrekking tot overheidsbeloningen en -pensioenen bepaalt artikel 14, lid 1, van de overeenkomst evenwel, dat deze in beginsel belastbaar zijn in de betalende staat:

> 'Salarissen, lonen en soortgelijke beloningen alsmede ouderdomspensioenen, die door een van de staten, door een Land of door een publiekrechtelijke rechtspersoon van die staat of dat Land aan een in de andere staat woonachtige natuurlijke persoon worden betaald ter zake van bewezen administratieve of militaire diensten, zijn slechts belastbaar in de eerste staat. Dit geldt echter niet, indien de beloningen worden betaald aan een persoon die de nationaliteit van de andere staat bezit zonder tegelijkertijd onderdaan van de eerste staat te zijn; alsdan zijn de beloningen slechts belastbaar in de staat waarvan die persoon inwoner is.'

* Ook gepubliceerd in BNB 1998/305 (Burgers), VN 1998/28.5.

7. Artikel 16 van de overeenkomst bevat een speciale bepaling voor docenten die tijdelijk werkzaam zijn in de staat die niet hun woonstaat is. Volgens deze bepaling blijven de door die docenten ontvangen inkomsten belastbaar in de oorspronkelijk staat van tewerkstelling:

> 'Hoogleraren of andere docenten die inwoner zijn van een van de staten en die tijdens een voorlopig verblijf van ten hoogste twee jaar een vergoeding ontvangen voor het geven van onderwijs aan een universiteit, hogeschool, school of andere onderwijsinstelling in de andere staat, kunnen voor die vergoeding uitsluitend in de eerste staat worden belast.'

8. Met betrekking tot dubbele belasting bepaalt artikel 20, lid 2, sub a-cc, van de overeenkomst, zoals gewijzigd bij het op 28 september 1989 ondertekende aanvullend protocol:

> '2. Wat inwoners van Frankrijk betreft, wordt dubbele belasting op de volgende wijze vermeden:
> a. Winsten en andere positieve inkomsten die afkomstig zijn uit de Bondsrepubliek Duitsland en aldaar belastbaar zijn overeenkomstig de bepalingen van deze overeenkomst, zijn tevens in Frankrijk belastbaar wanneer zij toekomen aan een inwoner van Frankrijk. De Duitse belasting wordt bij de berekening van het belastbare inkomen in Frankrijk niet in mindering gebracht. De betrokkene heeft evenwel recht op een verrekening met de Franse belasting, in de grondslag waarvan die inkomsten zijn begrepen. Deze verrekening is gelijk aan:
> ...
> cc. voor alle overige inkomsten, het bedrag van de aan die inkomsten toegerekende Franse belasting. Deze bepaling geldt in het bijzonder voor de inkomsten bedoeld in de artikelen (...) 13, leden 1 en 2, en 14.'

9. Blijkens het verwijzingsvonnis is volgens de zogeheten regel van het werkelijk tarief het bedrag van de verrekening ('crédit d'impôt') gelijk aan het product van het bedrag van de in Duitsland belaste netto-inkomsten maal het percentage, gevormd door de verhouding tussen de daadwerkelijk verschuldigde belasting over het totale netto-inkomen dat ingevolge de Franse wettelijke regeling belastbaar is, en het bedrag van dat totale netto-inkomen.

10. Volgens de verwijzende rechter kan dit bedrag dat met de Franse belasting mag worden verrekend, lager blijken te zijn dan de belasting die in Duitsland feitelijk is betaald, aangezien de belastingprogressie in Duitsland sterker is dan in Frankrijk. Het is dus mogelijk, dat Franse grensarbeiders die enerzijds in Duitsland worden belast naar de inkomsten die zij in dat land hebben verworven, en anderzijds in Frankrijk naar hun totale inkomen met toepassing van genoemde verrekening, meer belasting moeten betalen dan personen die hetzelfde inkomen genieten, doch dit uitsluitend in Frankrijk hebben verkregen.

11. In casu is het overheidssalaris dat mevrouw Gilly in de jaren 1989 tot en met 1993 in Duitsland heeft ontvangen, overeenkomstig artikel 14, lid 1, van de overeenkomst in Duitsland belast, aangezien zij de Duitse nationaliteit heeft. Op grond van artikel 20, lid 2, sub a, van de overeenkomst zijn die inkomsten ook in Frankrijk belast, zij het dat ingevolge het bepaalde sub a-cc de in Duitsland over deze inkomsten geheven belasting een recht op een verrekening heeft doen ontstaan, gelijk aan het bedrag van de aan die inkomsten toegerekende Franse belasting.

12. In het kader van de door hen bij verzoekschriften van 8 juli 1992 en 21 juli 1995 bij het Tribunal administratif de Strasbourg ingestelde beroepen hebben de heer en mevrouw Gilly betoogd, dat de toepassing van voormelde bepalingen van de overeenkomst heeft geleid tot een ongerechtvaardigde en discriminerende 'overbelasting', die onverenigbaar is met, inzonderheid, de artikelen 6 (voorheen artikel 7 EEG-Verdrag), 48 en 220 EG-Verdrag. Zij hebben dan ook gevorderd, dat de litigieuze aanslagen worden verlaagd, en dat de belastingdienst wordt veroordeeld tot terugbetaling van de ten onrechte geheven belasting.

13. Van oordeel, dat de oplossing van de bij hem aanhangige gedingen afhangt van de uitlegging die moet worden gegeven aan de artikelen 6, 48 en 220 van het Verdrag, heeft het Tribunal administratif de Strasbourg besloten de behandeling van de zaken te schorsen en het Hof de navolgende prejudiciële vragen voor te leggen:

1. Is een voor grensarbeiders geldende belastingregeling van het soort als voorzien in de Frans-Duitse overeenkomst, voor zover deze in verschillende wijzen van belastingheffing voorziet voor personen wier beloning afkomstig is van een openbaar lichaam, en personen die worden betaald door particulieren, waardoor zij invloed kan hebben op de toegang tot openbare of particuliere ambten al naargelang de woonplaats zich in de ene of in de andere staat bevindt, in strijd met het beginsel van het vrije verkeer van werknemers, zoals dat voortvloeit uit het EG-Verdrag en uit de bepalingen tot uitvoering ervan?
2. Is een regel volgens welke een grensarbeider die een beloning ontvangt van een staat of van een publiekrechtelijke rechtspersoon van die staat, in die staat aan belasting onderworpen is, terwijl die beloning, indien de grensarbeider de nationaliteit van een andere staat bezit zonder tegelijkertijd onderdaan van de eerste staat te zijn, belastbaar is in de staat waarin hij woonachtig is, verenigbaar met het beginsel van vrij verkeer en de afschaffing van elke op de nationaliteit gebaseerde discriminatie?
3. Is een fiscale bepaling volgens welke grensarbeiders die in dienst zijn van een publiekrechtelijke rechtspersoon en in een van de lidstaten woonachtig zijn, verschillend worden belast al naargelang zij uitsluitend

onderdaan zijn van die staat dan wel de dubbele nationaliteit bezitten, verenigbaar met artikel 7 [thans artikel 6] van het Verdrag?
4. Zijn fiscale bepalingen die van invloed kunnen zijn op de keuze van docenten in de overeenkomstsluitende staten om hun werkzaamheden meer of minder duurzaam in een andere staat uit te oefenen, gelet op de verschillen in de belastingregelingen van de betrokken staten naar gelang van de duur van de tewerkstelling, in strijd met het beginsel van het vrije verkeer van werknemers, zoals dat voortvloeit uit het Verdrag?
5. Moet de in artikel 220 van het Verdrag geformuleerde doelstelling van afschaffing van dubbele belasting, gelet op de termijnen waarbinnen de lidstaten deze doelstelling moesten verwezenlijken, worden geacht voortaan het karakter van een rechtstreeks toepasselijk voorschrift te hebben, op grond waarvan dubbele belasting niet meer mag voorkomen? Is een belastingovereenkomst op grond waarvan de belastingregeling die geldt voor de grensarbeiders van de staten die partij zijn bij de overeenkomst, verschilt naar gelang van hun nationaliteit en van het openbare of particuliere karakter van hun werkzaamheden, in strijd met de aan de lidstaten bij artikel 220 als doel voorgeschreven afschaffing van de dubbele belasting? Is een voor een in een staat woonachtig echtpaar geldende fiscale verrekeningsregeling waarbij geen rekening wordt gehouden met het exacte bedrag van de in een andere staat betaalde belasting, doch slechts een verrekening wordt verleend die lager kan uitvallen, in overeenstemming met het door de lidstaten te verwezenlijken doel, dubbele belasting te vermijden?
6. Moet artikel 48 van het Verdrag aldus worden uitgelegd, dat het zich ertegen verzet, dat onderdanen van een lidstaat die als grensarbeider werkzaam zijn in een andere lidstaat, als gevolg van een verrekeningsmechanisme van het soort als voorzien in de Frans-Duitse belastingovereenkomst, zwaarder worden belast dan personen die hun beroepswerkzaamheden uitoefenen in de staat waarin zij woonachtig zijn?

De vijfde vraag

14. Met zijn vijfde vraag, die allereerst moet worden onderzocht, wenst de nationale rechter te vernemen, of artikel 220, tweede streepje, van het Verdrag rechtstreeks toepasselijk is.

15. Gelijk het Hof reeds heeft geoordeeld (arrest van 11 juli 1985, Mutsch, 137/84, *Jurispr.* blz. 2681, punt 11), heeft artikel 220 niet ten doel, een als zodanig werkzame rechtsregel te stellen, doch legt het enkel het kader vast voor onderhandelingen die de lidstaten 'voor zover nodig' met elkaar zullen voeren. In artikel 220, tweede streepje, wordt enkel de afschaffing van dubbele belasting binnen de Gemeenschap als doel van deze eventuele onderhandelingen genoemd.

16. Ook al is de afschaffing van dubbele belasting binnen de Gemeenschap daarmee een van de doelstellingen van het Verdrag, uit de bewoordingen van artikel 220, tweede streepje, blijkt, dat deze bepaling niet als zodanig aan particulieren rechten kan verlenen die voor de nationale rechter kunnen worden ingeroepen.

17. Mitsdien moet op de vijfde vraag worden geantwoord, dat artikel 220, tweede streepje, van het Verdrag geen rechtstreekse werking heeft.

De eerste, de tweede en de vierde vraag

18. Met zijn eerste, tweede en vierde vraag wenst de nationale rechter te vernemen, of artikel 48 van het Verdrag aldus moet worden uitgelegd, dat het zich verzet tegen de toepassing van bepalingen als de artikelen 13, lid 5, sub a, 14, lid 1, en 16 van de overeenkomst, volgens welke in de eerste plaats voor grensarbeiders een verschillende belastingregeling geldt al naargelang zij in de particuliere dan wel in de openbare sector werkzaam zijn, en, in het laatste geval, al naargelang zij al dan niet uitsluitend de nationaliteit bezitten van de staat waaronder de dienst ressorteert waarbij zij werkzaam zijn, en in de tweede plaats voor docenten een verschillende belastingregeling geldt al naargelang hun verblijf in de staat waarin zij hun beroepswerkzaamheid uitoefenen, al dan niet van korte duur is.

Toepasselijkheid van artikel 48 van het Verdrag

19. Vooraf moet worden nagegaan, of een situatie als die waarin verzoekers in de hoofdgedingen (hierna: 'verzoekers') zich bevinden, onder de verdragsbepalingen betreffende het vrije verkeer van werknemers valt.

20. Ter terechtzitting heeft de Franse regering zich op het standpunt gesteld, dat mevrouw Gilly in Frankrijk niet de rechten heeft uitgeoefend die artikel 48 van het Verdrag haar verleent, aangezien zij werkzaam is in haar staat van herkomst, te weten Duitsland.

21. Dienaangaande volstaat het te beklemtonen, dat mevrouw Gilly door haar huwelijk de Franse nationaliteit heeft verworven en dat zij haar beroepswerkzaamheden uitoefent in Duitsland, terwijl zij in Frankrijk woont. In deze omstandigheden moet zij in laatstgenoemde staat worden beschouwd als een werknemer die van zijn recht op vrij verkeer, zoals gewaarborgd door het Verdrag, gebruik maakt om een beroep uit te oefenen in een andere lidstaat dan waarin hij woont. De omstandigheid dat zij de nationaliteit van de staat van tewerkstelling heeft behouden, doet in geen enkel opzicht af aan het feit dat betrokkene, van Franse nationaliteit, voor de Franse auto-

riteiten haar beroepswerkzaamheden uitoefent op het grondgebied van een andere lidstaat (zie in dezelfde zin arrest van 19 januari 1988, Gullung, 292/86, *Jurispr.* blz. 111, punt 12).

22. Bijgevolg moet worden vastgesteld, dat een geval als dat van het hoofdgeding binnen de werkingssfeer van artikel 48 van het Verdrag vervalt.

Verenigbaarheid van de fiscale aanknopingsfactoren met artikel 48 van het Verdrag

23. Ofschoon de afschaffing van dubbele belasting binnen de Gemeenschap, zoals uit punt 16 van dit arrest blijkt, tot de doelstellingen van het Verdrag behoort, is tot dusver, afgezien van het verdrag van 23 juli 1990 tot afschaffing van dubbele belasting in geval van winstcorrecties tussen verbonden ondernemingen (*PB* L 225, blz. 10), op het niveau van de Gemeenschap geen enkele unificatie- of harmonisatiemaatregel tot afschaffing van dubbele belastingen vastgesteld; evenmin hebben de lidstaten ter uitvoering van artikel 220 van het Verdrag enige multilaterale overeenkomst met dat oogmerk gesloten.

24. De lidstaten, die bevoegd zijn om de criteria voor de belasting van het inkomen en het vermogen vast te stellen teneinde, in voorkomend geval door het sluiten van een overeenkomst, dubbele belastingen af te schaffen, hebben tal van bilaterale overeenkomsten gesloten, waarbij zij zich vooral hebben laten leiden door de modelverdragen betreffende belastingen naar het inkomen en naar het vermogen, die zijn opgesteld door de organisatie voor Economische Samenwerking en Ontwikkeling (hierna 'OESO').

25. De tussen de Franse Republiek en de Bondsrepubliek Duitsland gesloten overeenkomst kent verscheidene aanknopingsfactoren om de heffingsbevoegdheid ter zake van inkomsten uit niet-zelfstandige arbeid tussen de overeenkomstsluitende partijen te verdelen.

26. Terwijl volgens artikel 13, lid 1, van de overeenkomst werknemers in het algemeen worden belast in de staat waarin de persoonlijke werkzaamheden worden uitgeoefend uit hoofde waarvan de inkomsten worden genoten, bepaalt artikel 13, lid 5, sub a, dat de grensarbeiders in de woonstaat worden belast.

27. Wanneer het echter gaat om inkomsten die worden genoten ter zake van de uitoefening van een overheidsfunctie, dan zijn deze volgens artikel 14, lid 1, eerste zin, van de overeenkomst in beginsel belastbaar in de betalende staat. Ook op deze regel (hierna: 'beginsel van de betalende staat') bestaat echter een uitzondering: wanneer de beloningen worden betaald aan een persoon die de nationaliteit van de andere staat bezit zonder tegelijkertijd onderdaan van de eerste staat te zijn, zijn zij volgens de tweede zin van genoemde bepaling belastbaar in de staat waarvan die persoon inwoner is.

28. Bovendien bevat artikel 16 van de overeenkomst een bijzondere aanknopingsregel voor docenten die hun gewone verblijfplaats in een van de overeenkomstsluitende staten hebben en die tijdens een kort verblijf, van minder dan twee jaar, in de andere staat een vergoeding ontvangen voor het geven van onderwijs in die staat. Van deze categorie van belastingplichtigen wordt belasting geheven in de oorspronkelijke werkstaat.

29. Volgens de artikelen 13, leden 1 en 5, sub a, 14, lid 1, en 16 van de overeenkomst gelden er dus verschillende aanknopingsfactoren al naargelang de belastingplichtige al dan niet de hoedanigheid van grensarbeider heeft, al naargelang zijn werkzaamheden als docent in de andere staat al dan niet van korte duur zijn, of al naargelang hij in de particuliere dan wel in de openbare sector werkzaam is. Wat in het bijzonder deze laatste categorie van werknemers betreft, zij worden in beginsel belast in de betalende staat, tenzij zij de nationaliteit van de andere staat bezitten zonder tegelijkertijd onderdaan van de eerste staat te zijn, in welk geval zij worden belast in de woonstaat.

30. Ofschoon het nationaliteitscriterium als zodanig in artikel 14, lid 1, tweede zin, wordt gebezigd met het oog op de verdeling van de fiscale bevoegdheid, kunnen dergelijke onderscheidingen niet worden geacht, een door artikel 48 van het Verdrag verboden discriminatie op te leveren. Nu tot dusver op het niveau van de Gemeenschap geen unificatie- of harmonisatiemaatregelen, met name ter uitvoering van artikel 220, tweede streepje, van het Verdrag, zijn vastgesteld, zijn zij immers een uitvloeisel van de bevoegdheid van de overeenkomstsluitende partijen om, teneinde dubbele belastingen af te schaffen, de criteria ter verdeling van de heffingsbevoegdheid vast te stellen.

31. Met het oog op die verdeling van de fiscale bevoegdheid is het ook niet onredelijk, dat de lidstaten zich laten leiden door de internationale praktijk en het door de OESO opgestelde modelverdrag, waarvan in het bijzonder artikel 19, lid 1, sub a, in de versie van 1994, het beginsel van de betalende staat formuleert. Volgens de commentaren bij genoemde bepaling vindt dit beginsel zijn rechtvaardiging in de 'regels van de internationale courtoisie en van de wederzijdse eerbiediging van de soevereiniteit van elke staat', en 'komt het voor in zoveel overeenkomsten tussen landen die zijn aangesloten bij de OESO, dat kan worden gezegd dat het reeds internationaal aanvaard is'.

32. De inhoud van artikel 19, lid 1, sub a, van het OESO-modelverdrag is overgenomen in artikel 14, lid 1, eerste zin, van de thans in geding zijnde overeenkomst. Weliswaar is volgens de tweede zin van artikel 14, lid 1, het beginsel van de betalende staat niet van toepassing, wanneer de belastingplichtige de nationaliteit van de andere

staat heeft zonder tegelijkertijd onderdaan van de eerste staat te zijn, maar een gelijkaardige uitzondering, die in elk geval voor een deel is gebaseerd op het nationaliteitscriterium, is ook te vinden in artikel 19, lid 1, sub b, van het modelverdrag voor het geval de diensten in de andere verdragsluitende staat worden bewezen en de belastingplichtige een inwoner van die staat is, 'die i. onderdaan is van die staat, of ii. niet uitsluitend voor het verrichten van de diensten inwoner van die staat werd'.

33. Zelfs onder artikel 14, lid 1, tweede zin, waarvan mevrouw Gilly de wettigheid betwist, zou haar fiscale situatie hoe dan ook niet verschillend zijn, aangezien dan op de door haar in Duitsland ontvangen inkomsten nog steeds het beginsel van de betalende staat zou moeten worden toegepast, en wel op grond van haar werkzaamheden in het openbaar onderwijs.

34. Bovendien is in casu niet aangetoond, dat de omstandigheid dat de betalende staat wordt aangewezen als de staat die bevoegd is belasting te heffen ter zake van overheidsbeloningen, op zichzelf negatieve gevolgen kan hebben voor de betrokken belastingplichtigen. Zoals de regeringen die opmerkingen hebben ingediend, en de Commissie hebben verklaard, is strikt genomen niet de gekozen aanknopingsfactor bepalend voor de vraag, of de fiscale behandeling van de betrokken belastingplichtigen al dan niet gunstig uitvalt, maar het belastingniveau in de bevoegde staat, aangezien de tarieftabellen voor de directe belastingen niet op communautair vlak zijn geharmoniseerd.

35. Mitsdien moet op de eerste, de tweede en de vierde vraag worden geantwoord, dat artikel 48 van het Verdrag aldus moet worden uitgelegd, dat het zich niet verzet tegen de toepassing van bepalingen als de artikelen 13, lid 5, sub a, 14, lid 1 en 16 van de overeenkomst, volgens welke in de eerste plaats voor grensarbeiders een verschillende belastingregeling geldt al naargelang zij in de particuliere dan wel in de openbare sector werkzaam zijn, en, in het laatste geval, al naargelang zij al dan niet uitsluitend de nationaliteit bezitten van de staat waaronder de dienst ressorteert, waarbij zij werkzaam zijn, en in de tweede plaats voor docenten een verschillende belastingregeling geldt al naargelang hun verblijf in de staat waarin zij hun beroepswerkzaamheden uitoefenen, al dan niet van korte duur is.

De derde vraag

36. Met zijn derde vraag wenst de nationale rechter te vernemen, of artikel 7 EEG-Verdrag, thans artikel 6 EG-Verdrag, aldus moet worden uitgelegd, dat het zich verzet tegen de toepassing van een bepaling als artikel 14, lid 1, tweede zin, van de overeenkomst, volgens welke voor grensarbeiders die werkzaam zijn in de openbare sector van een lidstaat, een verschillende belastingregeling geldt al naargelang zij al dan niet de nationaliteit van die staat hebben.

37. Volgens vaste rechtspraak kan artikel 6 van het Verdrag, waarin het algemene beginsel van non-discriminatie op grond van nationaliteit is neergelegd, slechts autonoom toepassing vinden in gevallen waarin het gemeenschapsrecht wel geldt, maar waarvoor het Verdrag niet in bijzondere discriminatieverboden voorziet (zie, onder meer, arrest van 25 juni 1997, Mora Romero, C-131/96, *Jurispr.* blz. I-3659, punt 10).

38. Met betrekking tot het vrije verkeer van werknemers nu is het non-discriminatiebeginsel toegepast en nader uitgewerkt in artikel 48 van het Verdrag, alsmede in handelingen van afgeleid recht, met name verordening (EEG) nr. 1612/68 van de Raad van 15 oktober 1968 betreffende het vrije verkeer van werknemers binnen de Gemeenschap (*PB* L 257, blz. 2).

39. Blijkens het antwoord op de eerste, de tweede en de vierde vraag valt een geval als dat van de hoofdgedingen onder artikel 48 van het Verdrag, zodat geen uitspraak behoeft te worden gedaan over de uitlegging van artikel 6 van het Verdrag.

De zesde vraag

40. Met zijn zesde vraag wenst de nationale rechter te vernemen, of artikel 48 van het Verdrag aldus moet worden uitgelegd, dat het zich verzet tegen de toepassing van een verrekeningsmechanisme als dat van artikel 20, lid 2, sub a-cc, van de overeenkomst.

41. Het verrekeningsmechanisme van artikel 20, lid 2, sub a-cc, van de overeenkomst, waarvoor de desbetreffende regeling van het OESO-modelverdrag als voorbeeld heeft gediend, beoogt te vermijden, dat inwoners van Frankrijk die in Duitsland winsten of andere inkomsten ontvangen, die in zowel Duitsland als Frankrijk belastbaar zijn, dubbel worden belast.

42. Volgens dit mechanisme worden eerst de in Duitsland verkregen inkomsten uit arbeid in de overeenkomstig de Franse wetgeving berekende belastinggrondslag begrepen, en wordt vervolgens wegens de in Duitsland betaalde belasting een verrekening verleend die, onder meer voor de in artikel 14 van de overeenkomst bedoelde inkomsten, gelijk is aan het bedrag van de aan die inkomsten toegerekende Franse belasting. Dit bedrag staat tot de totale Franse belasting in dezelfde verhouding als het in Duitsland belastbare netto-inkomen tot het totale netto-inkomen, dat in Frankrijk wordt belast.

43. Uit het dossier blijkt ook, dat gedurende de belastingjaren waarop de hoofdgedingen betrekking hebben, in Duitsland voor de berekening van de belasting over de beroepsinkomsten van mevrouw Gilly geen rekening is gehouden met haar persoonlijke en gezinssituatie, terwijl die situatie in Frankrijk in aanmerking is genomen voor de berekening van de over het totale gezinsinkomen verschuldigde belasting en voor de verlening van diverse fiscale tegemoetkomingen en verminderingen.

44. Volgens verzoekers worden personen die gebruik hebben gemaakt van hun recht op vrij verkeer, door het in geding zijnde verrekeningsmechanisme bestraft, voor zover dit mechanisme een dubbele belasting laat voortbestaan. Aangezien de belastingprogressie in Duitsland sterker is dan in Frankrijk, en gelet op het aandeel van de arbeidsinkomsten van mevrouw Gilly in het totale in Frankrijk belastbare gezinsinkomen, zou in casu het bedrag van de verrekening altijd lager zijn dan de belasting die in Duitsland feitelijk is betaald. Bovendien zou de omstandigheid dat in Duitsland geen rekening wordt gehouden met de persoonlijke en gezinssituatie van mevrouw Gilly, terwijl dit in Frankrijk wel wordt gedaan voor de berekening van de belasting over het totale inkomen, tot gevolg hebben, dat het in de woonstaat verrekende bedrag wegens de in deze staat verleende tegemoetkomingen en verminderingen lager is dan het bedrag van de belasting die in de werkstaat feitelijk is betaald.

45. Enkel een verrekening die even hoog is als het bedrag van de in Duitsland geheven belasting zou volgens verzoekers de dubbele belasting volledig vermijden.

46. Dienaangaande moet worden beklemtoond, zoals de advocaat-generaal in punt 66 van zijn conclusie heeft gedaan, dat een overeenkomst als de thans in geding zijnde enkel ten doel heeft, te vermijden dat dezelfde inkomsten in elk van de twee staten worden belast. Een dergelijke overeenkomst beoogt niet te garanderen, dat de door de belastingplichtige in een van de staten verschuldigde belasting niet hoger is dan die welke hij in de andere staat zou moeten voldoen.

47. Vaststaat, dat de nadelige consequenties die het bij de bilaterale overeenkomst ingestelde verrekeningsmechanisme, zoals dit wordt toegepast in het kader van het belastingstelsel van de woonstaat, in casu zou kunnen hebben, in hoofdzaak zijn toe te schrijven aan de dispariteiten tussen de in de twee betrokken lidstaten geldende tarieftabellen voor de belastingen, waarvan de vaststelling tot de bevoegdheid van de lidstaten behoort, aangezien een gemeenschapsregeling terzake ontbreekt.

48. Bovendien zou, zoals de Franse, de Belgische, de Deense, de Finse, de Zweedse en de Britse regering hebben opgemerkt, de woonstaat, indien hij een verrekening moest verlenen tot een bedrag dat hoger is dan dat deel van de nationale belasting, dat aan het uit het buitenland verkregen inkomen kan worden toegerekend, als gevolg daarvan het meerdere in mindering moeten brengen op zijn belasting over de overige inkomsten, wat zich voor die staat in lagere belastinginkomsten zou vertalen en dus zijn soevereiniteit op het gebied van de directe belastingheffing zou aantasten.

49. Met betrekking tot de invloed op het bedrag van de verrekening van de omstandigheid, dat in de woonstaat rekening wordt gehouden met de persoonlijke en gezinssituatie van de belastingplichtige, terwijl dit in de staat van tewerkstelling niet wordt gedaan, moet worden opgemerkt, dat deze dispariteit een gevolg is van het feit dat bij de directe belastingen de situatie van ingezetenen en die van niet-ingezetenen in het algemeen niet vergelijkbaar is, voor zover het door een niet- ingezetene in een staat verkregen inkomen meestal slechts een deel van zijn totale inkomen vormt, waarvan het zwaartepunt is geconcentreerd op de plaats waar hij woont (arrest van 14 februari 1995, Schumacker, C-279/93, *Jurispr.* blz. I-225, punten 31 en 32).

50. Deze vaststelling geldt ook voor een geval als dat van mevrouw Gilly. Immers, ofschoon zij, individueel, haar salarisinkomsten in Duitsland verkrijgt, worden die inkomsten begrepen in de grondslag waarnaar het totale gezinsinkomen wordt belast in Frankrijk, en geniet zij daar dus de fiscale voordelen, tegemoetkomingen en aftrekken waarin de Franse wetgeving voorziet. De Duitse belastingautoriteiten behoefden daarentegen in dergelijke omstandigheden geen rekening te houden met haar persoonlijke en gezinssituatie.

51. Verzoekers stellen ook, dat de toepassing van artikel 20, lid 2, sub a-cc, van de overeenkomst te hunnen aanzien een met artikel 48 van het Verdrag strijdige discriminatie op grond van de nationaliteit oplevert, aangezien de fiscale situatie van mevrouw Gilly, indien zij uitsluitend de Franse nationaliteit bezat en niet de dubbele nationaliteit, zou worden beheerst door artikel 13, lid 5, sub a, van de overeenkomst, volgens hetwelk de inkomsten van grensarbeiders belastbaar zijn in de woonstaat.

52. Dienaangaande zij eraan herinnerd, dat artikel 20, lid 2, sub a-cc, van de overeenkomst ten doel heeft, de dubbele belasting te vermijden die, in een geval als dat van de hoofdgedingen, het gevolg is van het feit dat de door mevrouw Gilly in Duitsland genoten inkomsten overeenkomstig artikel 14, lid 1, van de overeenkomst aldaar worden belast, met dien verstande dat het totale inkomen van het gezin, daaronder begrepen genoemde Duitse inkomsten, in Frankrijk belastbaar is.

53. Zoals uit het antwoord op de eerste, de tweede en de vierde vraag blijkt, kan het feit dat de overeenkomstsluitende partijen met het oog op de onderlinge verdeling van de heffingsbevoegdheid verschillende aanknopingsfactoren kiezen, in het bijzonder de nationaliteit wanneer het gaat om overheidsbeloningen die worden ontvangen in

de andere staat dan die waarin de belastingplichtige woont, als zodanig niet een door het gemeenschapsrecht verboden discriminatie opleveren.

54. Gelet op het voorgaande, moet op de zesde vraag worden geantwoord, dat artikel 48 van het Verdrag aldus moet worden uitgelegd, dat het zich niet verzet tegen de toepassing van een verrekeningsmechanisme als dat van artikel 20, lid 2, sub a-cc, van de overeenkomst.

Kosten

...

HET HOF VAN JUSTITIE

uitspraak doende op de door het Tribunal administratif de Strasbourg bij vonnis van 10 oktober 1996 gestelde vragen, verklaart voor recht:

1. Artikel 220, tweede streepje, van het Verdrag heeft geen rechtstreekse werking.

2. Artikel 48 EG-Verdrag moet aldus worden uitgelegd, dat het zich niet verzet tegen de toepassing van bepalingen als de artikelen 13, lid 5, sub a, 14, lid 1, en 16 van de op 21 juli 1959 te Parijs ondertekende overeenkomst tussen de Franse Republiek en de Bondsrepubliek Duitsland tot het vermijden van dubbele belasting, zoals gewijzigd bij de op 9 juni 1969 en 28 september 1989 te Bonn ondertekende aanvullende protocollen, volgens welke in de eerste plaats voor grensarbeiders een verschillende belastingregeling geldt al naargelang zij in de particuliere dan wel in de openbare sector werkzaam zijn, en, in het laatste geval, al naargelang zij al dan niet uitsluitend de nationaliteit bezitten van de staat waaronder de dienst ressorteert, waarbij zij werkzaam zijn, en in de tweede plaats voor docenten een verschillende belastingregeling geldt al naargelang hun verblijf in de staat waarin zij hun beroepswerkzaamheid uitoefenen, al dan niet van korte duur is.

3. Artikel 48 van het Verdrag moet aldus worden uitgelegd, dat het zich niet verzet tegen de toepassing van een verrekeningsmechanisme als dat van artikel 20, lid 2, sub a-cc, van de overeenkomst.

HvJ EG 16 juli 1998, zaak C-264/96*
(Imperial Chemical Industries plc [ICI] v. K. Hall Colmer [Her Majesty's Inspector of Taxes])

Onder VK belastingrecht heeft een VK groep recht op 'group relief' op voorwaarde dat de meerderheid van de tot de groep behorende lichamen in het VK is gevestigd. In het voorliggende geval zijn slechts 4 van de 19 groepmaatschappijen in het VK gevestigd, waarbij het verlieslijdende lichaam (waarvan de winst in casu op per saldo VK winst in aftrek zou komen) wel een VK lichaam was.

HvJ EG: De voorwaarde dat de meerderheid van de dochtermaatschappijen in het VK is gevestigd is (op zichzelf beschouwd) in strijd met de vrijheid van vestiging.

Hof:	*G. C. Rodríguez Iglesias, president, H. Ragnemalm, M. Wathelet (rapporteur) en R. Schintgen, kamerpresidenten, G. F. Mancini, J. C. Moitinho de Almeida, J. L. Murray, D. A. O. Edward, P. Jann, L. Sevón en K. M. Ioannou, rechters*
Advocaat-generaal:	*G. Tesauro*

1. Bij beschikking van 24 juli 1996, ingekomen bij het Hof op 29 juli daaraanvolgend, heeft het House of Lords krachtens artikel 177 EG-Verdrag twee prejudiciële vragen gesteld over de uitlegging van de artikelen 5 en 52 EG-Verdrag.

2. Deze vragen zijn gerezen in een geding dat Imperial Chemical Industries plc (hierna: 'ICI') heeft aangespannen tegen de Britse belastingdienst in verband met diens weigering, ICI de aftrek toe te staan van bedrijfsverliezen van een dochtermaatschappij die behoort tot een houdstermaatschappij waarin ICI, door middel van een consortium, deelneemt.

3. ICI is gevestigd in het Verenigd Koninkrijk en vormt samen met Wellcome Foundation Ltd, die eveneens aldaar is gevestigd, een consortium. Via dit consortium bezit ICI 49% en Wellcome Foundation Ltd 51% van de aandelen van Coopers Animal Health (Holdings) Ltd (hierna: 'Holdings').

4. Holdings heeft als enige activiteit het houden van de aandelen van haar 23 dochtermaatschappijen, die in tal van landen actief zijn. Van deze 23 dochtermaatschappijen zijn er vier, waaronder Coopers Animal Health (hierna: 'CAH'), in het Verenigd Koninkrijk gevestigd, zes in andere lidstaten en dertien in derde landen.

5. In de boekjaren 1985, 1986 en 1987 had CAH in het Verenigd Koninkrijk verlies geleden. ICI verzocht op grond van de sections 258 tot en met 264 van de Income and Corporation Taxes Act 1970 (wet van 1970 betreffende de inkomsten- en vennootschapsbelasting, hierna: 'wet') om 49% van de door CAH geleden verliezen te mogen aftrekken van haar belastbare winst in de boekjaren overeenkomend met de deficitaire boekjaren van CAH.

6. De voorwaarden en modaliteiten van de door ICI verzochte belastingaftrek zijn geregeld in de volgende bepalingen:

> **Section 258**
>
> '1. Een aftrek van bedrijfsverliezen en andere in het kader van de vennootschapsbelasting aftrekbare bedragen kan overeenkomstig de volgende bepalingen van dit hoofdstuk worden overgedragen door een vennootschap ('de overdragende vennootschap') die deel uitmaakt van een groep van ondernemingen, en kan, op verzoek van een andere vennootschap ('de verzoekende vennootschap') die lid is van dezelfde groep, worden verleend aan de verzoekende vennootschap in de vorm van een vermindering van de vennootschapsbelasting, genaamd 'groepsaftrek'.
>
> 2. Een groepsaftrek kan overeenkomstig de genoemde bepalingen ook worden verleend in het geval van een overdragende vennootschap en van een verzoekende vennootschap, indien één van hen lid is van een consortium en de andere
>
> a. een handelsmaatschappij is die toebehoort aan het consortium en geen 75%-dochtermaatschappij is van enige vennootschap; of
>
> b. een handelsmaatschappij is
>
> i. die een 90%-dochtermaatschappij is van een houdstermaatschappij die aan het consortium toebehoort, en
>
> ii. die geen 75%-dochtermaatschappij is van een andere vennootschap dan de houdstermaatschappij, of
>
> c. een houdstermaatschappij is die aan het consortium toebehoort en die geen 75%-dochtermaatschappij van enige vennootschap is;
>
> (...)

* Ook gepubliceerd in BNB 1998/420 (Wattel).

5. In de zin van deze section en van de volgende sections van dit hoofdstuk

a. worden twee vennootschappen geacht lid te zijn van een groep van vennootschappen, indien de een voor 75% dochtermaatschappij is van de andere of beide voor 75% dochtermaatschappijen van een derde vennootschap zijn,

b. is een 'houdstermaatschappij' een vennootschap waarvan de werkzaamheden geheel of gedeeltelijk[* *] bestaan in het houden van aandelen of effecten van vennootschappen die voor 90% haar dochtermaatschappijen zijn en die handelsmaatschappijen zijn,

c. is een 'handelsmaatschappij' een vennootschap waarvan de werkzaamheden geheel of gedeeltelijk bestaan in het drijven van handel.

(...)

7. Als vennootschappen in de zin van deze en de volgende sections van dit hoofdstuk gelden enkel rechtspersonen die in het Verenigd Koninkrijk zijn gevestigd; indien voor de doeleinden van deze en de volgende sections van dit hoofdstuk moet worden bepaald, of een vennootschap een 75%-dochtermaatschappij is van een andere vennootschap, zal de andere vennootschap worden behandeld alsof zij geen eigenaar is van

a. aandelenkapitaal dat zij in een rechtspersoon rechtstreeks houdt, indien een winst bij verkoop van de aandelen zou worden aangemerkt als inkomen uit haar onderneming, of

b. aandelenkapitaal dat zij indirect houdt en dat rechtstreeks toebehoort aan een rechtspersoon waarvoor een winst bij verkoop van de aandelen zou worden aangemerkt als inkomen uit haar onderneming, of

c. aandelenkapitaal dat zij rechtstreeks of indirect houdt in een niet in het Verenigd Koninkrijk gevestigde rechtspersoon.

8. Voor de doeleinden van deze en de volgende sections van dit hoofdstuk behoort een vennootschap aan een consortium toe, indien ten minste drie vierde van het gewone aandelenkapitaal van de vennootschap wordt gehouden ('beneficially owned') door een aantal vennootschappen, die geen van allen minder dan één twintigste van dat kapitaal houdt ('beneficially owns'); deze vennootschappen worden leden van het consortium genoemd.'

Section 259

'1. Indien de overdragende vennootschap in een boekjaar bij enige handelstransactie verlies heeft geleden, berekend overeenkomstig lid 2 van section 177 van deze wet, kan voor de vennootschapsbelasting het bedrag van het verlies worden afgetrokken van de totale winst van de verzoekende vennootschap in het overeenkomstige boekjaar.'

7. De door ICI gevorderde belastingaftrek werd haar geweigerd. De belastingdienst voerde hiertoe aan, dat Holdings geen houdstermaatschappij is in de zin van section 258, lid 5, sub b, juncto lid 7. Ofschoon de werkzaamheden van Holdings volledig bestaan in het houden van aandelen of effecten van vennootschappen die 90%-dochtermaatschappijen van haar zijn en tevens handelsmaatschappijen, kan zij op grond van section 258, lid 7, aanhef niet worden aangemerkt als houdstermaatschappij in de zin van lid 5, sub b, met alle daaraan verbonden voordelen, aangezien de meerderheid van haar dochtermaatschappijen, te weten 19 van de 23, geen in het Verenigd Koninkrijk gevestigde handelsmaatschappijen zijn, zodat haar hoofdactiviteit niet die van een houdstermaatschappij kan worden geacht te zijn.

8. ICI heeft deze uitlegging van het nationale recht bestreden en tegen het afwijzingsbesluit beroep ingesteld, dat door de High Court en de Court of Appeal is toegewezen.

9. De belastingdienst heeft zich voorzien bij het House of Lords, dat van oordeel was dat de weigering van de belastingdienst in overeenstemming met de wettelijke bepalingen was, maar dat de op het gemeenschapsrecht gebaseerde argumentatie van ICI moest worden onderzocht.

10. ICI heeft ter zake gesteld, dat het vereiste dat de activiteit van de houdstermaatschappij geheel of hoofdzakelijk bestaat in het houden van aandelen van in het Verenigd Koninkrijk gevestigde vennootschappen, neerkomt op een beperking, door een discriminerende belastingregeling, van de vrijheid van vestiging en derhalve in strijd is met de artikelen 52 en 58 EG-Verdrag.

11. Deze discriminatie is hierin gelegen, dat de belastingaftrek van verliezen van een ingezeten vennootschap die een dochtermaatschappij is van een eveneens ingezeten houdstermaatschappij, wel aan consortiumleden worden verleend, indien de houdstermaatschappij uitsluitend of voornamelijk ingezeten dochtermaatschappijen controleert, doch wordt in voor het overige identieke omstandigheden geweigerd wanneer dezelfde houdstermaatschappij, omdat zij gebruikt heeft gemaakt van de haar door het Verdrag gewaarborgde vrijheid van vestiging, hoofdzakelijk in andere lidstaten gevestigde dochtermaatschappijen controleert.

12. Wegens deze discriminatie behoort de nationale rechter volgens ICI, zelfs in een situatie als die welke bij het House of Lords aanhangig is, waarin de houdstermaatschappij 23 dochtermaatschappijen controleert waarvan er

* * In de Engelse tekst staat hier 'wholly or mainly' (*Red.*).

slechts 10 in het Verenigd Koninkrijk of een andere lidstaat gevestigd zijn, de door de wet gestelde vestigingseis buiten toepassing te laten wegens strijd met het gemeenschapsrecht.

13. Het House of Lords is van oordeel, dat een antwoord op de vraag, of de in de wet gestelde vestigingseisen voor verlening van de door ICI gevorderde belastingaftrek verenigbaar zijn met het Verdrag, en hoe de nationale rechter – indien zou blijken dat deze wet in strijd is met het gemeenschapsrecht – in dergelijke omstandigheden dient te handelen, afhangt van de uitlegging van het gemeenschapsrecht. Het heeft derhalve besloten, de behandeling van de zaak te schorsen en het Hof de volgende vragen te stellen:

'1. Indien:

i. een vennootschap (vennootschap A) is gevestigd in een lidstaat van de Europese Unie,

ii. vennootschap A met een andere, eveneens in die lidstaat gevestigde vennootschap (vennootschap B) een consortium vormt,

iii. aan de vennootschappen A en B tezamen een eveneens in de lidstaat gevestigde houdstermaatschappij toebehoort (vennootschap C),

iv. vennootschap C een aantal in die lidstaat, in andere lidstaten van de Europese Unie of elders gevestigde dochtermaatschappijen heeft, en

v. aan vennootschap A niet wordt toegestaan, verliezen van een (eveneens in die lidstaat gevestigde) dochtermaatschappij van vennootschap C in aftrek te brengen op de door haar verschuldigde vennootschapsbelasting, omdat ingevolge de nationale wettelijke regeling, uitgelegd overeenkomstig het nationale recht, de activiteit van vennootschap C geheel of hoofdzakelijk dient te bestaan in het houden van aandelen van in die lidstaat gevestigde dochtermaatschappijen, vormt het in v. genoemde vereiste dan een beperking van de vrijheid van vestiging in de zin van artikel 52 EG-Verdrag, en, zo ja, is een dergelijke behandeling gemeenschapsrechtelijk gezien niettemin gerechtvaardigd?

2. Indien het in v. genoemde vereiste gemeenschapsrechtelijk gezien een ongerechtvaardigde beperking is, verlangt artikel 5 EG-Verdrag dan, dat een nationale rechterlijke instantie de relevante nationale wettelijke regeling, voor zover mogelijk, zodanig uitlegt dat deze in overeenstemming is met het gemeenschapsrecht, ofschoon vennootschap A noch vennootschap B noch vennootschap C rechten krachtens het gemeenschapsrecht wil uitoefenen, en zelfs indien een uitlegging van de nationale wettelijke regeling conform het gemeenschapsrecht tot gevolg heeft, dat aftrek wordt toegestaan indien de activiteit van vennootschap C hoofdzakelijk zou bestaan in het houden van aandelen van buiten de EG/EER gevestigde dochtermaatschappijen? Of heeft artikel 5 enkel tot gevolg, dat de nationale wettelijke regeling, ondanks haar uitlegging, met inachtneming van de vereisten van het gemeenschapsrecht toepasselijk is op een geval waarin die vereisten in geding zijn?'

De ontvankelijkheid van de gestelde vragen

14. De regering van het Verenigd Koninkrijk heeft twijfels geuit aan de relevantie van de eerste vraag voor de oplossing van het hoofdgeding. Ook al zou de omstreden regeling een met artikel 52 van het Verdrag onverenigbare beperking van de vrijheid van vestiging vormen, dan nog zou dat niet van belang zijn voor de oplossing van het hoofdgeding. De belastingaftrek zou ICI hoe dan ook worden geweigerd, aangezien de meerderheid van de door Holdings gecontroleerde maatschappijen, te weten 13 van de 23, niet in andere lidstaten gevestigd zijn, maar in derde landen.

15. In dit verband zij eraan herinnerd, dat het volgens vaste rechtspraak uitsluitend aan de nationale rechterlijke instantie is waarbij het geding aanhangig is en die de verantwoordelijkheid draagt voor het te wijzen vonnis, om, gelet op de bijzonderheden van elk geval, de noodzaak van een prejudiciële beslissing voor het wijzen van haar vonnis alsmede de relevantie van de aan het Hof te stellen vragen te beoordelen (zie onder meer arresten van 27 oktober 1993, Enderby, C-127-92, *Jurispr.* blz. I-5535, punt 10; 3 maart 1994, Eurico Italia e.a., gevoegde zaken C-332/92, C-333/92 en C-335/92, *Jurispr.* blz. I-711, punt 17 en 7 juli 1994, McLachlan, C-146/93, *Jurispr.* blz. I-3229, punt 20). Een verzoek van een nationale rechter kan slechts worden afgewezen, wanneer de door hem gestelde vraag over de uitlegging van het gemeenschapsrecht kennelijk geen verband houdt met een reëel geschil of met het voorwerp van het hoofdgeding (arresten van 6 juli 1995, BP Soupergaz, C-62/93, *Jurispr.* blz. I-1883, punt 10, en 26 oktober 1995, Furlanis, C-143/94, *Jurispr.* blz. I-3633, punt 12).

16. Dat is in casu evenwel niet het geval. De verwijzende rechter geeft aan, dat er verschil van mening bestaat over de uitlegging van het vereiste van section 258, lid 5, dat om houdstermaatschappij in de zin van de wet te zijn, een vennootschap uitsluitend of hoofdzakelijk aandelen mag houden van in het Verenigd Koninkrijk gevestigde vennootschappen, en in het bijzonder over de uitlegging van het begrip zeggenschap over een meerderheid van in het Verenigd Koninkrijk gevestigde dochtermaatschappijen; een van de in dit verband mogelijke interpretaties vereist, dat de verenigbaarheid van de regeling met artikel 52 van het Verdrag wordt onderzocht.

17. In die omstandigheden moeten de door de verwijzende rechter gestelde vragen worden onderzocht.

Ten gronde

De eerste vraag

18. Met zijn eerste vraag wenst de verwijzende rechter in wezen te vernemen, of artikel 52 van het Verdrag zich verzet tegen een wettelijke regeling van een lidstaat die het recht op een belastingaftrek voor in deze lidstaat gevestigde vennootschappen die deel uitmaken van een consortium door middel waarvan zij een houdstermaatschappij bezitten, afhankelijk stelt van de voorwaarde, dat de activiteit van de houdstermaatschappij geheel of hoofdzakelijk bestaat in het houden van aandelen van in de betrokken lidstaat gevestigde dochtermaatschappijen.

19. Om te beginnen zij eraan herinnerd, dat ofschoon de directe belastingen tot de bevoegdheidssfeer van de lidstaten behoren, de lidstaten niettemin verplicht zijn hun bevoegdheid in overeenstemming met het gemeenschapsrecht uit te oefenen (zie arresten van 14 februari 1995, Schumacker, C-279/93, *Jurispr.* blz. I-225, punt 21; 11 augustus 1995, Wielockx, C-80/94, *Jurispr.* blz. I-2493, punt 16; 27 juni 1996, Asscher, C-107/94, *Jurispr.* blz. I-3089, punt 36, en 15 mei 1997, Futura Participations en Singer, C-250/95, *Jurispr.* blz. I-2471, punt 19).

20. Volgens vaste rechtspraak brengt de vrijheid van vestiging die in artikel 52 aan de onderdanen van de andere lidstaten wordt toegekend en die voor hen de toegang tot en de uitoefening van werkzaamheden anders dan in loondienst inhoudt onder dezelfde voorwaarden als in de wetgeving van het land van vestiging voor de eigen onderdanen zijn vastgesteld, overeenkomstig artikel 58 van het Verdrag voor de vennootschappen die in overeenstemming met de wetgeving van een lidstaat zijn opgericht en die hun statutaire zetel, hun hoofdbestuur of hun hoofdvestiging binnen de Gemeenschap hebben, het recht mee om in de betrokken lidstaat hun bedrijfsactiviteit uit te oefenen door middel van een agentschap of een filiaal. Met betrekking tot de vennootschappen zij in dit verband opgemerkt, dat hun zetel in bovengenoemde zin, naar het voorbeeld van de nationaliteit van natuurlijke personen, dient ter bepaling van hun binding aan de rechtsorde van een staat (arresten van 28 januari 1986, Commissie/Frankrijk, 270/83, *Jurispr.* blz. 273, punt 18, en 13 juli 1993, Commerzbank, C-330/91, *Jurispr.* blz. I-4017, punt 13).

21. Voorts moet worden gepreciseerd, dat de bepalingen betreffende de vrijheid van vestiging, hoewel zij volgens hun bewoordingen met name het voordeel van de nationale behandeling in de lidstaat van ontvangst beogen te garanderen, de lidstaat van oorsprong ook verbieden, de vestiging in een andere lidstaat te bemoeilijken van een van zijn onderdanen of van een naar zijn nationaal recht opgerichte en onder de definitie van artikel 58 vallende vennootschap (arrest van 27 september 1988, Daily Mail and General Trust, 81/87, *Jurispr.* blz. 5483, punt 16).

22. Ingevolge de wettelijke regeling die in het hoofdgeding aan de orde is, hebben vennootschappen die in een ingezeten consortium deelnemen en die door middel van een houdstermaatschappij van hun recht van vrije vestiging gebruik hebben gemaakt om in andere lidstaten dochtermaatschappijen op te richten, geen aanspraak op verlening van belastingaftrek ter zake van verliezen van een ingezeten dochtermaatschappij van de houdstermaatschappij, wanneer de meeste van de door de houdstermaatschappij gecontroleerde dochtermaatschappijen hun zetel buiten het Verenigd Koninkrijk hebben.

23. Het criterium van de zetel van de gecontroleerde dochtermaatschappijen in een dergelijke regeling leidt derhalve tot een gedifferentieerde fiscale behandeling van de in het Verenigd Koninkrijk gevestigde consortiumdeelnemers. De belastingvermindering voor consortia wordt immers voorbehouden aan de vennootschappen die uitsluitend of voornamelijk dochtermaatschappijen controleren waarvan de zetel zich op het nationale grondgebied bevindt.

24. Onderzocht moet dus worden, of dit verschil in behandeling kan worden gerechtvaardigd in het licht van de verdragsbepalingen betreffende de vrijheid van vestiging.

25. Dienaangaande betoogt de regering van het Verenigd Koninkrijk, dat de situatie van ingezeten en niet-ingezeten vennootschappen voor de directe belastingen in het algemeen niet vergelijkbaar is. Zij voert twee soorten rechtvaardigingsgronden aan. In de eerste plaats beoogt de betrokken regeling het gevaar van belastingontduiking te verminderen; de leden van een consortium zouden namelijk de lasten van niet-ingezeten dochtermaatschap pijen aan een in het Verenigd Koninkrijk gevestigde dochtermaatschappij kunnen overdragen en de winst laten verblijven bij een niet-ingezeten dochtermaatschappij. De betrokken regeling moet dus voorkomen, dat de oprichting van dochtermaatschappijen in het buitenland wordt gebruikt om belastbare inkomsten aan de Britse fiscus te onttrekken. In de tweede plaats moet de regeling een daling van de belastingopbrengst ten gevolge van het loutere bestaan van niet-ingezeten dochtermaatschappijen tegengaan, daar de Britse fiscus de wegens de aftrek van de verliezen van de ingezeten dochtermaatschappijen gederfde inkomsten onmogelijk kan compenseren met het heffen van belasting over de winsten van buiten het Verenigd Koninkrijk gevestigde dochtermaatschappijen.

26. Wat de rechtvaardiging wegens het gevaar van belastingontduiking betreft, volstaat de opmerking, dat de in het hoofdgeding omstreden regeling niet specifiek tot doel heeft volstrekt kunstmatige constructies die bedoeld zijn om de belastingwetgeving van het Verenigd Koninkrijk te omzeilen, van een belastingvoordeel uit te sluiten, maar in het algemeen op elke situatie van toepassing is waarin de meerderheid van de dochtermaatschappijen van een groep, om welke reden dan ook, buiten het Verenigd Koninkrijk is gevestigd. De vestiging van een vennoot-

schap buiten het Verenigd Koninkrijk betekent op zich evenwel niet, dat er sprake is van belastingontduiking, aangezien de betrokken vennootschap hoe dan ook onderworpen is aan het belastingstelsel van de staat van vestiging.

27. Bovendien staat het gevaar van overdracht van lasten, dat de regeling beoogt te vermijden, geheel los van het feit of de meerderheid van de dochtermaatschappijen in het Verenigd Koninkrijk is gevestigd of niet. Er behoeft immers slechts één niet-ingezeten dochtermaatschappij te zijn om het door de regering van het Verenigd Koninkrijk geschetste gevaar te scheppen.

28. In antwoord op het argument, dat de inkomstenderving als gevolg van de verlening van belastingaftrek voor de verliezen van de ingezeten vennootschappen niet kan worden gecompenseerd door het heffen van belasting over de winsten van buiten het Verenigd Koninkrijk gevestigde dochtermaatschappijen, moet worden opgemerkt, dat vermindering van de belastinginkomsten niet behoort tot de in artikel 56 van het Verdrag opgesomde gronden en niet kan worden aangemerkt als een dwingende reden van algemeen belang die kan worden ingeroepen ter rechtvaardiging van een ongelijke behandeling die in beginsel onverenigbaar is met artikel 52 van het Verdrag.

29. Het Hof heeft weliswaar aanvaard, dat de noodzaak om de samenhang van een fiscaal stelsel te verzekeren, in bepaalde omstandigheden een rechtvaardiging kan opleveren voor een regeling die de fundamentele vrijheden beperkt (zie in die zin, arresten van 28 januari 1992, Bachmann, C-204/90, *Jurispr.* blz. I-249, en Commissie/België, C-300/90, *Jurispr.* blz. I-305). In de aangehaalde zaken bestond evenwel een rechtstreeks verband tussen de aftrekbaarheid van de premies enerzijds, en de heffing van belasting over de door de verzekeringsmaatschappijen uit hoofde van ouderdoms- en overlijdensverzekeringen uit te keren bedragen anderzijds, welk verband behouden moest blijven om de samenhang van het betrokken fiscaal stelsel te verzekeren. In casu ontbreekt een zodanig rechtstreeks verband tussen de aftrek van verliezen van een ingezeten dochtermaatschappij en de heffing van belasting over de winsten van buiten het Verenigd Koninkrijk gevestigde dochtermaatschappijen.

30. Op de eerste vraag moet derhalve worden geantwoord, dat artikel 52 van het Verdrag zich verzet tegen een wettelijke regeling van een lidstaat die het recht op een belastingaftrek voor in deze lidstaat gevestigde vennootschappen die deel uitmaken van een consortium door middel waarvan zij een houdstermaatschappij bezitten, en die hun recht op vrije vestiging uitoefenen om via deze houdstermaatschappij in andere lidstaten dochtermaatschappijen op te richten, afhankelijk stelt van de voorwaarde, dat de activiteit van de houdstermaatschappij geheel of hoofdzakelijk bestaat in het houden van aandelen van in de betrokken lidstaat gevestigde dochtermaatschappijen.

De tweede vraag

31. Met zijn tweede vraag wenst de verwijzende rechter in wezen de draagwijdte van de in artikel 5 van het Verdrag neergelegde verplichting tot loyale samenwerking te zien gepreciseerd. Indien uit het antwoord op de eerste vraag zou blijken, dat de wettelijke regeling die in het hoofdgeding aan de orde is, in strijd is met het gemeenschapsrecht in zover geen belastingaftrek wordt verleend indien de aan het consortium toebehorende houdstermaatschappij voornamelijk dochtermaatschappijen controleert die hun zetel in de Gemeenschap hebben, in een geval waarin aan deze voorwaarde niet wordt voldaan door de in het Verenigd Koninkrijk gevestigde dochtermaatschappijen, vraagt de verwijzende rechter zich in het bijzonder af, of hij deze wettelijke regeling ook dan buiten toepassing moet laten dan wel haar in overeenstemming met het gemeenschapsrecht moet uitleggen, indien de houdstermaatschappij hoofdzakelijk dochtermaatschappijen controleert die hun zetel in derde landen hebben.

32. Dienaangaande moet worden beklemtoond, dat de verschillende behandeling naargelang de aan het consortium toebehorende houdstermaatschappij al dan niet uitsluitend of hoofdzakelijk aandelen van dochtermaatschappijen houdt die hun zetel in derde landen hebben, niet onder de werkingssfeer van het gemeenschapsrecht valt.

33. Bijgevolg verzetten enerzijds de artikelen 52 en 58 van het Verdrag zich niet tegen een nationale wettelijke regeling volgens welke geen belastingaftrek wordt verleend aan een ingezeten consortiumlid, wanneer de activiteit van de aan het consortium toebehorende houdstermaatschappij geheel of hoofdzakelijk bestaat in het houden van aandelen van dochtermaatschappijen die hun zetel in derde landen hebben. Anderzijds is artikel 5 van het Verdrag evenmin van toepassing.

34. Wanneer het aan de nationale rechter voorgelegde geschil betrekking heeft op een situatie die niet onder de werkingssfeer van het gemeenschapsrecht valt, verplicht het gemeenschapsrecht de nationale rechter dus niet zijn wetgeving in overeenstemming met het gemeenschapsrecht uit te leggen of buiten toepassing te laten. Wanneer een bepaalde regeling buiten toepassing moet worden gelaten in een situatie die onder de werkingssfeer van het gemeenschapsrecht valt, doch wel toepasselijk is in een situatie die daar niet onder valt, is het aan de bevoegde instelling van de betrokken staat deze rechtsonzekerheid uit de weg te ruimen voorzover daardoor nadeel kan ontstaan voor uit communautaire regels voortvloeiende rechten.

35. In omstandigheden als die van het hoofdgeding houdt artikel 5 van het Verdrag voor de nationale rechter derhalve geen verplichting in, zijn wettelijke regeling in overeenstemming met het gemeenschapsrecht uit te leggen of buiten toepassing te laten in een situatie die niet onder de werkingssfeer van het gemeenschapsrecht valt.

Kosten

...

HET HOF VAN JUSTITIE

uitspraak doende op de door het House of Lords bij beschikking van 24 juli 1996 gestelde vragen, verklaart voor recht:

1. Artikel 52 EG-Verdrag verzet zich tegen een wettelijke regeling van een lidstaat die het recht op een belastingaftrek voor in deze lidstaat gevestigde vennootschappen die deel uitmaken van een consortium door middel waarvan zij een houdstermaatschappij bezitten, en die hun recht op vrije vestiging uitoefenen om via deze houdstermaatschappij in andere lidstaten dochtermaatschappijen op te richten, afhankelijk stelt van de voorwaarde, dat de activiteit van de houdstermaatschappij geheel of hoofdzakelijk bestaat in het houden van aandelen van in de betrokken lidstaat gevestigde dochtermaatschappijen.

2. In omstandigheden als die van het hoofdgeding houdt artikel 5 EG-Verdrag voor de nationale rechter geen verplichting in, zijn wettelijke regeling in overeenstemming met het gemeenschapsrecht uit te leggen of buiten toepassing te laten in een situatie die niet onder de werkingssfeer van het gemeenschapsrecht valt.

HvJ EG 29 april 1999, zaak C-311/97 (Royal Bank of Scotland plc v. Elliniko Dimosio [Griekse Staat])

Vijfde kamer:	*P. Jann, president van de Eerste kamer, waarnemend voor de president van de Vijfde kamer, J. C. Moitinho de Almeida, D. A. O. Edward, L. Sevón en M. Wathelet (rapporteur), rechters*
Advocaat-generaal:	*S. Alber*

Een VK bank was in Griekenland actief via een filiaal aldaar. Naar Grieks belastingrecht waren buitenlandse banken die in Griekenland via een filiaal opereerden aan een hoger belastingtarief onderworpen dan Griekse banken.

HET HOF VAN JUSTITIE (Vijfde kamer)

verklaart voor recht:

De artikelen 52 en 58 van het Verdrag moeten aldus worden uitgelegd, dat zij zich verzetten tegen een wetgeving van een lidstaat zoals de fiscale wetgeving die in het hoofdgeding aan de orde is, die de in een andere lidstaat gevestigde vennootschappen die in de eerstbedoelde lidstaat bedrijfsactiviteiten uitoefenen door middel van een zich aldaar bevindende vaste inrichting, uitsluit van de enkel aan de in die eerste lidstaat gevestigde vennootschappen toegekende mogelijkheid om voor een lager tarief van de belasting op de winst in aanmerking te komen, indien er geen objectief verschil tussen de situatie van de twee categorieën van vennootschappen bestaat, dat een dergelijke ongelijke behandeling kan rechtvaardigen.

HvJ EG 14 september 1999, zaak C-391/97* (F. Gschwind v. Finanzamt Aachen-Außenstadt)

Hof: *G. C. Rodríguez Iglesias, president, P. J. G. Kapteyn, G. Hirsch en P. Jann, kamerpresidenten, C. Gulmann, J. L. Murray, D. A. O. Edward, H. Ragnemalm, L. Sevón, M. Wathelet (rapporteur) en R. Schintgen, rechters*

Advocaat-generaal: *D. Ruiz-Jarabo Colomer*

Gschwind, een inwoner en staatsburger van Nederland, verdiende zijn gehele inkomen in Duitsland, zijn echtgenote, die 40% van het gezinsinkomen verdiende, werkte uitsluitend in Nederland. Naar Duits belastingrecht mochten zij geen gezamenlijke aangifte in Duitsland doen omdat een aanmerkelijk deel van hun gezamenlijke inkomen niet in Duitsland aan belasting was onderworpen.

HET HOF VAN JUSTITIE (Vijfde kamer)

verklaart voor recht:

Artikel 48, lid 2, EG-Verdrag (thans, na wijziging, artikel 39, lid 2, EG) moet aldus worden uitgelegd, dat het niet in de weg staat aan de toepassing van een regeling van een lidstaat die aan ingezeten echtparen een belastingvoordeel verleent, zoals dat welk voortvloeit uit de toepassing van de 'splitting regeling', doch voor de toekenning van datzelfde voordeel aan niet-ingezeten echtparen als voorwaarde stelt dat tenminste 90% van hun wereldinkomen in die lidstaat aan belasting is onderworpen, of, indien dat percentage niet wordt bereikt, dat hun buitenlandse inkomsten die in die staat niet aan belasting zijn onderworpen, een bepaalde grens niet overschrijden, waardoor het mogelijk blijft om in de woonstaat met hun persoonlijke en gezinssituatie rekening te houden.

* Ook gepubliceerd in BNB 2001/78 (Burgers).

HvJ EG 21 september 1999, zaak C-307/97* (Compagnie de Saint-Gobain [Zweigniederlassung Deutschland] v. Finanzamt Aachen-Innenstadt)

De in Frankrijk gevestigde Saint-Gobain SA was via een VI in Duitsland werkzaam. Aan het VI-vermogen waren aandelen in Duitse en derde landen gevestigde lichamen toerekenbaar. Indien de aandelen zouden zijn gehouden door een in Duitsland gevestigd lichaam, zouden sommige dividenden door het belastingverdrag tussen Duitsland en derde staten in aanmerking komen voor voorkoming van economisch dubbele belastingheffing (deelnemingsvrijstelling) en andere zouden op grond van de Duitse nationale belastingwetgeving voor vermindering (indirecte belastingverrekening) in aanmerking komen.

HvJ EG: Dit onderscheid is in strijd met de vestigingsvrijheid: Duitsland moet bij de heffing over de VI-winst voorkoming verlenen (deelnemingsvrijstelling en indirecte belastingverrekening) op dezelfde voet als bij in Duitsland gevestigde lichamen.

Hof:	*G. C. Rodríguez Iglesias, president, P. J. G. Kapteyn en G. Hirsch, kamerpresidenten, J. C. Moitinho de Almeida, C. Gulmann, J. L. Murray, D. A. O. Edward, H. Ragnemalm, L. Sevón, M. Wathelet (rapporteur) en R. Schintgen, rechters*
Advocaat-generaal:	*J. Mischo*

1. Bij beschikking van 30 juni 1997, ingekomen bij het Hof op 2 september daaraanvolgend, heeft het Finanzgericht Köln krachtens artikel 177 EG-Verdrag (thans artikel 234 EG) drie prejudiciële vragen gesteld over de uitlegging van de artikelen 52 EG-Verdrag (thans, na wijziging, artikel 43 EG) en 58 EG-Verdrag (thans artikel 48 EG).

2. Die vragen zijn gerezen in een geding tussen Compagnie de Saint-Gobain, Zweigniederlassung Deutschland (hierna: 'Saint-Gobain ZN'), en het Finanzamt Aachen-Innenstadt (hierna: 'Finanzamt').

3. Saint-Gobain ZN is het Duitse filiaal van Compagnie de Saint-Gobain SA (hierna: 'Saint-Gobain SA'), een vennootschap naar Frans recht, waarvan de zetel en de commerciële leiding zich in Frankrijk bevinden.

4. Om die reden wordt Saint-Gobain ZN, die in Duitsland in het handelsregister is ingeschreven, naar Duits belastingrecht als een vaste inrichting van Saint-Gobain SA beschouwd.

5. Saint-Gobain SA is in Duitsland beperkt belastingplichtig, daar zij noch haar zetel, noch haar commerciële leiding in die staat heeft. Deze beperkte belastingplicht van Saint-Gobain SA geldt zowel voor de inkomsten die zij in Duitsland door middel van haar vaste inrichting verkrijgt (krachtens § 2, punt 1, Körperschaftsteuergesetz – hierna: 'KStG'), als voor het vermogen dat zij in haar vaste inrichting heeft (krachtens § 2, leden 1, punt 2, en 2, Vermögensteuergesetz – hierna: 'VStG').

6. Gepreciseerd zij, dat de inkomsten uit een op het nationale grondgebied gevestigde industriële en commerciële inrichting ingevolge § 8, lid 1, KStG, juncto § 49, lid 1, punt 2, sub a, Einkommensteuergesetz (hierna: 'EStG'), deel uitmaken van de nationale inkomsten in de zin van de beperkte belastingplicht.

7. Voorts behoort ingevolge § 121, lid 2, punt 3, Bewertungsgesetz (hierna: 'BewG') het binnenlands bedrijfsvermogen, dat in het bijzonder het kapitaal omvat dat dienstbaar is aan het op het grondgebied gedreven bedrijf, tot het binnenlands vermogen van een beperkt belastingplichtige.

8. In het kader van het geschil dat aan het hoofdgeding ten grondslag ligt, weigerde het Finanzamt Saint-Gobain SA bepaalde fiscale voordelen bij de belasting van dividenden op deelnemingen in buitenlandse kapitaalvennootschappen te verlenen. Die voordelen worden alleen toegekend aan vennootschappen die in Duitsland onbeperkt belastingplichtig zijn.

9. In 1988, het voor het hoofdgeding relevante jaar, bezat Saint-Gobain SA via het bedrijfsvermogen van haar Duits filiaal, Saint-Gobain ZN, de volgende deelnemingen:
- 10,2% van de aandelen van de in de Verenigde Staten van Amerika gevestigde vennootschap Certain Teed Corporation;
- 98,63% van het kapitaal van de in Duitsland gevestigde vennootschap Grünzweig+Hartmann AG (hierna: 'Grünzweig');
- 99% van het kapitaal van de in Duitsland gevestigde vennootschap Gevetex Textilglas GmbH (hierna: 'Gevetex').

* Ook gepubliceerd in BNB 2000/75 (Burgers), V-N 1999/54.16.

10. De in Duitsland gevestigde dochtermaatschappijen van Saint-Gobain SA, Grünzweig en Gevetex, zijn met Saint-Gobain ZN verbonden door een 'Organvertrag' in de zin van § 18 KStG. Volgens de Duitse regeling inzake de 'Organschaft' is enkel de dominerende vennootschap ('Organträger') van een groep vennootschappen belastingplichtig voor de totale resultaten van de groep. De winsten en de verliezen van de beheerste vennootschappen ('Organgesellschaften') worden opgenomen in de resultaten van de moedermaatschappij en in voorkomend geval onderworpen aan de belasting, die deze laatste verschuldigd is, voor zover de Duitse beheerde ondernemingen financieel, economisch en organisatorisch in een Duitse onderneming – of, zoals in casu, onder bepaalde voorwaarden in een vaste binnenlandse inrichting van een buitenlandse onderneming – zijn geïntegreerd ('eingegliedert') en er tussen de Organgesellschaften en de moedermaatschappij een winstafstandsovereenkomst ('Gewinnabführungsvertrag') is gesloten voor een minimumduur van vijf jaar (§ 14 KStG).

11. De winsten van Grünzweig en Gevetex, die in 1988 ingevolge dergelijke overeenkomsten aan Saint-Gobain ZN zijn afgestaan, omvatten door buitenlandse dochtermaatschappijen uitgekeerde dividenden.

12. In 1988 ontving Grünzweig dividenden van de in Zwitserland gevestigde vennootschap Isover SA en van de in Oostenrijk gevestigde vennootschap Linzer Glasspinnerei Franz Haider AG, waarin zij in dat jaar respectievelijk 33,34% en 46,67% van de aandelen had.

13. In hetzelfde jaar ontving Gevetex dividenden van een Italiaanse dochtermaatschappij, de vennootschap Vitrofil SpA, waarin zij 24,8% van de aandelen had.

14. Uit de stukken van het hoofdgeding blijkt, dat aan de overige voorwaarden voor de Organschaft was voldaan, zodat deze inkomsten uit deelnemingen overeenkomstig de Duitse belastingwetgeving rechtstreeks aan de op het nationale grondgebied gevestigde vaste inrichting (Saint-Gobain ZN) zijn toegerekend, en dus in de inkomsten van de beperkt belastingplichtige moedermaatschappij (Saint-Gobain SA) werden opgenomen (§§ 14 en 18 KStG).

15. Voor de verwijzende rechter komt Saint-Gobain ZN op tegen de weigering van het Finanzamt om haar met betrekking tot de betrokken dividenden drie fiscale voordelen toe te kennen, waarmee dient te worden voorkomen dat de dividenden die in Duitsland worden ontvangen door vennootschappen die participaties in buitenlandse vennootschappen hebben en die in het buitenland reeds zijn belast, in Duitsland nogmaals worden belast.

16. In de eerste plaats weigerde het Finanzamt de door Saint-Gobain ZN uit de Verenigde Staten van Amerika en Zwitserland ontvangen dividenden vrij te stellen van de Duitse vennootschapsbelasting, op grond dat de tussen de Bondsrepubliek Duitsland en die derde landen gesloten bilaterale belastingverdragen ter vermijding van dubbele belasting weliswaar in een dergelijke vrijstelling voorzien doch deze alleen verlenen aan Duitse vennootschappen en aan vennootschappen die in Duitsland onbeperkt belastingplichtig zijn. Het gaat hier om de internationale deelnemingsvrijstelling ('internationales Schachtelprivileg') voor de vennootschapsbelasting.

17. Dienaangaande zij om te beginnen opgemerkt, dat artikel XV van het op 22 juli 1954 tussen de Bondsrepubliek Duitsland en de Verenigde Staten van Amerika gesloten verdrag ter vermijding van dubbele belasting op het gebied van het inkomen en van bepaalde andere belastingen (verdrag van 22 juli 1954), zoals gewijzigd bij het protocol van 17 september 1965 (*BGBl.* 1954, blz. 1118; 1966, blz. 745), dat gold ten tijde van de feiten in het hoofdgeding, bepaalt:

'1. Dubbele belasting wordt vermeden als volgt:

a. (...)

b. 1. Voor een in de Bondsrepubliek woonachtig natuurlijk persoon en een Duitse vennootschap wordt de belasting van de Bondsrepubliek Duitsland bepaald als volgt:

aa. De inkomsten uit inkomstenbronnen in de Verenigde Staten die ingevolge het onderhavige verdrag in de Verenigde Staten niet van belasting zijn vrijgesteld, worden niet in de grondslag van de belasting van de Bondsrepubliek begrepen (...) Met betrekking tot inkomsten uit dividenden zijn de bepalingen van de eerste volzin evenwel enkel van toepassing op de dividenden die volgens het recht van de Verenigde Staten aan belasting zijn onderworpen en die aan een Duitse kapitaalvennootschap worden uitgekeerd door een Amerikaanse vennootschap, waarvan ten minste 25% van de stemgerechtigde aandelen rechtstreeks in handen van de Duitse vennootschap is.'

Ingevolge artikel, lid 1, sub f, van dat verdrag wordt onder een Duitse vennootschap verstaan een rechtspersoon die haar leiding of haar zetel in Duitsland heeft.'

18. Voorts bepaalt artikel 24 van het op 11 augustus 1971 tussen de Bondsrepubliek Duitsland en de Zwitserse Bondsstaat gesloten verdrag ter vermijding van dubbele belasting op het gebied van het inkomen en het vermogen, zoals gewijzigd bij het protocol van 30 november 1978 (*BGBl.* 1972, blz. 1022; 1980, blz. 750), in de versie die gold ter zake van vóór 1990 geheven belastingen:

'1. Ten aanzien van een in de Bondsrepubliek Duitsland gevestigde persoon wordt dubbele belasting vermeden als volgt:

1. De navolgende uit Zwitserland afkomstige inkomsten, waarover ingevolge de voorgaande artikelen in Zwitserland belasting mag worden geheven, worden niet in de grondslag van de Duitse belasting begrepen:

a. (…)
b. De dividenden in de zin van artikel 10 die een in Zwitserland gevestigde kapitaalvennootschap uitkeert aan een kapitaalvennootschap die in de Bondsrepubliek Duitsland onbeperkt belastingplichtig is, wanneer volgens de Duitse belastingwetgeving ook een over de winst van de uitkerende vennootschap geheven Zwitserse belasting kan worden verrekend met de te heffen Duitse vennootschapsbelasting.'

19. In de tweede plaats verleende het Finanzamt Saint-Gobain SA weliswaar het voordeel van de in § 26, lid 1, KStG voorziene rechtstreekse verrekening, zodat het op de Duitse vennootschapsbelasting die Saint-Gobain SA verschuldigd was wegens de dividenden die zij via Saint-Gobain ZN had ontvangen, de buitenlandse belasting in mindering bracht, die zij reeds had voldaan en die aan de bron was ingehouden in de verschillende landen waar de uitkerende vennootschappen gevestigd waren. Het Finanzamt weigerde echter de buitenlandse vennootschapsbelasting in mindering te brengen die over de door de buitenlandse dochter- en kleindochtermaatschappijen van Saint-Gobain SA uitgekeerde winsten was geheven in de landen waar deze laatste zijn gevestigd (de indirecte verrekening, ook 'indirect belastingkrediet' genaamd, als voorzien in § 26, lid 2, KStG), omdat volgens de wet alleen vennootschappen die in Duitsland onbeperkt belastingplichtig zijn, voor dit voordeel in aanmerking komen.

20. § 26, lid 2, KStG, dat de indirecte verrekening regelt, luidt:

'2. Indien een onbeperkt belastingplichtige vennootschap (moedermaatschappij) sedert ten minste twaalf maanden vóór het einde van het belastingtijdvak rechtstreeks en ononderbroken ten minste voor tien procent heeft deelgenomen in het nominaal kapitaal van een kapitaalvennootschap waarvan de leiding en de zetel buiten het toepassingsgebied van deze wet zijn gevestigd (dochtermaatschappij), kan de moedermaatschappij op haar verzoek toestemming worden verleend om ook de over de winsten van de dochtermaatschappijen geheven belasting te verrekenen met de vennootschapsbelasting die zij verschuldigd is over de winstaandelen die de dochtermaatschappij aan haar heeft uitgekeerd. Verrekenbaar is de met de binnenlandse vennootschapsbelasting overeenkomende belasting die de dochtermaatschappij heeft betaald voor het boekjaar waarover zij de winst heeft uitgekeerd.'

21. In de derde plaats begreep het Finanzamt de deelneming in het kapitaal van de Amerikaanse dochteronderneming in het binnenlandse vermogen van de vaste inrichting, waarover vermogensbelasting verschuldigd was, zodat het Saint-Gobain SA evenmin de internationale deelnemingsvrijstelling inzake vermogensbelasting als bedoeld in § 102, lid 2, BewG, verleende, op grond dat volgens deze wet alleen binnenlandse kapitaalvennootschappen voor dit voordeel in aanmerking komen.

22. § 102, lid 2, BewG bepaalt:

'2. Indien een binnenlandse kapitaalvennootschap rechtstreeks ten minste voor tien procent deelneemt in het nominaal kapitaal van een kapitaalvennootschap die haar zetel en leiding buiten het toepassingsgebied van deze wet heeft (dochtermaatschappij), wordt op verzoek die deelneming niet tot de onderneming gerekend, voor zover zij ononderbroken sedert ten minste twaalf maanden vóór de datum van het einde van het desbetreffende belastingtijdvak bestaat (…)'

23. Volgens Saint-Gobain SA is het in strijd met artikel 52, juncto artikel 58, van het Verdrag, om de Duitse vaste inrichting van een in Frankrijk gevestigde kapitaalvennootschap van voormelde voordelen (indirecte verrekening en internationale deelnemingsvrijstelling inzake inkomsten- en vermogensbelasting) uit te sluiten.

24. Het Finanzgericht Köln stelde vast, dat de weigering van die voordelen aan een Duitse vaste inrichting van een buitenlandse kapitaalvennootschap in 1988 in overeenstemming met het Duitse recht was. Met name gelet op het arrest van 28 januari 1986, Commissie/Frankrijk (270/83, *Jurispr.* blz. 273, punt 18), overwoog het evenwel, dat die weigering een met artikel 52 van het Verdrag strijdige discriminatie kon opleveren.

25. Gepreciseerd zij, dat de nationale wetgeving vanaf het belastingtijdvak 1994 gewijzigd is bij het Standortsicherungsgesetz van 13 september 1993 (een wet die de aantrekkingskracht van de Bondsrepubliek Duitsland als vestigingsplaats voor ondernemingen beoogde veilig te stellen en te vergroten, *BGBl.* I, blz. 1569), waarbij de §§ 8b, lid 4, en 26, lid 7, in het KStG zijn ingevoegd.

26. § 8b, lid 4, KStG (deelneming in buitenlandse ondernemingen) bepaalt:

'4. Door een buitenlandse vennootschap op aandelen uitgekeerde winstaandelen die aan een binnenlandse industriële of commerciële vaste inrichting van een beperkt belastingplichtige vennootschap moeten worden toegerekend, worden niet in aanmerking genomen bij de berekening van de inkomsten van de binnenlandse industriële of commerciële vaste inrichting, voor zover zij op grond van een verdrag ter vermijding van dubbele belasting (…) zouden zijn vrijgesteld indien de beperkt belastingplichtige vennootschap onbeperkt belastingplichtig zou zijn. Indien de vrijstelling of het voordeel afhangt van een minimumduur van de deelneming, moet de deelneming tijdens die periode ook tot het bedrijfsvermogen van de binnenlandse industriële of commerciële vaste inrichting hebben behoord.'

27. § 26, lid 7, KStG, in de versie die vanaf het belastingtijdvak 1994 geldt en waarbij de in § 26, lid 2, KStG voorziene indirecte verrekening tot de binnenlandse vaste inrichtingen wordt uitgebreid, bepaalt:

'De leden 2 en 3 gelden op overeenkomstige wijze voor de winstaandelen die een binnenlandse industriële of commerciële vaste inrichting van een beperkt belastingplichtige vennootschap van een buitenlandse dochtermaatschappij ontvangt, wanneer overigens aan de voorwaarden van § 8b, lid 4, eerste en derde zin, is voldaan.'

28. Blijkens de stukken van het hoofdgeding motiveerde de wetgever deze wijziging als volgt:

'Zodoende wordt de binnenlandse inrichting van een beperkt belastingplichtige vennootschap gelijkgesteld met een binnenlandse vennootschap. De gelijke behandeling van een vaste inrichting van een buitenlandse vennootschap met een onbeperkt belastingplichtige vennootschap houdt ook rekening met de in artikel 52 EEG-Verdrag neergelegde vrijheid van vestiging en sluit een bij dit artikel verboden discriminatie uit' (*Bundesrats Drucksache* 1/93, blz. 40 en 41).'

29. De nieuwe binnenlandse rechtssituatie geldt evenwel pas vanaf het belastingtijdvak 1994 (§ 54, lid 1, KStG, zoals gewijzigd bij de wet van 13 september 1993) en is dus niet relevant voor het hoofdgeding.

30. Voorts zij nog opgemerkt, dat het Standortsicherungsgesetz van 13 september 1993 geen wijziging heeft gebracht in § 102 BewG betreffende de deelnemingsvrijstelling inzake de vermogensbelasting. Volgens de Commissie, die op dit punt ter terechtzitting niet is weersproken, wordt de vermogensbelasting sedert 1 januari 1997 echter niet meer geïnd, omdat zij door het Bundesverfassungsgericht bij arrest van 22 juni 1995 (2BvL 37/91 BVerfGE 93, 121) ten dele in strijd met de grondwet is verklaard. § 102 BewG is ingetrokken bij artikel 6, leden 14 en 15, van het Gesetz zur Fortsetzung der Unternehmenssteuerreform van 29 oktober 1997 (*BGBl.* I, blz. 2590).

31. Onder die omstandigheden heeft het Finanzgericht Köln besloten, de behandeling van de zaak te schorsen en het Hof te verzoeken om een prejudiciële beslissing over de navolgende vragen:

'1. Is het met het geldende gemeenschapsrecht, in het bijzonder artikel 52 juncto artikel 58 EG-Verdrag, verenigbaar, dat aan een in Duitsland gelegen vaste inrichting van een in een andere lidstaat gevestigde kapitaalvennootschap de deelnemingsvrijstelling voor dividenden uit hoofde van een verdrag inzake dubbele belasting met een derde land niet onder gelijke voorwaarden werd toegekend als aan in Duitsland gevestigde kapitaalvennootschappen?

2. Is het met het geldende gemeenschapsrecht, in het bijzonder artikel 52 juncto artikel 58 EG-Verdrag, verenigbaar, dat bij een in Duitsland gelegen vaste inrichting van een in een andere lidstaat gevestigde kapitaalvennootschap de belasting die in een derde staat wordt geheven over de winst van een aldaar gevestigde dochtermaatschappij van de in Duitsland gelegen vaste inrichting, niet onder dezelfde voorwaarden op de Duitse vennootschapsbelasting in mindering werd gebracht als bij kapitaalvennootschappen die in Duitsland zijn gevestigd?

3. Is het met het geldende gemeenschapsrecht, in het bijzonder artikel 52 juncto artikel 58 EG-Verdrag, verenigbaar, dat aan een in Duitsland gelegen vaste inrichting van een in een andere lidstaat gevestigde kapitaalvennootschap niet onder gelijke voorwaarden de deelnemingsvrijstelling voor de vermogensbelasting wordt verleend als aan in Duitsland gevestigde kapitaalvennootschappen?'

32. Met zijn drie vragen, die tezamen moeten worden onderzocht, wenst de verwijzende rechter in wezen te vernemen, of de artikelen 52 en 58 van het Verdrag eraan in de weg staan, dat een in Duitsland gelegen vaste inrichting van een in een andere lidstaat gevestigde kapitaalvennootschap (hierna: 'buitenlandse vennootschap') niet onder dezelfde voorwaarden als in Duitsland gevestigde kapitaalvennootschappen de navolgende fiscale voordelen geniet:

– de vrijstelling van vennootschapsbelasting voor dividenden die worden verkregen van in derde landen gevestigde vennootschappen (internationale deelnemingsvrijstelling voor de vennootschapsbelasting) op grond van een met een derde land gesloten verdrag ter vermijding van dubbele belasting;

– de in de nationale wetgeving voorziene verrekening van de vennootschapsbelasting die in een andere staat dan de Bondsrepubliek Duitsland is geheven over de winst van een aldaar gevestigde dochtermaatschappij met de Duitse vennootschapsbelasting, en

– de eveneens in de nationale wetgeving voorziene vrijstelling van vermogensbelasting voor deelnemingen in vennootschappen die in derde landen zijn gevestigd (internationale deelnemingsvrijstelling voor de vermogensbelasting).

33. Vooraf zij opgemerkt, dat volgens vaste rechtspraak artikel 52 van het Verdrag een van de fundamentele bepalingen van gemeenschapsrecht is, die sedert het einde van de overgangsperiode rechtstreeks toepasselijk is in de lidstaten (zie met name arresten van 28 april 1977, Thieffry, 71/76, *Jurispr.* blz. 765; Commissie/Frankrijk, reeds aangehaald, punt 13, en 29 april 1999, Royal Bank of Scotland, C-311/97, *Jurispr.* blz. 1630).

34. De vrijheid van vestiging die in artikel 52 van het Verdrag aan de gemeenschapsonderdanen wordt toegekend en die voor hen de toegang tot en de uitoefening van werkzaamheden anders dan in loondienst alsmede de

oprichting en het bestuur van ondernemingen omvat onder dezelfde voorwaarden als in de wetgeving van het land van vestiging voor de eigen onderdanen zijn vastgesteld, brengt overeenkomstig artikel 58 van het Verdrag voor de vennootschappen die in overeenstemming met de wetgeving van een lidstaat zijn opgericht en die hun statutaire zetel, hun hoofdbestuur of hun hoofdvestiging binnen de Gemeenschap hebben, het recht mee om in de betrokken lidstaat hun bedrijfsactiviteit uit te oefenen door middel van een agentschap of een filiaal (arrest van 16 juli 1998, ICI, C-264/96, *Jurispr.* blz. I-4695, punt 20, en de aldaar aangehaalde rechtspraak). Dezelfde bepalingen garanderen gemeenschapsonderdanen die het recht van vrijheid van vestiging hebben uitgeoefend, alsmede de daarmee gelijkgestelde vennootschappen het voordeel van de nationale behandeling in de lidstaat van ontvangst.

35. Met betrekking tot de vennootschappen zij in dat verband opgemerkt, dat hun zetel in bovengenoemde zin, naar het voorbeeld van de nationaliteit van natuurlijke personen, dient ter bepaling van hun binding aan de rechtsorde van een staat (arrest ICI, reeds aangehaald, punt 20, en de aldaar aangehaalde rechtspraak).

36. De praktijk waarop het hoofdgeding betrekking heeft, komt erop neer dat een buitenlandse kapitaalvennootschap die in Duitsland een filiaal (Zweigniederlassung) heeft via hetwelk zij deelnemingen heeft in vennootschappen die in andere staten dan de Bondsrepubliek Duitsland zijn gevestigd, en via hetwelk zij dividenden uit die deelnemingen ontvangt, met betrekking tot de belasting van die deelnemingen of dividenden bepaalde fiscale voordelen worden ontzegd, welke zijn voorbehouden aan vennootschappen die in Duitsland onbeperkt belastingplichtig zijn, hetzij krachtens de nationale belastingwetgeving, hetzij op grond van met derde landen gesloten bilaterale verdragen ter vermijding van dubbele belasting.

37. In Duitsland onbeperkt belastingplichtig zijn naar Duits recht de vennootschappen die in Duitsland als binnenlands belastingplicht worden beschouwd, dat wil zeggen de vennootschappen die hun zetel of hun bedrijfsleiding in Duitsland hebben (§ 1 KStG). De weigering om de in het hoofdgeding aan de orde zijnde voordelen toe te kennen treft dus hoofdzakelijk buitenlandse vennootschappen en is gebaseerd op het criterium van de zetel van de vennootschap, dat bepaalt volgens welke regeling in Duitsland belasting wordt geheven over de deelnemingen in kapitaalvennootschappen die in andere staten dan de Bondsrepubliek Duitsland zijn gevestigd, alsmede over de dividenden uit dergelijke deelnemingen.

38. Niet wordt betwist, dat de deelnemingsvrijstelling voor de vennootschapsbelasting en de indirecte verrekening voor de begunstigden een fiscaal voordeel in de vorm van een belastingverlichting betekenen, zodat de vaste inrichtingen van in een andere lidstaat gevestigde vennootschappen, die niet voor die voordelen in aanmerking komen, zich in een ongunstiger situatie bevinden dan de binnenlandse vennootschappen, met inbegrip van de Duitse dochtermaatschappijen van buitenlandse vennootschappen.

39. Wat daarentegen de vermogensbelasting betreft, stelt de Duitse regering, dat de situatie van de vaste inrichting van een buitenlandse vennootschap, aan wie de deelnemingsvrijstelling wordt geweigerd, niet ongunstiger is dan die van de binnenlandse dochtermaatschappij van een buitenlandse vennootschap, die wel dat fiscaal voordeel geniet, voor zover de belasting die op de buitenlandse vennootschap (moedermaatschappij of hoofdvennootschap) drukt, dezelfde is, ongeacht of zij deze deelnemingen via een vaste inrichting of via een dochtermaatschappij heeft. Enerzijds wordt voor de vermogensbelasting de deelneming in een buitenlands kleindochtermaatschappij toegerekend aan het vermogen van de vaste inrichting en wordt zij aldus belast bij de hoofdvennootschap. Indien anderzijds de deelneming in een buitenlandse kleindochtermaatschappij op grond van de deelnemingsvrijstelling van het vermogen van de dochteronderneming wordt uitgesloten, omvat het vermogen van de buitenlandse moedermaatschappij krachtens § 121, lid 2, punt 4, BewG, die gold ten tijde van de feiten in het hoofdgeding, mede de waarde van haar deelneming in de Duitse dochtermaatschappij, welke wordt gewaardeerd rekening houdend met de waarde van de deelneming van de dochtermaatschappij in de kleindochter. De deelneming van het Duitse filiaal in een buitenlandse kleindochter-maatschappij wordt dus eveneens bij de buitenlandse moedermaatschappij belast.

40. Saint-Gobain ZN heeft ter terechtzitting evenwel onweersproken gesteld, dat § 121, lid 2, punt 4, BewG in het hoofdgeding niet van toepassing was op grond van artikel 19 van het op 21 juli 1959 tussen de Bondsrepubliek Duitsland en de Franse Republiek gesloten verdrag ter vermijding van dubbele belasting (*JORF* van 8 november 1961, blz. 10230, gewijzigd bij wijzigingsprotocol van 9 juni 1969, *JORF* van 22 november 1970, blz. 10725). Op grond van deze bepaling kan de deelneming van een Duitse dochtermaatschappij in een buitenlandse kleindochtermaatschappij niet bij de buitenlandse moedermaatschappij worden belast. Ingevolge de nationale regeling van de deelnemingsvrijstelling voor de vermogensbelasting zouden een vaste inrichting en een dochtermaatschappij van een buitenlandse vennootschap dus verschillend worden belast.

41. Wat dit betreft, staat het aan de verwijzende rechter om na te gaan, of in het voor hem aanhangige geding de vaste inrichtingen van Franse vennootschappen door de weigering om de deelnemingsvrijstelling toe te kennen, worden benadeeld ten opzichte van de Duitse dochtermaatschap pijen van Franse vennootschappen.

42. De weigering om de betrokken voordelen aan in Duitsland gevestigde vaste inrichtingen van buitenlandse vennootschappen te verlenen maakt het bijgevolg voor deze laatste minder interessant om deelnemingen via Duitse dochtermaatschappijen te hebben, aangezien op grond van de Duitse wetgeving en de verdragen ter ver-

mijding van dubbele belasting de betrokken fiscale voordelen alleen ten goede kunnen komen aan de Duitse dochtermaatschappijen, die als rechtspersoon onbeperkt belastingplichtig zijn, waardoor de vrije keuze van de passende rechtsvorm voor de uitoefening van een bedrijf in een andere lidstaat – een vrijheid die artikel 52, eerste alinea, tweede zin, van het Verdrag de marktdeelnemers uitdrukkelijk verleent – wordt beperkt.

43. De verschillende behandeling van de filialen van buitenlandse vennootschappen ten opzichte van de binnenlandse vennootschappen en de daaruit voortvloeiende beperking van de vrije keuze van de vorm van de nevenvestiging moeten als eenzelfde schending van de artikelen 52 en 58 van het Verdrag worden aangemerkt.

44. Bijgevolg moet worden onderzocht, of dit verschil in behandeling gerechtvaardigd kan zijn uit hoofde van de verdragsbepalingen inzake de vrijheid van vestiging.

45. De Duitse regering betoogt in de eerste plaats, dat de situatie van binnenlandse vennootschappen, wat de rechtstreekse belastingen betreft, in de regel niet vergelijkbaar is met die van buitenlandse vennootschappen.

46. Vaste inrichtingen van buitenlandse vennootschappen bevinden zich namelijk in een objectief andere situatie dan binnenlandse vennootschappen. Voor de inkomsten die zij via hun filialen in Duitsland ontvangen, en hun deelneming in het vermogen van die filialen zijn buitenlandse vennootschappen in Duitsland beperkt belastingplichtig, terwijl binnenlandse vennootschappen in Duitsland onbeperkt belastingplichtig zijn.

47. Dienaangaande zij opgemerkt, dat wat de belastbaarheid van in Duitsland ontvangen dividenden uit deelnemingen in buitenlandse dochter- en kleindochtermaatschappijen en van het bezit van die deelnemingen betreft, buitenlandse vennootschappen met een vaste inrichting in Duitsland en binnenlandse vennootschappen zich in een objectief vergelijkbare situatie bevinden. Enerzijds is het ontvangen van dividenden in Duitsland aldaar belastbaar, ongeacht of het om een binnenlandse vennootschap gaat dan wel om een buitenlandse vennootschap die de dividenden via een in Duitsland gevestigde vaste inrichting ontvangt. Anderzijds is het bezit van deelnemingen in buitenlandse dochter- en kleindochtermaatschappijen in Duitsland aldaar belastbaar, ongeacht of het om een binnenlandse vennootschap gaat, dan wel om een buitenlandse vennootschap, die dergelijke deelnemingen via een in Duitsland gevestigde vaste inrichting bezit.

48. Binnenlandse en buitenlandse vennootschappen bevinden zich vooral in een vergelijkbare situatie, omdat het verschil in behandeling in werkelijkheid slechts speelt in de fase van de toekenning van de betrokken fiscale voordelen. Deze voordelen maken het binnenlandse vennootschappen mogelijk, ofwel de in het buitenland voldane belasting over dividenden uit deelnemingen in buitenlandse vennootschappen van de vennootschapsbelasting af te trekken, ofwel die dividenden of deelnemingen van hun in Duitsland belastbare wereldinkomen en -vermogen uit te sluiten. De weigering om die voordelen toe te kennen aan buitenlandse vennootschappen die in Duitsland een vaste inrichting hebben, heeft tot gevolg dat hun belastingplicht, die in theorie tot het 'nationale' inkomen en het 'nationale' vermogen is beperkt, zich in werkelijkheid tot dividenden van buitenlandse oorsprong en deelnemingen in buitenlandse kapitaalvennootschappen uitstrekt. Terzake is het onderscheid tussen de beperkte en de onbeperkte belastingplicht zeker niet relevant, daar het wereldinkomen en het wereldvermogen op grond van de toekenning van de betrokken fiscale voordelen, waarvoor beperkt belastingplichtigen niet in aanmerking komen, niet de van buitenlandse vennootschappen ontvangen dividenden of de deelnemingen in buitenlandse vennootschappen omvatten.

49. Voorts stelt de Duitse regering, dat de weigering om buitenlandse vennootschappen met een vaste inrichting in Duitsland bepaalde fiscale voordelen te verlenen die aan binnenlandse vennootschappen worden verleend, wordt gerechtvaardigd door de noodzaak een inkomstenderving te voorkomen, die zou ontstaan indien de Duitse fiscus de lagere belastingopbrengst als gevolg van de betrokken belastingvrijstellingen niet kan compenseren door belasting te heffen over de dividenden die worden uitgekeerd door een buitenlandse kapitaalvennootschap met een vaste inrichting in Duitsland. Weliswaar wordt de inkomstenderving die in een lidstaat ten gevolge van de toekenning van de betrokken fiscale voordelen ontstaat, ten dele gecompenseerd door belasting te heffen over de dividenden die door de moedermaatschappij worden uitgekeerd ('Kapitalertragsteuer' en 'Aktionärsteuer'), doch de staat die deze fiscale voordelen verleent aan de vaste inrichting van een buitenlandse kapitaalvennootschap, geniet deze compensatie niet, daar hij niet betrokken is bij de belastingheffing over de winst van de buitenlandse kapitaalvennootschap.

50. Dienaangaande zij opgemerkt, dat de voorkoming van lagere inkomsten door – niet gedeeltelijk compenseerbare – lagere belastingen, die een eventueel gevolg zijn van de toekenning van de diverse betrokken fiscale voordelen aan buitenlandse vennootschappen met een vaste inrichting in Duitsland, niet een van de in artikel 56 EG-Verdrag (thans, na wijziging, artikel 46 EG) opgesomde gronden is en niet kan worden aangemerkt als een dwingende reden van algemeen belang die kan worden ingeroepen ter rechtvaardiging van een ongelijke behandeling die in beginsel onver enigbaar is met artikel 52 van het Verdrag (zie in die zin arrest ICI, reeds aangehaald, punt 28).

51. Voorts wordt de weigering van het fiscale voordeel volgens de Duitse regering ook gerechtvaardigd door het voordeel dat vaste inrichtingen ten opzichte van binnenlandse dochtermaatschappijen hebben bij de afstand van winst aan de buitenlandse hoofdvennootschap of moedermaatschappij.

52. De Duitse regering betoogt, dat aangezien vaste inrichtingen geen eigen rechtspersoonlijkheid hebben, zij hun winst niet zoals onafhankelijke dochtermaatschappijen in de vorm van dividenden aan de hoofdvennootschap kunnen uitkeren. Hun winst wordt rechtstreeks uitgekeerd aan de buitenlandse hoofdonderneming, die voor deze winst in Duitsland slechts beperkt belastingplichtig is. Anders dan bij de uitkering van winst door een dochtermaatschappij aan de moedermaatschappij is het, zoals ook de Portugese regering heeft opgemerkt, bij de afstand van winst door een vaste inrichting aan de hoofdzetel niet mogelijk om daarover een bronbelasting te heffen in Duitsland. Bij afstand van de winst door de vaste inrichting aan de hoofdvennootschap zou dus geen belasting worden geheven. Dit zou ook het geval zijn bij eventuele latere uitkeringen door de buitenlandse hoofdvennootschap, terwijl bij binnenlandse vennootschappen de winst nadien nogmaals wordt belast wanneer aan de aandeelhouders dividend wordt uitgekeerd.

53. Dienaangaande zij vastgesteld, dat het verschil in behandeling op fiscaal gebied tussen binnenlandse vennootschappen en dochtermaatschappijen niet kan worden gerechtvaardigd door andere voordelen die filialen zouden hebben ten opzichte van binnenlandse vennootschappen, en die volgens de Duitse regering de uit de weigering van de betrokken fiscale voordelen voortvloeiende nadelen zouden compenseren. Gesteld al dat deze voordelen bestaan, dan kunnen zij geen inbreuk rechtvaardigen op de in artikel 52 van het Verdrag neergelegde verplichting om met betrekking tot de betrokken fiscale voordelen nationale behandeling te verlenen (zie in die zin arrest Commissie/Frankrijk, reeds aangehaald, punt 21).

54. Ten slotte beroept de Duitse regering zich ter rechtvaardiging van haar weigering op het feit, dat het sluiten van bilaterale verdragen met een derde land buiten de bevoegdheidssfeer van de Gemeenschap valt. Haars inziens behoort het recht inzake directe belastingen tot de bevoegdheid van de lidstaten, die bijgevolg vrij met derde landen bilaterale verdragen inzake dubbele belasting mogen sluiten. Bij gebreke van een communautaire harmonisatie op dit gebied, valt de vraag of in het kader van een belastingverdrag met een derde land aan vaste inrichtingen de internationale deelnemingsvrijstelling voor dividenden moet worden verleend, buiten de sfeer van het gemeenschapsrecht. De uitbreiding van in verdragen met derde landen voorziene fiscale voordelen tot andere situaties zou zich niet met de uit het gemeenschapsrecht voortvloeiende bevoegdheidsverdeling verdragen.

55. De Zweedse regering voegt daaraan toe, dat verdragen inzake dubbele belasting op het wederkerigheidsbeginsel berusten en dat het aan die verdragen inherente evenwicht zou worden verbroken, indien de bepalingen ervan zouden worden uitgebreid tot vennootschappen die zijn gevestigd in lidstaten die geen partij bij die verdragen zijn.

56. In dit verband zij om te beginnen opgemerkt, dat bij gebreke van unificatie- of harmonisatiemaatregelen, met name ter uitvoering van artikel 220, tweede streepje, EG-Verdrag (thans artikel 293, tweede streepje, EG), de lidstaten bevoegd blijven om de criteria voor de belasting van het inkomen en het vermogen vast te stellen teneinde, in voorkomend geval door het sluiten van een verdrag, dubbele belastingen af te schaffen. Daarbij staat het de lidstaten vrij om in het kader van bilaterale verdragen ter vermijding van dubbele belasting de aanknopingsfactoren ter verdeling van de heffingsbevoegdheid vast te stellen (zie in die zin arrest van 12 mei 1998, Gilly, C-336/96, *Jurispr.* blz. I-2793, punten 24 en 30).

57. Bij de uitoefening van de aldus verdeelde heffingsbevoegdheid mogen de lidstaten niettemin niet de gemeenschapsregels naast zich neerleggen. Het is immers vaste rechtspraak van het Hof, dat ofschoon de directe belastingen tot de bevoegdheidssfeer van de lidstaten behoren, de lidstaten niettemin verplicht zijn hun bevoegdheid in overeenstemming met het gemeenschapsrecht uit te oefenen (zie arrest ICI, reeds aangehaald, punt 19, en de aldaar aangehaalde rechtspraak).

58. In het onderhavige geval van een verdrag inzake dubbele belasting tussen een lidstaat en een derde land is de lidstaat die partij is bij dat verdrag, ingevolge het beginsel van de nationale behandeling verplicht, de in het verdrag voorziene voordelen onder dezelfde voorwaarden aan vaste inrichtingen van buitenlandse vennootschappen te verlenen als aan binnenlandse vennootschappen.

59. Zoals de advocaat-generaal in punt 81 van zijn conclusie heeft opgemerkt, komen de verplichtingen die het gemeenschapsrecht de Bondsrepubliek Duitsland oplegt, geenszins in conflict met de verplichtingen die voortvloeien uit haar verbintenissen jegens de Verenigde Staten of de Zwitserse Bondsstaat. Het evenwicht en de wederkerigheid van de door de Bondsrepubliek Duitsland met die twee landen gesloten verdragen zouden niet in gevaar worden gebracht door een eenzijdig besluit van de Bondsrepubliek Duitsland om in Duitsland de personele werkingssfeer van de in die verdragen voorziene fiscale voordelen, in casu de internationale deelnemingsvrijstelling inzake vennootschapsbelasting, uit te breiden, omdat die uitbreiding niets af zou doen aan de rechten van de derde landen die partij zijn bij de verdragen, en hun geen nieuwe verplichtingen zou opleggen.

60. Bovendien was de Duitse wetgever niet van oordeel, dat de bepalingen van de met derde landen gesloten verdragen inzake dubbele belasting eraan in de weg stonden dat de Bondsrepubliek Duitsland eenzijdig afzag van belastingheffing over de dividenden uit deelnemingen in buitenlandse vennootschappen, daar hij in het Standortsicherungsgesetz van 13 september 1993 de fiscale voordelen inzake vennootschapsbelasting eenzijdig heeft uitgebreid tot de vaste inrichtingen van buitenlandse vennootschappen en aldus een einde heeft gemaakt aan de verschillende behandeling op fiscaal gebied van deze vennootschappen ten opzichte van vennootschappen waarvan de zetel of de leiding in Duitsland is gevestigd.

61. In haar schriftelijke opmerkingen heeft de Zweedse regering gesteld, dat de uitbreiding van de werkingssfeer van bilaterale verdragen ter vermijding van dubbele belasting in bepaalde extreme gevallen ertoe kan leiden dat in het geheel geen belasting wordt geheven.

62. Zoals de advocaat-generaal in punt 88 van zijn conclusie heeft beklemtoond, is dat argument niet relevant in het hoofdgeding, daar niet is betoogd dat het gevaar bestond dat de winsten in geen enkel land zouden worden belast.

63. Mitsdien moet aan de verwijzende rechter worden geantwoord, dat de artikelen 52 en 58 van het Verdrag eraan in de weg staan, dat een in Duitsland gelegen vaste inrichting van een in een andere lidstaat gevestigde kapitaalvennootschap niet onder dezelfde voorwaarden als in Duitsland gevestigde kapitaalvennootschappen de navolgende fiscale voordelen geniet:

– de vrijstelling van vennootschapsbelasting voor de dividenden die worden verkregen van in derde landen gevestigde vennootschappen (internationale deelnemingsvrijstelling voor de vennootschapsbelasting), op grond van een met een derde land gesloten verdrag ter vermijding van dubbele belasting;

– de in de nationale wetgeving voorziene verrekening van de vennootschapsbelasting die in een andere staat dan de Bondsrepubliek Duitsland is geheven over de winst van een aldaar gevestigde dochtermaatschappij, met de Duitse vennootschapsbelasting, en

– de eveneens in de nationale wetgeving voorziene vrijstelling van vermogensbelasting voor deelnemingen in vennootschappen die in derde landen zijn gevestigd (internationale deelnemingsvrijstelling voor de vermogensbelasting).

Kosten

64. ...

HET HOF VAN JUSTITIE

uitspraak doende op de door het Finanzgericht Köln bij beschikking van 30 juni 1997 gestelde vragen, verklaart voor recht:

De artikelen 52 EG-Verdrag (thans, na wijziging, artikel 43 EG) en 58 EG-Verdrag (thans artikel 48 EG) staan eraan in de weg, dat een in Duitsland gelegen vaste inrichting van een in een andere lidstaat gevestigde kapitaalvennootschap niet onder dezelfde voorwaarden als in Duitsland gevestigde kapitaalvennootschappen de navolgende fiscale voordelen geniet:

– de vrijstelling van vennootschapsbelasting voor de dividenden die worden verkregen van in derde landen gevestigde vennootschappen (internationale deelnemingsvrijstelling inzake vennootschapsbelasting), op grond van een met een derde land gesloten verdrag ter vermijding van dubbele belasting;

– de in de nationale wetgeving voorziene verrekening van de vennootschapsbelasting die in een andere staat dan de Bondsrepubliek Duitsland is geheven over de winst van een aldaar gevestigde dochtermaatschappij, met de Duitse vennootschapsbelasting, en

– de eveneens in de nationale wetgeving voorziene vrijstelling van vermogensbelasting voor deelnemingen in vennootschappen die in derde landen zijn gevestigd (internationale deelnemingsvrijstelling inzake vermogensbelasting).

HvJ EG 14 oktober 1999, zaak C-439/97 (Sandoz GmbH v. Finanzlandesdirektion für Wien, Niederösterreich und Burgenland)

Zesde kamer: *R. Schintgen, president van de Tweede kamer, waarnemend voor de president van de Zesde kamer, P. J. G. Kapteyn (rapporteur) en G. Hirsch, rechters*

Advocaat-generaal: *P. Léger*

Een Oostenrijks lichaam nam een lening op bij een Belgische groepsmaatschappij. Over de lening was registratierecht verschuldigd omdat lening niet was vertrekt door een eveneens in Oostenrijk gevestigd lichaam.

HET HOF VAN JUSTITIE (Zesde kamer)

verklaart voor recht:

1. De artikelen 73 B, lid 1, en 73 D, leden 1, sub b, en 3, EG-Verdrag (thans de artikelen 56, lid 1, EG en 58, leden 1, sub b, en 3, EG), moeten aldus worden uitgelegd, dat zij niet in de weg staan aan de heffing van belasting over in een andere lidstaat aangegane leningen op de voet van een nationale bepaling als § 33 Tarifpost 8, lid 1, van het Gebührengesetz.

2. De artikelen 73B, lid 1, en 73D, lid 1, sub b, van het Verdrag moeten aldus worden uitgelegd, dat zij in de weg staan aan een nationale bepaling als § 33 Tarifpost 8, lid 4, eerste volzin, van het Gebührengesetz.

HvJ EU 14 oktober 1999, zaak C-229/98 (G. Vander Zwalmen & E. Massart v. Belgische Staat)

Zesde kamer: *R. Schintgen, kamerpresident, P. J. G. Kapteyn (rapporteur), G. Hirsch, rechters*
Advocaat-generaal: *D. Ruiz-Jarabo Colomer*

1. Bij arrest van 12 juni 1998, ingekomen bij het Hof op 26 juni daaraanvolgend, heeft het Hof van Beroep te Brussel krachtens artikel 177 EG-Verdrag (thans artikel 234 EG) een prejudiciële vraag gesteld over de uitlegging van artikel 13 van het Protocol van 8 april 1965 betreffende de voorrechten en immuniteiten van de Europese Gemeenschappen (hierna: 'protocol')

2. Deze vraag is gerezen in een geding tussen G. Vander Zwalmen en E. Massart en de Belgische Staat.

HET HOF VAN JUSTITIE (Zesde kamer)

verklaart voor recht:

Artikel 13 van het Protocol van 8 april 1965 betreffende de voorrechten en immuniteiten van de Europese Gemeenschappen verzet zich er niet tegen, dat een lidstaat die een belastingverlichting toekent aan gezinnen met één inkomen of met twee inkomens waarvan het tweede lager is dan het geïndexeerde bedrag van 270 000 BEF, dit voordeel ontzegt indien één der echtgenoten de hoedanigheid bezit van ambtenaar of ander personeelslid van de Europese Gemeenschappen en zijn salaris hoger is dan genoemd bedrag.

Samenvatting uit http://eur-lex.europa.eu:

Artikel 13 van het Protocol betreffende de voorrechten en immuniteiten van de Europese Gemeenschappen, verzet zich er niet tegen, dat een lidstaat die een belastingverlichting toekent aan gezinnen met één inkomen of met twee inkomens waarvan het tweede lager is dan een bepaald geïndexeerd bedrag, dit voordeel weigert indien één der echtgenoten de hoedanigheid van ambtenaar of ander personeelslid van de Europese Gemeenschappen bezit en een salaris heeft dat hoger is dan genoemd bedrag.
De reden voor uitsluiting van het voordeel is immers niet gelegen in de hoedanigheid van gemeenschapsambtenaar met een salaris van meer dan bedoeld geïndexeerd bedrag, maar vloeit voort uit de algemene en objectieve voorwaarde ter zake van de hoogte van de inkomsten die bepalend is voor het recht op het betrokken voordeel, welke voorwaarde zonder onderscheid geldt voor gehuwden wier echtgenoot ambtenaar is, en voor iedere andere belastingplichtige.

HvJ EG 26 oktober 1999, zaak C-294/97* (Eurowings Luftverkehrs AG v. Finanzamt Dortmund-Unna)

Hof: *G. C. Rodríguez Iglesias, president, J. C. Moitinho de Almeida (rapporteur), D. A. O. Edward en L. Sévon, kamerpresidenten, P. J. G. Kapteyn, C. Gulmann, J. P. Puissochet, G. Hirsch, P. Jann, H. Ragnemalm en M. Wathelet, rechters*

Advocaat-generaal: *J. Mischo*

1. Bij beschikking van 28 juli 1997, ingekomen bij het Hof op 11 augustus daaraanvolgend, heeft het Finanzgericht Münster krachtens artikel 177 EG-Verdrag (thans artikel 234 EG) een prejudiciële vraag gesteld over de uitlegging van artikel 59 EG-Verdrag (thans, na wijziging artikel 49 EG).

2. Die vraag is gerezen in een geding tussen Eurowings Luftverkehrs AG (hierna: 'Eurowings') en het Finanzamt Dortmund-Unna (hierna: 'Finanzamt'), waarin het erom gaat, of Eurowings ingevolge het Gewerbesteuergesetz (wet op de bedrijfsbelasting; hierna: 'GewStG') bepaalde bedragen in de grondslag van deze belasting dient op te nemen.

De Duitse wetgeving

3. Krachtens § 2 GewStG van 21 maart 1991 (BGBl. I, blz. 814) wordt van ieder vast industrieel of commercieel bedrijf dat in Duitsland wordt geëxploiteerd, bedrijfsbelasting geheven.

4. De bedrijfsbelasting is een zakelijke belasting die door ieder bedrijf verschuldigd is ongeacht de draagkracht en de persoonlijke situatie van de eigenaar.

5. Ingevolge § 6 GewStG bestaat de belastinggrondslag uit de bedrijfsopbrengst en het bedrijfsvermogen. Sinds 1 januari 1998 wordt de bedrijfsbelasting alleen nog over de bedrijfsopbrengst geheven.

6. De bedrijfsopbrengst is de overeenkomstig de wet op de inkomstenbelasting of de wet op de vennootschapsbelasting bepaalde winst, vermeerderd met de krachtens § 8 GewStG bij te tellen bedragen en verminderd met de krachtens § 9 GewStG af te trekken bedragen. Het doel van deze bijtellingen en verminderingen is, de objectieve bedrijfsopbrengst te bepalen, ongeacht of deze uit eigen dan wel uit vreemd vermogen is verkregen.

7. Aldus bepaalt § 8, punt 7, GewStG (bijtellingen), dat de volgende bedragen in de bedrijfswinst worden opgenomen:

> 'de helft van de huur- of pachtprijs voor het gebruik van economische goederen, niet zijnde gronden, die deel uitmaken van de vaste activa en eigendom zijn van een derde. Dit is niet van toepassing, wanneer de huur- of pachtprijs bij de verhuurder of verpachter voor de bedrijfsbelasting bij de bedrijfsopbrengst moet worden geteld, tenzij een bedrijf of bedrijfsonderdeel verhuurd of verpacht wordt en de huur- of pachtprijs meer bedraagt dan 250 000 DEM. Daarbij is uit te gaan van het door de huurder of pachter aan een verhuurder of verpachter te betalen bedrag voor het gebruik van de economische goederen van een derde, die horen bij de op het grondgebied van een gemeente gelegen bedrijfsruimte'.

8. Het GewStG gaat er dus vanuit, dat de nettowinst uit het gehuurde goed overeenkomt met de helft van de betaalde huurprijs.

9. Als bedrijfsvermogen geldt de uniform vastgestelde fiscale waarde van het bedrijf in de zin van het Bewertungsgesetz, vermeerderd met de krachtens § 12, lid 2, GewStG bij te tellen bedragen en verminderd met de krachtens § 12, lid 3, GewStG af te trekken bedragen. Deze bijtellingen en verminderingen dienen ter bepaling van de eigen en de vreemde middelen die het bedrijf objectief ter beschikking staan.

10. Volgens § 12, lid 2, punt 2, GewStG (bedrijfsvermogen) wordt in de uniform vastgestelde fiscale waarde van het bedrijf het volgende opgenomen:

> 'de waarde (Teilwert – actuele waarde) van de economische goederen, niet zijnde gronden, die voor het bedrijf zijn bestemd, doch eigendom zijn van een mede-exploitant of van een derde, voorzover zij niet begrepen is in de uniform vastgestelde fiscale waarde van het bedrijf. Dit is niet van toepassing, wanneer de economische goederen behoren tot het bedrijfsvermogen van de verhuurder of verpachter, tenzij een bedrijf of een bedrijfsonderdeel verhuurd of verpacht wordt en de in het bedrijfsvermogen van de verhuurder of verpachter begrepen (actuele) waarde van de ter beschikking gestelde economische goederen van het bedrijf (bedrijfsonderdeel) 2 500 000 DEM overschrijdt. Daarbij is uit te gaan van de totale waarde van de economische goederen die een verhuurder of verpachter ter beschikking van de huurder of pachter heeft gesteld voor gebruik in een op het grondgebied van een gemeente gelegen bedrijfsruimte'.

* Ook gepubliceerd in FED 2000/260 (Weber).

11. Evenals § 8, punt 7, tweede zin, GewStG brengt § 12, lid 2, punt 2, tweede zin, GewStG dus mee, dat voor economische goederen die eigendom zijn van een derde, geen bijtelling plaatsheeft, wanneer zij reeds bij de verhuurder of verpachter aan de bedrijfsbelasting zijn onderworpen.

12. Blijkens de opmerkingen van Eurowings in de onderhavige zaak wordt de bedrijfsbelasting berekend in twee etappes: eerst worden het bedrijfsvermogen en de bedrijfsopbrengst vermenigvuldigd met een 'Steuermeßzahl' (belastingcoëfficiënt) die voor het hele Duitse grondgebied uniform op 0,2% voor het bedrijfsvermogen en 5% voor de bedrijfsopbrengst van kapitaalvennootschappen is vastgesteld; het aldus verkregen belastbaar bedrag wordt dan met een per gemeente vastgesteld heffingstarief vermenigvuldigd. Dit tarief varieerde in 1993 tussen 0%, onder meer in de gemeente Norderfriedrichskoog (Schleswig-Holstein), en 515% in Frankfurt am Main. In Dortmund bedroeg het in 1993 450%.

De feiten

13. Eurowings voert lijn- en chartervluchten uit in Duitsland en Europa. In 1993 leasde zij voor 467 914 DEM een vliegtuig van Air Tara Limited, een te Shannon gevestigde Ierse naamloze vennootschap. De actuele waarde van het vliegtuig bedroeg 1 320 000 DEM. Bij de vaststelling van de bedrijfsbelasting 1993 bij aanslag van 21 mei 1996 telde het Finanzamt ingevolge § 8, punt 7, GewStG de helft van de werkelijk betaalde huurprijs, namelijk 233 957 DEM, bij de bedrijfswinst, op. Evenzo werd ingevolge § 12, lid 2, GewStG de actuele waarde van het geleasde vliegtuig ad 1 320 000 DEM bij het bedrijfsvermogen geteld.

14. Het door Eurowings op 13 juni 1996 tegen deze aanslag ingediende bezwaar werd bij beschikking van het Finanzamt van 8 juli 1996 afgewezen.

15. Daartegen stelde Eurowings op 11 juli 1996 bij het Finanzgericht Münster beroep in, op grond dat § 8, punt 7, en § 12, lid 2, GewStG onverenigbaar zijn met de artikelen 59 en volgende EG-Verdrag.

16. Het Finanzgericht merkt op, dat Eurowings een door artikel 59 EG-Verdrag verboden discriminatie kan stellen, ook wanneer de gediscrimineerde niet zijzelf is, doch de vennootschap naar Iers recht als verhuurster.

17. Vennootschappen naar Iers recht met de aanduiding 'Limited' zijn vergelijkbaar met de Duitse kapitaalvennootschappen in de zin van § 1 Kapitalsteuergesetz; wanneer zij in Duitsland vliegtuigen zouden verhuren, zou hun activiteit volgens § 2 GewStG volledig als bedrijfsactiviteit worden beschouwd.

18. Met de bijtellingsregels van het GewStG heeft de wetgever willen veilig stellen, dat het productief vermogen waarover een in Duitsland gevestigd bedrijf beschikt, een enkele keer wordt belast, ongeacht de eigen of vreemde financiering en de civielrechtelijke eigendomsverhoudingen. Dit stelsel brengt mee, dat een uitzondering wordt gemaakt voor het geval de betrokken huurprijs of goederen reeds bij de verhuurder aan de bedrijfsbelasting zijn onderworpen.

19. Indien de verhuurder van een economisch goed in een andere lidstaat is gevestigd, is de huurder fiscaal slechter af dan wanneer de verhuurder in Duitsland is gevestigd. Dit kan een verkapte discriminatie in de zin van artikel 59 EG-Verdrag opleveren.

20. Het Finanzgericht betwijfelt, of de doelstelling van de fiscale samenhang de betrokken bepalingen van het GewStG kan rechtvaardigen. Volgens de rechtspraak van het Hof (arresten van 11 augustus 1995, Wielockx, C-80/94, *Jurispr.* blz. I-2493, en van 14 november 1995, Svensson en Gustavsson, C-484/93, *Jurispr.* blz. I-3955) kan deze doelstelling een ongelijke behandeling tussen ingezetenen en niet-ingezetenen slechts rechtvaardigen, wanneer het door de onderdanen van een lidstaat geleden fiscale nadeel door een overeenkomstig fiscaal voordeel voor deze belastingplichtige wordt gecompenseerd, zodat hij niet gediscrimineerd wordt. Een zuiver onrechtstreeks verband tussen het fiscaal voordeel voor een belastingplichtige en het fiscaal nadeel voor een andere lijkt een ongelijke behandeling van ingezetenen en niet-ingezetenen echter niet te kunnen rechtvaardigen. In deze context wijst het Finanzgericht erop, dat het Bundesfinanzhof in zijn beschikking van 30 december 1996 (*BStBl.* II 1997, blz. 466) betwijfelde, of de bijtellingsregels van § 8, punt 7, tweede zin, en § 12, lid 2, punt 2, tweede zin, GewStG verenigbaar zijn met het discriminatieverbod van artikel 59 en volgende EG-Verdrag, ook al had het dit eerder nog aanvaard (arrest van 15 juni 1983, *BStBl.* 1984, blz. 17).

21. Anderzijds kan het van belang zijn, dat de verhurende vennootschap naar Iers recht geen met de bedrijfsbelasting vergelijkbare belasting betaalt en het 'Shannon-voordeel' in de vorm van een vennootschapsbelasting van 10% geniet. Dit fiscale voordeel kan in het hoofdgeding de in abstracto bestaande aantasting van de vrijheid van dienstverrichting neutraliseren en kan uiteindelijk tot gevolg hebben, indien de verhurende vennootschap in aanmerking komt voor dezelfde afwijkingen van de bijtellingen als de in Duitsland gevestigde verhuurders, dat de laatstgenoemden worden gediscrimineerd. Tegen dit argument pleit evenwel, dat volgens de rechtspraak van het Hof een compensatie van fiscale nadelen door andere voordelen een discriminatie niet kan rechtvaardigen (arresten van 28 januari 1986, Commissie/Frankrijk, 270/83, *Jurispr.* blz. 273, punt 21, en van 27 juni 1996, Asscher, C-107/94, *Jurispr.* blz. I-3089).

22. In deze omstandigheden heeft het Finanzgericht Münster besloten de behandeling van de zaak te schorsen en het Hof de volgende prejudiciële vraag te stellen:

> 'Zijn de bijtellingsregels van § 8, punt 7, tweede zin, en § 12, lid 2, punt 2, tweede zin, van het Gewerbesteuergesetz verenigbaar met het vrije verkeer van diensten in de zin van artikel 59 van het Verdrag betreffende de Europese Unie van 7 februari 1992?'

De prejudiciële vraag

23. Met zijn prejudiciële vraag wenst de verwijzende rechter in wezen te vernemen, of artikel 59 EG-Verdrag zich verzet tegen nationale bepalingen inzake bedrijfsbelasting als die welke in het hoofdgeding aan de orde is.

24. Volgens de Duitse regering houden § 8, punt 7, en § 12, lid 2, GewStG geen enkele directe of indirecte discriminatie in van de in andere lidstaten gevestigde dienstverrichters.

25. Volgens deze bepalingen moeten bepaalde bedragen in de grondslag van de bedrijfsbelasting worden opgenomen, wanneer de verhuurder niet onderworpen is aan bedrijfsbelasting, en wel ongeacht of hij in Duitsland of in een andere lidstaat is gevestigd. Bijtelling bij de huurder heeft ook plaats, indien hij een economisch goed huurt van een in Duitsland gevestigd verhuurder die niet aan de bedrijfsbelasting is onderworpen.

26. Wanneer bijvoorbeeld een in Duitsland gevestigde apotheker die zijn beroep niet meer uitoefent en dus niet meer onder de bedrijfsbelasting valt, zijn apotheek verhuurt, moet de huurder de helft van de voor de bedrijfsruimte van de apotheek betaalde huurprijs in zijn bedrijfswinst opnemen.

27. Hetzelfde geldt voor de huurder van een economisch goed, wanneer de verhuurder in Duitsland is gevestigd, doch is vrijgesteld van de bedrijfsbelasting of, als rechtspersoon van publiekrecht, zoals de federale overheid, de deelstaten of de gemeenten, daaraan niet is onderworpen. Zo moet bijvoorbeeld een havenbedrijf dat een kraan van een havenstad huurt, de helft van de voor die kraan betaalde huurprijs in zijn bedrijfswinst opnemen.

28. Vervolgens stellen de Duitse regering en het Finanzamt, dat zolang de directe belastingen niet zijn geharmoniseerd, de situatie van een in een andere lidstaat gevestigde verhuurder die niet aan bedrijfsbelasting is onderworpen, niet op een lijn kan worden gesteld met die van een in Duitsland gevestigde, aan de bedrijfsbelasting onderworpen verhuurder, zodat die twee situaties anders geregeld mogen worden.

29. Een in een andere lidstaat gevestigde verhuurder die niet aan bedrijfsbelasting is onderworpen, kan de huurder namelijk een lagere huurprijs aanbieden. Daarentegen zal een in Duitsland gevestigde en wel aan de bedrijfsbelasting onderworpen verhuurder deze belasting in de huurprijs incalculeren en op deze wijze afwentelen op de huurder.

30. De bijtellingen volgens § 8, punt 7, en § 12, lid 2, tweede zin, GewStG compenseren aldus bij de huurder de lagere huurprijs die hij aan een in een andere lidstaat gevestigde verhuurder betaalt. Van deze bijtellingen ondervindt laatstgenoemde evenwel geen concurrentienadeel, aangezien de economische druk van de bedrijfsbelasting in beide gevallen gelijk is en uiteindelijk door de in Duitsland gevestigde huurder wordt gedragen.

31. De bijtellingen ingevolge § 8, punt 7, en § 12, lid 2, GewStG beogen te verzekeren, dat de huurprijs en de waarde van gehuurde economische goederen, ongeacht of de verhuurder in Duitsland of in een andere lidstaat is gevestigd, slechts eenmaal aan bedrijfsbelasting worden onderworpen. Zouden de huurprijs en de waarde van de gehuurde goederen echter ook in de belastbare grondslag van de huurder worden betrokken, wanneer de verhuurder aan de bedrijfsbelasting is onderworpen, dan werden de huurprijs en de vermogensbestand-delen tweemaal belast.

32. In de eerste plaats moet worden vastgesteld, dat ofschoon bij de huidige stand van het gemeenschapsrecht de directe belastingen als zodanig niet tot de bevoegdheidssfeer van de Gemeenschap behoren, de lidstaten niettemin verplicht zijn de bij hen verbleven bevoegdheden in overeenstemming met het gemeen-schapsrecht uit te oefenen (zie met name arrest van 14 februari 1995, Schumacker, C-279/93, *Jurispr.* blz. I-225, punt 21).

33. Aangezien leasing een dienst is in de zin van artikel 60 EG-Verdrag (thans artikel 50 EG), moet er vervolgens aan worden herinnerd, dat volgens de rechtspraak van het Hof artikel 59 EG-Verdrag niet alleen de op-heffing verlangt van iedere discriminatie van de dienstverrichter op grond van diens nationaliteit, maar ook de afschaffing van iedere beperking van het vrij verrichten van diensten, die wordt opgelegd op grond dat de dienstverrichter is gevestigd in een andere lidstaat dan die waar de dienst wordt verricht (arresten van 4 december 1986, Commissie/Duitsland, 205/84, *Jurispr.* blz. 3755, punt 25, en van 26 februari 1991, Commissie/Italië, C-180/89, *Jurispr.* blz. I-709, punt 15).

34. Bovendien verleent artikel 59 van het Verdrag volgens vaste rechtspraak niet alleen rechten aan de dienstverrichter zelf, maar ook aan de ontvanger van de dienst (zie met name arresten van 31 januari 1984, Luisi en Carbone, 286/82 en 26/83, *Jurispr.* blz. 377, en Svensson en Gustavsson, reeds aangehaald). Eurowings kan zich dus als lessee beroepen op de haar door deze bepaling verleende rechten.

35. De in het hoofdgeding omstreden bijtellingen ingevolge § 8, punt 7, en § 12, lid 2, GewStG hebben steeds plaats bij Duitse ondernemingen die economische goederen huren van in een andere lidstaat gevestigde verhuurders, daar deze laatsten immers nooit aan de bedrijfsbelasting zijn onderworpen. Daarentegen blijven dergelijke bijtellingen meestal uit, wanneer deze ondernemingen economische goederen huren van eveneens in Duitsland gevestigde verhuurders, aangezien deze, buiten de in de punten 25 tot en met 27 van dit arrest genoemde zeldzame gevallen, in de regel aan deze belasting zijn onderworpen.

36. De in het hoofdgeding aan de orde zijnde bepalingen voorzien dus in de overgrote meerderheid van de gevallen waarin de dienstverrichter in Duitsland gevestigd is, in een andere fiscale regeling dan in die waarin hij in een andere lidstaat is gevestigd.

37. Zoals de verwijzende rechter bovendien opmerkt, valt deze fiscale regeling minder gunstig uit voor Duitse ondernemingen die economische goederen van in andere lidstaten gevestigde verhuurders huren, wat hun ervan kan weerhouden zich tot die verhuurders te wenden.

38. Zo heeft Eurowings zonder tegenspraak van de Duitse regering opgemerkt, dat bij leasing in Duitsland bijtellingen bij de lessee in de regel uitblijven, reeds omdat de lessor in de bedrijfsbelasting valt, ook al kan de lessor een feitelijke belastingheffing mogelijk vermijden. Blijkens het dossier beschikt de lessor over verschillende middelen om de feitelijk verschuldigde belasting te verminderen, bijvoorbeeld door de boekwaarde in plaats van de handelswaarde van de goederen als grondslag te nemen, door slechts de helft in plaats van het totale bedrag van de langetermijnschulden bij te tellen, door de aankoop van economische goederen forfaitair te financieren om het bedrijfsvermogen te verminderen, en door alleen de daadwerkelijke winst op de in Duitsland verhuurde economische goederen en niet de helft van de huurprijs in aanmerking te nemen. Zo bieden door Duitse banken aangeboden 'leasingfondsen' de mogelijkheid, betaling van de belasting over de bedrijfswinst geheel en de belasting over het bedrijfsvermogen voor een deel van de duur van de overeenkomst te vermijden. Tenslotte kan bij leasing van vliegtuigen de lessor, aangezien hij niet gebonden is aan een stad met een luchthaven, zich vestigen in een gemeente waar het tarief van de bedrijfsbelasting laag is of 0% bedraagt.

39. In deze omstandigheden komt de economische druk van de bedrijfsbelasting voor Duitse ondernemingen die goederen huren van in Duitsland gevestigde verhuurders, anders dan de Duitse regering stelt, niet noodzakelijkerwijs overeen met die voor Duitse ondernemingen die goederen van in een andere lidstaat gevestigde verhuurders huren.

40. Een regeling van een lidstaat die zoals de onderhavige de meerderheid van de ondernemingen die goederen van in deze lidstaat gevestigde verhuurders huren, fiscaal bevoordeelt, doch dit voordeel steeds onthoudt aan ondernemingen die goederen van in een andere lidstaat gevestigde verhuurders huren, leidt evenwel tot een door artikel 59 van het Verdrag verboden verschil in behandeling op grond van de woonplaats van de dienstverrichter.

41. Dit verschil in behandeling wordt niet gerechtvaardigd door redenen verband houdend met de samenhang van het belastingstelsel.

42. Zoals het Bundesfinanzhof in een door de verwijzende rechter aangehaalde beschikking van 30 december 1996 opmerkte, kan namelijk een zuiver indirect verband tussen een fiscaal voordeel voor een belastingplichtige, zoals de ontbrekende bijtellingsverplichting voor ondernemingen die goederen van een in Duitsland gevestigd verhuurder huren, en een fiscaal nadeel voor een andere belastingplichtige, zoals de onderworpenheid van deze verhuurder aan de bedrijfsbelasting, geen rechtvaardiging zijn om Duitse ondernemingen fiscaal verschillend te behandelen naar gelang zij economische goederen van in Duitsland of in een andere lidstaat gevestigde verhuurders huren.

43. Anders dan het Finanzamt stelt, kan een dergelijk verschil in behandeling evenmin worden gerechtvaardigd door de mogelijkheid, dat de in een andere lidstaat gevestigde verhuurder in geringere mate wordt belast.

44. Een eventueel fiscaal voordeel voor dienstverrichters in de vorm van een lagere belastingdruk in de lidstaat waar zij zijn gevestigd, verleent een andere lidstaat niet het recht om de op zijn grondgebied gevestigde ontvangers van de dienst fiscaal minder gunstig te behandelen [zie aangaande artikel 52 van het EG-Verdrag (thans, na wijziging, artikel 43 EG), arresten Commissie/Frankrijk, punt 21, en Asscher, punt 53, reeds aangehaald].

45. Zoals de Commissie terecht opmerkte, doen dergelijke compenserende fiscale heffingen afbreuk aan de grondslagen van de interne markt.

46. Mitsdien moet aan de nationale rechter worden geantwoord, dat artikel 59 EG-Verdrag zich verzet tegen nationale bepalingen inzake bedrijfsbelasting als die welke in het hoofdgeding aan de orde zijn.

Kosten

47. ...

HET HOF VAN JUSTITIE

uitspraak doende op de door het Finanzgericht Münster bij beschikking van 28 juli 1997 gestelde vraag, verklaart voor recht:

Artikel 59 EG-Verdrag (thans, na wijziging, artikel 49 EG) verzet zich tegen nationale bepalingen inzake bedrijfsbelasting als die welke in het hoofdgeding aan de orde zijn.

HvJ EG 28 oktober 1999, zaak C-55/98 (Skatteministeriet v. Bent Vestergaard)

Zesde kamer: *R. Schintgen (rapporteur), president van de Tweede kamer, waarnemend voor de president van de Zesde kamer, P. J. G. Kapteyn en G. Hirsch, rechters*

Advocaat-generaal: *A. Saggio*

Een Deense registeraccountant nam deel aan een fiscaal trainingsprogramma dat zijn Deense beroepsorganisatie had georganiseerd op Kreta. Naar Deens belastingrecht zijn dergelijke kosten niet aftrekbaar indien gemaakt voor privé doeleinden. Naar het vaste beleid van de Deense belastingdienst is hiervan sprake indien de training wordt gehouden in het buitenland (m.n. in een toeristenoord) tenzij de belastingplichtige aantoont dat er sprake is van een serieus trainingsprogramma.

HET HOF VAN JUSTITIE (Zesde kamer)

verklaart voor recht:

Artikel 59 EG-Verdrag (thans, na wijziging, artikel 49 EG) verzet zich tegen een regelgeving van een lidstaat, die, ter bepaling van het belastbaar inkomen, uitgaat van het vermoeden dat in gewone toeristenoorden in andere lidstaten gegeven cursussen voor beroepsopleiding een sterk toeristische inslag hebben, zodat de kosten voor deelneming aan die cursussen niet als aftrekbare verwervingskosten kunnen worden aangemerkt, terwijl een dergelijk vermoeden niet geldt voor cursussen voor beroepsopleiding die in gewone toeristenoorden in het binnenland worden gegeven.

HvJ EG 18 november 1999, zaak C-200/98*
(X AB & Y AB v. Riksskatteverket)

Hof: *G. C. Rodríguez Iglesias, president, J. C. Moitinho de Almeida, D. A. O. Edward (rapporteur), L. Sevón en R. Schintgen, kamerpresidenten, C. Gulmann, P. Jann, H. Ragnemalm en M. Wathelet, rechters*

Advocaat-generaal: *A. Saggio*

1. Bij beschikking van 29 april 1998, binnengekomen bij het Hof op 22 mei daaraanvolgend, heeft Regeringsrätten krachtens artikel 177 EG-Verdrag (thans artikel 234 EG) een prejudiciële vraag gesteld over de uitlegging van de artikelen 52 EG-Verdrag (thans, na wijziging, artikel 43 EG), 53 EG-Verdrag (ingetrokken bij het Verdrag van Amsterdam), 54 EG-Verdrag (thans, na wijziging, artikel 44 EG), 55 EG-Verdrag (thans artikel 45 EG), 56 en 57 EG-Verdrag (thans, na wijziging, artikelen 46 en 47 EG), 58, 73 B en 73 D EG-Verdrag (thans artikelen 48, 56 en 58 EG).

2. Die vraag is gerezen in een beroep dat door twee Zweedse vennootschappen, X AB en Y AB, is ingesteld tegen een prealabel advies van Skatterättsnämnden (commissie voor fiscale vraagstukken).

3. In de Zweedse rechtsorde is Regeringsrätten (hoogste administratieve rechter) de beroepsinstantie voor beslissingen van Skatterättsnämnden. Volgens de Lag (1951:442) om förhandsbesked i taxeringsfrågor (wet prealabel advies in belastingzaken) is laatstgenoemde bevoegd, op verzoek van belastingplichtigen bindende adviezen uit te brengen over de toepassing van de belastingwetgeving, met name van directe nationale of gemeentelijke belastingen.

4. In het kader van de reorganisatie van een groep verzochten de Zweedse vennootschappen X AB, de moedermaatschappij, en Y AB, haar dochtermaatschappij, Skatterättsnämnden in juni 1996 om een prealabel advies over de toepassing, voor de jaren 1997-1999, van de regeling inzake vermogensoverdrachten binnen een groep, opgenomen in artikel 2, lid 3, van de Lag (1947:576) om statlig inkomstskatt (wet nationale inkomstenbelasting; hierna: 'SIL'); overdrachten tussen tot dezelfde groep behorende vennootschappen kunnen volgens deze regeling onder bepaalde voorwaarden in aanmerking komen voor belastingvermindering. Indien een Zweedse vennootschap meer dan 90% van de aandelen in een andere Zweedse vennootschap bezit, worden de intragroepsoverdrachten van de eerste aan de tweede vennootschap volgens deze regeling bij de overdragende vennootschap als aftrekbare kosten en bij de ontvangende vennootschap als belastbare inkomsten aangemerkt. Doel van deze regeling is, een verhoging van de belastingdruk te vermijden ingeval een bepaalde activiteit door verschillende vennootschappen in groepsverband wordt verricht in plaats van door een enkele vennootschap.

5. Op de datum waarop het advies werd gevraagd, bezat de groep 99,8% van de aandelen in Y AB. Ongeveer 58% van die aandelen was rechtstreeks in handen van X AB. De rest van het kapitaal van Y AB was in handen van volle dochtermaatschappijen van X AB.

6. Het verzoek om een prealabel advies van Skatterättsnämnden betrof in het bijzonder de vraag, in hoeverre in drie verschillende constellaties aanspraak bestond op de belastingverminderingen van artikel 2, lid 3, SIL.

7. In het eerste geval werden de aandelen van Y AB uitsluitend gehouden door X AB en haar Zweedse 100%-dochtermaatschappij. In het tweede geval werd 15% van de aandelen in Y AB gehouden door de vennootschap Z BV, een Nederlandse 100%-dochtermaatschappij van X. In het derde geval bezaten Z BV en de vennootschap Y GmbH, een Duitse 100%-dochtermaatschappij van X, elk 15% van de aandelen van Y AB.

8. Op 22 november 1996 bracht Skatterättsnämnden het door de vennootschappen X AB en Y AB gevraagde prealabel advies uit. Met betrekking tot het eerste geval stelde het zich op het standpunt, dat vermogensoverdrachten binnen de groep niet onder artikel 2, lid 3, eerste alinea, SIL vielen. Deze bepaling vereist immers, dat de Zweedse vennootschap meer dan 90% van de aandelen in de andere Zweedse vennootschap bezit. Daarentegen achtte het wel de fusieregeling van de tweede alinea toepasselijk, die de belastingverminderingen uitbreidt tot overdrachten van een moedermaatschappij aan een dochtermaatschappij die zij niet volledig bezit, indien de eigendomsverhoudingen gedurende het gehele belastingjaar zodanig zijn geweest, dat laatstgenoemde, wegens de fusie tussen de moeder- en de dochtermaatschappij, kan worden geacht in de moedermaatschappij te zijn opgegaan.

9. Met betrekking tot het tweede geval was Skatterättsnämnden van mening, dat dezelfde regeling van toepassing was. Ook al was deze alleen bedoeld voor Zweedse vennootschappen, zou het blijkens de rechtspraak van Regeringsrätten evenwel in strijd zijn met het verbod van discriminatie op grond van eigendom, zoals voorkomend in de tussen het Koninkrijk Zweden en het Koninkrijk der Nederlanden gesloten overeenkomst ter voorkoming van dubbele belasting, om in andere lidstaten gevestigde vennootschappen de mogelijkheid te onthouden, intragroepsoverdrachten te verrichten met de in het SIL voorziene fiscale voordelen.

* Ook gepubliceerd in FUTD 2000-0308.

10. Op het derde geval achtte Skatterättsnämnden de fusieregeling echter niet van toepassing, waartoe het zich baseerde op het feit, dat de rechtspraak van Regeringsrätten zich verzette tegen de cumulatieve toepassing van twee overeenkomsten ter voorkoming van dubbele belasting, te weten in casu enerzijds die tussen het Koninkrijk Zweden en de Bondsrepubliek Duitsland en anderzijds die tussen het Koninkrijk Zweden en het Koninkrijk der Nederlanden. Volgens die rechtspraak is gelijktijdige toepassing van meerdere overeenkomsten uitgesloten, omdat de bepalingen van elk van deze overeenkomsten bedoeld zijn om uitsluitend op ondernemingen van de verdragsluitende staten te worden toegepast, en niet op die van een derde staat. Naar de mening van Skatterättsnämnden kon het gemeenschapsrecht niet tot een ander standpunt leiden.

11. De vennootschappen X AB en Y AB hebben bij Regeringsrätten beroep ingesteld tegen dit prealabele advies. Zij betogen, dat de afwijzing door Skatterättsnämnden van belastingverminderingen voor intragroepsoverdrachten in het derde geval een bij het Verdrag verboden discriminatie vormt, want in strijd met in het bijzonder de artikelen 6 EG-Verdrag (thans, na wijziging, artikel 12 EG) en 52, 58 en 73 B van dat Verdrag.

12. Van oordeel dat voor de beslechting van het hoofdgeding uitlegging van het gemeenschapsrecht noodzakelijk was, heeft Regeringsrätten de behandeling van de zaak geschorst en het Hof de volgende prejudiciële vraag voorgelegd:

> 'Ingevolge artikel 2, lid 3, van de Lag (1947:576) om statlig inkomstskatt heeft een vermogensoverdracht binnen een groep onder bepaalde voorwaarden fiscale gevolgen, indien deze plaatsvindt tussen een Zweedse vennootschap en een andere Zweedse vennootschap die volledig in handen is van eerstgenoemde vennootschap, hetzij rechtstreeks, hetzij tezamen met een of meer Zweedse 100%-dochtermaatschappijen. Het fiscale resultaat is hetzelfde, indien een of meer van de 100%-dochtermaatschappijen buitenlandse vennootschappen zijn, zolang zij maar hun zetel in *een en dezelfde* lidstaat hebben en Zweden met deze staat een overeenkomst ter voorkoming van dubbele belasting heeft gesloten, waarin een non-discriminatieclausule voorkomt. Is het onder deze omstandigheden verenigbaar met het geldende gemeenschapsrecht, inzonderheid met de artikelen 52, 58, 73 B en 73 D EG-Verdrag in onderlinge samenhang bezien, een regeling toe te passen die impliceert dat een vermogensoverdracht binnen een groep niet dezelfde fiscale gevolgen heeft, wanneer de Zweedse moedermaatschappij de ontvangende vennootschap bezit samen met twee of meer buitenlandse 100%-dochtermaatschappijen, die gevestigd zijn in *verschillende* lidstaten waarmee Zweden een overeenkomst ter voorkoming van dubbele belasting heeft gesloten, waarin een non-discriminatieclausule voorkomt?'

De ontvankelijkheid van de prejudiciële verwijzing

13. Alvorens de vraag te beantwoorden moet in de eerste plaats worden onderzocht, of Regeringsrätten als een 'nationale rechterlijke instantie' in de zin van artikel 177 van het Verdrag kan worden aangemerkt, wanneer hij zich in beroep uitspreekt over een prealabel advies van Skatterättsnämnden. In de tweede plaats moet worden nagegaan, of de uitlegging van het gemeenschapsrecht in het kader van een echt en niet louter hypothetisch geschil wordt verzocht.

14. Volgens vaste rechtspraak houdt het Hof voor de beoordeling, of het verwijzende orgaan een rechterlijke instantie in de zin van artikel 177 van het Verdrag is, hetgeen uitsluitend door het gemeenschapsrecht wordt bepaald, rekening met een samenstel van factoren, zoals de wettelijke grondslag van het orgaan, het permanente karakter ervan, de verplichte rechtsmacht, het feit dat uitspraak wordt gedaan na een procedure op tegenspraak, de toepassing door het orgaan van de regelen des rechts, alsmede de onafhankelijkheid van het orgaan (zie arresten van 30 juni 1966, Vaassen-Göbbels, 61/65, *Jurispr.* blz. 257, en 17 september 1997, Dorsch Consult, C-54/97, *Jurispr.* blz. I-4961, punt 23).

15. Voorts is de nationale rechter enkel bevoegd tot verwijzing naar het Hof, indien bij hem een geschil aanhangig is gemaakt en hij uitspraak moet doen in het kader van een procedure die moet uitmonden in een beslissing die de kenmerken vertoont van een rechterlijke uitspraak (zie onder meer beschikking van 18 juni 1980, Borker, 138/80, *Jurispr.* blz. 1975, punt 4, en arrest van 12 november 1998, Victoria Film, C-134/97, *Jurispr.* blz. I-7023, punt 14).

16. Daar het, gelijk de advocaat-generaal in punt 12 van zijn conclusie heeft opgemerkt, geen enkele twijfel lijdt, dat Regeringsrätten aan alle andere voorwaarden van de rechtspraak van het Hof voldoet, behoeft uitsluitend te worden nagegaan, of hij op een beroep tegen besluiten van Skatterättsnämnden uitspraak moet doen in het kader van een procedure die moet uitmonden in een beslissing die de kenmerken van een rechterlijke uitspraak vertoont.

17. Dienaangaande volstaat de vaststelling, dat in de beroepsprocedure voor Regeringsrätten de wettigheid wordt getoetst van een advies dat, wanneer het definitief is geworden, de belastingdienst bindt en de grondslag vormt voor de belastingheffing, voorzover degene die om het advies heeft verzocht, de in zijn verzoek bedoelde handeling uitvoert. Onder deze omstandigheden moet Regeringsrätten worden aangemerkt als een instantie die een rechterlijke functie uitoefent (zie met name Victoria Film, reeds aangehaald, punt 18).

18. Met betrekking tot het hypothetische karakter van de vraag moet eraan worden herinnerd, dat in het kader van de door artikel 177 van het Verdrag gecreëerde samenwerking tussen de nationale rechterlijke instanties en het Hof het uitsluitend een zaak is van de nationale rechter aan wie het geschil is voorgelegd en die de verantwoordelijkheid draagt voor de te geven rechterlijke beslissing, om gelet op de bijzonderheden van elk geval, de noodzaak van een prejudiciële beslissing voor het wijzen van zijn vonnis te beoordelen, alsmede de relevantie van de vragen die hij aan het Hof voorlegt (zie bijvoorbeeld arresten van 27 oktober 1993, Enderby, C-127/92, *Jurispr.* blz. I-5535, punt 10, en 5 oktober 1995, Aprile, C-125/94, *Jurispr.* blz. I-2919, punt 16).

19. Wanneer derhalve de door de nationale rechterlijke instantie gestelde vragen betrekking hebben op de uitlegging van een bepaling van gemeenschapsrecht, is het Hof van Justitie in beginsel verplicht daarop te antwoorden (zie arresten van 16 juli 1992, Meilicke, C-83/91, *Jurispr.* blz. I-4871, punt 24, en Aprile, reeds aangehaald, punt 17).

20. Dit zou slechts anders zijn, wanneer het Hof om een uitspraak over een probleem van hypothetische aard werd gevraagd (zie arresten van 16 december 1981, Foglia, 244/80, *Jurispr.* blz. 3045, punten 18 en 20, en Meilicke, reeds aangehaald, punt 25).

21. Het is juist, dat de nationale rechter zich in casu tot het Hof heeft gewend in het kader van een geding waarin hij dient te beslissen, of X AB in de toekomst onder bepaalde voorwaarden een intragroepsoverdracht aan Y AB kan doen. Op de datum van de verwijzingsbeschikking had die overdracht van X AB immers nog niet plaatsgevonden.

22. Deze omstandigheid kan echter niet tot de niet-ontvankelijkheid van de prejudiciële vraag leiden. Er bestaat immers een reëel geschil voor de nationale rechterlijke instantie, ten aanzien waarvan het Hof geenszins om een uitspraak over een probleem van hypothetische aard wordt gevraagd, doch het over voldoende gegevens over de in het hoofdgeding aan de orde zijnde casus beschikt om het in staat te stellen, de gemeenschapsrechtelijke bepalingen uit te leggen en op de hem gestelde vraag een nuttig antwoord te geven (zie arrest Aprile, reeds aangehaald, punt 20).

23. Daar de verwijzingsbeschikking aan deze voorwaarde voldoet, moet Regeringsrätten in de procedure die tot de onderhavige prejudiciële vraag heeft geleid, als een nationale rechterlijke instantie in de zin van artikel 177 van het Verdrag worden aangemerkt, zodat de vraag ontvankelijk is.

Ten gronde

24. Om te beginnen moet worden vastgesteld, dat in het hoofdgeding drie soorten intragroepsoverdrachten aan de orde zijn:

– overdrachten tussen twee in een lidstaat gevestigde naamloze vennootschappen, waarvan de ene volledig toebehoort aan de andere, hetzij rechtstreeks, hetzij tezamen met een of meer in die lidstaat gevestigde 100%-dochtermaatschappijen (hierna: 'intragroepsoverdracht van type A');

– overdrachten tussen twee in een lidstaat gevestigde naamloze vennootschappen, waarvan de ene volledig toebehoort aan de andere, en wel tezamen met een of meer haar eveneens volledig toebehorende dochtermaatschappij(en) die gevestigd is (zijn) in een en dezelfde andere lidstaat waarmee de eerste lidstaat een overeenkomst ter voorkoming van dubbele belasting heeft gesloten, die een non-discriminatieclausule bevat (hierna: 'intragroepsoverdracht van type B');

– overdrachten tussen twee in een lidstaat gevestigde naamloze vennootschappen, waarvan de ene volledig toebehoort aan de andere, en wel tezamen met een aantal haar eveneens volledig toebehorende dochtermaatschap pijen die gevestigd zijn in verschillende andere lidstaten waarmee de eerste lidstaat overeenkomsten ter voorkoming van dubbele belasting heeft gesloten, die een non-discriminatieclausule bevatten (hierna: 'intragroepsoverdracht van type C').

25. De nationale rechter wenst in wezen te vernemen, of de artikelen 52 en 58 van het Verdrag, betreffende de vrijheid van vestiging, en de artikelen 73 B en 73 D van het Verdrag, betreffende de vrijheid van kapitaalverkeer, zich verzetten tegen nationale bepalingen als in het hoofdgeding aan de orde zijn, volgens welke bepaalde belastingverminderingen enkel voor intragroepsoverdrachten van type A en B, maar niet voor overdrachten van type C kunnen worden verleend.

26. Hoewel de bepalingen betreffende de vrijheid van vestiging volgens hun bewoordingen met name het voordeel van de nationale behandeling in de lidstaat van ontvangst beogen te garanderen, houden zij niettemin ook een verbod in voor de lidstaat van oorsprong, de vestiging van een van zijn onderdanen of van een naar zijn recht opgerichte en onder de definitie van artikel 58 van het Verdrag vallende vennootschap in een andere lidstaat te bemoeilijken (arrest van 27 september 1988, Daily Mail and General Trust, 81/87, *Jurispr.* blz. 5483, punt 16, en 16 juli 1998, ICI, C-264/96, *Jurispr.* blz. I-4695, punt 21).

27. Dienaangaande moet worden vastgesteld, dat de in het hoofdgeding omstreden wettelijke regeling Zweedse vennootschappen die hun recht van vrijheid van vestiging hebben gebruikt om in andere lidstaten dochtermaatschappijen op te richten, het recht op bepaalde belastingverminderingen bij een intragroepsoverdracht van type C onthoudt.

28. Verschillende typen intragroepsoverdrachten worden dus verschillend behandeld op basis van het criterium van de zetel van de dochtermaatschappijen. Indien hiervoor geen rechtvaardiging bestaat, is dit verschil in behandeling in strijd met de verdragsbepalingen betreffende de vrijheid van vestiging. Inzoverre is irrelevant, dat volgens de rechtspraak van Regeringsrätten overdrachten van type B als overdrachten van type A kunnen worden behandeld.

29. De Zweedse regering heeft in het hoofdgeding niet getracht een rechtvaardiging te geven voor het zojuist vastgestelde verschil in behandeling in verband met de verdragsbepalingen betreffende de vrijheid van vestiging. Bovendien heeft zij ter terechtzitting uitdrukkelijk erkend, dat de betrokken wettelijke regeling in strijd is met artikel 52 van het Verdrag.

30. Gelet op het voorgaande behoeft niet te worden onderzocht, of de verdragsbepalingen betreffende het vrije kapitaalverkeer zich verzetten tegen een wettelijke regeling als in het hoofdgeding aan de orde is.

31. Mitsdien moet op de prejudiciële vraag worden geantwoord, dat wanneer een lidstaat bepaalde belastingverminderingen verleent voor intragroepsoverdrachten tussen twee in die lidstaat gevestigde naamloze vennootschappen, waarvan de ene volledig toebehoort aan de andere, hetzij rechtstreeks, hetzij tezamen met

- een of meer in die lidstaat gevestigde, haar eveneens volledig toebehorende dochtermaatschappijen, of
- een of meer van haar volledige dochtermaatschappij(en) die gevestigd is (zijn) in een andere lidstaat waarmee de eerste lidstaat een overeenkomst ter voorkoming van dubbele belasting heeft gesloten, die een non-discriminatieclausule bevat, de artikelen 52 tot en met 58 van het Verdrag zich ertegen verzetten, dat die belastingverminderingen niet worden verleend voor vermogensoverdrachten tussen twee in die lidstaat gevestigde naamloze vennootschappen, waarvan de ene volledig toebehoort aan de andere, en wel tezamen met een aantal haar eveneens volledig toebehorende dochtermaatschappijen die gevestigd zijn in verschillende andere lidstaten waarmee de eerste lidstaat overeenkomsten ter voorkoming van dubbele belasting heeft gesloten, die een non-discriminatieclausule bevatten.

Kosten

32. ...

HET HOF VAN JUSTITIE

uitspraak doende op de door Regeringsrätten bij beschikking van 29 april 1998 gestelde vraag, verklaart voor recht:

Wanneer een lidstaat bepaalde belastingverminderingen verleent voor intragroepsoverdrachten tussen twee in die lidstaat gevestigde naamloze vennootschappen, waarvan de ene volledig toebehoort aan de andere, hetzij rechtstreeks, hetzij tezamen met

- **een of meer in die lidstaat gevestigde, haar eveneens volledig toebehorende dochtermaatschappijen, of**
- **een of meer van haar volledige dochtermaatschappij(en) die gevestigd is (zijn) in een andere lidstaat waarmee de eerste lidstaat een overeenkomst ter voorkoming van dubbele belasting heeft gesloten, die een non-discriminatieclausule bevat,**

verzetten de artikelen 52 EG-Verdrag (thans, na wijziging, artikel 43 EG), 53 EG-Verdrag (ingetrokken bij het Verdrag van Amsterdam), 54 EG-Verdrag (thans, na wijziging, artikel 44 EG), 55 EG-Verdrag (thans artikel 45 EG), 56 en 57 EG-Verdrag (thans, na wijziging, artikelen 46 en 47 EG) en 58 EG-Verdrag (thans artikel 48 EG) zich ertegen, dat die belastingverminderingen niet worden verleend voor vermogensoverdrachten tussen twee in die lidstaat gevestigde naamloze vennootschappen, waarvan de ene volledig toebehoort aan de andere, en wel tezamen met een aantal haar eveneens volledig toebehorende dochter-maatschappijen die gevestigd zijn in verschillende andere lidstaten waarmee de eerste lidstaat overeenkomsten ter voorkoming van dubbele belasting heeft gesloten, die een non-discriminatieclausule bevatten.

HvJ EG 13 april 2000, zaak C-251/98* (C. Baars v. Inspecteur der Belastingen Particulieren/Ondernemingen Gorinchem)

Vijfde kamer: *D. A. O. Edward, kamerpresident, C. Gulmann, J. P. Puissochet, P. Jann en M. Wathelet (rapporteur), rechters*
Advocaat-generaal: *S. Alber*

1. Bij uitspraak van 8 juli 1998, ingekomen bij het Hof op 10 juli daaraanvolgend, heeft het Gerechtshof te 's-Gravenhage het Hof krachtens artikel 177 EG-Verdrag (thans artikel 234 EG) twee prejudiciële vragen gesteld over de uitlegging van de artikelen 6 en 52 EG-Verdrag (thans, na wijziging, de artikelen 12 EG en 43 EG) en van de artikelen 73 B en 73 D EG-Verdrag (thans de artikelen 56 EG en 58 EG).

2. Deze vragen zijn gerezen in een geding tussen C. Baars, Nederlands onderdaan, en de Nederlandse belastingdienst naar aanleiding van de weigering hem een vermindering van de vermogensbelasting te verlenen.

De nationale regeling

3. In Nederland wordt vermogensbelasting geheven krachtens de Wet op de vermogensbelasting 1964 (wet van 16 december 1964, *Stb.* 520). Het betreft een jaarlijkse directe belasting op het vermogen, waarvan het tarief 8 promille van het belastbare vermogen bedraagt.

4. Ingevolge artikel 1 van de Wet zijn aan vermogensbelasting onderworpen de natuurlijke personen die in Nederland wonen (de binnenlandse belastingplichtigen) alsmede de natuurlijke personen die, hoewel zij niet in Nederland wonen, binnenlands vermogen hebben (de buitenlandse belastingplichtigen). Binnenlandse belastingplichtigen zijn in principe belasting verschuldigd over hun gehele vermogen, ongeacht waar dit zich bevindt. Buitenlandse belastingplichtigen zijn vermogensbelasting verschuldigd over het gedeelte van hun vermogen dat zich in Nederland bevindt.

5. Artikel 3, lid 2, van de Wet verstaat onder vermogen de waarde van de bezittingen, waaronder aandelen in vennootschappen, verminderd met de waarde van de schulden.

6. Bij de Wet tot uitbreiding van de ondernemingsvrijstelling in de vermogensbelasting 1986 (wet van 24 april 1986, *Stb.* 248) is in de Wet op de vermogensbelasting de zogenoemde ondernemingsvrijstelling opgenomen.

7. Deze vrijstelling is geregeld in artikel 7 van de Wet op de vermogensbelasting, zoals gewijzigd, waarvan de leden 2 en 3, sub c, luiden als volgt:

> 2. Ten aanzien van de belastingplichtige voor wiens rekening een of meer ondernemingen worden gedreven (...) blijft van het in die onderneming of die ondernemingen belegde vermogen buiten aanmerking:
> a. indien dat vermogen niet meer beloopt dan 135 000 NLG: 100%;
> b. indien dat vermogen meer beloopt dan 135 000 NLG: 135 000 NLG vermeerderd met 50 percent van het vermogen dat 135 000 NLG te boven gaat, met dien verstande dat niet meer dan 1 541 000 NLG buiten aanmerking wordt gelaten.
> 3. Voorzover het vermogen belegd in een of meer ondernemingen als bedoeld in het tweede lid, minder beloopt dan 2 947 000 NLG dan wel ingeval geen onderneming voor rekening van de belastingplichtige wordt gedreven, vindt het tweede lid overeenkomstige toepassing en wordt daartoe als in een onderneming belegd vermogen aangemerkt het vermogen dat betrekking heeft op:
> (...)
> c. aandelen die voor de belastingplichtige behoren tot een aanmerkelijk belang in de zin van de Wet op de inkomstenbelasting 1964, in een in Nederland gevestigde vennootschap, niet zijnde een beleggingsinstelling in de zin van artikel 28 van de Wet op de vennootschapsbelasting.
> (...)

8. Het in artikel 7, lid 3, sub c, van de Wet op de vermogensbelasting genoemde begrip aanmerkelijk belang wordt in artikel 39, lid 3, van de Wet op de inkomstenbelasting 1964 (wet van 16 december 1964, *Stb.* 1990, 103) gedefinieerd als volgt:

> Een aanmerkelijk belang wordt aanwezig geacht indien de belastingplichtige in de loop van de laatste vijf jaren, al dan niet tezamen met zijn echtgenoot en zijn bloed- en aanverwanten in de rechte linie en in de tweede graad van de zijlinie, voor ten minste een derde gedeelte, en, al dan niet tezamen met zijn echtgenoot,

* Ook gepubliceerd in FED 2000/546 (Weber).

voor meer dan zeven honderdsten van het nominaal gestorte kapitaal onmiddellijk of middellijk aandeelhouder is geweest (...)

Het hoofdgeding

9. Baars woont in Nederland en bezit alle aandelen in Ballyard Foods Limited (hierna: Ballyard), een vennootschap naar Iers recht, gevestigd te Dublin (Ierland).

10. Blijkens de verwijzingsuitspraak behoren deze aandelen tot een aanmerkelijk belang in de zin van het Nederlandse recht.

11. Voor de vermogensbelasting over 1994 deed Baars aangifte van een vermogen per 1 januari 1994 van 2 650 600 NLG, daaronder begrepen de waarde van zijn aandelen in Ballyard, die op die datum 749 800 NLG bedroeg.

12. Ten aanzien van zijn aandelen in Ballyard maakte Baars aanspraak op de ondernemingsvrijstelling van artikel 7, lid 3, van de Wet op de vermogensbelasting en verzocht hij zijn belastbaar vermogen uit dien hoofde te verminderen met 442 400 NLG.

13. De Inspecteur der Belastingen Particulieren/Ondernemingen Gorinchem (hierna: inspecteur) betwistte niet dat Baars' aandelen in Ballyard tot een aanmerkelijk belang behoorden in de zin van het Nederlandse recht. Hij weigerde evenwel de verlangde vrijstelling te verlenen, omdat Ballyard niet voldeed aan de voorwaarde van artikel 7, lid 3, sub c, van de Wet op de vermogensbelasting, dat de vennootschap in Nederland moet zijn gevestigd.

14. Baars' bezwaarschrift van 9 november 1995 tegen deze weigering werd op 27 september 1996 door de inspecteur verworpen.

15. Tegen deze afwijzing stelde Baars beroep in bij het Gerechtshof te 's-Gravenhage. In dat beroep voerde Baars onder meer aan, dat de beperking van de ondernemingsvrijstelling tot aandelen van in Nederland gevestigde vennootschappen in strijd was met de artikelen 52 (vrijheid van vestiging) en 73 B (verbod van beperkingen van het kapitaalverkeer tussen de lidstaten) van het Verdrag.

16. Van oordeel dat de beslissing van het geschil afhing van de uitlegging van de artikelen 6, 52, 73 B en 73 D van het Verdrag, heeft het Gerechtshof te 's-Gravenhage besloten, de behandeling van de zaak te schorsen en het Hof de volgende prejudiciële vragen te stellen:

1. Dienen de artikelen 6 en/of 52 van het EG-verdrag aldus te worden uitgelegd, dat een beperking voortvloeiend uit een bepaling in de wetgeving op de vermogensbelasting van een lidstaat die in aandelen in een onderneming belegd vermogen indien die aandelen behoren tot een aanmerkelijk belang vrijstelt van vermogensbelasting bij de aandeelhouder, maar die vrijstelling beperkt tot aandelen van in die lidstaat gevestigde vennootschappen, met die artikelen onverenigbaar is?
2. Indien vraag 1 ontkennend moet worden beantwoord, dienen de artikelen 73 B en 73 D van het EG-Verdrag aldus te worden uitgelegd, dat een beperkende bepaling als in vraag 1 bedoeld, daarmee onverenigbaar is?

De eerste prejudiciële vraag

17. Om te beginnen zij eraan herinnerd, dat ofschoon de directe belastingen tot de bevoegdheid van de lidstaten behoren, deze niettemin verplicht zijn die bevoegdheid in overeenstemming met het gemeenschapsrecht uit te oefenen en zich derhalve van elke discriminatie op grond van nationaliteit te onthouden (arresten van 11 augustus 1995, Wielockx, C-80/94, *Jurispr.* blz. I-2493, punt 16, en 29 april 1999, Royal Bank of Scotland, C-311/97, *Jurispr.* blz. I-2651, punt 19).

18. Met betrekking tot artikel 52 van het Verdrag betoogt de Nederlandse regering, dat de verdragsbepalingen inzake de vrijheid van vestiging niet van toepassing zijn op een situatie als die van verzoeker in het hoofdgeding; haars inziens zijn enkel de verdragsbepalingen inzake het vrij verkeer van kapitaal toepasselijk.

19. Derhalve moet worden onderzocht, of de verdragsbepalingen inzake de vrijheid van vestiging, en met name artikel 52 van het Verdrag, van toepassing zijn op een situatie als die van verzoeker in het hoofdgeding, die de aanleiding vormde tot de prejudiciële verwijzing.

20. Een aanmerkelijk belang in de zin van het Nederlandse recht, waarvan in wezen sprake is wanneer iemand in de loop van de laatste vijf jaren ten minste een derde van de aandelen van een vennootschap en meer dan zeven honderdsten van het nominaal gestorte kapitaal in zijn bezit had, impliceert niet noodzakelijkerwijs de zeggenschap over of het beheer van de vennootschap, aspecten die samenhangen met de uitoefening van het recht van vestiging. De omstandigheid dat een lidstaat zijn belastingplichtigen geen onder-nemingsvrijstelling verleent wegens een volgens de nationale wetgeving bestaand aanmerkelijk belang in een in een andere lidstaat gevestigde vennootschap, hoeft bijgevolg niet noodzakelijkerwijs van invloed te zijn op de vrijheid van vestiging.

21. In het hoofdgeding gaat het evenwel om een onderdaan van een lidstaat die aldaar woont en die alle aandelen van een in een andere lidstaat gevestigde vennootschap bezit. Met een 100%-deelneming in het kapitaal van een in een andere lidstaat gevestigde vennootschap valt een dergelijke belastingplichtige stellig binnen de werkingssfeer van de verdragsbepalingen inzake het recht van vestiging.

22. Blijkens artikel 52, tweede alinea, van het Verdrag omvat de vrijheid van vestiging immers de oprichting en het beheer van ondernemingen, en met name van vennootschappen, in de ene lidstaat door een onderdaan van een andere lidstaat. Er is dus sprake van uitoefening van het recht van vestiging, wanneer een onderdaan van een lidstaat een deelneming in het kapitaal van een in een ander lidstaat gevestigde vennootschap houdt, die hem een zodanige invloed op de besluiten van de vennootschap verleent, dat hij de activiteiten ervan kan bepalen.

23. Artikel 6 van het Verdrag, dat een algemene verbod van discriminatie op grond van nationaliteit bevat, kan blijkens de rechtspraak van het Hof autonoom slechts toepassing vinden in gevallen waarin het gemeenschapsrecht wel geldt, maar waarvoor het Verdrag niet in bijzondere discriminatieverboden voorziet (arresten van 30 mei 1989, Commissie/Griekenland, 305/87, *Jurispr.* blz. 1461, punten 12 en 13, en 12 april 1994, Halliburton Services, C-1/93, *Jurispr.* blz. I-1137, punt 12, en arrest Royal Bank of Scotland, reeds aangehaald, punt 20).

24. Vast staat evenwel, dat het non-discriminatiebeginsel op het gebied van het recht van vestiging nader is uitgewerkt door artikel 52 van het Verdrag (arrest Halliburton Services, reeds aangehaald, punt 12, en arrest van 29 februari 1996, Skanavi en Chryssanthakopoulos, C-193/94, *Jurispr.* blz. I-929, punt 21).

25. Op het hoofdgeding kan artikel 6 van het Verdrag bijgevolg geen toepassing vinden.

26. Derhalve moet worden onderzocht, zoals de verwijzende rechter in wezen met zijn eerste vraag wenst te vernemen, of artikel 52 van het Verdrag zich verzet tegen een belastingregeling van een lidstaat als in het hoofdgeding aan de orde is, die, in geval een deelneming in het kapitaal van een vennootschap de aandeel-houder een zodanige invloed op de besluiten van de vennootschap verleent, dat hij de activiteiten ervan kan bepalen, hetgeen uiteraard altijd het geval is bij een100%-deelneming, aan de in die lidstaat wonende onderdanen van de lidstaten een gehele of gedeeltelijke vrijstelling van de vermogensbelasting verleent voor het in de aandelen in die vennootschap belegde vermogen, doch aan deze vrijstelling de voorwaarde verbindt, dat het een deelneming in een in de betrokken lidstaat gevestigde vennootschap betreft, zodat zij niet geldt voor aandeelhouders van in andere lidstaten gevestigde vennootschappen.

27. Artikel 52 van het Verdrag is een van de fundamentele bepalingen van gemeenschapsrecht en is sedert het einde van de overgangsperiode rechtstreeks toepasselijk in de lidstaten. Volgens deze bepaling omvat de vrijheid van vestiging voor onderdanen van een lidstaat op het grondgebied van een andere lidstaat de toegang tot en de uitoefening van werkzaamheden anders dan in loondienst, alsmede de oprichting en het beheer van ondernemingen overeenkomstig de bepalingen welke door de wetgeving van het land van vestiging voor de eigen onderdanen zijn vastgesteld (arrest van 28 januari 1986, Commissie/Frankrijk, 270/83, *Jurispr.* blz. 273, punt 13, en arrest Royal Bank of Scotland, reeds aangehaald, punt 22).

28. Hoewel artikel 52, evenals de andere bepalingen betreffende de vrijheid van vestiging, volgens zijn redactie met name de nationale behandeling in de lidstaat van ontvangst beoogt te garanderen, houdt het niettemin ook een verbod in voor de lidstaat van herkomst, de vestiging van een van zijn onderdanen in een andere lidstaat te bemoeilijken (in deze zin, arresten van 27 september 1988, Daily Mailand General Trust, 81/87, *Jurispr.* blz. 5483, punt 16; 16 juli 1998, ICI, C-264/96, *Jurispr.* blz. I-4695, punt 21, en 18 november 1999, X en Y, C-200/98, nog niet gepubliceerd in de Jurisprudentie, punt 26).

29. Artikel 52 van het Verdrag verbiedt eveneens, dat een lidstaat de vestiging van op zijn grondgebied wonende onderdanen van andere lidstaten in een andere lidstaat bemoeilijkt.

30. Door het fiscale voordeel in de vorm van de ondernemingsvrijstelling te onthouden aan in Nederland wonende onderdanen van de lidstaten die, gebruikmakend van hun recht van vrije vestiging, een in een andere lidstaat dan Nederland gevestigde vennootschap beheren, doch dit voordeel wel te verlenen aan in Nederland wonende onderdanen van de lidstaten die een aanmerkelijk belang in een in die lidstaat gevestigde vennootschap bezitten, introduceert de in het hoofdgeding omstreden nationale regeling een ongelijke behandeling van belastingplichtigen naar gelang van de zetel van de vennootschap waarvan zij aandeelhouder zijn.

31. Deze ongelijke behandeling van belastingplichtigen is in beginsel in strijd met artikel 52 van het Verdrag.

32. Derhalve moet worden nagegaan, of er voor deze ongelijke behandeling een rechtvaardigingsgrond ten opzichte van de verdragsbepalingen inzake de vrijheid van vestiging bestaat.

33. De Nederlandse regering betoogt op dit punt, dat de beperking van de ondernemingsvrijstelling tot uitsluitend aandelen van in Nederland gevestigde vennootschappen haar rechtvaardiging vindt in de noodzaak, de samenhang van het Nederlandse stelsel van belastingen te behouden.

34. Volgens haar beoogt de ondernemingsvrijstelling de gevolgen van een dubbele belastingheffing te verzachten, die (in economisch opzicht) zou ontstaan doordat de winst van de vennootschap via de vennootschapsbelasting wordt belast, en het door de aandeelhouder in die vennootschap belegde vermogen via de vermogensbelasting.

35. Enkel vermogen dat in aandelen in een Nederland gevestigde vennootschap is belegd, is geheel of gedeeltelijk vrijgesteld van vermogensbelasting, daar uitsluitend door deze vennootschap in Nederland behaalde winst aldaar aan vennootschapsbelasting is onderworpen. Vermogen dat in aandelen van in een andere lidstaat gevestigde vennootschap is belegd, hoeft niet voor de vrijstelling van de vermogensbelasting in aanmerking te komen, aangezien de winst van die vennootschap niet aan de Nederlandse vennootschapsbelasting is onderworpen, zodat er geen sprake is van een te compenseren dubbele belasting.

36. Dit betoog kan niet worden aanvaard.

37. Het Hof heeft weliswaar uitgemaakt, dat de noodzaak de samenhang van het belastingstelsel te waarborgen, een rechtvaardigingsgrond kan zijn voor een regeling die de fundamentele vrijheden beperkt (arresten van 28 januari 1992, Bachmann, C-204/90, Jurispr. blz. I-249, en Commissie/België, C-300/90, *Jurispr.* blz. I-305).

38. Dit is echter in casu niet het geval.

39. Om te beginnen is er geen sprake van dubbele belasting van de winst, ook niet in economisch opzicht, aangezien de in het hoofdgeding aan de orde zijnde belasting niet op de winst drukt die in de vorm van dividend aan de aandeelhouders wordt uitgedeeld, maar op het vermogen van aandeelhouders in de vorm van de waarde van de deelneming in het kapitaal van een vennootschap. Of de vennootschap nu wel of geen winst maakt, is overigens niet van invloed op de verschuldigdheid van de vermogensbelasting.

40. Voorts bestond in de genoemde zaken Bachmann en Commissie/België een rechtstreeks verband tussen de aftrekbaarheid van de in het kader van ouderdoms- en overlijdensverzekeringen voldane premies en de belastingheffing over de terzake ontvangen uitkeringen, een verband dat behouden diende te blijven ter waarborging van de samenhang van het betrokken belastingstelsel. In casu ontbreekt een dergelijk rechtstreeks verband, daar het gaat om twee afzonderlijke belastingen met verschillende belastingplichtigen. Voor een vermindering van de vermogensbelasting ten gunste van aandeelhouders is het dus niet relevant, dat in Nederland gevestigde vennootschappen in die lidstaat aan de vennootschapsbelasting zijn onderworpen en in andere lidstaten gevestigde vennootschappen niet.

41. Bijgevolg moet op de eerste vraag worden geantwoord, dat artikel 52 van het Verdrag zich verzet tegen een belastingregeling van een lidstaat als in het hoofdgeding aan de orde is, die, ingeval een deelneming in het kapitaal van een vennootschap de aandeelhouder een zodanige invloed op de besluiten van de vennootschap verleent, dat hij de activiteiten ervan kan bepalen, aan de in die lidstaat wonende onderdanen van de lidstaten een gehele of gedeeltelijke vrijstelling van de vermogensbelasting verleent voor het in de aandelen in die vennootschap belegde vermogen, doch aan deze vrijstelling de voorwaarde verbindt, dat het een deelneming in een in de betrokken lidstaat gevestigde vennootschap betreft, zodat zij niet geldt voor aandeelhouders van in andere lidstaten gevestigde vennootschappen.

De tweede prejudiciële vraag

42. Gelet op het antwoord op de eerste vraag, behoeft de tweede vraag niet te worden beantwoord.

Kosten

43. ...

HET HOF VAN JUSTITIE (Vijfde kamer)

uitspraak doende op de door het Gerechtshof te 's-Gravenhage bij uitspraak van 8 juli 1998 gestelde vragen, verklaart voor recht:

Artikel 52 EG-Verdrag (thans, na wijziging, artikel 43 EG) verzet zich tegen een belastingregeling van een lidstaat als in het hoofdgeding aan de orde is, die, ingeval deelneming in het kapitaal van een vennootschap de aandeelhouder een zodanige invloed op de besluiten van de vennootschap verleent, dat hij de activiteiten ervan kan bepalen,

– aan de in die lidstaat wonende onderdanen van de lidstaten een gehele of gedeeltelijke vrijstelling van de vermogensbelasting verleent voor het in de aandelen in die vennootschap belegde vermogen,

– doch aan deze vrijstelling de voorwaarde verbindt, dat het een deelneming in een in de betrokken lidstaat gevestigde vennootschap betreft, zodat zij niet geldt voor aandeelhouders van in andere lidstaten gevestigde vennootschappen.

HvJ EG 13 april 2000, zaak C-420/98 (W.N. v. Staatssecretaris van Financiën)

Eerste kamer: *L. Sevón, kamerpresident, P. Jann (rapporteur) en M. Wathelet, rechters*
Advocaat-generaal: *S. Alber*

Samenvatting arrest *(V-N 2000/22.7)*

De Raad van State heeft het HvJ EG een aantal vragen voorgelegd over de uitlegging van de richtlijn betreffende de wederzijdse bijstand van de bevoegde autoriteiten van de lidstaten op het gebied van de directe belastingen. Het gaat daarbij met name om de vraag wanneer de autoriteiten van een lidstaat spontaan inlichtingen moeten respectievelijk kunnen verstrekken.

HET HOF VAN JUSTITIE (Eerste Kamer),

verklaart voor recht:

Artikel 4, lid 1, sub a, richtlijn 77/799/EEG van de Raad van 19 december 1977 betreffende de wederzijdse bijstand van de bevoegde autoriteiten van de lidstaten op het gebied van de directe belastingen, moet aldus worden uitgelegd:

- **De daarin bedoelde vrijstelling of vermindering van belasting behoeft niet in een uitdrukkelijke handeling van de bevoegde autoriteit van een andere lidstaat te zijn vervat.**
- **De woorden abnormale vrijstelling of vermindering verwijzen naar een ongerechtvaardigde vermindering van belasting in een andere lidstaat.**

HvJ EG 16 mei 2000, zaak C-87/99 (P. Zurstrassen v. Administration des contributions directes)

Hof: *J. C. Moitinho de Almeida, president van de Derde en de Zesde kamer, waarnemend voor de president, D. A. O. Edward, L. Sevón en R. Schintgen, kamerpresidenten, P. J. G. Kapteyn, C. Gulmann, G. Hirsch, H. Ragnemalm, M. Wathelet (rapporteur), V. Skouris en F. Macken, rechters*

Advocaat-generaal: *D. Ruiz-Jarabo Colomer*

Samenvatting arrest *(V-N 2000/24.23)*

Het Hof van Justitie van de Europese Gemeenschappen heeft op 16 mei 2000 arrest gewezen in de zaak C-87/99 (Zurstrassen). In deze procedure stond centraal het Luxemburgse stelsel dat voor gehuwden voorziet in een gezamenlijke aanslag in geval van niet feitelijk of op grond van een rechterlijke beslissing gescheiden van elkaar levende echtgenoten die beiden verblijven op het grondgebied van de staat Luxemburg. Nu dit stelsel de (gunstigere) gezamenlijke aanslag weigert aan een werknemer die in Luxemburg verblijft en aldaar nagenoeg het gehele inkomen van het gezin verwerft, en wiens echtgenoot in een andere EU-Lidstaat verblijft, is het Luxemburgse stelsel op dit punt in strijd met art. 39 EG-verdrag (art. 48 oud) en art. 7, tweede lid, van de Verordening (EEG) 1612/68.

HET HOF VAN JUSTITIE

verklaart voor recht:

Artikel 48, lid 2, EG-Verdrag (thans, na wijziging, artikel 39, lid 2, EG) en artikel 7, lid 2, van verordening (EEG) nr. 1612/68 van de Raad van 15 oktober 1968 betreffende het vrije verkeer van werknemers binnen de Gemeenschap, verzetten zich tegen de toepassing van een nationale regeling die, op het gebied van de inkomstenbelasting, voor de gezamenlijke aanslag van niet feitelijk of op grond van een rechterlijke beslissing gescheiden van elkaar levende echtgenoten als voorwaarde stelt, dat zij beiden op het nationale grondgebied verblijven, en weigert dat belastingvoordeel toe te kennen aan een werknemer die in die staat verblijft, alwaar hij nagenoeg het gehele inkomen van het gezin verwerft, en wiens echtgenoot in een andere lidstaat verblijft.

HvJ EG 6 juni 2000, zaak C-35/98*
(Staatssecretaris van Financiën v. B. G. M. Verkooijen)

Verkooijen, een inwoner van Nederland, was in dienst van een Nederlandse dochter van een Belgische moedermaatschappij. In het kader van een werknemersspaarplan ontving hij aandelen in de Belgische moeder. De Nederlandse Wet IB 1964 voorzag in een vrijgesteld bedrag voor dividend ontvangen van een in Nederland gevestigd lichaam en niet voor buitenlandse dividenden.

HvJ EG: Schending van de vrijheid van kapitaalverkeer: voor inwoners van Nederland is het fiscaal onaantrekkelijk aandelen te kopen en buitenlandse lichamen (en daarom is het voor buitenlandse lichamen onaantrekkelijk aandelen uit te geven op de Nederlandse markt). De ontsnappingsmogelijkheid die art. 73D (thans: art. 58.1.a) biedt (onderscheid toegestaan mits geen willekeurige discriminatie of verkapte beperking kapitaalverkeer) vergt een dwingende reden van algemeen belang. De aangevoerde rechtvaardigingen (bevordering nationale economie, fiscale cohesie, mogelijk verlies belastingopbrengst, compenserende voordelen) zijn dat niet.

Hof: *G. C. Rodríguez Iglesias, president, J. C. Moitinho de Almeida, L. Sevón en R. Schintgen, kamerpresidenten, P. J. G. Kapteyn, C. Gulmann, J. P. Puissochet, P. Jann, H. Ragnemalm, M. Wathelet (rapporteur) en F. Macken, rechters*

Advocaat-generaal: *A. La Pergola*

1. Bij arrest van 11 februari 1998, ingekomen bij het Hof op 13 februari daaraanvolgend, heeft de Hoge Raad der Nederlanden krachtens artikel 177 EG-Verdrag (thans artikel 234 EG) drie prejudiciële vragen gesteld over de uitlegging van richtlijn 88/361/EEG van de Raad van 24 juni 1988 voor de uitvoering van artikel 67 van het Verdrag (*PB* L 178, blz. 5), alsmede van de artikelen 6 en 52 EG-Verdrag (thans, na wijziging, de artikelen 12 EG en 43 EG).

2. Deze vragen zijn gerezen in een geding tussen de Staatssecretaris van Financiën en B.G.M. Verkooijen, Nederlands onderdaan, in verband met de weigering om aan laatstgenoemde vrijstelling van de heffing van inkomstenbelasting te verlenen voor dividenden die hij had genoten op aandelen in een vennootschap gevestigd in een andere lidstaat dan Nederland.

De nationale regeling

3. Ten tijde van de feiten van het hoofdgeding werd in Nederland inkomstenbelasting geheven krachtens de Wet op de inkomstenbelasting 1964 (in de vóór 1997 geldende versie; hierna: wet).

4. Overeenkomstig artikel 24 van de wet waren de inkomsten uit vermogen, daaronder begrepen dividenden en andere betalingen in verband met het bezit van aandelen, onderworpen aan inkomstenbelasting. In zijn aangifte voor de Nederlandse inkomstenbelasting moest de belastingplichtige dus ontvangen dividenden als inkomsten uit vermogen bij zijn belastbare inkomen tellen.

5. Enkel natuurlijke personen zijn onderworpen aan de Nederlandse inkomstenbelasting. De onderhavige zaak heeft dan ook slechts betrekking op dividenduitkeringen aan natuurlijke personen.

6. Van dividenden die worden uitgekeerd door in Nederland gevestigde vennootschappen, wordt inkomstenbelasting geheven door middel van inhouding aan de bron: deze belasting wordt dividendbelasting genoemd. De heffing van deze belasting is geregeld in artikel 1, lid 1, van de Wet op de dividendbelasting 1965 (*Stb*. 621):

> Onder de naam dividendbelasting wordt een directe belasting geheven van degenen, die – rechtstreeks of door middel van certificaten – gerechtigd zijn tot de opbrengst van aandelen in, en winstbewijzen en winstdelende obligaties van in Nederland gevestigde naamloze vennootschappen, besloten vennootschappen met beperkte aansprakelijkheid, open commanditaire vennootschappen en andere vennootschappen welker kapitaal geheel of ten dele in aandelen is verdeeld.

7. De dividendbelasting kan een eindheffing zijn. Dat is onder meer het geval, wanneer de dividenden op aandelen in een in Nederland gevestigde vennootschap worden uitgekeerd aan een persoon die niet onderworpen is aan de Nederlandse inkomstenbelasting.

8. Worden die dividenden daarentegen uitgekeerd aan een persoon waarop de Nederlandse inkomstenbelasting wel van toepassing is, dan is de dividendbelasting overeenkomstig artikel 63, lid 1, van de wet een voorheffing op de inkomstenbelasting. Krachtens artikel 15 van de Algemene wet inzake rijksbelastingen wordt deze voorheffing bij de vaststelling van de belasting over het totale inkomen verrekend met de belasting die over het totale inkomen verschuldigd is.

* Ook gepubliceerd in BNB 2000/329 (Burgers), FED 2000/584 (Weber).

9. In artikel 47b van de wet wordt dividend tot een bepaald bedrag vrijgesteld van de inkomstenbelasting. Deze vrijstelling is van toepassing op de opbrengst van aandelen waarop Nederlandse dividendbelasting is ingehouden, derhalve de opbrengst van aandelen van in Nederland gevestigde vennootschappen (artikel 1, lid 1, van de Wet op de dividendbelasting). De vrijstelling bedroeg aanvankelijk 500 NLG, maar werd bij de wet van 6 september 1985 (*Stb.* 504) opgetrokken tot 1000 NLG (en kan voor gehuwden 2000 NLG bedragen).

10. Ten tijde van de feiten van het hoofdgeding luidde artikel 47b van de wet als volgt:

> 1. De dividendvrijstelling geldt voor de bij de bepaling van het onzuivere inkomen als inkomsten in aanmerking genomen opbrengst van aandelen waarop dividendbelasting is ingehouden of inhouding van die belasting achterwege is gebleven ingevolge artikel 4, eerste lid, van de Wet op de dividendbelasting 1965. De dividendvrijstelling bedraagt 1000 NLG, doch niet meer dan die opbrengst, verminderd met de daarop drukkende kosten, andere dan renten van schulden en kosten van geldleningen.
> (...)
> 3. De in het eerste en het tweede lid vermelde bedragen van 1000 NLG worden ten aanzien van de belastingplichtige aan wie de in artikel 5, eerste lid, bedoelde bestanddelen van het inkomen van zijn echtgenoot worden toegerekend, verhoogd tot 2000 NLG.

11. Uit de geschiedenis van de totstandkoming van deze bepaling blijkt, dat de dividendvrijstelling (en de beperking ervan tot dividend op aandelen van in Nederland gevestigde vennootschappen) een tweeledig doel diende: in de eerste plaats was de vrijstelling bedoeld als maatregel ter verbetering van de eigen-vermogenspositie van het bedrijfsleven en ter stimulering van de belangstelling van particulieren voor Nederlandse aandelen; in de tweede plaats functioneerde de vrijstelling met name voor kleine beleggers als een maatregel die enigermate tegemoetkomt aan de dubbele heffing zoals deze in het Nederlandse belastingstelsel plaatsheeft, namelijk eerst vennootschapsbelasting over de winst bij de vennootschappen en vervolgens inkomstenbelasting bij de particuliere aandeelhouder over het door deze vennootschappen uitgekeerde dividend.

Het hoofdgeding

12. In 1991 woonde Verkooijen in Nederland en was hij in loondienst werkzaam bij Fina Nederland BV, een distributiemaatschappij van aardolieproducten, waarvan de aandelen middellijk worden gehouden door Petrofina NV, die in België is gevestigd en aldaar aan de beurs is genoteerd.

13. In het kader van een werknemersspaarplan dat openstaat voor alle werknemers van het concern, verwierf Verkooijen aandelen in Petrofina NV. Op die aandelen is in 1991 een bedrag van omgerekend ongeveer 2337 NLG aan dividend uitgekeerd, waarop 25% Belgische bronbelasting is ingehouden. In zijn aangifte voor de Nederlandse inkomstenbelasting voor 1991 heeft Verkooijen het dividend bij zijn belastbare inkomen opgegeven.

14. In de aan Verkooijen opgelegde aanslag inkomstenbelasting is door de belastinginspecteur geen toepassing gegeven aan de dividendvrijstelling op grond van de overweging, dat Verkooijen daar geen recht op had, omdat het van Petrofina NV ontvangen dividend niet aan de Nederlandse dividendbelasting was onderworpen. Aan Verkooijen is derhalve voor het jaar 1991 een aanslag inkomstenbelasting/premie volksverzekeringen opgelegd naar een belastbaar inkomen van 166 697 NLG, daaronder begrepen het totale bedrag aan dividend dat Petrofina hem had uitgekeerd.

15. In zijn bezwaarschrift tegen deze aanslag stelde Verkooijen, dat het door hem genoten dividend op grond van artikel 47b, leden 1 en 3, van de wet tot een bedrag van 2000 NLG (Verkooijen is gehuwd) moest worden vrijgesteld.

16. De belastinginspecteur wees dit bezwaar af, waarna Verkooijen beroep heeft ingesteld bij het Gerechtshof te 's-Gravenhage. Het Gerechtshof was van oordeel, dat de beperking van de dividendvrijstelling tot aandelen waarop Nederlandse dividendbelasting was ingehouden, in strijd was met de artikelen 52 en 58 EG-Verdrag (thans artikel 48 EG) en met richtlijn 88/361. Het vernietigde derhalve de afwijzende beslissing van de belastinginspecteur en verminderde de aanslag tot een aanslag naar een belastbaar inkomen van 164 697 NLG.

17. De Staatssecretaris van Financiën stelde tegen het arrest van het Gerechtshof te 's-Gravenhage beroep tot cassatie in bij de verwijzende rechter.

De toepasselijke bepalingen van gemeenschapsrecht

18. Ten tijde van de feiten van het hoofdgeding, die zich hebben afgespeeld vóór de inwerkingtreding van het Verdrag betreffende de Europese Unie, was de toepasselijke verdragsbepaling inzake het vrije verkeer van kapitaal artikel 67 EEG-Verdrag (ingetrokken bij het Verdrag van Amsterdam), dat luidde als volgt:

> Gedurende de overgangsperiode en in de mate waarin zulks voor de goede werking van de gemeenschappelijke markt nodig is, heffen de lidstaten in hun onderling verkeer geleidelijk de beperkingen op met betrekking tot het verkeer van kapitaal toebehorende aan personen die woonachtig of gevestigd zijn in de lidstaten

alsmede discriminerende behandeling op grond van nationaliteit of van de vestigingsplaats van partijen of op grond van het gebied waar het kapitaal wordt belegd.

19. Deze bepaling is uitgewerkt in verschillende richtlijnen, waaronder richtlijn 88/361, die ten tijde van de feiten van het hoofdgeding van toepassing was.

20. Artikel 1, lid 1, van deze richtlijn bepaalt:

Onverminderd de hierna volgende bepalingen heffen de lidstaten de beperkingen op met betrekking tot het kapitaalverkeer tussen ingezetenen van de lidstaten. Teneinde de toepassing van deze richtlijn te vergemakkelijken, worden de verschillende categorieën kapitaalverkeer ingedeeld volgens de nomenclatuur van bijlage I.

21. De in bijlage I bij richtlijn 88/361 vermelde kapitaalbewegingen omvatten onder meer:

I. Directe investeringen
(...)
2. Deelneming in nieuwe of bestaande ondernemingen teneinde duurzame economische betrekkingen te vestigen of te handhaven
(...)

III. Verrichtingen betreffende effecten die gewoonlijk op de kapitaalmarkt worden verhandeld (niet vallende onder de categorieën I, en V)
(...)
A. Transacties in effecten van de kapitaalmarkt
(...)
2. Verwerving door ingezetenen van ter beurze verhandelde buitenlandse effecten
(...)

22. In de inleiding tot bijlage I, laatste alinea, staat vermeld, dat de lijst van kapitaalbewegingen niet uitputtend is:

Deze nomenclatuur vormt geen limitatieve omschrijving van het begrip kapitaalverkeer; derhalve is een rubriek XIII. F. Overig kapitaalverkeer – Diversen opgenomen. De nomenclatuur mag dus niet worden geïnterpreteerd als een beperking van de draagwijdte van het beginsel van een volledige liberalisatie van het kapitaalverkeer zoals dat is neergelegd in artikel 1 van deze richtlijn.

23. Artikel 6, lid 1, van richtlijn 88/361 luidt:

1. De lidstaten treffen de nodige maatregelen om uiterlijk op 1 juli 1990 aan deze richtlijn te voldoen. Zij stellen de Commissie daarvan onverwijld in kennis. Zij stellen de Commissie eveneens in kennis van elke nieuwe maatregel of elke wijziging in de voorschriften betreffende het in bijlage I genoemde kapitaalverkeer, en doen zulks uiterlijk bij de inwerkingtreding van die maatregel of wijziging.

De prejudiciële vragen

24. In die omstandigheden heeft de Hoge Raad der Nederlanden besloten, de behandeling van de zaak te schorsen en het Hof de volgende prejudiciële vragen te stellen:

1. Dient artikel 1, lid 1, van richtlijn 88/361/EEG in samenhang met punt I, sub 2, van bijlage I bij die richtlijn, aldus te worden uitgelegd dat een beperking voortvloeiend uit een bepaling in de wetgeving op de inkomstenbelasting van een lidstaat die dividenden tot op zekere hoogte vrijstelt van de heffing van inkomstenbelasting bij de aandeelhouders, maar die vrijstelling beperkt tot dividenden op aandelen van in die lidstaat gevestigde vennootschappen, gelet op artikel 6, lid 1, van voormelde richtlijn, sinds 1 juli 1990 verboden is?
2. Indien vraag 1 ontkennend wordt beantwoord, dienen de artikelen 6 en/of 52 EG-Verdrag aldus te worden uitgelegd, dat een beperkende bepaling als in vraag 1 bedoeld, daarmee onverenigbaar is?
3. Maakt het voor de beantwoording van bovengenoemde vragen verschil of op toepassing van zodanige vrijstellingsbepaling aanspraak wordt gemaakt door een gewone aandeelhouder dan wel door een werknemer (van een dochtermaatschappij), die de betrokken aandelen houdt in het kader van een werknemersspaarplan?

De eerste prejudiciële vraag

25. Met deze vraag wenst de verwijzende rechter in wezen te vernemen, of artikel 1, lid 1, van richtlijn 88/361 in de weg staat aan een wettelijke bepaling van een lidstaat als in het hoofdgeding aan de orde is, die de verlening van vrijstelling van de heffing van inkomstenbelasting ter zake van aan natuurlijke personen/aandeelhouders uitgekeerde dividenden afhankelijk stelt van de voorwaarde, dat die dividenden zijn uitgekeerd door in die lidstaat gevestigde vennootschappen.

26. In de eerste plaats moet worden nagegaan, of de situatie van een onderdaan van een lidstaat die aldaar woonachtig is en die dividend ontvangt op aandelen in een in een andere lidstaat gevestigde vennootschap, valt onder richtlijn 88/361 die uitvoering geeft aan artikel 67 van het Verdrag.

27. Het Verdrag geeft geen nadere omschrijving van het begrip kapitaalverkeer. Bijlage I bij richtlijn 88/361 bevat evenwel een niet-uitputtende lijst van verrichtingen die zijn aan te merken als kapitaalverkeer in de zin van artikel 1 van de richtlijn.

28. Ofschoon de ontvangst van dividend niet met zoveel woorden in de nomenclatuur van de bijlage bij richtlijn 88/361 als kapitaalverkeer wordt vermeld, veronderstelt die ontvangst toch noodzakelijkerwijs de deelneming in nieuwe of bestaande ondernemingen, als bedoeld in bijlage I, punt 2, van de nomenclatuur.

29. Aangezien in het hoofdgeding de vennootschap die het dividend uitkeert, in een andere lidstaat dan Nederland gevestigd en aan de beurs genoteerd is, kan de ontvangst van dividend op aandelen in deze vennootschap door een Nederlands onderdaan bovendien ook worden ingedeeld onder Verwerving door ingezetenen van ter beurze verhandelde buitenlandse effecten, als bedoeld in punt III, A, punt 2, van de nomen-clatuur, zoals Verkooijen, de regering van het Verenigd Koninkrijk en de Commissie betogen. Een dergelijke verrichting is dus onlosmakelijk verbonden met een kapitaalbeweging.

30. De ontvangst van dividend door een onderdaan-ingezetene van een lidstaat op aandelen in een in een andere lidstaat gevestigde vennootschap valt bijgevolg onder richtlijn 88/361.

31. In de tweede plaats moet worden onderzocht, of de weigering van een lidstaat om de dividendvrijstelling te verlenen aan zijn belastingplichtigen die dividend op aandelen van in een andere lidstaat gevestigde vennootschappen ontvangen, een beperking van het kapitaalverkeer in de zin van artikel 1 van richtlijn 88/361 oplevert.

32. Om te beginnen zij eraan herinnerd, dat ofschoon de directe belastingen tot de bevoegdheid van de lidstaten behoren, deze niettemin verplicht zijn die bevoegdheid in overeenstemming met het gemeenschapsrecht uit te oefenen (arresten van 11 augustus 1995, Wielockx, C-80/94, *Jurispr.* blz. I-2493, punt 16; 16 juli 1998, ICI, C-264/96, *Jurispr.* blz. I-4695, punt 19, en 29 april 1999, Royal Bank of Scotland, C-311/97, *Jurispr.* blz. I-2651, punt 19).

33. Richtlijn 88/361, die ten tijde van de feiten van het hoofdgeding gold, heeft een volledige liberalisering van het kapitaalverkeer tot stand gebracht en de lidstaten daartoe bij artikel 1, lid 1, de verplichting opgelegd, alle beperkingen met betrekking tot het kapitaalverkeer op te heffen. De rechtstreekse werking van deze bepaling is door het Hof vastgesteld in het arrest van 23 februari 1995, Bordessa e.a. (C-358/93 en C-416/93, *Jurispr.* blz. I-361, punt 33).

34. Door een wettelijke bepaling als de onderhavige worden echter de onderdanen van een lidstaat die in Nederland wonen, ervan afgeschrikt hun kapitaal te beleggen in vennootschappen die in een andere lidstaat gevestigd zijn. Overigens blijkt uit de geschiedenis van de totstandkoming van deze bepaling duidelijk, dat de dividendvrijstelling en de beperking ervan tot dividenden op aandelen van in Nederland gevestigde vennootschappen juist beoogden de particulieren te stimuleren om in het Nederlandse bedrijfsleven te investeren ter versterking van de eigen-vermogenspositie daarvan.

35. Een dergelijke bepaling heeft ook een restrictief gevolg voor in andere lidstaten gevestigde vennootschappen, inzoverre zij hen belemmert in het bijeenbrengen van kapitaal in Nederland. Aangezien de door hen aan Nederlandse ingezetenen uitgekeerde dividenden fiscaal ongunstiger worden behandeld dan de door een in Nederland gevestigde vennootschap uitgekeerde dividenden, zijn hun aandelen voor de in Nederland wonende belegger minder aantrekkelijk dan die van in die lidstaat gevestigde vennootschappen.

36. Wordt derhalve de toekenning van een fiscaal voordeel als de dividendvrijstelling bij de heffing van inkomstenbelasting van natuurlijke personen/aandeelhouders afhankelijk gesteld van de voorwaarde, dat de dividenden afkomstig zijn van op het nationale grondgebied gevestigde vennootschappen, dan vormt dit een bij artikel 1 van richtlijn 88/361 verboden beperking van het kapitaalverkeer.

37. De regeringen die opmerkingen bij het Hof hebben ingediend, zijn van mening, dat indien een nationale bepaling als die met betrekking tot de dividendvrijstelling al moest worden aangemerkt als een beperking in de zin van richtlijn 88/361, bij de uitlegging van het ten tijde van de feiten van het hoofdgeding geldende gemeenschapsrecht nochtans tevens rekening zou moeten worden gehouden met de communautaire regeling, die op 1 januari 1994 in werking is getreden, inzonderheid met artikel 73 D, lid 1, sub a, EG-Verdrag (thans artikel 58, lid 1, sub a, EG).

38. Om te beginnen merkt de Nederlandse regering op, dat laatstgenoemde bepaling als uitzondering op het verbod van alle beperkingen van het kapitaalverkeer tussen lidstaten onderling in artikel 73 B EG-Verdrag (thans artikel 56 EG), de lidstaten toestaat de terzake dienende bepalingen van hun belastingwetgeving toe te passen die onderscheid maken tussen belastingplichtigen die niet in dezelfde situatie verkeren met betrekking tot hun vestigingsplaats of de plaats waar hun kapitaal is belegd. Blijkens verklaring nr. 7, gehecht aan de slotakte van het Verdrag betreffende de Europese Unie, staat artikel 73 D, lid 1, sub a, van het Verdrag toe, dat de vóór de inwerking-

treding ervan geldende fiscale bepalingen van de lidstaten onderscheid blijven maken tussen de belastingplichtigen al naar gelang hun woonplaats of de plaats waar zij hun beleggingen hebben uitstaan.

39. Vervolgens stellen zowel de Nederlandse regering als de regering van het Verenigd Koninkrijk, dat de artikelen 73 B tot en met 73 G EG-Verdrag (artikel 73 C EG-Verdrag is thans artikel 57 EG, artikel 73 E EG-Verdrag is ingetrokken bij het Verdrag van Amsterdam en de artikelen 73 F en 73 G EG-Verdrag zijn thans de artikelen 59 EG en 60 EG), die bij het Verdrag betreffende de Europese Unie zijn ingevoerd, moeten worden gezien als een stap vooruit in het proces van liberalisering van het kapitaalverkeer of althans als een weergave van de stand van het voordien geldende recht door constitutionalisering of codificatie van de bestaande beginselen; zij kunnen geen stap terug betekenen.

40. In hun opvatting bestond de in artikel 73 D, lid 1, sub a, van het Verdrag erkende mogelijkheid om nationale fiscale bepalingen toe te passen die onderscheid maken tussen de belastingplichtigen al naar gelang hun woonplaats of de plaats waar hun kapitaal is belegd, derhalve reeds vóór de inwerkingtreding van deze bepaling, en met name onder de vigeur van richtlijn 88/361.

41. Volgens deze regeringen is een wettelijke bepaling als de onderhavige, die voor de verlening van de dividendvrijstelling onderscheid maakt tussen belastingplichtigen die niet in dezelfde situatie verkeren met betrekking tot de plaats waar zij hun kapitaal hebben belegd, niet in strijd met het gemeenschapsrecht.

42. Daar de feiten van het hoofdgeding dateren van vóór de inwerkingtreding van het Verdrag betreffende de Europese Unie, moet de verenigbaarheid van een wettelijke bepaling als in het hoofdgeding aan de orde is, uitsluitend aan de bepalingen van het EEG-Verdrag en van richtlijn 88/361 worden getoetst.

43. Overigens is de bij artikel 73 D, lid 1, sub a, van het Verdrag aan de lidstaten toegekende mogelijkheid, de terzake dienende bepalingen van hun belastingwetgeving toe te passen die onderscheid maken tussen belastingplichtigen die niet in dezelfde situatie verkeren met betrekking tot hun vestigingsplaats of de plaats waar hun kapitaal is belegd, reeds door het Hof erkend. Immers, volgens zijn rechtspraak konden reeds vóór de inwerkingtreding van artikel 73 D, lid 1, sub a, van het Verdrag nationale fiscale bepalingen van het in dit artikel bedoelde type, waarin bepaalde onderscheidingen werden gemaakt onder meer op grond van de woonplaats van de belastingplichtigen, verenigbaar zijn met het gemeenschapsrecht wanneer zij van toepassing waren op situaties die niet objectief vergelijkbaar waren (zie, onder meer, arrest van 14 februari 1995, Schumacker, C-279/93, *Jurispr.* blz. I-225) of wanneer zij konden worden gerechtvaardigd door dwingende redenen van algemeen belang, onder meer uit hoofde van de samenhang van het belastingstelsel (arresten van 28 januari 1992, Bachmann, C-204/90, *Jurispr.* blz. I-249, en Commissie/België, C-300/90, *Jurispr.* blz. I-305).

44. Hoe dan ook, artikel 73 D, lid 3, van het Verdrag bepaalt, dat de in artikel 73 D, lid 1, sub a, bedoelde nationale bepalingen geen middel tot willekeurige discriminatie mogen vormen, noch een verkapte beperking van het vrije kapitaalverkeer en betalingsverkeer als omschreven in artikel 73 B.

45. Bovendien is het argument dat de in artikel 73 D, lid 3, van het Verdrag vermelde maatregelen en procedures niet zouden terugslaan op artikel 73 D, lid 1, sub a, waarin het woord bepalingen wordt genoemd, niet steekhoudend. Afgezien van het feit dat het moeilijk is onderscheid te maken tussen maatregelen en bepalingen, komen de woorden maatregelen en procedures nergens voor in artikel 73 D, lid 2, hoewel artikel 73 D, lid 3, uitdrukkelijk naar dat lid verwijst.

46. Derhalve moet worden onderzocht, of de beperking van het kapitaalverkeer als gevolg van een wettelijke bepaling als de in het hoofdgeding aan de orde zijnde, objectief kan worden gerechtvaardigd door een dwingende reden van algemeen belang.

47. De regering van het Verenigd Koninkrijk betoogt in de eerste plaats, dat een wettelijke bepaling als de onderhavige gerechtvaardigd is uit hoofde van haar doel, de economie van het land te bevorderen door particulieren aan te moedigen te investeren in vennootschappen die in Nederland gevestigd zijn.

48. In dit verband volstaat de opmerking, dat volgens vaste rechtspraak een zuiver economische doelstelling geen dwingende reden van algemeen belang kan vormen waardoor een belemmering van een door het Verdrag gewaarborgde fundamentele vrijheid gerechtvaardigd kan zijn (arresten van 28 april 1998, Decker, C-120/95, *Jurispr.* blz. I-1831, punt 39, en Kohll, C-158/96, *Jurispr.* blz. I-1931, punt 41).

49. In de tweede plaats betogen alle regeringen die opmerkingen hebben ingediend, dat de beperking van de dividendvrijstelling tot uitsluitend dividenden die door in Nederland gevestigde vennootschappen worden uitgekeerd, wordt gerechtvaardigd door de noodzaak om de samenhang van het Nederlandse belastingstelsel te behouden.

50. Volgens hen beoogt de dividendvrijstelling de gevolgen van een dubbele belastingheffing te verzachten die (in economisch opzicht) zou ontstaan doordat bij de vennootschap vennootschapsbelasting over de behaalde winst en bij de natuurlijke persoon/aandeelhouder inkomstenbelasting over de in de vorm van dividend uitgedeelde winst wordt geheven.

51. De dividendvrijstelling is beperkt tot belastingplichtigen die dividenden ontvangen op aandelen van in Nederland gevestigde vennootschappen, omdat enkel de door laatstgenoemden behaalde winst in Nederland wordt belast. Wanneer de dividend uitkerende vennootschap in een andere lidstaat is gevestigd, wordt over de behaalde winst in die lidstaat belasting geheven, zodat er in Nederland geen dubbele belastingheffing gecompenseerd behoeft te worden.

52. De Nederlandse regering heeft ter terechtzitting ook betoogd, dat de door een andere lidstaat dan Nederland over de winst van vennootschappen geheven belasting niet kan worden gecompenseerd door de dividendvrijstelling aan Nederlandse ingezetenen-aandeelhouders van die vennootschappen toe te kennen, omdat de Nederlandse fiscus anders automatisch belastinginkomsten zou derven, daar hij niet de belasting over de winst van de dividend uitkerende vennootschappen ontvangt.

53. In dezelfde lijn heeft de regering van het Verenigd Koninkrijk betoogd, dat indien de Nederlandse belastingautoriteiten de dividendvrijstelling moesten verlenen voor dividenden op aandelen van een niet in Nederland gevestigde vennootschap, die dividenden volledig aan de Nederlandse belasting zouden ontsnappen.

54. De Nederlandse regering heeft hieraan nog toegevoegd, dat belastingplichtigen die aandeelhouder zijn van in andere lidstaten gevestigde vennootschappen, bij toepassing van de dividendvrijstelling mogelijk een dubbel voordeel zouden genieten, omdat zij zowel in de lidstaat waar het dividend wordt uitgekeerd, als in de lidstaat waar het wordt ontvangen, namelijk Nederland, in aanmerking kunnen komen voor tegemoetkomingen.

55. Deze argumenten kunnen niet slagen.

56. Wat het gestelde inzake de samenhang van het Nederlandse belastingstelsel betreft, zij opgemerkt, dat de noodzaak de samenhang van een belastingstelsel te verzekeren, weliswaar een rechtvaardigingsgrond kan zijn voor een regeling die de fundamentele vrijheden beperkt, zoals het Hof heeft uitgemaakt (arresten Bachmann en Commissie/België, reeds aangehaald), doch dat dit in casu niet het geval is.

57. In de zaken Bachmann en Commissie/België (reeds aangehaald) bestond namelijk een rechtstreeks verband tussen de toekenning van een fiscaal voordeel en de compensatie van dit voordeel door een fiscale heffing, die beide in het kader van dezelfde belasting plaatsvonden en dezelfde belastingplichtige betroffen. In dat geval ging het om het verband tussen de aftrekbaarheid van de in het kader van ouderdoms- en overlijdensverzekeringen voldane premies en de belastingheffing over de terzake ontvangen bedragen, een verband dat behouden diende te blijven om de samenhang van het betrokken belastingstelsel te handhaven.

58. In casu ontbreekt een zodanig rechtstreeks verband tussen de vrijstelling van dividenden van de heffing van inkomstenbelasting bij in Nederland wonende aandeelhouders en de belastingheffing op de winst van in andere lidstaten gevestigde vennootschappen. Het gaat om twee afzonderlijke belastingen met verschillende belastingplichtigen.

59. Wat de inkomstenderving betreft, die voor Nederland zou voortvloeien uit de verlening van de dividendvrijstelling aan zijn ingezetenen-aandeelhouders in in andere lidstaten gevestigde vennootschappen, volstaat de opmerking, dat vermindering van de belastinginkomsten niet kan worden aangemerkt als een dwingende reden van algemeen belang die kan worden ingeroepen ter rechtvaardiging van een in beginsel met een fundamentele vrijheid strijdige maatregel (zie, in die zin, voor artikel 52 van het Verdrag, arrest ICI, reeds aangehaald, punt 28).

60. Ten aanzien van het in punt 53 van dit arrest vermelde argument van de regering van het Verenigd Koninkrijk moet worden opgemerkt, dat ingeval een in Nederland wonend natuurlijk persoon opbrengsten ontvangt op aandelen in in een andere lidstaat gevestigde vennootschappen, die opbrengsten niet stelselmatig aan de Nederlandse belasting ontsnappen bij toekenning van de dividendvrijstelling; dat zou enkel het geval zijn, indien de aan de Nederlandse inkomstenbelasting onderworpen aandeelhouder van de in een andere lidstaat gevestigde vennootschap een bedrag aan dividend ontvangt, dat – na eventuele omrekening – het vrijstellingsbedrag (1000 of 2000 NLG) niet overschrijdt; hij zou dan in dezelfde situatie verkeren alsof hij dividend van in Nederland gevestigde vennootschappen had ontvangen.

61. Met betrekking tot het gestelde omtrent een eventueel fiscaal voordeel voor de belastingplichtigen die in Nederland dividend ontvangen van in een andere lidstaat gevestigde vennootschappen, zij ten slotte enkel opgemerkt, dat volgens vaste rechtspraak een ongunstige fiscale behandeling die in strijd is met een fundamentele vrijheid, niet kan worden gerechtvaardigd door andere fiscale voordelen, als die voordelen al bestaan [zie, in die zin, voor artikel 52 van het Verdrag, arresten van 28 januari 1986, Commissie/Frankrijk, 270/83, *Jurispr.* blz. 273, punt 21; 27 juni 1996, Asscher, C-107/94, *Jurispr.* blz. I-3089, punt 53, en 21 september 1999, Saint-Gobain ZN, C-307/97, *Jurispr.* blz. I-6161, punt 54; zie, voor artikel 59 EG-Verdrag (thans, na wijziging, artikel 49 EG), arrest van 26 oktober 1999, Eurowings Luftverkehrs, C-294/97, nog niet gepubliceerd in de *Jurisprudentie*, punt 44].

62. Mitsdien moet op de eerste vraag worden geantwoord, dat artikel 1, lid 1, van richtlijn 88/361 in de weg staat aan een wettelijke bepaling van een lidstaat als in het hoofdgeding aan de orde is, die de verlening van een vrijstelling van de heffing van inkomstenbelasting ter zake van aan natuurlijke personen/aandeelhouders uitgekeerde

dividenden afhankelijk stelt van de voorwaarde, dat die dividenden zijn uitgekeerd door in die lidstaat gevestigde vennootschappen.

De tweede prejudiciële vraag

63. Gelet op het antwoord op de eerste vraag behoeft de tweede vraag niet te worden beantwoord.

De derde prejudiciële vraag

64. Met deze vraag wenst de verwijzende rechter te vernemen, of het voor de beantwoording van de eerste vraag verschil maakt, of de belastingplichtige die op deze vrijstelling aanspraak maakt, een gewone aandeelhouder is dan wel een werknemer die de aandelen waarop het dividend is uitgekeerd, houdt in het kader van een werknemersspaarplan.

65. Alle partijen die opmerkingen hebben ingediend, hebben gesteld, dat de omstandigheid dat de natuurlijke persoon die aanspraak maakt op een fiscaal voordeel als de dividendvrijstelling, een gewone aandeelhouder is dan wel een werknemer die de aandelen waarop het dividend is uitgekeerd, heeft verworven in het kader van een werknemersspaarplan, irrelevant is voor het antwoord op de eerste twee prejudiciële vragen.

66. Inderdaad wordt de dividendvrijstelling door de onderhavige nationale bepaling uitgesloten voor elke belastingplichtige voor de Nederlandse inkomstenbelasting die dividend van een in een andere lidstaat gevestigde vennootschap ontvangt, ongeacht of hij een gewone aandeelhouder is dan wel een werknemer die zijn aandelen heeft verworven in het kader van een werknemersspaarplan.

67. Daar op de eerste vraag is geantwoord, dat die bepaling een met het gemeenschapsrecht strijdige beperking van het vrije kapitaalverkeer oplevert ongeacht de hoedanigheid van de aandeelhouder, moet het antwoord op de derde vraag luiden, dat het in dit opzicht geen verschil maakt, of de belastingplichtige een gewone aandeelhouder is dan wel een werknemer die de aandelen waarop het dividend is uitgekeerd, houdt in het kader van een werknemersspaarplan.

Kosten

68. ...

HET HOF VAN JUSTITIE

uitspraak doende op de door de Hoge Raad der Nederlanden bij arrest van 11 februari 1998 gestelde vragen, verklaart voor recht:

Artikel 1, lid 1, van richtlijn 88/361/EEG van de Raad van 24 juni 1988 voor de uitvoering van artikel 67 van het Verdrag, staat in de weg aan een wettelijke bepaling van een lidstaat als in het hoofdgeding aan de orde is, die de verlening van vrijstelling van de heffing van inkomstenbelasting ter zake van aan natuurlijke personen/aandeelhouders uitgekeerde dividenden afhankelijk stelt van de voorwaarde, dat die dividenden zijn uitgekeerd door vennootschappen die in die lidstaat gevestigd zijn.

Het maakt in dit opzicht geen verschil, of de belastingplichtige die aanspraak maakt op toepassing van een dergelijke vrijstelling, een gewone aandeelhouder is dan wel een werknemer die de aandelen waarop het dividend is uitgekeerd, houdt in het kader van een werknemersspaarplan.

HvJ EG 8 juni 2000, zaak C-375/98*
(Ministério Pûblico Fazenda Pûblica v. Epson Europe BV)

Vijfde kamer: *D. A. O. Edward, kamerpresident, L. Sevón, P. J. G. Kapteyn, P. Jann (rapporteur) en M. Wathelet, rechters*
Advocaat-generaal: *G. Cosmas*

1. Bij beschikking van 23 september 1998, ingekomen bij het Hof op 19 oktober daaraanvolgend, heeft het Supremo Tribunal Administrativo krachtens artikel 177 EG-Verdrag (thans artikel 234 EG) een prejudiciële vraag gesteld over de uitlegging van artikel 5, lid 4, van richtlijn 90/435/EEG van de Raad van 23 juli 1990 betreffende de gemeenschappelijke fiscale regeling voor moedermaatschappijen en dochterondernemingen uit verschillende lidstaten (*PB* L 225, blz. 6; hierna: richtlijn).

2. Die vraag is gerezen in een geding tussen Fazenda Pûblica (Portugese belastingdienst) en Epson Europe BV (hierna: Epson Europe), een vennootschap naar Nederlands recht, die een deelneming van meer dan 25 % bezit in het kapitaal van Epson Portugal SA (hierna: Epson Portugal), een vennootschap naar Portugees recht, naar aanleiding van de heffing van belasting over door laatstgenoemde aan Epson Europe uitgekeerde winsten.

De gemeenschapsregeling

3. Artikel 5 van de richtlijn bepaalt:

'1. De door een dochteronderneming aan de moedermaatschappij uitgekeerde winst wordt, althans wanneer laatstgenoemde een minimumdeelneming van 25 % bezit in het kapitaal van de dochteronderneming, van bronbelasting vrijgesteld.
(...)
4. In afwijking van lid 1 mag de Portugese Republiek op de winst die door haar dochterondernemingen aan moedermaatschappijen uit andere lidstaten wordt uitgekeerd, een inhouding aan de bron toepassen tot uiterlijk het einde van het achtste jaar volgende op de datum waarop de onderhavige richtlijn van toepassing wordt 1 januari 1992).
Behoudens de bepalingen van bestaande bilaterale overeenkomsten tussen Portugal en een lidstaat mag deze heffing ten hoogste 15 % bedragen gedurende de eerste vijf jaar van de in de eerste alinea bedoelde periode [1992 tot en met 1996] en 10% gedurende de laatste drie jaar [1997 tot en met 1999].
Vóór het einde van het achtste jaar neemt de Raad, op voorstel van de Commissie, met eenparigheid van stemmen een besluit over een eventuele verlenging van de bepalingen van dit lid.'

4. Artikel 2 van de richtlijn bepaalt:

'Voor de toepassing van deze richtlijn wordt onder de term 'vennootschap van een lidstaat' verstaan iedere vennootschap:
(...)
c. die bovendien, onderworpen is aan een van de volgende belastingen:
(...)
– imposto sobre o rendimento das pessoas colectivas [vennootschapsbelasting; hierna: 'IRC' in Portugal],
(...)
of aan enige andere belasting die in de plaats zou treden van een van bovengenoemde belastingen.'

De nationale regeling

5. De richtlijn is, wat de IRC betreft, in Portugees recht omgezet bij wetsbesluit nr. 123/92 van 2 juli 1992 (Diário da Repûblica I, serie A, nr. 150, blz. 3148), waarbij artikel 69, lid 2, sub c, van de código do imposto sobre o rendimento das pessoas colectivas (wet op de vennootschapsbelasting), is gewijzigd als volgt:

'Over de inkomsten van vennootschappen die hun zetel of hun werkelijk bestuur niet op Portugees grondgebied hebben, en die aldaar geen vaste vestiging bezitten waaraan die inkomsten kunnen worden toegerekend, bedraagt het tarief van de vennootschapsbelasting 25 %, met uitzondering van de volgende inkomsten:
(...)
c. de winsten die een op het Portugese grondgebied gevestigde vennootschap die aan de voorwaarden van artikel 2 van richtlijn 90/435/EEG van 23 juli 1990 voldoet, ter beschikking stelt van een in een andere lidstaat gevestigde vennootschap die aan dezelfde voorwaarden voldoet en die in het kapitaal van eerstbedoelde vennootschap gedurende twee opeenvolgende jaren of sinds de oprichting van de dochteronderneming een deelneming van minimaal 25% bezit, met dien verstande dat in dat laatste geval de deelneming wordt gehand-

* Ook gepubliceerd in V-N 2000/29.36.

haafd gedurende die periode, waarin het tarief van de vennootschapsbelasting, onder voorbehoud van de geldende bilaterale overeenkomsten, 15 % tot en met 31 december 1996 en 10% van 1 januari 1997 tot en met 31 december 1999 bedraagt.'

6. Bij de omzetting van de richtlijn zijn de artikelen 182 en 184 van de código do imposto municipal da sisa e do imposto sobre as sucessões e doacções (wet inzake de gemeentebelasting op overdrachten en inzake successie- en schenkingsrechten; hierna: CIMSISD), evenwel ongewijzigd gebleven. Die bepalingen voorzien in de heffing van successie- en schenkingsrechten bij de overdracht om niet van aandelen van vennootschappen (hierna: ISD), welke rechten bij elke winstuitkering worden geheven over dividenden uitgekeerd door vennootschappen met zetel in Portugal.

7. Artikel 182 CIMSISD bepaalt dienaangaande:

'Door middel van inhoudingen op de opbrengst van waardepapieren zal een forfaitair bedrag aan belasting worden geheven op de overdracht om niet
(...)
c. van aandelen van vennootschappen met zetel in Portugal.
Enige paragraaf
De belasting op de overdracht van waardepapieren die geen recht op een opbrengst geven wordt volgens de gewone regels geheven en ingevorderd.'

8. Artikel 184 van de CIMSISD, getiteld Percentage van de belasting. Inhouding aan de bron, luidt als volgt:

'Het forfaitair bedrag bedraagt 5% van rente, dividenden of elke andere opbrengst van waardepapieren en moet op die opbrengst worden ingehouden door de organen die de betrokken uitkering moeten verrichten. (...)'

Het hoofdgeding en de prejudiciële vraag

9. Bij besluit van 31 maart 1993 besloot Epson Portugal een bedrag van 80 000 000 PTE aan dividenden uit te keren, zijnde 1066,66 PTE per aandeel. De aan Epson Europa uitgekeerde dividenden bedroegen 40 795 733 PTE. Daarop is 15 % IRC ingehouden, zijnde een bedrag van 6 119 360 PTE, en 5% ISD, overeenkomend met een bedrag van 2 039 786 PTE.

10. Van mening dat zij ten onrechte ISD moest betalen, omdat de richtlijn zich sinds 1 januari 1992 ertegen verzet dat de inhouding aan de bron meer bedraagt dan 15% van de dividenden die door in Portugal gevestigde dochterondernemingen worden uitgekeerd aan moedermaatschappijen uit andere lidstaten, stelde Epson Europe beroep in bij het Tribunal Tributário de Primeira Instância do Porto, en vorderde zij de terugbetaling van uit hoofde van die belasting onverschuldigd betaalde bedragen.

11. Het Tribunel Tributário wees het beroep volledig toe, omdat het bedrag van de heffing dat de Portugese Republiek krachtens de bij artikel 5, lid 4, van de richtlijn vastgestelde afwijking mocht heffen, was bereikt door de inhouding aan de bron die Epson Europe uit hoofde van de IRC moest betalen, en de richtlijn elke nuttige werking zou worden ontnomen indien daar bovenop ook nog ISD werd geheven.

12. Fazenda Pûblica ging tegen dat vonnis in beroep bij het Supremo Tribunal Administrativo. Het Supremo Tribunal koesterde twijfels omtrent de vraag, of de richtlijn eveneens de ISD dekt, en dus of de Portugese Republiek bij de omzetting van de richtlijn een vergissing heeft begaan door met de regels van de richtlijn enkel rekening te houden voor de onderwerping van uitgekeerde dividenden aan de IRC en niet voor de onderwerping ervan aan de ISD. De grondslag voor laatstgenoemde belasting is eveneens het inkomen, nu zij wordt geheven in de vorm van een inhouding aan de bron van 5 % over dividenden of elke andere opbrengst van waardepapieren. In feite gaat het dus ook om een belasting over het inkomen, bovenop de IRC, niettegenstaande haar benaming successie- en schenkingsrecht.

13. Uit de stukken blijkt, dat de verhouding moedermaatschappij-dochteronderneming tussen de vennootschappen Epson Europa en Epson Portugal binnen de werkingssfeer van de richtlijn valt, omdat aan alle voorwaarden dienaangaande is voldaan.

14. In die omstandigheden besloot het Supremo Tribunal Administrativo de behandeling van de zaak te schorsen en het Hof de volgende prejudiciële vraag te stellen:

Moet artikel 5, lid 4, van richtlijn 90/435/EEG van de Raad van 23 juli 1990 betreffende de gemeenschappelijke fiscale regeling voor moedermaatschappijen en dochterondernemingen uit verschillende lidstaten, voor zover daarin de maximale afwijkingen voor Portugal op 15% en 10% worden vastgesteld, aldus worden uitgelegd, dat die maxima enkel betrekking hebben op de heffing van de vennootschapsbelasting (in Portugal), of doelt het artikel op elke belasting op de dividendopbrengst van aandelen, ongeacht in welke wet dat is geregeld?

15. Met zijn vraag wenst de verwijzende rechter in wezen te vernemen, of artikel 5, lid 4, van de richtlijn, voor zover daarin het bedrag van de inhouding aan de bron over winsten die door in Portugal gevestigde dochteronder-

nemingen aan moedermaatschappijen uit andere lidstaten worden uitgekeerd, wordt beperkt tot 15% en 10%, aldus moet worden uitgelegd, dat die afwijking enkel betrekking heeft op de IRC, dan wel of die bepaling elke belasting, ongeacht de aard of de benaming ervan, in de vorm van een inhouding aan de bron op de door die dochterondernemingen uitgekeerde dividenden betreft.

16. Epson Europe en de Commissie betogen, dat de ISD binnen de werkingssfeer van de richtlijn valt, en in casu dus niet mag worden geheven. Artikel 5, lid 4, van de richtlijn, dat volgens de bewoordingen ervan betrekking heeft op elke inhouding aan de bron, en niet enkel op de belastingen over inkomsten of winsten als zodanig, betreft elke belasting in de vorm van een inhouding aan de bron over dividenden die door een in Portugal gevestigde dochteronderneming worden uitgekeerd aan haar moedermaatschappij uit een andere lidstaat. Gelet op de kenmerken ervan, is de ISD een echte inkomstenbelasting en geen belasting op de vermogensoverdracht. Weliswaar vond de ISD in het verleden haar rechtvaardiging in de onmogelijkheid om de overdracht van waardepapieren te belasten, doch die vervangende belasting is thans overbodig geworden en is in het Portugees belastingstelsel zelf kennelijk niet meer op haar plaats.

17. De Commissie voegt hieraan toe, dat de richtlijn overeenkomstig het beginsel van belastingneutraliteit, strekt tot voorkoming van dubbele belasting in het kader van een betrekking tussen een moedermaatschappij en haar dochteronderneming wanneer zij in twee verschillende lidstaten zijn gevestigd, hetgeen ondernemingen in staat stelt zich aan te passen aan de eisen van de gemeenschappelijke markt en hergroepering van vennootschappen uit meerdere lidstaten vergemakkelijkt. Door dividenden met ISD te belasten zou die doelstelling echter volledig kunnen verwateren en zou de richtlijn elke nuttige werking worden ontnomen.

18. Daarentegen zijn Fazenda Pûblica en de Portugese regering van mening, dat artikel 5, leden 1 en 4, van de richtlijn niet op de ISD van toepassing zijn. Die belasting vormt een specifieke regeling, en de invordering ervan berust op de kapitalisatiefactor van de dividenden. De belasting drukt niet op de opbrengst maar op de waarde van het waardepapier. De heffing wordt vastgesteld door middel van een kapitalisatiefactor, wat niet hetzelfde is als de heffing op de aandelenopbrengst. De in het hoofdgeding aan de orde zijnde belasting is dus een belasting op vermogensoverdrachten om niet; dat zij wordt berekend op basis van de opbrengsten ontneemt haar niet het kenmerk van een echt successie- en schenkingsrecht.

19. De Portugese regering stelt eveneens, dat uit de onderhandelingen die tot de vaststelling van de richtlijn hebben geleid volgt, dat de in het hoofdgeding aan de orde zijnde belasting werd geacht van de werkingssfeer van de richtlijn te zijn uitgesloten. Daarvoor beroept zij zich op een aantal documenten, waaruit zou volgen, dat de Portugese regering bij de totstandkoming van de richtlijn duidelijk te kennen heeft gegeven, dat zij de ISD aan de werkingssfeer van de richtlijn wilde onttrekken, en dat de Raad zich daartegen niet heeft verzet.

20. Vooraf zij eraan herinnerd, dat de richtlijn, zoals met name uit de derde overweging van de considerans blijkt, beoogt door de invoering van een gemeenschappelijke fiscale regeling elke benadeling van de samenwerking tussen vennootschappen uit verschillende lidstaten ten opzichte van de samenwerking tussen vennootschappen van eenzelfde lidstaat op te heffen, en aldus de hergroepering van vennootschappen op communautair niveau te vergemakkelijken. Aldus bepaalt artikel 5, lid 1, van de richtlijn dat ter voorkoming van dubbele belasting de winstuitkering in de staat van de dochteronderneming is vrijgesteld van bronbelasting (arrest van 17 oktober 1996, Denkavit e.a., C-283/94, C-291/94 en C-292/94, *Jurispr.* blz. I-5063, punt 22).

21. Dienaangaande moet worden vastgesteld, dat de Portugese Republiek gedurende een overgangsperiode heeft kunnen profiteren van een afwijking van de regel van artikel 5, lid 1, van de richtlijn, nu zij krachtens lid 4 van dat artikel een bepaalde belasting op de winsten die door in Portugal gevestigde dochterondernemingen aan moedermaatschappijen uit andere lidstaten werden uitgekeerd, mocht handhaven tot en met 31 december 1999, te weten een inhouding aan de bron van 15% gedurende de jaren 1992 tot en met 1996 en van 10% gedurende de jaren 1997 tot en met 1999. Uit de vijfde overweging van de considerans van de richtlijn volgt, dat die tijdelijke afwijking om budgettaire redenen is ingevoerd. Wat de Portugese Republiek betreft, is in de richtlijn geen enkele andere afwijking genoemd.

22. Teneinde te beoordelen of de heffing van ISD op uitgekeerde winsten onder artikel 5, lid 1, van de richtlijn valt, moet inzonderheid te rade worden gegaan met de bewoordingen van die bepaling. Het daarin opgenomen begrip inhouding aan de bron is niet beperkt tot nauwkeurig bepaalde soorten van nationale belastingen. In het bijzonder worden in artikel 2, sub c, van de richtlijn, met het oog op de aanwijzing van de vennootschappen van de lidstaten die geacht worden binnen de werkingssfeer van de richtlijn te vallen, de nationale belastingen genoemd waaraan die vennootschappen normaal zijn onderworpen. In Portugal gaat het om de imposto sobre o rendimento das pessoas colectivas, dat wil zeggen de IRC. Toch mag daaruit niet worden afgeleid, dat andere belastingen met dezelfde werking geoorloofd zijn, te meer omdat in artikel 2, in fine, uitdrukkelijk sprake is van enige andere belasting die in de plaats zou treden van een van bovengenoemde belastingen.

23. Immers, uit de verwijzingsbeschikking en uit de krachtens artikel 20 van 's Hofs Statuut-EG ingediende opmerkingen volgt, dat de ISD een bronbelasting is, en dat het belastbare feit de uitkering van dividenden of elke andere opbrengst van waardepapieren is, dat de grondslag van die belasting de opbrengst daarvan is en dat de

belastingplichtige de houder van die waardepapieren is. De ISD heeft dus dezelfde werking als een inkomstenbelasting. In dat verband is irrelevant, dat de belasting successie- en schenkingsrecht heet en parallel met de IRC wordt ingevorderd.

24. In die omstandigheden zou het doel van de richtlijn, namelijk, zoals in punt 20 van het onderhavige arrest is gememoreerd, het aanmoedigen van de samenwerking tussen vennootschappen uit meerdere lidstaten, in gevaar komen, wanneer de lidstaten weloverwogen de vennootschappen uit andere lidstaten de voordelen van de richtlijn konden ontnemen en ze konden onderwerpen aan belastingen met dezelfde werking als een inkomstenbelasting, hoewel zij uitgaand van hun benaming tot de categorie der vermogensbelastingen zijn te rekenen.

25. Bijgevolg valt de ISD, nu het een belasting betreft op dividenden die door in Portugal gevestigde dochterondernemingen aan hun moedermaatschappijen uit andere lidstaten zijn uitgekeerd, binnen de werkingssfeer van de richtlijn. Hieruit volgt, dat de Portugese Republiek weliswaar het recht heeft die belasting te handhaven, eventueel in combinatie met de IRC, doch enkel binnen de bij artikel 5, lid 4, van de richtlijn tijdelijk vastgestelde maxima, te weten een inhouding die gedurende de jaren 1992 tot en met 1996 niet meer dan 15% mag bedragen en gedurende de jaren 1997 tot en met 1999 niet meer dan 10%. Zouden die maxima niet in acht worden genomen, dan zou de Portugese Republiek profiteren van een extra afwijking waarin de richtlijn niet voorziet.

26. Met betrekking tot het argument van de Portugese regering dat uit diverse documenten en met name uit een verklaring van de Raad blijkt, dat de ISD van de werkingssfeer van artikel 5, lid 1, van de richtlijn is uitgesloten, moet worden vastgesteld, dat daarvoor in de bewoordingen van de richtlijn geen enkele grond is te vinden. Bovendien is het vaste rechtspraak, dat de verklaringen die zijn opgenomen in notulen van de Raad tijdens de voorbereidende werkzaamheden betreffende een richtlijn, niet bij de uitlegging van die richtlijnen kunnen worden gebruikt, wanneer de inhoud ervan niet in de tekst van de betrokken bepaling is terug te vinden en zij dus geen rechtskracht hebben (zie arresten van 16 februari 1991, Antonissen, C-292/89, *Jurispr.* blz. I-745, punt 18, en 13 februari 1996, Bautiaa en Société française maritime, C-197/94 en C-252/94, *Jurispr.* blz. I-505, punt 51).

27. Op de vraag van de verwijzende rechter moet dus worden geantwoord, dat artikel 5, lid 4, van de richtlijn, voor zover daarin het bedrag van de inhouding aan de bron op winsten die door in Portugal gevestigde dochterondernemingen worden uitgekeerd aan moedermaatschappijen uit andere lidstaten tot 15% en 10% wordt beperkt, aldus moet worden uitgelegd, dat die afwijking niet enkel geldt voor de IRC, maar ook voor elke belasting, ongeacht de aard of de benaming ervan, in de vorm van een inhouding aan de bron op door die dochterondernemingen uitgekeerde dividenden.

Kosten

28. ...

HET HOF VAN JUSTITIE (Vijfde kamer)

uitspraak doende op de door het Supremo Tribunal Administrativo bij beschikking van 23 september 1998 gestelde vraag, verklaart voor recht:

Voor zover bij artikel 5, lid 4, van richtlijn 90/435/EEG van de Raad van 23 juli 1990 betreffende de gemeenschappelijke fiscale regeling voor moedermaatschappijen en dochterondernemingen uit verschillende lidstaten, het bedrag van de inhouding aan de bron op winsten die door in Portugal gevestigde dochterondernemingen worden uitgekeerd aan moedermaatschappijen uit andere lidstaten, wordt beperkt tot 15% en 10%, moet deze bepaling aldus worden uitgelegd, dat die afwijking niet enkel geldt voor de vennootschapsbelasting, maar ook voor elke belasting, ongeacht de aard of de benaming ervan, in de vorm van een inhouding aan de bron op door die dochterondernemingen uitgekeerde dividenden.

HvJ EG 14 december 2000, zaak C-141/99 (Algemene Maatschappij voor Investering en Dienstverlening NV (AMID) v. Belgische Staat)

De in België gevestigde AMID NV leed in 1981 een verlies op haar activiteiten in België en behaalde winst met haar VI in Luxemburg. Naar Belgisch belastingrecht werd (op dezelfde wijze als naar Nederlands belastingrecht) belasting geheven over het (positieve) saldo (wereldwinst). AMID werd evenwel niet toegestaan het Belgische verlies af te trekken van haar Belgische winst van 1982 (in Nederland kan dat in feite wel, zij het langs een andere weg: de niet in 1981 in voorkoming resulterende Luxemburgse winst zou toegevoegd worden aan de Luxemburgse winst van 1982 ter berekening van de voorkoming in dat jaar).

HvJ EG: Schending van de vrijheid van vestiging: onder de Belgische regeling wordt het Belgische verlies in geen van de twee lidstaten fiscaal effectief afgetrokken terwijl dat wel het geval zou zijn indien de activiteit die in de Luxemburgse VI werd ondernomen, in België zou hebben plaatsgevonden.

Zesde kamer: *C. Gulmann (rapporteur), kamerpresident, V. Skouris en J. P. Puissochet, rechters*
Advocaat-generaal: *S. Alber*

1. Bij arrest van 13 april 1999, ingekomen bij het Hof op 21 april daaraanvolgend, heeft het Hof van Beroep te Gent krachtens artikel 177 EG-Verdrag (thans artikel 234 EG) een prejudiciële vraag gesteld over de uitlegging van artikel 52 EG-Verdrag (thans, na wijziging, artikel 43 EG).

2. Die vraag is gerezen in een geding tussen de Algemene Maatschappij voor Investering en Dienstverlening NV (hierna: AMID) en de Belgische Staat over de weigering van deze laatste om AMID toe te staan de verliezen die haar Belgische vestiging tijdens een bepaald boekjaar heeft geleden, af te trekken van de winsten die diezelfde vestiging tijdens het daaropvolgende jaar heeft gemaakt, op grond dat die verliezen hadden moeten worden aangerekend op de winst die haar Luxemburgse vestiging tijdens eerstgenoemd boekjaar had gemaakt.

De nationale wettelijke regeling

3. Volgens artikel 114 van het Belgische wetboek van inkomstenbelastingen, zoals gecoördineerd bij het koninklijk besluit van 26 februari 1964 tot coördinatie van de wetsbepalingen betreffende de inkomstenbelastingen (*Belgisch Staatsblad* van 10 april 1964, blz. 3809; hierna: WIB 1964), worden de tijdens de vijf vorige belastbare tijdperken geleden bedrijfsverliezen afgetrokken van de winst van het belastbare tijdperk.

4. Artikel 66 van het koninklijk besluit van 4 maart 1965 tot uitvoering van het WIB 1964 (*Belgisch Staatsblad* van 30 april 1965, blz. 4722; hierna: koninklijk besluit tot uitvoering van het WIB 1964) luidt als volgt:

> 'Het totale bedrag van de overeenkomstig artikel 65 bepaalde winst wordt eventueel volgens haar oorsprong onderverdeeld in:
> 1. in België behaalde winst, hierna te noemen: Belgische winst;
> 2. in het buitenland behaalde winst waarvoor de belasting wordt verlaagd, hierna te noemen: tegen verlaagd tarief belastbare winst;
> 3. in het buitenland behaalde winst die van belasting is vrijgesteld krachtens dubbelbelastingverdragen, hierna te noemen: bij verdrag vrijgestelde winst.
>
> Alvorens die onderverdeling wordt gedaan, worden de verliezen van het belastbare tijdperk eventueel geleden in één of meer inrichtingen waarover de vennootschap in België en in het buitenland beschikt, achtereenvolgens op het totale bedrag van de winst der andere inrichtingen aangerekend in de hierna aangegeven volgorde:
>
> a. verliezen geleden in een land waarvoor de winsten bij verdrag vrijgesteld zijn: eerst op de bij verdrag vrijgestelde winst, daarna, indien die winst ontoereikend is, op de tegen verlaagd tarief belastbare winst en, ten slotte, op de Belgische winst;
>
> b. verliezen geleden in een land waarvoor de winsten tegen verlaagd tarief belastbaar zijn: eerst op de tegen verlaagd tarief belastbare winst, daarna, indien die winst ontoereikend is, op de bij verdrag vrijgestelde winst, en, ten slotte, op de Belgische winst;
>
> c. in België geleden verliezen: eerst op de Belgische winst, daarna, indien die winst ontoereikend is, op de tegen verlaagd tarief belastbare winst en, ten slotte, op de bij verdrag vrijgestelde winst.'

5. Ingevolge artikel 69 van het koninklijk besluit tot uitvoering van het WIB 1964 worden de tijdens de vorige in artikel 114 van het WIB 1964 bedoelde belastbare tijdperken geleden bedrijfsverliezen, afgetrokken in de mate dat die verliezen niet vroeger konden worden afgetrokken of voorheen niet door bij verdrag vrijgestelde winst waren gedekt.

6. Het Koninkrijk België heeft met alle andere lidstaten bilaterale overeenkomsten tot het vermijden van dubbele belasting gesloten. Al die overeenkomsten zijn opgesteld volgens een model dat is vastgesteld door de Organisatie voor Economische Samenwerking en Ontwikkeling. De overeenkomst tussen het Koninkrijk België en het Groothertogdom Luxemburg tot het vermijden van dubbele belasting (hierna: overeenkomst) is gesloten op 17 september 1970.

7. In artikel 7 van de overeenkomst wordt bepaald: Winsten van een onderneming van een overeenkomstsluitende staat zijn slechts in die staat belastbaar, tenzij de onderneming in de andere overeenkomstsluitende staat haar bedrijf uitoefent met behulp van een aldaar gevestigde vaste inrichting. Indien de onderneming aldus haar bedrijf uitoefent, zijn de winsten van de onderneming in de andere staat belastbaar, maar slechts voor zover zij aan die vaste inrichting kunnen worden toegerekend. Ingevolge artikel 5, § 2, punt 3, van de overeenkomst wordt met de uitdrukking vaste inrichting met name gedoeld op een kantoor of een filiaal.

8. Ingevolge artikel 23, § 2, sub 1, van de overeenkomst zijn inkomsten afkomstig uit Luxemburg, die volgens de overeenkomst in die staat belastbaar zijn, in België vrijgesteld van belastingen.

Het hoofdgeding

9. AMID is een in België gevestigde naamloze vennootschap naar Belgisch recht met fiscale zetel in dat land. Zij heeft ook een vaste inrichting in het Groothertogdom Luxemburg. Ingevolge de overeenkomst zijn de inkomsten van AMID uit de vaste inrichting in Luxemburg, in België vrijgesteld van belastingen.

10. Tijdens het boekjaar 1981 leed AMID in België een verlies van 2 126 926 BEF, terwijl haar Luxemburgs filiaal tijdens hetzelfde boekjaar een winst van 3 541 118 LUF maakte.

11. In het kader van de Luxemburgse vennootschapsbelasting was verrekening van het Belgische verlies met de Luxemburgse winst niet mogelijk. In haar aangifte voor de Belgische vennootschapsbelasting voor het boekjaar 1982 trok AMID derhalve haar Belgisch verlies van 1981 af van haar Belgische winst van 1982.

12. Bij bericht van wijziging verwierp de Belgische administratie van directe belastingen die aftrek, op grond dat het Belgische verlies van 1981 volgens artikel 66, tweede alinea, sub c, van het koninklijk besluit tot uitvoering van het WIB 1964 had moeten worden aangerekend op de in hetzelfde jaar in Luxemburg gemaakte winst, zodat het, gelet op artikel 69 van het koninklijk besluit tot uitvoering van het WIB 1964, niet van de Belgische winst van 1982 kon worden afgetrokken.

13. Op 8 maart 1985 maakte AMID bezwaar tegen de aanslag van 8 oktober 1984, die op het bericht van wijziging was gevolgd. Nadat dit bezwaar op 11 juli 1990 door de gewestelijke directeur der directe belastingen was afgewezen, stelde AMID tegen die afwijzing beroep in bij het Hof van Beroep te Gent.

14. Voor het Hof van Beroep te Gent voerde AMID aan, dat de op haar toegepaste bepalingen onverenigbaar waren met de overeenkomst en in strijd waren met het EG-Verdrag en voorts dat zij vennootschappen met filialen in het buitenland benadeelden ten opzichte van vennootschappen die uitsluitend in België filialen hebben.

15. Het Hof van Beroep te Gent was van oordeel, dat de aanslag waarover het in het hoofdgeding gaat, in overeenstemming was met de overeenkomst. Het stelde evenwel vast, dat AMID zowel over haar winsten in België als over die van haar Luxemburgse vaste inrichting aan de vennootschapsbelasting onderworpen was geweest, maar haar in 1981 in België geleden verliezen niet van haar belastbare winst had kunnen aftrekken. Indien het filiaal echter niet in Luxemburg, maar in België had gelegen, had AMID haar in 1981 in België geleden verliezen van haar belastbare inkomsten kunnen aftrekken. De Belgische rechter was van oordeel, dat moest worden nagegaan, of de Belgische belastingregeling daardoor niet de door het EG-Verdrag gewaarborgde vrijheid van vestiging belemmerde.

16. In die omstandigheden heeft het Hof van Beroep te Gent de behandeling van de zaak geschorst tot aan de uitspraak van het Hof van Justitie over de volgende prejudiciële vraag:

> 'Verzet artikel 52 van het Verdrag van 25 maart 1957 tot oprichting van de Europese Gemeenschap zich tegen een wettelijke regeling van een lidstaat volgens dewelke, voor de aanslagen in de vennootschapsbelasting, het in een vorig belastbaar tijdperk in deze lidstaat door een vennootschap van deze lidstaat geleden beroepsverlies van de winst van deze vennootschap van een later belastbaar tijdperk slechts kan worden afgetrokken in de mate waarin dit beroepsverlies niet kan toegerekend worden op de winst van een vaste inrichting van deze vennootschap in een andere lidstaat in dit vorige belastbaar tijdperk, en zulks tot gevolg heeft dat het aldus toegerekende beroepsverlies noch in deze lidstaat noch in de andere lidstaat in mindering kan gebracht worden van het belastbaar inkomen van deze vennootschap met het oog op de aanslag in de vennootschapsbelasting, terwijl indien de vaste inrichting zich in dezelfde lidstaat zou bevinden als de vennootschap, de vermelde beroepsverliezen wel in mindering zouden kunnen gebracht worden van het belastbaar inkomen van deze vennootschap?'

De prejudiciële vraag

17. Met zijn vraag wenst de verwijzende rechter in wezen te vernemen, of artikel 52 van het Verdrag in de weg staat aan een regeling van een lidstaat volgens welke een vennootschap die is opgericht naar het recht van een lidstaat en in die lidstaat is gevestigd, voor de vennootschapsbelasting van de belastbare winst van een bepaald jaar het tijdens het voorgaande jaar geleden verlies slechts kan aftrekken wanneer dat verlies niet kon worden aangerekend op de winst die tijdens hetzelfde voorgaande jaar door een van haar vaste inrichtingen in een andere lidstaat is gemaakt, voor zover een aldus aangerekend verlies in geen enkele van de betrokken lidstaten van het belastbare inkomen kon worden afgetrokken, terwijl het wel aftrekbaar zou zijn geweest, indien de vaste inrichtingen van die vennootschap uitsluitend waren gevestigd in de lidstaat waar zij haar zetel heeft.

18. In haar opmerkingen betwijfelt de Commissie, of de op het hoofdgeding toegepaste Belgische bepalingen zich verdragen met de overeenkomst. Dit punt behoeft echter niet te worden behandeld, daar de verwijzende rechter daarover geen vraag heeft gesteld (zie, met name, arrest van 16 september 1999, WWF e.a., C-435/97, *Jurispr.* blz. I-5613, punt 29) en het Hof hoe dan ook in het kader van artikel 177 van het Verdrag niet bevoegd is om andere bepalingen uit te leggen dan die van het gemeenschapsrecht (zie, met name, beschikking van 12 november 1998, Hartmann, C-162/98, *Jurispr.* blz. I-7083, punten 8, 9, 11 en 12).

19. Er zij aan herinnerd, dat ofschoon de directe belastingen tot de bevoegdheidssfeer van de lidstaten behoren, deze laatsten niettemin verplicht zijn hun bevoegdheid in overeenstemming met het gemeenschapsrecht uit te oefenen (zie, met name, arresten van 14 februari 1995, Schumacker, C-279/93, *Jurispr.* blz. I-225, punt 21; 16 juli 1998, ICI, C-264/96, *Jurispr.* blz. I-4695, punt 19, en 6 juni 2000, Verkooijen, C-35/98, nog niet gepubliceerd in de *Jurisprudentie*, punt 32).

20. Volgens vaste rechtspraak brengt de vrijheid van vestiging het recht mee om in de betrokken lidstaat een bedrijfsactiviteit uit te oefenen door middel van een agentschap of een filiaal. In artikel 52 van het Verdrag wordt immers aan de onderdanen van de andere lidstaten de vrijheid van vestiging toegekend, die voor hen de toegang tot en de uitoefening van werkzaamheden anders dan in loondienst inhoudt onder dezelfde voorwaarden als in de wetgeving van het land van vestiging voor de eigen onderdanen zijn vastgesteld. Bovendien wordt in artikel 58 EG-Verdrag (thans artikel 48 EG) de vrijheid van vestiging toegekend aan de vennootschappen die in overeenstemming met de wetgeving van een lidstaat zijn opgericht en die hun statutaire zetel, hun hoofdbestuur of hun hoofdvestiging binnen de Gemeenschap hebben. Met betrekking tot de vennootschappen zij in dit verband opgemerkt, dat hun zetel in bovengenoemde zin, naar het voorbeeld van de nationaliteit van natuurlijke personen, dient ter bepaling van hun binding aan de rechtsorde van een staat (zie, met name, arresten van 28 januari 1986, Commissie/Frankrijk, 270/83, *Jurispr.* blz. 273, punt 18, en 13 juli 1993, Commerzbank, C-330/91, *Jurispr.* blz. I-4017, punt 13, alsmede arrest ICI, reeds aangehaald, punt 20).

21. Ten slotte zij gepreciseerd, dat hoewel de bepalingen betreffende de vrijheid van vestiging volgens hun bewoordingen met name het voordeel van de nationale behandeling in de lidstaat van ontvangst beogen te garanderen, zij niettemin ook een verbod inhouden voor de lidstaat van oorsprong, de vestiging van een van zijn onderdanen of van een naar zijn recht opgerichte en onder de definitie van artikel 58 van het Verdrag vallende vennootschap in een andere lidstaat te bemoeilijken (zie, met name, arresten van 27 september 1988, Daily Mail and General Trust, 81/87, *Jurispr.* blz. 5483, punt 16, en 18 november 1999, X en Y, C-200/98, *Jurispr.* blz. I-8621, punt 26).

22. Vastgesteld moet worden, dat de in het hoofdgeding aan de orde zijnde regeling van de lidstaat, wat de berekening van de belastbare inkomsten van de vennootschappen betreft, voor vennootschappen die naar het recht van die lidstaat zijn opgericht, in die lidstaat zijn gevestigd en met gebruikmaking van hun recht van vrije vestiging filialen in andere lidstaten hebben opgericht, de mogelijkheid van overdracht van tijdens een vorig belastbaar tijdperk in de lidstaat van oorsprong geleden verliezen beperkt, wanneer die vennootschappen tijdens hetzelfde belastbare tijdperk in een andere lidstaat via een vaste inrichting winsten hebben gemaakt, terwijl verrekening van diezelfde verliezen mogelijk zou zijn indien de inrichtingen van die vennootschappen in de lidstaat van oorsprong waren gevestigd.

23. Doordat binnenlandse verliezen op bij de overeenkomst vrijgestelde winsten worden aangerekend, leidt de regeling van die lidstaat dus tot een verschillende fiscale behandeling van nationale vennootschappen die uitsluitend op het nationale grondgebied inrichtingen hebben, enerzijds, en nationale vennootschappen met inrichtingen in een andere lidstaat, anderzijds. Wanneer een vennootschap een vaste inrichting heeft in een andere lidstaat dan haar staat van oorsprong en die twee staten een overeenkomst tot het vermijden van dubbele belasting hebben gesloten, bestaat immers het gevaar dat die onderneming een fiscaal nadeel ondervindt, dat zij niet zou lijden indien al haar inrichtingen zich in de lidstaat van oorsprong bevonden. De Belgische regering geeft dat zelf toe.

24. Volgens de Belgische regering levert de in het hoofdgeding aan de orde zijnde regeling geen door artikel 52 van het Verdrag verboden belemmering op. Die regeling moet immers in haar gehele totale context worden beoordeeld. De Belgische regering betoogt, dat de specifieke situatie die de nationale rechter ter beoordeling is voorgelegd, weliswaar nadelig uitvalt voor AMID, maar dat in het geval waarin diezelfde onderneming winst zou maken

in België en haar vaste inrichting in Luxemburg verlies zou lijden, de belastbare grondslag voor de onderneming in België zou worden verminderd, en dit verlies bovendien in Luxemburg in mindering zou kunnen worden gebracht op de aldaar later behaalde winst. In dat geval zou die onderneming zich in een gunstiger situatie bevinden dan ondernemingen zonder buitenlandse inrichting. Wegens de complexiteit van de vele situaties waarin ondernemingen zich ten aanzien van de belastingregeling kunnen bevinden, is bij artikel 66 van het koninklijk besluit tot uitvoering van het WIB 1964 een efficiënt systeem van verliesverrekening ingevoerd waarbij het echter kan voorkomen dat een Belgische vennootschap met één of meer inrichtingen in andere lidstaten in een bepaald geval wordt benadeeld en in een ander geval wordt bevoordeeld. Dit systeem zou de ondernemingen in feite niet beïnvloeden bij hun keuze om al dan niet een buitenlandse inrichting op te richten. Aangezien een onderneming op het ogenblik waarop zij beslist in een andere lidstaat een vaste inrichting te openen, niet weet of zij over langere tijd verlies dan wel winst zal maken, en zij bovendien zeker niet weet of de nieuwe vaste inrichting dan wel de hoofdzetel verlies zal maken, zou het betrokken systeem geen met het Verdrag strijdige belemmering opleveren.

25. Verder stelt de Belgische regering, dat in casu de Belgische ondernemingen met een vaste inrichting in het buitenland zich niet in dezelfde situatie bevinden als ondernemingen die al hun transacties in België hebben geconcentreerd. Voor deze laatste wordt het totale belastbare inkomen berekend en tegen het in België geldende tarief belast. Belgische vennootschappen met buitenlandse inrichtingen worden, wat de inkomsten van deze laatste betreft, belast volgens de belastingregeling van de lidstaat waar die inrichtingen zijn gevestigd, onverminderd de bepalingen van de overeenkomsten tot het vermijden van dubbele belasting. Volgens de Belgische regering zullen deze twee categorieën ondernemingen zich voor de belastingheffing steeds in een verschillende situatie bevinden, zodat de toepassing van een tot uiteenlopende resultaten leidende regeling niet noodzakelijkerwijs discriminatie oplevert.

26. Dit betoog kan niet worden aanvaard.

27. Ook al zou de Belgische belastingregeling in de meeste gevallen gunstiger uitvallen voor de vennootschappen met inrichtingen in het buitenland, dat neemt niet weg, dat wanneer die regeling die vennootschappen benadeelt, zij een ongelijke behandeling ten opzichte van vennootschappen zonder inrichtingen buiten België tot gevolg heeft en daardoor een belemmering van de bij artikel 52 van het Verdrag gegarandeerde vrijheid van vestiging in het leven roept (zie, in die zin, arrest Commissie/Frankrijk, reeds aangehaald, punt 21).

28. Met betrekking tot het argument inzake de verschillen tussen de Belgische vennootschappen met en die zonder een vaste inrichting in het buitenland moet worden vastgesteld, dat de door de Belgische regering aangehaalde verschillen geenszins verklaren waarom de eerste ter zake van de aftrek van verliezen niet op dezelfde wijze kunnen worden behandeld als de tweede.

29. Een Belgische vennootschap zonder inrichtingen buiten België die in een bepaald boekjaar verliezen lijdt, bevindt zich immers fiscaal gezien in een situatie die vergelijkbaar is met die van een Belgische vennootschap met een inrichting in Luxemburg die tijdens hetzelfde boekjaar in België verliezen lijdt en in Luxemburg winst maakt.

30. Aangezien niet is aangetoond, dat er sprake is van een objectief verschillende situatie, kan een verschillende behandeling inzake de aftrek van verliezen bij de berekening van het belastbare inkomen van de vennootschappen niet worden aanvaard.

31. Bij gebreke van rechtvaardiging is die verschillende behandeling in strijd met de bepalingen van het EG-Verdrag inzake de vrijheid van vestiging.

32. Dienaangaande moet worden vastgesteld, dat de Belgische regering geen andere dan de in punt 25 van dit arrest genoemde redenen heeft trachten aan te voeren om deze verschillende behandeling ten aanzien van de verdragsbepalingen inzake de vrijheid van vestiging te rechtvaardigen.

33. Gelet op het voorgaande moet op de vraag worden geantwoord, dat artikel 52 van het Verdrag in de weg staat aan een wettelijke regeling van een lidstaat volgens welke een vennootschap die is opgericht naar het recht van een lidstaat en in die lidstaat is gevestigd, voor de vennootschapsbelasting van de belastbare winst van een bepaald jaar het tijdens het voorgaande jaar geleden verlies slechts kan aftrekken wanneer dat verlies niet kon worden aangerekend op de winst die tijdens hetzelfde voorgaande jaar door een van haar vaste inrichtingen in een andere lidstaat is gemaakt, voor zover een aldus aangerekend verlies in geen enkele van de betrokken lidstaten van het belastbare inkomen kon worden afgetrokken, terwijl het wel aftrekbaar zou zijn geweest, indien de vaste inrichtingen van die vennootschap uitsluitend waren gevestigd in de lidstaat waar zij haar zetel heeft.

Kosten

...

HET HOF VAN JUSTITIE (Zesde kamer)

uitspraak doende op de door het Hof van Beroep te Gent bij arrest van 13 april 1999 gestelde vraag, verklaart voor recht:

Artikel 52 EG-Verdrag (thans, na wijziging, artikel 43 EG) staat in de weg aan een wettelijke regeling van een lidstaat volgens welke een vennootschap die is opgericht naar het recht van een lidstaat en in die lidstaat is gevestigd, voor de vennootschapsbelasting van de belastbare winst van een bepaald jaar het tijdens het voorgaande jaar geleden verlies slechts kan aftrekken wanneer dat verlies niet kon worden aangerekend op de winst die tijdens hetzelfde voorgaande jaar door een van haar vaste inrichtingen in een andere lidstaat is gemaakt, voor zover een aldus aangerekend verlies in geen enkele van de betrokken lidstaten van het belastbare inkomen kon worden afgetrokken, terwijl het wel aftrekbaar zou zijn geweest, indien de vaste inrichtingen van die vennootschap uitsluitend waren gevestigd in de lidstaat waar zij haar zetel heeft.

MPHvJ EG 8 maart 2001, zaken C-397/98 en C-410/98 (Metallgesellschaft Ltd e.a., Hoechst AG, Hoechst (UK) Ltd v. Commissioners of Inland Revenue, HM Attorney General)

Vijfde kamer: *A. La Pergola, kamerpresident, M. Wathelet (rapporteur), D. A. O. Edward, P. Jann en L. Sevón, rechters*
Advocaat-generaal: *N. Fennelly*

1. Bij twee beschikkingen van 2 oktober 1998, ingekomen bij het Hof op respectievelijk 6 november (C-397/98) en 17 november (C-410/98) daaraanvolgend, heeft de High Court of Justice (England & Wales), Chancery Division, krachtens artikel 177 EG-Verdrag (thans artikel 234 EG) vijf prejudiciële vragen gesteld over de uitlegging van de artikelen 6 en 52 EG-Verdrag (thans, na wijziging, artikelen 12 en 43 EG), artikel 58 EG-Verdrag (thans artikel 48 EG) en/of 73 B EG-Verdrag (thans artikel 56 EG).

2. Deze vragen zijn gerezen in het kader van procedures ingesteld door Metallgesellschaft Ltd, Metallgesellschaft AG, Metallgesellschaft Handel & Beteiligungen AG en The Metal and Commodity Company Ltd (hierna: Metallgesellschaft e.a.) (zaak C-397/98) respectievelijk Hoechst AG en Hoechst (UK) Ltd (hierna: Hoechst e.a.) (zaak C-410/98) tegen de Commissioners of Inland Revenue ter zake van de verplichting voor in het Verenigd Koninkrijk gevestigde vennootschappen, over de aan hun moedermaatschappijen uitgekeerde dividenden vennootschapsbelasting bij wege van voorheffing te voldoen.

Het nationale recht

3. Ingevolge de bepalingen van deel I van de Income and Corporation Taxes Act 1988 (hierna: ICTA) is elke in het Verenigd Koninkrijk gevestigde vennootschap alsook elke buiten het Verenigd Koninkrijk gevestigde vennootschap die in het Verenigd Koninkrijk een economische activiteit uitoefent via een filiaal of agentschap, over de in een boekjaar behaalde winst belastingplichtig voor de vennootschapsbelasting (corporation tax).

4. Overeenkomstig Section 12 van de ICTA beslaat een boekjaar in de regel twaalf maanden. Voor de boekjaren die vóór 1 oktober 1993 zijn afgesloten, kan de belastingplichtige kiezen voor betaling van de vennootschapsbelasting negen maanden na afsluiting van het boekjaar of een maand na vaststelling van de aanslag over dat boekjaar. Voor de boekjaren afgesloten na 1 oktober 1993 moet de vennootschapsbelasting negen maanden en een dag na afsluiting van het boekjaar worden betaald.

Voorheffing op de vennootschapsbelasting (advance corporation tax)

5. Volgens Section 14 van de ICTA is elke in het Verenigd Koninkrijk gevestigde vennootschap die overgaat tot bepaalde uitkeringen, zoals de betaling van dividend aan de aandeelhouders, verplicht om een voorheffing op de vennootschapsbelasting (advance corporation tax; hierna: ACT) te voldoen over het bedrag of de waarde van de uitkering.

6. De ACT wordt niet ingehouden op het dividend, dat dus volledig wordt uitgekeerd. Het is vennootschapsbelasting ten laste van de uitkerende vennootschap, die vooruit wordt betaald en vervolgens verrekend met de uiteindelijk over dat boekjaar verschuldigde vennootschapsbelasting (mainstream corporation tax; hierna: MCT).

7. Elke vennootschap moet in beginsel per kwartaal aangifte doen van het bedrag van alle in deze periode verrichte uitkeringen, met vermelding van de terzake verschuldigde ACT. Binnen veertien dagen na afloop van het kwartaal waarin de uitkering is gedaan, moet de ACT hierover worden voldaan.

8. Een vennootschap die ACT heeft afgedragen ter zake van een uitkering in een bepaald boekjaar, kan ingevolge de Sections 239 en 240 van de ICTA in beginsel kiezen tussen ofwel verrekening van de ACT met de over dat boekjaar verschuldigde MCT, ofwel overheveling van de ACT naar haar dochtermaatschappijen die deze kunnen verrekenen met het door hen aan MCT verschuldigde bedrag. Indien de vennootschap geen vennootschapsbelasting over het betrokken boekjaar is verschuldigd (bijvoorbeeld omdat onvoldoende winst is behaald), kan zij de ACT verrekenen met de vennootschapsbelasting over latere boekjaren dan wel verzoeken om verrekening met eerdere boekjaren.

9. Terwijl de MCT verschuldigd wordt negen maanden respectievelijk negen maanden en een dag na afsluiting van het boekjaar, al naargelang deze plaatsvindt voor of na 1 oktober 1993, moet de ACT worden voldaan binnen veertien dagen na afloop van het kwartaal waarin de uitkering is gedaan. De ACT is dus altijd voldaan voordat de MCT – waarmee de ACT normaliter wordt verrekend – wordt verschuldigd. De verwijzende rechter beklemtoont, dat de ACT derhalve voor de uitkerende vennootschap tot gevolg heeft, dat het tijdstip waarop de vennootschapsbelasting over de uitgekeerde dividenden moet worden betaald achteneenhalve maand (in geval van uitkering op de laatste dag van het boekjaar) tot een jaar en vijfeneenhalve maand (in geval van uitkering op de eerste dag van het boekjaar) wordt vervroegd.

10. Aangezien de ACT, ingeval geen MCT is verschuldigd over het betrokken boekjaar, verrekenbaar blijft met de winst in latere boekjaren, kan die tussenliggende periode nog veel langer en mogelijk onbepaald zijn.

Belastingkrediet (tax credit)

11. Een in het Verenigd Koninkrijk gevestigde vennootschap is geen vennootschapsbelasting verschuldigd over dividenden die zij van een eveneens in het Verenigd Koninkrijk gevestigde vennootschap ontvangt (Section 208 van de ICTA). Keert een in het Verenigd Koninkrijk gevestigde vennootschap aan ACT onderworpen dividend uit aan een andere aldaar gevestigde vennootschap, heeft de ontvangende vennootschap recht op een belastingkrediet (tax credit; Section 231, lid 1, van de ICTA).

12. Dit belastingkrediet is gelijk aan het bedrag aan ACT dat de uitkerende vennootschap over deze dividenduitkering heeft afgedragen (section 231, lid 1, van de ICTA).

13. Wanneer een in het Verenigd Koninkrijk gevestigde vennootschap van een aldaar gevestigde dochtermaatschappij een uitkering ontvangt die recht geeft op belastingkrediet, kan zij het door haar dochtermaatschappij afgedragen bedrag aan ACT verrekenen met het bedrag aan ACT dat zijzelf moet betalen wanneer zij uitkeringen doet aan haar eigen aandeelhouders, zodat zij alleen ACT over het meerdere moet voldoen.

14. Is een in het Verenigd Koninkrijk gevestigde vennootschap geheel vrijgesteld van de MCT en ontvangt zij van een aldaar gevestigde dochtermaatschappij een dividend waarvoor ACT is afgedragen, heeft zij recht op terugbetaling van een bedrag gelijk aan het belastingkrediet (Section 231, lid 2, van de ICTA).

15. Vennootschappen die buiten het Verenigd Koninkrijk zijn gevestigd en in het Verenigd Koninkrijk geen economische activiteit uitoefenen via een filiaal of agentschap, zijn niet belastingplichtig voor de vennootschapsbelasting in het Verenigd Koninkrijk. Zij zijn echter in beginsel wel belastingplichtig voor de inkomstenbelasting in het Verenigd Koninkrijk (income tax) met betrekking tot inkomen uit bronnen in deze lid-staat, zoals dividenden die zij van een in het Verenigd Koninkrijk gevestigde (hierna: binnenlandse) dochtermaatschappij hebben ontvangen.

16. Section 233, lid 1, van de ICTA bepaalt evenwel, dat een buiten het Verenigd Koninkrijk gevestigde (hierna: buitenlandse) moedermaatschappij, die in beginsel geen recht heeft op een belastingkrediet tenzij in een tussen het Verenigd Koninkrijk en het land van vestiging gesloten overeenkomst tot voorkoming van dubbele belasting anders is bepaald, geen inkomstenbelasting in het Verenigd Koninkrijk verschuldigd is over dividenden die zij van haar binnenlandse dochtermaatschappij ontvangt.

17. Heeft de buitenlandse moedermaatschappij daarentegen krachtens een tussen het Verenigd Koninkrijk en het land van vestiging gesloten belastingverdrag recht op een belastingkrediet, is zij in het Verenigd Koninkrijk inkomstenbelasting verschuldigd over dividendbetalingen van haar binnenlandse dochtermaatschappij.

18. Het belastingverdrag tussen het Verenigd Koninkrijk en Duitsland van 26 november 1964, zoals gewijzigd op 23 maart 1970, verleent geen belastingkrediet aan in Duitsland gevestigde vennootschappen die deelnemen in en dividenden ontvangen van in het Verenigd Koninkrijk gevestigde vennootschappen.

19. Bijgevolg heeft een in Duitsland gevestigde moedermaatschappij die van een dochtermaatschappij in het Verenigd Koninkrijk een aan ACT onderworpen uitkering ontvangt, in het Verenigd Koninkrijk geen recht op een belastingkrediet ter hoogte van de afgedragen ACT en is zij krachtens de Britse belastingwetgeving daar evenmin belastingplichtig voor dividenden die zij van haar binnenlandse dochtermaatschappij heeft ontvangen.

20. Wanneer een buitenlandse moedermaatschappij recht heeft op belastingkrediet ingevolge een tussen het Verenigd Koninkrijk en het land van vestiging gesloten belastingverdrag, kan zij verzoeken om verrekening van dit belastingkrediet met de in het Verenigd Koninkrijk door haar te betalen inkomstenbelasting over de van haar binnenlandse dochtermaatschappij ontvangen dividenden; indien het bedrag van het belastingkrediet hoger is dan dat van de belasting, kan zij voorts om terugbetaling van het meerdere verzoeken. Bij afwijzing van het verzoek kan de betrokken vennootschap een bezwaarschrift indienen bij de Special Commissioners of de General Commissioners en vervolgens in voorkomend geval beroep instellen bij de High Court.

Keuze voor belastingheffing naar het groepsinkomen (Group Income Election)

21. Overeenkomstig Section 247 van de ICTA kunnen twee in het Verenigd Koninkrijk gevestigde vennootschappen waarvan de ene een deelneming van tenminste 51% houdt in de andere, opteren voor belastingheffing naar het groepsinkomen (Group Income Election).

22. Onder deze regeling betaalt de dochtermaatschappij geen ACT over de aan de moedermaatschappij uitgekeerde dividenden, tenzij zij te kennen geeft bij een bepaalde dividenduitkering geen toepassing van de regeling te wensen.

23. Het verzoek om belastingheffing naar het groepsinkomen moet worden ingediend bij een belastinginspecteur. Tegen afwijzing ervan kan de betrokken vennootschap een bezwaarschrift indienen bij de Special Commissioners of de General Commissioners en eventueel een tot rechtsvragen beperkt beroep bij de High Court instellen.

24. Wanneer een binnenlandse dochtermaatschappij aan de binnenlandse moedermaatschappij dividend uitkeert in het kader van de regeling belastingheffing naar het groepsinkomen, is de dochtermaatschappij geen ACT verschuldigd en heeft de moedermaatschappij geen recht op een belastingkrediet. Een groep kan namelijk voor hetzelfde dividend niet tegelijkertijd aanspraak maken op belastingheffing naar het groepsinkomen en op een belastingkrediet.

25. De ACT is per 6 april 1999 afgeschaft bij artikel 31 van de Finance Act van 1998. In de punten 5 tot 24 van het onderhavige arrest is de juridische situatie geschetst zoals die vóór deze datum was.

De feiten van de hoofdgedingen

26. In zaak C-397/98 hebben de in het Verenigd Koninkrijk gevestigde vennootschappen Metallgesellschaft Ltd en The Metal and Commodity Company Ltd aan hun in Duitsland gevestigde moedermaatschappijen, Metallgesellschaft AG en Metallgesellschaft Handel & Beteiligungen AG, dividend uitgekeerd en hierover ACT afgedragen. De twee dochtermaatschappijen hebben vervolgens de ACT kunnen verrekenen met de door hen verschuldigde MCT.

27. Metallgesellschaft e.a. hebben bij de High Court of Justice (England & Wales), Chancery Division, beroep ingesteld tegen de Commissioners of Inland Revenue en gevorderd vast te stellen, dat zij schade hebben geleden ten gevolge van de heffing van ACT over de dividenduitkeringen van de dochtermaatschappijen aan hun moedermaatschappijen. Het hoofdgeding betreft de bedragen aan ACT die Metallgesellschaft heeft betaald tussen 16 april 1974 en 1 november 1995 en The Metal and Commodity Company Ltd tussen 11 april 1991 en 13 oktober 1995.

28. In zaak C-410/98 heeft de in het Verenigd Koninkrijk gevestigde vennootschap Hoechst (UK) Ltd dividend uitgekeerd aan haar in Duitsland gevestigde moedermaatschappij Hoechst AG en hierover in het Verenigd Koninkrijk ACT afgedragen. Zij heeft de ACT vervolgens kunnen verrekenen met de door haar verschuldigde MCT.

29. Hoechst e.a. hebben eveneens bij de High Court beroep ingesteld tegen de Commissioners of Inland Revenue en gevorderd vast te stellen, dat zij schade hebben geleden ten gevolge van de heffing van ACT over de dividenduitkeringen die Hoechst (UK) Ltd tussen 16 januari 1989 en 26 april 1994 aan Hoechst AG had gedaan. Het hoofdgeding betreft de bedragen aan ACT die zijn betaald tussen 14 april 1989 en 13 juli 1994.

30. In beide hoofdgedingen voeren de moedermaatschappijen aan, dat hun dochtermaatschappijen een cashflownadeel lijden ten opzichte van dochtermaatschappijen van binnenlandse moedermaatschappijen. Zij en hun dochtermaatschappijen kunnen immers niet opteren voor belastingheffing naar het groepsinkomen waardoor hun dochtermaatschappijen zich van de betaling van ACT hadden kunnen bevrijden, terwijl dochtermaatschappijen van in het Verenigd Koninkrijk gevestigde moedermaatschappijen, door te opteren voor deze faciliteit, tot het tijdstip van verschuldigdheid van de MCT de beschikking behouden over de bedragen die zij anders aan ACT hadden moeten betalen ter zake van de dividenduitkering aan hun moedermaatschappij. Dit nadeel komt neer op een met het EG-Verdrag strijdige indirecte discriminatie op grond van nationaliteit.

31. In zaak C-397/98 betogen Metallgesellschaft AG en Metallgesellschaft Handel & Beteiligungen AG subsidiair, dat zij aanspraak moeten kunnen maken op een belastingkrediet dat ten minste gedeeltelijk overeenstemt met de door hun binnenlandse dochtermaatschappijen afgedragen ACT, zoals in het geval van een binnenlandse moedermaatschappij, die recht heeft op dit belastingkrediet, of van een buitenlandse moedermaatschappij die recht heeft op belastingkrediet krachtens een belastingverdrag.

32. In zaak C-410/98 verzoekt Hoechst AG subsidiair, namelijk voor het geval het Hof van mening zou zijn dat Hoechst (UK) Ltd geen recht heeft op vergoeding van rente over de afgedragen ACT, om toekenning van een belastingkrediet tot het bedrag van de betaalde ACT dan wel tot het bedrag van het krediet dat een in Nederland gevestigde moedermaatschappij zou hebben ontvangen. Het feit dat de Britse belastingwetgeving aan buitenlandse moedermaatschappijen ter zake van de door hun binnenlandse dochtermaatschappijen afgedragen ACT slechts een belastingkrediet verleent wanneer het toepasselijke belastingverdrag hierin voorziet, zoals het geval is in het tussen het Verenigd Koninkrijk en Nederland gesloten verdrag, doch niet in het verdrag tussen het Verenigd Koninkrijk en Duitsland, vormt een met het Verdrag strijdige ongerechtvaardigde discriminatie tussen moedermaatschappijen die in verschillende lidstaten zijn gevestigd.

De prejudiciële vragen

33. Van oordeel, dat de beslechting van de bij hem aanhangige gedingen afhangt van de uitlegging van het gemeenschapsrecht, heeft de High Court of Justice (England & Wales), Chancery Division, besloten de behandeling van de zaken te schorsen en het Hof de volgende, in beide zaken identieke vragen te stellen:

1. Is het verenigbaar met het gemeenschapsrecht, in het bijzonder met de artikelen 6, 52, 58 en/of 73 B EG-Verdrag, dat onder de in de verwijzingsbeschikking omschreven omstandigheden de wetgeving van een lidstaat de keuze voor belastingheffing naar het groepsinkomen [waardoor de dochtermaatschappij dividend aan de moedermaatschappij kan uitkeren zonder de voorheffing op de vennootschapsbelasting verschuldigd

te worden ('ACT')] slechts toestaat wanneer zowel de dochtermaatschappij als de moedermaatschappij in die lidstaat zijn gevestigd?

2. Zo neen, kan een binnenlandse dochtermaatschappij van een in een andere lidstaat gevestigde moedermaatschappij en/of die moedermaatschappij dan op grond van voornoemde bepalingen van het EG-Verdrag aanspraak maken op vergoeding van een bedrag ter zake van rente over de door de dochtermaatschappij betaalde ACT, in aanmerking genomen dat de nationale wetgeving belastingheffing naar het groepsinkomen niet toestond, of kan een dergelijk bedrag (zo al mogelijk) alleen worden gevorderd in het kader van een vordering tot schadevergoeding overeenkomstig de beginselen die het Hof van Justitie heeft geformuleerd in de arresten van 5 maart 1996, Brasserie du pêcheur en Factortame (C-46/93 en C-48/93, *Jurispr.* blz. I-1029) en van 22 april 1997, Sutton (zaak C-66/95, *Jurispr.* blz. I-2163); is de nationale rechter in beide gevallen verplicht een vergoeding toe te kennen, ook al kan naar nationaal recht geen rente worden toegewezen (noch rechtstreeks noch bij wijze van vergoeding of schadevergoeding) over hoofdsommen die niet langer aan verzoeksters zijn verschuldigd?

3. Is het verenigbaar met voornoemde bepalingen van het EG-Verdrag, dat onder de in de verwijzingsbeschikking omschreven omstandigheden de autoriteiten van een lidstaat geen enkel belastingkrediet toekennen aan een in een andere lidstaat gevestigde vennootschap, doch wel aan in hun lidstaat gevestigde vennootschappen en aan in sommige andere lidstaten gevestigde vennootschappen op grond van met deze laatste lidstaten gesloten belastingverdragen?

4. Bij een ontkennend antwoord op de derde vraag, is en was de eerstbedoelde lidstaat dan gedurende de in casu relevante periode verplicht, aan een dergelijke vennootschap een belastingkrediet toe te kennen onder dezelfde voorwaarden als geldend voor in de eigen lidstaat gevestigde vennootschappen of voor vennootschappen die zijn gevestigd in lidstaten wier belastingverdragen voorzien in toekenning van dit voordeel?

5. Kan een lidstaat tegen een dergelijke vordering tot toekenning van een vergoeding, van een belastingkrediet of schadevergoeding aanvoeren, dat de vordering van verzoeksters ongegrond is of moet worden verminderd omdat verzoeksters, ondanks de nationale wettelijke bepalingen die zulks beletten, voor belastingheffing naar het groepsinkomen hadden moeten opteren of om een belastingkrediet hadden moeten verzoeken, en de afwijzing van deze verzoeken door de belastinginspecteur hadden moeten aanvechten voor de Commissioners en zonodig voor de rechter met een beroep op de voorrang en rechtstreekse werking van het gemeenschapsrecht?

34. Bij beschikking van de president van het Hof van 14 december 1998 zijn de zaken C-397/98 en C-410/98 voor de schriftelijke en mondelinge behandeling alsmede voor het arrest gevoegd.

De eerste prejudiciële vraag

35. Met zijn eerste prejudiciële vraag wenst de verwijzende rechter in wezen te vernemen, of de artikelen 6, 52, 58 en/of 73 B van het Verdrag zich verzetten tegen belastingbepalingen van een lidstaat als thans in geding, die de in deze lidstaat gevestigde vennootschappen de mogelijkheid bieden gebruik te maken van een belastingregeling volgens welke zij zonder voorheffing van vennootschapsbelasting dividend kunnen uitkeren aan hun moedermaatschappij wanneer deze eveneens in deze lidstaat is gevestigd, doch die dit niet toestaan wanneer de moedermaatschappij in een andere lidstaat is gevestigd.

36. Metallgesellschaft e.a. en Hoechst e.a. betogen, dat de betrokken nationale bepalingen de in een andere lidstaat gevestigde vennootschappen afschrikken om in het Verenigd Koninkrijk dochtermaatschappijen op te richten en dat zij derhalve een ongerechtvaardigde beperking van de vrijheid van vestiging inhouden. Slechts zijdelings stellen zij, dat deze bepalingen tevens onverenigbaar zijn met de verdragsbepalingen inzake het vrij verkeer van kapitaal.

37. Om te beginnen zij eraan herinnerd, dat volgens vaste rechtspraak de directe belastingen weliswaar tot de bevoegdheid van de lidstaten behoren, doch dat deze niettemin verplicht zijn die bevoegdheid in overeenstemming met het gemeenschapsrecht uit te oefenen en zich derhalve van elke discriminatie op grond van nationaliteit te onthouden (arresten van 11 augustus 1995, Wielockx, C-80/94, *Jurispr.* blz. I-2493, punt 16; 27 juni 1996, Asscher, C-107/94, *Jurispr.* blz. I-3089, punt 36; 29 april 1999, Royal Bank of Scotland, C-311/97, *Jurispr.* blz. I-2651, punt 19, en 13 april 2000, Baars, C-251/98, *Jurispr.* blz. I-2787, punt 17).

38. Artikel 6 van het Verdrag, dat een algemeen verbod van discriminatie op grond van nationaliteit bevat, kan blijkens de rechtspraak van het Hof slechts autonoom toepassing vinden in gevallen waarin het gemeenschapsrecht wel geldt, maar waarvoor het Verdrag niet in bijzondere discriminatieverboden voorziet (arresten van 30 mei 1989,Commissie/ Griekenland, 305/87, *Jurispr.* blz. 1461, punten 12 en 13; 12 april 1994, Halliburton Services, C-1/93, *Jurispr.* blz. I-1137, punt 12; Royal Bank of Scotland, reeds aangehaald, punt 20, en Baars, reeds aangehaald, punt 23).

39. Op het gebied van het recht van vestiging is het non-discriminatiebeginsel nader uitgewerkt in artikel 52 van het Verdrag (arresten Halliburton Services, reeds aangehaald, punt 12; 29 februari 1996, Skanavi en Chryssanthakopoulos, C-193/94, *Jurispr.* blz. I-929, punt 21, en Baars, reeds aangehaald, punt 24).

40. Bijgevolg is artikel 6 van het Verdrag niet van toepassing op de hoofdgedingen en dient primair op grond van artikel 52 van het Verdrag te worden beoordeeld, of bepalingen als thans in geding een ongerechtvaardigde beperking van de vrijheid van vestiging teweegbrengen.

41. Artikel 52 van het Verdrag is een van de fundamentele bepalingen van gemeenschapsrecht en is sedert het einde van de overgangsperiode rechtstreeks toepasselijk in de lidstaten. Volgens deze bepaling omvat de vrijheid van vestiging voor onderdanen van een lidstaat op het grondgebied van een andere lidstaat de toegang tot en de uitoefening van werkzaamheden anders dan in loondienst, alsmede de oprichting en het beheer van ondernemingen overeenkomstig de bepalingen welke door de wetgeving van het land van vestiging voor de eigen onderdanen zijn vastgesteld. De opheffing van de beperkingen op de vrijheid van vestiging heeft eveneens betrekking op beperkingen betreffende de oprichting van agentschappen, filialen of dochterondernemingen door de onderdanen van een lidstaat die op het grondgebied van een andere lidstaat zijn gevestigd (arresten van 28 januari 1986, Commissie/Frankrijk, 270/83, *Jurispr.* blz. 273, punt 13, en Royal Bank of Scotland, reeds aangehaald, punt 22).

42. De aldus gedefinieerde vrijheid van vestiging brengt overeenkomstig artikel 58 van het Verdrag voor de vennootschappen die in overeenstemming met de wetgeving van een lidstaat zijn opgericht en die hun statutaire zetel, hun hoofdbestuur of hun hoofdvestiging binnen de Gemeenschap hebben, het recht mee om in de betrokken lidstaat hun bedrijfsactiviteit uit te oefenen door middel van een dochteronderneming, filiaal of agentschap (zie arresten van 16 juli 1998, ICI, C-264/96, *Jurispr.* blz. I-4695, punt 20 en de aldaar aangehaalde rechtspraak, en 21 september 1999, Saint-Gobain ZN, C-307/97, *Jurispr.* blz. I-6161, punt 35). Met betrekking tot de vennootschappen zij in dit verband opgemerkt, dat hun zetel in bovengenoemde zin, naar het voorbeeld van de nationaliteit van natuurlijke personen, dient ter bepaling van hun binding aan de rechtsorde van een staat (zie reeds aangehaalde arresten ICI, punt 20 en de aldaar aangehaalde rechtspraak, en Saint-Gobain ZN, punt 36). Zou de lidstaat van vestiging vrijelijk een andere behandeling mogen toepassen, enkel omdat de zetel van de vennootschap in een andere lidstaat is gevestigd, dan zou daarmee aan artikel 52 van het Verdrag iedere inhoud worden ontnomen (arrest Commissie/Frankrijk, reeds aangehaald, punt 18).

43. Wat nu de keuzemogelijkheid voor belastingheffing naar het groepsinkomen betreft, worden de in het Verenigd Koninkrijk gevestigde dochtermaatschappijen door de in de hoofdgedingen omstreden bepalingen verschillend behandeld naargelang hun moedermaatschappij al dan niet aldaar is gevestigd. Binnenlandse dochtermaatschappijen van eveneens in het binnenland gevestigde vennootschappen kunnen immers onder bepaalde voorwaarden aanspraak maken op belastingheffing naar het groepsinkomen en aldus aan hun moedermaatschappij dividend uitkeren zonder betaling van ACT. Dit voordeel wordt daarentegen onthouden aan binnenlandse dochtermaatschappijen van buiten het Verenigd Koninkrijk gevestigde vennootschappen, die derhalve in elk geval ACT moeten betalen over dividenduitkeringen aan hun moedermaatschappij.

44. Er wordt niet betwist, dat de dochtermaatschappij van een binnenlandse moedermaatschappij hierdoor beschikt over een cashflow-voordeel, aangezien zij tot het tijdstip van verschuldigdheid van de MCT de beschikking behoudt over de bedragen die zij anders aan ACT had moeten betalen, en wel gedurende een periode van ten minste achteneenhalve maand tot ten hoogste zeventieneneenhalve maand naargelang de datum van uitkering, en zelfs nog langer wanneer geen MCT is verschuldigd over het betrokken boekjaar, omdat de ACT dan kan worden verrekend met de in latere boekjaren verschuldigde vennootschapsbelasting.

45. Volgens de regering van het Verenigd Koninkrijk, alsmede de Finse en Nederlandse regering is de verschillende fiscale behandeling van in het Verenigd Koninkrijk gevestigde dochtermaatschappijen naargelang hun moedermaatschappij al dan niet in deze lidstaat is gevestigd, objectief gerechtvaardigd.

46. Het eerste argument van de regering van het Verenigd Koninkrijk is, dat de situatie van binnenlandse dochtermaatschappijen van binnenlandse moedermaatschappijen niet vergelijkbaar is met die van binnenlandse dochtermaatschappijen van buitenlandse moedermaatschappijen.

47. De keuze voor de regeling belastingheffing naar het groepsinkomen bevrijdt de binnenlandse dochtermaatschappij van een binnenlandse moedermaatschappij weliswaar van de verplichting ACT te betalen bij een dividenduitkering aan de moedermaatschappij, doch deze betaling wordt enkel uitgesteld, aangezien de moedermaatschappij als binnenlandse vennootschap zelf ACT zal moeten betalen wanneer zij aan deze belasting onderworpen uitkeringen doet. De verplichting ACT te betalen bij dividenduitkeringen gaat dus van de dochter over op de moeder en de vrijstelling van ACT voor de dochter wordt gecompenseerd door de heffing van ACT bij de moeder.

48. Indien binnenlandse dochtermaatschappijen van buitenlandse moedermaatschappijen gebruik konden maken van de regeling belastingheffing naar het groepsinkomen, zou er geen enkele ACT worden betaald in het Verenigd Koninkrijk. De dochtermaatschappij zou zijn vrijgesteld van betaling van ACT bij dividenduitkeringen aan haar moedermaatschappij, zonder dat deze vrijstelling wordt gecompenseerd door de latere betaling van ACT door de buitenlandse moedermaatschappij bij eigen uitkeringen, aangezien deze laatste vennoot-schap niet onderworpen is aan de vennootschapsbelasting in het Verenigd Koninkrijk en dus ook niet aan de ACT.

49. De Nederlandse regering betoogt, dat het in overeenstemming is met het territorialiteitsbeginsel, dat een lidstaat de mogelijkheid om voor een regeling als de belastingheffing naar het groepsinkomen te kiezen voorbehoudt aan binnenlandse moedermaatschappijen. Zelfs indien de lidstaat in het kader van een dergelijke regeling afziet van belastingheffing bij de dochtermaatschappij, doet hij immers nog geen afstand van zijn heffingsbevoegdheid, aangezien voornoemde regeling enkel een verschuiving van de heffing van ACT naar een ander niveau binnen dezelfde groep tot gevolg heeft. Indien daarentegen de uit de regeling belastingheffing naar het groepsinkomen voortvloeiende vrijstelling van ACT zou worden verleend aan dochtermaatschappijen van buitenlandse moedermaatschappijen, zou in het Verenigd Koninkrijk geen enkele ACT worden geheven op intragroepstransacties, omdat de andere vennootschappen van de groep zich in een andere lidstaat bevinden en derhalve niet belastingplichtig zijn voor de vennootschapsbelasting in het Verenigd Koninkrijk. Dit staat gelijk aan belastingontduiking.

50. De Finse regering is eveneens van mening, dat verlening van de keuzemogelijkheid voor de regeling belastingheffing naar het groepsinkomen aan dochtermaatschappijen van buitenlandse moedermaatschappijen hun in staat zou stellen te ontsnappen aan de belasting in het Verenigd Koninkrijk, omdat hun moedermaatschappijen niet belastingplichtig zijn in deze lidstaat.

51. Dit betoog faalt.

52. In de eerste plaats is het onjuist aan te nemen, dat verlening van de keuzemogelijkheid voor de regeling belastingheffing naar het groepsinkomen aan binnenlandse dochtermaatschappijen van buitenlandse moedermaatschappijen deze dochtermaatschappijen in staat zou stellen in het Verenigd Koninkrijk te ontsnappen aanbetaling van alle belasting over als dividend uitgekeerde winst. De ACT is immers geen belasting op dividenden, maar een voorheffing op de vennootschapsbelasting.

53. Het gedeelte van de vennootschapsbelasting dat de binnenlandse dochtermaatschappij niet vooruit hoeft te betalen bij uitkering van dividend aan haar moedermaatschappij in het kader van de regeling belastingheffing naar het groepsinkomen, zal immers in beginsel worden betaald op het tijdstip waarop de door de dochtermaatschappij verschuldigde MCT verschuldigd wordt. De binnenlandse dochtermaatschappij van een in een andere lidstaat gevestigde vennootschap is namelijk in het Verenigd Koninkrijk op dezelfde wijze aan MCT onderworpen over haar winst als een binnenlandse dochtermaatschappij van een eveneens aldaar gevestigde moedermaatschappij.

54. Binnenlandse dochtermaatschappijen van buitenlandse moedemaatschappijen de mogelijkheid verlenen om te opteren voor de regeling belastingheffing naar het groepsinkomen leidt er bijgevolg enkel toe, dat zij tot het tijdstip van verschuldigdheid van de MCT de beschikking behouden over de bedragen die zij anders aan ACT hadden moeten betalen, en dat zij dus hetzelfde cashflow-voordeel hebben als de binnenlandse dochtermaatschappijen van binnenlandse moedermaatschappijen, zonder dat er bij gelijke heffingsgrondslag andere verschillen bestaan tussen de bedragen aan MCT die de respectieve dochtermaatschappijen verschuldigd zijn voor hetzelfde boekjaar.

55. In de tweede plaats kan aan de binnenlandse dochtermaatschappij van een buitenlandse moedermaatschappij de mogelijkheid tot vrijstelling van ACT bij dividenduitkering aan haar buitenlandse moedermaatschappij niet worden geweigerd op de grond, dat deze moedermaatschappij in tegenstelling tot binnenlandse moedermaatschappijen niet belastingplichtig is voor de ACT wanneer zij zelf dividend uitkeert.

56. Het feit dat de buitenlandse moedermaatschappij niet onderworpen is aan ACT, vloeit daaruit voort, dat zij niet belastingplichtig is voor de vennootschapsbelasting in het Verenigd Koninkrijk, maar in de staat van vestiging. Het is dus logisch dat een vennootschap geen belasting vooruit betaalt waaraan zij nooit onderworpen zal zijn.

57. Wat in de derde plaats het gevaar van belastingontduiking betreft, heeft het Hof reeds geoordeeld dat de vestiging van een vennootschap buiten het Verenigd Koninkrijk op zich niet betekent, dat er sprake is van belastingontduiking, aangezien de betrokken vennootschap hoe dan ook onderworpen is aan het belastingstelsel van de staat van vestiging (arrest ICI, reeds aangehaald, punt 26).

58. Overigens aanvaardt het Britse belastingrecht ten aanzien van binnenlandse moedermaatschappijen, dat vennootschappen die hebben gekozen voor de regeling belastingheffing naar het groepsinkomen uiteindelijk helemaal geen ACT betalen. In bepaalde gevallen is de moedermaatschappij die dividenduitkeringen heeft ontvangen in het kader van een dergelijke belastingregeling, namelijk zelf geen enkele ACT verschuldigd. Zij kan bijvoorbeeld besluiten geen aan ACT onderworpen uitkering te doen, of in het kader van de regeling belastingheffing naar het groepsinkomen overgaan tot uitkeringen die anders aan ACT zouden zijn onderworpen. De vrijstelling van de binnenlandse dochtermaatschappij van betaling van de ACT wordt dus niet steeds noodzakelijkerwijs gecompenseerd door een verplichting van de binnenlandse moedermaatschappij tot betaling van ACT.

59. Wat in de vierde plaats tenslotte het financieel verlies betreft, dat voor de Britse fiscus zou ontstaan ingeval binnenlandse dochtermaatschap pijen van buitenlandse moedermaatschappijen konden kiezen voor de regeling belastingheffing naar het groepsinkomen en dus geen ACT behoefden te betalen, volstaat het eraan te herinneren, dat vermindering van belastinginkomsten volgens vaste rechtspraak niet kan worden aangemerkt als een dwin-

gende reden van algemeen belang die kan worden ingeroepen ter rechtvaardiging van een maatregel die in beginsel strijdig is met een fundamentele vrijheid (zie, wat betreft artikel 52 van het Verdrag, arrest ICI, reeds aangehaald, punt 28).

60. Dat in het Verenigd Koninkrijk gevestigde moedermaatschappijen aan een andere belastingregeling zijn onderworpen dan de daarbuiten gevestigde, kan derhalve, zoals de advocaat-generaal in punt 25 van zijn conclusie heeft opgemerkt, geen grond zijn om in het Verenigd Koninkrijk gevestigde dochtermaatschappijen van in een andere lidstaat gevestigde moedermaatschappijen een fiscaal voordeel te onthouden waarop in het Verenigd Koninkrijk gevestigde dochtermaatschappijen van eveneens aldaar gevestigde moedermaatschappijen wel aanspraak kunnen maken. Al deze dochtermaatschappijen zijn immers over hun winst onderworpen aan de MCT, onafhankelijk van de vestigingsplaats van hun moedermaatschappij.

61. Als tweede argument voert de regering van het Verenigd Koninkrijk aan, dat de uitsluiting van binnenlandse dochtermaatschappijen van buitenlandse moedermaatschappijen van de mogelijkheid om voor de regeling belastingheffing naar het groepsinkomen te kiezen, gerechtvaardigd is door de noodzaak, de samenhang van het Britse belastingstelsel veilig te stellen.

62. Het Britse belastingstelsel is gebaseerd op het beginsel, dat zowel de vennootschappen worden belast over hun winst, als de aandeelhouders van deze vennootschappen over het deel van dezelfde winst dat hen in voorkomend geval in de vorm van dividend wordt uitgekeerd. Teneinde deze – in economisch opzicht – dubbele belasting te verzachten, zijn de in het Verenigd Koninkrijk gevestigde vennootschappen die aandeelhouder zijn, vrijgesteld van de vennootschapsbelasting over de dividenden die zij van hun eveneens aldaar gevestigde dochtermaatschappijen ontvangen. Deze vrijstelling wordt gecompenseerd door de heffing van ACT over de dividenduitkering van de dochters aan hun moeders.

63. Aldus bestaat er een rechtstreeks verband tussen de vrijstelling van vennootschapsbelasting voor de moedermaatschappij ter zake van de van haar dochtermaatschappij ontvangen dividenden en de heffing van ACT bij de dochtermaatschappij ter zake van dezelfde dividenduitkering. De uitkerende vennootschap moet ACT betalen opdat gewaarborgd is, dat de ontvangende vennootschap eerst wordt vrijgesteld nadat de uitkerende vennootschap ter zake van deze dividenden is belast, of zij nu wel of niet onderworpen is aan de vennootschapsbelasting over de winst die zij heeft behaald gedurende het boekjaar waarin de dividenden zijn uitgekeerd.

64. Wanneer een binnenlandse dochtermaatschappij bij dividenduitkering geen ACT hoeft te betalen omdat zij tezamen met haar binnenlandse moedermaatschappij voor de regeling belastingheffing naar het groepsinkomen heeft gekozen, wordt de vrijstelling van vennootschapsbelasting voor de door de moedermaatschappij ontvangen dividenden gecompenseerd door de ACT die de moedermaatschappij zal betalen wanneer zij zelf dividenden uitkeert.

65. Vrijstelling van ACT verlenen bij dividenduitkeringen van een binnenlandse dochtermaatschappij aan haar buitenlandse moedermaatschappij komt erop neer, dat de belastingvrijstelling van de moedermaatschappij ter zake van de ontvangen dividenden niet door een belastingheffing over deze dividenduitkering wordt gecompenseerd, wat onverenigbaar is met de samenhang van het Britse belastingstelsel.

66. Dit betoog kan niet worden aanvaard.

67. Het Hof heeft weliswaar uitgemaakt, dat de noodzaak de samenhang van het belastingstelsel te waarborgen, een rechtvaardigingsgrond kan zijn voor een regeling die de fundamentele vrijheden beperkt (arresten van 28 januari 1992, Bachmann, C-204/90, *Jurispr.* blz. I-249, en Commissie/België, C-300/90, *Jurispr.* blz. I-305).

68. Dit is echter in casu niet het geval.

69. In de aangehaalde zaken Bachmann en Commissie/België bestond een rechtstreeks verband tussen de aftrekbaarheid van de in het kader van ouderdoms- en overlijdensverzekeringen voldane premies en de belastingheffing over de ter zake ontvangen uitkeringen, een verband dat behouden diende te blijven ter waarborging van de samenhang van het betrokken belastingstelsel. In casu ontbreekt echter een dergelijk rechtstreeks verband tussen de uitsluiting van in het Verenigd Koninkrijk gevestigde dochtermaatschappijen van buitenlandse moedermaatschappijen van de mogelijkheid om door te opteren voor de regeling belastingheffing naar het groepsinkomen vrijstelling van de verplichting tot betaling van ACT te verkrijgen, en het feit dat in het Verenigd Koninkrijk geen vennootschapsbelasting wordt geheven van in een andere lidstaat gevestigde moedermaatschappijen die dividend ontvangen van hun dochtermaatschappijen.

70. Moedermaatschappijen zijn immers ongeacht of zij zelf al dan niet in het Verenigd Koninkrijk zijn gevestigd, aldaar vrijgesteld van vennootschapsbelasting voor dividenden die zij van hun binnenlandse dochtermaatschappijen ontvangen. Voor de verlening van een fiscaal voordeel als de vrijstelling van ACT ingevolge de regeling belastingheffing naar het groepsinkomen is zonder belang, dat de vrijstelling van vennootschapsbelasting voor binnenlandse moedermaatschappijen beoogt te vermijden, dat de winst van de dochtermaatschappij in het Verenigd Koninkrijk tweemaal in deze belasting wordt betrokken, en voor buitenlandse moedermaatschappijen reeds

voortvloeit uit het feit dat zij in deze lidstaat hoe dan ook niet onderworpen zijn aan de vennootschapsbelasting, omdat zij aan deze belasting onderworpen zijn in de staat van vestiging.

71. Overigens is een buitenlandse moedermaatschappij in het Verenigd Koninkrijk ter zake van dividenden die zij ontvangt van haar binnenlandse dochtermaatschappij, enkel belastingplichtig voor de inkomstenbelasting. De verschuldigdheid daarvan is echter afhankelijk van de verlening van belastingkredieten waarin kan zijn voorzien in een tussen het Verenigd Koninkrijk en de staat van vestiging van de moedermaatschappij gesloten belastingverdrag.

72. In het geval van verzoeksters in de hoofdgedingen wordt in het Verenigd Koninkrijk geen inkomstenbelasting geheven van in Duitsland gevestigde moedermaatschappijen ter zake van de van hun in het Verenigd Koninkrijk gevestigde dochtermaatschappijen ontvangen dividenden, omdat het tussen deze lidstaten gesloten belastingverdrag niet voorziet in belastingkredieten die overeenkomen met de door de dochtermaatschappijen betaalde ACT.

73. Dat in het Verenigd Koninkrijk gevestigde dochtermaatschappijen van in een andere lidstaat gevestigde moedermaatschappijen het recht om te opteren voor de regeling belastingheffing naar het groepsinkomen wordt ontzegd, kan derhalve niet worden gerechtvaardigd door redenen die verband houden met de noodzaak de samenhang van het Britse belastingstelsel te waarborgen.

74. De omstandigheid dat de ACT intussen is ingetrokken, wijst erop dat deze niet noodzakelijk was voor de goede werking van het belastingstelsel voor vennootschappen in het Verenigd Koninkrijk.

75. Aangezien de verdragsbepalingen inzake de vrijheid van vestiging zich dus verzetten tegen nationale bepalingen als in de hoofdgedingen aan de orde zijn, behoeft niet te worden onderzocht, of de verdragsbepalingen inzake het vrij verkeer van kapitaal zich eveneens ertegen verzetten.

76. Derhalve moet op de eerste vraag worden geantwoord, dat artikel 52 van het Verdrag zich verzet tegen belastingbepalingen van een lidstaat als thans in geding, die de in deze lidstaat gevestigde vennootschappen de mogelijkheid bieden gebruik te maken van een belastingregeling volgens welke zij zonder voorheffing van vennootschapsbelasting dividend kunnen uitkeren aan hun moedermaatschappij wanneer deze eveneens in deze lidstaat is gevestigd, doch die dit niet toestaan wanneer de moedermaatschappij in een andere lidstaat is gevestigd.

De tweede prejudiciële vraag

77. Gelet op het antwoord op de eerste prejudiciële vraag wenst de verwijzende rechter met zijn tweede vraag in wezen te vernemen, of artikel 52 van het Verdrag aldus moet worden uitgelegd, dat wanneer een in de betrokken lidstaat gevestigde dochtermaatschappij en haar in een andere lidstaat gevestigde moedermaatschappij ten onrechte zijn uitgesloten van een belastingregeling op grond waarvan de dochtermaatschappij dividend aan de moedermaatschappij had kunnen uitkeren zonder betaling van vennootschapsbelasting bij wege van voorheffing, deze dochtermaatschappij en/of haar moedermaatschappij recht heeft/hebben op vergoeding van rente over de door de dochtermaatschappij betaalde voorheffingen, te rekenen vanaf de datum van deze betalingen tot het tijdstip waarop de belasting verschuldigd is geworden, ook indien het nationale recht toekenning van rente over een niet verschuldigde hoofdsom niet toestaat. De verwijzende rechter stelt deze vraag zowel voor het geval dat de rentevordering van de dochtermaatschappij en/of de moedermaatschappij deel uitmaakt van een vordering tot terugbetaling van in strijd met het gemeenschapsrecht toegepaste heffingen, als voor het geval dat die vordering deel uitmaakt van een vordering tot vergoeding van de schade voortvloeiend uit de schending van het gemeenschapsrecht.

78. Dienaangaande betoogt de regering van het Verenigd Koninkrijk in de eerste plaats, dat wanneer de uitsluiting van in het Verenigd Koninkrijk gevestigde dochtermaatschappijen van buitenlandse moedermaatschappijen van de regeling belastingheffing naar het groepsinkomen in strijd met het gemeenschapsrecht wordt verklaard, naar gemeenschapsrecht deze schending niet moet worden verholpen door middel van een vordering tot terugbetaling, maar door middel van een aansprakelijkheidsvordering tegen de staat voor de schade als gevolg van een schending van het gemeenschapsrecht. De ACT is immers geen belasting die in strijd met het gemeenschapsrecht is geheven, aangezien de dochtermaatschappijen de aan ACT betaalde bedragen in elk geval verschuldigd zijn uit hoofde van de MCT. Het verzuim van de Britse wetgever om voor een binnenlandse dochtermaatschappij en een buitenlandse moedermaatschappij niet te voorzien in de mogelijkheid om te opteren voor de regeling belastingheffing naar het groepsinkomen, is de aanleiding tot de onderhavige procedures geweest en kan leiden tot de niet-contractuele aansprakelijkheid van het Verenigd Koninkrijk. In het reeds aangehaalde arrest Sutton heeft het Hof evenwel onder meer geoordeeld, dat in geval van schade ontstaan door schending van een richtlijn het gemeenschapsrecht niet vereist, dat een lidstaat een bedrag betaalt dat overeenkomt met de rente over een te laat betaald bedrag, in casu achterstallige socialezekerheidsuitkeringen. Hieruit volgt, dat het gemeenschapsrecht niet vereist dat rente wordt toegekend ingeval gedurende een bepaalde periode niet over een geldsom kon worden beschikt wegens een met het gemeenschapsrecht strijdige, voor tijdige belastingheffing.

79. In de tweede plaats stelt zij, dat ook indien de vorderingen van verzoeksters in de hoofdgedingen worden beschouwd als vorderingen tot terugbetaling van in strijd met het gemeenschapsrecht geheven bedragen, deze vorderingen niet kunnen worden toegewezen omdat het volgens vaste rechtspraak aan het nationale recht is overgelaten te bepalen, of rente moet worden betaald bij de terugbetaling van gemeenschapsrechtelijk ten onrechte geheven bedragen. In het Engelse recht hangt het recht op rente evenwel af van de vraag, of de procedure aanhangig is gemaakt vóór de betaling van het bedrag waarover rente wordt gevorderd.

80. Derhalve kunnen verzoeksters in de hoofdgedingen noch op grond van een vordering tot terugbetaling noch op grond van een schadevordering aanspraak maken op rente, aangezien de hoofdsommen zijn terugbetaald door de compenserende verrekening van de ACT met de aan MCT verschuldigde bedragen die de dochtermaatschappijen vóór de inleiding van de procedure moesten betalen.

81. Het Hof wijst erop, dat het niet zijn taak is om de vorderingen die verzoeksters in de hoofdgedingen bij de verwijzende rechter hebben ingesteld, juridisch te kwalificeren. In casu is het aan Metallgesellschaft e.a. en Hoechst e.a. om ondertoezicht van de verwijzende rechter de aard en de grondslag van hun vordering nader te preciseren (vordering tot terugbetaling of vordering tot schadevergoeding).

82. Indien de vorderingen van verzoeksters in de hoofdgedingen zijn te beschouwen als vorderingen tot terugbetaling van een in strijd met het gemeenschapsrecht toegepaste heffing, is de vraag, of in omstandig-heden als in de hoofdgedingen de schending van artikel 52 van het Verdrag door een lidstaat de belastingplichtigen aanspraak geeft op vergoeding van rente over de betaalde heffing, te rekenen vanaf de datum van de voortijdige betaling tot het tijdstip waarop de heffing rechtsgeldig opeisbaar is geworden.

83. In de hoofdgedingen is het niet de heffing van belasting door het Verenigd Koninkrijk op dividenduitkeringen van een dochtermaatschappij aan de moedermaatschappij die in strijd is met het gemeenschapsrecht, maar de voor in het Verenigd Koninkrijk gevestigde dochtermaatschappijen van in een andere lidstaat gevestigde moedermaatschappijen bestaande verplichting om deze belasting bij wege van voorheffing te betalen, terwijl de binnenlandse dochters van binnenlandse moeders aan deze verplichting kunnen ontkomen.

84. Volgens vaste rechtspraak is het recht op terugbetaling van heffingen die een lidstaat in strijd met het gemeenschapsrecht heeft geïnd, het gevolg en het complement van de rechten die de justitiabelen ontlenen aan de gemeenschapsbepalingen, zoals die door het Hof zijn uitgelegd (arresten van 9 november 1983, San Giorgio, 199/82, *Jurispr.* blz. 3595, punt 12; 2 februari 1988, Barra, 309/85, *Jurispr.* blz. 355, punt 17; 6 juli 1995, BP Soupergaz, C-62/93, *Jurispr.* blz. I-1883, punt 40; 9 februari 1999, Dilexport, C-343/96, *Jurispr.* blz. I-579, punt 23, en 21 september 2000, Michaïlidis, C-441/98 en C-442/98, nog niet gepubliceerd in de *Jurisprudentie*, punt 30). De lidstaat is dus in beginsel verplicht, in strijd met het gemeenschapsrecht toegepaste heffingen terug te betalen (arresten van 14 januari 1997, Comateb e.a., C-192/95-C-218/95, *Jurispr.* blz. I-165, punt 20, Dilexport, reeds aangehaald, punt 23, en Michaïlidis, reeds aangehaald, punt 30).

85. Bij gebreke van een gemeenschapsregeling inzake terugbetaling van ten onrechte geheven nationale heffingen is het een aangelegenheid van het interne recht van elke lidstaat om de bevoegde rechter aan te wijzen en de procesregels te bepalen voor rechtsvorderingen die ertoe strekken, de rechten te beschermen die de justitiabelen aan het gemeenschapsrecht ontlenen, mits die regels niet ongunstiger zijn dan die welke voor soortgelijke nationale vorderingen gelden (gelijkwaardigheidsbeginsel), en de uitoefening van de door het gemeen-schapsrecht verleende rechten in de praktijk niet onmogelijk of uiterst moeilijk maken (doeltreffendheids-beginsel) (zie, in het bijzonder, arresten van 15 september 1998, Edis, C-231/96, *Jurispr.* blz. I-4951, punten 19 en 34; Spac, C-260/96, *Jurispr.* blz. I-4997, punt 18; 17 november 1998, Aprile, C-228/96, *Jurispr.* blz. I-7141, punt 18, en Dilexport, reeds aangehaald, punt 25).

86. Het is eveneens een aangelegenheid van het nationale recht om alle met de terugbetaling van ten onrechte toegepaste heffingen verband houdende bijkomende vraagstukken te regelen, zoals de betaling van rente, met inbegrip van het tijdstip vanaf wanneer deze rente moet worden berekend en de rentevoet (arresten van 21 mei 1976, Roquette frères/Commissie, 26/74, *Jurispr.* blz. 677, punten 11 en 12, en 12 juni 1980, Express Dairy Foods, 130/79, *Jurispr.* blz. 1887, punten 16 en 17).

87. De vordering tot betaling van rente ter dekking van de kosten van het niet kunnen beschikken over de als ACT betaalde bedragen is in de hoofdgedingen echter niet accessoir, maar vormt het voorwerp van de hoofdgedingen. In omstandigheden waarin de schending van het gemeenschapsrecht niet voortvloeit uit de betaling van de belasting zelf, maar uit de voortijdige verschuldigdheid ervan, vormt de toekenning van rente de terugbetaling van hetgeen ten onrechte is betaald, en lijkt dit onmisbaar voor het herstel van de door artikel 52 van het Verdrag gewaarborgde gelijkheid van behandeling.

88. Volgens de verwijzende rechter is omstreden, of naar Engels recht vergoeding van schade mogelijk is die voortvloeit uit de ontbrekende beschikkingsmacht over geldsommen, wanneer geen hoofdsom is verschuldigd. In zoverre moet worden beklemtoond, dat bij een vordering tot terugbetaling het als hoofdsom verschuldigde bedrag

juist de rente is die zou zijn verkregen op het bedrag waarover wegens de voortijdige verschuldigdheid van de belasting niet kon worden beschikt.

89. Derhalve geeft artikel 52 van het Verdrag een in het Verenigd Koninkrijk gevestigde dochtermaatschappij en/of haar in een andere lidstaat gevestigde moedermaatschappij aanspraak op de rente die over de door de dochtermaatschappij afgedragen ACT is verschenen tussen de betaling van de ACT en de verschuldigdheid van de MCT, en dit bedrag kan worden gevorderd op grond van een vordering tot terugbetaling.

90. Indien de vorderingen van verzoeksters in de hoofdgedingen zijn te beschouwen als vorderingen tot vergoeding van de schade die is veroorzaakt door de schending van het gemeenschapsrecht, is de vraag, of in omstandigheden als in de hoofdgedingen de schending van artikel 52 van het Verdrag door een lidstaat de belastingplichtigen aanspraak geeft op betaling van schadevergoeding ten belope van een bedrag gelijk aan de rente over de betaalde heffing, te rekenen vanaf de datum van de voortijdige betaling tot het tijdstip waarop de heffing rechtsgeldig opeis baar is geworden.

91. Zoals het hof in punt 87 van het reeds aangehaalde arrest Brasserie du pêcheur en Factortame in dat verband reeds heeft geoordeeld, kan de totale uitsluiting van winstderving als voor vergoeding in aanmerking komende schade niet worden aanvaard in geval van schending van het gemeenschapsrecht, omdat inzonderheid bij geschillen van economische of commerciële aard een dergelijke volledige uitsluiting van de winstderving de vergoeding van de schade feitelijk onmogelijk kan maken.

92. Het argument van de regering van het Verenigd Koninkrijk, dat aan verzoeksters in de hoofdgedingen geen rente kan worden toegekend indien zij vergoeding vorderen in het kader van een schadevordering, kan niet worden aanvaard.

93. In het reeds aangehaalde arrest Sutton heeft het hof weliswaar geoordeeld, dat de gemeenschapsrichtlijn die in die zaak aan de orde was, enkel het recht toekende om betaling te verkrijgen van de uitkeringen waarop de persoon zonder die discriminatie recht zou hebben gehad, en dat de betaling van rente over te laat betaalde achterstallige uitkeringen niet als een essentieel onderdeel van dat recht kon worden beschouwd. In de hoofdgedingen is evenwel juist de rente datgene waarover verzoeksters in de hoofdgedingen zonder een ongelijke behandeling zouden hebben beschikt, en is deze rente het essentiële onderdeel van het hun toegekende recht.

94. In de punten 23 tot 25 van het reeds aangehaalde arrest Sutton heeft het Hof overigens een onderscheid gemaakt tussen de omstandigheden van die zaak en die van het arrest Marshall van 2 augustus 1993, Marshall II (C-271/91, *Jurispr.* blz. I-4367). In deze laatste zaak, die betrekking had op de toekenning van rente over bedragen die verschuldigd waren ter vergoeding van schade ten gevolge van een discriminerend ontslag, heeft het Hof geoordeeld, dat voor een volledige vergoeding van de geleden schade geen enkel aspect – zoals het tijdsverloop – waardoor de waarde van de schadevergoeding kan verminderen, buiten beschouwing mag worden gelaten en dat de toekenning van rente een wezenlijk bestanddeel is van een schadeloosstelling die het herstel van een daadwerkelijke gelijkheid van behandeling beoogt (arrest Marshall II, reeds aangehaald, punten 24 tot 32). De toekenning van rente is in die zaak derhalve als een wezenlijk bestanddeel van de door het gemeenschapsrecht vereiste schadeloosstelling in geval van discriminerend ontslag beschouwd.

95. In omstandigheden als die van de hoofdgedingen is de toekenning van rente dus wezenlijk voor de vergoeding van de schade die is veroorzaakt door de schending van artikel 52 van het Verdrag.

96. Bijgevolg moet op de tweede prejudiciële vraag worden geantwoord:

– Wanneer een in een lidstaat gevestigde dochtermaatschappij verplicht is geweest om bij wege van voorheffing vennootschapsbelasting te betalen over de aan de in een andere lidstaat gevestigde moedermaatschappij, uitgekeerde dividenden, terwijl dochtermaatschappijen van in de eerste lidstaat gevestigde moedermaatschappijen in vergelijkbare omstandigheden hebben kunnen opteren voor een belastingregeling waardoor zij aan deze verplichting ontsnappen, vereist artikel 52 van het Verdrag, dat die dochtermaatschappijen en hun in een andere lidstaat gevestigde moedermaatschappijen over een doeltreffend rechtsmiddel beschikken om terugbetaling of vergoeding te verkrijgen van het financiële nadeel dat zij – ten voordele van de autoriteiten van de betrokken lidstaat – hebben geleden als gevolg van de door de dochtermaatschappijen betaalde voorheffing.

– Het enkele feit, dat een dergelijke vordering slechts strekt tot betaling van de rente waaruit het financiële verlies bestaat dat is geleden doordat niet over de voortijdig betaalde bedragen kon worden beschikt, is geen grond voor verwerping van deze vordering.

– Bij gebreke van een gemeenschapsregeling is het weliswaar een aangelegenheid van het interne recht van elke lidstaat om de procesregels te bepalen voor dergelijke rechtsvorderingen, met inbegrip van de bijkomende vraagstukken zoals de eventuele betaling van rente, doch die regels mogen de uitoefening van de door het gemeenschapsrecht verleende rechten in de praktijk niet onmogelijk of uiterst moeilijk maken.

De derde en vierde prejudiciële vraag

97. Gelet op het antwoord op de eerste prejudiciële vraag behoeven de derde en de vierde vraag niet te worden beantwoord.

De vijfde prejudiciële vraag

98. Met zijn vijfde vraag wenst de verwijzende rechter in wezen te vernemen, of het gemeenschapsrecht zich ertegen verzet, dat een nationale rechter een door een binnenlandse dochtermaatschappij en haar buitenlandse moedermaatschappij bij hem ingestelde vordering tot terugbetaling of vergoeding van het financiële nadeel dat zij als gevolg van de door de dochtermaatschappij bij wege van voorheffing betaalde vennootschapsbelasting hebben geleden, afwijst of vermindert op de enkele grond, dat zij de belastingautoriteiten niet hebben verzocht om toepassing van de regeling belastingheffing naar het groepsinkomen, waardoor de dochtermaatschappij van de voorheffing bevrijd was geweest, en dus geen gebruik hebben gemaakt van de hun ter beschikking staande rechtsmiddelen om de afwijzende beslissingen van de belastingautoriteiten met een beroep op de voorrang en de rechtstreekse werking van het gemeenschapsrecht aan te vechten, terwijl het nationale recht de binnenlandse dochtermaatschappijen en hun buitenlandse moedermaatschappijen hoe dan ook van deze regeling uitsluit.

99. Volgens de regering van het Verenigd Koninkrijk is een aansprakelijkheidsvordering tegen de staat overeenkomstig de door het Hof in het reeds aangehaalde arrest Brasserie de Pêcheur en Factortame opgestelde criteria, het juiste rechtsmiddel ingeval de uitsluiting van in het Verenigd Koninkrijk gevestigde dochtermaatschappijen van buitenlandse moedermaatschappijen van de regeling belastingheffing naar het groepsinkomen in strijd met het gemeenschapsrecht wordt verklaard. Tegen dergelijke schadevorderingen kan worden aangevoerd, dat de verzoekers niet al het nodige hebben gedaan door niet dadelijk te verzoeken om toepassing van de regeling belastingheffing naar het groepsinkomen, waarna zij de weigering van de belastingautoriteiten hadden kunnen aanvechten en zich op de voorrang en de rechtstreekse werking van het gemeenschapsrecht hadden kunnen beroepen, zodat het Hof bij de eerste gelegenheid om een prejudiciële beslissing kon worden verzocht.

100. Dit argument berust niet op een nationale bepaling inzake verjarings- of vervaltermijnen.

101. De regering van het Verenigd Koninkrijk is immers van mening, dat haar stelling in het bijzonder steun vindt in het reeds aangehaalde arrest Brasserie de pêcheur en Factortame (punten 84 en 85), waarin het Hof heeft geoordeeld, dat volgens een algemeen beginsel dat de rechtsstelsels van de lidstaten gemeen hebben, de benadeelde zich redelijke inspanningen dient te getroosten om de omvang van de schade te beperken, omdat hij anders de schade zelf moet dragen, en dat bijgevolg de nationale rechter ter vaststelling van de voor vergoeding in aanmerking komende schade kan onderzoeken, of de benadeelde persoon zich redelijke inspanningen heeft getroost om de schade te voorkomen of de omvang ervan te beperken, en meer in het bijzonder, of hij tijdig alle te zijner beschikking bestaande rechtsmiddelen heeft aangewend.

102. In de eerste plaats zij eraan herinnerd, dat vorderingen als die in de hoofdgedingen in beginsel onderworpen zijn aan de nationale procesregels, die van de verzoekers in het bijzonder kunnen verlangen dat zij zich redelijke inspanningen getroosten om de schade te voorkomen of de omvang ervan te beperken.

103. Voorts staat vast, dat in de hoofdgedingen de Britse belastingwetgeving binnenlandse dochtermaatschappijen van buitenlandse moedermaatschappijen uitsloot van de regeling belastingheffing naar het groepsinkomen, zodat aan verzoeksters in de hoofdgedingen niet kan worden verweten dat zij niet te kennen hebben gegeven, voor de regeling belastingheffing naar het groepsinkomen te willen opteren. Volgens de verwijzingsbeschikkingen wordt niet betwist, dat een verzoek om toepassing van deze regeling in het geval van verzoeksters in de hoofdgedingen door de belastinginspecteur zou zijn afgewezen omdat de moedermaatschappijen buiten het Verenigd Koninkrijk zijn gevestigd.

104. Ten slotte blijkt uit de verwijzingsbeschikkingen, dat een dergelijke afwijzende beslissing van de belastingautoriteiten had kunnen worden aangevochten bij de Special Commissioners of de General Commissioners en vervolgens in voorkomend geval bij de High Court. Volgens de verwijzende rechter zouden de dochtermaatschappijen in afwachting van de uitspraak op het beroep niettemin ACT over alle door hun uitgekeerd dividend hebben moeten voldoen en zou bij toewijzing van het beroep de ACT hun niet zijn terugbetaald omdat naar Engels recht geen recht op terugbetaling bestaat. Indien de dochtermaatschappijen geen ACT over de dividenduitkeringen zouden hebben betaald in afwachting van een uitspraak op hun beroep, zouden zij niettemin aangeslagen zijn in de ACT, zouden zij rente over de desbetreffende bedragen hebben moeten betalen en zou hun mogelijk een geldboete zijn opgelegd, indien hun gedrag als onzorgvuldig en zonder redelijke rechtvaardiging was beschouwd.

105. De regering van het Verenigd Koninkrijk verwijt verzoeksters in de hoofdgedingen derhalve onvoldoende zorgvuldig te hebben gehandeld door niet eerder met andere dan de aangewende rechtsmiddelen de verenigbaarheid met het gemeenschapsrecht aan te vechten van de nationale bepalingen die binnenlandse dochters van buitenlandse moeders uitsluiten van een fiscaal voordeel. Aldus wordt hen verweten, dat zij rekening hebben gehouden met de nationale wetgeving en ACT hebben betaald zonder toepassing van de regeling belastingheffing

naar het groepsinkomen trachten te verkrijgen en zonder gebruik te maken van de hun ter beschikking staande rechtsmiddelen om de afwijzende beslissing van de belastingautoriteiten aan te vechten, die onvermijdelijk daarop zou zijn gevolgd.

106. De uitoefening van de rechten die de particulieren aan de rechtstreeks werkende bepalingen van gemeenschapsrecht ontlenen, zou evenwel onmogelijk of uiterst moeilijk worden gemaakt indien hun op schending van het gemeenschapsrecht steunende vorderingen tot terugbetaling of vergoeding reeds werden afgewezen of verminderd, omdat zij niet hebben verzocht om in aanmerking te komen voor een fiscaal voordeel waarop zij naar nationaal recht geen aanspraak hadden, teneinde de weigering van de belastingautoriteiten aan te vechten met de hiervoor bestaande rechtsmiddelen en met een beroep op de voorrang en de rechtstreekse werking van het gemeenschapsrecht.

107. Derhalve moet op de vijfde prejudiciële vraag worden geantwoord, dat het gemeenschapsrecht zich ertegen verzet, dat een nationale rechter een door een binnenlandse dochtermaatschappij en haar buitenlandse moedermaatschappij bij hem ingestelde vordering tot terugbetaling of vergoeding van het financiële nadeel dat zij als gevolg van de door de dochtermaatschappij bij wege van voorheffing betaalde vennootschapsbelasting hebben geleden, afwijst of vermindert op de enkele grond, dat zij de belastingautoriteiten niet hebben verzocht om toepassing van de regeling belastingheffing naar het groepsinkomen, waardoor de dochtermaatschappij van de voorheffing bevrijd was geweest, en dus geen gebruik hebben gemaakt van de hun ter beschikking staande rechtsmiddelen om de afwijzende beslissingen van de belastingautoriteiten met een beroep op de voorrang en de rechtstreekse werking van het gemeenschapsrecht aan te vechten, terwijl het nationale recht de binnenlandse dochtermaatschappijen en hun buitenlandse moedermaatschappijen hoe dan ook van deze regeling uitsluit.

Kosten

108. …

HET HOF VAN JUSTITIE (Vijfde kamer)

uitspraak doende op de door de High Court of Justice (England & Wales), Chancery Division, bij beschikkingen van 2 oktober 1998 gestelde vragen, verklaart voor recht:

1. Artikel 52 van het Verdrag (thans, na wijziging, artikel 43 EG) verzet zich tegen belastingbepalingen van een lidstaat als thans in geding, die de in deze lidstaat gevestigde vennootschappen de mogelijkheid bieden gebruik te maken van een belastingregeling volgens welke zij zonder voorheffing van vennootschapsbelasting dividend kunnen uitkeren aan hun moedermaatschappij wanneer deze eveneens in deze lidstaat is gevestigd, doch die dit niet toestaan wanneer de moedermaatschappij in een andere lidstaat is gevestigd.

2. Wanneer een in een lidstaat gevestigde dochtermaatschappij verplicht is geweest om bij wege van voorheffing vennootschapsbelasting te betalen over de aan de in een andere lidstaat gevestigde moedermaatschappij uitgekeerde dividenden, terwijl dochtermaatschappijen van in de eerste lidstaat gevestigde moedermaatschappijen in vergelijkbare omstandigheden hebben kunnen opteren voor een belastingregeling waardoor zij aan deze verplichting ontsnappen, vereist artikel 52 van het Verdrag, dat die dochtermaatschappijen en hun in een andere lidstaat gevestigde moedermaatschappijen over een doeltreffend rechtsmiddel beschikken om terugbetaling of vergoeding te verkrijgen van het financiële nadeel dat zij – ten voordele van de autoriteiten van de betrokken lidstaat – hebben geleden als gevolg van de door de dochtermaatschappijen betaalde voorheffing.

Het enkele feit, dat een dergelijke vordering slechts strekt tot betaling van de rente waaruit het financiële verlies bestaat dat is geleden doordat niet over de voortijdig betaalde bedragen kon worden beschikt, is geen grond voor verwerping van deze vordering.

Bij gebreke van een gemeenschapsregeling is het weliswaar een aangelegenheid van het interne recht van elke lidstaat om de procesregels te bepalen voor dergelijke rechtsvorderingen, met inbegrip van de bijkomende vraagstukken zoals de eventuele betaling van rente, doch die regels mogen de uitoefening van de door het gemeenschapsrecht verleende rechten in de praktijk niet onmogelijk of uiterst moeilijk maken.

3. Het gemeenschapsrecht verzet zich ertegen, dat een nationale rechter een door een binnenlandse dochtermaatschappij en haar buitenlandse moedermaatschappij bij hem ingestelde vordering tot terugbetaling of vergoeding van het financiële nadeel dat zij als gevolg van de door de dochtermaatschappij bij wege van voorheffing betaalde vennootschapsbelasting hebben geleden, afwijst of vermindert op de enkele grond, dat zij de belastingautoriteiten niet hebben verzocht om toepassing van de regeling belastingheffing naar het groepsinkomen, waardoor de dochtermaatschappij van de voorheffing bevrijd was geweest, en dus geen gebruik hebben gemaakt van de hun ter beschikking staande rechtsmiddelen om de afwijzende beslissingen van de belastingautoriteiten met een beroep op de voorrang en de rechtstreekse werking van het gemeenschapsrecht aan te vechten, terwijl het nationale recht de binnenlandse dochtermaatschappijen en hun buitenlandse moedermaatschappijen hoe dan ook van deze regeling uitsluit.

HvJ EG 4 oktober 2001, zaak C-294/99 (Athinaïki Zythopoiia AE v. Elliniko Dimosio)

Vijfde kamer: *A. La Pergola, kamerpresident, M. Wathelet (rapporteur), D. A. O. Edward, P. Jann en L. Sevón, rechters*
Advocaat-generaal: *S. Alber*

1. Bij beschikking van 26 juli 1999, ingekomen bij het Hof op 5 augustus daaraanvolgend, heeft de Dioikitiko Protodikeio Athinon (administratieve rechtbank in eerste aanleg te Athene) krachtens artikel 234 EG een prejudiciële vraag gesteld over de uitlegging van artikel 5, lid 1, van richtlijn 901435/EEG van de Raad van 23 juli 1990 betreffende de gemeenschappelijke fiscale regeling voor moedermaatschappijen en dochterondernemingen uit verschillende lidstaten (*PB* L 225, blz. 6, hierna: richtlijn).

2. Deze vraag is gerezen in een beroep dat door de vennootschap Athinaïki Zythopoiia AE, verzoekster in het hoofdgeding, is ingesteld tegen de stilzwijgende verwerping door het hoofd van de belastingdienst te Athene van haar bezwaar tegen de belastingheffing over haar inkomsten.

De richtlijn

3. De richtlijn is een van de drie instrumenten die op 23 juli 1990 zijn vastgesteld teneinde bepaalde fiscale obstakels voor hergroeperingen van vennootschappen uit verschillende lidstaten uit de weg te ruimen. De andere instrumenten zijn richtlijn 901434/EEG van de Raad betreffende de gemeenschappelijke fiscale regeling voor fusies, splitsingen, inbreng van activa en aandelenruil met betrekking tot vennootschappen uit verschillende lidstaten (*PB* L 225, blz. 1) en Verdrag 901436/EEG ter afschaffing van dubbele belasting in geval van winstcorrecties tussen verbonden ondernemingen (*PB* L 225, blz. 10).

4. Volgens de eerste overweging van de considerans beoogt de richtlijn concurrentie-neutrale belastingvoorschriften in het leven te roepen om de ondernemingen in staat te stellen zich aan te passen aan de eisen van de gemeenschappelijke markt, hun productiviteit te vergroten en hun concurrentiepositie op de internationale markt te versterken. Volgens de derde overweging van de considerans wil de richtlijn in het bijzonder de fiscale benadeling van de samenwerking tussen vennootschappen van verschillende lidstaten ten opzichte van de samenwerking tussen vennootschappen van dezelfde lidstaat opheffen.

5. De noodzaak van de richtlijn vloeit voort uit de dubbele belasting waaraan groepen van vennootschappen die in verschillende staten gevestigd zijn, kunnen worden onderworpen.

6. Behoudens een bijzondere ontheffing die door de staten eenzijdig dan wel op grond van bilaterale overeenkomsten wordt verleend, kan de winst van een dochteronderneming zowel in de staat van de dochteronderneming als ondernemingswinst van deze laatste, als in de staat van de moedermaatschappij als dividend worden belast.

7. Om fraude te voorkomen en de heffing van dividendbelasting te vereenvoudigen grijpen staten vaak terug op de methode van bronbelasting. In dat geval moet de vennootschap een deel van de dividenden die zij uitkeert, inhouden en aan de belastingautoriteiten afdragen. Het aldus ingehouden bedrag kan worden verrekend met de totale belastingschuld van de aandeelhouders die woonachtig zijn in de staat waar deze vennoot-schap gevestigd is. Wanneer deze inhoudingen betrekking hebben op dividenden die zijn uitgekeerd aan in een andere staat woonachtige aandeelhouders, vormen zij daarentegen een extra belastingheffing ten laste van laatstgenoemden door de staat waar de vennootschap is gevestigd en kan de staat waar deze aandeelhouders woonachtig zijn ze buiten beschouwing laten bij de heffing van inkomstenbelasting.

8. Artikel 1, lid 1, van de richtlijn luidt als volgt:

> 'Elke lidstaat past deze richtlijn toe:
> – op uitkeringen van winst die door vennootschappen van deze staat zijn ontvangen van hun dochterondernemingen uit andere lidstaten;
> – op winst die door vennootschappen van deze staat is uitgekeerd aan vennootschappen van andere lidstaten, waarvan zij dochteronderneming zijn.'

9. Artikel 5. lid 1, van de richtlijn, dat in het hoofdgeding centraal staat, bepaalt:

> 'De door een dochteronderneming aan de moedermaatschappij uitgekeerde winst wordt, althans wanneer laatstgenoemde een minimumdeelneming van 25% bezit in het kapitaal van de dochteronderneming, van bronbelasting vrijgesteld.'

10. Artikel 7, lid 1, van de richtlijn geeft vervolgens nader de reikwijdte van het begrip bronbelasting aan. 'Bronbelasting in de zin van deze richtlijn omvat niet de vervroegde betaling of vooruitbetaling (voor-

heffing) van de vennootschapsbelasting aan de lidstaat waarin de dochteronderneming is gevestigd, die in samenhang met een uitkering van winst aan de moedermaatschappij wordt verricht.'

11. Artikel 4, lid 1, van de richtlijn, luidt als volgt:

'Wanneer een moedermaatschappij als deelgerechtigde van haar dochteronderneming uitgekeerde winst ontvangt, anders dan bij de liquidatie van de dochteronderneming, moet de lidstaat van de moedermaatschappij:
- ofwel zich onthouden van het belasten van deze winst;
- ofwel de winst belasten, maar in dat geval de moedermaatschappij toestaan dat gedeelte van de belasting van de dochteronderneming dat op deze winst betrekking heeft van haar eigen belasting af te trekken en, in voorkomend geval, het bedrag dat, ingevolge de uitzonderingsbepalingen van artikel 5, door de lidstaat waar de dochteronderneming gevestigd is aan de bron is ingehouden, zulks binnen de grenzen van het bedrag van de overeenstemmende nationale belasting.'

12. Artikel 7, lid 2, van de richtlijn bepaalt:

'Deze richtlijn laat onverlet de toepassing van nationale of verdragsbepalingen, die gericht zijn op de afschaffing of vermindering van dubbele economische belasting van dividenden, in het bijzonder van de bepalingen betreffende de betaling van belastingkredieten aan de gerechtigde tot de dividenden.'

De nationale wetgeving

13. Artikel 99, lid 1, van de Griekse wet nr. 2238/94 betreffende de inkomstenbelasting (hierna: wet op de inkomstenbelasting) bepaalt:

'Aan belasting zijn onderworpen:
a. bij Griekse naamloze vennootschappen in het algemeen het totale zuivere inkomen of de totale zuivere winst, verworven in Griekenland of in het buitenland. Onder uitgekeerde winst wordt verstaan, de winst na aftrek van de verschuldigde inkomstenbelasting (...).

Ter bepaling van het deel van de winst, dat overeenkomt met niet-belastbare inkomsten of inkomsten waarvoor een bijzondere regeling geldt, leidend tot het tenietgaan van de belastingschuld, wordt de totale zuivere winst gesplitst naar evenredigheid van het bedrag van de belastbare inkomsten en van de niet-belastbare inkomsten of de inkomsten waarvoor een bijzondere regeling geldt, leidend tot het tenietgaan van de belastingschuld. Bij de aldus resulterende belastbare winst wordt in geval van winstuitkering bovendien opgeteld: het gedeelte van de niet-belastbare winst of winst waarvoor een bijzondere regeling geldt, leidend tot het tenietgaan van de belastingschuld, dat is begrepen in de op ongeacht welke wijze uitgekeerde winst, na herleiding van dat bedrag tot een brutobedrag door bijtelling van de daaraan toe te rekenen belasting. (...)'

14. Artikel 106 van de wet op de inkomstenbelasting waarvan de leden 2 en 3 volgens verzoekster in het hoofdgeding onverenigbaar zijn met de richtlijn, luidt als volgt:

'1. Wanneer de inkomsten van rechtspersonen in de zin van artikel 101, lid 1, [van deze wet] mede bestaan uit dividend of winst uit deelneming in andere vennootschappen, waarvan de winst is belast overeenkomstig het bepaalde in dit artikel of in artikel 10, worden die inkomsten voor de berekening van de belastbare winst van de rechtspersoon van de zuivere totale winst afgetrokken. In het geval echter dat tot de zuivere winst van een Griekse naamloze vennootschap, een besloten vennootschap met beperkte aansprakelijkheid of een coöperatie, behalve dividend en winst uit deelneming in andere vennootschappen als bovenbedoeld, ook inkomsten behoren waarvoor een bijzondere regeling geldt, leidend tot het tenietgaan van de belastingschuld, of niet-belastbare inkomsten, en bovendien een winstuitkering plaatsvindt, wordt voor de bepaling van de uitgekeerde winst die overeenkomt met de inkomsten bedoeld in de leden 2 en 3 van dit artikel, de totale zuivere winst in aanmerking genomen zoals deze op de balans van de betrokken rechtspersonen verschijnt.
2. Wanneer de zuivere winst, zoals deze verschijnt op de balans van coöperaties, besloten vennootschappen met beperkte aansprakelijkheid en Griekse naamloze vennootschappen, met uitzondering van banken en verzekeringsmaatschappijen, ook niet-belastbare inkomsten omvat, wordt voor de bepaling van de belastbare winst van de rechtspersoon bij die zuivere winst opgeteld het gedeelte aan niet-belastbare inkomsten dat begrepen is in de op ongeacht welke wijze uitgekeerde winst, na herleiding van dat bedrag tot een brutobedrag door bijtelling van de daaraan toe te rekenen belasting (...)
3. Het bepaalde in het voorgaande lid is eveneens van toepassing in geval van winstuitkering door vennootschappen met beperkte aansprakelijkheid, Griekse naamloze vennootschappen, met uitzondering van banken en verzekeringsmaatschappijen, en coöperaties, waarvan de winst ook winst omvat die voor hun eigen rekening volgens een bijzondere regeling is berekend of belast.'

15. Uit de artikelen 99 en 106 van de wet op de inkomstenbelasting volgt, dat wanneer een naamloze vennootschap naar Grieks recht, waarvan de bruto-inkomsten inkomsten omvatten die niet-belastbaar zijn of onderworpen zijn aan een bijzondere regeling, dat wil zeggen een verminderde belasting, overgaat tot winstuitkering, deze

winst wordt geacht naar evenredigheid afkomstig te zijn uit die inkomsten. Ter bepaling van de belastinggrondslag worden bijgevolg de niet-belastbare inkomsten en de aan een bijzondere regeling onderworpen inkomsten na te zijn herleid tot brutobedragen voor het toe te rekenen bedrag weer in de belastinggrondslag opgenomen.

De overeenkomst inzake dubbele belasting tussen de Helleense Republiek en het Koninkrijk der Nederlanden

16. De Helleense Republiek en het Koninkrijk der Nederlanden hebben op 16 juli 1981 te Athene een overeenkomst inzake dubbele belasting getekend. Artikel 10, leden 1 en 2, luidt als volgt:

'1. Dividenden betaald door een lichaam dat inwoner is van een van de staten aan een inwoner van de andere staat mogen in die andere staat worden belast.

2. Deze dividenden mogen echter ook in de staat waarvan het lichaam dat de dividenden betaalt inwoner is, overeenkomstig de wetgeving van die staat worden belast, maar indien de genieter de uiteindelijk gerechtigde tot de dividenden is, mag de aldus geheven belasting niet overschrijden:

a. (...)

b. met betrekking tot dividenden betaald door een lichaam dat inwoner is van Griekenland aan een inwoner van Nederland 35% van het brutobedrag van de dividenden.'

Het hoofdgeding en de prejudiciële vraag

17. Verzoekster in het hoofdgeding is een naamloze vennootschap naar Grieks recht, die zich hoofdzakelijk bezighoudt met de productie van en handel in brouwerijproducten. De Nederlandse vennootschap Amstel International heeft een aandeel van 92,17% in haar maatschappelijk kapitaal.

18. De verwijzende rechter wijst erop, dat verzoekster in het hoofdgeding in haar aangifte over het jaar 1996 een bedrag aan inkomstenbelasting van 7 026 210 797 GRD vermeldde. Hiervan had een bedrag van 794 291 553 GRD betrekking op niet-belastbare of aan een bijzondere regeling onderworpen inkomsten, overeenkomstig artikel 106, leden 2 en 3, van de wet op de inkomstenbelasting.

19. Verzoekster in het hoofdgeding vorderde van deze totale extra belasting van 794 291 553 GRD een bedrag van 738 384 406 GRID terug. Daartoe voerde zij aan, dat artikel 106, leden 2 en 3, van de wet op de inkomstenbelasting in een belastingheffing voorziet die, enkel doordat zij gekoppeld is aan winstuitkering, een ingevolge artikel 5, lid 1, van de richtlijn verboden bronbelasting vormt.

20. Aangezien het hoofd van de voor naamloze vennootschappen bevoegde belastingdienst te Athene niet binnen de wettelijke termijn van drie maanden reageerde, wordt dit bezwaar geacht stilzwijgend te zijn afgewezen.

21. Verzoekster in het hoofdgeding ging daarop in beroep bij de Dioikitiko Protodikeio Athinon teneinde de stilzwijgende afwijzing van haar bezwaar ongedaan te maken en teruggave van een bedrag van 738 384 406 GRD te verkrijgen.

22. Het Dioikitiko Protodikeio Athinon heeft daarop de behandeling van de zaak geschorst en het Hof de volgende prejudiciële vraag gesteld: Is sprake van bronbelasting in de zin van artikel 5, lid 1, van richtlijn 901435/EEG van de Raad van 23 juli 1990, wanneer een bepaling van nationaal recht voorschrijft dat bij winstuitkering door een dochteronderneming – een naamloze of soortgelijke vennootschap – aan haar moedermaatschappij, voor de bepaling van de belastbare winst van de dochteronderneming de totale zuivere winst van deze laatste in aanmerking wordt genomen, met inbegrip van niet-belastbare inkomsten en inkomsten waarvoor een bijzondere regeling geldt, leidend tot het tenietgaan van de belastingschuld, ofschoon die twee categorieën inkomsten op basis van de nationale wetgeving niet belastbaar zouden zijn wanneer zij bij de dochteronderneming bleven en niet aan de moedemaatschappij werden uitgekeerd?

De prejudiciële vraag

23. De Griekse regering stelt, dat de richtlijn alleen het vermijden van dubbele belasting beoogt. De richtlijn voorziet niet in vrijstelling van belasting. Artikel 4 van de richtlijn gaat immers uit van belastingheffing bij de dochteronderneming en artikel 5, lid 1, van de richtlijn sluit bronbelasting alleen uit op het moment van winstuitkering.

24. In dit verband betoogt de Griekse regering dat de bepalingen die in het hoofdgeding ter discussie staan, geen bronbelasting betreffen, maar de belasting van inkomsten van de dochteronderneming. De wijze van belasting van de winstuitkering zoals bepaald in artikel 106, leden 2 en 3, van de wet op de inkomstenbelasting houdt geen enkel verband met de door de richtlijn verboden bronbelasting. Dat de belastingbetaling plaatsvindt op het moment waarop de winst aan de moedermaatschappij wordt uitgekeerd, is irrelevant, daar deze winst namens de dochteronderneming wordt belast.

25. Dienaangaande zij allereerst eraan herinnerd dat de richtlijn, zoals met name blijkt uit de derde overweging van de considerans, tot doel heeft, door de invoering van een gemeenschappelijke fiscale regeling iedere benadeling van de samenwerking tussen vennootschappen uit verschillende lidstaten tegenover de samenwerking tussen vennootschappen van eenzelfde lidstaat op te heffen en aldus de hergroepering van vennootschappen op gemeen-

schapsniveau te vergemakkelijken. Ter vermijding van dubbele belasting bepaalt artikel 5, lid 1, van de richtlijn, dat de winstuitkering in de staat van de dochteronderneming van bronbelasting wordt vrijgesteld (arrest van 17 oktober 1996, Denkavit e.a., C-283/94, C-291/94 en C-192/94, *Jurispr.* blz. 1-5063, punt 39).

26. Teneinde te beoordelen of de belastingheffing op winstuitkering krachtens de thans in het geding zijnde Griekse wetgeving onder artikel 5, lid 1, van de richtlijn valt, moet in de eerste plaats te rade worden gegaan met de bewoordingen van die bepaling. Het daarin opgenomen begrip bronbelasting is niet beperkt tot enkele soorten, nauwkeurig bepaalde nationale belastingen (zie arrest van 8 juni 2000, Epson Europe, C-375/98, *Jurispr.* blz. 1-4243, punt 22).

27. In de tweede plaats moet worden opgemerkt dat volgens vaste rechtspraak het Hof een heffing, belasting of recht vanuit gemeenschapsrechtelijk oogpunt dient te kwalificeren aan de hand van de objectieve kenmerken van de belasting, onafhankelijk van de wijze waarop deze naar nationaal recht wordt gekwalificeerd (zie met name arrest van 13 februari 1996, Bautiaa en Société française maritime, C-197/94 en C-252/94, *Jurispr.* blz. 1-505, punt 39).

28. Blijkens de verwijzingsbeschikking en de krachtens artikel 20 van 's Hofs Statuut-EG ingediende opmerkingen is het belastbare feit ter zake van de in het hoofdgeding bestreden en in de punten 13 tot en met 15 van het onderhavige arrest beschreven belastingheffing, de uitkering van dividend. De belastingheffing is bovendien rechtstreeks gekoppeld aan de omvang van de gedane uitkering.

29. Anders dan de Griekse regering beweert, kan zij niet worden gelijkgesteld met een vervroegde betaling of vooruitbetaling (voorheffing) van vennootschapsbelasting aan de lidstaat waarin de dochteronderneming is gevestigd, die in samenhang met een uitkering van winst aan de moedermaatschappij wordt verricht, in de zin van artikel 7, lid 1, van de richtlijn. De in het hoofdgeding bestreden belasting wordt immers geheven over inkomsten die alleen in geval van uitkering van dividend en binnen de grens van het uitbetaalde dividend, worden belast. Een bewijs daarvan is dat, zoals verzoekster in het hoofdgeding en de Commissie hebben beklemtoond, de dochteronderneming de verbreding van haar belastinggrondslag, die overeenkomstig artikel 106, leden 2 en 3, van de wet op de inkomstenbelasting door de uitkering van winst ontstaat, niet kan compenseren met negatieve inkomsten die zij in voorgaande belastingjaren zou hebben gehad, zulks in strijd met het fiscale beginsel van verliescompensatie, dat nochtans in het Griekse recht is neergelegd.

30. De Griekse regering beroept zich ook op de overeenkomst inzake dubbele belasting tussen de Helleense Republiek en het Koninkrijk der Nederlanden ter rechtvaardiging dat dividenden die voortvloeien uit de deelneming van buitenlandse vennootschappen in Griekse vennootschappen, in Griekenland worden belast. Haars inziens staat artikel 7, lid 2, van de richtlijn een dergelijke overeenkomst toe.

31. In dit verband volstaat de vaststelling, dat de overeenkomst tussen de Helleense Republiek en het Koninkrijk der Nederlanden geenszins de, ingevolge artikel 7, lid 2, van de richtlijn toegestane afschaffing of vermindering van dubbele belasting inhoudt, maar een dergelijke dubbele belasting juist regelt. Zo geeft artikel 10, lid 1, van deze overeenkomst de staat waar de aandeelhouder zijn woonplaats heeft de bevoegdheid de uitgekeerde dividenden te belasten, terwijl artikel 10, lid 2, van de overeenkomst de staat waar de uitkerende vennootschap haar zetel heeft toestaat, ze eveneens te belasten, evenwel volgens een maximumtarief van 35% ingeval dividend door een in Griekenland gevestigde vennootschap wordt betaald aan een in Nederland woonachtige aandeelhouder.

32. Voor het overige zijn, wanneer de in artikel 7, lid 2, van de richtlijn bedoelde afwijking niet van toepassing is, de rechten die deelnemers aan het economisch verkeer aan artikel 5, lid 1, van de richtlijn ontlenen, onvoorwaardelijk, en een lidstaat kan de eerbiediging van deze rechten niet afhankelijk stellen van een overeenkomst met een andere lidstaat (zie in deze zin arrest van 28 januari 1986, Commissie/Frankrijk, 270183, *Jurispr.* blz. 273, punt 26).

33. Gelet op het voorgaande moet aan de verwijzende rechter worden geantwoord, dat sprake is van bronbelasting in de zin van artikel 5, lid 1, van de richtlijn, wanneer een bepaling van nationaal recht voorschrijft dat bij winstuitkering door een dochteronderneming (een naamloze of soortgelijke vennootschap) aan haar moedermaatschappij, voor de bepaling van de belastbare winst van de dochteronderneming de totale door haar gerealiseerde zuivere winst, met inbegrip van niet-belastbare inkomsten en inkomsten waarvoor een bijzondere regeling geldt, leidend tot het tenietgaan van de belastingschuld, weer in de belastinggrondslag moet worden opgenomen, ofschoon die twee categorieën inkomsten op basis van de nationale wetgeving niet belastbaar zouden zijn wanneer zij bij de dochteronderneming bleven en niet aan de moedermaatschappij werden uitgekeerd.

De werking van het onderhavige arrest in de tijd

34. Ter terechtzitting heeft de vertegenwoordiger van de Griekse regering het Hof verzocht om, zo mocht worden vastgesteld dat het gemeenschapsrecht een belastingheffing zoals die in het hoofdgeding aan de orde is, niet toestaat, de werking van het arrest in de tijd te beperken. Daartoe heeft hij zich beroepen op de aanzienlijke kosten die met de teruggaaf van ten onrechte geheven belasting gepaard zouden gaan.

35. Volgens vaste rechtspraak verklaart en preciseert de uitlegging die het Hof krachtens de hem bij artikel 234 EG verleende bevoegdheid geeft aan een voorschrift van gemeenschapsrecht, wanneer daaraan behoefte bestaat, de betekenis en strekking van dat voorschrift zoals het sedert het tijdstip van zijn inwerkingtreding moet of had moeten worden verstaan en toegepast. Hieruit volgt, dat het aldus uitgelegde voorschrift door de rechter ook kan en moet worden toegepast op rechtsbetrekkingen die zijn ontstaan en tot stand gekomen vóór het arrest waarbij op het verzoek om uitlegging is beslist, indien voor het overige is voldaan aan de voorwaarden waaronder een geschil over de toepassing van dat voorschrift voor de bevoegde rechter kan worden gebracht (zie arrest van 27 maart 1980, Denkavit italiana, 61179, *Jurispr.* blz. 1205, punt 16, en arrest Bautiaa en Société française maritime, reeds aangehaald, punt 47).

36. Gelet op deze beginselen kan de werking van een arrest waarbij op een verzoek om uitlegging wordt beslist, slechts bij hoge uitzondering worden beperkt. Het Hof heeft slechts in zeer specifieke omstandigheden van deze mogelijkheid gebruik gemaakt, bij voorbeeld wanneer er een gevaar bestond voor ernstige economische gevolgen, inzonderheid als gevolg van het grote aantal op basis van een geldig geachte regeling te goeder trouw tot stand gekomen rechtsbetrekkingen, en wanneer bleek dat particulieren en nationale autoriteiten tot een met de communautaire regeling strijdig gedrag waren gebracht op grond van een objectieve, grote onzekerheid over de strekking van de communautaire voorschriften, aan welke onzekerheid het gedrag van andere lidstaten of van de Commissie eventueel had bijgedragen (zie arrest Bautiaa en Société française maritime, reeds aangehaald, punt 48).

37. In casu is er geen enkel element dat een afwijking rechtvaardigt van het beginsel dat een uitleggingsarrest tot de datum van inwerkingtreding van het uitgelegde voorschrift terugwerkt.

38. In de eerste plaats heeft de Griekse regering niet aangetoond, dat ten tijde van de vaststelling van de nationale bepalingen betreffende de in het hoofdgeding bestreden belastingheffing, het gemeenschapsrecht in redelijkheid aldus kon worden verstaan, dat een dergelijke belastingheffing was toegestaan.

39. In de tweede plaats kan het argument dat de Griekse regering een aanzienlijk financieel nadeel zou lijden, niet worden aanvaard. De financiële gevolgen die een regering van de onwettigverklaring van een belasting zou kunnen ondervinden, hebben op zich nooit een beperking van de werking van een arrest van het Hof gerechtvaardigd. Bovendien zouden anders de ernstigste inbreuken gunstiger worden behandeld, aangezien juist die inbreuken voor de lidstaten de aanzienlijkste financiële gevolgen kunnen hebben (zie arrest van 11 augustus 1995, Roders e.a., C-367/93 tot en met C377/93, *Jurispr.* blz. 1-2229, punt 48). Daar komt bij dat, zo de werking van een arrest enkel op grond van dergelijke overwegingen werd beperkt, zulks zou leiden tot een aanzienlijke beperking van de rechterlijke bescherming van de rechten die de belastingplichtigen aan de communautaire belastingvoorschriften ontlenen (zie arrest Bautiaa en Société française maritime, reeds aangehaald, punt 55).

40. Bijgevolg zijn er geen termen aanwezig om de werking in de tijd van dit arrest te beperken.

Kosten

41. ...

HET HOF VAN JUSTITIE (Vijfde kamer)

uitspraak doende op de door de Dioikitiko Protodikeio Athinon bij beschikking van 26 juli 1999 gestelde vraag, verklaart voor recht:

Er is sprake van bronbelasting in de zin van artikel 5, lid 1, van richtlijn 90/435/EEG van de Raad van 23 juli 1990 betreffende de gemeenschappelijke fiscale regeling voor moedermaatschappijen en dochterondernemingen uit verschillende lidstaten, wanneer een bepaling van nationaal recht voorschrijft, dat bij winstuitkering door een dochteronderneming (een naamloze of soortgelijke vennootschap) aan haar moedermaatschappij, voor de bepaling van de belastbare winst van de dochteronderneming de totale door haar gerealiseerde zuivere winst, met inbegrip van niet-belastbare inkomsten en inkomsten waarvoor een bijzondere regeling geldt, leidend tot het tenietgaan van de belastingschuld, weer in de belastinggrondslag moet worden opgenomen, ofschoon die twee categorieën inkomsten op basis van de nationale wetgeving niet belastbaar zouden zijn wanneer zij bij de dochteronderneming bleven en niet aan de moedermaatschappij werden uitgekeerd.

HvJ EG 15 januari 2002, zaak C-43/00 (Andersen og Jensen ApS v. Skatteministeriet)

Vijfde kamer: *P. Jann (rapporteur), kamerpresident, S. von Bahr, A. La Pergola, L. Sevón en C. W. A. Timmermans, rechters*

Advocaat-generaal: *A. Tizzano*

1. Bij beschikking van 9 februari 2000, ingekomen bij het Hof op 14 februari daaraanvolgend, heeft het Vestre Landsret krachtens artikel 234 EG vier prejudiciële vragen gesteld over de uitlegging van artikel 2, sub c en i, van richtlijn 901434/EEG van de Raad van 23 juli 1990 betreffende de gemeenschappelijke fiscale regeling voor fusies, splitsingen, inbreng van activa en aandelenruil met betrekking tot vennootschappen uit verschillende lidstaten (*PB* L 225, blz. l; hierna: richtlijn).

2. De vragen zijn gerezen in een geding tussen de vennootschap Andersen og Jensen ApS en Skatteministeriet (Deens Ministerie van Financiën) betreffende de fiscale behandeling van een inbreng van activa.

De juridische context van het hoofdgeding

Toepasselijke bepalingen van gemeenschapsrecht

3. De richtlijn voert een gemeenschappelijke fiscale regeling in voor fusies, splitsingen, inbreng van activa en aandelenruil tussen vennootschappen uit verschillende lidstaten. Volgens de vierde overweging van de considerans van de richtlijn moet deze regeling voorkomen dat wegens een van die transacties belasting wordt geheven, met dien verstande dat de financiele belangen van de staat van de inbrengende of verworven vennootschap moeten worden veiliggesteld.

4. Artikel 2 van de richtlijn bepaalt:

'1. Voor de toepassing van deze richtlijn wordt verstaan onder
(...)
c. inbreng van activa: de rechtshandeling waarbij een vennootschap, zonder ontbonden te worden, haar gehele dan wel een of meer takken van haar bedrijvigheid inbrengt in een andere vennootschap, tegen verkrijging van bewijzen van deelgerechtigdheid in het maatschappelijk kapitaal van de vennootschap welke de inbreng ontvangt;
(...)
i. tak van bedrijvigheid: het totaal van de activa en passiva van een afdeling van een vennootschap die uit organisatorisch oogpunt een onafhankelijke exploitatie vormen, dat wil zeggen een geheel dat op eigen kracht kan functioneren.'

5. Artikel 4, lid 1, van de richtlijn, dat ingevolge artikel 9 van de richtlijn ook van toepassing is op de inbreng van activa, bepaalt:

'Fusies of splitsingen leiden niet tot enigerlei belastingheffing over de meerwaarden die bepaald worden door het verschil tussen de werkelijke waarde van de overgedragen activa en passiva en hun fiscale waarde.

Wordt verstaan onder:

– fiscale waarde: de waarde welke voor de toepassing van de belastingen op inkomen, winst of vermogenswinst de basis zou hebben gevormd voor de berekening van een winst of een verlies bij de inbrengende vennootschap, indien deze activa en passiva zouden zijn verkocht ten tijde van, maar onafhankelijk van, de fusie of splitsing;

– overgedragen activa en passiva: de activa en passiva van de inbrengende vennootschap welke als gevolg van de fusie of splitsing metterdaad gaan behoren tot de vaste inrichting van de ontvangende vennootschap in de lidstaat van de inbrengende vennootschap en bijdragen tot de totstandkoming van de resultaten die in aanmerking worden genomen voor de belastinggrondslag.'

Toepasselijke nationale voorschriften

6. § 15 c van de fusionsskattelov (Deense fusiebelastingwet, Lovbekendtgorelse 1996-11-05, nr. 954) luidt:

'1. In geval van inbreng van activa komen de vennootschappen in aanmerking voor belastingheffing overeenkomstig de bepalingen van § 15 d, wanneer zowel de inbrengende als de ontvangende vennootschap onder het begrip vennootschap van een lidstaat in de zin van artikel 3 van richtlijn 901434/EEG valt. Voor deze belastingheffing is evenwel de toestemming van de Ligningsrad vereist. De Ligningsrad kan aan deze toestemming bepaalde voorwaarden verbinden.

2. Onder inbreng van activa wordt verstaan de transactie waarbij een vennootschap, zonder ontbonden te worden, haar gehele dan wel een of meer takken van haar bedrijvigheid inbrengt in een andere vennootschap tegen verkrijging van bewijzen van deelgerechtigheid in het maatschappelijk kapitaal van de vennootschap

die de inbreng ontvangt. Onder een tak van bedrijvigheid wordt verstaan het totaal van de activa en passiva van een afdeling van een vennootschap die uit organisatorisch oogpunt een onafhankelijke exploitatie vormen, dat wil zeggen een geheel dat op eigen kracht kan functioneren.'

7. Uit de voorbereidende werkzaamheden van de fusionsskattelov (Folketingstidende 1991192, supplement A, kolommen 495 en 514) blijkt onder meer het volgende:

'Met het wetsvoorstel wordt beoogd in de Deense belastingwetgeving de wijzigingen op te nemen die noodzakelijk zijn om deze wetgeving in overeenstemming te brengen met de fusierichtlijn. Met het wetsvoorstel wordt tevens beoogd met de bepalingen van de fusierichtlijn overeenkomende bepalingen in te voeren voor splitsingen, inbreng van activa en aandelenruil met betrekking tot vennootschappen die alle in Denemarken zijn gevestigd.

(...)

Inbreng van activa wordt in § 15 c, lid 2, op dezelfde wijze als in artikel 2, sub c, van de fusierichtlijn omschreven. Een tak van bedrijvigheid wordt op dezelfde wijze als in artikel 2, sub i, van de fusierichtlijn omschreven.'

Het hoofdgeding en de prejudiciële vragen

8. Blijkens de verwijzingsbeschikking was verzoekster in het hoofdgeding oorspronkelijk een naamloze vennootschap naar Deens recht, Randers Sport A/S genaamd, waarvan de activiteit bestond in groothandel en detailhandel in sportuitrustingen. In 1996 hebben de aandeelhouders van verzoekster in het hoofdgeding, met het oog op een generatiewisseling, een nieuwe vennootschap opgericht, Randers Sport Nyt NS, waaraan de ondernemingsactiviteit moest worden overgedragen. Blijkens het dossier bedroeg het maatschappelijk kapitaal van Randers Sport A/S 300 000 DKK en dat van Randers Sport Nyt A/S 500 000 DKK. Aangezien deze aandeelhouders het bestaande eigen vermogen grotendeels veilig wilden stellen tegen verbintenissen die verband hielden met de toekomstige activiteit en zij dit vermogen in de verzoekende vennootschap in het hoofdgeding wilden houden, ging deze vennootschap een lening aan van 10 miljoen DKK waarvan zij de opbrengst zou behouden, terwijl de overeenkomstige financiële verplichtingen aan Randers Sport Nyt A/S moesten worden overgedragen. Voorts werd bepaald, dat de liquiditeit van Randers Sport Nyt A/S zou worden verzekerd via een kredietlijn bij een bank, die als waarborg een pandrecht op alle aandelen in het maatschappelijke kapitaal van deze vennootschap zou verlangen. Voorts zou verzoekster in het hoofdgeding een klein pakket aandelen behouden van een derde vennootschap, die destijds in staat van faillissement verkeerde.

9. Bij brief van 6 juni 1996 verzocht verzoekster in het hoofdgeding de Ligningsrad, in Denemarken de hoogste administratieve instantie op een aantal fiscaalrechtelijke gebieden, om toestemming voor belastingvrije inbreng van activa overeenkomstig § 15 c en § 15 d van de fusionsskattelov.

10. Bij brief van 20 november 1996 antwoordde de Ligningsrad, dat voor de gevraagde toestemming moest worden voldaan aan twee cumulatieve voorwaarden:

– zowel de opbrengst van de lening van 10 miljoen DKK als de overeenkomstige schuld moest ofwel geheel in de inbrengende vennootschap blijven, ofwel geheel aan de ontvangende vennootschap worden overgedragen;

– noch door de inbrengende vennootschap, noch door de hoofdaandeelhouders persoonlijk, noch door derden mocht ten gunste van de ontvangende vennootschap zekerheid worden gesteld in de vorm van borgstelling, pand, bewaargeving en dergelijke.

11. Op 15 maart 1997 heeft verzoekster in het hoofdgeding bij het Vestre Landsret beroep ingesteld tegen Skatteministeriet om de wettigheid van de door de Ligningsrad opgelegde voorwaarden te laten toetsen.

12. Volgens het Vestre Landsret hangt de uitkomst van het hoofdgeding, ofschoon dit zich in een zuiver nationale context situeert, af van de uitlegging van bepalingen van het gemeenschapsrecht. Het verwijst dienaangaande naar de voorbereidende werkzaamheden en naar de bewoordingen van de toepasselijke bepalingen van de fusionsskattelov, waaruit de wil van de Deense wetgever blijkt dat deze bepalingen gelijkelijk gelden voor nationale transacties en transacties die meerdere lidstaten betreffen. Met een beroep op het arrest van 17 juli 1997, Leur-Bloem (C-28/95, *Jurispr.* blz. 1-4161), is het Vestre Landsret van mening dat het Hof onder deze omstandigheden bevoegd is bij wijze van prejudiciële beslissing uitspraak te doen.

13. Het Vestre Landsret heeft dus besloten de behandeling van de zaak te schorsen en het Hof te verzoeken om een prejudiciële beslissing over de volgende vragen:

'1. Moeten de bepalingen van richtlijn 901434/EEG (fusierichtlijn) aldus worden uitgelegd, dat het met de bepalingen van deze richtlijn, inzonderheid artikel 2, sub c en i, ervan, in strijd is, dat de autoriteiten van een lidstaat weigeren de in de richtlijn opgenomen bepalingen inzake inbreng van activa op een transactie van toepassing te achten, wanneer die transactie inhoudt dat alle activa en passiva van de inbrengende vennootschap worden ingebracht in een andere vennootschap (de ontvangende vennootschap), met uitzondering van een kleine hoeveelheid aandelen en de opbrengst van een door de inbrengende vennootschap aangegane lening?

2. Is het voor de beantwoording van vraag 1 van belang, dat als vaststaand moet worden aangenomen, dat de inbrengende vennootschap de betrokken lening is aangegaan teneinde de nettowaarde van de activa en passiva die in de ontvangende vennootschap worden ingebracht, te verminderen, voor zover het geleende bedrag zal achterblijven in de inbrengende vennootschap, terwijl de schuld zal worden ingebracht in de ontvangende vennootschap?

3. Is het voor de beantwoording van vraag 1 en/of vraag 2 van belang, dat als vaststaand moet worden aangenomen, dat de betrokken lening is aangegaan teneinde bestaande medewerkers in het kader van de overgang van het bedrijf op de jongere generatie in staat te stellen, de intekening op aandelen in de ontvangende vennootschap te financieren?

4. Moeten de bepalingen van de fusiebelastingrichtlijn, inzonderheid artikel 2, sub i, ervan, aldus worden uitgelegd, dat het met deze bepalingen in strijd is, dat de toepassing van de in de richtlijn opgenomen bepalingen inzake inbreng van activa op een transactie afhankelijk wordt gesteld van de voorwaarde, dat door de inbrengende vennootschap, de hoofdaandeelhouders persoonlijk of andere derden geen zekerheid wordt gesteld ten gunste van de ontvangende vennootschap, nu is gebleken dat de liquiditeit van de ontvangende vennootschap in de toekomst zal worden verzekerd door middel van een bedrijfskrediet van een bank, die een pandrecht op de aandelen van de ontvangende vennootschap heeft bedongen?'

De bevoegdheid van het Hof

14. Volgens de Deense en de Nederlandse regering en de Commissie moet het Hof zich overeenkomstig de in het arrest Leur-Bloem, reeds aangehaald, vastgelegde beginselen bevoegd verklaren om de prejudiciële vragen te beantwoorden. Ook al valt de situatie in het hoofdgeding niet rechtstreeks onder de richtlijn, de Deense wetgever heeft besloten, zoals blijkt uit de voorbereidende werkzaamheden, zuiver interne situaties op dezelfde wijze te behandelen als situaties die onder de richtlijn vallen, en hij heeft daartoe de voorschriften die van toepassing zijn op zuiver interne situaties aangepast aan het gemeenschapsrecht.

15. Dienaangaande zij er vooraf aan herinnerd, dat het Hof overeenkomstig artikel 234 EG bevoegd is, bij wijze van prejudiciële beslissing uitspraak te doen over de uitlegging van het Verdrag en van de handelingen van de instellingen van de Gemeenschap.

16. Vaststaat dat het hoofdgeding betrekking heeft op een bepaling van nationaal recht die van toepassing is op een zuiver interne situatie.

17. De verwijzende rechter heeft er echter op gewezen, dat de Deense wetgever bij de omzetting van de richtlijn in nationaal recht heeft besloten, zuiver interne situaties op dezelfde wijze te behandelen als situaties die onder de richtlijn vallen, en de voorschriften die van toepassing zijn op zuiver interne situaties dus heeft aangepast aan het gemeenschapsrecht. De verwijzende rechter voegt hieraan toe, dat de uitlegging van de begrippen inbreng van activa en tak van bedrijvigheid, geplaatst in hun communautaire context, nodig is voor de beslechting van het bij hem aanhangige geding, dat deze begrippen zijn opgenomen in de richtlijn, dat zij zijn overgenomen in de nationale wet tot omzetting van de richtlijn, en dat zij mede van toepassing zijn verklaard op zuiver interne situaties.

18. Volgens de rechtspraak van het Hof heeft de Gemeenschap, wanneer, zoals in het hoofdgeding, een nationale wettelijke regeling zich voor haar oplossingen voor zuiver interne situaties conformeert aan de in het gemeenschapsrecht gekozen oplossingen, teneinde inzonderheid discriminaties ten nadele van nationale onderdanen of eventuele distorsies van de mededinging te voorkomen, er immers een stellig belang bij, dat ter vermijding van uiteenlopende uitleggingen in de toekomst de overgenomen bepalingen of begrippen van het gemeenschapsrecht op eenvormige wijze worden uitgelegd, ongeacht de omstandigheden waaronder zij toepassing moeten vinden (arrest Leur-Bloem, reeds aangehaald, punt 32).

19. Blijkens bovenstaande overwegingen is het Hof bevoegd om de bepalingen van de richtlijn uit te leggen, ook al zijn deze niet rechtstreeks van toepassing op de situatie in het hoofdgeding. Bijgevolg moeten de vragen van het Vestre Landsret worden beantwoord.

De eerste, de tweede en de derde vraag

20. Met zijn eerste, tweede en derde vraag, die tezamen moeten worden behandeld, wenst de verwijzende rechter in wezen te vernemen, of artikel 2, sub c en i, van de richtlijn aldus moet worden uitgelegd, dat er een inbreng van activa in de zin van de richtlijn is, wanneer bij een transactie de opbrengst van een door de inbrengende vennootschap aangegane lening in deze vennootschap blijft en de daarmee samenhangende verplichtingen aan de ontvangende vennootschap worden overgedragen, terwijl de inbrengende vennootschap voorts een klein pakket aandelen in een derde vennootschap behoudt.

21. Volgens verzoekster in het hoofdgeding moet deze vraag bevestigend worden beantwoord. Haars inziens moet hoofdzakelijk rekening worden gehouden met het feit, dat de ingebrachte activa en passiva een onafhankelijke exploitatie vormen, en niet zozeer met de exacte aard van deze activa en passiva.

22. Volgens de Deense en de Nederlandse regering en de Commissie daarentegen moeten de relevante bepalingen van de richtlijn aldus worden uitgelegd, dat de opbrengst van een lening niet kan worden losgekoppeld van de overeenkomstige financiële verplichtingen. Dat deze twee elementen niet willekeurig mogen worden gesplitst, vloeit voort uit de bewoordingen van artikel 2, sub c en i, van de richtlijn, dat enerzijds verwijst naar de inbreng van het totaal van de aan een tak van bedrijvigheid verbonden activa en passiva en anderzijds naar een vergoeding bestaande in bewijzen van deelgerechtigheid in het maatschappelijk kapitaal.

23. De Deense regering verwijst voorts naar punt 36 van arrest Bloem, reeds aangehaald, waarin het Hof heeft geoordeeld dat de bepalingen van de richtlijn van toepassing zijn op elke inbreng van activa ongeacht om welke redenen deze plaatsvindt en of deze van financiële, economische of zuiver fiscale aard is.

24. Dienaangaande blijkt uit de bewoordingen van artikel 2, sub c en i, alsmede uit artikel 4, lid 1, van de richtlijn dat, om onder de richtlijn te vallen, een inbreng van activa betrekking moet hebben op het totaal van de aan een tak van bedrijvigheid verbonden activa en passiva. Volgens artikel 2, sub i, van de richtlijn kan enkel een geheel dat op eigen kracht kan functioneren, een dergelijke tak van bedrijvigheid vormen.

25. Zoals de advocaat-generaal in punt 22 van zijn conclusie heeft uiteengezet, heeft de gemeenschapswetgever het derhalve noodzakelijk geacht, dat de aan een tak van bedrijvigheid verbonden activa en passiva in hun geheel worden overgedragen. Wanneer de opbrengst van een door de inbrengende vennootschap aangegane aanzienlijke lening binnen deze vennootschap blijft en de eruit voortvloeiende verplichtingen aan de ontvangende vennootschap worden overgedragen, worden deze elementen evenwel gesplitst.

26. Hier moet nog aan worden toegevoegd, dat in casu de inbrengende en de ontvangende vennootschap hetzelfde resultaat zouden hebben bereikt, wanneer de ontvangende vennootschap de lening was aangegaan en vervolgens de activa van de inbrengende vennootschap had verworven in ruil voor haar eigen aandelen alsmede het geleende kapitaal. Een dergelijke overdracht, die gedeeltelijk in contanten zou plaatsvinden, zou echter geen inbreng van activa in de zin van de richtlijn zijn.

27. Wat de in het hoofdgeding aan de orde zijnde lening betreft, is bijgevolg niet voldaan aan de voorwaarden van artikel 2, sub c en i, van de richtlijn.

28. Met betrekking tot de omstandigheid dat de inbrengende vennootschap een klein pakket aandelen van een derde vennootschap heeft behouden, volstaat de vaststelling dat, zoals is opgemerkt in punt 27 van de conclusie van de advocaat-generaal, zulks een overdracht van de gehele bedrijvigheid van de inbrengende vennootschap uitsluit, doch niet een overdracht van een tak van bedrijvigheid die geen verband houdt met deze deelneming.

29. Bijgevolg moet op de eerste, de tweede en de derde vraag worden geantwoord, dat artikel 2, sub c en i, van de richtlijn aldus moet worden uitgelegd, dat er geen inbreng van activa in de zin van de richtlijn is, wanneer bij een transactie de opbrengst van een door de inbrengende vennootschap aangegane lening in deze vennootschap blijft en de daarmee samenhangende verplichtingen aan de ontvangende vennootschap worden overgedragen. Daarbij is het van geen belang, dat de inbrengende vennootschap een klein pakket aandelen van een derde vennootschap behoudt.

De vierde vraag

30. Met zijn vierde vraag wenst de verwijzende rechter in wezen te vernemen, of artikel 2, sub i, van de richtlijn aldus moet worden uitgelegd, dat er ook sprake kan zijn van een onafhankelijke exploitatie, dit wil zeggen een geheel dat op eigen kracht kan functioneren, wanneer de liquiditeit van de ontvangende vennootschap in de toekomst moet worden verzekerd door een bedrijfskrediet van een bank, die onder meer verlangt dat de aandeelhouders van de ontvangende vennootschap een waarborg stellen in de vorm van aandelen ter hoogte van het maatschappelijk kapitaal van deze vennootschap.

31. Volgens verzoekster in het hoofdgeding en de Commissie kan uit artikel 2, sub i, van de richtlijn niet worden afgeleid, dat een transactie noodzakelijkerwijs buiten de werkingssfeer van de richtlijn valt, wanneer de aandeelhouders van de ontvangende vennootschap hun aandelen ter hoogte van het maatschappelijk kapitaal van deze vennootschap in pand geven tot zekerheid van een aan deze vennootschap verleend krediet.

32. Volgens verzoekster in het hoofdgeding houdt de voorwaarde, dat de ingebrachte exploitatie onafhankelijk moet zijn enkel in, dat de ontvangende vennootschap over voldoende eigen vermogen en kredietwaardigheid moet beschikken om te overleven. De belastingadministratie moet eik geval afzonderlijk volledig beoordelen.

33. Ook de Deense en de Nederlandse regering zijn van mening, dat de vraag of een vennootschap op eigen kracht kan functioneren, aan de hand van de bijzondere omstandigheden van de zaak moet worden beoordeeld. In het hoofdgeding, waarin sprake is van een aanzienlijke schuld en alle aandelen die het maatschappelijk kapitaal van

de ontvangende vennootschap vertegenwoordigen in pand zijn gegeven, moet deze vennoot-schap worden geacht niet onafhankelijk, dit wil zeggen op eigen kracht, te kunnen functioneren.

34. Dienaangaande zij eraan herinnerd, dat artikel 2, sub i, van de richtlijn het begrip tak van bedrijvigheid omschrijft als het totaal van de activa en passiva van een afdeling van een vennootschap die uit organisatorisch oogpunt een onafhankelijke exploitatie vormen.

35. Bijgevolg moet het onafhankelijk functioneren van de exploitatie in de eerste plaats vanuit functioneel oogpunt worden beoordeeld – de overgedragen activa moeten als een onafhankelijke onderneming kunnen functioneren, zonder dat hiervoor een bijkomende investering of inbreng nodig is – en pas in de tweede plaats vanuit financieel oogpunt. Het feit dat een ontvangende vennootschap onder normale marktvoorwaarden een bankkrediet opneemt, sluit op zich niet uit dat de ingebrachte exploitatie onafhankelijk is, ook indien de aandeelhouders van de ontvangende vennootschap tot zekerheid van het krediet hun aandelen in deze vennootschap in pand geven.

36. Dit kan echter anders liggen wanneer op grond van de financiële situatie van de ontvangende vennootschap in haar geheel beschouwd moet worden vastgesteld, dat deze naar alle waarschijnlijkheid niet op eigen kracht zal kunnen overleven. Dit kan het geval zijn wanneer de inkomsten van de ontvangende vennootschap vergeleken met de intresten en de aflossingen van de overgenomen schulden onvoldoende blijken te zijn.

37. Het staat echter aan de nationale rechter om, gelet op de bijzondere omstandigheden van eik afzonderlijk geval, te beoordelen of een exploitatie onafhankelijk is.

38. Bijgevolg moet op de vierde vraag worden geantwoord, dat het aan de nationale rechter staat om te beoordelen, of een inbreng van activa betrekking heeft op een onafhankelijke exploitatie in de zin van artikel 2, sub i, van de richtlijn, dat wil zeggen een geheel dat op eigen kracht kan functioneren, wanneer de liquiditeit van de ontvangende vennootschap in de toekomst moet worden verzekerd door een bedrijfskrediet van een bank, die onder meer verlangt dat de aandeelhouders van de ontvangende vennootschap een waarborg stellen in de vorm van aandelen ter hoogte van het maatschappelijk kapitaal van deze vennootschap.

Kosten

39. ...

HET HOF VAN JUSTITIE (Vijfde kamer)

uitspraak doende op de door het Vestre Landsret bij beschikking van 9 februari 2000 gestelde vragen, verklaart voor recht:

1. **Artikel 2, sub c en i, van richtlijn 90/434/EEG van de Raad van 23 juli 1990 betreffende de gemeenschappelijke fiscale regeling voor fusies, splitsingen, inbreng van activa en aandelenruil met betrekking tot vennootschappen uit verschillende lidstaten, moet aldus worden uitgelegd dat er geen inbreng van activa in de zin van de richtlijn is, wanneer bij een transactie de opbrengst van een door de inbrengende vennootschap aangegane lening in deze vennootschap blijft en de daarmee samenhangende verplichtingen aan de ontvangende vennootschap worden overgedragen. Daarbij is het van geen belang, dat de inbrengende vennootschap een klein pakket aandelen van een derde vennootschap behoudt.**

2. **Het staat aan de nationale rechter om te beoordelen, of een inbreng van activa betrekking heeft op een onafhankelijke exploitatie in de zin van artikel 2, sub i, van richtlijn 90/434, dat wil zeggen een geheel dat op eigen kracht kan functioneren, wanneer de liquiditeit van de ontvangende vennootschap in de toekomst moet worden verzekerd door een bedrijfskrediet van een bank, die onder meer verlangt dat de aandeelhouders van de ontvangende vennootschap een waarborg stellen in de vorm van aandelen ter hoogte van het maatschappelijk kapitaal van deze vennootschap.**

HvJ EG 3 oktober 2002, zaak C-136/00 (Rolf Dieter Danner)

Vijfde kamer: *P. Jann, kamerpresident, S. von Bahr, D. A. O. Edward, A. La Pergola en M. Wathelet (rapporteur), rechters*

Advocaat-generaal: *F. G. Jacobs*

Samenvatting arrest *(V-N 2002/51.20)*

De aanvankelijk in Duitsland wonende en werkende arts Danner emigreerde in 1977 naar Finland. In 1996 betaalde hij pensioenpremie aan een Duits artsenpensioenfonds. Naar Fins belastingrecht kon hij de betaalde premie slechts aftrekken tot een maximum bedrag van 10% van zijn Finse belastbare inkomen. Indien de premie aan een Fins pensioenfonds betaald zou zijn, was geen begrenzing van toepassing geweest.

In geschil was of de niet-aftrekbaarheid van premies die zijn betaald aan buiten Finland gevestigde instellingen en hun oorsprong vinden in een vrijwillige pensioenverzekering, strijdig is met het Europese recht. Het Hof van Justitie van de EG oordeelde dat een fiscale regeling van een lidstaat die de mogelijkheid beperkt of uitsluit om premies voor vrijwillige pensioenverzekering die zijn betaald aan in andere lidstaten gevestigde pensioenverstrekkers, voor de toepassing van de inkomstenbelasting af te trekken, terwijl wel de mogelijkheid wordt geboden om dergelijke premies af te trekken wanneer zij zijn betaald aan in die lidstaat gevestigde instellingen, inderdaad strijdig is met het bepaalde in art. 49 van het EG-verdrag indien de regeling niet tegelijkertijd de belastbaarheid van de door deze buiten de lidstaat gevestigde pensioenverstrekkers betaalde pensioenen van belastingheffing uitsluit.

HET HOF VAN JUSTITIE (Vijfde kamer)

verklaart voor recht:

Artikel 59 EG-Verdrag (thans, na wijziging, artikel 49 EG) moet aldus worden uitgelegd dat het zich verzet tegen een fiscale regeling van een lidstaat die de mogelijkheid beperkt of uitsluit om premies voor vrijwillige pensioenverzekering die aan in andere lidstaten gevestigde pensioenverstrekkers zijn betaald, voor de toepassing van de inkomstenbelasting af te trekken, terwijl wel de mogelijkheid wordt geboden om dergelijke premies af trekken wanneer zij aan in eerstgenoemde lidstaat gevestigde instellingen zijn betaald, indien deze regeling niet tegelijkertijd de belastbaarheid van de door deze pensioenverstrekkers betaalde pensioenen uitsluit.

HvJ EG 21 november 2002, zaak C-436/00 (X, Y v. Riksskatteverket)

Vijfde kamer: *M. Wathelet, kamerpresident, C. W. A. Timmermans (rapporteur), D. A. O. Edward, P. Jann en A. Rosas, rechters*

Advocaat-generaal: *J. Mischo*

1. Bij beschikking van 1 november 2000, ingekomen bij het Hof op 27 november daaraanvolgend, heeft Regeringsrätten (de hoogste administratieve rechter) krachtens artikel 234 EG een prejudiciële vraag gesteld over de uitlegging van de artikelen 43 EG, 46 EG, 48 EG, 56 EG en 58 EG.

2. Deze vraag is gerezen in een beroep dat door twee Zweedse onderdanen, X en Y, is ingesteld tegen een prealabel advies van Skatterättsnämnden (commissie voor fiscale vraagstukken) over de uitsluiting van X en Y, als overdragers onder de waarde van aandelen van vennootschappen, van uitstel van belastingheffing over de op die aandelen gerealiseerde meerwaarde, als gevolg van de toepassing van een nationale bepaling volgens welke deze uitsluiting wordt toegepast ingeval de overdracht plaatsvindt aan een buitenlandse rechtspersoon waarin de overdrager rechtstreeks of indirect een deelneming heeft, of aan een Zweedse naamloze vennootschap waarin zulk een rechtspersoon rechtstreeks of indirect een deelneming heeft.

De nationale wettelijke regeling

3. Lagen (1947:576) om statlig inkomstskatt (wet nationale inkomstenbelasting), zoals gewijzigd (hierna: SIL), bepaalt in § 3, lid 1, sub h, eerste, tweede, derde en achtste alinea, het volgende:

> 'De overdracht zonder tegenprestatie van een deelneming waarop de §§ 25-31 van toepassing zijn, aan een Zweedse naamloze vennootschap waarin de overdrager of een van zijn verwanten rechtstreeks of – in andere gevallen dan het in de derde alinea bedoelde – indirect aandelen bezit, wordt behandeld als de overdracht van de deelneming voor een tegenprestatie die overeenkomt met de aankoopprijs. Hetzelfde geldt indien de overdracht plaatsvindt voor een tegenprestatie die zowel onder de marktwaarde als onder de aankoopprijs van de deelneming ligt. Is de marktwaarde lager dan de aankoopprijs, dan wordt de deelneming in vorengenoemde gevallen geacht te zijn overgedragen voor een tegenprestatie die overeenkomt met de marktwaarde.
>
> Is de tegenprestatie niet betaald, dan wordt de totale aankoopprijs van de aandelen van de overdrager en zijn verwant (en) in de vennootschap vermeerderd met een bedrag dat overeenkomt met de prijs die is betaald voor de aankoop van de deelneming of, in het in de eerste alinea, derde volzin, bedoelde geval, met de marktwaarde. Is de tegenprestatie wel betaald, dan wordt de aankoopprijs vermeerderd met het verschil tussen de aankoopprijs respectievelijk de marktwaarde, en de tegenprestatie.
>
> Een overdracht van een deelneming waarop de §§ 25-31 van toepassing zijn, zonder tegenprestatie of voor een tegenprestatie die onder de marktwaarde van de deelneming ligt, aan een buitenlandse rechtspersoon waarin de overdrager of een van zijn verwanten rechtstreeks of indirect aandelen bezit, wordt behandeld als de overdracht van de deelneming voor een tegenprestatie die overeenkomt met de marktwaarde. Hetzelfde geldt bij overdracht aan een Zweedse naamloze vennootschap waarin zulk een buitenlandse rechtspersoon rechtstreeks of indirect aandelen bezit.
>
> [...]
>
> Een deelneming die ingevolge de eerste of de derde alinea moet worden geacht te zijn overgedragen voor een bepaalde tegenprestatie, wordt voor de toepassing van [...] deze wet geacht voor diezelfde tegenprestatie te zijn verworven door de verwerver.'

4. Volgens de verwijzende rechter zijn deze bepalingen in 1998 en 1999 aangenomen om de fiscale behandeling van inbreng (te weten overdracht zonder tegenprestatie of onder de waarde) van met name aandelen in vennootschappen te verduidelijken door middel van een meer gedetailleerde regeling.

5. De hiervóór weergegeven bepalingen houden volgens de verwijzende rechter kort samengevat in, dat het verschil tussen de werkelijke waarde van de overgedragen aandelen op het tijdstip van de overdracht (marktwaarde) en de aanschafwaarde van die aandelen door de overdrager (aanschafwaarde) als maatstaf van heffing wordt genomen indien de overdracht onder de waarde plaatsvindt aan een buitenlandse rechtspersoon waarin de overdrager rechtstreeks of indirect een deelneming heeft, of aan een Zweedse vennootschap waarin een dergelijke buitenlandse rechtspersoon rechtstreeks of indirect een deelneming heeft. Een overdracht onder de waarde aan een Zweedse vennootschap zonder buitenlandse deelneming wordt daarentegen niet onmiddellijk belast. In dat geval wordt de meerwaarde overeenkomend met het verschil tussen de marktwaarde en de aanschafwaarde van de onder de waarde verkochte aandelen gewoonlijk belast wanneer de overdrager zijn deelneming in de overnemende vennootschap vervreemdt. In beginsel wordt de belasting van de meerwaarde aldus uitgesteld tot de overdracht van de deelneming die de overdrager in de overnemende vennootschap heeft.

6. De verwijzende rechter merkt voorts op dat het onderscheid in fiscaal opzicht tussen de inbreng in in Zweden belastingplichtige vennootschappen en de inbreng in niet in Zweden belastingplichtige vennootschappen in de voorstukken van de SIL wordt gerechtvaardigd onder verwijzing naar het risico dat de belastinggrondslag aan de Zweedse belastingheffing wordt onttrokken. Dit is bijvoorbeeld het geval wanneer de eigenaar van een naamloze vennootschap vóór zijn verhuizing naar het buitenland zijn aandelen in de vennootschap onder de waarde overdraagt aan een buitenlandse vennootschap waarvan hij eveneens eigenaar is. Oorspronkelijk had de regeling van § 3, lid 1, sub h, derde alinea, SIL uitsluitend betrekking op overdrachten aan een buitenlandse rechtspersoon. De Zweedse wetgever heeft echter nadien gemeend dat zich ook een vorm van belastingontwijking kon voordoen wanneer de eigenaar zijn aandelen overdraagt aan een Zweedse dochtervennootschap van de buitenlandse vennootschap waarvan hij eigenaar is. De wetgeving werd daarom aldus gewijzigd dat zij zowel betrekking heeft op overdrachten aan buitenlandse rechtspersonen waarin de overdrager of een van zijn verwanten rechtstreeks of indirect een deelneming heeft, als op overdrachten aan Zweedse rechtspersonen waarin deze buitenlandse rechtspersonen rechtstreeks of indirect een deelneming hebben.

7. De verwijzende rechter wijst erop dat met ingang van het belastingjaar 2002 (inkomsten van 2001) de SIL wordt vervangen door inkomstskattelagen (1999:1229). In deze wet staan bepalingen met dezelfde inhoud als die van de SIL welke in het hoofdgeding relevant zijn.

De bilaterale overeenkomst ter voorkoming van dubbele belastingheffing tussen het Koninkrijk België en het Koninkrijk Zweden

8. Artikel 13, paragraaf 4, van de Overeenkomst tussen België en Zweden tot het vermijden van dubbele belasting en tot het voorkomen van het ontgaan van belasting inzake belastingen naar het inkomen en naar het vermogen (SFS 1991, nr. 606), ondertekend op 5 februari 1991 en in werking getreden op 24 februari 1993 (hierna: de Belgisch-Zweedse overeenkomst) luidt als volgt:

> 'Voordelen verkregen uit de vervreemding van alle andere goederen dan [...] zijn slechts belastbaar in de overeenkomstsluitende staat waarvan de vervreemder inwoner is.'

9. Deze bepaling van de Belgisch-Zweedse overeenkomst is identiek aan artikel 13, lid 4, van het modelverdrag van de Organisatie voor economische samenwerking en ontwikkeling (OESO) (modelverdrag inzake dubbele heffing van inkomsten- en vermogensbelasting, rapport van het Comité fiscale zaken van de OESO, 1977, versie van 29 april 2000).

10. Artikel 13, paragraaf 5, van de Belgisch-Zweedse overeenkomst bepaalt bovendien:

> 'Niettegenstaande de bepalingen van paragraaf 4 mogen voordelen die een natuurlijke persoon die inwoner is van een overeenkomstsluitende staat, verkrijgt uit de vervreemding van aandelen van een vennootschap die inwoner is van de andere overeenkomstsluitende staat, in die andere staat worden belast indien die natuurlijke persoon onderdaan is van die andere staat en daarvan inwoner is geweest op enig tijdstip in een tijdvak van vijf jaren dat onmiddellijk de datum van de vervreemding van de aandelen voorafgaat [...]'

11. Ten slotte worden in de artikelen 26 en 27 van de Belgisch-Zweedse overeenkomst regels gesteld voor de uitwisseling van inlichtingen en de bijstand bij de invordering.

Het hoofdgeding

12. X en Y zijn natuurlijke personen van Zweedse nationaliteit die in Zweden wonen. Zij hebben Skatterättsnämnden verzocht om een prealabel advies over de toepassing van de bepalingen inzake de overdracht van aandelen, neergelegd in § 3, lid 1, sub h, SIL.

13. Met het Zweedse systeem van prealabele adviezen op belastinggebied wordt beoogd, op verzoek van de belastingplichtigen bindende adviezen te verstrekken over de wijze waarop een bepaalde kwestie, die voor hen een zeker belang heeft, in het licht van de belastingwetgeving moet worden beoordeeld. Het Zweedse recht bepaalt dat zaken waarin om een prealabel advies is verzocht, in beginsel vertrouwelijk worden behandeld.

14. In de onderhavige zaak betreft het prealabele advies de fiscale consequenties van de door X en Y voorgenomen overdracht van hun aandelen in X AB, een Zweedse vennootschap, tegen de aanschafwaarde, aan Z AB, een andere Zweedse vennootschap, die zelf een dochter is van Y SA, een Belgische vennootschap. Vóór de reorganisatie van het concern achtten X en Y het namelijk opportuun om enkele activiteiten onder te brengen bij Y SA.

15. X AB is de moedervennootschap van een concern dat thans voor gelijke delen in handen is van X en Y, alsmede van een vennootschap naar Maltees recht. In laatstgenoemde vennootschap bezitten A en B geen deelneming. Y SA is eveneens een moedervennootschap die in handen is van de huidige eigenaren van X AB.

16. In hun verzoek hebben X en Y Skatterättsnämnden met name gevraagd of het verschil in fiscale behandeling naargelang de aandelen onder de waarde worden overgedragen aan een Zweedse onderneming zonder buitenlandse aandeelhouder [artikel 3, lid 1, sub h, eerste alinea, SIL] of aan een Zweedse onderneming met buitenlandse

aandeelhouders [artikel 3, lid 1, sub h, derde alinea, tweede volzin, SIL], kan worden gehandhaafd gelet op de bepalingen van de Belgisch- Zweedse overeenkomst en de bepalingen van het EG-Verdrag betreffende de vrijheid van vestiging en het vrije kapitaalverkeer.

17. In zijn prealabel advies van 27 september 1999 heeft Skatterätsnämnden verklaard dat de overdracht van de aandelen van X AB, indien deze zou plaatsvinden, moest worden behandeld als een overdracht voor een prijs die gelijk was aan hun marktwaarde, en dat X en Y dus moesten worden belast voor een winst overeenkomend met het verschil tussen de waarde van die aandelen op de markt en hun aanschafprijs.

18. Voorts heeft Skatterätsnämnden geoordeeld dat de vrijheid van vestiging niet in het geding was en dat, wat het vrije verkeer van kapitaal betrof, de uitzondering van artikel 58, lid 1, sub a, EG van toepassing was.

19. X en Y hebben tegen deze beslissing beroep ingesteld bij Regeringsrätten, die zij met name verzochten te verklaren dat de overdracht moest worden belast op basis van de voorgenomen overdrachtprijs.

20. Voor Regeringsrätten hebben zij in hoofdzaak gesteld dat de minder gunstige fiscale behandeling die wordt toegepast op aandelenoverdrachten onder de waarde aan Zweedse vennootschappen waarin de overdrager een deelneming heeft via een buitenlandse rechtspersoon, een duidelijke belemmering is van het vrije kapitaalverkeer bedoeld in artikel 56 EG en van de vrijheid van vestiging van artikel 43 EG.

21. Volgens X en Y is deze belemmering niet te rechtvaardigen op basis van artikel 58, lid 1, EG, met name gezien de rechtspraak van het Hof, en is zij hoe dan ook in strijd met artikel 58, lid 3, EG. De belemmering kan volgens X en Y evenmin worden gerechtvaardigd op grond van de handhaving van de fiscale neutraliteit, om belastingfraude tegen te gaan of om een soortgelijke reden.

22. De belemmering is voorts niet te rechtvaardigen op grond van artikel 46 EG, omdat volgens de rechtspraak van het Hof overwegingen van economische aard, zoals het risico van belastingontwijking of vermindering van de belastinggrondslag, geen rechtvaardiging kunnen vormen voor discriminerende beperkingen.

23. Ten slotte hebben X en Y gesteld dat de in geding zijnde nationale bepalingen onverenigbaar zijn met de artikelen 43 EG en 56 EG, omdat zij onevenredig zijn aan hun doel, waarbij zij opmerken dat het beoogde doel – voorkomen dat de meerwaarde op onder de waarde overgedragen aandelen niet in Zweden maar in andere landen wordt belast – kan worden bereikt met aanzienlijk minder restrictieve maatregelen, bijvoorbeeld door te bepalen dat de belasting op de meerwaarde opeisbaar wordt wanneer de overdrager naar het buitenland verhuist.

24. Voor Regeringsrätten heeft Riksskatteverket (de belastingdienst) in wezen gesteld dat artikel 43 EG in casu niet toepasselijk is en dat zelfs indien dit wel het geval zou zijn en § 3, lid 1, sub h, SIL discriminerend zou worden geacht, deze discriminatie gerechtvaardigd is om dringende redenen van algemeen belang welke door het Hof zijn erkend, zoals de doeltreffendheid van fiscale controles en de samenhang van het belastingstelsel. Bovendien kan een nationale bepaling die kan worden gerechtvaardigd op basis van de verdragsbepalingen betreffende de vrijheid van kapitaalverkeer, niet ingevolge artikel 43, tweede alinea, EG onverenigbaar met dat artikel 43 worden verklaard.

25. Riksskatteverket heeft bovendien gesteld dat de verkrijging van belastingvoordeel het enige doel was van de overdracht aan een voor dat doel opgerichte Zweedse vennootschap in plaats van aan een Belgische vennootschap, en dat er in casu ernstige motieven van belastingontwijking aanwezig waren. Volgens de rechtspraak van het Hof heeft een lidstaat het recht, maatregelen te treffen die tot doel hebben te verhinderen dat sommigen van zijn onderdanen van de krachtens het Verdrag geschapen mogelijkheden profiteren om zich op onaanvaardbare wijze aan de nationale wetgeving te onttrekken en dat de justitiabelen zich met oog op misbruik of bedrog op het gemeenschapsrecht beroepen.

De prejudiciële vraag

26. Van oordeel dat uitlegging van het gemeenschapsrecht noodzakelijk was voor de beslechting van het geschil heeft Regeringsrätten het Hof de volgende prejudiciële vraag gesteld:

> 'Verzetten de artikelen 43 EG, 46 EG, 48 EG, 56 EG en 58 EG in een situatie als die in de onderhavige zaak zich tegen de toepassing van een wettelijke regeling van een lidstaat – zoals de Zweedse regeling op dit gebied –, volgens welke een kapitaalinbreng door overdracht van aandelen onder de waarde, wanneer het kapitaal wordt ingebracht in een in een andere lidstaat gevestigde rechtspersoon waarin de overdrager rechtstreeks of indirect een deelneming bezit, dan wel in een nationale naamloze vennootschap waarin deze rechtspersoon een deelneming bezit, ongunstiger wordt belast dan indien er geen sprake is van buitenlandse eigendom?'

De ontvankelijkheid van de prejudiciële verwijzing

27. Alvorens de vraag te beantwoorden, moet er in de eerste plaats op worden gewezen dat het Hof reeds heeft geoordeeld dat Regeringsrätten, wanneer hij in hoger beroep oordeelt over een prealabel advies van Skatterättsnämnden over een transactie die nog niet heeft plaatsgevonden, als een rechterlijke instantie optreedt. In de

tweede plaats gaat het om een reëel geschil, al heeft het hoofdgeding betrekking op de mogelijkheid om in de toekomst een handeling te verrichten die nog niet heeft plaatsgevonden, en is de door de verwijzende rechter gestelde vraag van gemeenschapsrecht zeker niet hypothetisch (zie arrest van 18 november 1999, X en Y, C-200/98, *Jurispr.* blz. I-8261, punten 16-22).

28. De prejudiciële vraag van Regeringsrätten is dus ontvankelijk.

Ten gronde

29. De verwijzende rechter wenst in wezen te vernemen of de artikelen 43 EG, 46 EG en 48 EG, betreffende de vrijheid van vestiging, alsmede de artikelen 56 EG en 58 EG, betreffende het vrije verkeer van kapitaal, in de weg staan aan een nationale bepaling als bedoeld in het hoofdgeding, waarbij de overdracht onder de waarde van aandelen van vennootschappen fiscaal verschillend wordt behandeld naar gelang van de aard van de overnemer.

30. Gezien het in het hoofdgeding aan de orde zijnde nationale recht moeten namelijk drie typen overdrachten van aandelen onder de waarde – dat wil zeggen onder de marktwaarde – worden onderscheiden, en wel aan de hand van het karakter van de verhouding tussen de overdrager en de overnemer:

– overdrachten aan een buitenlandse rechtspersoon waarin de overdrager of een van zijn verwanten rechtstreeks of indirect een deelneming heeft (§ 3, lid 1, sub h, derde alinea, eerste volzin, SIL) (hierna: aandelenoverdrachten van type A);

– overdrachten aan een Zweedse naamloze vennootschap waarin zulk een buitenlandse rechtspersoon rechtstreeks of indirect een deelneming heeft (§ 3,lid 1, sub h, derde alinea, tweede volzin, SIL) (hierna: aandelenoverdrachten van type B);

– overdrachten aan een andere Zweedse naamloze vennootschap dan bedoeld in het vorige streepje, waarin de overdrager of een van zijn verwanten rechtstreeks of indirect een deelneming heeft (§ 3, lid 1, sub h, eerste alinea, SIL) (hierna: aandelenoverdrachten van type C).

31. Volgens de in het hoofdgeding bedoelde nationale bepaling wordt de belastingheffing bij de overdrager van de meerwaarde op aandelen die worden overgedragen bij een aandelenoverdracht van type C, in beginsel uitgesteld, gewoonlijk tot het tijdstip dat de overdrager zijn deelneming in de overnemende vennootschap vervreemdt, terwijl dit uitstel de overdrager niet wordt verleend voor de meerwaarde op aandelen die worden overgedragen bij een aandelenoverdracht van type A of B. Voor deze laatste typen overdrachten wordt de meerwaarde bij de overdrager onmiddellijk belast.

32. Om te beginnen zij eraan herinnerd dat volgens vaste rechtspraak de lidstaten, ofschoon de directe belastingen tot hun bevoegdheid behoren, niettemin verplicht zijn die bevoegdheid in overeenstemming met het gemeenschapsrecht uit te oefenen (zie met name arresten van 16 juli 1998, ICI, C-264/96, *Jurispr.* blz. I-4695, punt 19, en 15 januari 2002, Gottardo, C-55/00, *Jurispr.* blz. I-413, punt 32).

De vrijheid van vestiging

33. Op grond van het arrest van 26 januari 1996, Werner (C-112/91, *Jurispr.* blz. I-429), stelt Riksskatteverket dat de onderhavige zaak niet onder de door het Verdrag gegarandeerde fundamentele vrijheden valt omdat het hier gaat om een interne situatie van een lidstaat. De hoofdzaak betreft een wijziging in de structuur van de deelnemingen in een economische activiteit die in Zweden wordt verricht, en na deze wijziging nog steeds in die lidstaat wordt uitgeoefend.

34. Dit argument kan niet worden aanvaard. De in het hoofdgeding bedoelde nationale bepaling impliceert immers dat er een externe component is die duidelijk relevant is voor de door het Verdrag gegarandeerde vrijheid van vestiging, namelijk voor aandelenoverdrachten van type A de omstandigheid dat de overnemende vennootschap is gevestigd in een andere lidstaat, en voor aandelenoverdrachten van type B de omstandigheid dat een in een andere lidstaat gevestigde vennootschap een deelneming heeft in de overnemende vennootschap, en dat deze externe component ten grondslag ligt aan een verschil in behandeling in die lidstaat.

35. Derhalve moet in de eerste plaats worden bezien of de in het hoofdgeding aan de orde zijnde nationale bepaling een beperking van de vrijheid van vestiging kan vormen in de zin van artikel 43 EG.

36. Wat aandelenoverdrachten van type A betreft, geeft de nationale bepaling een andere behandeling, namelijk weigering de overdrager uitstel van belastingheffing te verlenen over de meerwaarde die is gerealiseerd op de onder de waarde overgedragen aandelen, hetgeen hem geldelijk nadeel oplevert, wanneer de overnemende vennootschap waarin de overdrager een deelneming heeft, haar zetel in een andere lidstaat heeft. Het onthouden van dit fiscaal voordeel op grond dat de overnemende vennootschap waarin de belastingplichtige een deelneming heeft, haar zetel in een andere lidstaat heeft, kan de belastingplichtige er dan ook van weerhouden gebruik te maken van het hem bij artikel 43 EG verleende recht om zijn activiteit door middel van een vennootschap in die andere lidstaat te verrichten.

37. Deze ongelijke behandeling vormt dus een beperking van de vrijheid van vestiging van de onderdanen van de betrokken lidstaat (evenals trouwens van die van de op het grondgebied van die lidstaat wonende onderdanen van andere lidstaten), die een deelneming hebben in het kapitaal van een in een andere lidstaat gevestigde vennootschap, althans wanneer deze deelneming hun een zodanige invloed op de besluiten van de vennootschap verleent dat zij de activiteiten ervan kunnen bepalen (zie met name arresten van 13 april 2000, Baars, C-251/98, *Jurispr.* blz. I-2787, punten 22 en 28-31; en 5 november 2002, Überseering, C-208/00, *Jurispr.* blz. I-0000, punt 77). Het is aan de verwijzende rechter om na te gaan of in het hoofdgeding aan deze voorwaarde is voldaan.

38. Wat aandelenoverdrachten van type B betreft, moet worden vastgesteld dat de onderhavige nationale bepaling een beperking in de zin van artikel 43 EG vormt van de vrijheid van vestiging van een in een andere lidstaat gevestigde vennootschap, in casu een Belgische naamloze vennootschap, die volgens artikel 48 EG wordt gelijkgesteld met een natuurlijke persoon die onderdaan is van die lidstaat, die zijn activiteit wenst te verrichten door middel van een filiaal in deze lidstaat (zie met name arresten van 15 mei 1997, Futura Participations en Singer, C-250/95, *Jurispr.* blz. I-2471, punt 24; en 21 september 1999, Saint-Gobain ZN, C-307/97, *Jurispr.* blz. I-6161, punt 35). Zou de betrokken lidstaat uitstel van belastingheffing op de meerwaarde mogen weigeren en daarmee de overdrager een geldelijk voordeel onthouden, op grond dat de moedervennootschap van de overnemende vennootschap in een andere lidstaat is gevestigd, dan zou daarmee aan artikel 43 EG immers iedere inhoud worden ontnomen (zie in deze zin met name arrest van 8 maart 2001, Metallgesellschaft e.a., C-397/98 en C-410/98, *Jurispr.* blz. I-1727, punt 42).

39. Bijgevolg betekent de toepassing van de nationale bepaling zowel voor aandelenoverdrachten van type A, mits aan de in punt 37 van dit arrest genoemde voorwaarde is voldaan, als voor aandelenoverdrachten van type B een beperking van de door het Verdrag gegarandeerde vrijheid van vestiging.

40. Riksskatteverket stelt dat er in het hoofdgeding een risico van belastingontwijking bestaat dat voor de vrijheid van vestiging in tweeërlei opzicht relevant is. In de eerste plaats kan, gezien dit risico, betwijfeld worden of de vrijheid van vestiging wel toepasselijk is, aangezien er in casu aanwijzingen zijn voor mogelijk misbruik van dezevrijheid. In de tweede plaats, gesteld dat de vrijheid van vestiging in casu wel van toepassing is, kan met een beroep op dit risico een eventuele beperking van die vrijheid worden gerechtvaardigd, en wel om een dringende reden van algemeen belang.

41. Met betrekking tot een eventueel misbruik van de vrijheid van vestiging merkt Riksskatteverket op dat de verkrijging van belastingvoordeel de enige reden is voor de door verzoekers in het hoofdgeding voorgenomen aandelenoverdracht, en dat uit deze overdracht blijkt van ernstige motieven van belastingontwijking, voornamelijk gelet op het feit dat X en Y de bevoegde belastingautoriteit om te beginnen hebben gevraagd of de voorgenomen transactie moest worden gekwalificeerd als belastingontwijking. Riksskatteverket is daarom van mening, op basis van het arrest van 9 maart 1999, Centros (C-212/97, *Jurispr.* blz. I-1459, punt 24), dat overeenkomstig de rechtspraak van het Hof het Koninkrijk Zweden maatregelen mag treffen die tot doel hebben te verhinderen dat sommigen van zijn onderdanen van de krachtens het Verdrag geschapen mogelijkheden profiteren om zich op onaanvaardbare wijze aan hun nationale wetgeving te onttrekken en dat de justitiabelen zich met oog op misbruik of bedrog op het gemeenschapsrecht beroepen.

42. In dit verband dient erop te worden gewezen dat, ofschoon de nationale rechterlijke instanties van geval tot geval op basis van objectieve gegevens rekening kunnen houden met misbruik of bedrog door de belanghebbenden en hun in voorkomend geval een beroep op de betrokken bepalingen van gemeenschapsrecht kunnen ontzeggen, zij evenwel bij de beoordeling van dergelijk gedrag ook het doel van de betrokken bepalingen van gemeenschapsrecht in aanmerking dienen te nemen (zie met name arrest Centros, reeds aangehaald, punt 25).

43. Geconstateerd moet worden dat de onderhavige nationale bepaling, doordat zij elke aandelenoverdracht van type A of type B categorisch en generiek uitsluit van uitstel van belastingheffing, de nationale rechter niet de mogelijkheid biedt om dit van geval tot geval te onderzoeken, daarbij rekening houdend met de bijzonderheden van het geval.

44. Voorts houdt het criterium dat de nationale bepaling aanlegt om aandelenoverdrachten van type A en type B van het bewuste belastingvoordeel uit te sluiten – het feit dat de overdracht plaatsvindt aan een conform de wetgeving van een andere lidstaat opgerichte vennootschap of aan een in Zweden door zulk een vennootschap opgericht filiaal – verband met de uitoefening van de door het Verdrag gegarandeerde vrijheid van vestiging zelf, zodat het op zich geen misbruik van het recht van vestiging kan opleveren (zie met name arrest Centros, reeds aangehaald, punt 27).

45. Een nationale bepaling als bedoeld in het hoofdgeding, volgens welke een lidstaat alle aandelenoverdrachten onder de waarde aan een conform de wetgeving van een andere lidstaat opgerichte vennootschap of aan een op zijn grondgebied door zulk een vennootschap opgericht filiaal, van een fiscaal voordeel uitsluit, kan dan ook niet worden gerechtvaardigd op grond van mogelijk misbruik van de vrijheid van vestiging.

46. In de tweede plaats moet worden bezien of de beperkingen van de vrijheid van vestiging die het gevolg zijn van deze nationale bepaling, gerechtvaardigd kunnen zijn, in het bijzonder gelet op de door Riksskatteverket aangevoerde redenen, zoals weergegeven in punt 24 van dit arrest.

47. Blijkens de voorstukken van de nationale bepaling, zoals door de verwijzende rechter weergegeven (zie punt 6 van dit arrest), en de opmerkingen van Riksskatteverket wordt met de uitsluiting van het fiscaalvoordeel bestaande in uitstel van belastingheffing over de meerwaarde voor alle aandelenoverdrachten van type A of type B, beoogd te voorkomen dat die meerwaarde niet in Zweden wordt belast, in het bijzonder indien de eigenaar van aandelen in een Zweedse naamloze vennootschap vóór zijn definitieve verhuizing naar het buitenland zijn aandelen onder de waarde overdraagt aan een buitenlandse vennootschap waarin de overdrager of een van zijn verwanten rechtstreeks of indirect een deelneming heeft, of aan een Zweedse naamloze vennootschap waarin deze buitenlandse rechtspersoon rechtstreeks of indirect een deelneming heeft.

48. Riksskatteverket stelt dat het verschil in fiscale behandeling dit doel beoogt en dat het dus uit dien hoofde gerechtvaardigd is om dringende redenen van algemeen belang, te weten de noodzaak om de samenhang van het belastingstelsel te garanderen, het risico van belastingontwijking en de doeltreffendheid van fiscale controles, alsmede door de verdragsbepalingen inzake het vrije verkeer van kapitaal, artikel 58, leden 1 en 2, EG. Deze laatste bepaling kan immers ook beperkingen van de vrijheid van vestiging in de zin van artikel 43 EG rechtvaardigen, ingevolge de tweede alinea van dat artikel.

49. In dit verband dient erop te worden gewezen dat een beperking van de vrijheid van vestiging, zoals de in geding zijnde nationale bepaling, alleen kan worden gerechtvaardigd indien er een rechtmatig doel mee wordt nagestreefd dat zich met het Verdrag verdraagt, en indien zij gerechtvaardigd is uit hoofde van dringende redenen van algemeen belang. Daarenboven moet die beperking geschikt zijn om het nagestreefde doel te verwezenlijken, en mag zij niet verder gaan dan nodig is voor het bereiken van dat doel (zie met name arrest Futura Participations en Singer, reeds aangehaald, punt 26, en de aldaar aangehaalde rechtspraak).

50. Dat de belastinginkomsten als gevolg van de verlening van dat belastingvoordeel voor aandelenoverdrachten van type A en type B lager zouden kunnen uitvallen, is niet een van de in artikel 46 EG genoemde gronden en kan niet worden beschouwd als een dringende reden van algemeen belang die kan worden ingeroepen ter rechtvaardiging van een ongelijke behandeling die in beginsel onverenigbaar is met artikel 43 EG (zie met name reeds aangehaalde arresten ICI, punt 28; Metallgesellschaft e.a., punt 59, en Saint-Gobain ZN, punt 51). Dit doel is immers zuiver economisch en kan dus volgens vaste rechtspraak geen dringende reden van algemeen belang vormen (zie met name arrest van 6 juni 2000, Verkooijen, C-35/98, *Jurispr.* blz. I-4071, punt 48).

51. Daarentegen volgt uit de rechtspraak van het Hof dat de noodzaak om de samenhang van het belastingstelsel te handhaven (zie arresten van 28 januari 1992, Bachmann, C-204/90, *Jurispr.* blz. I-249, en Commissie/België, C-300/90, *Jurispr.* blz. I-305),de bestrijding van belastingontwijking (zie reeds aangehaalde arresten ICI, punt 26, en Metallgesellschaft e.a., punt 57) en de doeltreffendheid van fiscale controles (zie met name arrest Futura Participations en Singer, reeds aangehaald, punt 31, en arrest van 8 juli 1999, Baxter e.a., C-254/97, *Jurispr.* blz. I-4809, punt 18) dwingende redenen van algemeen belang vormen, die regelingen kunnen rechtvaardigen welke een beperking van de door het Verdrag gegarandeerde fundamentele vrijheden inhouden (zie met betrekking tot dergelijke rechtvaardigingsgronden ingeroepen in het kader van beperkingen in verband met een verschil in behandeling op het gebied van de inkomstenbelasting, met name arrest van 28 oktober 1999, Vestergaard, C-55/98, *Jurispr.* blz. I-7641, punt 23).

52. Wat in de eerste plaats de door Riksskatteverket geponeerde rechtvaardigingsgrond betreft die gebaseerd is op de noodzaak om de samenhang van een belastingregeling te handhaven, moet erop worden gewezen dat er in de reeds aangehaalde zaken Bachmann en Commissie/België, waarin het Hof heeft erkend dat een dergelijke rechtvaardigingsgrond een beperking van de uitoefening van de door het Verdrag gegarandeerde fundamentele vrijheden kon rechtvaardigen, een rechtstreeks verband bestond tussen de aftrekbaarheid van premies betaald in het kader van ouderdoms- en overlijdensverzekeringscontracten, en de heffing van belasting over de door de verzekeraars uit hoofde van die verzekeringen uit te keren bedragen, welk verband behouden moest blijven om de samenhang van de betrokken fiscale regeling te verzekeren (zie met name arrest Vestergaard, reeds aangehaald, punt 24, en de aldaar aangehaalde rechtspraak).

53. In de onderhavige zaak, waar het Koninkrijk Zweden met andere lidstaten overeenkomsten tegen dubbele belastingheffing heeft gesloten, bestaat de fiscale samenhang niet op het niveau van de individuele persoon, door een strikte correlatie tussen het uitstel van belastingheffing over de meerwaarde en de uiteindelijke belasting daarvan, maar is zij verschoven naar een ander niveau, dat van de wederkerigheid van de in de overeenkomstsluitende staten toepasselijke voorschriften, welke in een dergelijke overeenkomst zijn neergelegd en die berusten op aanknopingsfactoren ter verdeling van de heffingsbevoegdheid die de lidstaten bij gebreke van communautaire maatregelen nog steeds vrij kunnen vaststellen, zoals in het onderhavige geval is gebeurd (zie met name arresten van 11 augustus 1995, Wielockx, C-80/94, *Jurispr.* blz. I-2493, punt 24, en Saint-Gobain ZN, reeds aangehaald, punt 57).

54. Ingevolge overeenkomsten tegen dubbele belastingheffing zoals de Belgisch-Zweedse overeenkomst, meer in het bijzonder artikel 13, paragraaf 4, dat overigens identiek is aan hetzelfde artikel van het OESO-modelverdrag, belast een staat in de regel alle meerwaarde op aandelen die op zijn grondgebied wonende overdragers verwerven, maar ziet hij daartegenover af van belastingheffing over de meerwaarde op aandelen die op het grondgebied van de andere overeenkomstsluitende staat wonende overdragers verwerven, en wel ongeacht of de overdrager bij een eerdere overdracht van de betrokken aandelen uitstel van belastingheffing is verleend.

55. Het risico van een definitief vertrek van de overdrager in geval van een aandelenoverdracht van type A, dat de in het hoofdgeding aan de orde zijnde nationale bepaling door de uitsluiting van het uitstel van belastingheffing beoogt te ondervangen, wordt dus gedekt door artikel 13, paragraaf 4, van de Belgisch-Zweedse overeenkomst, en wel wederzijds, in die zin dat in dat geval alleen de overeenkomstsluitende staat waarheen de overdrager zijn woonplaats heeft verlegd, bevoegd is tot het belasten van de betrokken meerwaarde.

56. Voorts creëert artikel 13, paragraaf 5, van de Belgisch-Zweedse overeenkomst een wederkerig systeem waarin de fiscale aanspraken van het Koninkrijk België en het Koninkrijk Zweden op het specifieke gebied van de belasting van voordelen uit vervreemding van aandelen zijn verdeeld. Deze bepaling beoogt het geval te regelen waarop ook de onderhavige bepaling betrekking heeft, namelijk het risico van een definitieve verhuizing van de overdrager naar de andere overeenkomstsluitende staat in de context van een aandelenoverdracht. Artikel 13, paragraaf 5, van de Belgisch-Zweedse overeenkomst bepaalt in wezen dat de overeenkomstsluitende staat, in geval van een overdracht van aandelen in een op zijn grondgebied gevestigde vennootschap door zijn eigen onderdanen, uitsluitend het recht verliest om belasting te heffen over aandelenoverdrachten die meer dan vijf jaar na de definitieve verhuizing van de overdrager naar de andere overeenkomstsluitende staat hebben plaatsgevonden.

57. Hoe dan ook is de uitsluiting van uitstel van belastingheffing voor aandelenoverdrachten van type A en type B, zoals neergelegd in de nationale bepaling, niet noodzakelijk voor en evenredig aan het met die bepaling nagestreefde doel.

58. Een eventueel probleem in verband met de samenhang van de in het hoofdgeding aan de orde zijnde belastingregeling zou een fundamenteel verschillende origine hebben dan die waarom het ging in de zaken Bachmann en Commissie/België. In die zaken bestond namelijk het risico dat betalingen aan belastingheffing door de lidstaat die het fiscaal voordeel had verleend, zouden ontsnappen, omdat zij door derden buiten die lidstaat, te weten in het land van vestiging van die derden waren verricht. In een geval als het onderhavige echter houdt het risico verband met het feit dat de belastinggrondslag kan verdwijnen in een later stadium, na een definitieve verhuizing van de belastingplichtige naar het buitenland.

59. Anders dan in de situatie die aanleiding heeft gegeven tot de arresten Bachmann en Commissie/België (zie arrest Bachmann, punt 28, en arrest Commissie/België, punt 20), kan in een situatie als de onderhavige de samenhang van de belastingregeling worden verzekerd door minder beperkende of de vrijheid van vestiging minder aantastende maatregelen, die specifiek betrekking hebben op het risico van een definitief vertrek van de belastingplichtige, en wel voor alle typen van aandelenoverdrachten waarvoor hetzelfde objectieve risico bestaat. Dergelijke maatregelen zouden bijvoorbeeld kunnen zijn het creëren van een systeem van waarborgsommen of andere noodzakelijke garanties om betaling van de belasting veilig te stellen bij een definitieve verhuizing van de overdrager naar het buitenland.

60. Wat vervolgens de door Riksskatteverket geponeerde rechtvaardigingsgrond betreft die is gebaseerd op het risico van belastingontwijking en op de doeltreffendheid van fiscale controles, moet vooraf worden opgemerkt dat, gelet op het met de nationale bepaling beoogde doel, deze rechtvaardigingsgronden op hetzelfde neerkomen. In casu gaat het immers om een bepaling die beoogt te verzekeren dat de betrokken meerwaarde inderdaad wordt belast en tegelijkertijd dat de controle op die belastingheffing doeltreffend is.

61. De bepaling heeft niet als specifiek doel, een fiscaal voordeel uit te sluiten voor zuiver kunstmatige belastingconstructies die tot doel hebben de Zweedse belastingwetgeving te omzeilen, maar is algemeen gericht tegen situaties waarin om welke reden dan ook aandelen onder de waarde worden overgedragen aan een conform de wetgeving van een andere lidstaat opgerichte vennootschap waarin de overdrager een deelneming heeft, of aan een in het Koninkrijk Zweden door zulk een vennootschap opgericht filiaal.

62. Een algemeen vermoeden van belastingfraude of -ontwijking kan evenwel niet worden gebaseerd op het feit dat de overnemende vennootschap of haar moedermaatschappij in een andere lidstaat is gevestigd en kan geen rechtvaardigingsgrond zijn voor een fiscale maatregel die afbreuk doet aan de uitoefening van een bij het Verdrag beschermde fundamentele vrijheid (zie in deze zin arrest van 26 september 2000, Commissie/België, C-478/98, *Jurispr*. blz. I-7587, punt 45).

63. Hoe dan ook moet worden vastgesteld dat met de door het Koninkrijk Zweden genomen maatregel niet het doel kan worden bereikt dat er kennelijk mee wordt beoogd, namelijk dat de op de overgedragen aandelen gerealiseerde meerwaarde inderdaad bij de overdrager in Zweden wordt belast, met name indien de overdracht plaatsvindt vóór de definitieve verhuizing van de overdrager naar het buitenland. In geval van aandelenoverdrachten

van type C heeft de overdrager immers in elk geval recht op uitstel van belastingheffing over de op de overgedragen aandelen gerealiseerde meerwaarde. In antwoord op een vraag van het Hof heeft de Zweedse regering niet weten aan te tonen dat er voor dit type overdracht objectieve verschillen in situatie zijn waardoor het potentiële risico dat voor het heffen van belasting bij de overdrager in Zweden ontstaat als gevolg van zijn definitieve verhuizing naar het buitenland, wezenlijk anders is dan voor aandelenoverdrachten van type A en type B.

64. Wat ten slotte het betoog van Riksskatteverket betreft, dat wanneer een bepaling van nationaal recht op basis van artikel 58 EG gerechtvaardigd voorkomt, de beperkingen van de vrijheid van vestiging als gevolg van die nationale bepaling eveneens als gerechtvaardigd moeten worden beschouwd, behoeft slechts te worden geconstateerd dat hoe dan ook, zoals blijkt uit punt 72 van dit arrest, op artikel 58 EG geen beroep kan worden gedaan ter rechtvaardiging van de toepassing van een nationale bepaling als de onderhavige.

65. Gelet op alle voorgaande overwegingen moet op de prejudiciële vraag, voorzover zij betrekking heeft op de bepalingen van het Verdrag inzake de vrijheid van vestiging, worden geantwoord dat de artikelen 43 EG en 48 EG in de weg staan aan een nationale wettelijke regeling als bedoeld in het hoofdgeding, die in geval van overdracht onder de waarde van aandelen van vennootschappen de overdrager uitsluit van uitstel van belastingheffing over de op die aandelen gerealiseerde meerwaarde wanneer de overdracht plaatsvindt aan een buitenlandse rechtspersoon waarin de overdrager rechtstreeks of indirect een deelneming heeft – mits deze deelneming hem een zodanige invloed op de besluiten van die buitenlandse rechtspersoon verleent dat hij de activiteiten ervan kan bepalen –, of aan een Zweedse naamloze vennootschap die een filiaal is van die buitenlandse rechtspersoon.

Het vrije verkeer van kapitaal

66. Gelet op het antwoord op de prejudiciële vraag, met betrekking tot de verdragsbepalingen inzake de vrijheid van vestiging, behoeft deze vraag, met betrekking tot de verdragsbepalingen inzake het vrije kapitaalverkeer, slechts te worden behandeld voorzover de nationale bepaling vanuit het oogpunt van deze laatste bepalingen kan leiden tot een zelfstandige beperking, aangezien de verdragsbepalingen inzake de vrijheid van vestiging niet toepasselijk zijn.

67. Zoals uit de punten 38 en 65 van dit arrest volgt, bevat de nationale bepaling voor aandelenoverdrachten van type B een niet-gerechtvaardigde beperking van de vrijheid van vestiging. Voor aandelenoverdrachten van type A daarentegen volgt uit de punten 37 en 65 van dit arrest dat artikel 43 EG alleen aan de nationale bepaling in de weg staat indien de deelneming van de overdrager in de in een andere lidstaat gevestigde overnemende vennootschap hem een zodanige invloed op de besluiten van die vennootschap verleent dat hij de activiteiten ervan kan bepalen.

68. Voorzover de prejudiciële vraag betrekking heeft op de bepalingen betreffende het vrije kapitaalverkeer behoeft zij dan ook slechts beantwoording voor het geval dat, bij een aandelenoverdracht van type A, artikel 43 EG niet van toepassing is omdat de deelneming van de overdrager in de in een andere lidstaat gevestigde overnemende vennootschap onvoldoende groot is.

69. Om te beginnen moet worden vastgesteld dat de nationale bepaling niet als een zuiver interne maatregel kan worden beschouwd, daar zij van toepassing is in geval van kapitaalbewegingen tussen lidstaten die het gevolg zijn van de aandelenoverdracht onder de waarde door een inwoner van de ene lidstaat aan een vennootschap die is gevestigd in een andere lidstaat, waarin de overdrager of een van zijn verwanten rechtstreeks of indirect een deelneming heeft.

70. Voorts staat vast dat de nationale bepaling belastingplichtigen voor de Zweedse belasting op meerwaarde ervan kan weerhouden aandelen onder de waarde over te dragen aan in andere lidstaten gevestigde overnemende vennootschappen waarin zij rechtstreeks of indirect een deelneming hebben, en dus voor die belastingplichtigen een beperking van de vrijheid van kapitaalverkeer in de zin van artikel 56 EG vormt (zie in die zin met name arrest van 26 september 2000, Commissie/België, reeds aangehaald, punt 18, en de aldaar aangehaalde rechtspraak).

71. Derhalve moet worden nagegaan of een dergelijke beperking gerechtvaardigd kan zijn.

72. De rechtvaardigingsgronden die Riksskatteverket in verband met artikel 58 EG heeft aangevoerd, zijn in wezen dezelfde als die welke hij naar voren heeft gebracht ter rechtvaardiging van de door de nationale bepaling veroorzaakte beperkingen van de vrijheid van vestiging, te weten de samenhang van de belastingregeling, de bestrijding van belastingontwijking en de doeltreffendheid van de fiscale controles [zie met betrekking tot de verhouding tussen de door het Hof erkende dringende redenen van algemeen belang en artikel 73 D, lid 1, sub a, EG-Verdrag (thans artikel 58, lid 1, sub a, EG) het arrest Verkooijen, reeds aangehaald, punten 43-46]. Om dezelfde redenen als die welke in de punten 46 tot en met 63 van dit arrest zijn genoemd met betrekking tot de vrijheid van vestiging, kunnen die rechtvaardigingsgronden niet worden aanvaard met betrekking tot de in punt 70 van dit arrest geconstateerde beperking van de vrijheid van kapitaalverkeer.

73. Indien derhalve in geval van een aandelenoverdracht van type A artikel 43 EG niet in de weg staat aan de nationale bepaling, omdat de deelneming van de overdrager in de in een andere lidstaat gevestigde overnemende ven-

nootschap onvoldoende groot is, vormt deze nationale bepaling in elk geval een beperking van de vrijheid van kapitaalverkeer in de zin van artikel 56 EG die niet kan worden gerechtvaardigd op grond van artikel 58 EG.

74. Gelet op alle voorgaande overwegingen moet op de prejudiciële vraag, voorzover zij betrekking heeft op de verdragsbepalingen inzake het vrije kapitaalverkeer, worden geantwoord, dat de artikelen 56 EG en 58 EG in de weg staan aan een nationale wettelijke regeling als bedoeld in het hoofdgeding, die in geval van overdracht onder de waarde van aandelen van vennootschappen de overdrager uitsluit van uitstel van belastingheffing over de op die aandelen gerealiseerde meerwaarde wanneer de overdracht plaatsvindt aan een buitenlandse rechtspersoon waarin de overdrager rechtstreeks of indirect een deelneming heeft die hem niet een zodanige invloed op de besluiten van die buitenlandse rechtspersoon verleent dat hij de activiteiten ervan kan bepalen.

75. Derhalve moet de vraag worden beantwoord als volgt:

– de artikelen 43 EG en 48 EG staan in de weg aan een nationale wettelijke regeling als bedoeld in het hoofdgeding, die in geval van overdracht onder de waarde van aandelen van vennootschappen de overdrager uitsluit van uitstel van belastingheffing over de op die aandelen gerealiseerde meerwaarde wanneer de overdracht plaatsvindt aan een buitenlandse rechtspersoon waarin de overdrager rechtstreeks of indirect een deelneming heeft – mits deze deelneming hem een zodanige invloed op de besluiten van die buitenlandse rechtspersoon verleentdat hij de activiteiten ervan kan bepalen –, of aan een Zweedse naamloze vennootschap die een filiaal is van zulk een buitenlandse rechtspersoon;

– de artikelen 56 EG en 58 EG staan in de weg aan een nationale wettelijke regeling als bedoeld in het hoofdgeding, die in geval van overdracht onder de waarde van aandelen van vennootschappen de overdrager uitsluit van uitstel van belastingheffing over de op die aandelen gerealiseerde meerwaarde wanneer de overdracht plaatsvindt aan een buitenlandse rechtspersoon waarin de overdrager rechtstreeks of indirect een deelneming heeft die hem niet een zodanige invloed op de besluiten van die buitenlandse rechtspersoon verleent dat hij de activiteiten ervan kan bepalen.

Kosten

76. ...

HET HOF VAN JUSTITIE (Vijfde kamer)

uitspraak doende op de door Regeringsrätten bij beschikking van 1 november 2000 gestelde vraag, verklaart voor recht:

1. De artikelen 43 EG en 48 EG staan in de weg aan een nationale wettelijke regeling als bedoeld in het hoofdgeding, die in geval van overdracht onder de waarde van aandelen van vennootschappen de overdrager uitsluit van uitstel van belastingheffing over de op die aandelen gerealiseerde meerwaarde wanneer de overdracht plaatsvindt aan een buitenlandse rechtspersoon waarin de overdrager rechtstreeks of indirect een deelneming heeft – mits deze deelneming hem een zodanige invloed op de besluiten van die buitenlandse rechtspersoon verleent dat hij de activiteiten ervankan bepalen –, of aan een Zweedse naamloze vennootschap die een filiaal is van zulk een buitenlandse rechtspersoon.

2. De artikelen 56 EG en 58 EG staan in de weg aan een nationale wettelijke regeling als bedoeld in het hoofdgeding, die in geval van overdracht onder de waarde van aandelen van vennootschappen de overdrager uitsluit van uitstel van belastingheffing over de op die aandelen gerealiseerde meerwaarde, wanneer de overdracht plaatsvindt aan een buitenlandse rechtspersoon waarin de overdrager rechtstreeks of indirect een deelneming heeft die hem niet een zodanige invloed op de besluiten van die buitenlandse rechtspersoon verleent dat hij de activiteiten ervan kan bepalen.

HvJ EG 12 december 2002, zaak C-324/00 (Lankhorst-Hohorst GmbH v. Finanzamt Steinfurt)

Lankhorst-Hohorst BV verstrekte een achtergestelde lening aan haar Duitse grootmoeder Lankhorst-Hohorst GmbH. Naar de Duitse 'thin-capitalization' regels moest de door de GmbH betaalde rente evenwel een verkapte winstuitdeling (belast 30% bronbelasting).

HvJ EG: Daar een dergelijke herclassificatie van de interest als dividend niet had plaatsgevonden indien de lening van een Duitse (groep)maatschappij zou zijn verkregen, is er sprake van de schending van de vrijheid van vestiging.

Vijfde kamer: *M. Wathelet (rapporteur), kamerpresident, C. W. A. Timmermans, D. A. O. Edward, P. Jann en A. Rosas, rechters*
Advocaat-generaal: *J. Mischo*

1. Bij beschikking van 21 augustus 2000, ingekomen bij het Hof op 4 september daaraanvolgend, heeft het Finanzgericht Münster krachtens artikel 234 EG een prejudiciële vraag gesteld over de uitlegging van artikel 43 EG.

2. Deze vraag is gerezen in een geding tussen de vennootschap Lankhorst-Hohorst GmbH (hierna: Lankhorst-Hohorst), gevestigd te Rheine (Duitsland), en het Finanzamt Steinfurt, een Duitse belastingadministratie, ter zake van de vaststelling van de vennootschapsbelasting over de boekjaren 1997 en 1998.

Nationale bepalingen

3. Het Körperschaftsteuergesetz (wet inzake vennootschapsbelasting) in de van 1996 tot en met 1998 geldende versie (hierna: KStG) bevat een § 8a, met het opschrift Van aandeelhouders geleende geldmiddelen, waarvan het eerste lid als volgt luidt:

> 'Vergoedingen voor vreemd vermogen, dat een onbeperkt belastingplichtige kapitaalvennootschap heeft verkregen van een niet voor aftrek van vennootschapsbelasting in aanmerking komende aandeelhouder, die op enig tijdstip in het boekjaar een aanmerkelijke deelneming in het kapitaal heeft gehad, gelden als verkapte winstuitkeringen,
>
> [...]
>
> 2. indien een in een percentage van het vermogen uitgedrukte vergoeding is overeengekomen en voorzover het vreemd vermogen op enig tijdstip in het boekjaar meer dan driemaal de deelneming in het kapitaal van de aandeelhouder heeft bedragen, tenzij de kapitaalvennootschap dit vreemd vermogen bij voor het overige gelijke omstandigheden ook van een derde had kunnen verkrijgen of indien het gaat om de opname van middelen ter financiering van normale banktransacties [...]'

4. Blijkens de verwijzingsbeschikking komen algemeen gesproken voor belastingaftrek niet in aanmerking enerzijds buitenlandse aandeelhouders en anderzijds van vennootschapsbelasting vrijgestelde rechtspersonen naar Duits recht, te weten publiekrechtelijke rechtspersonen en rechtspersonen die een economische activiteit uitoefenen in een bepaalde sector of taken van algemeen nut vervullen.

Hoofdgeding en prejudiciële vraag

5. Lankhorst-Hohorst verkoopt scheepsbenodigdheden, watersportartikelen, hobby- en handvaardigheidsartikelen, vrijetijds- en beroepskleding, decoratieartikelen, alsmede ijzerwaren en dergelijke. Haar maatschappelijk kapitaal werd in augustus 1996 tot 2 000 000 DEM verhoogd.

6. Lankhorst-Hohorst heeft als enig aandeelhouder de vennootschap Lankhorst-Hohorst BV (hierna: LH BV), gevestigd te Sneek (Nederland), waarvan op haar beurt enig aandeelhouder is de vennootschap Lankhorst Taselaar BV (hierna: LT BV), gevestigd te Lelystad (Nederland).

7. Bij overeenkomst van 1 december 1996 verstrekte LT BV aan verzoekster een lening van 3 000 000 DEM, af te lossen in tien jaarlijkse termijnen van 300 000 DEM, te beginnen op 1 oktober 1998 (hierna: lening). De variabele rente hierover bedroeg tot eind 1997 4,5%. De rente was verschuldigd aan het einde van elk jaar. Aldus werd in 1997 135 000 DEM en vervolgens in 1998 109 695 DEM rente aan LT BV betaald.

8. De lening, die bedoeld was als kapitaalvervanging, was vergezeld van een Patronatserklärung (patronaatsverklaring), volgens welke LT BV van de terugbetaling van de lening zou afzien ingeval tegen verzoekster in het hoofdgeding vorderingen werden ingesteld door derden-schuldeisers.

9. Met de geleende gelden kon Lankhorst-Hohorst de bij een kredietinstelling aangegane lening van 3 702 453,59 DEM aflossen tot een restant van 991 174,70 DEM, en aldus haar rentelast verminderen.

10. Tijdens de boekjaren 1996 tot en met 1998 vertoonde de balans van verzoekster in het hoofdgeding een niet door eigen vermogen gedekt verlies, dat in het boekjaar 1998 1 503 165 DEM bedroeg.

11. In haar aanslagen van 28 juni 1999 met betrekking tot de vennootschapsbelasting over de boekjaren 1997 en 1998, stelde het Finanzamt Steinfurt de aan LT BV betaalde interesten gelijk met verkapte winstuitkeringen in de zin van § 8a KStG en belastte ze als zodanig in hoofde van Lankhorst-Hohorst, tegen het tarief van 30%.

12. De bij § 8a, lid 1, punt 2, KStG ingestelde uitzondering voor het geval dat de betrokken vennootschap de geldmiddelen ook van een derde had kunnen verkrijgen onder dezelfde voorwaarden, kon volgens de verwijzende rechter in casu niet gelden. Gezien de hoge schuldenlast van Lankhorst-Hohorst en het feit dat zij geen zekerheden kon stellen, zou zij van een derde immers geen vergelijkbare, zonder zekerheid verstrekte en van een patronaatsverklaring voorziene lening hebben kunnen verkrijgen.

13. Bij beschikking van 14 februari 2000 wees het Finanzamt Steinfurt het bezwaar van verzoekster in hoofdgeding tegen bedoelde vennootschapsbelastingaanslagen af.

14. Tot staving van haar beroep voor de verwijzende rechter, stelde Lankhorst-Hohorst dat de door LT BV verstrekte lening een reddingspoging was en dat de aan haar betaalde rente niet als een verkapte winstuitkering kon worden aangemerkt. Zij voerde daarenboven aan dat, gelet op de behandeling van de Duitse aandeelhouders, die anders dan in Nederland gevestigde vennootschappen zoals LH BV en LT BV, wél voor belastingaftrek in aanmerking komen, § 8a KStG discriminatoir was, en dus in strijd met het gemeenschapsrecht, met name met artikel 43 EG.

15. Lankhorst-Hohorst voegde hieraan toe dat met de doelstelling van § 8a KStG rekening moest worden gehouden, met name het vermijden van fraude met betrekking tot de door kapitaalvennootschappen verschuldigde belasting. In het geval dat in het hoofdgeding aan de orde is, zou de lening echter louter zijn verstrekt om de kosten van Lankhorst-Hohorst te verminderen en aanzienlijke rentebesparingen te verwezenlijken. In dit opzicht stelde verzoekster in hoofdgeding dat vóór de wijziging van het bankkrediet, de rente tweemaal zo hoog was als de rente die zij voortaan aan LT BV verschuldigd was. Het zou hier dus niet gaan om een geval van een niet voor belastingaftrek in aanmerking komende aandeelhouder die poogt aan de belasting op echte winstuitkeringen te ontsnappen door zich rente te doen uitbetalen.

16. De toepassing van § 8a KStG kan er volgens het Finanzamt Steinfurt inderdaad toe leiden dat de toestand van ondernemingen in moeilijkheden verslechtert, maar de Duitse wetgever zou hiermee rekening hebben gehouden door in § 8a, lid 2, derde zin, KStG een uitzondering op te nemen, die in het geval dat in het hoofdgeding aan de orde is, evenwel niet van toepassing is. Het Finanzamt Steinfurt stelde eveneens dat uit de bewoordingen van § 8a niet kan worden afgeleid dat dit artikel slechts van toepassing is wanneer sprake is van fraude, en de verwijzende rechter heeft deze zienswijze bevestigd.

17. Niettemin meende het Finanzamt Steinfurt dat § 8a KStG niet met het non-discriminatiebeginsel in strijd is. Vele landen zouden bepalingen hebben ingevoerd met hetzelfde doel, namelijk de strijd tegen misbruiken.

18. Het in § 8a KStG gemaakte onderscheid tussen vennootschappen die voor belastingaftrek in aanmerking komen en die welke er niet voor in aanmerking komen, maakte volgens het Finanzamt Steinfurt geen verkapte discriminatie op grond van nationaliteit uit aangezien § 5 KStG, inzake de vrijstelling van vennootschapsbelasting, in samenhang met § 51 KStG eveneens verschillende categorieën Duitse belastingplichtigen van het recht op belastingaftrek uitsluit.

19. Bovendien rechtvaardigen het beginsel dat op nationaal niveau slechts eenmaal mag worden belast, alsmede de samenhang van het Duitse belastingstelsel, dat § 8a KStG in de omstandigheden van het hoofdgeding wordt toegepast.

20. Gelet op de rechtspraak van het Hof twijfelt het Finanzgericht Münster aan de verenigbaarheid van § 8a KStG met artikel 43 EG (zie met name arresten van 28 januari 1986, Commissie/Frankrijk, 270/83, *Jurispr.* blz. 273; 29 april 1999, Royal Bank of Scotland, C-311/97, *Jurispr.* blz. I-2651, en 26 oktober 1999, Eurowings Luftverkehr, C-294/97, *Jurispr.* blz. I-7447). Het herinnert eraan dat, volgens de rechtspraak van het Hof, sprake is van uitoefening van het recht van vestiging, wanneer een onderdaan van een lidstaat een deelneming in het kapitaal van een in een andere lidstaat gevestigde vennootschap houdt, die hem een bepaalde invloed op de besluiten van de vennootschap verleent (arrest van 13 april 2000, Baars, C-251/98, *Jurispr.* blz. I-2787).

21. Volgens de verwijzende rechter wordt de vrijheid van vestiging geschonden, wanneer de fiscaal ongelijke behandeling van een dochteronderneming zonder enige objectieve rechtvaardigingsgrond berust op het loutere feit dat de moedermaatschappij haar zetel in een andere lidstaat heeft dan deze waar de dochteronderneming is gevestigd.

22. Het Finanzgericht merkt hierbij op dat de regeling van § 8a KStG niet rechtstreeks bij de nationaliteit aanknoopt, maar bij de mogelijkheid voor de belastingplichtige om voor belastingaftrek in aanmerking te komen.

23. De verwijzende rechter wijst erop dat, onder deze voorwaarden, een niet in Duitsland gevestigde aandeelhouder systematisch aan § 8a KStG wordt onderworpen, terwijl van de in Duitsland gevestigde aandeelhouders slechts een welbepaalde categorie belastingplichtigen van vennootschapsbelasting is vrijgesteld en bijgevolg geen

recht op belastingaftrek heeft. De situatie van deze laatste categorie rechtspersonen kan echter niet worden vergeleken met deze van de moedermaatschappij van verzoekster in het hoofdgeding.

24. Wat de rechtvaardigingsgrond voor § 8a KStG betreft, is de verwijzende rechter van mening dat gronden die verband houden met de samenhang van het belastingstelsel alleen kunnen worden aangevoerd indien er een rechtstreeks verband tussen het belastingvoordeel en de belastingheffing bij dezelfde belastingplichtige bestaat (arrest Bundesfinanzhof van 30 december 1996, I B 61/96, BStBl. II 1997, 466, en arrest Hof Eurowings Luftverkehr, reeds aangehaald, punt 42). In casu bestaat er niet een dergelijk verband.

25. Gelet op een en ander, heeft het Finanzgericht Münster beslist de behandeling van de zaak te schorsen en het Hof om een prejudiciële beslissing te verzoeken over de volgende vraag:

> Moet de vrijheid van vestiging van onderdanen van een lidstaat op het grondgebied van een andere lidstaat ingevolge artikel 43 van het Verdrag van 10 november 1997 tot oprichting van de Europese Gemeenschap aldus worden uitgelegd, dat deze in de weg staat aan de nationale regeling van § 8a van het Körperschaftsteuergesetz?

Beantwoording door het Hof

26. Om te beginnen zij eraan herinnerd, dat volgens vaste rechtspraak de directe belastingen weliswaar tot de bevoegdheid van de lidstaten behoren, doch dat deze niettemin verplicht zijn die bevoegdheid in overeenstemming met het gemeenschapsrecht uit te oefenen en zich derhalve van elke discriminatie op grond van nationaliteit te onthouden (arresten van 11 augustus 1995, Wielockx, C-80/94, *Jurispr.* blz. I-2493, punt 16, en 27 juni 1996, Asscher, C-107/94, *Jurispr.* blz. I-3089, punt 36; arresten Royal Bank of Scotland, reeds aangehaald, punt 19, en Baars, reeds aangehaald, punt 17, en arrest van 8 maart 2001, Metallgesellschaft e.a., C-397/98 en C-410/98, *Jurispr.* blz. I-1727, punt 37).

Bestaan van een belemmering van de vrijheid van vestiging

27. Vastgesteld moet worden dat § 8a, lid 1, punt 2, KStG alleen van toepassing is op vergoedingen voor vreemd vermogen, dat een onbeperkt belastingplichtige kapitaalvennootschap heeft verkregen van een niet voor belastingaftrek in aanmerking komende aandeelhouder. Wegens deze beperking worden Duitse dochterondernemingen, wat de belasting betreft van de rente die zij aan hun moedermaatschappijen betalen ter vergoeding van vreemd vermogen, verschillend behandeld naargelang hun moedermaatschappij al dan niet haar zetel in Duitsland heeft.

28. In de meeste gevallen komen Duitse moedermaatschappijen immers in aanmerking voor belastingaftrek, terwijl buitenlandse moedermaatschappijen er in de regel niet voor in aanmerking komen. Zoals gezegd in punt 4 van het onderhavige arrest, zijn de rechtspersonen naar Duits recht die van de vennootschapsbelasting zijn vrijgesteld en bijgevolg niet voor belastingaftrek in aanmerking komen, in hoofdzaak publiekrechtelijke rechtspersonen en rechtspersonen die een economische activiteit uitoefenen in een bepaalde sector of taken van algemeen nut vervullen. De situatie van een vennootschap die, zoals de moedermaatschappij van verzoekster in het hoofdgeding, een economische activiteit uitoefent met winstoogmerk en aan de vennootschapsbelasting is onderworpen, kan niet geldig worden vergeleken met deze van laatstgenoemde categorie rechtspersonen.

29. Aldus wordt de rente die een Duitse dochteronderneming betaalt ter vergoeding van het door een buitenlandse moedermaatschappij ter beschikking gestelde vreemd vermogen, op grond van § 8a, lid 1, punt 2, KStG als verkapte dividenden belast tegen het tarief van 30%, terwijl de rente die een Duitse dochteronderneming betaalt aan een Duitse moedermaatschappij die voor belastingaftrek in aanmerking komt, niet als verkapte dividenden, maar als bedrijfskosten wordt beschouwd.

30. In antwoord op een vraag van het Hof, wees de Duitse regering erop dat de rente die een Duitse dochteronderneming aan haar eveneens in Duitsland gevestigde moedermaatschappij betaalt ter vergoeding van door deze laatste ter beschikking gesteld vreemd vermogen, fiscaal eveneens als verkapte dividenden wordt behandeld wanneer de moedermaatschappij een patronaatsverklaring heeft afgegeven.

31. Dit doet echter niet af aan de ongelijke behandeling op grond van de plaats van de zetel van de moedermaatschappij. Wanneer een Duitse dochteronderneming een lening krijgt van een buitenlandse moedermaatschappij, dan vloeit de kwalificatie van een rentebetaling als verkapte winstuitkering immers rechtstreeks en uitsluitend voort uit de toepassing van § 8a, lid 1, punt 2, KStG, ongeacht of er al dan niet sprake is van een patronaatsverklaring.

32. Een dergelijk verschil in behandeling tussen Duitse dochterondernemingen op grond van de plaats van de zetel van hun moedermaatschappij is een in beginsel bij artikel 43 EG verboden belemmering van de vrijheid van vestiging. De betrokken fiscale regeling maakt de uitoefening van de vrijheid van vestiging door in andere lidstaten gevestigde vennootschappen minder aantrekkelijk, zodat zij zouden kunnen afzien van de verkrijging, de oprichting of het behoud van dochterondernemingen in de lidstaat die deze regel heeft vastgesteld.

Rechtvaardiging van de belemmering van de vrijheid van vestiging

33. Voorts moet nog worden nagegaan of een nationale regeling zoals die van § 8a, lid 1, punt 2, KStG een rechtmatig doel nastreeft dat met het Verdrag verenigbaar is en gerechtvaardigd is uit hoofde van dwingende redenen van algemeen belang. Bovendien moet zij geschikt zijn om de verwezenlijking van het betrokken doel te waarborgen, en mag zij niet verder gaan dan nodig is voor het bereiken van dat doel (zie met name arresten van 15 mei 1997, Futura Participations en Singer, C-250/95, *Jurispr.* blz. I-2471, punt 26, en 6 juni 2000, Verkooijen, C-35/98, *Jurispr.* blz. I-4071, punt 43).

34. In de eerste plaats hebben de Duitse en de Deense regering, de regering van het Verenigd Koninkrijk evenals de Commissie erop gewezen dat de nationale regeling die in het hoofdgeding aan de orde is, bedoeld is ter bestrijding van belastingontwijking met name wanneer gebruik wordt gemaakt van de techniek van onderkapitalisatie. In omstandigheden die voor het overige gelijk zijn, is het fiscaal voordeliger een dochteronderneming te financieren via een lening dan via een kapitaalinbreng. Op die manier worden de winsten van de dochteronderneming immers aan de moedermaatschappij afgedragen in de vorm van rente die bij de berekening van de belastbare winst van de dochteronderneming aftrekbaar is, en niet in de vorm van niet-aftrekbare dividenden. Wanneer de dochteronderneming en de moedermaatschappij hun zetel niet in hetzelfde land hebben, kan de belastingschuld aldus van het ene land naar het andere worden doorgeschoven.

35. De Commissie voegt hieraan toe dat § 8a, lid 1, punt 2, KStG weliswaar in een uitzondering voorziet voor het geval dat een vennootschap bewijst dat zij het vreemd vermogen onder gelijke voorwaarden van een derde had kunnen verkrijgen, en de toelaatbare verhouding tussen vreemd en eigen vermogen vastlegt. Volgens de Commissie bestaat in casu echter een risico van dubbele belasting, wanneer de door de Duitse dochteronderneming betaalde rente in Duitsland wordt belast, en haar buitenlandse moedermaatschappij in Nederland de ontvangen rente moet aangeven als inkomsten. Het evenredigheidsbeginsel zou verlangen dat de twee betrokken lidstaten hierover overleg plegen ter voorkoming van dubbele belasting.

36. Vooraf zij herinnerd aan de vaste rechtspraak, dat de vermindering van belastinginkomsten geen dwingende reden van algemeen belang is die kan worden aangevoerd ter rechtvaardiging van een in beginsel met een fundamentele vrijheid strijdige maatregel (zie arrest van 16 juli 1998, ICI, C-264/96, *Jurispr.* blz. I-4695, punt 28; arrest Verkooijen, reeds aangehaald, punt 59; arrest Metallgesellschaft e.a., reeds aangehaald, punt 59, en arrest van 21 september 1999, Saint-Gobain ZN, C-307/97, *Jurispr.* blz. I-6161, punt 51).

37. Wat meer bepaald de aan het gevaar van belastingontwijking ontleende rechtvaardiging betreft, moet erop worden gewezen dat de in het hoofdgeding omstreden wettelijke regeling niet specifiek tot doel heeft volstrekt kunstmatige constructies die bedoeld zijn om de Duitse belastingwetgeving te omzeilen, van een belastingvoordeel uit te sluiten, maar in het algemeen van toepassing is op elke situatie waarin de zetel van de moedermaatschappij, om welke reden dan ook, buiten de Duitse Bondsrepubliek is gelegen. Een dergelijke situatie betekent evenwel niet per se, dat er gevaar van belastingontwijking is, aangezien de betrokken vennootschap hoe dan ook onderworpen is aan het belastingstelsel van haar staat van vestiging (zie in deze zin arrest ICI, reeds aangehaald, punt 26).

38. Voor het overige werd in casu, volgens de bevindingen van de verwijzende rechter zelf, geen enkel misbruik vastgesteld, aangezien de lening daadwerkelijk werd aangegaan om in hoofde van verzoekster in het hoofdgeding de rentelast van haar bankkrediet te verminderen. Bovendien blijkt uit het dossier dat Lankhorst-Hohorst tijdens de boekjaren 1996 tot en met 1998 verlieslatend was, en dat de verliezen aanzienlijk hoger waren dan de aan LT BV betaalde rente.

39. In de tweede plaats stellen de Duitse regering en de regering van het Verenigd Koninkrijk dat § 8a, lid 1, punt 2, KStG eveneens wordt gerechtvaardigd door de noodzaak de samenhang van de toepasselijke belastingstelsels te waarborgen. Deze bepaling zou meer in het bijzonder in overeenstemming zijn met het internationaal erkende beginsel van volledige mededinging, inhoudende dat de voorwaarden waaronder vreemd vermogen ter beschikking van een vennootschap wordt gesteld, moeten worden vergeleken met deze waaronder de vennootschap dergelijke geldmiddelen van een derde had kunnen verkrijgen. In dezelfde zin is in artikel 9 van het modelverdrag van de Organisatie voor Economische Samenwerking en Ontwikkeling (OESO) voorzien in de fiscale herberekening van winsten wanneer transacties tussen verbonden vennootschappen niet onder marktvoorwaarden plaatsvonden.

40. In dit verband moet worden opgemerkt dat het Hof in de arresten van 28 januari 1992, Bachmann (C-204/90, *Jurispr.* blz. I-249), en Commissie/België (C-300/90, *Jurispr.* blz. I-305), inderdaad heeft geoordeeld dat de noodzaak de samenhang van een belastingstelsel te waarborgen, een rechtvaardigingsgrond kan vormen voor een regeling die het vrije verkeer van personen belemmert.

41. Dit geldt evenwel niet voor de regeling die in het hoofdgeding aan de orde is.

42. Waar het immers in de zaken die aan de genoemde arresten Bachmann en Commissie/België ten grondslag lagen, ging om een en dezelfde belastingplichtige, zodat een rechtstreeks verband bestond tussen de aftrekbaar-

heid van de in het kader van ouderdoms- en overlijdensverzekeringen voldane premies en de belastingheffing over de krachtens die verzekeringsovereenkomsten ontvangen bedragen, welk verband behouden diende te blijven ter waarborging van de samenhang van het betrokken belastingstelsel, is er geen sprake van een dergelijk rechtstreeks verband wanneer, zoals in casu in het hoofdgeding, een dochteronderneming van een buitenlandse moedermaatschappij fiscaal ongunstig wordt behandeld, zonder dat de Duitse regering enig belastingvoordeel heeft aangevoerd dat voor haar de gevolgen van deze behandeling kan compenseren (zie in die zin arrest Wielockx, reeds aangehaald, punt 24; arrest van 14 november 1995, Svensson en Gustavsson, C-484/93, *Jurispr.* blz. I-3955, punt 18; arresten Eurowings Luftverkehr, reeds aangehaald, punt 42; Verkooijen, reeds aangehaald, punten 56-58, en Baars, reeds aangehaald, punt 40).

43. In de derde plaats stelt de regering van het Verenigd Koninkrijk, onder verwijzing naar punt 31 van het reeds aangehaalde arrest Futura Participations en Singer, dat de nationale maatregel die in het hoofdgeding aan de orde is, zijn rechtvaardigingsgrond zou kunnen vinden in het streven om de doeltreffendheid van de belastingcontroles te waarborgen.

44. In dit verband kan worden volstaan met vast te stellen dat voor het Hof geen enkel argument werd aangevoerd waarmee werd gepreciseerd in welk opzicht de kwalificatieregel van § 8a, lid 1, punt 2, KStG het voor de Duitse belastingsadministratie mogelijk maakt om het bedrag van de belastbare inkomsten te controleren.

45. Gelet op een en ander, moet op de vraag van de verwijzende rechter worden geantwoord, dat artikel 43 EG aldus moet worden uitgelegd dat het zich verzet tegen een nationale regeling zoals deze van § 8a, lid 1, punt 2, KStG.

Kosten

46. ...

HET HOF VAN JUSTITIE (Vijfde kamer)

uitspraak doende op de door het Finanzgericht Münster bij beschikking van 21 augustus 2000 gestelde vraag, verklaart voor recht:

Artikel 43 EG moet aldus worden uitgelegd dat het zich verzet tegen een nationale regeling zoals deze van § 8a, lid 1, punt 2, van het Körperschaftsteuergesetz (wet inzake vennootschapsbelasting).

HvJ EG 12 december 2002, zaak C-385/00 (F. W. L. de Groot v. Staatssecretaris van Financiën)

De Groot, een inwoner van Nederland, genoot inkomsten uit Frankrijk, het VK en Duitsland waarvoor hij in Nederland onder de respectieve verdragen belastingvrijstelling genoot. Deze vrijstelling werd (tot 2002) evenwel zo berekend dat het aftrekbare bedrag aan persoonlijke aftrekposten effectief werd gereduceerd met de fractie (buitenlandse inkomsten) / (wereldinkomen).

HvJ EG: Aangezien België niet (een deel van) zijn persoonlijke aftrekposten in aanmerking behoefde te nemen (omdat de Schumacker grens van '(nagenoeg) geheel' niet werd gehaald) werd De Groot minder gunstig behandeld dan wanneer hij zijn gehele inkomen uit Nederland zou hebben verworven. Nederland dient daarom zijn voorkomingregels aan te passen.

Vijfde kamer: *M. Wathelet (rapporteur), kamerpresident, C. W. A. Timmermans, D. A. O. Edward, P. Jann en A. Rosas, rechters*

Advocaat-generaal: *P. Léger*

1. Bij arrest van 18 oktober 2000, ingekomen bij het Hof op 20 oktober daaraanvolgend, heeft de Hoge Raad der Nederlanden krachtens artikel 234 EG twee prejudiciële vragen gesteld over de uitlegging van artikel 48 EG-Verdrag (thans, na wijziging, artikel 39 EG) en artikel 7 van verordening (EEG) nr. 1612/68 van de Raad van 15 oktober 1968 betreffende het vrije verkeer van werknemers binnen de Gemeenschap (*PB* L 257, blz. 2).

2. Deze vragen zijn gerezen in een geschil tussen De Groot, een Nederlands onderdaan die in verschillende lidstaten werkzaam is geweest, en de Staatssecretaris van Financiën over de berekening van de inkomstenbelasting die hem over 1994 in zijn woonstaat is opgelegd.

De toepasselijke bepalingen

De gemeenschapsregeling

3. Artikel 48, leden 1 en 2, van het Verdrag luidt: Het verkeer van werknemers binnen de Gemeenschap is vrij en [d]it houdt de afschaffing in van elke discriminatie op grond van de nationaliteit tussen de werknemers der lidstaten, wat betreft de werkgelegenheid, de beloning en de overige arbeidsvoorwaarden.

4. Artikel 7, leden 1 en 2, van verordening nr. 1612/68 bepaalt:

> '1. Een werknemer die onderdaan is van een lidstaat mag op het grondgebied van andere lidstaten niet op grond van zijn nationaliteit anders worden behandeld dan de nationale werknemers wat betreft alle voorwaarden voor tewerkstelling en arbeid, met name op het gebied van beloning, ontslag, en, indien hij werkloos is geworden, wederinschakeling in het beroep of wedertewerkstelling.
> 2. Hij geniet er dezelfde sociale en fiscale voordelen als de nationale werknemers.'

De overige op het hoofdgeding toepasselijke bepalingen

Het verdragsrecht

5. Het Koninkrijk der Nederlanden heeft bilaterale overeenkomsten ter voorkoming van dubbele belastingheffing gesloten met de Bondsrepubliek Duitsland, de Franse Republiek en het Verenigd Koninkrijk van Groot-Brittannië en Noord-Ierland (hierna: de bilaterale overeenkomsten), volgens een door de Organisatie voor Economische Samenwerking en Ontwikkeling (OESO) ontwikkelde modelovereenkomst.

6. Het betreft de volgende overeenkomsten:

– overeenkomst tussen het Koninkrijk der Nederlanden en de Bondsrepubliek Duitsland tot het vermijden van dubbele belasting op het gebied van belastingen van het inkomen en van het vermogen alsmede van verscheidene andere belastingen en tot het regelen van andere aangelegenheden op belastinggebied, ondertekend te 's-Gravenhage op 16 juni 1959 (*Tractatenblad* 1959, 85), zoals nadien gewijzigd (*Tractatenblad* 1960, 107; 1980, 61 en 200; 1991, 95; 1992, 14, en 1994, 81) (hierna: overeenkomst met Duitsland);

– overeenkomst tussen het Koninkrijk der Nederlanden en de Franse Republiek tot het vermijden van dubbele belasting en het voorkomen van het ontgaan van belasting met betrekking tot belastingen naar het inkomen en naar hetvermogen, ondertekend te 's-Gravenhage op 16 maart 1973 (*Tractatenblad* 1973, 83), zoals nadien gewijzigd (*Tractatenblad* 1974, 41) (hierna: overeenkomst met Frankrijk), en

– overeenkomst tussen het Koninkrijk der Nederlanden en het Verenigd Koninkrijk van Groot-Brittannië en Noord-Ierland tot het vermijden van dubbele belasting en het voorkomen van het ontgaan van belasting met betrekking tot belastingen naar het inkomen en naar vermogenswinsten, ondertekend te 's-Gravenhage op 17 november 1980 (*Tractatenblad* 1980, 205), zoals nadien gewijzigd (*Tractatenblad* 1981, 54 en 108; 1983, 128; 1989, 128, en 1991, 12-14) (hierna: overeenkomst met het Verenigd Koninkrijk).

7. Ingevolge artikel 15, lid 1, van de overeenkomst met het Verenigd Koninkrijk wordt de beloning die door een inwoner van Nederland ter zake van een dienstbetrekking wordt verkregen, in het Verenigd Koninkrijk belast indien de dienstbetrekking aldaar wordt uitgeoefend.

8. Volgens artikel 22, lid 2, sub b, van deze overeenkomst moet het Koninkrijk der Nederlanden de inkomensbestanddelen die in het Verenigd Koninkrijk mogen worden belast, ter voorkoming van dubbele belasting vrijstellen door een vermindering van de Nederlandse belasting toe te staan die wordt berekend overeenkomstig de bepalingen in de Nederlandse wetgeving tot het vermijden van dubbele belasting.

9. Op een gelijkaardige manier wordt in artikel 10 van de overeenkomst met Duitsland en artikel 15 van de overeenkomst met Frankrijk bepaald dat de niet in de woonstaat verworven inkomsten in de werkstaat aan de bron worden belast. De in Duitsland en Frankrijk verworven en aldaar reeds belaste inkomsten zijn derhalve, ter voorkoming van dubbele belasting, in Nederland vrijgesteld van inkomstenbelasting.

10. Voorts is in de overeenkomst met Duitsland (artikel 20, lid 3) en de overeenkomst met Frankrijk (artikel 24, A, sub 2) de vermindering ter voorkoming van dubbele belasting ter zake van inkomsten die een inwoner van Nederland geniet uit in deze staten uitgeoefende dienstbetrekkingen, geregeld op een wijze die qua resultaat overeenkomt met hetgeen tussen Nederland en het Verenigd Koninkrijk geldt.

11. Anders dan de overeenkomst met het Verenigd Koninkrijk, die expliciet de unilaterale Nederlandse regels ter voorkoming van dubbele belasting noemt en voor de berekening van de belastingvermindering uitdrukkelijk naar de nationale wettelijke regeling verwijst, bevatten de overeenkomst met Duitsland en de overeenkomst met Frankrijk een dergelijke verwijzing niet en bepalen zij zelf dat voor de berekening van de belastingvermindering in Nederland, de evenredigheidsbreuk wordt toegepast. Deze breuk, die in punt 18 van dit arrest in detail wordt uitgelegd, is gelijk aan de uitkomst van een deling met als teller het buitenlandse onzuivere inkomen en als noemer het wereldwijde onzuivere inkomen.

12. Voorts past Nederland in zijn bilaterale betrekkingen met de Bondsrepubliek Duitsland (artikel 20, lid 3, van de overeenkomst met Duitsland), de Franse Republiek (artikel 24, A, sub 1, van de overeenkomst met Frankrijk) of het Verenigd Koninkrijk (artikel 22, lid 2, sub a en b, van de overeenkomst met het Verenigd Koninkrijk), de methode van vrijstelling met progressievoorbehoud toe, die wordt uiteengezet in artikel 23 A, leden 1 en 3, van de modelovereenkomst van de OESO.

13. Wanneer in Nederland wonende Nederlandse belastingplichtigen inkomsten verwerven in een of meer van deze andere lidstaten, heft Nederland derhalve de belasting over de in die andere lidstaat of lidstaten belaste inkomsten niet, maar behoudt het zich het recht voor om voor de vaststelling van de hoogte van de belasting met deze vrijgestelde inkomsten rekening te houden door toepassing van de progressieregel.

Het nationale recht

14. In Nederland was de directe belastingheffing van natuurlijke personen ten tijde van de feiten geregeld bij de Wet houdende regels met betrekking tot de belasting op de inkomsten van 16 december 1964 (*Staatsblad* 1964, 519; hierna: wet op de inkomstenbelasting), zoals laatstelijk gewijzigd bij de wet van 24 december 1993 (*Staatsblad* 1993, nr. 760), en bij de Wet op de loonbelasting van 18 december 1964 (*Staatsblad* 1964, 521).

15. Verder stonden de nationale regels ter voorkoming van dubbele belasting ten tijde van de feiten in het Besluit voorkoming dubbele belasting 1989 van 21 december 1989 (*Staatsblad* 1989, 594), in werking getreden op 1 januari 1990, zoals gewijzigd bij koninklijk besluit van 23 december 1994 (*Staatsblad* 1994, 694; hierna: besluit van 1989), in werking getreden op 1 januari 1995.

Regels ter voorkoming van dubbele belasting en wijze van toepassing daarvan

16. Volgens artikel 2, lid 2, sub b, van het besluit van 1989 bestaat het in het buitenland verworven onzuivere inkomen uit het gezamenlijke bedrag van de onzuivere inkomsten die de belastingplichtige in het buitenland verwerft, zijnde

> 'de niet als winst uit buitenlandse onderneming aan te merken voordelen [...] uit
> 1. arbeid, voorzover zij worden genoten ter zake van arbeid welke in privaatrechtelijke dienstbetrekking binnen het gebied van de andere Mogendheid wordt verricht of is verricht.'

17. Ten tijde van de feiten bepaalde artikel 3 van het besluit van 1989:

> '1. De [krachtens een verdrag ter voorkoming van dubbele belasting te verlenen] vrijstelling wordt toegepast door een vermindering te verlenen op en ten hoogste tot het bedrag van de inkomstenbelasting dat volgens de Wet op de inkomstenbelasting [...] verschuldigd zou zijn zonder toepassing van [een dergelijk verdrag]. Deze vermindering is gelijk aan het bedrag dat tot de belasting welke volgens de Wet op de inkomstenbelasting [...] verschuldigd zou zijn, in dezelfde verhouding staat als het buitenlandse onzuivere inkomen staat tot het onzuivere inkomen met inachtneming van de in Hoofdstuk II, afdelingen 5A, 5B, 5C en 7 van die wet voor-

ziene verminderingen en vermeerderingen en verminderd met de op de voet van Hoofdstuk IV van die wet te verrekenen verliezen [...]'

18. Voor de berekening van de vermindering van de inkomstenbelasting ter voorkoming van dubbele belasting wordt het globale inkomen derhalve vermenigvuldigd met de evenredigheidsbreuk. De teller van deze breuk is het buitenlandse onzuivere inkomen en de noemer het wereldwijde onzuivere inkomen.

19. Het besluit van 1989 bevat in beginsel de regels die door de Nederlandse belastingdienst worden toegepast wanneer er geen bilaterale overeenkomst is gesloten. Deze regels zijn in het hoofdgeding echter toch van toepassing, in de eerste plaats omdat de overeenkomst met het Verenigd Koninkrijk bepaalt dat de door de belastingdienst verleende vrijstelling ter voorkoming van dubbele belastingheffing moet worden berekend volgens de Nederlandse bepalingen ter voorkoming van dubbele belasting, dat wil zeggen het besluit van 1989, waarin de evenredigheidsbreuk is opgenomen, en in de tweede plaats omdat ook in de overeenkomsten met Duitsland en met Frankrijk is bepaald dat in de bilaterale betrekkingen met Nederland de evenredigheidsbreuk wordt toegepast.

Berekening van de belasting

20. In het geval van een in Nederland wonende belastingplichtige wordt de verschuldigde belasting ingevolge de wet op de inkomstenbelasting berekend als volgt.

21. Wanneer de in Nederland wonende belastingplichtige, zoals De Groot, deels in Nederland en deels in een andere lidstaat inkomsten verwerft, wordt de belasting allereerst berekend volgens het gewone progressieve tarief, over het totale inkomen, met inbegrip van de vrijgestelde inkomsten uit buitenlandse bron, onder aftrek van de wegens alimentatieverplichtingen betaalde bedragen en van de belastingvrije som waarop de belastingplichtige gezien zijn persoonlijke en gezinssituatie recht heeft.

22. Dit theoretische bedrag wordt verminderd met de vrijstelling uit hoofde van de in de verschillende werkstaten verworven en belaste inkomsten.

23. Voor de berekening van de vrijstelling waarop de belastingplichtige recht heeft, wordt de belasting op het globale inkomen vermenigvuldigd met de evenredigheidsbreuk.

24. De door de belastingplichtige wegens alimentatieverplichtingen betaalde bedragen en de belastingvrije som, die in aanmerking worden genomen bij de berekening van de belasting over het totale inkomen, worden niet afgetrokken van het wereldwijde onzuivere inkomen in de noemer van de evenredigheidsbreuk.

25. Uit de nota van toelichting bij het koninklijk besluit van 7 november 1991 tot wijziging van het besluit van 1989 blijkt:

> 'Deze formule is gekozen om rekening te houden met bepaalde aftrekposten die naar het oordeel van de Nederlandse wetgever wel de draagkracht beïnvloeden, maar die niet zijn toe te rekenen aan bepaalde bronnen van inkomen in Nederland gelegen of juist daarbuiten. Omdat deze posten niet met bepaalde bronnen samenhangen kan men stellen dat deze uitgaven bestreden moeten worden uit het gehele inkomen. Door in de evenredigheidsbreuk het onzuivere inkomen als noemer te nemen en het totale belastingbedrag verschuldigd zonder toepassing van dit besluit met die breuk te vermenigvuldigen, wordt bereikt dat dergelijke uitgaven naar evenredigheid drukken op het buitenlandse en het in Nederland belastbare deel van het inkomen (de zogenaamde omslag).'

26. Door de vrijstelling aldus te berekenen wil men de aftrekposten in verband met de persoonlijke en gezinssituatie van de belastingplichtige verdelen over zijn gehele inkomen. Deze aftrekposten worden dus op de in Nederland verschuldigde belastingen slechts in mindering gebracht naar evenredigheid van de door de belastingplichtige in deze lidstaat verworven inkomsten.

Het hoofdgeding en de prejudiciële vragen

27. In 1994 woonde De Groot in Nederland. Hij heeft tot 1 april 1994 in Nederland en in andere lidstaten gewerkt als werknemer van in Nederland, Duitsland, Frankrijk en het Verenigd Koninkrijk gevestigde vennootschappen behorend tot het Applied Materials-concern. Per 1 april 1994 is zijn arbeidsovereenkomst met deze vennootschappen beëindigd. In de loop van 1994 heeft De Groot van de Nederlandse vennootschap 89 665 NLG, van de Duitse vennootschap 74 395 NLG, van de Franse vennootschap 84 812 NLG en van de Britse vennootschap 35 009 NLG aan inkomsten verworven.

28. Van 1 april 1994 tot 29 oktober 1995 is De Groot werkloos geweest. Over de periode van 1 april 1994 tot en met 31 december 1994 heeft hij in Nederland een bedrag van in totaal 34 743 NLG aan uitkeringen wegens ziekte en werkloosheid ontvangen.

29. Na de ontbinding van zijn huwelijk in 1987 had De Groot een alimentatieverplichting. Op 26 december 1994 heeft hij deze verplichting afgekocht voor een bedrag van 135 000 NLG. Daarnaast had hij in 1994 reeds reguliere alimentatietermijnen betaald ten bedrage van 43 230 NLG.

30. Over de door hem in 1994 ter zake van de dienstbetrekkingen met de buitenlandse vennootschappen ontvangen inkomsten heeft De Groot in het buitenland inkomstenbelasting betaald, en wel omgerekend 16 768 NLG in Duitsland, 12 398 NLG in Frankrijk en 11 335 NLG in het Verenigd Koninkrijk. Bij de berekening van deze belastingheffing is in de verschillende lidstaten geen rekening gehouden met de in 1994 door De Groot verrichte alimentatiebetalingen.

31. In zijn aangifte voor 1994 in Nederland heeft De Groot in het kader van de voorkoming van dubbele belasting verzocht om een vermindering over een bedrag van 187 348 NLG, het totale buitenlandse inkomen ad 193 816 NLG minus een evenredig deel van de beroepskosten ad 6468 NLG.

32. De belastinginspecteur heeft de vermindering berekend volgens de in artikel 3 van het besluit van 1989 en de overeenkomsten met Duitsland en met Frankrijk vastgelegde evenredigheidsmethode, dat wil zeggen met toepassing van de evenredigheidsbreuk. Dienovereenkomstig heeft hij De Groot voor het belastingjaar 1994 een aanslag in de inkomstenbelasting/premie volksverzekeringen opgelegd.

33. Na herhaaldelijk bezwaar is deze aanslag verminderd, maar naar het gevoel van De Groot niet voldoende. De Groot is daarop bij het Gerechtshof te Amsterdam in beroep gekomen tegen de beslissing van de belastinginspecteur inzake de vermindering. Hij heeft gesteld dat de toepassing van de evenredigheidsmethode hem fiscaal benadeelde en in zijn geval leidde tot een door artikel 48 van het Verdrag verboden belemmering van het vrije verkeer van werknemers, respectievelijk van de vrijheid van vestiging, omdat deze methode tot gevolg heeft dat hij een deel van het profijt van zijn persoonlijke aftrekposten verliest.

34. Het Gerechtshof te Amsterdam heeft dit voor in Nederland wonende belastingplichtigen die in een andere lidstaat hebben gewerkt, nadelige effect erkend, maar heeft geoordeeld dat hier geen sprake was van een door artikel 48 van het Verdrag verboden belemmering, doch van nadelige consequenties die waren toe te schrijven aan dispariteiten tussen de nationale inkomstenbelastingstelsels van de betrokken lidstaten. Het Gerechtshof beriep zich hierbij op het arrest van het Hof van 12 mei 1998, Gilly (C-336/96, *Jurispr.* blz. I-2793).

35. Tegen deze uitspraak heeft De Groot beroep in cassatie ingesteld bij de Hoge Raad.

36. Deze beschrijft de consequenties van de toepassing van de evenredigheidsbreuk voor De Groot als volgt:

'De toepassing van de [in geding zijnde nationale] bepalingen heeft ertoe geleid dat de persoonlijke verplichtingen welke in 1994 op belanghebbende hebben gedrukt, te weten de als zodanig aan te merken alimentatiebetalingen tot een totaalbedrag van 178 230 NLG, niet zijn verdisconteerd in de [...] evenredigheidsbreuk, terwijl zij wel het bedrag van de belasting waarop die breuk is toegepast, hebben verlaagd. Hetzelfde geldt voor de belastingvrije som. Deze persoonsgebonden tegemoetkomingen hebben daardoor geen effect gehad op de vermindering ter voorkoming van dubbele belasting. Als gevolg daarvan leidt een met de evenredigheidsbreuk evenredig gedeelte van het bedrag van die tegemoetkomingen niet tot effectieve vermindering van de verschuldigde Nederlandse belasting. Nu de persoonlijke verplichtingen en de persoonlijke en gezinssituatie van belanghebbende niet, ook niet voor een deel, in aanmerking zijn genomen bij de heffing van buitenlandse belasting, is belanghebbende in mindere mate fiscaal tegemoetgekomen wegens te zijnen laste gekomen persoonlijke verplichtingen, en heeft hij minder profijt kunnen trekken van de belastingvrije som, dan het geval zou zijn geweest indien hij in 1994 het totaal van zijn inkomsten uit arbeid zou hebben genoten uit een of meer alleen in Nederland uitgeoefende dienstbetrekkingen.'

37. De advocaat-generaal bij de Hoge Raad heeft de orde van grootte van dit nadeel als volgt becijferd:

'De belanghebbende verliest als gevolg van de pro rata toerekening aan het buitenlandse deel van het inkomen 187/309e deel (dat is ruim 60%) van zijn belastingreductie ter voorkoming van dubbele belasting.'

38. De advocaat-generaal bij de Hoge Raad heeft tevens opgemerkt:

'Tegenover het nadeel van het 'weglopen' van 60% van belanghebbendes belastingreductie staat een voordeel: de belanghebbende verwerft inkomsten in drie bronlanden die bij de bepaling van de progressie in hun tarief geen van drieën rekening houden met buiten dat bronland verdiend inkomen. Daardoor geniet de belanghebbende een belangrijk progressievoordeel. Zouden de drie betrokken bronlanden net als de woonstaat rekening houden met de hoogte van het wereldinkomen bij de tariefsbepaling voor de belastingheffing over het bronlandinkomen, dan zou de belanghebbende, gezien de hoogte van zijn wereldinkomen in 1994 (ook na aftrek van persoonsgebonden aftrekposten), in alle drie de bronlanden in hogere tariefschijven terecht komen en dus meer belasting betalen. Het is tot nu toe ongebruikelijk voor een bronland om van buitenlands belastingplichtigen opgave te verlangen van hun wereldinkomen teneinde net als het woonland een progressievoorbehoud te effectueren en om opgave van persoonlijke omstandigheden te verlangen teneinde daarmee net als het woonland evenredig rekening te houden.'

39. Anders dan het Gerechtshof te Amsterdam is de Hoge Raad van oordeel dat het arrest Gilly niet elke twijfel wegneemt omtrent de vraag of het door De Groot ondervonden nadeel een door artikel 48 van het Verdrag verboden belemmering oplevert.

40. De Hoge Raad erkent weliswaar dat het Hof in punt 49 van het arrest Gilly heeft overwogen dat de dispariteit, die voortvloeit uit het feit dat in de woonstaat wel rekening wordt gehouden met de persoonlijke en gezinssituatie van de belastingplichtige terwijl dit in de werkstaat niet wordt gedaan, het gevolg is van het feit dat de situatie van ingezetenen en die van niet-ingezetenen inzake directe belastingen in het algemeen niet vergelijkbaar zijn.

41. De Hoge Raad is evenwel van mening dat die overweging in het arrest Gilly in het teken staat van de afwijzing door het Hof van de stelling dat de door de woonstaat te verrekenen belasting even hoog had moeten zijn als de in de werkstaat betaalde belasting.

42. In het hoofdgeding hekelt De Groot de ongelijke behandeling die Nederland zijn aldaar wonende belastingplichtigen geeft ter zake van de inaanmerkingneming van hun persoonlijke verplichtingen en hun persoonlijke en gezinssituatie, al naar gelang zij hun inkomen geheel in de woonstaat verwerven, dan wel voor een gedeelte in de woonstaat en voor een ander gedeelte in een andere lidstaat. De Hoge Raad merkt op dat een dergelijk verschil ook dan tot een hogere belastingdruk voor laatstbedoelde categorie belastingplichtigen kan leiden, indien de woonstaat en de werkstaat hetzelfde belastingstelsel hanteren en gelijke tarieven kennen.

43. De Hoge Raad vraagt zich dan ook af of de Nederlandse methode om een evenredig deel van de aftrekposten toe te rekenen aan het wereldwijde inkomen, verenigbaar is met artikel 48 van het Verdrag. Hij is van mening dat die toerekening gerechtvaardigd zou zijn, indien men ervan zou mogen uitgaan dat in de bronstaat (of werkstaat), naar rata van het aandeel van de in die lidstaat verdiende inkomsten in het totale inkomen, aan de belastingplichtige de persoonsgebonden fiscale tegemoetkomingen worden verleend waarin de wetgeving van de bronstaat ten behoeve van zijn ingezetenen voorziet. De Hoge Raad stelt echter vast dat geen van de lidstaten waarin De Groot buiten Nederland heeft gewerkt, dergelijke tegemoetkomingen verleent.

44. Volgens de Hoge Raad blijkt voorts uit de arresten van 14 februari 1995, Schumacker (C-279/93, *Jurispr.* blz. I-225), en 14 september 1999, Gschwind (C-391/97, *Jurispr.* blz. I-5451), dat die lidstaten ook niet verplicht waren die tegemoetkomingen te verlenen, nu de inkomsten die De Groot in 1994 buiten zijn woonstaat heeft verdiend, niet zijn gehele of nagenoeg gehele gezinsinkomen uitmaakten.

45. Uit deze twee arresten kan volgens de Hoge Raad ook niet met zekerheid worden opgemaakt dat, indien het bedrag van de in de woonstaat verschuldigde belasting daarvoor toereikend zou zijn, de woonstaat, ongeacht eventuele beletselen voortvloeiend uit het door hem alleen dan wel uit het door hem en een andere staat gezamenlijk in het kader van een bilateraal verdrag ter voorkoming van dubbele belasting gekozen stelsel voor de inaanmerkingneming van de persoonlijke en gezinssituatie, aan de betrokken belastingplichtige een even grote effectieve aftrek wegens die situatie moet verlenen als waarop hij aanspraak zou hebben gehad indien hij zijn gehele inkomen in de woonstaat zou hebben verdiend.

46. De Hoge Raad acht het dan ook noodzakelijk, vragen te stellen over de verenigbaarheid van de Nederlandse belastingregeling ter voorkoming van dubbele belastingheffing met het gemeenschapsrecht. Hij heeft daarom de behandeling van de zaak geschorst en het Hof de volgende prejudiciële vragen gesteld:

'1. Verzetten artikel 48 EG-Verdrag [...] en artikel 7 van verordening nr. 1612/68 EEG van de Raad zich ertegen dat in het kader van een systeem ter voorkoming van dubbele belasting een inwoner van een lidstaat die in een bepaald jaar (ook) in een andere lidstaat inkomsten verwerft uit een aldaar uitgeoefende dienstbetrekking, voor welke inkomsten hij in die andere lidstaat wordt belast zonder dat daarbij rekening wordt gehouden met de persoonlijke en gezinssituatie van de betrokken werknemer, in zijn woonstaat een evenredig deel verliest van het voordeel van zijn belastingvrije som en persoonlijke fiscale tegemoetkomingen?

2. Indien vraag 1 bevestigend wordt beantwoord, vloeien dan uit het gemeenschapsrecht specifieke eisen voort met betrekking tot de wijze waarop in de woonstaat rekening moet worden gehouden met de persoonlijke en gezinssituatie van de betrokken werknemer?'

De eerste vraag

47. Met zijn eerste vraag wenst de verwijzende rechter in wezen te vernemen of artikel 48 van het Verdrag en artikel 7 van verordening nr. 1612/68 in de weg staan aan een regeling als bedoeld in het hoofdgeding, die al dan niet is overgenomen in een overeenkomst ter voorkoming van dubbele belastingheffing, op grond waarvan een belastingplichtige voor de berekening van zijn inkomstenbelasting in de woonstaat, een deel van het profijt van zijn belastingvrije som en van zijn persoonlijke fiscale tegemoetkomingen verliest doordat hij in het betrokken jaar ook in een andere lidstaat inkomsten heeft verworven, waarvoor hij aldaar is belast zonder dat daarbij zijn persoonlijke en gezinssituatie in aanmerking is genomen.

Bij het Hof ingediende opmerkingen

48. De Groot merkt allereerst op dat het Hof in punt 13 van het arrest van 7 juli 1988, Stanton (143/87, *Jurispr.* blz. 3877), heeft geoordeeld dat de verdragsbepalingen betreffende het vrije verkeer van personen beogen, het de gemeenschapsonderdanen gemakkelijker te maken om het even welk beroep uit te oefenen op het gehele grondgebied van de Gemeenschap en in de weg staan aan een nationale regeling die deze onderdanen minder gunstig behandelt wanneer zij op het grondgebied van meer dan één lidstaat werkzaam willen zijn.

49. Voorts heeft hij voor de aftrekposten in verband met zijn persoonlijke situatie een lager fiscaal voordeel genoten dan het geval geweest zou zijn indien hij uitsluitend in zijn woonstaat Nederland had gewerkt. Hij is dan ook fiscaal benadeeld doordat hij arbeidsovereenkomsten in meerdere lidstaten heeft gehad.

50. De in Nederland gevolgde methode ter voorkoming van dubbele belastingheffing, te weten inaanmerkingneming van de persoonlijke en gezinssituatie door toepassing van de evenredigheidsbreuk, is bijgevolg een hinderpaal voor het vrije verkeer van werknemers. Anders dan in de zaak die tot het arrest Gilly heeft geleid, houdt deze hinderpaal geen verband met het verschil tussen de belastingtarieven van de lidstaten. Ook vloeit hij niet voort uit de overeenkomsten met Duitsland, met Frankrijk en met het Verenigd Koninkrijk, maar is hij het gevolg van de wijze waarop Nederland deze overeenkomsten uitvoert. Om deze redenen zijn de bepalingen van het Verdrag inzake het vrije verkeer van personen van toepassing op een situatie als de zijne.

51. Ten slotte is het volgens De Groot aan de woonstaat en niet aan de werkstaat om de persoonlijke fiscale voordelen te verlenen.

52. Volgens de Nederlandse en de Belgische regering staat artikel 48 van het Verdrag niet in de weg aan de toepassing van bepalingen als die van de bilaterale overeenkomsten en de Nederlandse regeling.

53. De Nederlandse regering erkent het door de toepassing van de evenredigheidsbreuk veroorzaakte nadeel voor belastingplichtigen in de situatie van De Groot. Een beroep op het gemeenschapsrecht tegen de woonstaat heft dit nadeel echter niet op. Een dergelijk nadeel is namelijk niet het gevolg van de nationale wetgeving inzake de voorkoming van dubbele belasting, maar in wezen het gevolg van de verdeling van de heffingsbevoegdheid tussen de lidstaten op basis van een overeenkomst ter voorkoming van dubbele belastingheffing – die niet binnen de werkingssfeer van de bepalingen van het Verdrag valt – en van het feit dat de werkstaten geen aftrek in verband met de persoonlijke en gezinssituatie van de belastingplichtigen verlenen, hetgeen op zich niet in strijd is met het Verdrag.

54. Voorts is de inaanmerkingneming van de persoonlijke en gezinssituatie van De Groot in overeenstemming met het oordeel in het arrest Schumacker, reeds aangehaald. In dat arrest heeft het Hof immers voor recht verklaard dat het in beginsel de woonstaat is die de persoonlijke en gezinssituatie van belastingplichtigen in aanmerking neemt op basis van een toereikende belastinggrondslag. Dit beginsel lijdt uitzondering indien de niet-ingezeten belastingplichtige het grootste deel van zijn inkomen en nagenoeg zijn gehele gezinsinkomen in de werkstaat verwerft.

55. De Nederlandse autoriteiten hebben in deze zaak dit beginsel toegepast. Op grond van de belastingverdragen met Duitsland, Frankrijk en het Verenigd Koninkrijk, die de heffingsbevoegdheid aan Nederland toewijzen, heeft Nederland als woonstaat bij het bepalen van de Nederlandse heffinggrondslag de persoonlijke en gezinssituatie van de belastingplichtige in aanmerking genomen. De persoonlijke aftrekposten van De Groot zijn daarbij volledig in mindering gekomen op het volgens de Nederlandse wetgeving in Nederland belastbare, totale wereldwijde inkomen.

56. Het door De Groot gewraakte effect heeft zich dan ook niet voorgedaan bij de toepassing van de nationale heffingsbepalingen, maar eerst bij het toepassen van de bij de bilaterale overeenkomsten ingevoerde methode ter voorkoming van dubbele belasting. In Nederland wordt namelijk bij de toepassing van de vrijstellingsmethode met progressievoorbehoud en bij de berekening van de belastingvermindering een naar evenredigheid bepaald deel van de persoonlijke aftrekposten toegerekend aan het aldaar vrijgestelde inkomen.

57. Als vervolgens dat deel in de werkstaat of de werkstaten niet in aftrek kan worden gebracht op de over de aldaar verworven inkomsten geheven belasting, dan is dit een gevolg van de verschillen tussen de belastingstelsels van de lidstaten, welke blijkens het arrest Gilly niet in strijd zijn met het gemeenschapsrecht.

58. Dat de woonstaat de persoonlijke aftrekposten naar evenredigheid toerekent aan het vrijgestelde inkomen, is dus niet strijdig met artikel 48 van het Verdrag.

59. De enige oplossing voor een nadeel als dat van een belastingplichtige in de situatie van De Groot, is dat de werkstaat of werkstaten de aftrekposten in verband met de persoonlijke en gezinssituatie van de belastingplichtige naar evenredigheid in mindering brengen op de aldaar verworven inkomsten. De huidige stand van het gemeenschapsrecht verplicht de werkstaat niet om aldus te werk te gaan wanneer de belastingplichtige niet nagenoeg het volledige gezinsinkomen in de werkstaat verdient. Alleen in dat specifieke geval moet de werkstaat ingevolge het arrest Schumacker, reeds aangehaald, deze persoonlijke aftrekposten in aanmerking nemen. Nederland

heeft overigens in januari 2001, weliswaar als werkstaat en niet als woonstaat, dit systeem in zijn belastingwetgeving opgenomen.

60. Bovendien moeten volgens de Nederlandse regering aftrekposten, voorzover zij slechts aan bepaalde inkomstenbronnen en niet aan andere kunnen worden toegerekend, worden verdeeld over alle inkomsten, hetgeen rechtvaardigt dat de woonstaat deze slechts voor een aan de op zijn grondgebied verworven inkomsten evenredig deel in aanmerking neemt.

61. Volgens de Belgische regering genieten belastingplichtigen die gebruikmaken van hun recht van vrij verkeer, vaak een niet te verwaarlozen fiscaal voordeel, de salary split. Het progressieve tarief van de inkomstenbelasting bevoordeelt de werknemer die, zoals De Groot, in elke werkstaat slechts over een deel van zijn inkomsten wordt belast.

62. Het fiscale voordeel dat niet-ingezeten werknemers aldus ten opzichte van ingezeten werknemers genieten wegens het ontbreken van belastingprogressiviteit, is in strijd met het beginsel van de fiscale gelijkheid, dat inhoudt dat de belastingplichtige belasting moet betalen naar zijn draagkracht. Een niet-ingezeten werknemer betaalt immers altijd minder belasting dan de ingezeten werknemer met hetzelfde inkomen.

63. Voorts laat de gestelde discriminatie, waarbij inwoners van Nederland ongelijk worden behandeld naargelang zij inkomsten ontvangen in Nederland of in het buitenland, de situatie in de werkstaat buiten beschouwing. Het probleem moet niet in de woonstaat worden opgelost, maar in de werkstaat. De werkstaat moet zijn niet-ingezetenen kunnen belasten op basis van hun wereldwijde inkomen en belastingvoordelen wegens de persoonlijke en gezinssituatie kunnen verlenen naar rata van hun op zijn grondgebied verworven inkomen.

64. Op grond van de rechtspraak Schumacker en Gschwind, reeds aangehaald, is het de werkstaat toegestaan, geen enkel fiscaal voordeel wegens de persoonlijke en gezinssituatie van de belastingplichtige te verlenen. De woonstaat verplichten, enkel over het nationale deel van de inkomsten alle fiscale voordelen wegens deze situatie te verlenen, zou ertoe leiden dat de volledige last van deze fiscale voordelen op de woonstaat rust. Deze oplossing is onrechtvaardig, daar de woonstaat wél het merendeel van de aan de belastingplichtige geleverde openbare diensten voor zijn rekening neemt, en zou leiden tot een resultaat dat niet strookt met de doelstelling van artikel 48 van het Verdrag.

65. Ten slotte stelt de Belgische regering dat een verplichting voor de woonstaat om enkel over het nationale deel van de inkomsten alle fiscale voordelen wegens de persoonlijke en gezinssituatie van de belastingplichtige te verlenen, belastingontwijking en fraude in de hand werkt doordat zij de salary split zullen pushen.

66. Volgens de Duitse regering kan artikel 48 van het Verdrag door een werknemer worden ingeroepen jegens de lidstaat waarvan hij onderdaan is en waar hij woont, wanneer hij, zoals in het hoofdgeding het geval is, gebruik heeft gemaakt van zijn recht van vrij verkeer binnen de Gemeenschap door behalve in zijn woonstaat ook op het grondgebied van een andere lidstaat werkzaam te zijn. Het is aan de woonstaat om de persoonlijke en gezinssituatie van de belastingplichtige volledig in aanmerking te nemen wanneer dit in de werkstaat niet is gebeurd, daar de woonstaat over de nodige gegevens beschikt om de totale draagkracht van de belastingplichtige, gelet op deze situatie, te kunnen beoordelen. Zoals het Hof in het arrest Schumacker heeft vast-gesteld, kan de persoonlijke draagkracht van een niet-ingezetene, die gevormd wordt door zijn totale inkomsten en zijn persoonlijke en gezinssituatie, het gemakkelijkst worden beoordeeld op de plaats waar hij het centrum van zijn persoonlijke en vermogensrechtelijke belangen heeft; die plaats is over het algemeen zijn gebruikelijke woonplaats.

67. Volgens de Commissie gaat het in het hoofdgeding om de evenredige toerekening van de belastingvrije som en de persoonlijke fiscale tegemoetkomingen aan het in het buitenland belaste inkomen. Deze berust niet op de werkwijze van de werkstaten of op de wederzijdse verplichtingen rechtens van de betrokken lidstaten. Het geschil gaat daarentegen over de manier waarop Nederland, na bij bilaterale overeenkomst de verplichting op zich genomen te hebben de reeds in het buitenland belaste inkomsten van Nederlandse belasting vrij te stellen, omgaat met de belastingvrije som en andere persoonlijke fiscale tegemoetkomingen die normaalgesproken moeten worden toegepast.

68. Wanneer een lidstaat als woonstaat eenmaal heeft gekozen voor vrijstelling van reeds belaste bedragen volgens een methode die in sommige gevallen voor de belastingplichtige tot een progressievoordeel kan leiden, en wanneer er voor de werkstaten – behoudens in een situatie als die in de zaak die tot het arrest Schumacker heeft geleid – geen verplichting bestaat om bij het belasten van niet-ingezetenen de in het interne recht gebruikelijke belastingvrije sommen en andere fiscale tegemoetkomingen te verlenen, dient de woonstaat de ter voorkoming van dubbele belasting afgesproken vrijstelling toe te passen. De woonstaat mag dan bij de inaanmerkingneming van de belastingvrije som en andere persoonlijke fiscale tegemoetkomingen geen onderscheid aanbrengen tussen ingezetenen die hun gehele inkomen uit arbeid op het grondgebied van die lidstaat hebben verworven, en ingezetenen die een deel van hun inkomsten in een of meer andere lidstaten hebben verworven.

69. Uit de beschrijving van de toepasselijke regeling en uit de op grond daarvan door de verwijzende rechter en zijn advocaat-generaal gemaakte kwalificaties en berekeningen volgt zonder meer dat een Nederlandse fiscaal

ingezetene die een deel van zijn inkomen in een andere lidstaat ver dient, naar evenredigheid wordt gekort op zijn belastingvrije som en op andere persoonlijke fiscale tegemoetkomingen.

70. De conclusie van de advocaat-generaal bij de Hoge Raad berust op de gedachte dat de fiscale behandeling van Nederlandse ingezetenen die een deel van hun inkomsten in een andere lidstaat verwerven, zowel voordelen als nadelen met zich meebrengt. Het nadeel is in deze zaak de grondslag van het geschil. Het voordeel bestaat in de eerste plaats uit het feit dat de werkstaten bij de bepaling van het door hen toe te passen belastingtarief geen rekening houden met het wereldwijde inkomen en daardoor geen progressie kunnen toepassen, en in de tweede plaats uit de methode die door de woonstaat is gekozen ter voorkoming van dubbele belastingheffing. Wanneer de woonstaat, zoals in casu Nederland, dubbele belastingheffing voorkomt door van de potentiële belasting naar evenredigheid een bedrag af te trekken dat correspondeert met het aandeel van de buitenlandse inkomsten in de totale inkomsten, leidt dit voor de belastingplichtige tot een progressievoordeel.

71. Nederland is zelf verantwoordelijk voor het progressievoordeel en kan dit derhalve niet inroepen ter ondersteuning van zijn stelling dat het nadeel in verband met de verlaging van de belastingvrije som en de persoonlijke fiscale tegemoetkomingen nodig is om dit voordeel te compenseren. Ook al zou de Nederlandse belastingregeling in de meeste gevallen gunstiger uitvallen voor de fiscaal ingezetene die in het buitenland inkomsten uit arbeid in loondienst heeft verworven, neemt dat niet weg dat wanneer die regeling die ingezetene benadeelt, zij een ongelijke behandeling ten opzichte van de uitsluitend in Nederland werkzame fiscaal ingezetene tot gevolg heeft en daardoor een belemmering van het door artikel 48 van het Verdrag gegarandeerde vrije verkeer van werknemers in het leven roept.

72. Deze belemmering van het vrije verkeer van werknemers kan niet worden gerechtvaardigd door de noodzaak om de samenhang van het Nederlandse belastingstelsel te verzekeren, door het oogmerk de heffing van inkomstenbelasting te vereenvoudigen en te coördineren, of door uitvoeringstechnische moeilijkheden.

73. Wat de samenhang van het belastingstelsel betreft, betoogt de Commissie dat er in het hoofdgeding geen rechtstreeks verband is, in hoofde van één en dezelfde belastingplichtige, tussen een bepaalde belasting en de desbetreffende vrijstelling, zoals in de rechtspraak van het Hof wordt verlangd. De vrijstellingen waar het om gaat, namelijk de belastingvrije som en eventuele persoonlijke fiscale tegemoetkomingen, hebben hun eigen ratio legis en zijn niet bedoeld om deel uit te maken van een bredere samenhang waarin zij tegenover een op dezelfde transactie betrekking hebbende belasting staan. Er bestaat overigens geen verband tussen het progressievoordeel en het nadeel als gevolg van de verlaging van de belastingvrije som en van de eventuele persoonlijke fiscale tegemoetkomingen.

74. Wat de andere twee rechtvaardigingsgronden betreft, stelt de Commissie dat deze niet kunnen rechtvaardigen dat de rechten die particulieren ontlenen aan de bepalingen van het Verdrag waarin hun fundamentele vrijheden zijn verankerd, worden aangetast (arrest van 26 januari 1999, Terhoeve, C-18/95, *Jurispr.* blz. I-345, punten 44 en 45).

Beoordeling door het Hof

75. Om te beginnen moet eraan worden herinnerd dat, ofschoon de directe belastingen tot de bevoegdheid van de lidstaten behoren, deze niettemin verplicht zijn die bevoegdheid in overeenstemming met het gemeenschapsrecht uit te oefenen en zich derhalve van elke openlijke of verkapte discriminatie op grond van nationaliteit te onthouden (reeds aangehaalde arresten Schumacker, punten 21 en 26, en Gschwind, punt 20).

76. Iedere gemeenschapsonderdaan die gebruik heeft gemaakt van het recht van vrij verkeer van werknemers en die een beroepswerkzaamheid in een andere lidstaat heeft uitgeoefend, ongeacht zijn woonplaats en zijn nationaliteit, valt binnen de werkingssfeer van artikel 48 van het Verdrag en artikel 7 van verordening nr. 1612/68 (arrest van 23 februari 1994, Scholz, C-419/92, *Jurispr.* blz. I-505, punt 9, en arrest Terhoeve, reeds aangehaald, punt 27).

77. Volgens vaste rechtspraak beogen de verdragsbepalingen inzake het vrije verkeer van personen het de gemeenschapsonderdanen gemakkelijker te maken, op het gehele grondgebied van de Gemeenschap om het even welk beroep uit te oefenen, en staan zij in de weg aan regelingen die deze onderdanen zouden kunnen benadelen wanneer zij op het grondgebied van een andere lidstaat een economische activiteit willen verrichten (arrest van 7 juli 1992, Singh, C-370/90, *Jurispr.* blz. I-4265, punt 16; arrest Terhoeve, reeds aangehaald, punt 37; arresten van 27 januari 2000, Graf, C-190/98, *Jurispr.* blz. I-493, punt 21, en 15 juni 2000, Sehrer, C-302/98, *Jurispr.* blz. I-4585, punt 32).

78. Bepalingen die een onderdaan van een lidstaat beletten of ervan weerhouden zijn land van herkomst te verlaten om zijn recht van vrij verkeer uit te oefenen, leveren derhalve belemmeringen van die vrijheid op, ook wanneer zij onafhankelijk van de nationaliteitvan de betrokken werknemers van toepassing zijn (arrest van 7 maart 1991, Masgio, C-10/90, *Jurispr.* blz. I-1119, punten 18 en 19, alsmede reeds aangehaalde arresten Terhoeve, punt 39, en Sehrer, punt 33).

79. Hoewel de bepalingen betreffende het vrije verkeer van werknemers volgens hun bewoordingen met name het voordeel van de nationale behandeling in de lidstaat van ontvangst beogen te garanderen, houden zij dus ook een verbod in voor de lidstaat van oorsprong, het vrije aanvaarden en verrichten van werk door een van zijn onderdanen in een andere lidstaat te bemoeilijken (zie in die zin arrest Terhoeve, reeds aangehaald, punten 27-29).

80. Dat De Groot de Nederlandse nationaliteit bezit, kan hem niet beletten, zich op de bepalingen betreffende het vrije verkeer van werknemers te beroepen tegenover de lidstaat waarvan hij onderdaan is, nu hij met gebruikmaking van zijn recht van vrij verkeer arbeid heeft verricht in een andere lidstaat (reeds aangehaalde arresten Terhoeve, punten 27-29, en Sehrer, punt 29).

De vraag of sprake is van een belemmering van het vrije verkeer van werknemers

81. In de eerste plaats moet erop worden gewezen dat in het hoofdgeding De Groot, die Nederlands onderdaan is, in Nederland woont en aldaar een deel van zijn inkomsten over 1994 heeft verworven. Zijn overige inkomsten uit arbeid zijn hem betaald door buitenlandse vennootschappen voor werkzaamheden in drie andere lidstaten. Vaststaat dus dat hij gebruik heeft gemaakt van zijn recht van vrij verkeer van werknemers.

82. Het feit dat De Groot ten tijde van de belastingheffing geen arbeidsverhouding meer had, ontneemt hem niet de waarborg van bepaalde met de hoedanigheid van werknemer samenhangende rechten (zie in die zin arrest Sehrer, reeds aangehaald, punt 30, en de aldaar aangehaalde rechtspraak), aangezien het hoofdgeding betrekking heeft op de rechtstreekse fiscale consequenties van het feit dat De Groot in andere lidstaten heeft gewerkt.

83. In de tweede plaats is tussen partijen in het hoofdgeding in confesso dat door de toepassing van de evenredigheidsbreuk een deel van De Groots persoonsgebonden tegemoetkomingen niet heeft geleid tot een werkelijke vermindering van de in Nederland verschuldigde belasting. Hij heeft aldus reëel nadeel ondervonden van de toepassing van de evenredigheidsbreuk, aangezien hij minder fiscaal voordeel van de nakoming van zijn alimentatieverplichtingen en zijn belastingvrije som heeft gehad dan indien hij al zijn inkomsten in Nederland zou hebben verworven.

84. Dit nadeel, dat wordt veroorzaakt door de wijze waarop de woonstaat zijn regeling ter voorkoming van dubbele belastingheffing toepast, zal een onderdaan van die lidstaat ervan weerhouden om in de zin van het Verdrag arbeid in loondienst te verrichten op het grondgebied van een andere lidstaat.

85. Anders dan de Nederlandse regering met een beroep op het arrest Gilly stelt, is het door De Groot geleden nadeel noch te wijten aan verschillen tussen de belastingstelsels van de woon- en de werkstaat, noch aan verschillen tussen de belastingstelsels van de verschillende staten waar hij werkzaam is geweest.

86. Een situatie als die van het hoofdgeding verschilt van die waarop het arrest Gilly betrekking had. Zoals de verwijzende rechter heeft uiteengezet, houdt het fiscaal nadeel van De Groot geen verband met een verschil tussen de belastingtarieven van de woonstaat en die van de werkstaten. Het Hof heeft echter in punt 47 van het arrest Gilly geoordeeld dat de nadelige consequenties die het in die zaak in geding zijnde verrekeningsmechanisme voor Gilly zou kunnen hebben, in hoofdzaak het gevolg waren van de dispariteiten tussen de in de betrokken lidstaten geldende tarieftabellen voor de belastingen, waarvan de vaststelling tot de bevoegdheid van de lidstaten behoort, aangezien een gemeenschapsregeling ter zake ontbreekt.

87. Terwijl Gilly in haar woonstaat voorts alle fiscale voordelen had ontvangen die in de wetgeving van die staat voor ingezetenen waren voorzien, geldt dit niet voor De Groot, die in het hoofdgeding juist stelt dat hem in zijn woonstaat een deel van de in de wetgeving van deze staat voor de inwoners voorziene aftrekposten is onthouden omdat hij van zijn recht van vrij verkeer gebruik heeft gemaakt.

88. Aangaande het feit dat de persoonlijke en gezinssituatie van De Groot in de belastingstelsels van de werkstaten niet in aanmerking is genomen, zoals blijkt uit het verwijzingsarrest, moet worden opgemerkt, zoals de Commissie terecht doet, dat de overeenkomsten met Duitsland, Frankrijk en het Verenigd Koninkrijk daartoe niet verplichten.

89. Bovendien heeft het Hof in punt 36 van het arrest Schumacker en punt 27 van het arrest Gschwind geoordeeld dat de verplichting om de persoonlijke en gezinssituatie in aanmerking te nemen, slechts op de werkstaat rust wanneer de belastingplichtige zijn belastbaar inkomen geheel of nagenoeg geheel aldaar verdient en in de woonstaat geen inkomen van betekenis verwerft, zodat deze laatste hem niet de voordelen kan toekennen die uit de inaanmerkingneming van zijn persoonlijke en gezinssituatie voortvloeien.

90. In punt 32 van het arrest Schumacker heeft het Hof tevens geoordeeld dat het in beginsel de woonstaat is die de belastingplichtige alle aan zijn persoonlijke en gezinssituatie verbonden fiscale voordelen moet toekennen, omdat deze staat het best in staat is de persoonlijke draagkracht van de belastingplichtige te beoordelen, aangezien hij daar het centrum van zijn persoonlijke en vermogensrechtelijke belangen heeft.

91. Weliswaar zijn in casu, zoals de Nederlandse regering betoogt, de door De Groot betaalde alimentatie en de belastingvrije som in aanmerking genomen voor de berekening van het theoretische bedrag van de belasting op

het totale inkomen van de belastingplichtige, maar dit neemt niet weg dat hij door de toepassing van de evenredigheidsbreuk slechts naar evenredigheid van zijn in Nederland verworven inkomsten in aanmerking kwam voor de aftrekposten in verband met zijn persoonlijke en gezinssituatie. Doordat hij gebruik heeft gemaakt van zijn recht van vrij verkeer is De Groot dus een deel van de in de Nederlandse wettelijke regeling voorziene aftrekposten waarop hij als inwoner van Nederland recht had, kwijtgeraakt.

92. Daarbij is niet van belang dat de evenredigheidsbreuk wordt toegepast ingevolge het besluit van 1989 in het geval van de in het Verenigd Koninkrijk verworven en belaste inkomsten, of ingevolge de overeenkomsten met Duitsland en met Frankrijk in het geval van de aldaar verworven en belaste inkomsten, ook al wordt in die overeenkomsten slechts overgenomen hetgeen in de Nederlandse wetgeving op dit punt is bepaald.

93. Volgens vaste rechtspraak blijven de lidstaten, bij gebreke van communautaire unificatie- of harmonisatiemaatregelen, bevoegd om de criteria voor de belasting van het inkomen en het vermogen vast te stellen teneinde, in voorkomend geval door het sluiten van een verdrag, dubbele belastingen af te schaffen. Daarbij staat het de lidstaten vrij om in het kader van bilaterale verdragen ter vermijding van dubbele belasting de aanknopingsfactoren ter verdeling van de heffingsbevoegdheid vast te stellen (arrest Gilly, reeds aangehaald, punten 24 en 30, en arrest van 21 september 1999, Saint-Gobain ZN, C-307/97, *Jurispr.* blz. I-6161, punt 57).

94. Bij de uitoefening van de aldus verdeelde heffingsbevoegdheid dienen de lidstaten zich niettemin te houden aan de gemeenschapsregels (zie in die zin arrest Saint-Gobain ZN, reeds aangehaald, punt 58) en meer in het bijzonder aan het beginsel dat zij onderdanen van de andere lidstaten op dezelfde manier moeten behandelen als hun eigen onderdanen die gebruik hebben gemaakt van de door het Verdrag gegarandeerde vrijheden.

95. Een regeling als die welke in het hoofdgeding aan de orde is, vormt dus een belemmering van het vrije verkeer van werknemers die in beginsel volgens artikel 48 van het Verdrag verboden is.

Rechtvaardigingsgronden voor een dergelijke belemmering

96. Niettemin dient te worden onderzocht of deze belemmering te rechtvaardigen is in het licht van de bepalingen van het Verdrag.

97. Wat in de eerste plaats het argument betreft, dat het nadeel dat een belastingplichtige als De Groot ter zake van de belastingvermindering lijdt, grotendeels wordt gecompenseerd door een progressievoordeel, zoals is uiteengezet door de advocaat-generaal bij de Hoge Raad en naar voren is gebracht door de Belgische regering, kan worden volstaan met erop te wijzen dat volgens vaste rechtspraak een met een fundamentele vrijheid strijdige fiscale achterstelling niet kan worden gerechtvaardigd met het feit dat er ook fiscale voordelen zijn, gesteld dat dit inderdaad het geval is (zie, met betrekking tot de vrijheid van vestiging, arresten van 28 januari 1986, Commissie/Frankrijk, 270/83, *Jurispr.* blz. 273, punt 21, en 27 juni 1996, Asscher, C-107/94, *Jurispr.* blz. I-3089, punt 53, en arrest Saint-Gobain ZN, reeds aangehaald, punt 54; met betrekking tot het vrij verrichten van diensten, arrest van 26 oktober 1999, Eurowings Luftverkehr, C-294/97, *Jurispr.* blz. I-7447, punt 44, en met betrekking tot het vrije verkeer van kapitaal, arrest van 6 juni 2000, Verkooijen, C-35/98, *Jurispr.* blz. I-4071, punt 61).

98. In de tweede plaats moet van de hand worden gewezen het argument van de Nederlandse regering dat het gerechtvaardigd is dat de woonstaat de persoonlijke en gezinssituatie van de aldaar wonende belastingplichtige slechts in aanmerking neemt naar evenredigheid van de op zijn grondgebied verworven inkomsten, aangezien het aan de werkstaat zou zijn om hetzelfde te doen voor dat deel van de inkomsten dat op diens grondgebied is verworven. Het door een niet-ingezeten werknemer in een staat verworven inkomen vormt immers meestal slechts een deel van zijn totale inkomen, waarvan het zwaartepunt ligt op de plaats waar hij woont. De persoonlijke draagkracht van een dergelijke belastingplichtige, die gevormd wordt door zijn totale inkomsten en door zijn persoonlijke en gezinssituatie, kan het gemakkelijkst worden beoordeeld op de plaats waar hij het centrum van zijn persoonlijke en vermogensrechtelijke belangen heeft. Die plaats correspondeert in het algemeen met de gebruikelijke woonplaats van de betrokkene. Ook in het internationale belastingrecht, en in het bijzonder in de modelovereenkomst van de OESO inzake dubbele belasting, wordt aanvaard dat het in beginsel de woonstaat is die bevoegd is de belastingplichtige naar het wereldinkomen te belasten, daarbij rekening houdend met diens persoonlijke en gezinsomstandigheden (zie arrest Schumacker, reeds aangehaald, punt 32).

99. Bij gebreke van communautaire unificatie- of harmonisatiemaatregelen mogen de lidstaten deze koppeling tussen de inaanmerkingneming door de woonstaat van enerzijds de wereldwijde inkomsten van hun inwoners en anderzijds hun persoonlijke en gezinssituatie uiteraard wijzigen door middel van bilaterale of multilaterale overeenkomsten ter voorkoming van dubbele belastingheffing. De woonstaat kan dus bij overeenkomst ontheven worden van de verplichting om de persoonlijke en gezinssituatie van de op zijn grondgebied wonende belastingplichtigen die hun economische activiteit gedeeltelijk in het buitenland verrichten, geheel voor zijn rekening te nemen.

100. De woonstaat kan ook van de nakoming van die verplichting ontheven zijn indien hij constateert dat een of meer werkstaten, zelfs buiten enige overeenkomst om, over de door hen belaste inkomsten voordelen verlenen die verband houden met de persoonlijke en gezinssituatie van belastingplichtigen die niet op het grondgebied van deze werkstaten wonen, maar aldaar belastbare inkomsten verwerven.

101. Methoden ter voorkoming van dubbele belastingheffing of nationale belastingregelingen die tot gevolg hebben dat dubbele belastingheffing wordt voorkomen of verzacht, moeten de belastingplichtigen van de betrokken staten echter wel ervan verzekeren dat hun gehele persoonlijke en gezinssituatie uiteindelijk volledig en naar behoren in aanmerking wordt genomen, ongeacht de wijze waarop de betrokken lidstaten deze verplichting onderling hebben verdeeld, omdat daardoor anders een met de verdragsbepalingen inzake het vrije verkeer van werknemers onverenigbare ongelijke behandeling zou worden gecreëerd die niet het gevolg is van de tussen de nationale fiscale stelsels bestaande dispariteiten.

102. In casu moet worden vastgesteld dat het Nederlandse recht en de overeenkomsten met Duitsland, Frankrijk en het Verenigd Koninkrijk dit resultaat niet garanderen. De woonstaat is namelijk ten dele ontheven van de nakoming van zijn verplichting om de persoonlijke en gezinssituatie van de belastingplichtige in aanmerking te nemen, zonder dat de werkstaten voor het deel van de op hun grondgebied verworven inkomsten ermee instemmen, de desbetreffende lasten te dragen of deze lasten opgelegd krijgen op basis van met de woonstaat gesloten overeenkomsten ter voorkoming van dubbele belasting. Dit ligt slechts anders bij de overeenkomst met Duitsland ingeval 90% van de inkomsten zijn verworven in de werkstaat, hetgeen in het hoofdgeding niet het geval is.

103. Wat in de derde plaats het argument van de Belgische regering betreft, dat het onevenredig zou zijn om de woonstaat de last op te leggen, aan de aldaar wonende belastingplichtigen die in andere lidstaten inkomsten hebben verworven, alle aftrekposten te verlenen waarop zij aanspraak kunnen maken, ook wanneer die inkomsten in die andere lidstaten zijn belast zonder dat met de persoonlijke en gezinssituatie van de belastingplichtige rekening is gehouden, moet worden herinnerd aan de vaste rechtspraak volgens welke verlies van belastinginkomsten nooit een rechtvaardiging kan zijn voor de beperking van een fundamentele vrijheid (arrest van 16 juli 1998, ICI, C-264/96, *Jurispr.* blz. I-4695, punt 28, en arrest Saint-Gobain ZN, reeds aangehaald, punt 51).

104. Overigens zij erop gewezen dat de Nederlandse fiscus bij de belasting van De Groots inkomsten de progressie van het nationale stelsel heeft kunnen toepassen doordat het progressievoorbehoud is opgenomen in de bilaterale overeenkomsten.

105. Ten slotte kan niet worden gesteld dat het in de Nederlandse regeling en de bilaterale overeenkomsten voorziene systeem van toerekening van de persoonlijke aftrekposten naar evenredigheid van de vrijgestelde inkomsten, noodzakelijk is voor de samenhang van de methode van vrijstelling met progressievoorbehoud.

106. Het Hof heeft inderdaad geoordeeld dat de noodzaak, de samenhang van het belastingstelsel te waarborgen, een rechtvaardigingsgrond kan zijn voor een regeling die de fundamentele vrijheden beperkt (arresten van 28 januari 1992, Bachmann, C-204/90, *Jurispr.* blz. I-249, punt 28, en Commissie/België, C-300/90, *Jurispr.* blz. I-305, punt 21).

107. Dit is in casu echter niet het geval.

108. In de zaken die aanleiding hebben gegeven tot de aangehaalde arresten Bachmann en Commissie/België bestond er een rechtstreeks verband tussen de aftrekbaarheid van de in het kader van ouderdoms- en overlijdensverzekeringen voldane premies en de heffing van belasting over de ter zake ontvangen uitkeringen, een verband dat behouden diende te blijven ter waarborging van de samenhang van het betrokken belastingstelsel.

109. In casu is er echter niet een dergelijk rechtstreeks verband tussen enerzijds de methode van vrijstelling met progressievoorbehoud, op grond waarvan de woonstaat afziet van de heffing van belasting over de in andere lidstaten verworven inkomsten maar daarmee wel rekening houdt om het op de niet-vrijgestelde inkomsten toepasselijke belastingtarief te bepalen, en anderzijds de toerekening van de aftrekposten naar evenredigheid van de in de woonstaat verworven inkomsten. Zoals de advocaat-generaal in punt 58 van zijn conclusie opmerkt, is de effectiviteit van de progressiviteit van de inkomstenbelasting in de woonstaat, hetgeen het doel is van de methode van vrijstelling met progressievoorbehoud, niet uitsluitend mogelijk wanneer de persoonlijke en gezinssituatie van de belastingplichtige in die staat slechts beperkt in aanmerking wordt genomen.

110. Derhalve moet op de eerste vraag worden geantwoord dat artikel 48 van het Verdrag in de weg staat aan een regeling als bedoeld in het hoofdgeding, die al dan niet is overgenomen in een overeenkomst ter voorkoming van dubbele belastingheffing, op grond waarvan een belastingplichtige voor de berekening van zijn inkomstenbelasting in de woonstaat een deel van het profijt van zijn belastingvrije som en van zijn persoonlijke fiscale tegemoetkomingen verliest doordat hij in het betrokken jaar ook in een andere lidstaat inkomsten heeft verworven, waarvoor hij aldaar is belast zonder dat daarbij zijn persoonlijke en gezinssituatie in aanmerking is genomen.

111. Wegens het antwoord dat met betrekking tot artikel 48 van het Verdrag op de eerste vraag is gegeven, behoeft niet te worden onderzocht of artikel 7 van verordening nr. 1612/68 in de weg staat aan een regeling als bedoeld in het hoofdgeding.

De tweede vraag

112. Met zijn tweede vraag wenst de verwijzende rechter in wezen te vernemen of het gemeenschapsrecht specifieke eisen stelt met betrekking tot de wijze waarop in de woonstaat rekening moet worden gehouden met de persoonlijke en gezinssituatie van een werknemer die in een andere lidstaat heeft gewerkt.

113. De Commissie is van mening dat, ingeval de nationale regeling of de verdragsrechtelijke regeling onverenigbaar is met artikel 48 van het Verdrag, zoals in het hoofdgeding, een fiscaal ingezetene van een lidstaat die als werknemer gebruik heeft gemaakt van zijn recht van vrij verkeer, er recht op heeft dat de aftrek wegens zijn persoonlijke en gezinssituatie effectief wordt vastgesteld op het niveau van de aanspraak die hij zou hebben gehad indien hij zijn gehele inkomen in de woonstaat zou hebben verworven. Behalve dit vereiste, vloeien er geen specifieke eisen uit het gemeenschapsrecht voort met betrekking tot de wijze waarop in de woonstaat rekening moet worden gehouden met de persoonlijke en gezinssituatie van de betrokken werknemer.

Beoordeling door het Hof

114. Het gemeenschapsrecht stelt geen specifieke eisen aan de wijze waarop in de woonstaat rekening wordt gehouden met de persoonlijke en gezinssituatie van een werknemer die in een bepaald belastingjaar in die staat en in een andere lidstaat inkomsten heeft verworven. Zoals de advocaat-generaal evenwel in punt 72 van zijn conclusie opmerkt, mogen de voorwaarden waaronder de woonstaat met de persoonlijke en gezinssituatie van een dergelijke belastingplichtige rekening houdt, geen rechtstreekse of indirecte discriminatie op grond van nationaliteit of een belemmering van een bij het Verdrag gegarandeerde fundamentele vrijheid opleveren.

115. Op de tweede vraag moet derhalve worden geantwoord dat het gemeenschapsrecht geen specifieke eisen stelt aan de wijze waarop in de woonstaat rekening wordt gehouden met de persoonlijke en gezinssituatie van een werknemer die in een bepaald belastingjaar in die staat en in een andere lidstaat inkomsten heeft verworven, althans voorzover de voorwaarden waaronder de woonstaat met deze situatie rekening houdt, geen rechtstreekse of indirecte discriminatie op grond van nationaliteit of een belemmering van een bij het Verdrag gegarandeerde fundamentele vrijheid opleveren.

Kosten

116. ...

HET HOF VAN JUSTITIE (Vijfde kamer)

uitspraak doende op de door de Hoge Raad der Nederlanden bij arrest van 18 oktober 2000 gestelde vragen, verklaart voor recht:

1. Artikel 48 EG-Verdrag (thans, na wijziging, artikel 39 EG) staat in de weg aan een regeling als bedoeld in het hoofdgeding, die al dan niet is overgenomen in een overeenkomst ter voorkoming van dubbele belastingheffing, op grond waarvan een belastingplichtige voor de berekening van zijn inkomstenbelasting in de woonstaat een deel van het profijt van zijn belastingvrije som en van zijn persoonlijke fiscale tegemoetkomingen verliest doordat hij in het betrokken jaar ook in een andere lidstaat inkomsten heeft verworven, waarvoor hij aldaar is belast zonder dat daarbij zijn persoonlijke en gezinssituatie in aanmerking is genomen.

2. Het gemeenschapsrecht stelt geen specifieke eisen aan de wijze waarop in de woonstaat rekening wordt gehouden met de persoonlijke en gezinssituatie van een werknemer die in een bepaald belastingjaar in die staat en in een andere lidstaat inkomsten heeft verworven, althans voorzover de voorwaarden waaronder de woonstaat met deze situatie rekening houdt, geen rechtstreekse of indirecte discriminatie op grond van nationaliteit of een belemmering van een bij het EG-Verdrag gegarandeerde fundamentele vrijheid opleveren.

HvJ EG 12 juni 2003, zaak C-234/01 (Arnoud Gerritse v. Finanzamt Neukölln-Nord)

De in Nederland woonachtige Gerritse, een drummer, werd door Duitsland belast voor zijn aldaar verdiende inkomsten naar het bruto bedrag ervan en tegen een vast 25% tarief.

HvJ EG: Indien deze heffing in het voorliggende geval ertoe leidt dat er meer belasting verschuldigd is dat er verschuldigd zou zijn door een in overigens gelijke omstandigheden verkerende inwoner van Duitsland, is er sprake van schending van de vrijheid van dienstverkeer.

Vijfde kamer: *M. Wathelet (rapporteur), kamerpresident, C. W. A. Timmermans, D. A. O. Edward, P. Jann en A. Rosas, rechters*
Advocaat-generaal: *P. Léger*

1. Bij beschikking van 28 mei 2001, ingekomen bij het Hof op 19 juni daaraanvolgend, heeft het Finanzgericht Berlin krachtens artikel 234 EG een prejudiciële vraag gesteld over de uitlegging van artikel 52 EG-Verdrag (thans, na wijziging, artikel 43 EG).

2. Die vraag is gerezen in een geding tussen Gerritse en het Finanzamt Neukölln-Nord (hierna: Finanzamt) over de van hem geheven belasting ter zake van in Duitsland als niet-ingezetene verworven inkomsten.

Het nationale rechtskader

3. § 50a van het Einkommensteuergesetz (wet op de inkomstenbelasting), in de versie van 1996 (hierna: EStG 1996), regelt de belastingheffing van personen die beperkt belastingplichtig zijn, dat wil zeggen degenen die niet hun woonplaats of gewone verblijfplaats in Duitsland hebben en daar enkel belastingplichtig zijn over hun in die staat verworven inkomsten. § 50a, lid 4, van deze wet luidt:

> 'Ten aanzien van beperkt belastingplichtigen wordt de inkomstenbelasting geheven door inhouding aan de bron:
> 1. bij inkomsten die door binnenlandse kunstzinnige, sportieve, artistieke of soortgelijke prestaties of door de binnenlandse exploitatie ervan worden verworven, daaronder begrepen de inkomsten uit andere met deze prestaties verband houdende prestaties, ongeacht aan wie de inkomsten ten goede komen [...]
> [...]
> De inhouding bedraagt 25% van de inkomsten [...]'

4. Volgens § 50, lid 5, vierde zin, EStG, in de versie van 1997, die met terugwerkende kracht van toepassing is op in 1996 verworven inkomsten, is in beginsel geen aftrek toegestaan voor beroepskosten, tenzij deze kosten meer dan de helft van de inkomsten vormen.

5. De broninhouding geldt in beginsel als eindheffing, zoals blijkt uit § 50, lid 5, EStG 1996:

> 'De inkomstenbelasting over de inkomsten die [...] onder de broninhouding vallen, wordt voor beperkt belastingplichtigen door die inhouding geacht te zijn voldaan.'

6. Krachtens § 1, lid 3, EStG 1996 kunnen bepaalde personen die onder de werkingssfeer van § 50a vallen, evenwel verzoeken om als onbeperkt belastingplichtig voor de inkomstenbelasting te worden behandeld. In de aanslagprocedure die volgt op de aangifte, worden zij alsnog op dezelfde wijze belast als onbeperkt belastingplichtigen.

7. Beperkt belastingplichtigen kunnen deze mogelijkheid echter slechts benutten wanneer aan een van de volgende voorwaarden is voldaan: hetzij tenminste 90% van hun inkomsten gedurende het kalenderjaar valt onder de Duitse inkomstenbelasting, hetzij de inkomsten die gedurende het kalenderjaar niet onder de Duitse inkomstenbelasting vallen, bedragen maximaal 12 000 DEM.

8. In de gewone aanslagprocedure inkomstenbelasting voor onbeperkt belastingplichtigen is de heffingsgrondslag voor inkomsten uit zelfstandige arbeid de zuivere opbrengst na aftrek van de beroepskosten (zie § 50, leden 1 en 2, EStG). Verder geldt de progressieve tabel van § 32a van het EStG 1996, die voor 1996 in een belastingvrije som van 12 095 DEM voorziet.

Het hoofdgeding en de prejudiciële vraag

9. Gerritse, Nederlands onderdaan en woonachtig in Nederland, ontving in 1996 voor een optreden als drummer voor een radiostation in Berlijn het bedrag van 6 007,55 DEM. Blijkens de stukken bedroegen de door dat optreden ontstane beroepskosten 968 DEM.

10. In hetzelfde jaar had Gerritse ook in zijn woonstaat en in België inkomsten, in totaal ongeveer 55 000 DEM bruto.

11. Op de voet van de Overeenkomst van 16 juni 1959 tussen het Koninkrijk der Nederlanden en de Bondsrepubliek Duitsland tot het vermijden van dubbele belasting op het gebied van belastingen van het inkomen en van het vermogen alsmede van verscheidene andere belastingen en tot het regelen van andere aangelegenheden op belastinggebied (BGBl. 1960 II, blz. 1782; hierna: bilaterale overeenkomst) en § 50a, lid 4, EStG 1996 is op het honorarium van 6 007,55 DEM een forfaitaire inkomstenbelasting van 25% (zijnde 1 501,89 DEM) ingehouden.

12. In september 1998 diende Gerritse bij de Duitse belastingdienst een aangifte inkomstenbelasting in overeenkomstig § 1, lid 3, EStG 1996 teneinde als onbeperkt belastingplichtige te worden behandeld. Het Finanzamt weigerde echter om een aanslag inkomstenbelasting op te leggen, omdat de overige aangegeven inkomsten de limiet van 12 000 DEM overschreden. Het bezwaarschrift van Gerritse werd eveneens afgewezen.

13. Gerritse stelde tegen deze afwijzing beroep in bij het Finanzgericht Berlin, zich daarbij baserend op het door het gemeenschapsrecht gewaarborgde non-discriminatiebeginsel. Hij betoogde dat een onbeperkt belastingplichtige ingezetene in een vergelijkbare situatie wegens de belastingvrije som van 12 095 DEM geen belasting behoefde te betalen.

14. Volgens het Finanzamt zou Gerritse bij toepassing van de basistabel ontsnappen aan de tariefprogressie van de Duitse inkomstenbelasting, ofschoon de draagkracht als blijkend uit zijn wereldinkomen toepassing van een hoger tarief zou meebrengen. Hij zou op deze wijze worden bevoordeeld ten opzichte van onbeperkt belastingplichtige ingezetenen bij wie overeenkomstig § 32b, lid 1, sub 3, EStG 1996 het wereldinkomen in aanmerking wordt genomen voor de bepaling van het belastingtarief.

15. De verwijzende rechter vraagt zich af of de in § 50a, lid 4, eerste zin, sub 1, en tweede zin, EStG 1996 voorziene definitieve belastingheffing van 25% verenigbaar met het gemeenschapsrecht is.

16. Volgens hem kan de mogelijkheid voor de woonstaat om op grond van de bilaterale overeenkomst rekening te houden met de in de staat van tewerkstelling verworven inkomsten bij de belastingheffing over het resterende wereldinkomen leiden tot een extra fiscale last voor de belastingplichtige, omdat eventuele sprongen in het inkomstenbelastingtarief niet volledig worden gecompenseerd door de aftrek van de belasting in de woonstaat, die zuiver abstract wordt berekend naar de verhouding tussen de in Duitsland verworven inkomsten en het wereldinkomen van de belastingplichtige.

17. Volgens de verwijzende rechter kan de definitieve belastingheffing van 25% over de inkomsten van Gerritse niet worden gerechtvaardigd door het coherentiebeginsel, omdat er, zoals het Hof in zijn rechtspraak ter zake vereist, geen rechtstreeks verband tussen het belastingvoordeel – in casu de toekenning van een belastingvrije som – en de definitieve belastingheffing bestaat.

18. De verwijzende rechter stelt bovendien vast, dat de toepassing van een uniform tarief van 25%, onder omstandigheden kan leiden tot een krasse benadeling van de beperkt belastingplichtige ten opzichte van de belastingplichtige ingezetene. In 1996 bijvoorbeeld was een alleenstaande belastingplichtige die in Nederland woonde en daar zuivere inkomsten van omgerekend 12 001 DEM had, naast onzuivere inkomsten in Duitsland uit zelfstandige arbeid als kunstenaar ten belope van 100 000 DEM en zuivere inkomsten van 50 001 DEM, een bedrag ad 25 000 DEM aan inkomstenbelasting, vermeerderd met een evenredig bedrag aan solidariteitsheffing, verschuldigd als eindheffing. Betrokken op zijn zuivere inkomsten in Duitsland, komt dit neer op een gemiddeld belastingtarief van 49,99%, dat normaal enkel op personen met zeer hoge inkomsten van toepassing is (in 1996 bedroeg het hoogste belastingtarief voor ongehuwden 53% voor het belastbare inkomen boven 120 042 DEM).

19. Indien de belastingplichtige zijn woonplaats in Duitsland zou hebben gehad en hij daar een zuiver wereldinkomen van 62 002 DEM had verworven, had hij volgens de basistabel slechts 15 123 DEM aan inkomstenbelasting hoeven te betalen. In dat geval was het gemiddelde belastingtarief slechts 24,4% geweest, dus de helft van het in het vorige punt genoemde percentage.

20. De verwijzende rechter erkent echter dat in een groot aantal gevallen, met name bij zeer hoge binnenlandse inkomsten en lage beroepskosten, de in het hoofdgeding betrokken bepalingen ertoe leiden dat de aan de broninhouding onderworpen beperkt belastingplichtige, wat de tarieven betreft, gunstiger wordt behandeld dan de in Duitsland woonachtige belastingplichtige of de beperkt belastingplichtige waarop een aanslagprocedure volgens § 50 EStG 1996 van toepassing is. Gerritse behoort echter niet tot deze begunstigde personen, aangezien de op aanslag verschuldigde belasting over de in Duitsland verworven inkomsten in geval van een onbeperkte belastingplicht nihil zou zijn geweest.

21. De verwijzende rechter voegt eraan toe dat het geschil in het hoofdgeding zou kunnen worden opgelost door Gerritse de mogelijkheid tot inleiding van een aanslagprocedure inkomstenbelasting te bieden en dan de basistabel inkomstenbelasting toe te passen, zonder rekening te houden met de belastingvrije som; dit zou tot een enigszins lager bedrag aan inkomstenbelasting leiden dan thans is ingehouden. Dan rijst wel de vraag of dergelijke zeer kleine verschillen in belastingheffing een werkelijke belemmering voor het uitoefenen van een economische activiteit in een andere lidstaat vormen.

22. In die omstandigheden heeft de Finanzgericht Berlin besloten de behandeling van de zaak te schorsen en het Hof de volgende prejudiciële vraag te stellen:

'Staat artikel 52 EG-Verdrag [...] eraan in de weg, dat op grond van § 50a, lid 4, eerste zin, sub 1, en tweede zin, van het [EStG 1996] op een Nederlandse onderdaan die in de Bondsrepubliek Duitsland tijdens het kalenderjaar een belastbaar zuiver inkomen van circa 5 000 DEM uit zelfstandige arbeid verwerft, een belastinginhouding ten belope van 25% van het (onzuivere) inkomen van circa 6 000 DEM, vermeerderd met solidariteitsheffing, wordt toegepast door de schuldenaar van de vergoeding, zonder dat eerstgenoemde de mogelijkheid heeft de betaalde belasting door middel van een verzoek tot terugbetaling of een verzoek tot aanslagoplegging geheel of gedeeltelijk terug te ontvangen?'

De prejudiciële vraag

23. Vooraf moet worden vastgesteld dat Gerritse, die in Nederland woont, tijdelijk in Duitsland heeft gewerkt en daarvoor inkomen heeft genoten. De belastingheffing ter zake wordt voor de verwijzende rechter betwist. In die omstandigheden moet, zoals Gerritse en de Commissie hebben opgemerkt, de prejudiciële vraag worden begrepen als eerder betrekking te hebben op het vrij verrichten van diensten dan op de vrijheid van vestiging.

24. De verwijzende rechter wenst dus in wezen te vernemen of de artikelen 59 EG-Verdrag (thans, na wijziging, artikel 49 EG) en 60 EG-Verdrag (thans artikel 50 EG) zich verzetten tegen een nationale regeling als die in het hoofdgeding, waarin als algemene regel enerzijds bij de belastingheffing van niet-ingezetenen rekening wordt gehouden met de onzuivere inkomsten zonder aftrek van beroepskosten terwijl ingezetenen worden belast naar hun zuivere inkomsten na aftrek van hun beroepskosten, en anderzijds over de inkomsten van niet-ingezetenen een aan de bron ingehouden definitieve belasting wordt geheven tegen een uniform tarief van 25%, terwijl de inkomsten van ingezetenen worden belast volgens een progressief tarief met toepassing van een belastingvrije som.

De aftrekbaarheid van beroepskosten

25. Gerritse en de Commissie stellen dat in het geval van onbeperkt belastingplichtige zelfstandigen enkel inkomstenbelasting over de opbrengst wordt geheven, terwijl de beroepskosten in het algemeen niet in de heffingsgrondslag worden betrokken, terwijl bij beperkt belastingplichtigen de belasting ad 25% wordt geheven over de inkomsten en de beroepskosten niet aftrekbaar zijn (behalve wanneer zij meer bedragen dan de helft van de inkomsten, in welk geval de belasting wordt teruggegeven voorzover zij 50% van het verschil tussen de inkomsten en de beroepskosten overschrijdt).

26. Gerritse wijst in het bijzonder op de ernst van de gevolgen voor niet-ingezeten kunstenaars die in Duitsland op tournee zijn, die in het algemeen zeer hoge beroepskosten hebben.

27. Vooraf moet worden vastgesteld dat de betrokken beroepskosten rechtstreeks verband houden met de activiteit waardoor de in Duitsland belastbare inkomsten zijn verworven, zodat ingezetenen en niet-ingezetenen in dat opzicht in een vergelijkbare situatie verkeren.

28. In die omstandigheden kan een nationale regeling die bij de belastingheffing geen aftrek van beroepskosten toestaat aan niet-ingezetenen maar wel aan ingezetenen, in het nadeel werken van hoofdzakelijk onderdanen van andere lidstaten en dus een in beginsel met de artikelen 59 en 60 van het Verdrag strijdige indirecte discriminatie op grond van nationaliteit inhouden.

29. Aangezien er voor het Hof geen nauwkeurig argument is aangevoerd om een dergelijke ongelijke behandeling te rechtvaardigen, moet worden vastgesteld dat de artikelen 59 en 60 van het Verdrag zich verzetten tegen een nationale regeling als die in het hoofdgeding, in zoverre zij voor beperkt belastingplichtigen de mogelijkheid om beroepskosten van hun belastbare inkomsten af te trekken uitsluit, terwijl zij deze mogelijkheid wel toekent aan onbeperkt belastingplichtigen.

De broninhouding van 25%

Bij het Hof ingediende opmerkingen:

30. Volgens Gerritse zijn de bevrijdende werking van de aan de bron ingehouden inkomstenbelasting en de daarmee gepaard gaande uitsluiting van niet-ingezetenen van elke vorm van teruggaaf van teveel betaalde belasting onverenigbaar met artikel 60, derde alinea, van het Verdrag. In het bijzonder het feit dat geen rekening wordt gehouden met de belastingvrije som, leidt tot een met het gemeenschapsrecht strijdige discriminatie omdat het oplegging van een minimum belastingtarief tot gevolg heeft, wat door het Hof in het arrest van 27 juni 1996, Asscher (C-107/94, *Jurispr.* blz. I-3089, punt 49) is veroordeeld.

31. Er is geen enkele objectieve rechtvaardiging voor deze ongelijke behandeling ten opzichte van ingezetenen. In het bijzonder kan geen geldig beroep worden gedaan op het argument van fiscale coherentie, omdat er geen voordeel is dat het belastingnadeel compenseert, zoals het Hof in zijn rechtspraak eist.

32. Het Finanzamt en de Finse regering betogen daarentegen dat het in het hoofdgeding aan de orde zijnde belastingstelsel in overeenstemming met het gemeenschapsrecht is.

33. Om te beginnen vormt volgens het Finanzamt de inhouding aan de bron een wettig en passend middel voor de fiscale behandeling van een beperkt belastingplichtige die in het buitenland woont.

34. Vervolgens zou een onbeperkte toepassing van de basistabel in casu ertoe leiden dat geen Duitse inkomstenbelasting werd geheven en dat Gerritse zou ontsnappen aan de progressie van de Duitse inkomstenbelasting, ofschoon zijn wereldinkomen toepassing van een hoger tarief zou meebrengen. Op deze wijze zou hij als beperkt belastingplichtige worden bevoordeeld ten opzichte van onbeperkt belastingplichtigen bij wie voor de bepaling van het belastingtarief rekening wordt gehouden met het wereldinkomen.

35. Het Finanzamt en de Finse regering voegen eraan toe dat volgens 's Hofs rechtspraak (arresten van 14 februari 1995, Schumacker, C-279/93, *Jurispr*. blz. I-225, punten 31-33; 14 september 1999, Gschwind, C-391/97, *Jurispr*. blz. I-5451, punt 22, en Asscher, reeds aangehaald, punt 44) de verplichting om rekening te houden met de persoonlijke en gezinssituatie van een belastingplichtige, in beginsel op de woonstaat rust en niet op de staat van oorsprong van de inkomsten, tenzij de eerstgenoemde staat, omdat de inkomsten te gering zijn om tot belastingheffing te kunnen leiden, niet aan deze verplichting kan voldoen, zodat economisch gezien geen van beide staten uiteindelijk in het kader van de aanslag met de persoonlijke situatie van de belastingplichtige rekening zou houden.

36. De toepassing van een belastingvrije som heeft tot doel om het bestaansminimum van belastingplichtigen met een laag inkomen te beschermen, wat in beginsel onder de verantwoordelijkheid van de woonstaat valt, waar de belastingplichtige in de regel het grootste gedeelte van zijn inkomen verwerft. De Duitse belastingautoriteiten houden bij een beperkt belastingplichtige rekening met het bestaansminimum, omdat hij, wanneer zijn buitenlandse inkomen minder bedraagt dan 12 000 DEM, onder de gewone aanslagprocedure valt.

37. Ten slotte komt volgens de Finse regering het tarief van 25% vaak overeen met het feitelijke belastingtarief van de betrokkene in zijn woonstaat, zodat de betrokken broninhouding geen abnormale belemmering van het vrij verkeer van personen vormt.

38. De Commissie neemt een soortgelijk standpunt in. Zij is van mening dat, gelet op de feiten in het hoofdgeding, geen rekening moet worden gehouden met de belastingvrije som, dat wil zeggen dat het tarief moet worden toegepast dat overeenkomt met de belasting boven de belastingvrije som.

39. Zij stelt dus voor om het zuivere inkomen (A) op te tellen bij de belastingvrije som (B) ter verkrijging van een totaal (C). Het belastingbedrag (D) dat uit de toepasselijke tabel voor dit totaal (C) resulteert, kan worden beschouwd als een billijke belasting over het zuivere inkomen (A). Het gemiddelde belastingtarief, dat kan dienen als referentie voor een niet-discriminerende behandeling, vloeit dan voort uit de verhouding tussen het belastingbedrag (D) volgens de tabel en het zuivere inkomen (A).

40. Volgens de Commissie zou de berekening voor Gerritse er als volgt uitzien: het totaal (C) omvat de zuivere inkomsten (A) ten belope van 5 039,55 DEM en de belastingvrije som (B) van 12 095 DEM en bedraagt dus 17 134,55 DEM. Voor dit inkomen vermeldt de desbetreffende belastingtabel een belasting (D) van 1 337 DEM. Ten opzichte van het zuivere inkomen (A) komt dit bedrag overeen met een gemiddeld belastingtarief van 26,5%, wat dicht bij het werkelijk op Gerritse toegepaste tarief van 25% ligt.

41. Volgens de Commissie is tot dit percentage geen sprake van discriminatie. In casu is er dus geen aanleiding om bezwaar te maken tegen de toepassing van het uniforme tarief van 25% op beperkt belastingplichtigen door de Duitse autoriteiten.

42. Zij deelt ook het standpunt van het Finanzamt en de Finse regering met betrekking tot de vraag of de belastingvrije som in aanmerking moet worden genomen. In beginsel is het aan de woonstaat, die de betrokkene naar zijn zuivere wereldinkomen volledig belast, overwegingen van sociale aard die een dergelijke belastingvrije som rechtvaardigen, in zijn belastingprogressieregeling op te nemen.

Antwoord van het Hof

43. Zoals het Hof reeds heeft vastgesteld, is de situatie van ingezetenen en van niet-ingezetenen bij directe belastingen in het algemeen niet vergelijkbaar. Het inkomen dat een niet-ingezetene in een staat verwerft, is meestal slechts een deel van zijn totale inkomen, waarvan het zwaartepunt is geconcentreerd op de plaats waar hij woont, terwijl voorts de persoonlijke draagkracht van de niet-ingezetene, die gevormd wordt door zijn totale inkomsten en zijn persoonlijke en gezinssituatie, het gemakkelijkst kan worden beoordeeld op de plaats waar hij het centrum van zijn persoonlijke en vermogensrechtelijke belangen heeft; deze plaats is in het algemeen zijn gebruikelijke woonplaats (reeds aangehaalde arresten Schumacker, punten 31 en 32; Gschwind, punt 22, en van 16 mei 2000, Zurstrassen, C-87/99, *Jurispr*. blz. I-3337, punt 21).

44. Wanneer een lidstaat een niet-ingezetene niet in aanmerking brengt voor bepaalde belastingvoordelen die hij aan de ingezetene verleent, is dat dan ook in de regel niet discriminerend, gelet op de objectieve verschillen tussen de situatie van ingezetenen en van niet-ingezetenen zowel wat de inkomstenbron als wat de persoonlijke draagkracht of de persoonlijke en gezinssituatie betreft (reeds aangehaalde arresten Schumacker, punt 34, en Gschwind, punt 23).

45. De woonplaats vormt overigens de fiscale factor waarop het huidige internationale belastingrecht en in het bijzonder het modelverdrag van de Organisatie voor Economische Samenwerking en Ontwikkeling (OESO) (modelverdrag inzake dubbele heffing van inkomsten- en vermogensbelasting, rapport van het comité fiscale zaken van de OESO, 1977, versie van 29 april 2000) zich in de regel baseert voor de verdeling van de bevoegdheid op fiscaal gebied tussen de staten wanneer een situatie aanknopingspunten met het buitenland bevat.

46. In casu blijkt uit de stukken dat Gerritse, die in Nederland woont, slechts een klein gedeelte van zijn totale inkomen in Duitsland heeft ontvangen.

47. Derhalve rijst de vraag of het objectieve verschil tussen de situatie van een dergelijke niet-ingezetene en die van een ingezetene het discriminerende karakter kan wegnemen van een nationale regeling als die in het hoofdgeding, waarin over de inkomsten van niet-ingezetenen een aan de bron ingehouden definitieve belasting wordt geheven tegen een uniform tarief van 25%, terwijl de inkomsten van ingezetenen worden belast volgens een progressief tarief met toepassing van een belastingvrije som.

48. Wat de belastingvrije som betreft, is het gerechtvaardigd om dit voordeel voor te behouden aan personen die het voornaamste deel van hun belastbare inkomen in de staat van belastingheffing hebben verworven, dus in de regel ingezetenen. Zoals het Finanzgericht Berlin, de Finse regering en de Commissie hebben beklemtoond, dient de belastingvrije som immers een sociaal doel in zoverre zij de mogelijkheid biedt om de belastingplichtige een bestaansminimum volledig vrij van inkomstenbelasting te waarborgen.

49. Een beperkt belastingplichtige die het voornaamste deel van zijn inkomen in Duitsland heeft verworven en voldoet aan een van de twee in punt 7 van dit arrest genoemde voorwaarden, wordt volgens de in het hoofdgeding betrokken nationale regeling precies zo belast als een onbeperkt belastingplichtige, aangezien op zijn inkomsten een progressief tarief met een belastingvrije som wordt toegepast.

50. Dit is echter niet het geval bij Gerritse.

51. In antwoord op een vraag van het Hof heeft de Nederlandse regering gepreciseerd dat in een geval als in het hoofdgeding de belastingplichtige in Nederland, de woonstaat, in aanmerking kan komen voor de belastingvrije som, die van het wereldinkomen wordt afgetrokken. Met andere woorden, Gerritse zou in zijn woonstaat, die in beginsel rekening moet houden met zijn persoonlijke en gezinssituatie, een voordeel ontvangen dat vergelijkbaar is met het voordeel dat hij in Duitsland opeist.

52. Wat betreft de toepassing op niet-ingezetenen van een forfaitair belastingtarief van 25%, terwijl voor ingezetenen een progressief tarief geldt, moet worden gepreciseerd dat, zoals door de Commissie is opgemerkt, op grond van de bilaterale overeenkomst Nederland als woonstaat de inkomsten waarover Duitsland belasting mag heffen, overeenkomstig de progressieregel opneemt in de heffingsgrondslag. Nederland houdt niettemin rekening met de in Duitsland ingehouden belasting, door van de Nederlandse belasting een gedeelte af te trekken dat overeenkomt met de verhouding tussen de in Duitsland belaste inkomsten en het wereldinkomen.

53. Dat betekent dat niet-ingezetenen en ingezetenen wat de progressieregel betreft in een vergelijkbare situatie verkeren, zodat toepassing van een hoger belastingtarief voor eerstgenoemden dan voor laatstgenoemden en voor met hen gelijkgestelde belastingplichtigen een door het gemeenschapsrecht, in het bijzonder door artikel 60 van het Verdrag, verboden indirecte discriminatie zou zijn (zie naar analogie arrest Asscher, reeds aangehaald, punt 49).

54. Het staat aan de verwijzende rechter om in casu na te gaan of het op de inkomsten van Gerritse toegepaste belastingtarief van 25% hoger is dan het percentage dat uit de toepassing van het progressieve tarief zou voortvloeien. Teneinde vergelijkbare situaties te kunnen vergelijken moet in dit verband, zoals de Commissie terecht heeft opgemerkt, bij de door de betrokkene in Duitsland ontvangen zuivere inkomsten een bedrag worden opgeteld overeenkomend met de belastingvrije som. Volgens de Commissie, die deze berekening heeft gemaakt, zou toepassing van het progressieve tarief in een geval als het onderhavige leiden tot een belastingpercentage van 26,5%, wat hoger is dan de werkelijk opgelegde heffing.

55. Gelet op het voorgaande moet het Finanzgericht Berlin worden geantwoord als volgt:

– de artikelen 59 en 60 van het Verdrag verzetten zich tegen een nationale regeling als die in het hoofdgeding, waarin als algemene regel bij de belastingheffing van niet-ingezetenen rekening wordt gehouden met de onzuivere inkomsten zonder aftrek van beroepskosten, terwijl ingezetenen worden belast naar hun zuivere inkomsten na aftrek van die kosten;

– die artikelen verzetten zich daarentegen niet tegen die regeling, voorzover daarin als algemene regel over de inkomsten van niet-ingezetenen een aan de bron ingehouden definitieve belasting wordt geheven tegen een uniform tarief van 25%, terwijl de inkomsten van ingezetenen worden belast volgens een progressief tarief met toepassing van een belastingvrije som, mits het belastingpercentage van 25% niet hoger is dan het percentage dat voor de betrokkene daadwerkelijk zou resulteren bij toepassing van het progressieve tarief op de zuivere inkomsten, vermeerderd met een bedrag overeenkomend met de belastingvrije som.

Kosten

56. ...

HET HOF VAN JUSTITIE (Vijfde kamer)

uitspraak doende op de door Finanzgericht Berlin bij beschikking van 28 mei 2001 gestelde vraag, verklaart voor recht:

1. **De artikelen 59 EG-Verdrag (thans, na wijziging, artikel 49 EG) en 60 EG-Verdrag (thans artikel 50 EG) verzetten zich tegen een nationale regeling als die in het hoofdgeding, waarin als algemene regel bij de belastingheffing van niet-ingezetenen rekening wordt gehouden met de onzuivere inkomsten zonder aftrek van beroepskosten, terwijl ingezetenen worden belast naar hun zuivere inkomsten na aftrek van die kosten.**

2. **Die artikelen verzetten zich daarentegen niet tegen die regeling, voorzover daarin als algemene regel over de inkomsten van niet-ingezetenen een aan de bron ingehouden definitieve belasting wordt geheven tegen een uniform tarief van 25%, terwijl de inkomsten van ingezetenen worden belast volgens een progressief tarief met toepassing van een belastingvrije som, mits het belastingpercentage van 25% niet hoger is dan het percentage dat voor de betrokkene daadwerkelijk zou resulteren bij toepassing van het progressieve tarief op de zuivere inkomsten, vermeerderd met een bedrag overeenkomend met de belastingvrije som.**

HvJ EG 26 juni 2003, zaak C-422/01 (Försäkringsaktiebolaget Skandia (publ), Ola Ramstedt v. Riksskatteverket)

Vijfde kamer: *M. Wathelet (rapporteur), kamerpresident, C. W. A. Timmermans, A. La Pergola, P. Jann en A. Rosas, rechters*

Advocaat-generaal: *P. Léger*

Samenvatting arrest *(VN 2003/36.9)*

Het Hof van Justitie van de Europese Gemeenschappen heeft op 26 juni 2003 arrest gewezen in de zaak C-422/01 (Försäkringaktiebolaget Skandia, Ola Ramstedt). In deze procedure stond de vraag centraal of het Zweedse belastingstelsel met betrekking tot aanvullende pensioenverzekering, dat voorziet in een verschil in behandeling bij afsluiting van een dergelijke verzekering in Zweden en daarbuiten, verenigbaar is met art. 49 EG-Verdrag.

Belanghebbenden, een in Zweden gevestigde onderneming (Skandia) en een in Zweden woonachtige werknemer (Ramstedt), zijn overeengekomen dat Skandia ten behoeve van Ramstedt een aanvullende pensioenverzekering afsluit bij een Deense, Duitse of Britse verzekeringsmaatschappij. Aan de Zweedse Skatterättsämnden (een administratieve commissie voor fiscale vraagstukken) is de vraag voorgelegd of de premies die aan een van deze buiten Zweden gevestigde verzekeringsmaatschappijen door Skandia in aftrek kunnen worden gebracht. Volgens het Skatterättsämnden bestaat geen recht op aftrek op het moment van betaling van de premies. Op het moment dat de verzekeringsmaatschappij tot uitkering overgaat aan Ramstedt bestaat voor Skandia wel recht op aftrek. Wanneer een dergelijke verzekering wordt afgesloten bij een in Zweden gevestigde verzekeraar, zouden de premies wel direct ten laste van het resultaat van Skandia kunnen worden gebracht. Naar aanleiding van het antwoord van het Skatterättsämnden hebben belanghebbenden beroep ingesteld bij Regeringsrätten.

Regeringsrätten merkte op dat de regeling voor aanvullende pensioenverzekeringen afgesloten bij buiten Zweden gevestigde verzekeringsmaatschappijen zowel gunstiger als ongunstiger kan uitpakken in vergelijking met een aanvullende pensioenverzekering afgesloten bij een in Zweden gevestigde verzekeringsmaatschappij. Regeringsrätten heeft het Hof van Justitie van de Europese Gemeenschappen (HvJ EG) een prejudiciële vraag gesteld. In zijn arrest geeft het HvJ EG aan dat art. 49 EG-Verdrag zich ertegen verzet dat een verzekering die wordt afgesloten bij een verzekeraar die is gevestigd in een andere EU-lidstaat en die voldoet aan alle wettelijke voorwaarden die onder de nationale wetgeving gelden voor een aanvullende pensioenverzekering, voor de belastingheffing anders wordt behandeld, met gevolgen voor de inkomstenbelasting die onder omstandigheden ongunstiger kunnen zijn.

HET HOF VAN JUSTITIE (Vijfde kamer)

verklaart voor recht:

Artikel 49 EG verzet zich ertegen dat een verzekering die bij een in een andere lidstaat gevestigde verzekeraar wordt afgesloten en voldoet aan alle voorwaarden die het nationale recht voor een aanvullende pensioenverzekering stelt, behalve aan de voorwaarde dat zij bij een op het nationale grondgebied gevestigde verzekeraar is afgesloten, uit fiscaal oogpunt anders wordt behandeld, met gevolgen voor de inkomstenbelasting die, naar gelang van de omstandigheden van het geval, ongunstiger kunnen zijn.

HvJ EG 18 september 2003, zaak C-168/01 (Bosal Holding BV en Staatssecretaris van Financiën)

Bosal Holding BV heeft dochters in negen andere EU-lidstaten. Naar Nederlands belastingrecht waren (financierings)kosten terzake van deze deelnemingen niet aftrekbaar terwijl dergelijke kosten met betrekking tot dochters die in Nederland winst behalen wel aftrekbaar waren.

HvJ EG: Dit onderscheid is in strijd met de vestigingsvrijheid. Terwijl onder art. 4.2 van de Moeder-dochter Richtlijn een lidstaat vrij is de aan een deelneming toerekenbare niet-aftrekbare kosten te forfaiteren (tot max. 5% van het ontvangen dividend), mag een aftrekbeperking niet worden gedifferentieerd naar het al dan niet in Nederland behalen van winst. De aangevoerde rechtvaardigingen (territorialiteit, fiscale cohesie, verlies belastingopbrengst) snijden geen hout.

Vijfde kamer: *M. Wathelet, kamerpresident, C. W. A. Timmermans, D. A. O. Edward (rapporteur), P. Jann en S. von Bahr, rechters*

Advocaat-generaal: *S. Alber*

1. Bij arrest van 11 april 2001, ingekomen bij het Hof op 19 april daaraanvolgend, heeft de Hoge Raad der Nederlanden krachtens 234 EG twee prejudiciële vragen gesteld over de uitlegging van de artikelen 52 EG-Verdrag (thans, na wijziging, artikel 43 EG) en 58 EG-Verdrag (thans artikel 48 EG), alsmede van richtlijn 90/435/EEG van de Raad van 23 juli 1990 betreffende de gemeenschappelijke fiscale regeling voor moedermaatschap pijen en dochterondernemingen uit verschillende lidstaten (*PB* L 225, blz. 6, hierna: richtlijn).

2. Deze vragen zijn gerezen in een geding tussen Bosal Holding BV (hierna: Bosal), een in Nederland gevestigde besloten vennootschap, en de Inspecteur van de Belastingdienst/Grote ondernemingen Arnhem (hierna: Inspecteur), ter zake van de weigering van laatstgenoemde om Bosal toe te staan, met betrekking tot het belastingjaar 1993 haar belastbare winst te verminderen met een bedrag van 3 969 339 NLG, welk bedrag overeenkomt met de kosten die verband houden met haar deelnemingen in haar in andere lidstaten gevestigde dochterondernemingen.

Rechtskader

De communautaire regelgeving

3. Artikel 52, eerste alinea, van het Verdrag luidt:

   'In het kader van de volgende bepalingen worden de beperkingen van de vrijheid van vestiging voor onderdanen van een lidstaat op het grondgebied van een andere lidstaat tijdens de overgangsperiode geleidelijk opgeheven. Deze geleidelijke opheffing zal eveneens betrekking hebben op beperkingen betreffende de oprichting van agentschappen, filialen of dochterondernemingen door de onderdanen van een lidstaat die op het grondgebied van een lidstaat zijn gevestigd.'

4. Artikel 58, eerste alinea, van het Verdrag bepaalt:

   'De vennootschappen welke in overeenstemming met de wetgeving van een lidstaat zijn opgericht en welke hun statutaire zetel, hun hoofdbestuur of hun hoofdvestiging binnen de Gemeenschap hebben, worden voor de toepassing van de bepalingen van dit hoofdstuk gelijkgesteld met de natuurlijke personen die onderdaan zijn van de lidstaten.'

5. De derde overweging van de considerans van de richtlijn bepaalt het volgende:

   'Overwegende dat de huidige fiscale voorschriften voor de betrekkingen tussen moedermaatschappijen en dochterondernemingen uit verschillende lidstaten van land tot land aanzienlijke verschillen vertonen en in het algemeen minder gunstig zijn dan de voorschriften voor de betrekkingen tussen moedermaatschappijen en dochterondernemingen van dezelfde lidstaat; dat de samenwerking tussen vennootschappen van verschillende lidstaten hierdoor benadeeld wordt ten opzichte van de samenwerking tussen vennootschappen van dezelfde lidstaat; dat deze benadeling moet worden opgeheven door invoering van een gemeenschappelijke regeling en dat hergroeperingen van vennootschappen op communautair niveau aldus vergemakkelijkt moeten worden.'

6. Artikel 1 van de richtlijn luidt:

   '1. Elke lidstaat past deze richtlijn toe:

   – op uitkeringen van winst die door vennootschappen van deze staat zijn ontvangen van hun dochterondernemingen uit andere lidstaten;

   – op winst die door vennootschappen van deze staat is uitgekeerd aan vennootschappen van andere lidstaten, waarvan zij dochteronderneming zijn.

2. Deze richtlijn vormt geen beletsel voor de toepassing van nationale of verdragsrechtelijke voorschriften ter bestrijding van fraude en misbruiken.'

7. Artikel 4 van de richtlijn luidt als volgt:

'1. Wanneer een moedermaatschappij als deelgerechtigde van haar dochteronderneming uitgekeerde winst ontvangt, anders dan bij de liquidatie van de dochteronderneming, moet de lidstaat van de moedermaatschappij:
- ofwel zich onthouden van het belasten van deze winst;
- ofwel de winst belasten, maar in dat geval de moedermaatschappij toestaan dat gedeelte van de belasting van de dochteronderneming dat op deze winst betrekking heeft van haar eigen belasting af te trekken en, in voorkomend geval, het bedrag dat, ingevolge de uitzonderingsbepalingen van artikel 5, door de lidstaat waar de dochteronderneming gevestigd is aan de bron is ingehouden, zulks binnen de grenzen van het bedrag van de overeenstemmende nationale belasting.

2. Iedere lidstaat blijft evenwel bevoegd om te bepalen dat lasten die betrekking hebben op de deelneming en waardeverminderingen die voortvloeien uit de uitkering van de winst van de dochteronderneming, niet aftrekbaar zijn van de belastbare winst van de moedermaatschappij. Indien in dit geval de kosten van beheer met betrekking tot de deelneming forfaitair worden vastgesteld, mag het forfaitaire bedrag niet meer dan 5% bedragen van de door de dochteronderneming uitgekeerde winst.

3. Lid 1 is van toepassing tot de datum van daadwerkelijke toepassing van een gemeenschappelijk stelsel van vennootschapsbelasting.

De Raad stelt te zijner tijd de vanaf de in de eerste alinea bedoelde datum geldende bepalingen vast.'

De nationale regelgeving

8. Artikel 13, lid 1, van de Wet op de vennootschapsbelasting 1969, in de versie van 1993 (hierna: wet van 1969), bepaalt:

'Bij het bepalen van de winst blijven buiten aanmerking voordelen uit hoofde van een deelneming, alsmede kosten welke verband houden met een deelneming, tenzij blijkt dat deze kosten middellijk dienstbaar zijn aan het behalen van in Nederland belastbare winst (deelnemingsvrijstelling). Tot de kosten worden in elk geval gerekend de renten en kosten van de geldleningen welke zijn aangegaan in de zes maanden voorafgaande aan de verwerving van de deelneming, behoudens voorzover aannemelijk is dat die leningen zijn aangegaan voor een ander doel dan de verwerving van de deelneming.'

Het hoofdgeding en de prejudiciële vragen

9. Bosal is een vennootschap die houdster-, financierings- en licentie/royaltyactiviteiten verricht en die als belastingplichtige is onderworpen aan de Nederlandse vennootschapsbelasting. Met betrekking tot het belastingjaar 1993 heeft zij kosten ten bedrage van 3 969 339 NLG aangegeven in verband met de financiering van haar deelnemingen in vennootschappen die in negen andere lidstaten zijn gevestigd. In een aanvulling op haar aangifte met betrekking tot het betrokken belastingjaar heeft Bosal om aftrek van deze kosten van haar eigen winst verzocht.

10. De Inspecteur heeft geweigerd de gevraagde aftrek toe te staan en het Gerechtshof te Arnhem, waarbij Bosal beroep heeft ingesteld tegen de afwijzing van haar bezwaar, heeft de Inspecteur in het gelijk gesteld. Bosal heeft daarop beroep in cassatie ingesteld bij de verwijzende rechter.

11. Van oordeel dat voor de oplossing van het geschil een uitlegging van het gemeenschapsrecht nodig is, heeft de Hoge Raad der Nederlanden de behandeling van de zaak geschorst en het Hof de volgende prejudiciële vragen voorgelegd:

'1. Verzet artikel 52 juncto artikel 58 EG-Verdrag [...] of enige andere regel van EG-recht zich ertegen dat een lidstaat een aan belastingheffing in die lidstaat onderworpen moedervennootschap alleen dan aftrek verleent van lasten die betrekking hebben op een door haar gehouden deelneming indien de desbetreffende dochtervennootschap winst behaalt die in de lidstaat van vestiging van de moedervennootschap aan belasting is onderworpen?

2. Maakt het voor het antwoord op vraag 1 verschil of de desbetreffende lidstaat ingeval de dochtervennootschap wel en de moedervennootschap niet in die lidstaat is onderworpen aan belasting naar de winst, bij het heffen van belasting van de dochtervennootschap al dan niet rekening houdt met de bedoelde lasten?'

De prejudiciële vragen

12. Met zijn vragen, die tezamen moeten worden onderzocht, wenst de verwijzende rechter in wezen te vernemen of het gemeenschapsrecht zich verzet tegen een nationale bepaling op grond waarvan voor de belasting op de winst van een in een lidstaat gevestigde moedermaatschappij, de kosten welke verband houden met de deelne-

ming van deze maatschappij in het kapitaal van een in een andere lidstaat gevestigde dochteronderneming slechts mogen worden afgetrokken indien dergelijke kosten middellijk dienstbaar zijn aan het behalen van winst die in de lidstaat van vestiging van de moedermaatschappij belastbaar is.

13. Allereerst dient te worden opgemerkt dat blijkens de schriftelijke opmerkingen van de Nederlandse regering de in artikel 13, lid 1, van de wet van 1969 opgenomen mogelijkheid om kosten van deelnemingen af te trekken van de belastbare winst van de moedervennootschap, uitsluitend afhangt van de vraag of deze kosten middellijk dienstbaar zijn aan het behalen van in Nederland belastbare winst, zonder dat vereist is dat deze winst wordt behaald door dochterondernemingen die zelf in deze lidstaat zijn gevestigd of, indien zij in het buitenland zijn gevestigd, in Nederland een vaste inrichting hebben. Een in Nederland gevestigde moeder-vennootschap heeft derhalve het recht om van haar in dit land belastbare winst de kosten af te trekken die verband houden met de financiering van haar deelnemingen in aldaar gevestigde dochterondernemingen of in dochterondernemingen die in andere lidstaten zijn gevestigd, maar in Nederland een vaste inrichting hebben.

14. De Hoge Raad der Nederlanden merkt op dat de voor aftrekbaarheid gestelde eis dat genoemde kosten dienstbaar zijn aan het behalen van in de lidstaat van vestiging van de moedervennootschap belastbare winst, een belemmering van de vrijheid van vestiging vormt, aangezien de beslissing van een moedervennootschap om in een andere lidstaat een dochteronderneming op te richten er negatief door kan worden beïnvloed. Hij vraagt zich echter af of deze belemmering kan worden gerechtvaardigd met het oog op de noodzaak de samenhang van het Nederlandse belastingstelsel te waarborgen.

15. Hij geeft in dit verband aan dat de behandeling van enerzijds de deelnemingskosten en anderzijds de belastbare winst systematische samenhang ontbeert en wel om drie redenen. In de eerste plaats kunnen deze kosten in mindering worden gebracht op de winst van de Nederlandse moedervennootschap ongeacht de omvang van de winst van de dochteronderneming, zelfs indien deze laatste in het desbetreffende jaar geen winst heeft behaald. In de tweede plaats hebben de deelnemingskosten, wanneer de dochteronderneming winst behaalt maar de moedervennootschap daarentegen niet, geconsolideerd bezien geen invloed op de belasting van de winst van de dochteronderneming. Tot slot zijn deelnemingskosten die middellijk dienstbaar zijn aan het behalen van in Nederland belastbare winst, niet aftrekbaar wanneer deze winst wordt behaald door een Nederlandse dochteronderneming van een buitenlandse moedervennootschap.

16. Bosal betoogt dat de wet van 1969, door de aftrek van de kosten van deelnemingen slechts toe te staan wanneer zij dienstbaar zijn aan het behalen van in Nederland belastbare winst, de uitoefening van de vrijheid van vestiging beperkt aangezien zij het oprichten van dochterondernemingen in een andere lidstaat afremt. De mogelijkheid die de richtlijn de lidstaten biedt om de aftrekbaarheid van de kosten van deelneming in het kapitaal van een dochteronderneming niet toe te staan, mag derhalve niet enkel worden gebruikt voor deel-nemingen in dochterondernemingen die geen winst behalen die in de lidstaat van vestiging van de moedervennootschap belastbaar is, maar moet worden toegepast op alle deelnemingen, ook wanneer deze, middellijk of onmiddellijk, in genoemde lidstaat belastbare winst opleveren.

17. De Nederlandse regering en de regering van het Verenigd Koninkrijk alsook de Commissie zijn daaren-tegen van mening dat de wet van 1969 niet in strijd is met het gemeenschapsrecht, omdat zij geen beperking van de vrijheid van vestiging bevat of omdat, gesteld dat er van een eventuele beperking sprake is, deze hoe dan ook objectief gerechtvaardigd is.

18. Allereerst bevinden zich volgens de Nederlandse regering dochterondernemingen van in Nederland gevestigde moedermaatschappijen welke in deze lidstaat belastbare winst behalen en die welke dit niet doen, zich niet in een objectief vergelijkbare situatie. Om aan te tonen dat er een groot verschil bestaat tussen dochter-ondernemingen al naar gelang zij al of niet activiteiten in het buitenland verrichten, beroept deze regering zich op het territorialiteitsbeginsel. In het eerste geval is niet de gehele door het betrokken concern behaalde winst aan de Nederlandse belasting onderworpen, terwijl dat in het tweede geval wel zo is. Dit verschil in situatie tussen dochterondernemingen van in Nederland gevestigde moedermaatschappijen rechtvaardigt een verschil in behandeling van deze moedermaatschappijen met betrekking tot de kosten die verband houden met de deelnemingen van deze maatschappijen in het kapitaal van dergelijke dochterondernemingen.

19. In de tweede plaats merken de Nederlandse regering en de regering van het Verenigd Koninkrijk alsook de Commissie op, dat de omstandigheid dat moedermaatschappijen die geen dochterondernemingen hebben die in Nederland belastbare winst behalen, van hun in die lidstaat belastbare winst niet de kosten van financiering van hun deelnemingen in het kapitaal van hun dochterondernemingen kunnen aftrekken, in ieder geval wordt gerechtvaardigd door de noodzaak de samenhang van het Nederlandse belastingstelsel te handhaven (zie arresten van 28 januari 1992, Bachmann, C-204/90, *Jurispr.* blz. I-249, en Commissie/België, C-300/90, *Jurispr.* blz. I-305). Er bestaat immers een rechtstreeks verband tussen enerzijds de kosten die verband houden met de deelneming van de moedermaatschappij in het kapitaal van de dochteronderneming en anderzijds de in Nederland belastbare winst van deze laatste, welke winst door deze kosten vóór de aftrek daarvan kan worden behaald.

20. In de derde plaats zijn de Nederlandse regering en de Commissie van mening dat de beperking van de aftrekbaarheid van de deelnemingskosten wordt gerechtvaardigd door het streven, een uitholling van de belastinggrondslag te voorkomen die verder gaat dan een loutere vermindering van de belastingopbrengst.

21. Ten slotte merken de Nederlandse regering en de regering van het Verenigd Koninkrijk alsook de Commissie op, dat de wet van 1969 verenigbaar is met de richtlijn aangezien het de lidstaten krachtens artikel 4 van deze laatste vrij staat om te bepalen dat de deelnemingskosten in het geheel niet aftrekbaar zijn van de belastbare winst van de moedermaatschappij. Dit houdt in dat de lidstaten ook de mogelijkheid hebben de aftrekbaarheid van dergelijke kosten gedeeltelijk uit te sluiten.

22. Met betrekking tot dit laatste punt zij allereerst eraan herinnerd dat de richtlijn, zoals met name blijkt uit de derde overweging van haar considerans, tot doel heeft de benadeling op te heffen die het gevolg is van het feit dat de fiscale bepalingen voor de betrekkingen tussen moedermaatschappijen en dochterondernemingen uit verschillende lidstaten in het algemeen minder gunstig zijn dan die welke van toepassing zijn op de betrekkingen tussen moedermaatschappijen en dochterondernemingen uit eenzelfde lidstaat, en aldus de hergroepering van vennootschappen op gemeenschapsniveau te vergemakkelijken (zie arrest van 4 oktober 2001, Athinaïki Zythopoiïa, C-294/99, *Jurispr.* blz. I-6797, punt 25).

23. Met betrekking tot de specifieke vraag betreffende de fiscale behandeling van de kosten die verband houden met de deelneming van een in een lidstaat gevestigde moedermaatschappij in het kapitaal van een in een andere lidstaat gevestigde dochteronderneming, kent artikel 4, lid 2, van de richtlijn iedere lidstaat de bevoegdheid toe te bepalen, dat lasten die betrekking hebben op deze deelneming niet aftrekbaar zijn van de belastbare winst van de moedermaatschappij.

24. Terwijl krachtens artikel 4, lid 3, van de richtlijn, lid 1 van dit artikel uitsluitend van toepassing is tot de datum van daadwerkelijke toepassing van een gemeenschappelijk stelsel van vennootschapsbelasting, is aan artikel 4, lid 2, dat de lidstaten de bevoegdheid geeft, aftrek van de deelnemingskosten van de belastbare winst van de moedervennootschap niet toe te staan, aan geen voorwaarde of bijzondere regel gekoppeld ter zake van de bestemming of het doel van de winst die de moedermaatschappij of haar dochteronderneming heeft behaald of ter zake van de toepasselijkheid van deze bepaling in de tijd. Deze bepaling blijft derhalve ook na de daadwerkelijke invoering van een gemeenschappelijk stelsel van vennootschapsbelasting van toepassing.

25. Daaruit volgt dat artikel 13, lid 1, van de wet van 1969 verenigbaar is met de richtlijn voorzover het slechts uitvoering geeft aan de in artikel 4, lid 2, van de richtlijn geboden mogelijkheid, aftrek van de kosten van deelneming van moedervennootschappen in het kapitaal van hun dochterondernemingen niet toe te staan.

26. Van deze mogelijkheid kan evenwel slechts gebruik worden gemaakt met inachtneming van de fundamentele verdragsbepalingen, in casu artikel 52 van het Verdrag. In het licht van deze bepaling moet dus worden onderzocht of een lidstaat de aftrekbaarheid van de deelnemingskosten krachtens de richtlijn ook slechts gedeeltelijk mag toestaan, zoals het geval is met artikel 13, lid 1, van de wet van 1969.

27. Zoals de verwijzende rechter heeft opgemerkt, belemmert artikel 13, lid 1, van de wet van 1969 de oprichting van dochterondernemingen in andere lidstaten, voorzover het de aftrekbaarheid van de kosten van deelneming van de in Nederland gevestigde moedervennootschap in het kapitaal van in andere lidstaten gevestigde dochterondernemingen enkel toestaat ingeval deze laatste middellijk winst opleveren die in Nederland belastbaar is. Gelet op deze beperking zou een moedervennootschap immers ervan kunnen worden weerhouden haar activiteiten uit te oefenen via een in een andere lidstaat gevestigde dochteronderneming, aangezien dergelijke dochterondernemingen in het algemeen geen winst zullen behalen die in Nederland belastbaar is.

28. Een dergelijke beperking druist bovendien in tegen het doel van de richtlijn zoals uiteengezet in de derde overweging van de considerans, volgens welke een gemeenschappelijke regeling moet worden ingevoerd en de benadeling moet worden opgeheven welke erin bestaat dat voor de betrekkingen tussen moedermaatschappijen en dochterondernemingen uit verschillende lidstaten fiscale voorschriften worden toegepast die minder gunstig zijn dan die welke voor de betrekkingen tussen moedervennootschappen en dochterondernemingen uit dezelfde lidstaat gelden.

29. Met betrekking tot het argument dat de samenhang van het belastingstelsel moet worden gehandhaafd, heeft het Hof er in zijn arrest van 6 juni 2000, Verkooijen (C-35/98, *Jurispr.* blz. I-4071, punt 57), aan herinnerd dat in de zaken die tot de reeds aangehaalde arresten Bachmann en Commissie/België hebben geleid, een rechtstreeks verband bestond tussen de toekenning van een fiscaal voordeel en de compensatie van dit voordeel door een fiscale heffing, daar beide in het kader van dezelfde belasting hadden plaatsvonden en dezelfde belastingplichtige betroffen.

30. Wanneer dat rechtstreekse verband ontbreekt omdat het bijvoorbeeld om afzonderlijke belastingheffingen gaat of om een fiscale behandeling van verschillende belastingplichtigen, kan het argument van de samenhang van het belastingstelsel niet worden aangevoerd (zie in die zin arrest van 13 april 2000, Baars, C-251/98, *Jurispr.* blz. I-2787, punt 40).

31. In het hoofdgeding ontbreekt een dergelijk rechtstreeks verband. Er bestaat immers geen enkel rechtstreeks verband tussen enerzijds de toekenning aan in Nederland gevestigde moedermaatschappijen van een fiscaal voordeel (het recht om de kosten van deelneming in het kapitaal van dochterondernemingen van hun belastbare winst af te trekken) en anderzijds de belastingregeling voor dochterondernemingen van moedermaatschappijen wanneer deze in deze lidstaat zijn gevestigd.

32. In tegenstelling tot filialen of nevenvestigingen zijn moedermaatschappijen en hun dochterondernemingen gescheiden rechtspersonen, die elk aan een eigen belastingheffing zijn onderworpen, zodat een rechtstreeks verband in het kader van een zelfde belastingheffing ontbreekt en het argument inzake de samenhang van het belastingstelsel niet kan worden aangevoerd.

33. Overigens moet worden vastgesteld dat de beperking van de aftrekbaarheid van de kosten van deelneming van de in Nederland gevestigde moedermaatschappij in het kapitaal van de in andere lidstaten gevestigde dochterondernemingen, niet wordt gecompenseerd doordat daar een voordeel tegenover staat. Deze beperking heeft kennelijk tot gevolg dat met kosten die normalerwijze aftrekbaar hadden moeten zijn, bij de berekening van de hoogte van de belasting geen rekening wordt gehouden.

34. Deze te hoge belasting vindt geen rechtvaardiging in de noodzaak, de fiscale samenhang te behouden.

35. Bovendien bestaat er evenmin een rechtstreeks verband tussen de kosten die een moedermaatschappij van haar in Nederland belastbare winst kan aftrekken en de eventuele belastbare winst van haar dochteronderneming die in deze lidstaat gevestigd is of van de vaste Nederlandse vestiging van haar buitenlandse dochteronderneming. In dit verband blijkt uit het verwijzingsarrest dat de deelnemingskosten kunnen worden afgetrokken van de winst van een dergelijke moedermaatschappij, zonder dat rekening wordt gehouden met de omvang van de winst van de dochteronderneming, zelfs wanneer deze laatste in het betrokken jaar geen winst heeft behaald.

36. Zoals de verwijzende rechter en de Commissie hebben opgemerkt, kunnen overigens vraagtekens worden gesteld bij de samenhang van een belastingstelsel dat ervan uitgaat dat binnen eenzelfde concern een verband bestaat tussen de deelnemingskosten en de aanwezigheid van in Nederland belastbare winst, aangezien dochterondernemingen van in andere lidstaten gevestigde moedermaatschappijen de deelnemingskosten van deze moedervennootschappen niet van hun in Nederland belastbare winst kunnen aftrekken.

37. De Nederlandse regering heeft ter rechtvaardiging van het verschil in fiscale behandeling op grond van de wet van 1969 ook een argument aangevoerd dat is ontleend aan het territorialiteitsbeginsel, zoals dit door het Hof is erkend in het arrest van 15 mei 1997, Futura Participations en Singer (C-250/95, *Jurispr.* blz. I-2471, punt 22). De kosten die verband houden met activiteiten in het buitenland, met inbegrip van de financierings- of deelnemingskosten, moeten immers worden toegerekend aan de winst die met genoemde activiteiten is behaald, en de beperking van de aftrekbaarheid van genoemde kosten is uitsluitend gekoppeld aan het al of niet behalen van winst buiten Nederland. Volgens de Nederlandse regering is derhalve geen sprake van discriminatie, aangezien dochterondernemingen die in Nederland belastbare winst behalen en dochterondernemingen die dat niet doen, niet vergelijkbaar zijn.

38. In dit verband moet erop gewezen worden dat de toepassing van het territorialiteitsbeginsel in het reeds aangehaalde arrest Futura Participations en Singer, betrekking had op de heffing van belasting van één belastingplichtige, die activiteiten uitoefende in de lidstaat waar hij zijn voornaamste vestiging had alsook in andere lidstaten vanuit nevenvestigingen.

39. Gelet op de feiten in het hoofdgeding en zoals de advocaat-generaal in de punten 50 en 51 van zijn conclusie heeft opgemerkt, is het argument dat het verschil in fiscale behandeling van de moedermaatschappijen gerechtvaardigd is doordat dochterondernemingen die in Nederland belastbare winst behalen en die welke dat niet doen, zich niet in vergelijkbare situaties bevinden, irrelevant. De moedermaatschappijen worden immers verschillend behandeld al naar gelang zij al dan niet over dochterondernemingen beschikken die in Nederland belastbare winst behalen, ook al zijn al deze moedermaatschappijen in deze lidstaat gevestigd. Aangaande de fiscale positie van deze maatschappijen met betrekking tot de winst van hun dochterondernemingen moet worden vastgesteld, dat die winst bij de moedermaatschappijen niet belastbaar is, of zij nu afkomstig is van in Nederland belastingplichtige dochterondernemingen of van andere dochterondernemingen.

40. Bovendien heeft het Hof, in een geval waarin het ging om een voor een dochteronderneming geldende belastingregeling die verschilde al naar gelang de zetel van de moedermaatschappij, geoordeeld dat het verschil in belastingregeling waaraan de moedermaatschappijen zijn onderworpen al naar gelang zij binnen of buiten het Verenigd Koninkrijk gevestigd zijn, niet kan rechtvaardigen dat in het Verenigd Koninkrijk gevestigde dochterondernemingen van in een andere lidstaat gevestigde moedermaatschappijen een fiscaal voordeel wordt onthouden waarop in het Verenigd Koninkrijk gevestigde dochterondernemingen van eveneens in deze lidstaat gevestigde moedermaatschappijen wel aanspraak kunnen maken. De winst van al deze dochterondernemingen is immers onderworpen aan de mainstream corporation tax (algemene vennootschapsbelasting), onafhankelijk van de plaats van vestiging van hun moedermaatschappij (arrest van 8 maart 2001, Metallgesellschaft e.a., C-397/98 en

C-410/98, *Jurispr.* blz. I-1727, punt 60).

41. Overigens bevat de richtlijn geen enkele uitzondering met betrekking tot het grondgebied waar de winst van de dochterondernemingen eventueel wordt belast. Onder deze omstandigheden kan de richtlijn niet zo worden uitgelegd als zou zij wetgeving als de wet van 1969 toestaan.

42. Het argument van de Nederlandse regering en de Commissie dat de beperking van de aftrekbaarheid wordt gerechtvaardigd door het doel, een uitholling van de belastinggrondslag te voorkomen die verder gaat dan een loutere vermindering van de belastinginkomsten, faalt. Een dergelijke rechtvaardiging verschilt immers in wezen niet van die betreffende het gevaar van vermindering van de belastinginkomsten. Volgens de rechtspraak van het Hof behoort een dergelijke rechtvaardiging niet tot de in artikel 56, lid 1, EG-Verdrag (thans, na wijziging, artikel 46, lid 1, EG) opgesomde gronden en vormt zij geen dwingende reden van algemeen belang die kan worden ingeroepen ter rechtvaardiging van een beperking van de vrijheid van vestiging (zie in die zin arrest van 16 juli 1998, ICI, C-264/96, *Jurispr.* blz. I-4695, punt 28).

43. Op de gestelde vragen dient derhalve te worden geantwoord dat de richtlijn, uitgelegd in het licht van artikel 52 van het Verdrag, zich verzet tegen een nationale bepaling op grond waarvan voor de belasting op de winst van een in een lidstaat gevestigde moedermaatschappij de kosten welke verband houden met de deelneming van deze maatschappij in het kapitaal van een in een andere lidstaat gevestigde dochteronderneming slechts mogen worden afgetrokken indien dergelijke kosten middellijk dienstbaar zijn aan het behalen van winst die in de lidstaat van vestiging van de moedermaatschappij belastbaar is.

Kosten

44. …

HET HOF VAN JUSTITIE (Vijfde kamer)

uitspraak doende op de door de Hoge Raad der Nederlanden bij arrest van 11 april 2001 gestelde vragen, verklaart voor recht:

Richtlijn 90/435/EEG van de Raad van 23 juli 1990 betreffende de gemeenschappelijke fiscale regeling voor moedermaatschappijen en dochterondernemingen uit verschillende lidstaten, uitgelegd in het licht van artikel 52 EG-Verdrag (thans, na wijziging, artikel 43 EG), verzet zich tegen een nationale bepaling op grond waarvan voor de belasting op de winst van een in een lidstaat gevestigde moedermaatschappij de kosten welke verband houden met de deelneming van deze maatschappij in het kapitaal van een in een andere lidstaat gevestigde dochteronderneming slechts mogen worden afgetrokken indien dergelijke kosten middellijk dienstbaar zijn aan het behalen van winst die in de lidstaat van vestiging van de moedermaatschappij belastbaar is.

HvJ EG 25 september 2003, zaak C-58/01 (Océ van der Grinten NV v. Commissioners of Inland Revenue)

Vijfde kamer: *M. Wathelet (rapporteur), kamerpresident, D. A. O. Edward, A. La Pergola, P. Jann en A. Rosas, rechters*

Advocaat-generaal: *A. Tizzano*

1. Bij beschikking van 6 februari 2001, ingekomen bij het Hof op 12 februari daaraanvolgend, hebben de Special Commissioners of Income Tax (hierna: Commissioners) krachtens artikel 234 EG drie prejudiciële vragen gesteld over de uitlegging van artikel 5, lid 1, van richtlijn 90/435/EEG van de Raad van 23 juli 1990 betreffende de gemeenschappelijke fiscale regeling voor moedermaatschappijen en dochterondernemingen uit verschillende lidstaten (*PB* L 225, blz. 6; hierna: richtlijn), alsmede over de uitlegging en de geldigheid van artikel 7, lid 2, van de richtlijn.

2. Deze drie vragen zijn gerezen in het kader van een procedure ingesteld door Océ van der Grinten NV (hierna: Océ NV), een in Nederland gevestigde vennootschap naar Nederlands recht die het volledige kapitaal bezit van de vennootschap naar Engels recht Océ UK Ltd, tegen Commissioners of Inland Revenue (Britse belastingdienst) over de in het Verenigd Koninkrijk geheven belasting over de winst die haar dochteronderneming haar in de vorm van dividenden heeft uitgekeerd.

Rechtskader

De gemeenschapsregeling

3. Artikel 5, lid 1, van de richtlijn luidt als volgt:

> 'De door een dochteronderneming aan de moedermaatschappij uitgekeerde winst wordt, althans wanneer laatstgenoemde een minimumdeelneming van 25% bezit in het kapitaal van de dochteronderneming, van bronbelasting vrijgesteld.'

4. Artikel 7, lid 2, van de richtlijn bepaalt:

> 'Deze richtlijn laat onverlet de toepassing van nationale of verdragsbepalingen, die gericht zijn op de afschaffing of vermindering van dubbele economische belasting van dividenden, in het bijzonder van de bepalingen betreffende de betaling van belastingkredieten aan de gerechtigde tot de dividenden.'

Het nationale recht

5. Ingevolge de bepalingen van deel I van de Income and Corporation Taxes Act 1988 (wet van 1988 op de inkomsten- en vennootschapsbelasting; hierna: ICTA) is elke in het Verenigd Koninkrijk gevestigde vennootschap alsook elke buiten het Verenigd Koninkrijk gevestigde vennootschap die via een filiaal of agentschap een economische activiteit uitoefent in het Verenigd Koninkrijk, belastingplichtig voor de vennootschapsbelasting (corporation tax) (Sections 8 en 11 van de ICTA).

6. Vennootschapsbelasting wordt geheven over de door een vennootschap in een boekjaar behaalde winst (Sections 6, lid 1, en 8, leden 1 en 3, van de ICTA). Een boekjaar beslaat in de regel twaalf maanden (Section 12 van de ICTA).

Voorheffing op de vennootschapsbelasting

7. Volgens het in 1992 en 1993 geldende belastingstelsel is elke in het Verenigd Koninkrijk gevestigde vennootschap die overgaat tot bepaalde uitkeringen, zoals de betaling van dividenden aan de aandeelhouders, verplicht om een voorheffing op de vennootschapsbelasting (advance corporation tax; hierna: ACT) te voldoen over het bedrag of de waarde van de uitkering (Section 14 van de ICTA). Bedraagt het tarief van de ACT 25 percent en de uitkering 4 000 GBP, dan is de verschuldigde ACT dus 1 000 GBP.

8. Het belastingstelsel is sindsdien gewijzigd – de ACT is met ingang van 6 april 1999 ingetrokken bij Section 31 van de Finance Act 1998 – maar deze wijzigingen zijn niet van belang voor het hoofdgeding.

9. Elke vennootschap moet in beginsel per kwartaal aangifte doen van het bedrag van alle in deze periode verrichte uitkeringen, met vermelding van de ter zake verschuldigde ACT. Binnen veertien dagen na afloop van het kwartaal waarin de uitkering is gedaan, moet de ACT hierover worden voldaan (bijlage 13, leden 1 en 3, van de ICTA). De ACT moet dus geruime tijd vóór de algemene vennootschapsbelasting – waarmee zij kan worden verrekend – worden voldaan, aangezien laatstbedoelde belasting negen maanden en een dag na afsluiting van het boekjaar verschuldigd wordt.

10. Een vennootschap die ACT heeft afgedragen ter zake van een uitkering in een bepaald boekjaar, kan ingevolge de Sections 239 en 240 van de ICTA in beginsel, onverminderd het recht van afstand van die vennootschap, kiezen tussen ofwel verrekening van de ACT met de over dat boekjaar verschuldigde algemene vennootschapsbelasting, ofwel overheveling van de ACT naar haar dochtermaatschappijen, die deze kunnen verrekenen met het door hen aan algemene vennootschapsbelasting verschuldigde bedrag.

11. Een in het Verenigd Koninkrijk gevestigde vennootschap is geen vennootschapsbelasting verschuldigd over dividenden of andere uitkeringen die zij van een eveneens in het Verenigd Koninkrijk gevestigde vennootschap ontvangt (Section 208 van de ICTA). Keert een in het Verenigd Koninkrijk gevestigde vennootschap aan ACT onderworpen dividend uit aan een andere aldaar gevestigde vennootschap, dan heeft de ontvangende vennootschap derhalve recht op een belastingkrediet.

Belastingkrediet

12. Wanneer een in het Verenigd Koninkrijk gevestigde vennootschap of een aldaar ingezeten persoon een aan ACT onderworpen uitkering ontvangt van een eveneens in het Verenigd Koninkrijk gevestigde vennootschap, dan heeft de ontvangende vennootschap of persoon recht op een belastingkrediet.

13. Het belastingkrediet is gelijk aan het bedrag aan ACT dat de uitkerende vennootschap over deze dividenduitkering heeft afgedragen (Section 231, lid 1, van de ICTA). Bedraagt het geldende tarief van de ACT 25 percent en het bedrag van de ontvangen dividenden 4000 GBP, dan beloopt het belastingkrediet dus 1000 GBP.

14. Voor een in het Verenigd Koninkrijk gevestigde vennootschap die een uitkering ontvangt die recht geeft op belastingkrediet als bedoeld in Section 241 van de ICTA, bestaat de belangrijkste functie van het belastingkrediet erin dat het deze vennootschap bevrijdt van de verplichting om wederom ACT te betalen wanneer zijzelf een dividend van een daarmee overeenkomend bedrag uitkeert aan haar eigen aandeelhouders.

15. Naar het recht van het Verenigd Koninkrijk heeft een vennootschap die niet in het Verenigd Koninkrijk is gevestigd en aldaar geen economische activiteit uitoefent via een filiaal of agentschap, geen recht op een belastingkrediet wanneer zij dividenden ontvangt van een in het Verenigd Koninkrijk gevestigde vennootschap, tenzij een overeenkomst inzake dubbele belasting anders bepaalt.

16. Een dergelijke buiten het Verenigd Koninkrijk gevestigde vennootschap is niet belastingplichtig voor de vennootschapsbelasting in het Verenigd Koninkrijk. Zij is in beginsel wel belastingplichtig voor de inkomstenbelasting in het Verenigd Koninkrijk (income tax) met betrekking tot inkomen uit bronnen in deze lidstaat, zoals dividenden die zij van haar in het Verenigd Koninkrijk gevestigde dochtermaatschappijen heeft ontvangen. Wanneer dan een buiten het Verenigd Koninkrijk gevestigde vennootschap dividend ontvangt van een in het Verenigd Koninkrijk gevestigde vennootschap zonder ter zake van die uitkering recht te hebben op een belastingkrediet, is zij overeenkomstig Section 233, lid 1, van de ICTA geen inkomstenbelasting verschuldigd over het bedrag of de waarde van de uitkering.

17. Volgens het in 1992 en 1993 in het Verenigd Koninkrijk geldende belastingstelsel kon een persoon die recht heeft op belastingkrediet ter zake van een uitkering en die niet een in het Verenigd Koninkrijk gevestigde vennootschap is (bijvoorbeeld een in het Verenigd Koninkrijk wonende natuurlijke persoon of een natuurlijke persoon of een vennootschap die woont respectievelijk is gevestigd in een land waar een met het Verenigd Koninkrijk gesloten overeenkomst inzake dubbele belasting recht op belastingkrediet verleent) verzoeken om verrekening van het krediet met door hem in het Verenigd Koninkrijk verschuldigde inkomstenbelasting en, indien het bedrag van het krediet hoger was dan dat van de belasting, om uitbetaling van het meerdere (Section 231, lid 3, van de ICTA).

18. Bij afwijzing van het verzoek kon de betrokken persoon een bezwaarschrift indienen bij de Special Commissioners of de General Commissioners en vervolgens beroep instellen bij de High Court.

De overeenkomst inzake dubbele belasting

19. In de onderhavige zaak is aan de orde de in 1980 tussen het Verenigd Koninkrijk van Groot-Brittannië en Noord-Ierland en het Koninkrijk der Nederlanden gesloten overeenkomst tot het vermijden van dubbele belasting en het voorkomen van het ontgaan van belasting met betrekking tot belastingen naar het inkomen en naar vermogenswinsten.

20. Artikel 10, lid 3, sub c, van deze overeenkomst bepaalt:

> '[...] een lichaam dat inwoner is van Nederland en dat dividenden ontvangt van een lichaam dat inwoner is van het Verenigd Koninkrijk, [heeft], [...] mits het de uiteindelijk gerechtigde tot de dividenden is, recht op een tax credit die gelijk is aan de helft van de.tax credit waarop een in het Verenigd Koninkrijk wonende natuurlijke persoon recht zou hebben gehad indien deze die dividenden zou hebben ontvangen alsmede op betaling van het bedrag waarmede deze tax credit de door dat lichaam in het Verenigd Koninkrijk verschuldigde belasting overschrijdt. [...]'

21. Dat betekent dat een moedermaatschappij die in Nederland is gevestigd en dividenden ontvangt van een lichaam dat inwoner is van het Verenigd Koninkrijk, mits zij de uiteindelijke gerechtigde tot de dividenden is, recht heeft op een belastingkrediet (tax credit) dat gelijk is aan de helft van het belastingkrediet waarop een in het Verenigd Koninkrijk wonende natuurlijke persoon recht zou hebben gehad indien deze die dividenden zou hebben ontvangen.

22. Artikel 10, lid 3, sub a, ii, van de overeenkomst inzake dubbele belasting bepaalt:

'Indien een inwoner van Nederland krachtens letter c van dit lid ter zake van deze [door een in het Verenigd Koninkrijk gevestigde vennootschap uitgekeerde] dividenden recht heeft op een tax credit, mag ook in het Verenigd Koninkrijk, overeenkomstig de wetgeving van het Verenigd Koninkrijk, belasting worden geheven over het totaal van het bedrag of de waarde van die dividenden en het bedrag van die tax credit naar een tarief dat niet meer bedraagt dan 5 percent.'

23. De verwijzende rechter illustreert dit met het volgende cijfervoorbeeld:

Dividend uitgekeerd door de Britse vennootschap	80
Belastingkrediet voor een Britse natuurlijke persoon	20
1/2 belastingkrediet voor de Nederlandse vennootschap	10
	90
Verminderd met 5 percent belasting over (80 + 10)	4,5
Totaal bedrag ontvangen door de Nederlandse vennootschap	85,5

24. Uit de verwijzingsbeschikking blijkt dat de Nederlandse moedermaatschappij op grond van artikel 10, lid 3, sub a, ii, van de overeenkomst inzake dubbele belasting recht heeft op betaling van het bedrag waarmee de helft van het belastingkrediet het bedrag van de aldus geheven belasting overschrijdt. In het door de verwijzende rechter gegeven voorbeeld in het vorige punt beloopt dit bedrag 5,5.

25. Uit de door Océ NV in haar schriftelijke opmerkingen verstrekte gegevens blijkt voorts dat oorspronkelijk op grond van de overeenkomst inzake dubbele belasting zowel voor het Verenigd Koninkrijk als voor Nederland gold dat dividenden in de staat van de dividendgerechtigde en in de staat van de uitkerende vennootschap moesten worden belast. Volgens haar past Nederland echter sinds de omzetting van de richtlijn in Nederlands recht de 5%-belasting ingevolge de wet van 10 september 1992 (Stb. 1992, 518) niet langer toe op dividenden die door in Nederland gevestigde dochterondernemingen worden uitgekeerd aan hun moedermaatschappijen in het Verenigd Koninkrijk, terwijl het Verenigd Koninkrijk die belasting wel blijft heffen op grond van de overeenkomst.

26. Artikel 22, lid 2, sub c, van de overeenkomst inzake dubbele belasting bepaalt:

'Nederland verleent [...] een aftrek op de aldus berekende Nederlandse belasting voor die bestanddelen van het inkomen die [onder meer volgens artikel 10, lid 3] van deze Overeenkomst in het Verenigd Koninkrijk mogen worden belast, in zoverre deze bestanddelen in de in letter a van dit lid bedoelde grondslag zijn begrepen. Het bedrag van deze aftrek is gelijk aan de in het Verenigd Koninkrijk over deze bestanddelen van het inkomen betaalde belasting, maar bedraagt niet meer dan het bedrag van de vermindering die zou zijn verleend indien de aldus in het inkomen begrepen bestanddelen van het inkomen de enige bestanddelen van het inkomen zouden zijn geweest die uit hoofde van de bepalingen in de Nederlandse wetgeving tot het vermijden van dubbele belasting van Nederlandse belasting zijn vrijgesteld.'

27. Bijgevolg moet Nederland een aftrek verlenen op alle Nederlandse belasting die de in Nederland gevestigde moedermaatschappij ter zake van het dividend is verschuldigd, tot een bedrag dat gelijk is aan de volgens artikel 10, lid 3, sub a, ii, van de overeenkomst inzake dubbele belasting in het Verenigd Koninkrijk betaalde belasting.

Het hoofdgeding en de prejudiciële vragen

28. Océ NV is de moedermaatschappij van de in het Verenigd Koninkrijk gevestigde vennootschap naar Brits recht Océ UK Ltd.

29. In 1992 en 1993 keerde Océ UK Ltd voor een totaalbedrag van ongeveer 13 miljoen GBP dividend uit aan haar moedermaatschappij en droeg zij hierover ACT af. Océ NV ontving een belastingkrediet dat gelijk was aan de helft van het belastingkrediet waarop een in het Verenigd Koninkrijk wonende natuurlijke persoon recht zou hebben gehad (dat wil zeggen ongeveer 2,174 miljoen GBP), verminderd met de heffing van 5% over het gecumuleerde bedrag van het dividend en het belastingkrediet (761 000 GBP), zodat zij alsnog een bedrag ontving van ongeveer 1,4 miljoen GBP.

30. Océ NV, die van mening was dat de heffing van 5% in strijd met artikel 5, lid 1, van de richtlijn een bronbelasting op het door haar dochteronderneming uitgekeerde dividend vormde, diende tegen deze belasting een

bezwaarschrift in bij de Commissioners. Deze oordeelden bij beslissing van 17 februari 2000 dat de 5%-belasting een belasting naar Brits recht vormde en dat een prejudiciële verwijzing naar het Hof van Justitie van de EG noodzakelijk was. De belastingdienst was het enkel niet eens met de kwalificatie van de heffing van 5% als belasting naar Brits recht en voorzag zich in hoger beroep bij de High Court of Justice (England & Wales) Chancery division (Revenue).

31. Bij arrest van 2 november 2000 oordeelde de High Court dat de kwalificatie van de belasting naar Brits recht zonder belang was, omdat de vraag of de 5%-belasting onder artikel 5, lid 1, viel, een vraag van gemeenschapsrecht was. Zij verwees de zaak naar de Commissioners terug ter formulering van de vragen die aan het Hof van Justitie moesten worden voorgelegd.

32. In die omstandigheden hebben de Special Commissioners of Income Tax het Hof de volgende prejudiciële vragen voorgelegd:

'1. Moet de belasting van 5 percent (de 5%-belasting) als bedoeld in artikel 10, lid 3, sub a, ii, van de in 1980 tussen het Verenigd Koninkrijk en Nederland gesloten overeenkomst tot vermijding van dubbele belasting, in de in de verwijzingsbeschikking uiteengezette omstandigheden worden beschouwd als een bronbelasting op de door een dochteronderneming aan de moedermaatschappij uitgekeerde winst in de zin van artikel 5, lid 1, van richtlijn 90/435/EEG van de Raad van 23 juli 1990 (richtlijn)?
2. Indien de 5%-belasting een dergelijke bronbelasting is, wordt de werking ervan dan gedekt door artikel 7, lid 2, van de richtlijn?
3. Indien de 5%-belasting enkel wordt gedekt door artikel 7, lid 2, van de richtlijn, is deze bepaling dan wegens gebrek aan motivering of niet-raadpleging van het Economisch en Sociaal Comité en het Europees Parlement ongeldig, zodat het recht van het Verenigd Koninkrijk om de 5%-belasting te heffen er geen steun in kan vinden?'

De eerste prejudiciële vraag

33. Met zijn eerste prejudiciële vraag wenst de verwijzende rechter in wezen te vernemen of een belasting als de 5%-belasting bedoeld in de overeenkomst inzake dubbele belasting die in het hoofdgeding aan de orde is, een bronbelasting op de door een dochteronderneming aan de moedermaatschappij uitgekeerde winst in de zin van artikel 5, lid 1, van de richtlijn vormt.

Bij het Hof ingediende opmerkingen

34. Océ NV, de Italiaanse regering, de regering van het Verenigd Koninkrijk en de Commissie zijn het erover eens dat de 5%-belasting moet worden gekwalificeerd als bronbelasting op de door een dochteronderneming aan de moedermaatschappij uitgekeerde winst in de zin van artikel 5, lid 1, van de richtlijn, die in beginsel op grond van dat artikel verboden is.

35. Océ NV verwijst naar punt 26 van de conclusie van advocaat-generaal Alber in de zaak Athinaïki Zythopoiïa (arrest van 4 oktober 2001, C-294/99, *Jurispr.* blz. I-6797), waarin deze als zijn mening te kennen heeft gegeven dat volgens de door het Hof verlangde ruime uitlegging het begrip bronbelasting iedere fiscale regeling omvat die tot gevolg heeft dat belasting wordt geheven over de winstuitkering door een nationale dochteronderneming aan een moedermaatschappij in een andere lidstaat. Artikel 5, lid 1, van de richtlijn moet derhalve aldus worden uitgelegd dat alle fiscale bepalingen die bijzondere lasten leggen op een winstuitkering, welke lasten zonder die winstuitkering niet zouden bestaan, zijn verboden.

36. De 5%-belasting is geheven over het totaal van de door Océ UK Ltd aangegeven dividenden en de helft van de belastingkredieten. De door Océ UK Ltd aangegeven dividenden vormen duidelijk door een dochteronderneming aan de moedermaatschappij uitgekeerde winst in de zin van artikel 5, lid 1, van de richtlijn, zodat de 5%-belasting hoe dan ook een bronbelasting op de door een dochteronderneming aan de moedermaatschappij uitgekeerde winst is, voorzover de dividenden worden belast.

37. Volgens Océ NV moet de belasting echter eveneens als bronbelasting worden aangemerkt voorzover zij wordt geheven over de helft van het belastingkrediet. Zij baseert deze stelling op de volgende argumenten.

38. Om te beginnen is het begrip winst niet beperkt tot in contanten uitgekeerde dividenden en kan het tevens elke andere vorm van inkomen uit aandelen behelzen. Het belastingkrediet is een op geld waardeerbaar voordeel dat met de winstuitkering gepaard gaat. In geval van een buitenlandse vennootschap die ingevolge een overeenkomst inzake dubbele belasting de helft van het belastingkrediet ontvangt, kan dit gedeeltelijke belastingkrediet in contanten worden uitgekeerd, na inhouding van de 5%-belasting. Het belastingkrediet moet dus worden geacht deel uit te maken van de door de dochteronderneming uitgekeerde winst. Overigens wordt het belastingkrediet voor de helft geacht deel uit te maken van het belastbaar inkomen voor de Nederlandse inkomstenbelasting.

39. De regering van het Verenigd Koninkrijk stelt dat het Hof in het arrest Epson Europe van 8 juni 2000

(C-375/98, *Jurispr.* blz. I-4243) een ruime uitlegging heeft gegeven aan het begrip bronbelasting op uitgekeerde winst, die door advocaat-generaal Alber is bevestigd in bovengenoemde zaak Athinaïki Zythopoiïa. Blijkens punt 23 van het arrest Epson Europe is de belasting die wordt geheven ter zake van de uitkering van dividenden of elke andere opbrengst van waardepapieren, waarbij de grondslag van die belasting de opbrengst van de waardepapieren en de belastingplichtige de houder van die waardepapieren is, een bronbelasting.

40. Gelet op deze rechtspraak verlaat de regering van het Verenigd Koninkrijk het tot dan toe en zelfs tijdens de onderhandelingen over de richtlijn ingenomen standpunt dat de 5%-belasting geen bronbelasting in de zin van de richtlijn is, omdat er letterlijk genomen enkel sprake is van bronbelasting op uitgekeerde winst wanneer het bedrag van die winst wordt verminderd met het bedrag van de belasting. De 5%-belasting wordt geheven ter zake van de betaling van het belastingkrediet, dat enkel in geval van dividenduitkering wordt verleend; de grondslag van de belasting is het totaal van het bedrag of de waarde van het dividend en het belastingkrediet; en de belastingplichtige is de aandeelhouder. Met Océ NV is zij derhalve van mening dat de belasting een bronbelasting in de zin van artikel 5, lid 1, van de richtlijn is.

41. Volgens de Commissie hangt de kwalificatie van een belasting als bronbelasting op winst af van de gevolgen van de belasting en niet van de termen waarmee de belasting naar nationaal recht wordt omschreven.

42. De 5%-belasting moet worden beschouwd als een belasting op uitgekeerde winst. De binnenlandse dochteronderneming heeft namelijk winst behaald en het bedrag van haar winst na belasting ten minste voor een deel aan de moedermaatschappij uitgekeerd. Het Verenigd Koninkrijk heeft op grond van de overeenkomst ten dele afstand gedaan van zijn recht om de winst van de dochteronderneming te belasten. Het heeft de moedermaatschappij een belastingkrediet verleend voor een deel van de winst en haar, voorzover zij geen andere belasting in het Verenigd Koninkrijk verschuldigd was, het bedrag van het krediet uitgekeerd. Aan die betaling ligt in werkelijkheid een deel van de winst van de dochteronderneming ten grondslag dat eerst naar nationaal recht wordt ingehouden in de vorm van belasting en vervolgens door de belastingdienst wordt afgestaan op grond van de overeenkomst en naar de moedermaatschappij wordt overgeheveld. Het dividend en het bedrag van het bijbehorende belastingkrediet vormen derhalve uitgekeerde winst en de 5%-belasting over dit gecumuleerde bedrag is dus een belasting over uitgekeerde winst.

43. Het is in dit verband veelzeggend dat de in het Verenigd Koninkrijk geheven belasting op grond van artikel 22, lid 2, sub c, van de overeenkomst recht geeft op aftrek met hetzelfde bedrag van de door de moedermaatschappij in Nederland verschuldigde belasting, voorzover het dividend en het belastingkrediet zijn begrepen in de maatstaf van heffing in Nederland.

44. Ten slotte moet – aldus nog steeds de Commissie – deze belasting op uitgekeerde winst worden beschouwd als bronbelasting in die zin dat de belasting wordt ingehouden vóór betaling van het saldo van de aan de moedermaatschappij uitgekeerde winst. Het belastbare feit van de 5%-belasting is de dividenduitkering en de invordering vindt niet later plaats.

Antwoord van het Hof

45. Allereerst moet eraan worden herinnerd dat de richtlijn, zoals met name blijkt uit de derde overweging van de considerans ervan, beoogt door de invoering van een gemeenschappelijke fiscale regeling iedere benadeling van de samenwerking tussen vennootschappen uit verschillende lidstaten ten opzichte van de samenwerking tussen vennootschappen van eenzelfde lidstaat op te heffen, en aldus de hergroepering van vennootschappen op gemeenschapsniveau te vergemakkelijken. Derhalve bepaalt artikel 5, lid 1, van de richtlijn dat ter vermijding van dubbele belasting de winstuitkering in de staat van de dochteronderneming van bronbelasting is vrijgesteld (arrest van 17 oktober 1996, Denkavit e.a., C-283/94, C-291/94 en C-292/94, *Jurispr.* blz. I-5063, punt 22; arresten Epson Europe, punt 20, en Athinaïki Zythopoiïa, punt 25, beide reeds aangehaald).

46. Teneinde te beoordelen of de belastingheffing op winstuitkering krachtens de in het hoofdgeding aan de orde zijnde wetgeving van het Verenigd Koninkrijk onder artikel 5, lid 1, van de richtlijn valt, moet in de eerste plaats te rade worden gegaan met de bewoordingen van die bepaling. Het daarin opgenomen begrip bronbelasting is niet beperkt tot enkele soorten, nauwkeurig bepaalde nationale belastingen (zie arresten Epson Europe, punt 22, en Athinaïki Zythopoiïa, punt 26, beide reeds aangehaald). In de tweede plaats is het vaste rechtspraak dat het Hof een heffing, belasting of recht vanuit gemeenschapsrechtelijk oogpunt dient te kwalificeren aan de hand van de objectieve kenmerken van de belasting, onafhankelijk van de wijze waarop deze naar nationaal recht wordt gekwalificeerd (zie arrest Athinaïki Zythopoiïa, reeds aangehaald, punt 27, en aldaar aangehaalde rechtspraak).

47. Het Hof heeft reeds geoordeeld dat elke belastingheffing op inkomsten verworven in de staat waar de dividenden worden uitgekeerd, ter zake van de uitkering van dividenden of elke andere opbrengst van waardepapieren, waarbij de grondslag van die belasting de opbrengst van de waardepapieren en de belastingplichtige de houder van die waardepapieren is, een bronbelasting op winstuitkering in de zin van artikel 5, lid 1, van de richtlijn vormt (zie in die zin arresten Epson Europe, punt 23, en Athinaïki Zythopoiïa, punten 28 en 29, beide reeds aangehaald).

48. De belasting die in het hoofdgeding aan de orde is, heeft als bijzonderheid dat zij wordt geheven op het gecumuleerde bedrag van de dividenden die door de in het Verenigd Koninkrijk gevestigde dochteronderneming worden uitgekeerd aan de in Nederland gevestigde moedermaatschappij en het gedeeltelijke belastingkrediet waarop deze uitkering recht geeft. Voor het antwoord op de eerste vraag moeten, zoals de advocaat-generaal in punt 19 van zijn conclusie bepleit, het deel van de 5%-belasting dat drukt op het dividend als zodanig en het deel dat drukt op het belastingkrediet waarop die dividenduitkering recht geeft, afzonderlijk worden onderzocht, ook al zijn alle partijen die opmerkingen bij het Hof hebben ingediend, het erover eens dat de 5%-belasting in haar geheel genomen een bronbelasting is.

49. Voor het deel dat op het dividend drukt, wordt de 5%-belasting rechtstreeks geheven in de staat waar de dividenden worden uitgekeerd, omdat deze dividenden zijn begrepen in de belastinggrondslag.

50. Zij wordt geheven ter zake van de uitkering van die dividenden; in dit verband moet erop worden gewezen dat het zonder belang is dat de belasting die in het hoofdgeding aan de orde is, enkel wordt geheven wanneer er sprake is van een recht op belastingkrediet, zodat de dividenden integraal worden uitgekeerd wanneer geen belastingkrediet wordt verleend op grond van een overeenkomst inzake dubbele belasting. Vaststaat namelijk dat het belastingkrediet uit hoofde van de overeenkomst wordt verleend in samenhang met de uitkering van dividenden door een in het Verenigd Koninkrijk gevestigde dochteronderneming aan de in Nederland gevestigde moedermaatschappij. Het spreekt vanzelf dat zonder een dergelijke uitkering het gecumuleerde bedrag van de uitkering en het belastingkrediet waarop zij recht geeft, niet aan belasting zou zijn onderworpen.

51. Ten slotte is de 5%-belasting voor het deel dat op de dividenden drukt, evenredig aan de waarde of het bedrag daarvan, en is de belasting verschuldigd door de dividendgerechtigde moedermaatschappij. De belasting wordt geheven op de inkomsten van de in Nederland gevestigde moedermaatschappij uit haar deelneming in het kapitaal van haar in het Verenigd Koninkrijk gevestigde dochteronderneming, omdat zij een vermindering van de waarde van die deelneming inhoudt.

52. Dienaangaande speelt het voor de kwalificatie als bronbelasting in de zin van artikel 5, lid 1, van de richtlijn van het deel van de belasting dat op de dividenden drukt, geen rol dat de moeder/houdstermaatschappij in het hoofdgeding uiteindelijk een totaalbedrag ontvangt dat hoger is dan dat van de haar door haar dochteronderneming uitgekeerde dividenden, wanneer vaststaat dat de dividenden zijn begrepen in de maatstaf van heffing en dus zijn onderworpen aan die belasting, die geen middel ter berekening van het belastingkrediet kan zijn. Dat de moeder/houdstermaatschappij na belasting een bedrag ontvangt dat uiteindelijk hoger is dan dat van de dividenden, is het gevolg zowel van de hoogte van de belasting als van het feit dat deze drukt op het gecumuleerde bedrag van de dividenden en het gedeeltelijke belastingkrediet. Een hoger belastingtarief leidt reeds ertoe dat de moeder/houdstermaatschappij uiteindelijk een bedrag ontvangt dat lager is dan dat van de dividenden.

53. Het zou evenwel in strijd zijn met het beginsel van uniforme uitlegging van het gemeenschapsrecht wanneer het begrip bronbelasting in de zin van artikel 5, lid 1, van de richtlijn, waarvan de kenmerken zijn vermeld in de in punt 47 van dit arrest aangehaalde rechtspraak, afhankelijk is van het voor de betrokken belastingheffing geldende percentage.

54. Hieruit volgt dat de 5%-belasting als bedoeld in de overeenkomst inzake dubbele belasting die in het hoofdgeding aan de orde is, voor het deel dat drukt op de dividenduitkering door de binnenlandse dochteronderneming aan de buitenlandse moedermaatschappij, moet worden beschouwd als een in beginsel door artikel 5, lid 1, van de richtlijn verboden bronbelasting op winstuitkering.

55. Voor het deel dat drukt op het belastingkrediet waarop de dividenduitkering recht geeft, vertoont de 5%-belasting niet de kenmerken van een in beginsel door artikel 5, lid 1, van de richtlijn verboden bronbelasting op winstuitkering, omdat de door de dochteronderneming uitgekeerde winst niet het voorwerp van de belasting is.

56. Het belastingkrediet is namelijk een fiscaal instrument om te voorkomen dat economisch gesproken tweemaal belasting wordt geheven op winstuitkering in de vorm van dividenden, eerst van de dochteronderneming en vervolgens van de dividendgerechtigde moedermaatschappij. Het belastingkrediet vormt dus geen opbrengst van waardepapieren.

57. Voorts zijn de gevolgen van de belastingheffing op het belastingkrediet, zoals de advocaat-generaal in de punten 30, 33 en 34 van de conclusie opmerkt, niet in strijd met het in de richtlijn geformuleerde verbod van bronbelasting. De gedeeltelijke verlaging van het belastingkrediet uit hoofde van de daarop gelegde 5%-belasting tast de belastingneutraliteit van de grensoverschrijdende dividenduitkering immers niet aan, omdat de belasting niet op de dividenduitkering wordt geheven en de waarde daarvan voor de ontvangende moedermaatschappij niet vermindert.

58. Een dergelijke uitlegging vindt bovendien steun in de omstandigheid dat in het stelsel van de overeenkomst inzake dubbele belasting die in het hoofdgeding aan de orde is, tegenover de 5%-belasting in het Verenigd Koninkrijk de verplichting voor de Nederlandse fiscus staat om verrekening met de door de moeder-maatschappij verschuldigde belasting toe te staan overeenkomstig artikel 22, lid 2, sub c, van de overeenkomst.

59. Hieruit volgt dat de 5%-belasting bedoeld in de overeenkomst inzake dubbele belasting die in het hoofdgeding aan de orde is, voor het deel dat drukt op het belastingkrediet waarop de dividenduitkering door de binnenlandse dochteronderneming aan de buitenlandse moedermaatschappij recht geeft, niet moet worden beschouwd als een in beginsel door artikel 5, lid 1, van de richtlijn verboden bronbelasting op winstuitkering.

60. Derhalve moet op de eerste vraag worden geantwoord dat een belasting als de 5%-belasting bedoeld in de overeenkomst inzake dubbele belasting die in het hoofdgeding aan de orde is, voor het deel dat drukt op de dividenduitkering door de in het Verenigd Koninkrijk gevestigde dochteronderneming aan de in een andere lidstaat gevestigde moedermaatschappij, een bronbelasting op de door een dochteronderneming aan de moedermaatschappij uitgekeerde winst in de zin van artikel 5, lid 1, van de richtlijn vormt. Voor het deel dat drukt op het belastingkrediet waarop die dividenduitkering in het Verenigd Koninkrijk recht geeft, vormt die belasting evenwel geen door artikel 5, lid 1, van de richtlijn verboden bronbelasting.

De tweede prejudiciële vraag

61. Met zijn tweede vraag wenst de verwijzende rechter in wezen te vernemen of artikel 7, lid 2, van de richtlijn aldus moet worden uitgelegd dat op grond daarvan een belasting mag worden geheven als de 5%-belasting bedoeld in de overeenkomst inzake dubbele belasting die in het hoofdgeding aan de orde is, ook al gaat het daarbij om een bronbelasting in de zin van artikel 5, lid 1, van de richtlijn.

62. Gelet op het antwoord op de eerste vraag, heeft de tweede vraag slechts betrekking op het deel van de 5%-belasting dat op de dividenden drukt.

Bij het Hof ingediende opmerkingen

63. Volgens Océ NV kan artikel 7, lid 2, van de richtlijn niet aldus worden uitgelegd dat een nationale wettelijke regeling of een overeenkomst inzake dubbele belasting in haar geheel is toegestaan wanneer zij in het algemeen is gericht op de afschaffing of vermindering van dubbele belasting. Zoals advocaat-generaal Alber in punt 41 van zijn conclusie in de bovengenoemde zaak Athinaïki Zythopoiïa heeft opgemerkt, vallen alleen de bepalingen die concreet strekken tot voorkoming of vermindering van dubbele belasting, binnen de werkingssfeer van artikel 7, lid 2, van de richtlijn, en niet de bepalingen die enkel onderdeel vormen van de belangenafweging tussen de betrokken staten met het oog op de toewijzing van de desbetreffende belastinginkomsten, zonder dat zij rechtstreeks dubbele belasting voorkomen.

64. Derhalve geldt het voorbehoud van artikel 7, lid 2, van de richtlijn voor de bepalingen van de in het hoofdgeding aan de orde zijnde overeenkomst die betrekking hebben op de betaling van een gedeeltelijk belastingkrediet, maar niet voor die welke een bronbelasting invoeren die overeenkomt met de 5%-belasting. Een belasting van 5% op het totaalbedrag van de dividenden en het belastingkrediet vormt namelijk geen maatregel waarmee dubbele economische belasting van dividenden wordt afgeschaft of verminderd. Die belasting heeft daarentegen enkel tot gevolg dat de opbrengst van de dubbele economische belasting van de dividenden tussen het Verenigd Koninkrijk en Nederland wordt verdeeld.

65. Voorts kan artikel 7, lid 2, van de richtlijn niet aldus worden uitgelegd dat nationale of verdragsbepalingen mogen worden toegepast die op de een of andere manier betrekking hebben op de betaling van belastingkredieten.

66. Dienaangaande wijst zij het argument van de hand dat de belastingdienst in de procedure in het hoofdgeding heeft aangevoerd, te weten dat de 5%-belasting moet worden geacht te zijn toegestaan op grond van artikel 7, lid 2, van de richtlijn, omdat zij in samenhang met de betaling van een belastingkrediet wordt opgelegd. Een dergelijke uitlegging zou betekenen dat artikel 7, lid 2, van de richtlijn voorziet in een uitzondering op het beginsel van vrijstelling van bronbelasting van artikel 5, lid 1, en kan niet worden aanvaard.

67. De richtlijn heeft het in de vijfde overweging van de considerans weliswaar over bepaalde uitzonderingen op artikel 5, lid 1, maar deze worden uitdrukkelijk genoemd in artikel 5 zelf en ingeleid door de zinsnede [i]n afwijking van lid 1. Niets in de overwegingen van de considerans van de richtlijn wijst echter erop dat artikel 7, lid 2, was bedoeld als een uitzondering op het beginsel van artikel 5, lid 1, en daarvoor worden evenmin gronden aangevoerd.

68. Volgens de regering van het Verenigd Koninkrijk, daarin ondersteund door de Italiaanse regering en de Commissie, gaat het bij de 5%-belasting weliswaar om een bronbelasting, maar is deze toegestaan op grond van artikel 7, lid 2, van de richtlijn.

69. Zij stelt dienaangaande dat dit artikel in de meest ruime bewoordingen is geredigeerd (Deze richtlijn laat onverlet) en betekent dat een bepaling met de in artikel 7, lid 2, genoemde kenmerken moet blijven gelden, los van elke eventueel andersluidende bepaling in de richtlijn.

70. Niet van belang is dat artikel 10, lid 3, sub a, ii, dat voorziet in de 5%-belasting, als zodanig niet is gericht op vermindering van dubbele belasting. De 5%-belasting moet namelijk niet op zich worden beschouwd; zij maakt

integrerend deel uit van de bepalingen betreffende de betaling van een belastingkrediet aan Océ NV in het kader van de overeenkomst inzake dubbele belasting. In dezelfde zin betoogt de Italiaanse regering dat de 5%-belasting in de context van de bilaterale regelingen deel uitmaakt van een geheel van bepalingen die de vermindering van dubbele belasting van dividenden tot doel hebben.

71. Wanneer artikel 10 als een ondeelbaar geheel wordt beschouwd, is het volgens de regering van het Verenigd Koninkrijk een bepaling die betrekking heeft op de betaling van belastingkredieten en is gericht op vermindering van dubbele economische belasting van dividenden, die valt binnen de werkingssfeer van artikel 7, lid 2, van de richtlijn. De Commissie heeft harerzijds enkel het oog op artikel 10, lid 3, van de overeenkomst.

72. Ter onderbouwing van hun standpunt stellen zij dat moet worden nagegaan in welke situatie de Nederlandse moedermaatschappijen zouden verkeren zonder artikel 10 (of artikel 10, lid 3) van de overeenkomst inzake dubbele belasting. In dat geval zou er geen sprake zijn van vermindering van de dubbele economische belasting voor een houdstermaatschappij – als Océ NV – die niet in het Verenigd Koninkrijk is gevestigd. In feite zou Océ UK Ltd voor de gehele winst belastingplichtig voor de vennootschapsbelasting in het Verenigd Koninkrijk zijn geweest en zou bij de dividenduitkering aan Océ NV geen enkele bronbelasting zijn geheven, maar zouden de dividenden in beginsel in Nederland volledig belastbaar zijn geweest. In het Verenigd Koninkrijk zou (anders dan in Nederland) sprake zijn van een significante vermindering van dubbele belasting, omdat in artikel 10, lid 3, sub c, van de overeenkomst recht wordt verleend op betaling van een belastingkrediet dat gelijk is aan de helft van het belastingkrediet waarop een in het Verenigd Koninkrijk wonende natuurlijke persoon recht zou hebben gehad, verminderd met 5%-belasting. Volgens het Verenigd Koninkrijk ontvangt Océ NV dankzij de overeenkomst dus niet alleen het gehele dividend zelf, maar tevens een extra bedrag dat in feite bestaat in de teruggaaf van een gedeelte van de door de dochteronderneming in het Verenigd Koninkrijk verschuldigde vennootschapsbelasting.

73. De regering van het Verenigd Koninkrijk preciseert dat artikel 7, lid 2, van de richtlijn niet aldus mag worden uitgelegd dat het een voorbehoud maakt ten aanzien van de toepassing van alle bepalingen van een overeenkomst inzake dubbele belasting of van elke bepaling inzake de betaling van een belastingkrediet. Het gaat enkel om de bepalingen die rechtstreeks tot gevolg hebben dat dubbele belasting wordt voorkomen of verminderd, overeenkomstig hetgeen advocaat-generaal Alber in de punten 40 en 41 van zijn conclusie in de bovengenoemde zaak Athinaïki Zythopoiïa heeft betoogd. Een in andere omstandigheden door artikel 5, lid 1, van de richtlijn verboden bronbelasting blijft dus enkel van toepassing wanneer zij integrerend deel uitmaakt van een bepaling die rechtstreeks tot gevolg heeft dat dubbele belasting wordt voorkomen of verminderd, zoals artikel 10 van de in het hoofdgeding aan de orde zijnde overeenkomst.

74. De grief van Océ NV komt haars inziens in feite erop neer dat artikel 10, lid 3, van de overeenkomst inzake dubbele belasting geen vermindering van de dubbele economische belasting van dividenden in de door haar gewenste omvang behelst. Dienaangaande stelt de regering van het Verenigd Koninkrijk dat artikel 7, lid 2, van de richtlijn niet vereist dat de dubbele belasting met een minimumbedrag wordt verminderd.

75. Ingeval de door Océ NV bepleite uitlegging zou worden aanvaard en een in het kader van de verlening van een belastingkrediet geheven bronbelasting niet onder artikel 7, lid 2, van de richtlijn zou vallen, zou deze bepaling een dode letter zijn.

76. De Italiaanse regering voegt hieraan toe dat Océ NV zich niet erover kan beklagen dat ingevolge de bepaling van de overeenkomst die haar recht geeft op een belastingkrediet, tevens over dit belastingkrediet 5% belasting mag worden geheven. Dit zou slechts anders zijn wanneer het tarief van de belasting zodanig was vastgesteld dat het effect van het belastingkrediet teniet werd gedaan, hetgeen in casu niet het geval is.

77. Volgens de Commissie beoogt artikel 7, lid 2, van de richtlijn een belasting die integrerend deel uitmaakt van het mechanisme van verlening van een belastingkrediet met het oog op vermindering van dubbele belasting, vrij te stellen van het verbod van bronbelasting. Zij merkt in dit verband op dat artikel 7, lid 2, op verzoek van het Verenigd Koninkrijk in de richtlijn is ingevoegd toen de besprekingen binnen de Raad die in de vaststelling van de richtlijn uitmondden, bijna waren afgerond, juist om te waarborgen dat bepalingen als artikel 10, lid 3, van de overeenkomst inzake dubbele belasting verder kunnen worden toegepast. De tijdens de besprekingen binnen de Raad ingenomen standpunten zijn weliswaar niet doorslaggevend voor de uitlegging van de daaruit voortvloeiende bepalingen, maar moeten in aanmerking worden genomen wanneer het erom gaat vast te stellen wat de bedoeling van de wetgever was.

78. De regering van het Verenigd Koninkrijk heeft ter terechtzitting gesteld dat het door haar in deze zaak ingenomen standpunt strookt met de oorspronkelijke bedoelingen van de Raad, omdat artikel 7, lid 2, van de richtlijn oorspronkelijk op haar verzoek was ingevoegd.

79. Volgens de Commissie kan hiertegen niet worden ingebracht dat artikel 7, lid 2, niet met zoveel woorden gewag maakt van de bronbelasting. Artikel 7, lid 2, zou zinledig zijn wanneer het niet zou zien op een bronbelasting in samenhang met de verlening van een belastingkrediet, omdat de richtlijn niets anders onverlet kan laten.

Antwoord van het Hof

80. Zoals in punt 45 van dit arrest in herinnering is gebracht, beoogt de richtlijn door de invoering van een gemeenschappelijke regeling voor belastingheffing op winstuitkering de benadeling van moedermaatschappijen en dochterondernemingen die in verschillende lidstaten zijn gevestigd, op te heffen en aldus de hergroeperingen van vennootschappen op gemeenschapsniveau te vergemakkelijken.

81. Wanneer een moedermaatschappij als deelgerechtigde van haar dochteronderneming uitgekeerde winst ontvangt, moet blijkens de vierde overweging van de considerans van de richtlijn de lidstaat van de moedermaatschappij ofwel zich onthouden van het belasten van deze winst, ofwel die winst belasten, maar in dat geval de moedermaatschappij toestaan het gedeelte van de belasting van de dochteronderneming dat op deze winst betrekking heeft, van haar eigen belasting af te trekken.

82. Voorts moet blijkens de vijfde overweging van de considerans van de richtlijn de winst die een dochteronderneming aan haar moedermaatschappij uitkeert, behoudens in enkele speciale gevallen, van inhouding van een belasting aan de bron worden vrijgesteld teneinde de belastingneutraliteit te verzekeren. Er wordt evenwel gepreciseerd dat de Bondsrepubliek Duitsland en de Helleense Republiek, wegens hun specifieke vennootschapsbelasting, en de Portugese Republiek, om budgettaire redenen, gemachtigd moeten worden om tijdelijk een bronbelasting te blijven heffen.

83. Op die grondslag formuleert artikel 5, lid 1, van de richtlijn het beginsel van een verbod van bronbelasting op de door een dochteronderneming in de ene lidstaat aan de moedermaatschappij in een andere lidstaat uitgekeerde winst. De tijdelijke uitzonderingen voor het Duitse, het Griekse en het Portugese belastingstelsel, waarvan in de vijfde overweging van de considerans gewag wordt gemaakt, zijn uitdrukkelijk geregeld in artikel 5, leden 2 tot en met 4, van de richtlijn. Een soortgelijke bepaling die voorziet in een uitdrukkelijke uitzondering voor het Britse belastingstelsel, ontbreekt.

84. In het kader van deze procedure is evenwel onweersproken gesteld dat bij de redactie van artikel 7, lid 2, van de richtlijn rekening is gehouden met het Britse stelsel, waarin de dividenduitkering vergezeld gaat van een recht op betaling van een belastingkrediet wanneer de tussen de lidstaat van de moedermaatschappij en het Verenigd Koninkrijk gesloten overeenkomst inzake dubbele belasting dit bepaalt, met dien verstande dat over het gecumuleerde bedrag van het uitgekeerde dividend en het gedeeltelijke belastingkrediet in het Verenigd Koninkrijk 5% belasting wordt geheven. Een dergelijk betoog veronderstelt dat die belasting althans ten dele een bronbelasting in de zin van artikel 5, lid 1, van de richtlijn vormt.

85. De Italiaanse regering, de regering van het Verenigd Koninkrijk en de Commissie leiden hieruit af dat artikel 7, lid 2, van de richtlijn de lidstaten machtigt, af te wijken van het principiële verbod van bronbelasting op winstuitkering door de dochteronderneming, en van de moedermaatschappij belasting te heffen over die uitkering wanneer de bepaling op grond waarvan deze belasting wordt geheven, integrerend deel uitmaakt van een geheel van nationale of verdragsbepalingen die gericht zijn op de vermindering van dubbele economische belasting van dividenden (hetgeen in beginsel het geval is met een bilaterale overeenkomst tot voorkoming van dubbele belasting) en betrekking hebben op de betaling van belastingkredieten aan de dividendgerechtigden.

86. Dienaangaande moet eraan worden herinnerd dat uitzonderingen op een algemeen beginsel strikt dienen te worden uitgelegd. Wat inzonderheid het in artikel 5, lid 1, van de richtlijn neergelegde beginsel van vrijstelling van bronbelasting betreft, heeft het Hof in punt 27 van bovengenoemd arrest Denkavit e.a. met betrekking tot artikel 3, lid 2, van de richtlijn geoordeeld dat deze bepaling strikt moet worden uitgelegd aangezien zij een uitzondering op dit beginsel is, en een uitlegging van de daarin aan de lidstaten geboden mogelijkheid die verder gaat dan de tekst zelf van dit artikel, niet aanvaardbaar is.

87. De 5%-belasting is in de context van de in het hoofdgeding aan de orde zijnde overeenkomst ingevoerd in rechtstreekse samenhang met de betaling van een belastingkrediet, die de dubbele economische belasting van de dividenduitkering door de in het Verenigd Koninkrijk gevestigde dochteronderneming aan de in Nederland gevestigde moedermaatschappij beoogde te verminderen. Vastgesteld moet worden dat het tarief van deze belasting, die een bronbelasting in de zin van artikel 5, lid 1, van de richtlijn vormt voorzover zij op dividenden drukt, zoals de Italiaanse regering heeft opgemerkt, niet zodanig is bepaald dat daardoor de gevolgen van deze vermindering van dubbele economische belasting van dividenden teniet kunnen worden gedaan. Elke in het Verenigd Koninkrijk ter zake van dividenden betaalde belasting kan hoe dan ook van de in Nederland verschuldigde belasting worden afgetrokken overeenkomstig artikel 22, lid 2, sub c, van de in het hoofdgeding aan de orde zijnde overeenkomst.

88. In die omstandigheden kan de bronbelasting waarom het in het hoofdgeding gaat, worden geacht deel uit te maken van een geheel van verdragsbepalingen betreffende de betaling van belastingkredieten aan de dividendgerechtigden, die gericht zijn op de vermindering van dubbele belasting.

89. Derhalve moet op de tweede vraag worden geantwoord dat artikel 7, lid 2, van de richtlijn aldus moet worden uitgelegd dat op grond daarvan een belasting mag worden geheven als de 5%-belasting bedoeld in de overeenkomst inzake dubbele belasting die in het hoofdgeding aan de orde is, ook al gaat het daarbij voor het deel dat

drukt op de door de dochteronderneming aan de moedermaatschappij uitgekeerde dividenden, om een bronbelasting in de zin van artikel 5, lid 1, van de richtlijn.

De derde prejudiciële vraag

90. Met zijn derde vraag wenst de nationale rechter te vernemen of artikel 7, lid 2, van de richtlijn ongeldig is wegens gebrek aan motivering of niet-raadpleging van het Economisch en Sociaal Comité en het Europees Parlement, zodat het recht van het Verenigd Koninkrijk om de 5%-belasting te heffen er geen steun in kan vinden.

Bij het Hof ingediende opmerkingen

91. Volgens Océ NV moet artikel 7, lid 2, van de richtlijn ongeldig worden geacht zowel wegens gebrek aan motivering als wegens niet-raadpleging van het Economisch en Sociaal Comité en het Europees Parlement.

92. Artikel 7, lid 2, van de richtlijn is in strijd met artikel 253 EG niet toereikend gemotiveerd. De richtlijn vertoont een motiveringsgebrek waar het artikel 7, lid 2, betreft, omdat in geen enkele overweging van de considerans wordt gewezen op een dergelijke uitzondering, wat wel het geval is voor de overige uitzonderingsbepalingen van de richtlijn. In de vijfde overweging van de considerans wordt als beginsel geponeerd dat de winst die een dochteronderneming aan haar moedermaatschappij uitkeert, behoudens in enkele speciale gevallen, van inhouding van een belasting aan de bron moet worden vrijgesteld teneinde de belastingneutraliteit te verzekeren. Elke uitzondering op dit beginsel behoeft uitleg. Zo wordt in de vijfde overweging van de considerans met betrekking tot de in artikel 5 uitdrukkelijk geregelde uitzonderingen verklaard dat enkele lidstaten tijdelijk van het verbod van bronbelasting mogen afwijken. Voor de uitzondering van artikel 7, lid 2, van de richtlijn daarentegen wordt geen grond aangevoerd, zodat zij niet kan worden gehandhaafd.

93. Océ NV stelt voorts dat de oorspronkelijke versie van de aan het Parlement en het Economisch en Sociaal Comité voorgelegde tekst het aanvankelijke voorstel van de Commissie (*PB* 1969, C 39, blz. 7) behelsde, maar geen met het huidige artikel 7 vergelijkbare bepaling bevatte. Het advies van het Europees Parlement en het Economisch en Sociaal Comité is evenwel slechts ingewonnen over de oorspronkelijke versie en niet over de definitieve versie. Met name het vereiste dat het Parlement wordt geraadpleegd, is buitengewoon belangrijk. Zo moet volgens vaste rechtspraak de Raad het voorstel naar het Parlement terugsturen telkens wanneer de uiteindelijk vastgestelde regeling, in haar geheel beschouwd, wezenlijk afwijkt van die waarover het Parlement werd geraadpleegd. In casu zijn de tussentijds aangebrachte wijzigingen belangrijk, omdat een bepaling op grond waarvan elke lidstaat met een belastingkredietstelsel bronbelasting mag heffen op grensoverschrijdende winstuitkeringen, op voorwaarde dat een belastingkrediet is verleend, een wezenlijke afwijking van de oorspronkelijke regeling vormt. Beide organen hadden dus opnieuw moeten worden geraadpleegd over de wijzigingen als gevolg waarvan artikel 7, lid 2, is ingevoegd.

94. Volgens de regering van het Verenigd Koninkrijk, de Raad en de Commissie vertoont artikel 7, lid 2, van de richtlijn geen formeel of procedureel gebrek dat de geldigheid ervan kan aantasten.

95. Het volstaat dat een algemene motivering is gegeven van de richtlijn als geheel en van de voornaamste bestanddelen ervan. Het is niet nodig elk lid en elke alinea van een richtlijn specifiek te motiveren, in het bijzonder wanneer de betrokken bepaling slechts een detail regelt of verduidelijkt op een wijze die strookt met het doel van de richtlijn. Juist artikel 7, lid 2, van de richtlijn is in wezen niet meer dan een technische aanpassing op een detailpunt in overeenstemming met de algemene opzet van de richtlijn om de interactie tussen de richtlijn en sommige overeenkomsten inzake dubbele belasting die hetzelfde doel nastreven, te vergemakkelijken.

96. Om deze reden houdt de invoeging van artikel 7, lid 2, in de richtlijn geen substantiële wijziging in ten opzichte van het in het kader van de raadpleging aan het Parlement voorgelegde voorstel. De betrokken wijziging raakt noch de kern van de bij de richtlijn ingevoerde regeling, noch het wezen van de richtlijn. Dezelfde redenering geldt voor de raadpleging van het Economisch en Sociaal Comité.

Antwoord van het Hof

97. Aangaande het gestelde gebrek aan motivering met betrekking tot artikel 7, lid 2, van de richtlijn moet eraan worden herinnerd dat volgens vaste rechtspraak de omvang van de motiveringsplicht afhangt van de aard van de betrokken handeling. In het geval van een handeling van algemene strekking kan in de motivering worden volstaan met vermelding van het geheel der omstandigheden die tot de vaststelling van de handeling hebben geleid, en van haar algemene doelstellingen (zie in die zin arresten van 19 november 1998, Verenigd Koninkrijk/Raad, C-150/94, *Jurispr.* blz. I-7235, punt 25, en Spanje/Raad, C-284/94, *Jurispr.* blz. I-7309, punt 28, en arrest van 7 november 2000, Luxemburg/Parlement en Raad, C-168/98, *Jurispr.* blz. I-9131, punt 62).

98. Voorts heeft het Hof herhaaldelijk geoordeeld dat indien het door de instelling nagestreefde doel, wat het wezenlijke betreft, uit de betwiste handeling blijkt, het te ver zou gaan om voor elke technische keuze een speci-

fieke motivering te verlangen (zie arresten Verenigd Koninkrijk/Raad, punt 26; Spanje/Raad, punt 30, en Luxemburg/Parlement en Raad, punt 62, alle reeds aangehaald).

99. Zoals de advocaat-generaal in punt 57 van de conclusie uiteenzet, volgt uit de motivering van de richtlijn duidelijk het algemene doel dat zij nastreeft, namelijk de belastingneutraliteit van de grensoverschrijdende winstuitkeringen. Deze motivering strekt zich uit tot de clausule waarbij een voorbehoud wordt gemaakt met betrekking tot de toepassing van nationale of verdragsbepalingen die hetzelfde doel nastreven, te weten artikel 7, lid 2, van de richtlijn.

100. Aangaande de niet-raadpleging van het Parlement en het Economisch en Sociaal Comité is het vaste rechtspraak van het Hof dat het vereiste dat het Parlement in de door het Verdrag voorziene gevallen in de loop van de wetgevingsprocedure wordt geraadpleegd, impliceert dat een nieuwe raadpleging volgt telkens wanneer de uiteindelijk vastgestelde regeling, in haar geheel beschouwd, wezenlijk afwijkt van die waarover het Parlement reeds werd geraadpleegd (zie in die zin arresten van 10 juni 1997, Parlement/Raad, C-392/95, *Jurispr.* blz. I-3213, punt 15, en 11 november 1997, Eurotunnel e.a., C-408/95, *Jurispr.* blz. I-6315, punt 46).

101. Nagegaan moet worden of de invoeging van artikel 7, lid 2, in de tekst van de richtlijn een substantiële wijziging inhoudt ten opzichte van de in het kader van de raadpleging aan het Parlement en het Economisch en Sociaal Comité voorgelegde tekst.

102. Aangezien op grond van artikel 7, lid 2, van de richtlijn enkel de toepassing kan worden verzekerd van specifieke nationale of verdragsregelingen wanneer deze stroken met de doelstelling van de richtlijn, zoals die in de derde overweging van de considerans ervan is omschreven en in punt 45 van dit arrest in herinnering is gebracht, moet de invoeging van artikel 7, lid 2, in de tekst van de richtlijn worden beschouwd als een technische aanpassing en vormt zij geen substantiële wijziging waarvoor het Parlement en het Economisch en Sociaal Comité opnieuw hadden moeten worden geraadpleegd.

103. Derhalve moet de verwijzende rechter worden geantwoord dat bij onderzoek van de derde vraag niet is gebleken van formele of procedurele gebreken die de geldigheid van artikel 7, lid 2, van de richtlijn kunnen aantasten.

Kosten

104. ...

HET HOF VAN JUSTITIE (Vijfde kamer)

uitspraak doende op de door de Special Commissioners of Income Tax (Verenigd Koninkrijk) bij beschikking van 6 februari 2001 gestelde vragen, verklaart voor recht:

1. **Een belasting als de 5%-belasting bedoeld in de overeenkomst inzake dubbele belasting die in het hoofdgeding aan de orde is, vormt voor het deel dat drukt op de dividenduitkering door de in het Verenigd Koninkrijk gevestigde dochteronderneming aan de in een andere lidstaat gevestigde moedermaatschappij, een bronbelasting op de door een dochteronderneming aan de moedermaatschappij uitgekeerde winst in de zin van artikel 5, lid 1, van richtlijn 90/ 435/EEG van de Raad van 23 juli 1990 betreffende de gemeenschappelijke fiscale regeling voor moedermaatschappijen en dochterondernemingen uit verschillende lidstaten. Voor het deel dat drukt op het belastingkrediet waarop die dividenduitkering in het Verenigd Koninkrijk recht geeft, vormt die belasting evenwel geen door artikel 5, lid 1, van de richtlijn verboden bronbelasting.**
2. **Artikel 7, lid 2, van richtlijn 90/435 van de Raad van 23 juli 1990 betreffende de gemeenschappelijke fiscale regeling voor moedermaatschappijen en dochterondernemingen uit verschillende lidstaten, moet aldus worden uitgelegd dat op grond daarvan een belasting mag worden geheven als de 5%-belasting bedoeld in de overeenkomst inzake dubbele belasting die in het hoofdgeding aan de orde is, ook al gaat het daarbij voor het deel dat drukt op de door de dochteronderneming aan de moedermaatschappij uitgekeerde dividenden, om een bronbelasting in de zin van artikel 5, lid 1, van de richtlijn.**
3. **Bij onderzoek van de derde vraag is niet gebleken van formele of procedurele gebreken die de geldigheid van artikel 7, lid 2, van de richtlijn kunnen aantasten.**

HvJ EG 13 november 2003, zaak C-209/01 (Theodor Schilling, Angelika Fleck-Schilling v. Finanzamt Nürnberg-Süd)

Vijfde kamer: *D. A. O. Edward, waarnemend voor de president van de Vijfde kamer, A. La Pergola en S. von Bahr (rapporteur), rechters*

Advocaat-generaal: *A. Tizzano*

Samenvatting arrest *(V-N 2003/59.3)*

Het Hof van Justitie van de EG heeft op 13 november 2003 arrest gewezen naar aanleiding van prejudiciële vragen die waren gesteld door het Bundesfinanzhof. De vragen betroffen de uitleg van art. 39 EG-verdrag (art. 48 (oud) EG-verdrag) in een geval waarbij aftrek voor uitgaven voor een in Luxemburg werkzame huishoudhulp, waarvoor in Luxemburg verplichte bijdragen voor de Luxemburgse wettelijke pensioenverzekering waren betaald, niet in Duitsland konden worden afgetrokken van het belastbare inkomen. Het Hof van Justitie oordeelde dat art. 48 (oud) EG-verdrag (thans art. 39 EG-verdrag) zich verzet tegen het Duitse stelsel op grond waarvan geen aftrek was toegestaan omdat de verplichte bijdragen niet waren betaald aan de Duitse wettelijke pensioenverzekering maar aan die van Luxemburg.

HET HOF VAN JUSTITIE (Vijfde kamer)

verklaart voor recht:

Artikel 48 EG-Verdrag (thans, na wijziging, artikel 39 EG) juncto artikel 14 van het Protocol betreffende de voorrechten en immuniteiten van de Europese Gemeenschappen verzet zich ertegen dat uit Duitsland afkomstige ambtenaren van de Europese Gemeenschappen die in Luxemburg wonen en werken als ambtenaar en in deze lidstaat uitgaven voor een huishoudhulp hebben gedaan, deze uitgaven niet mogen aftrekken van hun in Duitsland belastbare inkomsten omdat de voor de huishoudhulp betaalde bijdragen niet werden betaald aan de Duitse wettelijke pensioenverzekering, maar aan de Luxemburgse.

HvJ EU 13 november 2003, zaak C-42/02 (Lindman)

Vijfde kamer: *C. W. A. Timmermans, kamerpresident, D. A. O. Edward (rapporteur), P. Jann, rechters*
Advocaat-generaal: *C. Stix-Hackl*

1. Bij beschikking van 5 februari 2002, ingekomen bij het Hof op 15 februari daaraanvolgend, heeft de Ålands förvaltningsdomstol krachtens artikel 234 EG een prejudiciële vraag gesteld over de uitlegging van artikel 49 EG.

2. Deze vraag is gerezen in een geding tussen Lindman en de skatterättelsenämnd (fiscale herzieningscommissie) over de afwijzing door deze commissie van het bezwaar dat Lindman had ingediend om ontheffing te krijgen van de belasting die was geheven over het bedrag dat zij bij een in Zweden georganiseerde loterij had gewonnen.

HET HOF VAN JUSTITIE (Vijfde kamer)

verklaart voor recht:

Artikel 49 EG verzet zich tegen een wettelijke regeling van een lidstaat, volgens welke prijzen van in andere lidstaten georganiseerde kansspelen voor de inkomstenbelasting tot het belastbaar inkomen van de winnaar worden gerekend, terwijl prijzen van in de betrokken lidstaat georganiseerde kansspelen vrij zijn van inkomstenbelasting.

Samenvatting beschikbaar gesteld door Loyens & Loeff (uit EU Tax Alert):

On November 13, 2003 the European Court of Justice judged in the Lindman case (C42/02) on the Ålands taxation of lottery prizewinners. Under Finnish national tax law, lottery prizes of Finnish lotteries are taxed through the imposition of taxation on games of chance. Lottery prizes may only be taxed with income tax if the lottery is organised abroad. Prizes from Finnish lotteries are therefore exempted from income tax.

Ms Lindman, a Finnish national, residing in the Åland Islands (Finland) won SEK 1 000 000 (one million Swedish Krona) as a result of a lottery draw which took place in Stockholm (Sweden). That lottery prize money was regarded as earned income subject to income tax for the year 1998 and was assessed according to Finnish national tax norms. After Ms Lindman appealed against this decision, the Ålands court decided to put preliminary questions to the ECJ as to whether the Finnish taxation of lottery prizewinners violates the freedom to provide services.

In its decision, the European Court of Justice stated that the provisions of the EC Treaty relating to the freedom to provide services apply to an activity which consists of enabling users to participate, for a payment, in gambling. According to the ECJ, it is clear that foreign lotteries are treated differently from Finnish lotteries for tax purposes, and that foreign lotteries are in a disadvantageous position compared to Finnish lotteries. The ECJ held that the Finnish regulation restricts this fundamental EC Treaty freedom without any justification existing therefore.

HvJ EU 11 december 2003, zaak C-364/01 (Erven van H. Barbier v. Inspecteur van de Belastingdienst Particulieren/Ondernemingen buitenland te Heerlen)

Hof: *P. Jann, waarnemend voor de president van de Vijfde kamer, D. A. O. Edward (rapporteur) en A. La Pergola, rechters*

Advocaat-generaal: *J. Mischo*

1. Bij uitspraak van 5 september 2001, ingekomen bij het Hof op 24 september daaraanvolgend, heeft het Gerechtshof te 's-Hertogenbosch krachtens artikel 234 EG vijf prejudiciële vragen gesteld over de uitlegging van de artikelen 48 en 52 EEG-Verdrag (nadien de artikelen 48 en 52 EG-Verdrag, thans, na wijziging, de artikelen 39 EG en 43 EG), 67 EEG-Verdrag (nadien artikel 67 EG-Verdrag, ingetrokken bij het Verdrag van Amsterdam), 6 en 8 A EG-Verdrag (thans, na wijziging, de artikelen 12 EG en 18 EG), en van de bepalingen van richtlijn 90/364/EEG van de Raad van 28 juni 1990 betreffende het verblijfsrecht (*PB* L 180, blz. 26), en richtlijn 88/361/EEG van de Raad van 24 juni 1988 voor de uitvoering van artikel 67 van het Verdrag (*PB* L 178, blz. 5).

2. Deze vragen zijn gerezen in het kader van een geschil tussen de erven van H. Barbier en de Inspecteur van de Belastingdienst Particulieren/Ondernemingen buitenland te Heerlen (hierna: Inspecteur) over de weigering van laatstgenoemde om bij de waardebepaling van de onroerende zaken die Barbier in Nederland in eigendom had, de leveringsverplichting betreffende genoemde zaken in mindering te brengen, met als motivering dat Barbier op het moment van zijn overlijden niet op het grondgebied van deze lidstaat woonde.

Wettelijk kader

Gemeenschapsrecht

3. Artikel 67, lid 1, van het Verdrag, dat van kracht was ten tijde van het overlijden van Barbier, luidde:

'Gedurende de overgangsperiode en in de mate waarin zulks voor de goede werking van de gemeenschappelijke markt nodig is, heffen de lidstaten in hun onderling verkeer geleidelijk de beperkingen op met betrekking tot het verkeer van kapitaal toebehorende aan personen die woonachtig of gevestigd zijn in de lidstaten alsmede discriminerende behandeling op grond van nationaliteit of van de vestigingsplaats van partijen of op grond van het gebied waar het kapitaal wordt belegd.'

4. Deze bepaling is uitgevoerd bij verscheidene richtlijnen, waaronder richtlijn 88/361, die van toepassing was ten tijde van de feiten in het hoofdgeding. Artikel 1, lid 1, van deze richtlijn luidt:

'Onverminderd de hierna volgende bepalingen heffen de lidstaten de beperkingen op met betrekking tot het kapitaalverkeer tussen ingezetenen van de lidstaten. Teneinde de toepassing van deze richtlijn te vergemakkelijken, worden de verschillende categorieën kapitaalverkeer ingedeeld volgens de nomenclatuur van bijlage I.'

5. Voorzover relevant in de onderhavige zaak, luidt bijlage I bij richtlijn 88/361, getiteld Nomenclatuur van het kapitaalverkeer bedoeld in artikel 1 van de richtlijn:

'In de onderhavige nomenclatuur worden de kapitaalbewegingen ingedeeld volgens de economische aard van de, in nationale valuta of in buitenlandse valuta's luidende, tegoeden en verplichtingen waarop zij betrekking hebben.

De in deze nomenclatuur opgesomde kapitaalbewegingen omvatten:

– alle voor het verwezenlijken van de kapitaalbewegingen noodzakelijke verrichtingen: sluiten en uitvoeren van de transactie en desbetreffende overmakingen; de transactie vindt in het algemeen tussen ingezetenen van verschillende lidstaten plaats; het komt echter voor, dat bepaalde kapitaalbewegingen door één persoon voor eigen rekening tot stand worden gebracht (bijvoorbeeld overmaking van tegoeden van emigranten);

– door natuurlijke of rechtspersonen uitgevoerde verrichtingen [...]

– de toegang tot alle financiële technieken die beschikbaar zijn op de markt waarop voor het verwezenlijken van de verrichting een beroep wordt gedaan. Zo betreft de verwerving van effecten en andere financiële instrumenten niet alleen contante verrichtingen, maar alle beschikbare verhandelingstechnieken: termijnverrichtingen, verrichtingen met opties of warrants, ruil tegen andere activa enz. [...]

[...]

Deze nomenclatuur vormt geen limitatieve omschrijving van het begrip kapitaalverkeer; derhalve is een rubriek XIII. F. Overig kapitaalverkeer – Diversen opgenomen. De nomenclatuur mag dus niet worden geïnterpreteerd als een beperking van de draagwijdte van het beginsel van een volledige liberalisatie van het kapitaalverkeer zoals dat is neergelegd in artikel 1 van deze richtlijn.'

6. Deze nomenclatuur omvat dertien verschillende categorieën van kapitaalverkeer. De tweede categorie betreft Beleggingen in onroerende goederen, die als volgt worden omschreven:

'A. Beleggingen door niet-ingezetenen in onroerende goederen in het binnenland.
B. Beleggingen door ingezetenen in onroerende goederen in het buitenland.'

7. De elfde categorie van deze nomenclatuur, Kapitaalverkeer van persoonlijke aard, omvat onder meer [s]chenkingen en giften.

8. Artikel 4 van richtlijn 88/361 luidt:

'De bepalingen van deze richtlijn doen niets af aan het recht van de lidstaten de nodige maatregelen te nemen om overtredingen van hun wettelijke en bestuursrechtelijke voorschriften tegen te gaan, met name op fiscaal gebied of met betrekking tot het bedrijfseconomische toezicht op financiële instellingen, en te voorzien in procedures voor de kennisgeving van kapitaalbewegingen ter informatie van de overheid of voor statistische doeleinden.

De toepassing van deze maatregelen en procedures mag niet leiden tot een belemmering van kapitaalverkeer dat conform het gemeenschapsrecht geschiedt.'

9. Artikel 1, lid 1, eerste alinea, van richtlijn 90/364 luidt:

'De lidstaten kennen het verblijfsrecht toe aan onderdanen van de lidstaten die dit recht niet bezitten op grond van andere bepalingen van het gemeenschapsrecht alsmede aan hun familieleden, als omschreven in lid 2, mits zij voor zichzelf en hun familieleden een ziektekostenverzekering hebben die alle risico's in het gastland dekt en over toereikende bestaansmiddelen beschikken om te voorkomen dat zij tijdens hun verblijf ten laste van de bijstandsregeling van het gastland komen.'

Nationale wetgeving

10. Naar Nederlands recht wordt over elke erfenis belasting geheven. Artikel 1, lid 1, van de Successiewet 1956 van 28 juni 1956 (*Stb.* 1956, 362), maakt een onderscheid naargelang de erflater in Nederland woonde of daarbuiten. Dit artikel bepaalt:

'1. Krachtens deze wet worden de volgende belastingen geheven:

1° recht van successie van de waarde van al wat krachtens erfrecht wordt verkregen door het overlijden van iemand, die ten tijde van dat overlijden binnen het Rijk woonde.

[...]

2° recht van overgang van de waarde van het in artikel 5, tweede lid, nader omschrevene, verkregen krachtens schenking, of krachtens erfrecht door het overlijden, van iemand, die ten tijde van die schenking of van dat overlijden niet binnen het Rijk woonde;

[...]'

11. Artikel 5, lid 2, van de Successiewet 1956 luidt:

'2. Het recht van overgang wordt geheven van de waarde van:

1. de binnenlandse bezittingen, genoemd in artikel 13 van de Wet op de vermogensbelasting 1964 (*Stb.* 520), eventueel na aftrek van schulden als in dat artikel bedoeld;

[...]'

12. Op grond van artikel 13, lid 1, eerste gedachtestreepje, van de Wet op de vermogensbelasting 1964 (wet van 16 december 1964, *Stb.* 513; hierna: Wet VB 1964) omvatten binnenlandse bezittingen onder meer de in Nederland gelegen onroerende zaken of rechten waaraan deze zijn onderworpen (voorzover deze niet behoren tot een binnenlandse onderneming).

13. Artikel 13, lid 2, sub b, van de Wet VB 1964 laat slechts in aftrek toe schulden die verzekerd zijn door hypotheek op een in Nederland gelegen onroerende zaak, voorzover de op die schulden betrekking hebbende renten en kosten in aanmerking komen bij de bepaling van het binnenlandse onzuiver inkomen in de zin van artikel 49 van de Wet op de inkomstenbelasting 1964 van 16 december 1964 (*Stb.* 519; hierna: Wet IB 1964).

14. Op grond van artikel 49 van de Wet IB 1964 bestaat het binnenlandse onzuiver inkomen in de zin van deze bepaling onder meer uit het gezamenlijke bedrag van hetgeen een niet in Nederland wonende persoon als zuivere inkomsten geniet uit in deze lidstaat gelegen onroerende zaken.

15. Artikel 13 van de Wet VB 1964, zoals uitgelegd door de Hoge Raad der Nederlanden (arrest van 5 december 1962, BNB 1963/23), impliceert dat de niet in Nederland wonende erflater, indien hij ten tijde van het overlijden nog eigenaar was van de in Nederland gelegen onroerende zaak terwijl hij niet in die lidstaat woonde, maar de economisch eigendom van dat goed ingevolge een overeenkomst van koop en verkoop was overgegaan op een ander, voor de heffing van zowel de vermogensbelasting als het recht van overgang de volle waarde van die onroe-

rende zaak als binnenlandse bezitting had moeten aangeven, ook al behoorde de economische eigendom van die onroerende zaak aan een derde toe.

16. Overigens heeft de Hoge Raad geoordeeld dat indien de notariële hypotheekakte in strijd met de voorschriften van het Nederlands Burgerlijk Wetboek niet in de openbare registers is ingeschreven, een dergelijk hypotheekrecht voor de toepassing van artikel 13, lid 2, sub b, van de Wet VB 1964 niet een schuld verzekerd door hypotheek is (arrest van 23 december 1992, BNB 1993/78).

17. Daarom behoort bij erfopvolging van een erflater die op de datum van zijn overlijden niet in Nederland woonde, een leveringsverplichting ter zake van een in Nederland gelegen onroerende zaak niet tot de binnenlandse schulden in de zin van artikel 13 van de Wet VB 1964, en kan deze daarom niet worden afgetrokken van de heffingsgrondslag bedoeld in artikel 5, lid 2, van de Successiewet 1956. Daarentegen kan bij erfopvolging van een in Nederland wonende erflater een dergelijke verplichting wel in mindering worden gebracht, omdat voor het successierecht alle tot de nalatenschap behorende bezittingen en schulden in de heffing worden betrokken.

Het geschil in het hoofdgeding en de prejudiciële vragen

18. Barbier, een in 1941 geboren Nederlands onderdaan, is op 24 augustus 1993 overleden. Erfgenamen zijn zijn echtgenote en zijn enige zoon (hierna tezamen: erven).

19. In 1970 is Barbier van Nederland naar België verhuisd, van waaruit hij werkzaam bleef als directeur van een in Nederland gevestigde BV die onder meer kledingboetieks exploiteert.

20. In de periode van 1970 tot 1988 verwierf Barbier vanuit zijn woonplaats in België een aantal in Nederland gelegen onroerende zaken, waaruit hij huurinkomsten genoot. Op grond van artikel 49, lid 1, sub b, punt 2, van de Wet IB 1964 vormen dergelijke inkomsten een bestanddeel van het binnenlands onzuiver inkomen van de belastingplichtige. Op deze panden rustten schulden verzekerd door hypotheek.

21. Het Nederlands recht kent de mogelijkheid om de juridische en de zogenoemde economische eigendom van een onroerende zaak te splitsen. In 1988 heeft Barbier een aantal overeenkomsten gesloten, waarbij onder meer de economische eigendom van zijn onroerende zaken werd overgedragen aan door hem beheerste Nederlandse vennootschappen. Deze vennootschappen namen de hypothecaire schulden jegens de bank over, terwijl Barbier formeel hypotheekgever bleef. Barbier is jegens genoemde vennootschappen de – kennelijk onvoorwaardelijke – verplichting aangegaan, deze onroerende zaken goederenrechtelijk te leveren, en vooruitlopend op die levering heeft hij alle rechten ter zake afgestaan.

22. Deze transacties leverden Barbier een aantal fiscale voordelen op; zo vermeed hij bijvoorbeeld overdrachtsbelasting van 6%.

23. Na het overlijden van Barbier heeft diens notaris aangifte voor het recht van overgang gedaan naar de waarde van enkele andere door Barbier in volledige eigendom gehouden panden, onder aftrek van de ter verwerving daarvan aangegane hypothecaire schulden.

24. Deze aangifte van de notaris omvatte niet de waarde van de onroerende zaken waarvan Barbier de economische eigendom aan de vennootschappen had overgedragen, maar de Inspecteur heeft de waarde van alle panden bij de aangegeven verkrijging opgeteld, zonder aftrek ter zake van de goederenrechtelijke leveringsverplichting toe te staan.

25. De erven hebben bezwaar aangetekend tegen de hoogte van de door de Inspecteur vastgestelde aanslag, met als motivering dat de waarde van genoemde panden gezien de leveringsverplichting tot nihil had moeten worden verminderd. De Inspecteur heeft dit bezwaar echter afgewezen en de hoogte van de aanslag bevestigd. Tegen deze afwijzende beschikking zijn de erven in beroep gegaan bij het Gerechtshof te 's-Hertogenbosch, met als enige grond dat de nationale wetgeving niet in overeenstemming is met het gemeenschapsrecht.

26. In deze omstandigheden heeft het Gerechtshof te 's-Hertogenbosch besloten, de behandeling van de zaak te schorsen en het Hof de volgende prejudiciële vragen voor te leggen:

> '1. Is thans voor toegang tot het gemeenschapsrecht nog een grensoverschrijdende economische activiteit vereist?
> 2. Verzet het gemeenschapsrecht zich ertegen dat een lidstaat (de situsstaat) ter zake van de erfrechtelijke verkrijging van een onroerende zaak, gelegen in de situsstaat, een belasting heft over de waarde van die onroerende zaak, waarbij de waarde van de leveringsplicht van die onroerende zaak wel door de situsstaat in aftrek wordt toegelaten indien de erflater ten tijde van het overlijden in de situsstaat woonde, doch niet indien de erflater ten tijde van het overlijden in een andere lidstaat (de woonstaat) woonde?
> 3. Maakt het voor het antwoord op de onder 2 gestelde vraag verschil of de erflater ten tijde van de verwerving van die onroerende zaak niet meer in de situsstaat woonde?
> 4. Is voor het antwoord op de onder 2 gestelde vraag de verdeling van het kapitaal van de erflater over de situsstaat, zijn woonstaat en eventuele andere staten van belang?

5. Zo ja in welke staat is kapitaal belegd in een vordering in rekening-courant op een besloten vennootschap als de in 2.4 bedoelde belegd?'

De prejudiciële vragen

27. Met zijn vragen, die gezamenlijk moeten worden onderzocht, wenst de verwijzende rechter in wezen te vernemen of het gemeenschapsrecht, en in het bijzonder de verdragsbepalingen betreffende het vrije verkeer van kapitaal en personen alsmede richtlijn 88/361, zich verzet tegen een nationale regeling inzake de berekening van de belasting die moet worden geheven bij erfrechtelijke verkrijging van een in de betrokken lidstaat gelegen onroerende zaak, volgens welke voor de bepaling van de waarde van deze zaak de op de erflater rustende onvoorwaardelijke verplichting om de zaak goederenrechtelijk te leveren aan een andere persoon, die de economische eigendom van genoemde zaak heeft, in aanmerking kan worden genomen indien de erflater ten tijde van zijn overlijden in deze staat woonde, terwijl deze verplichting niet in aanmerking kan worden genomen indien hij in een andere lidstaat woonde.

28. In deze context vraagt de verwijzende rechter of op deze vrijheden slechts een beroep kan worden gedaan indien er sprake is van een grensoverschrijdende economische activiteit. In dit verband verwijst hij naar artikel 8 A van het Verdrag, dat het burgerschap van de Unie betreft, en naar richtlijn 90/364. Hij vraagt het Hof eveneens of het daarbij relevant is dat de erflater, die onderdaan was van de lidstaat waar de zaak was gelegen, zijn woonplaats maar niet zijn economische activiteit naar een andere lidstaat had verplaatst, en wel voordat hij de betrokken zaak had verworven, en verder nog of eventueel relevant is dat zijn kapitaal over meerdere lidstaten verdeeld is.

Bij het Hof ingediende opmerkingen

De aftrek van de leveringsplicht afhankelijk van de woonplaats van de erflater

29. De erven merken op dat de Nederlandse wet, door een situatie te scheppen waarin bepaalde in Nederland gelegen vermogensbestanddelen waarop een leveringsplicht rust, fiscaal verschillend worden behandeld al naar gelang de erflater op de datum van zijn overlijden in Nederland dan wel in het buitenland woonde, een verkapte vorm van discriminatie op grond van nationaliteit is (arresten van 13 juli 1993, Commerzbank, C-330/91, *Jurispr.* blz. I-4017; 12 april 1994, Halliburton Services, C-1/93, *Jurispr.* blz. I-1137, en 21 september 1999, Saint-Gobain ZN, C-307/97, *Jurispr.* blz. I-6161).

30. De Nederlandse regering van haar kant betwist niet dat er sprake is van een verschil in behandeling dat louter op het woonplaatscriterium is gebaseerd. Zij geeft namelijk toe dat bij een erflater die ten tijde van zijn overlijden in Nederland woonde de aftrek van de leveringsplicht mogelijk is, terwijl dit niet het geval is bij een erflater die op de datum van zijn overlijden in een andere lidstaat woonde.

31. Niettemin stelt deze regering dat er in het onderhavige geval geen sprake is van een verschillende behandeling van gelijke situaties. In dit verband merkt zij op dat het van belang is nauwkeurig te onderscheiden tussen de situatie waarin de erflater volle eigendom van een onroerende zaak heeft en de situatie waarin hij, zoals in de zaak in het hoofdgeding, slechts over de juridische eigendom van deze zaak beschikt. In laatstgenoemde situatie rust op de eigenaar de verplichting om op enig moment de juridische eigendom te leveren, hetgeen volgens de Nederlandse regering een persoonlijke verplichting is en geen met de onroerende zaak verbonden zakelijke schuld.

32. Op basis van dit onderscheid stelt de Nederlandse regering dat het algemene beginsel van internationaal belastingrecht betreffende de verdeling van de heffingsbevoegdheid tussen staten zou moeten worden toegepast, op grond waarvan bij zakelijke verplichtingen de heffingsbevoegdheid aan de situsstaat zou toekomen, terwijl de persoonlijke verplichtingen, zoals de leveringsplicht die in het hoofdgeding aan de orde is, door de woonstaat in aanmerking zouden moeten worden genomen.

33. Gelet op dit beginsel verschilt de situatie van een erflater die in Nederland heeft gewoond van die van een erflater die in een andere lidstaat heeft gewoond. In het eerste geval vormt voor het gehele vermogen, met inbegrip van de persoonlijke verplichtingen, Nederland als situsstaat van de zaak en woonstaat van de betrokkene het aanknopingspunt voor de heffingsbevoegdheid.

34. Daarentegen moeten in het tweede geval alleen de zakelijke verplichtingen in aanmerking worden genomen in Nederland als situsstaat van de zaak, terwijl de persoonlijke verplichtingen onder de fiscale bevoegdheid van de woonstaat vallen. Hoewel zij toegeeft dat bij toepassing van dit beginsel in sommige gevallen andere economisch met een onroerende zaak verbonden zakelijke schulden in aanmerking worden genomen, met inbegrip van schulden die verband houden met de verkrijging, de omzetting, het herstel of het onderhoud van dit vermogensbestanddeel, vormen persoonlijke schulden, zoals de onderhavige leveringsverplichting, volgens de Nederlandse regering geen zakelijke schuld en worden zij derhalve op basis van het internationale belastingrecht toegewezen aan de woonstaat.

35. Bovendien vloeit zowel uit artikel 73 D, lid 1, sub a, EG-Verdrag (thans artikel 58, lid 1, sub a, EG) als uit vaste rechtspraak van het Hof (arresten van 28 januari 1992, Bachmann, C-204/90, *Jurispr.* blz. I-249, en Commissie/

België, C-300/90, *Jurispr.* blz. I-305; 14 februari 1995, Schumacker, C-279/93, *Jurispr.* blz. I-225; 14 september 1999, Gschwind, C-391/97, *Jurispr.* blz. I-5451, en 6 juni 2000, Verkooijen, C-35/98, *Jurispr.* blz. I-4071, punt 43) voort dat het gerechtvaardigd kan zijn, onderscheid te maken tussen binnenlandse en buitenlandse belastingplichtigen.

36. De Commissie wijst erop dat ofschoon de directe belastingen tot de bevoegdheid van de lidstaten behoren, deze niettemin verplicht zijn die bevoegdheid in overeenstemming met het gemeenschapsrecht uit te oefenen (arrest Verkooijen, reeds aangehaald, punt 32).

37. In dit verband stelt zij dat de ongelijke behandeling in het hoofdgeding niet is terug voeren op de uitoefening van een fiscale bevoegdheid, maar op het niet in aanmerking nemen van de economische waarde van een vordering die op de nalatenschap drukt, waardoor op kunstmatige wijze de belastinggrondslag wordt verhoogd.

38. In tegenstelling tot de zaak waarin het reeds aangehaalde arrest Schumacker is gewezen, is er in de zaak in het hoofdgeding geen enkel objectief verschil dat een dergelijk verschil in behandeling tussen ingezetenen en niet-ingezetenen kan rechtvaardigen.

39. Bovendien is het, anders dan de Nederlandse regering stelt, uit het oogpunt van controleerbaarheid niet gerechtvaardigd om te dezen bij de juridische eigendomsoverdracht en niet bij obligatoire overeenkomsten aan te sluiten. De Commissie merkt op dat deze regering met de obligatoire overeenkomst genoegen neemt wanneer de erflater Nederlands ingezetene is. De situatie van een niet-ingezetene vertoont, wat de controleerbaarheid betreft, geen verschil.

Het vrij verkeer van kapitaal

40. De erven stellen dat het geen voorwaarde is dat sprake is van een grensoverschrijdende economische activiteit dan wel dat zonder meer sprake is van een dergelijke activiteit nu het gaat om grensoverschrijdende beleggingen in onroerende zaken door tussenkomst van een vennootschap. Zij baseren zich in dit verband op het reeds aangehaalde arrest Verkooijen.

41. Zij stellen dat het verschil in behandeling in casu onverenigbaar is met het vrije verkeer van kapitaal, op grond dat een niet-ingezetene minder snel zal besluiten in Nederland te investeren in de aankoop van een onroerende zaak, omdat zijn erfgenamen dan met een hogere fiscale claim zouden worden geconfronteerd dan indien hij niet in deze lidstaat had geïnvesteerd of indien hij er op andere wijze had geïnvesteerd.

42. De Nederlandse regering is daarentegen van mening dat er geen sprake is van een grensoverschrijdende economische activiteit die door het Nederlandse belastingrecht is belemmerd. De aankoop van onroerende zaken in Nederland door Barbier terwijl hij in België woonde, is namelijk op geen enkele wijze belemmerd en dit geldt ook voor de overdracht van de economische eigendom van deze goederen, waarbij hij op dezelfde wijze is behandeld als een inwoner van Nederland.

43. De verwerving van goederen door erfopvolging vormt echter op zichzelf geen economische activiteit. Een belegging in louter juridische eigendommen, zonder de economische eigendom te bezitten, is dit evenmin. In dit verband benadrukt de Nederlandse regering dat Barbier een dergelijke investering uitsluitend om fiscale redenen heeft gedaan.

44. Ter terechtzitting heeft de Nederlandse regering betoogd dat het houden van de juridische eigendom van een onroerende zaak noch een economische activiteit, noch een investering is. De juridische eigendom heeft in het economische verkeer geen enkele waarde. In tegenstelling tot hetgeen de erven stellen, is er geen sprake van een werkelijke overdracht van kapitaal.

45. Overigens wijst de Nederlandse regering erop dat Barbier in de zaak in het hoofdgeding onroerende zaken in Nederland had verworven toen hij al in België woonde, en dat deze aankoop op geen enkele wijze is belemmerd. Evenmin werd Barbier op enigerlei wijze belemmerd bij het houden van de juridische eigendom in zijn onroerende zaken, noch bij de overdracht van de economische eigendom ervan.

46. De Nederlandse regering, die opmerkt dat de verkoop van de economische eigendom van genoemde zaken vrijwel uitsluitend plaatsvond teneinde de heffing van overdrachtsbelasting te ontgaan of uit te stellen, betoogt dat er geen sprake was van een reële economische activiteit zodat een en ander geen bescherming behoeft van het Verdrag. Subsidiair stelt zij dat zelfs indien een dergelijke transactie wel een reële economische activiteit zou vormen, tussen de beslissing om een dermate ingewikkelde constructie te bedenken, onder meer om overdrachtsbelasting te vermijden, en het later niet in aftrek kunnen brengen van de persoonlijke leveringsverplichting een dermate ver verwijderd verband bestaat dat niet gesteld kan worden dat het vrije verkeer van kapitaal hierdoor zou kunnen zijn belemmerd.

47. De Commissie betoogt in de eerste plaats dat artikel 1, lid 1, van richtlijn 88/361, waarvan de rechtstreekse werking vaststaat, de lidstaten verplicht om alle beperkingen van het kapitaalverkeer op te heffen.

48. Bovendien wordt de nalatenschap van Barbier getroffen door het feit dat hij bij zijn overlijden onroerende zaken in Nederland bezat zonder er te wonen. Hierbij merkt zij op dat Barbier de betrokken zaken na zijn vertrek

uit Nederland heeft verworven en dat hij in dat opzicht in dezelfde objectieve positie verkeerde als wie dan ook, die als ingezetene van een andere lidstaat een in Nederland gelegen onroerende zaak wenst te verwerven. Daarmee is ook het in artikel 1 van richtlijn 88/361 neergelegde vrije kapitaalverkeer in geding. Een grensoverschrijdende investering is reeds op zichzelf een grensoverschrijdende economische activiteit.

Het vrije verkeer van personen

49. Volgens de erven zijn de in het hoofdgeding aan de orde zijnde Nederlandse bepalingen eveneens onverenigbaar met de bepalingen van het Verdrag betreffende het vrije verkeer van personen, aangezien de Nederlandse rechtsorde de emigratie belemmert van personen die in Nederland wonen en zich in dezelfde situatie bevinden als Barbier. Bij emigratie krijgen deze personen met een hogere fiscale last bij overlijden te maken dan wanneer zij in genoemde lidstaat waren blijven wonen, dan wel worden zij gedwongen de leveringsverplichting vóór hun overlijden ongedaan te maken.

50. De Nederlandse regering is van mening dat de zaak in het hoofdgeding geen betrekking heeft op de erfrechtelijke gevolgen van de uitoefening van het vrije verkeer van personen waarin het Verdrag voorziet. Vóór zijn verhuizing was Barbier directeur van een Nederlandse onderneming. Na zijn verhuizing heeft hij deze beroepsactiviteit gewoon voortgezet. Onder verwijzing naar het arrest van 26 januari 1993, Werner (C-112/91, *Jurispr.* blz. I-429), betoogt deze regering dat Barbier dus slechts zijn domicilie heeft verplaatst, hetgeen geen economische activiteit is.

51. In dit verband stelt zij in de eerste plaats dat slechts de wetgeving die van kracht was ten tijde van het overlijden van Barbier (24 augustus 1993) van belang is voor de oplossing van het geschil in het hoofdgeding. Aangezien artikel 8 A van het Verdrag pas op 1 november 1993 in werking is getreden, dient dit in het onderhavige geval buiten beschouwing te blijven.

52. In de tweede plaats heeft richtlijn 90/364 met name ten doel, de nationale bepalingen betreffende het verblijf van onderdanen van de lidstaten in andere lidstaten dan die waarvan zij onderdaan zijn, te harmoniseren om het vrije verkeer van personen te waarborgen. De bepalingen uit de Successiewet 1956 houden echter geen enkel verband met de voorwaarden voor toegang tot en verblijf op het grondgebied van een andere lidstaat. De Nederlandse wetgeving heeft het recht van de familie Barbier om op het Belgische grondgebied te verblijven niet belemmerd of beperkt.

53. De Commissie merkt ten aanzien van deze vraag in de eerste plaats op dat de eventuele erfrechtelijke gevolgen van de uitoefening van een in het Verdrag neergelegde vrijheid van verkeer behoren tot de overwegingen die door iedere belanghebbende in aanmerking moeten worden genomen op het moment waarop hij besluit om wel of niet gebruik te maken van deze vrijheid van verkeer. Hoewel de erfrechtelijke gevolgen de betrokkene per definitie niet meer rechtstreeks raken, kunnen zij dus belemmerend werken op de uitoefening van deze vrijheden.

54. Overigens stelt de Commissie dat uit de verwijzingsuitspraak niet blijkt dat Barbier na zijn vertrek uit Nederland en zijn vestiging in België de tot dan toe door hem uitgeoefende economische activiteit heeft gestaakt.

55. In de omstandigheden van het hoofdgeding wordt de nalatenschap van Barbier volgens de Commissie getroffen doordat hij gebruik heeft gemaakt van de vrijheid om zich als werknemer of als zelfstandige in een andere lidstaat te vestigen. Dat de in het hoofdgeding bedoelde fiscale maatregel is getroffen door de lidstaat van oorsprong, is niet relevant (zie arresten van 16 juli 1998, ICI, C-264/96, *Jurispr.* blz. I-4695, punt 21, en 21 september 1999, Wijsenbeek, C-378/97, *Jurispr.* blz. I-6207, punt 21).

Antwoord van het Hof

56. Om te beginnen moet eraan worden herinnerd dat ofschoon de directe belastingen tot de bevoegdheid van de lidstaten behoren, deze niettemin verplicht zijn die bevoegdheid in overeenstemming met het gemeenschapsrecht uit te oefenen (zie arrest Schumacker, reeds aangehaald, punt 21; arrest van 11 augustus 1995, Wielockx, C-80/94, *Jurispr.* blz. I-2493, punt 16, alsmede reeds aangehaalde arresten Gschwind, punt 20, en Verkooijen, punt 32).

57. In de tweede plaats heeft richtlijn 88/361 een volledige liberalisering van het kapitaalverkeer tot stand gebracht en heeft artikel 1, lid 1, ervan daartoe de lidstaten de verplichting opgelegd, alle beperkingen met betrekking tot het kapitaalverkeer op te heffen (arrest Verkooijen, reeds aangehaald, punt 33). De rechtstreekse werking van deze bepaling is door het Hof erkend in het arrest van 23 februari 1995, Bordessa e.a. (C-358/93 en C-416/93, *Jurispr.* blz. I-361, punt 33).

58. Investeringen in onroerende zaken, zoals die welke door Barbier vanuit België op het Nederlandse grondgebied zijn gedaan, vormen duidelijk kapitaalverkeer in de zin van artikel 1, lid 1, van richtlijn 88/361, en dit geldt ook voor de overdracht van onroerende zaken van een persoon die er de enige eigenaar van is, aan een privé-onderneming waarvan hij alle aandelen bezit, en voor de erfopvolging met betrekking tot deze zaken.

59. De toegang tot de door deze richtlijn toegekende rechten is niet afhankelijk van het bestaan van andere grensoverschrijdende elementen. Het loutere feit dat een nationale bepaling ertoe leidt dat het kapitaalverkeer van een

investeerder die onderdaan is van een lidstaat, op grond van zijn woonplaats wordt beperkt, is voldoende om artikel 1, lid 1, van richtlijn 88/361 toepasselijk te maken.

60. Derhalve is noch het feit dat Barbier zijn domicilie naar een andere lidstaat had verplaatst voordat hij de betrokken onroerende zaak heeft verworven, noch de eventuele verdeling van zijn kapitaal over twee lidstaten van belang voor de toepassing van deze bepaling.

61. Evenmin is relevant dat de in het hoofdgeding bedoelde fiscale maatregel door de lidstaat van oorsprong van de betrokkene is getroffen (zie in deze zin arresten van 7 februari 1979, Knoors, 115/78, *Jurispr.* blz. 399, punt 24; 3 oktober 1990, Bouchoucha, C-61/89, *Jurispr.* blz. I-3551, punt 13; 31 maart 1993, Kraus, C-19/92, *Jurispr.* blz. I-1663, punt 15; 23 februari 1994, Scholz, C-419/92, *Jurispr.* blz. I-505, punten 8 en 9, en 27 juni 1996, Asscher, C-107/94, *Jurispr.* blz. I-3089, punt 32.)

62. Wat de beperking in de zin van artikel 1, lid 1, van richtlijn 88/361 betreft, door nationale bepalingen als bedoeld in het hoofdgeding, waarin de waarde van een onroerende zaak wordt bepaald voor de berekening van de belasting die moet worden geheven bij verwerving door erfopvolging van een onroerende zaak, wordt de aankoop van in de betrokken lidstaat gelegen onroerende zaken, alsmede de overdracht van de economische eigendom van dergelijke zaken aan een andere persoon door een ingezetene van een andere lidstaat ontmoedigd. Bovendien leiden zij tot waardevermindering van de nalatenschap van een ingezetene van een andere lidstaat dan die waar genoemde zaken gelegen zijn en die in een gelijke situatie als Barbier verkeren.

63. Daarom wordt door de in het hoofdgeding bedoelde nationale bepalingen het kapitaalverkeer beperkt.

64. De Nederlandse regering voert evenwel, zonder overigens rekening te houden met richtlijn 88/361, een aantal overwegingen aan voor het verschil in behandeling tussen binnenlandse en buitenlandse belastingplichtigen.

65. Zij stelt in de eerste plaats dat in casu geen sprake is van een verschil in behandeling van vergelijkbare situaties wegens het beginsel van internationaal belastingrecht dat de bevoegdheid betreffende zakelijke verplichtingen toekomt aan de staat waar de zaak is gelegen, terwijl persoonlijke verplichtingen, zoals de in het hoofdgeding bedoelde leveringsverplichting, door de woonstaat in aanmerking moet worden genomen.

66. Wat dit aangaat maakt de verwijzende rechter melding van een soortgelijke argumentatie die door de Inspecteur is aangevoerd, namelijk dat uit de algemeen aanvaarde toedeling van heffingsbevoegdheden aan de staten voortvloeit dat het onderscheid naar woonplaats wordt gecompenseerd door de beperkte heffingsbevoegdheid bij het overlijden van de erflater die niet in de betrokken lidstaat woonde. De verwijzende rechter is echter van mening dat een dergelijk toedelingsbeginsel niet bestaat. Er zijn tussen de lidstaten op fiscaal gebied namelijk te grote verschillen in rechtsstelsels en in opvattingen over zakelijke heffingen. Alleen een bilateraal verdrag kan de gevolgen van die verschillen regelen. Tussen het Koninkrijk der Nederlanden en het Koninkrijk België bestaat er echter geen verdrag ter voorkoming van dubbel successierecht.

67. De juridische moeilijkheden waarop de verwijzende rechter doelt, worden geïllustreerd door de – door Barbier benutte – mogelijkheid in het Nederlands recht om de juridische en de zogenoemde economische eigendom van een onroerende zaak te splitsen, een onderscheid dat in bepaalde andere rechtsstelsels niet bekend is. In het geval waarin het erfrecht van de woonstaat van de erflater deze mogelijkheid niet kent, kan alleen een bilateraal verdrag verzekeren dat in die staat de verplichting van de overledene om de zaak goederenrechtelijk te leveren, in aanmerking zal worden genomen als grondslag voor een aftrek van het privé-vermogen, en dat in dat geval deze levering op dezelfde wijze zal worden gewaardeerd als in Nederland.

68. In ieder geval wordt volgens de ter terechtzitting aan het Hof verstrekte informatie de waarde van het vermogen van een persoon die ten tijde van zijn overlijden in Nederland woonde, in omstandigheden als de onderhavige, niet bepaald volgens een strikt onderscheid tussen zakelijke en persoonlijke rechten, aangezien de leveringsverplichting zonder meer als aftrekpost in aanmerking wordt genomen, zodat het bedrag van de tot het vermogen van deze persoon behorende onroerende zaak op het moment van diens overlijden op nihil wordt bepaald.

69. In de tweede plaats betoogt de Nederlandse regering, ter rechtvaardiging van het onderhavige verschil in behandeling, dat bij aftrek van de waarde van de leveringsverplichting geen enkel recht wordt geheven, noch voor de overdracht van de economische eigendom in 1988 (overdrachtsbelasting), noch voor de erfopvolging in 1993 (recht van overgang).

70. Zoals de Commissie heeft betoogd, zijn overdrachtskosten en successierechten heffingen die geen verband met elkaar hebben. Bovendien zouden, zoals de advocaat-generaal in punt 66 van zijn conclusie naar voren heeft gebracht, ook geen rechten zijn geheven in het geval van een erflater die in Nederland heeft gewoond en die op dezelfde wijze de economische eigendom van deze zaken zou hebben overgedragen als Barbier heeft gedaan, zonder inschrijving van de hypotheekakte. Overigens hebben de erven, op dit punt onweersproken, betoogd dat de overdrachtskosten opeis baar zijn op het moment waarop de juridische eigendom uiteindelijk wordt overgedragen.

71. Ten aanzien van het argument van de Nederlandse regering dat de erven geen bescherming door het gemeenschapsrecht behoeven omdat de verkoop van de economische eigendom van de genoemde onroerende zaken plaatsvond om de overdrachtsbelasting te ontgaan of uit te stellen, moet worden opgemerkt dat een ingezetene van de Gemeenschap niet de mogelijkheid om zich op de bepalingen van het Verdrag te beroepen kan worden ontnomen op grond dat hij profiteert van fiscale voordelen die rechtmatig worden geboden door voorschriften die in een andere lidstaat dan zijn woonstaat gelden.

72. Ter ondersteuning van haar stelling dat in casu een onderscheid tussen binnenlandse en buitenlandse belastingplichtigen kan worden gerechtvaardigd, beroept de Nederlandse regering zich ook op artikel 73 D, lid 1, sub a, van het Verdrag.

73. Artikel 73 D van het Verdrag is evenwel na het overlijden van Barbier in werking getreden, en verder bepaalt lid 3 van dit artikel dat met name de in lid 1 ervan bedoelde nationale bepalingen geen verkapte beperking van het vrije kapitaalverkeer mogen vormen.

74. De Nederlandse regering heeft niets anders aangevoerd om aan te tonen dat de afwijkende bepalingen van richtlijn 88/361 van toepassing kunnen zijn op de wetgeving die in het hoofdgeding aan de orde is. Hieruit volgt dat artikel 1, lid 1, ervan zich verzet tegen een nationale regeling zoals die welke in het hoofdgeding aan de orde is.

75. Uit het voorgaande volgt dat de prejudiciële vragen niet behoeven te worden onderzocht voorzover zij betrekking hebben op het vrije verkeer van personen. In dit verband volstaat de opmerking dat de gevolgen van de fiscale wetgeving op het gebied van de erfopvolging ook behoren tot de overwegingen die een onderdaan van een lidstaat in aanmerking mag nemen bij zijn beslissing om wel of niet gebruik te maken van het door het Verdrag geboden vrije verkeer.

76. Op de gestelde vragen moet dan ook worden geantwoord dat het gemeenschapsrecht zich verzet tegen een nationale regeling inzake de berekening van de belasting die moet worden geheven bij erfrechtelijke verkrijging van een in de betrokken lidstaat gelegen onroerende zaak, volgens welke voor de bepaling van de waarde van deze zaak de onvoorwaardelijke verplichting van de juridische eigenaar om de zaak te leveren aan een andere persoon, die de economische eigendom van genoemde zaak heeft, in aanmerking kan worden genomen indien deze juridische eigenaar op de datum van zijn overlijden in deze staat woonde, terwijl dit niet mogelijk is indien hij in een andere lidstaat woonde.

Kosten

77. ...

HET HOF VAN JUSTITIE (Vijfde kamer)

uitspraak doende op de door het Gerechtshof te 's-Hertogenbosch bij uitspraak van 5 september 2001 gestelde vragen, verklaart voor recht:

Het gemeenschapsrecht verzet zich tegen een nationale regeling inzake de berekening van de belasting die moet worden geheven bij erfrechtelijke verkrijging van een in de betrokken lidstaat gelegen onroerende zaak, volgens welke voor de bepaling van de waarde van deze zaak de onvoorwaardelijke verplichting van de juridische eigenaar om de zaak te leveren aan een andere persoon, die de economische eigendom van genoemde zaak heeft, in aanmerking kan worden genomen indien deze juridische eigenaar op de datum van zijn overlijden in deze staat woonde, terwijl dit niet mogelijk is indien hij in een andere lidstaat woonde.

HvJ EU 4 maart 2004, zaak C-334/02 (Commissie v. Franse Republiek)

Vijfde kamer: *P. Jann (rapporteur), kamerpresident, C. W. A. Timmermans en S. von Bahr, rechters*

Advocaat-generaal: *D. Ruiz-Jarabo Colomer*

1. Bij verzoekschrift, neergelegd ter griffie van het Hof op 20 september 2002, heeft de Commissie van de Europese Gemeenschappen krachtens artikel 226 EG beroep ingesteld strekkende tot vaststelling dat de Franse Republiek, door de inkomsten uit de in de artikelen 125-0 A en 125 A van de Code général des impôts bedoelde beleggingen en overeenkomsten, waarvan de schuldenaar niet in Frankrijk woont of is gevestigd, volledig van de toepassing van de bevrijdende voorheffing uit te sluiten, de krachtens de artikelen 49 EG en 56 EG op haar rustende verplichtingen niet is nagekomen.

HET HOF VAN JUSTITIE (Vijfde kamer)

verklaart voor recht:

Door de inkomsten uit de in de artikelen 125-0 A en 125 A van de Code général des impôts bedoelde beleggingen en overeenkomsten, waarvan de schuldenaar niet in Frankrijk woont of is gevestigd, volledig van de toepassing van de bevrijdende voorheffing uit te sluiten, is de Franse Republiek de krachtens de artikelen 49 EG en 56 EG op haar rustende verplichtingen niet nagekomen.

Samenvatting beschikbaar gesteld door Loyens & Loeff (uit EU Tax Alert):

On March 4, 2004, the European Court of Justice ruled in case Commission vs. France (C-334/02) that the French tax on income arising from investments violates both the freedom to provide services and the free movement of capital if the debtor is not resident or established in France. According to the Court, French tax arrangements discriminate against foreign investors. In France, taxpayers may opt between taxation at ordinary graduated rates and taxation at fixed rates in the case of income derived from investments and contracts with residents. The rate of the fixed levy is generally lower than the marginal rate of tax resulting from the application of the progressive rate of tax on income. If the debtor is not a French resident or not established in France, France applies ordinary graduated rates. According to the Court, French taxpayers are effectively deterred from entering into contracts with foreign debtors. The legislation in question also has a restrictive effect as regards companies established in other Member States as it prevents them from raising capital in France, given that the proceeds of contracts taken out with those companies are treated less favourably from a tax point of view than proceeds payable by a company which is established in France. The French Government has failed to justify the measure in question.

HvJ EG 11 maart 2004, zaak C-9/02 (Hughes de Lasteyrie du Saillant v. Ministère de l'Économie, des Finances et de l'Industrie)

Toen de heer Lasteyrie du Saillant van Frankrijk naar België emigreerde, legde Frankrijk hem een emigratieheffing op over zijn niet-gerealiseerde vermogenswinsten). Mits voldoende waarborg was verschaft, stond Frankrijk de betaling van de heffing uit totdat de winsten zouden zijn gerealiseerd.

HvJ EG: De vereiste waarborg vormt een met het EG Verdrag strijdige belemmering. Aangezien de regel van toepassing is ongeacht een mogelijk motief aan de kant van de emigrant belasting te ontgaan, gaat de regeling aanzienlijk verder dan zijn doel vereist. De aangevoerde rechtvaardigingen (voorkoming belastingvermijding, fiscale cohesie, verlies belastingopbrengst) kunnen niet worden aanvaard.

Vijfde kamer:	*C.W.A. Timmermans (rapporteur), waarnemend voor de president van de Vijfde kamer, A. La Pergola en S. von Bahr, rechters*
Advocaat-generaal:	*J. Mischo*

1. Bij beschikking van 14 december 2001, ingekomen bij het Hof op 14 januari 2002, heeft de Conseil d'État krachtens artikel 234 EG een prejudiciële vraag gesteld over de uitlegging van artikel 52 EG-Verdrag (thans, na wijziging, artikel 43 EG).

2. Deze vragen zijn gerezen in een geding tussen H. de Lasteyrie du Saillant (hierna: 'de Lasteyrie') en ministère de l'Économie, des Finances et de l'Industrie (ministerie van Economische Zaken, Financiën en Industrie), betreffende een belasting op nog niet gerealiseerde waardevermeerderingen van effecten, die is verschuldigd wanneer een belastingplichtige zijn fiscale woonplaats van Frankrijk naar het buitenland overbrengt.

Toepasselijke bepalingen

3. Artikel 24 van wet nr. 98-1266 van 30 december 1998 houdende de begrotingswet voor 1999 (*JORF* van 31 december 1998, blz. 20 050), in de versie die gold op de datum van decreet nr. 99-590 van 6 juli 1999 tot uitvoering van artikel 24 van de begrotingswet voor 1999 betreffende de wijze van belastingheffing op de waardevermeerdering van bepaalde effecten bij overbrenging van de fiscale woonplaats van Frankrijk naar het buitenland (*JORF* van 13 juli 1999, blz. 10407), bepaalt:

'I.

[...]

II. In de Code général des impôts wordt een artikel 167 bis ingevoegd, dat luidt als volgt:

"Artikel 167 bis

I. – 1. Belastingplichtigen die in de loop van de laatste tien jaar gedurende minstens zes jaar in Frankrijk hun fiscale woonplaats hebben gehad, zijn op de datum waarop zij hun woonplaats van Frankrijk naar het buitenland overbrengen, belasting verschuldigd over de waardevermeerdering van de in artikel 160 bedoelde vennootschapsrechten.

2. De waardevermeerdering wordt vastgesteld door de prijs die de belastingplichtige heeft betaald bij de aankoop van de vennootschapsrechten of, in geval van verkrijging om niet, de waarde die voor de berekening van de erfenis- of schenkingsrechten werd aangenomen, af te trekken van de waarde van de vennootschapsrechten op de datum van de overbrenging van de woonplaats van Frankrijk naar het buitenland zoals bepaald overeenkomstig de artikelen 758 en 885T bis.

Vastgestelde verliezen kunnen niet worden verrekend met anderszins gerealiseerde waardevermeerderingen van dezelfde aard.

3. Van de vastgestelde meerwaarde wordt aangifte gedaan overeenkomstig de regels van punt 2 van artikel 167.

II. – 1. De betaling van de belasting op de vastgestelde waardevermeerdering kan worden uitgesteld tot het tijdstip van overdracht, terugkoop, terugbetaling of nietigverklaring van de betrokken vennootschapsrechten.

De betaling kan worden uitgesteld op voorwaarde dat de belastingplichtige het bedrag van de overeenkomstig sub I vastgestelde waardevermeerdering aangeeft, om uitstel verzoekt, een in Frankrijk gevestigde vertegenwoordiger aanwijst die gemachtigd is de mededelingen in ontvangst te nemen inzake de heffingsgrondslag, de inning en geschillen ter zake van de belasting, en vóór zijn vertrek aan de rekenplichtige die belast is met de inning een waarborg verschaft om de inning van de belastingschuld te waarborgen.

Het in dit artikel voorziene uitstel van betaling schorst de verjaring van de vordering tot inning tot de datum waarop de gebeurtenis intreedt die het uitstel doet vervallen. Dit uitstel wordt gelijkgesteld met het uitstel van betaling als bedoeld in artikel L. 277 van de Livre des procédures fiscales voor de toepassing van de artikelen L. 208, L. 255 en L. 279 daarvan.

Voor de verrekening of de teruggaaf van het belastingtegoed, de belastingskredieten en de niet-bevrijdende voorheffingen of inhoudingen dient de belasting waarvoor overeenkomstig dit artikel om uitstel van betaling is verzocht, buiten beschouwing te blijven.

2. De belastingplichtigen die overeenkomstig dit artikel uitstel van betaling genieten, zijn gehouden de in punt 1 van artikel 170 vastgestelde aangifte te doen. Op deze aangifte wordt het totale bedrag vermeld van de belastingen waarvoor de betaling is uitgesteld. Bij de aangifte wordt een overzicht gevoegd, gesteld op een door de administratie verstrekt formulier, dat het bedrag van de belasting vermeldt voor de effecten waarvoor het uitstel van betaling nog niet is vervallen, en in voorkomend geval, de aard en de datum van de gebeurtenis waardoor het uitstel is vervallen.

3. Onder voorbehoud van punt 4, betaalt de belastingplichtige die uitstel van betaling geniet de overeenkomstig dit artikel verschuldigde belasting vóór 1 maart van het jaar volgend op het jaar waarin het uitstel is vervallen.

Van de belasting waarvan de betaling is uitgesteld is evenwel slechts het bedrag opeisbaar dat is berekend op basis van het verschil tussen, enerzijds, de prijs bij overdracht of terugkoop, of de waarde in de andere gevallen, van de betrokken vennootschapsrechten op de datum van de gebeurtenis waardoor het uitstel vervalt en anderzijds de prijs of de waarde bij aankoop waarvan wordt uitgegaan voor de toepassing van punt 2 van I. Over de rest wordt ambtshalve geen belasting geheven. In dit geval deelt de belastingplichtige tot staving van de in punt 2 bedoelde aangifte de elementen mee die voor de berekening in aanmerking zijn genomen.

De door de belastingplichtige in het buitenland betaalde belasting over aldaar daadwerkelijk gerealiseerde waardevermeerderingen kan worden verrekend met de in Frankrijk vastgestelde inkomstenbelasting, op voorwaarde dat zij daarmee vergelijkbaar is.

4. De belasting waarvan de betaling is uitgesteld, wordt onmiddellijk opeisbaar indien de aangifte en het overzicht als bedoeld in punt 2 niet worden overgelegd of bepaalde gegevens die daarin moeten voorkomen, ontbreken.

III. Na afloop van een termijn van vijf jaar na de datum van vertrek of op de datum waarop de belastingplichtige zijn woonplaats weer naar Frankrijk overbrengt indien hij dit doet binnen voormelde termijn, wordt de overeenkomstig het bepaalde in subI vastgestelde belasting ambtshalve verminderd voorzover zij betrekking heeft op de waardevermeerderingen van de vennootschapsrechten die zich, op die datum, nog in het vermogen van de belastingplichtige bevinden."

III. Bij na advies van de Conseil d'État vastgesteld decreet worden de toepassingsvoorwaarden voor het onderhavige artikel bepaald en, inzonderheid, de wijze waarop dubbele belasting van de vastgestelde waardevermeerderingen kan worden vermeden evenals de op de belastingplichtigen rustende verplichtingen tot aangifte en de modaliteiten van uitstel van betaling.

IV. De bepalingen van dit artikel zijn van toepassing op de belastingplichtigen die na 9 september 1998 hun woonplaats van Frankrijk naar het buitenland overbrengen.'

4. Artikel 160, I, van de Franse Code général des impôts (hierna: 'CGI'), in de versie die gold op de datum van decreet nr. 99-590, bepaalt:

'Wanneer een vennoot, aandeelhouder, commanditaire vennoot of houder van rechten van winstdeel-neming tijdens de duur van de vennootschap zijn vennootschapsrechten geheel of gedeeltelijk overdraagt, is over het positief verschil tussen de prijs bij overdracht van deze rechten en de prijs bij aankoop ervan - of de waarde ervan op 1 januari 1949, zo deze hoger is - uitsluitend 16% inkomstenbelasting verschuldigd. In geval van overdracht van één of meer effecten uit een aantal effecten van dezelfde aard die tegen verschillende prijzen zijn verkregen, is de in aanmerking te nemen verkrijgingsprijs gelijk aan het gewogen gemiddelde van de verkrijgingsprijs van deze effecten. In geval van overdracht van effecten na de beëindiging van een aandelenspaarplan als omschreven in artikel 163 quinquies, D, of de opname ervan na het achtste jaar, wordt de verkrijgingprijs geacht overeen te komen met de waarde ervan op de datum met ingang waarvan de overdrager voor deze effecten niet langer geniet van de voordelen vastgesteld in de punten 5 bis en 5 ter van artikel 157 en in IV van artikel 163 quinquies, D.

De aldus gerealiseerde waardevermeerdering wordt belast op de enkele voorwaarde dat de overdrager en zijn echtgenoot, rechtstreeks of onrechtstreeks tezamen met hun ascendenten en descendenten op enig moment gedurende de laatste vijf jaren recht hadden op meer dan 25% van de vennootschapswinst. Wanneer de overdracht evenwel gebeurt aan één van de in deze alinea genoemde personen, is de meerwaarde vrijgesteld op voorwaarde dat deze vennootschapsrechten niet binnen een periode van vijf jaar geheel of gedeeltelijk aan een derde worden verkocht. Is deze voorwaarde niet vervuld, dan wordt de waardevermeerdering in hoofde van de eerste overdrager belast in het jaar van de verkoop van de rechten aan de derde.

[...]

De in de loop van een jaar geleden waardeverminderingen kunnen enkel worden verrekend met de waardevermeerderingen van dezelfde aard die tijdens hetzelfde jaar, of tijdens de vijf jaren daarna zijn gerealiseerd.

[...]

De waardevermeerderingen die ten gevolge van dit artikel belastbaar zijn, en de waardeverminderingen moeten op de bij decreet vastgestelde wijze worden aangegeven onder de in punt 1 van artikel 170 bepaalde voorwaarden.'

5. In artikel 3, eerste alinea, van decreet nr. 99-590 heet het:

'De belastingplichtigen die tussen 9 september 1998 en 31 december 1998 hun fiscale woonplaats van Frankrijk naar het buitenland hebben overgebracht, doen vóór 30 september 1999 de in artikel 167, punt 2, van de Code général des impôts voorziene rectificerende aangifte ter zake van op grond van de artikelen 167, punt 1 bis en 167 bis, I, van bedoeld wetboek belastbare waardevermeerderingen, en dienen het speciaal formulier in als bedoeld in artikel 91 undecies van bijlage II bij de Code général des impôts.'

6. Artikel R. 280-1 van de Livre des procédures fiscales (hierna: 'LPF'), dat bij artikel 2 van decreet nr. 99-590 is ingevoegd in de LPF, bepaalt als volgt:

'De belastingplichtige die gebruik wenst te maken van het in artikel 167 bis, II, van de Code général des impôts voorziene uitstel van betaling dient de voor niet-ingezetenen bevoegde rekenplichtige van het ministerie van Financiën, ten laatste acht dagen vóór de overbrenging van de woonplaats van Frankrijk naar het buitenland een voorstel tot waarborg over te maken op de in artikel R. 277-1, tweede alinea, bepaalde wijze. Aan de belastingplichtige wordt een ontvangstbewijs verstrekt.

De voorschriften van de artikelen R. 277-1, derde alinea, R. 277-2 tot en met R. 277-4 en artikel R. 277-6 zijn van toepassing.'

7. Artikel R. 277-1 LPF bepaalt:

'De bevoegde rekenplichtige verzoekt de belastingplichtige die om uitstel van betaling van belasting heeft gevraagd de in artikel L. 277 bepaalde waarborg te verstrekken. De belastingplichtige dient binnen de vijftien dagen na de ontvangst van het verzoek van de rekenplichtige mede te delen welke waarborg hij zal verstrekken.

Deze waarborg kan wVorden verstrekt door de overschrijving op een wachtrekening van het ministerie van Financiën, door schuldvorderingen op het ministerie van Financiën, door een borgstelling, door effecten, door een ten gunste van het ministerie van Financiën geëndosseerde warrant op goederen die zich in een door de staat officieel erkende opslagplaats bevinden, door hypotheekstelling en door pandverlening op handelszaken.

Indien de rekenplichtige van mening is dat de door de belastingplichtige aangeboden waarborg niet kan worden aanvaard omdat hij niet voldoet aan de in de tweede alinea bepaalde voorwaarden, stelt hij de belastingplichtige bij aangetekend schrijven van zijn beslissing in kennis.'

8. In artikel R. 277-2 LPF heet het:

'Ingeval de verstrekte waarborgen in waarde dalen of ontoereikend zijn, kan de administratie te allen tijde overeenkomstig de voorschriften van de artikelen L. 277 en L. 279 de belastingplichtige bij aangetekend schrijven met ontvangstbewijs verzoeken een bijkomende waarborg te verstrekken ter verzekering van de inning van het betrokken bedrag. Tot invordering wordt overgegaan indien de belastingplichtige niet binnen één maand aan dit verzoek gevolg geeft.'

9. Artikel R. 277-3 LPF bepaalt:

'Indien andere waarborgen worden aangeboden dan deze waarin artikel R. 277-1 voorziet, kunnen deze slechts worden aanvaard op voorstel van de met de inning belaste rekenplichtige, door de trésorier-payeur général of de receveur général des finances, trésorier-payeur général de la région parisienne, ter zake van directe belastingen die bij aanslag worden geïnd, en door de directeur des services fiscaux of de directeur régional des douanes et droits indirects, ter zake van andere belastingen, rechten of heffingen.'

10. Artikel R. 277-4 LPF luidt als volgt:

'De met de inning belaste rekenplichtige kan de belastingplichtige steeds toestaan de door hem verstrekte zekerheid te vervangen door een andere in artikel R. 277-3 voorziene waarborg van minstens gelijke waarde.'

11. In artikel R. 277-6 LPF heet het:

'Bij besluit van de minister van Financiën worden de voorwaarden vastgesteld om effecten als waarborg aan te wenden, en inzonderheid de aard van deze waarden en de bepaling van de in aanmerking te nemen waarde ervan, die aan de hand van de laatste notering op de dag van de bewaarstelling wordt berekend.'

Het hoofdgeding en de prejudiciële vraag

12. De Lasteyrie heeft op 12 september 1998 Frankrijk verlaten en zich in België gevestigd. Op die datum of in de loop van de vijf jaar daaraan voorafgaand bezat hij, rechtstreeks of onrechtstreeks tezamen met zijn familie, effecten die recht verleenden op meer dan 25% van de winst van een in Frankrijk gevestigde vennootschap die aan de vennootschapsbelasting was onderworpen. Aangezien de marktwaarde van deze effecten toen hoger was dan de prijs waartegen ze waren gekocht, werd de Lasteyrie overeenkomstig artikel 167 bis CGI en de uitvoeringsbepalingen ervan aan de belasting op waardevermeerderingen onderworpen.

13. De Lasteyrie heeft de Conseil d'État verzocht decreet nr. 99-590 nietig te verklaren wegens misbruik van bevoegdheid, stellende dat artikel 167 bis CGI onwettig was wegens strijd met het gemeenschapsrecht.

14. De Conseil d'État heeft in de eerste plaats geoordeeld dat genoemde bepalingen, anders dan de Lasteyrie aanvoert, niet tot doel of tot gevolg hebben dat de daadwerkelijke uitoefening van het recht op vrij verkeer van de betrokken personen wordt beperkt of aan voorwaarden onderworpen. In de tweede plaats heeft de Conseil d'État erop gewezen dat artikel 52 van het Verdrag zich ertegen verzet dat een lidstaat regels vaststelt die de vrijheid van vestiging van sommige van haar onderdanen op het grondgebied van een andere lidstaat belemmeren.

15. Vervolgens heeft de Conseil d'État geoordeeld dat krachtens artikel 167 bis CGI belastingplichtigen die voornemens zijn hun fiscale woonplaats van Frankrijk naar het buitenland over te brengen, overeenkomstig de daarin vastgestelde voorwaarden onmiddellijk worden belast ter zake van nog niet gerealiseerde waardevermeerderingen (hierna: 'latente waardevermeerderingen'), die om die reden niet zouden worden belast indien de betrokkenen hun woonplaats in Frankrijk behielden.

16. De Conseil d'État heeft echter eveneens opgemerkt dat artikel 167 bis CGI in de mogelijkheid voorziet om, in geval van uitstel van betaling, te vermijden dat die belastingplichtigen uiteindelijk een belasting moeten betalen waaraan zij niet, of in mindere mate, zouden zijn onderworpen wanneer zij hun woonplaats in Frankrijk hadden behouden; bovendien zijn zij na afloop van een termijn van vijf jaar geen belasting meer verschuldigd voorzover de vennootschapsrechten met waardevermeerderingen zich dan nog in hun vermogen bevinden, en kunnen de betrokkenen tot het einde van die termijn om uitstel van betaling van de belasting verzoeken.

17. De Conseil d'État heeft ten slotte benadrukt dat aan het uitstel de voorwaarde is verbonden dat een waarborg wordt gesteld ter verzekering van de inning van de belasting. Gelet evenwel op de last die het stellen van een dergelijke waarborg kan meebrengen, vraagt de Conseil d'État zich af of het gemeenschapsrecht zich verzet tegen een regeling als die welke in het voor hem aanhangig geding aan de orde is.

18. Van oordeel dat het voor hem aanhangig geding een ernstig probleem opwerpt aangaande de draagwijdte van de toepasselijke gemeenschapsbepalingen, heeft de Conseil d'État in deze omstandigheden beslist de behandeling van de zaak te schorsen en het Hof om een prejudiciële beslissing te verzoeken over de volgende vraag:

> 'Verzet het beginsel van vrijheid van vestiging in artikel 52 EG-Verdrag (thans, na wijziging, artikel 43 EG) zich ertegen dat een lidstaat ter voorkoming van belastingontwijking, een stelsel invoert waarbij waardevermeerderingen aan belasting worden onderworpen indien de fiscale woonplaats [naar het buitenland] wordt overgebracht, zoals hiervoor is uiteengezet [?]'

De prejudiciële vraag

Bij het Hof ingediende opmerkingen

19. De Duitse en de Nederlandse regering benadrukken dat de verwijzingsbeslissing niets bevat dat erop wijst dat de Lasteyrie gebruik heeft gemaakt van de door artikel 52 van het Verdrag beschermde vrijheid van vestiging, of dat hij om die reden binnen de werkingssfeer van deze bepaling zou vallen.

20. De Lasteyrie stelt in de door hem bij het Hof ingediende opmerkingen, dat hij zijn fiscale woonplaats naar België heeft overgebracht om er zijn beroepsactiviteiten uit te oefenen.

21. De Deense en de Duitse regering stellen dat artikel 167 bis CGI de vrijheid van vestiging niet belemmert. Zij benadrukken dat deze bepaling niet discriminerend is. Zij verhindert bovendien rechtstreeks noch onrechtstreeks dat Franse onderdanen zich in een andere lidstaat vestigen. Volgens de Deense regering wijst niets erop dat de in het hoofdgeding aan de orde zijnde belasting op waardevermeerderingen de mogelijkheid voor Franse onderdanen om zich in een andere lidstaat te vestigen, belemmert. Bovendien is het feit dat uitstel wordt verleend op voorwaarde dat een waarborg wordt verstrekt, op zich niet een vereiste dat een belangrijke invloed zou kunnen hebben op de mogelijkheid voor Franse belastingplichtigen om zich in een andere lidstaat te vestigen.

22. De Lasteyrie, de Portugese regering en de Commissie zijn van mening dat de beperkende werking die uitgaat van artikel 167 bis de uitoefening van de vrijheid van vestiging belemmert. Anders dan de in Frankrijk wonende belastingplichtigen die op de waardevermeerderingen slechts worden belast na de daadwerkelijke realisatie ervan, worden zij die hun woonplaats naar het buitenland overbrengen belast op latente waardevermeerderingen. Voor laatstbedoelden wordt het belastbare feit bepaald door de overbrenging van hun fiscale woonplaats van

Frankrijk naar het buitenland en niet door de overdracht van de betrokken effecten. Derhalve gaat het in deze zaak om een typische beperking bij 'het verlaten van het grondgebied'. Een dergelijke regeling benadeelt de belastingplichtigen die Frankrijk verlaten ten opzichte van die welke er blijven, en voert aldus een discriminatoir verschil in behandeling in. Het voorlopige karakter van de heffing en de mogelijkheid om uitstel van betaling te krijgen kunnen deze beperkende werking niet uitsluiten aangezien het uitstel niet automatisch wordt verleend en onderworpen is aan de voorwaarde dat in Frankrijk een fiscaal vertegenwoordiger moet worden aangeduid. Bovendien heeft de verplichting een waarborg te verstrekken niet enkel financiële implicaties, maar leidt dit vooral tot de onbeschikbaarheid van het vermogen waarop de waarborg werd verstrekt. De Lasteyrie is van mening dat alleen al deze verplichting een belemmering vormt voor de vrijheid van vestiging.

23. Volgens de Nederlandse regering is de belemmering van de vrijheid van vestiging die volgt uit artikel 167 bis CGI zeer beperkt en in ieder geval zo onzeker en indirect dat niet kan worden gezegd dat deze vrijheid daadwerkelijk wordt belemmerd.

24. De Franse regering concentreert haar analyse op de mogelijke rechtvaardigingsgronden voor een dergelijke belemmering. Dienaangaande merkt zij vooreerst op dat artikel 167 bis CGI niet strijdig is met artikel 52 van het Verdrag gelet op het doel van de door deze nationale bepaling ingevoerde regeling, namelijk het voorkomen van belastingontwijking. Blijkens punt 26 van het arrest van 16 juli 1998, ICI (C-264/96, *Jurispr.* blz. I- 4695), kan een regelgeving die specifiek tot doel heeft louter kunstmatige constructies die bedoeld zijn om de belastingwetgeving te omzeilen, van een belastingvoordeel uit te sluiten, beantwoorden aan een dwingende reden van algemeen belang. Derhalve kan een beperking van de vrijheid van vestiging door een bepaling die ertoe strekt echte belastingontwijking tegen te gaan, worden ingevoerd mits deze vrijheid wordt geëerbiedigd. In een dergelijk geval gaat het immers om een toepassing in fiscale zaken van wat het Hof als 'misbruik' van een door het gemeenschapsrecht toegekend recht heeft aangemerkt (arrest van 7 juli 1992, Singh, C-370/90, *Jurispr.* blz. I-4265).

25. De Franse regering preciseert eveneens dat artikel 167 bis CGI werd vastgesteld wegens de handelwijze van sommige belastingplichtigen die erin bestond vóór de overdracht van effecten hun fiscale woonplaats tijdelijk over te brengen, met als enig doel te ontsnappen aan de Franse belasting op waardevermeerderingen. Nu de doeltreffendheid van de fiscale controles bovendien een dwingende reden van algemeen belang vormt (arrest van 15 mei 1997, Futura Participations en Singer, C-250/95, *Jurispr.* blz. I-2471, punt 31), is de Franse regering van mening dat de doeltreffendheid van de inning van een eisbare belasting, wat vergeleken met het uitvoeren van controles een verdere stap vormt in de fiscale procedure, eveneens als een dwingende reden moet worden beschouwd.

26. De Franse regering voert bovendien aan dat het ontbreken van doeltreffende bilaterale of multilaterale internationale instrumenten die het mogelijk maken dezelfde vordering tot inning als op het nationale grondgebied uit te oefenen, ertoe bijdraagt dat de inning van de belasting zeer moeilijk is indien de belastingplichtige in een andere lidstaat woont, en de invoering van artikel 167 bis CGI rechtvaardigt. Om dezelfde redenen is het noodzakelijk, het verlenen van uitstel van betaling afhankelijk te stellen van het verstrekken van waarborgen.

27. Vervolgens benadrukt de Franse regering dat de werking van artikel 167 bis CGI evenredig is aan het nagestreefde doel, nu de aan de belastingplichtige opgelegde last in de tijd beperkt is. De vastgestelde belasting kan immers slechts definitief worden binnen een periode van vijf jaar na de datum van vertrek naar het buitenland. Heeft de belanghebbende bij het verstrijken van deze termijn zijn effecten niet overgedragen, dan is hij bevrijd van elke fiscale verplichting ten aanzien van de Franse overheid. De termijn van vijf jaar verzekert de doeltreffendheid van de regeling en verhindert fraude door de woonplaats voor korte tijd naar het buitenland over te brengen.

28. Bovendien is de wijze van belastingheffing in geen enkel opzicht onevenredig. Wordt het uitstel geweigerd, dan is dit aan de belastingplichtige zelf te wijten, bijvoorbeeld omdat hij geen passende aangifte heeft opgesteld. Wordt het uitstel verleend, dan volgt de last voor de belastingplichtige uit het feit dat hij een waarborg voor de betaling moet verstrekken. De betrokken belastingplichtige geniet in bijna alle gevallen uitstel van betaling. In feite dient de belastingplichtige dus geen enkele belasting te betalen bij het overbrengen van zijn woonplaats van Frankrijk naar het buitenland.

29. De Franse regering benadrukt ten slotte dat in geval van overdracht van de effecten het bedrag van de in Frankrijk eisbare belasting zo wordt berekend dat een te hoge belasting wordt vermeden. De belasting op waardevermeerderingen die de belanghebbende in voorkomend geval heeft betaald op grond van de belastingswetgeving van de staat van ontvangst wordt afgetrokken van de in Frankrijk verschuldigde belasting op waardevermeerderingen. Overigens worden de waardeverminderingen die na het vertrek van de belastingplichtige worden vastgesteld in mindering gebracht op de belasting. Evenzo worden de waardevermeerderingen die tot stand komen na het vertrek uitgesloten van de grondslag van de in Frankrijk verschuldigde belasting.

30. Ook de Deense, de Duitse en de Nederlandse regering zijn van mening dat artikel 167 bis CGI gerechtvaardigd is om dwingende redenen van algemeen belang, en dat het evenredig is met het beoogde doel.

31. In dat verband wijst de Deense regering inzonderheid op het arrest van 28 april 1998, Safir (C-118/96, *Jurispr.* blz. I-1897, punten 25 en 33), waarin het Hof de bescherming van de belastinggrondslag tegen fiscale uitholling

zou hebben erkend als een dwingende reden van algemeen belang die een belemmering van het vrij verrichten van diensten rechtvaardigt.

32. De Duitse regering stelt in de eerste plaats dat artikel 167 bis CGI steunt op de verdeling van de belastingbevoegdheid tussen de 'staat van vertrek' en de 'staat van bestemming'. Het recht van de 'staat van vertrek' om waardevermeerderingen van participaties in kapitaalvennootschappen te belasten is het gevolg van het regelmatige ontstaan ervan door de activiteit van de vennootschap in deze staat. Derhalve vallen zij binnen het vermogen van de belastingplichtige dat, tot zijn vertrek, in deze staat belastbaar is. In de tweede plaats wijst de Duitse regering op punt 26 van het reeds aangehaalde arrest ICI, waarin het Hof in het algemeen de mogelijkheid van een rechtvaardiging op basis van het risico van belastingontduiking zou hebben erkend.

33. De Nederlandse regering stelt dat het beperken van de heffingsbevoegdheid tot de waardevermeerdering die in het land van de woonplaats van de belastingplichtige wordt gerealiseerd, en de overeenkomstige inaanmerkingneming van de aldaar opgebouwde waardevermeerdering wanneer de effecten worden verkocht of de woonplaats wordt overgebracht, in overeenstemming is met het beginsel van de fiscale territorialiteit. Zij is van mening dat de heffing bij vertrek en daaraan gekoppeld het verstrekken van een waarborg om een uitstel van betaling te verkrijgen, noodzakelijk is om de samenhang van het nationale belastingstelsel te waarborgen. Dit vormt een rechtvaardigingsgrond voor een regeling die de fundamentele vrijheden beperkt (arrest van 28 januari 1992, Bachmann, C-204/90, *Jurispr.* blz.I-249) aangezien er in de onderhavige zaak een rechtstreeks verband bestaat tussen de overdracht van de jaarlijkse belasting op de waardevermeerdering van de effecten en de daadwerkelijke inning van de belasting bij overbrenging van de woonplaats naar het buitenland. Volgens de Nederlandse regering kadert artikel 167 bis CGI bovendien in de strijd tegen belastingontwijking, nu dit artikel tracht te voorkomen dat belastingplichtigen tijdelijk hun woonplaats van Frankrijk naar het buitenland overbrengen teneinde hun effecten te gelde te maken zonder noemenswaardige belastingheffing op de waardevermeerdering.

34. De Lasteyrie, de Portugese regering en de Commissie daarentegen merken op dat het algemene en automatische vermoeden van ontwijking vervat in artikel 167 bis CGI, dat leidt tot de onmiddellijke belasting op latente meerwaarden, gevolgen heeft die aanzienlijk verder gaan dan wat noodzakelijk is om fiscale fraude en belastingontwijking doeltreffend te bestrijden en, om die reden een onevenredige belemmering van de vrijheid van vestiging vormt.

35. De Lasteyrie stelt dat de door de Franse Republiek gesloten dubbelbelastingverdragen normaliter een bepaling inzake de 'bijstand bij de invordering' bevatten, die het de Franse overheid mogelijk maakt op die basis een belasting te innen die verschuldigd is door een belastingplichtige die zijn woonplaats naar een andere lidstaat van de Europese Unie zou hebben overgebracht. De Portugese overheid is van mening dat voor het geval dat een belastingplichtige zijn fiscale woonplaats naar een andere lidstaat overbrengt, de bevoegde instanties hun medewerking dienen te verlenen en protocollen voor de uitwisseling van informatie moeten vaststellen, die verzekeren dat fiscale vorderingen als deze in het hoofdgeding kunnen worden geïnd.

36. Volgens de Commissie staat het algemene karakter van artikel 167 bis CGI eraan in de weg dat van geval tot geval wordt vastgesteld of de overbrenging van de woonplaats daadwerkelijk beoogde belasting te ontwijken. Deze bepaling heeft immers helemaal niet specifiek tot doel louter kunstmatige constructies die bedoeld zijn om de belastingwet te omzeilen, van een belastingvoordeel uit te sluiten, daar zij in het algemeen betrekking heeft op elke situatie waarin een belastingplichtige die een aanzienlijke participatie in een aan de vennootschapsbelasting onderworpen vennootschap aanhoudt 'om gelijk welke reden' zijn fiscale woonplaats van Frankrijk naar het buitenland overbrengt. Blijkens punt 38 van het arrest van 9 maart 1999, Centros (C-212/97, *Jurispr.* blz. I-1459), dient de bevoegde administratie het bestaan van fraude van geval tot geval te bewijzen.

37. De Lasteyrie en de Commissie stellen bovendien dat het uitstel van betaling niet van rechtswege wordt verleend en dat de belastingplichtige steeds waarborgen moet kunnen verstrekken om de betaling van de belasting te verzekeren. Deze maatregelen zijn kennelijk onevenredig aan het beoogde doel. De wetgeving van andere lidstaten, zoals die van het Verenigd Koninkrijk van Groot-Brittannië en Noord-Ierland en het Koninkrijk Zweden, toont aan dat oplossingen mogelijk zijn die de vrijheid van vestiging minder beperken. De Commissie merkt met betrekking tot de waarborgregeling eveneens op dat deze discriminerend is, gelet op de onmogelijkheid om, bij ontbreken van een bankgarantie die de volledige betaling van de verschuldigde belasting verzekert, effecten die niet op een Franse beurs zijn genoteerd als waarborg in bewaring te geven.

Antwoord van het Hof

38. Artikel 167 bis CGI legt het beginsel vast van belastingheffing, op de datum van de overbrenging van de woonplaats van een belastingplichtige van Frankrijk naar het buitenland, over de waardevermeerderingen van vennootschapsrechten. Deze waardevermeerdering wordt bepaald door de prijs waartegen deze effecten zijn verkregen af te trekken van de waarde ervan op de datum van de overbrenging van de woonplaats. Enkel belastingplichtigen die rechtstreeks of onrechtstreeks tezamen met hun familieleden op enig moment gedurende de laatste vijf jaren voorafgaand aan vorenbedoelde datum recht hadden op meer dan 25% van de vennootschapswinst zijn aan de

belasting onderworpen. Het bijzondere van deze bepaling bestaat hierin dat zij latente waardevermeerderingen belast.

39. In de eerste plaats moet worden onderzocht of artikel 167 bis CGI, die dus een belasting invoert op latente waardevermeerderingen op de enkele grond van de overbrenging van de woonplaats van een belastingplichtige van Frankrijk naar het buitenland, de uitoefening van de vrijheid van vestiging in de zin van artikel 52 van het Verdrag kan belemmeren.

40. In dit verband moet erop worden gewezen dat artikel 52 van het Verdrag een van de fundamentele bepalingen van gemeenschapsrecht is en sedert het einde van de overgangsperiode rechtstreeks toepasselijk is in de lidstaten. Volgens deze bepaling omvat de vrijheid van vestiging voor onderdanen van een lidstaat op het grondgebied van een andere lidstaat de toegang tot en de uitoefening van werkzaamheden anders dan in loondienst, alsmede de oprichting en het beheer van ondernemingen overeenkomstig de bepalingen welke door de wetgeving van het land van vestiging voor de eigen onderdanen zijn vastgesteld (arresten van 28 januari 1986, Commissie/Frankrijk, 270/83, *Jurispr.* blz. 273, punt 13; 29 april 1999, Royal Bank of Scotland, C-311/97, *Jurispr.* blz. I-2651, punt 22, en 13 april 2000, Baars, C-251/98, *Jurispr.* blz. I-2787, punt 27).

41. In antwoord op de twijfels van sommige regeringen wat de toepasselijkheid van deze bepaling op het hoofdgeding betreft, en gezien het ontbreken van toereikende nadere gegevens op dit punt in het aan het Hof voorgelegde dossier, zij er evenwel aan herinnerd dat in het kader van de procedure van artikel 234 EG, dat op een duidelijke afbakening van de taken van de nationale rechterlijke instanties en van het Hof berust, elke waardering van de feiten tot de bevoegdheid van de nationale rechter behoort (zie met name arrest van 25 februari 2003, IKA, C-326/00, *Jurispr.* blz. I-1703, punt 27, en aldaar aangehaalde rechtspraak), en dient te worden vastgesteld dat in het onderhavige geval de verwijzende rechter van oordeel lijkt te zijn geweest dat artikel 52 van het Verdrag van toepassing was op het bij hem aanhangig geding.

42. Gepreciseerd moet worden dat artikel 52 van het Verdrag, evenals de andere bepalingen betreffende de vrijheid van vestiging, hoewel het volgens zijn bewoordingen met name de nationale behandeling in de lidstaat van ontvangst beoogt te garanderen, zich er eveneens tegen verzet dat de lidstaat van herkomst de vestiging van een van zijn onderdanen in een andere lidstaat bemoeilijkt (zie reeds aangehaalde arrest Baars, punt 28, en aldaar aangehaalde rechtspraak).

43. Overigens is zelfs een geringe of minder belangrijke beperking van de vrijheid van vestiging door artikel 52 van het Verdrag verboden (zie in die zin arresten van 28 januari 1986, Commissie/Frankrijk, reeds aangehaald, punt 21, en 15 februari 2000, Commissie/Frankrijk, C-34/98, *Jurispr.* blz. I-995, punt 49).

44. Bovendien geldt het verbod voor de lidstaten om beperkingen aan de vrijheid van vestiging te stellen eveneens voor fiscale bepalingen. Het is immers vaste rechtspraak dat ofschoon bij de huidige stand van het gemeenschapsrecht de directe belastingen als zodanig niet tot de bevoegdheidssfeer van de Gemeenschap behoren, de lidstaten niettemin verplicht zijn de bij hen verbleven bevoegdheden in overeenstemming met het gemeenschapsrecht uit te oefenen (zie arresten van 14 februari 1995, Schumacker, C-279/93, *Jurispr.* blz. I-225, punt 21; ICI, reeds aangehaald, punt 19, en 21 november 2002, X en Y, C-436/00, *Jurispr.* blz. I-10829, punt 32).

45. Zelfs indien in het onderhavige geval artikel 167 bis CGI een Franse belastingplichtige niet verbiedt zijn recht van vestiging uit te oefenen, kan deze bepaling niettemin de uitoefening van dit recht beperken, aangezien er voor de belastingplichtigen die zich in een andere lidstaat wensen te vestigen ten minste een afschrikkend effect van uitgaat.

46. De belastingplichtige die zijn woonplaats van het Franse grondgebied naar het buitenland wenst over te brengen in het kader van de uitoefening van het hem bij artikel 52 van het Verdrag gewaarborgde recht wordt immers minder gunstig behandeld dan een persoon die zijn woonplaats in Frankrijk behoudt. Op de enkele grond van een dergelijke overbrenging ontstaat voor de belastingplichtige een belastingschuld op inkomsten die nog niet zijn gerealiseerd en waarover hij bijgevolg niet beschikt, zulks terwijl, indien hij in Frankrijk zou blijven, de waardevermeerderingen enkel belastbaar zouden zijn wanneer en voorzover zij daadwerkelijk zouden worden gerealiseerd. Dit verschil in behandeling ter zake van de belasting van waardevermeerderingen, dat aanzienlijke gevolgen kan hebben voor het vermogen van de belastingplichtige die zijn woonplaats van Frankrijk naar het buitenland wenst over te brengen, kan een belastingplichtige afschrikken om die stap te zetten.

47. Het onderzoek van de wijze waarop de regeling in de praktijk wordt gebracht, bevestigt deze conclusie. Hoewel het mogelijk is uitstel van betaling te genieten, is dit uitstel immers niet automatisch en is het verbonden aan strikte voorwaarden, zoals deze door de advocaat-generaal in de punten 36 en 37 van zijn conclusie zijn beschreven, waaronder het verstrekken van een waarborg. Deze waarborg heeft uit zichzelf een belemmerende werking, daar hij de belastingplichtige het genot van het als waarborg verstrekte vermogen onthoudt.

48. Uit wat voorafgaat, volgt dat de maatregel die in het hoofdgeding aan de orde is, de vrijheid van vestiging kan belemmeren.

49. In de tweede plaats dient eraan te worden herinnerd dat een maatregel die de in artikel 52 van het Verdrag neergelegde vrijheid van vestiging kan belemmeren, alleen toelaatbaar is indien er een rechtmatig doel mee wordt nagestreefd dat zich met het Verdrag verdraagt, en indien hij gerechtvaardigd is uit hoofde van dwingende redenen van algemeen belang. Daarenboven moet in een dergelijk geval de tenuitvoerlegging ervan geschikt zijn om het aldus nagestreefde doel te verwezenlijken, en mag hij niet verder gaan dan nodig is voor het bereiken van dat doel (zie reeds aangehaalde arresten Futura Participations en Singer, punt 26, en aldaar aangehaalde rechtspraak, en X en Y, punt 49).

50. Wat de door de verwijzende rechter in de prejudiciële vraag vermelde rechtvaardigingsgrond betreft, namelijk het voorkomen van belastingontwijking, dient te worden opgemerkt dat artikel 167 bis CGI niet specifiek tot doel heeft louter kunstmatige constructies die bedoeld zijn om de Franse belastingwetgeving te omzeilen, van een belastingvoordeel uit te sluiten, maar in het algemeen betrekking heeft op elke situatie waarin een belastingplichtige die een aanzienlijke participatie in een aan de vennootschapsbelasting onderworpen vennootschap aanhoudt om gelijk welke reden zijn fiscale woonplaats van Frankrijk naar het buitenland overbrengt (zie in die zin reeds aangehaalde arresten ICI, punt 26, en X en Y, punt 61).

51. De overbrenging van de woonplaats van een natuurlijke persoon buiten het grondgebied van een lidstaat impliceert evenwel niet ipso facto dat er sprake is van fiscale fraude. Een algemeen vermoeden van belastingfraude of -ontwijking kan niet worden gebaseerd op het feit dat de woonplaats van een natuurlijke persoon naar een andere lidstaat is overgebracht en kan geen rechtvaardigingsgrond zijn voor een fiscale maatregel die afbreuk doet aan de uitoefening van een bij het Verdrag beschermde fundamentele vrijheid (zie in deze zin arresten van 26 september 2000, Commissie/België, C-478/98, *Jurispr.* blz. I-7587, punt 45, en X en Y, reeds aangehaald, punt 62).

52. Bijgevolg kan artikel 167 bis CGI, zonder aanzienlijk verder te gaan dan nodig is om het beoogde doel te bereiken, er niet van uitgaan dat elke belastingplichtige die zijn woonplaats van Frankrijk naar het buitenland overbrengt de Franse belastingswet wil omzeilen.

53. Zo is krachtens artikel 167 bis CGI ook de belastingplichtige die zijn effecten binnen een periode van vijf jaar na zijn vertrek uit Frankrijk verkoopt de belasting verschuldigd, zelfs indien hij helemaal niet de bedoeling heeft om naar die lidstaat terug te keren en in het buitenland blijft wonen na het verstrijken van die periode.

54. Bovendien kan het beoogde doel, namelijk het vermijden dat een belastingplichtige die effecten wil verkopen eerst zijn fiscale woonplaats tijdelijk overbrengt, met als enige doel te ontsnappen aan de Franse belasting op waardevermeerderingen, worden bereikt met maatregelen die de vrijheid van vestiging minder belemmeren of beperken, en specifiek betrekking hebben op het risico van een dergelijke tijdelijke overbrenging. Zoals de advocaat-generaal in punt 64 van zijn conclusie heeft opgemerkt, zou de Franse overheid met name de belastingplichtigen kunnen belasten die na een relatief kort verblijf in een andere lidstaat naar Frankrijk terugkeren na de realisatie van waardevermeerderingen, waardoor wordt vermeden dat de situatie van belastingplichtigen die geen ander doel hebben dan te goeder trouw hun vrijheid van vestiging in een andere lidstaat uit te oefenen, negatief wordt beïnvloed.

55. De uitvoeringsbepalingen van artikel167bis CGI kunnen niet tot een andere conclusie leiden.

56. Zoals gezegd in punt 47 van dit arrest, werkt het uitstel van betaling immers niet automatisch doch is het aan strikte voorwaarden onderworpen, zoals de verplichting om een aangifte in te dienen binnen de gestelde termijn, de aanduiding van een in Frankrijk gevestigde vertegenwoordiger en het verstrekken van waarborgen ter verzekering van de inning van de belastingen.

57. Voor zover de toepassing van deze voorwaarden de uitoefening van het recht van vestiging beperkt, kan het doel van voorkoming van belastingontwijking, dat geen rechtvaardiging kan vormen voor de belastingregeling van artikel 167 bis CGI, evenmin met succes worden aangevoerd tot staving van deze voorwaarden, die tot uitvoering van die regeling strekken.

58. Bijgevolg verzet artikel 52 van het Verdrag zich ertegen dat een lidstaat ter voorkoming van belastingontwijking een stelsel zoals dit van artikel 167 bis CGI invoert waarbij latente waardevermeerderingen worden belast indien een belastingplichtige zijn fiscale woonplaats van die staat naar het buitenland overbrengt.

59. De Deense regering merkt evenwel op dat de doelstelling van artikel 167 bis CGI erin bestaat de fiscale uitholling van de belastinggrondslag van de betrokken lidstaat te verhinderen, door te vermijden dat belastingplichtigen voordeel halen uit de verschillen tussen de belastingstelsels van de lidstaten.

60. In dit verband kan worden volstaan met te herinneren aan de vaste rechtspraak dat vermindering van belastinginkomsten niet kan worden aangemerkt als een dwingende reden van algemeen belang die kan worden aangevoerd ter rechtvaardiging van een maatregel die in beginsel strijdig is met een fundamentele vrijheid (arrest ICI, reeds aangehaald, punt 28, en arrest van 8 maart 2001, Metallgesellschaft e.a., C-397/98 en C-410/98, *Jurispr.* blz. I-1727, punt 59). Bijgevolg kan de loutere inkomstenderving van een lidstaat wanneer een belastingplichtige zijn fiscale woonplaats overbrengt naar een andere lidstaat waar de belastingregelgeving verschillend en in voorkomend geval voor hem voordeliger is, op zichzelf geen beperking van het recht van vestiging rechtvaardigen.

61. De Nederlandse regering stelt dat de heffing bij vertrek en daaraan gekoppeld het verstrekken van een waarborg om een uitstel van betaling te verkrijgen, noodzakelijk is om de samenhang van het Franse belastingstelsel te waarborgen, aangezien er een rechtstreeks verband bestaat tussen de overdracht van de jaarlijkse belasting op de waardevermeerdering van effecten en de daadwerkelijke inning van de belasting bij overbrenging van de woonplaats naar het buitenland.

62. Het Hof heeft inderdaad erkend, om het verband te handhaven tussen de aftrekbaarheid van de premies en de heffing van belasting over de bedragen die de verzekeringsmaatschappijen ingevolge verzekeringscontracten uitkeren, dat aan de fiscale aftrekbaarheid van premies de voorwaarde wordt verbonden dat zij in deze staat werden betaald (arrest Bachmann, reeds aangehaald, punten 21-23, en arrest van 28 januari 1992, Commissie/België, C-300/90, *Jurispr.* blz. I-305, punten 14-20).

63. Toch kan niet worden gesteld dat artikel 167 bis CGI op dezelfde wijze wordt gerechtvaardigd door de noodzaak de samenhang van het Franse belastingstelsel te verzekeren.

64. In dit verband zij er aan herinnerd dat de fiscale regeling van artikel 167 bis CGI tot doel heeft, zoals de Franse regering in haar schriftelijke opmerkingen heeft gepreciseerd, de tijdelijke en uitsluitend door fiscale beweegredenen ingegeven overbrenging van de woonplaats van Frankrijk naar het buitenland te voorkomen. Dit artikel werd immers vastgesteld wegens de handelwijze van sommige belastingplichtigen, die erin bestond vóór de verkoop van effecten hun fiscale woonplaats tijdelijk over te brengen, met als enige doel te ontsnappen aan de door hen in Frankrijk verschuldigde belasting op waardevermeerderingen.

65. Artikel 167 bis CGI lijkt dus niet tot doel te hebben waardevermeerderingen in het algemeen te belasten bij overbrenging van de woonplaats van een belastingplichtige van Frankrijk naar het buitenland, voorzover het gaat om waardevermeerderingen die tijdens het verblijf van laatstbedoelde op het Franse grondgebied tot stand kwamen.

66. Deze vaststelling vindt steun in het feit dat de in het hoofdgeding aan de orde zijnde belastingregeling de aftrek toelaat van elke belasting die in het land waarnaar de belastingplichtige zijn woonplaats heeft overgebracht, op gerealiseerde waardevermeerderingen wordt geheven. Een dergelijke belasting zou immers tot gevolg kunnen hebben dat de gerealiseerde waardevermeerderingen, met inbegrip van het gedeelte ervan dat tijdens het verblijf van de belastingplichtige in Frankrijk tot stand kwam, in dat land volledig worden belast.

67. Gelet op de doelstelling die de fiscale regeling van artikel 167 bis CGI nastreeft, blijkt in die omstandigheden dat het uitgangspunt waarop het door de Nederlandse regering aangevoerde argument van de fiscale samenhang steunt, onjuist is. Bijgevolg faalt de rechtvaardiging van een dergelijke regeling die steunt op de doelstelling van de fiscale samenhang, die overigens door de Franse regering niet werd aangevoerd.

68. Wat het argument van de Duitse regering betreft, dat rekening dient te worden gehouden met de verdeling van de belastingbevoegdheid tussen de staat van vertrek en de staat van bestemming, kan worden volstaan met erop te wijzen dat, zoals de advocaat-generaal in punt 82 van zijn conclusie heeft opgemerkt, het geding niet betrekking heeft op de verdeling van de belastingbevoegdheid tussen lidstaten, noch op het recht van de Franse overheid om latente waardevermeerderingen te belasten om op te treden tegen kunstmatige overbrengingen van de woonplaats, doch wel op de vraag of de daartoe vastgestelde maatregelen in overeenstemming zijn met de vrijheid van vestiging.

69. Op de vraag moet dus worden geantwoord, dat het beginsel van vrijheid van vestiging in artikel 52 van het Verdrag aldus moet worden uitgelegd, dat het zich ertegen verzet dat een lidstaat ter voorkoming van belastingontwijking, een stelsel zoals dit van artikel 167 bis CGI invoert waarbij latente waardevermeerderingen worden belast wanneer de belastingplichtige zijn fiscale woonplaats van die staat naar het buitenland overbrengt.

Kosten

70. ...

HET HOF VAN JUSTITIE (Vijfde kamer)

uitspraak doende op de door de Conseil d'État bij 14 december 2001 gestelde vraag, verklaart voor recht:

Het beginsel van vrijheid van vestiging van artikel 52 EG-Verdrag (thans, na wijziging, artikel 43 EG) moet aldus worden uitgelegd, dat het zich ertegen verzet dat een lidstaat ter voorkoming van belastingontwijking, een stelsel zoals dit van artikel 167 bis van de Franse Code général des impôts invoert waarbij nog niet gerealiseerde waardevermeerderingen worden belast wanneer de belastingplichtige zijn fiscale woonplaats van die lidstaat naar het buitenland verplaatst.

HvJ EG 8 juni 2004, zaak C-268/03 (Beschikking) (Jean-Claude De Baeck v. Belgische Staat)

Tweede kamer: *C. W. A. Timmermans (rapporteur), kamerpresident, C. Gulmann, J. P. Puissochet, J. N. Cunha Rodrigues en N. Colneric, rechters*

Advocaat-generaal: *F. G. Jacobs*

Samenvatting *(V-N 2004/32.9)*

Op 8 juni 2004 heeft het Hof van Justitie van de Europese Gemeenschappen in de zaak C-268/03 (De Baeck versus Belgische Staat) bij beschikking geoordeeld dat het Belgische stelsel op grond waarvan winst, behaald door een natuurlijke persoon bij de vervreemding van een aanmerkelijk belang in een Belgische vennootschap, belastbaar is in geval van verkoop aan een buiten België gevestigde vennootschap, terwijl deze winst niet belastbaar is bij verkoop aan een in België gevestigde vennootschap, in strijd is met het Europese recht. Indien de overgedragen deelneming aan de houder van de deelneming een zodanige invloed op de besluiten van de dochtervennootschap verleent dat de houder de activiteiten van de dochtervennootschap kan bepalen, is sprake van strijd met art. 43 en 48 EG-verdrag (vrijheid van vestiging). Wanneer de overgedragen deel-neming aan de houder van de deelneming geen zodanige invloed op de besluiten kan verlenen dat de houder de activiteiten van de dochtervennootschap kan bepalen, is sprake van strijd met art. 56 EG-verdrag (vrijheid van kapitaalverkeer).

HET HOF VAN JUSTITIE (Tweede kamer)

verklaart voor recht:

1. **De artikelen 43 EG en 48 EG staan in de weg aan een nationale wettelijke regeling zoals die van de artikelen 67, 8°, en 67 ter van het Belgische Wetboek van de inkomstenbelastingen, in de versie die van kracht was ten tijde van de feiten in het hoofdgeding, volgens welke de meerwaarden die worden verwezenlijkt bij de overdracht onder bezwarende titel, buiten de uitoefening van een beroepswerkzaamheid, van aandelen of deelbewijzen in rechten van Belgische vennootschappen, verenigingen, inrichtingen of instellingen, belastbaar zijn wanneer de overdracht plaatsvindt aan een in een andere lidstaat gevestigde vennootschap, vereniging, inrichting of instelling, terwijl in dezelfde omstandigheden deze meerwaarden niet belastbaar zijn wanneer de overdracht plaatsvindt aan een Belgische vennootschap, vereniging, inrichting of instelling, indien de overgedragen deelneming de houder ervan een zodanige invloed op de besluiten van de vennootschap verleent dat hij de activiteiten ervan kan bepalen.**

2. **Artikel 56 EG staat in de weg aan een nationale wettelijke regeling zoals die welke hierboven is bedoeld, wanneer de overgedragen deelneming de houder ervan geen zodanige invloed op de besluiten van de vennootschap kan verlenen dat hij de activiteiten ervan kan bepalen.**

HvJ EG 1 juli 2004, zaak C-169/03 (Florian W. Wallentin v. Riksskatteverket)

Eerste kamer: *P. Jann (rapporteur), kamerpresident, A. La Pergola, S. von Bahr, R. Silva de Lapuerta en K. Lenaerts, rechters*
Advocaat-generaal: *P. Léger*

Samenvatting arrest *(V-N 2004/35.15)*

Een Duitse student, Wallentin, heeft in juli/augustus 1996 in Zweden verbleven en aldaar een bezoldigde stage gelopen, waarvoor een vergoeding van 8724 SEK is ontvangen. In zijn woonland Duitsland heeft hij in dat jaar alleen belastingvrije maandelijkse toelagen van ouders en Duitse overheid ontvangen. Op grond van de Zweedse wetgeving zijn kortstondig daar verblijvende personen een tarief van 25% inkomstenbelasting verschuldigd, zonder belastingvrije som (voor ingezetenen 8600 SEK).

Wallentin verzoekt echter teruggaaf, omdat het niet verlenen van een belastingvrije som volgens hem een verboden discriminatie is op grond van art. 39 EG-verdrag.

Het Hof van Justitie van de EG besliste dat het onthouden van een belastingvrije som aan niet-inwoners in strijd is met het gemeenschapsrecht in de situatie dat de niet-ingezetene in de eigen woonstaat slechts inkomsten heeft die naar hun aard niet aan de inkomstenbelasting zijn onderworpen.

HET HOF VAN JUSTITIE

verklaart voor recht:

Artikel 39 EG staat in de weg aan een nationale wettelijke regeling waarbij ten laste van natuurlijke personen die worden geacht hun fiscale woonplaats niet in deze lidstaat te hebben, doch er inkomsten uit arbeid verwerven, een bronbelasting wordt geheven zonder dat de belastingplichtige recht heeft op de belastingvrije som of op andere belastingaftrekken of -verminderingen wegens persoonlijke omstandigheden, terwijl de in diezelfde lidstaat wonende belastingplichtigen wel recht hebben op een dergelijke belastingvrije som of andere belastingaftrekken of -verminderingen in het kader van de algemene belasting over hun in deze lidstaat en in het buitenland verworven inkomsten, voor zover de niet-ingezetenen van de heffingsstaat in hun eigen woonstaat slechts inkomsten hebben die naar hun aard niet aan de inkomstenbelasting zijn onderworpen.

HvJ EG 15 juli 2004, zaak C-315/02 (Anneliese Lenz v. Finanzlandesdirektion für Tirol)

Eerste kamer: *P. Jann, kamerpresident, A. Rosas, S. von Bahr, R. Silva de Lapuerta en K. Lenaerts (rapporteur), rechters*
Advocaat-generaal: *A. Tizzano*

1. Bij beschikking van 27 augustus 2002, ingekomen bij het Hof op 6 september daaraanvolgend, heeft het Verwaltungsgerichtshof krachtens artikel 234 EG drie prejudiciële vragen gesteld over de uitlegging van de artikelen 73 B en 73 D EG-Verdrag (thans de artikelen 56 EG en 58 EG).

2. Deze vragen zijn gerezen in een procedure die Lenz bij deze rechterlijke instantie aanhangig heeft gemaakt met betrekking tot de vraag of de Oostenrijkse regeling inzake belasting op kapitaalopbrengsten verenigbaar is met het gemeenschapsrecht.

Toepasselijke bepalingen

3. In het Oostenrijkse belastingstelsel wordt over inkomsten uit in Oostenrijk gevestigde vennootschappen twee maal belasting geheven: op het niveau van de vennootschap worden de door haar geboekte winsten belast tegen een vast tarief van 34%, op het niveau van de aandeelhouder wordt belasting geheven over de kapitaalopbrengsten, namelijk de dividenden en de andere door de vennootschap uitgekeerde winsten.

4. Wat de belasting op het niveau van de aandeelhouders betreft, verschilt de toepasselijke regeling naargelang het gaat om inkomsten van Oostenrijkse oorsprong dan wel om inkomsten uit het buitenland.

De belasting op kapitaalopbrengsten van Oostenrijkse oorsprong

5. § 93, lid 2, Einkommensteuergesetz 1988 (wet op de inkomstenbelastingen 1988, *BGBl.* 1988/400; hierna 'EStG'), luidt: 'Er is sprake van binnenlandse kapitaalopbrengsten wanneer de schuldenaar van de kapitaalopbrengsten zijn woonplaats, hoofdkantoor of zetel in het binnenland heeft of een binnenlands filiaal van een kredietinstelling is [...]' (versie gepubliceerd in *BGBl.* 1996/201).

6. § 93, lid 1, EStG (versie gepubliceerd in *BGBl.* 1996/201) bepaalt: 'Bij binnenlandse kapitaalopbrengsten [...] wordt de inkomstenbelasting geheven door inhouding op de kapitaalopbrengsten ('Kapitalertragsteuer')'; overeenkomstig § 95, lid 1, EStG bedraagt deze inhouding 25%.

7. Volgens § 97, lid 1, EStG (versie gepubliceerd in *BGBl.* 1996/797) 'wordt de belasting op kapitaalopbrengsten door de inhouding geacht te zijn betaald'. De kapitaalopbrengsten zijn bijgevolg niet meer onderworpen aan de inkomstenbelasting.

8. Ingeval de bevrijdende belasting niet kan worden geïnd door inhouding aan de bron (namelijk bij de vennootschappen), wordt de belasting overeenkomstig § 97, lid 2, EStG geheven door 'vrijwillige betaling bij de instelling die de coupons uitbetaalt, van een bedrag dat gelijk is aan de belasting op de kapitaalopbrengsten' (versie gepubliceerd in *BGBl.* 1996/797).

9. Besluit de belastingplichtige om geen gebruik te maken van de bevrijdende belasting van 25% op zijn kapitaalopbrengsten van Oostenrijkse oorsprong, dan geniet hij overeenkomstig § 37, leden 1 en 4, EStG (versie gepubliceerd in *BGBl.* 1996/797) het zogenoemde 'gehalveerde tarief' ('Halbsatzverfahren').

10. In dat geval worden de kapitaalopbrengsten meegerekend bij de bepaling van het totale belastbare inkomen, wat mogelijk een verhoging van het toepasselijke tarief tot gevolg heeft. Als compensatie voor deze verhoging worden de kapitaalopbrengsten echter onderworpen aan een tarief dat de helft bedraagt van het op het totale inkomen toepasselijke gemiddelde belastingtarief.

De belasting op buitenlandse kapitaalopbrengsten

11. Buitenlandse kapitaalopbrengsten die worden betaald aan een in Oostenrijk wonende belastingplichtige zijn onderworpen aan de gewone inkomstenbelasting. Zij worden dus meegerekend bij de bepaling van het totale belastbare inkomen en vallen gewoon onder de inkomstenbelasting, waarvan het maximumtarief 50% bedraagt.

12. Het Oostenrijkse recht is gewijzigd bij een wet die op 1 april 2002 in werking is getreden. Deze wet dateert van na het hoofdgeding en is derhalve daarop niet van toepassing.

Het hoofdgeding en de prejudiciële vragen

13. Lenz, een Duits onderdaan die in Oostenrijk onbeperkt belastingplichtig is, heeft voor het jaar 1996 kapitaalopbrengsten in de vorm van dividenden van in Duitsland gevestigde naamloze vennootschappen gedeclareerd. De

Oostenrijkse belastingadministratie heeft deze inkomsten onderworpen aan de gewone inkomstenbelasting. Het gehalveerde belastingtarief overeenkomstig § 37 EStG en de bevrijdende belastingheffing, bedoeld in § 97 juncto § 93 EStG (hierna: 'fiscale voordelen'), zijn immers enkel van toepassing op kapitaalopbrengsten van Oostenrijkse oorsprong.

14. Van mening dat het gewone progressieve tarief van de belasting op haar kapitaalopbrengsten van Duitse oorsprong in strijd is met het in artikel 73 B, lid 1, EG-Verdrag bedoelde vrije kapitaalverkeer, heeft Lenz bezwaar ingediend bij de Finanzlandesdirektion für Tirol. Dit bezwaar is afgewezen bij besluit van 16 april 1999, waarna Lenz beroep heeft ingesteld bij het Verwaltungsgerichtshof.

15. Onder die omstandigheden heeft het Verwaltungsgerichtshof de behandeling van de zaak geschorst en het Hof de volgende prejudiciële vragen gesteld:

'1. Staat artikel 73 B, lid 1, juncto artikel 73 D, leden 1, sub a en b, en 3, EG-Verdrag (thans artikel 56, lid 1, EG en artikel 58, leden 1, sub a en b, en 3, EG), in de weg aan een regeling als neergelegd in § 97, leden 1 en 4, EStG, juncto § 37, leden 1 en 4, EStG, volgens welke de belastingplichtige bij dividenden uit binnenlandse aandelen kan kiezen, of deze aan een forfaitaire eindbelasting van 25% worden onderworpen dan wel of deze worden belast tegen een belastingtarief dat de helft bedraagt van het op het totale inkomen toepasselijke gemiddelde belastingtarief, terwijl dividenden uit buitenlandse aandelen steeds tegen het gewone tarief van de inkomstenbelasting worden belast?
2. Is de hoogte van de belasting op het inkomen van de kapitaalvennootschap – waarin de belastingplichtige een deelneming heeft – waarvan de zetel en het hoofdkantoor in een andere lidstaat of in een derde staat zijn gevestigd, van belang voor de beantwoording van de eerste vraag?
3. Indien de eerste vraag bevestigend wordt beantwoord: kan er sprake zijn van de in artikel 73 B, lid 1, EG Verdrag bedoelde situatie wanneer de vennootschapsbelasting die naamloze vennootschappen met zetel en hoofdkantoor in andere lidstaten of in derde staten, in hun respectieve staten van vestiging hebben voldaan, met de Oostenrijkse inkomstenbelasting van de ontvangers van dividenden wordt verrekend?'

Beantwoording van de eerste twee prejudiciële vragen

16. Met de eerste twee vragen, die samen moeten worden onderzocht, wenst de verwijzende rechter in wezen te vernemen of de artikelen 73 B, lid 1, en 73 D, leden 1 en 3, EG-Verdrag zich verzetten tegen een regeling van een lidstaat volgens welke de toepassing van een bevrijdend belastingtarief van 25% of van een gehalveerd belastingtarief wordt voorbehouden voor kapitaalopbrengsten van een in deze lidstaat gevestigde vennootschap, met uitsluiting van kapitaalopbrengsten uit het buitenland, en of in voorkomend geval de beoordeling van de verenigbaarheid van deze regeling met die verdragsbepalingen afhankelijk is van de hoogte van de vennootschapsbelasting die op hun winsten wordt geheven in de staat waar de vennootschappen zijn gevestigd:

17. Aangezien het hoofdgeding betrekking heeft op de weigering van de belastingadministratie van een lidstaat om de betrokken fiscale voordelen toe te kennen aan een persoon die in deze lidstaat onbeperkt belastingplichtig is en die dividenden heeft ontvangen van een in een andere lidstaat gevestigde vennootschap, moeten de gestelde vragen slechts worden beantwoord voorzover zij betrekking hebben op het vrije kapitaalverkeer tussen de lidstaten.

18. In de eerste plaats moet worden onderzocht of een belastingregeling als die welke in het hoofdgeding aan de orde is, het vrije kapitaalverkeer in de zin van artikel 73 B, lid 1, EG-Verdrag beperkt, zoals Lenz en de Commissie van de Europese Gemeenschappen betogen.

19. Het is vaste rechtspraak dat ofschoon de directe belastingen tot de bevoegdheid van de lidstaten behoren, deze niettemin verplicht zijn die bevoegdheid in overeenstemming met het gemeenschapsrecht uit te oefenen (arresten van 11 augustus 1995, Wielockx, C-80/94, *Jurispr.* blz. 1-2493, punt 16; 6 juni 2000, Verkooijen, C-35/98, *Jurispr.* blz. 1-4071, punt 32, en 4 maart 2004, Commissie/Frankrijk, C-334/02, *Jurispr.* blz. 1-0000, punt 21).

20. Vastgesteld moet worden dat de in geding zijnde belastingregeling tot gevolg heeft dat de in Oostenrijk wonende belastingplichtigen ervan worden afgeschrikt hun kapitaal te beleggen in vennootschappen die in een andere lidstaat gevestigd zijn. Deze regeling biedt de in Oostenrijk wonende belastingplichtige immers de mogelijkheid voor de heffing van belasting over zijn kapitaalopbrengsten van Oostenrijkse oorsprong te kiezen tussen de eindbelasting tegen het vaste tarief van 25% en de gewone inkomstenbelasting tegen een gehalveerd tarief, terwijl zijn kapitaalopbrengsten uit een andere lidstaat worden onderworpen aan de gewone belasting, waarvan het tarief kan oplopen tot 50%.

21. Deze regeling heeft ook een restrictief gevolg voor in andere lidstaten gevestigde vennootschappen, in zoverre zij hen belemmert in het bijeenbrengen van kapitaal in Oostenrijk. Aangezien kapitaalopbrengsten uit een andere lidstaat fiscaal ongunstiger worden behandeld dan kapitaalopbrengsten van Oostenrijkse oorsprong, is het voor in Oostenrijk wonende beleggers immers minder aantrekkelijk aandelen van in andere lidstaten gevestigde vennoot-

schappen te verwerven dan aandelen van in deze lidstaat gevestigde vennootschappen (zie in die zin arresten Verkooijen, reeds aangehaald, punt 35, en Commissie/Frankrijk, reeds aangehaald, punt 24).

22. Een regeling als die welke in het hoofdgeding aan de orde is, vormt dus een beperking van het vrije kapitaalverkeer die in beginsel verboden is bij artikel 73 B, lid 1, EG-Verdrag.

23. Evenwel moet worden nagegaan of deze beperking van het vrije kapitaalverkeer kan worden gerechtvaardigd op basis van de verdragsbepalingen.

24. Dienaangaande zij eraan herinnerd dat volgens artikel 73 D, lid 1, EG-Verdrag 'het bepaalde in artikel 73 B [...] niets af [doet] aan het recht van de lidstaten [...] de ter zake dienende bepalingen van hun belastingwetgeving toe te passen die onderscheid maken tussen belastingplichtigen die niet in dezelfde situatie verkeren met betrekking tot [...] de plaats waar hun kapitaal is belegd', noch aan hun recht om 'alle nodige maatregelen te nemen om overtredingen van de nationale wetten en voorschriften tegen te gaan'.

25. Volgens de Oostenrijkse, de Deense en de Franse regering en de regering van het Verenigd Koninkrijk blijkt uit deze bepaling duidelijk dat de lidstaten het recht hebben de betrokken fiscale voordelen enkel toe te kennen voor kapitaalopbrengsten die afkomstig zijn van op hun grondgebied gevestigde vennootschappen.

26. Dienaangaande moet worden opgemerkt dat artikel 73 D, lid 1, EG-Verdrag, dat als afwijking van het fundamentele beginsel van vrij kapitaalverkeer strikt moet worden uitgelegd, niet aldus kan worden uitgelegd dat elke belastingwetgeving die onderscheid tussen belastingplichtigen maakt naar gelang van de plaats waar zij hun kapitaal beleggen, automatisch verenigbaar is met het Verdrag. De afwijking van artikel 73 D, lid 1, EG-Verdrag wordt immers zelf beperkt door artikel 73 D, lid 3, EG-Verdrag, dat bepaalt dat de in lid 1 bedoelde nationale maatregelen 'geen middel tot willekeurige discriminatie [mogen] vormen, noch een verkapte beperking van het vrije kapitaalverkeer en betalingsverkeer als omschreven in artikel 73 B'.

27. Derhalve moet onderscheid worden gemaakt tussen de krachtens artikel 73 D, lid 1, EG-Verdrag toegestane ongelijke behandelingen en de willekeurige discriminaties die bij artikel 73 D, lid 3, EG-Verdrag verboden zijn. Blijkens de rechtspraak kan een belastingregeling als die welke in het hoofdgeding aan de orde is, waarin onderscheid wordt gemaakt tussen kapitaalopbrengsten van op het grondgebied van de betrokken lidstaat gevestigde vennootschappen en kapitaalopbrengsten die uit een andere lidstaat afkomstig zijn, enkel verenigbaar met de verdragsbepalingen betreffende het vrije kapitaalverkeer worden geacht indien het verschil in behandeling betrekking heeft op situaties die niet objectief vergelijkbaar zijn, of wordt gerechtvaardigd door dwingende redenen van algemeen belang, zoals de noodzaak om de samenhang van het belastingstelsel te bewaren, de strijd tegen belastingontwijking en de doeltreffendheid van de fiscale controles (arrest Verkooijen, reeds aangehaald, punt 43; arrest van 21 november 2002, X en Y, C-436/00, *Jurispr.* blz. I-10829, punten 49 en 72, en arrest Commissie/Frankrijk, reeds aangehaald, punt 27). Om gerechtvaardigd te zijn mag het verschil in behandeling tussen verschillende categorieën van kapitaalopbrengsten bovendien niet verder gaan dan nodig is om het door de betrokken regeling nagestreefde doel te bereiken.

28. De regeringen die in deze zaak opmerkingen hebben ingediend, betogen in de eerste plaats dat de Oostenrijkse autoriteiten de belasting over de winsten die de in Oostenrijk gevestigde vennootschappen aan hun aandeelhouders uitkeren, gedeeltelijk innen bij de vennootschappen en gedeeltelijk bij de aandeelhouders. Voor de buiten hun grondgebied gevestigde vennootschappen kunnen de Oostenrijkse autoriteiten de belasting op de inkomsten van de vennootschappen niet op dezelfde manier innen. De belastingregeling is dus gerechtvaardigd door een verschillende objectieve situatie die overeenkomstig artikel 73 D, lid 1, sub a, EG-Verdrag grond kan opleveren voor een verschillende fiscale behandeling (arrest van 14 februari 1995, Schumacker, C-279/93, *Jurispr.* blz. I-225, punten 30-34 en 37, en arrest Verkooijen, reeds aangehaald, punt 43).

29. Derhalve moet worden onderzocht of het verschil in behandeling van een in Oostenrijk onbeperkt belastingplichtige persoon, naargelang hij kapitaalopbrengsten ontvangt van in deze lidstaat dan wel in andere lidstaten gevestigde vennootschappen, overeenkomstig artikel 73 D, lid 1, sub a, EG-Verdrag overeenstemt met situaties die niet objectief vergelijkbaar zijn.

30. Blijkens het dossier beoogt de Oostenrijkse belastingregeling een verzachting van de economische gevolgen van de dubbele belasting over de winsten van de vennootschappen die het gevolg is van de heffing van belasting over de door de vennootschap geboekte winsten in de vorm van vennootschapsbelasting en de heffing bij de belastingplichtige aandeelhouder van inkomstenbelasting over dezelfde winsten die in de vorm van dividenden zijn uitgekeerd.

31. Zowel de kapitaalopbrengsten van Oostenrijkse oorsprong als die welke uit een andere lidstaat afkomstig zijn, kunnen evenwel aan een dubbele belasting worden onderworpen. In beide gevallen worden de inkomsten immers in beginsel eerst aan de vennootschapsbelasting onderworpen en vervolgens – voorzover zij in de vorm van dividenden worden uitgekeerd – aan de inkomstenbelasting.

32. Ten aanzien van een fiscale bepaling die de gevolgen beoogt te verzachten van een dubbele belasting over de winsten van een vennootschap waarin kapitaal wordt belegd, verkeren in Oostenrijk onbeperkt belastingplichtige

aandeelhouders die kapitaalopbrengsten van een in een andere lidstaat gevestigde vennootschap ontvangen dus in een situatie die vergelijkbaar is met die van aandeelhouders die in Oostenrijk eveneens onbeperkt belastingplichtig zijn maar kapitaalopbrengsten van een in laatstgenoemde lidstaat gevestigde vennootschap ontvangen.

33. Bijgevolg stemt de Oostenrijkse belastingregeling, die de toepassing van het bevrijdend belastingtarief van 25% of het gehalveerde tarief op kapitaalopbrengsten afhankelijk stelt van de voorwaarde dat deze opbrengsten uit Oostenrijk afkomstig zijn, niet overeen met een verschil in situatie in de zin van artikel 73 D, lid 1, sub a, EG-Verdrag tussen de kapitaalopbrengsten van Oostenrijkse oorsprong en die welke uit een andere lidstaat afkomstig zijn (zie in die zin arresten van 27 juni 1996, Asscher, C-107/94, *Jurispr.* blz. 1-3089, punten 41-49, en 12 juni 2003, Gerritse, C-234/01, *Jurispr.* blz. 1-5933, punten 47-54).

34. De regeringen die bij het Hof opmerkingen hebben ingediend, stellen in de tweede plaats dat de Oostenrijkse belastingregeling objectief gerechtvaardigd wordt door de noodzaak de samenhang van het nationale belastingstelsel te bewaren (arresten van 28 januari 1992, Bachmann, C-204/90, *Jurispr.* blz. 1-249, en Commissie/België, C-300/90, *Jurispr.* blz. 1-305). Zij voeren dienaangaande aan dat de betrokken fiscale voordelen de gevolgen van een dubbele belasting over de winsten van de vennootschappen beogen te verzachten. Er bestaat immers een rechtstreeks economisch verband tussen de heffing van belasting over de winsten van de vennootschap en deze fiscale voordelen. Aangezien enkel de in Oostenrijk gevestigde vennootschappen in deze lidstaat aan de vennootschapsbelasting zijn onderworpen, is het gerechtvaardigd de betrokken fiscale voordelen enkel toe te kennen aan personen die kapitaalopbrengsten van Oostenrijkse oorsprong genieten.

35. In punt 28 van het arrest Bachmann en in punt 21 van het arrest Commissie/België, waarin het Hof heeft erkend dat de noodzaak om de samenhang van het belastingstelsel te bewaren een beperking van de door het Verdrag gegarandeerde fundamentele vrijheden kan rechtvaardigen, bestond er een rechtstreeks verband tussen de aftrekbaarheid van de in het kader van contracten voor ouderdoms- en overlijdensverzekeringen betaalde premies, en de heffing van belasting over de door de verzekeraars uit hoofde van deze verzekeringen uit te keren bedragen, welk verband behouden moest blijven om de samenhang van het betrokken fiscaal stelsel te verzekeren (zie met name arrest van 28 oktober 1999, Vestergaard, C-55/98, *Jurispr.* blz. 1-7641, punt 24, en arrest X en Y, reeds aangehaald, punt 52).

36. Vastgesteld moet worden dat het in het hoofdgeding bij de inkomstenbelasting en de vennootschapsbelasting niet alleen gaat om twee verschillende belastingen die op andere belastingplichtigen van toepassing zijn (zie arrest van 13 april 2000, Baars, C-251/98, *Jurispr.* blz. 1-2787, punt 40; arrest Verkooijen, reeds aangehaald, punten 57 en 58, en arrest van 18 september 2003, Bosal, C-1 68/01, *Jurispr.* blz. 1-0000, punt 30), maar ook dat, indien de in Oostenrijk wonende belastingplichtigen voor hun kapitaalopbrengsten van Oostenrijkse oorsprong de betrokken fiscale voordelen genieten, dit in de Oostenrijkse belastingregeling niet afhankelijk wordt gesteld van een heffing op de winsten van vennootschappen in de vorm van vennootschapsbelasting.

37. Voorts dient het argument dat de samenhang van het belastingstelsel bewaard moet blijven, te worden onderzocht op basis de door de betrokken belastingregeling nagestreefde doelstelling (zie arrest van 11 maart 2004, De Lasteyrie du Saillant, C-9/02, *Jurispr.* blz. 1-0000, punt 67).

38. Aan de door de Oostenrijkse belastingregeling nagestreefde doelstelling, namelijk het verzachten van de gevolgen van een dubbele belasting, wordt evenwel niet afgedaan indien deze belastingregeling ook zou gelden voor personen die kapitaalopbrengsten uit andere lidstaten ontvangen. Dat het bevrijdende belastingtarief van 25% en het gehalveerde belastingtarief enkel gelden voor personen die kapitaalopbrengsten van Oostenrijkse oorsprong genieten, heeft integendeel tot gevolg dat de kloof tussen de totale belastingdruk op winsten van Oostenrijkse vennootschappen en de belastingdruk op winsten van in een andere lidstaat gevestigde vennootschappen nog groter wordt.

39. Het argument dat de samenhang van het Oostenrijkse belastingstelsel bewaard moet blijven, kan dus niet worden aanvaard.

40. Indien het betrokken fiscale voordeel ook werd toegekend aan personen die kapitaalopbrengsten uit een andere lidstaat ontvangen, zou dat voor de betrokken lidstaat stellig een derving van fiscale ontvangsten meebrengen. Volgens vaste rechtspraak kan een derving van belastinginkomsten evenwel niet worden aangemerkt als een dwingende reden van algemeen belang die kan worden ingeroepen ter rechtvaardiging van een maatregel die in beginsel in strijd is met een fundamentele vrijheid (arrest Verkooijen, reeds aangehaald, punt 59; arrest van 3 oktober 2002, Danner, C-136/00, *Jurispr.* blz. 1-8147, punt 56, en arrest X en Y, reeds aangehaald, punt 50).

41. Anders dan de Oostenrijkse en de Deense regering betogen, is het voor de beoordeling van de verenigbaarheid van een nationale regeling, namelijk de Oostenrijkse belastingregeling, met de artikelen 73 B en 73 D, leden 1 en 3, EG-Verdrag niet relevant hoe hoog de belasting is die aan in andere lidstaten gevestigde vennootschappen wordt opgelegd.

42. Dienaangaande zij eraan herinnerd dat voor kapitaalopbrengsten van Oostenrijkse oorsprong in de betrokken belastingregeling geen rechtstreeks verband wordt gelegd tussen de belasting op de winst van vennootschappen

in de vorm van vennootschapsbelasting en de fiscale voordelen die in Oostenrijk wonende belastingplichtigen genieten bij de inkomstenbelasting Derhalve kan de hoogte van de belastingaanslag die aan buiten Oostenrijk gevestigde vennootschappen wordt opgelegd, geen rechtvaardiging zijn om deze fiscale voordelen te ontzeggen aan personen die kapitaalopbrengsten van deze vennootschappen ontvangen.

43. Natuurlijk kan niet worden uitgesloten dat door de verruiming van de betrokken belastingregeling tot kapitaalopbrengsten uit een andere lidstaat het voor in Oostenrijk wonende beleggers voordelig kan worden om aandelen te kopen van vennootschappen die zijn gevestigd in andere lidstaten met een lagere vennootschapsbelasting dan in Oostenrijk. Deze mogelijkheid rechtvaardigt evenwel niet een regeling zoals die welke in het hoofdgeding aan de orde is. Met betrekking tot het argument dat belastingplichtigen die in het land van hun woonplaats kapitaalopbrengsten van in een andere lidstaat gevestigde vennootschappen ontvangen, een eventueel fiscaal voordeel genieten, volstaat het te wijzen op de vaste rechtspraak volgens welke een ongunstige fiscale behandeling die in strijd is met een fundamentele vrijheid, niet kan worden gerechtvaardigd door andere fiscale voordelen, als die voordelen al bestaan (arrest Verkooijen, reeds aangehaald, punt 61, en aldaar aangehaalde rechtspraak).

44. De Franse regering betoogt nog dat de Oostenrijkse belastingregeling gerechtvaardigd is door de noodzaak de doeltreffendheid van de fiscale controles te verzekeren.

45. Dienaangaande zij eraan herinnerd dat met name volgens artikel 73 D, lid 1, sub b, EG-Verdrag de doeltreffendheid van de fiscale controles beperkingen van de door het Verdrag gegarandeerde fundamentele vrijheden kan rechtvaardigen (zie arresten van 8 juli 1999, Baxter e.a., C-254/97, *Jurispr.* blz. 1-4809, punt 18, en 26 september 2000, Commissie/België, C-478/98, *Jurispr.* blz. 1-7587, punt 39).

46. Wat in de eerste plaats het fiscale voordeel betreft dat voortvloeit uit de heffing van een verlaagde belasting op kapitaalopbrengsten van Oostenrijkse oorsprong, is niet aangetoond dat de toepassing van verschillende belastingtarieven naar gelang van de oorsprong van de kapitaalopbrengsten de fiscale controles doeltreffender maakt.

47. Wat in de tweede plaats de eindbelasting tegen het tarief van 25% betreft, zij opgemerkt dat deze belasting door de in Oostenrijk gevestigde vennootschappen rechtstreeks aan de bron wordt ingehouden. Zoals de advocaat-generaal in de punten 33 en 34 van zijn conclusie heeft opgemerkt, vereist het bevrijdende karakter van de belasting niet noodzakelijk dat de belasting aan de bron wordt geheven. § 97, lid 2, EStG bepaalt immers dat, indien inhouding bij de bron niet mogelijk is, de eindbelasting kan worden voldaan door 'vrijwillige betaling bij de instelling die de coupons uitbetaalt, van een bedrag dat gelijk is aan de belasting op de kapitaalopbrengsten'. Voor kapitaalopbrengsten die afkomstig zijn van in andere lidstaten gevestigde vennootschappen zou dus kunnen worden voorzien in een soortgelijke vorm van 'vrijwillige betaling' aan de belastingadministratie.

48. De rechtstreekse inhouding aan de bron door de in Oostenrijk gevestigde vennootschappen is voor de belastingadministratie stellig eenvoudiger dan een 'vrijwillige betaling'. Gewone administratieve ongemakken kunnen evenwel geen belemmering van een fundamentele vrijheid van het Verdrag, zoals het vrije kapitaalverkeer, rechtvaardigen (arrest Commissie/Frankrijk, reeds aangehaald, punten 29 en 30).

49. Derhalve moet op de eerste twee vragen worden geantwoord dat de artikelen 73 B en 73 D, leden 1 en 3, EG-Verdrag zich verzetten tegen een regeling volgens welke enkel personen die kapitaalopbrengsten van Oostenrijkse oorsprong ontvangen, kunnen kiezen tussen een eindbelasting tegen een tarief van 25% en de gewone inkomstenbelasting met toepassing van een gehalveerd belastingtarief, terwijl kapitaalopbrengsten uit een andere lidstaat volgens deze regeling aan de gewone inkomstenbelasting moeten worden onderworpen zonder dat het belastingtarief wordt verlaagd. De weigering om de fiscale voordelen voor personen die kapitaalopbrengsten van Oostenrijkse oorsprong ontvangen, ook toe te kennen aan personen die kapitaalopbrengsten uit een andere lidstaat ontvangen, kan niet worden gerechtvaardigd door de omstandigheid dat de inkomsten van in een andere lidstaat gevestigde vennootschappen daar aan een lagere belasting zijn onderworpen.

Beantwoording van de derde prejudiciële vraag

50. Met de derde vraag wenst de verwijzende rechter te vernemen of artikel 73 B, lid 1, EG-Verdrag zich verzet tegen een belastingregeling krachtens welke een in Oostenrijk wonende belastingplichtige die kapitaalopbrengsten uit een andere lidstaat ontvangt, de vennootschapsbelasting die is voldaan door de vennootschap waarin hij een deelneming heeft, met zijn inkomstenbelasting kan verrekenen.

51. Lenz en de Commissie betwijfelen of deze vraag ontvankelijk is. Volgens hen is de vraag irrelevant voor de beslechting van het hoofdgeding, aangezien zij betrekking heeft op een belastingstelsel dat in Oostenrijk niet bestaat.

52. Dienaangaande zij eraan herinnerd dat het Hof volgens vaste rechtspraak geen uitspraak kan doen over een prejudiciële vraag van een nationale rechter, wanneer duidelijk blijkt dat de gevraagde uitlegging van het gemeenschapsrecht geen enkel verband houdt met een reëel geschil of met het voorwerp van het hoofdgeding, of wanneer het vraagstuk van hypothetische aard is (arresten van 16 juli 1992, Meilicke, C-83/91, *Jurispr.* blz. 1-4871, punt 25;

13 juli 2000, Idéal tourisme, C-36/99, *Jurispr.* blz. 1-6049, punt 20, en 5 februari 2004, Schneider, C-380/01, *Jurispr.* blz. 1-0000, punt 22).

53. De in de verwijzingsbeschikking aangehaalde bepalingen voorzien niet in de mogelijkheid om in een andere lidstaat betaalde vennootschapsbelasting in Oostenrijk te verrekenen. Na een verzoek van het Hof om dienaangaande toelichting te verstrekken, heeft de Oostenrijkse regering bevestigd dat, zelfs ingeval de wet ruim zou worden uitgelegd, de ten tijde van de feiten van het hoofdgeding geldende belastingwetgeving het niet mogelijk maakte een vorm van verrekening toe te passen zoals in de verwijzingsbeschikking was vermeld.

54. Derhalve behoeft de derde vraag niet te worden beantwoord.

Kosten

55. ...

HET HOF VAN JUSTITIE (Eerste kamer)

uitspraak doende op de door het Verwaltungsgerichtshof bij beschikking van 27 augustus 2002 gestelde vragen, verklaart voor recht:

1. De artikelen 73 B et 73 D, leden 1 en 3, EG-Verdrag (thans de artikelen 56 EG en 58, leden 1 en 3, EG) verzetten zich tegen een regeling volgens welke enkel personen die kapitaalopbrengsten van Oostenrijkse oorsprong ontvangen, kunnen kiezen tussen een eindbelasting tegen een tarief van 25% en de gewone inkomstenbelasting met toepassing van een gehalveerd belastingtarief, terwijl kapitaalopbrengsten uit een andere lidstaat volgens deze regeling aan de gewone inkomstenbelasting moeten worden onderworpen zonder dat het belastingtarief wordt verlaagd.

2. De weigering om de fiscale voordelen voor personen die kapitaalopbrengsten van Oostenrijkse oorsprong ontvangen, ook toe te kennen aan personen die kapitaalopbrengsten uit een andere lidstaat ontvangen, kan niet worden gerechtvaardigd door de omstandigheid dat de inkomsten van in een andere lidstaat gevestigde vennootschappen daar aan een lagere belasting zijn onderworpen.

HvJ 15 juli 2004, zaak C-242/03 (Minister van Financiën v. Jean-Claude Weidert, Élisabeth Paulus)

Eerste kamer *P. Jann (rapporteur), kamerpresident, A. Rosas en R. Silva de Lapuerta, rechters*
Advocaat-generaal: *J. Kokott*

Samenvatting arrest *(V-N 2004/39.10)*

Luxemburg kent fiscale voordelen toe aan natuurlijke personen indien deze aandelen verwerven die een investering in geld vertegenwoordigen in kapitaalvennootschappen. Dit fiscale voordeel, in de vorm van een aftrek tot een bedrag van 60 000 frank per jaar, wordt uitsluitend verleend in geval van investering in aandelen in kapitaalvennootschappen die in Luxemburg zijn gevestigd, en wordt niet tevens verleend bij investering in aandelen in kapitaalvennootschappen die in andere EU-lidstaten zijn gevestigd. Het Hof van Justitie van de Europese Gemeenschappen heeft geoordeeld dat dit in strijd is met art. 56, eerste lid, en art. 58, eerste lid, onderdeel a, EG-verdrag.

HET HOF VAN JUSTITIE (Eerste kamer)

verklaart voor recht:

De artikelen 56, lid 1, EG, en 58, lid 1, sub a, EG staan in de weg aan een wettelijke regeling van een lidstaat waarbij wordt uitgesloten dat een aftrek van het belastbaar inkomen wordt toegekend aan natuurlijke personen die aandelen verwerven die een investering in gereed geld vertegenwoordigen in kapitaalvennootschappen die zijn gevestigd in andere lidstaten.

HvJ EG 7 september 2004, zaak C-319/02 (Petri Manninen)

Manninen, een inwoner van Finland, ontving dividend van een Zweeds lichaam. Finland, dat een imputatiestelsel kende, verleende aan zijn inwoners een imputatiecredit toe voor dividend ontvangen van een Fins lichaam maar niet voor buitenlandse dividenden.

HvJ EG: het verschil in behandeling levert een belemmering op van het kapitaalverkeer en is verboden. De aangevoerde rechtvaardigingen (territorialiteit, fiscale cohesie, vermindering belastingopbrengst, administratieve problemen) kunnen in casu niet worden aanvaard.

Hof (Grote Kamer): *V. Skouris, president, P. Jann, C. W. A. Timmermans, C. Gulmann, J. P. Puissochet en J. N. Cunha Rodrigues, kamerpresidenten, R. Schintgen, F. Macken, N. Colneric, S. von Bahr en K. Lenaerts (rapporteur), rechters*

Advocaat-generaal: *J. Kokott*

1. Het verzoek om een prejudiciële beslissing betreft de uitlegging van de artikelen 56 EG en 58 EG.

2. Dit verzoek is ingediend in het kader van een procedure die P. Manninen heeft ingeleid bij de Korkein hallinto-oikeus, waarin hij de verenigbaarheid van de Finse regeling betreffende de belasting op dividenden (hierna: 'Finse belastingregeling') met het gemeenschapsrecht in twijfel heeft getrokken.

Toepasselijke bepalingen

Het gemeenschapsrecht

3. Artikel 56, lid 1, EG luidt:

'In het kader van de bepalingen van dit hoofdstuk zijn alle beperkingen van het kapitaalverkeer tussen lidstaten onderling en tussen lidstaten en derde landen verboden.'

4. Artikel 58, lid 1, EG bepaalt:

'Het bepaalde in artikel 56 doet niets af aan het recht van de lidstaten:
a. de ter zake dienende bepalingen van hun belastingwetgeving toe te passen die onderscheid maken tussen belastingplichtigen die niet in dezelfde situatie verkeren met betrekking tot hun vestigingsplaats of de plaats waar hun kapitaal is belegd;
b. alle nodige maatregelen te nemen om overtredingen van de nationale wetten en voorschriften tegen te gaan, met name op fiscaal gebied [...]'

5. Artikel 58, lid 3, EG luidt:

'De in de leden 1 en 2 bedoelde maatregelen en procedures mogen geen middel tot willekeurige discriminatie vormen, noch een verkapte beperking van het vrije kapitaalverkeer en betalingsverkeer als omschreven in artikel 56.'

Het Finse recht

6. Ingevolge § 32 van de tuloverolaki (wet op de inkomstenbelasting) (1535/1992) worden dividenden die een in Finland onbeperkt belastingplichtige persoon ontvangt van een Finse of buitenlandse ter beurze genoteerde vennootschap, belast als inkomsten uit kapitalen.

7. Overeenkomstig § 124 van de tuloverolaki, zoals gewijzigd bij wet 1459/2001, worden inkomsten uit kapitalen belast tegen een tarief van 29%.

8. In Finland gevestigde vennootschappen betalen een belasting over hun winsten, waarvan het tarief eveneens 29% bedraagt. Om dubbele belasting over deze inkomsten ten gevolge van de uitkering van dividenden te vermijden, wordt overeenkomstig § 4, lid 1, van de laki yhtiöveron hyvityksestä (wet op het belastingkrediet) (1232/1988), zoals gewijzigd bij wet 1224/1999, aan de aandeelhouders een belastingkrediet verleend dat gelijk is aan 29/71 van het bedrag van de dividenden die zij gedurende het betrokken aanslagjaar hebben ontvangen.

9. Overeenkomstig § 4, lid 2, van de wet op het belastingkrediet, zoals gewijzigd bij wet 1224/1999, worden het dividend en het belastingkrediet belast als inkomsten van de aandeelhouder. De toekenning van het belastingkrediet heeft tot gevolg dat de totale belastingdruk op de winstuitkering van een ter beurze genoteerde vennootschap 29% bedraagt.

10. Krachtens § 1 van de wet op het belastingkrediet geldt het belastingkrediet enkel voor dividenden die door Finse vennootschappen worden uitgekeerd aan in Finland onbeperkt belastingplichtige personen.

11. Indien blijkt dat de door een Finse vennootschap betaalde vennootschapsbelasting lager is dan 29/71 van het bedrag van de dividenden die de vennootschap tijdens het betrokken aanslagjaar heeft besloten uit te keren, wordt het verschil overeenkomstig § 9 van de wet op het belastingkrediet, zoals gewijzigd bij wet 1542/1992, aan deze vennootschap aangerekend door middel van een aanvullende belasting.

Het hoofdgeding en de prejudiciële vragen

12. Manninen is onbeperkt belastingplichtig in Finland. Hij bezit aandelen van een Zweedse vennootschap die is genoteerd aan de beurs van Stockholm (Zweden).

13. Over de winsten die deze Zweedse vennootschap in de vorm van dividenden aan Manninen heeft uitgekeerd, is in Zweden reeds vennootschapsbelasting geheven. Voorts zijn dividenden in Zweden onderworpen aan een belasting op kapitaalopbrengsten die aan de bron wordt ingehouden. Aangezien de uitkering van dividenden van buitenlandse vennootschappen aan Finse belastingplichtigen in Finland geen recht op belastingkrediet verleent, zijn deze dividenden in deze laatste lidstaat onderworpen aan de belasting op inkomsten uit kapitalen, waarvan het tarief 29% bedraagt. Overeenkomstig het verdrag (26/1997) tussen de lidstaten van de Noordse Raad ter vermijding van dubbele heffing van inkomsten- en vermogensbelasting kan de in Zweden geheven bronbelasting, die krachtens artikel 10 van dat verdrag niet meer dan 15% mag bedragen, evenwel worden afgetrokken van de belasting op inkomsten uit kapitalen die de in Finland onbeperkt belastingplichtige aandeelhouder verschuldigd is.

14. Op 23 november 2000 heeft Manninen de keskusverolautakunta (centrale belastingcommissie) verzocht om een antwoord op de vraag of rekening houdend met de artikelen 56 EG en 58 EG in Finland belasting kan worden geheven over de dividenden die hij ontvangt van een Zweedse vennootschap.

15. Bij prejudiciële beslissing van 7 februari 2001 heeft de keskusverolautakunta geoordeeld dat Manninen geen recht had op het belastingkrediet voor de dividenden die hem door een Zweedse vennootschap worden uitgekeerd.

16. Manninen heeft tegen deze beslissing hogere voorziening ingesteld bij de Korkein hallinto-oikeus (hoogste administratief gerechtshof).

17. Onder die omstandigheden heeft de Korkein hallinto-oikeus besloten de behandeling van de zaak te schorsen en het Hof de volgende prejudiciële vragen te stellen:

> '1. Moet artikel 56 EG aldus worden uitgelegd dat het zich verzet tegen een regeling inzake belastingkrediet zoals de [in de punten 6 tot en met 11 van dit arrest omschreven] Finse regeling, volgens welke een in Finland onbeperkt belastingplichtige persoon recht heeft op een belastingkrediet voor de dividenden die hem worden uitgekeerd door een binnenlandse naamloze vennootschap maar [dat recht] niet [heeft] voor dividenden die hij ontvangt van een in Zweden geregistreerde naamloze vennootschap?
> 2. Zo ja, kan artikel 58 EG dan aldus worden uitgelegd dat het bepaalde in artikel 56 EG niet afdoet aan het recht van Finland om de ter zake dienende bepalingen van de wet betreffende het belastingkrediet toe te passen, aangezien als voorwaarde voor de toekenning van het belastingkrediet wordt gesteld dat de vennootschap die de dividenden uitkeert, in Finland een overeenkomstig bedrag aan belasting of aanvullende belasting betaalt, hetgeen niet het geval is voor dividenden van een buitenlandse vennootschap, in welke situatie helemaal geen belasting is geheven?'

Beantwoording van de prejudiciële vragen

18. Met deze vragen, die samen moeten worden onderzocht, wenst de verwijzende rechter in wezen te vernemen of de artikelen 56 EG en 58 EG zich verzetten tegen een regeling als die welke in het hoofdgeding aan de orde is, krachtens welke een in een lidstaat onbeperkt belastingplichtige persoon geen recht heeft op een belastingkrediet voor dividenden die hem worden uitgekeerd door naamloze vennootschappen die niet in deze staat zijn gevestigd.

19. Om te beginnen zij herinnerd aan de vaste rechtspraak dat ofschoon de directe belastingen tot de bevoegdheid van de lidstaten behoren, deze niettemin verplicht zijn die bevoegdheid in overeenstemming met het gemeenschapsrecht uit te oefenen (arresten van 11 augustus 1995, Wielockx, C-80/94, *Jurispr.* blz. I-2493, punt 16; 16 juli 1998, ICI, C-264/96, *Jurispr.* blz. I-4695, punt 19, en 29 april 1999, Royal Bank of Scotland, C-311/97, *Jurispr.* blz. I-2651, punt 19).

20. Aangaande de vraag of een belastingregeling zoals die welke in het hoofdgeding aan de orde is, een beperking van het vrije kapitaalverkeer in de zin van artikel 56 EG tot gevolg heeft, zij vastgesteld dat het belastingkrediet waarin de Finse belastingwetgeving voorziet, een dubbele belasting over de aan de aandeelhouders uitgekeerde winsten van vennootschappen wil vermijden door de vennootschapsbelasting die door de dividend uitkerende vennootschap is verschuldigd, te verrekenen met de door de aandeelhouder verschuldigde belasting op inkomsten uit kapitalen. Een dergelijk stelsel heeft tot gevolg dat de dividenden uiteindelijk niet meer worden belast bij de aandeelhouder. Aangezien het belastingkrediet enkel geldt voor dividenden van in Finland gevestigde vennootschappen, benadeelt deze regeling de in Finland onbeperkt belastingplichtige personen die van in andere lidstaten

gevestigde vennootschappen dividenden ontvangen, welke zijn onderworpen aan een belasting op inkomsten uit kapitalen met een tarief van 29%.

21. Vaststaat dat het belastingverdrag tussen de landen van de Noordse Raad ter vermijding van dubbele belasting deze ongunstige behandeling niet opheft. Dit verdrag voorziet immers niet in een stelsel voor de verrekening van de vennootschapsbelasting met de belasting op inkomsten uit kapitalen. Het beoogt enkel voor de aandeelhouder de gevolgen van een dubbele belasting door de heffing van laatstgenoemde belasting te verzachten.

22. Derhalve heeft de Finse belastingregeling tot gevolg dat in Finland onbeperkt belastingplichtige personen ervan worden afgeschrikt hun kapitaal te beleggen in vennootschappen die zijn gevestigd in een andere lidstaat.

23. Deze regeling heeft ook een restrictief gevolg voor in andere lidstaten gevestigde vennootschappen, in zoverre zij hen belemmert in het bijeenbrengen van kapitaal in Finland. Aangezien kapitaalopbrengsten van buiten Finland fiscaal ongunstiger worden behandeld dan de dividenden van in Finland gevestigde vennootschappen, zijn de aandelen van in andere lidstaten gevestigde vennootschappen voor de in Finland wonende belegger minder aantrekkelijk dan die van in die lidstaat gevestigde vennootschappen (zie arresten van 6 juni 2000, Verkooijen, C-35/98, *Jurispr.* blz. I-4071, punt 35, en 4 maart 2004, Commissie/Frankrijk, C-334/02, *Jurispr.* blz. I-0000, punt 24).

24. Een regeling als die welke in het hoofdgeding aan de orde is, vormt dus een beperking van het vrije kapitaalverkeer die in beginsel verboden is bij artikel 56 EG.

25. Evenwel moet worden nagegaan of deze beperking van het vrije kapitaalverkeer kan worden gerechtvaardigd op basis van de bepalingen van het EG-Verdrag.

26. Dienaangaande zij eraan herinnerd dat volgens artikel 58, lid 1, sub a, EG het bepaalde in artikel 56 'niets af[doet] aan het recht van de lidstaten [...] de ter zake dienende bepalingen van hun belastingwetgeving toe te passen die onderscheid maken tussen belastingplichtigen die niet in dezelfde situatie verkeren met betrekking tot [...] de plaats waar hun kapitaal is belegd'.

27. Volgens de Finse en de Franse regering en de regering van het Verenigd Koninkrijk blijkt uit deze bepaling duidelijk dat de lidstaten het recht hebben het belastingkrediet enkel toe te kennen voor dividenden die worden uitgekeerd door op hun grondgebied gevestigde vennootschappen.

28. Dienaangaande moet worden opgemerkt dat artikel 58, lid 1, sub a, EG, dat als afwijking van het fundamentele beginsel van vrij kapitaalverkeer strikt moet worden uitgelegd, niet aldus kan worden uitgelegd dat elke belastingwetgeving die onderscheid tussen belastingplichtigen maakt naar gelang van de plaats waar zij hun kapitaal beleggen, automatisch verenigbaar is met het Verdrag. De in artikel 58, lid 1, sub a, EG bedoelde afwijking wordt immers zelf beperkt door artikel 58, lid 3, EG, dat bepaalt dat de in lid 1 van dit artikel be-doelde nationale maatregelen 'geen middel tot willekeurige discriminatie [mogen] vormen, noch een verkapte beperking van het vrije kapitaalverkeer en betalingsverkeer als omschreven in artikel 56'.

29. Derhalve moet onderscheid worden gemaakt tussen de krachtens artikel 58, lid 1, sub a, EG toegestane ongelijke behandelingen en de willekeurige discriminaties die bij lid 3 van dat artikel verboden zijn. Blijkens de rechtspraak kan een nationale belastingregeling als die welke in het hoofdgeding aan de orde is, waarin ten aanzien van een in de betrokken lidstaat onbeperkt belastingplichtige persoon onderscheid wordt gemaakt tussen opbrengsten van nationale dividenden en die van buitenlandse dividenden, enkel verenigbaar met de verdragsbepalingen betreffende het vrije kapitaalverkeer worden geacht indien het verschil in behandeling betrekking heeft op situaties die niet objectief vergelijkbaar zijn, of wordt gerechtvaardigd door dwingende redenen van algemeen belang, zoals de noodzaak om de samenhang van het belastingstelsel te bewaren (arrest Verkooijen, reeds aangehaald, punt 43). Om gerechtvaardigd te zijn mag het verschil in behandeling tussen verschillende categorieën van dividenden bovendien niet verder gaan dan nodig is om het door de betrokken regeling nagestreefde doel te bereiken.

30. De Finse en de Franse regering en de regering van het Verenigd Koninkrijk menen in de eerste plaats dat de uitgekeerde dividenden totaal andere kenmerken hebben naargelang zij afkomstig zijn van Finse of van andere vennootschappen. Winsten die in de vorm van dividenden door in Finland gevestigde vennootschappen worden uitgekeerd, zijn, anders dan door andere vennootschappen uitgekeerde winsten, in deze lidstaat onderworpen aan de vennootschapsbelasting, waardoor de in Finland onbeperkt belastingplichtige aandeelhouder het recht op belastingkrediet verkrijgt. Het verschil in behandeling tussen dividenden van vennootschappen die in deze lidstaat zijn gevestigd en die van vennootschappen die niet aan die voorwaarde voldoen, is dus gerechtvaardigd op basis van artikel 58, lid 1, sub a, EG.

31. De Franse regering stelt tevens dat de Finse belastingregeling in overeenstemming is met het territorialiteitsbeginsel en dus niet kan worden geacht in strijd te zijn met de verdragsbepalingen inzake het vrije kapitaalverkeer (arrest van 15 mei 1997, Futura Participations en Singer, C-250/95, *Jurispr.* blz. I-2471, punten 18-22).

32. Onderzocht moet worden of het verschil in behandeling van een in Finland onbeperkt belastingplichtige aandeelhouder, naargelang hij dividenden ontvangt van in deze lidstaat dan wel in andere lidstaten gevestigde ven-

nootschappen, overeenkomstig artikel 58, lid 1, sub a, EG overeenstemt met situaties die niet objectief vergelijkbaar zijn.

33. Er zij aan herinnerd dat de Finse belastingregeling dubbele belasting van de winsten van vennootschappen beoogt te vermijden door de aandeelhouder die dividenden ontvangt, een belastingvoordeel toe te kennen dat voortvloeit uit de verrekening van de vennootschapsbelasting die de dividend uitkerende vennootschap verschuldigd is.

34. Op basis van deze regeling kan de situatie van de in Finland onbeperkt belastingplichtige personen stellig verschillen naar gelang van de plaats waar zij hun kapitaal beleggen. Dat is met name het geval wanneer de belastingregeling van de lidstaat waarin de beleggingen plaatsvinden, het gevaar voor dubbele belasting op in de vorm van dividenden uitgekeerde winsten van vennootschappen reeds uitsluit door bijvoorbeeld enkel de niet uitgekeerde winsten van de betrokken vennootschap aan vennootschapsbelasting te onderwerpen.

35. Dat is in casu echter niet het geval. Blijkens de verwijzingsbeschikking kunnen immers zowel de dividenden van een in Finland gevestigde vennootschap als die welke door een vennootschap met zetel in Zweden zijn uitgekeerd, het belastingkrediet buiten beschouwing gelaten, dubbel worden belast. In beide gevallen zijn de inkomsten eerst onderworpen aan de vennootschapsbelasting en vervolgens - voorzover zij in de vorm van dividenden worden uitgekeerd - aan de belasting op het inkomen van de begunstigden.

36. Indien een in Finland onbeperkt belastingplichtige persoon kapitaal belegt in een in Zweden gevestigde vennootschap, ontsnapt hij dus niet aan de dubbele belasting over de winsten die worden uitgekeerd door de vennootschap waarin hij heeft belegd. Ten aanzien van een fiscale bepaling die ter vermijding van dubbele belasting over de uitgekeerde winsten rekening houdt met de door een vennootschap verschuldigde vennootschapsbelasting, verkeren in Finland onbeperkt belastingplichtige aandeelhouders in een vergelijkbare situatie, ongeacht of zij dividenden ontvangen van een in deze lidstaat gevestigde vennootschap dan wel van een vennootschap met zetel in Zweden.

37. Bijgevolg stelt de Finse belastingregeling de toekenning van het belastingkrediet afhankelijk van de voorwaarde dat de dividenden worden uitgekeerd door in Finland gevestigde vennootschappen, hoewel in Finland onbeperkt belastingplichtige aandeelhouders in een vergelijkbare situatie verkeren, of zij dividenden van in deze lidstaat dan wel van in andere lidstaten gevestigde vennootschappen ontvangen (zie in die zin arresten van 27 juni 1996, Asscher, C-107/94, *Jurispr.* blz. I-3089, punten 41-49, en 12 juni 2003, Gerritse, C-234/01, *Jurispr.* blz. I-5933, punten 47-54).

38. Voorts kan de Finse belastingregeling, anders dan de wettelijke regeling die aan de orde was in de zaak die heeft geleid tot het arrest Futura Participations en Singer, niet worden beschouwd als een uitvloeisel van het territorialiteitsbeginsel. Zoals de advocaat-generaal in punt 42 van haar conclusie opmerkt, verzet dit beginsel zich er immers niet tegen dat aan een in Finland onbeperkt belastingplichtige persoon een belastingkrediet wordt toegekend voor dividenden die zijn uitgekeerd door in andere lidstaten gevestigde vennootschappen (zie arrest Futura Participations en Singer, reeds aangehaald, punten 18-22).

39. Gelet op artikel 58, lid 1, sub a, EG kan het territorialiteitsbeginsel hoe dan ook niet rechtvaardigen dat dividenden die worden uitgekeerd door in Finland gevestigde vennootschappen en die welke worden uitgekeerd door in andere lidstaten gevestigde vennootschappen anders worden behandeld wanneer de categorieën van dividenden die door dit verschil in behandeling worden getroffen, in dezelfde objectieve situatie verkeren.

40. De Finse en de Franse regering en de regering van het Verenigd Koninkrijk stellen in de tweede plaats dat de Finse belastingregeling objectief gerechtvaardigd wordt door de noodzaak de samenhang van het nationale belastingstelsel te bewaren (arresten van 28 januari 1992, Bachmann, C-204/90, *Jurispr.* blz. I-249, en Commissie/België, C-300/90, *Jurispr.* blz. I-305). Zij voeren in het bijzonder aan dat in het hoofdgeding, anders dan in het belastingstelsel dat aan de orde was in de zaak die tot het arrest Verkooijen heeft geleid, een rechtstreeks verband bestaat tussen de heffing van belasting over de winsten van de vennootschap en het belastingkrediet dat wordt toegekend aan de dividend ontvangende aandeelhouder. Het belastingkrediet wordt laatstgenoemde immers slechts verleend op voorwaarde dat deze vennootschap de belasting over haar winsten daadwerkelijk heeft betaald. Indien deze belasting niet overeenstemt met de minimumbelasting over de uit te keren dividenden, moet deze vennootschap een aanvullende belasting betalen.

41. De Finse regering voegt daaraan toe dat indien een belastingkrediet zou moeten worden toegekend aan de ontvangers van dividenden die door een Zweedse vennootschap worden uitgekeerd aan in Finland onbeperkt belastingplichtige aandeelhouders, de autoriteiten van deze lidstaat een fiscaal voordeel zouden moeten toekennen voor vennootschapsbelasting die door deze staat niet is geïnd, hetgeen de samenhang van het nationale belastingstelsel in gevaar zou brengen.

42. In punt 28 van het arrest Bachmann en punt 21 van het arrest Commissie/België heeft het Hof erkend dat de noodzaak om de samenhang van het belastingstelsel te bewaren een beperking van de door het Verdrag gegarandeerde fundamentele vrijheden kan rechtvaardigen. Een argument op basis van een dergelijke rechtvaardiging kan

echter enkel worden aanvaard indien wordt bewezen dat er een rechtstreeks verband bestaat tussen het betrokken fiscale voordeel en de compensatie van dit voordeel door een bepaalde heffing (zie in die zin arrest van 14 november 1995, Svensson en Gustavsson, C-484/93, *Jurispr.* blz. I-3955, punt 18; arresten Asscher, reeds aangehaald, punt 58; en ICI, reeds aangehaald, punt 29; arresten van 28 oktober 1999, Vestergaard, C-55/98, *Jurispr.* blz. I-7641, punt 24, en 21 november 2002, X et Y, C-436/00, *Jurispr.* blz. I-10829, punt 52). Zoals uit de punten 21 tot en 23 van het arrest Bachmann en de punten 14 tot en met 16 van het arrest Commissie/België blijkt, berusten deze arresten op de vaststelling dat er naar Belgisch recht bij dezelfde naar het inkomen belastingplichtige persoon een rechtstreeks verband bestaat tussen de mogelijkheid om verzekeringspremies van het belastbare inkomen af te trekken en de latere heffing op de door de verzekeraars uitgekeerde bedragen.

43. Uit de rechtspraak blijkt eveneens dat een argument dat gebaseerd is op de noodzaak om de samenhang van het belastingstelsel te bewaren, moet worden onderzocht op basis van de door de betrokken belastingregeling nagestreefde doelstelling (zie arrest van 11 maart 2004, De Lasteyrie du Saillant, C-9/02, *Jurispr.* blz. I-0000, punt 67).

44. Zoals in punt 33 van dit arrest reeds is vastgesteld, beoogt de Finse belastingregeling te vermijden dat de winsten van vennootschappen die aan de aandeelhouders worden uitgekeerd, dubbel worden belast. Deze doelstelling wordt bereikt door de aandeelhouder een belastingkrediet toe te kennen dat wordt berekend op basis van de aanslagvoet die in de vennootschapsbelasting wordt toegepast op de winsten van vennootschappen (zie punt 8 van dit arrest). Aangezien de winsten van de vennootschappen en de inkomsten uit kapitalen worden belast volgens hetzelfde tarief, namelijk 29%, zorgt deze belastingregeling er uiteindelijk voor dat enkel de in Finland gevestigde vennootschappen worden belast over de winsten die zij uitkeren aan in Finland onbeperkt belastingplichtige aandeelhouders, en zijn laatstgenoemden gewoon vrijgesteld van belasting over de ontvangen dividenden. Indien blijkt dat de belasting die door een dividend uitkerende Finse vennootschap is betaald, lager is dan het bedrag van het belastingkrediet, wordt het verschil aan deze vennootschap aangerekend door middel van een aanvullende belasting.

45. Hoewel deze belastingregeling dus berust op een verband tussen het fiscale voordeel en de compenserende heffing, door te bepalen dat het aan de in Finland onbeperkt belastingplichtige aandeelhouder toegekende belastingkrediet wordt berekend op basis van de vennootschapsbelasting die de in deze lidstaat gevestigde vennootschap verschuldigd is over de door haar uitgekeerde dividenden, is zij niet noodzakelijk om de samenhang van de Finse belastingregeling te bewaren.

46. Gelet op de door de Finse belastingregeling nagestreefde doelstelling blijft de samenhang van dit belastingstelsel immers gewaarborgd voorzover het onderlinge verband tussen het fiscale voordeel voor de aandeelhouder en de verschuldigde vennootschapsbelasting behouden blijft. Derhalve zou de samenhang van de Finse belastingregeling niet in gevaar worden gebracht door aan een in Finland onbeperkt belastingplichtige aandeelhouder die aandelen van een in Zweden gevestigde vennootschap bezit, een belastingkrediet toe te kennen dat zou worden berekend op basis van de vennootschapsbelasting die deze vennootschap in laatstgenoemde lidstaat verschuldigd is, en zou dit voor het vrije kapitaalverkeer een minder restrictieve maatregel zijn dan die waarin de Finse belastingregeling voorziet.

47. Ook in de zaken die tot de arresten Bachmann en Commissie/België hebben geleid, hadden de betrokken fiscale bepalingen tot doel een dubbele belasting te vermijden. De door de Belgische wetgeving geboden mogelijkheid voor natuurlijke personen om de in het kader van levensverzekeringscontracten betaalde premies van hun belastbare inkomsten af te trekken - hetgeen uiteindelijk betekende dat de inkomsten die aan de betaling van deze premies werden besteed, niet werden belast - was gebaseerd op de rechtvaardiging dat het door middel van deze premies opgebouwde kapitaal later zou worden belast bij de persoon die het kapitaal bezit. In een dergelijk stelsel werd een dubbele heffing van belastingen vermeden door de enige verschuldigde belasting uit te stellen tot het tijdstip waarop het door middel van de belastingvrije premies opgebouwde kapitaal zou worden uitbetaald. Indien de Belgische autoriteiten de aftrekbaarheid van de levensverzekeringspremies van de belastbare inkomsten wilden toelaten, moesten zij om de samenhang van de belastingregeling te bewaren noodzakelijkerwijze de zekerheid krijgen dat het bij het verval van het contract door de verzekeringsmaatschappij uitbetaalde kapitaal later daadwerkelijk zou worden belast. In die precieze omstandigheden heeft het Hof dan ook overwogen dat voor de maatregelen die aan de orde waren in de zaken waarin de arresten Bachmann en Commissie/België zijn gewezen, geen minder dwingende maatregelen bestonden die de samenhang van de betrokken belastingregeling konden bewaren.

48. In het hoofdgeding zijn de feitelijke omstandigheden evenwel verschillend. Wanneer de in Finland onbeperkt belastingplichtige aandeelhouder dividenden ontvangt, is over de aldus uitgekeerde winsten immers reeds vennootschapsbelasting geheven, ongeacht of deze dividenden afkomstig zijn van Finse dan wel van Zweedse vennootschappen. De door de Finse belastingregeling nagestreefde doelstelling, namelijk uitsluiten dat dubbele belasting wordt geheven over in de vorm van dividenden uitgekeerde winsten, kan worden bereikt door het belastingkrediet eveneens toe te kennen voor winsten die aan in Finland onbeperkt belastingplichtige personen worden uitgekeerd door Zweedse vennootschappen.

49. De toekenning van een belastingkrediet met betrekking tot in een andere lidstaat verschuldigde vennootschapsbelasting zou voor de Republiek Finland stellig een derving van haar fiscale inkomsten uit dividenden van in andere lidstaten gevestigde vennootschappen meebrengen. Volgens vaste rechtspraak kan een derving van belastinginkomsten evenwel niet worden aangemerkt als een dwingende reden van algemeen belang die kan worden ingeroepen ter rechtvaardiging van een maatregel die in beginsel in strijd is met een fundamentele vrijheid (arrest Verkooijen, reeds aangehaald, punt 59; arrest van 3 oktober 2002, Danner, C-136/00, *Jurispr.* blz. I-8147, punt 56, en arrest X en Y, reeds aangehaald, punt 50).

50. Ter terechtzitting hebben de Finse regering en de regering van het Verenigd Koninkrijk gewezen op een aantal praktische moeilijkheden om een in Finland onbeperkt belastingplichtige aandeelhouder een belastingkrediet toe te kennen dat overeenstemt met de vennootschapsbelasting die een in een andere lidstaat gevestigde vennootschap verschuldigd is. Volgens hen zijn de verdragsbepalingen betreffende het vrije kapitaal-verkeer niet alleen van toepassing op kapitaalbewegingen tussen lidstaten maar ook op kapitaalbewegingen tussen de lidstaten en derde landen. Rekening houdend met de verscheidenheid van de geldende belastingstelsels is het volgens deze regeringen in de praktijk onmogelijk om precies te bepalen hoeveel vennootschapsbelasting is geheven over de dividenden van een in een andere lidstaat of in een derde land gevestigde vennootschap. Deze onmogelijkheid is in het bijzonder te wijten aan het feit dat de grondslag van de vennootschapsbelasting van land tot land verschilt en de belastingtarieven van jaar tot jaar kunnen schommelen. Voorts zijn de door een vennootschap uitgekeerde dividenden niet noodzakelijk afkomstig van de winsten van een bepaald boekjaar.

51. Dienaangaande zij in de eerste plaats opgemerkt dat het hoofdgeding geen betrekking heeft op het vrije kapitaalverkeer tussen lidstaten en derde landen. Deze zaak betreft immers de weigering van de fiscale autoriteiten van een lidstaat om een fiscaal voordeel toe te kennen aan een in deze lidstaat onbeperkt belastingplichtige persoon die dividenden heeft ontvangen van een in een andere lidstaat gevestigde vennootschap.

52. Vervolgens blijkt uit de verwijzingsbeschikking dat het belastingkrediet ten gunste van de aandeelhouder in Finland gelijk is aan 29/71 van de dividenden die door de in deze lidstaat gevestigde vennootschap zijn uitgekeerd. Voor de berekening van het belastingkrediet is de teller van de toegepaste breuk dus gelijk aan het tarief van de vennootschapsbelasting dat op de winsten van de vennootschappen van toepassing is, en is de noemer gelijk aan het resultaat dat wordt verkregen door van basis 100 hetzelfde belastingtarief af te trekken.

53. Ten slotte moet ook worden vastgesteld dat het belastingkrediet naar Fins recht altijd overeenstemt met het bedrag van de vennootschapsbelasting dat de dividend uitkerende vennootschap daadwerkelijk heeft betaald. Indien immers blijkt dat het bedrag van de betaalde vennootschapsbelasting lager is dan het bedrag van het belastingkrediet, wordt het verschil door middel van een aanvullende belasting aangerekend aan de vennootschap die de dividenden heeft uitgekeerd.

54. In deze omstandigheden moet bij de berekening van een belastingkrediet voor een in Finland onbeperkt belastingplichtige aandeelhouder die dividenden heeft ontvangen van een in Zweden gevestigde vennootschap, rekening worden gehouden met de belasting die door de in deze andere lidstaat gevestigde vennootschap daadwerkelijk is betaald, zoals deze voortvloeit uit de in deze lidstaat geldende algemene regels voor de berekening van de belastinggrondslag en van het tarief van de vennootschapsbelasting. Eventuele moeilijkheden bij de vaststelling van de daadwerkelijk betaalde belasting kunnen een belemmering van het vrije kapitaalverkeer als die welke voortvloeit uit de in het hoofdgeding aan de orde zijnde regeling, hoe dan ook niet rechtvaardigen (zie arrest Commissie/Frankrijk, reeds aangehaald, punt 29).

55. Derhalve moet op de gestelde vragen worden geantwoord dat de artikelen 56 EG en 58 EG zich verzetten tegen een regeling krachtens welke een in een lidstaat onbeperkt belastingplichtige persoon geen recht heeft op een belastingkrediet voor dividenden die hem worden uitgekeerd door naamloze vennootschappen die niet in deze staat zijn gevestigd.

Kosten

56. ...

HET HOF VAN JUSTITIE (Grote kamer)

verklaart voor recht:

De artikelen 56 EG en 58 EG verzetten zich tegen een regeling krachtens welke een in een lidstaat onbeperkt belastingplichtige persoon geen recht heeft op een belastingkrediet voor dividenden die hem worden uitgekeerd door naamloze vennootschappen die niet in deze staat zijn gevestigd.

HvJ EU 9 december 2004, zaak C-219/03 (Commissie v. Koninkrijk Spanje)

Zesde kamer: *A. Borg Barthet, kamerpresident, J. P. Puissochet (rapporteur), S. von Bahr, rechters*
Advocaat-generaal: *J. Kokott*

1. Bij verzoekschrift, neergelegd ter griffie van het Hof op 20 september 2002, heeft de Commissie van de Europese Gemeenschappen krachtens artikel 226 EG beroep ingesteld strekkende tot vaststelling dat de Franse Republiek, door de inkomsten uit de in de artikelen 125-0 A en 125 A van de Code général des impôts bedoelde beleggingen en overeenkomsten, waarvan de schuldenaar niet in Frankrijk woont of is gevestigd, volledig van de toepassing van de bevrijdende voorheffing uit te sluiten, de krachtens de artikelen 49 EG en 56 EG op haar rustende verplichtingen niet is nagekomen.

HET HOF VAN JUSTITIE (Zesde kamer)

verklaart voor recht:

Het Koninkrijk Spanje is met betrekking tot de heffing van belastingen over de meerwaarden verkregen door de overdracht vanaf 1 januari 1997 van vóór 31 december 1994 gekochte aandelen, de verplichtingen niet nagekomen die op hem rusten krachtens de artikelen 49 EG en 56 EG en de overeenkomstige artikelen 36 en 40 van de Overeenkomst betreffende de Europese Economische Ruimte van 2 mei 1992, door een belastingregeling te handhaven die voor aandelen die op andere markten dan de Spaanse gereglementeerde markten genoteerd staan, minder gunstig is dan voor aandelen die op de Spaanse gereglementeerde markten genoteerd staan.

Samenvatting beschikbaar gesteld door Loyens & Loeff (EU Tax Alert):

Prior to 2003, Spanish residents were taxed on capital gains derived from the alienation of shares, whereby they were granted a higher reduction of effective taxation if these shares were listed on a Spanish stock market, as opposed to shares listed on a non-Spanish stock market.
On December 9, the EC Court ruled in case *Commission vs Spain (C-219/03)* that this difference in treatment constituted an infringement of the freedom of capital movement and the freedom to provide services under the EC Treaty and the EEA Agreement. Spain unsuccessfully argued that this difference in treatment concerned only a small number of shares, and that the law had been amended effectively in 2003. The Court – in line with earlier judgements – explicitly did not take into account changes in Spanish law which had been introduced after the moment the Commission rendered its advice to eliminate the disputed treatment.

HvJ 10 maart 2005, zaak C-39/04 (Laboratoires Fournier SA v. Direction des vérifications nationales et internationales)

Derde kamer: *A. Rosas, kamerpresident, J. P. Puissochet, S. von Bahr (rapporteur), J. Malenovský en U. Lohmus, rechters*

Advocaat-generaal: *F.G. Jacobs*

Samenvatting arrest *(V-N 2005/18.14)*

Laboratoires Fournier SA, een in Frankrijk gevestigde vennootschap, heeft onderzoeksopdrachten uitbesteed aan onderzoekcentra in diverse lidstaten. Omdat die onderzoeken niet in Frankrijk zijn verricht, komt Laboratoires Fournier SA niet in aanmerking voor toepassing van de in de Franse Code général des impôts opgenomen regeling inzake het belastingkrediet voor onderzoeksuitgaven.Volgens het Hof van Justitie van de EG is deze regeling in strijd met het vrije dienstenverkeer van art. 49 EG-verdrag, omdat zij (indirect) onderscheid maakt naar de plaats van vestiging van de verrichter van de diensten en aldus zijn grensoverschrijdende activiteiten belemmert. Een rechtvaardiging voor deze strijdigheid kan niet worden gevonden in de samenhang van de Franse vennootschapsbelasting, de economische doelstelling van bevordering van onderzoek en ontwikkeling en de verzekering van de doeltreffendheid van fiscale controles.

HET HOF VAN JUSTITIE (Derde kamer)

verklaart voor recht:

Artikel 49 EG staat in de weg aan een regeling van een lidstaat die enkel recht geeft op belastingkrediet voor onderzoek als het onderzoek op het grondgebied van deze lidstaat is verricht.

HvJ EG 5 juli 2005, zaak C-376/03 (D. v. Inspecteur van de Belastingdienst/Particulieren/Ondernemingen buitenland te Heerlen)

De heer D, inwoner van Duitsland, bezat onroerend goed in Nederland waarvoor hij aan de Nederland vermogensbelasting was onderworpen. Als niet-inwoner was hij evenwel niet gerechtigd tot een belastingvrije som waarop niet alleen inwoners recht hadden maar, ingevolge het belastingverdrag Nederland-België, ook inwoners van België.

HvJ EG: niet-inwoners verkeren fiscaal niet in dezelfde omstandigheden als inwoners zodat een verschil in behandeling van een niet-inwoner die het belangrijkste deel van zijn vermogen in zijn woonstaat aanhoudt, geen schending van een EG-Verdragsvrijheid betekent. Wat betreft het verschil in behandeling met een inwoner van België: lidstaten mogen onder een belastingverdrag voordelen verlenen aan inwoners van de andere verdragsstaat die zij niet tevens behoeven toe te verlenen aan inwoners van derde lidstaten.

Grote kamer: *V. Skouris, president, P. Jann, C. W. A. Timmermans, A. Rosas en A. Borg Barthet, kamerpresidenten, J. P. Puissochet, R. Schintgen, N. Colneric, S. von Bahr (rapporteur), M. Ilešič, J. Malenovský, J. Klučka en U. Lihmus, rechters*

Advocaat-generaal: *D. Ruiz-Jarabo Colomer*

1. Het verzoek om een prejudiciële beslissing betreft de uitlegging van de artikelen 73 B en 73 D EG-Verdrag (thans de artikelen 56 EG en 58 EG).

2. Het verzoek is ingediend in het kader van een geding tussen D., Duits onderdaan, en de Inspecteur van de Belastingdienst/Particulieren/Ondernemingen buitenland te Heerlen ter zake van de weigering van laatstgenoemde om D. recht op aftrek van een belastingvrije som voor de vermogensbelasting te verlenen.

Rechtskader

De Wet op de vermogensbelasting

3. Ten tijde van de feiten van het hoofdgeding werd in het Koninkrijk der Nederlanden vermogensbelasting geheven op basis van de Wet op de vermogensbelasting 1964 (wet van 16 december 1964, *Stb.* 1964, 520; hierna: 'Wet VB'). Het gaat om een directe belasting op het vermogen, waarvan het tarief 8 promille van het vermogen bedraagt.

4. Volgens artikel 1 van de Wet VB, in de versie die gold ten tijde van het in het hoofdgeding aan de orde zijnde belastingjaar, zijn alle natuurlijke personen die in Nederland wonen (binnenlandse belastingplichtigen) en alle natuurlijke personen die, ofschoon zij niet in Nederland wonen, aldaar vermogen hebben (buitenlandse belastingplichtigen), aan de vermogensbelasting onderworpen.

5. Volgens artikel 3, leden 1 en 2, van de Wet VB worden binnenlandse belastingplichtigen belast naar hun wereldvermogen bij het begin van het kalenderjaar. Hun belastbare vermogen is gelijk aan de waarde van alle bezittingen verminderd met de waarde van alle schulden.

6. Op grond van artikel 12 van de Wet VB worden buitenlandse belastingplichtigen belast naar het vermogen dat zij bij het begin van het betrokken kalenderjaar in Nederland bezitten. Hun belastbare vermogen is gelijk aan de waarde van hun bezittingen in Nederland verminderd met de waarde van de schulden die zij in die lidstaat hebben.

7. Volgens artikel 14, lid 2, van de Wet VB hebben binnenlandse belastingplichtigen het recht om een belastingvrije som op hun wereldvermogen in mindering te brengen, terwijl buitenlandse belastingplichtigen wier vermogen in Nederland wordt belast, geen recht op die belastingvrije som hebben.

8. Op grond van artikel 14, lid 3, van de Wet VB verschilt het bedrag van de belastingvrije som naargelang de binnenlandse belastingplichtigen in tariefgroep I, voor ongehuwden, dan wel in tariefgroep II, voor gehuwden, vallen. In het in het hoofdgeding aan de orde zijnde belastingjaar bedroeg de belastingvrije som voor ongehuwden 193 000 NLG en voor gehuwden 241 000 NLG.

9. Bij besluit van 18 april 2003, dat is vastgesteld naar aanleiding van een uitspraak van het Gerechtshof te 's-Gravenhage van 18 juli 2000, heeft de Staatssecretaris van Financiën goedgekeurd dat deze belastingvrije som ook wordt toegekend aan buitenlandse belastingplichtigen, wanneer hun vermogen voor 90% of meer in Nederland is gelegen.

De overeenkomst tot het vermijden van dubbele belasting

10. De overeenkomst tussen de regering van het Koninkrijk België en de regering van het Koninkrijk der Nederlanden tot het vermijden van dubbele belasting op het gebied van belastingen naar het inkomen en naar het vermogen en tot het vaststellen van enige andere regelen verband houdende met de belastingheffing (hierna: 'Belgisch-Nederlandse overeenkomst') is op 19 oktober 1970 gesloten.

11. Artikel 23, paragraaf 1, van deze overeenkomst, dat is opgenomen in het hoofdstuk betreffende de vermogensbelasting, luidt:

'Vermogen bestaande uit onroerende goederen [...] mag worden belast in de Staat waar deze goederen zijn gelegen.'

12. Artikel 24 van deze overeenkomst is opgenomen in het hoofdstuk 'Bepalingen tot vermijding van dubbele belasting'. Paragraaf 1 ervan betreft inwoners van Nederland en paragraaf 2 inwoners van België. Volgens artikel 24, paragraaf 1, punt 1, is 'Nederland [...] bevoegd bij het heffen van belasting van zijn inwoners in de grondslag waarnaar de belasting wordt geheven, de bestanddelen van het inkomen of het vermogen te begrijpen die overeenkomstig de bepalingen van deze Overeenkomst in België mogen worden belast'. Punt 2 van deze paragraaf bepaalt dat in dat geval een vermindering op het belastingbedrag wordt toegepast om rekening te houden met de in België betaalde belasting en stelt een regel vast voor de berekening van deze vermindering. Artikel 24, paragraaf 2, bevat specifieke bepalingen voor inwoners van België die inkomsten uit Nederland hebben genoten.

13. Artikel 25, paragraaf 3, van de Belgisch-Nederlandse overeenkomst, dat het opschrift 'Non-discriminatie' draagt, luidt:

'Natuurlijke personen die inwoner zijn van een van de Staten genieten in de andere Staat dezelfde persoonlijke aftrekken, tegemoetkomingen en verminderingen uit hoofde van burgerlijke staat of samenstelling van het gezin als laatstbedoelde Staat aan zijn eigen inwoners verleent.'

De regeling betreffende de vergoeding van proceskosten

14. Op grond van de Algemene Wet Bestuursrecht en het Besluit proceskosten bestuursrecht wordt de vergoeding van de proceskosten bepaald volgens een forfaitair systeem. Aan door een derde beroepsmatig verrichte proceshandelingen worden punten toegekend die een bedrag aan vergoeding opleveren. In bepaalde gevallen is het mogelijk om van dit systeem af te wijken en een hoger vergoedingsbedrag te verkrijgen.

Hoofdgeding en prejudiciële vragen

15. D. is woonachtig in Duitsland. Op 1 januari 1998 bestond 10% van zijn vermogen uit in Nederland gelegen onroerende zaken, terwijl de rest van zijn vermogen in Duitsland werd gehouden. Overeenkomstig artikel 1 van de Wet VB is hij voor het jaar 1998 als buitenlands belastingplichtige onderworpen aan de vermogensbelasting.

16. Ofschoon zijn vermogen niet voor 90% in Nederland was gelegen, heeft D. met een beroep op het gemeenschapsrecht verzocht om in aanmerking te komen voor een belastingvrije som bedoeld in artikel 14, lid 2, van de Wet VB. De Inspecteur van de Belastingdienst heeft zijn verzoek echter afgewezen.

17. In het tegen die afwijzing bij het Gerechtshof te 's-Hertogenbosch ingestelde beroep heeft D. gesteld dat er sprake is van een discriminatie, met name gelet op de bepalingen van de artikelen 56 EG en 58 EG alsmede van de Belgisch-Nederlandse overeenkomst.

18. D. betwist eveneens de rechtmatigheid van de Nederlandse regeling betreffende de vergoeding van proceskosten op grond dat hij, zelfs wanneer hij in het gelijk werd gesteld, slechts een beperkte vergoeding zou kunnen krijgen, hetgeen de uitoefening van de door de communautaire rechtsorde verleende rechten uiterst moeilijk, ja zelfs onmogelijk maakt.

19. Van oordeel dat twijfel bestaat over de argumenten die D. aan het gemeenschapsrecht ontleent, heeft het Gerechtshof te 's-Hertogenbosch de behandeling van de zaak geschorst en het Hof de volgende prejudiciële vragen gesteld:

'1. Verzet het gemeenschapsrecht, en in het bijzonder het bepaalde in de artikelen 56 e.v. EG, zich tegen een regeling als bedoeld in het hoofdgeding, op grond waarvan een binnenlandse belastingplichtige altijd recht heeft op aftrek van een belastingvrije som voor de vermogensbelasting, terwijl een buitenlandse belastingplichtige daarop geen recht heeft, in een situatie dat het vermogen zich hoofdzakelijk bevindt in de woonstaat van de belastingplichtige (terwijl in de woonstaat geen vermogensbelasting wordt geheven)?

2. Zo niet, wordt dit dan in casu anders, doordat Nederland aan inwoners van België, die voor het overige in vergelijkbare omstandigheden verkeren, bij bilateraal verdrag wel recht heeft verleend op de belastingvrije som (terwijl in België evenmin vermogensbelasting wordt geheven)?

3. Zo een van de twee voorgaande vragen bevestigend moet worden beantwoord, verzet het gemeenschapsrecht zich tegen een proceskostenregeling als de onderhavige ingevolge welke in beginsel slechts een

beperkte tegemoetkoming in de proceskosten wordt verstrekt, in het geval een burger in een geding voor de nationale rechter in het gelijk moet worden gesteld wegens een schending van het gemeenschapsrecht door een lidstaat?'

Beantwoording van de eerste vraag

Bij het Hof ingediende opmerkingen

20. Volgens D. vormt een regeling als de in het hoofdgeding aan de orde zijnde Nederlandse regeling een met artikel 56 EG strijdige en door artikel 58 EG niet gerechtvaardigde belemmering van het vrije verkeer van kapitaal, omdat zij een discriminatie bewerkstelligt van niet-ingezetenen die investeren in onroerende zaken die in Nederland zijn gelegen. Zo heeft, wanneer de ingezetene en de niet-ingezetene hetzelfde vermogen in die lidstaat hebben, alleen de ingezetene recht op aftrek van een belastingvrije som voor de berekening van zijn vermogensbelasting.

21. Er is geen enkele objectieve omstandigheid die een verschillende behandeling kan rechtvaardigen van de beide categorieën belastingplichtigen in de zin van de rechtspraak van het Hof (arrest van 14 februari 1995, Schumacker, C-279/93, *Jurispr.* blz. I-225). De omstandigheid dat niet-ingezetenen beperkt aan de vermogensbelasting zijn onderworpen, namelijk alleen voor het deel van hun vermogen dat zich in Nederland bevindt, terwijl ingezetenen onbeperkt aan die belasting zijn onderworpen voor hun wereldvermogen, vormt geen objectief verschil, maar is het gevolg van de beperking van de heffingsbevoegdheid van de lidstaten.

22. D. voegt hieraan toe dat de vermogensbelasting moet worden onderscheiden van de inkomstenbelasting die aan de orde was in de zaak waarin het voormelde arrest Schumacker is gewezen. De oplossingen die op het gebied van de inkomstenbelasting gelden, kunnen niet noodzakelijk worden toegepast op de vermogensbelasting. Anders dan wordt aangenomen bij de inkomstenbelasting, is het voor de vermogensbelasting niet relevant dat het zwaartepunt van het vermogen van de belastingplichtige in zijn woonstaat is geconcentreerd.

23. De Nederlandse, de Belgische, de Duitse en de Franse regering alsmede de Commissie van de Europese Gemeenschappen zijn daarentegen van mening dat ingezetenen en niet-ingezetenen zich, wat de directe belastingen betreft, in de regel niet in een vergelijkbare situatie bevinden en dat de door D. betwiste verschillende behandeling verenigbaar is met de regels van het Verdrag.

Antwoord van het Hof

24. Om te beginnen zij eraan herinnerd dat een investering in onroerende zaken als die welke D. in Nederland heeft gedaan, een kapitaalbeweging vormt in de zin van artikel 1 van richtlijn 88/361/EEG van de Raad van 24 juni 1988 voor de uitvoering van artikel 67 van het Verdrag (*PB* L 178, blz. 5) en van de nomenclatuur van het kapitaalverkeer die in bijlage I bij die richtlijn is opgenomen. Deze nomenclatuur heeft haar indicatieve waarde voor de definitie van het begrip kapitaalverkeer behouden (zie arrest van 23 september 2003, Ospelt en Schlössle Weissenberg, C-452/01, *Jurispr.* blz. I-9743, punt 7). Een dergelijke investering valt binnen de werkingssfeer van de regels betreffende het vrije verkeer van kapitaal in de artikelen 56 EG en volgende.

25. Artikel 56 EG verbiedt, onder voorbehoud van de bepalingen van artikel 58 EG, alle beperkingen van het kapitaalverkeer. Uit artikel 58, leden 1 en 3, EG volgt dat de lidstaten in hun belastingwetgeving onderscheid mogen maken tussen binnenlandse en buitenlandse belastingplichtigen, voorzover dit onderscheid noch een middel tot willekeurige discriminatie, noch een verkapte beperking van het vrije kapitaalverkeer vormt.

26. Het Hof heeft erkend dat bij de directe belastingen de situatie van ingezetenen en die van niet-ingezetenen in het algemeen niet vergelijkbaar zijn (arrest Schumacker, reeds aangehaald, punt 31).

27. Met betrekking tot de inkomstenbelasting heeft het Hof geoordeeld dat de situatie van de ingezetene verschilt van die van de niet-ingezetene, aangezien in zijn geval de belangrijkste inkomstenbestanddelen gewoonlijk in de woonstaat zijn geconcentreerd. Voorts beschikt deze staat in het algemeen over de nodige gegevens om de totale draagkracht van de belastingplichtige, gelet op zijn persoonlijke en gezinssituatie, te kunnen beoordelen (arrest Schumacker, reeds aangehaald, punt 33).

28. Het Hof heeft daaruit geconcludeerd dat wanneer een lidstaat een niet-ingezetene niet in aanmerking laat komen voor bepaalde belastingvoordelen die hij aan de ingezetene verleent, dat in de regel niet discriminerend is, aangezien deze twee categorieën belastingplichtigen zich niet in een vergelijkbare situatie bevinden.

29. Het Hof heeft echter overwogen dat dit anders kan zijn wanneer de niet-ingezetene geen inkomsten van betekenis in zijn woonstaat geniet en het grootste deel van zijn belastbaar inkomen haalt uit de arbeid verricht in de werkstaat, met als gevolg dat de woonstaat hem niet de voordelen kan toekennen die voortvloeien uit de inaanmerkingneming van zijn persoonlijke en gezinssituatie. Tussen de situatie van een dergelijke niet-ingezetene en die van een in een soortgelijke functie werkzame ingezetene bestaat dan geen objectief verschil dat grond kan opleveren voor een verschillende behandeling ten aanzien van het in aanmerking nemen bij de belastingheffing

van de persoonlijke en gezinssituatie van de belastingplichtige (zie onder meer arrest Schumacker, reeds aangehaald, punten 36 en 37, en arrest van 1 juli 2004, Wallentin, C-169/03, *Jurispr.* blz. I-6443, punt 17).

30. Aldus heeft het Hof aanvaard dat een lidstaat voor de toekenning van een voordeel aan niet-ingezetenen als voorwaarde stelt dat ten minste 90% van hun wereldinkomen in die lidstaat aan belasting is onderworpen (arrest van 14 september 1999, Gschwind, C-391/97, *Jurispr.* blz. I-5451, punt 32).

31. De situatie van de vermogensbelastingplichtige komt in verschillende opzichten overeen met die van de inkomstenbelastingplichtige.

32. Om te beginnen is de vermogensbelasting, evenals de inkomstenbelasting, een directe belasting die wordt vastgesteld op basis van de draagkracht van de belastingplichtige. De vermogensbelasting wordt dikwijls aangemerkt als een aanvulling op de inkomstenbelasting, die met name betrekking heeft op het kapitaal.

33. Voorts bezit de vermogensbelastingplichtige in de regel het grootste deel van zijn vermogen in de staat waarvan hij ingezetene is. Zoals het Hof reeds heeft vastgesteld, vormt die lidstaat meestal de plaats waar de belastingplichtige het centrum van zijn persoonlijke en vermogensrechtelijke belangen heeft (zie arrest van 12 juni 2003, Gerritse, C-234/01, *Jurispr.* blz. I-5933, punt 43).

34. Derhalve moet worden nagegaan of in het kader van de vermogensbelasting de situatie van ingezetenen en die van niet-ingezetenen, net zoals bij de inkomstenbelasting, in het algemeen niet vergelijkbaar zijn.

35. In dit verband moet de situatie worden onderzocht van een persoon als D., wiens vermogen zich voor 90% bevindt in de lidstaat waarvan hij ingezetene is en voor 10% in een andere lidstaat waar een wettelijke regeling inzake de vermogensbelasting als die in Nederland geldt. Deze persoon wordt in die andere lidstaat voor het deel dat overeenkomt met de 10% van het vermogen dat hij aldaar bezit, onderworpen aan de vermogensbelasting zonder dat hij in aanmerking komt voor een belastingvrije som. De ingezetenen van die andere lidstaat betalen belasting over de waarde van het totale vermogen dat zij wereldwijd, en niet alleen op het grondgebied van die staat, bezitten, verminderd met een belastingvrije som.

36. Vastgesteld zij dat deze belastingvrije som – waarmee moet worden verzekerd dat althans een deel van het totale vermogen van de betrokken belastingplichtige is vrijgesteld van de vermogensbelasting – slechts volledig effect kan sorteren wanneer de belastingheffing betrekking heeft op het totale vermogen van de betrokkene. Niet-ingezetenen die in die andere lidstaat slechts over een deel van hun vermogen belasting moeten betalen, hebben daarom in het algemeen geen recht op die belastingvrije som.

37. Evenals bij de inkomstenbelasting moet er voor de vermogensbelasting dus van worden uitgegaan dat de situatie van de niet-ingezetene verschilt van die van de ingezetene, aangezien niet alleen het belangrijkste deel van de inkomsten, maar eveneens het belangrijkste deel van het vermogen van laatstgenoemde gewoonlijk geconcentreerd is in de staat waarvan hij ingezetene is. Die lidstaat is dus het best in staat om rekening te houden met de volledige draagkracht van de ingezetene door hem eventueel de in zijn wettelijke regeling voorziene belastingvrije sommen toe te kennen.

38. Hieruit volgt dat een belastingplichtige die slechts een niet-wezenlijk deel van zijn vermogen bezit in een andere lidstaat dan de staat waarvan hij ingezetene is, zich in de regel niet in een situatie bevindt die vergelijkbaar is met die van de ingezetenen van die andere lidstaat, en dat de weigering van de betrokken autoriteiten om hem de belastingvrije som toe te kennen waarvoor die ingezetenen wel in aanmerking komen, geen discriminatie jegens hem oplevert.

39. Volgens D. brengt de omstandigheid dat de regeling van de woonstaat van de betrokkene geen vermogensbelasting kent, echter mee dat in geen van de betrokken lidstaten voor de toepassing van een belastingvrije som rekening wordt gehouden met diens persoonlijke en gezinssituatie, waardoor deze wordt gediscrimineerd. In Nederland wordt door de aftrek van de belastingvrije som voor ingezetenen rekening gehouden met hun persoonlijke en gezinssituatie, aangezien die belastingvrije som verschilt naar gelang van de echtelijke staat van de betrokken belastingplichtige. Om te vermijden dat hij minder gunstig wordt behandeld dan Nederlandse ingezetenen, zou die lidstaat hem dus dezelfde voordelen moeten toekennen als de ingezetenen genieten.

40. Dit betoog kan niet worden aanvaard.

41. Dat ingezetenen en niet-ingezetenen verschillend worden behandeld door de lidstaat waarin de betrokkene slechts 10% van zijn vermogen bezit en in dat geval geen aftrek van een belastingvrije som plaatsvindt, wordt immers verklaard door het feit dat de betrokkene slechts een niet-wezenlijk deel van zijn vermogen in die lidstaat bezit en hij zich dus niet in een situatie bevindt die vergelijkbaar is met die van de ingezetenen. De omstandigheid dat de woonstaat van de betrokkene de vermogensbelasting heeft afgeschaft, heeft geen invloed op deze feitelijke situatie. Aangezien de betrokkene het belangrijkste deel van zijn vermogen bezit in de staat waarvan hij ingezetene is, is de lidstaat waarin hij slechts een deel van zijn vermogen bezit niet verplicht hem de voordelen toe te kennen die hij aan zijn eigen ingezetenen toekent.

42. Bovendien verschillen de omstandigheden van het hoofdgeding van die van de zaak waarin het voormelde arrest Wallentin is gewezen, aangezien bedragen als de toelage die Wallentin van zijn ouders kreeg en het stipendium dat hij van de Duitse overheid ontving, op zich geen inkomsten vormden die krachtens Duits belastingrecht belastbaar waren. Derhalve kunnen de door Wallentin in Duitsland ontvangen bedragen en het vermogen dat D. in die lidstaat bezit niet vergelijkbaar worden geacht voor de beantwoording van de vraag of D. voor de belasting van het vermogen dat hij in Nederland bezit, in aanmerking moet kunnen komen voor een belastingvrije som die de wettelijke regeling van laatstgenoemde lidstaat voorziet.

43. Op de eerste vraag moet derhalve worden geantwoord dat de artikelen 56 EG en 58 EG zich niet verzetten tegen een regeling op grond waarvan een lidstaat aan buitenlandse belastingplichtigen die het belangrijkste deel van hun vermogen bezitten in de staat waarvan zij ingezetenen zijn, het recht op belastingvrije sommen weigert die hij aan binnenlandse belastingplichtigen verleent.

Beantwoording van de tweede vraag

Inleidende opmerkingen

44. De tweede vraagt betreft de toepassing van de Belgisch-Nederlandse overeenkomst, gelet op de verdragsregels die discriminatie op het gebied van het vrije kapitaalverkeer verbieden. Overeenkomstig artikel 25, paragraaf 3, van deze overeenkomst, waarvan de bepalingen gelden voor de twee lidstaten die partij zijn bij die overeenkomst, geniet een in België woonachtig natuurlijk persoon in Nederland dezelfde aftrekken en andere voordelen die laatstgenoemde staat aan zijn eigen inwoners verleent.

45. Hieruit volgt dat een Belgisch ingezetene die in een soortgelijke situatie als D. verkeert en in Nederland onroerende zaken bezit die slechts 10% van de waarde van zijn gehele vermogen vertegenwoordigen, anders dan D., recht heeft op de belastingvrije som die het Koninkrijk der Nederlanden op het gebied van de vermogensbelasting aan zijn eigen ingezetenen toekent.

46. De tweede vraag van de verwijzende rechter houdt in of de verschillende behandeling die in een dergelijk geval bestaat tussen de ingezetene van België en die van Duitsland, vanuit het oogpunt van het Verdrag rechtmatig is. Deze rechter wenst met name te vernemen of de artikelen 56 EG en 58 EG zich ertegen verzetten dat een lidstaat de vermindering met een belastingvrije som die hij aan zijn eigen ingezetenen toestaat, krachtens een bilaterale overeenkomst ter voorkoming van dubbele belasting uitsluitend toekent aan ingezetenen van de andere staat die partij is bij die overeenkomst, zonder deze vermindering uit te breiden tot ingezetenen van de andere lidstaten.

Bij het Hof ingediende opmerkingen

47. D. stelt dat het uit de toepassing van de Belgisch-Nederlandse overeenkomst voortvloeiende verschil tussen zijn situatie en die van een Belgisch ingezetene die in een gelijkwaardige situatie verkeert, een door het Verdrag verboden discriminatie vormt. Het Hof heeft weliswaar toegestaan dat gemeenschapsonderdanen als gevolg van de verdeling van de heffingsbevoegdheden verschillend worden behandeld, doch het feit dat de belastingvrije som alleen aan ingezetenen van België wordt toegekend, is niet het gevolg van een dergelijke verdeling. Bovendien worden ingezetenen van België in het Koninkrijk der Nederlanden en ingezetenen van Nederland in het Koninkrijk België evenmin behandeld op basis van wederkerigheid, aangezien in België geen vermogensbelasting meer wordt geheven en deze staat dus geen enkele belastingvrije som toekent aan Nederlandse ingezetenen die op zijn grondgebied onroerende zaken bezitten.

48. De regeringen die opmerkingen hebben ingediend en de Commissie stellen daarentegen dat de verschillende behandeling van een persoon als D. en een Belgisch ingezetene niet discriminatoir is. Een lidstaat die partij is bij een bilaterale overeenkomst, is op grond van het Verdrag op geen enkele wijze gehouden om de voordelen die hij aan ingezetenen van de overeenkomstsluitende lidstaat verleent, uit te breiden tot alle ingezetenen van de Gemeenschap. Die regeringen en de Commissie wijzen op het gevaar dat de uitbreiding van de in een bilaterale overeenkomst voorziene voordelen tot alle ingezetenen van de Gemeenschap zou meebrengen voor de toepassing van de bestaande bilaterale overeenkomsten en van die welke de lidstaten in de toekomst zouden willen sluiten, en op de rechtsonzekerheid die deze uitbreiding zou teweegbrengen.

Antwoord van het Hof

49. Er zij aan herinnerd dat de lidstaten op grond van artikel 293 EG, voorzover nodig, met elkaar in onderhandeling treden ter verzekering, voor hun onderdanen, van de afschaffing van dubbele belasting binnen de Gemeenschap.

50. In het arrest van 12 mei 1998, Gilly (C-336/96, *Jurispr.* blz. I-2793, punt 23), heeft het Hof vastgesteld dat, afgezien van verdrag 90/436/EEG ter afschaffing van dubbele belasting in geval van winstcorrecties tussen verbonden ondernemingen (*PB* 1990, L 225, blz. 10), op het niveau van de Gemeenschap geen enkele unificatie- of harmonisa-

tiemaatregel tot afschaffing van dubbele belastingen is vastgesteld, en dat de lidstaten ter uitvoering van artikel 293 EG evenmin enige multilaterale overeenkomst met dat oogmerk hebben gesloten.

51. Bij gebreke van andere communautaire maatregelen of verdragen waarbij alle lidstaten partij zijn, hebben de lidstaten talrijke bilaterale verdragen gesloten.

52. Zoals het Hof reeds heeft vastgesteld, staat het de lidstaten vrij om in het kader van deze verdragen de aanknopingsfactoren ter verdeling van de heffingsbevoegdheid vast te stellen (zie arrest van 21 september 1999, Saint-Gobain ZN, C-307/97, *Jurispr*. blz. I-6161, punt 57). Het Hof heeft eveneens erkend dat een verschillende behandeling van onderdanen van de twee verdragsluitende staten als gevolg van deze verdeling, niet een met artikel 39 EG strijdige discriminatie kan opleveren (zie arrest Gilly, reeds aangehaald, punt 30).

53. In het hoofdgeding gaat het echter niet om de gevolgen van een verdeling van heffingsbevoegdheden voor de onderdanen of de ingezetenen van lidstaten die partij zijn bij een en hetzelfde verdrag, maar om een vergelijking tussen de situatie van een persoon die ingezetene is van een staat die geen partij is bij een dergelijk verdrag, en die van een persoon die onder dat verdrag valt.

54. In dit verband zij erop gewezen dat de werkingssfeer van een bilateraal belastingverdrag beperkt is tot de in dat verdrag genoemde natuurlijke of rechtspersonen.

55. Er bestaan echter situaties waarin de voordelen van een bilateraal verdrag kunnen worden uitgebreid tot een ingezetene van een lidstaat die geen verdragspartij is.

56. Zo heeft het Hof geoordeeld dat in het geval van een verdrag ter voorkoming van dubbele belasting tussen een lidstaat en een derde land, de lidstaat die partij is bij dat verdrag ingevolge het beginsel van de nationale behandeling verplicht is, de in het verdrag voorziene voordelen onder dezelfde voorwaarden aan vaste inrichtingen van buitenlandse vennootschappen te verlenen als aan binnenlandse vennootschappen (zie arrest Saint-Gobain ZN, reeds aangehaald, punt 59).

57. In een dergelijk geval wordt de buitenlandse belastingplichtige die in een lidstaat over een vaste inrichting beschikt, geacht in een situatie te verkeren die gelijkwaardig is aan die van een belastingplichtige die ingezetene van die staat is.

58. Er moet echter aan worden herinnerd dat de tweede vraag van de verwijzende rechter uitgaat van de veronderstelling dat een niet-ingezetene als D. niet in een situatie verkeert die vergelijkbaar is met die van een Nederlands ingezetene. De vraag is erop gericht te vernemen of de situatie van D. kan worden vergeleken met die van een andere niet-ingezetene die op grond van een overeenkomst ter voorkoming van dubbele belasting een bijzondere behandeling geniet.

59. Voor een gelijke behandeling voor de Nederlandse vermogensbelasting van een belastingplichtige als D., die Duits ingezetene is, en een belastingplichtige die Belgisch ingezetene is, moeten deze beide belastingplichtigen worden geacht in dezelfde situatie te verkeren.

60. Er zij evenwel op gewezen dat, teneinde te vermijden dat dezelfde inkomsten en hetzelfde vermogen zowel in Nederland als in België worden belast, artikel 24 van de Belgisch-Nederlandse overeenkomst voorziet in een verdeling van de heffingsbevoegdheid tussen deze beide lidstaten, en artikel 25, paragraaf 3, van die overeenkomst bepaalt dat natuurlijke personen die inwoner zijn van één van beide staten in de andere staat dezelfde persoonlijke aftrekken genieten als laatstgenoemde staat aan zijn eigen inwoners verleent.

61. Het feit dat deze wederkerige rechten en verplichtingen slechts gelden voor personen die ingezetenen zijn van één van de beide verdragsluitende lidstaten is een inherent gevolg van bilaterale verdragen ter voorkoming van dubbele belasting. Hieruit volgt dat een belastingplichtige die Belgisch ingezetene is zich met betrekking tot de vermogensbelasting over in Nederland gelegen onroerende zaken niet in dezelfde situatie bevindt als een belastingplichtige die buiten België woont.

62. Een regel als die van artikel 25, paragraaf 3, van de Belgisch-Nederlandse overeenkomst kan niet worden beschouwd als een voordeel dat kan worden losgekoppeld van de rest van de overeenkomst, maar maakt daarvan integrerend deel uit en draagt bij tot het algehele evenwicht ervan.

63. Gelet op de voorgaande overwegingen, moet op de tweede vraag worden geantwoord dat de artikelen 56 EG en 58 EG zich niet ertegen verzetten dat een in een bilaterale overeenkomst ter voorkoming van dubbele belasting opgenomen regel als die welke in het hoofdgeding aan de orde is, in een situatie en in omstandigheden als die van het hoofdgeding niet wordt uitgebreid tot de onderdaan van een lidstaat die geen partij is bij die overeenkomst.

Beantwoording van de derde vraag

64. Aangezien de derde vraag alleen is gesteld voor het geval één van de eerste twee vragen bevestigend zou worden beantwoord, behoeft deze geen beantwoording.

Kosten

65. ...

HET HOF VAN JUSTITIE (Grote kamer)

verklaart voor recht:

1. De artikelen 56 EG en 58 EG verzetten zich niet tegen een regeling op grond waarvan een lidstaat aan buitenlandse belastingplichtigen die het belangrijkste deel van hun vermogen bezitten in de staat waarvan zij ingezetenen zijn, het recht op belastingvrije sommen weigert die hij aan binnenlandse belastingplichtigen verleent.

2. De artikelen 56 EG en 58 EG verzetten zich niet ertegen dat een in een bilaterale overeenkomst ter voorkoming van dubbele belasting opgenomen regel als die welke in het hoofdgeding aan de orde is, in een situatie en in omstandigheden als die van het hoofdgeding niet wordt uitgebreid tot de onderdaan van een lidstaat die geen partij is bij die overeenkomst.

HvJ EG 12 juli 2005, zaak C-403/03 (Egon Schempp v. Finanzamt München V)

Grote kamer: *V. Skouris, president, P. Jann, C. W. A. Timmermans en A. Rosas, kamerpresidenten, C. Gulmann, J. P. Puissochet, A. La Pergola, R. Schintgen, N. Colneric, J. Klučka, U. Lihmus, E. Levits en A Ó Caoimh (rapporteur), rechters*

Advocaat-generaal: *L. A. Geelhoed*

1. Het verzoek om een prejudiciële beslissing betreft de uitlegging van de artikelen 12 EG en 18 EG.

2. Dit verzoek is ingediend in het kader van een geding tussen E. Schempp en het Finanzamt München V (hierna: 'Finanzamt') betreffende de weigering van dit laatste om de door Schempp aan zijn in Oostenrijk wonende voormalige echtgenote betaalde alimentatie te beschouwen als een voor de inkomstenbelasting aftrekbare bijzondere uitgave.

Het rechtskader

3. Overeenkomstig § 10, lid 1, punt 1, Einkommensteuergesetz (wet op de inkomstenbelasting; hierna: 'EStG') worden de volgende uitgaven als 'bijzondere uitgaven' beschouwd wanneer ze beroepskosten noch bedrijfslasten vormen:

> 'de alimentatie die wordt betaald aan de van echt gescheiden of duurzaam feitelijk gescheiden levende echtgenoot die onbeperkt belastingplichtig is, wanneer de alimentatieplichtige daar met toestemming van de alimentatieontvanger om verzoekt, ten belope van 27 000 DEM per kalenderjaar. Het verzoek kan telkens slechts voor een kalenderjaar worden gedaan en kan niet worden ingetrokken [...]'

4. Overeenkomstig § 22, punt 1a, EStG worden de bedragen die de alimentatieplichtige kan aftrekken, opgenomen in het belastbaar inkomen van de alimentatieontvanger volgens het zogeheten 'Korrespondenzprinzip'. De alimentatieplichtige kan deze bedragen aftrekken ongeacht of de alimentatieontvanger daadwerkelijk belasting moet betalen over deze bedragen. Indien de alimentatieontvanger over de door hem ontvangen uitkeringen belasting moet betalen, komt deze belasting echter civielrechtelijk ten laste van de alimentatieplichtige.

5. § 1a, lid 1, punt 1, EStG luidt als volgt:

> 'De aan de van echt gescheiden of duurzaam feitelijk gescheiden levende echtgenoot betaalde alimentatie (§ 10, lid 1, punt 1) is ook als bijzondere uitgave aftrekbaar wanneer de ontvanger ervan niet onbeperkt belastingplichtig is. Daartoe moet de ontvanger van de alimentatie evenwel zijn woonplaats of gewone verblijfplaats hebben op het grondgebied van een andere lidstaat van de Europese Unie of van een staat waarop de Overeenkomst betreffende de Europese Economische Ruimte van toepassing is. Dat de alimentatie bij de ontvanger ervan wordt belast, moet bovendien blijken uit een attest van de bevoegde buitenlandse belastingadministratie [...]'

6. Overeenkomstig § 52, lid 2, EStG is deze bepaling van toepassing op de Republiek Oostenrijk met ingang van het belastingtijdvak dat overeenstemt met het jaar 1994, aangezien deze staat op 1 januari van dat jaar partij is geworden bij de Overeenkomst betreffende de Europese Economische Ruimte.

Het hoofdgeding en de prejudiciële vragen

7. Schempp, een in Duitsland wonende Duitse onderdaan, betaalt sedert zijn echtscheiding alimentatie aan zijn in Oostenrijk wonende voormalige echtgenote.

8. In zijn belastingaangiften voor de aanslagjaren 1994 tot en met 1997 heeft Schempp deze alimentatie afgetrokken overeenkomstig § 1a, lid 1, punt 1, eerste en tweede volzin, EStG. In zijn aanslagbiljetten voor de inkomsten van 1994 tot en met 1997 heeft het Finanzamt deze aftrek evenwel geweigerd op grond dat het van de Oostenrijkse belastingadministratie geen attest had ontvangen waaruit bleek dat zijn voormalige echtgenote in Oostenrijk over deze alimentatie was belast, zoals is voorgeschreven in de derde volzin van § 1a, lid 1, punt 1.

9. In casu heeft Schempp geen dergelijk attest kunnen overleggen, omdat alimentatie naar Oostenrijks fiscaal recht in beginsel niet wordt belast en evenmin aftrekbaar is. Uit de stukken blijkt echter dat Schempp het volledige bedrag van de aan zijn voormalige echtgenote betaalde alimentatie had kunnen aftrekken, indien zij in Duitsland zou wonen. In dat geval zou zijn voormalige echtgenote over deze uitkering ook geen belasting hebben betaald, aangezien haar inkomsten lager zijn dan de bedragen waarvanaf in Duitsland belasting verschuldigd is.

10. Aangezien Schempp meende dat de betrokken Duitse regeling onverenigbaar is met de artikelen 12 EG en 18 EG, heeft hij bezwaar gemaakt tegen de aanslagbiljetten van het Finanzamt. Deze heeft zijn bezwaren afgewezen bij beslissing van 27 juli 1999.

11. Nadat het Finanzgericht München het door Schempp tegen deze beslissing ingestelde beroep had verworpen, heeft deze laatste 'Revision' ingesteld bij de verwijzende rechter. Van oordeel dat de beslechting van het geding een uitlegging van het gemeenschapsrecht vergt, heeft het Bundesfinanzhof de behandeling van de zaak geschorst en het Hof de volgende twee prejudiciële vragen gesteld:

'1. Moet artikel 12 EG aldus worden uitgelegd dat het in de weg staat aan § 1a, lid 1, punt 1, en § 10, lid 1, punt 1, EStG, volgens welke een in Duitsland wonende belastingplichtige de aan zijn in Oostenrijk wonende voormalige echtgenote betaalde alimentatie niet kan aftrekken, terwijl hij daartoe wel gerechtigd zou zijn indien zij nog in Duitsland zou wonen?

2. Indien vraag 1 ontkennend wordt beantwoord: moet artikel 18, lid 1, EG aldus worden uitgelegd dat het in de weg staat aan § 1a, lid 1, punt 1, en § 10, lid 1, punt 1, EStG, volgens welke een in Duitsland wonende belastingplichtige de aan zijn in Oostenrijk wonende voormalige echtgenote betaalde alimentatie niet kan aftrekken, terwijl hij daartoe wel gerechtigd zou zijn indien zij nog in Duitsland zou wonen?'

Beantwoording van de prejudiciële vragen

12. Met zijn vragen wenst de verwijzende rechter in wezen te vernemen of de artikelen 12, eerste alinea, EG en 18, lid 1, EG aldus moeten worden uitgelegd dat ze zich ertegen verzetten dat een in Duitsland wonende belastingplichtige volgens de in het hoofdgeding toepasselijke nationale regeling de aan zijn in Oostenrijk wonende voormalige echtgenote betaalde alimentatie niet kan aftrekken van zijn belastbaar inkomen in Duitsland, terwijl hij daartoe wel het recht zou hebben indien zij nog in Duitsland zou wonen.

13. Allereerst moet worden onderzocht of de situatie die aan het hoofdgeding ten grondslag ligt, binnen de werkingssfeer van het gemeenschapsrecht valt.

14. Dienaangaande zij eraan herinnerd dat ingevolge artikel 12, eerste alinea, EG binnen de werkingssfeer van het Verdrag en onverminderd de bijzondere bepalingen daarin gesteld, elke discriminatie op grond van nationaliteit verboden is.

15. Om de werkingssfeer van het Verdrag in de zin van dit artikel vast te stellen, moet dit artikel worden gelezen in samenhang met de bepalingen van het Verdrag betreffende het burgerschap van de Unie. De hoedanigheid van burger van de Unie dient immers de primaire hoedanigheid van de onderdanen van de lidstaten te zijn en verleent degenen onder hen die zich in dezelfde situatie bevinden, ongeacht hun nationaliteit en onverminderd de uitdrukkelijk vastgestelde uitzonderingen, aanspraak op dezelfde behandeling rechtens (arresten van 20 september 2001, Grzelczyk, C-184/99, *Jurispr.* blz. I-6193, punten 30 en 31; 2 oktober 2003, Garcia Avello, C-148/02, *Jurispr.* blz. I-11613, punten 22 en 23, en 15 maart 2005, Bidar, C-209/03, nog niet gepubliceerd in de *Jurisprudentie*, punt 31).

16. Volgens artikel 17, lid 1, EG is eenieder die de nationaliteit van een lidstaat bezit, burger van de Unie. Schempp bezit de Duitse nationaliteit en is dus burger van de Unie.

17. Zoals het Hof reeds heeft geoordeeld, verbindt artikel 17, lid 2, EG aan de hoedanigheid van burger van de Unie de in het Verdrag neergelegde rechten en plichten, waaronder het recht zich te beroepen op artikel 12 EG in alle situaties die binnen de werkingssfeer ratione materiae van het gemeenschapsrecht vallen (zie arrest van 12 mei 1998, Martínez Sala, C-85/96, *Jurispr.* blz. I-2691, punt 62).

18. Tot deze situaties behoren met name die welke betrekking hebben op het gebruik van de door het Verdrag gewaarborgde fundamentele vrijheden en van de in artikel 18 EG neergelegde vrijheid om op het grondgebied van de lidstaten te reizen en te verblijven (arrest Bidar, reeds aangehaald, punt 33).

19. Ofschoon bij de huidige stand van het gemeenschapsrecht de directe belastingen tot de bevoegdheid van de lidstaten behoren, zijn deze niettemin verplicht, die bevoegdheid uit te oefenen in overeenstemming met het gemeenschapsrecht, inzonderheid met de verdragsbepalingen betreffende het recht van iedere burger van de Unie om op het grondgebied van de lidstaten te reizen en te verblijven, en zich derhalve te onthouden van elke openlijke of verkapte discriminatie op grond van nationaliteit (zie in die zin arresten van 14 februari 1995, Schumacker, C-279/93, *Jurispr.* blz. I-225, punten 21 en 26, en 12 december 2002, De Groot, C-385/00, *Jurispr.* blz. I-11819, punt 75).

20. Volgens vaste rechtspraak heeft het burgerschap van de Unie, zoals bepaald in artikel 17 EG, echter niet tot doel, de materiële werkingssfeer van het Verdrag uit te breiden tot interne situaties die geen enkele aanknoping met het gemeenschapsrecht hebben (arrest van 5 juni 1997, Uecker en Jacquet, C-64/96 en C-65/96, *Jurispr.* blz. I-3171, punt 23, en arrest Garcia Avello, reeds aangehaald, punt 26).

21. Volgens de Duitse en de Nederlandse regering gaat het in het hoofdgeding om een dergelijke situatie. De partij die zich op artikel 12 EG beroept, in casu Schempp, heeft immers geen gebruik gemaakt van zijn in artikel 18 EG neergelegde recht van vrij verkeer. Zijn voormalige echtgenote heeft daarentegen wel gebruik gemaakt van dit recht. In de onderhavige zaak gaat het echter niet om de belastingen die deze laatste moet betalen, doch om die welke Schempp dient te betalen. De Duitse regering stelt bijgevolg vast dat in casu het feit dat Schempp alimentatie betaalt aan een in een andere lidstaat wonende persoon, het enige buiten de Bondsrepubliek Duitsland gelegen

element is. Aangezien alimentatie evenwel geen invloed heeft op het intracommunautaire verkeer van goederen en diensten, valt deze situatie buiten de werkingssfeer van artikel 12 EG.

22. In dit verband zij opgemerkt dat, anders dan de Duitse en de Nederlandse regering stellen, de situatie van een onderdaan van een lidstaat die, zoals Schempp, geen gebruik heeft gemaakt van het recht van vrij verkeer, op grond van dit feit alleen niet kan worden gelijkgesteld met een zuiver interne situatie (zie in die zin arrest van 19 oktober 2004, Zhu en Chen, C-200/02, nog niet gepubliceerd in de *Jurisprudentie*, punt 19).

23. Hoewel Schempp inderdaad geen gebruik heeft gemaakt van dit recht, staat vast dat zijn voormalige echtgenote, die haar woonplaats naar Oostenrijk heeft overgebracht, gebruik heeft gemaakt van het bij artikel 18 EG aan iedere burger van de Unie toegekende recht om op het grondgebied van een lidstaat te reizen en te verblijven.

24. Zoals de advocaat-generaal in punt 19 van zijn conclusie, zakelijk weergegeven, heeft opgemerkt, houdt de in het hoofdgeding toepasselijke nationale regeling voor het bepalen van de aftrekbaarheid van de door een in Duitsland wonende belastingplichtige aan een in een andere lidstaat wonende ontvanger betaalde alimentatie rekening met de fiscale behandeling van deze alimentatie in de woonstaat van de ontvanger. Hieruit volgt noodzakelijkerwijs dat de omstandigheid dat Schempps voormalige echtgenote in casu gebruik heeft gemaakt van haar in artikel 18 EG bepaalde recht om in een andere lidstaat te reizen en te verblijven, invloed heeft op de mogelijkheid voor haar voormalige echtgenoot om de aan haar betaalde alimentatie in Duitsland van zijn belastbaar inkomen af te trekken.

25. Gelet op het voorgaande kan een situatie waarin de omstandigheid dat Schempps voormalige echtgenote gebruik heeft gemaakt van een door de communautaire rechtsorde toegekend recht, het recht op aftrek van verzoeker in het hoofdgeding in zijn woonstaat heeft beïnvloed, niet worden beschouwd als een interne situatie die geen enkele aanknoping heeft met het gemeenschapsrecht.

26. Bijgevolg moet worden onderzocht of de artikelen 12 EG en 18 EG zich ertegen verzetten dat de Duitse belastingadministratie de aftrek van de door Schempp aan zijn in Oostenrijk wonende voormalige echtgenote betaalde alimentatie weigert.

De toepassing van artikel 12 EG

27. In casu staat vast dat, indien Schempps voormalige echtgenote in Duitsland zou wonen, hij de aan haar betaalde alimentatie zou kunnen aftrekken. De Duitse belastingadministratie weigert Schempp deze aftrek echter omdat zijn voormalige echtgenote in Oostenrijk woont.

28. Volgens vaste rechtspraak houdt het discriminatieverbod in dat, behoudens objectieve rechtvaardiging, vergelijkbare situaties niet verschillend worden behandeld (zie arrest van 17 juli 1997, National Farmers' Union e.a., C-354/95, *Jurispr.* blz. I-4559, punt 61).

29. Derhalve moet onderzocht worden of de situatie van Schempp, die aan zijn in Oostenrijk wonende voormalige echtgenote een alimentatie betaalt zonder dat hij deze in zijn aangifte voor de inkomstenbelasting kan aftrekken, vergelijkbaar is met die van een persoon die een dergelijke uitkering betaalt aan een in Duitsland wonende voormalige echtgenoot en dat belastingvoordeel wel krijgt.

30. Dienaangaande zij opgemerkt dat overeenkomstig § 1a, lid 1, punt 1, derde volzin, EStG de door een in Duitsland wonende belastingplichtige aan een in een andere lidstaat wonende ontvanger betaalde alimentatie in Duitsland aftrekbaar is op voorwaarde dat ze in die andere lidstaat wordt belast.

31. In het hoofdgeding brengt dit met zich mee dat, aangezien de alimentatie in de woonstaat van Schempps voormalige echtgenote niet belastbaar is, Schempp deze uitkering in Duitsland niet van zijn inkomsten kan aftrekken.

32. In deze omstandigheden is de ongunstige behandeling die Schempp aanvoert, in feite het gevolg van de omstandigheid dat de fiscale regeling van de woonstaat van zijn voormalige echtgenote inzake alimentatie verschilt van die van zijn eigen woonstaat.

33. Zoals de Nederlandse regering heeft opgemerkt, zou Schempp, indien zijn voormalige echtgenote was gaan wonen in een lidstaat waar alimentatie belastbaar is, zoals in Nederland anders dan in Oostenrijk, volgens de in het hoofdgeding toepasselijke nationale regeling de aan zijn voormalige echtgenote betaalde alimentatie kunnen aftrekken.

34. Volgens vaste rechtspraak heeft artikel 12 EG echter geen betrekking op eventuele verschillen in behandeling welke voor de aan de rechtsmacht van de Gemeenschap onderworpen personen en ondernemingen kunnen voortvloeien uit verschillen tussen de wettelijke regelingen van de verschillende lidstaten, mits deze regelingen op grond van objectieve criteria en ongeacht de nationaliteit van de betrokkenen kunnen worden geacht te gelden voor al degenen op wie de voorschriften ervan van toepassing zijn (zie in die zin arrest van 9 september 2003, Milk Marque en National Farmers' Union, C-137/00, *Jurispr.* blz. I-7975, punt 124, en de aldaar aangehaalde rechtspraak).

35. Anders dan Schempp stelt, is de betaling van een alimentatie aan een in Duitsland wonende ontvanger dus niet vergelijkbaar met de betaling van een dergelijke uitkering aan een in Oostenrijk wonende ontvanger. De ontvanger van deze uitkering is immers in deze twee gevallen onderworpen aan een verschillende fiscale regeling inzake de belastbaarheid ervan.

36. Derhalve dient te worden vastgesteld dat de onmogelijkheid voor een in Duitsland wonende belastingplichtige om op grond van § 1a, lid 1, punt 1, EStG de aan zijn in Oostenrijk wonende voormalige echtgenote betaalde alimentatie af te trekken, geen discriminerende behandeling in de zin van artikel 12 EG oplevert.

37. Volgens Schempp vloeit de ongelijke behandeling die hij in casu ondervindt, evenwel voort uit het feit dat, hoewel de aan een in Duitsland wonende persoon betaalde alimentatie aftrekbaar is ongeacht of deze persoon daarover daadwerkelijk wordt belast, de aan in een andere lidstaat wonende persoon betaalde alimentatie slechts aftrekbaar is op voorwaarde dat de ontvanger ervan daarover wel daadwerkelijk wordt belast.

38. Dienaangaande zij evenwel eraan herinnerd dat de verwijzende rechter het Hof in casu alleen heeft gevraagd of het gemeenschapsrecht zich ertegen verzet dat een in Duitsland wonende belastingplichtige de aan zijn in Oostenrijk wonende voormalige echtgenote betaalde alimentatie niet kan aftrekken. Teneinde de verwijzende rechter een uitlegging te verschaffen die nuttig is voor de beslechting van het hoofdgeding, dient bijgevolg te worden vastgesteld dat het door Schempp aan de orde gestelde probleem, voorzover het ziet op de betaling van een alimentatie aan een ontvanger die in een andere lidstaat woont waar deze uitkering belastbaar is, in casu niet rijst, aangezien de alimentatie in Oostenrijk in geen geval belastbaar is.

39. Aan de conclusie in punt 36 van dit arrest wordt niet afgedaan door de niet-betwiste omstandigheid dat, indien Schempps voormalige echtgenote in Duitsland zou wonen, hij de aan haar betaalde alimentatie zou kunnen aftrekken, hoewel in dat geval deze uitkering niet zou worden belast, aangezien in Duitsland de inkomsten van zijn voormalige echtgenote over het betrokken tijdvak kleiner zouden zijn dan de in de Duitse fiscale regeling vastgestelde bedragen waarvanaf belasting verschuldigd is. Zoals de Commissie van de Europese Gemeenschappen terecht heeft opgemerkt, kan de omstandigheid dat een alimentatie om die reden in Duitsland niet wordt belast, geenszins worden gelijkgesteld met de situatie in Oostenrijk, waar deze uitkering niet belastbaar is, aangezien de fiscale gevolgen van deze situaties ter zake van de inkomstenbelasting voor de betrokken belastingplichtigen verschillen.

De toepassing van artikel 18 EG

40. Artikel 18, lid 1, EG bepaalt:

> 'Iedere burger van de Unie heeft het recht vrij op het grondgebied van de lidstaten te reizen en te verblijven, onder voorbehoud van de beperkingen en voorwaarden die bij dit Verdrag en de bepalingen ter uitvoering daarvan zijn vastgesteld.'

41. Als onderdaan van een lidstaat, en dus als burger van de Unie, kan Schempp zich op deze bepaling beroepen.

42. In zijn opmerkingen stelt Schempp dat artikel 18, lid 1, EG niet alleen het recht om in andere lidstaten te reizen en te verblijven waarborgt, maar ook het recht om zijn woonplaats te kiezen. Aangezien de alimentatie niet van het belastbaar inkomen kan worden afgetrokken wanneer de ontvanger ervan in een andere lidstaat woont, zou deze laatste kunnen worden gepresst om in Duitsland te blijven wonen, hetgeen een beperking van de uitoefening van de bij artikel 18, lid 1, EG gewaarborgde rechten oplevert. Deze pressie kan zeer concreet tot uiting komen bij de vaststelling van het bedrag van de alimentatie, aangezien daarbij rekening wordt gehouden met de fiscale implicaties.

43. Dienaangaande dient te worden vastgesteld, zoals de Duitse en de Nederlandse regering alsmede de Commissie hebben betoogd, dat de betrokken nationale regeling Schempp in geen enkel opzicht belemmert in de uitoefening van zijn in artikel 18, lid 1, EG neergelegde recht om als burger van de Unie in andere lidstaten te reizen en te verblijven.

44. Zoals is opgemerkt, heeft de omstandigheid dat zijn voormalige echtgenote haar woonplaats naar Oostenrijk heeft overgebracht, voor Schempp weliswaar nadelige fiscale gevolgen in zijn woonstaat.

45. Het Hof heeft evenwel reeds geoordeeld dat het Verdrag een burger van de Unie niet de garantie biedt dat de overbrenging van zijn werkzaamheden naar een andere lidstaat dan die waarin hij tot dan verbleef, fiscaal neutraal is. Gelet op de verschillen tussen de regelingen van de lidstaten ter zake, kan een dergelijke overbrenging naar gelang van het geval voor de burger op het vlak van de indirecte belastingen meer of minder voordelig of nadelig uitvallen (zie in die zin arrest van 15 juli 2004, Lindfors, C-365/02, *Jurispr.* blz. I-7183, punt 34).

46. Hetzelfde beginsel geldt a fortiori voor een situatie zoals die in het hoofdgeding, waarin de betrokken persoon niet zelf zijn recht van vrij verkeer heeft uitgeoefend, doch stelt het slachtoffer te zijn van een ongelijke behandeling als gevolg van de overbrenging van de woonplaats van zijn voormalige echtgenote naar een andere lidstaat.

47. In deze omstandigheden dient op de prejudiciële vragen te worden geantwoord dat de artikelen 12, eerste alinea, EG en 18, lid 1, EG aldus moeten worden uitgelegd dat ze zich niet ertegen verzetten dat een in Duitsland wonende belastingplichtige volgens een nationale regeling als die welke in het hoofdgeding van toepassing is, de alimentatie die hij heeft betaald aan zijn voormalige echtgenote die in een andere lidstaat woont waar deze uitkering niet belastbaar is, niet kan aftrekken, hoewel hij daartoe wel het recht zou hebben indien zijn voormalige echtgenote in Duitsland zou wonen.

Kosten

48. ...

HET HOF VAN JUSTITIE (Grote kamer)

verklaart voor recht:

De artikelen 12, eerste alinea, EG en 18, lid 1, EG moeten aldus worden uitgelegd dat ze zich niet ertegen verzetten dat een in Duitsland wonende belastingplichtige volgens een nationale regeling als die welke in het hoofdgeding van toepassing is, de alimentatie die hij heeft betaald aan zijn voormalige echtgenote die in een andere lidstaat woont waar deze uitkering niet belastbaar is, niet kan aftrekken, hoewel hij daartoe wel het recht zou hebben indien zijn voormalige echtgenote in Duitsland zou wonen.

HvJ EG 8 september 2005, zaak C-512/03 (J. E. J. Blanckaert v. Inspecteur van de Belastingdienst/Particulieren/ Ondernemingen buitenland te Heerlen)

Eerste kamer: *K. Lenaerts (rapporteur), president van de Vierde kamer, waarnemend voor de president van de Eerste kamer, N. Colneric, K. Schiemann, E. Juhász en M. Ilešič, rechters*

Advocaat-generaal: *C. Stix-Hackl*

1. Het verzoek om een prejudiciële beslissing betreft de vraag of het gemeenschapsrecht zich verzet tegen een nationale regeling die alleen degenen die verzekerd zijn voor de volksverzekeringen de mogelijkheid geeft om de heffingskortingen volksverzekeringen als belastingkortingen te laten gelden indien de in het kader van die verzekeringen toegekende heffingskortingen niet volledig konden worden verrekend met de verschuldigde premies volksverzekeringen.

2. Dit verzoek is ingediend in het kader van een geding tussen J. E. J. Blanckaert en de Inspecteur van de Belastingdienst/Particulieren/Ondernemingen buitenland te Heerlen over de weigering van de Inspecteur om heffingskortingen volksverzekeringen als belastingkortingen in aanmerking te nemen.

Toepasselijke bepalingen

Bepalingen van gemeenschapsrecht

3. Artikel 56, lid 1, EG bepaalt:

'In het kader van de bepalingen van dit hoofdstuk zijn alle beperkingen van het kapitaalverkeer tussen lidstaten onderling en tussen lidstaten en derde landen verboden.'

4. Artikel 58, lid 1, EG luidt als volgt:

'Het bepaalde in artikel 56 doet niets af aan het recht van de lidstaten:
a. de ter zake dienende bepalingen van hun belastingwetgeving toe te passen die onderscheid maken tussen belastingplichtigen die niet in dezelfde situatie verkeren met betrekking tot hun vestigingsplaats of de plaats waar hun kapitaal is belegd;
b. alle nodige maatregelen te nemen om overtredingen van de nationale wetten en voorschriften tegen te gaan, met name op fiscaal gebied [...].'

5. In artikel 58, lid 3, EG heet het:

'De in de leden 1 en 2 bedoelde maatregelen en procedures mogen geen middel tot willekeurige discriminatie vormen, noch een verkapte beperking van het vrije kapitaalverkeer en betalingsverkeer als omschreven in artikel 56.'

6. Artikel 13, lid 1, van verordening EEG nr. 1408/71 van de Raad van 14 juni 1971 betreffende de toepassing van de socialezekerheidsregelingen op werknemers en zelfstandigen, alsmede op hun gezinsleden die zich binnen de Gemeenschap verplaatsen, zoals gewijzigd bij verordening nr. 1606/98 van de Raad van 29 juni 1998 (*PB* L 209, blz. 1; hierna: 'verordening nr. 1408/71') bepaalt dat werknemers en zelfstandigen slechts aan de wetgeving van één enkele lidstaat zijn onderworpen.

7. Overeenkomstig artikel 13, lid 2, sub a en b, van die verordening is op degene die op het grondgebied van een lidstaat werkzaamheden in loondienst of anders dan in loondienst uitoefent, de wetgeving van die staat van toepassing zelfs indien hij op het grondgebied van een andere lidstaat woont.

Bepalingen van nationaal recht

Regeling inzake de volksverzekeringen

8. De volksverzekeringen die in het hoofdgeding aan de orde zijn, zijn geregeld in de Algemene Ouderdomswet, in de Algemene Nabestaandenwet en in de Algemene Wet Bijzondere Ziektekosten. Volgens deze drie socialezekerheidswetten worden als verzekerden aangemerkt degene die ingezetene in Nederland is en degene die geen ingezetene is doch ter zake van in deze lidstaat in dienstbetrekking verrichte arbeid aan de loonbelasting is onderworpen.

9. Artikel 12, lid 1, van het Besluit uitbreiding en beperking kring verzekerden volksverzekeringen van 24 december 1998, preciseert echter dat de personen die in Nederland wonen en die hun beroepsactiviteiten in een andere lidstaat verrichten, zijn aangesloten bij het socialezekerheidsstelsel van laatstbedoelde lidstaat.

10. Overeenkomstig artikel 6 van de Wet financiering volksverzekeringen (hierna: 'WFV'), is premieplichtig voor de volksverzekeringen: de verzekerde.

11. Artikel 8 van de WFV bepaalt dat deze premies worden vastgesteld op basis van het belastbare inkomen uit werk en woning van de verzekerde. De verschuldigde premies zijn een percentage van dat inkomen. Het aldus verkregen bedrag wordt echter ingevolge artikel 10 van deze wet verminderd met de heffingskortingen voor de in punt 8, eerste volzin, van het onderhavige arrest genoemde volksverzekeringen (hierna: 'heffingskortingen volksverzekeringen').

Belastingregeling

12. Overeenkomstig artikel 2.1, eerste alinea, van de Wet op de inkomstenbelasting 2001 (hierna: 'Wet IB') zijn belastingplichtig voor de inkomstenbelasting de natuurlijke personen die in Nederland wonen (binnenlandse belastingplichtigen) en zij die niet in deze lidstaat wonen maar daar wel inkomen genieten (buitenlandse belastingplichtigen).

13. Artikel 2.3 van de Wet IB bepaalt dat de inkomstenbelasting wordt geheven over het door de belastingplichtige in het kalenderjaar genoten:
a. belastbare inkomen uit werk en woning;
b. belastbare inkomen uit aanmerkelijk belang, en
c. belastbare inkomen uit sparen en beleggen.

14. Krachtens artikel 5.2 van de Wet IB wordt het voordeel uit sparen en beleggen wettelijk gesteld op 4% van het gemiddelde van de waarde van de bezittingen, verminderd met de waarde van de schulden, aan het begin en aan het einde van het kalenderjaar, voorzover dat gemiddelde meer bedraagt dan het heffingvrije vermogen. Dit bedroeg op het tijdstip van de feiten 17 600 EUR en beoogt kleine spaarders buiten de heffing over inkomen uit sparen en beleggen te houden.

15. De inkomstenbelasting en de premies volksverzekeringen worden geïnd door de Nederlandse belastingdienst.

16. Binnenlandse belastingplichtigen genieten het voordeel van een heffingvrij vermogen en van verschillende heffingskortingen voor de inkomstenbelasting. Indien zij verzekerd zijn voor de Nederlandse volksverzekeringen, kunnen zij tevens aanspraak maken op de heffingskortingen volksverzekeringen.

17. Artikel 2.7, lid 2, van de Wet IB bepaalt dat indien de belastingplichtige premieplichtig is voor de volksverzekeringen, en de heffingskortingen daarvoor niet volledig kunnen worden verrekend met de verschuldigde premie, het bedrag van de inkomstenbelasting met dat niet verrekende deel wordt verminderd. De heffingskortingen volksverzekeringen kunnen aldus worden omgezet in belastingkortingen.

18. Buitenlandse belastingplichtigen hebben geen recht op een heffingvrij vermogen en evenmin op de heffingskortingen voor de inkomstenbelasting. Zij hebben slechts recht op de heffingskortingen volksverzekeringen indien zij zijn verzekerd voor de Nederlandse volksverzekeringen.

19. Buitenlandse belastingplichtigen die in Nederland uitsluitend inkomen uit sparen en beleggen hebben, zijn niet verzekerd voor de Nederlandse volksverzekeringen en hebben, anders dan de binnenlandse belastingplichtigen met dit soort inkomen, geen recht op belastingkortingen bij wege van heffingskortingen volksverzekeringen.

20. Ingevolge artikel 2.5 van de wet IB kunnen buitenlandse belastingplichtigen ervoor kiezen om te worden gelijkgesteld met binnenlandse belastingplichtigen. De uitoefening van dit keuzerecht betekent enerzijds dat die belastingplichtigen recht hebben op het heffingvrije vermogen en op de heffingskortingen voor de inkomstenbelasting, zonder echter de heffingskortingen volksverzekeringen als belastingkortingen te kunnen laten gelden, indien zij in Nederland uitsluitend inkomen uit sparen en beleggen hebben, en anderzijds dat zij in Nederland worden belast over hun wereldinkomen.

Verdrag tot het vermijden van dubbele belasting

21. Artikel 25, lid 3, van de op 19 oktober 1970 tussen de regering van het Koninkrijk België en de regering van het Koninkrijk der Nederlanden gesloten overeenkomst tot het vermijden van dubbele belasting (*Tractatenblad* 1970, 192) bepaalt in algemene bewoordingen dat 'natuurlijke personen die inwoner zijn van een van de staten in de andere staat dezelfde persoonlijke aftrekken, tegemoetkomingen en verminderingen uit hoofde van burgerlijke staat of samenstelling van het gezin genieten als de laatstbedoelde staat aan zijn eigen inwoners verleent'.

22. Het besluit van de Staatssecretaris van Financiën van 21 februari 2002 bepaalt dat bij de berekening van de verschuldigde belasting over het inkomen uit sparen en beleggen van in België wonende buitenlandse belastingplichtigen rekening wordt gehouden met het heffingvrije vermogen en de heffingskortingen voor de inkomstenbelasting. Belastingkortingen in de vorm van heffingskortingen volksverzekeringen worden aan deze belastingplichtigen evenwel niet toegekend.

Het hoofdgeding en de prejudiciële vragen

23. Blanckaert heeft de Belgische nationaliteit en woont in België. Samen met zijn echtgenote is hij eigenaar van een vakantiewoning in Nederland. Deze woning levert hem inkomen uit sparen en beleggen op in de zin van artikel 2.3 van de Wet IB.

24. Blanckaert geniet minder dan 90% van zijn inkomen in Nederland. Het enige belastbare inkomen dat hij er geniet, is het inkomen uit zijn vakantiewoning. Hij heeft er niet voor gekozen om te worden gelijkgesteld met een binnenlandse belastingplichtige in de zin van artikel 2.5 van de Wet IB.

25. Hij is niet verzekerd voor de Nederlandse volksverzekeringen en is bijgevolg in Nederland niet premieplichtig voor de volksverzekeringen.

26. Aan Blanckaert is door de Nederlandse belastingdienst voor het jaar 2001 een aanslag in de inkomstenbelasting opgelegd wegens een belastbaar inkomen uit sparen en beleggen. Ingevolge de overeenkomst van 19 oktober 1970 tot het vermijden van dubbele belasting is bij de berekening van de aanslag rekening gehouden met het heffingvrije vermogen en met de heffingskortingen voor de inkomstenbelasting. De heffingskortingen volksverzekeringen als belastingkortingen werden hem daarentegen niet toegekend.

27. Blanckaert heeft bij verweerder in het hoofdgeding bezwaar gemaakt tegen deze belastingaanslag over 2001. Dit bezwaar werd afgewezen. Blanckaert heeft tegen deze afwijzende beslissing beroep ingesteld bij het Gerechtshof te 's-Hertogenbosch.

28. Van oordeel dat het EG-Verdrag en de rechtspraak van het Hof geen duidelijk antwoord geven op de in het bij hem aanhangige geding gerezen vragen, heeft het Gerechtshof te 's-Hertogenbosch besloten de behandeling van de zaak te schorsen en het Hof om een prejudiciële beslissing te verzoeken over de volgende vragen:

> '1. Heeft een buitenlandse belastingplichtige inwoner van een lidstaat, die in Nederland geen inkomen uit werk maar slechts inkomen uit sparen en beleggen geniet en daarom dus niet premieplichtig is en geen premie afdraagt voor de Nederlandse volksverzekeringen, bij de berekening van zijn belastbaar inkomen uit sparen en beleggen, op grond van het EG-recht recht op toekenning door Nederland van de heffingskortingen voor de volksverzekeringen (de algemene ouderdomsverzekering, de nabestaandenverzekering en de algemene verzekering bijzondere ziektekosten), indien een binnenlandse belastingplichtige bij de berekening van zijn belastbaar inkomen uit sparen en beleggen recht heeft op deze heffingskortingen, omdat hij als verzekerde en premieplichtige voor de Nederlandse volksverzekeringen wordt aangemerkt, zelfs indien ook hij in Nederland geen inkomen uit werk maar slechts inkomen uit sparen en beleggen geniet en om die reden geen premie afdraagt voor de Nederlandse volksverzekeringen?
>
> 2. Is het bij de beantwoording van de eerste vraag van belang of de buitenlandse belastingplichtige meer of minder dan 90% van zijn gezinsinkomen in Nederland geniet? Meer in het bijzonder:
>
> a. Is de Schumacker-test [arrest van 14 februari 1995, Schumacker, C-279/93, *Jurispr.* blz. I-225] voor ingezetenen en niet-ingezetenen alleen van toepassing ingeval van subjectieve of persoonsgebonden belastingaspecten, zoals het recht van aftrek van persoons- en gezinsgebonden kosten, of ook voor objectieve of niet persoonsgebonden belastingaspecten, zoals het belastingtarief?
>
> b. Mogen lidstaten bij de beslissing of zij de niet-ingezetene behandelen als een ingezetene een kwantitatieve regel (zoals de 90%-regel) hanteren ondanks het feit dat hierdoor niet wordt gegarandeerd dat iedere discriminatie wordt opgeheven?
>
> 3. Is de optieregeling als bedoeld in artikel 2.5 van de Wet IB 2001 een afdoende procedurele remedie die garandeert dat belanghebbende gebruik kan maken van zijn rechten zoals die door het EG-Verdrag worden gewaarborgd en die iedere vorm van discriminatie uitsluit?
>
> Zo ja, is dat ook in dit geval, waarbij belanghebbende slechts inkomen uit sparen en beleggen geniet, een voldoende remedie nu [...] de optieregeling belanghebbende niet kan baten?'

De prejudiciële vragen

29. De vragen van de verwijzende rechter vermelden geen enkele specifieke bepaling van gemeenschapsrecht. Zij verwijzen enkel naar het 'gemeenschapsrecht' in het algemeen en naar de 'rechten [...] die door het EG-Verdrag worden gewaarborgd'.

30. Blijkens de bewoordingen van de vragen, gelezen in samenhang met de motivering van de verwijzingsbeschikking, hebben zij echter betrekking op de uitlegging van de artikelen 56 EG en 58 EG. In die motivering brengt de verwijzende rechter immers in herinnering dat deze bepalingen 'alle belemmeringen op het kapitaalverkeer tussen lidstaten verbieden, hetgeen een verbod van discriminerende belemmeringen omvat'. Deze rechter beklemtoont dat de investering in onroerend goed door verzoeker in het hoofdgeding binnen de werkingssfeer van deze bepalingen kan vallen.

De eerste vraag

31. Met zijn eerste vraag wenst de verwijzende rechter in wezen te vernemen of de artikelen 56 EG en 58 EG aldus moeten worden uitgelegd dat zij zich verzetten tegen een nationale regeling zoals die welke in het hoofdgeding aan de orde is, waarin wordt geweigerd de heffingskortingen volksverzekeringen als belastingkortingen toe te kennen aan een in België woonachtige persoon die niet is verzekerd voor de Nederlandse volksverzekeringen en wiens belastbare inkomen in Nederland uitsluitend voortkomt uit sparen en beleggen, terwijl een in deze lidstaat woonachtige persoon die verzekerd is voor de volksverzekeringen en inkomen van dezelfde aard geniet, wél recht heeft op dergelijke kortingen, zelfs indien hij geen premie volksverzekeringen afdraagt omdat hij geen inkomen uit werk of woning heeft.

32. Blanckaert betoogt dat de nationale regeling waar het in het hoofdgeding om gaat, tot een ongerechtvaardigd verschil in behandeling van ingezetenen en niet-ingezetenen leidt. De situatie van een ingezetene in Nederland met uitsluitend inkomen uit sparen en beleggen, die geen premie volksverzekeringen afdraagt, is immers vergelijkbaar met de situatie van een niet-ingezetene die in Nederland eveneens uitsluitend inkomen uit sparen en beleggen heeft en evenmin premie afdraagt voor de Nederlandse volksverzekeringen.

33. De Duitse en de Nederlandse regering alsmede de Commissie betogen dat het voordeel dat de ingezetenen genieten, tot het socialezekerheidsrecht behoort. Zij menen dat er een objectief verschil bestaat tussen enerzijds de situatie van een buitenlandse (niet-ingezeten) belastingplichtige met uitsluitend inkomen uit sparen en beleggen, zoals Blanckaert, die niet is verzekerd voor de Nederlandse volksverzekeringen en hiervoor dus niet premieplichtig is, en anderzijds de situatie van een binnenlandse (ingezeten) belastingplichtige met hetzelfde soort inkomen, die wél verzekerd is voor de Nederlandse volksverzekeringen en op grond daarvan in beginsel premieplichtig is. Dit verschil in situatie vormt een rechtvaardiging voor het verschil in behandeling van deze twee categorieën belastingplichtigen.

34. Blanckaert, die in België woont, heeft belegd in onroerend goed in Nederland. Ingevolge de artikelen 2.3 en 5.2 van de Wet IB levert de belegging hem fictief inkomen op dat in Nederland wordt belast als inkomen uit sparen en beleggen.

35. Blijkens vaste rechtspraak omvat het kapitaalverkeer in de zin van artikel 56 EG handelingen waarmee niet-ingezetenen op het grondgebied van een lidstaat in onroerend goed beleggen (zie arresten van 16 maart 1999, Trummer en Mayer, C-222/97, *Jurispr.* blz. I-1661, punt 21; 11 januari 2001, Stefan, C-464/98, *Jurispr.* blz. I-173, punt 5, en 5 maart 2002, Reisch e.a., C-515/99, C-519/99-C-524/99 en C-526/99-C-540/99, *Jurispr.* blz. I-2157, punt 30).

36. Derhalve dient te worden onderzocht of de nationale regeling die in het hoofdgeding aan de orde is, een beperking van het kapitaalverkeer tussen de lidstaten meebrengt doordat zij een beperkende werking heeft ten aanzien van degenen die in een andere lidstaat dan Nederland wonen en in Nederland in onroerend goed wensen te beleggen.

37. Overeenkomstig artikel 2.7, lid 2, van de Wet IB zijn de heffingskortingen volksverzekeringen, die eventueel in aftrek worden gebracht op de inkomstenbelasting over het betrokken jaar – die ook over inkomen uit beleggingen in onroerend goed wordt geheven – voorbehouden aan de belastingplichtigen die verzekerd zijn voor de Nederlandse volksverzekeringen.

38. Het door de Nederlandse regeling gehanteerde criterium van het al dan niet verzekerd zijn, bevoordeelt in de meeste gevallen de ingezetenen van deze lidstaat. Niet voor de volksverzekeringen verzekerde belastingplichtigen zijn immers meestal niet-ingezetenen.

39. De minder gunstige fiscale behandeling van niet-ingezetenen zou hen ervan kunnen weerhouden om in Nederland in onroerend goed te beleggen. Deze regeling kan het vrije kapitaalverkeer dus belemmeren.

40. Nagegaan dient echter te worden of een dergelijke beperking van het vrije kapitaalverkeer is gerechtvaardigd uit het oogpunt van de verdragsbepalingen.

41. In dit verband bepaalt artikel 58, lid 1, sub a, EG dat 'het bepaalde in artikel 56 niets afdoet aan het recht van de lidstaten [...] de ter zake dienende bepalingen van hun belastingwetgeving toe te passen die onderscheid maken tussen belastingplichtigen die niet in dezelfde situatie verkeren met betrekking tot hun vestigingsplaats [...]'.

42. Er moet echter onderscheid worden gemaakt tussen de ongelijke behandelingen die krachtens artikel 58, lid 1, sub a, EG zijn toegestaan, en de willekeurige discriminaties die bij lid 3 van dat artikel zijn verboden. Blijkens de rechtspraak kan een nationale regeling als die welke in het hoofdgeding aan de orde is, enkel verenigbaar met de verdragsbepalingen betreffende het vrije kapitaalverkeer worden geacht indien het verschil in behandeling betrekking heeft op situaties die niet objectief vergelijkbaar zijn, of wordt gerechtvaardigd door een dwingende reden van algemeen belang (arresten van 6 juni 2000, Verkooijen, C-35/98, *Jurispr.* blz. I-4071, punt 43, en 7 september 2004, Manninen, C-319/02, *Jurispr.* blz. I-7477, punten 28 en 29).

43. De vraag rijst dus of er wat de toekenning van de heffingskortingen volksverzekeringen als belastingkortingen betreft, een objectief verschil bestaat tussen de situatie van een niet-ingezetene, zoals Blanckaert, en die van een ingezetene, die gelijk verzoeker in het hoofdgeding, in Nederland uitsluitend inkomen uit sparen en beleggen heeft.

44. Om te beginnen dient te worden vastgesteld dat het belastingvoordeel waarop de belastingplichtige die in Nederland belastbaar inkomen heeft, aanspraak kan maken, enkel als zodanig moet worden aangemerkt indien de heffingskortingen volksverzekeringen niet volledig met de verschuldigde premies volksverzekeringen kunnen worden verrekend.

45. De nationale regeling die in het hoofdgeding aan de orde is, benadeelt in fiscaal opzicht weliswaar in het bijzonder niet-ingezetenen, doch de toekenning van de heffingskortingen volksverzekeringen is rechtstreeks en uitsluitend gekoppeld aan het feit dat de betrokken belastingplichtige verzekerde voor de Nederlandse volksverzekeringen is. Zowel de voor de volksverzekeringen verzekerde ingezetenen als de hiervoor verzekerde niet-ingezetenen hebben immers recht op deze kortingen, terwijl de ingezetenen en niet-ingezetenen die hiervoor niet verzekerd zijn, daar geen recht op hebben.

46. In dit verband betoogt verzoeker in het hoofdgeding dat een in Nederland ingezeten (binnenlandse) belastingplichtige met uitsluitend inkomen uit sparen en beleggen, als verzekerde voor de Nederlandse volksverzekeringen werkelijke belastingkortingen uit hoofde van de volksverzekeringen geniet. Hij draagt immers geen premie volksverzekeringen af omdat hij geen inkomen uit werk en woning heeft, zodat de heffingskortingen hiervoor niet kunnen worden verrekend met de premie volksverzekeringen. Daarentegen is een niet-ingezeten (buitenlandse) belastingplichtige met in Nederland enkel inkomen uit sparen en beleggen, niet verzekerd voor die verzekeringen en draagt hij in deze lidstaat evenmin premie volksverzekeringen af, maar hij kan geen aanspraak maken op de heffingskortingen volksverzekeringen als belastingkortingen.

47. De toekenning van het voordeel dat in het hoofdgeding aan de orde is, aan personen die niet verzekerd zijn voor de Nederlandse volksverzekeringen, zou er echter op neerkomen dat ongelijke situaties gelijk worden behandeld aangezien de betrokken verzekerden slechts bij uitzondering recht hebben op de heffingskortingen volksverzekeringen als belastingkortingen. De verzekerde kan dergelijke belastingkortingen immers enkel verkrijgen in het geval dat hij de heffingskortingen niet met de verschuldigde premies kan verrekenen. Een niet-verzekerde, zoals verzoeker in het hoofdgeding, zou daarentegen altijd en automatisch recht hebben op belastingkortingen uit hoofde van de toekenning van de heffingskortingen volksverzekeringen. Omdat hij niet premieplichtig is kan een dergelijke persoon die kortingen immers nooit met de verschuldigde premies volksverzekeringen verrekenen.

48. Vervolgens is het van belang vast te stellen dat de nationale regeling inzake de kring van verzekerden voor de Nederlandse volksverzekeringen in overeenstemming is met artikel 13, lid 2, sub a en b, van verordening nr. 1408/71. Ingezetenen die hun beroepsactiviteiten buiten Nederland verrichten, vallen immers niet onder dat verzekeringsstelsel, terwijl niet-ingezetenen die in deze lidstaat werken, wél daaronder vallen.

49. Aangezien het gemeenschapsrecht de bevoegdheid van de lidstaten om hun socialezekerheidsstelsels in te richten onverlet laat (arrest van 13 mei 2003, Müller-Fauré en Van Riet, C-385/99, *Jurispr.* blz. I-4509, punt 100), staat het bij ontbreken van harmonisatie op communautair niveau de betrokken lidstaat vrij om de kring van verzekerden en de hoogte van de door de verzekerden voor de nationale volksverzekeringen verschuldigde premies alsmede de daarmee verband houdende kortingen vast te stellen. De systematiek van een dergelijk stelsel brengt bovendien mee dat de toekenning van de heffingskortingen voorbehouden blijft aan de premieplichtigen, te weten de verzekerden in dat stelsel.

50. Daaruit volgt dat een nationale regeling zoals die welke in het hoofdgeding aan de orde is, uit het oogpunt van artikel 58, lid 1, sub a, EG haar rechtvaardiging kan vinden in het objectieve verschil tussen de situatie van een verzekerde voor de Nederlandse volksverzekeringen en die van degene die niet in dat stelsel verzekerd is.

51. Mitsdien dient op de eerste vraag te worden geantwoord dat de artikelen 56 EG en 58 EG aldus moeten worden uitgelegd, dat zij niet in de weg staan aan een regeling van een lidstaat waarin is bepaald dat een buitenlandse (niet-ingezeten) belastingplichtige met in deze staat uitsluitend inkomen uit sparen en beleggen, die niet is verzekerd voor de volksverzekeringen van deze lidstaat, geen aanspraak kan maken op de heffingskortingen volksverzekeringen als belastingkortingen, terwijl een binnenlandse (ingezeten) belastingplichtige die wél verzekerd is voor die verzekeringen, bij de berekening van zijn belastbaar inkomen wel recht heeft op die kortingen, ook al geniet hij uitsluitend inkomen van diezelfde aard en draagt hij geen premie volksverzekeringen af.

De tweede en de derde vraag

52. Gelet op het antwoord op de eerste vraag, behoeven de tweede en de derde vraag van de verwijzende rechter niet te worden beantwoord.

Kosten

53. Ten aanzien van partijen in het hoofdgeding is de procedure als een aldaar gerezen incident te beschouwen, zodat de nationale rechterlijke instantie over de kosten heeft te beslissen. De door anderen wegens indiening van hun opmerkingen bij het Hof gemaakte kosten komen niet voor vergoeding in aanmerking.

HET HOF VAN JUSTITIE (Eerste kamer)

verklaart voor recht:

De artikelen 56 EG en 58 EG moeten aldus worden uitgelegd dat zij niet in de weg staan aan een regeling van een lidstaat waarin is bepaald dat een buitenlandse (niet-ingezeten) belastingplichtige met in deze staat uitsluitend inkomen uit sparen en beleggen, die niet is verzekerd voor de volksverzekeringen van deze lidstaat, geen aanspraak kan maken op de heffingskortingen volksverzekeringen als belastingkortingen, terwijl een binnenlandse (ingezeten) belastingplichtige die wél is verzekerd voor die verzekeringen, bij de berekening van zijn belastbaar inkomen wel recht heeft op die kortingen, ook al geniet hij uitsluitend inkomen van diezelfde aard en draagt hij geen premie volksverzekeringen af.

HvJ EU 15 december 2005, zaak C-148/04 (Unicredito Italiano SpA v. Agenzia delle Entrate, Ufficio Genova 1)

Tweede kamer: *C. W. A. Timmermans, kamerpresident, C. Gulmann (rapporteur), R. Schintgen, G. Arestis en J. Klučka, rechters*

Advocaat-Generaal: *C. Stix-Hackl*

Uittreksel

1. Bij het Hof ingediende opmerkingen

(...)

97. De Commissie meent dat zij in de litigieuze beschikking de kwestie van de terugvordering van de steun grondig heeft onderzocht. Zij voegt daaraan toe dat zij volgens de rechtspraak hoe dan ook niet verplicht is specifieke redenen te geven voor de uitoefening van haar bevoegdheid om de nationale autoriteiten te gelasten steun terug te vorderen.

98. Voor het overige acht de Commissie de bezwaren inzake schending van het vertrouwens-, het rechtszekerheids- en het evenredigheidsbeginsel ongegrond.

2. Beoordeling door het Hof

a. De motivering van het bevel tot terugvordering

99. De door artikel 253 EG geëiste motivering moet in beginsel worden beoordeeld aan de hand van de omstandigheden van het geval, waarbij met name rekening moet worden gehouden met de inhoud van de handeling, de aard van de redengeving en het belang dat de adressaat bij een verklaring kan hebben. Ter zake van staatssteun geldt echter, dat wanneer de steun in strijd met artikel 88, lid 3, EG reeds is verleend, de Commissie, die bevoegd is om de nationale autoriteiten te gelasten de steun terug te vorderen, niet verplicht is specifieke redenen te geven voor de uitoefening van die bevoegdheid (arresten België/Commissie, punten 81 en 82; van 7 maart 2002, Italië/Commissie, punt 106, en 29 april 2004, Italië/Commissie, punt 129, alle reeds aangehaald).

100. Vaststaat dat de Italiaanse Republiek de regeling betreffende de belastingvermindering niet bij de Commissie heeft aangemeld alvorens ze is uitgevoerd.

101. De Commissie was dus niet verplicht specifieke redenen te geven voor haar terugvorderingsbevel.

102. Anders dan verzoekster in het hoofdgeding betoogt, bevatten de punten 49 tot en met 57 en 62 van de litigieuze beschikking, gelet op artikel 14 van verordening nr. 659/1999 en het vertrouwensbeginsel, hoe dan ook een grondige motivering van het besluit van de Commissie om de terugbetaling van de betrokken steun te vorderen.

103. Het bezwaar inzake ontoereikende motivering van het terugvorderingsbevel kan dan ook niet worden aanvaard.

b. Het bezwaar inzake schending van het vertrouwens- en het rechtszekerheidsbeginsel

104. Gelet op het dwingende karakter van het door de Commissie krachtens artikel 88 EG uitgeoefende toezicht op de steunmaatregelen van de staten, kunnen ondernemingen die steun genieten in beginsel slechts een gewettigd vertrouwen in de rechtmatigheid van de steun hebben wanneer de steun met inachtneming van de procedure van dat artikel is toegekend; een behoedzaam ondernemer zal normaliter in staat zijn zich ervan te vergewissen of deze procedure is gevolgd. In het bijzonder kan de steunontvanger, indien steun is toegekend die niet vooraf bij de Commissie was aangemeld, zodat hij op grond van artikel 88, lid 3, EG onrechtmatig is, op dat tijdstip geen gewettigd vertrouwen hebben in de rechtmatigheid van de toekenning van de steun (arrest van 11 november 2004, Demesa en Territorio Histórico de Álava/Commissie, C-183/02 P en C-187/02 P, Jurispr. blz. I-10609, punten 44 en 45, en aldaar aangehaalde rechtspraak). Noch de betrokken lidstaat, noch de ondernemer in kwestie kan zich vervolgens nog op het rechtszekerheidsbeginsel beroepen om de terugvordering van de steun te beletten, aangezien het door Unicredito aangevoerde gevaar van een nationaal geschil kan worden voorzien zodra de steunmaatregel wordt toegekend.

105. Vaststaat dat de maatregelen in wet nr. 218/90 nooit bij de Commissie zijn aangemeld. Aangaande het betoog dat de maatregel waarin artikel 7, lid 3, van deze wet voorzag, sterk geleek op de belastingvermindering, volstaat dan ook de vaststelling dat de aangevoerde maatregel door de Commissie niet is onderzocht. In deze context is de tijd die is verstreken sedert de vaststelling van de wet, waarop Unicredito zich beroept, niet relevant. Zelfs indien de twee opeenvolgende maatregelen pasten in een logica van continuïteit en voortzetting van de ene maatregel ten opzichte van de andere, zoals de verwijzende rechter suggereert, is de omstandigheid dat de Commissie niet is opgetreden tegen de eerste, voorts niet van belang, aangezien de regeling die thans aan de orde is, los van de oude beschouwd, bepaalde ondernemingen bevoordeelt (zie in die zin arrest van 7 juni 1988, Griekenland/Commissie, 57/86, Jurispr. blz. 2855, punt 10).

106. De door de verwijzende rechter genoemde beschikkingen 1999/288 en 2000/600 (zie punt 26 van dit arrest) betreffen steun aan met name genoemde banken en zien op andere maatregelen dan die welke thans aan de orde zijn, namelijk de verhoging van het maatschappelijk kapitaal, voorschotten van de Banca d'Italia, het nemen van een participatie in een bank door de Schatkist en belastingvoordelen voor handelingen die vooral transacties ter overdracht van bedrijven, bedrijfsonderdelen en vermogensbestanddelen betroffen. De omstandigheid dat de Commissie bepaalde maatregelen in wet nr. 218/90 eventueel niet onverenigbaar met de gemeenschappelijke markt heeft geacht, betekent niet dat zij alle maatregelen in die wet heeft goedgekeurd.

107. Aangaande de toestemming die de Banca d'Italia volgens verzoekster in het hoofdgeding heeft verleend voor elke transactie die heeft geleid tot een belastingvermindering voor banken, volstaat het eraan te herinneren dat de beoordeling van de verenigbaarheid van een steunmaatregel met de gemeenschappelijke markt tot de exclusieve bevoegdheid van de Commissie behoort, zodat een behoedzaam ondernemer geen gewettigd vertrouwen kan hebben in een besluit dat niet door deze instelling is genomen.

108. Ten slotte kan niet op goede gronden worden gesteld dat nu de betrokken banken bij hun beoordeling van de haalbaarheid van hun transacties rekening hebben gehouden met de steun in de vorm van belastingvermindering, de terugvordering van deze steun het vertrouwensbeginsel schendt.

109. De terugvordering van steun die is verleend zonder dat de procedure van artikel 88, lid 3, EG is gevolgd, is immers een risico dat de begunstigde ondernemer kan voorzien.

110. Bovendien houden door onwettige steun begunstigde ondernemingen, zoals de Commissie opmerkt, bij hun economische keuzen doorgaans rekening met die steun, en de latere terugvordering van de steun heeft in de regel een ongunstig gevolg voor hun financiële situatie. Zo een dergelijke situatie de terugvordering kon beletten, zou de steun in nagenoeg alle gevallen definitief aan de begunstigden toekomen, en zou het communautaire toezicht op steunmaatregelen van de staten ondoeltreffend zijn.

111. Gelet op hetgeen voorafgaat, kan Unicredito bijgevolg geen aanspraak maken op de aan de ontvanger van onrechtmatig toegekende steun toekomende mogelijkheid om zich te beroepen op uitzonderlijke omstandigheden die zijn vertrouwen in de rechtmatigheid van die steun konden wettigen (zie arrest Demesa en Territorio Histórico de Álava/Commissie, reeds aangehaald, punt 51).

112. Derhalve moet worden vastgesteld dat het bezwaar inzake schending van het vertrouwens- en het rechtszekerheidsbeginsel ongegrond is.

c. Het bezwaar inzake schending van het evenredigheidsbeginsel

113. De ongedaanmaking van een onwettige steun door middel van terugvordering is het logische gevolg van de vaststelling dat de steun onwettig is. Deze terugvordering teneinde de vroegere toestand te herstellen, is in beginsel niet te beschouwen als een maatregel die onevenredig is ten opzichte van de doelstellingen van de verdragsbepalingen inzake staatssteun. Door de terugbetaling van de steun wordt aan de begunstigde het voordeel ontnomen dat hij op de markt ten opzichte van zijn concurrenten had genoten en wordt de situatie hersteld zoals die bestond voordat de steun werd verleend (zie arrest van 29 april 2004, Italië/Commissie, reeds aangehaald, punten 103 en 104, en aldaar aangehaalde rechtspraak).

114. Hoeveel moet worden terugbetaald, kan niet worden bepaald aan de hand van andere transacties die de ondernemingen hadden kunnen verrichten indien zij niet hadden gekozen voor de transactie waarmee de steun gepaard gaat.

115. Bij deze keuze was immers bekend dat steun die is verleend zonder dat de procedure van artikel 88, lid 3, EG is gevolgd, kan worden teruggevorderd.

116. Die ondernemingen hadden dat risico kunnen vermijden door dadelijk voor anders gestructureerde transacties te kiezen.

117. In omstandigheden als die van het hoofdgeding betekent het herstel van de vroegere toestand bovendien dat zo veel mogelijk wordt teruggegaan naar de situatie die zou hebben bestaan indien de betrokken transacties waren verricht zonder dat de belastingvermindering was toegekend.

118. Dat herstel impliceert geen andere reconstructie van het verleden aan de hand van hypothetische elementen als de – vaak meerdere – keuzen die de betrokken marktdeelnemers hadden kunnen maken, te meer nu de daadwerkelijke keuzen die met behulp van de steun zijn gemaakt, onomkeerbaar kunnen blijken te zijn.

119. Het herstel van de vroegere toestand maakt het enkel mogelijk dat bij de terugvordering van de steun door de nationale instanties rekening wordt gehouden met een eventueel gunstiger fiscale behandeling dan die van de algemene regeling, die wanneer er geen sprake was van onwettige steun en krachtens nationale regels die verenigbaar zijn met het gemeenschapsrecht, op de daadwerkelijk verrichte transactie van toepassing zou zijn geweest.

120. Het bezwaar inzake schending van het evenredigheidsbeginsel is dus ongegrond.

OHvJ EG 13 december 2005, zaak C-446/03 (Marks & Spencer plc v. David Halsey [Her Majesty's Inspector of Taxes])

Grote kamer: *V. Skouris, president, P. Jann, C. W. A. Timmermans en A. Rosas, kamerpresidenten, C. Gulmann (rapporteur), A. La Pergola, J. P. Puissochet, R. Schintgen, N. Colneric, J. Klučka, U. Lihmus, E. Levits en A. Ó Caoimh, rechters*

Advocaat-generaal: *M. Poiares Maduro*

1. Het verzoek om een prejudiciële beslissing betreft de uitlegging van de artikelen 43 EG en 48 EG.

2. Dit verzoek is ingediend in het kader van een geding tussen Marks & Spencer plc (hierna: 'Marks & Spencer') en de Britse belastingadministratie over de afwijzing door deze laatste van een door Marks & Spencer ingediend verzoek om het verlies van haar in België, Duitsland en Frankrijk gevestigde dochtervennootschappen te mogen aftrekken van haar in het Verenigd Koninkrijk belastbare winst.

Het nationale rechtskader

3. De in het hoofdgeding van toepassing zijnde bepalingen van nationaal recht zijn vervat in de Income and Corporation Tax Act 1988 (wet van 1988 inzake de inkomsten- en vennootschapsbelasting; hierna: 'ICTA'). Ze worden hierna weergegeven op basis van de informatie die in de verwijzingsbeslissing is verstrekt.

Onderwerping aan de vennootschapsbelasting

4. Overeenkomstig sections 6(1) en 11(1) ICTA wordt vennootschapsbelasting geheven over de winst van vennootschappen die hetzij in het Verenigd Koninkrijk zijn gevestigd, hetzij daar handelsactiviteiten uitoefenen via een filiaal of een agentschap.

5. Section 8(1) ICTA bepaalt dat ingezeten vennootschappen vennootschapsbelasting zijn verschuldigd over hun wereldwijde winst. Overeenkomstig section 11(1) zijn niet-ingezeten vennootschappen alleen over de winst van hun in het Verenigd Koninkrijk gevestigde filialen of agentschappen vennootschapsbelasting verschuldigd.

6. Krachtens de belastingverdragen die het Verenigd Koninkrijk van Groot-Brittannië en Noord-Ierland onder meer met het Koninkrijk België, de Bondsrepubliek Duitsland en de Franse Republiek heeft gesloten, zijn de buitenlandse dochtervennootschappen van ingezeten vennootschappen als niet-ingezeten vennootschappen alleen voor de handelsactiviteiten die in deze lidstaat worden uitgeoefend via een vaste inrichting in de zin van deze verdragen, onderworpen aan de vennootschapsbelasting in het Verenigd Koninkrijk.

7. Ter voorkoming van dubbele belasting heeft het Verenigd Koninkrijk een systeem van belastingkrediet ingevoerd.

8. Dit systeem vertoont met name de volgende twee aspecten.

9. In de eerste plaats wordt een in het Verenigd Koninkrijk gevestigde vennootschap die in een andere lidstaat via een daar gevestigd filiaal handelsactiviteiten uitoefent, hetzij in het Verenigd Koninkrijk belast over de winst van dat filiaal en mag ze de in die andere lidstaat betaalde belasting aftrekken van de verschuldigde belasting, hetzij ertoe gemachtigd, de in de andere lidstaat betaalde belasting in mindering te brengen bij de berekening van het fiscale resultaat van het filiaal in het Verenigd Koninkrijk. De bedrijfswinst van het filiaal wordt vastgesteld volgens de fiscale regels van het Verenigd Koninkrijk. Een bedrijfsverlies kan worden verrekend met de winst van de in het Verenigd Koninkrijk gevestigde vennootschap. Het niet-verrekende verlies kan worden overgedragen naar latere boekjaren. Dat het verlies in de andere lidstaat kan worden verrekend met de toekomstige winst van het filiaal, staat niet eraan in de weg dat het wordt verrekend met de winst in het Verenigd Koninkrijk.

10. In de tweede plaats wordt een in het Verenigd Koninkrijk gevestigde vennootschap die in een andere lidstaat handelsactiviteiten uitoefent via een daar gevestigde dochtervennootschap, in het Verenigd Koninkrijk belast over de door deze dochtervennootschap uitgekeerde dividenden en geniet ze een belastingkrediet ten belope van het bedrag van de belasting die in de andere lidstaat is betaald over de winst waaruit de dividenden zijn uitgekeerd, alsmede, in voorkomend geval, ten belope van het bedrag van de bronbelasting. Wanneer de wettelijke regeling inzake de gecontroleerde buitenlandse vennootschappen niet van toepassing is, wordt de moedervennootschap niet belast over de winst van haar niet-ingezeten dochtervennootschap en kan ze het verlies van deze laatste niet met haar eigen winst verrekenen.

11. Krachtens section 208 ICTA worden de dividenden die een in het Verenigd Koninkrijk gevestigde moedervennootschap ontvangt van een eveneens in die lidstaat gevestigde dochtervennootschap, niet belast, anders dan de dividenden die een in een andere lidstaat gevestigde dochtervennootschap uitkeert.

Bijzondere regeling voor verlies binnen vennootschapsgroepen (groepsaftrek)

12. In het Verenigd Koninkrijk kunnen de ingezeten vennootschappen van een groep op grond van de regeling inzake de groepsaftrek onderling de winst en het verlies verrekenen.

13. Section 402 ICTA bepaalt:

'1. Onder voorbehoud van de bepalingen van dit hoofdstuk en van section 492(8) kan de aftrek voor bedrijfsverlies en andere in de vennootschapsbelasting aftrekbare bedragen in de in (2) en (3) [...] genoemde gevallen door een vennootschap ('de overdragende vennootschap') op verzoek van een andere vennootschap ('de verzoekende vennootschap') worden overgedragen aan de verzoekende vennootschap in de vorm van een vermindering in de vennootschapsbelasting, de zogenaamde 'groepsaftrek'.

2. De groepsaftrek wordt toegekend indien de overdragende vennootschap en de verzoekende vennootschap lid zijn van dezelfde vennootschapsgroep [...]'

14. Section 403 ICTA bepaalt:

'1. Wanneer de overdragende vennootschap in een boekjaar ('het referentieboekjaar')

a. bedrijfsverlies lijdt [...] kan, onder voorbehoud van de bepalingen van dit hoofdstuk, dit verlies in de vennootschapsbelasting worden afgetrokken van de totale winst van de verzoekende vennootschap voor hetzelfde boekjaar.'

15. Met betrekking tot de vóór 1 april 2000 afgesloten boekjaren preciseert section 413(5) ICTA:

'Voor de toepassing van dit hoofdstuk wordt onder 'vennootschap' slechts verstaan de rechtspersonen die ingezetenen van het Verenigd Koninkrijk zijn [...]'

16. Na een wetswijziging waartoe het arrest van het Hof van 16 juli 1998, ICI (C-264/96, *Jurispr.* blz. I-4695), aanleiding had gegeven, werd de regeling van de groepsaftrek met ingang van het belastingjaar 2000 van toepassing op de winst en het verlies binnen de werkingssfeer van het fiscale recht van het Verenigd Koninkrijk.

17. Als gevolg van deze wetswijziging is het mogelijk:

– het verlies van een in het Verenigd Koninkrijk gevestigd filiaal van een niet-ingezeten vennootschap over te dragen aan een andere vennootschap van de groep voor aftrek van haar in het Verenigd Koninkrijk belastbare winst;

– het verlies van een in het Verenigd Koninkrijk gevestigde vennootschap van de groep over te dragen aan het filiaal voor aftrek van zijn winst in het Verenigd Koninkrijk.

Het hoofdgeding en de prejudiciële vragen

18. De vennootschap Marks & Spencer is opgericht en geregistreerd in Engeland en Wales. Zij is de moedervennootschap van verschillende vennootschappen in het Verenigd Koninkrijk en in andere staten. Zij is een van de grootste detaillisten van het Verenigd Koninkrijk in de sectoren kleding, voeding, huishoudartikelen en financiële diensten.

19. Vanaf 1975 heeft zij in andere staten vestigingen opgericht, te beginnen met een winkel in Frankrijk. Tegen het einde van de jaren negentig had zij via een netwerk van dochtervennootschappen en franchisenemers verkooppunten in meer dan 36 landen.

20. Medio de jaren negentig werd er meer en meer verlies geleden.

21. In maart 2001 heeft Marks & Spencer de stopzetting van haar activiteiten op het Europese vasteland aangekondigd. Op 31 december 2001 werd de dochtervennootschap in Frankrijk aan derden verkocht, terwijl de andere dochtervennootschappen, waaronder die in België en in Duitsland, hun handelsactiviteiten volledig stopzetten.

22. In het Verenigd Koninkrijk heeft Marks & Spencer op grond van § 6 van schedule 17A ICTA verzocht om een groepsaftrek voor het verlies dat haar in België, Duitsland en Frankrijk gevestigde dochtervennootschappen hadden geleden tijdens de vier respectievelijk op 31 maart 1998, 31 maart 1999, 31 maart 2000 en 31 maart 2001 afgesloten boekjaren. Blijkens de aan het Hof overgelegde stukken is tussen de partijen in het hoofdgeding in confesso dat het verlies moet worden vastgesteld volgens de fiscale regels van het Verenigd Koninkrijk. Op verzoek van de belastingadministratie heeft Marks & Spencer het verlies dus volgens die regels herberekend.

23. Deze dochtervennootschappen hadden hun bedrijfsactiviteiten uitgeoefend in de lidstaat waar hun zetel was gevestigd. Zij hadden geen vaste inrichting in het Verenigd Koninkrijk, waar ze geen enkele bedrijfsactiviteit uitoefenden.

24. De verzoeken om belastingaftrek werden afgewezen op grond dat een groepsaftrek alleen voor het in het Verenigd Koninkrijk geleden verlies kon worden toegekend.

25. Marks & Spencer is tegen deze weigering opgekomen bij de Special Commissioners of Income Tax, die het beroep hebben verworpen.

26. Marks & Spencer heeft tegen deze beslissing hoger beroep ingesteld bij de High Court of Justice (England and Wales), Chancery Division, die de behandeling van de zaak heeft geschorst en het Hof de volgende prejudiciële vragen heeft gesteld:

'1. Is er sprake van een beperking in de zin van artikel 43 EG juncto artikel 48 EG, wanneer:

– de nationale regeling van een lidstaat, zoals die van het Verenigd Koninkrijk inzake de groepsaftrek, eraan in de weg staat dat een fiscaal in deze lidstaat gevestigde moedervennootschap het verlies van fiscaal in andere lidstaten gevestigde dochtervennootschappen aftrekt van haar in deze lidstaat belastbare winst, terwijl een dergelijke verrekening wel mogelijk zou zijn indien dat verlies was geleden door in de lidstaat van de moedervennootschap gevestigde dochtervennootschappen;

– de lidstaat van de moedervennootschap:

– een op zijn grondgebied gevestigde vennootschap onderwerpt aan de vennootschapsbelasting over haar volledige winst, met inbegrip van de winst van filialen in andere lidstaten, met dien verstande dat overeenkomstig de verdragen tot voorkoming van dubbele belasting de in een andere lidstaat betaalde belasting mag worden verrekend en het verlies van deze filialen mag worden afgetrokken van de belastbare winst van deze vennootschap;

– geen vennootschapsbelasting heft over de niet-uitgekeerde winst van in andere lidstaten gevestigde dochtervennootschappen;

– vennootschapsbelasting heft over de dividenden die aan de moedervennootschap zijn uitgekeerd door in andere lidstaten gevestigde dochtervennootschappen, doch niet over de dividenden die aan de moedervennootschap zijn uitgekeerd door dochtervennootschappen die in dezelfde lidstaat als de moedervennootschap zijn gevestigd;

– ter voorkoming van dubbele belasting de moedervennootschap een belastingkrediet toekent voor de bronbelasting over dividenden en voor de buitenlandse belasting over de winst waaruit de dividenden zijn uitgekeerd door in andere lidstaten gevestigde dochtervennootschappen?

Zo ja, is deze beperking dan gerechtvaardigd naar gemeenschapsrecht?

2. a. Maakt het voor het antwoord op de eerste vraag verschil, en zo ja welk verschil, of het volgens de wettelijke regeling van de lidstaat van de dochtervennootschap mogelijk is om in bepaalde omstandigheden het verlies van de dochtervennootschap geheel of ten dele te verrekenen met de in de staat van de dochtervennootschap belastbare winst?

b. Zo ja, in hoeverre is dan relevant dat:

– een in een andere lidstaat gevestigde dochtervennootschap haar handelsactiviteiten heeft stopgezet en, hoewel in die staat onder bepaalde voorwaarden het verlies verrekenbaar is, niet is aangetoond dat die verrekening in de betrokken omstandigheden is verkregen;

– een in een andere lidstaat gevestigde dochtervennootschap aan een derde is verkocht en, hoewel volgens de wettelijke regeling van die staat onder bepaalde voorwaarden het verlies door de derde koper mag worden verrekend, niet vaststaat dat die verrekening in de betrokken omstandigheden is verkregen;

– de bepalingen volgens welke het verlies van in het Verenigd Koninkrijk gevestigde vennootschappen in de lidstaat van de moedervennootschap verrekenbaar is, gelden ongeacht of het verlies ook in een andere lidstaat is verrekend?

c. Maakt het enig verschil of is bewezen dat het verlies is verrekend in de lidstaat waar de dochtervennootschap is gevestigd, en zo ja, is het dan relevant dat de belastingaftrek naderhand is verkregen door een andere vennootschapsgroep waaraan de dochtervennootschap was verkocht?'

Beantwoording van de eerste vraag

27. Met zijn eerste vraag wenst de verwijzende rechter in wezen te vernemen of de artikelen 43 EG en 48 EG in de weg staan aan een wettelijke regeling van een lidstaat volgens welke het voor een ingezeten moedervennootschap niet mogelijk is, het verlies van een in een andere lidstaat gevestigde dochtervennootschap af te trekken van haar eigen belastbare winst, terwijl het voor deze moedervennootschap wel mogelijk is, het verlies van een ingezeten dochtervennootschap af te trekken.

28. Het gaat met andere woorden om de vraag of een dergelijke wettelijke regeling een met de artikelen 43 EG en 48 EG strijdige beperking van de vrijheid van vestiging vormt.

29. Dienaangaande zij eraan herinnerd dat volgens vaste rechtspraak de directe belastingen weliswaar tot de bevoegdheid van de lidstaten behoren, doch dat deze niettemin verplicht zijn, die bevoegdheid in overeenstemming met het gemeenschapsrecht uit te oefenen (zie met name arrest van 8 maart 2001, Metallgesellschaft e.a., C-397/98 en C-410/98, *Jurispr.* blz. I-1727, punt 37 en de aangehaalde rechtspraak).

30. De vrijheid van vestiging die in artikel 43 EG aan de gemeenschapsonderdanen wordt toegekend, en die voor hen de toegang tot en de uitoefening van werkzaamheden anders dan in loondienst alsmede de oprichting en het bestuur van ondernemingen onder dezelfde voorwaarden als in de wetgeving van het land van vestiging voor de eigen onderdanen zijn vastgesteld, omvat, brengt overeenkomstig artikel 48 EG voor de vennootschappen die in

overeenstemming met de wetgeving van een lidstaat zijn opgericht en die hun statutaire zetel, hun hoofdbestuur of hun hoofdvestiging binnen de Gemeenschap hebben, het recht mee om in de betrokken lidstaat hun bedrijfsactiviteit uit te oefenen door middel van een filiaal of een agentschap (zie met name arrest van 21 september 1999, Saint-Gobain ZN, C-307/97, *Jurispr.* blz. I-6161, punt 35).

31. Hoewel de bepalingen betreffende de vrijheid van vestiging volgens de bewoordingen ervan het voordeel van de nationale behandeling in de lidstaat van ontvangst beogen te garanderen, verbieden zij de lidstaat van oorsprong ook de vestiging in een andere lidstaat van een van zijn onderdanen of van een naar zijn nationaal recht opgerichte vennootschap te bemoeilijken (zie met name arrest ICI, reeds aangehaald, punt 21).

32. Een groepsaftrek als die in het hoofdgeding vormt voor de betrokken vennootschappen een fiscaal voordeel. Doordat het verlies van de verliesgevende vennootschappen sneller wordt aangezuiverd wanneer het onmiddellijk wordt verrekend met winst van andere vennootschappen van de groep, is dit voor de vennootschapsgroep een cashflowvoordeel.

33. Wanneer de moedervennootschap van een dergelijk voordeel wordt uitgesloten voor het verlies van een in een andere lidstaat gevestigde dochtervennootschap die in de lidstaat van de moedervennootschap geen enkele bedrijfsactiviteit uitoefent, wordt zij belemmerd in de uitoefening van haar vrijheid van vestiging doordat zij wordt afgeschrikt van de oprichting van dochtervennootschappen in andere lidstaten.

34. Deze uitsluiting vormt dus een beperking van de vrijheid van vestiging in de zin van de artikelen 43 EG en 48 EG doordat het verlies van een ingezeten dochtervennootschap en het verlies van een niet-ingezeten dochtervennootschap fiscaal verschillend worden behandeld.

35. Een dergelijke beperking is slechts toelaatbaar wanneer er een rechtmatig doel mee wordt nagestreefd dat zich met het Verdrag verdraagt, en wanneer ze gerechtvaardigd is uit hoofde van dwingende redenen van algemeen belang. Daarenboven moet in een dergelijk geval de beperking geschikt zijn om het aldus nagestreefde doel te verwezenlijken en mag ze niet verder gaan dan nodig is voor het bereiken van dat doel (zie in die zin arresten van 15 mei 1997, Futura Participations en Singer, C-250/95, *Jurispr.* blz. I-2471, punt 26, en 11 maart 2004, de Lasteyrie du Saillant, C-9/02, *Jurispr.* blz. I-2409, punt 49).

36. Het Verenigd Koninkrijk en de andere lidstaten die in de onderhavige procedure opmerkingen hebben ingediend, stellen dat de fiscale situatie van de ingezeten dochtervennootschappen en die van de niet-ingezeten dochtervennootschappen niet vergelijkbaar zijn met betrekking tot een regeling van groepsaftrek als die in het hoofdgeding. Volgens het territorialiteitsbeginsel, dat zowel in het internationale recht als in het gemeenschapsrecht geldt, is de lidstaat van vestiging van de moedervennootschap fiscaal niet bevoegd voor niet-ingezeten dochtervennootschappen. Overeenkomstig de ter zake gebruikelijke bevoegdheidsverdeling vallen deze laatste in beginsel onder de fiscale bevoegdheid van de staten waar ze gevestigd zijn en bedrijfsactiviteiten uitoefenen.

37. Dienaangaande zij vastgesteld dat de woonplaats van de belastingplichtigen in het fiscale recht een rechtvaardigingsgrond kan zijn voor nationale regels waarbij ingezeten belastingplichtigen en niet-ingezeten belastingplichtigen verschillend worden behandeld. Toch is de woonplaats niet altijd een gerechtvaardigde onderscheidende factor. Indien de lidstaat van vestiging vrijelijk een andere behandeling zou mogen toepassen alleen omdat de zetel van de vennootschap in een andere lidstaat is gevestigd, zou daarmee immers aan artikel 43 EG elke inhoud worden ontnomen (zie arrest van 28 januari 1986, Commissie/Frankrijk, 270/83, *Jurispr.* blz. 273, punt 18).

38. In elke concrete situatie dient te worden nagegaan of er voor het feit dat een fiscaal voordeel alleen aan de ingezeten belastingplichtigen wordt toegekend, objectieve, ter zake dienende gronden bestaan die het verschil in behandeling kunnen rechtvaardigen.

39. In een situatie als die in het hoofdgeding, moet worden aangenomen dat de lidstaat van vestiging van de moedervennootschap, door de ingezeten vennootschappen over hun wereldwijde winst en de niet-ingezeten vennootschappen alleen over de winst uit hun bedrijvigheid in deze staat te belasten, handelt in overeenstemming met het in het internationaal fiscaal recht vastgelegde en in het gemeenschapsrecht erkende territorialiteitsbeginsel (zie met name arrest Futura Participations en Singer, reeds aangehaald, punt 22).

40. Toch rechtvaardigt de omstandigheid dat deze lidstaat de winst van de niet-ingezeten dochtervennootschappen van een op zijn grondgebied gevestigde moedervennootschap niet belast, in se geen beperking van de groepsaftrek tot het verlies van de ingezeten vennootschappen.

41. Om uit te maken of een dergelijke beperking gerechtvaardigd is, dient te worden onderzocht welke gevolgen een onvoorwaardelijke uitbreiding van een voordeel als dat in het hoofdgeding zou hebben.

42. Dienaangaande beroepen het Verenigd Koninkrijk en de andere lidstaten die opmerkingen hebben ingediend, zich op drie rechtvaardigingsgronden.

43. In de eerste plaats vormen winst en verlies, fiscaal gezien, de twee zijden van eenzelfde medaille, die binnen eenzelfde belastingregeling symmetrisch moeten worden behandeld om een evenwichtige verdeling van de heffingsbevoegdheid tussen de verschillende betrokken lidstaten te waarborgen. In de tweede plaats zou, indien het

verlies in de lidstaat van de moedervennootschap zou worden verrekend, het gevaar bestaan dat het verlies tweemaal wordt verrekend. In de derde plaats bestaat ten slotte een gevaar van belastingontwijking indien het verlies niet in de lidstaat van vestiging van de dochtervennootschap wordt verrekend.

44. Wat de eerste rechtvaardigingsgrond betreft, zij eraan herinnerd dat een derving van belastinginkomsten niet kan worden aangemerkt als een dwingende reden van algemeen belang die kan worden ingeroepen ter rechtvaardiging van een maatregel die in beginsel in strijd is met een fundamentele vrijheid (zie met name arrest van 7 september 2004, Manninen, C-319/02, *Jurispr.* blz. I-7477, punt 49 en de aangehaalde rechtspraak).

45. Zoals het Verenigd Koninkrijk terecht heeft opgemerkt, kan de onverkorte handhaving van de verdeling van de heffingsbevoegdheid tussen de lidstaten het echter noodzakelijk maken, op de bedrijfsactiviteiten van de in een van deze lidstaten gevestigde vennootschappen zowel ter zake van winst als ter zake van verlies uitsluitend de fiscale regels van die lidstaat toe te passen.

46. Indien een vennootschap de mogelijkheid zou worden geboden, te opteren voor verrekening van haar verlies in de lidstaat waar ze gevestigd is, dan wel in een andere lidstaat, zou een evenwichtige verdeling van de heffingsbevoegdheid tussen de lidstaten groot gevaar lopen, aangezien de belastinggrondslag in de eerste staat zou worden vermeerderd en in de tweede zou worden verminderd met het bedrag van het overgedragen verlies.

47. Wat de tweede rechtvaardigingsgrond betreft, namelijk het gevaar van een dubbele verrekening van het verlies, dient te worden aangenomen dat de lidstaten dit moeten kunnen verhinderen.

48. Een dergelijk gevaar ontstaat daadwerkelijk wanneer de groepsaftrek wordt uitgebreid tot het verlies van niet-ingezeten dochtervennootschappen, doch verdwijnt door een regel die de aftrek voor dat verlies uitsluit.

49. Wat ten slotte de derde rechtvaardigingsgrond betreft, namelijk het gevaar van belastingontwijking, dient te worden aangenomen dat de mogelijkheid om het verlies van een niet-ingezeten dochtervennootschap over te dragen aan een ingezeten vennootschap, het gevaar inhoudt dat de verliesoverdracht binnen een vennootschapsgroep zo wordt georganiseerd dat het verlies wordt overgedragen aan vennootschappen in lidstaten waar het belastingtarief het hoogst is, en waar de fiscale waarde van een verlies dus het grootst is.

50. Een uitsluiting van de groepsaftrek voor het verlies van niet-ingezeten dochtervennootschappen verhindert dergelijke praktijken, die hun oorsprong kunnen vinden in de vaststelling dat er tussen de belastingtarieven in de verschillende lidstaten aanzienlijke verschillen bestaan.

51. Gelet op deze drie rechtvaardigingsgronden, samen beschouwd, dient te worden opgemerkt dat met een restrictieve regeling als die in het hoofdgeding, rechtmatige doelstellingen worden nagestreefd die zich met het Verdrag verdragen en gerechtvaardigd zijn uit hoofde van dwingende redenen van algemeen belang, en dat deze regeling daarenboven geschikt is om deze doelstellingen te verwezenlijken.

52. Aan deze analyse wordt niet afgedaan door de in het tweede deel van de eerste vraag genoemde aspecten van de in het Verenigd Koninkrijk van toepassing zijnde regelingen inzake:

– de winst en het verlies van een buitenlands filiaal van een in deze lidstaat gevestigde vennootschap;

– de dividenden die aan een in deze lidstaat gevestigde vennootschap worden uitgekeerd door een in een andere lidstaat gevestigde dochtervennootschap.

53. Toch dient te worden nagegaan of de restrictieve maatregel niet verder gaat dan nodig is voor het bereiken van de nagestreefde doelstellingen.

54. Marks & Spencer en de Commissie hebben immers aangevoerd dat er maatregelen mogelijk zijn die minder restrictief zijn dan een algemene uitsluiting van het voordeel van de groepsaftrek. Als voorbeeld geven zij de mogelijkheid om de belastingaftrek afhankelijk te stellen van de voorwaarde dat de buitenlandse dochtervennootschap alle in de lidstaat van vestiging bestaande mogelijkheden van verliesverrekening ten volle heeft benut, of aan de voorwaarde dat latere winst van de niet-ingezeten dochtervennootschap ten belope van haar vroeger verrekend verlies wordt opgenomen in de belastbare winst van de vennootschap waaraan de groepsaftrek is toegekend.

55. Dienaangaande is het Hof van oordeel dat de in het hoofdgeding omstreden restrictieve maatregel verder gaat dan nodig is voor het bereiken van de belangrijkste nagestreefde doelstellingen in een situatie waarin:

– de niet-ingezeten dochtervennootschap de in haar vestigingsstaat bestaande mogelijkheden van verliesverrekening heeft uitgeput voor het belastingjaar waarvoor het verzoek om een belastingaftrek is ingediend, alsmede voor vroegere belastingjaren, in voorkomend geval via een overdracht van dat verlies aan een derde of via de verrekening ervan met de winst van de dochtervennootschap in vroegere belastingjaren, en

– er geen mogelijkheid bestaat dat het verlies van de buitenlandse dochtervennootschap in toekomstige belastingjaren in de vestigingsstaat wordt verrekend, hetzij door de dochtervennootschap zelf, hetzij door een derde, met name ingeval de dochtervennootschap aan een derde is verkocht.

56. Wanneer de in een lidstaat gevestigde moedervennootschap aan de belastingadministratie aantoont dat is voldaan aan deze voorwaarden, is de uitsluiting van de mogelijkheid voor de moedervennootschap om het verlies

van haar niet-ingezeten dochtervennootschap af te trekken van haar in deze staat belastbare winst, in strijd met de artikelen 43 EG en 48 EG.

57. In deze context dient nog te worden gepreciseerd dat de lidstaten vrij blijven, regels in te voeren of te handhaven die specifiek tot doel hebben, volstrekt kunstmatige constructies die bedoeld zijn om de nationale fiscale wet te omzeilen of eraan te ontsnappen, van een belastingvoordeel uit te sluiten (zie in die zin reeds aangehaalde arresten ICI, punt 26, en de Lasteyrie du Saillant, punt 50).

58. Voorzover het mogelijk is, andere, minder restrictieve maatregelen aan te wijzen, is het voor dergelijke maatregelen bovendien in elk geval nodig dat de gemeenschapswetgever harmonisatieregels vaststelt.

59. Derhalve dient op de eerste vraag te worden geantwoord dat de artikelen 43 EG en 48 EG bij de huidige stand van het gemeenschapsrecht niet in de weg staan aan een wettelijke regeling van een lidstaat, volgens welke het voor een ingezeten moedervennootschap algemeen niet mogelijk is, het verlies van een in een andere lidstaat gevestigde dochtervennootschap af te trekken van haar belastbare winst, terwijl het voor deze moedervennootschap wel mogelijk is, het verlies van een ingezeten dochtervennootschap af te trekken. Het is evenwel strijdig met de artikelen 43 EG en 48 EG om de ingezeten moedervennootschap van een dergelijke mogelijkheid uit te sluiten in een situatie waarin de niet-ingezeten dochtervennootschap de in haar vestigingsstaat bestaande mogelijkheden van verliesverrekening heeft uitgeput voor het belastingjaar waarvoor het verzoek om een belastingaftrek is ingediend, alsmede voor vroegere belastingjaren, en er geen mogelijkheid bestaat dat het verlies van de buitenlandse dochtervennootschap in toekomstige belastingjaren in de vestigingsstaat wordt verrekend, hetzij door de dochtervennootschap zelf, hetzij door een derde, met name ingeval de dochtervennootschap aan een derde is verkocht.

Beantwoording van de tweede vraag

60. Gelet op het antwoord op de eerste vraag, behoeft de tweede vraag niet te worden beantwoord.

Kosten

61. Ten aanzien van de partijen in het hoofdgeding is de procedure als een aldaar gerezen incident te beschouwen, zodat de nationale rechterlijke instantie over de kosten heeft te beslissen. De door anderen wegens indiening van hun opmerkingen bij het Hof gemaakte kosten komen niet voor vergoeding in aanmerking.

HET HOF VAN JUSTITIE (Grote kamer)

verklaart voor recht:

De artikelen 43 EG en 48 EG staan bij de huidige stand van het gemeenschapsrecht niet in de weg aan een wettelijke regeling van een lidstaat, volgens welke het voor een ingezeten moedervennootschap algemeen niet mogelijk is, het verlies van een in een andere lidstaat gevestigde dochtervennootschap af te trekken van haar belastbare winst, terwijl het voor deze moedervennootschap wel mogelijk is, het verlies van een ingezeten dochtervennootschap af te trekken. Het is evenwel strijdig met de artikelen 43 EG en 48 EG om de ingezeten moedervennootschap van een dergelijke mogelijkheid uit te sluiten in een situatie waarin de niet-ingezeten dochtervennootschap de in haar vestigingsstaat bestaande mogelijkheden van verliesverrekening heeft uitgeput voor het belastingjaar waarvoor het verzoek om een belastingaftrek is ingediend, alsmede voor vroegere belastingjaren, en er geen mogelijkheid bestaat dat het verlies van de buitenlandse dochtervennootschap in toekomstige belastingjaren in de vestigingsstaat wordt verrekend, hetzij door de dochtervennootschap zelf, hetzij door een derde, met name ingeval de dochtervennootschap aan een derde is verkocht.

HvJ EG 19 januari 2006, zaak C-265/04 (Margaretha Bouanich v. Skatteverket)

Derde kamer: *A. Rosas, kamerpresident, J. Malenovský, S. von Bahr, A. Borg Barthet en U. Lõhmus (rapporteur), rechters*

Advocaat-generaal: *J. Kokott*

1. Het verzoek om een prejudiciële beslissing betreft de uitlegging van de artikelen 43 EG, 48 EG, 56 EG en 58 EG.

2. Dit verzoek is ingediend in het kader van een geding tussen M. Bouanich, Frans onderdaan en aandeelhoudster van de Zweedse naamloze vennootschap Förvaltnings AB Ratos (hierna: 'Ratos'), en Skatteverket (Zweedse belastingadministratie) inzake de weigering van laatstgenoemde tot terugbetaling aan haar van alle belasting die is geheven bij de terugkoop van haar aandelen door voormelde vennootschap in het kader van een verlaging van het aandelenkapitaal.

Nationaal rechtskader

Wet op de dividendbelasting

3. De Zweedse regeling maakt een onderscheid tussen ingezeten en niet-ingezeten aandeelhouders wat betreft de belasting over de betalingen aan de aandeelhouder bij terugkoop van aandelen met het oog op de intrekking ervan. Bij ingezeten aandeelhouders wordt de terugkoop van aandelen belast als vermogenswinst waarbij een recht op aftrek van de aankoopkosten van de teruggekochte aandelen bestaat. Het resterend bedrag wordt belast tegen een tarief van 30%. Bij aandeelhouders die geen ingezetene van Zweden zijn, wordt de terugkoop evenwel beschouwd als een uitkering van dividenden zonder dat recht op voormelde aftrek bestaat.

4. De regeling inzake de uitkering van dividenden is neergelegd in de wet op de dividendbelasting [lag (1970:624) om kupongskatt; hierna: 'wet van 1970'] die enkel van toepassing is op natuurlijke of rechtspersonen die geen ingezetene van Zweden zijn of aldaar geen vaste verblijfplaats of vestiging hebben (hierna: 'niet-ingezeten aandeelhouders').

5. § 1 van de wet van 1970 bepaalt dat aan de staat belasting moet worden betaald over iedere uitkering op grond van door een Zweedse vennootschap uitgegeven aandelen. Volgens § 2, lid 2, van die wet wordt onder 'uitkering' verstaan iedere uitbetaling aan een aandeelhouder, onder meer bij verlaging van het aandelenkapitaal.

6. Volgens § 5 van deze wet wordt over uitkeringen een belasting van 30% geheven, welke vaak op grond van belastingovereenkomsten ter voorkoming van dubbele belasting wordt verminderd. Wanneer een hogere belasting is geheven dan op grond van een dergelijke overeenkomst moest worden betaald, voorziet § 27 van de wet van 1970 in een recht op teruggaaf.

7. Voormelde wet staat niet toe dat de aankoopkosten van de teruggekochte aandelen worden afgetrokken. Een aandeelhouder die binnen de werkingssfeer van die wet valt, moet derhalve over het gehele voor de teruggekochte aandelen ontvangen bedrag een heffing van 30% betalen. De bepalingen van geldende belastingovereenkomsten ter voorkoming van dubbele belasting kunnen evenwel tot een ander resultaat leiden.

Frans-Zweedse overeenkomst ter voorkoming van dubbele belasting

8. De overeenkomst tussen de regering van de Franse Republiek en de regering van het Koninkrijk Zweden tot het vermijden van dubbele belasting en het voorkomen van het ontgaan van belasting met betrekking tot belastingen naar het inkomen en naar het vermogen, is op 27 november 1990 ondertekend en op 1 april 1992 in werking getreden (hierna: 'Frans-Zweedse overeenkomst').

9. Artikel 10, lid 1, van deze overeenkomst bepaalt:

> 'Dividenden die door een in een overeenkomstsluitende staat gevestigde vennootschap worden uitgekeerd aan een ingezetene van de andere overeenkomstsluitende staat, kunnen in die andere staat worden belast.'

10. Lid 2 van dit artikel luidt als volgt:

> 'De dividenden kunnen echter ook worden belast in de overeenkomstsluitende staat waar de dividenduitkerende vennootschap is gevestigd, overeenkomstig de wetgeving van die staat, maar indien de ontvanger de uiteindelijk gerechtigde tot de dividenden is, mag de belasting niet meer bedragen dan 15% van het brutobedrag van de dividenden.'

11. Volgens artikel 10, lid 5, van de Frans-Zweedse overeenkomst wordt onder de in dit artikel gebruikte term 'dividend' onder meer inkomsten uit aandelen verstaan, alsmede inkomsten die in de overeenkomstsluitende

staat waar de uitkerende vennootschap is gevestigd, op dezelfde wijze worden behandeld als dividend overeenkomstig de ten tijde van de inwerkingtreding van de overeenkomst geldende wetgeving.

12. Blijkens artikel 13, lid 6, van voormelde overeenkomst zijn de soorten vermogenswinst verkregen uit de vervreemding van aandelen die in het hoofdgeding aan de orde zijn, slechts belastbaar in de overeenkomstsluitende staat waarvan de vervreemder ingezetene is.

13. Deze overeenkomst is gebaseerd op het door de Organisatie voor Economische Samenwerking en Ontwikkeling (OESO) opgestelde modelverdrag inzake dubbele belasting, dat zij ook vergezeld heeft doen gaan van commentaar.

14. Volgens punt 28 van het commentaar op artikel 10 van het OESO-modelverdrag wordt als dividend niet alleen aangemerkt uitkering van winst waartoe de jaarlijkse algemene aandeelhoudersvergadering heeft besloten, maar ook andere op geld waardeerbare voordelen, zoals gratis aandelen, bonussen, winst bij liquidatie en verkapte winstuitkeringen. De in dit artikel bedoelde belastingverlichtingen gelden zolang de staat waar de uitkerende vennootschap is gevestigd, die uitkeringen en voordelen als dividend belast.

15. In punt 31 van het commentaar op artikel 13 van het OESO-modelverdrag wordt verklaard dat indien een aandeelhouder aandelen verkoopt aan de vennootschap die deze heeft uitgegeven, bij de liquidatie van die vennootschap of verlaging van haar volgestorte aandelenkapitaal het verschil tussen de verkoopprijs en de nominale waarde van de aandelen in de staat waar de vennootschap is gevestigd kan worden behandeld als een uitkering van geaccumuleerde winst en niet als vermogenswinst. Dit artikel belet de staat van vestiging van de vennootschap niet om die uitkeringen volgens de in artikel 10 van het OESO-modelverdrag voorziene belastingtarieven te belasten. Een dergelijke belastingheffing is toegestaan, aangezien dit verschil valt onder de definitie van het begrip 'dividend' in artikel 10, lid 3, zoals dat in punt 28 van het commentaar op dat artikel wordt uitgelegd.

16. Volgens de verwijzende rechterlijke instantie hebben de bepalingen van de Frans-Zweedse overeenkomst, uitgelegd in het licht van het OESO-modelverdrag en het commentaar hierbij, geleid tot een wijziging van de bij de wet van 1970 vastgestelde belastingregeling, aangezien zij voor niet-ingezetenen het belastingtarief op 15% vaststellen en voorzien in een recht op aftrek ten belope van de nominale waarde van de teruggekochte aandelen.

Hoofdgeding en prejudiciële vragen

17. In het kader van een verlaging van haar aandelenkapitaal heeft Ratos op 2 december 1998 van Bouanich, die in Frankrijk woont, aandelen van categorie B teruggekocht voor een bedrag van ongeveer 8 640 000 SEK (917 000 EUR). Bij de betaling is over het gehele bedrag een belasting van 15% geheven, dat wil zeggen een bedrag van ongeveer 1 300 000 SEK (138 000 EUR), overeenkomstig de wet van 1970 juncto de Frans-Zweedse overeenkomst.

18. Bouanich heeft bij de bevoegde belastingadministratie terugbetaling gevorderd van het gehele bedrag van de betaalde belasting, althans het gedeelte van de belasting dat op de grondslag van de nominale waarde van de teruggekochte aandelen is geheven.

19. Op 28 september 1999 heeft die belastingadministratie de subsidiaire vordering toegewezen en haar een bedrag van ongeveer 167 000 SEK (18 000 EUR) teruggegeven.

20. Bouanich is van dit besluit in beroep gegaan bij Länsrätten i Dalarnas län en heeft terugbetaling gevorderd van het resterende bedrag aan bronbelasting. Daar dit beroep bij uitspraak van 29 maart 2001 werd afgewezen, is verzoekster in het hoofdgeding van die uitspraak in hoger beroep gekomen bij de verwijzende rechterlijke instantie.

21. Van mening dat noch het EG-Verdrag, noch de rechtspraak van het Hof een duidelijk antwoord biedt op de in het bij hem aanhangige geding gerezen vragen, heeft Kammarrätten i Sundsvall besloten de behandeling van de zaak te schorsen en het Hof de volgende prejudiciële vragen voor te leggen:

> '1. Is het op grond van de artikelen 56 EG en 58 EG een lidstaat toegestaan, een bij de terugkoop van aandelen ontvangen bedrag dat door een vennootschap op aandelen in die lidstaat wordt uitbetaald, als een dividend te belasten, zonder dat recht op aftrek van de kosten van aankoop van de teruggekochte aandelen bestaat, indien dat bedrag wordt uitgekeerd aan een aandeelhouder die niet zijn woonplaats of vaste verblijfplaats in die lidstaat heeft, terwijl een voor teruggekochte aandelen van een dergelijke vennootschap ontvangen bedrag dat wordt uitbetaald aan een aandeelhouder die zijn woonplaats of vaste verblijfplaats in die lidstaat heeft, in plaats daarvan als vermogenswinst wordt belast, waarbij wel recht bestaat op aftrek van de aankoopkosten van de teruggekochte aandelen?
>
> 2. Zo nee: Indien de belastingovereenkomst tot het vermijden van dubbele belasting tussen de lidstaat waar de vennootschap op aandelen is gevestigd, en de lidstaat waar de aandeelhouder woont, in een lager belastingtarief voorziet dan het tarief dat wordt toegepast op een voor de teruggekochte aandelen ontvangen bedrag dat aan een aandeelhouder in de eerstbedoelde lidstaat wordt uitbetaald, en indien bovendien een aandeelhouder in de andere lidstaat onder verwijzing naar het commentaar bij het OESO-modelbelastingverdrag de aftrek van een met het nominale bedrag van de teruggekochte aandelen overeenkomend bedrag

wordt toegestaan, mag een lidstaat dan op grond van de in de eerste vraag genoemde artikelen een regeling als hiervoor omschreven toepassen?

3. Is het een lidstaat op grond van de artikelen 43 EG en 48 EG toegestaan, een regeling als hiervoor omschreven toe te passen?'

Beantwoording van de prejudiciële vragen

Eerste vraag

22. Met haar eerste vraag wenst de verwijzende rechterlijke instantie in wezen te vernemen of de artikelen 56 EG en 58 EG aldus moeten worden uitgelegd dat zij zich verzetten tegen een nationale regeling als die welke in het hoofdgeding aan de orde is, volgens welke bij verlaging van het aandelenkapitaal het aan een niet-ingezeten aandeelhouder uitbetaalde bedrag van de terugkoop van aandelen wordt belast als uitkering van dividenden zonder dat recht op aftrek van de aankoopkosten van die aandelen bestaat, terwijl dit bedrag wordt belast als vermogenswinst met recht op aftrek van de aankoopkosten wanneer het aan een ingezeten aandeelhouder wordt uitbetaald.

23. Bouanich betoogt dat de wet van 1970 een beperking van investeringen in Zweedse ondernemingen door buitenlandse investeerders en met artikel 56 EG strijdige discriminatie vormt, die ook niet in het licht van artikel 58 EG kan worden gerechtvaardigd.

24. De Zweedse regering betwist de gestelde onverenigbaarheid tussen de wet van 1970 en het gemeenschapsrecht niet. Zij erkent dat de Zweedse regeling inzake de belasting over betalingen op grond van terugkoop van aandelen ertoe leidt dat de belastingplichtige aandeelhouders verschillend behandeld worden naargelang zij in Zweden beperkt of onbeperkt belastingplichtig zijn. Bijgevolg kan deze regeling ertoe leiden dat een aandeelhouder die beperkt belastingplichtig is, soms zwaarder belast wordt dan die welke onbeperkt belastingplichtig is.

25. Zij voegt hieraan toe dat zij voornemens is deze regeling aldus te wijzigen dat een beperkt belastingplichtige aandeelhouder het bedrag van de terugkoop van aandelen mag verminderen met het aankoopbedrag ervan.

26. De Commissie van de Europese Gemeenschappen meent dat het evident is dat de Zweedse regeling inzake de belasting over de terugkoopprijs bij kapitaalvermindering een onderscheid maakt tussen ingezeten en niet-ingezeten aandeelhouders. Het recht op aftrek van de aankoopkosten van de teruggekochte aandelen vormt een fiscaal voordeel dat de niet-ingezeten aandeelhouders wordt geweigerd. Dit verschil in behandeling van aandeelhouders leidt tot een discriminatie, daar analoge situaties verschillend worden behandeld, ofschoon er geen objectief verschil in situatie bestaat dat grond kan opleveren voor een verschillende behandeling van beide categorieën belastingplichtigen op dit punt.

27. Bijgevolg meent de Commissie dat de discriminatie die voortvloeit uit de wet van 1970 een met artikel 56 EG strijdige beperking van het vrije kapitaalverkeer vormt. Uit de verwijzingsbeschikking blijkt geen enkele omstandigheid die een dergelijke beperking op grond van artikel 58 EG kan rechtvaardigen.

28. Om te beginnen zij herinnerd aan de vaste rechtspraak van het Hof dat ofschoon de directe belastingen tot de bevoegdheid van de lidstaten behoren, deze niettemin verplicht zijn die bevoegdheid in overeenstemming met het gemeenschapsrecht uit te oefenen (zie onder meer arresten van 11 augustus 1995, Wielockx, C-80/94, *Jurispr.* blz. I-2493, punt 16, en 7 september 2004, Manninen, C-319/02, *Jurispr.* blz. I-7477, punt 19).

29. Een terugverkoop van aandelen aan de uitgevende vennootschap als die door Bouanich vormt een kapitaalbeweging in de zin van artikel 1 van richtlijn 88/361/EEG van de Raad van 24 juni 1988 voor de uitvoering van artikel 67 van het Verdrag [bij het Verdrag van Amsterdam geschrapt artikel] (*PB* L 178, blz. 5) en van de nomenclatuur van het kapitaalverkeer die in bijlage I bij die richtlijn is opgenomen. Deze nomenclatuur heeft haar indicatieve waarde voor de definitie van het begrip 'kapitaalverkeer' behouden (zie arresten van 23 september 2003, Ospelt en Schlössle Weissenberg, C-452/01, *Jurispr.* blz. I-9743, punt 7, en 5 juli 2005, D., C-376/03, *Jurispr.* blz. I-0000, punt 24). Een dergelijke transactie valt dan ook binnen de werkingssfeer van de communautaire regels betreffende het vrije verkeer van kapitaal.

30. Artikel 56 EG verbiedt alle beperkingen van het kapitaalverkeer tussen de lidstaten onder voorbehoud van de in artikel 58 EG neergelegde rechtvaardigingsgronden.

31. Voor de beantwoording van de eerste vraag moet om te beginnen worden nagegaan of het feit dat een lidstaat de niet-ingezeten aandeelhouders bij terugkoop van aandelen de aftrek van de aankoopkosten daarvan ontzegt, een beperking van het kapitaalverkeer vormt.

32. Dienaangaande moet worden opgemerkt dat de wet van 1970 de aandeelhouders die aandelen van een Zweedse vennootschap hebben verworven, aan verschillende regels onderwerpt naargelang zij al dan niet ingezetene van Zweden zijn. Aldus mag de aandeelhouder die ingezetene is in Zweden bij de terugkoop van aandelen in geval van vermindering van het aandelenkapitaal de aankoopkosten van voormelde aandelen aftrekken, terwijl dit

de niet-ingezeten aandeelhouder niet is toegestaan. Het recht op aftrek vormt dan ook een fiscaal voordeel dat enkel aan ingezeten aandeelhouders is voorbehouden.

33. Niet betwist wordt dat een dergelijk fiscaal voordeel voor de begunstigden een verlichting van de fiscale lasten vormt, zodat de niet-ingezeten aandeelhouders die hiervoor niet in aanmerking kunnen komen, zwaarder belast worden en zich dus in een minder gunstige situatie bevinden dan de ingezeten aandeelhouders.

34. Zoals de advocaat-generaal in de punten 33 en 34 van haar conclusie heeft opgemerkt, heeft een dergelijke regeling tot gevolg dat de grensoverschrijdende overdracht van kapitaal minder aantrekkelijk wordt, doordat niet in Zweden gevestigde investeerders ervan worden weerhouden aandelen van in Zweden gevestigde vennootschappen te kopen en als gevolg hiervan tegelijk de mogelijkheden voor Zweedse vennootschappen worden beperkt om kapitaal vrij te maken bij investeerders die niet in Zweden zijn gevestigd.

35. In deze omstandigheden moet worden vastgesteld dat het feit dat de niet-ingezeten aandeelhouders bij de terugkoop van aandelen de aftrek van de aankoopkosten daarvan wordt geweigerd, een beperking van het kapitaalverkeer in de zin van artikel 56 EG vormt.

36. Vervolgens moet worden onderzocht of deze beperking kan worden gerechtvaardigd om de in artikel 58, lid 1, EG genoemde redenen. Uit dit lid juncto lid 3 van het artikel volgt dat de lidstaten in hun nationale regeling een onderscheid mogen maken tussen ingezeten en niet-ingezeten belastingplichtigen, voorzover dit onderscheid geen middel tot willekeurige discriminatie vormt, noch een verkapte beperking van het vrije kapitaalverkeer.

37. Zoals reeds in punt 34 van dit arrest is vastgesteld, maakt de wet van 1970 een onderscheid tussen ingezeten en niet-ingezeten aandeelhouders door het bedrag dat zij ontvangen bij de terugkoop van aandelen verschillend te belasten.

38. Evenwel moet er onderscheid worden gemaakt tussen de ongelijke behandelingen die krachtens artikel 58, lid 1, sub a, EG zijn toegestaan en de willekeurige discriminaties die bij lid 3 van dat artikel zijn verboden. Blijkens de rechtspraak kan een nationale fiscale regeling als die welke in het hoofdgeding aan de orde is, enkel verenigbaar met de verdragsbepalingen betreffende het vrije kapitaalverkeer worden geacht indien het verschil in behandeling betrekking heeft op situaties die niet objectief vergelijkbaar zijn, of wordt gerechtvaardigd door een dwingende reden van algemeen belang (zie arrest van 6 juni 2000, Verkooijen, C-35/98, *Jurispr.* blz. I-4071, punt 43; arrest Manninen, reeds aangehaald, punten 28 en 29, en arrest van 8 september 2005, Blanckaert, C-512/03, *Jurispr.* blz. I-0000, punt 42).

39. Dienaangaande moet worden onderzocht of het verschil in belasting van de inkomsten uit de terugkoop van aandelen van ingezeten en niet-ingezeten aandeelhouders betrekking heeft op situaties die niet objectief vergelijkbaar zijn.

40. Vastgesteld moet worden dat de aankoopkosten rechtstreeks verband houden met het bij de terugkoop van aandelen betaalde bedrag, zodat ingezetenen en niet-ingezetenen dienaangaande in een vergelijkbare situatie worden geplaatst. Er bestaat geen objectief verschil in situatie dat grond kan opleveren voor een verschillende behandeling van beide categorieën belastingplichtigen op dit punt.

41. In deze omstandigheden vormt een nationale regeling als de wet van 1970 een willekeurige discriminatie jegens niet-ingezeten aandeelhouders, aangezien deze hen in een objectief vergelijkbare situatie zwaarder belast dan ingezeten aandeelhouders.

42. Wat ten slotte de overige in artikel 58 EG of in de rechtspraak van het Hof bedoelde rechtvaardigingsgronden betreft, moet worden vastgesteld dat hierop geen beroep is gedaan.

43. Op de eerste vraag dient dan ook te worden geantwoord dat de artikelen 56 EG en 58 EG aldus moeten worden uitgelegd dat zij zich verzetten tegen een nationale regeling als die welke in het hoofdgeding aan de orde is, volgens welke bij verlaging van het aandelenkapitaal het aan een niet-ingezeten aandeelhouder uitbetaalde bedrag van de terugkoop van aandelen wordt belast als uitkering van dividenden zonder dat recht op aftrek van de aankoopkosten van die aandelen bestaat, terwijl dit bedrag wordt belast als vermogenswinst met recht op aftrek van de aankoopkosten wanneer het aan een ingezeten aandeelhouder wordt uitbetaald.

Tweede vraag

44. Met haar tweede vraag wenst de verwijzende rechterlijke instantie te vernemen of het antwoord op de eerste vraag anders luidt wanneer de toepasselijke belastingregeling voortvloeit uit een overeenkomst ter voorkoming van dubbele belasting als de Frans-Zweedse overeenkomst, die voor niet-ingezeten aandeelhouders een bovengrens aan de belasting van dividenden stelt die lager is dan die welke op ingezeten aandeelhouders van toepassing is, en die, door uitlegging van deze overeenkomst in het licht van het commentaar van de OESO bij haar toepasselijke modelverdrag, de aftrek van de nominale waarde van deze aandelen van het bedrag van de terugkoop van aandelen toestaat.

45. Bouanich benadrukt dat de Franse Republiek krachtens de Frans-Zweedse overeenkomst het uitsluitende recht heeft om de bij de terugkoop van aandelen gerealiseerde vermogenswinsten te belasten. De volgens de regeling inzake dividenden ten onrechte geheven belasting moet haar dan ook integraal worden teruggegeven.

46. De Commissie betoogt met een beroep op de rechtspraak met betrekking tot het 'avoir fiscal' (een belastingkrediet) (arrest van 28 januari 1986, Commissie/Frankrijk, 270/83, *Jurispr.* blz. 273) en fiscale voordelen (arrest van 21 september 1999, Saint-Gobain ZN, C-307/97, *Jurispr.* blz. I-6161) dat de naleving van het gemeenschapsrecht niet kan afhangen van de inhoud van een tussen twee lidstaten gesloten overeenkomst inzake dubbele belasting.

47. Zij meent dat een regeling als in het hoofdgeding wordt beschreven, die op grond van een belastingovereenkomst van toepassing is en in het licht van het commentaar bij het OESO-modelverdrag wordt uitgelegd, in strijd is met de artikelen 56 EG en 58 EG.

48. Dienaangaande dient te worden nagegaan of voor de beoordeling van de conformiteit van een fiscale regeling met de communautaire regels inzake vrij kapitaalverkeer rekening moet worden gehouden met de Frans-Zweedse overeenkomst. Bij een bevestigend antwoord moet vervolgens worden onderzocht of deze overeenkomst de beperking van de fundamentele vrijheid die is vastgesteld ongedaan maakt.

49. De afschaffing van dubbele belasting is één van de doelstellingen van de Gemeenschap die de lidstaten ingevolge artikel 293, tweede streepje, EG moeten verwezenlijken. Bij gebreke van communautaire unificatie- of harmonisatiemaatregelen tot afschaffing van dubbele belastingen, blijven de lidstaten bevoegd om de criteria voor de belasting van de inkomsten en het vermogen vast te stellen teneinde, in voorkomend geval door het sluiten van een overeenkomst, dubbele belastingen af te schaffen. Daarbij staat het de lidstaten vrij om in het kader van bilaterale verdragen de aanknopingsfactoren ter verdeling van de heffingsbevoegdheid vast te stellen (zie arrest van 12 mei 1998, Gilly, C-336/96, *Jurispr.* blz. I-2793, punten 24 en 30, en arresten Saint-Gobain ZN, reeds aangehaald, punt 57, en D., reeds aangehaald, punt 52).

50. Evenwel staat deze verdeling van de heffingsbevoegdheid het de lidstaten niet toe, een met de communautaire regels strijdige discriminatie in te voeren.

51. Aangezien de belastingregeling die voortvloeit uit de Frans-Zweedse overeenkomst, uitgelegd in het licht van het commentaar bij het OESO-modelverdrag, deel uitmaakt van het in het hoofdgeding toepasselijk rechtskader en als zodanig door de verwijzende rechterlijke instantie is gepresenteerd, dient het Hof hiermee rekening te houden om een voor de nationale rechter nuttige uitlegging van het gemeenschapsrecht te geven. Het staat niet aan het Hof om het nationale recht uit te leggen of om de toepassing ervan op het concrete geval te onderzoeken (zie met name arresten van 24 oktober 1996, Dietz, C-435/93, *Jurispr.* blz. I-5223, punt 39, en 30 april 1998, Thibault, C-136/95, *Jurispr.* blz. I-2011, punt 21).

52. Wat betreft de fiscale behandeling die uit de Frans-Zweedse overeenkomst voortvloeit, zij eraan herinnerd dat een niet-ingezeten aandeelhouder als Bouanich ingevolge deze overeenkomst, uitgelegd in het licht van het commentaar bij het OESO-modelverdrag, bij de terugkoop van aandelen de nominale waarde ervan mag aftrekken van het belastbare bedrag. Het resterende bedrag wordt dan belast tegen een tarief van 15%.

53. Aangezien de ingezeten aandeelhouders tegen een tarief van 30% belast worden over het bedrag van de terugkoop van aandelen na aftrek van de aankoopkosten, moet worden onderzocht of deze aandeelhouders gunstiger behandeld worden dan de niet-ingezeten aandeelhouders. Voor een dergelijk onderzoek is het nodig het bedrag van de aankoopkosten van de aandelen te kennen, alsook de nominale waarde ervan.

54. Dienaangaande zij eraan herinnerd dat de vaststelling en de waardering van de feiten niet tot de bevoegdheid van het Hof behoren, maar tot die van de nationale rechter (arresten van 15 november 1979, Denkavit, 36/79, *Jurispr.* blz. 3439, punt 12; 5 oktober 1999, Lirussi en Bizzaro, C-175/98 en C-177/98, *Jurispr.* blz. I-6881, punt 37, en 22 juni 2000, Fornasar e.a., C- 318/98, *Jurispr.* blz. I-4785, punt 31).

55. Het staat dan ook aan de verwijzende rechterlijke instantie om in het kader van het aan haar voorgelegd geschil te onderzoeken of de aftrek van de nominale waarde en de toepassing van de bovengrens voor de belasting van 15% voor niet-ingezeten aandeelhouders leiden tot een behandeling van laatstgenoemde die niet minder gunstig is dan die van ingezetenen die recht hebben op de aftrek van de aankoopkosten en op de toepassing van een tarief van 30%.

56. Op de tweede vraag dient derhalve te worden geantwoord dat de artikelen 56 EG en 58 EG aldus moeten worden uitgelegd dat zij zich verzetten tegen een nationale regeling die voortvloeit uit een overeenkomst ter voorkoming van dubbele belasting als de Frans-Zweedse overeenkomst, die voor niet-ingezeten aandeelhouders een bovengrens aan de belasting van dividenden stelt die lager is dan die welke op ingezeten aandeelhouders van toepassing is, en die, door uitlegging van deze overeenkomst in het licht van het commentaar van de OESO bij haar toepasselijke modelverdrag, de aftrek van de nominale waarde van deze aandelen van het bedrag van de terugkoop van aandelen toestaat, behalve wanneer de niet-ingezeten aandeelhouders ingevolge deze nationale regeling niet minder gunstig worden behandeld dan de ingezeten aandeelhouders. Het staat aan de verwijzende rechterlijke instantie om vast te stellen of dit het geval is in de specifieke omstandigheden van het hoofdgeding.

Derde vraag

57. Gezien de antwoorden op de eerste en de tweede vraag behoeft de derde vraag niet te worden beantwoord.

Kosten

58. Ten aanzien van de partijen in het hoofdgeding is de procedure als een aldaar gerezen incident te beschouwen, zodat de nationale rechterlijke instantie over de kosten heeft te beslissen. De door anderen wegens indiening van hun opmerkingen bij het Hof gemaakte kosten komen niet voor vergoeding in aanmerking.

HET HOF VAN JUSTITIE (Derde kamer)

verklaart voor recht:

1. **De artikelen 56 EG en 58 EG moeten aldus worden uitgelegd dat zij zich verzetten tegen een nationale regeling als die welke in het hoofdgeding aan de orde is, volgens welke bij verlaging van het aandelenkapitaal het aan een niet-ingezeten aandeelhouder uitbetaalde bedrag van de terugkoop van aandelen wordt belast als uitkering van dividenden zonder dat recht op aftrek van de aankoopkosten van die aandelen bestaat, terwijl dit bedrag wordt belast als vermogenswinst met recht op aftrek van de aankoopkosten wanneer het aan een ingezeten aandeelhouder wordt uitbetaald.**

2. **De artikelen 56 EG en 58 EG moeten aldus worden uitgelegd dat zij zich verzetten tegen een nationale regeling die voortvloeit uit een overeenkomst ter voorkoming van dubbele belasting als de op 27 november 1990 ondertekende overeenkomst tussen de regering van de Franse Republiek en de regering van het Koninkrijk Zweden tot het vermijden van dubbele belasting en het voorkomen van het ontgaan van belasting met betrekking tot belastingen naar het inkomen en naar het vermogen, die voor niet-ingezeten aandeelhouders een bovengrens aan de belasting van dividenden stelt die lager is dan die welke op ingezeten aandeelhouders van toepassing is, en die, door uitlegging van deze overeenkomst in het licht van het commentaar van de Organisatie voor Economische Samenwerking en Ontwikkeling bij haar toepasselijke modelverdrag, de aftrek van de nominale waarde van deze aandelen van het bedrag van de terugkoop van aandelen toestaat, behalve wanneer de niet-ingezeten aandeelhouders ingevolge deze nationale regeling niet minder gunstig worden behandeld dan de ingezeten aandeelhouders. Het staat aan de verwijzende rechterlijke instantie om vast te stellen of dit het geval is in de specifieke omstandigheden van het hoofdgeding.**

HvJ EG 23 februari 2006, zaak C-152/03 (Hans-Jürgen Ritter-Coulais en Monique Ritter-Coulais v. Finanzamt Germersheim)

De in Duitsland binnenlands belastingplichtige echtelieden (Duitse staatsburgers en beide in overheidsdienst als leraar werkzaam in Duitsland) woonden in Frankrijk in een eigen woning. De naar Duits belastingrecht negatieve inkomsten uit de Franse woning werden door Duitsland niet in aanmerking genomen bij de bepaling van het progressieve tarief dat van toepassing was op hun effectief belaste Duitse inkomsten

HvJ EG: De vrijheid van werknemersverkeer staat een dergelijke beperking niet toe. De nadere vraag van de verwijzende rechter (het Duitse BFH) of wellicht ook het verlies zelf in aftrek zou moeten worden gelaten op de (Duitse) inkomsten, liet het HvJ EG buiten aanmerking omdat die vraag niet in het geding in Duitsland door partijen aan de orde was gesteld.

Grote kamer: *V. Skouris, president, P. Jann, C. W. A. Timmermans en A. Rosas, kamerpresidenten, N. Colneric, S. von Bahr (rapporteur), J. N. Cunha Rodrigues, R. Silva de Lapuerta, P. Küris, E. Juhász, G. Arestis, A. Borg Barthet en M. Ilešič, rechters*

Advocaat-generaal: *P. Léger*

1. Het verzoek om een prejudiciële beslissing betreft de uitlegging van de artikelen 52 EEG-Verdrag (nadien artikel 52 EG-Verdrag, thans, na wijziging, artikel 43 EG) en 73 B EG-Verdrag (thans artikel 56 EG).

2. Dit verzoek is ingediend in het kader van een geding tussen de heer en mevrouw Ritter-Coulais (hierna: 'echtgenoten Ritter-Coulais') en het Finanzamt Germersheim, ter zake van de inkomstenbelasting waaraan eerstgenoemden over het jaar 1987 in Duitsland zijn onderworpen.

Toepasselijke bepalingen, hoofdgeding en prejudiciële vragen

3. De echtgenoten Ritter-Coulais werden over het belastingjaar 1987 in Duitsland aangeslagen in de inkomstenbelasting als onbeperkt belastingplichtigen overeenkomstig § 1, lid 3, van het Einkommensteuergesetz (Duitse wet op de inkomstenbelasting), in de in 1987 geldende versie (hierna: 'EStG 1987'). Zij verwierven in die lidstaat inkomsten uit arbeid als leraar aan een middelbare school, maar woonden in Frankrijk in een hun toebehorende eengezinswoning. Op dat moment bezat de heer Ritter-Coulais de Duitse nationaliteit en mevrouw Ritter-Coulais zowel de Franse als de Duitse nationaliteit.

4. Overeenkomstig § 32b, lid 2, sub 2, EStG 1987 hebben de echtgenoten Ritter-Coulais verzocht om bij de bepaling van het tarief van de door hen over dat belastingjaar verschuldigde belasting rekening te houden met negatieve inkomsten voortvloeiend uit het eigen gebruik van hun woning.

5. Genoemde negatieve inkomsten vallen onder de inkomsten uit het gebruik van onroerende zaken, die volgens artikel 3, lid 1, van het op 21 juni 1959 te Parijs ondertekende verdrag tussen de Bondsrepubliek Duitsland en de Franse Republiek tot het vermijden van dubbele belasting en houdende bepalingen inzake wederzijdse administratieve en rechtsbijstand op het gebied van belastingen naar het inkomen en naar het vermogen, alsmede op het gebied van bedrijfsbelastingen en grondbelastingen, zoals gewijzigd bij het wijzigingsprotocol van 9 juni 1969 (hierna: 'DBV Duitsland-Frankrijk') enkel belastbaar zijn in de staat waar zij zijn gelegen, in casu Frankrijk.

6. Volgens artikel 20, lid 1, sub a, van het DBV Duitsland-Frankrijk beperkt deze omstandigheid echter niet het recht van de Bondsrepubliek Duitsland om met deze inkomsten rekening te houden bij de bepaling van het tarief van de in deze lidstaat verschuldigde belasting.

7. Zo houdt de Duitse belastingadministratie overeenkomstig § 32b, leden 1 en 2, EStG 1987 bij de bepaling van het belastingtarief rekening met buitenlandse inkomsten. § 2a, lid 1, eerste volzin, sub 4, van deze wet bepaalt evenwel dat bij het ontbreken van positieve inkomsten uit verhuur en verpachting van een in een andere lidstaat gelegen onroerende zaak, negatieve inkomsten uit dezelfde bron in dezelfde lidstaat noch bij de vaststelling van de maatstaf van heffing, noch bij de bepaling van het belastingtarief in aanmerking worden genomen.

8. De echtgenoten Ritter-Coulais dienden een bezwaarschrift in bij het Finanzamt Germersheim, ertoe strekkende dat bij de bepaling van het tarief van de door hen over het belastingjaar 1987 verschuldigde belasting rekening zou worden gehouden met negatieve inkomsten in dat belastingjaar. Nadat dit bezwaar was afgewezen en de rechter in eerste aanleg het standpunt van de belastingadministratie had bevestigd, hebben zij beroep in Revision ingesteld bij het Bundesfinanzhof.

9. Het Bundesfinanzhof betwijfelt of, met betrekking tot in Duitsland belastbare belastingplichtigen, het verschil in behandeling van negatieve inkomsten uit het gebruik van onroerende zaken al naar gelang deze zijn gelegen in

Duitsland of op het grondgebied van een andere lidstaat, verenigbaar is met het gemeenschapsrecht, met name de vrijheid van vestiging en het vrije kapitaalverkeer.

10. Derhalve heeft deze rechterlijke instantie de behandeling van de zaak geschorst en het Hof de volgende prejudiciële vragen gesteld:

> '1. Staan de artikelen 43 en 56 van het Verdrag tot oprichting van de Europese Gemeenschap eraan in de weg dat een in Duitsland onbeperkt belastingplichtige natuurlijke persoon, die aldaar inkomsten verwerft uit loondienst, in een andere lidstaat ontstane negatieve inkomsten uit verhuur en verpachting in Duitsland niet kan aftrekken van zijn belastbare inkomen?
> 2. Indien de eerste vraag ontkennend wordt beantwoord:
> Staan de artikelen 43 en 56 van het Verdrag eraan in de weg dat met bovengenoemde negatieve inkomsten evenmin bij wege van het zogenaamde negatieve progressievoorbehoud rekening mag worden gehouden?'

De eerste vraag

11. Met zijn eerste vraag wenst de verwijzende rechter te vernemen, of de verdragsregels inzake de vrijheid van vestiging en het vrije kapitaalverkeer in de weg staan aan een nationale regeling als de in het hoofdgeding aan de orde zijnde. Deze rechter merkt op dat ingevolge deze regeling natuurlijke personen die zich in de situatie bevinden van de echtgenoten Ritter-Coulais, die in een lidstaat inkomsten uit loondienst genieten en aldaar onbeperkt belastingplichtig zijn, de negatieve inkomsten die betrekking hebben op een woning in een andere lidstaat, die zij persoonlijk als zodanig gebruiken, niet kunnen aftrekken van de maatstaf van heffing voor de door hen in eerstgenoemde lidstaat verschuldigde belasting.

12. Blijkens de verwijzingsbeslissing hebben de echtgenoten Ritter-Coulais het Finanzamt Germersheim in het kader van het hoofdgeding verzocht, hun negatieve inkomsten uit verhuur in het belastingjaar 1987 in aanmerking te nemen, niet voor de vaststelling van de maatstaf van heffing voor dat jaar, maar alleen voor de bepaling van het toepasselijke belastingtarief. Op dit laatste wordt in de tweede vraag gedoeld.

13. Volgens vaste rechtspraak is de procedure van artikel 234 EG een instrument van de samenwerking tussen het Hof en de nationale rechterlijke instanties (zie onder meer arresten van 16 juli 1992, Lourenço Dias, C-343/90, *Jurispr.* blz. I-4673, punt 14; 12 juni 2003, Schmidberger, C-112/00, *Jurispr.* blz. I-5659, punt 30, en 18 maart 2004, Siemens en ARGE Telekom, C-314/01, *Jurispr.* blz. I-2549, punt 33).

14. In het kader van deze samenwerking is de nationale rechter aan wie het geschil is voorgelegd, die als enige de feiten van het hoofdgeding rechtstreeks kent en de verantwoordelijkheid draagt voor de te geven rechterlijke beslissing, het best in staat om, gelet op de bijzonderheden van het geval, zowel de noodzaak van een prejudiciële beslissing om uitspraak te kunnen doen, als de relevantie van de vragen die hij aan het Hof voorlegt, te beoordelen (zie met name arrest Lourenço Dias, reeds aangehaald, punt 15; arrest van 22 januari 2002, Canal Satélite Digital, C-390/99, *Jurispr.* blz. I-607, punt 18; arrest Schmidberger, reeds aangehaald, punt 31, en arrest Siemens en ARGE Telekom, reeds aangehaald, punt 34).

15. Dit neemt niet weg dat het aan het Hof staat om, ter toetsing van zijn eigen bevoegdheid, zo nodig een onderzoek in te stellen naar de omstandigheden waaronder de nationale rechter hem om een prejudiciële beslissing heeft verzocht, en in het bijzonder om vast te stellen of de gevraagde uitlegging van het gemeenschapsrecht verband houdt met een reëel geschil en met het voorwerp van het hoofdgeding, zodat het Hof er niet toe wordt gebracht om rechtsgeleerde adviezen over algemene of hypothetische vragen te geven. Wanneer blijkt dat de vraag klaarblijkelijk niet relevant is voor de beslechting van dit geding, dient het Hof de zaak zonder beslissing af te doen (arrest van 16 december 1981, Foglia, 244/80, *Jurispr.* blz. 3045, punt 21; reeds aangehaalde arresten Lourenço Dias, punt 20, en Canal Satélite Digital, punt 19; arrest van 30 september 2003, Inspire Art, C-167/01, *Jurispr.* blz. I-10155, punten 44 en 45, alsmede arrest Siemens en ARGE Telekom, reeds aangehaald, punt 35).

16. Aangezien het aan de verwijzende rechter voorgelegde geschil geen betrekking heeft op de in de eerste vraag bedoelde situatie, te weten de vaststelling van de maatstaf van heffing, maar alleen op de in de tweede vraag bedoelde situatie, te weten de bepaling van het toepasselijke belastingtarief, is een antwoord op de eerste vraag voor de beslechting van dit geding irrelevant.

17. Gelet op het voorgaande behoeft de eerste vraag geen beantwoording en dient het Hof enkel de tweede vraag te beantwoorden.

De tweede vraag

18. Met zijn tweede vraag wenst de verwijzende rechter te vernemen of de verdragsregels inzake de vrijheid van vestiging en het vrije kapitaalverkeer in de weg staan aan een nationale regeling als de in het hoofdgeding aan de orde zijnde, volgens welke natuurlijke personen die in een lidstaat inkomsten uit loondienst genieten en aldaar onbeperkt belastingplichtig zijn, er geen aanspraak op kunnen maken dat bij de bepaling van het belastingtarief

voor genoemde inkomsten in deze staat rekening wordt gehouden met negatieve inkomsten uit verhuur die betrekking hebben op een woning in een andere lidstaat, die zij persoonlijk als zodanig gebruiken.

19. Wat in de eerste plaats de vrijheid van vestiging betreft, zij eraan herinnerd dat deze volgens vaste rechtspraak de toegang tot werkzaamheden anders dan in loondienst en de uitoefening daarvan omvat (arrest van 11 maart 2004, De Lasteyrie du Saillant, C-9/02, *Jurispr.* blz. I-2409, punt 40, en aldaar aangehaalde rechtspraak).

20. Het aan de verwijzende rechter voorgelegde geding heeft evenwel betrekking op natuurlijke personen die in loondienst werkzaam zijn als leraar aan een Duits openbaar lyceum en die verzoeken dat bij de heffing van belasting over hun inkomsten in Duitsland rekening wordt gehouden met de negatieve inkomsten uit verhuur die op hun woning in Frankrijk betrekking hebben.

21. Hieruit volgt dat een uitlegging van de verdragsregels inzake de vrijheid van vestiging voor de beslechting van het hoofdgeding niet ter zake dienend is.

22. Wat in de tweede plaats het vrije kapitaalverkeer betreft, moet worden opgemerkt dat wanneer bij de heffing van belasting over in Duitsland verworven inkomsten geen rekening wordt gehouden met negatieve inkomsten uit verhuur die betrekking hebben op een woning in Frankrijk, zulks een situatie vormt die a priori bij de huidige stand van het gemeenschapsrecht krachtens artikel 56 EG binnen de werkingssfeer van het vrije kapitaalverkeer kan vallen.

23. Het hoofdgeding heeft betrekking op het belastingjaar 1987, dat wil zeggen een feitelijke en rechtssituatie van vóór zowel de invoering door het EU-Verdrag van artikel 73 B in het EG-Verdrag als de vaststelling en inwerkingtreding van richtlijn 88/361/EEG van de Raad van 24 juni 1988 voor de uitvoering van artikel 67 van het Verdrag (*PB* L 178, blz. 5), die een volledige liberalisering van het kapitaalverkeer tot stand heeft gebracht.

24. Er zij aan herinnerd dat artikel 67, lid 1, EEG-Verdrag (nadien artikel 67, lid 1, EG-Verdrag, dat op zijn beurt is ingetrokken door het Verdrag van Amsterdam) niet betekende dat de beperkingen van het kapitaalverkeer reeds aan het einde van de overgangsperiode waren opgeheven. Die opheffing was veeleer het resultaat van richtlijnen van de Raad op de grondslag van artikel 69 EEG-Verdrag (nadien artikel 69 EG-Verdrag, dat op zijn beurt is ingetrokken door het Verdrag van Amsterdam) (zie arresten van 11 november 1981, Casati, 203/80, *Jurispr.* blz. 2595, punten 8-13, en 14 november 1995, Svensson en Gustavsson, C-484/93, *Jurispr.* blz. I-3955, punt 5).

25. Voor het belastingjaar 1987 was relevant de Eerste richtlijn van de Raad van 11 mei 1960 voor de uitvoering van artikel 67 van het Verdrag (*PB* 1960, 43, blz. 921), zoals laatstelijk gewijzigd en aangevuld bij richtlijn 86/566/EEG van de Raad van 17 november 1986 (*PB* L 332, blz. 22).

26. Artikel 1, lid 1, van deze Eerste richtlijn voor de uitvoering van artikel 67 van het Verdrag, bepaalde enkel dat de lidstaten de deviezenvergunningen verleenden die vereist waren voor het aangaan van overeenkomsten of het verrichten van handelingen en voor de overmakingen tussen ingezetenen van de lidstaten, die op de in de bijlage bij deze richtlijn genoemde categorieën van kapitaalverkeer betrekking hadden.

27. De regels inzake het vrije kapitaalverkeer die ten tijde van de feiten van het hoofdgeding, te weten in 1987, golden, verzetten zich derhalve niet tegen het verbod om bij de bepaling van het belastingtarief voor de in een lidstaat belastbare inkomsten rekening te houden met negatieve inkomsten uit verhuur die betrekking hebben op een woning in een andere lidstaat.

28. De Commissie betoogt dat de situatie van de echtgenoten Ritter-Coulais moet worden beoordeeld aan de hand van het in artikel 48 EEG-Verdrag (nadien artikel 48 EG-Verdrag, thans, na wijziging, artikel 39 EG) verankerde beginsel van het vrij verkeer van werknemers.

29. Dienaangaande moet erop worden gewezen dat, zelfs indien het verzoek om een prejudiciële beslissing formeel enkel betrekking heeft op de uitlegging van de vrijheid van vestiging en het vrije kapitaalverkeer, een en ander niet belet dat het Hof de nationale rechter alle uitleggingsgegevens met betrekking tot het gemeenschapsrecht verschaft die nuttig kunnen zijn met het oog op een beslissing in de bij hem aanhangige zaak, ongeacht of er in zijn vragen naar wordt verwezen (zie in die zin arresten van 12 december 1990, SARPP, C-241/89, *Jurispr.* blz. I-4695, punt 8; 2 februari 1994, Verband Sozialer Wettbewerb, 'Clinique', C-315/92, *Jurispr.* blz. I-317, punt 7; 4 maart 1999, Consorzio per la tutela del formaggio Gorgonzola, C-87/97, *Jurispr.* blz. I-1301, punt 16, en 29 april 2004, Weigel, C-387/01, *Jurispr.* blz. I-4981, punt 44).

30. De nationale regeling moet derhalve worden getoetst aan artikel 48 van het Verdrag.

31. Dienaangaande zij eraan herinnerd dat iedere gemeenschapsonderdaan die gebruik heeft gemaakt van het recht op vrij verkeer van werknemers en die een beroepswerkzaamheid in een andere lidstaat dan zijn woonstaat heeft uitgeoefend, ongeacht zijn woonplaats en zijn nationaliteit, binnen de werkingssfeer van artikel 48 van het Verdrag valt (zie arresten van 12 december 2002, De Groot, C-385/00, *Jurispr.* blz. I-11819, punt 76; 13 november 2003, Schilling en Fleck-Schilling, C-209/01, *Jurispr.* blz. I-13389, punt 23, en 7 juli 2005, Van Pommeren-Bourgondiën, C-227/03, nog niet gepubliceerd in de *Jurisprudentie*, punten 19, 44 en 45).

32. Hieruit volgt dat de situatie van de echtgenoten Ritter-Coulais, die werkzaam waren in een andere lidstaat dan die waar zich hun werkelijke woonplaats bevond, binnen de werkingssfeer van artikel 48 van het Verdrag valt.

33. Bovendien volgt uit vaste rechtspraak dat de verdragsbepalingen inzake het vrije verkeer van personen beogen het de gemeenschapsonderdanen gemakkelijker te maken, op het gehele grondgebied van de Gemeenschap om het even welk beroep uit te oefenen, en in de weg staan aan regelingen die deze onderdanen zouden kunnen benadelen wanneer zij op het grondgebied van een andere lidstaat een economische activiteit willen verrichten (zie arresten van 7 juli 1992, Singh, C-370/90, *Jurispr.* blz. I-4265, punt 16; 26 januari 1999, Terhoeve, C-18/95, *Jurispr.* blz. I-345, punt 37; 27 januari 2000, Graf, C-190/98, *Jurispr.* blz.I-493, punt 21, en 15 juni 2000, Sehrer, C-302/98, *Jurispr.* blz. I-4585, punt 32, en arrest Schilling en Fleck-Schilling, reeds aangehaald, punt 24).

34. Zoals gezegd houdt de toepasselijke nationale regeling, te weten § 32b, leden 1 en 2, en § 2a, lid 1, eerste volzin, sub 4, EStG 1987, rekening met positieve inkomsten uit de verhuur van woningen in het buitenland, maar niet met negatieve inkomsten uit gelijke bron wanneer dergelijke positieve inkomsten ontbreken.

35. Hieruit volgt dat personen die, zoals de echtgenoten Ritter-Coulais, in Duitsland werkten, maar in hun eigen woning in een andere lidstaat woonden, bij het ontbreken van positieve inkomsten, anders dan personen die in Duitsland werkten en aldaar in hun eigen woning woonden, er geen aanspraak op konden maken dat bij de bepaling van het belastingtarief voor hun inkomsten rekening werd gehouden met negatieve inkomsten uit de verhuur van hun woning.

36. Ofschoon de nationale regeling niet rechtstreeks betrekking heeft op niet-ingezetenen, zijn deze wel vaker eigenaar van een buiten het Duitse grondgebied gelegen woning dan ingezetenen.

37. Derhalve worden niet-ingezeten werknemers door de nationale regeling minder gunstig behandeld dan werknemers die in Duitsland in hun eigen woning wonen.

38. Een nationale regeling als de in het hoofdgeding aan de orde zijnde is bijgevolg door artikel 48 van het Verdrag verboden.

39. De Duitse regering betoogt evenwel dat de ongunstige behandeling van niet-ingezeten belastingplichtigen wordt gerechtvaardigd door de noodzaak, de fiscale samenhang te waarborgen van het nationale stelsel waarin de betrokken regeling is opgenomen.

40. Dienaangaande volstaat de vaststelling dat, aangezien de Duitse belastingwetgeving bij de vaststelling van het belastingtarief rekening houdt met positieve inkomsten uit de verhuur van een in een andere lidstaat gelegen woning, aan de fiscale samenhang geen argumenten kunnen worden ontleend ter rechtvaardiging van de weigering om bij deze vaststelling rekening te houden met negatieve inkomsten uit gelijke bron in die andere lidstaat.

41. Gelet op de voorgaande overwegingen moet op de tweede vraag worden geantwoord, dat artikel 48 van het Verdrag aldus moet worden uitgelegd dat het zich verzet tegen een nationale regeling als de in het hoofdgeding aan de orde zijnde, volgens welke natuurlijke personen die in een lidstaat inkomsten uit loondienst genieten en aldaar onbeperkt belastingplichtig zijn, er geen aanspraak op kunnen maken dat bij de bepaling van het belastingtarief voor genoemde inkomsten in deze staat rekening wordt gehouden met negatieve inkomsten uit verhuur die betrekking hebben op een woning in een andere lidstaat, die zij persoonlijk als zodanig gebruiken, terwijl positieve inkomsten uit verhuur van een dergelijke woning wel in aanmerking zouden worden genomen.

Kosten

42. Ten aanzien van de partijen in het hoofdgeding is de procedure als een aldaar gerezen incident te beschouwen, zodat de nationale rechterlijke instantie over de kosten heeft te beslissen. De door anderen wegens indiening van hun opmerkingen bij het Hof gemaakte kosten komen niet voor vergoeding in aanmerking.

HET HOF VAN JUSTITIE (Grote kamer)

verklaart:

Artikel 48 EEG-Verdrag (nadien artikel 48 EG-Verdrag, thans, na wijziging, artikel 39 EG) moet aldus worden uitgelegd dat het zich verzet tegen een nationale regeling als de in het hoofdgeding aan de orde zijnde, volgens welke natuurlijke personen die in een lidstaat inkomsten uit loondienst genieten en aldaar onbeperkt belastingplichtig zijn, er geen aanspraak op kunnen maken dat bij de bepaling van het belastingtarief voor genoemde inkomsten in deze staat rekening wordt gehouden met negatieve inkomsten uit verhuur die betrekking hebben op een woning in een andere lidstaat, die zij persoonlijk als zodanig gebruiken, terwijl positieve inkomsten uit verhuur van een dergelijke woning wel in aanmerking zouden worden genomen.

HvJ 23 februari 2006, zaak C-253/03 (CLT-UFA SA v. Finanzamt Köln-West)

Derde kamer: *A. Rosas, kamerpresident, J. Malenovský, J. P. Puissochet, S. von Bahr (rapporteur) en U. Lõhmus, rechters*
Advocaat-generaal: *P. Léger*

1. Het verzoek om een prejudiciële beslissing betreft de uitlegging van de artikelen 52 EG-Verdrag (thans, na wijziging, artikel 43 EG) en 58 EG-Verdrag (thans, na wijziging, artikel 48 EG).

2. Dit verzoek is ingediend in het kader van een geding tussen CLT-UFA SA (hierna: 'CLT-UFA') en het Finanzamt Köln-West (hierna: 'Finanzamt') met betrekking tot de belasting over de winst van het Duitse filiaal van CLT-UFA.

Het hoofdgeding en het rechtskader

3. CLT-UFA is een vennootschap met zetel en bedrijfsleiding in Luxemburg. In 1994 (hierna: 'litigieus belastingjaar') had zij een filiaal in Duitsland.

4. Het Finanzamt sloeg CLT-UFA als in Duitsland voor de vennootschapsbelasting beperkt belastingplichtige vennootschap over de door haar filiaal in het litigieuze belastingjaar behaalde inkomsten aan overeenkomstig artikel 5, lid 1, van het op 23 augustus 1958 te Luxemburg ondertekende, tussen het Groothertogdom Luxemburg en de Bondsrepubliek Duitsland gesloten Abkommen zur Vermeidung der Doppelbesteuerung und über gegenseitige Amts- und Rechtshilfe auf dem Gebiete der Steuern vom Einkommen und vom Vermögen sowie der Gewerbesteuern und der Grundsteuern (Overeenkomst tot het vermijden van dubbele belasting en houdende bepalingen inzake wederzijdse administratieve en juridische bijstand op het gebied van belastingen naar het inkomen en naar het vermogen, alsmede op het gebied van bedrijfsbelastingen en grondbelastingen) en het eindprotocol en de uitwisseling van aantekeningen met betrekking tot deze Overeenkomst, zoals gewijzigd bij het aanvullend Protocol van 15 juni 1973 (hierna: 'Overeenkomst tot het vermijden van dubbele belasting tussen de Bondsrepubliek Duitsland en het Groothertogdom Luxemburg').

5. Het Finanzamt heeft het belastingtarief vastgesteld op 42% van het belastbare inkomen van het filiaal, overeenkomstig § 23, leden 2 en 3, van het Körperschaftsteuergesetz 1991 (wet op de vennootschapsbelasting van 1991; hierna: 'KStG') in de op de feiten van het hoofdgeding toepasselijke versie.

6. Het bezwaar en het beroep bij het Finanzgericht, waarbij CLT-UFA heeft aangevoerd dat dit belastingtarief discriminerend was en inbreuk maakte op de vrijheid van vestiging als bedoeld in artikel 52 van het Verdrag juncto artikel 58 van het Verdrag, zijn niet geslaagd. Daarop heeft CLT-UFA zich tot het Bundesfinanzhof gewend met een vordering tot vernietiging van het arrest van het Finanzgericht en tot wijziging van de belastingaanslag in de zin van een verlaging van het belastingtarief tot 30% van het belastbare inkomen.

7. Het Bundesfinanzhof wijst erop dat CLT-UFA, omdat haar zetel en bedrijfsleiding zich in Luxemburg bevinden, wat haar Duitse filiaal betreft, anders en minder gunstig is behandeld dan wanneer zij haar activiteiten in Duitsland in de rechtsvorm van een GmbH of een Aktiengesellschaft met zetel en/of bedrijfsleiding in Duitsland zou hebben uitgeoefend.

8. Het Bundesfinanzhof preciseert dat een Aktiengesellschaft met zetel en/of bedrijfsleiding in Duitsland onderworpen zou zijn geweest aan de vennootschapsbelasting die, indien de winst niet zou zijn uitgekeerd, 45% van de winst vóór aftrek van de belasting zou hebben bedragen. Dit hoge belastingtarief kon echter worden verlaagd. De vennootschapsbelasting zou slechts 33,5% hebben bedragen wanneer de winst uiterlijk op 30 juni 1996 de moederonderneming had bereikt, overeenkomstig de §§ 27, lid 1, en 49, lid 1, KStG, alsmede de §§ 43, lid 1, eerste volzin, sub 1, en 44d, lid 1, van het Einkommensteuergesetz 1994 (wet op de inkomstenbelasting; hierna: 'EStG'). Wanneer de winst na 30 juni 1996 aan de moederonderneming was uitgekeerd, zou het belastingtarief zijn verlaagd tot 30% van de winst, overeenkomstig § 44d, lid 1, derde volzin, EStG juncto § 49, lid 1, KStG. Het Bundesfinanzhof geeft aan dat dochterondernemingen doorgaans gebruik maken van deze mogelijkheid om een lager belastingtarief te verkrijgen.

9. Het Bundesfinanzhof twijfelt eraan of de toepassing van verschillende belastingtarieven ten nadele van CLT-UFA gerechtvaardigd is. Voor het geval dat het belastingtarief van 42% voor filialen een schending van het Verdrag zou opleveren, verzoekt het Bundesfinanzhof het Hof, te preciseren welk tarief deze schending zou opheffen. Volgens het Bundesfinanzhof zou het toereikend zijn, het belastingtarief voor de winst van de vaste inrichting van CLT-UFA te verlagen tot 33,5%, voorzover deze laatste onmiddellijk na ommekomst van het litigieuze belastingjaar over de winst kan beschikken.

De prejudiciële vragen

10. In deze omstandigheden heeft het Bundesfinanzhof de behandeling van de zaak geschorst en het Hof de volgende prejudiciële vragen voorgelegd:

'1. Moeten de artikelen 52 EG-Verdrag juncto 58 EG-Verdrag aldus worden uitgelegd dat het recht van vrije vestiging wordt geschonden wanneer voor de winst die een buitenlandse kapitaalvennootschap uit de EU in 1994 via een filiaal in Duitsland heeft behaald, een Duitse vennootschapsbelasting van 42% geldt (zgn. belastingtarief voor vaste inrichtingen), terwijl:

a. voor de winst slechts een Duitse vennootschapsbelasting van 33,5% zou gelden wanneer deze winst door een in Duitsland onbeperkt aan de vennootschapsbelasting onderworpen dochteronderneming van de buitenlandse kapitaalvennootschap uit de EU zou zijn behaald en uiterlijk op 30 juni 1996 volledig aan de moederonderneming zou zijn uitgekeerd,

b. voor de winst aanvankelijk weliswaar een Duitse vennootschapsbelasting van 45% zou gelden wanneer de dochteronderneming deze winst tot 30 juni 1996 zou hebben gereserveerd, doch in geval van een volledige uitkering na 30 juni 1996 de vennootschapsbelasting achteraf tot 30% zou worden verlaagd?

2. Dient het belastingtarief voor vaste inrichtingen, voorzover het in strijd is met de artikelen 52 EG-Verdrag juncto 58 EG-Verdrag, voor het litigieuze jaar tot 30% te worden verlaagd om de schending weg te werken?'

Beantwoording van de eerste vraag

11. Met zijn eerste vraag wenst de verwijzende rechter in wezen te vernemen of de artikelen 52 en 58 van het Verdrag in de weg staan aan een nationale regeling als aan de orde in het hoofdgeding, volgens welke de winst van een filiaal van een vennootschap waarvan de zetel zich in een andere lidstaat bevindt, tegen een hoger tarief wordt belast dan de winst van een dochteronderneming van een dergelijke vennootschap, indien deze dochteronderneming haar winst volledig aan haar moederonderneming uitkeert.

12. Er zij aan herinnerd dat artikel 52 van het Verdrag een van de fundamentele bepalingen van gemeenschapsrecht is en rechtstreeks toepasselijk is in de lidstaten (zie met name arrest van 21 september 1999, Saint-Gobain ZN, C-307/97, *Jurispr.* blz. I-6161, punt 34).

13. Volgens deze bepaling omvat de vrijheid van vestiging voor onderdanen van een lidstaat op het grondgebied van een andere lidstaat de toegang tot en de uitoefening van werkzaamheden anders dan in loondienst, alsmede de oprichting en het beheer van ondernemingen overeenkomstig de bepalingen welke door de wetgeving van het land van vestiging voor de eigen onderdanen zijn vastgesteld. De opheffing van de beperkingen op de vrijheid van vestiging heeft eveneens betrekking op beperkingen betreffende de oprichting van agentschappen, filialen of dochterondernemingen door de onderdanen van een lidstaat die op het grondgebied van een andere lidstaat zijn gevestigd (arresten van 28 januari 1986, Commissie/ Frankrijk, 270/83, *Jurispr.* blz. 273, punt 13, en 29 april 1999, Royal Bank of Scotland, C-311/97, *Jurispr.* blz. I-2651, punt 22).

14. Artikel 52, eerste alinea, tweede volzin, van het Verdrag biedt de economische subjecten uitdrukkelijk de mogelijkheid om vrijelijk de rechtsvorm te kiezen die bij de uitoefening van hun werkzaamheden in een andere lidstaat past, zodat deze vrije keuze niet mag worden beperkt door discriminerende fiscale bepalingen (arrest Commissie/Frankrijk, reeds aangehaald, punt 22).

15. De vrijheid om de rechtsvorm te kiezen die bij de uitoefening van werkzaamheden in een andere lidstaat past, heeft aldus met name tot doel, vennootschappen waarvan de zetel zich in een andere lidstaat bevindt, de mogelijkheid te bieden, een filiaal te openen in een andere lidstaat om er hun werkzaamheden uit te oefenen onder dezelfde voorwaarden als die welke gelden voor dochterondernemingen.

16. Dienaangaande zij vastgesteld dat het definitieve belastingtarief van 42% dat van toepassing is op de winst van filialen van moederondernemingen die hun zetel in een andere lidstaat hebben, over het algemeen nadelig is in vergelijking met het lagere belastingtarief van 33,5%, of zelfs van 30%, dat van toepassing is op de winst van dochterondernemingen van dergelijke moederondernemingen.

17. De weigering om met betrekking tot filialen het lagere belastingtarief toe te passen, maakt het derhalve voor vennootschappen die hun zetel in een andere lidstaat hebben, minder aantrekkelijk om door middel van een filiaal gebruik te maken van de vrijheid van vestiging. Hieruit volgt dat een nationale regeling als aan de orde in het hoofdgeding, een beperking oplevert van de vrijheid om de rechtsvorm te kiezen die bij de uitoefening van werkzaamheden in een andere lidstaat past.

18. Derhalve moet worden uitgemaakt of dit verschil in behandeling objectief gerechtvaardigd is.

19. Het Finanzamt en de Duitse regering betogen dat het verschil in behandeling van enerzijds filialen en anderzijds dochterondernemingen betrekking heeft op situaties die niet objectief vergelijkbaar zijn.

20. Zij betogen met name dat de winst die door een dochteronderneming aan haar moederonderneming wordt uitgekeerd, het vermogen van de dochteronderneming verlaat, terwijl de winst die door een filiaal aan zijn

moederonderneming wordt overgemaakt, deel blijft uitmaken van het eigen vermogen van een en dezelfde onderneming. Volgens de Duitse regering en het Finanzamt is het wegens dit fundamentele verschil en ook om praktische redenen dat de nationale wetgever de winst van filialen van de toepassing van het lagere belastingtarief heeft uitgesloten.

21. Het Finanzamt voegt hieraan toe dat het op dochterondernemingen toepasselijke lagere belastingtarief wordt gerechtvaardigd door het feit dat de van een dochteronderneming geheven belasting moet worden toegerekend op de belasting die verschuldigd is door de begunstigde moederonderneming, die in Duitsland onbeperkt belastingplichtig is, ter voorkoming van dubbele belastingheffing van deze belastingplichtigen.

22. Aangaande in de eerste plaats het argument van de Duitse regering en van het Finanzamt dat er een fundamenteel verschil bestaat tussen de uitkering van winst door een dochteronderneming aan haar moederonderneming en het overmaken van de winst binnen een en dezelfde vennootschap, moet het volgende worden opgemerkt.

23. In beide gevallen wordt de winst ter beschikking gesteld van de vennootschap die de controle heeft over de dochteronderneming respectievelijk het filiaal. Het enige werkelijke verschil tussen deze twee situaties is namelijk dat de uitkering van winst door een dochteronderneming aan haar moederonderneming een formeel besluit hieromtrent veronderstelt, terwijl de winst van een filiaal van een vennootschap zelfs zonder formeel besluit deel uitmaakt van het vermogen van deze vennootschap.

24. Bovendien blijkt uit de verwijzingsbeslissing, evenals uit de opmerkingen van het Finanzamt en de Duitse regering, dat zelfs wanneer de door een dochteronderneming aan haar moederonderneming uitgekeerde winst het vermogen van deze dochteronderneming verlaat, de moederonderneming deze winst nog altijd aan haar dochteronderneming ter beschikking kan stellen in de vorm van eigen vermogen of van een aandeelhouderslening.

25. Dat de winst door de uitkering aan de moederonderneming het vermogen van de dochteronderneming verlaat, rechtvaardigt derhalve niet dat op de winst van een dergelijke dochteronderneming een lager belastingtarief wordt toegepast dan op dezelfde winst van een filiaal.

26. Aangaande het argument van het Finanzamt dat de toepassing van het lagere tarief op dochterondernemingen gerechtvaardigd is omdat daarmee dubbele belastingheffing van in Duitsland onbeperkt belastingplichtigen wordt vermeden, moet worden vastgesteld dat dit belastingtarief niet alleen van toepassing is op winst die aan deze categorie belastingplichtigen wordt uitgekeerd. Het lagere belastingtarief is namelijk ook van toepassing op de winst die door Duitse dochterondernemingen wordt uitgekeerd aan moederondernemingen die hun zetel in een andere lidstaat hebben, zoals bijvoorbeeld in Luxemburg.

27. Aangaande een Duitse dochteronderneming van een Luxemburgse vennootschap moet voorts nog worden opgemerkt, dat het op de winst van een dergelijke dochteronderneming toepasselijke belastingtarief, dat lager is dan het op de winst van een filiaal toepasselijke tarief, niet wordt gecompenseerd door een hogere winstbelasting op het niveau van de Luxemburgse moederonderneming.

28. Het Bundesfinanzhof wijst er namelijk op dat ingevolge de artikelen 5, lid 1, 13, leden 1 en 2, en 20, leden 1 en 2, van het Verdrag ter voorkoming van dubbele belasting tussen de Bondsrepubliek Duitsland en het Groothertogdom Luxemburg, in hun onderlinge samenhang beschouwd, zowel de winst die een Luxemburgse vennootschap verkrijgt van een Duits filiaal als de winst die zij van een Duitse dochteronderneming verkrijgt, is vrijgesteld van de Luxemburgse vennootschapsbelasting.

29. Uit de door het Bundesfinanzhof in de verwijzingsbeschikking verstrekte gegevens blijkt verder dat de nationale regeling, wat de bepaling van de maatstaf van heffing betreft, met betrekking tot vennootschappen die hun zetel in een andere lidstaat hebben, geen zodanig onderscheid maakt naargelang deze hun werkzaamheden via een filiaal dan wel via een dochteronderneming uitoefenen, dat dit een verschil in behandeling van de twee categorieën vennootschappen rechtvaardigt.

30. In deze omstandigheden blijkt dat Duitse dochterondernemingen en Duitse filialen van vennootschappen die hun zetel in Luxemburg hebben, zich in een objectief vergelijkbare situatie bevinden.

31. Gelet op een en ander moet op de eerste vraag worden geantwoord dat de artikelen 52 en 58 van het Verdrag in de weg staan aan een nationale regeling als aan de orde in het hoofdgeding, volgens welke de winst van een filiaal van een vennootschap waarvan de zetel zich in een andere lidstaat bevindt, tegen een hoger tarief wordt belast dan de winst van een dochteronderneming van een dergelijke vennootschap, indien deze dochteronderneming haar winst volledig aan haar moederonderneming uitkeert.

Beantwoording van de tweede vraag

32. Met zijn tweede vraag wenst het Bundesfinanzhof in wezen te vernemen of een belastingtarief dat van toepassing is op de winst van een filiaal als aan de orde in het hoofdgeding, moet worden verlaagd tot 33,5%, het tarief

dat van toepassing was op de tot en met 30 juni 1996 uitgekeerde winst, of tot 30%, namelijk het tarief dat vanaf die datum van toepassing was, om in overeenstemming te zijn met de artikelen 52 en 58 van het Verdrag.

33. Dienaangaande volgt uit het antwoord op de eerste vraag, dat op de winst van een filiaal een belastingtarief moet worden toegepast dat gelijk is aan het totale belastingtarief dat in dezelfde omstandigheden van toepassing zou zijn op de winst die door een dochteronderneming aan haar moederonderneming wordt uitgekeerd.

34. Deze vergelijking moet worden gemaakt tegen de achtergrond van de feiten van het hoofdgeding.

35. Dienaangaande zij eraan herinnerd dat in het kader van de procedure van artikel 234 EG, dat op een duidelijke scheiding van de taken van de nationale rechterlijke instanties en van het Hof berust, elke beoordeling van de feiten tot de bevoegdheid van de nationale rechter behoort (arresten van 15 november 1979, Denkavit Futtermittel, 36/79, *Jurispr.* blz. 3439, punt 12; 16 juli 1998, Dumon en Froment, C-235/95, *Jurispr.* blz. I-4531, punt 25; 5 oktober 1999, Lirussi en Bizzaro, C-175/98 en C-177/98, *Jurispr.* blz. I-6881, punt 37, en 15 mei 2003, RAR, C-282/00, *Jurispr.* blz. I-4741, punt 46).

36. Het Hof is dus niet bevoegd om de feiten van het hoofdgeding te beoordelen of om de communautaire voorschriften die het heeft uitgelegd, op nationale maatregelen of situaties toe te passen, aangezien dit tot de uitsluitende bevoegdheid van de nationale rechter behoort (zie arresten van 19 december 1968, Salgoil, 13/68, *Jurispr.* blz. 661; 23 januari 1975, Van der Hulst, 51/74, *Jurispr.* blz. 79, punt 12, en 8 februari 1990, Shipping and Forwarding Enterprise Safe, C-320/88, *Jurispr.* blz. I-285, punt 11; arresten Lirussi en Bizzaro, reeds aangehaald, punt 38, en RAR, reeds aangehaald, punt 47).

37. Derhalve dient de tweede vraag aldus te worden beantwoord dat het aan de nationale rechter staat, over het belastingtarief dat moet worden toegepast op de winst van een filiaal als aan de orde in het hoofdgeding, te oordelen aan de hand van het belastingtarief dat van toepassing zou zijn op de winst die door een dochteronderneming aan haar moederonderneming wordt uitgekeerd.

Kosten

38. …

HET HOF VAN JUSTITIE (Derde kamer)

verklaart voor recht:

1. De artikelen 52 EG-Verdrag (thans, na wijziging, artikel 43 EG) en 58 EG-Verdrag (thans, na wijziging, artikel 48 EG) staan in de weg aan een nationale regeling als aan de orde in het hoofdgeding, volgens welke de winst van een filiaal van een vennootschap waarvan de zetel zich in een andere lidstaat bevindt, tegen een hoger tarief wordt belast dan de winst van een dochteronderneming van een dergelijke vennootschap, indien deze dochteronderneming haar winst volledig aan haar moederonderneming uitkeert.

2. Het staat aan de nationale rechter, over het belastingtarief dat moet worden toegepast op de winst van een filiaal als aan de orde in het hoofdgeding, te oordelen aan de hand van het belastingtarief dat van toepassing zou zijn op de winst die door een dochteronderneming aan haar moederonderneming wordt uitgekeerd.

HvJ EG 23 februari 2006, zaak C-513/03 (Erven van M. E. A. van Hilten-van der Heijden v. Inspecteur van de Belastingdienst/Particulieren/Ondernemingen Buitenland te Heerlen)

Derde kamer: *A. Rosas, kamerpresident, J. Malenovský, S. von Bahr (rapporteur), A. Borg Barthet en U. Lõhmus, rechters*
Advocaat-generaal: *P. Léger*

1. Het verzoek om een prejudiciële beslissing betreft de uitlegging van de artikelen 73 C, lid 1, en 73 D, lid 3, EG-Verdrag (thans de artikelen 57, lid 1, EG en 58, lid 3, EG), die op de datum van overlijden van Van Hilten-van der Heijden golden.

2. Dit verzoek is ingediend in het kader van een geding tussen de erfgenamen van Van Hilten-van der Heijden en de Inspecteur van de Belastingdienst Particulieren/Ondernemingen Buitenland te Heerlen (hierna: 'Inspecteur'), over de successierechten die in Nederland zijn geheven over de door erflaatster nagelaten erfenis.

Rechtskader

Gemeenschapsrecht

3. Bijlage I bij richtlijn 88/361/EEG van de Raad van 24 juni 1988 voor de uitvoering van artikel 67 van het Verdrag [dit artikel is ingetrokken bij het Verdrag van Amsterdam] (*PB* L 178, blz. 5), met het opschrift 'Nomenclatuur van het kapitaalverkeer bedoeld in artikel 1 van de richtlijn', vermeldt in de inleiding het volgende:

> 'In de onderhavige nomenclatuur worden de kapitaalbewegingen ingedeeld volgens de economische aard van de, in nationale valuta of in buitenlandse valuta's luidende, tegoeden en verplichtingen waarop zij betrekking hebben.
>
> De in deze nomenclatuur opgesomde kapitaalbewegingen omvatten:
>
> – alle voor het verwezenlijken van de kapitaalbewegingen noodzakelijke verrichtingen: sluiten en uitvoeren van de transactie en desbetreffende overmakingen; de transactie vindt in het algemeen tussen ingezetenen van verschillende lidstaten plaats; het komt echter voor, dat bepaalde kapitaalbewegingen door één persoon voor eigen rekening tot stand worden gebracht (bijvoorbeeld overmaking van tegoeden van emigranten);
>
> – door natuurlijke of rechtspersonen uitgevoerde verrichtingen [...]
>
> – de toegang tot alle financiële technieken die beschikbaar zijn op de markt waarop voor het verwezenlijken van de verrichting een beroep wordt gedaan. Zo betreft de verwerving van effecten en andere financiële instrumenten niet alleen contante verrichtingen, maar alle beschikbare verhandelingstechnieken: termijnverrichtingen, verrichtingen met opties of warrants, ruil tegen andere activa enz. [...]
>
> – de liquidatie of de overdracht van gevormde vermogenswaarden, de repatriëring van de opbrengst van deze liquidatie of de aanwending ter plaatse van deze opbrengst binnen de grenzen van de communautaire verplichtingen;
>
> – de aflossing van de kredieten of leningen.
>
> Deze nomenclatuur vormt geen limitatieve omschrijving van het begrip kapitaalverkeer; derhalve is een rubriek XIII. F 'Overig kapitaalverkeer Diversen' opgenomen. De nomenclatuur mag dus niet worden geïnterpreteerd als een beperking van de draagwijdte van het beginsel van een volledige liberalisatie van het kapitaalverkeer zoals dat is neergelegd in artikel 1 van deze richtlijn.'

4. Genoemde nomenclatuur omvat dertien verschillende categorieën kapitaalverkeer. Onder rubriek XI, met het opschrift 'Kapitaalverkeer van persoonlijke aard', is opgenomen:

> '[...]
> D. Nalatenschappen en legaten
> [...]'

5. Bij de ondertekening van de slotakte en de verklaringen van de intergouvernementele conferenties over de Europese Unie, op 7 februari 1992, heeft de Conferentie van vertegenwoordigers van de regeringen van de lidstaten onder meer een verklaring aangenomen betreffende artikel 73 D van het Verdrag tot oprichting van de Europese Gemeenschap (*PB* C 191, blz. 99; hierna: 'Verklaring betreffende artikel 73 D van het Verdrag'), die als volgt luidt:

> 'De Conferentie bevestigt dat het recht van de lidstaten om de ter zake dienende bepalingen van hun belastingwetgeving, bedoeld in artikel 73 D, lid 1, sub a, van het Verdrag [tot oprichting van de Europese Gemeenschap] toe te passen, alleen van toepassing zal zijn voor wat betreft de bepalingen ter zake die eind 1993 gelden. Deze verklaring geldt evenwel slechts voor het kapitaalverkeer en het betalingsverkeer tussen lidstaten.'

De nationale regelgeving

6. Naar Nederlands recht wordt over elke erfenis belasting geheven. Artikel 1, lid 1, van de Successiewet van 28 juni 1956 (*Stb*. 1956, 362; hierna: 'SW 1956') maakt een onderscheid naargelang de erflater in Nederland woonde of daarbuiten. Dit artikel bepaalt:

> 'Krachtens deze wet worden de volgende belastingen geheven:
> 1. recht van successie van de waarde van al wat krachtens erfrecht wordt verkregen door het overlijden van iemand, die ten tijde van dat overlijden binnen het Rijk woonde;
> [...]'

7. Artikel 3, lid 1, SW 1956 bepaalt het volgende:

> 'Een Nederlander, die binnen het Rijk heeft gewoond en binnen tien jaren, nadat hij het Rijk metterwoon heeft verlaten, is overleden of een schenking heeft gedaan, wordt geacht ten tijde van zijn overlijden of van het doen van de schenking binnen het Rijk te hebben gewoond.'

8. Het Verdrag tussen het Koninkrijk der Nederlanden en de Zwitserse Bondsstaat ter voorkoming van dubbele belasting op het gebied van successiebelastingen, gesloten te 's-Gravenhage op 12 november 1951 (hierna: 'dubbelbelastingverdrag'), bepaalt in artikel 2, lid 1, het volgende:

> 'Onroerende goederen [...] zijn slechts aan de successiebelastingen onderworpen in de Staat waar deze goederen zijn gelegen. [...]'

9. Artikel 3, lid 1, van het dubbelbelastingverdrag luidt als volgt:

> 'De tot de nalatenschap behorende zaken, waarop artikel 2 niet van toepassing is [...] zijn slechts aan de successiebelastingen onderworpen in de Staat waar de overledene zijn laatste woonplaats had.'

10. Voor het begrip woonplaats verwijst artikel 3, lid 2, van het dubbelbelastingverdrag naar de bepalingen van het op dezelfde dag tussen het Koninkrijk der Nederlanden en de Zwitserse Bondsstaat gesloten Verdrag ter voorkoming van dubbele belasting op het gebied van belasting van het inkomen en van het vermogen.

11. Bij de ondertekening van het dubbelbelastingverdrag zijn de gevolmachtigden een aantal protocolbepalingen overeengekomen die integraal onderdeel uitmaken van het Verdrag, waaronder een bepaling bij voormeld artikel 3.

12. Deze bepaling preciseert:

> '1. Niettegenstaande de bepalingen van artikel 3, tweede lid, van dit Verdrag, zal de Staat, waarvan de overledene de nationaliteit bezat op het tijdstip van zijn overlijden, de successiebelasting kunnen heffen, alsof de overledene zijn woonplaats op dat tijdstip eveneens in die Staat had gehad, mits de overledene tijdens de tien jaren voorafgaande aan het overlijden, daar te lande werkelijk een woonplaats heeft gehad en hij op het tijdstip waarop hij zijn woonplaats in die Staat opgaf de nationaliteit van die Staat bezat; in dat geval zal het deel van de belasting, dat deze Staat niet zou hebben geheven, indien de overledene op het tijdstip van het opgeven van zijn woonplaats of op het tijdstip van zijn overlijden niet de nationaliteit van genoemde Staat had bezeten, verminderd worden met de belasting welke in de andere Staat uit hoofde van de woonplaats verschuldigd is.
> 2. De bepaling van het eerste lid is niet van toepassing op personen, die op het tijdstip van hun overlijden de nationaliteit van de beide Staten bezitten.'

13. Artikel 13 van het Besluit voorkoming dubbele belasting van 21 december 1989 (*Stb*. 1989, 594; hierna: 'Besluit') bepaalt het volgende:

> '1. In het geval van een verkrijging van een erflater die op grond van artikel 3, eerste lid, van de Successiewet 1956 geacht wordt ten tijde van het overlijden in Nederland te hebben gewoond, wordt voorts, ter verrekening van vanwege een andere Mogendheid geheven belasting, een vermindering van het recht van successie verleend voor in die verkrijging begrepen bezittingen andere dan die bedoeld in artikel 11, voorzover ter zake van de verkrijging van die bezittingen vanwege een andere Mogendheid een gelijksoortige belasting is geheven die niet zou zijn geheven indien de erflater ten tijde van het overlijden zijn daadwerkelijke woonplaats in Nederland zou hebben gehad. [...]
> 2. Het bedrag van de in het eerste lid bedoelde vermindering is het laagste van de volgende bedragen:
> a. het bedrag van de vanwege andere Mogendheden geheven belasting;
> b. het bedrag dat tot het recht van successie dat volgens de Successiewet 1956 verschuldigd zou zijn zonder toepassing van dit besluit, in dezelfde verhouding staat als de gezamenlijke waarde van de in de verkrijging begrepen, in het eerste lid van dit artikel bedoelde, bezittingen staat tot de waarde van alle verkregen bezittingen verminderd met de waarde van de tot een onderneming behorende schulden, daaronder begrepen schulden voortspruitende uit een medegerechtigdheid anders dan als aandeelhouder, en met de waarde

van de niet tot een onderneming behorende schulden verzekerd door hypotheek op een onroerende zaak of een recht waaraan deze is onderworpen.'

Het hoofdgeding en de prejudiciële vragen

14. Van Hilten-van der Heijden is op 22 november 1997 overleden. Zij bezat de Nederlandse nationaliteit. Tot begin 1988 had zij in Nederland gewoond, vervolgens in België en sinds 1991 in Zwitserland.

15. Haar nalatenschap bestond onder meer uit onroerende zaken gelegen in Nederland, België en Zwitserland, uit ter belegging gehouden en in Nederland, Duitsland, Zwitserland en de Verenigde Staten van Amerika genoteerde effecten, alsmede uit bankrekeningen gehouden bij en geadministreerd door Nederlandse en Belgische filialen van diverse binnen de Europese Unie gevestigde bankinstellingen.

16. Aan de erfgenamen van Van Hilten-van der Heijden is een aanslag successierecht opgelegd op grond van artikel 3, lid 1, SW 1956. Deze aanslagen zijn na daartegen door vier van de erfgenamen gemaakt bezwaar door de Inspecteur gehandhaafd.

17. Tegen deze uitspraak is door die erfgenamen beroep ingesteld bij het Gerechtshof te 's-Hertogenbosch.

18. De verwijzende rechter merkt allereerst op dat uit de verwijzing naar 'Nalatenschappen en legaten' in rubriek XI van bijlage I bij richtlijn 88/361 blijkt dat in het hoofdgeding sprake is geweest van een kapitaal-beweging tussen een derde staat en de lidstaten.

19. Vervolgens merkt de verwijzende rechter op dat hij in een uitspraak van 12 december 2002 heeft vast-gesteld dat artikel 3, lid 1, SW 1956 een nationale maatregel is die het vrije kapitaalverkeer belemmert of minder aantrekkelijk maakt. Deze bepaling belemmert als zodanig het vertrek aangezien de erin vervatte juridische fictie een nadeel teweegbrengt vanaf de eerste dag na het vertrek, gevolgd door een vererving van het vermogen binnen tien jaar nadien. Nederland heft in de tien jaren na emigratie van Nederlanders successierecht of schenkingsrecht bij wanneer die rechten in het buitenland lager zijn, maar verleent geen restitutie of verrekening voor hetgeen in het buitenland meer aan successierecht geheven is. Artikel 3, lid 1, SW 1956 vormt blijkens de eerdergenoemde beslissing van de verwijzende rechter derhalve een verkapte belemmering van grensoverschrijdende nalatenschappen.

20. In diezelfde uitspraak heeft de verwijzende rechter bovendien vastgesteld dat artikel 3, lid 1, SW 1956 tevens een willekeurige discriminatie vormt. Het Nederlandse recht maakt immers een onderscheid tussen Nederlandse onderdanen en niet-onderdanen, daar een Nederlands onderdaan slechts aan toepassing van artikel 3, lid 1, SW 1956 kan ontsnappen door zijn nationaliteit op te geven. Deze bepaling kan bovendien geen rechtvaardiging vinden in dwingende redenen van algemeen belang, daar zij slechts als reden heeft te voorkomen dat Nederland successierechten misloopt door het vertrek van zijn onderdanen.

21. Uit de rechtspraak van het Hof blijkt echter niet duidelijk of een bepaling als de litigieuze onder artikel 73 C, lid 1, van het Verdrag valt.

22. De verwijzende rechter vraagt zich voorts af of de Verklaring betreffende artikel 73 D van het Verdrag meebrengt dat wetgeving die van toepassing is op kapitaalbewegingen tussen de lidstaten en derde landen niet wordt beschermd door artikel 73 D, lid 1, sub a, van het Verdrag of dat dit artikel voor kapitaalbewegingen tussen de lidstaten en derde staten altijd geldt, en dus niet beperkt is tot de eind 1993 geldende bepalingen ter zake.

23. Op grond van deze overwegingen heeft het Gerechtshof te 's-Hertogenbosch besloten de behandeling van de zaak te schorsen en het Hof de volgende prejudiciële vragen te stellen:

'1. Is artikel 3, [lid 1, SW 1956] een toegestane beperking in de zin van artikel 57, [lid 1], EG-Verdrag?
2. Is artikel 3, [lid 1, SW 1956] een verboden middel tot willekeurige discriminatie dan wel een verkapte beperking van het kapitaalverkeer als bedoeld in artikel 58, [lid 3], EG-Verdrag indien van toepassing op een kapitaalbeweging tussen een lidstaat en een derde staat, mede gezien de Verklaring betreffende artikel 73 D van het Verdrag tot oprichting van de Europese Gemeenschap die is aanvaard bij gelegenheid van de ondertekening van de 'Slotakte en verklaringen van de intergouvernementele conferenties inzake de Europese Unie' van 7 februari 1992?'

Beantwoording van de prejudiciële vragen

Inleidende opmerkingen

24. Met zijn prejudiciële vragen wenst de verwijzende rechter in hoofdzaak te vernemen of een nationale regeling als de litigieuze valt binnen de werkingssfeer van artikel 73 C, lid 1, van het Verdrag en/of van die van artikel 73 D, lid 3, van het Verdrag.

25. Zoals evenwel blijkt uit de verwijzingsbeslissing zelf en ook is uiteengezet in alle in deze zaak bij het Hof ingediende opmerkingen, moet, alvorens voormelde bepalingen van het EG-Verdrag te onderzoeken, worden vastge-

steld of een dergelijke regelgeving het kapitaalverkeer beperkt in de zin van artikel 73 B EG-Verdrag (thans artikel 56 EG).

26. Volgens vaste rechtspraak kan het Hof, om de rechter die het verzoek om een prejudiciële beslissing heeft ingediend, een nuttig antwoord te geven, bepalingen van gemeenschapsrecht in aanmerking nemen die de nationale rechter in zijn prejudiciële vragen niet heeft vermeld (zie met name arresten van 12 oktober 2004, Wolff & Muller, C-60/03, *Jurispr.* blz. I-9553, blz. 24, punt 24, en 7 juli 2005, Weide, C-153/03, nog niet gepubliceerd in de *Jurisprudentie*, punt 25).

27. Derhalve moet worden onderzocht of artikel 73 B van het Verdrag aldus moet worden uitgelegd dat het zich verzet tegen de regelgeving van een lidstaat als de litigieuze, krachtens welke de nalatenschap van een onderdaan van die lidstaat die is overleden binnen tien jaar nadat hij die lidstaat metterwoon heeft verlaten, wordt belast als was hij in diezelfde lidstaat blijven wonen, maar onder aftrek van de door andere staten geheven successierechten.

Bij het Hof ingediende opmerkingen

28. De erven Van Hilten-van der Heijden betogen dat artikel 3, lid 1, SW 1956 in strijd is met artikel 73 B van het Verdrag. Er is immers sprake van indirecte discriminatie en eventueel indirecte beperking doordat er in de eerste plaats een onderscheid wordt gemaakt al naar gelang de erflater vóór zijn overlijden al dan niet in Nederland heeft gewoond, terwijl in de tweede plaats deze bepaling niet van toepassing is indien de persoon die Nederland verlaat een andere nationaliteit dan de Nederlandse heeft.

29. De Nederlandse en de Duitse regering betogen dat, alvorens de gestelde vragen kunnen worden beantwoord, eerst moet worden vastgesteld of artikel 73 B van het Verdrag zich verzet tegen de woonplaatsfictie van artikel 3, lid 1, SW 1956.

30. De Nederlandse regering merkt dienaangaande op dat het, ook in het geval van nalatenschappen, altijd moet gaan om kapitaalverkeer. In geval van overlijden wordt de boedel beschreven op het moment van over-lijden en daarop wordt de heffing van het successierecht gebaseerd. Aangezien er dan nog geen kapitaal-beweging is opgetreden, noch een hiermee gepaard gaande transactie, kan er geen sprake zijn van een handeling die valt onder het vrije kapitaalverkeer.

31. Overigens is er geen sprake geweest van discriminatie of belemmering van het vrije kapitaalverkeer. Er is immers geen sprake van discriminatie naar nationaliteit tussen de Nederlander die in Nederland blijft en de Nederlander die naar het buitenland vertrekt. Bovendien bevinden een Nederlands onderdaan die Nederland verlaat en een onderdaan van een andere lidstaat, die in Nederland heeft gewoond en vertrekt, zich niet in dezelfde situatie.

32. Hieruit volgt, aldus de Nederlandse regeling, dat artikel 73 B van het Verdrag zich niet verzet tegen de woonplaatsfictie van artikel 3, lid 1, SW 1956.

33. Volgens de Duitse regering is artikel 73 B, lid 1, van het Verdrag niet van toepassing op een bepaling als artikel 3, lid 1, SW 1956, daar een bepaling als deze laatste geen nadelige invloed heeft op het vrije kapitaal-verkeer.

34. De Commissie van de Europese Gemeenschappen betoogt dat artikel 3, lid 1, SW 1956 geen onderscheid maakt naar de plaats waar de nalatenschap, of een deel daarvan, zich ten tijde van het overlijden van de erf-later bevindt. Dit artikel legt dan ook geen beperkingen op aan kapitaalbewegingen van en naar Nederland. Bijgevolg is het in de artikelen 73 B en volgende van het Verdrag gewaarborgde vrije kapitaalverkeer in het hoofdgeding niet aan de orde.

35. Met betrekking tot een mogelijke toepassing van de bepalingen van het Verdrag betreffende het vrije verkeer van personen en de vrijheid van vestiging herinnert de Commissie eraan dat deze bepalingen enkel gelden voor verplaatsingen binnen de Europese Unie.

Beoordeling door het Hof

36. Om te beginnen zij eraan herinnerd dat de directe belastingen weliswaar tot de bevoegdheid van de lidstaten behoren, doch dat deze laatste niettemin verplicht zijn, die bevoegdheid in overeenstemming met het gemeenschapsrecht uit te oefenen (zie met name arresten van 11 augustus 1995, Wielockx, C-80/94, *Jurispr.* blz. I-2493, punt 16, en 10 maart 2005, Laboratoires Fournier, C-39/04, *Jurispr.* blz. I-2057, punt 14).

37. Voorts zij in herinnering gebracht dat artikel 73 B, lid 1, van het Verdrag uitvoering geeft aan het beginsel van het vrije verkeer van kapitaal tussen de lidstaten onderling en tussen de lidstaten en derde staten. Daartoe bepaalt het in het kader van het hoofdstuk van het Verdrag 'Kapitaal en betalingsverkeer', dat alle beperkingen van het kapitaalverkeer tussen lidstaten onderling en tussen lidstaten en derde landen verboden zijn.

38. Derhalve moet eerst worden onderzocht of successies kapitaalverkeer vormen in de zin van artikel 73 B van het Verdrag.

39. Dienaangaande zij opgemerkt dat het Verdrag geen definitie geeft van de begrippen 'kapitaalverkeer' en 'betalingsverkeer'. Het is evenwel vaste rechtspraak dat, voorzover artikel 73 B EG-Verdrag in hoofdzaak de inhoud van artikel 1 van richtlijn 88/361 heeft overgenomen, de nomenclatuur van het kapitaalverkeer ge-hecht in bijlage bij de richtlijn, ook al is deze laatste vastgesteld op basis van de artikelen 69 en 70, lid 1, EEG-Verdrag (de artikelen 67-73 EEG-Verdrag zijn inmiddels vervangen door de artikelen 73 B-73 G EG-Verdrag, thans de artikelen 56 EG-60 EG), de indicatieve waarde die zij voor de inwerkingtreding van die artikelen bezat voor de definitie van het begrip kapitaalverkeer behoudt, waarbij de lijst die zij bevat, gelijk in de inleiding te kennen wordt gegeven, geenszins uitputtend is (zie in die zin onder meer arresten van 16 maart 1999, Trummer en Mayer, C-222/97, *Jurispr.* blz. I-1661, punt 21, en 5 maart 2002, Reisch e.a., C-515/99, C-519/99-C-524/99 en C-526/99-C-540/99, *Jurispr.* blz. I-2157, punt 30).

40. Successies staan vermeld in rubriek XI van bijlage I bij richtlijn 88/361, getiteld 'kapitaalverkeer van persoonlijke aard'. Zoals de advocaat-generaal in punt 53 van zijn conclusie heeft opgemerkt, heeft deze rubriek inzonderheid betrekking op verrichtingen waarmee het geheel of een deel van het vermogen van een persoon, hetzij bij leven, hetzij na zijn overlijden, wordt overgedragen.

41. Een successie bestaat immers hierin dat één of meerdere personen de nalatenschap van een overledene verkrijgen, dat wil zeggen dat de eigendom van de diverse zaken, rechten, enzovoort, waaruit die nalatenschap bestaat, overgaat op de erfgenamen.

42. Bijgevolg vormen successies kapitaalverkeer in de zin van artikel 73 B van het Verdrag (zie in die zin eveneens arrest van 11 december 2003, Barbier, C-364/01, *Jurispr.* blz. I-15013, punt 58), tenzij alle constituerende elementen binnen één lidstaat gelegen zijn.

43. In de tweede plaats moet worden onderzocht of een nationale wettelijke regeling als de in het hoofdgeding aan de orde zijnde een beperking van het kapitaalverkeer vormt.

44. Dienaangaande volgt uit de rechtspraak dat de maatregelen die ingevolge artikel 73 B, lid 1, van het Verdrag verboden zijn op grond dat zij het kapitaalverkeer beperken, mede de maatregelen omvatten die niet-ingezetenen ervan doen afzien, in een lidstaat investeringen te doen, of ingezetenen van bedoelde lidstaat ontmoedigen in andere staten investeringen te doen, dan wel, in geval van successies, de maatregelen die leiden tot waardevermindering van de nalatenschap van een persoon die woonplaats heeft in een andere staat dan de lidstaat waar de betrokken zaken zich bevinden en waar de vererving van die zaken wordt belast (zie in die zin arrest van 14 november 1995, Svensson en Gustavsson, C-484/93, *Jurispr.* blz. I-3955, punt 10; arrest Trummer en Mayer, reeds aangehaald, punt 26; arrest van 14 oktober 1999, Sandoz, C-439/97, *Jurispr.* blz. I-7041, punt 19, en arrest Barbier, reeds aangehaald, punt 62).

45. Een nationale wetgeving als de in het hoofdgeding aan de orde zijnde, volgens welke de nalatenschap van een onderdaan van een lidstaat die is overleden binnen tien jaar nadat hij die lidstaat metterwoon heeft verlaten, wordt belast alsof die onderdaan in diezelfde lidstaat was blijven wonen, maar onder aftrek van de rechten die zijn geheven in de staat waarnaar de overledene zijn woonplaats had verlegd, vormt geen beperking van het kapitaalverkeer.

46. Door de nalatenschappen van onderdanen die hun woonplaats naar het buitenland hebben verlegd, op dezelfde wijze te belasten als die van onderdanen die in de betrokken lidstaat zijn blijven wonen, kan een dergelijke wetgeving immers eerstbedoelde onderdanen niet ervan doen afzien in die lidstaat investeringen te doen vanuit een andere staat, noch laatstbedoelde onderdanen, zulks te doen vanuit die betrokken lidstaat in een andere staat, terwijl zij evenmin, ongeacht de plaats waar de betrokken zaken zich bevinden, de waarde kan verminderen van de nalatenschap van een onderdaan die zijn woonplaats naar het buitenland heeft verlegd. Daartoe is irrelevant, dat die wetgeving niet geldt voor onderdanen die sinds meer dan tien jaar in het buitenland wonen of die welke nooit in de betrokken lidstaat hebben gewoond. Aangezien zij enkel geldt voor onderdanen van die betrokken lidstaat, kan zij het kapitaalverkeer van onderdanen van andere lidstaten niet beperken.

47. Voorzover ingezetenen die onderdaan zijn van de betrokken lidstaat, ten gevolge van een nationale wetgeving als de litigieuze anders worden behandeld dan ingezetenen die onderdaan zijn van andere lidstaten, zij opgemerkt dat dergelijke – met de verdeling van de fiscale bevoegdheid samenhangende – differentiaties niet kunnen worden geacht discriminaties op te leveren die uit hoofde van artikel 73 B van het Verdrag verboden zijn. Bij gebreke van unificatie of harmonisatie op gemeenschapsniveau vloeien zij immers voort uit de bij de lidstaten rustende bevoegdheid, eenzijdig of in verdragen de criteria voor de verdeling van hun heffingsbevoegdheid vast te stellen [zie in die zin, met betrekking tot artikel 48 EG-Verdrag (thans, na wijziging, artikel 39 EG), arrest van 12 mei 1998, Gilly, C-336/96, *Jurispr.* blz. I-2793, punt 30, en, met betrekking tot de artikelen 52 EG-Verdrag (thans, na wijziging, artikel 43 EG) en 58 EG-Verdrag (thans artikel 48 EG), arrest van 21 september 1999, Saint-Gobain ZN, C-307/97, *Jurispr.* blz. I-6161, punt 57].

48. Bovendien heeft het Hof reeds eerder vastgesteld dat het met het oog op de verdeling van de fiscale bevoegdheid niet onredelijk is dat de lidstaten zich laten leiden door de internationale praktijk, met name de door de Orga-

nisatie voor Economische Samenwerking en Ontwikkeling (OESO) opgestelde modelverdragen (zie arrest Gilly, reeds aangehaald, punt 31). In casu heeft de Nederlandse regering te kennen gegeven, dat de litigieuze wetgeving strookt met het commentaar op het modelverdrag inzake successie en schenking ter voorkoming van dubbele belasting (verslag van het comité voor sociale zaken van de OESO, 1982). Blijkens de commentaren bij de artikelen 4, 7, 9 A en 9 B van voormeld model vindt een dergelijke wetgeving haar rechtvaardiging in het streven, een vorm van belastingvlucht te voorkomen die erin bestaat dat een onderdaan van zijn lidstaat in het vooruitzicht van zijn overlijden zijn woonplaats verlegt naar een andere staat, waar de belasting lager is. Het commentaar preciseert dat dubbele belasting wordt vermeden door een stelsel van belastingkredieten en dat, aangezien voorkoming van belastingvlucht slechts gerechtvaardigd is indien de erflater kort na de verlegging van zijn woonplaats overlijdt, de maximaal toegestane termijn tien jaar bedraagt. Luidens hetzelfde commentaar mag de draagwijdte van het heffingsrecht overigens worden uitgebreid in dier voege dat het niet alleen geldt voor onderdanen van de betrokken lidstaat, maar ook voor ingezetenen die niet de nationaliteit van die staat bezitten.

49. In dit verband zij erop gewezen dat de enkele verlegging van de woonplaats van de ene naar een andere staat niet onder artikel 73 B van het Verdrag valt. Zoals de advocaat-generaal in punt 58 van zijn conclusie heeft opgemerkt, impliceert een verlegging van de woonplaats als zodanig geen financiële verrichtingen of eigendomsovergang en vertoont zij evenmin andere kenmerken van kapitaalverkeer zoals gedefinieerd in bijlage I bij richtlijn 88/361.

50. Bijgevolg kan een nationale wetgeving die ten gevolge heeft dat een onderdaan die zijn woonplaats naar een andere staat zou willen verleggen, hier liever van afziet, en die derhalve het recht op vrij verkeer van die onderdaan belemmert, niet op deze enkele grond een beperking van het kapitaalverkeer vormen in de zin van artikel 73 B van het Verdrag.

51. Mitsdien moet op de gestelde vragen worden geantwoord dat artikel 73 B van het Verdrag aldus moet worden uitgelegd dat het zich niet verzet tegen een wettelijke regeling van een lidstaat zoals de in het hoofdgeding aan de orde zijnde, krachtens welke de nalatenschap van een onderdaan van die lidstaat die is overleden binnen tien jaar nadat hij die lidstaat metterwoon heeft verlaten, wordt belast alsof die onderdaan in diezelfde staat was blijven wonen, maar onder aftrek van de door andere staten geheven successierechten.

52. De prejudiciële vragen behoeven derhalve geen beantwoording voorzover zij betrekking hebben op de artikelen 73 C en 73 D van het Verdrag.

Kosten

53. Ten aanzien van de partijen in het hoofdgeding is de procedure als een aldaar gerezen incident te beschouwen, zodat de nationale rechterlijke instantie over de kosten heeft te beslissen. De door anderen wegens indiening van hun opmerkingen bij het Hof gemaakte kosten komen niet voor vergoeding in aanmerking.

HET HOF VAN JUSTITIE (Derde kamer)

verklaart voor recht:

Artikel 73 B EG-Verdrag (thans artikel 56 EG) moet aldus worden uitgelegd dat het zich niet verzet tegen een wettelijke regeling van een lidstaat zoals de in het hoofdgeding aan de orde zijnde, krachtens welke de nalatenschap van een onderdaan van die lidstaat die is overleden binnen tien jaar nadat hij die lidstaat metterwoon heeft verlaten, wordt belast alsof die onderdaan in diezelfde staat was blijven wonen, maar onder aftrek van de door andere staten geheven successierechten.

HvJ EG 23 februari 2006, zaak C-471/04 (Finanzamt Offenbach am Main-Land v. Keller Holding GmbH)

Eerste kamer: *P. Jann, kamerpresident, N. Colneric, K. Lenaerts (rapporteur), E. Juhász en E. Levits, rechters*

Advocaat-generaal: *M. Poiares Maduro*

Samenvatting arrest *(V-N 2006/14.17)*

De in Duitsland gevestigde Keller Holding GmbH heeft via de eveneens in Duitsland gevestigde Keller Grundbau GmbH een 100%-deelneming in de in Oostenrijk gevestigde Keller Grundbau GmbH Wien. Laatstgenoemde vennootschap keert in 1994 en 1995 dividenden uit die door Keller Grundbau GmbH worden dooruitgedeeld aan Keller Holding GmbH. Het dividend is bij beide in Duitsland gevestigde vennootschappen vrijgesteld van Duitse vennootschapsbelasting. Vanwege die vrijstelling kan Keller Holding GmbH de financieringskosten, die economisch toerekenbaar zijn aan deze dividenden, niet als bedrijfskosten in aftrek brengen. Zou Keller Grundbau GmbH Wien eveneens in Duitsland zijn gevestigd, dan zouden de dividenden bij Keller Grundbau GmbH en Keller Holding GmbH in de winst zijn begrepen en zou Keller Holding GmbH de financieringskosten in aftrek hebben kunnen brengen. Economisch dubbele belasting over de dividenden zou in dat geval zijn voorkomen. Dit doordat Keller Grundbau GmbH en Keller Holding GmbH recht zouden hebben op verrekening van de vennootschapsbelasting die de onderliggende vennootschappen verschuldigd zouden zijn geweest over de winst waaruit zij de dividenden hebben betaald.

Het HvJ EG oordeelt dat de onderhavige uitsluiting van aftrek van financieringskosten strijdig is met het recht van vrije vestiging volgens art. 52 (thans art. 43) EG-verdrag en art. 31 EER-overeenkomst. De reden daarvan is dat economisch bezien niet de vestigingsplaats van Keller Grundbau GmbH Wien de uiteindelijke belastingheffing over de dividenden die Keller Holding GmbH ontvangt, bepaalt. Of deze dividenden direct zijn vrijgesteld (omdat deze vennootschap in Oostenrijk is gevestigd), dan wel met recht op verrekening van de door de onderliggende vennootschap verschuldigde vennootschapsbelasting belast zijn (als deze vennootschap in Duitsland zou zijn gevestigd), in beide gevallen resulteert een belastingheffing van nihil. Daaruit vloeit voort dat uitsluiting van aftrek van financieringskosten uitsluitend bij directe vrijstelling van de dividenden een belemmering van het recht van vrije vestiging oplevert (zie het arrest HvJ van 18 september 2003, nr. C-168/01 (Bosal), V-N 2003/46.10). Deze belemmering kan niet worden gerechtvaardigd met een beroep op de noodzaak van fiscale coherentie, omdat er vanwege vorenbedoelde belastingheffing van nihil bij Keller Holding GmbH in beide situaties geen rechtstreeks verband bestaat tussen de aftrek van financieringskosten en de belastingheffing bij Keller Grundbau GmbH Wien. Om dezelfde reden faalt een beroep op het fiscale territorialiteitsbeginsel. Ten slotte faalt een beroep op richtlijn 90/435/EEG van de Raad van 23 juli 1990, betreffende de gemeenschappelijke fiscale regeling voor moedermaatschappijen en dochterondernemingen uit verschillende lidstaten (Pb EG L 225), zo deze in casu al van toepassing is, omdat deze niet kan worden toegepast in strijd met art. 52 (thans art. 43) EG-verdrag. Het vorenstaande brengt mee dat aan toetsing van de onderhavige uitsluiting van aftrek van financieringskosten aan de vrijheid van kapitaalverkeer (art. 73B (thans art. 56) EG- verdrag) niet wordt toegekomen.

HET HOF VAN JUSTITIE (Eerste kamer)

verklaart voor recht:

Artikel 52 EG-Verdrag (thans, na wijziging, artikel 43 EG) en artikel 31 van de Overeenkomst betreffende de Europese Economische Ruimte van 2 mei 1992 dienen aldus te worden uitgelegd dat zij zich verzetten tegen een regeling van een lidstaat volgens welke financieringskosten die door een in deze staat onbeperkt belastingplichtige moedermaatschappij worden gemaakt voor de verwerving van deelnemingen in een dochteronderneming, fiscaal niet aftrekbaar zijn wanneer deze kosten betrekking hebben op dividenden die zijn vrijgesteld van belasting op grond dat zij afkomstig zijn van een indirecte dochteronderneming die is gevestigd in een andere lidstaat of in een staat die partij is bij die overeenkomst, ofschoon dergelijke kosten aftrekbaar zijn wanneer zij betrekking hebben op dividenden die worden uitgekeerd door een indirecte dochteronderneming die is gevestigd in dezelfde lidstaat als die van de zetel van de moedermaatschappij en die in werkelijkheid eveneens zijn vrijgesteld van belasting.

HvJ EG 6 juli 2006, zaak C-346/04 (Robert Hans Conijn v. Finanzamt Hamburg-Nord)

Derde kamer: *A. Rosas, kamerpresident, J.P. Puissochet, S. von Bahr, U. Lõhmus (rapporteur) en A. Ó Caoimh, rechters*

Advocaat-generaal: *P. Léger*

ECJ decides German rules on non-deductibility of tax advisory fees for non-resident taxpayers incompatible with EC law

Mr. Conijn, a Netherlands national residing in the Netherlands, derived businesss income (Gewerbebetrieb) from a participation in a German limited partnership (Kommanditgesellschaft) which participation he had inherited as a joint heir. This German income accounted for less than 90% of his total income. In his 1998 tax return, Mr Conijn deducted from his taxable income the expense he had incurred for obtaining tax advice in connection with his German income tax return. The German tax authorities refused to allow the deduction because under German tax law such a deduction is available only for resident taxpayers. Mr Conijn challenged the refusal before the Finanzgericht Hamburg and subsequently before the Bundesfinanzhof which referred the matter to the ECJ.

Under reference to its *Gerritse* judgment of 12 June 2003 (Case C-234/01) the ECJ ruled that the freedom of establishment precludes national legislation that does not allow a person with restricted tax liability (nonresident taxpayer) to deduct from his taxable income, as special expenditure, the costs incurred by him in obtaining tax advice for the purpose of preparing his tax return, in the same way as a person with unrestricted tax liability (resident taxpayer).

HvJ EG 7 september 2006, zaak C-470/04 (N v. Inspecteur van de Belastingdienst Oost/kantoor Almelo)

Hof: *C. W. A. Timmermans, kamerpresident, R. Schintgen, R. Silva de Lapuerta, G. Arestis en J. Klučka (rapporteur), rechters*

Advocaat-generaal: *J. Kokott*

1. Het verzoek om een prejudiciële beslissing betreft de uitlegging van de artikelen 18 EG en 43 EG.

2. Dit verzoek is ingediend in het kader van een geding tussen N. en de Inspecteur van de Belastingsdienst Oost/ kantoor Almelo (hierna: 'Inspecteur') ter zake van de uitspraak van deze laatste waarbij het bezwaar van N. tegen de aanslag inkomstenbelasting/premie volksverzekeringen 1997 niet-ontvankelijk is verklaard.

Rechtskader

Wet op de inkomstenbelasting

3. Krachtens artikel 3 van de Wet op de inkomstenbelasting 1964 (hierna: 'Wet IB') wordt ten aanzien van binnenlandse belastingplichtigen belasting geheven naar het belastbare inkomen, waartoe volgens artikel 4 van deze wet mede behoort winst uit aanmerkelijk belang.

4. Luidens artikel 20a, lid 1, sub b, Wet IB is winst uit aanmerkelijk belang het gezamenlijke bedrag van de niet als winst uit onderneming aan te merken voordelen welke worden behaald bij de vervreemding van tot een aanmerkelijk belang behorende aandelen. Volgens lid 3 van dit artikel wordt een aanmerkelijk belang aanwezig geacht indien de belastingplichtige direct of indirect 5% van het geplaatste aandelenkapitaal van een vennootschap bezit.

5. Volgens artikel 20a, lid 6, sub i, Wet IB wordt onder vervreemding van aandelen onder meer begrepen het anders dan door overlijden ophouden binnenlands belastingplichtige te zijn.

6. Artikel 20c Wet IB bepaalt hoe het voordeel uit een fictieve vervreemding van aandelen wordt vastgesteld. Volgens lid 1 van dit artikel worden de vervreemdingsvoordelen in beginsel gesteld op de overdrachtsprijs verminderd met de verkrijgingsprijs. Ingeval bij een vervreemding of verkrijging een tegenprestatie ontbreekt, wordt krachtens artikel 20c, lid 4, als tegenprestatie aangemerkt de waarde welke ten tijde van de vervreemding in het economische verkeer aan de aandelen kan worden toegerekend. Ingeval de belastingplichtige zich metterwoon in Nederland vestigt, wordt ingevolge lid 7 van dit artikel de verkrijgingsprijs in plaats van op de kooprijs gesteld op de waarde welke op het tijdstip van vestiging van die belastingplichtige in deze lidstaat in het economische verkeer aan die aandelen kan worden toegekend.

7. Artikel 20c, lid 18, Wet IB bepaalt het volgende:

> 'Bij ministeriële regeling worden regels gesteld inzake de verkrijgingsprijs voor de gevallen waarin tot het vermogen van de belastingplichtige aandelen in […] een vennootschap behoren met betrekking tot welke in een voorafgaand jaar ten aanzien van de belastingplichtige artikel 20a, zesde lid, onderdeel i, toepassing heeft gevonden. Bij ministeriële regeling kunnen tevens regels worden gesteld met betrekking tot het verminderen van de aanslag bij de vaststelling waarvan artikel 20a, zesde lid, onderdeel i, dan wel artikel 49, vierde lid, tweede volzin, toepassing heeft gevonden, in geval van terugkeer van de belastingplichtige naar Nederland binnen tien jaren na het metterwoon verlaten hebben van Nederland.'

De Invorderingswet

8. Ten tijde van de feiten in het hoofdgeding voorzag artikel 25, lid 6, van de Invorderingswet 1990 (hierna: 'IW') in uitstel van betaling van belasting die verschuldigd was vanwege het anders dan door overlijden op-houden binnenlands belastingplichtige te zijn. Ingevolge deze bepaling zouden bij ministeriële regeling regels worden gesteld met betrekking tot het verlenen van uitstel van betaling voor de duur van tien jaren, mits voldoende zekerheid werd gesteld. Dit uitstel werd onder meer beëindigd ingeval de aandelen waarop het uitstel betrekking had werden vervreemd in de zin van artikel 20a, lid 1 of lid 6, sub a tot en met h, Wet IB.

9. Artikel 26, lid 2, IW bepaalde ten tijde van de feiten in het hoofdgeding het volgende:

> 'Bij ministeriële regeling worden regels gesteld krachtens welke aan de belastingschuldige ter zake van belasting waarvoor op de voet van artikel 25, zesde lid, uitstel van betaling is verleend, kwijtschelding van belasting kan worden verleend:
>
> […]
>
> b. tot een bedrag gelijk aan de in het buitenland feitelijk geheven belasting over voordelen uit vervreemding als bedoeld in artikel 25, achtste lid, van aandelen waarop het uitstel van betaling betrekking heeft, met dien

verstande dat het bedrag aan kwijtschelding niet meer bedraagt dan het bedrag van de belasting waarvoor ter zake van de aandelen nog uitstel van betaling is verleend;
c. tot een bedrag gelijk aan het nog openstaande bedrag na tien jaren.'

Uitvoeringsregeling Invorderingswet

10. Onder meer in de artikelen 25 en 26 IW wordt gedoeld op de Uitvoeringsregeling Invorderingswet 1990 (hierna: 'URIW'). De artikelen 2 en 4 van deze regeling luiden als volgt:

'*Artikel 2*
1. De ontvanger verleent voor situaties als bedoeld in artikel 25, zesde lid, van de wet op verzoek van de belastingschuldige bij voor bezwaar vatbare beschikking uitstel van betaling – zonder dat invorderingsrente in rekening wordt gebracht – mits voldoende zekerheid wordt gesteld en wordt ingestemd met door de ontvanger nader te stellen voorwaarden.
2. Het uitstel wordt verleend voor het bedrag van de belasting [...] dat is verschuldigd ter zake van het voordeel dat ingevolge artikel 20a, zesde lid, onderdeel i, van de [Wet IB] in aanmerking is genomen [...] alsmede voor het bedrag van de [...] ter zake verschuldigde heffingsrente.
3. Ingeval aandelen, winstbewijzen of schuldvorderingen welke aan het uitstel ten grondslag liggen, worden vervreemd in de zin van artikel 20a, eerste lid of zesde lid, onderdelen a tot en met h, van de [Wet IB], beëindigt de ontvanger bij voor bezwaar vatbare beschikking het uitstel voor zover dit aan deze aandelen [...] kan worden toegerekend.

[...]

Artikel 4
1. De ontvanger verleent voor situaties als bedoeld in artikel 26, tweede lid, van de wet op verzoek van de belastingschuldige bij voor bezwaar vatbare beschikking kwijtschelding van inkomstenbelasting tot een omvang als bedoeld in genoemd artikellid, met dien verstande dat met betrekking tot een aandeel [...] het bedrag van de kwijtschelding in totaal niet meer kan bedragen dan het laagste van de volgende bedragen:
1. het bedrag van de belasting waarvoor ter zake van het desbetreffende aandeel [...] uitstel van betaling is verleend;
2. het bedrag van de belasting dat bij vervreemding van het desbetreffende aandeel [...] feitelijk in het buitenland is geheven van het vervreemdingsvoordeel ter zake waarvan op de voet van artikel 25, zesde lid [...] uitstel van betaling is verleend.'

Het hoofdgeding en de prejudiciële vragen

11. Op 22 januari 1997 verlegde N. zijn vaste woonplaats van Nederland naar het Verenigd Koninkrijk. Ten tijde van zijn vertrek uit Nederland was hij enig aandeelhouder van drie besloten vennootschappen naar Nederlands recht, waarvan de feitelijke leiding zich sinds dezelfde datum op Curaçao (Nederlandse Antillen) bevindt.

12. Voor het jaar 1997 gaf N. een belastbaar inkomen aan van 15 664 697 NLG, waarvan 765 NLG aan inkomsten uit eigen woning en 15 663 932 NLG aan winst uit aanmerkelijk belang. De op deze aangifte vastgestelde belastingaanslag bedroeg 3 918 275 NLG. Aan heffingsrente werd 228 429 NLG in rekening gebracht.

13. Op verzoek van N. werd uitstel van betaling voor deze bedragen verleend. Op grond van de ten tijde van de feiten van het hoofdgeding geldende nationale wetgeving moest voor dat uitstel echter zekerheid worden gesteld. N. heeft daartoe zijn aandelen in een van zijn vennootschappen in onderpand gegeven.

14. Naar aanleiding van het arrest van 11 maart 2004, De Lasteyrie du Saillant (C-9/02, *Jurispr.* blz. I-2409), heeft de staatssecretaris van Financiën in zijn brief van 13 april 2004 in antwoord op vragen van een lid van de Tweede Kamer het standpunt ingenomen dat de voorwaarde van zekerheidstelling voor verkrijging van uitstel van betaling niet langer kon worden gehandhaafd. Daarop heeft de Ontvanger N. meegedeeld dat de door hem gestelde zekerheid als opgeheven kon worden beschouwd.

15. Sinds 2002 exploiteert N. in het Verenigd Koninkrijk een boerderij met appelboomgaard.

16. Het hoofdgeding voor het Gerechtshof te Arnhem heeft in wezen betrekking op de vraag of belastingheffing op basis van het bij de Wet IB, de IW en de URIW ingevoerde systeem, waarbij het belastbare feit erin bestaat dat een Nederlands ingezetene die een aanmerkelijk belang heeft in de zin van artikel 20a, lid 3, Wet IB, zijn woonplaats naar een andere lidstaat verlegt, in beginsel verenigbaar is met het gemeenschapsrecht.

17. Subsidiair bestrijdt N. de uitvoeringsbepalingen van dit belastingsysteem. Met name is hij van oordeel dat de verplichting zekerheid te stellen – waaraan hij moest voldoen ter verkrijging van uitstel van betaling van de op grond van de Wet IB geheven belasting – de hem door het gemeenschapsrecht verleende rechten belemmert. Voorts betoogt hij dat deze belemmering niet met terugwerkende kracht kan worden opgeheven door enkel het vrijgeven van deze zekerheden op last van de staatssecretaris van Financiën.

18. Bovendien betoogt verzoeker in het hoofdgeding dat de Nederlandse regeling welke voorziet in een forfaitaire vergoeding van de kosten voor degene die door de rechter in het gelijk wordt gesteld, in strijd is met het gemeenschapsrecht omdat zij voor de Nederlandse justitiabelen de mogelijkheid beperkt zich er effectief op te beroepen.

19. Omdat het in wezen moet oordelen over de verenigbaarheid van het belastingsysteem van de Wet IB, de IW en de URIW met de artikelen 18 EG en 43 EG, heeft het Gerechtshof te Arnhem besloten de behandeling van de zaak te schorsen en het Hof de volgende prejudiciële vragen voor te leggen:

'1. Kan een inwoner van een lidstaat die die lidstaat metterwoon verlaat om zich in een andere lidstaat te vestigen, zich in een procedure tegen de vertrekstaat beroepen op toepassing van artikel 18 EG, enkel op de grond dat het opleggen van een aanslag die verband houdt met zijn vertrek een belemmering inhoudt of in kan houden voor dat vertrek?

2. Indien [de eerste vraag] ontkennend moet worden beantwoord: kan een inwoner van een lidstaat die die lidstaat metterwoon verlaat om zich in een andere lidstaat te vestigen, zich in een procedure tegen de vertrekstaat beroepen op toepassing van artikel 43 EG, in het geval niet aanstonds vaststaat of aannemelijk is, dat hij in die andere lidstaat een economische activiteit zal gaan uitoefenen als bedoeld in genoemd artikel? Is voor de beantwoording van vorenstaande vraag van belang dat die activiteit binnen een afzienbare periode zal worden uitgeoefend? Zo ja, op welke duur kan die periode worden gesteld?

3. Indien [de eerste of de tweede vraag] bevestigend wordt beantwoord: verzetten de artikelen 18 EG of artikel 43 EG zich tegen de onderhavige Nederlandse regeling krachtens welke een aanslag inkomsten-belasting/premie volksverzekeringen wordt opgelegd ter zake van het fictief genieten van winst uit aanmerkelijk belang, enkel op de grond dat een inwoner van Nederland die ophoudt binnenlands belastingplichtige te zijn omdat hij zijn woonplaats verlegt naar een andere lidstaat, geacht wordt zijn aandelen die tot een aanmerkelijk belang behoren, te hebben vervreemd?

4. Indien [de derde vraag] bevestigend wordt beantwoord op grond van de omstandigheid dat voor het verlenen van uitstel van betaling van een opgelegde aanslag zekerheden dienen te worden gesteld: kan de bestaande belemmering dan met terugwerkende kracht worden opgeheven door de gegeven zekerheden vrij te geven? Is voor de beantwoording van deze vraag nog van belang of het vrijgeven van de zekerheden geschiedt op basis van een wettelijke regeling of een, al dan niet in de uitvoeringssfeer getroffen, beleidsregel? Is voor de beantwoording van deze vraag nog van belang of compensatie wordt geboden voor de eventuele schade die is ontstaan door het geven van zekerheden?

5. Indien [de derde vraag] bevestigend en de eerste [sub 4] gestelde vraag ontkennend wordt beantwoord: kan de alsdan bestaande belemmering worden gerechtvaardigd?'

20. Voorts heeft het Gerechtshof te Arnhem het volgende verklaard:

'Voor het antwoord op de vraag of, in het geval dat een belastingplichtige in een procedure in het gelijk wordt gesteld wegens schending van het gemeenschapsrecht, het Nederlandse stelsel van het vergoeden van proceskosten (een forfaitair systeem) strijdig is met dat gemeenschapsrecht, sluit het Hof aan bij de daarover door het Gerechtshof te 's-Hertogenbosch gestelde vraag aan het [Hof van Justitie], zaak C-376/03 [waarin het arrest is gewezen van 5 juli 2005, D., *Jurispr.* blz. I-5821]'.

Beantwoording van de prejudiciële vragen

De eerste en de tweede vraag

21. Met zijn eerste twee vragen, die tezamen moeten worden onderzocht, wenst de verwijzende rechter in wezen te vernemen welke bepalingen van het EG-Verdrag van toepassing zijn op een zaak als die in het hoofdgeding. Meer in het bijzonder wenst deze rechter duidelijkheid te verkrijgen over het verband en de verhouding tussen enerzijds de vrijheid van verkeer en van verblijf van de burgers van de Europese Unie en anderzijds de vrijheid van vestiging.

22. Dienaangaande zij eraan herinnerd dat artikel 18 EG, dat het recht van iedere burger van de Unie om vrij op het grondgebied van de lidstaten te reizen en te verblijven, op algemene wijze formuleert, een bijzondere uitdrukking vindt in artikel 43 EG (arrest van 29 februari 1996, Skanavi en Chryssanthakopoulos, C-193/94, *Jurispr.* blz. I-929, punt 22).

23. Bijgevolg hoeven de feiten in het hoofdgeding alleen in het licht van artikel 18 EG te worden onderzocht voor zover artikel 43 EG daarop niet van toepassing is.

De toepasselijkheid van artikel 43 EG

24. Onderzocht moet worden of N. zich op grond van enkel zijn hoedanigheid van enig aandeelhouder van zijn vennootschappen kan beroepen op artikel 43 EG.

25. De Nederlandse regering is van oordeel dat er geen sprake kan zijn van vrijheid van vestiging en van belemmering van deze vrijheid wanneer degene die zich erop beroept niet daadwerkelijk een economische activiteit uitoefent.

26. Volgens vaste rechtspraak is het begrip 'vestiging' in de zin van artikel 43 EG zeer ruim en houdt het in, dat een gemeenschapsonderdaan duurzaam kan deelnemen aan het economisch leven van een andere lidstaat dan zijn staat van herkomst (arrest van 30 november 1995, Gebhard, C-55/94, *Jurispr.* blz. I-4165, punt 25). Meer in het bijzonder heeft het Hof geoordeeld dat een belastingplichtige met een 100%-deelneming in het kapitaal van een vennootschap die is gevestigd in een andere lidstaat dan die van zijn woonplaats, stellig binnen de werkingssfeer van de verdragsbepalingen inzake het recht van vestiging valt (zie arrest van 13 april 2000, Baars, C-251/98, *Jurispr.* blz. I-2787, punt 21).

27. Een gemeenschapsonderdaan die in een lidstaat woont en die in het kapitaal van een in een andere lidstaat gevestigde vennootschap een deelneming houdt die hem een zodanige invloed op de besluiten van die vennootschap verleent, dat hij de activiteiten ervan kan bepalen – hetgeen altijd het geval is wanneer hij 100% van de aandeelhoudersrechten bezit – kan derhalve onder de vrijheid van vestiging vallen (zie in die zin arrest Baars, reeds aangehaald, punten 22 en 26).

28. Vastgesteld moet worden dat het in het hoofdgeding gaat om het geval van een gemeenschapsonderdaan die sinds de verlegging van zijn woonplaats in een lidstaat woont en houder is van alle aandelen van in een andere lidstaat gevestigde vennootschappen. Hieruit volgt dat de situatie van N. sinds deze verlegging binnen de werkingssfeer van artikel 43 EG valt (zie in die zin arrest van 21 februari 2006, Ritter-Coulais, C-152/03, *Jurispr.* blz. I-1711, punt 32).

29. In deze omstandigheden hoeft de toepasselijkheid van artikel 18 EG niet te worden onderzocht.

30. Op de eerste twee vragen moet derhalve worden geantwoord dat een gemeenschapsonderdaan die, zoals verzoeker in het hoofdgeding, sinds de verlegging van zijn woonplaats in een lidstaat woont en houder is van alle aandelen van in een andere lidstaat gevestigde vennootschappen, zich kan beroepen op artikel 43 EG.

De derde en de vijfde vraag

31. Met zijn derde en vijfde vraag, die tezamen moeten worden onderzocht, wenst de verwijzende rechter in wezen te vernemen of artikel 43 EG aldus moet worden uitgelegd dat het zich verzet tegen de invoering door een lidstaat van een stelsel van belasting over waardeaangroei in geval van verlegging van de fiscale woonplaats van een belastingplichtige van die staat naar het buitenland, zoals dat in het hoofdgeding aan de orde is.

32. Het Nederlandse belastingrecht voorzag ten tijde van de feiten in het hoofdgeding in een belasting op de latente waardeaangroei van aandeelhoudersrechten, waarbij het belastbare feit erin bestond dat een belastingplichtige die een aanmerkelijk belang had in een vennootschap, zijn woonplaats in Nederland naar het buitenland verlegde.

33. Dienaangaande zij vooraf eraan herinnerd dat volgens vaste rechtspraak de directe belastingen bij de huidige stand van het gemeenschapsrecht weliswaar tot de bevoegdheid van de lidstaten behoren, maar deze laatste niettemin verplicht zijn, die bevoegdheid in overeenstemming met het gemeenschapsrecht uit te oefenen (arrest de Lasteyrie du Saillant, reeds aangehaald, punt 44, en arrest van 13 december 2005, Marks & Spencer, C-446/03, *Jurispr.* blz. I-10837, punt 29).

34. Het staat vast dat ofschoon het ten tijde van de feiten in het hoofdgeding bij de Wet IB, de IW en de URIW ingestelde systeem een Nederlandse belastingplichtige niet verbiedt om zijn recht van vestiging uit te oefenen, het niettemin vanwege zijn afschrikkende werking de uitoefening daarvan beperkt.

35. Naar analogie van hetgeen het Hof reeds heeft geoordeeld met betrekking tot een overeenkomstig stelsel (arrest de Lasteyrie du Saillant, reeds aangehaald, punt 46) werd de belastingplichtige die zijn woonplaats van het Nederlandse grondgebied naar het buitenland wenste te verleggen in het kader van de uitoefening van de hem bij artikel 43 EG gewaarborgde rechten, ten tijde van de feiten in het hoofdgeding immers minder gunstig behandeld dan een persoon die zijn woonplaats in Nederland behield. Op de enkele grond van die verlegging ontstond voor deze belastingplichtige een belastingschuld op inkomsten die nog niet waren gerealiseerd en waarover hij niet beschikte, terwijl, indien hij in Nederland was blijven wonen, de waardeaangroei slechts be-lastbaar zou zijn geweest wanneer en voor zover hij daadwerkelijk zou zijn gerealiseerd. Dit verschil in behandeling ontmoedigde de belanghebbende, zijn woonplaats in Nederland naar het buitenland te verleggen.

36. Het onderzoek van de wijze waarop dit systeem van belasting over latente waardeaangroei van aandeelhoudersrechten in de praktijk werd gebracht, bevestigt deze conclusie. In de eerste plaats was het weliswaar mogelijk uitstel van betaling te genieten, maar dit uitstel was verbonden aan voorwaarden, waaronder het stellen van zekerheden, en dus niet automatisch. Die zekerheden hebben een belemmerende werking, daar zij de belastingplichtige het genot van het tot zekerheid verstrekte vermogen onthouden (zie in die zin arrest de Lasteyrie du Saillant, reeds aangehaald, punt 47).

37. Voorts werden waardeverminderingen na de verlegging van de woonplaats ten tijde van de feiten in het hoofdgeding niet in aanmerking genomen ter vermindering van de belastingschuld. Dit kon tot gevolg hebben dat de belasting over de niet-gerealiseerde, op het tijdstip van deze verlegging vastgestelde winst, waarvoor uitstel van betaling was verleend en die bij een latere vervreemding van de betrokken deelneming opeisbaar zou worden, hoger was dan de belasting die de belastingplichtige in geval van vervreemding op hetzelfde tijdstip had moeten voldoen zonder dat hij zijn woonplaats in Nederland naar het buitenland had verlegd. De inkomstenbelasting zou dan zijn berekend op basis van de bij de vervreemding daadwerkelijk gerealiseerde winst, welke lager of zelfs nihil had kunnen zijn.

38. Tot slot vormt, zoals de advocaat-generaal in punt 79 van haar conclusie terecht opmerkt, de op het tijdstip van verlegging van de woonplaats in Nederland naar het buitenland vereiste indiening van een belastingaangifte een bijkomende formaliteit, die het vertrek van de belanghebbende nog meer belemmert en die voor belastingplichtigen die in deze lidstaat blijven wonen pas geldt op het moment waarop zij hun aandelen daadwerkelijk vervreemden.

39. Derhalve kan het belastingsysteem dat in het hoofdgeding aan de orde is de vrijheid van vestiging belemmeren.

40. Uit vaste rechtspraak blijkt echter dat nationale maatregelen die de uitoefening van de in het Verdrag gewaarborgde fundamentele vrijheden kunnen belemmeren of minder aantrekkelijk kunnen maken, niettemin kunnen worden toegestaan mits zij een doel van algemeen belang nastreven, geschikt zijn om de verwezenlijking daarvan te waarborgen en niet verder gaan dan noodzakelijk is om dat doel te bereiken (zie in die zin arrest de Lasteyrie du Saillant, reeds aangehaald, punt 49).

41. Aangaande allereerst de voorwaarde dat een doel van algemeen belang wordt nagestreefd en dat dit door het betrokken belastingsysteem kan worden bereikt, stelt de verwijzende rechter vast dat de in het hoofdgeding bedoelde nationale bepalingen blijkens de voorbereidende stukken onder meer een op het territorialiteitsbeginsel gebaseerde verdeling tussen de lidstaten dienen te waarborgen van de heffingsbevoegdheid met betrekking tot waardeaangroei van aandeelhoudersrechten. Volgens de Nederlandse regering heeft deze regelgeving ook tot doel, dubbele belasting te voorkomen.

42. In de eerste plaats zij eraan herinnerd dat de onverkorte handhaving van de verdeling van de heffingsbevoegdheid tussen de lidstaten een door het Hof erkend legitiem doel is (zie in die zin arrest Marks & Spencer, reeds aangehaald, punt 45). In de tweede plaats treden volgens artikel 293 EG de lidstaten voor zover nodig met elkaar in onderhandeling ter verzekering, voor hun onderdanen, van de afschaffing van dubbele belasting binnen de Gemeenschap.

43. Afgezien van verdrag 90/436/EEG ter afschaffing van dubbele belasting in geval van winstcorrecties tussen verbonden ondernemingen (*PB* 1990, L 225, blz. 10), is echter op het niveau van de Gemeenschap geen enkele unificatie- of harmonisatiemaatregel tot afschaffing van dubbele belastingen vastgesteld, en de lidstaten hebben evenmin ter uitvoering van artikel 293 EG enige multilaterale overeenkomst met dat oogmerk gesloten (zie in die zin arrest van 12 mei 1998, Gilly, C-336/96, *Jurispr.* blz. I-2793, punt 23, en arrest D., reeds aangehaald, punt 50).

44. In dit verband heeft het Hof reeds geoordeeld dat de lidstaten bij gebreke van communautaire unificatie- of harmonisatiemaatregelen bevoegd blijven om, door het sluiten van overeenkomsten of unilateraal, de criteria voor de verdeling van hun heffingsbevoegdheid vast te stellen teneinde onder meer dubbele belasting af te schaffen (arrest Gilly, reeds aangehaald, punten 24 en 30; arresten van 21 september 1999, Saint-Gobain ZN, C-307/97, *Jurispr.* blz. I-6161, punt 57; 12 december 2002, De Groot, C-385/00, *Jurispr.* blz. I-11819, punt 93, en 23 februari 2006, Van Hilten-van der Heijden, C-513/03, *Jurispr.* blz. I-1957, punten 47 en 48).

45. In dit verband is het niet onredelijk dat de lidstaten zich laten leiden door de internationale praktijk, met name de door de Organisatie voor Economische Samenwerking en Ontwikkeling (OESO) opgestelde modelverdragen (zie reeds aangehaalde arresten Gilly, punt 31, en Van Hilten-van der Heijden, punt 48).

46. Zo wordt volgens artikel 13, lid 5, van het modelverdrag van de OESO op het gebied van inkomsten- en vermogensbelasting, met name in de versie van 2005 daarvan, de bij de vervreemding van goederen gerealiseerde winst belast in de verdragsluitende staat waar de vervreemder zijn woonplaats heeft. Zoals de advocaat-generaal in de punten 96 en 97 van haar conclusie heeft beklemtoond, is het in overeenstemming met dit fiscale territorialiteitsbeginsel, verbonden met een temporele component, te weten het verblijf op nationaal grondgebied gedurende de periode waarin de belastbare winst is ontstaan, dat de betrokken nationale bepalingen de inning voorschrijven van de belasting op in Nederland ontstane waardeaangroei, waarvan het bedrag is vastgesteld bij het vertrek van de betrokken belastingplichtige naar het buitenland en waarvoor uitstel van betaling is verleend tot de daadwerkelijke vervreemding van de aandelen.

47. Daaruit volgt in de eerste plaats dat de maatregel die in het hoofdgeding aan de orde is een doel van algemeen belang nastreeft, en in de tweede plaats dat de verwezenlijking van dat doel daarmee kan worden gewaarborgd.

48. Tot slot moet worden onderzocht of een maatregel als die welke in het hoofdgeding aan de orde is niet verder gaat dan noodzakelijk is ter bereiking van het doel dat ermee wordt nagestreefd.

49. In punt 38 van het onderhavige arrest is weliswaar vastgesteld dat de op het tijdstip van verlegging van de woonplaats in te dienen belastingaangifte, welke noodzakelijk is voor de berekening van de inkomstenbelasting, een administratieve formaliteit vormt die de uitoefening van de fundamentele vrijheden door de betrokken belastingplichtige kan belemmeren of minder aantrekkelijk kan maken, maar zij kan niet als onevenredig worden beschouwd gelet op het legitieme doel van verdeling van de heffingsbevoegdheid ten behoeve van onder meer de afschaffing van dubbele belasting tussen de lidstaten.

50. Hoewel het mogelijk zou zijn geweest, het aan de lidstaat van herkomst toekomende deel van de belasting pas achteraf, op het tijdstip van daadwerkelijke vervreemding van de aandelen, vast te stellen, zou dit niet hebben geleid tot minder zware verplichtingen voor een dergelijke belastingplichtige. Naast de belastingaangifte die deze op het tijdstip van de vervreemding van zijn aandelen had moeten indienen bij de bevoegde Nederlandse autoriteiten, zou hij alle bewijsstukken hebben moeten bewaren ter vaststelling van de waarde in het economische verkeer van die aandelen op het tijdstip van verlegging van zijn woonplaats en voor de eventuele aftrekposten.

51. Aangaande daarentegen de verplichting zekerheid te stellen ter verkrijging van uitstel van betaling van de normalerwijze verschuldigde belasting, zij opgemerkt dat deze ongetwijfeld de heffing van de belasting bij een niet-ingezetene vereenvoudigt, maar verder gaat dan strikt noodzakelijk is ter verzekering van het functioneren en de doeltreffendheid van een dergelijk, op het fiscale territorialiteitsbeginsel gebaseerd belastingstelsel. Er bestaan immers middelen die de fundamentele vrijheden minder beperken.

52. Zoals de advocaat-generaal in punt 113 van haar conclusie heeft opgemerkt, heeft de gemeenschapswetgever reeds harmonisatiemaatregelen genomen die in wezen hetzelfde doel nastreven. Concreet kan een lidstaat op grond van richtlijn 77/799/EEG van de Raad van 19 december 1977 betreffende de wederzijdse bijstand van de bevoegde autoriteiten van de lidstaten op het gebied van de directe belastingen, bepaalde accijnzen en heffingen op verzekeringspremies (*PB* L 336, blz. 15), zoals gewijzigd bij richtlijn 2004/106/EG van de Raad van 16 november 2004 (*PB* L 359, blz. 30), de bevoegde autoriteiten van een andere lidstaat verzoeken hem alle inlichtingen te verstrekken die voor hem van nut kunnen zijn om het juiste bedrag van de inkomstenbelasting te bepalen (arresten van 28 oktober 1999, Vestergaard, C-55/98, *Jurispr.* blz. I-7641, punt 26, en 26 juni 2003, Skandia en Ramstedt, C-422/01, *Jurispr.* blz. I-6817, punt 42).

53. Bovendien bepaalt richtlijn 76/308/EEG van de Raad van 15 maart 1976 betreffende de wederzijdse bijstand inzake de invordering van schuldvorderingen die voortvloeien uit verrichtingen die deel uitmaken van het financieringsstelsel van het Europees Oriëntatie- en Garantiefonds voor de Landbouw, alsmede van landbouwheffingen en douanerechten (*PB* L 73, blz. 18), zoals gewijzigd bij richtlijn 2001/44/EG van de Raad van 15 juni 2001 (*PB* L 175, blz. 17), dat een lidstaat een andere lidstaat om bijstand kan verzoeken bij de invordering van schuldvorderingen ter zake van bepaalde belastingen, waaronder de inkomsten- en de vermogensbelasting.

54. In deze context kan, tot slot, enkel als evenredig met het oog op het nagestreefde doel worden beschouwd een systeem voor de invordering van de belasting op inkomsten uit aandelen dat volledig rekening houdt met waardeverminderingen die na de verlegging van de woonplaats van de betrokken belastingplichtige kunnen optreden, tenzij reeds met deze waardeverminderingen rekening is gehouden in de lidstaat van ontvangst.

55. Bijgevolg dient op de derde en de vijfde vraag te worden geantwoord dat artikel 43 EG aldus moet worden uitgelegd dat het zich ertegen verzet dat een lidstaat een systeem invoert van belasting over waardeaangroei in geval van verlegging van de woonplaats van een belastingplichtige van die lidstaat naar het buitenland, zoals in het hoofdgeding aan de orde is, dat voor de verlening van uitstel van betaling van deze belasting zekerheidstelling vereist en niet volledig rekening houdt met waardeverminderingen die na de verlegging van de woonplaats van de belanghebbende kunnen optreden en die niet in aanmerking worden genomen door de lidstaat van ontvangst.

De vierde vraag

56. Met zijn vierde vraag wenst de verwijzende rechter in wezen te vernemen of het vrijgeven van de zekerheid die is gesteld ter verkrijging van uitstel van betaling van de belasting over de waardeaangroei van de aandelen, in een situatie als in het hoofdgeding ertoe leidt dat elke belemmering met terugwerkende kracht wordt opgeheven. Hij vraagt voorts of de vorm van de handeling op basis waarvan de zekerheid is vrijgegeven enige relevantie heeft voor deze beoordeling. Tot slot wenst hij te vernemen of compensatie verschuldigd is om eventueel aldus ontstane schade te vergoeden.

57. Zoals de advocaat-generaal in punt 128 van haar conclusie heeft opgemerkt, zijn aan het stellen van zekerheid in het algemeen kosten verbonden. Met name kan het in onderpand geven van aandelen het vertrouwen doen dalen in de solvabiliteit van de eigenaar daarvan, aan wie in voorkomend geval minder gunstige kredietvoorwaarden zullen worden aangeboden. Dergelijke gevolgen kunnen niet met terugwerkende kracht worden opgeheven door enkel het vrijgeven van de zekerheid.

58. Overigens staat vast dat de vraag inzake de vorm van de handeling op basis waarvan de zekerheid is vrijgegeven, in dit opzicht geheel irrelevant is.

59. Wat betreft de mogelijkheid vergoeding te verkrijgen van de schade die is ontstaan als gevolg van de verplichting zekerheid te stellen teneinde uitstel van betaling van de betrokken belasting te kunnen krijgen, zij eraan herinnerd dat de rechterlijke instanties van de lidstaten op grond van het in artikel 10 EG neergelegde samenwerkingsbeginsel de rechtsbescherming dienen te verzekeren die voor de justitiabelen voortvloeit uit de rechtstreekse werking van het gemeenschapsrecht. Bij ontbreken van een desbetreffende gemeenschapsregeling is het een aangelegenheid van de interne rechtsorde van elke lidstaat om de bevoegde rechter aan te wijzen en de procesregels te geven voor rechtsvorderingen ter bescherming van de rechten die de justitiabelen aan de rechtstreekse werking van het gemeenschapsrecht ontlenen. Deze regels mogen echter niet ongunstiger zijn dan die welke voor soortgelijke nationale vorderingen gelden (gelijkwaardigheidsbeginsel), en de uitoefening van de door de communautaire rechtsorde verleende rechten niet nagenoeg onmogelijk of uiterst moeilijk maken (doeltreffendheidsbeginsel) (zie in die zin arresten van 16 december 1976, Rewe, 33/76, *Jurispr.* blz. 1989, punt 5; 14 december 1995, Peterbroeck, C-312/93, *Jurispr.* blz. I-4599, punt 12, en 8 maart 2001, Metallgesellschaft e.a., C-397/98 en 410/98, *Jurispr.* blz. I-1727).

60. Het Hof heeft bovendien reeds geoordeeld dat het een aangelegenheid van het nationale recht is om, met inachtneming van de hiervóór aangehaalde beginselen, alle met de terugbetaling van ten onrechte geïnde belastingen verband houdende bijkomende vraagstukken te regelen, zoals de betaling van eventuele rente, daaronder begrepen het tijdstip vanaf wanneer deze rente moet worden berekend en de rentevoet (arresten van 21 mei 1976, Roquette frères/Commissie, 26/74, *Jurispr.* blz. 677, punten 11 en 12, en 12 juni 1980, Express Dairy Foods, 130/79, *Jurispr.* blz. 1887, punten 16 en 17, en arrest Metallgesellschaft e.a., reeds aangehaald, punt 86).

61. Voor een vordering tot betaling van vertragingsrente ter vergoeding van eventuele door de zekerheid-stelling veroorzaakte kosten, moet gezien de overeenkomsten tussen teruggaaf van ten onrechte geheven belastingen en vrijgave van in strijd met het gemeenschapsrecht gevorderde zekerheden hetzelfde gelden.

62. Overigens kan schade die is ontstaan door het stellen van een in strijd met het gemeenschapsrecht gevorderde zekerheid, de aansprakelijkheid met zich brengen van de lidstaat, die de litigieuze maatregel heeft vastgesteld.

63. Volgens de rechtspraak van het Hof moet een lidstaat de schade vergoeden die particulieren lijden wegens aan hem toe te rekenen schendingen van het gemeenschapsrecht, wanneer aan drie voorwaarden is voldaan: de geschonden rechtsregel strekt ertoe particulieren rechten toe te kennen, er is sprake van een voldoende gekwalificeerde schending en er bestaat een rechtstreeks causaal verband tussen de schending van de op de staat rustende verplichting en de door de benadeelde personen geleden schade. Of aan deze voorwaarden is voldaan, moet van geval tot geval worden beoordeeld (arresten van 5 maart 1996, Brasserie du pêcheur en Factortame, C-46/93 en C-48/93, *Jurispr.* blz. I-1029, punt 51; 8 oktober 1996, Dillenkofer e.a., C-178/94, C-179/94 en C-188/94-C-190/94, *Jurispr.* blz. I-4845, punt 21, en 4 juli 2000, Haim, C-424/97, *Jurispr.* blz. I-5123, punt 36).

64. Aangaande meer in het bijzonder de tweede voorwaarde heeft het Hof reeds geoordeeld, in de eerste plaats dat een schending van het gemeenschapsrecht voldoende gekwalificeerd is wanneer een lidstaat bij de uitoefening van zijn normatieve bevoegdheid de grenzen waarbinnen hij bij de uitoefening van zijn bevoegdheden dient te blijven, kennelijk en ernstig heeft miskend (zie reeds aangehaalde arresten Brasserie du pêcheur en Factortame, punt 55, en Dillenkofer e.a., punt 25), en in de tweede plaats dat de enkele inbreuk op het gemeenschapsrecht kan volstaan om een voldoende gekwalificeerde schending te doen vaststaan, wanneer de betrokken lidstaat op het moment van de inbreuk slechts een zeer beperkte of in het geheel geen beoordelingsmarge had (arrest van 23 mei 1996, Hedley Lomas, C-5/94, *Jurispr.* blz. I-2553, punt 28).

65. Om vast te stellen of een inbreuk op het gemeenschapsrecht een voldoende gekwalificeerde schending vormt, moet de nationale rechter bij wie een schadevordering aanhangig is gemaakt rekening houden met alle elementen die de hem voorgelegde situatie karakteriseren. Die elementen zijn onder meer de mate van duidelijkheid en nauwkeurigheid van de geschonden regel, de vraag of al dan niet opzettelijk een schending is begaan of schade is veroorzaakt, de vraag of een eventuele rechtsdwaling al dan niet verschoonbaar is en de vraag of de handelwijze van een gemeenschapsinstelling heeft kunnen bijdragen tot de vaststelling of de instandhouding van met het gemeenschapsrecht strijdige nationale maatregelen of praktijken (zie arresten Brasserie du pêcheur en Factortame, reeds aangehaald, punt 56, en Haim, reeds aangehaald, punt 43).

66. In dit verband moet worden opgemerkt dat het bij de betrokken regels van gemeenschapsrecht gaat om verdragsbepalingen die reeds ruim vóór de feiten van het hoofdgeding van kracht en rechtstreeks toepasselijk waren. Ten tijde van de inwerkingtreding van het betrokken belastingsysteem, te weten 1 januari 1997, had het Hof echter nog niet het reeds aangehaalde arrest de Lasteyrie du Saillant gewezen, waarin het voor de eerste keer heeft geoordeeld dat de verplichting om zekerheid te stellen voor het verkrijgen van uitstel van betaling van belasting over de waardeaangroei van effecten, welke in meerdere opzichten analoog is aan die in het hoofdgeding, in strijd is met de vrijheid van vestiging.

67. Bijgevolg moet op de vierde vraag worden geantwoord dat een eventuele belemmering als gevolg van het stellen van een in strijd met het gemeenschapsrecht verlangde zekerheid niet met terugwerkende kracht kan worden opgeheven door enkel het vrijgeven van die zekerheid. De vorm van de handeling op basis waarvan de zekerheid is vrijgegeven, is voor deze beoordeling irrelevant. Wanneer een lidstaat bepaalt dat in geval van teruggaaf van een in strijd met het nationale recht verlangde zekerheid vertragingsrente wordt betaald, is deze rente ook verschuldigd wanneer het gemeenschapsrecht is geschonden. Bovendien dient de verwijzende rechter, overeenkomstig de door het Hof verschafte richtsnoeren en met inachtneming van het gelijkwaardigheids- en het doeltreffendheidsbeginsel, te beoordelen of de betrokken lidstaat aansprakelijk is voor de schade als gevolg van de verplichting een dergelijke zekerheid te stellen.

De kostenvergoedingsregeling

68. Hoewel het dictum van de verwijzingsbeslissing slechts de vijf hiervóór behandelde vragen vermeldt, blijkt uit de omstandigheid dat in deze beslissing wordt verwezen naar het reeds aangehaalde arrest D., dat de verwijzende rechter in wezen duidelijkheid wil verkrijgen over de verenigbaarheid van de Nederlandse kostenvergoedingsregeling met het gemeenschapsrecht. Dit is een van de vragen die deze rechter zich in het hoofdgeding gesteld ziet.

69. Volgens vaste rechtspraak moet de nationale rechter evenwel wegens het vereiste om tot een voor hem nuttige uitlegging van het gemeenschapsrecht te komen, een omschrijving geven van het feitelijke en het rechtskader waarin de gestelde vragen moeten worden geplaatst, of althans de feitelijke veronderstellingen uiteenzetten waarop die vragen zijn gebaseerd (zie onder meer arresten van 26 januari 1993, Telemarsicabruzzo e.a., C-320/90-C-322/90, *Jurispr.* blz. I-393, punten 6 en 7; 21 september 1999, Albany, C-67/96, *Jurispr.* blz. I-5751, punt 39, en 13 april 2000, Lehtonen en Castors Braine, C-176/96, *Jurispr.* blz. I-2681, punt 22).

70. De in verwijzingsbeslissingen verstrekte gegevens dienen niet enkel om het Hof in staat te stellen een bruikbaar antwoord te geven, doch ook om de regeringen der lidstaten en de andere belanghebbende partijen de mogelijkheid te bieden, overeenkomstig artikel 23 van het Statuut van het Hof van Justitie opmerkingen te maken. Het Hof dient erop toe te zien, dat deze mogelijkheid gewaarborgd blijft, in aanmerking genomen dat ingevolge genoemde bepaling alleen de verwijzingsbeslissingen ter kennis van de belanghebbende partijen worden gebracht (zie onder meer beschikking van 23 maart 1995, Saddik, C-458/93, *Jurispr.* blz. I-511, punt 13; reeds aangehaalde arresten Albany, punt 40, en Lehtonen en Castors Braine, punt 23).

71. Met betrekking tot de kostenvergoedingsregeling moet echter worden vastgesteld dat deze voorwaarden niet zijn vervuld.

72. In deze omstandigheden is de vraag ter zake van deze regeling niet-ontvankelijk.

Kosten

73. ...

HET HOF VAN JUSTITIE (Tweede kamer)

verklaart voor recht:

1. Een gemeenschapsonderdaan die, zoals verzoeker in het hoofdgeding, sinds de verlegging van zijn woonplaats in een lidstaat woont en houder is van alle aandelen van in een andere lidstaat gevestigde vennootschappen, kan zich beroepen op artikel 43 EG.

2. Artikel 43 EG moet aldus worden uitgelegd dat het zich ertegen verzet dat een lidstaat een systeem invoert van belasting over waardeaangroei in geval van verlegging van de woonplaats van een belastingplichtige van die lidstaat naar het buitenland, zoals in het hoofdgeding aan de orde is, dat voor de verlening van uitstel van betaling van deze belasting zekerheidstelling vereist en niet volledig rekening houdt met waardeverminderingen die na de verlegging van de woonplaats van de belanghebbende kunnen optreden en die niet in aanmerking worden genomen door de lidstaat van ontvangst.

3. Een eventuele belemmering als gevolg van het stellen van een in strijd met het gemeenschapsrecht verlangde zekerheid kan niet met terugwerkende kracht worden opgeheven door enkel het vrijgeven van die zekerheid. De vorm van de handeling op basis waarvan de zekerheid is vrijgegeven, is voor deze beoordeling irrelevant. Wanneer een lidstaat bepaalt dat in geval van teruggaaf van een in strijd met het nationale recht verlangde zekerheid vertragingsrente wordt betaald, is deze rente ook verschuldigd wanneer het gemeenschapsrecht is geschonden. Bovendien dient de verwijzende rechter, overeenkomstig de door het Hof verschafte richtsnoeren en met inachtneming van het gelijkwaardigheids- en het doeltreffendheidsbeginsel, te beoordelen of de betrokken lidstaat aansprakelijk is voor de schade als gevolg van de verplichting een dergelijke zekerheid te stellen.

HvJ EG 12 september 2006, zaak C-196/04 (Cadbury Schweppes plc, Cadbury Schweppes Overseas Ltd v. Commissioners of Inland Revenue)

Hof: *V. Skouris, president, P. Jann en A. Rosas, kamerpresidenten, J. N. Cunha Rodrigues, R. Silva de Lapuerta, K. Lenaerts (rapporteur), E. Juhász, G. Arestis en A. Borg Barthet, rechters*

Advocaat-generaal: *P. Léger*

1. Het verzoek om een prejudiciële beslissing betreft de uitlegging van de artikelen 43 EG, 49 EG en 56 EG.

2. Dit verzoek is ingediend in het kader van een geding tussen Cadbury Schweppes plc (hierna: 'CS') en Cadbury Schweppes Overseas Ltd (hierna: 'CSO'), enerzijds, en de Commissioners of Inland Revenue, anderzijds, inzake door CSO verschuldigde belasting over de winst die in 1996 werd gemaakt door Cadbury Schweppes Treasury International (hierna: 'CSTI'), een dochteronderneming van de in het International Financial Services Centre (internationaal financieel dienstencentrum) te Dublin (Ierland) (hierna: 'IFSC') gevestigde groep Cadbury Schweppes.

Nationale wettelijke regeling

3. Volgens de belastingwetgeving van het Verenigd Koninkrijk van Groot-Brittannië en Noord-Ierland is een in deze lidstaat gevestigde vennootschap in de zin van deze wetgeving (hierna: 'binnenlandse vennootschap'), in deze staat vennootschapsbelasting verschuldigd over haar wereldwijde winst. Hiertoe worden gerekend de winsten van filialen of van agentschappen, via welke de binnenlandse vennootschap haar activiteiten buiten het Verenigd Koninkrijk uitoefent.

4. De binnenlandse vennootschap wordt daarentegen in beginsel niet belast over de winsten van haar dochterondernemingen op het ogenblik dat deze worden gemaakt. Zij wordt evenmin belast over de dividenden die door een in het Verenigd Koninkrijk gevestigde dochteronderneming worden uitgekeerd. De dividenden die door een in het buitenland gevestigde dochteronderneming aan de binnenlandse vennootschap worden uitgekeerd, worden echter wel belast bij die vennootschap. Ter voorkoming van dubbele belasting voorziet de belastingwetgeving van het Verenigd Koninkrijk echter in een belastingkrediet voor de binnenlandse vennootschap ten belope van de belasting die de buitenlandse dochtervennootschap heeft betaald op het ogenblik dat de winst werd gemaakt.

5. De wetgeving van het Verenigd Koninkrijk op de gecontroleerde buitenlandse vennootschappen (hierna: 'GBV') bevat een uitzondering op de algemene regel dat een binnenlandse vennootschap niet wordt belast over de winsten van een dochteronderneming op het ogenblik dat deze worden gemaakt.

6. Deze wetgeving, die vervat ligt in de Sections 747 tot en met 756 van en in de Schedules 24 tot en met 26 bij de Income and Corporation Taxes Act 1988 (wet van 1988 inzake de inkomstenbelasting en de vennootschapsbelasting) bepaalt dat de winsten van een GBV - te weten volgens de ten tijde van de feiten van het hoofdgeding toepasselijke versie van die wetgeving (hierna: 'wetgeving op de GBV') een buitenlandse vennootschap die voor meer dan 50% in handen is van de binnenlandse vennootschap - aan de binnenlandse vennootschap worden toegerekend en bij deze vennootschap worden belast, waarbij een belastingkrediet wordt toegekend voor de belasting die de GBV reeds heeft betaald in de staat waar zij is gevestigd. Wanneer deze winst vervolgens aan de binnenlandse vennootschap wordt uitgekeerd in de vorm van een dividend, wordt de door deze laatste in het Verenigd Koninkrijk betaalde belasting over de winst van de GBV aangezien als een aanvullende, door deze GBV in het buitenland betaalde belasting die recht geeft op een belastingkrediet dat kan worden verrekend met de door de binnenlandse vennootschap over deze dividenden verschuldigde belasting.

7. De wetgeving op de GBV is van toepassing wanneer de GBV in de staat waar zij is gevestigd, een 'lager belastingtarief' geniet, wat volgens deze wetgeving het geval is voor elk belastingjaar waarin de door de GBV betaalde belasting minder bedraagt dan driekwart van het bedrag dat in het Verenigd Koninkrijk zou zijn betaald aan belasting over de belastbare winst, zoals die in deze lidstaat voor de belastingheffing wordt berekend.

8. De wetgeving op de GBV voorziet in een aantal uitzonderingen op de toepassing van deze belasting. In de versie van deze wetgeving die van kracht was ten tijde van de feiten van het hoofdgeding, werd de belasting niet geheven in volgende gevallen

– wanneer de GBV een 'aanvaardbaar uitkeringsbeleid' voert, wat inhoudt dat een bepaald percentage (90% in 1996) van de winst binnen 18 maanden wordt uitgekeerd en belast bij een binnenlandse vennootschap;

– wanneer de GBV 'vrijgestelde activiteiten' in de zin van de genoemde wetgeving uitoefent, zoals bepaalde handelsactiviteiten verricht in een handelsvestiging;

– wanneer de GBV voldoet aan de voorwaarde van openbare notering, wat inhoudt dat 35% van het stemrecht in handen is van het publiek, dat de dochteronderneming beursgenoteerd is en dat haar aandelen op een erkende aandelenbeurs worden verhandeld, en

– wanneer de belastbare winst van de GBV 50 000 GBP niet overschrijdt (exceptie de minimis).

9. De belastingheffing waarin de wetgeving op de GBV voorziet, is eveneens uitgesloten wanneer is voldaan aan de zogenaamde 'motive test'. Deze bevat twee cumulatieve voorwaarden.

10. Enerzijds moet de binnenlandse vennootschap, wanneer de activiteiten van de GBV die voor het betrokken belastingjaar winst hebben opgeleverd, leiden tot een vermindering van belasting in het Verenigd Koninkrijk in vergelijking met de belasting die verschuldigd zou zijn geweest indien de betrokken activiteiten niet hadden plaatsgehad, en het bedrag van deze vermindering een bepaalde drempel overschrijdt, bewijzen dat een dergelijke vermindering het hoofddoel noch één van de hoofddoelen van deze activiteiten was.

11. Anderzijds moet de binnenlandse vennootschap bewijzen dat in het betrokken belastingjaar het verkrijgen van een belastingvermindering in het Verenigd Koninkrijk door middel van winstverschuiving de hoofdreden noch één van de hoofdredenen voor het bestaan van de GBV was. Volgens deze wetgeving is er sprake van winstverschuiving als redelijkerwijze kan worden aangenomen dat, indien de GBV of een andere buiten het Verenigd Koninkrijk gevestigde verbonden vennootschap, niet had bestaan, de inkomsten naar een in het Verenigd Koninkrijk gevestigd persoon zouden zijn gegaan en daar zouden zijn belast.

12. In de verwijzingsbeslissing wordt ook gepreciseerd dat de belastingdienst van het Verenigd Koninkrijk in 1996 een lijst van staten heeft gepubliceerd waar, onder bepaalde voorwaarden, een GBV kan worden opgericht en haar activiteiten kan uitoefenen en daarbij wordt geacht te voldoen aan de voorwaarden voor vrijstelling van de belasting waarin de wetgeving op de GBV voorziet.

Feiten van het hoofdgeding en prejudiciële vraag

13. CS, een binnenlandse vennootschap, is de moedervennootschap van de Cadbury Schweppes-groep, die bestaat uit vennootschappen, gevestigd in het Verenigd Koninkrijk, in andere lidstaten en in derde staten. Deze groep heeft met name twee dochterondernemingen in Ierland: Cadbury Schweppes Treasury Services (hierna: 'CSTS') en CSTI, die indirect door CS worden gecontroleerd via een aantal dochterondernemingen met aan het hoofd CSO.

14. CSTS en CSTI, die in de IFSC zijn gevestigd, werden ten tijde van de feiten van het hoofdgeding belast tegen een tarief van 10%.

15. De activiteiten van CSTS en CSTI bestaan uit het aantrekken van middelen en het ter beschikking stellen van deze middelen aan de dochterondernemingen van de Cadbury Schweppes-groep.

16. Uit de verwijzingsbeslissing blijkt dat CSTS in de plaats is gekomen van een soortgelijke constructie op Jersey. Zij werd opgericht met een drieledig doel. In de eerste plaats moest een belastingprobleem van Canadese belastingplichtigen met preferente aandelen van CS worden verholpen, in de tweede plaats wilde men vermijden aan de autoriteiten van het Verenigd Koninkrijk toestemming te moeten vragen voor leningen in het buitenland en in de derde plaats wilde men de bronbelasting op binnen de groep uitgekeerde dividenden onder de regeling van richtlijn 90/435/EEG van de Raad van 23 juli 1990 betreffende de gemeenschappelijke fiscale regeling voor moedermaatschappijen en dochterondernemingen uit verschillende lidstaten (*PB* L 225, blz. 6) verminderen. Volgens de verwijzingsbeslissing konden deze drie doelstellingen worden bereikt als CSTS was opgericht naar het recht van het Verenigd Koninkrijk en in deze lidstaat was gevestigd.

17. CSTI is een dochteronderneming van CSTS. Volgens de verwijzende rechter werd zij in Ierland opgericht om niet onder toepassing van bepaalde deviezenregels uit het belastingrecht van het Verenigd Koninkrijk te vallen.

18. Volgens de verwijzingsbeslissing staat vast dat CSTS en CSTI te Dublin zijn gevestigd met als enig doel, de winsten uit de interne financiering van de Cadbury Schweppes-groep onder de belastingregeling voor het IFSC te laten vallen.

19. Gelet op het belastingtarief dat wordt toegepast op vennootschappen die in dit centrum zijn gevestigd, werd de winst van CSTS en CSTI 'minder zwaar belast' in de zin van de wetgeving op de GBV. Voor het belastingjaar 1996 heeft de belastingdienst van het Verenigd Koninkrijk geoordeeld dat niet was voldaan aan de voorwaarden om deze dochterondernemingen te kunnen vrijstellen van de belastingheffing waarin deze wetgeving voorziet.

20. Bijgevolg hebben de Commissioners of Inland Revenue bij beschikking van 18 augustus 2000 krachtens de wet op de GBV van CSO een bedrag van 8 638 633,54 GBP gevorderd als vennootschapsbelasting over de winsten van CSTI in het op 28 december 1996 afgesloten belastingjaar. De aanslag betreft alleen de winsten van deze laatste vennootschap, aangezien CSTS in hetzelfde belastingjaar verlies heeft geleden.

21. Op 21 augustus 2000 hebben CS en CSO tegen deze belastingaanslag beroep ingesteld bij de Special Commissioners of Income Tax, London. Zij voeren voor deze rechterlijke instantie aan dat de wetgeving op de GBV in strijd is met de artikelen 43 EG, 49 EG en 56 EG.

22. De verwijzende rechter merkt op dat in de bij hem aanhangige zaak, een aantal twijfels bestaan inzake de toepassing van het gemeenschapsrecht.

23. In de eerste plaats vraagt hij zich af of CS, door in andere lidstaten vennootschappen op te richten en van kapitaal te voorzien met als enig doel, in aanmerking te komen voor een gunstiger belastingregeling dan de in het Verenigd Koninkrijk geldende regeling, geen misbruik heeft gemaakt van de door het EG-Verdrag ingevoerde vrijheden.

24. Gesteld dat CS slechts daadwerkelijk gebruik heeft gemaakt van de genoemde vrijheden, vraagt de verwijzende rechter zich in de tweede plaats af, of in de omstandigheden van de onderhavige zaak de wetgeving op de GBV moet worden beschouwd als een beperking van deze vrijheden of als een discriminerende regeling.

25. Voor het geval dat genoemde wetgeving als een beperking van de in het Verdrag neergelegde vrijheden moet worden beschouwd, vraagt de verwijzende rechter zich in de derde plaats af, of ingeval CS geen hogere belasting betaalt dan CSTS en CSTI zouden hebben betaald indien zij in het Verenigd Koninkrijk waren gevestigd, dit het bestaan van een dergelijke beperking uitsluit. Hij heeft ook vragen in verband met de relevantie van, enerzijds, de verschillen die er op sommige punten bestaan tussen de regels voor de berekening van de belasting over de inkomsten van CSTS en CSTI, en de regels die normaliter van toepassing zijn op de dochterondernemingen van CS in genoemde lidstaat, en anderzijds het feit dat de verliezen van een GBV niet kunnen worden afgetrokken van de winsten van een andere GBV, of van de winsten van CS en haar dochterondernemingen in het Verenigd Koninkrijk, terwijl een dergelijke aftrek zou zijn toegestaan indien CSTS en CSTI in deze lidstaat waren gevestigd.

26. Voor het geval dat de wetgeving op de GBV als discriminerend moet worden beschouwd, vraagt hij zich in de vierde plaats af, of er een parallel moet worden gemaakt tussen de feiten van het hoofdgeding en het geval dat CS dochterondernemingen zou hebben opgericht in het Verenigd Koninkrijk dan wel dochterondernemingen zou hebben gevestigd in een lidstaat waar geen lager belastingtarief in de zin van deze wetgeving van toepassing is.

27. Voor het geval dat de wetgeving op de GBV als discriminerend of als een beperking van de vrijheid van vestiging zou worden aangemerkt, vraagt hij zich in de vijfde plaats af, of deze wetgeving kan worden gerechtvaardigd door de strijd tegen belastingontwijking, aangezien zij vermindering of verschuiving van in het Verenigd Koninkrijk belastbare winst beoogt te beletten, en of zij in voorkomend geval kan worden beschouwd als een evenredige maatregel gelet op het doel ervan en op de vrijstelling waarvan vennootschappen kunnen genieten die, anders dan CS, in het kader van de 'motive test' kunnen aantonen dat zij geen belastingontwijking nastreven.

28. Gelet op al deze vragen hebben de Special Commissioners of Income Tax, London, de behandeling van de zaak geschorst en het Hof verzocht om een prejudiciële beslissing over de volgende vraag:

> 'Verzetten de artikelen 43 EG, 49 EG en 56 EG zich tegen een nationale belastingwetgeving, zoals aan de orde in het hoofdgeding, die onder welbepaalde omstandigheden een in die lidstaat gevestigde vennootschap belast over de winst van een dochteronderneming die is gevestigd in een andere lidstaat die een lager belastingtarief hanteert?'

De prejudiciële vraag

29. Met zijn vraag wenst de verwijzende rechter in wezen te vernemen of de artikelen 43 EG, 49 EG en 56 EG zich verzetten tegen een nationale belastingwetgeving zoals aan de orde in het hoofdgeding, die onder bepaalde voorwaarden de moedervennootschap belast over de door een GBV gemaakte winst.

30. Deze vraag moet aldus worden begrepen dat zij eveneens betrekking heeft op artikel 48 EG, dat voor de toepassing van de verdragsbepalingen inzake de vrijheid van vestiging vennootschappen welke in overeenstemming met de wetgeving van een lidstaat zijn opgericht en hun statutaire zetel, hun hoofdbestuur of hun hoofdvestiging binnen de Gemeenschap hebben, gelijkstelt met de in artikel 43 EG bedoelde natuurlijke personen die onderdaan zijn van de lidstaten.

31. Volgens vaste rechtspraak vallen nationale bepalingen die van toepassing zijn op de deelneming door een onderdaan van de betrokken lidstaat in het kapitaal van een in een andere lidstaat gevestigde vennootschap, die hem een zodanige invloed op de besluiten van de vennootschap verleent dat hij de activiteiten ervan kan bepalen, binnen de materiële werkingssfeer van de verdragsbepalingen inzake de vrijheid van vestiging (zie in die zin arresten van 13 april 2000, Baars, C-251/98, *Jurispr.* blz I-2787, punt 22, en 21 november 2002, X en Y, C-436/00, *Jurispr.* blz. I-10829, punt 37).

32. In casu betreft de wetgeving op de GBV de belasting, onder bepaalde voorwaarden, van de winst van buiten het Verenigd Koninkrijk gevestigde dochterondernemingen waarin een binnenlandse vennootschap een deelneming heeft die haar de controle over deze dochteronderneming verleent. Deze wetgeving moet bijgevolg worden onderzocht tegen de achtergrond van de artikelen 43 EG en 48 EG.

33. In de veronderstelling dat, zoals verzoeksters in het hoofdgeding en Ierland stellen, deze wetgeving het vrij verrichten van diensten en het vrije verkeer van kapitaal beperkt, zijn deze beperkingen een onvermijdelijk gevolg

van een eventuele belemmering van de vrijheid van vestiging en rechtvaardigen zij in geen geval dat genoemde wetgeving afzonderlijk wordt getoetst aan de artikelen 49 EG en 56 EG (zie in die zin arrest van 14 oktober 2004, Omega, C-36/02, *Jurispr.* blz. I-9609, punt 27).

34. Alvorens de wetgeving op de GBV te toetsen aan de artikelen 43 EG en 48 EG moet worden geantwoord op de voorafgaande vraag van de verwijzende rechter die erop is gericht te vernemen of het feit dat een in een lidstaat gevestigde vennootschap in een andere lidstaat vennootschappen opricht en van kapitaal voorziet met als enig doel, in aanmerking te komen voor een gunstiger belastingregeling dan de in de laatstgenoemde staat geldende regeling, misbruik van de vrijheid van vestiging oplevert.

35. Onderdanen van een lidstaat mogen de krachtens het Verdrag geschapen mogelijkheden inderdaad niet misbruiken om zich te onttrekken aan de werkingssfeer van hun nationale wetgeving. Zij kunnen zich niet met het oog op misbruik of bedrog beroepen op het gemeenschapsrecht (arresten van 7 februari 1979, Knoors, 115/78, *Jurispr.* blz. 399, punt 25; 3 oktober 1990, Bouchoucha, C-61/89, *Jurispr.* blz. I-3551, punt 14, en 9 maart 1999, Centros, C-212/97, *Jurispr.* blz. I-1459, punt 24).

36. Een onderdaan van de Gemeenschap, zij het een natuurlijke persoon of een rechtspersoon, kan echter niet de mogelijkheid worden ontnomen om zich op de bepalingen van het Verdrag te beroepen op de enkele grond dat hij profiteert van fiscale voordelen die gelden in een andere lidstaat dan die waar hij woont of is gevestigd (zie in die zin arrest van 11 december 2003, Barbier, C-364/01, *Jurispr.* blz. I-15013, punt 71).

37. Inzake de vrijheid van vestiging heeft het Hof reeds geoordeeld dat de omstandigheid dat de vennootschap in een lidstaat is opgericht met het doel gebruik te maken van een gunstiger wettelijke regeling, op zich geen misbruik van deze vrijheid oplevert (zie in deze zin arrest Centros, reeds aangehaald, punt 27, en arrest van 30 september 2003, Inspire Art, C-167/01, *Jurispr.* blz. I-10155, punt 96).

38. Bijgevolg levert, zoals verzoeksters in het hoofdgeding en de Belgische regering, alsmede, ter terechtzitting, de Cypriotische regering hebben beklemtoond, de omstandigheid dat CS in casu heeft beslist om CSTS en CSTI in het IFSC te vestigen met de openlijke bedoeling te genieten van de gunstiger fiscale regeling die een dergelijke vestiging biedt, op zich geen misbruik op. Deze omstandigheid sluit dus niet uit dat CS de artikelen 43 EG en 48 EG kan inroepen (zie in die zin reeds aangehaalde arresten Centros, punt 18, en Inspire Art, punt 98).

39. Bijgevolg moet worden onderzocht of de artikelen 43 EG en 48 EG zich verzetten tegen een wetgeving als deze op de GBV.

40. Volgens vaste rechtspraak behoren de directe belastingen weliswaar tot de bevoegdheid van de lidstaten, doch zijn deze verplicht, die bevoegdheid in overeenstemming met het gemeenschapsrecht uit te oefenen (arresten van 29 april 1999, Royal Bank of Scotland, C-311/97, *Jurispr.* blz. I-2651, punt 19; 7 september 2004, Manninen, C-319/02, *Jurispr.* blz. I-7477, punt 19, en 13 december 2005, Marks & Spencer, C-446/03, *Jurispr.* blz. I-10837, punt 29).

41. De vrijheid van vestiging die in artikel 43 EG aan de gemeenschapsonderdanen wordt toegekend, en die voor hen de toegang tot en de uitoefening van werkzaamheden anders dan in loondienst alsmede de oprichting en het bestuur van ondernemingen onder dezelfde voorwaarden als in de wetgeving van het land van vestiging voor de eigen onderdanen zijn vastgesteld, omvat, brengt overeenkomstig artikel 48 EG voor de ven-nootschappen die in overeenstemming met de wetgeving van een lidstaat zijn opgericht en die hun statutaire zetel, hun hoofdbestuur of hun hoofdvestiging binnen de Gemeenschap hebben, het recht mee om in de betrokken lidstaat hun bedrijfsactiviteit uit te oefenen door middel van een dochteronderneming, een filiaal of een agentschap (zie met name arrest van 21 september 1999, Saint-Gobain ZN, C-307/97, *Jurispr.* blz. I-6161, punt 35; arrest Marks & Spencer, reeds aangehaald, punt 30, en arrest van 23 februari 2006, Keller Holding, C-471/04, *Jurispr.* blz. I-2107, punt 29).

42. Hoewel de verdragsbepalingen betreffende de vrijheid van vestiging volgens de bewoordingen ervan het voordeel van de nationale behandeling in de lidstaat van ontvangst beogen te garanderen, verbieden zij de lidstaat van oorsprong ook de vestiging in een andere lidstaat van een van zijn onderdanen of van een naar zijn nationaal recht opgerichte vennootschap te bemoeilijken (zie met name arrest van 16 juli 1998, ICI, C-264/96, *Jurispr.* blz. I-4695, punt 21, en arrest Marks & Spencer, reeds aangehaald, punt 31).

43. In casu staat vast dat de wetgeving op de GBV voorziet in een verschillende behandeling van binnenlandse vennootschappen naar gelang van het belastingtarief waaraan de vennootschap waarin zij een deelneming hebben die hun de controle over die vennootschap verleent, onderworpen is.

44. Wanneer een binnenlandse vennootschap een GBV heeft opgericht in een lidstaat waar deze in de zin van de wetgeving op de GBV aan een lager belastingtarief is onderworpen, worden de winsten van een dergelijke gecontroleerde vennootschap krachtens deze wetgeving toegerekend aan de binnenlandse vennootschap, die over deze winst wordt belast. Wanneer de gecontroleerde vennootschap daarentegen is opgericht en wordt belast in het Verenigd Koninkrijk of in een staat waarin zij niet tegen een lager tarief in de zin van genoemde wetgeving wordt belast, is deze wetgeving niet van toepassing en wordt de binnenlandse vennootschap overeenkomstig de wetge-

ving van het Verenigd Koninkrijk inzake de vennootschapsbelasting, in dergelijke omstandigheden niet belast over de winsten van de gecontroleerde vennootschap.

45. Dit verschil in behandeling levert een fiscaal nadeel op voor de binnenlandse vennootschap waarop de wetgeving op de GBV van toepassing is. Immers, zelfs wanneer rekening wordt gehouden – zoals de regering van het Verenigd Koninkrijk en de Deense, de Duitse, de Franse, de Portugese en de Zweedse regering suggereren – met de door de verwijzende rechter genoemde mogelijkheid dat de binnenlandse vennootschap over de winst van een binnen de werkingssfeer van de genoemde wetgeving vallende GBV geen hogere belasting betaalt dan die welke over die winst zou zijn geheven indien deze door een in het Verenigd Koninkrijk gevestigde dochteronderneming was behaald, neemt dit niet weg dat krachtens een dergelijke wetgeving deze binnenlandse vennootschap wordt belast over de winst van een andere rechtspersoon. Dit is evenwel niet het geval wanneer een binnenlandse vennootschap een dochteronderneming heeft die in het Verenigd Koninkrijk wordt belast of een buiten deze lidstaat gevestigde dochteronderneming heeft die niet tegen een lager tarief wordt belast.

46. Zoals verzoeksters in het hoofdgeding, Ierland en de Commissie van de Europese Gemeenschappen betogen, heeft het uit de wetgeving op de GBV voortvloeiende verschil in fiscale behandeling en het daaruit volgende nadeel voor de binnenlandse vennootschappen die een dochteronderneming hebben die in een andere lidstaat tegen een lager tarief wordt belast, tot gevolg dat de vrijheid van vestiging voor dergelijke vennootschappen wordt belemmerd, doordat zij ervan worden afgebracht om een dochteronderneming op te richten, te verwerven of te behouden in een lidstaat waar deze tegen een dergelijk tarief wordt belast. Bijgevolg vormen zij een beperking van de vrijheid van vestiging in de zin van de artikelen 43 EG en 48 EG.

47. Een dergelijke beperking is slechts toelaatbaar wanneer zij gerechtvaardigd is uit hoofde van dwingende redenen van algemeen belang. Daarenboven moet in een dergelijk geval de beperking geschikt zijn om het aldus nagestreefde doel te verwezenlijken en mag ze niet verder gaan dan nodig is voor het bereiken van dat doel (arresten van 15 mei 1997, Futura Participations en Singer, C-250/95, *Jurispr.* blz. I-2471, punt 26, en 11 maart 2004, De Lasteyrie du Saillant, C-9/02, *Jurispr.* blz. I-2409, punt 49, en arrest Marks & Spencer, reeds aangehaald, punt 35).

48. De regering van het Verenigd Koninkrijk, ondersteund door de Deense, de Duitse, de Franse, de Portugese, de Finse en de Zweedse regering, betoogt dat de wetgeving op de GBV een specifieke vorm van belastingontwijking beoogt te bestrijden, die erin bestaat dat een binnenlandse vennootschap winsten kunstmatig overdraagt van de lidstaat waarin deze winsten werden gemaakt, naar een staat met een laag belastingniveau door daar een dochteronderneming op te richten en door transacties te sluiten die hoofdzakelijk bedoeld zijn om een dergelijke winstoverdracht naar deze dochteronderneming mogelijk te maken.

49. In dit verband volgt uit vaste rechtspraak dat het bestaan van een voordeel in de vorm van een lage belastingdruk voor een dochteronderneming die is gevestigd in een andere lidstaat dan die waar de moedervennootschap is opgericht, deze laatste lidstaat op zich niet het recht verleent om dit voordeel te compenseren door de moedervennootschap fiscaal minder gunstig te behandelen (zie in deze zin arrest van 28 januari 1986, Commissie/Frankrijk, 270/83, *Jurispr.* blz. 273, punt 21; zie eveneens, mutatis mutandis, arresten van 26 oktober 1999, Eurowings Luftverkehr, C-294/97, *Jurispr.* blz. I-7447, punt 44, en 26 juni 2003, Skandia en Ramstedt, C-422/01, *Jurispr.* blz. I-6817, punt 52). De noodzaak om lagere belastinginkomsten te voorkomen is niet een van de in artikel 46, lid 1, EG genoemde rechtvaardigingsgronden en evenmin een dwingende reden van algemeen belang die een beperking van een door het Verdrag ingevoerde vrijheid kunnen rechtvaardigen (zie in die zin arrest van 3 oktober 2002, Danner, C-136/00, *Jurispr.* blz. I-8147, punt 56, en arrest Skandia en Ramstedt, reeds aangehaald, punt 53).

50. Uit de rechtspraak volgt eveneens dat de omstandigheid alleen dat een binnenlandse vennootschap in een andere lidstaat een tweede vestiging, zoals een dochteronderneming, opricht, niet voldoende is om uit te gaan van een algemeen vermoeden van belastingfraude en geen rechtvaardigingsgrond kan zijn voor een maatregel die afbreuk doet aan de uitoefening van een bij het Verdrag beschermde fundamentele vrijheid (zie in die zin arrest ICI, reeds aangehaald, punt 26; arrest van 26 september 2000, Commissie/België, C-478/98, *Jurispr.* blz. I-7587, punt 45; arrest X en Y, reeds aangehaald, punt 62, en arrest van 4 maart 2004, Commissie/Frankrijk, C-334/02, *Jurispr.* blz. I-2229, punt 27).

51. Daarentegen kan een nationale maatregel die de vrijheid van vestiging beperkt, gerechtvaardigd zijn wanneer hij specifiek gericht is op volstrekt kunstmatige constructies die bedoeld zijn om de belastingwetgeving van de betrokken lidstaat te ontwijken (zie in die zin arrest ICI, reeds aangehaald, punt 26; arrest van 12 december 2002, Lankhorst-Hohorst, C-324/00, *Jurispr.* blz. I-11779, punt 37; arresten De Lasteyrie du Saillant, reeds aangehaald, punt 50, en Marks & Spencer, reeds aangehaald, punt 57).

52. Bij de beoordeling van het gedrag van de belastingplichtige moet in het bijzonder rekening worden gehouden met het doel dat met de vrijheid van vestiging wordt beoogd (zie in die zin reeds aangehaalde arresten Centros, punt 25, en X en Y, punt 42).

53. Dat doel bestaat erin, een onderdaan van een lidstaat in staat te stellen een tweede vestiging op te richten in een andere lidstaat om er zijn activiteiten uit te oefenen en zo de economische en sociale vervlechting in de

Gemeenschap op het terrein van de niet in loondienst verrichte werkzaamheden te bevorderen (zie arrest van 21 juni 1974, Reyners, 2/74, *Jurispr.* blz. 631, punt 21). De vrijheid van vestiging houdt daartoe in dat een gemeenschapsonderdaan duurzaam kan deelnemen aan het economische leven van een andere lidstaat dan zijn staat van herkomst en daar voordeel uit kan halen (arrest van 30 november 1995, Gebhard, C-55/94, *Jurispr.* blz. I-4165, punt 25).

54. Gelet op dit doel om in de lidstaat van ontvangst te integreren, impliceert het begrip vestiging in de zin van de verdragsbepalingen inzake de vrijheid van vestiging, de daadwerkelijke uitoefening van een economische activiteit voor onbepaalde tijd door middel van een duurzame vestiging in deze lidstaat (zie arresten van 25 juli 1991, Factortame e.a., C-221/89, *Jurispr.* blz. I-3905, punt 20, en 4 oktober 1991, Commissie/Verenigd Koninkrijk, C-246/89, *Jurispr.* blz. I-4585, punt 21). Dit veronderstelt bijgevolg dat de betrokken vennootschap werkelijk gevestigd is in de lidstaat van ontvangst en daar daadwerkelijk een economische activiteit uitoefent.

55. Bijgevolg kan een beperking van de vrijheid van vestiging slechts door de strijd tegen misbruiken worden gerechtvaardigd, wanneer zij specifiek tot doel heeft, gedragingen te verhinderen die erin bestaan, volstrekt kunstmatige constructies op te zetten die geen verband houden met de economische realiteit en bedoeld zijn om de belasting te ontwijken die normaal verschuldigd is over winsten uit activiteiten op het nationale grondgebied.

56. Net als de in punt 49 van het reeds aangehaalde arrest Marks & Spencer bedoelde praktijken, die erin bestonden de verliesoverdracht binnen een vennootschapsgroep zo te organiseren dat het verlies wordt overgedragen aan vennootschappen die zijn gevestigd in lidstaten waar het belastingtarief het hoogst en de fiscale waarde van dit verlies dus het grootst is, kan het in het vorige punt beschreven soort gedragingen een aantasting opleveren van het recht van de lidstaten om hun belastingbevoegdheid uit te oefenen met betrekking tot activiteiten die op hun grondgebied plaatsvinden, en zo de evenwichtige verdeling van de heffingsbevoegdheid tussen de lidstaten in gevaar brengen (zie arrest Marks & Spencer, reeds aangehaald, punt 46).

57. Gelet op deze overwegingen moet worden nagegaan of de uit de wetgeving op de GBV voortvloeiende beperking van de vrijheid van vestiging kan worden gerechtvaardigd door de strijd tegen volstrekt kunstmatige constructies, en in voorkomend geval of deze beperking in verhouding staat tot dit doel.

58. Deze wetgeving ziet op situaties waarin een binnenlandse vennootschap een GBV heeft opgericht, die in de lidstaat waar de GBV gevestigd is, wordt belast tegen een belastingtarief dat leidt tot een bedrag dat minder bedraagt dan driekwart van het bedrag dat in het Verenigd Koninkrijk aan belasting verschuldigd zou zijn indien de winst van deze GBV in deze lidstaat zou worden belast.

59. Door te bepalen dat de winst van een GBV die onder een zeer voordelig belastingregime valt, moet worden opgenomen in de belastinggrondslag van de binnenlandse vennootschap, kan de wetgeving op de GBV praktijken tegenwerken die uitsluitend zijn bedoeld om de normaal over winsten uit activiteiten op het nationale grondgebied verschuldigde belasting te ontwijken. Zoals de Franse, de Finse en de Zweedse regering hebben beklemtoond, kan een dergelijke wetgeving dus het doel bereiken waarvoor ze is vastgesteld.

60. Dan moet nog worden nagegaan of deze wetgeving niet verder gaat dan nodig is om dit doel te bereiken.

61. De wetgeving op de GBV voorziet in een aantal uitzonderingsgevallen waarin de winst van de GBV niet wordt belast bij de binnenlandse vennootschap. Op grond van enkele van die uitzonderingen kan deze laatste worden vrijgesteld in situaties waarin het bestaan van een volstrekt kunstmatige constructie met een louter fiscaal doel uitgesloten lijkt. Zo wijst de uitkering door de GBV van nagenoeg de volledige winst aan een binnenlandse vennootschap op de afwezigheid van de bedoeling om aan belasting in het Verenigd Koninkrijk te ontsnappen. Het verrichten van handelsactiviteiten door de GBV sluit het bestaan van een kunstmatige constructie zonder wezenlijke economische band met de lidstaat van ontvangst uit.

62. Wanneer geen van deze uitzonderingen van toepassing is, kan de in de wetgeving op de GBV voorziene belasting buiten toepassing worden gelaten indien de vestiging en de activiteiten van de GBV voldoen aan de 'motive test'. Deze test eist in wezen dat de binnenlandse vennootschap enerzijds aantoont dat de aanzienlijke vermindering van belasting in het Verenigd Koninkrijk die volgt uit de transacties tussen deze vennootschap en de GBV, het hoofddoel noch één van de hoofddoelen van deze transacties was, en anderzijds dat het verkrijgen van een dergelijke belastingvermindering de hoofdreden noch een van de hoofdredenen voor de oprichting van de GBV was.

63. Zoals verzoeksters in het hoofdgeding, de Belgische regering en de Commissie hebben opgemerkt, volstaan het feit dat geen enkele uitzondering waarin de wetgeving op de GBV voorziet, van toepassing is, en dat de wil om een belastingvoordeel te verkrijgen aan de bron lag van de oprichting van de GBV, en de transacties tussen deze laatste en de binnenlandse vennootschap niet, om te concluderen dat er een volstrekt kunstmatige constructie bestaat die alleen bedoeld is om deze belasting te ontwijken.

64. Voor de vaststelling van het bestaan van een dergelijke constructie is immers naast een subjectief element, namelijk de wil om een belastingvoordeel te verkrijgen, ook vereist dat uit een geheel van objectieve elementen blijkt dat, in weerwil van de formele vervulling van de door gemeenschapsregeling gestelde voorwaarden, het door de vrijheid van vestiging beoogde doel – zoals dat in de punten 54 en 55 van dit arrest is uiteengezet – niet

werd bereikt (zie in die zin arresten van 14 december 2000, Emsland-Stärke, C-110/99, *Jurispr.* blz. I-11569, punten 52 en 53, en 21 februari 2006, Halifax e.a., C-255/02, *Jurispr.* blz. I-1609, punten 74 en 75).

65. In deze omstandigheden is de wetgeving op de GBV slechts in overeenstemming met het gemeenschapsrecht indien de toepassing van de belasting waarin deze wetgeving voorziet, is uitgesloten wanneer, ondanks het bestaan van een fiscale beweegreden, de oprichting van een GBV verbonden is met een economische realiteit.

66. Deze oprichting moet verbonden zijn met een reële vestiging die daadwerkelijk een economische activiteit in de lidstaat van ontvangst uitoefent, zoals blijkt uit de in de punten 52 tot en met 54 van het onderhavige arrest aangehaalde rechtspraak.

67. Zoals de regering van het Verenigd Koninkrijk en de Commissie ter terechtzitting hebben opgemerkt, moet deze vaststelling berusten op objectieve en door derden controleerbare elementen die onder meer verband houden met de mate van fysiek bestaan van de GBV in termen van lokalen, personeel en uitrusting.

68. Indien het onderzoek naar dergelijke elementen leidt tot de vaststelling dat de GBV een fictieve vestiging is die geen enkele daadwerkelijke economische activiteit verricht op het grondgebied van de lidstaat van ontvangst, moet de oprichting van deze GBV als een volstrekt kunstmatige constructie worden beschouwd. Dit zou onder meer het geval kunnen zijn met een 'brievenbusmaatschappij' of een 'schijnvennootschap' (zie arrest van 2 mei 2006, Eurofood IFSC, C-341/04, nog niet gepubliceerd in de *Jurisprudentie*, punten 34 en 35).

69. Zoals de advocaat-generaal in punt 103 van zijn conclusie heeft vastgesteld, wettigt daarentegen de omstandigheid dat de activiteiten die de winst van de GBV hebben gegenereerd, even goed hadden kunnen worden uitgeoefend door een vennootschap die is gevestigd op het grondgebied van de lidstaat waar de binnenlandse vennootschap is gevestigd, niet de conclusie dat het gaat om een volstrekt kunstmatige constructie.

70. De binnenlandse vennootschap, die daartoe het best geplaatst is, moet in staat worden gesteld om het bewijs aan te dragen dat de GBV een reële vestiging is die daadwerkelijk activiteiten uitoefent.

71. Gelet op de door de binnenlandse vennootschap verstrekte inlichtingen kunnen de bevoegde nationale autoriteiten, om de nodige informatie over de reële situatie van de GBV te verkrijgen, beroep doen op de mechanismen van samenwerking en uitwisseling van informatie tussen de nationale belastingdiensten die in het leven zijn geroepen door juridische instrumenten zoals die welke door Ierland zijn genoemd in zijn schriftelijke opmerkingen, te weten richtlijn 77/799/EEG van de Raad van 19 december 1977 betreffende de wederzijdse bijstand van de bevoegde autoriteiten van de lidstaten op het gebied van de directe belastingen (*PB* L 336, blz. 15), en met betrekking tot de onderhavige zaak, de op 2 juni 1976 tussen het Verenigd Koninkrijk van Groot-Brittannië en Noord-Ierland en Ierland gesloten overeenkomst tot het vermijden van dubbele belasting en het voorkomen van het ontgaan van belasting naar het inkomen en naar vermogenswinsten.

72. In casu staat het aan de verwijzende rechter om na te gaan of, zoals de regering van het Verenigd Koninkrijk betoogt, de 'motive test', zoals gedefinieerd in de wetgeving op de GBV, aldus kan worden uitgelegd dat de toepassing van de belasting waarin deze wetgeving voorziet, kan worden beperkt tot volstrekt kunstmatige constructies dan wel of, integendeel, de criteria waarop deze test berust, betekenen dat, wanneer geen enkele van de uitzonderingen waarin deze wetgeving voorziet, van toepassing is, en de wens om een belastingvermindering in het Verenigd Koninkrijk te verkrijgen een van de hoofdredenen is om de GBV op te richten, de binnenlandse moedervennootschap binnen de werkingssfeer van die wetgeving valt ondanks het ontbreken van objectieve elementen die het bestaan van een dergelijke constructie aantonen.

73. In het eerste geval moet de wetgeving op de GBV als verenigbaar met de artikelen 43 EG en 48 EG worden aangemerkt.

74. In het tweede geval daarentegen moet, zoals verzoeksters in het hoofdgeding, de Commissie en, ter terechtzitting, de Cypriotische regering hebben betoogd, worden vastgesteld dat deze wetgeving in strijd is met de artikelen 43 EG en 48 EG.

75. Gelet op het voorgaande moet op de gestelde vraag worden geantwoord dat de artikelen 43 EG en 48 EG aldus moeten worden uitgelegd dat zij zich verzetten tegen de opneming in de belastinggrondslag van een in een lidstaat gevestigde binnenlandse vennootschap van door een GBV in een andere lidstaat gemaakte winst wanneer deze winst daar lager wordt belast dan in eerstgenoemde lidstaat, tenzij een dergelijke opneming gebeurt in geval van een volstrekt kunstmatige constructie, opgezet om de normaal verschuldigde nationale belasting te ontwijken. Een dergelijke belastingmaatregel moet bijgevolg buiten toepassing worden gelaten wanneer uit objectieve en door derden controleerbare elementen blijkt dat ondanks het bestaan van fiscale beweegredenen de betrokken GBV daadwerkelijk in de lidstaat van ontvangst is gevestigd en er daadwerkelijk economische activiteiten uitoefent.

Kosten

76. …

HET HOF VAN JUSTITIE (Grote kamer)

verklaart voor recht:

De artikelen 43 EG en 48 EG moeten aldus worden uitgelegd dat zij zich verzetten tegen de opneming in de belastinggrondslag van een in een lidstaat gevestigde binnenlandse vennootschap van door een gecontroleerde buitenlandse vennootschap in een andere lidstaat gemaakte winst wanneer deze winst daar lager wordt belast dan in eerstgenoemde lidstaat, tenzij een dergelijke opneming gebeurt in geval van een volstrekt kunstmatige constructie, opgezet om de normaal verschuldigde nationale belasting te ontwijken. Een dergelijke belastingmaatregel moet bijgevolg buiten toepassing worden gelaten wanneer uit objectieve en door derden controleerbare elementen blijkt dat ondanks het bestaan van fiscale beweegredenen, de betrokken gecontroleerde buitenlandse vennootschap daadwerkelijk in de lidstaat van ontvangst is gevestigd en er daadwerkelijk economische activiteiten uitoefent.

HvJ EG 14 september 2006, zaak C-386/04 (Centro di Musicologia Walter Stauffer v. Finanzamt München für Körperschaften)

Derde kamer: *A. Rosas, kamerpresident, J. Malenovský, S. von Bahr, A. Borg Barthet en U. Lõhmus (rapporteur), rechters*

Advocaat-generaal: *C. Stix-Hackl*

1. Het verzoek om een prejudiciële beslissing betreft de uitlegging van de artikelen 52 EG-Verdrag (thans, na wijziging, artikel 43 EG), 58 EG-Verdrag (thans artikel 48 EG), 59 EG-Verdrag (thans, na wijziging, artikel 49 EG), 66 EG-Verdrag (thans artikel 55 EG) en 73 B EG-Verdrag (thans artikel 56 EG).

2. Dit verzoek is ingediend in het kader van een geding tussen het Centro di Musicologia Walter Stauffer, een stichting naar Italiaans recht (hierna: 'stichting'), en het Finanzamt München für Körperschaften (hierna: 'Finanzamt'), terzake van de onderwerping van bepaalde inkomsten aan vennootschapsbelasting over het belastingjaar 1997.

Toepasselijke bepalingen

De gemeenschapsregeling

3. Bijlage I bij richtlijn 88/361/EEG van de Raad van 24 juni 1988 voor de uitvoering van artikel 67 van het Verdrag [ingetrokken bij het Verdrag van Amsterdam] (*PB* L 178, blz. 5), met het opschrift 'Nomenclatuur van het kapitaalverkeer bedoeld in artikel 1 van de richtlijn', vermeldt in de inleiding het volgende:

> 'In de onderhavige nomenclatuur worden de kapitaalbewegingen ingedeeld volgens de economische aard van de, in nationale valuta of in buitenlandse valuta's luidende, tegoeden en verplichtingen waarop zij betrekking hebben.
>
> De in deze nomenclatuur opgesomde kapitaalbewegingen omvatten:
>
> – alle voor het verwezenlijken van de kapitaalbewegingen noodzakelijke verrichtingen: sluiten en uitvoeren van de transactie en desbetreffende overmakingen; de transactie vindt in het algemeen tussen ingezetenen van verschillende lidstaten plaats; het komt echter voor, dat bepaalde kapitaalbewegingen door één persoon voor eigen rekening tot stand worden gebracht (bijvoorbeeld overmaking van tegoeden van emigranten);
>
> – door natuurlijke of rechtspersonen uitgevoerde verrichtingen […];
>
> – de toegang tot alle financiële technieken die beschikbaar zijn op de markt waarop voor het verwezenlijken van de verrichting een beroep wordt gedaan. Zo betreft de verwerving van effecten en andere financiële instrumenten niet alleen contante verrichtingen, maar alle beschikbare verhandelingstechnieken: termijnverrichtingen, verrichtingen met opties of warrants, ruil tegen andere activa enz. […];
>
> – de liquidatie of de overdracht van gevormde vermogenswaarden, de repatriëring van de opbrengst van deze liquidatie of de aanwending ter plaatse van deze opbrengst binnen de grenzen van de communautaire verplichtingen;
>
> – de aflossing van de kredieten of leningen.
>
> Deze nomenclatuur vormt geen limitatieve omschrijving van het begrip kapitaalverkeer; derhalve is een rubriek XIII. F 'Overig kapitaalverkeer Diversen' opgenomen. De nomenclatuur mag dus niet worden geïnterpreteerd als een beperking van de draagwijdte van het beginsel van een volledige liberalisatie van het kapitaalverkeer zoals dat is neergelegd in artikel 1 van deze richtlijn.'

4. Genoemde nomenclatuur omvat dertien verschillende categorieën kapitaalverkeer. Onder rubriek II, met het opschrift 'Beleggingen in onroerende goederen', is opgenomen:

> 'A. Beleggingen door niet-ingezetenen in onroerende goederen in het binnenland
> […]'.

De nationale regeling

5. De toepasselijke bepalingen van het Körperschaftsteuergesetz 1996 (Duitse wet van 1996 op de vennootschapsbelasting; hierna: 'KStG') luiden als volgt:

> '§ 2: Beperkte belastingplicht
> Beperkt onderworpen aan de vennootschapsbelasting zijn:
> 1. rechtspersonen, personenverenigingen en vermogensmassa's, die noch hun zetel noch hun bestuur in het binnenland hebben, voor hun binnenlandse inkomsten; […]

§ 5: Vrijstellingen
1. Vrijgesteld van de vennootschapsbelasting zijn:
[...]
9. vennootschappen, personenverenigingen en vermogensmassa's die volgens hun statuten, op grond van hun oprichtingsakte of anderszins en door hun daadwerkelijke bedrijfsvoering uitsluitend en rechtstreeks een doel van algemeen nut, een liefdadigheidsdoel of een kerkelijk doel nastreven [§§ 51 tot en met 68 van de Abgabenordnung 1977 (Duitse belastingwet van 1977); hierna: 'AO']. Voor door hen uitgeoefende commerciële bedrijfsactiviteiten is vrijstelling uitgesloten. De tweede volzin geldt niet voor bosbedrijven die rechtstreeks door hun eigenaar worden geëxploiteerd;
2. De vrijstelling krachtens lid 1 geldt niet:
[...]
3. voor beperkt belastingplichtigen in de zin van § 2, lid 1.
[...]
§ 8: Vaststelling van inkomsten
1. Wat als inkomsten wordt aangemerkt en hoe de inkomsten worden berekend, wordt bepaald volgens de voorschriften van de onderhavige wet juncto het Einkommensteuergesetz. [...]'

6. De toepasselijke bepalingen van het Einkommensteuergesetz 1990 (Duitse wet op de inkomstenbelasting; hierna: 'EStG') luiden als volgt:

'§ 21: Verhuur en verpachting
1. Inkomsten uit verhuur en verpachting zijn:
1. inkomsten uit verhuur en verpachting van onroerende goederen, met name grond, gebouwen en delen van gebouwen [...].

§ 49: Beperkt belastbare inkomsten
1. Binnenlandse inkomsten in de zin van de beperkte inkomstenbelastingplicht (§ 1, lid 4) zijn:
[...]
6. inkomsten uit verhuur en verpachting, wanneer het onroerend goed, het vermogen of de rechten zich in het binnenland bevinden [...].'

Het hoofdgeding en de prejudiciële vraag

7. De stichting, die naar Italiaans recht is erkend als stichting van algemeen nut, is eigenaresse van een bedrijfspand in München.

8. Het Finanzamt heeft de inkomsten die de stichting betrekt uit de verhuur en verpachting van dit bedrijfspand onderworpen aan vennootschapsbelasting over het belastingjaar 1997. De stichting bezit in Duitsland geen panden voor de uitoefening van haar activiteiten en heeft geen dochtermaatschappijen. De diensten in verband met de verhuur en verpachting van voornoemd bedrijfspand worden verricht door een Duitse beheerder.

9. Blijkens de in het litigieuze belastingjaar geldende statuten heeft de stichting geen winstoogmerk. Zij streeft uitsluitend culturele doelstellingen na die betrekking hebben op opleiding en vorming, door het ondersteunen van het onderricht in de klassieke vervaardiging van snaar- en strijkinstrumenten, alsmede in de muziekgeschiedenis en de muziekwetenschap in het algemeen. De stichting kan een of meer studiebeurzen verlenen, die jonge Zwitsers, bij voorkeur uit Bern (Zwitserland), in staat moeten stellen gedurende de gehele periode van het onderricht te Cremona (Italië) te verblijven.

10. Uit de door de verwijzende rechter verstrekte informatie blijkt dat de stichting gedurende het litigieuze belastingjaar doelen van algemeen nut in de zin van de §§ 51 tot en met 68 AO heeft nagestreefd. Volgens deze rechter is voor het bevorderen van de belangen van de gemeenschap, in de zin van § 52 van voornoemde wet, niet vereist dat de bevorderingsmaatregelen ten goede komen aan Duitse onderdanen. Bijgevolg is de stichting in beginsel overeenkomstig § 5, lid 1, sub 9, eerste zin, KStG vrijgesteld van vennootschapsbelasting, zonder dat zij voor haar inkomsten overeenkomstig de tweede en derde volzin van deze bepaling belastingplichtig is, aangezien de verhuur niet buiten het kader van het vermogensbeheer treedt en geen commerciële ondernemingsactiviteit in de zin van § 14, lid 1, AO vormt.

11. Aangezien de stichting echter haar zetel en bestuur in Italië heeft, heeft zij in Duitsland inkomsten uit verhuur in het kader van haar beperkte belastingplicht. Bijgevolg moet § 5, lid 2, sub 3, KStG worden toegepast, volgens welke bepaling de belastingvrijstelling die onder meer geldt voor rechtspersonen die uitsluitend en rechtstreeks doelen van algemeen nut nastreven, niet geldt voor beperkt belastingplichtigen. Uit deze bepaling volgt dat de stichting over haar inkomsten in Duitsland uit de verhuur van het bedrijfspand is onderworpen aan vennootschapsbelasting.

12. De stichting heeft bezwaar aangetekend tegen de aanslag van 1997 met het betoog dat zij als stichting van algemeen nut had moeten worden vrijgesteld van belasting. Dit bezwaar werd afgewezen. Daarop heeft zij beroep

ingesteld bij het Finanzgericht München. Dit beroep werd verworpen. Vervolgens heeft de stichting beroep in Revision ingesteld bij het Bundesfinanzhof, dat wenst te vernemen of de uitsluiting van rechtspersonen van de belastingvrijstelling, zoals voorzien in § 5, lid 2, sub 3, KStG, verenigbaar is met de vereisten van het gemeenschapsrecht.

13. In deze omstandigheden heeft het Bundesfinanzhof de behandeling van de zaak geschorst en het Hof de volgende prejudiciële vraag voorgelegd:

> 'Is het in strijd met artikel 52 EG-Verdrag juncto artikel 58 EG-Verdrag, artikel 59 EG-Verdrag junctis de artikelen 66 en artikel 58 EG-Verdrag, alsmede artikel 73 B EG-Verdrag, wanneer een privaatrechtelijke stichting van algemeen nut naar het recht van een andere lidstaat, die in het binnenland voor inkomsten uit verhuur beperkt belastingplichtig is, anders dan een in het binnenland onbeperkt belastingplichtige stichting van algemeen nut met gelijksoortige inkomsten niet is vrijgesteld van de vennootschapsbelasting?'

Beantwoording van de prejudiciële vraag

14. Met zijn vraag wenst het Bundesfinanzhof in wezen te vernemen, of de bepalingen van het EG-Verdrag inzake het recht van vestiging, het vrij verrichten van diensten en/of het vrije kapitaalverkeer zich ertegen verzetten, dat een lidstaat die de inkomsten uit verhuur die in beginsel onbeperkt belastingplichtige stichtingen van algemeen nut in het binnenland genieten vrijstelt van vennootschapsbelasting wanneer deze stichtingen in deze staat zijn gevestigd, weigert om diezelfde vrijstelling voor gelijksoortige inkomsten toe te kennen aan een privaatrechtelijke stichting van algemeen nut, op grond van het feit dat deze stichting is gevestigd in een andere lidstaat en in het binnenland slechts beperkt belastingplichtig is.

15. Om te beginnen zij eraan herinnerd, dat ofschoon de directe belastingen tot de bevoegdheid van de lidstaten behoren, deze niettemin verplicht zijn die bevoegdheid in overeenstemming met het gemeenschapsrecht uit te oefenen (zie onder meer arresten van 11 augustus 1995, Wielockx, C-80/94, *Jurispr.* blz. I-2493, punt 16; 10 maart 2005, Laboratoires Fournier, C-39/04, *Jurispr.* blz. I-2057, punt 14, en 23 februari 2006, Van Hilten-van der Heijden, C-513/03, nog niet gepubliceerd in de *Jurisprudentie*, punt 36).

16. Vervolgens moet worden nagegaan of, gelet op de feiten van de zaak, de stichting zich kan beroepen op de regels inzake het recht van vestiging, de regels inzake het vrij verrichten van diensten en/of de regels inzake het vrije kapitaalverkeer.

17. De vrijheid van vestiging, die in artikel 52 van het Verdrag aan de gemeenschapsonderdanen wordt toegekend en die voor hen de toegang tot en de uitoefening van werkzaamheden anders dan in loondienst alsmede de oprichting en het bestuur van ondernemingen omvat onder dezelfde voorwaarden als in de wetgeving van de lidstaat van vestiging voor eigen onderdanen zijn vastgesteld, brengt overeenkomstig artikel 58 van het Verdrag voor de vennootschappen die in overeenstemming met de wetgeving van een lidstaat zijn opgericht en die hun statutaire zetel, hun hoofdbestuur of hun hoofdvestiging binnen de Gemeenschap hebben, het recht mee om in de betrokken lidstaat hun bedrijfsactiviteit uit te oefenen door middel van een dochteronderneming, een filiaal of een agentschap (arresten van 21 september 1999, Saint-Gobain ZN, C-307/97, *Jurispr.* blz. I-6161, punt 35; 13 december 2005, Marks & Spencer, C-446/03, *Jurispr.* blz. I-10837, punt 30, en 23 februari 2006, Keller Holding, C-471/04, nog niet gepubliceerd in de *Jurisprudentie*, punt 29).

18. Volgens de rechtspraak van het Hof is het begrip 'vestiging' in de zin van het Verdrag zeer ruim en houdt het in dat een gemeenschapsonderdaan duurzaam kan deelnemen aan het economisch leven van een andere lidstaat dan zijn staat van herkomst, daar voordeel uit kan halen en op die wijze de economische en sociale vervlechting in de Gemeenschap op het gebied van niet in loondienst verrichte werkzaamheden kan bevorderen (zie in die zin arresten van 21 juni 1974, Reyners, 2/74, *Jurispr.* blz. 631, punt 21, en 30 november 1995, Gebhard, C-55/94, *Jurispr.* blz. I-4165, punt 25).

19. Niettemin kunnen de regels inzake het recht van vestiging in beginsel slechts worden toegepast indien een permanente aanwezigheid in de lidstaat van ontvangst verzekerd is en, in het geval van verwerving en bezit van onroerende goederen, deze goederen actief worden beheerd. Uit de omschrijving van de feiten door de verwijzende rechter blijkt evenwel dat de stichting in Duitsland geen panden bezit voor de uitoefening van haar activiteiten en dat de diensten die verband houden met de verhuur en verpachting van de onroerende zaak worden verricht door een Duitse beheerder.

20. Bijgevolg moet worden geconcludeerd dat de bepalingen betreffende de vrijheid van vestiging in omstandigheden als die van het hoofdgeding niet van toepassing zijn.

21. Vervolgens moet worden uitgemaakt of de stichting zich op de artikelen 73 B tot en met 73 G van het Verdrag inzake het vrije kapitaalverkeer kan beroepen.

22. In dit verband zij opgemerkt dat het EG-Verdrag geen definitie geeft van de begrippen 'kapitaalverkeer' en 'betalingsverkeer'. Het is evenwel vaste rechtspraak dat, voor zover artikel 73 B van het Verdrag in hoofdzaak de inhoud van artikel 1 van richtlijn 88/361 heeft overgenomen, de nomenclatuur van het 'kapitaalverkeer' gehecht in

bijlage bij die richtlijn, ook al is deze laatste vastgesteld op basis van de artikelen 69 en 70, lid 1, EEG-Verdrag (de artikelen 67 tot en met 73 EEG-Verdrag zijn vervangen door de artikelen 73 B tot en met 73 G EG-Verdrag, thans artikelen 56 EG tot en met 60 EG), de indicatieve waarde behoudt die zij vóór hun inwerkingtreding bezat voor de definitie van het begrip kapitaalverkeer, aangezien de lijst die zij bevat, gelijk in de inleiding te kennen wordt gegeven, geenszins uitputtend is (zie onder meer arresten van 16 maart 1999, Trummer en Mayer, C-222/97, *Jurispr.* blz. I-1661, punt 21; 5 maart 2002, Reisch e.a., gevoegde zaken C-515/99, C-519/99-C-524/99 en C-526/99-C-540/99, *Jurispr.* blz. I-2157, punt 30, en arrest Van Hilten-van der Heijden, reeds aangehaald, punt 39).

23. Vaststaat dat de stichting, die haar zetel heeft in Italië, in München beschikt over een bedrijfspand dat door haar wordt verhuurd. Tot de kapitaalbewegingen vermeld in bijlage I bij richtlijn 88/361 behoren, onder categorie II, getiteld 'Beleggingen in onroerende goederen', beleggingen door niet-ingezetenen in onroerende goederen in het binnenland.

24. Hieruit volgt dat zowel de eigendom als de exploitatie van deze onroerende goederen onder het vrije kapitaalverkeer valt. Bijgevolg hoeft niet te worden onderzocht of de stichting optreedt als dienstverlener.

25. Luidens artikel 73 B van het Verdrag zijn alle beperkingen van het kapitaalverkeer tussen de lidstaten verboden.

26. Om te kunnen beoordelen of een nationale regeling als die waar het in het hoofdgeding om gaat, een beperking van het vrije kapitaalverkeer in de zin van artikel 73 B van het Verdrag vormt, moet worden onderzocht of de toepassing ervan een restrictief gevolg heeft voor stichtingen van algemeen nut die zijn gevestigd in andere lidstaten, voor zover zij deze stichtingen voor de in het binnenland ontvangen inkomsten uit verhuur niet de vrijstelling verleent waarvoor gelijksoortige, in het binnenland onbeperkt belastingplichtige stichtingen wel in aanmerking komen.

27. De omstandigheid dat de belastingvrijstelling voor inkomsten uit verhuur enkel wordt toegepast ten gunste van stichtingen van algemeen nut die in beginsel in Duitsland onbeperkt belastingplichtig zijn, benadeelt stichtingen die hun zetel in een andere lidstaat hebben en kan een belemmering van het vrije kapitaal- en betalingsverkeer vormen.

28. Hieruit volgt dat een regeling als die welke in het hoofdgeding aan de orde is, een beperking van het vrije kapitaalverkeer vormt die ingevolge artikel 73 B van het Verdrag in beginsel verboden is.

29. Evenwel moet worden nagegaan of deze beperking kan worden gerechtvaardigd op basis van de bepalingen van het Verdrag.

30. Dienaangaande zij eraan herinnerd dat volgens artikel 73 D, lid 1, sub a, van het Verdrag het bepaalde in artikel 73 B niet afdoet aan het recht van de lidstaten om de ter zake dienende bepalingen van hun belastingwetgeving toe te passen die onderscheid maken tussen belastingplichtigen die niet in dezelfde situatie verkeren met betrekking tot hun vestigingsplaats of de plaats waar hun kapitaal is belegd.

31. Artikel 73 D, lid 1, sub a, van het Verdrag, dat als afwijking van het fundamentele beginsel van vrij kapitaalverkeer strikt moet worden uitgelegd, kan evenwel niet aldus worden uitgelegd dat elke belastingwetgeving die onderscheid maakt tussen belastingplichtigen op grond van hun vestigingsplaats of de lidstaat waar zij hun kapitaal beleggen, automatisch verenigbaar is met het Verdrag. De in artikel 73 D, lid 1, sub a, van het Verdrag bedoelde afwijking wordt immers op haar beurt beperkt door artikel 73 D, lid 3, van dit Verdrag, dat bepaalt dat de in lid 1 van dit artikel bedoelde nationale maatregelen 'geen middel tot willekeurige discriminatie [mogen] vormen, noch een verkapte beperking van het vrije kapitaalverkeer en betalingsverkeer als om-schreven in artikel 73 B' (zie arrest van 7 september 2004, Manninen, C-319/02, *Jurispr.* blz. I-7477, punt 28).

32. Derhalve moet onderscheid worden gemaakt tussen de krachtens artikel 73 D, lid 1, sub a, van het Verdrag toegestane ongelijke behandelingen en de willekeurige discriminaties of verkapte beperkingen die lid 3 van dit artikel verbiedt. Volgens de rechtspraak kan een nationale belastingregeling als die welke in het hoofdgeding aan de orde is, die onderscheid maakt tussen onbeperkt belastingplichtige en beperkt belastingplichtige stichtingen, slechts verenigbaar met de verdragsbepalingen betreffende het vrije kapitaalverkeer worden geacht indien het verschil in behandeling betrekking heeft op situaties die niet objectief vergelijkbaar zijn of wordt gerechtvaardigd door dwingende redenen van algemeen belang, zoals de noodzaak om de samenhang van het belastingstelsel te behouden en de doeltreffendheid van de belastingcontroles (zie in die zin arrest van 6 juni 2000, Verkooijen, C-35/98, *Jurispr.* blz. I-4071, punt 43, en arrest Manninen, reeds aangehaald, punt 29). Bovendien is het verschil in behandeling tussen, enerzijds, stichtingen van algemeen nut die in Duitsland onbeperkt belastingplichtig zijn en, anderzijds, gelijksoortige stichtingen die in andere lidstaten zijn gevestigd, slechts gerechtvaardigd indien het niet verder gaat dan nodig is om het door de betrokken regeling nagestreefde doel te bereiken.

33. Het Finanzamt, de Duitse regering en de regering van het Verenigd Koninkrijk voeren aan dat een onbeperkt belastingplichtige stichting van algemeen nut niet in een vergelijkbare situatie verkeert als verzoekster, die slechts beperkt belastingplichtig is omdat zij in het buitenland is gevestigd.

34. Zij betogen dat eerstgenoemde stichting is geïntegreerd in het Duitse sociale leven en taken verricht die anders door de gemeenschap of door de nationale autoriteiten zouden worden uitgevoerd en de rijksbegroting zouden belasten, terwijl de statutaire en daadwerkelijke activiteiten van algemeen nut van verzoekster enkel de Italiaanse Republiek en de Zwitserse Bondsstaat betreffen.

35. Voorts betogen zij dat de voorwaarden waaronder de lidstaten een stichting erkennen als van algemeen nut, welke erkenning leidt tot de toekenning van belastingvoordelen en andere voorrechten, per lidstaat verschillen, al naar gelang hetgeen elk van hen verstaat onder 'algemeen nut' en de reikwijdte die zij aan dit begrip toekennen. Hieruit volgt dat een stichting die voldoet aan de door de Italiaanse wetgeving opgelegde voorwaarden zich niet bevindt in een situatie die vergelijkbaar is met die van een stichting die voldoet aan de door de Duitse wetgeving opgelegde voorwaarden, aangezien elk van deze lidstaten zeer waarschijnlijk andere voorwaarden hanteert voor de erkenning als stichting van algemeen nut.

36. Geen van deze argumenten kan worden aanvaard.

37. In de eerste plaats mogen de lidstaten weliswaar verlangen dat er een voldoende nauw verband bestaat tussen de stichtingen die zij, met het oog op de toekenning van bepaalde belastingvoordelen, erkennen als van algemeen nut en de door deze stichtingen verrichte activiteiten, maar blijkens de verwijzingsbeslissing is het al dan niet bestaan van een dergelijk verband voor de oplossing van het hoofdgeding irrelevant.

38. § 52 AO bepaalt immers dat een rechtspersoon een doel van algemeen nut heeft wanneer haar activiteiten erop gericht zijn de belangen van de gemeenschap belangeloos te bevorderen, zonder dat deze bepaling een onderscheid maakt al naar gelang deze activiteit in het binnenland of in het buitenland wordt uitgeoefend. De verwijzende rechter stelt dat de bevordering van de belangen van de gemeenschap in de zin van deze bepaling niet vereist dat deze bevorderende maatregelen ten goede komen aan de onderdanen of de ingezetenen van de Bondsrepubliek Duitsland.

39. In de tweede plaats verplicht het gemeenschapsrecht, zoals de advocaat-generaal in punt 94 van haar conclusie opmerkt, de lidstaten niet om ervoor zorg te dragen dat buitenlandse stichtingen die in hun lidstaat van herkomst zijn erkend als van algemeen nut, op hun grondgebied automatisch dezelfde erkenning krijgen. De lidstaten beschikken in dit opzicht immers over een beoordelingsmarge waarvan zij in overeenstemming met het gemeenschapsrecht gebruik moeten maken (zie in die zin arrest van 9 februari 2006, Kinderopvang Enschede, C-415/04, nog niet gepubliceerd in de *Jurisprudentie*, punt 23). In deze omstandigheden kunnen zij vrijelijk beslissen, welke belangen van de gemeenschap zij willen bevorderen door het toekennen van voordelen aan verenigingen en stichtingen die belangeloos met deze belangen verbonden doelstellingen nastreven.

40. Dit neemt niet weg dat wanneer een stichting die in een lidstaat is erkend als van algemeen nut tevens voldoet aan de daartoe in de wetgeving van een andere lidstaat gestelde voorwaarden en de bevordering van identieke gemeenschapsbelangen nastreeft, hetgeen de nationale autoriteiten van deze laatste staat, de rechterlijke instanties daaronder begrepen, dienen te beoordelen, de autoriteiten van deze lidstaat deze stichting het recht op gelijke behandeling niet kunnen weigeren op de enkele grond dat zij niet op hun grondgebied is gevestigd.

41. In het hoofdgeding heeft de verwijzende rechter bevestigd dat de stichting gedurende het litigieuze belastingjaar doelen van algemeen nut in de zin van de §§ 51 tot en met 68 AO heeft nagestreefd en dat zij tevens voldeed aan de statutaire voorwaarden voor vrijstelling van de vennootschapsbelasting overeenkomstig § 5, lid 1, sub 9, eerste volzin, KStG.

42. Bijgevolg leidt, in omstandigheden zoals die van het hoofdgeding, § 5, lid 2, sub 3, KStG ertoe dat stichtingen die zich in een objectief vergelijkbare situatie bevinden verschillend worden behandeld op grond van hun vestigingsplaats. Hieruit volgt dat een dergelijke belastingmaatregel in beginsel niet een ingevolge artikel 73 D, lid 1, sub a, van het Verdrag toegestane ongelijke behandeling kan vormen, tenzij zij kan worden gerechtvaardigd door een dwingende reden van algemeen belang (zie in die zin reeds aangehaalde arresten Verkooijen, punt 46, en Manninen, punt 29, alsmede arrest van 19 januari 2006, Bouanich, C-265/04, *Jurispr.* blz. I-923, punt 38).

43. Ter rechtvaardiging van het verschil in behandeling tussen, enerzijds, stichtingen van algemeen nut die onbeperkt belastingplichtig zijn in Duitsland en, anderzijds, stichtingen die niet in deze lidstaat gevestigd zijn, zijn voor het Hof doelstellingen aangevoerd die betrekking hebben op onder meer de bevordering van de cultuur, de opleiding en vorming, de doeltreffendheid van de belastingcontroles, de noodzaak om de samenhang van het nationale belastingstelsel te bewaren, de noodzaak de belastinggrondslag te vrijwaren en de bestrijding van criminaliteit.

44. In de eerste plaats is het Finanzamt van oordeel dat het belastingvoordeel voor nationale stichtingen die culturele doelstellingen nastreven wordt gedekt door de artikelen 92, lid 3, sub d, EG-Verdrag (thans, na wijziging, artikel 87, lid 3, sub d, EG) en 128 EG-Verdrag (thans, na wijziging, artikel 151 EG), en dat derhalve de afwijkende regeling die van toepassing is op nationale stichtingen die uitsluitend doelstellingen nastreven op het gebied van opleiding en vorming, verenigbaar is met het gemeenschapsrecht.

45. Dit argument kan niet worden aanvaard. Het is juist, dat bepaalde doelstellingen die verband houden met de bevordering, op nationaal vlak, van cultuur en onderwijs van hoog niveau dwingende redenen van algemeen

belang kunnen vormen (zie in die zin arresten van 26 februari 1991, Commissie/Griekenland, C-198/89, *Jurispr.* blz. I-727, en 13 november 2003, Neri, C-153/02, *Jurispr.* blz. I-13555, punt 46), doch uit de informatie waarover het Hof beschikt blijkt niet dat de betrokken vrijstellingsregeling dergelijke doelstellingen nastreeft of een steunmaatregel vormt die wordt beheerst door de artikelen 92 en 93 EG-Verdrag. Volgens de verwijzingsbeslissing veronderstelt § 52 AO namelijk niet dat de activiteiten van stichtingen van algemeen nut ten goede komen aan de gemeenschap in het binnenland.

46. In de tweede plaats betogen zowel het Finanzamt als de Ierse regering en de regering van het Verenigd Koninkrijk dat de belastingregeling die in het hoofdgeding aan de orde is in de eerste plaats gerechtvaardigd is omdat moeilijk valt na te gaan of, en in welke mate, een in het buitenland gevestigde stichting van algemeen nut daadwerkelijk haar statutaire doelstellingen in de zin van de nationale wetgeving vervult en, in de tweede plaats omdat moet worden toegezien op het daadwerkelijke beheer van deze stichting.

47. Het Hof heeft herhaaldelijk geoordeeld dat de doeltreffendheid van de fiscale controles een dwingende reden van algemeen belang vormt, die een beperking van de door het Verdrag gewaarborgde fundamentele vrijheden kan rechtvaardigen (zie met name arresten van 20 februari 1979, Rewe-Zentral, 'Cassis de Dijon', 120/78, *Jurispr.* blz. 649, punt 8, en 15 mei 1997, Futura Participations en Singer, C-250/95, *Jurispr.* blz. I-2471, punt 31).

48. Zo is het een lidstaat toegestaan om, alvorens een belastingvrijstelling toe te kennen aan een stichting, maatregelen toe te passen die hem in staat stellen duidelijk en nauwkeurig na te gaan of zij voldoet aan de voorwaarden die de nationale wetgeving stelt om hiervoor in aanmerking te komen, en toe te zien op het daadwerkelijke beheer ervan, bijvoorbeeld op basis van de presentatie van jaarrekeningen en een activiteitenverslag. Weliswaar kan het in geval van in andere lidstaten gevestigde stichtingen moeilijker blijken om de noodzakelijke verificaties te verrichten, doch dit betreft slechts administratieve ongemakken, die niet volstaan om een weigering door de betrokken lidstaat om aan deze stichtingen dezelfde belastingvrijstellingen toe te kennen als aan gelijksoortige stichtingen die in die staat in beginsel onbeperkt belastingplichtig zijn, te rechtvaardigen (zie in die zin arrest van 4 maart 2004, Commissie/Frankrijk, C-334/02, *Jurispr.* blz. I-2229, punt 29).

49. In dit verband zij eraan herinnerd dat niets de betrokken belastingautoriteiten belet, van een stichting van algemeen nut die in aanmerking wenst te komen voor belastingvrijstelling, de overlegging te verlangen van de relevante bewijsstukken aan de hand waarvan zij de nodige verificaties kunnen verrichten. Voor het overige kan de doeltreffendheid van fiscale controles geen rechtvaardiging vormen voor een nationale regeling die een belastingplichtige volstrekt belet dergelijke bewijsstukken over te leggen (zie in die zin arrest Laboratoires Fournier, reeds aangehaald, punt 25).

50. Bovendien kunnen de betrokken belastingautoriteiten uit hoofde van richtlijn 77/799/EEG van de Raad van 19 december 1977 betreffende de wederzijdse bijstand van de bevoegde autoriteiten van de lidstaten op het gebied van de directe belastingen (*PB* L 336, blz. 15), zoals gewijzigd bij richtlijn 2004/106/EG van de Raad van 16 november 2004 (*PB* L 359, blz. 30), zich tot de autoriteiten van een andere lidstaat wenden teneinde elke inlichting te verkrijgen die noodzakelijk blijkt te zijn om het juiste bedrag van de belasting van een belastingplichtige te bepalen, daaronder begrepen de mogelijkheid hem een belastingvrijstelling toe te kennen (zie in die zin arresten van 28 oktober 1999, Vestergaard, C-55/98, *Jurispr.* blz. I-7641, punt 26, en 26 juni 2003, Skandia en Ramstedt, C-422/01, *Jurispr.* blz. I-6817, punt 42).

51. In de derde plaats voert de Duitse regering aan dat het toekennen van vrijstelling van vennootschapsbelasting aan niet in het binnenland gevestigde stichtingen voor inkomsten uit het beheer van vermogen waarover zij in Duitsland beschikken, de samenhang van het nationale belastingstelsel in gevaar brengt. Volgens deze regering moet door de vrijstelling een belastingplicht vervallen voor activiteiten van algemeen nut die worden verricht door stichtingen van algemeen nut. Voor zover laatstgenoemde stichtingen rechtstreeks de verantwoordelijkheid op zich nemen voor het algemeen nut, treden zij in de plaats van de staat, die hun daarvoor een belastingvoordeel kan toekennen zonder zijn verplichting tot gelijke behandeling te schenden.

52. In dit verband zij eraan herinnerd dat volgens de rechtspraak van het Hof de noodzaak, de samenhang van een belastingstelsel te behouden, een beperking van de door het Verdrag gewaarborgde fundamentele vrijheden kan rechtvaardigen (arresten van 28 januari 1992, Bachmann, C-204/90, *Jurispr.* blz. I-249, punt 28, en 28 januari 1992, Commissie/België, C-300/90, *Jurispr.* blz. I-305, punt 21).

53. Een op een dergelijke rechtvaardiging gebaseerd argument kan echter slechts slagen indien wordt bewezen dat er een rechtstreeks verband bestaat tussen het betrokken fiscale voordeel en de compensatie van dit voordeel door een bepaalde belastingheffing (zie in die zin arresten van 14 november 1995, Svensson en Gustavsson, C-484/93, *Jurispr.* blz. I-3955, punt 18; 27 juni 1996, Asscher, C-107/94, *Jurispr.* blz. I-3089, punt 58; 16 juli 1998, ICI, C-264/96, *Jurispr.* blz. I-4695, punt 29; arrest Vestergaard, reeds aangehaald, punt 24, en arrest van 21 november 2002, X en Y, C-436/00, *Jurispr.* blz. I-10829, punt 52).

54. Zoals uit de punten 21 tot en met 23 van het arrest Bachmann, reeds aangehaald, en 14 tot en met 16 van het arrest Commissie/België, reeds aangehaald, blijkt, berusten deze arresten op de vaststelling dat er naar Belgisch

recht bij dezelfde naar het inkomen belastingplichtige persoon een rechtstreeks verband bestond tussen de mogelijkheid om verzekeringspremies van het belastbare inkomen af te trekken en de latere belasting van de door de verzekeraars uitgekeerde bedragen (arrest Manninen, reeds aangehaald, punt 42).

55. Het argument van de Duitse regering dat de beperking van het vrije kapitaalverkeer wordt gerechtvaardigd door de noodzaak om de samenhang van haar belastingstelsel te verzekeren, kan evenwel niet worden aanvaard.

56. Enerzijds staat tegenover het belastingvoordeel dat bestaat in de belastingvrijstelling voor de inkomsten uit verhuur namelijk geen belasting die de in beginsel onbeperkt belastingplichtige stichtingen treft. Met andere woorden, er bestaat in het kader van de belastingregeling bezien geen rechtstreeks verband tussen deze vrijstelling en een compensatie van dit voordeel door een bepaalde belastingheffing.

57. Anderzijds mag de wens om het voordeel van de belastingvrijstelling voor te behouden aan stichtingen van algemeen nut die de beleidsdoelstellingen van die lidstaat nastreven, op het eerste gezicht gerechtvaardigd lijken, doch dit neemt niet weg dat, gelet op de informatie die de verwijzende rechter aan het Hof heeft verstrekt, § 52 AO niet vooronderstelt dat de bevorderende maatregelen ten goede komen aan de gemeenschap in het binnenland. Om die reden concludeert deze rechter dat de in het hoofdgeding aan de orde zijnde stichting in aanmerking zou kunnen komen voor de vrijstelling indien zij, met behoud van dezelfde doelstellingen, haar zetel naar Duitsland zou verplaatsen.

58. In de vierde plaats beklemtoont de Duitse regering dat de weigering om de belastingvrijstelling toe te kennen aan beperkt belastingplichtige stichtingen wordt gerechtvaardigd door de noodzaak de belastinggrondslag te vrijwaren.

59. De erkenning van een recht op vrijstelling van vennootschapsbelasting ten gunste van in het buitenland gevestigde stichtingen van algemeen nut, zal voor de Bondsrepubliek Duitsland stellig een derving van haar inkomsten uit de vennootschapsbelasting meebrengen. Volgens vaste rechtspraak kan derving van belastinginkomsten evenwel niet worden aangemerkt als een dwingende reden van algemeen belang die kan worden ingeroepen ter rechtvaardiging van een maatregel die in beginsel in strijd is met een fundamentele vrijheid (zie in die zin arrest Verkooijen, reeds aangehaald, punt 59; arrest van 3 oktober 2002, Danner, C-136/00, *Jurispr.* blz. I-8147, punt 56; arrest X en Y, reeds aangehaald, punt 50, alsmede arrest Manninen, reeds aangehaald, punt 49).

60. In de vijfde plaats is ter terechtzitting, met name door het Finanzamt en de Duitse regering, betoogd dat het niet uitgesloten is dat misdadige en terroristische organisaties de rechtsvorm van de stichting aannemen voor het witwassen van geld en het illegaal doorsluizen daarvan tussen lidstaten.

61. Al aangenomen dat de reden waarom de autoriteiten van een lidstaat een belastingvrijstelling voorbehouden aan in het binnenland gevestigde stichtingen van algemeen nut is gelegen in de wens om de criminaliteit te bestrijden, dit neemt niet weg dat een algemeen vermoeden van misdadige activiteit niet kan worden gebaseerd op de omstandigheid dat een stichting in een andere lidstaat is gevestigd. Bovendien moet het niet toekennen van een belastingvrijstelling aan dergelijke stichtingen ofschoon er diverse middelen zijn om de rekeningen en de activiteiten van deze stichtingen te controleren, worden beschouwd als een maatregel die verder gaat dan ter bestrijding van criminaliteit noodzakelijk is (zie in die zin arrest van 6 november 2003, Gambelli e.a., C-243/01, *Jurispr.* blz. I-13031, punt 74).

62. Gelet op bovenstaande overwegingen moet op de gestelde vraag worden geantwoord, dat artikel 73 B van het Verdrag juncto artikel 73 D van het Verdrag aldus moet worden uitgelegd dat het zich ertegen verzet dat een lidstaat die de inkomsten uit verhuur die in beginsel onbeperkt belastingplichtige stichtingen van algemeen nut in het binnenland genieten vrijstelt van vennootschapsbelasting wanneer deze stichtingen in deze staat zijn gevestigd, weigert om diezelfde vrijstelling voor gelijksoortige inkomsten toe te kennen aan een privaatrechtelijke stichting van algemeen nut op de enkele grond dat deze stichting is gevestigd in een andere lidstaat en in het binnenland slechts beperkt belastingplichtig is.

Kosten

63. ...

HET HOF VAN JUSTITIE (Derde kamer)

verklaart:

Artikel 73 B EG-Verdrag juncto artikel 73 D EG-Verdrag moet aldus worden uitgelegd dat het zich ertegen verzet dat een lidstaat die de inkomsten uit verhuur die in beginsel onbeperkt belastingplichtige stichtingen van algemeen nut in het binnenland genieten vrijstelt van vennootschapsbelasting wanneer deze stichtingen in deze staat zijn gevestigd, weigert om diezelfde vrijstelling voor gelijksoortige inkomsten toe te kennen aan een privaatrechtelijke stichting van algemeen nut op de enkele grond dat deze stichting is gevestigd in een andere lidstaat en in het binnenland slechts beperkt belastingplichtig is.

HvJ EG 3 oktober 2006, zaak C-290/04 (FKP Scorpio Konzertproduktionen GmbH v. Finanzamt Hamburg-Eimsbüttel)

Hof — *V. Skouris, president, P. Jann, C. W. A. Timmermans, A. Rosas en J. Makarczyk, kamerpresidenten, J. P. Puissochet, R. Schintgen, P. Kūris, U. Lõhmus, E. Levits (rapporteur) en A. Ó Caoimh, rechters*

Advocaat-generaal: *P. Léger*

1. Het verzoek om een prejudiciële beslissing betreft de uitlegging van de artikelen 59 EEG-Verdrag (nadien artikel 59 EG-Verdrag, thans, na wijziging, artikel 49 EG) en 60 EEG-Verdrag (nadien artikel 60 EG-Verdrag, thans artikel 50 EG).

2. Dit verzoek is ingediend in het kader van een geding tussen FKP Scorpio Konzertproduktionen GmbH (hierna: 'Scorpio') en het Finanzamt Hamburg-Eimsbüttel over de inkomstenbelasting waaraan deze vennootschap over het jaar 1993 in Duitsland is onderworpen.

Het rechtskader

De communautaire regeling

3. Artikel 58 EEG-Verdrag (nadien artikel 58 EG-Verdrag, thans artikel 48 EG) bepaalt:

'De vennootschappen welke in overeenstemming met de wetgeving van een lidstaat zijn opgericht en welke hun statutaire zetel, hun hoofdbestuur of hun hoofdvestiging binnen de Gemeenschap hebben, worden voor de toepassing van de bepalingen van dit hoofdstuk gelijkgesteld met de natuurlijke personen die onderdaan zijn van de lidstaten.

[...]'

4. Artikel 59 van dat Verdrag bepaalt:

'In het kader van de volgende bepalingen worden de beperkingen van het vrij verrichten van diensten binnen de Gemeenschap in de loop van de overgangsperiode geleidelijk opgeheven ten aanzien van de onderdanen der lidstaten die in een ander land van de Gemeenschap zijn gevestigd dan dat, waarin degene is gevestigd te wiens behoeve de dienst wordt verricht.

De Raad kan met gekwalificeerde meerderheid van stemmen op voorstel van de Commissie de bepalingen van dit hoofdstuk van toepassing verklaren ten gunste van de onderdanen van een derde staat die diensten verrichten en binnen de Gemeenschap zijn gevestigd.'

5. Artikel 60 van dat Verdrag luidt als volgt:

'In de zin van dit Verdrag worden als diensten beschouwd de dienstverrichtingen welke gewoonlijk tegen vergoeding geschieden, voor zover de bepalingen, betreffende het vrije verkeer van goederen, kapitaal en personen op deze dienstverrichtingen niet van toepassing zijn.

De diensten omvatten met name werkzaamheden:

a. van industriële aard,
b. van commerciële aard,
c. van het ambacht,
d. van de vrije beroepen.

Onverminderd de bepalingen van het hoofdstuk betreffende het recht van vestiging, kan degene die de diensten verricht, daartoe zijn werkzaamheden tijdelijk uitoefenen in het land waar de dienst wordt verricht, onder dezelfde voorwaarden als die welke dat land aan zijn eigen onderdanen oplegt.'

6. Artikel 66 EEG-Verdrag (nadien artikel 66 EG-Verdrag, thans artikel 55 EG) luidt als volgt:

'De bepalingen van de artikelen 55 tot en met 58 zijn van toepassing op het onderwerp dat in dit hoofdstuk is geregeld.'

De nationale regeling

7. § 1, lid 4, van de wet op de inkomstenbelasting (Einkommensteuergesetz), in de versie zoals die voortvloeit uit de wet tot wijziging van de belastingen (Steueränderungsgesetz) van 25 februari 1992 (*BGBl.* 1992 I, blz. 297; hierna: 'EStG') en van toepassing was ten tijde van de feiten in het hoofdgeding, bepaalt dat natuurlijke personen die in Duitsland noch hun woonplaats noch hun gebruikelijke verblijfplaats hebben – afgezien van in het hoofdgeding niet relevante uitzonderingen – beperkt aan de inkomstenbelasting zijn onderworpen wanneer zij in deze lidstaat inkomsten ontvangen in de zin van § 49 EStG. Overeenkomstig § 49, lid 1, punt 2, sub d, EStG behoren tot

deze inkomsten, inkomsten van commerciële aard ontvangen als vergoeding voor culturele, artistieke of daarmee in deze lidstaat gelijkgestelde prestaties, ongeacht de persoon aan wie de ontvangsten worden betaald.

8. § 50a, lid 4, eerste volzin, punt 1, EStG bepaalt dat voor beperkt belastingplichtigen de op dit soort van inkomsten toepasselijke belasting wordt geïnd door een bronheffing. Deze bedraagt 15% van de totale ontvangsten. Krachtens § 50a, lid 4, derde, vijfde en zesde volzin, EStG is aftrek voor beroepskosten niet toegestaan. Tot de inkomsten behoort ook de belasting over de toegevoegde waarde over de door de beperkt belastingplichtige ondernemer in Duitsland verrichte diensten.

9. De inkomstenbelasting moet worden voldaan op het tijdstip van betaling van de vergoeding aan de schuldeiser. Op dat tijdstip moet de schuldenaar van deze vergoeding, overeenkomstig § 50a, lid 5, eerste en tweede volzin, EStG, de belasting bij de bron inhouden voor rekening van de beperkt belastingplichtige schuldeiser, die de belasting verschuldigd is (belastingschuldenaar).

10. De schuldenaar van deze vergoeding moet aan het bevoegde Finanzamt de in het afgelopen kwartaal ingehouden belasting afdragen uiterlijk de tiende dag van de op dat kwartaal volgende maand. Krachtens § 50a, lid 5, derde en vijfde volzin, EStG is deze schuldenaar aansprakelijk voor de bronheffing en de afdracht van de belasting. Afgezien van uitzonderingen die in casu niet van toepassing zijn, wordt de belasting op het inkomen van beperkt belastingplichtigen, aangezien de in § 50, lid 5, EStG bedoelde bronheffing bevrijdend werkt, geacht te zijn voldaan wanneer de bronheffing is verricht.

11. Verder bevat § 50d EStG een aantal specifieke regels ingeval een overeenkomst tot het vermijden van dubbele belasting van toepassing is.

12. Zo bepaalt § 50d, lid 1, eerste volzin, EStG dat, wanneer inkomsten waarop krachtens § 50a EStG een belasting bij de bron wordt ingehouden, op grond van een dergelijke overeenkomst niet belastbaar zijn, de bepalingen inzake de door de schuldenaar van de vergoeding te verrichten bronheffing toch moeten worden toegepast, onverminderd deze overeenkomst. Slechts wanneer het Bundesamt für Finanzen (Federale belasting-dienst) op verzoek verklaart dat is voldaan aan de voorwaarden die daartoe zijn gesteld in de overeenkomst tot het vermijden van dubbele belasting, is deze schuldenaar, overeenkomstig de vrijstellingsprocedure van § 50d, lid 3, eerste volzin, EStG, niet verplicht, de bronheffing te verrichten. Wanneer er geen vrijstellingsbewijs van het Bundesamt für Finanzen is afgegeven, moet de schuldenaar van de vergoeding deze bronheffing verrichten.

13. Overeenkomstig § 50d, lid 1, eerste volzin, EStG verliest de schuldeiser van de vergoeding evenwel niet de rechten op belastingvrijstelling die hem worden toegekend door de overeenkomst tot het vermijden van dubbele belasting. Overeenkomstig § 50d, lid 1, tweede volzin, EStG moet de ingehouden en afgedragen belasting integendeel aan de betrokkene op zijn verzoek worden teruggestort in de mate waarin dat in deze overeenkomst is voorzien.

14. Wanneer tegen de schuldenaar een aansprakelijkheidsvordering wegens het niet-verrichten van de bronheffing wordt ingesteld, kan deze zich krachtens § 50d, lid 1, laatste volzin, EStG in het kader van deze procedure niet beroepen op de rechten die een overeenkomst tot het vermijden van dubbele belasting aan de schuldeiser van de vergoeding verleent.

15. Volgens de door de verwijzende rechter verschafte gegevens waren de inkomsten uit de in het hoofd-geding aan de orde zijnde artistieke prestaties niet belastbaar in Duitsland, maar alleen in Nederland, krachtens de Overeenkomst tussen het Koninkrijk der Nederlanden en de Bondsrepubliek Duitsland tot het vermijden van dubbele belasting op het gebied van belastingen van het inkomen en van het vermogen alsmede van verscheidene andere belastingen en tot het regelen van andere aangelegenheden op belasting-gebied van 16 juni 1959 (*BGBl.* 1960 II, blz. 1782; hierna: 'Duits-Nederlands belastingverdrag').

16. Ten slotte dient, ter vergelijking, te worden beschreven wat de situatie is van een dienstverrichter die in Duitsland zijn woonplaats of gebruikelijke verblijfplaats heeft en die bijgevolg onbeperkt belastingplichtig is voor de inkomstenbelasting in deze lidstaat.

17. Voor deze dienstverrichter geldt de algemene plicht tot het indienen van een belastingaangifte in het kader van de procedure tot betaling van de inkomstenbelasting. Aangezien de schuldenaar van de aan deze dienstverrichter betaalde vergoeding geen bronheffing behoeft te verrichten, kan hij niet aansprakelijk worden gesteld wanneer hij deze bronheffing niet heeft verricht. De schuldenaar van de vergoeding kan ook niet aansprakelijk worden geacht voor de door de schuldeiser van de vergoeding verschuldigde inkomstenbelasting.

Het hoofdgeding en de prejudiciële vragen

18. De vennootschap Scorpio, gevestigd in Duitsland, organiseert concerten. In 1993 heeft zij met een natuurlijke persoon die met de naam Europop ondertekende, een overeenkomst gesloten waarbij deze haar een muziekgroep ter beschikking stelde. Europop was toentertijd in Nederland gevestigd en had in Duitsland geen woonplaats of gebruikelijke woonplaats of vestiging. De nationaliteit van Europop is de verwijzende rechter niet bekend.

19. In het eerste en het derde kwartaal van 1993 heeft Scorpio aan Europop een totaalbedrag van 438 600 DEM voor verrichte diensten betaald. Scorpio heeft op dat bedrag de in § 50a, lid 4, eerste volzin, EStG bedoelde bronheffing niet verricht, hoewel Europop haar het in § 50d, lid 3, eerste volzin, EStG bedoelde vrijstellingsbewijs niet heeft overgelegd.

20. Nadat de bevoegde financiële autoriteit van deze feiten had vernomen, heeft zij tegen Scorpio een aansprakelijkheidsvordering ingesteld en bij naheffingsaanslag van 21 maart 1997 betaling gevorderd van 70 395,30 DEM, zijnde de belasting die Scorpio bij de bron had moeten inhouden op de aan Europop betaalde vergoeding, of 15% van het brutobedrag van deze vergoeding.

21. Het bezwaar dat Scorpio tegen deze naheffingsaanslag heeft gemaakt bij het Finanzamt Hamburg-Eimsbüttel, werd afgewezen. Het Finanzgericht Hamburg, waarbij verzoekster in het hoofdgeding beroep heeft ingesteld, heeft haar beroep eveneens verworpen op grond dat Scorpio het in § 50d, lid 3, eerste volzin, EStG geëiste vrijstellingsbewijs niet had overgelegd.

22. Scorpio heeft bij het Bundesfinanzhof 'Revision' ingesteld strekkende tot nietigverklaring van de beslissing van het Finanzgericht en van de betwiste naheffingsaanslag.

23. Ter ondersteuning van haar 'Revision' stelt Scorpio dat § 50a, lid 4, zesde volzin, EStG in strijd is met de artikelen 59 en 60 EG-Verdrag, voor zover daarbij de aftrek van beroepskosten van het bedrag van de bronheffing niet is toegestaan. Dat blijkt volgens haar uit het arrest van het Hof van 12 juni 2003, Gerritse (C-234/01, *Jurispr.* blz. I-5933).

24. Ook in strijd met het EG-Verdrag is het feit dat § 50d, lid 1, vierde volzin, EStG niet toestaat dat een partij die overeenkomstig § 50a, lid 5, vijfde volzin, EStG aansprakelijk kan worden gesteld, zich beroept op de belastingvrijstelling waarop de schuldeiser van de vergoeding – in casu Europop – recht heeft krachtens het Duits-Nederlandse belastingverdrag.

25. Het Bundesfinanzhof vraagt zich af hoe de artikelen 59 en 60 EG-Verdrag dienen te worden uitgelegd, gelet op het beginsel van bronheffing, en wat alsdan de omvang is van de door het Finanzamt ingestelde aansprakelijkheidsvordering. Deze rechterlijke instantie preciseert dat de uitkomst van het hoofdgeding met name afhangt van het antwoord op de vraag of deze artikelen in dezelfde zin dienen te worden uitgelegd ingeval Europop – de dienstverrichter – geen onderdaan van een lidstaat is.

26. Derhalve heeft het Bundesfinanzhof de behandeling van de zaak geschorst en het Hof de hierna volgende prejudiciële vragen gesteld:

'1. Moeten de artikelen 59 en 60 EG-Verdrag aldus worden uitgelegd dat zij zich ertegen verzetten dat een in Duitsland gevestigde persoon die een vergoeding verschuldigd is aan een in een andere staat van de Europese Unie (in casu: Nederland) gevestigde schuldeiser van deze vergoeding – die onderdaan van een lidstaat is –, overeenkomstig § 50a, lid 5, vijfde volzin, [EStG] 1990, in de versie van 1993, aansprakelijk kan worden gesteld omdat hij geen belasting volgens § 50a, lid 4, EStG heeft ingehouden, terwijl op vergoedingen aan een in Duitsland onbeperkt belastingbeplichtige (Duitse onderdaan) geen belasting volgens § 50a, lid 4, EStG wordt ingehouden en de schuldenaar van de vergoeding dus ook niet aansprakelijk kan worden gesteld wegens geen of te weinig bronheffing?

2. Luidt het antwoord op de eerste vraag anders indien de in een ander land van de Europese Unie gevestigde schuldeiser van de vergoeding bij het verrichten van zijn diensten geen onderdaan van een lidstaat is?

3. Indien de eerste vraag ontkennend wordt beantwoord:

a. Moeten de artikelen 59 en 60 EG-Verdrag aldus worden uitgelegd dat de schuldenaar van een vergoeding bij de procedure van bronheffing overeenkomstig § 50a, lid 4, EStG de beroepskosten van de in een andere lidstaat gevestigde schuldeiser van de vergoeding die economisch verband houden met zijn activiteiten in Duitsland waarvoor de vergoeding wordt betaald, in aftrek moet brengen, omdat, zoals ook voor Duitse onderdanen geldt, alleen de netto-inkomsten na aftrek van de beroepskosten aan de inkomstenbelasting zijn onderworpen?

b. Volstaat het ter voorkoming van een inbreuk op de artikelen 59 en 60 EG-Verdrag dat in de procedure van bronheffing overeenkomstig § 50a, lid 4, EStG alleen de door de in een andere lidstaat gevestigde schuldeiser aan de schuldenaar van de vergoeding bewezen beroepskosten die economisch verband houden met de activiteit in Duitsland waarvoor de vergoeding wordt betaald, voor aftrek in aanmerking komen, en dat eventuele andere beroepskosten in een daaraanvolgende teruggaafprocedure in aanmerking kunnen komen?

c. Moeten de artikelen 59 en 60 EG-Verdrag aldus worden uitgelegd dat zij zich ertegen verzetten dat de belastingvrijstelling waarop de in Nederland gevestigde schuldeiser van een vergoeding krachtens [het Duits-Nederlandse belastingverdrag] in Duitsland recht heeft, bij de procedure van bronheffing overeenkomstig § 50a, lid 4, juncto § 50d, lid 1, EStG aanvankelijk buiten beschouwing blijft en pas in een daaraanvolgende vrijstellings- of teruggaafprocedure in aanmerking wordt genomen, en dat de schuldenaar van de vergoeding zich in het kader van een aansprakelijkheidsvordering niet kan beroepen op de belastingvrijstelling, terwijl op vrijgestelde inkomsten van Duitse onderdanen geen belasting bij de bron wordt ingehouden en er dus geen sprake kan zijn van aansprakelijkheid wegens geen of te weinig bronheffing?

d. Luidt het antwoord op de derde vraag, sub a tot en met c, anders indien de in een ander land van de Europese Unie gevestigde schuldeiser van de vergoeding bij het verrichten van zijn diensten geen onderdaan van een lidstaat is?'

De beantwoording van de prejudiciële vragen

27. Vooraf zij vastgesteld dat, aangezien de aan het hoofdgeding ten grondslag liggende feiten dateren van vóór 1 november 1993, dus van vóór de inwerkingtreding van het Verdrag betreffende de Europese Unie, ondertekend te Maastricht op 7 februari 1992, de door de verwijzende rechter gevraagde uitlegging de artikelen 59 en 60 EEG-Verdrag betreft.

De eerste vraag

28. Met zijn eerste vraag wenst de verwijzende rechter in wezen te vernemen of de artikelen 59 en 60 EEG-Verdrag aldus moeten worden uitgelegd dat zij zich verzetten tegen een nationale regeling waarbij een bronheffingsprocedure wordt toegepast op de vergoeding van dienstverrichters die geen ingezetene zijn van de lidstaat waarin de diensten zijn verricht, terwijl geen belasting wordt ingehouden op de vergoeding die wordt betaald aan dienstverrichters die wel ingezetene van deze lidstaat zijn. De verwijzende rechter verzoekt het Hof zich uit te spreken over de consequenties van deze wettelijke regeling op het vlak van de aansprakelijkheid van de dienstontvanger wanneer hij de bronheffing waartoe hij verplicht was, niet heeft verricht.

29. Het belastingstelsel dat is ingevoerd bij de in het hoofdgeding aan de orde zijnde wettelijke regeling, verschilt naargelang de dienstverrichter in Duitsland dan wel in een andere lidstaat gevestigd is.

30. In dit verband zij allereerst vastgesteld dat, ofschoon de directe belastingen als zodanig niet tot de bevoegdheidssfeer van de Gemeenschap behoren, de lidstaten niettemin verplicht zijn de bij hen verbleven bevoegdheden in overeenstemming met het gemeenschapsrecht uit te oefenen (zie met name arrest van 14 februari 1995, Schumacker, C-279/93, *Jurispr.* blz. I-225, punt 21).

31. Voorts verlangt artikel 59 EEG-Verdrag volgens de rechtspraak van het Hof de afschaffing van elke beperking van het vrij verrichten van diensten die wordt opgelegd op grond dat de dienstverrichter is gevestigd in een andere lidstaat dan die waar de dienst wordt verricht (arresten van 4 december 1986, Commissie/Duitsland, 205/84, *Jurispr.* blz. 3755, punt 25, en 26 februari 1991, Commissie/Italië, C-180/89, *Jurispr.* blz. I-709, punt 15).

32. Ten slotte verleent artikel 59 EEG-Verdrag volgens vaste rechtspraak niet alleen rechten aan de dienstverrichter zelf, maar ook aan de ontvanger van de dienst (zie met name arresten van 31 januari 1984, Luisi en Carbone, 286/82 en 26/83, *Jurispr.* blz. 377; 28 januari 1992, Bachmann, C-204/90, *Jurispr.* blz. I-249; 28 april 1998, Kohll, C-158/96, *Jurispr.* blz. I-1931; 29 april 1999, Ciola, C-224/97, *Jurispr.* blz. I-2517, en 26 oktober 1999, Eurowings Luftverkehr, C-294/97, *Jurispr.* blz. I-7447).

33. Zoals de verwijzende rechter heeft opgemerkt, kunnen de verplichting voor de dienstontvanger om bij de bron belasting in te houden op de vergoeding die wordt betaald aan een dienstverrichter die ingezetene van een andere lidstaat is, en het feit dat deze dienstontvanger in voorkomend geval aansprakelijk kan worden gesteld, vennootschappen zoals Scorpio ervan weerhouden om een beroep te doen op dienstverrichters die ingezetene van andere lidstaten zijn.

34. Een wettelijke regeling zoals die in het hoofdgeding vormt bijgevolg een door de artikelen 59 en 60 EEG-Verdrag, in beginsel, verboden beperking van het vrij verrichten van diensten.

35. Zoals de regeringen die opmerkingen hebben ingediend, de Commissie alsmede de advocaat-generaal in zijn conclusie terecht hebben opgemerkt, is een dergelijke wettelijke regeling echter gerechtvaardigd door de noodzaak om de doeltreffendheid van de inning van de inkomstenbelasting te waarborgen.

36. De bronheffingsprocedure en de daartoe als garantie dienende aansprakelijkheidsregeling vormen immers een wettig en passend middel voor de fiscale behandeling van de inkomsten van een buiten de heffingsstaat gevestigde persoon en ter voorkoming dat op de betrokken inkomsten geen belasting wordt betaald in de woonstaat en evenmin in de staat waar de diensten zijn verricht. In dit verband zij eraan herinnerd dat ten tijde van de feiten in het hoofdgeding, in 1993, geen gemeenschapsrichtlijn of ander in het dossier genoemd instrument bestond tot regeling van de wederzijdse administratieve bijstand inzake de inning van belastingvorderingen tussen het Koninkrijk der Nederlanden en de Bondsrepubliek Duitsland.

37. Bovendien vormt de bronheffing een evenredig middel voor de inning van de belastingvordering van de heffingsstaat.

38. Hetzelfde geldt voor een eventuele aansprakelijkheid van de dienstontvanger die een dergelijke bronheffing moet verrichten, aangezien deze het mogelijk maakt om in voorkomend geval een sanctie te verbinden aan het

niet-verrichten van de bronheffing. Voor zover deze aansprakelijkheid de consequentie is van deze techniek tot inning van de inkomstenbelasting, draagt zij ook, op evenredige wijze, ertoe bij dat de belasting doeltreffend wordt geïnd.

39. Uit het voorgaande volgt dat de artikelen 59 en 60 EEG-Verdrag aldus moeten worden uitgelegd dat zij zich niet verzetten tegen:

– een nationale regeling waarbij een procedure van bronheffing wordt toegepast op de vergoeding van dienstverrichters die geen ingezetene zijn van de lidstaat waar de diensten zijn verricht, terwijl geen belasting wordt ingehouden op de vergoeding die wordt betaald aan dienstverrichters die wel ingezetene van deze lidstaat zijn.

– een nationale regeling waarbij de dienstontvanger aansprakelijk kan worden gesteld wanneer hij de bronheffing waartoe hij verplicht is, niet heeft verricht.

De tweede vraag

40. Aangezien deze vraag op hetzelfde uitgangspunt berust als vraag 3, sub d, namelijk dat de schuldeiser van de vergoeding onderdaan is van een derde staat, zal zij tezamen met laatstgenoemde vraag worden beantwoord.

De derde vraag, sub a

41. Het Bundesfinanzhof stelt het Hof de vraag of de artikelen 59 en 60 EEG-Verdrag aldus moeten worden uitgelegd dat zij zich verzetten tegen een nationale regeling waarbij niet is toegestaan dat de dienstontvanger, zijnde de schuldenaar van de vergoeding voor een niet-ingezeten dienstverrichter, bij de bronheffing de beroepskosten van deze dienstverrichter die economisch verband houden met zijn activiteiten in de lidstaat waar de dienst is verricht, aftrekt, terwijl een dienstverrichter die wel een ingezetene van deze lidstaat is, slechts op zijn netto-inkomsten wordt belast, dat wil zeggen op zijn inkomsten na aftrek van de beroepskosten.

42. Allereerst zij opgemerkt dat het Hof zich reeds heeft uitgesproken over de vraag of de artikelen 59 en 60 EG-Verdrag zich verzetten tegen een nationale fiscale regeling waarbij als algemene regel bij de belastingheffing van niet-ingezetenen rekening wordt gehouden met de bruto-inkomsten zonder aftrek van beroepskosten, terwijl ingezetenen worden belast op hun netto-inkomsten na aftrek van die kosten (arrest Gerritse, reeds aangehaald, punt 55).

43. In het arrest Gerritse heeft het Hof allereerst vastgesteld dat de beroepskosten waarom het in die zaak ging, rechtstreeks verband hielden met de activiteit waardoor de belastbare inkomsten waren verworven, zodat ingezetenen en niet-ingezetenen in dat opzicht in een vergelijkbare situatie verkeerden. Vervolgens heeft het bevestigend geantwoord op de hem gestelde prejudiciële vraag en geoordeeld dat een nationale regeling die bij de belastingheffing geen aftrek van beroepskosten toestaat aan niet-ingezetenen maar wel aan ingezetenen, een in beginsel met de artikelen 59 en 60 van het EG-Verdrag strijdige indirecte discriminatie op grond van nationaliteit inhoudt. Het Hof heeft zich echter niet uitgesproken over de vraag in welk stadium van de heffingsprocedure de beroepskosten van een dienstverrichter moeten worden afgetrokken indien daarvoor verschillende stadia in aanmerking kunnen komen.

44. Om de verwijzende rechter een bruikbaar antwoord te kunnen geven, moet het begrip 'economisch gebonden beroepskosten' aldus worden begrepen dat daarmee bedoeld zijn de kosten die, in de zin van de met het arrest Gerritse ingeleide rechtspraak, rechtstreeks verbonden zijn met de economische activiteit waarmee de belastbare inkomsten zijn verworven.

45. Het Bundesfinanzhof wenst dus te vernemen of de artikelen 59 en 60 EEG-Verdrag zich ook verzetten tegen een nationale fiscale regeling waarbij de aftrek van beroepskosten van het belastbare inkomen niet is toegestaan op het tijdstip waarop de schuldenaar van de vergoeding de bronheffing verricht, maar de niet-ingezetene de mogelijkheid wordt geboden om op verzoek op zijn in Duitsland ontvangen netto-inkomsten te worden belast in een procedure die volgt op de bronheffingsprocedure, en om het eventuele verschil tussen dat bedrag en het bedrag van de bronheffing terugbetaald te krijgen.

46. Gelet op de premisse van het Bundesfinanzhof, namelijk dat ten tijde van de feiten in het hoofdgeding door de teruggaafprocedure a posteriori rekening kon worden gehouden met de beroepskosten van een niet-ingezeten dienstverrichter, zij eraan herinnerd dat, volgens vaste rechtspraak van het Hof, de toepassing van de nationale regelingen van de ontvangende lidstaat op dienstverrichters de verrichting van diensten kan verbieden, belemmeren of minder aantrekkelijk maken, voor zover deze toepassing kosten en bijkomende administratieve en economische lasten meebrengt (zie arresten van 15 maart 2001, Mazzoleni en ISA, C-165/98, *Jurispr.* blz. I-2189, punt 24, en 25 oktober 2001, Finalarte e.a., gevoegde zaken C-49/98, C-50/98, C-52/98-C-54/98 en C-68/98-C-71/98, *Jurispr.* blz. I-7831, punt 30).

47. In het hoofdgeding kan het feit dat met betrekking tot deze kosten een teruggaafprocedure a posteriori moet worden ingesteld, ook al heeft de niet-ingezeten dienstverrichter het bedrag van zijn rechtstreeks met zijn activi-

teiten verbonden beroepskosten aan de schuldenaar van zijn vergoeding gemeld, het verrichten van diensten belemmeren. Aangezien het instellen van een dergelijke procedure bijkomende administratieve en economische lasten meebrengt en voor de dienstverrichter onvermijdelijk is, vormt de betrokken fiscale regeling immers een door de artikelen 59 en 60 EEG-Verdrag in beginsel verboden belemmering van het vrij verrichten van diensten.

48. Er zijn geen argumenten aangevoerd ter rechtvaardiging van de in het hoofdgeding aan de orde zijnde nationale regeling, waar deze uitsluit dat de dienstontvanger, zijnde de schuldenaar van de aan een niet-ingezeten dienstverrichter betaalde vergoeding, de beroepkosten die rechtstreeks verband houden met de activiteiten van de dienstverrichter die een niet-ingezetene is van de lidstaat waar de dienst is verricht, aftrekt bij de bronheffing, indien de dienstverrichter hem deze kosten heeft gemeld.

49. Op de derde vraag, sub a, dient dus te worden geantwoord dat de artikelen 59 en 60 EEG-Verdrag aldus moeten worden uitgelegd dat zij zich verzetten tegen een nationale regeling die uitsluit dat de dienstontvanger, zijnde de schuldenaar van de aan een niet-ingezeten dienstverrichter betaalde vergoeding, de beroeps-kosten die deze dienstverrichter hem heeft gemeld en die rechtstreeks verband houden met zijn activiteiten in de lidstaat waar de dienst is verricht, aftrekt bij de bronheffing, terwijl een dienstverrichter die wel ingezetene van deze lidstaat is, slechts wordt belast op zijn netto-inkomsten, dat wil zeggen op zijn ontvangen inkomsten na aftrek van de beroepskosten.

De derde vraag, sub b

50. Met deze vraag, die met de vorige verband houdt, wenst het Bundesfinanzhof in wezen te vernemen of de artikelen 59 en 60 EEG-Verdrag aldus moeten worden uitgelegd dat zij zich niet verzetten tegen een nationale regeling waarbij alleen de beroepskosten die rechtstreeks verband houden met de activiteiten in de lidstaat waar de dienst is verricht en die de in een andere lidstaat gevestigde dienstverrichter aan de schuldenaar van de vergoeding heeft gemeld, worden afgetrokken bij de bronheffing, en waarbij eventuele andere beroeps-kosten in het kader van een latere teruggaafprocedure in aanmerking kunnen worden genomen.

51. Deze vraag moet worden beantwoord in het licht van de overwegingen in de vorige vraag, en onder het voorbehoud dat het Hof niet beschikt over gegevens op grond waarvan het de situatie van ingezeten en niet-ingezeten dienstverrichters kan vergelijken. Hoewel de kosten die de dienstverrichter aan zijn schuldenaar heeft gemeld, bij de bronheffing moeten worden afgetrokken, verzetten de artikelen 59 en 60 EEG-Verdrag zich er niet tegen dat in voorkomend geval in het kader van een latere teruggaafprocedure rekening wordt gehouden met kosten die, in de zin van de reeds aangehaalde rechtspraak Gerritse, niet rechtstreeks verbonden zijn met de economische activiteit waarmee de belastbare inkomsten zijn verworven.

52. Op de derde vraag, sub b, dient dus te worden geantwoord dat de artikelen 59 en 60 EEG-Verdrag aldus moeten worden uitgelegd dat zij zich niet verzetten tegen een nationale regeling waarbij alleen de beroepskosten die rechtstreeks verband houden met de activiteiten waarmee de belastbare inkomsten zijn verworven en die zijn verricht in de lidstaat waar de dienst is verricht, en die de in een andere lidstaat gevestigde dienstverrichter aan de schuldenaar van de vergoeding heeft gemeld, worden afgetrokken bij de bronheffing, en waarbij eventuele andere kosten, die niet rechtstreeks zijn verbonden met deze economische activiteit, in voorkomend geval in aanmerking kunnen worden genomen in het kader van een latere teruggaafprocedure.

De derde vraag, sub c

53. Met deze vraag wenst het Bundesfinanzhof van het Hof te vernemen of de artikelen 59 en 60 EEG-Verdrag aldus moeten worden uitgelegd dat zij zich ertegen verzetten dat slechts dan een beroep kan worden gedaan op de belastingvrijstelling die krachtens het Duits-Nederlandse belastingverdrag wordt toegekend aan een niet-ingezeten dienstverrichter die zijn activiteiten in Duitsland uitoefent, in het kader van de procedure van bronheffing door de schuldenaar van de vergoeding of van een latere vrijstellings- of teruggaafprocedure of ook, op basis van de in punt 21 van het onderhavige arrest genoemde gegevens in het dossier, in het kader van een tegen laatstgenoemde ingestelde aansprakelijkheidsvordering, wanneer door de bevoegde belastingdienst een vrijstellingsbewijs is afgegeven waaruit blijkt dat is voldaan aan de daartoe door dat verdrag gestelde voorwaarden.

54. Vooraf zij eraan herinnerd dat, volgens vaste rechtspraak, bij gebreke van communautaire unificatie- of harmonisatiemaatregelen, de lidstaten bevoegd blijven om de criteria voor de belasting van de inkomsten en het vermogen vast te stellen teneinde, in voorkomend geval door het sluiten van een overeenkomst, dubbele belastingen af te schaffen (zie arrest van 21 september 1999, Saint-Gobain ZN, C-307/97, *Jurispr.* blz. I-6161, punt 57).

55. Bij de uitoefening van de aldus verdeelde heffingsbevoegdheid dienen de lidstaten zich niettemin te houden aan de gemeenschapsregels (zie in die zin arrest Saint-Gobain ZN, reeds aangehaald, punt 58; arresten van 12 december 2002, De Groot, C-385/00, *Jurispr.* blz. I-11819, punt 94, en 19 januari 2006, Bouanich, C-265/04, *Jurispr.* blz. I-923, punt 50).

56. Hoewel vaststaat dat, zoals in punt 15 van het onderhavige arrest is uiteengezet, de inkomsten uit de in het hoofdgeding aan de orde zijnde artistieke prestaties krachtens het Duits-Nederlandse belastingverdrag niet belastbaar waren in Duitsland, doch alleen in Nederland, vormt - zoals de advocaat-generaal in punt 88 van zijn conclusie heeft opgemerkt - de verplichting voor een dienstverrichter die een ingezetene van Nederland is, om aan de bevoegde Duitse belastingdienst een vrijstellingsbewijs te vragen om te voorkomen dat hij in Duitsland extra wordt belast, - zoals in punt 47 van het onderhavige arrest is uiteengezet - evenwel een beperking van het vrij verrichten van diensten wegens de administratieve stappen die dit voor deze dienstverrichter meebrengt.

57. Ook de verplichting voor de dienstontvanger om dat vrijstellingsbewijs over te leggen wanneer tegen hem een aansprakelijkheidsvordering wordt ingesteld, kan hem ontmoedigen om een beroep te doen op een in een andere lidstaat gevestigde dienstverrichter. Zoals Scorpio stelt, moet de schuldenaar van de vergoeding immers ervoor zorgen dat zijn contractspartner de vrijstellings- of teruggaafprocedure zelf instelt (en hem in voorkomend geval het bedrag van de teruggaaf terugstort), dan wel dat hem een volmacht wordt verleend waarbij hij wordt gemachtigd deze procedure in diens naam in te stellen. Het valt te vrezen dat de in een andere lidstaat gevestigde dienstverrichter voor deze stappen weinig belangstelling toont of na beëindiging van de contractuele verhouding niet meer te bereiken is.

58. Bijgevolg vormt het feit dat in de verschillende door het Bundesfinanzhof genoemde stadia van de heffingsprocedure slechts een beroep op de betrokken belastingvrijstelling kan worden gedaan na overlegging van een bewijs van de bevoegde belastingdienst waaruit blijkt dat is voldaan aan de daartoe door het Duits-Nederlandse belastingverdrag gestelde voorwaarden, een belemmering van het door de artikelen 59 en 60 EEG-Verdrag gewaarborgde vrij verrichten van diensten.

59. Deze belemmering is evenwel gerechtvaardigd om de goede werking van de bronheffingsprocedure te waarborgen.

60. Zoals met name de Belgische regering en de advocaat-generaal in punt 90 van zijn conclusie hebben opgemerkt, is het immers belangrijk dat de schuldenaar van de vergoeding zich slechts aan de bronheffing kan onttrekken wanneer hij de zekerheid heeft dat de dienstverrichter voldoet aan de voorwaarden voor vrijstelling. Van de schuldenaar van de vergoeding kan echter niet worden verlangd dat hij uit eigen beweging uitzoekt of in elk specifiek geval de betrokken inkomsten vrijgesteld zijn krachtens een overeenkomst tot het vermijden van dubbele belasting. Wanneer de schuldenaar van de vergoeding wordt toegestaan, zich eenzijdig te onttrekken aan de bronheffing, kan dit ten slotte – behoudens een vergissing zijnerzijds – tot gevolg hebben dat de inning van de belasting bij de schuldeiser van de vergoeding in het gedrang komt.

61. Uit het voorgaande volgt dat op de derde vraag, sub c, dient te worden geantwoord dat de artikelen 59 en 60 EEG-Verdrag aldus moeten worden uitgelegd dat zij zich niet ertegen verzetten dat in het kader van de bronheffing door de schuldenaar van de vergoeding of van een latere vrijstellings- of teruggaafprocedure of ook in het kader van een aansprakelijkheidsvordering tegen deze laatste slechts dan een beroep kan worden gedaan op de belastingvrijstelling die krachtens het Duits-Nederlandse belastingverdrag wordt toegekend aan een niet-ingezeten dienstverrichter die zijn activiteit in Duitsland uitoefent, wanneer door de bevoegde belastingdienst een vrijstellingsbewijs is afgegeven waaruit blijkt dat is voldaan aan de daartoe door dat verdrag gestelde voorwaarden.

De tweede vraag en de derde vraag, sub d

62. Met deze vragen wenst het Bundesfinanzhof in wezen te vernemen of artikel 59 EEG-Verdrag aldus moet worden uitgelegd dat het ook geldt indien degene te wiens behoeve de dienst wordt verricht en die zich op dit artikel beroept teneinde gebruik te kunnen maken van de vrijheid van dienstverrichting binnen de Gemeenschap, onderdaan is van een lidstaat en gevestigd in de Gemeenschap, terwijl zijn contractspartner die de dienst verricht, in een ander land van de Gemeenschap gevestigd is maar onderdaan is van een derde staat.

63. Om te beginnen moet erop worden gewezen dat artikel 59 EEG-Verdrag, zoals aangegeven in punt 32 van dit arrest en volgens vaste rechtspraak, niet alleen rechten verleent aan de dienstverrichter maar ook aan de ontvanger van de dienst.

64. Tot deze rechten behoort niet alleen de vrijheid van de dienstontvanger om zich met het oog daarop naar een andere lidstaat te begeven zonder daarbij door beperkingen te worden gehinderd (zie, met name, arrest Ciola, reeds aangehaald, punt 11, en arrest van 28 oktober 1999, Vestergaard, C-55/98, *Jurispr.* blz. I-7641, punt 20), maar eveneens is vaste rechtspraak van het Hof dat de dienstontvanger zich ook op die rechten kan beroepen wanneer noch hijzelf noch de dienstverrichter zich binnen de Gemeenschap verplaatst (zie in die zin arrest Eurowings Luftverkehr, reeds aangehaald, punt 34; arresten van 6 november 2003, Gambelli e.a., C-243/01, *Jurispr.* blz. I-13031, punten 55 en 57, en 14 oktober 2004, Omega, C-36/02, *Jurispr.* blz. I-9609, punt 25).

65. Dit is in het hoofdgeding het geval. Het betoog van de regering van het Verenigd Koninkrijk dat Scorpio als dienstontvanger niet de in artikel 59 EEG-Verdrag gegarandeerde vrijheden geniet, daar hij zich niet naar een

andere lidstaat heeft begeven of heeft getracht te begeven teneinde de in geding zijnde dienst aangeboden te krijgen, kan dus niet worden aanvaard.

66. Uit het voorgaande volgt weliswaar dat Scorpio, als vennootschap gelijkgesteld in de zin van artikel 58, lid 1, EEG-Verdrag met een natuurlijk persoon die onderdaan is van een lidstaat, in beginsel krachtens artikel 66 EEG-Verdrag aanspraak zou moeten kunnen maken op de rechten die hem worden verleend bij artikel 59 EEG-Verdrag, maar er dient te worden nagegaan of het feit dat Europop, als in een andere lidstaat gevestigde dienstverrichter, onderdaan is van een derde staat, eraan in de weg staat dat Scorpio op deze rechten een beroep kan doen.

67. Geconstateerd moet worden dat het EEG-Verdrag bepaalt dat, nu de Raad geen gebruik heeft gemaakt van de in de tweede alinea van artikel 59 van dat Verdrag geopende mogelijkheid, de bepalingen betreffende het vrij verrichten van diensten van toepassing zijn indien aan de volgende voorwaarden is voldaan:
- de dienst moet zijn verricht binnen de Gemeenschap;
- de dienstverrichter moet onderdaan zijn van een lidstaat en gevestigd in een land van de Gemeenschap.

68. Het EEG-Verdrag strekt bijgevolg de werking van deze bepalingen niet uit tot dienstverrichters die onderdaan zijn van een derde land, ook al zijn zij binnen de Gemeenschap gevestigd en gaat het om een dienst die binnen de Gemeenschap wordt verricht.

69. Mitsdien moet op de tweede vraag en de derde vraag, sub d, worden geantwoord dat artikel 59 EEG-Verdrag aldus moet worden uitgelegd dat het niet kan worden toegepast ten behoeve van een dienstverrichter die onderdaan is van een derde staat.

Kosten

70. …

HET HOF VAN JUSTITIE (Grote kamer)

verklaart voor recht:

1. **De artikelen 59 en 60 EEG-Verdrag moeten aldus worden uitgelegd dat zij zich niet verzetten tegen:**
– een nationale regeling waarbij een procedure van bronheffing wordt toegepast op de vergoeding van dienstverrichters die geen ingezetene zijn van de lidstaat waar de diensten zijn verricht, terwijl geen belasting wordt ingehouden op de vergoeding die wordt betaald aan dienstverrichters die wel ingezetene van deze lidstaat zijn;
– een nationale regeling waarbij de dienstontvanger aansprakelijk kan worden gesteld wanneer hij de bronheffing waartoe hij verplicht is, niet heeft verricht.

2. **De artikelen 59 en 60 EEG-Verdrag moeten aldus worden uitgelegd:**
– dat zij zich verzetten tegen een nationale regeling die uitsluit dat de dienstontvanger, zijnde de schuldenaar van de aan een niet-ingezeten dienstverrichter betaalde vergoeding, de beroepskosten die deze dienstverrichter hem heeft gemeld en die rechtstreeks verband houden met zijn activiteiten in de lidstaat waar de dienst is verricht, aftrekt bij de bronheffing, terwijl een dienstverrichter die wel ingezetene van deze lidstaat is, slechts wordt belast op zijn netto-inkomsten, dat wil zeggen op zijn ontvangen inkomsten na aftrek van de beroepskosten.
– dat zij zich niet verzetten tegen een nationale regeling waarbij alleen de beroepskosten die rechtstreeks verband houden met de activiteiten waarmee de belastbare inkomsten zijn verworven in de lidstaat waar de dienst is verricht, en die de in een andere lidstaat gevestigde dienstverrichter aan de schuldenaar van de vergoeding heeft gemeld, worden afgetrokken bij de bronheffing, en waarbij eventuele andere kosten, die niet rechtstreeks zijn verbonden met deze economische activiteit, in voorkomend geval in aanmerking kunnen worden genomen in het kader van een latere teruggaafprocedure.
– dat zij zich niet ertegen verzetten dat in het kader van de bronheffing door de schuldenaar van de vergoeding of van een latere vrijstellings- of teruggaafprocedure of ook in het kader van een aansprakelijkheidsvordering tegen deze laatste slechts dan een beroep kan worden gedaan op de belastingvrijstelling die krachtens de Overeenkomst tussen het Koninkrijk der Nederlanden en de Bondsrepubliek Duitsland tot het vermijden van dubbele belasting op het gebied van belastingen van het inkomen en van het vermogen alsmede van verscheidene andere belastingen en tot het regelen van andere aangelegenheden op belastinggebied van 16 juni 1959 wordt toegekend aan een niet-ingezeten dienstverrichter die zijn activiteit in Duitsland uitoefent, wanneer door de bevoegde belastingdienst een vrijstellingsbewijs is afgegeven waaruit blijkt dat is voldaan aan de daartoe door dat verdrag gestelde voorwaarden.

3. **Artikel 59 EEG-Verdrag moet aldus worden uitgelegd dat het niet kan worden toegepast ten behoeve van een dienstverrichter die onderdaan is van een derde staat.**

HvJ EG 26 oktober 2006, zaak C-345/05 (Commissie van de Europese Gemeenschappen v. Portugese Republiek)

Tweede kamer: *C. W. A. Timmermans, kamerpresident, R. Schintgen, P. Kūris, G. Arestis (rapporteur) en L. Bay Larsen, rechters*
Advocaat-generaal: *P. Léger*

Samenvatting arrest *(V-N 2006/59.16)*

Ingevolge art. 10 Portugese Wet inkomstenbelasting natuurlijke personen is de winst die een natuurlijk persoon behaalt met de vervreemding onder bezwarende titel van een onroerende zaak vrijgesteld van de heffing van inkomstenbelasting, onder de voorwaarde dat hij die winst herinvesteert in een in Portugal gelegen onroerende zaak die bestemd is voor permanente bewoning door hemzelf of door leden van zijn huishouding (eigen woning). Naar aanleiding van het door de Europese Commissie ingestelde beroep oordeelt het HvJ EG in zijn arrest van 26 oktober 2006, nr. C-345/05 dat deze regeling in strijd is met art. 18, 39 en 43 EG-verdrag alsmede met art. 28 en 31 EER-overeenkomst. De voorwaarde voor vrijstelling belemmert Portugese belastingplichtigen voor de inkomstenbelasting in de uitoefening van de aan hen in het EG-verdrag en de EER-overeenkomst toegekende verkeersvrijheden. Immers, ten opzichte van een interne Portugese situatie heeft vestiging in een andere lidstaat en aankoop van een eigen woning aldaar vanwege de dan volgende afrekening over vervreemdingswinst nadelige gevolgen voor het vermogen van belastingplichtigen. Deze belemmering kan niet worden gerechtvaardigd met een beroep op fiscale coherentie. Ook kan deze belemmering niet worden gerechtvaardigd met een beroep op bescherming van het aan inwoners van Portugal toekomende grondwettelijke recht op huisvesting. Voorts is het argument, dat vrijstelling bij aankoop van een eigen woning in een andere lidstaat zou leiden tot een (onterechte) indirecte Portugese financiering van het huisvestingsbeleid van die andere lidstaat, niet valide. Aan de toetsing van de onderhavige regeling aan art. 56 EG-verdrag en art. 40 EER-overeenkomst komt het HvJ EG niet toe.

HET HOF VAN JUSTITIE (Tweede kamer)

verklaart voor recht:

Door fiscale bepalingen, zoals artikel 10, lid 5, van de Código do Imposto sobre o Rendimento das Pessoas Singulares, te handhaven die het voordeel van belastingvrijstelling van de meerwaarde bij de overdracht onder bezwarende titel van een onroerende zaak bestemd voor eigen, permanente bewoning door de belastingplichtige of door leden van diens huishouding afhankelijk stellen van de voorwaarde dat de behaalde winst wordt geherinvesteerd in de aanschaf van een op Portugees grondgebied gelegen onroerende zaak, heeft de Portugese Republiek niet voldaan aan de verplichtingen die op haar rusten krachtens de artikelen 18 EG, 39 EG en 43 EG alsmede de artikelen 28 en 31 van de Overeenkomst betreffende de Europese Economische Ruimte van 2 mei 1992.

HvJ EU 9 november 2006, zaak C-433/04 (Commissie v. Koninkrijk België)

Eerste kamer: *P. Jann, kamerpresident, E. Levits (rapporteur) en J. N. Cunha Rodrigues, rechters*

Advocaat-generaal: *A. Tizzano*

1. De Commissie van de Europese Gemeenschappen verzoekt het Hof vast te stellen dat het Koninkrijk België, door opdrachtgevers en aannemers die een beroep doen op niet in België geregistreerde buitenlandse aannemers te verplichten 15% van het voor de uitgevoerde werken verschuldigde bedrag in te houden (hierna: 'inhoudingsplicht') en hen hoofdelijk aansprakelijk te stellen voor de belastingschulden van die medecontractanten (hierna: 'hoofdelijke aansprakelijkheid'), niet heeft voldaan aan de verplichtingen die op hem rusten krachtens de artikelen 49 EG en 50 EG.

HET HOF VAN JUSTITIE (Eerste kamer)

verklaart voor recht:

Door opdrachtgevers en aannemers die een beroep doen op niet in België geregistreerde buitenlandse aannemers te verplichten 15% van het voor de uitgevoerde werken verschuldigde bedrag in te houden en hen hoofdelijk aansprakelijk te stellen voor de belastingschulden van die medecontractanten, heeft het Koninkrijk België niet voldaan aan de verplichtingen die op hem rusten krachtens de artikelen 49 EG en 50 EG.

Samenvatting beschikbaar gesteld door Loyens & Loeff (EU Tax Alert):

On November 9, 2006 the ECJ ruled on the *Commission v. Belgium* case (C-433/04). It can be concluded from this decision that, by obliging principals and contractors who have recourse to foreign contracting partners not registered in Belgium to withhold 15% of the sum payable for work carried out and by imposing on those principals and contractors joint and several liability for the tax debts of such contracting partners, Belgium has failed to fulfil its obligations under Articles 49 and 50 EC.

The ECJ concluded that the withholding obligation and joint liability constitute a restriction on the freedom to provide services. Furthermore, the Court stated that the disputed measures could not be justified by overriding requirements relating to the public interest in the prevention of tax fraud in the construction sector since a general presumption of tax avoidance or fraud, such as that contained in Belgian tax law, is not sufficient to justify a violation of the objectives of the EC Treaty. According to the Court, as the disputed measures apply in an automatic and unconditional manner, they do not allow any account to be taken of the individual circumstances of service providers who are not established and not registered in Belgium. The ECJ concluded that both the withholding obligation and the joint liability are disproportionate measures, particularly when cumulatively applicable.

HvJ EG 9 november 2006, zaak C-520/04 (Pirkko Marjatta Turpeinen)

Eerste kamer: *P. Jann (rapporteur), kamerpresident, K. Lenaerts, J. N. Cunha Rodrigues, M. Ilešič en E. Levits, rechters*
Advocaat-generaal: *P. Léger*

Samenvatting arrest *(V-N 2006/58.12)*

Turpeinen, woonachtig in Spanje, ontvangt een Fins rustpensioen. Als beperkt belastingplichtige voor de Finse inkomstenbelasting wordt dit rustpensioen belast met een forfaitaire bronheffing van 35%. Zou Turpeinen inwoner van Finland zijn geweest, dan zou het rustpensioen zijn belast tegen een progressieve aanslagvoet en zou rekening zijn gehouden met belastingverminderingen betreffende de persoonlijke en gezinssituatie. Een en ander zou in casu hebben geresulteerd in een belastingdruk op het rustpensioen van 28,5%. Het HvJ EG oordeelt deze nadelige behandeling van niet- inwoners van Finland in strijd met art. 18 EG-verdrag. Per 1 januari 2006 heeft Finland de onderhavige verschillende behandeling overigens al opgeheven.

HET HOF VAN JUSTITIE (Eerste kamer)

verklaart voor recht:

Artikel 18 EG dient aldus te worden uitgelegd dat het zich verzet tegen een nationale regeling waarbij de inkomstenbelasting over het rustpensioen dat een orgaan van de betrokken lidstaat uitkeert aan een ingezetene van een andere lidstaat, in bepaalde gevallen hoger is dan de belasting die verschuldigd zou zijn indien deze persoon een ingezetene van eerstgenoemde lidstaat was, wanneer dat pensioen (nagenoeg) het volledige inkomen van deze persoon vormt.

HvJ EG 14 november 2006, zaak C-513/04 (Mark Kerckhaert, Bernadette Morres v. Belgische Staat)

Het Hof (Grote kamer): *V. Skouris, president, P. Jann, C. W. A. Timmermans, A. Rosas, K. Lenaerts en E. Juhász, kamerpresidenten, J. N. Cunha Rodrigues, R. Silva de Lapuerta, G. Arestis, A. Borg Barthet en E. Levits (rapporteur), rechters*

Advocaat-generaal: *L.A. Geelhoed*

1. Het verzoek om een prejudiciële beslissing betreft de uitlegging van artikel 73 B, lid 1, EG-Verdrag (thans artikel 56, lid 1, EG).

2. Dit verzoek is ingediend in het kader van een geding tussen de heer Kerckhaert en mevrouw Morres (hierna: 'echtpaar Kerckhaert-Morres') en de Gewestelijke Directie Antwerpen I (hierna: 'Belgische belastingadministratie') over de weigering van deze laatste om hun de verrekening toe te staan van het forfaitair gedeelte van buitenlandse belasting van 15%, bedoeld in artikel 19, A, punt 1, tweede alinea, van de Overeenkomst tussen België en Frankrijk van 10 maart 1964 tot voorkoming van dubbele belasting en tot regeling van wederzijdse administratieve en juridische bijstand inzake inkomstenbelastingen, zoals gewijzigd bij het Aanhangsel van 15 februari 1971 (hierna: 'Overeenkomst tussen België en Frankrijk').

De Belgische belastingwetgeving

Het Wetboek op de inkomstenbelastingen

3. Volgens artikel 171, lid 3, van het Wetboek op de inkomstenbelastingen (hierna: 'belastingwetboek') zijn dividenden belastbaar tegen een aanslagvoet van 25%.

4. Artikel 187 van het belastingwetboek bepaalde aanvankelijk dat, met betrekking tot de inkomsten van aandelen of deelbewijzen en van belegde kapitalen die in het buitenland aan een inkomstenbelasting, een vennootschapsbelasting of een belasting van niet-verblijfhouders werden onderworpen, van de belasting vooraf een forfaitair gedeelte van deze buitenlandse belasting werd afgetrokken.

5. Als gevolg van een aantal wetswijzigingen kunnen natuurlijke personen geen aanspraak meer maken op dit belastingtegoed wanneer zij van in een andere lidstaat gevestigde ondernemingen dividenden ontvangen die afkomstig zijn van inkomsten waarover in deze staat reeds inkomstenbelasting is geheven, zodat op deze inkomsten de in deze staat aan de bron geheven belasting, alsook de in artikel 171, lid 3, van het belastingwetboek vastgestelde heffing van 25% wordt toegepast.

De Overeenkomst tussen België en Frankrijk

6. De Overeenkomst tussen België en Frankrijk beoogt met name situaties van dubbele belasting te voorkomen waarin van eenzelfde persoon inkomstenbelasting wordt geheven in Frankrijk en België.

7. Artikel 15, lid 3, ervan luidt als volgt:

> 'Wanneer zij aan een natuurlijke persoon, verblijfhouder van België, worden betaald, geven dividenden, welke door een vennootschap, verblijfhouder van Frankrijk, worden betaald en waaraan een recht op een belastingtegoed zou zijn verbonden indien zij door verblijfhouders van Frankrijk waren verkregen, recht op betaling van het belastingtegoed na aftrek van de bronheffing, berekend tegen het tarief van 15% op het brutodividend gevormd door het uitgedeelde dividend verhoogd met het belastingtegoed.'

8. Artikel 19, A, punt 1, van diezelfde overeenkomst bepaalt dat wanneer de dividenden door een in Frankrijk gevestigde vennootschap worden betaald aan een verblijfhouder van België die niet een aan de vennootschapsbelasting onderworpen vennootschap is, en de bronheffing in Frankrijk werkelijk op deze dividenden is toegepast, de belasting in België verschuldigd op hun bedrag, netto van Franse inhouding, wordt verminderd, eensdeels, met de tegen het gewone tarief geïnde roerende voorheffing en, anderdeels, met het forfaitaire gedeelte van buitenlandse belasting dat onder de door de Belgische wetgeving vastgestelde voorwaarden aftrekbaar is, zonder dat dit gedeelte minder dan 15% van het genoemde nettobedrag mag belopen.

Het hoofdgeding en de prejudiciële vraag

9. Het in België wonende echtpaar Kerckhaert-Morres heeft in 1995 en 1996 dividenden ontvangen van het in Frankrijk gevestigde Eurofers SARL.

10. Een gedeelte van de ontvangen bedragen kwam overeen met het belastingtegoed ten belope van 50% van de betaalde dividenden dat de Franse fiscale autoriteiten op grond van artikel 15, lid 3, van de Overeenkomst tussen België en Frankrijk hadden toegekend als compensatie voor de vennootschapsbelasting. Overeenkomstig deze

bepaling wordt dit belastingtegoed gelijkgesteld met een inkomen uit dividend. Op de brutodividenden is in Frankrijk een aan de bron geheven inkomstenbelasting van 15% toegepast.

11. Het echtpaar Kerckhaert-Morres heeft als van Eurofers SARL verkregen dividenden voor respectievelijk de inkomstenjaren 1995 en 1996 34 566 204 BEF (856 873,81 EUR) en 7 173 702 BEF (177 831,43 EUR) aangegeven. In hun inkomstenaangifte hebben zij verzocht om toepassing van het fiscale voordeel bedoeld in artikel 19, A, lid 1, van de Overeenkomst tussen België en Frankrijk, dat overeenstemt met de Franse bronheffing.

12. Omdat de Belgische wetgever dit fiscale voordeel had afgeschaft, is hun verzoek afgewezen.

13. Van oordeel dat de weigering om hun het in het hoofdgeding aan de orde zijnde belastingvoordeel toe te kennen tot gevolg had dat Franse dividenden zwaarder worden belast dan dividenden van in België gevestigde vennootschappen, heeft het echtpaar Kerckhaert-Morres bij de Rechtbank van eerste aanleg te Gent een beroep ingesteld strekkende tot nietigverklaring van de beslissing van de Belgische belastingadministratie waarbij hun verzoek is afgewezen, en daartoe met name schending van artikel 73 B, lid 1, van het Verdrag aangevoerd.

14. Omdat de Rechtbank van eerste aanleg te Gent van oordeel was dat voor de afdoening van het bij haar aanhangige geding uitlegging van het gemeenschapsrecht nodig was, heeft zij de behandeling van de zaak geschorst en het Hof de volgende prejudiciële vraag voorgelegd:

> 'Dient artikel 56, lid 1, EG (ten tijde van de litigieuze feiten: artikel 73 B, lid 1, EG-Verdrag) aldus te worden uitgelegd dat een beperking voortvloeiend uit een bepaling in de wetgeving op de inkomstenbelasting van een lidstaat (in casu België) waardoor zowel dividenden op aandelen van in die lidstaat gevestigde vennootschappen als dividenden op aandelen van niet in die lidstaat gevestigde vennootschappen in hoofde van de aandeelhouder worden onderworpen aan eenzelfde éénvormig tarief, doch waar ten aanzien van de dividenden op aandelen van niet in die lidstaat gevestigde vennootschappen geen verrekening wordt aanvaard van de in die andere lidstaat toegepaste bronheffing, verboden is?'

Beantwoording van de prejudiciële vraag

15. Vooraf zij eraan herinnerd dat volgens vaste rechtspraak, ofschoon de directe belastingen behoren tot de bevoegdheid van de lidstaten, deze laatsten niettemin verplicht zijn die bevoegdheid met eerbiediging van het gemeenschapsrecht uit te oefenen (zie arresten van 11 augustus 1995, Wielockx, C-80/94, *Jurispr.* blz. I-2493, punt 16; 6 juni 2000, Verkooijen, C-35/98, *Jurispr.* blz. I-4071, punt 32; 4 maart 2004, Commissie/Frankrijk, C-334/02, *Jurispr.* blz. I-2229, punt 21; 15 juli 2004, Lenz, C-315/02, *Jurispr.* blz. I-7063, punt 19, en 7 september 2004, Manninen, C-319/02, *Jurispr.* blz. I-7477, punt 19).

16. In de zojuist aangehaalde arresten Verkooijen, Lenz en Manninen heeft het Hof geoordeeld dat de wetgeving van de betrokken lidstaten een verschil in behandeling bevatte van inkomsten uit dividenden van vennootschappen die waren gevestigd in de lidstaat waar de betrokken belastingplichtige woonde, en inkomsten uit dividenden van in een andere lidstaat gevestigde vennootschappen, in dier voege dat aan de verkrijgers van deze laatste dividenden de aan de anderen toegekende fiscale voordelen werden geweigerd. Na te hebben vastgesteld dat de situatie van belastingplichtigen die dividenden van in een andere lidstaat gevestigde vennootschappen ontvangen, niet objectief verschilde van de situatie van belastingplichtigen die dividenden ontvangen van vennootschappen die zijn gevestigd in de lidstaat waar deze belastingplichtigen wonen, heeft het Hof geoordeeld dat deze wetgevingen de in het Verdrag neergelegde vrijheden belemmerden.

17. Anders dan het echtpaar Kerckhaert-Morres heeft betoogd, verschilt de zaak in het hoofdgeding evenwel van die welke tot de aangehaalde arresten hebben geleid, aangezien de Belgische belastingwetgeving geen enkel onderscheid maakt tussen de dividenden van in België gevestigde vennootschappen en de dividenden van in een andere lidstaat gevestigde vennootschappen: voor beide soorten dividenden geldt volgens de Belgische wet eenzelfde inkomstenbelastingtarief van 25%.

18. Voorts kan niet worden aanvaard het argument dat in casu de in België wonende aandeelhouders zich in een verschillende situatie bevinden naargelang zij dividenden van een in deze lidstaat gevestigde vennootschap dan wel van een in een andere lidstaat gevestigde vennootschap ontvangen, zodat eenzelfde behandeling van deze dividenden, te weten de toepassing van eenzelfde inkomstenbelastingtarief, discriminerend zou zijn.

19. Het is juist dat er niet alleen sprake is van discriminatie wanneer verschillende regels worden toegepast op vergelijkbare situaties, maar ook wanneer dezelfde regel wordt toegepast op verschillende situaties (zie arresten van 14 februari 1995, Schumacker, C-279/93, *Jurispr.* blz. I-225, punt 30, en 29 april 1999, Royal Bank of Scotland, C-311/97, *Jurispr.* blz. I-2651, punt 26). Met betrekking tot de belastingwetgeving van de woonstaat wordt de positie van een aandeelhouder die dividenden ontvangt, evenwel niet noodzakelijkerwijs verschillend in de zin van deze rechtspraak door de omstandigheid alleen dat hij deze dividenden van een in een andere lidstaat gevestigde vennootschap ontvangt, welke lidstaat bij de uitoefening van zijn belastingbevoegdheid op deze dividenden een aan de bron geheven inkomstenbelasting toepast.

20. In omstandigheden als die in casu zijn de nadelige gevolgen die de toepassing van een inkomstenbelastingstelsel zoals de Belgische regeling in het hoofdgeding kan meebrengen, het gevolg van de parallelle uitoefening van belastingbevoegdheid door twee lidstaten.

21. In dit verband zij eraan herinnerd dat overeenkomsten ter voorkoming van dubbele belasting zoals bedoeld in artikel 293 EG, ertoe strekken de negatieve effecten voor de werking van de interne markt weg te werken of te verminderen die voortvloeien uit het in het vorige punt genoemde naast elkaar bestaan van nationale belastingstelsels.

22. Het gemeenschapsrecht voorziet in de huidige stand van ontwikkeling ervan en voor een situatie als in het hoofdgeding evenwel niet in algemene criteria voor de verdeling van de bevoegdheden tussen de lidstaten ter zake van de afschaffing van dubbele belasting binnen de Gemeenschap. Afgezien van richtlijn 90/435/EEG van de Raad van 23 juli 1990 betreffende de gemeenschappelijke fiscale regeling voor moedermaatschappijen en dochterondernemingen uit verschillende lidstaten (*PB* L 225, blz. 6), het Verdrag van 23 juli 1990 tot afschaffing van dubbele belasting in geval van winstcorrecties tussen verbonden ondernemingen (*PB* L 225, blz. 10), en richtlijn 2003/48/EG van de Raad van 3 juni 2003 betreffende belastingheffing op inkomsten uit spaargelden in de vorm van rentebetaling (*PB* L 157, blz. 38), is tot dusver in het kader van het gemeenschapsrecht immers geen enkele unificatie- of harmonisatiemaatregel tot afschaffing van dubbele belastingen vastgesteld.

23. Bijgevolg staat het aan de lidstaten om de maatregelen te nemen die nodig zijn om situaties als in het hoofdgeding te voorkomen, door met name de in de internationale belastingpraktijk gehanteerde verdelingscriteria toe te passen. Dat is in wezen het doel van de Overeenkomst tussen België en Frankrijk, die de belastingbevoegdheid tussen de Franse Republiek en het Koninkrijk België in dergelijke situaties verdeelt. Deze overeenkomst is in het onderhavige prejudiciële verzoek evenwel niet aan de orde.

24. Gelet op deze overwegingen moet op de voorgelegde vraag worden geantwoord dat artikel 73 B, lid 1, van het Verdrag zich niet verzet tegen een wettelijke regeling van een lidstaat, zoals de Belgische belastingwetgeving, die in het kader van de inkomstenbelasting hetzelfde uniforme belastingtarief toepast op dividenden van aandelen van in deze lidstaat gevestigde vennootschappen en op dividenden van aandelen van in een andere lidstaat gevestigde vennootschappen en niet voorziet in de mogelijkheid om de in die andere lidstaat aan de bron geheven belasting te verrekenen.

Kosten

25. ...

HET HOF VAN JUSTITIE (Grote kamer)

verklaart voor recht:

Artikel 73 B, lid 1, EG-Verdrag (thans artikel 56, lid 1, EG) verzet zich niet tegen een wettelijke regeling van een lidstaat, zoals de Belgische belastingwetgeving, die in het kader van de inkomstenbelasting hetzelfde uniforme belastingtarief toepast op dividenden van aandelen van in deze lidstaat gevestigde vennootschappen en op dividenden van aandelen van in een andere lidstaat gevestigde vennootschappen en niet voorziet in de mogelijkheid om de in die andere lidstaat aan de bron geheven belasting te verrekenen.

HvJ EG 12 december 2006, zaak C-374/04 (Test Claimants in Class IV of the ACT Group Litigation v. Commissioners of Inland Revenue)

Grote kamer: *V. Skouris, president, P. Jann, C. W. A. Timmermans, A. Rosas, K. Lenaerts (rapporteur), R. Schintgen en J. Klučka, kamerpresidenten, J. N. Cunha Rodrigues, M. Ilešič, J. Malenovský en U. Lõhmus, rechters*

Advocaat-generaal: *L. A. Geelhoed*

1. Het verzoek om een prejudiciële beslissing betreft de uitlegging van de artikelen 43 EG, 56 EG, 57 EG en 58 EG.

2. Dit verzoek is ingediend in het kader van een geding tussen concerns en de Commissioners of Inland Revenue (belastingdienst van het Verenigd Koninkrijk) over de weigering van deze laatste om aan niet-ingezeten vennootschappen van deze concerns een belastingkrediet te verlenen voor door ingezeten vennootschappen aan die niet-ingezeten vennootschappen betaald dividend.

Rechtskader

Gemeenschapsregeling

3. Artikel 4, lid 1, van richtlijn 90/435/EEG van de Raad van 23 juli 1990 betreffende de gemeenschappelijke fiscale regeling voor moedermaatschappijen en dochterondernemingen uit verschillende lidstaten (*PB* L 225, blz. 6) bepaalt:

'Wanneer een moedermaatschappij als deelgerechtigde van haar dochteronderneming uitgekeerde winst ontvangt, anders dan bij de liquidatie van de dochteronderneming, moet de lidstaat van de moedermaatschappij:
- of wel zich onthouden van het belasten van deze winst;
- of wel de winst belasten, maar in dat geval de moedermaatschappij toestaan dat gedeelte van de belasting van de dochteronderneming dat op deze winst betrekking heeft van haar eigen belasting af te trekken en, in voorkomend geval, het bedrag dat, ingevolge de uitzonderingsbepalingen van artikel 5, door de lidstaat waar de dochteronderneming gevestigd is aan de bron is ingehouden, zulks binnen de grenzen van het bedrag van de overeenstemmende nationale belasting.'

Nationale regeling

4. Krachtens de in het Verenigd Koninkrijk geldende belastingwetgeving moet over de door een in die lidstaat gevestigde vennootschap in een boekjaar gerealiseerde winst in die staat vennootschapsbelasting worden betaald.

5. Sinds 1973 past het Verenigd Koninkrijk van Groot-Brittannië en Noord-Ierland een stelsel van zogenaamde 'gedeeltelijke toerekening' toe volgens hetwelk, ter voorkoming van dubbele economische belasting, wanneer een ingezeten vennootschap die winst uitkeert, een deel van de vennootschapsbelasting die deze vennootschap heeft betaald, aan haar aandeelhouders wordt toegerekend. Tot 6 april 1999 was dit stelsel gebaseerd op enerzijds een vooruitbetaling van de vennootschapsbelasting door de uitkerende vennootschap, en anderzijds op een aan de begunstigde aandeelhouders verleend belastingkrediet.

Vooruitbetaling van de vennootschapsbelasting

6. Volgens Section 14 van de Income and Corporation Taxes Act 1988 (hierna: 'ICTA'), in de ten tijde van de feiten van het hoofdgeding toepasselijke versie ervan, is elke vennootschap die in het Verenigd Koninkrijk is gevestigd en aan haar aandeelhouders dividend uitkeert, verplicht om een over het bedrag of de waarde van de uitkering berekende voorheffing op de vennootschapsbelasting ('advance corporation tax'; hierna: 'ACT') te voldoen.

7. Een vennootschap heeft het recht om de uit hoofde van een uitkering in een bepaald boekjaar betaalde ACT tot een zekere grens met de door haar over dat boekjaar verschuldigde vennootschapsbelasting ('mainstream corporation tax') te verrekenen. Indien de belastingschuld van een vennootschap uit hoofde van de vennootschapsbelasting niet hoog genoeg is om de ACT volledig te kunnen verrekenen, kan het overschot aan ACT worden overgedragen naar hetzij een eerder of later boekjaar, hetzij naar de dochterondernemingen van deze vennootschap, die dit overschot met de door hen zelf verschuldigde vennootschapsbelasting kunnen verrekenen. Een overschot aan ACT kan alleen aan in het Verenigd Koninkrijk gevestigde dochterondernemingen worden overgedragen.

8. Een concern in het Verenigd Koninkrijk kan ook opteren voor het stelsel van belastingheffing naar het concerninkomen, zodat de tot dat concern behorende vennootschappen betaling van de ACT kunnen uitstellen totdat de moedermaatschappij van dat concern tot dividenduitkering overgaat. Dit stelsel, dat het voorwerp was van het arrest van 9 maart 2001, Metallgesellschaft e.a. (C-397/98 en C-410/98, *Jurispr.* blz. I-1727), is in de onderhavige zaak niet aan de orde.

Aan ingezeten aandeelhouders verleend belastingkrediet

9. Volgens Section 208, ICTA is een in het Verenigd Koninkrijk gevestigde vennootschap geen vennootschapsbelasting verschuldigd over het dividend dat zij van een eveneens in het Verenigd Koninkrijk gevestigde vennootschap ontvangt.

10. Volgens Section 231, lid 1, ICTA, geeft elke aan de ACT onderworpen dividenduitkering door een ingezeten vennootschap aan een andere ingezeten vennootschap, voor deze laatste vennootschap aanleiding tot een belastingkrediet ten belope van het deel van de door de eerste vennootschap betaalde ACT. Volgens de bewoordingen van Section 238, lid 1, ICTA, vormen het ontvangen dividend en het belastingkrediet samen het 'vrijgesteld beleggingsinkomen' ('franked investment income') van de begunstigde vennootschap.

11. Een in het Verenigd Koninkrijk gevestigde onderneming die van een andere ingezeten onderneming dividend heeft ontvangen waardoor een recht op een belastingkrediet openstaat, kan de door deze andere vennootschap betaalde ACT overnemen en deze in aftrek brengen op de ACT die zij zelf moet betalen wanneer zij aan haar eigen aandeelhouders dividend uitkeert, zodat zij alleen het overschot aan ACT voldoet.

12. Overeenkomstig regeling F van de ICTA is een in het Verenigd Koninkrijk gevestigde natuurlijke persoon inkomstenbelasting verschuldigd over het dividend dat hij van een in die lidstaat gevestigde vennootschap ontvangt. Deze persoon heeft echter recht op een belastingkrediet ten belope van het deel van de door deze vennootschap betaalde ACT. Dit belastingkrediet kan in mindering worden gebracht van de door deze persoon over inkomsten uit dividend verschuldigde belasting of in geld worden betaald wanneer het krediet het bedrag van de door deze persoon verschuldigde belasting overschrijdt.

13. Deze bepalingen hebben tot gevolg dat de door de ingezeten vennootschappen uitgekeerde winst eenmaal bij die vennootschappen wordt belast en bij de uiteindelijke aandeelhouder slechts voor zover de belasting op de inkomsten van deze laatste hoger is dan het belastingkrediet waarop hij recht heeft.

Situatie van niet-ingezeten aandeelhouders

14. Een niet in het Verenigd Koninkrijk gevestigde vennootschap is daar in beginsel slechts inkomstenbelasting verschuldigd over in die lidstaat verworven inkomsten, met inbegrip van dividend dat hun is uitgekeerd door een in die staat gevestigde vennootschap. Section 233, lid 1, ICTA bepaalt echter dat wanneer een niet-ingezeten vennootschap in het Verenigd Koninkrijk geen belastingkrediet geniet, zij aldaar over die dividenden geen inkomstenbelasting verschuldigd is.

15. Daarentegen is een niet-ingezeten vennootschap, wanneer zij krachtens een door het Verenigd Koninkrijk gesloten verdrag ter voorkoming van dubbele belasting (hierna: 'CDI') in deze lidstaat recht heeft op een volledig of gedeeltelijk belastingkrediet, in die staat inkomstenbelasting verschuldigd over het dividend dat zij van een ingezeten vennootschap ontvangt.

16. Ook een niet in het Verenigd Koninkrijk wonende natuurlijke persoon is in beginsel in deze lidstaat inkomstenbelasting verschuldigd over uit deze lidstaat afkomstig dividend, maar voor zover deze persoon in die lidstaat niet krachtens nationale wetgeving of een CDI over een belastingkrediet beschikt, is hij in deze staat over dit dividend geen inkomstenbelasting verschuldigd.

17. Hoewel het Verenigd Koninkrijk zich in de met andere lidstaten of met derde landen gesloten CDI's over het algemeen het recht voorbehoudt om door zijn ingezetenen aan niet-ingezetenen betaald dividend te belasten, bevatten deze CDI's vaak beperkingen van het belastingtarief dat het Verenigd Koninkrijk kan toepassen. Dit maximumtarief kan variëren naar gelang van de omstandigheden en in het bijzonder naargelang een CDI de aandeelhouder een volledig of gedeeltelijk belastingkrediet verleent.

18. Een aantal door het Verenigd Koninkrijk gesloten CDI's verlenen geen belastingkrediet aan de in de andere verdragsluitende partij gevestigde vennootschappen die van een in het Verenigd Koninkrijk gevestigde vennootschap dividend ontvangen. Dit is met name het geval voor met de Bondsrepubliek Duitsland en met Japan gesloten CDI's.

19. Andere CDI's voorzien in een belastingkrediet onder bepaalde voorwaarden. Zo wordt het belastingkrediet waarin de met het Koninkrijk der Nederlanden gesloten CDI voorziet, integraal verleend aan in die lidstaat wonende aandeelhouders die minder dan 10% van de stemrechten van de uitkerende vennootschap hebben, en gedeeltelijk verleend wanneer de aandeelhouders 10% of meer van die stemrechten hebben.

20. De met het Koninkrijk der Nederlanden gesloten CDI bevat bovendien een zogenoemde 'beperking van voordeel'-clausule, volgens welke het in deze CDI bedoelde belastingkrediet wordt ingetrokken wanneer de niet-ingezeten vennootschap-aandeelhoudster zelf in handen is van een vennootschap die is gevestigd in een staat waarmee het Verenigd Koninkrijk een CDI heeft gesloten waarbij geen belastingkrediet wordt toegekend aan vennootschappen die van een in het Verenigd Koninkrijk gevestigde vennootschap dividend ontvangen.

21. Gepreciseerd zij dat deze bepalingen van de in het Verenigd Koninkrijk toepasselijke wetgeving substantieel zijn gewijzigd door de Finance Act 1998, die sinds 6 april 1999 van toepassing is op dividenduitkeringen. Het hierboven geschetste rechtskader was vóór die datum van kracht

Het hoofdgeding en de prejudiciële vragen

22. Het hoofdgeding is een geding van het soort 'group litigation' volgens de ACT en betreft vorderingen tot teruggave en/of compensatie die naar aanleiding van het reeds aangehaalde arrest Metallgesellschaft e.a. tegen de Commissioners of Inland Revenue zijn ingesteld bij de High Court of Justice (England & Wales), Chancery Division.

23. In dat arrest heeft het Hof in antwoord op de eerste door deze zelfde rechterlijke instantie gestelde prejudiciële vraag voor recht verklaard dat artikel 43 EG zich verzet tegen belastingbepalingen van een lidstaat die de in deze lidstaat gevestigde vennootschappen de mogelijkheid biedt, gebruik te maken van een belastingregeling volgens welke zij zonder voorheffing van vennootschapsbelasting dividend kunnen uitkeren aan hun moedermaatschappij wanneer deze eveneens in deze lidstaat is gevestigd, doch die dit niet toestaan wanneer de moedermaatschappij in een andere lidstaat is gevestigd.

24. In zijn antwoord op de tweede vraag in diezelfde zaak heeft het Hof voor recht verklaard dat, wanneer een in een lidstaat gevestigde dochtermaatschappij verplicht is geweest om bij wege van voorheffing vennootschapsbelasting te betalen over het aan haar in een andere lidstaat gevestigde moedermaatschappij uitgekeerde dividend, terwijl dochtermaatschappijen van in de eerste lidstaat gevestigde moedermaatschappijen in vergelijkbare omstandigheden hebben kunnen opteren voor een belastingregeling waardoor zij aan deze verplichting ontsnappen, artikel 43 EG vereist, dat die dochtermaatschappijen en hun in een andere lidstaat gevestigde moedermaatschappijen over een doeltreffend rechtsmiddel beschikken om terugbetaling of vergoeding te verkrijgen van het financiële nadeel dat zij ten voordele van de autoriteiten van de betrokken lidstaat hebben geleden als gevolg van de door de dochtermaatschappijen betaalde voorheffing.

25. In het hoofdgeding omvat het ACT-geschil dat voor de verwijzende rechter aanhangig is, vier verschillende klassen, waarvoor gemeenschappelijke vraagpunten bestaan. Op het moment dat de verwijzende rechter uitspraak deed, bestond klasse IV van dit geschil uit 28 vorderingen, ingesteld door concerns waarvan ten minste één niet-ingezeten vennootschap deel uitmaakt, en die opkomen tegen de weigering van de Commissioners of Inland Revenue om aan een dergelijke niet-ingezeten vennootschap een belastingkrediet te verlenen wanneer zij van een ingezeten vennootschap dividend ontvangt.

26. De vier door de verwijzende rechter voor de onderhavige prejudiciële verwijzing als 'test cases' gekozen casussen betreffen vorderingen die zijn ingediend door zowel ingezeten vennootschappen als niet-ingezeten vennootschappen die tot hetzelfde concern behoren als de ingezeten vennootschappen, en die van deze laatste dividend hebben ontvangen (hierna: 'verzoeksters in het hoofdgeding'). Het betreft dividend dat tussen 1974 en 1998 is uitgekeerd aan ondernemingen die zijn gevestigd in respectievelijk Italië (zaak van het Pirelli-concern), Frankrijk (zaak van het Essilor-concern) en Nederland (zaken van het BMW- en van het Sony-concern).

27. Terwijl de niet-ingezeten vennootschap in de zaak van het Pirelli-concern een minderheidsdeelneming van ten minste 10% in de ingezeten vennootschap heeft, hebben de andere zaken betrekking op niet-ingezeten moedermaatschappijen die 100% zeggenschap in hun ingezeten dochteronderneming hebben. Wat de twee in Nederland gevestigde moedermaatschappijen betreft, is de eerste integraal in handen van een in Duitsland gevestigde, en de tweede van een in Japan gevestigde vennootschap.

28. De verwijzende rechter wijst erop dat deze vragen betrekking hebben op vragen die reeds aan het Hof zijn voorgelegd in de zaak die tot het reeds aangehaalde arrest Metallgesellschaft e.a. heeft geleid, maar waarop het Hof, gelet op het antwoord dat het op de eerste en de tweede in die zaak gestelde vraag had gegeven, niet heeft hoeven antwoorden. Terwijl in die zaak het verlenen van een belastingkrediet alleen werd beschouwd als alternatief voor terugbetaling van de ACT of voor vergoeding van het door de betaling van de ACT geleden verlies, hebben de bij de verwijzende rechter ingediende vorderingen rechtstreeks betrekking op het verlenen van een belastingkrediet.

29. In deze omstandigheden heeft de High Court of Justice (England and Wales), Chancery Division, de behandeling van de zaak geschorst en het Hof de volgende prejudiciële vragen voorgelegd:

'1. Verzet artikel 43 EG of artikel 56 EG (gelet op de artikelen 57 EG en 58 EG) (of de overeenkomstige eerdere bepalingen) zich ertegen:

a. dat lidstaat A (zoals het Verenigd Koninkrijk)

i. een wettelijke regeling vaststelt en handhaaft, die ter zake van dividenduitkeringen door in lidstaat A gevestigde ondernemingen een volledig belastingkrediet verleent aan in lidstaat A gevestigde individuele aandeelhouders (hierna: 'relevante dividenduitkeringen');

ii. een bepaling toepast uit met sommige andere lidstaten en derde landen gesloten verdragen ter voorkoming van dubbele belasting, die een volledig belastingkrediet (verminderd met de belasting als voorzien in die verdragen) verleent ter zake van de relevante dividenduitkeringen aan in die andere lidstaten en derde landen gevestigde individuele aandeelhouders;

maar geen (volledig dan wel gedeeltelijk) belastingkrediet verleent ter zake van de relevante dividenduitkeringen van een in lidstaat A (zoals het Verenigd Koninkrijk) gevestigde dochteronderneming aan een in lidstaat B (zoals Duitsland) gevestigde moedermaatschappij, hetzij op grond van nationale regels hetzij op grond van de regels van het tussen die staten gesloten belastingverdrag;

b. dat lidstaat A (zoals het Verenigd Koninkrijk) een bepaling van het geldende belastingverdrag toepast, die ter zake van de relevante dividenduitkeringen een gedeeltelijk belastingkrediet verleent aan een in lidstaat C (zoals Nederland) gevestigde moedermaatschappij, maar niet aan een in lidstaat B (zoals Duitsland) gevestigde moedermaatschappij, waar het tussen lidstaat A en lidstaat B gesloten belastingverdrag geen bepaling over een gedeeltelijk belastingkrediet bevat;

c. dat lidstaat A (zoals het Verenigd Koninkrijk) ter zake van de relevante dividenduitkeringen geen gedeeltelijk belastingkrediet verleent aan een in lidstaat C (zoals Nederland) gevestigde onderneming die wordt beheerst door een in lidstaat B (zoals Duitsland) gevestigde onderneming, wanneer lidstaat A bepalingen uit belastingverdragen toepast, die een dergelijke aanspraak op een belastingkrediet verlenen aan:

i. in lidstaat C gevestigde ondernemingen die door ingezetenen van lidstaat C worden beheerst;

ii. in lidstaat C gevestigde ondernemingen die door ingezetenen van lidstaat D (zoals Italië) worden beheerst, waar het tussen lidstaat A en lidstaat D gesloten belastingverdrag een bepaling bevat die een gedeeltelijk belastingkrediet verleent ter zake van de relevante dividenduitkeringen;

iii. in lidstaat D gevestigde ondernemingen, ongeacht door wie die ondernemingen worden beheerst?

d. Maakt het enig verschil voor het antwoord op de eerste vraag, sub c, dat de in lidstaat C gevestigde onderneming niet door een in lidstaat B gevestigde onderneming wordt beheerst, maar door een in een derde land gevestigde onderneming?

2. Wanneer de eerste vraag, sub a tot en met c, in zijn geheel of gedeeltelijk bevestigend wordt beantwoord, welke beginselen van gemeenschapsrecht zijn dan van toepassing op de communautaire rechten en voorzieningen die in de omstandigheden als bedoeld in die vragen beschikbaar zijn? In het bijzonder:

a. Is lidstaat A verplicht tot betaling van:

i. het volledige belastingkrediet of een daaraan gelijkwaardig bedrag; of

ii. het gedeeltelijke belastingkrediet of een daaraan gelijkwaardig bedrag; of

iii. het volledige of gedeeltelijke belastingkrediet of een daaraan gelijkwaardig bedrag:

– met aftrek van extra inkomstenbelasting die verschuldigd is of zou zijn, indien het aan de belanghebbende uitgekeerde dividend een belastingkrediet had meegebracht;

– met aftrek van een dergelijke op andere basis berekende belasting?

b. Aan wie moet een dergelijke betaling worden verricht:

i. de betrokken moedermaatschappij in lidstaat B of in lidstaat C; of

ii. de betrokken dochteronderneming in lidstaat A?

c. Is het recht op een dergelijke betaling:

i. een recht op terugbetaling van onrechtmatig geheven bedragen, van dien aard dat de terugbetaling een gevolg is van of accessoir is aan het door de artikelen 43 EG en/of 56 EG verleende recht; en/of

ii. een recht op compensatie of schadevergoeding, van dien aard dat moet worden voldaan aan de verhaalsvoorwaarden neergelegd in het arrest [van 5 maart 1996, Brasserie du Pêcheur en Factortame, C-46/93 en C-48/93, *Jurispr.* blz. I-1029]; en/of

iii. een recht op vergoeding van een onrechtmatig geweigerd voordeel, en zo ja:

– is een dergelijk recht een gevolg van of accessoir aan het door de artikelen 43 EG en/of 56 EG verleende recht; of

– moet worden voldaan aan de verhaalsvoorwaarden neergelegd in het arrest [Brasserie du Pêcheur en Factortame, reeds aangehaald]; of

– moet aan andere voorwaarden worden voldaan?

d. Maakt het in verband met de tweede vraag, sub c, verschil of naar het nationale recht van [lid]staat A de vorderingen zijn ingediend als vorderingen tot terugbetaling, dan wel zijn of moeten worden ingediend als schadevorderingen?

e. Moet de onderneming die de vordering indient, teneinde terugbetaling te verkrijgen, bewijzen dat zij of haar moedermaatschappij om een (volledig of, naar gelang het geval, gedeeltelijk) belastingkrediet zou hebben verzocht indien zij had geweten dat zij daartoe krachtens het gemeenschapsrecht gerechtigd was?

f. Maakt het verschil voor het antwoord op de tweede vraag, sub a, wanneer overeenkomstig het arrest van het Hof [Metallgesellschaft e.a., reeds aangehaald] de advance corporation tax (vooraf geheven vennootschapsbelasting) met betrekking tot de dividenduitkering aan de betrokken moedermaatschappij in lidstaat B of in lidstaat C, aan de dochteronderneming in lidstaat A is terugbetaald, of dat recht op terugbetaling ervan voor haar in beginsel bestond?

g. Welk advies zou het Hof in deze zaken eventueel kunnen geven over de omstandigheden die de nationale rechter in aanmerking moet nemen bij de beoordeling of zich een voldoende ernstige schending in de zin van het arrest [Brasserie du Pêcheur en Factortame, reeds aangehaald] voordoet, en in het bijzonder of de schending, gelet op de stand van de rechtspraak betreffende de uitlegging van de relevante gemeenschapsbepalingen, te rechtvaardigen was?'

Beantwoording van de prejudiciële vragen

Eerste prejudiciële vraag, sub a

30. Met zijn eerste vraag, sub a, wenst de verwijzende rechter in wezen te vernemen of de artikelen 43 EG en 56 EG zich verzetten tegen een regeling van een lidstaat, als aan de orde in het hoofdgeding, waarbij in geval van een dividenduitkering door een ingezeten vennootschap een volledig belastingkrediet wordt toegekend aan de uiteindelijke aandeelhouders die dit dividend ontvangen en woonachtig zijn in deze lidstaat of in een andere staat waarmee deze eerste lidstaat een CDI heeft gesloten waarin in een dergelijk belastingkrediet is voorzien, maar waarbij geen volledig of gedeeltelijk belastingkrediet wordt toegekend aan in sommige andere lidstaten gevestigde vennootschappen die een dergelijk dividend ontvangen.

31. Uit de stukken blijkt dat de verwijzende rechter aan het Hof niet zozeer een probleem voorlegt inzake ongelijke behandeling van enerzijds uiteindelijke aandeelhouders, al dan niet ingezetenen, die door een ingezeten vennootschap uitgekeerd dividend ontvangen, en anderzijds niet-ingezeten vennootschappen die dergelijk dividend ontvangen, maar veeleer verzoekt om een uitlegging van het gemeenschapsrecht waarmee hij de verenigbaarheid hiermee kan beoordelen van de ongelijke behandeling in het Verenigd Koninkrijk van enerzijds een ingezeten vennootschap die een belastingkrediet geniet wanneer zij van een andere ingezeten vennootschap dividend ontvangt, en waarvan de uiteindelijke aandeelhouders eveneens een belastingkrediet genieten wanneer aan hen dividend wordt uitgekeerd, en anderzijds een niet-ingezeten vennootschap die – behoudens enkele door CDI's gedekte gevallen – in het Verenigd Koninkrijk geen belastingkrediet geniet wanneer zij van een ingezeten vennootschap dividend ontvangt, en waarvan ook de uiteindelijke aandeelhouders, al dan niet ingezetenen, geen recht hebben op een belastingkrediet.

32. Volgens de in het Verenigd Koninkrijk geldende wetgeving geniet een ingezeten vennootschap die van een andere ingezeten vennootschap dividend ontvangt, een belastingkrediet ten belope van de door deze laatste bij wege van vooruitbetaling betaalde vennootschapsbelasting, maar geniet een niet-ingezeten vennootschap die van een ingezeten vennootschap dividend ontvangt, op grond van die uitkering slechts een volledig of gedeeltelijk belastingkrediet, indien een tussen haar lidstaat van vestiging en het Verenigd Koninkrijk gesloten CDI daarin voorziet.

33. In hun opmerkingen bij het Hof wijzen verzoeksters in het hoofdgeding op de minder gunstige situatie van de uiteindelijke aandeelhouders die dividend van een niet-ingezeten vennootschap ontvangen en die geen recht op een belastingkrediet hebben, ten opzichte van de uiteindelijke aandeelhouders die dividend ontvangen van een ingezeten vennootschap en die krachtens de in het Verenigd Koninkrijk geldende wetgeving, of, indien het niet-ingezeten aandeelhouders betreft, krachtens een CDI, wel een belastingkrediet genieten. Vastgesteld moet echter worden dat verzoeksters in het hoofdgeding de beweerdelijk minder gunstige behandeling van de aandeelhouders van niet-ingezeten vennootschappen slechts aanvoeren om een beperking van de vrijheid van vestiging en van het kapitaalverkeer voor die ondernemingen zelf aan de orde te stellen.

34. Verzoeksters in het hoofdgeding betogen namelijk dat de betrokken wetgeving van het Verenigd Koninkrijk in strijd is met de artikelen 43 EG en 56 EG, daar zij niet-ingezeten vennootschappen ervan kan doen afzien, in deze lidstaat dochterondernemingen te vestigen, in het kapitaal van ingezeten vennootschappen te participeren, of in die lidstaat kapitaal bijeen te brengen. Deze wetgeving vindt geen rechtvaardiging in een relevant verschil tussen de situatie van ingezeten vennootschappen die dividend ontvangen van een ingezeten vennootschap en die van niet-ingezeten vennootschappen die dergelijk dividend ontvangen, noch in het doel, de samenhang van het nationale belastingstelsel te waarborgen of dubbele economische belasting van de uitgekeerde winst te voorkomen.

35. Volgens verzoeksters in het hoofdgeding zou het Verenigd Koninkrijk aan niet-ingezeten vennootschappen een belastingkrediet moeten verlenen om niet-ingezeten vennootschappen die van een ingezeten vennootschap dividend ontvangen, in staat te stellen hun aandeelhouders in dezelfde situatie te plaatsen als aandeelhouders van ingezeten vennootschappen die dergelijk dividend ontvangen.

36. Om te beginnen zij herinnerd aan de vaste rechtspraak dat ofschoon de directe belastingen tot de bevoegdheid van de lidstaten behoren, deze laatsten niettemin verplicht zijn die bevoegdheid met eerbiediging van het gemeenschapsrecht uit te oefenen (zie met name arresten van 6 juni 2000, Verkooijen, C-35/98, *Jurispr.* blz. I-4071, punt 32; Metallgesellschaft e.a., reeds aangehaald, punt 37, en 23 februari 2006, Keller Holding, C-471/04, *Jurispr.* blz. I-2107, punt 28).

37. Met betrekking tot het punt of de nationale wetgeving die in het hoofdgeding aan de orde is, onder artikel 43 EG, betreffende de vrijheid van vestiging, of artikel 56, betreffende het vrije verkeer van kapitaal valt, zij opgemerkt dat de gestelde vraag betrekking heeft op nationale maatregelen op het gebied van belasting van dividend, volgens welke, onafhankelijk van de grootte van de deelneming van de begunstigde aandeelhouder, aan een inge-

zeten vennootschap die van een andere ingezeten vennootschap dividend ontvangt, een belastingkrediet wordt verleend, terwijl voor een niet-ingezeten vennootschap die dergelijk dividend ontvangt, het verlenen van een belastingkrediet afhangt van de bepalingen van een eventuele CDI tussen het Verenigd Koninkrijk en de lidstaat waarin zij is gevestigd. Sommige CDI's, zoals die met het Koninkrijk der Nederlanden, laten de omvang van het belastingkrediet afhangen van de grootte van de deelneming van de dividendontvangende aandeelhouder in de dividenduitkerende vennootschap.

38. Hieruit volgt dat de betrokken maatregelen zowel onder artikel 43 EG als onder artikel 56 EG kunnen vallen.

39. Zoals blijkt uit de verwijzingsbeslissing hebben drie van de in het bij de verwijzende rechter aanhangige geding als 'testcases' gekozen zaken betrekking op in het Verenigd Koninkrijk gevestigde vennootschappen die voor 100% in handen zijn van niet-ingezeten vennootschappen. Aangezien het gaat om een deelneming die de houder een zodanige invloed op de besluiten van de vennootschap verleent dat hij de activiteiten ervan kan bepalen, moeten de bepalingen van het EG-Verdrag inzake de vrijheid van vestiging worden toegepast (arresten van 13 april 2000, Baars, C-251/98, *Jurispr.* blz. I-2787, punten 21 et 22; 21 november 2002, X et Y, C-436/00, *Jurispr.* blz. I-10829, punten 37 en 66-68, en 12 september 2006, Cadbury Schweppes en Cadbury Schweppes Overseas, C-196/04, nog niet gepubliceerd in de *Jurisprudentie*, punt 31).

40. Daarentegen beschikt het Hof, zoals de advocaat-generaal in de punten 28 en 30 van zijn conclusie heeft opgemerkt, niet over voldoende gegevens om de aard van de deelneming die in de vierde testcase aan de orde is, of van de deelneming van andere vennootschappen die partij zijn in dat geding, te beoordelen. Derhalve kan niet worden uitgesloten dat het geding tevens betrekking heeft op de gevolgen van de nationale wetgeving die in het hoofdgeding aan de orde is, op dividend dat door een ingezeten vennootschap wordt uitgekeerd aan niet-ingezeten vennootschappen die een deelneming hebben die hun niet een zodanige invloed op de besluiten van de uitkerende vennootschap verleent dat zij de activiteiten ervan kunnen bepalen. Deze wetgeving moet derhalve tevens tegen de achtergrond van de verdragsbepalingen inzake het vrij verkeer van kapitaal worden onderzocht.

41. Aangaande allereerst het onderzoek van de prejudiciële vraag uit het oogpunt van de vrijheid van vestiging, betogen verzoeksters in het hoofdgeding dat aangezien volgens de in het Verenigd Koninkrijk geldende wetgeving, behoudens in enkele door CDI's gedekte gevallen, geen belastingkrediet wordt toegekend aan een niet-ingezeten vennootschap die dividend ontvangt van een ingezeten vennootschap, en evenmin aan de uiteindelijke aandeelhouders ervan, of zij nu ingezetenen zijn of niet, die wetgeving de vrijheid van een dergelijke niet-ingezeten vennootschap om dochterondernemingen in die lidstaat te vestigen beperkt. Ten opzichte van een ingezeten vennootschap die van een ingezeten vennootschap dividend ontvangt, verkeert een niet-ingezeten vennootschap in een ongunstige positie doordat zij, aangezien haar aandeelhouders geen belastingkrediet genieten, meer dividend moet uitkeren opdat haar aandeelhouders een bedrag ontvangen dat gelijk is aan wat zij zouden ontvangen als zij aandeelhouders van een ingezeten vennootschap waren.

42. Dienaangaande zij eraan herinnerd dat de vrijheid van vestiging die in artikel 43 EG aan de gemeenschapsonderdanen wordt toegekend, en die voor hen de toegang tot en de uitoefening van werkzaamheden anders dan in loondienst alsmede de oprichting en het bestuur van ondernemingen onder dezelfde voorwaarden als in de wetgeving van het land van vestiging voor de eigen onderdanen zijn vastgesteld, omvat, overeenkomstig artikel 48 EG voor de vennootschappen die in overeenstemming met de wetgeving van een lidstaat zijn opgericht en die hun statutaire zetel, hun hoofdbestuur of hun hoofdvestiging binnen de Gemeenschap hebben, het recht meebrengt om in de betrokken lidstaat hun bedrijfsactiviteit uit te oefenen door middel van een dochteronderneming, een filiaal of een agentschap (zie met name arresten van 21 september 1999, Saint-Gobain ZN, C-307/97, *Jurispr.* blz. I-6161, punt 35; Marks & Spencer, C-446/03, *Jurispr.* blz. I-10837, punt 30, en Cadbury Schweppes en Cadbury Schweppes Overseas, reeds aangehaald, punt 41).

43. Met betrekking tot de vennootschappen zij opgemerkt, dat hun zetel in de zin van artikel 48 EG, naar het voorbeeld van de nationaliteit van natuurlijke personen, dient ter bepaling van hun binding aan de rechtsorde van een staat. Zou de lidstaat van vestiging vrijelijk een andere behandeling mogen toepassen, enkel omdat de zetel van de vennootschap in een andere lidstaat is gevestigd, dan zou daarmee aan artikel 43 EG iedere inhoud worden ontnomen (zie, in die zin, arresten van 28 januari 1986, Commissie/Frankrijk, 270/83, *Jurispr.* blz. 273, punt 18; 13 juli 1993, Commerzbank, C-330/91, *Jurispr.* blz. I-4017, punt 13; Metallgesellschaft e.a., reeds aangehaald, punt 42, et Marks & Spencer, reeds aangehaald, punt 37). De vrijheid van vestiging beoogt aldus het voordeel van de nationale behandeling in de lidstaat van ontvangst te garanderen door elke discriminatie op grond van de plaats van de zetel van vennootschappen te verbieden (zie, in die zin, reeds aangehaalde arresten Commissie/Frankrijk, punt 14, en Saint-Gobain ZN, punt 35).

44. In casu is niet betwist dat aan een in het Verenigd Koninkrijk gevestigde vennootschap die van een andere ingezeten vennootschap dividend ontvangt, in die lidstaat een belastingkrediet wordt verleend dat overeenkomt met het deel van het bedrag dat deze laatste vennootschap als ACT heeft betaald, terwijl een niet-ingezeten vennootschap die van een ingezeten vennootschap dividend ontvangt, daar niet een dergelijk voordeel geniet, behoudens krachtens een eventueel tussen de lidstaat van vestiging en het Verenigd Koninkrijk gesloten CDI.

45. Tevens is het zo dat wanneer een ingezeten vennootschap op haar beurt dividend aan haar uiteindelijke aandeelhouders uitkeert en uit dien hoofde ACT moet voldoen, die uiteindelijke aandeelhouders in het Verenigd Koninkrijk, wanneer zij in deze staat wonen of vallen onder een CDI dat in een dergelijk recht voorziet, recht hebben op een belastingkrediet dat in mindering kan worden gebracht op de door hen verschuldigde inkomstenbelasting of dat, indien het kredietbedrag het bedrag van de inkomstenbelasting overstijgt, in geld kan worden uitbetaald. Indien een niet-ingezeten vennootschap dividend aan haar uiteindelijke aandeelhouders uitkeert, genieten dezen daarentegen geen dergelijk belastingkrediet.

46. Om uit te maken of een verschil in fiscale behandeling discriminerend is, moet echter worden onderzocht of de betrokken vennootschappen zich met betrekking tot de betrokken nationale maatregel in een objectief vergelijkbare situatie bevinden. Volgens vaste rechtspraak is namelijk sprake van discriminatie, wanneer verschillende regels worden toegepast op vergelijkbare situaties of wanneer dezelfde regel wordt toegepast op verschillende situaties (zie arresten van 14 februari 1995, Schumacker, C-279/93, *Jurispr.* blz. I-225, punt 30, en 29 april 1999, Royal Bank of Scotland, C-311/97, *Jurispr.* blz. I 2651, punt 26).

47. Volgens de regering van het Verenigd Koninkrijk, de Duitse en de Franse regering, Ierland, de Italiaanse regering en de Commissie van de Europese Gemeenschappen, is met betrekking tot een nationale maatregel waarbij een belastingkrediet wordt verleend aan aandeelhouders die van een ingezeten vennootschap dividend ontvangen, de situatie van ingezeten aandeelhoudende vennootschappen niet vergelijkbaar met die van niet-ingezeten aandeelhoudende vennootschappen in die zin dat een niet-ingezeten vennootschap in het Verenigd Koninkrijk niet uit hoofde van dat dividend aan belasting is onderworpen. Genoemde regeringen beklemtonen dat een niet-ingezeten vennootschap evenmin tot betaling van ACT is gehouden wanneer zij aan haar eigen aandeelhouders dividend uitkeert.

48. Verzoeksters in het hoofdgeding betogen daarentegen dat, met betrekking tot de belasting van dividend dat van een ingezeten vennootschap is ontvangen, ingezeten en niet-ingezeten ontvangende vennootschappen zich in een vergelijkbare situatie bevinden. Hoewel zij erkennen dat een niet-ingezeten ontvangende vennootschap uit hoofde van dit dividend in het Verenigd Koninkrijk niet belastingplichtig voor de inkomstenbelasting is of krachtens een CDI wel belastingplichtig is, maar dan een belastingkrediet geniet voor de door de uitkerende vennootschap betaalde belasting, benadrukken zij dat een ingezeten ontvangende vennootschap in het Verenigd Koninkrijk tevens is vrijgesteld van vennootschapsbelasting over dat dividend.

49. Dienaangaande zij eraan herinnerd dat dividend dat door een vennootschap aan haar aandeelhouders is uitgekeerd, enerzijds voorwerp kan zijn van een 'kettingbelasting', wanneer het eerst bij de uitkerende vennootschap als gerealiseerde winst wordt belast, en vervolgens bij een moedermaatschappij uit hoofde van de winstbelasting, en anderzijds van een dubbele economische belasting wanneer het eerst bij de uitkerende vennootschap en vervolgens bij de uiteindelijke aandeelhouder uit hoofde van de inkomstenbelasting wordt belast.

50. Het staat aan elke lidstaat om met eerbiediging van het gemeenschapsrecht zijn stelsel van belasting van uitgekeerde winst te organiseren en in het kader daarvan de belastinggrondslag en het belastingpercentage te bepalen die met betrekking tot de uitkerende vennootschap en/of de ontvangende aandeelhouder van toepassing zijn, voor zover dezen in die lidstaat belastingplichtig zijn.

51. Krachtens artikel 293 EG treden de lidstaten, voor zover nodig, met elkaar in onderhandeling ter verzekering, voor hun onderdanen, van de afschaffing van dubbele belasting binnen de Gemeenschap. Afgezien van verdrag 90/436/EEG van 23 juli 1990 ter afschaffing van dubbele belasting in geval van winstcorrecties tussen verbonden ondernemingen (*PB* L 225, blz. 10) is echter op het niveau van de Gemeenschap geen enkele unificatie- of harmonisatiemaatregel tot afschaffing van dubbele belasting vastgesteld, en de lidstaten hebben evenmin ter uitvoering van artikel 293 EG enige multilaterale overeenkomst met dat oogmerk gesloten (zie arresten van 12 mei 1998, Gilly, C-336/96, *Jurispr.* blz. I-2793, punt 23; 5 juli 2005, D., C-376/03, *Jurispr.* blz. I-5821, punt 50, en 7 september 2006, N, C-470/04, nog niet gepubliceerd in de *Jurisprudentie*, punt 43).

52. In dit verband heeft het Hof reeds geoordeeld dat de lidstaten bij gebreke van communautaire unificatie- of harmonisatiemaatregelen bevoegd blijven om, door het sluiten van overeenkomsten of unilateraal, de criteria voor de verdeling van hun heffingsbevoegdheid vast te stellen teneinde onder meer dubbele belasting af te schaffen (reeds aangehaalde arresten Gilly, punten 24 en 30; Saint-Gobain ZN, punt 57, en N, punt 44).

53. Alleen voor vennootschappen van lidstaten die een deelneming van ten minste 25% in het kapitaal van een vennootschap van een andere lidstaat bezitten, verplicht artikel 4 van richtlijn 90/435, gelezen in samenhang met artikel 3, in de oorspronkelijke versie hiervan die van toepassing was ten tijde van de feiten van het hoofdgeding, de lidstaten om ofwel de winst die een ingezeten moedermaatschappij heeft ontvangen van een in een andere lidstaat gevestigde dochtermaatschappij vrij te stellen, ofwel deze moedermaatschappij toe te staan het gedeelte van de belasting van de dochteronderneming dat op deze winst betrekking heeft, van haar eigen belasting af te trekken en, in voorkomend geval, het bedrag dat door de lidstaat waar de dochteronderneming gevestigd is aan de bron is ingehouden.

54. Het feit alleen dat het voor niet onder richtlijn 90/435 vallende deelnemingen aan de lidstaten staat om te bepalen of en in hoeverre kettingbelasting en dubbele economische belasting van de uitgekeerde winst moeten worden voorkomen, en hiertoe unilateraal of door middel van met andere lidstaten gesloten CDI's mechanismen ter voorkoming of vermindering van deze kettingbelasting en deze dubbele economische belasting in te stellen, betekent nog niet dat zij maatregelen mogen treffen die in strijd zijn met de door het Verdrag gewaarborgde vrijheden van verkeer.

55. Wanneer een lidstaat een stelsel voor voorkoming of vermindering van kettingbelasting of dubbele economische belasting van door ingezeten vennootschappen aan ingezetenen uitgekeerd dividend kent, moet hij het door niet-ingezeten vennootschappen aan ingezetenen uitgekeerd dividend op soortgelijke wijze behandelen (zie, in die zin, arresten van 15 juli 2004, Lenz, C-315/02, *Jurispr.* blz. I-7063, punten 27-49, en 7 september 2004, Manninen, C-319/02, *Jurispr.* blz. I-7477, punten 29-55).

56. In het kader van dergelijke stelsels is de situatie van in een lidstaat gevestigde aandeelhouders die dividend ontvangen van een in dezelfde staat gevestigde vennootschap, vergelijkbaar met die van in deze lidstaat gevestigde aandeelhouders die dividend ontvangen van een in een andere lidstaat gevestigde vennootschap, aangezien zowel het dividend van nationale als het dividend van buitenlandse oorsprong het voorwerp kan zijn van, enerzijds, in het geval van vennootschappen-aandeelhouders, kettingbelasting, en, anderzijds, in het geval van uiteindelijke aandeelhouders, van dubbele economische belasting (zie, in die zin, reeds aangehaalde arresten, Lenz, punten 31 en 32, en Manninen, punten 35 en 36).

57. Ofschoon de situatie van deze aandeelhouders, wat de toepassing jegens hen van de belastingwetgeving van hun staat van vestiging betreft, als vergelijkbaar moet worden aangemerkt, is dit echter niet noodzakelijkerwijs het geval, wat de toepassing van de belastingwetgeving van de lidstaat van vestiging van de uitkerende vennootschap betreft, met de situaties waarin de in deze lidstaat gevestigde en de in een andere lidstaat gevestigde ontvangende aandeelhouders zich bevinden.

58. Wanneer de uitkerende vennootschap en de ontvangende aandeelhouder niet in dezelfde lidstaat zijn gevestigd, bevindt de lidstaat waarin de uitkerende vennootschap is gevestigd, dat wil zeggen de lidstaat van de bron van de winst, wat het voorkomen of het verminderen van kettingbelasting en van dubbele economische belasting betreft, zich niet in dezelfde positie als de lidstaat waarin de ontvangende aandeelhouder is gevestigd.

59. Enerzijds zou eisen dat de lidstaat waarin de uitkerende vennootschap is gevestigd, waarborgt dat aan een niet-ingezeten aandeelhouder uitgekeerde winst niet wordt getroffen door een kettingbelasting of door een dubbele economische belasting, hetzij door deze winsten bij de uitkerende vennootschap vrij te stellen van belasting, hetzij door aan die aandeelhouder een belastingvoordeel te geven ter hoogte van de door de uitkerende vennootschap over die winst betaalde belasting, de facto betekenen dat deze staat moet afzien van zijn recht om belasting te heffen over inkomen dat door een economische activiteit op zijn grondgebied is gegenereerd.

60. Anderzijds moet met betrekking tot een mechanisme dat dubbele economische belasting beoogt te voorkomen of te verminderen door aan de uiteindelijke aandeelhouder een belastingvoordeel te verlenen, worden opgemerkt dat normaalgesproken de lidstaat van vestiging van deze laatste het beste in staat is om de persoonlijke draagkracht van de belastingplichtige te beoordelen (zie, in die zin, reeds aangehaalde arresten Schumacker, punten 32 en 33, en D., punt 27). Ook verplicht artikel 4, lid 1, van richtlijn 90/435 voor onder deze richtlijn vallende deelnemingen de lidstaat van de moedermaatschappij die van een in een andere lidstaat gevestigde dochteronderneming een winstuitkering ontvangt, en niet deze laatste staat, kettingbelasting te voorkomen door ofwel zich te onthouden van het belasten van deze winst, ofwel door de winst belasten, maar in dat geval de moedermaatschappij toe te staan het gedeelte van de belasting van de dochteronderneming dat op deze winst betrekking heeft van haar eigen belasting af te trekken en, in voorkomend geval, het bedrag dat door de lidstaat waar de dochteronderneming gevestigd is aan de bron is ingehouden.

61. Met betrekking tot de in het hoofdgeding aan de orde zijnde nationale wetgeving moet worden onderstreept dat, wanneer een in het Verenigd Koninkrijk gevestigde vennootschap dividend uitkeert aan een vennootschap die dat dividend ontvangt, noch het door een ingezeten vennootschap, noch het door een niet-ingezeten vennootschap ontvangen dividend in het Verenigd Koninkrijk wordt belast.

62. Op dit niveau bestaat dus geen verschil in behandeling.

63. Tussen ingezeten ontvangende vennootschappen en niet-ingezeten ontvangende vennootschappen bestaat echter een verschil ter zake van de mogelijkheid voor deze ontvangende vennootschappen om dividend aan hun uiteindelijke aandeelhouders uit te keren in een rechtskader dat voor deze laatsten een belastingkrediet inhoudt dat overeenkomt met het gedeelte van de vennootschapsbelasting dat is betaald door de vennootschap die de uitgekeerde winst heeft gegenereerd. Vaststaat dat die mogelijkheid is voorbehouden aan ingezeten vennootschappen.

64. Het is echter in zijn hoedanigheid van staat van vestiging van de aandeelhouder dat deze lidstaat, wanneer een ingezeten vennootschap dividend uitkeert aan zijn ingezeten uiteindelijke aandeelhouders, aan deze laatsten

een belastingkrediet verleent dat overeenkomt met het gedeelte van de vennootschapsbelasting dat door de vennootschap die de uitgekeerde winst heeft gegenereerd, bij de uitkering van dat dividend vooraf is betaald.

65. Aangaande de toepassing van mechanismen die kettingbelasting of dubbele economische belasting beogen te voorkomen of te verminderen, is de positie van een lidstaat waarin zowel de uitkerende vennootschappen als de uiteindelijke aandeelhouders zijn gevestigd, dus niet vergelijkbaar met die van een lidstaat waarin een vennootschap is gevestigd die dividend uitkeert aan een niet-ingezeten vennootschap, die dit op haar beurt aan haar uiteindelijke aandeelhouders uitkeert, in die zin dat deze laatste staat in beginsel uitsluitend in zijn hoedanigheid van staat van de bron van de uitgekeerde winst handelt.

66. Alleen wanneer in dit laatste geval een in een lidstaat gevestigde vennootschap dividend uitkeert aan een in een andere lidstaat gevestigde vennootschap en de aandeelhouders van deze laatste vennootschap in eerstgenoemde staat zijn gevestigd, moet deze, als staat van vestiging van deze aandeelhouders, overeenkomstig het in de reeds aangehaalde arresten Lenz en Manninen genoemde beginsel, zoals dat in punt 55 van dit arrest in herinnering is gebracht, erop toezien dat het dividend dat deze aandeelhouders van een niet-ingezeten vennootschap ontvangen fiscaal op gelijke wijze wordt behandeld als het dividend dat een ingezeten aandeelhouder van een ingezeten vennootschap ontvangt.

67. Zoals uit punt 30 van dit arrest volgt, is de verplichting die in een dergelijk geval rust op de lidstaat die in zijn hoedanigheid van staat van vestiging van de uiteindelijke aandeelhouder handelt, niet het voorwerp van de door de verwijzende rechter gestelde vragen.

68. Zodra een lidstaat, hetzij unilateraal hetzij door het sluiten van overeenkomsten, niet alleen ingezeten aandeelhouders, maar ook niet-ingezeten aandeelhouders voor het dividend dat zij van een ingezeten vennootschap ontvangen, aan de inkomstenbelasting onderwerpt, benadert de situatie van deze niet-ingezeten aandeelhouders evenwel die van de ingezeten aandeelhouders.

69. Aangaande de nationale maatregelen die aan de orde zijn in het hoofdgeding, is dit, zoals in punt 15 van dit arrest is opgemerkt, het geval wanneer een door het Verenigd Koninkrijk gesloten CDI bepaalt dat een in de andere verdragsluitende lidstaat gevestigde vennootschap-aandeelhouder een volledig of gedeeltelijk belastingkrediet geniet voor het dividend dat zij van een in het Verenigd Koninkrijk gevestigde vennootschap ontvangt.

70. Indien de lidstaat waarin de vennootschap is gevestigd die de uit te keren winst genereert, besluit haar fiscale bevoegdheid niet alleen uit te oefenen met betrekking tot in deze staat gegenereerde winst, maar ook met betrekking tot uit deze staat afkomstige inkomsten van niet-ingezeten ontvangende vennootschappen, is het evenwel uitsluitend de uitoefening door deze staat van zijn fiscale bevoegdheid die, los van enige belasting in een andere lidstaat, een risico van kettingbelasting meebrengt. In een dergelijk geval worden de niet-ingezeten ontvangende vennootschappen alleen dan niet geconfronteerd met een in beginsel door artikel 43 EG verboden beperking van de vrijheid van vestiging, wanneer de staat van vestiging van de uitkerende vennootschap erop toeziet dat, wat het in zijn nationale recht vervatte mechanisme ter voorkoming of vermindering van kettingbelasting betreft, niet-ingezeten vennootschappen-aandeelhouders op dezelfde wijze worden behandeld als ingezeten vennootschappen-aandeelhouders.

71. Het staat aan de nationale rechter in elk concreet geval vast te stellen of deze verplichting is nagekomen, waarbij in voorkomend geval rekening moet worden gehouden met het CDI dat die lidstaat met de staat van vestiging van de vennootschap-aandeelhouder heeft gesloten (zie, in die zin, arrest van 19 januari 2006, Bouanich, C-265/04, *Jurispr.* blz. I-923, punten 51-55).

72. Uit het voorgaande blijkt dat een wettelijke regeling van een lidstaat die in het kader van dividenduitkering door een ingezeten vennootschap en bij gebreke van een CDI alleen aan de ontvangende ingezeten vennootschappen een belastingkrediet verleent dat overeenkomt met het gedeelte van de door de vennootschap die de uitgekeerde winst heeft gegenereerd, vooraf betaalde vennootschapsbelasting, en die dit belastingkrediet alleen aan ingezeten uiteindelijke aandeelhouders voorbehoudt, geen door artikel 43 EG verboden discriminatie inhoudt.

73. Aangezien de in de voorgaande punten geformuleerde overwegingen op dezelfde wijze van toepassing zijn op niet-ingezeten vennootschappen-aandeelhouders die dividend hebben ontvangen op basis van een deelneming die hun niet een bepaalde invloed op de beslissingen van de ingezeten uitkerende vennootschap verleent en hun niet in staat stelt de activiteiten ervan te bepalen, beperkt een dergelijke wettelijke regeling evenmin het vrije verkeer van kapitaal in de zin van artikel 56 EG.

74. Op de eerste vraag, sub a, moet derhalve worden geantwoord dat de artikelen 43 EG en 56 EG zich niet ertegen verzetten dat een lidstaat, in geval van uitkering van dividend door een in die staat gevestigde vennootschap, aan de vennootschappen die dit dividend ontvangen en eveneens in deze staat zijn gevestigd, een belastingkrediet toekent dat overeenkomt met het gedeelte van de door de uitkerende vennootschap over de uitgekeerde winst betaalde belasting, maar geen belastingkrediet toekent aan in een andere lidstaat gevestigde ontvangende vennootschappen die in de eerste staat niet aan belasting onderworpen zijn voor dit dividend.

De eerste vraag, sub b tot en met d

75. Met zijn eerste vraag, sub b tot en met d, wenst de verwijzende rechter in wezen te vernemen of de artikelen 43 EG en 56 EG eraan in de weg staan dat een lidstaat met andere lidstaten gesloten CDI's toepast krachtens welke, in geval van uitkering van dividend door een ingezeten vennootschap, de ontvangende vennootschappen die gevestigd zijn in bepaalde lidstaten, geen belastingkrediet genieten, terwijl aan ontvangende vennootschappen die gevestigd zijn in bepaalde andere lidstaten, een gedeeltelijk belastingkrediet wordt verleend.

76. In het kader daarvan wenst hij tevens te vernemen of een lidstaat een CDI-bepaling waarin een zogenoemde 'beperking van voordeel' is opgenomen krachtens welke hij geen belastingkrediet toekent aan een vennootschap die in de andere verdragsluitende lidstaat is gevestigd wanneer de zeggenschap over die vennootschap in handen is van een vennootschap die is gevestigd in een derde staat waarmee de eerste lidstaat een CDI heeft gesloten dat voor het geval van dividenduitkering niet voorziet in een belastingkrediet voor een in de derde staat gevestigde vennootschap, en of in dit verband van belang is dat de zeggenschap over de niet-ingezeten ontvangende vennootschap in handen is van een vennootschap die in een lidstaat of in een derde land is gevestigd.

77. Om de in de punten 37 tot en met 40 van dit arrest uiteengezette redenen moeten de in het hoofdgeding aan de orde zijnde nationale maatregelen zowel uit het oogpunt van de vrijheid van vestiging als uit het oogpunt van het vrij verkeer van kapitaal worden onderzocht.

78. Volgens verzoeksters in het hoofdgeding is het in strijd met de vrijheden van verkeer dat een lidstaat aan de onderdanen van een lidstaat een fiscaal voordeel toekent, maar dat voordeel weigert aan de onderdanen van een andere lidstaat. Onder verwijzing naar punt 26 van het reeds aangehaalde arrest Commissie/Frankrijk betogen zij dat het toekennen van een dergelijk voordeel niet kan afhangen van het bestaan van door de andere verdragsluitende lidstaat op basis van wederkerigheid toegekende voordelen.

79. Verzoeksters in het hoofdgeding beklemtonen dat het uitbreiden van voordelen die in een met een bepaalde lidstaat gesloten CDI zijn toegekend, tot natuurlijke of rechtspersonen die onder een ander CDI vallen, het stelsel van bilaterale belastingverdragen niet zou aantasten. Er moet namelijk een onderscheid worden gemaakt tussen enerzijds het recht van de lidstaten om hun fiscale bevoegdheid te verdelen ter voorkoming van dubbele belasting van hetzelfde inkomen in verschillende lidstaten, en anderzijds de uitoefening van de aldus verdeelde fiscale bevoegdheid door de lidstaten. Terwijl een ongelijke behandeling gerechtvaardigd is wanneer zij voortvloeit uit verschillen tussen belastingverdragen wat de verdeling van de fiscale bevoegdheid betreft, met name om de verschillen tussen de belastingstelsels van de betrokken lidstaten te weerspiegelen, mag een lidstaat ter voorkoming of vermindering van dubbele economische belasting zijn bevoegdheid niet op een selectieve en willekeurige wijze uitoefenen.

80. De regering van het Verenigd Koninkrijk, de Duitse en de Franse regering, Ierland, de Italiaanse en de Nederlandse regering en de Commissie komen daarentegen op tegen de stelling dat een lidstaat een ingezetene van een andere lidstaat alleen dan tegen dubbele economische belasting mag beschermen, als hij dezelfde bescherming aan de ingezetenen van alle lidstaten biedt. Indien deze stelling wordt aanvaard, zouden evenwicht en wederkerigheid die in de bestaande CDI's vervat liggen, worden verstoord, zouden de belastingplichtigen de bepalingen van de CDI's ter bestrijding van belastingontduiking gemakkelijker kunnen omzeilen en zou de rechtszekerheid van de belastingplichtigen worden aangetast.

81. Dienaangaande zij eraan herinnerd dat bij gebreke van communautaire unificatie- of harmonisatiemaatregelen tot afschaffing van dubbele belastingen, de lidstaten bevoegd blijven om de criteria voor de inkomstenbelasting vast te stellen teneinde, in voorkomend geval door het sluiten van een overeenkomst, dubbele belastingen af te schaffen. Daarbij staat het de lidstaten vrij om in het kader van bilaterale verdragen de aanknopingsfactoren ter verdeling van de belastingbevoegdheid vast te stellen (zie reeds aangehaalde arresten Gilly, punten 24 en 30, Saint-Gobain ZN, punt 57; D., punt 52, en Bouanich, punt 49).

82. Verzoeksters in het hoofdgeding stellen aan de kaak dat niet-ingezeten vennootschappen in het Verenigd Koninkrijk verschillend worden behandeld doordat de tussen deze lidstaat en sommige andere lidstaten gesloten CDI's voorzien in een belastingkrediet voor vennootschappen die in die lidstaten zijn gevestigd, terwijl tussen het Verenigd Koninkrijk en andere lidstaten gesloten CDI's hier niet in voorzien.

83. Om uit te maken of een dergelijk verschil in behandeling discriminerend is, moet worden onderzocht of de betrokken niet-ingezeten vennootschappen zich, wat de betrokken maatregelen betreft, in een objectief vergelijkbare situatie bevinden.

84. Zoals het Hof in punt 54 van zijn reeds aangehaald arrest D. heeft opgemerkt, is de werkingssfeer van een bilateraal belastingverdrag beperkt tot de in dat verdrag genoemde natuurlijke of rechtspersonen.

85. Teneinde te voorkomen dat de uitgekeerde winst zowel wordt belast door de lidstaat waar de uitkerende vennootschap is gevestigd als door de lidstaat van de ontvangende vennootschap, voorziet elk van de door het Verenigd Koninkrijk gesloten CDI's in een verdeling van de fiscale bevoegdheid tussen die lidstaat en de andere verdragsluitende staat. Terwijl sommige van deze CDI's niet voorzien in het in het Verenigd Koninkrijk onder-

werpen aan belasting van dividend dat een niet-ingezeten vennootschap van een in deze lidstaat gevestigde vennootschap ontvangt, voorzien andere CDI's wel in een dergelijke onderwerping. In dit laatste geval voorzien de CDI's, elk volgens de eigen voorwaarden ervan, in het verlenen van een belastingkrediet aan de niet-ingezeten ontvangende vennootschap.

86. Zoals wordt opgemerkt door de regering van het Verenigd Koninkrijk, die op dit punt wordt ondersteund door het merendeel van de andere regeringen die bij het Hof opmerkingen hebben ingediend, variëren de voorwaarden waaronder deze CDI's voorzien in een belastingkrediet voor niet-ingezeten vennootschappen die dividend van een ingezeten vennootschap ontvangen, niet alleen naar gelang van de specificiteit van de betrokken nationale belastingstelsels, maar ook naar gelang van de periode waarin over deze CDI's is onderhandeld en van de punten waarover de betrokken lidstaten een akkoord hebben bereikt.

87. De situaties waarin het Verenigd Koninkrijk een belastingkrediet toekent aan vennootschappen die in de andere verdragsluitende lidstaat zijn gevestigd en dividend ontvangen van een in het Verenigd Koninkrijk gevestigde vennootschap, zijn die waarin het Verenigd Koninkrijk zich tevens het recht heeft voorbehouden om van deze vennootschappen belasting te heffen over die dividenden. Het belastingtarief dat het Verenigd Koninkrijk in een dergelijk geval kan toepassen varieert naar gelang van de omstandigheden, met name naargelang een CDI voorziet in een volledig of in een gedeeltelijk belastingkrediet. Er bestaat dus een rechtstreekse samenhang tussen het recht op een belastingkrediet en het belastingtarief waarin een dergelijke CDI voorziet (zie, in die zin, arrest van 25 september 2003, Océ Van der Grinten, C-58/01, *Jurispr.* blz. I-9809, punt 87).

88. Aldus kan het verlenen van een belastingkrediet aan een niet-ingezeten vennootschap die dividend ontvangt van een ingezeten vennootschap, zoals in sommige door het Verenigd Koninkrijk gesloten CDI's bepaald, niet worden beschouwd als een voordeel dat kan worden losgekoppeld van de rest van de overeenkomsten, maar maakt het daarvan integrerend deel uit en draagt het bij tot het algehele evenwicht ervan (zie, in die zin, arrest D., reeds aangehaald, punt 62).

89. Hetzelfde geldt voor de CDI-bepalingen die het verlenen van een dergelijk belastingkrediet afhankelijk stellen van de voorwaarde dat de zeggenschap over de niet-ingezeten vennootschap niet rechtstreeks of indirect in handen is van een vennootschap die is gevestigd in een lidstaat of in een derde land waarmee het Verenigd Koninkrijk een CDI heeft gesloten dat niet in een belastingkrediet voorziet.

90. Zelfs als dergelijke bepalingen verwijzen naar de situatie van een vennootschap die niet in een van de verdragsluitende staten is gevestigd, zijn zij immers alleen van toepassing op personen die in een van deze lidstaten zijn gevestigd, en maken zij integrerend deel uit van de betrokken overeenkomsten doordat zij bijdragen tot het algehele evenwicht ervan.

91. Het feit dat deze wederkerige rechten en verplichtingen slechts gelden voor personen die ingezetenen zijn van één van de twee verdragsluitende lidstaten is een inherent gevolg van bilaterale verdragen ter voorkoming van dubbele belasting. Hieruit volgt dat met betrekking tot het heffen van belasting over dividend dat door een in het Verenigd Koninkrijk gevestigde vennootschap is uitgekeerd, een vennootschap die is gevestigd in een lidstaat waarmee het Verenigd Koninkrijk een CDI heeft gesloten die niet in een belastingkrediet voorziet, zich niet in dezelfde situatie bevindt als een vennootschap die is gevestigd in een lidstaat die een CDI heeft gesloten die wel in een belastingkrediet voorziet (zie, in die zin, arrest D., reeds aangehaald, punt 61).

92. Hieruit volgt dat de verdragsbepalingen inzake de vrijheid van vestiging zich niet ertegen verzetten dat het recht op een belastingkrediet waarin een door een lidstaat met een andere lidstaat gesloten CDI voorziet voor in deze laatste staat gevestigde vennootschappen die dividend ontvangen van een in de eerste staat gevestigde vennootschap, niet wordt uitgebreid tot vennootschappen die zijn gevestigd in een derde staat waarmee de eerste staat een CDI heeft gesloten dat niet in een dergelijk recht voorziet.

93. Aangezien een dergelijke situatie geen discriminatie meebrengt van niet-ingezeten vennootschappen die dividend ontvangen van een ingezeten vennootschap, geldt de conclusie waartoe in het voorgaande punt is gekomen, tevens voor de verdragsbepalingen inzake het vrije verkeer van kapitaal.

94. Gelet op voorgaande overwegingen moet op de eerste vraag, sub b tot en met d, worden geantwoord dat de artikelen 43 EG en 56 EG zich niet ertegen verzetten dat een lidstaat het recht op een belastingkrediet waarin een met een andere lidstaat gesloten CDI voorziet voor in deze laatste staat gevestigde vennootschappen die dividend ontvangen van een in de eerste staat gevestigde vennootschap, niet uitbreidt tot vennootschappen die zijn gevestigd in een derde staat waarmee hij een CDI heeft gesloten dat niet in een dergelijk recht voorziet voor vennootschappen die in deze derde staat zijn gevestigd.

De tweede vraag

95. Gelet op het antwoord op de eerste vraag, behoeft de tweede vraag niet te worden beantwoord.

Kosten

96. ...

HET HOF VAN JUSTITIE (Grote kamer)

verklaart voor recht:

1. De artikelen 43 EG en 56 EG verzetten zich niet ertegen dat een lidstaat, in geval van uitkering van een dividend door een in die staat gevestigde vennootschap, aan vennootschappen die dit dividend ontvangen en eveneens in deze staat zijn gevestigd, een belastingkrediet toekent dat overeenkomt met het gedeelte van de door de uitkerende vennootschap over de uitgekeerde winst betaalde belasting, maar geen belastingkrediet toekent aan in een andere lidstaat gevestigde ontvangende vennootschappen die in deze eerste staat niet aan belasting onderworpen zijn voor dit dividend.

2. De artikelen 43 EG en 56 EG verzetten zich niet ertegen dat een lidstaat het recht op een belastingkrediet waarin een met een andere lidstaat gesloten verdrag ter voorkoming van dubbele belasting voorziet voor in deze laatste staat gevestigde vennootschappen die dividend ontvangen van een in de eerste staat gevestigde vennootschap, niet uitbreidt tot vennootschappen die zijn gevestigd in een derde staat waarmee hij een verdrag ter voorkoming van dubbele belasting heeft gesloten dat niet in een dergelijk recht voorziet voor vennootschappen die in deze derde staat zijn gevestigd.

HvJ EG 12 december 2006, zaak C-446/04 (Test Claimants in the FII Group Litigation v. Commissioners of Inland Revenue)

Grote kamer: *V. Skouris, president, P. Jann, C. W. A. Timmermans, A. Rosas, K. Lenaerts (rapporteur), P. Kūris en E. Juhász, kamerpresidenten, J. N. Cunha Rodrigues, G. Arestis, A. Borg Barthet en M. Ilešič, rechters*

Advocaat-generaal: *L. A. Geelhoed*

1. Het verzoek om een prejudiciële beslissing betreft de uitlegging van de artikelen 43 EG en 56 EG en van de artikelen 4, lid 1, en 6 van richtlijn 90/435/EEG van de Raad van 23 juli 1990 betreffende de gemeenschappelijke fiscale regeling voor moedermaatschappijen en dochterondernemingen uit verschillende lidstaten (*PB* L 225, blz. 6).

2. Dit verzoek is ingediend in het kader van een geding tussen in het Verenigd Koninkrijk gevestigde vennootschappen en de Commissioners of Inland Revenue (belastingadministratie van het Verenigd Koninkrijk) betreffende de fiscale behandeling van dividenden die zij ontvangen van niet in die lidstaat gevestigde vennootschappen.

Toepasselijke bepalingen

Gemeenschapsregeling

3. De oorspronkelijke tekst van artikel 4, lid 1, van richtlijn 90/435 luidt:

'Wanneer een moedermaatschappij als deelgerechtigde van haar dochteronderneming uitgekeerde winst ontvangt, anders dan bij de liquidatie van de dochteronderneming, moet de lidstaat van de moedermaatschappij:
- ofwel zich onthouden van het belasten van deze winst;
- ofwel de winst belasten, maar in dat geval de moedermaatschappij toestaan dat gedeelte van de belasting van de dochteronderneming dat op deze winst betrekking heeft van haar eigen belasting af te trekken en, in voorkomend geval, het bedrag dat, ingevolge de uitzonderingsbepalingen van artikel 5, door de lidstaat waar de dochteronderneming gevestigd is aan de bron is ingehouden, zulks binnen de grenzen van het bedrag van de overeenstemmende nationale belasting.'

4. Krachtens artikel 6 van de richtlijn mag de lidstaat onder de wetgeving waarvan de moedermaatschappij ressorteert, geen belasting aan de bron inhouden op de winst die deze maatschappij van haar dochteronderneming ontvangt.

5. Artikel 7 van richtlijn 90/435 luidt:

'1. 'Bronbelasting' in de zin van deze richtlijn omvat niet de vervroegde betaling of vooruitbetaling (voorheffing) van de vennootschapsbelasting aan de lidstaat waarin de dochteronderneming is gevestigd, die in samenhang met een uitkering van winst aan de moedermaatschappij wordt verricht.
2. Deze richtlijn laat onverlet de toepassing van nationale of verdragsbepalingen, die gericht zijn op de afschaffing of vermindering van dubbele economische belasting van dividenden, in het bijzonder van de bepalingen betreffende de betaling van belastingkredieten aan de gerechtigde tot de dividenden.'

Nationale regeling

6. Krachtens de belastingwetgeving van het Verenigd Koninkrijk wordt in die staat vennootschapsbelasting geheven over de in een boekjaar gemaakte winst van elke in die lidstaat gevestigde vennootschap en van elke vennootschap die er niet is gevestigd maar er via een filiaal of agentschap handelsactiviteiten uitoefent.

7. Sedert 1973 past het Verenigd Koninkrijk van Groot-Brittannië en Noord-Ierland een stelsel van 'gedeeltelijke toerekening' toe, volgens hetwelk, teneinde dubbele economische belasting te vermijden wanneer een aldaar gevestigde vennootschap winst uitkeert, een deel van de door die vennootschap betaalde vennootschapsbelasting wordt toegerekend aan haar aandeelhouders. Tot 6 april 1999 was dit stelsel gebaseerd op de vervroegde betaling van de vennootschapsbelasting door de uitkerende vennootschap en op een belastingkrediet voor de aandeelhouders aan wie dividenden werden uitgekeerd, met voor de in het Verenigd Koninkrijk gevestigde ontvangende vennootschappen een vrijstelling van de vennootschapsbelasting voor dividenden die zij ontvingen van eveneens in die lidstaat gevestigde vennootschappen.

Voorheffing op de vennootschapsbelasting

8. Krachtens de ten tijde van de feiten van het hoofdgeding geldende versie van Section 14 van de wet van 1988 inzake de inkomstenbelasting en de vennootschapsbelasting (Income and Corporation Taxes Act 1988; hierna:

'ICTA') moest een in het Verenigd Koninkrijk gevestigde vennootschap die dividenden uitkeerde aan haar aandeelhouders een voorheffing op de vennootschapsbelasting ('advance corporation tax'; hierna: 'ACT') betalen, berekend over het bedrag of de waarde van de gedane uitkering.

9. Een vennootschap mocht de ACT die zij uit hoofde van een uitkering in een bepaald boekjaar had betaald, binnen bepaalde grenzen verrekenen met het bedrag dat zij voor dat boekjaar verschuldigd was als algemene vennootschapsbelasting ('mainstream corporation tax'). Volstond de belastingschuld van een vennootschap uit hoofde van de vennootschapsbelasting niet om de gehele ACT te verrekenen, dan kon het ACT-overschot worden overgedragen naar een vorig of later boekjaar, dan wel aan de dochterondernemingen van deze vennootschap die het konden verrekenen met het bedrag dat zij zelf als vennootschapsbelasting verschuldigd waren. De dochterondernemingen waaraan het ACT-overschot kon worden overgedragen, moesten in het Verenigd Koninkrijk zijn gevestigd.

10. Een groep vennootschappen in het Verenigd Koninkrijk kon ook opteren voor belastingheffing naar het groepsinkomen, waardoor de vennootschappen van die groep de betaling van de ACT konden uitstellen totdat de moedermaatschappij van de groep dividend had uitgekeerd. Die regeling, in verband waarmee het arrest van 8 maart 2001, Metallgesellschaft e.a. (C-397/98 en C-410/98, *Jurispr*. blz. I-1727), is gewezen, is hier niet aan de orde.

De situatie van ingezeten aandeelhouders die dividenden ontvangen van ingezeten vennootschappen

11. Section 208 van de ICTA bepaalde dat een in het Verenigd Koninkrijk gevestigde vennootschap die dividenden ontving van een eveneens in die lidstaat gevestigde vennootschap, over die dividenden geen vennootschapsbelasting verschuldigd was.

12. Krachtens Section 231, lid 1, van de ICTA gaf elke aan de ACT onderworpen uitkering van dividenden door een ingezeten vennootschap aan een andere ingezeten vennootschap voor deze laatste aanleiding tot een belastingkrediet ter grootte van het gedeelte van de ACT dat door de eerste vennootschap was betaald. Naar luid van Section 238, lid 1, van de ICTA vormden het ontvangen dividend en het belastingkrediet voor de ontvangende vennootschap samen het 'nettobeleggingsinkomen' ('franked investment income' of 'FII').

13. Een in het Verenigd Koninkrijk gevestigde vennootschap die van een andere ingezeten vennootschap dividenden had ontvangen waarvan de uitkering tot een belastingkrediet had geleid, kon de door die andere vennootschap betaalde ACT overnemen en aftrekken van de ACT die zij zelf moest betalen wanneer zij aan haar eigen aandeelhouders dividenden uitkeerde, zodat zij slechts de extra ACT betaalde.

14. Volgens Schedule F van de ICTA was een in het Verenigd Koninkrijk gevestigd natuurlijk persoon over de dividenden die hij ontving van een in die lidstaat gevestigde vennootschap inkomstenbelasting verschuldigd. Hij had evenwel recht op een belastingkrediet ter grootte van het gedeelte van de ACT dat die vennootschap had betaald. Het belastingkrediet kon worden afgetrokken van het bedrag dat deze persoon verschuldigd was uit hoofde van de inkomstenbelasting met betrekking tot het dividend, of kon in contanten worden uitbetaald indien het krediet groter was dan de belasting die hij moest betalen.

De situatie van ingezeten aandeelhouders die dividenden ontvangen van niet-ingezeten vennootschappen

15. Wanneer een in het Verenigd Koninkrijk gevestigde vennootschap dividenden ontving van een buiten het Verenigd Koninkrijk gevestigde vennootschap, was zij over die dividenden vennootschapsbelasting verschuldigd.

16. In dat geval had de vennootschap die de dividenden ontving, geen recht op een belastingkrediet, en de ontvangen dividenden werden niet aangemerkt als nettobeleggingsinkomen. Krachtens de Sections 788 en 790 van de ICTA had zij evenwel recht op aftrek voor de belasting die de uitkerende vennootschap had betaald in haar staat van vestiging, welke aftrek werd verleend krachtens de wetgeving van het Verenigd Koninkrijk dan wel krachtens een met die andere staat gesloten overeenkomst ter voorkoming van dubbele belasting (hierna: 'OVDB').

17. De nationale wettelijke regeling maakte het aldus mogelijk om de vennootschapsbelasting die was verschuldigd door een ingezeten vennootschap die dividenden ontving, te verminderen met de bronbelasting op die dividenden die waren uitgekeerd door een niet-ingezeten vennootschap. Oefende de ontvangende ingezeten vennootschap direct of indirect controle uit of was zij een dochteronderneming van een vennootschap die direct of indirect controle uitoefende op 10% of meer van de stemrechten in de uitkerende vennootschap, dan gold de aftrek ook voor de onderliggende buitenlandse vennootschapsbelasting over de winst waaruit de dividenden waren betaald. Die buitenlandse belasting kon slechts worden afgetrokken ten belope van het bedrag dat in het Verenigd Koninkrijk als vennootschapsbelasting over het betrokken inkomen verschuldigd was.

18. Soortgelijke bepalingen golden krachtens de door het Verenigd Koninkrijk gesloten OVDB's.

19. Wanneer een ingezeten vennootschap dividenden uitkeerde aan haar eigen aandeelhouders, was zij ACT verschuldigd.

20. Met betrekking tot de mogelijkheid om de bij een dergelijke uitkering betaalde ACT te verrekenen met het bedrag dat de ingezeten vennootschap verschuldigd was als vennootschapsbelasting, kon het feit dat een dergelijke ingezeten vennootschap dividenden ontving van een niet-ingezeten vennootschap om twee redenen aanleiding geven tot een ACT-overschot.

21. In de eerste plaats gaf de uitkering van dividenden door een niet-ingezeten vennootschap, zoals in punt 16 van dit arrest is opgemerkt, geen aanleiding tot een belastingkrediet dat kon worden afgetrokken van de ACT die de ingezeten vennootschap moest betalen wanneer zij dividenden uitkeerde aan haar eigen aandeelhouders.

22. In de tweede plaats, wanneer een ingezeten vennootschap recht had op aftrek voor de belasting die deze niet-ingezeten vennootschap in het buitenland had betaald, leidde de verrekening van die belasting met de verschuldigde vennootschapsbelasting voor de ingezeten vennootschap tot een verlaging van het bedrag dat kon worden afgetrokken van de ACT.

De FID-regeling

23. Sedert 1 juli 1994 kon een ingezeten vennootschap die dividenden ontving van een niet-ingezeten vennootschap, ervoor kiezen dat dividend dat zij aan haar eigen aandeelhouders uitleende werd aangemerkt als 'dividend uit buitenlands inkomen' ('foreign income dividend'; hierna: 'FID'). Over de FID was ACT verschuldigd, maar, voor zover de FID het niveau van de ontvangen buitenlandse dividenden bereikte, kon de ingezeten vennootschap om terugbetaling van de te veel betaalde ACT verzoeken.

24. Terwijl de ACT moest worden betaald binnen veertien dagen na het trimester waarin het dividend was uitgekeerd, kon het ACT-overschot slechts worden terugbetaald wanneer de ingezeten vennootschap de algemene vennootschapsbelasting verschuldigd werd, namelijk negen maanden na het einde van het boekjaar.

25. Wanneer een als FID aangemerkt dividend werd uitgekeerd aan een aandeelhouder-natuurlijk persoon, dan had deze laatste geen recht meer op een belastingkrediet, maar werd hij voor de inkomstenbelasting geacht inkomsten te hebben verworven die waren belast tegen het laagste tarief. Niet-belastingplichtige aandeelhouders, zoals pensioenfondsen in het Verenigd Koninkrijk, die FID ontvingen, hadden evenmin recht op een belastingkrediet.

26. Het stelsel van de ACT, met inbegrip van de FID-regeling, is afgeschaft voor dividenden die zijn uitgekeerd na 6 april 1999.

Hoofdgeding en prejudiciële vragen

27. Het hoofdgeding is een geding van het type 'group litigation' betreffende het nettobeleggingsinkomen ('Franked Investment Income Group Litigation'), dat bestaat uit verschillende beroepen die bij de High Court of Justice (England & Wales), Chancery Division, zijn ingesteld door in het Verenigd Koninkrijk gevestigde vennootschappen die aandelen hebben in vennootschappen die zijn gevestigd in een andere lidstaat of een derde land.

28. De zaken die de verwijzende rechter met het oog op deze prejudiciële verwijzing als testcases heeft gekozen, betreffen verzoeken van in het Verenigd Koninkrijk gevestigde vennootschappen die deel uitmaken van de groep British American Tobacco (BAT; hierna: 'verzoeksters in het hoofdgeding'). Aan het hoofd van de groep stond een moedermaatschappij die direct of indirect 100% bezat van het kapitaal van andere vennootschappen, die zelf 100% bezaten van het kapitaal van vennootschappen die zijn gevestigd in verschillende lidstaten van de Europese Unie en de Europese Economische Ruimte en in derde landen.

29. Die zaken betreffen in de eerste plaats dividenden die deze niet-ingezeten vennootschappen aan verzoeksters in het hoofdgeding hebben uitgekeerd sedert het boekjaar dat is afgesloten op 30 september 1973 en, volgens de verwijzingsbeslissing, ten minste tot de datum van die beslissing, in de tweede plaats dividenden die de moedermaatschappij van de BAT-groep aan haar aandeelhouders heeft uitgekeerd vanaf datzelfde boekjaar tot en met 31 maart 1999, in de derde plaats betalingen van ACT door verzoeksters in het hoofdgeding sedert dat boekjaar tot en met 14 april 1999, en in de vierde plaats als FID aangemerkte dividenden die zijn uitgekeerd tussen 30 september 1994 en 30 september 1997.

30. Verzoeksters in het hoofdgeding vorderen terugbetaling en/of vergoeding van de verliezen die zijn veroorzaakt doordat op hen de wettelijke regeling van het Verenigd Koninkrijk is toegepast, met name wat betreft:

– de vennootschapsbelasting die is betaald over buitenlandse dividenden en de op die belastingen toegepaste aftrekken en belastingkredieten die, wanneer die belasting niet was geheven, hadden kunnen worden gebruikt of overgedragen om van andere belastingen te worden afgetrokken;

– de ACT die is betaald over de aan hun aandeelhouders betaalde bedragen uit buitenlandse dividenden, voor zover er een overschot was;

– in dit laatste geval, het verlies van het gebruiksgenot van de betrokken bedragen tussen de datum van betaling van de ACT en het tijdstip waarop de ACT is verrekend met de vennootschapsbelasting; en

– wat de uitkering van als FID aangemerkte dividenden betreft, het verlies van het gebruiksgenot van de als ACT betaalde bedragen tussen de datum van betaling van de ACT en het tijdstip van de terugbetaling daarvan, alsmede de extra bedragen die verzoeksters in het hoofdgeding aan hun aandeelhouders hebben moeten betalen om het ontbreken van een belastingkrediet voor deze te compenseren.

31. Daarop heeft de High Court of Justice (England & Wales), Chancery Division, de behandeling van de zaak geschorst en het Hof de volgende prejudiciële vragen gesteld:

'1. Verzet artikel 43 EG of artikel 56 EG zich ertegen dat een lidstaat bepalingen handhaaft en toepast die dividenden die een in die lidstaat gevestigde onderneming ('ingezeten onderneming') ontvangt van andere ingezeten ondernemingen vrijstellen van vennootschapsbelasting, en dividenden die de ingezeten onderneming ontvangt van in andere lidstaten gevestigde ondernemingen ('niet-ingezeten ondernemingen') onderwerpen aan vennootschapsbelasting (na verlichting van dubbele belasting te hebben verleend voor over het dividend geheven bronbelasting en, onder bepaalde voorwaarden, voor de onderliggende belasting die de niet-ingezeten ondernemingen in hun staat van vestiging over hun winst hebben betaald)?

2. Waar een lidstaat een stelsel toepast dat onder bepaalde omstandigheden verplicht tot betaling van een voorheffing op de vennootschapsbelasting [...] over de dividenduitkering van een ingezeten onderneming aan haar aandeelhouders en de in die lidstaat gevestigde aandeelhouders voor deze dividenden een belastingkrediet verleent, verzet artikel 43 EG of artikel 56 EG dan wel artikel 4, lid 1, of artikel 6 van richtlijn [90/435] zich er dan tegen dat de lidstaat bepalingen handhaaft en toepast volgens welke de ingezeten onderneming dividend aan haar aandeelhouders kan uitkeren zonder ACT te hoeven betalen voor zover zij dividend van in die lidstaat gevestigde ondernemingen heeft ontvangen (direct of indirect via andere in die lidstaat gevestigde ondernemingen), doch niet voor zover zij dividend van niet-ingezeten ondernemingen heeft ontvangen?

3. Verzetten de in de tweede vraag genoemde gemeenschapsrechtelijke bepalingen zich ertegen dat de lidstaat bepalingen handhaaft en toepast volgens welke de ACT-schuld kan worden verrekend met de vennootschapsbelasting die de dividenduitkerende onderneming en andere in die lidstaat gevestigde ondernemingen van de groep aldaar over hun winsten zijn verschuldigd,

a. maar die niet voorzien in enige verrekening van de ACT-schuld of gelijkwaardige verlichting (zoals teruggaaf van ACT) voor de winst die niet in die lidstaat gevestigde ondernemingen van de groep in die staat of in andere lidstaten hebben behaald; en/of

b. volgens welke elke verlichting van dubbele belasting die een in die lidstaat gevestigde onderneming geniet, de vennootschapsbelastingschuld vermindert waarmee de ACT-schuld kan worden verrekend?

4. Waar de regelingen van de lidstaat in bepaalde omstandigheden aan ingezeten ondernemingen op hun verzoek teruggaaf verlenen van over uitkeringen aan hun aandeelhouders betaalde ACT, voor zover zij uitkeringen ontvangen van niet-ingezeten ondernemingen (waaronder in dit verband van in derde landen gevestigde ondernemingen), verzet artikel 43 EG of artikel 56 EG dan wel artikel 4, lid 1, of artikel 6 van richtlijn [90/435] zich er dan tegen dat deze regelingen:

a. de ingezeten ondernemingen verplichten ACT te betalen en deze vervolgens terug te vorderen, en

b. de aandeelhouders van de ingezeten ondernemingen geen belastingkrediet toekennen dat zij zouden hebben ontvangen over een dividenduitkering van een ingezeten vennootschap die zelf geen dividenden van niet-ingezeten ondernemingen heeft ontvangen?

5. Waar een lidstaat de in de eerste en de tweede vraag beschreven maatregelen heeft vastgesteld vóór 31 december 1993 en de in de vierde vraag beschreven nadere maatregelen na die datum, en indien de laatstgenoemde maatregelen een door artikel 56 EG verboden beperking vormen, moet die beperking dan worden beschouwd als een nieuwe beperking die niet reeds bestond op 31 december 1993?

6. Ingeval een van de in de eerste tot en met de vijfde vraag genoemde maatregelen in strijd is met een van de aldaar genoemde gemeenschapsbepalingen, moet dan, wanneer de ingezeten vennootschap of andere ondernemingen van dezelfde groep op grond van de desbetreffende inbreuk de volgende vorderingen instellen:

a. een vordering tot terugbetaling van onrechtmatig geheven vennootschapsbelasting in de in de eerste vraag vermelde omstandigheden;

b. een vordering tot herstel (of compensatie van het verlies) van de voorzieningen die zijn toegepast bij de onrechtmatig geheven vennootschapsbelasting in de in de eerste vraag genoemde omstandigheden;

c. een vordering tot terugbetaling van (of compensatie van) de ACT die niet kon worden verrekend met de vennootschapsbelastingschuld van de vennootschap of anderszins kon worden teruggekregen en die zonder de inbreuk niet was betaald (of terugbetaald);

d. een vordering, ingeval de ACT is verrekend met de vennootschapsbelasting, wegens verlies van het gebruiksgenot van geld tussen de datum van betaling van de ACT en die verrekening;

e. een vordering tot terugbetaling van de door de vennootschap of een andere vennootschap van de groep betaalde vennootschapsbelasting, wanneer een van deze ondernemingen vennootschapsbelasting verschuldigd was geworden omdat zij afzag van andere voorzieningen om haar ACT-schuld te kunnen verrekenen met haar vennootschapsbelastingschuld (waarbij de aan de verrekening van de ACT gestelde grenzen een residuele vennootschapsbelastingschuld tot gevolg hadden);

f. een vordering wegens verlies van het gebruiksgenot van geld omdat eerder vennootschapsbelasting is betaald dan anders het geval zou zijn geweest, of omdat voorzieningen onder de in e) genoemde omstandigheden zijn verloren;

g. een vordering van de ingezeten vennootschap tot betaling van (of compensatie van) een ACT-overschot dat deze vennootschap heeft doorgegeven aan een andere vennootschap van de groep en waarvan geen verrekening heeft plaatsgehad bij de verkoop, de afsplitsing of de vereffening van die andere vennootschap;

h. een vordering, wanneer de ACT is betaald maar vervolgens is teruggevorderd krachtens de in de vierde vraag genoemde bepalingen, wegens verlies van het gebruiksgenot van geld tussen de datum van betaling van de ACT en de datum van terugvordering;

i. een vordering tot compensatie, wanneer de ingezeten vennootschap heeft gekozen voor terugvordering van de ACT onder de in de vierde vraag beschreven voorwaarden en haar aandeelhouders een hoger dividend heeft aangeboden wegens de voor hen ontbrekende mogelijkheid een belastingkrediet te verkrijgen,

met betrekking tot elk van deze vorderingen ervan worden uitgegaan dat het gaat om:

– een vordering tot terugbetaling van onrechtmatig geheven bedragen, die ontstaat als gevolg van en accessoir is aan de schending van de voormelde gemeenschapsrechtelijke bepalingen; of

– een vordering tot compensatie of schadevergoeding, van dien aard dat moet worden voldaan aan de voorwaarden van het arrest [van 5 maart 1996, Brasserie du Pêcheur en Factortame, C-46/93 en C-48/93, *Jurispr.* blz. I-1029,] of

– een vordering tot betaling van een bedrag overeenkomend met een onrechtmatig geweigerd voordeel?

7. Indien het antwoord op een onderdeel van de zesde vraag luidt dat de vordering een vordering tot betaling van een bedrag overeenkomend met een onrechtmatig geweigerd voordeel is:

a. is een dergelijke vordering dan een gevolg van of accessoir aan het door voormelde gemeenschapsbepalingen verleende recht, of

b. moet worden voldaan aan de verhaalsvoorwaarden neergelegd in het arrest [Brasserie du Pêcheur en Factortame, reeds aangehaald,] of

c. moet aan andere voorwaarden worden voldaan?

8. Maakt het voor de antwoorden op de zesde en de zevende vraag verschil of naar nationaal recht de in de zesde vraag bedoelde vorderingen zijn ingediend als vorderingen tot terugbetaling, dan wel zijn of moeten worden ingediend als schadevorderingen?

9. Welk advies zou het Hof in deze zaak eventueel kunnen geven over de omstandigheden die de nationale rechter in aanmerking moet nemen bij de beoordeling of zich een voldoende ernstige schending in de zin van het arrest [Brasserie du Pêcheur en Factortame, reeds aangehaald] voordoet, en in het bijzonder of de schending, gelet op de stand van de rechtspraak van het Hof betreffende de uitlegging van de relevante gemeenschapsbepalingen, te rechtvaardigen was dan wel of er in een bijzonder geval een voldoende causaal verband is om te kunnen spreken van een 'direct causaal verband' in de zin van dat arrest?'

32. De verwijzende rechter merkt op dat blijkens artikel 57, lid 1, EG een op 31 december 1993 bestaande beperking van het vrije verkeer van kapitaal in de betrekkingen met derde landen niet in strijd kan worden geacht met artikel 56 EG. Daar de eerste drie vragen betrekking hebben op bepalingen van voor die datum, betreffen zij volgens hem enkel situaties binnen de Europese Gemeenschap. De vierde en de vijfde vraag betreffen bepalingen van na die datum, zodat zij, wat de toepassing van artikel 56 EG betreft, zowel zien op intracommunautaire situaties als op situaties waarbij derde landen betrokken zijn.

Beantwoording van de prejudiciële vragen

De eerste vraag

33. Met zijn eerste vraag wenst de verwijzende rechter in wezen te vernemen of de artikelen 43 EG en 56 EG in de weg staan aan een wettelijke regeling van een lidstaat volgens welke dividenden die een ingezeten vennootschap ontvangt van een eveneens in die staat gevestigde vennootschap (hierna: 'binnenlandse dividenden') zijn vrijgesteld van vennootschapsbelasting, terwijl die belasting wordt geheven op dividenden die een ingezeten vennootschap ontvangt van een vennootschap die niet in die staat is gevestigd (hierna: 'buitenlandse dividenden'), in welk laatste geval een aftrekmogelijkheid wordt toegekend voor de bronbelasting die is geheven in de staat van vestiging van de uitkerende vennootschap, alsmede, wanneer de ingezeten vennootschap die de dividenden ontvangt, direct of indirect, 10% of meer van de stemrechten in de uitkerende vennootschap bezit, een aftrekmogelijkheid voor de vennootschapsbelasting die de uitkerende vennootschap heeft betaald over de winst waaruit de dividenden zijn betaald.

34. Volgens verzoeksters in het hoofdgeding is een dergelijke nationale wettelijke regeling in strijd met de artikelen 43 EG en 56 EG, omdat zij ingezeten vennootschappen kan ontmoedigen om dochterondernemingen op te richten in andere lidstaten of te investeren in het kapitaal van aldaar gevestigde vennootschappen, en zij niet kan worden gerechtvaardigd door een verschil tussen de situatie van buitenlandse en van binnenlandse dividenden, noch door het doel de samenhang van het nationale belastingstelsel te waarborgen.

35. Om te beginnen zij herinnerd aan de vaste rechtspraak dat ofschoon de directe belastingen tot de bevoegdheid van de lidstaten behoren, deze niettemin verplicht zijn die bevoegdheid in overeenstemming met het gemeenschapsrecht uit te oefenen (zie met name arrest van 6 juni 2000, Verkooijen, C-35/98, *Jurispr.* blz. I-4071, punt 32; arrest Metallgesellschaft e.a., reeds aangehaald, punt 37, en arrest van 23 februari 2006, Keller Holding, C-471/04, *Jurispr.* blz. I-2107, punt 28).

36. Dienaangaande moet worden opgemerkt dat een nationale wettelijke regeling die de ontvangst van dividenden door een ingezeten vennootschap onderwerpt aan een belasting waarvan niet alleen de grondslag, maar ook de mogelijkheid om de in de staat van vestiging van de uitkerende vennootschap betaalde belasting daarvan af te trekken, afhankelijk is van de al dan niet binnenlandse oorsprong van de dividenden en van de grootte van de deelneming van de ontvangende vennootschap in de uitkerende vennootschap, zowel onder artikel 43 EG betreffende de vrijheid van vestiging als onder artikel 56 EG betreffende het vrije verkeer van kapitaal kan vallen.

37. Blijkens de verwijzingsbeslissing hebben de zaken die in het kader van het voor de verwijzende rechter gebrachte geschil als testcases zijn gekozen, betrekking op in het Verenigd Koninkrijk gevestigde vennootschappen die dividenden hebben ontvangen van niet-ingezeten vennootschappen die zij voor 100% controleren. Daar het gaat om een deelneming die de houder daarvan een zodanige invloed op de besluiten van de vennootschap verleent dat hij de activiteiten ervan kan bepalen, zijn de bepalingen van het EG-Verdrag inzake de vrijheid van vestiging van toepassing (arresten van 13 april 2000, Baars, C-251/98, *Jurispr.* blz. I-2787, punten 21 en 22; 21 november 2002, X en Y, C-436/00, *Jurispr.* blz. I-10829, punten 37 en 66-68, en 12 september 2006, Cadbury Schweppes en Cadbury Schweppes Overseas, C-196/04, nog niet gepubliceerd in de *Jurisprudentie*, punt 31).

38. Zoals de advocaat-generaal in punt 33 van zijn conclusie heeft verklaard, is het Hof niet op de hoogte van de aard van de deelnemingen van andere vennootschappen die bij het geschil betrokken zijn. Het kan dus niet worden uitgesloten dat het geschil ook betrekking heeft op de weerslag van de nationale wettelijke regeling die in het hoofdgeding aan de orde is op de situatie van ingezeten vennootschappen die dividenden hebben ontvangen op basis van een deelneming die hun geen zodanige invloed op de besluiten van de uitkerende vennootschap verleent dat zij de activiteiten ervan kunnen bepalen. Deze wettelijke regeling moet dus ook worden onderzocht in het licht van de verdragsbepalingen betreffende het vrije verkeer van kapitaal.

Vrijheid van vestiging

39. Wat in de eerste plaats de situatie van verzoeksters in het hoofdgeding betreft, zij eraan herinnerd dat de vrijheid van vestiging die in artikel 43 EG aan de gemeenschapsonderdanen wordt toegekend, en die voor hen de toegang tot en de uitoefening van werkzaamheden anders dan in loondienst alsmede de oprichting en het bestuur van ondernemingen onder dezelfde voorwaarden als in de wetgeving van het land van vestiging voor de eigen onderdanen zijn vastgesteld, omvat, overeenkomstig artikel 48 EG voor de vennootschappen die in overeenstemming met de wetgeving van een lidstaat zijn opgericht en die hun statutaire zetel, hun hoofdbestuur of hun hoofdvestiging binnen de Gemeenschap hebben, het recht meebrengt om in de betrokken lidstaat hun bedrijfsactiviteit uit te oefenen door middel van een filiaal of een agentschap (zie met name arresten van 21 september 1999, Saint-Gobain ZN, C-307/97, *Jurispr.* blz. I-6161, punt 35, en 13 december 2005, Marks & Spencer, C-446/03, *Jurispr.* blz. I-10837, punt 30, en arrest Cadbury Schweppes en Cadbury Schweppes Overseas, reeds aangehaald, punt 41).

40. Aangaande vennootschappen moet worden opgemerkt dat hun zetel in de zin van artikel 48 EG, naar het voorbeeld van de nationaliteit van natuurlijke personen, dient ter bepaling van hun binding aan de rechtsorde van een lidstaat. Indien de lidstaat van vestiging vrijelijk een andere behandeling zou mogen toepassen alleen omdat de zetel van de vennootschap in een andere lidstaat is gevestigd, zou daarmee aan artikel 43 EG elke inhoud worden ontnomen (zie in die zin arresten van 28 januari 1986, Commissie/Frankrijk, 270/83, *Jurispr.* blz. 273, punt 18, en 13 juli 1993, Commerzbank, C-330/91, *Jurispr.* blz. I-4017, punt 13; reeds aangehaalde arresten Metallgesellschaft e.a., punt 42, en Marks & Spencer, punt 37). De vrijheid van vestiging beoogt aldus het voordeel van de nationale behandeling in de lidstaat van ontvangst te garanderen door elke discriminatie op grond van de zetel van vennootschappen te verbieden (zie in die zin reeds aangehaalde arresten Commissie/Frankrijk, punt 14, en Saint-Gobain ZN, punt 35).

41. In de zaak in het hoofdgeding moet worden vastgesteld dat de betrokken nationale wettelijke regeling voor een ingezeten vennootschap die dividenden ontvangt van een andere vennootschap waarvan zij direct of indirect ten minste 10% van de stemrechten bezit, voorziet in een verschillende fiscale behandeling naargelang de ontvangen dividenden worden uitgekeerd door een eveneens in het Verenigd Koninkrijk gevestigde vennootschap of door een vennootschap die in een andere lidstaat is gevestigd. In het eerste geval worden de ontvangen dividenden namelijk vrijgesteld van vennootschapsbelasting, terwijl zij in het tweede geval aan die belasting worden onderworpen, maar recht geven op een aftrek voor de bronbelasting die is geheven bij de uitkering van de dividenden in de staat van vestiging van de uitkerende vennootschap en voor de vennootschapsbelasting die zij over de onderliggende winst heeft betaald.

42. Volgens verzoeksters in het hoofdgeding heeft het feit dat de wettelijke regeling van het Verenigd Koninkrijk ten aanzien van een ingezeten vennootschap waaraan dividenden worden uitgekeerd, een vrijstelling toepast wanneer het om binnenlandse dividenden gaat en een verrekening in het geval van buitenlandse dividenden, tot gevolg dat laatstgenoemde fiscaal ongunstiger worden behandeld dan eerstgenoemde.

43. Allereerst zij erop gewezen dat een lidstaat die opeenvolgende belastingheffingen op uitgekeerde winsten wil vermijden of verminderen, verschillende regelingen kan toepassen. Voor de dividend ontvangende aandeelhouder leveren die regelingen niet noodzakelijk hetzelfde resultaat op. Zo betaalt de ontvangende aandeelhouder in een vrijstellingsregeling in beginsel geen belasting over de ontvangen dividenden, ongeacht het belastingtarief dat voor de uitkerende vennootschap van toepassing is op de onderliggende winst en ongeacht het bedrag dat deze daadwerkelijk als belasting heeft betaald. In een verrekeningsregeling zoals in het hoofdgeding kan de aandeelhouder van de over de ontvangen dividenden verschuldigde belasting daarentegen slechts het belastingbedrag aftrekken dat de uitkerende vennootschap daadwerkelijk heeft moeten betalen over de onderliggende winst, welk bedrag slechts kan worden verrekend binnen de perken van het door de aandeelhouder verschuldigde belastingbedrag.

44. Voor dividenden die aan een in een lidstaat gevestigde moedermaatschappij worden uitgekeerd door een vennootschap die is gevestigd in een andere lidstaat en in het kapitaal waarvan deze moedermaatschappij een minimumdeelneming van 25% bezit, laat artikel 4, lid 1, van richtlijn 90/435 de lidstaten uitdrukkelijk de mogelijkheid te kiezen tussen het stelsel van vrijstelling en dat van verrekening. Daarin wordt namelijk bepaald dat wanneer een dergelijke moedermaatschappij van haar dochteronderneming uitgekeerde winst ontvangt, anders dan bij de liquidatie van de dochteronderneming, de lidstaat van de moedermaatschappij zich ofwel moet onthouden van het belasten van deze winst, ofwel de winst moet belasten, maar in dat geval de moedermaatschappij moet toestaan dat gedeelte van de belasting van de dochteronderneming dat op deze winst betrekking heeft van haar eigen belasting af te trekken en, in voorkomend geval, het bedrag dat door de lidstaat waar de dochteronderneming gevestigd is aan de bron is ingehouden, zulks binnen de grenzen van het bedrag van de overeenstemmende nationale belasting.

45. Bij de inrichting van hun belastingstelsel, en met name wanneer zij een mechanisme instellen om opeenvolgende belastingheffingen of dubbele economische belasting te vermijden of te verminderen, moeten de lidstaten echter de uit het gemeenschapsrecht voortvloeiende eisen in acht nemen, met name die welke worden opgelegd door de verdragsbepalingen betreffende het vrije verkeer.

46. Zo blijkt uit de rechtspraak dat, ongeacht het mechanisme dat wordt ingevoerd om opeenvolgende belastingheffingen of dubbele economische belasting te vermijden of te verminderen, het door het Verdrag gegarandeerde vrije verkeer eraan in de weg staat dat een lidstaat buitenlandse dividenden ongunstiger behandelt dan binnenlandse, tenzij dat verschil in behandeling slechts betrekking heeft op situaties die niet objectief vergelijkbaar zijn, of wordt gerechtvaardigd door dwingende redenen van algemeen belang (zie in die zin arresten van 15 juli 2004, Lenz, C-315/02, *Jurispr.* blz. I-7063, punten 20-49, en 7 september 2004, Manninen, C-319/02, *Jurispr.* blz. I-7477, punten 20-55). Wat de door richtlijn 90/435 aan de lidstaten geboden keuzemogelijkheid betreft, heeft het Hof er ook aan herinnerd dat daarvan slechts gebruik kan worden gemaakt met inachtneming van de fundamentele verdragsbepalingen, met name die betreffende de vrijheid van vestiging (arrest Keller Holding, reeds aangehaald, punt 45).

47. Met betrekking tot de vraag of een lidstaat binnenlandse dividenden aan een vrijstellingsregeling kan onderwerpen terwijl hij op buitenlandse dividenden een verrekeningsregeling toepast, moet worden gepreciseerd dat het aan elke lidstaat staat om met eerbiediging van het gemeenschapsrecht zijn regeling voor de belastingheffing over uitgekeerde winst op te zetten, en met name de toepasselijke belastinggrondslag en het toepasselijke belastingtarief te bepalen, voor zover over die winst in die lidstaat belasting is verschuldigd door de uitkerende vennootschap en/of de ontvangende aandeelhouder.

48. In beginsel verbiedt het gemeenschapsrecht een lidstaat dus niet dat hij opeenvolgende belastingheffingen op door een ingezeten vennootschap ontvangen dividenden vermijdt door regels toe te passen die deze dividenden vrijstellen van belasting wanneer zij worden uitgekeerd door een ingezeten vennootschap, en tegelijk door een verrekeningsregeling vermijdt dat die dividenden opeenvolgende keren worden belast wanneer zij worden uitgekeerd door een niet-ingezeten vennootschap.

49. Opdat de toepassing van een verrekeningsregeling in een dergelijke situatie verenigbaar is met het gemeenschapsrecht, mogen om te beginnen de buitenlandse dividenden in die lidstaat niet worden onderworpen aan een hoger belastingtarief dan het tarief dat geldt voor de binnenlandse dividenden.

50. Verder moet die lidstaat opeenvolgende belastingheffingen op buitenlandse dividenden vermijden door de belasting die de uitkerende niet-ingezeten vennootschap heeft betaald, te verrekenen met de belasting die de ontvangende ingezeten vennootschap moet betalen, binnen de grenzen van het laatstgenoemde bedrag.

51. Wanneer de winst waaruit de buitenlandse dividenden worden betaald in de lidstaat van de uitkerende vennootschap minder wordt belast dan in de lidstaat van de ontvangende vennootschap, moet deze laatste derhalve een volledig belastingkrediet verlenen ter grootte van de belasting die de uitkerende vennootschap in haar lidstaat van vestiging heeft betaald.

52. Wanneer die winst daarentegen in de lidstaat van de uitkerende vennootschap meer wordt belast dan in de lidstaat van de ontvangende vennootschap, moet deze laatste slechts een belastingkrediet verlenen van ten hoogste het bedrag van de vennootschapsbelasting die de ontvangende vennootschap verschuldigd is. Hij is niet verplicht het verschil terug te betalen, dat wil zeggen het in de lidstaat van de uitkerende vennootschap betaalde bedrag dat hoger is dan de in de lidstaat van de ontvangende vennootschap verschuldigde belasting.

53. In dat verband kan het enkele feit dat een verrekeningsregeling in vergelijking met een vrijstellingsregeling de belastingplichtigen extra administratieve lasten oplegt, aangezien moet worden aangetoond hoeveel belasting daadwerkelijk is betaald in de staat van vestiging van de uitkerende vennootschap, niet worden aangemerkt als een verschil in behandeling dat indruist tegen de vrijheid van vestiging, daar de bijzondere administratieve lasten die worden opgelegd aan ingezeten vennootschappen die buitenlandse dividenden ontvangen, inherent zijn aan de werking van een stelsel van belastingkrediet.

54. Verzoeksters in het hoofdgeding merken evenwel op dat krachtens de in het Verenigd Koninkrijk geldende wettelijke regeling bij de uitkering van binnenlandse dividenden de ontvangende vennootschap daarover geen vennootschapsbelasting verschuldigd is, ongeacht de belasting die de uitkerende vennootschap heeft betaald, dus ook wanneer deze laatste wegens de aan haar verleende aftrek geen belasting verschuldigd is of vennootschapsbelasting betaalt tegen een lager tarief dan het nominale tarief dat in het Verenigd Koninkrijk van toepassing is.

55. De regering van het Verenigd Koninkrijk heeft dit niet betwist. Zij stelt evenwel dat de toepassing van verschillende belastingniveaus op de uitkerende en de ontvangende vennootschap slechts plaatsvindt onder eerder uitzonderlijke omstandigheden, waarvan in het hoofdgeding geen sprake is.

56. Dienaangaande staat het aan de verwijzende rechter om na te gaan of het belastingtarief wel degelijk hetzelfde is, en of de verschillende belastingniveaus slechts in bepaalde gevallen bestaan wegens een wijziging van de belastinggrondslag doordat bepaalde uitzonderlijke aftrekken zijn toegepast.

57. Daaruit volgt dat in de context van de nationale wettelijke regeling die in het hoofdgeding aan de orde is, het feit dat voor binnenlandse dividenden een vrijstellingsregeling geldt en voor buitenlandse dividenden een verrekeningsregeling, niet in strijd is met het in artikel 43 EG neergelegde beginsel van de vrijheid van vestiging, op voorwaarde dat het belastingtarief voor buitenlandse dividenden niet hoger is dan het tarief voor binnenlandse dividenden en het belastingkrediet ten minste gelijk is aan het bedrag dat is betaald in de lidstaat van de uitkerende vennootschap, tot beloop van het bedrag van de belasting in de lidstaat van de ontvangende vennootschap.

Vrij verkeer van kapitaal

58. Wat in de tweede plaats ingezeten vennootschappen betreft die dividenden hebben ontvangen van een vennootschap waarvan zij 10% of meer van de stemrechten bezitten, zonder dat deze deelneming hun een zodanige invloed op de besluiten van de vennootschap verleent dat zij de activiteiten ervan kunnen bepalen, moet worden vastgesteld dat ook die vennootschappen in het Verenigd Koninkrijk onder een vrijstellingsregeling vallen wanneer zij binnenlandse dividenden ontvangen en onder een verrekeningsregeling wanneer zij buitenlandse dividenden ontvangen.

59. Volgens verzoeksters in het hoofdgeding is hier sprake van een verschil in behandeling waardoor de in het Verenigd Koninkrijk gevestigde vennootschappen worden afgeschrikt om te investeren in het kapitaal van in andere lidstaten gevestigde vennootschappen, en dat bij gebreke van een objectieve rechtvaardiging schending van artikel 56 EG betreffende het vrije verkeer van kapitaal oplevert.

60. Dienaangaande volstaat het te beklemtonen dat, zoals in de punten 47 tot en met 56 van dit arrest is overwogen, een wettelijke regeling als die welke in het hoofdgeding aan de orde is, geen discriminatie oplevert van vennootschappen die buitenlandse dividenden ontvangen. De conclusie in punt 57 van dit arrest geldt dus ook voor de verdragsbepalingen betreffende het vrije verkeer van kapitaal.

61. Wat ten slotte ingezeten vennootschappen betreft die dividenden hebben ontvangen van vennootschappen waarvan zij minder dan 10% van de stemrechten bezitten, blijkt uit de nationale wettelijke regeling die in het hoofdgeding aan de orde is, dat binnenlandse dividenden zijn vrijgesteld van vennootschapsbelasting, terwijl buitenlandse dividenden aan die belasting worden onderworpen en slechts recht geven op een aftrek voor de eventuele bronbelasting die op die dividenden is geheven in de staat waar de uitkerende vennootschap is gevestigd.

62. Dienaangaande moet allereerst worden opgemerkt dat de situatie van een vennootschap-aandeelhouder die buitenlandse dividenden ontvangt, met betrekking tot een belastingregel die ertoe strekt de belasting van uitgekeerde winst te vermijden of te verminderen, vergelijkbaar is met die van een vennootschap-aandeelhouder die

binnenlandse dividenden ontvangt, voor zover de winst in beide gevallen in beginsel opeenvolgende keren kan worden belast.

63. Terwijl de vrijstellingsregeling bij een ingezeten vennootschap die dividenden ontvangt van een andere ingezeten vennootschap het risico van opeenvolgende belastingheffingen op de uitgekeerde winst wegneemt, geldt dit echter niet voor de winst die wordt uitgekeerd door niet-ingezeten vennootschappen. Zo de staat van vestiging van de ontvangende vennootschap in dit laatste geval een aftrek verleent voor de bronbelasting in de staat van vestiging van de uitkerende vennootschap, heeft die aftrek enkel tot gevolg dat een dubbele juridische belasting van de ontvangende vennootschap wordt weggenomen. Die aftrek werkt daarentegen niet de opeenvolgende belastingheffingen weg waarvan sprake is wanneer de uitgekeerde winst eerst wordt belast uit hoofde van de vennootschapsbelasting die verschuldigd is door de uitkerende vennootschap in de staat van vestiging en vervolgens uit hoofde van de vennootschapsbelasting die verschuldigd is door de ontvangende vennootschap.

64. Een dergelijk verschil in behandeling heeft tot gevolg dat de in het Verenigd Koninkrijk gevestigde vennootschappen worden afgeschrikt hun kapitaal te beleggen in vennootschappen die in een andere lidstaat gevestigd zijn. Het heeft daarnaast ook een restrictief gevolg voor in andere lidstaten gevestigde vennootschappen, voor zover het deze belemmert in het bijeenbrengen van kapitaal in het Verenigd Koninkrijk. Aangezien kapitaalopbrengsten uit het buitenland fiscaal ongunstiger worden behandeld dan dividenden die worden uitgekeerd door in het Verenigd Koninkrijk gevestigde vennootschappen, zijn de aandelen van in andere lidstaten gevestigde vennootschappen voor de in het Verenigd Koninkrijk wonende belegger minder aantrekkelijk dan die van in die lidstaat gevestigde vennootschappen (zie reeds aangehaalde arresten Verkooijen, punten 34 en 35, Lenz, punten 20 en 21, en Manninen, punten 22 en 23).

65. Het uit een wettelijke regeling als die in het hoofdgeding voortvloeiende verschil in behandeling ten aanzien van dividenden die ingezeten vennootschappen ontvangen van niet-ingezeten vennootschappen waarvan zij minder dan 10% van de stemrechten bezitten, vormt dus een beperking van het vrije kapitaalverkeer die in beginsel verboden is door artikel 56 EG.

66. Volgens de regering van het Verenigd Koninkrijk is het rechtmatig en evenredig dat aan die ingezeten vennootschappen slechts aftrek van de vennootschapsbelasting wordt verleend ten belope van de eventuele bronbelasting op het dividend. Er zijn immers praktische bezwaren tegen de toekenning aan een vennootschap die in de uitkerende vennootschap slechts een deelneming van minder dan 10% heeft, van een belastingkrediet dat overeenstemt met de door laatstgenoemde daadwerkelijk betaalde belasting. Anders dan een belastingkrediet voor een bronbelasting kan een dergelijk belastingkrediet slechts na een lang en ingewikkeld onderzoek worden verleend. Het is dan ook rechtmatig om een drempel te bepalen op grond van de omvang van de deelneming. De door het Verenigd Koninkrijk vastgestelde drempel van 10% is trouwens voordeliger dan die van 25% in de modelovereenkomst van de Organisatie voor economische samenwerking en ontwikkeling (OESO) en in de oorspronkelijke versie van richtlijn 90/435.

67. Stellig staat het in beginsel aan de lidstaten om, wanneer zij mechanismen invoeren om opeenvolgende belastingheffingen op uitgekeerde winst te vermijden of te verminderen, te bepalen welke categorie belastingplichtigen van die mechanismen gebruik kan maken en daartoe drempels vast te stellen op grond van de deelneming van die belastingplichtigen in de betrokken uitkerende vennootschappen. Slechts voor vennootschappen van de lidstaten die een deelneming van ten minste 25% bezitten in het kapitaal van een vennootschap van een andere lidstaat verplicht artikel 4 van richtlijn 90/435, juncto artikel 3 in de ten tijde van de feiten van het hoofdgeding toepasselijke versie, de lidstaten om, indien zij geen vrijstelling verlenen voor winsten die een ingezeten moedermaatschappij ontvangt van een dochteronderneming in een andere lidstaat, deze moedermaatschappij toe te staan niet alleen de door de lidstaat van vestiging van de dochteronderneming ingehouden bronbelasting af te trekken van haar eigen belasting, maar ook het gedeelte van de belasting van de dochteronderneming dat op deze winst betrekking heeft.

68. Zo artikel 4 van richtlijn 90/435 voor deelnemingen die niet onder de richtlijn vallen er dus niet aan in de weg staat dat een lidstaat de door een niet-ingezeten vennootschap aan een ingezeten vennootschap uitgekeerde winst belast zonder laatstgenoemde enige aftrek te verlenen voor de vennootschapsbelasting die eerstgenoemde in haar staat van vestiging heeft betaald, kan een lidstaat die bevoegdheid echter slechts uitoefenen voor zover de dividenden die een ingezeten vennootschap ontvangt van een andere ingezeten vennootschap naar nationaal recht eveneens worden belast bij de ontvangende vennootschap, zonder dat deze een aftrek kan krijgen voor de vennootschapsbelasting die de uitkerende vennootschap heeft betaald.

69. Het enkele feit dat het voor dergelijke deelnemingen aan een lidstaat is om te bepalen of en in welke mate opeenvolgende belastingheffingen op uitgekeerde winsten moeten worden vermeden, betekent daarom namelijk nog niet dat hij een regeling mag toepassen die buitenlandse en binnenlandse dividenden niet evenwaardig behandelt.

70. Los van het feit dat een lidstaat hoe dan ook over verschillende mogelijke regelingen beschikt om opeenvolgende belastingheffingen op uitgekeerde winst te vermijden of te verminderen, kunnen bovendien eventuele

moeilijkheden bij de vaststelling van de in een andere lidstaat daadwerkelijk betaalde belasting een belemmering van het vrije kapitaalverkeer als die welke voortvloeit uit de in het hoofdgeding aan de orde zijnde wettelijke regeling, niet rechtvaardigen (zie in die zin arrest van 4 maart 2004, Commissie/Frankrijk, C-334/02, *Jurispr.* blz. I-2229, punt 29, en arrest Manninen, reeds aangehaald, punt 54).

71. Een belastingwetgeving als die welke in het hoofdgeding aan de orde is, is dus in strijd met het in artikel 56 EG neergelegde beginsel van het vrije verkeer van kapitaal.

72. Op de eerste vraag moet dus worden geantwoord dat de artikelen 43 EG en 56 EG aldus moeten worden uitgelegd dat een lidstaat waarin een regeling geldt voor het vermijden of verminderen van opeenvolgende belastingheffingen of dubbele economische belasting in geval van dividenden die aan ingezetenen worden uitgekeerd door ingezeten vennootschappen, dividenden die aan ingezetenen worden uitgekeerd door niet-ingezeten vennootschappen op evenwaardige wijze moet behandelen.

73. De artikelen 43 EG en 56 EG staan niet in de weg aan een wettelijke regeling van een lidstaat volgens welke dividenden die een ingezeten vennootschap ontvangt van een andere ingezeten vennootschap zijn vrijgesteld van vennootschapsbelasting, terwijl dividenden die een ingezeten vennootschap ontvangt van een niet-ingezeten vennootschap waarin de ingezeten vennootschap ten minste 10% van de stemrechten bezit, aan die belasting worden onderworpen, in welk laatste geval een belastingkrediet wordt verleend voor de belasting die de uitkerende vennootschap daadwerkelijk heeft betaald in haar lidstaat van vestiging, op voorwaarde dat het belastingtarief voor buitenlandse dividenden niet hoger is dan het tarief voor binnenlandse dividenden en het belastingkrediet ten minste gelijk is aan het bedrag dat is betaald in de lidstaat van de uitkerende vennootschap, tot beloop van het bedrag van de belasting in de lidstaat van de ontvangende vennootschap.

74. Artikel 56 EG staat in de weg aan een wettelijke regeling van een lidstaat volgens welke dividenden die een ingezeten vennootschap ontvangt van een andere ingezeten vennootschap zijn vrijgesteld van vennootschapsbelasting, terwijl dividenden die een ingezeten vennootschap ontvangt van een niet-ingezeten vennootschap waarin zij minder dan 10% van de stemrechten bezit, aan die belasting worden onderworpen, zonder dat deze een belastingkrediet wordt verleend voor de belasting die de uitkerende vennootschap daadwerkelijk heeft betaald in haar lidstaat van vestiging.

De tweede vraag

75. Met zijn tweede vraag wenst de verwijzende rechter in wezen te vernemen of de artikelen 43 EG en 56 EG en/of de artikelen 4, lid 1, en 6 van richtlijn 90/435 aldus moeten worden uitgelegd dat zij in de weg staan aan een nationale wettelijke regeling als die welke in het hoofdgeding aan de orde is en die, door de verlening van een belastingkrediet aan een ingezeten vennootschap die dividenden ontvangt van een andere ingezeten vennootschap naargelang van de ACT die deze laatste over de uitkering heeft betaald, het de eerste vennootschap mogelijk maakt dividenden uit te keren aan haar eigen aandeelhouders zonder dat zij ACT behoeft te betalen, terwijl een ingezeten vennootschap die dividenden heeft ontvangen van een niet-ingezeten vennootschap in dat geval de gehele ACT moet betalen.

76. Allereerst moet worden opgemerkt dat nu het gaat om door vennootschappen van een lidstaat ontvangen winstuitkeringen van in andere lidstaten gevestigde dochterondernemingen, richtlijn 90/435 overeenkomstig artikel 3, lid 1, van de ten tijde van de feiten van het hoofdgeding geldende versie ervan van toepassing is op moedermaatschappijen die een deelneming van ten minste 25% bezitten in het kapitaal van hun dochterondernemingen. Zoals in punt 38 van dit arrest is overwogen, kan, nu de aard van de deelnemingen van andere vennootschappen die betrokken zijn bij het voor de verwijzende rechter aanhangige geschil in de verwijzingsbeslissing niet wordt gepreciseerd, niet worden uitgesloten dat het geschil ook betrekking heeft op deelnemingen die om die reden buiten de materiële werkingssfeer van deze richtlijn vallen.

77. Voor zover de testcases in het hoofdgeding betrekking hebben op dividenduitkeringen over het boekjaar dat is afgesloten op 31 december 1973, betreffen zij althans gedeeltelijk ook situaties die buiten de temporele werkingssfeer van richtlijn 90/435 vallen.

78. Om deze vraag te kunnen beantwoorden, moet dus eerst worden onderzocht in hoever een wettelijke regeling als die welke in het hoofdgeding aan de orde is, verenigbaar is met de bepalingen van het Verdrag.

De verdragsbepalingen betreffende de vrijheid van vestiging en het vrije verkeer van kapitaal

79. Krachtens de nationale wettelijke regeling die aan de orde is in het hoofdgeding, heeft een ingezeten vennootschap waaraan door een andere ingezeten vennootschap dividenden worden uitgekeerd, recht op een belastingkrediet ter grootte van het gedeelte van de ACT dat die andere vennootschap heeft betaald, waardoor zij bij de uitkering van dividend aan haar eigen aandeelhouders de op die grond verschuldigde ACT kan verrekenen met de ACT die de andere vennootschap reeds heeft betaald. Een ingezeten vennootschap die buitenlandse dividenden

ontvangt, krijgt daarentegen geen dergelijk belastingkrediet en moet bij uitkering aan haar eigen aandeelhouders dus de gehele ACT betalen.

80. Daar deze wettelijke regeling geldt voor de uitkering van dividenden aan vennootschappen-aandeelhouders los van de grootte van hun deelneming, kan zij zowel onder artikel 43 EG betreffende de vrijheid van vestiging als onder artikel 56 EG betreffende het vrije verkeer van kapitaal vallen.

81. Voor zover het echter gaat om deelnemingen die de houder daarvan een zodanige invloed op de besluiten van de betrokken vennootschappen verlenen dat hij de activiteiten ervan kan bepalen, zijn de verdragsbepalingen betreffende de vrijheid van vestiging van toepassing. Gelet op de omstandigheden van de testcases in het hoofdgeding, moet de nationale wettelijke regeling die in het hoofdgeding aan de orde is, dus worden onderzocht tegen de achtergrond van artikel 43 EG (zie punt 37 van dit arrest).

82. Zoals verzoeksters in het hoofdgeding betogen, moet krachtens een nationale wettelijke regeling als die welke in het hoofdgeding aan de orde is een ingezeten vennootschap die buitenlandse dividenden heeft ontvangen en aan haar eigen aandeelhouders hetzelfde bedrag aan dividenden uitkeert, de gehele ACT betalen, terwijl voor een ingezeten vennootschap die binnenlandse dividenden heeft ontvangen en aan haar eigen aandeelhouders hetzelfde bedrag als de ontvangen dividenden uitkeert, de ACT-schuld wordt gecompenseerd door het verleende belastingkrediet, zodat een dergelijke vennootschap de ACT niet meer behoeft te betalen.

83. Voor een ingezeten vennootschap die dividenden ontvangt van een andere ingezeten vennootschap garandeert deze regeling dat wanneer de ontvangende vennootschap op haar beurt winst uitkeert aan haar eigen aandeelhouders, de ACT slechts een keer wordt betaald. De aldus aan deze ontvangende vennootschap verleende ACT-vrijstelling stemt overeen met die welke zij uit hoofde van de vennootschapsbelasting heeft verkregen voor de dividenden die zij heeft ontvangen van een andere ingezeten vennootschap.

84. Vastgesteld moet worden dat het feit dat geen ACT moet worden betaald, een cashflowvoordeel oplevert, aangezien de betrokken vennootschap tot het tijdstip van verschuldigdheid van de vennootschapsbelasting de beschikking behoudt over de bedragen die zij anders aan ACT had moeten betalen (arrest Metallgesellschaft e.a., reeds aangehaald, punt 44).

85. Volgens de regering van het Verenigd Koninkrijk levert dit verschil in behandeling geen door het gemeenschapsrecht verboden discriminatie op, aangezien het niet is gebaseerd op een onderscheid tussen binnenlandse en buitenlandse dividenden, maar op een onderscheid tussen dividenden waarover ACT is betaald en die waarover geen ACT is betaald. Het belastingkrediet dat wordt verleend aan een ingezeten vennootschap die dividenden ontvangt van een andere ingezeten vennootschap strekt ertoe een dubbele economische belasting inzake ACT te vermijden. Nu in de situatie van een vennootschap die dividenden ontvangt van een niet-ingezeten vennootschap, deze laatste geen ACT heeft betaald, bestaat er wat de ACT betreft geen gevaar voor een dubbele economische belasting.

86. Ofschoon de nationale wettelijke regeling die aan de orde is in het hoofdgeding, het ACT-bedrag dat een ingezeten vennootschap bij de uitkering van dividenden aan haar eigen aandeelhouders moet betalen, afhankelijk stelt van de vraag of die vennootschap al dan niet dividenden heeft ontvangen van een vennootschap die reeds ACT heeft betaald, neemt dat niet weg dat deze methode er in de praktijk toe leidt dat een vennootschap die buitenlandse dividenden ontvangt ongunstiger wordt behandeld dan een vennootschap die binnenlandse dividenden ontvangt. Bij een latere uitkering van dividenden moet de eerste namelijk de gehele ACT betalen, terwijl de tweede die slechts moet betalen voor zover de uitkering aan haar eigen aandeelhouders groter is dan die welke zij zelf heeft ontvangen.

87. Anders dan de regering van het Verenigd Koninkrijk betoogt, bevindt een vennootschap die buitenlandse dividenden ontvangt zich met betrekking tot het doel van de in het hoofdgeding aan de orde zijnde regeling, het vermijden van opeenvolgende belastingheffingen, in een situatie die vergelijkbaar is met die van een vennootschap die binnenlandse dividenden ontvangt, ook al ontvangt alleen deze laatste dividenden waarover ACT is betaald.

88. Zoals de advocaat-generaal in de punten 65 tot en met 68 van zijn conclusie heeft opgemerkt, is de door een in het Verenigd Koninkrijk gevestigde vennootschap verschuldigde ACT niets anders dan een voorheffing op de vennootschapsbelasting, ook al wordt zij geheven bij de uitkering van dividenden en berekend over het bedrag daarvan. De bij een dividenduitkering betaalde ACT kan in beginsel worden verrekend met de vennootschapsbelasting die een vennootschap moet betalen over haar winst voor het betrokken boekjaar. Zoals het Hof overwoog toen het zich uitsprak over de in diezelfde belastingwetgeving van het Verenigd Koninkrijk opgenomen regeling belastingheffing naar het groepsinkomen, wordt het gedeelte van de vennootschapsbelasting dat een ingezeten vennootschap volgens een dergelijke regeling niet vooruit hoeft te betalen bij uitkering van dividend aan haar moedermaatschappij, in beginsel betaald op het tijdstip waarop de door de eerste vennootschap verschuldigde vennootschapsbelasting verschuldigd wordt (zie arrest Metallgesellschaft e.a., reeds aangehaald, punt 53).

89. Met betrekking tot vennootschappen die bij de uitkering van dividenden aan een ingezeten vennootschap geen ACT behoeven te betalen omdat zij buiten het Verenigd Koninkrijk zijn gevestigd, moet worden vastgesteld dat zij in hun staat van vestiging ook onderworpen zijn aan de vennootschapsbelasting.

90. In deze context kan het feit dat een niet-ingezeten vennootschap niet aan de ACT is onderworpen toen zij dividenden heeft uitgekeerd aan een ingezeten vennootschap, niet worden aangevoerd om aan deze laatste de mogelijkheid te weigeren om het bedrag van de ACT te verminderen dat zij bij een latere uitkering van dividenden moet betalen. Dat een dergelijke niet-ingezeten vennootschap niet aan de ACT is onderworpen, is namelijk het gevolg van het feit dat zij niet in het Verenigd Koninkrijk, maar in haar lidstaat van vestiging vennootschapsbelasting verschuldigd is. Van een vennootschap kan niet worden verlangd, dat zij belasting vooruit betaalt waaraan zij nooit onderworpen zal zijn (zie in die zin arrest Metallgesellschaft e.a., reeds aangehaald, punten 55 en 56).

91. Daar zowel ingezeten vennootschappen die dividenden uitkeren aan andere ingezeten vennootschappen als niet-ingezeten vennootschappen die dat doen, in hun staat van vestiging onderworpen zijn aan de vennootschapsbelasting, is een nationale maatregel die er slechts toe strekt opeenvolgende belastingheffingen over uitgekeerde winst te vermijden voor vennootschappen die dividenden ontvangen van andere ingezeten vennootschappen, en vennootschappen die dividenden ontvangen van niet-ingezeten vennootschappen tegelijk blootstelt aan een cashflownadeel, niet te verklaren door een relevante verschil in situatie.

92. Het argument van de regering van het Verenigd Koninkrijk dat deze ongelijke behandeling in feite niet bestaat, aangezien een buiten het Verenigd Koninkrijk gevestigde vennootschap die dividenden heeft uitgekeerd zonder dat zij ACT behoefde te betalen, haar aandeelhouders grotere bedragen kan uitkeren, snijdt geen hout. Dat argument gaat namelijk voorbij aan de omstandigheid dat een dergelijke vennootschap in haar staat van vestiging ook onderworpen is aan de vennootschapsbelasting volgens de aldaar geldende regels en tarieven.

93. Het verschil in behandeling kan evenmin worden gerechtvaardigd door de noodzaak om de samenhang van het belastingstelsel van het Verenigd Koninkrijk in stand te houden op grond van een rechtstreeks verband tussen het verleende belastingvoordeel, namelijk het belastingkrediet dat wordt verleend aan een ingezeten vennootschap die dividenden ontvangt van een andere ingezeten vennootschap, en de compenserende belastingschuld, namelijk de ACT die deze laatste bij de uitkering betaalt. De noodzaak van een dergelijk rechtstreeks verband zou er immers juist toe moeten leiden dat aan vennootschappen die dividenden ontvangen van niet-ingezeten vennootschappen hetzelfde belastingvoordeel wordt verleend, daar deze laatste in hun staat van vestiging eveneens vennootschapsbelasting moeten betalen over de uitgekeerde winst.

94. Daaruit volgt dat artikel 43 EG in de weg staat aan een nationale maatregel die een ingezeten vennootschap die dividenden heeft ontvangen van een andere ingezeten vennootschap, toestaat van het bedrag dat zij als ACT verschuldigd is, het bedrag af te trekken van de ACT die de tweede vennootschap heeft betaald, terwijl in het geval van een ingezeten vennootschap die dividenden heeft ontvangen van een niet-ingezeten vennootschap een dergelijke aftrek niet is toegestaan met betrekking tot de vennootschapsbelasting waaraan deze laatste vennootschap in haar staat van vestiging is onderworpen.

95. Aangezien niet kan worden uitgesloten dat het bij de verwijzende rechter aanhangige geding ook betrekking heeft op ingezeten vennootschappen die dividenden hebben ontvangen op basis van een deelneming die hun geen zodanige invloed op de besluiten van de uitkerende vennootschap verleent dat zij de activiteiten ervan kunnen bepalen, moet deze maatregel ook worden onderzocht in het licht van artikel 56 EG betreffende het vrije verkeer van kapitaal.

96. Dienaangaande zij eraan herinnerd dat ingezeten vennootschappen die buitenlandse dividenden ontvangen een verschil in behandeling ondervinden, namelijk een cashflownadeel, dat niet kan worden verklaard door een relevant verschil in situatie.

97. Een dergelijk verschil in behandeling heeft tot gevolg dat de in het Verenigd Koninkrijk gevestigde vennootschappen worden afgeschrikt hun kapitaal te beleggen in een vennootschap die in een andere lidstaat gevestigd is, en heeft ook een restrictief gevolg voor in andere lidstaten gevestigde vennootschappen, voor zover het deze belemmert in het bijeenbrengen van kapitaal in de eerste lidstaat.

98. Daar de redenen die de regering van het Verenigd Koninkrijk inroept ter rechtvaardiging van deze belemmering van het vrije verkeer van kapitaal dezelfde zijn als die welke reeds zijn afgewezen bij het onderzoek van de betrokken nationale maatregel in het licht van de vrijheid van vestiging, moet worden geconcludeerd dat ook artikel 56 EG aldus moet worden uitgelegd dat het zich tegen een dergelijke maatregel verzet.

Richtlijn 90/435

99. Volgens verzoeksters in het hoofdgeding zijn de in de tweede prejudiciële vraag bedoelde nationale belastingregels ook in strijd met de artikelen 4, lid 1, en 6 van richtlijn 90/435.

100. In de eerste plaats wordt artikel 4, lid 1, van deze richtlijn geschonden doordat een ingezeten moedermaatschappij die buitenlandse dividenden ontvangt, anders dan een ingezeten moedermaatschappij die binnenlandse

dividenden ontvangt, bij een uitkering aan haar eigen aandeelhouders de gehele ACT moet betalen, zonder dat zij uit dien hoofde een aftrek krijgt voor de buitenlandse vennootschapsbelasting die haar dochteronderneming over de uitgekeerde winst heeft betaald.

101. In de tweede plaats vormt de over de buitenlandse dividenden te betalen ACT een door artikel 6 van richtlijn 90/435 verboden bronbelasting die evenmin is toegestaan door artikel 7 van de richtlijn.

102. In dat verband zij om te beginnen eraan herinnerd dat krachtens artikel 4, lid 1, van richtlijn 90/435 een lidstaat die geen vrijstelling verleent voor de winst die een ingezeten moedermaatschappij ontvangt van een in een andere lidstaat gevestigde dochteronderneming, deze moedermaatschappij moet toestaan dat gedeelte van de belasting van de dochteronderneming dat op deze winst betrekking heeft van haar eigen belasting af te trekken en, in voorkomend geval, het bedrag dat door de lidstaat waar de dochteronderneming gevestigd is aan de bron is ingehouden, zulks binnen de grenzen van het bedrag van de overeenstemmende nationale belasting.

103. Zoals met name blijkt uit de derde overweging van de considerans, beoogt deze richtlijn door de invoering van een gemeenschappelijke fiscale regeling iedere benadeling van de samenwerking tussen vennootschappen uit verschillende lidstaten ten opzichte van de samenwerking tussen vennootschappen van eenzelfde lidstaat op te heffen, en aldus de hergroepering van vennootschappen op gemeenschapsniveau te vergemakkelijken (arresten van 17 oktober 1996, Denkavit e.a., C-283/94, C-291/94 en C-292/94, *Jurispr.* blz. I-5063, punt 22, en 4 oktober 2001, Athinaïki Zythopoiïa, C-294/99, *Jurispr.* blz. I-6797, punt 25).

104. Wat de bij artikel 4, lid 1, van richtlijn 90/435 aan de lidstaten opgelegde verplichting betreft, volgens welke de door een ingezeten moedermaatschappij verschuldigde belasting over de uitgekeerde winst moet worden verrekend met de door de niet-ingezeten dochteronderneming in haar lidstaat van vestiging betaalde belasting, kan het doel van deze bepaling, dat erin bestaat opeenvolgende belastingheffingen op de uitgekeerde winst te vermijden, slechts worden bereikt indien het belastingstelsel van de eerste lidstaat de betrokken moedermaatschappij garandeert dat de door haar dochteronderneming in het buitenland betaalde belasting over de uitgekeerde winst volledig zal worden verrekend met de vennootschapsbelasting die in die lidstaat verschuldigd is.

105. Anders dan verzoeksters in het hoofdgeding betogen, verplicht deze bepaling een lidstaat met een stelsel van vooruitbetaling van de vennootschapsbelasting die een ingezeten moedermaatschappij verschuldigd is wanneer zij op haar beurt de dividenden uitkeert die zij heeft ontvangen van een niet-ingezeten dochteronderneming, evenwel niet te garanderen dat het vooruit te betalen bedrag in alle omstandigheden wordt bepaald aan de hand van de vennootschapsbelasting die de dochteronderneming in haar staat van vestiging heeft betaald.

106. Verder moet worden opgemerkt dat, anders dan verzoeksters in het hoofdgeding betogen, de betrokken nationale maatregelen niet vallen onder het in artikel 6 van richtlijn 90/435 aan de lidstaten opgelegde verbod om enige belasting aan de bron in te houden op de winst die een ingezeten moedermaatschappij ontvangt van haar niet-ingezeten dochteronderneming.

107. Dienaangaande zij eraan herinnerd dat het begrip 'bronbelasting' in de context van deze richtlijn niet is beperkt tot enkele soorten, nauwkeurig bepaalde nationale belastingen, en dat het Hof een belasting, recht of heffing vanuit gemeenschapsrechtelijk oogpunt dient te kwalificeren aan de hand van de objectieve kenmerken van de belasting, onafhankelijk van de wijze waarop deze naar nationaal recht wordt gekwalificeerd (zie met name arrest Athinaïki Zythopoiïa, reeds aangehaald, punten 26 en 27, en arrest van 25 september 2003, Océ van der Grinten, C-58/01, *Jurispr.* blz. I-9809, punt 46).

108. Aangaande het in artikel 5 van richtlijn 90/435 aan de lidstaten opgelegde verbod om bronbelasting te heffen op de winst die een ingezeten dochteronderneming uitkeert aan haar in een andere lidstaat gevestigde moedermaatschappij, heeft het Hof reeds geoordeeld dat elke belastingheffing op inkomsten verworven in de staat waar de dividenden worden uitgekeerd, ter zake van de uitkering van dividenden of elke andere opbrengst van waardepapieren, waarbij de grondslag van die belasting de opbrengst van de waardepapieren en de belastingplichtige de houder van die waardepapieren is, een bronbelasting vormt (arrest van 8 juni 2000, Epson Europe, C-375/98, *Jurispr.* blz. I-4243, punt 23; reeds aangehaalde arresten Athinaïki Zythopoiïa, punten 28 en 29, en Océ van der Grinten, punt 47).

109. Het begrip 'belasting aan de bron' moet in de context van artikel 6 van richtlijn 90/435 eender worden uitgelegd. Een 'belasting aan de bron' in de zin van dat artikel is dus elke belastingheffing op inkomsten die een moedermaatschappij verwerft van een in een andere lidstaat gevestigde dochteronderneming, ter zake van de uitkering van dividenden of elke andere opbrengst van waardepapieren, waarbij de grondslag van die belasting de opbrengst van de waardepapieren en de belastingplichtige de houder van die waardepapieren is.

110. Zoals de regering van het Verenigd Koninkrijk beklemtoont, moet een ingezeten vennootschap ACT betalen wanneer zij dividenden uitkeert aan haar eigen aandeelhouders. Een vennootschap die buitenlandse dividenden ontvangt moet dus geen ACT betalen wegens de ontvangst van die dividenden, maar wegens de uitkering van dividenden aan haar eigen aandeelhouders.

111. De ACT die een vennootschap die buitenlandse dividenden ontvangt, moet betalen bij een latere uitkering van dividenden, valt dus niet onder het in artikel 6 van richtlijn 90/435 opgelegde verbod van bronbelasting.

112. Op de tweede vraag moet dus worden geantwoord dat de artikelen 43 EG en 56 EG in de weg staan aan een wettelijke regeling van een lidstaat die een ingezeten vennootschap die dividenden ontvangt van een andere ingezeten vennootschap, toestaat van de door haar verschuldigde voorheffing op de vennootschapsbelasting de door die andere vennootschap betaalde voorheffing op die belasting af te trekken, terwijl in het geval van een ingezeten vennootschap die dividenden ontvangt van een niet-ingezeten vennootschap die aftrek niet is toegestaan met betrekking tot de door deze laatste vennootschap in haar staat van vestiging betaalde belasting over de uitgekeerde winst.

De derde vraag

113. Met zijn derde vraag wenst de verwijzende rechter in wezen te vernemen of de artikelen 43 EG en 56 EG en/of de artikelen 4, lid 1, en 6 van richtlijn 90/435 aldus moeten worden uitgelegd dat zij in de weg staan aan een wettelijke regeling als die in het hoofdgeding:

- die bepaalt dat elke aftrek voor de in het buitenland betaalde belasting die wordt verleend aan een ingezeten vennootschap die buitenlandse dividenden heeft ontvangen, het bedrag van de vennootschapsbelasting vermindert waarmee zij de verschuldigde ACT kan verrekenen, en
- die een ingezeten vennootschap belet de betaalde ACT die niet kan worden verrekend met de vennootschapsbelasting die zij verschuldigd is voor het betrokken boekjaar of voor eerdere of latere boekjaren, over te dragen aan niet-ingezeten dochterondernemingen opdat deze die kunnen verrekenen met de door hen verschuldigde vennootschapsbelasting.

114. Deze vraag betreft bepaalde problemen die een ingezeten vennootschap die niet-ingezeten dochterondernemingen heeft en/of buitenlandse dividenden ontvangt, ondervindt met betrekking tot de verrekening van de ACT die deze ingezeten vennootschap bij de uitkering van dividenden aan haar eigen aandeelhouders moet betalen, met de door haar verschuldigde vennootschapsbelasting.

115. Met betrekking tot het tweede onderdeel van de vraag moet allereerst worden opgemerkt dat voor het Hof enkel een discussie heeft plaatsgevonden betreffende het feit dat het een ingezeten vennootschap niet mogelijk is een ACT-overschot over te dragen aan niet-ingezeten dochterondernemingen opdat deze dit kunnen verrekenen met de vennootschapsbelasting die zij in het Verenigd Koninkrijk verschuldigd zijn voor de in die lidstaat uitgevoerde activiteiten.

116. Om de in de punten 76 tot en met 78 van dit arrest genoemde redenen moet voor de beantwoording van de vraag eerst worden onderzocht of de wettelijke regeling die in het hoofdgeding aan de orde is, in strijd is met de bepalingen van het Verdrag.

117. De nationale maatregelen waarop de derde prejudiciële vraag betrekking heeft, kunnen zowel onder artikel 43 EG betreffende de vrijheid van vestiging als onder artikel 56 EG betreffende het vrije verkeer van kapitaal vallen. Aangaande de aftrek voor in het buitenland betaalde belasting die wordt verleend aan een ingezeten vennootschap die buitenlandse dividenden heeft ontvangen, heeft het onderzoek van de in het hoofdgeding aan de orde zijnde nationale wettelijke regeling in het kader van de beantwoording van de eerste prejudiciële vraag uitgewezen dat de aftrek verschilt naargelang van de grootte van de deelneming van deze vennootschappen.

118. Daar het tweede aspect van de in de derde prejudiciële vraag genoemde betrokken nationale wettelijke regeling slechts betrekking heeft op groepen van vennootschappen, valt het niet onder artikel 56 EG, maar onder artikel 43 EG.

119. Volgens verzoeksters in het hoofdgeding is de betrokken wettelijke regeling in strijd met de artikelen 43 EG en 56 EG, aangezien zij de mogelijkheden beperkt voor een vennootschap die buitenlandse inkomsten heeft en/of deel uitmaakt van een groep die niet-ingezeten vennootschappen omvat, om de ACT die meer bedraagt dan de in het Verenigd Koninkrijk verschuldigde vennootschapsbelasting, af te trekken. Deze wettelijke regeling leidt tot kennelijke verschillen in behandeling ter zake van de verrekening en overdracht van ACT, ten nadele van ingezeten vennootschappen die buitenlandse dividenden ontvangen en/of niet-ingezeten dochterondernemingen hebben. Die verschillen zijn noch passend noch noodzakelijk, gelet op het doel de dubbele economische belasting van uitgekeerde dividenden te vermijden.

120. Vastgesteld moet worden dat elke aftrek van de vennootschapsbelasting die is verschuldigd door een ingezeten vennootschap die buitenlandse dividenden ontvangt, op grond van de buitenlandse belasting – ongeacht of het daarbij gaat om een bronbelasting op die dividenden of om de vennootschapsbelasting die de niet-ingezeten vennootschap heeft betaald op de onderliggende winst – noodzakelijkerwijs het bedrag vermindert van de door de ingezeten vennootschap verschuldigde vennootschapsbelasting waarmee zij bij een latere uitkering van dividenden aan haar eigen aandeelhouders de betaalde ACT kan verrekenen.

121. Dienaangaande zij eraan herinnerd dat, wat de ACT betreft die een vennootschap die dividenden ontvangt van een niet-ingezeten vennootschap moet betalen bij een uitkering aan haar eigen aandeelhouders, de artikelen 43 EG en 56 EG blijkens hetgeen voorafgaat hoe dan ook in de weg staan aan elke discriminatie bij de heffing van de ACT tussen vennootschappen die binnenlandse en die welke buitenlandse dividenden ontvangen (zie punt 112 van dit arrest).

122. Stellig kan niet worden uitgesloten dat zelfs wanneer er geen sprake is van een dergelijke discriminatie, een vennootschap die aanzienlijke buitenlandse dividenden ontvangt, een bedrag aan ACT zal moeten betalen dat groter is dan haar vennootschapsbelastingschuld, en dat dus tot een ACT-overschot kan leiden. Die situatie is evenwel het rechtstreekse gevolg van de toepassing van een nationale regel die ertoe strekt de belasting van als dividenden uitgekeerde winst te vermijden of te verminderen.

123. In het kader van een mechanisme dat is ingevoerd om opeenvolgende belastingheffingen op uitgekeerde winst te vermijden of te verminderen, kan een dergelijke regel slechts worden geacht in te druisen tegen de verdragsbepalingen betreffende het vrije verkeer indien hij dividenden afkomstig van buitenlandse vennootschappen ongunstiger behandelt dan die welke worden uitgekeerd door ingezeten vennootschappen, terwijl de situaties objectief vergelijkbaar zijn en een verschil in behandeling niet gerechtvaardigd is door dwingende redenen van algemeen belang.

124. Uit de stukken blijkt niet dat door het enkele feit dat voor vennootschappen die buitenlandse dividenden ontvangen, de aftrek voor in het buitenland betaalde belasting tot gevolg heeft dat de in het Verenigd Koninkrijk verschuldigde vennootschapsbelasting wordt verminderd, die dividenden ongunstiger worden behandeld dan binnenlandse dividenden. Zoals de regering van het Verenigd Koninkrijk betoogt, kan van een dergelijk ACT-overschot ook in het geval van een vennootschap die binnenlandse dividenden ontvangt, nog sprake zijn telkens wanneer zij meer ACT heeft betaald dan hetgeen zij als vennootschapsbelasting verschuldigd is, met name wanneer voor een dergelijke vennootschap vrijstellingen of aftrekken gelden die de door haar verschuldigde vennootschapsbelasting hebben verminderd.

125. Dat voor een vennootschap die buitenlandse dividenden ontvangt en recht heeft op een aftrek uit hoofde van de buitenlandse belasting, het bedrag van de vennootschapsbelasting waarmee het ACT-overschot kan worden verrekend, wordt verminderd, zou slechts een discriminatie opleveren tussen een dergelijke vennootschap en een vennootschap die binnenlandse dividenden ontvangt indien deze eerste vennootschap in werkelijkheid niet over dezelfde middelen als deze tweede vennootschap zou beschikken om het ACT-overschot te verrekenen met de verschuldigde vennootschapsbelasting.

126. Uit de door de verwijzende rechter gegeven beschrijving van de nationale wettelijke regeling die in het hoofdgeding aan de orde is, blijkt echter niet dat een ingezeten vennootschap die buitenlandse dividenden ontvangt dienaangaande anders wordt behandeld dan een ingezeten vennootschap die binnenlandse dividenden ontvangt.

127. Daaruit volgt dat de verdragsbepalingen betreffende de vrijheid van vestiging niet in de weg staan aan een nationale maatregel die bepaalt dat elke aftrek voor de in het buitenland betaalde belasting die wordt verleend aan een ingezeten vennootschap die buitenlandse dividenden heeft ontvangen, het bedrag van de vennootschapsbelasting vermindert waarmee zij de ACT kan verrekenen.

128. Daar een dergelijke maatregel geen discriminatie oplevert van vennootschappen die buitenlandse dividenden ontvangen, geldt de conclusie in het vorige punt ook voor de verdragsbepalingen betreffende het vrije verkeer van kapitaal.

129. Wat het tweede aspect van de in de derde prejudiciële vraag genoemde nationale wettelijke regeling betreft, moet worden opgemerkt dat, zoals de verwijzende rechter in herinnering heeft gebracht, een ingezeten vennootschap de ACT die niet kon worden verrekend met de voor een bepaald boekjaar of eerdere of latere boekjaren verschuldigde vennootschapsbelasting, weliswaar kan overdragen aan haar ingezeten dochterondernemingen, die deze dan kunnen verrekenen met het bedrag dat zij als vennootschapsbelasting moeten betalen, maar daarentegen niet aan gelieerde, niet-ingezeten vennootschappen opdat deze dat ACT-overschot kunnen verrekenen met de vennootschapsbelasting die zij in het Verenigd Koninkrijk moeten betalen.

130. Volgens de regering van het Verenigd Koninkrijk kan een ingezeten vennootschap niet aanvoeren dat haar niet-ingezeten dochterondernemingen het ACT-overschot niet kunnen verrekenen met de door hen verschuldigde vennootschapsbelasting, aangezien de ingezeten vennootschap daardoor niet zelf wordt benadeeld.

131. Opgemerkt moet evenwel worden dat de bepalingen betreffende de vrijheid van vestiging een lidstaat verbieden de vestiging in een andere lidstaat van een van zijn onderdanen of van een naar zijn nationaal recht opgerichte vennootschap te bemoeilijken (zie met name arrest van 16 juli 1998, ICI, C-264/96, *Jurispr.* blz. I-4695, punt 21; reeds aangehaalde arresten Marks & Spencer, punt 31, en Cadbury Schweppes en Cadbury Schweppes Overseas, punt 42).

132. De door de betrokken nationale wettelijke regeling aan een groep vennootschappen geboden mogelijkheid om een bepaald bedrag aan belastingen dat een vennootschap van de groep niet kan verrekenen met de vennootschapsbelasting die zij in het Verenigd Koninkrijk verschuldigd is, over te dragen aan een andere vennootschap van die groep, opdat deze dit kan verrekenen met de vennootschapsbelasting die zij in dezelfde lidstaat verschuldigd is, vormt voor de betrokken vennootschappen een fiscaal voordeel. Dat niet-ingezeten vennootschappen van de groep van dat voordeel worden uitgesloten, belemmert de ingezeten vennootschappen van de groep in de uitoefening van hun vrijheid van vestiging doordat zij worden afgeschrikt van de oprichting van dochterondernemingen in andere lidstaten (zie in die zin met betrekking tot een groepsaftrek in verband met verliezen van niet-ingezeten dochterondernemingen, arrest Marks & Spencer, reeds aangehaald, punten 32 en 33).

133. Zoals verzoeksters in het hoofdgeding en de Commissie van de Europese Gemeenschappen betogen, vormt het feit dat een ingezeten vennootschap een ACT-overschot niet kan overdragen aan niet-ingezeten dochterondernemingen die in het Verenigd Koninkrijk vennootschapsbelasting verschuldigd zijn, aldus een beperking van de vrijheid van vestiging. Noch in de verwijzingsbeslissing, noch in de opmerkingen van de regering van het Verenigd Koninkrijk wordt enig met het Verdrag verenigbaar rechtmatig doel genoemd dat een dergelijke beperking zou kunnen rechtvaardigen.

134. Uit het voorgaande volgt dat artikel 43 EG in de weg staat aan een nationale maatregel die een ingezeten vennootschap belet het ACT-overschot over te dragen aan haar niet-ingezeten dochterondernemingen, zelfs indien deze in de betrokken lidstaat vennootschapsbelasting verschuldigd zijn.

135. Ten slotte stellen verzoeksters in het hoofdgeding dat voor zover die aspecten van de nationale wettelijke regeling ertoe leiden dat een ingezeten moedermaatschappij te veel ACT verschuldigd is, zij ook indruisen tegen de artikelen 4, lid 1, en 6 van richtlijn 90/435.

136. Zoals in de punten 106 tot en met 111 van dit arrest is opgemerkt, vallen de relevante aspecten van de nationale wettelijke regeling die in het hoofdgeding aan de orde is, niet onder artikel 6 van deze richtlijn.

137. Wat artikel 4, lid 1, van richtlijn 90/435 betreft, volstaat het op te merken dat ofschoon deze bepaling een lidstaat verplicht een moedermaatschappij die dividenden ontvangt van een in een andere lidstaat gevestigde dochteronderneming, te garanderen dat de door haar dochteronderneming in het buitenland betaalde belasting over de uitgekeerde winst integraal zal worden verrekend met de vennootschapsbelasting die de moedermaatschappij in de eerste lidstaat verschuldigd is (zie punt 104 van dit arrest), daaruit voor deze staat geen verplichting voortvloeit om er in een dergelijk geval voor te zorgen dat de voor de buitenlandse belasting aan de moedermaatschappij verleende aftrek niet het bedrag vermindert waarmee zij het bij een uitkering van dividenden aan haar eigen aandeelhouders vooruit betaalde deel van de vennootschapsbelasting kan verrekenen, noch om de mogelijkheid voor die moedermaatschappij de vooruit betaalde belasting die zij niet met haar belastingschuld kan verrekenen, over te dragen, uit te breiden tot niet-ingezeten dochterondernemingen die in die staat zijn onderworpen aan de vennootschapsbelasting.

138. Op de derde vraag moet dus worden geantwoord dat de artikelen 43 EG en 56 EG niet in de weg staan aan een wettelijke regeling van een lidstaat die bepaalt dat elke aftrek voor de in het buitenland betaalde belasting die wordt verleend aan een ingezeten vennootschap die buitenlandse dividenden heeft ontvangen, het bedrag van de vennootschapsbelasting vermindert waarmee zij de voorheffing op de vennootschapsbelasting kan verrekenen.

139. Artikel 43 EG staat in de weg aan een wettelijke regeling van een lidstaat op grond waarvan een ingezeten vennootschap het bedrag van de betaalde voorheffing op de vennootschapsbelasting die niet kan worden verrekend met de vennootschapsbelasting die zij verschuldigd is voor het betrokken boekjaar of voor eerdere of latere boekjaren, kan overdragen aan ingezeten dochterondernemingen opdat deze dit kunnen verrekenen met de door hen verschuldigde vennootschapsbelasting, maar die een ingezeten vennootschap belet dat bedrag over te dragen aan niet-ingezeten dochterondernemingen wanneer zij in die lidstaat belasting moeten betalen over de winst die zij aldaar hebben gemaakt.

De vierde vraag

140. Met zijn vierde vraag wenst de verwijzende rechter in wezen te vernemen of de artikelen 43 EG en 56 EG alsmede de artikelen 4, lid 1, en 6 van richtlijn 90/435 in de weg staan aan een nationale wettelijke regeling als die welke aan de orde is in het hoofdgeding en die, hoewel zij ingezeten vennootschappen die buitenlandse dividenden ontvangen de mogelijkheid biedt te opteren voor een regeling op grond waarvan zij bij een latere uitkering aan hun eigen aandeelhouders de betaalde ACT kunnen recupereren, die vennootschappen verplicht ACT te betalen en deze vervolgens terug te vorderen, en niet voorziet in een belastingkrediet voor hun aandeelhouders, terwijl die er een zouden hebben gekregen indien de ingezeten vennootschappen een uitkering hadden verricht op basis van binnenlandse dividenden.

141. De toepassing van de bepalingen van richtlijn 90/435 op de door de verwijzende rechter aan de orde gestelde kwestie kan meteen worden uitgesloten. Zoals in punt 137 van dit arrest is gepreciseerd, regelt artikel 4, lid 1, van

deze richtlijn namelijk niet de modaliteiten volgens welke een voorheffing op de vennootschapsbelasting verplicht kan worden gesteld. Nu deze bepaling regels bevat om te vermijden dat door een niet-ingezeten dochteronderneming aan haar ingezeten moedermaatschappij uitgekeerde winst opeenvolgende keren wordt belast, is zij niet van toepassing op de situatie van aandeelhouders-natuurlijke personen. Verder zij eraan herinnerd dat de ACT geen bronbelasting is in de zin van artikel 6 van de richtlijn (zie punt 111 van dit arrest).

142. Wat de verdragsbepalingen betreffende het vrije verkeer betreft, zij opgemerkt dat aangezien de betrokken wettelijke regeling geldt voor de uitkering van dividenden aan ingezeten vennootschappen los van de grootte van hun deelneming, zij zowel onder artikel 43 EG betreffende de vrijheid van vestiging als onder artikel 56 EG betreffende het vrije verkeer van kapitaal kan vallen.

143. Gelet op de omstandigheden van de zaken in het hoofdgeding (zie punt 37 van dit arrest), moet de betrokken nationale wettelijke regeling die in het hoofdgeding aan de orde is, eerst worden onderzocht tegen de achtergrond van artikel 43 EG.

144. Zoals de advocaat-generaal in punt 94 van zijn conclusie heeft opgemerkt, wenst de verwijzende rechter met deze vraag van het Hof te vernemen of de in het Verenigd Koninkrijk per 1 juli 1994 ingevoerde FID-regeling wettig is. Die regeling maakt het mogelijk dat ingezeten vennootschappen die buitenlandse dividenden ontvangen het ACT-overschot terugkrijgen, namelijk de ACT die niet kan worden verrekend met het bedrag dat verschuldigd is als vennootschapsbelasting.

145. Vastgesteld moet evenwel worden dat de fiscale behandeling van ingezeten vennootschappen die buitenlandse dividenden ontvangen en voor de FID-regeling kiezen, in twee opzichten ongunstiger is dan die van ingezeten vennootschappen die binnenlandse dividenden ontvangen.

146. Wat in de eerste plaats de mogelijkheid betreft om het ACT-overschot terug te krijgen, blijkt uit de verwijzingsbeslissing dat terwijl de ACT moet worden betaald binnen veertien dagen na het trimester waarin de betrokken vennootschap dividenden uitkeert aan haar aandeelhouders, het ACT-overschot pas kan worden terugbetaald wanneer de vennootschapsbelasting verschuldigd wordt, namelijk negen maanden na het einde van het boekjaar. Afhankelijk van het tijdstip waarop de vennootschap de dividenden heeft uitgekeerd, moet zij dus tussen acht en een halve en zeventien en een halve maand wachten alvorens de betaalde ACT wordt terugbetaald.

147. Zoals verzoeksters in het hoofdgeding betogen, ondervinden ingezeten vennootschappen die voor die regeling kiezen omdat zij buitenlandse dividenden ontvangen, dus een cashflownadeel dat ingezeten vennootschappen die binnenlandse dividenden ontvangen niet hebben. Daar de ingezeten uitkerende vennootschap reeds ACT heeft betaald over de uitgekeerde winst, wordt in het laatste geval namelijk een belastingkrediet toegekend aan de ingezeten vennootschap die deze uitkering ontvangt, waardoor zij aan haar eigen aandeelhouders hetzelfde bedrag aan dividenden kan uitkeren, zonder dat zij ACT behoeft te betalen.

148. In de tweede plaats heeft de aandeelhouder die dividenden ontvangt van een ingezeten vennootschap op grond van als FID aangemerkte buitenlandse dividenden, geen recht op een belastingkrediet, maar wordt hij geacht inkomsten te hebben verworven die in het betrokken aanslagjaar zijn belast tegen het laagste tarief. Bij gebreke van een belastingkrediet heeft een dergelijke aandeelhouder geen recht op terugbetaling wanneer hij geen inkomstenbelasting verschuldigd is of wanneer de verschuldigde inkomstenbelasting lager is dan de belasting over het dividend tegen het laagste tarief.

149. Zoals verzoeksters in het hoofdgeding betogen, brengt dat een vennootschap die voor de FID-regeling heeft gekozen, ertoe het bedrag van haar uitkeringen te verhogen indien zij haar aandeelhouders een opbrengst wil garanderen die overeenstemt met die van een uitkering van binnenlandse dividenden.

150. Volgens de regering van het Verenigd Koninkrijk leveren die verschillen in behandeling geen beperking van de vrijheid van vestiging op.

151. Met betrekking tot de verplichting voor een vennootschap die voor de FID-regeling heeft gekozen om de ACT te betalen in afwachting van een latere teruggave, herhaalt deze regering haar betoog dat de situatie van een vennootschap die buitenlandse dividenden ontvangt niet vergelijkbaar is met die van een vennootschap die binnenlandse dividenden ontvangt, aangezien de verplichting van de eerste vennootschap om bij een latere uitkering van dividenden ACT te betalen, te verklaren is door het feit dat zij, anders dan de tweede vennootschap, dividenden ontvangt waarover geen ACT is betaald. Zo een vennootschap die buitenlandse dividenden ontvangt en voor de FID-regeling opteert, in die andere context recht krijgt op teruggave van de betaalde ACT, kan die behandeling geenszins een discriminatie opleveren.

152. Aangezien evenwel, zoals in de punten 87 tot en met 91 van dit arrest is opgemerkt, de door een vennootschap uitgekeerde winst in haar staat van vestiging aan vennootschapsbelasting is onderworpen, behandelt een regeling voor de vooruitbetaling van vennootschapsbelasting waaraan de dividend ontvangende vennootschap onderworpen is en die het verschuldigde bedrag bepaalt aan de hand van de belasting over de uitgekeerde winst die een ingezeten uitkerende vennootschap heeft betaald, maar niet aan de hand van de belasting die in het buitenland is betaald door een niet-ingezeten uitkerende vennootschap, een vennootschap die buitenlandse dividen-

den ontvangt ongunstiger dan een vennootschap die binnenlandse dividenden ontvangt, terwijl de eerste zich bevindt in een situatie die vergelijkbaar is met die van de tweede.

153. Hoewel de situatie van deze eerste vennootschap beter wordt doordat de vooruit betaalde belasting die niet kan worden verrekend met het bedrag van de verschuldigde vennootschapsbelasting, kan worden terugbetaald, blijft een dergelijke vennootschap toch in een ongunstiger situatie verkeren dan een vennootschap die binnenlandse dividenden ontvangt, aangezien zij een cashflownadeel ondervindt.

154. Een dergelijk verschil in behandeling, dat een deelneming in een niet-ingezeten vennootschap minder aantrekkelijk maakt dan een deelneming in een ingezeten vennootschap, levert bij gebreke van een objectieve rechtvaardiging schending van de vrijheid van vestiging op.

155. Anders dan de regering van het Verenigd Koninkrijk betoogt, kan het cashflownadeel dat vennootschappen ondervinden die voor de FID-regeling hebben geopteerd, niet worden gerechtvaardigd door dwingende overwegingen van praktische aard in verband met het feit dat in het kader van de heffing van belasting over dat dividend de inaanmerkingneming door een lidstaat van alle belastingen die hetzij in die staat, hetzij in het buitenland op de uitgekeerde winst zijn geheven, een zekere tijd vergt.

156. Een lidstaat moet inderdaad over een bepaalde tijd beschikken om bij de vaststelling van de uiteindelijk verschuldigde vennootschapsbelasting rekening te kunnen houden met alle belastingen die reeds op de uitgekeerde winst zijn geheven. Dat kan evenwel niet rechtvaardigen dat een lidstaat in het geval van binnenlandse dividenden bereid is voor de vaststelling van de ACT die is verschuldigd door een vennootschap die dividenden uitkeert, rekening te houden met het deel van de ACT die is betaald door de ingezeten vennootschap waarvan de uitkerende vennootschap zelf dividenden heeft ontvangen – op een tijdstip waarop het bedrag dat deze andere ingezeten vennootschap uiteindelijk aan vennootschapsbelasting verschuldigd zal zijn, nog niet eens kon worden vastgesteld –, terwijl die staat in het geval van buitenlandse dividenden het aan ACT verschuldigde bedrag vaststelt zonder dat de ingezeten vennootschap die dividenden uitkeert aan haar eigen aandeelhouders, dat bedrag kan verrekenen met de belasting die wordt geheven op de winst die haar is uitgekeerd door een niet-ingezeten vennootschap.

157. Indien mocht blijken dat de over de uitgekeerde winst betaalde belasting in het kader van een stelsel van vooruitbetaling van de vennootschapsbelasting om praktische redenen slechts in aanmerking kan worden genomen voor binnenlandse dividenden, zou het aan de betrokken lidstaat zijn om het ene of het andere aspect van zijn belastingstelsel voor ingezeten vennootschappen te wijzigen teneinde deze ongelijke behandeling uit de weg te ruimen.

158. Met betrekking tot de omstandigheid dat de FID-regeling niet in een belastingkrediet voor de aandeelhouder voorziet, stelt de regering van het Verenigd Koninkrijk dat een dergelijk belastingkrediet slechts wordt verleend aan een aandeelhouder die een uitkering ontvangt, wanneer er sprake is van een dubbele economische belasting van de uitgekeerde winst die moet worden vermeden of verminderd. Dat is bij de FID-regeling niet het geval, daar er geen ACT is betaald over de buitenlandse dividenden en de ACT die de ingezeten vennootschap die die dividenden ontvangt, bij de uitkering aan haar aandeelhouders moet betalen, vervolgens wordt terugbetaald.

159. Dit betoog is echter gebaseerd op dezelfde onjuiste premisse dat het gevaar voor een dubbele economische belasting slechts bestaat in het geval van dividenden die afkomstig zijn van een ingezeten vennootschap die over haar uitkeringen van dividenden ACT moet betalen, terwijl dat gevaar in werkelijkheid ook bestaat in het geval van dividenden die worden betaald door een niet-ingezeten vennootschap waarvan de winst in haar staat van vestiging ook is onderworpen aan de vennootschapsbelasting, volgens de aldaar geldende tarieven en regels.

160. Om dezelfde reden kan de regering van het Verenigd Koninkrijk de fiscaal ongunstiger behandeling van dividenden die worden ontvangen van een niet-ingezeten vennootschap ook niet betwisten met het betoog dat een dergelijke vennootschap haar aandeelhouders hogere dividenden kan uitkeren omdat zij niet verplicht is ACT te betalen.

161. Ook het argument dat de verschillen in behandeling van de uitkering van buitenlandse dividenden in het kader van de FID-regeling geen beperking van de vrijheid van vestiging opleveren, daar deze regeling louter optioneel is, moet worden afgewezen.

162. Zoals verzoeksters in het hoofdgeding opmerken, is een nationale regeling die het vrije verkeer beperkt immers zelfs in strijd met het gemeenschapsrecht als de toepassing daarvan facultatief is.

163. Wat ten slotte het argument van de regering van het Verenigd Koninkrijk betreft dat de betrokken beperkingen gerechtvaardigd zijn door de noodzaak de samenhang van het belastingstelsel van het Verenigd Koninkrijk in stand te houden, moet worden vastgesteld dat dit argument slechts een herhaling is van het betoog dat reeds is afgewezen bij het onderzoek van de tweede vraag (zie punt 93 van dit arrest).

164. Uit een en ander volgt dat artikel 43 EG in de weg staat aan de kenmerken van de FID-regeling die de verwijzende rechter in zijn vierde vraag heeft genoemd.

165. Nu deze vraag volgens de verwijzende rechter ook betrekking heeft op vennootschappen die zijn gevestigd in derde landen en die derhalve niet onder artikel 43 EG betreffende de vrijheid van vestiging vallen, en om de in punt 38 van dit arrest genoemde reden, rijst de vraag of nationale maatregelen als die welke in het hoofdgeding aan de orde zijn, ook indruisen tegen artikel 56 EG betreffende het vrije verkeer van kapitaal.

166. Dienaangaande moet worden opgemerkt dat het verschil in behandeling van buitenlandse dividenden die worden ontvangen door een ingezeten vennootschap die voor de FID-regeling kiest (zie punten 145-149 van dit arrest) tot gevolg heeft dat een dergelijke vennootschap ervan wordt afgeschrikt haar kapitaal te beleggen in een vennootschap die in een andere staat gevestigd is, en ook een restrictief gevolg heeft voor in andere staten gevestigde vennootschappen, voor zover het deze belemmert in het bijeenbrengen van kapitaal in het Verenigd Koninkrijk.

167. Opdat een dergelijk verschil in behandeling verenigbaar is met de verdragsbepalingen betreffende het vrije verkeer van kapitaal, moet het betrekking hebben op situaties die niet objectief vergelijkbaar zijn, of worden gerechtvaardigd door een dwingende reden van algemeen belang.

168. Nu de regering van het Verenigd Koninkrijk dienaangaande dezelfde argumenten gebruikt als die welke zij heeft aangevoerd in verband met het onderzoek van artikel 43 EG, volstaat de vaststelling dat dit verschil in behandeling om de in de punten 150 tot en met 163 van dit arrest genoemde redenen betrekking heeft op objectief vergelijkbare situaties, en een beperking van het kapitaalverkeer oplevert waarvan niet is aangetoond dat zij gerechtvaardigd is.

169. Deze regering voert als enige specifieke argument in verband met het vrije verkeer van kapitaal aan dat wanneer de uitkerende vennootschappen in derde landen gevestigd zijn, de verificatie van de door die vennootschappen in hun staat van vestiging betaalde belasting moeilijker kan zijn dan in een louter communautaire context.

170. Wegens de mate van juridische integratie van de lidstaten van de Unie, met name het bestaan van communautaire wetgeving die strekt tot samenwerking tussen nationale belastingdiensten, zoals richtlijn 77/799/EEG van de Raad van 19 december 1977 betreffende de wederzijdse bijstand van de bevoegde autoriteiten van de lidstaten op het gebied van de directe belastingen (*PB* L 336, blz. 15), is de belastingheffing door een lidstaat op economische activiteiten met grensoverschrijdende aspecten binnen de Gemeenschap inderdaad niet altijd vergelijkbaar met die op economische activiteiten die zich afspelen tussen lidstaten en derde landen.

171. Zoals de advocaat-generaal in punt 121 van zijn conclusie heeft beklemtoond, kan ook niet worden uitgesloten dat een lidstaat in staat zou zijn aan te tonen dat een beperking van het kapitaalverkeer naar of uit derde landen om een bepaalde reden gerechtvaardigd is, in omstandigheden waarin die reden geen geldige rechtvaardiging zou opleveren voor een beperking van het kapitaalverkeer tussen lidstaten.

172. Wat de nationale wettelijke regeling in kwestie betreft, heeft de regering van het Verenigd Koninkrijk de moeilijkheden in verband met de verificatie van de in het buitenland betaalde belasting echter slechts aangehaald ter verklaring van het verschil tussen het tijdstip waarop de ACT wordt betaald en het tijdstip van terugbetaling daarvan. Zoals in punt 156 van dit arrest is overwogen, kan dit echter geen rechtvaardiging vormen voor een wettelijke regeling die een ingezeten vennootschap waaraan buitenlandse dividenden worden uitgekeerd, belet de belasting over de in het buitenland uitgekeerde winst te verrekenen met het uit hoofde van de voorheffing op de vennootschapsbelasting verschuldigde bedrag, terwijl voor binnenlandse dividenden dat bedrag ambtshalve wordt afgetrokken van de belasting die, zij het slechts vervroegd, wordt betaald door de ingezeten uitkerende vennootschap.

173. Op de vierde vraag moet dan ook worden geantwoord dat de artikelen 43 EG en 56 EG in de weg staan aan een wettelijke regeling van een lidstaat die, terwijl zij ingezeten vennootschappen die aan hun aandeelhouders dividenden uitkeren die voortvloeien uit door hen ontvangen binnenlandse dividenden, vrijstelt van de voorheffing op de vennootschapsbelasting, ingezeten vennootschappen die aan hun aandeelhouders dividenden uitkeren die voortvloeien uit door hen ontvangen buitenlandse dividenden, de mogelijkheid biedt te opteren voor een regeling op grond waarvan zij de betaalde voorheffing op de vennootschapsbelasting kunnen recupereren, maar die vennootschappen verplicht die voorheffing te betalen en vervolgens terugbetaling daarvan te vorderen, en niet voorziet in een belastingkrediet voor hun aandeelhouders, die dat wel zouden hebben gekregen in geval van een uitkering door een ingezeten vennootschap op grond van binnenlandse dividenden.

De vijfde vraag

174. Met zijn vijfde vraag wenst de verwijzende rechter in wezen te vernemen of, gelet op het feit dat de nationale maatregelen waarvan sprake is in de eerste en de tweede vraag zijn vastgesteld vóór 31 december 1993, de in de vierde vraag genoemde maatregelen, die zijn vastgesteld na die datum maar die nationale maatregelen wijzigen, voor zover zij ook beperkingen van het kapitaalverkeer opleveren die in beginsel verboden zijn door artikel 56 EG, zijn toegestaan als op 31 december 1993 bestaande beperkingen in de zin van artikel 57, lid 1, EG.

175. Volgens deze laatste bepaling doet artikel 56 EG geen afbreuk aan de toepassing op derde landen van beperkingen die op 31 december 1993 bestaan uit hoofde van nationaal of gemeenschapsrecht inzake het kapitaalverkeer naar of uit derde landen in verband met directe investeringen – met inbegrip van investeringen in onroerende goederen –, vestiging, het verrichten van financiële diensten of de toelating van waardepapieren tot de kapitaalmarkten.

176. Derhalve moet worden uitgemaakt of de in de vierde vraag genoemde nationale maatregelen onder artikel 57, lid 1, EG vallen als beperkingen van het kapitaalverkeer in verband met directe investeringen, vestiging, het verrichten van financiële diensten of de toelating van waardepapieren tot de kapitaalmarkten.

177. Vastgesteld moet worden dat inzonderheid het begrip 'directe investeringen' in het Verdrag niet wordt gedefinieerd.

178. In het gemeenschapsrecht is dit begrip evenwel gedefinieerd in de nomenclatuur van het kapitaalverkeer die is opgenomen in bijlage I bij richtlijn 88/361/EEG van de Raad van 24 juni 1988 voor de uitvoering van artikel 67 van het Verdrag [artikel ingetrokken bij het Verdrag van Amsterdam] (*PB* L 178, blz. 5), die dertien verschillende categorieën kapitaalverkeer vermeldt.

179. Het is vaste rechtspraak dat, voor zover artikel 56 EG in hoofdzaak de inhoud van artikel 1 van richtlijn 88/361 heeft overgenomen, deze nomenclatuur, ook al is deze richtlijn vastgesteld op basis van de artikelen 69 en 70, lid 1, EEG-Verdrag (de artikelen 67-73 EEG-Verdrag zijn vervangen door de artikelen 73 B-73 G EG-Verdrag, thans de artikelen 56 EG-60 EG), de indicatieve waarde die zij voor de inwerkingtreding van die artikelen bezat voor de definitie van het begrip kapitaalverkeer behoudt, waarbij de lijst die zij bevat, gelijk in de inleiding te kennen wordt gegeven, geenszins uitputtend is (zie met name arresten van 16 maart 1999, Trummer en Mayer, C-222/97, *Jurispr.* blz. I-1661, punt 21, en 23 februari 2006, Van Hilten-van der Heijden, C-513/03, *Jurispr.* blz. I-1957, punt 39).

180. Deze nomenclatuur moet ook voor de uitlegging van het begrip directe investeringen die indicatieve waarde hebben. In de eerste rubriek van de nomenclatuur ('Directe investeringen') staan de oprichting van nieuwe en de uitbreiding van bestaande filialen of ondernemingen, welke uitsluitend aan de kapitaalverschaffer toebehoren, de algehele verwerving van bestaande ondernemingen, de deelneming in nieuwe of bestaande ondernemingen teneinde duurzame economische betrekkingen te vestigen of te handhaven, de verstrekking van langlopende leningen teneinde duurzame economische betrekkingen te vestigen of te handhaven, en de herinvestering van revenuen teneinde duurzame economische betrekkingen te handhaven.

181. Blijkens deze lijst en de verklarende aantekeningen daarbij betreft het begrip directe investeringen alle investeringen welke door natuurlijke of rechtspersonen worden verricht en welke gericht zijn op de vestiging of de handhaving van duurzame en directe betrekkingen tussen de kapitaalverschaffer en de onderneming waarvoor de desbetreffende middelen bestemd zijn met het oog op de uitoefening van een economische activiteit.

182. Wat de deelnemingen in nieuwe of bestaande ondernemingen betreft, veronderstelt, zoals de verklarende aantekeningen bevestigen, het doel om duurzame economische betrekkingen te vestigen of te handhaven dat de aandelen een aandeelhouder, hetzij ingevolge de bepalingen van de nationale wetgeving op de vennootschappen, hetzij uit anderen hoofde de mogelijkheid bieden daadwerkelijk deel te hebben in het bestuur van of de zeggenschap over de betrokken vennootschap.

183. Anders dan verzoeksters in het hoofdgeding betogen, omvatten de beperkingen van het kapitaalverkeer in verband met directe investeringen of de vestiging in de zin van artikel 57, lid 1, EG niet enkel nationale maatregelen waarvan de toepassing op het kapitaalverkeer naar of uit derde landen investeringen of de vestiging beperken, maar ook maatregelen die de uitkering van daaruit voortvloeiende dividenden beperken.

184. Uit de rechtspraak blijkt immers dat elke ongunstiger behandeling van buitenlandse dividenden in vergelijking met binnenlandse dividenden moet worden beschouwd als een beperking van het vrije verkeer van kapitaal, aangezien zij het nemen van deelnemingen in vennootschappen die in andere lidstaten gevestigd zijn, minder aantrekkelijk kan maken (reeds aangehaalde arresten Verkooijen, punt 35, Lenz, punt 21, en Manninen, punt 23).

185. Daaruit volgt dat een beperking van het kapitaalverkeer, zoals een fiscaal ongunstiger behandeling van buitenlandse dividenden, onder artikel 57, lid 1, EG valt voor zover zij verband houdt met deelnemingen die worden genomen teneinde duurzame en directe economische betrekkingen te vestigen of te handhaven tussen de aandeelhouder en de betrokken vennootschap en die de aandeelhouder de mogelijkheid bieden daadwerkelijk deel te hebben in het bestuur van of de zeggenschap over de betrokken vennootschap.

186. Is dit niet het geval, dan kan een bij artikel 56 EG verboden beperking van het kapitaalverkeer niet worden toegepast, zelfs niet in de betrekkingen met derde landen.

187. Daarentegen volgt uit artikel 57, lid 1, EG dat een lidstaat in de betrekkingen met derde landen de beperkingen van het kapitaalverkeer kan toepassen die binnen de materiële werkingssfeer van deze bepalingen vallen,

zelfs indien zij in strijd zijn met het in artikel 56 EG neergelegde beginsel van het vrije verkeer van kapitaal, mits die beperkingen reeds bestonden op 31 december 1993.

188. De regering van het Verenigd Koninkrijk meent dat zo het Hof mocht oordelen dat artikel 56 EG in de weg staat aan de nationale wettelijke regeling inzake de belasting van buitenlandse dividenden die aan de orde is in het hoofdgeding, zulks niet enkel het geval zou zijn voor de maatregelen waarvan sprake is in de eerste tot en met de derde prejudiciële vraag, welke zijn vastgesteld vóór 31 december 1993, maar ook voor de FID-regeling, die op 1 juli 1994 in werking is getreden, daar deze laatste in vergelijking met de bestaande maatregelen geen nieuwe beperkingen heeft ingevoerd, maar integendeel enkel een aantal restrictieve gevolgen van de bestaande wettelijke regeling heeft weggewerkt.

189. Allereerst moet het begrip 'beperkingen' die op 31 december 1993 'bestaan' in de zin van artikel 57, lid 1, EG worden verduidelijkt.

190. Zoals verzoeksters in het hoofdgeding, de regering van het Verenigd Koninkrijk en de Commissie hebben gesuggereerd, moet worden verwezen naar het arrest van 1 juni 1999, Konle (C-302/97, *Jurispr.* blz. I-3099), waarin het Hof het begrip 'bestaande wetgeving' moest uitleggen dat voorkomt in een uitzonderingsbepaling van de Akte betreffende de toetredingsvoorwaarden voor de Republiek Oostenrijk, de Republiek Finland en het Koninkrijk Zweden en de aanpassing van de Verdragen waarop de Europese Unie is gegrond (*PB* 1994, C 241, blz. 21, en *PB* 1995, L 1, blz. 1), op grond waarvan de Republiek Oostenrijk haar bestaande wetgeving inzake tweede woningen tijdelijk mocht handhaven.

191. Hoewel in beginsel de nationale rechter de inhoud dient te bepalen van de wetgeving die bestond op een bij een gemeenschapshandeling bepaalde datum, heeft het Hof in dat arrest immers gepreciseerd dat het aan hem is om de gegevens te verschaffen voor de uitlegging van het gemeenschapsrechtelijke begrip dat de basis vormt voor de toepassing van een communautaire uitzonderingsregeling op een nationale wettelijke regeling die op een bepaalde datum 'bestaat' (zie in die zin arrest Konle, reeds aangehaald, punt 27).

192. Zoals het Hof in dat arrest heeft overwogen, is een nationale maatregel die na een aldus bepaalde datum is vastgesteld, niet om die reden automatisch van de bij de betrokken gemeenschapshandeling ingevoerde uitzonderingsregeling uitgesloten. De uitzondering geldt ook voor een bepaling die op de voornaamste punten identiek is aan de vroegere wetgeving of die daarin enkel een belemmering voor de uitoefening van de communautaire rechten en vrijheden in de vroegere wetgeving vermindert of opheft. Daarentegen kan een wettelijke regeling die op een andere hoofdgedachte berust dan de vorige en nieuwe procedures invoert, niet worden gelijkgesteld met de wetgeving die bestaat op het door de betrokken gemeenschapshandeling bepaalde tijdstip (zie arrest Konle, reeds aangehaald, punten 52 en 53).

193. Wat vervolgens de relatie tussen de FID-regeling en de bestaande nationale wettelijke regeling inzake de belasting van buitenlandse dividenden betreft, zoals die door de verwijzende rechter wordt beschreven, blijkt dat deze regeling ertoe strekt de restrictieve gevolgen van de bestaande wettelijke regeling voor ingezeten vennootschappen die buitenlandse dividenden ontvangen te beperken, met name door die vennootschappen de mogelijkheid te bieden de bij een uitkering van dividenden aan hun eigen aandeelhouders te veel verschuldigde ACT terugbetaald te krijgen.

194. Het staat evenwel aan de nationale rechter om uit te maken of het door verzoeksters in het hoofdgeding beklemtoonde feit dat aan aandeelhouders die als FID aangemerkte dividenden ontvangen, geen belastingkrediet wordt verleend, als een nieuwe beperking moet worden beschouwd. Hoewel in het nationale belastingstelsel waarvan de FID-regeling deel uitmaakt, de toekenning van een dergelijk belastingkrediet aan de ontvangende aandeelhouder overeenkomt met de betaling door de uitkerende vennootschap van de over deze uitkering geheven ACT, kan uit de beschrijving van de nationale belastingregeling in de verwijzingsbeslissing niet worden opgemaakt dat het feit dat een vennootschap die voor de FID-regeling heeft geopteerd, recht heeft op terugbetaling van de te veel betaalde ACT, in de logica van de op 31 december 1993 bestaande wettelijke regeling rechtvaardigt dat aan haar aandeelhouders geen belastingkrediet wordt verleend.

195. Anders dan de regering van het Verenigd Koninkrijk betoogt, kan de FID-regeling hoe dan ook niet als een bestaande beperking worden aangemerkt op de enkele grond dat de betrokken vennootschappen wegens het facultatieve karakter van de regeling steeds ervoor kunnen kiezen dat de vroegere regeling wordt toegepast, met de restrictieve gevolgen van dien. Zoals in punt 162 van dit arrest is overwogen, is een regeling die het vrije verkeer beperkt immers zelfs in strijd met het gemeenschapsrecht als de toepassing daarvan facultatief is.

196. Op de vijfde vraag moet dus worden geantwoord dat artikel 57, lid 1, EG aldus moet worden uitgelegd dat wanneer een lidstaat vóór 31 december 1993 een wettelijke regeling heeft vastgesteld die bij artikel 56 EG verboden beperkingen van het kapitaalverkeer naar of uit derde landen inhoudt en hij na deze datum maatregelen vaststelt die, ofschoon zij ook een beperking van dit verkeer inhouden, op de voornaamste punten identiek zijn aan de vroegere wettelijke regeling of daarin enkel een belemmering voor de uitoefening van de communautaire rechten en vrijheden in de vroegere wettelijke regeling verminderen of opheffen, artikel 56 EG niet in de weg staat aan de

toepassing van deze maatregelen op derde landen wanneer zij gelden voor het kapitaalverkeer in verband met directe investeringen – met inbegrip van investeringen in onroerende goederen –, vestiging, het verrichten van financiële diensten of de toelating van waardepapieren tot de kapitaalmarkten. Als directe investeringen kunnen in dat verband niet worden beschouwd deelnemingen in een vennootschap die niet worden genomen teneinde duurzame en directe economische betrekkingen te vestigen of te handhaven tussen de aandeelhouder en de betrokken vennootschap en de aandeelhouder niet de mogelijkheid bieden daadwerkelijk deel te hebben in het bestuur van of de zeggenschap over de betrokken vennootschap.

De zesde tot en met de negende vraag

197. Met zijn zesde tot en met negende vraag, die samen moeten worden behandeld, wenst de verwijzende rechter in wezen te vernemen of, wanneer de in de vorige vragen bedoelde nationale maatregelen onverenigbaar met het gemeenschapsrecht zouden zijn, vorderingen als die welke verzoeksters in het hoofdgeding hebben ingesteld om die onverenigbaarheid op te heffen, moeten worden aangemerkt als vorderingen tot terugbetaling van onrechtmatig geheven bedragen of tot betaling van onrechtmatig geweigerde voordelen, dan wel als vorderingen tot schadevergoeding. In dit laatste geval vraagt hij zich af of moet worden voldaan aan de in het reeds aangehaalde arrest Brasserie du Pêcheur en Factortame gestelde voorwaarden, en of in dat verband rekening moet worden gehouden met de vorm waarin die vorderingen naar nationaal recht moeten worden ingesteld.

198. Met betrekking tot de toepassing van de voorwaarden waaronder een lidstaat de schade moet vergoeden die particulieren wordt veroorzaakt door een schending van het gemeenschapsrecht, vraagt de verwijzende rechter of het Hof aanwijzingen kan geven inzake het vereiste van een voldoende gekwalificeerde schending van dit recht en het vereiste van een causaal verband tussen de schending van de op de lidstaat rustende verplichting en de door de benadeelde personen geleden schade.

199. Volgens verzoeksters in het hoofdgeding vallen alle in de zesde vraag beschreven vorderingen in de categorie van vorderingen tot terugbetaling, zowel voor zover zij strekken tot terugbetaling van ten onrechte te veel geïnde belasting of tot vergoeding van het verlies dat het gevolg is van het verlies van het gebruiksgenot van bedragen die vervroegd als belasting zijn betaald, als voor zover zij strekken tot herstel van belastingaftrekken of de terugbetaling van het bedrag waarmee de betrokken ingezeten vennootschappen de als FID aangemerkte dividenden hebben moeten verhogen om het verlies van het belastingkrediet door hun aandeelhouders te compenseren. Zo het gemeenschapsrecht aanvaardde dat het nationale recht slechts voorziet in een schadevordering, zou deze hoe dan ook verschillen van de vordering waarvan sprake is in het arrest Brasserie du Pêcheur en Factortame.

200. De regering van het Verenigd Koninkrijk stelt daarentegen dat alle door verzoeksters in het hoofdgeding ingediende vorderingen schadevorderingen zijn waarvoor de in het arrest Brasserie du Pêcheur en Factortame gestelde voorwaarden gelden. De wijze waarop de vorderingen naar nationaal recht zijn ingesteld, is niet van belang voor de gemeenschapsrechtelijke kwalificatie.

201. Dienaangaande zij opgemerkt dat het niet de taak van het Hof is om de vorderingen die verzoeksters in het hoofdgeding bij de verwijzende rechter hebben ingesteld, juridisch te kwalificeren. In casu is het aan hen om onder toezicht van de verwijzende rechter de aard en de grondslag van hun vordering nader te preciseren (vordering tot terugbetaling of vordering tot schadevergoeding) (zie arrest Metallgesellschaft e.a., reeds aangehaald, punt 81).

202. Volgens vaste rechtspraak is het recht op terugbetaling van heffingen die een lidstaat in strijd met het gemeenschapsrecht heeft geïnd, het gevolg en het complement van de rechten die de justitiabelen ontlenen aan de gemeenschapsbepalingen, zoals die door het Hof zijn uitgelegd (zie met name arrest van 9 november 1983, San Giorgio, 199/82, *Jurispr.* blz. 3595, punt 12, en arrest Metallgesellschaft e.a., reeds aangehaald, punt 84). De lidstaat is dus in beginsel verplicht, in strijd met het gemeenschapsrecht toegepaste heffingen terug te betalen (arrest van 14 januari 1997, Comateb e.a., C-192/95-C-218/95, *Jurispr.* blz. I-165, punt 20, en arrest Metallgesellschaft e.a., reeds aangehaald, punt 84).

203. Bij gebreke van een gemeenschapsregeling inzake de terugbetaling van ten onrechte geïnde nationale heffingen is het een aangelegenheid van het nationale recht van elke lidstaat om de bevoegde rechter aan te wijzen en de procesregels te geven voor rechtsvorderingen die ertoe strekken, de rechten te beschermen die de justitiabelen aan het gemeenschapsrecht ontlenen, mits die regels niet ongunstiger zijn dan die welke voor soortgelijke nationale vorderingen gelden (gelijkwaardigheidsbeginsel), en zij de uitoefening van de door het gemeenschapsrecht verleende rechten in de praktijk niet onmogelijk of uiterst moeilijk maken (doeltreffendheidsbeginsel) (zie met name arresten van 16 december 1976, Rewe, 33/76, *Jurispr.* blz. 1989, punt 5, en Comet, 45/76, *Jurispr.* blz. 2043, punten 13 en 16, en meer recentelijk arresten van 15 september 1998, Edis, C-231/96, *Jurispr.* blz. I-4951, punten 19 en 34, en 9 februari 1999, Dilexport, C-343/96, *Jurispr.* blz. I-579, punt 25, en arrest Metallgesellschaft e.a., reeds aangehaald, punt 85).

204. Verder heeft het Hof in punt 96 van het arrest Metallgesellschaft e.a. overwogen dat wanneer een ingezeten vennootschap of haar moedermaatschappij ten voordele van de autoriteiten van een lidstaat financieel nadeel

hebben geleden door de betaalde voorheffing op de vennootschapsbelasting, die de ingezeten vennootschap moest betalen over de aan haar niet-ingezeten moedermaatschappij betaalde dividenden, maar waarvan een ingezeten vennootschap die dividenden had uitgekeerd aan een eveneens in die lidstaat gevestigde moedermaatschappij was vrijgesteld, de verdragsbepalingen betreffende het vrije verkeer vereisen dat ingezeten vennootschappen en hun niet-ingezeten moedermaatschappijen over een doeltreffend rechtsmiddel beschikken om terugbetaling of vergoeding van dat nadeel te verkrijgen.

205. Uit die rechtspraak volgt dat wanneer een lidstaat belastingen heeft geheven in strijd met het gemeenschapsrecht, de justitiabelen niet alleen recht hebben op terugbetaling van de onrechtmatig geheven belasting, maar ook van de aan die staat betaalde of door hem ingehouden bedragen die rechtstreeks met die belasting verband houden. Zoals het Hof in de punten 87 en 88 van het arrest Metallgesellschaft e.a. heeft overwogen, omvat dit mede de verliezen die het gevolg zijn van het feit dat geldsommen wegens de voortijdige verschuldigdheid van de belasting niet beschikbaar zijn.

206. Voor zover de nationaalrechtelijke aftrekregels hebben belet dat een in strijd met het gemeenschapsrecht geheven belasting, zoals de ACT, wordt gerecupereerd door de belastingplichtige die ze heeft betaald, heeft deze laatste recht op terugbetaling van die belasting.

207. Anders dan verzoeksters in het hoofdgeding stellen, kunnen echter noch de aftrekken waarvan de belastingplichtige heeft afgezien teneinde de ten onrechte geheven belasting, zoals de ACT, integraal te kunnen verrekenen met een uit hoofde van een andere belasting verschuldigd bedrag, noch het nadeel dat ingezeten vennootschappen die voor de FID-regeling hebben gekozen, hebben geleden doordat zij het bedrag van hun dividenden moesten verhogen om het verlies van het belastingkrediet door hun aandeelhouders te compenseren, op grond van het gemeenschapsrecht worden gecompenseerd via een vordering tot terugbetaling van de onrechtmatig geheven belasting of van aan de betrokken lidstaat betaalde of door hem ingehouden bedragen die rechtstreeks met die belasting verband houden. Dat wordt afgezien van dergelijke aftrekken of dat de dividenden worden verhoogd, berust immers op beslissingen van die vennootschappen en is voor deze geen onvermijdelijk gevolg van de weigering van het Verenigd Koninkrijk om die aandeelhouders evenwaardig te behandelen als de aandeelhouders aan wie een bedrag wordt uitgekeerd dat voortvloeit uit binnenlandse dividenden.

208. Derhalve is het aan de nationale rechter om uit te maken of het feit dat de betrokken vennootschappen afzien van aftrekken of de dividenden verhogen, voor hen financiële nadelen oplevert die het gevolg zijn van een aan de betrokken lidstaat toe te rekenen schending van het gemeenschapsrecht.

209. Zonder evenwel uit te sluiten dat de staat naar nationaal recht onder minder beperkende voorwaarden aansprakelijk kan zijn, heeft het Hof geoordeeld dat een lidstaat de schade moet vergoeden die particulieren lijden wegens aan hem toe te rekenen schendingen van het gemeenschapsrecht, wanneer aan drie voorwaarden is voldaan: de geschonden rechtsregel strekt ertoe particulieren rechten toe te kennen, er is sprake van een voldoende gekwalificeerde schending en er bestaat een rechtstreeks causaal verband tussen de schending van de op de staat rustende verplichting en de door de benadeelde personen geleden schade (arrest Brasserie du Pêcheur en Factortame, reeds aangehaald, punten 51 en 66, en arrest van 30 september 2003, Köbler, C-224/01, *Jurispr.* blz. I-10239, punten 51 en 57).

210. De voorwaarden voor het vaststellen van de aansprakelijkheid van de lidstaten voor schade die aan particulieren is toegebracht door schending van het gemeenschapsrecht, moeten in beginsel door de nationale rechter worden toegepast (reeds aangehaalde arresten Brasserie du Pêcheur en Factortame, punt 58, en Köbler, punt 100) overeenkomstig de door het Hof voor deze toepassing verstrekte richtsnoeren (arrest Brasserie du Pêcheur en Factortame, reeds aangehaald, punten 55-57; arrest van 26 maart 1996, British Telecommunications, C-392/93, *Jurispr.* blz. I-1631, punt 41; reeds aangehaalde arresten Denkavit e.a., punt 49, en Konle, punt 58).

211. In het hoofdgeding is met betrekking tot de artikelen 43 EG en 56 EG duidelijk aan de eerste voorwaarde voldaan. Die bepalingen kennen particulieren immers rechten toe (zie respectievelijk arrest Brasserie du Pêcheur en Factortame, reeds aangehaald, punten 23 en 54, en arrest van 14 december 1995, Sanz de Lera e.a., C-163/94, C-165/94 en C-250/94, *Jurispr.* blz. I-4821, punt 43).

212. Wat de tweede voorwaarde betreft, zij er in de eerste plaats aan herinnerd dat een schending van het gemeenschapsrecht voldoende gekwalificeerd is wanneer een lidstaat bij de uitoefening van zijn normatieve bevoegdheid de grenzen waarbinnen hij bij de uitoefening van zijn bevoegdheden dient te blijven, kennelijk en ernstig heeft miskend (zie reeds aangehaalde arresten Brasserie du Pêcheur en Factortame, punt 55, en British Telecommunications, punt 42, en arrest van 4 juli 2000, Haim, C-424/97, *Jurispr.* blz. I-5123, punt 38). In de tweede plaats kan de enkele inbreuk op het gemeenschapsrecht volstaan om een voldoende gekwalificeerde schending te doen vaststaan, wanneer de betrokken lidstaat op het moment van de inbreuk slechts een zeer beperkte of in het geheel geen beoordelingsmarge had (zie arrest van 23 mei 1996, Hedley Lomas, C-5/94, *Jurispr.* blz. I-2553, punt 28, en arrest Haim, reeds aangehaald, punt 38).

213. Om vast te stellen of er sprake is van een voldoende gekwalificeerde schending, moet rekening worden gehouden met alle elementen die de aan de nationale rechter voorgelegde situatie karakteriseren. Die elementen zijn onder meer de mate van duidelijkheid en nauwkeurigheid van de geschonden regel, de vraag of al dan niet opzettelijk een schending is begaan of schade is veroorzaakt, de vraag of een eventuele rechtsdwaling al dan niet verschoonbaar is en de vraag of de handelwijze van een gemeenschapsinstelling heeft kunnen bijdragen tot de vaststelling of de instandhouding van met het gemeenschapsrecht strijdige nationale maatregelen of praktijken (reeds aangehaalde arresten Brasserie du Pêcheur en Factortame, punt 56, en Haim, punten 42 en 43).

214. In ieder geval is een schending van het gemeenschapsrecht kennelijk gekwalificeerd, wanneer zij verder is blijven bestaan in weerwil van de uitspraak van een arrest houdende vaststelling van de verweten niet-nakoming, van een prejudiciële beslissing of van een vaste rechtspraak van het Hof ter zake, waaruit blijkt dat de betrokken gedraging de kenmerken van een schending vertoont (arrest Brasserie du Pêcheur en Factortame, reeds aangehaald, punt 57).

215. Om uit te maken of een schending van artikel 43 EG door de betrokken lidstaat voldoende gekwalificeerd was, moet de nationale rechter in casu rekening houden met het feit dat op een gebied als dat van de directe belastingen de gevolgen van het door het Verdrag gewaarborgde vrije verkeer slechts geleidelijk aan het licht zijn gekomen, met name door de beginselen die het Hof heeft ontwikkeld sinds het reeds aangehaalde arrest van 28 januari 1986, Commissie/Frankrijk. Aangaande de belasting van dividenden die ingezeten vennootschappen ontvangen van niet-ingezeten vennootschappen, heeft het Hof verder pas in de arresten Verkooijen, Lenz en Manninen de gelegenheid gehad de uit dit vrije verkeer voortvloeiende vereisten te verduidelijken, met name wat het vrije verkeer van kapitaal betreft.

216. Afgezien van de door richtlijn 90/435 bestreken gevallen gaf het gemeenschapsrecht immers geen precieze definitie van de verplichting van een lidstaat om te garanderen dat, wat mechanismen betreft om opeenvolgende belastingheffingen of dubbele economische belasting te vermijden of te verminderen, dividenden die aan ingezetenen worden uitgekeerd door ingezeten vennootschappen en die welke worden uitgerekend door niet-ingezeten vennootschappen evenwaardig worden behandeld. Tot de arresten Verkooijen, Lenz en Manninen was de in de onderhavige prejudiciële verwijzing aan de orde gestelde kwestie in de rechtspraak van het Hof als zodanig dus nog niet behandeld.

217. Tegen de achtergrond van deze overwegingen moet de nationale rechter de in punt 213 van dit arrest genoemde factoren beoordelen, inzonderheid de mate van duidelijkheid en nauwkeurigheid van de geschonden regels en de vraag of eventuele rechtsdwalingen al dan niet verschoonbaar waren.

218. Wat de derde voorwaarde betreft, namelijk het vereiste van een rechtstreeks causaal verband tussen de schending van de op de staat rustende verplichting en de door de benadeelde personen geleden schade, staat het aan de verwijzende rechter om na te gaan of de gestelde schade een zodanig rechtstreeks gevolg van de schending van het gemeenschapsrecht is geweest, dat de staat daarvoor heeft op te komen (zie in die zin, met betrekking tot de niet-contractuele aansprakelijkheid van de Gemeenschap, arrest van 4 oktober 1979, Dumortier frères e.a./ Raad, 64/76, 113/76, 167/78, 239/78, 27/79, 28/79 en 45/79, *Jurispr.* blz. 3091, punt 21).

219. Onder voorbehoud van het recht op schadevergoeding dat rechtstreeks voortvloeit uit het gemeenschapsrecht wanneer aan die voorwaarden is voldaan, staat het aan de lidstaat om in het kader van het nationale aansprakelijkheidsrecht de gevolgen van de veroorzaakte schade ongedaan te maken, met dien verstande dat de door de nationale wettelijke regelingen ter zake van schadevergoeding vastgestelde voorwaarden niet ongunstiger mogen zijn dan die welke voor gelijksoortige nationale vorderingen gelden, en niet van dien aard mogen zijn dat zij het verkrijgen van schadevergoeding in de praktijk onmogelijk of uiterst moeilijk maken (arrest van 19 november 1991, Francovich e.a., C-6/90 en C-9/90, *Jurispr.* blz. I-5357, punten 41-43; reeds aangehaalde arresten Brasserie du Pêcheur en Factortame, punt 67, en Köbler, punt 58).

220. Op de zesde tot en met negende vraag moet dus worden geantwoord dat het bij gebreke van een gemeenschapsregeling een aangelegenheid van het nationale recht van elke lidstaat is om de bevoegde rechter aan te wijzen en de procesregels te geven voor rechtsvorderingen ter bescherming van de rechten die de justitiabelen aan het gemeenschapsrecht ontlenen, waaronder de kwalificatie van vorderingen die de gelaedeerden hebben ingesteld bij de nationale rechterlijke instanties. Deze moeten echter garanderen dat de justitiabelen over een doeltreffend rechtsmiddel beschikken om terugbetaling te kunnen verkrijgen van de onrechtmatig geheven belasting en van de aan die lidstaat betaalde of door hem ingehouden bedragen die rechtstreeks met die belasting verband houden. Wat andere schade betreft die een persoon eventueel heeft geleden wegens een aan een lidstaat toe te rekenen schending van het gemeenschapsrecht, moet deze lidstaat de aan particulieren berokkende schade vergoeden onder de in punt 51 van het arrest Brasserie du Pêcheur en Factortame genoemde voorwaarden, zonder dat zulks uitsluit dat de staat naar nationaal recht onder minder beperkende voorwaarden aansprakelijk kan zijn.

Het verzoek tot beperking van de gevolgen van dit arrest in de tijd

221. Ter terechtzitting heeft de regering van het Verenigd Koninkrijk het Hof verzocht om ingeval het het gemeenschapsrecht aldus zou uitleggen dat het in de weg staat aan een nationale wettelijke regeling als die welke aan de orde is in het hoofdgeding, de werking van zijn arrest in de tijd te beperken, zelfs met betrekking tot rechtsvorderingen die zijn ingesteld vóór de datum van de uitspraak van dit arrest.

222. Ter onderbouwing van haar verzoek beklemtoont zij dat sedert de vaststelling van de nationale wettelijke regeling in 1973 de verenigbaarheid daarvan met het gemeenschapsrecht nooit in twijfel is getrokken en dat de bij de verwijzende rechter ingestelde vorderingen voor het Verenigd Koninkrijk ernstige financiële gevolgen zouden hebben, die zij raamt op 4,7 miljard GBP (7 miljard EUR).

223. Dit bedrag wordt betwist door verzoeksters in het hoofdgeding, volgens wie het cijfer eerder tussen 100 miljoen en 2 miljard GBP ligt. Verder beklemtonen zij dat hoewel de nationale wettelijke regeling bij de nationale rechterlijke instanties nooit eerder is aangevochten ter zake van de verenigbaarheid ervan met de artikelen 43 EG en 56 EG, de weerslag ervan op grensoverschrijdende activiteiten niettemin aanleiding heeft gegeven tot verschillende beroepen in rechte.

224. Dienaangaande volstaat de vaststelling dat de regering van het Verenigd Koninkrijk een bedrag heeft genoemd dat de beroepen dekt die door verzoeksters in het hoofdgeding zijn ingesteld en waarop het geheel van de prejudiciële vragen betrekking heeft, en dat zij daarbij uitgaat van de onjuist gebleken hypothese dat het Hof elk van die vragen in de door verzoeksters in het hoofdgeding voorgestane zin zou beantwoorden.

225. Derhalve is er geen reden om de werking van dit arrest in de tijd te beperken.

Kosten

226. ...

HET HOF VAN JUSTITIE (Grote kamer)

verklaart voor recht:

1. **De artikelen 43 EG en 56 EG moeten aldus worden uitgelegd dat een lidstaat waarin een regeling geldt voor het vermijden of verminderen van opeenvolgende belastingheffingen of dubbele economische belasting in geval van dividenden die aan ingezetenen worden uitgekeerd door ingezeten vennootschappen, dividenden die aan ingezetenen worden uitgekeerd door niet-ingezeten vennootschappen op evenwaardige wijze moet behandelen.**

De artikelen 43 EG en 56 EG staan niet in de weg aan een wettelijke regeling van een lidstaat volgens welke dividenden die een ingezeten vennootschap ontvangt van een andere ingezeten vennootschap zijn vrijgesteld van vennootschapsbelasting, terwijl dividenden die een ingezeten vennootschap ontvangt van een niet-ingezeten vennootschap waarin de ingezeten vennootschap ten minste 10% van de stemrechten bezit, aan die belasting worden onderworpen, in welk laatste geval tegelijkertijd een belastingkrediet wordt verleend voor de belasting die de uitkerende vennootschap daadwerkelijk heeft betaald in haar lidstaat van vestiging, op voorwaarde dat het belastingtarief voor buitenlandse dividenden niet hoger is dan het tarief voor binnenlandse dividenden en het belastingkrediet ten minste gelijk is aan het bedrag dat is betaald in de lidstaat van de uitkerende vennootschap, tot beloop van het bedrag van de belasting in de lidstaat van de ontvangende vennootschap.

Artikel 56 EG staat in de weg aan een wettelijke regeling van een lidstaat volgens welke dividenden die een ingezeten vennootschap ontvangt van een andere ingezeten vennootschap zijn vrijgesteld van vennootschapsbelasting, terwijl dividenden die een ingezeten vennootschap ontvangt van een niet-ingezeten vennootschap waarin zij minder dan 10% van de stemrechten bezit, aan die belasting worden onderworpen, zonder dat deze een belastingkrediet wordt verleend voor de belasting die de uitkerende vennootschap daadwerkelijk heeft betaald in haar lidstaat van vestiging.

2. **De artikelen 43 EG en 56 EG staan in de weg aan een wettelijke regeling van een lidstaat die een ingezeten vennootschap die dividenden ontvangt van een andere ingezeten vennootschap, toestaat van de door haar verschuldigde voorheffing op de vennootschapsbelasting de door die andere vennootschap betaalde voorheffing op die belasting af te trekken, terwijl in het geval van een ingezeten vennootschap die dividenden ontvangt van een niet-ingezeten vennootschap die aftrek niet is toegestaan met betrekking tot de door deze laatste vennootschap in haar staat van vestiging betaalde belasting over de uitgekeerde winst.**

3. **De artikelen 43 EG en 56 EG staan niet in de weg aan een wettelijke regeling van een lidstaat die bepaalt dat elke aftrek voor de in het buitenland betaalde belasting die wordt verleend aan een ingezeten vennootschap die buitenlandse dividenden heeft ontvangen, het bedrag van de vennootschapsbelasting vermindert waarmee zij de voorheffing op de vennootschapsbelasting kan verrekenen.**

Artikel 43 EG staat in de weg aan een wettelijke regeling van een lidstaat op grond waarvan een ingezeten vennootschap het bedrag van de betaalde voorheffing op de vennootschapsbelasting die niet kan worden verrekend met de vennootschapsbelasting die zij verschuldigd is voor het betrokken boekjaar of voor eerdere of latere boekjaren, kan overdragen aan ingezeten dochterondernemingen opdat deze dit kunnen verrekenen met de door hen verschuldigde vennootschapsbelasting, maar die een ingezeten vennootschap belet dat bedrag over te dragen aan niet-ingezeten dochterondernemingen wanneer zij in die lidstaat belasting moeten betalen over de winst die zij aldaar hebben gemaakt.

4. De artikelen 43 EG en 56 EG staan in de weg aan een wettelijke regeling van een lidstaat die, terwijl zij ingezeten vennootschappen die aan hun aandeelhouders dividenden uitkeren die voortvloeien uit door hen ontvangen binnenlandse dividenden, vrijstelt van de voorheffing op de vennootschapsbelasting, ingezeten vennootschappen die aan hun aandeelhouders dividenden uitkeren die voortvloeien uit door hen ontvangen buitenlandse dividenden, de mogelijkheid biedt te opteren voor een regeling op grond waarvan zij de betaalde voorheffing op de vennootschapsbelasting kunnen recupereren, maar die vennootschappen verplicht die voorheffing te betalen en vervolgens terugbetaling daarvan te vorderen, en niet voorziet in een belastingkrediet voor hun aandeelhouders, die dat wel zouden hebben gekregen in geval van een uitkering door een ingezeten vennootschap op grond van binnenlandse dividenden.

5. Artikel 57, lid 1, EG moet aldus worden uitgelegd dat wanneer een lidstaat vóór 31 december 1993 een wettelijke regeling heeft vastgesteld die bij artikel 56 EG verboden beperkingen van het kapitaalverkeer naar of uit derde landen inhoudt en hij na deze datum maatregelen vaststelt die, ofschoon zij ook een beperking van dit verkeer inhouden, op de voornaamste punten identiek zijn aan de vroegere wettelijke regeling of daarin enkel een belemmering voor de uitoefening van de communautaire rechten en vrijheden in de vroegere wettelijke regeling verminderen of opheffen, artikel 56 EG niet in de weg staat aan de toepassing van deze maatregelen op derde landen wanneer zij gelden voor het kapitaalverkeer in verband met directe investeringen – met inbegrip van investeringen in onroerende goederen –, vestiging, het verrichten van financiële diensten of de toelating van waardepapieren tot de kapitaalmarkten. Als directe investeringen kunnen in dat verband niet worden beschouwd deelnemingen in een vennootschap die niet worden genomen teneinde duurzame en directe economische betrekkingen te vestigen of te handhaven tussen de aandeelhouder en de betrokken vennootschap en de aandeelhouder niet de mogelijkheid bieden daadwerkelijk deel te hebben in het bestuur van of de zeggenschap over de betrokken vennootschap.

6. Bij gebreke van een gemeenschapsregeling is het een aangelegenheid van het nationale recht van elke lidstaat om de bevoegde rechter aan te wijzen en de procesregels te geven voor rechtsvorderingen ter bescherming van de rechten die de justitiabelen aan het gemeenschapsrecht ontlenen, waaronder de kwalificatie van vorderingen die de gelaedeerden hebben ingesteld bij de nationale rechterlijke instanties. Deze moeten echter garanderen dat de justitiabelen over een doeltreffend rechtsmiddel beschikken om terugbetaling te kunnen verkrijgen van de onrechtmatig geheven belasting en van de aan die lidstaat betaalde of door hem ingehouden bedragen die rechtstreeks met die belasting verband houden. Wat andere schade betreft die een persoon eventueel heeft geleden wegens een aan een lidstaat toe te rekenen schending van het gemeenschapsrecht, moet deze lidstaat de aan particulieren berokkende schade vergoeden onder de voorwaarden genoemd in punt 51 van het arrest van 5 maart 1996, Brasserie du Pêcheur en Factortame (C-46/93 en C-48/93), zonder dat zulks uitsluit dat de staat naar nationaal recht onder minder beperkende voorwaarden aansprakelijk kan zijn.

HvJ EG 14 december 2006, zaak C-170/05 (Denkavit Internationaal BV, Denkavit France SARL v. Ministre de l'Économie, des Finances et de l'Industrie)

Eerste kamer: *P. Jann, kamerpresident, K. Lenaerts (rapporteur), E. Juhász, K. Schiemann en E. Levits, rechters*

Advocaat-generaal: *L. A. Geelhoed*

1. Het verzoek om een prejudiciële beslissing betreft de uitlegging van artikel 43 EG in het licht van de Franse belastingregeling die ten tijde van de feiten voorzag in een bronbelasting bij de uitkering van dividenden door een ingezeten dochtermaatschappij aan een niet-ingezeten moedermaatschappij, terwijl dividenden die een ingezeten dochtermaatschappij aan een ingezeten moedermaatschappij uitkeerde nagenoeg volledig waren vrijgesteld van vennootschapsbelasting.

2. Dit verzoek is ingediend in het kader van een geding voor de Conseil d'État betreffende de belasting van dividenden die door Denkavit France SARL (hierna: 'Denkavit France') en Agro Finances SARL (hierna: 'Agro Finances'), beide gevestigd in Frankrijk, zijn uitgekeerd aan hun in Nederland gevestigde moedermaatschappij, Denkavit Internationaal BV (hierna: 'Denkavit Internationaal').

Toepasselijke bepalingen

Nationale wettelijke regeling

3. Op grond van artikel 119 bis, lid 2, van de Franse Code général des impôts (Frans algemeen belastingwetboek; hierna: 'CGI'), in de ten tijde van de feiten geldende versie, werd op dividenden die door een ingezeten vennootschap werden uitgekeerd aan een natuurlijk of rechtspersoon die fiscaal niet in Frankrijk woonde of gevestigd was, een bronbelasting van 25% geheven. Keerde een ingezeten vennootschap dividend uit aan een ingezeten aandeelhouder, dan werd geen bronbelasting geheven.

4. Krachtens de artikelen 145 en 216 CGI kon een moedermaatschappij met een vaste zetel of vestiging in Frankrijk in het kader van de vennootschapsbelasting onder bepaalde voorwaarden in aanmerking komen voor een nagenoeg volledige vrijstelling voor door haar dochtermaatschappij uitgekeerde dividenden. Met uitzondering van 5% werden die dividenden namelijk in aftrek gebracht op de belastbare nettowinst van de moedermaatschappij en bij haar dus vrijgesteld van belasting. Het aandeel van 5% bleef deel uitmaken van de belastbare nettowinst van de moedermaatschappij en onderworpen aan het tarief van de vennootschapsbelasting.

Frans-Nederlands belastingverdrag

5. Artikel 10, lid 1, van de overeenkomst tussen de regering van de Franse Republiek en de regering van het Koninkrijk der Nederlanden tot het vermijden van dubbele belasting en het voorkomen van het ontgaan van belasting met betrekking tot belastingen naar het inkomen en naar het vermogen, gesloten te Parijs op 16 maart 1973 (hierna: 'Frans-Nederlands verdrag'), bepaalt dat dividenden die door een ingezeten vennootschap van één van de verdragsluitende staten aan een inwoner van de andere staat worden betaald, in laatstgenoemde staat worden belast. Volgens artikel 10, lid 2, van dit verdrag mogen dergelijke dividenden evenwel in het geval van een moedermaatschappij die ten minste 25% van het kapitaal van haar dochtermaatschappij bezit, in de staat van vestiging van de uitkerende onderneming worden belast tegen ten hoogste 5%.

6. Op grond van artikel 24, A, leden 1 en 3, van het Frans-Nederlands verdrag is Nederland bevoegd om in de belastinggrondslag van zijn ingezetenen bestanddelen van het inkomen op te nemen die overeenkomstig de bepalingen van dat verdrag in Frankrijk worden belast. Met betrekking tot de bestanddelen van het inkomen die volgens artikel 10, lid 2, van het verdrag in Frankrijk worden belast, staat Nederland een vermindering toe gelijk aan het bedrag van de in Frankrijk geheven belasting, waarbij die vermindering niet meer kan bedragen dan de Nederlandse belasting die over de bestanddelen van het inkomen verschuldigd is.

Hoofdgeding en prejudiciële vragen

7. Ten tijde van de feiten bezat Denkavit Internationaal 50% van het kapitaal van Denkavit France en 99,9% van het kapitaal van de vennootschap Agro Finances, die zelf 50% van het kapitaal van Denkavit France bezat.

8. Van 1987 tot 1989 hebben Denkavit France en Agro Finances, die later zijn gefuseerd, voor een totaalbedrag van 14 500 000 FRF aan dividenden aan Denkavit Internationaal uitgekeerd.

9. Krachtens artikel 119 bis, lid 2, CGI juncto artikel 10, lid 2, van het Frans-Nederlands verdrag werd over het bedrag van die dividenden 5% bronbelasting geheven, dat wil zeggen 725 000 FRF.

10. Na de instelling van een beroep bij het Tribunal administratif de Nantes heeft Denkavit Internationaal teruggaaf van de bronbelasting gekregen. Bij arrest van 13 maart 2001 heeft de Cour administrative d'appel de Nantes het vonnis van het Tribunal administratif de Nantes echter vernietigd en Denkavit Internationaal opnieuw het bedrag van 725 000 FRF opgelegd.

11. Denkavit Internationaal en Denkavit France hebben tegen laatstgenoemd arrest cassatieberoep bij de Conseil d'État ingesteld. Voor deze rechterlijke instantie stellen zij met name dat de betrokken Franse belastingregeling in strijd is met artikel 43 EG.

12. Aangezien de in de betrokken Franse wettelijke regeling voorziene bronbelasting niet de ingezeten vennootschap treft die de dividenden uitkeert, maar de niet-ingezeten moedermaatschappij waaraan die dividenden worden uitgekeerd, terwijl een ingezeten moedermaatschappij in het kader van de vennootschapsbelasting nagenoeg volledige vrijstelling geniet voor door haar dochtermaatschappijen uitgekeerde dividenden, vraagt de verwijzende rechter zich, gelet op dit verschil in fiscale behandeling, af of een ingezeten en een niet-ingezeten moedermaatschappij zich met betrekking tot het mechanisme van bronbelasting op dividenden in een objectief vergelijkbare situatie bevinden.

13. De verwijzende rechter vraagt zich eveneens af welk gevolg het Frans-Nederlands verdrag heeft voor de beoordeling van de verenigbaarheid van de bronbelasting met de vrijheid van vestiging.

14. Waar een in Nederland gevestigde moedermaatschappij die dividend ontvangt van een in Frankrijk gevestigde vennootschap op grond van artikel 24 van dit verdrag in beginsel de in Frankrijk gedragen belasting kan verrekenen met de in Nederland te betalen belasting, vraagt de verwijzende rechter zich enerzijds af of de bronbelasting die het Frans-Nederlands verdrag toestaat door middel van de vaststelling van een maximumpercentage en de verrekening van deze heffing met de belasting van de Nederlandse aandeelhouder die deze dividenden ontvangt, kan worden beschouwd als een gewone wijze van verdeling van de belasting op dividenden tussen de Franse Republiek en het Koninkrijk der Nederlanden, die geen invloed heeft op de totale belastingdruk van de Nederlandse moedermaatschappij en dus evenmin op de vrijheid van vestiging van deze vennootschap.

15. Anderzijds vraagt de verwijzende rechter zich af of rekening moet worden gehouden met het feit dat de in Nederland gevestigde vennootschap slechts voor een dergelijke verrekening in aanmerking kan komen wanneer de door haar in Nederland verschuldigde belasting hoger is dan de belastingvermindering waarop zij krachtens artikel 24 van het Frans-Nederlands verdrag aanspraak kan maken.

16. Van oordeel dat onder deze omstandigheden de beslechting van het hoofdgeding afhangt van de uitlegging van het gemeenschapsrecht, heeft de Conseil d'État de behandeling van de zaak geschorst en het Hof de volgende prejudiciële vragen voorgelegd:

> '1. Is een regeling die een niet in Frankrijk gevestigde moedermaatschappij bij ontvangst van dividenden aan een belasting onderwerpt, doch de in Frankrijk gevestigde moedermaatschappijen daarvan vrijstelt, vatbaar voor kritiek vanuit het oogpunt van het beginsel van de vrijheid van vestiging?
> 2. Is een dergelijke bronbelastingregeling als zodanig vatbaar voor kritiek vanuit het oogpunt van het beginsel van vrijheid van vestiging, of dient bij de beoordeling van de verenigbaarheid van deze regeling met het beginsel van de vrijheid van vestiging rekening te worden gehouden met een belastingverdrag tussen Frankrijk en een andere lidstaat, dat deze bronbelasting toestaat en voorziet in de mogelijkheid om krachtens deze regeling gedragen belasting af te trekken van de in de andere staat verschuldigde belasting?
> 3. Ingeval het tweede onderdeel van de tweede vraag bevestigend wordt beantwoord, is dan het bestaan van voormeld verdrag voldoende om deze regeling te kunnen beschouwen als een gewone methode ter verdeling van het belastingobject tussen de twee betrokken staten, die geen invloed op de ondernemingen heeft, of moet deze regeling, gelet op de omstandigheid dat het voor een niet in Frankrijk gevestigde moedermaatschappij onmogelijk kan zijn de aftrek krachtens het verdrag toe te passen, worden beschouwd als een schending van het beginsel van de vrijheid van vestiging?'

Beantwoording van de prejudiciële vragen

17. Allereerst zij opgemerkt dat het hoofdgeding betrekking heeft op feiten die zich hebben voorgedaan vóór de vaststelling van richtlijn 90/435/EEG van de Raad van 23 juli 1990 betreffende de gemeenschappelijke fiscale regeling voor moedermaatschappijen en dochterondernemingen uit verschillende lidstaten (*PB* L 225, blz. 6). De antwoorden op de prejudiciële vragen zullen daarom uitsluitend worden gebaseerd op de relevante bepalingen van het EG-Verdrag.

Eerste vraag

18. Met zijn eerste vraag wenst de verwijzende rechter in wezen te vernemen of artikel 43 EG zich ertegen verzet dat een nationale wettelijke regeling dividenden die door ingezeten dochtermaatschappijen aan hun in een andere lidstaat gevestigde moedermaatschappij worden uitgekeerd, onderwerpt aan belasting, terwijl ingezeten moeder-

maatschappijen nagenoeg volledig zijn vrijgesteld van belasting. De eerste vraag moet derhalve aldus worden opgevat dat deze ook betrekking heeft op artikel 48 EG.

19. Om te beginnen zij herinnerd aan de vaste rechtspraak dat ofschoon de directe belastingen tot de bevoegdheid van de lidstaten behoren, deze niettemin verplicht zijn die bevoegdheid in overeenstemming met het gemeenschapsrecht uit te oefenen (arresten van 14 februari 1995, Schumacker, C-279/93, *Jurispr.* blz. I-225, punt 21; 16 juli 1998, ICI, C-264/96, *Jurispr.* blz. I-4695, punt 19, en 23 februari 2006, Keller Holding, C-471/04, *Jurispr.* blz. I-2107, punt 28) en zich van elke discriminatie op grond van nationaliteit te onthouden (arresten van 11 augustus 1995, Wielockx, C-80/94, *Jurispr.* blz. I-2493, punt 16; 29 april 1999, Royal Bank of Scotland, C-311/97, *Jurispr.* blz. I-2651, punt 19, en 8 maart 2001, Metallgesellschaft e.a., C-397/98 en C-410/98, *Jurispr.* blz. I-1727, punt 37).

20. De vrijheid van vestiging die in artikel 43 EG aan de gemeenschapsonderdanen wordt toegekend, en die voor hen de toegang tot en de uitoefening van werkzaamheden anders dan in loondienst alsmede de oprichting en het bestuur van ondernemingen onder dezelfde voorwaarden als in de wetgeving van het land van vestiging voor de eigen onderdanen zijn vastgesteld, omvat, brengt overeenkomstig artikel 48 EG voor de vennootschappen die in overeenstemming met de wetgeving van een lidstaat zijn opgericht en die hun statutaire zetel, hun hoofdbestuur of hun hoofdvestiging binnen de Gemeenschap hebben, het recht mee om in de betrokken lidstaat hun bedrijfsactiviteit uit te oefenen door middel van een dochteronderneming, een filiaal of een agentschap (arresten van 21 september 1999, Saint-Gobain ZN, C-307/97, *Jurispr.* blz. I-6161, punt 34, en Keller Holding, reeds aangehaald, punt 29).

21. De opheffing van de beperkingen op de vrijheid van vestiging heeft eveneens betrekking op beperkingen betreffende de oprichting van agentschappen, filialen of dochterondernemingen door de onderdanen van een lidstaat die op het grondgebied van een andere lidstaat zijn gevestigd (arresten van 28 januari 1986, Commissie/Frankrijk, 270/83, *Jurispr.* blz. 273, punt 13, en Royal Bank of Scotland, reeds aangehaald, punt 22).

22. Met betrekking tot de vennootschappen zij opgemerkt dat hun zetel in de zin van artikel 48 EG, naar het voorbeeld van de nationaliteit van natuurlijke personen, dient ter bepaling van hun binding aan de rechtsorde van een staat (zie arrest Metallgesellschaft e.a., reeds aangehaald, punt 42, en de aangehaalde rechtspraak). Zou de lidstaat van vestiging van de ingezeten dochtermaatschappij vrijelijk een andere behandeling op die dochtermaatschappij mogen toepassen, enkel omdat de zetel van haar moedermaatschappij in een andere lidstaat is gevestigd, dan zou daarmee aan artikel 43 EG iedere inhoud worden ontnomen (zie in die zin arresten Commissie/Frankrijk, reeds aangehaald, punt 18; van 13 juli 1993, Commerzbank, C-330/91, *Jurispr.* blz. I-4017, punt 13; Metallgesellschaft e.a., reeds aangehaald, punt 42, en van 13 december 2005, Marks & Spencer, C-446/03, *Jurispr.* blz. I-10837, punt 37). De vrijheid van vestiging beoogt dus het voordeel van de nationale behandeling in de lidstaat van ontvangst van de dochtermaatschappij te garanderen, door elke, zelfs minieme discriminatie op grond van de plaats van de zetel van vennootschappen te verbieden (zie in die zin reeds aangehaalde arresten Commissie/Frankrijk, punt 14, en Saint-Gobain ZN, punt 35).

23. Het is juist dat het Hof reeds heeft geoordeeld dat de woonplaats van de belastingplichtigen in het fiscale recht een rechtvaardigingsgrond kan zijn voor nationale regels waarbij ingezeten belastingplichtigen en niet-ingezeten belastingplichtigen verschillend worden behandeld (arrest Marks & Spencer, reeds aangehaald, punt 37).

24. Derhalve kan een verschillende behandeling van ingezeten en niet-ingezeten belastingplichtigen als zodanig niet worden aangemerkt als discriminatie in de zin van het EG-Verdrag (zie in die zin arrest van 11 augustus 1995, Wielockx, C-80/94, *Jurispr.* blz. I-2493, punt 19).

25. Een ongelijke behandeling van deze twee categorieën van belastingplichtigen moet echter worden aangemerkt als discriminatie in de zin van het Verdrag, wanneer er geen objectief verschil bestaat dat grond kan opeveren voor die ongelijke behandeling (zie in die zin arresten Schumacker, reeds aangehaald, punten 36-38, en Royal Bank of Scotland, reeds aangehaald, punt 27).

26. In casu vloeit uit de in het hoofdgeding aan de orde zijnde nationale wettelijke regeling, onafhankelijk van de invloed van het Frans-Nederlands verdrag, een verschil in fiscale behandeling voort van dividenden die door een ingezeten dochtermaatschappij aan haar moedermaatschappij worden uitgekeerd, naar gelang laatstgenoemde ingezeten of niet-ingezeten is.

27. Terwijl ingezeten moedermaatschappijen nagenoeg volledige vrijstelling voor de ontvangen dividenden kunnen krijgen, zijn niet-ingezeten moedermaatschappijen immers in de vorm van een bronheffing onderworpen aan een belasting, die 25% van het bedrag van de uitgekeerde dividenden bedraagt.

28. Aan niet-ingezeten moedermaatschappijen uitgekeerde dividenden zijn dus, in tegenstelling tot die welke aan ingezeten moedermaatschappijen worden uitgekeerd, op grond van de Franse belastingregeling aan opeenvolgende belastingheffingen onderworpen, voor zover die dividenden, zoals de advocaat-generaal in de punten 16 tot en met 18 van zijn conclusie heeft opgemerkt, eerst in het kader van de vennootschapsbelasting bij de uitkerende ingezeten dochtermaatschappij worden belast en vervolgens in het kader van de bronbelasting waaraan de niet-ingezeten moedermaatschappij die deze dividenden ontvangt onderworpen is.

29. Een dergelijk verschil in fiscale behandeling van de dividenden van moedermaatschappijen op grond van de plaats van hun zetel vormt een in beginsel bij de artikelen 43 EG en 48 EG verboden beperking van de vrijheid van vestiging.

30. De in het hoofdgeding aan de orde zijnde fiscale regeling maakt de uitoefening van de vrijheid van vestiging door in andere lidstaten gevestigde vennootschappen immers minder aantrekkelijk, zodat zij zouden kunnen afzien van de verkrijging, de oprichting of het behoud van dochtermaatschappijen in de lidstaat die deze regel heeft vastgesteld (zie in die zin arresten van 12 december 2002, Lankhorst-Hohorst, C-324/00, *Jurispr.* blz. I-11779, punt 32, en Keller Holding, reeds aangehaald, punt 35).

31. De Franse regering stelt echter dat de mogelijkheid om nagenoeg volledige vrijstelling voor dividenden te krijgen ook openstaat voor niet-ingezeten moedermaatschappijen die over een vaste vestiging in Frankrijk beschikken. Niet-ingezeten moedermaatschappijen die niet over een vaste vestiging in Frankrijk beschikken verkeren met betrekking tot een bronbelastingregeling als in het hoofdgeding aan de orde is, niet in een situatie die vergelijkbaar is met die van ingezeten of niet-ingezeten moedermaatschappijen die wel over een vaste vestiging in Frankrijk beschikken.

32. Zij voegt hieraan toe dat, overeenkomstig het territorialiteitsbeginsel, de vrijstelling voor dividenden die door ingezeten dochtermaatschappijen worden uitgekeerd aan niet-ingezeten moedermaatschappijen die niet over een vaste vestiging in Frankrijk beschikken, laatstgenoemde de mogelijkheid zou bieden om elke belasting op die inkomsten te vermijden, of dat nu in Frankrijk of in Nederland is, en de verdeling van de fiscale bevoegdheden tussen de Franse Republiek en het Koninkrijk der Nederlanden in gevaar zou brengen.

33. Deze argumenten kunnen niet worden aanvaard.

34. Het is juist dat dividend ontvangende ingezeten aandeelhouders zich met betrekking tot maatregelen die een lidstaat heeft getroffen om opeenvolgende belastingheffingen of dubbele belasting van door een ingezeten vennootschap uitgekeerde winst te voorkomen of te verminderen, niet noodzakelijkerwijs in een situatie bevinden die vergelijkbaar is met die van dividend ontvangende aandeelhouders die ingezetenen zijn van een andere lidstaat (zie in die zin arrest van 12 december 2006, Test Claimants in Class IV of the ACT Group Litigation, C-374/04, nog niet gepubliceerd in de *Jurisprudentie*, punten 57-65).

35. Zodra een lidstaat, hetzij unilateraal hetzij door het sluiten van overeenkomsten, niet alleen ingezeten aandeelhouders, maar ook niet-ingezeten aandeelhouders voor het dividend dat zij van een ingezeten vennootschap ontvangen, aan de inkomstenbelasting onderwerpt, benadert de situatie van deze niet-ingezeten aandeelhouders evenwel die van de ingezeten aandeelhouders (arrest Test Claimants in Class IV of the ACT Group Litigation, reeds aangehaald, punt 68).

36. In casu verkeren de dividend ontvangende moedermaatschappijen, of zij die dividenden nu als ingezeten moedermaatschappijen ontvangen, als niet-ingezeten moedermaatschappijen die in Frankrijk over een vaste vestiging beschikken dan wel als niet-ingezeten moedermaatschappijen die in Frankrijk niet over een vaste vestiging beschikken, met betrekking tot de belasting in Frankrijk van door ingezeten dochtermaatschappijen uitgekeerde dividenden in een vergelijkbare situatie. In al die gevallen onderwerpt die lidstaat de van een ingezeten vennootschap ontvangen dividenden immers aan belasting.

37. In dit verband moet worden vastgesteld dat de dividendvrijstelling ten behoeve van ingezeten moedermaatschappijen beoogt te voorkomen dat de winst van dochtermaatschappijen die in de vorm van dividenden aan hun moedermaatschappijen wordt uitgekeerd, aan opeenvolgende belastingheffingen wordt onderworpen. Zoals de advocaat-generaal in punt 22 van zijn conclusie heeft opgemerkt, moet de Franse Republiek evenwel, aangezien zij ervoor heeft gekozen om haar ingezetenen van die belasting vrij te stellen, die maatregel uitbreiden tot niet-ingezetenen, voor zover een gelijksoortige belasting van die niet-ingezeten volgt uit de uitoefening van haar fiscale bevoegdheid over hen (zie in die zin arrest Test Claimants in Class IV of the ACT Group Litigation, reeds aangehaald, punt 70).

38. In deze context kan het mechanisme van bronbelasting die alleen wordt geheven over dividenden die door ingezeten dochtermaatschappijen worden uitgekeerd aan niet-ingezeten moedermaatschappijen die in Frankrijk niet over een vaste vestiging beschikken, niet worden gerechtvaardigd door de noodzaak te beletten dat die vennootschappen in Frankrijk en in Nederland aan elke belasting van die dividenden ontkomen, aangezien de ingezeten moedermaatschappijen evenmin aan een latere belasting van die dividenden onderworpen zijn.

39. Door niet-ingezeten moedermaatschappijen niet de gunstiger nationale fiscale behandeling te geven die aan ingezeten moedermaatschappijen wordt verleend, vormt de in het hoofdgeding aan de orde zijnde nationale wettelijke regeling een met het Verdrag onverenigbare discriminerende maatregel, aangezien zij dividenden die door ingezeten dochtermaatschappijen aan Nederlandse moedermaatschappijen worden uitgekeerd zwaarder belast dan dezelfde dividenden die aan Franse moedermaatschappijen worden uitgekeerd.

40. Daar de Franse regering geen andere rechtvaardigingsgronden heeft aangevoerd, moet worden vastgesteld dat de in het hoofdgeding aan de orde zijnde nationale bepalingen met de artikelen 43 EG en 48 EG strijdige maatrege-

len vormen die de moedermaatschappijen discrimineren naargelang hun zetel in Frankrijk of in een andere lidstaat is gevestigd.

41. Derhalve moet op de eerste prejudiciële vraag worden geantwoord dat de artikelen 43 EG en 48 EG aldus moeten worden uitgelegd dat zij zich verzetten tegen een nationale wettelijke regeling die een niet-ingezeten moedermaatschappij aan een dividendbelasting onderwerpt, doch ingezeten moedermaatschappijen nagenoeg volledig daarvan vrijstelt, en die daardoor een discriminerende beperking van de vrijheid van vestiging vormt.

Tweede en derde vraag

42. Met de tweede en de derde prejudiciële vraag, die gezamenlijk moeten worden onderzocht, wenst de verwijzende rechter in wezen te vernemen of het antwoord op de eerste vraag anders luidt wanneer de in Nederland gevestigde moedermaatschappij op grond van het Frans-Nederlands verdrag de in Frankrijk geïnde belasting in beginsel kan verrekenen met haar in Nederland verschuldigde belasting en de bronbelasting dus gewoon voortvloeit uit de verdeling van de fiscale bevoegdheden tussen de betrokken lidstaten, die vanuit het oogpunt van de artikelen 43 EG en 48 EG niet vatbaar is voor kritiek, zelfs al kan de in Nederland gevestigde moedermaatschappij de in dat verdrag voorziene verrekening niet toepassen.

43. Dienaangaande zij er allereerst aan herinnerd dat bij gebreke van communautaire harmonisatiemaatregelen of van overeenkomsten tussen alle lidstaten uit hoofde van artikel 293, tweede streepje, EG de lidstaten bevoegd blijven om de criteria voor de belasting van de inkomsten vast te stellen teneinde, in voorkomend geval door het sluiten van een overeenkomst, dubbele belastingen af te schaffen. Daarbij staat het de lidstaten vrij om in het kader van bilaterale verdragen die zijn gesloten met het oog op het vermijden van dubbele belasting, de aanknopingsfactoren ter verdeling van de heffingsbevoegdheid vast te stellen (zie in die zin arresten Saint-Gobain ZN, reeds aangehaald, punt 57, en van 19 januari 2006, Bouanich, C-265/04, *Jurispr.* blz. I-923, punt 49).

44. Dit neemt niet weg dat de lidstaten bij de uitoefening van de aldus verdeelde heffingsbevoegdheid de gemeenschapsregels niet naast zich mogen neerleggen, gelet op het in punt 19 van dit arrest genoemde beginsel (arrest Saint-Gobain ZN, reeds aangehaald, punt 58). In het bijzonder staat deze verdeling van de heffingsbevoegdheid het de lidstaten niet toe, een met de communautaire regels strijdige discriminatie in te voeren (arrest Bouanich, reeds aangehaald, punt 50).

45. Aangezien de belastingregeling die voortvloeit uit het Frans-Nederlands verdrag deel uitmaakt van het in het hoofdgeding toepasselijke rechtskader en als zodanig door de verwijzende rechterlijke instantie is gepresenteerd, dient het Hof in casu hiermee rekening te houden om een voor de nationale rechter nuttige uitlegging van het gemeenschapsrecht te geven (zie in die zin arresten van 7 september 2004, Manninen, C-319/02, *Jurispr.* blz. I-7477, punt 21; Bouanich, reeds aangehaald, punt 51, en Test Claimants in Class IV of the ACT Group Litigation, reeds aangehaald, punt 71).

46. Met betrekking tot de fiscale behandeling die uit het Frans-Nederlands verdrag voortvloeit, zij eraan herinnerd dat een niet-ingezeten vennootschap als Denkavit Internationaal op grond van dit verdrag in beginsel gerechtigd is om de 5% bronbelasting die over de dividenden uit Franse bron is geheven, te verrekenen met de in Nederland verschuldigde belasting. Deze verrekening mag echter niet meer bedragen dan het bedrag van de Nederlandse belasting die normaliter over die dividenden verschuldigd zou zijn. Vaststaat evenwel dat de Nederlandse moedermaatschappijen door het Koninkrijk der Nederlanden zijn vrijgesteld van belasting over dividenden uit buitenlandse, dus uit Franse bron, zodat geen enkele vermindering wordt verleend uit hoofde van de Franse bronbelasting.

47. Er moet dus worden vastgesteld dat de toepassing van het Frans-Nederlands verdrag in samenhang met de relevante Nederlandse wettelijke regeling het onmogelijk maakt, de gevolgen van de in het kader van het antwoord op de eerste vraag vastgestelde beperking van de vrijheid van vestiging te neutraliseren.

48. Krachtens het Frans-Nederlands verdrag en de relevante Nederlandse wettelijke regeling is een in Nederland gevestigde moedermaatschappij die dividenden ontvangt van een in Frankrijk gevestigde dochtermaatschappij, immers onderworpen aan een bronbelasting, die bij dit verdrag inderdaad tot 5% van het bedrag van de betrokken dividenden is gelimiteerd, terwijl een in Frankrijk gevestigde moedermaatschappij, zoals in punt 4 van dit arrest is opgemerkt, daarvan nagenoeg volledig is vrijgesteld.

49. Wat de omvang ervan ook is, het verschil in fiscale behandeling dat voortvloeit uit de toepassing van dit verdrag en deze wettelijke regeling vormt een discriminatie van moedermaatschappijen op grond van de plaats van hun zetel, die onverenigbaar is met de door het Verdrag gewaarborgde vrijheid van vestiging.

50. Zelfs een geringe of minder belangrijke beperking van de vrijheid van vestiging wordt immers door artikel 43 EG verboden (zie in die zin arresten Commissie/Frankrijk, reeds aangehaald, punt 21; van 15 februari 2000, Commissie/ Frankrijk, C-34/98, *Jurispr.* blz. I-995, punt 49, en 11 maart 2004, De Lasteyrie du Saillant, C-9/02, *Jurispr.* blz. I-2409, punt 43).

51. In dit verband betoogt de Franse regering dat het volgens de in het internationaal belastingrecht geformuleerde beginselen en blijkens het Frans-Nederlands verdrag aan de woonstaat van de belastingplichtige staat, en niet aan de staat waaruit de belaste inkomsten afkomstig zijn, om de gevolgen van een dubbele belasting te corrigeren.

52. Dit betoog kan niet worden aanvaard, aangezien het in de onderhavige context irrelevant is.

53. De Franse Republiek kan zich immers niet op het Frans-Nederlands verdrag beroepen om te ontkomen aan de krachtens het Verdrag op haar rustende verplichtingen (zie in die zin arrest van 28 januari 1986, Commissie/Frankrijk, reeds aangehaald, punt 26).

54. Zoals in de punten 46 tot en met 48 van dit arrest is vastgesteld, maakt de toepassing van het Frans-Nederlands verdrag in samenhang met de relevante Nederlandse wettelijke regeling het evenwel onmogelijk, de opeenvolgende belastingheffingen te vermijden waaraan een niet-ingezeten moedermaatschappij, in tegenstelling tot een ingezeten moedermaatschappij, onderworpen is, en dientengevolge de gevolgen te neutraliseren van de in het kader van de beantwoording van de eerste prejudiciële vraag vastgestelde beperking van de vrijheid van vestiging.

55. Terwijl ingezeten moedermaatschappijen in aanmerking komen voor een belastingregeling waardoor zij opeenvolgende belastingheffingen kunnen vermijden, zoals in punt 37 van dit arrest in herinnering is gebracht, zijn niet-ingezeten moedermaatschappijen immers wel onderworpen aan dergelijke opeenvolgende belastingheffingen over dividenden die door hun in Frankrijk gevestigde dochtermaatschappijen worden uitgekeerd.

56. Derhalve moet op de tweede en de derde prejudiciële vraag worden geantwoord dat de artikelen 43 EG en 48 EG aldus moeten worden uitgelegd dat zij zich verzetten tegen een nationale wettelijke regeling die alleen voor niet-ingezeten moedermaatschappijen voorziet in een bronbelasting op dividenden die door ingezeten dochtermaatschappijen worden uitgekeerd, zelfs al voorziet een tussen de betrokken en een andere lidstaat gesloten belastingverdrag, waarin die bronbelasting wordt toegestaan, in de mogelijkheid om de krachtens die nationale wettelijke regeling gedragen belasting te verrekenen met de in die andere staat verschuldigde belasting, wanneer een moedermaatschappij in die andere lidstaat de in dat verdrag voorziene verrekening niet kan toepassen.

Kosten

57. …

HET HOF VAN JUSTITIE (Eerste kamer)

verklaart voor recht:

1. De artikelen 43 EG en 48 EG verzetten zich tegen een nationale wettelijke regeling die een niet-ingezeten moedermaatschappij aan een dividendbelasting onderwerpt, doch ingezeten moedermaatschappijen nagenoeg volledig daarvan vrijstelt, en die daardoor een discriminerende beperking van de vrijheid van vestiging vormt.

2. De artikelen 43 EG en 48 EG verzetten zich tegen een nationale wettelijke regeling die alleen voor niet-ingezeten moedermaatschappijen voorziet in een bronbelasting op dividenden die door ingezeten dochtermaatschappijen worden uitgekeerd, zelfs al voorziet een tussen de betrokken en een andere lidstaat gesloten belastingverdrag, waarin die bronbelasting wordt toegestaan, in de mogelijkheid om de krachtens die nationale wettelijke regeling gedragen belasting te verrekenen met de in die andere staat verschuldigde belasting, wanneer een moedermaatschappij in die andere lidstaat de in dat verdrag voorziene verrekening niet kan toepassen.

HvJ EG 18 januari 2007, zaak C-104/06 (Commissie van de Europese Gemeenschappen v. Koninkrijk Zweden)

Achtste kamer: *E. Juhász, kamerpresident, G. Arestis (rapporteur) en J. Malenovský, rechters*

Advocaat-generaal: *Y. Bot*

Samenvatting arrest *(V-N 2007/8.10)*

Ingevolge hoofdstuk 47 van de Zweedse Wet op de inkomstenbelasting krijgt een natuurlijke persoon belastinguitstel voor de winst die hij behaalt met de overdracht van een particuliere woning onder de voorwaarde dat hij die winst herinvesteert in een andere in Zweden gelegen particuliere woning (vervangingswoning). Naar aanleiding van het door de Europese Commissie ingestelde beroep oordeelt het HvJ EG deze regeling in strijd met art. 18, 39 en 43 EG-verdrag alsmede met art. 28 en 31 EER-overeenkomst. De onderhavige in de regeling opgenomen voorwaarde voor belastinguitstel belemmert Zweedse belastingplichtigen in de uitoefening van de aan hen in het EG-verdrag en de EER-overeenkomst toegekende verkeersvrijheden. Immers, ten opzichte van een interne Zweedse situatie heeft vestiging in een andere lidstaat en aankoop van een eigen woning aldaar vanwege de dan volgende afrekening over de vervreemdingswinst nadelige gevolgen voor het vermogen van belastingplichtigen. Deze belemmering kan niet worden gerechtvaardigd met een beroep op fiscale coherentie. Aan de toetsing van de onderhavige regeling aan art. 56 EG-verdrag en art. 40 EER-overeenkomst komt het Hof van Justitie EG niet toe.

HET HOF VAN JUSTITIE (Achtste kamer)

verklaart voor recht:

Door de vaststelling en de handhaving van fiscale bepalingen als die van hoofdstuk 47 van de wet op de inkomstenbelasting (1999:1229) [inkomstskattelag (1999:1229)], waarbij het voordeel van het belastinguitstel voor de meerwaarde die ontstaat bij de overdracht van een particuliere woning of van een recht om in een gebouw van een particuliere coöperatie te wonen, afhankelijk wordt gesteld van de voorwaarde dat ook de nieuw aangeschafte woning op het Zweedse grondgebied is gelegen, is het Koninkrijk Zweden de verplichtingen niet nagekomen die op hem rusten krachtens de artikelen 18 EG, 39 EG en 43 EG alsmede de artikelen 28 en 31 van de Overeenkomst betreffende de Europese Economische Ruimte.

HvJ EG 25 januari 2007, zaak C-329/05 (Finanzamt Dinslaken v. Gerold Meindl, Christine Meindl-Berger)

Eerste kamer: *P. Jann, kamerpresident, K. Lenaerts, E. Juhász, K. Schiemann en M. Ilešič (rapporteur), rechters*
Advocaat-generaal: *P. Léger*

Samenvatting arrest *(V-N 2007/12.10)*

Meindl, een Oostenrijks onderdaan, woont en werkt als zelfstandige in Duitsland. Zijn echtgenote Berger, eveneens een Oostenrijks onderdaan, woont in Oostenrijk. Berger heeft van de Oostenrijkse Staat vanwege zwangerschap belastingvrije loonvervangende uitkeringen ontvangen. Voor de beoordeling of de Duitse 'splitting'-regeling kan worden toegepast, worden deze uitkeringen in aanmerking genomen. Als gevolg daarvan is de toepassing van die regeling afgewezen, omdat op gezinsniveau minder dan 90% van het naar Duitse maatstaven berekende wereldinkomen aan de Duitse inkomstenbelasting is onderworpen en die Oostenrijkse inkomsten meer dan 24.000 DEM hebben belopen.

Het HvJ EG oordeelt dit in strijd met het recht van vrije vestiging van art. 52 EG-verdrag. Meindl en Berger bevinden zich immers in een objectief gelijke situatie ten opzichte van een in Duitsland wonend echtpaar met dezelfde inkomsten. Een dergelijk echtpaar zou wel in aanmerking zijn gekomen voor toepassing van de 'splitting'-regeling, omdat in dat geval de loonvervangende uitkeringen zoals Berger van de Oostenrijkse staat heeft ontvangen, niet in aanmerking zouden zijn genomen.

HET HOF VAN JUSTITIE (Eerste kamer)

verklaart voor recht:

Artikel 52 EG-Verdrag (thans, na wijziging, artikel 43 EG) verzet zich ertegen dat aan een ingezeten belastingplichtige door de lidstaat waar hij woont, wordt geweigerd om gezamenlijk met zijn in een andere lidstaat wonende echtgenoot die niet gescheiden van hem leeft, in de inkomstenbelasting te worden aangeslagen op grond dat deze echtgenoot in die andere lidstaat zowel meer dan 10% van het gezinsinkomen als meer dan 24.000 DEM heeft verworven, wanneer de door die echtgenoot in deze andere lidstaat verworven inkomsten daar niet aan de inkomstenbelasting zijn onderworpen.

HvJ EG 30 januari 2007, zaak C-150/04 (Commissie van de Europese Gemeenschappen v. Koninkrijk Denemarken)

Grote kamer: *V. Skouris, president, P. Jann, C. W. A. Timmermans, A. Rosas, K. Lenaerts, P. Kūris (rapporteur) en E. Juhász, kamerpresidenten, R. Silva de Lapuerta, K. Schiemann, J. Makarczyk, G. Arestis, A. Borg Barthet en A. Ó Caoimh, rechters*

Advocaat-generaal: *C. Stix-Hackl*

Samenvatting arrest *(V-N 2007/14.12)*

Ingevolge de Deense Wet op de pensioenbelasting van 30 september 2003 gelden fiscale faciliteiten bij de opbouw van pensioenen (waaronder begrepen levensverzekeringen) van werknemers en zelfstandigen, indien deze zijn ondergebracht bij in Denemarken gevestigde pensioeninstellingen. Dergelijke fiscale faciliteiten gelden niet, indien het pensioen is ondergebracht bij in een andere EU-lidstaat gevestigde pensioeninstellingen. Vanwege dit onderscheid is de Europese Commissie een inbreukprocedure gestart tegen Denemarken wegens schending van art. 39 (vrij werknemersverkeer), 43 (vrije vestigingsrecht), 49 (vrij dienstenverkeer) en 56 (vrij kapitaalverkeer) EG-verdrag door Denemarken.

Naar aanleiding van het in het kader van deze procedure door de Europese Commissie ingestelde beroep oordeelt het Hof van Justitie van de EG dat het onderhavige onderscheid een verboden belemmering vormt van art. 39, 43 en 49, EG-verdrag. Deze belemmering kan niet worden gerechtvaardigd met een beroep op bestrijding van belastingvlucht, doeltreffendheid van fiscale controles en noodzaak van fiscale coherentie.

HET HOF VAN JUSTITIE (Grote kamer)

verklaart:

Het Koninkrijk Denemarken is de krachtens de artikelen 39 EG, 43 EG en 49 EG op hem rustende verplichtingen niet nagekomen door een regeling inzake levensverzekeringen en ouderdomspensioenen in te voeren en te handhaven op grond waarvan het recht op aftrek van en het recht op vrijstelling voor premiebetalingen alleen worden toegekend in het kader van overeenkomsten die met in Denemarken gevestigde pensioeninstellingen zijn afgesloten, terwijl een dergelijk belastingvoordeel niet wordt toegekend in het kader van overeenkomsten die met in andere lidstaten gevestigde pensioeninstellingen zijn afgesloten.

HvJ EG 15 februari 2007, zaak C-345/04 (Centro Equestre da Lezíria Grande Lda v. Bundesamt für Finanzen)

Derde kamer: *A. Rosas, kamerpresident, A. Borg Barthet en U. Lõhmus (rapporteur), rechters*

Advocaat-generaal: *P. Léger*

1. Het verzoek om een prejudiciële beslissing betreft de uitlegging van artikel 59 EG-Verdrag (thans, na wijziging, artikel 49 EG).

2. Dit verzoek is ingediend in het kader van een geding tussen de vennootschap naar Portugees recht Centro Equestre da Lezíria Grande Lda (hierna: 'CELG') en het Bundesamt für Finanzen (federale belastingdienst; hierna: 'Bundesamt') met betrekking tot de afwijzing door het Bundesamt van het verzoek om teruggaaf van de aan de bron ingehouden vennootschapsbelasting op de inkomsten die CELG in Duitsland als beperkt belastingplichtige heeft verworven.

Toepasselijke nationale bepalingen

3. Volgens § 2, punt 1, van het Körperschaftsteuergesetz (Duitse wet op de vennootschapsbelasting), in de versie van 1991 (*BGBl.* 1991 I, blz. 639; hierna: 'KStG'), zijn vennootschappen die niet in Duitsland zijn gevestigd, beperkt belastingplichtig en wordt de vennootschapsbelasting in Duitsland slechts verschuldigd voor de aldaar verworven inkomsten.

4. Overeenkomstig § 49, lid 1, van het Einkommensteuergesetz (Duitse wet op de inkomstenbelasting), in de versie van 1997 (*BGBl.* 1997 I, blz. 821; hierna: 'EStG 1997'), junctis § 8, lid 1, KStG en artikel 17, lid 2, van het Abkommen zwischen der Bundesrepublik Deutschland und der Portugiesischen Republik zur Vermeidung der Doppelbesteuerung auf dem Gebiet der Steuern vom Einkommen und vom Vermögen (overeenkomst tussen de Bondsrepubliek Duitsland en de Portugese Republiek tot het vermijden van dubbele belasting op het gebied van belastingen naar het inkomen en het vermogen) van 15 juli 1980 (*BGBl.* 1982 II, blz. 129), zijn de inkomsten die door een vennootschap naar Portugees recht zijn verworven in het kader van artistieke voorstellingen in Duitsland, aldaar aan de vennootschapsbelasting onderworpen.

5. § 50a, lid 4, punt 1, EStG 1990 (*BGBl.* 1990 I, blz. 1898), in de versie van 1996, luidt als volgt:

> 'Ten aanzien van beperkt belastingplichtigen wordt de inkomstenbelasting geheven door inhouding aan de bron bij inkomsten die worden verworven door kunstzinnige, sportieve of soortgelijke vertoningen die in Duitsland worden georganiseerd of geëxploiteerd, daaronder begrepen de inkomsten uit andere prestaties met betrekking tot deze vertoningen, ongeacht de persoon die de inkomsten verwerft [...]'

6. § 50, lid 5, vierde zin, punt 3, EStG 1997, die met terugwerkende kracht van toepassing is op het aanslagjaar 1996, bepaalt echter:

> 'Een beperkt belastingplichtige wiens inkomsten overeenkomstig § 50a, lid 4, punt 1 of 2, aan broninhouding zijn onderworpen, kan de volledige of gedeeltelijke teruggaaf van de ingehouden en betaalde belasting vragen. Voor deze teruggaaf is vereist dat de bedrijfskosten of verwervingskosten die in rechtstreeks economisch verband staan met deze inkomsten, meer dan de helft van de inkomsten bedragen.'

7. Uit de aan het Hof overgelegde stukken blijkt dat in Duitsland onbeperkt belastingplichtigen, anders dan beperkt belastingplichtigen, alle kosten die verband houden met artistieke of sportieve vertoningen die op Duits grondgebied hebben plaatsgevonden, van hun belastbaar inkomen in deze lidstaat kunnen aftrekken.

Hoofdgeding en prejudiciële vraag

8. CELG, verzoekster in het hoofdgeding, is een kapitaalvennootschap naar Portugees recht, waarvan de zetel en de bedrijfsleiding in Portugal zijn gevestigd. CELG is in Duitsland beperkt onderworpen aan de vennootschapsbelasting, die slechts verschuldigd is over de aldaar verworven inkomsten. In 1996 is CELG op tournee geweest met voorstellingen met paardendressuur en dressuurlessen in veertien steden in verschillende landen van de Europese Unie, waaronder elf steden in Duitsland.

9. In 1997 heeft CELG het Bundesamt op grond van § 50, lid 5, EStG 1997 en § 8, lid 1, KStG verzocht om teruggaaf van de aan de bron ingehouden vennootschapsbelasting over haar in Duitsland verworven inkomsten, dat wil zeggen een bedrag van 71 758 DEM.

10. Daartoe heeft CELG een voor eensluidend gewaarmerkte Portugese balans ingediend waarin een lijst was opgenomen van de kosten met betrekking tot de hele tournee in 1996. Deze lijst vermeldde kosten voor communicatie, reis- en verblijfskosten, reclamekosten, personeelskosten, lopende uitgaven voor de paarden, kosten van water en elektriciteit, kosten van dierenarts en geneesmiddelen, kosten van hoefsmid, uitrusting van paarden en

ruiters, kosten van vervoer per vrachtwagen en van belastingadvies alsmede de afschrijving van de paarden. Later heeft CELG nog andere kosten opgevoerd, te weten kosten van boekhouding en de betaling van licentiekosten. Zij wilde 11/14 van alle kosten in mindering brengen op de in Duitsland verworven inkomsten.

11. Het Bundesamt heeft de gevraagde teruggaaf geweigerd op grond dat geen originele bewijsstukken voor de gestelde uitgaven zijn overgelegd.

12. Het hiertegen door CELG ingediende bezwaar is afgewezen, met name op grond dat een rechtstreeks economisch verband tussen bepaalde opgevoerde kosten en de in Duitsland verworven inkomsten ontbrak.

13. CELG heeft tegen deze afwijzingsbeschikking beroep ingesteld bij het Finanzgericht Köln. Deze rechterlijke instantie heeft het beroep verworpen op grond dat een deel van de gestelde kosten niet in rechtstreeks verband stond met de in Duitsland belastbare inkomsten en dat zij verder niet meer bedroegen dan 50% van deze inkomsten.

14. CELG heeft vervolgens tegen de uitspraak van het Finanzgericht Köln beroep in 'Revision' ingesteld bij het Bundesfinanzhof.

15. Het Bundesfinanzhof merkt op dat uit de feitelijke vaststellingen van het Finanzgericht Köln blijkt dat de door CELG gemaakte kosten die in rechtstreeks verband staan met de door deze vennootschap in Duitsland verworven inkomsten, niet hoger zijn dan 50% van deze inkomsten. Het wijst echter erop dat CELG eveneens stelt dat er algemene kosten zijn gemaakt en dat, ook al bestaat er een zekere verwarring over de aard, de samenstelling en het bedrag van deze algemene kosten en over de vraag of rekening moet worden gehouden met extra inkomsten, uit deze feitelijke vaststellingen blijkt dat de door CELG gemaakte kosten in hun totaliteit, de algemene kosten meegerekend, hoger zijn dan de helft van de inkomsten.

16. Het Bundesfinanzhof meent echter dat de ongelijke behandeling met betrekking tot de vaststelling van de belastbare inkomsten van een ingezeten belastingplichtige, die onbeperkt belastingplichtig is, en een niet-ingezeten belastingplichtige, die slechts beperkt belastingplichtig is, twijfel doet rijzen over de verenigbaarheid van § 50, lid 5, vierde zin, punt 3, EStG 1997 met het gemeenschapsrecht, in het bijzonder wat de in artikel 59 van het Verdrag gewaarborgde vrijheid van dienstverrichting betreft. Het verwijst in dit verband naar het arrest van het Hof van 12 juni 2003, Gerritse (C-234/01, *Jurispr.* blz. I-5933).

17. Daarop heeft het Bundesfinanzhof de behandeling van de zaak geschorst en het Hof de volgende prejudiciële vraag gesteld:

> 'Staat artikel 59 EG-Verdrag eraan in de weg dat een in Duitsland beperkt belastingplichtige onderdaan van een andere lidstaat slechts aanspraak kan maken op terugbetaling van de door inhouding aan de bron over zijn in Duitsland verworven inkomsten geheven belasting, wanneer de met deze inkomsten in rechtstreeks economisch verband staande bedrijfskosten meer dan de helft van de inkomsten bedragen?'

Beantwoording van de prejudiciële vraag

18. Met zijn vraag wenst de verwijzende rechter te vernemen of artikel 59 van het Verdrag in de weg staat aan een wettelijke regeling van een lidstaat, als die welke aan de orde is in het hoofdgeding, volgens welke bij een beperkt belastingplichtige die verzoekt om teruggaaf van de aan de bron ingehouden vennootschapsbelasting, de bedrijfskosten die zijn gemaakt in het kader van activiteiten waarmee inkomsten zijn verworven op het grondgebied van deze staat, enkel in aanmerking worden genomen op voorwaarde dat deze kosten én rechtstreeks verband houden met die inkomsten én meer bedragen dan de helft van die inkomsten.

19. Vooraf dient eraan te worden herinnerd dat volgens vaste rechtspraak de directe belastingen weliswaar tot de bevoegdheid van de lidstaten behoren, doch dat deze niettemin verplicht zijn, die bevoegdheid in overeenstemming met het gemeenschapsrecht uit te oefenen (zie in die zin met name arresten van 15 mei 1997, Futura Participations en Singer, C-250/95, *Jurispr.* blz. I-2471, punt 19; 26 oktober 1999, Eurowings Luftverkehr, C-294/97, *Jurispr.* blz. I-7447, punt 32; 28 oktober 1999, Vestergaard, C-55/98, *Jurispr.* blz. I-7641, punt 15; 14 december 2000, AMID, C-141/99, *Jurispr.* blz. I-11619, punt 19, en 13 december 2005, Marks & Spencer, C-446/03, *Jurispr.* blz. I-10837, punt 29).

20. Er dient eveneens aan te worden herinnerd dat artikel 59 van het Verdrag volgens de rechtspraak van het Hof de afschaffing verlangt van elke beperking van het vrij verrichten van diensten die wordt opgelegd op grond dat de dienstverrichter is gevestigd in een andere lidstaat dan die waar de dienst wordt verricht (zie in die zin met name arresten van 4 december 1986, Commissie/Duitsland, 205/84, *Jurispr.* blz. 3755, punt 25;

26 februari 1991, Commissie/Italië, C-180/89, *Jurispr.* blz. I-709, punt 15, en 3 oktober 2006, FKP Scorpio Konzertproduktionen, C-290/04, nog niet gepubliceerd in de *Jurisprudentie*, punt 31).

Het bestaan van een rechtstreeks economisch verband

21. Zoals blijkt uit punt 18 van onderhavig arrest, houdt de eerste voorwaarde voor teruggaaf van aan de bron ingehouden vennootschapsbelasting in dat de bedrijfskosten in rechtstreeks economisch verband staan met de inkomsten die zijn verworven in de staat waar de activiteit wordt uitgeoefend.

22. Uit de rechtspraak van het Hof volgt dat een belastingstelsel volgens hetwelk voor de berekening van de maatstaf van heffing voor de niet-ingezeten belastingplichtigen in een bepaalde lidstaat, enkel de winsten en de verliezen uit hun activiteiten in deze lidstaat in aanmerking worden genomen, in overeenstemming is met het in het internationale belastingrecht neergelegde en door het gemeenschapsrecht erkende territorialiteitsbeginsel (zie in die zin reeds aangehaalde arresten Futura Participations en Singer, punten 21 en 22).

23. De bedrijfskosten die rechtstreeks verband houden met de door een niet-ingezetene van een lidstaat uitgeoefende activiteit waarmee belastbare inkomsten zijn verworven, moeten in beginsel in deze staat in aanmerking worden genomen, wanneer de netto-inkomsten van de ingezetenen na aftrek van dergelijke kosten worden belast. In punt 27 van het reeds aangehaalde arrest Gerritse heeft het Hof immers vastgesteld dat voor het meetellen van dergelijke kosten ingezetenen en niet-ingezetenen zich in een vergelijkbare situatie bevinden. Voor zover een lidstaat de ingezetenen de mogelijkheid verleent om de betrokken kosten af te trekken, mag hij dus in beginsel niet uitsluiten dat deze kosten bij niet-ingezetenen in aanmerking worden genomen.

24. Zo moet de staat op het grondgebied waarvan met de activiteit belastbare inkomsten zijn verworven, bij de uitoefening van zijn fiscale bevoegdheid ervoor zorgen dat de rechtstreeks met deze activiteit verband houdende kosten in aanmerking kunnen worden genomen bij de belasting van de niet-ingezetene. Dienaangaande moet echter worden verduidelijkt dat het gemeenschapsrecht niet belet dat een lidstaat verder gaat en toestaat dat kosten die daarmee geen dergelijk verband houden, worden meegeteld (zie in die zin reeds aangehaald arrest FKP Scorpio Konzertproduktionen, punten 50-52).

25. Onder bedrijfskosten die rechtstreeks verband houden met de inkomsten die worden verworven in de lidstaat waar de activiteit wordt uitgeoefend, moeten de kosten worden begrepen die in rechtstreeks economisch verband staan met de dienstverrichting waarover in die lidstaat belasting is geheven en die dus onlosmakelijk daarmee verbonden zijn, zoals reis- en verblijfkosten. In dit verband doen de plaats waar en het tijdstip waarop de kosten zijn gemaakt, niet ter zake.

26. Uit de stukken blijkt dat CELG, waarvan de zetel in Portugal is gevestigd, op Duits grondgebied inkomsten heeft verworven in het kader van door haar georganiseerde artistieke voorstellingen. CELG heeft in verband met deze voorstellingen de in punt 10 van onderhavig arrest opgesomde bedrijfskosten gemaakt, waarvan sommige van tevoren zijn gemaakt bij de organisatie en planning van de genoemde voorstellingen, en andere tijdens die voorstellingen, en verzoekt om meetelling daarvan in Duitsland. Het staat aan de verwijzende rechter bij wie het hoofdgeding aanhangig is en die verantwoordelijk is voor de te geven rechterlijke beslissing, om in het kader van dit geding na te gaan welke van de door CELG opgevoerde bedrijfskosten rechtstreeks verband houden met de dienstverrichtingen waarover in deze staat belasting is geheven en die dus onlosmakelijk daarmee verbonden zijn.

27. Bijgevolg dient te worden vastgesteld dat artikel 59 van het Verdrag er niet aan in de weg staat dat een nationale wettelijke regeling de teruggaaf van de aan de bron ingehouden vennootschapsbelasting op de door een beperkt belastingplichtige verworven inkomsten afhankelijk stelt van de voorwaarde dat de bedrijfskosten om de inaanmerkingneming waarvan deze belastingplichtige verzoekt, in rechtstreeks economisch verband staan met de inkomsten die zijn verworven in het kader van een op het grondgebied van de betrokken lidstaat uitgeoefende activiteit, voor zover alle kosten die onlosmakelijk met deze activiteit zijn verbonden, ongeacht de plaats waar of het tijdstip waarop zij zijn gemaakt, worden geacht daarmee in rechtstreeks economisch verband te staan.

Het vereiste dat de kosten meer bedragen dan de helft van de inkomsten

28. De tweede voorwaarde die is neergelegd in de in het hoofdgeding aan de orde zijnde regeling inzake de teruggaaf van de aan de bron ingehouden belasting op de in Duitsland door een niet-ingezeten belastingplichtige ontvangen inkomsten, is dat de bedrijfskosten die rechtstreeks economisch verband houden met deze inkomsten meer moeten bedragen dan de helft van de genoemde inkomsten.

29. Een dergelijke voorwaarde kan een beperking vormen van de vrijheid van dienstverrichting van een vennootschap die kunstzinnige, sportieve of andere activiteiten wil uitoefenen in een andere lidstaat dan die waar haar zetel is gevestigd.

30. Deze voorwaarde heeft immers tot gevolg dat een dergelijke vennootschap, wanneer zij teruggaaf vraagt van de aan de bron ingehouden belasting, haar kosten die rechtstreeks verband houden met de betrokken economische activiteit niet stelselmatig kan doen meetellen bij de belasting over de inkomsten uit deze activiteit.

31. Bijgevolg dient te worden vastgesteld dat een wettelijke regeling als die aan de orde in het hoofdgeding, in beginsel een verboden beperking vormt in de zin van artikel 59 van het Verdrag, doordat zij de inaanmerkingne-

ming van de bedrijfskosten die zijn gemaakt door een beperkt belastingplichtige afhankelijk stelt van deze extra voorwaarde.

32. Derhalve moet worden nagegaan of een dergelijke beperking kan worden gerechtvaardigd.

33. De door de Duitse regering naar voren gebrachte rechtvaardiging dat de nationale wettelijke regeling wil vermijden dat de kosten twee keer worden meegeteld, namelijk zowel in de staat waar de maatschappelijke zetel is gevestigd als in de staat waar de diensten zijn verricht en de inkomsten worden belast, kan niet worden aanvaard.

34. Om te beginnen dient te worden beklemtoond dat de overeenkomst tussen de Bondsrepubliek Duitsland en de Portugese Republiek tot het vermijden van dubbele belasting op het gebied van belastingen naar het inkomen en het vermogen, de methode van de 'verrekening' gebruikt.

35. Daaruit volgt dat een Portugese vennootschap in Portugal wordt belast op basis van al haar inkomsten, met inbegrip van die welke zijn verworven in het kader van een in Duitsland uitgeoefende activiteit, waar die inkomsten eveneens worden belast. De dubbele belasting wordt voorkomen door in de eerste staat een bedrag af te trekken dat gelijk is aan de in de tweede staat betaalde belasting. Door een dergelijk mechanisme wordt vermeden dat de kosten twee keer worden meegeteld, aangezien de eerstgenoemde staat, wanneer hij dit mechanisme toepast, kan nagaan welke bedrijfskosten zijn meegeteld bij de berekening van de in de tweede staat betaalde belasting.

36. Voorts voorziet § 50, lid 5, EStG 1997 in een procedure in het kader waarvan het Duitse ministerie van Financiën de woonstaat van de beperkt belastingplichtige kan informeren over diens verzoek tot teruggaaf. Door dit samenwerkingsmechanisme tussen de bevoegde nationale autoriteiten kan eveneens worden voorkomen dat de kosten twee keer worden meegeteld. Evenzo draagt richtlijn 77/799/EEG van de Raad van 19 december 1977 betreffende de wederzijdse bijstand van de bevoegde autoriteiten van de lidstaten op het gebied van de directe belastingen (*PB* L 336, blz. 15) ook bij tot de verwezenlijking van deze doelstelling door te voorzien in de uitwisseling van informatie tussen de betrokken fiscale autoriteiten.

37. Bijgevolg is de beperking van de vrije dienstverrichting door een nationale wettelijke regeling die de teruggaaf van de aan de bron ingehouden belasting over de inkomsten die een beperkt belastingplichtige in de betrokken lidstaat heeft verworven, afhankelijk stelt van de voorwaarde dat de rechtstreeks met die inkomsten verband houdende bedrijfskosten meer bedragen dan de helft daarvan, niet gerechtvaardigd. Derhalve staat artikel 59 van het Verdrag in de weg aan een dergelijke wettelijke regeling.

38. Gelet op een en ander, dient op de gestelde vraag te worden geantwoord dat artikel 59 van het Verdrag niet in de weg staat aan een nationale wettelijke regeling zoals die aan de orde in het hoofdgeding, voor zover deze de teruggaaf van de aan de bron ingehouden vennootschapsbelasting op de door een beperkt belastingplichtige verworven inkomsten afhankelijk stelt van de voorwaarde dat de bedrijfskosten om de inaanmerkingneming waarvan deze belastingplichtige met het oog daarop verzoekt, in rechtstreeks economisch verband staan met de inkomsten die zijn verworven in het kader van een op het grondgebied van de betrokken lidstaat uitgeoefende activiteit, mits alle kosten die onlosmakelijk met deze activiteit zijn verbonden, ongeacht de plaats waar of het tijdstip waarop zij zijn gemaakt, worden geacht daarmee in rechtstreeks economisch verband te staan. Dit artikel staat daarentegen in de weg aan een dergelijke nationale wettelijke regeling, voor zover zij de teruggaaf van de betrokken belasting aan die belastingplichtige afhankelijk stelt van de voorwaarde dat deze bedrijfskosten meer bedragen dan de helft van de genoemde inkomsten.

Kosten

39. …

HET HOF VAN JUSTITIE (Derde kamer)

verklaart voor recht:

Artikel 59 EG-Verdrag (thans, na wijziging, artikel 49 EG) staat niet in de weg aan een nationale wettelijke regeling zoals die aan de orde in het hoofdgeding, voor zover deze de teruggaaf van de aan de bron ingehouden vennootschapsbelasting op de door een beperkt belastingplichtige verworven inkomsten afhankelijk stelt van de voorwaarde dat de bedrijfskosten om de inaanmerkingneming waarvan deze belastingplichtige met het oog daarop verzoekt, in rechtstreeks economisch verband staan met de inkomsten die zijn verworven in het kader van een op het grondgebied van de betrokken lidstaat uitgeoefende activiteit, mits alle kosten die onlosmakelijk met deze activiteit zijn verbonden, ongeacht de plaats waar of het tijdstip waarop zij zijn gemaakt, worden geacht daarmee in rechtstreeks economisch verband te staan. Dit artikel staat daarentegen in de weg aan een dergelijke nationale wettelijke regeling, voor zover zij de teruggaaf van de betrokken belasting aan die belastingplichtige afhankelijk stelt van de voorwaarde dat deze bedrijfskosten meer bedragen dan de helft van de genoemde inkomsten.

HvJ EG 6 maart 2007, zaak C-292/04 (Wienand Meilicke, Heidi Christa Weyde, Marina Stöffler v. Finanzamt Bonn-Innenstadt)

Grote kamer: *V. Skouris, president, P. Jann, C. W. A. Timmermans, A. Rosas, K. Lenaerts, R. Schintgen en J. Klučka, kamerpresidenten, J. N. Cunha Rodrigues, R. Silva de Lapuerta, M. Ilešič, J. Malenovský, U. Lõhmus en E. Levits (rapporteur), rechters*

Advocaat-generaal: *A. Tizzano, vervolgens C. Stix-Hackl*

Samenvatting arrest *(V-N 2007/14.3)*

Wijlen H. Meilicke, voormalig inwoner van Duitsland, heeft in de jaren 1995 t/m 1997 dividenden ontvangen uit Nederland en Denemarken. Ter zake daarvan werd aan Meilicke geen voorkoming van economisch dubbele belasting door middel van een tax credit verleend. Een dergelijke voorkoming werd volgens de Duitse inkomstenbelasting namelijk alleen verleend voor Duitse dividenden.

In navolging van zijn arrest HvJ EG 7 september 2004, nr. C-319/02 (Manninen), BNB 2004/401 en V-N 2004/47.10, oordeelt het Hof van Justitie van de EG de onderhavige uitsluiting van voorkoming van economische dubbele belasting voor buitenlandse dividenden in strijd met het vrije kapitaalverkeer van art. 56 jo. art. 58 EG-verdrag. Voorts oordeelt het Hof van Justitie van de EG dat er geen aanleiding bestaat de werking van het onderhavige arrest in de tijd te beperken.

HET HOF VAN JUSTITIE (Grote kamer)

verklaart voor recht:

De artikelen 56 EG en 58 EG moeten aldus worden uitgelegd dat zij zich verzetten tegen een belastingregeling krachtens welke een in een lidstaat onbeperkt belastingplichtige aandeelhouder bij de uitkering van dividenden door een kapitaalvennootschap een belastingkrediet ontvangt dat wordt berekend op basis van het voor de uitgekeerde winst geldende vennootschapsbelastingtarief, wanneer de uitkerende vennootschap in dezelfde lidstaat is gevestigd, maar niet wanneer zij in een andere lidstaat is gevestigd.

HvJ EG 13 maart 2007, zaak C-524/04 (Test Claimants in the Thin Cap Group Litigation v. Commissioners of Inland Revenue)

Grote kamer: *V. Skouris, president, P. Jann, C. W. A. Timmermans, A. Rosas, K. Lenaerts (rapporteur), P. Kūris en E. Juhász, kamerpresidenten, J. N. Cunha Rodrigues, R. Silva de Lapuerta, K. Schiemann, J. Makarczyk, G. Arestis en A. Borg Barthet, rechters*

Advocaat-generaal: *L. A. Geelhoed*

1. Het verzoek om een prejudiciële beslissing betreft de uitlegging van de artikelen 43 EG, 49 EG en 56 EG tot en met 58 EG.

2. Dit verzoek is ingediend in het kader van een geding tussen groepen van vennootschappen (hierna: 'verzoeksters in het hoofdgeding') en de Commissioners of Inland Revenue (belastingdienst van het Verenigd Koninkrijk) ter zake van de fiscale behandeling van rente die door in het Verenigd Koninkrijk ingezeten vennootschappen wordt betaald op leningen van een vennootschap die tot dezelfde groep behoort (hierna: 'gelieerde vennootschap'), maar niet in die lidstaat is gevestigd.

Toepasselijke bepalingen

3. De relevante bepalingen van de in het Verenigd Koninkrijk geldende wettelijke regeling zijn die welke zijn opgenomen in de Income and Corporation Taxes Act 1988 (hierna: 'ICTA'), eerst in de vóór 1995 toepasselijke versie en vervolgens in de versie gewijzigd bij, onder meer, de Finance Act 1995 en de Finance Act 1998.

Nationale bepalingen vóór de wijzigingen in 1995

4. Op grond van Section 209(2)(d) ICTA wordt rente die een in het Verenigd Koninkrijk ingezeten vennootschap op een lening betaalt als winstuitkering van die vennootschap beschouwd, voor zover die rente meer bedraagt dan een redelijke commerciële opbrengst van de lening. Deze regel geldt zowel wanneer de lening door een in het Verenigd Koninkrijk ingezeten vennootschap als wanneer deze door een niet-ingezeten vennootschap wordt verstrekt. Het deel van de rente dat boven een redelijke commerciële opbrengst ligt is niet langer aftrekbaar van de belastbare winst van de vennootschap waaraan de lening is verstrekt, maar wordt behandeld als uitgekeerde winst (dividend). De vennootschap waaraan de lening is verstrekt dient daardoor overeenkomstig Section 14 ICTA de voorheffing op de vennootschapsbelasting (advance corporation tax; hierna: 'ACT') te betalen.

5. Section 209(2)(e)(iv) en (v) ICTA kwalificeert voorts als 'winstuitkering' alle anders dan krachtens Section 209(2)(d) als zodanig beschouwde rente, betaald door een in het Verenigd Koninkrijk ingezeten vennootschap aan een niet-ingezeten vennootschap die tot dezelfde groep van vennootschappen behoort, zelfs wanneer de rente een redelijke commerciële opbrengst van die lening vormt. Deze regel geldt voor leningen die een niet-ingezeten vennootschap verstrekt aan een ingezeten vennootschap die voor 75% haar dochtermaatschappij is of wanneer beide ondernemingen 75% dochter van een niet-ingezeten derde vennootschap zijn.

6. Ingevolge Section 788(3) ICTA gelden bovenvermelde nationale bepalingen echter niet, indien de toepassing ervan door een verdrag ter vermijding van dubbele belasting (hierna: 'belastingverdrag') wordt verhinderd en dit verdrag garandeert dat de rente onder bepaalde voorwaarden fiscaal aftrekbaar is. Afhankelijk van de voorwaarden waaronder de rente aftrekbaar is, kunnen de belastingverdragen die het Verenigd Koninkrijk van Groot-Brittannië en Noord-Ierland heeft gesloten in twee categorieën worden ingedeeld.

7. Op grond van de eerste categorie belastingverdragen, zoals die welke zijn gesloten met de Bondsrepubliek Duitsland, het Koninkrijk Spanje, het Groothertogdom Luxemburg, de Republiek Oostenrijk en Japan, is de rente aftrekbaar indien, gelet op het bedrag van de betrokken lening, het rentebedrag overeenkomt met hetgeen bij gebreke van een bijzondere relatie tussen partijen of tussen partijen en een derde zou zijn overeengekomen.

8. Bij de tweede categorie belastingverdragen, zoals die welke zijn gesloten met de Franse Republiek, Ierland, de Italiaanse Republiek, het Koninkrijk der Nederlanden, de Verenigde Staten van Amerika en de Zwitserse Confederatie, gaat het er meer algemeen om of het bedrag van de rente om enige reden het bedrag overschrijdt dat bij gebreke van een bijzondere relatie tussen partijen of tussen partijen en een derde zou zijn overeengekomen. Dit betekent dat ook wordt onderzocht of het bedrag van de lening zelf het bedrag overschrijdt dat bij gebreke van die bijzondere relatie zou zijn geleend.

9. Op grond van Section 808A ICTA, dat is ingevoegd bij Section 52 van de Finance (No 2) Act 1992 en van toepassing is op na 14 mei 1992 betaalde rente, moet bij de tweede categorie belastingverdragen rekening worden gehouden met alle betrokken factoren, waaronder de vraag of de lening bij gebreke van een bijzondere relatie tussen de betaler en de ontvanger van de rente, überhaupt zou zijn verstrekt en, zo ja, hoeveel zou zijn geleend en tegen welke rentevoet.

Wijzigingen van de wettelijke regeling in 1995

10. De Finance Act 1995, die in beginsel geldt voor na 28 november 1994 betaalde rente, heeft Section 209(2)(d) ICTA niet gewijzigd. Section 209(2)(e)(iv) en (v) is echter vervangen door Section 209(2)(da), bepalende dat tussen leden van eenzelfde groep van vennootschappen betaalde rente als 'winstuitkering' wordt aangemerkt, voor zover die rente meer bedraagt dan hetgeen bij gebreke van een bijzondere relatie tussen de betaler en de ontvanger van die rente zou zijn betaald. Deze regel is van toepassing op leningen die door een vennootschap worden verstrekt aan een andere vennootschap waarvan eerstgenoemde 75% van het kapitaal houdt of wanneer beide vennootschappen voor 75% dochtermaatschappij van een derde vennootschap zijn.

11. Krachtens Section 212(1) en (3) ICTA, zoals gewijzigd, is Section 209(2)(da) evenwel niet van toepassing indien de betaler en de ontvanger van de rente beide in het Verenigd Koninkrijk vennootschapsbelasting verschuldigd zijn.

12. Section 209(2)(da) ICTA is aangevuld bij Section 209(8A) tot en met (8F). Section 209(8B) preciseert de criteria aan de hand waarvan een rentebetaling als winstuitkering moet worden aangemerkt. Section 209(8A) junctis Section 209 (8D) tot en met (8F) ICTA bepaalt in hoeverre vennootschappen kunnen worden gegroepeerd voor de beoordeling van de niveaus van hun leningen op een geconsolideerde basis.

Wijzigingen van de wettelijke regeling in 1998

13. Bij de Finance Act 1998 is Schedule 28AA van de ICTA ingevoerd, die regels bevat voor transfer pricing, die eveneens van toepassing zijn op rentebetalingen tussen vennootschappen. Transacties tussen twee vennootschappen onder gemeenschappelijke controle vallen onder die regels wanneer de voorwaarden waaronder zij tot stand zijn gekomen, verschillen van de voorwaarden die zouden hebben bestaan indien de ondernemingen niet onder gemeenschappelijke controle hadden gestaan en die voorwaarden één van de betrokken partijen een potentieel voordeel voor de toepassing van de fiscale wetgeving van het Verenigd Koninkrijk geven. Het begrip gemeenschappelijke controle omvat hetzij directe of indirecte participatie van een vennootschap in het beheer, de controle of het kapitaal van de andere betrokken vennootschap, hetzij directe of indirecte participatie van een derde in het beheer, de controle of het kapitaal van de beide andere betrokken vennootschappen.

14. Tot de wijziging van die regels in 2004 werd aangenomen dat er geen potentieel voordeel voor één van de betrokken partijen in de zin van deze regeling was, wanneer de andere partij bij de transactie eveneens in het Verenigd Koninkrijk belastingplichtig was en aan een aantal andere voorwaarden werd voldaan.

15. Die regels werden in 2004 zodanig gewijzigd dat zij ook gelden wanneer beide partijen bij de transactie in het Verenigd Koninkrijk belastingplichtig zijn.

Hoofdgeding en prejudiciële vragen

16. Het hoofdgeding is een geding van het soort 'group litigation' betreffende onderkapitalisatie ('Thin Cap Group Litigation'), bestaande uit een aantal vorderingen tot terugbetaling en/of vergoeding die groepen van vennootschappen na het arrest van 12 december 2002, Lankhorst-Hohorst (C-324/00, *Jurispr.* blz. I-11779), bij de High Court of Justice of England and Wales, Chancery Division, tegen de Commissioners of Inland Revenue hebben ingesteld.

17. Elk van de zaken die de verwijzende rechter voor de onderhavige prejudiciële verwijzing als testcase heeft uitgekozen betreft een in het Verenigd Koninkrijk ingezeten vennootschap die voor ten minste 75% direct of indirect in handen is van een niet-ingezeten moedermaatschappij en een lening heeft gekregen, hetzij van deze moedermaatschappij, hetzij van een andere niet-ingezeten vennootschap die voor ten minste 75% direct of indirect een dochteronderneming van deze moedermaatschappij is.

18. Het betreft enerzijds leningen die aan een in het Verenigd Koninkrijk ingezeten vennootschap zijn verstrekt door een in een andere lidstaat gevestigde vennootschap, waarbij die twee vennootschappen deel uitmaken van dezelfde groep van vennootschappen met aan het hoofd een in laatstgenoemde lidstaat gevestigde moedermaatschappij. Dit is het geval bij een aantal van die testcases, namelijk die betreffende de groepen

Lafarge en Volvo, waarin de vennootschap die de lening heeft verstrekt en de moedermaatschappij in dezelfde lidstaat zijn gevestigd, in casu in Frankrijk respectievelijk Zweden.

19. Anderzijds betreft een aantal van die testcases een in het Verenigd Koninkrijk ingezeten vennootschap die behoort tot een groep van vennootschappen met aan het hoofd een in een derde land – namelijk de Verenigde Staten van Amerika – gevestigde moedermaatschappij en een lening heeft verkregen van een andere vennootschap van dezelfde groep die op haar beurt is gevestigd in hetzij een andere lidstaat (dit is het geval bij een eerste soort vordering van de Caterpillar-groep betreffende een lening verstrekt door een in Ierland gevestigde vennootschap), hetzij een derde land (dit is het geval bij een tweede soort vordering van de Caterpillar-groep betreffende een lening verleend door een in Zwitserland gevestigde vennootschap), dan wel nog een andere lidstaat, maar opereert via een in een derde land gevestigd filiaal (dit is het geval bij de PepsiCo-groep, waarin de vennootschap die de lening verstrekt in Luxemburg is gevestigd, maar opereert via een in Zwitserland gevestigd filiaal).

20. Volgens de verwijzingsbeslissing hebben sommige verzoekende vennootschappen een deel van die leningen omgezet in aandelen teneinde te vermijden dat de op het restant van die leningen betaalde rente krachtens de in het Verenigd Koninkrijk geldende wettelijke regeling als winstuitkering wordt aangemerkt. Een aantal verzoeksters in het hoofdgeding heeft met de belastingdienst van het Verenigd Koninkrijk een overeenkomst gesloten over de wijze waarop die wettelijke regeling zou worden toegepast en waarin was vastgelegd onder welke voorwaarden die belastingdienst de leningen zou beoordelen die in de komende jaren binnen de groep van vennootschappen zouden worden verstrekt.

21. Na het reeds aangehaalde arrest Lankhorst-Hohorst hebben verzoeksters in het hoofdgeding vorderingen ingesteld tot terugbetaling en/of vergoeding van de fiscale nadelen die zij door de toepassing te hunnen aanzien van de wettelijke regeling van het Verenigd Koninkrijk zouden hebben geleden, waaronder, met name, de extra vennootschapsbelasting die zij hadden betaald na het besluit van de belastingdienst van het Verenigd Koninkrijk om niet toe te staan dat de betaalde rente van hun belastbare winst werd afgetrokken en/of om die aftrek te beperken, alsmede de extra belasting als gevolg van de omzetting door die vennootschappen van geleend geld in aandelen.

22. Daarop heeft de High Court of Justice of England and Wales, Chancery Division, de behandeling van de zaak geschorst en het Hof de volgende prejudiciële vragen gesteld:

'1. Verzetten de artikelen 43 EG, 49 EG of 56 EG zich ertegen dat een lidstaat (hierna: 'lidstaat van de kredietnemer') bepalingen als die van Sections 209, 212 en Schedule 28AA van de [ICTA] (hierna: 'nationale bepalingen') handhaaft en toepast, die beperkingen stellen aan de mogelijkheid van een in die lidstaat gevestigde onderneming (hierna: 'kredietnemer') om de rente op een lening die haar door een directe of indirecte buitenlandse moedermaatschappij is verstrekt, af te trekken van de belasting, waar die beperkingen voor de kredietnemer niet zouden gelden indien de moedermaatschappij in hetzelfde land als de kredietnemer was gevestigd?

2. Maakt het voor de beantwoording van de eerste vraag verschil, en zo ja, in hoeverre, wanneer:

a. de lening niet door de moedermaatschappij van de kredietnemer wordt verstrekt, maar door een andere vennootschap (hierna: 'kredietgever') van dezelfde groep met eenzelfde gemeenschappelijke directe of indirecte moedermaatschappij als de kredietnemer en indien zowel de gemeenschappelijke moedermaatschappij als de kredietgever in andere lidstaten zijn gevestigd dan de kredietnemer;

b. de kredietgever in een andere lidstaat is gevestigd dan de kredietnemer, maar alle gemeenschappelijke directe of indirecte moedermaatschappijen van de kredietnemer en de kredietgever in een derde land zijn gevestigd;

c. alle gemeenschappelijke directe of indirecte moedermaatschappijen van de kredietgever en van de kredietnemer in derde landen zijn gevestigd en de kredietgever, die in een andere lidstaat is gevestigd dan de kredietnemer, de lening aan de kredietnemer verstrekt via een van haar in een derde land gevestigde filialen;

d. de kredietgever en alle gemeenschappelijke directe of indirecte moedermaatschappijen van de kredietgever en de kredietnemer in derde landen zijn gevestigd?

3. Maakt het voor de beantwoording van de eerste en de tweede vraag verschil wanneer kan worden aangetoond dat de verstrekking van de lening misbruik van recht vormde of deel uitmaakte van een constructie bedoeld om de belastingwetgeving van de lidstaat van de kredietnemer te omzeilen? Zo ja, aan de hand van welke criteria zou volgens het Hof in gevallen als de onderhavige moeten worden bepaald wanneer van een dergelijk misbruik of een dergelijke constructie sprake is?

4. Indien er sprake is van een beperking van het vrij verkeer van kapitaal tussen de lidstaten en derde landen in de zin van artikel 56 EG, bestond die beperking dan op 31 december 1993 in de zin van artikel 57 EG?

5. Ingeval een van de in de eerste of de tweede vraag genoemde punten in strijd is met de artikelen 43 EG, 49 EG of 56 EG, moeten dan in omstandigheden waarin de kredietnemer of andere vennootschappen van haar groep (hierna: 'verzoeksters') de volgende vorderingen instellen:

a. terugbetaling van de extra vennootschapsbelasting die de kredietnemer heeft betaald doordat zij de aan de kredietgever betaalde rente niet in aftrek heeft kunnen brengen op haar belastbare winst voor de vennootschapsbelasting, terwijl deze rentebetalingen in aftrek hadden kunnen worden gebracht op de winst van de kredietnemer indien de kredietgever eveneens was gevestigd in het land van vestiging van de kredietnemer;

b. terugbetaling van de extra vennootschapsbelasting die de kredietnemer heeft betaald, waar het volledige bedrag van de rente op de lening in feite aan de kredietgever is betaald, maar het recht op aftrek van deze rente als gevolg van de nationale bepalingen of de toepassing ervan door de belastingdienst is beperkt;

c. terugbetaling van de extra vennootschapsbelasting die de kredietnemer heeft betaald, waar het bedrag van de rente op de leningen van de kredietgever dat van de winst van de kredietnemer mocht worden afgetrokken, is verminderd omdat het op grond van de nationale bepalingen of de toepassing ervan door de belastingdienst eerder om aandelenkapitaal dan om een lening ging dan wel om de vervanging van de bestaande lening door aandelenkapitaal;

d. terugbetaling van de extra vennootschapsbelasting die de kredietnemer heeft betaald, waar de op de leningen van de kredietgever betaalde rente die van de winst van de kredietnemer mocht worden afgetrokken, op grond van de nationale bepalingen of de toepassing door de belastingdienst ervan is verminderd door verlaging van de rentevoet van de lening (of doordat de lening renteloos is geworden);

e. teruggaaf of vergoeding van verliezen of andere belastingverlichtingen of -kredieten van de kredietnemer (of aan deze vennootschap doorgegeven door andere in dezelfde staat gevestigde en tot dezelfde groep behorende vennootschappen) die deze vennootschap heeft verrekend met de in de punten a, b of c hierboven bedoelde extra vennootschapsbelastingschuld, maar die anders voor een ander doel of ter verrekening in latere periodes hadden kunnen worden gebruikt;

f. terugbetaling van de niet-gebruikte voorheffing op de vennootschapsbelasting die de kredietnemer heeft betaald op de als uitkeringen geherkwalificeerde rentebetalingen aan de kredietgever;

g. teruggaaf of vergoeding van de bedragen die als voorheffing op de vennootschapsbelasting in de in punt f hierboven vermelde omstandigheden zijn voldaan, maar die vervolgens zijn verrekend met de vennootschapsbelastingschuld van de kredietnemer;

h. vergoeding van de door verzoeksters gemaakte kosten om de nationale bepalingen en de toepassing daarvan door de belastingdienst na te leven;

i. teruggaaf of vergoeding van gederfde winst op het in de omstandigheden van punt c als eigen vermogen geïnvesteerd (of in eigen vermogen omgezet) vreemd vermogen, en

j. teruggaaf of vergoeding van alle belastingschulden die zijn ontstaan voor de kredietgever in diens land van vestiging over de aangenomen of toegerekende ontvangst van rentebetalingen van de kredietnemer, die krachtens de in vraag 1 vermelde nationale bepalingen als uitkering zijn geherkwalificeerd;

deze vorderingen gemeenschapsrechtelijk worden beschouwd als:

- vorderingen tot teruggaaf of terugbetaling van ten onrechte geheven bedragen, die voortvloeien uit en verbonden zijn met de schending van voormelde gemeenschapsbepalingen;
- vorderingen tot schadevergoeding, of
- vorderingen tot betaling van een bedrag overeenkomend met een ten onrechte geweigerd voordeel?

6. Indien op enig onderdeel van vraag 5 moet worden geantwoord dat de vorderingen vorderingen tot betaling van een ten onrechte geweigerd voordeel zijn:

a. vloeien die vorderingen dan voort uit en zijn zij verbonden met het door voormelde gemeenschapsbepalingen toegekende recht, of

b. moet zijn voldaan aan alle of sommige van de voorwaarden voor terugvordering als vastgelegd in het arrest van het Hof van 5 maart 1996, Brasserie du Pêcheur en Factortame (C-46/93 en C-48/93, *Jurispr.* blz. I-1029), of

c. moet zijn voldaan aan andere voorwaarden?

7. Maakt het enig verschil of de in vraag 6 bedoelde vorderingen naar nationaal recht vorderingen tot teruggaaf of vorderingen tot schadevergoeding zijn?

8. Welke richtsnoeren kan het Hof in de onderhavige zaken geven ten aanzien van de omstandigheden waarmee de nationale rechter rekening moet houden om te bepalen of er sprake is van een voldoende

gekwalificeerde schending in de zin van het (reeds aangehaalde) arrest Brasserie du Pêcheur en Factortame, [...] in het bijzonder of de schending gelet op de stand van de rechtspraak inzake de uitlegging van de relevante gemeenschapsbepalingen, verschoonbaar was?

9. Kan er in beginsel een rechtstreeks causaal verband (in de zin van het arrest Brasserie du Pêcheur en Factortame [...]) zijn tussen een schending van de artikelen 43 EG, 49 EG en 56 EG en de verliezen van de in vraag 5 a-h, bedoelde categorieën die volgens verzoeksters daaruit zouden voortvloeien? Zo ja, welke richtsnoeren kan het Hof geven ten aanzien van de omstandigheden waarmee de nationale rechter rekening moet houden om te bepalen of er sprake is van een rechtstreeks causaal verband?

10. Kan de nationale rechter bij de vaststelling van de voor vergoeding vatbare schade in aanmerking nemen of de benadeelde personen zich redelijke inspanningen hebben getroost om de schade te voorkomen of de omvang ervan te beperken, meer in het bijzonder door gebruik te maken van beroepsmogelijkheden waarmee eventueel had kunnen worden vastgesteld dat de nationale bepalingen (wegens de toepassing van belastingverdragen) niet de in vraag 1 genoemde beperkingen opleggen? Wordt het antwoord op deze vraag beïnvloed door de opvattingen van partijen in de relevante periodes over de werking van de belastingverdragen?'

Beantwoording van de prejudiciële vragen

Eerste en derde vraag

23. Met zijn eerste vraag wenst de verwijzende rechter in wezen te vernemen of de artikelen 43 EG, 49 EG of 56 EG zich verzetten tegen een wettelijke regeling van een lidstaat die een beperking stelt aan de mogelijkheid van een ingezeten vennootschap om de rente op een lening die haar door een directe of indirecte niet-ingezeten moedermaatschappij is verstrekt, af te trekken van de belasting, waar die beperking voor de ingezeten vennootschap niet zou gelden indien de rente was betaald op een lening verstrekt door een in eerstgenoemde lidstaat ingezeten moedermaatschappij.

24. Deze vraag moet samen worden behandeld met de derde vraag, waarmee de verwijzende rechter in wezen wenst te vernemen of het voor de beantwoording van de eerste vraag verschil maakt wanneer kan worden aangetoond dat de verstrekking van de lening misbruik van recht vormde of deel uitmaakte van een constructie bedoeld om de belastingwetgeving van de lidstaat van vestiging van de kredietnemer te omzeilen.

25. Om te beginnen zij eraan herinnerd dat de directe belastingen weliswaar tot de bevoegdheid van de lidstaten behoren, doch dat deze niettemin verplicht zijn, die bevoegdheid in overeenstemming met het gemeenschapsrecht uit te oefenen (zie onder meer arresten van 8 maart 2001, Metallgesellschaft e.a., C-397/98 en C-410/98, *Jurispr.* blz. I-1727, punt 37; 13 december 2005, Marks & Spencer, C-446/03, *Jurispr.* blz. I-10837, punt 29, en 12 december 2006, Test Claimants in Class IV of the ACT Group Litigation, C-374/04, nog niet gepubliceerd in de *Jurisprudentie*, punt 36).

Toepasselijke vrijheden van verkeer

26. Voor zover de verwijzende rechter het Hof vragen stelt over de uitlegging van zowel artikel 43 EG betreffende de vrijheid van vestiging en artikel 49 EG betreffende de vrijheid van dienstverrichting als artikel 56 EG betreffende het vrije verkeer van kapitaal, moet worden bepaald of een nationale wettelijke regeling als in het hoofdgeding aan de orde is onder die vrijheden kan vallen.

27. Volgens vaste rechtspraak vallen nationale bepalingen die van toepassing zijn op de deelneming door een onderdaan van de betrokken lidstaat in het kapitaal van een in een andere lidstaat gevestigde vennootschap, die hem een zodanige invloed op de besluiten van de vennootschap verleent dat hij de activiteiten ervan kan bepalen, binnen de materiële werkingssfeer van de bepalingen van het EG-Verdrag inzake de vrijheid van vestiging (zie in die zin arresten van 13 april 2000, Baars, C-251/98, *Jurispr.* blz. I-2787, punt 22; 21 november 2002, X en Y, C-436/00, *Jurispr.* blz. I-10829, punt 37, en 12 september 2006, Cadbury Schweppes en Cadbury Schweppes Overseas, C-196/04, nog niet gepubliceerd in de *Jurisprudentie*, punt 31).

28. Zoals de advocaat-generaal in de punten 33 en 34 van zijn conclusie heeft opgemerkt, gelden de betrokken nationale bepalingen, op grond waarvan rente die een ingezeten vennootschap (hierna: 'kredietnemer') op een lening van een niet-ingezeten vennootschap (hierna: 'kredietgever') betaalt als winstuitkering wordt geherkwalificeerd, in casu alleen voor situaties waarin de kredietgever een zodanige invloed op de kredietnemer heeft of zelf wordt gecontroleerd door een vennootschap die een dergelijke invloed heeft.

29. Wat de vóór de wijzigingen in 1998 van kracht zijnde wettelijke regeling betreft, de relevante bepalingen van de ICTA golden voor leningen van een niet-ingezeten vennootschap aan een ingezeten dochtermaatschap-

pij waarvan zij 75% van het kapitaal hield of wanneer de beide vennootschappen voor 75% dochter van een derde vennootschap waren.

30. Wat de in 1998 tot stand gekomen wijzigingen betreft, de wettelijke regeling in kwestie geldt alleen wanneer de beide betrokken vennootschappen onder gemeenschappelijke controle staan in de zin dat de één direct of indirect participeert in het bestuur, de controle of het kapitaal van de andere betrokken vennootschap of een derde persoon direct of indirect participeert in het bestuur, de controle of het kapitaal van de beide andere betrokken vennootschappen.

31. Zoals de Commissie van de Europese Gemeenschappen heeft opgemerkt, betreft een wettelijke regeling als in het hoofdgeding aan de orde is, die wil optreden tegen onderkapitalisatie ('thin capitalisation') van ingezeten vennootschappen door een niet-ingezeten gelieerde vennootschap, immers alleen situaties waarin laatstgenoemde vennootschap een mate van controle uitoefent over andere vennootschappen van dezelfde groep waardoor zij de financieringskeuze van die andere vennootschappen kan beïnvloeden, in het bijzonder de vraag of die vennootschappen door middel van een lening of een kapitaalinbreng moeten worden gefinancierd.

32. Voorts blijkt uit de verwijzingsbeslissing dat de zaken die in het kader van het geding voor de verwijzende rechter als testcase zijn gekozen, betrekking hebben op in het Verenigd Koninkrijk gevestigde dochtermaatschappijen die direct of indirect voor ten minste 75% in handen zijn van een niet-ingezeten moedermaatschappij of van een andere niet-ingezeten vennootschap die eveneens voor ten minste 75% direct of indirect dochter is van die moedermaatschappij.

33. Een wettelijke regeling als in het hoofdgeding aan de orde is, die alleen de relaties binnen een groep van vennootschappen betreft, grijpt hoofdzakelijk in de vrijheid van vestiging in en moet dus worden getoetst aan artikel 43 EG (zie in die zin arrest Cadbury Schweppes en Cadbury Schweppes Overseas, reeds aangehaald, punt 32, en arrest van 12 december 2006, Test Claimants in the FII Group Litigation, C-446/04, nog niet gepubliceerd in de *Jurisprudentie*, punt 118).

34. Zo deze wettelijke regeling, zoals verzoeksters in het hoofdgeding stellen, het vrij verrichten van diensten en het vrije verkeer van kapitaal beperkt, zijn deze beperkingen een onvermijdelijk gevolg van een eventuele belemmering van de vrijheid van vestiging en rechtvaardigen zij niet dat die wettelijke regeling wordt getoetst aan de artikelen 49 EG en 56 EG (zie in die zin arrest van 14 oktober 2004, Omega, C-36/02, *Jurispr.* blz. I-9609, punt 27; arrest Cadbury Schweppes en Cadbury Schweppes Overseas, reeds aangehaald, punt 33, en arrest van 3 oktober 2006, Fidium Finanz, C-452/04, nog niet gepubliceerd in de *Jurisprudentie*, punten 48 en 49).

35. De gestelde vragen behoeven dus alleen in het licht van artikel 43 EG te worden beantwoord.

Bestaan van een beperking van de vrijheid van vestiging

36. De vrijheid van vestiging, die in artikel 43 EG aan de gemeenschapsonderdanen wordt toegekend en die voor hen de toegang tot en de uitoefening van werkzaamheden anders dan in loondienst alsmede de oprichting en het bestuur van ondernemingen onder dezelfde voorwaarden als in de wetgeving van het land van vestiging voor de eigen onderdanen zijn vastgesteld, omvat, brengt overeenkomstig artikel 48 EG voor de vennootschappen die in overeenstemming met de wetgeving van een lidstaat zijn opgericht en die hun statutaire zetel, hun hoofdbestuur of hun hoofdvestiging binnen de Europese Gemeenschap hebben, het recht mee om in de betrokken lidstaat hun bedrijfsactiviteit uit te oefenen door middel van een dochteronderneming, een filiaal of een agentschap (zie onder meer arrest van 21 september 1999, Saint-Gobain ZN, C-307/97, *Jurispr.* blz. I-6161, punt 35, en arresten Marks & Spencer, reeds aangehaald, punt 30, en Cadbury Schweppes en Cadbury Schweppes Overseas, reeds aangehaald, punt 41).

37. Voor vennootschappen dient hun zetel in de zin van artikel 48 EG, naar het voorbeeld van de nationaliteit van natuurlijke personen, ter bepaling van hun binding aan de rechtsorde van een staat. Indien de lidstaat van vestiging van een dochtermaatschappij vrijelijk een andere behandeling op die dochter zou mogen toepassen alleen omdat de zetel van haar moedermaatschappij in een andere lidstaat is gevestigd, zou daarmee aan artikel 43 EG elke inhoud worden ontnomen (zie in die zin arresten van 28 januari 1986, Commissie/Frankrijk, 270/83, *Jurispr.* blz. 273, punt 18, en 13 juli 1993, Commerzbank, C-330/91, *Jurispr.* blz. I-4017, punt 13; arresten Metallgesellschaft e.a., reeds aangehaald, punt 42, en Marks & Spencer, reeds aangehaald, punt 37). De vrijheid van vestiging beoogt dus het voordeel van de nationale behandeling in de lidstaat van ontvangst te garanderen, door elke discriminatie op grond van de plaats van de zetel van vennootschappen te verbieden (zie in die zin reeds aangehaalde arresten Commissie/Frankrijk, punt 14, en Saint-Gobain ZN, punt 35).

38. In casu bepalen de nationale regels betreffende onderkapitalisatie dat de rente die een vennootschap aan een andere vennootschap van dezelfde groep betaalt op een door laatstgenoemde vennootschap verstrekte lening, onder bepaalde omstandigheden wordt gekwalificeerd als winstuitkering, zodat de kredietnemer de betaalde rente niet van de belastbare winst mag aftrekken.

39. Blijkens het dossier kan het feit dat de aan een gelieerde vennootschap betaalde rente als winstuitkering wordt gekwalificeerd de belastingdruk van de kredietnemer verzwaren, niet alleen omdat de belastbare winst niet kan worden verminderd met het bedrag van de betaalde rente, maar ook omdat die vennootschap door de kwalificatie van die rente als winstuitkering op het moment van die handeling verplicht kan worden de voorheffing op de vennootschapsbelasting te betalen.

40. Vastgesteld zij dat de nationale bepalingen betreffende onderkapitalisatie een verschil in behandeling van ingezeten kredietnemers invoeren, naargelang de gelieerde kredietgever al dan niet in het Verenigd Koninkrijk is gevestigd.

41. Wat enerzijds de tot in 1995 van kracht zijnde nationale wettelijke regeling betreft, het is juist dat de door een ingezeten vennootschap betaalde rente in beginsel als winstuitkering werd gekwalificeerd voor zover deze het bedrag van een redelijke commerciële vergoeding voor de betrokken lening overschreed, of de kredietgever nu een ingezeten vennootschap was of niet. Betaalde een ingezeten vennootschap echter rente aan een niet-ingezeten gelieerde vennootschap, dan werd die rente, afgezien van de gevallen die onder een belastingverdrag vielen dat de toepassing van de nationale wettelijke regeling verhinderde, altijd als winstuitkering behandeld, zelfs indien deze een redelijke commerciële opbrengst voor de lening vormde.

42. Wat anderzijds de nationale wettelijke regeling betreft zoals die tussen 1995 en 1998 van toepassing was, de bepaling op grond waarvan rente die een vennootschap betaalde aan een andere vennootschap van dezelfde groep, gelijk werd gesteld met een winstuitkering wanneer die rente meer bedroeg dan hetgeen zou zijn overeengekomen bij gebreke van een bijzondere relatie tussen de betaler en de ontvanger van die rente of tussen die partijen en een derde, gold niet wanneer zowel de kredietnemer als de kredietgever in het Verenigd Koninkrijk belastingplichtig was.

43. Evenzo viel op grond van de tussen 1998 en 2004 geldende wettelijke regeling rente die tussen vennootschappen van dezelfde groep werd betaald onder de regels betreffende transfer pricing, wanneer deze betrekking had op een transactie die onder andere voorwaarden tot stand was gekomen dan wanneer die vennootschappen niet tot dezelfde groep hadden behoord en de in het kader van die transactie overeengekomen voorwaarden één van de betrokkenen een potentieel voordeel voor de toepassing van de belastingwetgeving in het Verenigd Koninkrijk hadden gegeven. Blijkens die wettelijke regeling werd een dergelijk voordeel geacht niet te bestaan wanneer werd voldaan aan bepaalde voorwaarden, in het bijzonder het feit dat de andere partij bij de transactie eveneens in het Verenigd Koninkrijk belastingplichtig was.

44. Voor zover een vennootschap in het Verenigd Koninkrijk belastingplichtig is indien zij aldaar is gevestigd of door middel van een filiaal of agentschap een economische activiteit uitoefent, bevatten de tussen 1995 en 2004 geldende bepalingen voornamelijk beperkingen voor leningen verleend door niet-ingezeten moedermaatschappijen.

45. Hieruit volgt dat zelfs vóór 1995 en in elk geval tussen 1995 en 2004 in het geval van rente die een ingezeten vennootschap betaalde op een lening van een niet-ingezeten gelieerde vennootschap, de fiscale situatie van eerstgenoemde vennootschap minder gunstig was dan die van een ingezeten kredietnemer die een lening had gekregen van een ingezeten gelieerde vennootschap.

46. Met betrekking tot de verenigbaarheid van dit verschil in behandeling met de verdragsbepalingen betreffende de vrijheid van vestiging stellen de Duitse regering en die van het Verenigd Koninkrijk in de eerste plaats dat die bepalingen niet van toepassing zijn op een nationale regeling die slechts erop gericht is uitvoering te geven aan de fiscale bevoegdheid zoals die, overeenkomstig de op internationaal niveau erkende beginselen, is verdeeld in de door het Verenigd Koninkrijk gesloten belastingverdragen.

47. In dit verband verwijzen die regeringen naar het beginsel dat de lidstaten de winst van tot eenzelfde groep behorende vennootschappen mogen verdelen op basis van de regel van 'arm's length' of van 'vergelijking met derde', die onder meer is neergelegd in artikel 9 van het modelverdrag inzake inkomsten en vermogen van de Organisatie voor Economische Samenwerking en Ontwikkeling (OESO). De Duitse regering voegt hieraan toe dat volgens die regel de staat van vestiging van de kredietgever bevoegd is om de ontvangen rente te belasten indien de betrokken transactie gelijk is aan een transactie tussen derden, terwijl die bevoegdheid in het andere geval bij de staat van vestiging van de kredietnemer berust.

48. Met betrekking tot de uitvoering van dit beginsel stelt de regering van het Verenigd Koninkrijk dat het merendeel van de belastingverdragen die deze lidstaat heeft gesloten een bepaling bevatten op grond waarvan de respectieve bevoegde autoriteiten een compenserende correctie mogen uitvoeren, waardoor tegenover elke verhoging van de in de staat van de kredietnemer belastbare winst een overeenkomstige verlaging staat van de belastbare winst in de staat waarin de kredietgever is gevestigd.

49. Dienaangaande zij eraan herinnerd dat de lidstaten bij gebreke van communautaire unificatie- of harmonisatiemaatregelen bevoegd blijven om, door het sluiten van overeenkomsten of unilateraal, de criteria voor de verdeling van hun heffingsbevoegdheid vast te stellen teneinde onder meer dubbele belasting af te schaffen (arresten van 12 mei 1998, Gilly, C-336/96, *Jurispr.* blz. I-2793, punten 24 en 30; 7 september 2006, N, C-470/04, nog niet gepubliceerd in de *Jurisprudentie*, punt 44, en 14 november 2006, Kerckhaert en Morres, C-513/04, nog niet gepubliceerd in de *Jurisprudentie*, punten 22 en 23). In dat verband staat het aan de lidstaten om de maatregelen te nemen die nodig zijn om dubbele belasting te voorkomen, door met name de in de internationale belastingpraktijk, daaronder begrepen de door de OESO uitgewerkte modelverdragen, gehanteerde verdelingscriteria toe te passen (zie in die zin reeds aangehaalde arresten Gilly, punt 31, N, punt 45, en Kerckhaert en Morres, punt 23).

50. De in het hoofdgeding aan de orde zijnde nationale bepalingen zijn evenwel niet het gevolg van een eenvoudige verdeling van bevoegdheden tussen het Verenigd Koninkrijk en de landen waarmee het belastingverdragen heeft gesloten.

51. Vóór de wijzigingen van de wettelijke regeling in 1995 schreven die nationale regels weliswaar voor dat, tenzij in een belastingverdrag anders bepaald, de door een ingezeten vennootschap betaalde rente op een lening verstrekt door een niet-ingezeten gelieerde vennootschap als winstuitkering moest worden aangemerkt, doch die bepalingen weerspiegelden daarmee een eenzijdige keuze van de wetgever van het Verenigd Koninkrijk. Hetzelfde gold vóór de wijzigingen in 1998 voor in een dergelijke context betaalde rente wanneer deze meer bedroeg dan hetgeen onder normale omstandigheden zou zijn betaald, alsmede, na de wijzigingen van de wettelijke regeling in 1998, voor transacties tussen twee onder gemeenschappelijke controle staande vennootschappen die onder andere voorwaarden tot stand zijn gekomen dan van toepassing zouden zijn geweest indien de vennootschappen niet onder gemeenschappelijke controle hadden gestaan, met name wanneer die voorwaarden één van de partijen bij de transactie een potentieel fiscaal voordeel voor de toepassing van de belastingwetgeving in het Verenigd Koninkrijk gaven.

52. Deze bepalingen beoogden niet zozeer dubbele belasting van in het Verenigd Koninkrijk behaalde winst te vermijden, maar weerspiegelden de keuze van die lidstaat om zijn belastingstelsel zo te organiseren dat dergelijke winst niet door middel van een stelsel van onderkapitalisatie van ingezeten dochtermaatschappijen door niet-ingezeten gelieerde vennootschappen in die lidstaat aan belastingheffing werd onttrokken. Zoals de advocaat-generaal in de punten 55 en 56 van zijn conclusie heeft opgemerkt, wordt aan het eenzijdige karakter van de bepalingen die bepaalde aan niet-ingezeten vennootschappen betaalde rente kwalificeren als winstuitkering, niet afgedaan door het feit dat die lidstaat zich voor die kwalificatie heeft laten inspireren door op internationaal niveau erkende beginselen en zelfs niet door de omstandigheid dat die lidstaat de toepassing van zijn nationale wettelijke regeling voor in bepaalde andere landen gevestigde kredietgevers vergezeld heeft willen doen gaan van belastingverdragen die bepalingen bevatten strekkende tot vermijding of verlichting van de dubbele belasting die door die kwalificatie kon ontstaan.

53. Zelfs al werd voorts met de toepassing van de in het hoofdgeding aan de orde zijnde bepalingen in sommige gevallen slechts uitvoering gegeven aan in belastingverdragen vastgestelde criteria, dit neemt niet weg dat de lidstaten bij de uitoefening van de aldus verdeelde heffingsbevoegdheid de gemeenschapsregels niet naast zich mogen neerleggen (zie in die zin arresten Saint-Gobain ZN, reeds aangehaald, punten 58 en 59, en van 12 december 2002, De Groot, C-385/00, *Jurispr.* blz. I-11819, punt 94) en, meer bepaald, de vrijheid van vestiging zoals die door artikel 43 EG wordt gegarandeerd.

54. Wat ten slotte het feit betreft dat de verhoging van de belastbare winst als gevolg van een herkwalificatie van de rente op grond van de bepalingen van een belastingverdrag kan worden gecompenseerd door een overeenkomstige verlaging van de in de staat van vestiging van de kredietgever belastbare winst, het is juist dat, aangezien de belastingregeling die voortvloeit uit een belastingverdrag deel uitmaakt van het in het hoofdgeding toepasselijk rechtskader en als zodanig door de verwijzende rechterlijke instantie is gepresenteerd, het Hof hiermee rekening dient te houden om een voor de nationale rechter nuttige uitlegging van het gemeenschapsrecht te geven (zie in die zin arresten van 7 september 2004, Manninen, C-319/02, *Jurispr.* blz. I-7477, punt 21, en 19 januari 2006, Bouanich, C-265/04, *Jurispr.* blz. I-923, punten 51-55; arrest Test Claimants in

Class IV of the ACT Group Litigation, reeds aangehaald, punt 71, en arrest van 14 december 2006, Denkavit Internationaal en Denkavit France, C-170/05, nog niet gepubliceerd in de *Jurisprudentie*, punt 45).

55. Uit de stukken blijkt echter niet dat wanneer de door een ingezeten vennootschap aan een niet-ingezeten gelieerde vennootschap betaalde rente op grond van de in het Verenigd Koninkrijk geldende wettelijke regeling wordt gekwalificeerd als winstuitkering, de toepassing van die nationale wettelijke regeling in samenhang met de bepalingen van een belastingverdrag de verhoging van de belastingdruk als gevolg van de correctie die in de belastbare winst van de kredietnemer wordt aangebracht, algemeen kan neutraliseren. Verzoeksters in het hoofdgeding zijn het in dat verband niet eens met de stelling van de regering van het Verenigd Koninkrijk dat het fiscale nadeel dat voor een groep van vennootschappen ontstaat door de toepassing van de nationale bepalingen betreffende onderkapitalisatie, op grond van de belastingverdragen die het Verenigd Koninkrijk met andere lidstaten heeft gesloten alsmede door de toepassing van Verdrag 90/436/EEG van 23 juli 1990 ter afschaffing van dubbele belasting in geval van winstcorrecties tussen verbonden ondernemingen (*PB* L 225, blz. 10), altijd is gecompenseerd door een overeenkomstig voordeel.

56. Zelfs al kan een fiscaal voordeel dat in de staat van vestiging van de kredietgever wordt verleend de belastingdruk neutraliseren die voor de kredietnemer ontstaat door de toepassing van de wettelijke regeling van zijn staat van vestiging, uit de stukken blijkt niet dat elke verhoging van de belastbare winst van de kredietnemer als gevolg van de herkwalificatie van aan een niet-ingezeten gelieerde vennootschap betaalde rente, op grond van de toepassing van de in het Verenigd Koninkrijk geldende wettelijke regeling in samenhang met de door die lidstaat gesloten belastingverdragen, geneutraliseerd wordt door de toekenning van een fiscaal voordeel aan laatstgenoemde vennootschap in haar staat van vestiging.

57. In de tweede plaats stelt de regering van het Verenigd Koninkrijk dat de verschillende behandeling door de in het hoofdgeding aan de orde zijnde wettelijke regeling niet een rechtstreekse en zekere belemmering voor de uitoefening van de vrijheid van vestiging vormt, aangezien deze noch tot doel noch tot gevolg heeft dat de uitoefening, in het Verenigd Koninkrijk, van de vrijheid van vestiging door in andere lidstaten gevestigde vennootschappen minder aantrekkelijk wordt.

58. Volgens die regering en de Duitse regering discrimineert de in het Verenigd Koninkrijk geldende wettelijke regeling niet, maar maakt zij slechts onderscheid tussen situaties die niet vergelijkbaar zijn. Die regeringen preciseren namelijk dat een groep van vennootschappen slechts in een grensoverschrijdende context, door financiering van een in het Verenigd Koninkrijk ingezeten dochtermaatschappij met leningen in plaats van met aandelen, een 'winstoverdracht' kan organiseren naar een andere lidstaat waar over die winst minder belasting zal worden geheven, zodat de door de ingezeten dochtermaatschappij behaalde winst aan belastingheffing in het Verenigd Koninkrijk ontkomt. Bovendien heeft alleen een buitenlandse moedermaatschappij de keuze om zich te vestigen in de staat waarin de rente tegen een bijzonder laag tarief wordt belast of zelfs is vrijgesteld van belasting.

59. Dienaangaande zij opgemerkt dat de verschillende behandeling waaraan dochtermaatschappijen van niet-ingezeten moedermaatschappijen in het kader van een wettelijke regeling als in het hoofdgeding aan de orde is worden onderworpen in vergelijking met dochtermaatschappijen van ingezeten moedermaatschappijen, de vrijheid van vestiging kan beperken, zelfs al is de situatie van een grensoverschrijdende groep van vennootschappen op fiscaal niveau niet vergelijkbaar met die van een groep van vennootschappen die alle in dezelfde lidstaat zijn gevestigd.

60. Het is juist dat binnen een groep van vennootschappen het risico dat de financiering van een dochtermaatschappij zo wordt geregeld dat winst wordt overgedragen naar een staat waar deze tegen een lager tarief wordt belast, normaliter niet bestaat indien alle betrokken vennootschappen in dezelfde lidstaat aan hetzelfde belastingtarief zijn onderworpen. Dit sluit echter niet uit dat de regels die een lidstaat specifiek met het oog op de situatie van grensoverschrijdende groepen heeft vastgesteld in bepaalde gevallen een beperking van de vrijheid van vestiging van de betrokken vennootschappen kunnen vormen.

61. Voorts zij opgemerkt dat een verschil in behandeling tussen ingezeten dochterondernemingen op grond van de plaats van de zetel van hun moedermaatschappij een beperking van de vrijheid van vestiging vormt, aangezien dit de uitoefening van de vrijheid van vestiging door in andere lidstaten gevestigde vennootschappen minder aantrekkelijk maakt, zodat zij zouden kunnen afzien van de verkrijging, de oprichting of het behoud van dochterondernemingen in de lidstaat die deze regel heeft vastgesteld (zie arrest Lankhorst-Hohorst, reeds aangehaald, punt 32).

62. Anders dan de regering van het Verenigd Koninkrijk stelt, volstaat het om een dergelijke wettelijke regeling te kunnen aanmerken als een beperking van de vrijheid van vestiging, dat deze de uitoefening van die vrij-

heid in een lidstaat door in een andere lidstaat gevestigde vennootschappen kan beperken, zonder dat behoeft te worden aangetoond dat de betrokken wettelijke regeling daadwerkelijk tot gevolg heeft gehad dat sommige van die vennootschappen hebben afgezien van de verkrijging, de oprichting of het behoud van een dochteronderneming in eerstgenoemde lidstaat.

63. Hieruit volgt dat de verschillende behandeling waaraan ingezeten kredietnemers in het kader van de in het hoofdgeding aan de orde zijnde nationale bepalingen inzake onderkapitalisatie, op basis van de plaats van de zetel van de gelieerde kredietgever worden onderworpen, een beperking van de vrijheid van vestiging vormt.

Rechtvaardiging van de beperking van de vrijheid van vestiging

64. Een dergelijke beperking is slechts toelaatbaar wanneer zij gerechtvaardigd is uit hoofde van dwingende redenen van algemeen belang. Daarenboven moet in een dergelijk geval de beperking geschikt zijn om het aldus nagestreefde doel te verwezenlijken en mag ze niet verder gaan dan nodig is voor het bereiken van dat doel (reeds aangehaalde arresten Marks & Spencer, punt 35, alsmede Cadbury Schweppes en Cadbury Schweppes Overseas, punt 47).

65. De regering van het Verenigd Koninkrijk, ondersteund door de Duitse regering, stelt dat de in het hoofdgeding aan de orde zijnde nationale bepalingen gerechtvaardigd worden door de noodzaak om de samenhang van het nationale belastingstelsel te garanderen én door die van de bestrijding van belastingontduiking. Volgens eerstgenoemde regering gaat het in feite om twee facetten van eenzelfde doel, namelijk te zorgen voor een billijke en samenhangende belastingregeling.

Noodzaak om de samenhang van het nationale belastingstelsel te verzekeren

66. Wat in de eerste plaats de noodzaak betreft om de samenhang van het nationale belastingstelsel te garanderen, stelt de regering van het Verenigd Koninkrijk dat de nationale wettelijke regeling, door te garanderen dat 'heimelijke' dividenduitkeringen één keer en in het juiste belastinggebied worden belast, door middel van de gesloten belastingverdragen verzekert dat de eventuele verhoging van de in het Verenigd Koninkrijk belastbare winst zal worden gecompenseerd door een overeenkomstige verlaging van de winst van de kredietgever die in zijn staat van vestiging wordt belast. In de zaak die tot het reeds aangehaalde arrest Lankhorst-Hohorst heeft geleid, bestond er daarentegen geen gelijkwaardige bepaling in het belastingverdrag tussen de Bondsrepubliek Duitsland en het Koninkrijk der Nederlanden.

67. De Duitse regering voegt hieraan toe dat wanneer de kredietnemer en de kredietgever in dezelfde lidstaat zijn gevestigd, het fiscale voordeel waartoe een rentebetaling leidt, namelijk dat deze in mindering komt op de belastbare winst van de kredietnemer, altijd wordt gecompenseerd door een overeenkomstig fiscaal nadeel voor de kredietgever, namelijk de belasting van de ontvangen rente. Dat een dergelijke compensatie niet is verzekerd in een situatie waarin de kredietgever in een andere lidstaat is gevestigd, is voor de lidstaten aanleiding om hun heffingsbevoegdheid te verdelen naargelang de betrokken transactie tot stand is gekomen onder soortgelijke voorwaarden als die welke tussen onafhankelijke vennootschappen gelden.

68. Dienaangaande zij eraan herinnerd dat het Hof in de punten 28 respectievelijk 21 van de arresten van 28 januari 1992, Bachmann (C-204/90, *Jurispr.* blz. I-249), en Commissie/België (C-300/90, *Jurispr.* blz. I-305), heeft erkend dat de noodzaak om de samenhang van een belastingstelsel te verzekeren een beperking van de uitoefening van de door het Verdrag gegarandeerde fundamentele vrijheden kan rechtvaardigen. Een argument op basis van een dergelijke rechtvaardiging kan echter enkel worden aanvaard indien wordt bewezen dat er een rechtstreeks verband bestaat tussen het betrokken fiscale voordeel en de compensatie van dit voordeel door een bepaalde heffing (zie in die zin arrest van 14 november 1995, Svensson en Gustavsson, C-484/93, *Jurispr.* blz. I-3955, punt 18; arrest Manninen, reeds aangehaald, punt 42, en arrest van 23 februari 2006, Keller Holding, C-471/04, *Jurispr.* blz. I-2107, punt 40).

69. Zoals in de punten 55 en 56 van het onderhavige arrest is opgemerkt, al kan een fiscaal voordeel dat in de staat van vestiging van de kredietgever wordt verleend de belastingdruk neutraliseren die voor de kredietnemer ontstaat door de toepassing van de wettelijke regeling van zijn staat van vestiging, de regeringen die opmerkingen hebben ingediend hebben niet aangetoond dat elke verhoging van de belastbare winst van de kredietnemer als gevolg van de herkwalificatie van aan een niet-ingezeten gelieerde vennootschap betaalde rente, op grond van de toepassing van de in het Verenigd Koninkrijk geldende wettelijke regeling in samenhang met de door die lidstaat gesloten belastingverdragen, geneutraliseerd wordt door de toekenning van een fiscaal voordeel aan laatstgenoemde vennootschap in haar staat van vestiging.

70. In deze omstandigheden kan de beperking van de vrijheid van vestiging als gevolg van de in het hoofdgeding aan de orde zijnde nationale bepalingen dus niet worden gerechtvaardigd door de noodzaak, de samenhang van het nationale belastingstelsel te verzekeren.

Redenen ontleend aan de bestrijding van misbruik

71. Wat in de tweede plaats de overwegingen verband houdende met de strijd tegen belastingontduiking betreft, beklemtoont de regering van het Verenigd Koninkrijk dat, anders dan de Duitse wettelijke regeling in de zaak die tot het reeds aangehaalde arrest Lankhorst-Hohorst heeft geleid, de nationale bepalingen betreffende onderkapitalisatie gericht zijn op een bijzondere vorm van belastingontduiking, namelijk het opzetten van kunstmatige constructies bestemd om de belastingwetgeving van de staat van vestiging van de kredietnemer te omzeilen. De in het Verenigd Koninkrijk geldende bepalingen gaan niet verder dan nodig is om dat doel te bereiken in die zin dat zij gebaseerd zijn op het op internationaal niveau erkende arm's length-beginsel, zij alleen dat deel van de rente als winstuitkering kwalificeren dat meer bedraagt dan hetgeen zou zijn betaald in het kader van een onder normale omstandigheden tot stand gekomen transactie en zij flexibel worden toegepast, onder meer door te voorzien in een voorafgaande verificatieprocedure.

72. Volgens vaste rechtspraak kan een nationale maatregel die de vrijheid van vestiging beperkt, gerechtvaardigd zijn wanneer hij specifiek gericht is op volstrekt kunstmatige constructies die bedoeld zijn om de wetgeving van de betrokken lidstaat te ontwijken (zie in die zin arrest van 16 juli 1998, ICI, C-264/96, *Jurispr.* blz. I-4695, punt 26, en arresten Lankhorst-Hohorst, reeds aangehaald, punt 37; Marks & Spencer, reeds aangehaald, punt 57, alsmede Cadbury Schweppes en Cadbury Schweppes Overseas, reeds aangehaald, punt 51).

73. De omstandigheid alleen dat een ingezeten vennootschap een lening krijgt van een in een andere lidstaat gevestigde gelieerde vennootschap is niet voldoende om uit te gaan van een algemeen vermoeden van misbruik en kan geen rechtvaardigingsgrond zijn voor een maatregel die afbreuk doet aan de uitoefening van een bij het Verdrag beschermde fundamentele vrijheid (zie in die zin arrest van 26 september 2000, Commissie/België, C-478/98, *Jurispr.* blz. I-7587, punt 45; arrest X en Y, reeds aangehaald, punt 62; arrest van 4 maart 2004, Commissie/Frankrijk, C-334/02, *Jurispr.* blz. I-2229, punt 27, en arrest Cadbury Schweppes en Cadbury Schweppes Overseas, reeds aangehaald, punt 50).

74. Een beperking van de vrijheid van vestiging kan slechts door de strijd tegen misbruik worden gerechtvaardigd, wanneer zij specifiek tot doel heeft, gedragingen te verhinderen die erin bestaan, volstrekt kunstmatige constructies op te zetten die geen verband houden met de economische realiteit en bedoeld zijn om de belasting te ontwijken die normaliter verschuldigd is over winsten uit activiteiten op het nationale grondgebied (arrest Cadbury Schweppes en Cadbury Schweppes Overseas, reeds aangehaald, punt 55).

75. Net als de in punt 49 van het reeds aangehaalde arrest Marks & Spencer bedoelde praktijken, die erin bestonden de verliesoverdracht binnen een vennootschapsgroep zo te organiseren dat het verlies wordt overgedragen aan vennootschappen die zijn gevestigd in lidstaten waar het belastingtarief het hoogst en de fiscale waarde van dit verlies dus het grootst is, kan het in het vorige punt beschreven soort gedragingen een aantasting opleveren van het recht van de lidstaten om hun belastingbevoegdheid uit te oefenen met betrekking tot activiteiten die op hun grondgebied plaatsvinden, en zo de evenwichtige verdeling van de heffingsbevoegdheid tussen de lidstaten in gevaar brengen (arrest Cadbury Schweppes en Cadbury Schweppes Overseas, reeds aangehaald, punt 56).

76. Zoals de regering van het Verenigd Koninkrijk opmerkt, is een nationale wettelijke regeling als in het hoofdgeding aan de orde is, gericht op de praktijk van 'onderkapitalisatie', op grond waarvan een groep van vennootschappen de belasting van door één van haar dochterondernemingen behaalde winst wil verminderen door ervoor te kiezen die dochter met leningen in plaats van met aandelen te financieren, zodat die dochteronderneming winst in de vorm van rente die bij de berekening van haar belastbare winst aftrekbaar is, en niet in de vorm van niet-aftrekbaar dividend, aan een moedermaatschappij kan overdragen. Is de moedermaatschappij gevestigd in een staat met een lager belastingtarief dan het tarief in de staat van vestiging van de dochtermaatschappij, dan kan de belastingschuld dus worden overgedragen naar een staat waar minder belasting wordt geheven.

77. Door die rente aan te merken als winstuitkering kan een dergelijke wettelijke regeling praktijken tegengaan die geen ander doel hebben dan het ontduiken van de belasting die normaliter verschuldigd is over winst uit activiteiten op het nationale grondgebied. Hieruit volgt dat een dergelijke wettelijke regeling geschikt is om het doel te verwezenlijken waarvoor zij is vastgesteld.

78. Er moet nog worden nagegaan of die wettelijke regeling niet verder gaat dan nodig is om dat doel te bereiken.

79. Zoals het Hof in punt 37 van zijn arrest Lankhorst-Hohorst heeft geoordeeld, voldoet een nationale wettelijke regeling die niet specifiek tot doel heeft volstrekt kunstmatige constructies die bedoeld zijn om die wettelijke regeling te omzeilen, van een belastingvoordeel uit te sluiten, maar in het algemeen van toepassing is op elke situatie waarin de zetel van de moedermaatschappij, om welke reden dan ook, in een andere lidstaat is gelegen, niet aan dat vereiste.

80. Een wettelijke regeling van een lidstaat kan daarentegen wel worden gerechtvaardigd door redenen verband houdende met de bestrijding van misbruik, wanneer zij bepaalt dat de door een ingezeten dochtermaatschappij aan een niet-ingezeten moedermaatschappij betaalde rente wordt aangemerkt als winstuitkering uitsluitend indien en voor zover die rente meer bedraagt dan die vennootschappen onder normale voorwaarden zouden zijn overeengekomen, dat wil zeggen commerciële voorwaarden waarover die vennootschappen overeenstemming hadden kunnen bereiken indien zij niet tot dezelfde vennootschapsgroep hadden behoord.

81. De omstandigheid dat een ingezeten vennootschap van een niet-ingezeten vennootschap een lening heeft gekregen onder voorwaarden die niet overeenstemmen met hetgeen de betrokken vennootschappen onder normale omstandigheden zouden zijn overeengekomen, vormt voor de lidstaat van vestiging van de kredietnemer immers een objectief en door derden verifieerbaar element om te bepalen of de betrokken transactie geheel of ten dele een louter kunstmatige constructie vormt, die voornamelijk is bedoeld om aan de belastingwetgeving van die lidstaat te ontsnappen. Hierbij gaat het om de vraag of de lening bij gebreke van een bijzondere relatie tussen de betrokken vennootschappen niet zou zijn verstrekt dan wel of deze zou zijn verstrekt voor een ander bedrag of tegen een andere rentevoet.

82. Zoals de advocaat-generaal in punt 67 van zijn conclusie heeft opgemerkt, moet ervan worden uitgegaan dat een nationale wettelijke regeling die zich voor de vraag of een transactie een volkomen kunstmatige constructie is die alleen voor belastingdoeleinden is opgezet, baseert op een onderzoek van objectieve en verifieerbare elementen, niet verder gaat dan hetgeen nodig is om misbruik te voorkomen, wanneer in de eerste plaats de belastingplichtige in elk geval waarin het bestaan van een dergelijke constructie niet kan worden uitgesloten, in staat wordt gesteld om zonder buitensporige administratieve moeite bewijs aan te dragen met betrekking tot de eventuele commerciële redenen waarom de transactie heeft plaatsgevonden.

83. Wil een dergelijke wettelijke regeling in overeenstemming met het evenredigheidsbeginsel blijven, dan is het in de tweede plaats van belang dat, wanneer onderzoek van dat bewijs tot de conclusie leidt dat de betrokken transactie een louter kunstmatige constructie is waaraan geen echte commerciële redenen ten grondslag liggen, slechts dat deel van de betaalde rente als winstuitkering wordt geherkwalificeerd dat boven het bedrag ligt dat bij gebreke van een bijzondere relatie tussen de partijen of tussen de partijen en een derde zou zijn overeengekomen.

84. In casu blijkt uit het dossier dat de in het Verenigd Koninkrijk geldende wettelijke regeling tot de wijzigingen in 1995 bepaalde dat de rente die een ingezeten dochtermaatschappij op een lening van een niet-ingezeten moedermaatschappij betaalde, volledig als winstuitkering werd aangemerkt zonder dat werd onderzocht of de lening in overeenstemming was met een relevant criterium zoals het arm's length-criterium en zonder dat die dochtermaatschappij de mogelijkheid had, bewijs aan te voeren met betrekking tot de echte commerciële redenen waarop die lening was gebaseerd.

85. Uit de stukken blijkt echter eveneens dat die wettelijke regeling niet gold wanneer een belastingverdrag de toepassing ervan verhinderde en dit verdrag garandeerde dat de betrokken rente van de belasting kon worden afgetrokken, voor zover de rentevoet niet hoger was dan hetgeen onder normale omstandigheden zou zijn overeengekomen. Op grond van een dergelijk belastingverdrag werd alleen dat deel van de rente als winstuitkering aangemerkt dat het bedrag overschreed dat onder normale omstandigheden zou zijn betaald.

86. Ook al lijkt een fiscale regeling als die welke, voor daaronder vallende situaties, voortvloeit uit de door het Verenigd Koninkrijk gesloten belastingverdragen, zich op het eerste gezicht te baseren op een onderzoek van objectieve en verifieerbare elementen op grond waarvan kan worden vastgesteld of er sprake is van een louter kunstmatige constructie die alleen is opgezet voor belastingdoeleinden, het staat aan de verwijzende rechter om, wanneer blijkt dat verzoeksters in het hoofdgeding van die regeling gebruikmaakten, te bepalen of deze hun, in het geval dat hun transacties niet voldeden aan de door het belastingverdrag gestelde voorwaarden voor toetsing van de verenigbaarheid daarvan met het arm's length-criterium, in staat stelde om zonder buitensporige administratieve moeite bewijs aan te voeren met betrekking tot de eventuele commerciële redenen waarop die transacties berustten.

87. Hetzelfde geldt voor de nationale bepalingen die na de wetswijzigingen in 1995 en 1998 van kracht zijn. Vaststaat dat de herkwalificatie als winstuitkering op grond van die bepalingen alleen het deel van de rente betreft dat het bedrag overschrijdt dat onder normale omstandigheden zou zijn betaald. Ook al lijken de door die bepalingen vastgestelde criteria op het eerste gezicht te verlangen dat er een onderzoek van objectieve en verifieerbare elementen plaatsvindt om vast te stellen of er sprake is van een louter kunstmatige constructie die alleen is bestemd voor belastingdoeleinden, het staat aan de verwijzende rechter om uit te maken of die bepalingen de belastingplichtige een mogelijkheid bieden om, wanneer een transactie niet voldoet aan het arm's length-criterium, onder de in het vorige punt genoemde voorwaarden eventueel bewijs aan te voeren met betrekking tot de commerciële redenen waarop die transactie was gebaseerd.

88. Wanneer een lidstaat de rente die een ingezeten vennootschap betaalt aan een niet-ingezeten vennootschap die tot dezelfde vennootschapsgroep behoort, volledig of ten dele als winstuitkering kwalificeert, na te hebben vastgesteld dat het om een louter kunstmatige constructie gaat die is bedoeld om aan de toepassing van zijn belastingwetgeving te ontkomen, dan kan van die lidstaat, anders dan de Commissie stelt, in die context niet worden verlangd dat hij ervoor zorgt dat de staat van vestiging van die tweede vennootschap het nodige doet om te vermijden dat de als dividend aangemerkte betaling als zodanig op het niveau van die vennootschapsgroep zowel in de lidstaat van vestiging van de eerste als in die van de tweede vennootschap wordt belast.

89. Voor zover de lidstaat van vestiging van de eerste vennootschap in een dergelijk geval het recht heeft om de door die vennootschap betaalde rente als winstuitkering te behandelen, staat het in beginsel immers niet aan die lidstaat om te waarborgen dat aan een niet-ingezeten vennootschap-aandeelhouder uitgekeerde winst niet wordt getroffen door opeenvolgende belastingheffingen (zie in die zin arrest Test Claimants in Class IV of the ACT Group Litigation, reeds aangehaald, punten 59 en 60).

90. Slechts wanneer een lidstaat besluit om zijn fiscale bevoegdheid niet alleen, wat de ingezeten dochtermaatschappij betreft, uit te oefenen met betrekking tot in die lidstaat gegenereerde winst, maar eveneens, wat de niet-ingezeten ontvangende vennootschap betreft, met betrekking tot de inkomsten die deze van haar dochter ontvangt, moet hij erop toezien dat, wil die ontvangende vennootschap niet worden geconfronteerd met een in beginsel door artikel 43 EG verboden beperking van de vrijheid van vestiging, wat het in zijn nationale recht vervatte mechanisme ter voorkoming of vermindering van opeenvolgende belastingheffingen betreft, een niet-ingezeten ontvangende vennootschap op dezelfde wijze wordt behandeld als een ingezeten ontvangende vennootschap (zie in die zin reeds aangehaalde arresten Test Claimants in Class IV of the ACT Group Litigation, punt 70, en Denkavit Internationaal en Denkavit France, punt 37).

91. Voorts zij opgemerkt dat de lidstaten, zoals in punt 49 van dit arrest in herinnering is gebracht, bij gebreke van communautaire unificatie- of harmonisatiemaatregelen bevoegd blijven om, door het sluiten van overeenkomsten of unilateraal, de criteria voor de verdeling van hun heffingsbevoegdheid vast te stellen teneinde onder meer dubbele belasting af te schaffen.

92. Op de eerste en de derde vraag moet dus worden geantwoord dat artikel 43 EG zich verzet tegen een wettelijke regeling van een lidstaat die een beperking stelt aan de mogelijkheid van een ingezeten vennootschap om de rente op een lening die haar is verstrekt door een directe of indirecte niet-ingezeten moedermaatschappij of door een door die moedermaatschappij gecontroleerde niet-ingezeten vennootschap, af te trekken van de belasting, zonder dat die beperking geldt voor een ingezeten vennootschap die een lening heeft gekregen van een eveneens ingezeten vennootschap, tenzij die wettelijke regeling zich baseert op een onderzoek van objectieve en verifieerbare elementen op grond waarvan kan worden vastgesteld of er sprake is van een louter kunstmatige constructie die alleen is opgezet voor belastingdoeleinden, door te voorzien in de mogelijkheid voor de belastingplichtige om, in voorkomend geval en zonder buitensporige administratieve moeite, bewijs aan te voeren met betrekking tot de commerciële redenen die aan de betrokken transactie ten grondslag liggen, en die wettelijke regeling voorts, wanneer het bestaan van een dergelijke constructie wordt aangetoond, die rente alleen als winstuitkering aanmerkt voor zover deze meer bedraagt dan hetgeen onder normale commerciële omstandigheden zou zijn overeengekomen.

Tweede vraag

93. Met zijn tweede vraag wenst de verwijzende rechter in wezen te vernemen of het antwoord op de eerste vraag anders zou luiden indien een ingezeten vennootschap de lening niet van een niet-ingezeten moedermaatschappij had gekregen, maar:

– van een andere vennootschap van dezelfde groep die, evenals de moedermaatschappij van de groep, in een andere lidstaat is gevestigd;

– van een andere vennootschap van dezelfde groep die in een andere lidstaat is gevestigd, terwijl de gemeenschappelijke moedermaatschappijen van de kredietnemer en van de kredietgever in een derde land zijn gevestigd;

– van een andere vennootschap van dezelfde groep die in een andere lidstaat is gevestigd, maar de lening verstrekt via een in een derde land gevestigd filiaal, terwijl de gemeenschappelijke moedermaatschappijen van de kredietgever en van de kredietnemer in een derde land zijn gevestigd, of

– van een andere vennootschap van dezelfde groep die, evenals de gemeenschappelijke moedermaatschappijen van de kredietgever en van de kredietnemer, in een derde land is gevestigd.

94. Dienaangaande zij er eerst aan herinnerd dat, zoals in punt 61 van dit arrest is opgemerkt, een nationale wettelijke regeling als in het hoofdgeding aan de orde is, die, wat de kwalificatie als winstuitkering betreft van rente die een ingezeten dochtermaatschappij aan een moedermaatschappij betaalt, ingezeten dochtermaatschappijen verschillend behandelt op grond van de plaats van de zetel van hun moedermaatschappij, de vrijheid van vestiging beperkt, aangezien zij de uitoefening van de vrijheid van vestiging door in andere lidstaten gevestigde vennootschappen minder aantrekkelijk maakt, zodat zij zouden kunnen afzien van de oprichting of het behoud van dochterondernemingen in de lidstaat die deze regel heeft vastgesteld.

95. Hieruit volgt dat een dergelijke wettelijke regeling een in beginsel door artikel 43 EG verboden beperking van de vrijheid van vestiging vormt, zowel wanneer de ingezeten kredietnemer een lening krijgt van een in een andere lidstaat gevestigde vennootschap die direct of indirect een deelneming in het kapitaal van de kredietnemer heeft die haar een zodanige invloed op de besluiten van die vennootschap verleent dat zij de activiteiten ervan kan bepalen, als wanneer de kredietnemer een lening krijgt van een andere niet-ingezeten vennootschap die, ongeacht haar plaats van vestiging, zelf wordt gecontroleerd door een in een andere lidstaat gevestigde vennootschap die direct of indirect een dergelijke deelneming in het kapitaal van de kredietnemer heeft.

96. Het antwoord dat op de eerste prejudiciële vraag is gegeven, geldt dus ook voor het in de tweede prejudiciële vraag, eerste streepje, genoemde geval.

97. Voor de in de tweede prejudiciële vraag, tweede, derde en vierde streepje, genoemde gevallen zij eraan herinnerd dat, zoals in punt 36 van dit arrest is opgemerkt, artikel 43 EG juncto artikel 48 EG voor de vennootschappen die in overeenstemming met de wetgeving van een lidstaat zijn opgericht en die hun statutaire zetel, hun hoofdbestuur of hun hoofdvestiging binnen de Gemeenschap hebben, het recht meebrengt om in de betrokken lidstaat hun bedrijfsactiviteit uit te oefenen door middel van een dochteronderneming, een filiaal of een agentschap.

98. De toepassing van een nationale wettelijke regeling als in het hoofdgeding aan de orde is op een situatie waarin een ingezeten vennootschap een lening krijgt van een niet-ingezeten vennootschap die zelf geen zeggenschapsdeelneming in de kredietnemer heeft en die beide vennootschappen direct of indirect worden gecontroleerd door een gemeenschappelijke moedermaatschappij die op haar beurt in een derde land is gevestigd, kan dus niet onder artikel 43 EG vallen.

99. Wanneer de lidstaat die deze wettelijke regeling heeft vastgesteld in een dergelijke situatie de door de kredietnemer betaalde rente als winstuitkering kwalificeert, grijpt deze maatregel immers niet in de vrijheid van vestiging van de kredietgever in, maar uitsluitend in die van de gelieerde vennootschap die een zodanige controle uitoefent op de twee andere betrokken vennootschappen dat zij de keuze van financiering van die vennootschappen kan beïnvloeden. Voor zover die gelieerde vennootschap niet in een lidstaat is gevestigd in de zin van artikel 48 EG, is artikel 43 EG niet van toepassing.

100. De toepassing van deze wettelijke regeling op een situatie waarin zowel de kredietgever als de gemeenschappelijke moedermaatschappij in een derde land is gevestigd, of op een situatie waarin de niet-ingezeten kredietgever die zelf geen controle uitoefent over de kredietnemer, de lening verstrekt door middel van een in een derde land gevestigd filiaal en de gemeenschappelijke moedermaatschappij eveneens in een derde land is gevestigd, valt om dezelfde redenen evenmin onder artikel 43 EG.

101. Met betrekking tot de andere verdragsbepalingen waarop verzoeksters in het hoofdgeding zich beroepen, moet worden beklemtoond dat, zoals in de punten 33 en 34 van dit arrest is opgemerkt, een wettelijke regeling als in het hoofdgeding aan de orde is, die alleen de relaties binnen een groep van vennootschappen betreft, hoofdzakelijk in de vrijheid van vestiging ingrijpt. Zo deze wettelijke regeling het vrij verrichten van diensten en het vrije verkeer van kapitaal beperkt, zijn deze beperkingen een onvermijdelijk gevolg van een eventuele belemmering van de vrijheid van vestiging en rechtvaardigen zij niet dat die wettelijke regeling wordt getoetst aan de artikelen 49 EG en 56 EG.

102. Derhalve moet op de tweede vraag worden geantwoord dat een wettelijke regeling van een lidstaat als in de eerste vraag wordt bedoeld, niet onder artikel 43 EG valt wanneer zij wordt toegepast op een situatie waarin een ingezeten vennootschap een lening krijgt van een in een andere lidstaat of in een derde land gevestigde vennootschap die zelf geen controle uitoefent over de vennootschap waaraan de lening wordt verstrekt en die twee vennootschappen direct of indirect worden gecontroleerd door een in een derde land gevestigde gemeenschappelijke moedermaatschappij.

Vierde vraag

103. Met de vierde vraag wenst de verwijzende rechter in wezen te vernemen of, wanneer een wettelijke regeling als in het hoofdgeding aan de orde is een beperking zou vormen van het vrij verkeer van kapitaal tussen de lidstaten en derde landen in de zin van artikel 56 EG, ervan moet worden uitgegaan dat die beperking bestond op 31 december 1993 in de zin van artikel 57, lid 1, EG.

104. Meteen al moet worden opgemerkt dat, zoals uit de punten 33, 34 en 101 van dit arrest volgt, een wettelijke regeling als in het hoofdgeding aan de orde is dient te worden getoetst aan artikel 43 EG en niet aan artikel 56 EG.

105. Derhalve behoeft de vierde vraag geen beantwoording.

Vijfde tot en met tiende vraag

106. Met de vijfde tot en met de tiende vraag, die gezamenlijk moeten worden behandeld, wenst de verwijzende rechter in wezen te vernemen of, in het geval dat de in de voorgaande vragen bedoelde nationale maatregelen onverenigbaar zijn met het gemeenschapsrecht, vorderingen als die welke verzoeksters in het hoofdgeding hebben ingesteld om die onverenigbaarheid op te heffen, moeten worden aangemerkt als vorderingen tot terugbetaling van ten onrechte geheven bedragen of van ten onrechte geweigerde voordelen of juist als vorderingen tot schadevergoeding. In het laatste geval wenst hij te vernemen of moet worden voldaan aan de voorwaarden van het reeds aangehaalde arrest Brasserie du Pêcheur en Factortame en of het in dat opzicht van belang is om rekening te houden met de vorm waarin dergelijke vorderingen naar nationaal recht moeten worden ingesteld.

107. Met betrekking tot de toepassing van de voorwaarden op grond waarvan een lidstaat de schade moet vergoeden die particulieren door een schending van het gemeenschapsrecht hebben geleden, vraagt de verwijzende rechter of het Hof richtsnoeren kan geven over het vereiste van een voldoende gekwalificeerde schending van dit recht en over het vereiste van een causaal verband tussen de schending van de op de lidstaat rustende verplichting en de schade die de benadeelde personen hebben geleden.

108. Ten slotte vraagt de verwijzende rechter of bij de vaststelling van de terug te betalen of te vergoeden verliezen rekening moet worden gehouden met de vraag of de benadeelde personen zich redelijke inspanningen hebben getroost om hun schade te voorkomen, met name door een beroep in rechte in te stellen.

109. Dienaangaande zij opgemerkt dat het niet de taak van het Hof is om de vorderingen die verzoeksters in het hoofdgeding bij de verwijzende rechter hebben ingesteld, juridisch te kwalificeren. In casu is het aan hen om onder toezicht van de verwijzende rechter de aard en de grondslag van hun vordering nader te preciseren (vordering tot terugbetaling of vordering tot schadevergoeding) (zie reeds aangehaalde arresten Metallgesellschaft e.a., punt 81, en Test Claimants in the FII Group Litigation, punt 201).

110. Volgens vaste rechtspraak is het recht op terugbetaling van heffingen die een lidstaat in strijd met het gemeenschapsrecht heeft geïnd, het gevolg en het complement van de rechten die de justitiabelen ontlenen aan de gemeenschapsbepalingen, zoals die door het Hof zijn uitgelegd. De lidstaat is dus in beginsel verplicht, in strijd met het gemeenschapsrecht toegepaste heffingen terug te betalen (arrest Test Claimants in the FII Group Litigation, reeds aangehaald, punt 202 en aangehaalde rechtspraak).

111. Bij gebreke van een gemeenschapsregeling inzake de terugbetaling van ten onrechte geïnde nationale heffingen is het een aangelegenheid van het nationale recht van elke lidstaat om de bevoegde rechter aan te wijzen en de procesregels te geven voor rechtsvorderingen die ertoe strekken, de rechten te beschermen die de justitiabelen aan het gemeenschapsrecht ontlenen, mits die regels niet ongunstiger zijn dan die welke voor soortgelijke nationale vorderingen gelden (gelijkwaardigheidsbeginsel), en zij de uitoefening van de door het gemeenschapsrecht verleende rechten in de praktijk niet onmogelijk of uiterst moeilijk maken (doeltreffendheidsbeginsel) (arrest Test Claimants in the FII Group Litigation, reeds aangehaald, punt 203 en aangehaalde rechtspraak).

112. Wanneer een lidstaat heffingen heeft toegepast in strijd met het gemeenschapsrecht, hebben de justitiabelen bovendien niet alleen recht op terugbetaling van de ten onrechte geheven belasting, maar ook van de aan die staat betaalde of door hem ingehouden bedragen die rechtstreeks met die belasting verband houden. Zoals het Hof in de punten 87 en 88 van het reeds aangehaalde arrest Metallgesellschaft e.a. heeft overwogen, omvat dit mede de verliezen die het gevolg zijn van het feit dat geldsommen wegens de voortijdige verschuldigdheid van de belasting niet beschikbaar zijn (arrest Test Claimants in the FII Group Litigation, reeds aangehaald, punt 205 en aangehaalde rechtspraak).

113. Anders dan verzoeksters in het hoofdgeding stellen, kunnen evenwel noch de belastingverlichtingen of andere belastingvoordelen waarvan een ingezeten vennootschap heeft afgezien om de ten onrechte geheven belasting volledig te kunnen verrekenen met een bedrag dat krachtens een andere belasting verschuldigd was, noch het nadeel dat een dergelijke vennootschap heeft geleden als gevolg van het feit dat de groep waartoe zij behoort het nodig heeft geacht om, teneinde de totale belastingdruk te verlagen, een financiering met geleend kapitaal te vervangen door één met aandelen, noch de kosten die de vennootschappen van die groep hebben gemaakt om te voldoen aan de betrokken nationale wettelijke regeling, met een beroep op het gemeenschapsrecht worden vergoed door middel van een vordering tot terugbetaling van de ten onrechte geheven belasting of van aan de betrokken lidstaat betaalde of door hem ingehouden bedragen die rechtstreeks met die belasting verband houden. Dergelijke kosten berusten immers op beslissingen die de vennootschappen van die groep hebben genomen en vormen voor hen dus niet een onvermijdelijk gevolg van de beslissing van het Verenigd Koninkrijk om bepaalde aan niet-ingezeten vennootschappen betaalde rente aan te merken als winstuitkering.

114. In deze omstandigheden staat het aan de nationale rechter om te bepalen of de in het vorige punt genoemde kosten voor de betrokken vennootschappen financiële verliezen vormen die zij door een aan de betrokken lidstaat toe te rekenen schending van het gemeenschapsrecht hebben geleden.

115. Zonder evenwel uit te sluiten dat de staat naar nationaal recht onder minder beperkende voorwaarden aansprakelijk kan zijn, heeft het Hof geoordeeld dat een lidstaat de schade moet vergoeden die particulieren lijden wegens aan hem toe te rekenen schendingen van het gemeenschapsrecht, wanneer aan drie voorwaarden is voldaan: de geschonden rechtsregel strekt ertoe particulieren rechten toe te kennen, er is sprake van een voldoende gekwalificeerde schending en er bestaat een rechtstreeks causaal verband tussen de schending van de op de staat rustende verplichting en de door de benadeelde personen geleden schade (zie arrest Brasserie du Pêcheur en Factortame, reeds aangehaald, punten 51 en 66; arrest van 30 september 2003, Köbler, C-224/01, *Jurispr.* blz. I-10239, punten 51 en 57, en arrest Test Claimants in the FII Group Litigation, reeds aangehaald, punt 209).

116. De voorwaarden voor het vaststellen van de aansprakelijkheid van de lidstaten voor schade die aan particulieren is toegebracht door schending van het gemeenschapsrecht, moeten in beginsel door de nationale rechter worden toegepast overeenkomstig de door het Hof voor deze toepassing verstrekte richtsnoeren (arrest Test Claimants in the FII Group Litigation, reeds aangehaald, punt 210 en aangehaalde rechtspraak).

117. In het hoofdgeding is met betrekking tot artikel 43 EG duidelijk aan de eerste voorwaarde voldaan. Die bepaling kent particulieren immers rechten toe (zie reeds aangehaalde arresten Brasserie du Pêcheur en Factortame, punten 23 en 54, en Test Claimants in the FII Group Litigation, punt 211).

118. Wat de tweede voorwaarde betreft, zij er in de eerste plaats aan herinnerd dat een schending van het gemeenschapsrecht voldoende gekwalificeerd is wanneer een lidstaat bij de uitoefening van zijn normatieve bevoegdheid de grenzen waarbinnen hij bij de uitoefening van zijn bevoegdheden dient te blijven, kennelijk en ernstig heeft miskend. In de tweede plaats kan de enkele inbreuk op het gemeenschapsrecht volstaan om een voldoende gekwalificeerde schending te doen vaststaan, wanneer de betrokken lidstaat op het moment van de inbreuk slechts een zeer beperkte of in het geheel geen beoordelingsmarge had (arrest Test Claimants in the FII Group Litigation, reeds aangehaald, punt 212 en aangehaalde rechtspraak).

119. Om vast te stellen of er sprake is van een voldoende gekwalificeerde schending, moet rekening worden gehouden met alle elementen die de aan de nationale rechter voorgelegde situatie karakteriseren. Die elementen zijn onder meer de mate van duidelijkheid en nauwkeurigheid van de geschonden regel, de vraag of al dan niet opzettelijk een schending is begaan of schade is veroorzaakt, de vraag of een eventuele rechtsdwaling al dan niet verschoonbaar is en de vraag of de handelwijze van een gemeenschapsinstelling heeft kunnen bijdragen tot de vaststelling of de instandhouding van met het gemeenschapsrecht strijdige nationale maatregelen of praktijken (arrest Test Claimants in the FII Group Litigation, reeds aangehaald, punt 213 en aangehaalde rechtspraak).

120. In ieder geval is een schending van het gemeenschapsrecht kennelijk gekwalificeerd, wanneer zij verder is blijven bestaan in weerwil van de uitspraak van een arrest houdende vaststelling van de verweten niet-nakoming, van een prejudiciële beslissing of van een vaste rechtspraak van het Hof ter zake, waaruit blijkt dat de betrokken gedraging de kenmerken van een schending vertoont (arrest Test Claimants in the FII Group Litigation, reeds aangehaald, punt 214 en aangehaalde rechtspraak).

121. Om uit te maken of een schending van artikel 43 EG door de betrokken lidstaat voldoende gekwalificeerd was, moet de nationale rechter in casu rekening houden met het feit dat op een gebied als dat van de directe belastingen de gevolgen van het door het Verdrag gewaarborgde vrije verkeer slechts geleidelijk aan het licht zijn gekomen, met name door de beginselen die het Hof heeft ontwikkeld sinds het reeds aangehaalde arrest van 28 januari 1986, Commissie/ Frankrijk. Tot het reeds aangehaalde arrest Lankhorst-Hohorst was het in deze prejudiciële verwijzing aan de orde gestelde probleem als zodanig immers nog nooit behandeld in de rechtspraak van het Hof.

122. Wat de derde voorwaarde betreft, namelijk het vereiste van een rechtstreeks causaal verband tussen de schending van de op de staat rustende verplichting en de door de benadeelde personen geleden schade, staat het aan de verwijzende rechter om na te gaan of de gestelde schade een zodanig rechtstreeks gevolg van de schending van het gemeenschapsrecht is geweest, dat de staat daarvoor heeft op te komen (arrest Test Claimants in the FII Group Litigation, reeds aangehaald, punt 218 en aangehaalde rechtspraak).

123. Onder voorbehoud van het recht op schadevergoeding dat rechtstreeks voortvloeit uit het gemeenschapsrecht wanneer aan die voorwaarden is voldaan, staat het aan de lidstaat om in het kader van het nationale aansprakelijkheidsrecht de gevolgen van de veroorzaakte schade ongedaan te maken, met dien verstande dat de door de nationale wettelijke regelingen ter zake van schadevergoeding vastgestelde voorwaarden niet ongunstiger mogen zijn dan die welke voor gelijksoortige nationale vorderingen gelden, en niet van dien aard mogen zijn dat zij het verkrijgen van schadevergoeding in de praktijk onmogelijk of uiterst moeilijk maken (arrest Test Claimants in the FII Group Litigation, reeds aangehaald, punt 219 en aangehaalde rechtspraak).

124. Gepreciseerd moet worden dat de nationale rechter, met het oog op de vaststelling van de voor vergoeding in aanmerking komende schade, kan onderzoeken of de benadeelde persoon zich redelijke inspanningen heeft getroost om de schade te voorkomen of de omvang ervan te beperken, en meer in het bijzonder, of hij tijdig alle te zijner beschikking staande beroepsmogelijkheden heeft aangewend (arrest Brasserie du Pêcheur en Factortame, reeds aangehaald, punt 84).

125. Dienaangaande heeft het Hof in punt 106 van het reeds aangehaalde arrest Metallgesellschaft e.a., met betrekking tot belastingbepalingen die ingezeten dochtermaatschappijen van niet-ingezeten moedermaatschappijen niet toestonden om gebruik te maken van belastingheffing naar het groepsinkomen, geoordeeld dat de uitoefening van de rechten die de particulieren aan de rechtstreeks werkende bepalingen van het gemeenschapsrecht ontlenen, onmogelijk of uiterst moeilijk zou worden gemaakt indien hun op schending van het gemeenschapsrecht steunende vorderingen tot terugbetaling of vergoeding werden afgewezen of verminderd op de enkele grond dat zij niet hebben verzocht om in aanmerking te komen voor een belastingregeling die hun naar nationaal recht werd geweigerd, teneinde de weigering van de belastingautoriteiten aan te vechten met de hiervoor bestaande rechtsmiddelen en met een beroep op de voorrang en de rechtstreekse werking van het gemeenschapsrecht.

126. Evenzo zou de toepassing van de bepalingen betreffende de vrijheid van vestiging onmogelijk of uiterst moeilijk worden gemaakt indien de op schending van die bepalingen steunende vorderingen tot terugbetaling of vergoeding werden afgewezen of verminderd op de enkele grond dat de betrokken vennootschappen de belastingdienst niet hadden gevraagd, rente te mogen betalen op een lening van een niet-ingezeten gelieerde vennootschap zonder dat die rente als winstuitkering wordt aangemerkt, terwijl in de betrokken omstandigheden de nationale wet, in voorkomend geval in samenhang met de relevante bepalingen van de belastingverdragen, in een dergelijke kwalificatie voorzag.

127. Het staat aan de nationale rechter om te bepalen of, wanneer blijkt dat de in het hoofdgeding aan de orde zijnde nationale wettelijke regeling, in voorkomend geval in samenhang met de relevante bepalingen van de belastingverdragen, niet voldeed aan de voorwaarden genoemd in punt 92 van dit arrest en dus een door artikel 43 EG verboden belemmering van de vrijheid van vestiging vormde, de toepassing van deze wettelijke regeling hoe dan ook tot afwijzing van de aanspraken van verzoeksters in het hoofdgeding bij de belastingdienst van het Verenigd Koninkrijk zou hebben geleid.

128. Derhalve moet op de vijfde tot en met de tiende vraag worden geantwoord dat:

– Bij gebreke van een gemeenschapsregeling is het een aangelegenheid van het nationale recht van elke lidstaat om de bevoegde rechter aan te wijzen en de procesregels te geven voor rechtsvorderingen ter bescherming van de rechten die de justitiabelen aan het gemeenschapsrecht ontlenen, waaronder de kwalificatie van vorderingen die de benadeelde personen hebben ingesteld bij de nationale rechterlijke instanties. Deze moeten echter garanderen dat de justitiabelen over een doeltreffend rechtsmiddel beschikken om terugbetaling te kunnen verkrijgen van de ten onrechte geheven belasting en van de aan die lidstaat betaalde of door hem ingehouden bedragen die rechtstreeks met die belasting verband houden. Wat andere schade betreft die een persoon eventueel heeft geleden wegens een aan een lidstaat toe te rekenen schending van het gemeenschapsrecht, moet deze lidstaat de aan particulieren berokkende schade vergoeden onder de voorwaarden genoemd in punt 51 van het reeds aangehaalde arrest Brasserie du Pêcheur en Factortame, zonder dat zulks uitsluit dat de staat naar nationaal recht onder minder beperkende voorwaarden aansprakelijk kan zijn.

– Wanneer blijkt dat de wettelijke regeling van een lidstaat een door artikel 43 EG verboden belemmering van de vrijheid van vestiging vormt, kan de nationale rechter, teneinde de voor vergoeding in aanmerking komende schade te bepalen, nagaan of de benadeelde personen zich redelijke inspanningen hebben getroost om die schade te voorkomen of de omvang ervan te beperken en, meer in het bijzonder, of zij tijdig alle hun ter beschikking staande beroepsmogelijkheden hebben aangewend. Teneinde te voorkomen dat de uitoefening van de rechten die de particulieren aan artikel 43 EG ontlenen, onmogelijk of uiterst moeilijk wordt gemaakt, kan de nationale rechter bepalen of de toepassing van deze wettelijke regeling, in voorkomend geval in samenhang met de relevante bepalingen van de belastingverdragen, hoe dan ook tot afwijzing van de aanspraken van verzoeksters in het hoofdgeding bij de belastingdienst van de betrokken lidstaat zou hebben geleid.

Verzoek tot beperking van de gevolgen van dit arrest in de tijd

129. Ter terechtzitting heeft de regering van het Verenigd Koninkrijk het Hof verzocht, ingeval het het gemeenschapsrecht aldus zou uitleggen dat het in de weg staat aan een nationale wettelijke regeling als die welke in het hoofdgeding aan de orde is, de werking van zijn arrest in de tijd te beperken, zelfs met betrekking tot rechtsvorderingen die zijn ingesteld vóór de datum van de uitspraak van dit arrest. Die regering schat de kosten van een voor haar ongunstige uitlegging van het gemeenschapsrecht op 300 miljoen EUR.

130. Vastgesteld zij dat de regering van het Verenigd Koninkrijk in casu niet heeft gepreciseerd op welke basis zij tot haar cijfermatige raming van de gevolgen van dit arrest is gekomen, en evenmin of dit bedrag uitsluitend de financiële gevolgen in de zaak in het hoofdgeding betreft dan wel ook de gevolgen van dit arrest in andere zaken.

131. Bovendien gaat het door die regering genoemde bedrag uit van de hypothese dat de door het Hof gegeven antwoorden ertoe leiden dat de vorderingen van verzoeksters in het hoofdgeding volledig worden toegewezen, hetgeen de verwijzende rechter echter moet nagaan.

132. In deze omstandigheden beschikt het Hof niet over voldoende gegevens om het verzoek van de regering van het Verenigd Koninkrijk te onderzoeken.

133. Derhalve is er geen reden om de werking van dit arrest in de tijd te beperken.

Kosten

134. …

HET HOF VAN JUSTITIE (Grote kamer)

verklaart voor recht:

1. Artikel 43 EG verzet zich tegen een wettelijke regeling van een lidstaat die een beperking stelt aan de mogelijkheid van een ingezeten vennootschap om de rente op een lening die haar is verstrekt door een directe of indirecte niet-ingezeten moedermaatschappij of door een door die moedermaatschappij gecontroleerde niet-ingezeten vennootschap, af te trekken van de belasting, zonder dat die beperking geldt voor een ingezeten vennootschap die een lening heeft gekregen van een eveneens ingezeten vennootschap, tenzij die wettelijke regeling zich baseert op een onderzoek van objectieve en verifieerbare elementen op grond waarvan kan worden vastgesteld of er sprake is van een louter kunstmatige constructie die alleen is opgezet voor belastingdoeleinden, door te voorzien in de mogelijkheid voor de belastingplichtige om, in voorkomend geval en zonder buitensporige administratieve moeite, bewijs aan te voeren met betrekking tot de commerciële redenen die aan de betrokken transactie ten grondslag liggen, en die wettelijke regeling voorts, wanneer het bestaan van een dergelijke constructie wordt aangetoond, die rente alleen als

winstuitkering aanmerkt voor zover deze meer bedraagt dan hetgeen onder normale commerciële omstandigheden zou zijn overeengekomen.

2. Een wettelijke regeling van een lidstaat als in de eerste vraag wordt bedoeld, valt niet onder artikel 43 EG wanneer zij wordt toegepast op een situatie waarin een ingezeten vennootschap een lening krijgt van een in een andere lidstaat of in een derde land gevestigde vennootschap die zelf geen controle uitoefent over de vennootschap waaraan de lening wordt verstrekt en die twee vennootschappen direct of indirect worden gecontroleerd door een in een derde land gevestigde gemeenschappelijke moedermaatschappij.

3. Bij gebreke van een gemeenschapsregeling is het een aangelegenheid van het nationale recht van elke lidstaat om de bevoegde rechter aan te wijzen en de procesregels te geven voor rechtsvorderingen ter bescherming van de rechten die de justitiabelen aan het gemeenschapsrecht ontlenen, waaronder de kwalificatie van vorderingen die de benadeelde personen hebben ingesteld bij de nationale rechterlijke instanties. Deze moeten echter garanderen dat de justitiabelen over een doeltreffend rechtsmiddel beschikken om terugbetaling te kunnen verkrijgen van de ten onrechte geheven belasting en van de aan die lidstaat betaalde of door hem ingehouden bedragen die rechtstreeks met die belasting verband houden. Wat andere schade betreft die een persoon eventueel heeft geleden wegens een aan een lidstaat toe te rekenen schending van het gemeenschapsrecht, moet deze lidstaat de aan particulieren berokkende schade vergoeden onder de voorwaarden genoemd in punt 51 van het arrest van 5 maart 1996, Brasserie du Pêcheur en Factortame (C-46/93 en C-48/93), zonder dat zulks uitsluit dat de staat naar nationaal recht onder minder beperkende voorwaarden aansprakelijk kan zijn.

Wanneer blijkt dat de wettelijke regeling van een lidstaat een door artikel 43 EG verboden belemmering van de vrijheid van vestiging vormt, kan de nationale rechter, teneinde de voor vergoeding in aanmerking komende schade te bepalen, nagaan of de benadeelde personen zich redelijke inspanningen hebben getroost om die schade te voorkomen of de omvang ervan te beperken en, meer in het bijzonder, of zij tijdig alle hun ter beschikking staande beroepsmogelijkheden hebben aangewend. Teneinde te voorkomen dat de uitoefening van de rechten die de particulieren aan artikel 43 EG ontlenen, onmogelijk of uiterst moeilijk wordt gemaakt, kan de nationale rechter bepalen of de toepassing van deze wettelijke regeling, in voorkomend geval in samenhang met de relevante bepalingen van de verdragen ter vermijding van dubbele belasting, hoe dan ook tot afwijzing van de aanspraken van verzoeksters in het hoofdgeding bij de belastingdienst van de betrokken lidstaat zou hebben geleid.

HvJ EG 22 maart 2007, zaak C-383/05 (Raffaele Talotta v. Belgische Staat)

Eerste kamer: *P. Jann, kamerpresident, R. Schintgen, A. Borg Barthet, M. Ilešič (rapporteur) en E. Levits, rechters*
Advocaat-generaal: *P. Mengozzi*

Samenvatting arrest *(V-N 2007/16.19)*

Talotta, inwoner van Luxemburg, exploiteert een restaurant in België. Doordat hij voor het belastingjaar 1992 niet tijdig en niet volledig aangifte voor de Belgische belasting van niet-ingezeten natuurlijke personen heeft gedaan, heeft de belastingadministratie zijn inkomen vastgesteld op het bedrag van de belastbare minimumwinst volgens art. 342, par. 2, WIB 1992 jo. art. 182 KB tot uitvoering van deze bepaling. Naar aanleiding van het ingestelde cassatieberoep heeft het Belgische Hof van Cassatie de prejudiciële vraag voorgelegd of de onderhavige bepalingen in strijd zijn met het vrije vestigingsrecht van art. 52 (thans art. 43) EG-verdrag, nu deze bepalingen alleen op niet-ingezetenen worden toegepast. Het Hof van Justitie EG oordeelt dat deze bepalingen een indirecte discriminatie naar nationaliteit in de zin van art. 52 (thans art. 43) EG-verdrag impliceren. Deze discriminatie wordt niet gerechtvaardigd vanwege de noodzaak de doeltreffendheid van fiscale controles te waarborgen.

HET HOF VAN JUSTITIE (Eerste kamer)

verklaart voor recht:

Artikel 52 EG-Verdrag (thans, na wijziging, artikel 43 EG) staat in de weg aan de regeling van een lidstaat, zoals die welke voortvloeit uit artikel 342, § 2, van het Wetboek van de inkomstenbelastingen 1992 en uit artikel 182 van het Koninklijk Besluit van 27 augustus 1993 tot uitvoering van het Wetboek van de inkomstenbelastingen 1992, die alleen voor niet-ingezeten belastingplichtigen voorziet in minimummaatstaven van heffing.

HvJ EG 29 maart 2007, zaak C-347/04 (Rewe Zentralfinanz eG v. Finanzamt Köln-Mitte)

Tweede kamer:	*C. W. A. Timmermans, kamerpresident, J. Klučka, R. Silva de Lapuerta, J. Makarczyk en L. Bay Larsen (rapporteur), rechters*
Advocaat-generaal:	*M. Poiares Maduro*

Samenvatting arrest *(V-N 2007/18.14)*

In de jaren 1993 en 1994 bezit de in Duitsland gevestigde vennootschap ITS Reisen GmbH (waarvan de aandelen op 6 maart 1995 zijn verkocht aan de eveneens in Duitsland gevestigde vennootschap Rewe Zentralfinanz eG) via haar in Nederland gevestigde (tussen)houdstervennootschappen Kaufhof-Tourism Holdings BV en Internationaal Tourism Investment Holdings BV 100% van de aandelen van de in het Verenigd Koninkrijk gevestigde vennootschap German Tourist Facilities Ltd en 36% van de aandelen van de in Spanje gevestigde vennootschap Travelplan SA. In haar jaarrekeningen van 1993 en 1994 heeft ITS Reisen GmbH de deelneming in Kaufhof-Tourism Holdings BV gewaardeerd op lagere bedrijfswaarde. De hiermee verband houdende afschrijvingslast is niet aftrekbaar, omdat het een deelneming in een niet in Duitsland gevestigde zogenoemde passieve dochtervennootschap betreft. Wel kan deze afschrijvingslast te zijner tijd worden verrekend met positieve baten uit deze deelneming. Was Kaufhof-Tourism Holdings BV in Duitsland gevestigd geweest, dan zou de afschrijvingslast wel onmiddellijk aftrekbaar zijn geweest.

Het Hof van Justitie EG oordeelt dat deze verschillende behandeling een belemmering in de zin van art. 52 (thans art. 43) EG-verdrag impliceert. Uit die verschillende behandeling vloeit voor een in Duitsland gevestigde moedervennootschap met een dergelijke buitenlandse passieve dochtervennootschap immers een cashflownadeel voort, indien zij op deze deelneming afschrijft. Deze belemmering kan niet worden gerechtvaardigd met een beroep op een evenwichtige verdeling van de heffingsbevoegdheid tussen lidstaten, omdat

- deze rechtvaardigingsgrond de enkele omstandigheid dat een vennootschap grensoverschrijdende activiteiten door middel van een dochtervennootschap verricht, niet regardeert,
- afschrijving op een buitenlandse deelneming niet impliceert dat aldus het verlies van een dochtervennootschap tevens bij de moedervennootschap wordt verrekend, en
- het systematisch uitsluiten of beperken van afschrijving op een buitenlandse deelneming geen geschikt middel is om belastingontwijking, zo al aan de orde, te bestrijden.

Voorts kan de onderhavige belemmering niet worden gerechtvaardigd met een beroep op de noodzaak van doeltreffende fiscale controles van buitenlandse transacties en van fiscale coherentie van het nationale belastingstelsel (de afschrijvingslast die samenhangt met de waardering op lagere bedrijfswaarde van een deelneming in een buitenlandse zogenoemde actieve dochtervennootschap wordt immers wel in aanmerking genomen), alsmede van eerbiediging van het territorialiteitsbeginsel (afschrijving op een buitenlandse deelneming betreft geen samenloop van heffingsbevoegdheid tussen lidstaten).

HET HOF VAN JUSTITIE (Tweede kamer)

verklaart voor recht:

In omstandigheden als die van het hoofdgeding, waarin een moedervennootschap in een niet-ingezeten dochtervennootschap een deelneming bezit die haar een zodanige invloed op de besluiten van deze buitenlandse dochtervennootschap verleent dat zij de activiteiten ervan kan bepalen, verzetten de artikelen 52 EG-Verdrag (thans, na wijziging, artikel 43 EG) en 58 EG-Verdrag (thans artikel 48 EG) zich tegen een regeling van een lidstaat waarbij de mogelijkheid voor een in deze staat gevestigde moedervennootschap om het verlies uit afschrijvingen op de waarde van haar deelnemingen in in andere lidstaten gevestigde dochtervennootschappen fiscaal af te trekken, wordt beperkt.

HvJ EG 10 mei 2007, zaak C-492/04 (Lasertec Gesellschaft für Stanzformen mbH v. Finanzamt Emmendingen)

Vierde kamer: *K. Lenaerts (rapporteur), kamerpresident, E. Juhász, R. Silva de Lapuerta, J. Malenovský en T. von Danwitz, rechters*

Avocaat-generaal: *Y. Bot*

1. Het verzoek om een prejudiciële beslissing betreft de uitlegging van de artikelen 56 EG tot en met 58 EG.

2. Dit verzoek is ingediend in het kader van een geding dat voortvloeit uit de beschikking waarbij het Finanzamt Emmendingen (hierna: 'Finanzamt') met het oog op de vaststelling van de belasting die de vennootschap naar Duits recht Lasertec Gesellschaft für Stanzformen mbH (hierna: 'verzoekster') verschuldigd is, de door verzoekster aan haar Zwitserse vennoot, Lasertec AG (hierna: 'Lasertec'), betaalde rente als verkapte winstuitkeringen heeft geherkwalificeerd.

Bepalingen van nationaal recht

3. § 8a van het Körperschaftsteuergesetz (wet inzake vennootschapsbelasting; hierna: 'KStG'), met het opschrift 'Van aandeelhouders geleende geldmiddelen', is ingevoerd bij het Standortsicherungsgesetz van 13 september 1993 (wet betreffende het behoud van de plaats van vestiging; BGBl., 1993 I, blz. 1569). Die wet is volgens de verwijzingsbeschikking op 14 september van hetzelfde jaar 1993 in werking getreden.

4. In de ten tijde van de feiten geldende versie luidde § 8a KStG als volgt:

'1. Vergoedingen voor vreemd vermogen, dat een onbeperkt belastingplichtige kapitaalvennootschap heeft verkregen van een niet voor aftrek van vennootschapsbelasting in aanmerking komende aandeelhouder, die op enig tijdstip in het boekjaar een aanmerkelijk belang in het maatschappelijk kapitaal had, gelden als verkapte winstuitkeringen,
[...]
2. indien een in een percentage van het vermogen uitgedrukte vergoeding is overeengekomen en voor zover het vreemd vermogen op enig tijdstip in het boekjaar meer dan driemaal het belang van de aandeelhouder bedraagt, tenzij de kapitaalvennootschap dit vreemd vermogen onder voor het overige gelijke omstandigheden ook van een derde had kunnen verkrijgen dan wel het om de opname van middelen ter financiering van normale banktransacties gaat [...].
2. Het belang van de aandeelhouder is het deel van het eigen vermogen van de kapitaalvennootschap aan het einde van het voorafgaande boekjaar, dat overeenkomt met het aandeel van de aandeelhouder in het geplaatste kapitaal. Eigen vermogen is het geplaatste kapitaal verminderd met de uitstaande inbreng [...].
3. Er is sprake van een aanmerkelijk belang wanneer de aandeelhouder voor meer dan een vierde direct of indirect – ook via een personenvennootschap – deelneemt in het maatschappelijk kapitaal van de kapitaalvennootschap. Hetzelfde geldt wanneer de aandeelhouder voor meer dan een vierde deelneemt samen met andere aandeelhouders met wie hij een personenvereniging vormt of door wie hij wordt gecontroleerd, die hij controleert of die met hem gezamenlijk worden gecontroleerd. Een aandeelhouder zonder aanmerkelijk belang staat gelijk met een aandeelhouder die wel een aanmerkelijk belang heeft, wanneer hij alleen of in samenwerking met andere aandeelhouders een beslissende invloed op de kapitaalvennootschap uitoefent.'

5. Blijkens de verwijzingsbeschikking hebben met name de niet-ingezeten aandeelhouders in de regel geen recht op belastingaftrek.

6. Volgens § 54, lid 6a, KStG was § 8a daarvan van toepassing vanaf het boekjaar na 31 december 1993.

Hoofdgeding en prejudiciële vragen

7. Verzoekster is een vennootschap naar Duits recht die bij akte van 12 september 1994 is opgericht. Zij is in Duitsland volledig belastingplichtig.

8. Ten tijde van de feiten was verzoeksters maatschappelijk kapitaal van 300 000 DEM in handen van Papke ten belope van 100 000 DEM en van Lasertec AG ten belope van 200 000 DEM.

9. Krachtens een bepaling van verzoeksters oprichtingsakte moest het beginkapitaal meteen ten belope van een vierde van het geplaatste kapitaal worden gestort, terwijl het overige op verzoek van de directie moest worden volgestort.

10. Bij overeenkomst van 5 januari 1995 heeft Lasertec aan verzoekster een krediet ter hoogte van 700 000 DEM verstrekt. De looptijd van de overeenkomst bedroeg aanvankelijk twee jaar. Het krediet en de desbetreffende

rentekosten moesten in termijnen van 34 000 DEM per kwartaal worden terugbetaald. De kredietrente bedroeg in 1995 48 132,64 DEM.

11. In het kader van een in augustus 1997 verrichte controle betreffende het boekjaar 1995 heeft de belastingcontroleur vastgesteld dat het geplaatste kapitaal pas op 10 januari 1995 was volgestort. Volgens hem moest dus van het bedrag van het geplaatste kapitaal (namelijk 300 000 DEM) het bedrag van het op 31 december 1994 niet-gestorte kapitaal (namelijk 225 000 DEM) worden afgetrokken. De belastingcontroleur van derhalve van mening dat het belang van Lasertec in verzoeksters eigen vermogen op laatstgenoemd tijdstip 50 000 DEM bedroeg. Daar het door Lasertec aan verzoekster verstrekte krediet als 'vreemd vermogen' moest worden gekwalificeerd, heeft hij ingevolge § 8a KStG van het bedrag van dat krediet (700 000 DEM) het drievoudige van het belang van Lasertec in verzoeksters eigen vermogen (150 000 DEM) afgetrokken. Het met het restbedrag van 550 000 DEM overeenkomende aandeel van de rentekosten voor 1995, namelijk 37 818 DEM, moet voor de vaststelling van verzoeksters belasting over het betrokken boekjaar als 'verkapte winstuitkering' worden aangemerkt.

12. Het Finanzamt heeft zich bij een belastingaanslag van 15 juni 1998 op het standpunt gesteld dat de betrokken rentekosten overeenkomstig § 8a KStG als verkapte winstuitkeringen moest worden geherkwalificeerd en als zodanig worden belast. Het heeft bijgevolg de door verzoekster voor het boekjaar 1995 verschuldigde vennootschapsbelasting gecorrigeerd en op 16 207 DEM vastgesteld.

13. Op 2 juli 1998 heeft verzoekster tegen die belastingaanslag bezwaar gemaakt, dat bij een beschikking van het Finanzamt van 22 februari 1999 is afgewezen. Hiertegen is het op 22 maart 1999 bij het Finanzgericht Baden-Württemberg ingestelde beroep gericht.

14. Daarop heeft het Finanzgericht Baden-Württemberg de behandeling van de zaak geschorst en het Hof de volgende twee prejudiciële vragen gesteld:

> '1. Dient artikel 57, lid 1, EG aldus te worden uitgelegd dat het bij beperkingen van het kapitaalverkeer tussen lidstaten en derde landen die op 31 december 1993 'bestaan', moet gaan om beperkingen waarvoor de wetgevingsprocedure op die datum door de nationale wetgever reeds is afgesloten, of om beperkingen die volgens de nationale wettelijke bepalingen reeds op die datum van toepassing zijn op definitief geworden feitelijke situaties?
>
> 2. Dient artikel 56, lid 1, EG juncto artikel 58 EG aldus te worden uitgelegd dat daarbij het – gedeeltelijk – belasten van betalingen van rente van een in een lidstaat gevestigde kapitaalvennootschap aan een kredietgever in een derde land, die tevens vennoot van de kapitaalvennootschap is, als winstuitkering verboden wordt, omdat dit een willekeurige discriminatie of een verkapte beperking van het vrije kapitaalverkeer tussen een lidstaat en een derde land is?'

Beantwoording van de prejudiciële vragen

15. Krachtens artikel 104, lid 3, eerste alinea, van het Reglement voor de procesvoering kan het Hof, wanneer het antwoord op een prejudiciële vraag duidelijk uit de rechtspraak kan worden afgeleid, beslissen bij een met redenen omklede beschikking.

16. Met zijn prejudiciële vragen wenst de verwijzende rechter in hoofdzaak te vernemen of met de bepalingen van het EG-Verdrag inzake het vrije kapitaalverkeer verenigbaar is een nationale regeling op grond waarvan de kredietrente die door een ingezeten kapitaalvennootschap wordt betaald aan een in een derde land gevestigde aandeelhouder die een aanmerkelijk belang in het kapitaal van die vennootschap heeft, onder bepaalde voorwaarden als verkapte winstuitkering wordt beschouwd, waarvoor de ingezeten kredietgever belastbaar is.

17. De Franse regering en de Commissie van de Europese Gemeenschappen stellen dat de in het hoofdgeding aan de orde zijnde nationale bepaling enkel aan het criterium van de vrijheid van vestiging en niet aan dat van het vrije kapitaalverkeer kan worden getoetst. Zij voeren in wezen aan dat die bepaling uitsluitend betrekking heeft op de aanmerkelijke belangen die een beslissende invloed kunnen uitoefenen op de vennootschap waarin het belang wordt gehouden, en dat die bepaling dus uitsluitend binnen de materiële werkingssfeer van de vrijheid van vestiging valt.

18. In die omstandigheden staat het aan het Hof vast te stellen aan het criterium van welke vrijheid voornoemde bepaling moet worden getoetst.

19. In dit verband is het vaste rechtspraak dat om te bepalen onder welke vrijheden van verkeer een nationale wettelijke regeling valt, met het voorwerp van de betrokken nationale wettelijke regeling te rade moet worden gegaan (zie in die zin arresten van 12 september 2006, Cadbury Schweppes en Cadbury Schweppes Overseas, C-196/04, *Jurispr.* blz. I-7995, punten 31-33; 3 oktober 2006, Fidium Finanz, C-452/04, *Jurispr.* blz. I-9521, punten 34 en 44-49; 12 december 2006, Test Claimants in Class IV of the ACT Group Litigation, C-374/04, nog niet gepubliceerd in de *Jurisprudentie*, punten 37 en 38, alsmede Test Claimants in the FII Group Litigation, C-446/04, nog niet gepubliceerd in de *Jurisprudentie*, punt 36, en 13 maart 2007, Test Claimants in the Thin Cap Group Litigation, C-524/04, nog niet gepubliceerd in de *Jurisprudentie*, punten 26-34).

20. Zo vallen de nationale bepalingen die betrekking hebben op het bezit van een belang waardoor een beslissende invloed op de besluiten van de betrokken vennootschap kan worden uitgeoefend en de activiteiten ervan kunnen worden bepaald, binnen de materiële werkingssfeer van de verdragsbepalingen inzake de vrijheid van vestiging (zie in die zin arresten van 13 april 2000, Baars, C-251/98, *Jurispr.* blz. I-2787, punt 22; Cadbury Schweppes en Cadbury Schweppes Overseas, reeds aangehaald, punt 31, en Test Claimants in the Thin Cap Group Litigation, reeds aangehaald, punt 27).

21. In het hoofdgeding echter is de betrokken nationale maatregel van toepassing op de situaties waarin de niet-ingezeten kredietgever een aanmerkelijk belang in het maatschappelijk kapitaal van de ingezeten kredietnemer heeft, namelijk een belang van meer dan 25%.

22. Uit het feit dat met een dergelijk belang een geringer belang wordt gelijkgesteld dat toch een beslissende invloed op de betrokken vennootschap geeft, blijkt, zoals de Commissie in haar schriftelijke opmerkingen heeft beklemtoond, dat in de geest van de Duitse wetgever de in het hoofdgeding aan de orde zijnde nationale maatregel onafhankelijk van een vaste drempel dient te gelden voor belangen die het mogelijk maken een zekere invloed op de besluiten van de betrokken vennootschap uit te oefenen en de activiteiten te bepalen in de zin van de in punt 20 van de onderhavige beschikking in herinnering gebrachte rechtspraak (zie naar analogie arrest Test Claimants in the Thin Cap Group Litigation, reeds aangehaald, punt 28).

23. Bovendien volgt uit de verwijzingsbeschikking dat twee derde van het maatschappelijk kapitaal van verzoekster, kredietnemer, in handen van Lasertec, kredietgever, is. Een dergelijk belang geeft Lasertec ontegenzeglijk een beslissende invloed op verzoeksters besluiten en activiteiten (zie naar analogie arrest Test Claimants in the Thin Cap Group Litigation, reeds aangehaald, punt 32).

24. Bijgevolg valt de onderhavige zaak enkel binnen de materiële werkingssfeer van de verdragsbepalingen inzake de vrijheid van vestiging.

25. Zo de in het hoofdgeding aan de orde zijnde nationale maatregel, zoals verzoekster stelt, het vrije verkeer van kapitaal beperkt, zijn deze beperkingen een onvermijdelijk gevolg van een eventuele belemmering van de vrijheid van vestiging zoals het Hof heeft vastgesteld in het arrest van 12 december 2002, Lankhorst-Hohorst (C-324/00, *Jurispr.* blz. I-11779), en rechtvaardigen zij niet dat die maatregel wordt getoetst aan de artikelen 56 EG tot en met 58 EG (zie in die zin reeds aangehaalde arresten Cadbury Schweppes en Cadbury Schweppes Overseas, punt 33; Fidium Finanz, punten 48 en 49, alsmede Test Claimants in the Thin Cap Group Litigation punt 34).

26. Bijgevolg behoeven de gestelde vragen niet in het licht van de verdragsbepalingen inzake het vrije kapitaalverkeer te worden beantwoord.

27. Het hoofdstuk van het Verdrag betreffende de vrijheid van vestiging bevat geen enkele bepaling op grond waarvan de voorschriften ervan ook gelden voor situaties waarbij een onderdaan van een derde land betrokken is die buiten de Europese Unie is gevestigd. Zoals het Hof in zijn advies 1/94 van 15 november 1994 (*Jurispr.* blz. I-5267, punt 81) heeft vastgesteld, beoogt dit laatste hoofdstuk de vrijheid van vestiging te waarborgen aan onderdanen van lidstaten. Derhalve kan op de artikelen 43 EG en volgende geen beroep worden gedaan in een context waarin een vennootschap van een derde land een belang heeft dat haar een beslissende invloed op de besluiten en de activiteiten van een vennootschap van een lidstaat geeft (zie naar analogie, wat de vrijheid van dienstverrichting betreft, arrest Fidium Finanz, reeds aangehaald, punt 25).

28. Gelet op een en ander, moet op de gestelde vragen worden geantwoord dat een nationale maatregel op grond waarvan de kredietrente die een ingezeten kapitaalvennootschap heeft betaald aan een niet-ingezeten aandeelhouder met een aanmerkelijk belang in het kapitaal van die vennootschap, onder bepaalde voorwaarden wordt beschouwd als verkapte winstuitkering waarvoor de binnenlandse kredietgever belastbaar is, hoofdzakelijk inbreuk maakt op de uitoefening van de vrijheid van vestiging in de zin van de artikelen 43 EG en volgende. Op die bepalingen kan geen beroep worden gedaan in een situatie waarbij een vennootschap van een derde land betrokken is.

Kosten

29. …

HET HOF VAN JUSTITIE (Vierde kamer)

verklaart voor recht:

Een nationale maatregel op grond waarvan de kredietrente die een ingezeten kapitaalvennootschap heeft betaald aan een niet-ingezeten aandeelhouder met een aanmerkelijk belang in het kapitaal van die vennootschap, onder bepaalde voorwaarden wordt beschouwd als verkapte winstuitkering waarvoor de binnenlandse kredietgever belastbaar is, maakt hoofdzakelijk inbreuk op de uitoefening van de vrijheid van vestiging in de zin van de artikelen 43 EG en volgende. Op die bepalingen kan geen beroep worden gedaan in een situatie waarbij een vennootschap van een derde land betrokken is.

HvJ EC 10 mei 2007, C-102/05 (beschikking) (Skatteverket v. A en B)

Vierde kamer: *K. Lenaerts (rapporteur), kamerpresident, E. Juhász, R. Silva de Lapuerta, G. Arestis en T. von Danwitz, rechters*
Advocaat-generaal: *Y. Bot*

1. Het verzoek om een prejudiciële beslissing betreft de uitlegging van de artikelen 56 EG tot en met 58 EG.

2. Dit verzoek is ingediend in het kader van een geding tussen Skatteverket (Zweedse belastingadministratie) en A en B (hierna tezamen: 'verzoekers'), aandeelhouders en werknemers van X, een vennootschap naar Zweeds recht, over de vraag of bij het belasten van de door die vennootschap uitgekeerde dividenden de lonen van de werknemers van het Russische filiaal van Y, een Zweedse dochtermaatschappij van X, al dan niet in de berekeningsgrondslag kunnen worden betrokken voor de toepassing van de Zweedse bepalingen inzake de 'loonregel' ('löneregeln').

Bepalingen van nationaal recht

3. De onderhavige zaak betreft de Zweedse fiscale regeling van de dividenden die door de Zweedse vennootschappen met weinig aandeelhouders ('fåmansföretag') worden uitgekeerd.

4. Dit zijn kleine naamloze vennootschappen waarvan meer dan 50% van de aandelen in handen is van minder dan vijf natuurlijke personen die daardoor een beslissende invloed op hun beheer uitoefenen. Wanneer meerdere aandeelhouders van een vennootschap daarbij werkzaam zijn, worden zij krachtens hoofdstuk 57, § 3, van inkomstskattelagen 1999: 1229 (Zweedse wet op de inkomstenbelasting; hierna: 'wet'), als één persoon beschouwd, waardoor die vennootschap als een vennootschap met weinig aandeelhouders wordt aangemerkt, ook al is er een groot aantal aandeelhouders.

5. In Zweden worden inkomsten uit arbeid zwaarder belast dan inkomsten uit kapitaal. Teneinde de aandeelhouders van een vennootschap met weinig aandeelhouders, die tevens werknemers van die vennootschap zijn, te ontmoedigen inkomsten uit arbeid om te zetten in inkomsten uit kapitaal, wordt in de wet bepaald dat de door die vennootschap uitgekeerde dividenden worden belast als inkomsten uit kapitaal ter hoogte van een forfaitair rendement, dat in de regel wordt aangeduid als 'grensbedrag' en wordt geacht overeen te komen met het normale rendement van het in dezelfde vennootschap geïnvesteerde kapitaal. Het gedeelte van die dividenden dat meer bedraagt dan het grensbedrag, wordt belast als inkomsten uit arbeid.

6. Dit forfaitaire rendement wordt berekend door toepassing van een bepaald percentage op de grondslag die voornamelijk het kapitaal omvat dat de aandeelhouder in de vennootschap met weinig aandeelhouders heeft geïnvesteerd.

7. De berekeningsgrondslag kan ingevolge de loonregel als bedoeld in hoofdstuk 43 § 12 van de wet een bedrag omvatten dat overeenkomt met een deel van de lonen die aan de werknemers van die vennootschap, met inbegrip van die van haar dochtermaatschappijen of filialen, zijn betaald. Overeenkomstig die bepaling kunnen die lonen echter enkel worden meegerekend indien zij deel uitmaken van de berekeningsgrondslag voor de socialezekerheidspremies of de loonbelasting volgens de Zweedse wettelijke regeling.

8. Na de toetreding van het Koninkrijk Zweden tot de Europese Unie is evenwel de toepassing van de loonregel volgens de informatie van de Zweedse regering uitgebreid tot de lonen die worden betaald aan de in een andere lidstaat tewerkgestelde werknemers van de vennootschappen met weinig aandeelhouders.

Hoofdgeding en prejudiciële vragen

9. Adviesbureau X, een Zweedse naamloze vennootschap, is in handen van verscheidene aandeelhouders, waaronder verzoekers, die aldaar werkzaam zijn. Hoewel het aantal aandeelhouders in de betrokken periode betrekkelijk hoog was (78 in totaal), werd X steeds beschouwd als een 'vennootschap met weinig aandeelhouders' in de zin van hoofdstuk 57, § 3, van de wet.

10. Toen X in 1991 haar activiteit startte, nam zij een bedrijf over dat tevoren in een andere vorm in Zweden en door een Russisch filiaal was uitgeoefend. In 1997 werd die activiteit overgenomen door Y, een Zweedse naamloze vennootschap, die een dochtermaatschappij van X was. Tegelijkertijd heeft Y een ander filiaal in Rusland geopend. Het eerste filiaal werd in 2000 geliquideerd.

11. Verzoekers bezitten elk 1,7% van de aandelen van X. A werd aandeelhouder van X in 1991 en B in 1996.

12. Zij hebben Skatterättsnämnden (commissie voor fiscale vraagstukken) verzocht om een prealabel advies over de vraag of zij bij de berekening van de belasting over door X uitgekeerde dividenden voor de toepassing van de loonregel rekening konden houden met de aan de werknemers van het Russische filiaal van Y betaalde lonen,

ondanks het feit dat die lonen geen deel uitmaken van de berekeningsgrondslag voor de in Zweden verschuldigde socialezekerheidspremies of de Zweedse loonbelasting.

13. In een op 19 februari 2003 aan de betrokkenen meegedeeld prealabel advies heeft Skatterättsnämnden die vraag bevestigend beantwoord. Van mening dat in casu geen beroep op artikel 43 EG kon worden gedaan, aangezien het geen betrekking heeft op in derde landen gelegen vestigingen, heeft Skatterättsnämnden zich op het standpunt gesteld dat de litigieuze nationale wettelijke regeling aan artikel 56, lid 1, EG moest worden getoetst.

14. In dat verband was die commissie van mening dat de bepalingen van het EG-Verdrag inzake het vrije kapitaalverkeer eraan in de weg staan dat in een situatie als die waarin verzoekers zich bevinden, de dividenden die laatstgenoemden van X hebben ontvangen, ongunstiger worden belast op grond dat de dochtermaatschappij van X in Rusland en niet in Zweden een activiteit uitoefent.

15. Immers, de loonregel dateert uit 1994, zodat hij niet kan worden beschouwd als een op 31 december 1993 bestaande beperking in de zin van artikel 57, lid 1, EG. Bovendien wordt het verschil in behandeling dat die regel inhoudt, niet gerechtvaardigd door het objectief om doeltreffende belastingcontroles te garanderen, aangezien het tussen het Koninkrijk Zweden en de Russische Federatie gesloten belastingverdrag een bepaling over informatie-uitwisseling tussen de betrokken belastingautoriteiten bevat.

16. Een van de leden van Skatterättsnämnden was echter van mening dat de loonregel moest worden getoetst aan artikel 43 EG en niet aan de verdragsbepalingen inzake het vrije kapitaalverkeer. Die regel kan immers leiden tot een beperking van de uitoefening van een economische activiteit maar niet van het vrije kapitaalverkeer. Aangezien artikel 43 EG echter niet van toepassing is op de situaties waarbij derde landen betrokken zijn, is die regel niet aan te merken als een bij dat artikel verboden beperking.

17. Riksskatteverket (Rijksbelastingdienst) is tegen het prealabele advies van Skatterättsnämnden opgekomen bij Regeringsrätten.

18. Daarop heeft Regeringsrätten de behandeling van de zaak geschorst en het Hof de volgende twee prejudiciële vragen gesteld:

> '1. Staan de verdragsbepalingen inzake het vrije kapitaalverkeer tussen lidstaten en derde landen eraan in de weg, dat in een situatie als de onderhavige [verzoekers] voor van X ontvangen dividenden ongunstiger worden belast omdat Y, de dochtervennootschap van X, in Rusland en niet in Zweden een activiteit uitoefent?
> 2. Maakt het verschil of [verzoekers] vóór dan wel na het begin of de wijziging van de activiteit in Rusland aandelen in X hebben verworven?'

Beantwoording van de prejudiciële vragen

19. Krachtens artikel 104, lid 3, eerste alinea, van het Reglement voor de procesvoering kan het Hof, wanneer het antwoord op een prejudiciële vraag duidelijk uit de rechtspraak kan worden afgeleid, beslissen bij een met redenen omklede beschikking.

20. Met zijn vragen wenst de verwijzende rechter in wezen te vernemen of een nationale maatregel volgens welke bij het belasten van dividenden als inkomsten uit kapitaal ter hoogte van een forfaitair rendement dat wordt berekend door toepassing van een bepaald percentage op een grondslag die behalve het door de aandeelhouder geïnvesteerde kapitaal ook een deel van de aan de werknemers van de uitkerende vennootschap betaalde lonen omvat, geen rekening mag worden gehouden met de lonen van de werknemers die in een filiaal van die vennootschap of door haar dochtermaatschappij in een derde land zijn tewerkgesteld, verenigbaar is met de verdragsbepalingen inzake het vrije kapitaalverkeer.

21. Evenals een van de leden van Skatterättsnämnden (zie punt 16 van de onderhavige beschikking) betogen de Nederlandse regering en de Commissie van de Europese Gemeenschappen dat de in het hoofdgeding aan de orde zijnde nationale bepaling enkel aan het criterium van de vrijheid van vestiging en niet aan dat van de vrijheid van kapitaalverkeer kan worden getoetst. Zij stellen in wezen dat die bepaling betrekking heeft op de vestiging van een filiaal in een derde land en dat zij dus uitsluitend binnen de materiële werkingssfeer van de vrijheid van vestiging valt.

22. Aangezien het onderzoek van de in het hoofdgeding aan de orde zijnde situatie vanuit het oogpunt van de verdragsbepalingen inzake de vrijheid van vestiging een zelfstandige toetsing van die situatie aan het criterium van de bepalingen inzake het vrije kapitaalverkeer overbodig zou kunnen maken, moet om te beginnen worden nagegaan of die situatie onder de vrijheid van vestiging valt.

23. In dit verband zij eraan herinnerd dat volgens vaste rechtspraak de vrijheid van vestiging, die in artikel 43 EG aan de gemeenschapsonderdanen wordt toegekend, overeenkomstig artikel 48 EG voor de vennootschappen die in overeenstemming met de wetgeving van een lidstaat zijn opgericht en die hun statutaire zetel, hun hoofdbestuur of hun hoofdvestiging binnen de Europese Gemeenschap hebben, het recht meebrengt om in een andere

lidstaat hun bedrijfsactiviteit uit te oefenen door middel van een dochteronderneming, een filiaal of een agentschap (zie met name arresten van 21 september 1999, Saint-Gobain ZN, C-307/97, *Jurispr.* blz. I-6161, punt 35; 13 december 2005, Marks & Spencer, C-446/03, *Jurispr.* blz. I-10837, punt 29, en 12 september 2006, Cadbury Schweppes en Cadbury Schweppes Overseas, C-196/04, *Jurispr.* blz. I-7995, punt 41).

24. Het is ook vaste rechtspraak dat de verdragsbepalingen inzake de vrijheid van vestiging, hoewel zij volgens de bewoordingen ervan het voordeel van de nationale behandeling in de lidstaat van ontvangst beogen te garanderen, de staat van oorsprong bovendien verbieden de vestiging in een andere lidstaat van een van zijn onderdanen of van een naar zijn nationale regeling opgerichte vennootschap te bemoeilijken (zie met name arresten van 16 juli 1998, ICI, C-264/96, *Jurispr.* blz. I-4695, punt 21; Marks & Spencer, reeds aangehaald, punt 31, alsmede Cadbury Schweppes en Cadbury Schweppes Overseas, reeds aangehaald, punt 42).

25. Zoals de Nederlandse regering en de Commissie hebben opgemerkt, heeft een nationale maatregel als in het hoofdgeding aan de orde is, die verbiedt voor de toepassing van de loonregel de vergoedingen in aanmerking te nemen die zijn betaald aan de werknemers van een in een derde land gevestigd filiaal, hoofdzakelijk tot gevolg dat het voor een Zweedse vennootschap minder aantrekkelijk wordt een filiaal in een derde land te vestigen, aangezien een dergelijke vestiging de aandeelhouders van die vennootschap namelijk in een minder gunstige fiscale positie plaatst dan die waarin zij zich zouden bevinden indien het filiaal in Zweden of in een andere lidstaat was gelegen.

26. Door de vestiging van filialen buiten de Europese Unie te ontmoedigen, maakt de in het hoofdgeding aan de orde zijnde maatregel hoofdzakelijk inbreuk op de vrijheid van vestiging zodat hij binnen de materiële werkingssfeer van de verdragsbepalingen inzake die vrijheid valt.

27. Zo een dergelijke nationale maatregel, zoals verzoekers in het hoofdgeding stellen, het vrije kapitaalverkeer beperkt, zijn deze beperkingen een onvermijdelijk gevolg van een eventuele belemmering van de vrijheid van vestiging en rechtvaardigen zij niet dat die maatregel wordt getoetst aan de artikelen 56 EG tot en met 58 EG (zie in die zin reeds aangehaalde arresten Cadbury Schweppes en Cadbury Schweppes Overseas, punt 33; 3 oktober 2006, Fidium Finanz, C-452/04, *Jurispr.* blz. I-9521, punten 48 en 49, alsmede 13 maart 2007, Test Claimants in the Thin Cap Group Litigation, C-524/04, nog niet gepubliceerd in de *Jurisprudentie*, punt 34).

28. Bijgevolg behoeft de in het hoofdgeding aan de orde zijnde nationale maatregel niet aan de verdragsbepalingen inzake het vrije kapitaalverkeer te worden getoetst.

29. Het hoofdstuk van het Verdrag betreffende de vrijheid van vestiging bevat geen enkele bepaling op grond waarvan de voorschriften ervan ook gelden voor situaties die de vestiging van een vennootschap van een lidstaat in een derde land betreffen. Derhalve kan op de artikelen 43 EG en volgende geen beroep worden gedaan in een situatie als in het hoofdgeding aan de orde is.

30. Gelet op een en ander, moet op de gestelde vragen worden geantwoord dat een nationale maatregel volgens welke bij het belasten van dividenden als inkomsten uit kapitaal ter hoogte van een forfaitair rendement dat wordt berekend door toepassing van een bepaald percentage op een grondslag die behalve het door de aandeelhouder geïnvesteerde kapitaal ook een deel van de aan de werknemers van de uitkerende vennootschap betaalde lonen omvat, geen rekening mag worden gehouden met de lonen van de werknemers die in een filiaal van die vennootschap of door haar dochtermaatschappij in een derde land zijn tewerkgesteld, hoofdzakelijk inbreuk maakt op de uitoefening van de vrijheid van vestiging in de zin van de artikelen 43 EG en volgende. Op die bepalingen kan geen beroep worden gedaan in een situatie die de vestiging van een vennootschap van een lidstaat in een derde land betreft.

Kosten

31. ...

HET HOF VAN JUSTITIE (Vierde kamer)

verklaart voor recht:

Een nationale maatregel volgens welke bij het belasten van dividenden als inkomsten uit kapitaal ter hoogte van een forfaitair rendement dat wordt berekend door toepassing van een bepaald percentage op een grondslag die behalve het door de aandeelhouder geïnvesteerde kapitaal ook een deel van de aan de werknemers van de uitkerende vennootschap betaalde lonen omvat, geen rekening mag worden gehouden met de lonen van de werknemers die in een filiaal van die vennootschap of door haar dochtermaatschappij in een derde land zijn tewerkgesteld, maakt hoofdzakelijk inbreuk op de uitoefening van de vrijheid van vestiging in de zin van de artikelen 43 EG en volgende. Op die bepalingen kan geen beroep worden gedaan in een situatie die de vestiging van een vennootschap van een lidstaat in een derde land betreft.

HvJ EG 24 mei 2007, zaak C-157/05 (Winfried L. Holböck v. Finanzamt Salzburg-Land)

Vierde kamer: *K. Lenaerts (rapporteur), kamerpresident, R. Silva de Lapuerta, G. Arestis, J. Malenovský en T. von Danwitz, rechters*

Advocaat-generaal: *Y. Bot*

1. Het verzoek om een prejudiciële beslissing betreft de uitlegging van de artikelen 56 EG tot en met 58 EG.

2. Dit verzoek is ingediend in het kader van een geding tussen Holböck en het Finanzamt Salzburg-Land over de belasting op dividenden die hem door een in een derde land gevestigde vennootschap werden uitgekeerd.

Toepasselijke bepalingen

3. § 37, leden 1 en 4, van de Oostenrijkse wet van 1988 inzake inkomstenbelasting (Einkommensteuergesetz 1988, BGBl 400/1988; hierna: 'EStG 1988'), in de versie vóór de wijziging bij de belastinghervormingswet van 1993 (Steuerreformgesetz 1993, BGBl 818/1993), bepaalde:

'1. Het belastingtarief wordt verminderd voor:
– inkomsten uit daadwerkelijke winstverdelingen (lid 4) [...] tot de helft van het gemiddelde belastingtarief dat op het totale inkomen van toepassing is;
[...]
4. Inkomsten uit deelnemingen zijn:
1. daadwerkelijke verdelingen van de dividenden uit aandelen of deelbewijzen van binnenlandse kapitaalvennootschappen of binnenlandse coöperatieve vennootschappen met winstgevend doel
[...]'

4. Na de wijziging door de belastinghervormingswet van 1993 luidden de in het voorgaande punt aangehaalde bepalingen als volgt:

'1. Het belastingtarief wordt verminderd voor:
3. inkomsten uit deelnemingen (lid 4) [...] tot de helft van het gemiddelde belastingtarief dat op het totale inkomen van toepassing is.
[...]
4. Inkomsten uit deelnemingen zijn:
1. Opbrengsten uit deelnemingen:
a. Winsten van om het even welke aard uit deelnemingen, in de vorm van aandelen of deelbewijzen in binnenlandse kapitaalvennootschappen of binnenlandse coöperatieve vennootschappen met winstgevend doel
[...]'

5. Volgens deze nationale wettelijke regeling inzake de inkomstenbelasting (hierna: 'nationale wettelijke regeling') vallen de winstuitkeringen van binnenlandse vennootschappen aan een in Oostenrijk wonend natuurlijk persoon onder een belastingtarief dat met de helft is verminderd ('Hälftesteuersatz').

6. Daarentegen vallen de winstuitkeringen van buitenlandse naamloze vennootschappen aan een in Oostenrijk wonend natuurlijk persoon onder de gewone inkomstenbelasting.

7. Wat de belasting van daadwerkelijke winstverdelingen betreft, werd de stand van het recht voor de periode na 31 december 1993 noch door de belastinghervormingswet van 1993 noch door de wet van 1996 houdende structurele aanpassing (Strukturanpassungsgesetz, BGBl 201/1996) gewijzigd.

Hoofdgeding en prejudiciële vraag

8. Holböck heeft zijn woonplaats in Oostenrijk, waar ook het centrum van zijn belangen ligt. Hij is bedrijfsleider van CBS Conmeth Business Systems GmbH. Deze vennootschap heeft haar zetel in Oostenrijk en haar activiteit bestaat in de handel in cosmeticaproducten.

9. De enige aandeelhouder van genoemde vennootschap is CBS Conmeth Business Systems AG, met zetel in Zwitserland. Holböck bezit een tweederde belang in deze tweede vennootschap.

10. Van 1992 tot en met 1996 heeft Holböck op grond van zijn deelneming in het maatschappelijk kapitaal van CBS Conmeth Business Systems AG dividenden ontvangen. Deze dividenden zijn in Oostenrijk als kapitaalopbrengst tegen het volle tarief onderworpen aan de inkomstenbelasting.

11. Aangezien de invordering van deze belasting in gevaar leek, gelastte de Finanzlandesdirektion für Salzburg – die later werd vervangen door het Finanzamt Salzburg-Land – bij beschikking van 3 juli 2000 een zekerheidsstelling op het vermogen van Holböck, als waarborg voor zijn inkomstenbelastingschuld voor de jaren 1992 tot en met 1996, voor een totaalbedrag van 118 944 088 ATS. Verzoeker in het hoofdgeding heeft voor het Verwaltungsgerichtshof beroep ingesteld tegen deze beschikking.

12. In zijn beroep voert Holböck aan dat de grensoverschrijdende betaling van dividenden door een in Zwitserland gevestigde vennootschap aan een Oostenrijks aandeelhouder valt onder artikel 56 EG, dat een verbod stelt op alle beperkingen van het kapitaalverkeer, met inbegrip van het verkeer tussen de lidstaten en derde landen. Het feit dat de nationale wettelijke regeling dividenden die door in Oostenrijk gevestigde vennootschappen aan natuurlijke personen worden uitgekeerd, tegen de helft van het gemiddelde belastingtarief belast, terwijl voor buitenlandse dividenden belasting tegen het volle tarief wordt voorgeschreven, komt neer op een ongelijke behandeling waarvoor geen objectieve rechtvaardigheidsgrond bestaat.

13. De verwijzende rechter wijst erop dat het Hof zich in het arrest van 15 juli 2004, Lenz (C-315/02, *Jurispr.* blz. I-7063), over de Oostenrijkse regeling inzake belasting over kapitaalopbrengsten, alleen heeft uitgesproken over de uit andere lidstaten afkomstige kapitaalopbrengsten.

14. Onder verwijzing naar artikel 57, lid 1, EG, waarin wordt bepaald dat artikel 56 EG niet afdoet aan de toepassing op derde landen van beperkingen die op 31 december 1993 bestaan uit hoofde van nationaal of gemeenschapsrecht inzake het kapitaalverkeer naar of uit derde landen in verband met directe investeringen, geeft genoemde rechter als zijn mening te kennen dat het begrip 'directe investeringen' niet voldoende werd toegelicht.

15. In deze omstandigheden heeft het Verwaltungsgerichtshof de behandeling van de zaak geschorst en het Hof de volgende prejudiciële vraag voorgelegd:

> 'Staan de bepalingen inzake het vrije verkeer van kapitaal (artikelen 56 EG e.v.) in de weg aan een op 31 december 1993 geldende (en ook na de toetreding van Oostenrijk tot de [Europese Unie] op 1 januari 1995 gehandhaafde) nationale regeling volgens welke dividenden van binnenlandse aandelen worden belast tegen een tarief dat de helft van het gemiddelde belastingtarief over het totale inkomen bedraagt, terwijl dividenden van een in een derde land (in casu: Zwitserland) gevestigde naamloze vennootschap waarin de belastingplichtige een tweederde belang heeft, tegen het normale inkomstenbelastingtarief worden belast?'

Beantwoording van de prejudiciële vraag

16. Met zijn vraag wenst de verwijzende rechter in wezen te vernemen of de bepalingen van het EG-Verdrag inzake het vrij verkeer van kapitaal zich verzetten tegen een wettelijke regeling van een lidstaat volgens welke dividenden uitgekeerd door een in een derde land gevestigde vennootschap waarin de belastingplichtige een tweederde belang heeft, tegen het normale inkomstenbelastingtarief worden belast, terwijl een aandeelhouder die dividenden ontvangt van een binnenlandse vennootschap, is onderworpen aan een belastingtarief dat gelijk is aan de helft van het gemiddelde belastingtarief.

17. Holböck en de Commissie van de Europese Gemeenschappen betogen, onder verwijzing naar het reeds aangehaalde arrest Lenz, dat de nationale wettelijke regeling een beperking van het vrije verkeer van kapitaal vormt.

18. Anders dan verzoeker in het hoofdgeding, is de Commissie van mening dat de situatie waarin een aandeelhouder dividenden ontvangt van een in een derde land gevestigde vennootschap waarin hij een tweederde belang heeft, onder het begrip 'directe investeringen' in de zin van artikel 57, lid 1, EG valt. Aangezien genoemde wettelijke regeling bestond op 31 december 1993, valt zij onder de in laatstgenoemde bepaling voorziene uitzondering op het in artikel 56 EG geformuleerde verbod van beperkingen van het kapitaalverkeer tussen lidstaten en derde landen.

19. De Franse en de Nederlandse regeringen betogen daarentegen, in hoofdzaak, dat de nationale wettelijke regeling alleen kan worden getoetst aan de bepalingen inzake de vrijheid van vestiging en niet aan die inzake het vrije verkeer van kapitaal. Aangezien deze vrijheid zich evenwel niet uitstrekt tot de vestiging van een onderdaan van een lidstaat in een derde land, kan Holböck zich niet op de vrijheid van vestiging beroepen om op te komen tegen de toepassing van deze wettelijke regeling op de dividenden die hij heeft ontvangen van een in Zwitserland gevestigde vennootschap waarin hij een tweederde belang heeft.

20. Voor het geval dat de nationale wettelijke regeling aan het vrije verkeer van kapitaal zou moeten worden getoetst, sluiten deze regeringen zich, samen met de regering van het Verenigd Koninkrijk, aan bij het standpunt van de Commissie dat een dergelijke wettelijke regeling hoe dan ook onder de uitzondering van artikel 57, lid 1, EG valt.

21. Om te beginnen zij herinnerd aan de vaste rechtspraak dat, ofschoon de directe belastingen tot de bevoegdheid van de lidstaten behoren, deze niettemin verplicht zijn die bevoegdheid in overeenstemming met het gemeenschapsrecht uit te oefenen (arrest van 6 juin 2000, Verkooijen, C-35/98, *Jurispr.* blz. I-4071, punt 32; arrest Lenz, reeds aangehaald, punt 19, en arrest van 7 september 2004, Manninen, C-319/02, *Jurispr.* blz. I-7477, punt 19).

22. Met betrekking tot de vraag of een nationale wettelijke regeling onder de ene of de andere vrijheid van verkeer valt, blijkt uit een ondertussen vaste rechtspraak dat rekening dient te worden gehouden met het voorwerp van de wettelijke regeling in kwestie (zie in die zin arresten van 12 september 2006, Cadbury Schweppes en Cadbury Schweppes Overseas, C-196/04, *Jurispr*. blz. I-7995, punten 31-33; 3 oktober 2006, Fidium Finanz, C-452/04, *Jurispr*. blz. I-9521, punten 34 en 44-49; 12 december 2006, Test Claimants in Class IV of the ACT Group Litigation, C-374/04, nog niet gepubliceerd in de *Jurisprudentie*, punten 37 en 38; Test Claimants in the FII Group Litigation, C-446/04, nog niet gepubliceerd in de *Jurisprudentie*, punt 36, alsook 13 maart 2007, Test Claimants in the Thin Cap Group Litigation, C-524/04, nog niet gepubliceerd in de *Jurisprudentie*, punten 26-34).

23. Anders dan het geval was in de zaken die aanleiding hebben gegeven tot de reeds aangehaalde arresten Cadbury Schweppes en Cadbury Schweppes Overseas (punten 31 en 32) alsook Test Claimants in the Thin Cap Group Litigation (punten 28-33), is de nationale wettelijke regeling niet alleen van toepassing op deelnemingen die een zodanige invloed op de besluiten van een vennootschap verlenen dat de activiteiten ervan kunnen worden bepaald.

24. Een nationale wettelijke regeling die de ontvangst van dividenden onderwerpt aan een belasting waarvan het tarief afhankelijk is van de al dan niet binnenlandse oorsprong van de dividenden, ongeacht de grootte van de deelneming van de aandeelhouder in de uitkerende vennootschap, kan immers zowel onder artikel 43 EG, betreffende de vrijheid van vestiging, als onder artikel 56 EG, betreffende het vrije verkeer van kapitaal vallen (zie in die zin de reeds aangehaalde arresten Test Claimants in Class IV of the ACT Group Litigation, punten 37 en 38, alsook Test Claimants in the FII Group Litigation, punten 36, 80 en 142).

25. In casu staat echter geen van deze vrijheden in de weg aan de toepassing van de nationale wettelijke regeling.

26. Enerzijds zij er met betrekking tot de verdragsbepalingen inzake de vrijheid van vestiging aan herinnerd dat artikel 43 EG de vrijheid van vestiging van onderdanen van een lidstaat op het grondgebied van een andere lidstaat garandeert, hetgeen de toegang tot en de uitoefening van werkzaamheden anders dan in loondienst, alsmede de oprichting en het beheer van ondernemingen overeenkomstig de bepalingen die door de wetgeving van het land van vestiging voor de eigen onderdanen zijn vastgesteld, omvat (zie arresten van 13 april 2000, Baars, C-251/98, *Jurispr*. blz. I-2787, punt 27, en 11 maart 2004, De Lasteyrie du Saillant, C-9/02, *Jurispr*. blz. I-2409, punt 40).

27. Hoewel de verdragsbepalingen betreffende de vrijheid van vestiging volgens de bewoordingen ervan het voordeel van de nationale behandeling in de lidstaat van ontvangst beogen te garanderen, verbieden zij, volgens eveneens vaste rechtspraak van het Hof, de lidstaat van oorsprong ook de vestiging van een van zijn onderdanen of van een naar zijn nationaal recht opgerichte vennootschap in een andere lidstaat te bemoeilijken (zie arresten van 13 december 2005, Marks & Spencer, C-446/03, *Jurispr*. blz. I-10837, punt 31, alsook Cadbury Schweppes en Cadbury Schweppes Overseas, reeds aangehaald, punt 42).

28. Het hoofdstuk van het Verdrag dat betrekking heeft op het recht van vestiging, bevat evenwel geen enkele bepaling die de werkingssfeer ervan uitbreidt tot situaties waarin een onderdaan van een lidstaat of een vennootschap die naar het nationaal recht van een lidstaat is opgericht, zich vestigt in een derde land (zie in die zin beschikking van 10 mei 2007, A en B, C-102/05, nog niet gepubliceerd in de *Jurisprudentie*, punt 29).

29. Derhalve kan in een situatie zoals die in het hoofdgeding geen beroep worden gedaan op de bepalingen van dat hoofdstuk.

30. Anderzijds heeft het Hof met betrekking tot de verdragsbepalingen inzake het vrije verkeer van kapitaal in de punten 20 tot en met 22 van het reeds aangehaalde arrest Lenz inderdaad geoordeeld dat de nationale wettelijke regeling – voor zover zij de onderwerping van kapitaalopbrengsten aan een bevrijdende belasting tegen het vaste tarief van 25%, dan wel aan een belasting tegen een tarief verminderd tot de helft afhankelijk stelt van de voorwaarde dat deze opbrengsten uit Oostenrijk afkomstig zijn – niet alleen tot gevolg heeft dat de in Oostenrijk wonende belastingplichtigen ervan worden weerhouden hun kapitaal te beleggen in vennootschappen die in een andere lidstaat zijn gevestigd, maar dat zij ook een restrictief gevolg heeft voor laatstgenoemde vennootschappen, in zoverre zij hen belemmert in het bijeenbrengen van kapitaal in deze staat. Volgens het Hof vormt een dergelijke wettelijke regeling een in beginsel door artikel 56, lid 1, EG verboden beperking van het vrije verkeer van kapitaal.

31. Zelfs indien wordt verondersteld dat een onderdaan van een lidstaat met een tweederde belang in een in een derde land gevestigde vennootschap een beroep kan doen op het in artikel 56, lid 1, EG geformuleerde verbod van beperkingen van het kapitaalverkeer tussen lidstaten en derde landen om zich te verzetten tegen de toepassing van deze wettelijke regeling op de dividenden die hem door een dergelijke vennootschap werden uitgekeerd, valt genoemde wettelijke regeling evenwel, zoals de regeringen van Frankrijk, Nederland en het Verenigd Koninkrijk hebben opgemerkt, onder de uitzondering van artikel 57, lid 1, EG.

32. Uit laatstgenoemde bepaling blijkt immers dat artikel 56 EG niet afdoet aan de toepassing op derde landen van beperkingen die op 31 december 1993 bestaan uit hoofde van nationaal of gemeenschapsrecht inzake het kapitaalverkeer naar of uit derde landen in verband met directe investeringen – met inbegrip van investeringen in

onroerende goederen –, vestiging, het verrichten van financiële diensten of de toelating van waardepapieren tot de kapitaalmarkten.

33. Ofschoon het Verdrag geen definitie bevat van het begrip 'directe investeringen', is dit begrip gedefinieerd in de nomenclatuur van het kapitaalverkeer die is opgenomen in bijlage I bij richtlijn 88/361/EEG van de Raad van 24 juni 1988 voor de uitvoering van artikel 67 van het Verdrag [artikel ingetrokken bij het Verdrag van Amsterdam] (*PB* L 178, blz. 5) (arrest Test Claimants in the FII Group Litigation, reeds aangehaald, punten 177 en 178).

34. Blijkens de lijst van 'directe investeringen' in de eerste rubriek van deze nomenclatuur en de verklarende aantekeningen daarbij, betreft het begrip directe investeringen alle investeringen welke door natuurlijke of rechtspersonen worden verricht en welke gericht zijn op de vestiging of de handhaving van duurzame en directe betrekkingen tussen de kapitaalverschaffer en de onderneming waarvoor de desbetreffende middelen bestemd zijn met het oog op de uitoefening van een economische activiteit (zie in die zin arrest Test Claimants in the FII Group Litigation, reeds aangehaald, punten 180 en 181).

35. Wat de deelnemingen in nieuwe of bestaande ondernemingen betreft, veronderstelt, zoals de verklarende aantekeningen bevestigen, het doel om duurzame economische betrekkingen te vestigen of te handhaven dat de aandelen een aandeelhouder, hetzij ingevolge de bepalingen van de nationale wetgeving op de aandelenvennootschappen, hetzij uit anderen hoofde de mogelijkheid bieden daadwerkelijk deel te hebben in het bestuur van of de zeggenschap over de betrokken vennootschap (arrest Test Claimants in the FII Group Litigation, reeds aangehaald, punt 182).

36. Anders dan verzoeker in het hoofdgeding betoogt, omvatten de beperkingen van het kapitaalverkeer in verband met directe investeringen of de vestiging in de zin van artikel 57, lid 1, EG niet alleen nationale maatregelen waarvan de toepassing op het kapitaalverkeer naar of uit derde landen investeringen of de vestiging beperken, maar ook maatregelen die de uitkering van daaruit voortvloeiende dividenden beperken (zie arrest Test Claimants in the FII Group Litigation, reeds aangehaald, punt 183).

37. Daaruit volgt dat een beperking van het kapitaalverkeer, zoals een fiscaal ongunstiger behandeling van buitenlandse dividenden, onder artikel 57, lid 1, EG valt voor zover zij verband houdt met deelnemingen die worden genomen teneinde duurzame en directe economische betrekkingen te vestigen of te handhaven tussen de aandeelhouder en de betrokken vennootschap en die de aandeelhouder de mogelijkheid bieden daadwerkelijk deel te hebben in het bestuur van of de zeggenschap over de betrokken vennootschap (arrest Test Claimants in the FII Group Litigation, reeds aangehaald, punt 185).

38. Zoals de Franse en de Nederlandse regering alsook de Commissie hebben opgemerkt, is dit het geval bij een fiscaal minder gunstige behandeling van buitenlandse dividenden die verband houden met een tweederde belang in de uitkerende vennootschap.

39. Uit artikel 57, lid 1, EG blijkt echter dat een lidstaat in de betrekkingen met derde landen de beperkingen van het kapitaalverkeer kan toepassen die binnen de materiële werkingssfeer van deze bepaling vallen, zelfs indien zij in strijd zijn met het in artikel 56 EG neergelegde beginsel van het vrije verkeer van kapitaal, mits die beperkingen reeds bestonden op 31 december 1993 (arrest Test Claimants in the FII Group Litigation, reeds aangehaald, punt 187).

40. Hoewel in beginsel de nationale rechter de inhoud dient te bepalen van de wetgeving die bestond op een bij een gemeenschapshandeling bepaalde datum, kan het Hof gegevens verschaffen voor de uitlegging van het gemeenschapsrechtelijke begrip dat de basis vormt voor de toepassing van een communautaire uitzonderingsregeling op een nationale wettelijke regeling die op een bepaalde datum 'bestaat' (zie in die zin arresten van 1 juni 1999, Konle, C-302/97, *Jurispr.* blz. I-3099, punt 27, en Test Claimants in the FII Group Litigation, reeds aangehaald, punt 191).

41. In deze context heeft het Hof overwogen dat een nationale maatregel die na een aldus bepaalde datum is vastgesteld, niet om die reden alleen automatisch van de bij de betrokken gemeenschapshandeling ingevoerde uitzonderingsregeling is uitgesloten. De uitzondering geldt ook voor een bepaling die op de voornaamste punten identiek is aan de vroegere wetgeving of die daarin alleen een belemmering voor de uitoefening van de communautaire rechten en vrijheden in de vroegere wetgeving vermindert of opheft. Daarentegen kan een wettelijke regeling die op een andere hoofdgedachte berust dan de vorige en nieuwe procedures invoert, niet worden gelijkgesteld met de wetgeving die bestaat op het door de betrokken gemeenschapshandeling bepaalde tijdstip (zie de reeds aangehaalde arresten Konle, punten 52 en 53, alsook Test Claimants in the FII Group Litigation, punt 192).

42. In casu heeft de nationale rechter in zijn verwijzingsbeslissing gepreciseerd dat het belastingstelsel dat op het ogenblik van de feiten in het hoofdgeding in Oostenrijk van toepassing was op dividenden die werden uitgekeerd door in derde landen gevestigde vennootschappen, was gebaseerd op het EStG 1988, zoals gewijzigd bij de belastinghervormingswet van 1993 en bij de wet van 1996 houdende structurele aanpassing. Uit de verwijzingsbeslissing blijkt verder dat de na 31 december 1993 aangebrachte wetswijzigingen met betrekking tot de belasting van daadwerkelijke winstverdelingen het op de feiten in het hoofdgeding toepasselijke rechtskader van de vóór

31 december 1993 bij het EStG 1988 ingevoerde bepalingen niet hebben gewijzigd, ook niet voor het tijdvak na deze datum.

43. In deze omstandigheden dient te worden geoordeeld dat de nationale wettelijke regeling op 31 december 1993 bestond in de zin van artikel 57, lid 1, EG.

44. Hieruit vloeit voort dat, zelfs indien een belastingplichtige die zich in de situatie van Holböck bevindt, zich op artikel 56 EG zou kunnen beroepen, dit niet in de weg staat aan de toepassing van de nationale wettelijke regeling in omstandigheden zoals die in het hoofdgeding.

45. Gelet op een en ander dient op de prejudiciële vraag te worden geantwoord dat artikel 57, lid 1, EG aldus dient te worden uitgelegd dat artikel 56 EG niet afdoet aan de toepassing door een lidstaat van een wettelijke regeling die op 31 december 1993 bestond en volgens welke een aandeelhouder die dividenden ontvangt van een binnenlandse vennootschap, is onderworpen aan een belastingtarief dat gelijk is aan de helft van het gemiddelde belastingtarief, terwijl een aandeelhouder die dividenden ontvangt van een in een derde land gevestigde vennootschap waarin deze aandeelhouder een tweederde belang heeft, is onderworpen aan het normale inkomstenbelastingtarief.

Kosten

46. …

HET HOF VAN JUSTITIE (Vierde kamer)

verklaart voor recht:

Artikel 57, lid 1, EG dient aldus te worden uitgelegd dat artikel 56 EG niet afdoet aan de toepassing door een lidstaat van een wettelijke regeling die op 31 december 1993 bestond en volgens welke een aandeelhouder die dividenden ontvangt van een binnenlandse vennootschap, is onderworpen aan een belastingtarief dat gelijk is aan de helft van het gemiddelde belastingtarief, terwijl een aandeelhouder die dividenden ontvangt van een in een derde land gevestigde vennootschap waarin deze aandeelhouder een tweederde belang heeft, is onderworpen aan het normale inkomstenbelastingtarief.

HvJ EG 5 juli 2007, zaak C-522/04 (Commissie van de Europese Gemeenschappen v. Koninkrijk België)

Tweede kamer: *C. W. A. Timmermans, kamerpresident, P. Küris (rapporteur), J. Klučka, R. Silva de Lapuerta en L. Bay Larsen, rechters*

Advocaat-generaal: *C. Stix-Hackl*

Samenvatting arrest *(V-N 2007/33.11)*

Volgens art. 59 van het Wetboek van de inkomstenbelastingen 1992 (hierna: WIB 1992) zijn werkgeversbijdragen voor aanvullende verzekeringen tegen ouderdom en vroegtijdige dood slechts aftrekbaar als beroepskosten indien die bijdragen worden betaald aan een in België gevestigde verzekeringsonderneming of voorzorgsinstelling. Onder dezelfde voorwaarde wordt volgens art. 145/1 en 145/3 WIB 1992 slechts een belastingvermindering voor langetermijnsparen verleend voor op de bezoldigingen ingehouden persoonlijke bijdragen voor dergelijke verzekeringen. Voorts bepaald art. 364ter WIB 1992 dat kapitalen of afkoopwaarden die zijn gevormd door werkgeversbijdragen en/of persoonlijke bijdragen belast zijn indien overdracht daarvan plaatsvindt aan niet in België gevestigde pensioenfondsen of verzekeringsondernemingen. Ten slotte zijn dergelijke kapitalen en afkoopwaarden volgens art. 364bis WIB 1992 belast direct voorafgaande aan het moment waarop de gerechtigde daartoe uit België emigreert. In navolging van A-G Stix-Hackl in haar conclusie van 3 oktober 2006 (V-N 2007/31.14) oordeelt het Hof van Justitie EG deze beperkingen in de aftrek, belastingvermindering en belastbaarheid in strijd met art. 18, 39, 43, 49 EG-verdrag, art. 28 en 31 EER-overeenkomst en art. 5, eerste lid, en 53, tweede lid, richtlijn 2002/83/EG.

Ten slotte bepaalt art. 224/2bis van de Algemene Verordening op de met het zegel gelijkgestelde taksen van buitenlandse verzekeraars dat dergelijke verzekeraars verplicht zijn om alvorens in België hun diensten te verlenen een vertegenwoordiger aan te stellen die gehouden is de jaarlijkse taks, interesten en boeten te betalen die verschuldigd zijn uit hoofde van de verzekeringscontracten betreffende in België gelegen risico's. Deze verplichte aanstelling van een vertegenwoordiger acht het Hof van Justitie van de EG in navolging van A-G Stix-Hackl vanwege disproportionaliteit in strijd met art. 49 EG-verdrag, art. 36 EER-overeenkomst en art. 5, eerste lid, en 53, tweede lid, richtlijn 2002/83/EG. Immers, de inning van deze taksen c.a. valt binnen de werkingssfeer van richtlijn 77/799/EG betreffende wederzijdse bijstand op het gebied van directe belastingen, zoals gewijzigd bij richtlijn 2003/93/EG.

HET HOF VAN JUSTITIE (Tweede kamer)

verklaart voor recht:

Het Koninkrijk België is de verplichtingen niet nagekomen die op hem rusten krachtens de artikelen 18 EG, 39 EG, 43 EG en 49 EG, de artikelen 28, 31 en 36 van de Overeenkomst betreffende de Europese Economische Ruimte van 2 mei 1992 alsmede artikel 4 van richtlijn 92/96/EEG van de Raad van 10 november 1992 tot coördinatie van de wettelijke en bestuursrechtelijke bepalingen betreffende het directe levensverzekeringsbedrijf en tot wijziging van de richtlijnen 79/267/EEG en 90/619/EEG (Derde levensrichtlijn), na omwerking artikel 5, lid 1, van richtlijn 2002/83/EG van het Europees Parlement en de Raad van 5 november 2002 betreffende levensverzekering:

– door voor de aftrekbaarheid van de werkgeversbijdragen voor aanvullende verzekering tegen ouderdom en vroegtijdige dood in artikel 59 van het Wetboek van de inkomstenbelastingen 1992 gecoördineerd bij Koninklijk Besluit van 10 april 1992, zoals gewijzigd bij Wet van 28 april 2003 betreffende de aanvullende pensioenen en het belastingstelsel van die pensioenen en van sommige aanvullende voordelen inzake sociale zekerheid, de voorwaarde te stellen dat deze bijdragen worden betaald aan een in België gevestigde verzekeringsonderneming of voorzorgsinstelling;

– door voor de belastingvermindering voor het langetermijnsparen, die krachtens de artikelen 145/1 en 145/ 3 van het Wetboek van de inkomstenbelastingen 1992, zoals gewijzigd bij Wet van 28 april 2003, wordt toegekend voor persoonlijke bijdragen voor aanvullende verzekering tegen ouderdom en vroegtijdige dood of voor aanvullend pensioen die worden ingehouden door de werkgever op de bezoldigingen van de werknemer of door de onderneming op de bezoldigingen van de bedrijfsleider zonder dienstverband, als voorwaarde te stellen dat deze bijdragen worden betaald aan een in België gevestigde verzekeringsonderneming of voorzorgsinstelling;

– door in artikel 364bis van het Wetboek van de inkomstenbelastingen 1992, zoals gewijzigd bij Wet van 28 april 2003, te bepalen dat, wanneer de in artikel 34 van dit Wetboek bedoelde kapitalen, afkoopwaarden en spaartegoeden worden betaald of toegekend aan een belastingplichtige die zijn woonplaats of de zetel van zijn fortuin vooraf naar het buitenland heeft overgebracht, de betaling of toekenning wordt geacht daags vóór de overbrengst te hebben plaatsgehad, en door krachtens de tweede alinea van dit artikel 364bis elke in artikel 34,

§ 2, 3°, van dit Wetboek genoemde overdracht met een toekenning gelijk te stellen, zodat elke verzekeraar ingevolge artikel 270 van dit Wetboek verplicht is bedrijfsvoorheffing in te houden op de kapitalen en afkoopwaarden die worden betaald aan een niet-ingezetene die op enig tijdstip fiscaal ingezetene van België is geweest en voor zover laatstgenoemde kapitalen en afkoopwaarden geheel of gedeeltelijk zijn opgebouwd in de periode waarin de belanghebbende fiscaal ingezetene van België was, ook indien de door het Koninkrijk België gesloten bilaterale belastingovereenkomsten het recht om dergelijke inkomsten te belasten aan de andere overeenkomstsluitende staat toekennen;

– door krachtens artikel 364ter van het Wetboek van de inkomstenbelastingen 1992, zoals gewijzigd bij Wet van 28 april 2003, belasting te heffen over de overdracht van kapitalen of afkoopwaarden die zijn gevormd door werkgeversbijdragen of persoonlijke bijdragen voor aanvullend pensioen, door het pensioenfonds of de verzekeringsonderneming waarbij zij zijn gevestigd, ten bate van de begunstigde of zijn rechtverkrijgenden naar een ander pensioenfonds of een andere verzekeringsonderneming gevestigd buiten België, terwijl een dergelijke overdracht geen belastbare handeling is indien de kapitalen of afkoopwaarden worden overgedragen naar een ander pensioenfonds of een andere verzekeringsonderneming gevestigd in België;

– door op basis van artikel 224/2bis van de Algemene Verordening op de met het zegel gelijkgestelde taksen, die is vastgesteld bij Koninklijk Besluit van 3 maart 1927, zoals gewijzigd bij Koninklijk Besluit van 30 juli 1994, van buitenlandse verzekeraars die in België niet enigerlei zetel van verrichtingen hebben, te eisen dat zij, alvorens hun diensten in België te verlenen, een in België verblijvende aansprakelijke vertegenwoordiger doen aannemen, die zich persoonlijk, schriftelijk, jegens de Belgische Staat verbindt tot betaling van de jaarlijkse taks op de verzekeringscontracten, de interesten en de boeten die in voorkomend geval verschuldigd zijn uit hoofde van de contracten betreffende in België gelegen risico's.

HvJ EG 5 juli 2007, zaak C-321/05 (Hans Markus Kofoed v. Skatteministeriet)

Eerste kamer: *P. Jann (rapporteur), kamerpresident, A. Tizzano, A. Borg Barthet, M. Ilešič en E. Levits, rechters*
Advocaat-generaal: *J. Kokott*

1. Het verzoek om een prejudiciële beslissing betreft de uitlegging van de artikelen 2, sub d, 8 en 11 van richtlijn 90/434/EEG van de Raad van 23 juli 1990 betreffende de gemeenschappelijke fiscale regeling voor fusies, splitsingen, inbreng van activa en aandelenruil met betrekking tot vennootschappen uit verschillende lidstaten (*PB* L 225, blz.1).

2. Dit verzoek is ingediend in het kader van een geding tussen Kofoed en het Skatteministeriet (Ministerie van Financiën), betreffende de heffing van inkomstenbelasting ter zake van aandelenruil.

Rechtskader

Gemeenschapsregeling

3. Richtlijn 90/434 beoogt volgens de eerste overweging van de considerans ervan, te waarborgen dat herstructureringstransacties zoals fusies, splitsingen, inbreng van activa en aandelenruil, waarbij vennootschappen uit verschillende lidstaten betrokken zijn, niet worden belemmerd door uit de fiscale voorschriften van de lidstaten voortvloeiende bijzondere beperkingen, nadelen of distorsies.

4. Hiertoe brengt de richtlijn een regeling tot stand, op grond waarvan geen belasting mag worden geheven over deze transacties als zodanig. Over eventueel uit deze transacties voortvloeiende meerwaarden mag wel belasting worden geheven, maar alleen op het moment waarop de meerwaarden daadwerkelijk worden gerealiseerd.

5. Artikel 2, sub d, van richtlijn 90/434 geeft de volgende definitie van 'aandelenruil': 'de rechtshandeling waarbij een vennootschap in het maatschappelijk kapitaal van een andere vennootschap een deelneming verkrijgt waardoor zij een meerderheid van stemmen in die vennootschap krijgt, en wel door aan de deelgerechtigden van de andere vennootschap, in ruil voor hun effecten, bewijzen van deelgerechtigdheid in het maatschappelijk kapitaal van de eerste vennootschap uit te reiken, eventueel met een bijbetaling in geld welke niet meer mag bedragen dan 10% van de nominale waarde of, bij gebreke van een nominale waarde, van de fractiewaarde van de bewijzen die worden geruild'.

6. Volgens artikel 2, sub g en h, van richtlijn 90/434, wordt verstaan onder 'verworven vennootschap: de vennootschap waarin een andere vennootschap een deelneming verwerft door middel van een effectenruil', en onder 'verwervende vennootschap: de vennootschap die een deelneming verwerft door middel van een effectenruil'.

7. Artikel 8, leden 1 en 4, van de richtlijn luidt als volgt:

> '1. Toekenning bij een fusie, een splitsing of een aandelenruil, van bewijzen van deelgerechtigdheid in het maatschappelijk kapitaal van de ontvangende of de verwervende vennootschap aan een deelgerechtigde van de inbrengende of verworven vennootschap in ruil voor bewijzen van deelgerechtigdheid in het maatschappelijk kapitaal van deze laatste vennootschap, mag op zich niet leiden tot enigerlei belastingheffing op het inkomen, de winst of de meerwaarden van deze deelgerechtigde.
> [...]
> 4. De leden 1, 2 en 3 vormen geen beletsel voor het in aanmerking nemen, ter fine van het belasten van de deelgerechtigde, van een bijbetaling in geld die hem eventueel zou worden toegekend bij de fusie, de splitsing of de aandelenruil.'

8. Artikel 11, lid 1, sub a, van richtlijn 90/434 bepaalt: 'De lidstaten kunnen weigeren de bepalingen van de titels II, III en IV geheel of gedeeltelijk toe te passen of het voordeel ervan teniet doen indien blijkt dat de [...] aandelenruil als hoofddoel of een der hoofddoelen belastingfraude of -ontwijking heeft.'

Nationale regeling

9. Naar Deens recht valt de fiscale behandeling van een aandelenruil enerzijds onder de aktieavancebeskatningsloven (wet inzake de belasting van meerwaarden bij vervreemding van aandelen) van 15 september 1993 (Lovtidende 1993, blz. 4171), en onder de fusionsskatteloven (wet inzake de belastingregeling voor fusies) van 27 augustus 1992 (Lovtidende 1992, blz. 3374).

10. Artikel 13 van de aktieavancebeskatningsloven bepaalt:

> '1. In geval van aandelenruil worden de aandeelhouders van de verworven vennootschap belast volgens de artikelen 9 en 11 van de fusionsskatteloven, indien de verwervende en de verworven vennootschap vennoot-

schappen uit een lidstaat zijn in de zin van artikel 3 van richtlijn 90/434/EEG. Als fusiedatum geldt de datum van de aandelenruil. De aandelenruil moet uiterlijk zes maanden na de eerste ruildag zijn gerealiseerd.

2. Onder 'aandelenruil' in de zin van het eerste lid wordt verstaan de rechtshandeling waarbij een vennootschap in het maatschappelijk kapitaal van een andere vennootschap een deelneming verkrijgt waardoor zij een meerderheid van stemmen krijgt, en wel door aan de deelgerechtigden van de andere vennootschap, in ruil voor de ingebrachte aandelen, bewijzen van deelgerechtigdheid in het maatschappelijk kapitaal van de eerste vennootschap uit te reiken, eventueel met een bijbetaling in geld welke niet meer mag bedragen dan 10% van de nominale waarde of, bij gebreke van een nominale waarde, van de fractiewaarde van de bewijzen die worden geruild.

[...]'

11. Artikel 9 van de fusionsskatteloven, waarnaar artikel 13, lid 1, van de aktieavancebeskatningsloven verwijst, luidt als volgt:

'1. De aandelen in de inbrengende vennootschap [verworven vennootschap] worden geacht door de aandeelhouder aan een derde te zijn vervreemd, indien de tegenprestatie uit iets anders bestaat dan uit aandelen in de ontvangende vennootschap [verwervende vennootschap].

[...]'

12. Artikel 11 van de fusionsskatteloven bepaalt:

'1. Voor de vaststelling van de algemene of bijzondere inkomsten worden de aandelen in de ontvangende vennootschap [verwervende vennootschap] die de aandeelhouders van de inbrengende vennootschap [verworven vennootschap] ontvangen als tegenprestatie voor de ingebrachte aandelen, behandeld alsof zij op dezelfde dag en tegen dezelfde prijs als de ingebrachte aandelen zijn verkregen.

[...]'

13. Vaststaat dat het Deense recht ten tijde van de feiten van het hoofdgeding geen specifieke bepaling bevatte waardoor artikel 11 van richtlijn 90/434 werd omgezet in nationaal recht.

Hoofdgeding en prejudiciële vraag

14. Kofoed en Toft waren elk voor de helft eigenaar van het kapitaal van Cosmopolit Holding ApS (hierna: 'Cosmopolit'), een besloten vennootschap naar Deens recht met een vennootschappelijk kapitaal van 240 000 DKK.

15. Op 26 oktober 1993 verwierven zij ieder één van de twee aandelen, elk met een waarde van 1 IEP, die samen het vennootschappelijk kapitaal van de besloten vennootschap naar Iers recht, Dooralong Ltd (hierna: 'Dooralong') vormden.

16. Dooralong heeft vervolgens haar vennootschappelijk kapitaal verhoogd door de uitgifte van 21 000 nieuwe aandelen van 1 IEP per stuk.

17. Op 29 oktober 1993 hebben Kofoed en Toft al hun aandelen Cosmopolit geruild tegen alle nieuwe aandelen Dooralong. Na deze ruil bezaten zij dus elk 10 501 aandelen Dooralong en bezat Dooralong alle aandelen Cosmopolit.

18. Op 1 november 1993 heeft Dooralong dividend ad 2 742 616 IEP (ongeveer 26 000 000 DKK) ontvangen van haar pas verkregen dochteronderneming Cosmopolit, waarvan het eigen vermogen aldus daalde tot 1 709 806 DKK.

19. Op 3 november 1993 heeft de algemene vergadering van aandeelhouders van Dooralong besloten om een dividend ter hoogte van 2 742 116 IEP uit te keren aan haar twee aandeelhouders Kofoed en Toft.

20. Kofoed heeft in zijn aangifte inkomstenbelasting over 1993 zich op het standpunt gesteld dat de ruil van aandelen Cosmopolit tegen nieuwe aandelen Dooralong moest worden vrijgesteld van belastingheffing. De Deense belastingdienst heeft deze aangifte niet aanvaard, omdat hij van mening was dat de dividenduitkering deel uitmaakte van de aandelenruil, zodat de in richtlijn 90/434 bedoelde bijbetalingsdrempel van maximaal 10% van de nominale waarde van de geruilde aandelen was overschreden. De aandelenruil kon derhalve niet worden vrijgesteld op grond van de richtlijn.

21. Kofoed is vervolgens bij het Landsskatteretten opgekomen tegen het besluit van de belastingdienst, dat de betrokken aandelenruil niet kon worden vrijgesteld krachtens richtlijn 90/434. Nadat dit besluit was bevestigd, heeft Kofoed hoger beroep ingesteld bij het éstre Landsret.

22. In deze omstandigheden heeft het éstre Landsret de behandeling geschorst en het Hof de volgende prejudiciële vraag gesteld:

'Moet artikel 2, sub d, van richtlijn 90/434/EEG [...] aldus worden uitgelegd dat er geen sprake is van 'aandelenruil' in de zin van deze richtlijn, wanneer de partijen bij een aandelenruil parallel aan de ruilovereenkomst hun voornemen hebben bekendgemaakt - zonder juridisch te worden gebonden - om op de eerste algemene vergadering van aandeelhouders van de verkrijgende vennootschap na de totstandkoming van de ruil, te stemmen vóór een dividenduitkering van meer dan 10% van de nominale waarde van de in het kader van de ruil overgedragen aandelen, en een dergelijk dividend daadwerkelijk wordt uitgekeerd?'

Beantwoording van de prejudiciële vraag

23. De verwijzende rechter wenst met zijn vraag in wezen te vernemen of artikel 8, lid 1, van richtlijn 90/434 zich in omstandigheden als in het hoofdgeding verzet tegen belastingheffing over een aandelenruil als de onderhavige.

In deze context wenst hij in de eerste plaats te vernemen of een dergelijke aandelenruil een 'aandelenruil' is in de zin van artikel 2, sub d, van de richtlijn, en meer in het bijzonder of een dividend als het uitgekeerde al dan niet moet worden begrepen in de berekening van de 'bijbetaling in geld' als bedoeld in dit artikel.

In de tweede plaats wenst hij te vernemen of de belastingdienst kan reageren op een eventueel misbruik van recht, hoewel de nationale wetgever geen specifieke maatregelen heeft vastgesteld voor de omzetting in nationaal recht van artikel 11 van richtlijn 90/434.

De kwalificatie als 'aandelenruil' in de zin van richtlijn 90/4343

24. Artikel 8, lid 1, van richtlijn 90/434 verbiedt dat bij de aandeelhouders van de verkregen vennootschap belasting wordt geheven over de toekenning van aandelen bij een aandelenruil.

25. Volgens de definitie van artikel 2, sub d, van deze richtlijn wordt onder 'aandelenruil' verstaan de rechtshandeling waarbij een vennootschap in het maatschappelijk kapitaal van een andere vennootschap een deelneming verkrijgt waardoor zij een meerderheid van stemmen in die vennootschap krijgt, en wel door aan de deelgerechtigden van de andere vennootschap, in ruil voor hun effecten, bewijzen van deelgerechtigdheid in het maatschappelijk kapitaal van de eerste vennootschap uit te reiken, eventueel met een bijbetaling in geld die niet meer mag bedragen dan 10% van de nominale waarde of, bij gebreke van een nominale waarde, van de fractiewaarde van de bewijzen die worden geruild.

26. In het hoofdgeding staat vast dat de betrokken aandelenruil in beginsel heeft plaatsgevonden in het kader van een verkrijging in de zin van deze laatste bepaling.

27. Partijen zijn het er echter over oneens of het dividend dat Dooralong kort na deze aandelenruil heeft uitgekeerd aan Kofoed en Toft, moet worden beschouwd als deel uitmakend van die verkrijging. Is dit laatste het geval, dan is sprake van overschrijding van de in artikel 2, sub d, van richtlijn 90/434 bepaalde drempel van 10% voor een 'bijbetaling in geld', zodat de aandelenruil moet worden belast.

28. Het begrip 'bijbetaling in geld' zoals bedoeld in artikel 2, sub d, van richtlijn 90/434 heeft, zoals de advocaat-generaal heeft opgemerkt in de punten 44 tot en met 47 alsmede 52 en 53 van haar conclusie, betrekking op geldprestaties die een werkelijke tegenprestatie zijn voor de verkrijging, te weten prestaties die bindend zijn overeengekomen in aanvulling op de toekenning van aandelen in het kapitaal van de verkrijgende vennootschap, los van de eventuele motieven die aan de transactie ten grondslag liggen.

29. Uit de opzet en systematiek van richtlijn 90/434 blijkt namelijk dat de bijbetaling in geld en de verkrijging deel uitmaken van één en dezelfde transactie. De bijbetaling is immers een integrerend deel van de tegenprestatie die de verkrijgende vennootschap aan de aandeelhouders van de verkregen vennootschap betaalt voor een meerderheidsdeelneming in deze vennootschap.

30. Het Hof heeft reeds eerder gepreciseerd dat uit artikel 2, sub d, en het algemene stelsel van richtlijn 90/434 voortvloeit dat de bij de richtlijn ingevoerde gemeenschappelijke fiscale regeling, die verschillende fiscale voordelen behelst, zonder onderscheid van toepassing is op elke fusie, splitsing, inbreng van activa en aandelenruil, ongeacht om welke redenen deze plaatsvindt en of deze van financiële, economische of zuiver fiscale aard zijn (zie arrest van 17 juli 1997, Leur-Bloem, C-28/95, *Jurispr.* blz. I-4161, punt 36).

31. Een geldprestatie van een verkrijgende vennootschap aan de aandeelhouders van de verkregen vennootschap kan derhalve niet reeds als 'bijbetaling in geld' in de zin van artikel 2, sub d, van richtlijn 90/434 worden gekwalificeerd omdat sprake is van een zekere temporele of andere band met de verkrijging dan wel van een eventuele frauduleuze bedoeling. Het is integendeel noodzakelijk om in elk concreet geval te onderzoeken of de betrokken prestatie, alle omstandigheden in aanmerking genomen, een bindende tegenprestatie is voor de verkrijging.

32. Deze uitlegging wordt bevestigd door het doel van richtlijn 90/434 om de fiscale obstakels voor grensoverschrijdende herstructureringen van ondernemingen weg te nemen, door enerzijds te waarborgen dat eventuele waardevermeerderingen van aandelen niet worden belast voordat zij daadwerkelijk worden gerealiseerd, en door anderzijds te voorkomen dat transacties waarbij sprake is van zeer grote, bij een aandelenruil gerealiseerde meerwaarden, alleen daarom worden belast omdat zij in het kader van een herstructurering plaatsvinden.

33. In het hoofdgeding blijkt uit niets in het dossier dat het betrokken dividend integrerend deel uitmaakte van de door Dooralong voor de verkrijging van Cosmopolit te betalen tegenprestatie, wat de noodzakelijke voorwaarde zou zijn om dit dividend te kunnen kwalificeren als 'bijbetaling in geld' in de zin van artikel 2, sub d, van richtlijn 90/434. Integendeel, volgens de verwijzende rechter staat vast dat op geen enkel moment sprake is geweest van een overeenkomst tussen Kofoed en Toft enerzijds en Dooralong anderzijds op grond waarvan deze laatste verplicht was geweest tot uitkering van een dividend.

34. Het dividend dat in het hoofdgeding aan de orde is, kan in deze omstandigheden niet worden meegeteld bij de berekening van de 'bijbetaling in geld' als bedoeld in artikel 2, sub d, van richtlijn 90/434.

35. De betrokken aandelenruil valt derhalve onder artikel 8, lid 1, van richtlijn 90/434, zodat belastingheffing hierover in beginsel is verboden.

36. Daar de verwijzende rechter en de Deense regering evenwel herhaaldelijk hebben benadrukt dat de aandelenruil niet om commerciële redenen heeft plaatsgevonden maar uitsluitend ter besparing van belasting, moet nog de toepassing van artikel 8, lid 1, in het geval van een eventueel rechtsmisbruik worden onderzocht.

De mogelijkheid om rekening te houden met eventueel rechtsmisbruik

37. Krachtens artikel 11, lid 1, sub a, van richtlijn 90/434 kunnen de lidstaten bij uitzondering in bijzondere gevallen weigeren de richtlijn geheel of gedeeltelijk toe te passen of het voordeel ervan teniet doen, met name indien blijkt dat de aandelenruil als hoofddoel of een der hoofddoelen belastingfraude of -ontwijking heeft. Deze bepaling preciseert bovendien dat het feit dat een rechtshandeling niet plaatsvindt op grond van zakelijke overwegingen, zoals herstructurering of rationalisering van de activiteiten van de bij de transactie betrokken vennootschappen, kan doen vermoeden dat die transactie een dergelijk doel heeft (zie, in die zin, arrest Leur-Bloem, reeds aangehaald, punten 38 en 39).

38. Artikel 11, lid 1, sub a, van richtlijn 90/434 weerspiegelt aldus het algemene beginsel van gemeenschapsrecht, dat rechtsmisbruik is verboden. De justitiabelen kunnen in geval van fraude of misbruik geen beroep op het gemeenschapsrecht doen. De toepassing van de gemeenschapsregels kan niet zo ver gaan, dat misbruiken worden gedekt, dat wil zeggen transacties die niet zijn verricht in het kader van normale handelstransacties, maar uitsluitend met het doel om de door het gemeenschapsrecht toegekende voordelen op onrechtmatige wijze te verkrijgen (zie, in die zin, arresten van 9 maart 1999, Centros, C-212/97, *Jurispr.* blz. I-1459, punt 24; 21 februari 2006, Halifax e.a., C-255/02, *Jurispr.* blz. I-1609, punten 68 en 69; 6 april 2006, Agip Petroli, C-456/04, *Jurispr.* blz. I-3395, punten 19 en 20, en 12 september 2006, Cadbury Schweppes en Cadbury Schweppes Overseas, C-196/04, *Jurispr.* blz. I-7995, punt 35).

39. Het is juist dat in het hoofdgeding bepaalde aanwijzingen voorhanden zijn, zoals ook de advocaat-generaal opmerkt in punt 59 van haar conclusie, die eventueel de toepassing van artikel 11, lid 1, sub a, van richtlijn 90/434 zouden kunnen rechtvaardigen.

40. Eerst dient echter de vraag te worden beantwoord of artikel 11, lid 1, sub a, van richtlijn 90/434 wel kan worden toegepast indien een specifieke bepaling ter omzetting ervan in Deens recht ontbreekt.

41. Krachtens de artikelen 10 EG en 249 EG is elke lidstaat waarvoor een richtlijn bestemd is, verplicht om in zijn nationale rechtsorde alle maatregelen te treffen die nodig zijn om de volle werking van die richtlijn overeenkomstig het ermee beoogde doel te verzekeren (zie onder meer arresten van 10 maart 2005, Commissie/Duitsland, C-531/03, niet gepubliceerd in de *Jurisprudentie*, punt 16, en 16 juni 2005, Commissie/Italië, C-456/03, *Jurispr.* blz. I-5335, punt 50).

42. Bovendien verzet het rechtszekerheidsbeginsel zich ertegen dat richtlijnen uit zichzelf verplichtingen aan particulieren kunnen opleggen. Richtlijnen kunnen dus als zodanig door de lidstaat niet worden ingeroepen tegen particulieren (zie, onder meer, arresten van 11 juni 1987, Pretore di Salò/X, 14/86, *Jurispr.* blz. 2545, punten 19 en 20; 8 oktober 1987, Kolpinghuis Nijmegen, 80/86, *Jurispr.* blz. 3969, punten 9 en 13; 26 september 1996, Arcaro, C-168/95, *Jurispr.* blz. I-4705, punten 36 en 37, en 3 mei 2005, Berlusconi e.a., C-387/02, C-391/02 en C-403/02, *Jurispr.* blz. I-3565, punten 73 en 74).

43. Hierbij moet echter in de eerste plaats worden aangetekend dat de lidstaten volgens artikel 249, derde alinea, EG bevoegd zijn om voor de uitvoering van de richtlijnen de vorm en de middelen te kiezen waarmee het door de richtlijnen nagestreefde resultaat het best kan worden bereikt (zie, in die zin, arrest van 16 juni 2006, Commissie/Italië, C-456/03, reeds aangehaald, punt 51).

44. Voor zover de rechtssituatie die uit de nationale omzettingsmaatregel voortvloeit, voldoende bepaald en duidelijk is om de betrokken particulieren in staat te stellen kennis te krijgen van de omvang van hun rechten en plichten, vereist de omzetting van een richtlijn in nationaal recht dus niet noodzakelijkerwijze in elke lidstaat een optreden van de wetgever. Voor die omzetting kan, zoals de advocaat-generaal heeft opgemerkt in punt 62 van haar conclusie, afhankelijk van de inhoud van de richtlijn in bepaalde gevallen worden volstaan met een algemeen rechtskader, zodat de richtlijnbepalingen niet formeel en uitdrukkelijk hoeven te worden overgenomen in speci-

fieke nationale bepalingen (zie arresten van 16 juni 2005, Commissie/Italië, reeds aangehaald, punt 51, en 6 april 2006, Commissie/Oostenrijk, C-428/04, *Jurispr.* blz. I-3325, punt 99).

45. In de tweede plaats moeten alle met overheidsgezag beklede instanties van een lidstaat bij de toepassing van het nationale recht dit zoveel mogelijk uitleggen in het licht van de bewoordingen en het doel van de communautaire richtlijnen, teneinde het ermee beoogde resultaat te bereiken. Ofschoon dit vereiste van richtlijnconforme uitlegging niet zover kan gaan dat een richtlijn uit zichzelf en onafhankelijk van een nationale omzettingswet verplichtingen voor particulieren schept of de strafrechtelijke aansprakelijkheid van degenen die in strijd met haar bepalingen handelen, bepaalt of verzwaart, kan de lidstaat in beginsel particulieren wel een richtlijnconforme uitlegging van het nationale recht tegenwerpen (zie, in deze zin, reeds aangehaalde arresten Kolpinghuis Nijmegen, punten 12 tot en met 14, en Arcaro, punten 41 en 42).

46. In het hoofdgeding dient de verwijzende rechter derhalve te onderzoeken, zoals de advocaat-generaal in punt 63 van haar conclusie heeft opgemerkt, of het Deense recht een bepaling of algemeen beginsel kent op grond waarvan rechtsmisbruik is verboden, dan wel andere bepalingen inzake belastingfraude of -ontwijking die zouden kunnen worden uitgelegd in overeenstemming met artikel 11, lid 1, sub a, van richtlijn 90/434 en derhalve de heffing van belasting over de betrokken aandelenruil zouden kunnen rechtvaardigen (zie tevens arrest van 19 januari 1982, Becker, 8/81, *Jurispr.* blz. 53, punt 34).

47. Is dit het geval, dan staat het aan de verwijzende rechter om na te gaan of in het hoofdgeding is voldaan aan de voorwaarden voor toepassing van deze bepalingen.

48. Gelet op een en ander moet derhalve op de gestelde vraag worden geantwoord dat in omstandigheden als die van het hoofdgeding een dividend zoals het uitgekeerde, niet moet worden begrepen in de berekening van de 'bijbetaling in geld' als bedoeld in artikel 2, sub d, van richtlijn 90/434 en dat een aandelenruil als de onderhavige derhalve een 'aandelenruil' is in de zin van artikel 2, sub d, van deze richtlijn.

Artikel 8, lid 1, van richtlijn 90/434 verzet zich derhalve in beginsel tegen belastingheffing over een dergelijke aandelenruil, tenzij regels van nationaal recht inzake rechtsmisbruik, belastingfraude of -ontwijking kunnen worden uitgelegd in overeenstemming met artikel 11, lid 1, sub a, van richtlijn 90/434 en derhalve de heffing van belasting daarover kunnen rechtvaardigen.

Kosten

49. ...

HET HOF VAN JUSTITIE (Eerste kamer)

verklaart voor recht:

In omstandigheden als die van het hoofdgeding moet een dividend zoals het uitgekeerde, niet worden begrepen in de berekening van de 'bijbetaling in geld' als bedoeld in artikel 2, sub d, van richtlijn 90/434/EEG van de Raad van 23 juli 1990 betreffende de gemeenschappelijke fiscale regeling voor fusies, splitsingen, inbreng van activa en aandelenruil met betrekking tot vennootschappen uit verschillende lidstaten, en is een aandelenruil als de onderhavige derhalve een 'aandelenruil' in de zin van artikel 2, sub d, van de richtlijn.

Artikel 8, lid 1, van richtlijn 90/434 verzet zich derhalve in beginsel tegen belastingheffing over een dergelijke aandelenruil, tenzij regels van nationaal recht inzake rechtsmisbruik, belastingfraude of -ontwijking kunnen worden uitgelegd in overeenstemming met artikel 11, lid 1, sub a, van richtlijn 90/434 en derhalve de heffing van belasting daarover kunnen rechtvaardigen.

HvJ EG 18 juli 2007, zaak C-231/05 (Oy AA)

Grote kamer: *V. Skouris, president, P. Jann, C. W. A. Timmermans, A. Rosas, R. Schintgen, P. Kūris, E. Juhász, kamerpresidenten, K. Schiemann, G. Arestis, U. Lõhmus, E. Levits (rapporteur), A. Ó Caoimh en L. Bay Larsen, rechters*

Advocaat-generaal: *J. Kokott*

1. Het verzoek om een prejudiciële beslissing betreft de uitlegging van de artikelen 43 EG, 56 EG en 58 EG en van richtlijn 90/435/EEG van de Raad van 23 juli 1990 betreffende de gemeenschappelijke fiscale regeling voor moedermaatschappijen en dochterondernemingen uit verschillende lidstaten (*PB* L 225, blz. 6), zoals gewijzigd bij richtlijn 2003/123/EG van de Raad van 22 december 2003 (*PB* 2004, L 7, blz. 41; hierna: 'richtlijn 90/435').

2. Dit verzoek is ingediend in het kader van een procedure die bij de Korkein hallinto-oikeus (hoogste administratief Gerechtshof) is ingeleid door Oy AA, een vennootschap naar Fins recht, betreffende de mogelijkheid om een overdracht aan haar in een andere lidstaat gevestigde moedermaatschappij af te trekken van haar belastbare inkomsten, waarbij de vraag is gerezen of de Finse regeling betreffende overdrachten binnen groepen verenigbaar is met het gemeenschapsrecht.

Toepasselijke bepalingen

Gemeenschapsregeling

3. Volgens de tweede overweging van de considerans van richtlijn 2003/123 strekt richtlijn 90/435 ertoe 'dividenden en andere winstuitkeringen van dochterondernemingen aan hun moedermaatschappijen vrij te stellen van bronbelasting en dubbele belastingheffing van zulke inkomsten op het niveau van de moedermaatschappij te elimineren'.

4. Artikel 4 van richtlijn 90/435 bepaalt dat wanneer een moedermaatschappij op grond van haar deelneming in haar dochteronderneming uitgekeerde winst ontvangt, anders dan bij de liquidatie van de dochteronderneming, de lidstaat van de moedermaatschappij zich ofwel onthoudt van het belasten van de door de dochteronderneming uitgekeerde winst ofwel de winst belast, maar in dat geval de moedermaatschappij toestaat om dat gedeelte van de belasting van de dochteronderneming dat op deze winst betrekking heeft, van haar eigen belasting af te trekken.

5. Volgens artikel 5 van richtlijn 90/435 wordt 'de door een dochteronderneming aan de moedermaatschappij uitgekeerde winst [...] vrijgesteld van bronbelasting'. Volgens artikel 6 van deze richtlijn mag 'de lidstaat onder wiens wetgeving de moedermaatschappij ressorteert, [...] geen belasting aan de bron inhouden op de winst die deze maatschappij van haar dochteronderneming ontvangt'.

Nationale regeling

6. § 1 van de wet betreffende de belastingregeling voor overdrachten binnen groepen [Laki konserniavustuksesta verotuksessa (825/1986)] van 21 november 1986 (hierna: 'KonsAvL') luidt:

> 'Deze wet regelt de aftrekbaarheid van overdrachten binnen een groep voor de verrichter van de overdracht en de gelijkstelling van die overdracht met belastbare inkomsten van de ontvanger.'

7. § 2 van de KonsAvL luidt:

> 'Onder overdracht binnen een groep wordt verstaan een overdracht, anders dan een investering in kapitaal, door een actieve aandelenvennootschap naar een andere aandelenvennootschap ten behoeve van haar activiteit, die niet aftrekbaar is krachtens de elinkeinotulon verottamisesta annettu laki (306/1968) [wet betreffende de belasting van inkomsten uit bedrijfsactiviteit].'

8. § 3 van de KonsAvL luidt:

> 'Wanneer een binnenlandse aandelenvennootschap (moedervennootschap) ten minste negen tienden bezit van het kapitaal van een andere aandelenvennootschap (dochtervennootschap), mag de moedervennootschap een overdracht die zij rechtstreeks heeft verricht ten behoeve van haar dochtervennootschap aftrekken van haar belastbare inkomsten uit bedrijfsactiviteit. Het desbetreffende bedrag wordt gelijkgesteld met belastbare inkomsten uit bedrijfsactiviteit van de dochtervennootschap.
>
> Een aandelenvennootschap waarvan ten minste negen tienden van de aandelen in handen zijn van een moedervennootschap en een of meer van haar dochtervennootschappen, wordt ook als een dochtervennootschap beschouwd.

Het bepaalde in de eerste alinea is eveneens van toepassing op overdrachten van een dochtervennootschap naar de moedervennootschap of naar een andere dochtervennootschap van de moedervennootschap.'

9. § 4 van de KonsAvL luidt:

'Een overdracht binnen een groep wordt bij de belastingheffing van de verrichter ervan beschouwd als uitgave, en bij de belastingheffing van de ontvanger ervan als inkomsten in het belastingjaar waarin de overdracht is verricht.'

10. § 5 van de KonsAvL luidt:

'Een belastingplichtige mag een door hem verrichte overdracht slechts aftrekken als uitgave indien de desbetreffende uitgaven en inkomsten zijn opgenomen in de boekhouding van de verrichter en van de ontvanger van de overdrachten.'

Hoofdgeding en prejudiciële vraag

11. De in het Verenigd Koninkrijk gevestigde vennootschap AA Ltd houdt indirect, via twee andere vennootschappen, 100% van de aandelen in Oy AA.

12. Anders dan de activiteiten van Oy AA waren die van AA Ltd in 2003 verliesgevend, en volgens Oy AA mocht worden verwacht dat dit ook in 2004 en 2005 het geval zou zijn. Daar de economische activiteit van AA Ltd ook van belang is voor Oy AA, overwoog zij de economische situatie van AA Ltd door een financiële intragroepsoverdracht te ondersteunen.

13. In dat verband verzocht Oy AA de Keskusverolautakunta (centrale belastingcommissie) om een prealabele uitspraak over de vraag of de voorgenomen overdracht een financiële intragroepsoverdracht was in de zin van § 3 van de KonsAvL en derhalve kon worden beschouwd als een last die Oy AA in de belastingjaren 2004 en 2005 in aftrek kon brengen.

14. De Keskusverolautakunta was van oordeel dat de aftrekbare financiële intragroepsoverdracht en de overeenkomstige belastbare inkomsten beide onder de Finse belastingregeling moesten vallen, zodat een overdracht van Oy AA aan AA Ltd geen groepsoverdracht was in de zin van § 3 van de KonsAvL en derhalve geen aftrekbare last bij Oy AA opleverde.

15. Oy AA is tegen de prealabele uitspraak van Keskusverolautakunta opgekomen bij de verwijzende rechter, die heeft vastgesteld dat was voldaan aan alle voorwaarden van de Finse wet voor aftrekbaarheid van de overdracht van Oy AA aan AA Ltd, behalve aan het vereiste dat de begunstigde vennootschap in Finland moet zijn gevestigd.

16. Daarop heeft de Korkein hallinto-oikeus de behandeling van de zaak geschorst en het Hof de volgende prejudiciële vraag gesteld:

'Moeten de artikelen 43 EG en 56 EG, rekening houdend met artikel 58 EG en richtlijn 90/435 [...] aldus worden uitgelegd dat zij in de weg staan aan een regeling als de Finse regeling betreffende overdrachten binnen een groep, die voor de fiscale aftrekbaarheid van overdrachten binnen een groep als voorwaarde stelt dat de verrichter en de ontvanger van de overdracht in Finland gevestigde vennootschappen zijn?'

Beantwoording van de prejudiciële vraag

17. Met zijn vraag wenst de verwijzende rechter in wezen te vernemen of de artikelen 43 EG en 56 EG, rekening houdend met artikel 58 EG en richtlijn 90/435, in de weg staan aan een wettelijke regeling van een lidstaat als aan de orde is in het hoofdgeding, volgens welke een in die lidstaat gevestigde dochteronderneming een financiële intragroepsoverdracht aan haar moedermaatschappij, slechts van haar belastbare inkomsten kan aftrekken wanneer de moedermaatschappij is gevestigd in dezelfde lidstaat.

18. Om te beginnen is het vaste rechtspraak dat de directe belastingen weliswaar tot de bevoegdheid van de lidstaten behoren, maar dat de lidstaten verplicht zijn die bevoegdheid in overeenstemming met het gemeenschapsrecht uit te oefenen (zie met name arresten van 13 december 2005, Marks & Spencer, C-446/03, *Jurispr.* blz. I-10837, punt 29; 12 september 2006, Cadbury Schweppes en Cadbury Schweppes Overseas, C-196/04, *Jurispr.* blz. I-7995, punt 40, en 12 december 2006, Test Claimants in Class IV of the ACT Group Litigation, C-374/04, *Jurispr.* blz. I-11673, punt 36).

19. Aangezien de verwijzende rechter het Hof verzoekt om uitlegging van zowel artikel 43 EG betreffende de vrijheid van vestiging als artikel 56 EG betreffende het vrije verkeer van kapitaal, moet worden bepaald of en in hoeverre een nationale wettelijke regeling als die in het hoofdgeding deze vrijheden kan beperken.

20. Het is vaste rechtspraak dat wanneer het gaat om een deelneming die de houder daarvan een zodanige invloed op de besluiten van de vennootschap verleent dat hij de activiteiten ervan kan bepalen, de bepalingen van het EG-Verdrag inzake de vrijheid van vestiging van toepassing zijn (arresten van 13 april 2000, Baars, C-251/98, *Jurispr.* blz. I-2787, punten 21 en 22; 21 november 2002, X en Y, C-436/00, *Jurispr.* blz. I-10829, punten 37 en 66-68;

reeds aangehaalde arresten Cadbury Schweppes en Cadbury Schweppes Overseas, punt 31, en Test Claimants in Class IV of the ACT Group Litigation, punt 39).

21. Volgens § 3 van de KonsAvL is de mogelijkheid om een financiële intragroepsoverdracht te verrichten die aftrekbaar is in de zin van die wet, afhankelijk van de voorwaarde dat de moedervennootschap ten minste 90% van het kapitaal of van de aandelen van haar dochtervennootschap in handen heeft.

22. Blijkens de verwijzingsbeslissing en de opmerkingen van de Finse regering heeft de Finse regeling inzake financiële intragroepsoverdrachten tot doel, de fiscale nadelen die het gevolg zijn van de structuur van een groep vennootschappen weg te werken door een verevening mogelijk te maken binnen een groep die zowel winstgevende als verlieslijdende vennootschappen omvat. De overdracht binnen de groep is dus bedoeld om de belangen van een groep van vennootschappen te dienen.

23. Voor zover een wettelijke regeling als in het hoofdgeding aan de orde is, alleen de relaties binnen een groep van vennootschappen betreft, grijpt zij hoofdzakelijk in de vrijheid van vestiging in en moet zij dus worden getoetst aan artikel 43 EG (zie in die zin arrest Cadbury Schweppes en Cadbury Schweppes Overseas, reeds aangehaald, punt 32; arresten van 12 december 2006, Test Claimants in the FII Group Litigation, C-446/04, *Jurispr.* blz. I-11753, punt 118, en 13 maart 2007, Test Claimants in the Thin Cap Group Litigation, C-524/04, nog niet gepubliceerd in de *Jurisprudentie*, punt 33).

24. Indien deze wettelijke regeling het vrije verkeer van kapitaal beperkt, zijn deze beperkingen een onvermijdelijk gevolg van een eventuele belemmering van de vrijheid van vestiging en rechtvaardigen zij dus niet een autonome toetsing van die wettelijke regeling aan artikel 56 EG (zie in die zin arrest van 14 oktober 2004, Omega, C-36/02, *Jurispr.* blz. I-9609, punt 27; reeds aangehaalde arresten Cadbury Schweppes en Cadbury Schweppes Overseas, punt 33, en Test Claimants in the Thin Cap Group Litigation, punt 34).

25. Met betrekking tot richtlijn 90/435 wordt eraan herinnerd dat het in het hoofdgeding gaat om de eerste belasting van inkomsten uit bedrijfsactiviteiten van een dochteronderneming en om de mogelijkheid voor deze dochteronderneming, een ten gunste van haar moedermaatschappij verrichte overdracht van haar belastbare inkomsten af te trekken.

26. Richtlijn 90/435 regelt de fiscale behandeling van dividenden en andere winstuitkeringen van een dochteronderneming aan haar moedermaatschappij. Enerzijds bepaalt artikel 4 dat wanneer een moedermaatschappij uitgekeerde winst ontvangt, de lidstaat van de moedermaatschappij zich ofwel onthoudt van het belasten van de door de dochteronderneming uitgekeerde winst, ofwel de winst belast, maar in dat geval de moedermaatschappij toestaat om dat gedeelte van de belasting van de dochteronderneming dat op deze winst betrekking heeft, van haar eigen belasting af te trekken, terwijl anderzijds de artikelen 5 en 6 de inhouding van bronbelasting op deze winst verbieden.

27. Richtlijn 90/435 heeft dus geen betrekking op de eerste belasting van inkomsten uit bedrijfsactiviteiten van een dochteronderneming en regelt niet de fiscale gevolgen van een financiële intragroepsoverdracht als die in het hoofdgeding voor de dochteronderneming, zodat zij geen grondslag kan zijn voor het antwoord aan de verwijzende rechter.

28. De vraag moet dus uitsluitend tegen de achtergrond van artikel 43 EG worden beantwoord.

Bestaan van een beperking van de vrijheid van vestiging

29. De vrijheid van vestiging die in artikel 43 EG aan de gemeenschapsonderdanen wordt toegekend, en die voor hen de toegang tot en de uitoefening van werkzaamheden anders dan in loondienst alsmede de oprichting en het bestuur van ondernemingen onder dezelfde voorwaarden als in de wetgeving van het land van vestiging voor de eigen onderdanen zijn vastgesteld, omvat, brengt overeenkomstig artikel 48 EG voor de vennootschappen die in overeenstemming met de wetgeving van een lidstaat zijn opgericht en die hun statutaire zetel, hun hoofdbestuur of hun hoofdvestiging binnen de Europese Gemeenschap hebben, het recht mee om in de betrokken lidstaat hun bedrijfsactiviteit uit te oefenen door middel van een filiaal of een agentschap (zie met name arrest van 21 september 1999, Saint-Gobain ZN, C-307/97, *Jurispr.* blz. I-6161, punt 35; reeds aangehaalde arresten Marks & Spencer, punt 30; Cadbury Schweppes en Cadbury Schweppes Overseas, punt 41, en Test Claimants in Class IV of the ACT Group Litigation, punt 42).

30. Aangaande vennootschappen moet worden opgemerkt dat hun zetel in de zin van artikel 48 EG, naar het voorbeeld van de nationaliteit van natuurlijke personen, dient ter bepaling van hun binding aan de rechtsorde van een lidstaat. Indien de lidstaat van vestiging vrijelijk een andere behandeling zou mogen toepassen alleen omdat de zetel van de vennootschap in een andere lidstaat is gevestigd, zou daarmee aan artikel 43 EG elke inhoud worden ontnomen (zie in die zin arresten van 28 januari 1986, Commissie/Frankrijk, 270/83, *Jurispr.* blz. 273, punt 18; 13 juli 1993, Commerzbank, C-330/91, *Jurispr.* blz. I-4017, punt 13; 8 maart 2001, Metallgesellschaft e.a., C-397/98 en C-410/98, *Jurispr.* blz. I-1727, punt 42; reeds aangehaalde arresten Marks & Spencer, punt 37, en Test Claimants in Class IV of the ACT Group Litigation, punt 43). De vrijheid van vestiging beoogt aldus het voordeel van de natio-

nale behandeling in de lidstaat van ontvangst te garanderen door elke discriminatie op grond van de zetel van vennootschappen te verbieden (zie in die zin reeds aangehaalde arresten Commissie/Frankrijk, punt 14; Saint-Gobain ZN, punt 35, en Test Claimants in Class IV of the ACT Group Litigation, punt 43).

31. In casu leidt de wettelijke regeling die in het hoofdgeding aan de orde is, met betrekking tot de mogelijkheid om overdrachten aan de moedervennootschap als lasten af te trekken, tot een verschillende behandeling van in Finland gevestigde dochterondernemingen naargelang hun moedermaatschappij al dan niet aldaar is gevestigd.

32. Een overdracht van een dochteronderneming aan een in Finland gevestigde moedermaatschappij die voldoet aan de andere voorwaarden van de KonsAvL, wordt immers beschouwd als een financiële intragroepsoverdracht in de zin van die wet en kan worden afgetrokken van de belastbare inkomsten van de dochteronderneming. Een overdracht van een dochteronderneming aan een moedermaatschappij die niet in Finland is gevestigd, wordt daarentegen niet als zodanig beschouwd en kan dus niet van de belastbare inkomsten van de dochteronderneming worden afgetrokken. Dochterondernemingen van buitenlandse moedermaatschappijen worden fiscaal dus minder gunstig behandeld dan dochterondernemingen van Finse moedermaatschappijen.

33. De Duitse, de Nederlandse en de Zweedse regering en de regering van het Verenigd Koninkrijk stellen in dit verband dat de situatie van binnenlandse dochterondernemingen waarvan de moedermaatschappij in dezelfde lidstaat is gevestigd, niet vergelijkbaar is met die van dochterondernemingen waarvan de moedermaatschappij in een andere lidstaat is gevestigd, aangezien deze moedermaatschappij niet belastingplichtig is in de lidstaat waar de dochteronderneming is gevestigd. Onderscheid moet worden gemaakt tussen de situatie van dochterondernemingen waarvan de moedermaatschappij in Finland geheel of ten dele belastingplichtig is, en de situatie als in het hoofdgeding, waarin de moedermaatschappij niet belastingplichtig is in die lidstaat.

34. De Duitse en de Zweedse regering stellen dat wanneer de ontvanger niet belastingplichtig is in de lidstaat van de verrichter van de overdracht, deze lidstaat, die wegens de perken die aan zijn territoriale bevoegdheid zijn gesteld geen invloed heeft op de wijze waarop de overdracht fiscaal wordt behandeld door de lidstaat van de ontvanger, zich er met name niet kan van vergewissen dat de toegestane aftrek overeenstemt met de belastbare inkomsten van de ontvanger van die overdracht in zijn land van vestiging, en niet kan beletten dat de overdracht in het geheel niet wordt belast. De regering van het Verenigd Koninkrijk stelt ook dat, aangezien de Republiek Finland geen belasting heft op de inkomsten van niet in dat land gevestigde moedermaatschappijen, zij niet verplicht is om aan de Finse dochteronderneming belastingaftrek te verlenen voor het door de moedermaatschappij geleden verlies.

35. Zoals in punt 22 van dit arrest reeds is overwogen, heeft de Finse regeling inzake financiële intragroepsoverdrachten tot doel, de fiscale nadelen die het gevolg zijn van de structuur van een groep vennootschappen weg te werken door een verevening mogelijk te maken binnen een groep die zowel winstgevende als verlieslijdende vennootschappen omvat. Blijkens § 4 en § 5 van de KonsAvL levert een overdracht binnen de groep voor de verrichter ervan slechts een last op die bij hem aftrekbaar is, indien de overdracht bij de ontvanger als inkomsten wordt geboekt.

36. Wanneer de ontvanger niet belastingplichtig is in de lidstaat van de verrichter van de overdracht, kan deze staat in een grensoverschrijdende situatie niet garanderen dat de overdracht als belastbare inkomsten van die ontvanger wordt beschouwd. Dat de lidstaat van de verrichter van de overdracht toestaat dat de verrichter de overdracht in aftrek brengt op zijn belastbare inkomsten, garandeert niet dat het doel van de op overdrachten toepasselijke regeling wordt bereikt.

37. Hoewel de lidstaat waar de dochteronderneming is gevestigd, niet bevoegd is ten aanzien van de moedermaatschappij die in een andere lidstaat is gevestigd en die in de eerste lidstaat niet belastingplichtig is, kan hij niettemin de aftrekbaarheid van de financiële intragroepsoverdracht van de belastbare inkomsten van de verrichter afhankelijk stellen van voorwaarden verband houdend met de wijze waarop deze overdracht in de andere lidstaat wordt behandeld.

38. Het enkele feit dat in een andere lidstaat gevestigde moedermaatschappijen in Finland niet belastingplichtig zijn, creëert dus, vanuit het oogpunt van het doel dat door de Finse regeling inzake financiële intragroepsoverdrachten wordt nagestreefd, geen onderscheid tussen de dochterondernemingen van die moedermaatschappijen en de dochterondernemingen van in Finland gevestigde moedermaatschappijen, en maakt de situatie van die twee categorieën dochterondernemingen niet onvergelijkbaar.

39. Een verschil in behandeling tussen ingezeten dochterondernemingen op grond van de plaats van vestiging van hun moedermaatschappij vormt een beperking van de vrijheid van vestiging, aangezien dit de uitoefening van de vrijheid van vestiging door in andere lidstaten gevestigde vennootschappen minder aantrekkelijk maakt, zodat zij zouden kunnen afzien van de verkrijging, de oprichting of het behoud van dochterondernemingen in de lidstaat die deze regel heeft vastgesteld (zie arrest van 12 december 2002, Lankhorst-Hohorst, C-324/00, *Jurispr.* blz. I-11779, punt 32, en arrest Test Claimants in the Thin Cap Group Litigation, reeds aangehaald, punt 61).

40. Aan deze conclusie wordt niet afgedaan door het argument van het Verenigd Koninkrijk, dat de moedermaatschappij het gewenste doel had kunnen bereiken door in Finland geen dochteronderneming, maar een filiaal op te richten. Artikel 43, eerste alinea, tweede volzin, EG biedt de economische subjecten immers uitdrukkelijk de mogelijkheid om vrijelijk de rechtsvorm te kiezen die bij de uitoefening van hun werkzaamheden in een andere lidstaat past, zodat deze vrije keuze niet mag worden beperkt door discriminerende fiscale bepalingen (arrest Commissie/Frankrijk, reeds aangehaald, punt 22, en arrest van 23 februari 2006, CLT-UFA, C-253/03, *Jurispr.* blz. I-1831, punt 14).

41. Verder stelt de regering van het Verenigd Koninkrijk dat, aangezien de financiële intragroepsoverdracht in het Verenigd Koninkrijk niet werd belast — hetgeen Oy AA evenwel betwist — en de verliezen van AA Ltd naar andere boekjaren konden worden overgedragen om te worden verrekend met latere winst, de vertraging waarmee die moedermaatschappij haar winst en verlies kon verrekenen, slechts een indirecte en onzekere invloed had op haar besluit om zich in Finland te vestigen.

42. Om een wettelijke regeling aan te merken als een beperking van de vrijheid van vestiging, volstaat het dat zij de uitoefening van die vrijheid in een lidstaat door in een andere lidstaat gevestigde vennootschappen kan beperken, zonder dat behoeft te worden aangetoond dat de betrokken wettelijke regeling daadwerkelijk tot gevolg heeft gehad dat sommige van die vennootschappen hebben afgezien van de verkrijging, de oprichting of het behoud van een dochteronderneming in eerstgenoemde lidstaat (arrest Test Claimants in the Thin Cap Group Litigation, reeds aangehaald, punt 62).

43. Het verschil in behandeling tussen ingezeten dochterondernemingen op grond van de plaats van vestiging van hun moedermaatschappij, die het gevolg is van een regeling als in het hoofdgeding aan de orde is, vormt bijgevolg een beperking van de vrijheid van vestiging.

Rechtvaardiging van de beperking van de vrijheid van vestiging

44. Een beperking van de vrijheid van vestiging is slechts toelaatbaar wanneer zij gerechtvaardigd is uit hoofde van dwingende redenen van algemeen belang. Daarenboven moet in een dergelijk geval de beperking geschikt zijn om het aldus nagestreefde doel te verwezenlijken en mag ze niet verder gaan dan nodig is voor het bereiken van dat doel (reeds aangehaalde arresten Marks & Spencer, punt 35; Cadbury Schweppes en Cadbury Schweppes Overseas, punt 47, en Test Claimants in the Thin Cap Group Litigation, punt 64).

45. In hun schriftelijke opmerkingen betogen de Finse, de Duitse en de Nederlandse regering, de regering van het Verenigd Koninkrijk en de Commissie van de Europese Gemeenschappen dat de Finse regeling inzake financiële intragroepsoverdrachten gerechtvaardigd wordt door de noodzaak de samenhang van het betrokken belastingstelsel te verzekeren, alsmede door de verdeling van de heffingsbevoegdheid tussen de lidstaten, de vrees voor belastingontwijking en het territorialiteitsbeginsel.

46. Tijdens de terechtzitting, die is gehouden nadat het arrest Marks & Spencer was gewezen, hebben de regeringen die mondelinge opmerkingen hebben ingediend, gesteld dat de rechtvaardigingsgronden die het Hof in dat arrest heeft aanvaard, namelijk het waarborgen van een evenwichtige verdeling van de heffingsbevoegdheid tussen de verschillende lidstaten, het risico van dubbele verrekening van het verlies en dat van belastingontwijking, ook in deze zaak gelden. Derhalve moeten die argumenten worden onderzocht.

47. De Finse regering, ondersteund door de Zweedse regering en de regering van het Verenigd Koninkrijk, stelt dat de in het hoofdgeding omstreden Finse regeling gebaseerd als zij is op het territorialiteitsbeginsel volgens hetwelk de lidstaten belasting mogen heffen op inkomsten verkregen op hun grondgebied, de afspiegeling is van de consensus met betrekking tot de internationale bevoegdheidsverdeling inzake belastingen.

48. Volgens die regeringen, de Nederlandse regering en de Commissie zou de aftrekbaarheid van de overdracht aan een in een andere lidstaat gevestigde vennootschap erop neerkomen dat de belastingplichtigen kunnen kiezen in welke lidstaat zij worden belast, en de belastingbevoegdheden van de lidstaten beperken door de evenwichtige verdeling van die bevoegdheden in gevaar te brengen.

49. Met betrekking tot de noodzaak een dubbele verliesverrekening te vermijden, stellen de Finse, de Duitse, de Nederlandse en de Zweedse regering en de regering van het Verenigd Koninkrijk dat dit samenvalt met de noodzaak te vermijden dat ten onrechte een dubbel voordeel wordt toegekend. Volgens die regeringen brengt een situatie waarin de financiële intragroepsoverdracht in aanmerking wordt genomen bij de bepaling van het belastbare resultaat van de verrichter daarvan, maar niet als belastbaar inkomen van de ontvanger wordt beschouwd, het risico mee dat de winst van de dochteronderneming die de overdracht verricht, aan elke belastingheffing ontsnapt. Volgens de regering van het Verenigd Koninkrijk, die op dit punt wordt tegengesproken door Oy AA, is dat in het hoofdgeding het geval.

50. Ten slotte zijn de Finse, de Duitse, de Nederlandse en de Zweedse regering, de regering van het Verenigd Koninkrijk en de Commissie het erover eens, dat het risico bestaat dat de activiteiten binnen een groep zo worden georganiseerd dat de winst die in Finland belastbaar is, wordt overgedragen aan – met name enkel daarvoor opge-

richte – vennootschappen die zijn gevestigd in andere lidstaten waar zij worden belast tegen een lager tarief dan in Finland, of zelfs van belasting zijn vrijgesteld.

51. Blijkens punt 51 van het arrest Marks & Spencer is de noodzaak om een evenwichtige verdeling van de heffingsbevoegdheid tussen de lidstaten te waarborgen, aanvaard in samenhang met twee andere rechtvaardigingsgronden, het gevaar voor dubbele verliesverrekening en het gevaar voor belastingontwijking (zie ook arrest van 29 maart 2007, Rewe Zentralfinanz, C-347/04, nog niet gepubliceerd in de *Jurisprudentie*, punt 41).

52. Ook blijven de lidstaten bij gebreke van communautaire unificatie- of harmonisatiemaatregelen bevoegd om, door het sluiten van overeenkomsten of unilateraal, de criteria voor de verdeling van hun heffingsbevoegdheid vast te stellen (arresten van 12 mei 1998, Gilly, C-336/96, *Jurispr.* blz. I-2793, punten 24 en 30; 7 september 2006, N, C-470/04, *Jurispr.* blz. I-7409, punt 44; 14 november 2006, Kerkhaert en Morres, C-513/04, *Jurispr.* blz. I-10967, punten 22 en 23, en arrest Test Claimants in the Thin Cap Group Litigation, reeds aangehaald, punt 49).

53. Wat in de eerste plaats de noodzaak betreft om een evenwichtige verdeling van de heffingsbevoegdheid tussen de lidstaten te waarborgen, deze kan niet worden ingeroepen om systematisch een belastingvoordeel te weigeren aan een ingezeten dochteronderneming, om reden dat de inkomsten van haar in een andere lidstaat gevestigde moedermaatschappij niet belastbaar zijn in de eerste lidstaat (zie in die zin arrest Rewe Zentralfinanz, reeds aangehaald, punt 43).

54. Deze rechtvaardigingsgrond kan echter worden aanvaard wanneer de betrokken regeling ertoe strekt gedragingen te vermijden die afbreuk kunnen doen aan het recht van een lidstaat om zijn belastingbevoegdheid uit te oefenen met betrekking tot activiteiten die op zijn grondgebied plaatsvinden (zie arrest Rewe Zentralfinanz, reeds aangehaald, punt 42).

55. Dienaangaande heeft het Hof overwogen dat indien een vennootschap de mogelijkheid werd geboden, te opteren voor verrekening van haar verlies in de lidstaat waar ze gevestigd is dan wel in een andere lidstaat, een evenwichtige verdeling van de heffingsbevoegdheid tussen de lidstaten groot gevaar zou lopen (zie reeds aangehaalde arresten Marks & Spencer, punt 46, en Rewe Zentralfinanz, punt 42).

56. Aanvaarden dat een grensoverschrijdende financiële intragroepsoverdracht als die in het hoofdgeding kan worden afgetrokken van de belastbare inkomsten van de verrichter ervan, zou er eveneens toe leiden dat groepen vennootschappen vrijelijk kunnen kiezen in welke lidstaat de winst van de dochteronderneming wordt belast, door die winst te onttrekken aan de belastbare grondslag van deze laatste en, wanneer de overdracht in de lidstaat van de ontvangende moedermaatschappij als belastbaar inkomen wordt beschouwd, te betrekken bij die van de moedermaatschappij. Dat zou het stelsel van de verdeling van de heffingsbevoegdheid tussen de lidstaten ontwrichten, aangezien de lidstaat van de dochteronderneming, afhankelijk van de keuze van de groepen vennootschappen, gedwongen zou zijn af te zien van zijn recht om als staat van vestiging van de dochteronderneming belasting te heffen op haar inkomsten, eventueel ten voordele van de lidstaat van vestiging van de moedermaatschappij (zie ook arrest Test Claimants in Class IV of the ACT Group Litigation, reeds aangehaald, punt 59).

57. Wat vervolgens het gevaar voor dubbele verliesverrekening betreft, volstaat het erop te wijzen dat de Finse regeling inzake financiële intragroepsoverdrachten geen betrekking heeft op de aftrekbaarheid van verliezen.

58. Wat ten slotte het vermijden van belastingontwijking betreft, moet worden erkend dat de mogelijkheid om belastbare inkomsten van een dochteronderneming over te dragen naar een moedermaatschappij die in een andere lidstaat is gevestigd, het risico meebrengt dat binnen groepen vennootschappen via volstrekt kunstmatige constructies inkomstenoverdrachten worden georganiseerd naar vennootschappen die zijn gevestigd in lidstaten met de laagste belastingtarieven of lidstaten waar die inkomsten niet worden belast. Deze mogelijkheid wordt nog groter nu de Finse regeling inzake financiële intragroepsoverdrachten niet vereist dat de ontvanger van de overdracht verlies heeft geleden.

59. Nu de Finse regeling inzake financiële intragroepsoverdrachten het recht om een overdracht aan een moedermaatschappij af te trekken van de belastbare inkomsten van een dochteronderneming slechts verleent wanneer de moedermaatschappij is gevestigd in dezelfde lidstaat, kan zij dergelijke praktijken voorkomen, die kunnen worden ingegeven door het bestaan van grote verschillen tussen de belastinggrondslag of de -tarieven in de verschillende lidstaten en die enkel tot doel hebben de belasting te ontwijken die normaliter in de lidstaat van de dochteronderneming verschuldigd is op haar winst.

60. Gelet op deze twee factoren, te weten de noodzaak om een evenwichtige verdeling van de heffingsbevoegdheid tussen de lidstaten te waarborgen en belastingontwijking te vermijden, in onderling verband beschouwd, is het Hof van oordeel dat een regeling als die in het hoofdgeding, die het recht om een overdracht aan een moedermaatschappij van de belastbare inkomsten van een dochteronderneming af te trekken slechts verleent indien de moedermaatschappij en de dochteronderneming in dezelfde lidstaat zijn gevestigd, rechtmatige doelstellingen nastreeft, die met het Verdrag verenigbaar zijn en verband houden met dwingende redenen van algemeen belang, en dat deze regeling geschikt is om deze doelstellingen te verwezenlijken.

61. Niettemin moet worden onderzocht of een dergelijke regeling niet verder gaat dan noodzakelijk is om de nagestreefde doelstellingen te bereiken.

62. Allereerst moet worden opgemerkt dat het garanderen van een evenwichtige verdeling van de heffingsbevoegdheid tussen de lidstaten en het vermijden van belastingontwijking met elkaar samenhangende doelstellingen zijn. Gedragingen die erin bestaan, volstrekt kunstmatige constructies op te zetten die geen verband houden met de economische realiteit en bedoeld zijn om de belasting te ontwijken die normaliter verschuldigd is over winsten uit activiteiten op het nationale grondgebied, kunnen namelijk een aantasting opleveren van het recht van de lidstaten om hun belastingbevoegdheid uit te oefenen met betrekking tot die activiteiten, en zo de evenwichtige verdeling van de heffingsbevoegdheid tussen de lidstaten in gevaar brengen (reeds aangehaalde arresten Cadbury Schweppes en Cadbury Schweppes Overseas, punten 55 en 56, en Test Claimants in the Thin Cap Group Litigation, punten 74 en 75).

63. Ook al heeft de wettelijke regeling die in het hoofdgeding aan de orde is, niet specifiek tot doel om het daarin voorziene belastingvoordeel te onthouden aan volstrekt kunstmatige constructies die geen verband houden met de economische realiteit en bedoeld zijn om de belasting te ontwijken die normaliter verschuldigd is over winsten uit activiteiten op het nationale grondgebied, kan een dergelijke regeling toch worden geacht evenredig te zijn aan haar doelstellingen in hun geheel beschouwd.

64. In een situatie waarin het voordeel in kwestie bestaat in de mogelijkheid inkomsten over te dragen met aftrek ervan van de belastbare inkomsten van de verrichter en bijtelling bij de belastbare inkomsten van de ontvanger, zou elke uitbreiding van dit voordeel tot grensoverschrijdende situaties immers tot gevolg hebben dat, zoals in punt 56 van dit arrest is overwogen, groepen vennootschappen vrij kunnen kiezen in welke lidstaat hun winst wordt belast, ten koste van het recht van de lidstaat van de dochteronderneming om belasting te heffen op de winsten uit activiteiten op zijn grondgebied.

65. Deze aantasting kan niet worden verhinderd door voorwaarden te stellen inzake de behandeling van inkomsten uit financiële intragroepsoverdrachten in de lidstaat van de ontvanger of inzake het bestaan van verliezen bij de ontvanger van de financiële intragroepsoverdracht. Indien de aftrek van een financiële intragroepsoverdracht was toegestaan wanneer zij voor de ontvanger belastbaar inkomen vormt of wanneer de mogelijkheid dat de ontvanger zijn verliezen aan een andere vennootschap overdraagt, beperkt is, of ook indien de aftrek van een financiële intragroepsoverdracht aan een vennootschap gevestigd in een lidstaat die een lager belastingtarief hanteert dan de lidstaat van de verrichter van de overdracht, slechts was toegestaan wanneer de overdracht specifiek gerechtvaardigd wordt door de economische situatie van de ontvanger – zoals Oy AA voorstelt –, zou dat toch impliceren dat de keuze van de staat van belastingheffing uiteindelijk toekomt aan de groep vennootschappen, die aldus over een grote manoeuvreerruimte in dit opzicht zou beschikken.

66. Gelet op deze overwegingen behoeven de andere rechtvaardigingsgronden die door de Finse, de Duitse, de Nederlandse en de Zweedse regering, de regering van het Verenigd Koninkrijk en de Commissie zijn aangevoerd, niet te worden onderzocht.

67. Derhalve moet op de vraag worden geantwoord dat artikel 43 EG niet in de weg staat aan de wettelijke regeling van een lidstaat als aan de orde in het hoofdgeding, volgens welke een in die lidstaat gevestigde dochteronderneming een financiële intragroepsoverdracht aan haar moedermaatschappij slechts van haar belastbare inkomsten kan aftrekken wanneer de moedermaatschappij in dezelfde lidstaat is gevestigd.

Kosten

68. ...

HET HOF VAN JUSTITIE (Grote kamer)

verklaart voor recht:

Artikel 43 EG staat niet in de weg aan de wettelijke regeling van een lidstaat als aan de orde in het hoofdgeding, volgens welke een in die lidstaat gevestigde dochteronderneming een financiële intragroepsoverdracht aan haar moedermaatschappij slechts van haar belastbare inkomsten kan aftrekken wanneer de moedermaatschappij in dezelfde lidstaat is gevestigd.

HvJ EG 18 juli 2007, zaak C-182/06 (Luxemburgse Staat v. Hans Ulrich Lakebrink, Katrin Peters-Lakebrink)

Eerste kamer: *P. Jann, kamerpresident, R. Schintgen, A. Tizzano, M. Ilešič en E. Levits (rapporteur), rechters*
Avocaat-generaal: *P. Mengozzi*

1. Het verzoek om een prejudiciële beslissing betreft de uitlegging van artikel 39 EG.

2. Dit verzoek is ingediend in het kader van een geding tussen de Luxemburgse Staat, enerzijds, en H. U. Lakebrink en K. Peters-Lakebrink (hierna: 'echtelieden Lakebrink'), anderzijds, ter zake van de inkomstenbelasting waaraan laatstgenoemden over het jaar 2002 in Luxemburg zijn onderworpen.

Toepasselijke bepalingen, hoofdgeding en prejudiciële vraag

3. De echtelieden Lakebrink, Duitse staatsburgers die in Duitsland wonen, werken beiden uitsluitend in loondienst in Luxemburg. Zij hebben voor het jaar 2002 verzocht, in die lidstaat gezamenlijk te worden belast in de zin van artikel 157 ter van de Loi modifiée du 4 décembre 1967 relative à l'impôt sur le revenu (gewijzigde wet van 4 december 1967 op de inkomstenbelasting; hierna: 'LIR').

4. In hun bij de Luxemburgse fiscus ingediende belastingaangifte vermeldden de echtelieden Lakebrink een bedrag van 26 080 EUR aan negatieve inkomsten uit de verhuur van twee onroerende goederen in Duitsland waarvan zij eigenaar zijn, maar die zij niet zelf betrekken. Zij verzochten dat bij de bepaling van het belastingtarief voor ingezetenen rekening zou worden gehouden met deze verliezen uit verhuur.

5. Die negatieve huurinkomsten zijn naar behoren vastgesteld in de belastingaanslag van de echtelieden voor het jaar 2002 die op 30 juli 2003 door het Finanzamt Trier (Duitsland) is opgesteld. Blijkens die belastingaanslag hadden de echtelieden Lakebrink in Duitsland geen belastbare inkomsten. Zij hebben daar dan ook geen belasting betaald.

6. Op hun verzoek werden de echtelieden Lakebrink in Luxemburg gezamenlijk belast. Overeenkomstig artikel 157 ter LIR werd de belasting berekend tegen het tarief dat van toepassing zou zijn geweest indien zij ingezetenen van die lidstaat waren geweest. Bij de vaststelling van dat tarief is evenwel geen rekening gehouden met de negatieve inkomsten uit de verhuur van hun onroerende goederen in Duitsland.

7. Artikel 157 ter LIR bepaalt namelijk dat in afwijking van de belastingregeling voor ingezeten belastingplichtigen, waarin de progressieregel voor de berekening van het belastingtarief van toepassing is op alle inkomsten waarover andere staten belasting mogen heffen, in de belastingregeling voor niet-ingezeten belastingplichtigen de progressieregel overeenkomstig artikel 134 LIR alleen van toepassing is op de binnenlandse inkomsten en de buitenlandse beroepsinkomsten van die belastingplichtigen.

8. Op basis van artikel 4 van de op 23 augustus 1958 tussen de Luxemburgse Staat en de Bondsrepubliek Duitsland gesloten overeenkomst ter voorkoming van dubbele belasting en houdende bepalingen inzake wederzijdse administratieve bijstand op het gebied van belastingen naar het inkomen en naar het vermogen en op het gebied van gemeentelijke bedrijfsbelasting en grondbelasting, wordt de belasting over de inkomsten uit de verhuur van een onroerend goed geheven door de staat waar dat goed gelegen is, in casu de Bondsrepubliek Duitsland.

9. De echtelieden Lakebrink hebben bezwaar gemaakt tegen de door de Luxemburgse fiscus vastgestelde aanslag in de inkomstenbelasting. Een antwoord op dat bezwaar is uitgebleven. Het Luxemburgse Tribunal administratif verklaarde hun beroep tot herziening van die aanslag gegrond.

10. De Luxemburgse Staat heeft tegen deze beslissing hoger beroep ingesteld bij de Cour administrative. Deze rechterlijke instantie vraagt zich met name af of de toepassing van artikel 157 ter LIR, voor zover dat impliceert dat wordt geweigerd om bij de vaststelling van het tarief van de belasting over de inkomsten die de echtelieden Lakebrink in Luxemburg hebben verkregen, rekening te houden met de negatieve inkomsten uit de verhuur van hun onroerende goederen in Duitsland, een bij artikel 39 EG verboden indirecte discriminatie oplevert.

11. Daarop heeft de Cour administrative de behandeling van de zaak geschorst en het Hof de volgende prejudiciële vraag gesteld:

> 'Moet artikel 39 EG aldus worden uitgelegd, dat het in de weg staat aan een nationale regeling, zoals die welke in [...] Luxemburg is ingevoerd bij artikel 157 ter LIR, op grond waarvan een gemeenschapsburger die niet in Luxemburg woont en uit Luxemburgse bron inkomsten uit arbeid in loondienst verkrijgt, welke inkomsten het grootste deel van zijn belastbare inkomen vormen, zich voor de bepaling van het op zijn inkomsten uit Luxemburgse bron toepasselijke belastingtarief niet kan beroepen op zijn negatieve inkomsten uit de verhuur van in een andere lidstaat – in casu Duitsland – gelegen onroerende goederen die hij niet persoonlijk gebruikt?'

Beantwoording van de prejudiciële vraag

12. Met zijn vraag wenst de verwijzende rechter in wezen te vernemen of artikel 39 EG aldus moet worden uitgelegd dat het in de weg staat aan een nationale regeling als die in het hoofdgeding, op grond waarvan een gemeenschapsburger die niet woont in de lidstaat waar hij inkomsten verkrijgt welke het grootste deel van zijn belastbare inkomen vormen, zich voor de bepaling van het op die inkomsten toepasselijke belastingtarief niet kan beroepen op de negatieve inkomsten uit de verhuur van in een andere lidstaat gelegen onroerende goederen die hij niet persoonlijk gebruikt, terwijl een ingezetene van de eerste staat dat wel kan.

13. Het belastingstelsel dat is ingevoerd bij de in het hoofdgeding aan de orde zijnde wettelijke regeling, verschilt naargelang de werknemer die het grootste deel van zijn belastbare inkomen in Luxemburg ontvangt, daar al dan niet gevestigd is.

14. In dit verband zij er allereerst aan herinnerd dat, ofschoon de directe belastingen als zodanig niet tot de bevoegdheidssfeer van de Europese Gemeenschap behoren, de lidstaten niettemin verplicht zijn de bij hen verbleven bevoegdheden in overeenstemming met het gemeenschapsrecht uit te oefenen (zie met name arresten van 14 februari 1995, Schumacker, C-279/93, *Jurispr.* blz. I-225, punt 21, en 3 oktober 2006, FKP Scorpio Konzertproduktionen, C-290/04, *Jurispr.* blz. I-9461, punt 30).

15. Verder valt iedere gemeenschapsburger die een beroepswerkzaamheid in een andere lidstaat dan zijn woonstaat heeft uitgeoefend, ongeacht zijn woonplaats en zijn nationaliteit, binnen de werkingssfeer van artikel 39 EG (zie arrest van 21 februari 2006, Ritter-Coulais, C-152/03, *Jurispr.* blz. I-1711, punt 31).

16. Derhalve valt de situatie van de echtelieden Lakebrink, die werkten in een andere lidstaat dan hun woonstaat, binnen de werkingssfeer van artikel 39 EG.

17. Ten slotte volgt uit vaste rechtspraak dat de bepalingen van het EG-Verdrag inzake het vrije verkeer van personen beogen het de gemeenschapsburgers gemakkelijker te maken, op het gehele grondgebied van de Gemeenschap om het even welk beroep uit te oefenen, en in de weg staan aan regelingen die deze onderdanen zouden kunnen benadelen wanneer zij op het grondgebied van een andere lidstaat een economische activiteit willen verrichten (zie arresten van 15 juni 2000, Sehrer, C-302/98, *Jurispr.* blz. I-4585, punt 32, en 13 november 2003, Schilling en Fleck-Schilling, C-209/01, *Jurispr.* blz. I-13389, punt 24).

18. De echtelieden Lakebrink, die werken in Luxemburg maar wonen in Duitsland, hadden volgens de Luxemburgse wettelijke regeling, anders dan degenen die in Luxemburg wonen en werken, niet het recht te vragen dat bij de vaststelling van het op hun in Luxemburg verkregen inkomsten toepasselijke belastingtarief rekening zou worden gehouden met het verlies van inkomsten uit de verhuur van hun in Duitsland gelegen onroerende goederen.

19. Derhalve worden niet-ingezeten werknemers als de echtelieden Lakebrink door de regeling die in het hoofdgeding aan de orde is, minder gunstig behandeld dan ingezeten werknemers.

20. De Luxemburgse en de Nederlandse regering stellen daarentegen dat deze regeling, nu zij geen rekening houdt met andere buitenlandse inkomsten dan beroepsinkomsten, ongeacht of die positief of negatief zijn, niet-ingezeten belastingplichtigen doorgaans gunstiger behandelt dan ingezeten belastingplichtigen.

21. Een dergelijke globale beoordeling van de gevolgen van de betrokken regeling kan niet worden aanvaard, aangezien zij het verbod van artikel 39 EG zinledig zou maken.

22. Hoewel een regeling als die in het hoofdgeding belastingvoordelen kan verlenen aan niet-ingezeten belastingplichtigen die positieve of althans overwegend positieve buitenlandse inkomsten aanvoeren die geen beroepsinkomsten zijn, is dat niet het geval voor niet-ingezeten belastingplichtigen als de echtelieden Lakebrink, wier buitenlandse inkomsten die geen beroepsinkomsten zijn, slechts negatief zijn.

23. Zoals de advocaat-generaal in punt 29 van zijn conclusie opmerkt, kan de omstandigheid dat de betrokken regeling in een situatie als die in het hoofdgeding nadelig is voor niet-ingezetenen, evenwel niet worden gecompenseerd door de omstandigheid dat die regeling in andere situaties niet-ingezetenen niet ongunstiger behandelt dan ingezetenen.

24. In dat verband is het vaste rechtspraak dat een ongunstige fiscale behandeling die in strijd is met een fundamentele vrijheid, niet kan worden gerechtvaardigd door andere fiscale voordelen, als die voordelen al bestaan (zie arrest van 12 december 2000, De Groot, C-385/00, *Jurispr.* blz. I-11819, punt 97 en aldaar aangehaalde rechtspraak).

25. Verder moet worden opgemerkt dat werknemers als de echtelieden Lakebrink, die geen belastbare inkomsten hebben in hun woonstaat, niet kunnen verzoeken om rekening te houden met het verlies van inkomsten uit de verhuur van hun in die staat gelegen onroerende goederen, zodat hun elke mogelijkheid wordt ontzegd om bij de vaststelling van het belastingtarief voor hun gezamenlijke inkomsten rekening te doen houden met hun negatieve huurinkomsten.

26. Onderzocht moet dus worden of het belastingnadeel voor werknemers die niet in Luxemburg wonen, zoals de echtelieden Lakebrink, een bij artikel 39 EG verboden indirecte discriminatie op grond van nationaliteit kan opleveren.

27. Volgens vaste rechtspraak is immers slechts sprake van discriminatie wanneer verschillende regels worden toegepast op vergelijkbare situaties of wanneer dezelfde regel wordt toegepast op verschillende situaties (arrest Schumacker, reeds aangehaald, punt 30; arresten van 29 april 1999, Royal Bank of Scotland, C-311/97, *Jurispr.* blz. I-2651, punt 26, en 22 mars 2007, Talotta, C-383/05, nog niet gepubliceerd in de *Jurisprudentie*, punt 18).

28. De situatie van ingezetenen en die van niet-ingezetenen ter zake van directe belastingen zijn evenwel in de regel niet vergelijkbaar (arrest Schumacker, reeds aangehaald, punt 31).

29. Wanneer een lidstaat een niet-ingezeten belastingplichtige niet in aanmerking laat komen voor bepaalde belastingvoordelen die hij aan de ingezeten belastingplichtigen verleent, is dat in de regel dus niet discriminerend, aangezien deze twee categorieën belastingplichtigen zich niet in een vergelijkbare situatie bevinden.

30. Volgens vaste rechtspraak ligt dit evenwel anders wanneer de niet-ingezetene geen inkomsten van betekenis verwerft in de staat waar hij woont, en het grootste deel van zijn belastbaar inkomen haalt uit arbeid verricht in de werkstaat, met als gevolg dat de woonstaat hem niet de voordelen kan toekennen die voortvloeien uit de inaanmerkingneming van zijn persoonlijke en gezinssituatie (zie met name arrest Schumacker, reeds aangehaald, punt 36).

31. Volgens die rechtspraak is de discriminatie gelegen in het feit dat met de persoonlijke en de gezinssituatie van een niet-ingezetene die het grootste deel van zijn inkomsten en nagenoeg alle inkomsten van zijn gezin verwerft in een andere lidstaat dan zijn woonstaat, noch in de woonstaat noch in de staat waarin hij werkzaam is, rekening wordt gehouden (arrest Schumacker, reeds aangehaald, punt 38).

32. Die rechtspraak is van toepassing in een situatie als die van het hoofdgeding.

33. De in punt 31 van dit arrest genoemde discriminatie betreft namelijk a fortiori niet-ingezeten werknemers als de echtelieden Lakebrink, die, zoals in punt 25 van dit arrest is beklemtoond, geen inkomsten hebben in hun woonstaat en die alle inkomsten van hun gezin verwerven uit werkzaamheden in de werkstaat.

34. Anderzijds heeft de ratio van de discriminatie die het Hof in het arrest Schumacker heeft vastgesteld en waaraan in punt 31 van dit arrest is herinnerd, zoals de advocaat-generaal in punt 36 van zijn conclusie heeft opgemerkt, betrekking op alle belastingvoordelen die verband houden met de fiscale draagkracht van de niet-ingezetene waarmee noch in de woonstaat, noch in de werkstaat rekening is gehouden (zie ook conclusie van advocaat-generaal Léger bij arrest Ritter-Coulais, reeds aangehaald, punten 97-99); de fiscale draagkracht kan trouwens worden geacht deel uit te maken van de persoonlijke situatie van de niet-ingezetene in de zin van het arrest Schumacker.

35. De weigering van de belastingadministratie van een lidstaat om rekening te houden met de negatieve inkomsten uit de verhuur van de in het buitenland gelegen onroerende goederen van een belastingplichtige, is dus een bij artikel 39 EG verboden discriminatie.

36. Bijgevolg moet op de vraag worden geantwoord dat artikel 39 EG aldus moet worden uitgelegd, dat het in de weg staat aan een nationale regeling op grond waarvan een gemeenschapsburger die niet woont in de lidstaat waar hij inkomsten verkrijgt welke het grootste deel van zijn belastbare inkomen vormen, niet kan vragen dat voor de bepaling van het op die inkomsten toepasselijke belastingtarief rekening wordt gehouden met de negatieve inkomsten uit de verhuur van in een andere lidstaat gelegen onroerende goederen die hij niet persoonlijk gebruikt, terwijl een ingezetene van de eerste staat dat wel kan.

Kosten

37. …

HET HOF VAN JUSTITIE (Eerste kamer)

verklaart voor recht:

Artikel 39 EG moet aldus worden uitgelegd, dat het in de weg staat aan een nationale regeling op grond waarvan een gemeenschapsburger die niet woont in de lidstaat waar hij inkomsten verkrijgt welke het grootste deel van zijn belastbare inkomen vormen, niet kan vragen dat voor de bepaling van het op die inkomsten toepasselijke belastingtarief rekening wordt gehouden met de negatieve inkomsten uit de verhuur van in een andere lidstaat gelegen onroerende goederen die hij niet persoonlijk gebruikt, terwijl een ingezetene van de eerste staat dat wel kan.

HvJ EG 11 september 2007, zaak C-76/05 (Herbert Schwarz, Marga Gootjes-Schwarz v. Finanzamt Bergisch Gladbach)

Grote kamer: *V. Skouris, president, P. Jann, C. W. A. Timmermans, A. Rosas (rapporteur) en K. Lenaerts, kamerpresidenten, J. N. Cunha Rodrigues, R. Silva de Lapuerta, K. Schiemann, J. Makarczyk, G. Arestis, A. Borg Barthet, M. Ilešič en J. Malenovský, rechters*

Advocaat-generaal: *C. Stix-Hackl*

Samenvatting arrest *(V-N 2008/5.8)*

In de jaren 1998 en 1999 heeft het echtpaar Schwarz woonachtig in Duitsland, twee van zijn kinderen ingeschreven bij een in Schotland gevestigde particuliere internationale school. Voor de heffing van Duitse inkomstenbelasting over deze jaren is het schoolgeld dat hiervoor is betaald, geweigerd als aftrekpost wegens buitengewone uitgaven. Zouden de kinderen ingeschreven zijn geweest bij een erkende Duitse particuliere school, dan zou het schoolgeld wel aftrekbaar zijn geweest.

In reactie op een prejudiciële vraag van het Finanzgericht Köln antwoord het Hof van Justitie EG dat de aftrekweigering een belemmering van het vrije dienstenverkeer van art. 49 EG-verdrag kan impliceren. Een definitief oordeel daarover hangt af van de vraag of de desbetreffende internationale school hoofdzakelijk uit particuliere middelen wordt gefinancierd (te beoordelen door de Duitse nationale rechter). Deze belemmering kan niet worden gerechtvaardigd. Voorts oordeelt het Hof van Justitie EG de onderhavige aftrekweigering in strijd met het recht van vrij reizen en vrij verblijf in de zin van art. 18 EG-verdrag.

HET HOF VAN JUSTITIE (Grote kamer)

verklaart voor recht:

1. Met betrekking tot een situatie waarin belastingplichtigen van een lidstaat hun kinderen naar een in een andere lidstaat gevestigde school sturen die hoofdzakelijk uit particuliere middelen wordt gefinancierd, moet artikel 49 EG aldus worden uitgelegd dat het in de weg staat aan een regeling van een lidstaat volgens welke belastingplichtigen schoolgeld betaald aan bepaalde op het nationale grondgebied gevestigde particuliere scholen als buitengewone uitgaven voor vermindering van hun inkomstenbelasting in aanmerking kunnen laten nemen, terwijl dit voor schoolgeld betaald aan een in een andere lidstaat gevestigde particuliere school in de regel niet mogelijk is.

2. Met betrekking tot een situatie waarin belastingplichtigen van een lidstaat hun kinderen naar een in een andere lidstaat gevestigde school sturen waarvan de activiteiten niet onder artikel 49 EG vallen, staat artikel 18 EG in de weg aan een regeling van een lidstaat volgens welke belastingplichtigen schoolgeld betaald aan bepaalde op het nationale grondgebied gevestigde scholen als buitengewone uitgaven voor vermindering van hun inkomstenbelasting in aanmerking kunnen laten nemen, terwijl dit voor schoolgeld betaald aan een in een andere lidstaat gevestigde school in de regel niet mogelijk is.

HvJ EG 11 september 2007, zaak C-318/05 (Commissie van de Europese Gemeenschappen v. Bondsrepubliek Duitsland)

Grote kamer: *V. Skouris, president, P. Jann, C. W. A. Timmermans, A. Rosas (rapporteur) en K. Lenaerts, kamerpresidenten, J. N. Cunha Rodrigues, R. Silva de Lapuerta, K. Schiemann, J. Makarczyk, G. Arestis, A. Borg Barthet, M. Ilešič en J. Malenovský, rechters*

Advocaat-generaal: *C. Stix-Hackl*

HET HOF VAN JUSTITIE (Grote kamer)

verklaart voor recht:

1. **Door schoolgeld voor het bezoek van een in een andere lidstaat gevestigde school op algemene wijze uit te sluiten van de aftrek als buitengewone uitgaven bedoeld in § 10, lid 1, punt 9, van het Einkommensteuergesetz in de versie die is bekendgemaakt op 19 oktober 2002, is de Bondsrepubliek Duitsland de krachtens de artikelen18 EG, 39 EG, 43 EG en 49 EG op haar rustende verplichtingen niet nagekomen.**
2. **Het beroep wordt verworpen voor het overige.**
3. **De Bondsrepubliek Duitsland wordt verwezen in de kosten.**

HvJ EG 11 oktober 2007, zaak C-451/05 (Européenne et Luxembourgeoise d'investissements SA (ELISA) v. Directeur général des impôts, Ministère public)

Vierde kamer: *K. Lenaerts, kamerpresident, G. Arestis (rapporteur), E. Juhász, J. Malenovský en T. von Danwitz, rechters*
Advocaat-generaal: *J. Mazák*

1. Het verzoek om een prejudiciële beslissing betreft de uitlegging van de artikelen 52 EG-Verdrag (thans, na wijziging, artikel 43 EG) en 73 B EG-Verdrag (thans artikel 56 EG) en van artikel 1 van richtlijn 77/799/EEG van de Raad van 19 december 1977 betreffende de wederzijdse bijstand van de bevoegde autoriteiten van de lidstaten op het gebied van de directe belastingen (*PB* L 336, blz. 15), zoals gewijzigd bij richtlijn 92/12/EEG van de Raad van 25 februari 1992 (*PB* L 76, blz. 1; hierna: 'richtlijn 77/799').

2. Dit verzoek is ingediend in een geding tussen Européenne et Luxembourgeoise d'investissements SA (hierna: 'ELISA') en de directeur général des impôts betreffende de onderwerping van deze vennootschap aan de belasting over de marktwaarde van onroerende zaken die rechtspersonen in Frankrijk bezitten (hierna: 'litigieuze belasting').

Toepasselijke bepalingen
Gemeenschapsrecht

3. Artikel 1 van richtlijn 77/799, 'Algemene bepalingen', luidt als volgt:

> '1. De bevoegde autoriteiten van de lidstaten verstrekken elkaar overeenkomstig deze richtlijn alle inlichtingen die hun van nut kunnen zijn voor een juiste vaststelling van de belastingschuld op het gebied van de belastingen naar het inkomen en het vermogen [...]
> 2. Als belastingen naar het inkomen en het vermogen worden, ongeacht de heffingsvorm, beschouwd alle belastingen die worden geheven naar het gehele inkomen, naar het gehele vermogen of naar bestanddelen van het inkomen of van het vermogen, daaronder begrepen belastingen naar voordelen verkregen uit de vervreemding van roerende of onroerende zaken, belastingen geheven naar loonsommen, alsmede belastingen naar waardevermeerdering.
> 3. De thans bestaande in lid 2 bedoelde belastingen zijn met name:
> [...]
> *in Frankrijk:*
> impôt sur le revenu,
> impôt sur les sociétés,
> taxe professionnelle,
> taxe foncière sur les propriétés bâties,
> taxe foncière sur les propriétés non bâties;
> [...]
> 4. Lid 1 is eveneens van toepassing op alle gelijke of in wezen soortgelijke belastingen die in de toekomst naast of in de plaats van de in lid 3 bedoelde belastingen worden geheven. [...]
> [...]'

4. De artikelen 2, 3 en 4 van richtlijn 77/799 bevatten bepalingen betreffende respectievelijk de uitwisseling op verzoek en de automatische en de spontane uitwisseling van de in artikel 1, lid 1, van deze richtlijn bedoelde inlichtingen.

5. Artikel 8 van deze richtlijn, 'Begrenzing van de uitwisseling van inlichtingen', bepaalt:

> '1. De bepalingen van deze richtlijn verplichten niet tot het instellen van een onderzoek of het verstrekken van inlichtingen wanneer de wetgeving of de administratieve praktijk van de lidstaat die de inlichtingen zou moeten verstrekken de bevoegde autoriteit niet toestaat voor eigen doeleinden een zodanig onderzoek in te stellen of zodanige inlichtingen in te winnen of te gebruiken.
> 2. Het verstrekken van inlichtingen kan worden geweigerd indien dit zou leiden tot de onthulling van een bedrijfs-, nijverheids-, handels- of beroepsgeheim of van een fabrieks- of handelswerkwijze of van gegevens waarvan de onthulling in strijd zou zijn met de openbare orde.
> 3. De bevoegde autoriteit van een lidstaat kan het verstrekken van inlichtingen weigeren wanneer de lidstaat voor wie de inlichtingen zijn bestemd op rechts- of feitelijke gronden niet in staat is gelijksoortige inlichtingen te verstrekken.'

6. Artikel 11 van richtlijn 77/799, 'Toepasbaarheid van verdergaande verplichtingen inzake bijstand', bepaalt dat '[v]erdergaande verplichtingen tot uitwisseling van inlichtingen welke voortvloeien uit andere rechtsvoorschriften [...] door deze richtlijn niet [worden] beperkt'.

Nationaal recht

7. De artikelen 990 D en 990 E van de code général des impôts (hierna: 'CGI'), zoals gewijzigd bij wet nr. 92-1376 van 30 december 1992 houdende de begrotingswet voor het jaar 1993 (JORF nr. 304 van 31 december 1992), bepalen:

> '*Artikel 990 D*
> Rechtspersonen die, hetzij rechtstreeks, hetzij via een tussenpersoon, één of meer onroerende zaken in Frankrijk bezitten of die houder zijn van zakelijke rechten met betrekking tot deze zaken, zijn onderworpen aan een jaarlijkse belasting ten belope van drie procent van de marktwaarde van deze zaken of rechten.
> Wordt geacht via een tussenpersoon onroerende zaken of rechten in Frankrijk te bezitten, elke rechtspersoon die een deelneming heeft, ongeacht de vorm en de omvang ervan, in een rechtspersoon die deze zaken of rechten bezit of een deelneming bezit in een derde rechtspersoon die zelf deze zaken of rechten bezit of als tussenpersoon in de keten van deelnemingen fungeert. Deze bepaling is van toepassing ongeacht het aantal rechtspersonen die als tussenpersoon fungeren.
>
> *Artikel 990 E*
> De in artikel 990 D bedoelde belasting is niet van toepassing:
> 1. op rechtspersonen waarvan de in Frankrijk gelegen onroerende activa in de zin van artikel 990 D minstens 50% van de Franse activa uitmaken. Voor de toepassing van deze bepaling worden van de onroerende activa uitgesloten de activa die de in artikel 990 D bedoelde rechtspersonen of de tussenpersonen voor hun eigen, andere dan onroerende, bedrijfsactiviteit gebruiken;
> 2. op rechtspersonen die hun zetel hebben in een land of op een grondgebied dat met Frankrijk een overeenkomst inzake administratieve bijstand ter bestrijding van belastingfraude en belastingontwijking heeft gesloten en die elk jaar uiterlijk op 15 mei op de plaats vastgesteld bij het in artikel 990 F bedoelde besluit aangifte doen van de ligging, de samenstelling en de waarde van de onroerende zaken die zij op 1 januari in hun bezit hebben, de naam en het adres van hun vennoten op dezelfde datum alsmede het aantal aandelen of deelbewijzen dat ieder van hen houdt;
> 3. op rechtspersonen die hun zetel van werkelijke leiding in Frankrijk hebben en op andere rechtspersonen die op grond van een verdrag niet aan een hogere belasting mogen worden onderworpen, wanneer zij ieder jaar de belastingadministratie op haar verzoek mededeling doen van de ligging en de samenstelling van de onroerende zaken die zij op 1 januari in hun bezit hebben, de naam en het adres van hun aandeelhouders, vennoten of andere leden, het aantal aandelen, deelbewijzen of andere rechten dat ieder van hen houdt, en de verklaringen inzake hun fiscale vestiging aan haar doen toekomen, of zich daartoe verbinden en deze verbintenis ook nakomen. [...]'

Internationaal recht

8. Artikel 21, lid 1, van de op 1 april 1958 te Parijs ondertekende overeenkomst tussen de Franse Republiek en het Groothertogdom Luxemburg tot het vermijden van dubbele belasting en tot vaststelling van de regels voor wederzijdse administratieve bijstand op het gebied van belastingen naar het inkomen en naar het vermogen, zoals gewijzigd bij het avenant dat op 8 september 1970 is ondertekend te Parijs (hierna: 'overeenkomst van 1 april 1958'), bepaalt:

> 'De onderdanen, vennootschappen of andere groepen van een van de overeenkomstsluitende staten zijn in de andere staat niet aan andere of hogere belastingen onderworpen dan die welke worden opgelegd aan de onderdanen, vennootschappen of andere groepen van laatstgenoemde staat.'

9. Artikel 22, lid 1, van de overeenkomst van 1 april 1958 luidt als volgt:

> 'De bevoegde autoriteiten van de twee staten kunnen op voorwaarde van wederkerigheid hetzij ambtshalve, hetzij op verzoek de inlichtingen uitwisselen die op basis van hun belastingwetgeving in het kader van de normale belastingpraktijk kunnen worden verkregen en die noodzakelijk zijn voor een correcte toepassing van de overeenkomst. [...]'

10. Volgens briefwisseling van 8 september 1970 betreffende de overeenkomst van 1 april 1958 waren de Franse en de Luxemburgse regering van mening dat 'deze overeenkomst vanaf de inwerkingtreding ervan niet van toepassing is op holdingvennootschappen in de zin van de Luxemburgse bijzondere wetgeving (thans de wet van 31 juli 1929 en het wetsbesluit van 27 december 1937) en evenmin op de inkomsten die een persoon die zijn fiscale woonplaats in Frankrijk heeft, uit dergelijke vennootschappen haalt, of op de deelnemingen die deze persoon in dergelijke vennootschappen heeft'.

11. Het vestigingsverdrag tussen de Franse Republiek en het Groothertogdom Luxemburg, ondertekend te Parijs op 31 maart 1930, bevat een meestbegunstigingsclausule.

12. Volgens artikel 9 van dit verdrag '[verbinden] de twee Hoge Verdragsluitende Partijen [...] zich ertoe zo snel mogelijk een bijzondere overeenkomst te sluiten betreffende de rechten, belastingen en bijdragen waaraan de onderdanen en vennootschappen onderworpen zijn, teneinde problemen inzake dubbele belasting te regelen'.

Hoofdgeding en prejudiciële vragen

13. ELISA is een holdingvennootschap naar Luxemburgs recht, opgericht overeenkomstig de bepalingen van de wet van 31 juli 1929 inzake de belastingregeling die van toepassing is op holdingvennootschappen (Mém. 1929, blz. 685), zoals gewijzigd bij groothertogelijke verordening van 24 maart 1989 (Mém. A 1989, blz. 181).

14. Ingevolge artikel 1, tweede alinea, van deze wet zijn holdingvennootschappen vrijgesteld van inkomstenbelasting, toeslagen, aanvullende belasting en couponbelasting, alsook van gemeentelijke opcentiemen. Volgens artikel 1, zesde alinea, van de wet is het registratiekantoor bevoegd om controles te verrichten en een onderzoek in te stellen en is deze bevoegdheid beperkt tot het onderzoek van de feiten en gegevens betreffende de fiscale status van de vennootschap en de informatie die nodig is om de correcte heffing van de door de vennootschap verschuldigde belastingen en rechten te verzekeren en om dienaangaande verificaties te verrichten.

15. Volgens de verwijzingsbeslissing bezit ELISA verschillende onroerende zaken op Frans grondgebied en is zij op die grond onderworpen aan de bepalingen van de artikelen 990 D en volgende CGI waarbij de litigieuze belasting is ingevoerd.

16. Uit de verwijzingsbeslissing blijkt eveneens dat ELISA de door de wet voorgeschreven aangiften heeft gedaan, zonder evenwel de overeenkomstige belastingen te betalen. De belastingadministratie heeft haar op 18 december 1997 navorderingsaanslagen opgelegd en vervolgens de belasting geïnd. Nadat haar bezwaar was verworpen, heeft ELISA de directeur général des impôts voor het Tribunal de grande instance de Paris gedaagd om vrijstelling van de betrokken belasting te verkrijgen.

17. Na tweemaal in het ongelijk te zijn gesteld, respectievelijk door het Tribunal de grande instance de Paris op 28 oktober 1999 en door de Cour d'appel de Paris op 5 juli 2001, heeft ELISA cassatieberoep ingesteld.

18. De Cour de cassation heeft de behandeling van de zaak geschorst en het Hof de volgende prejudiciële vragen gesteld:

> '1. Verzetten de artikelen 52 en volgende en de artikelen 73 B en volgende EG-Verdrag zich tegen een wettelijke regeling als die van de artikelen 990 D en volgende [CGI], die rechtspersonen die hun zetel van werkelijke leiding in Frankrijk hebben, aanspraak verleent op vrijstelling van de [litigieuze] belasting [...] en die deze aanspraak voor rechtspersonen die hun zetel van werkelijke leiding op het grondgebied van een ander land hebben – ook al is dat een lidstaat van de Europese Unie – afhankelijk stelt van het bestaan van een tussen Frankrijk en deze staat gesloten overeenkomst inzake administratieve bijstand met het oog op de bestrijding van belastingfraude en belastingontwijking, of van de omstandigheid dat deze rechtspersonen als gevolg van de toepassing van een verdrag dat een clausule van non-discriminatie op grond van nationaliteit bevat, geen hogere belasting mag worden opgelegd dan die waaraan de rechtspersonen zijn onderworpen die hun zetel van werkelijke leiding in Frankrijk hebben?
>
> 2. Vormt een belasting als de in het geding zijnde een belasting naar het vermogen in de zin van artikel 1 van [...] richtlijn [77/799]?
>
> 3. Zo ja: verzetten de bij [...] richtlijn [77/799] aan de lidstaten opgelegde verplichtingen inzake wederzijdse fiscale bijstand zich tegen de toepassing door de lidstaten, krachtens een bilaterale overeenkomst inzake fiscale administratieve bijstand, van gelijksoortige verplichtingen die een categorie van belastingplichtigen als de Luxemburgse holdingvennootschappen uitsluiten?
>
> 4. Leggen de artikelen 52 en volgende en de artikelen 73 B en volgende EG-Verdrag een lidstaat die met een ander land, al dan geen lidstaat van de Europese Unie, een overeenkomst heeft gesloten die een fiscale non-discriminatieclausule bevat, de verplichting op om aan de rechtspersoon die zijn zetel van werkelijke leiding op het grondgebied van een andere lidstaat heeft, dezelfde voordelen toe te kennen als die waarin deze clausule voorziet, wanneer deze rechtspersoon één of meer onroerende zaken bezit op het grondgebied van de eerstgenoemde lidstaat en er tussen deze lidstaat en de laatstgenoemde lidstaat geen gelijkwaardige clausule geldt?'

Beantwoording van de prejudiciële vragen

19. Vooraf dient te worden opgemerkt dat de in het hoofdgeding aan de orde zijnde feiten uitsluitend betrekking hebben op lidstaten en niet op derde landen. Bijgevolg betreffen de antwoorden op de prejudiciële vragen enkel de betrekkingen tussen lidstaten.

Tweede vraag

20. Met zijn tweede vraag, die eerst dient te worden onderzocht, wenst de verwijzende rechter te vernemen of de litigieuze belasting een belasting naar het vermogen in de zin van artikel 1 van richtlijn 77/799 vormt.

21. Dienaangaande dient er in de eerste plaats aan te worden herinnerd dat volgens artikel 1, lid 2, van richtlijn 77/799 als belastingen naar het inkomen en het vermogen worden beschouwd alle belastingen, ongeacht de heffingsvorm, die worden geheven naar het gehele inkomen, naar het gehele vermogen of naar bestanddelen van het inkomen of van het vermogen, daaronder begrepen belastingen naar voordelen verkregen uit de vervreemding van roerende of onroerende zaken, belastingen geheven naar loonsommen, alsmede belastingen naar waardevermeerdering.

22. Uit deze bepaling blijkt duidelijk dat richtlijn 77/799 niet alleen betrekking heeft op belastingen die worden geheven naar het gehele inkomen en het gehele vermogen, maar ook op belastingen die worden geheven naar bestanddelen van het inkomen of van het vermogen. Hieruit volgt dat dergelijke belastingen, ongeacht de benaming ervan, eveneens behoren tot de belastingen waaromtrent de lidstaten elkaar overeenkomstig richtlijn 77/799 alle inlichtingen verstrekken die hun van nut kunnen zijn voor een juiste vaststelling van de belastingschuld.

23. In de tweede plaats bepaalt artikel 1, lid 3, van richtlijn 77/799 dat de in lid 2 bedoelde belastingen in Frankrijk met name zijn: de 'impôt sur le revenu', de 'impôt sur les sociétés', de 'taxe professionnelle', de 'taxe foncière sur les propriétés bâties' en de 'taxe foncière sur les propriétés non bâties'.

24. Uit artikel 1, lid 3, van richtlijn 77/799 blijkt ondubbelzinnig dat de opsomming van belastingen in dit artikel niet limitatief is.

25. Bijgevolg dient het argument dat artikel 1, lid 3, van richtlijn 77/799 niet op het hoofdgeding van toepassing is omdat de litigieuze belasting niet een van de in deze bepaling bedoelde belastingen is, meteen te worden verworpen.

26. Het niet-limitatieve karakter van de lijst van belastingen in artikel 1, lid 3, van richtlijn 77/799 wordt bevestigd door lid 4 van dit artikel, volgens hetwelk de bevoegde autoriteiten van de lidstaten elkaar ook alle inlichtingen verstrekken die hun van nut kunnen zijn voor een juiste vaststelling van gelijke of in wezen soortgelijke belastingen die in de toekomst naast of in de plaats van de in lid 3 van dit artikel bedoelde belastingen worden geheven.

27. Hoewel de Franse regering erkent dat de opsomming van belastingen in artikel 1, lid 3, van richtlijn 77/799 niet limitatief is, stelt zij dat de kenmerken van de litigieuze belasting niet van dien aard zijn dat deze kan worden gelijkgesteld met een belasting naar het vermogen in de zin van artikel 1, leden 1 tot en met 3, van deze richtlijn en dat deze laatste dan ook niet van toepassing is in het hoofdgeding.

28. Dienaangaande stelt de Franse regering dat de litigieuze belasting geen natuurlijke personen, maar rechtspersonen treft en dat zij tot doel heeft belastingontwijking te bestrijden.

29. Wat het eerste argument betreft, dient meteen te worden vastgesteld dat uit artikel 1, lid 3, van richtlijn 77/799 blijkt dat tot de belastingen waaromtrent de bevoegde autoriteiten van de lidstaten elkaar alle inlichtingen verstrekken die hun van nut kunnen zijn voor een juiste vaststelling van de belastingschuld, eveneens de belastingen behoren die mede rechtspersonen treffen, zoals de taxe professionnelle, waarnaar artikel 1, lid 3, van richtlijn 77/799 uitdrukkelijk verwijst.

30. Het argument dat de in richtlijn 77/799 bedoelde belastingen geen betrekking hebben op rechtspersonen, dient dan ook te worden verworpen.

31. Met betrekking tot het tweede argument van de Franse regering dient te worden opgemerkt dat, ook al zou het doel van de litigieuze belasting erin bestaan belastingontwijking te bestrijden, deze overweging hoe dan ook op zich geen afbreuk doet aan de toepasselijkheid van richtlijn 77/799 op het hoofdgeding.

32. Het is overigens juist om belastingfraude en -ontwijking te bestrijden en tevens om een juiste vaststelling van de inkomsten- en de vermogensbelasting mogelijk te maken dat richtlijn 77/799 heeft voorzien in een mechanisme om de samenwerking tussen de belastingadministraties binnen de Gemeenschap te versterken (zie in die zin met name arresten van 13 april 2000, W. N., C-420/98, *Jurispr.* blz. I-2847, punt 22, en 26 januari 2006, Commissie/Raad, C-533/03, *Jurispr.* blz. I-1025, punten 70 en 71).

33. De Franse regering wil met dit argument evenwel kennelijk aantonen dat de litigieuze belasting niet als een vermogensbelasting in de zin van richtlijn 77/779 kan worden beschouwd. Deze stelling wordt volgens haar bevestigd door het feit dat de betrokken belasting rechtspersonen treft.

34. Dit argument dient evenwel te worden verworpen.

35. Afgezien van het feit dat belastingen die rechtspersonen treffen, geenszins van de werkingssfeer van richtlijn 77/799 zijn uitgesloten, zoals in punt 29 van het onderhavige arrest is beklemtoond, is de litigieuze belasting

immers verschuldigd door rechtspersonen die onroerende zaken in Frankrijk bezitten en wordt zij berekend op basis van de waarde van deze zaken.

36. Deze belasting drukt op een deel van het vermogen van de betrokken rechtspersoon. Zij behoort dus tot de belastingen die worden geheven naar bestanddelen van het inkomen of van het vermogen in de zin van artikel 1, lid 2, van richtlijn 77/799, ongeacht de benaming ervan.

37. Uit al het bovenstaande volgt dat op de tweede vraag dient te worden geantwoord dat de litigieuze belasting een soortgelijke belasting als de in artikel 1, lid 3, van richtlijn 77/799 bedoelde belastingen is die wordt geheven naar bestanddelen van het vermogen in de zin van artikel 1, lid 2, van deze richtlijn.

Derde vraag

38. Ter beantwoording van deze vraag dient enerzijds te worden gewezen op de verplichtingen die voor de lidstaten voortvloeien uit de relevante bepalingen van richtlijn 77/799 en anderzijds op die welke krachtens de overeenkomst van 1 april 1958 rusten op de twee lidstaten waar het in de onderhavige procedure om gaat.

39. Met betrekking tot de door richtlijn 77/799 opgelegde verplichtingen dient om te beginnen te worden gepreciseerd dat de bevoegde autoriteiten van de lidstaten ingevolge de leden 1, 3 en 4 van artikel 1 van deze richtlijn, tezamen gelezen, elkaar alle inlichtingen verstrekken die hun van nut kunnen zijn voor een juiste vaststelling van de inkomsten- en de vermogensbelasting alsook van soortgelijke belastingen, zoals de litigieuze belasting.

40. Verder vindt deze uitwisseling van inlichtingen volgens artikel 2 van richtlijn 77/799 plaats op verzoek van de bevoegde autoriteit van de betrokken lidstaat. Zoals blijkt uit artikel 3 van de richtlijn, wisselen de bevoegde autoriteiten van de lidstaten ook, voor bepaalde in de richtlijn bedoelde groepen van gevallen, automatisch, zonder voorafgaand verzoek, inlichtingen uit. Volgens artikel 4 wisselen zij eveneens spontaan inlichtingen uit.

41. Dienaangaande bepaalt artikel 8, lid 1, van richtlijn 77/799 dat deze richtlijn niet verplicht tot het instellen van een onderzoek of het verstrekken van inlichtingen wanneer de wetgeving of de administratieve praktijk van de lidstaat die de inlichtingen zou moeten verstrekken, de bevoegde autoriteit niet toestaat voor eigen doeleinden een zodanig onderzoek in te stellen of zodanige inlichtingen in te winnen of te gebruiken.

42. Ten slotte bepaalt artikel 11 van richtlijn 77/799 dat verdergaande verplichtingen tot uitwisseling van inlichtingen die voortvloeien uit andere rechtsvoorschriften, door deze richtlijn niet worden beperkt.

43. Wat de verplichtingen betreft die voortvloeien uit de overeenkomst van 1 april 1958, bepaalt artikel 22, lid 1, van deze overeenkomst dat de administratieve autoriteiten van de twee betrokken staten – in casu de Franse Republiek en het Groothertogdom Luxemburg – voor een correcte toepassing van de overeenkomst, op voorwaarde van wederkerigheid, hetzij ambtshalve, hetzij op verzoek de inlichtingen kunnen uitwisselen die op basis van de belastingwetgeving van deze twee staten in het kader van de normale belastingpraktijk kunnen worden verkregen. Deze informatie-uitwisseling betreft evenwel niet de holdingvennootschappen naar Luxemburgs recht.

44. Uit de bepalingen van de overeenkomst blijkt duidelijk dat deze in een soortgelijke verplichting voorziet als richtlijn 77/799.

45. In deze omstandigheden vraagt de verwijzende rechter zich af of de door richtlijn 77/799 aan de lidstaten opgelegde verplichtingen inzake wederzijdse bijstand op belastinggebied zich ertegen verzetten dat de lidstaten de uit de overeenkomst van 1 april 1958 voortvloeiende verplichtingen toepassen.

46. Dienaangaande wordt in de eerste plaats gesteld dat de uit deze overeenkomst voortvloeiende verplichtingen geen afbreuk doen aan de toepasselijkheid van richtlijn 77/799. Volgens de Griekse regering vallen deze verplichtingen hoe dan ook onder artikel 11 van de richtlijn, volgens hetwelk verdergaande verplichtingen tot uitwisseling van inlichtingen die voortvloeien uit andere rechtsvoorschriften door deze richtlijn niet worden beperkt.

47. Dit argument dient meteen te worden verworpen. Het lijdt immers geen twijfel dat de overeenkomst van 1 april 1958 voor holdingvennootschappen naar Luxemburgs recht geen verdergaande verplichtingen tot uitwisseling van inlichtingen bevat. Integendeel, deze overeenkomst beoogt de uitwisseling van inlichtingen met betrekking tot deze holdingvennootschappen te beperken of zelfs uit te sluiten.

48. Hieruit volgt dat in het hoofdgeding geen beroep kan worden gedaan op artikel 11 van richtlijn 77/799.

49. In de tweede plaats stelt de Franse regering dat uit artikel 8, lid 1, van richtlijn 77/799 blijkt dat deze richtlijn zich er niet tegen verzet dat de overeenkomst van 1 april 1958, die holdingvennootschappen naar Luxemburgs recht uitsluit van het systeem van informatie-uitwisseling tussen de betrokken nationale administraties, in casu wordt toegepast.

50. Volgens artikel 8, lid 1, van richtlijn 77/799 verplicht deze richtlijn de lidstaten niet tot het instellen van een onderzoek of het verstrekken van inlichtingen wanneer de wetgeving of de administratieve praktijk van de lidstaat die de inlichtingen zou moeten verstrekken de bevoegde autoriteit niet toestaat voor eigen doeleinden een zodanig onderzoek in te stellen of zodanige inlichtingen in te winnen of te gebruiken.

51. Volgens de Franse regering vereist de relevante Luxemburgse wetgeving van holdingvennootschappen naar Luxemburgs recht enkel dat zij inlichtingen verstrekken over hun juridische status, en bepaalt zij dat zij niet voor belastingdoeleinden om inlichtingen kunnen worden verzocht.

52. Voor zover deze informatie betreffende de relevante Luxemburgse wetgeving juist is, wat de verwijzende rechter dient na te gaan, valt de situatie van holdingvennootschappen naar Luxemburgs recht bijgevolg, wat de wederzijdse bijstand van de lidstaten op het gebied van directe en indirecte belastingen betreft, onder artikel 8, lid 1, van richtlijn 77/799.

53. Hetzelfde geldt voor de overeenkomst van 1 april 1958, volgens welke de betrokken partijen deze holdingvennootschappen uit het hierin vastgelegde informatie-uitwisselingssysteem hebben uitgesloten.

54. De overeenkomst van 1 april 1958 weerspiegelt immers slechts de staat van de Luxemburgse wetgeving op dit gebied, zodat deze overeenkomst eveneens, wat de beperkte werkingssfeer ervan betreft, onder artikel 8, lid 1, van richtlijn 77/799 valt.

55. In deze omstandigheden dient op de derde vraag te worden geantwoord dat richtlijn 77/799 en met name artikel 8, lid 1, ervan zich er niet tegen verzet dat twee lidstaten zijn gebonden door een internationale overeenkomst ter vermijding van dubbele belasting en ter vaststelling van de regels inzake wederzijdse administratieve bijstand op het gebied van belastingen naar het inkomen en naar het vermogen die, voor een van deze lidstaten, een categorie van belastingplichtigen die is onderworpen aan een onder deze richtlijn vallende belasting, van haar werkingssfeer uitsluit, voor zover de wetgeving of de administratieve praktijk van de lidstaat die de inlichtingen dient te verstrekken, de bevoegde autoriteit niet toestaat voor eigen doeleinden zodanige inlichtingen in te winnen of te gebruiken, wat door de verwijzende rechter dient te worden nagegaan.

Eerste vraag

56. Met de eerste vraag wenst de verwijzende rechter in wezen te vernemen of de bepalingen van het Verdrag betreffende de vrijheid van vestiging en het vrije verkeer van kapitaal zich verzetten tegen een nationale wettelijke regeling zoals die welke in het hoofdgeding aan de orde is, die in Frankrijk gevestigde vennootschappen van de litigieuze belasting vrijstelt, terwijl zij deze vrijstelling voor in een andere lidstaat gevestigde vennootschappen afhankelijk stelt van het bestaan van een tussen de Franse Republiek en deze staat gesloten overeenkomst inzake administratieve bijstand ter bestrijding van belastingfraude en -ontwijking, of van de omstandigheid dat deze vennootschappen als gevolg van de toepassing van een verdrag dat een clausule van non-discriminatie op grond van nationaliteit bevat, geen hogere belasting mag worden opgelegd dan die waaraan de in Frankrijk gevestigde vennootschappen onderworpen zijn.

57. Aangezien de verwijzende rechter het Hof verzoekt om zowel artikel 52 van het Verdrag betreffende de vrijheid van vestiging als artikel 73 B van het Verdrag betreffende het vrije kapitaalverkeer uit te leggen, dient te worden uitgemaakt of een nationale regeling zoals de onderhavige onder de regels betreffende deze vrijheden kan vallen.

58. Wat artikel 73 B van het Verdrag betreft, zij eraan herinnerd dat de uitoefening van het recht om op het grondgebied van een andere lidstaat onroerende zaken te verkrijgen, te exploiteren en te vervreemden, welk recht blijkens artikel 54, lid 3, sub e, EG-Verdrag [thans, na wijziging, artikel 44, lid 2, sub e, EG] het noodzakelijke complement van de vrijheid van vestiging is, tot kapitaalverkeer leidt (arrest van 25 januari 2007, Festersen, C-370/05, nog niet gepubliceerd in de *Jurisprudentie*, punt 22 en aldaar aangehaalde rechtspraak).

59. Volgens vaste rechtspraak omvat het kapitaalverkeer handelingen waarmee niet-ingezetenen op het grondgebied van een lidstaat in onroerende zaken beleggen, zoals blijkt uit de nomenclatuur van het kapitaalverkeer in bijlage I bij richtlijn 88/361/EEG van de Raad van 24 juni 1988 voor de uitvoering van artikel 67 van het Verdrag [dat is ingetrokken bij het Verdrag van Amsterdam] (*PB* L 178, blz. 5). Deze nomenclatuur behoudt voor de definitie van het begrip kapitaalverkeer de indicatieve waarde die zij voorheen reeds bezat (zie arrest Festersen, reeds aangehaald, punt 23 en aldaar aangehaalde rechtspraak).

60. Vaststaat dat verzoekster in het hoofdgeding als holdingvennootschap naar Luxemburgs recht onroerende zaken in Frankrijk heeft gekocht. Het lijdt geen twijfel dat een dergelijke grensoverschrijdende investering een kapitaalbeweging in de zin van bovengenoemde nomenclatuur vormt (zie arrest van 5 juli 2005, D., C-376/03, *Jurispr.* blz. I-5821, punt 24).

61. Hieruit volgt dat een nationale regeling zoals die welke in het hoofdgeding aan de orde is, valt onder de regels betreffende het vrije kapitaalverkeer.

62. Wat artikel 52 van het Verdrag betreft, volgt uit de rechtspraak van het Hof dat de vrijheid van vestiging – die in dit artikel aan de gemeenschapsonderdanen wordt toegekend en die voor hen de toegang tot en de uitoefening van werkzaamheden anders dan in loondienst alsmede de oprichting en het bestuur van ondernemingen omvat onder dezelfde voorwaarden als in de wetgeving van de lidstaat van vestiging voor eigen onderdanen zijn vastgesteld – voor de vennootschappen die in overeenstemming met de wetgeving van een lidstaat zijn opgericht en die

hun statutaire zetel, hun hoofdbestuur of hun hoofdvestiging binnen de Gemeenschap hebben, het recht meebrengt om in de betrokken lidstaat hun bedrijfsactiviteit uit te oefenen door middel van een dochteronderneming, een bijkantoor of een agentschap (arresten van 23 februari 2006, Keller Holding, C-471/04, *Jurispr.* blz. I-2107, punt 29, en 14 september 2006, Centro di Musicologia Walter Stauffer, C-386/04, *Jurispr.* blz. I-8203, punt 17 en aldaar aangehaalde rechtspraak).

63. Bovendien is het begrip 'vestiging' in de zin van het Verdrag zeer ruim en houdt het in dat een gemeenschapsonderdaan duurzaam kan deelnemen aan het economische leven van een andere lidstaat dan zijn staat van herkomst, daar voordeel uit kan halen en op die wijze de economische en sociale vervlechting in de Gemeenschap op het gebied van niet in loondienst verrichte werkzaamheden kan bevorderen (zie met name arrest Centro di Musicologia Walter Stauffer, reeds aangehaald, punt 18 en aldaar aangehaalde rechtspraak).

64. De regels inzake het recht van vestiging kunnen evenwel in beginsel slechts worden toegepast indien een permanente aanwezigheid in de lidstaat van ontvangst verzekerd is en, in het geval van verwerving en bezit van onroerende zaken, indien deze zaken actief worden beheerd (arrest Centro di Musicologia Walter Stauffer, reeds aangehaald, punt 19).

65. In de onderhavige zaak bezit verzoekster in het hoofdgeding weliswaar onroerende zaken in Frankrijk, maar noch uit de door de verwijzende rechter beschreven feiten, noch uit de voor het Hof ingediende opmerkingen blijkt dat zij deze zaken bezit in het kader van de uitoefening van haar activiteiten of dat zij zelf haar onroerend vermogen beheert.

66. Bijgevolg dient te worden geconcludeerd dat de bepalingen betreffende de vrijheid van vestiging in beginsel niet van toepassing zijn in omstandigheden zoals die welke in de verwijzingsbeschikking zijn uiteengezet.

67. Uit het bovenstaande volgt dat dient te worden onderzocht of een nationale regeling als in het hoofdgeding aan de orde is, een beperking van het kapitaalverkeer inhoudt.

68. Dienaangaande dient vooraf te worden herinnerd aan de vaste rechtspraak dat, hoewel de directe belastingen tot de bevoegdheid van de lidstaten behoren, deze niettemin verplicht zijn deze bevoegdheid in overeenstemming met het gemeenschapsrecht uit te oefenen (zie met name arresten van 7 september 2004, Manninen, C-319/02, *Jurispr.* blz. I-7477, punt 19; 6 maart 2007, Meilicke e.a., C-292/04, nog niet gepubliceerd in de *Jurisprudentie*, punt 19, en 24 mei 2007, Holböck, C-157/05, nog niet gepubliceerd in de *Jurisprudentie*, punt 21).

69. Uit de rechtspraak van het Hof blijkt tevens dat de maatregelen die ingevolge artikel 73 B, lid 1, van het Verdrag verboden zijn op grond dat zij het kapitaalverkeer beperken, mede de maatregelen omvatten die niet-ingezetenen ervan kunnen doen afzien, in een lidstaat investeringen te doen, of ingezetenen van deze lidstaat kunnen ontmoedigen in andere staten investeringen te doen (arrest Festersen, reeds aangehaald, punt 24 en aldaar aangehaalde rechtspraak).

70. Wat de rechtspersonen betreft die hun zetel van werkelijke leiding in Frankrijk hebben, deze zijn ingevolge artikel 990 E, punt 3, CGI vrijgesteld van de litigieuze belasting wanneer zij ieder jaar de belastingadministratie op haar verzoek mededeling doen van de ligging en de samenstelling van de onroerende zaken die zij op 1 januari in hun bezit hebben, van de naam en het adres van hun aandeelhouders, vennoten of andere leden en van het aantal aandelen, deelbewijzen of andere rechten dat ieder van hen houdt, en de verklaringen inzake hun fiscale vestiging aan haar doen toekomen, of zich daartoe verbinden en deze verbintenis ook nakomen.

71. Wat de rechtspersonen betreft die hun zetel in een andere staat dan Frankrijk hebben, bepaalt artikel 990 E, punt 2, CGI dat deze – evenals de rechtspersonen die hun zetel van werkelijke leiding in Frankrijk hebben – zijn vrijgesteld van de litigieuze belasting wanneer zij ieder jaar aangifte doen van de ligging, de samenstelling en de waarde van de onroerende zaken die zij op 1 januari in hun bezit hebben, van de naam en het adres van hun vennoten op dezelfde datum alsmede van het aantal aandelen of deelbewijzen dat ieder van hen houdt.

72. Er moet evenwel volgens dezelfde bepaling van de CGI ook een overeenkomst inzake administratieve bijstand ter bestrijding van belastingfraude en -ontwijking zijn gesloten of, volgens artikel 990 E, punt 3, CGI, een verdrag op grond waarvan de betrokken rechtspersonen niet aan een hogere belasting mogen worden onderworpen dan rechtspersonen die hun zetel van werkelijke leiding in Frankrijk hebben.

73. Wat de vrijstelling van artikel 990 E, punt 2, CGI betreft, dient te worden opgemerkt dat de overeenkomst waarnaar dit artikel verwijst, is gesloten, maar dat holdingvennootschappen naar Luxemburgs recht, zoals verzoekster in het hoofdgeding, van de werkingssfeer ervan zijn uitgesloten en dus geen aanspraak kunnen maken op vrijstelling van de litigieuze belasting.

74. Wat de rechtspersonen betreft die hun zetel van leiding niet in Frankrijk hebben en die aanspraak maken op de vrijstelling van artikel 990 E, punt 3, CGI, dient worden opgemerkt dat tot op heden geen specifiek dubbelbelastingverdrag tussen de Franse Republiek en het Groothertogdom Luxemburg is gesloten. In die omstandigheden heeft de belastingadministratie, zoals duidelijk is aangegeven in de verwijzingsbeslissing, op grond van artikel 990

E, punt 3, CGI het door verzoekster in het hoofdgeding ingediende verzoek tot vrijstelling van de litigieuze belasting afgewezen.

75. Uit het bovenstaande volgt dat rechtspersonen die hun zetel van leiding niet in Frankrijk hebben, anders dan andere belastingplichtigen, ingevolge de artikelen 990 D en 990 E, punten 2 en 3, CGI slechts van de litigieuze belasting kunnen worden vrijgesteld indien zij voldoen aan een aanvullende voorwaarde, namelijk dat een overeenkomst tussen de Franse Republiek en de betrokken staat is gesloten.

76. Zonder een dergelijke overeenkomst kan een rechtspersoon die zijn zetel van leiding niet in Frankrijk heeft, niet met succes op grond van de artikelen 990 D en 990 E, punten 2 et 3, CGI om vrijstelling van de litigieuze belasting verzoeken. Gelet op het feit dat de beslissing om een overeenkomst of een verdrag te sluiten enkel bij de betrokken lidstaten ligt, kan de voorwaarde dat er een overeenkomst inzake administratieve bijstand of een verdrag bestaat voor deze groep rechtspersonen de facto tot gevolg hebben dat zij nooit van de litigieuze belasting kunnen worden vrijgesteld.

77. Hieruit volgt dat de voorwaarden die de in het hoofdgeding aan de orde zijnde nationale regeling oplegt om aanspraak te kunnen maken op vrijstelling van de litigieuze belasting, onroerende investeringen in Frankrijk voor niet-ingezeten vennootschappen, zoals holdingvennootschappen naar Luxemburgs recht, minder aantrekkelijk maken.

78. Deze regeling houdt dus voor de betrokken rechtspersonen een beperking van het vrije verkeer van kapitaal in, wat in beginsel verboden is door artikel 73 B van het Verdrag.

79. In deze omstandigheden dient ten slotte in de derde plaats te worden onderzocht of de beperking die uit de litigieuze belasting voortvloeit, gerechtvaardigd is door een dwingende reden van algemeen belang.

80. Dienaangaande stelt de Franse regering dat de litigieuze belasting deel uitmaakt van de regeling ter bestrijding van belastingfraude, die tot doel heeft rechtspersonen die al dan niet rechtstreeks een onroerende zaak in Frankrijk bezitten, ertoe aan te zetten de identiteit te onthullen van de natuurlijke of rechtspersonen die hun aandelen in handen hebben.

81. Volgens de rechtspraak van het Hof vormt de bestrijding van belastingfraude zeker een dwingende reden van algemeen belang die een beperking van het vrije verkeer kan rechtvaardigen (zie arrest Centro di Musicologia Walter Stauffer, reeds aangehaald, punt 32, en arrest van 30 januari 2007, Commissie/Denemarken, C-150/04, nog niet gepubliceerd in de *Jurisprudentie*, punt 51 en aldaar aangehaalde rechtspraak).

82. De betrokken beperking moet evenwel geschikt zijn om het nagestreefde doel te bereiken en mag niet verder gaan dan hiervoor nodig is (zie in die zin reeds aangehaalde arresten Manninen, punt 29; Centro di Musicologia Stauffer, punt 32; Commissie/Denemarken, punt 46, en arrest van 5 juli 2007, Commissie/België, C-522/04, nog niet gepubliceerd in de *Jurisprudentie*, punt 47).

83. Onderzocht moet dus worden of de litigieuze belasting geschikt is om belastingfraude te bestrijden en of zij niet verder gaat dan nodig is om dit doel te verwezenlijken.

84. Volgens de Franse regering strekt de litigieuze belasting ertoe belastingplichtigen die aan de Franse vermogensbelasting zijn onderworpen, ervan te weerhouden deze belasting te omzeilen door vennootschappen op te richten – die vervolgens onroerende zaken in Frankrijk verwerven – in staten die geen overeenkomst inzake administratieve bijstand met de Franse Republiek hebben gesloten en evenmin een verdrag dat een clausule van non-discriminatie op grond van nationaliteit bevat op grond waarvan deze vennootschappen niet zwaarder mogen worden belast dan vennootschappen die in Frankrijk zijn gevestigd.

85. De litigieuze belasting beoogt met name de praktijk te bestrijden waarbij natuurlijke personen die hun fiscale woonplaats in Frankrijk hebben en waarvan de onroerende zaken normalerwijs aan vermogensbelasting onderworpen zouden zijn, vennootschappen oprichten die hun fiscale vestiging hebben in een andere staat waarvan de Franse Republiek niet de nodige inlichtingen kan krijgen betreffende de natuurlijke personen die deelnemingen in deze vennootschappen bezitten.

86. De noodzakelijke voorwaarde voor vrijstelling is dus in feite dat de zekerheid bestaat dat de Franse belastingadministratie rechtstreeks aan de buitenlandse belastingautoriteiten alle informatie kan vragen die nodig is voor de controle van de aangiften die overeenkomstig artikel 990 E CGI zijn verricht door vennootschappen die eigendomsrechten of andere zakelijke rechten op onroerende zaken in Frankrijk hebben, alsook van de aangiften die door natuurlijke personen die hun fiscale woonplaats in Frankrijk hebben, zijn verricht met betrekking tot hun onroerende zaken die aan vermogensbelasting zijn onderworpen.

87. Door alle vennootschappen die niet aan deze voorwaarde voldoen te belasten, leidt de betrokken Franse wetgeving ertoe dat onroerende zaken in het bezit van vennootschappen die als 'dekmantel' worden gebruikt door natuurlijke personen die zonder deze vennootschappen vermogensbelasting zouden moeten betalen, worden belast.

88. De litigieuze belasting biedt dus de mogelijkheid om praktijken te bestrijden die louter tot doel hebben te vermijden dat natuurlijke personen in Frankrijk vermogensbelasting moeten betalen, of althans deze praktijken minder aantrekkelijk te maken. Zij is dus geschikt voor de verwezenlijking van het doel, belastingfraude te bestrijden.

89. Nagegaan dient evenwel nog te worden of de litigieuze belasting niet verder gaat dan noodzakelijk is om dit doel te bereiken.

90. Volgens de Franse regering dienen strikte voorwaarden aan de vrijstelling van de litigieuze belasting te worden verbonden wegens de problemen die de Franse belastingautoriteiten ondervinden om belastingfraude te bewijzen bij gebreke van betrouwbare informatie aan de hand waarvan de door de belastingplichtigen in hun aangiften verstrekte informatie kan worden gecontroleerd.

91. Dienaangaande dient te worden herinnerd aan de vaste rechtspraak dat de bestrijding van belastingfraude slechts als rechtvaardigingsgrond kan worden aanvaard indien zij gericht is tegen zuiver kunstmatige constructies die tot doel hebben de belastingwet te ontduiken, wat elk algemeen vermoeden van fraude uitsluit. Een algemeen vermoeden van belastingfraude of -ontwijking volstaat derhalve niet als rechtvaardigingsgrond voor een fiscale maatregel die afbreuk doet aan de door het Verdrag nagestreefde doelstellingen (zie in die zin arresten van 26 september 2000, Commissie/België, C-478/98, *Jurispr.* blz. I-7587, punt 45; 4 maart 2004, Commissie/Frankrijk, C-334/02, *Jurispr.* blz. I-2229, punt 27, en 12 september 2006, Cadbury Schweppes en Cadbury Schweppes Overseas, C-196/04, *Jurispr.* blz. I-7995, punt 50 en aldaar aangehaalde rechtspraak).

92. Eveneens volgens vaste rechtspraak van het Hof kan een lidstaat op grond van richtlijn 77/799 de bevoegde autoriteiten van een andere lidstaat verzoeken hem alle inlichtingen te verstrekken die voor hem van nut kunnen zijn om het juiste bedrag van de onder deze richtlijn vallende belastingen te bepalen (zie arresten Cadbury Schweppes en Cadbury Schweppes Overseas, reeds aangehaald, punt 71, en Commissie/Denemarken, reeds aangehaald, punt 52). Bovendien blijkt uit het antwoord op de tweede prejudiciële vraag dat de litigieuze belasting onder richtlijn 77/799 valt.

93. Uit het antwoord op de derde vraag blijkt dat de beperking van de werkingssfeer van de overeenkomst van 1 april 1958 in de omstandigheden van het hoofdgeding neerkomt op een begrenzing van de uitwisseling van inlichtingen in de zin van artikel 8, lid 1, van richtlijn 77/799, zodat het voor de Franse belastingautoriteiten onmogelijk kan zijn om belastingfraude doeltreffend te bestrijden in het geval van holdingvennootschappen naar Luxemburgse recht.

94. Uit de rechtspraak blijkt evenwel eveneens dat artikel 8, lid 1, van richtlijn 77/799 de belastingautoriteiten van de lidstaten weliswaar geen verplichting tot samenwerking oplegt wanneer de wetgeving of de administratieve praktijk van deze lidstaten de bevoegde autoriteiten niet toestaat voor eigen doeleinden een onderzoek in te stellen of inlichtingen in te winnen of te gebruiken, maar dat het feit dat niet om deze samenwerking kan worden verzocht niet de weigering van een fiscaal voordeel kan rechtvaardigen.

95. Niets belet de betrokken belastingautoriteiten immers, van de belastingplichtige de bewijzen te verlangen die zij noodzakelijk achten voor de correcte vaststelling van de betrokken belastingen, en in voorkomend geval de gevraagde vrijstelling te weigeren wanneer deze bewijzen niet worden geleverd (zie arrest Commissie/Denemarken, reeds aangehaald, punt 54 en aangehaalde rechtspraak).

96. Zo kan niet op voorhand worden uitgesloten dat de belastingplichtige in staat is relevante bewijsstukken over te leggen aan de hand waarvan de belastingautoriteiten van de lidstaat van heffing duidelijk en nauwkeurig kunnen controleren of hij niet probeert de betaling van de belastingen te vermijden of te omzeilen (zie in die zin arresten van 8 juli 1999, Baxter e.a., C-254/97, *Jurispr.* blz. I-4809, punten 19 en 20, en 10 maart 2005, Laboratoires Fournier, C-39/04, *Jurispr.* blz. I-2057, punt 25).

97. Verder kan de eventuele onmogelijkheid om de belastingautoriteiten van het Groothertogdom Luxemburg rechtstreeks om hun medewerking te verzoeken het in de omstandigheden van het hoofdgeding moeilijker maken om de inlichtingen te controleren.

98. Deze moeilijkheid kan evenwel geen rechtvaardiging vormen voor een absolute weigering om een belastingvoordeel te verlenen voor investeringen die worden verricht door investeerders die uit deze lidstaat afkomstig zijn. Wanneer holdingvennootschappen naar Luxemburgs recht verzoeken om vrijstelling van de litigieuze belasting, kunnen de Franse belastingautoriteiten immers deze vennootschappen alle bewijzen vragen die zij noodzakelijk achten om een volledig doorzichtig beeld van hun eigendomsrechten en hun aandeelhoudersstructuur te krijgen, ongeacht het bestaan van een overeenkomst inzake administratieve bijstand of een verdrag dat een clausule van non-discriminatie op belastinggebied bevat.

99. Volgens de in het hoofdgeding aan de orde zijnde Franse wetgeving kunnen vennootschappen die zijn uitgesloten van de werkingssfeer van een overeenkomst inzake administratieve bijstand en niet vallen onder een verdrag dat een clausule van non-discriminatie op belastinggebied bevat, maar die in onroerende zaken in Frankrijk investeren, geen bewijsstukken overleggen waarmee de identiteit van hun aandeelhouders kan worden aangetoond, en evenmin enige andere door de Franse belastingautoriteiten noodzakelijk geachte informatie verstrek-

ken. Door deze wetgeving kunnen deze vennootschappen dus nooit bewijzen dat zij geen bedrieglijk doel nastreven.

100. Hieruit volgt dat de Franse regering minder beperkende maatregelen had kunnen nemen om het doel van bestrijding van belastingfraude te bereiken.

101. De litigieuze belasting vindt dus geen rechtvaardiging in de bestrijding van deze fraude.

102. Bijgevolg dient op de eerste vraag te worden geantwoord dat artikel 73 B van het Verdrag aldus dient te worden uitgelegd dat het zich verzet tegen een nationale wettelijke regeling zoals die welke in het hoofdgeding aan de orde is, die in Frankrijk gevestigde vennootschappen van de litigieuze belasting vrijstelt, terwijl zij deze vrijstelling voor in een andere lidstaat gevestigde vennootschappen afhankelijk stelt van het bestaan van een tussen de Franse Republiek en deze staat gesloten overeenkomst inzake administratieve bijstand ter bestrijding van belastingontduiking en -ontwijking, of van de omstandigheid dat deze vennootschappen als gevolg van de toepassing van een verdrag dat een clausule van non-discriminatie op grond van nationaliteit bevat, geen hogere belasting mag worden opgelegd dan die waaraan de vennootschappen zijn onderworpen die in Frankrijk zijn gevestigd, en een in een andere lidstaat gevestigde vennootschap niet de mogelijkheid biedt bewijzen te leveren van de identiteit van de natuurlijke personen die haar aandelen in handen hebben.

Vierde vraag

103. Gelet op de antwoorden die het Hof op de eerste drie vragen heeft gegeven, hoeft de vierde vraag van de verwijzende rechter niet te worden beantwoord.

Kosten

104. ...

HET HOF VAN JUSTITIE (Vierde kamer)

verklaart voor recht:

1. De belasting over de marktwaarde van onroerende zaken in Frankrijk die in het bezit zijn van rechtspersonen, is een soortgelijke belasting als de belastingen zoals bedoeld in artikel 1, lid 3, van richtlijn 77/799/EEG van de Raad van 19 december 1977 betreffende de wederzijdse bijstand van de bevoegde autoriteiten van de lidstaten op het gebied van de directe belastingen, zoals gewijzigd bij richtlijn 92/12/EEG van de Raad van 25 februari 1992, die wordt geheven naar bestanddelen van het vermogen in de zin van artikel 1, lid 2, van deze richtlijn.

2. Richtlijn 77/799, zoals gewijzigd bij richtlijn 92/12, en met name artikel 8, lid 1, ervan verzet zich er niet tegen dat twee lidstaten zijn gebonden door een internationale overeenkomst ter vermijding van dubbele belasting en ter vaststelling van de regels inzake wederzijdse administratieve bijstand op het gebied van belastingen naar het inkomen en naar het vermogen die, voor een van deze lidstaten, een categorie van belastingplichtigen die is onderworpen aan een onder deze richtlijn vallende belasting, van haar werkingssfeer uitsluit, voor zover de wetgeving of de administratieve praktijk van de lidstaat die de inlichtingen dient te verstrekken, de bevoegde autoriteit niet toestaat voor eigen doeleinden zodanige inlichtingen in te winnen of te gebruiken, wat door de verwijzende rechter dient te worden nagegaan.

3. Artikel 73 B EG-Verdrag (thans artikel 56 EG) dient aldus te worden uitgelegd dat het zich verzet tegen een nationale wettelijke regeling zoals die welke in het hoofdgeding aan de orde is, die in Frankrijk gevestigde vennootschappen vrijstelt van de belasting over de marktwaarde van onroerende zaken die in Frankrijk in het bezit zijn van rechtspersonen, terwijl zij deze vrijstelling voor in een andere lidstaat gevestigde vennootschappen afhankelijk stelt van het bestaan van een tussen Frankrijk en deze staat gesloten overeenkomst inzake administratieve bijstand ter bestrijding van belastingontduiking en -ontwijking, of van de omstandigheid dat deze vennootschappen als gevolg van de toepassing van een verdrag dat een clausule van non-discriminatie op grond van nationaliteit bevat, geen hogere belasting mag worden opgelegd dan die waaraan de vennootschappen zijn onderworpen die in Frankrijk zijn gevestigd, en een in een andere lidstaat gevestigde vennootschap niet de mogelijkheid biedt bewijzen te leveren van de identiteit van de natuurlijke personen die haar aandelen in handen heeft.

HvJ EG 11 oktober 2007, gevoegde zaken C-283/06 en C-312/06 (KÖGÁZ rt, E-ON IS Hungary kft, E-ON DÉDÁSZ rt, Schneider Electric Hungária rt, TESCO Áruházak rt, OTP Garancia Biztosító rt, OTP Bank rt, ERSTE Bank Hungary rt, Vodafon Magyarország Mobil Távközlési rt v. Zala Megyei Közigazgatási Hivatal Vezetoje [C-283/06] en OTP Garancia Biztosító rt v. Vas Megyei Közigazgatási Hivatal [C-312/06])

Vierde kamer: *K. Lenaerts (rapporteur), kamerpresident, G. Arestis, R. Silva de Lapuerta, J. Malenovský en T. von Danwitz, rechters*

Advocaat-generaal: *J. Mazák*

Samenvatting arrest *(V-N 2007/48.18)*

Prejudiciële beslissing in een tweetal Hongaarse gedingen (C-283/06 en C-312/06). De Hongaarse HIPA (helyi iparuzési adó) is een gemeentelijke belasting die wordt geheven over op winst gerichte bedrijfsactiviteiten en die als een van de voornaamste kenmerken heeft dat zij drukt op de netto-omzet van de ondernemingen, na aftrek van de kostprijs van de verkochte goederen, de prijs van de daarmee samenhangende diensten alsmede de materiaalkosten.

Het Hongaarse hooggerechtshof (Legfelsobb Bíróság) en een Hongaarse provinciale rechtbank (Zala Megyei Bíróság) willen weten of het gemeenschapsrecht in de weg staat aan de handhaving van een fiscale heffing met de kenmerken als die van de HIPA. Daarom hebben zij daarover aan het Hof van Justitie EG prejudiciële vragen voorgelegd.

Het Hof van Justitie EG heeft geoordeeld dat de HIPA niet voldoet aan een tweetal wezenlijke kenmerken van de btw. Een belasting als de HIPA kan niet worden geacht evenredig te zijn aan de prijs van de geleverde goederen of verrichte diensten. Bovendien is een belasting als de HIPA niet bedoeld om op de eindverbruiker te worden afgewenteld op een wijze die kenmerkend is voor de btw. Aan de hand daarvan komt het Hof van Justitie EG tot de beslissing dat art. 33, eerste lid, Zesde richtlijn aldus moet worden uitgelegd, dat het niet in de weg staat aan de handhaving van een fiscale heffing met de kenmerken als die van de HIPA.

HET HOF VAN JUSTITIE (Vierde kamer)

verklaart voor recht:

Artikel 33, lid 1, van de Zesde richtlijn (77/388/EEG) van de Raad van 17 mei 1977 betreffende de harmonisatie van de wetgevingen der lidstaten inzake omzetbelasting – Gemeenschappelijk stelsel van belasting over de toegevoegde waarde: uniforme grondslag, zoals gewijzigd bij richtlijn 91/680/EEG van de Raad van 16 december 1991 tot aanvulling van het gemeenschappelijk stelsel van belasting over de toegevoegde waarde en tot wijziging, met het oog op de afschaffing van de fiscale grenzen, van richtlijn 77/388, moet aldus worden uitgelegd dat het niet in de weg staat aan de handhaving van een fiscale heffing met kenmerken als die van de in het hoofdgeding aan de orde zijnde belasting.

HvJ EG 11 oktober 2007, zaak C-443/06 (Erika Waltraud Ilse Hollmann v. Fazenda Pûblica)

Vierde kamer: *K. Lenaerts, kamerpresident, G. Arestis (rapporteur), R. Silva de Lapuerta, J. Malenovský en T. von Danwitz, rechters*

Advocaat-generaal: *P. Mengozzi*

Samenvatting arrest *(V-N 2007/48.7)*

De Portugese belastingdienst belast de verkoopwinst die mevrouw Hollmann realiseert bij de verkoop van een Portugese onroerende zaak met IB. Hollmann woont in Duitsland. Ze is het niet eens met deze heffing, omdat bij ingezetenen van Portugal slechts de helft van de verkoopwinst in de belastingheffing wordt betrokken.

Het Hof van Justitie EG beslist dat de Portugese regeling, op grond waarvan de bij de verkoop van een Portugese onroerende zaak behaalde vermogenswinst bij niet-ingezetenen zwaarder wordt belast dan bij ingezetenen, in strijd is met het EU-recht. Volgens het Hof van Justitie EG veroorzaakt de Portugese regeling een ongelijke fiscale behandeling. Vermogenswinsten van een niet-ingezetene worden namelijk – in een objectief vergelijkbare situatie – zwaarder belast dan de vermogenswinst van ingezetenen.

HET HOF VAN JUSTITIE (Vierde kamer)

verklaart voor recht:

Artikel 56 EG moet aldus moet worden uitgelegd dat het zich verzet tegen een nationale regeling als die aan de orde in het hoofdgeding, op grond waarvan vermogenswinst die wordt behaald bij de verkoop van een in een lidstaat – in casu Portugal – gelegen onroerend goed zwaarder wordt belast wanneer dit goed wordt verkocht door een ingezetene van een andere lidstaat dan wanneer ditzelfde soort transactie wordt verricht door een ingezetene van de staat waarin het onroerend goed is gelegen.

HvJ EG 25 oktober 2007, zaak C-427/05 (Agenzia delle Entrate – Ufficio di Genova 1 v. Porto Antico di Genova SpA)

Vierde kamer: *K. Lenaerts, kamerpresident, G. Arestis (rapporteur), R. Silva de Lapuerta, E. Juhász en J. Malenovský, rechters*

Advocaat-generaal: *J. Mazák*

Samenvatting arrest *(V-N 2007/59.26)*

Het Italiaanse Porto Antico ontvangt Europese subsidies. Porto Antico neemt deze subsidies op in haar belastingaangifte voor het aanslagjaar 2000. Volgens Porto Antico heeft zij hiermee echter een vergissing begaan. Zij beroept zich op art. 21, derde lid, EG-verordening nr. 4253/88. Volgens de Italiaanse Belastingdienst is de subsidie echter terecht in de heffing van de inkomstenbelasting betrokken. De Italiaanse rechter heeft het Hof van Justitie EG gevraagd of er sprake is van strijd met het EU-recht.

Het Hof van Justitie EG beslist dat uit de bewoordingen van art. 21, derde lid, EG-verordening nr. 4253/88, duidelijk blijkt dat deze bepaling in de weg staat aan elke inhouding op de toegekende subsidies. Vervolgens beslist het hof dat moet worden vastgesteld of deze bewoordingen niet uitsluiten dat het inkomen, inclusief de subsidies, kan worden belast. Het hof stelt vast dat de Italiaanse belasting los staat van het al dan niet ontvangen van de subsidies en dat de belasting toepasselijk is op alle inkomsten van Porto Antico. Het Hof van Justitie EG beslist dan ook dat de Italiaanse belastingheffing geen inhouding is in de zin van art. 21, derde lid, EG-verordening nr. 4253/88.

HET HOF VAN JUSTITIE (Vierde kamer)

verklaart voor recht:

Artikel 21, lid 3, tweede alinea, van verordening (EEG) nr. 4253/88 van de Raad van 19 december 1988 tot vaststelling van toepassingsbepalingen van verordening (EEG) nr. 2052/88 met betrekking tot de coördinatie van de bijstandsverlening uit de onderscheiden Structuurfondsen enerzijds en van die bijstandsverlening met die van de Europese Investeringsbank en de andere bestaande financieringsinstrumenten anderzijds, zoals gewijzigd bij verordening (EEG) nr. 2082/93 van de Raad van 20 juli 1993, dient aldus te worden uitgelegd dat het niet in de weg staat aan een nationale belastingregeling zoals artikel 55, lid 3, sub b, van decreet nr. 917 van de president van de Republiek van 22 december 1986, volgens welke bij de vaststelling van het belastbaar inkomen rekening moet worden gehouden met uit de communautaire structuurfondsen betaalde subsidies.

HvJ EG 25 oktober 2007, zaak C-464/05 (Maria Geurts, Dennis Vogten v. Administratie van de btw, registratie en domeinen, Belgische Staat)

Vierde kamer: *K. Lenaerts, kamerpresident, R. Silva de Lapuerta, E. Juhász (rapporteur), J. Malenovský en T. von Danwitz, rechters*

Advocaat-generaal: *J. Kokott*

Samenvatting arrest *(V-N 2007/59.21)*

Op 6 januari 2003 is de naar België geëmigreerde en aldaar woonachtige Nederlander Joseph Vogten overleden. Erfgenamen zijn de echtgenote Maria Geurts en de zoon Dennis Vogten. Tot de nalatenschap behoren aandelen in en vorderingen op Vogten Beheer bv en haar dochtervennootschap Vogten Staat bv. Beide vennootschappen zijn gevestigd in Nederland. Bij de heffing van successierechten door het Vlaamse Gewest in verband met de verkrijging van deze aandelen en vorderingen hebben de erfgenamen verzocht om toepassing van de in art. 60bis Wetboek der successierechten neergelegde vrijstelling voor erfrechtelijke verkrijging van aandelen in en vorderingen op familiale vennootschappen. De ratio van deze vrijstelling is dat erfgenamen ter voldoening van de successierechten geld aan de vennootschappen moeten onttrekken waardoor de continuïteit ervan gevaar zou kunnen lopen. Dit verzoek is afgewezen, omdat niet aan de voor vrijstelling geldende voorwaarde is voldaan, inhoudende dat Vogten Staal bv gedurende drie jaren voorafgaande aan het overlijden van Joseph Vogten ten minste vijf werknemers in het Vlaamse Gewest tewerkgesteld heeft gehad.Naar aanleiding van het tegen deze weigering ingestelde beroep heeft de Rechtbank te Hasselt prejudicieel aan het Hof van Justitie EG de vraag voorgelegd of vorenbedoelde voorwaarde verenigbaar is met art. 43 (vrije vestigingsrecht) en art. 56 (vrije kapitaalverkeer) EG-verdrag.

In navolging van A-G Kokott in haar conclusie van 15 februari 2007 oordeelt het Hof van Justitie EG dat de onderhavige kwestie uitsluitend aan art. 43 EG-verdrag dient te worden getoetst, alsmede dat het in casu onthouden van de vrijstelling van art. 60bis Wetboek der successierechten een verkapte beperking van deze vrijheid inhoudt. In de praktijk is het immers voor niet in het Vlaamse Gewest gevestigde vennootschappen moeilijk om aldaar ten minste vijf werknemers te werk te stellen. Deze beperking kan in casu niet worden gerechtvaardigd met het argument van (bevordering van) werkgelegenheid in het Vlaamse Gewest. Voorts kan deze beperking niet worden gerechtvaardigd met een beroep op de noodzaak de doeltreffendheid van fiscale controles te waarborgen.

HET HOF VAN JUSTITIE (Vierde kamer)

verklaart voor recht:

Bij gebreke van een geldige rechtvaardiging staat artikel 43 EG in de weg aan een belastingregeling van een lidstaat inzake successierechten waarbij de vrijstelling van deze rechten voor familiale ondernemingen niet wordt verleend aan ondernemingen die gedurende de drie jaar vóór het overlijden van de decujus ten minste vijf werknemers in een andere lidstaat tewerkstellen, hoewel deze vrijstelling wel wordt verleend wanneer de werknemers in een regio van eerstgenoemde lidstaat zijn tewerkgesteld.

HvJ EG 6 november 2007, zaak C-415/06 *(Beschikking)* (Stahlwerk Ergste Westig GmbH contre Finanzamt Düsseldorf-Mettmann)

Huitième chambre: *R. Silva de Lapuerta (rapporteur), faisant fonction de président de la huitième chambre, E. Juhász et J. Malenovský, juges*

Dictum

Een nationale belastingregeling waarbij een vennootschap met zetel in een lidstaat bij de resultatenberekening het verlies van een in een derde land gevestigde inrichting niet kan aftrekken, maakt hoofdzakelijk inbreuk op de uitoefening van de vrijheid van vestiging in de zin van de artikelen 43 EG tot en met 48 EG. Op deze bepalingen kan geen beroep worden gedaan in een situatie betreffende een dergelijke in een derde land gelegen inrichting.

HvJ EG 8 november 2007, zaak C-379/05 (Amurta SGPS v. Inspecteur van de Belastingdienst/Amsterdam)

Eerste kamer: *P. Jann, kamerpresident, A. Tizzano, R. Schintgen, A. Borg Barthet en E. Levits (rapporteur), rechters*
Advocaat-generaal: *P. Mengozzi*

1. Het verzoek om een prejudiciële beslissing betreft de uitlegging van de artikelen 56 EG en 58 EG.

2. Dit verzoek is ingediend in het kader van een geding tussen Amurta SGPS (hierna: 'Amurta'), een in Portugal gevestigde vennootschap, en de Inspecteur van de Belastingdienst/Amsterdam inzake de heffing van bronbelasting op de door Retailbox BV (hierna: 'Retailbox'), een in Nederland gevestigde vennootschap, aan Amurta uitgekeerde dividenden.

Toepasselijke bepalingen

Gemeenschapsregeling

3. Artikel 5, lid 1, van richtlijn 90/435/EEG van de Raad van 23 juli 1990 betreffende de gemeenschappelijke fiscale regeling voor moedermaatschappijen en dochterondernemingen uit verschillende lidstaten (*PB* L 225, blz. 6) bepaalt:

'De door een dochteronderneming aan de moedermaatschappij uitgekeerde winst wordt, althans wanneer laatstgenoemde een minimumdeelneming van 25% bezit in het kapitaal van de dochteronderneming, van bronbelasting vrijgesteld.'

Nationale regeling

4. Overeenkomstig artikel 1, lid 1, van de Wet op de dividendbelasting 1965 (hierna: 'Wet DB') wordt over elke dividenduitkering van een in Nederland gevestigde vennootschap waarvan het kapitaal geheel of ten dele in aandelen is verdeeld, in beginsel een dividendbelasting geheven van 25%.

5. Artikel 4, lid 1, Wet DB bepaalt evenwel:

'Inhouding van de belasting mag achterwege blijven ten aanzien van opbrengsten van aandelen, winstbewijzen en geldleningen als bedoeld in artikel 10, eerste lid, onderdeel d, van de Wet op de vennootschapsbelasting 1969 [hierna: 'Wet Vpb'], indien de deelnemingsvrijstelling, bedoeld in artikel 13 [Wet Vpb], van toepassing is op de voordelen die de tot de opbrengst gerechtigde uit die aandelen, winstbewijzen en geldleningen geniet en de deelneming behoort tot het vermogen van zijn in Nederland gedreven onderneming. De eerste volzin is niet van toepassing ten aanzien van opbrengsten met betrekking waartoe de opbrengstgerechtigde niet de uiteindelijk gerechtigde is.'

6. Artikel 4a Wet DB, dat is gebaseerd op richtlijn 90/435, voorziet in een vrijstelling van dividendbelasting voor in de Europese Unie gevestigde aandeelhouders met een aandelenbezit van ten minste 25%. Overeenkomstig het derde lid van dit artikel wordt het percentage van 25% verminderd tot 10%, wanneer de lidstaat waarin de aandeelhouder is gevestigd dezelfde vermindering toepast.

7. Artikel 13 Wet Vpb bepaalt:

'1. Bij het bepalen van de winst blijven buiten aanmerking voordelen uit hoofde van een deelneming, alsmede kosten – daaronder begrepen voordelen als gevolg van wijzigingen in valutaverhoudingen – welke verband houden met een deelneming, tenzij blijkt dat deze kosten middellijk dienstbaar zijn aan het behalen van in Nederland belastbare winst (deelnemingsvrijstelling). [...]
2. Van een deelneming is sprake indien de belastingplichtige:
a. voor ten minste vijf percent van het nominaal gestorte kapitaal aandeelhouder is van een vennootschap welker kapitaal geheel of ten dele in aandelen is verdeeld;
[...]'.

8. Zoals de verwijzende rechter aangeeft, brengt het bepaalde in artikel 13 Wet Vpb in combinatie met het bepaalde in artikel 4 Wet DB met zich dat de vrijstelling van dat artikel 4 slechts van toepassing is indien aandelen in een dividenduitkerende Nederlandse vennootschap worden gehouden door in Nederland vennootschapsbelastingplichtige aandeelhouders, dan wel door buitenlandse aandeelhouders met een vaste inrichting in Nederland, waarbij de aandelen moeten behoren tot het vermogen van die vaste inrichting.

Dubbelbelastingverdrag

9. Artikel 10 van het op 20 september 1999 tussen het Koninkrijk der Nederlanden en de Republiek Portugal gesloten Verdrag tot het vermijden van dubbele belasting en het voorkomen van het ontgaan van belasting met betrekking tot belastingen naar het inkomen en naar het vermogen (hierna: 'DBV'), bepaalt:

'1. Dividenden betaald door een lichaam dat inwoner is van een Verdragsluitende Staat aan een inwoner van de andere Verdragsluitende Staat, mogen in die andere Staat worden belast.
2. Deze dividenden mogen echter ook in de Verdragsluitende Staat waarvan het lichaam dat de dividenden betaalt inwoner is, overeenkomstig de wetgeving van die Staat worden belast, maar indien de uiteindelijke gerechtigde tot de dividenden een inwoner is van de andere Verdragsluitende Staat, mag de aldus geheven belasting 10 percent van het brutobedrag van de dividenden niet overschrijden.
[...]'

10. De methode voor het vermijden van dubbele belasting is neergelegd in artikel 24 DBV, dat bepaalt:

'Wat Portugal betreft wordt dubbele belasting als volgt vermeden:
a. indien een inwoner van Portugal inkomen verkrijgt dat, in overeenstemming met de bepalingen van dit Verdrag, in Nederland mag worden belast, dan verleent Portugal een aftrek op de belasting naar het inkomen van die inwoner, gelijk aan het bedrag van de in Nederland betaalde belasting naar het inkomen. Deze aftrek bedraagt echter niet meer dan het gedeelte van de belasting naar het inkomen, zoals berekend voordat de aftrek is verleend, dat toerekenbaar is aan het inkomen dat in Nederland mag worden belast;
[...]'

Hoofdgeding en prejudiciële vragen

11. Ten tijde van de feiten van het hoofdgeding bezat Amurta 14% van de aandelen van Retailbox. De andere aandeelhouders van Retailbox waren Sonaetelecom BV, een in Nederland gevestigde vennootschap die 66% van de aandelen bezat, en de in Portugal gevestigde vennootschappen Tafin SGPS en Perfin SGPS, die respectievelijk 14% en 6% van de aandelen bezaten.

12. Op 31 december 2002 keerde Retailbox aan haar aandeelhouders dividenden uit. De aan Sonaetelecom BV uitgekeerde dividenden werden niet aan dividendbelasting onderworpen, op grond dat daarvoor de vrijstelling van artikel 4 Wet DB gold, terwijl op de dividenden die werden uitgekeerd aan Amurta en de twee andere in Portugal gevestigde vennootschappen 25% dividendbelasting werd ingehouden.

13. Op 30 januari 2003 tekende Retailbox namens Amurta bezwaar aan tegen deze inhouding. Nadat dit bezwaar bij uitspraak van de Inspecteur van de Belastingdienst/Amsterdam was afgewezen, stelde Amurta bij het Gerechtshof te Amsterdam beroep in, strekkende tot vernietiging van die uitspraak en teruggaaf van de ingehouden dividendbelasting.

14. Van mening dat de beslechting van het hoofdgeding een uitlegging van het gemeenschapsrecht vereist, heeft het Gerechtshof te Amsterdam de behandeling van de zaak geschorst en het Hof de volgende prejudiciële vragen gesteld:

'1. Is de vrijstelling van artikel 4 [Wet DB], zoals omschreven in de [punten 5 en 8 van het onderhavige arrest], bezien in samenhang met de vrijstelling van artikel 4a van die Wet, in overeenstemming met de bepalingen omtrent het vrij verkeer van kapitaal (artikelen 56 EG tot en met 58 EG [...]), nu deze vrijstelling alleen van toepassing is op dividenduitkeringen aan in Nederland vennootschapsbelastingplichtige aandeelhouders of aan buitenlandse aandeelhouders met een vaste inrichting in Nederland waarbij de aandelen behoren tot het vermogen van die vaste inrichting, voor wie de deelnemingsvrijstelling van artikel 13 [Wet Vpb] van toepassing is?
2. Is voor de beantwoording van de [eerste] vraag van belang of de woonstaat van de buitenlandse aandeelhouder/vennootschap, voor wie de vrijstelling van artikel 4 van de Wet [DB] niet van toepassing is, aan die aandeelhouder/vennootschap een full credit verleent voor de Nederlandse dividendbelasting?'

Beantwoording van de eerste prejudiciële vraag

15. Met zijn eerste vraag wenst de verwijzende rechter in wezen te vernemen of de artikelen 56 EG en 58 EG in de weg staan aan een wettelijke regeling van een lidstaat die, wanneer de door artikel 5, lid 1, van richtlijn 90/435 ingevoerde minimumdrempel voor deelnemingen van de moedermaatschappij in het kapitaal van de dochteronderneming niet wordt bereikt, voorziet in een bronbelasting op dividenden die door een in die lidstaat gevestigde vennootschap worden uitgekeerd aan een in een andere lidstaat gevestigde ontvangende vennootschap, terwijl dividenden die worden uitgekeerd aan een ontvangende vennootschap die in de eerste lidstaat is onderworpen aan de vennootschapsbelasting of in die lidstaat beschikt over een vaste inrichting waartoe de aandelen in de uitkerende vennootschap behoren, van deze belasting zijn vrijgesteld.

16. Om te beginnen is het vaste rechtspraak dat de directe belastingen weliswaar tot de bevoegdheid van de lidstaten behoren, maar dat deze verplicht zijn die bevoegdheid in overeenstemming met het gemeenschapsrecht uit te oefenen (zie met name arresten van 13 december 2005, Marks & Spencer, C-446/03, *Jurispr.* blz. I-10837, punt 29; 12 september 2006, Cadbury Schweppes en Cadbury Schweppes Overseas, C-196/04, *Jurispr.* blz. I-7995, punt 40, en 12 december 2006, Test Claimants in Class IV of the ACT Group Litigation, C-374/04, *Jurispr.* blz. I-11673, punt 36).

17. Tevens moet worden opgemerkt dat de lidstaten bij gebreke van communautaire unificatie- of harmonisatiemaatregelen bevoegd blijven om, door het sluiten van overeenkomsten of unilateraal, de criteria voor de verdeling van hun heffingsbevoegdheid vast te stellen teneinde onder meer dubbele belasting af te schaffen (arresten van 12 mei 1998, Gilly, C-336/96, *Jurispr.* blz. I-2793, punten 24 en 30; 21 september 1999, Saint-Gobain ZN, C-307/97, *Jurispr.* blz. I-6161, punt 57, en 7 september 2006, N, C-470/04, *Jurispr.* blz. I-7409, punt 44).

18. Zoals met name blijkt uit de derde overweging van de considerans ervan, beoogt richtlijn 90/435 door de invoering van een gemeenschappelijke fiscale regeling iedere benadeling van de samenwerking tussen vennootschappen uit verschillende lidstaten ten opzichte van de samenwerking tussen vennootschappen van eenzelfde lidstaat op te heffen, en aldus de hergroepering van vennootschappen op gemeenschapsniveau te vergemakkelijken (arresten van 4 oktober 2001, Athinaïki Zythopoiïa, C-294/99, *Jurispr.* blz. I-6797, punt 25, en 12 december 2006, Test Claimants in the FII Group Litigation, C-446/04, *Jurispr.* blz. I-11753, punt 103).

19. Ingevolge artikel 5, lid 1, van richtlijn 90/435 hoeven de lidstaten de door een dochteronderneming aan haar moedermaatschappij uitgekeerde winst enkel vrij te stellen van bronbelasting wanneer laatstgenoemde een minimumdeelneming van 25% bezit in het kapitaal van de dochteronderneming.

20. Vaststaat dat de situatie in de zaak in het hoofdgeding niet binnen de werkingssfeer van voornoemde richtlijn valt.

21. De Nederlandse en de Italiaanse regering hebben derhalve betoogd dat beneden de bij richtlijn 90/435 ingevoerde minimumdeelnemingsdrempel de omstandigheid dat een niet-ingezeten vennootschap aan dividendbelasting is onderworpen op zich niet kan worden aangemerkt als een schending van fundamentele vrijheden.

22. Volgens de Italiaanse regering behoort de behandeling van dividenden uit deelnemingen die niet binnen de werkingssfeer van voornoemde richtlijn vallen tot de nationale wetgevende bevoegdheid en vloeit de situatie in het hoofdgeding voort uit een verdeling van de heffingsbevoegdheid tussen de lidstaat van de bron van de dividenden en de lidstaat van vestiging van de ontvanger ervan.

23. De Nederlandse regering verklaart harerzijds dat wanneer de in artikel 4 Wet DB neergelegde vrijstelling, die ertoe strekt dubbele belasting van dividenden op nationaal vlak te voorkomen, zou worden uitgebreid tot dividenden die worden uitgekeerd aan in een andere lidstaat gevestigde ontvangende vennootschappen, waarvan de aandelen in het kapitaal van de uitkerende vennootschap beneden het in richtlijn 90/435 vastgestelde percentage liggen, dit erop neer zou komen dat de dividendbelasting zou komen te vervallen en het in Nederland geldende klassieke stelsel dan niet meer tot zijn recht zou komen. Hoewel artikel 4 Wet DB dividenden aan de bron vrijstelt van inhouding van dividendbelasting, blijft de dividendbelastingclaim behouden, en wordt deze belasting alsnog geheven wanneer de dividenden worden dooruitgedeeld. De inbreuk door artikel 4a Wet DB op het klassieke stelsel wordt uitsluitend veroorzaakt door de voorschriften van richtlijn 90/435, en hoeft niet verder te gaan dan hetgeen deze richtlijn aan de lidstaten voorschrijft.

24. Dienaangaande zij erop gewezen dat het voor deelnemingen die niet onder richtlijn 90/435 vallen, inderdaad aan de lidstaten is om te bepalen of en in hoeverre dubbele economische belasting van de uitgekeerde winst moet worden voorkomen, en hiertoe unilateraal of door middel van met andere lidstaten gesloten overeenkomsten mechanismen ter voorkoming of vermindering van deze dubbele economische belasting in te stellen. Dit enkele feit betekent evenwel niet dat zij maatregelen mogen treffen die in strijd zijn met de door het EG-Verdrag gewaarborgde vrijheden van verkeer (zie reeds aangehaald arrest Test Claimants in Class IV of the ACT Group Litigation, punt 54).

25. In casu introduceren de artikelen 4 en 4a Wet DB juncto artikel 13 Wet Vpb, ter fine van de vrijstelling van inhouding aan de bron van dividendbelasting, een verschil in behandeling tussen, enerzijds, ontvangende vennootschappen die in Nederland hun zetel hebben of een vaste inrichting waartoe de aandelen in de uitkerende vennootschap behoren, en, anderzijds, ontvangende vennootschappen die niet in Nederland zijn gevestigd.

26. Overeenkomstig artikel 4 Wet DB kan de vrijstelling van de bronbelasting namelijk enkel worden toegepast op dividenden die worden uitgekeerd aan ontvangende vennootschappen die in Nederland hun zetel hebben of een vaste inrichting waartoe de aandelen in de uitkerende vennootschap behoren, die ten minste 5% van de aandelen in de ingezeten uitkerende vennootschap in bezit hebben en waarvan de deelnemingen in aanmerking kunnen komen voor de vrijstelling van artikel 13 Wet Vpb. Daarentegen kunnen ingevolge artikel 4a Wet DB ontvangende vennootschappen die niet in Nederland zijn gevestigd enkel in aanmerking komen voor de vrijstelling van de bronbelasting op aan hen uitgekeerde dividenden, wanneer zij ten minste 25% van het kapitaal van de uitkerende

vennootschap in bezit hebben, welk percentage kan worden verminderd tot 10% wanneer de lidstaat waar de aandeelhouder is gevestigd dezelfde vermindering toepast.

27. Zoals de advocaat-generaal in punt 26 van zijn conclusie heeft opgemerkt, benadeelt deze regeling, binnen het kader van de belastingheffing op dividenden, ontvangende vennootschappen die niet in Nederland zijn gevestigd en die een deelneming bezitten van tussen de 5% en 25% van het kapitaal van een Nederlandse vennootschap, ten opzichte van ontvangende Nederlandse vennootschappen met een vergelijkbare deelneming. Over de dividenden die worden uitgekeerd aan niet in Nederland gevestigde vennootschappen wordt namelijk bij de uitkerende vennootschap vennootschapsbelasting en bij de ontvangende vennootschap dividendbelasting geheven, zodat zij economisch dubbel worden belast, terwijl een dergelijke dubbele economische belasting voor dividenden uitgekeerd aan in Nederland gevestigde vennootschappen wordt voorkomen.

28. Een dergelijke ongunstige behandeling van dividenden die worden uitgekeerd aan in een andere lidstaat gevestigde ontvangende vennootschappen in vergelijking met de behandeling van dividenden die worden uitgekeerd aan ontvangende vennootschappen die hun zetel in Nederland hebben, kan in een andere lidstaat gevestigde vennootschappen ervan doen afzien in Nederland te investeren en vormt dus een beperking van het vrije kapitaalverkeer die in beginsel verboden is door artikel 56 EG.

29. Evenwel moet worden nagegaan of deze beperking van het vrije kapitaalverkeer kan worden gerechtvaardigd op basis van de bepalingen van het Verdrag.

30. Er zij aan herinnerd dat volgens artikel 58, lid 1, sub a, EG '[h]et bepaalde in artikel 56 [...] niets af[doet] aan het recht van de lidstaten [...] de ter zake dienende bepalingen van hun belastingwetgeving toe te passen die onderscheid maken tussen belastingplichtigen die niet in dezelfde situatie verkeren met betrekking tot hun vestigingsplaats [...]'.

31. Voorts zij opgemerkt dat de in artikel 58, lid 1, sub a, EG bedoelde afwijking op haar beurt wordt beperkt door artikel 58, lid 3, EG, dat bepaalt dat de in lid 1 van dit artikel bedoelde nationale maatregelen 'geen middel tot willekeurige discriminatie [mogen] vormen, noch een verkapte beperking van het vrije kapitaalverkeer en betalingsverkeer als omschreven in artikel 56'.

32. Derhalve moet onderscheid worden gemaakt tussen de krachtens artikel 58, lid 1, sub a, EG toegestane ongelijke behandelingen en de discriminaties die bij lid 3 van dat artikel verboden zijn. Blijkens de rechtspraak kan een nationale belastingregeling als die welke in het hoofdgeding aan de orde is, enkel verenigbaar met de verdragsbepalingen betreffende het vrije kapitaalverkeer worden geacht indien het verschil in behandeling betrekking heeft op situaties die niet objectief vergelijkbaar zijn of wordt gerechtvaardigd door een dwingende reden van algemeen belang (zie arresten van 6 juni 2000, Verkooijen, C-35/98, *Jurispr.* blz. I-4071, punt 43; 7 september 2004, Manninen, C-319/02, *Jurispr.* blz. I-7477, punt 29, en 8 september 2005, Blanckaert, C-512/03, *Jurispr.* blz. I-7685, punt 42).

33. Nagegaan moet dus worden of, gelet op de doelstelling van de in het hoofdgeding aan de orde zijnde nationale wettelijke regeling, in Nederland gevestigde ontvangende vennootschappen en in een andere lidstaat gevestigde ontvangende vennootschappen zich in vergelijkbare situaties bevinden.

34. In dit verband hebben de Duitse en de Italiaanse regering verklaard dat de situatie van een in Nederland gevestigde ontvangende vennootschap die onbeperkt belastingplichtig is, objectief verschilt van de situatie van in een andere lidstaat gevestigde ontvangende vennootschappen die in Nederland enkel belastingplichtig zijn voor wat betreft de ontvangen dividenden.

35. Volgens de regering van het Verenigd Koninkrijk, daarin ondersteund door de Italiaanse regering, vormen de in het hoofdgeding aan de orde zijnde fiscale bepalingen een administratieve vereenvoudiging om niet eerst belasting te moeten inhouden en vervolgens te moeten restitueren, en mogen zij daarom niet worden toegepast op dividenden die worden uitgekeerd aan in een andere lidstaat gevestigde ontvangende vennootschappen die niet aan de Nederlandse vennootschapsbelasting zijn onderworpen.

36. Bovendien betoogt de regering van het Verenigd Koninkrijk dat de lidstaat waar de ontvangende vennootschap is gevestigd het best in staat is om dubbele belasting van dividenden te voorkomen.

37. Het Hof heeft reeds geoordeeld dat dividend ontvangende ingezeten aandeelhouders zich met betrekking tot maatregelen die een lidstaat heeft getroffen om opeenvolgende belastingheffingen of dubbele economische belasting van door een ingezeten vennootschap uitgekeerde winst te voorkomen of te verminderen, niet noodzakelijkerwijs in een situatie bevinden die vergelijkbaar is met die van dividend ontvangende aandeelhouders die ingezetenen zijn van een andere lidstaat (arrest van 14 december 2006, Denkavit Internationaal en Denkavit France, C-170/05, *Jurispr.* blz. I-11949, punt 34).

38. Zodra een lidstaat, hetzij unilateraal hetzij door het sluiten van overeenkomsten, niet alleen ingezeten aandeelhouders, maar ook niet-ingezeten aandeelhouders voor het dividend dat zij van een ingezeten vennootschap ontvangen, aan de inkomstenbelasting onderwerpt, benadert de situatie van deze niet-ingezeten aandeelhouders

evenwel die van de ingezeten aandeelhouders (reeds aangehaalde arresten Test Claimants in Class IV of the ACT Group Litigation, punt 68, en Denkavit Internationaal en Denkavit France, punt 35).

39. Het is namelijk uitsluitend de uitoefening door deze staat van zijn fiscale bevoegdheid die, los van enige belasting in een andere lidstaat, een risico van opeenvolgende belastingheffingen of dubbele economische belasting meebrengt. In een dergelijk geval worden de niet-ingezeten ontvangende vennootschappen alleen dan niet geconfronteerd met een in beginsel door artikel 56 EG verboden beperking van het vrije kapitaalverkeer, wanneer de staat van vestiging van de uitkerende vennootschap erop toeziet dat, wat het in zijn nationale recht vervatte mechanisme ter voorkoming of vermindering van opeenvolgende belastingheffingen of dubbele economische belasting betreft, niet-ingezeten vennootschappen-aandeelhouders op dezelfde wijze worden behandeld als ingezeten vennootschappen-aandeelhouders (zie reeds aangehaald arrest Test Claimants in Class IV of the ACT Group Litigation, punt 70).

40. Vastgesteld moet worden dat de dubbele economische belasting, die drukt op dividenden die worden uitgekeerd aan niet in Nederland gevestigde ontvangende vennootschappen, uitsluitend voortvloeit uit de uitoefening door deze lidstaat van zijn fiscale bevoegdheid, waardoor over deze dividenden dividendbelasting wordt geheven, terwijl voornoemde staat heeft besloten deze dubbele economische belasting te voorkomen voor ontvangende vennootschappen die in Nederland hun zetel hebben of een vaste inrichting waartoe de aandelen in de uitkerende vennootschap behoren.

41. Ook al strekt, zoals de Italiaanse regering en de regering van het Verenigd Koninkrijk betogen, artikel 4 Wet DB ertoe de toepassing te vereenvoudigen van de in artikel 13 Wet Vpb neergelegde vrijstelling van deelnemingen van de vennootschapsbelasting, welke vrijstelling niet van toepassing is op niet in Nederland gevestigde ontvangende vennootschappen die niet aan deze belasting zijn onderworpen, deze omstandigheid is niet relevant. Zoals gezegd in de punten 38 en 39 van het onderhavige arrest, is het de uitoefening door het Koninkrijk der Nederlanden van zijn fiscale bevoegdheid ten aanzien van de dividenden die worden uitgekeerd aan in een andere lidstaat gevestigde ontvangende vennootschappen, die de situatie van die ontvangende vennootschappen vergelijkbaar maakt met die van ontvangende vennootschappen die hun zetel in Nederland hebben, ten aanzien van het voorkomen van dubbele economische belasting van dividenden die worden uitgekeerd door in die lidstaat ingezeten vennootschappen.

42. Voorts moet nog worden nagegaan of een dergelijke beperking niet kan worden gerechtvaardigd door dwingende redenen van algemeen belang. Zo stelt de Nederlandse regering, ondersteund door de Italiaanse regering en de regering van het Verenigd Koninkrijk, dat de betrokken regeling wordt gerechtvaardigd door redenen die verband houden met de samenhang van het belastingstelsel.

43. Volgens de Nederlandse regering vormt de vrijstelling van de bronbelasting op dividenden een onmisbare aanvulling op de deelnemingsvrijstelling van artikel 13 Wet Vpb. Zonder de vrijstelling van de bronbelasting op dividenden zou de deelnemingsvrijstelling ten dele, ook al is het slechts tijdelijk, worden ondergraven, aangezien er tot aan de verrekening van de dividendbelasting met de vennootschapsbelasting toch belasting zou drukken op in beginsel van belasting vrijgesteld inkomen.

44. De Nederlandse regering merkt op dat beide vrijstellingen dezelfde belastingplichtige betreffen en dat hoewel de dividendbelasting en de vennootschapsbelasting formeel twee verschillende belastingen zijn, de dividendbelasting in binnenlandse Nederlandse verhoudingen niet meer is dan een met de vennootschapsbelasting integraal te verrekenen voorbelasting. De in het hoofdgeding aan de orde zijnde regeling kan derhalve worden gerechtvaardigd door redenen die verband houden met de fiscale samenhang, zelfs wanneer deze regeling, anders dan de regeling die aan de orde was in de zaak die heeft geleid tot het arrest van 28 januari 1992, Bachmann (C-204/90, blz. I-249), geen toekenning van een fiscaal voordeel, enerzijds, en de compensatie van dit fiscale voordeel door een heffing, anderzijds, inhoudt.

45. De regering van het Verenigd Koninkrijk is harerzijds van mening dat de samenhang van het belastingstelsel moet worden beoordeeld op grensoverschrijdend niveau, aangezien door middel van het DBV wordt verzekerd dat dividendbelasting die wordt ingehouden met betrekking tot een uitgaand dividend kan worden verrekend met de door de ontvangende vennootschap in Portugal verschuldigde vennootschapsbelasting.

46. Dienaangaande zij eraan herinnerd dat het Hof in de punten 28 respectievelijk 21 van de arresten Bachmann, reeds aangehaald, en van 28 januari 1992, Commissie/België (C-300/90, *Jurispr.* blz. I-305), heeft erkend dat de noodzaak om de samenhang van een belastingstelsel te verzekeren een beperking van de uitoefening van de door het Verdrag gegarandeerde fundamentele vrijheden kan rechtvaardigen. Een argument op basis van een dergelijke rechtvaardiging kan echter enkel worden aanvaard indien wordt bewezen dat er een rechtstreeks verband bestaat tussen het betrokken fiscale voordeel en de compensatie van dit voordeel door een bepaalde heffing (arresten Manninen, reeds aangehaald, punt 42, en van 13 maart 2007, Test Claimants in the Thin Cap Group Litigation, C-524/04, nog niet gepubliceerd in de *Jurisprudentie*, punt 68).

47. Uit de rechtspraak blijkt eveneens dat een argument dat gebaseerd is op de noodzaak om de samenhang van het belastingstelsel te bewaren, moet worden onderzocht op basis van de door de betrokken belastingregeling nagestreefde doelstelling (zie arresten van 11 maart 2004, De Lasteyrie du Saillant, C-9/02, *Jurispr.* blz. I-2409, punt 67, en Manninen, reeds aangehaald, punt 43).

48. Vaststaat dat de Nederlandse regering met haar betoog wil aantonen dat de vrijstelling van de bronbelasting op dividenden noodzakelijk is om de goede werking te verzekeren van de in artikel 13 Wet Vpb neergelegde deelnemingsvrijstelling. Zoals de advocaat-generaal in punt 65 van zijn conclusie heeft opgemerkt, geeft zij hiermee evenwel hoogstens een verklaring voor de administratieve vereenvoudiging die het Nederlandse stelsel beoogt te bewerkstelligen en die op zichzelf geen beperking kan rechtvaardigen.

49. De Nederlandse regering erkent zelf dat er geen fiscale heffing bestaat ter compensatie van de vrijstelling van de bronbelasting op dividenden die worden uitgekeerd aan in Nederland gevestigde ontvangende vennootschappen.

50. Ook wanneer het standpunt wordt aanvaard dat de vrijstelling van de bronbelasting op dividenden en de deelnemingsvrijstelling intrinsiek met elkaar samenhangen, moet worden vastgesteld dat, aangezien die vrijstellingen strekken tot het voorkomen van een dubbele economische belasting, het bestaan van een rechtstreeks verband tussen dit fiscale voordeel, dat enkel aan in Nederland gevestigde vennootschappen wordt toegekend, en een compenserende fiscale heffing niet is aangetoond.

51. Aangezien zowel de dividenden die worden uitgekeerd aan ontvangende vennootschappen met zetel in Nederland als die welke worden uitgekeerd aan ontvangende vennootschappen die in een andere lidstaat zijn gevestigd, bij de uitkerende vennootschap aan vennootschapsbelasting zijn onderworpen, toont de Nederlandse regering niet aan hoe de samenhang van haar belastingstelsel in het gedrang komt wanneer de vrijstelling van dividendbelasting ook zou worden toegekend aan ontvangende vennootschappen die in een andere lidstaat zijn gevestigd en die zich, ook al zijn zij in Nederland niet aan de vennootschapsbelasting onderworpen, voor wat betreft de belasting van dividenden en de eventuele fiscale voordelen die zijn verbonden aan de afschaffing van dubbele belasting, in een vergelijkbare situatie bevinden als ontvangende vennootschappen waarvan de zetel of een vaste inrichting waartoe de aandelen in de uitkerende vennootschap behoren, zich in Nederland bevindt.

52. Wat het argument van de regering van het Verenigd Koninkrijk betreft, behoeft slechts te worden opgemerkt dat de heffing krachtens artikel 1 Wet DB van een bronbelasting op dividenden die worden uitgekeerd aan ontvangende vennootschappen die in een andere lidstaat zijn gevestigd, niet afhankelijk is van het bestaan van een tussen het Koninkrijk der Nederlanden en die lidstaat gesloten verdrag tot het vermijden van dubbele belasting, op grond waarvan het is toegestaan deze belasting te verrekenen in de lidstaat waar de ontvangende vennootschap is gevestigd, en dat de mogelijke samenhang van een stelsel dat door een dergelijk verdrag wordt ingevoerd niet het voorwerp vormt van de eerste vraag.

53. De regering van het Verenigd Koninkrijk heeft voorts opgemerkt dat het Nederlandse stelsel kan worden gerechtvaardigd door de noodzaak om een evenwichtige verdeling te verzekeren van de heffingsbevoegdheid tussen de lidstaten.

54. Zij is van mening dat de verdeling van de heffingsbevoegdheden tussen het Koninkrijk der Nederlanden en de Portugese Republiek tot uitdrukking komt in het DBV. Volgens dit DBV mogen dividenden zowel worden belast door de lidstaat van vestiging van de uitkerende vennootschap als door de lidstaat van vestiging van de ontvangende vennootschap, waarbij dubbele belasting wordt opgeheven door middel van een verrekening met de vennootschapsbelasting. Deze verdeling zou worden ondergraven wanneer het Koninkrijk der Nederlanden geen bronbelasting meer mocht heffen op dividenden, hetgeen tot gevolg zou hebben dat deze inkomsten volledig van belastingheffing door deze lidstaat werden vrijgesteld.

55. Dienaangaande zij opgemerkt dat het Koninkrijk der Nederlanden zich niet op het DBV kan beroepen om te ontkomen aan de krachtens het Verdrag op hem rustende verplichtingen (zie reeds aangehaald arrest Denkavit Internationaal en Denkavit France, punt 53).

56. Zoals volgt uit de punten 51 respectievelijk 60 van de arresten Marks & Spencer, reeds aangehaald, en van 18 juli 2007, Oy AA (C-231/05, nog niet gepubliceerd in de *Jurisprudentie*), heeft het Hof de noodzaak om een evenwichtige verdeling van de heffingsbevoegdheid tussen de lidstaten te waarborgen aanvaard in samenhang met andere rechtvaardigingsgronden, die zijn gebaseerd op het gevaar voor belastingontwijking en het gevaar voor dubbele verliesverrekening.

57. Vaststaat dat geen van de regeringen die opmerkingen bij het Hof hebben ingediend een beroep heeft gedaan op het bestaan van het gevaar voor dubbele verliesverrekening of het gevaar voor belastingontwijking.

58. Voor wat betreft het argument inzake het verlies van de mogelijkheid om belasting te heffen op inkomsten die worden gegenereerd op het Nederlandse grondgebied, zij erop gewezen dat de noodzaak om een evenwichtige verdeling van de heffingsbevoegdheid tussen de lidstaten te waarborgen, met name kan worden aanvaard wanneer de betrokken regeling ertoe strekt gedragingen te vermijden die afbreuk kunnen doen aan het recht van een

lidstaat om zijn belastingbevoegdheid uit te oefenen met betrekking tot activiteiten die op zijn grondgebied plaatsvinden (zie arresten van 29 maart 2007, Rewe Zentralfinanz, C-347/04, nog niet gepubliceerd in de *Jurisprudentie*, punt 42, en Oy AA, reeds aangehaald, punt 54).

59. Wanneer een lidstaat er evenwel voor heeft gekozen om over dit soort inkomsten geen belasting te heffen van op zijn grondgebied gevestigde ontvangende vennootschappen, kan hij, ter rechtvaardiging van het heffen van belasting van ontvangende vennootschappen die in een andere lidstaat zijn gevestigd, geen beroep doen op de noodzaak om een evenwichtige verdeling van de heffingsbevoegdheid tussen de lidstaten te waarborgen.

60. In deze omstandigheden kan de beperking van het vrije kapitaalverkeer die het gevolg is van nationale bepalingen als die welke in het hoofdgeding aan de orde zijn, niet worden gerechtvaardigd door de noodzaak om de samenhang van het nationale belastingstelsel te verzekeren, noch door de noodzaak om de verdeling van de heffingsbevoegdheid tussen de lidstaten te waarborgen.

61. Derhalve moet op de eerste vraag worden geantwoord dat de artikelen 56 EG en 58 EG in de weg staan aan een wettelijke regeling van een lidstaat die, wanneer de door artikel 5, lid 1, van richtlijn 90/435 ingevoerde minimumdrempel voor deelnemingen van de moedermaatschappij in het kapitaal van de dochteronderneming niet wordt bereikt, voorziet in een bronbelasting op dividenden die door een in die lidstaat gevestigde vennootschap worden uitgekeerd aan een in een andere lidstaat gevestigde ontvangende vennootschap, terwijl dividenden die worden uitgekeerd aan een ontvangende vennootschap die in de eerste lidstaat is onderworpen aan de vennootschapsbelasting of in die lidstaat beschikt over een vaste inrichting waartoe de aandelen in de uitkerende vennootschap behoren, van deze belasting zijn vrijgesteld.

Beantwoording van de tweede prejudiciële vraag

62. Met zijn tweede vraag wenst de verwijzende rechter in wezen te vernemen in hoeverre het bestaan van een volledig belastingkrediet, dat wordt toegekend door de lidstaat van vestiging van de ontvangende vennootschap waarop niet de vrijstelling van artikel 4 Wet DB van toepassing is, van invloed kan zijn op het antwoord op de eerste vraag.

Ontvankelijkheid

63. Blijkens de verwijzingsbeslissing heeft de verwijzende rechter zich met zijn vaststelling dat de in Nederland geheven dividendbelasting in Portugal zou kunnen worden verrekend, gebaseerd op de verklaringen van Amurta. Voor het Hof betwist Amurta evenwel de juistheid van die hypothese, die ten grondslag ligt aan de tweede prejudiciële vraag. Volgens Amurta stelt Portugal de dividenden namelijk vrij en kent die lidstaat haar voor de in Nederland geheven dividendbelasting geen volledig belastingkrediet toe. Derhalve is de vraag louter van academisch belang.

64. Dienaangaande zij eraan herinnerd dat er volgens vaste rechtspraak een vermoeden van relevantie rust op de vragen betreffende de uitlegging van het gemeenschapsrecht die de nationale rechter heeft gesteld binnen het onder zijn eigen verantwoordelijkheid geschetste feitelijke en wettelijke kader, ten aanzien waarvan het niet aan het Hof is de juistheid te onderzoeken (zie arrest van 15 mei 2003, Salzmann, C-300/01, *Jurispr.* blz. I-4899, punten 29 en 31). Het Hof kan een verzoek van een nationale rechter slechts afwijzen wanneer duidelijk blijkt dat de gevraagde uitlegging van het gemeenschapsrecht geen verband houdt met een reëel geschil of met het voorwerp van het hoofdgeding, of wanneer het vraagstuk van hypothetische aard is of het Hof niet beschikt over de gegevens, feitelijk en rechtens, die noodzakelijk zijn om een zinvol antwoord te geven op de gestelde vragen (zie met name arresten van 13 maart 2001, PreussenElektra, C-379/98, *Jurispr.* blz. I-2099, punt 39; 5 december 2006, Cipolla e.a., C-94/04 en C-202/04, *Jurispr.* blz. I-11421, punt 25, en 7 juni 2007, Van der Weerd e.a., C-222/05-C-225/05, nog niet gepubliceerd in de *Jurisprudentie*, punt 22).

65. Dit vermoeden van relevantie kan niet worden weerlegd alleen doordat een van de partijen in het hoofdgeding bepaalde feiten betwist, ten aanzien waarvan het niet aan het Hof is om de juistheid te verifiëren en die bepalend zijn voor het voorwerp van het onderhavige geschil (reeds aangehaalde arresten Cipolla e.a., punt 26, en Van der Weerd, e.a., punt 23).

66. Of er in Portugal een wettelijke regeling bestaat die bepaalt dat de in Nederland ingehouden dividendbelasting wordt verrekend door middel van toekenning van een volledig belastingkrediet, vormt nu juist een feitelijke vraag, waarvan het niet aan het Hof is de juistheid te onderzoeken.

67. De tweede vraag moet derhalve ontvankelijk worden geacht.

Ten gronde

68. Amurta, de Toezichthoudende Autoriteit van de EVA alsmede de Commissie zijn van mening dat het vaste rechtspraak is dat de toepassing door een lidstaat van voor de belastingplichtige ongunstige fiscale bepalingen

welke onverenigbaar is met een gewaarborgde fundamentele vrijheid, niet kan worden gerechtvaardigd met een fiscaal voordeel waarvoor de betrokkene in een andere lidstaat in aanmerking komt.

69. Onder verwijzing naar het DBV betogen de Nederlandse, de Duitse, de Italiaanse regering en de regering van het Verenigd Koninkrijk dat het belastingkrediet dat de Portugese Republiek aan de ontvangende vennootschap toekent voor de door het Koninkrijk der Nederlanden geheven belasting op door de uitkerende vennootschap uitgekeerde dividenden, van belang is om te kunnen vaststellen of de in Portugal gevestigde ontvangende vennootschap is onderworpen aan een discriminerende of restrictieve behandeling.

70. De Nederlandse regering verklaart dat het DBV deel uitmaakt van het op het hoofdgeding toepasselijke rechtskader. Al voorziet het DBV niet in een volledig belastingkrediet, het is van belang te weten of er een reële mogelijkheid bestaat om het verschil in behandeling te neutraliseren. In dat geval leveren de Nederlandse regels inzake de vrijstelling van de bronbelasting op dividenden geen enkele belemmering op voor het vrij verkeer van kapitaal. Niettemin staat het aan de verwijzende rechter om na te gaan of de totale belastingdruk voor ingezetenen en niet-ingezetenen gelijk is.

71. De regering van het Verenigd Koninkrijk voert aan dat, aangezien het Koninkrijk der Nederlanden zijn heffingsbevoegdheid heeft uitgeoefend, het erop moet toezien dat Amurta niet ongunstiger wordt behandeld dan een in Nederland gevestigde ontvangende vennootschap. Hoewel het aan de nationale rechter staat om, bij zijn uitlegging van het DBV, te onderzoeken of het Koninkrijk der Nederlanden de dubbele economische belasting heeft voorkomen, betoogt de regering van het Verenigd Koninkrijk niettemin dat, aangezien de door het Koninkrijk der Nederlanden ingehouden dividendbelasting kan worden verrekend met de in Portugal verschuldigde belasting, de belastingdruk op Amurta over het geheel genomen niet groter is dan wanneer zij in Portugal zou hebben geïnvesteerd, noch dan die op een in Nederland gevestigde ontvangende vennootschap. Mocht deze belastingdruk toch hoger zijn, dan vloeit dit voort uit het verschil tussen het Portugese en het Nederlandse belastingtarief, waarbij het Verdrag niet garandeert dat het vrije verkeer fiscaal neutraal is.

72. De Duitse regering betoogt eveneens dat het DBV in aanmerking moet worden genomen. Volgens haar is de verenigbaarheid van de in Nederland geldende belastingregeling met het gemeenschapsrecht niet afhankelijk van de vraag of de bronbelasting daadwerkelijk kan worden verrekend met de in Portugal verschuldigde belasting, aangezien de lidstaat die de bronbelasting heft geen enkele invloed heeft op de lidstaat van vestiging van de ontvangende vennootschap, en voorts aan het feit dat deze belasting niet wordt verrekend diverse subjectieve redenen ten grondslag kunnen liggen. Om de in Nederland geldende belastingregeling verenigbaar te kunnen achten met het gemeenschapsrecht, is het voldoende dat het Koninkrijk der Nederlanden en de Portugese Republiek overeenkomen dat de bronbelasting in Portugal wordt verrekend en dat het DBV overeenstemt met het door de Organisatie voor Economische Samenwerking en Ontwikkeling (OESO) opgestelde modelverdrag.

73. Amurta voert aan dat het bestaan van het DBV irrelevant is, aangezien dit verdrag voorziet in de verrekening van in Nederland betaalde belasting, terwijl de Portugese Republiek de inkomsten uit dividenden vrijstelt van belasting.

74. Volgens de Commissie kan een lidstaat zich niet onttrekken aan zijn verplichtingen door zich te beroepen op een verdrag ter voorkoming van dubbele belasting. Dit standpunt wordt gedeeld door de Toezichthoudende Autoriteit van de EVA, die betoogt dat de lidstaten hun verplichting tot eerbiediging van het gemeenschapsrecht niet kunnen verschuiven naar een andere lidstaat, zelfs niet door een verdrag te sluiten. De Autoriteit voegt daar bovendien aan toe dat het doel van een dergelijk verdrag is gelegen in het voorkomen van dubbele belasting en niet in het corrigeren van mogelijke beperkingen.

75. In dat verband is het vaste rechtspraak dat een ongunstige fiscale behandeling die in strijd is met een fundamentele vrijheid, niet kan worden gerechtvaardigd door andere fiscale voordelen, als die voordelen al bestaan (reeds aangehaald arrest Verkooijen, punt 61).

76. Zoals gezegd in punt 28 van het onderhavige arrest, vloeit de beperking van het vrije verkeer van kapitaal voort uit een ongunstige behandeling van dividenden die worden uitgekeerd aan in een andere lidstaat gevestigde ontvangende vennootschappen in vergelijking met de behandeling van dividenden die worden uitgekeerd aan ontvangende vennootschappen die in Nederland hun zetel hebben of een vaste inrichting waartoe de aandelen in de uitkerende vennootschap behoren.

77. Tevens volgt uit punt 39 van dit arrest dat, aangezien deze ontvangende vennootschappen zich met betrekking tot de doelstelling van het voorkomen van dubbele economische belasting in een vergelijkbare situatie bevinden als ontvangende vennootschappen die in Nederland hun zetel hebben of een vaste inrichting waartoe de aandelen in de uitkerende vennootschap behoren, het Koninkrijk der Nederlanden verplicht is erop toe te zien dat, wat het in zijn nationale recht vervatte mechanisme ter voorkoming of vermindering van opeenvolgende belastingheffingen of dubbele economische belasting betreft, in een andere lidstaat gevestigde ontvangende vennootschappen op dezelfde wijze worden behandeld als in Nederland gevestigde ontvangende vennootschappen.

78. Bijgevolg kan het Koninkrijk der Nederlanden zich niet beroepen op het bestaan van een voordeel dat unilateraal wordt verleend door een andere lidstaat, teneinde te ontsnappen aan de ingevolge het Verdrag op hem rustende verplichtingen.

79. Aan de andere kant valt niet uit te sluiten dat een lidstaat erin slaagt de eerbiediging van zijn uit het Verdrag voortvloeiende verplichtingen te verzekeren door met een andere lidstaat een verdrag ter voorkoming van dubbele belasting te sluiten (zie in die zin reeds aangehaald arrest Test Claimants in Class IV of the ACT Group Litigation, punt 71).

80. Aangezien de belastingregeling die voortvloeit uit een verdrag ter voorkoming van dubbele belasting, deel uitmaakt van het op het hoofdgeding toepasselijke rechtskader en als zodanig door de verwijzende rechterlijke instantie is gepresenteerd, dient het Hof hiermee rekening te houden om een voor de nationale rechter nuttige uitlegging van het gemeenschapsrecht te geven (zie in die zin arrest van 19 januari 2006, Bouanich, C-265/04, *Jurispr.* blz. I-923, punt 51, en reeds aangehaalde arresten Test Claimants in Class IV of the ACT Group Litigation, punt 71; Denkavit Internationaal en Denkavit France, punt 45, alsmede Test Claimants in the Thin Cap Group Litigation, punt 54).

81. Zoals de advocaat-generaal in punt 85 van zijn conclusie heeft opgemerkt, kan evenwel uit niets in de verwijzingsbeslissing worden opgemaakt dat het Gerechtshof te Amsterdam aan de relevante bepalingen van het DBV heeft willen refereren.

82. Het staat aan de nationale rechter om te bepalen welk recht op het hoofdgeding van toepassing is.

83. Derhalve dient de nationale rechter vast te stellen of in het hoofdgeding rekening moet worden gehouden met het DBV en, in voorkomend geval, na te gaan of met dit verdrag de gevolgen kunnen worden geneutraliseerd van de in het kader van de beantwoording van de eerste vraag in punt 28 van het onderhavige arrest genoemde beperking van het vrije verkeer van kapitaal.

84. Mitsdien moet op de tweede vraag worden geantwoord dat een lidstaat niet met een beroep op het bestaan van een volledig belastingkrediet dat door een andere lidstaat unilateraal wordt verleend aan een in die andere lidstaat gevestigde ontvangende vennootschap, kan ontsnappen aan de uit de uitoefening van zijn heffingsbevoegdheid voortvloeiende verplichting tot het voorkomen van dubbele economische belasting van dividenden, wanneer hij dubbele economische belasting van dividenden uitgekeerd aan op zijn grondgebied gevestigde ontvangende vennootschappen voorkomt. Beroept een lidstaat zich op een verdrag ter voorkoming van dubbele belasting dat hij heeft gesloten met een andere lidstaat, dan staat het aan de nationale rechter om vast te stellen of in het hoofdgeding rekening moet worden gehouden met dit verdrag en, in voorkomend geval, na te gaan of met dit verdrag de gevolgen van de beperking van het vrije verkeer van kapitaal kunnen worden geneutraliseerd.

Kosten

85. Ten aanzien van de partijen in het hoofdgeding is de procedure als een aldaar gerezen incident te beschouwen, zodat de nationale rechterlijke instantie over de kosten heeft te beslissen. De door anderen wegens indiening van hun opmerkingen bij het Hof gemaakte kosten komen niet voor vergoeding in aanmerking.

HET HOF VAN JUSTITIE (Eerste kamer)

verklaart voor recht:

1. De artikelen 56 EG en 58 EG staan in de weg aan een wettelijke regeling van een lidstaat die, wanneer de minimumdrempel voor deelnemingen van de moedermaatschappij in het kapitaal van de dochteronderneming, ingevoerd door artikel 5, lid 1, van richtlijn 90/435/EEG van de Raad van 23 juli 1990 betreffende de gemeenschappelijke fiscale regeling voor moedermaatschappijen en dochterondernemingen uit verschillende lidstaten, niet wordt bereikt, voorziet in een bronbelasting op dividenden die door een in die lidstaat gevestigde vennootschap worden uitgekeerd aan een in een andere lidstaat gevestigde ontvangende vennootschap, terwijl dividenden die worden uitgekeerd aan een ontvangende vennootschap die in de eerste lidstaat is onderworpen aan de vennootschapsbelasting of in die lidstaat beschikt over een vaste inrichting waartoe de aandelen in de uitkerende vennootschap behoren, van deze belasting zijn vrijgesteld.

2. Een lidstaat kan niet met een beroep op het bestaan van een volledig belastingkrediet dat door een andere lidstaat unilateraal wordt verleend aan een in die andere lidstaat gevestigde ontvangende vennootschap, ontsnappen aan de uit de uitoefening van zijn heffingsbevoegdheid voortvloeiende verplichting tot het voorkomen van dubbele economische belasting van dividenden, wanneer hij dubbele economische belasting van dividenden uitgekeerd aan op zijn grondgebied gevestigde ontvangende vennootschappen voorkomt. Beroept een lidstaat zich op een verdrag ter voorkoming van dubbele belasting dat hij heeft gesloten met een andere lidstaat, dan staat het aan de nationale rechter om vast te stellen of in het hoofdgeding rekening moet worden

gehouden met dit verdrag en, in voorkomend geval, na te gaan of met dit verdrag de gevolgen van de beperking van het vrije verkeer van kapitaal kunnen worden geneutraliseerd.

HvJ EG 6 december 2007, zaak C-298/05 (Columbus Container Services BVBA & Co. v. Finanzamt Bielefeld-Innenstadt)

Eerste kamer: *P. Jann, kamerpresident, K. Lenaerts, J. N. Cunha Rodrigues, M. Ilešič en E. Levits (rapporteur), rechters*
Advocaat-generaal: *P. Mengozzi*

1. Het verzoek om een prejudiciële beslissing betreft de uitlegging van de artikelen 43 EG en 56 EG.

2. Dit verzoek is ingediend in het kader van een geding tussen Columbus Container Services BVBA & Co. (hierna: 'Columbus') en het Finanzamt Bielefeld-Innenstadt (hierna: 'Finanzamt') inzake de heffing van belasting over de winst die Columbus in 1996 heeft gemaakt.

Toepasselijke bepalingen

Bepalingen van Duits recht

3. Overeenkomstig § 1, lid 1, van het Einkommensteuergesetz (Duitse wet op de inkomstenbelasting, *BGBl.* 1990 I, blz. 1902; hierna: 'EStG') is elke ingezetene van Duitsland aldaar onbeperkt belastingplichtig voor de inkomstenbelasting en onderworpen aan het beginsel 'van het wereldinkomen'. Krachtens dit beginsel, dat geldt voor alle soorten inkomsten, met inbegrip van de inkomsten uit onderneming (§ 2, lid 1, punt 2, EStG) en de inkomsten uit kapitaal (§ 2, lid 1, punt 5, EStG), worden zowel in Duitsland als in het buitenland behaalde inkomsten uniform berekend en belast.

4. Ingevolge § 1 EStG en § 1 van het Körperschaftssteuergesetz (Duitse wet op de vennootschapsbelasting, *BGBl.* 1991 I, blz. 637) is een vennootschap die naar Duits recht als een personenvennootschap wordt gekwalificeerd, als zodanig niet belastingplichtig. De winst die een dergelijke vennootschap in Duitsland of in het buitenland maakt, wordt overeenkomstig het beginsel van fiscale transparantie van personenvennootschappen toegerekend aan haar in Duitsland woonachtige vennoten naar rato van hun deelneming en bij hen belast (§ 15, lid 1, punt 2, eerste volzin, EStG).

5. De winst van een personenvennootschap wordt ook dan aan haar vennoten toegerekend, wanneer deze vennootschap als zodanig in het buitenland, in de staat waar zij haar zetel heeft, aan de vennootschapsbelasting is onderworpen.

6. Om te vermijden dat de inkomsten die Duitse ingezetenen in het buitenland behalen, dubbel worden belast, heeft de Bondsrepubliek Duitsland bilaterale verdragen gesloten, waaronder de Overeenkomst tussen het Koninkrijk België en de Bondsrepubliek Duitsland tot voorkoming van dubbele belasting en tot regeling van sommige andere aangelegenheden inzake belastingen van inkomen en van vermogen, ondertekend te Brussel op 11 april 1967 (*BGBl.* 1969 II, blz. 18; hierna: 'bilateraal belastingverdrag').

7. Artikel 7, lid 1, van het bilateraal belastingverdrag bepaalt dat winst van een Duitse onderneming die haar bedrijf uitoefent door middel van een op het grondgebied van het Koninkrijk België gevestigde vaste inrichting, zoals een commanditaire vennootschap, in deze lidstaat wordt belast voor zover hij aan die vaste inrichting is toe te rekenen. Volgens de verwijzingsbeslissing behandelt het bilateraal belastingverdrag winstuitkeringen als dividenden in de zin van artikel 10 van dit belastingverdrag, daar commanditaire vennootschappen overeenkomstig de Belgische belastingregeling onderworpen zijn aan de vennootschapsbelasting.

8. Overeenkomstig artikel 23, lid 1, punt 1, van dit belastingverdrag zijn de inkomsten die door een ingezetene van Duitsland in België worden behaald en op grond van dit belastingverdrag in laatstgenoemde lidstaat belastbaar zijn, in Duitsland belastingvrij. Vaststaat dat inkomsten uit kapitaalinvesteringen in een Belgische commanditaire vennootschap onder de vrijstellingsregeling van dit artikel 23, lid 1, punt 1, vallen.

9. Anders dan het bilateraal belastingverdrag, bepaalt § 20, leden 2 en 3, van het Gesetz über die Besteuerung bei Auslandsbeziehungen (Außensteuergesetz; Duitse wet inzake belastingheffing in situaties die aanknopingspunten met het buitenland bevatten) in de – ten tijde van de feiten in het hoofdgeding geldende – versie van het Missbrauchsbekämpfungs- und Steuerbereinigungsgesetz (Duitse wet inzake fiscale harmonisatie en fraudebestrijding) van 21 december 1993 (*BGBl.* 1993 I, blz. 2310; hierna: 'AStG'):

> '2. Wanneer inkomsten uit kapitaalinvesteringen in de zin van § 10, lid 6, tweede zin, bij de buitenlandse inrichting van een onbeperkt belastingplichtige ontstaan en als inkomsten van een tussenvennootschap aan belasting zouden zijn onderworpen indien deze inrichting een buitenlandse vennootschap was, moet dubbele belasting niet door vrijstelling, maar door verrekening van de over deze inkomsten geheven buitenlandse belasting worden voorkomen.
> 3. In de gevallen van lid 2 moet bij vermogen dat ten grondslag ligt aan inkomsten uit kapitaalinvesteringen in de zin van § 10, lid 6, tweede zin, met uitzondering van inkomsten uit kapitaalinvesteringen in de zin van

§ 10, lid 6, derde zin, dubbele belasting niet door vrijstelling, maar door verrekening van de over dit vermogen geheven buitenlandse belasting worden voorkomen. [...]'

10. § 10, lid 6, tweede zin, AStG bepaalt:

'Inkomsten uit kapitaalinvesteringen van een tussenvennootschap zijn inkomsten van de buitenlandse tussenvennootschap die voortvloeien uit het houden, het beheer, het waardebehoud of de waardevermeerdering van betaalmiddelen, vorderingen, effecten, deelnemingen of soortgelijke vermogenswaarden [...]'

11. § 8, leden 1 en 3, AStG luidt:

'1. Een buitenlandse vennootschap is een tussenvennootschap voor inkomsten die tegen een laag tarief worden belast [...]

[...]

3. Van een laag belastingtarief in de zin van lid 1 is sprake wanneer in de staat van de bedrijfsleiding of in de staat waar de buitenlandse vennootschap haar zetel heeft, minder dan 30% winstbelasting over de inkomsten wordt geheven zonder dat dit het gevolg is van compensatie met inkomsten uit andere bron, of wanneer de aldus in aanmerking te nemen belasting overeenkomstig de belastingregeling van de betrokken staat wordt verminderd met de belasting die drukt op de vennootschap waarvan de inkomsten afkomstig zijn [...]'

Bepalingen van Belgisch recht

12. Naar Belgisch recht vallen de ondernemingen die als 'coördinatiecentra' worden aangemerkt onder de belastingregeling van koninklijk besluit nr. 187 van 30 december 1982 (*Belgisch Staatsblad* van 13 januari 1983). Overeenkomstig dit koninklijk besluit wordt de belastinggrondslag voor winst die een coördinatiecentrum in België maakt, forfaitair bepaald op grond van de 'cost plus-methode' (methode van kostenomslag).

Hoofdgeding en prejudiciële vragen

13. Columbus is een commanditaire vennootschap naar Belgisch recht die ten tijde van de feiten in het hoofdgeding te Antwerpen (België) was gevestigd. Zij is een coördinatiecentrum in de zin van koninklijk besluit nr. 187.

14. De aandelen van Columbus zijn in handen van acht in Duitsland wonende leden van eenzelfde familie met elk een deelneming van 10%, en voor de overige 20% van een Duitse personenvennootschap waarvan de aandelen eveneens aan de leden van deze familie toebehoren. Op de algemene vergadering van Columbus worden alle aandeelhouders door dezelfde persoon vertegenwoordigd.

15. Columbus maakt deel uit van een internationaal belangrijk economisch concern. Haar maatschappelijk doel is de coördinatie van de activiteiten van dit concern en omvat met name de centralisatie van de financiële verrichtingen en de boekhouding, de financiering van de liquiditeit van de dochterondernemingen of filialen, elektronisch gegevensbeheer alsmede reclame- en marketingactiviteiten.

16. Economisch gezien is Columbus voornamelijk actief op het gebied van het beheer van kapitaalinvesteringen in de zin van § 10, lid 6, tweede zin, AStG. Dat leverde haar in 1996 8 044 619 DEM (4 113 148 EUR) aan 'inkomsten uit onderneming' en 53 477 DEM (27 342 EUR) aan 'diverse inkomsten' op.

17. Voor 1996 heeft de Belgische fiscus op Columbus de regeling voor coördinatiecentra toegepast; daarbij werd de door deze vennootschap gemaakte winst concreet tegen een tarief van minder dan 30% belast.

18. Naar Duits recht is Columbus een personenvennootschap.

19. Overeenkomstig het Duitse belastingrecht, met name § 20, lid 2, AStG, heeft het Finanzamt de vennoten bij belastingaanslag van 8 juni 1998 vrijstelling met progressievoorbehoud verleend voor de diverse inkomsten van Columbus. Op de 'inkomsten uit onderneming' van Columbus hebben de vennoten daarentegen wél belasting moeten betalen, zij het dat het Finanzamt de daarover in België geheven belasting eerst had verrekend.

20. Bij aanslag van 16 juni 1998 heeft het Finanzamt voorts overeenkomstig § 20, lid 3, AStG de referentiewaarde van het vermogen van Columbus op 1 januari 1996 vastgesteld met het oog op de berekening van de bij de vennoten te heffen vermogensbelasting.

21. Columbus heeft tegen deze aanslagen, met uitzondering van die betreffende de diverse inkomsten, bezwaar aangetekend bij het Finanzamt en na afwijzing daarvan beroep ingesteld bij het Finanzgericht Münster.

22. Voor het Finanzgericht Münster voert Columbus met name aan dat § 20, leden 2 en 3, AStG onverenigbaar is met de bepalingen van artikel 43 EG. Volgens deze vennootschap leidt de vervanging van de vrijstellingsmethode van artikel 23, lid 1, punt 1, van het bilateraal belastingverdrag, door de verrekeningsmethode van § 20, leden 2 en 3, AStG ertoe dat de betrokken buitenlandse inrichtingen minder aantrekkelijk worden. Door de intrekking van het belastingvoordeel dat deze inrichtingen genoten, wordt de door het EG-Verdrag gewaarborgde vrijheid van vestiging volgens haar op ongerechtvaardigde wijze beperkt.

23. Columbus betoogt verder dat geen motivering voor de niet-naleving van het bilateraal belastingverdrag is gegeven.

24. Het Finanzgericht Münster sluit niet uit dat de bepalingen van § 20, leden 2 en 3, AStG de vrijheid van vestiging schenden. Het twijfelt ook aan de verenigbaarheid van deze voorschriften met het vrije verkeer van kapitaal. De bijheffing waaraan buitenlandse inkomsten op grond van deze bepalingen worden onderwerpen zou Duitse ingezetenen namelijk ervan kunnen weerhouden in een andere lidstaat dan de Bondsrepubliek Duitsland te investeren zonder dat deze beperking van het kapitaalverkeer gerechtvaardigd kan worden.

25. Daarop heeft het Finanzgericht Münster de behandeling van de zaak geschorst en het Hof de volgende prejudiciële vraag gesteld:

> 'Staan artikel 52 EG-Verdrag (thans artikel 43 EG) en de artikelen 73 B tot en met 73 D EG-Verdrag (thans de artikelen 56 EG tot en met 58 EG) eraan in de weg dat § 20, leden 2 en 3, [AStG] de inkomsten uit kapitaalinvesteringen in de buitenlandse inrichting van een in Duitsland onbeperkt belastingplichtige, die als inkomsten van een tussenvennootschap aan belasting onderworpen zouden zijn indien de inrichting een buitenlandse vennootschap was, in afwijking van [het bilateraal belastingverdrag] niet door vrijstelling van de Duitse belasting, maar door verrekening van de over de inkomsten geheven buitenlandse winstbelasting van de dubbele belasting bevrijdt?'

Beantwoording van de prejudiciële vraag

26. Met zijn prejudiciële vraag wenst de verwijzende rechter in wezen te vernemen of de artikelen 43 EG en 56 EG aldus moeten worden uitgelegd dat zij in de weg staan aan een belastingregeling van een lidstaat als die aan de orde in het hoofdgeding op grond waarvan de inkomsten van een nationale ingezetene uit kapitaalinvesteringen in een inrichting met zetel in een andere lidstaat, ofschoon met laatstbedoelde lidstaat een verdrag ter voorkoming van dubbele belasting is gesloten, niet van de nationale inkomstenbelasting worden vrijgesteld, maar na verrekening van de in de andere lidstaat geheven belasting integendeel aan de nationale belasting worden onderworpen.

27. Vooraf zij eraan herinnerd dat, volgens vaste rechtspraak, bij ontbreken van communautaire unificatie- of harmonisatiemaatregelen, de lidstaten bevoegd blijven om de criteria voor de belasting van de inkomsten en het vermogen vast te stellen teneinde, in voorkomend geval door het sluiten van een verdrag, dubbele belastingen af te schaffen (zie met name arresten van 21 september 1999, Saint-Gobain ZN, C-307/97, *Jurispr.* blz. I-6161, punt 57; 3 oktober 2006, FKP Scorpio Konzertproduktionen, C-290/04, *Jurispr.* blz. I-9461, punt 54, en 12 december 2006, Test Claimants in Class IV of the ACT Group Litigation, C-374/04, *Jurispr.* blz. I-11673, punt 52).

28. Ofschoon de directe belastingen tot de bevoegdheid van de lidstaten behoren, zijn deze niettemin verplicht die bevoegdheid in overeenstemming met het gemeenschapsrecht uit te oefenen (zie arresten van 19 januari 2006, Bouanich, C-265/04, *Jurispr.* blz. I-923, punt 28, en Test Claimants in Class IV of the ACT Group Litigation, reeds aangehaald, punt 36).

Bestaan van een beperking van de vrijheid van vestiging

29. Volgens vaste rechtspraak vallen nationale bepalingen die van toepassing zijn op de deelneming door een onderdaan van de betrokken lidstaat in het kapitaal van een in een andere lidstaat gevestigde vennootschap, die hem een zodanige invloed op de besluiten van de vennootschap verleent dat hij de activiteiten ervan kan bepalen, binnen de werkingssfeer van de bepalingen van het Verdrag inzake de vrijheid van vestiging (zie in die zin arresten van 18 juli 2007, Oy AA, C-231/05, *Jurispr.* blz. I-00000, punt 20, en 23 oktober 2007, Commissie/Duitsland, C-112/05, *Jurispr.* blz. I-00000, punt 13).

30. Volgens die rechtspraak valt de verwerving, door een of meerdere natuurlijke personen met verblijfplaats in een lidstaat, van alle aandelen van een vennootschap met statutaire zetel in een andere lidstaat, die een zodanige invloed op de besluiten van de vennootschap verleent dat de betrokkenen de activiteiten ervan kunnen bepalen, binnen de werkingssfeer van de verdragsbepalingen inzake de vrijheid van vestiging (zie arresten van 13 april 2000, Baars, C-251/98, *Jurispr.* blz. I-2787, punten 21 en 22, alsmede 5 november 2002, Überseering, C-208/00, *Jurispr.* blz. I-9919, punt 77).

31. In het onderhavige geval blijkt uit punt 14 van dit arrest dat alle aandelen van Columbus rechtstreeks of indirect in handen zijn van de leden van eenzelfde familie. Betrokkenen streven dezelfde belangen na, nemen in onderlinge overeenstemming via eenzelfde vertegenwoordiger in de algemene vergadering van deze vennootschap besluiten die de vennootschap betreffen en bepalen de activiteiten ervan.

32. Hieruit volgt dat de bepalingen van het Verdrag inzake de vrijheid van vestiging van toepassing zijn op een situatie als die aan de orde in het hoofdgeding.

33. Artikel 43 EG schrijft de afschaffing van de beperkingen van de vrijheid van vestiging voor. Hoewel de verdragsbepalingen inzake de vrijheid van vestiging volgens de bewoordingen ervan het voordeel van de nationale behandeling in de lidstaat van ontvangst beogen te garanderen, verbieden zij dus ook de staat van oorsprong de

vestiging in een andere lidstaat van een van zijn onderdanen of van een naar zijn nationale regeling opgerichte vennootschap te bemoeilijken (zie met name arresten van 16 juli 1998, ICI, C-264/96, *Jurispr.* blz. I-4695, punt 21, alsmede 12 september 2006, Cadbury Schweppes en Cadbury Schweppes Overseas, C-36/02, *Jurispr.* blz. I-9609, punt 42).

34. Het is tevens vaste rechtspraak dat alle maatregelen die de uitoefening van deze vrijheid verbieden, belemmeren of minder aantrekkelijk maken als dergelijke beperkingen moeten worden beschouwd (zie arresten van 30 november 1995, Gebhard, C-55/94, *Jurispr.* blz. I-4165, punt 37, en 5 oktober 2004, CaixaBank France, C-442/02, *Jurispr.* blz. I-8961, punt 11).

35. Zoals in punt 7 van het onderhavige arrest is uiteengezet, worden inkomsten uit winst die een Duitse vennootschap behaalt via een Belgische commanditaire vennootschap overeenkomstig het bilateraal belastingverdrag bij de ingezeten belastingplichtigen van Duitsland vrijgesteld. Wanneer een dergelijke vennootschap, zoals in het hoofdgeding, op grond van de Belgische belastingregeling over de in België gemaakte winst evenwel minder dan 30% belasting moet betalen, worden deze inkomsten ingevolge de bepalingen van het AStG die in het hoofdgeding aan de orde zijn, niettegenstaande dat belastingverdrag, bij de ingezeten belastingplichtigen van Duitsland niet langer vrijgesteld van de inkomstenbelasting, maar onderworpen aan de Duitse belastingregeling, met dien verstande dat de belasting die in België is geheven wordt verrekend met die welke in Duitsland is verschuldigd.

36. Krachtens § 20, leden 2 en 3, AStG geldt de vrijstelling van het bilateraal belastingverdrag namelijk niet voor inkomsten afkomstig van een vennootschap die in het buitenland wordt belast tegen een tarief dat in § 8, leden 1 en 3, AStG als 'laag' wordt aangemerkt; deze inkomsten vallen integendeel binnen de werkingssfeer van de verrekeningsmethode van § 20, leden 2 en 3, AStG.

37. Volgens de inlichtingen die Columbus ter terechtzitting heeft verstrekt, zou de belastingdruk bij de vennoten van Columbus als gevolg van de vervanging, voor aanslagjaar 1996, van de vrijstellingsmethode door de verrekeningsmethode met 53% zijn gestegen.

38. Opgemerkt zij evenwel dat ook indien de toepassing, in het kader van de heffing van belasting bij de vennoten van Columbus, van de verrekeningsmethode waarin de in het hoofdgeding aan de orde zijnde bepalingen van § 20, leden 2 en 3, AStG voorzien, de uitoefening van de activiteiten van deze vennootschap duurder maakt dan wanneer die belastingheffing op grond van de vrijstellingsmethode van het bilateraal belastingverdrag had plaatsgevonden, zulks niet noodzakelijk betekent dat deze bepalingen een beperking van de vrijheid van vestiging in de zin van artikel 43 EG vormen.

39. De vrijheid van vestiging verbiedt namelijk elke discriminatie op grond van de zetel van vennootschappen (zie in die zin arrest Saint-Gobain ZN, reeds aangehaald, punt 35, en arrest van 12 december 2006, Test Claimants in the FII Group Litigation, C-446/04, *Jurispr.* blz. I-11753, punt 40). In casu staat vast dat de Duitse belastingregeling aan de orde in het hoofdgeding, die in dat opzicht vergelijkbaar is met de Belgische belastingregeling die van toepassing was in de zaak Kerckhaert en Morres (arrest van 14 november 2006, C-513/04, *Jurispr.* blz. I-10967, punt 17), geen onderscheid maakt tussen de belastingheffing over inkomsten uit winst van personenvennootschappen met zetel in Duitsland en die over inkomsten uit winst van personenvennootschappen met zetel in een andere lidstaat die de door deze vennootschappen op zijn grondgebied gemaakte winst tegen minder dan 30% belast. Door de toepassing van de verrekeningsmethode op deze buitenlandse vennootschappen leidt deze belastingregeling alleen ertoe dat de winst van dergelijke vennootschappen in Duitsland wordt onderworpen aan hetzelfde belastingtarief als die van in Duitsland gevestigde personenvennootschappen.

40. Vennootschappen als Columbus lijden geen belastingnadeel ten opzichte van in Duitsland gevestigde personenvennootschappen, zodat er geen sprake kan zijn van discriminatie door ongelijke behandeling van deze twee categorieën vennootschappen.

41. Het is juist dat volgens vaste rechtspraak discriminatie ook kan resulteren uit de toepassing van dezelfde regel op verschillende situaties (zie arresten van 14 februari 1995, Schumacker, C-279/93, *Jurispr.* blz. I-225, punt 30, en 29 april 1999, Royal Bank of Scotland, C-311/97, *Jurispr.* blz. I-2651, punt 26).

42. Ten aanzien van de belastingregeling van de woonstaat wordt de positie van een vennoot die winst ontvangt, evenwel niet noodzakelijkerwijs verschillend door de omstandigheid alleen dat hij deze winst van een in een andere lidstaat gevestigde vennootschap ontvangt, welke lidstaat de gemaakte winst bij de uitoefening van zijn belastingbevoegdheid tegen minder dan 30% belast (zie in die zin arrest Kerckhaert en Morres, reeds aangehaald, punt 19).

43. In omstandigheden als die in het hoofdgeding zijn de nadelige gevolgen die de toepassing van een regeling voor winstbelasting zoals die van het AStG kan meebrengen, het gevolg van de parallelle uitoefening van belastingbevoegdheid door twee lidstaten (zie arrest Kerckhaert en Morres, reeds aangehaald, punt 20).

44. In dit verband zij eraan herinnerd dat verdragen ter voorkoming van dubbele belasting zoals bedoeld in artikel 293 EG, ertoe strekken de negatieve effecten die voor de werking van de interne markt voortvloeien uit het in

het vorige punt genoemde naast elkaar bestaan van nationale belastingstelsels, weg te werken of te verminderen (arrest Kerckhaert en Morres, reeds aangehaald, punt 21).

45. Het gemeenschapsrecht voorziet bij de huidige stand ervan en voor een situatie als in het hoofdgeding evenwel niet in algemene criteria voor de verdeling van de bevoegdheden tussen de lidstaten ter zake van de afschaffing van dubbele belasting binnen de Europese Gemeenschap. Afgezien van richtlijn 90/435/EEG van de Raad van 23 juli 1990 betreffende de gemeenschappelijke fiscale regeling voor moedermaatschappijen en dochterondernemingen uit verschillende lidstaten (*PB* L 225, blz. 6), het Verdrag van 23 juli 1990 tot afschaffing van dubbele belasting in geval van winstcorrecties tussen verbonden ondernemingen (*PB* L 225, blz. 10), en richtlijn 2003/48/EG van de Raad van 3 juni 2003 betreffende belastingheffing op inkomsten uit spaargelden in de vorm van rentebetaling (*PB* L 157, blz. 38), is tot dusver in het kader van het gemeenschapsrecht immers geen enkele unificatie- of harmonisatiemaatregel tot afschaffing van dubbele belastingen vastgesteld (zie arrest Kerckhaert en Morres, reeds aangehaald, punt 22).

46. Hoewel de lidstaten op grond van hun in punt 27 van het onderhavige arrest genoemde bevoegdheden talrijke bilaterale verdragen hebben gesloten om bedoelde negatieve gevolgen weg te werken of te verminderen, neemt dit niet weg dat het Hof in het kader van artikel 234 EG niet bevoegd is om uitspraak te doen over de kwestie of een verdragsluitende lidstaat de bepalingen van een dergelijk verdrag heeft geschonden.

47. Zoals de advocaat-generaal in punt 46 van zijn conclusie heeft opgemerkt, kan het Hof immers niet onderzoeken hoe een nationale maatregel als die aan de orde in het hoofdgeding zich verhoudt tot de bepalingen van een verdrag ter voorkoming van dubbele belasting als het bilateraal belastingverdrag, daar deze kwestie niet de uitlegging van het gemeenschapsrecht betreft (zie in die zin arrest van 14 december 2000, AMID, C-141/99, *Jurispr.* blz. I-11619, punt 18).

48. Anders dan verzoekster in het hoofdgeding stelt, blijkt ook niet uit de punten 43 en 44 van het arrest van 26 oktober 1999, Eurowings Luftverkehr (C-294/97, *Jurispr.* blz. I-7447), dat de door het Verdrag gewaarborgde vrijheden van verkeer zich verzetten tegen de toepassing van een nationale regeling als die in het hoofdgeding.

49. Het Hof heeft in dat arrest Eurowings Luftverkehr weliswaar geoordeeld dat een lidstaat de heffing van belasting bij ontvangers van diensten niet kan rechtvaardigen door de omstandigheid dat de dienstverleners in een andere lidstaat in geringere mate werden belast, maar in de zaak die tot dat arrest heeft geleid ging het om een nationale regeling waarbij dienstverleners gevestigd in de betrokken lidstaat fiscaal minder gunstig werden behandeld dan die gevestigd in andere lidstaten. De fiscale behandeling waaraan de vennoten van vennootschappen als Columbus en de in Duitsland gevestigde personenvennootschappen worden onderworpen, berust evenwel niet op een dergelijke ongelijke behandeling.

50. Columbus betoogt verder dat de in het hoofdgeding aan de orde zijnde bepalingen van het AStG de keuze van vennootschappen in welke lidstaten zij zich zullen vestigen, negatief beïnvloeden.

51. Zoals in punt 44 van het onderhavige arrest is vastgesteld, beschikken de lidstaten bij de huidige stand van harmonisatie van het communautaire belastingrecht over een zekere autonomie. Uit deze belastingbevoegdheid volgt dat het recht van de vennootschappen om te kiezen in welke van de verschillende lidstaten zij zich zullen vestigen, niet betekent dat deze lidstaten verplicht zijn om hun belastingstelsel aan te passen aan de verschillende belastingstelsels van de andere lidstaten om te waarborgen dat een vennootschap die ervoor heeft geopteerd om zich in een bepaalde lidstaat te vestigen, op nationaal niveau op dezelfde wijze wordt belast als een vennootschap die heeft besloten om zich in een andere lidstaat te vestigen.

52. Columbus voert verder aan dat de in het hoofdgeding aan de orde zijnde bepalingen van het AStG de keuze tussen de verschillende vestigingsvormen negatief beïnvloeden. Zo zou zij aan de toepassing van deze bepalingen zijn ontsnapt, indien zij had besloten haar bedrijf in België te voeren door middel van een dochteronderneming-kapitaalvennootschap in de plaats van via een inrichting als die aan de orde in het hoofdgeding.

53. Dienaangaande zij eraan herinnerd dat de fiscale autonomie waaraan in de punten 44 en 54 van het onderhavige arrest wordt gerefereerd, tevens inhoudt dat de lidstaten vrij zijn om te bepalen onder welke voorwaarden en op welk niveau de verschillende vestigingsvormen van nationale vennootschappen die in het buitenland opereren, zullen worden belast, mits deze vestigingsvormen daardoor niet worden gediscrimineerd ten opzichte van vergelijkbare nationale vestigingen.

54. Gelet op het voorgaande en op het feit dat vennootschappen als Columbus, enerzijds, en de in Duitsland gevestigde personenvennootschappen, anderzijds, zoals uiteengezet in punt 40 van het onderhavige arrest, fiscaal gelijk worden behandeld, zij vastgesteld dat de bepalingen van het AStG niet kunnen worden geacht een beperking van de vrijheid van vestiging in de zin van artikel 43 EG te vormen.

Bestaan van een beperking van het vrije verkeer van kapitaal

55. Met zijn prejudiciële vraag wenst de verwijzende rechter verder te vernemen of artikel 56 EG aldus moet worden uitgelegd dat het in de weg staat aan een nationale regeling als die aan de orde in het hoofdgeding.

56. In dit verband volstaat het in herinnering te brengen dat een regeling als die aan de orde in het hoofdgeding, zoals blijkt uit het voorgaande, belastingplichtigen van een lidstaat aan wie de winst van een in een andere lidstaat gevestigde personenvennootschap wordt toegerekend, niet discrimineert. De conclusie in punt 54 van dit arrest geldt dus ook voor de bepalingen betreffende het vrije verkeer van kapitaal (zie in die zin arrest Test Claimants in the FII Group Litigation, reeds aangehaald, punt 60).

57. Bijgevolg moet op de prejudiciële vraag worden geantwoord dat de artikelen 43 EG en 56 EG aldus moeten worden uitgelegd dat zij niet in de weg staan aan een belastingregeling van een lidstaat op grond waarvan de inkomsten van een nationale ingezetene uit kapitaalinvesteringen in een inrichting met zetel in een andere lidstaat, ofschoon met laatstbedoelde lidstaat een verdrag ter voorkoming van dubbele belasting is gesloten, niet van de nationale inkomstenbelasting worden vrijgesteld, maar na verrekening van de in de andere lidstaat geheven belasting aan de nationale belasting worden onderworpen.

Kosten

58. …

HET HOF VAN JUSTITIE (Eerste kamer)

verklaart voor recht:

De artikelen 43 EG en 56 EG moeten aldus worden uitgelegd dat zij niet in de weg staan aan een belastingregeling van een lidstaat op grond waarvan de inkomsten van een nationale ingezetene uit kapitaalinvesteringen in een inrichting met zetel in een andere lidstaat, ofschoon met laatstbedoelde lidstaat een verdrag ter voorkoming van dubbele belasting is gesloten, niet van de nationale inkomstenbelasting worden vrijgesteld, maar na verrekening van de in de andere lidstaat geheven belasting aan de nationale belasting worden onderworpen.

HvJ EG 18 december 2007, zaak C-101/05 (Skatteverket v. A)

Grote kamer: *V. Skouris, president, P. Jann, C. W. A. Timmermans, A. Rosas, K. Lenaerts (rapporteur) en A. Tizzano, kamerpresidenten, R. Schintgen, J. N. Cunha Rodrigues, R. Silva de Lapuerta, J. Malenovský, T. von Danwitz, A. Arabadjiev en C. Toader, rechters*

Advocaat-generaal: *Y. Bot*

1. Het verzoek om een prejudiciële beslissing betreft de uitlegging van de artikelen 56 EG tot en met 58 EG.

2. Dit verzoek is ingediend in het kader van een geding tussen Skatteverket (Zweedse belastingadministratie) en A, een in Zweden woonachtige natuurlijke persoon, wegens de weigering om aan laatstgenoemde vrijstelling te verlenen van de belasting over dividenden die door een in een derde land gevestigde vennootschap in de vorm van aandelen in een dochteronderneming worden uitgekeerd.

Nationale wettelijke regeling

3. Krachtens de inkomstskattelag, SFS 1999, nr. 1229 (Zweedse wet van 1999 op de inkomstenbelasting; hierna: 'wet') moet over dividenden die door een naamloze vennootschap aan een in Zweden woonachtige natuurlijke persoon worden uitgekeerd, in die lidstaat gewoonlijk inkomstenbelasting worden betaald.

4. § 16 van hoofdstuk 42 van de wet luidt:

'Dividenden die door een Zweedse naamloze vennootschap (moedervennootschap) in de vorm van aandelen in een dochtervennootschap worden uitgekeerd, behoren niet tot het belastbare inkomen, mits:
1. de uitkering geschiedt in verhouding tot het aantal gehouden aandelen in de moedervennootschap,
2. de aandelen van de moedervennootschap aan de beurs zijn genoteerd,
3. alle aandelen van de moedervennootschap in de dochtervennootschap zijn uitgedeeld,
4. de aandelen in de dochtervennootschap na de uitdeling niet in handen zijn van een onderneming die tot hetzelfde concern behoort als de moedervennootschap,
5. de dochtervennootschap een Zweedse naamloze vennootschap of een buitenlandse vennootschap is, en
6. de economische activiteit van de dochtervennootschap in hoofdzaak bestaat in de uitoefening van een bedrijf dan wel het direct of indirect bezit van aandelen in een onderneming die hoofdzakelijk een bedrijf uitoefent en waarin de dochtervennootschap direct of indirect aandelen bezit met een totaalaantal stemmen dat meer dan de helft van het aantal stemmen voor alle aandelen in de onderneming uitmaakt.'

5. Toen die vrijstelling in 1992 in het Zweedse recht werd ingevoerd, golden de desbetreffende bepalingen uitsluitend voor door Zweedse naamloze vennootschappen uitgekeerde winst. Die bepalingen zijn vanaf 1994 ingetrokken en daarna vanaf 1995 weer in het nationale recht ingevoerd.

6. Krachtens § 16a van hoofdstuk 42 van de wet, welke bepaling in 2001 in het Zweedse recht is ingevoerd, geldt de in § 16 van dat hoofdstuk opgenomen vrijstelling ook wanneer de uitkering van aandelen wordt gedaan door een buitenlandse vennootschap met een soortgelijke rechtsvorm als een Zweedse naamloze vennootschap en die gevestigd is in een staat van de Europese Economische Ruimte (hierna: 'EER') of in een staat waarmee het Koninkrijk Zweden een belastingverdrag heeft gesloten dat een bepaling over de uitwisseling van informatie bevat.

7. Op 7 mei 1965 hebben de Zwitserse Bondsstaat en het Koninkrijk Zweden een verdrag ter voorkoming van dubbele belasting op het gebied van de inkomsten- en vermogensbelasting (hierna: 'verdrag') gesloten. In de artikelen 10 en 11 van dit verdrag wordt de belasting op dividend respectievelijk rente geregeld.

8. Artikel 27 van het verdrag voorziet in een regeling voor onderling overleg tussen de bevoegde autoriteiten van de verdragsluitende staten om een met de bepalingen van dat verdrag strijdige belastingheffing te voorkomen en eventuele moeilijkheden of twijfel bij de uitlegging of de toepassing daarvan uit de weg te ruimen.

9. Uit punt 5 van het bij de sluiting van het verdrag opgestelde onderhandelings- en ondertekeningsprotocol (hierna: 'protocol') blijkt dat de Zwitserse afvaardiging van oordeel was dat enkel die informatie kan worden uitgewisseld welke noodzakelijk is voor een juiste toepassing van het verdrag en misbruik daarvan kan helpen te voorkomen. Uit dit punt 5 blijkt ook dat het Koninkrijk Zweden akte heeft genomen van deze verklaring en van een uitdrukkelijke verdragsbepaling over de uitwisseling van informatie heeft afgezien.

10. Op 17 augustus 1993 hebben de Zwitserse Bondsstaat en het Koninkrijk Zweden een overeenkomst gesloten inzake de uitvoering van de artikelen 10 en 11 van het verdrag (hierna: 'overeenkomst'). Deze overeenkomst regelt de door een particulier te volgen procedure voor de verkrijging van belastingvermindering overeenkomstig de in die artikelen gestelde voorwaarden voor belastingheffing, alsmede de behandeling van dergelijke verzoeken door de belastingautoriteiten van de verdragsluitende staten.

Hoofdgeding en prejudiciële vraag

11. A is aandeelhouder van de in Zwitserland gevestigde vennootschap X die voornemens is de aandelen uit te keren die zij houdt in een van haar dochterondernemingen. A heeft Skatterättsnämnden (commissie voor fiscale vraagstukken) verzocht om een prealabel advies over de vraag of een dergelijke uitkering van inkomstenbelasting is vrijgesteld. Volgens A heeft de vennootschap X een soortgelijke rechtsvorm als een Zweedse naamloze vennootschap en is voldaan aan de in de wet gestelde voorwaarden voor belastingvrijstelling, uitgezonderd die met betrekking tot de plaats waar de zetel van die vennootschap is gevestigd.

12. In haar op 19 februari 2003 meegedeeld prealabel advies heeft Skatterättsnämnden geantwoord dat ingevolge de bepalingen van het EG-Verdrag inzake het vrije verkeer van kapitaal de door X voorgenomen uitkering van aandelen van inkomstenbelasting moest worden vrijgesteld.

13. Volgens Skatterättsnämnden vloeit een dergelijk recht op vrijstelling niet voort uit de wet, aangezien het verdrag geen verplichting voor de Zwitserse Bondsstaat bevat om de noodzakelijke inlichtingen aan de Zweedse belastingadministratie te verstrekken. § 16a van hoofdstuk 42 van de wet dient echter als een beperking van het kapitaalverkeer in de zin van artikel 56 EG te worden beschouwd. Een dergelijke beperking is stellig ingegeven door het doel om belastingcontroles te vergemakkelijken in een context waarin richtlijn 77/799/EEG van de Raad van 19 december 1977 betreffende de wederzijdse bijstand van de bevoegde autoriteiten van de lidstaten op het gebied van de directe en de indirecte belastingen (*PB* L 336, blz. 15), zoals gewijzigd bij richtlijn 92/12/EEG van de Raad van 25 februari 1992 (*PB* L 76, blz. 1; hierna: 'richtlijn 77/799'), niet van toepassing is. Die beperking staat evenwel niet in verhouding tot dat doel. De overeenkomst lijkt namelijk tot op zekere hoogte de Zweedse belastingadministratie de mogelijkheid te bieden de voor de toepassing van de nationale belastingregeling vereiste inlichtingen in te winnen. Bovendien kan de belastingplichtige de gelegenheid worden geboden zelf aan te tonen dat aan alle in de wet gestelde voorwaarden is voldaan.

14. Skatteverket is tegen dit prealabel advies van Skatterättsnämnden opgekomen bij Regeringsrätten.

15. In dat kader wijst Skatteverket erop dat de bepalingen inzake het vrije kapitaalverkeer niet duidelijk zijn met betrekking tot het kapitaalverkeer tussen lidstaten en derde landen, in het bijzonder die derde landen welke zich verzetten tegen de uitwisseling van informatie ten behoeve van fiscale controles. Wanneer de mogelijkheid om inlichtingen te verkrijgen niet groot is, kan een beperking als die welke bij § 16a is ingevoerd, gerechtvaardigd zijn om de doeltreffendheid van de fiscale controles te waarborgen.

16. A stelt daarentegen dat de bepalingen in het protocol en de overeenkomst kunnen worden gelijkgesteld met een bepaling over de uitwisseling van informatie die in het verdrag zelf staat. § 16a van hoofdstuk 42 van de wet is hoe dan ook aan te merken als een beperking van het vrije kapitaalverkeer die niet kan worden gerechtvaardigd. Het is immers niet noodzakelijk de Zwitserse autoriteiten om inlichtingen te vragen, aangezien de belastingplichtige kan worden gelast aan te tonen dat hij voldoet aan alle voorwaarden om voor de in de wet bedoelde vrijstelling in aanmerking te komen.

17. Daarop heeft Regeringsrätten de behandeling van de zaak geschorst en het Hof de volgende prejudiciële vraag gesteld:

> 'Staan de bepalingen inzake het vrije kapitaalverkeer tussen lidstaten en een derde land eraan in de weg dat in een situatie als [in het hoofdgeding] A wordt belast voor de door X uitgekeerde dividenden, op grond dat X niet is gevestigd in een staat binnen de EER of in een staat waarmee [het Koninkrijk] Zweden een belastingverdrag heeft gesloten dat een bepaling over de uitwisseling van informatie bevat?'

Beantwoording van de prejudiciële vraag

18. Met zijn vraag wenst de verwijzende rechter in wezen te vernemen of de verdragsbepalingen inzake het vrije kapitaalverkeer aldus moeten worden uitgelegd dat zij zich verzetten tegen de wettelijke regeling van een lidstaat krachtens welke de vrijstelling van inkomstenbelasting over dividenden die worden uitgekeerd in de vorm van aandelen in een dochteronderneming, enkel kan worden verleend indien de uitkerende vennootschap is gevestigd in een lidstaat van de EER of in een staat waarmee de lidstaat van belastingheffing een belastingverdrag heeft gesloten dat voorziet in de uitwisseling van informatie.

19. Vooraf zij eraan herinnerd dat volgens vaste rechtspraak de directe belastingen weliswaar tot de bevoegdheid van de lidstaten behoren, doch deze verplicht zijn die bevoegdheid in overeenstemming met het gemeenschapsrecht uit te oefenen (arresten van 6 juni 2000, Verkooijen, C-35/98, *Jurispr.* blz. I-4071, punt 32; 7 september 2004, Manninen, C-319/ 02, *Jurispr.* blz. I-7477, punt 19, en 6 maart 2007, Meilicke e.a., C-292/04, *Jurispr.* blz. I-1835, punt 19).

20. In dit verband heeft artikel 56, lid 1, EG, dat op 1 januari 1994 in werking is getreden, het kapitaalverkeer tussen lidstaten onderling en tussen lidstaten en derde landen geliberaliseerd. Daartoe bepaalt het dat in het kader van het hoofdstuk van het Verdrag 'Kapitaal en betalingsverkeer', alle beperkingen van het kapitaalverkeer tussen

lidstaten onderling en tussen lidstaten en derde landen verboden zijn (arresten van 14 december 1995, Sanz de Lera e.a., C-163/94, C-165/94 en C-250/94, *Jurispr.* blz. I-4821, punt 19, en 23 februari 2006, Van Hilten-van der Heijden, C-513/03, *Jurispr.* blz. I-1957, punt 37).

Rechtstreekse werking van artikel 56, lid 1, EG in de betrekkingen tussen lidstaten en derde landen

21. Meteen al zij eraan herinnerd dat in artikel 56, lid 1, EG een duidelijk en onvoorwaardelijk verbod wordt geformuleerd, dat geen enkele uitvoeringsmaatregel vereist en particulieren rechten toekent waarop deze zich in rechte kunnen beroepen (zie in die zin arrest Sanz de Lera e.a., reeds aangehaald, punten 41 en 47).

22. De Duitse regering voert echter aan dat die bepaling in de betrekkingen tussen lidstaten en derde landen enkel rechtstreekse werking heeft ten aanzien van beperkingen met betrekking tot niet in artikel 57, lid 1, EG bedoelde categorieën van kapitaalverkeer. Ten aanzien van de categorieën van kapitaalverkeer die in genoemd lid 1 worden bedoeld, kan de Raad van de Europese Unie namelijk krachtens lid 2 van dat artikel liberalisatiemaatregelen nemen, indien en voor zover deze de werking van de Economische en Monetaire Unie kunnen bevorderen. Hoewel het Hof in punt 46 van voormeld arrest Sanz de Lera e.a. heeft erkend dat de vaststelling van maatregelen door de Raad geen noodzakelijke voorwaarde is voor de toepassing van het in artikel 56, lid 1, EG geformuleerde verbod, heeft het deze uitlegging begrensd tot niet onder artikel 57, lid 1, EG vallende beperkingen.

23. In dit verband zij eraan herinnerd dat volgens artikel 57, lid 1, EG het bepaalde in artikel 56 EG geen afbreuk doet aan de toepassing op derde landen van beperkingen die op 31 december 1993 bestaan uit hoofde van nationaal of gemeenschapsrecht inzake het kapitaalverkeer naar of uit derde landen in verband met directe investeringen – met inbegrip van investeringen in onroerende goederen –, vestiging, het verrichten van financiële diensten of de toelating van waardepapieren tot de kapitaalmarkten.

24. Ingevolge artikel 57, lid 2, eerste zin, EG kan de Raad, hoewel hij tracht de doelstelling van een niet aan beperkingen onderworpen vrij kapitaalverkeer tussen lidstaten en derde landen zoveel mogelijk te bereiken, onverminderd het bepaalde in de overige hoofdstukken van het Verdrag, op voorstel van de Commissie van de Europese Gemeenschappen met gekwalificeerde meerderheid van stemmen maatregelen nemen betreffende het kapitaalverkeer naar of uit derde landen in verband met directe investeringen – met inbegrip van investeringen in onroerende goederen –, vestiging, het verrichten van financiële diensten of de toelating van waardepapieren tot de kapitaalmarkten. De tweede zin van voornoemd lid 2 bepaalt dat voor maatregelen die in het gemeenschapsrecht een achteruitgang op het gebied van de liberalisatie van het kapitaalverkeer naar of uit derde landen vormen, eenparigheid van stemmen is vereist.

25. In punt 48 van voornoemd arrest Sanz de Lera e.a. heeft het Hof geoordeeld dat de bepalingen van artikel 73 B, lid 1, EG-Verdrag (thans artikel 56, lid 1, EG), junctis de artikelen 73 C en 73 D, lid 1, sub b, EG-Verdrag (thans respectievelijk artikelen 57 EG en 58, lid 1, sub b, EG), voor de nationale rechter kunnen worden ingeroepen en tot gevolg kunnen hebben dat de daarmee strijdige nationale bepalingen buiten toepassing worden gelaten.

26. Daarmee heeft het Hof de rechtstreekse werking erkend van artikel 56, lid 1, EG, zonder een onderscheid te maken tussen de categorieën van kapitaalverkeer die wel en die welke niet onder artikel 57, lid 1, EG vallen. Het Hof heeft namelijk geoordeeld dat de uitzondering van artikel 57, lid 1, EG niet eraan in de weg kan staan dat artikel 56, lid 1, EG particulieren rechten toekent waarop deze zich in rechte kunnen beroepen (arrest Sanz de Lera e.a., reeds aangehaald, punt 47).

27. Hieruit volgt dat, voor wat betreft het kapitaalverkeer tussen lidstaten en derde landen, artikel 56, lid 1, EG, junctis de artikelen 57 EG en 58 EG, voor de nationale rechter kan worden ingeroepen en tot gevolg kan hebben dat de daarmee strijdige nationale bepalingen buiten toepassing worden gelaten, ongeacht om welke categorie van kapitaalverkeer het gaat.

Begrip beperkingen van het kapitaalverkeer tussen lidstaten en derde landen

28. In de eerste plaats moet worden geantwoord op de argumenten van Skatteverket en de Zweedse, de Duitse, de Franse en de Nederlandse regering, volgens welke het in artikel 56, lid 1, EG genoemde begrip beperking van het kapitaalverkeer in de betrekkingen tussen lidstaten en derde landen niet op dezelfde manier kan worden uitgelegd als in de betrekkingen tussen lidstaten onderling.

29. De Duitse, de Franse en de Nederlandse regering beklemtonen dat, in tegenstelling tot de liberalisatie van het kapitaalverkeer tussen lidstaten onderling, die tot doel heeft de interne markt tot stand te brengen, de uitbreiding van het beginsel van vrij kapitaalverkeer tot de betrekkingen tussen lidstaten en derde landen verband houdt met de instelling van de Economische en Monetaire Unie. Al deze regeringen benadrukken dat de eerbiediging van het verbod van artikel 56, lid 1, EG in de betrekkingen met derde landen zou leiden tot een eenzijdige liberalisatie van de zijde van de Europese Gemeenschap, zonder dat deze de garantie krijgt dat de betrokken derde landen zullen overgaan tot een gelijkwaardige liberalisatie en zonder dat er in de betrekkingen met deze landen maatregelen bestaan tot harmonisatie van de nationale bepalingen, met name inzake directe belastingen.

30. De Duitse en de Nederlandse regering betogen voorts dat wanneer het beginsel van vrij kapitaalverkeer in de betrekkingen met derde landen op dezelfde wijze zou worden uitgelegd als binnen de Gemeenschap, deze geen mogelijkheden meer zou hebben om met die landen over liberalisatie te onderhandelen, aangezien een dergelijke liberalisatie reeds automatisch en eenzijdig de communautaire markt voor die landen zou hebben geopend. Zij beklemtonen in dit verband dat de bepalingen inzake het vrij verkeer van kapitaal in de associatieovereenkomsten met derde landen meestal minder ver gaan dan artikel 56 EG, hetgeen geen zin zou hebben wanneer deze bepaling even streng zou worden toegepast in de betrekkingen met derde landen als in de communautaire betrekkingen.

31. Zoals de advocaat-generaal heeft opgemerkt in de punten 74 tot en met 77 van zijn conclusie, dient, hoewel de liberalisatie van het kapitaalverkeer met derde landen stellig andere doelen kan nastreven dan de verwezenlijking van de interne markt, zoals met name het waarborgen van de geloofwaardigheid van de gemeenschappelijke eenheidsmunt op de wereldwijde financiële markten en het handhaven in de lidstaten van financiële centra van mondiale betekenis, te worden geconstateerd dat de lidstaten bij de uitbreiding van het beginsel van het vrije verkeer van kapitaal door artikel 56, lid 1, EG tot het kapitaalverkeer tussen derde landen en lidstaten, ervoor hebben gekozen dit beginsel in hetzelfde artikel en in identieke bewoordingen te verankeren voor het kapitaalverkeer binnen de Gemeenschap en voor het kapitaalverkeer dat betrekkingen met derde landen betreft.

32. Bovendien volgt, zoals de advocaat-generaal eveneens heeft opgemerkt in de punten 78 tot en met 83 van zijn conclusie, uit het geheel van de in het Verdrag, in het hoofdstuk over kapitaal en betalingsverkeer, opgenomen bepalingen dat de lidstaten, teneinde rekening te houden met het feit dat het doel en de juridische context van de liberalisatie van het kapitaalverkeer verschillen al naargelang het gaat om de betrekkingen tussen lidstaten en derde landen of om het vrij verkeer van kapitaal tussen lidstaten onderling, het nodig hebben gevonden vrijwaringsclausules en uitzonderingen op te nemen die specifiek van toepassing zijn op het kapitaalverkeer naar of uit derde landen.

33. Behalve de uitzondering die in artikel 57, lid 1, EG is voorzien voor bepaalde beperkingen van het kapitaalverkeer naar of uit derde landen die op 31 december 1993 bestaan uit hoofde van nationaal of gemeenschapsrecht, kan de Raad op grond van artikel 59 EG namelijk, in uitzonderlijke omstandigheden waarin dit kapitaalverkeer ernstige moeilijkheden veroorzaakt of dreigt te veroorzaken voor de werking van de Economische en Monetaire Unie, vrijwaringsmaatregelen nemen. Artikel 60, lid 1, EG machtigt de Raad bovendien om ten aanzien van derde landen de nodige urgente maatregelen te nemen, indien in gevallen als bedoeld in artikel 301 EG een optreden van de Gemeenschap nodig wordt geacht. Ten slotte voorziet artikel 60, lid 2, EG in de mogelijkheid voor een lidstaat om, zolang de Raad de hem bij lid 1 van dit artikel verleende bevoegdheid niet heeft uitgeoefend, om ernstige politieke redenen in spoedeisende gevallen eenzijdige maatregelen tegen een derde land te nemen met betrekking tot met name het kapitaalverkeer.

34. Dienaangaande zij opgemerkt dat, anders dan de Duitse regering aanvoert, uit de voorwaarden die gelden voor de door artikel 57, lid 2, EG aan de Raad toegekende bevoegdheid om maatregelen te nemen met betrekking tot de in die bepaling opgesomde categorieën van kapitaalverkeer naar of uit derde landen, niet kan worden afgeleid dat deze categorieën buiten de werkingssfeer van het in artikel 56, lid 1, EG neergelegde verbod vallen. Lid 2 van artikel 57 EG dient namelijk te worden gelezen in samenhang met lid 1 van dit artikel en staat de Raad enkel toe maatregelen te nemen met betrekking tot voornoemde categorieën van kapitaalverkeer, zonder dat de nationale of communautaire beperkingen waarvan de handhaving uitdrukkelijk is voorzien in genoemd lid 1, aan hem kunnen worden tegengeworpen.

35. Zoals de advocaat-generaal heeft opgemerkt in punt 86 van zijn conclusie, komen de beperkingen die de lidstaten en de Gemeenschap krachtens artikel 57, lid 1, EG kunnen toepassen op het kapitaalverkeer naar of uit derde landen, niet alleen bovenop die waarin de artikelen 59 EG en 60 EG voorzien, maar ook bovenop die welke voortvloeien uit door de lidstaten overeenkomstig artikel 58, lid 1, sub a en b, EG genomen maatregelen of anderszins zijn gerechtvaardigd door een dwingende reden van algemeen belang.

36. Bovendien volgt uit de rechtspraak van het Hof dat de mate waarin de lidstaten aldus bevoegd zijn om bepaalde beperkende maatregelen toe te passen met betrekking tot het kapitaalverkeer, niet kan worden bepaald zonder rekening te houden met de omstandigheid, waarop is gewezen door verschillende regeringen die opmerkingen bij het Hof hebben ingediend, dat het kapitaalverkeer naar of uit derde landen plaatsvindt in een andere juridische context dan het kapitaalverkeer binnen de Gemeenschap.

37. Vanwege de mate van juridische integratie van de lidstaten van de Europese Unie, en met name het bestaan van communautaire wetgeving die strekt tot samenwerking tussen nationale belastingdiensten, zoals richtlijn 77/799, is de belastingheffing door een lidstaat over economische activiteiten met grensoverschrijdende aspecten binnen de Gemeenschap dus niet altijd vergelijkbaar met de belastingheffing over economische activiteiten die zich afspelen tussen lidstaten en derde landen (arrest van 12 december 2006, Test Claimants in the FII Group Litigation, C-446/04, *Jurispr.* blz. I-11753, punt 170). Volgens het Hof kan evenmin worden uitgesloten dat een lidstaat in staat zou zijn aan te tonen dat een beperking van het kapitaalverkeer naar of uit derde landen om een

bepaalde reden gerechtvaardigd is, in omstandigheden waarin die reden geen geldige rechtvaardiging zou opleveren voor een beperking van het kapitaalverkeer tussen lidstaten (arrest Test Claimants in the FII Group Litigation, reeds aangehaald, punt 171).

38. Om die redenen kan het door de Duitse en de Nederlandse regering aangevoerde argument niet doorslaggevend worden geacht dat wanneer het begrip beperkingen van het kapitaalverkeer in de betrekkingen tussen lidstaten en derde landen op dezelfde manier wordt uitgelegd als in de betrekkingen tussen lidstaten onderling, de Gemeenschap eenzijdig de communautaire markt zou openstellen voor derde landen, zonder de mogelijkheden tot onderhandeling te behouden die nodig zijn om een dergelijke liberalisatie van de zijde van deze landen te verkrijgen.

39. Nu het begrip beperkingen van het kapitaalverkeer tussen lidstaten en derde landen aldus is verduidelijkt, moet in de tweede plaats worden onderzocht of een regeling als in het hoofdgeding aan de orde als een dergelijke beperking moet worden aangemerkt en of zij, in voorkomend geval, objectief kan worden gerechtvaardigd op basis van de verdragsbepalingen of door dwingende redenen van algemeen belang.

Bestaan van een beperking van het kapitaalverkeer

40. Dienaangaande zij eraan herinnerd dat de maatregelen die ingevolge artikel 56, lid 1, EG verboden zijn op grond dat zij het kapitaalverkeer beperken, mede de maatregelen omvatten die niet-ingezetenen ervan kunnen doen afzien, in een lidstaat investeringen te doen, of ingezetenen van bedoelde lidstaat kunnen ontmoedigen in andere staten investeringen te doen (zie arresten Van Hilten-van der Heijden, reeds aangehaald, punt 44, en van 25 januari 2007, Festersen, C-370/05, *Jurispr.* blz. I-1129, punt 24).

41. In casu kent § 16 a van hoofdstuk 42 van de wet aan in Zweden woonachtige belastingplichtigen een belastingvrijstelling toe voor dividenden die door een in Zweden of een andere lidstaat van de EER gevestigde naamloze vennootschap in de vorm van aandelen in een dochteronderneming worden uitgekeerd, maar verleent hij hun deze vrijstelling niet wanneer een dergelijke uitkering wordt gedaan door een vennootschap die is gevestigd in een derde land dat geen lid is van de EER, behalve wanneer dit land met het Koninkrijk Zweden een verdrag heeft gesloten dat voorziet in de uitwisseling van informatie.

42. Een dergelijke wettelijke regeling leidt ertoe dat in Zweden wonende belastingplichtigen worden ontmoedigd hun kapitaal te beleggen in vennootschappen die buiten de EER zijn gevestigd. Aangezien de dividenden die zij uitkeren aan Zweedse ingezetenen fiscaal minder gunstig worden behandeld dan die welke worden uitgekeerd door een vennootschap die is gevestigd in een lidstaat van de EER, zijn de aandelen van deze vennootschappen voor in Zweden woonachtige investeerders immers minder aantrekkelijk dan de aandelen van vennootschappen die in een EER-staat zijn gevestigd (zie in die zin reeds aangehaalde arresten Verkooijen, punten 34 en 35, en Manninen, punten 22 en 23, alsmede, voor wat betreft het kapitaalverkeer tussen lidstaten en derde landen, reeds aangehaald arrest Test Claimants in the FII Group Litigation, punt 166).

43. Een regeling als aan de orde in het hoofdgeding bevat dus een beperking van het kapitaalverkeer tussen lidstaten en derde landen die in beginsel door artikel 56, lid 1, EG is verboden.

44. Alvorens te onderzoeken of, zoals Skatteverket en de regeringen die opmerkingen bij het Hof hebben ingediend betogen, voornoemde beperking kan worden gerechtvaardigd door een dwingende reden van algemeen belang, dient te worden geantwoord op het door de Italiaanse regering aangevoerde argument dat deze beperking onder de uitzondering van artikel 57, lid 1, EG valt.

Toepassing van de uitzondering van artikel 57, lid 1, EG

45. Zoals in punt 23 van het onderhavige arrest in herinnering is gebracht, doet volgens artikel 57, lid 1, EG het bepaalde in artikel 56 EG geen afbreuk aan de toepassing op derde landen van beperkingen die op 31 december 1993 bestaan uit hoofde van nationaal of gemeenschapsrecht inzake het kapitaalverkeer naar of uit derde landen in verband met directe investeringen – met inbegrip van investeringen in onroerende goederen –, vestiging, het verrichten van financiële diensten of de toelating van waardepapieren tot de kapitaalmarkten.

46. Een beperking van het kapitaalverkeer die bestaat in de minder gunstige fiscale behandeling van dividenden van buitenlandse herkomst, valt onder het begrip 'directe investeringen' in de zin van artikel 57, lid 1, EG, voor zover zij betrekking heeft op alle investeringen welke door natuurlijke of rechtspersonen worden verricht en welke gericht zijn op de vestiging of de handhaving van duurzame en directe betrekkingen tussen de kapitaalverschaffer en de onderneming waarvoor de desbetreffende middelen bestemd zijn met het oog op de uitoefening van een economische activiteit (zie in die zin arresten Test Claimants in the FII Group Litigation, reeds aangehaald, punten 179-181; van 24 mei 2007, Holböck, C-157/05, nog niet gepubliceerd in de *Jurisprudentie*, punten 33 en 34, en 23 oktober 2007, Commissie/Duitsland, C-112/05, nog niet gepubliceerd in de *Jurisprudentie*, punt 18).

47. Aangezien in de verwijzingsbeslissing niet wordt uitgesloten dat de dividenden die vennootschap X voornemens is uit te keren aan A, verband houden met dergelijke investeringen, moet worden onderzocht of een regeling

als aan de orde in het hoofdgeding als op 31 december 1993 bestaande beperking kan vallen onder de uitzondering van artikel 57, lid 1, EG.

48. Zoals de advocaat-generaal heeft opgemerkt in de punten 110 tot en met 112 van zijn conclusie, veronderstelt het begrip op 31 december 1993 bestaande beperking dat het juridische raamwerk waarin de betrokken beperking is opgenomen, sinds die datum ononderbroken deel heeft uitgemaakt van de rechtsorde van de betrokken lidstaat. Zou dit anders zijn, dan zou een lidstaat immers op enig tijdstip opnieuw beperkingen van het kapitaalverkeer naar of uit derde landen kunnen invoeren die op 31 december 1993 in de nationale rechtorde bestonden, doch niet zijn gehandhaafd.

49. Het Hof heeft in dezelfde zin geoordeeld toen het werd gevraagd zich uit te spreken over de toepasselijkheid van de uitzondering van artikel 57, lid 1, EG op op 31 december 1993 in de rechtsorde van een lidstaat bestaande beperkingen van het kapitaalverkeer. Hoewel het Hof heeft aanvaard dat een nationale maatregel die na die datum is vastgesteld, niet om die reden alleen automatisch van de in voornoemd lid 1 bedoelde uitzonderingsregeling is uitgesloten, heeft het deze mogelijkheid namelijk aldus begrepen dat deze mede bepalingen omvat die op de voornaamste punten identiek zijn aan een vroegere wettelijke regeling of die alleen een belemmering voor de uitoefening van de communautaire rechten en vrijheden in de vroegere wettelijke regeling verminderen of opheffen, onder uitsluiting van bepalingen die op een andere hoofdgedachte berusten dan het vroegere recht en nieuwe procedures invoeren (zie in die zin reeds aangehaalde arresten Test Claimants in the FII Group Litigation, punt 192, en Holböck, punt 41). Daarmee heeft het Hof niet willen doelen op bepalingen die, hoewel zij op de voornaamste punten identiek zijn aan een op 31 december 1993 bestaande wettelijke regeling, opnieuw een belemmering van het vrij verkeer van kapitaal hebben ingevoerd die na intrekking van de vroegere wettelijke regeling niet meer bestond.

50. In casu moet worden vastgesteld dat § 16 van hoofdstuk 42 van de wet op de datum van inwerkingtreding ervan in 1992 reeds die dividenden van de vrijstelling voor in de vorm van aandelen in een dochteronderneming uitgekeerde dividenden uitsloot welke werden uitgekeerd door vennootschappen die waren gevestigd in derde landen die geen verdrag met het Koninkrijk Zweden hadden gesloten dat voorzag in de uitwisseling van informatie. Blijkens de verwijzingbeslissing gold deze vrijstelling op die datum namelijk enkel voor dividenden die werden uitgekeerd door in Zweden gevestigde vennootschappen.

51. Het is juist dat de bepalingen inzake de vrijstelling vanaf 1994 zijn ingetrokken, vervolgens vanaf 1995 opnieuw zijn ingevoerd en in 2001 zijn uitgebreid tot dividenden die worden uitgekeerd door vennootschappen die zijn gevestigd in een lidstaat van de EER of in een andere staat waarmee het Koninkrijk Zweden een verdrag heeft gesloten dat voorziet in de uitwisseling van informatie. Dit neemt echter niet weg dat, zoals de Italiaanse regering betoogt, dividenden die worden uitgekeerd door vennootschappen gevestigd in een derde land dat geen lid is van de EER en dat geen dergelijk verdrag met het Koninkrijk Zweden heeft gesloten, steeds, althans vanaf 1992, uitgesloten zijn geweest van deze vrijstelling.

52. In deze omstandigheden moet de sinds 1992 geldende uitsluiting van de bij de wet voorziene vrijstelling voor dividenden die worden uitgekeerd door een vennootschap die is gevestigd in een derde land dat geen lid is van de EER en dat geen verdrag met het Koninkrijk Zweden heeft gesloten dat voorziet in de uitwisseling van informatie, worden aangemerkt als een op 31 december 1993 bestaande beperking in de zin van artikel 57, lid 1, EG, althans wanneer deze dividenden verband houden met directe investeringen in de uitkerende vennootschap, hetgeen ter beoordeling van de verwijzende rechter staat.

53. Aangezien uit de verwijzingsbeslissing niet blijkt dat de in het hoofdgeding aan de orde zijnde dividenden verband houden met directe investeringen, moet worden onderzocht of een nationale wettelijke regeling als in het hoofdgeding aan de orde kan worden gerechtvaardigd door een dwingende reden van algemeen belang.

Rechtvaardiging ontleend aan de noodzaak om de doeltreffendheid van de fiscale controles te waarborgen

54. Volgens Skatteverket alsmede de Zweedse, de Deense, de Duitse, de Spaanse, de Franse, de Italiaanse, de Nederlandse regering en de regering van het Verenigd Koninkrijk wordt de weigering om de in § 16 van hoofdstuk 42 van de wet voorziene vrijstelling te verlenen wanneer de dividenden worden uitgekeerd door een vennootschap die is gevestigd in een derde land dat geen belastingverdrag met het Koninkrijk Zweden heeft gesloten dat in de uitwisseling van informatie voorziet, gerechtvaardigd door de noodzaak om de doeltreffendheid van de fiscale controles te waarborgen. De Zweedse belastingadministratie kan namelijk ten aanzien van een derde land geen beroep doen op de bij richtlijn 77/799 voorziene wederzijdse bijstand tussen de bevoegde autoriteiten. Bovendien bevat noch het verdrag, noch het protocol een bepaling over informatie-uitwisseling die vergelijkbaar is met die van artikel 26 van het modelverdrag van de Organisatie voor economische samenwerking en ontwikkeling (OESO). Zelfs indien de belastingplichtige beschikt over alle informatie die noodzakelijk is om aan te tonen dat de door § 16 vereiste voorwaarden zijn vervuld, dan nog is het aan de belastingadministratie om de waarde van het overgelegde bewijs te verifiëren, hetgeen onmogelijk is wanneer zij geen medewerking kan verkrijgen van de bevoegde autoriteiten van de staat waar de uitkerende vennootschap is gevestigd.

55. Volgens artikel 58, lid 1, sub b, EG doet het bepaalde in artikel 56 EG niets af aan het recht van de lidstaten om alle nodige maatregelen te nemen om overtredingen van de nationale wetten en voorschriften tegen te gaan, met name op fiscaal gebied. Hiermee heeft het Hof erkend dat de noodzaak om de doeltreffendheid van de fiscale controles te waarborgen een dwingende reden van algemeen belang vormt, die een beperking van de uitoefening van de door het Verdrag gegarandeerde vrijheden van verkeer kan rechtvaardigen (arresten van 15 mei 1997, Futura Participations en Singer, C-250/95, *Jurispr.* blz. I-2471, punt 31; 15 juli 2004, Lenz, C-315/02, *Jurispr.* blz. I-7063, punten 27 en 45, en 14 september 2006, Centro di Musicologia Walter Stauffer, C-386/04, *Jurispr.* blz. I-8203, punt 47).

56. Een beperkende maatregel kan slechts gerechtvaardigd zijn, indien zij in overeenstemming is met het evenredigheidsbeginsel, dat wil zeggen zij moet geschikt zijn om het ermee nagestreefde doel te bereiken en mag niet verder gaan dan ter bereiking van dit doel nodig is (zie met name arrest van 4 maart 2004, Commissie/Frankrijk, C-334/02, *Jurispr.* blz. I-2229, punt 28).

57. Volgens A en de Commissie is de in het hoofdgeding aan de orde zijnde wettelijke regeling onevenredig met het nagestreefde doel, aangezien de Zweedse belastingautoriteiten van de belastingplichtige kunnen verlangen dat hij het bewijs levert dat aan de voorwaarden voor de in die wettelijke regeling neergelegde vrijstelling is voldaan. Wanneer een dergelijke vrijstelling betrekking heeft op dividenden die worden uitgekeerd door een aan de beurs genoteerde vennootschap, kan bepaalde informatie ook worden verkregen door raadpleging van de gegevens die deze vennootschap wettelijk verplicht is bekend te maken.

58. Zoals A en de Commissie opmerken, heeft het Hof met betrekking tot een nationale regeling die de uitoefening van een van de door het Verdrag gegarandeerde vrijheden van verkeer beperkt, geoordeeld dat een lidstaat zich ter rechtvaardiging van de weigering van een fiscaal voordeel niet kan beroepen op het feit dat niet om samenwerking met een andere lidstaat kan worden verzocht voor het instellen van een onderzoek of het inwinnen van inlichtingen. Zelfs indien het controleren van de door de belastingplichtige verstrekte informatie moeilijk blijkt, met name vanwege de in artikel 8 van richtlijn 77/799 neergelegde beperkingen van de informatie-uitwisseling, belet immers niets de betrokken belastingautoriteiten, van de belastingplichtige de bewijzen te verlangen die zij noodzakelijk achten voor de correcte vaststelling van de betrokken belastingen, en in voorkomend geval de gevraagde vrijstelling te weigeren wanneer deze bewijzen niet worden geleverd (zie in die zin arresten van 28 januari 1992, Bachmann, C-204/90, *Jurispr.* blz. I-249, punt 20; 30 januari 2007, Commissie/Denemarken, C-150/04, *Jurispr.* blz. I-1163, punt 54, en 11 oktober 2007, ELISA, C-451/05, nog niet gepubliceerd in de *Jurisprudentie*, punten 94 en 95).

59. In deze context heeft het Hof vastgesteld dat niet op voorhand kan worden uitgesloten dat de belastingplichtige in staat is relevante bewijsstukken over te leggen aan de hand waarvan de belastingautoriteiten van de lidstaat van heffing duidelijk en nauwkeurig kunnen controleren of hij niet probeert de betaling van de belastingen te vermijden of te omzeilen (zie in die zin arresten van 8 juli 1999, Baxter e.a., C-254/97, *Jurispr.* blz. I-4809, punten 19 en 20; 10 maart 2005, Laboratoires Fournier, C-39/04, *Jurispr.* blz. I-2057, punt 25, alsmede ELISA, reeds aangehaald, punt 96).

60. Deze rechtspraak, die betrekking heeft op beperkingen van de uitoefening van de vrijheden van verkeer binnen de Gemeenschap, kan evenwel niet integraal worden getransponeerd naar het kapitaalverkeer tussen lidstaten en derde landen, aangezien dat kapitaalverkeer in een andere juridische context valt dan de zaken die hebben geleid tot de in de twee voorgaande punten genoemde arresten.

61. Ten eerste spelen de betrekkingen tussen de lidstaten zich namelijk af in een gemeenschappelijk juridisch kader, dat wordt gekenmerkt door het bestaan van een communautaire regeling, zoals richtlijn 77/799, waarin wederkerige verplichtingen tot wederzijdse bijstand zijn neergelegd. Ook al is de verplichting tot bijstand op de gebieden die onder deze richtlijn vallen niet onbegrensd, dit neemt niet weg dat genoemde richtlijn een kader vastlegt voor samenwerking tussen de bevoegde autoriteiten van de lidstaten, dat niet bestaat tussen deze autoriteiten en de bevoegde autoriteiten van een derde land wanneer dit geen enkele verbintenis tot wederzijdse bijstand is aangegaan.

62. Ten tweede bieden, zoals de advocaat-generaal heeft opgemerkt in de punten 141 tot en met 143 van zijn conclusie, voor wat betreft de bewijsstukken die de belastingplichtige kan verstrekken teneinde de belastingautoriteiten in staat te stellen te controleren of de in de nationale wettelijke regeling voorgeschreven voorwaarden zijn vervuld, de communautaire harmonisatiemaatregelen die in de lidstaten gelden ter zake van de boekhouding van vennootschappen de belastingplichtige de mogelijkheid om betrouwbare en controleerbare gegevens te verstrekken aangaande de structuur of de activiteiten van een in een andere lidstaat gevestigde vennootschap, terwijl een dergelijke mogelijkheid voor de belastingplichtige niet is gegarandeerd wanneer het gaat om een vennootschap die is gevestigd in een derde land dat niet verplicht is deze communautaire maatregelen toe te passen.

63. Hieruit volgt dat wanneer de regeling van een lidstaat de toekenning van een fiscaal voordeel afhankelijk stelt van de vervulling van voorwaarden waarvan de naleving enkel kan worden gecontroleerd middels het verkrijgen van inlichtingen van de bevoegde autoriteiten van een derde land, deze lidstaat in beginsel dit voordeel mag wei-

geren, wanneer, met name vanwege het ontbreken van een verdragsverplichting voor dit derde land om informatie te vertrekken, het onmogelijk blijkt om deze inlichtingen van dit land te verkrijgen.

64. In het hoofdgeding betogen Skatteverket en de Zweedse regering dat de Zweedse belastingadministratie niet kan controleren of is voldaan aan de eerste, de derde, de vierde en de zesde in § 16 van hoofdstuk 42 van de wet genoemde voorwaarde, te weten dat de uitkering moet worden gedaan in verhouding tot het aantal aandelen dat wordt gehouden in de moedervennootschap, dat alle aandelen van laatstgenoemde in de dochtervennootschap moeten zijn uitgedeeld, dat de aandelen in de dochtervennootschap na de uitdeling niet in handen mogen zijn van een onderneming die tot hetzelfde concern behoort als de moedervennootschap en dat de economische activiteit van de dochtervennootschap of van de door deze dochtervennootschap gecontroleerde vennootschappen in hoofdzaak moet bestaan in de uitoefening van een bedrijf.

65. Deze vraag staat ter beoordeling van de verwijzende rechter.

66. Dit geldt ook voor de vraag of het protocol of de overeenkomst de Zweedse belastingadministratie in staat stelt de inlichtingen te verkrijgen die zij nodig heeft om voornoemde § 16 uit te voeren. Hoewel Skatterättsnämnden van oordeel was dat op grond van de overeenkomst de nodige inlichtingen kunnen worden verkregen, blijkt namelijk uit de stukken en uit de door de Zweedse regering op verzoek van het Hof verstrekte toelichtingen dat van de Zwitserse autoriteiten enkel die inlichtingen kunnen worden verkregen die nodig zijn voor een juiste toepassing van het verdrag.

67. Gelet op een en ander, dient op de prejudiciële vraag te worden geantwoord dat de artikelen 56 EG en 58 EG aldus moeten worden uitgelegd dat zij zich niet verzetten tegen de wettelijke regeling van een lidstaat krachtens welke de vrijstelling van inkomstenbelasting over dividenden die worden uitgekeerd in de vorm van aandelen in een dochtervennootschap, enkel kan worden verleend indien de uitkerende vennootschap is gevestigd in een lidstaat van de EER of in een staat waarmee de lidstaat van belastingheffing een belastingverdrag heeft gesloten dat voorziet in de uitwisseling van informatie, wanneer voor deze vrijstelling voorwaarden gelden waarvan de naleving door de bevoegde autoriteiten van deze lidstaat enkel kan worden gecontroleerd middels het verkrijgen van inlichtingen van de staat van vestiging van de uitkerende vennootschap.

Kosten

68. …

HET HOF VAN JUSTITIE (Grote kamer)

verklaart voor recht:

De artikelen 56 EG en 58 EG moeten aldus worden uitgelegd dat zij zich niet verzetten tegen de wettelijke regeling van een lidstaat krachtens welke de vrijstelling van inkomstenbelasting over dividenden die worden uitgekeerd in de vorm van aandelen in een dochteronderneming, enkel kan worden verleend indien de uitkerende vennootschap is gevestigd in een lidstaat van de Europese Economische Ruimte of in een staat waarmee de lidstaat van belastingheffing een belastingverdrag heeft gesloten dat voorziet in de uitwisseling van informatie, wanneer voor deze vrijstelling voorwaarden gelden waarvan de naleving door de bevoegde autoriteiten van deze lidstaat enkel kan worden gecontroleerd middels het verkrijgen van inlichtingen van de staat van vestiging van de uitkerende vennootschap.

HvJ EG 18 december 2007, zaak C-281/06 (Hans-Dieter Jundt, Hedwig Jundt v. Finanzamt Offenburg)

Derde kamer: *A. Rosas (rapporteur), kamerpresident, J. N. Cunha Rodrigues, J. Klučka, P. Lindh en A. Arabadjiev, rechters*
Advocaat-generaal: *M. Poiares Maduro*

Samenvatting arrest *(V-N 2008/7.13)*

Jundt werkt in Duitsland als advocaat. Hij vervult in 1991 een leeropdracht aan de Universiteit van Straatsburg. Als de fiscus de door Jundt ontvangen vergoeding in de belastingheffing betrekt, beroept Jundt zich op een vrijstelling. De Duitse fiscus is echter van mening dat de vrijstelling niet van toepassing is, omdat deze slechts van toepassing is als de werkzaamheden voor een binnenlandse publiekrechtelijke rechtspersoon worden verricht.

Het Hof van Justitie EG beslist dat er geen dwingende redenen van algemeen belang zijn die rechtvaardigen dat alleen uitkeringen van Duitse universiteiten in aanmerking komen voor een IB-vrijstelling. Hieraan doet volgens het hof niet af dat de lidstaten bevoegd zijn om zelf te beslissen over de opzet van hun onderwijsstelsel. Verder is volgens het hof ook niet van belang dat de uitgeoefende beroepsactiviteit een bijkomende activiteit is die nagenoeg onbezoldigd wordt uitgeoefend.

HET HOF VAN JUSTITIE (Derde kamer)

verklaart voor recht:

1. **De door een belastingplichtige van een lidstaat uitgeoefende beroepsactiviteit als leraar in dienst van een in een andere lidstaat gevestigde publiekrechtelijke rechtspersoon, in casu een universiteit, valt ook dan binnen de werkingssfeer van artikel 49 EG, wanneer deze beroepsactiviteit een bijkomende activiteit is die nagenoeg onbezoldigd wordt uitgeoefend.**

2. **De beperking van het vrij verrichten van diensten, die erin bestaat dat een nationale regeling in een vrijstelling van inkomstenbelasting voorziet voor vergoedingen die door op het nationale grondgebied gevestigde universiteiten (die publiekrechtelijke rechtspersonen zijn) worden uitgekeerd als tegenprestatie voor een bijkomende beroepsactiviteit als leraar, maar niet voor vergoedingen die worden uitgekeerd door een in een andere lidstaat gevestigde universiteit, wordt niet gerechtvaardigd door dwingende redenen van algemeen belang.**

3. **Dat de lidstaten bevoegd zijn om zelf te beslissen over de opzet van hun onderwijsstelsel, kan niet tot gevolg hebben dat een nationale regeling die voorziet in een belastingvrijstelling voor uitsluitend belastingplichtigen die een beroepsactiviteit uitoefenen in dienst of voor rekening van binnenlandse openbare universiteiten, verenigbaar is met het gemeenschapsrecht.**

HvJ EG 18 december 2007, zaak C-436/06 (Per Grønfeldt, Tatiana Grønfeldt v. Finanzamt Hamburg – Am Tierpark)

Tweede kamer: *C. W. A. Timmermans (rapporteur), kamerpresident, L. Bay Larsen, K. Schiemann, P. Kūris en C. Toader, rechters*

Advocaat-generaal: *D. Ruiz-Jarabo Colomer*

Samenvatting arrest *(V-N 2008/5.9)*

In 2001 verkoopt Grønfeldt aandelen in twee Deense vennootschappen. Omdat hij een belang had van meer dan 1%, wordt het voordeel dat hij behaalt, belast. Volgens Grønfeldt is de heffing echter in strijd met het EU-recht. De winst die wordt behaald bij de verkoop van aandelen in een Duitse vennootschap, wordt namelijk pas belast als het belang minimaal 10% bedraagt. De Duitse rechter vraagt aan het Hof van Justitie EG of de Duitse regeling in strijd is met het EU-recht.
Het Hof van Justitie EG beslist dat de Duitse belastingheffing over de winst die wordt behaald bij de verkoop van aandelen in buitenlandse vennootschappen, in strijd is met het EU-recht. Als aandelen worden gehouden in een Duitse vennootschap, is de winst namelijk belast als een belang van minimaal 10% wordt gehouden, terwijl voor buitenlandse vennootschappen geldt dat de winst al is belast als een belang van minimaal 1% wordt gehouden. Dat er sprake is van een tijdelijke regeling, acht het Hof van Justitie EG niet van belang.

HET HOF VAN JUSTITIE (Tweede kamer)

verklaart voor recht:

Artikel 56 EG dient aldus te worden uitgelegd dat het zich verzet tegen een regeling van een lidstaat als die in het hoofdgeding, waarbij de winst uit de verkoop van aandelen in een in een andere lidstaat gevestigde kapitaalvennootschap in 2001 reeds belastbaar was wanneer de verkoper tijdens de laatste vijf jaar rechtstreeks of indirect een deelneming van ten minste 1% in het kapitaal van de vennootschap bezat, terwijl de winst uit de verkoop, onder gelijke omstandigheden, van aandelen in een in eerstgenoemde lidstaat gevestigde en in de vennootschapsbelasting onbeperkt belastingplichtige kapitaalvennootschap in 2001 slechts belastbaar was in geval van een aanmerkelijke deelneming van ten minste 10%.

HvJ EG 17 januari 2008, zaak C-152/05 (Commissie van de Europese Gemeenschappen v. Bondsrepubliek Duitsland)

Tweede kamer: *C.W.A. Timmermans, kamerpresident, J. Makarczyk (rapporteur), P. Kūris, J.-C. Bonichot en C. Toader, rechters*

Advocaat-generaal: *Y. Bot*

HET HOF VAN JUSTITIE (Tweede kamer)

verklaart:

1. **Door bij § 2, lid 1, eerste zin, van het Eigenheimzulagengesetz (Duitse wet inzake de subsidie voor de eigen woning), in de versie van 1997, zoals gewijzigd bij het Haushaltsbegleitgesetz 2004 (begeleidende begrotingswet 2004), de in een andere lidstaat gelegen woningen uit te sluiten van de eigenwoningsubsidie voor de in Duitsland onbeperkt inkomstenbelastingplichtigen, is de Bondsrepubliek Duitsland de krachtens de artikelen 18 EG, 39 EG en 43 EG op haar rustende verplichtingen niet nagekomen.**
2. **De Bondsrepubliek Duitsland wordt verwezen in de kosten.**

HvJ EG 17 januari 2008, zaak C-256/06 (Theodor Jäger v. Finanzamt Kusel-Landstuhl)

Tweede kamer: *C. W. A. Timmermans, kamerpresident, L. Bay Larsen (rapporteur), K. Schiemann, J. Makarczyk en C. Toader, rechters*

Advocaat-generaal: *J. Mazák*

Samenvatting arrest *(V-N 2008/7.24)*

Theodor Jäger, inwoner van Frankrijk, is de enige erfgenaam van zijn in 1998 overleden moeder, wier laatste woonplaats zich in Duitsland bevond. Tot de nalatenschap behoorden onder andere in Frankrijk gelegen bos- en landbouwgronden. Voor de heffing van het Duitse successierecht zijn deze gronden in aanmerking genomen voor de waarde in het economische verkeer. Zouden deze gronden in Duitsland hebben gelegen, dan zouden zij in aanmerking zijn genomen voor circa 10% van de waarde in het economische verkeer en zou bij de berekening van het successierecht een extra belastingvrije som van 400.000 DEM zijn toegekend. In antwoord op prejudiciële vragen van het Bundesfinanzhof oordeelt het Hof van Justitie EG dat de nadelige behandeling voor het successierecht van niet in Duitsland gelegen bos- en landbouwgronden een verboden beperking van het vrije kapitaalverkeer van art. 73B (thans art. 56) EG-verdrag impliceert. Deze beperking kan niet worden gerechtvaardigd door dwingende redenen van algemeen belang, doordat Duitsland niet heeft aangetoond dat het noodzakelijk is de voor de heffing van het successierecht geldende bijzondere regeling voor in Duitsland gelegen land- en bosbouwgronden, die is gericht op het vermijden dat door de belastingdruk op nalatenschappen het voortbestaan van bos- en landbouwbedrijven en derhalve het behoud van de sociale functie ervan in het gedrang komen, te beperken tot dergelijke gronden. Voorts kan deze beperking niet worden gerechtvaardigd door eventuele praktische moeilijkheden die de Duitse belastingadministratie ondervindt bij de vaststelling van de waarde van niet in Duitsland gelegen bos- en landbouwgronden.

HET HOF VAN JUSTITIE (Tweede kamer)

verklaart voor recht:

Artikel 73 B, lid 1, EG-Verdrag (thans artikel 56, lid 1, EG), gelezen in samenhang met artikel 73 D EG-Verdrag (thans artikel 58 EG), moet aldus worden uitgelegd dat die bepaling in de weg staat aan een regeling van een lidstaat die, met het oog op de berekening van de belasting over een nalatenschap bestaande uit zaken op het grondgebied van die lidstaat en uit een in een andere lidstaat gelegen voor de land- en bosbouw gebruikt goed,

– bepaalt dat het in die andere lidstaat gelegen goed in aanmerking wordt genomen ten belope van de normale waarde ervan, terwijl op een gelijksoortig in het binnenland gelegen goed een bijzondere waarderingsprocedure wordt toegepast die gemiddeld een uitkomst van slechts 10% van de normale waarde van dat goed oplevert, en

– alleen voor binnenlandse voor de land- en bosbouw gebruikte goederen voorziet in de toepassing van een specifiek belastingvrij bedrag voor die goederen, en in de inaanmerkingneming van de resterende waarde van die goederen ten belope van slechts 60%.

HvJ EG 28 februari 2008, zaak C-293/06 (Deutsche Shell GmbH v. Finanzamt für Großunternehmen in Hamburg)

Vierde kamer: *K. Lenaerts, kamerpresident, G. Arestis, R. Silva de Lapuerta (rapporteur), J. Malenovský en T. von Danwitz, rechters*

Advocaat-generaal: *E. Sharpston*

1. Het verzoek om een prejudiciële beslissing betreft de uitlegging van de artikelen 52 EG-Verdrag (thans, na wijziging, artikel 43 EG) en 58 EG-Verdrag (thans artikel 48 EG).

2. Dit verzoek is ingediend in het kader van een geding tussen Deutsche Shell GmbH (hierna: 'Deutsche Shell') en het Finanzamt für Großunternehmen in Hamburg (hierna: 'Finanzamt') over de fiscale behandeling, door de autoriteiten van de Bondsrepubliek Duitsland, van de geldontwaarding bij de repatriëring van een dotatiekapitaal (hierna: 'dotatiekapitaal') dat was verschaft aan een in een andere lidstaat gelegen vaste inrichting van deze vennootschap.

Rechtskader

Verdrag tot het vermijden van dubbele belasting

3. Artikel 3 van het op 31 oktober 1925 tussen Duitsland en Italië gesloten verdrag tot het vermijden van dubbele belasting (RGBl. 1925 II, blz. 1146; hierna: 'belastingverdrag') bepaalt:

> '1. Zakelijke belastingen welke betrekking hebben op de inkomsten uit het drijven van handel, industrie of andere nijverheid van welke aard dan ook, worden enkel door de staat geheven op wiens grondgebied de onderneming haar vaste inrichting heeft; [...]
> [...]
> 3. Wanneer de onderneming vaste inrichtingen heeft in beide overeenkomstsluitende staten, dan zal elk van de twee staten de zakelijke belastingen heffen over het deel van de inkomsten dat door de activiteit van de zich op zijn grondgebied bevindende vaste inrichting wordt behaald. [...]'

4. Artikel 11 van het belastingverdrag bepaalt:

> 'Personele belastingen welke betrekking hebben op het totale inkomen van de belastingplichtige, worden door elk van de overeenkomstsluitende staten overeenkomstig de volgende bepalingen geheven:
> 1. Op de inkomsten
> [...]
> c. uit het drijven van handel, industrie of andere nijverheid, inkomsten uit het bedrijven van zeescheepvaart daaronder begrepen,
> [...]
> zijn dezelfde bepalingen van toepassing die voor deze inkomsten in de desbetreffende artikelen zijn vastgesteld.
> [...]'

Duitse fiscale wettelijke regeling zoals van toepassing ten tijde van de feiten in het hoofdgeding

5. § 1 van het Körperschaftsteuergesetz (Duitse wet op de vennootschapsbelasting) van 11 maart 1991 (*BGBl.* 1991 I, blz. 637; hierna: 'KStG') bepaalt:

> '1. De volgende ondernemingen [...] die hun zetel of bedrijfsleiding op het nationale grondgebied hebben, zijn onbeperkt aan de vennootschapsbelasting onderworpen:
> 1. kapitaalvennootschappen (vennootschappen op aandelen, vennootschappen met beperkte aansprakelijkheid);
> [...]
> 2. De onbeperkte verplichting tot betaling van de vennootschapsbelasting geldt voor het gehele inkomen.'

6. § 12 van de Abgabenordnung (Duits belastingwetboek) bepaalt:

> '1. Elke vaste uitrusting of installatie die dient voor een bedrijfsactiviteit, is een inrichting.
> 2. Moeten met name worden beschouwd als een inrichting:
> [...]
> – een filiaal.'

7. § 2a, lid 3, van het Einkommensteuergesetz (Duitse wet op de inkomstenbelasting) van 7 september 1990 (*BGBl.* 1990 I, blz. 1898; hierna: 'EStG') bepaalt:

'Wanneer krachtens een overeenkomst tot het vermijden van dubbele belasting bij een onbeperkt belastingplichtige inkomsten uit bedrijfsmatige activiteiten welke afkomstig zijn van een in een buitenlandse staat gelegen vaste inrichting, moeten worden vrijgesteld van inkomstenbelasting, dan dient op verzoek van de belastingplichtige een verlies dat zich volgens de bepalingen van het binnenlandse belastingrecht bij het verwerven van deze inkomsten voordoet, bij de vaststelling van het totaalbedrag van de inkomsten te worden verrekend voor zover het door de belastingplichtige kan worden gecompenseerd of verrekend wanneer de inkomsten niet zijn vrijgesteld van inkomstenbelasting en voor zover het de krachtens deze overeenkomst vrij te stellen positieve inkomsten uit bedrijfsmatige activiteiten uit andere in deze buitenlandse staat gelegen vaste inrichtingen te boven gaat. [...] Voor zover tijdens een later aanslagjaar een positief resultaat ontstaat uit het totale inkomen van de industriële of handelsactiviteit van in deze buitenlandse staat gelegen vaste inrichtingen, welk inkomen krachtens deze overeenkomst moet worden vrijgesteld, moet het krachtens de eerste en de tweede volzin afgetrokken bedrag voor het betrokken belastbare tijdperk opnieuw in aanmerking worden genomen bij de berekening van het totale inkomen. [...]'

8. § 3c, lid 1, EStG bepaalt:

'Voor zover kosten in rechtstreeks economisch verband staan met belastingvrije inkomsten, mogen zij niet als bedrijfskosten of als verwervingskosten worden afgetrokken.'

Hoofdgeding en de prejudiciële vragen

9. Deutsche Shell, een kapitaalvennootschap met zetel en bedrijfsleiding in Duitsland, richtte in 1974 een vaste inrichting in Italië op voor de exploratie en de exploitatie van aardgas en aardolie (hierna: 'vaste inrichting'). Tussen 1974 en 1991 heeft zij in deze inrichting geld ingebracht in de vorm van een dotatiekapitaal.

10. De door de vaste inrichting behaalde en naar Duitsland gerepatrieerde winst werd van het dotatiekapitaal afgetrokken tegen de koerswaarde van de Duitse mark (DEM) en de Italiaanse lire (ITL) op de datum van elke overmaking door deze inrichting aan Deutsche Shell.

11. Met de geldontwaarding waaraan het aan de vaste inrichting verschafte dotatiekapitaal onderhevig was, werd in Italië geen rekening gehouden bij de belasting van de winst van deze inrichting, aangezien de belastbare grondslag in Italiaanse lire was vastgesteld.

12. Deutsche Shell is overeenkomstig § 1, lid 1, punt 1, KStG in Duitsland onbeperkt belastingplichtig over haar wereldinkomen.

13. Op 28 februari 1992 heeft Deutsche Shell de activa van haar vaste inrichting gecedeerd aan een Italiaanse dochteronderneming, de vennootschap Sierra Gas Srl; bij deze transactie heeft zij haar verborgen reserves zichtbaar moeten maken. Met de cessie van deze activa hield de vaste inrichting op te bestaan. Op dezelfde dag heeft Deutsche Shell haar aandelen in de vennootschap Sierra Gas Srl overgedragen aan de vennootschap Edison Gas SpA.

14. Het bedrag in Italiaanse lire dat voor deze transacties werd verkregen, werd op 17 juli 1992 aan Deutsche Shell overgemaakt als terugbetaling van het dotatiekapitaal.

15. Het aldus terugbetaalde dotatiekapitaal, zijnde een bedrag van 83 658 896 927 ITL, werd in Duitse mark omgezet tegen de op die datum geldende wisselkoers van 1 000 ITL tegen 1,3372 DEM, hetgeen resulteerde in een bedrag van 111 868 677 DEM.

16. Het negatieve verschil van 122 698 502 DEM tussen het bedrag van 111 868 677 DEM en de waarde van het dotatiekapitaal heeft Deutsche Shell als een 'wisselkoersverlies' aangemerkt.

17. Bij de berekening van het belastbare inkomen van Deutsche Shell voor belastingjaar 1992 heeft het Finanzamt geweigerd met dat verlies rekening te houden in het aanslagbiljet in de vennootschapsbelasting dat op 19 september 1997 aan Deutsche Shell werd verstuurd.

18. Op 2 oktober 1997 heeft Deutsche Shell tegen deze aanslag bezwaar gemaakt.

19. Na een wijziging op 16 november 2001 en 5 augustus 2003 van deze aanslag om redenen die in casu niet relevant zijn, heeft het Finanzamt dat bezwaar afgewezen bij beslissing van 7 augustus 2003. Het was met name van oordeel dat Deutsche Shell geen echt financieel verlies had geleden, dat de geldontwaarding van het dotatiekapitaal slechts een onderdeel was van het resultaat van de vaste inrichting en dat het resultaat van deze vennootschap tijdens het betrokken belastingjaar positief was, ook al werd rekening gehouden met deze geldontwaarding.

20. Op 14 augustus 2003 heeft Deutsche Shell bij het Finanzgericht Hamburg beroep ingesteld tegen de afwijzing van haar bezwaar door het Finanzamt.

21. Voor deze rechterlijke instantie heeft Deutsche Shell aangevoerd dat de onmogelijkheid om het door haar geleden wisselkoersverlies in de vennootschapsbelasting af te trekken inbreuk maakt op de vrijheid van vestiging.

Zij bevindt zich in casu in een minder gunstige situatie dan wanneer het dotatiekapitaal in een in Duitsland gevestigde vennootschap zou zijn geïnvesteerd.

22. Van oordeel dat de uitkomst van het voor hem dienende geding afhangt van de uitlegging van de verdragsbepalingen inzake de vrijheid van vestiging, heeft het Finanzgericht de behandeling van de zaak geschorst en het Hof de volgende prejudiciële vragen gesteld:

'1. Is het in strijd met artikel 52 EG-Verdrag juncto artikel 58 EG-Verdrag [...] dat de Bondsrepubliek Duitsland als lidstaat van oorsprong een wisselkoersverlies van de binnenlandse moederonderneming bij de repatriëring van het zogenaamde dotatiekapitaal dat aan een in Italië gevestigde vaste inrichting is verschaft, behandelt als deel van de winst van de vaste inrichting en op grond van de vrijstelling krachtens artikel 3, leden 1 en 3, en artikel 11, punt 1c, van het [belastingverdrag] uitsluit van de berekeningsgrondslag voor de Duitse belastingheffing, hoewel het wisselkoersverlies niet kan worden opgenomen in de voor de Italiaanse belastingheffing vast te stellen winst van de vaste inrichting, en derhalve noch in de lidstaat van oorsprong, noch in de lidstaat van de vaste inrichting in aanmerking wordt genomen?

2. Indien de eerste vraag bevestigend moet worden beantwoord: is het in strijd met artikel 52 EG-Verdrag juncto artikel 58 EG-Verdrag [...] wanneer voormeld wisselkoersverlies weliswaar bij de berekeningsgrondslag voor de Duitse belastingheffing moeten worden betrokken, maar als exploitatiekosten enkel in mindering mag worden gebracht voor zover uit de Italiaanse vaste inrichting geen belastingvrije winst is verkregen?'

Beroep

Beantwoording van de eerste vraag

23. Met deze vraag wenst de verwijzende rechter in wezen te vernemen of de artikelen 52 en 58 van het Verdrag, in hun onderlinge samenhang gelezen, zich ertegen verzetten dat een lidstaat een wisselkoersverlies dat een vennootschap met statutaire zetel op zijn grondgebied lijdt bij de repatriëring van het dotatiekapitaal dat zij aan een in een andere lidstaat gelegen vaste inrichting heeft verschaft, uitsluit bij de bepaling van de nationale belastbare grondslag.

24. Met betrekking tot de feiten die ten grondslag liggen aan het geding dat tot de prejudiciële verwijzing aanleiding heeft gegeven, stellen het Finanzamt en de Duitse regering dat er in casu geen werkelijk economisch verlies is geleden ten gevolge van de wisselkoers die gold bij de overdracht van de vaste inrichting en bij de repatriëring van haar dotatiekapitaal. Zij benadrukken tevens dat Deutsche Shell en de vaste inrichting een ondeelbare economische entiteit vormen en dat er binnen de groepsbalans voortdurend financiële schommelingen bestaan als gevolg van wisselkoersfluctuaties.

25. De verwijzende rechter dient uit te maken of de monetaire schommelingen waarvan sprake is in het hoofdgeding, hebben geleid tot een wisselkoersverlies dat een werkelijk economisch verlies vormt dat de resultaten van Deutsche Shell voor het betrokken belastingjaar negatief heeft beïnvloed.

26. Het Hof moet daarentegen op het verzoek om een prejudiciële beslissing antwoorden op basis van de beoordelingen van de verwijzende rechter en hem alle nuttige aanwijzingen geven opdat hij het voor hem aanhangige geding kan beslechten.

27. Bijgevolg moet het Hof uitmaken of, ingeval het wisselkoersverlies een werkelijk economisch verlies vormt, de beslissing van het Finanzamt om een dergelijk verlies uit te sluiten van de belastbare grondslag van deze vennootschap de uitoefening van de vrijheid van vestiging kan belemmeren.

28. Het is vaste rechtspraak dat alle maatregelen die de uitoefening van deze vrijheid verbieden, belemmeren of minder aantrekkelijk maken, als een beperking moeten worden beschouwd (zie arresten van 30 november 1995, Gebhard, C-55/94, *Jurispr.* blz. I-4165, punt 37, en 5 oktober 2004, CaixaBank France, C-442/02, *Jurispr.* blz. I-8961, punt 11).

29. Het Hof heeft geoordeeld dat er sprake kan zijn van dergelijke beperkende gevolgen met name wanneer een vennootschap wegens een belastingregeling ervan kan worden afgehouden, in andere lidstaten afhankelijke entiteiten, zoals een vaste inrichting, op te richten of via dergelijke entiteiten haar activiteiten uit te oefenen (zie arresten van 13 december 2005, Marks & Spencer, C-446/03, *Jurispr.* blz. I-10837, punten 32 en 33, en 23 februari 2006, Keller Holding, C-471/04, *Jurispr.* blz. I-2107, punt 35).

30. Zoals de advocaat-generaal in de punten 43 en 44 van haar conclusie heeft opgemerkt, vergroot de in het hoofdgeding aan de orde zijnde belastingregeling het economische risico voor een in een lidstaat gevestigde vennootschap die in een andere lidstaat een entiteit wil oprichten wanneer daar van een andere munteenheid gebruik wordt gemaakt dan in de lidstaat van oorsprong. In een dergelijke situatie spelen voor de hoofdinrichting niet alleen de gebruikelijke risico's bij de oprichting van een dergelijke entiteit, maar ook een bijkomend fiscaal risico wanneer zij aan deze laatste entiteit een dotatiekapitaal verschaft.

31. In het hoofdgeding heeft Deutsche Shell wegens de uitoefening van de vrijheid van vestiging een financieel verlies geleden dat de nationale belastingautoriteiten niet in aanmerking hebben genomen bij de vaststelling van de grondslag in de Duitse vennootschapsbelasting en dat evenmin is verrekend bij de belastingheffing in Italië over het resultaat van haar vaste inrichting.

32. De conclusie luidt dat de in het hoofdgeding aan de orde zijnde belastingregeling een belemmering van de vrijheid van vestiging vormt.

33. Ter rechtvaardiging van een dergelijke belemmering beroepen het Finanzamt en de Duitse regering zich subsidiair op de samenhang van het belastingstelsel en op de verdeling van de heffingsbevoegdheden tussen de twee betrokken lidstaten.

34. In verband met de eerste rechtvaardigingsgrond stellen zij dat, wanneer met het wisselkoersverlies rekening zou worden gehouden bij de vaststelling van de belastbare grondslag van Deutsche Shell in Duitsland, een onsamenhangend belastingstelsel zou ontstaan aangezien evenmin rekening wordt gehouden met een eventuele in een vergelijkbare situatie verkregen wisselkoerswinst. Het nadeel dat ontstaat doordat geen rekening wordt gehouden met een wisselkoersverlies, is de logische keerzijde van het voordeel dat ontstaat doordat een wisselkoerswinst van de belastbare basis wordt uitgesloten.

35. In verband met de tweede rechtvaardigingsgrond wordt betoogd dat de in het belastingverdrag vastgelegde verdeling van de heffingsbevoegdheden tussen de Bondsrepubliek Duitsland en de Italiaanse Republiek een rechtmatig doel is. De lidstaten hebben immers het recht, de criteria voor de verdeling van de fiscale soevereiniteit eenzijdig dan wel via bilaterale verdragen vast te leggen. Met dat verdrag hebben de twee betrokken lidstaten beslist om de inkomsten van op het grondgebied van de overeenkomstsluitende staat gelegen vaste inrichtingen van belasting vrij te stellen, hetgeen uitsluit dat met het wisselkoersverlies rekening wordt gehouden.

36. Deze twee rechtvaardigingsgronden kunnen niet worden aanvaard.

37. Aangaande, ten eerste, de rechtvaardiging op grond van de samenhang van het belastingstelsel zij eraan herinnerd dat het Hof heeft aanvaard dat de noodzaak om de fiscale samenhang te bewaren een beperking van de uitoefening van de door het Verdrag gewaarborgde fundamentele vrijheden kan rechtvaardigen (zie arresten van 28 januari 1992, Bachmann, C-204/90, *Jurispr.* blz. I-249, punt 28, en Commissie/België, C-300/90, *Jurispr.* blz. I-305, punt 21; arrest Keller Holding, reeds aangehaald, punt 40, en arrest van 8 november 2007, Amurta, C-379/05, nog niet gepubliceerd in de *Jurisprudentie*, punt 46).

38. Een dergelijke rechtvaardigingsgrond kan, volgens het Hof, echter slechts worden aanvaard wanneer wordt aangetoond dat er een rechtstreeks verband bestaat tussen het betrokken belastingvoordeel en de compensatie van dit voordeel door een bepaalde fiscale heffing (zie arresten van 14 november 1995, Svensson en Gustavsson, C-484/93, *Jurispr.* blz. I-3955, punt 58, en 21 november 2002, X en Y, C-436/00, *Jurispr.* blz. I-10829, punt 52; arrest Keller Holding, reeds aangehaald, punt 40, en arrest van 14 september 2006, Centro di Musicologia Walter Stauffer, C-386/04, *Jurispr.* blz. I-8203, punten 54-56).

39. Bovendien moet het rechtstreekse verband op basis van de door de betrokken belastingregeling nagestreefde doelstelling zijn aangetoond op het niveau van de betrokken belastingplichtigen door een strikte correlatie tussen de aftrekbaarheid en de belastingheffing (zie in die zin arrest van 11 augustus 1995, Wielockx, C-80/94, *Jurispr.* blz. I-2493, punt 24).

40. Met betrekking tot het in het hoofdgeding aan de orde zijnde belastingstelsel is de vergelijking tussen een wisselkoersverlies en een wisselkoerswinst niet relevant, aangezien tussen deze twee elementen geen rechtstreeks verband bestaat in de zin van de rechtspraak waarnaar in de bovenstaande twee punten wordt verwezen. Dat bij de vaststelling van de belastbare basis van Deutsche Shell voor belastingjaar 1992 geen rekening is gehouden met een wisselkoersverlies, wordt door geen enkel belastingvoordeel gecompenseerd in de lidstaat waar deze vennootschap haar zetel heeft, noch in de lidstaat waar haar vaste inrichting is gelegen.

41. Aangaande, ten tweede, het argument dat er een verdrag is met een verdeling van de heffingsbevoegdheden tussen de twee betrokken lidstaten, zij eraan herinnerd dat, volgens vaste rechtspraak, de lidstaten bij gebreke van communautaire unificatie- of harmonisatiemaatregelen bevoegd blijven om de criteria voor de belasting over de inkomsten en het vermogen vast te stellen teneinde, in voorkomend geval door het sluiten van overeenkomsten, dubbele belasting af te schaffen (zie arresten van 3 oktober 2006, FKP Scorpio Konzertproduktionen, C-290/04, *Jurispr.* blz. I-9461, punt 54; 12 december 2006, Test Claimants in Class IV of the ACT Group Litigation, C-374/04, *Jurispr.* blz. I-11673, punt 52, en 18 juli 2007, Oy AA, C-231/05, nog niet gepubliceerd in de *Jurisprudentie*, punt 52).

42. Deze bevoegdheid impliceert ook dat een lidstaat niet ertoe kan worden verplicht, bij de toepassing van zijn fiscale wettelijke regeling rekening te houden met het negatieve resultaat van een in een andere lidstaat gelegen vaste inrichting van een vennootschap met zetel op het grondgebied van eerstgenoemde staat alleen omdat dit resultaat fiscaal niet in aanmerking kan worden genomen in de lidstaat waar de vaste inrichting is gelegen.

43. De vrijheid van vestiging kan immers niet aldus worden begrepen dat een lidstaat verplicht is, zijn belastingregeling af te stemmen op die van een andere lidstaat, teneinde te waarborgen dat in alle situaties de belasting aldus wordt geheven dat alle verschillen als gevolg van de nationale belastingregelingen verdwijnen, aangezien de beslissingen van een vennootschap betreffende de oprichting van een commerciële structuur in het buitenland naargelang van het geval meer of minder voordelig of nadelig voor deze vennootschap kunnen uitvallen (zie, mutatis mutandis, arrest van 12 juli 2005, Schempp, C-403/03, *Jurispr.* blz. I-6421, punt 45).

44. In het hoofdgeding betreft het betrokken belastingnadeel een bepaalde transactie waarmee alleen de Duitse belastingautoriteiten rekening kunnen houden. Hoewel elke lidstaat die een verdrag tot het vermijden van dubbele belasting heeft gesloten, dat verdrag moet uitvoeren door zijn eigen belastingrecht toe te passen en aldus de aan een vaste inrichting toe te rekenen inkomsten moet bepalen, kan niet worden aanvaard dat een lidstaat bij de vaststelling van de belastbare grondslag van de hoofdinrichting geen rekening houdt met een wisselkoersverlies dat de vaste inrichting, vanwege de aard van dit verlies, nooit kan lijden.

45. Op de eerste vraag dient dus te worden geantwoord dat de artikelen 52 en 58 van het Verdrag, in hun onderlinge samenhang gelezen, zich ertegen verzetten dat een lidstaat een wisselkoersverlies dat een vennootschap met statutaire zetel op het grondgebied van deze lidstaat lijdt bij de repatriëring van het dotatiekapitaal dat zij heeft verschaft aan een in een andere lidstaat gelegen vaste inrichting, uitsluit bij de vaststelling van de nationale belastbare grondslag.

Beantwoording van de tweede vraag

46. Met deze vraag wenst de verwijzende rechter te vernemen, ingeval de eerste vraag bevestigend wordt beantwoord, of de artikelen 52 en 58 van het Verdrag, in hun onderlinge samenhang gelezen, zich er ook tegen verzetten dat het betrokken wisselkoersverlies alleen als exploitatiekosten van een onderneming met zetel in een lidstaat aftrekbaar is voor zover uit de in een andere lidstaat gelegen vaste inrichting van deze onderneming geen belastingvrije winst is verkregen.

47. Zoals blijkt uit de overwegingen in de punten 30 en 31 van het onderhavige arrest, kan ook een beperkte verrekening van het door deze vaste inrichting geleden wisselkoersverlies afhankelijk van haar resultaat een vennootschap ervan afhouden, via een dergelijke entiteit haar grensoverschrijdende activiteiten binnen de Europese Gemeenschap voort te zetten en moet deze beperkte verrekening derhalve worden beschouwd als een belemmering van de vrijheid van vestiging.

48. Ter rechtvaardiging van deze beperking hebben het Finanzamt en de Duitse regering hun standpunt herhaald dat het belastingstelsel wordt gerechtvaardigd door de samenhang van de belastingregels en door de verdeling van de heffingsbevoegdheden tussen de twee betrokken lidstaten, waarbij zij bij benadering dezelfde toelichting hebben gegeven als in de punten 34 en 35 van het onderhavige arrest is uiteengezet.

49. Het Finanzamt en de Duitse regering zijn bovendien van mening dat het in het hoofdgeding aan de orde zijnde belastingstelsel beoogt te voorkomen dat een verlies tweemaal in aanmerking wordt genomen door de aftrek uit te sluiten van kosten die worden gemaakt om inkomsten in het buitenland te genereren, aangezien deze inkomsten krachtens het belastingverdrag belastingvrij zijn. Indien het wisselkoersverlies als exploitatiekosten van de onderneming in Duitsland zou worden verrekend, zou Deutsche Shell een dubbel belastingvoordeel genieten, aangezien het positieve resultaat van haar vaste inrichting krachtens het belastingverdrag in Duitsland van belasting is vrijgesteld, zonder dat het wisselkoersverlies voor de Italiaanse belastingheffing kan worden verrekend. Met andere woorden, een en hetzelfde economische procedé zou kunstmatig worden opgesplitst in het voordeel van de vennootschap Deutsche Shell, waarbij de inkomsten van de vaste inrichting krachtens het belastingverdrag zouden zijn vrijgesteld en het wisselkoersverlies zou worden behandeld als exploitatiekosten van de onderneming, die te onderscheiden is van haar overige kosten.

50. Aangezien twee van de door het Finanzamt en de Duitse regering aangevoerde argumenten in wezen een herhaling zijn van hun overwegingen betreffende de eerste vraag, kan worden volstaan met een verwijzing naar de punten 37 tot en met 44 van het onderhavige arrest, waaruit blijkt dat de niet-inaanmerkingneming van het wisselkoersverlies niet kan worden gerechtvaardigd door de in punt 48 genoemde gronden.

51. Aangaande het specifieke argument dat het gevaar bestaat dat Deutsche Shell een dubbel voordeel geniet wegens het wisselkoersverlies, zij opgemerkt dat een lidstaat die afstand van zijn heffingsbevoegdheid heeft gedaan door een bilateraal belastingverdrag te sluiten zoals dat in het hoofdgeding, zich niet erop kan beroepen dat hij voor het resultaat van een vaste inrichting van een op zijn grondgebied gelegen vennootschap geen heffingsbevoegdheid bezit ter rechtvaardiging van de weigering van aftrek van de door deze vennootschap gemaakte kosten die, vanwege de aard ervan, niet kunnen worden verrekend in de lidstaat waar deze inrichting is gelegen.

52. Bovendien is het feit dat uit de vaste inrichting winst is verkregen, niet relevant voor het recht van Deutsche Shell om het wisselkoersverlies dat is ontstaan bij de repatriëring van het aan deze inrichting verschafte dotatiekapitaal, in zijn geheel af te trekken als exploitatiekosten van de onderneming. In het andere geval zou het wissel-

koersverlies niet kunnen worden verrekend door de lidstaat waar de vennootschap haar zetel heeft, noch door de lidstaat waar de vaste inrichting is gelegen, aangezien de geldontwaarding van het dotatiekapitaal niet kan blijken uit de in de nationale munteenheid opgestelde boekhouding van de vaste inrichting.

53. Op de tweede vraag dient dus te worden geantwoord dat de artikelen 52 en 58 van het Verdrag, in hun onderlinge samenhang gelezen, zich er ook tegen verzetten dat een wisselkoersverlies alleen als exploitatiekosten van een onderneming met zetel in een lidstaat aftrekbaar is voor zover uit de in een andere lidstaat gelegen vaste inrichting geen belastingvrije winst is verkregen.

Kosten

54. …

HET HOF VAN JUSTITIE (Vierde kamer)

verklaart voor recht:

1. De artikelen 52 EG-Verdrag (thans, na wijziging, artikel 43 EG) en 58 EG-Verdrag (thans artikel 48 EG), in hun onderlinge samenhang gelezen, verzetten zich ertegen dat een lidstaat een wisselkoersverlies dat een vennootschap met statutaire zetel op het grondgebied van deze lidstaat lijdt bij de repatriëring van het dotatiekapitaal dat zij heeft verschaft aan een in een andere lidstaat gelegen vaste inrichting, uitsluit bij de vaststelling van de nationale belastbare grondslag.

2. De artikelen 52 EG-Verdrag (thans, na wijziging, artikel 43 EG) en 58 EG-Verdrag (thans artikel 48 EG), in hun onderlinge samenhang gelezen, verzetten zich er ook tegen dat een wisselkoersverlies alleen als exploitatiekosten van een onderneming met zetel in een lidstaat aftrekbaar is voor zover uit de in een andere lidstaat gelegen vaste inrichting geen belastingvrije winst is verkregen.

HvJ EG 13 maart 2008, zaak C-248/06 (Commission des Communautés européennes contre Royaume d'Espagne)

Troisième chambre: *A. Rosas, président de chambre, U. Lõhmus, J. Klučka, A. Ó Caoimh et P. Lindh (rapporteur), juges*
Avocat général: *E. Sharpston*

Dictum

Door voor in het buitenland gemaakte kosten voor onderzoek, ontwikkeling en technologische innovatie een minder gunstige aftrekregeling te handhaven dan voor in Spanje gemaakte kosten, welke regeling voortvloeit uit artikel 35 van de Ley del Impuesto de Sociedades (Spaanse wet inzake vennootschapsbelasting), zoals gewijzigd bij Real Decreto Legislativo 4/2004 van 5 maart 2004, is het Koninkrijk Spanje de verplichtingen niet nagekomen die op hem rusten krachtens de artikelen 43 EG en 49 EG, betreffende de vrijheid van vestiging en het vrij verrichten van diensten, alsmede krachtens de overeenkomstige artikelen van de Overeenkomst betreffende de Europese Economische Ruimte, te weten de artikelen 31 en 36 van die Overeenkomst.

HvJ EG 3 april 2008, zaak C-27/07 (Banque Fédérative du Crédit Mutuel v. Ministre de l'Économie, des Finances et de l'Industrie)

Vierde kamer: *K. Lenaerts (rapporteur), kamerpresident, G. Arestis, R. Silva de Lapuerta, E. Juhász en J. Malenovský, rechters*
Advocaat-generaal: *E. Sharpston*

1. Het verzoek om een prejudiciële beslissing betreft de uitlegging van de artikelen 4, lid 2, en 7, lid 2, van richtlijn 90/ 435/EEG van de Raad van 23 juli 1990 betreffende de gemeenschappelijke fiscale regeling voor moedermaatschappijen en dochterondernemingen uit verschillende lidstaten (*PB* L 225, blz. 6; hierna: 'richtlijn').

2. Dit verzoek is ingediend in het kader van een geding tussen Banque Fédérative du Crédit Mutuel (hierna: 'BFCM') en de ministre de l'Économie, des Finances et de l'Industrie.

Rechtskader

Communautaire regeling

3. Artikel 4 van de richtlijn bepaalt:

'1. Wanneer een moedermaatschappij als deelgerechtigde van haar dochteronderneming uitgekeerde winst ontvangt, anders dan bij de liquidatie van de dochteronderneming, moet de lidstaat van de moedermaatschappij:

– ofwel zich onthouden van het belasten van deze winst;

– ofwel de winst belasten, maar in dat geval de moedermaatschappij toestaan dat gedeelte van de belasting van de dochteronderneming dat op deze winst betrekking heeft van haar eigen belasting af te trekken en, in voorkomend geval, het bedrag dat, ingevolge de uitzonderingsbepalingen van artikel 5, door de lidstaat waar de dochteronderneming gevestigd is aan de bron is ingehouden, zulks binnen de grenzen van het bedrag van de overeenstemmende nationale belasting.

2. Iedere lidstaat blijft evenwel bevoegd om te bepalen dat lasten die betrekking hebben op de deelneming en waardeverminderingen die voortvloeien uit de uitkering van de winst van de dochteronderneming, niet aftrekbaar zijn van de belastbare winst van de moedermaatschappij. Indien in dit geval de kosten van beheer met betrekking tot de deelneming forfaitair worden vastgesteld, mag het forfaitaire bedrag niet meer dan 5% bedragen van de door de dochteronderneming uitgekeerde winst.

[...]'

4. Artikel 5 van de richtlijn bepaalt:

'1. De door een dochteronderneming aan de moedermaatschappij uitgekeerde winst wordt, althans wanneer laatstgenoemde een minimumdeelneming van 25% bezit in het kapitaal van de dochteronderneming, van bronbelasting vrijgesteld.

2. In afwijking van lid 1 mag de Helleense Republiek, zolang zij geen vennootschapsbelasting heft op de uitgekeerde winst, een bronbelasting heffen op winst die aan moedermaatschappijen van andere lidstaten wordt uitgekeerd. [...]

3. In afwijking van lid 1 mag de Bondsrepubliek Duitsland, zolang zij uitgekeerde winst onderwerpt aan een vennootschapsbelasting waarvan het tarief minstens 11 punten lager is dan het tarief op niet-uitgekeerde winst, uiterlijk tot medio 1996 bij wijze van compenserende belasting een bronbelasting van 5% heffen op de winst die door haar dochterondernemingen wordt uitgekeerd.

4. In afwijking van lid 1 mag de Portugese Republiek op de winst die door haar dochterondernemingen aan moedermaatschappijen van andere lidstaten wordt uitgekeerd, een inhouding aan de bron toepassen tot uiterlijk het einde van het achtste jaar volgende op de datum waarop de onderhavige richtlijn van toepassing wordt.

[...]'

5. Artikel 7 van de richtlijn preciseert:

'1. 'Bronbelasting' in de zin van deze richtlijn omvat niet de vervroegde betaling of vooruitbetaling (voorheffing) van de vennootschapsbelasting aan de lidstaat waarin de dochteronderneming is gevestigd, die in samenhang met een uitkering van winst aan de moedermaatschappij wordt verricht.

2. Deze richtlijn laat onverlet de toepassing van nationale of verdragsbepalingen, die gericht zijn op de afschaffing of vermindering van dubbele economische belasting van dividenden, in het bijzonder van de bepalingen betreffende de betaling van belastingkredieten aan de gerechtigde tot de dividenden.'

Nationale regeling

6. De fiscale regeling inzake dividenden die worden uitgekeerd aan in Frankrijk gevestigde moedervennootschappen, is vervat in artikel 216 van de Code général des impôts (algemeen belastingwetboek; hierna: 'CGI'), dat, in de versie die van toepassing was ten tijde van de feiten in het hoofdgeding, bepaalt:

> '1. De netto-inkomsten uit deelnemingen die recht geven op toepassing van de belastingregeling voor moedervennootschappen zoals bedoeld in artikel 145, welke een moedervennootschap ontvangt in de loop van een belastingjaar, kunnen in mindering worden gebracht op haar totale nettowinst, na aftrek van een aandeel voor kosten en lasten.
>
> Het in de eerste alinea bedoelde aandeel voor kosten en lasten is forfaitair bepaald op 5% van de totale opbrengst uit de deelnemingen, belastingkredieten daaronder begrepen. Dat aandeel kan voor elk belastbaar tijdperk echter niet hoger zijn dan het totaalbedrag aan kosten en lasten van alle aard welke de deelnemende vennootschap tijdens hetzelfde tijdperk zijn opgekomen.'

7. Artikel 145 CGI, in de versie die van toepassing was ten tijde van de feiten in het hoofdgeding, preciseert dat de regeling voor de moedervennootschappen met name geldt voor de in de vennootschapsbelasting tegen het normale tarief belaste vennootschappen die een deelneming van ten minste 5% van het kapitaal van de emitterende vennootschap aanhoudt.

8. Circulaire nr. 4H1-00 van het ministère de l'Économie, des Finances et de l'Industrie van 31 januari 2000 (*Bulletin officiel des impôts* van 16 februari 2000) preciseert, onder verwijzing naar circulaire nr. 4H4-99 van hetzelfde ministerie van 25 juni 1999 (*Bulletin officiel des impôts* van 5 juli 1999) de wijze van toepassing van het in artikel 216 CGI bedoelde aandeel voor kosten en lasten. De in dat artikel bedoelde belastingkredieten stemmen met name overeen 'ofwel met het belastingkrediet voor in Frankrijk verkregen inkomsten [...] ofwel met het buitenlands belastingkrediet voor inkomsten van dochterondernemingen met zetel in een land waarmee Frankrijk een belastingverdrag heeft gesloten'.

9. Volgens de Conseil d'État wordt krachtens de internationale verdragen die de Franse Republiek met andere lidstaten heeft gesloten, een belastingkrediet toegekend aan de in Frankrijk gevestigde moedervennootschap bij de winstuitkering door een in een andere lidstaat gevestigde dochteronderneming ingeval door de andere lidstaat bronbelasting over deze winstuitkering wordt geheven. Dat belastingkrediet is gelijk aan het bedrag van de aldus geheven bronbelasting.

10. Krachtens artikel 146, lid 2, CGI, in de versie die van toepassing was ten tijde van de feiten in het hoofdgeding, zijn belastingkredieten, indien de moedervennootschap ontvangen dividenden aan haar eigen aandeelhouders uitkeert en op deze uitkering de in artikel 223 sexies CGI bedoelde roerende voorheffing wordt toegepast, verrekenbaar met de roerende voorheffing voor de dividenden die sinds de laatste vijf jaar zijn ontvangen. Volgens de Conseil d'État zijn deze belastingkredieten, krachtens een circulaire van het ministère de l'Économie, des Finances et de l'Industrie, bovendien ook verrekenbaar met de bronbelasting die verschuldigd is bij de dooruitkering van de dividenden door de moedervennootschap aan personen die hun fiscale woonplaats of zetel niet in Frankrijk hebben.

Hoofdgeding en de prejudiciële vraag

11. Blijkens de verwijzingsbeslissing heeft BFCM, krachtens de belastingregeling voor moedervennootschappen van artikel 216 CGI van haar totale nettowinst de van haar dochterondernemingen ontvangen dividenden afgetrokken, maar zij heeft een overeenkomstig dat artikel bepaald aandeel voor kosten en lasten opnieuw in haar belastbare grondslag moeten opnemen.

12. In het hoofdgeding verzoekt BFCM de Conseil d'État om nietigverklaring van voornoemde circulaires nrs. 4H1-00 en 4H4-99.

13. Volgens BFCM zijn deze circulaires in strijd met artikel 4 van de richtlijn doordat in het bedrag van het aandeel voor kosten en lasten, dat forfaitair 5% bedraagt van de totale inkomsten uit deelnemingen, de belastingkredieten zijn opgenomen die zijn toegekend krachtens belastingverdragen die de Franse Republiek met andere lidstaten heeft gesloten, hoewel de richtlijn bepaalt dat het bedrag van de lasten die niet van het belastbare resultaat van de moedervennootschap kunnen worden afgetrokken, zo dat forfaitair wordt vastgesteld, niet meer dan 5% mag zijn van de door de dochteronderneming uitgekeerde winst alleen.

14. In dit verband vraagt de Conseil d'État zich af of de bijtelling bij het belastbare resultaat van de moedervennootschap van een forfaitair aandeel voor kosten en lasten van 5% van de inkomsten uit deelnemingen, belastingkredieten daaronder begrepen, een heffing vormt boven de bij artikel 4, lid 2, van de richtlijn toegestane grens van 5% van de uitgekeerde winst en de neutraliteit van de grensoverschrijdende winstuitkering kan aantasten, dan wel een heffing vormt die alleen tot gevolg heeft dat het aan de moedervennootschap naar aanleiding van een dividenduitkering toegekende belastingkrediet gedeeltelijk wordt verlaagd, en bijgevolg kan worden beschouwd

als een onderdeel van een geheel van bepalingen betreffende de toekenning van belastingkredieten aan de dividendontvangers en zo zelfs een dubbele belasting beoogt te verminderen.

15. In de eerste plaats verwijst de Conseil d'État naar het arrest van 25 september 2003, Océ Van der Grinten (C-58/ 01, *Jurispr.* blz. I-9809), waarin het Hof heeft geoordeeld dat het belastingkrediet een fiscaal instrument vormt tot voorkoming van een economische dubbele belasting over de als dividend uitgekeerde winst, en geen opbrengst van waardepapieren.

16. In de tweede plaats preciseert de Conseil d'État dat de bijtelling van 5% van de netto uitgekeerde winst en van het belastingkrediet bij het belastbare resultaat van de moedervennootschap als aandeel voor kosten en lasten de moedervennootschap in een positie brengt die identiek is aan die waarin zij zou zijn geweest indien geen bronbelasting was geheven, na bijtelling van een aandeel voor kosten en lasten van 5% van de uitgekeerde winst. Dit is echter alleen zo mits het belastingkrediet volledig kan worden verrekend met de door de moedervennootschap verschuldigde belasting.

17. Volgens de Conseil d'État vloeit uit artikel 146, lid 2, CGI, in de versie die van toepassing was ten tijde van de feiten in het hoofdgeding, en uit de bestuurspraktijk, zoals uiteengezet in circulaire nr. 4K-1121, echter voort dat een belastingkrediet dat is toegekend naar aanleiding van de uitkering van dividenden aan een moedervennootschap door haar in een andere lidstaat gevestigde dochteronderneming, slechts verrekenbaar is met de door de moedervennootschap verschuldigde belasting ingeval van een dooruitdeling van deze dividenden tijdens de volgende vijf jaar. In dat geval tast de bijtelling van 5% van het belastingkrediet bij het belastbare resultaat van de moedervennootschap als aandeel voor kosten en lasten de fiscale neutraliteit van de grensoverschrijdende winstuitkering niet aan.

18. Wanneer de moedervennootschap deze dividenden niet binnen deze termijn dooruitdeelt, heeft de bijtelling bij haar belastbaar resultaat als aandeel voor kosten en lasten van 5% van het belastingkrediet dat niet wordt verrekend met de door haar verschuldigde belasting, volgens de Conseil d'État daarentegen tot gevolg dat haar belastbaar resultaat wordt verhoogd tot boven de in artikel 4, lid 2, van de richtlijn vastgestelde grens van 5% van de daadwerkelijk ontvangen uitgekeerde winst, en dat de fiscale neutraliteit van de grensoverschrijdende winstuitkering in die mate wordt aangetast.

19. In dat laatste geval rijst volgens de Conseil d'État de vraag of de verhoging van de door de moedervennootschap betaalde vennootschapsbelasting à rato van de verhoging van haar belastbaar resultaat als gevolg van de bijtelling bij dit resultaat van 5% van het belastingkrediet een heffing vormt waarvan mag worden aangenomen dat, gelet op het geringe bedrag ervan en op de omstandigheid dat deze heffing is ingevoerd in rechtstreekse samenhang met de toekenning van belastingkredieten die de economische dubbele belasting van de dividenden beoogt te verminderen, het tarief ervan niet zodanig is bepaald dat daardoor de gevolgen van deze vermindering van de economische dubbele belasting van de dividenden teniet kunnen worden gedaan en deze heffing dus door artikel 7, lid 2, van de richtlijn is toegestaan.

20. Bijgevolg heeft de Conseil d'État de behandeling van de zaak geschorst en het Hof de volgende prejudiciële vraag gesteld:

> 'De bijtelling bij de belastbare winst van een in Frankrijk gevestigde moedervennootschap van 5% van de belastingkredieten die zijn toegekend bij de uitkering van winst door een in een andere lidstaat [...] gevestigde dochteronderneming wanneer deze uitgekeerde winst in die andere lidstaat aan een bronbelasting was onderworpen, heeft geen invloed op de hoogte van de belasting van de moedervennootschap indien deze die belastingkredieten volledig met de door haar verschuldigde belasting kan verrekenen. Wanneer de moedervennootschap niet binnen vijf jaar tot dooruitdeling van deze winst aan haar eigen aandeelhouders overgaat, waardoor zij geen gebruik kan maken van het belastingvoordeel dat deze belastingkredieten vertegenwoordigen, kan de heffing – bovenop de vennootschapsbelasting – waartoe de bijtelling van 5% van de belastingkredieten bij haar belastbaar resultaat leidt, dan als door artikel 7, lid 2, van [de richtlijn] toegestaan worden beschouwd, gelet op het lage bedrag van een dergelijke heffing en de omstandigheid dat zij in rechtstreeks verband staat met de betaling van belastingkredieten die de economische dubbele belasting van de dividenduitkering beogen te verminderen of moet zij in strijd worden geacht met de door artikel 4 van [de richtlijn] nagestreefde doelstellingen?'

Beantwoording van de prejudiciële vraag

21. Met zijn vraag wenst de verwijzende rechter in wezen te vernemen of de uitlegging van het begrip 'de door de dochteronderneming uitgekeerde winst' in de zin van artikel 4, lid 1, laatste volzin, van de richtlijn zich verzet tegen een regeling van een lidstaat waarbij belastingkredieten in deze winst worden opgenomen en, in voorkomend geval, of deze opneming onder artikel 7, lid 2, van de richtlijn valt.

22. Bij de beantwoording van deze vraag dient rekening te worden gehouden met de bewoordingen van de bepaling waarvan om uitlegging wordt verzocht, alsmede met de doelstellingen en de systematiek van de richtlijn (zie

in die zin arresten van 17 oktober 1996, Denkavit e.a., C-283/94, C-291/94 en C-292/94, *Jurispr.* blz. I-5063, punten 24 en 26, en 8 juni 2000, Epson Europe, C-375/98, *Jurispr.* blz. I-4243, punten 22 en 24).

23. Zoals met name blijkt uit de derde overweging van de considerans, beoogt deze richtlijn door de invoering van een gemeenschappelijke fiscale regeling iedere benadeling van de samenwerking tussen vennootschappen uit verschillende lidstaten ten opzichte van de samenwerking tussen vennootschappen van eenzelfde lidstaat op te heffen, en aldus de hergroepering van vennootschappen op gemeenschapsniveau te vergemakkelijken (arresten Denkavit e.a., reeds aangehaald, punt 22; Epson Europe, reeds aangehaald, punt 20; arrest van 4 oktober 2001, Athinaïki Zythopoiia, C-294/99, *Jurispr.* blz. I-6797, punt 25; arrest Océ Van der Grinten, reeds aangehaald, punt 45, en arrest van 12 december 2006, Test Claimants in the FII Group Litigation, C-446/04, *Jurispr.* blz. I-11753, punt 103).

24. De richtlijn beoogt aldus de fiscale neutraliteit van de winstuitkering door een in een lidstaat gelegen dochteronderneming aan haar in een andere lidstaat gevestigde moedervennootschap.

25. Om deze doelstellingen te bereiken bepaalt artikel 4, lid 1, van de richtlijn, teneinde dubbele belasting te voorkomen, dat wanneer een moedervennootschap als deelgerechtigde van haar dochteronderneming uitgekeerde winst ontvangt, de lidstaat van de moedervennootschap ofwel zich onthoudt van het belasten van deze winst, ofwel deze moedervennootschap toestaat dat gedeelte van de belasting van de dochteronderneming dat op deze winst betrekking heeft, van haar eigen belasting af te trekken en, in voorkomend geval, het bedrag dat door de lidstaat waar de dochteronderneming gevestigd is, aan de bron is ingehouden, zulks binnen de grenzen van het bedrag van de overeenstemmende nationale belasting (arrest Test Claimants in the FII Group Litigation, reeds aangehaald, punt 102).

26. Zo bepaalt ook artikel 5, lid 1, van de richtlijn, teneinde dubbele belasting te voorkomen, dat de door een dochteronderneming aan de moedervennootschap uitgekeerde winst van bronbelasting wordt vrijgesteld in de lidstaat van de dochteronderneming, althans wanneer de moedervennootschap een minimumdeelneming van 25% bezit in het kapitaal van de dochteronderneming (reeds aangehaalde arresten Denkavit e.a., punt 22; Epson Europe, punt 20; Athinaïki Zythopoiia, punt 25, en Océ Van der Grinten, punt 45).

27. De richtlijn beoogt aldus te voorkomen dat de winst die een in een lidstaat gelegen dochteronderneming uitkeert aan haar in een andere lidstaat gevestigde moedervennootschap, economisch dubbel wordt belast, of met andere woorden te voorkomen dat de uitgekeerde winst een eerste keer wordt belast bij de dochteronderneming en een tweede keer bij de moedervennootschap (zie in die zin arrest Athinaïki Zythopoiia, reeds aangehaald, punt 5).

28. Niettemin blijft elke lidstaat overeenkomstig artikel 4, lid 2, van de richtlijn bevoegd om te bepalen dat de lasten met betrekking tot de deelneming in de dochteronderneming, niet aftrekbaar zijn van de belastbare winst van de moedervennootschap, waarbij indien in dat geval de kosten van beheer met betrekking tot deze deelneming forfaitair worden vastgesteld, het forfaitaire bedrag niet meer mag bedragen dan 5% van de door de dochteronderneming uitgekeerde winst.

29. Bovendien mogen bepaalde lidstaten op grond van artikel 5, leden 2 tot en met 4, van de richtlijn gedurende een overgangsperiode een bronbelasting heffen over de winst die een ingezeten dochteronderneming uitkeert aan haar in een andere lidstaat gevestigde moedervennootschap.

30. Volgens de in het hoofdgeding van toepassing zijnde nationale regeling is het forfaitaire bedrag van niet-aftrekbare kosten en lasten, waarvan sprake in artikel 4, lid 2, van de richtlijn, gelijk aan 5% van de uitgekeerde winst, de belastingkredieten daaronder begrepen.

31. Wat het begrip belastingkrediet betreft, verwijzen zowel de verwijzende rechter in de toelichting bij zijn beslissing als BFCM en de Commissie van de Europese Gemeenschappen in de door hen bij het Hof ingediende opmerkingen naar het arrest Océ Van der Grinten, reeds aangehaald, waarin het Hof heeft geoordeeld dat het belastingkrediet waarover het in die zaak ging, een fiscaal instrument is tot voorkoming van economische dubbele belasting over de als dividend uitgekeerde winst, en geen opbrengst van waardepapieren. (zie arrest Océ Van der Grinten, reeds aangehaald, punt 56).

32. Zoals de advocaat-generaal in punt 33 van haar conclusie heeft opgemerkt, heeft het arrest Océ Van der Grinten, reeds aangehaald, echter betrekking op een heffing over het belastingkrediet die niet de kenmerken vertoont van een bronbelasting over winstuitkering (zie arrest Océ Van der Grinten, reeds aangehaald, punt 55).

33. In die zaak ging het om een belastingkrediet ter compensatie van de door de uitkerende vennootschap betaalde belasting en niet om een belastingkrediet ter compensatie van een reeds door de aandeelhouder betaalde belasting.

34. Uit de verwijzingsbeslissing en de opmerkingen die BFCM en de Franse regering ter terechtzitting voor het Hof hebben gemaakt, blijkt evenwel dat de in het hoofdgeding aan de orde zijnde belastingkredieten worden toe-

gekend ter compensatie van de bronbelasting die op de moedervennootschap drukt in de lidstaat van de dochteronderneming.

35. Deze belastingkredieten beogen dus een reeds door de aandeelhouder betaalde belasting te compenseren, zodat het arrest Océ Van der Grinten, reeds aangehaald, geen antwoord kan bieden op de prejudiciële vraag in deze onderhavige zaak.

36. Thans zij in de eerste plaats opgemerkt dat de bewoordingen van artikel 4, lid 2, van de richtlijn niet eraan in de weg staan dat belastingkredieten worden opgenomen in het forfaitaire bedrag van de kosten van beheer met betrekking tot de deelneming van de moedervennootschap in de dochteronderneming.

37. Zoals de advocaat-generaal in punt 34 van haar conclusie heeft opgemerkt, wordt met de opneming van de belastingkredieten in het forfaitaire bedrag van de kosten van beheer met betrekking tot de deelneming in de zin van artikel 4, lid 2, van de richtlijn gewaarborgd dat het effectief gaat om het totale bedrag van de uitgekeerde winst, in de zin van diezelfde bepaling, dat door de moedervennootschap is ontvangen en waarop het tarief van 5% zal worden toegepast.

38. In de tweede plaats dient te worden aangenomen dat deze kredieten beogen te voorkomen dat de door een dochteronderneming aan haar moedervennootschap uitgekeerde winst juridisch dubbel wordt belast, of met andere woorden te voorkomen dat deze winst een eerste maal bij de moedervennootschap wordt belast via een bronbelasting in de lidstaat van de dochteronderneming, en een tweede maal in de lidstaat van vestiging van de moedervennootschap.

39. Doordat de aan de moedervennootschap toegekende belastingkredieten worden meegeteld bij de berekening van het aandeel voor kosten en lasten met betrekking tot de deelneming in de dochteronderneming, is het bijgevolg mogelijk het bedrag van de winstuitkering door laatstgenoemde weer te geven, alsmede het overeenstemmende bedrag van de winstuitkering waarover de moedervennootschap uiteindelijk en daadwerkelijk beschikt, waarbij de gevolgen van de bronbelasting die bij de moedervennootschap wordt geheven in de lidstaat van de dochteronderneming worden geneutraliseerd.

40. Zoals de Franse en Duitse regering in hun bij het Hof ingediende opmerkingen terecht stellen, is de opneming van de belastingkredieten in het forfaitaire bedrag van de kosten van beheer met betrekking tot de deelneming, in de zin van artikel 4, lid 2, van de richtlijn, aldus in overeenstemming met de doelstelling van fiscale neutraliteit van de grensoverschrijvende winstuitkering tussen een dochteronderneming en haar in een andere lidstaat gevestigde moedervennootschap.

41. In deze context wenst de verwijzende rechter evenwel te vernemen of de fiscale neutraliteit niet wordt aangetast doordat deze belastingkredieten niet altijd verrekenbaar zijn met de door de moedervennootschap verschuldigde belasting, zoals blijkt uit punt 17 van het onderhavige arrest.

42. In dit verband zij er in de eerste plaats aan herinnerd dat in het kader van de bij de richtlijn ingevoerde regeling, wanneer een moedervennootschap een deelneming van ten minste 25% aanhoudt in het kapitaal van een in een andere lidstaat gevestigde dochteronderneming, de bronbelasting in laatstgenoemde lidstaat in beginsel verboden is overeenkomstig artikel 5, lid 1, van de richtlijn.

43. In omstandigheden als die in het hoofdgeding mogen bepaalde lidstaten gedurende de voor hen bepaalde overgangsperiode overeenkomstig artikel 5, leden 2 tot en met 4, van de richtlijn toch een bronbelasting heffen.

44. Zoals de advocaat-generaal in punt 36 van haar conclusie heeft opgemerkt, verplicht de richtlijn een lidstaat evenwel niet om in de verrekening van een dergelijke bronbelasting te voorzien, wanneer deze lidstaat overeenkomstig artikel 4, lid 1, van de richtlijn heeft gekozen voor een vrijstellingsmethode. Een lidstaat die voor een vrijstellingsmethode heeft gekozen, kan in dit verband niet worden verweten, de in de lidstaat van de dochteronderneming geheven bronbelasting te compenseren met de toekenning van een belastingkrediet, en tegelijk te bepalen dat dit belastingkrediet slechts verrekenbaar is in de gevallen waarin de ontvangende moedervennootschap de ontvangen dividenden binnen een termijn van vijf jaar aan haar eigen aandeelhouders dooruitdeelt.

45. In de tweede plaats zij opgemerkt dat artikel 4, lid 2, van de richtlijn een lidstaat de mogelijkheid biedt, de niet-aftrekbare kosten van beheer forfaitair vast te stellen op maximum 5% van de door de dochteronderneming uitgekeerde winst, zonder dat een onderscheid wordt gemaakt tussen de situatie waarin deze lidstaat voor een vrijstellingsmethode dan wel voor een verrekeningsmethode heeft gekozen. Wat het begrip uitgekeerde winst betreft, maakt deze bepaling dus geen onderscheid naargelang deze staat wel of niet verplicht is, te voorzien in de verrekening van de in de lidstaat van de dochteronderneming geheven bronbelasting.

46. Wanneer een lidstaat ervoor heeft gekozen, gebruik te maken van de mogelijkheid van artikel 4, lid 2, van de richtlijn en daarbij de belastingkredieten heeft opgenomen in het bedrag van de uitgekeerde winst waarop het tarief van 5% wordt toegepast, kan deze lidstaat bijgevolg niet worden verweten dat hij geen onderscheid maakt naargelang het gaat om belastingkredieten die wel of niet met de verschuldigde belasting verrekenbaar zijn.

47. Hoewel, in het kader van een nationale regeling als die in het hoofdgeding, wanneer de moedervennootschap de door haar ontvangen winst niet binnen vijf jaar dooruitdeelt aan haar eigen aandeelhouders, de opneming van de belastingkredieten in het forfaitaire bedrag van de kosten van beheer met betrekking tot de deelneming, in de zin van artikel 4, lid 2, van de richtlijn, de fiscale last voor de moedervennootschap doet verzwaren, vloeit een dergelijk gevolg immers voort uit het feit dat de lidstaat van de dochteronderneming overeenkomstig artikel 5, leden 1 en 2 tot en met 4 van de richtlijn een bronbelasting heft, waarvoor artikel 4, lid 1, van de richtlijn in het geval van een vrijstellingsmethode niet voorziet in een verplichting tot verrekening van deze bronbelasting met de verschuldigde belasting.

48. Het is dus niet zozeer de opneming van de belastingkredieten in het forfaitaire bedrag van de kosten van beheer met betrekking tot de deelneming, in de zin van artikel 4, lid 2, van de richtlijn, die een aantasting vormt van de fiscale neutraliteit van de grensoverschrijdende uitkering van de winst van een dochteronderneming aan haar in een andere lidstaat gevestigde moedervennootschap, dan wel de mogelijkheid die de richtlijn laat om in de lidstaat van de dochteronderneming een bronbelasting te heffen ten laste van de moedervennootschap.

49. In elk geval kan de opneming van de belastingkredieten, als middel tot voorkoming van een juridische dubbele belasting, in het forfaitaire bedrag van de kosten van beheer met betrekking tot de deelneming, in de zin van artikel 4, lid 2, van de richtlijn, niet onder artikel 7, lid 2, van de richtlijn vallen, die de toepassing onverlet laat van nationale of verdragsbepalingen die gericht zijn op de afschaffing of vermindering van economische dubbele belasting van dividenden.

50. Bijgevolg dient op de prejudiciële vraag te worden geantwoord dat het begrip 'de door de dochteronderneming uitgekeerde winst' in de zin van artikel 4, lid 2, laatste volzin, van de richtlijn aldus moet worden uitgelegd dat het zich niet verzet tegen de regeling van de lidstaat waarbij belastingkredieten die zijn toegekend ter compensatie van een door de lidstaat van de dochteronderneming ten laste van de moedervennootschap geheven bronbelasting, in deze winst worden opgenomen.

Kosten

51. Ten aanzien van de partijen in het hoofdgeding is de procedure als een aldaar gerezen incident te beschouwen, zodat de nationale rechterlijke instantie over de kosten heeft te beslissen. De door anderen wegens indiening van hun opmerkingen bij het Hof gemaakte kosten komen niet voor vergoeding in aanmerking.

HET HOF VAN JUSTITIE (Vierde kamer)

verklaart voor recht:

Het begrip 'door de dochteronderneming uitgekeerde winst' in de zin van artikel 4, lid 2, laatste volzin, van richtlijn 90/435/EEG van de Raad van 23 juli 1990 betreffende de gemeenschappelijke fiscale regeling voor moedermaatschappijen en dochterondernemingen uit verschillende lidstaten dient aldus te worden uitgelegd dat het zich niet verzet tegen de regeling van een lidstaat waarbij belastingkredieten die zijn toegekend ter compensatie van een door de lidstaat van de dochteronderneming ten laste van de moedervennootschap geheven bronbelasting, in deze winst worden opgenomen.

HvJ EG 23 april 2008, zaak C-201/05 *(Beschikking)* (The Test Claimants in the CFC and Dividend Group Litigation v. Commissioners of Inland Revenue)

Vierde kamer: *K. Lenaerts (rapporteur), kamerpresident, R. Silva de Lapuerta, E. Juhász, J. Malenovský en T. von Danwitz, rechters*

Advocaat-generaal: *V. Trstenjak*

1. Het verzoek om een prejudiciële beslissing betreft de uitlegging van de artikelen 43 EG, 49 EG en 56 EG tot en met 58 EG.

2. Dit verzoek is ingediend in het kader van een geding tussen een aantal internationale vennootschapsgroepen en de Commissioners of Inland Revenue (belastingdienst van het Verenigd Koninkrijk) ter zake van de door ingezeten vennootschappen verschuldigde belasting over door niet-ingezeten dochtermaatschappijen behaalde winst en over van die dochtermaatschappijen ontvangen dividenden.

Toepasselijke bepalingen

3. In het Verenigd Koninkrijk wordt de vennootschapsbelasting geregeld door de Income and Corporation Taxes Act 1988 (hierna: 'ICTA').

4. Volgens section 6 ICTA is een ingezeten vennootschap onderworpen aan vennootschapsbelasting over haar wereldwijde winst. Hiertoe worden gerekend de winsten van filialen of van agentschappen via welke de vennootschap haar activiteiten in andere staten uitoefent.

5. De ingezeten vennootschap wordt daarentegen in beginsel niet belast over de winsten van haar ingezeten of niet-ingezeten dochterondernemingen op het ogenblik dat deze worden behaald.

Belasting van dividenden

6. Krachtens section 208 ICTA is een in het Verenigd Koninkrijk ingezeten vennootschap geen vennootschapsbelasting verschuldigd over dividenden die zij ontvangt van een eveneens in die lidstaat ingezeten vennootschap.

7. Wanneer een in het Verenigd Koninkrijk gevestigde vennootschap dividenden ontvangt van een buiten het Verenigd Koninkrijk gevestigde vennootschap, is zij over die dividenden vennootschapsbelasting verschuldigd. In dat geval heeft de vennootschap die de dividenden ontvangt, geen recht op een belastingkrediet, en de ontvangen dividenden worden niet aangemerkt als vrijgestelde beleggingsinkomen. Krachtens de sections 788 en 790 ICTA heeft zij evenwel recht op aftrek voor de belasting die de uitkerende vennootschap heeft betaald in haar staat van vestiging, welke aftrek wordt verleend krachtens de wetgeving van het Verenigd Koninkrijk dan wel krachtens een met die andere staat gesloten overeenkomst ter voorkoming van dubbele belasting (hierna: 'belastingverdrag').

8. De nationale wettelijke regeling maakt het aldus mogelijk om de vennootschapsbelasting die is verschuldigd door een ingezeten vennootschap die dividenden ontvangt, te verminderen met de bronbelasting op die dividenden die zijn uitgekeerd door een niet-ingezeten vennootschap. Oefent de ontvangende ingezeten vennootschap direct of indirect controle uit of is zij een dochteronderneming van een vennootschap die direct of indirect controle uitoefent op 10% of meer van de stemrechten in de uitkerende vennootschap, dan geldt de aftrek ook voor de onderliggende buitenlandse vennootschapsbelasting over de winst waaruit de dividenden zijn betaald. Die buitenlandse belasting kan slechts worden afgetrokken ten belope van het bedrag dat in het Verenigd Koninkrijk als vennootschapsbelasting over het betrokken inkomen verschuldigd is.

9. Er gelden specifieke bepalingen voor de belasting van beleggingsinkomen, met name dividenden, dat verzekeringsmaatschappijen ontvangen over aandelen verband houdende met verrichtingen op het gebied van pensioenen en levensverzekeringen.

10. Section 208 ICTA geldt in beginsel niet voor verrichtingen op het gebied van pensioenen en buitenlandse levensverzekeringen, hetgeen betekent dat dividenden afkomstig uit met die activiteiten verband houdende beleggingen in het Verenigd Koninkrijk worden onderworpen aan belasting, berekend overeenkomstig de beginselen die van toepassing zijn op de berekening van handelswinst uit verzekering. Vóór 1 juli 1997 kon een verzekeringsmaatschappij echter bij wijze van uitzondering opteren voor de toepassing van deze section voor dividenden die zij in het kader van pensioenactiviteiten ontving van ingezeten vennootschappen. Maakte zij gebruik van deze optie, dan kon zij geen betaling verlangen van het belastingkrediet voor deze dividenden. Voor dividenden die zij in het kader van dergelijke activiteiten van niet-ingezeten vennootschappen ontving, bestond die keuze echter niet.

De wetgeving op de gecontroleerde buitenlandse vennootschappen

11. Op het beginsel dat de ingezeten vennootschap geen belasting hoeft te betalen over de winst van haar niet-ingezeten dochterondernemingen op het moment waarop die winst wordt behaald geldt een uitzondering, namelijk de regeling inzake de belasting van gecontroleerde buitenlandse vennootschappen (hierna: 'GBV's') in de sections 747 tot en met 756 en in de bijlagen 24 tot en met 26 ICTA.

12. Deze regeling bepaalt dat de winst van een GBV – dat wil zeggen, volgens de ten tijde van de feiten van het hoofdgeding toepasselijke wettelijke regeling (hierna: 'wetgeving op de GBV's'), een buitenlandse vennootschap die voor meer dan 50% in handen is van de ingezeten vennootschap – aan laatstgenoemde toegerekend en bij haar belast door middel van verrekening van de belasting die de GBV in haar staat van vestiging heeft betaald. Wordt diezelfde winst later in de vorm van dividend aan de ingezeten vennootschap uitbetaald, dan wordt de belasting die zij over de winst van de GBV in het Verenigd Koninkrijk heeft betaald aangemerkt als een extra belasting die laatstgenoemde in het buitenland heeft betaald en geeft deze recht op verrekening met de door de ingezeten vennootschap over het dividend te betalen belasting.

13. De wetgeving op de GBV's wordt toegepast wanneer de GBV in haar staat van vestiging een 'lagere belastingvoet' geniet, hetgeen volgens die regeling het geval is wanneer de belasting die de GBV over enig belastingtijdvak betaalt, minder bedraagt dan drie kwart van het bedrag dat in het Verenigd Koninkrijk aan belasting zou worden betaald over de belastbare winst, zoals berekend voor belastingdoeleinden in die lidstaat.

14. De belastingheffing volgende uit de toepassing van de wetgeving op de GBV's kent een bepaald aantal uitzonderingen.

15. Volgens die wetgeving vindt in één van de volgende gevallen geen belastingheffing plaats:
- wanneer de GBV een 'aanvaardbaar uitkeringsbeleid' voert, hetgeen betekent dat een bepaald percentage (90% in 1996) van haar winst wordt uitgekeerd binnen 18 maanden nadat deze is behaald en wordt belast bij een ingezeten vennootschap;
- wanneer de GBV 'vrijgestelde activiteiten' in de zin van deze regeling uitoefent, zoals bepaalde commerciële activiteiten door een bedrijfsvestiging;
- wanneer de GBV voldoet aan de 'public quotation'-voorwaarde, hetgeen inhoudt dat 35% van de stemrechten in handen is van het publiek en dat zij een beursgenoteerde onderneming is, en
- wanneer de belastbare winst van de GBV niet meer bedraagt dan 50 000 GBP ('de minimis'-uitzondering)'

16. De in de wetgeving op de GBV's voorziene belastingheffing is eveneens uitgesloten wanneer wordt voldaan aan de zogenoemde 'motive test'. Hiervoor moet aan twee cumulatieve voorwaarden worden voldaan. Enerzijds moet de ingezeten vennootschap, wanneer verrichtingen die de GBV voor het betrokken tijdvak winst hebben opgeleverd in het Verenigd Koninkrijk leiden tot een belastingvermindering ten opzichte van de belasting die had moeten worden betaald indien die verrichtingen niet hadden plaatsgevonden en het bedrag van die vermindering boven een bepaalde drempel legt, aantonen dat die vermindering niet het hoofddoel dan wel één van de hoofddoelen van die verrichtingen was. Anderzijds moet de ingezeten vennootschap aantonen dat voor het betrokken tijdvak de verkrijging van een belastingvermindering in het Verenigd Koninkrijk door middel van een verschuiving van winst niet de hoofdreden of een van de hoofdredenen van het bestaan van de GBV was. Volgens die regeling is er sprake van winstverschuiving wanneer redelijkerwijze kan worden aangenomen dat, indien de GBV of een andere gelieerde vennootschap met zetel buiten het Verenigd Koninkrijk niet had bestaan, de inkomsten naar een ingezetene van het Verenigd Koninkrijk zouden zijn gegaan en daar ook zouden zijn belast.

17. De belastingdienst van het Verenigd Koninkrijk heeft in 1996 een lijst gepubliceerd van staten waarin een GBV onder bepaalde voorwaarden kan worden opgericht en haar activiteiten kan uitoefenen, waarbij ervan wordt uitgegaan dat zij voldoet aan de voorwaarden om buiten de belastingheffing volgens de wetgeving op de GBV's te vallen.

18. Tot 1999 gold de wetgeving op de GBV's alleen indien de belastingdienst van het Verenigd Koninkrijk dat had bepaald. Er bestond voor ingezeten moedermaatschappijen geen enkele verplichting om aangifte voor de GBV's te doen. Sindsdien worden ingezeten vennootschappen verzocht om zelf te bepalen of deze regeling op hun bijzondere geval van toepassing is en om de belasting te berekenen die uit de eventuele toepassing daarvan voortvloeit (zogenoemde regel van 'zelfberekening').

19. De aangifte vennootschapsbelasting van de ingezeten vennootschap moet ter zake van de GBV's informatie bevatten over de naam van de betrokken GBV, het land of de landen waarin zij gevestigd zijn, de omvang van de deelneming van de ingezeten vennootschap in elk van die GBV's en gegevens over een eventueel verzoek om vrijstelling. Indien geen van de in de wetgeving op de GBV's voorziene uitzonderingen van toepassing is, moet de ingezeten vennootschap aangeven hoe zij de totale belasting berekent.

20. De wetgeving op de GBV's heeft sinds december 1993 een aantal wijzigingen ondergaan.

21. In de eerste plaats werd de regel van 'zelfberekening' voor de GBV ingevoerd voor boekhoudjaren na 1 juli 1999.

22. In de tweede plaats werd de definitie van controle over een buitenlandse vennootschap met ingang van 21 maart 2000 gewijzigd. Voorts werd een bepaling vastgesteld voor joint ventures.

23. In de derde plaats zijn bij de Finance Act 2000 'designer rate provisions' ingevoerd en met ingang van 6 oktober 1999 in werking getreden. Op grond van die bepalingen kan een vennootschap die is gevestigd op het grondgebied van een staat waarin het belastingtarief gelijk is aan of hoger is dan drie vierde van dat van het Verenigd Koninkrijk, niettemin binnen de werkingssfeer van de wetgeving op de GBV's vallen, indien volgens de belastingdienst van het Verenigd Koninkrijk de in de lidstaat van vestiging van die vennootschap geldende bepalingen haar in staat stellen invloed uit te oefenen op het te betalen belastingbedrag.

24. In de vierde plaats heeft een reeks wijzigingen de toepassingsvoorwaarden voor de 'de minimis'-uitzondering, de uitzondering op grond van een aanvaardbaar uitkeringsbeleid, de uitzondering verband houdende met vrijgestelde activiteiten en die betreffende uitgesloten landen strenger gemaakt.

Hoofdgeding en prejudiciële vragen

25. Het hoofdgeding is een geding van het soort 'group litigation' ter zake van bepalingen van de belastingwetgeving van het Verenigd Koninkrijk over dividenden en GBV's. Het geding bestaat uit vorderingen die 21 internationale vennootschapsgroepen bij de High Court of Justice of England and Wales, Chancery Division, hebben ingesteld tegen de belastingdienst van het Verenigd Koninkrijk. De vorderingen van drie vennootschapsgroepen, namelijk Anglo Amercian, Cadbury Schweppes en Prudential, zijn uitgekozen als testcases.

26. Voor de verwijzende rechter hebben Anglo American en Cadbury Schweppes betoogd dat zij hebben voldaan aan de fiscale bepalingen van het Verenigd Koninkrijk over GBV's en dividenden, terwijl zij, indien zij hadden geweten dat die bepalingen in strijd waren met het gemeenschapsrecht, geen belasting zouden hebben betaald over de van GBV's ontvangen dividenden of over de door hen behaalde winst. Evenmin zouden zij op hun belasting bepaalde vrijstellingen in mindering hebben gebracht, die dan dus beschikbaar waren geweest voor andere doeleinden of voor latere periodes hadden kunnen worden gebruikt, noch dividend hebben uitgekeerd met het oog op de verkrijging van vrijstelling wegens een aanvaardbaar uitkeringsbeleid, aangezien die uitkeringen niet hun handelsbelang dienden of het tijdstip van die uitkeringen, voorgeschreven door de in de wetgeving op de GBV's van het Verenigd Koninkrijk voorziene voorwaarden voor die vrijstelling, een minder gunstige fiscale behandeling van de groep meebracht. Ten slotte hadden zij niet de nodige moeite gedaan en kosten gemaakt om aan de wetgeving op de GBV's te voldoen en zouden zij de bedrijfsactiviteiten van de GBV's niet hebben beperkt om aan die wetgeving te voldoen.

27. Anglo American en Cadbury Schweppes vragen de verwijzende rechter om terugbetaling van de onrechtmatig geheven bedragen en/of vergoeding van de schade als gevolg van de bepalingen van de wetgeving op de GBV's en op dividenden alsmede van de kosten die zij hebben gemaakt om aan die bepalingen te voldoen.

28. Het verzoek van Prudential voor de verwijzende rechter betreft de belasting bij een aantal van haar ingezeten vennootschappen van dividenden ontvangen van niet-ingezeten vennootschappen waarin eerstgenoemde vennootschappen voor beleggingsdoeleinden deelnemingen hadden van minder dan 10% van de stemrechten, zodat die ingezeten vennootschappen niet onderworpen waren aan de wetgeving op de GBV's.

29. Prudential vraagt de verwijzende rechter om terugbetaling van de onrechtmatig geheven bedragen en/of vergoeding van de schade als gevolg van het feit dat zij krachtens de belastingwetgeving van het Verenigd Koninkrijk inzake dividenden belasting heeft betaald over dividenden ontvangen van in andere lidstaten en in derde landen gevestigde vennootschappen.

30. Daarop heeft de High Court of Justice of England and Wales, Chancery Division, de behandeling van de zaak geschorst en het Hof de volgende prejudiciële vragen gesteld:

'1. Verzet artikel 43 EG of artikel 56 EG zich ertegen dat een lidstaat bepalingen handhaaft en toepast die:

a. dividenden die een in die lidstaat gevestigde vennootschap (hierna: 'ingezeten vennootschap') ontvangt van andere ingezeten vennootschappen, vrijstellen van vennootschapsbelasting, maar die

b. dividenden die de ingezeten vennootschap ontvangt van een in een andere lidstaat gevestigde vennootschap, in het bijzonder van een door haar gecontroleerde vennootschap die in haar lidstaat van vestiging onderworpen is aan een lagere belasting ('gecontroleerde vennootschap'), onderwerpen aan vennootschapsbelasting na, ter voorkoming van dubbele heffing, verrekening van de over het dividend geheven bronbelasting en van de door de gecontroleerde vennootschap over haar winst betaalde basisbelasting?

2. Verzetten de artikelen 43 EG, 49 EG of 56 EG zich tegen een nationale belastingregeling als in het hoofdgeding aan de orde is, die vóór 1 juli 1997:

a. bepaalde dividenden die een in een lidstaat gevestigde verzekeringsmaatschappij ontving van een in een andere lidstaat gevestigde vennootschap ('niet-ingezeten vennootschap'), onderwierp aan vennootschapsbelasting, maar

b. de ingezeten verzekeringsmaatschappij de keuze liet om desbetreffende dividenden die zij van een in dezelfde lidstaat gevestigde vennootschap ontving, niet onder de vennootschapsbelasting te brengen, met als gevolg dat een maatschappij die deze keuze had gemaakt, niet kon verzoeken om betaling van het belastingkrediet waarop zij anders recht had gehad?

3. Verzetten de artikelen 43 EG, 49 EG of 56 EG zich tegen een nationale belastingregeling van een lidstaat als in het hoofdgeding aan de orde is, die:

a. een ingezeten vennootschap onder bepaalde omstandigheden belast over de winst van een in een andere lidstaat gevestigde gecontroleerde vennootschap in de zin van vraag 1, sub b, en

b. de naleving van bepaalde voorwaarden vereist wanneer de ingezeten vennootschap geen vrijstelling aanvraagt of kan aanvragen en belasting betaalt over de winst van de gecontroleerde vennootschap, en

c. de naleving van nadere voorwaarden vereist wanneer de ingezeten vennootschap gebruik wil maken van vrijstelling van deze belasting?

4. Maakt het voor de beantwoording van de eerste, de tweede of de derde vraag verschil of de gecontroleerde vennootschap (in de eerste en de derde vraag) of de niet-ingezeten vennootschap (in de tweede vraag) in een derde land is gevestigd?

5. Wanneer een lidstaat de in de eerste, de tweede en de derde vraag uiteengezette maatregelen vóór 31 december 1993 heeft genomen en die maatregelen later in de in [de verwijzingsbeslissing] beschreven zin heeft gewijzigd, en wanneer deze gewijzigde maatregelen door artikel 56 EG verboden beperkingen vormen, moeten deze beperkingen dan worden beschouwd als op 31 december 1993 niet bestaande beperkingen in de zin van artikel 57 EG?

6. Ingeval een van de in de eerste, de tweede en de derde vraag genoemde maatregelen in strijd is met een van de aldaar genoemde gemeenschapsbepalingen en de ingezeten vennootschap en/of de gecontroleerde vennootschap een van de volgende vorderingen instellen:

a. een vordering tot terugbetaling van de vennootschapsbelasting die in de in de eerste, de tweede en de derde vraag vermelde omstandigheden onrechtmatig van de ingezeten vennootschap is geheven (of een vordering wegens het verlies van het genot van de ter zake betaalde geldsom);

b. een vordering tot terugbetaling en/of compensatie in verband met verliezen, verrekeningen en kosten die door de ingezeten vennootschap zijn aangewend (of door andere in dezelfde lidstaat gevestigde vennootschappen van dezelfde groep aan de ingezeten vennootschap zijn doorgegeven) om de belastingdruk als gevolg van de in de eerste, de tweede en de derde vraag bedoelde maatregelen op te heffen of te verminderen, wanneer die verliezen, verrekeningen en kosten voor andere doeleinden hadden kunnen dienen of ter verrekening in komende periodes hadden kunnen worden gebruikt;

c. een vordering tot vergoeding van de kosten, verliezen, uitgaven en schulden die zijn ontstaan in verband met de naleving van de in de derde vraag bedoelde nationale regeling;

d. wanneer een gecontroleerde vennootschap aan de ingezeten vennootschap, als alternatief voor de betaling van de in de derde vraag bedoelde belasting door de ingezeten vennootschap, reserves heeft uitgekeerd om te voldoen aan de vereisten van nationaal recht, en voor de gecontroleerde vennootschap daarbij kosten, uitgaven en schulden zijn ontstaan, die zij had kunnen vermijden indien zij deze reserves voor andere doeleinden had kunnen gebruiken, een vordering tot vergoeding van deze kosten, uitgaven en schulden;

moeten deze vorderingen dan worden beschouwd als:

– een vordering tot terugbetaling van onrechtmatig geheven bedragen, die ontstaat als gevolg van en accessoir is aan de schending van de voormelde gemeenschapsrechtelijke bepalingen, of

– een vordering tot compensatie of schadevergoeding, van dien aard dat moet worden voldaan aan de voorwaarden van het arrest [van 5 maart 1996, Brasserie du pêcheur en Factortame (C-46/93 en C-48/93, *Jurispr.* blz. I-1029)], of

– een vordering tot betaling van een bedrag overeenkomend met een onrechtmatig geweigerd voordeel?

7. Indien het antwoord op een onderdeel van de zesde vraag luidt dat de vordering een vordering tot betaling van een bedrag overeenkomend met een onrechtmatig geweigerd voordeel is:

a. is een dergelijke vordering dan een gevolg van of accessoir aan het door voormelde gemeenschapsbepalingen verleende recht, of

b. moet worden voldaan aan de verhaalsvoorwaarden neergelegd in het arrest [Brasserie du pêcheur en Factortame, reeds aangehaald], of

c. moet aan andere voorwaarden worden voldaan?

8. Maakt het voor het antwoord verschil of naar nationaal recht de in de zesde vraag bedoelde vorderingen zijn ingediend als vorderingen tot terugbetaling, dan wel zijn of moeten worden ingediend als schadevorderingen?

9. Welk advies zou het Hof in deze zaken eventueel kunnen geven over de omstandigheden die de nationale rechter in aanmerking moet nemen bij de beoordeling of zich een voldoende gekwalificeerde schending in de zin van het arrest [Brasserie du pêcheur en Factortame, reeds aangehaald] voordoet, en in het bijzonder of de schending, gelet op de stand van de rechtspraak van het Hof betreffende de uitlegging van de relevante gemeenschapsbepalingen, te rechtvaardigen was?

10. Kan er in beginsel sprake zijn van een direct causaal verband in de zin van het arrest [Brasserie du pêcheur en Factortame, reeds aangehaald] tussen een schending van de artikelen 43 EG, 49 EG en 56 EG en de verliezen van de in de zesde vraag (sub a tot en met d) omschreven categorie, die volgens de benadeelde persoon uit die schending voortvloeien? Zo ja, welk advies zou het Hof in deze zaken eventueel kunnen geven over de omstandigheden die de nationale rechter in aanmerking moet nemen bij de beoordeling of er sprake is van een dergelijk direct causaal verband?

11. Kan de nationale rechter bij de bepaling van het verlies of de schade waarvoor vergoeding kan worden verleend, in aanmerking nemen of de benadeelde persoon zich redelijke inspanningen hebben getroost om hun verlies te voorkomen of te beperken, in het bijzonder door het aanwenden van rechtsmiddelen in het kader waarvan had kunnen worden vastgesteld dat de nationale bepalingen (wegens de toepassing van belastingverdragen) niet de in de eerste, de tweede en de derde vraag uiteengezette verplichtingen meebrengen?

12. Is de opvatting van partijen in de relevante periodes over de werking van de belastingverdragen van invloed op het antwoord op de elfde vraag?'

31. Aangezien in de onderhavige zaak soortgelijke uitleggingsvragen waren gesteld als in de zaken die nadien hebben geleid tot de arresten van 12 september 2006, Cadbury Schweppes en Cadburry Schweppes Overseas (C-196/04, *Jurispr.* blz. I-7995), 12 december 2006, Test Claimants in Class IV of the ACT Group Litigation (C-374/04, *Jurispr.* blz. I-11673) en Test Claimants in the FII Group Litigation (C-446/04, *Jurispr.* blz. I-11753), en 13 maart 2007, Test Claimants in the Thin Cap Group Litigation (C-524/04, *Jurispr.* blz. I-2107), is de behandeling bij beschikking van de president van het Hof van 13 december 2005 geschorst in afwachting van een beslissing van het Hof in die zaken.

32. De reeds aangehaalde arresten Cadbury Schweppes en Cadbury Schweppes Overseas, Test Claimants in Class IV of the ACT Group Litigation, Test Claimants in the FII Group Litigation en Test Claimants in the Thin Cap Group Litigation zijn de verwijzende rechter toegezonden bij schrijven van 3 april 2007, zodat hij het Hof kon laten weten of hij in het licht van deze arresten zijn verzoek om een prejudiciële beslissing wilde handhaven.

33. Bij brief van 12 juni 2007 heeft de verwijzende rechter het Hof meegedeeld dat hij zijn verzoek wilde handhaven.

Beantwoording van de prejudiciële vragen

34. Op grond van artikel 104, lid 3, eerste alinea, van het Reglement voor de procesvoering kan het Hof, wanneer een prejudiciële vraag identiek is aan een vraag waarover het zich reeds heeft uitgesproken of wanneer het antwoord op een dergelijke vraag duidelijk uit de rechtspraak kan worden afgeleid, op ieder moment, na de advocaat-generaal te hebben gehoord, beslissen bij een met redenen omklede beschikking.

Eerste vraag

35. Met zijn eerste vraag wenst de verwijzende rechter in wezen te vernemen of de artikelen 43 EG en 56 EG zich verzetten tegen een wettelijke regeling van een lidstaat die dividenden die een ingezeten vennootschap ontvangt van een eveneens in die staat ingezeten vennootschap (hierna: 'binnenlandse dividenden') vrijstelt van vennootschapsbelasting, maar die belasting wel heft over dividenden die een ingezeten vennootschap ontvangt van een niet in dezelfde lidstaat ingezeten vennootschap (hierna: 'buitenlandse dividenden'), met name wanneer het om een niet-ingezeten vennootschap gaat die door de ingezeten vennootschap wordt gecontroleerd, terwijl een verrekening plaatsvindt voor elke bronbelasting die in de staat van vestiging van de uitkerende vennootschap is geheven alsmede, wanneer de ingezeten vennootschap die de dividenden ontvangt rechtstreeks of indirect in het bezit is van ten minste 10% van de stemrechten van de uitkerende vennootschap, een verrekening van de vennootschapsbelasting die de uitkerende vennootschap over de aan de uitgekeerde dividenden ten grondslag liggende winst heeft betaald.

36. Vastgesteld zij dat het Hof deze vraag in zijn reeds aangehaalde arrest Test Claimants in the FII Group Litigation reeds heeft moeten onderzoeken en dat het antwoord van het Hof in dat arrest dus volledig kan worden toegepast op de eerste vraag van de verwijzende rechter in deze zaak.

37. In dat arrest heeft het Hof opgemerkt dat het gemeenschapsrecht een lidstaat in beginsel niet verbiedt dat hij opeenvolgende belastingheffingen op door een ingezeten vennootschap ontvangen dividenden vermijdt door regels toe te passen die deze dividenden vrijstellen van belasting wanneer zij worden uitgekeerd door een ingezeten vennootschap, en tegelijk door een verrekeningsregeling vermijdt dat die dividenden opeenvolgende keren worden belast wanneer zij worden uitgekeerd door een niet-ingezeten vennootschap (arrest Test Claimants in the FII Group Litigation, reeds aangehaald, punt 48).

38. Wat in de eerste plaats dividenden betreft die een ingezeten vennootschap ontvangt van een niet-ingezeten vennootschap waarin zij een deelneming heeft waardoor zij een zodanige invloed op de besluiten van die niet-ingezeten vennootschap heeft dat zij de activiteiten ervan kan bepalen, heeft het Hof voor recht verklaard dat het feit dat voor binnenlandse dividenden een vrijstellingsregeling geldt en voor buitenlandse dividenden een verre-

keningsregeling, niet in strijd is met het in artikel 43 EG neergelegde beginsel van de vrijheid van vestiging, op voorwaarde dat het belastingtarief voor buitenlandse dividenden niet hoger is dan het tarief voor binnenlandse dividenden en het belastingkrediet ten minste gelijk is aan het bedrag dat is betaald in de lidstaat van de uitkerende vennootschap, tot beloop van het bedrag van de belasting in de lidstaat van de ontvangende vennootschap (arrest Test Claimants in the FII Group Litigation, reeds aangehaald, punt 57).

39. Wat in de tweede plaats ingezeten vennootschappen betreft die dividenden hebben ontvangen van een vennootschap waarvan zij 10% of meer van de stemrechten bezitten, zonder dat deze deelneming hun een zodanige invloed op de besluiten van de vennootschap verleent dat zij de activiteiten ervan kunnen bepalen, volgt uit de rechtspraak van het Hof dat in de context van de nationale wettelijke regeling die in het hoofdgeding aan de orde is, het feit dat voor binnenlandse dividenden een vrijstellingsregeling geldt en voor buitenlandse dividenden een verrekeningsregeling, niet in strijd is met het in artikel 56 EG neergelegde beginsel van het vrije verkeer van kapitaal, op voorwaarde dat het belastingtarief voor buitenlandse dividenden niet hoger is dan het tarief voor binnenlandse dividenden en het belastingkrediet ten minste gelijk is aan het bedrag dat is betaald in de lidstaat van de uitkerende vennootschap, tot beloop van het bedrag van de belasting in de lidstaat van de ontvangende vennootschap (zie in die zin arrest Test Claimants in the FII Group Litigation, reeds aangehaald, punt 60).

40. Wat in de derde en laatste plaats ingezeten vennootschappen betreft die dividenden hebben ontvangen van vennootschappen waarvan zij minder dan 10% van de stemrechten bezitten, heeft het Hof, na te hebben opgemerkt dat binnenlandse dividenden zijn vrijgesteld van vennootschapsbelasting, terwijl buitenlandse dividenden aan die belasting worden onderworpen en slechts recht geven op een aftrek voor de eventuele bronbelasting die op die dividenden is geheven in de staat waar de uitkerende vennootschap is gevestigd (arrest Test Claimants in the FII Group Litigation, reeds aangehaald, punt 61), voor recht verklaard dat het uit een wettelijke regeling als die in het hoofdgeding voortvloeiende verschil in behandeling ten aanzien van dividenden die ingezeten vennootschappen ontvangen van niet-ingezeten vennootschappen waarvan zij minder dan 10% van de stemrechten bezitten, een beperking van het vrije verkeer van kapitaal vormt die in beginsel verboden is door artikel 56 EG (arrest Test Claimants in the FII Group Litigation, reeds aangehaald, punt 65).

41. Vervolgens heeft het Hof geoordeeld dat het enkele feit dat het voor dergelijke deelnemingen aan een lidstaat is om te bepalen of en in welke mate opeenvolgende belastingheffingen op uitgekeerde winsten moeten worden vermeden, niet betekent dat hij een regeling mag toepassen die buitenlandse en binnenlandse dividenden niet evenwaardig behandelt (arrest Test Claimants in the FII Group Litigation, reeds aangehaald, punt 69) en dat, los van het feit dat een lidstaat hoe dan ook over verschillende mogelijke regelingen beschikt om opeenvolgende belastingheffingen op uitgekeerde winst te vermijden of te verminderen, eventuele moeilijkheden bij de vaststelling van de in een andere lidstaat daadwerkelijk betaalde belasting een belemmering van het vrije verkeer van kapitaal als die welke voortvloeit uit de in het hoofdgeding aan de orde zijnde wettelijke regeling, niet kunnen rechtvaardigen (arrest Test Claimants in the FII Group Litigation, reeds aangehaald, punt 70).

42. Derhalve heeft het Hof voor recht verklaard dat artikel 56 EG in de weg staat aan een wettelijke regeling van een lidstaat volgens welke dividenden die een ingezeten vennootschap ontvangt van een andere ingezeten vennootschap zijn vrijgesteld van vennootschapsbelasting, terwijl dividenden die een ingezeten vennootschap ontvangt van een niet-ingezeten vennootschap waarin zij minder dan 10% van de stemrechten bezit, aan die belasting worden onderworpen, zonder dat deze een belastingkrediet wordt verleend voor de belasting die de uitkerende vennootschap daadwerkelijk heeft betaald in haar lidstaat van vestiging (arrest Test Claimants in the FII Group Litigation, reeds aangehaald, punt 74).

43. Gelet op het voorgaande, moet op de eerste vraag worden geantwoord:

– artikel 43 EG moet aldus worden uitgelegd dat het niet in de weg staat aan een wettelijke regeling van een lidstaat volgens welke dividenden die een ingezeten vennootschap ontvangt van een andere ingezeten vennootschap zijn vrijgesteld van vennootschapsbelasting, terwijl dividenden die een ingezeten vennootschap ontvangt van een niet-ingezeten vennootschap waarin de ingezeten vennootschap een deelneming heeft waardoor zij een zodanige invloed op de besluiten van die niet-ingezeten vennootschap heeft dat zij de activiteiten ervan kan bepalen, aan die belasting worden onderworpen, waarbij een belastingkrediet wordt verleend voor de belasting die de uitkerende vennootschap daadwerkelijk heeft betaald in haar lidstaat van vestiging, op voorwaarde dat het belastingtarief voor buitenlandse dividenden niet hoger is dan het tarief voor binnenlandse dividenden en het belastingkrediet ten minste gelijk is aan het bedrag dat is betaald in de lidstaat van de uitkerende vennootschap, tot beloop van het bedrag van de belasting in de lidstaat van de ontvangende vennootschap;

– artikel 56 EG moet aldus worden uitgelegd dat het niet in de weg staat aan een wettelijke regeling van een lidstaat volgens welke dividenden die een ingezeten vennootschap ontvangt van een andere ingezeten vennootschap zijn vrijgesteld van vennootschapsbelasting, terwijl dividenden die een ingezeten vennootschap ontvangt van een niet-ingezeten vennootschap waarin zij minstens 10% van de stemrechten bezit, aan die belasting worden onderworpen, waarbij een belastingkrediet wordt verleend voor de belasting die de uitkerende vennootschap daadwerkelijk heeft betaald in haar lidstaat van vestiging, op voorwaarde dat het belastingtarief voor buitenlandse dividenden niet hoger is dan het tarief voor binnenlandse dividenden en het belastingkrediet ten minste gelijk is aan het bedrag dat is betaald in de lidstaat van de uitkerende vennootschap, tot beloop van het bedrag van de belasting in de lidstaat van de ontvangende vennootschap;

– artikel 56 EG moet voorts aldus worden uitgelegd dat het in de weg staat aan een wettelijke regeling van een lidstaat volgens welke dividenden die een ingezeten vennootschap ontvangt van een andere ingezeten vennootschap zijn vrijgesteld van vennootschapsbelasting, terwijl dividenden die een ingezeten vennootschap ontvangt van een niet-ingezeten vennootschap waarin zij minder dan 10% van de stemrechten bezit, aan die belasting worden onderworpen, zonder dat deze een belastingkrediet wordt verleend voor de belasting die de uitkerende vennootschap daadwerkelijk heeft betaald in haar lidstaat van vestiging.

Tweede vraag

44. Met zijn tweede vraag wenst de verwijzende rechter in wezen te vernemen of de artikelen 43 EG, 49 EG of 56 EG aldus moeten worden uitgelegd dat zij in de weg staan aan een wettelijke regeling van een lidstaat volgens welke bepaalde dividenden die ingezeten verzekeringsmaatschappijen ontvangen van ingezeten vennootschappen kunnen worden vrijgesteld van vennootschapsbelasting, terwijl die vrijstelling is uitgesloten voor soortgelijke dividenden die zij van niet-ingezeten vennootschappen ontvangen.

45. Blijkens de rechtspraak omvat de vrijheid van vestiging de oprichting en het beheer van ondernemingen, en met name van vennootschappen, in de ene lidstaat door een onderdaan van een andere lidstaat. Er is dus sprake van uitoefening van het recht van vestiging, wanneer een onderdaan van een lidstaat een deelneming in het kapitaal van een in een andere lidstaat gevestigde vennootschap houdt, die hem een zodanige invloed op de besluiten van de vennootschap verleent, dat hij de activiteiten ervan kan bepalen (arrest van 13 april 2000, Baars, C-251/98, *Jurispr.* blz. I-2787, punt 22; arresten Cadbury Schweppes en Cadbury Schweppes Overseas, reeds aangehaald, punt 31, en Test Claimants in the Thin Cap Group Litigation, reeds aangehaald, punt 27).

46. In beginsel valt de verwerving, door één of meerdere verblijfhouders van een lidstaat van aandelen in een vennootschap die in een andere lidstaat is opgericht en gevestigd, waar een dergelijke deelneming die personen niet een zodanige invloed op de besluiten van de vennootschap verleent, dat zij de activiteiten ervan kunnen bepalen, onder de bepalingen van het EG-Verdrag betreffende het vrije verkeer van kapitaal (zie in die zin reeds aangehaalde arresten Baars, punt 22; Cadbury Schweppes en Cadbury Schweppes Overseas, punt 31, en Test Claimants in the Thin Cap Group Litigation, punt 27).

47. In casu blijkt uit de verwijzingsbeslissing dat verzoeksters in het hoofdgeding die aan de in de tweede vraag bedoelde wettelijke regeling zijn onderworpen, niet een zeggenschapsdeelneming hadden in het kapitaal van de vennootschappen waarvan zij dividenden hebben ontvangen, maar alleen een deelneming van minder dan 10% met het oog op beleggingsdoeleinden.

48. De tweede vraag behoeft dus niet te worden beantwoord voor zover deze betrekking heeft op artikel 43 EG.

49. Hetzelfde geldt voor zover deze vraag artikel 49 EG betreft.

50. Volgens artikel 50 EG worden in de zin van het Verdrag immers als diensten beschouwd, de dienstverrichtingen welke gewoonlijk tegen vergoeding geschieden, voor zover de bepalingen betreffende het vrije verkeer van kapitaal niet op deze dienstverrichtingen van toepassing zijn.

51. Daar de ontvangst van dividenden op aandelen van een in een lidstaat gevestigde vennootschap door een onderdaan van een andere lidstaat onlosmakelijk is verbonden met kapitaalverkeer (arrest van 6 juni 2000, Verkooijen, C-35/98, *Jurispr.* blz. I-4071, punten 29 en 30), valt deze verrichting niet onder artikel 49 EG.

52. De vragen moeten dus alleen in het licht van artikel 56 EG worden beantwoord.

53. Er zij aan herinnerd dat de maatregelen die ingevolge artikel 56, lid 1, EG verboden zijn op grond dat zij het kapitaalverkeer beperken, mede de maatregelen omvatten die niet-ingezetenen ervan doen afzien, in een lidstaat investeringen te doen, of ingezetenen van bedoelde lidstaat ontmoedigen in andere staten investeringen te doen (arresten van 23 februari 2006, Van Hilten-van der Heijden, C-513/03, *Jurispr.* blz. I-1957, punt 44; 25 januari 2007, Festersen, C-370/05, *Jurispr.* blz. I-1129, punt 24, en 18 december 2007, A, C-101/05, nog niet gepubliceerd in de Jurisprudentie, punt 40).

54. In het kader van de in het hoofdgeding toepasselijke wettelijke regeling geldt section 208 ICTA in beginsel niet voor verrichtingen op het gebied van pensioenen of levensverzekeringen in het buitenland, hetgeen tot gevolg heeft dat dividenden afkomstig uit met die verrichtingen verband houdende beleggingen in het Verenigd Koninkrijk aan belasting worden onderworpen. Vóór 1 juli 1997 kon een levensverzekeringsmaatschappij bij wijze van uitzondering weliswaar kiezen voor de toepassing van deze section voor dividenden die in het kader van verrichtingen op het gebied van pensioenen waren ontvangen van ingezeten vennootschappen, doch die keuze was uitgesloten voor dividenden die in het kader van dergelijke verrichtingen waren ontvangen van niet-ingezeten vennootschappen.

55. Een dergelijk systeem zou in strijd zijn met artikel 56 EG indien dividenden die door in een andere lidstaat gevestigde vennootschappen werden uitgekeerd aan in het Verenigd Koninkrijk gevestigde verzekeringsmaatschappijen, fiscaal ongunstiger werden behandeld dan die welke werden uitgekeerd door in het Verenigd Koninkrijk gevestigde vennootschappen (zie in die zin arresten Verkooijen, reeds aangehaald, punten 34-38, en Test Claimants in the FII Group Litigation, reeds aangehaald, punt 64).

56. Dienaangaande blijkt uit de verwijzingsbeslissing niet dat, gelet op het feit dat de geboden keuze voor binnenlandse dividenden inhield dat van belastingkredieten werd afgezien, een vennootschap die buitenlandse dividenden ontving en die keuze niet had, alleen om die reden minder gunstig werd behandeld.

57. De verwijzende rechter moet nagaan of dit het geval was.

58. Aangezien uit de verwijzingsbeslissing echter blijkt dat vennootschappen die in de uitkerende vennootschap slechts een deelneming van minder dan 10% hadden niet in aanmerking kwamen voor een aftrek uit hoofde van de vennootschapsbelasting die deze vennootschap in haar lidstaat van vestiging had betaald, genoten die vennootschappen een minder gunstige fiscale behandeling welke in strijd is met artikel 56 EG.

59. Volgens de regering van het Verenigd Koninkrijk is het rechtmatig en evenredig om die ingezeten vennootschappen slechts vermindering van de vennootschapsbelasting te geven tot beloop van de eventuele bronbelasting die over het dividend is geheven. Praktische belemmeringen staan er immers aan in de weg dat aan een vennootschap die in de uitkerende vennootschap slechts een deelneming van minder dan 10% heeft, een belastingkrediet wordt verleend voor de belasting die laatstgenoemde daadwerkelijk heeft betaald. Anders dan een belastingkrediet dat uit hoofde van een bronbelasting wordt verleend, kan een dergelijk belastingkrediet pas na lange en ingewikkelde controles worden verleend. Het is dus rechtmatig om een drempel te stellen afhankelijk van de omvang van de deelneming.

60. Stellig staat het in beginsel aan de lidstaten om, wanneer zij mechanismen invoeren om opeenvolgende belastingheffingen op uitgekeerde winst te vermijden of te verminderen, te bepalen welke categorie belastingplichtigen van die mechanismen gebruik kan maken en daartoe drempels vast te stellen op grond van de deelneming van die belastingplichtigen in de betrokken uitkerende vennootschappen. Slechts voor vennootschappen van de lidstaten die een deelneming van ten minste 25% bezitten in het kapitaal van een vennootschap van een andere lidstaat verplicht artikel 4 van richtlijn 90/435/EEG van de Raad van 23 juli 1990 betreffende de gemeenschappelijke fiscale regeling voor moedermaatschappijen en dochterondernemingen uit verschillende lidstaten (*PB* L 225, blz. 6), juncto artikel 3 in de ten tijde van de feiten van het hoofdgeding toepasselijke versie, de lidstaten om, indien zij geen vrijstelling verlenen voor winsten die een ingezeten moedermaatschappij ontvangt van een dochteronderneming in een andere lidstaat, deze moedermaatschappij toe te staan niet alleen de door de lidstaat van vestiging van de dochteronderneming ingehouden bronbelasting af te trekken van haar eigen belasting, maar ook het gedeelte van de belasting van de dochteronderneming dat op deze winst betrekking heeft (arrest Test Claimants in the FII Group Litigation, reeds aangehaald, punt 67).

61. Zo artikel 4 van richtlijn 90/435 voor deelnemingen die niet onder de richtlijn vallen, er dus niet aan in de weg staat dat een lidstaat de door een niet-ingezeten vennootschap aan een ingezeten vennootschap uitgekeerde winst belast zonder laatstgenoemde enige aftrek te verlenen voor de vennootschapsbelasting die eerstgenoemde in haar staat van vestiging heeft betaald, kan een lidstaat die bevoegdheid echter slechts uitoefenen voor zover de dividenden die een ingezeten vennootschap ontvangt van een andere ingezeten vennootschap naar nationaal recht eveneens worden belast bij de ontvangende vennootschap, zonder dat deze een aftrek kan krijgen voor de vennootschapsbelasting die de uitkerende vennootschap heeft betaald (arrest Test Claimants in the FII Group Litigation, reeds aangehaald, punt 68).

62. Het enkele feit dat het voor dergelijke deelnemingen aan een lidstaat is om te bepalen of en in welke mate opeenvolgende belastingheffingen op uitgekeerde winsten moeten worden vermeden, betekent daarom namelijk nog niet dat hij een regeling mag toepassen die buitenlandse en binnenlandse dividenden niet evenwaardig behandelt (arrest Test Claimants in the FII Group Litigation, reeds aangehaald, punt 69).

63. Los van het feit dat een lidstaat hoe dan ook over verschillende mogelijke regelingen beschikt om opeenvolgende belastingheffingen op uitgekeerde winst te vermijden of te verminderen, kunnen bovendien eventuele moeilijkheden bij de vaststelling van de in een andere lidstaat daadwerkelijk betaalde belasting een belemmering van het vrije verkeer van kapitaal als die welke voortvloeit uit de in het hoofdgeding aan de orde zijnde wettelijke regeling, niet rechtvaardigen (arrest Test Claimants in the FII Group Litigation, reeds aangehaald, punt 70 en aldaar aangehaald rechtspraak).

64. De regering van het Verenigd Koninkrijk stelt in casu overigens dat dit verschil in behandeling gerechtvaardigd wordt door de noodzaak om de samenhang van het belastingstelsel te garanderen.

65. Uit de rechtspraak volgt weliswaar dat de noodzaak om de samenhang van het belastingstelsel te garanderen geen rechtvaardiging kan opleveren voor een beperking van de uitoefening van de door het Verdrag gewaarborgde

fundamentele vrijheden (arresten van 28 januari 1992, Bachmann, C-204/90, *Jurispr.* blz. I-249, punt 28, en Commissie/ België, C-300/90, *Jurispr.* blz. I-305, punt 21).

66. Uit de rechtspraak volgt echter eveneens dat, wil een op een dergelijke rechtvaardiging gebaseerd betoog kunnen slagen, er een rechtstreeks verband moet worden aangetoond tussen het betrokken belastingvoordeel en de compensatie van dit voordeel door een bepaalde fiscale heffing (zie in die zin arrest Verkooijen, reeds aangehaald, punt 57; arresten van 15 juli 2004, Lenz, C-315/02, *Jurispr.* blz. I-7063, punt 35, en 14 september 2006, Centro di Musicologia Walter Stauffer, C-386/04, *Jurispr.* blz. I-8203, punt 53, en arrest Test Claimants in the FII Group Litigation, reeds aangehaald, punt 93).

67. Indien de in het hoofdgeding aan de orde zijnde fiscale regeling echter berust op een verband tussen het belastingvoordeel en de compenserende heffing door in een belastingkrediet te voorzien voor dividenden ontvangen van een niet-ingezeten vennootschap waarin een ingezeten moedermaatschappij minstens 10% van de stemrechten bezit, dan zou de noodzaak van een dergelijk rechtstreeks verband er juist toe moeten leiden dat aan vennootschappen die dividenden ontvangen van niet-ingezeten vennootschappen waarin een ingezeten moedermaatschappij minder dan 10% van de stemrechten bezit hetzelfde belastingvoordeel wordt verleend, daar die vennootschappen in hun staat van vestiging eveneens vennootschapsbelasting moeten betalen over de uitgekeerde winst (zie in die zin arrest Test Claimants in the FII Group Litigation, reeds aangehaald, punt 93).

68. De in punt 58 van deze beschikking genoemde beperking kan dus niet worden gerechtvaardigd door de noodzaak de samenhang van het belastingstelsel te waarborgen.

69. Derhalve moet op de tweede vraag worden geantwoord dat artikel 56 EG aldus moet worden uitgelegd dat het in de weg staat aan de wettelijke regeling van een lidstaat volgens welke bepaalde dividenden die ingezeten verzekeringsmaatschappijen ontvangen van ingezeten vennootschappen kunnen worden vrijgesteld van vennootschapsbelasting, terwijl die vrijstelling is uitgesloten voor soortgelijke dividenden die zij van niet-ingezeten vennootschappen ontvangen, voor zover dit tot een minder gunstige behandeling van laatstgenoemde dividenden leidt.

Derde vraag

70. Met zijn derde vraag wenst de verwijzende rechter in wezen te vernemen of de artikelen 43 EG, 49 EG of 56 EG aldus moeten worden uitgelegd dat zij zich verzetten tegen een wettelijke regeling van een lidstaat die enerzijds voorziet in de opneming in de belastinggrondslag van een in die lidstaat gevestigde vennootschap van door een GBV in een andere lidstaat gemaakte winst wanneer deze winst daar lager wordt belast dan in eerstgenoemde lidstaat en, anderzijds, de naleving van bepaalde voorwaarden vereist wanneer de ingezeten vennootschap wil worden vrijgesteld van belasting die over de winst van die gecontroleerde vennootschap in haar staat van vestiging reeds is betaald.

71. In de eerste plaats moet worden vastgesteld dat het Hof het eerste onderdeel van deze vraag al heeft onderzocht in het reeds aangehaalde arrest Cadbury Schweppes en Cadbury Schweppes Overseas en dat het in dat arrest door het Hof gegeven antwoord dus volledig kan worden toegepast op de onderhavige zaak.

72. In dat arrest heeft het Hof geoordeeld dat, aangezien de wetgeving op de GBV de belasting betreft, onder bepaalde voorwaarden, van de winst van buiten het Verenigd Koninkrijk gevestigde dochtervennootschappen waarin een binnenlandse vennootschap een deelneming heeft die haar de controle over deze dochteronderneming verleent, deze wetgeving moet worden onderzocht tegen de achtergrond van de artikelen 43 EG en 48 EG (arrest Cadbury Schweppes en Cadbury Schweppes Overseas, reeds aangehaald, punt 32).

73. In de veronderstelling dat deze wetgeving het vrij verrichten van diensten en het vrije verkeer van kapitaal beperkt, zijn deze beperkingen een onvermijdelijk gevolg van een eventuele belemmering van de vrijheid van vestiging en rechtvaardigen zij in geen geval dat genoemde wetgeving afzonderlijk wordt getoetst aan de artikelen 49 EG en 56 EG (arrest Cadbury Schweppes en Cadbury Schweppes Overseas, reeds aangehaald, punt 33).

74. Het Hof heeft vervolgens opgemerkt dat de wetgeving op de GBV's voorziet in een verschillende behandeling van binnenlandse vennootschappen naargelang van het belastingtarief waaraan de vennootschap waarin zij een deelneming hebben die hun de controle over die vennootschap verleent, onderworpen is en dat dit verschil in behandeling een fiscaal nadeel oplevert voor de binnenlandse vennootschap waarop de wetgeving op de GBV's van toepassing is (arrest Cadbury Schweppes en Cadbury Schweppes Overseas, reeds aangehaald, punten 43 en 45).

75. Het Hof heeft derhalve geoordeeld dat het uit de wetgeving op de GBV's voortvloeiende verschil in fiscale behandeling en het daaruit volgende nadeel voor de binnenlandse vennootschappen die een dochteronderneming hebben die in een andere lidstaat tegen een lager tarief wordt belast, tot gevolg heeft dat de vrijheid van vestiging voor dergelijke vennootschappen wordt belemmerd, doordat zij ervan worden afgebracht om een dochteronderneming op te richten, te verwerven of te behouden in een lidstaat waar deze tegen een dergelijk tarief wordt belast

en dat zij dus een beperking van de vrijheid van vestiging vormen in de zin van de artikelen 43 EG en 48 EG (arrest Cadbury Schweppes en Cadbury Schweppes Overseas, reeds aangehaald, punt 46).

76. Een nationale maatregel die de vrijheid van vestiging beperkt kan echter gerechtvaardigd zijn wanneer hij specifiek gericht is op volstrekt kunstmatige constructies die bedoeld zijn om de belastingwetgeving van de betrokken lidstaat te ontwijken (arrest Cadbury Schweppes en Cadbury Schweppes Overseas, reeds aangehaald, punt 51 en aldaar aangehaalde rechtspraak).

77. Bijgevolg kan een beperking van de vrijheid van vestiging slechts door de strijd tegen misbruiken worden gerechtvaardigd, wanneer zij specifiek tot doel heeft, gedragingen te verhinderen die erin bestaan, volstrekt kunstmatige constructies op te zetten die geen verband houden met de economische realiteit en bedoeld zijn om de belasting te ontwijken die normaliter verschuldigd is over winsten uit activiteiten op het nationale grondgebied (arrest Cadbury Schweppes en Cadbury Schweppes Overseas, reeds aangehaald, punt 55).

78. Voor de vaststelling van het bestaan van een dergelijke constructie is immers naast een subjectief element, namelijk de wil om een belastingvoordeel te verkrijgen, ook vereist dat uit een geheel van objectieve elementen blijkt dat, in weerwil van de formele vervulling van de door de gemeenschapsregeling gestelde voorwaarden, het door de vrijheid van vestiging beoogde doel niet werd bereikt (arrest Cadbury Schweppes en Cadbury Schweppes Overseas, reeds aangehaald, punt 64 en aldaar aangehaalde rechtspraak).

79. In deze omstandigheden is de wetgeving op de GBV's slechts in overeenstemming met het gemeenschapsrecht indien de toepassing van de belasting waarin deze wetgeving voorziet, is uitgesloten wanneer, ondanks het bestaan van een fiscale beweegreden, de oprichting van een GBV verbonden is met een economische realiteit. Deze vaststelling moet berusten op objectieve en door derden controleerbare elementen die onder meer verband houden met de mate van fysiek bestaan van de GBV in termen van lokalen, personeel en uitrusting (arrest Cadbury Schweppes en Cadbury Schweppes Overseas, reeds aangehaald, punten 65 en 67).

80. In casu staat het aan de verwijzende rechter om na te gaan of, zoals de regering van het Verenigd Koninkrijk betoogt, de 'motive test', zoals gedefinieerd in de wetgeving op de GBV's, aldus kan worden uitgelegd dat de toepassing van de belasting waarin deze wetgeving voorziet, kan worden beperkt tot volstrekt kunstmatige constructies dan wel of, integendeel, de criteria waarop deze test berust, betekenen dat, wanneer geen enkele van de uitzonderingen waarin deze wetgeving voorziet, van toepassing is, en de wens om een belastingvermindering in het Verenigd Koninkrijk te verkrijgen een van de hoofdredenen is om de GBV op te richten, de binnenlandse moedervennootschap binnen de werkingssfeer van die wetgeving valt ondanks het ontbreken van objectieve elementen die het bestaan van een dergelijke constructie aantonen. In het eerste geval moet de wetgeving op de GBV's als verenigbaar met de artikelen 43 EG en 48 EG worden aangemerkt. In het tweede geval daarentegen moet worden vastgesteld dat deze wetgeving in strijd is met de artikelen 43 EG en 48 EG (arrest Cadbury Schweppes en Cadbury Schweppes Overseas, reeds aangehaald, punten 72-74).

81. Gelet op het voorgaande moeten de artikelen 43 EG en 48 EG aldus worden uitgelegd dat zij zich verzetten tegen de opneming in de belastinggrondslag van een in een lidstaat gevestigde vennootschap van door een GBV in een andere lidstaat gemaakte winst wanneer deze winst daar lager wordt belast dan in eerstgenoemde lidstaat, tenzij een dergelijke opneming gebeurt in geval van een volstrekt kunstmatige constructie, opgezet om de normaliter verschuldigde nationale belasting te ontwijken. Een dergelijke belastingmaatregel moet bijgevolg buiten toepassing worden gelaten wanneer uit objectieve en door derden controleerbare elementen blijkt dat ondanks het bestaan van fiscale beweegredenen de betrokken GBV daadwerkelijk in de lidstaat van ontvangst is gevestigd en er daadwerkelijk economische activiteiten uitoefent (arrest Cadbury Schweppes en Cadbury Schweppes Overseas, reeds aangehaald, punt 75).

82. Wat in de tweede plaats de nalevingsvereisten betreft waaraan een ingezeten vennootschap voor vrijstelling van winst van een GBV moet voldoen, zij opgemerkt dat het Hof in het reeds aangehaalde arrest Cadbury Schweppes en Cadbury Schweppes Overseas heeft geoordeeld dat de ingezeten vennootschap het best in staat is om aan te tonen dat zij geen gebruik heeft gemaakt van kunstmatige constructies die geen verband houden met de economische realiteit en bedoeld zijn om de belasting te ontwijken die normaliter verschuldigd is over winsten uit activiteiten op het nationale grondgebied, en dat zij in staat moet worden gesteld om het bewijs aan te dragen dat de GBV een reële vestiging is die daadwerkelijk activiteiten uitoefent (arrest Cadbury Schweppes en Cadbury Schweppes Overseas, reeds aangehaald, punt 70).

83. In de onderhavige context zijn die nalevingsvereisten echter inherent aan het in punt 81 van deze beschikking ter sprake gebrachte oordeel waarop de verenigbaarheid van de wetgeving op de GBV's berust.

84. Voorts heeft het Hof in het reeds aangehaalde arrest Test Claimants in the Thin Cap Group Litigation geoordeeld dat een nationale wettelijke regeling die zich voor de vraag of een transactie een volkomen kunstmatige constructie is die alleen voor belastingdoeleinden is opgezet, baseert op een onderzoek van objectieve en verifieerbare elementen, niet verder gaat dan hetgeen nodig is om misbruik te voorkomen, wanneer de belastingplichtige in elk geval waarin het bestaan van een dergelijke constructie niet kan worden uitgesloten, in staat wordt

gesteld om zonder buitensporige administratieve moeite bewijs aan te dragen met betrekking tot de eventuele commerciële redenen waarom de transactie heeft plaatsgevonden (arrest Test Claimants in the Thin Cap Group Litigation, reeds aangehaald, punt 82).

85. Derhalve moeten de artikelen 43 EG en 48 EG aldus worden uitgelegd dat zij niet in de weg staan aan een belastingregeling van een lidstaat die bepaalde nalevingsvereisten stelt wanneer de ingezeten vennootschap wil worden vrijgesteld van belasting die over de winst van die GBV in haar staat van vestiging reeds is betaald, voor zover die vereisten beogen na te gaan of de GBV een reële vestiging is die daadwerkelijk activiteiten uitoefent, zonder dat dit buitensporige administratieve moeite meebrengt.

86. Op de derde prejudiciële vraag moet dus worden geantwoord:

– de artikelen 43 EG en 48 EG moeten aldus worden uitgelegd dat zij zich verzetten tegen de opneming in de belastinggrondslag van een in een lidstaat gevestigde vennootschap van door een GBV in een andere lidstaat gemaakte winst wanneer deze winst daar lager wordt belast dan in eerstgenoemde lidstaat, tenzij een dergelijke opneming gebeurt in geval van een volstrekt kunstmatige constructie, opgezet om de normaliter verschuldigde nationale belasting te ontwijken;

– een dergelijke belastingmaatregel moet bijgevolg buiten toepassing worden gelaten wanneer uit objectieve en door derden controleerbare elementen blijkt dat ondanks het bestaan van fiscale beweegredenen de betrokken GBV daadwerkelijk in de lidstaat van ontvangst is gevestigd en er daadwerkelijk economische activiteiten uitoefent;

– de artikelen 43 EG en 48 EG moeten echter aldus worden uitgelegd dat zij niet in de weg staan aan een belastingregeling van een lidstaat die bepaalde nalevingsvereisten stelt wanneer de ingezeten vennootschap wil worden vrijgesteld van belasting die over de winst van die gecontroleerde vennootschap in haar staat van vestiging reeds is betaald, voor zover die vereisten beogen na te gaan of de GBV een reële vestiging is die daadwerkelijk activiteiten uitoefent, zonder dat dit buitensporige administratieve moeite meebrengt.

Vierde vraag

87. Met zijn vierde vraag wenst de verwijzende rechter van het Hof te vernemen of het voor de beantwoording van de eerste tot en met de derde vraag verschil maakt of de niet-ingezeten vennootschap in een derde land is gevestigd.

88. Dienaangaande zij er in de eerste plaats aan herinnerd dat het hoofdstuk van het Verdrag betreffende de vrijheid van vestiging geen enkele bepaling bevat die de werkingssfeer van die bepalingen uitbreidt tot situaties betreffende de vestiging van een vennootschap van een lidstaat in een derde land (zie in die zin beschikking van 10 mei 2007, A en B, C-102/05, *Jurispr.* blz. I-3871, punt 29, en arrest van 24 mei 2007, Holböck, C-157/05, *Jurispr.* blz. I-4051, punt 28).

89. Gelet op de antwoorden op de eerste, de tweede en de derde vraag, behoeft de vierde vraag dus alleen beantwoording voor maatregelen waaraan artikel 56 EG in de weg staat.

90. Er zij aan herinnerd dat artikel 56, lid 1, EG het kapitaalverkeer tussen lidstaten onderling en tussen lidstaten en derde landen heeft geliberaliseerd. Daartoe bepaalt het dat in het kader van het hoofdstuk van het Verdrag 'Kapitaal en betalingsverkeer', alle beperkingen van het kapitaalverkeer tussen lidstaten onderling en tussen lidstaten en derde landen verboden zijn (arrest van 14 december 1995, Sanz de Lera e.a., C-163/94, C-165/94 en C-250/94, *Jurispr.* blz. I-4821, punt 19; arresten van Hilten-van der Heijden, reeds aangehaald, punt 37, en A, reeds aangehaald, punt 20).

91. Bovendien heeft het Hof reeds geoordeeld dat wat het kapitaalverkeer tussen lidstaten en derde landen betreft, artikel 56, lid 1, EG, junctis de artikelen 57 EG en 58 EG, voor de nationale rechter kan worden ingeroepen en tot gevolg kan hebben dat de daarmee strijdige nationale bepalingen buiten toepassing worden gelaten, ongeacht om welke categorie van kapitaalverkeer het gaat (arrest A, reeds aangehaald, punt 27).

92. Uit de rechtspraak van het Hof volgt weliswaar dat de mate waarin de lidstaten bevoegd zijn om bepaalde beperkende maatregelen op het kapitaalverkeer toe te passen, niet kan worden bepaald zonder rekening te houden met de omstandigheid dat het kapitaalverkeer naar of uit derde landen in een andere juridische context plaatsvindt dan het kapitaalverkeer binnen de Gemeenschap. Wegens de mate van juridische integratie van de lidstaten van de Gemeenschap, met name het bestaan van communautaire wetgeving die strekt tot samenwerking tussen nationale belastingdiensten, zoals richtlijn 77/799/EEG van de Raad van 19 december 1977 betreffende de wederzijdse bijstand van de bevoegde autoriteiten van de lidstaten op het gebied van de directe belastingen (*PB* L 336, blz. 15), is de belastingheffing door een lidstaat op economische activiteiten met grensoverschrijdende aspecten binnen de Gemeenschap niet altijd vergelijkbaar met die op economische activiteiten die zich afspelen tussen lidstaten en derde landen (arrest Test Claimants in the FII Group Litigation, reeds aangehaald, punt 170).

93. Evenmin kan worden uitgesloten dat een lidstaat in staat zou zijn aan te tonen dat een beperking van het kapitaalverkeer naar of uit derde landen om een bepaalde reden gerechtvaardigd is, in omstandigheden waarin die

reden geen geldige rechtvaardiging zou opleveren voor een beperking van het kapitaalverkeer tussen lidstaten (arrest A, reeds aangehaald, punten 36 en 37).

94. Met betrekking tot de redenen die de regering van het Verenigd Koninkrijk heeft aangevoerd ter rechtvaardiging van de nationale maatregelen waarnaar in de eerste en de tweede vraag wordt verwezen, met name de noodzaak om de samenhang van het belastingstelsel te garanderen, moet worden vastgesteld dat die regering geen enkel gegeven heeft aangevoerd waaruit blijkt waarom die redenen deze maatregelen in de betrekkingen tussen een lidstaat en derde landen rechtvaardigen.

95. Voorts heeft het Hof met betrekking tot de problemen in verband met de controle van de naleving van bepaalde voorwaarden door in derde landen gevestigde vennootschappen in het kader van het vrije verkeer van kapitaal geoordeeld dat wanneer de regeling van een lidstaat de toekenning van een fiscaal voordeel afhankelijk stelt van de vervulling van voorwaarden waarvan de naleving enkel kan worden gecontroleerd middels het verkrijgen van inlichtingen van de bevoegde autoriteiten van een derde land, deze lidstaat in beginsel dit voordeel mag weigeren, wanneer, met name vanwege het ontbreken van een verdragsverplichting voor dit derde land om informatie te verstrekken, het onmogelijk blijkt om deze inlichtingen van dit land te verkrijgen (arrest A, reeds aangehaald, punt 63).

96. Derhalve volgt uit dat arrest dat de artikelen 56 EG tot en met 58 EG aldus moeten worden uitgelegd dat zij niet in de weg staan aan de wettelijke regeling van een lidstaat op grond waarvan een belastingvoordeel uit hoofde van de dividendbelasting alleen kan worden verleend indien de uitkerende vennootschap is gevestigd in een lidstaat van de Europese Economische Ruimte of in een staat waarmee de lidstaat van belastingheffing een belastingverdrag heeft gesloten dat voorziet in de uitwisseling van informatie, wanneer voor dat voordeel voorwaarden gelden waarvan de naleving door de bevoegde autoriteiten van deze lidstaat enkel kan worden gecontroleerd middels het verkrijgen van inlichtingen van de staat van vestiging van de uitkerende vennootschap (zie in die zin arrest A, reeds aangehaald, punt 67).

97. Gelet op de voorgaande overwegingen moet op de vierde prejudiciële vraag worden geantwoord dat de artikelen 56 EG tot en met 58 EG aldus moeten worden uitgelegd dat zij niet in de weg staan aan de wettelijke regeling van een lidstaat die een belastingvoordeel uit hoofde van de vennootschapsbelasting verleent voor bepaalde dividenden die ingezeten vennootschappen van andere ingezeten vennootschappen ontvangen, maar dat voordeel uitsluit voor dividenden ontvangen van in een derde land gevestigde vennootschappen, met name wanneer voor dat voordeel voorwaarden gelden waarvan de naleving door de bevoegde autoriteiten van deze lidstaat enkel kan worden gecontroleerd middels het verkrijgen van inlichtingen van het derde land waarin de uitkerende vennootschap is gevestigd.

Vijfde vraag

98. Met zijn vijfde vraag wenst de verwijzende rechter in wezen te vernemen of, wanneer een lidstaat vóór 31 december 1993 de in de eerste tot en met de derde vraag beschreven maatregelen heeft genomen en die maatregelen later in de in de verwijzingsbeslissing beschreven zin heeft gewijzigd, en wanneer deze gewijzigde maatregelen door artikel 56 EG verboden beperkingen vormen, deze beperkingen dan moeten worden beschouwd als op 31 december 1993 niet bestaande beperkingen in de zin van artikel 57 EG.

99. In de eerste plaats zij eraan herinnerd dat artikel 56 EG volgens artikel 57, lid 1, EG geen afbreuk doet aan de toepassing op derde landen van beperkingen die op 31 december 1993 bestaan uit hoofde van nationaal of gemeenschapsrecht inzake het kapitaalverkeer naar of uit derde landen in verband met directe investeringen, met inbegrip van investeringen in onroerende goederen, vestiging, het verrichten van financiële diensten of de toelating van waardepapieren tot de kapitaalmarkten.

100. Gelet op de antwoorden op de eerste tot en met de derde vraag, behoeft de vijfde vraag dus enkel beantwoording voor de maatregelen waaraan artikel 56 EG in de weg staat.

101. Op basis van de informatie die de verwijzende rechter over het in het hoofdgeding toepasselijke nationale rechtskader heeft gegeven, moet worden vastgesteld dat, zoals de Commissie in haar bij het Hof ingediende opmerkingen heeft gesteld, de vijfde vraag alleen rijst in verband met de derde vraag.

102. Wat de nationale maatregelen betreft die in het kader van de antwoorden op de eerste en de tweede vraag in strijd met artikel 56 EG zijn geacht, geeft de verwijzende rechter immers geen enkele aanwijzing op grond waarvan kan worden nagegaan of die maatregelen vóór 31 december 1993 zijn vastgesteld en na die datum zodanig zijn gewijzigd dat dit relevant is voor de toepassing van artikel 57, lid 1, EG.

103. De vijfde vraag behoeft dus niet te worden beantwoord voor zover deze betrekking heeft op de eerste en de tweede vraag.

104. Wat in de tweede plaats de vijfde vraag betreft voor zover deze betrekking heeft op de derde vraag, zij eraan herinnerd dat in deze beschikking in het kader van het antwoord op die vraag is gepreciseerd dat aangezien de wetgeving op de GBV's de belasting betreft, onder bepaalde voorwaarden, van de winst van buiten het Verenigd

Koninkrijk gevestigde dochtervennootschappen waarin een binnenlandse vennootschap een deelneming heeft die haar de controle over deze dochteronderneming verleent, deze wetgeving moet worden onderzocht tegen de achtergrond van de artikelen 43 EG en 48 EG.

105. Het antwoord van het Hof op de derde vraag heeft dus geen betrekking op artikel 56 EG.

106. Zo de nationale maatregelen die in het kader van het antwoord van het Hof op de derde vraag in strijd met de artikelen 43 EG en 48 EG zijn geacht, het vrije verkeer van kapitaal beperken, moeten deze beperkingen voorts als een onvermijdelijk gevolg van een eventuele belemmering van de vrijheid van vestiging worden beschouwd en rechtvaardigen zij in geen geval dat die maatregelen worden getoetst aan de artikelen 56 EG tot en met 58 EG (zie in die zin arrest Cadbury Schweppes en Cadbury Schweppes Overseas, reeds aangehaald, punt 33; arrest van 3 oktober 2006, Fidium Finanz (C-452/ 04, *Jurispr.* blz. I-9521, punten 48 en 49; arrest Test Claimants in the Thin Cap Group Litigation, reeds aangehaald, punt 34, en beschikking A en B, reeds aangehaald, punt 27).

107. Derhalve behoeft de vijfde vraag geen beantwoording voor zover deze naar de derde vraag verwijst.

Zesde tot en met twaalfde vraag

108. Met zijn zesde tot en met twaalfde vraag, die samen moeten worden behandeld, wenst de verwijzende rechter in wezen te vernemen of, wanneer de in de vorige vragen bedoelde nationale maatregelen onverenigbaar met het gemeenschapsrecht zouden zijn, vorderingen als die welke verzoeksters in het hoofdgeding hebben ingesteld om die onverenigbaarheid op te heffen, moeten worden aangemerkt als vorderingen tot terugbetaling van onrechtmatig geheven bedragen of tot toekenning van onrechtmatig geweigerde voordelen, dan wel als vorderingen tot schadevergoeding. In dit laatste geval vraagt hij zich af of moet worden voldaan aan de in het reeds aangehaalde arrest Brasserie du pêcheur en Factortame (punten 51 en 66) gestelde voorwaarden, en of in dat verband rekening moet worden gehouden met de vorm waarin die vorderingen naar nationaal recht moeten worden ingesteld.

109. Met betrekking tot de toepassing van de voorwaarden waaronder een lidstaat de schade moet vergoeden die particulieren is berokkend door een schending van het gemeenschapsrecht, vraagt de verwijzende rechter of het Hof aanwijzingen kan geven inzake het vereiste van een voldoende gekwalificeerde schending van dit recht en het vereiste van een causaal verband tussen de schending van de op de lidstaat rustende verplichting en de door de benadeelde personen geleden schade.

110. Voorts vraagt de verwijzende rechter of bij de vaststelling van de terug te betalen of te vergoeden verliezen rekening moet worden gehouden met de vraag of de benadeelde personen zich redelijke inspanningen hebben getroost om de gestelde schade te voorkomen, met name door een beroep in rechte in te stellen.

111. Het Hof heeft er reeds aan herinnerd dat het niet zijn taak is om de vorderingen die verzoeksters in het hoofdgeding bij de verwijzende rechter hebben ingesteld, juridisch te kwalificeren. Het is aan hen om onder toezicht van de verwijzende rechter de aard en de grondslag van hun vordering nader te preciseren (vordering tot terugbetaling of vordering tot schadevergoeding) (reeds aangehaalde arresten Test Claimants in the FII Group Litigation, punt 201, en Test Claimants in the Thin Cap Group Litigation, punt 109).

112. Het Hof heeft er ook aan herinnerd dat volgens vaste rechtspraak het recht op terugbetaling van heffingen die een lidstaat in strijd met het gemeenschapsrecht heeft geïnd, het gevolg en het complement is van de rechten die de justitiabelen ontlenen aan de gemeenschapsbepalingen, zoals die door het Hof zijn uitgelegd, en dat de lidstaat dus in beginsel verplicht is, in strijd met het gemeenschapsrecht toegepaste heffingen terug te betalen (reeds aangehaalde arresten Test Claimants in the FII Group Litigation, punt 202, en Test Claimants in the Thin Cap Group Litigation, punt 110).

113. Bij gebreke van een gemeenschapsregeling inzake de terugbetaling van ten onrechte geïnde nationale heffingen is het immers een aangelegenheid van het nationale recht van elke lidstaat om de bevoegde rechter aan te wijzen en de procesregels te geven voor rechtsvorderingen die ertoe strekken, de rechten te beschermen die de justitiabelen aan het gemeenschapsrecht ontlenen, mits die regels niet ongunstiger zijn dan die welke voor soortgelijke nationale vorderingen gelden (gelijkwaardigheidsbeginsel), en zij de uitoefening van de door het gemeenschapsrecht verleende rechten in de praktijk niet onmogelijk of uiterst moeilijk maken (doeltreffendheidsbeginsel) (reeds aangehaalde arresten Test Claimants in the FII Group Litigation, punt 203, en Test Claimants in the Thin Cap Group Litigation, punt 111).

114. Wanneer een lidstaat heffingen heeft toegepast in strijd met het gemeenschapsrecht, hebben de justitiabelen bovendien niet alleen recht op terugbetaling van de ten onrechte geheven belasting, maar ook van de aan die staat betaalde of door hem ingehouden bedragen die rechtstreeks met die belasting verband houden. Dit omvat mede de verliezen die het gevolg zijn van het feit dat geldsommen wegens de voortijdige verschuldigdheid van de belasting niet beschikbaar zijn (reeds aangehaalde arresten Test Claimants in the FII Group Litigation, punt 205, en Test Claimants in the Thin Cap Group Litigation, punt 112).

115. Het Hof heeft echter gepreciseerd dat noch de belastingverlichtingen of andere belastingvoordelen waarvan een ingezeten vennootschap heeft afgezien om de ten onrechte geheven belasting volledig te kunnen verrekenen met een bedrag dat krachtens een andere belasting verschuldigd was, noch de kosten die de vennootschappen van die groep hebben gemaakt om te voldoen aan de betrokken nationale wettelijke regeling, met een beroep op het gemeenschapsrecht worden vergoed door middel van een vordering tot terugbetaling van de ten onrechte geheven belasting of van aan de betrokken lidstaat betaalde of door hem ingehouden bedragen die rechtstreeks met die belasting verband houden (arrest Test Claimants in the Thin Cap Group Litigation, reeds aangehaald, punt 113).

116. In de omstandigheden van de onderhavige zaak berusten dergelijke kosten immers op beslissingen die verzoeksters in het hoofdgeding hebben genomen en vormen deze voor hen dus niet een onvermijdelijk gevolg van de toepassing van de belastingwetgeving van het Verenigd Koninkrijk inzake dividenden en GBV's (zie in die zin reeds aangehaalde arresten Test Claimants in the FII Group Litigation, punt 207, en Test Claimants in the Thin Cap Group Litigation, punt 113).

117. Het staat dus aan de nationale rechter om te bepalen of de in punt 114 van deze beschikking genoemde kosten voor de betrokken vennootschappen financiële verliezen vormen die zij door een aan de betrokken lidstaat toe te rekenen schending van het gemeenschapsrecht hebben geleden (zie in die zin reeds aangehaalde arresten Test Claimants in the FII Group Litigation, punt 208, en Test Claimants in the Thin Cap Group Litigation, punt 114).

118. Het Hof heeft er eveneens aan herinnerd dat, zonder evenwel uit te sluiten dat de staat naar nationaal recht onder minder beperkende voorwaarden aansprakelijk kan zijn, een lidstaat de schade moet vergoeden die particulieren lijden wegens aan hem toe te rekenen schendingen van het gemeenschapsrecht, wanneer aan drie voorwaarden is voldaan: de geschonden rechtsregel strekt ertoe particulieren rechten toe te kennen, er is sprake van een voldoende gekwalificeerde schending en er bestaat een rechtstreeks causaal verband tussen de schending van de op de staat rustende verplichting en de door de benadeelde personen geleden schade (reeds aangehaalde arresten Test Claimants in the FII Group Litigation, punt 209, en Test Claimants in the Thin Cap Group Litigation, punt 115).

119. De voorwaarden voor het vaststellen van de aansprakelijkheid van de lidstaten voor schade die aan particulieren is toegebracht door schending van het gemeenschapsrecht, moeten in beginsel door de nationale rechter worden toegepast overeenkomstig de door het Hof voor deze toepassing verstrekte richtsnoeren (reeds aangehaalde arresten Test Claimants in the FII Group Litigation, punt 210, en Test Claimants in the Thin Cap Group Litigation, punt 116).

120. Wat de in het hoofdgeding aan de orde zijnde wettelijke regeling betreft, is met betrekking tot de artikelen 43 EG en 56 EG duidelijk aan de eerste voorwaarde voldaan. Die bepalingen kennen particulieren immers rechten toe (reeds aangehaalde arresten Test Claimants in the FII Group Litigation, punt 211, en Test Claimants in the Thin Cap Group Litigation, punt 117).

121. Wat de tweede voorwaarde betreft, heeft het Hof er in de eerste plaats aan herinnerd dat een schending van het gemeenschapsrecht voldoende gekwalificeerd is wanneer een lidstaat bij de uitoefening van zijn normatieve bevoegdheid de grenzen waarbinnen hij bij de uitoefening van zijn bevoegdheden dient te blijven, kennelijk en ernstig heeft miskend. In de tweede plaats kan de enkele inbreuk op het gemeenschapsrecht volstaan om een voldoende gekwalificeerde schending te doen vaststaan, wanneer de betrokken lidstaat op het moment van de inbreuk slechts een zeer beperkte of in het geheel geen beoordelingsmarge had (reeds aangehaalde arresten Test Claimants in the FII Group Litigation, punt 212, en Test Claimants in the Thin Cap Group Litigation, punt 118).

122. Om vast te stellen of er sprake is van een voldoende gekwalificeerde schending, moet rekening worden gehouden met alle elementen die de aan de nationale rechter voorgelegde situatie karakteriseren. Die elementen zijn onder meer de mate van duidelijkheid en nauwkeurigheid van de geschonden regel, de vraag of al dan niet opzettelijk een schending is begaan of schade is veroorzaakt, de vraag of een eventuele rechtsdwaling al dan niet verschoonbaar is en de vraag of de handelwijze van een gemeenschapsinstelling heeft kunnen bijdragen tot de vaststelling of de instandhouding van met het gemeenschapsrecht strijdige nationale maatregelen of praktijken (reeds aangehaalde arresten Test Claimants in the FII Group Litigation, punt 213, en Test Claimants in the Thin Cap Group Litigation, punt 119).

123. In elk geval heeft het Hof reeds gepreciseerd dat een schending van het gemeenschapsrecht kennelijk gekwalificeerd is, wanneer zij verder is blijven bestaan in weerwil van de uitspraak van een arrest houdende vaststelling van de verweten niet-nakoming, van een prejudiciële beslissing of van een vaste rechtspraak van het Hof ter zake, waaruit blijkt dat de betrokken gedraging de kenmerken van een schending vertoont (reeds aangehaalde arresten Test Claimants in the FII Group Litigation, punt 214, en Test Claimants in the Thin Cap Group Litigation, punt 120).

124. Om uit te maken of een schending van artikel 43 EG of van artikel 56 EG door de betrokken lidstaat voldoende gekwalificeerd is, moet de nationale rechter in casu rekening houden met het feit dat op een gebied als dat van de directe belastingen de gevolgen van het door het Verdrag gewaarborgde vrije verkeer slechts geleidelijk aan

het licht zijn gekomen (reeds aangehaalde arresten Test Claimants in the FII Group Litigation, punt 215, en Test Claimants in the Thin Cap Group Litigation, punt 121).

125. Wat de derde voorwaarde betreft, namelijk het vereiste van een rechtstreeks causaal verband tussen de schending van de op de staat rustende verplichting en de door de benadeelde personen geleden schade, staat het aan de verwijzende rechter om na te gaan of de gestelde schade een zodanig rechtstreeks gevolg van de schending van het gemeenschapsrecht is geweest, dat de staat daarvoor moet opkomen (reeds aangehaalde arresten Test Claimants in the FII Group Litigation, punt 218, en Test Claimants in the Thin Cap Group Litigation, punt 122).

126. Onder voorbehoud van het recht op schadevergoeding dat rechtstreeks voortvloeit uit het gemeenschapsrecht wanneer aan die voorwaarden is voldaan, staat het immers aan de lidstaat om in het kader van het nationale aansprakelijkheidsrecht de gevolgen van de veroorzaakte schade ongedaan te maken, met dien verstande dat de door de nationale wettelijke regelingen ter zake van schadevergoeding vastgestelde voorwaarden niet ongunstiger mogen zijn dan die welke voor gelijksoortige nationale vorderingen gelden, en niet van dien aard mogen zijn dat zij het verkrijgen van schadevergoeding in de praktijk onmogelijk of uiterst moeilijk maken (reeds aangehaalde arresten Test Claimants in the FII Group Litigation, punt 219, en Test Claimants in the Thin Cap Group Litigation, punt 123).

127. Het Hof heeft eveneens gepreciseerd dat de nationale rechter, met het oog op de vaststelling van de voor vergoeding in aanmerking komende schade, kan onderzoeken of de benadeelde persoon zich redelijke inspanningen heeft getroost om de schade te voorkomen of de omvang ervan te beperken, en meer in het bijzonder, of hij tijdig alle te zijner beschikking staande beroepsmogelijkheden heeft aangewend (arrest Test Claimants in the Thin Cap Group Litigation, reeds aangehaald, punt 124).

128. In dit verband heeft het Hof eraan herinnerd dat het in punt 106 van het arrest van 8 maart 2001, Metallgesellschaft e.a. (C-397/98 en C-410/98, *Jurispr.* blz. I-1727), met betrekking tot belastingbepalingen die ingezeten dochtermaatschappijen van niet-ingezeten moedermaatschappijen niet toestonden om gebruik te maken van belastingheffing naar het groepsinkomen, heeft geoordeeld dat de uitoefening van de rechten die de particulieren aan de rechtstreeks werkende bepalingen van het gemeenschapsrecht ontlenen, onmogelijk of uiterst moeilijk zou worden gemaakt indien hun op schending van het gemeenschapsrecht steunende vorderingen tot terugbetaling of vergoeding werden afgewezen of verminderd op de enkele grond dat zij niet hebben verzocht om in aanmerking te komen voor een belastingregeling die hun naar nationaal recht werd geweigerd, teneinde de weigering van de belastingautoriteiten aan te vechten met de hiervoor bestaande rechtsmiddelen en met een beroep op de voorrang en de rechtstreekse werking van het gemeenschapsrecht (arrest Test Claimants in the Thin Cap Group Litigation, reeds aangehaald, punt 125).

129. Uit de rechtspraak van het Hof volgt eveneens dat de toepassing van de bepalingen betreffende de vrijheden van verkeer onmogelijk of uiterst moeilijk zou worden gemaakt indien de op schending van die bepalingen steunende vorderingen tot terugbetaling of vergoeding werden afgewezen of verminderd op de enkele grond dat de betrokken vennootschappen de belastingdienst niet hadden gevraagd, in aanmerking te komen voor een belastingregeling die de nationale wet, in voorkomend geval in samenhang met de relevante bepalingen van de belastingverdragen, hun ontzegde (zie in die zin arrest Test Claimants in the Thin Cap Group Litigation, reeds aangehaald, punt 126).

130. Het staat dus aan de verwijzende rechter om te bepalen of, wanneer blijkt dat de in het hoofdgeding aan de orde zijnde nationale wettelijke regeling, in voorkomend geval in samenhang met de relevante bepalingen van de belastingverdragen, een door artikel 43 EG verboden beperking van de vrijheid van vestiging vormt of een door artikel 56 EG verboden beperking van het vrije kapitaalverkeer, de toepassing van deze wettelijke regeling hoe dan ook tot afwijzing van de aanspraken van verzoeksters in het hoofdgeding bij de belastingdienst van het Verenigd Koninkrijk zou hebben geleid (arrest Test Claimants in the Thin Cap Group Litigation, reeds aangehaald, punt 127).

131. Gelet op het voorgaande, moeten de zesde tot en met de twaalfde vraag worden beantwoord als volgt:

– Bij gebreke van een gemeenschapsregeling is het een aangelegenheid van het nationale recht van elke lidstaat om de bevoegde rechter aan te wijzen en de procesregels te geven voor rechtsvorderingen ter bescherming van de rechten die de justitiabelen aan het gemeenschapsrecht ontlenen, waaronder de kwalificatie van vorderingen die de benadeelde personen hebben ingesteld bij de nationale rechterlijke instanties. Deze moeten echter garanderen dat de justitiabelen over een doeltreffend rechtsmiddel beschikken om terugbetaling te kunnen verkrijgen van de ten onrechte geheven belasting en van de aan die lidstaat betaalde of door hem ingehouden bedragen die rechtstreeks met die belasting verband houden. Wat andere schade betreft die een persoon eventueel heeft geleden wegens een aan een lidstaat toe te rekenen schending van het gemeenschapsrecht, moet deze lidstaat de aan particulieren berokkende schade vergoeden onder de voorwaarden genoemd in punt 51 van het reeds aangehaalde arrest Brasserie du pêcheur en Factortame, zonder dat zulks uitsluit dat de staat naar nationaal recht onder minder beperkende voorwaarden aansprakelijk kan zijn.

– Wanneer blijkt dat de wettelijke regeling van een lidstaat een door artikel 43 EG verboden beperking van de vrijheid van vestiging of een door artikel 56 EG verboden beperking van het vrije verkeer van kapitaal vormt, kan de verwijzende rechter, teneinde de voor vergoeding in aanmerking komende schade te bepalen, nagaan of de benadeelde personen zich redelijke inspanningen hebben getroost om die schade te voorkomen of de omvang ervan te beperken en, meer in het bijzonder, of zij tijdig alle hun ter beschikking staande beroepsmogelijkheden hebben aangewend. Teneinde te voorkomen dat de uitoefening van de rechten die de particulieren aan de artikelen 43 EG en 56 EG ontlenen, onmogelijk of uiterst moeilijk wordt gemaakt, kan de verwijzende rechter bepalen of de toepassing van deze wettelijke regeling, in voorkomend geval in samenhang met de relevante bepalingen van de belastingverdragen, hoe dan ook tot afwijzing van de aanspraken van verzoeksters in het hoofdgeding bij de belastingdienst van de betrokken lidstaat zou hebben geleid.

Kosten

132....

HET HOF VAN JUSTITIE (Vierde kamer)

verklaart voor recht:

1. **Artikel 43 EG moet aldus worden uitgelegd dat het niet in de weg staat aan een wettelijke regeling van een lidstaat volgens welke dividenden die een ingezeten vennootschap ontvangt van een andere ingezeten vennootschap zijn vrijgesteld van vennootschapsbelasting, terwijl dividenden die een ingezeten vennootschap ontvangt van een niet-ingezeten vennootschap waarin de ingezeten vennootschap een deelneming heeft waardoor zij een zodanige invloed op de besluiten van die niet-ingezeten vennootschap heeft dat zij de activiteiten ervan kan bepalen, aan die belasting worden onderworpen, waarbij een belastingkrediet wordt verleend voor de belasting die de uitkerende vennootschap daadwerkelijk heeft betaald in haar lidstaat van vestiging, op voorwaarde dat het belastingtarief voor buitenlandse dividenden niet hoger is dan het tarief voor binnenlandse dividenden en het belastingkrediet ten minste gelijk is aan het bedrag dat is betaald in de lidstaat van de uitkerende vennootschap, tot beloop van het bedrag van de belasting in de lidstaat van de ontvangende vennootschap.**

Artikel 56 EG moet aldus worden uitgelegd dat het niet in de weg staat aan een wettelijke regeling van een lidstaat volgens welke dividenden die een ingezeten vennootschap ontvangt van een andere ingezeten vennootschap zijn vrijgesteld van vennootschapsbelasting, terwijl dividenden die een ingezeten vennootschap ontvangt van een niet-ingezeten vennootschap waarin zij minstens 10% van de stemrechten bezit, aan die belasting worden onderworpen, waarbij een belastingkrediet wordt verleend voor de belasting die de uitkerende vennootschap daadwerkelijk heeft betaald in haar lidstaat van vestiging, op voorwaarde dat het belastingtarief voor buitenlandse dividenden niet hoger is dan het tarief voor binnenlandse dividenden en het belastingkrediet ten minste gelijk is aan het bedrag dat is betaald in de lidstaat van de uitkerende vennootschap, tot beloop van het bedrag van de belasting in de lidstaat van de ontvangende vennootschap.

Artikel 56 EG moet voorts aldus worden uitgelegd dat het in de weg staat aan een wettelijke regeling van een lidstaat volgens welke dividenden die een ingezeten vennootschap ontvangt van een andere ingezeten vennootschap zijn vrijgesteld van vennootschapsbelasting, terwijl dividenden die een ingezeten vennootschap ontvangt van een niet-ingezeten vennootschap waarin zij minder dan 10% van de stemrechten bezit, aan die belasting worden onderworpen, zonder dat deze een belastingkrediet wordt verleend voor de belasting die de uitkerende vennootschap daadwerkelijk heeft betaald in haar lidstaat van vestiging.

2. **Artikel 56 EG moet aldus worden uitgelegd dat het in de weg staat aan de wettelijke regeling van een lidstaat volgens welke bepaalde dividenden die ingezeten verzekeringsmaatschappijen ontvangen van ingezeten vennootschappen kunnen worden vrijgesteld van vennootschapsbelasting, terwijl die vrijstelling is uitgesloten voor soortgelijke dividenden die zij van niet-ingezeten vennootschappen ontvangen, voor zover dit tot een minder gunstige behandeling van laatstgenoemde dividenden leidt.**

3. **De artikelen 43 EG en 48 EG moeten aldus worden uitgelegd dat zij zich verzetten tegen de opneming in de belastinggrondslag van een in een lidstaat gevestigde vennootschap van door een gecontroleerde buitenlandse vennootschap in een andere lidstaat gemaakte winst wanneer deze winst daar lager wordt belast dan in eerstgenoemde lidstaat, tenzij een dergelijke opneming gebeurt in geval van een volstrekt kunstmatige constructie, opgezet om de normaliter verschuldigde nationale belasting te ontwijken.**

Een dergelijke belastingmaatregel moet bijgevolg buiten toepassing worden gelaten wanneer uit objectieve en door derden controleerbare elementen blijkt dat ondanks het bestaan van fiscale beweegredenen de betrokken gecontroleerde buitenlandse vennootschap daadwerkelijk in de lidstaat van ontvangst is gevestigd en er daadwerkelijk economische activiteiten uitoefent.

De artikelen 43 EG en 48 EG moeten echter aldus worden uitgelegd dat zij niet in de weg staan aan een belastingregeling van een lidstaat die bepaalde nalevingsvereisten stelt wanneer de ingezeten vennootschap wil worden vrijgesteld van belasting die over de winst van die gecontroleerde vennootschap in haar staat van vestiging reeds is betaald, voor zover die vereisten beogen na te gaan of de gecontroleerde buitenlandse ven-

nootschap een reële vestiging is die daadwerkelijk activiteiten uitoefent, zonder dat dit buitensporige administratieve moeite meebrengt.

4. De artikelen 56 EG tot en met 58 EG moeten aldus worden uitgelegd dat zij niet in de weg staan aan de wettelijke regeling van een lidstaat die een belastingvoordeel uit hoofde van de vennootschapsbelasting verleent voor bepaalde dividenden die ingezeten vennootschappen van andere ingezeten vennootschappen ontvangen, maar dat voordeel uitsluit voor dividenden ontvangen van in een derde land gevestigde vennootschappen, met name wanneer voor dat voordeel voorwaarden gelden waarvan de naleving door de bevoegde autoriteiten van deze lidstaat enkel kan worden gecontroleerd middels het verkrijgen van inlichtingen van het derde land waarin de uitkerende vennootschap is gevestigd.

5. Bij gebreke van een gemeenschapsregeling is het een aangelegenheid van het nationale recht van elke lidstaat om de bevoegde rechter aan te wijzen en de procesregels te geven voor rechtsvorderingen ter bescherming van de rechten die de justitiabelen aan het gemeenschapsrecht ontlenen, waaronder de kwalificatie van vorderingen die de benadeelde personen hebben ingesteld bij de nationale rechterlijke instanties. Deze moeten echter garanderen dat de justitiabelen over een doeltreffend rechtsmiddel beschikken om terugbetaling te kunnen verkrijgen van de ten onrechte geheven belasting en van de aan die lidstaat betaalde of door hem ingehouden bedragen die rechtstreeks met die belasting verband houden. Wat andere schade betreft die een persoon eventueel heeft geleden wegens een aan een lidstaat toe te rekenen schending van het gemeenschapsrecht, moet deze lidstaat de aan particulieren berokkende schade vergoeden onder de voorwaarden genoemd in punt 51 van het arrest van 5 maart 1996, Brasserie du pêcheur en Factortame (C-46/93 en C-48/93), zonder dat zulks uitsluit dat de staat naar nationaal recht onder minder beperkende voorwaarden aansprakelijk kan zijn.

Wanneer blijkt dat de wettelijke regeling van een lidstaat een door artikel 43 EG verboden beperking van de vrijheid van vestiging of een door artikel 56 EG verboden beperking van het vrije verkeer van kapitaal vormt, kan de verwijzende rechter, teneinde de voor vergoeding in aanmerking komende schade te bepalen, nagaan of de benadeelde personen zich redelijke inspanningen hebben getroost om die schade te voorkomen of de omvang ervan te beperken en, meer in het bijzonder, of zij tijdig alle hun ter beschikking staande beroepsmogelijkheden hebben aangewend. Teneinde te voorkomen dat de uitoefening van de rechten die de particulieren aan de artikelen 43 EG en 56 EG ontlenen, onmogelijk of uiterst moeilijk wordt gemaakt, kan de verwijzende rechter bepalen of de toepassing van deze wettelijke regeling, in voorkomend geval in samenhang met de relevante bepalingen van de belastingverdragen, hoe dan ook tot afwijzing van de aanspraken van verzoeksters in het hoofdgeding bij de belastingdienst van de betrokken lidstaat zou hebben geleid.

HvJ EU 8 mei 2008, zaak C-392/07 (Commissie v. Koninkrijk België)

Zevende kamer: *U. Lõhmus, kamerpresident, J. Klučka (rapporteur), A. Ó Caoimh, rechters*
Advocaat-generaal: *D. Ruiz-Jarabo Colomer*

HET HOF VAN JUSTITIE (Zevende kamer)

verklaart voor recht:

Door niet binnen de gestelde termijn de wettelijke en bestuursrechtelijke bepalingen vast te stellen die nodig zijn om te voldoen aan richtlijn 2005/19/EG van de Raad van 17 februari 2005 tot wijziging van richtlijn 90/434/EEG betreffende de gemeenschappelijke fiscale regeling voor fusies, splitsingen, inbreng van activa en aandelenruil met betrekking tot vennootschappen uit verschillende lidstaten, is het Koninkrijk België de krachtens deze richtlijn op hem rustende verplichtingen niet nagekomen.

Samenvatting beschikbaar gesteld door Loyens & Loeff (EU Tax Alert):

On 8 May 2008, the ECJ gave its decision in the Commission v. Belgium case (C-392/07), concerning Belgium's failure to adequately transpose into national law Directive 2005/19/EC of 17 February 2005, which amended the Council Directive 90/434/EEC of 23 July 1990 on the common system of taxation applicable to mergers, divisions, partial divisions, transfers of assets and exchanges of shares concerning companies of different Member States ('Merger Directive'), in so far as it relates to the transfer of the registered office of a European Company ('SE') or a European Cooperative Society ('SCE') and the inclusion of the SE and the SCE in the list of companies covered by the Merger Directive.

Article 2 (2) and (3) of the Directive 2005/19/EC stipulates the obligation of Member States to communicate in due time to the Commission the measures adopted at national level in order to implement the provisions of that Directive. The deadline for transposing the second part of the provisions of Directive 2005/19/EC expired on 1 January 2007. Having failed to notify the national implementing measures by the deadline, the Commission sent a letter of formal notice asking Belgium to reply within two months. In the absence of an answer, the Commission decided to send Belgium a reasoned opinion in accordance with Article 226 EC. Absent a reaction from Belgium, the Commission brought the case before the ECJ. In its decision, the ECJ held that, by failing to adopt within the prescribed period the laws, regulations and administrative provisions necessary to comply with Directive 2005/19/EC, Belgium had failed to fulfil its obligations under that Directive.

HvJ EG 15 mei 2008, zaak C-414/06 (Lidl Belgium GmbH & Co. KG v. Finanzamt Heilbronn)

Vierde kamer: *K. Lenaerts, kamerpresident, G. Arestis, R. Silva de Lapuerta (rapporteur), E. Juhász en T. von Danwitz, rechters*

Advocaat-generaal: *E. Sharpston*

1. Het verzoek om een prejudiciële beslissing betreft de uitlegging van de artikelen 43 EG en 56 EG.

2. Dit verzoek is ingediend in het kader van een geding tussen Lidl Belgium GmbH & Co. KG (hierna: 'Lidl Belgium') en het Finanzamt Heilbronn (hierna: 'Finanzamt') over de fiscale behandeling door de bevoegde Duitse autoriteiten van verliezen van een in Luxemburg gelegen vaste inrichting van deze vennootschap.

Toepasselijke bepalingen

3. Overeenkomstig artikel 2, lid 1, punt 2, van de op 23 augustus 1958 tussen het Groothertogdom Luxemburg en de Bondsrepubliek Duitsland gesloten overeenkomst tot het vermijden van dubbele belasting en houdende bepalingen inzake wederzijdse administratieve bijstand op het gebied van belastingen naar het inkomen en naar het vermogen, alsmede op het gebied van bedrijfsbelastingen en grondbelastingen (BGBl. II 1959, blz. 1270), zoals gewijzigd bij het aanvullend protocol van 15 juni 1973 (hierna: 'overeenkomst'), moet onder de uitdrukking 'vaste inrichting' worden verstaan 'een vaste bedrijfsvestiging door middel waarvan de onderneming haar bedrijf geheel of gedeeltelijk uitoefent'.

4. Artikel 2, lid 1, punt 2, sub a, van de overeenkomst noemt een aantal vestigingen die in de zin van de overeenkomst als vaste inrichtingen worden beschouwd.

5. Artikel 5 van de overeenkomst bepaalt:

> '1. Wanneer een persoon met woonplaats in één der overeenkomstsluitende staten inkomsten verkrijgt als ondernemer of medeondernemer van een industriële of handelsonderneming die haar activiteiten ook op het grondgebied van de andere overeenkomstsluitende staat verricht, komt het recht om deze inkomsten te belasten deze andere staat alleen toe voor zover zij afkomstig zijn van een vaste inrichting op zijn grondgebied.
> 2. De inkomsten die aan de vaste inrichting kunnen worden toegerekend, zijn die welke deze inrichting zou hebben behaald indien zij als zelfstandige onderneming dezelfde of soortgelijke werkzaamheden in dezelfde of soortgelijke omstandigheden had verricht en activiteiten als een onafhankelijke onderneming had uitgeoefend.
> [...]'

6. Artikel 6, lid 1, van de overeenkomst luidt als volgt:

> 'Wanneer een onderneming in één der overeenkomstsluitende staten op grond van haar deelneming aan het beheer of participatie in de financiële structuur van een onderneming in de andere staat, met deze onderneming andere economische of financiële voorwaarden overeenkomt dan met een onafhankelijke onderneming zouden worden overeengekomen, dan wel haar dergelijke voorwaarden oplegt, kunnen de inkomsten die één van deze twee ondernemingen normaal gezien had behaald, maar als gevolg van deze voorwaarden niet konden worden behaald, worden meegeteld als inkomsten van deze onderneming en dienovereenkomstig worden belast.'

7. Artikel 20 van deze overeenkomst bepaalt:

> '1. Wanneer de woonstaat ingevolge de vorige artikelen het recht heeft om belasting te heffen over inkomsten of vermogensbestanddelen, kan de andere staat deze inkomsten of vermogensbestanddelen niet belasten. [...]
> 2. De inkomsten en vermogensbestanddelen die overeenkomstig de vorige artikelen door de andere staat mogen worden belast, zijn uitgesloten van de belastinggrondslag van de woonstaat, tenzij lid 3 van toepassing is. Inkomsten of vermogensbestanddelen waarover de woonstaat belasting mag heffen, worden evenwel belast tegen het tarief dat geldt voor het totale inkomen of alle vermogensbestanddelen van de belastingplichtige. [...]
> [...]'

Hoofdgeding en prejudiciële vraag

8. Lidl Belgium behoort tot het Lidl en Schwarz-concern en houdt zich bezig met de distributie van goederen. Lidl Belgium, die haar activiteiten eerst op de Belgische markt ontplooide, had opdracht gekregen om zich vanaf 1999 ook in Luxemburg te vestigen. Met het oog daarop richtte zij daar een vaste inrichting op.

9. Lidl Belgium is een commanditaire vennootschap met maatschappelijke zetel in Duitsland en heeft onder haar vennoten Lidl Belgium Beteiligungs-GmbH als beherend vennoot en Lidl Stiftung & Co. KG als commanditaire vennoot.

10. In het in het hoofdgeding aan de orde zijnde jaar 1999 leed de vaste inrichting van Lidl Belgium in Luxemburg verlies.

11. Bij de bepaling van haar belastbare inkomsten wilde Lidl Belgium dit verlies aftrekken van haar belastinggrondslag. Het Finanzamt weigerde de aftrek van dit verlies en beriep zich daarbij met name op de vrijstelling van de inkomsten van deze vaste inrichting krachtens de bepalingen van de overeenkomst.

12. Op 30 juni 2004 verwierp het Finanzgericht Baden-Württemberg het beroep dat Lidl Belgium aldaar had ingesteld tegen het besluit van het Finanzamt.

13. Het Bundesfinanzhof, waarbij Lidl Belgium beroep in Revision heeft ingesteld, heeft de behandeling van de zaak geschorst en het Hof de volgende prejudiciële vraag gesteld:

> 'Is het met de artikelen 43 EG en 56 EG verenigbaar dat een Duitse onderneming die bedrijfsinkomsten heeft, verliezen die een vaste inrichting in een andere lidstaat (in casu: het Groothertogdom Luxemburg) lijdt, niet kan aftrekken bij de bepaling van de winst, omdat op grond van de [...] overeenkomst [...] de inkomsten van die vaste inrichting in Duitsland niet worden belast?'

Beantwoording van de prejudiciële vraag

14. Met zijn vraag wenst de verwijzende rechter in wezen te vernemen of de artikelen 43 EG en 56 EG zich verzetten tegen een nationale belastingregeling op grond waarvan een ingezeten vennootschap bij de bepaling van haar winst en de berekening van haar belastbare inkomsten verliezen van een haar toebehorende vaste inrichting in een andere lidstaat niet kan verrekenen, terwijl zij verliezen van een ingezeten vaste inrichting wél kan verrekenen.

Werkingssfeer van de artikelen 43 EG en 56 EG

15. Nu de verwijzende rechter in de gestelde vraag refereert aan de twee genoemde bepalingen, zij eraan herinnerd dat de oprichting door een in een lidstaat gevestigde natuurlijke of rechtspersoon van een hem volledig toebehorende vaste inrichting zonder eigen rechtspersoonlijkheid in een andere lidstaat binnen de materiële werkingssfeer van artikel 43 EG valt.

16. Gesteld dat de in het hoofdgeding aan de orde zijnde belastingregeling beperkingen inhoudt voor het vrije verkeer van kapitaal, dan zijn die beperkingen een onvermijdelijk gevolg van een eventuele belemmering van de vrijheid van vestiging en rechtvaardigen zij niet dat genoemde belastingregeling wordt getoetst aan artikel 56 EG (zie in die zin arresten van 12 september 2006, Cadbury Schweppes en Cadbury Schweppes Overseas, C-196/04, *Jurispr.* blz. I-7995, punt 33; 3 oktober 2006, Fidium Finanz, C-452/04, *Jurispr.* blz. I-9521, punten 48 en 49, en 13 maart 2007, Test Claimants in the Thin Cap Group Litigation, C-524/04, *Jurispr.* blz. I-2107, punt 34).

17. Bijgevolg moet de in het hoofdgeding aan de orde zijnde belastingregeling worden getoetst aan artikel 43 EG.

Bestaan van een beperking van de vrijheid van vestiging

18. Vooraf zij eraan herinnerd dat de vrijheid van vestiging voor de vennootschappen die in overeenstemming met de wettelijke regeling van een lidstaat zijn opgericht en die hun statutaire zetel, hun hoofdbestuur of hun hoofdvestiging binnen de Europese Gemeenschap hebben, het recht meebrengt om in andere lidstaten hun bedrijfsactiviteit uit te oefenen door middel van een dochteronderneming, een filiaal of een agentschap (zie arresten van 21 september 1999, Saint-Gobain ZN, C-307/97, *Jurispr.* blz. I-6161, punt 35; 14 december 2000, AMID, C-141/99, *Jurispr.* blz. I-11619, punt 20, en 23 februari 2006, Keller Holding, C-471/04, *Jurispr.* blz. I-2107, punt 29).

19. Hoewel de bepalingen van het EG-Verdrag betreffende de vrijheid van vestiging volgens de bewoordingen ervan beogen te garanderen dat buitenlandse burgers en ondernemingen in de lidstaat van ontvangst op dezelfde wijze worden behandeld als de ingezetenen daarvan, verbieden zij de lidstaat van oorsprong ook de vestiging van een van zijn onderdanen of van een naar zijn nationaal recht opgerichte vennootschap in een andere lidstaat te bemoeilijken (zie met name arresten van 16 juli 1998, ICI, C-264/96, *Jurispr.* blz. I-4695, punt 21, en 6 december 2007, Columbus Container Services, C-298/05, *Jurispr.* blz. I-0000, punt 33).

20. Deze overwegingen gelden ook wanneer een vennootschap met zetel in een lidstaat haar activiteiten in een andere lidstaat verricht via een vaste inrichting.

21. Zoals blijkt uit de bepalingen van de overeenkomst, vormt een vaste inrichting krachtens het in de overeenkomst neergelegde belastingrecht immers een autonome entiteit. Zo is de overeenkomst ingevolge artikel 2 ervan niet alleen van toepassing op natuurlijke en rechtspersonen, maar ook op alle in lid 1, punt 2, sub a, van dat artikel genoemde soorten vaste inrichtingen, zulks in tegenstelling tot andere in lid 1, punt 2, sub b, van dat artikel

genoemde categorieën entiteiten, die niet onder de definitie van vaste inrichting in de zin van de overeenkomst vallen.

22. Deze invulling van het begrip vaste inrichting als autonome fiscale entiteit stemt overeen met de internationale rechtspraktijk zoals die tot uitdrukking komt in het door de Organisatie voor Economische Samenwerking en Ontwikkeling (OESO) opgestelde modelbelastingverdrag, met name in de artikelen 5 en 7 daarvan. Het Hof heeft reeds vastgesteld dat het met het oog op de verdeling van de fiscale bevoegdheid niet onredelijk is dat de lidstaten zich laten leiden door de internationale praktijk en met name de door de OESO opgestelde modelverdragen (zie arresten van 12 mei 1998, Gilly, C-336/96, *Jurispr.* blz. I-2793, punt 31, en 23 februari 2006, van Hilten-van der Heijden, C-513/03, *Jurispr.* blz. I-1957, punt 48).

23. Wat de in het hoofdgeding aan de orde zijnde belastingregeling betreft, zij erop gewezen dat een bepaling op grond waarvan verliezen van een vaste inrichting in aanmerking kunnen worden genomen bij de bepaling van de winst en de berekening van de belastbare inkomsten van de hoofdvennootschap, een fiscaal voordeel vormt.

24. Dat fiscaal voordeel wordt krachtens de bepalingen van deze belastingregeling evenwel niet verleend, wanneer de verliezen worden geleden door een vaste inrichting gelegen in een andere lidstaat dan die waar de hoofdvennootschap is gevestigd.

25. In die omstandigheden is de fiscale situatie van een vennootschap met statutaire zetel in Duitsland en een vaste inrichting in een andere lidstaat minder gunstig dan wanneer laatstbedoelde inrichting in Duitsland was gelegen. Dit verschil in fiscale behandeling zou een Duitse vennootschap ervan kunnen weerhouden haar activiteiten uit te oefenen via een vaste inrichting in een andere lidstaat.

26. Vastgesteld moet worden dat de in het hoofdgeding aan de orde zijnde belastingregeling een beperking van de vrijheid van vestiging inhoudt.

Bestaan van een rechtvaardiging

27. Volgens de rechtspraak van het Hof is een beperking van de vrijheid van vestiging slechts toelaatbaar wanneer zij gerechtvaardigd is uit hoofde van dwingende redenen van algemeen belang. Daarenboven moet in een dergelijk geval de beperking geschikt zijn om het aldus nagestreefde doel te verwezenlijken en mag zij niet verder gaan dan nodig is voor het bereiken van dat doel (zie arresten van 13 december 2005, Marks & Spencer, C-446/03, *Jurispr.* blz. I-10837, punt 35; Cadbury Schweppes en Cadbury Schweppes Overseas, reeds aangehaald, punt 47, en Test Claimants in the Thin Cap Group Litigation, reeds aangehaald, punt 64).

28. Dienaangaande benadrukt de verwijzende rechter met name dat de inkomsten van de vaste inrichting in Luxemburg overeenkomstig de bepalingen van de overeenkomst niet worden belast in de lidstaat van vestiging van de vennootschap waartoe zij behoort.

29. In de opmerkingen die zij bij het Hof hebben ingediend, stellen de Duitse, de Griekse, de Franse, de Nederlandse, de Finse en de Zweedse regering alsook de regering van het Verenigd Koninkrijk in wezen dat een belastingregeling die de mogelijkheid van een ingezeten vennootschap beperkt om bij de bepaling van haar belastinggrondslag verliezen van een haar toebehorende vaste inrichting in een andere lidstaat te verrekenen, in beginsel gerechtvaardigd kan zijn.

30. Volgens deze regeringen kan een dergelijke regeling in het licht van het gemeenschapsrecht worden gerechtvaardigd door de noodzaak, ten eerste, om de verdeling van de heffingsbevoegdheid tussen de betrokken lidstaten te handhaven, en, ten tweede, om het gevaar voor dubbele verliesverrekening te voorkomen.

31. Wat de eerste rechtvaardigingsgrond betreft, zij eraan herinnerd dat de handhaving van de verdeling van de heffingsbevoegdheid tussen de lidstaten het noodzakelijk kan maken, op de bedrijfsactiviteiten van de in een van deze staten gevestigde vennootschappen zowel ter zake van winst als ter zake van verlies uitsluitend de fiscale regels van die lidstaat toe te passen (zie arrest Marks & Spencer, reeds aangehaald, punt 45, en arrest van 18 juli 2007, Oy AA, C-231/05, *Jurispr.* blz. I-6373, punt 54).

32. Zou vennootschappen de mogelijkheid worden geboden, te opteren voor verrekening van hun verliezen in hun lidstaat van vestiging, dan wel in een andere lidstaat, dan zou de evenwichtige verdeling van de heffingsbevoegdheid tussen de lidstaten immers groot gevaar lopen, aangezien de belastinggrondslag in de eerste staat zou worden vermeerderd en in de tweede zou worden verminderd met het bedrag van de overgedragen verliezen (zie reeds aangehaalde arresten Marks & Spencer, punt 46, en Oy AA, punt 55).

33. Wat de relevantie van de eerste rechtvaardigingsgrond in het licht van de feitelijke omstandigheden van het hoofdgeding betreft, zij opgemerkt dat de lidstaat van vestiging van de vennootschap waartoe de vaste inrichting behoort, bij ontbreken van een overeenkomst tot het vermijden van dubbele belasting het recht zou hebben om belasting te heffen over de winst van een dergelijke entiteit. Bijgevolg kan het doel bestaande in de handhaving van de verdeling van de heffingsbevoegdheid tussen de twee betrokken lidstaten, dat in de overeenkomst tot uitdrukking wordt gebracht, de in het hoofdgeding aan de orde zijnde belastingregeling rechtvaardigen, aangezien

het de symmetrie tussen het recht op belastingheffing over de winst en de mogelijkheid tot aftrek van de verliezen veiligstelt.

34. Zou in omstandigheden als die in het hoofdgeding worden aanvaard dat verliezen van een niet-ingezeten vaste inrichting kunnen worden afgetrokken van de inkomsten van de hoofdvennootschap, dan zou dat ertoe leiden dat deze vennootschap vrijelijk kan kiezen in welke lidstaat die verliezen worden verrekend (zie in die zin arrest Oy AA, reeds aangehaald, punt 56).

35. Wat de tweede rechtvaardigingsgrond betreft die in de bij het Hof ingediende opmerkingen is geformuleerd en aan het gevaar voor dubbele verliesverrekening is ontleend, heeft het Hof geoordeeld dat de lidstaten dit gevaar moeten kunnen verhinderen (zie arrest Marks & Spencer, reeds aangehaald, punt 47, en arrest van 29 maart 2007, Rewe Zentralfinanz, C-347/04, *Jurispr.* blz. I-2647, punt 47).

36. In dit verband zij erop gewezen dat in omstandigheden als die in het hoofdgeding er kennelijk een gevaar bestaat dat hetzelfde verlies tweemaal wordt verrekend (zie arrest Marks & Spencer, reeds aangehaald, punt 48). Het valt immers niet uit te sluiten dat verliezen van een aan een vennootschap toebehorende vaste inrichting in een andere lidstaat worden verrekend in de lidstaat van vestiging van de vennootschap, en dat desondanks deze verliezen later ook worden verrekend in de lidstaat waar de vaste inrichting is gelegen, namelijk wanneer de inrichting winst maakt, waardoor de lidstaat waar de hoofdvennootschap is gevestigd deze winst niet kan belasten.

37. Bijgevolg moeten de twee aangevoerde rechtvaardigingsgronden allebei worden geacht een beperking van de vrijheid van vestiging te kunnen rechtvaardigen, die voortvloeit uit de fiscale behandeling, door de lidstaat waar een vennootschap haar zetel heeft, van verliezen geleden door een deze vennootschap toebehorende vaste inrichting die in een andere lidstaat is gelegen.

38. De verwijzende rechter vraagt zich echter af of de in de punten 44 tot en met 50 van het reeds aangehaalde arrest Marks & Spencer genoemde rechtvaardigingsgronden, waaronder ook de noodzaak om het gevaar voor belastingontwijking te voorkomen, aldus moeten worden uitgelegd dat het om cumulatieve rechtvaardigingsgronden gaat dan wel of één enkele van deze gronden volstaat om de in het hoofdgeding aan de orde zijnde belastingregeling in beginsel gerechtvaardigd te kunnen achten.

39. Er zij aan herinnerd dat het Hof in punt 51 van het arrest Marks & Spencer heeft geoordeeld dat met de drie aan de regeling aan de orde in dat hoofdgeding ten grondslag liggende rechtvaardigingsgronden, samen beschouwd, rechtmatige doelstellingen werden nagestreefd die verenigbaar waren met het Verdrag, zodat zij dwingende redenen van algemeen belang vormden.

40. Gelet op de uiteenlopende situaties waarin een lidstaat zich op dergelijke redenen kan beroepen, kan evenwel niet worden verlangd dat alle in punt 51 van het arrest Marks & Spencer genoemde rechtvaardigingsgronden aanwezig zijn opdat een nationale belastingregeling die de in artikel 43 EG neergelegde vrijheid van vestiging beperkt, in beginsel gerechtvaardigd kan zijn.

41. In de zaak die heeft geleid tot het reeds aangehaalde arrest Oy AA heeft het Hof met name erkend dat de betrokken nationale belastingregeling in beginsel kon worden gerechtvaardigd op grond van twee van de drie in punt 51 van het arrest Marks & Spencer in aanmerking genomen rechtvaardigingsgronden, te weten de noodzaak om de verdeling van de heffingsbevoegdheid tussen de lidstaten te handhaven en die om belastingontwijking te vermijden, in onderling verband beschouwd (zie arrest Oy AA, reeds aangehaald, punt 60).

42. Zo ook kan de in het hoofdgeding aan de orde zijnde belastingregeling in beginsel worden gerechtvaardigd door twee van de in dat punt van het arrest Marks & Spencer in aanmerking genomen gronden, namelijk de noodzaak om de verdeling van de heffingsbevoegdheid tussen de lidstaten te handhaven en die om het gevaar voor dubbele verliesverrekening te voorkomen.

43. Verder staat vast dat deze regeling geschikt is om de aldus nagestreefde doelstellingen te verwezenlijken.

44. In die omstandigheden dient nog te worden nagegaan of de in het hoofdgeding aan de orde zijnde belastingregeling niet verder gaat dan nodig is om de beoogde doelstellingen te bereiken (zie reeds aangehaalde arresten Marks & Spencer, punt 53, en Oy AA, punt 61).

45. Lidl Belgium en de Commissie van de Europese Gemeenschappen hebben met name gerefereerd aan de mogelijkheid voor een hoofdvennootschap om verliezen van een haar toebehorende vaste inrichting af te trekken mits zij de latere winst van die inrichting ten belope van het eerder verrekende verlies opneemt in haar toekomstige winst. Zij verwijzen in dit verband naar de regeling die vóór 1999 in de Bondsrepubliek Duitsland van toepassing was.

46. Opgemerkt zij dat in punt 54 van het arrest Marks & Spencer de mogelijkheid om de toekenning van het betrokken fiscaal voordeel afhankelijk te stellen van een dergelijke voorwaarde, samen wordt genoemd met de mogelijkheid om de toekenning van dat voordeel afhankelijk te stellen van de voorwaarde dat de dochteronder-

neming die in een andere lidstaat is gevestigd dan de hoofdvennootschap de in haar lidstaat van vestiging bestaande mogelijkheden van verliesverrekening ten volle heeft benut.

47. Dienaangaande heeft het Hof in punt 55 van het arrest Marks & Spencer geoordeeld dat een maatregel die de vrijheid van vestiging beperkt, verder gaat dan nodig is voor het bereiken van de nagestreefde doelstellingen in een situatie waarin een niet-ingezeten dochteronderneming de in haar lidstaat van vestiging bestaande mogelijkheden van verliesverrekening heeft uitgeput voor het betrokken belastingjaar en voor vroegere belastingjaren, en er geen mogelijkheid bestaat dat het verlies van die dochteronderneming in toekomstige belastingjaren in haar staat van vestiging wordt verrekend.

48. In punt 56 van dat arrest heeft het Hof verder verklaard dat wanneer de in een lidstaat gevestigde moedermaatschappij aan de nationale belastingautoriteiten aantoont dat aan deze voorwaarden is voldaan, de uitsluiting van de mogelijkheid voor de moedermaatschappij om het verlies van haar niet-ingezeten dochteronderneming af te trekken van haar in die lidstaat belastbare winst, in strijd is met artikel 43 EG.

49. Wat het hoofdgeding betreft, zij vastgesteld dat de Luxemburgse belastingregeling voorziet in de mogelijkheid om bij de berekening van de belastinggrondslag verliezen van een belastingplichtige te verrekenen in toekomstige belastingjaren.

50. Zoals tijdens de mondelinge behandeling voor het Hof is bevestigd, heeft Lidl Belgium de in 1999 door haar vaste inrichting geleden verliezen daadwerkelijk kunnen verrekenen in een later belastingjaar, namelijk in 2003, in welk jaar deze inrichting winst heeft gemaakt.

51. Lidl Belgium heeft dus niet aangetoond dat was voldaan aan de in punt 55 van het arrest Marks & Spencer gestelde voorwaarden om uit te maken in welke situatie een maatregel die een beperking van de vrijheid van vestiging in de zin van artikel 43 EG vormt, verder gaat dan nodig is voor het bereiken van door het gemeenschapsrecht erkende, rechtmatige doelstellingen.

52. Verder heeft het Hof het rechtmatige belang van de lidstaten erkend om gedragingen te voorkomen waardoor afbreuk kan worden gedaan aan het recht van uitoefening van hun fiscale bevoegdheden. Dienaangaande heeft het Hof overwogen dat wanneer krachtens een overeenkomst tot het vermijden van dubbele belasting het recht op belastingheffing over de inkomsten van een vaste inrichting toekomt aan de lidstaat waar deze inrichting is gelegen, het feit dat de hoofdvennootschap de mogelijkheid zou worden geboden om te opteren voor verrekening van de verliezen van die vaste inrichting in de lidstaat waar zij is gevestigd dan wel in een andere lidstaat, een groot gevaar zou betekenen voor een evenwichtige verdeling van de heffingsbevoegdheid tussen de betrokken lidstaten (zie in die zin reeds aangehaald arrest Oy AA, punt 55).

53. Gelet op één en ander, moet de in het hoofdgeding aan de orde zijnde belastingregeling worden geacht in verhouding te staan tot de daarmee nagestreefde doeleinden.

54. Op de vraag moet dus worden geantwoord dat artikel 43 EG zich niet ertegen verzet dat een in een lidstaat gevestigde vennootschap de verliezen van een haar toebehorende vaste inrichting in een andere lidstaat niet van haar belastinggrondslag kan aftrekken, voor zover de inkomsten van deze inrichting krachtens een overeenkomst tot het vermijden van dubbele belasting worden belast in laatstbedoelde lidstaat, waar de betrokken verliezen kunnen worden verrekend in het kader van de belastingheffing over de inkomsten van die vaste inrichting in toekomstige belastingjaren.

Kosten

55. ...

HET HOF VAN JUSTITIE (Vierde kamer)

verklaart voor recht:

Artikel 43 EG verzet zich niet ertegen dat een in een lidstaat gevestigde vennootschap de verliezen van een haar toebehorende vaste inrichting in een andere lidstaat niet van haar belastinggrondslag kan aftrekken, voor zover de inkomsten van deze inrichting krachtens een overeenkomst tot het vermijden van dubbele belasting worden belast in laatstbedoelde lidstaat, waar de betrokken verliezen kunnen worden verrekend in het kader van de belastingheffing over de inkomsten van die vaste inrichting in toekomstige belastingjaren.

HvJ EG 20 mei 2008, zaak C-194/06 (Staatssecretaris van Financiën v. Orange European Smallcap Fund NV)

Grote kamer: *V. Skouris, president, C. W. A. Timmermans, A. Rosas, K. Lenaerts, L. Bay Larsen, kamerpresidenten, R. Silva de Lapuerta, K. Schiemann, P. Kūris, E. Juhász, E. Levits (rapporteur), A. Ó Caoimh, P. Lindh en J.-C. Bonichot, rechters*

Advocaat-generaal: *Y. Bot*

1. Het verzoek om een prejudiciële beslissing heeft betrekking op de artikelen 56 EG tot en met 58 EG.

2. Dit verzoek is ingediend in het kader van een geding tussen de Staatssecretaris van Financiën en Orange European Smallcap Fund NV (hierna: 'OESF') betreffende de berekening van het bedrag van de tegemoetkoming die ingevolge de bijzondere belastingregeling waarin de Nederlandse wetgeving ten gunste van fiscale beleggingsinstellingen voorziet, wordt verleend ter zake van in het buitenland ingehouden belasting op de door OESF in het boekjaar 1997/1998 ontvangen dividenden.

Toepasselijke bepalingen

3. Artikel 28 van de Wet op de vennootschapsbelasting 1969 (*Stb.* 1969, nr. 469; hierna: 'Wet op de vennootschapsbelasting') omschrijft fiscale beleggingsinstellingen als in Nederland gevestigde naamloze vennootschappen, besloten vennootschappen met beperkte aansprakelijkheid en fondsen voor gemene rekening, waarvan het doel en de feitelijke werkzaamheid bestaan in het beleggen van vermogen en die aan een aantal andere voorwaarden voldoen.

4. Een fiscale beleggingsinstelling is weliswaar onderworpen aan de vennootschapsbelasting, doch haar winst wordt belast naar een tarief van nul procent. Op straffe van verlies van haar status moet zij haar gehele voor uitdeling beschikbare winst, verminderd met enkele in de wet toegestane reserveringen, binnen een bepaalde termijn ter beschikking te stellen van haar aandeelhouders.

5. Indien een fiscale beleggingsinstelling dividenden ontvangt van een in Nederland gevestigde vennootschap, wordt overeenkomstig artikel 1, lid 1, van de Wet op de dividendbelasting 1965 (*Stb.* 1965, nr. 621; hierna: 'Wet op de dividendbelasting') een bronbelasting over die dividenden geheven.

6. Volgens artikel 10, lid 2, van deze wet wordt aan de beleggingsinstelling echter teruggaaf verleend van de ter zake van die dividenden ingehouden belasting, indien zij binnen een termijn van zes maanden na afloop van een boekjaar een daartoe strekkend verzoek indient.

7. Met betrekking tot dividend ontvangen uit andere landen waarop aldaar belasting is ingehouden, beperkt de Nederlandse wettelijke regeling, zoals de verwijzende rechter aangeeft, de verrekening van deze buitenlandse belasting met de Nederlandse vennootschapsbelasting tot het bedrag van een naar evenredigheid aan deze dividenden toerekenbaar gedeelte van laatstgenoemde belasting. Aangezien beleggingsinstellingen naar een tarief van nul procent worden belast en er dus geen vennootschapsbelasting kan worden toegerekend aan de uit het buitenland ontvangen dividenden, is verrekening van de buitenlandse belasting op deze dividenden onmogelijk, aldus de verwijzende rechter.

8. Artikel 28 van de Wet op de vennootschapsbelasting en artikel 6 van het Besluit beleggingsinstellingen van 29 april 1970 (*Stb.* 1970, nr. 190), zoals dit ten tijde van de feiten van het hoofdgeding luidde (hierna: 'Koninklijk Besluit'), voorzien in een bijzondere regeling voor fiscale beleggingsinstellingen. Deze regeling is erop gericht, de belastingdruk op beleggingsopbrengsten via deze instellingen zo veel mogelijk gelijk te doen zijn aan de belastingdruk bij rechtstreeks beleggen door particulieren. Zij voorziet daartoe in een compensatiemechanisme dat rekening houdt met de buitenlandse bronbelasting die op de door deze instellingen ontvangen dividenden is ingehouden.

9. Zo bepaalde artikel 28, lid 1, sub b, van de Wet op de vennootschapsbelasting in de ten tijde van de feiten van het hoofdgeding relevante versie, dat bij algemene maatregel van bestuur regels kunnen worden vastgesteld 'krachtens welke aan beleggingsinstellingen een tegemoetkoming wordt gegeven ter zake van buiten Nederland door inhouding geheven belasting naar de aan die instellingen opgekomen opbrengst van effecten en van schuldvorderingen tot ten hoogste het bedrag van de belasting dat bij rechtstreekse belegging bij in Nederland wonende of gevestigde houders van aandelen of bewijzen van deelgerechtigdheid krachtens de Belastingregeling voor het Koninkrijk [...] of verdragen ter vermijding van dubbele belasting verrekenbaar zou zijn met de inkomstenbelasting'.

10. Artikel 6 van het Koninklijk Besluit luidt als volgt:

'1. De [in artikel 28, lid 1, sub b, van de Wet op de vennootschapsbelasting] bedoelde tegemoetkoming [...] wordt, ingeval de beleggers in de beleggingsinstelling op het tijdstip waarop een uitkering ter beschikking wordt gesteld over het jaar voorafgaande aan dat waarop de tegemoetkoming betrekking heeft, uitsluitend zijn in Nederland wonende natuurlijke personen of in Nederland gevestigde aan de vennootschapsbelasting onderworpen lichamen, gesteld op het bedrag van de in [artikel 28, lid 1, sub b, van de Wet op de vennootschapsbelasting] bedoelde belasting dat verrekenbaar zou zijn met de inkomstenbelasting indien de in het jaar waarop de tegemoetkoming betrekking heeft aan de beleggingsinstelling opgekomen opbrengst van effecten en schuldvorderingen uitsluitend aan in Nederland wonende natuurlijke personen zou zijn opgekomen. [...]
2. Ingeval de beleggers in de beleggingsinstelling op het in het eerste lid aangegeven tijdstip niet uitsluitend de in dat lid bedoelde personen of lichamen zijn, wordt de tegemoetkoming berekend volgens de formule

$$T = B \times (7\,Sr) / (10\,S - 3\,Sr),$$

waarin
T voorstelt: de tegemoetkoming;
B voorstelt: het bedrag van de in het eerste lid bedoelde belasting;
Sr voorstelt: hetgeen op het in het eerste lid aangegeven tijdstip is gestort op de aandelen of de bewijzen van deelgerechtigdheid in de beleggingsinstelling welke rechtstreeks dan wel door tussenkomst van andere beleggingsinstellingen in het bezit zijn van in Nederland wonende natuurlijke personen of in Nederland gevestigde aan de vennootschapsbelasting onderworpen lichamen, andere dan beleggingsinstellingen;
S voorstelt: hetgeen op het in het eerste lid aangegeven tijdstip is gestort op alle in omloop zijnde aandelen of bewijzen van deelgerechtigdheid in de beleggingsinstelling.
[...]'

11. Volgens de verwijzende rechter zijn de aandeelhouders van een fiscale beleggingsinstelling onderworpen aan Nederlandse dividendbelasting ter zake van de binnenlandse en buitenlandse dividenden die zij als winstuitkering van deze instelling ontvangen, welke belasting door de beleggingsinstelling aan de bron wordt ingehouden. Ten aanzien van in Nederland wonende of gevestigde aandeelhouders is deze inhouding een voorheffing. De inhouding op de dividenden is namelijk verrekenbaar met de door hen verschuldigde inkomstenbelasting of vennootschapsbelasting, en zij wordt terugbetaald voor zover zij het bedrag van laatstgenoemde belastingen overschrijdt. Ten aanzien van de overige aandeelhouders wordt de ingehouden dividendbelasting slechts teruggegeven voor zover dit is voorzien in een verdrag tot vermijding van dubbele belasting of in de Belastingregeling voor het Koninkrijk.

12. Het op 16 juni 1959 tussen de Bondsrepubliek Duitsland en het Koninkrijk der Nederlanden gesloten belastingverdrag, zoals gewijzigd bij de Protocollen van 13 maart 1980 en 21 mei 1991, voorzag voor het boekjaar 1997/1998 niet in een recht op verrekening van door Duitsland ingehouden belasting ter zake van door een persoon met woonplaats in Nederland uit Duitsland verkregen dividenden. In het boekjaar 1997/1998 was geen verdrag ter voorkoming van dubbele belasting tussen het Koninkrijk der Nederlanden en de Portugese Republiek van kracht.

Hoofdgeding en prejudiciële vragen

13. OESF is een te Amsterdam (Nederland) gevestigde vennootschap met veranderlijk kapitaal, die ten doel heeft het beleggen van gelden in effecten en andere vermogensbestanddelen, zodanig dat de risico's daarvan worden gespreid teneinde haar aandeelhouders in de opbrengst te doen delen. OESF beheert actief een beleggingsportefeuille van beursgenoteerde Europese ondernemingen. Volgens de verwijzende rechter hield OESF in het boekjaar 1997/1998 geen zodanige belangen in buiten Nederland gevestigde vennootschappen dat zij de activiteiten van die vennootschappen kon bepalen.

14. De aandeelhouders van OESF zijn natuurlijke en rechtspersonen. In het boekjaar 1997/1998 waren deze aandeelhouders voor het merendeel in Nederland wonende particulieren en aldaar gevestigde lichamen die al dan niet aan de Nederlandse vennootschapsbelasting waren onderworpen. De rest van het kapitaal was grotendeels in handen van op de Nederlandse Antillen en in andere lidstaten wonende particulieren (het Koninkrijk België, de Bondsrepubliek Duitsland, de Franse Republiek, het Groothertogdom Luxemburg en het Verenigd Koninkrijk van Groot-Brittannië en Noord-Ierland) alsmede van in België gevestigde lichamen. Ten slotte bevonden zich onder de aandeelhouders van OESF ook in Zwitserland wonende particulieren en aldaar gevestigde lichamen alsmede in de Verenigde Staten wonende particulieren.

15. In het boekjaar 1997/1998 heeft OESF dividenden op aandelen in buitenlandse vennootschappen ontvangen tot een bedrag van 5 257 519,15 NLG. Ter zake van deze dividenden is ten laste van OESF een bedrag van 735 320 NLG aan buitenlandse bronbelasting geheven. In laatstgenoemd bedrag is 132 339 NLG Duitse belasting en 9 905 NLG Portugese belasting begrepen.

16. OESF heeft ter zake van deze buitenlandse belastingen verzocht om een tegemoetkoming als bedoeld in artikel 28, lid 1, sub b, van de Wet op de vennootschapsbelasting, juncto artikel 6 van het Koninklijk Besluit. Deze tege-

moetkoming is door OESF berekend op 518 270 NLG, uitgaande van een totaalbedrag van 735 320 NLG aan in aanmerking te nemen buitenlandse belastingen.

17. De bevoegde belastingdienst (hierna: 'inspecteur') heeft dit verzoek slechts gedeeltelijk toegewezen. Hij is bij de berekening van de tegemoetkoming uitgegaan van een bedrag van 593 076 NLG, zijnde het bedrag van 735 320 NLG verminderd met de Duitse (132 339 NLG) en de Portugese (9 905 NLG) belasting, en heeft het bedrag van de tegemoetkoming vastgesteld op 418 013 NLG. Naar aanleiding van het hiertegen ingediende bezwaarschrift is deze beschikking door de inspecteur bevestigd.

18. Het Gerechtshof te Amsterdam, waarbij OESF beroep heeft ingesteld, heeft de beschikking van de inspecteur vernietigd en de tegemoetkoming vastgesteld op 622 006 NLG. Volgens deze rechter leverden de uitsluiting van de door de Bondsrepubliek Duitsland en de Portugese Republiek geheven belasting van de berekeningsgrondslag van de tegemoetkoming enerzijds en de verlaging van de tegemoetkoming naar evenredigheid van de deelneming in het kapitaal van OESF door in het buitenland wonende of gevestigde aandeelhouders anderzijds een ongerechtvaardigde belemmering van het vrije kapitaalverkeer op.

19. De Staatssecretaris van Financiën heeft tegen deze uitspraak cassatieberoep ingesteld bij de verwijzende rechter. Hij betwist het standpunt van het Gerechtshof dat bij de berekening van de tegemoetkoming de door de Bondsrepubliek Duitsland en de Portugese Republiek geheven belasting mede in aanmerking moet worden genomen en dat de tegemoetkoming niet mag worden verlaagd naar evenredigheid van de deelneming in het kapitaal van OESF door niet in Nederland wonende of gevestigde aandeelhouders.

20. Van oordeel dat de oplossing van het hoofdgeding een uitlegging van het gemeenschapsrecht vergt, heeft de Hoge Raad der Nederlanden besloten de behandeling van de zaak te schorsen en het Hof de volgende prejudiciële vragen te stellen:

> '1. Moet artikel 56 EG, in verbinding met artikel 58, lid 1, EG, aldus worden uitgelegd dat met het verbod van artikel 56 EG strijdig is een regeling van een lidstaat die [...] een aan een fiscale beleggingsinstelling te verstrekken tegemoetkoming wegens in een andere lidstaat ingehouden bronheffing op door de fiscale beleggingsinstelling ontvangen dividenden
>
> a. beperkt tot het bedrag dat een in Nederland wonende natuurlijke persoon op grond van een met de andere lidstaat gesloten belastingverdrag zou hebben kunnen verrekenen;
>
> b. beperkt indien en voor zover de aandeelhouders van de fiscale beleggingsinstelling niet in Nederland wonende natuurlijke personen of aan de Nederlandse vennootschapsbelasting onderworpen lichamen zijn?
>
> 2. Indien het antwoord op vraag 1 geheel of gedeeltelijk bevestigend luidt:
>
> a. Omvat het begrip 'directe investeringen' in artikel 57, lid 1, EG ook het houden van een pakket aandelen in een vennootschap, indien de houder de aandelen slechts aanhoudt ter belegging en de omvang van het pakket de houder niet in staat stelt een bepalende invloed uit te oefenen op het bestuur van of op de controle over de vennootschap?
>
> b. Is op grond van artikel 56 EG elke met belastingheffing verband houdende beperking van kapitaalverkeer die ongeoorloofd zou zijn indien het grensoverschrijdend kapitaalverkeer binnen de [Europese Gemeenschap] betrof, gelijkelijk ongeoorloofd in geval van eenzelfde kapitaalverkeer – in overigens gelijke omstandigheden – naar en vanuit derde landen?
>
> c. Indien het antwoord op vraag [2, sub b,] ontkennend luidt, moet dan artikel 56 EG aldus worden uitgelegd dat een beperking door een lidstaat van een fiscale tegemoetkoming aan een fiscale beleggingsinstelling ter zake van bronheffing op uit een derde land ontvangen dividend, welke beperking is gegrond op de omstandigheid dat niet alle aandeelhouders van de fiscale beleggingsinstelling woonplaats hebben in de betrokken lidstaat, met dat artikel onverenigbaar is?
>
> 3. Maakt het voor het antwoord op de vorige vragen verschil:
>
> a. of de belasting die in een ander land is ingehouden op uit dat land ontvangen dividend hoger is dan de belasting waaraan de dooruitdeling van dat dividend aan buitenlandse aandeelhouders is onderworpen in de lidstaat van vestiging van de fiscale beleggingsinstelling;
>
> b. of de aandeelhouders van de fiscale beleggingsinstelling, die buiten de lidstaat van vestiging van de fiscale beleggingsinstelling woonplaats hebben, wonen of gevestigd zijn in een land waarmee evenbedoelde lidstaat een verdrag heeft dat voorziet in wederzijds verrekenen van bronheffing op dividend;
>
> c. of de aandeelhouders van de fiscale beleggingsinstelling, die buiten de lidstaat van vestiging van de fiscale beleggingsinstelling woonplaats hebben, wonen of gevestigd zijn in een ander land van de [Europese Gemeenschap]?'

Beantwoording van de prejudiciële vragen

De eerste vraag, sub a

21. Met zijn eerste vraag, sub a, wil de verwijzende rechter in wezen vernemen of de artikelen 56 EG en 58 EG aldus moeten worden uitgelegd dat zij zich verzetten tegen een wettelijke regeling van een lidstaat als in het

hoofdgeding aan de orde is, die een aan aldaar gevestigde fiscale beleggingsinstellingen te verstrekken tegemoetkoming wegens in een andere lidstaat ingehouden bronheffing op door deze instellingen ontvangen dividenden beperkt tot het bedrag dat een in eerstgenoemde lidstaat wonende natuurlijke persoon op grond van een met die andere lidstaat gesloten verdrag tot vermijding van dubbele belasting zou hebben kunnen verrekenen.

22. In het hoofdgeding heeft deze wettelijke regeling tot gevolg, dat de in Duitsland en Portugal ingehouden bronbelasting op de dividenden niet in aanmerking wordt genomen bij de berekening van voornoemde tegemoetkoming, omdat het verdrag tussen het Koninkrijk der Nederlanden en de Bondsrepubliek Duitsland ten tijde van de feiten van het hoofdgeding niet voorzag in een recht op verrekening van de in Duitsland geheven belasting met de Nederlandse inkomstenbelasting, terwijl tussen het Koninkrijk der Nederlanden en de Portugese Republiek in het geheel geen verdrag was gesloten.

23. Blijkens het verwijzingsarrest vraagt de verwijzende rechter zich af, of een dergelijke wettelijke regeling verenigbaar is met de bepalingen van het EG-Verdrag inzake het vrije verkeer van kapitaal, gelet op het feit dat een in Nederland gevestigde fiscale beleggingsinstelling die dividenden ontvangt van in diezelfde lidstaat gevestigde vennootschappen, volgens de Nederlandse wet recht heeft op volledige teruggaaf van de Nederlandse dividendbelasting die door deze vennootschappen aan de bron is ingehouden.

24. OESF en de Commissie van de Europese Gemeenschappen betogen in dit verband dat, aangezien het Koninkrijk der Nederlanden de belasting die is ingehouden op dividenden van Nederlandse vennootschappen volledig compenseert, deze lidstaat ook de belasting moet compenseren die in Duitsland en Portugal op de dividenden zijn ingehouden.

25. Anders zou het Koninkrijk der Nederlanden laatstgenoemde dividenden ongunstiger behandelen dan de door Nederlandse vennootschappen uitgekeerde dividenden.

26. Deze ongunstige behandeling heeft volgens hen tot gevolg dat OESF wordt ontmoedigd om in Duitsland en Portugal te beleggen en dat het voor in die lidstaten gevestigde vennootschappen moeilijker wordt om kapitaal in Nederland bijeen te brengen, zodat sprake is van een in beginsel door het Verdrag verboden beperking van het vrije verkeer van kapitaal.

27. De Nederlandse regering stelt daarentegen, dat het Koninkrijk der Nederlanden niet kan worden verweten dat het dividenden van Duitse of Portugese vennootschappen anders behandelt dan dividenden van Nederlandse vennootschappen. Krachtens de Nederlandse belastingwet wordt namelijk geen belasting geheven over de door OESF ontvangen dividenden, ongeacht de herkomst daarvan, zodat al deze dividenden gelijk worden behandeld.

28. Voorts is de in het hoofdgeding centraal staande teruggaafregeling er niet op gericht, fiscale beleggingsinstellingen in het algemeen vrij te stellen van een heffing op de door hen ontvangen dividenden. In interne situaties werkt de dividendbelasting namelijk als een voorheffing van de vennootschapsbelasting. In Nederland gevestigde fiscale beleggingsinstellingen zijn onderworpen aan de vennootschapsbelasting, doch naar een tarief van nul procent, zodat geen Nederlandse dividendbelasting is verschuldigd over de door hen ontvangen dividenden. De bronheffing die op deze dividenden is ingehouden, wordt hun derhalve gerestitueerd.

29. In casu moet derhalve worden onderzocht of, gelet op het feit dat een in Nederland gevestigde fiscale beleggingsinstelling die dividenden ontvangt van aldaar gevestigde vennootschappen, recht heeft op volledige teruggaaf van de door deze vennootschappen aan de bron ingehouden Nederlandse dividendbelasting, een nationale wettelijke regeling als in het hoofdgeding aan de orde is, een door de artikelen 56 EG en 58 EG verboden beperking van het vrije verkeer van kapitaal vormt.

30. Om te beginnen wordt in herinnering geroepen dat het aan elke lidstaat is om met eerbiediging van het gemeenschapsrecht zijn stelsel van belasting van uitgekeerde winst te organiseren en in dat kader de belastinggrondslag en het belastingtarief te bepalen voor de ontvangende aandeelhouder (zie in die zin arresten van 12 december 2006, Test Claimants in Class IV of the ACT Group Litigation, C-374/04, *Jurispr.* blz. I-11673, punt 50, en Test Claimants in the FII Group Litigation, C-446/04, *Jurispr.* blz. I-11753, punt 47).

31. Dividenden die door een in een lidstaat gevestigde vennootschap worden uitgekeerd aan een in een andere lidstaat gevestigde vennootschap, kunnen dus op verschillende niveaus worden belast. In de eerste plaats kunnen deze dividenden het voorwerp vormen van opeenvolgende belastingheffing in de lidstaat van vestiging van de uitkerende vennootschap. Hiervan is sprake wanneer de uitgekeerde winst eerst wordt onderworpen aan de door deze vennootschap verschuldigde vennootschapsbelasting en vervolgens aan een inhouding op de aan de ontvangende vennootschap uitgekeerde dividenden. In de tweede plaats kunnen deze dividenden het voorwerp vormen van een juridische dubbele belasting. Hiervan is sprake wanneer zij opnieuw worden belast bij de ontvangende vennootschap in haar lidstaat van vestiging. In de derde plaats kan ook de belastingheffing op inkomende dividenden bij de ontvangende vennootschap in haar lidstaat van vestiging, terwijl de uitkerende vennootschap belasting heeft betaald over de uitgekeerde winst, tot opeenvolgende belastingheffing in die lidstaat leiden.

32. Bij gebreke van communautaire unificatie- of harmonisatiemaatregelen blijven de lidstaten voorts bevoegd om, eenzijdig of door het sluiten van een verdrag, de criteria voor de verdeling van hun heffingsbevoegdheid vast

te stellen teneinde onder meer dubbele belasting af te schaffen (arresten van 12 mei 1998, Gilly, C-336/96, *Jurispr.* blz. I-2793, punten 24 en 30; 21 september 1999, Saint-Gobain ZN, C-307/97, *Jurispr.* blz. I-6161, punt 57, en 8 november 2007, Amurta, C-379/05, nog niet gepubliceerd in de *Jurisprudentie*, punt 17). Afgezien van richtlijn 90/435/EEG van de Raad van 23 juli 1990 betreffende de gemeenschappelijke fiscale regeling voor moedermaatschappijen en dochterondernemingen uit verschillende lidstaten (*PB* L 225, blz. 6), het Verdrag ter afschaffing van dubbele belasting in geval van winstcorrecties tussen verbonden ondernemingen van 23 juli 1990 (*PB* L 225, blz. 10) en richtlijn 2003/48/EG van de Raad van 3 juni 2003 betreffende belastingheffing op inkomsten uit spaargelden in de vorm van rentebetaling (*PB* L 157, blz. 38) – waarop in het hoofdgeding geen beroep is gedaan – is tot op heden geen enkele unificatie- of harmonisatiemaatregel ter afschaffing van dubbele belasting in het kader van het gemeenschapsrecht vastgesteld.

33. Wat de in het hoofdgeding centraal staande wettelijke regeling betreft, heeft het Koninkrijk der Nederlanden besloten om fiscale beleggingsinstellingen aan de vennootschapsbelasting te onderwerpen, zij het naar een tarief van nul procent, mits de winst van deze beleggingsinstellingen, onder aftrek van bepaalde wettelijk toegestane reserves, volledig wordt uitgekeerd aan hun aandeelhouders.

34. Zoals de advocaat-generaal in de punten 85 tot en met 87 van zijn conclusie heeft opgemerkt, volgt hieruit dat dividenden, ongeacht de herkomst ervan, naar Nederlands recht niet worden belast bij lichamen als OESF. Enerzijds wordt namelijk de aanvankelijk ingehouden belasting op dividenden van in Nederland gevestigde vennootschappen, die volgens de uitleg van de Nederlandse regering een voorheffing van de vennootschapsbelasting is, gerestitueerd, aangezien een fiscale beleggingsinstelling niets is verschuldigd ter zake van deze laatste belasting. Anderzijds worden dividenden van in Duitsland en Portugal gevestigde vennootschappen in Nederland niet belast bij een dergelijk lichaam.

35. Door dividenden uit Duitsland en Portugal niet bij de fiscale beleggingsinstelling te belasten, behandelt het Koninkrijk der Nederlanden deze dividenden derhalve niet anders dan dividenden van Nederlandse vennootschappen, want laatstgenoemde dividenden worden evenmin bij de fiscale beleggingsinstelling belast. Door dividenden uit andere lidstaten niet te belasten, voorkomt het Koninkrijk der Nederlanden bovendien, evenals ten aanzien van door Nederlandse vennootschappen uitgekeerde dividenden, een opeenvolging van heffingen als gevolg van de uitoefening van zijn eigen fiscale bevoegdheid.

36. In tegenstelling dus tot wat OESF en de Commissie stellen, behandelt de in het hoofdgeding centraal staande Nederlandse wettelijke regeling dividenden uit Duitsland en Portugal niet anders dan dividenden die door Nederlandse vennootschappen worden uitgekeerd.

37. Indien in deze omstandigheden dividenden uit Duitsland en Portugal zwaarder worden belast dan dividenden die door Nederlandse vennootschappen worden uitgekeerd, is dit nadeel niet toe te rekenen aan de in geding zijnde Nederlandse wettelijke regeling doch het uitvloeisel van de parallelle uitoefening van de fiscale bevoegdheid van de lidstaten van vestiging van de uitkerende vennootschappen en de lidstaat van vestiging van de ontvangende vennootschap, waarbij de eersten ervoor hebben gekozen om dividenden aan opeenvolgende belastingheffingen te onderwerpen, en de laatste ervoor heeft gekozen om dividenden niet te belasten bij fiscale beleggingsinstellingen (zie in die zin arrest van 14 november 2006, Kerckhaert en Morres, C-513/04, *Jurispr.* blz. I-10967, punt 20).

38. De Commissie betoogt echter dat het Koninkrijk der Nederlanden, in zijn hoedanigheid van lidstaat van vestiging van de dividenden ontvangende vennootschap, de buitenlandse belastingdruk op deze dividenden op eendere wijze behoort te compenseren als de interne belastingdruk hierop.

39. Deze stelling kan niet worden aanvaard. Inderdaad volgt uit de rechtspraak dat, wanneer een lidstaat een stelsel van voorkoming of matiging van opeenvolgende belastingheffing of economische dubbele belasting kent voor dividendbetalingen van ingezeten vennootschappen aan andere ingezetenen, hij in een gelijkwaardige behandeling moet voorzien voor dividendbetalingen van niet-ingezeten vennootschappen aan ingezetenen (arrest Test Claimants in Class IV of the ACT Group Litigation, reeds aangehaald, punt 55 en aldaar aangehaalde rechtspraak).

40. In het kader van dergelijke stelsels is de situatie van in een lidstaat gevestigde aandeelhouders die dividend ontvangen van een in dezelfde staat gevestigde vennootschap, vergelijkbaar met die van in deze lidstaat gevestigde aandeelhouders die dividend ontvangen van een in een andere lidstaat gevestigde vennootschap, aangezien zowel dividenden van nationale als dividenden van buitenlandse oorsprong het voorwerp kunnen zijn van opeenvolgende belastingheffing (zie arrest Test Claimants in Class IV of the ACT Group Litigation, reeds aangehaald, punt 56).

41. De hoedanigheid van lidstaat van vestiging van de dividend ontvangende vennootschap kan echter niet de verplichting voor deze lidstaat met zich brengen om een fiscaal nadeel te compenseren dat voortvloeit uit een opeenvolgende belastingheffing die geheel plaatsvindt in de lidstaat van vestiging van de dividend uitkerende vennootschap, wanneer de eerstgenoemde lidstaat de ontvangen dividenden niet belast bij de op zijn grondgebied gevestigde beleggingsinstellingen noch anderszins in aanmerking neemt.

42. Dit betekent dat in een situatie waarin de grotere belastingdruk op dividendbetalingen van in Duitsland en Portugal gevestigde vennootschappen aan een fiscale beleggingsinstelling in Nederland ten opzichte van de belastingdruk op dividendbetalingen van in Nederland gevestigde vennootschappen aan deze beleggingsinstelling niet voortvloeit uit een aan de belastingregeling van laatstgenoemde lidstaat toe te rekenen verschil in behandeling, maar uit de keuze van de Bondsrepubliek Duitsland en de Portugese Republiek om een bronheffing op deze dividenden toe te passen enerzijds en de keuze van het Koninkrijk der Nederlanden om deze dividenden niet te belasten anderzijds, de omstandigheid dat laatstgenoemde lidstaat niet voorziet in een tegemoetkoming ter zake van de bronheffing waartoe de eerste twee staten hebben besloten, geen beperking van het vrije verkeer van kapitaal oplevert.

43. OESF onderstreept echter ook, dat haar beleggingen in Duitsland en Portugal anders worden behandeld dan haar beleggingen in andere lidstaten, ter zake waarvan zij wél in aanmerking komt voor de tegemoetkoming bedoeld in artikel 28, lid 1, sub b, van de Wet op de vennootschapsbelasting, juncto artikel 6 van het Koninklijk Besluit, om een opeenvolgende belastingheffing in die lidstaten te voorkomen. Volgens OESF verbieden de artikelen 56 EG en 58 EG een dergelijke verschillende behandeling op grond van de zetel van de dividend uitkerende vennootschap.

44. De Nederlandse regering herinnert eraan dat, aangezien een fiscale beleggingsinstelling naar een nultarief wordt belast, geen vennootschapsbelasting kan worden verrekend met dividenden uit een andere lidstaat, zodat het voor dit lichaam onmogelijk is om de bronheffing die op deze dividenden is ingehouden, te verrekenen. Teneinde te voorkomen dat beleggingen in het buitenland via beleggingsinstellingen minder aantrekkelijk worden geacht dan directe beleggingen, is de tegemoetkoming erop gericht de belastingdruk op beleggingsopbrengsten via deze lichamen zo veel mogelijk gelijk te doen zijn aan de belastingdruk bij rechtstreeks beleggen door particulieren.

45. Derhalve heeft de wetgever voor de berekening van het bedrag van voornoemde tegemoetkoming aansluiting gezocht bij de situatie waarin beleggingen zonder tussenschakeling van een beleggingsinstelling plaatsvinden. Om deze reden is de tegemoetkoming, in het geval van buitenlandse dividenden, beperkt tot gevallen waarin krachtens een belastingverdrag recht bestaat op verrekening van de buitenlandse belasting met de Nederlandse belasting.

46. Voorts volgt uit het arrest van 5 juli 2005, D. (C-376/03, *Jurispr.* blz. I-5821), dat de situatie waarin een belegger dividenden uit Duitsland of Portugal ontvangt, verschilt van die waarin de dividenden afkomstig zijn uit een lidstaat waarmee het Koninkrijk der Nederlanden wél een dergelijk verdrag heeft gesloten, zoals bijvoorbeeld de Italiaanse Republiek. Aangezien de te verstrekken tegemoetkoming onlosmakelijk is verbonden met het recht van de aandeelhouder van een fiscale beleggingsinstelling om krachtens een dergelijk verdrag de buitenlandse bronheffing te verrekenen, moet deze tegemoetkoming, evenals het recht op verrekening, worden geacht integraal deel uit te maken van dit verdrag en kan zij niet worden aangemerkt als een daarvan los te koppelen voordeel, aldus de Nederlandse regering.

47. Zoals uit punt 42 van dit arrest volgt, verplicht het gemeenschapsrecht een lidstaat niet om het nadeel te compenseren dat voortvloeit uit een opeenvolgende belastingheffing die uitsluitend het resultaat is van de parallelle uitoefening van de fiscale bevoegdheden waarover de verschillende lidstaten beschikken. Heeft deze lidstaat echter besloten in een dergelijke tegemoetkoming te voorzien, moet hij deze bevoegdheid uitoefenen met inachtneming van het gemeenschapsrecht.

48. Zoals in de punten 30 en 32 van dit arrest in herinnering is geroepen, is het aan de lidstaten om hun stelsel van belasting van uitgekeerde winst te organiseren en in dat kader de belastinggrondslag en het belastingtarief te bepalen voor de ontvangende aandeelhouder, en blijven de lidstaten bij gebreke van communautaire unificatie- of harmonisatiemaatregelen bevoegd om, eenzijdig of door het sluiten van een verdrag, de criteria voor de verdeling van hun heffingsbevoegdheid vast te stellen.

49. Waar deze situatie discrepanties tussen de belastingwetgevingen van de verschillende lidstaten teweegbrengt, kan er voor een lidstaat aanleiding zijn om te besluiten, eenzijdig of door sluiting van een verdrag, dividenden uit de verschillende lidstaten gedifferentieerd te behandelen teneinde rekening te houden met deze discrepanties.

50. Met betrekking tot bilaterale belastingverdragen tussen lidstaten heeft het Hof er reeds aan herinnerd dat de werkingssfeer van dergelijke verdragen beperkt is tot de daarin vermelde natuurlijke of rechtspersonen (zie reeds aangehaalde arresten D., punt 54, en Test Claimants in Class IV of the ACT Group Litigation, punt 84).

51. In deze arresten heeft het Hof geoordeeld dat wanneer een in een bilateraal belastingverdrag voorzien voordeel niet kan worden beschouwd als een voordeel dat kan worden losgekoppeld van dat verdrag, maar bijdraagt tot het algehele evenwicht ervan, terwijl het feit dat de in dat verdrag voorziene wederkerige rechten en verplichtingen slechts voor ingezetenen van één van de beide verdragsluitende lidstaten gelden, een inherent gevolg van bilaterale verdragen is, het gemeenschapsrecht zich niet ertegen verzet dat het betrokken voordeel niet wordt toe-

gekend aan een ingezetene van een derde lidstaat, aangezien deze zich niet in een vergelijkbare situatie als de onder dat verdrag vallende ingezetenen bevindt (zie in die zin reeds aangehaalde arresten D., punten 59-63, en Test Claimants in Class IV of the ACT Group Litigation, punten 88-93).

52. In casu leidt de toepassing van artikel 28, lid 1, sub b, van de Wet op de vennootschapsbelasting, wat de tegemoetkoming wegens in een andere lidstaat ingehouden bronheffing op door in Nederland gevestigde fiscale beleggingsinstellingen ontvangen dividenden betreft, tot een gedifferentieerde behandeling van dividenden uit verschillende lidstaten.

53. In de juridische context van het hoofdgeding staat vast dat de tegemoetkoming wordt toegekend in situaties waarin het Koninkrijk der Nederlanden zich, in het kader van een belastingverdrag met de andere lidstaat die de heffing aan de bron heeft ingehouden, ertoe heeft verbonden om natuurlijke personen de mogelijkheid te bieden deze bronheffing te verrekenen met de door hen verschuldigde Nederlandse inkomstenbelasting.

54. Zoals de advocaat-generaal echter in punt 107 van zijn conclusie heeft opgemerkt, vloeit de toekenning van de tegemoetkoming bedoeld in artikel 28, lid 1, sub b, van de Wet op de vennootschapsbelasting, juncto artikel 6 van het Koninklijk Besluit, niet voort uit de automatische toepassing van een dergelijk bilateraal belastingverdrag, maar uit het eenzijdige besluit van het Koninkrijk der Nederlanden om dergelijke verdragen ook ten gunste van fiscale beleggingsinstellingen toe te passen.

55. Een dergelijk eenzijdig besluit kan als zodanig, om de in de punten 48 en 49 van dit arrest uiteengezette redenen, niet in strijd met het gemeenschapsrecht worden geacht. Niettemin moet nog worden onderzocht, of de daaruit voortvloeiende gedifferentieerde behandeling geen beperking van het vrije verkeer van kapitaal oplevert.

56. Een wettelijke regeling als aan de orde is in het hoofdgeding, die dividenden uit bepaalde lidstaten uitsluit van het recht op de tegemoetkoming ter zake van de bronheffing op buitenlandse dividenden, maakt beleggingen in die lidstaten minder aantrekkelijk dan beleggingen in lidstaten waarvan de fiscale inhoudingen op dividenden wél recht op deze tegemoetkoming geven. Een dergelijke wettelijke regeling kan dus een beleggingsinstelling ontmoedigen om in lidstaten te beleggen waarvan de inhoudingen op dividenden geen recht op de tegemoetkoming geven, zodat sprake is van een in beginsel door artikel 56 EG verboden beperking van het vrije verkeer van kapitaal.

57. Volgens artikel 58, lid 1, sub a, EG echter '[doet [h]et bepaalde in artikel 56 [EG] [...] niet[s] af aan het recht van de lidstaten [...] [om] de ter zake dienende bepalingen van hun belastingwetgeving toe te passen die onderscheid maken tussen belastingplichtigen die niet in dezelfde situatie verkeren met betrekking tot [...] de plaats waar hun kapitaal is belegd'.

58. De in artikel 58, lid 1, sub a, EG bepaalde derogatiemogelijkheid wordt op haar beurt beperkt door artikel 58, lid 3, EG, dat bepaalt dat de in lid 1 van dit artikel bedoelde maatregelen 'geen middel tot willekeurige discriminatie [mogen] vormen, noch een verkapte beperking van het vrije kapitaalverkeer en betalingsverkeer als omschreven in artikel 56 [EG]' (zie arrest van 7 september 2004, Manninen, C-319/02, *Jurispr.* blz. I-7477, punt 28).

59. Er moet dus een onderscheid worden gemaakt tussen geoorloofde ongelijke behandelingen in de zin van artikel 58, lid 1, sub a, EG en verboden discriminaties in de zin van lid 3 van dit artikel. Volgens de rechtspraak kan een nationale belastingregeling die een onderscheid maakt tussen belastingplichtigen naargelang van de plaats waar hun kapitaal is belegd, slechts verenigbaar met de verdragsbepalingen inzake het vrije kapitaalverkeer worden geacht indien het verschil in behandeling betrekking heeft op situaties die niet objectief vergelijkbaar zijn of wordt gerechtvaardigd door dwingende redenen van algemeen belang (zie in die zin arrest van 6 juni 2000, Verkooijen, C-35/98, *Jurispr.* blz. I-4071, punt 43; arrest Manninen, reeds aangehaald, punt 29, en arrest van 8 september 2005, Blanckaert, C-512/03, *Jurispr.* blz. I-7685, punt 42).

60. Zoals de Nederlandse regering uiteenzet, tracht de in het hoofdgeding centraal staande Nederlandse wettelijke regeling met de tegemoetkoming de fiscale behandeling van dividenden die een aandeelhouder bij rechtstreekse beleggingen ontvangt, zo veel mogelijk gelijk te doen zijn aan de fiscale behandeling van dividenden die een aandeelhouder bij beleggingen via een fiscale beleggingsinstelling ontvangt, teneinde te voorkomen dat beleggen in het buitenland via een dergelijk lichaam minder aantrekkelijk wordt geacht dan rechtstreeks beleggen.

61. In het licht van een dergelijke wettelijke regeling verschilt de situatie van de fiscale beleggingsinstelling die dividenden ontvangt uit lidstaten waarmee het Koninkrijk der Nederlanden een verdrag heeft gesloten dat voor particuliere aandeelhouders voorziet in het recht om de door deze lidstaten geheven dividendbelasting te verrekenen met de door hen in Nederland verschuldigde inkomstenbelasting, van de situatie waarin zij dividenden ontvangt uit lidstaten waarmee het Koninkrijk der Nederlanden niet een dergelijk verdrag heeft gesloten, met andere woorden dividenden waarvoor een dergelijk recht niet bestaat.

62. Immers, zonder de tegemoetkoming waarin de in het hoofdgeding centraal staande bepalingen voorzien, zou uitsluitend met betrekking tot beleggingen in lidstaten waarmee het Koninkrijk der Nederlanden een dergelijk

bilateraal belastingverdrag heeft gesloten, de keuze van een particuliere aandeelhouder om via een fiscale beleggingsinstelling te beleggen, minder voordelig voor hem kunnen uitvallen dan rechtstreekse belegging.

63. Wat daarentegen lidstaten aangaat waarmee het Koninkrijk der Nederlanden niet een dergelijk verdrag heeft gesloten, brengt de keuze van een particulier om via een dergelijke beleggingsinstelling te beleggen, niet het risico mee van verlies van een voordeel dat hij zou hebben genoten indien hij voor rechtstreekse belegging in deze lidstaten had geopteerd. Deze situatie is dus niet objectief vergelijkbaar met de situatie waarin het Koninkrijk der Nederlanden wél een dergelijk belastingverdrag heeft gesloten.

64. Hieruit volgt dat in het geval van een wettelijke regeling als aan de orde in het hoofdgeding, krachtens welke een lidstaat, teneinde de fiscale behandeling van rechtstreekse belegging en belegging via fiscale beleggingsinstellingen zo veel mogelijk gelijk te doen zijn, aan deze instellingen een tegemoetkoming verstrekt ter zake van de ingehouden bronheffing op dividenden uit lidstaten jegens wie hij zich in het kader van bilaterale verdragen heeft verbonden om particulieren in staat te stellen deze inhoudingen te verrekenen met de door hen krachtens zijn nationale recht verschuldigde inkomstenbelasting, de artikelen 56 EG en 58 EG zich niet ertegen verzetten dat deze lidstaat het recht op deze tegemoetkoming uitsluit met betrekking tot dividenden uit andere lidstaten waarmee hij geen bilaterale verdragen met dergelijke bedingen heeft gesloten, aangezien er geen sprake is van objectief vergelijkbare situaties.

65. Gelet op het voorgaande moet de eerste vraag, sub a, aldus worden beantwoord dat de artikelen 56 EG en 58 EG zich niet verzetten tegen een wettelijke regeling van een lidstaat als in het hoofdgeding aan de orde is, die een aan aldaar gevestigde fiscale beleggingsinstellingen te verstrekken tegemoetkoming wegens in een andere lidstaat ingehouden bronheffing op door deze instellingen ontvangen dividenden beperkt tot het bedrag dat een in eerstgenoemde lidstaat wonende natuurlijke persoon ter zake van overeenkomstige heffingen zou hebben kunnen verrekenen op grond van een met die andere lidstaat gesloten verdrag tot vermijding van dubbele belasting.

De eerste vraag, sub b

66. Met zijn eerste vraag, sub b, wil de verwijzende rechter in wezen vernemen, of de artikelen 56 EG en 58 EG aldus moeten worden uitgelegd dat zij zich verzetten tegen een wettelijke regeling van een lidstaat die, zoals de in het hoofdgeding centraal staande wettelijke regeling, een aan fiscale beleggingsinstellingen te verstrekken tegemoetkoming wegens in een andere lidstaat ingehouden bronheffing op door deze instellingen ontvangen dividenden beperkt indien en voor zover hun aandeelhouders niet in eerstgenoemde lidstaat wonende natuurlijke personen of aan de vennootschapsbelasting van die lidstaat onderworpen lichamen zijn.

67. Uit het antwoord op de eerste vraag, sub a, volgt dat het gemeenschapsrecht in omstandigheden als die van het hoofdgeding niet vereist dat een lidstaat aan een fiscale beleggingsinstelling een tegemoetkoming verstrekt wegens in een andere lidstaat ingehouden bronheffing op door deze instelling ontvangen dividenden. Aangezien de eerstgenoemde lidstaat evenwel tot een dergelijke tegemoetkoming heeft besloten, moet deze bevoegdheid met inachtneming van het gemeenschapsrecht worden uitgeoefend.

68. Blijkens het verwijzingsarrest zijn de aandeelhouders van OESF natuurlijke en rechtspersonen die woonachtig of gevestigd zijn in andere lidstaten en in derde landen.

69. Derhalve moet in de eerste plaats worden onderzocht, of het feit dat de tegemoetkoming wordt beperkt naar evenredigheid van de deelneming van in andere lidstaten woonachtige of gevestigde aandeelhouders in het kapitaal van de fiscale beleggingsinstelling, een beperking van het vrije verkeer van kapitaal oplevert, en, zo ja, of deze beperking kan worden gerechtvaardigd. In de tweede plaats moet worden nagegaan, of het antwoord met betrekking tot situaties waarin de aandeelhouders van een fiscale beleggingsinstelling in andere lidstaten wonen of gevestigd zijn, ook geldt voor situaties waarin die aandeelhouders in derde landen wonen of gevestigd zijn.

70. Geconstateerd moet worden dat, met betrekking tot de berekening van het bedrag van de volgens de in het hoofdgeding centraal staande bepalingen te verstrekken tegemoetkoming ter zake van ingehouden bronheffing op uit andere lidstaten ontvangen dividenden, de Nederlandse wettelijke regeling een verschil in behandeling invoert tussen fiscale beleggingsinstellingen waarvan alle aandeelhouders in Nederland wonen of gevestigd zijn, en beleggingsinstellingen zoals OESF, waarvan een deel van de aandeelhouders in een andere lidstaat wonen of gevestigd zijn. In het eerste geval is de tegemoetkoming overeenkomstig artikel 6, lid 1, van het Koninklijk Besluit gelijk aan het bedrag dat een in Nederland wonende natuurlijke persoon ter zake van deze inhoudingen zou hebben kunnen verrekenen met de door hem in die lidstaat verschuldigde inkomstenbelasting. In het tweede geval wordt dit bedrag overeenkomstig artikel 6, lid 2, van het Koninklijk Besluit beperkt naar evenredigheid van de deelneming van aandeelhouders uit de andere lidstaten in het kapitaal van de betrokken beleggingsinstellingen.

71. De aldus ter zake van ingehouden bronheffing op dividenden uit andere lidstaten verstrekte tegemoetkoming maakt deel uit van de aan de aandeelhouders van de betrokken fiscale beleggingsinstelling uit te keren winst, die tussen hen wordt verdeeld naargelang van hun respectieve deelneming in het kapitaal van deze instelling.

72. Zoals de advocaat-generaal in punt 118 van zijn conclusie heeft onderstreept, volgt hieruit dat de beperking van de tegemoetkoming ter zake van de buitenlandse belasting naar evenredigheid van de deelneming van in een andere lidstaat wonende of gevestigde aandeelhouders in het kapitaal van de betrokken beleggingsinstelling voor alle aandeelhouders zonder onderscheid nadelig werkt, omdat het te verdelen totale winstbedrag daardoor lager wordt.

73. In een wettelijk kader als dat van het hoofdgeding is het voor een fiscale beleggingsinstelling derhalve voordeliger om aandeelhouders aan te trekken die wonen of gevestigd zijn in dezelfde lidstaat als waarin zijzelf is gevestigd, want hoe geringer de deelneming van in andere lidstaten woonachtige of gevestigde aandeelhouders in haar kapitaal is, hoe hoger de aan de aandeelhouders uit te keren winst uitvalt.

74. Een dergelijke beperking levert derhalve een in beginsel door artikel 56 EG verboden beperking van het vrije verkeer van kapitaal op, omdat zij het bijeenbrengen van kapitaal door een fiscale beleggingsinstelling in andere lidstaten dan die waar zijzelf is gevestigd, kan belemmeren, terwijl beleggers uit deze andere lidstaten erdoor kunnen worden afgeschrikt om aandelen in deze beleggingsinstelling te kopen.

75. De Nederlandse regering roept evenwel in herinnering dat, wat de berekening van het bedrag van de aan een fiscale beleggingsinstelling te verstrekken tegemoetkoming betreft, artikel 28, lid 1, sub b, van de Wet op de vennootschapsbelasting uitgaat van de situatie van een rechtstreeks in het buitenland beleggende aandeelhouder.

76. Met betrekking tot de mogelijkheid om ingehouden bronheffing op dividenden uit het buitenland te verrekenen, verschilt haars inziens de situatie van een Nederlandse ingezetene die aan de Nederlandse inkomsten- of vennootschapsbelasting is onderworpen, van die van een niet-ingezetene die niet aan deze belastingen is onderworpen, aangezien alleen aandeelhouders die inkomsten- of vennootschapsbelasting in Nederland moeten betalen, een dergelijke heffing kunnen verrekenen.

77. De Nederlandse regering acht het derhalve verenigbaar met artikel 56 EG juncto artikel 58, lid 1, sub a, EG – voor zover laatstgenoemde bepaling de lidstaten toestaat om onderscheid te maken tussen belastingplichtigen die niet in dezelfde situatie verkeren met betrekking tot hun vestigingsplaats – om met betrekking tot het bedrag van de aan een fiscale beleggingsinstelling toe te kennen tegemoetkoming onderscheid te maken naargelang de aandeelhouders ervan inkomsten- of vennootschapsbelasting in Nederland verschuldigd zijn over de ontvangen dividenden of niet.

78. Zoals de Nederlandse regering zelf aangeeft, belast het Koninkrijk der Nederlanden zowel de dividenden die een fiscale beleggingsinstelling uitkeert aan haar in Nederland wonende of gevestigde aandeelhouders, als de dividenden die zij aan haar in een andere lidstaat wonende of gevestigde aandeelhouders uitkeert. Een dergelijk lichaam waarvan het kapitaal gedeeltelijk in handen is van in andere lidstaten wonende of gevestigde aandeelhouders, kan derhalve niet worden geacht in een andere situatie te verkeren dan het lichaam waarvan de aandeelhouders alle in Nederland wonen of gevestigd zijn.

79. Zoals de advocaat-generaal in punt 121 van zijn conclusie heeft opgemerkt, behoorde het Koninkrijk der Nederlanden derhalve, nadat het eenmaal had besloten om aan aldaar gevestigde fiscale beleggingsinstellingen een tegemoetkoming ter zake van de in het buitenland ingehouden belasting te verstrekken en zijn fiscale bevoegdheid uit te oefenen ten aanzien van alle dividenden die deze beleggingsinstellingen uitkeren aan hun aandeelhouders, ongeacht of deze in die lidstaat dan wel in andere lidstaten wonen of gevestigd zijn, het recht op deze tegemoetkoming ook toe te kennen aan fiscale beleggingsinstellingen waarvan de aandeelhouders niet alle in deze lidstaat wonen of gevestigd zijn (zie in die zin arrest van 14 december 2006, Denkavit Internationaal en Denkavit France, C-170/05, *Jurispr.* blz. I-11949, punt 37 en aldaar aangehaalde rechtspraak).

80. De Nederlandse regering betoogt bovendien dat, aangezien de aan deze beleggingsinstellingen toe te kennen tegemoetkoming wordt uitgekeerd aan hun aandeelhouders en bij deze laatsten als inkomen in de belastingheffing wordt betrokken, de in de formule ter berekening van deze tegemoetkoming gehanteerde factoren verband houden met de tarieven van de belasting die door Nederland wordt geheven over de winstuitkeringen van een dergelijk lichaam aan haar aandeelhouders.

81. Volgens de Nederlandse regering belast het Koninkrijk der Nederlanden de winstuitkeringen van vennootschappen tegen hogere tarieven bij aandeelhouders die in deze lidstaat wonen of gevestigd zijn en aan de inkomsten- of vennootschapsbelasting zijn onderworpen, dan bij aandeelhouders die in het buitenland wonen of gevestigd zijn. Laatstgenoemden worden in Nederland slechts tegen het lagere tarief van de dividendbelasting belast, welk tarief krachtens de belastingverdragen in de regel 15% bedraagt. Dit betekent dat het bedrag van de aan een fiscale beleggingsinstelling te verstrekken tegemoetkoming lager wordt naar evenredigheid van de deelneming van in andere lidstaten wonende of gevestigde aandeelhouders in haar kapitaal.

82. In dit verband moet worden opgemerkt dat, ofschoon de in het hoofdgeding centraal staande wettelijke regeling een onderscheid beoogt te maken tussen ingezeten en niet-ingezeten aandeelhouders teneinde de tegemoetkoming waarvan zij via de winstuitkering van de fiscale beleggingsinstelling profiteren, af te stemmen op de hoogte van de belasting waaraan zij respectievelijk in Nederland zijn onderworpen, een dergelijk doel niet wordt

bereikt door de tegemoetkoming te beperken naar evenredigheid van de deelneming van in andere lidstaten wonende of gevestigde aandeelhouders in het kapitaal van de fiscale beleggingsinstelling. Zoals immers in punt 72 van dit arrest is overwogen, werkt een dergelijke beperking nadelig voor alle aandeelhouders van de fiscale beleggingsinstelling zonder onderscheid, omdat het te verdelen totale winstbedrag daardoor lager wordt.

83. Anderzijds wordt met de beperking van de tegemoetkoming naar evenredigheid van de deelneming van in andere lidstaten wonende of gevestigde aandeelhouders in het kapitaal van de fiscale beleggingsinstelling voorkomen dat de opbrengst van de belasting op de door deze instellingen uitgekeerde dividenden vermindert. Het Koninkrijk der Nederlanden zou daarmee namelijk worden geconfronteerd, indien de tegemoetkoming werd verstrekt zonder rekening te houden met de niet-ingezetenen onder de aandeelhouders van deze instellingen, die met betrekking tot de door deze instellingen uitgekeerde dividenden aan een lager belastingtarief zijn onderworpen dan ingezeten aandeelhouders.

84. Volgens vaste rechtspraak kan derving van belastingopbrengst evenwel niet worden aangemerkt als een dwingende reden van algemeen belang die kan worden ingeroepen ter rechtvaardiging van een maatregel die in beginsel in strijd is met een fundamentele vrijheid (zie met name arrest Manninen, punt 49 en aldaar aangehaalde rechtspraak).

85. Hieruit volgt dat de artikelen 56 EG en 58 EG zich verzetten tegen een wettelijke regeling van een lidstaat als aan de orde is in het hoofdgeding, die een aan aldaar gevestigde fiscale beleggingsinstellingen te verstrekken tegemoetkoming wegens in een andere lidstaat ingehouden bronheffing op door deze instellingen ontvangen dividenden beperkt indien en voor zover hun aandeelhouders in andere lidstaten wonende natuurlijke personen of aldaar gevestigde rechtspersonen zijn, aangezien deze beperking zonder onderscheid alle aandeelhouders van die beleggingsinstellingen benadeelt.

86. Met betrekking tot de vraag of het in het voorgaande punt van dit arrest gegeven antwoord ook geldt voor situaties waarin de buitenlandse aandeelhouders van een beleggingsinstelling in een derde land wonen of gevestigd zijn, is de Nederlandse regering van mening dat een lidstaat onderscheid mag maken tussen een dergelijke situatie en de situatie waarin de aandeelhouders in een andere lidstaat wonen of gevestigd zijn.

87. Het Hof heeft in punt 31 van het arrest van 18 december 2007, A (C-101/05, nog niet gepubliceerd in de *Jurisprudentie*), geconstateerd dat, hoewel de liberalisatie van het kapitaalverkeer met derde landen stellig andere doelen kan nastreven dan de verwezenlijking van de interne markt, zoals met name het waarborgen van de geloofwaardigheid van de gemeenschappelijke eenheidsmunt op de wereldwijde financiële markten en het handhaven in de lidstaten van financiële centra van mondiale betekenis, de lidstaten bij de uitbreiding van het beginsel van het vrije verkeer van kapitaal door artikel 56, lid 1, EG tot het kapitaalverkeer tussen derde landen en lidstaten, ervoor hebben gekozen dit beginsel in hetzelfde artikel en in identieke bewoordingen te verankeren voor het kapitaalverkeer binnen de Gemeenschap en voor het kapitaalverkeer dat betrekkingen met derde landen betreft.

88. Het Hof heeft voorts het argument, dat wanneer het begrip beperkingen van het kapitaalverkeer in de betrekkingen tussen lidstaten en derde landen op dezelfde manier wordt uitgelegd als in de betrekkingen tussen lidstaten onderling, de Gemeenschap eenzijdig de communautaire markt zou openstellen voor derde landen, zonder de mogelijkheden tot onderhandeling te behouden die nodig zijn om een dergelijke liberalisatie van de zijde van deze landen te verkrijgen, niet doorslaggevend geacht (zie arrest A, reeds aangehaald, punt 38).

89. Het Hof heeft echter geconstateerd dat het kapitaalverkeer naar of uit derde landen plaatsvindt in een andere juridische context dan het kapitaalverkeer binnen de Gemeenschap (zie arrest A, reeds aangehaald, punt 36). Vanwege de mate van juridische integratie van de lidstaten van de Europese Unie, en met name het bestaan van communautaire wetgeving die strekt tot samenwerking tussen nationale belastingdiensten, zoals richtlijn 77/799/EEG van de Raad van 19 december 1977 betreffende de wederzijdse bijstand van de bevoegde autoriteiten van de lidstaten op het gebied van de directe belastingen (*PB* L 336, blz. 15), is de belastingheffing door een lidstaat over economische activiteiten met grensoverschrijdende aspecten binnen de Gemeenschap dus niet altijd vergelijkbaar met de belastingheffing over economische activiteiten die zich afspelen tussen lidstaten en derde landen (reeds aangehaalde arresten Test Claimants in the FII Group Litigation, punt 170, en A, punt 37).

90. Het is voorts niet uitgesloten dat een lidstaat zou kunnen aantonen dat een beperking van het kapitaalverkeer naar of uit derde landen om een bepaalde reden gerechtvaardigd is, in omstandigheden waarin die reden geen geldige rechtvaardiging zou opleveren voor een beperking van het kapitaalverkeer tussen lidstaten (reeds aangehaalde arresten Test Claimants in the FII Group Litigation, punt 171, en A, punt 37).

91. In casu hebben de Nederlandse regering en de Commissie onder meer betoogd, dat de lidstaten de noodzaak om de doeltreffendheid van belastingcontroles te waarborgen moeten kunnen aanvoeren als dwingende reden van algemeen belang, die een beperking van het kapitaalverkeer naar of uit derde landen rechtvaardigt.

92. Dienaangaande moet in de eerste plaats worden opgemerkt, dat het Koninkrijk der Nederlanden dividendbelasting heft op de dividenden die door een op zijn grondgebied gevestigde fiscale beleggingsinstelling worden uitgekeerd aan in derde landen wonende of gevestigde aandeelhouders. In de tweede plaats moet worden vast-

gesteld dat de aan een dergelijke beleggingsinstelling te verstrekken tegemoetkoming wordt beperkt naar evenredigheid van de deelneming van dergelijke aandeelhouders in haar kapitaal, zonder dat de fiscale behandeling van deze aandeelhouders in de derde landen in dit verband relevant is. Derhalve kan in casu geen beroep worden gedaan op de noodzaak om de doeltreffendheid van belastingcontroles te waarborgen.

93. De Nederlandse regering is voorts van oordeel dat de noodzaak om vermindering van de belastingopbrengst te voorkomen, moet kunnen worden ingeroepen ter rechtvaardiging van een beperking van het kapitaalverkeer naar of uit derde landen. Want al kunnen de problemen in verband met onder meer het uithollen van de belastinggrondslag worden aangepakt door een betere afstemming van de fiscale wetgeving van de lidstaten op communautair niveau, in de relatie met derde landen ontbreekt een vergelijkbare mogelijkheid tot afstemming van de fiscale wetgevingen.

94. Het Hof roept in herinnering dat de beperking van de tegemoetkoming naar evenredigheid van de deelneming van in derde landen wonende of gevestigde aandeelhouders in het kapitaal van de fiscale beleggingsinstelling tot gevolg heeft, dat de totale winstuitkering aan de aandeelhouders van deze beleggingsinstelling lager wordt.

95. Gesteld al dat een dergelijke reden kan worden aangevoerd ter rechtvaardiging van een beperking van het kapitaalverkeer naar of uit derde landen, kan deze derhalve in casu niet in aanmerking worden genomen. De bedoelde beperking brengt immers zonder onderscheid gevolgen teweeg voor alle aandeelhouders van de betrokken beleggingsinstelling, ongeacht of zij in de lidstaten dan wel in derde landen wonen of gevestigd zijn.

96. Hieruit volgt dat, in een juridische context als die van het hoofdgeding, het antwoord met betrekking tot situaties waarin de aandeelhouders van een fiscale beleggingsinstelling in een andere lidstaat wonen of gevestigd zijn, ook geldt voor situaties waarin die aandeelhouders in derde landen wonen of gevestigd zijn.

97. Gelet op het voorgaande moet de eerste vraag, sub b, aldus worden beantwoord dat de artikelen 56 EG en 58 EG zich verzetten tegen een wettelijke regeling van een lidstaat als aan de orde is in het hoofdgeding, die een aan aldaar gevestigde fiscale beleggingsinstellingen te verstrekken tegemoetkoming wegens in een andere lidstaat ingehouden bronheffing op door deze instellingen ontvangen dividenden beperkt indien en voor zover hun aandeelhouders in andere lidstaten of in derde landen wonende natuurlijke personen of aldaar gevestigde rechtspersonen zijn, aangezien deze beperking al haar aandeelhouders zonder onderscheid benadeelt.

De tweede vraag, sub a

98. Met zijn tweede vraag, sub a, wenst de verwijzende rechter te vernemen of het begrip 'directe investeringen' in artikel 57, lid 1, EG ook het houden van een pakket aandelen in een vennootschap omvat, dat de houder niet in staat stelt een bepalende invloed uit te oefenen op het bestuur van of de controle over de vennootschap.

99. Volgens artikel 57, lid 1, EG doet het bepaalde in artikel 56 EG geen afbreuk aan de toepassing op derde landen van beperkingen die op 31 december 1993 bestaan uit hoofde van nationaal of gemeenschapsrecht inzake het kapitaalverkeer naar of uit derde landen in verband met directe investeringen – met inbegrip van investeringen in onroerende goederen –, vestiging, het verrichten van financiële diensten of de toelating van waardepapieren tot de kapitaalmarkten.

100. Aangezien het Verdrag geen definitie bevat van het begrip 'kapitaalverkeer' in de zin van artikel 56, lid 1, EG, heeft het Hof eerder erkend dat de nomenclatuur in de bijlage bij richtlijn 88/361/EEG van de Raad van 24 juni 1988 voor de uitvoering van artikel 67 van het Verdrag [artikel ingetrokken bij het Verdrag van Amsterdam] (*PB* L 178, blz. 5) indicatieve waarde heeft. Kapitaalverkeer in de zin van artikel 56, lid 1, EG zijn derhalve met name directe investeringen, te weten volgens deze nomenclatuur en de verklarende aantekeningen daarbij alle investeringen welke door natuurlijke of rechtspersonen worden verricht en welke gericht zijn op de vestiging of de handhaving van duurzame en directe betrekkingen tussen de kapitaalverschaffer en de onderneming waarvoor de desbetreffende middelen bestemd zijn, met het oog op de uitoefening van een economische activiteit (zie in die zin arrest Test Claimants in the FII Group Litigation, reeds aangehaald, punten 179-181; arrest van 23 oktober 2007, Commissie/Duitsland, C-112/05, nog niet gepubliceerd in de *Jurisprudentie*, punt 18, en arrest A, reeds aangehaald, punt 46).

101. Wat de deelnemingen in nieuwe of bestaande ondernemingen betreft, veronderstelt, zoals de verklarende aantekeningen bevestigen, het doel om duurzame economische betrekkingen te vestigen of te handhaven, dat de aandelen een aandeelhouder, hetzij ingevolge de bepalingen van de nationale wetgeving op de vennootschappen, hetzij uit anderen hoofde, de mogelijkheid bieden daadwerkelijk deel te hebben in het bestuur van of de zeggenschap over de betrokken vennootschap (arrest Commissie/Duitsland, reeds aangehaald, punt 18 en aldaar aangehaalde rechtspraak).

102. Derhalve moet op de tweede vraag, sub a, worden geantwoord dat een beperking is aan te merken als een onder artikel 57, lid 1, EG vallende beperking van het kapitaalverkeer in verband met directe investeringen, voor zover zij betrekking heeft op alle investeringen die door natuurlijke of rechtspersonen worden verricht en gericht

zijn op de vestiging of de handhaving van duurzame en directe betrekkingen tussen de kapitaalverschaffer en de onderneming waarvoor de desbetreffende middelen bestemd zijn met het oog op de uitoefening van een economische activiteit.

De tweede vraag, sub b en c

103. Met zijn tweede vraag, sub b, vraagt de verwijzende rechter in wezen of artikel 56 EG dezelfde strekking met betrekking tot het kapitaalverkeer naar of uit derde landen heeft als met betrekking tot het intracommunautaire kapitaalverkeer. De tweede vraag, sub c, luidt of een beperking door een lidstaat van de tegemoetkoming aan een op zijn grondgebied gevestigde fiscale beleggingsinstelling ter zake van bronheffing op uit een derde land ontvangen dividend naar evenredigheid van de deelneming van niet in de betrokken lidstaat wonende of gevestigde aandeelhouders in het kapitaal van deze beleggingsinstelling, een beperking van het vrije verkeer van kapitaal oplevert.

104. Deze vragen, die gezamenlijk moeten worden behandeld, komen erop neer of het antwoord op de eerste vraag, sub b, verschillend luidt naargelang de dividenden niet afkomstig zijn uit een andere lidstaat maar uit een derde land.

105. In dit verband volgt uit de punten 79 en 96 van dit arrest dat het Koninkrijk der Nederlanden, nadat het eenmaal had besloten om aan aldaar gevestigde fiscale beleggingsinstellingen een tegemoetkoming ter zake van de in het buitenland ingehouden belasting te verstrekken en zijn fiscale bevoegdheid uit te oefenen ten aanzien van alle dividenden die deze beleggingsinstellingen uitkeren aan hun aandeelhouders, ongeacht of deze in die lidstaat dan wel in andere lidstaten of derde landen wonen of gevestigd zijn, het recht op deze tegemoetkoming ook behoorde toe te kennen aan fiscale beleggingsinstellingen waarvan de aandeelhouders niet alle in Nederland wonen of gevestigd zijn.

106. Zoals immers in de punten 70 tot en met 96 van dit arrest is overwogen, creëert een bepaling die een dergelijke tegemoetkoming beperkt naar evenredigheid van de deelneming van in een andere lidstaat of een derde land wonende of gevestigde aandeelhouders in het kapitaal van de betrokken beleggingsinstelling, een ongelijke behandeling tussen beleggingsinstellingen waarvan alle aandeelhouders in Nederland wonen of gevestigd zijn, en beleggingsinstellingen waarvan een deel van de aandeelhouders in een andere lidstaat of een derde land wonen of gevestigd zijn, welke ongelijke behandeling noch wordt gerechtvaardigd door het feit dat deze beleggingsinstellingen zich in een andere situatie zouden bevinden, noch door doeleinden van fiscaal beleid als door de Nederlandse regering zijn aangevoerd.

107. Geconstateerd moet worden dat een dergelijke bepaling in strijd is met de artikelen 56 EG en 58 EG, los van de vraag of de fiscale heffingen die recht op de tegemoetkoming geven, in een andere lidstaat dan wel in een derde land zijn ingehouden, aangezien in beide gevallen sprake is van een ongelijke behandeling tussen beleggingsinstellingen waarvan alle aandeelhouders in Nederland wonen of gevestigd zijn, en beleggingsinstellingen waarvan een deel van de aandeelhouders in een andere lidstaat of een derde land woont of gevestigd is, en dat de aangevoerde rechtvaardigingsgronden geen betrekking hebben op de staat van herkomst van de door de beleggingsinstellingen ontvangen dividenden.

108. Derhalve moet de tweede vraag, sub b en c, aldus worden beantwoord dat de artikelen 56 EG en 58 EG zich verzetten tegen een wettelijke regeling van een lidstaat als aan de orde is in het hoofdgeding, die een aan aldaar gevestigde fiscale beleggingsinstellingen te verstrekken tegemoetkoming wegens in een derde land ingehouden bronheffing op door deze instellingen ontvangen dividenden beperkt indien en voor zover hun aandeelhouders in andere lidstaten of in derde landen wonende natuurlijke personen of aldaar gevestigde rechtspersonen zijn, aangezien deze beperking zonder onderscheid alle aandeelhouders van die beleggingsinstellingen benadeelt.

De derde vraag, sub a

109. Met zijn derde vraag, sub a, wenst de verwijzende rechter te vernemen, of het voor het antwoord op de eerste twee vragen verschil maakt of de belasting die in een andere lidstaat is ingehouden op de in dat land door in een andere lidstaat gevestigde beleggingsinstellingen ontvangen dividenden hoger is dan de belasting waaraan de dooruitdeling van die dividenden aan buitenlandse aandeelhouders is onderworpen in laatstgenoemde lidstaat.

110. Blijkens het verwijzingsarrest stelt hij deze vraag, omdat in het betrokken boekjaar het tarief van de in Portugal ingehouden bronheffing op de aan OESF uitgekeerde dividenden uit die lidstaat 17,5% bedroeg, het tarief van de in Nederland ingehouden bronheffing op de aan de aandeelhouders van OESF uitgekeerde dividenden daarentegen 15%.

111. Aangezien de dividenden uit Portugal niet in aanmerking zijn genomen bij de berekening van de aan de fiscale beleggingsinstelling toe te kennen tegemoetkoming, en gelet op het antwoord op de eerste vraag, sub a, behoeft de derde vraag, sub a, geen beantwoording meer.

De derde vraag, sub b

112. De derde vraag, sub b, van de verwijzende rechter komt erop neer, of het voor het antwoord op de eerste twee vragen verschil maakt of de buitenlandse aandeelhouders van een fiscale beleggingsinstelling wonen of gevestigd zijn in een staat waarmee de lidstaat van vestiging van deze instelling een verdrag heeft gesloten dat voorziet in de wederzijdse verrekening van bronheffing op dividend. Aangezien de woonplaats of de plaats van vestiging van de aandeelhouders van de fiscale beleggingsinstelling slechts in aanmerking wordt genomen in het kader van de beperking van de tegemoetkoming naar evenredigheid van de kapitaaldeelneming van niet in de lidstaat van vestiging van deze instelling wonende of gevestigde aandeelhouders, moet deze vraag worden geacht uitsluitend betrekking te hebben op de eerste vraag, sub b.

113. In dat verband moet worden vastgesteld, dat de omstandigheid dat de woon- of vestigingsstaat van de aandeelhouders van de fiscale beleggingsinstelling en het Koninkrijk der Nederlanden zijn overeengekomen dat de door laatstgenoemde geheven belasting op de dividenden die deze beleggingsinstelling aan haar aandeelhouders uitkeert, kan worden verrekend, onverlet laat dat het Koninkrijk der Nederlanden zijn fiscale bevoegdheid uitoefent door deze dividenden te belasten. Zoals uit de punten 79 en 96 van dit arrest voortvloeit, is het deze uitoefening van de fiscale bevoegdheid door een lidstaat ten aanzien van de dividenden die op zijn grondgebied gevestigde fiscale beleggingsinstellingen uitkeren aan zowel in deze lidstaat wonende of gevestigde aandeelhouders als in andere lidstaten of derde landen wonende of gevestigde aandeelhouders, die, in het geval waarin een tegemoetkoming als die aan de orde in het hoofdgeding is voorzien, de noodzaak rechtvaardigt om deze tegemoetkoming ook toe te kennen aan fiscale beleggingsinstellingen waarvan de aandeelhouders niet alle in deze lidstaat woonachtig of gevestigd zijn.

114. Derhalve moet de derde vraag, sub b, aldus worden beantwoord, dat het feit dat de buitenlandse aandeelhouders van een fiscale beleggingsinstelling wonen of gevestigd zijn in een staat waarmee de lidstaat van vestiging van deze instelling een verdrag heeft gesloten dat voorziet in de wederzijdse verrekening van bronheffing op dividend, niet van invloed is op het antwoord op de eerste vraag, sub b.

De derde vraag, sub c

115. Met zijn derde vraag, sub c, wil de verwijzende rechter weten, of het voor het antwoord op de eerste twee vragen verschil maakt of de buitenlandse aandeelhouders van de fiscale beleggingsinstelling wonen of gevestigd zijn in een andere lidstaat van de Gemeenschap.

116. Gelet op het antwoord op de eerste vraag, sub b, behoeft deze vraag geen beantwoording meer.

Kosten

117. ...

HET HOF VAN JUSTITIE (Grote kamer)

verklaart voor recht:

1. De artikelen 56 EG en 58 EG verzetten zich niet tegen een wettelijke regeling van een lidstaat als in het hoofdgeding aan de orde is, die een aan aldaar gevestigde fiscale beleggingsinstellingen te verstrekken tegemoetkoming wegens in een andere lidstaat ingehouden bronheffing op door deze instellingen ontvangen dividenden beperkt tot het bedrag dat een in eerstgenoemde lidstaat wonende natuurlijke persoon ter zake van overeenkomstige heffingen zou hebben kunnen verrekenen op grond van een met die andere lidstaat gesloten verdrag tot vermijding van dubbele belasting.

2. De artikelen 56 EG en 58 EG verzetten zich tegen een wettelijke regeling van een lidstaat als in het hoofdgeding aan de orde is, die een aan aldaar gevestigde fiscale beleggingsinstellingen te verstrekken tegemoetkoming wegens in een andere lidstaat of een derde land ingehouden bronheffing op door deze instellingen ontvangen dividenden beperkt indien en voor zover hun aandeelhouders in andere lidstaten of in derde landen wonende natuurlijke personen of aldaar gevestigde rechtspersonen zijn, aangezien deze beperking al haar aandeelhouders zonder onderscheid benadeelt.

In dit verband is het niet van belang dat de buitenlandse aandeelhouders van een fiscale beleggingsinstelling wonen of gevestigd zijn in een staat waarmee de lidstaat van vestiging van deze instelling een verdrag heeft gesloten dat voorziet in de wederzijdse verrekening van bronheffing op dividend.

3. Een beperking is aan te merken als een onder artikel 57, lid 1, EG vallende beperking van het kapitaalverkeer in verband met directe investeringen, voor zover zij betrekking heeft op alle investeringen die door natuurlijke of rechtspersonen worden verricht en gericht zijn op de vestiging of de handhaving van duurzame en directe betrekkingen tussen de kapitaalverschaffer en de onderneming waarvoor de desbetreffende middelen bestemd zijn met het oog op de uitoefening van een economische activiteit.

HvJ EU 26 juni 2008, zaak C-284/06 (Finanzamt Hamburg-Am Tierpark v. Burda GmbH, voorheen Burda Verlagsbeteiligungen GmbH)

Vierde kamer: *K. Lenaerts, kamerpresident, G. Arestis (rapporteur), R. Silva de Lapuerta, E. Juhász en T. von Danwitz, rechters*

Advocaat-generaal: *P. Mengozzi*

1. Het verzoek om een prejudiciële beslissing betreft de uitlegging van richtlijn 90/435/EEG van de Raad van 23 juli 1990 betreffende de gemeenschappelijke fiscale regeling voor moedermaatschappijen en dochterondernemingen uit verschillende lidstaten (*PB* L 225, blz. 6), in de op het hoofdgeding toepasselijke versie (hierna: 'richtlijn 90/435'), en van de artikelen 52 EG-Verdrag (thans, na wijziging, artikel 43 EG) alsmede 73 B en 73 D EG-Verdrag (thans artikel 56 EG respectievelijk artikel 58 EG).

2. Dit verzoek is ingediend in het kader van een geding tussen de vennootschap Burda GmbH, voorheen Burda Verlagsbeteiligungen GmbH (hierna: 'Burda'), en het Finanzamt Hamburg-Am Tierpark (hierna: 'Finanzamt') ter zake van de belastingheffing over de winst die deze vennootschap in 1998 voor de belastingjaren 1996 en 1997 heeft uitgekeerd aan een van haar moedermaatschappijen, namelijk RCS International Services BV (hierna: 'RCS'), die in Nederland is gevestigd.

HET HOF VAN JUSTITIE (Vierde kamer)

verklaart voor recht:

1. Er is geen sprake van bronbelasting in de zin van artikel 5, lid 1, van richtlijn 90/435/EEG van de Raad van 23 juli 1990 betreffende de gemeenschappelijke fiscale regeling voor moedermaatschappijen en dochterondernemingen uit verschillende lidstaten, wanneer een nationaal voorschrift bepaalt dat bij winstuitkeringen van een dochteronderneming aan haar moedermaatschappij de inkomsten en vermogensaanwas van de dochtermaatschappij worden belast, terwijl deze niet belastbaar zijn wanneer zij door laatstgenoemde worden aangehouden in plaats van deze uit te keren aan de moedermaatschappij.

2. Artikel 52 EG-Verdrag (thans, na wijziging, artikel 43 EG) moet aldus worden uitgelegd dat het zich niet verzet tegen de toepassing van een nationale maatregel als § 28, lid 4, van de wet op de vennootschapsbelasting 1996 (Körperschaftsteuergesetz 1996), in de op het hoofdgeding toepasselijke versie, op grond waarvan de belasting van winst die een in een lidstaat gevestigde dochtermaatschappij uitkeert aan haar moedermaatschappij aan eenzelfde correctiemechanisme wordt onderworpen ongeacht of de moedermaatschappij in dezelfde lidstaat of in een andere lidstaat is gevestigd, terwijl een niet-ingezeten moedermaatschappij, anders dan een ingezeten moedermaatschappij, van de lidstaat van vestiging van haar dochtermaatschappij geen belastingkrediet krijgt.

Samenvatting beschikbaar gesteld door Loyens & Loeff (EU Tax Alert):

On 26 June 2008, the ECJ rendered its decision in the Burda case (C-284/06), concerning a German levy of corporate income tax on dividend distributions. The preliminary question referred to the ECJ in this case was whether the German legislation at hand was in line with Council Directive 90/435/EEC of 23 July 1990 on the common system of taxation applicable in the case of parent companies and subsidiaries of different Member States (the 'Parent-Subsidiary Directive') and Articles 43 and 56 EC.

Burda GmbH, a company incorporated under German law and with its place of effective management in Germany, distributed dividends in equal shares to its shareholders, a company named RCS with its place of effective management in the Netherlands, and another German company named Burda International. Under the German legislation, this distribution was taxed at the rate of 30% and only Burda International received a certificate of deductibility of corporation tax in respect of the profit distribution by Burda. The order for reference also shows that, following a tax audit, it was established that Burda had distributed profits in an amount greater than the taxable income. The Finanzamt therefore reduced the various available capital and reserve items subject to corporate income tax at the full rate and set off the distributions which, after reduction, were no longer covered by the taxed available capital and reserves, against the capital and reserves. That set-off gave rise to increases in corporation tax for the two years in question in the main proceedings and, therefore, to the issuing, in particular, of two amended tax assessments.

The ECJ generally following the Opinion of Advocate General Mengozzi issued on 31 January 2008, and concluded that the aforementioned corporate income tax additional levy does not constitute a 'withholding tax' since the third condition for the existence of a withholding tax within the meaning of Article 5(1) of the Parent-Subsidiary Directive (i.e. that the taxable person must be the holder of the shares) had not been fulfilled. The Court also held that, according to consistent case law, the German legislation at issue falls exclusively within the scope of the freedom of establishment, since it concerned only groups of companies with definitive influence and control over the subsidiaries.

The ECJ observed that the corrective mechanism at issue in the main proceedings was intended to ensure that the amount of tax paid by the company making the distribution corresponds, after correction, with the amount of the tax credit erroneously granted to the shareholder. Such a corrective mechanism is not discriminatory since it is applicable to a company resident in Germany, regardless of whether it is a subsidiary of a parent company which is also resident in Germany or of a parent company resident in another Member State. That assessment is not weakened by the fact that, for non-resident shareholders, the tax levied on the company making the distribution becomes definitive in the sense that the increase in the tax burden imposed on the company making the distribution is not compensated for by the allocation of a corresponding tax credit.

In the absence of any unifying or harmonising Community measures, Member States retain the power to define, by treaty or unilaterally, the criteria for allocating their powers of taxation, particularly with a view to eliminating double taxation. In the case at hand, which concerns the cross-border distribution of profits, it is, in principle, not for the Member State in which the subsidiary is resident to prevent that economic double taxation but for the Member State in whose territory the parent company is resident to grant either exemption or a tax credit. It follows from the foregoing that Article 43 EC must be interpreted as not precluding the German corrective mechanism consisting of levy of corporate income tax on dividend distributions to companies residents in other Member States.

HvJ EG 11 september 2008, zaak C-11/07 (Hans Eckelkamp, Natalie Eckelkamp, Monica Eckelkamp, Saskia Eckelkamp, Thomas Eckelkamp, Jessica Eckelkamp, Joris Eckelkamp v. Belgische Staat)

Derde kamer: *A. Rosas, kamerpresident, J. N. Cunha Rodrigues, J. Klučka, A. Ó Caoimh (rapporteur) en A. Arabadjiev, rechters*

Advocaat-generaal: *J. Mazák*

1. Het verzoek om een prejudiciële beslissing betreft de uitlegging van de artikelen 12 EG, 17 EG, 18 EG, 56 EG en 58 EG.

2. Dit verzoek is ingediend in het kader van een geding tussen de erfgenamen van een Duits staatsburger, R. H. Eckelkamp, die in Duitsland is overleden, en de FOD Financiën, Administratie van de btw, registratie en domeinen, over de weigering van deze laatste om bij de berekening van de rechten van overgang die verschuldigd zijn over een onroerende zaak waarvan Eckelkamp in België eigenares was, de schulden betreffende deze onroerende zaak af te trekken op grond dat zij op het tijdstip van haar overlijden niet op het Belgische grondgebied woonde.

Rechtskader

Gemeenschapsregeling

3. Artikel 1 van richtlijn 88/361/EEG van de Raad van 24 juni 1988 voor de uitvoering van artikel 67 van het Verdrag [nadien artikel 67 EG-Verdrag (ingetrokken bij het Verdrag van Amsterdam)] (*PB* L 178, blz. 5) bepaalt:

'1. Onverminderd de hierna volgende bepalingen heffen de lidstaten de beperkingen op met betrekking tot het kapitaalverkeer tussen ingezetenen van de lidstaten. Teneinde de toepassing van deze richtlijn te vergemakkelijken, worden de verschillende categorieën kapitaalverkeer ingedeeld volgens de nomenclatuur van bijlage I.
2. Overmakingen in verband met het kapitaalverkeer geschieden op dezelfde koersvoorwaarden als die welke voor betalingen in verband met het lopende verkeer gelden.'

4. In de opsomming van kapitaalbewegingen in bijlage I bij richtlijn 88/361 is een rubriek XI opgenomen, met als titel 'Kapitaalverkeer van persoonlijke aard', waartoe de nalatenschappen en legaten behoren.

Nationale regeling

5. In België behoort de vaststelling van het belastingtarief, de belastbare grondslag en de belastingvrijstellingen en -verminderingen betreffende successierechten tot de bevoegdheid van de gewesten.

6. Artikel 1 van het Wetboek der successierechten van het Vlaamse Gewest (hierna: 'wetboek') luidt als volgt:

'Er wordt gevestigd:
1° een recht van successie op de waarde, na aftrekking van de schulden, van al wat uit de nalatenschap van een Rijksinwoner wordt verkregen;
2° een recht van overgang bij overlijden op de waarde der onroerende goederen gelegen in België verkregen uit de nalatenschap van iemand die geen Rijksinwoner is.
Voor een Rijksinwoner wordt gehouden, hij die, op het ogenblik van zijn overlijden, binnen het Rijk zijn domicilie of de zetel van zijn vermogen heeft gevestigd.'

7. Overeenkomstig artikel 15 van het wetboek is het successierecht verschuldigd over de algemeenheid van de aan de overledene of aan de afwezige toebehorende goederen, waar ook deze zich bevinden, na aftrek van de schulden.

8. Artikel 18 van het wetboek, betreffende niet-ingezetenen, bepaalt:

'Het recht van overgang bij overlijden is, zonder aftrekking van lasten, verschuldigd op de algemeenheid der in België gelegen onroerende goederen, die aan de overledene of aan de afwezige toebehoren.'

9. Om in het passief van een nalatenschap te kunnen worden opgenomen moet een schuld volgens artikel 29 van het wetboek nog bestaan op de dag van het overlijden, hetgeen kan worden bewezen door alle bewijsmiddelen die in rechte toelaatbaar zijn met betrekking tot een handeling tussen schuldeiser en schuldenaar.

10. Volgens artikel 40 van het wetboek bedraagt de termijn voor het inleveren van de aangifte van nalatenschap vijf maanden, te rekenen vanaf de datum van het overlijden, wanneer dit zich in het Koninkrijk België heeft voorgedaan, en zes maanden wanneer het overlijden elders in Europa heeft plaatsgehad.

11. Artikel 41 van het wetboek bepaalt:

'De voor de inlevering der aangifte gestelde termijn, kan door de directeur-generaal van de [...] registratie en domeinen worden verlengd.

De aangifte ingeleverd binnen de bij de wet bepaalde of door de directeur-generaal verlengde termijn kan worden gewijzigd zolang deze termijn niet verstreken is, tenzij de belanghebbenden uitdrukkelijk in een in de wettelijke vorm ingeleverde aangifte aan dit vermogen hebben verzaakt.'

12. Artikel 48, lid 1, van het wetboek bevat tabellen met de tarieven die van toepassing zijn op de rechten van successie en van overgang bij overlijden. Lid 2, vierde alinea, van dit artikel bepaalt:

'De schulden en de begrafeniskosten worden bij voorrang aangerekend op de roerende goederen en op de goederen vermeld in artikel 60bis, tenzij de aangevers bewijzen dat het schulden betreft die specifiek werden aangegaan om onroerende goederen te verwerven of te behouden.'

13. Tussen het Koninkrijk België en de Bondsrepubliek Duitsland bestaat geen bilateraal verdrag ter voorkoming van dubbele belasting inzake successierechten.

Hoofdgeding en prejudiciële vraag

14. Verzoekers in het hoofdgeding zijn de erfgenamen van Eckelkamp, die op 30 december 2003 te Düsseldorf (Duitsland) is overleden.

15. Op 13 november 2002 had Eckelkamp een document ondertekend waarbij zij erkende een schuld te hebben jegens een van de verzoekers in het hoofdgeding, H. Eckelkamp. Bij notariële akte van 5 juni 2003 had zij deze laatste een volmacht gegeven om een te Knokke-Heist (België) gelegen onroerende zaak tot zekerheid van deze schuld te bezwaren met een hypotheek.

16. Op 29 juni 2004 hebben verzoekers in het hoofdgeding een aangifte van nalatenschap in België ingediend binnen de wettelijke termijn van zes maanden te rekenen vanaf het overlijden van Eckelkamp; onder het actief werd deze onroerende zaak ter waarde van 200 000 EUR aangegeven, terwijl onder het passief 'nihil' was vermeld.

17. Uit de opmerkingen van verzoekers in het hoofdgeding en uit die van de Belgische regering blijkt dat er, voordat deze aangifte werd ingediend, tussen een van deze verzoekers en de bevoegde nationale belastingoverheid elektronisch is gecorrespondeerd, waarbij deze laatste erop heeft gewezen dat volgens de relevante bepalingen van de Vlaamse wettelijke regeling het recht van overgang bij overlijden verschuldigd is over de algemeenheid van de in België gelegen goederen van de overledene, zonder aftrek van schulden. Aangezien Eckelkamp op het tijdstip van haar overlijden niet in België woonde, kon haar schuld niet in aanmerking worden genomen bij de berekening van de rechten van overgang.

18. De in het hoofdgeding aan de orde zijnde rechten van overgang bij overlijden werden berekend op basis van de op 29 juni 2004 ingediende aangifte.

19. Nadat verzoekers in het hoofdgeding deze rechten hadden betaald, hetgeen zij volgens hun opmerkingen hebben gedaan 'onder voorbehoud van alle rechten', hebben zij op 31 december 2004 bij de Rechtbank van eerste aanleg te Brugge bij tegensprekelijk verzoekschrift beroep ingesteld, met verzoek dat de aldus voldane belasting werd herberekend en met name dat ook de schuld van Eckelkamp bij deze berekening in aanmerking werd genomen.

20. Deze rechterlijke instantie heeft het beroep van de betrokkenen op 30 mei 2005 verworpen op grond dat op het tijdstip van het instellen van dit beroep de in het wetboek gestelde termijn voor inaanmerkingneming van nieuwe elementen bij de berekening van de verschuldigde successierechten of rechten van overgang verstreken was.

21. Verzoekers in het hoofdgeding hebben tegen deze beslissing hoger beroep ingesteld bij de verwijzende rechter met het betoog dat de bepalingen van het wetboek betreffende de berekening van de rechten van overgang bij overlijden in strijd zijn met het gemeenschapsrecht. Zij zijn van mening dat deze bepalingen een indirecte discriminatie op grond van nationaliteit en een belemmering van het vrije verkeer van kapitaal in het leven roepen.

22. Voor de verwijzende rechter heeft de Belgische Staat aangevoerd dat de in het wetboek gestelde termijn voor inaanmerkingneming van nieuwe elementen bij de berekening van het recht van overgang was verstreken en dat in geen geval was bewezen dat de omstreden schuld nog bestond op de datum van het overlijden van Eckelkamp. Aangezien zij op het tijdstip van haar overlijden niet in België woonde, mocht geen enkel passief worden afgetrokken van de belastbare grondslag van het recht van overgang. Artikel 58 EG doet geen afbreuk aan het recht van de lidstaten om de relevante bepalingen van hun belastingwetgeving toe te passen.

23. Volgens de verwijzende rechter blijkt duidelijk uit een onderhandse akte van 13 november 2002 en uit een authentieke akte van 5 juni 2003 dat Eckelkamp een schuld van 220 000 EUR had.

24. Van oordeel dat het hoofdgeding vragen van uitlegging van het gemeenschapsrecht oproept, heeft het Hof van Beroep te Gent de behandeling van de zaak geschorst en het Hof de hierna volgende prejudiciële vraag gesteld:

'Staan de artikelen 12 [EG] juncto 17 [EG] en 18 [EG] en de artikelen 56 [EG] juncto [58] EG [...] in de weg aan een interne regeling van een lidstaat waarbij ter zake van de erfrechtelijke verkrijging van een onroerende zaak, gelegen in een lidstaat (situsstaat), deze een belasting heft over de waarde van die onroerende zaak, gelegen in de situsstaat, waarbij de waarde van de lasten op die onroerende zaak (zoals schulden gewaarborgd door een hypothecaire volmacht op die onroerende zaak) wel door de situsstaat in aftrek worden toegelaten indien de erflater ten tijde van het overlijden in de situsstaat woonde, doch niet indien de erflater ten tijde van het overlijden in een andere lidstaat (de woonstaat) woonde?'

Ontvankelijkheid van het verzoek om een prejudiciële beslissing

25. De Belgische regering is van mening dat het verzoek om een prejudiciële beslissing niet-ontvankelijk is. Doordat de vordering strekkende tot herberekening van de betrokken rechten van overgang te laat is ingesteld, kon de verwijzende rechter in geen geval de vordering van verzoekers in het hoofdgeding toewijzen. De termijn waarover zij volgens de Belgische procedureregels beschikten voor een wijziging van de gegevens op basis waarvan de rechten van overgang waren berekend, was al maanden verstreken. Bijgevolg is een antwoord op de prejudiciële vraag niet alleen onnodig, maar ook duidelijk niet relevant voor de beslissing die de verwijzende rechter moet nemen.

26. Bovendien is de prejudiciële vraag, in het stadium waarin de procedure in het hoofdgeding zich bevindt, volgens de Belgische regering louter hypothetisch. In dit stadium heeft de verwijzende rechter nog geen antwoord gegeven op vragen die voor de beslechting van het hoofdgeding van doorslaggevend belang zijn, inzonderheid de vraag of er tussen de schuld en de betrokken onroerende zaak een verband bestaat waaruit het bestaan van een last op deze zaak blijkt. Ter terechtzitting heeft de Belgische regering in dit verband benadrukt dat er in casu geen hypotheek rust op deze in België gelegen onroerende zaak, doch dat er alleen een hypothecaire volmacht bestaat die Eckelkamp vóór haar overlijden aan haar broer heeft verleend. Aangezien een hypothecaire volmacht slechts een recht van een derde is om een onroerende zaak eventueel met een hypotheek te bezwaren, rust er volgens de Belgische regering – overeenkomstig de rechtspraak van het Hof – geen enkele last op deze onroerende zaak, zolang deze hypotheek niet is ingeschreven. De prejudiciële vraag is dus hypothetisch.

27. In dit verband zij eraan herinnerd dat in het kader van de procedure van artikel 234 EG, die op een duidelijke afbakening van de taken van de nationale rechterlijke instanties en van het Hof berust, elke beoordeling van de feiten tot de bevoegdheid van de nationale rechter behoort. Het is tevens uitsluitend een zaak van de nationale rechter aan wie het geschil is voorgelegd en die de verantwoordelijkheid draagt voor de te geven rechterlijke beslissing, om, gelet op de bijzonderheden van het geval, zowel de noodzaak van een prejudiciële beslissing voor het wijzen van zijn vonnis te beoordelen, als de relevantie van de vragen die hij aan het Hof voorlegt. Wanneer de vragen betrekking hebben op de uitlegging van gemeenschapsrecht, is het Hof derhalve in beginsel verplicht daarop te antwoorden (arresten van 12 april 2005, Keller, C-145/03, *Jurispr.* blz. I-2529, punt 33, en 18 juli 2007, Lucchini, C-119/05, *Jurispr.* blz. I-6199, punt 43).

28. Het Hof kan slechts weigeren uitspraak te doen op een prejudiciële vraag van een nationale rechter, wanneer duidelijk blijkt dat de gevraagde uitlegging van het gemeenschapsrecht geen enkel verband houdt met een reëel geschil of met het voorwerp van het hoofdgeding, wanneer het vraagstuk van hypothetische aard is, of wanneer het Hof niet beschikt over de gegevens, feitelijk en rechtens, die voor hem noodzakelijk zijn om een nuttig antwoord te geven op de gestelde vragen (zie met name arresten van 13 maart 2001, PreussenElektra, C-379/98, *Jurispr.* blz. I-2099, punt 39, en 22 januari 2002, Canal Satélite Digital, C-390/99, *Jurispr.* blz. I-607, punt 19, en arrest Lucchini, reeds aangehaald, punt 44).

29. In casu is dit niet het geval.

30. Het Hof moet immers nader bepalen of de nationale rechterlijke instanties bepaalde voorschriften van het wetboek betreffende de berekening van de rechten van overgang bij overlijden, die volgens verzoekers in het hoofdgeding een belemmering van het vrije verkeer van kapitaal vormen, krachtens het gemeenschapsrecht buiten toepassing moeten laten. Bijgevolg blijkt de gestelde vraag verband te houden met het voorwerp van het hoofdgeding, zoals dit door de verwijzende rechter is omschreven, en kan het antwoord op de gestelde vraag voor deze rechter nuttig zijn om hem in staat te stellen te oordelen of de bepalingen van dat wetboek in overeenstemming zijn met het gemeenschapsrecht.

31. De Belgische regering betwist weliswaar dat er tussen de schuld van Eckelkamp jegens haar broer en de nagelaten onroerende zaak een verband bestaat waaruit blijkt dat op deze zaak een last rust, en zij benadrukt bovendien dat de in de relevante Belgische rechtsregels gestelde termijnen voor toevoeging van nieuwe elementen aan de basis voor de berekening van de verschuldigde rechten van overgang verstreken waren op het tijdstip waarop het beroep in het hoofdgeding werd ingesteld.

32. Toch is de verwijzende rechter als enige bevoegd om de feiten van het aan hem voorgelegde geding vast te stellen en te wegen, alsook om het nationale recht uit te leggen en toe te passen (zie arrest van 4 mei 1999, Sürül, C-262/96, *Jurispr.* blz. I-2685, punt 95). Het is de taak van deze rechter, en niet van het Hof, te bepalen wat de

draagwijdte en de uitwerking, naar Belgisch recht, van een hypothecaire volmacht zijn, alsmede wat de gevolgen van een dergelijke volmacht zijn voor een in België gelegen onroerende zaak die in een nalatenschap valt.

33. Bovendien blijkt uit het aan het Hof overgelegde dossier, ten eerste, dat het feit dat de litigieuze schuld niet was vermeld in de door verzoekers in het hoofdgeding ingediende aangifte, was ingegeven door de voorschriften van het wetboek die bepalen dat dergelijke schulden niet worden opgenomen wanneer de erflater op het tijdstip van zijn overlijden niet in België woonde — precies over deze bepalingen heeft de verwijzende rechter een prejudiciële vraag betreffende de uitlegging van het gemeenschapsrecht gesteld. Ten tweede hebben de bevoegde autoriteiten verzoekers in het hoofdgeding vóórdat zij de litigieuze aangifte van nalatenschap hebben ingediend, gemeld dat de schuld van Eckelkamp niet in aanmerking kon komen voor de berekening van de rechten van overgang bij overlijden, aangezien zij op het tijdstip van haar overlijden niet in België woonde. Ten derde blijkt deze aangifte door verzoekers in het hoofdgeding te zijn ingediend onder voorbehoud van alle rechten, zoals blijkt uit punt 19 van het onderhavige arrest.

34. Overigens berust de prejudiciële verwijzing op een dialoog van rechter tot rechter, waarvan het initiatief volledig afhankelijk is van de beoordeling door de nationale rechter van de relevantie en de noodzaak van deze verwijzing (zie in die zin arrest van 12 februari 2008, Kempter, C-2/06, nog niet gepubliceerd in de *Jurisprudentie*, punt 42). Hoewel de verwijzende rechter heeft vastgesteld dat de door de erfgenamen ingediende aangifte definitief is geworden bij het verstrijken van de wettelijke termijn voor indiening van dergelijke aangiften, maakt de gestelde vraag het mogelijk gemeenschapsrechtelijke uitleggingselementen aan te wijzen, aan de hand waarvan de verwijzende rechter een op het gemeenschapsrecht gebaseerde oplossing voor het bij hem aanhangige geschil zou kunnen vinden (zie in die zin arrest van 16 september 1982, Vlaeminck, 132/81, *Jurispr.* blz. 2953, punten 13 en 14).

35. Derhalve is het onderhavige verzoek om een prejudiciële beslissing ontvankelijk.

Beantwoording van de prejudiciële vraag

36. Met zijn vraag wenst de verwijzende rechter in wezen te vernemen of de artikelen 12 EG, 17 EG en 18 EG enerzijds en de artikelen 56 EG en 58 EG anderzijds aldus dienen te worden uitgelegd dat zij zich verzetten tegen een regeling van een lidstaat als die in het hoofdgeding, betreffende de berekening van de rechten van overgang en van de successierechten over een in deze lidstaat gelegen onroerende zaak, waarbij de aftrek van op deze onroerende zaak rustende schulden niet mogelijk is wanneer de erflater op het tijdstip van zijn overlijden niet in de staat waarin deze onroerende zaak is gelegen, doch in een andere lidstaat woonde, terwijl deze aftrek wel mogelijk is wanneer de erflater op het tijdstip van zijn overlijden woonde in de staat waarin deze onroerende zaak is gelegen.

37. Artikel 56, lid 1, EG verbiedt op algemene wijze beperkingen van het kapitaalverkeer tussen de lidstaten (arrest van 6 december 2007, Federconsumatori e.a., C-463/04 en C-464/04, nog niet gepubliceerd in de *Jurisprudentie*, punt 19 en aldaar aangehaalde rechtspraak).

38. Aangezien het EG-Verdrag geen definitie bevat van het begrip 'kapitaalverkeer' in de zin van artikel 56, lid 1, EG, heeft het Hof eerder reeds erkend dat de nomenclatuur in de bijlage bij richtlijn 88/361 indicatieve waarde heeft, ook al is deze vastgesteld op basis van de artikelen 69 en 70, lid 1, EEG-Verdrag (nadien de artikelen 69 en 70, lid 1, EG-Verdrag, ingetrokken bij het Verdrag van Amsterdam), waarbij de lijst die zij bevat, zoals in de inleiding te kennen wordt gegeven, geenszins uitputtend is (zie met name arresten van 23 februari 2006, Van Hilten-van der Heijden, C-513/03, *Jurispr.* blz. I-1957, punt 39, en 3 oktober 2006, Fidium Finanz, C-452/04, *Jurispr.* blz. I-9521, punt 41; arrest Federconsumatori e.a., reeds aangehaald, punt 20, en arrest van 17 januari 2008, Jäger, C-256/06, nog niet gepubliceerd in de *Jurisprudentie*, punt 24).

39. Dienaangaande heeft het Hof, erop wijzend dat successies, die hierin bestaan dat één of meerdere personen de nalatenschap van een overledene verkrijgen of, met andere woorden, die bestaan in de overgang op de erfgenamen van de eigendomstitel van de verschillende goederen, rechten, enzovoort, waaruit dat vermogen bestaat, vallen onder rubriek XI van bijlage I bij richtlijn 88/361, met als titel 'Kapitaalverkeer van persoonlijke aard', geoordeeld dat successies kapitaalverkeer in de zin van artikel 56 EG vormen, tenzij alle constituerende elementen binnen één lidstaat gelegen zijn (zie arrest van 11 december 2003, Barbier, C-364/01, *Jurispr.* blz. I-15013, punt 58, en reeds aangehaalde arresten Van Hilten-van der Heijden, punt 42, en Jäger, punt 25).

40. Wanneer een erflater die bij zijn overlijden in Duitsland woonde, aan andere in Duitsland en in Nederland wonende personen een in België gelegen onroerende zaak nalaat waarover de rechten van overgang in België worden berekend, is er helemaal geen sprake van een louter interne situatie.

41. Bij de in het hoofdgeding aan de orde zijnde nalatenschap is er dus sprake van kapitaalverkeer in de zin van artikel 56, lid 1, EG.

42. Eerst en vooral moet worden onderzocht of, zoals verzoekers in het hoofdgeding en de Commissie van de Europese Gemeenschappen betogen, een nationale regeling als die in het hoofdgeding een beperking van het kapitaalverkeer vormt.

43. Nationale bepalingen waarin de waarde van een onroerende zaak wordt bepaald voor de berekening van de belastingschuld bij verkrijging door erfopvolging, kunnen niet alleen de aankoop van in de betrokken lidstaat gelegen onroerende zaken ontmoedigen, maar ook leiden tot een waardevermindering van de nalatenschap van een ingezetene van een andere lidstaat dan die waarin deze zaken zijn gelegen (zie in die zin reeds aangehaalde arresten Barbier, punt 62, en Jäger, punt 30).

44. Wat successies betreft, heeft de rechtspraak bevestigd dat de maatregelen die ingevolge artikel 56, lid 1, EG verboden zijn op grond dat zij het kapitaalverkeer beperken, mede de maatregelen omvatten die leiden tot een waardevermindering van de nalatenschap van een ingezetene van een andere staat dan de lidstaat waar de betrokken zaken zich bevinden en waar de vererving van deze zaken wordt belast (reeds aangehaalde arresten Van Hilten-van der Heijden, punt 44, en Jäger, punt 31).

45. In het onderhavige geval hebben de in het hoofdgeding aan de orde zijnde nationale bepalingen, voor zover als gevolg daarvan een nalatenschap die een op het grondgebied van het Koninkrijk België gelegen onroerende zaak omvat, aan hogere rechten van overgang wordt onderworpen dan de successierechten die verschuldigd zouden zijn indien de erflater op het tijdstip van zijn overlijden ingezetene van deze lidstaat zou zijn geweest, tot gevolg dat het kapitaalverkeer wordt beperkt door de waardevermindering van een nalatenschap die een dergelijke zaak omvat.

46. Aangezien volgens deze regeling de aftrekbaarheid van bepaalde schulden waarmee de betrokken onroerende zaak bezwaard is, immers afhangt van de woonplaats van de erflater op het tijdstip van zijn overlijden, vormt de zwaardere fiscale last die rust op de nalatenschap van niet-ingezetenen bijgevolg een beperking van het vrije verkeer van kapitaal.

47. Aan deze conclusie wordt niet afgedaan door het argument van de Belgische regering dat het wetboek geen beperking oplevert aangezien de situatie van ingezetenen en die van niet-ingezetenen objectief verschilt wat de berekening van de successierechten en de rechten van overgang betreft, daar alleen de woonstaat van de erflater logischerwijs voor de berekening van de belasting over nalatenschappen rekening kan houden met alle bestanddelen van de nalatenschap, bestaande uit activa en passiva, roerende en onroerende zaken. Deze omstandigheden zijn immers van geen belang voor de criteria die voortvloeien uit de in de punten 43 en 44 van het onderhavige arrest aangehaalde rechtspraak (zie eveneens in die zin arrest Jäger, reeds aangehaald, punt 34).

48. De Belgische regering stelt echter dat de zaak in het hoofdgeding, anders dan de zaak die aanleiding heeft gegeven tot het reeds aangehaalde arrest Barbier, wordt gekenmerkt door de afwezigheid van een onvoorwaardelijke verplichting tot levering van de juridische eigendom van de betrokken onroerende zaak, alsmede door de afwezigheid van zowel de vroegere overdracht van de economische eigendom van deze zaak als van een last op deze zaak, aangezien de hypothecaire volmacht waarop verzoekers in het hoofdgeding zich beroepen, geenszins een schuld vormt die deze onroerende zaak bezwaart in de zin van dat arrest.

49. In de zaak die tot het reeds aangehaalde arrest Barbier heeft geleid, betrof de prejudiciële vraag de berekening van de belasting die moet worden geheven bij erfrechtelijke verkrijging van een in een lidstaat gelegen onroerende zaak en de inaanmerkingneming, voor de bepaling van de waarde van deze zaak, van de op de houder van het zakelijke recht rustende onvoorwaardelijke verplichting tot levering ervan aan een derde die de economische eigendom van deze zaak had. Tussen deze schuld en de nagelaten onroerende zaak bestond dus een rechtstreeks verband.

50. Zo ook heeft het Hof in verband met de artikelen 49 EG en 50 EG reeds opgemerkt dat een nationale regeling die bij de belastingheffing aan niet-ingezetenen geen aftrek toestaat van beroepskosten die rechtstreeks verband houden met de activiteit die de belastbare inkomsten in de betrokken lidstaat heeft gegenereerd, terwijl deze aftrek wel is toegestaan voor ingezetenen, in het nadeel werkt van hoofdzakelijk onderdanen van andere lidstaten en in strijd is met deze artikelen (zie in die zin arrest van 12 juni 2003, Gerritse, C-234/01, *Jurispr.* blz. I-5933, punten 27 en 28).

51. Ter terechtzitting voor het Hof hebben zowel verzoekers in het hoofdgeding als de Commissie verklaard dat er vanwege de hypothecaire volmacht een afdoend verband bestond tussen de bij erfopvolging verkregen onroerende zaak en de betrokken schuld. De Commissie heeft evenwel erkend dat, zodra de hypothecaire volmacht niet de in België gelegen betrokken onroerende zaak bezwaart, maar eventueel andere onroerende zaken, het verband tussen de schuld en deze onroerende zaak in twijfel kan worden getrokken.

52. Volgens de bewoordingen van de prejudiciële vraag van de verwijzende rechter vormt een schuld die wordt gewaarborgd door een hypothecaire volmacht op een onroerende zaak, een last die op deze zaak rust. In het kader van de procedure van artikel 234 EG is het Hof uitsluitend bevoegd zich op basis van de door de nationale rechterlijke instantie vermelde feiten over de uitlegging of rechtsgeldigheid van een communautair rechtsvoorschrift uit te spreken (zie in die zin arrest van 16 juli 1998, Dumon en Froment, C-235/95, *Jurispr.* blz. I-4531, punt 25).

53. Zoals blijkt uit punt 32 van het onderhavige arrest, is het de taak van de verwijzende rechter, en niet van het Hof, om de aard en de uitwerking, naar Belgisch recht, van een hypothecaire volmacht als die in het hoofdgeding te

onderzoeken en om te bepalen of er in werkelijkheid een rechtstreeks verband bestaat tussen de aangevoerde schuld en de onroerende zaak op basis waarvan de in het hoofdgeding aan de orde zijnde rechten van overgang zijn berekend.

54. In elk geval vormt het feit dat de aftrekbaarheid van de op een onroerende zaak rustende schulden afhankelijk is van de voorwaarde dat de erflater op het tijdstip van zijn overlijden woonde in de lidstaat waarin deze onroerende zaak is gelegen, een door artikel 56, lid 1, EG in beginsel verboden beperking van het vrije verkeer van kapitaal.

55. Vervolgens dient te worden nagegaan of de aldus vastgestelde beperking van het vrije verkeer van kapitaal kan worden gerechtvaardigd volgens de bepalingen van het Verdrag.

56. Overeenkomstig artikel 58, lid 1, sub a, EG doet '[h]et bepaalde in artikel 56 EG [...] niets af aan het recht van de lidstaten [...] de ter zake dienende bepalingen van hun belastingwetgeving toe te passen die onderscheid maken tussen belastingplichtigen die niet in dezelfde situatie verkeren met betrekking tot hun vestigingsplaats of de plaats waar hun kapitaal is belegd'.

57. Deze bepaling van artikel 58 EG, als uitzondering op het fundamentele beginsel van het vrije verkeer van kapitaal, moet strikt worden uitgelegd. Bijgevolg kan zij niet aldus worden uitgelegd dat elke belastingwetgeving die tussen belastingplichtigen een onderscheid maakt naargelang van hun vestigingsplaats of van de lidstaat waar zij hun kapitaal beleggen, automatisch verenigbaar is met het Verdrag (zie arrest Jäger, reeds aangehaald, punt 40).

58. De in artikel 58, lid 1, sub a, EG bedoelde afwijking wordt immers zelf beperkt door artikel 58, lid 3, EG, dat bepaalt dat de in lid 1 van dit artikel bedoelde nationale maatregelen 'geen middel tot willekeurige discriminatie [mogen] vormen, noch een verkapte beperking van het vrije kapitaalverkeer en betalingsverkeer als omschreven in artikel 56' (zie arresten van 6 juni 2000, Verkooijen, C-35/98, *Jurispr.* blz. I-4071, punt 44, en 7 september 2004, Manninen, C-319/02, *Jurispr.* blz. I-7477, punt 28, en arrest Jäger, reeds aangehaald, punt 41). Bovendien is het verschil in behandeling ter zake van successierechten en rechten van overgang die verschuldigd zijn over een op het grondgebied van het Koninkrijk België gelegen onroerende zaak, tussen de erflater die op het tijdstip van zijn overlijden een ingezetene van deze lidstaat was, en de erflater die op dat tijdstip een ingezetene van een andere lidstaat was, slechts gerechtvaardigd indien het niet verder gaat dan noodzakelijk is om het door de betrokken regeling nagestreefde doel te bereiken.

59. Derhalve moet een onderscheid worden gemaakt tussen de krachtens artikel 58, lid 1, sub a, EG toegestane ongelijke behandelingen en de op grond van lid 3 van dit artikel verboden willekeurige discriminaties. Volgens de rechtspraak kan een nationale belastingregeling als die in het hoofdgeding, die met het oog op de berekening van de successiebelasting ter zake van de aftrekbaarheid van schulden op een in de betrokken lidstaat gelegen onroerende zaak een onderscheid maakt naargelang de erflater op het tijdstip van zijn overlijden in deze lidstaat dan wel in een andere lidstaat woonde, slechts verenigbaar met de verdragsbepalingen betreffende het vrije verkeer van kapitaal worden geacht indien het verschil in behandeling betrekking heeft op niet objectief vergelijkbare situaties of wordt gerechtvaardigd door een dwingende reden van algemeen belang (zie reeds aangehaalde arresten Verkooijen, punt 43; Manninen, punt 29, en Jäger, punt 43).

60. In dit verband moet in de eerste plaats worden vastgesteld dat, anders dan wordt aangevoerd door de Belgische regering en in herinnering is gebracht in punt 47 van het onderhavige arrest, dit verschil in behandeling niet kan worden gerechtvaardigd op grond dat het ziet op objectief vergelijkbare situaties.

61. Onder voorbehoud van onderzoek door de verwijzende rechter betreffende de aard en de uitwerking van een hypothecaire volmacht en betreffende de vraag of de in het hoofdgeding aan de orde zijnde volmacht rust op de nagelaten onroerende zaak, zoals zou kunnen worden afgeleid uit het dossier, is de berekening van de successierechten en van de rechten van overgang volgens deze regeling immers rechtstreeks gebaseerd op de waarde van deze onroerende zaak. In dat geval kan er objectief gezien geen verschil in situatie bestaan dat een verschillende fiscale behandeling kan rechtvaardigen op het punt van de hoogte van de successierechten en rechten van overgang die verschuldigd zijn over een in België gelegen onroerende zaak die toebehoorde aan een erflater die op het tijdstip van zijn overlijden ingezetene van deze lidstaat was, respectievelijk over een onroerende zaak die toebehoorde aan een erflater die op dat tijdstip ingezetene van een andere lidstaat was. Bijgevolg is de situatie van de erfgenamen van Eckelkamp vergelijkbaar met de situatie van iedere andere erfgenaam wiens erfdeel een in België gelegen onroerende zaak omvat die hem werd nagelaten door een erflater die op het tijdstip van zijn overlijden ingezetene van diezelfde staat was (zie in die zin arrest Jäger, reeds aangehaald, punt 44).

62. Zoals verzoekers in het hoofdgeding hebben betoogd, worden zowel de erfgenamen van een erflater die op het tijdstip van zijn overlijden ingezetene was, als de erfgenamen van een erflater die op dat tijdstip geen ingezetene was, volgens de Belgische regeling beschouwd als belastingplichtigen voor de heffing van successierechten en/of rechten van overgang over in België gelegen onroerende zaken. Pas wanneer schulden van de nalatenschap van niet-ingezetenen worden afgetrokken, wordt een verschil in behandeling tussen niet-ingezetenen en ingezetenen gemaakt.

63. Wanneer volgens een nationale regeling, voor de belastingheffing op een bij erfopvolging verkregen en in de betrokken lidstaat gelegen onroerende zaak, de erfgenamen van een erflater die op het tijdstip van zijn overlijden ingezetene was en de erfgenamen van een erflater die op dat tijdstip niet-ingezetene was, op voet van gelijkheid worden behandeld, kunnen deze erfgenamen in het kader van dezelfde belastingheffing niet, zonder dat een discriminatie in het leven wordt geroepen, verschillend worden behandeld ter zake van de aftrekbaarheid van de op deze onroerende zaak rustende lasten. Door de nalatenschappen van deze twee categorieën van personen voor de belastingheffing op nalatenschappen gelijk te behandelen behalve voor de aftrek van de schulden, heeft de nationale wetgever immers erkend dat tussen laatstgenoemden, wat de wijze van heffing en de voorwaarden van deze belasting betreft, geen objectief verschil in situatie bestaat dat een verschil in behandeling kan rechtvaardigen (zie, mutatis mutandis, wat het recht van vestiging betreft, arresten van 28 januari 1986, Commissie/Frankrijk, 270/83, *Jurispr.* blz. 273, punt 20, en 14 december 2006, Denkavit Internationaal en Denkavit France, C-170/05, *Jurispr.* blz. I-11949, punt 35; wat het vrije verkeer van kapitaal en de successierechten betreft, vandaag gewezen arrest Arens-Sikken, C-43/07, nog niet gepubliceerd in de *Jurisprudentie*, punt 57).

64. In de tweede plaats dient te worden onderzocht of de beperking van het kapitaalverkeer die voortvloeit uit een regeling als die in het hoofdgeding, objectief kan worden gerechtvaardigd door een dwingende reden van algemeen belang.

65. De Belgische regering stelt dat volgens de op het vermogen van de de cujus toepasselijke Duitse regeling voor de schuld die verzoekers in het hoofdgeding in België willen aftrekken, in de praktijk een dubbele aftrek bestaat, hetgeen moet worden vermeden volgens de rechtspraak van het Hof (arrest van 13 december 2005, Marks & Spencer, C-446/03, *Jurispr.* blz. I-10837).

66. Eerst en vooral zij in dit verband eraan herinnerd dat het Hof in zijn rechtspraak betreffende het vrije verkeer van kapitaal en de successierechten heeft opgemerkt dat een ingezetene van de Gemeenschap de mogelijkheid om zich op de bepalingen van het Verdrag te beroepen niet kan worden ontnomen op grond dat hij profiteert van fiscale voordelen die rechtmatig worden geboden door voorschriften die in een andere lidstaat dan zijn woonstaat gelden (arrest Barbier, reeds aangehaald, punt 71).

67. Vervolgens bestaat er, zoals in punt 13 van het onderhavige arrest werd aangegeven, tussen het Koninkrijk België en de Bondsrepubliek Duitsland geen bilateraal verdrag ter voorkoming van dubbele belasting inzake successierechten.

68. De lidstaat waarin de nagelaten onroerende zaak is gelegen, kan zich ter rechtvaardiging van een uit zijn regeling voortvloeiende beperking van het vrije verkeer van kapitaal niet beroepen op de van zijn wil onafhankelijk bestaande mogelijkheid dat een belastingkrediet wordt toegekend door een andere lidstaat, zoals de lidstaat waarin de erflater woonde op het tijdstip van zijn overlijden, dat een gehele of gedeeltelijke compensatie kan vormen van de schade die zijn erfgenamen hebben geleden als gevolg van de niet-aftrekbaarheid, in de lidstaat waarin de nagelaten onroerende zaak is gelegen, van de schulden op deze onroerende zaak bij de berekening van de rechten van overgang (zie in die zin arrest Arens-Sikken, reeds aangehaald, punt 65).

69. Een lidstaat kan zich immers niet beroepen op het bestaan van een voordeel dat unilateraal wordt verleend door een andere lidstaat – in casu de lidstaat waarin de erflater op het tijdstip van zijn overlijden woonde – teneinde te ontsnappen aan de verplichtingen die op hem rusten krachtens het Verdrag, inzonderheid krachtens de bepalingen van het Verdrag betreffende het vrije verkeer van kapitaal (zie in die zin arrest van 8 november 2007, Amurta, C-379/05, *Jurispr.* blz. I-9569, punt 78).

70. Ten slotte blijkt uit het aan het Hof overgelegde dossier dat volgens de in het hoofdgeding aan de orde zijnde nationale regeling bij de berekening van de rechten van overgang de aftrek van de schulden op de nagelaten onroerende zaak zonder meer is uitgesloten wanneer de erflater op het tijdstip van zijn overlijden niet woonde in de staat waarin de nagelaten zaak gelegen is, zonder dat rekening wordt gehouden met de behandeling van deze schulden en met name met het niet-bestaan van een belastingkrediet in een andere lidstaat, zoals de woonstaat van de overledene.

71. Bijgevolg dient op de prejudiciële vraag te worden geantwoord dat de artikelen 56 EG en 58 EG, in hun onderlinge samenhang gelezen, aldus moeten worden uitgelegd dat zij zich verzetten tegen een nationale regeling als die in het hoofdgeding, betreffende de berekening van de successierechten en de rechten van overgang over een in een lidstaat gelegen onroerende zaak, krachtens welke de aftrek van op deze onroerende zaak rustende schulden niet mogelijk is wanneer de erflater op het tijdstip van zijn overlijden geen ingezetene van deze staat, maar wel van een andere lidstaat was, terwijl deze aftrek wel mogelijk is wanneer de erflater op dat tijdstip ingezetene was van de staat waarin de nagelaten onroerende zaak is gelegen.

72. Gelet op het voorgaande behoeft niet te worden geantwoord op de prejudiciële vraag voor zover zij de uitlegging van de artikelen 12 EG, 17 EG en 18 EG betreft.

Kosten

73. …

HET HOF VAN JUSTITIE (Derde kamer)

verklaart voor recht:

De artikelen 56 EG en 58 EG, in hun onderlinge samenhang gelezen, moeten aldus worden uitgelegd dat zij zich verzetten tegen een nationale regeling als die in het hoofdgeding, betreffende de berekening van de successierechten en de rechten van overgang over een in een lidstaat gelegen onroerende zaak, krachtens welke de aftrek van op deze onroerende zaak rustende schulden niet mogelijk is wanneer de erflater op het tijdstip van zijn overlijden geen ingezetene van deze staat, maar van een andere lidstaat was, terwijl deze aftrek wel mogelijk is wanneer de erflater op dat tijdstip ingezetene was van de staat waarin de nagelaten onroerende zaak is gelegen.

HvJ EG 11 september 2008, zaak C-43/07 (D.M.M.A. Arens-Sikken v. Staatssecretaris van Financiën)

Derde kamer: *A. Rosas, kamerpresident, J. N. Cunha Rodrigues, J. Klucjka, A. Ó Caoimh (rapporteur) en A. Arabadjiev, rechters*
Advocaat-generaal: *J. Mazák*

1. Het verzoek om een prejudiciële beslissing betreft de uitlegging van de artikelen 73 B en 73 D EG-Verdrag (thans, respectievelijk, artikelen 56 EG en 58 EG) betreffende het vrij verkeer van kapitaal.

2. Dit verzoek is ingediend in het kader van een geding tussen Arens-Sikken, echtgenote van een in Italië overleden Nederlander, en de Staatssecretaris van Financiën, over de berekening van het recht van overgang dat verschuldigd is over een onroerende zaak die de erflater in Nederland bezat.

Toepasselijke bepalingen

Gemeenschapsregeling

3. Artikel 1 van richtlijn 88/361/EEG van de Raad van 24 juni 1988 voor de uitvoering van artikel 67 van het Verdrag [nadien artikel 67 EG-Verdrag, ingetrokken bij het Verdrag van Amsterdam] (*PB* L 178, blz. 5) bepaalt:

'1. Onverminderd de hierna volgende bepalingen heffen de lidstaten de beperkingen op met betrekking tot het kapitaalverkeer tussen ingezetenen van de lidstaten. Teneinde de toepassing van deze richtlijn te vergemakkelijken, worden de verschillende categorieën kapitaalverkeer ingedeeld volgens de nomenclatuur van bijlage I.
2. Overmakingen in verband met het kapitaalverkeer geschieden op dezelfde koersvoorwaarden als die welke voor betalingen in verband met het lopende verkeer gelden.'

4. Het in bijlage I bij richtlijn 88/361 genoemde kapitaalverkeer omvat, in rubriek XI, het 'Kapitaalverkeer van persoonlijke aard', waartoe nalatenschappen en legaten behoren.

Nationale regeling

5. Naar Nederlands recht wordt over elke erfenis belasting geheven. Artikel 1, lid 1, van de Successiewet van 28 juni 1956 (*Stb.* 1956, 362; hierna: 'SW 1956') maakte een onderscheid naargelang de erflater op het tijdstip van overlijden in Nederland woonde of daarbuiten.

6. Deze bepaling luidde in het tijdvak van 1 januari 1992 tot en met 31 december 2001 als volgt:

'Krachtens deze wet worden de volgende belastingen geheven:
1. recht van successie van de waarde van al wat krachtens erfrecht wordt verkregen door het overlijden van iemand, die ten tijde van dat overlijden binnen het Rijk woonde. [...]
2. recht van overgang van de waarde van het in artikel 5, tweede lid, nader omschrevene, verkregen krachtens schenking, of krachtens erfrecht door het overlijden, van iemand, die ten tijde van die schenking of van dat overlijden niet binnen het Rijk woonde;
3. recht van schenking [...]'

7. In de versie die van 8 december 1995 tot en met 31 december 2000 gold, bepaalde artikel 5, lid 2, SW 1956:

'Het recht van overgang wordt geheven van de waarde van:
1. de binnenlandse bezittingen, genoemd in artikel 13 van de Wet op de vermogensbelasting [van 16 december 1964 (*Stb.* 1964, 520); hierna: 'wet VB 1964'], eventueel na aftrek van schulden, als in dat artikel zijn bedoeld;
[...]'

8. Volgens artikel 13, lid 1, eerste streepje, van de wet VB, in de versie die gold van 1 januari 1992 tot en met 31 december 2000, omvatten 'binnenlandse bezittingen' onder meer de 'in Nederland gelegen onroerende zaken of rechten waaraan deze zijn onderworpen' (voor zover deze niet behoren tot een binnenlandse onderneming).

9. Artikel 13, lid 2, sub b, van de wet VB 1964 laat slechts in aftrek toe schulden die verzekerd zijn door hypotheek op een in Nederland gelegen onroerende zaak, voor zover de op die schulden betrekking hebbende renten en kosten in aanmerking komen bij de bepaling van het binnenlandse onzuiver inkomen in de zin van artikel 49 van de Wet op de inkomstenbelasting van 16 december 1964 (*Stb.* 1964, 519).

10. Er is tussen het Koninkrijk der Nederlanden en de Italiaanse Republiek geen bilateraal verdrag gesloten ter voorkoming van dubbele belastingheffing op het gebied van de successiebelasting.

11. Blijkens de opmerkingen van de Nederlandse regering is het tarief van het recht van successie dubbel progressief. Ten eerste hangt het af van de relatie tussen de belastingplichtige en de erflater en ten tweede varieert het naargelang van de hoogte van de verkrijging.

12. Tevens blijkt uit deze opmerkingen dat het voor het recht van overgang geldende proportionele tarief van 6% met ingang van 1 januari 1985 is afgeschaft en vervangen door het progressieve tarief van het successie- en schenkingsrecht. Ook het recht van overgang wordt dus geheven volgens een dubbel progressief tarief dat wordt bepaald op basis van de relatie tussen de belastingplichtige en de erflater en, met ingang van die datum, van de hoogte van de verkrijging.

Hoofdgeding en prejudiciële vragen

13. De echtgenoot van Arens-Sikken overleed op 8 november 1998. Op het tijdstip van zijn overlijden woonde hij reeds meer dan tien jaar niet meer in Nederland, maar in Italië.

14. Erflater had een testament gemaakt, waarbij zijn nalatenschap in gelijke delen werd verdeeld over verzoekster in het hoofdgeding en de vier kinderen uit zijn huwelijk met haar.

15. Ingevolge een testamentaire ouderlijke boedelverdeling als bedoeld in artikel 1167 (oud) van het Nederlandse Burgerlijk Wetboek werden alle activa en passiva van de nalatenschap toebedeeld aan de overlevende echtgenoot, te weten Arens-Sikken.

16. Volgens het verwijzingsarrest en de opmerkingen van de Nederlandse regering, ontving verzoekster in het hoofdgeding tengevolge van deze boedelverdeling activa en passiva met een hogere waarde dan haar wettelijke erfdeel. Zij is derhalve overbedeeld. Haar kinderen zijn daarentegen onderbedeeld, omdat zij geen van de zaken waaruit de nalatenschap bestond, hebben ontvangen. Ingevolge de testamentaire ouderlijke boedelverdeling was verzoekster in het hoofdgeding gehouden haar kinderen de waarde van hun erfdelen in contanten uit te betalen. Op haar rustte dus jegens elk van haar kinderen een overbedelingsschuld, en de kinderen hadden wegens de onderbedeling een onderbedelingsvordering op verzoekster.

17. Tot de nalatenschap behoorde onder meer het aandeel van erflater in een in Nederland gelegen onroerende zaak ter waarde van 475 000 NLG.

18. De erfgenamen van erflater hebben aangifte gedaan voor het recht van overgang naar een verkrijging voor elk van hen van 95 000 NLG, te weten een vijfde van de waarde van de onroerende zaak van 475 000 NLG.

19. De belastingdienst was echter van oordeel dat het tot de nalatenschap behorende aandeel in die onroerende zaak in zijn geheel door verzoekster in het hoofdgeding was verkregen, en heeft haar een aanslag in het recht van overgang opgelegd naar een verkrijging van 475 000 NLG. Aan de kinderen van Arens-Sikken is geen aanslag in het recht van overgang opgelegd.

20. Nadat verzoekster in het hoofdgeding bezwaar had aangetekend, werd de beslissing van de belastingdienst gehandhaafd.

21. Arens-Sikken is tegen de bevestigende beslissing van de belastingdienst in beroep gegaan bij het Gerechtshof te 's-Hertogenbosch. In dit beroep betoogde zij dat zij niet gehouden was om een recht van overgang berekend op basis van deze waarde van 475 000 NLG te betalen, maar dat op dit bedrag de overbedelingsschulden in mindering moesten worden gebracht.

22. Het Gerechtshof te 's-Hertogenbosch oordeelde dat het recht van overgang, wat verzoekster in het hoofdgeding betreft, aansluit bij de erfrechtelijke verkrijging van de onroerende zaak. In verband met de testamentaire ouderlijke boedelverdeling oordeelde deze rechter dat het bij de aan verzoekster toebedeelde zaak om erflaters aandeel in de betrokken onroerende zaak ging.

23. Arens-Sikken heeft tegen de uitspraak van het Gerechtshof te 's-Hertogenbosch beroep in cassatie ingesteld bij de Hoge Raad der Nederlanden. In het verwijzingsarrest stelt de Hoge Raad vast dat het Gerechtshof te 's-Hertogenbosch terecht had geoordeeld dat verzoekster in het hoofdgeding voor de heffing van het recht van overgang, krachtens Nederlands erfrecht wordt geacht het aan haar toegedeelde aandeel in de onroerende zaak in zijn geheel te hebben verkregen. Deze rechter stelt vast dat belanghebbende, als gevolg van de Nederlandse wettelijke regeling van het recht van overgang, voor de bepaling van de heffingsgrondslag de overbedelingsschulden niet in mindering kan brengen (evenmin als een evenredig gedeelte van alle tot de nalatenschap behorende schulden). Zou de echtgenoot van Arens-Sikken ten tijde van zijn overlijden zijn woonplaats daarentegen in Nederland hebben gehad, dan zou zij voor de bepaling van het in dat geval verschuldigde successierecht wél de overbedelingsschulden (evenals alle tot de nalatenschap behorende schulden) in aanmerking hebben mogen nemen bij de bepaling van de heffingsgrondslag.

24. De verwijzende rechter vraagt zich derhalve af of de niet-aftrekbaarheid van overbedelingsschulden bij de bepaling van de heffingsgrondslag voor het recht van overgang een verboden beperking van het vrije verkeer van kapitaal vormt. Hij vraagt zich in dit verband af of er overeenkomstig de rechtspraak van het Hof die voortvloeit uit

de arresten van 12 juni 2003, Gerritse (C-234/01, *Jurispr.* blz. I-5933), en 11 december 2003, Barbier (C-364/01, *Jurispr.* blz. I-15013), bij overbedelingsschulden sprake is van een voldoende rechtstreekse samenhang met de betrokken onroerende zaak.

25. Van oordeel dat het geding vragen oproept met betrekking tot de uitlegging van het gemeenschapsrecht, heeft de Hoge Raad der Nederlanden besloten de behandeling van de zaak te schorsen en het Hof te verzoeken om een prejudiciële beslissing over de volgende vragen:

'1. Moeten de artikelen 73B en 73D EG-Verdrag [...] aldus worden uitgelegd dat deze artikelen eraan in de weg staan dat een lidstaat een verkrijging krachtens erfrecht van een in die lidstaat gelegen onroerende zaak die behoort tot de nalatenschap van een – op het moment van overlijden – ingezetene van een andere lidstaat, belast naar de waarde van de onroerende zaak zonder rekening te houden met op de verkrijger rustende overbedelingsschulden uit hoofde van een testamentaire ouderlijke boedelverdeling?

2. Indien het antwoord op de vorige vraag bevestigend luidt en bovendien via vergelijking moet worden bepaald of en zo ja in hoeverre met overbedelingsschulden rekening moet worden gehouden, welke vergelijkingsmethode [...] moet dan in een geval als in dit geding aan de orde worden gebruikt om te bepalen of het successierecht dat zou zijn geheven indien de erflater ten tijde van zijn overlijden inwoner van Nederland zou zijn geweest, lager zou zijn geweest dan het recht van overgang?

3. Maakt het voor de beoordeling van de eventuele uit het EG-Verdrag voortvloeiende verplichting van de lidstaat waarin de onroerende zaak is gelegen om aftrek van de overbedelingsschulden geheel of gedeeltelijk toe te staan, verschil of die aftrek leidt tot een lagere tegemoetkoming ter voorkoming van dubbele belasting in de lidstaat die zich ter zake van de nalatenschap heffingsbevoegd acht op grond van de woonplaats van de erflater?'

Beantwoording van de prejudiciële vragen

Eerste en tweede vraag

26. Met deze vragen wenst de verwijzende rechter in wezen te vernemen of artikel 73 B juncto artikel 73 D EG-Verdrag in die zin moeten worden uitgelegd dat zij zich verzetten tegen een regeling van een lidstaat, zoals die welke in het hoofdgeding aan de orde is, betreffende het recht van successie en het recht van overgang die verschuldigd zijn over een in deze lidstaat gelegen onroerende zaak, waarin, bij de berekening van deze rechten, niet wordt toegestaan dat de overbedelingsschulden ten gevolge van een testamentaire ouderlijke boedelverdeling in aftrek worden gebracht wanneer de erflater op het tijdstip van zijn overlijden niet woonde in de lidstaat waarin deze onroerende zaak is gelegen, maar in een andere lidstaat, terwijl deze aftrekbaarheid wel is voorzien wanneer de betrokken persoon op het tijdstip van zijn overlijden woonde in de lidstaat waarin de onroerende zaak is gelegen.

27. Indien deze vraag bevestigend wordt beantwoord, en gelet op de reeds aangehaalde arresten Gerritse en Barbier, wenst de verwijzende rechter voorts te vernemen welke methode moet worden toegepast op een situatie als die welke in het hoofdgeding aan de orde is, om te bepalen of het recht van de successie dat zou zijn geheven indien de erflater op het tijdstip van zijn overlijden in Nederland zou hebben gewoond, lager is dan het recht van overgang.

28. Artikel 56, lid 1, EG verbiedt op algemene wijze beperkingen van het kapitaalverkeer tussen de lidstaten (arrest van 6 december 2007, Federconsumatori e.a., C-463/04 en C-464/04, nog niet gepubliceerd in de *Jurisprudentie*, punt 19 en aldaar aangehaalde rechtspraak).

29. Aangezien het Verdrag geen definitie bevat van het begrip 'kapitaalverkeer' in de zin van artikel 56, lid 1, EG, heeft het Hof eerder erkend dat de nomenclatuur in de bijlage bij richtlijn 88/361, ook al is deze vastgesteld op basis van de artikelen 69 en 70, lid 1, EEG-Verdrag (nadien artikelen 69 en 70, lid 1, EG-Verdrag, ingetrokken bij het Verdrag van Amsterdam), indicatieve waarde heeft, met dien verstande dat de lijst die zij bevat, gelijk in de inleiding te kennen wordt gegeven, geenszins uitputtend is (zie met name arresten van 23 februari 2006, Van Hilten-van der Heijden, C-513/03, *Jurispr.* blz. I-1957, punt 39, en 3 oktober 2006, Fidium Finanz, C-452/04, *Jurispr.* blz. I-9521, punt 41; arrest Federconsumatori e.a., reeds aangehaald, punt 20, en arrest van 17 januari 2008, Jäger, C-256/06, nog niet gepubliceerd in de *Jurisprudentie*, punt 24).

30. Dienaangaande heeft het Hof, erop wijzend dat successies, die hierin bestaan dat één of meerdere personen de nalatenschap van een overledene verkrijgen, dat wil zeggen dat de eigendom van de diverse zaken, rechten, enzovoort, waaruit die nalatenschap bestaat, overgaat op de erfgenamen, vallen onder rubriek XI van bijlage I bij richtlijn 88/361, getiteld 'Kapitaalverkeer van persoonlijke aard', geoordeeld dat successies kapitaalverkeer in de zin van artikel 56 EG vormen, tenzij alle constituerende elementen binnen één lidstaat gelegen zijn (zie reeds aangehaalde arresten Barbier, punt 58; Van Hilten-van der Heijden, punt 42, en Jäger, punt 25).

31. Wanneer een persoon die bij zijn overlijden ingezetene van Italië was, aan andere personen die ingezetene van Italië zijn of in voorkomend geval van andere lidstaten, een onroerende zaak nalaat die in Nederland gelegen is

en waarover in Nederland het recht van overgang wordt berekend, is er zeker geen sprake van een louter interne situatie.

32. Bij de in het hoofdgeding aan de orde zijnde erfenis is dus sprake van kapitaalverkeer in de zin van artikel 56, lid 1, EG.

33. Om te beginnen moet worden onderzocht of, zoals de Commissie van de Europese Gemeenschappen betoogt, een nationale regeling als die in het hoofdgeding een beperking van het kapitaalverkeer vormt.

34. In dit verband dient vooraf in herinnering te worden gebracht dat overeenkomstig de Nederlandse regeling, wanneer een erflater op het tijdstip van zijn overlijden in een andere lidstaat dan het Koninkrijk der Nederlanden woonde, de overbedelingsschulden ten gevolge van een testamentaire ouderlijke boedelverdeling, zoals die welke Arens-Sikken draagt en in het hoofdgeding aan de orde zijn, niet in aftrek kunnen worden gebracht voor de berekening van het recht van overgang over de nagelaten onroerende zaak. Bijgevolg moest het recht van overgang dat verzoekster in het hoofdgeding moest voldoen wegens de erfrechtelijke verkrijging van de onroerende zaak, worden berekend op basis van een waarde van 475 000 NLG, dat wil zeggen de volledige waarde van die zaak.

35. Wanneer een persoon op het tijdstip van zijn overlijden daarentegen in Nederland woonde, wordt bij de berekening van het recht van successie dat verschuldigd is over de erfrechtelijke verkrijging van de onroerende zaak, wel rekening gehouden met dergelijke schulden. In eenzelfde situatie als die van verzoekster in het hoofdgeding, die wordt gekenmerkt door de aanwezigheid van vier andere erfgenamen en een nagelaten onroerende zaak met een waarde van 475 000 NLG, zou het recht van successie dat zou moeten worden voldaan door de echtgenoot op wie overbedelingsschulden rusten, zijn berekend over een bedrag van 95 000 NLG, te weten één vijfde van de waarde van die zaak.

36. Uit de rechtspraak van het Hof volgt dat nationale bepalingen waarin de waarde van een onroerende zaak wordt bepaald voor de berekening van de belastingschuld bij erfrechtelijke verwerving van een onroerende zaak, niet alleen de aankoop van in de betrokken lidstaat gelegen onroerende zaken kunnen ontmoedigen, maar ook kunnen leiden tot waardevermindering van de nalatenschap van een ingezetene van een andere lidstaat dan die waar genoemde zaken zijn gelegen (zie in die zin reeds aangehaalde arresten Barbier, punt 62, en Jäger, punt 30).

37. Wat successies betreft heeft de rechtspraak bevestigd dat de maatregelen die ingevolge artikel 56, lid 1, EG verboden zijn op grond dat zij het kapitaalverkeer beperken, mede de maatregelen omvatten die leiden tot waardevermindering van de nalatenschap van een persoon die woonplaats heeft in een andere staat dan de lidstaat waar de betrokken zaken zich bevinden en waar de vererving van die zaken wordt belast (reeds aangehaalde arresten Van Hilten-van der Heijden, punt 44, en Jäger, punt 31).

38. In een situatie als die in het hoofdgeding blijft, voor de toepassing van de nationale regeling, de belastbare waarde van de nagelaten onroerende zaak weliswaar dezelfde, ongeacht of de aftrek al dan niet is toegelaten om rekening te houden met de testamentaire ouderlijke boedelverdeling. Dit neemt echter niet weg, zoals de Commissie op goede gronden heeft betoogd, dat de Nederlandse regeling, wat de berekeningsmethode betreft die wordt gebruikt om de daadwerkelijk verschuldigde belasting te berekenen, onderscheid maakt tussen degenen die op het tijdstip van hun overlijden wel ingezetenen en degenen die op dat tijdstip geen ingezetenen van de betrokken lidstaat waren.

39. Indien een ingezetene een in Nederland gelegen onroerende zaak zou hebben nagelaten aan vijf erfgenamen en eveneens een testamentaire ouderlijke boedelverdeling had vastgelegd, zou immers, zoals blijkt uit de punten 34 en 35 van het onderhavige arrest, de totale belastingdruk in verband met die onroerende zaak over alle erfgenamen zijn verdeeld, terwijl na overlijden van een niet-ingezetene, zoals de echtgenoot van verzoekster in het hoofdgeding, de totale belastingdruk door één erfgenaam wordt gedragen. Zoals de Commissie heeft vastgesteld zijn er in het eerste geval verschillende erfgenamen en het door elk van hen ontvangen bedrag overschrijdt, gelet op de waarde van de betrokken onroerende zaak, niet noodzakelijkerwijs de drempel(s) voor toepassing van een hoger belastingtarief. Een heffing over de totale waarde van een onroerende zaak, die ten laste wordt gelegd van één erfgenaam, op wie de overbedelingsschulden ten gevolge van de testamentaire ouderlijke boedelverdeling rusten, zou tot de toepassing van een hoger belastingtarief kunnen leiden, of leidt daar zelfs noodzakelijkerwijs toe.

40. Daaruit volgt dat een nationale regeling zoals die in het hoofdgeding, vanwege de progressie in de belastingschijven in de Nederlandse regeling, welke op zich, zoals de Commissie ter terechtzitting heeft beklemtoond, geen bezwaar vormt, de nalatenschap van een niet-ingezetene in totaal zwaarder zou kunnen belasten.

41. Aan deze slotsom kan niet worden afgedaan door het argument van de Nederlandse regering dat de in Nederland toegepaste regeling geen beperking bevat aangezien het door verzoekster in het hoofdgeding aangevoerde verschil in behandeling voortvloeit uit de wijze waarop de heffingsbevoegdheden tussen de lidstaten zijn verdeeld. Deze omstandigheid is immers irrelevant, gelet op de criteria die voortvloeien uit de in de punten 36 en 37 van het onderhavige arrest aangehaalde rechtspraak. Bovendien is het verschil in behandeling bij de inaanmerkingneming van de overbedelingsschulden het gevolg van de toepassing van enkel de betrokken Nederlandse regeling (zie in die zin tevens arrest Jäger, reeds aangehaald, punt 34).

42. De Nederlandse regering betoogt echter dat de overbedelingsschulden niet kunnen worden geacht rechtstreeks met de onroerende zaak te zijn verbonden in de zin van de reeds aangehaalde arresten Gerritse en Barbier. Deze schulden zijn geen schulden die deel uitmaken van de nalatenschap maar schulden die door de overlevende echtgenoot zijn aangegaan en die zijn ontstaan na het overlijden van de erflater, door de werking van het door hem nagelaten testament. Deze schulden drukken niet op de onroerende zaak en de schuldeisers van de overlevende echtgenoot, op wie de overbedelingsschulden rusten, kunnen geen zakelijke rechten op die onroerende zaak doen gelden.

43. In dit verband dient in herinnering te worden gebracht dat de vraag die in de aan het reeds aangehaalde arrest Barbier ten grondslag liggende zaak was gesteld, de berekening betrof van de belasting die moest worden geheven bij de erfrechtelijke verkrijging van een in een lidstaat gelegen onroerende zaak, en de inaanmerkingneming, voor de bepaling van de waarde van deze zaak, van de onvoorwaardelijke verplichting van de juridische eigenaar om de zaak te leveren aan een derde, die de economische eigendom van genoemde zaak heeft. Deze schuld was dus rechtstreeks verbonden met het voorwerp van de nalatenschap.

44. Zo heeft het Hof ook in het kader van de artikelen 49 EG en 50 EG vastgesteld dat een nationale regeling die bij de belastingheffing aan niet-ingezetenen geen aftrek toestaat van beroepskosten die rechtstreeks verband houden met de activiteit waardoor de in de betrokken lidstaat belastbare inkomsten zijn verworven, terwijl die regeling dit daarentegen wel toestaat aan ingezetenen, in het nadeel kan werken van hoofdzakelijk onderdanen van andere lidstaten en in strijd is met genoemde artikelen (zie in die zin arrest Gerritse, reeds aangehaald, punten 27 en 28).

45. In het hoofdgeding zijn de overbedelingsschulden, zoals de verwijzende rechter zelf opmerkt, weliswaar connex met de betrokken onroerende zaak, aangezien zij worden veroorzaakt doordat die zaak ingevolge de testamentaire ouderlijke boedelverdeling in zijn geheel door verzoekster in het hoofdgeding was verkregen, doch voor de slotsom dat er sprake is van een bij artikel 56, lid 1, EG in beginsel verboden beperking, is niet noodzakelijk dat wordt onderzocht of er een rechtstreeks verband bestaat tussen de overbedelingsschulden en de onroerende zaak die het voorwerp van de nalatenschap vormt. Anders dan in de bovengenoemde zaken, betreft de onderhavige zaak de — voor de erfgenamen verschillende — gevolgen van een nationale regeling waarin bij de verdeling van de heffingsgrondslag na een testamentaire ouderlijke boedelverdeling onderscheid wordt gemaakt naargelang de erflater op het tijdstip van zijn overlijden ingezetene dan wel niet-ingezetene van de betrokken lidstaat was.

46. In casu is de beperking van het vrije kapitaalverkeer, blijkens de punten 38 tot en met 40 van het onderhavige arrest, het gevolg van het feit dat een nationale regeling zoals die welke in het hoofdgeding aan de orde is, gecombineerd met de toepassing van een progressief belastingtarief, bij de verdeling van de belastingdruk uitmondt in een ongelijke behandeling van de verschillende erfgenamen van een persoon die op het tijdstip van zijn overlijden ingezetene was, en van de erfgenamen van een persoon die op dat tijdstip niet-ingezetene was van de betrokken lidstaat.

47. Ter terechtzitting heeft de Nederlandse regering zelf erkend dat in een situatie als die van het hoofdgeding, de niet-inaanmerkingneming van de onderbedelingsvorderingen die de andere erfgenamen van een dergelijke niet-ingezetene hebben, tot een zwaardere belastingdruk zou kunnen leiden omdat het recht van overgang alleen van de overlevende echtgenoot wordt gevorderd.

48. Tevens moet worden vastgesteld dat in een situatie zoals die van het hoofdgeding, de beperking die voortvloeit uit het feit dat de overlevende echtgenoot een recht van overgang moet betalen over de totale waarde van de onroerende zaak zonder dat rekening wordt gehouden met de overbedelingsschulden, nog wordt verstrekt door het feit dat, zoals blijkt uit punt 12 van het onderhavige arrest en uit de door de Commissie bij het Hof ingediende schriftelijke opmerkingen, het recht van overgang niet alleen wordt berekend op basis van de waarde van de verkrijging, maar tevens rekening gehouden met de band tussen de belastingplichtige en de erflater. Volgens de Commissie is de vrijstelling die voor overlevende echtgenoten geldt gewoonlijk aanzienlijk, in tegenstelling tot die welke voor de kinderen geldt.

49. Vervolgens moet worden nagegaan of verdragsbepalingen de aldus vastgestelde beperking van het vrije kapitaalverkeer kunnen rechtvaardigen.

50. In dat verband zij eraan herinnerd dat volgens artikel 58, lid 1, sub a, EG 'het bepaalde in artikel 56 niets af[doet] aan het recht van de lidstaten [...] de ter zake dienende bepalingen van hun belastingwetgeving toe te passen die onderscheid maken tussen belastingplichtigen die niet in dezelfde situatie verkeren met betrekking tot [...] de plaats waar hun kapitaal is belegd'.

51. Deze bepaling van artikel 58 EG moet als uitzondering op het fundamentele beginsel van het vrije kapitaalverkeer strikt worden uitgelegd. Bijgevolg kan die bepaling niet aldus worden uitgelegd dat elke belastingwetgeving die een onderscheid maakt tussen belastingplichtigen naargelang van hun woonplaats of van de lidstaat waar zij hun kapitaal beleggen, automatisch verenigbaar is met het Verdrag (zie arrest Jäger, reeds aangehaald, punt 40).

52. De in artikel 58, lid 1, sub a, EG bedoelde afwijking wordt immers zelf beperkt door artikel 58, lid 3, EG, dat bepaalt dat de in lid 1 van dit artikel bedoelde nationale maatregelen 'geen middel tot willekeurige discriminatie

[mogen] vormen, noch een verkapte beperking van het vrije kapitaalverkeer en betalingsverkeer als omschreven in artikel 56' (zie arresten van 6 juni 2000, Verkooijen, C-35/98, *Jurispr.* blz. I-4071, punt 44, en 7 september 2004, Manninen, C-319/02, *Jurispr.* blz. I-7477, punt 28, en arrest Jäger, reeds aangehaald, punt 41). Bovendien is het verschil in behandeling op het gebied van het recht van successie en het recht van overgang, verschuldigd over een op het grondgebied van het Koninkrijk der Nederlanden gelegen onroerende zaak, tussen degene die op het tijdstip van zijn overlijden in deze lidstaat woonde en degene die in een andere lidstaat woonde, slechts gerechtvaardigd indien het niet verder gaat dan nodig is om het door de betrokken regeling nagestreefde doel te bereiken (zie in die zin arrest Manninen, reeds aangehaald, punt 29).

53. Derhalve moet een onderscheid worden gemaakt tussen de krachtens artikel 58, lid 1, sub a, EG toegestane ongelijke behandelingen en de op grond van lid 3 van dit artikel verboden willekeurige discriminaties. Volgens de rechtspraak kan een nationale belastingregeling als die welke in het hoofdgeding aan de orde is, die met het oog op de berekening van de successiebelasting een onderscheid maakt tussen de aftrekbaarheid van overbedelingsschulden naargelang de erflater op het tijdstip van zijn overlijden in deze lidstaat dan wel in een andere lidstaat woonde, slechts verenigbaar met de verdragsbepalingen betreffende het vrije kapitaalverkeer worden geacht indien het verschil in behandeling betrekking heeft op situaties die niet objectief vergelijkbaar zijn of wordt gerechtvaardigd door dwingende redenen van algemeen belang (zie reeds aangehaalde arresten Verkooijen, punt 43; Manninen, punt 29, en Jäger, punt 43).

54. In dat verband moet worden vastgesteld dat, anders dan de Nederlandse regering betoogt, dit verschil in behandeling niet kan worden gerechtvaardigd op grond dat het betrekking heeft op situaties die niet objectief vergelijkbaar zijn.

55. De in het hoofdgeding aan de orde zijnde situatie van de erfgenamen van de erflater is immers vergelijkbaar met die van iedere andere erfgenaam wiens successie een in Nederland gelegen onroerende zaak omvat die hem wordt nagelaten door iemand die op het tijdstip van overlijden in deze lidstaat woonde.

56. De Nederlandse regeling beschouwt in beginsel zowel de erfgenamen van degenen die op het tijdstip van overlijden ingezetenen waren als de erfgenamen van degenen die op het tijstip van overlijden niet-ingezetenen waren, als belastingplichtig voor de heffing van het recht van successie en/of het recht van overgang over in Nederland gelegen onroerende zaken. Alleen bij de aftrek van de overbedelingsschulden ten gevolge van een testamentaire ouderlijke boedelverdeling worden de successie van ingezetenen en de successie van niet-ingezetenen ongelijk behandeld.

57. Wanneer een nationale regeling de erfgenamen van degene die op het tijdstip van overlijden de hoedanigheid van ingezetene had en de erfgenamen van degene die op dat tijdstip de hoedanigheid van niet-ingezetene had, voor de belastingheffing over een erfrechtelijk verkregen onroerende zaak die in de betrokken lidstaat is gelegen, gelijkstelt, kan deze regeling niet, zonder discriminatie in het leven te roepen, deze erfgenamen in het kader van diezelfde belastingheffing ongelijk behandelen met betrekking tot de aftrekbaarheid van de op die zaak drukkende lasten. Door de successie van deze twee categorieën personen met betrekking tot de successiebelasting identiek te behandelen, behalve voor de aftrek van deze schulden, heeft de nationale wetgever immers erkend dat er tussen hen, wat de wijze van heffing en de voorwaarden van deze belasting aangaat, geen objectief verschil in situatie bestaat, dat een verschil in behandeling kan rechtvaardigen (zie naar analogie, in het kader van het recht van vestiging, arresten van 28 januari 1986, Commissie/Frankrijk, 270/83, *Jurispr.* blz. 273, punt 20, en 14 december 2006, Denkavit Internationaal en Denkavit France, C-170/05, *Jurispr.* blz. I-11949, punt 35; in het kader van het vrije kapitaalverkeer en de successierechten, arrest van heden, Eckelkamp e.a., C-11/07, nog niet gepubliceerd in de *Jurisprudentie*, punt 63).

58. Wat ten slotte de vraag betreft of de beperking van het kapitaalverkeer die het gevolg is van een nationale regeling als die in het hoofdgeding, objectief kan worden gerechtvaardigd door een dwingende reden van algemeen belang, moet worden vastgesteld dat, afgezien van de in het kader van de derde vraag aangevoerde argumenten, door de Nederlandse regering geen enkele rechtvaardiging van dien aard is gegeven.

59. Aangaande de tweede vraag dient te worden vastgesteld dat de beperking van het vrije kapitaalverkeer is gelegen in het feit dat de niet-inaanmerkingneming van de overbedelingsschulden bij de berekening van het recht van overgang, in combinatie met het feit dat de belastingschijven in de Nederlandse regeling progressief zijn, ertoe zou kunnen leiden dat de totale belastingdruk zwaarder is dan die welke wordt toegepast bij de berekening van het recht van successie. Voorts formuleert de verwijzende rechter deze vraag onder verwijzing naar de bovengenoemde arresten Gerritse en Barbier, welke blijkens punt 45 van het onderhavige arrest in casu niet relevant zijn. Bijgevolg hoeft de tweede vraag niet te worden beantwoord.

60. Gelet op het voorgaande dient op de eerste vraag te worden geantwoord dat de artikelen 73 B en 73 D EG-Verdrag in die zin moeten worden uitgelegd dat zij zich verzetten tegen een nationale regeling, zoals die welke in het hoofdgeding aan de orde is, betreffende de berekening van het recht van successie en het recht van overgang, verschuldigd over een in een lidstaat gelegen onroerende zaak, waarin, bij de berekening van deze rechten, niet wordt toegestaan dat de overbedelingsschulden ten gevolge van een testamentaire ouderlijke boedelverdeling in

aftrek worden gebracht wanneer de erflater op het tijdstip van zijn overlijden niet woonde in deze staat maar in een andere lidstaat, terwijl deze aftrekbaarheid wel is voorzien wanneer de betrokken persoon op dat tijdstip woonde in de lidstaat waarin de onroerende zaak die het voorwerp van de nalatenschap vormt, is gelegen, voor zover deze regeling een progressief heffingstarief toepast en aangezien de niet-inaanmerkingneming van deze schulden in combinatie met dat progressieve tarief tot een zwaardere belastingdruk zou kunnen leiden voor de erfgenamen die een dergelijke aftrekbaarheid niet kunnen doen gelden.

Derde vraag

61. Met deze vraag wenst de verwijzende rechter in wezen te vernemen of het antwoord op de eerste vraag anders kan luiden indien de lidstaat waarin de erflater op het tijdstip van zijn overlijden woonde, krachtens een op zijn grondgebied geldende regeling ter voorkoming van dubbele belastingheffing een belastingkrediet verleent uit hoofde van de successiebelasting die in een andere lidstaat over op het grondgebied van deze andere staat gelegen onroerende zaken verschuldigd is.

62. Blijkens de rechtspraak van het Hof is de afschaffing van dubbele belasting een van de doelstellingen van de Europese Gemeenschap die de lidstaten ingevolge artikel 293, tweede streepje, EG moeten verwezenlijken. Bij gebreke van communautaire unificatie- of harmonisatiemaatregelen tot afschaffing van dubbele belastingen, blijven de lidstaten bevoegd om de criteria voor de belasting van de inkomsten en het vermogen vast te stellen teneinde, in voorkomend geval door het sluiten van een overeenkomst, dubbele belastingen af te schaffen. Daarbij staat het de lidstaten vrij om in het kader van bilaterale verdragen de aanknopingsfactoren ter verdeling van de heffingsbevoegdheid vast te stellen (zie arresten van 12 mei 1998, Gilly, C-336/96, *Jurispr.* blz. I-2793, punten 24 en 30; 21 september 1999, Saint-Gobain ZN, C-307/97, *Jurispr.* blz. I-6161, punt 57, en 19 januari 2006, Bouanich, C-265/04, *Jurispr.* blz. I-923, punt 49, en arrest Denkavit Internationaal en Denkavit France, reeds aangehaald, punt 43).

63. Bij de uitoefening van de aldus verdeelde heffingsbevoegdheid mogen de lidstaten niettemin niet de gemeenschapsregels naast zich neerleggen (reeds aangehaalde arresten Saint-Gobain ZN, punt 58; Bouanich, punt 50, en Denkavit Internationaal en Denkavit France, punt 44).

64. Zelfs al zou een dergelijke bilaterale overeenkomst tussen de lidstaat waarin de erflater op het tijdstip van zijn overlijden woonde, en de lidstaat waarin de onroerende zaak is gelegen die het voorwerp van de successie vormt, de gevolgen kunnen neutraliseren van de in het kader van de beantwoording van de eerste vraag geconstateerde beperking van het vrije kapitaalverkeer, moet evenwel worden vastgesteld dat er tussen het Koninkrijk der Nederlanden en de Italiaanse Republiek geen bilateraal verdrag bestaat op het gebied van de voorkoming van dubbele heffing van successiebelasting.

65. In die omstandigheden kan worden volstaan met vast te stellen dat de lidstaat waarin de onroerende zaak is gelegen, zich ter rechtvaardiging van een uit zijn regeling voortvloeiende beperking van het vrije kapitaalverkeer niet kan beroepen op het bestaan van een mogelijkheid, buiten zijn toedoen, dat een belastingkrediet wordt verleend door een andere lidstaat, zoals de lidstaat waarin de erflater op het tijdstip van zijn overlijden woonde, waardoor het nadeel dat wordt geleden door de erfgenamen van die erflater omdat de lidstaat waarin die onroerende zaak is gelegen, bij de berekening van het recht van overgang geen rekening houdt met de overbedelingsschulden ten gevolge van een testamentaire ouderlijke boedelverdeling, geheel of gedeeltelijk zou kunnen worden gecompenseerd (zie in die zin arrest Eckelkamp e.a., reeds aangehaald, punt 68).

66. Een lidstaat kan zich immers niet beroepen op het bestaan van een voordeel dat unilateraal wordt verleend door een andere lidstaat, in casu de lidstaat waarin de betrokkene op het tijdstip van zijn overlijden woonde, teneinde te ontsnappen aan de krachtens het Verdrag, met name krachtens de bepalingen daarvan inzake het vrije kapitaalverkeer, op hem rustende verplichtingen (zie in die zin arrest van 8 november 2007, Amurta, C-379/05, nog niet gepubliceerd in de *Jurisprudentie*, punt 78).

67. Gelet op het voorgaande dient op de derde vraag te worden geantwoord dat aan het antwoord op de eerste vraag niet wordt afgedaan door de omstandigheid dat de regeling van de lidstaat waarin de erflater op het tijdstip van zijn overlijden woonde, unilateraal een mogelijkheid biedt om een belastingkrediet te verlenen uit hoofde van de successiebelasting die in een andere lidstaat verschuldigd is over in deze andere staat gelegen onroerende zaken.

Kosten

68. Ten aanzien van de partijen in het hoofdgeding is de procedure als een aldaar gerezen incident te beschouwen, zodat de nationale rechterlijke instantie over de kosten heeft te beslissen. De door anderen wegens indiening van hun opmerkingen bij het Hof gemaakte kosten komen niet voor vergoeding in aanmerking.

HET HOF VAN JUSTITIE (Derde kamer)

verklaart voor recht:

1. **De artikelen 73 B en 73 D EG-Verdrag (thans, respectievelijk, artikelen 56 EG en 58 EG) moeten in die zin worden uitgelegd dat zij zich verzetten tegen een nationale regeling, zoals die welke in het hoofdgeding aan de orde is, betreffende de berekening van het recht van successie en het recht van overgang, verschuldigd over een in een lidstaat gelegen onroerende zaak, waarin, bij de berekening van deze rechten, niet wordt toegestaan dat de overbedelingsschulden ten gevolge van een testamentaire ouderlijke boedelverdeling in aftrek worden gebracht wanneer de erflater op het tijdstip van zijn overlijden niet woonde in deze staat maar in een andere lidstaat, terwijl deze aftrekbaarheid wel is voorzien wanneer de betrokken persoon op dat tijdstip woonde in de lidstaat waarin de onroerende zaak die het voorwerp van de nalatenschap vormt, is gelegen, voor zover deze regeling een progressief heffingstarief toepast en aangezien de niet-inaanmerkingneming van deze schulden in combinatie met dat progressieve tarief tot een zwaardere belastingdruk zou kunnen leiden voor de erfgenamen die een dergelijke aftrekbaarheid niet kunnen doen gelden.**

2. **Aan het in punt 1 van het dictum gegeven antwoord wordt niet afgedaan door de omstandigheid dat de regeling van de lidstaat waarin de erflater op het tijdstip van zijn overlijden woonde, unilateraal een mogelijkheid biedt om een belastingkrediet te verlenen uit hoofde van de successiebelasting die in een andere lidstaat verschuldigd is over in deze andere staat gelegen onroerende zaken.**

HvJ EG 2 oktober 2008, C-360/06 (Heinrich Bauer Verlag Beteiligungs GmbH v. Finanzamt für Großunternehmen in Hamburg)

Tweede kamer: *C. W. A. Timmermans, kamerpresident, L. Bay Larsen (rapporteur), J. Makarczyk, J.-C. Bonichot en C. Toader, rechters*

Advocaat-generaal: *V. Trstenjak*

Samenvatting arrest *(V-N 2008/48.10)*

Heinrich Bauer Verlag Beteiligungs GmbH (hierna: HBV), een in Duitsland gevestigde kapitaalvennootschap, is de commanditaire vennoot van de in Spanje gevestigde commanditaire vennootschap Ediciones Sociedad en Commandita (hierna: HBE). Voorts houdt HBV alle participaties in de in Oostenrijk gevestigde Basar Zeitungs- und Verlagsgesellschaft GmbH und Co. KG (hierna: WBC). Voor de heffing van vermogensbelasting over het jaar 1988 over de waarde van de aandelen HBV (ten laste van Heinrich Bauer Verlag KG, de moedervennootschap van HBV) zijn de door HBV gehouden participaties in de personenvennootschappen HBE en WBC gewaardeerd op marktwaarde, waarbij naast de intrinsieke vermogenswaarde tevens rekening wordt gehouden met toekomstige winstverwachtingen van deze personenvennootschappen. Zouden HBE en WBc in Duitsland zijn gevestigd, dan zou bij de waardering van die participaties alleen rekening zijn gehouden met de intrinsieke vermogenswaarde. Het Finanzgericht Hamburg heeft aan het Hof van Justitie EG de prejudicële vraag voorgelegd of deze verschillende waarderingsvoorschriften in strijd zijn met het recht van vrije vestiging. Het geschil betreft de aanslag vermogensbelasting over het jaar 1988.

Het Hof van Justitie EG oordeelt dat dit waarderingsvoorschrift voor de particpaties in HBE in strijd is met het recht van vrije vestiging. Rechtvaardiging van deze strijdigheid op grond van het coherentiebeginsel of het voorkomen van praktische administratieve moeilijkheden is niet aan de orde. Dit oordeel heeft geen gevolgen voor de waardering van de participaties in WBC, aangezien het gemeenschapsrecht in de relatie met Oostenrijk ratione temporis niet van toepassing is.

HET HOF VAN JUSTITIE (Tweede kamer)

verklaart voor recht:

Bij gebreke van een geldige rechtvaardiging verzetten de artikelen 52 EEG-Verdrag (nadien artikel 52 EG-Verdrag, thans, na wijziging, artikel 43 EG) en 58 EEG-Verdrag (nadien 58 EG-Verdrag, thans artikel 48 EG) zich tegen de toepassing van een belastingregeling van een lidstaat wanneer deze in het kader van de waardering van niet-beursgenoteerde aandelen van een kapitaalvennootschap in omstandigheden als die van het hoofdgeding ertoe leidt dat aan de deelneming van deze vennootschap in het kapitaal van een in een andere lidstaat gevestigde personenvennootschap een hogere waarde wordt toegekend dan aan haar deelneming in een personenvennootschap die is gevestigd in de betrokken lidstaat, op voorwaarde echter dat een dergelijke deelneming haar een zodanige invloed op de besluiten van de in een andere lidstaat gevestigde personenvennootschap verleent dat zij de activiteiten ervan kan bepalen.

HvJ EG 16 oktober 2008, zaak C-527/06 (R. H. H. Renneberg v. Staatssecretaris van Financiën)

Derde kamer: *A. Rosas (rapporteur), kamerpresident, A. Ó Caoimh, J. Klučka, U. Lõhmus en P. Lindh, rechters*
Advocaat-generaal: *P. Mengozzi*

1. Het verzoek om een prejudiciële beslissing betreft de uitlegging van de artikelen 39 EG en 56 EG.

2. Dit verzoek is ingediend in het kader van een geding tussen R. H. H. Renneberg, een Nederlands staatsburger, en de Staatssecretaris van Financiën over de weigering van de Inspecteur om de negatieve inkomsten uit de door Renneberg in België bewoonde eigen woning in aanmerking te nemen bij de vaststelling van de heffingsgrondslag voor de inkomstenbelasting die Renneberg verschuldigd is in Nederland, waar hij zijn volledige inkomsten uit arbeid verwerft.

Rechtskader

Verdragsrecht

3. De Overeenkomst tussen de regering van het Koninkrijk der Nederlanden en de regering van het Koninkrijk België tot het vermijden van dubbele belasting op het gebied van belastingen naar het inkomen en naar het vermogen en tot vaststellen van enige andere regelen verband houdende met de belastingheffing, gesloten te Brussel op 19 oktober 1970 (*Trb.* 1970, 192; hierna: 'belastingverdrag'), bevat een artikel 4, met als titel 'Fiscale woonplaats', waarvan § 1 bepaalt:

'Voor de toepassing van deze overeenkomst betekent de uitdrukking 'inwoner van een van de Staten' iedere persoon die, ingevolge de wetten van die Staat, aldaar aan belasting is onderworpen op grond van zijn woonplaats, verblijf, plaats van leiding of enige andere, soortgelijke omstandigheid; [...]'

4. In artikel 6, § 1, van het belastingverdrag wordt bepaald:

'Inkomsten uit onroerende goederen mogen worden belast in de Staat waar deze goederen zijn gelegen.'

5. Artikel 19, § 1, eerste alinea, van dit verdrag luidt als volgt:

'Beloningen, daaronder begrepen pensioenen, door een van de Staten of een staatkundig onderdeel daarvan, hetzij rechtstreeks, hetzij uit door hen in het leven geroepen fondsen, betaald aan een natuurlijke persoon ter zake van diensten bewezen aan die Staat of aan dat onderdeel daarvan, mogen in die Staat worden belast.'

6. Artikel 24, § 1, punten 1 en 2, van het belastingverdrag bepaalt:

'Met betrekking tot inwoners van Nederland wordt dubbele belasting op de volgende wijze vermeden:

1° Nederland is bevoegd bij het heffen van belasting van zijn inwoners in de grondslag waarnaar de belasting wordt geheven, de bestanddelen van het inkomen of het vermogen te begrijpen die overeenkomstig de bepalingen van deze overeenkomst in België mogen worden belast;

2° onder voorbehoud van de toepassing van de bepalingen betreffende de verliescompensatie in de eenzijdige voorschriften tot het vermijden van dubbele belasting, verleent Nederland een vermindering op het overeenkomstig het bepaalde onder 1° berekende belastingbedrag. Deze vermindering is gelijk aan dat gedeelte van het belastingbedrag dat tot dat belastingbedrag in dezelfde verhouding staat, als het gedeelte van het inkomen of van het vermogen dat in de onder 1° bedoelde grondslag is begrepen en dat volgens [onder meer artikel 6] van de overeenkomst in België mag worden belast, staat tot het bedrag van het gehele inkomen of vermogen dat de onder 1° bedoelde grondslag vormt'.

7. Artikel 25 van dit verdrag, met als titel 'Non-discriminatie', bepaalt in § 3:

'Natuurlijke personen die inwoner zijn van een van de Staten genieten in de andere Staat dezelfde persoonlijke aftrekken, tegemoetkomingen en verminderingen uit hoofde van burgerlijke staat of samenstelling van het gezin als laatstbedoelde Staat aan zijn eigen inwoners verleent.'

Nationale regeling

8. In artikel 1 van de Wet op de inkomstenbelasting 1964 van 16 december 1964 (*Stb.* 1964, 519), in de versie die gold ten tijde van de feiten in het hoofdgeding (hierna: 'Wet IB'), worden 'binnenlandse' belastingplichtigen (hierna: 'ingezeten belastingplichtigen') gedefinieerd als natuurlijke personen die in Nederland wonen, terwijl 'buitenlandse belastingplichtigen' (hierna: 'niet-ingezeten belastingplichtigen') worden gedefinieerd als natuurlijke personen die niet in deze lidstaat wonen, maar daar wel inkomen genieten.

9. Ten aanzien van ingezeten belastingplichtigen wordt belasting geheven over hun belastbare inkomen, ten aanzien van niet-ingezeten belastingplichtigen enkel over hun in Nederland genoten inkomen.

10. Wat de ingezeten belastingplichtigen betreft is de belastinggrondslag samengesteld uit het wereldwijde onzuivere inkomen, verminderd met de te verrekenen verliezen (artikel 3 Wet IB). Tot het onzuivere inkomen behoren onder meer de zuivere inkomsten uit arbeid en uit vermogen (artikel 4, lid 1, sub c, Wet IB), waaronder het voordeel dat voor de belastingplichtige bestaat in het feit dat hij een eigen woning bewoont.

11. Overeenkomstig artikel 42a, lid 1, Wet IB wordt dit voordeel bepaald op een forfaitair bedrag en worden andere voordelen alsmede kosten, lasten en afschrijvingen – andere dan renten van schulden, kosten van geldleningen en periodieke betalingen ingevolge de rechten van erfpacht, opstal of beklemming – niet in aanmerking genomen.

12. Ingevolge artikel 4, lid 2, Wet IB wordt, indien de berekening van de zuivere inkomsten leidt tot een negatief bedrag, dit negatieve bedrag in mindering gebracht op het belastbare onzuivere inkomen.

13. Vaststaat dat toepassing van dit samenstel van bepalingen voor een ingezeten belastingplichtige ertoe leidt dat de rente van een schuld die is aangegaan ter financiering van een eigen woning, voor het volle bedrag het onzuivere inkomen en dientengevolge het belastbare inkomen verlaagt, ook voor zover de rente het voordeel uit de eigen woning overtreft.

14. De verwijzende rechter zet uiteen dat indien een ingezeten belastingplichtige negatieve inkomsten heeft uit een in België gelegen onroerend goed, dit negatieve inkomensbestanddeel in mindering mag worden gebracht op het in Nederland belastbare inkomen, met dien verstande dat in een volgend jaar waarin een positief inkomen uit dat onroerend goed wordt verkregen, voor de berekening van de aftrek ter voorkoming van dubbele belasting dat verlies in mindering wordt gebracht op dat positieve inkomen overeenkomstig artikel 24, § 1, punt 2, van het belastingverdrag, gelezen in samenhang met artikel 3, lid 4, van het Besluit voorkoming dubbele belasting 1989 van 21 december 1989 (*Stb.* 1989, 594; hierna: 'besluit van 1989').

Fiscale positie van een Belgische ingezetene die arbeidsinkomsten in Nederland verwerft

15. De fiscale regeling die geldt voor een belastingplichtige die in Nederland arbeidsinkomsten geniet en in België woont, is vastgelegd in de Wet IB en in het belastingverdrag.

16. Overeenkomstig artikel 48 Wet IB wordt ten aanzien van niet-ingezeten belastingplichtigen belasting geheven naar het belastbare binnenlandse inkomen, te weten het in een kalenderjaar genoten binnenlandse onzuivere inkomen.

17. Volgens artikel 49, sub c, Wet IB bestaat het binnenlandse onzuivere inkomen onder meer uit het gezamenlijke bedrag van hetgeen een niet in Nederland wonende persoon geniet als zuivere inkomsten uit arbeid, voor zover die inkomsten worden genoten uit een in Nederland vervulde dienstbetrekking of vroegere dienstbetrekking of uit in Nederland gelegen onroerende goederen.

18. In beginsel wordt ingevolge artikel 2, lid 2, Wet IB de niet in Nederland wonende Nederlander die in dienstbetrekking staat tot een Nederlandse publiekrechtelijke rechtspersoon, geacht in Nederland te wonen. De Hoge Raad der Nederlanden preciseert echter dat hij in zijn arrest van 12 maart 1980 (nr. 19180, BNB 1980/170) heeft beslist dat, voor inkomsten waarvoor volgens het belastingverdrag het Koninkrijk België heffingsbevoegd is, de woonplaatsbepaling van artikel 2, lid 2, Wet IB moet wijken voor de bepalingen van dit verdrag.

Hoofdgeding en prejudiciële vraag

19. Renneberg heeft in december 1993 zijn woonplaats vanuit Nederland naar België overgebracht. In 1996 en 1997 bewoonde hij in België een eigen woning, die hij in 1993 had aangekocht en die hij financierde met een hypothecaire lening van een Nederlandse bank.

20. In 1996 en 1997 was Renneberg in dienstbetrekking werkzaam bij de Nederlandse gemeente Maastricht. Gedurende deze twee jaren verwierf hij zijn volledige arbeidsinkomsten in Nederland.

21. In België was Renneberg een belasting voor zijn eigen woning verschuldigd, te weten de onroerende voorheffing. Vaststaat dat de negatieve inkomsten die Renneberg uit zijn Belgische woning had, geen invloed op het bedrag van deze belasting hebben gehad.

22. Voor de aanslag in de inkomstenbelasting in Nederland voor de belastingjaren 1996 en 1997 heeft Renneberg verzocht om aftrek van de negatieve inkomsten uit zijn Belgische woning. Dit verzoek betrof het verschil tussen de huurwaarde van de woning en de betaalde hypotheekrente.

23. De Inspecteur heeft voor deze jaren aanslagen opgelegd naar een belastbaar inkomen van 75 265 NLG respectievelijk 78 600 NLG, zonder de negatieve inkomsten van Renneberg uit zijn woning in België als aftrekpost te aan-

vaarden. Volgens de belastingaangifte van Renneberg bedroegen deze negatieve inkomsten 8 165 NLG in 1996 en 8 195 NLG in 1997.

24. De tegen deze aanslagen gemaakte bezwaren zijn afgewezen.

25. Het Gerechtshof te 's-Hertogenbosch heeft de beroepen tegen deze uitspraken bij twee uitspraken van 31 oktober 2002 verworpen, waarop Renneberg beroep in cassatie heeft ingesteld bij de Hoge Raad der Nederlanden.

26. Uit de vaststellingen van de verwijzende rechter volgt dat verzoeker in het hoofdgeding overeenkomstig artikel 4 van het belastingverdrag moet worden beschouwd als Belgisch ingezetene.

27. Renneberg wordt bijgevolg in Nederland niet beschouwd als een onbeperkt belastingplichtige, maar voor hem geldt, wat de inkomsten betreft waarvoor het Koninkrijk België volgens het belastingverdrag heffingsbevoegd is, de regeling voor niet-ingezeten belastingplichtigen. Derhalve hebben de negatieve of positieve inkomsten waarover het Koninkrijk België krachtens dit verdrag belasting kan heffen, geen invloed op de belasting over de positieve of negatieve inkomsten die, volgens ditzelfde verdrag, in Nederland belastbaar zijn.

28. In cassatie heeft Renneberg verwezen naar het arrest van het Hof van 14 februari 1995, Schumacker (C-279/93, *Jurispr.* blz. I-225). Hij stelt dat hij, aangezien hij zijn door artikel 39 EG gewaarborgde recht op vrij verkeer uitoefent, in Nederland de voordelen moet krijgen die aan ingezeten belastingplichtigen worden toegekend, want hij bevindt zich op het vlak van zijn belastbare inkomsten en de plaats waar deze worden verworven, in een situatie die in verregaande mate vergelijkbaar is met die van deze belastingplichtigen.

29. De Hoge Raad der Nederlanden merkt op dat het in het hoofdgeding aan de orde zijnde belastingvoordeel niet gerelateerd is aan de persoonlijke en gezinssituatie van de belastingplichtige, anders dan de belastingvoordelen die aan de orde waren in de zaak die tot het reeds aangehaalde arrest Schumacker heeft geleid.

30. De Hoge Raad is van oordeel dat, anders dan ten aanzien van het bij de heffing van directe belastingen – op grond van het draagkrachtbeginsel – in aanmerking nemen van de persoonlijke en gezinssituatie, niet kan worden gezegd dat de mogelijkheid om binnen één belastingjurisdictie negatieve inkomsten uit een inkomensbron te verrekenen met positieve inkomsten uit andere bronnen, een universeel kenmerk is van de heffing van directe belasting, zodat voor degene die, gebruikmakend van een door het EG-Verdrag gewaarborgd recht van vrij verkeer, in verschillende lidstaten belastingplichtig is, in een van deze staten die mogelijkheid zou moeten openstaan.

31. Van oordeel dat het hoofdgeding een aantal vragen van uitlegging van het gemeenschapsrecht doet ontstaan, heeft de Hoge Raad der Nederlanden de behandeling van de zaak geschorst en het Hof de volgende prejudiciële vraag gesteld:

> 'Moeten de artikelen 39 EG en 56 EG aldus worden uitgelegd dat één van die artikelen of beide zich ertegen verzetten dat aan een belastingplichtige die (per saldo) negatieve inkomsten heeft uit een door hem bewoonde eigen woning in zijn woonstaat en zijn positieve inkomsten, met name arbeidsinkomsten, volledig verwerft in een andere lidstaat dan waarin hij woont, door die andere lidstaat (werkstaat) niet wordt toegestaan de negatieve inkomsten af te trekken van zijn belaste arbeidsinkomsten, terwijl de werkstaat een zodanige aftrek wel toestaat aan zijn ingezetenen?'

32. Bij brief waarvan op 4 april 2008 kennis is gegeven, heeft het Hof de Nederlandse regering twee schriftelijke vragen gesteld over bepaalde aspecten van het ten tijde van de feiten in het hoofdgeding in Nederland geldende belastingrecht. Bij brief, neergelegd ter griffie van het Hof op 24 april 2008, heeft de Nederlandse regering een antwoord op deze vragen gegeven.

Beantwoording van de prejudiciële vraag

33. Met zijn vraag wenst de verwijzende rechter in wezen te vernemen of artikel 39 EG en/of artikel 56 EG aldus moeten worden uitgelegd dat zij zich verzetten tegen een nationale regeling als die aan de orde in het hoofdgeding, volgens welke een gemeenschapsburger die niet-ingezetene is van de lidstaat waarin hij inkomsten verwerft die zijn volledige of nagenoeg volledige belastbare inkomen vormen, in deze lidstaat voor de vaststelling van de grondslag van de belastingheffing over dat inkomen negatieve inkomsten uit een in een andere lidstaat gelegen woning waarvan hij eigenaar is, niet in aftrek kan brengen, terwijl een ingezetene van eerstgenoemde lidstaat dergelijke negatieve inkomsten voor de vaststelling van de grondslag van de belastingheffing over zijn inkomen wel in mindering kan brengen.

Beantwoording van de prejudiciële vraag voor zover zij betrekking heeft op artikel 39 EG

- *Toepasselijkheid van artikel 39 EG*

34. Vooraf zij gepreciseerd dat niet wordt gesteld dat de situatie van een persoon als Renneberg buiten de werkingssfeer van het vrije verkeer van werknemers valt op grond dat de dienstbetrekking die deze persoon vervult,

een betrekking in overheidsdienst in de zin van artikel 39, lid 4, EG is. Het dossier bevat trouwens geen enkele aanwijzing in die zin. Bijgevolg moet worden uitgegaan van de premisse dat de economische activiteit die in het hoofdgeding aan de orde is, geen betrekking is die ingevolge lid 4 van artikel 39 EG buiten de werkingssfeer van de leden 1 tot en met 3 van dat artikel valt.

35. De Nederlandse regering en – in haar schriftelijke opmerkingen – de Commissie van de Europese Gemeenschappen merken op dat in casu, wat het vrije verkeer van werknemers betreft, sprake is van een zuiver interne situatie. Een Nederlands staatsburger die zijn economische activiteiten in Nederland blijft uitoefenen nadat hij om privéredenen naar België is verhuisd, is geen migrerend werknemer en heeft geen gebruik gemaakt van het recht van vrij verkeer van werknemers.

36. Dienaangaande zij vastgesteld dat iedere gemeenschapsburger die in een andere lidstaat dan zijn woonstaat een werkzaamheid in loondienst uitoefent, binnen de werkingssfeer van artikel 39 EG valt, ongeacht zijn woonplaats en zijn nationaliteit (zie in die zin met name arresten van 21 februari 2006, Ritter-Coulais, C-152/03, *Jurispr.* blz. I-1711, punt 31; 18 juli 2007, Hartmann, C-212/05, *Jurispr.* blz. I-6303, punt 17, alsook Lakebrink en Peters-Lakebrink, C-182/06, *Jurispr.* blz. I-6705, punt 15; 11 september 2007, Hendrix, C-287/05, *Jurispr.* blz. I-6909, punt 46, en 17 januari 2008, Commissie/ Duitsland, C-152/05, nog niet gepubliceerd in de *Jurisprudentie*, punt 20).

37. De situatie van een gemeenschapsburger als Renneberg, die, nadat hij zijn woonplaats van de ene lidstaat naar een andere staat heeft overgebracht, een werkzaamheid in loondienst uitoefent in een andere lidstaat dan zijn woonstaat, valt bijgevolg sinds die overbrenging binnen de werkingssfeer van artikel 39 EG.

38. Derhalve dient te worden onderzocht of, zoals verzoeker in het hoofdgeding betoogt en de Commissie ter terechtzitting heeft verklaard, artikel 39 EG zich in een situatie als die van Renneberg verzet tegen toepassing van een nationale regeling als die aan de orde in het hoofdgeding.

Vrij verkeer van werknemers

– *Bij het Hof ingediende opmerkingen*

39 De Nederlandse regering – voor het geval het Hof mocht oordelen dat artikel 39 EG van toepassing is op een situatie als die in het hoofdgeding – alsmede de Zweedse regering zijn van mening dat het verschil in behandeling dat Renneberg ondergaat in vergelijking met een ingezeten belastingplichtige, niet in strijd is met artikel 39 EG, aangezien dit verschil in behandeling uitsluitend het gevolg is van de wijze waarop de heffingsbevoegdheid in het belastingverdrag is verdeeld.

40. Volgens de Nederlandse regering moet als gevolg van deze verdeling van heffingsbevoegdheid alleen het Koninkrijk België rekening houden met de negatieve en positieve inkomsten die Renneberg uit zijn Belgische woning heeft gehaald. Het Koninkrijk der Nederlanden kan alleen zijn inkomsten uit arbeid belasten en heeft niet het recht zijn inkomsten uit onroerend goed op te nemen in de belastinggrondslag. Het Verdrag waarborgt een burger van de Europese Unie overigens niet dat de overbrenging van zijn werkzaamheden naar een andere lidstaat dan de lidstaat waar hij tot dan woonde, fiscaal neutraal is.

41. De Nederlandse regering leidt hieruit af dat het in het hoofdgeding aan de orde zijnde verschil in behandeling ziet op situaties die niet objectief vergelijkbaar zijn en dus geen discriminatie oplevert.

42. De Commissie is daarentegen in hoofdzaak van mening dat uit het oogpunt van de werkstaat de situatie van een ingezetene en die van een niet-ingezetene die beiden hun belastbaar inkomen volledig of nagenoeg volledig in deze lidstaat genieten, vergelijkbaar zijn. Volgens haar leidt de in het hoofdgeding aan de orde zijnde regeling tot een verschil in behandeling tussen deze twee categorieën van belastingplichtigen louter op grond van de woonplaats. Een dergelijk verschil in fiscale behandeling levert een door artikel 39 EG verboden indirecte discriminatie op, aangezien de negatieve inkomsten uit een woning in België in Nederland in aftrek worden gebracht voor een ingezeten belastingplichtige, maar niet voor een niet-ingezeten belastingplichtige.

- *Beoordeling door het Hof*

43. Volgens vaste rechtspraak beogen de verdragsbepalingen inzake het vrije verkeer van personen het de gemeenschapsburgers gemakkelijker te maken, om het even welk beroep uit te oefenen op het grondgebied van de Gemeenschap, en staan zij in de weg aan maatregelen die deze burgers zouden kunnen benadelen wanneer zij op het grondgebied van een andere lidstaat een economische activiteit willen uitoefenen (zie met name arrest van 13 november 2003, Schilling en Fleck-Schilling, C-209/01, *Jurispr.* blz. I-13389, punt 24, en reeds aangehaalde arresten Ritter-Coulais, punt 33; Lakebrink en Peters-Lakebrink, punt 17, en Commissie/Duitsland, punt 21).

44. Uit de in de punten 36 en 43 van het onderhavige arrest vermelde rechtspraak kan worden afgeleid dat de in dit laatste punt weergegeven uitspraak maatregelen betreft die nadelig zouden kunnen zijn voor gemeenschapsburgers die een beroepswerkzaamheid uitoefenen in een andere lidstaat dan hun woonstaat, hetgeen inzonderheid het geval is voor gemeenschapsburgers die in een bepaalde lidstaat een economische activiteit willen blijven uitoefenen nadat zij hun woonplaats naar een andere lidstaat hebben overgebracht.

45. Blijkens het verwijzingsarrest heeft Renneberg, die in Nederland werkt doch in België woont, anders dan personen die in Nederland werken en wonen, volgens de Nederlandse wettelijke regeling niet het recht de negatieve inkomsten uit zijn in België gelegen onroerend goed in aftrek te brengen voor de vaststelling van de grondslag voor de belastingheffing over zijn inkomen in Nederland.

46. Bijgevolg worden op grond van een regeling als die in het hoofdgeding niet-ingezeten belastingplichtigen minder gunstig behandeld dan ingezeten belastingplichtigen.

47. Er dient dus te worden onderzocht of, zoals de Nederlandse en de Zweedse regering stellen, een dergelijk verschil in fiscale behandeling dat belastingplichtigen die niet in de betrokken lidstaat wonen treft, niet kan indruisen tegen artikel 39 EG aangezien het voortvloeit uit de wijze waarop de heffingsbevoegdheid is verdeeld in een verdrag ter voorkoming van dubbele belasting, zoals het belastingverdrag.

48. Volgens vaste rechtspraak blijven de lidstaten bij gebreke van communautaire unificatie- of harmonisatiemaatregelen bevoegd om de criteria voor de belasting van de inkomsten en het vermogen vast te stellen teneinde, in voorkomend geval door het sluiten van een overeenkomst, dubbele belastingen te voorkomen. Daarbij staat het de lidstaten vrij om in het kader van bilaterale verdragen ter voorkoming van dubbele belasting de aanknopingsfactoren ter verdeling van de heffingsbevoegdheid vast te stellen (zie met name arresten van 21 september 1999, Saint-Gobain ZN, C-307/97, *Jurispr.* blz. I-6161, punt 57; 12 december 2002, De Groot, C-385/00, *Jurispr.* blz. I-11819, punt 93, en 19 januari 2006, Bouanich, C-265/04, *Jurispr.* blz. I-923, punt 49).

49. In casu hebben het Koninkrijk der Nederlanden en het Koninkrijk België door de vaststelling van de artikelen 6 en 19, § 1, van het belastingverdrag gebruikgemaakt van de vrijheid om de aanknopingsfactoren van hun keuze vast te stellen ter bepaling van hun respectieve heffingsbevoegdheden. Zo heeft het Koninkrijk België op grond van artikel 6 van dit verdrag het recht de inkomsten uit een op zijn grondgebied gelegen onroerend goed te belasten, terwijl volgens artikel 19, § 1, van dit verdrag de bezoldiging van een ambtenaar van de Nederlandse overheidsdienst, zoals Renneberg, in Nederland wordt belast.

50. Deze verdeling van de heffingsbevoegdheid betekent echter niet dat de lidstaten maatregelen mogen treffen die in strijd zijn met de door het Verdrag gewaarborgde vrijheden van verkeer (zie in die zin arrest Bouanich, reeds aangehaald, punt 50, en arresten van 12 december 2006, Test Claimants in Class IV of the ACT Group Litigation, C-374/04, *Jurispr.* blz. I-11673, punt 54, en 8 november 2007, Amurta, C-379/05, *Jurispr.* blz. I-9569, punt 24).

51. Bij de uitoefening van de in bilaterale verdragen ter voorkoming van dubbele belasting aldus verdeelde heffingsbevoegdheid dienen de lidstaten zich immers te houden aan de gemeenschapsregels (zie in die zin reeds aangehaalde arresten Saint-Gobain ZN, punt 58, en Bouanich, punt 50), meer in het bijzonder aan het beginsel dat zij onderdanen van de andere lidstaten moeten behandelen als eigen onderdanen die gebruik hebben gemaakt van de door het Verdrag gegarandeerde vrijheden (zie arrest De Groot, reeds aangehaald, punt 94).

52. In de context van het hoofdgeding zij vastgesteld dat het feit dat de partijen bij het belastingverdrag gebruik hebben gemaakt van hun vrijheid om de aanknopingsfactoren ter bepaling van hun respectieve heffingsbevoegdheid vast te stellen, nog niet betekent dat het Koninkrijk der Nederlanden elke bevoegdheid is ontnomen om bij de vaststelling van de grondslag voor de belastingheffing over de inkomsten van een niet-ingezeten belastingplichtige die zijn belastbaar inkomen grotendeels of volledig in Nederland verwerft, rekening te houden met de negatieve inkomsten uit een in België gelegen onroerend goed.

53. Zoals de advocaat-generaal in punt 81 van zijn conclusie heeft vastgesteld, staat, wat de ingezeten belastingplichtigen betreft, het enkele feit dat deze laatsten inkomsten verwerven uit een op het grondgebied van het Koninkrijk België gelegen onroerend goed, ten aanzien waarvan deze lidstaat zijn heffingsbevoegdheid uitoefent, niet eraan in de weg dat het Koninkrijk der Nederlanden deze inkomsten uit onroerend goed opneemt in de heffingsgrondslag voor de inkomstenbelasting die deze belastingplichtigen moeten betalen.

54. Dit gegeven, waarop de verwijzende rechter de aandacht heeft gevestigd, wordt bovendien door de Nederlandse regering bevestigd in haar antwoord op de schriftelijke vragen van het Hof.

55. Meer bepaald wordt, voor positieve inkomsten uit een in België gelegen onroerend goed die krachtens artikel 24, § 1, punt 1, van het belastingverdrag worden opgenomen in de grondslag waarnaar belasting moet worden betaald in Nederland, ter voorkoming van dubbele belasting volgens de nadere regels van artikel 24, § 1, punt 2, van het belastingverdrag een belastingvermindering verleend die in verhouding staat tot het gedeelte van deze inkomsten die in de heffingsgrondslag zijn opgenomen.

56. Blijkens het verwijzingsarrest en de antwoorden van de Nederlandse regering op de schriftelijke vragen van het Hof worden negatieve inkomsten uit een in België gelegen onroerend goed in aanmerking genomen bij de vaststelling van het belastbare inkomen van ingezeten belastingplichtigen en worden, ingeval in een later belastingjaar buitenlandse positieve inkomsten uit datzelfde goed worden verkregen, voor de belastingvermindering ter voorkoming van dubbele belasting over deze positieve inkomsten de vroegere negatieve inkomsten in mindering gebracht op de positieve inkomsten, overeenkomstig artikel 3, lid 4, van het besluit van 1989, een bepaling

betreffende de verliescompensatie in de Nederlandse regeling ter voorkoming van dubbele belasting, waarnaar wordt verwezen in artikel 24, § 1, punt 2, van het belastingverdrag.

57. Aangezien dit verdrag niet belet dat voor de berekening van de belasting over het inkomen van een ingezeten belastingplichtige rekening wordt gehouden met negatieve inkomsten uit een in België gelegen onroerend goed, is derhalve – anders dan de Nederlandse regering stelt – de weigering om aftrek te verlenen aan een belastingplichtige als Renneberg niet het gevolg van de keuze die in dit verdrag is gemaakt om de heffingsbevoegdheid voor inkomsten uit onroerend goed van binnen de werkingssfeer van dit verdrag vallende belastingplichtigen toe te kennen aan de lidstaat op het grondgebied waarvan het betrokken onroerend goed is gelegen.

58. Of de betrokken negatieve inkomsten al dan niet in aanmerking worden genomen, hangt in werkelijkheid dus af van de vraag of de belastingplichtige Nederlands ingezetene is.

59. Op het gebied van de directe belastingen heeft het Hof in een aantal zaken die verband hielden met de inkomstenbelasting van natuurlijke personen erkend dat de situatie van ingezetenen en die van niet-ingezetenen van een bepaalde staat in het algemeen niet vergelijkbaar zijn, aangezien die situaties objectief van elkaar verschillen, zowel wat de bron van inkomsten als wat de persoonlijke draagkracht van de belastingplichtige of de inaanmerkingneming van de persoonlijke en gezinssituatie betreft (arrest van 22 maart 2007, Talotta, C-383/05, *Jurispr.* blz. I-2555, punt 19 en de aldaar aangehaalde rechtspraak).

60. Het Hof heeft niettemin gepreciseerd dat, wanneer een fiscaal voordeel wordt onthouden aan niet-ingezetenen, een verschil in behandeling tussen deze twee categorieën van belastingplichtigen kan worden aangemerkt als discriminatie in de zin van het Verdrag, wanneer er geen objectief verschil bestaat dat grond kan opleveren voor een verschillende behandeling van de twee categorieën belastingplichtigen op dit punt (arrest Talotta, reeds aangehaald, punt 19 en aldaar aangehaalde rechtspraak).

61. Dat is met name het geval wanneer een niet-ingezeten belastingplichtige geen inkomsten van betekenis in zijn woonstaat verwerft en het grootste deel van zijn belastbaar inkomen verwerft uit een in de werkstaat uitgeoefende activiteit, zodat de woonstaat hem niet de voordelen kan toekennen die ontstaan wanneer met zijn persoonlijke en gezinssituatie rekening wordt gehouden (zie met name reeds aangehaalde arresten Schumacker, punt 36, en Lakebrink en Peters-Lakebrink, punt 30).

62. In een dergelijke situatie is de discriminatie gelegen in het feit dat in de woonstaat noch in de werkstaat rekening wordt gehouden met de persoonlijke en gezinssituatie van een niet-ingezetene die het grootste deel van zijn inkomsten en nagenoeg zijn volledige gezinsinkomen verwerft in een andere lidstaat dan zijn woonstaat (reeds aangehaalde arresten Schumacker, punt 38, en Lakebrink en Peters-Lakebrink, punt 31).

63. In punt 34 van het arrest Lakebrink en Peters-Lakebrink heeft het Hof gepreciseerd dat de in het arrest Schumacker geformuleerde rechtspraak zich uitstrekt tot alle belastingvoordelen die verband houden met de fiscale draagkracht van een niet-ingezetene die in de woonstaat noch in de werkstaat worden verleend.

64. Deze rechtspraak is van toepassing op een situatie als die in het hoofdgeding.

65. Een belastingplichtige als Renneberg kan immers voor de vaststelling van de grondslag voor de belasting over de arbeidsinkomsten die hij in Nederland betaalt, geen aanspraak maken op aftrek voor de negatieve inkomsten uit een onroerend goed waarvan hij eigenaar is in België. Daarentegen kan een belastingplichtige die in Nederland woont en werkt en die, wanneer hij negatieve inkomsten heeft hetzij uit een in Nederland gelegen door hem bewoond onroerend goed, hetzij uit een in België gelegen onroerend goed dat hij niet permanent bewoont, dit verlies voor de vaststelling van de grondslag voor de belastingheffing over zijn inkomen in Nederland in aftrek brengen.

66. Voor zover een persoon als Renneberg, hoewel hij in een lidstaat woont, het grootste deel van zijn belastbare inkomen verwerft uit een in een andere lidstaat uitgeoefende werkzaamheid in loondienst, zonder dat hij inkomsten van betekenis in zijn woonstaat verwerft, is zijn situatie wat de inaanmerkingneming van zijn fiscale draagkracht betreft, uit het oogpunt van zijn werkstaat objectief vergelijkbaar met de situatie van een ingezetene van laatstgenoemde lidstaat die ook in deze lidstaat een werkzaamheid in loondienst uitoefent.

67. Aangezien een dergelijke persoon in zijn woonstaat enkel de onroerende voorheffing verschuldigd is en hij uit hoofde van zijn inkomsten uit onroerend goed geen personenbelasting verschuldigd is, kan hij de negatieve inkomsten uit zijn in deze lidstaat gelegen onroerend goed niet in aftrek brengen en kan hij bovendien op geen enkele manier deze negatieve inkomsten doen verrekenen bij de vaststelling van de grondslag voor de belastingheffing over zijn inkomen in zijn werkstaat.

68. Artikel 39 EG eist dus in beginsel dat in een situatie als die van Renneberg de negatieve inkomsten uit een in de woonstaat gelegen woning door de belastingautoriteiten van de werkstaat in aanmerking worden genomen bij de vaststelling van de grondslag voor de belastingheffing over het inkomen in laatstgenoemde staat.

69. Zoals de advocaat-generaal in punt 84 van zijn conclusie heeft opgemerkt, zou, indien het Koninkrijk der Nederlanden de aan ingezeten belastingplichtigen voorbehouden behandeling ook toepaste op niet-ingezeten

belastingplichtigen die zoals Renneberg hun belastbaar inkomen volledig of nagenoeg volledig in Nederland genieten, zulks de rechten van het Koninkrijk België uit hoofde van het belastingverdrag niet in het gedrang brengen en deze staat geen enkele nieuwe verplichting opleggen.

70. Overigens heeft het Hof in punt 101 van het reeds aangehaalde arrest De Groot geoordeeld dat methoden ter voorkoming van dubbele belastingheffing of nationale belastingregelingen die tot gevolg hebben dat dubbele belastingheffing wordt voorkomen of verzacht, de belastingplichtigen van de betrokken lidstaten echter wel ervan moeten verzekeren dat uiteindelijk alle aspecten van hun persoonlijke en gezinssituatie naar behoren in aanmerking worden genomen, ongeacht de wijze waarop de betrokken lidstaten deze verplichting onderling hebben verdeeld. Anders zou een met de verdragsbepalingen inzake het vrije verkeer van werknemers onverenigbare ongelijke behandeling worden gecreëerd, die niet het gevolg zou zijn van de dispariteiten tussen de nationale belastingstelsels. Gelet op de in punt 63 van het onderhavige arrest in herinnering gebrachte passage uit het arrest Lakebrink en Peters-Lakebrink gaan deze overwegingen ook op voor de inaanmerkingneming van de gehele fiscale draagkracht van de werknemers.

71. Voor zover het Koninkrijk der Nederlanden, zoals uiteengezet in punt 56 van het onderhavige arrest, bij de vaststelling van de heffingsgrondslag voor de door ingezeten belastingplichtigen verschuldigde inkomstenbelasting rekening houdt met negatieve inkomsten uit een in België gelegen onroerend goed, moet het ook voor ingezetenen van laatstgenoemde lidstaat die hun belastbaar inkomen volledig of nagenoeg volledig in Nederland genieten zonder dat zij in hun woonstaat inkomsten van enige betekenis genieten, deze zelfde negatieve inkomsten voor hetzelfde doel in aanmerking nemen. Anders zou met de situatie van deze laatste belastingplichtigen op dat punt in geen van beide betrokken lidstaten rekening worden gehouden.

72. De Nederlandse regering voert evenwel het argument aan dat de negatieve fiscale gevolgen die Renneberg ondervindt van de aankoop van zijn woning in België, voortvloeien uit de dispariteit tussen de nationale belastingstelsels van de twee betrokken lidstaten.

73. Volgens deze regering bestaat deze dispariteit hierin dat onder het Nederlandse belastingstelsel hypotheekrente kan worden afgetrokken van inkomsten uit arbeid, terwijl deze mogelijkheid niet bestaat in het Belgische belastingstelsel. Naar Belgisch belastingrecht kan hypotheekrente nooit worden verrekend met andere inkomsten dan inkomsten uit onroerend goed. Ook wanneer de betrokkene in België inkomsten uit arbeid verwerft, kan hij een negatief saldo aan hypotheekrente niet van dit inkomen aftrekken.

74. Volgens de Nederlandse regering heeft niet de toepassing van het Nederlandse stelsel ongunstige fiscale gevolgen voor Renneberg, maar het feit dat het Belgische belastingstelsel een minder ruime aftrekmogelijkheid voor hypotheekrente biedt dan het Nederlandse stelsel. Dat Renneberg in België zijn negatieve inkomsten niet in aftrek kan brengen, is het gevolg van het feit dat hij zijn woonplaats naar deze lidstaat heeft verlegd, en niet van de toepassing van de Nederlandse belastingregeling. Wanneer een beperking van de door het Verdrag gewaarborgde vrijheden louter het gevolg is van een dispariteit tussen de nationale belastingstelsels, is deze beperking niet verboden door het gemeenschapsrecht.

75. In dit verband dient te worden opgemerkt dat het in het hoofdgeding aan de orde zijnde verschil in behandeling, anders dan de Nederlandse regering stelt, niet voortvloeit uit de loutere dispariteit tussen de betrokken nationale belastingstelsels. Indien het Belgische stelsel van inkomstenbelastingen inderdaad is ingericht zoals deze regering het voorstelt, zou – ook indien het Koninkrijk België zou toestaan dat negatieve inkomsten als die in het hoofdgeding voor de vaststelling van de heffingsgrondslag voor de inkomstenbelasting van ingezetenen in aftrek worden gebracht – een belastingplichtige die zich bevindt in een situatie als die van Renneberg, die zijn inkomsten volledig of nagenoeg volledig in Nederland verwerft, immers in geen geval van een dergelijk voordeel kunnen profiteren.

76. Een ander argument dat de Nederlandse regering in dit verband ter terechtzitting heeft aangevoerd, komt er in wezen op neer dat het gevaar bestaat van dubbele verrekening van negatieve inkomsten uit in België gelegen onroerend goed van een niet-ingezeten belastingplichtige. Dit argument moet van de hand worden gewezen.

77. De nationale regeling inzake dubbele belastingheffing, gelezen in samenhang met artikel 24, § 1, punt 2, van het belastingverdrag, strekt er immers toe dit gevaar uit te sluiten ten aanzien van de ingezeten belastingplichtige die negatieve inkomsten heeft uit een in België gelegen onroerend goed, wiens situatie te vergelijken is met die van een niet-ingezeten belastingplichtige als Renneberg.

78. Wanneer een deel van de belastbare handelingen van een belastingplichtige wordt verricht op het grondgebied van een andere lidstaat dan die waarin hij zijn werkzaamheid in loondienst uitoefent, kan een lidstaat bovendien uit hoofde van richtlijn 77/799/EEG van de Raad van 19 december 1977 betreffende de wederzijdse bijstand van de bevoegde autoriteiten van de lidstaten op het gebied van de directe belastingen (*PB* L 336, blz. 15), de bevoegde autoriteiten van een andere lidstaat verzoeken om alle informatie die voor hem van nut kan zijn om het juiste bedrag van de inkomstenbelasting te bepalen of die hij noodzakelijk acht voor de beoordeling van het juiste

bedrag van de inkomstenbelasting die een belastingplichtige verschuldigd is overeenkomstig de wetgeving die hij toepast (arrest van 26 juni 2003, Skandia en Ramstedt, C-422/01, *Jurispr.* blz. I-6817, punt 42).

79. Zoals de Commissie ter terechtzitting heeft verklaard, is een verschil in behandeling als aan de orde in het hoofdgeding, dat berust op de woonplaats, bijgevolg discriminerend aangezien de negatieve inkomsten uit een in een andere lidstaat gelegen onroerend goed door de betrokken lidstaat in aftrek worden gebracht bij de vaststelling van de grondslag voor de belastingheffing over inkomsten uit met name arbeid van belastingplichtigen die in laatstgenoemde lidstaat wonen en werken, maar niet in aanmerking kunnen worden genomen in het geval van een belastingplichtige die zijn belastbaar inkomen volledig of nagenoeg volledig verwerft uit een in diezelfde lidstaat uitgeoefende werkzaamheid in loondienst, doch daar niet woont.

80. Derhalve vormt een nationale regeling als die in het hoofdgeding een belemmering van het vrije verkeer van werknemers die in beginsel ingevolge artikel 39 EG verboden is.

81. Evenwel moet worden onderzocht of deze belemmering toelaatbaar is. Volgens de rechtspraak van het Hof is een maatregel waarbij door het Verdrag gewaarborgde fundamentele vrijheden worden beperkt, slechts toelaatbaar indien hij een met het Verdrag verenigbaar legitiem doel nastreeft en wordt gerechtvaardigd door dwingende redenen van algemeen belang. In dat geval is echter tevens vereist dat de toepassing van de betrokken maatregel geschikt is om de verwezenlijking van het nagestreefde doel te waarborgen en niet verder gaat dan ter bereiking van dat doel noodzakelijk is (zie in die zin met name arresten van 17 maart 2005, Kranemann, C-109/04, *Jurispr.* blz. I-2421, punt 33, en 11 januari 2007, Lyyski, C-40/05, *Jurispr.* blz. I-99, punt 38).

82. De regeringen die bij het Hof opmerkingen hebben ingediend, noch de verwijzende rechter hebben evenwel een mogelijke rechtvaardigingsgrond aangevoerd.

83. Bijgevolg verzet artikel 39 EG zich ertegen dat in een situatie van een niet-ingezeten belastingplichtige als Renneberg, die zijn belastbaar inkomen volledig of nagenoeg volledig in een lidstaat verwerft, de belastingadministratie van deze lidstaat weigert de negatieve inkomsten uit een in een andere lidstaat gelegen onroerend goed in aftrek te brengen.

84. Gelet op het voorgaande moet op de prejudiciële vraag worden geantwoord dat artikel 39 EG aldus dient te worden uitgelegd dat het zich verzet tegen een nationale regeling als die aan de orde in het hoofdgeding, volgens welke een gemeenschapsburger die niet-ingezetene is van de lidstaat waarin hij inkomsten verwerft die zijn volledige of nagenoeg zijn volledige belastbare inkomen vormen, in deze lidstaat voor de vaststelling van de grondslag van de belastingheffing over dat inkomen negatieve inkomsten uit een in een andere lidstaat gelegen woning waarvan hij eigenaar is, niet in aftrek kan brengen, terwijl een ingezetene van eerstgenoemde lidstaat dergelijke negatieve inkomsten voor de vaststelling van de grondslag voor de belastingheffing over zijn inkomen wel in aftrek kan brengen.

Beantwoording van de prejudiciële vraag voor zover zij betrekking heeft op artikel 56 EG

85. Gelet op het antwoord op de prejudiciële vraag op het punt van de implicaties van artikel 39 EG voor de toepasselijkheid van een belastingregeling als die in het hoofdgeding, behoeft niet te worden onderzocht of de verdragsbepalingen inzake het vrije kapitaalverkeer zich eveneens tegen deze regeling verzetten.

Kosten

86. ...

HET HOF VAN JUSTITIE (Derde kamer)

verklaart voor recht:

Artikel 39 EG dient aldus te worden uitgelegd dat het zich verzet tegen een nationale regeling als die aan de orde in het hoofdgeding, volgens welke een gemeenschapsburger die niet-ingezetene is van de lidstaat waarin hij inkomsten verwerft die zijn volledige of nagenoeg zijn volledige belastbare inkomen vormen, in deze lidstaat voor de vaststelling van de grondslag voor de belastingheffing over dat inkomen negatieve inkomsten uit een in een andere lidstaat gelegen woning waarvan hij eigenaar is, niet in aftrek kan brengen, terwijl een ingezetene van eerstgenoemde lidstaat dergelijke negatieve inkomsten voor de vaststelling van de grondslag voor de belastingheffing over zijn inkomen wel in aftrek kan brengen.

HvJ EG 23 oktober 2008, zaak C-157/07 (Finanzamt für Körperschaften III in Berlin v. Krankenheim Ruhesitz am Wannsee-Seniorenheimstatt GmbH)

Vierde kamer: *K. Lenaerts, kamerpresident, R. Silva de Lapuerta (rapporteur), E. Juhász, G. Arestis en J. Malenovský, rechters*
Advocaat-generaal: *E. Sharpston*

1. Het verzoek om een prejudiciële beslissing betreft de uitlegging van artikel 31 van de overeenkomst betreffende de Europese Economische Ruimte van 2 mei 1992 (*PB* 1994, L 1, blz. 3; hierna: 'EER-overeenkomst').

2. Dit verzoek is ingediend in het kader van een geding tussen het Finanzamt für Körperschaften III in Berlin (hierna: 'Finanzamt') en het Krankenheim Ruhesitz am Wannsee-Seniorenheimstatt GmbH (hierna: 'KR Wannsee') terzake van de fiscale behandeling in Duitsland van verliezen, geleden door een aan KR Wannsee toebehorende vaste inrichting in Oostenrijk.

Toepasselijke bepalingen
Internationaal recht

3. Artikel 6 van de EER-overeenkomst luidt:

'Onverminderd de toekomstige ontwikkelingen van de jurisprudentie, worden de bepalingen van deze overeenkomst, voor zover zij in essentie gelijk zijn aan de overeenkomstige regels van het Verdrag tot oprichting van de Europese Economische Gemeenschap en het Verdrag tot oprichting van de Europese Gemeenschap voor Kolen en Staal en de ter uitvoering van die Verdragen aangenomen besluiten, wat de tenuitvoerlegging en toepassing betreft, uitgelegd overeenkomstig de desbetreffende uitspraken van het Hof van Justitie van de Europese Gemeenschappen daterende van vóór de ondertekening van deze overeenkomst.'

4. Artikel 31 van de EER-overeenkomst bepaalt:

'1. In het kader van de bepalingen van deze overeenkomst zijn er geen beperkingen van de vrijheid van vestiging voor onderdanen van een lidstaat van de [Europese Gemeenschap] of een staat [van de Europese Vrijhandelsassociatie] op het grondgebied van een andere staat bij de overeenkomst. Dit geldt eveneens voor de oprichting van agentschappen, filialen of dochterondernemingen door de onderdanen van een lidstaat [van de Europese Gemeenschap] of een EVA-staat die op het grondgebied van een van deze staten zijn gevestigd.

De vrijheid van vestiging omvat, behoudens de bepalingen van hoofdstuk 4, de toegang tot werkzaamheden anders dan in loondienst en de uitoefening daarvan alsmede de oprichting en het beheer van ondernemingen, en met name van vennootschappen in de zin van artikel 34, tweede alinea, overeenkomstig de bepalingen welke door de wetgeving van het land van vestiging voor de eigen onderdanen zijn vastgesteld. [...]'

5. Artikel 34, tweede alinea, van de EER-overeenkomst luidt:

'Onder vennootschappen word[t] verstaan maatschappen naar burgerlijk recht of handelsrecht, de coöperatieve verenigingen of vennootschappen daaronder begrepen, en de overige rechtspersonen naar publiek- of privaatrecht, met uitzondering van vennootschappen welke geen winst beogen.'

6. Artikel 4 van de Overeenkomst tussen de Bondsrepubliek Duitsland en de Republiek Oostenrijk ter vermijding van dubbele belastingheffing op het gebied van de inkomsten- en vermogensbelastingen alsmede de bedrijfsbelastingen en grondbelasting van 4 oktober 1954 (*BGBl.* 1955 II, blz. 749), zoals gewijzigd bij de overeenkomst van 8 juli 1992 (*BGBl.* 1994 II, blz. 122; hierna: 'Duits-Oostenrijkse overeenkomst'), luidt:

'1. Wanneer een persoon met woonplaats in één der overeenkomstsluitende staten inkomsten verkrijgt als ondernemer of medeondernemer van een industriële of handelsonderneming die haar activiteiten ook op het grondgebied van de andere overeenkomstsluitende staat verricht, komt het recht om deze inkomsten te belasten deze andere staat alleen toe voor zover zij afkomstig zijn van een vaste inrichting op zijn grondgebied.
2. Daarbij worden aan de vaste inrichting de inkomsten toegerekend die zij als een zelfstandige onderneming door eenzelfde of een soortgelijke activiteit onder dezelfde of soortgelijke omstandigheden en onafhankelijk van de onderneming waarvan zij een vaste inrichting is, zou hebben behaald.
3. In de zin van deze overeenkomst is een 'vaste inrichting' van de industriële of handelsonderneming een inrichting waarin de activiteit van deze onderneming volledig of ten dele wordt uitgeoefend.'

7. Artikel 15 van de Duits-Oostenrijkse overeenkomst bepaalt:

'1. De woonstaat heeft geen heffingsbevoegdheid indien deze in de voorgaande artikelen aan de andere overeenkomstsluitende staat is toegekend.

[...]

3. Het eerste lid sluit niet uit dat de woonstaat de onder zijn bevoegdheid vallende inkomsten en vermogensbestanddelen belast tegen het tarief dat overeenkomt met het volledige inkomen of vermogen van de belastingplichtige.'

8. Artikel 12, sub b. van het protocol van 24 augustus 2000 van de Overeenkomst tussen de Bondsrepubliek Duitsland en de Republiek Oostenrijk ter vermijding van dubbele belastingheffing op het gebied van de inkomsten- en vermogensbelastingen alsmede de bedrijfsbelastingen en grondbelasting van 4 oktober 1954 (*BGBl.* 2002 II, blz. 734) preciseert dat verliezen vanaf het boekjaar 1998 op basis van wederkerigheid in aanmerking moeten worden genomen in de staat waarin de betrokken vaste inrichting is gevestigd. Deze bepaling luidt:

'Lijden in de Bondsrepubliek Duitsland woonachtige personen vanaf het boekjaar 1990 (1989/1990) verliezen in Oostenrijkse vaste inrichtingen, dan worden tot en met het boekjaar 1997 (1996/1997) geleden verliezen volgens de voorschriften van § 2a, lid 3, van het Duitse Einkommensteuergesetz (*BGBl* 1988 I, blz. 1093; hierna: 'EStG') in aanmerking genomen. Vanaf het belastingjaar 1994 blijven bijtellingen overeenkomstig § 2a, lid 3, derde zin, EStG achterwege. Voor zover in de Bondsrepubliek Duitsland geen fiscale verwerking overeenkomstig deze voorschriften kan plaatsvinden, omdat de belasting reeds definitief is geworden en de procedure wegens het verstrijken van de termijn voor vaststelling van de belasting niet meer kan worden hervat, is een inaanmerkingneming in de Republiek Oostenrijk in de vorm van een verliesaftrek toegestaan. Vanaf het boekjaar 1998 (1997/1998) ontstane verliezen moeten op basis van wederkerigheid in aanmerking worden genomen in de staat waarin de vaste inrichting is gevestigd. Bovenstaande bepalingen gelden slechts voor zover zij niet tot gevolg hebben dat verliezen dubbel in aanmerking worden genomen.'

Duits recht

9. § 2, lid 1, van het Gesetz über steuerliche Maßnahmen bei Auslandsinvestitionen der deutschen Wirtschaft (Auslandsinvestitionsgesetz) (wet betreffende belastingmaatregelen bij investeringen van Duitse ondernemingen in het buitenland) van 18 augustus 1969 (*BGBL.* 1969 I, blz. 1211; hierna:'AIG'), dat ten tijde van de feiten van het hoofdgeding van toepassing was, luidde als volgt:

'Moeten inkomsten uit een bedrijfsactiviteit die een onbeperkt belastingplichtige geniet van een in een andere buitenlandse staat gevestigde vaste inrichting volgens een overeenkomst ter vermijding van dubbele belasting worden vrijgesteld van inkomstenbelasting, dan kan op verzoek van de belastingplichtige bij de vaststelling van het totaalbedrag van de inkomsten een verlies worden afgetrokken dat volgens de voorschriften van het nationale belastingrecht bij deze inkomsten ontstaat, voor zover dit verlies door de belastingplichtige zou kunnen worden gecompenseerd of afgetrokken, wanneer de inkomsten niet moesten worden vrijgesteld van inkomstenbelasting en voor zover het verlies meer bedraagt dan positieve inkomsten uit een bedrijfsactiviteit van andere in deze buitenlandse staat gevestigde vaste inrichtingen die volgens deze overeenkomst moeten worden vrijgesteld. Voor zover het verlies daarbij niet wordt gecompenseerd, is de aftrek van verlies toegestaan wanneer wordt voldaan aan de voorwaarden van § 10 d van het EStG. Het volgens de leden 1 en 2 afgetrokken bedrag moet, voor zover in een van de volgende belastingperiodes bij de volgens deze overeenkomst vrij te stellen inkomsten uit een bedrijfsactiviteit van in deze buitenlandse staat gevestigde vaste inrichtingen in zijn totaliteit een positief bedrag ontstaat, in de betrokken belastingperiode bij de vaststelling van het totaalbedrag van de inkomsten weer worden bijgeteld. Het derde lid is niet van toepassing voor zover de belastingplichtige aantoont dat hij volgens de voor hem geldende voorschriften van de buitenlandse staat geen recht heeft op een aftrek van verliezen in andere jaren dan het verliesjaar.'

10. Vanaf 1990 waren de regels voor het recht op aftrek opgenomen in § 2a, lid 3, EStG.

Oostenrijks recht

11. Tot 1988 voorzag het Oostenrijkse belastingrecht niet in de verrekening van verliezen voor beperkt belastingplichtige vennootschappen, dat wil zeggen voor vaste inrichtingen van vennootschappen die op een ander grondgebied dan dat van de Republiek Oostenrijk waren gevestigd. Pas in 1989 is de aftrek van verliezen van die vaste inrichtingen in Oostenrijk ingevoerd, en wel ook voor verliezen die vóór 31 december 1988 gedurende de zeven voorafgaande jaren waren geleden.

12. Die verrekening werd echter alleen toegestaan voor verliezen geleden in vaste inrichtingen die op het grondgebied van de Republiek Oostenrijk waren gevestigd en toebehoorden aan in een andere staat gevestigde vennootschappen, dat wil zeggen bij beperkt belastingplichtigen, wanneer de betrokken onderneming in haar geheel, dat wil zeggen uitgaande van haar wereldinkomen, geen winst had gemaakt. Verliezen van een vaste inrichting in Oostenrijk konden dus alleen in aanmerking worden genomen voor zover deze meer bedroegen dan de inkomsten die niet aan de beperkte belastingplicht waren onderworpen. Bovendien was die aftrek alleen mogelijk, wanneer

de verliezen door een deugdelijke boekhouding werden vastgesteld en niet reeds in vroegere belastingperiodes in aanmerking waren genomen.

Hoofdgeding en prejudiciële vragen

13. KR Wannsee, verweerster in het beroep tot 'Revision', is een in Duitsland gevestigde vennootschap met beperkte aansprakelijkheid, die van 1982 tot 1994 een vaste inrichting in Oostenrijk had. Tot eind 1990 leed zij in die vaste inrichting verliezen voor een totaalbedrag van 2 467 407 DEM, waarvan 36 295 DEM voor dat jaar.

14. Op verzoek van KR Wannsee zijn deze verliezen door het Finanzamt, verzoeker in hetzelfde beroep tot 'Revision', in aanmerking genomen bij de vaststelling van de heffingsgrondslag van deze vennootschap, dat wil zeggen rekening houdend met de winst die laatstgenoemde in de belastingperiodes voor de jaren 1982 tot 1990 had gemaakt.

15. Tussen 1991 en 1994 heeft KR Wannsee in haar vaste inrichting in Oostenrijk een winst gemaakt van 1 191 672 DEM, waarvan 746 828 DEM gedurende het in het hoofdgeding aan de orde zijnde jaar 1994. In datzelfde jaar verkocht KR Wannsee de vaste inrichting.

16. Overeenkomstig de destijds geldende Duitse belastingregels heeft het Finanzamt de winst die de vaste inrichting in Oostenrijk gedurende de met de jaren 1991 tot 1994 overeenkomende periode had gemaakt, opgeteld bij het totaalbedrag van de inkomsten van KR Wannsee in Duitsland. Het Finanzamt paste dus een naheffing toe op bedragen die eerder in het kader van de nationale belastingheffing als verliezen van een in Oostenrijk gevestigde vaste inrichting waren afgetrokken. Voor het in het hoofdgeding aan de orde zijnde belastingtijdvak, het jaar 1994, werd de belastbare winst van KR Wannsee dus vermeerderd met de winst die de vaste inrichting gedurende dat jaar had behaald, dat wil zeggen met een bedrag van 746 828 DEM.

17. In Oostenrijk diende KR Wannsee in 1992 en 1993, de jaren waarin haar vaste inrichting winst had betaald, vennootschapsbelasting te betalen. Daarbij werden de verliezen die deze vennootschap eerder in haar vaste inrichting had geleden niet in aanmerking genomen. Gelet op het feit dat de Republiek Oostenrijk aftrek van verliezen alleen toestond wanneer deze niet in aanmerking konden worden genomen in de vestigingstaat van de hoofdvennootschap alsmede op het feit dat KR Wannsee tussen 1982 en 1990 in Duitsland winst had behaald, werd haar in Oostenrijk voor de jaren 1992 en 1993 geen verliescompensatie toegestaan.

18. In 1994 zou de vaste inrichting van KR Wannsee overeenkomstig de Oostenrijkse belastingregels belasting hebben moeten betalen over de in dat jaar behaalde winst. Anders dan voor de jaren 1992 en 1993 het geval was geweest, werd in Oostenrijk over dat jaar echter geen vennootschapsbelasting vastgesteld.

19. Na het besluit van het Finanzamt om het totaalbedrag van de inkomsten van KR Wannsee in Duitsland te berekenen met inachtneming van de winst die haar vaste inrichting in Oostenrijk had gemaakt, heeft KR Wannsee beroep ingesteld tegen de belastingaanslagen voor de jaren 1992 tot 1994 met het verzoek, de bijgetelde bedragen van de heffingsgrondslag voor de Duitse belasting af te trekken. Tot staving van haar beroep heeft KR Wannsee gesteld dat, gelet op het feit dat de verliesverrekening in Oostenrijk beperkt is tot zeven jaar, een bijtelling van die bedragen op grond van de bepalingen van het AIG in strijd was met het recht.

20. Het Finanzgericht Berlin heeft het beroep van KR Wannsee tegen de belastingaanslagen over de jaren 1992 en 1993 verworpen. Het beroep tegen de belastingaanslag over het jaar 1994 werd echter toegewezen.

21. Het Bundesfinanzhof, dat door het Finanzamt Berlin als laatste instantie is geadieerd over de bijtelling bij de belastingaanslag over 1994, vraagt zich af of de nationale regeling in overeenstemming is met het gemeenschapsrecht.

22. Daarop heeft het de behandeling van de zaak geschorst en het Hof de volgende prejudiciële vragen voorgelegd:

> '1. Verzet artikel 31 van de [EER-overeenkomst] zich tegen een regeling van een lidstaat op grond waarvan een aldaar wonende onbeperkt belastingplichtige verliezen uit een in een andere lidstaat gelegen vaste inrichting die op grond van een overeenkomst tot vermijding van dubbele inkomstenbelasting zijn vrijgesteld van inkomstenbelasting, weliswaar onder bepaalde voorwaarden bij de berekening van zijn totale inkomen in aftrek kan brengen,
>
> - maar volgens welke het in mindering gebrachte bedrag, voor zover in een van de volgende belastingtijdvakken de krachtens de belastingovereenkomst vrijgestelde inkomsten uit onderneming, verkregen uit de in de andere lidstaat gelegen vaste inrichting, in totaal een positief bedrag opleveren, in het betrokken belastingtijdvak bij de berekening van het totale inkomen weer moet worden bijgeteld;
> - behoudens, wat dit laatste betreft, indien de belastingplichtige kan aantonen dat hij volgens de voor hem geldende bepalingen van de andere lidstaat 'in het algemeen' geen aanspraak kan maken op aftrek van verliezen in andere jaren dan in het verliesjaar, hetgeen niet het geval is wanneer verliesaftrek in het algemeen mogelijk is volgens het recht van de andere lidstaat, maar niet in de concrete situatie van de belastingplichtige?

2. Indien deze vraag bevestigend moet worden beantwoord: heeft het feit dat de beperkingen van de verliesaftrek in de andere lidstaat (de bronstaat) zelf in strijd zijn met artikel 31 van de [EER-overeenkomst], omdat zij de aldaar ter zake van inkomsten uit vaste inrichtingen slechts beperkt belastingplichtige benadelen tegenover de aldaar onbeperkt belastingplichtige, gevolgen voor de vestigingsstaat?

3. En voorts, indien de eerste vraag bevestigend moet worden beantwoord: dient de vestigingsstaat af te zien van naheffing over de verliezen van de buitenlandse vaste inrichting voor zover deze anders in geen van de lidstaten in mindering kunnen worden gebracht, aangezien de vaste inrichting in de andere lidstaat is opgeheven?'

Beantwoording van de prejudiciële vragen

Toepasselijkheid van artikel 31 van de EER-overeenkomst

23. Om te beginnen zij opgemerkt dat de bepalingen van de EER-overeenkomst betreffende de vrijheid van vestiging gedurende de periode van 1 januari tot en met 31 december 1994 van toepassing waren op de betrekkingen tussen de Bondsrepubliek Duitsland en de Republiek Oostenrijk, daar laatstgenoemde staat op 1 januari 1995 tot de Europese Unie is toegetreden.

24. Met betrekking tot de draagwijdte van die bepalingen heeft het Hof geoordeeld dat de voorschriften van artikel 31 van de EER-overeenkomst die beperkingen van de vrijheid van vestiging verbieden, gelijk zijn aan die van artikel 43 EG (zie arrest van 23 februari 2006, Keller Holding, C-471/04, *Jurispr.* blz. I-2107, punt 49). Het Hof heeft eveneens gepreciseerd dat de voorschriften van de EER-overeenkomst en die van het EG-Verdrag op het betrokken gebied uniform moeten worden uitgelegd (zie arresten van 23 september 2003, Ospelt en Schlössle Weissenberg, C-452/01, *Jurispr.* blz. I-9743, punt 29, en 1 april 2004, Bellio F.lli, C-286/02, *Jurispr.* blz. I-3465, punt 34).

25. Wat de toepasselijkheid van artikel 31 van de EER-overeenkomst op de feiten van het hoofdgeding betreft, stelt de Duitse regering dat, gelet op het feit dat de EER-overeenkomst gedurende alle voor de verliesaftrek relevante jaren, dat wil zeggen van 1982 tot 1990, nog niet van kracht was, de in het hoofdgeding aan de orde zijnde fiscale regeling niet aan dat artikel kan worden getoetst, aangezien het relevante moment voor de bepaling van de toepasselijke wettelijke regeling het moment van de aanvankelijke verliesaftrek is.

26. Dienaangaande zij opgemerkt dat het Hof, niettegenstaande de aldus beklemtoonde feitelijke omstandigheid, niet de verliesaftrek, maar de fiscale bijtelling moet beoordelen, en dat deze bijtelling in 1994 heeft plaatsgevonden. Daar de EER-overeenkomst op 1 januari 1994 van kracht is geworden, kan de in het hoofdgeding aan de orde zijnde fiscale regeling dus aan artikel 31 daarvan worden getoetst.

Bestaan van een beperking van het in artikel 31 van de EER-overeenkomst neergelegde recht

27. Met zijn prejudiciële vragen, die gezamenlijk moeten worden onderzocht, wenst de verwijzende rechter in wezen te vernemen, of artikel 31 van de EER-overeenkomst zich verzet tegen een nationale fiscale regeling die eerst toestaat dat verliezen, geleden door een vaste inrichting die in een andere staat is gevestigd dan die van de hoofdvennootschap, in aanmerking worden genomen bij de berekening van de inkomstenbelasting van die vennootschap, doch in een fiscale bijtelling van die verliezen voorziet op het moment waarop die vaste inrichting winst maakt, wanneer de staat waarin die vaste inrichting is gevestigd geen recht geeft op verrekening van verliezen, geleden door een vaste inrichting die toebehoort aan een in een andere staat gevestigde vennootschap, en wanneer de inkomsten van die eenheid op grond van een tussen de twee betrokken staten gesloten overeenkomst ter vermijding van dubbele belasting in de staat van vestiging van de hoofdvennootschap zijn vrijgesteld van belasting.

28. De vrijheid van vestiging brengt voor de vennootschappen die in overeenstemming met de wetgeving van een lidstaat zijn opgericht en die hun statutaire zetel, hun hoofdbestuur of hun hoofdvestiging binnen de Gemeenschap hebben, het recht mee om in de betrokken lidstaat hun bedrijfsactiviteit uit te oefenen door middel van een dochteronderneming, een filiaal of een agentschap (zie arresten van 21 september 1999, Saint-Gobain ZN, C-307/97, *Jurispr.* blz. I-6161, punt 35; 14 december 2000, AMID, C-141/99, *Jurispr.* blz. I-11619, punt 20, en Keller Holding, reeds aangehaald, punt 29).

29. Hoewel de verdragsbepalingen inzake de vrijheid van vestiging volgens de bewoordingen ervan het voordeel van de nationale behandeling in de lidstaat van ontvangst beogen te garanderen, verbieden zij ook de staat van oorsprong de vestiging in een andere lidstaat van een van zijn onderdanen of van een naar zijn nationale regeling opgerichte vennootschap te bemoeilijken (zie arresten van 16 juli 1998, ICI, C-264/96, *Jurispr.* blz. I-4695, punt 21, en 6 december 2007, Columbus Container Services, C-298/05, *Jurispr.* blz. I-10451, punt 33).

30. Het is voorts vaste rechtspraak dat als dergelijke beperkingen moeten worden beschouwd alle maatregelen die de uitoefening van deze vrijheid verbieden, belemmeren of minder aantrekkelijk maken (zie arresten van 30 november 1995, Gebhard, C-55/94, *Jurispr.* blz. I-4165, punt 37, en 5 oktober 2004, CaixaBank France, C-442/02, *Jurispr.* blz. I-8961, punt 11).

31. Deze beginselen gelden ook wanneer een vennootschap met zetel in een lidstaat haar activiteiten in een andere lidstaat verricht via een vaste inrichting (zie arrest van 15 mei 2008, Lidl Belgium, C-414/06, nog niet gepubliceerd in de *Jurisprudentie*, punt 20).

32. Wat de gevolgen van de Duitse fiscale regeling uit het oogpunt van het gemeenschapsrecht betreft, blijkt uit punt 23 van het reeds aangehaalde arrest Lidl Belgium dat bepalingen op grond waarvan verliezen van een vaste inrichting in aanmerking kunnen worden genomen bij de bepaling van de winst en de berekening van de belastbare inkomsten van de hoofdvennootschap, een fiscaal voordeel vormen. De toekenning of de weigering van een dergelijk voordeel uit hoofde van een vaste inrichting die in een andere lidstaat dan die vennootschap is gevestigd, moet derhalve worden aangemerkt als een element dat de vrijheid van vestiging kan beïnvloeden.

33. Het is juist dat de in het hoofdgeding aan de orde zijnde Duitse fiscale regeling, in tegenstelling tot de regeling waar het in het reeds aangehaalde arrest Lidl Belgium om ging, bepaalt dat bij de resultaten van de in Duitsland gevestigde hoofdvennootschap rekening mag worden gehouden met de verliezen van haar vaste inrichting in Oostenrijk.

34. Zoals in punt 14 van dit arrest is opgemerkt, zijn bij de belasting van de hoofdvennootschap in Duitsland in eerste instantie alle verliezen van de vaste inrichting in Oostenrijk afgetrokken van de winst van de hoofdvennootschap.

35. Daarmee heeft de Bondsrepubliek Duitsland de binnenlandse hoofdvennootschap van de in Oostenrijk gevestigde vaste inrichting eenzelfde fiscaal voordeel verleend als wanneer die vaste inrichting in Duitsland was gevestigd.

36. Door echter in tweede instantie de verliezen van die vaste inrichting op te nemen in de heffingsgrondslag van de hoofdvennootschap wanneer deze winst had behaald, heeft de Duitse fiscale regeling dit fiscale voordeel weer weggenomen.

37. Ofschoon die bijtelling slechts plaatsvond ten beloop van het bedrag van de door de vaste inrichting behaalde winst, neemt dit niet weg dat de Duitse wettelijke regeling daarmee ingezeten vennootschappen met vaste inrichtingen in Oostenrijk in fiscaal opzicht minder gunstig heeft behandeld dan ingezeten vennootschappen met een vaste inrichting die eveneens in Duitsland is gevestigd.

38. In die omstandigheden is de fiscale situatie van een vennootschap met statutaire zetel in Duitsland en een vaste inrichting in Oostenrijk minder gunstig dan wanneer laatstbedoelde inrichting in Duitsland was gevestigd. Dit verschil in fiscale behandeling zou een Duitse vennootschap ervan kunnen weerhouden haar activiteiten uit te oefenen via een vaste inrichting in Oostenrijk (zie in die zin arrest Lidl Belgium, reeds aangehaald, punt 25).

39. Vastgesteld zij dat de in het hoofdgeding aan de orde zijnde fiscale regeling een beperking inhoudt van het in artikel 31 van de EER-overeenkomst neergelegde recht.

Bestaan van een rechtvaardiging

40. Volgens de rechtspraak van het Hof is een beperking van de vrijheid van vestiging slechts toelaatbaar wanneer zij gerechtvaardigd is uit hoofde van dwingende redenen van algemeen belang. Daarenboven moet in een dergelijk geval de beperking geschikt zijn om het aldus nagestreefde doel te verwezenlijken en mag zij niet verder gaan dan nodig is voor het bereiken van dat doel (zie arrest Lidl Belgium, reeds aangehaald, punt 27 en aldaar aangehaald rechtspraak).

41. De verwijzende rechter beklemtoont in dit verband dat de inkomsten van de vaste inrichting in Oostenrijk overeenkomstig de bepalingen van de Duits-Oostenrijkse overeenkomst niet worden belast in Duitsland, dat wil zeggen de lidstaat waarin de hoofdvennootschap is gevestigd, maar in Oostenrijk.

42. Opgemerkt zij dat de bijtelling van verliezen waarin de Duitse fiscale regeling voorziet die in het hoofdgeding aan de orde is, niet los kan worden gezien van het feit dat die verliezen eerder in aanmerking zijn genomen. Deze bijtelling, in het geval van een vennootschap die een in een andere staat gevestigde vaste inrichting bezit ten aanzien waarvan de vestigingsstaat van die vennootschap geen heffingsbevoegdheid bezit, weerspiegelt immers, zoals de verwijzende rechter opmerkt, een symmetrische logica. Er bestond dus een rechtstreeks, persoonlijk en feitelijk verband tussen de twee elementen van de in het hoofdgeding aan de orde zijnde fiscale regeling, daar die bijtelling het logische complement was van de eerder toegestane aftrek.

43. De uit die bijtelling voortvloeiende beperking wordt dus gerechtvaardigd door de noodzaak om de samenhang van de Duitse fiscale regeling te garanderen.

44. Bovendien is die beperking geschikt om dat doel te verwezenlijken, aangezien zij perfect symmetrisch werkt, daar alleen in mindering gebrachte verliezen worden bijgeteld.

45. Voorts is deze beperking evenredig aan het beoogde doel, aangezien de verliezen alleen worden bijgeteld ten beloop van het bedrag van de behaalde winst.

46. Aan dit oordeel kan niet worden afgedaan door de gecombineerde gevolgen, waarvan de verwijzende rechter in het kader van zijn eerste en tweede vraag melding maakt, van de Duitse fiscale regeling en de betrokken Oostenrijkse belastingwetgeving.

47. De verwijzende rechter preciseert in dit verband dat de Duitse belastingwetgeving niet voorzag in een bijtelling als in het hoofdgeding aan de orde is, wanneer de belastingplichtige aantoonde dat hij volgens de voor hem geldende bepalingen van een andere lidstaat dan die waarin hij was gevestigd in het algemeen geen aanspraak kon maken op verliesaftrek in andere jaren dan in het verliesjaar, hetgeen niet het geval was wanneer die staat in beginsel in een mogelijkheid van verliesaftrek voorzag, maar in de concrete situatie van die belastingplichtige geen gebruik kon worden gemaakt van die mogelijkheid. In het hoofdgeding is KR Wannsee er niet in geslaagd, de door haar tussen 1982 en 1990 geleden verliezen in aanmerking te laten nemen door de Oostenrijkse belastingdienst.

48. Op dit punt zij herinnerd aan de vaste rechtspraak dat de lidstaten bij gebreke van communautaire unificatie- of harmonisatiemaatregelen bevoegd blijven om de criteria voor de belasting van het inkomen en het vermogen vast te stellen teneinde, eventueel door het sluiten van overeenkomsten, dubbele belastingen te vermijden (zie arresten van 3 oktober 2006, FKP Scorpio Konzertproduktionen, C-290/04, *Jurispr.* blz. I-9461, punt 54; 12 december 2006, Test Claimants in Class IV of the ACT Group Litigation, C-374/04, *Jurispr.* blz. I-11673, punt 52, en 18 juli 2007, Oy AA, C-231/05, *Jurispr.* blz. I-6373, punt 52).

49. Deze bevoegdheid impliceert ook dat een lidstaat niet ertoe kan worden verplicht, bij de toepassing van zijn fiscale wettelijke regeling rekening te houden met de eventueel ongunstige gevolgen voortvloeiende uit de bijzonderheden van een regeling van een andere staat die van toepassing is op een vaste inrichting die op het grondgebied van die staat is gevestigd en toebehoort aan een vennootschap met zetel op het grondgebied van eerstgenoemde staat (zie in die zin arresten Columbus Container Services, reeds aangehaald, punt 51, en van 28 februari 2008, Deutsche Shell, C-293/06, nog niet gepubliceerd in de *Jurisprudentie*, punt 42).

50. De vrijheid van vestiging kan immers niet aldus worden begrepen dat een lidstaat verplicht is, zijn belastingregeling af te stemmen op die van een andere lidstaat, teneinde te waarborgen dat in alle situaties de belasting aldus wordt geheven dat alle verschillen als gevolg van de nationale belastingregelingen verdwijnen, aangezien de beslissingen van een vennootschap betreffende de oprichting van een commerciële structuur in het buitenland naargelang van het geval meer of minder voordelig of nadelig voor deze vennootschap kunnen uitvallen (zie arrest Deutsche Shell, reeds aangehaald, punt 43).

51. Ervan uitgaande dat de gecombineerde werking van de belasting in de staat van vestiging van de hoofdvennootschap van de betrokken vaste inrichting en die in de staat waarin die inrichting is gevestigd tot een beperking van de vrijheid van vestiging kan leiden, is die beperking uitsluitend te wijten aan de tweede staat.

52. In een dergelijk geval is die beperking niet het gevolg van de in het hoofdgeding aan de orde zijnde fiscale regeling, maar van de verdeling van de fiscale bevoegdheden in het kader van de Duits-Oostenrijkse overeenkomst.

53. Aan het oordeel dat de beperking die uit die fiscale regeling voortvloeit gerechtvaardigd wordt door de noodzaak om de samenhang daarvan te waarborgen, kan evenmin worden afgedaan door het in de derde vraag van de verwijzende rechter genoemde feit dat de hoofdvennootschap de betrokken vaste inrichting heeft verkocht en dat de winsten en verliezen die deze vaste inrichting tijdens haar bestaan heeft behaald en geleden uiteindelijk een negatief resultaat opleverden.

54. Zoals in punt 42 van dit arrest in herinnering is gebracht, is de bijtelling van het bedrag van de verliezen van de vaste inrichting bij de resultaten van de hoofdvennootschap immers het onlosmakelijke en logische complement van het feit dat zij eerder in aanmerking zijn genomen.

55. Uit de voorgaande overwegingen volgt dat op de prejudiciële vragen moet worden geantwoord dat artikel 31 van de EER-overeenkomst zich niet verzet tegen een nationale fiscale regeling die eerst toestaat dat verliezen, geleden door een vaste inrichting die in een andere staat is gevestigd dan die van de hoofdvennootschap, in aanmerking worden genomen bij de berekening van de inkomstenbelasting van die vennootschap, doch in een fiscale bijtelling van die verliezen voorziet op het moment waarop die vaste inrichting winst maakt, wanneer de staat waarin die vaste inrichting is gevestigd geen recht geeft op verrekening van verliezen, geleden door een vaste inrichting die toebehoort aan een in een andere staat gevestigde vennootschap, en wanneer de inkomsten van die eenheid op grond van een tussen de twee betrokken staten gesloten overeenkomst ter vermijding van dubbele belasting in de staat van vestiging van haar hoofdvennootschap zijn vrijgesteld van belasting.

Kosten

56. …

HET HOF VAN JUSTITIE (Vierde kamer)

verklaart voor recht:

Artikel 31 van de overeenkomst betreffende de Europese Economische Ruimte van 2 mei 1992 moet aldus worden uitgelegd dat het zich niet verzet tegen een nationale fiscale regeling die eerst toestaat dat verliezen, geleden door een vaste inrichting die in een andere staat is gevestigd dan die van de hoofdvennootschap, in aanmerking worden genomen bij de berekening van de inkomstenbelasting van die vennootschap, doch in een fiscale bijtelling van die verliezen voorziet op het moment waarop die vaste inrichting winst maakt, wanneer de staat waarin die vaste inrichting is gevestigd geen recht geeft op verrekening van verliezen, geleden door een vaste inrichting die toebehoort aan een in een andere staat gevestigde vennootschap, en wanneer de inkomsten van die eenheid op grond van een tussen de twee betrokken staten gesloten overeenkomst ter vermijding van dubbele belasting in de staat van vestiging van haar hoofdvennootschap zijn vrijgesteld van belasting.

HvJ EG 27 november 2008, zaak C-418/07 (Société Papillon v. Ministère du Budget, des Comptes publics et de la Fonction publique)

Vierde kamer: *K. Lenaerts (rapporteur), kamerpresident, R. Silva de Lapuerta, E. Juhász, G. Arestis en J. Malenovský, rechters*

Advocaat-generaal: *J. Kokott*

1. Het verzoek om een prejudiciële beslissing betreft de uitlegging van artikel 52 van het EG-Verdrag (thans, na wijziging, artikel 43 EG).

2. Deze vraag is gerezen in het kader van een geding tussen de vennootschap Papillon (hierna: 'Papillon'), gevestigd in Frankrijk, en het Ministère du Budget, des Comptes publics et de la Fonction publique, naar aanleiding van de weigering van dit laatste om haar het voordeel van de 'fiscale integratie'-regeling toe te kennen.

Toepasselijke bepalingen

3. In de op de feiten van het hoofdgeding toepasselijke versie, luidde artikel 223 A van de code général des impôts (hierna: 'CGI') als volgt:

'Een vennootschap [...] kan zich opgeven als enige belastingplichtige voor de vennootschapsbelasting die is verschuldigd over het totaal van de resultaten van de groep die bestaat uit de genoemde vennootschap en de vennootschappen waarin zij tijdens het boekjaar op duurzame wijze direct of indirect via vennootschappen van de groep, een participatie in het kapitaal van ten minste 95 procent bezit [...]. De vennootschappen van de groep blijven verplicht om aangifte te doen van hun resultaten [...]. Alleen vennoot-schappen die hun instemming hebben betuigd en waarvan de resultaten onderworpen zijn aan de vennootschapsbelasting kunnen leden zijn van de groep [...]'

4. De verwijzende rechter zet uiteen dat uit hoofde van artikel 223 A CGI, de moedervennootschap van de groep zonder beperkingen en naar eigen goeddunken de omvang daarvan mag bepalen. Deze moedervennootschap mag een andere vennootschap van deze groep evenwel enkel indirect houden via een vennootschap die zelf ook lid is van de geïntegreerde groep en dus in Frankrijk aan de vennootschapsbelasting is onderworpen.

5. Uit de bewoordingen van artikel 223 B CGI volgt dat 'het resultaat van de hele groep wordt vastgesteld door de moedervennootschap. Zij maakt hiertoe de algebraïsche som van de resultaten van elke vennootschap van de groep [...]'.

6. De artikelen 223 B, 223 D en 223 F CGI voorzien met name in het neutraliseren van transacties binnen de groep, zoals voorzieningen voor dubieuze debiteuren of voor risico's tussen vennootschappen van de groep, afstand van schuldvorderingen, subsidies binnen de groep, voorzieningen voor waardevermindering van participaties in andere vennootschappen van de groep en overdracht van activa binnen deze laatste.

Het hoofdgeding en de prejudiciële vragen

7. Gedurende de in het hoofdgeding aan de orde zijnde aanslagjaren, te weten het tijdvak 1 januari 1989 tot en met 31 december 1991, bezat Papillon 100% van het kapitaal van de Nederlandse vennootschap Artist Performance and Communication, die op haar beurt 99,99% van de aandelen van de in Frankrijk ingezeten vennootschap Kiron SARL in handen had. In die context heeft Papillon gekozen voor de zogenaamde fiscale-integratieregeling, die wordt beheerst door de artikelen 223 A tot en met 223 F CGI, op grond waarvan een ingezeten vennootschap zich kan opgeven als enige belastingplichtige voor de vennootschapsbelasting die is verschuldigd over het totaal van de resultaten van de groep die bestaat uit haarzelf en de vennootschappen waarin zij direct of indirect een participatie in het kapitaal van ten minste 95 procent bezit. Uit dien hoofde heeft Papillon de vennootschap Kiron en verschillende van de dochtervennootschappen van deze laatste, die eveneens in Frankrijk ingezeten waren, gerekend tot de geïntegreerde groep waarvan zij aan het hoofd stond.

8. De belastingdienst heeft Papillon het voordeel van deze regeling geweigerd op grond dat zij geen geïntegreerde groep kon vormen met vennootschappen die indirect werden gehouden via een in Nederland ingezeten vennootschap, nu deze laatste vennootschap niet aan vennootschapsbelasting in Frankrijk was onderworpen aangezien zij daar geen vaste inrichting had.

9. Bijgevolg is Papillon, na naheffing, aangeslagen over de door haar aangegeven eigen winsten, zonder deze te kunnen verrekenen met de resultaten van de andere vennootschappen van de geïntegreerde groep.

10. Papillon heeft tegen de naheffingen van vennootschapsbelasting ter zake van de jaren 1989 tot en met 1991 bezwaar gemaakt bij het Tribunal administratif de Paris, dat haar vorderingen bij beslissing van 9 februari 2004 heeft verworpen. Op het tegen deze beslissing ingestelde hoger beroep bij de Cour administrative d'appel de Paris,

heeft deze laatste de in geding zijnde aanslagen en geldboeten slechts gedeeltelijk niet-verschuldigd verklaard bij arrest van 24 juni 2005.

11. In het door Papillon tegen dit arrest ingestelde cassatieberoep, werpt de Conseil d'État de vraag op of de fiscale-integratieregeling zoals deze in Frankrijk van kracht is, die een ingezeten moedervennootschap het recht toekent op verrekening van de resultaten van alle vennootschappen van de geïntegreerde groep en fiscale neutraliteit van de transacties binnen de groep, van dien aard is dat deze een beperking van de vrijheid van vestiging oplevert van ten minste één van de ondernemingen die lid zijn van de groep, nu die regeling deze mogelijkheid voor een ingezeten kleindochtervennootschap uitsluit wanneer deze door een niet-ingezeten dochtervennootschap wordt gehouden.

12. De Conseil d'État vraagt zich af of een dergelijke beperking, zo het bestaan ervan zou komen vast te staan, gerechtvaardigd kan zijn om dwingende redenen van algemeen belang, meer bepaald de noodzaak de samenhang van het belastingstelsel te verzekeren.

13. In die omstandigheden heeft de Conseil d'État besloten de behandeling van de zaak te schorsen en het Hof de volgende prejudiciële vragen te stellen:

> '1. Vormt de uit de regeling van artikel 223 A en volgende van de [CGI] voortvloeiende onmogelijkheid om een kleindochtervennootschap in een fiscaal geïntegreerde groep op te nemen wanneer de moedervennootschap haar aandeelhouderschap van deze kleindochtervennootschap uitoefent via een dochtervennootschap die – aangezien zij in een andere lidstaat [...] is gevestigd en niet werkzaam is in Frankrijk – niet aan de Franse vennootschapsbelasting is onderworpen en dus zelf geen deel kan uitmaken van de groep, een beperking van de vrijheid van vestiging wegens de fiscale gevolgen van de keuze van de moedervennootschap om het aandeelhouderschap van een kleindochtervennootschap uit te oefenen via een Franse dochtervennootschap in plaats van via een in een andere lidstaat gevestigde dochtervennootschap, voor zover het belastingvoordeel dat voortvloeit uit de 'fiscale-integratieregeling', invloed heeft op de belasting van de moedervennootschap van de groep, die de winsten en verliezen van alle vennootschappen van de geïntegreerde groep kan compenseren en ervoor kan zorgen dat de effecten van verrichtingen binnen deze groep vanuit fiscaal oogpunt worden geneutraliseerd?
>
> 2. Zo ja, kan een dergelijke beperking dan worden gerechtvaardigd door hetzij de noodzaak om de samenhang van het stelsel van de 'fiscale integratie' – in het bijzonder de mechanismen die ervoor zorgen dat de effecten van intragroepsverrichtingen vanuit fiscaal oogpunt worden geneutraliseerd – te vrijwaren, gelet op de gevolgen van een stelsel waarbij de in een andere lidstaat gevestigde dochtervennootschap, alleen met het oog op de voorwaarde dat het aandeelhouderschap van de kleindochtervennootschap indirect wordt uitgeoefend, zou worden geacht deel uit te maken van de groep, terwijl zij noodzakelijkerwijs niet in aanmerking komt voor de toepassing van de groepsregeling omdat zij niet in Frankrijk aan belasting is onderworpen, hetzij een andere dwingende reden van openbaar belang?'

Beantwoording van de prejudiciële vragen

14. Met deze twee vragen, die tezamen moeten worden onderzocht, wenst de verwijzende rechter in wezen te vernemen of een wettelijke regeling van een lidstaat uit hoofde waarvan een regeling voor belastingheffing naar het groepsinkomen wordt toegepast op een in die lidstaat ingezeten moedervennootschap die eveneens in die staat ingezeten dochter- en kleindochtervennootschappen houdt, terwijl toepassing van die regeling voor een dergelijke moedervennootschap is uitgesloten wanneer haar ingezeten kleindochtervennootschappen via een in een andere lidstaat ingezeten dochtervennootschap worden gehouden, een beperking van de vrijheid van vestiging inhoudt, en, indien dit het geval is, of deze beperking gerechtvaardigd kan zijn.

15. Vooraf zij eraan herinnerd dat de vrijheid van vestiging voor de vennootschappen die in overeenstemming met de wettelijke regeling van een lidstaat zijn opgericht en die hun statutaire zetel, hun hoofdbestuur of hun hoofdvestiging binnen de Europese Gemeenschap hebben, het recht meebrengt om in andere lidstaten hun bedrijfsactiviteit uit te oefenen door middel van een dochtervennootschap, een filiaal of een agentschap (arresten van 23 februari 2006, Keller Holding, C-471/04, *Jurispr.* blz. I-2107, punt 29, en 15 mei 2008, Lidl Belgium, C-414/06, nog niet gepubliceerd in de *Jurisprudentie*, punt 18).

16. Hoewel de bepalingen van het EG-Verdrag betreffende de vrijheid van vestiging volgens de bewoordingen ervan het recht op behandeling als eigen onderdaan of onderneming beogen te garanderen, verbieden zij eveneens dat de lidstaat van herkomst de vestiging van een van zijn onderdanen of van een naar zijn nationaal recht opgerichte vennootschap in een andere lidstaat belemmert (arresten van 16 juli 1998, ICI, C-264/96, *Jurispr.* blz. I-4695, punt 21; 6 december 2007, Columbus Container Services, C-298/05, *Jurispr.* blz. I-10451, punt 33, en Lidl Belgium, reeds aangehaald, punt 19).

17. Vooraf moet worden opgemerkt dat in het hoofdgeding de verwijzende rechter niet wenst te vernemen of de omstandigheid dat de Nederlandse dochtervennootschap van Papillon niet kan deelnemen aan de fiscale integratie, een beperking van de vrijheid van vestiging oplevert. Zoals de advocaat-generaal heeft opgemerkt in de punten

5 en 24 van haar conclusie, is het verzoek om een prejudiciële beslissing erop gericht te vernemen of sprake is van een beperking van de vrijheid van vestiging in de zin van artikel 52 van het Verdrag wanneer een in een lidstaat ingezeten moedervennootschap niet het voordeel van de 'fiscale-integratieregeling' kan genieten voor de groep die zij vormt met haar kleindochtervennootschappen, die hun zetel eveneens in die lidstaat hebben, wanneer de dochtervennootschap die als tussenschakel fungeert, die in een andere lidstaat is ingezeten, in de eerste staat niet aan vennootschapsbelasting is onderworpen.

18. Zoals volgt uit de verwijzingsbeslissing, verlicht de fiscale-integratieregeling de belasting op de moedervennootschap doordat deze de winsten en verliezen van alle tot de fiscaal geïntegreerde groep behorende vennootschappen mag verrekenen. Deze regeling levert een belastingvoordeel op, nu met name de toegestane verrekening de groep de gelegenheid biedt om onmiddellijk rekening te houden met verliezen van sommige van de groepsvennootschappen.

19. Ingevolge artikel 223A en volgende CGI wordt dit belastingvoordeel echter niet toegekend wanneer de in Frankrijk gevestigde moedervennootschap een eveneens in Frankrijk gevestigde kleindochtervennootschap houdt via een dochtervennootschap die in een andere lidstaat is gevestigd en in Frankrijk geen activiteiten heeft.

20. Zoals immers in de punten van 3 en 4 van het onderhavige arrest in herinnering is gebracht, mag de moedervennootschap van de groep om voor de fiscale-integratieregeling in aanmerking te komen, enkel indirect aandeelhouder van een andere groepsvennootschap zijn via een vennootschap die zelf ook lid is van de geïntegreerde groep en dus in Frankrijk onderworpen is aan vennootschapsbelasting.

21. Een moedervennootschap die haar zetel in Frankrijk heeft en haar Franse kleindochtervennootschappen via een niet-ingezeten dochtervennootschap houdt, kan niet het voordeel van de fiscale-integratieregeling genieten. Daarentegen is fiscale integratie tussen een Franse moedervennootschap en haar Franse kleindochtervennootschappen wel mogelijk indien de tussenliggende dochtervennootschap in Frankrijk is gevestigd.

22. Zoals de advocaat-generaal heeft opgemerkt in punt 30 van haar conclusie, volgt uit de in het hoofdgeding aan de orde zijnde bepalingen van de CGI dat zij een ongelijke behandeling in het leven roepen op het vlak van de mogelijkheid om voor de fiscale-integratieregeling te kiezen, al naargelang de moedervennootschap haar indirecte participaties via een in Frankrijk ingezeten of een in een andere lidstaat ingezeten dochtervennootschap houdt.

23. De Franse regering betoogt evenwel dat dit verschil in behandeling wordt verklaard door het feit dat die beide situaties niet objectief vergelijkbaar zijn.

24. In een situatie zoals die in het hoofdgeding, is de dochtervennootschap die in een andere lidstaat dan de Franse Republiek is gevestigd, om die reden in Frankrijk niet aan vennootschapsbelasting onderworpen, zulks in tegenstelling tot een dochtervennootschappen die haar zetel wel in die laatste staat heeft.

25. Dit betoog kan niet slagen.

26. Zou een lidstaat immers vrijelijk een vennootschap ongelijk mogen behandelen, enkel omdat haar zetel in een andere lidstaat is gevestigd, dan zou daarmee aan de bepalingen betreffende de vrijheid van vestiging iedere inhoud worden ontnomen (zie in die zin arresten van 28 januari 1986, Commissie/Frankrijk, 270/83, *Jurispr.* blz. 273, punt 18, en 8 maart 2001, Metallgesellschaft e.a., C-397/98 en C-410/98, *Jurispr.* blz. I-1727, punt 42).

27. Ten einde het bestaan van een discriminatie vast te stellen, moet de vergelijkbaarheid van een communautaire situatie met een zuiver interne situatie worden onderzocht, daarbij rekening houdend met de door de betrokken nationale bepalingen nagestreefde doeleinden (zie in die zin arresten Metallgesellschaft e.a., reeds aangehaald, punt 60, en 18 juli 2007, Oy AA, C-231/05, *Jurispr.* blz. I-6373, punt 38).

28. In het hoofdgeding strekken de betrokken bepalingen van de CGI ertoe, een uit een moeder- met haar dochter- en kleindochtervennootschappen bestaande groep zoveel mogelijk gelijk te stellen met een vennootschap met meerdere vaste inrichtingen doordat de mogelijkheid wordt geboden de resultaten van elke vennootschap te consolideren.

29. Die doelstelling kan zowel worden bereikt in de situatie van een in een lidstaat ingezeten moedervennootschap die ook in die lidstaat ingezeten kleindochtervennootschappen via een eveneens ingezeten dochtervennootschap houdt, als in de situatie van een in diezelfde lidstaat ingezeten moedervennootschap die daar eveneens ingezeten kleindochtervennootschappen houdt, maar via een in een andere lidstaat gevestigde dochtervennootschap.

30. Gelet op de doelstelling van de bepalingen van de CGI die in het hoofdgeding aan de orde zijn, zijn deze twee situaties dus objectief vergelijkbaar.

31. Bijgevolg leidt de in het hoofdgeding ter discussie staande belastingregeling tot een ongelijke behandeling op grond van de plaats waar zich de zetel bevindt van de dochtervennootschap via welke de ingezeten moedervennootschap de ingezeten kleindochtervennootschappen houdt.

32. Doordat zij op het vlak van de belastingen communautaire situaties ten opzichte van zuiver interne situaties benadelen, leveren de in het hoofdgeding aan de orde zijnde bepalingen van de CGI dus een beperking op die in beginsel ingevolge de verdragsbepalingen inzake de vrijheid van vestiging verboden is.

33. Volgens de rechtspraak van het Hof is een beperking van de vrijheid van vestiging slechts toelaatbaar wanneer zij gerechtvaardigd is uit hoofde van dwingende redenen van algemeen belang. Daarenboven moet in een dergelijk geval de beperking geschikt zijn om het aldus nagestreefde doel te verwezenlijken en mag zij niet verder gaan dan voor het bereiken van dat doel noodzakelijk is (arrest Lidl Belgium, reeds aangehaald, punt 27 en aldaar aangehaalde rechtspraak).

34. In dat verband moet in de eerste plaats worden opgemerkt dat de Duitse en de Nederlandse regering in de door hen bij het Hof ingediende schriftelijke opmerkingen hebben betoogd dat de uit de betrokken regelgeving voortvloeiende beperking van de vrijheid van vestiging gerechtvaardigd zou kunnen zijn door de noodzaak om de verdeling van de heffingsbevoegdheid tussen de lidstaten te handhaven.

35. Deze regeringen verwijzen op dit punt naar het arrest van 13 december 2005, Marks & Spencer (C-446/03, *Jurispr.* blz. I-10837), en het arrest Oy AA, reeds aangehaald, en beweren dat de beperking die is ingesteld bij de bepalingen van de CGI die in het hoofdgeding aan de orde zijn, noodzakelijk is om te voorkomen dat verliezen dubbel worden verrekend en om belastingontwijking te bestrijden.

36. Deze rechtvaardigingen gaan niet op.

37. In de zaken die aanleiding hebben gegeven tot de reeds aangehaalde arresten Marks & Spencer en Oy AA, hadden de gestelde vragen immers betrekking op het feit dat rekening was gehouden met verliezen die waren geboekt in een andere lidstaat dan die waarin de belastingbetaler gevestigd was en op een gevaar voor belastingontwijking.

38. In de omstandigheden van het hoofdgeding rijzen deze vragen niet, nu het verzoek om een prejudiciële beslissing ertoe strekt te vernemen of de omstandigheid dat een in één lidstaat ingezeten vennootschap niet het voordeel kan genieten van de fiscale-integratieregeling met haar kleindochtervennootschappen die eveneens in die staat zijn ingezeten wanneer de vennootschap die als tussenschakel fungeert in een andere lidstaat gevestigd is, een beperking oplevert, en niet of de niet-ingezeten dochtervennootschap onder deze regeling zou moeten vallen.

39. In het hoofdgeding rijst de vraag naar de inaanmerkingneming van de winsten en verliezen van tot de betrokken groep behorende vennootschappen enkel ten aanzien van vennootschappen die ingezeten zijn in eenzelfde lidstaat. De gestelde vraag heeft derhalve betrekking op de inaanmerkingneming van verliezen die in één en dezelfde lidstaat zijn geboekt, hetgeen ook het gevaar voor belastingontwijking bij voorbaat uitsluit.

40. Bijgevolg kan de beperking die is vastgesteld in de punten 22 tot en met 32 van het onderhavige arrest, niet worden gerechtvaardigd met een beroep op de verdeling van de heffingsbevoegdheid tussen de lidstaten.

41. In de tweede plaats moet worden opgemerkt dat de verwijzende rechter wenst te vernemen of de betrokken beperking gerechtvaardigd kan zijn door de noodzaak de samenhang van het belastingstelsel te waarborgen, waarbij de Franse regering in haar bij het Hof ingediende schriftelijke opmerkingen meent dat dit in het hoofdgeding het geval is.

42. De verwijzende rechter merkt op dat nu de niet-ingezeten dochtervennootschap noodzakelijkerwijze blijft uitgesloten van toepassing van de fiscale-integratieregeling, aangezien zij in Frankrijk niet aan vennootschapsbelasting is onderworpen, de samenhang van het stelsel van neutralisering van transacties binnen de groep wordt aangetast, daar immers transacties waarbij die dochtervennootschap betrokken is anders worden behandeld dan die waarbij een ingezeten dochtervennootschap betrokken is en aanleiding kunnen geven tot dubbele aftrek in vergelijking met een stelsel waarbij enkel aan die belasting onderworpen vennootschappen betrokken zijn.

43. In dat verband heeft het Hof reeds erkend dat de noodzaak om de samenhang van een belastingstelsel te bewaren een beperking van de uitoefening van de door het Verdrag gewaarborgde verkeersvrijheden kan rechtvaardigen (arresten van 28 januari 1992, Bachmann, C-204/90, *Jurispr.* blz. I-249, punt 28; 7 september 2004, Manninen, C-319/02, *Jurispr.* blz. I-7477, punt 42, en Keller Holding, reeds aangehaald, punt 40).

44. Een beroep op een dergelijke rechtvaardigingsgrond kan volgens het Hof evenwel alleen slagen indien er een rechtstreeks verband bestaat tussen het betrokken fiscale voordeel en de verrekening van dat voordeel door een bepaalde belastingheffing (arrest van 14 november 1995, Svensson en Gustavsson, C-484/93, *Jurispr.* blz. I-3955, punt 18; reeds aangehaalde arresten ICI, punt 29; Manninen, punt 42, en Keller Holding, punt 40), welk rechtstreeks verband op basis van de door de betrokken belastingregeling nagestreefde doelstelling moet worden aangetoond (arrest Manninen, reeds aangehaald, punt 43, en arrest van 28 februari 2008, Deutsche Shell, C-293/06, nog niet gepubliceerd in de *Jurisprudentie*, punt 39).

45. De Franse regering zet in het hoofdgeding uiteen dat de fiscale-integratieregeling voorziet in de fiscale consolidatie van vennootschappen en, ter compensatie daarvan, in neutralisering van sommige transacties tussen de vennootschappen van de groep overeenkomstig de artikelen 223 B, 223 D en 223 F CGI.

46. In dat verband moet worden opgemerkt dat door de neutralisering van de verschillende transacties binnen de groep, onder meer dubbele verliesverrekening bij ingezeten vennootschappen die onder de fiscale-integratieregeling vallen, kan worden vermeden.

47. Immers, ingeval een kleindochtervennootschap verlies maakt, zal de dochtervennootschap normaal gesproken voorzieningen aanleggen voor de waardevermindering van haar participatie in de kleindochtervennootschap. Om deze reden zal ook de moedervennootschap voorzieningen aanleggen voor de waardevermindering van haar participatie in de dochtervennootschap. Nu het om één en hetzelfde verlies gaat, dat bij de kleindochtervennootschap is ontstaan, zullen, als al deze ondernemingen onder de fiscale-integratieregeling vallen, als gevolg van het neutralisatiemechanisme de voorzieningen voor de waardevermindering bij de dochtervennootschap en de moedervennootschap buiten beschouwing worden gelaten.

48. Wanneer echter de dochtervennootschap een niet-ingezeten vennootschap is, zal dubbel rekening worden gehouden met de bij de kleindochtervennootschap geboekte verliezen, namelijk een eerste keer in de vorm van directe verliezen bij deze laatste en nog een keer in de vorm van een voorziening die door de moedervennootschap wordt aangelegd voor de waardevermindering van haar participatie in die dochtervennootschap, aangezien de interne operaties niet zullen worden geneutraliseerd nu de niet-ingezeten dochtervennootschap niet onder de fiscale-integratieregeling valt.

49. In een dergelijk geval moet worden vastgesteld dat ingezeten vennootschappen de voordelen van de fiscale-integratieregeling genieten in de vorm van consolidatie van de resultaten en de onmiddellijke inaanmerkingneming van de verliezen van alle vennootschappen die onder die regeling vallen, zonder dat de verliezen van de kleindochtervennootschap en de voorzieningen van de moedervennootschap kunnen worden geneutraliseerd.

50. Derhalve zal het rechtstreekse verband dat in de fiscale-integratieregeling bestaat tussen de belastingvoordelen en de neutralisering van transacties binnen de groep, teniet worden gedaan, hetgeen de samenhang van die regeling aantast.

51. Door bijgevolg het voordeel van de fiscale-integratieregeling aan een ingezeten moedervennootschap die daaronder ingezeten kleindochtervennootschappen wil scharen te weigeren indien zij deze laatste via een niet-ingezeten dochtervennootschap houdt, waarborgen de bepalingen van de CGI die in het hoofdgeding aan de orde zijn de samenhang van die regeling.

52. Deze nationale regeling mag echter niet verder gaan dan noodzakelijk is om deze doelstelling te bereiken. Anders gezegd, deze doelstelling mag niet ook met voor de vrijheid van vestiging minder beperkende maatregelen worden bereikt.

53. De Franse regering betoogt in dit verband dat bedoelde bepalingen van de CGI noodzakelijk zijn geworden omdat de Franse belastingautoriteiten moeilijk kunnen verifiëren of er gevaar voor dubbele verliesverrekening bestaat wanneer een niet-ingezeten dochtervennootschap de tussenschakel vormt tussen de moedervennootschap en haar kleindochtervennootschappen. Het bedrag van een voorziening stemt gewoonlijk niet overeen met de omvang van het verlies van de dochtervennootschap en het is eenvoudigweg onmogelijk om de precieze oorsprong van een voorziening te achterhalen.

54. Op dat punt moet worden opgemerkt dat praktische moeilijkheden op zich niet kunnen volstaan om schending van een door het Verdrag gewaarborgde vrijheid te rechtvaardigen (arresten van 4 maart 2004, Commissie/Frankrijk, C-334/02, *Jurispr.* blz. I-2229, punt 29; 14 september 2006, Centro di Musicologia Walter Stauffer, C-386/04, *Jurispr.* blz. I-8203, punt 48, en 12 december 2006, Test Claimants in the FII Group Litigation, C-446/04, *Jurispr.* blz. I-11753, punt 70).

55. Vervolgens moet eraan worden herinnerd dat de communautaire regelgeving, te weten richtlijn 77/799/EEG van de Raad van 19 december 1977 betreffende de wederzijdse bijstand van de bevoegde autoriteiten van de lidstaten op het gebied van de directe belastingen (JO L 336, blz. 15), de lidstaten de mogelijkheid biedt om van de bevoegde autoriteiten van de andere lidstaten alle inlichtingen te verlangen die relevant kunnen zijn voor de vaststelling van het precieze bedrag van de vennootschapsbelasting.

56. Ten slotte moet worden toegevoegd dat, zoals de advocaat-generaal heeft opgemerkt in punt 66 van haar conclusie, de betrokken belastingautoriteiten van de moedervennootschap de documenten kunnen verlangen die zij noodzakelijk achten om te beoordelen of de voorzieningen van die vennootschap voor waardeverminderingen van haar participaties in het kapitaal van haar dochtervennootschap indirect - via voorzieningen van de tussenvennootschap - kunnen worden toegeschreven aan een verlies van die dochtervennootschap (zie in die zin arresten Centro di Musicologia Walter Stauffer, reeds aangehaald, punt 49; 30 januari 2007, Commissie/Denemarken, C-150/04, *Jurispr.* blz. I-1163, punt 54; 29 maart 2007, Rewe Zentralfinanz, C-347/04, *Jurispr.* blz. I-2647, punt 57, en 11 oktober 2007, ELISA, C-451/05, *Jurispr.* blz. I-8251, punt 95).

57. In de betrekkingen tussen lidstaten bieden de door de belastingautoriteiten gevraagde of verstrekte inlichtingen des te meer de mogelijkheid om na te gaan of de in de nationale wettelijke regeling gestelde voorwaarden vervuld zijn, nu op de boekhouding van vennootschappen communautaire harmonisatiemaatregelen van toepassing zijn, zodat de mogelijkheid bestaat om betrouwbare en controleerbare gegevens te verstrekken over een in een andere lidstaat gevestigde vennootschap (zie in die zin arrest van 18 december 2007, A, C-101/05, *Jurispr.* blz. I-11531, punt 62).

58. Wanneer dus in een lidstaat ingezeten moedervennootschappen verzoeken om toepassing van de fiscale-integratieregeling met kleindochtervennootschappen die via in een andere lidstaat gevestigde dochtervennootschappen worden gehouden, zoals in het hoofdgeding het geval is, kunnen de belastingautoriteiten van de eerste staat deze dochtervennootschappen vragen alle bewijzen over te leggen die zij noodzakelijk achten om volledig inzicht te krijgen in de door die laatsten getroffen voorzieningen.

59. In Frankrijk gevestigde vennootschappen die ingezeten kleindochtervennootschappen houden via in een andere lidstaat ingezeten dochtervennootschappen en die om die reden het voordeel van de fiscale integratieregeling wordt onthouden, mogen op grond van de bepalingen van de CGI die in het hoofdgeding aan de orde zijn, geen bewijselementen overleggen op grond waarvan kan worden vastgesteld dat er geen gevaar voor dubbele verliesverrekening is.

60. Deze regelgeving belet de ingezeten vennootschappen derhalve in alle omstandigheden, het bewijs te leveren dat er in het kader van de fiscale-integratieregeling geen dubbele verliesverrekening plaats vindt.

61. Hieruit volgt dat de doelstelling, de samenhang van het belastingstelsel te waarborgen, ook kan worden bereikt met maatregelen die de vrijheid van vestiging minder beperken.

62. Derhalve gaan de bepalingen van de CGI die in het hoofdgeding aan de orde zijn, verder dan noodzakelijk is om deze doelstelling te bereiken en kunnen zij dus niet gerechtvaardigd worden door de noodzaak, de samenhang van het belastingstelsel te waarborgen.

63. Gelet op een en ander moet op de gestelde vragen worden geantwoord dat artikel 52 van het Verdrag aldus moet worden uitgelegd dat het zich verzet tegen de wettelijke regeling van een lidstaat uit hoofde waarvan een regeling voor belastingheffing naar het groepsinkomen wordt toegepast op een in die lidstaat ingezeten moedervennootschap die eveneens in die lidstaat ingezeten dochter- en kleindochtervennootschappen houdt, terwijl toepassing van die regeling voor een dergelijke moedervennootschap is uitgesloten wanneer haar ingezeten kleindochtervennootschappen via een in een andere lidstaat ingezeten dochtervennootschap worden gehouden.

Kosten

64. ...

HET HOF VAN JUSTITIE (Vierde kamer)

verklaart voor recht:

Artikel 52 EG-Verdrag (thans, na wijziging, artikel 43 EG) moet aldus worden uitgelegd dat het zich verzet tegen de wettelijke regeling van een lidstaat uit hoofde waarvan een regeling voor belastingheffing naar het groepsinkomen wordt toegepast op een in die lidstaat ingezeten moedervennootschap die eveneens in die lidstaat ingezeten dochter- en kleindochtervennootschappen houdt, terwijl toepassing van die regeling voor een dergelijke moedervennootschap is uitgesloten wanneer haar ingezeten kleindochtervennootschappen via een in een andere lidstaat ingezeten dochtervennootschap worden gehouden.

HvJ EG 4 december 2008, zaak C-330/07 (Jobra Vermögensverwaltungs-Gesellschaft mbH v. Finanzamt Amstetten Melk Scheibbs)

Derde kamer: *A. Rosas (rapporteur), kamerpresident, A. Ó Caoimh, J. N. Cunha Rodrigues, U. Lõhmus en P. Lindh, rechters*

Advocaat-generaal: *P. Mengozzi*

Samenvatting arrest *(V-N 2009/10.24)*

Jobra Vermögensverwaltungs-Gesellschaft mbH, een Oostenrijkse vennootschap, koopt vrachtwagens en verhuurt deze aan Braunshofer GmbH, een andere vennootschap naar Oostenrijks recht. Jobra vraagt voor deze investeringen een investeringspremie aan bij de Oostenrijkse Belastingdienst. Volgens de Belastingdienst heeft Jobra echter geen recht op de premie, omdat Braunshofer de vrachtwagens buiten Oostenrijk gebruikt. De Oostenrijkse rechter heeft een prejudiciële vraag in deze procedure gesteld.

Het Hof van Justitie EG beslist dat de Oostenrijkse regeling in strijd is met het gemeenschapsrecht. De voorwaarde die de Oostenrijkse belastingwet stelt, is volgens het hof een beperking van het vrij verrichten van diensten. Vervolgens beslist het Hof van Justitie EG dat er ook geen rechtvaardiging is voor de beperking. Het hof wijst er hierbij op dat de huurinkomsten uit de terbeschikkingstelling van de vrachtwagens waarvoor Jobra aanspraak op de investeringspremie maakt, in Oostenrijk aan de belastingheffing zijn onderworpen. Verder stelt het Hof van Justitie EG vast dat de leaseconstructie op zich geen misbruik vormt en een eventuele beperking ook om die reden niet is geoorloofd.

Een regeling van een lidstaat, zoals hier aan de orde, krachtens welke aan ondernemingen die materiële activa aankopen, een investeringspremie wordt geweigerd op de enkele grond dat de activa waarvoor aanspraak op deze premie wordt gemaakt en die onder bezwarende titel ter beschikking zijn gesteld, hoofdzakelijk in andere lidstaten worden gebruikt, is niet geoorloofd.

HET HOF VAN JUSTITIE (Derde kamer)

verklaart voor recht:

Artikel 49 EG staat in de weg aan een regeling van een lidstaat, zoals die welke in het hoofdgeding aan de orde is, krachtens welke aan ondernemingen die materiële activa aankopen, een investeringspremie wordt geweigerd op de enkele grond dat de activa waarvoor aanspraak op deze premie wordt gemaakt en die onder bezwarende titel ter beschikking zijn gesteld, hoofdzakelijk in andere lidstaten worden gebruikt.

HvJ EG 11 december 2008, zaak C-285/07 (A. T. v. Finanzamt Stuttgart-Körperschaften)

Eerste kamer: *P. Jann (rapporteur), kamerpresident, A. Tizzano, A. Borg Barthet, E. Levits en J. J. Kasel, rechters*

Advocaat-generaal: *E. Sharpston*

1. Het verzoek om een prejudiciële beslissing betreft de uitlegging van artikel 8, leden 1 en 2, van richtlijn 90/434/EEG van de Raad van 23 juli 1990 betreffende de gemeenschappelijke fiscale regeling voor fusies, splitsingen, inbreng van activa en aandelenruil met betrekking tot vennootschappen uit verschillende lidstaten (*PB* L 225, blz. 1) alsmede van de artikelen 43 EG en 56 EG.

2. Dit verzoek is ingediend in het kader van een geding tussen A.T. en het Finanzamt Stuttgart-Körperschaften (hierna: 'Finanzamt') ter zake van het besluit van laatstgenoemde om in het kader van een grensoverschrijdende aandelenruil een meerwaarde van de inbreng te belasten.

Toepasselijke bepalingen

Gemeenschapsregeling

3. Volgens de eerste overweging van de considerans ervan beoogt richtlijn 90/434 te garanderen dat herstructureringen van vennootschappen uit verschillende lidstaten, zoals fusies, splitsingen, inbreng van activa en aandelenruil, niet worden belemmerd door uit de fiscale voorschriften van de lidstaten voortvloeiende bijzondere beperkingen, nadelen of distorsies.

4. Daartoe voert de richtlijn een regeling in volgens welke die transacties op zich niet tot belastingheffing mogen leiden. De eventuele meerwaarde die bij die transacties ontstaat kan in beginsel worden belast, maar uitsluitend op het moment waarop die meerwaarde wordt gerealiseerd.

5. De eerste vier overwegingen en de negende overweging van de considerans van de richtlijn luiden als volgt:

> 'Overwegende dat fusies, splitsingen, inbreng van activa en aandelenruil, betrekking hebbende op vennootschappen uit verschillende lidstaten, noodzakelijk kunnen zijn teneinde in de Gemeenschap soortgelijke voorwaarden te scheppen als op een binnenlandse markt en daardoor de instelling en de goede werking van de gemeenschappelijke markt te verzekeren; dat deze transacties niet moeten worden belemmerd door uit de fiscale voorschriften der lidstaten voortvloeiende bijzondere beperkingen, nadelen of distorsies; dat er bijgevolg voor deze transacties concurrentie-neutrale belastingvoorschriften tot stand moeten komen om de ondernemingen in staat te stellen zich aan te passen aan de eisen van de gemeenschappelijke markt, hun productiviteit te vergroten en hun concurrentiepositie op de internationale markt te versterken;
>
> Overwegende dat bepalingen van fiscale aard deze transacties thans benadelen ten opzichte van transacties met betrekking tot vennootschappen van een zelfde lidstaat; dat deze benadeling moet worden opgeheven;
>
> Overwegende dat dit doel niet kan worden bereikt door de in de lidstaten geldende nationale regelingen uit te breiden tot de gehele Gemeenschap, omdat de verschillen tussen deze regelingen distorsies kunnen veroorzaken; dat daarom uitsluitend een gemeenschappelijke fiscale regeling een bevredigende oplossing kan bieden;
>
> Overwegende dat de gemeenschappelijke fiscale regeling moet voorkomen dat wegens fusies, splitsingen, inbreng van activa of aandelenruil belasting wordt geheven, met dien verstande dat de financiële belangen van de Staat van de inbrengende of verworven vennootschap moeten worden veiliggesteld;
>
> [...]
>
> Overwegende dat de lidstaten het voordeel dat voortvloeit uit de toepassing van de bepalingen van de richtlijn moeten kunnen weigeren indien de fusie, splitsing, inbreng van activa of aandelenruil belastingfraude of -ontwijking tot doel heeft [...].'

6. Artikel 2, sub d, van richtlijn 90/434 definieert 'aandelenruil' als 'de rechtshandeling waarbij een vennootschap in het maatschappelijk kapitaal van een andere vennootschap een deelneming verkrijgt waardoor zij een meerderheid van stemmen in die vennootschap krijgt, en wel door aan de deelgerechtigden van de andere vennootschap, in ruil voor hun effecten, bewijzen van deelgerechtigdheid in het maatschappelijk kapitaal van de eerste vennootschap uit te reiken, eventueel met een bijbetaling in geld welke niet meer mag bedragen dan 10% van de nominale waarde of, bij gebreke van een nominale waarde, van de fractiewaarde van de bewijzen die worden geruild'.

7. Volgens artikel 2, sub g en h, van de richtlijn moet onder 'verworven vennootschap' worden verstaan 'de vennootschap waarin een andere vennootschap een deelneming verwerft door middel van een effectenruil', en onder 'verwervende vennootschap' 'de vennootschap die een deelneming verwerft door middel van een effectenruil'.

8. Artikel 8, leden 1 en 2, van de richtlijn, dat is opgenomen in titel II betreffende regels voor fusies, splitsingen en aandelenruil, luidt:

'1. Toekenning bij een fusie, een splitsing of een aandelenruil, van bewijzen van deelgerechtigdheid in het maatschappelijk kapitaal van de ontvangende of de verwervende vennootschap aan een deelgerechtigde van de inbrengende of verworven vennootschap in ruil voor bewijzen van deelgerechtigdheid in het maatschappelijk kapitaal van deze laatste vennootschap, mag op zich niet leiden tot enigerlei belastingheffing op het inkomen, de winst of de meerwaarden van deze deelgerechtigde.

2. De lidstaten stellen de toepassing van lid 1 afhankelijk van de voorwaarde dat de deelgerechtigde aan de in ruil ontvangen bewijzen geen hogere fiscale waarde toekent dan de waarde die de geruilde bewijzen onmiddellijk vóór de fusie, de splitsing of de aandelenruil hadden.

De toepassing van lid 1 belet de lidstaten niet de winst die voortvloeit uit de latere verkoop van de ontvangen bewijzen op dezelfde wijze te belasten als de winst uit de verkoop van de bewijzen die vóór de verwerving bestonden.

Onder 'fiscale waarde' wordt verstaan de waarde die als grondslag zou dienen voor de eventuele berekening van een winst of een verlies die onder de toepassing vallen van een belasting op het inkomen, de winst of de meerwaarden van de deelgerechtigde van de vennootschap.'

9. Artikel 11, lid 1, sub a, van de richtlijn bepaalt onder meer dat een lidstaat kan weigeren de bepalingen van titel II geheel of gedeeltelijk toe te passen of het voordeel ervan teniet kan doen indien blijkt dat de aandelenruil als hoofddoel of een van de hoofddoelen belastingfraude of -ontwijking heeft.

Duitse regeling

10. § 23, lid 4, van het Umwandlungssteuergesetz van 28 oktober 1994 (BGBl. 1994 I, blz. 3267; hierna: 'UmwStG'), zoals gewijzigd, regelt de inbreng van aandelen die worden gehouden in een kapitaalvennootschap van de Europese Unie, zoals die wat de kenmerkende elementen ervan betreft is gedefinieerd in artikel 3 van de richtlijn, in een andere kapitaalvennootschap van de Europese Unie.

11. Indien kan worden aangetoond dat de kapitaalvennootschap die de inbreng ontvangt (hierna: 'verwervende vennootschap') na die inbreng, op grond van haar deelneming met inbegrip van de ingebrachte aandelen, rechtstreeks de meerderheid van de stemrechten bezit in de vennootschap waarvan zij aandelen heeft ontvangen (hierna: 'verworven vennootschap'), dan is voor de waardering van de aandelen die de verwervende kapitaalvennootschap ontvangt § 20, lid 2, eerste tot vierde en zesde volzin, UmwStG en voor de waardering van de nieuwe aandelen die de inbrenger van de verwervende vennootschap ontvangt § 20, lid 4, eerste volzin, UmwStG analoog van toepassing.

12. Op grond van § 20, lid 2, eerste volzin, UmwStG mag de kapitaalvennootschap het ingebrachte bedrijfsvermogen tegen de boekwaarde of tegen een hogere waarde waarderen. Volgens de tweede volzin van deze bepaling is de waardering tegen de boekwaarde ook toegestaan indien het ingebrachte bedrijfsvermogen op grond van handelsrechtelijke voorschriften in de handelsbalans hoger moet worden gewaardeerd.

13. § 20, lid 4, eerste volzin, UmwStG bepaalt dat de waarde die de kapitaalvennootschap aan het ingebrachte bedrijfsvermogen toekent voor de inbrenger als verkoopprijs en als aankoopkosten van de aandelen geldt. Hiermee legt het UmwStG de dubbele-boekwaarde-eis op, volgens welke de inbrenger alleen dan de boekwaarde van de ingebrachte aandelen mag blijven hanteren wanneer de verwervende kapitaalvennootschap op haar beurt de ingebrachte aandelen tegen de boekwaarde heeft gewaardeerd. Het UmwStG maakt op dit punt geen verschil tussen een inbreng in Duitsland en een inbreng in het buitenland; beide gevallen worden op dezelfde wijze behandeld.

Hoofdgeding en de prejudiciële vragen

14. Tot de vennootschapsgroep van A.T., een Duitse naamloze vennootschap, behoorde C-GmbH, een Duitse vennootschap met beperkte aansprakelijkheid, waarvan A.T. 89,5% van de aandelen hield.

15. Op 28 april 2000 heeft A.T. die deelneming ingebracht in een Franse naamloze vennootschap, G-SA, in ruil voor nieuwe aandelen van deze vennootschap, welke 1,47% van het maatschappelijk kapitaal vertegenwoordigden en het gevolg waren van een kapitaalverhoging. Deze aandelen, waarvan de beurskoers later sterk is gedaald, moesten vervolgens binnen vijf jaar worden verkocht op grond van bepalingen die het toezicht op de financiële markten regelen.

16. Aangezien de aandelen die A.T., de moedermaatschappij, hield in C-GmbH na de vervreemding ervan op de handels- en fiscale balans van G-SA niet werden gewaardeerd tegen de boekwaarde waartegen zij tot dan toe op de fiscale balans van A.T. waren gewaardeerd, maar tegen de marktwaarde zoals vastgesteld in de inbrengovereenkomst, weigerde het Finanzamt op basis van § 23, lid 4, eerste volzin, en § 20, lid 4, eerste volzin, UmwStG alsmede op basis van een desbetreffend schrijven van het Bundesministerium der Finanzen (hierna: 'BMF') om A.T. in het

kader van haar belastingaanslag over het jaar 2000 toe te staan, voor de in ruil ontvangen aandelen in G-SA de historische boekwaarde te blijven hanteren van de vervreemde aandelen in C-GmbH. Het Finanzamt beschouwde de inbreng dus als belastbaar en belastte de meerwaarde van de inbreng, bestaande in het verschil tussen de oorspronkelijke aankoopkosten van de aandelen in C-GmbH en hun marktwaarde.

17. Het beroep dat A.T. tegen de op grond van deze bepalingen vastgestelde belastingaanslagen had ingesteld, werd in eerste aanleg toegewezen. Het Finanzamt heeft daarop beroep in Revision ingesteld bij de verwijzende rechter. Laatstgenoemde is van oordeel dat het beroep van A.T. krachtens het UmwStG moet worden verworpen. Volgens het UmwStG hadden de aandelen in C-GmbH op de balans van G-SA immers moeten worden gewaardeerd tegen hun boekwaarde, hetgeen volgens Frans recht overigens mogelijk was geweest.

18. Daar het echter twijfels had over de verenigbaarheid met het gemeenschapsrecht van de dubbele-boekwaarde-eis bij grensoverschrijdende inbreng, heeft het Bundesfinanzhof de behandeling van de zaak geschorst en het Hof de volgende prejudiciële vragen gesteld:

> '1. Staat artikel 8, leden 1 en 2, van richtlijn [90/434] in de weg aan een belastingregeling van een lidstaat volgens welke bij een inbreng van aandelen van een kapitaalvennootschap uit de EU in een andere kapitaalvennootschap uit de EU de inbrenger alleen dan de boekwaarde van de ingebrachte aandelen mag blijven hanteren wanneer de verwervende kapitaalvennootschap op haar beurt de ingebrachte aandelen tegen de boekwaarde heeft gewaardeerd (de zogenoemde dubbele-boekwaarde-eis)?
> 2. Indien deze vraag ontkennend dient te worden beantwoord: is de in het geding zijnde regeling in strijd met de artikelen 43 EG en 56 EG, hoewel de zogenaamde dubbele-boekwaarde-eis ook bij een inbreng van aandelen van een kapitaalvennootschap in een onbeperkt belastingplichtige kapitaalvennootschap geldt?'

Beantwoording van de prejudiciële vragen

19. Met zijn eerste vraag wenst de verwijzende rechter in wezen te vernemen of artikel 8, leden 1 en 2, van richtlijn 90/434 zich verzet tegen een regeling van een lidstaat volgens welke een aandelenruil voor de aandeelhouders van de verworven vennootschap leidt tot belastingheffing over de meerwaarde van de inbreng bestaande in het verschil tussen de oorspronkelijke aankoopkosten van de ingebrachte aandelen en hun marktwaarde, tenzij de verwervende vennootschap op haar eigen fiscale balans de historische boekwaarde van de ingebrachte aandelen overneemt.

20. Om te beginnen zij eraan herinnerd dat volgens artikel 8, lid 1, van richtlijn 90/434 de toekenning, bij een aandelenruil, van bewijzen van deelgerechtigdheid in het maatschappelijk kapitaal van de verwervende vennootschap aan een deelgerechtigde van de verworven vennootschap in ruil voor bewijzen van deelgerechtigdheid in het maatschappelijk kapitaal van deze laatste vennootschap, op zich niet mag leiden tot enigerlei belastingheffing op het inkomen, de winst of de meerwaarden van deze deelgerechtigde.

21. Zoals volgt uit de eerste en de vierde overweging van de considerans ervan, beoogt richtlijn 90/434 met dit gebod van fiscale neutraliteit ten opzichte van de aandeelhouders van de verworven vennootschap te garanderen dat een aandelenruil die betrekking heeft op vennootschappen van verschillende lidstaten niet wordt belemmerd door uit de fiscale voorschriften van de lidstaten voortvloeiende bijzondere beperkingen, nadelen of distorsies.

22. Dit gebod van fiscale neutraliteit is echter niet onvoorwaardelijk. Volgens artikel 8, lid 2, van richtlijn 90/434 stellen de lidstaten de toepassing van lid 1 van dit artikel immers afhankelijk van de voorwaarde dat de deelgerechtigde aan de in ruil ontvangen bewijzen geen hogere fiscale waarde toekent dan de waarde die de geruilde bewijzen onmiddellijk vóór de aandelenruil hadden.

23. Zoals blijkt uit de verwijzingsbeslissing en met name uit de eerste prejudiciële vraag, mag volgens de in het hoofdgeding aan de orde zijnde Duitse regeling de aandeelhouder van de verworven vennootschap voor de in ruil ontvangen aandelen alleen dan de boekwaarde van de ingebrachte aandelen blijven hanteren indien de verwervende vennootschap die aandelen eveneens tegen hun historische boekwaarde waardeert.

24. De Duitse regering stelt in dit verband dat een dergelijke dubbele-boekwaarde-eis in overeenstemming is met richtlijn 90/434, aangezien deze, door niets te zeggen over de waardering van de ingebrachte aandelen op de balans van de verwervende vennootschap, de lidstaten een omzettingsmarge laat.

25. Deze uitlegging van de richtlijn kan niet worden aanvaard.

26. Om te beginnen blijkt uit de dwingende en duidelijke tekst van artikel 8, leden 1 en 2, van richtlijn 90/434 niet dat de gemeenschapswetgever de lidstaten een omzettingsmarge heeft willen laten waardoor zij de fiscale neutraliteit die voor aandeelhouders van de verworven vennootschap is voorzien, afhankelijk kunnen stellen van aanvullende voorwaarden.

27. Een dergelijke omzettingsmarge zou bovendien niet stroken met de doelstelling van die richtlijn, die, zoals reeds volgt uit de titel en met name uit de derde overweging van de considerans ervan, erin bestaat om een gemeenschappelijke fiscale regeling in te voeren in plaats van de in de lidstaten geldende nationale regelingen uit

te breiden tot de gehele Gemeenschap, omdat de verschillen tussen deze regelingen distorsies kunnen veroorzaken.

28. Voorts zou het in strijd zijn met het doel van deze richtlijn, namelijk de fiscale obstakels voor grensoverschrijdende herstructureringen van ondernemingen wegnemen, door te waarborgen dat eventuele waardevermeerderingen van aandelen niet worden belast voordat zij daadwerkelijk worden gerealiseerd (zie in dit verband arrest van 5 juli 2007, Kofoed, C-321/05, *Jurispr.* blz. I-5795, punt 32), om de fiscale neutraliteit van een aandelenruil die betrekking heeft op vennootschappen van meerdere lidstaten, zoals bedoeld in artikel 8, leden 1 en 2, van de richtlijn, afhankelijk te stellen van de aanvullende voorwaarde dat de verwervende vennootschap op haar fiscale balans de historische boekwaarde van de ingebrachte aandelen overneemt.

29. De Duitse regering stelt echter dat de in het hoofdgeding aan de orde zijnde Duitse regeling bijdraagt tot het doel van richtlijn 90/434, namelijk de toekenning van uitstel van belasting en niet van definitieve vrijstelling. Bij een grensoverschrijdende aandelenruil beoogt de dubbele-boekwaarde-eis juist te verhinderen dat de – eenmalige – belasting wordt ontweken door de overdracht van aandelen over de grenzen, waardoor de vervreemding van aandelen in het geheel niet zou worden belast, noch bij de verwervende buitenlandse vennootschap noch bij de inbrengende nationale vennootschap.

30. Voor zover die regering hiermee wil stellen dat de in het hoofdgeding aan de orde zijnde Duitse regeling noodzakelijk is om te voorkomen dat een belastingheffing, zelfs in een stadium na de aandelenruil, definitief wordt ontweken, zij eraan herinnerd dat het Hof reeds heeft vastgesteld dat de lidstaten de in richtlijn 90/434 voorziene fiscale voordelen moeten toekennen voor de in artikel 2, sub d, van die richtlijn bedoelde aandelenruil, tenzij het hoofddoel of een der hoofddoelen van deze rechtshandeling belastingfraude of -ontwijking in de zin van artikel 11, lid 1, sub a, van de richtlijn is (arrest van 17 juli 1997, Leur-Bloem, C-28/95, *Jurispr.* blz. I-4161, punt 40).

31. Slechts bij uitzondering en in bijzondere omstandigheden kunnen de lidstaten op grond van artikel 11, lid 1, sub a, weigeren de richtlijn geheel of gedeeltelijk toe te passen of het voordeel ervan tenietdoen (arrest Kofoed, reeds aangehaald, punt 37). Bij het onderzoek of de bedoelde rechtshandeling een dergelijk doel heeft, kunnen de bevoegde nationale autoriteiten zich evenwel niet ertoe beperken vooraf vastgestelde algemene criteria toe te passen, doch moeten zij in elk concreet geval deze rechtshandeling in haar geheel onderzoeken (arrest Leur-Bloem, reeds aangehaald, punt 41).

32. Er moet dus worden vastgesteld dat een fiscale regeling van een lidstaat die, evenals die welke in het hoofdgeding aan de orde is, algemeen weigert om de in richtlijn 90/434 voorziene fiscale voordelen te verlenen voor een onder die richtlijn vallende aandelenruil, op de loutere grond dat de verwervende vennootschap de ingebrachte aandelen op haar fiscale balans niet tegen hun historische boekwaarde heeft gewaardeerd, niet artikel 11, lid 1, sub a, van richtlijn 90/434 als grondslag kan hebben en dus niet verenigbaar met de richtlijn kan worden geacht.

33. In dit verband moet voorts erop worden gewezen dat A.T. in haar opmerkingen heeft betoogd, zonder op dit punt door de Duitse regering te zijn weersproken, dat de in het hoofdgeding aan de orde zijnde aandelenruil slechts heeft plaatsgevonden om te voldoen aan de Amerikaanse beursregels en dat G-SA tot op heden de door haar verkregen aandelen in C-GmbH heeft behouden.

34. Voor zover de in het hoofdgeding aan de orde zijnde regeling, zoals de Duitse regering ter terechtzitting heeft betoogd, niet alleen misbruik beoogt tegen te gaan, maar eveneens een belastingheffing mogelijk wil maken in gevallen waarin een leemte in het belastingstelsel blijkt te bestaan, moet worden vastgesteld dat de verwezenlijking van de doelstelling van richtlijn 90/434 die, zoals in punt 27 in herinnering is gebracht, erin bestaat om een gemeenschappelijke fiscale regeling in te voeren, in gevaar zou kunnen komen indien een lidstaat werd toegestaan om dergelijke leemten, zo deze al bestaan, eenzijdig aan te vullen.

35. Er zij aan herinnerd dat richtlijn 90/434 volgens de vierde overweging van de considerans ervan de financiële belangen van de staat van de verworven vennootschap wil veiligstellen. Zo bepaalt artikel 8, lid 2, tweede alinea, van de richtlijn dat de toepassing van lid 1 de lidstaten niet belet de winst die voortvloeit uit de latere verkoop van de ontvangen bewijzen op dezelfde wijze te belasten als de winst uit de verkoop van de bewijzen die vóór de verwerving bestonden.

36. Zoals de Commissie van de Europese Gemeenschappen opmerkt, rechtvaardigt de omstandigheid dat in het hoofdgeding A.T. op grond van het beursrecht gedwongen is om de in ruil ontvangen aandelen later te verkopen en dat de beurskoers van de aandelen van G-SA sterk is gedaald, niet dat alleen de aandelenruil als belastbaar feit wordt genomen, aangezien de stille reserves op die datum nog niet zijn gerealiseerd.

37. Voorts is het, zoals de Duitse regering erkent, niet de Duitse belastingdienst die met het oog op belastingheffing bij een latere verkoop van de ingebrachte aandelen zou profiteren van het feit dat de verwervende vennootschap de historische boekwaarde van die aandelen overneemt, maar, in het gunstigste geval, de Franse belastingdienst, waardoor het nog onduidelijker wordt waarom de Duitse wetgever er belang bij zou hebben om een dergelijke eis te stellen.

38. Het is overigens des te moeilijker om een reëel belang bij de op de historische boekwaarde van de ingebrachte aandelen betrekking hebbende dubbele-boekwaarde-eis te ontdekken, daar, zoals A.T. en de Commissie in hun respectieve schriftelijke opmerkingen hebben aangevoerd en de Duitse regering ter terechtzitting heeft bevestigd, het UmwStG inmiddels in die zin is gewijzigd dat deze eis sinds 2007 niet meer geldt voor een aandelenruil die betrekking heeft op vennootschappen van verschillende lidstaten.

39. Gelet op de voorgaande overwegingen, moet op de eerste vraag worden geantwoord dat artikel 8, leden 1 en 2, van richtlijn 90/434 zich verzet tegen een regeling van een lidstaat volgens welke een aandelenruil voor de aandeelhouders van de verworven vennootschap leidt tot belastingheffing over de meerwaarde van de inbreng bestaande in het verschil tussen de oorspronkelijke aankoopkosten van de ingebrachte aandelen en hun marktwaarde, tenzij de verwervende vennootschap op haar eigen fiscale balans de historische boekwaarde van de ingebrachte aandelen overneemt.

40. Gezien het antwoord op de eerste prejudiciële vraag, behoeft de tweede vraag geen beantwoording.

Kosten

41. ...

HET HOF VAN JUSTITIE (Eerste kamer)

verklaart voor recht:

Artikel 8, leden 1 en 2, van richtlijn 90/434/EEG van de Raad van 23 juli 1990 betreffende de gemeenschappelijke fiscale regeling voor fusies, splitsingen, inbreng van activa en aandelenruil met betrekking tot vennootschappen uit verschillende lidstaten, verzet zich tegen een regeling van een lidstaat volgens welke een aandelenruil voor de aandeelhouders van de verworven vennootschap leidt tot belastingheffing over de meerwaarde van de inbreng bestaande in het verschil tussen de oorspronkelijke aankoopkosten van de ingebrachte aandelen en hun marktwaarde, tenzij de verwervende vennootschap op haar eigen fiscale balans de historische boekwaarde van de ingebrachte aandelen overneemt.

HvJ EG 16 december 2008, zaak C-210/06 (Cartesio Oktató és Szolgáltató bt)

Grote kamer: *V. Skouris, president, P. Jann, C.W.A. Timmermans (rapporteur), A. Rosas, K. Lenaerts, A. Ó Caoimh en J.-C. Bonichot, kamerpresidenten, K. Schiemann, J. Makarczyk, P. Kūris, E. Juhász, L. Bay Larsen en P. Lindh, rechters*

Advocaat-generaal: *M. Poiares Maduro*

1. Het verzoek om een prejudiciële beslissing betreft de uitlegging van de artikelen 43 EG, 48 EG en 234 EG.

2. Dit verzoek in ingediend in het kader van een beroep dat door CARTESIO Oktató és Szolgáltató bt (hierna: 'Cartesio'), een te Baja (Hongarije) gevestigde vennootschap, is ingesteld tegen de beslissing waarbij haar verzoek dat de verplaatsing van haar zetel naar Italië in het handelsregister werd ingeschreven, is afgewezen.

Toepasselijke nationale bepalingen

Recht inzake de civiele procedure

3. Artikel 10, lid 2, van wet nr. III van 1952, inzake de burgerlijke rechtsvordering (a Polgári perrendtartásról szóló 1952. évi III. törvény; hierna: 'wetboek van burgerlijke rechtsvordering'), bepaalt:

'In tweede aanleg nemen kennis:
[…]
b. van de door de provinciale rechtbanken of de rechtbanken van Boedapest behandelde zaken: de hoven van beroep.'

4. Artikel 155/A van dit wetboek luidt als volgt:

'1. De rechter kan het Hof van Justitie van de Europese Gemeenschappen overeenkomstig de bepalingen van het Verdrag tot oprichting van de Europese Gemeenschap verzoeken om een prejudiciële beslissing.
2. De rechter beslist bij wege van beschikking over het verzoek om een prejudiciële beslissing aan het Hof van Justitie en schorst de behandeling van de zaak. […]
3. Tegen de beslissing tot prejudiciële verwijzing kan afzonderlijk hoger beroep te worden ingesteld. Tegen de beslissing waarbij een verzoek tot prejudiciële verwijzing wordt afgewezen, kan geen afzonderlijk hoger beroep worden ingesteld. […]'

5. In artikel 233, lid 1, van dit wetboek is bepaald:

'Behoudens andersluidende bepaling, kan tegen de beslissingen van de rechtbanken van eerste aanleg hoger beroep worden ingesteld. […]'

6. In artikel 233/A van dit wetboek heet het:

'Zijn vatbaar voor hoger beroep de beschikkingen in tweede aanleg waartegen overeenkomstig de op de procedure in eerste aanleg toepasselijke bepalingen hoger beroep mogelijk is […].'

7. Artikel 249/A van het wetboek van burgerlijke rechtsvordering luidt:

'Tevens kan afzonderlijk hoger beroep worden ingesteld tegen de beslissing in tweede aanleg waarbij het verzoek tot prejudiciële verwijzing wordt afgewezen (artikel 155/A).'

8. Artikel 270 van dit wetboek luidt als volgt:

'1. Behoudens andersluidende bepaling, behandelt de Legfelsobb Bíróság (hoogste rechterlijke instantie) de cassatieprocedure. De algemene bepalingen zijn van overeenkomstige toepassing.
2. Tegen definitieve arresten of vonnissen of definitieve eindbeschikkingen, kan bij de Legfelsobb Bíróság cassatieberoep wegens schending van de wet worden ingesteld door de partijen, door de tussenkomende partijen alsmede door eenieder die door de beslissing wordt geraakt, tegen het deel van die beslissing dat hen betreft.
[…]'

9. Artikel 271, lid 1, van dit wetboek bepaalt:

'Geen cassatieberoep is mogelijk:
a. tegen de beslissingen die definitief zijn geworden in eerste aanleg, behoudens wanneer de wet anders bepaalt;

b. indien een partij geen gebruik heeft gemaakt van het recht om hoger beroep in te stellen, en de rechter van tweede aanleg de in eerste aanleg gegeven beslissing bevestigt naar aanleiding van een door de andere partij ingesteld hoger beroep;
[…]'

10. In artikel 273, lid 3, van dit wetboek heet het:

'De instelling van het cassatieberoep schorst de tenuitvoerlegging van de beslissing niet, maar op verzoek van een partij kan de Legfelsobb Bíróság de tenuitvoerlegging in uitzonderlijke omstandigheden schorsen. […]'

Vennootschapsrecht

11. Artikel 1, lid 1, van wet nr. CXLIV van 1997, inzake handelsvennootschappen (a gazdasági társaságokról szóló 1997. évi CXLIV. törvény), bepaalt:

'De onderhavige wet regelt de oprichting, de organisatie en de werking van de handelsvennootschappen met zetel in Hongarije, de rechten, de verplichtingen en de aansprakelijkheid van de oprichters en de vennoten (aandeelhouders) van deze vennootschappen, alsmede de omzetting, de fusie en de splitsing van handelsvennootschappen […] en de ontbinding ervan.'

12. In artikel 11 van deze wet is bepaald:

'De vennootschapsovereenkomst (oprichtingsakte, statuten van de vennootschap) vermeldt:
a. de benaming en de zetel van de handelsvennootschap […]'

13. Artikel 1, lid 1, van wet nr. CXLV van 1997, inzake het handelsregister, de openbaarmaking van ondernemingen en de gerechtelijke procedures in handelszaken (a cégnyilvántartásról, a cégnyilvánosságról és a bírósági cégeljárásról szóló 1997. évi CXLV. törvény; hierna: 'wet inzake het handelsregister'), luidt als volgt:

'Onder vennootschap wordt verstaan een commerciële organisatie […] die of een andere commercieel rechtssubject dat, tenzij een wet of een regeringsbesluit anders bepaalt, wordt opgericht door inschrijving ervan in het handelsregister teneinde handelsactiviteiten met een winstoogmerk uit te oefenen […]'

14. In artikel 2, lid 1, van deze wet is bepaald:

'De in artikel 1 genoemde rechtssubjecten kunnen in het handelsregister worden ingeschreven indien dit krachtens de wet verplicht of mogelijk is.'

15. Artikel 11 van deze wet luidt:

'1. De provinciale rechtbanken of de rechtbanken van Boedapest, optredend als handelsrechtbanken, schrijven de ondernemingen in het door hen bijgehouden handelsregister in […]
2. […] voor de inschrijving van ondernemingen in het register en voor de behandeling van procedures betreffende ondernemingen waarin deze wet voorziet, zijn bevoegd de rechtbanken van het rechtsgebied van de zetel van die onderneming.
[…]'

16. Artikel 12, lid 1, van deze wet luidt:

'De in de onderhavige wet bedoelde gegevens betreffende ondernemingen worden ingeschreven in het handelsregister. Met betrekking tot elke onderneming bevat het handelsregister:
[…]
d. de zetel van de onderneming […]'

17. Artikel 16, lid 1, van de wet inzake het handelsregister is als volgt geformuleerd:

'De zetel van de onderneming is […] de plaats waar zich het operationele bestuurscentrum bevindt […]'

18. Artikel 29, lid 1, van deze wet bepaalt:

'Behoudens andersluidende bepaling, dient het verzoek om inschrijving van wijzigingen van de geregistreerde gegevens betreffende ondernemingen binnen de dertig dagen volgend op de datum waarop de wijziging heeft plaatsgevonden, bij de handelsrechtbank te worden ingediend.'

19. In artikel 34, lid 1, van deze wet is bepaald:

'Elke verplaatsing van de zetel van een vennootschap naar het jurisdictiegebied van een andere voor het bijhouden van het handelsregister verantwoordelijke rechtbank wordt als een wijziging ingeschreven bij de bevoegde rechtbank van het gebied van de vorige zetel. Laatstgenoemde zal de verzoeken met betrekking tot wijzigingen die plaatsvinden voorafgaand aan de verplaatsing van de zetel, onderzoeken en zal deze verplaatsing goedkeuren.'

Internationaal privaatrecht

20. Artikel 18 van decreet-wet nr. 13 van 1979 inzake het internationaal privaatrecht (a nemzetközi magánjogról szóló 1979. évi 13. törvényerejü rendelet) luidt als volgt:

'1. De rechtsbevoegdheid van rechtspersonen, hun handelsstatuut, de aan hun persoonlijkheid verbonden rechten alsmede de rechtsverhoudingen tussen hun leden worden beheerst door hun personele wet.

2. De personele wet van rechtspersonen is het recht van de staat waar zij geregistreerd zijn.

3. Indien de rechtspersoon is ingeschreven naar het recht van verscheidene staten of wanneer de bepalingen die van toepassing zijn in de plaats van de statutaire zetel geen inschrijving [...] vereisen, is zijn personele wet het recht dat van toepassing is in de plaats van de statutaire zetel.

4. Wanneer de rechtspersoon volgens de statuten geen zetel of verscheidene zetels heeft, en de wetgeving van een van de staten geen inschrijving van de rechtspersoon vereist, is zijn personele wet het recht van de staat waar het hoofdbestuur zich bevindt.'

Het hoofdgeding en de prejudiciële vragen

21. Cartesio is op 20 mei 2004 opgericht in de rechtsvorm van een 'betéti társaság' (commanditaire vennootschap) naar Hongaars recht. Haar zetel is gevestigd te Baja (Hongarije). Zij is op 11 juni 2004 ingeschreven in het handelsregister.

22. De vennootschap heeft als commanditair vennoot – die enkel verplicht is om kapitaal in te brengen – en als beherend vennoot – die onbeperkt aansprakelijk is voor alle schulden van de vennootschap – twee natuurlijke personen die in Hongarije wonen en de nationaliteit van deze lidstaat bezitten. De vennootschap is actief op het gebied van human resources, secretariaats- en vertaalactiviteiten, onderwijs en opleiding.

23. Op 11 november 2005 diende Cartesio bij de Bács-Kiskun Megyei Bíróság (regionale rechtbank van Bács-Kiskun), optredend als Cégbíróság (handelsrechtbank), een verzoek in teneinde de verplaatsing van haar zetel naar Gallarate (Italië) te laten vastleggen en de vermelding betreffende haar zetel in het handelsregister dienovereenkomstig te laten wijzigen.

24. Bij besluit van 24 januari 2006 is dit verzoek afgewezen op grond dat het geldende Hongaarse recht een in Hongarije opgerichte vennootschap niet toestaat om haar zetel naar het buitenland te verplaatsen maar wel onderworpen te blijven aan het Hongaarse recht als personele wet.

25. Cartesio is bij het Szegedi Ítélotábla (hof van beroep te Szeged) opgekomen tegen dit besluit.

26. Met een beroep op het arrest van 13 december 2005, SEVIC Systems (C-411/03, *Jurispr.* blz. I-10805), betoogde Cartesio voor de verwijzende rechter dat voor zover de Hongaarse wetgeving onderscheid maakt tussen handelsvennootschappen naargelang van de lidstaat waarin zich haar zetel bevindt, deze wetgeving in strijd is met de artikelen 43 EG en 48 EG. Uit deze artikelen vloeit voort dat de Hongaarse wetgeving Hongaarse vennootschappen niet kan verplichten om hun zetel in Hongarije te vestigen.

27. Cartesio betoogde tevens dat de verwijzende rechter verplicht is om hierover een prejudiciële vraag te stellen, aangezien hij een nationale rechter is wiens beslissingen niet vatbaar zijn voor beroep.

28. De verwijzende rechter merkt op dat de procedure voor de rechters die belast zijn met het bijhouden van de handelsregisters en ook de procedure voor de rechters die in hoger beroep uitspraak doen over de beslissingen van eerstbedoelde rechters, volgens Hongaars recht geen procedures op tegenspraak zijn. Hij vraagt zich derhalve af of hij als 'rechterlijke instantie' in de zin van artikel 234 EG kan worden aangemerkt.

29. Indien deze vraag bevestigend wordt beantwoord, meent de verwijzende rechter voorts dat het onzeker blijft of hij voor toepassing van artikel 234, derde alinea, EG moet worden aangemerkt als rechterlijke instantie waarvan de beslissingen volgens het nationale recht niet vatbaar zijn voor hoger beroep.

30. Hij merkt in dit verband op dat zijn in hoger beroep gegeven beslissingen volgens Hongaars recht weliswaar kracht van gewijsde hebben en uitvoerbaar zijn, doch dat daartegen niettemin buitengewoon beroep kan worden ingesteld, te weten cassatieberoep bij de Legfelsobb Bíróság.

31. Daar echter het doel van het cassatieberoep het waarbogen van de uniformiteit van de rechtspraak is, zijn de mogelijkheden om een dergelijk beroep in te stellen beperkt, in het bijzonder door de ontvankelijkheidsvoorwaarde voor de middelen, in verband met de verplichting om schending van de wet aan te voeren.

32. Vervolgens merkt de verwijzende rechter op dat in de doctrine en de nationale jurisprudentie vragen zijn gerezen over de verenigbaarheid met artikel 234 EG van de artikelen 155/A en 249/A van het wetboek van burgerlijke rechtsvordering, betreffende beroepen tegen beslissingen waarbij het Hof om een prejudiciële beslissing wordt verzocht.

33. De verwijzende rechter merkt in dit verband op dat deze bepalingen tot gevolg zouden kunnen hebben dat een rechter die in hoger beroep uitspraak doet, een rechter die had besloten bij het Hof een verzoek om een preju-

diciële beslissing in te dienen, kan beletten dit te doen, hoewel een uitlegging door het Hof van een bepaling van gemeenschapsrecht noodzakelijk is voor de beslechting van het bij deze rechter aanhangige geding.

34. Wat het hoofdgeding ten gronde betreft, merkt de verwijzende rechter, onder verwijzing naar het arrest van 27 september 1988, Daily Mail and General Trust (81/87, *Jurispr.* blz. 5483), op dat de vrijheid van vestiging van de artikelen 43 EG en 48 EG niet meebrengt dat een vennootschap die krachtens de nationale wettelijke regeling van een lidstaat is opgericht en in die lidstaat is geregistreerd, het recht heeft om haar hoofdbestuur en dus haar hoofdvestiging naar een andere lidstaat te verplaatsen en daarbij wel haar rechtspersoonlijkheid en oorspronkelijke nationaliteit te behouden, wanneer de bevoegde autoriteiten zich daartegen verzetten.

35. Volgens de verwijzende rechter heeft de latere rechtspraak van het Hof dit beginsel kunnen nuanceren.

36. In dit verband brengt de verwijzende rechter in herinnering dat volgens vaste rechtspraak van het Hof alle maatregelen die de uitoefening van deze vrijheid verbieden, belemmeren of minder aantrekkelijk maken, beperkingen van de vrijheid van vestiging van vennootschappen zijn, en verwijst hij met name naar het arrest van 5 oktober 2004, CaixaBank France (C-442/02, *Jurispr.* blz. I-8961, punten 11 en 12).

37. De verwijzende rechter merkt voorts op dat het Hof in het reeds aangehaalde arrest SEVIC Systems voor recht heeft verklaard dat de artikelen 43 EG en 48 EG zich ertegen verzetten dat in een lidstaat de inschrijving in het nationaal handelsregister van een fusie van twee vennootschappen door ontbinding zonder liquidatie van de ene en door overdracht onder algemene titel van het vermogen ervan aan de andere vennootschap, in het algemeen wordt geweigerd wanneer één van beide vennootschappen in een andere lidstaat is gevestigd, terwijl een dergelijke inschrijving mogelijk is, voor zover bepaalde voorwaarden zijn vervuld, wanneer beide bij de fusie betrokken vennootschappen op het grondgebied van de eerstbedoelde lidstaat zijn gevestigd.

38. Het is voorts een in de rechtspraak van het Hof aanvaard beginsel dat de nationale rechtsstelsels geen onderscheid mogen maken tussen vennootschappen op basis van nationaliteit van degene die verzoekt om inschrijving daarvan in het handelsregister.

39. Ten slotte merkt de verwijzende rechter op dat verordening (EEG) nr. 2137/85 van de Raad van 25 juli 1985 tot instelling van Europese economische samenwerkingsverbanden (EESV) (*PB* L 199, blz. 1), en verordening (EG) nr. 2157/2001 van de Raad van 8 oktober 2001 betreffende het statuut van de Europese vennootschap (SE) (*PB* L 294, blz. 1), voor de vormen van communautaire ondernemingen die daarbij worden ingesteld, voorzien in flexibelere en minder kosten meebrengende voorschriften, op basis waarvan zij hun zetel of hun vestiging zonder voorafgaande ontbinding naar een andere lidstaat kunnen verplaatsen.

40. Daarop heeft het Szegedi Ítélotábla, van oordeel dat de beslechting van het bij hem aanhangige geding afhangt van de uitlegging van het gemeenschapsrecht, de behandeling van de zaak geschorst en het Hof de volgende prejudiciële vragen gesteld:

'1. Kan een rechter van tweede aanleg bij wie hoger beroep wordt ingesteld tegen een beslissing van een handelsrechtbank (cégbíróság) in een procedure tot wijziging van de inschrijving [van een vennootschap] in het handelsregister, verzoeken om een prejudiciële beslissing krachtens artikel 234 EG wanneer noch de procedure voor de rechtbank [van eerste aanleg] noch de appèlprocedure op tegenspraak wordt gevoerd?

2. Indien de rechter van tweede aanleg een rechterlijke instantie is die bevoegd is een prejudiciële vraag te stellen krachtens artikel 234 EG, is deze rechter dan een in laatste instantie uitspraak doende rechterlijke instantie die ingevolge artikel 234 EG verplicht is om vragen over de uitlegging van het gemeenschapsrecht aan het Hof van Justitie van de Europese Gemeenschappen voor te leggen?

3. Wordt de – rechtstreeks uit artikel 234 EG voortvloeiende – bevoegdheid van de Hongaarse rechters om prejudiciële vragen te stellen, beperkt, of kan deze worden beperkt, door een nationale bepaling op basis waarvan naar nationaal recht hoger beroep kan worden ingesteld tegen een beslissing tot prejudiciële verwijzing, indien, in geval van hoger beroep, de nationale hogere rechter die beslissing kan wijzigen, het verzoek om een prejudiciële beslissing kan vernietigen en kan gelasten dat de rechter die de verwijzingsbeslissing heeft gegeven, de behandeling van de geschorste nationale procedure hervat?

4. a. Wordt het geval van een vennootschap die in Hongarije naar Hongaars vennootschapsrecht is opgericht en in het Hongaarse handelsregister is ingeschreven, die haar zetel wil verplaatsen naar een andere lidstaat van de Europese Unie, beheerst door het gemeenschapsrecht of is, bij gebreke van harmonisatie van de wetgevingen, uitsluitend het nationale recht van toepassing?

b. Kan een Hongaarse vennootschap rechtstreeks op basis van het gemeenschapsrecht (de artikelen 43 EG en 48 EG) verzoeken om verplaatsing van haar zetel naar een andere lidstaat van de Europese Unie? Zo ja, kan de zetelverplaatsing afhankelijk worden gesteld van enigerlei voorwaarde of toestemming door de lidstaat van herkomst of de lidstaat van ontvangst?

c. Kunnen de artikelen 43 EG en 48 EG aldus worden uitgelegd, dat nationale regelingen of praktijken die ter zake van de uitoefening van de rechten betreffende handelsvennootschappen onderscheid maken tussen die vennootschappen naargelang van de lidstaat waarin hun zetel zich bevindt, onverenigbaar zijn met het gemeenschapsrecht?

d. Moeten de artikelen 43 EG en 48 EG aldus worden uitgelegd, dat nationale regelingen of praktijken die eraan in de weg staan dat een vennootschap [van de betrokken lidstaat] haar zetel naar een andere lidstaat van de Europese Unie verplaatst, onverenigbaar zijn met het gemeenschapsrecht?'

Verzoek om heropening van de mondelinge behandeling

41. Bij akte, neergelegd ter griffie van het Hof op 9 september 2008, heeft Ierland het Hof verzocht ingevolge artikel 61 van het Reglement voor de procesvoering de heropening van de mondelinge behandeling te gelasten, ten aanzien van de vierde prejudiciële vraag.

42. Tot staving van zijn verzoek wijst Ierland erop dat, anders dan de advocaat-generaal in zijn conclusie meent, de verwijzingsbeslissing niet in die zin moet worden opgevat dat de vierde vraag betrekking heeft op de verplaatsing van de maatschappelijke zetel, in het Hongaarse recht omschreven als de plaats van het hoofdbestuur, en dus van de werkelijke zetel, van de vennootschap.

43. Volgens Ierland vloeit uit de Engelse vertaling van de verwijzingsbeslissing voort dat deze vraag de verplaatsing van de statutaire zetel betreft.

44. Bijgevolg betoogt Ierland in wezen dat een van de feitelijke uitgangspunten waarop het onderzoek van de advocaat-generaal is gebaseerd, onjuist is.

45. Ierland meent echter dat indien het Hof zich op hetzelfde uitgangspunt zou baseren, het de mondelinge behandeling moet heropenen teneinde de belanghebbenden in de onderhavige procedure de gelegenheid te bieden hun opmerkingen op basis van dat uitgangspunt in te dienen.

46. Volgens de rechtspraak kan het Hof krachtens artikel 61 van het Reglement voor de procesvoering de mondelinge behandeling ambtshalve, op voorstel van de advocaat-generaal dan wel op verzoek van partijen, heropenen indien het van oordeel is dat het onvoldoende is ingelicht of dat de zaak moet worden beslecht op basis van een argument waarover tussen partijen geen discussie heeft plaatsgevonden (zie met name arrest van 26 juni 2008, Burda, C-284/06, nog niet gepubliceerd in de *Jurisprudentie*, punt 37 en aldaar aangehaalde rechtspraak).

47. In dit verband moet ten eerste worden vastgesteld dat de vierde vraag blijkens de verwijzingsbeslissing in haar geheel, niet de verplaatsing van de statutaire zetel van de vennootschap in het hoofdgeding betreft, maar juist wel de verplaatsing van haar werkelijke zetel.

48. Zoals in de verwijzingsbeslissing is vermeld volgt uit de Hongaarse regeling inzake de registratie van vennootschappen dat de zetel van een vennootschap voor de toepassing van deze regeling is omschreven als de plaats waar zich het operationele bestuurscentrum bevindt.

49. Voorts laat de verwijzende rechter het hoofdgeding aansluiten bij de situatie die aan de orde was in de zaak waarin het reeds aangehaalde arrest Daily Mail and General Trust is gewezen, welke hij omschrijft als betrekking hebbend op een vennootschap die is opgericht volgens de wettelijke regeling van een lidstaat en in die lidstaat is geregistreerd, die haar hoofdbestuur, en dus haar hoofdvestiging, naar een andere lidstaat wenst te verplaatsen, maar wel haar rechtspersoonlijkheid en oorspronkelijke nationaliteit wil behouden, terwijl de bevoegde autoriteiten zich daartegen verzetten. Hij stelt meer in het bijzonder de vraag of het in dat arrest ontwikkelde beginsel dat de artikelen 43 EG en 48 EG vennootschappen niet het recht toekennen op een dergelijke verplaatsing van hun hoofdbestuur met behoud van de rechtspersoonlijkheid zoals die hun is verleend in de staat volgens wiens recht deze vennootschappen zijn opgericht, in de latere rechtspraak van het Hof niet is genuanceerd.

50. Ten tweede is Ierland, evenals overigens de andere belanghebbenden, door het Hof uitdrukkelijk verzocht er in de pleidooien van uit te gaan dat het in het hoofdgeding gerezen probleem de verplaatsing van de werkelijke zetel van de betrokken vennootschap, te weten de plaats waar zich haar bestuurszetel bevindt, naar een andere lidstaat betreft.

51. Hoewel Ierland in zijn pleidooien niettemin is uitgegaan van de veronderstelling dat het in casu om de verplaatsing van de statutaire zetel van een vennootschap ging, heeft deze lidstaat tevens, zij het beknopt, zijn standpunt uiteengezet met betrekking tot de veronderstelling dat het hoofdgeding de verplaatsing van de werkelijke zetel van de vennootschap betrof. Ierland heeft dat standpunt overigens herhaald in zijn verzoek om heropening van de mondelinge behandeling.

52. In die omstandigheden is het Hof, de advocaat-generaal gehoord, van oordeel dat het over alle gegevens beschikt om de door de verwijzende rechter gestelde vragen te beantwoorden en dat de zaak niet hoeft te worden beslecht op basis van een argument waarover tussen partijen geen discussie heeft plaatsgevonden.

53. Bijgevolg hoeft de mondelinge behandeling niet te worden heropend.

Beantwoording van de prejudiciële vragen

De eerste vraag

54. Met deze vraag wordt het Hof in wezen gevraagd of een rechterlijke instantie als de verwijzende rechter, bij wie hoger beroep is ingesteld tegen een beslissing van de rechtbank die belast is met het bijhouden van het handelsregister, waarbij een verzoek om wijziging van een vermelding in dat register is afgewezen, moet worden aangemerkt als een rechterlijke instantie die krachtens artikel 234 EG de bevoegdheid heeft om een verzoek om een prejudiciële beslissing in te dienen, niettegenstaande de omstandigheid dat noch de procedure voor de rechtbank noch het onderzoek door de verwijzende rechter van de appèlprocedure op tegenspraak wordt gevoerd.

55. Dienaangaande zij eraan herinnerd dat, volgens vaste rechtspraak, het Hof, om te beoordelen of het verwijzende orgaan een 'rechterlijke instantie' in de zin van artikel 234 EG is, hetgeen uitsluitend door het gemeenschapsrecht wordt bepaald, rekening houdt met een samenstel van factoren, zoals de wettelijke grondslag van het orgaan, het permanente karakter, de verplichte rechtsmacht, beslissing na een procedure op tegenspraak, de toepassing door het orgaan van de regelen van het recht, alsmede de onafhankelijkheid van het orgaan (zie met name arrest van 27 april 2006, Standesamt Stadt Niebüll, C-96/04, *Jurispr.* blz. I-3561, punt 12 en aldaar aangehaalde rechtspraak).

56. Wat het beslissen na een procedure op tegenspraak voor de verwijzende rechter betreft, verlangt artikel 234 EG echter niet dat de procedure waarin de nationale rechter een prejudiciële vraag stelt, van contradictoire aard is. Wel volgt uit dit artikel dat de nationale rechter alleen bevoegd is tot verwijzing naar het Hof, indien bij hem een geding aanhangig is gemaakt en hij uitspraak moet doen in het kader van een procedure die moet uitmonden in een beslissing die de kenmerken vertoont van een rechterlijke uitspraak (zie in die zin met name arrest van 15 januari 2002, Lutz e.a., C-182/00, *Jurispr.* blz. I-547, punt 13 en aldaar aangehaalde rechtspraak).

57. Wanneer dus de rechtbank die belast is met het bijhouden van een register, als bestuursorgaan optreedt zonder dat hij tegelijkertijd een geschil dient te beslechten, kan hij niet worden geacht een rechtsprekende functie te vervullen. Dat is bijvoorbeeld het geval wanneer hij zich uitspreekt over een verzoek om inschrijving van een vennootschap in een register volgens een procedure die niet strekt tot nietigverklaring van een handeling waarvan wordt gesteld dat deze een recht van de verzoeker schaadt (zie in die zin met name arrest Lutz e.a., reeds aangehaald, punt 14 en aldaar aangehaalde rechtspraak).

58. Bij een gerecht waarbij wordt opgekomen tegen een beslissing van een lagere rechtbank die belast is met het bijhouden van een register, waarbij wordt geweigerd een dergelijk verzoek om inschrijving in te willigen, welk hoger beroep de vernietiging betreft van die beslissing, waarvan wordt gesteld dat zij een recht van de verzoeker schaadt, wordt daarentegen een geding aanhangig gemaakt en dit gerecht vervult wel een rechtsprekende functie.

59. In een dergelijk geval moet het gerecht dat in hoger beroep uitspraak doet, in beginsel dus worden aangemerkt als een rechterlijke instantie in de zin van artikel 234 EG die bevoegd is het Hof een prejudiciële vraag te stellen (zie voor dergelijke gevallen met name arrest van 15 mei 2003, Salzmann, C-300/01, *Jurispr.* blz. I-4899; arrest SEVIC Systems, reeds aangehaald, en arrest van 11 oktober 2007, Möllendorf e.a., C-117/06, *Jurispr.* blz. I-8361).

60. Blijkens het bij het Hof ingediende dossier doet, in het hoofdgeding, de verwijzende rechter in hoger beroep uitspraak in een beroep tot vernietiging van de beslissing waarbij een lagere rechtbank die belast is met het bijhouden van het handelsregister, het verzoek van een vennootschap om inschrijving in dit register van de verplaatsing van zijn zetel, waarvoor de wijziging van een vermelding in dat register nodig is, heeft afgewezen.

61. Derhalve is in het hoofdgeding bij de verwijzende rechter een geding aanhangig gemaakt en vervult hij een rechtsprekende functie, niettegenstaande het feit dat er voor deze rechterlijke instantie geen procedure op tegenspraak wordt gevoerd.

62. Gelet op de in de punten 55 en 56 van het onderhavige arrest in herinnering gebrachte rechtspraak, moet de verwijzende rechter dus worden aangemerkt als een 'rechterlijke instantie' in de zin van artikel 234 EG.

63. Gelet op het voorgaande moet op de eerste vraag worden geantwoord dat een rechterlijke instantie als de verwijzende rechter, bij wie hoger beroep is ingesteld tegen een beslissing van een rechtbank die belast is met het bijhouden van het handelsregister, waarbij een verzoek om wijziging van een vermelding in dat register is afgewezen, moet worden aangemerkt als een rechterlijke instantie die krachtens artikel 234 EG bevoegd is een verzoek om een prejudiciële beslissing in te dienen, niettegenstaande het feit dat noch de procedure voor de rechtbank noch de appèlprocedure op tegenspraak wordt gevoerd.

Tweede vraag

64. Met deze vraag wordt het Hof in wezen gevraagd of een rechterlijke instantie als de verwijzende rechter, wiens beslissingen in het kader van een geding zoals het hoofdgeding, voorwerp van een cassatieberoep kunnen

zijn, moet worden aangemerkt als een rechterlijke instantie waarvan de beslissingen volgens het nationale recht niet vatbaar zijn hoger beroep in de zin van artikel 234, derde alinea, EG.

Ontvankelijkheid

65. De Commissie van de Europese Gemeenschappen betoogt dat deze vraag niet-ontvankelijk is, aangezien zij kennelijk niet relevant is voor de beslechting van het hoofdgeding, nu het verzoek om een prejudiciële beslissing reeds is ingediend bij het Hof, zodat het niet van belang is om te vragen of dit verzoek aan het Hof al dan niet verplicht is.

66. Dit bezwaar moet worden afgewezen.

67. Volgens vaste rechtspraak rust er een vermoeden van relevantie op de vragen betreffende de uitlegging van het gemeenschapsrecht die de nationale rechter heeft gesteld binnen het onder zijn eigen verantwoordelijkheid geschetste feitelijke en wettelijke kader, ten aanzien waarvan het niet aan het Hof is de juistheid te onderzoeken. Het Hof kan slechts weigeren uitspraak te doen op een verzoek van een nationale rechter om een prejudiciële beslissing, wanneer duidelijk blijkt dat de gevraagde uitlegging van het gemeenschapsrecht geen verband houdt met een reëel geschil of met het voorwerp van het hoofdgeding, of wanneer het vraagstuk van hypothetische aard is of het Hof niet beschikt over de gegevens, feitelijk en rechtens, die noodzakelijk zijn om een zinvol antwoord te geven op de gestelde vragen (zie in die zin arrest van 7 juni 2007, Van der Weerd e.a., C-222/05-C-225/05, *Jurispr.* blz. I-4233, punt 22 en aldaar aangehaalde rechtspraak).

68. Zoals is vastgesteld in punt 27 van het onderhavige arrest, heeft Cartesio voor de verwijzende rechter betoogd dat deze verplicht was om bij het Hof een verzoek om een prejudiciële beslissing in te dienen, aangezien deze rechter moest worden aangemerkt als een rechterlijke instantie waarvan de beslissingen volgens het nationale recht niet vatbaar zijn hoger beroep in de zin van artikel 234, derde alinea, EG.

69. Daar de verwijzende rechter twijfels had omtrent het aldus voor hem opgeworpen middel, heeft hij besloten het Hof hierover een prejudiciële vraag te stellen.

70. Het zou indruisen tegen de geest van samenwerking die de verhoudingen tussen de nationale rechterlijke instanties en het Hof dient te beheersen alsmede tegen de vereisten van proceseconomie om te vereisen dat een nationale rechter eerst een verzoek om een prejudiciële beslissing indient waarin enkel de vraag wordt gesteld of deze rechterlijke instantie tot de in artikel 234, derde alinea, EG bedoelde instanties behoort alvorens eventueel vervolgens en bij een tweede verzoek om een prejudiciële beslissing vragen te formuleren over voorschriften van gemeenschapsrecht die verband houden met het bij hem aanhangige geding ten gronde.

71. Bovendien heeft het Hof in een context die een zekere gelijkenis vertoont met die van het onderhavige verzoek om een prejudiciële beslissing, reeds geantwoord op een vraag over de aard van de verwijzende rechter vanuit het oogpunt van artikel 234, derde alinea, EG, zonder dat het daarbij de ontvankelijkheid van deze vraag ter discussie heeft gesteld (arrest van 4 juni 2002, Lyckeskog, C-99/00, *Jurispr.* blz. I-4839).

72. In die omstandigheden blijkt niet, althans niet duidelijk, dat de gevraagde uitlegging van het gemeenschapsrecht geen verband houdt met een reëel geschil of met het voorwerp van het hoofdgeding.

73. Het vermoeden van relevantie dat op verzoeken om een prejudiciële beslissing rust, wordt met betrekking tot de onderhavige prejudiciële vraag dus niet weerlegd door het bezwaar van de Commissie (zie met name arrest Van der Weerd e.a., reeds aangehaald, punten 22 en 23).

74. Daaruit volgt dat de tweede prejudiciële vraag ontvankelijk is.

Ten gronde

75. De onderhavige vraag betreft dus de kwestie of de verwijzende rechter moet worden aangemerkt als 'een nationale rechterlijke instantie waarvan de beslissingen volgens het nationale recht niet vatbaar zijn voor hoger beroep', in de zin van artikel 234, derde alinea, EG. Blijkens de verwijzingsbeslissing is deze vraag gesteld vanwege het in de punten 30 en 31 van het onderhavige arrest vermelde feit dat het Hongaarse recht bepaalt dat tegen de in hoger beroep gegeven beslissingen van deze rechter weliswaar een buitengewoon beroep kan worden ingesteld, te weten cassatieberoep bij de Legfelsobb Bíróság, ter waarborging van de uniformiteit van de rechtspraak, doch dat de mogelijkheden om een dergelijk beroep in te stellen zijn beperkt, in het bijzonder door de ontvankelijkheidsvoorwaarde dat schending van de wet moet worden aangevoerd, en vanwege het feit dat volgens Hongaars recht een cassatieberoep de tenuitvoerlegging van de in hoger beroep gegeven beslissing in beginsel niet schorst.

76. Het Hof heeft reeds geoordeeld dat beslissingen van een nationale appèlrechter die door partijen in hoogste instantie kunnen worden aangevochten, niet afkomstig zijn van een 'nationale rechterlijke instantie waarvan de beslissingen volgens het nationale recht niet vatbaar zijn voor hoger beroep' in de zin van artikel 234 EG. De omstandigheid dat voor de beoordeling ten gronde door de hoogste rechter voorafgaande toestemming vereist is, brengt niet mee dat partijen een beroepsgang wordt onthouden (arrest Lyckeskog, reeds aangehaald, punt 16).

77. Dit geldt des te meer voor een procedureel systeem zoals dat in het kader waarvan het hoofdgeding moet worden beslecht, nu dit niet een dergelijke voorafgaande toestemming van de hoogste rechter kent, maar enkel beperkingen oplegt met betrekking tot in het bijzonder de aard van de middelen die voor die rechter kunnen worden aangevoerd, te weten dat zij moeten zijn gebaseerd op schending van de wet.

78. Dergelijke beperkingen hebben, evenals het ontbreken van schorsende werking van het cassatieberoep voor de Legfelsobb Bíróság, niet tot gevolg dat de partijen die zijn verschenen voor een rechter tegen wiens beslissingen een dergelijke hogere voorziening kan worden ingesteld, de mogelijkheid wordt ontnomen om op doeltreffende wijze hun recht uit te oefenen om die hogere voorziening in te stellen tegen de beslissing van laatstbedoelde rechter die uitspraak doet in een geding zoals het hoofdgeding. Deze beperkingen en het ontbreken van schorsende werking impliceren dus niet dat deze rechter moet worden aangemerkt als een rechterlijke instantie die een uitspraak doet die niet vatbaar is voor hoger beroep.

79. Gelet op het voorgaande moet op de tweede vraag worden geantwoord dat een rechterlijke instantie als de verwijzende rechter, tegen wiens in het kader van een geding zoals het hoofdgeding genomen beslissingen cassatieberoep kan worden ingesteld, niet kan worden aangemerkt als een rechterlijke instantie waarvan de beslissingen volgens het nationale recht niet vatbaar zijn voor hoger beroep in de zin van artikel 234, derde alinea, EG.

Derde vraag

Ontvankelijkheid

80. Ierland betoogt dat de onderhavige vraag hypothetisch is, en dus niet-ontvankelijk, nu er geen beroep over een rechtsvraag tegen de verwijzingsbeslissing is ingesteld, zodat een antwoord op deze vraag niet nuttig kan zijn voor de verwijzende rechter.

81. Zo verzoekt ook de Commissie het Hof vast te stellen dat over deze vraag geen uitspraak behoeft te worden gedaan op grond van de hypothetische aard ervan, aangezien de verwijzingsbeslissing in kracht van gewijsde is gegaan en is ingekomen bij het Hof.

82. Deze bezwaren kunnen niet worden aanvaard.

83. Zoals in punt 67 van het onderhavige arrest in herinnering is gebracht, kan het vermoeden van relevantie dat op verzoeken om een prejudiciële beslissing rust, in bepaalde omstandigheden worden weerlegd, met name wanneer het Hof constateert dat het vraagstuk van hypothetische aard is.

84. Ierland en de Commissie betogen dat het vraagstuk van de eventuele onverenigbaarheid met artikel 234, tweede alinea, EG, van de nationale voorschriften inzake hoger beroep tegen een beslissing waarbij verwijzing naar het Hof wordt gelast, waarop de onderhavige vraag betrekking heeft, van hypothetische aard is omdat tegen de verwijzingsbeslissing geen hoger beroep is ingesteld en deze beslissing in kracht van gewijsde is gegaan.

85. Noch op basis van deze beslissing noch op basis van het aan het Hof gezonden dossier kan echter worden vastgesteld dat tegen deze beslissing geen hoger beroep is ingesteld of niet meer kan worden ingesteld.

86. Gelet op de in punt 67 van het onderhavige arrest in herinnering gebrachte vaste rechtspraak, is in een dergelijke situatie van onzekerheid, aangezien de verantwoordelijkheid met betrekking tot de juistheid van de kenschetsing van het feitelijke en wettelijke kader waarbinnen de prejudiciële vraag is gerezen, bij de nationale rechter ligt, het vermoeden van relevantie dat op de onderhavige vraag rust, niet weerlegd.

87. Daaruit volgt dat de derde prejudiciële vraag ontvankelijk is.

Ten gronde

88. Artikel 234 EG verleent de nationale rechterlijke instanties de bevoegdheid, en legt in voorkomend geval de verplichting op, van een prejudiciële verwijzing, zodra de rechter ambtshalve of op verzoek van partijen vaststelt dat zich in het geding ten gronde een in de eerste alinea van dit artikel bedoeld punt voordoet. Hieruit volgt, dat de nationale rechterlijke instanties de meest uitgebreide bevoegdheid bezitten zich tot het Hof te wenden, indien zij menen dat een bij hen aanhangig geding vragen opwerpt welke een uitlegging of een beoordeling van de geldigheid van bepalingen van gemeenschapsrecht verlangen en ter zake waarvan zij een beslissing moeten nemen (arrest van 16 januari 1974, Rheinmühlen-Düsseldorf, 166/73, *Jurispr.* blz. 33, punt 3).

89. Tevens volgt uit de rechtspraak van het Hof dat waar het gaat om een rechterlijke instantie waarvan de beslissingen volgens het nationale recht vatbaar zijn voor hogere voorziening, artikel 234 EG zich er niet tegen verzet dat voor de beslissingen van zodanige instantie om het Hof een prejudicieel verzoek voor te leggen, de normale beroepsmogelijkheden van het nationale recht blijven gelden. Het Hof moet zich evenwel, zolang de verwijzingsbeschikking niet is ingetrokken, omwille van de duidelijkheid en de rechtszekerheid daaraan gebonden achten, met alle consequenties vandien (arrest van 12 februari 1974, Rheinmühlen-Düsseldorf, 146/73, *Jurispr.* blz. 139, punt 3).

90. Voorts heeft het Hof reeds geoordeeld dat de regeling die in artikel 234 EG is neergelegd ter verzekering van de eenheid van uitlegging van het gemeenschapsrecht in de lidstaten, een rechtstreekse samenwerking tot stand brengt tussen het Hof en de nationale rechterlijke instanties in de vorm van een procedure, waaraan ieder initiatief van partijen vreemd is (arrest van 12 februari 2008, Kempter, C-2/06, *Jurispr.* blz. I-411, punt 41).

91. De prejudiciële verwijzing berust immers op een dialoog van rechter tot rechter, waarvan het initiatief volledig afhankelijk is van de beoordeling door de nationale rechter van de relevantie en de noodzaak van deze verwijzing (arrest Kempter, reeds aangehaald, punt 42).

92. In casu blijkt uit de verwijzingsbeslissing dat volgens Hongaars recht een afzonderlijk hoger beroep kan worden ingesteld tegen een beslissing waarbij een prejudiciële verwijzing naar het Hof wordt gelast, doch dat het gehele hoofdgeding aanhangig blijft voor de rechter van wie deze beslissing afkomstig is, en dat de behandeling van de zaak wordt geschorst tot de uitspraak van het arrest van het Hof. De appèlrechter waarbij aldus beroep is ingesteld, heeft volgens Hongaars recht de bevoegdheid om genoemde beslissing te wijzigen, het verzoek om een prejudiciële beslissing te vernietigen en te gelasten dat de eerste rechter de behandeling van de geschorste nationale procedure hervat.

93. Zoals volgt uit de in de punten 88 en 89 van het onderhavige arrest in herinnering gebrachte rechtspraak, verzet artikel 234 EG, waar het gaat om een rechterlijke instantie waarvan de beslissingen volgens het nationale recht vatbaar zijn voor hoger beroep, zich er niet tegen dat voor de beslissingen van deze instantie om het Hof een prejudicieel verzoek voor te leggen, de normale beroepsmogelijkheden van het nationale recht blijven gelden. De uitkomst van een dergelijk beroep mag echter de bevoegdheid om zich tot het Hof te wenden, die artikel 234 EG aan bedoelde rechter verleent, niet beperken indien hij meent dat een bij hem aanhangig geding vragen opwerpt welke een uitlegging van bepalingen van gemeenschapsrecht verlangen en ter zake waarvan hij een beslissing moeten nemen.

94. Bovendien dient eraan te worden herinnerd dat het Hof reeds heeft geoordeeld dat in een situatie waarin een zaak – na vernietiging in hoogste ressort van de uitspraak in eerste aanleg – opnieuw voor de rechter van eerste aanleg wordt behandeld, het deze rechter vrij blijft staan om zich krachtens artikel 234 EG tot het Hof te wenden, niettegenstaande het bestaan in het nationale recht van een regel die de rechterlijke instanties bindt aan het rechtsoordeel van een rechter in hoogste ressort (arrest van 12 februari 1974, Rheinmühlen-Düsseldorf, reeds aangehaald).

95. In het geval van toepassing van nationale rechtsregels inzake het recht om op te komen tegen een beslissing waarbij een prejudiciële verwijzing wordt gelast, welke regels zich kenmerken door het feit dat het gehele hoofdgeding aanhangig blijft bij de verwijzende rechter en alleen tegen de verwijzingsbeslissing een beperkt hoger beroep wordt ingesteld, zou aan de bij artikel 234 EG aan de rechter van eerste aanleg verleende autonome bevoegdheid om zich tot het Hof te wenden, afbreuk worden gedaan, indien de appèlrechter, door de verwijzingsbeslissing te wijzigen, door deze te vernietigen en door te gelasten dat de rechter die de verwijzingsbeslissing heeft gegeven, de behandeling van de geschorste nationale procedure hervat, de verwijzende rechter zou kunnen beletten om de hem bij het EG-Verdrag toegekende bevoegdheid om zich tot het Hof te wenden, uit te oefenen.

96. Overeenkomstig artikel 234 EG ligt de verantwoordelijkheid voor de beoordeling van de relevantie en de noodzaak van de prejudiciële vraag in beginsel immers uitsluitend bij de rechter die de prejudiciële verwijzing gelast, onder voorbehoud van de beperkte toetsing door het Hof volgens de in punt 67 van het onderhavige arrest in herinnering gebrachte rechtspraak. Het staat dus aan de verwijzende rechter om de consequenties te trekken uit een vonnis in hoger beroep tegen de beslissing waarbij de prejudiciële verwijzing wordt gelast, en in het bijzonder om tot de slotsom te komen dat zijn verzoek om een prejudiciële beslissing moet worden gehandhaafd, gewijzigd dan wel ingetrokken.

97. Daaruit volgt dat het Hof zich in een situatie zoals die van het hoofdgeding – tevens omwille van de duidelijkheid en de rechtszekerheid – gebonden moet achten, met alle consequenties van dien, aan de beslissing waarbij de prejudiciële verwijzing is gelast, zolang deze niet is ingetrokken of gewijzigd door de rechter die haar heeft genomen, en dat alleen laatstbedoelde rechter over een dergelijke intrekking of wijziging kan beslissen.

98. Gelet op het voorgaande moet op de derde vraag worden geantwoord dat artikel 234, tweede alinea, EG, wanneer er in het nationale recht regels bestaan inzake het recht om op te komen tegen een beslissing waarbij een prejudiciële verwijzing wordt gelast, welke regels worden gekenmerkt door de omstandigheid dat het gehele hoofdgeding aanhangig blijft bij de verwijzende rechter, en alleen tegen de verwijzingsbeslissing beperkt hoger beroep kan worden ingesteld, aldus moet worden uitgelegd dat aan de bij deze verdragsbepaling aan iedere nationale rechter verleende bevoegdheid om een prejudiciële verwijzing naar het Hof te gelasten, geen afbreuk mag worden gedaan door de toepassing van dergelijke regels die de appèlrechter toestaan om de beslissing waarbij een prejudiciële verwijzing naar het Hof wordt gelast, te wijzigen, om deze verwijzing te vernietigen en om de rechter die deze beslissing had genomen, te gelasten de behandeling van de geschorste nationale procedure te hervatten.

Vierde vraag

99. Met zijn vierde vraag wenst de verwijzende rechter in wezen te vernemen of de artikelen 43 EG en 48 EG in die zin moeten worden uitgelegd dat zij zich verzetten tegen een regeling van een lidstaat die een krachtens het nationale recht van deze lidstaat opgerichte vennootschap belet haar zetel naar een andere lidstaat te verplaatsen maar daarbij wel haar hoedanigheid te behouden van vennootschap die valt onder het nationale recht van de lidstaat volgens wiens wettelijke regeling zij is opgericht.

100. Blijkens de verwijzingsbeslissing heeft Cartesio, een vennootschap die overeenkomstig de Hongaarse wettelijke regeling is opgericht en bij haar oprichting haar zetel in Hongarije heeft gevestigd, haar zetel naar Italië verplaatst, maar wenst zij haar hoedanigheid van vennootschap naar Hongaars recht te behouden.

101. Volgens de wet inzake het handelsregister is de zetel van een vennootschap naar Hongaars recht de plaats waar zich haar operationele bestuurscentrum bevindt.

102. De verwijzende rechter zet uiteen dat het door Cartesio ingediende verzoek om inschrijving van de wijziging van haar zetel in het handelsregister, door de met het bijhouden van dit register belaste rechtbank is afgewezen op grond dat volgens Hongaars recht een in Hongarije opgerichte vennootschap niet haar zetel, zoals in die wet omschreven, naar het buitenland kan verplaatsen en tegelijkertijd onder de Hongaarse wetgeving, als wet die haar statuut regelt, kan blijven vallen.

103. Een dergelijke verplaatsing zou vereisen dat de vennootschap eerst ophoudt te bestaan en vervolgens opnieuw wordt opgericht overeenkomstig het recht van het land op wiens grondgebied zij haar nieuwe zetel wenst te vestigen.

104. In dit verband heeft het Hof in punt 19 van het reeds aangehaalde arrest Daily Mail and General Trust in herinnering gebracht dat een op grond van een nationale rechtsorde opgerichte vennootschap enkel bestaat krachtens de nationale wetgeving, die de oprichtings- en werkingsvoorwaarden ervan bepaalt.

105. In punt 20 van dat arrest heeft het Hof vastgesteld dat de wettelijke regelingen van de lidstaten aanzienlijke verschillen vertonen, zowel met betrekking tot de aanknoping met het nationale grondgebied die vereist is voor de oprichting van een vennootschap, als met betrekking tot de mogelijkheid dat een naar het recht van een lidstaat opgerichte vennootschap die aanknoping later wijzigt. Bepaalde lidstaten verlangen dat niet enkel de statutaire zetel, maar ook het feitelijke hoofdkantoor, dat wil zeggen het hoofdbestuur van de vennootschap, zich op het grondgebied van de betrokken lidstaten bevindt, zodat verplaatsing van het hoofdbestuur naar een ander land onderstelt dat de vennootschap eerst wordt ontbonden, met alle vennootschapsrechtelijke gevolgen van dien. Volgens de wetgeving van andere lidstaten kunnen vennootschappen hun hoofdbestuur naar het buitenland verplaatsen, maar in sommige landen is dat recht aan bepaalde beperkingen onderworpen, terwijl de rechtsgevolgen van een verplaatsing van lidstaat tot lidstaat verschillen.

106. Het Hof heeft er voorts in punt 21 van dat arrest op gewezen dat in het EEG-Verdrag rekening is gehouden met deze verschillen tussen de nationale wettelijke regelingen. Bij de omschrijving, in artikel 58 van dit Verdrag (nadien artikel 58 EG-Verdrag, thans artikel 48 EG), van de vennootschappen waarvoor het recht van vestiging geldt, worden statutaire zetel, hoofdbestuur en hoofdvestiging van een vennootschap op gelijke voet geplaatst als element van aanknoping.

107. In het arrest van 5 november 2002, Überseering (C-208/00, *Jurispr.* blz. I-9919, punt 70), heeft het Hof deze overwegingen bevestigd en daaruit afgeleid dat de mogelijkheid, voor een vennootschap die overeenkomstig de wetgeving van een lidstaat is opgericht, om haar statutaire of werkelijke zetel naar een andere lidstaat te verplaatsen zonder haar rechtspersoonlijkheid volgens het recht van de lidstaat van oprichting te verliezen, alsmede, in voorkomend geval, de voorwaarden van deze verplaatsing, worden bepaald door de nationale wetgeving overeenkomstig welke de betrokken vennootschap is opgericht. Bijgevolg, aldus het Hof, kan een lidstaat beperkingen stellen aan de verplaatsing van de werkelijke zetel van een volgens zijn wettelijke regeling opgerichte vennootschap naar een andere staat opdat deze vennootschap haar rechtspersoonlijkheid volgens het recht van de lidstaat van oprichting kan behouden.

108. Overigens moet worden beklemtoond dat het Hof eveneens tot deze slotsom is gekomen op basis van de bewoordingen van artikel 58 EEG-Verdrag. Bij de omschrijving, in dit artikel, van de vennootschappen die aanspraak kunnen maken op het recht van vestiging, beschouwt het EEG-Verdrag de verschillen tussen de nationale wettelijke regelingen met betrekking tot zowel de aanknoping die vereist is voor de onder deze wettelijke regelingen vallende vennootschappen, als de vraag of, en zo ja hoe, de statutaire zetel of het feitelijke hoofdkantoor van een naar nationaal recht opgerichte vennootschap naar een andere lidstaat kan worden verplaatst, als een moeilijkheid waarvoor de regels inzake het recht van vestiging geen oplossing bieden, doch die in toekomstige wetgeving of overeenkomsten nog moet worden opgelost (zie in die zin reeds aangehaalde arresten Daily Mail and General Trust, punten 21-23, en Überseering, punt 69).

109. Overeenkomstig artikel 48 EG, vormt bij het ontbreken in het gemeenschapsrecht van een eenduidige definitie van vennootschappen die aanspraak kunnen maken op het recht van vestiging op basis van één aanknopings-

criterium waarmee het op een vennootschap toepasselijke nationale recht wordt bepaald, de vraag of artikel 43 EG van toepassing is op een vennootschap die zich op het in dit artikel verankerde fundamentele recht beroept, net als overigens de vraag of een natuurlijke persoon een onderdaan is van een lidstaat en uit dien hoofde deze vrijheid geniet, dus een voorafgaande vraag waarop bij de huidige stand van het gemeenschapsrecht enkel in het toepasselijke nationale recht een antwoord kan worden gevonden. Dus enkel wanneer is gebleken dat deze vennootschap, gelet op de voorwaarden van artikel 48 EG, inderdaad recht heeft op vrijheid van vestiging, rijst de vraag of deze vennootschap wordt geconfronteerd met een beperking van deze vrijheid in de zin van artikel 43 EG.

110. Een lidstaat mag dus zowel de aanknoping omschrijven die van een vennootschap vereist is opdat deze kan worden geacht te zijn opgericht volgens het nationale recht van die lidstaat, en uit dien hoofde het recht van vestiging heeft, als de aanknoping die vereist is om deze hoedanigheid naderhand te kunnen handhaven. Deze bevoegdheid omvat de mogelijkheid voor deze lidstaat om een onder zijn nationale recht vallende vennootschap niet toe te staan deze hoedanigheid te behouden wanneer zij zich in een andere lidstaat wenst te herorganiseren door de verplaatsing van haar zetel naar het grondgebied van die lidstaat, en aldus de aanknoping die in het nationale recht van de lidstaat van oprichting is voorzien, verbreekt.

111. Een dergelijk geval van verplaatsing van de zetel van een volgens het recht van een lidstaat opgerichte vennootschap naar een andere lidstaat zonder verandering van het recht waaronder zij valt, moet echter worden onderscheiden van het geval van de verplaatsing van een onder het recht van een lidstaat vallende vennootschap naar een andere lidstaat mét verandering van het toepasselijke nationale recht, waarbij de vennootschap wordt omgezet in een vennootschapsvorm die valt onder het nationale recht van de lidstaat waar zij naartoe is verplaatst.

112. In dit laatste geval kan de in punt 110 van het onderhavige arrest genoemde bevoegdheid, die beslist niet een immuniteit van de nationale wetgeving op het gebied van de oprichting en ontbinding van vennootschappen ten aanzien van de verdragsbepalingen betreffende de vrijheid van vestiging impliceert, er in het bijzonder geen rechtvaardiging voor vormen dat de lidstaat van oprichting, door de ontbinding en liquidatie van deze vennootschap te vereisen, haar belet zich om te zetten in een vennootschap naar nationaal recht van die andere lidstaat voor zover diens recht dit toestaat.

113. Deze belemmering voor de feitelijke omzetting van een dergelijke vennootschap zonder voorafgaande ontbinding en liquidatie, in een vennootschap volgens het nationale recht van de lidstaat waar zij zich naartoe wenst te verplaatsen, zou wel een beperking van de vrijheid van vestiging van de betrokken vennootschap vormen, welke krachtens artikel 43 EG verboden is, tenzij zij wordt gerechtvaardigd door een dwingende reden van algemeen belang (zie in die zin met name arrest CaixaBank France, reeds aangehaald, punten 11 en 17).

114. Voorts moet worden vastgesteld dat, sinds de reeds aangehaalde arresten Daily Mail and General Trust en Überseering, de wetgeving en overeenkomsten die waren voorzien in respectievelijk de artikelen 44, lid 2, sub g, EG en 293 EG, tot nog toe geen betrekking hebben gehad op de in deze arresten geconstateerde verschillen tussen de nationale wettelijke regelingen, waaraan dus nog geen einde is gemaakt.

115. De Commissie betoogt echter dat aan het door het Hof in punt 23 van het reeds aangehaalde arrest Daily Mail and General Trust geconstateerde ontbreken van een gemeenschapsregeling ter zake een einde is gemaakt door de gemeenschapsregels inzake de verplaatsing van de zetel naar een andere lidstaat, opgenomen in verordeningen zoals verordeningen nrs. 2137/85 en 2157/2001, betreffende respectievelijk EESV en SE, of ook verordening (EG) nr. 1435/2003 van de Raad van 22 juli 2003 betreffende het statuut voor een Europese Coöperatieve Vennootschap (SCE) (*PB* L 207, blz. 1), alsmede door de naar aanleiding van genoemde verordeningen vastgestelde Hongaarse wettelijke regeling.

116. Zij meent dat deze regels mutatis mutandis kunnen, of zelfs moeten, worden toegepast op de grensoverschrijdende verplaatsing van de werkelijke zetel van een volgens het nationale recht van een lidstaat opgerichte vennootschap.

117. In dit verband moet worden vastgesteld dat deze verordeningen, die zijn vastgesteld op grondslag van artikel 308 EG, weliswaar inderdaad een regeling bevatten op basis waarvan de daarbij ingestelde nieuwe juridische entiteiten hun statutaire zetel – en dus tevens hun werkelijke zetel, nu immers deze beide zetels zich in dezelfde lidstaat moeten bevinden – naar een andere lidstaat kunnen verplaatsen, zonder dat dit leidt tot ontbinding van de oorspronkelijke rechtspersoon en oprichting van een nieuwe rechtspersoon, doch dat een dergelijke verplaatsing wel noodzakelijkerwijs een verandering meebrengt met betrekking tot het nationale recht dat van toepassing is op de entiteit die zich verplaatst.

118. Dit blijkt bijvoorbeeld voor een SE uit de artikelen 7 tot en met 9, lid 1, sub c-ii, van verordening nr. 2157/2001.

119. In het onderhavige hoofdgeding wil Cartesio uitsluitend haar zetel van Hongarije naar Italië verplaatsen, maar wel een vennootschap naar Hongaars recht blijven, en dus niet het op haar toepasselijke nationale recht veranderen.

120. Bijgevolg kan de overeenkomstige toepassing van de gemeenschapsregeling waarnaar de Commissie verwijst, gesteld al dat deze geboden is in het geval van grensoverschrijdende verplaatsing van de zetel van een onder het nationale recht van een lidstaat vallende vennootschap, hoe dan ook niet tot het gewenste resultaat leiden in een situatie zoals die van het hoofdgeding.

121. Wat vervolgens de invloed betreft van het reeds aangehaalde arrest SEVIC Systems op het in de arresten Daily Mail and General Trust en Überseering ontwikkelde beginsel, dient te worden vastgesteld dat deze arresten niet dezelfde problematiek betreffen, zodat niet kan worden betoogd dat eerstgenoemd arrest de strekking van de beide laatstgenoemde arresten nader heeft bepaald.

122. De zaak waarin het arrest SEVIC Systems is gewezen betrof immers de erkenning, in de lidstaat van oprichting van een vennootschap, van een vestigingshandeling middels een grensoverschrijdende fusie door deze vennootschap in een andere lidstaat, welke situatie fundamenteel verschilt van de situatie die aan de orde was in de zaak die tot het arrest Daily Mail and General Trust heeft geleid. De situatie die aan orde was in de zaak waarin het arrest SEVIC Systems is gewezen, lijkt dus op situaties waarover andere arresten van het Hof zijn gewezen (zie arrest van 9 maart 1999, Centros, C-212/97, *Jurispr.* blz. I-1459; arrest Überseering, reeds aangehaald, en arrest van 30 september 2003, Inspire Art, C-167/01, *Jurispr.* blz. I-10155).

123. In dergelijke situaties rijst echter niet de voorafgaande vraag, bedoeld in punt 109 van het onderhavige arrest, of de betrokken vennootschap kan worden aangemerkt als een vennootschap met de nationaliteit van de lidstaat volgens wiens wetgeving zij is opgericht, maar veeleer de vraag of deze vennootschap, waarvan vaststaat dat zijeen vennootschap naar het nationale recht van een lidstaat is, al dan niet wordt geconfronteerd met een beperking in de uitoefening van haar recht om zich in een andere lidstaat te vestigen.

124. Gelet op een en ander moet op de vierde vraag worden geantwoord dat de artikelen 43 EG en 48 EG bij de huidige stand van het gemeenschapsrecht in die zin moeten worden uitgelegd dat zij zich niet verzetten tegen een regeling van een lidstaat die een krachtens het nationale recht van deze lidstaat opgerichte vennootschap belet om haar zetel naar een andere lidstaat te verplaatsten met behoud van haar hoedanigheid van vennootschap die valt onder het nationale recht van de lidstaat volgens wiens wettelijke regeling zij is opgericht.

Kosten

125. ...

HET HOF VAN JUSTITIE (Grote kamer)

verklaart voor recht:

1. Een rechterlijke instantie als de verwijzende rechter, bij wie hoger beroep is ingesteld tegen een beslissing van een rechtbank die belast is met het bijhouden van het handelsregister, waarbij een verzoek om wijziging van een vermelding in dat register is afgewezen, moet worden aangemerkt als een rechterlijke instantie die krachtens artikel 234 EG bevoegd is een verzoek om een prejudiciële beslissing in te dienen, niettegenstaande het feit dat noch de procedure voor die rechtbank noch de appèlprocedure op tegenspraak wordt gevoerd.

2. Een rechterlijke instantie als de verwijzende rechter, tegen wiens in het kader van een geding zoals het hoofdgeding genomen beslissingen cassatieberoep kan worden ingesteld, kan niet worden aangemerkt als een rechterlijke instantie waarvan de beslissingen volgens het nationale recht niet vatbaar zijn voor hoger beroep in de zin van artikel 234, derde alinea, EG.

3. Wanneer er in het nationale recht regels bestaan inzake het recht om op te komen tegen een beslissing waarbij een prejudiciële verwijzing wordt gelast, welke regels worden gekenmerkt door de omstandigheid dat het gehele hoofdgeding aanhangig blijft bij de verwijzende rechter, en alleen tegen de verwijzingsbeslissing beperkt hoger beroep kan worden ingesteld, moet artikel 234, tweede alinea, EG aldus worden uitgelegd dat aan de bij deze verdragsbepaling aan iedere nationale rechter verleende bevoegdheid om een prejudiciële verwijzing naar het Hof te gelasten, geen afbreuk mag worden gedaan door de toepassing van dergelijke regels die de appèlrechter toestaan om de beslissing waarbij een prejudiciële verwijzing naar het Hof wordt gelast, te wijzigen, om deze verwijzing te vernietigen en om de rechter die deze beslissing had genomen, te gelasten de behandeling van de geschorste nationale procedure te hervatten.

4. Bij de huidige stand van het gemeenschapsrecht moeten de artikelen 43 EG en 48 EG in die zin worden uitgelegd dat zij zich niet verzetten tegen een regeling van een lidstaat die een krachtens het nationale recht van deze lidstaat opgerichte vennootschap belet om haar zetel naar een andere lidstaat te verplaatsen met behoud van haar hoedanigheid van vennootschap die valt onder het nationale recht van de lidstaat volgens wiens wettelijke regeling zij is opgericht.

HvJ EG 22 december 2008, zaak C-48/07 (Belgische Staat - Federale Overheidsdienst Financiën v. Les Vergers du Vieux Tauves SA)

Vierde kamer: *K. Lenaerts, kamerpresident, T. von Danwitz (rapporteur), E. Juhász, G. Arestis en J. Malenovský, rechters*
Advocaat-generaal: *E. Sharpston*

1. Het verzoek om een prejudiciële beslissing betreft de uitlegging van artikel 3 van richtlijn 90/435/EEG van de Raad van 23 juli 1990 betreffende de gemeenschappelijke fiscale regeling voor moedermaatschappijen en dochterondernemingen uit verschillende lidstaten (*PB* L 225, blz. 6).

2. Dit verzoek is ingediend in het kader van een geding tussen Les Vergers du Vieux Tauves SA (hierna: 'VVT') en de Belgische Staat – Federale overheidsdienst Financiën over de fiscale behandeling door de autoriteiten van het Koninkrijk België van de dividenden die VVT van NARDA SA (hierna: 'NARDA') heeft ontvangen.

Toepasselijke bepalingen

Richtlijn 90/435

3. De derde overweging van de considerans van richtlijn 90/435 luidt als volgt:

'Overwegende dat de huidige fiscale voorschriften voor de betrekkingen tussen moedermaatschappijen en dochterondernemingen uit verschillende lidstaten van land tot land aanzienlijke verschillen vertonen en in het algemeen minder gunstig zijn dan de voorschriften voor de betrekkingen tussen moedermaatschappijen en dochterondernemingen van dezelfde lidstaat; dat de samenwerking tussen vennootschappen van verschillende lidstaten hierdoor benadeeld wordt ten opzichte van de samenwerking tussen vennootschappen van dezelfde lidstaat; dat deze benadeling moet worden opgeheven door invoering van een gemeenschappelijke regeling en dat hergroeperingen van vennootschappen op communautair niveau aldus vergemakkelijkt moeten worden.'

4. In de artikelen 3 en 4 van deze richtlijn wordt bepaald:

'*Artikel 3*

1. Voor de toepassing van deze richtlijn:

a. wordt de hoedanigheid van moedermaatschappij ten minste toegekend aan iedere vennootschap van een lidstaat die voldoet aan de voorwaarden van artikel 2 en die een deelneming van ten minste 25% bezit in het kapitaal van een vennootschap van een andere lidstaat die aan dezelfde voorwaarden voldoet;

b. wordt verstaan onder 'dochteronderneming', de vennootschap in het kapitaal waarvan de sub a bedoelde deelneming wordt gehouden.

2. In afwijking van lid 1 staat het de lidstaten vrij om

– bij wege van bilaterale overeenkomst het criterium 'deelneming in het kapitaal' te vervangen door het criterium 'bezit van stemrechten',

– deze richtlijn niet toe te passen op de vennootschappen van deze lidstaat die niet gedurende een ononderbroken periode van ten minste twee jaren een deelneming behouden welke recht geeft op de hoedanigheid van moedermaatschappij of op de maatschappijen waarin een vennootschap van een andere lidstaat niet gedurende een ononderbroken periode van ten minste twee jaren een dergelijke deelneming behoudt.

Artikel 4

1. Wanneer een moedermaatschappij als deelgerechtigde van haar dochteronderneming uitgekeerde winst ontvangt, anders dan bij de liquidatie van de dochteronderneming, moet de lidstaat van de moedermaatschappij:

– of wel zich onthouden van het belasten van deze winst; [...]

2. Iedere lidstaat blijft evenwel bevoegd om te bepalen dat lasten die betrekking hebben op de deelneming en waardeverminderingen die voortvloeien uit de uitkering van de winst van de dochteronderneming, niet aftrekbaar zijn van de belastbare winst van de moedermaatschappij. Indien in dit geval de kosten van beheer met betrekking tot de deelneming forfaitair worden vastgesteld, mag het forfaitaire bedrag niet meer dan 5% bedragen van de door de dochteronderneming uitgekeerde winst.

[...]'

Toepasselijke Belgische bepalingen

5. Artikel 578 van het Burgerlijk Wetboek bepaalt:

'Vruchtgebruik is het recht om van een zaak waarvan een ander de eigendom heeft, het genot te hebben zoals de eigenaar zelf, maar onder verplichting om de zaak zelf in stand te houden.'

6. Op 23 oktober 1991 is de wet tot omzetting in het Belgische recht van de richtlijn van de Raad van de Europese Gemeenschappen van 23 juli 1990 betreffende de gemeenschappelijke fiscale regeling voor moedermaatschappijen en dochterondernemingen (Belgisch Staatsblad van 15 november 1991, blz. 25619) uitgevaardigd.

7. Bij deze wet is ingetrokken de in de tot dan toe geldende versie van het Wetboek van inkomstenbelastingen van 26 februari 1964 (Belgisch Staatsblad van 10 april 1964, blz. 3810) gestelde voorwaarde dat een vennootschap die dividenden ontvangt, deze slechts van haar belastbare winsten mag aftrekken, indien zij haar aandelen in de vennootschap die de dividenden uitkeert, in volle eigendom heeft.

8. Artikel 202 van het Wetboek van de inkomstenbelastingen 1992, gecoördineerd bij koninklijk besluit van 10 april 1992 (Belgisch Staatsblad van 30 juli 1992, blz. 17120), in de ten tijde van de feiten van het hoofdgeding toepasselijke versie (hierna: 'WIB 1992') bepaalt:

'§ 1. Van de winst van het belastbare tijdperk worden mede afgetrokken, in zover zij erin voorkomen:

1° dividenden met uitzondering van inkomsten die zijn verkregen naar aanleiding van de afstand aan een vennootschap van haar eigen aandelen of naar aanleiding van de gehele of gedeeltelijke verdeling van het vermogen van een vennootschap;

[...]

§ 2. De in § 1, 1° en [...] vermelde inkomsten zijn slechts aftrekbaar in zoverre op de datum van toekenning of betaalbaarstelling van deze inkomsten, de vennootschap die de inkomsten verkrijgt, in het kapitaal van de vennootschap die ze uitkeert, een deelneming bezit van ten minste5 pct. of met een aanschaffingswaarde van ten minste 50 miljoen frank;

[...]'

Hoofdgeding en prejudiciële vraag

9. VVT, een in België gevestigde vennootschap, heeft in 1999 voor een periode van tien jaar het vruchtgebruik op de aandelen van de vennootschap NARDA gekocht. Laatstgenoemde vennootschap heeft haar zetel eveneens in België, zoals blijkt uit de schriftelijke opmerkingen die VVT en de Belgische regering in de procedure voor het Hof hebben ingediend. BEPA SA (hierna: 'BEPA') heeft de blote eigendom van diezelfde aandelen verworven.

10. De Belgische regering verklaart, onder verwijzing naar artikel 578 van het Belgische Burgerlijk Wetboek, dat het vruchtgebruik aan de houder ervan het recht toekent om het genot te hebben van een zaak waarvan een ander de eigendom heeft. Zij preciseert dat de vruchtgebruiker slechts recht heeft op de uitgekeerde winsten; de aan de reserve toegevoegde winsten komen toe aan de blooteigenaar.

11. Voor de belastingjaren 2000 tot en met 2002 heeft de Administratie der directe belastingen aan VVT, die in haar aangifte voor de vennootschapsbelasting de van NARDA ontvangen dividenden als definitief belaste inkomsten (hierna: 'DBI') had afgetrokken, die aftrek geweigerd en betaling van belasting over die dividenden gevorderd.

12. VVT heeft bezwaar ingediend tegen deze aanvullende heffingen op grond dat de omstreden dividenden als DBI moesten worden beschouwd niettegenstaande het feit dat zij op het tijdstip van de betaalbaarstelling van die dividenden slechts het vruchtgebruik van de betrokken aandelen had.

13. De Administratie der directe belastingen heeft dit bezwaar afgewezen. Zij heeft daartoe aangevoerd dat het vruchtgebruik op de betrokken aandelen geen recht geeft op de aftrek waarin artikel 202 van het WIB 1992 voorziet, en dat deze aftrek slechts kan worden toegestaan aan de degene die de volle eigendom van de aandelen heeft. VVT is tegen deze beslissing opgekomen bij de Rechtbank van eerste aanleg te Namen, die haar vorderingen bij vonnis van 23 november 2005 heeft toegewezen.

14. Het Hof van Beroep te Luik, waarbij de Belgische Staat - Federale Overheidsdienst Financiën hoger beroep had ingesteld tegen dit vonnis, heeft de behandeling van de zaak geschorst en het Hof de volgende prejudiciële vraag voorgelegd:

'Is de wet van 28 december 1992, waarbij de tekst van artikel 202 van het [WIB] 1992 is gewijzigd onder verwijzing naar richtlijn [90/435] en waarbij van de ontvanger van de dividenden wordt verlangd dat hij een deelneming bezit in het kapitaal van de vennootschap die de dividenden uitkeert, verenigbaar met de bepalingen van genoemde richtlijn inzake deelneming in het kapitaal, in het bijzonder met de artikelen 3, 4 en 5 daarvan, voor zover die wet niet uitdrukkelijk voorschrijft dat het om bezit in volle eigendom moet gaan en, volgens de door geïntimeerde gegeven uitlegging, impliciet toestaat dat het enkele recht van vruchtgebruik op aandelen in het kapitaal van de vennootschap volstaat om in aanmerking te komen voor vrijstelling van belasting op dergelijke dividenden?'

Bevoegdheid van het Hof en ontvankelijkheid van de prejudiciële vraag

15. VVT, de Griekse regering en de Commissie van de Europese Gemeenschappen betogen dat de prejudiciële verwijzing ontvankelijk is. Volgens de Italiaanse regering is zij niet-ontvankelijk en de Duitse, de Franse en de Nederlandse regering en de regering van het Verenigd Koninkrijk geven uiting aan hun twijfel omtrent de ontvankelijkheid ervan. De Belgische regering, die in haar schriftelijke opmerkingen de bevoegdheid van het Hof niet formeel heeft betwist, heeft ter terechtzitting gesteld dat het Hof niet bevoegd is.

16. Vooraf zij eraan herinnerd dat volgens vaste rechtspraak in het kader van de samenwerking tussen het Hof en de nationale rechterlijke instanties waarin artikel 234 EG voorziet, het uitsluitend een zaak is van de nationale rechter aan wie het geschil is voorgelegd en die de verantwoordelijkheid draagt voor de te geven rechterlijke beslissing, om, gelet op de bijzonderheden van het aan hem voorgelegde geval, zowel de noodzaak van een prejudiciële beslissing voor het doen van zijn uitspraak te beoordelen, als de relevantie van de vragen die hij aan het Hof voorlegt (zie in die zin met name arresten van 15 december 1995, Bosman, C-415/93, *Jurispr.* blz. I-4921, punt 59; 17 juli 1997, Leur-Bloem, C-28/95, *Jurispr.* blz. I-4161, punt 24; 7 januari 2003, BIAO, C-306/99, *Jurispr.* blz. I-1, punt 88, en 14 december 2006, Confederación Española de Empresarios de Estaciones de Servicio, C-217/05, *Jurispr.* blz. I-11987, punt 16).

17. Wanneer de door de nationale rechter gestelde vragen betrekking hebben op de uitlegging van een bepaling van gemeenschapsrecht, is het Hof dus in beginsel verplicht uitspraak te doen, tenzij duidelijk blijkt, dat het verzoek om een prejudiciële beslissing in werkelijkheid ertoe strekt, via een kunstmatig geschil een uitspraak van het Hof uit te lokken of het Hof adviezen te doen geven over algemene of hypothetische vragen, dat de gevraagde uitlegging van het gemeenschapsrecht geen verband houdt met een reëel geschil of met het voorwerp van het hoofdgeding, of wanneer het Hof niet beschikt over de gegevens, feitelijk en rechtens, die nodig zijn om een nuttig antwoord te geven op de gestelde vragen (zie reeds aangehaalde arresten BIAO, punt 89, en Confederación Española de Empresarios de Estaciones de Servicio, punt 17).

18. Dit is in casu echter niet het geval.

19. Om te beginnen dient te worden vastgesteld dat de geringe hoeveelheid informatie die in de verwijzingsbeslissing wordt verstrekt, niet van dien aard is dat de prejudiciële verwijzing daardoor niet-ontvankelijk wordt. Niettegenstaande de geringe informatie die deze beslissing met betrekking tot de feiten en de toepasselijke nationale bepalingen bevat, kan de strekking van de gestelde vraag immers uit de beslissing worden opgemaakt, zoals blijkt uit de opmerkingen die de andere belanghebbenden dan de partijen in het hoofdgeding bij het Hof hebben ingediend. Bovendien hebben VVT en de Belgische regering in hun schriftelijke opmerkingen het Hof voldoende gegevens verstrekt om het in staat te stellen, de regels van het gemeenschapsrecht uit te leggen tegen de achtergrond van de situatie die in het hoofdgeding aan de orde is, en een nuttig antwoord te geven op de vraag.

20. Ook het argument van de Italiaanse regering dat de prejudiciële verwijzing niet-ontvankelijk is omdat de verwijzende rechter niet heeft aangetoond dat in die stand van het geding een antwoord van het Hof op de prejudiciële vraag noodzakelijk is om het hoofdgeding te kunnen beslechten, moet van de hand worden gewezen. Volgens artikel 234, tweede alinea, EG staat het immers aan de nationale rechter om te beslissen in welke stand van het geding hij het Hof een prejudiciële vraag dient voor te leggen (zie arresten van 10 maart 1981, Irish Creamery Milk Suppliers Association e.a., 36/80 en 71/80, *Jurispr.* blz. 735, punt 5; 30 maart 2000, JämO, C-236/98, *Jurispr.* blz. I-2189, punt 30, en 17 juli 2008, Coleman, C 303/06, nog niet gepubliceerd in de *Jurisprudentie*, punt 29).

21. Met betrekking tot de door de Belgische regering geformuleerde bezwaren ten slotte, dient er om te beginnen aan te worden herinnerd dat volgens vaste rechtspraak het Hof in beginsel ook bevoegd is om te antwoorden op een vraag betreffende bepalingen van gemeenschapsrecht in situaties waarin de feiten van het hoofdgeding buiten de werkingssfeer van het gemeenschapsrecht vallen, maar waarin deze bepalingen toepasselijk zijn krachtens nationaal recht (zie met name arrest Leur-Bloem, reeds aangehaald, punt 27, en arresten van 17 juli 1997, Giloy, C-130/95, *Jurispr.* blz. I-4291, punt 23; 3 december 1998, Schoonbroodt, C-247/97, *Jurispr.* blz. I-8095, punt 14, en 17 maart 2005, Feron, C-170/03, *Jurispr.* blz. I-2299, punt 11).

22. Allereerst heeft de Belgische regering ter terechtzitting betwijfeld of artikel 202, § 2, van het WIB 1992 erop gericht is, de relevante bepaling van richtlijn 90/435 in nationaal recht om te zetten en of dit artikel voor interne situaties verwijst naar de oplossingen die in deze richtlijn worden gegeven. In dit verband dient eraan te worden herinnerd dat diezelfde regering in haar schriftelijke opmerkingen heeft betoogd dat de Belgische wetgever de toepassing van de in nationaal recht omgezette bepalingen van de richtlijn heeft willen uitbreiden tot de betrekkingen tussen Belgische moedermaatschappijen en dochterondernemingen om ter zake van de fiscale behandeling van door een dochteronderneming aan haar moedermaatschappij uitgekeerde dividenden discriminatie tussen Belgische vennootschappen naargelang van de nationaliteit van de dochteronderneming te voorkomen. Bovendien ziet de wet van 23 oktober 1991 tot omzetting in het Belgische recht van de richtlijn van de Raad van de Europese Gemeenschappen van 23 juli 1990 betreffende de gemeenschappelijke fiscale regeling voor moedermaatschappijen en dochterondernemingen, blijkens de titel ervan, uitdrukkelijk op de omzetting van die richtlijn in nationaal recht.

23. Ten tweede kan de stelling van de Belgische regering dat, aangezien de gevraagde uitlegging van het gemeenschapsrecht slechts een van de elementen is waarmee rekening moet worden gehouden voor de uitlegging van het nationale recht, het arrest van het Hof niet verbindend zal zijn voor de verwijzende rechter, de bevoegdheid van het Hof niet op losse schroeven zetten.

24. In dit verband dient erop te worden gewezen dat de omstandigheden van het onderhavige hoofdgeding verschillen van die van de zaak die aanleiding heeft gegeven tot het arrest van 28 maart 1995, Kleinwort Benson (C-346/93, *Jurispr.* blz. I-615), waarin het Hof zich onbevoegd heeft verklaard om op een prejudiciële vraag te antwoorden op grond dat zijn arrest niet verbindend zou zijn voor de verwijzende rechter. In de nationale regeling die in laatstgenoemde zaak aan de orde was, werd het Verdrag van 27 september 1968 betreffende de rechterlijke bevoegdheid en de tenuitvoerlegging van beslissingen in burgerlijke en handelszaken (*PB* 1972, L 299, blz. 32) slecht als model genomen en werden de bewoordingen ervan slechts gedeeltelijk overgenomen.

25. In het kader van de onderhavige procedure gaat de verwijzende rechter weliswaar niet uitdrukkelijk in op het punt of en in hoeverre het arrest van het Hof hem zal binden voor de beslechting van het hoofdgeding, doch de omstandigheid dat hij zich met een prejudiciële vraag tot het Hof heeft gewend en in deze vraag een verband legt tussen de nationale regeling en richtlijn 90/435, wijst erop dat het arrest hem zal binden. De toelichtingen die de Belgische regering dienaangaande ter terechtzitting heeft verstrekt, bevatten geen objectieve aanwijzingen dat dit kennelijk niet het geval zal zijn.

26. Ten derde staat, zoals uit de punten 21 en 33 van het reeds aangehaalde arrest Leur-Bloem blijkt, de omstandigheid alleen dat de aan artikel 202, § 2, van het WIB 1992 te geven uitlegging niet uitsluitend uit het arrest van het Hof zal voorvloeien, niet eraan in de weg dat het Hof bevoegd is om op de vraag te antwoorden.

27. In het kader van de bevoegdheidsverdeling tussen de nationale rechterlijke instanties en het Hof waarin artikel 234 EG voorziet, kan het Hof immers in zijn antwoord aan de nationale rechter geen rekening houden met de algemene opzet van de nationale bepalingen die naar het gemeenschapsrecht verwijzen en tegelijkertijd bepalend zijn voor de strekking van die verwijzing (zie arrest van 18 oktober 1990, Dzodzi, C-297/88 en C-197/89, *Jurispr.* blz. I-3763, punt 42). Welke grenzen de nationale wetgever eventueel heeft gesteld aan de toepassing van het gemeenschapsrecht op zuiver interne situaties, is een punt van nationaal recht, dat derhalve uitsluitend door de rechterlijke instanties van de betrokken lidstaat kan worden beoordeeld (arrest Dzodzi, reeds aangehaald, punt 42; arrest van 12 november 1992, zaak C-73/89, Fournier, *Jurispr.* blz. I-5621, punt 23, en arrest Leur-Bloem, reeds aangehaald, punt 33). Wat daarentegen het gemeenschapsrecht betreft, kan de nationale rechter, binnen de grenzen van de door het nationale recht verrichte verwijzing naar het gemeenschapsrecht, niet afwijken van de door het Hof gegeven uitlegging.

28. Het tegen de bevoegdheid van het Hof gerichte betoog van de Belgische regering moet derhalve van de hand worden gewezen.

29. Uit een en ander volgt dat de prejudiciële vraag dient te worden beantwoord.

Beantwoording van de prejudiciële vraag

30. De vraag van de verwijzende rechter is in wezen erop gericht te vernemen of het begrip deelneming in het kapitaal van een vennootschap van een andere lidstaat in de zin van artikel 3 van richtlijn 90/435 het houden van aandelen in vruchtgebruik omvat.

31. Om op deze vraag te antwoorden moet allereerst de rechtspositie van de eigenaar van aandelen van een vennootschap worden vergeleken met die van de vruchtgebruiker van dergelijke aandelen.

32. Uit de opmerkingen van de Belgische regering blijkt dat volgens artikel 578 van het Belgische Burgerlijk Wetboek het vruchtgebruik aan de houder ervan het recht verleent om het genot te hebben van een zaak waarvan een ander de eigendom heeft. Hieruit volgt dat het vruchtgebruik een rechtsbetrekking creëert tussen de vruchtgebruiker en de eigenaar wiens eigendom met het vruchtgebruik is verminderd.

33. In het hoofdgeding bestaat er tussen VVT, die geen eigenaar van de aandelen van NARDA is, en deze laatste vennootschap dus geen rechtsbetrekking die voortvloeit uit een status van deelgerechtigde, maar een rechtsbetrekking die voortvloeit uit het vruchtgebruik. Op grond van dit vruchtgebruik kan VVT bepaalde rechten uitoefenen die normaliter toekomen aan BEPA als eigenaar van die aandelen.

34. Tussen BEPA en NARDA bestaat er daarentegen een rechtsbetrekking van deelgerechtigde die voortvloeit uit het feit alleen dat BEPA als blooteigenaar houder is van aandelen in het kapitaal van NARDA. Deze deelneming van BEPA voldoet overduidelijk aan het criterium 'deelneming in het kapitaal' in de zin van artikel 3 van richtlijn 90/435 en, mits deze vennootschap ook voldoet aan de andere criteria van deze richtlijn, moet zij als een 'moedermaatschappij' in de zin van dit artikel 3 worden beschouwd.

35. Derhalve moet worden onderzocht of, wanneer het vruchtgebruik op aandelen van een vennootschap berust bij een andere vennootschap dan die welke houder is van die aandelen, de vennootschap die het vruchtgebruik

heeft, eveneens kan worden geacht de hoedanigheid van moedermaatschappij te hebben, dat wil zeggen een deelneming in het kapitaal van een vennootschap te bezitten in de zin van artikel 3 van richtlijn 90/435.

36. Zoals met name blijkt uit de derde overweging van de considerans van richtlijn 90/435, heeft deze richtlijn tot doel, door de invoering van een gemeenschappelijke fiscale regeling iedere benadeling van de samenwerking tussen vennootschappen uit verschillende lidstaten ten opzichte van de samenwerking tussen vennootschappen van eenzelfde lidstaat op te heffen, en aldus hergroeperingen van vennootschappen op communautair niveau te vergemakkelijken (arresten van 4 oktober 2001, Athinaïki Zythopoiïa, C-294/99, *Jurispr.* blz. I-6797, punt 25; 12 december 2006, Test Claimants in the FII Group Litigation, C-446/04, *Jurispr.* blz. I-11753, punt 103; 3 april 2008, Banque Fédérative du Crédit Mutuel, C-27/07, nog niet gepubliceerd in de *Jurisprudentie*, punt 23, en 26 juni 2008, Burda, C-284/06, nog niet gepubliceerd in de *Jurisprudentie*, punt 51).

37. Richtlijn 90/435 is weliswaar gericht op het opheffen van de situaties waarin tweemaal belasting wordt geheven over winsten die dochterondernemingen aan hun moedermaatschappij uitkeren, doch beoogt algemeen het opheffen van de nadelen die, blijkens de derde overweging van de considerans van die richtlijn, voor de grensoverschrijdende samenwerking tussen vennootschappen voortvloeien uit het feit dat de fiscale voorschriften voor de betrekkingen tussen moedermaatschappijen en dochterondernemingen uit verschillende lidstaten in het algemeen minder gunstig zijn dan de voorschriften voor de betrekkingen tussen moedermaatschappijen en dochterondernemingen van dezelfde lidstaat.

38. Artikel 3, lid 1, sub a, van richtlijn 90/435 stelt als voorwaarde voor de toekenning van de hoedanigheid van moedermaatschappij dat de betrokken vennootschap een deelneming bezit in het kapitaal van een andere vennootschap. Volgens artikel 3, lid 1, sub b, van die richtlijn wordt onder 'dochteronderneming' verstaan, de vennootschap in het kapitaal waarvan die deelneming wordt gehouden. Hieruit blijkt dat het begrip 'deelneming in het kapitaal' in de zin van dat artikel 3 verwijst naar de rechtsbetrekking tussen de moedermaatschappij en de dochteronderneming. Uit de bewoordingen van laatstgenoemde bepaling volgt dus dat deze niet ziet op de situatie waarin de moedermaatschappij aan een derde, in casu een vruchtgebruiker, een rechtsbetrekking met de dochteronderneming overdraagt op grond waarvan deze derde eveneens als moedermaatschappij zou kunnen worden beschouwd.

39. Derhalve volgt uit de bewoordingen van artikel 3 van richtlijn 90/435 dat het vruchtgebruik dat een vennootschap op de aandelen in het kapitaal van een andere vennootschap heeft, niet onder het begrip deelneming in het kapitaal van een vennootschap in de zin van die bepaling valt.

40. Deze analyse vindt ook steun in de opzet van de bepalingen van richtlijn 90/435.

41. Artikel 4, lid 1, van deze richtlijn ziet namelijk op de situatie waarin 'een moedermaatschappij als deelgerechtigde van haar dochteronderneming uitgekeerde winst ontvangt'. De vruchtgebruiker van de aandelen van een vennootschap ontvangt de door deze vennootschap uitgekeerde dividenden echter op grond van zijn vruchtgebruik. Zijn rechtspositie jegens de dochteronderneming is niet van dien aard dat zijhem de hoedanigheid van deelgerechtigde toekent, aangezien zij uitsluitend voortvloeit uit het vruchtgebruik dat de eigenaar van de aandelen in het kapitaal van de dochteronderneming hem heeft overgedragen, zoals de advocaat-generaal in punt 57 van haar conclusie heeft opgemerkt.

42. Volgens artikel 4, lid 2, van richtlijn 90/435 blijft iedere lidstaat bevoegd om te bepalen dat waardeverminderingen die voortvloeien uit de uitkering van de winst van de dochteronderneming, niet aftrekbaar zijn van de belastbare winst van de moedermaatschappij. Die bepaling biedt de lidstaten de mogelijkheid, maatregelen te treffen om te beletten dat de moedermaatschappij een dubbel fiscaal voordeel geniet. Deze vennootschap zou immers enerzijds winsten kunnen ontvangen waarover zij op grond van artikel 4, lid 1, eerste streepje, van deze richtlijn geen belasting moet betalen, en anderzijds belastingvermindering kunnen krijgen ten gevolge van de aftrek van de waardeverminderingen die voortvloeien uit de uitkering van die winst.

43. Zoals uit de schriftelijke opmerkingen van de Belgische regering blijkt, heeft de vruchtgebruiker echter alleen recht op de uitgekeerde winsten en komen de aan de reserve toegevoegde winsten aan de blooteigenaar toe. Ingeval de winsten worden uitgekeerd, kan dus de vruchtgebruiker noch de blooteigenaar een dubbel fiscaal voordeel genieten, aangezien de blooteigenaar geen winsten ontvangt en de vruchtgebruiker slechts recht heeft op de uitgekeerde winsten. Wanneer de uitkering van winsten leidt tot vermindering van de waarde van de deelneming, kan de aan iedere lidstaat geboden mogelijkheid om te bepalen dat die waardevermindering niet van de belastbare winst van de moedermaatschappij mag worden afgetrokken, slechts haar werking doen gevoelen ingeval de vennootschap die de uitgekeerde winst ontvangt, ook de vennootschap is die de uit die uitkering voortvloeiende waardevermindering ondergaat. Dit bevestigt dat in de opvatting van de communautaire wetgever de 'moedermaatschappij' in de zin van richtlijn 90/435 een en dezelfde vennootschap is.

44. Gelet op de duidelijke en ondubbelzinnige formulering van de bepalingen van richtlijn 90/435, die bovendien steun vindt in de opzet van die bepalingen, kan het begrip deelneming in het kapitaal van een vennootschap van een andere lidstaat in artikel 3 van die richtlijn, niet aldus worden uitgelegd dat het ook ziet op het houden van

vruchtgebruik op aandelen in het kapitaal van een vennootschap van een andere lidstaat, zodat de desbetreffende verplichtingen van de lidstaten worden uitgebreid (zie, mutatis mutandis, arresten van 8 december 2005, ECB/Duitsland, C-220/03, *Jurispr.* blz. I-10595, punt 31, en 28 februari 2008, Carboni e derivati, C-263/06, *Jurispr.* blz. I-1077, punt 48).

45. Ook al betreft het hoofdgeding een zuiver interne situatie, opgemerkt dient te worden dat het gemeenschapsrecht met betrekking tot grensoverschrijdende situaties eist dat een lidstaat die, om dubbele belastingheffing op dividenden te voorkomen, zowel de dividenden die worden uitgekeerd aan een vennootschap die volle eigenaar is van de aandelen van de uitkerende vennootschap, als de dividenden die worden uitgekeerd aan een vennootschap die dergelijke aandelen in vruchtgebruik heeft, van belasting vrijstelt, de dividenden die een ingezeten vennootschap van een andere ingezeten vennootschap ontvangt, fiscaal op dezelfde wijze behandelt als de dividenden die een ingezeten vennootschap van een in een andere lidstaat gevestigde vennootschap ontvangt.

46. Al is het inderdaad aan de lidstaten om, met betrekking tot deelnemingen die niet onder richtlijn 90/435 vallen, te bepalen of en in hoeverre dubbele belasting van de uitgekeerde winst moet worden voorkomen, en hiertoe unilateraal of door middel van met andere lidstaten gesloten overeenkomsten mechanismen ter voorkoming of vermindering van deze dubbele belasting in te stellen, dit enkele feit betekent immers niet dat zij maatregelen mogen treffen die in strijd zijn met de door het EG-Verdrag gewaarborgde vrijheden van verkeer (zie in die zin arresten van 12 december 2006, Test Claimants in Class IV of the ACT Group Litigation, C-374/04, *Jurispr.* blz. I-11673, punt 54, en 8 november 2007, Amurta, C-379/05, *Jurispr.* blz. I-9569, punt 24).

47. Zo blijkt uit de rechtspraak van het Hof dat, ongeacht het mechanisme dat wordt ingevoerd om opeenvolgende belastingheffingen of dubbele economische belasting te vermijden of te verminderen, de door het Verdrag gewaarborgde vrijheden van verkeer eraan in de weg staan dat een lidstaat buitenlandse dividenden ongunstiger behandelt dan binnenlandse, tenzij dat verschil in behandeling slechts betrekking heeft op situaties die niet objectief vergelijkbaar zijn, of wordt gerechtvaardigd door dwingende redenen van algemeen belang (arrest Test Claimants in the FII Group Litigation, reeds aangehaald, punt 46 en aangehaalde rechtspraak).

48. De uitlegging volgens welke een lidstaat die voor de toepassing van de vrijstelling van ontvangen dividenden een vennootschap die aandelen in vruchtgebruik heeft, op dezelfde wijze behandelt als een vennootschap die aandelen in volle eigendom heeft, die zelfde fiscale behandeling ook moet toepassen op dividenden die van een in andere lidstaat gevestigde vennootschap worden ontvangen, is in overeenstemming met de doelstellingen van richtlijn 90/435, namelijk de benadeling van de hergroeperingen van ondernemingen op communautair niveau opheffen en voorkomen dat tweemaal belasting wordt geheven over de dividenden die binnen een grensoverschrijdende groep worden uitgekeerd.

49. Gelet op een en ander dient op de gestelde vraag te worden geantwoord dat het begrip deelneming in het kapitaal van een vennootschap van een andere lidstaat in de zin van artikel 3 van richtlijn 90/435 het houden van aandelen in vruchtgebruik niet omvat. De door het EG-Verdrag gewaarborgde vrijheden van verkeer, die gelden voor grensoverschrijdende situaties, eisen evenwel dat een lidstaat die, om dubbele belastingheffing op ontvangen dividenden te voorkomen, zowel de dividenden die een ingezeten vennootschap ontvangt van een andere ingezeten vennootschap waarvan zij aandelen in volle eigendom heeft, als de dividenden die een ingezeten vennootschap ontvangt van een andere ingezeten vennootschap waarvan zij aandelen in vruchtgebruik heeft, van belasting vrijstelt, voor de toepassing van de vrijstelling van ontvangen dividenden, de dividenden ontvangen van een in een andere lidstaat gevestigde vennootschap door een ingezeten vennootschap die aandelen in volle eigendom heeft, en dergelijke dividenden ontvangen door een ingezeten vennootschap die aandelen in vruchtgebruik heeft, op dezelfde wijze behandelt.

Kosten

50. …

HET HOF VAN JUSTITIE (Vierde kamer)

verklaart voor recht:

Het begrip deelneming in het kapitaal van een vennootschap van een andere lidstaat in de zin van artikel 3 van richtlijn 90/435/EEG van de Raad van 23 juli 1990 betreffende de gemeenschappelijke fiscale regeling voor moedermaatschappijen en dochterondernemingen uit verschillende lidstaten, omvat niet het houden van aandelen in vruchtgebruik.

De door het EG-Verdrag gewaarborgde vrijheden van verkeer, die van toepassing zijn op grensoverschrijdende situaties, eisen evenwel dat een lidstaat die, om dubbele belastingheffing op ontvangen dividenden te voorkomen, zowel de dividenden die een ingezeten vennootschap ontvangt van een andere ingezeten vennootschap waarvan zij aandelen in volle eigendom heeft, als de dividenden die een ingezeten vennootschap ontvangt van

een andere ingezeten vennootschap waarvan zij aandelen in vruchtgebruik heeft, van belasting vrijstelt, voor de toepassing van de vrijstelling van ontvangen dividenden, de dividenden ontvangen van een in een andere lidstaat gevestigde vennootschap door een ingezeten vennootschap die aandelen in volle eigendom heeft, en dergelijke dividenden ontvangen door een ingezeten vennootschap die aandelen in vruchtgebruik heeft, op dezelfde wijze behandelt.

HvJ EG 22 december 2008, zaak C-282/07 (Belgische Staat – FOD Financiën v. Truck Center SA)

Vierde kamer: *K. Lenaerts, kamerpresident, T. von Danwitz, R. Silva de Lapuerta (rapporteur), G. Arestis en J. Malenovský, rechters*

Avocaat-generaal: *J. Kokott*

1. Het verzoek om een prejudiciële beslissing betreft de uitlegging van de artikelen 73 B en 73 D van het EG-Verdrag (thans respectievelijk de artikelen 56 EG en 58 EG).

2. Dit verzoek is ingediend in het kader van een geding tussen de Belgische Staat en Truck Center SA (voorheen Truck Restaurant Habay; hierna: 'Truck Center'), gevestigd in België, betreffende de belastingheffing over de door deze vennootschap voor de jaren 1994 tot en met 1996 verschuldigde rente op een lening die haar was toegekend door SA Wickler Finances (hierna: 'Wickler Finances'), gevestigd te Luxemburg.

Rechtskader

3. Volgens de verwijzende rechter zijn in het hoofdgeding de hierna volgende nationale bepalingen van toepassing.

4. Artikel 266 van het Wetboek van de inkomstenbelastingen 1992 (hierna: 'WIB 1992') bepaalt:

> 'De Koning kan, onder de voorwaarden en binnen de grenzen die Hij bepaalt, geheel of ten dele afzien van de inning van de roerende voorheffing op inkomsten van roerende goederen en kapitalen en van diverse inkomsten, indien het verkrijgers betreft van wie de identiteit kan worden vastgesteld [...]'

5. Artikel 267 WIB 1992 luidt als volgt:

> 'De toekenning of de betaalbaarstelling van de inkomsten, in geld of in natura, brengt de opeisbaarheid van de roerende voorheffing mede. Als toekenning wordt inzonderheid beschouwd: de inschrijving van een inkomen op een ten bate van de verkrijger geopende rekening, zelfs als die rekening onbeschikbaar is, mits de onbeschikbaarheid het gevolg is van een uitdrukkelijke of stilzwijgende overeenkomst met de verkrijger. [...]'

6. De artikelen 105 tot en met 119 van het koninklijk besluit van 27 augustus 1993 tot uitvoering van het Wetboek van de inkomstenbelastingen 1992 (hierna: 'KB/WIB 1992') voorzien in gevallen waarbij van de inning van de roerende voorheffing (op roerende inkomsten ingehouden bronbelasting) volledig of gedeeltelijk wordt afgezien.

7. Volgens artikel 105, 3°, sub b, KB/WIB 1992 wordt voor de toepassing van deze artikelen onder 'beroepsbeleggers' de binnenlandse vennootschappen verstaan.

8. Overeenkomstig artikel 107, § 2, 9°, sub c, KB/WIB 1992 wordt volledig afgezien van de inning van de roerende voorheffing met betrekking tot de inkomsten van schuldvorderingen en leningen waarvan de verkrijgers als beroepsbeleggers worden gekwalificeerd.

9. De Belgisch-Luxemburgse overeenkomst tot het vermijden van dubbele belasting en tot regeling van sommige andere aangelegenheden inzake belastingen naar het inkomen en naar het vermogen, en het desbetreffende slotprotocol, ondertekend te Luxemburg op 17 september 1970 (hierna: 'Belgisch-Luxemburgse overeenkomst'), bevatten de regels inzake de verdeling van de belastingbevoegdheid tussen het Koninkrijk België en het Groothertogdom Luxemburg.

10. Artikel 11 van deze overeenkomst bepaalt:

> '§ 1. Interest afkomstig uit een overeenkomstsluitende Staat en toegekend aan een verblijfhouder van de andere overeenkomstsluitende Staat is in de andere Staat belastbaar.
> § 2. Die interest mag echter in de overeenkomstsluitende Staat waaruit hij afkomstig is, volgens de wetgeving van die Staat worden belast, maar de aldus geheven belasting mag niet hoger zijn dan 15% van het bedrag van de interest.
> § 3. In afwijking van § 2 mag interest in de overeenkomstsluitende Staat, waaruit hij afkomstig is, niet worden belast indien hij een onderneming van de andere overeenkomstsluitende Staat wordt toegekend.
> Het voorgaande lid is niet van toepassing wanneer het gaat om:
> 1° interest van obligaties en andere effecten van leningen, met uitzondering van handelspapier dat handelsschuldvorderingen vertegenwoordigt;
> 2° interest door een vennootschap, verblijfhouder van een overeenkomstsluitende Staat, toegekend aan een vennootschap, verblijfhouder van de andere overeenkomstsluitende Staat, die onmiddellijk of middellijk ten minste 25% van de stemgerechtigde aandelen of delen van de eerste vennootschap bezit.'

11. Artikel 23 van diezelfde overeenkomst preciseert:

'§ 1. Met betrekking tot verblijfhouders van Luxemburg wordt dubbele belasting op de volgende wijze voorkomen: [...]

2° de in België volgens deze Overeenkomst geheven belasting:

[...]

b. op interest onderworpen aan de in artikel 11, § 2, bedoelde regeling, wordt verrekend met de belasting die op dezelfde inkomsten betrekking heeft en in Luxemburg wordt geheven. Het aldus in mindering te brengen bedrag mag echter noch het deel van de belasting dat evenredig betrekking heeft op die in België verkregen inkomsten, noch een bedrag dat overeenstemt met de belasting die in Luxemburg bij de bron wordt geheven op soortgelijke inkomsten toegekend aan verblijfhouders van België, te boven gaan. Die in België geheven belasting is van de in Luxemburg belastbare inkomsten slechts aftrekbaar in de mate dat die belasting de in Luxemburg bij de bron geheven belasting op soortgelijke inkomsten toegekend aan verblijfhouders van België, te boven gaat.

[...]'

Hoofdgeding en de prejudiciële vraag

12. Op 25 februari 1992 heeft Wickler Finances, die 48% van het kapitaal van Truck Center in handen heeft, laatstgenoemde vennootschap een bedrag van 50 miljoen BEF geleend.

13. Van 1994 tot en met 1996 is de rente van deze lening geboekt, maar niet betaald, en is ook geen roerende voorheffing ingehouden.

14. Bij bericht van 11 december 1997 is Truck Center een aanslag van ambtswege inzake de roerende voorheffing betekend, waarbij het tarief 13,39% voor 1994 en 1995, en 15% voor 1996 bedroeg.

15. Op 17 december 1998 heeft Truck Center tegen deze voorheffingen bezwaar ingediend bij de bevoegde gewestelijke directeur van de belastingen.

16. Deze laatste heeft bij beslissing van 15 december 2004 de toepassing van roerende voorheffing over de rente in beginsel gehandhaafd.

17. Op 15 maart 2005 heeft Truck Center beroep ingesteld bij de Rechtbank van Eerste Aanleg te Aarlen.

18. Van oordeel dat de Belgische regeling, door te bepalen dat alleen voor vennootschappen met zetel in het Koninkrijk België van de inning van de roerende voorheffing kon worden afgezien, in strijd was met artikel 56 EG, heeft de Rechtbank van Eerste Aanleg te Aarlen het beroep van Truck Center bij vonnis van 17 mei 2006 toegewezen.

19. Op 7 juli 2006 heeft de Belgische Staat tegen dit vonnis hoger beroep ingesteld bij de verwijzende rechter.

20. In die omstandigheden heeft het Hof van Beroep te Luik de behandeling van de zaak geschorst en het Hof de volgende prejudiciële vraag gesteld:

'Zijn de ter uitvoering van artikel 266 WIB 1992 vastgestelde artikelen 105, 3°, sub b, en 107, § 2, 9°, KB/WIB 1992, in samenhang met artikel 23 van de Belgisch-Luxemburgse overeenkomst [...], niet in strijd met artikel 73 [...] van het Verdrag [...], in zoverre krachtens deze bepalingen alleen voor rente toegekend aan in België gevestigde vennootschappen, kan worden afgezien van de roerende voorheffing in de zin van artikel 107, § 2, 9°, met als gevolg in het bijzonder dat enerzijds ingezeten vennootschappen worden afgeschrikt om kapitaal te lenen van in een andere lidstaat gevestigde vennootschappen, en anderzijds vennootschappen gevestigd in een andere lidstaat worden belemmerd om door middel van leningen kapitaal te investeren in vennootschappen met zetel in België?'

Beantwoording van de prejudiciële vraag

21. Met zijn vraag wenst de verwijzende rechter in wezen te vernemen of de artikelen 73 B en 73 D van het Verdrag in de weg staan aan een wettelijke regeling van een lidstaat die voorziet in de inhouding van een bronbelasting op de rente die door een in deze lidstaat gevestigde vennootschap aan een in een andere lidstaat gevestigde vennootschap wordt betaald, terwijl de aan een vennootschap met zetel in eerstgenoemde lidstaat betaalde rente van deze inhouding wordt vrijgesteld.

22. Vooraf zij eraan herinnerd dat de lidstaten bij gebreke van communautaire unificatie- of harmonisatiemaatregelen – met name uit hoofde van artikel 293, tweede streepje, EG – bevoegd blijven om, door het sluiten van overeenkomsten of unilateraal, de criteria voor de verdeling van hun heffingsbevoegdheid vast te stellen teneinde in het bijzonder dubbele belasting af te schaffen (zie arresten van 12 mei 1998, Gilly, C-336/96, *Jurispr.* blz. I-2793, punten 24 en 30; 21 september 1999, Saint-Gobain ZN, C-307/97, *Jurispr.* blz. I-6161, punt 57; 5 juli 2005, D., C-376/03, *Jurispr.* blz. I-5821, punt 52; 19 januari 2006, Bouanich, C-265/04, *Jurispr.* blz. I-923, punt 49; 7 september 2006, N, C-470/04, *Jurispr.* blz. I-7409, punt 44; 12 december 2006, Test Claimants in Class IV of the ACT

Group Litigation, C-374/04, *Jurispr.* blz. I-11673, punt 52, en 14 december 2006, Denkavit Internationaal en Denkavit France, C-170/05, *Jurispr.* blz. I-11949, punt 43).

23. Dit neemt niet weg dat de lidstaten bij de uitoefening van de aldus verdeelde heffingsbevoegdheid de gemeenschapsregels niet naast zich mogen neerleggen (zie arrest Saint-Gobain ZN, reeds aangehaald, punt 58, alsook arrest Denkavit Internationaal en Denkavit France, reeds aangehaald, punt 44). In het bijzonder staat deze verdeling van de belastingbevoegdheid het de lidstaten niet toe, een met de communautaire regels strijdige discriminatie in te voeren (arrest Bouanich, reeds aangehaald, punt 50, en arrest Denkavit Internationaal en Denkavit France, reeds aangehaald, punt 44).

24. In die omstandigheden moet worden uitgemaakt of een regeling als die welke aan de orde is in het hoofdgeding, valt onder artikel 73 B van het Verdrag betreffende het vrije verkeer van kapitaal dan wel onder artikel 52 EG-Verdrag (thans, na wijziging, artikel 43 EG) en artikel 58 EG-Verdrag (thans artikel 48 EG) betreffende de vrijheid van vestiging.

25. In dit verband moet eraan worden herinnerd dat volgens vaste rechtspraak nationale bepalingen die van toepassing zijn op de deelneming door een onderdaan van de betrokken lidstaat in het kapitaal van een in een andere lidstaat gevestigde vennootschap, die hem een zodanige invloed op de besluiten van de vennootschap verleent dat hij de activiteiten ervan kan bepalen, binnen de materiële werkingssfeer van de bepalingen inzake de vrijheid van vestiging vallen (arresten van 12 september 2006, Cadbury Schweppes en Cadbury Schweppes Overseas, C-196/04, *Jurispr.* blz. I-7995, punt 31; 13 maart 2007, Test Claimants in the Thin Cap Group Litigation, C-524/04, *Jurispr.* blz. I-2107, punt 27, en 6 december 2007, Columbus Container Services, C-298/05, *Jurispr.* blz. I-10451, punt 29).

26. In casu is de toepassing van artikel 11, § 3, tweede alinea, 2°, van de Belgisch-Luxemburgse overeenkomst afhankelijk van de omvang van de deelneming van de renteontvangende vennootschap in het kapitaal van de vennootschap die deze rente uitkeert.

27. Volgens deze bepaling mag immers de rente die door een vennootschap met zetel in een overeenkomstsluitende staat wordt toegekend aan een vennootschap met zetel in de andere overeenkomstsluitende staat die rechtstreeks of indirect minstens 25% van de stemgerechtigde aandelen of delen van eerstgenoemde vennootschap bezit, worden belast in de overeenkomstsluitende staat waaruit die rente afkomstig is.

28. Voorts blijkt uit de verwijzingsbeslissing dat Wickler Finances 48% van het kapitaal van Truck Center in handen heeft.

29. Een dergelijke deelneming verleent Wickler Finances in beginsel een beslissende invloed op de beslissingen en de activiteiten van Truck Center.

30. Bijgevolg dient de betrokken regeling in het licht van de artikelen 52 en 58 van het Verdrag te worden onderzocht.

31. De vrijheid van vestiging, die in artikel 52 van het Verdrag aan de gemeenschapsonderdanen wordt toegekend en die voor hen de toegang tot en de uitoefening van werkzaamheden anders dan in loondienst alsmede de oprichting en het bestuur van ondernemingen omvat onder dezelfde voorwaarden als in de wetgeving van het land van vestiging voor de eigen onderdanen zijn vastgesteld, brengt overeenkomstig artikel 58 van het Verdrag voor de vennootschappen die in overeenstemming met de wetgeving van een lidstaat zijn opgericht en die hun statutaire zetel, hun hoofdbestuur of hun hoofdvestiging binnen de Europese Gemeenschap hebben, het recht mee om in de betrokken lidstaat hun bedrijfsactiviteit uit te oefenen door middel van een dochteronderneming, een filiaal of een agentschap (zie arrest van 16 juli 1998, ICI, C-264/96, *Jurispr.* blz. I-4695, punt 20, en de reeds aangehaalde arresten Saint-Gobain ZN, punt 35; Cadbury Schweppes en Cadbury Schweppes Overseas, punt 41; Test Claimants in Class IV of the ACT Group Litigation, punt 42, en Denkavit Internationaal en Denkavit France, punt 20).

32. Met betrekking tot vennootschappen zij opgemerkt dat hun zetel in de zin van artikel 58 van het Verdrag, naar het voorbeeld van de nationaliteit van natuurlijke personen, dient ter bepaling van hun binding aan de rechtsorde van een staat. Zou de lidstaat van vestiging vrijelijk een andere behandeling mogen toepassen, enkel omdat de zetel van de vennootschap in een andere lidstaat is gevestigd, dan zou daarmee aan artikel 52 van het Verdrag iedere inhoud worden ontnomen. De vrijheid van vestiging beoogt dus het voordeel van de nationale behandeling in de lidstaat van ontvangst te waarborgen, door elke discriminatie op grond van de zetel van vennootschappen te verbieden (zie reeds aangehaalde arresten Test Claimants in Class IV of the ACT Group Litigation, punt 43, en Denkavit Internationaal en Denkavit France, punt 22, alsook arrest van 26 juni 2008, Burda, C-284/06, nog niet gepubliceerd in de *Jurisprudentie*, punt 77).

33. Bovendien moeten volgens vaste rechtspraak alle maatregelen die de uitoefening van de vrijheid van vestiging verbieden, belemmeren of minder aantrekkelijk maken, als beperkingen van deze vrijheid worden beschouwd (zie arresten van 30 november 1995, Gebhard, C-55/94, *Jurispr.* blz. I-4165, punt 37; 5 oktober 2004, CaixaBank France, C-442/02, *Jurispr.* blz. I-8961, punt 11, en arrest Columbus Container Services, reeds aangehaald, punt 34).

34. In casu volgt uit de in het hoofdgeding aan de orde zijnde wettelijke regeling dat de voorwaarden voor de inning van de belasting verschillen naargelang de plaats van de zetel van de renteontvangende vennootschap.

35. Volgens deze regeling wordt namelijk roerende voorheffing geïnd op rente die aan een niet-ingezeten vennootschap wordt betaald, terwijl dit niet het geval is voor rente die aan een ingezeten vennootschap wordt uitgekeerd. In dit laatste geval wordt de rente in voorkomend geval belast in de vennootschapsbelasting waaraan deze vennootschap onderworpen is.

36. Evenwel moet worden onderzocht, om uit te maken of een verschil in fiscale behandeling discriminerend is, of de betrokken vennootschappen zich met betrekking tot de nationale maatregel in kwestie in een objectief vergelijkbare situatie bevinden (arrest Test Claimants in Class IV of the ACT Group Litigation, reeds aangehaald, punt 46).

37. Volgens vaste rechtspraak is sprake van discriminatie, wanneer verschillende regels worden toegepast op vergelijkbare situaties of wanneer dezelfde regel wordt toegepast op verschillende situaties (zie arresten van 14 februari 1995, Schumacker, C-279/93, *Jurispr*. blz. I-225, punt 30; 11 augustus 1995, Wielockx, C-80/94, *Jurispr*. blz. I-2493, punt 17, en arrest Test Claimants in Class IV of the ACT Group Litigation, reeds aangehaald, punt 46).

38. De situatie van ingezetenen en die van niet-ingezetenen ter zake van directe belastingen is evenwel in de regel niet vergelijkbaar (reeds aangehaalde arresten Schumacker, punt 31, en Wielockx, punt 18).

39. Derhalve kan een verschillende behandeling van ingezeten en niet-ingezeten belastingplichtigen als zodanig niet als discriminatie in de zin van het Verdrag worden aangemerkt (zie arrest Wielockx, reeds aangehaald, punt 19, alsook arrest Denkavit Internationaal en Denkavit France, reeds aangehaald, punt 24).

40. Onderzocht moet dus worden of dit het geval is in het hoofdgeding.

41. Dienaangaande zij vastgesteld dat de door de belastingregeling in het hoofdgeding ingevoerde verschillende behandeling van vennootschappen die kapitaalinkomsten ontvangen, bestaande in de toepassing van verschillende heffingstechnieken naargelang deze vennootschappen in België dan wel in een andere lidstaat gevestigd zijn, situaties betreft die niet objectief vergelijkbaar zijn.

42. Wanneer in de eerste plaats zowel de vennootschap die de rente betaalt als de vennootschap die deze rente ontvangt haar zetel in België heeft, verschilt de positie van de Belgische Staat immers van zijn positie in het geval dat een in deze staat gevestigde vennootschap rente uitkeert aan een niet in deze staat gevestigde vennootschap, aangezien de Belgische Staat in het eerste geval als staat van vestiging van de betrokken vennootschappen optreedt, en in het tweede geval als bronstaat van de rente.

43. In de tweede plaats geven de betaling van rente door een ingezeten vennootschap aan een andere ingezeten vennootschap en de betaling van rente door een ingezeten vennootschap aan een niet-ingezeten vennootschap aanleiding tot verschillende belastingen, die op verschillende rechtsgrondslagen zijn gebaseerd.

44. Ook al wordt dus geen roerende voorheffing geïnd op door een ingezeten vennootschap aan een andere ingezeten vennootschap betaalde rente, wordt deze rente overeenkomstig de bepalingen van het WIB 1992 niettemin door de Belgische Staat belast, aangezien deze rente bij laatstgenoemde vennootschap – net als de andere inkomsten van deze vennootschap – aan de vennootschapsbelasting onderworpen blijft.

45. Voorts houdt de Belgische Staat roerende voorheffing in als bronbelasting op door een ingezeten vennootschap aan een niet-ingezeten vennootschap betaalde rente krachtens de bevoegdheid die deze Staat en het Groothertogdom Luxemburg elkaar volgens de Belgisch-Luxemburgse overeenkomst bij de verdeling van hun heffingsbevoegdheden onderling hebben voorbehouden.

46. Deze verschillende regels inzake de inning van de belasting vormen dus het logische uitvloeisel van de omstandigheid dat ingezeten en niet-ingezeten renteontvangende vennootschappen aan verschillende belastingen zijn onderworpen.

47. Ten slotte zijn deze verschillende heffingstechnieken het gevolg van de verschillende situaties waarin deze vennootschappen zich bevinden met betrekking tot de inning van de belasting.

48. Terwijl ingezeten renteontvangende vennootschappen onder het rechtstreekse toezicht staan van de Belgische belastingautoriteiten, die de belasting soeverein kunnen innen, is dat immers niet het geval voor niet-ingezeten renteontvangende vennootschappen, aangezien voor de inning van de belasting bij deze laatste bijstand van de belastingadministratie van de andere lidstaat vereist is.

49. Naast het feit dat de verschillende behandeling waarin de belastingregeling in het hoofdgeding voorziet, situaties betreft die niet objectief vergelijkbaar zijn, vloeit uit deze regeling bovendien niet noodzakelijkerwijs een voordeel voor de ingezeten renteontvangende vennootschappen voort, aangezien, enerzijds, zoals de Belgische regering ter terechtzitting heeft opgemerkt, deze vennootschappen voorafbetalingen op de vennootschapsbelasting moeten verrichten, en, anderzijds, het tarief van de roerende voorheffing die wordt geïnd op aan een niet-

ingezeten vennootschap betaalde rente, duidelijk lager is dan het tarief van de vennootschapsbelasting dat wordt toegepast op de inkomsten van de ingezeten vennootschappen die rente verkrijgen.

50. In die omstandigheden vormt dit verschil in behandeling geen beperking van de vrijheid van vestiging in de zin van artikel 52 van het Verdrag.

51. Wat het bestaan van een beperking van het vrije verkeer van kapitaal in de zin van artikel 73 B van het Verdrag betreft, volstaat de vaststelling dat de in het vorige punt van dit arrest getrokken conclusie ook voor de verdragsbepalingen betreffende het vrije verkeer van kapitaal geldt (arrest van 12 december 2006, Test Claimants in the FII Group Litigation, C-446/04, *Jurispr.* blz. I-11753, punt 60, en arrest Columbus Container Services, reeds aangehaald, punt 56).

52. Gelet op een en ander moet bijgevolg op de gestelde vraag worden geantwoord dat de artikelen 52, 58, 73 B en 73 D van het Verdrag aldus moeten worden uitgelegd dat zij niet in de weg staan aan een belastingregeling van een lidstaat, zoals die welke aan de orde is in het hoofdgeding, die voorziet in de inhouding van een bronbelasting op de rente die door een vennootschap met zetel in deze lidstaat wordt betaald aan een vennootschap met zetel in een andere lidstaat, terwijl een vrijstelling van deze inhouding geldt voor de rente die wordt betaald aan een in eerstgenoemde lidstaat gevestigde vennootschap waarvan de inkomsten in deze lidstaat worden belast uit hoofde van de vennootschapsbelasting.

Kosten

53. …

HET HOF VAN JUSTITIE (Vierde kamer)

verklaart voor recht:

De artikelen 52 EG-Verdrag (thans, na wijziging, artikel 43 EG), 58 EG-Verdrag (thans artikel 48 EG), 73 B EG-Verdrag en 73 D EG-Verdrag (thans respectievelijk de artikelen 56 EG en 58 EG) moeten aldus worden uitgelegd dat zij niet in de weg staan aan een belastingregeling van een lidstaat, zoals die welke aan de orde is in het hoofdgeding, die voorziet in de inhouding van een bronbelasting op de rente die door een vennootschap met zetel in deze lidstaat wordt betaald aan een vennootschap met zetel in een andere lidstaat, terwijl een vrijstelling van deze inhouding geldt voor de rente die wordt betaald aan een in eerstgenoemde lidstaat gevestigde vennootschap waarvan de inkomsten in deze lidstaat worden belast uit hoofde van de vennootschapsbelasting.

HvJ EG 22 januari 2009, zaak C-377/07 (Finanzamt Speyer-Germersheim v. STEKO Industriemontage GmbH)

Eerste kamer: *P. Jann, kamerpresident, M. Ilešič, A. Tizzano, A. Borg Barthet en E. Levits (rapporteur), rechters*

Advocaat-generaal: *D. Ruiz-Jarabo Colomer*

Samenvatting arrest *(V-N 2009/17.17)*

Het Duitse STEKO Industriemontage GmbH bezit in 2001 deelnemingen in niet-ingezeten vennootschappen van minder dan 10%. Op de eindbalans per 31 december 2001 boekt STEKO de aandelen niet meer tegen hun vroegere boekwaarde, maar tegen de lagere actuele waarde. De Duitse fiscus accepteert deze afboeking echter niet, omdat aftrek pas vanaf 2002 mogelijk is. Volgens STEKO is er echter strijd met het EU-recht, omdat de aftrek in 2001 nog wel mogelijk is ter zake van deelnemingen in ingezeten vennootschappen. De Duitse rechter heeft een prejudiciële vraag gesteld in deze procedure.

Het Hof van Justitie EG beslist dat de Duitse regeling ertoe leidt dat STEKO in een minder gunstige situatie verkeerde dan Duitse vennootschappen die vergelijkbare deelnemingen in Duitse vennootschappen hadden. Dit levert volgens het Hof van Justitie EG strijd met het EU-recht op. Dat het verschil in behandeling slechts kortstondig is, is volgens het hof niet van belang.

HET HOF VAN JUSTITIE (Eerste kamer)

verklaart voor recht:

In omstandigheden als die in het hoofdgeding, waar een ingezeten kapitaalvennootschap een participatie van minder dan 10% heeft in een andere kapitaalvennootschap, moet artikel 56 EG aldus worden uitgelegd dat het eraan in de weg staat dat een verbod van aftrek van winstdalingen in verband met een dergelijke participatie eerder van kracht wordt voor een participatie in een niet-ingezeten vennootschap dan voor een participatie in een ingezeten vennootschap.

HvJ EG 27 januari 2009, zaak C-318/07 (Hein Persche v. Finanzamt Lüdenscheid)

Grote kamer: *V. Skouris, president, P. Jann, A. Rosas, K. Lenaerts (rapporteur), J.-C. Bonichot en T. von Danwitz, kamerpresidenten, R. Silva de Lapuerta, K. Schiemann, J. Makarczyk, P. Küris en E. Juhász, rechters*

Advocaat-generaal: *P. Mengozzi*

1. Het verzoek om een prejudiciële beslissing betreft de uitlegging van de artikelen 56 EG tot en met 58 EG.

2. Dit verzoek is ingediend in het kader van een geding tussen H. Persche, een in Duitsland woonachtige belastingadviseur, en het Finanzamt Lüdenscheid (hierna: 'Finanzamt') over de fiscale aftrekbaarheid van een gift in natura aan een als van algemeen nut erkende instelling die in Portugal is gevestigd.

Toepasselijke bepalingen

Gemeenschapsregeling

3. Artikel 1, lid 1, van richtlijn 77/799/EEG van de Raad van 19 december 1977 betreffende de wederzijdse bijstand van de bevoegde autoriteiten van de lidstaten op het gebied van de directe en de indirecte belastingen (*PB* L 336, blz. 15), zoals gewijzigd bij de Akte betreffende de toetredingsvoorwaarden voor de Republiek Oostenrijk, de Republiek Finland en het Koninkrijk Zweden en de aanpassing van de Verdragen waarop de Europese Unie is gegrond (*PB* 1994, C 241, blz. 21, en *PB* 1995, L 1, blz. 1; hierna: 'richtlijn 77/799'), bepaalt:

> 'De bevoegde autoriteiten van de lidstaten verstrekken elkaar overeenkomstig deze richtlijn alle inlichtingen die hun van nut kunnen zijn voor een juiste vaststelling van de belastingschuld op het gebied van de belastingen naar het inkomen en het vermogen [...]'

4. Artikel 2, lid 1, van richtlijn 77/799 luidt:

> 'De bevoegde autoriteit van een lidstaat kan de bevoegde autoriteit van een andere lidstaat om de verstrekking van de in artikel 1, lid 1, bedoelde inlichtingen verzoeken voor een bepaald geval. De bevoegde autoriteit van de aangezochte staat is niet gehouden aan dit verzoek gevolg te geven wanneer blijkt dat de bevoegde autoriteit van de verzoekende staat niet eerst alle eigen gebruikelijke mogelijkheden voor het verkrijgen van de inlichtingen heeft benut, die zij in de gegeven situatie had kunnen benutten zonder het beoogde resultaat in gevaar te brengen.'

Nationale regeling

5. Krachtens § 10b, lid 1, van het Einkommensteuergesetz (Duitse wet op de inkomstenbelasting; hierna: 'EStG') mogen belastingplichtigen uitgaven ter bevordering van liefdadige, kerkelijke, religieuze of wetenschappelijke doelen of doelen die als van algemeen nut zijn erkend, tot op bepaalde hoogte als bijzondere uitgaven aftrekken van het totaalbedrag van hun inkomsten. Krachtens § 10b, lid 3, geldt dat ook voor giften in natura.

6. Overeenkomstig § 49 van de Einkommensteuer-Durchführungsverordnung (Duits besluit houdende uitvoering van de wet op de inkomstenbelasting; hierna: 'EStDV') zijn giften alleen dan aftrekbaar, wanneer de begiftigde een nationale publiekrechtelijke rechtspersoon of een nationale openbare dienst dan wel een rechtspersoon, een personenvereniging of een vermogensmassa in de zin van § 5, lid 1, punt 9, van het Körperschaftsteuergesetz (Duitse wet op de vennootschapsbelasting; hierna: 'KStG') is. Laatstgenoemde bepaling omschrijft alle instellingen, te weten de rechtspersonen, de personenverenigingen en de vermogensmassa's, die van de vennootschapsbelasting zijn vrijgesteld, dat wil zeggen die welke volgens hun statuten en door hun daadwerkelijke bedrijfsvoering uitsluitend en rechtstreeks doelen van algemeen nut, liefdadigheids- of kerkelijke doelen nastreven. Ingevolge § 5, lid 2, punt 2, KStG geldt deze vrijstelling evenwel alleen voor instellingen die op het Duitse grondgebied zijn gevestigd.

7. Krachtens § 50, lid 1, EStDV zijn giften in de zin van § 10b EStG – behoudens bijzondere bepalingen inzake giften van ten hoogste 100 EUR – alleen aftrekbaar wanneer een door de begiftigde instelling ingevuld administratief formulier wordt overgelegd. Wanneer de schenker wordt aangeslagen in de inkomstenbelasting, vormt dat formulier genoegzaam bewijs dat de begiftigde aan alle bij wet gestelde voorwaarden voldoet. Het staat dus niet aan de belastingadministratie die met de vaststelling van de inkomstenbelasting van de schenker is belast, om te controleren of de begiftigde instelling voldoet aan de voorwaarden voor vrijstelling van de vennootschapsbelasting.

8. De §§ 51 tot en met 68 van de Abgabenordnung (Duits belastingwetboek; hierna: 'AO') omschrijven de doelen die een instelling moet nastreven en de wijze waarop deze moeten worden nagestreefd om voor belastingvrijstelling in aanmerking te komen.

9. Naar luid van § 52, leden 1 en 2, punt 2, AO streeft een instelling doelen van algemeen nut na, wanneer haar activiteiten zijn gericht op het bevorderen van de belangen van de gemeenschap, met name door het bevorderen van de jeugd- en de ouderenzorg. Overeenkomstig § 55, lid 1, punten 1 en 5, AO dient de instelling belangeloos te handelen, wat bijvoorbeeld betekent dat zij haar middelen uitsluitend korte tijd na de ontvangst ervan voor de fiscaal bevoordeelde doelen – en niet ten gunste van haar leden – moet aanwenden. Krachtens § 9 AO worden fiscale voordelen aan een dergelijke instelling alleen toegekend, indien uit haar statuten blijkt dat zij uitsluitend en rechtstreeks doelen nastreeft die voldoen aan de voorwaarden van de §§ 52 tot en met 55 AO.

10. Overeenkomstig § 63, lid 3, AO staat het aan een dergelijke instelling om, door het voeren van een regelmatige boekhouding van de inkomsten en uitgaven, te bewijzen dat haar daadwerkelijke bedrijfsvoering op de uitsluitende en rechtstreekse verwezenlijking van de fiscaal bevoordeelde doelen is gericht. Voor giften in natura verlangt § 50, lid 4, tweede volzin, EStDV van de begiftigde instelling dat zij bewijsstukken bewaart waaruit de door haar opgegeven waarde van de gift blijkt.

11. Ingevolge de §§ 193 e.v. AO kan de vraag of de daadwerkelijke bedrijfsvoering van een instelling overeenstemt met haar statuten en of haar middelen belangeloos en binnen korte tijd worden gebruikt, worden onderzocht door middel van een controle ter plaatse. Wanneer de instelling voldoet aan de voorwaarden voor belastingvrijstelling, mag zij voor de ontvangen giften schenkingsbewijzen door middel van het daarvoor bestemde voorgedrukte administratieve formulier opstellen. Wanneer een instelling opzettelijk of door grove onachtzaamheid een onjuist schenkingsbewijs opstelt, is zij aansprakelijk voor de daardoor gederfde belastinginkomsten, zoals blijkt uit § 10b, lid 4, tweede volzin, EStG.

Hoofdgeding en prejudiciële vragen

12. In zijn aangifte inkomstenbelasting voor 2003 verzocht Persche om aftrek als bijzondere uitgave van een gift in natura, namelijk bed- en badlinnen, rollators en speelgoedauto's, voor in totaal 18 180 EUR aan het Centro Popular de Lagoa (Portugal) (hierna: 'Centrum'). Het Centrum is een bejaardentehuis waaraan een kindertehuis is verbonden, en is gelegen in een dorp waar verzoeker in het hoofdgeding een woning bezit.

13. Persche voegde bij zijn belastingaangifte een document van 31 juli 2003 waarin het Centrum de ontvangst van die gift bevestigt, alsmede een verklaring van de directeur van het districtscentrum voor solidariteit en sociale zekerheid van Faro (Portugal) van 21 maart 2001, waaruit blijkt dat dit Centrum in 1982 bij de algemene directie van de maatschappelijke dienstverlening is ingeschreven als particuliere instelling voor maatschappelijke solidariteit en daardoor recht heeft op alle fiscale vrijstellingen en voordelen die de Portugese wet aan instellingen van algemeen nut toekent. Volgens verzoeker in het hoofdgeding volstaat naar Portugees recht het originele schenkingsbewijs voor recht op belastingaftrek.

14. In de belastingaanslag voor 2003 weigerde het Finanzamt de gevraagde aftrek. Het verklaarde voorts het bezwaar van verzoeker in het hoofdgeding tegen die aanslag ongegrond. Ook het beroep dat verzoeker in het hoofdgeding instelde bij het Finanzgericht Münster werd verworpen. Daarop stelde verzoeker in het hoofdgeding beroep tot 'Revision' in bij het Bundesfinanzhof.

15. In zijn verwijzingsbeslissing wijst het Bundesfinanzhof erop dat het Finanzamt de betrokken aftrek van de gift moest weigeren omdat volgens het Duitse recht de begiftigde niet in Duitsland was gevestigd en de belastingplichtige geen schenkingsbewijs in de voorgeschreven vorm had overgelegd. Het vraagt zich evenwel af of een gift in natura in de vorm van voorwerpen voor dagelijks gebruik binnen de werkingssfeer van de artikelen 56 EG tot en met 58 EG valt, en, in voorkomend geval, of deze artikelen zich ertegen verzetten dat een lidstaat de aftrek van een dergelijke gift alleen toestaat, wanneer de begiftigde op het nationale grondgebied is gevestigd.

16. Dienaangaande merkt de verwijzende rechter op dat het Hof in zijn arrest van 14 september 2006, Centro di Musicologia Walter Stauffer (C-386/04, *Jurispr.* blz. I-8203), heeft erkend dat de lidstaten kunnen beslissen, welke belangen van de gemeenschap zij door toekenning van fiscale voordelen willen bevorderen. Het Hof ging daarbij uit van de opvatting van de verwijzende rechter in die zaak, dat de bevordering van die belangen in de zin van § 52 AO niet impliceert dat die bevorderende maatregelen aan Duitse burgers of ingezetenen ten goede moeten komen. Het Bundesfinanzhof wijst evenwel erop dat die opvatting in het Duitse recht omstreden is.

17. De verwijzende rechter herinnert verder eraan dat het Hof in punt 49 van het reeds aangehaalde arrest Centro di Musicologia Walter Stauffer heeft geoordeeld dat de noodzaak voor een lidstaat om te controleren of de voorwaarden voor de toekenning van een belastingvrijstelling aan een stichting zijn vervuld, de weigering van deze vrijstelling niet rechtvaardigt wanneer de stichting in een andere lidstaat is gevestigd, aangezien de belastingautoriteiten van eerstgenoemde lidstaat van die stichting de overlegging van alle relevante bewijsstukken kunnen verlangen. In dit verband merkt de verwijzende rechter op dat volgens de rechtspraak van het Bundesverfassungsgericht het beginsel van gelijke fiscale behandeling eraan in de weg staat dat een belasting louter op basis van een door de belastingplichtige ingediende aangifte en de door hem verstrekte gegevens wordt vastgesteld, en verlangt dat de aangifteprocedure met controles ter plaatse kan worden aangevuld.

18. In die context wenst de verwijzende rechter enerzijds te vernemen of de autoriteiten van de lidstaat van vestiging van de betrokken instelling op grond van de uit richtlijn 77/799 voortvloeiende wederzijdse bijstand kunnen worden verplicht tot het verrichten van een controle ter plaatse, en anderzijds of het, zelfs indien dat mogelijk was, niet in strijd is met het evenredigheidsbeginsel om van de Duitse belastingautoriteiten te verlangen dat zij in situaties als die in het hoofdgeding controles verrichten met betrekking tot de aard van de begiftigde instellingen teneinde vast te stellen of de giften aan die instellingen ongeacht de waarde ervan, fiscaal aftrekbaar zijn.

19. Daarop heeft het Bundesfinanzhof de behandeling van de zaak geschorst en het Hof de volgende prejudiciële vragen gesteld:

> '1. Vallen giften in natura, in de vorm van voorwerpen voor dagelijks gebruik, van een burger van een lidstaat aan in een andere lidstaat gevestigde instellingen die krachtens het recht van die lidstaat als instellingen van algemeen nut worden erkend, binnen de werkingssfeer van het vrije verkeer van kapitaal (artikel 56 EG)?
> 2. Bij een bevestigend antwoord op de eerste vraag:
> Is het – gelet op de verplichting van de belastingdienst om de aangiften van de belastingplichtigen te onderzoeken en het evenredigheidsbeginsel (artikel 5, derde alinea, EG) – in strijd met het vrije verkeer van kapitaal (artikel 56 EG), wanneer krachtens het recht van een lidstaat giften aan instellingen van algemeen nut alleen dan fiscaal worden bevoordeeld wanneer laatstgenoemde instellingen in deze lidstaat zijn gevestigd?
> 3. Bij een bevestigend antwoord op de tweede vraag:
> Legt richtlijn 77/799 de belastingdienst van een lidstaat de verplichting op om voor het vaststellen van feiten die zich in een andere lidstaat hebben voorgedaan de hulp in te roepen van de administratieve autoriteiten van de andere lidstaat, of kan de belastingplichtige worden tegengeworpen dat het krachtens de procedurele regels van zijn lidstaat aan hem is het bewijs te leveren ten aanzien van buitenlandse feiten (objectieve bewijslast)?'

Beantwoording van de prejudiciële vragen

Eerste vraag

20. Met zijn eerste vraag wenst de verwijzende rechter in wezen te vernemen of, wanneer een belastingplichtige in een lidstaat aanspraak maakt op aftrekbaarheid voor de belasting van giften aan instellingen die in een andere lidstaat zijn gevestigd en daar als van algemeen nut zijn erkend, dergelijke giften vallen onder de bepalingen van het EG-Verdrag die betrekking hebben op het vrije verkeer van kapitaal, ook wanneer het giften in natura in de vorm van voorwerpen voor dagelijks gebruik zijn.

21. In hun opmerkingen betogen het Finanzamt, de Duitse, de Spaanse en de Franse regering, alsmede Ierland dat die bepalingen uitsluitend zien op kapitaalbewegingen in het kader van een economische activiteit, en niet op giften uit altruïsme aan instellingen die belangeloos worden beheerd en waarvan de activiteiten niet winstgevend behoeven te zijn. De Griekse regering is van mening dat een niet voor investeringsdoeleinden verrichte overdracht van voorwerpen voor dagelijks gebruik, die geen betaalmiddelen zijn, uitsluitend onder het vrije verkeer van goederen valt.

22. De Commissie van de Europese Gemeenschappen en de Toezichthoudende Autoriteit van de EVA stellen zich op het standpunt dat giften in natura aan instellingen van algemeen nut die gevestigd zijn in een andere lidstaat dan die welke belasting heft van de schenker, onder de artikelen 56 EG tot en met 58 EG vallen.

23. Er zij aan herinnerd dat artikel 56, lid 1, EG beperkingen van het kapitaalverkeer tussen de lidstaten algemeen verbiedt.

24. Aangezien het Verdrag geen definitie bevat van het begrip 'kapitaalverkeer' in de zin van artikel 56, lid 1, EG, heeft het Hof eerder reeds erkend dat de nomenclatuur in de bijlage bij richtlijn 88/361/EEG van de Raad van 24 juni 1988 voor de uitvoering van artikel 67 van het Verdrag (artikel ingetrokken bij het Verdrag van Amsterdam) (*PB* L 178, blz. 5), indicatieve waarde heeft, ook al is deze vastgesteld op basis van de artikelen 69 en 70, lid 1, EEG-Verdrag (de artikelen 67 tot en met 73 EEG-Verdrag zijn vervangen door de artikelen 73 B tot en met 73 G EG-Verdrag, thans de artikelen 56 EG tot en met 60 EG), waarbij de lijst die zij bevat, zoals in de inleiding te kennen wordt gegeven, niet uitputtend is (zie met name arrest van 23 februari 2006, Van Hilten-van der Heijden, C-513/03, *Jurispr.* blz. I-1957, punt 39; arrest Centro di Musicologia Walter Stauffer, reeds aangehaald, punt 22, en arrest van 11 september 2008, Eckelkamp, C-11/07, nog niet gepubliceerd in de *Jurisprudentie*, punt 38). Schenkingen en giften zijn ingedeeld in rubriek XI, getiteld 'Kapitaalverkeer van persoonlijke aard', van bijlage I bij richtlijn 88/361.

25. Wanneer een belastingplichtige van een lidstaat aanspraak maakt op aftrekbaarheid voor de belasting van een bedrag dat overeenkomt met de waarde van giften aan in een andere lidstaat woonachtige derden, is het voor de vraag of de betrokken nationale regeling onder de verdragsbepalingen inzake het vrije verkeer van kapitaal valt, irrelevant of die giften in geld dan wel in natura zijn gedaan.

26. De indeling van nalatenschappen en legaten in rubriek XI van bijlage I bij richtlijn 88/361 toont namelijk aan dat, om uit te maken of de fiscale behandeling van bepaalde verrichtingen door een lidstaat onder de bepalingen inzake het vrije verkeer van kapitaal valt, geen onderscheid moet worden gemaakt tussen verrichtingen in geld en verrichtingen in natura. Het Hof heeft eraan herinnerd dat successies hierin bestaan dat één of meerdere personen de nalatenschap van een overledene verkrijgen of, met andere woorden, dat de eigendom van de verschillende goederen en rechten waaruit dat vermogen bestaat, op de erfgenamen overgaat (zie met name reeds aangehaalde arresten Van Hilten-van der Heijden, punt 42, en Eckelkamp, punt 39). Hieruit volgt dat een nationale belastingregeling binnen de werkingssfeer van de artikelen 56 EG tot en met 58 EG kan vallen, zelfs wanneer zij betrekking heeft op de overdracht van een vermogen dat zowel geldsommen als onroerende en roerende goederen kan omvatten.

27. Net als de successiebelasting, valt de fiscale behandeling van giften in geld of in natura dus onder de verdragsbepalingen inzake het vrije verkeer van kapitaal, tenzij de constituerende elementen van de betrokken verrichtingen binnen één lidstaat zijn gelegen (zie in die zin arrest Eckelkamp, reeds aangehaald, punt 39 en aangehaalde rechtspraak).

28. Met betrekking tot de vraag of een gift van gebruiksvoorwerpen, zoals de Griekse regering stelt, niet veeleer onder de verdragsbepalingen inzake het vrije verkeer van goederen valt, zij eraan herinnerd dat volgens een ondertussen vaste rechtspraak, voor de vraag of een nationale wettelijke regeling onder de ene of de andere vrijheid van verkeer valt, rekening dient te worden gehouden met het voorwerp van de wettelijke regeling in kwestie (zie met name arrest van 24 mei 2007, Holböck, C-157/05, *Jurispr.* blz. I-4051, punt 22 en aangehaalde rechtspraak).

29. In dit verband kan worden volstaan met de opmerking dat de in het hoofdgeding aan de orde zijnde nationale wettelijke regeling de aftrekbaarheid van giften aan in andere lidstaten gevestigde instellingen uitsluit, ongeacht of het giften in geld of in natura zijn, en, in geval van een gift in natura, ongeacht de plaats waar de geschonken goederen zijn aangekocht. Uit het voorwerp van deze regeling blijkt dus geenszins dat zij onder de verdragsbepalingen inzake het vrije verkeer van goederen en niet onder die inzake het vrije verkeer van kapitaal valt.

30. Op de eerste prejudiciële vraag moet dus worden geantwoord dat wanneer een belastingplichtige in een lidstaat aanspraak maakt op aftrekbaarheid voor de belasting van giften aan instellingen die in een andere lidstaat zijn gevestigd en daar als van algemeen nut zijn erkend, dergelijke giften onder de verdragsbepalingen inzake het vrije verkeer van kapitaal vallen, ook wanneer het giften in natura in de vorm van voorwerpen voor dagelijks gebruik zijn.

Tweede en derde vraag

31. Met zijn tweede en zijn derde vraag, die samen moeten worden onderzocht, wenst de verwijzende rechter in wezen te vernemen of artikel 56 EG zich verzet tegen de wettelijke regeling van een lidstaat op grond waarvan alleen giften aan op het nationale grondgebied gevestigde instellingen van algemeen nut fiscaal aftrekbaar zijn, gelet op het feit dat de belastingautoriteiten van die lidstaat in staat moeten zijn de aangiften van de belastingplichtige te controleren en niet kunnen worden verplicht in strijd met het evenredigheidsbeginsel te handelen. Hij vraagt zich in dit verband af of richtlijn 77/799 deze belastingautoriteiten verplicht om ter verkrijging van de nodige inlichtingen de hulp in te roepen van de bevoegde autoriteiten van de lidstaat waar de begiftigde instelling is gevestigd, dan wel of die belastingautoriteiten daarentegen van de belastingplichtige kunnen verlangen dat hij zelf alle noodzakelijke bewijzen levert.

32. Dienaangaande voeren het Finanzamt, de Duitse, de Spaanse en de Franse regering, Ierland en de regering van het Verenigd Koninkrijk aan dat het niet in strijd is met de verdragsbepalingen inzake het vrije verkeer van kapitaal, dat een lidstaat enkel voorziet in de fiscale aftrekbaarheid van giften wanneer deze ten goede komen aan op zijn grondgebied gevestigde instellingen. Om te beginnen verkeren binnenlandse en in het buitenland gevestigde instellingen van algemeen nut niet in een vergelijkbare situatie in de zin van artikel 58, lid 1, sub a, EG. Voorts wordt de beperking van de fiscale voordelen tot giften aan binnenlandse instellingen van algemeen nut gerechtvaardigd door de noodzaak om de doeltreffendheid van de fiscale controles te waarborgen.

33. De Duitse regering en de regering van het Verenigd Koninkrijk stellen zich op het standpunt dat in geval van een gift van een belastingplichtige aan een in een andere lidstaat gevestigde instelling de met betrekking tot de schenker heffingsbevoegde lidstaat (hierna: 'lidstaat van de schenker') niet verplicht is, de voor de belastingaanslag van de schenker noodzakelijke inlichtingen zelf of via het mechanisme van wederzijdse bijstand van richtlijn 77/799 te achterhalen.

34. Volgens de Duitse regering, Ierland en de regering van het Verenigd Koninkrijk is het in elk geval onverenigbaar met het evenredigheidsbeginsel, de lidstaat van de schenker ertoe te verplichten, voor iedere gift van een belastingplichtige aan instellingen met zetel in één of meerdere andere lidstaten te controleren of te laten controleren of is voldaan aan de voor instellingen van algemeen nut geldende voorwaarden, zulks ongeacht de waarde van de gift of de giften.

35. Daarentegen zijn de Commissie en de Toezichthoudende Autoriteit van de EVA van mening dat de in het hoofdgeding aan de orde zijnde nationale wettelijke regeling een beperking van het vrije verkeer van kapitaal vormt, die niet kan worden gerechtvaardigd door de noodzaak om de doeltreffendheid van de fiscale controles te waarborgen.

36. Volgens de Commissie verplicht richtlijn 77/799 als zodanig een lidstaat weliswaar niet om ter opheldering van een feit dat zich in een andere lidstaat heeft voorgedaan, de hulp van die andere lidstaat in te roepen, maar moet eerstbedoelde staat krachtens artikel 56 EG toch gebruikmaken van de door die richtlijn geboden mogelijkheden om elke minder gunstige behandeling van grensoverschrijdende situaties dan van zuiver binnenlandse situaties uit te sluiten. De Toezichthoudende Autoriteit van de EVA is van mening dat hoewel van de belastingplichtige die aanspraak maakt op een fiscaal voordeel, kan worden verlangd dat hij de nodige bewijzen levert, de belastingautoriteiten dit voordeel niet wegens twijfel aan de juistheid van de verstrekte inlichtingen kunnen weigeren zonder dat zij hebben geprobeerd om die inlichtingen op een andere wijze te verkrijgen of te controleren.

37. In casu voorziet de Duitse wettelijke regeling in de fiscale aftrek van giften aan instellingen van algemeen nut die in Duitsland zijn gevestigd en voldoen aan de overige in die wettelijke regeling gestelde voorwaarden, en sluit zij dit fiscale voordeel uit voor giften aan instellingen die in een andere lidstaat zijn gevestigd en daar als van algemeen nut zijn erkend.

38. Zoals de advocaat-generaal in de punten 47 en 48 van zijn conclusie heeft opgemerkt, kan de niet-aftrekbaarheid in Duitsland van giften aan als van algemeen nut erkende instellingen wanneer zij in andere lidstaten zijn gevestigd, bewerkstelligen dat Duitse belastingplichtigen minder geneigd zijn om aan die instellingen giften te doen, daar de mogelijkheid van belastingaftrek het gedrag van de schenker aanmerkelijk kan beïnvloeden.

39. Een dergelijke wettelijke regeling vormt dus een in beginsel bij artikel 56 EG verboden beperking van het vrije verkeer van kapitaal.

40. Het is juist dat overeenkomstig artikel 58, lid 1, sub a, EG, artikel 56 EG niets afdoet aan het recht van de lidstaten om in hun belastingwetgeving onderscheid te maken tussen belastingplichtigen die niet in dezelfde situatie verkeren met betrekking tot de plaats waar hun kapitaal is belegd.

41. Toch moet onderscheid worden gemaakt tussen de krachtens artikel 58, lid 1, sub a, EG toegestane ongelijke behandelingen en de willekeurige discriminaties of verkapte beperkingen die lid 3 van dit artikel verbiedt. Een nationale belastingregeling als die welke in het hoofdgeding aan de orde is, die onderscheid maakt tussen binnenlandse instellingen en instellingen die in een andere lidstaat zijn gevestigd, kan namelijk slechts verenigbaar met de verdragsbepalingen betreffende het vrije kapitaalverkeer worden geacht indien het verschil in behandeling betrekking heeft op situaties die niet objectief vergelijkbaar zijn of wordt gerechtvaardigd door een dwingende reden van algemeen belang, zoals de noodzaak om de doeltreffendheid van de fiscale controles te waarborgen. Bovendien is het verschil in behandeling slechts gerechtvaardigd indien het niet verder gaat dan nodig is om het door de betrokken regeling nagestreefde doel te bereiken (zie in die zin arrest Centro di Musicologia Walter Stauffer, reeds aangehaald, punt 32 en aangehaalde rechtspraak).

Vergelijkbaarheid van binnenlandse en in een andere lidstaat gevestigde instellingen van algemeen nut

42. De Duitse, de Spaanse en de Franse regering, Ierland en de regering van het Verenigd Koninkrijk merken op dat giften aan binnenlandse instellingen en giften aan in een andere lidstaat gevestigde instellingen niet vergelijkbaar zijn, aangezien de betrokken lidstaten enerzijds verschillende liefdadigheidsbegrippen en verschillende voorwaarden voor de erkenning van liefdadigheidsinstellingen kunnen hanteren, en anderzijds de naleving van de door hen gestelde voorwaarden alleen bij binnenlandse instellingen kunnen controleren. De Duitse, de Spaanse en de Franse regering stellen verder dat de reden dat een lidstaat van bepaalde belastinginkomsten afziet doordat hij giften aan op zijn grondgebied gevestigde instellingen van algemeen nut van belasting vrijstelt, is dat die instellingen hem een aantal taken van algemeen nut uit handen nemen die hij anders zelf met gebruik van belastinginkomsten zou moeten verrichten.

43. Er zij meteen op gewezen dat elke lidstaat moet uitmaken of hij ter bevordering van bepaalde als van algemeen nut erkende activiteiten, in fiscale voordelen voorziet voor particuliere of publieke instellingen die dergelijke activiteiten verrichten alsook voor belastingplichtigen die aan deze instellingen giften doen.

44. Hoewel een lidstaat de toekenning van fiscale voordelen mag voorbehouden aan instellingen die sommige van zijn doelstellingen van algemeen nut nastreven (zie in die zin arrest Centro di Musicologia Walter Stauffer, reeds aangehaald, punt 57), kan hij die voordelen echter niet uitsluitend voorbehouden aan instellingen die op zijn grondgebied zijn gevestigd en waarvan de activiteiten hem van sommige van zijn taken kunnen ontlasten.

45. Door de belastingplichtigen in het vooruitzicht van een fiscale aftrekbaarheid van giften aan als van algemeen nut erkende instellingen ertoe aan te zetten de activiteiten daarvan te ondersteunen, moedigt een lidstaat die instellingen aan, activiteiten van algemeen nut te ontplooien die hij normaal gesproken zelf op zich neemt of kan nemen. Het valt dus niet uit te sluiten dat een nationale wettelijke regeling die voorziet in de fiscale aftrekbaar-

heid van giften aan instellingen van algemeen nut, die instellingen kan aanmoedigen bepaalde taken van de overheid over te nemen, noch dat die overname kan leiden tot een vermindering van de uitgaven van de betrokken lidstaat, die de vermindering van zijn belastinginkomsten als gevolg van de aftrekbaarheid van giften althans gedeeltelijk kan compenseren.

46. Daaruit volgt echter niet dat een lidstaat ter zake van de fiscale aftrekbaarheid van giften een ongelijke behandeling van binnenlandse en in een andere lidstaat gevestigde instellingen van algemeen nut, kan invoeren op grond dat giften aan laatstgenoemde instellingen, ook al zijn hun activiteiten in overeenstemming met de doelstellingen van de wettelijke regeling van eerstgenoemde lidstaat, niet tot een dergelijk begrotingsevenwicht kunnen leiden. Volgens vaste rechtspraak behoort de noodzaak om derving van belastinginkomsten te voorkomen namelijk niet tot de in artikel 58 EG genoemde doelstellingen noch tot de dwingende redenen van algemeen belang die een beperking van een bij het Verdrag ingevoerde vrijheid kunnen rechtvaardigen (zie in die zin arrest van 7 september 2004, Manninen, C-319/02, *Jurispr.* blz. I-7477, punt 49, en arrest Centro di Musicologia Walter Stauffer, reeds aangehaald, punt 59; zie naar analogie, wat het vrij verrichten van diensten betreft, arresten van 3 oktober 2002, Danner, C-136/00, *Jurispr.* blz. I-8147, punt 56, en 11 september 2007, Schwarz en Gootjes-Schwarz, C-76/05, *Jurispr.* blz. I-6849, punt 77).

47. Daarentegen staat het een lidstaat vrij om in het kader van zijn wettelijke regeling inzake de fiscale aftrekbaarheid van giften binnenlandse en in andere lidstaten gevestigde instellingen van algemeen nut ongelijk te behandelen, wanneer laatstgenoemde instellingen andere doelstellingen nastreven dan die welke in zijn eigen regeling zijn vastgelegd.

48. Zoals het Hof in zijn arrest Centro di Musicologia Walter Stauffer, reeds aangehaald (punt 39) heeft geoordeeld, verplicht het gemeenschapsrecht de lidstaten namelijk niet om ervoor zorg te dragen dat buitenlandse instellingen die in hun lidstaat van herkomst als van algemeen nut zijn erkend, op hun grondgebied automatisch dezelfde erkenning krijgen. De lidstaten beschikken in dit opzicht over een beoordelingsmarge waarvan zij in overeenstemming met het gemeenschapsrecht gebruik moeten maken. In deze omstandigheden kunnen zij vrijelijk beslissen, welke belangen van de gemeenschap zij willen bevorderen door het toekennen van voordelen aan verenigingen en instellingen die belangeloos met deze belangen verbonden doelstellingen nastreven en voldoen aan de eisen met betrekking tot de verwezenlijking van voornoemde doelstellingen.

49. Dit neemt niet weg dat wanneer een instelling die in een lidstaat als van algemeen nut is erkend, voldoet aan de daartoe in de wettelijke regeling van een andere lidstaat gestelde voorwaarden en de bevordering van identieke gemeenschapsbelangen nastreeft, zodat zij in laatstgenoemde lidstaat als van algemeen nut zou kunnen worden erkend, hetgeen de nationale autoriteiten van deze lidstaat, de rechterlijke instanties daaronder begrepen, dienen te beoordelen, de autoriteiten van deze lidstaat deze instelling het recht op gelijke behandeling niet kunnen weigeren op de enkele grond dat zij niet op hun grondgebied is gevestigd (zie in die zin arrest Centro di Musicologia Walter Stauffer, reeds aangehaald, punt 40; zie naar analogie, wat het vrij verrichten van diensten betreft, arrest Schwarz en Gootjes-Schwarz, reeds aangehaald, punt 81).

50. Anders dan de regeringen die opmerkingen hebben ingediend, in dit verband stellen, verkeert een instelling die in een lidstaat is gevestigd en voldoet aan de door een andere lidstaat voor de toekenning van fiscale voordelen gestelde voorwaarden, met het oog op de toekenning door laatstgenoemde lidstaat van fiscale voordelen ter bevordering van de betrokken activiteiten van algemeen nut, namelijk in een situatie die vergelijkbaar is met die van de als van algemeen nut erkende instellingen die in laatstgenoemde lidstaat zijn gevestigd.

Rechtvaardiging door de noodzaak om de doeltreffendheid van de fiscale controles te waarborgen

51. Er zij op gewezen dat in tegenstelling tot het betoog van de regeringen die opmerkingen hebben ingediend, de uitsluiting van de fiscale aftrekbaarheid van giften aan instellingen die in een andere lidstaat dan die van de schenker zijn gevestigd en daar als van algemeen nut zijn erkend, niet kan worden gerechtvaardigd door de problemen van de lidstaat van de schenker bij de controle of dergelijke instellingen de statutaire doelstellingen in de zin van de nationale wettelijke regeling daadwerkelijk verwezenlijken, en ook niet door de noodzaak de daadwerkelijke bedrijfsvoering van deze instellingen te controleren.

52. De noodzaak om de doeltreffendheid van de fiscale controles te waarborgen is inderdaad een dwingende reden van algemeen belang, die een beperking van de uitoefening van de door het Verdrag gegarandeerde vrijheden van verkeer kan rechtvaardigen. Een beperkende maatregel kan echter slechts gerechtvaardigd zijn, indien hij in overeenstemming is met het evenredigheidsbeginsel, dat wil zeggen hij moet geschikt zijn om het ermee nagestreefde doel te bereiken en mag niet verder gaan dan ter bereiking van dit doel nodig is (arrest van 18 december 2007, A, C-101/05, *Jurispr.* blz. I-11531, punten 55 en 56 en aangehaalde rechtspraak).

53. In deze context heeft het Hof vastgesteld dat niet op voorhand valt uit te sluiten dat de belastingplichtige in staat is de relevante bewijsstukken over te leggen aan de hand waarvan de belastingautoriteiten van de lidstaat van heffing duidelijk en nauwkeurig kunnen controleren welke uitgaven in andere lidstaten daadwerkelijk zijn

gedaan (arresten van 8 juli 1999, Baxter e.a., C-254/97, *Jurispr.* blz. I-4809, punt 20, en 10 maart 2005, Laboratoires Fournier, C-39/04, *Jurispr.* blz. I-2057, punt 25).

54. Niets belet namelijk de betrokken belastingautoriteiten om van de belastingplichtige de bewijzen te verlangen die zij noodzakelijk achten om te beoordelen of is voldaan aan de in de betrokken wettelijke regeling gestelde voorwaarden voor aftrekbaarheid van de uitgaven, en bijgevolg of de gevraagde aftrek al dan niet moet worden toegestaan (zie in die zin arrest Danner, reeds aangehaald, punt 50, en arrest van 26 juni 2003, Skandia en Ramstedt, C-422/01, *Jurispr.* blz. I-6817, punt 43).

55. Volgens de door het Hof in het reeds aangehaalde arrest Centro di Musicologia Walter Stauffer geformuleerde beginselen (punt 48) is het een lidstaat toegestaan om, alvorens een belastingvrijstelling toe te kennen aan een instelling die in een andere lidstaat is gevestigd en daar als van algemeen nut is erkend, maatregelen toe te passen die hem in staat stellen duidelijk en nauwkeurig na te gaan of zij voldoet aan de voorwaarden van de nationale regeling om hiervoor in aanmerking te komen, en toe te zien op de daadwerkelijke bedrijfsvoering van die instelling, bijvoorbeeld op basis van overlegging van de jaarrekening en een activiteitenverslag. Eventuele administratieve ongemakken die voortvloeien uit het feit dat dergelijke instellingen in een andere lidstaat zijn gevestigd, volstaan niet ter rechtvaardiging van een weigering door de autoriteiten van de betrokken staat om aan die instellingen dezelfde belastingvrijstellingen toe te kennen als aan soortgelijke binnenlandse instellingen.

56. Hetzelfde geldt voor een belastingplichtige die in een lidstaat aanspraak maakt op aftrekbaarheid voor de belasting van een gift aan een instelling die in een andere lidstaat is gevestigd en daar als van algemeen nut is erkend, ook wanneer in een dergelijke situatie, anders dan in de zaak die heeft geleid tot het reeds aangehaalde arrest Centro di Musicologia Walter Stauffer, de belastingplichtige van wie de belastingautoriteiten de nodige inlichtingen moeten verkrijgen, niet de begiftigde instelling maar de schenker zelf is.

57. Hoewel de schenker in tegenstelling tot de begiftigde instelling zelf niet over alle informatie beschikt die de belastingautoriteiten nodig hebben om na te gaan of die instelling voldoet aan de voorwaarden van de wettelijke nationale regeling voor de toekenning van fiscale voordelen, met name informatie over de wijze waarop de gestorte gelden worden beheerd, is het een schenker normaliter mogelijk om van die instelling documenten te verkrijgen waaruit het bedrag en de aard van de gift, de door de instelling nagestreefde doelstellingen en het regelmatige beheer van de door haar in de voorbije jaren ontvangen giften blijken.

58. In dit verband kunnen de verklaringen die zijn opgesteld door een instelling die in haar lidstaat van vestiging voldoet aan de in de wettelijke regeling van die lidstaat gestelde voorwaarden voor de toekenning van fiscale voordelen niet irrelevant zijn, met name wanneer die wettelijke regeling de toekenning van fiscale voordelen ter bevordering van activiteiten van algemeen nut van identieke voorwaarden afhankelijk stelt.

59. Met betrekking tot de administratieve lasten die de voorbereiding van dergelijke documenten voor de betrokken instellingen kan meebrengen, volstaat de opmerking dat die instellingen zelf moeten uitmaken of zij het nuttig achten middelen te spenderen voor de opstelling, de verzending en de eventuele vertaling van documenten bestemd voor schenkers die in andere lidstaten wonen en daar fiscale voordelen willen krijgen.

60. Aangezien niets de belastingautoriteiten van de lidstaat van heffing belet om van een belastingplichtige die aanspraak maakt op aftrekbaarheid voor de belasting van giften aan in een andere lidstaat gevestigde instellingen, overlegging van de relevante bewijsstukken te verlangen, kan die lidstaat van heffing zich ter rechtvaardiging van een nationale regeling die de belastingplichtige volstrekt verbiedt die bewijzen te leveren, niet beroepen op de noodzaak om de doeltreffendheid van de fiscale controles te waarborgen.

61. Voorts kunnen de betrokken belastingautoriteiten uit hoofde van richtlijn 77/799 zich tot de autoriteiten van een andere lidstaat wenden teneinde elke inlichting te verkrijgen die noodzakelijk blijkt te zijn om het juiste bedrag van de belasting van een belastingplichtige te bepalen (arrest Centro di Musicologia Walter Stauffer, reeds aangehaald, punt 50). Ter voorkoming van belastingfraude voorziet die richtlijn namelijk in de mogelijkheid voor de nationale belastingdiensten om te verzoeken om inlichtingen die zij zelf niet kunnen verkrijgen (arrest van 27 september 2007, Twoh International, C-184/05, *Jurispr.* blz. I-7897, punt 32).

62. Anders dan Ierland en de regering van het Verenigd Koninkrijk stellen, valt een verzoek van de belastingautoriteiten van een lidstaat om inlichtingen over een in een andere lidstaat gevestigde instelling, teneinde te kunnen vaststellen of een gift aan die instelling in aanmerking kan komen voor een fiscaal voordeel, niet buiten de werkingssfeer van richtlijn 77/799. De inlichtingen waarvan de bevoegde autoriteiten van een lidstaat krachtens richtlijn 77/799 de verstrekking kunnen verlangen, zijn juist alle inlichtingen die zij noodzakelijk achten om aan de hand van de door hen toe te passen wetgeving het juiste belastingbedrag te bepalen (arrest Twoh International, reeds aangehaald, punt 36). De inlichtingen waarom wordt verzocht ter aanvulling van die welke een belastingplichtige aan de belastingautoriteiten van een lidstaat heeft verstrekt om een fiscaal voordeel te verkrijgen, zijn inlichtingen die elke bevoegde autoriteit van de betrokken lidstaten van nut kunnen zijn voor een juiste vaststelling van de belastingen naar het inkomen in een concreet geval in de zin van de artikelen 1, lid 1, en 2, lid 1, van richtlijn 77/799.

63. Richtlijn 77/799 doet evenwel niet af aan de bevoegdheid van de bevoegde autoriteiten van de lidstaat van de schenker om met name te beoordelen of is voldaan aan de voorwaarden waarvan hun wettelijke regeling de toekenning van een fiscaal voordeel afhankelijk stelt (zie in die zin arrest Twoh International, reeds aangehaald, punt 36). Met betrekking tot een instelling die in een andere lidstaat is gevestigd en daar als van algemeen nut is erkend, dient de lidstaat van de schenker alleen dan dezelfde fiscale behandeling te verlenen als voor giften aan binnenlandse instellingen geldt, indien die instelling voldoet aan de voorwaarden van de wettelijke regeling van laatstgenoemde lidstaat voor de toekenning van fiscale voordelen, waaronder het nastreven van doelstellingen die gelijk zijn aan die welke door de belastingwetgeving van die lidstaat worden bevorderd. De bevoegde nationale autoriteiten, met inbegrip van de nationale rechterlijke instanties, moeten nagaan of het bewijs dat is voldaan aan de door die lidstaat gestelde voorwaarden voor de toekenning van het betrokken fiscale voordeel, overeenkomstig de regels van het nationale recht is geleverd.

64. Voorts verlangt richtlijn 77/799 niet dat de lidstaat van de schenker steeds gebruikmaakt van het in die richtlijn bedoelde mechanisme van wederzijdse bijstand, wanneer de door die schenker verstrekte inlichtingen niet volstaan om te controleren of de begiftigde instelling voldoet aan de voorwaarden van de nationale wettelijke regeling voor de toekenning van fiscale voordelen.

65. Aangezien richtlijn 77/799 voorziet in de mogelijkheid voor de nationale belastingdiensten om te verzoeken om inlichtingen die zij zelf niet kunnen verkrijgen, heeft het Hof namelijk vastgesteld dat het gebruik in artikel 2, lid 1, van richtlijn 77/799 van de term 'kan' erop wijst dat die diensten weliswaar de mogelijkheid, doch niet de verplichting hebben om de bevoegde autoriteit van een andere lidstaat om inlichtingen te verzoeken. Elke lidstaat dient de specifieke gevallen te beoordelen waarin inlichtingen ontbreken over transacties die zijn verricht door op zijn grondgebied gevestigde belastingplichtigen, en te beslissen of deze gevallen aanleiding zijn om bij een andere lidstaat een verzoek om inlichtingen in te dienen (arrest Twoh International, reeds aangehaald, punt 32).

66. Ten slotte kan een lidstaat de toekenning van fiscale voordelen voor giften aan een instelling die in een andere lidstaat is gevestigd en daar als van algemeen nut is erkend, ook niet weigeren op de enkele grond dat de belastingautoriteiten van de eerstgenoemde lidstaat bij dergelijke instellingen niet de mogelijkheid hebben om ter plekke na te gaan of aan de eisen van hun belastingwetgeving is voldaan.

67. Zoals de Duitse regering ter terechtzitting heeft uiteengezet, is een controle ter plaatse namelijk ook bij binnenlandse instellingen van algemeen nut normaal gesproken niet nodig, aangezien de naleving van de voorwaarden van de nationale wettelijke regeling in het algemeen door verificatie van de door die instellingen verstrekte inlichtingen wordt gecontroleerd.

68. Wanneer de lidstaat van vestiging van de begiftigde instelling een stelsel van fiscale voordelen ter ondersteuning van de activiteiten van als van algemeen nut erkende instellingen kent, zal het voorts normaliter volstaan dat de lidstaat van de schenker door de andere lidstaat in het kader van de wederzijdse bijstand overeenkomstig richtlijn 77/799 in kennis wordt gesteld van het voorwerp en de wijze van de controles waaraan dergelijke instellingen worden onderworpen, zodat de belastingautoriteiten van de lidstaat van heffing met voldoende nauwkeurigheid kunnen bepalen welke aanvullende inlichtingen zij nodig hebben om na te gaan of de begiftigde instelling voldoet aan de voorwaarden van de nationale wettelijke regeling voor de toekenning van fiscale voordelen.

69. Wanneer de controle van de door de belastingplichtige verstrekte informatie moeilijk blijkt, met name vanwege de in artikel 8 van richtlijn 77/799 neergelegde beperkingen van de informatie-uitwisseling, belet verder niets de betrokken belastingautoriteiten, de gevraagde aftrek te weigeren wanneer de bewijzen die zij noodzakelijk achten voor de juiste vaststelling van de betrokken belasting, niet worden geleverd (zie in die zin arresten van 28 januari 1992, Bachmann, C-204/90, *Jurispr.* blz. I-249, punt 20, en 11 oktober 2007, ELISA, C-451/05, *Jurispr.* blz. I-8251, punt 95, en arrest A, reeds aangehaald, punt 58).

70. Met betrekking tot in een derde land gevestigde instellingen van algemeen nut, zij daaraan toegevoegd dat de lidstaat van heffing een dergelijk fiscaal voordeel in beginsel mag weigeren wanneer, met name vanwege het ontbreken van een verdragsverplichting voor dat derde land om informatie te verstrekken, het onmogelijk blijkt om de nodige inlichtingen van dat land te verkrijgen (zie in die zin arrest A, reeds aangehaald, punt 63).

71. In die omstandigheden moet het betoog van de Duitse regering, Ierland en de regering van het Verenigd Koninkrijk worden afgewezen, dat het in strijd is met het evenredigheidsbeginsel, de lidstaat van de schenker ertoe te verplichten te onderzoeken of te laten onderzoeken of is voldaan aan de voorwaarden die gelden voor binnenlandse instellingen van algemeen nut, zodra een belastingplichtige aanspraak maakt op aftrekbaarheid van zijn giften aan in een andere lidstaat gevestigde instellingen.

72. Op de tweede en de derde vraag moet dus worden geantwoord dat artikel 56 EG zich verzet tegen een wettelijke regeling van een lidstaat op grond waarvan met betrekking tot giften aan als van algemeen nut erkende instellingen alleen giften aan op het nationale grondgebied gevestigde instellingen fiscaal aftrekbaar zijn, zonder dat de belastingplichtige de mogelijkheid heeft, te bewijzen dat een gift aan een in een andere lidstaat gevestigde instelling voldoet aan de door die wettelijke regeling gestelde voorwaarden voor de toekenning van dat voordeel.

Kosten

73. …

HET HOF VAN JUSTITIE (Grote kamer)

verklaart voor recht:

1. **Wanneer een belastingplichtige in een lidstaat aanspraak maakt op aftrekbaarheid voor de belasting van giften aan instellingen die in een andere lidstaat zijn gevestigd en daar als van algemeen nut zijn erkend, vallen dergelijke giften onder de bepalingen van het EG-Verdrag die betrekking hebben op het vrije verkeer van kapitaal, ook wanneer het giften in natura in de vorm van voorwerpen voor dagelijks gebruik zijn.**

2. **Artikel 56 EG verzet zich tegen een wettelijke regeling van een lidstaat op grond waarvan met betrekking tot giften aan als van algemeen nut erkende instellingen alleen giften aan op het nationale grondgebied gevestigde instellingen fiscaal aftrekbaar zijn, zonder dat de belastingplichtige de mogelijkheid heeft, te bewijzen dat een gift aan een in een andere lidstaat gevestigde instelling voldoet aan de door die wettelijke regeling gestelde voorwaarden voor de toekenning van dat voordeel.**

HvJ EG 12 februari 2009, zaak C-138/07 (Belgische Staat v. Cobelfret NV)

Eerste kamer: *P. Jann, kamerpresident, M. Ilešič, A. Tizzano, E. Levits (rapporteur) en J. J. Kasel, rechters*

Advocaat-generaal: *E. Sharpston*

1. Het verzoek om een prejudiciële beslissing betreft de uitlegging van artikel 4, lid 1, van richtlijn 90/435/EEG van de Raad van 23 juli 1990 betreffende de gemeenschappelijke fiscale regeling voor moedermaatschappijen en dochterondernemingen uit verschillende lidstaten (*PB* L 225, blz. 6).

2. Dit verzoek is ingediend in het kader van een geding tussen de Belgische Staat en de vennootschap Cobelfret NV (hierna: 'Cobelfret') betreffende de vaststelling van het voor de vennootschapsbelasting belastbare resultaat van Cobelfret voor de aanslagjaren 1992 tot en met 1998.

Rechtskader

Gemeenschapsregeling

3. Volgens de derde overweging van de considerans van richtlijn 90/435 beoogt deze richtlijn inzonderheid de fiscale nadelen op te heffen die groepen van vennootschappen uit verschillende lidstaten ondervinden ten opzichte van groepen van vennootschappen uit dezelfde lidstaat.

4. Overeenkomstig artikel 3, lid 1, sub a, van richtlijn 90/435 wordt de hoedanigheid van moedermaatschappij toegekend aan iedere vennootschap van een lidstaat die aan de voorwaarden van artikel 2 van deze richtlijn voldoet en die een deelneming van ten minste 25% bezit in het kapitaal van een vennootschap van een andere lidstaat die aan dezelfde voorwaarden voldoet.

5. Artikel 4, leden 1 en 2, van voormelde richtlijn bepaalt:

'1. Wanneer een moedermaatschappij als deelgerechtigde van haar dochteronderneming uitgekeerde winst ontvangt, anders dan bij de liquidatie van de dochteronderneming, moet de lidstaat van de moedermaatschappij:
- ofwel zich onthouden van het belasten van deze winst;
- ofwel de winst belasten, maar in dat geval de moedermaatschappij toestaan dat gedeelte van de belasting van de dochteronderneming dat op deze winst betrekking heeft van haar eigen belasting af te trekken en, in voorkomend geval, het bedrag dat, ingevolge de uitzonderingsbepalingen van artikel 5, door de lidstaat waar de dochteronderneming gevestigd is aan de bron is ingehouden, zulks binnen de grenzen van het bedrag van de overeenstemmende nationale belasting.

2. Iedere lidstaat blijft evenwel bevoegd om te bepalen dat lasten die betrekking hebben op de deelneming en waardeverminderingen die voortvloeien uit de uitkering van de winst van de dochteronderneming, niet aftrekbaar zijn van de belastbare winst van de moedermaatschappij. Indien in dit geval de kosten van beheer met betrekking tot de deelneming forfaitair worden vastgesteld, mag het forfaitaire bedrag niet meer dan 5% bedragen van de door de dochteronderneming uitgekeerde winst.'

Nationale regeling

6. Richtlijn 90/435 is in Belgisch recht omgezet bij wet van 23 oktober 1991 (*Belgisch Staatsblad* van 15 november 1991, blz. 25619), waarbij de bestaande regeling van definitief belaste inkomsten (hierna: 'DBI-stelsel') is gewijzigd en het bedrag van de ontvangen dividenden die van de belastbare basis van de moedermaatschappij kunnen worden afgetrokken, is vastgesteld op 95%.

7. Bij de codificatie in 1992 zijn de relevante bepalingen van het DBI-stelsel samengebracht in de artikelen 202, 204 en 205 van het Wetboek van de inkomstenbelastingen, gecoördineerd bij koninklijk besluit van 10 april 1992 en bekrachtigd bij wet van 12 juni 1992 (bijvoegsel bij het *Belgisch Staatsblad* van 30 juli 1992; hierna: 'WIB 1992'), zoals uitgevoerd bij het koninklijk besluit tot uitvoering van het Wetboek van de inkomstenbelastingen 1992 (*Belgisch Staatsblad* van 13 september 1993; hierna: 'KB/WIB 1992').

8. Volgens deze bepalingen kan een vennootschap 95% van de dividenden die zij van haar dochterondernemingen in de zin van richtlijn 90/435 heeft ontvangen, van haar resultaat aftrekken als definitief belaste inkomsten (hierna: 'DBI-aftrek').

9. Kort gezegd werkt het DBI-stelsel als volgt. Eerst moeten de door een dochteronderneming uitgekeerde dividenden in de belastbare basis van de moedermaatschappij worden opgenomen. Vervolgens worden deze dividenden van deze belastbare basis afgetrokken, doch enkel voor zover er voor het betrokken belastbare tijdperk na aftrek van de andere vrijgestelde winsten een positief winstsaldo overblijft.

10. Aldus bepaalt artikel 202 van het WIB 1992:

'§ 1. Van de winst van het belastbare tijdperk worden mede afgetrokken, in zover zij erin voorkomen:
1° dividenden met uitzondering van inkomsten die zijn verkregen naar aanleiding van de afstand aan een vennootschap van haar eigen aandelen of naar aanleiding van de gehele of gedeeltelijke verdeling van het vermogen van een vennootschap;
[...]'

11. Artikel 204, eerste alinea, van het WIB 1992 luidt als volgt:

'De ingevolge artikel 202, § 1, 1°, [...] aftrekbare inkomsten worden geacht in de winst van het belastbare tijdperk voor te komen tot 95 [%] van het geïnde of verkregen bedrag eventueel vermeerderd met de roerende voorheffing of de fictieve roerende voorheffing [...].'

12. Artikel 205, § 2, van het WIB 1992 bepaalt:

'De aftrek ingevolge artikel 202 wordt beperkt tot het bedrag van de winst van het belastbare tijdperk dat overblijft na toepassing van artikel 199 [...].
[...]'

13. Artikel 77 van het KB/WIB 1992 luidt als volgt:

'De in de artikelen 202 tot [en met] 205 van het [WIB] 1992 omschreven bedragen die als definitief belaste inkomsten [...] aftrekbaar zijn, worden, tot het bedrag van de restwinst na toepassing van artikel 76 afgetrokken; die aftrek gebeurt met inachtneming van de oorsprong van de winst en bij voorrang van de winst waarin die bedragen voorkomen.'

Hoofdgeding en prejudiciële vraag

14. Cobelfret, een vennootschap met zetel in België, heeft tijdens de aanslagjaren 1992 tot en met 1998 dividenden ontvangen voor haar deelnemingen in op het grondgebied van de Gemeenschap gevestigde vennootschappen, terwijl zij in verschillende van die aanslagjaren verliezen heeft geleden.

15. Ingevolge de Belgische wettelijke regeling heeft Cobelfret voor deze aanslagjaren, waarin zij verliezen heeft geleden, geen aanspraak kunnen maken op de DBI-aftrek, en evenmin het niet-gebruikte gedeelte van deze aftrek kunnen overdragen naar een volgend aanslagjaar wanneer de DBI-aftrek waarop zij recht had hoger was dan haar belastbare winst.

16. Van oordeel dat de door haar geïnde dividenden dan ook niet volledig waren vrijgesteld, heeft Cobelfret bezwaarschriften tegen de aanslagen in de vennootschapsbelasting voor de aanslagjaren 1992 tot en met 1998 ingediend.

17. Op de afwijzing van deze bezwaarschriften heeft Cobelfret beroep ingesteld bij de Rechtbank van eerste aanleg te Antwerpen, die bij vonnis van 16 december 2005 met name heeft geoordeeld dat de beperking van de DBI-aftrek tot de tijdens het belastbare tijdperk geboekte winst die overblijft na toepassing van artikel 199 van het WIB 1992, ertoe leidt dat Cobelfret gedeeltelijk op de uitgekeerde winst wordt belast, hetgeen in strijd is met artikel 4, lid 1, van richtlijn 90/435.

18. De Belgische Staat heeft tegen dit vonnis hoger beroep ingesteld bij het Hof van Beroep te Antwerpen. Deze rechterlijke instantie heeft geoordeeld dat, om de daadwerkelijk belastbare resultaten van Cobelfret voor de litigieuze aanslagjaren vast te stellen, uitspraak moet worden gedaan over de vraag of richtlijn 90/435 rechtstreekse werking heeft, alsook over de vraag of artikel 205, § 2, van het WIB 1992 in voorkomend geval onverenigbaar is met deze richtlijn.

19. In die omstandigheden heeft het Hof van Beroep te Antwerpen de behandeling van de zaak geschorst en het Hof de volgende prejudiciële vraag gesteld:

'Is een regeling als het Belgische [DBI-stelsel] waarbij kwalificerende dividenden in een eerste bewerking aan de belastbare basis van de moederonderneming worden toegevoegd en waarbij in een latere bewerking het bedrag van die ontvangen dividenden krachtens artikel 205, § 2, [van het] WIB [1992] slechts van de belastbare basis van de moederonderneming worden afgetrokken (ten belope van 95%) in de mate dat er belastbare winsten aanwezig zijn bij de moederonderneming, in overeenstemming met artikel 4 van richtlijn 90/435 [...], nu een dergelijke beperking van de DBI-aftrek als resultaat heeft dat een moederonderneming in een later belastbaar tijdperk zal worden belast op de ontvangen dividenden, wanneer zij geen of onvoldoende belastbare winsten had tijdens het belastbaar tijdperk in hetwelk de dividenden worden ontvangen, minstens dat de fiscale verliezen van het belastbaar tijdperk ten onrechte worden opgebruikt en bijgevolg niet meer overdraagbaar zijn ten belope van het bedrag van ontvangen dividenden die in geval van afwezigheid van fiscale verliezen sowieso voor 95% vrijgesteld zouden zijn geweest?'

Beantwoording van de prejudiciële vraag

Ontvankelijkheid

20. Blijkens artikel 1 van richtlijn 90/435 ziet deze richtlijn op winstuitkeringen die vennootschappen van een lidstaat ontvangen van hun dochterondernemingen uit andere lidstaten. Voorts definieert artikel 2 van deze richtlijn de werkingssfeer ervan op basis van de in de bijlage bij deze richtlijn genoemde categorieën van vennootschappen, terwijl artikel 3, lid 1, van diezelfde richtlijn de minimumdeelneming vaststelt om een vennootschap als een moedermaatschappij en een andere vennootschap als haar dochteronderneming in de zin van richtlijn 90/435 te kunnen aanmerken.

21. In dit verband zij opgemerkt dat de verwijzende rechterlijke instantie niet aangeeft wat de herkomst van de door Cobelfret ontvangen dividenden is, noch ten belope van welk percentage deze vennootschap een deelneming in de uitkerende vennootschappen bezit.

22. Cobelfret heeft voor het Hof verklaard, zonder ter zake door de Belgische regering te zijn weersproken, dat zij dividenden heeft ontvangen van haar in het Verenigd Koninkrijk gevestigde dochterondernemingen en dat haar deelnemingen in deze vennootschappen voldoen aan de in artikel 3 van richtlijn 90/435 gestelde voorwaarden.

23. Behalve dat het niet aan het Hof, maar aan de nationale rechter staat om de juistheid van deze feiten te beoordelen (arrest van 16 maart 1978, Oehlschläger, 104/77, *Jurispr.* blz. 791, punt 4), staat het in het kader van de in artikel 234 EG voorgeschreven samenwerking tussen het Hof en de nationale rechterlijke instanties eveneens uitsluitend aan de nationale rechter om, gelet op de bijzonderheden van elk geval, zowel de noodzaak van een prejudiciële beslissing voor het wijzen van zijn vonnis als de relevantie van de vragen die hij aan het Hof voorlegt, te beoordelen (zie in die zin arrest van 7 juni 2005, VEMW e.a., C-17/03, *Jurispr.* blz. I-4983, punt 34 en aldaar aangehaalde rechtspraak).

24. Het vermoeden van relevantie dat op de prejudiciële vragen van nationale rechterlijke instanties rust, kan immers slechts in uitzonderingsgevallen worden opgeheven, namelijk wanneer duidelijk blijkt dat de gevraagde uitlegging van het gemeenschapsrecht geen verband houdt met een reëel geschil of met het voorwerp van het hoofdgeding (zie arrest van 17 juli 2008, Corporación Dermoestética, C-500/06, nog niet gepubliceerd in de *Jurisprudentie*, punt 23 en aangehaalde rechtspraak).

25. In de onderhavige zaak lijkt de door de verwijzende rechterlijke instantie gevraagde uitlegging van het gemeenschapsrecht evenwel niet kennelijk irrelevant te zijn voor deze instantie, en overigens hebben noch Cobelfret of de Belgische regering noch de Commissie van de Europese Gemeenschappen de ontvankelijkheid van het verzoek om een prejudiciële beslissing betwist.

Ten gronde

26. Het verzoek om een prejudiciële beslissing heeft betrekking op de uitlegging van artikel 4, lid 1, van richtlijn 90/435. Daarnaast wenst de verwijzende rechterlijke instantie te vernemen of deze bepaling rechtstreekse werking kan hebben. Deze twee aspecten dienen afzonderlijk te worden onderzocht.

Draagwijdte van artikel 4, lid 1, van richtlijn 90/435

27. Met zijn vraag wenst de verwijzende rechterlijke instantie in wezen te vernemen of artikel 4, lid 1, van richtlijn 90/435 aldus moet worden uitgelegd dat het zich verzet tegen een wettelijke regeling van een lidstaat die bepaalt dat de door een moedermaatschappij ontvangen dividenden in de belastbare basis van deze vennootschap worden opgenomen en daarna ten belope van 95% daarvan worden afgetrokken voor zover er voor het betrokken belastbare tijdperk na aftrek van de andere vrijgestelde winsten een positief winstsaldo overblijft.

28. Zoals met name uit de derde overweging van de considerans ervan blijkt, beoogt richtlijn 90/435 door de invoering van een gemeenschappelijke fiscale regeling elke benadeling van de samenwerking tussen vennootschappen uit verschillende lidstaten ten opzichte van de samenwerking tussen vennootschappen van eenzelfde lidstaat op te heffen, en aldus de hergroepering van vennootschappen op gemeenschapsniveau te vergemakkelijken (zie arrest van 3 april 2008, Banque Fédérative du Crédit Mutuel, C-27/07, nog niet gepubliceerd in de *Jurisprudentie*, punt 23 en aangehaalde rechtspraak).

29. Ter verwezenlijking van de doelstelling dat de uitkeringen van winst door een in een lidstaat gevestigde dochteronderneming aan haar in een andere lidstaat gevestigde moedermaatschappij fiscaal neutraal zijn, beoogt de richtlijn te voorkomen dat deze winst economisch gezien dubbel wordt belast, of met andere woorden te voorkomen dat de uitgekeerde winst een eerste keer wordt belast bij de dochteronderneming en een tweede keer bij de moedermaatschappij (zie in die zin arrest Banque Fédérative du Crédit Mutuel, reeds aangehaald, punten 24 en 27).

30. Daartoe bepaalt artikel 4, lid 1, van richtlijn 90/435 dat wanneer een moedermaatschappij als deelgerechtigde van haar dochteronderneming uitgekeerde winst ontvangt, de lidstaat van vestiging van de moedermaatschappij

ofwel zich onthoudt van het belasten van deze winst, ofwel die moedermaatschappij toestaat dat gedeelte van de belasting van de dochteronderneming dat op deze winst betrekking heeft, van haar eigen belasting af te trekken en, in voorkomend geval, het bedrag dat door de lidstaat waar de dochteronderneming gevestigd is, aan de bron is ingehouden, zulks binnen de grenzen van het bedrag van de overeenstemmende nationale belasting (arrest Banque Fédérative du Crédit Mutuel, reeds aangehaald, punt 25).

31. Het Hof heeft reeds geoordeeld dat artikel 4, lid 1, van richtlijn 90/435 de lidstaten daarmee uitdrukkelijk de mogelijkheid laat te kiezen tussen het stelsel van vrijstelling en dat van verrekening. Deze stelsels leveren voor de dividendontvangende aandeelhouder niet noodzakelijkerwijs hetzelfde resultaat op (zie in die zin arrest van 12 december 2006, Test Claimants in the FII Group Litigation, C-446/04, *Jurispr.* blz. I-11753, punten 43 en 44).

32. Blijkens de door de Belgische regering bij het Hof ingediende schriftelijke opmerkingen heeft het Koninkrijk België voor het stelsel van artikel 4, lid 1, eerste streepje, van richtlijn 90/435 gekozen. Volgens deze regering waarborgt de DBI-aftrek dat bij de moedermaatschappij geen belasting wordt geheven op de door haar voor haar deelneming in haar dochteronderneming ontvangen dividenden.

33. Aan de verplichting van de lidstaat die het stelsel van artikel 4, lid 1, eerste streepje, van richtlijn 90/435 heeft gekozen om zich te onthouden van het belasten van de winst die de moedermaatschappij als deelgerechtigde van haar dochteronderneming ontvangt, is geen voorwaarde gekoppeld. De enige voorbehouden zijn die van artikel 4, leden 2 en 3, en artikel 1, lid 2, van deze richtlijn.

34. Met name bepaalt artikel 4, lid 1, eerste streepje, van richtlijn 90/435 niet dat de door de moedermaatschappij ontvangen dividenden slechts onbelast dienen te blijven indien er sprake is van andere belastbare winst.

35. Het DBI-stelsel, dat erin voorziet dat de door de moedermaatschappij ontvangen dividenden in haar belastbare basis worden opgenomen en dat vervolgens een bedrag ten belope van 95% van deze dividenden enkel van deze basis wordt afgetrokken voor zover de moedermaatschappij belastbare winsten heeft, brengt echter mee dat deze vennootschap dit voordeel slechts volledig kan benutten indien zij voor hetzelfde belastbare tijdperk geen negatief resultaat heeft geboekt met betrekking tot haar andere belastbare inkomsten.

36. Zoals de advocaat-generaal in punt 23 van haar conclusie heeft opgemerkt, kunnen de lidstaten evenwel niet eenzijdig beperkende maatregelen, zoals het vereiste dat er belastbare winsten zijn bij de moedermaatschappij, vaststellen en op die manier de mogelijkheid om de in richtlijn 90/435 voorziene voordelen te benutten, aan voorwaarden koppelen.

37. Bovendien heeft een regeling zoals die aan de orde in het hoofdgeding tot gevolg dat wanneer de moedermaatschappij voor het betrokken belastbare tijdperk geen andere belastbare winsten boekt, haar verliezen ten belope van de ontvangen dividenden worden verminderd.

38. De Belgische regering geeft toe dat de beperking van de DBI-aftrek gevolgen heeft voor de verliezen van de moedermaatschappij. Volgens deze regering impliceert artikel 4, lid 1, eerste streepje, van richtlijn 90/435 evenwel niet dat dergelijke gevolgen voor de verliezen verboden zijn.

39. Blijkens het aan het Hof overlegde dossier staat de Belgische belastingwetgeving de overdracht van verliezen naar latere belastingjaren in beginsel toe. Bijgevolg beïnvloedt de vermindering van de voor een dergelijke overdracht in aanmerking komende verliezen van de moedermaatschappij ten belope van de ontvangen dividenden de belastbare basis van deze vennootschap in het belastingjaar dat volgt op het jaar waarin deze dividenden zijn ontvangen, voor zover haar winsten meer bedragen dan de overdraagbare verliezen. Door de vermindering van de overdraagbare verliezen wordt bedoelde belastbare basis immers hoger.

40. Hieruit volgt dat ook indien de door de moedermaatschappij ontvangen dividenden niet aan vennootschapsbelasting worden onderworpen in het belastingjaar waarin deze dividenden zijn uitgekeerd, bovenbedoelde vermindering van de verliezen van de moedermaatschappij ertoe kan leiden dat deze moedermaatschappij op deze dividenden indirect wordt belast in latere belastingjaren, wanneer haar resultaat positief is.

41. Dit gevolg van de beperking van de DBI-aftrek is noch met de bewoordingen, noch met de doelstellingen en de opzet van richtlijn 90/435 verenigbaar.

42. In de eerste plaats kan, anders dan de Belgische regering beweert, uit het gebruik van de woorden 'zich onthouden van het belasten' en niet van het werkwoord 'vrijstellen' in artikel 4, lid 1, eerste streepje, van richtlijn 90/435 niet worden afgeleid dat deze richtlijn dit gevolg van de beperking van de DBI-aftrek voor de verliezen van de moedermaatschappij toelaat.

43. Zoals de advocaat-generaal in punt 28 van haar conclusie heeft verklaard, kan uit niets in de opzet of het doel van richtlijn 90/435 worden afgeleid dat er een wezenlijk verschil zou bestaan tussen het 'zich onthouden van het belasten' en het 'vrijstellen' van de door de moedermaatschappij ontvangen winsten. Het Hof spreekt zowel van 'vrijstelling' als van 'zich onthouden van het belasten' in de zin van artikel 4, lid 1 (zie onder meer arrest van 12 december 2006, Test Claimants in Class IV of the ACT Group Litigation, C-374/04, *Jurispr.* blz. I-11673, punt 53, en

reeds aangehaalde arresten Test Claimants in the FII Group Litigation, punten 44 en 102, en Banque Fédérative du Crédit Mutuel, punt 44).

44. In de tweede plaats stelt de Belgische regering dat het DBI-stelsel verenigbaar is met richtlijn 90/435, aangezien deze regeling de van in België gevestigde dochterondernemingen ontvangen dividenden fiscaal op dezelfde wijze behandelt als die welke van dochterondernemingen met zetel in andere lidstaten worden ontvangen en zij daarmee de in de derde overweging van de considerans van deze richtlijn geformuleerde doelstelling verwezenlijkt, te weten het opheffen van elke benadeling van de samenwerking tussen vennootschappen uit verschillende lidstaten ten opzichte van de samenwerking tussen in dezelfde lidstaat gevestigde vennootschappen.

45. Zoals uit de punten 39 en 40 van het onderhavige arrest blijkt, kan, wanneer de moedermaatschappij in het tijdvak waarin zij de dividenden heeft ontvangen geen andere belastbare winsten heeft geboekt, onder het DBI-stelsel het met artikel 4, lid 1, eerste streepje, van richtlijn 90/435 beoogde doel van voorkoming van dubbele economische belasting niet volledig worden bereikt.

46. Derhalve moet worden geconstateerd dat, ook al beoogt het Koninkrijk België elke benadeling van de samenwerking tussen vennootschappen uit verschillende lidstaten ten opzichte van de samenwerking tussen vennootschappen van dezelfde lidstaat op te heffen door dit stelsel toe te passen zowel op dividenden die door ingezeten dochterondernemingen worden uitgekeerd als op die welke door in andere lidstaten gevestigde dochterondernemingen worden uitgekeerd, dit geen rechtvaardiging vormt om een regeling toe te passen die niet verenigbaar is met het in artikel 4, lid 1, eerste streepje, van richtlijn 90/435 neergelegde systeem van voorkoming van dubbele economische belasting.

47. In de derde plaats kan de Belgische regering, die niet beweert voor de verrekeningsmethode van artikel 4, lid 1, tweede streepje, van deze richtlijn te hebben gekozen, zich niet erop beroepen dat de beperking van de DBI-aftrek minstens tot hetzelfde resultaat als de verrekeningsmethode leidt en dat niets erop wijst dat de andere, in het eerste streepje van lid 1 voorziene methode, tot een gunstiger resultaat dan de methode van het tweede streepje moet leiden.

48. Zoals in punt 31 van het onderhavige arrest in herinnering is geroepen, leidt de keuze voor de vrijstellingsmethode dan wel de verrekeningsmethode niet noodzakelijkerwijs tot hetzelfde resultaat voor de vennootschap die de dividenden ontvangt.

49. Voorts volgt uit de rechtspraak van het Hof dat een lidstaat die aan de bepalingen van een richtlijn geen uitvoering heeft gegeven in zijn nationale rechtsorde, aan de burgers van de Gemeenschap niet de beperkingen kan tegenwerpen die hij krachtens deze bepalingen had kunnen opleggen (zie arrest van 30 maart 2006, Uudenkaupungin kaupunki, C-184/04, *Jurispr.* blz. I-3039, punt 28 en aangehaalde rechtspraak).

50. Evenzo kan een lidstaat die bij de uitvoering van een richtlijn voor een van de door deze richtlijn voorziene alternatieve systemen heeft gekozen, zich niet beroepen op de gevolgen of de beperkingen die uit de toepassing van het andere systeem hadden kunnen voortvloeien.

51. In de vierde plaats moet erop worden gewezen dat de verwijzingen van de Belgische regering naar richtlijn 90/434/EEG van de Raad van 23 juli 1990 betreffende de gemeenschappelijke fiscale regeling voor fusies, splitsingen, inbreng van activa en aandelenruil met betrekking tot vennootschappen uit verschillende lidstaten (*PB* L 225, blz. 1), alsook naar het door de Organisatie voor Economische Samenwerking en Ontwikkeling (OESO) opgestelde Modelverdrag, voor de uitlegging van artikel 4, lid 1, eerste streepje, van richtlijn 90/435 irrelevant zijn.

52. Anders dan de Belgische regering betoogt, kan uit richtlijn 90/435 – met name uit artikel 6 ervan – niet worden afgeleid dat artikel 4, lid 1, eerste streepje, van richtlijn 90/435 enkel verlangt dat dividenden die een moedermaatschappij met zetel in België van haar in andere lidstaten gevestigde dochterondernemingen ontvangt, op dezelfde manier worden behandeld als door in België gevestigde dochterondernemingen aan deze vennootschap uitgekeerde dividenden, zonder de gevolgen die de beperking van de DBI-aftrek voor de verliezen heeft te verbieden.

53. Artikel 6 van richtlijn 90/435 bepaalt immers dat indien de lidstaten, wanneer fusies, splitsingen, inbreng van activa en aandelenruil plaatsvinden tussen vennootschappen van de staat van de inbrengende vennootschap, bepalingen toepassen die de ontvangende vennootschap de mogelijkheid bieden de in fiscaal opzicht nog niet verrekende verliezen van de inbrengende vennootschap over te nemen, zij de werkingssfeer van die bepalingen moeten uitbreiden zodat de op hun grondgebied gelegen vaste inrichtingen van de ontvangende vennootschap de in fiscaal opzicht nog niet verrekende verliezen van de inbrengende vennootschap kunnen overnemen. Dit artikel heeft dus een andere materiële inhoud dan artikel 4, lid 1, eerste streepje, van richtlijn 90/435. Bovendien verwijst het geenszins naar deze laatste bepaling.

54. Evenmin kan de Belgische regering zich erop beroepen dat het door de OESO opgestelde Modelverdrag geen nauwkeurige regels bevat met betrekking tot de wijze waarop de vrijstellingsmethode moet worden toegepast, zodat de lidstaten deze toepassingsregels moeten vaststellen.

55. In dit verband volstaat het erop te wijzen dat, behoudens een uitdrukkelijke andersluidende bepaling, een gemeenschapshandeling – zoals richtlijn 90/435 – tegen de achtergrond van de communautaire rechtsbronnen en rechtsorde moet worden uitgelegd (zie in die zin arrest van 9 oktober 1973, Muras, 12/73, *Jurispr.* blz. 963, punt 7).

56. Enkel bij gebreke van communautaire unificatie- of harmonisatiemaatregelen staat het aan de lidstaten, die bevoegd blijven om door het sluiten van overeenkomsten of unilateraal de criteria voor de verdeling van hun heffingsbevoegdheid vast te stellen teneinde onder meer dubbele belasting te voorkomen, om de daartoe noodzakelijke maatregelen te treffen, waarbij zij met name de in de internationale belastingpraktijk, daaronder begrepen de door de OESO uitgewerkte modelverdragen, gehanteerde verdelingscriteria kunnen toepassen (zie in die zin arrest van 13 maart 2007, Test Claimants in the Thin Cap Group Litigation, C-524/04, *Jurispr.* blz. I-2107, punt 49 en aangehaalde rechtspraak). In casu is dit evenwel niet het geval.

57. Gelet op het voorgaande dient de gestelde vraag aldus te worden beantwoord dat artikel 4, lid 1, eerste streepje, van richtlijn 90/435 aldus moet worden uitgelegd dat het zich verzet tegen een wettelijke regeling van een lidstaat zoals die aan de orde in het hoofdgeding, die bepaalt dat de door een moedermaatschappij ontvangen dividenden in de belastbare basis van deze vennootschap worden opgenomen en daarna ten belope van 95% daarvan worden afgetrokken voor zover er voor het betrokken belastbare tijdperk na aftrek van de andere vrijgestelde winsten een positief winstsaldo overblijft.

Rechtstreekse werking van artikel 4, lid 1, van richtlijn 90/435

58. Volgens vaste rechtspraak van het Hof kunnen particulieren zich in alle gevallen waarin de bepalingen van een richtlijn inhoudelijk gezien onvoorwaardelijk en voldoende nauwkeurig zijn, voor de nationale rechterlijke instanties op die bepalingen beroepen tegenover de staat, wanneer deze hetzij heeft verzuimd de richtlijn binnen de gestelde termijn in nationaal recht om te zetten, hetzij dit op onjuiste wijze heeft gedaan (zie onder meer arresten van 19 november 1991, Francovich e.a., C-6/90 en C-9/90, *Jurispr.* blz. I-5357, punt 11; 11 juli 2002, Marks & Spencer, C-62/00, *Jurispr.* blz. I-6325, punt 25, en 5 oktober 2004, Pfeiffer e.a., C-397/01-C-403/01, *Jurispr.* blz. I-8835, punt 103).

59. De Belgische regering voert aan dat de keuze die de lidstaten in artikel 4, lid 1, van richtlijn 90/435 wordt gelaten met betrekking tot de modaliteiten inzake de fiscale behandeling van de aan een moedermaatschappij door haar dochteronderneming uitgekeerde winsten, alsook de ontoereikende nauwkeurigheid van deze modaliteiten en van hun draagwijdte, meebrengen dat deze bepaling niet onvoorwaardelijk is of althans onvoldoende nauwkeurig is om rechtstreekse werking te kunnen hebben.

60. Deze bepaling kan volgens de Belgische regering hooguit als onvoorwaardelijk en voldoende nauwkeurig worden beschouwd met betrekking tot het minimumresultaat dat wordt gegarandeerd bij de uitvoering van elke methode die zij toelaat.

61. In dit verband volgt uit vaste rechtspraak van het Hof dat de aan de lidstaten verleende bevoegdheid om ter bereiking van het door een richtlijn voorgeschreven resultaat uit een veelheid van alternatieven te kiezen, voor particulieren niet de mogelijkheid uitsluit om zich voor de nationale rechterlijke instanties te beroepen op rechten waarvan de inhoud enkel aan de hand van de bepalingen van de richtlijn met voldoende nauwkeurigheid kan worden vastgesteld (zie onder meer arresten Francovich e.a., reeds aangehaald, punt 17, en arrest van 17 juli 2008, Flughafen Köln/Bonn, C-226/07, nog niet gepubliceerd in de *Jurisprudentie*, punt 30).

62. In casu hoeft evenwel niet te worden geverifieerd of, ondanks de keuzemogelijkheid die de lidstaten door artikel 4, lid 1, van richtlijn 90/435 wordt gelaten, de krachtens deze bepaling aan particulieren verleende minimumrechten kunnen worden bepaald.

63. Aangezien uit het dossier blijkt dat het Koninkrijk België voor het systeem van artikel 4, lid 1, eerste streepje, van richtlijn 90/435 heeft gekozen, hoeft immers enkel te worden geverifieerd of deze bepaling onvoorwaardelijk en voldoende nauwkeurig is om voor de nationale rechterlijke instanties te kunnen worden ingeroepen.

64. De in artikel 4, lid 1, eerste streepje, van richtlijn 90/435 neergelegde verplichting om zich te onthouden van het belasten van de door een dochteronderneming aan haar moedermaatschappij uitgekeerde winsten, is ondubbelzinnig en onvoorwaardelijk en voor haar uitvoering of werking niet afhankelijk van een handeling van de gemeenschapsinstellingen of van de lidstaten.

65. Hieruit volgt dat artikel 4, lid 1, eerste streepje, van richtlijn 90/435 onvoorwaardelijk en voldoende nauwkeurig is om voor de nationale rechterlijke instanties te kunnen worden ingeroepen.

Verzoek om de gevolgen van het arrest te beperken in de tijd

66. De Belgische regering heeft in haar schriftelijke opmerkingen het Hof verzocht, ingeval het artikel 4, lid 1, van richtlijn 90/435 aldus zou uitleggen dat deze bepaling zich verzet tegen een nationale wettelijke regeling als het DBI-stelsel, de gevolgen van zijn arrest te beperken in de tijd.

67. Ter onderbouwing van haar verzoek heeft deze regering zich beroepen op het gewettigd vertrouwen dat zij mocht hebben, daar de Commissie het DBI-stelsel impliciet zou hebben goedgekeurd, op de onduidelijkheid omtrent de draagwijdte van artikel 4, lid 1, op het ontbreken van rechtspraak op dit punt, alsook op de budgettaire impact van een eventuele onverenigbaarheid van de Belgische regeling met richtlijn 90/435.

68. Volgens vaste rechtspraak kan het Hof slechts in zeer uitzonderlijke gevallen uit hoofde van een aan de communautaire rechtsorde inherent algemeen beginsel van rechtszekerheid besluiten om beperkingen te stellen aan de mogelijkheid voor iedere belanghebbende om met een beroep op een door het Hof uitgelegde bepaling te goeder trouw tot stand gekomen rechtsbetrekkingen opnieuw in geding te brengen. Tot een dergelijke beperking kan slechts worden besloten indien is voldaan aan twee essentiële criteria, te weten de goede trouw van de belanghebbende kringen en het gevaar voor ernstige verstoringen (zie arrest van 18 januari 2007, Brzezinski, C-313/05, *Jurispr.* blz. I-513, punt 56 en aangehaalde rechtspraak).

69. Zonder dat de argumenten van de Belgische regering betreffende het gewettigd vertrouwen hoeven te worden onderzocht, kan worden volstaan met vast te stellen dat, zoals de advocaat-generaal in punt 36 van haar conclusie heeft opgemerkt, deze regering in haar schriftelijke opmerkingen of ter terechtzitting niet heeft getracht aan te tonen dat er een gevaar voor ernstige economische repercussies bestaat.

70. Bijgevolg hoeven de gevolgen van het onderhavige arrest niet te worden beperkt in de tijd.

Kosten

71. ...

HET HOF VAN JUSTITIE (Eerste kamer)

verklaart voor recht:

Artikel 4, lid 1, eerste streepje, van richtlijn 90/435/EEG van de Raad van 23 juli 1990 betreffende de gemeenschappelijke fiscale regeling voor moedermaatschappijen en dochterondernemingen uit verschillende lidstaten, moet aldus worden uitgelegd dat het zich verzet tegen een wettelijke regeling van een lidstaat zoals die aan de orde in het hoofdgeding, die bepaalt dat de door een moedermaatschappij ontvangen dividenden in de belastbare basis van deze vennootschap worden opgenomen en daarna ten belope van 95% daarvan worden afgetrokken voor zover er voor het betrokken belastbare tijdperk na aftrek van de andere vrijgestelde winsten een positief winstsaldo overblijft.

Artikel 4, lid 1, eerste streepje, van richtlijn 90/435 is onvoorwaardelijk en voldoende nauwkeurig om voor de nationale rechterlijke instanties te kunnen worden ingeroepen.

HvJ EG 12 februari 2009, zaak C-67/08 (Margarete Block v. Finanzamt Kaufbeuren)

Derde kamer: *A. Rosas, kamerpresident, A. Ó Caoimh (rapporteur), J. N. Cunha Rodrigues, J. Klučka en A. Arabadjiev, rechters*
Advocaat-generaal: *J. Mazák*

Samenvatting arrest *(V-N 2009/21.22)*

Mw. Margarete Block, woonachtig in Duitsland, is de enige erfgename van een in 1999 overleden erflaatster die eveneens in Duitsland woonachtig was. Tot de nalatenschap behoren banktegoeden bij financiële instellingen in Spanje. Over deze banktegoeden zijn Spaanse successierechten geheven. Deze Spaanse successierechten zijn niet verrekenbaar met de Duitse successierechten over de gehele nalatenschap, zodat met betrekking tot de banktegoeden sprake is van dubbele heffing van successierechten.

Het Hof van Justitie EG antwoordt in reactie op prejudiciële vragen van het Bundesfinanzhof dat de uitsluiting van verrekening van Spaanse successierechten niet in strijd is met het vrije kapitaalverkeer van art. 56 EG-verdrag. Het gemeenschapsrecht kent thans immers geen verplichting tot voorkoming van de onderhavige dubbele heffing van successierechten die het gevolg is van parallelle uitoefening door Spanje en Duitsland van hun fiscale bevoegdheid met betrekking tot in casu banktegoeden bij Spaanse financiële instellingen. Overigens heeft de Duitse belastingdienst wel toegestaan dat de Spaanse successierechten als schuld in mindering op de nalatenschap werd gebracht.

HET HOF VAN JUSTITIE (Derde kamer)

verklaart voor recht:

De artikelen 56 EG en 58 EG moeten aldus worden uitgelegd dat zij zich niet verzetten tegen een regeling van een lidstaat als die in het hoofdgeding, in het kader waarvan de door een in deze lidstaat ingezeten erfgenaam verschuldigde successierechten over banktegoeden bij een financiële instelling in een andere lidstaat, worden berekend zonder dat, wanneer de erflater bij zijn overlijden in de eerste lidstaat woonde, met de in deze lidstaat verschuldigde successierechten de in de andere lidstaat betaalde successierechten worden verrekend.

CE Cour de Justice 23 april 2009, zaak C-406/07 (Commission des Communautés européennes contre République hellénique)

Derde kamer: *A. Rosas (rapporteur), kamerpresident, A. Ó Caoimh, J. N. Cunha Rodrigues, U. Lõhmus en A. Arabadjiev, rechters*

Advocaat-generaal: *J. Kokott*

Samenvatting arrest

Binnenlandse dividenden ontvangen door een inwoner van Griekenland zijn onbelast, terwijl buitenlandse dividenden wel in de heffing worden betrokken: beperking van de vrijheden van vestiging en kapitaalverkeer.

LA COUR (Troisième Chambre)

déclare et arrête:

En appliquant aux dividendes d'origine étrangère un système fiscal moins favorable qu'aux dividendes d'origine nationale, la République hellénique a manqué aux obligations qui lui incombent en vertu des articles 43 CE et 56 CE ainsi que des articles correspondants de l'accord sur l'Espace économique européen, du 2 mai 1992, à savoir les articles 31 et 40 de celui-ci.

En maintenant en vigueur les dispositions du code de l'impôt sur le revenu (loi 2238/1994, telle que modifiée par la loi 3296/2004), par lequel les sociétés de personnes étrangères sont plus lourdement imposées en Grèce que les sociétés de personnes nationales, la République hellénique a manqué aux obligations qui lui incombent en vertu des articles 43 CE et 31 de l'accord sur l'Espace économique européen.

HvJ EG 23 april 2009, zaak C-544/07 (Uwe Rüffler v. Dyrektor Izby Skarbowej we Wroclawiu Osrodek Zamiejscowy w Walbrzychu)

Derde kamer: *A. Rosas (rapporteur), kamerpresident, J. Klučka, U. Lõhmus, P. Lindh en A. Arabadjiev, rechters*

Advocaat-generaal: *P. Mengozzi*

Samenvatting arrest

Geding tussen Rüffler, een Duitse onderdaan met woonplaats in Polen, en de Dyrektor Izby Skarbowej we Wroclawiu Osrodek Zamiejscowy w Walbrzychu (directeur van de financiële kamer Wroclaw, kantoor Walbrzych; hierna: 'Dyrektor') inzake de weigering van de Poolse belastingautoriteit om Rüffler een vermindering van de inkomstenbelasting toe te kennen in verband met de door hem in een andere lidstaat betaalde ziekteverzekeringspremies, terwijl een dergelijke vermindering wel wordt toegekend aan een belastingplichtige waarvan de ziekteverzekeringspremies in Polen zijn betaald.

HET HOF VAN JUSTITIE (Derde kamer)

verklaart voor recht:

Artikel 18, lid 1, EG staat in de weg aan een regeling van een lidstaat, volgens welke de betaalde ziekteverzekeringspremies slechts in mindering mogen worden gebracht op de inkomstenbelasting indien deze premies in deze lidstaat op basis van nationaal recht werden betaald, en waardoor de toekenning van een dergelijk belastingvoordeel wordt geweigerd wanneer de premies die kunnen worden afgetrokken van de in deze lidstaat verschuldigde inkomstenbelasting, worden betaald in het kader van een wettelijk ziekteverzekeringsstelsel van een andere lidstaat.

HvJ EG 4 juni 2009, gevoegde zaken C-439/07 en C-499/07 (Belgische Staat v. KBC Bank NV, en Beleggen, Risicokapitaal, Beheer NV v. Belgische Staat)

Vijfde kamer: *M. Ilešič, kamerpresident, A. Borg Barthet en E. Levits (rapporteur), rechters*

Advocaat-generaal: *V. Trstenjak*

Extension of Cobelfret to dividends received from domestic subsidiaries and mird country subsidiaries

On 4 June 2009, the ECJ ruled in the joined cases KBC Bank (C-439/07) and Beleggen, Risicokapitaal, Beheer (C-499/07) concerning the Belgian dividend participation exemption.

Belgian legislation provides that dividends received by a parent company from its subsidiary are first included in the taxable base of the parent company and subsequently deducted from this taxable base up to 95% ('Dividend Received Deduction' or 'DRD'). The DRD, however, is limited to the positive taxable base of the parent company after deduction of other exempted profits or tax deductible expenses. Unused DRD cannot be carried forward. Hence, the Belgian participation exemption regime only allows a parent company to benefit from a full exemption of the dividends received if, during the same tax period, it has not realised losses or borne tax-deductible expenses exceeding the taxable 5% of the dividend received.

The Brussels Court of Appeal and the Court of First Instance of Bruges referred four preliminary questions to the ECJ. The first question was whether Article 4 (1) of the Parent-Subsidiary Directive precludes Belgian legislation limiting the benefit of the participation exemption for dividends received from subsidiaries resident in another Member State to the amount of taxable profit after deduction of other exempted profits or tax deductible expenses. In this regard, the ECJ referred to its decision in the Cobelfret case (C-138/07), where it decided that Article 4 (1) of the Parent-Subsidiary Directive precludes the Belgian dividend participation exemption regime.

If the answer to the first question was that Article 4 (1) of the Parent-Subsidiary Directive precludes the Belgian dividend participation exemption regime, the second question was whether Article 4 (1) of the Parent-Subsidiary Directive then also precludes legislation that limits the benefit of the participation exemption regime in the same way when it concerns a domestic situation. The ECJ decided that, when domestic legislation extends the EC systems (such as the dividend participation exemption regime) to purely domestic situations, it is for the national court to decide on the exact scope of this extension. Hence, the question referred should be assessed by the national courts.

If the answer to the first two questions was that the Belgian dividend participation exemption regime is contrary to Article 4 (1) of the Parent-Subsidiary Directive, the third question posed by the national court was whether Article 56 EC precludes Belgium from applying the participation exemption regime to dividends received from subsidiaries in non-EU countries. According to the ECJ, it is up to the national courts to examine whether Article 56 EC is applicable and, if it is applicable, whether it precludes legislation that treats dividends received from a non-EU subsidiary less favourably than dividends received from an EU subsidiary.

Finally, with the fourth question, the national court asked the ECJ whether Article 43 EC precludes national legislation that entirely exempts profits generated by a non-Belgian permanent establishment whereas it limits the participation exemption for dividends received from a non-Belgian subsidiary. The ECJ decided that Article 43 EC does not preclude such legislation as the referring courts do not demonstrate that a Belgian parent company is treated less favourably when receiving dividends from a non-Belgian subsidiary than when receiving dividends from a Belgian subsidiary. Nor it is proven that a Belgian parent company is treated less favourably when receiving dividends from a non-Belgian permanent establishment than when receiving dividends from a Belgian permanent establishment.

Bovenstaande samenvatting (uit EU Tax Alert) werd beschikbaar gesteld door Loyens & Loeff.

HvJ EG 11 juni 2009, zaak C-429/07 (Inspecteur van de Belastingdienst v. X BV)

Vierde kamer: *K. Lenaerts, kamerpresident, T. von Danwitz, E. Juhász (rapporteur), G. Arestis en J. Malenovský, rechters*
Advocaat-generaal: *P. Mengozzi*

Commission is permitted to submit on its own initiative written observations to a national court regarding tax deductibility of fine imposed for infringement of EC competition law

On 11 June 2009, the ECJ rendered its judgment in the X BV case (C-429/07), concerning the interpretation of Article 15(3) of Council Regulation (EC) No 1/2003 of 16 December 2002 on the implementation of the rules on competition laid down in

Articles 81 and 82 EC. The question in this case is whether the Commission is competent to submit, on its own initiative, written observations in proceedings relating to the deductibility from the (taxable) profit realised by the party concerned in 2002 of a fine for infringement of Community competition law, which was imposed by the Commission on X KG and (partially) passed on to the party concerned.

The ECJ observed that a literal interpretation of the first subparagraph of Article 15(3) of Regulation No 1/2003 leads to the conclusion that the option for the Commission, acting on its own initiative, to submit written observations to courts of the Member States is subject to the sole condition that the coherent application of Articles 81 or 82 EC so requires, even if the proceedings concerned do not pertain to issues relating to the application of Article 81 or 82 EC. The ECJ further noted that the provisions of Articles 81 and 82 EC would be ineffective if they were not accompanied by enforcement measures provided for in Article 83(2)(a) EC.

The ECJ went on to conclude that, in the circumstances of the action in the main proceedings, it is quite clear that the outcome of the dispute relating to the tax deductibility of part of a fine imposed by the Commission is capable of impairing the effectiveness of the penalty imposed by the Community competition authority. It follows from all of the foregoing that the third sentence of the first subparagraph of Article 15(3) of Regulation No 1/2003 must be interpreted as meaning that it permits the Commission to submit, on its own initiative, written observations to a national court of a Member State in proceedings relating to the deductibility from taxable profits of the amount of a fine or a part thereof imposed by the Commission for infringement of Articles 81 or 82 EC.

Bovenstaande samenvatting (uit EU Tax Alert) werd beschikbaar gesteld door Loyens & Loeff.

HvJ EG 11 juni 2009, zaak C-521/07 (Commissie van de Europese Gemeenschappen v. Koninkrijk der Nederlanden)

Tweede kamer: *C. W. A. Timmermans, kamerpresident, J.-C. Bonichot (rapporteur), K. Schiemann, L. Bay Larsen en C. Toader, rechters*

Advocaat-generaal: *D. Ruiz-Jarabo Colomer*

1. De Commissie van de Europese Gemeenschappen verzoekt het Hof vast te stellen dat het Koninkrijk der Nederlanden, door dividenden uitbetaald aan vennootschappen gevestigd in Noorwegen of IJsland niet onder dezelfde voorwaarden vrij te stellen van inhouding van bronbelasting op dividenden als dividenden uitbetaald aan Nederlandse vennootschappen, de verplichtingen niet is nagekomen die op hem rusten krachtens artikel 40 van de Overeenkomst betreffende de Europese Economische Ruimte van 2 mei 1992 (*PB* 1994, L 1, blz. 3; hierna: 'EER-Overeenkomst').

Toepasselijke bepalingen

EER-Overeenkomst en gemeenschapsrecht

2. Artikel 40 van de EER-Overeenkomst luidt:

'In het kader van de bepalingen van deze Overeenkomst zijn er tussen de overeenkomstsluitende partijen geen beperkingen van het verkeer van kapitaal toebehorende aan personen die woonachtig of gevestigd zijn in de lidstaten van de [Europese Gemeenschap] of de [staten van de Europese Vrijhandelsassociatie (EVA)] en is er geen discriminerende behandeling op grond van de nationaliteit of van de vestigingsplaats van partijen of op grond van het gebied waar het kapitaal wordt belegd. Bijlage XII bevat de bepalingen die nodig zijn voor de tenuitvoerlegging van dit artikel.'

3. Bovengenoemde bijlage XII, met het opschrift 'Vrij verkeer van kapitaal', verwijst naar richtlijn 88/361/EEG van de Raad van 24 juni 1988 voor de uitvoering van artikel 67 van het Verdrag (*PB* L 178, blz. 5).

4. Artikel 1, lid 1, van die richtlijn bepaalt:

'Onverminderd de hierna volgende bepalingen heffen de lidstaten de beperkingen op met betrekking tot het kapitaalverkeer tussen ingezetenen van de lidstaten. [...]'

5. Artikel 4 van diezelfde richtlijn luidt:

'De bepalingen van deze richtlijn doen niets af aan het recht van de lidstaten de nodige maatregelen te nemen om overtredingen van hun wettelijke en bestuursrechtelijke voorschriften tegen te gaan, met name op fiscaal gebied [...].

De toepassing van deze maatregelen en procedures mag niet leiden tot een belemmering van kapitaalverkeer dat conform het gemeenschapsrecht geschiedt.'

Nationale regeling

6. Artikel 1, lid 1, van de Wet op de dividendbelasting van 23 december 1965 (hierna: 'Wet DB') bepaalt:

'Onder de naam 'dividendbelasting' wordt een directe belasting geheven van degenen, die – rechtstreeks of door middel van certificaten – gerechtigd zijn tot de opbrengst van aandelen in, en winstbewijzen van en geldleningen als bedoeld in artikel 10, eerste lid, onderdeel d, van de Wet op de vennootschapsbelasting 1969 [hierna: 'Wet Vpb'] aan in Nederland gevestigde naamloze vennootschappen, besloten vennootschappen met beperkte aansprakelijkheid, open commanditaire vennootschappen en andere vennootschappen welker kapitaal geheel of ten dele in aandelen is verdeeld.'

7. In artikel 4 van de Wet DB wordt bepaald:

'1. Inhouding van de belasting mag achterwege blijven ten aanzien van opbrengsten van aandelen, winstbewijzen en geldleningen als bedoeld in artikel 10, eerste lid, onderdeel d, van de [Wet Vpb], indien:

a. de deelnemingsvrijstelling, bedoeld in artikel 13 van de [Wet Vpb], of de deelnemingsverrekening, bedoeld in artikel 13aa van die wet, van toepassing is op de voordelen die de tot de opbrengst gerechtigde uit die aandelen, winstbewijzen en geldleningen geniet en de deelneming behoort tot het vermogen van zijn in Nederland gedreven onderneming; [...]

2. Inhouding van belasting blijft achterwege ten aanzien van de opbrengsten van aandelen, winstbewijzen en geldleningen als bedoeld in artikel 10, eerste lid, onderdeel d, van de [Wet Vpb], indien de opbrengst-

gerechtigde een in een andere lidstaat van de Europese Unie gevestigd lichaam is en aan de volgende voorwaarden is voldaan:

1° de opbrengstgerechtigde en de inhoudingsplichtige hebben één van de in de bijlage bij de richtlijn 90/435/EEG van de Raad van de Europese Gemeenschappen van 23 juli 1990 betreffende de gemeenschappelijke fiscale regeling voor moedermaatschappijen en dochterondernemingen uit verschillende lidstaten [*PB* L 225, blz. 6], opgenomen [rechtsvormen], of een bij ministeriële regeling aangewezen rechtsvorm;

2° de opbrengstgerechtigde is op het tijdstip waarop de opbrengst ter beschikking wordt gesteld voor ten minste 5 percent van het nominaal gestorte kapitaal aandeelhouder van de inhoudingsplichtige of heeft op dat tijdstip een belang in de inhoudingsplichtige waarop artikel 13, vijfde of veertiende lid, van de [Wet Vpb], van toepassing zou zijn zo hij in Nederland zou zijn gevestigd;

3° de opbrengstgerechtigde en de inhoudingsplichtige zijn in de lidstaat van vestiging zonder keuzemogelijkheid en zonder ervan te zijn vrijgesteld, onderworpen aan de aldaar geheven belasting naar de winst als bedoeld in artikel 2, onderdeel c, van die richtlijn;

4° de opbrengstgerechtigde en de inhoudingsplichtige worden in de lidstaat van vestiging niet geacht volgens een met een derde staat gesloten verdrag ter voorkoming van dubbele belasting buiten de lidstaten van de Europese Unie te zijn gevestigd;

[...]'

8. Artikel 13 van de Wet Vpb bepaalt:

'1. Bij het bepalen van de winst blijven buiten aanmerking de voordelen uit hoofde van een deelneming, alsmede de kosten ter zake van de verwerving of de vervreemding van die deelneming (deelnemingsvrijstelling).

2. Van een deelneming is sprake indien de belastingplichtige:

a. voor ten minste 5% van het nominaal gestorte kapitaal aandeelhouder is van een vennootschap waarvan het kapitaal geheel of ten dele in aandelen is verdeeld;

[...]'

9. Wat de in IJsland of Noorwegen gevestigde vennootschappen betreft, kent de Nederlandse wetgeving geen specifieke bepaling die rekening houdt met het feit dat zij een beroep kunnen doen op artikel 40 van de EER-Overeenkomst. Het is op basis van bilaterale overeenkomsten ter vermijding van dubbele belastingheffing die zijn gesloten tussen deze staten, die partij zijn bij de EER-Overeenkomst, dat de dividendbelasting niet wordt geheven in geval van deelneming in het kapitaal van een Nederlandse vennootschap van ten minste 10% (artikel 10 van de Overeenkomst tussen het Koninkrijk der Nederlanden en de Republiek IJsland met betrekking tot belastingen naar het inkomen en naar het vermogen, ondertekend op 25 september 1997) of van ten minste 25% (artikel 10 van de Overeenkomst tussen het Koninkrijk der Nederlanden en het Koninkrijk Noorwegen met betrekking tot belastingen naar het inkomen en naar het vermogen, ondertekend op 12 januari 1990).

Precontentieuze procedure

10. Aangezien de Commissie van mening was dat in Nederland dividenden uitbetaald aan in die lidstaat gevestigde vennootschappen gunstiger werden behandeld dan dividenden uitbetaald aan vennootschappen gevestigd in andere lidstaten en in staten van de Europese Economische Ruimte (EER), en dat, dientengevolge, het Koninkrijk der Nederlanden niet voldeed aan de verplichtingen die op hem rusten krachtens artikel 56 EG en artikel 40 van de EER-Overeenkomst, heeft zij deze lidstaat bij aanmaningsbrief van 18 oktober 2005 om uitleg verzocht.

11. Daar het Koninkrijk der Nederlanden zich had beperkt tot het formuleren van voorlopige antwoorden, zonder op de inhoudelijke aspecten van de zaak in te gaan, heeft de Commissie op 6 juli 2006 een met redenen omkleed advies uitgebracht, waarin zij dezelfde grieven herhaalde, en waarbij zij deze lidstaat uitnodigde de nodige maatregelen te nemen om binnen een termijn van twee maanden vanaf de ontvangst ervan gevolg te geven aan dit advies.

12. Voornoemde lidstaat heeft hierop geantwoord bij brief van 7 september 2006, waarbij hij preciseerde dat de Wet DB met ingang van 1 januari 2007 zou worden aangepast met betrekking tot dividenden die worden uitbetaald aan in een van de andere lidstaten van de Gemeenschap gevestigde vennootschappen. Deze wijziging, die plaats heeft gevonden vóór de indiening van het onderhavige verzoekschrift, heeft geleid tot de vaststelling van artikel 4, lid 2, van de Wet DB zoals weergegeven in punt 7 van het onderhavige arrest.

13. Het Koninkrijk der Nederlanden betoogt daarentegen dat, wat de gestelde inbreuk op artikel 40 van de EER-Overeenkomst betreft, de betrokken Nederlandse wettelijke regeling geen belemmering inhoudt van het vrije verkeer van kapitaal en dat, zo dit wel het geval is, deze belemmering gerechtvaardigd is.

14. Hoewel de Commissie erkent dat de wijziging van artikel 4 van de Wet DB ervoor heeft gezorgd dat de Nederlandse wettelijke regeling, wat de vennootschappen betreft die zijn gevestigd in andere lidstaten van de Gemeenschap, verenigbaar is met het Verdrag, heeft zij besloten om de niet-nakomingsprocedure voort te zetten en het onderhavige beroep in te stellen met betrekking tot de grief inzake een niet-nakoming van artikel 40 van de EER-Overeenkomst.

Het beroep

Argumenten van partijen

15. De Commissie betoogt dat het Hof in het arrest van 23 september 2003, Ospelt en Schlössle Weissenberg (C-452/01, *Jurispr.* blz. I-9743, punten 28, 29 en 32) heeft geoordeeld dat artikel 40 van de EER-Overeenkomst en bijlage XII daarbij, dezelfde juridische strekking hebben als de in wezen identieke bepalingen van artikel 56 EG. Zij wijst er bovendien op dat het EVA-Hof in de arresten van 23 november 2004, Fokus Bank/Norway (E-1/04, EFTA Court Report, blz. 22, punt 23), en 1 juli 2005, Paolo Piazza (E-10/04, EFTA Court Report, blz. 100, punt 33), tot dezelfde conclusie is gekomen.

16. Zij is van mening dat de Nederlandse wettelijke regeling een discriminatie creëert tussen de fiscale behandeling van dividenden uitbetaald aan een vennootschap gevestigd in Nederland of – thans ook – in een andere lidstaat van de Gemeenschap, en die van dividenden uitbetaald aan een vennootschap gevestigd in IJsland of Noorwegen.

17. Zij merkt namelijk op dat dividenden van een Nederlandse vennootschap die worden uitbetaald aan een andere Nederlandse vennootschap of aan een in een andere lidstaat van de Gemeenschap gevestigde vennootschap, worden vrijgesteld van inhouding van bronbelasting op dividenden bij de eerste vennootschap, indien de tweede vennootschap ten minste 5% van het kapitaal van de eerste bezit, terwijl dividenden van een Nederlandse vennootschap uitbetaald aan een vennootschap gevestigd in IJsland of Noorwegen daarvan niet worden vrijgesteld, tenzij die vennootschap ten minste 10% (voor IJslandse vennootschappen) of 25% (voor Noorse vennootschappen) van het kapitaal van de betrokken Nederlandse vennootschap bezit.

18. Deze discriminatie maakt inbreuk op het beginsel van vrij verkeer van kapitaal, aangezien zij het voor vennootschappen gevestigd in IJsland of Noorwegen minder voordelig maakt om in Nederlandse vennootschappen te investeren dan voor vennootschappen die zijn gevestigd in Nederland of in andere lidstaten van de Gemeenschap. Zij maakt het bovendien moeilijker voor een Nederlandse vennootschap om kapitaal uit IJsland en Noorwegen aan te trekken dan uit Nederland of een andere lidstaat van de Gemeenschap.

19. De Commissie beklemtoont dat het Hof reeds heeft geoordeeld dat een dergelijke discriminatie in strijd is met artikel 56 EG, en wel in het arrest van 8 november 2007, Amurta (C-379/05, *Jurispr.* blz. I-9569, punt 28), dat aan vennootschappen in andere lidstaten uitbetaalde dividenden betrof die, in de voor de zaak die tot dat arrest heeft geleid relevante periode, niet op dezelfde wijze waren vrijgesteld als aan Nederlandse vennootschappen uitbetaalde dividenden.

20. Net als in die zaak kan de in casu aan de orde zijnde fiscale regeling slechts verenigbaar met het gemeenschapsrecht, en bijgevolg met de EER-Overeenkomst, worden geacht indien het verschil in behandeling dat zij met zich meebrengt, betrekking heeft op situaties die niet objectief vergelijkbaar zijn, of wordt gerechtvaardigd door een dwingende reden van algemeen belang.

21. De Commissie stelt dat de situatie van IJslandse en Noorse vennootschappen ten aanzien van de risico's van dubbele belasting van de winsten van Nederlandse vennootschappen waarvan zij een deel van het kapitaal bezitten, objectief vergelijkbaar is met die van Nederlandse vennootschappen, hetgeen het Koninkrijk der Nederlanden betwist.

22. Uit de rechtspraak van het Hof volgt dat maatregelen die ertoe strekken in een dergelijke situatie dubbele belastingheffing te voorkomen, moeten worden uitgebreid tot alle buitenlandse vennootschappen die zich kunnen beroepen op de bepalingen inzake het vrije verkeer van kapitaal. De Commissie wijst in dit verband op het arrest van 14 december 2006, Denkavit Internationaal en Denkavit France (C-170/05, *Jurispr.* blz. I-11949, punt 37).

23. De Commissie erkent dat de nationale wetgever maatregelen mag nemen om misbruik van de vrijheden van de interne markt tegen te gaan, met name wat het vrije verkeer van kapitaal betreft, en wel krachtens artikel 58 EG en, in casu, artikel 4 van richtlijn 88/361, genoemd in bijlage XII bij de EER-Overeenkomst, volgens hetwelk de lidstaten het recht hebben 'alle nodige maatregelen te nemen om overtredingen van de nationale wetten en voorschriften tegen te gaan'.

24. Dergelijke maatregelen dienen evenwel evenredig te zijn aan het nagestreefde doel. Het Koninkrijk der Nederlanden geeft echter niet aan welke misbruiken zouden moeten worden tegengegaan door de weigering om de uitbetaling van dividenden aan vennootschappen gevestigd in Noorwegen of IJsland vrij te stellen van inhouding van bronbelasting op dividenden.

25. Het Koninkrijk der Nederlanden betoogt dat de verplichtingen die voortvloeien uit het vrije verkeer van kapitaal tussen de lidstaten van de Gemeenschap niet zonder meer kunnen worden toegepast op de betrekkingen tussen die staten en de EVA-lidstaten, zoals de Republiek IJsland en het Koninkrijk Noorwegen. Dit volgt uit het feit dat richtlijn 77/799/EG van de Raad van 19 december 1977 betreffende de wederzijdse bijstand van de bevoegde autoriteiten van de lidstaten op het gebied van de directe belastingen (*PB* L 336, blz. 15), zoals gewijzigd bij richt-

lijn 2004/106/EG van de Raad van 16 november 2004 (*PB* L 359, blz. 30; hierna: 'richtlijn 77/799') in de twee laatstgenoemde staten niet van toepassing is.

26. Het Koninkrijk der Nederlanden is van mening dat het bestrijden van de risico's van belastingfraude en misbruik niet de enige rechtvaardiging vormt voor het in de Nederlandse wettelijke regeling opgenomen verschil in behandeling van dividenden uitbetaald aan vennootschappen gevestigd in lidstaten van de Gemeenschap en dividenden uitbetaald aan in IJsland of Noorwegen gevestigde vennootschappen.

27. Naast de voorwaarde dat de deelneming ten minste 5% van het kapitaal bedraagt, moet volgens die regeling namelijk ook de ontvanger van de dividenden zelf aan twee voorwaarden voldoen om in aanmerking te komen voor de betrokken vrijstelling, die ook in zuiver binnenlandse situaties gelden en niet discriminerend zijn, aangezien de ontvanger in de eerste plaats onderworpen dient te zijn aan een belasting op de winst en in de tweede plaats de uiteindelijke ontvanger van de dividenden moet zijn.

28. Of aan deze voorwaarden is voldaan, kan tussen de lidstaten eenvoudig worden gecontroleerd dankzij het dwingende karakter van richtlijn 77/799, terwijl de bilaterale verdragen met de Republiek IJsland en het Koninkrijk Noorwegen, aangezien dit geen communautaire rechtsinstrumenten zijn, noch een lidstaat noch de Commissie in staat stellen om de nakoming van de daaruit voortvloeiende verplichtingen af te dwingen bij het Hof.

29. Het Koninkrijk der Nederlanden is dan ook van mening dat het ontbreken van een communautair rechtsinstrument in zijn relatie tot de Republiek IJsland en het Koninkrijk Noorwegen een rechtvaardiging vormt voor de verschillen tussen de voorwaarden voor toekenning van de vrijstelling van inhouding van bronbelasting op dividenden voor deelnemingen in het bezit van vennootschappen die in deze twee staten zijn gevestigd.

30. Op dit punt benadrukt de Commissie daarentegen het feit dat de betrokken bilaterale verdragen juridisch bindend zijn voor de genoemde staten. Hoewel het moeilijker is om eerbiediging van deze volkenrechtelijke verplichtingen af te dwingen dan om, in het kader van de Gemeenschap, de verplichtingen te doen nakomen die voortvloeien uit het gemeenschapsrecht, betekent dit echter niet dat deze verdragen niet relevant zijn in het kader van de vraag of de discriminatie van Noorse en IJslandse vennootschappen wel evenredig is aan het nagestreefde doel, te weten de inning van dividendbelasting.

31. Bovendien toont het Koninkrijk der Nederlanden niet aan, en stelt het zelfs niet, dat de Republiek IJsland of het Koninkrijk Noorwegen de uit die verdragen voortvloeiende verplichtingen niet zijn nagekomen, of zelfs dat er moeilijkheden of ongerechtvaardigde vertragingen zouden zijn bij de toepassing van deze bilaterale verdragen.

Beoordeling door het Hof

32. Een van de belangrijkste doelstellingen van de EER-Overeenkomst is een zo volledig mogelijke verwezenlijking van het vrije verkeer van goederen, personen, diensten en kapitaal in de gehele EER, zodat de op het grondgebied van de Gemeenschap verwezenlijkte interne markt wordt uitgebreid naar de EVA-staten. In die optiek streven meerdere bepalingen van deze Overeenkomst ernaar een zo uniform mogelijke interpretatie ervan te waarborgen in de gehele EER (zie advies 1/92 van 10 april 1992, *Jurispr.* blz. I-2821). Het staat aan het Hof om er in dit kader over te waken dat de regels van de EER-Overeenkomst, die in wezen gelijk zijn aan deze van het Verdrag, uniform worden uitgelegd in de lidstaten (arrest Ospelt en Schlössle Weissenberg, reeds aangehaald, punt 29).

33. Hieruit volgt dat de beperkingen van het vrije verkeer van kapitaal tussen ingezetenen van staten die partij zijn bij de EER-Overeenkomst, weliswaar moeten worden getoetst aan artikel 40 en bijlage XII bij deze Overeenkomst, doch dat deze bepalingen dezelfde juridische strekking hebben als de in wezen identieke bepalingen van artikel 56 EG (zie in die zin arrest Ospelt en Schlössle Weissenberg, reeds aangehaald, punt 32).

34. Bovendien blijven de lidstaten bij gebreke van communautaire unificatie- of harmonisatiemaatregelen bevoegd om, met inachtneming van het gemeenschapsrecht, door het sluiten van overeenkomsten of unilateraal, de criteria voor de verdeling van hun heffingsbevoegdheid vast te stellen teneinde, met name, dubbele belastingheffing af te schaffen (zie in die zin arrest Amurta, reeds aangehaald, punten 16 en 17).

35. Deze bevoegdheid betekent evenwel niet dat zij maatregelen mogen treffen die in strijd zijn met de door het Verdrag of door overeenkomende bepalingen van de EER-Overeenkomst gewaarborgde vrijheden van verkeer (zie in die zin arrest Amurta, reeds aangehaald, punt 24).

36. In casu voorzien de artikelen 4 en 4a van de Wet DB juncto artikel 13 van de Wet Vpb in een vrijstelling van inhouding van bronbelasting op dividenden voor ontvangende vennootschappen waarvan de zetel zich in een lidstaat bevindt. Overeenkomstig artikel 4, lid 2, 2°, van de Wet DB is de vrijstelling van toepassing op dividenden die worden uitbetaald aan vennootschappen waarvan de zetel zich in een andere lidstaat bevindt en die in het bezit zijn van aandelen die ten minste 5% van het nominaal gestorte kapitaal van de ingezeten uitkerende vennootschap vertegenwoordigen.

37. Op basis van de verdragen ter voorkoming van dubbele belastingheffing die het Koninkrijk der Nederlanden heeft gesloten met de Republiek IJsland en het Koninkrijk Noorwegen, die EER-staten zijn, kan de vrijstelling van

inhouding van bronbelasting op dividenden enkel worden toegepast op dividenden uitbetaald aan IJslandse of Noorse vennootschappen, indien deze vennootschappen ten minste 10%, respectievelijk 25% van de aandelen van de Nederlandse uitkerende vennootschap in bezit hebben. In dit verband moet worden vastgesteld dat deze vennootschappen, in tegenstelling tot vennootschappen waarvan de zetel zich in een lidstaat bevindt, dus niet worden beschermd tegen het risico van dubbele belastingheffing, wanneer zij meer dan 5%, doch minder dan 10% respectievelijk 25% van de aandelen van de Nederlandse uitkerende vennootschap bezitten.

38. Dit verschil tussen de fiscale voorschriften die van toepassing zijn op, enerzijds, vennootschappen gevestigd in lidstaten van de Gemeenschap en, anderzijds, vennootschappen gevestigd in de twee betrokken EER-staten, die zich op dezelfde wijze kunnen beroepen op artikel 40 van de EER-Overeenkomst als eerstgenoemde vennootschappen zich kunnen beroepen op artikel 56 EG, benadeelt, wat de belastingheffing op dividenden betreft, IJslandse vennootschappen die tussen de 5% en 10% van het kapitaal van een Nederlandse vennootschap in bezit hebben en Noorse vennootschappen die tussen de 5% en 25% van dit kapitaal bezitten.

39. Een dergelijk verschil in behandeling wat de wijze van belastingheffing betreft over dividenden die worden uitbetaald aan in IJsland en Noorwegen gevestigde ontvangende vennootschappen, vergeleken met die welke worden uitbetaald aan ontvangende vennootschappen gevestigd in de lidstaten van de Gemeenschap, kan de in IJsland en Noorwegen gevestigde vennootschappen ervan doen afzien in Nederland te investeren. Dit verschil maakt het bovendien moeilijker voor een Nederlandse vennootschap om kapitaal uit IJsland en Noorwegen aan te trekken dan uit Nederland of een andere lidstaat van de Gemeenschap. Het vormt dus een beperking van het vrije kapitaalverkeer die in beginsel verboden is bij artikel 40 van de EER-Overeenkomst.

40. Evenwel moet worden nagegaan of deze beperking van het vrije kapitaalverkeer kan worden gerechtvaardigd op basis van de bepalingen van het Verdrag, die in essentie in de EER-Overeenkomst zijn overgenomen.

41. Het Koninkrijk der Nederlanden is van mening dat in IJsland en Noorwegen gevestigde ontvangende vennootschappen zich in een van de ongelijke situaties bevinden bedoeld in artikel 58, lid 1, sub a, EG, krachtens hetwelk het bepaalde in artikel 56 EG niets afdoet aan het recht van de lidstaten de ter zake dienende bepalingen van hun belastingwetgeving toe te passen die onderscheid maken tussen belastingplichtigen die niet in dezelfde situatie verkeren met betrekking tot hun vestigingsplaats.

42. Volgens vaste rechtspraak kan een nationale belastingregeling enkel verenigbaar met de verdragsbepalingen betreffende het vrije kapitaalverkeer worden geacht, indien het daaruit voortvloeiende verschil in behandeling betrekking heeft op situaties die niet objectief vergelijkbaar zijn of wordt gerechtvaardigd door een dwingende reden van algemeen belang (zie arrest Amurta, reeds aangehaald, punt 32 en aldaar aangehaalde rechtspraak).

43. Nagegaan moet dus worden of in een lidstaat gevestigde ontvangende vennootschappen, enerzijds, en in IJsland en Noorwegen gevestigde ontvangende vennootschappen, anderzijds, zich, wat de vrijstelling van inhouding van bronbelasting op dividenden betreft, in vergelijkbare situaties bevinden.

44. Het Koninkrijk der Nederlanden betoogt dat het verschil in situatie waarop het zich baseert, is gelegen in de omstandigheid dat krachtens de met de twee betrokken EER-staten gesloten bilaterale verdragen niet kan worden verzekerd dat de desbetreffende ontvangende vennootschappen daadwerkelijk voldoen aan de voorwaarden die bij artikel 4, lid 2, van de Wet DB aan de vennootschappen van de lidstaten worden gesteld, te weten, enerzijds, dat zij een van de in richtlijn 90/435 opgenomen rechtsvormen, of een bij ministeriële regeling aangewezen rechtsvorm hebben en, anderzijds, dat zij in hun lidstaat van vestiging, zonder keuzemogelijkheid en zonder ervan te zijn vrijgesteld, zijn onderworpen aan belasting over de winst.

45. Het Koninkrijk der Nederlanden baseert zijn redenering op de bepalingen van richtlijn 77/799. Krachtens die richtlijn, bedoeld om internationale belastingfraude en -ontduiking te bestrijden, moeten de bevoegde autoriteiten van de lidstaten alle inlichtingen uitwisselen die hun van nut kunnen zijn voor een juiste vaststelling van de belastingschuld op het gebied van, met name, de belastingen naar het inkomen.

46. Aangezien deze richtlijn niet van toepassing is op de Republiek IJsland en het Koninkrijk Noorwegen, stelt het Koninkrijk der Nederlanden dat er geen dwingende regel bestaat op grond waarvan het de inlichtingen kan inwinnen die zijn bedoeld om na te gaan of aan de in artikel 4, lid 2, van de Wet DB gestelde voorwaarden is voldaan.

47. Opgemerkt zij echter dat een dergelijk verschil in het juridische stelsel van verplichtingen van de betrokken staten op belastinggebied ten opzichte van dat van de lidstaten van de Gemeenschap, er weliswaar een rechtvaardiging voor vormt dat het Koninkrijk der Nederlanden de vrijstelling van inhouding van bronbelasting op dividenden voor IJslandse en Noorse vennootschappen afhankelijk stelt van het bewijs dat zij daadwerkelijk voldoen aan de in de Nederlandse wettelijke regeling neergelegde voorwaarden, doch dat dit nog niet kan rechtvaardigen dat deze wettelijke regeling deze vrijstelling afhankelijk stelt van het bezit van een grotere deelneming in het kapitaal van de uitkerende vennootschap.

48. Dit laatste vereiste houdt immers geen verband met de andere voorwaarden die aan alle vennootschappen zijn opgelegd om aanspraak te kunnen maken op deze vrijstelling, te weten dat zij een bepaalde vennootschapsvorm hebben, dat zij zijn onderworpen aan belasting over de winst en dat zij de uiteindelijke ontvangers zijn van

de uitbetaalde dividenden, van welke voorwaarden de Nederlandse belastingdienst inderdaad moet kunnen nagaan of zij zijn vervuld.

49. Met betrekking tot dit laatste punt bevat het dossier geen enkele aanwijzing, en toont het Koninkrijk der Nederlanden niet aan, dat het bezit van een deelneming in het kapitaal van een vennootschap van minder dan 10% of 25% op enigerlei wijze van invloed zou zijn op het risico dat aan de bevoegde instantie onjuiste gegevens worden verstrekt over met name de fiscale regeling voor vennootschappen gevestigd in de twee betrokken EER-lidstaten, en dat het vereiste van deelnemingen van deze omvang dus gerechtvaardigd zou zijn, hoewel het niet geldt voor vennootschappen gevestigd in lidstaten van de Gemeenschap.

50. Bijgevolg kan niet worden aanvaard het argument ontleend aan het verschil tussen de situatie van, enerzijds, vennootschappen die hun zetels in de lidstaten van de Gemeenschap hebben en, anderzijds, IJslandse en Noorse vennootschappen, welk argument het Koninkrijk der Nederlanden aanvoert ter rechtvaardiging van het vereiste dat laatstgenoemde vennootschappen een grotere deelneming moeten bezitten in het kapitaal van Nederlandse dividend-uitkerende vennootschappen, teneinde net als eerstgenoemde vennootschappen in aanmerking te kunnen komen voor een vrijstelling van inhouding van bronbelasting op dividenden die zij ontvangen van deze Nederlandse vennootschappen.

51. Deze slotsom wordt impliciet bevestigd door het feit dat de bilaterale overeenkomsten die het Koninkrijk der Nederlanden heeft gesloten met de Republiek IJsland en het Koninkrijk Noorwegen, de vrijstelling van inhouding van bronbelasting op dividenden die worden uitbetaald aan IJslandse en Noorse vennootschappen, enkel afhankelijk stellen van de voorwaarde van het bestaan van een deelneming van een zekere omvang in het kapitaal van de Nederlandse uitkerende vennootschap, zonder te vereisen dat zij daarnaast voldoen aan de andere in artikel 4, lid 2, van de Wet DB gestelde voorwaarden.

52. Uit het voorgaande volgt dat het Koninkrijk der Nederlanden, door dividenden uitbetaald door Nederlandse vennootschappen aan vennootschappen gevestigd in IJsland of Noorwegen niet onder dezelfde voorwaarden vrij te stellen van inhouding van bronbelasting op dividenden als dividenden uitbetaald aan Nederlandse vennootschappen of aan vennootschappen die zijn gevestigd in andere lidstaten van de Gemeenschap, de verplichtingen niet is nagekomen die op hem rusten krachtens artikel 40 van de EER-Overeenkomst.

Kosten

53. ...

HET HOF VAN JUSTITIE (Tweede kamer)

verklaart:

1. Door dividenden uitbetaald door Nederlandse vennootschappen aan vennootschappen gevestigd in IJsland of Noorwegen niet onder dezelfde voorwaarden vrij te stellen van inhouding van bronbelasting op dividenden als dividenden uitbetaald aan Nederlandse vennootschappen of aan vennootschappen die zijn gevestigd in andere lidstaten van de Europese Gemeenschap, is het Koninkrijk der Nederlanden de verplichtingen niet nagekoMen die op heM rusten krachtens artikel 40 van de Overeenkomst betreffende de Europese Economische Ruimte van 2 Mei 1992.

2. Het Koninkrijk der Nederlanden wordt verwezen in de kosten.

HvJ EG 11 juni 2009, gevoegde zaken C-155/08 en C-157/08 (X, E.H.A. Passenheim-van Schoot v. Staatssecretaris van Financiën)

Vierde kamer: *K. Lenaerts (rapporteur), kamerpresident, T. von Danwitz, E. Juhász, G. Arestis en J. Malenovský, rechters*

Advocaat-generaal: *Y. Bot*

Netherlands legislation on longer recovery period for foreign credit balances is compatible with EC law

On 11 June 2009, the ECJ rendered its judgment in the joint cases X and E.H.A. Passenheim-van Schoot (C-155/08 and C-157/ 08), concerning additional assessments made by the Netherlands tax authorities following the discovery of assets held in another Member State and income from those assets that had been concealed.

In the first case at hand, the Belgian Special Taxation Inspectorate spontaneously forwarded to the Netherlands tax authority information on financial accounts held in the name of Mr X, and of other Netherlands residents who were natural persons, at Kredietbank Luxembourg ('KB-Lux'), a bank established in Luxembourg. In 2002, Mr. X received an additional assessment to wealth tax payable in respect of 1998, including adjustments concerning first, income tax and social insurance contributions for the tax years from 1993 to 2000, and second, wealth tax for the tax years from 1994 to 2001. A fine amounting to 50% of the additional amounts sought was also imposed on X.

As to the facts of the second case, in 2003, on her own initiative, Mrs Passenheim-van Schoot had made a full disclosure to the Netherlands tax authority of balances held by herself and her late husband at a bank established in Germany. Until that time, those balances had never been included in their declarations relating to income tax, social insurance contributions and wealth tax. Mrs Passenheim-van Schoot was granted the benefit of the 'repentance' scheme and, therefore, no fine was imposed. However, in 2005, she received additional assessments for recovery concerning first, income tax and social insurance contributions for the tax years from 1993 to 1996 and second, wealth tax for the tax years from 1994 to 1997, together with related decisions with regard to interest.

Articles 16(3) and 16(4) of the State Taxes Act (Algemene wet inzake rijksbelastingen, the 'AWR') provides for a recovery period of 12 years with respect to foreign credit balances or income therefrom, in order to compensate for the lack of effective means of monitoring, whereas a recovery period of five years applies in the case of savings balances or income therefrom held in the Netherlands. In both cases, the Netherlands Supreme Court referred preliminary questions to the ECJ, asking, in substance, whether Articles 49 and 56 EC must be interpreted as precluding the disputed Netherlands legislation. The ECJ observed that when a taxpayer fails to declare such domestic assets or income to the tax authorities, he is already certain after five years that they will no longer be taxed, whereas, when assets or income in another Member State are not declared, that certainty only comes into being after 12 years. In addition, where the extended recovery period laid down in Article 16(4) of the AWR is applied, the taxpayer runs the risk of a fine calculated on the basis of an additional assessment coveringa longer period than that which may be taken into account ina situation in which the taxable items which are the subject of the additional assessment are held or has arisen in the Netherlands. It follows that legislation such as that at issue in the main proceedings constitutes a restriction both of the freedom to provide services and of the free movement of capital, which is prohibited, in principle, by Articles 49 and 56 EC respectively.

The ECJ accepted the justifications put forward by the Netherlands, i.e. that legislation such as Article 16(4) of the AWR contributes to the effectiveness of fiscal supervision and to the prevention of tax evasion. As to whether those restrictive measures comply with the principle of proportionality, the ECJ drew a clear distinction between on the one hand, the situation where items which are taxable in one Member State and located in another Member State have been concealed from the tax authorities of the first Member State and the latter does not have any evidence of the existence of those items which would enable an investigation to be initiated, and, on the other, the situation where the latter had such an evidence. When the tax authorities of a Member State had evidence enabling them to request the competent authorities of other Member States, whether by way of the mutual assistance provided for in the Mutual Assistant Directive or under bilateral conventions, to communicate to them the information necessary to establish the correct amount of tax due, the mere fact that the taxable items concerned are located in another Member State does not justify the general application of an additional recovery period which is in no way based on the time required to have effective recourse to those mechanisms of mutual assistance.

The ECJ therefore concluded that Articles 49 and 56 EC do not preclude the application by a Member State of a longer recovery period (and proportionally larger fine) in the case of assets held in another Member State than in the case of assets held in the first Member State when the assets and income in question have been concealed from the tax authorities of the first Member State and those authorities had no evidence of their existence enabling an investigation to be initiated. The fact that the other Member State applies banking secrecy is not relevant in that regard.

Bovenstaande samenvatting (uit EU Tax Alert) werd beschikbaar gesteld door Loyens & Loeff.

HvJ EG 18 juni 2009, zaak C-303/07 (Aberdeen Property Fininvest Alpha Oy)

Eerste kamer: *P. Jann, kamerpresident, A. Tizzano, A. Borg Barthet, E. Levits (rapporteur) en J. J. Kasel, rechters*
Advocaat-generaal: *J. Mazák*

1. Het verzoek om een prejudiciële beslissing betreft de uitlegging van de artikelen 43 EG, 48 EG, 56 EG en 58 EG.

2. Dit verzoek is ingediend in een procedure die bij de Korkein hallinto oikeus (hoogste Fins administratief gerechtshof) is ingesteld door de vennootschap naar Fins recht Aberdeen Property Fininvest Alpha Oy (hierna: 'Alpha') met betrekking tot de inhouding van bronbelasting op de dividenden die dienen te worden uitgekeerd aan Aberdeen Property Nordic Fund I SICAV (hierna: 'Nordic Fund SICAV'), een in Luxemburg gevestigde beleggingsmaatschappij met variabel kapitaal (SICAV) naar Luxemburgs recht.

Toepasselijke bepalingen

Gemeenschapsregeling

3. Richtlijn 90/435/EEG van de Raad van 23 juli 1990 betreffende de gemeenschappelijke fiscale regeling voor moedermaatschappijen en dochterondernemingen uit verschillende lidstaten (*PB* L 225, blz. 6), zoals gewijzigd bij richtlijn 2003/123/EG van de Raad van 22 december 2003 (*PB* 2004, L 7, blz. 41; hierna: 'richtlijn 90/435'), bepaalt in artikel 2:

> 'Voor de toepassing van [...] richtlijn [90/435] wordt onder de term 'vennootschap van een lidstaat' verstaan iedere vennootschap:
> a. die een van de in de bijlage genoemde rechtsvormen heeft; [...]
> c. die bovendien, zonder keuzemogelijkheid en zonder ervan te zijn vrijgesteld, onderworpen is aan een van de volgende belastingen:
> [...]
> – impôt sur le revenu des collectivités in Luxemburg, [...]
> – yhteisöjen tulovero/inkomstskatten för samfund in Finland; [...]'

4. Volgens artikel 3, lid 1, sub a, eerste alinea, van richtlijn 90/435 wordt voor de toepassing van deze richtlijn de hoedanigheid van moedermaatschappij ten minste toegekend aan iedere vennootschap van een lidstaat die voldoet aan de voorwaarden van artikel 2 en die een deelneming van ten minste 20% bezit in het kapitaal van een vennootschap van een andere lidstaat die aan dezelfde voorwaarden voldoet. Volgens artikel 3, lid 1, sub a, derde en vierde alinea, dient de deelneming vanaf 1 januari 2007 ten minste 15% en vanaf 1 januari 2009 ten minste 10% te bedragen.

5. Volgens artikel 5 van de richtlijn wordt de door een dochteronderneming aan de moedermaatschappij uitgekeerde winst vrijgesteld van bronbelasting.

6. De bijlage bij richtlijn 90/435, sub i en m, luidt als volgt:

> 'i. De vennootschappen naar Luxemburgs recht, geheten 'société anonyme', 'société en commandite par actions', 'société à responsabilité limitée', 'société coopérative', 'société coopérative organisée comme une société anonyme', 'association d'assurances mutuelles', 'association d'épargne-pension', 'entreprise de nature commerciale, industrielle ou minière de l'État, des communes, des syndicats de communes, des établissements publics et des autres personnes morales de droit public', alsmede andere vennootschappen die zijn opgericht naar Luxemburgs recht en die onder de Luxemburgse vennootschapsbelasting vallen.
> m. De vennootschappen naar Fins recht, geheten 'osakeyhtiö/aktiebolag', 'osuuskunta/andelslag', 'säästöpankki/sparbank' en 'vakuutusyhtiö/försäkringsbolag'.'

Nationale regeling

7. Volgens § 3 van de wet inzake inkomstenbelasting [Tuloverolaki (1535/1992)] van 30 december 1992 wordt onder 'entiteit' met name verstaan naamloze vennootschappen, coöperaties, spaarkassen en beleggingsfondsen, alsook elke andere rechtspersoon of algemeenheid van goederen met een bijzonder doel die kan worden gelijkgesteld met de in deze paragraaf bedoelde entiteiten.

8. Artikel 9, lid 1, van de wet inzake inkomstenbelasting bepaalt:

> 'Inkomstenbelasting is verschuldigd door:
> [...]

2. elke natuurlijke persoon die tijdens het belastingjaar niet in Finland woonachtig was en elke buitenlandse rechtspersoon, voor de in Finland verworven inkomsten (beperkte belastingplicht).'

9. Volgens § 10, lid 6, van de wet vormen dividenduitkeringen door naamloze vennootschappen, coöperaties of elke ander Finse entiteit in Finland verworven inkomsten.

10. De wet betreffende belastingheffing op inkomsten uit een bedrijfsactiviteit [Laki elinkeinotulon verottamisesta (360/ 1968)] van 24 juni 1968, die fiscale regels bevat inzake dividenden die worden ontvangen door in Finland gevestigde naamloze vennootschappen, bepaalt in § 6a, in de versie van de wet van 30 juli 2004:

'Door een vennootschap ontvangen dividenden vormen geen belastbaar inkomen. Onder voorbehoud van het bepaalde in de tweede alinea worden zij niettemin voor 75% belast en voor 25% van belasting vrijgesteld indien:

1. het dividend is ontvangen op basis van een deelneming in activa en de vennootschap die dit dividend uitkeert, geen buitenlandse vennootschap is in de zin van artikel 2 van richtlijn [90/435] waarvan op het ogenblik van de dividenduitkering ten minste 10% van het maatschappelijk kapitaal rechtstreeks in handen is van de dividendgerechtigde;

2. de vennootschap die het dividend uitkeert, geen Finse vennootschap of een in een lidstaat van de Europese Unie gevestigde vennootschap, zoals bedoeld in punt 1, is of

3. de vennootschap die het dividend uitkeert, een beursgenoteerde vennootschap is in de zin van § 33a, tweede alinea, van de wet inzake inkomstenbelasting, en de dividendgerechtigde een niet-beursgenoteerde vennootschap is die op het ogenblik van de dividenduitkering niet ten minste 10% van het maatschappelijk kapitaal van de dividend uitkerende vennootschap rechtstreeks in handen heeft.

Indien tussen de staat waar de buitenlandse vennootschap is gevestigd die het in de eerste alinea, punt 2, bedoelde dividend uitkeert, en [de Republiek] Finland geen overeenkomst ter vermijding van dubbele belasting is gesloten die van toepassing is op het gedurende het betrokken belastingjaar uitgekeerde dividend, vormt dit dividend volledig belastbaar inkomen.

[...]'

11. Volgens § 3 van de wet betreffende belastingheffing over inkomsten en vermogen van beperkt belastingplichtigen [Laki rajoitetusti verovelvollisen tulon verottamisesta (627/1978)] van 11 augustus 1978 is met name over dividenden bronbelasting verschuldigd. De bepalingen van deze wet inzake dividenden gelden ook voor deelnemingen in de winst van beleggingsfondsen.

12. Volgens § 3, vijfde alinea, van deze wet, zoals gewijzigd door de wet van 30 juli 2004, wordt geen bronbelasting geheven op dividenden die worden uitgekeerd aan een in een lidstaat van de Europese Unie gevestigde vennootschap die ten minste 20% van het kapitaal van de dividend uitkerende vennootschap rechtstreeks in handen heeft, mits de dividendgerechtigde een vennootschap is in de zin van artikel 2 van richtlijn 90/435.

13. Over dividenden die niet vallen onder de uitzondering van artikel 3, vijfde alinea, is bronbelasting verschuldigd. De belastingvoet wordt bepaald door de belastingovereenkomst tussen de lidstaat van vestiging van de dividendgerechtigde en de Republiek Finland. Indien een dergelijke overeenkomst ontbreekt, wordt deze belastingvoet vastgesteld op 28% van het brutobedrag van het dividend.

Overeenkomst ter vermijding van dubbele belasting

14. De overeenkomst tussen Luxemburg en Finland ter vermijding van dubbele belasting op het gebied van belastingen naar het inkomen en naar het vermogen van 1 maart 1982 (Mémorial A 1982, blz. 1966), in de versie die van toepassing is op het hoofdgeding (hierna: 'belastingovereenkomst'), bevat geen bijzondere bepalingen inzake 'SICAV's' naar Luxemburgs recht, maar volgens de rechtspraak van de Korkein hallinto-oikeus wordt een dergelijke vennootschap voor de toepassing van deze overeenkomst beschouwd als een in Luxemburg gevestigde persoon.

15. Op grond van artikel 10 van de belastingovereenkomst kunnen dividenden die door een in een van de verdragsluitende staten gevestigde vennootschap worden uitgekeerd aan een ingezetene van de andere verdragsluitende staat, in deze laatste staat worden belast. De dividenden kunnen ook worden belast in de overeenkomstsluitende staat waar de dividend uitkerende vennootschap is gevestigd, dit overeenkomstig de wetgeving van deze staat. Indien de dividendgerechtigde evenwel houder is van de aan het dividend verbonden voordelen, mag de belasting niet meer bedragen dan 5% van het brutobedrag van het dividend indien het gaat om een vennootschap die direct of indirect minstens 25% van het kapitaal van de dividend uitkerende vennootschap bezit.

Hoofdgeding en prejudiciële vraag

16. Alpha heeft de Keskusverolautakunta (centrale belastingcommissie) verzocht om een prealabele uitspraak over de heffing van belasting op de dividenden die door deze vennootschap worden uitgekeerd aan Nordic Fund SICAV, waarvan zij, zoals uit dit verzoek blijkt, een 100%-dochtervennootschap zou worden. Aberdeen Property

Investors Luxemburg SA, die behoort tot de groep Aberdeen Property Investors, diende in te staan voor het beheer van Nordic Fund SICAV.

17. De aandelen van Nordic Fund SICAV dienden bij voorrang te worden aangeboden aan institutionele beleggers, zoals Duitse verzekeringsmaatschappijen en pensioenfondsen. Nordic Fund SICAV had tot doel, via Alpha te beleggen in de vastgoedsector in Finland. Alpha zou aandelen in vastgoedondernemingen en in voorkomend geval zelfs rechtstreeks onroerend goed verwerven.

18. Alpha heeft de Keskusverolautakunta gevraagd of zij bronbelasting diende in te houden op de aan Nordic Fund SICAV uitgekeerde dividenden, gelet op de artikelen 43 EG en 56 EG en op het feit dat een dividend dat is uitgekeerd aan een Finse naamloze vennootschap die vergelijkbaar is met een SICAV en in onroerend goed investeert, of met een andere gelijkwaardige entiteit die in Finland is gevestigd, krachtens de Finse wetgeving geen belastbaar inkomen zou zijn en evenmin aan bronbelasting onderworpen zou zijn.

19. De Keskusverolautakunta heeft in zijn prealabele uitspraak nr. 2/2006 van 25 januari 2006 betreffende de heffing van bronbelasting over de jaren 2005 en 2006 geoordeeld dat Alpha bronbelasting diende in te houden op de aan Nordic Fund SICAV uitgekeerde dividenden.

20. De Keskusverolautakunta heeft opgemerkt dat SICAV's niet voorkomen op de lijst in de bijlage bij deze richtlijn en geen inkomstenbelasting betalen in de lidstaat waar zij zijn gevestigd, zodat Nordic Fund SICAV niet kan worden beschouwd als een vennootschap in de zin van richtlijn 90/435 en het aan haar uitgekeerde dividend dus niet van bronbelasting dient te worden vrijgesteld.

21. Verder heeft de Keskusverolautakunta erop gewezen dat Nordic Fund SICAV weliswaar vergelijkbaar is met een Finse naamloze vennootschap ('osakeyhtiö'), maar ook op meerdere punten daarvan verschilt. Ten eerste is het maatschappelijk kapitaal van de Finse naamloze vennootschap gebonden en kan het gedurende de activiteitsduur van deze vennootschap niet aan de aandeelhouders worden terugbetaald. Ten tweede is de Finse naamloze vennootschap belastingplichtig in de staat van vestiging. Ten derde vormt zij een vennootschap in de zin van richtlijn 90/435. Deze twee soorten vennootschappen zijn dus niet vergelijkbaar in de zin van het gemeenschapsrecht.

22. Alpha heeft de beslissing van de Keskusverolautakunta voor de verwijzende rechter betwist. Aangezien de Korkein hallinto-oikeus van oordeel is dat voor de beslechting van het voor hem aanhangige geding een uitlegging van het gemeenschapsrecht vereist is, heeft hij de behandeling van de zaak geschorst en het Hof de volgende prejudiciële vraag gesteld:

> 'Moeten de artikelen 43 EG en 48 EG alsmede de artikelen 56 EG en 58 EG aldus worden uitgelegd dat voor de concretisering van de daarin vastgelegde fundamentele vrijheden een naamloze vennootschap of een beleggingsfonds naar Fins recht en een [SICAV] naar Luxemburgs recht vergelijkbaar moeten worden geacht, ondanks dat het Finse recht geen vennootschapsvorm kent die volstrekt overeenstemt met een [SICAV], die een vennootschap is naar Luxemburgs recht en niet staat vermeld op de lijst van vennootschappen bedoeld in artikel 2, sub a, van richtlijn 90/435 – met welke richtlijn de in casu toepasselijke Finse bronbelastingregeling in overeenstemming is –, en ondanks dat de [SICAV] op grond van de nationale belastingwetgeving van [het Groothertogdom] Luxemburg is vrijgesteld van inkomstenbelasting? Staan derhalve de genoemde bepalingen van het EG-Verdrag eraan in de weg dat de in [het Groothertogdom] Luxemburg gevestigde SICAV-vennootschap als dividendgerechtigde niet in Finland is vrijgesteld van de bronbelasting op dividenden?'

Beantwoording van de prejudiciële vraag

23. Met zijn vraag wenst de verwijzende rechter in wezen te vernemen of de artikelen 43 EG, 48 EG, 56 EG en 58 EG zich verzetten tegen de wettelijke regeling van een lidstaat waarbij dividenden die worden uitgekeerd door een in deze staat ingezeten dochtervennootschap aan een in dezelfde staat gevestigde naamloze vennootschap of beleggingsmaatschappij, van bronbelasting worden vrijgesteld, terwijl soortgelijke dividenden die worden uitgekeerd aan een in een andere lidstaat gevestigde moedervennootschap die de rechtsvorm heeft van een SIVAC, die onbekend is in het recht van eerstgenoemde staat en niet voorkomt op de lijst van vennootschappen van artikel 2, sub a, van richtlijn 90/435, en die krachtens de wettelijke regeling van de andere lidstaat is vrijgesteld van inkomstenbelasting, wel aan deze bronbelasting is onderworpen.

24. Vooraf zij herinnerd aan de vaste rechtspraak dat de directe belastingen weliswaar tot de bevoegdheid van de lidstaten behoren, maar dat deze niettemin verplicht zijn deze bevoegdheid in overeenstemming met het gemeenschapsrecht uit te oefenen (zie met name arresten van 13 december 2005, Marks & Spencer, C 446/03, *Jurispr.* blz. I-10837, punt 29; 12 september 2006, Cadbury Schweppes en Cadbury Schweppes Overseas, C-196/04, *Jurispr.* blz. I-7995, punt 40; 12 december 2006, Test Claimants in Class IV of the ACT Group Litigation, C-374/04, *Jurispr.* blz. I-11673, punt 36, en 8 november 2007, Amurta, C-379/05, *Jurispr.* blz. I-9569, punt 16).

25. Voorts blijven de lidstaten bij gebreke van communautaire unificatie of harmonisatiemaatregelen bevoegd om in overeenkomsten of unilateraal de criteria voor de verdeling van hun heffingsbevoegdheid vast te stellen teneinde onder meer dubbele belasting af te schaffen (arresten van 12 mei 1998, Gilly, C-336/96, *Jurispr.* blz.

I-2793, punten 24 en 30; 21 september 1999, Saint-Gobain ZN, C-307/97, *Jurispr.* blz. I 6161, punt 57, en 7 september 2006, N, C-470/04, *Jurispr.* blz. I 7409, punt 44, alsook arrest Amurta, reeds aangehaald, punt 17).

26. De door artikel 5 van richtlijn 90/435 aan de lidstaten opgelegde verplichting om de door een dochteronderneming aan haar moedermaatschappij uitgekeerde dividenden vrij te stellen van bronbelasting, geldt enkel voor dividenduitkeringen die vallen binnen de werkingssfeer van deze richtlijn.

27. Zoals de verwijzende rechter aangeeft, valt de in het hoofdgeding aan de orde zijnde situatie niet binnen de werkingssfeer van richtlijn 90/435, aangezien een SICAV niet voldoet aan de voorwaarden van artikel 2, lid 1, sub a en c, van deze richtlijn.

28. Het Hof heeft reeds geoordeeld dat het voor deelnemingen die niet onder richtlijn 90/435 vallen, aan de lidstaten is om te bepalen of en in hoeverre dubbele economische belasting van de uitgekeerde winst moet worden voorkomen, en om hiertoe unilateraal of door middel van met andere lidstaten gesloten overeenkomsten mechanismen ter voorkoming of vermindering van deze dubbele economische belasting in te stellen. Dit loutere feit betekent evenwel niet dat zij maatregelen mogen treffen die in strijd zijn met de door het Verdrag gewaarborgde vrijheden van verkeer (zie reeds aangehaalde arresten Test Claimants in Class IV of the ACT Group Litigation, punt 54, en Amurta, punt 24).

29. Aangezien de vraag van de verwijzende rechter zowel betrekking heeft op de artikelen 43 EG en 48 EG als op de artikelen 56 EG en 58 EG, dient vooraf te worden bepaald of en in hoeverre een nationale regeling als die welke in het hoofdgeding aan de orde is, de door deze artikelen gegarandeerde vrijheden kan aantasten.

Toepasselijke vrijheid

30. Een nationale wettelijke regeling volgens welke de toepassing van de vrijstelling van bronbelasting op de door een ingezeten vennootschap uitgekeerde dividenden in de eerste plaats afhangt van de vraag of de dividendgerechtigde vennootschap al dan niet een ingezeten vennootschap is, en in de tweede plaats, voor zover het gaat om niet-ingezeten dividendgerechtigde vennootschappen, van de omvang van de deelneming van de dividendgerechtigde vennootschap in de uitkerende vennootschap en de kwalificatie van eerstgenoemde vennootschap als vennootschap in de zin van artikel 2 van richtlijn 90/435, kan zowel onder artikel 43 EG, betreffende de vrijheid van vestiging, als onder artikel 56 EG, betreffende het vrije kapitaalverkeer, vallen.

31. De vrijstelling van bronbelasting wordt immers zowel ontzegd aan niet-ingezeten vennootschappen waarvan de deelneming in de uitkerende vennootschap beneden de door de nationale wetgeving vastgelegde drempel blijft, die ten tijde van de feiten van het hoofdgeding 20% van het maatschappelijk kapitaal bedroeg, als aan vennootschappen waarvan de deelneming weliswaar boven de drempel ligt, maar die niet beantwoorden aan de definitie van een vennootschap in de zin van artikel 2 van richtlijn 90/435.

32. Zoals blijkt uit de verwijzingsbeslissing, wordt de dividendgerechtigde vennootschap in het hoofdgeding geacht 100% van de aandelen van de uitkerende vennootschap in handen te hebben, maar wordt zij niet beschouwd als een vennootschap in de zin van artikel 2 van deze richtlijn.

33. Bijgevolg dient te worden vastgesteld dat het hoofdgeding uitsluitend betrekking heeft op de impact van de in dat geding aan de orde zijnde nationale regeling op de situatie van een ingezeten vennootschap die dividenden uitkeert aan aandeelhouders die op grond van hun deelneming in deze vennootschap een bepaalde invloed op de besluiten ervan kunnen uitoefenen en de activiteiten ervan kunnen bepalen (zie in die zin arresten van 12 december 2006, Test Claimants in the FII Group Litigation, C-446/04, *Jurispr.* blz. I-11753, punt 38, en 26 juni 2008, Burda, C-284/06, *Jurispr.* blz. I 4571, punt 72).

34. Het is vaste rechtspraak dat wanneer een vennootschap een deelneming in een andere vennootschap heeft waardoor zij een bepaalde invloed heeft op de besluiten van deze vennootschap en de activiteiten ervan kan bepalen, de verdragsbepalingen betreffende de vrijheid van vestiging van toepassing zijn (zie met name reeds aangehaalde arresten Cadbury Schweppes en Cadbury Schweppes Overseas, punt 31, en Test Claimants in Class IV of the ACT Group Litigation, punt 39, en arresten van 13 maart 2007, Test Claimants in the Thin Cap Group Litigation, C-524/04, *Jurispr.* blz. I-2107, punt 27, en 18 juli 2007, arrest Oy AA, C-231/05, *Jurispr.* blz. I-6373, punt 20, en arrest Burda, reeds aangehaald, punt 69).

35. Indien de in het hoofdgeding aan de orde zijnde wettelijke regeling het vrije verkeer van kapitaal beperkt, is deze beperking een onvermijdelijk gevolg van een eventuele belemmering van de vrijheid van vestiging en rechtvaardigt zij dus niet een autonome toetsing van deze wettelijke regeling aan artikel 56 EG (zie in die zin reeds aangehaalde arresten Cadbury Schweppes en Cadbury Schweppes Overseas, punt 33, Test Claimants in the Thin Cap Group Litigation, punt 34, en Oy AA, punt 24).

36. De vraag hoeft dus enkel te worden beantwoord vanuit het oogpunt van de artikelen 43 EG en 48 EG.

Bestaan van een beperking van de vrijheid van vestiging

37. Volgens de rechtspraak van het Hof brengt de vrijheid van vestiging, die in artikel 43 EG aan de gemeenschapsonderdanen wordt toegekend en die voor hen de toegang tot en de uitoefening van werkzaamheden anders dan in loondienst alsmede de oprichting en het bestuur van ondernemingen omvat onder dezelfde voorwaarden als in de wetgeving van het land van vestiging voor de eigen onderdanen zijn vastgesteld, overeenkomstig artikel 48 EG voor de vennootschappen die in overeenstemming met de wetgeving van een lidstaat zijn opgericht en die hun statutaire zetel, hun hoofdbestuur of hun hoofdvestiging binnen de Europese Gemeenschap hebben, het recht mee om in de betrokken lidstaat hun bedrijfsactiviteit uit te oefenen door middel van een dochteronderneming, een filiaal of een agentschap (arresten van 23 februari 2006, Keller Holding, C-471/04, *Jurispr.* blz. I-2107, punt 29, en 14 december 2006, Denkavit Internationaal en Denkavit France, C-170/05, *Jurispr.* blz. I 11949, punt 20).

38. Met betrekking tot vennootschappen zij opgemerkt dat hun zetel in de zin van artikel 48 EG net als de nationaliteit van natuurlijke personen dient ter bepaling van hun binding aan de rechtsorde van een staat. Zou de lidstaat van vestiging vrijelijk een andere behandeling mogen toepassen, enkel omdat de zetel van de vennootschap in een andere lidstaat is gevestigd, dan zou daarmee aan artikel 43 EG iedere inhoud worden ontnomen. De vrijheid van vestiging beoogt dus het voordeel van de nationale behandeling in de lidstaat van ontvangst te waarborgen, door elke discriminatie op grond van de zetel van vennootschappen te verbieden (zie reeds aangehaalde arresten Test Claimants in Class IV of the ACT Group Litigation, punt 43, Denkavit Internationaal en Denkavit France, punt 22, en Burda, punt 77, alsook arrest van 22 december 2008, Truck Center, C-282/07, nog niet gepubliceerd in de *Jurisprudentie*, punt 32).

39. In casu wordt niet betwist dat een naamloze vennootschap en een beleggingsfonds naar Fins recht die in Finland zijn gevestigd en dividenden ontvangen van een andere vennootschap die eveneens in deze lidstaat is gevestigd, in beginsel van belasting hierop zijn vrijgesteld, terwijl dividenden die door een ingezeten vennootschap worden uitgekeerd aan een niet-ingezeten vennootschap die niet wordt beschouwd als een vennootschap in de zin van artikel 2 van richtlijn 90/435, aan bronbelasting zijn onderworpen.

40. Aangezien een ingezeten vennootschap winstbelasting verschuldigd is over de door haar uitgekeerde dividenden, wordt een niet-ingezeten dividendgerechtigde vennootschap die niet wordt beschouwd als een vennootschap in de zin van artikel 2 van richtlijn 90/435, geconfronteerd met een opeenvolgende belasting van deze dividenden, gelet op het feit dat hierover bronbelasting wordt ingehouden, terwijl een dergelijke opeenvolgende belasting wordt vermeden voor dividenden die worden ontvangen door een ingezeten naamloze vennootschap of beleggingsfonds.

41. Een dergelijk verschil in fiscale behandeling van dividenden op grond van de plaats van de zetel van de moedermaatschappij kan een beperking van de vrijheid van vestiging vormen, die in beginsel verboden is door de artikelen 43 EG en 48 EG, aangezien dit de uitoefening van de vrijheid van vestiging door in andere lidstaten gevestigde vennootschappen minder aantrekkelijk maakt, zodat zij zouden kunnen afzien van de verkrijging, de oprichting of het behoud van een dochteronderneming in de lidstaat die hen verschillend behandelt (zie in die zin arrest Denkavit Internationaal en Denkavit France, reeds aangehaald, punten 29 en 30).

42. Het Hof heeft reeds geoordeeld dat ingezeten dividendgerechtigde aandeelhouders zich met betrekking tot maatregelen die een lidstaat heeft getroffen om opeenvolgende belastingheffingen of dubbele economische belasting van door een ingezeten vennootschap uitgekeerde winst te voorkomen of te verminderen, niet noodzakelijkerwijs in een situatie bevinden die vergelijkbaar is met die van dividendgerechtigde aandeelhouders die ingezetenen zijn van een andere lidstaat (reeds aangehaalde arresten Denkavit Internationaal en Denkavit France, punt 34, en Amurta, punt 37).

43. Zodra een lidstaat, hetzij unilateraal hetzij door het sluiten van overeenkomsten, niet alleen ingezeten aandeelhouders, maar ook niet-ingezeten aandeelhouders aan inkomstenbelasting onderwerpt voor de dividenden die zij van een ingezeten vennootschap ontvangen, benadert de situatie van deze niet-ingezeten aandeelhouders evenwel die van de ingezeten aandeelhouders (reeds aangehaalde arresten Test Claimants in Class IV of the ACT Group Litigation, punt 68, Denkavit Internationaal en Denkavit France, punt 35, en Amurta, punt 38).

44. Wanneer een lidstaat ervoor heeft gekozen de door ingezeten dochterondernemingen aan ingezeten moedermaatschappijen uitgekeerde winsten niet aan opeenvolgende belastingen te onderwerpen, moet hij deze maatregel bijgevolg uitbreiden tot niet-ingezeten moedermaatschappijen die zich in dezelfde situatie bevinden, aangezien een gelijksoortige belasting van deze niet-ingezeten vennootschappen volgt uit de uitoefening van haar fiscale bevoegdheid over deze vennootschappen (zie in die zin arrest Denkavit Internationaal en Denkavit France, reeds aangehaald, punt 37).

45. De Finse regering is evenwel van mening dat, aangezien de nationale wettelijke regeling niet de mogelijkheid biedt vennootschappen in Finland op te richten met dezelfde rechtsvorm als die van een SICAV naar Luxemburgs recht, de situatie van deze laatste, wegens de rechtsvorm en de fiscale behandeling ervan, objectief verschilt van die van in Finland gevestigde vennootschappen of beleggingsinstellingen.

46. Deze regering stelt dat een SICAV, anders dan een Finse naamloze vennootschap, in de lidstaat van vestiging niet aan inkomstenbelasting onderworpen is, aangezien een dergelijke vennootschap in Luxemburg enkel een kapitaalbelasting van 0,01% verschuldigd is en er geen bronbelasting wordt ingehouden op de winsten die zij uitkeert aan een in een andere lidstaat gevestigde persoon. Door Finse naamloze vennootschappen ontvangen dividenden worden daarentegen slechts van belasting vrijgesteld om opeenvolgende belasting bij de uitkering van winsten tussen naamloze vennootschappen te vermijden, terwijl de overige inkomsten van deze vennootschappen aan belasting zijn onderworpen.

47. De Italiaanse regering voegt hieraan toe dat een SICAV die belegt in onroerend goed en niet valt onder richtlijn 85/611/EEG van de Raad van 20 december 1985 tot coördinatie van de wettelijke en bestuursrechtelijke bepalingen betreffende bepaalde instellingen voor collectieve belegging in effecten (icbe's) (*PB* L 375, blz. 3), en die louter gericht is op het collectieve beheer van de verzamelde fondsen door de verkoop van haar eigen aandelen aan het publiek, een volmaakt transparante entiteit vormt die beoogt de waarde van de individuele inbreng van elke vennoot door middel van het collectieve beheer te doen toenemen, en op zich niet vergelijkbaar is met een gewone vennootschap. Het bijzondere karakter van een dergelijke vennootschap rechtvaardigt dat zij in de lidstaat van vestiging van inkomstenbelasting wordt vrijgesteld, aangezien in werkelijkheid enkel het inkomen van elk van de aandeelhouders in aanmerking dient te worden genomen. Het probleem van de opeenvolgende belasting rijst dus niet op het niveau van de SICAV, maar op het niveau van de aandeelhouders en dit probleem dient door het recht van de betrokken lidstaat te worden verholpen.

48. Wat de vergelijking tussen een SICAV naar Luxemburgs recht en een beleggingsfonds naar Fins recht betreft, merkt de Finse regering op dat de nationale regeling in de voor het hoofdgeding relevante periode een dergelijk - van belasting vrijgesteld - fonds verbood om onroerende beleggingen zoals die welke in het verzoek om een prejudiciële beslissing worden genoemd, te verrichten. Voorts wordt over de door een SICAV uitgekeerde winsten geen bronbelasting geheven in Luxemburg, anders dan over de winsten die door een Fins beleggingsfonds worden uitgekeerd aan een in een andere lidstaat ingezeten persoon, behoudens andersluidende bepaling in een overeenkomst ter vermijding van dubbele belasting.

49. Deze argumenten kunnen niet worden aanvaard.

50. In de eerste plaats kan de omstandigheid dat het Finse recht geen vennootschappen kent met dezelfde rechtsvorm als een SICAV naar Luxemburgs recht, op zich geen verschillende behandeling rechtvaardigen, aangezien dit de vrijheid van vestiging volledig zou uithollen, gelet op het feit dat het vennootschapsrecht van de lidstaten niet volledig is geharmoniseerd op communautair niveau.

51. In de tweede plaats vormt de door de Finse regering aangevoerde omstandigheid dat een SICAV in Luxemburg niet over haar inkomsten wordt belast, zo dit al vast zou staan, geen verschil tussen deze vennootschap en een ingezeten naamloze vennootschap waardoor een verschillende behandeling van de door deze twee soorten vennootschappen ontvangen dividenden op het gebied van de bronbelasting zou worden gerechtvaardigd.

52. Volgens de Finse regering zijn de door een ingezeten vennootschap aan een andere ingezeten vennootschap uitgekeerde dividenden immers niet aan belasting onderworpen: er wordt geen bronbelasting ingehouden en zij worden evenmin belast als inkomsten van de ontvangende vennootschap. Het feit dat deze soort inkomsten in Luxemburg niet wordt belast, kan dus de belasting ervan door de Finse Staat niet rechtvaardigen, aangezien deze laatste ervoor geopteerd heeft zijn heffingsbevoegdheid over dergelijke inkomsten niet uit te oefenen wanneer deze worden ontvangen door in Finland gevestigde vennootschappen.

53. Voorts heeft de Finse regering niet aangegeven waarom de fiscale behandeling van de andere soorten inkomsten van de ingezeten vennootschappen en de niet-ingezeten SICAV's relevant is voor de beoordeling van de vraag of deze twee soorten vennootschappen vergelijkbaar zijn ten aanzien van de vrijstelling van de ontvangen dividenden van bronbelasting.

54. In de derde plaats is het argument van de Italiaanse regering dat het Groothertogdom Luxemburg de inkomsten van een SICAV niet belast, zodat niet deze vennootschap, maar de aandeelhouders ervan aan opeenvolgende belasting worden onderworpen, wat dient te worden vermeden door de lidstaat waar deze laatsten wonen, evenmin relevant. Het is immers de Finse Republiek die de inkomsten waarover de uitkerende vennootschap reeds is belast, aan bronbelasting onderwerpt en aldus een opeenvolgende belasting in het leven roept, die zij heeft willen vermijden voor zover het gaat om dividenden die worden uitgekeerd aan ingezeten vennootschappen.

55. In deze omstandigheden volstaan de door de Finse en de Italiaanse regering genoemde verschillen tussen een SICAV naar Luxemburgs recht en een naamloze vennootschap naar Fins recht niet om een objectief onderscheid te kunnen maken op het gebied van de vrijstelling van de uitgekeerde dividenden van bronbelasting. Bijgevolg hoeft niet meer te worden onderzocht in hoeverre de volgens deze regeringen bestaande verschillen tussen een SICAV naar Luxemburgs recht en een Fins investeringsfonds een objectief verschil tussen de situaties kunnen uitmaken.

56. Hieruit volgt dat de verschillende behandeling van niet-ingezeten SICAV's en ingezeten naamloze vennootschappen, die niet respectievelijk wel zijn vrijgesteld van bronbelasting op de dividenden die hun door ingezeten

vennootschappen zijn uitgekeerd, een beperking van de vrijheid van vestiging vormt die in beginsel door de artikelen 43 EG en 48 EG verboden is.

Rechtvaardiging van de beperking van de vrijheid van vestiging

57. Volgens de rechtspraak van het Hof is een beperking van de vrijheid van vestiging slechts toelaatbaar wanneer zij gerechtvaardigd is uit hoofde van dwingende redenen van algemeen belang. Daarenboven moet in een dergelijk geval de beperking geschikt zijn om het nagestreefde doel te verwezenlijken en mag zij niet verder gaan dan nodig is voor het bereiken van dat doel (zie arresten van 15 mei 2008, Lidl Belgium, C-414/06, *Jurispr.* blz. I-3601, punt 27, en 23 oktober 2008, Krankenheim Ruhesitz am Wannsee-Seniorenheimstatt, C-157/07, nog niet gepubliceerd in de *Jurisprudentie*, punt 40 en aldaar aangehaalde rechtspraak).

58. Dienaangaande stelt de Finse regering dat de nationale regeling beoogt belastingontwijking te vermijden. Zou een dividend dat wordt uitgekeerd aan een vennootschap die in een andere lidstaat dan de Finse Republiek is gevestigd, zelf geen belasting over dit inkomen betaalt en evenmin belasting op haar uitgekeerde winsten dient in te houden, van bronbelasting zijn vrijgesteld, dan zou immers het risico bestaan dat artificiële constructies worden opgezet om elke vorm van inkomstenbelasting te vermijden.

59. Bovendien beoogt de in het hoofdgeding aan de orde zijnde fiscale regeling volgens haar gedragingen tegen te gaan die afbreuk kunnen doen aan het recht van de Republiek Finland om haar fiscale bevoegdheid over de op haar grondgebied verrichte activiteiten uit te oefenen. De toepassing van een bronbelasting is aldus gerechtvaardigd door de noodzaak een evenwichtige verdeling van de heffingsbevoegdheid te waarborgen, zoals deze door deze lidstaat en het Groothertogdom Luxemburg is overeengekomen in de belastingovereenkomst, volgens welke de staat waar de inkomsten gegenereerd zijn, het recht behoudt om 5% aan de bron in te houden.

60. De Italiaanse regering voegt hieraan toe dat de vrijstelling van bronbelasting vennootschapsgroepen ertoe zou aanzetten hun moedermaatschappijen te vestigen in de staten waar de belastingen het laagst zijn, of waar er zelfs geen belasting wordt geheven, wat hun uiteindelijk de macht zou verlenen te kiezen waar en in welke mate de op het grondgebied van een lidstaat gegenereerde dividenden dienen te worden belast, waardoor deze laatste zijn fiscale bevoegdheid over deze dividenden zou verliezen. De noodzaak om belastingontwijking te vermijden en een evenwichtige verdeling van de heffingsbevoegdheid te waarborgen rechtvaardigt volgens haar de toepassing van de bronbelasting.

61. Ten slotte is de in het hoofdgeding aan de orde zijnde regeling volgens de Finse regering gerechtvaardigd door de noodzaak de samenhang van het Finse belastingstelsel te verzekeren, dat gebaseerd is op het beginsel dat de vrijstelling van de door de ingezeten naamloze vennootschap en het ingezeten beleggingsfonds ontvangen dividenden wordt gecompenseerd door het feit dat de overeenkomstige inkomsten op het niveau van de dividendgerechtigde natuurlijke persoon worden belast, aangezien de aandeelhouder van de naamloze vennootschap belasting over deze dividenden betaalt en de door het beleggingsfonds uitgekeerde winst in Finland als inkomen uit kapitaal wordt beschouwd, dat tegen een tarief van 28% wordt belast.

62. Deze door de Finse en de Italiaanse regering aangevoerde rechtvaardigingsgronden kunnen niet worden aanvaard.

63. Wat om te beginnen het argument betreffende het vermijden van belastingontwijking betreft, dient te worden herinnerd aan de vaste rechtspraak dat een nationale maatregel die de vrijheid van vestiging beperkt, gerechtvaardigd kan zijn wanneer hij specifiek gericht is op volstrekt kunstmatige constructies die bedoeld zijn om de wetgeving van de betrokken lidstaat te omzeilen (zie in die zin arrest van 16 juli 1998, ICI, C-264/96, *Jurispr.* blz. I-4695, punt 26, en reeds aangehaalde arresten Marks & Spencer, punt 57, Cadbury Schweppes en Cadbury Schweppes Overseas, punt 51, en Test Claimants in the Thin Cap Group Litigation, punt 72).

64. Een beperking van de vrijheid van vestiging kan slechts door de strijd tegen misbruik worden gerechtvaardigd, wanneer zij specifiek tot doel heeft, gedragingen te verhinderen die erin bestaan, volstrekt kunstmatige constructies op te zetten die geen verband houden met de economische realiteit en bedoeld zijn om de belasting te ontwijken die normaliter verschuldigd is over winsten uit activiteiten op het nationale grondgebied (reeds aangehaalde arresten Cadbury Schweppes en Cadbury Schweppes Overseas, punt 55, en Test Claimants in the Thin Cap Group Litigation, punt 74).

65. Dienaangaande kan worden volstaan met de vaststelling dat de in het hoofdgeding aan de orde zijnde fiscale regeling niet specifiek gericht is op dergelijke volstrekt kunstmatige constructies die geen verband houden met de economische realiteit en uitsluitend zijn opgezet om de belasting te ontwijken die normaliter verschuldigd is over winsten uit activiteiten op het nationale grondgebied. Bijgevolg kan deze regeling niet worden gerechtvaardigd door de noodzaak, belastingontwijking te vermijden.

66. Wat vervolgens het argument betreffende de evenwichtige verdeling van de heffingsbevoegdheid betreft, zij eraan herinnerd dat een dergelijke rechtvaardigingsgrond met name kan worden aanvaard wanneer de betrokken regeling beoogt, gedragingen te vermijden die afbreuk kunnen doen aan het recht van een lidstaat om zijn belas-

tingbevoegdheid uit te oefenen met betrekking tot activiteiten die op zijn grondgebied plaatsvinden (zie arrest van 29 maart 2007, Rewe Zentralfinanz, C-347/04, *Jurispr.* blz. I-2647, punt 42, en reeds aangehaalde arresten Oy AA, punt 54, en Amurta, punt 58).

67. Wanneer een lidstaat er evenwel voor heeft gekozen om over dit soort inkomsten geen belasting te heffen van op zijn grondgebied gevestigde dividendgerechtigde vennootschappen, kan hij zich ter rechtvaardiging van de belasting die wordt geheven van dividendgerechtigde vennootschappen die in een andere lidstaat zijn gevestigd, niet beroepen op de noodzaak om een evenwichtige verdeling van de heffingsbevoegdheid tussen de lidstaten te waarborgen (arrest Amurta, reeds aangehaald, punt 59).

68. Het feit dat de belastingovereenkomst de Finse Republiek het recht verleent, haar fiscale bevoegdheid uit te oefenen met betrekking tot dividenden die door de in deze lidstaat gevestigde vennootschappen worden uitgekeerd aan in Luxemburg gevestigde dividendgerechtigden, is niet relevant.

69. Een lidstaat kan zich immers niet op een overeenkomst ter vermijding van dubbele belasting beroepen om te ontkomen aan de krachtens het Verdrag op hem rustende verplichtingen (zie reeds aangehaalde arresten Denkavit Internationaal en Denkavit France, punt 53, en Amurta, punt 55).

70. Daarbij komt dat, aangezien de door de ingezeten vennootschappen uitgekeerde dividenden worden belast als winst van de uitkerende vennootschappen, de vrijstelling van deze dividenden van bronbelasting de Finse Republiek niet elk recht ontneemt om de inkomsten uit activiteiten op haar grondgebied te belasten.

71. Wat ten slotte het argument betreft dat de samenhang van het Finse belastingstelsel dient te worden verzekerd, zij eraan herinnerd dat het Hof heeft erkend dat de noodzaak om deze samenhang te verzekeren een beperking van de uitoefening van de door het Verdrag gegarandeerde fundamentele vrijheden kan rechtvaardigen (zie arresten van 28 januari 1992, Bachmann, C-204/90, *Jurispr.* blz. I-249, punt 28, en Commissie/België, C-300/90, *Jurispr.* blz. I-305, punt 21, alsook arresten Keller Holding, reeds aangehaald, punt 40, en Amurta, reeds aangehaald, punt 46, en arrest van 28 februari 2008, Deutsche Shell, C-293/06, *Jurispr.* blz. I-1129, punt 37).

72. Een argument op basis van een dergelijke rechtvaardiging kan volgens het Hof echter enkel worden aanvaard indien er een rechtstreeks verband bestaat tussen het betrokken fiscale voordeel en de compensatie van dit voordeel door een bepaalde heffing (arrest van 14 november 1995, Svensson en Gustavsson, C-484/93, *Jurispr.* blz. I-3955, punt 18; arrest ICI, reeds aangehaald, punt 29; arrest van 7 september 2004, Manninen, C-319/02, *Jurispr.* blz. I-7477, punt 42, en arrest Keller Holding, reeds aangehaald, punt 40). Het rechtstreekse karakter van dit verband dient te worden beoordeeld aan de hand van het doel van de betrokken regeling (reeds aangehaalde arresten Manninen, punt 43, en Deutsche Shell, punt 39, en arrest van 27 november 2008, Papillon, C-418/07, nog niet gepubliceerd in de *Jurisprudentie*, punt 44).

73. In de in het hoofdgeding aan de orde zijnde fiscale regeling is de vrijstelling van de dividenden van bronbelasting evenwel niet afhankelijk gesteld van de voorwaarde dat de naamloze vennootschap de door haar ontvangen dividenden opnieuw uitkeert en dat de vrijstelling van bronbelasting kan worden gecompenseerd door de heffing van belasting van de aandeelhouders van deze vennootschap.

74. Er bestaat dus geen rechtstreeks verband in de zin van de in punt 72 van het onderhavige arrest aangehaalde rechtspraak tussen de vrijstelling van bronbelasting en het feit dat deze dividenden worden belast als inkomsten van de aandeelhouders van een naamloze vennootschap.

75. Hieruit volgt dat de beperking van de vrijheid van vestiging door de in het hoofdgeding aan de orde zijnde regeling niet kan worden gerechtvaardigd door de noodzaak de samenhang van het Finse belastingstelsel te verzekeren.

76. Gelet op het bovenstaande dient op de gestelde vraag te worden geantwoord dat de artikelen 43 EG en 48 EG aldus moeten worden uitgelegd dat zij zich verzetten tegen de wettelijke regeling van een lidstaat waarbij dividenden die door een in deze staat ingezeten dochtervennootschap worden uitgekeerd aan een in dezelfde staat gevestigde naamloze vennootschap, van bronbelasting worden vrijgesteld, terwijl soortgelijke dividenden die worden uitgekeerd aan een in een andere lidstaat gevestigde moedervennootschap die de rechtsvorm heeft van een SICAV, die onbekend is in het recht van eerstgenoemde staat en niet voorkomt op de lijst van vennootschappen van artikel 2, sub a, van richtlijn 90/435, en die krachtens de wettelijke regeling van de andere lidstaat is vrijgesteld van inkomstenbelasting, wel aan deze bronbelasting is onderworpen.

Kosten

77. ...

HET HOF VAN JUSTITIE (Eerste kamer)

verklaart voor recht:

De artikelen 43 EG en 48 EG moeten aldus worden uitgelegd dat zij zich verzetten tegen de wettelijke regeling van een lidstaat waarbij dividenden die door een in deze staat ingezeten dochtervennootschap worden uitgekeerd aan een in dezelfde staat gevestigde naamloze vennootschap, van bronbelasting worden vrijgesteld, terwijl soortgelijke dividenden die worden uitgekeerd aan een in een andere lidstaat gevestigde moedervennootschap die de rechtsvorm heeft van een beleggingsmaatschappij met variabel kapitaal (SICAV), die onbekend is in het recht van eerstgenoemde staat en niet voorkomt op de lijst van vennootschappen van artikel 2, sub a, van richtlijn 90/435/EEG van de Raad van 23 juli 1990 betreffende de gemeenschappelijke fiscale regeling voor moedermaatschappijen en dochterondernemingen uit verschillende lidstaten, zoals gewijzigd bij richtlijn 2003/123/EG van de Raad van 22 december 2003, en die krachtens de wettelijke regeling van de andere lidstaat is vrijgesteld van inkomstenbelasting, wel aan deze bronbelasting is onderworpen.

PHvJ EG 16 juli 2009, zaak C-128/08 (Jacques Damseaux v. Belgische Staat)

Eerste kamer: *P. Jann, kamerpresident, M. Ilešič, A. Borg Barthet, E. Levits (rapporteur) en J. J. Kasel, rechters*

Advocaat-generaal: *P. Mengozzi*

Restricted imputation of foreign withholding tax on dividends received by Belgian individual residents from EU companies is compatible with EC law

On 16 July 2009, the ECJ ruled in Damseaux (C-128/08) that Article 56 EC does not preclude the France-Belgium tax treaty under which dividends distributed by a company established in France to an individual shareholder in Belgium are liable to be taxed both in France and in Belgium, and which does not provide that Belgium is unconditionally obliged to prevent the resulting juridical double taxation.

Damseaux, an individual Belgian resident, received dividends from a French company. In France, the dividends were subject to 15% withholding tax. The amount of the dividends remaining after that taxation was also subject to 15% withholding tax in Belgium. The France-Belgium tax treaty provides that Belgian residents may obtain the deduction of a fixed percentage or a tax credit for the French withholding tax paid at the rate and in accordance with the rules set out in the Belgian legislation for dividends distributed by Belgian resident companies. However, Belgian legislation no longer provides for the procedure of setting off the fixed percentage nor for a tax credit. Hence, dividends distributed by French companies to a Belgian resident shareholder are subject to juridical double taxation, whereas dividends distributed by Belgian companies to a Belgian resident shareholder are only subject to 15% Belgian withholding tax.

The ECJ ruled that dividends distributed by a company established in one Member State to a shareholder residing in another Member State are liable to be subject to juridical double taxation as a result of the parallel exercise of tax competences by two different Member States. The ECJ referred to its decisions in Kerckhaert and Morres (C-513/04) and Orange European Smallcap Fund (C-194/06) where it decided that any disadvantages that could arise from this parallel exercise of tax competences do not constitute restrictions prohibited by the EC Treaty, provided that the parallel exercise is not discriminatory. Furthermore, the ECJ reminded that in the area of direct taxation, no unifying or harmonising measures designed to eliminate double taxation (other than the Parent-Subsidiary Directive and the Savings Directive) have yet been adopted at Community level. Hence, it is for the Member States to define the criteria for allocating their powers of taxation and to take the measures necessary to prevent double taxation. In its current state and in a situation as such at issue, EC law does not lay down any criteria for the attribution of areas of competence between Member States. Consequently, the ECJ decided that, in its current status and in a situation as such at issue, Article 56 EC does not preclude the France-Belgium tax treaty which allows juridical double taxation of dividends distributed by French companies to Belgian resident shareholders.

Bovenstaande samenvatting (uit EU Tax Alert) werd beschikbaar gesteld door Loyens & Loeff.

HvJ EG 10 september 2009, zaak C-269/07 (Commissie van de Europese Gemeenschappen v. Bondsrepubliek Duitsland)

Tweede kamer: *C. W. A. Timmermans, kamerpresident, K. Schiemann, J. Makarczyk, L. Bay Larsen (rapporteur) en C. Toader, rechters*

Advocaat-generaal: *J. Mazák*

ECJ strikes down German provisions on savings-pension bonus

On 10 September 2009, the ECJ rendered its judgment in the Commission v Germany case (C-269/07), regarding the compatibility with Articles 12, 18 and 39(2) EC, and of Article 7(2) of Council Regulation (EEC) No 1612/68 of 15 October 1968 on the freedom of movement for workers, of German income tax provisions which were adopted in order to encourage the establishment of private pensions, commonly referred to as 'Riester pensions' or 'Riesterrente'.

The Commission challenged three aspects of the Riester pension legislation, in so far as those provisions:
1. deny cross-border workers (and their spouses) the right to an allowance, unless they are fully liable to tax;
2. do not permit the capital advanced to be used for an apartment serving as the recipient's own residence in the recipient's own dwelling, unless that dwelling is in Germany;
3. require the repayment of financial support on termination of liability to unlimited taxation.

The ECJ generally followed Advocate General Mazák's Opinion of 31 March 2009 (see EU Tax Alert, edition 66, May 2009) and concluded that the savings-pension bonus in question should be regarded as a social advantage generally granted to workers on the basis of their objective status as workers within the terms of Article 7(2) of Council Regulation (EEC) No 1612/68. It aims at ensuring that retired persons have an adequate pension at the end of their professional lives, regardless of the fact that such savings-pension contracts are concluded with a private provider and that the resultant payments into that scheme are clearly of a voluntary nature.

The ECJ considered that the requirement that a cross-border worker (and his spouse) be fully liable to tax in Germany in order to benefit from the supplement to the savings-pension bonus constitutes indirect discrimination and infringes Article 39(2) EC and Article 7(2) of Council Regulation (EEC) No 1612/68, as such requirement can more easily be met by German workers than by cross-border workers from other Member States. According to the ECJ, the fact that cross-border workers may possibly be able to obtain tax reductions in their State of residence does not put an end to the discrimination to which they are subject as regards the grant of the savings-pension bonus. The ECJ rejected the justifications proposed by Germany, based on fiscal coherence.

In addition, the Court reached the same conclusion with respect to German provisions which prevent cross-border workers from using the subsidised capital of their savings-pension to build or purchase a dwelling for their own occupation in the territory of their residence, because the property is situated outside Germany. The ECJ rejected the justifications proposed by Germany, based on protection of public interest (i.e. ensuring an adequate supply of housing) and preservation of its social security system.

Finally, the ECJ considered that the obligation to reimburse the savings-pension bonus upon termination of unlimited tax liability restricts the exercise of the right of free movement pursuant to Article 39 EC and Article 7(2) of Council Regulation (EEC) No 1612/68 of German workers as it has a dissuasive effect on those wishing to work in another Member State. In the Court's view, Germany cannot rely on the fact that subsequent payments under the savings-pension contracts are not taxed there when workers leave the country. That fact is irrelevant since the competence to tax those payments has been granted to other Member States pursuant to bilateral conventions to prevent double taxation concluded between those Member States and Germany, as acknowledged by the latter. Moreover, the fact that for workers who remain in Germany, taxation of the payments arises, as the case may be, only after several decades is not comparable to the obligation to reimburse on termination of full liability to German tax which applies to those who leave Germany. The ECJ also rejected the justification based on fiscal cohesion and upheld that the same conclusion applies in respect of persons who are not economically active, for the same reasons, representing an infringement of the freedom of movement granted to citizens of the Union pursuant to Article 18 EC.

Bovenstaande samenvatting (uit EU Tax Alert) werd beschikbaar gesteld door Loyens & Loeff.

HvJ EG 17 september 2009, zaak C-182/08 (Glaxo Wellcome GmbH & Co. KG v. Finanzamt München II)

Eerste kamer: *P. Jann, kamerpresident, M. Ilešič, A. Borg Barthet, E. Levits (rapporteur) en J.J. Kasel, rechters*

Advocaat-generaal: *Y. Bot*

1. Het verzoek om een prejudiciële beslissing betreft de uitlegging van artikel 52 EG-Verdrag (thans, na wijziging, artikel 43 EG) en artikel 73 B EG-Verdrag (thans artikel 56 EG).

2. Dit verzoek is ingediend in het kader van een geding van Glaxo Wellcome GmbH & Co. KG, een commanditaire vennootschap naar Duits recht waarvan de beherende vennoten vennootschappen met beperkte aansprakelijkheid zijn, tegen het Finanzamt München II (hierna: 'Finanzamt') over de vaststelling van haar winst over de jaren 1995 tot en met 1998.

Toepasselijke bepalingen

Nationale regeling

3. In het kader van het ten tijde van de feiten in het hoofdgeding in Duitsland geldende belastingstelsel van 'volledige verrekening' werd de economische dubbele belastingheffing op de door in Duitsland gevestigde vennootschappen uitgekeerde winst aan de in Duitsland ingezeten belastingplichtigen overeenkomstig § 36, lid 2, punt 3, van het Einkommensteuergesetz (Duitse wet op de inkomstenbelasting; hierna: 'EStG') en§ 49 van het Körperschaftsteuergesetz (Duitse wet op de vennootschapsbelasting; hierna: 'KStG') vermeden door deze belastingplichtigen het recht toe te kennen om de door de uitkerende vennootschappen betaalde vennootschapsbelasting integraal te verrekenen met hun inkomstenbelasting of vennootschapsbelasting.

4. Overeenkomstig § 36, lid 4, tweede alinea, EStG kon het recht op verrekening van de vennootschapsbelasting, waar de ingezeten aandeelhouder recht op had, de vorm aannemen van een terugbetaling wanneer zijn eigen belastingschuld lager was dan het bedrag van de eerder over de winstuitkering geheven vennootschapsbelasting. § 20, lid 1, punt 3, EStG houdt in dat dit recht zelf werd beschouwd als een deel van de inkomsten.

5. Indien een deelneming in een rechtspersoon deel uitmaakte van het bedrijfskapitaal van een ingezeten belastingplichtige, kon laatstgenoemde krachtens § 6, lid 1, punt 1, EStG bij ontvangst van het dividend de waarde van deze deelneming in zijn fiscale balans verminderen. Deze waardevermindering, die 'afschrijving op de actuele waarde van de aandelen' werd genoemd, ging uit van de gedachte dat de uitkering niet meer is dan een vervanging van activa. Zo werd de waarde van een aandeel verminderd met de waarde van de bij dit aandeel behorende winstuitkering.

6. De bruto-uitkering, die het in § 36 EStG voorziene recht op verrekening van de vennootschapsbelasting omvatte, en de daarmee overeenstemmende afschrijving op de actuele waarde van de deelneming, waren dus normaliter even groot en hieven elkaar op.

7. Als gevolg daarvan genereerden de winstuitkeringen uiteindelijk geen inkomsten. Er bestond bijgevolg geen belastingschuld overeenstemmend met het belastingkrediet, dat een gedeelte van de inkomsten uit de winstuitkering vormde. Indien de belastingplichtige in het betrokken jaar geen andere inkomsten had, werd dit belastingkrediet dus omgezet in een recht op teruggave.

8. Winst uit de vervreemding van de aandelen, die bestaat in een aankoopprijs die hoger is dan de nominale waarde van de aandelen, vormde inkomsten in de zin van de belastingwetgeving en was voor de ingezeten belastingplichtigen onderworpen aan de inkomstenbelasting overeenkomstig § 17 EStG of aan de vennootschapsbelasting overeenkomstig § 8, lid 2, KStG.

9. Met betrekking tot niet-ingezeten belastingplichtigen waren de inkomsten uit winstuitkeringen door ingezeten vennootschappen en de winst uit de vervreemding van aandelen in deze vennootschappen niet onderworpen aan de Duitse inkomsten- of vennootschapsbelasting.

10. Niet-ingezeten belastingplichtigen kwamen ook niet in aanmerking voor de toepassing van het stelsel van integrale belastingheffing op de winst die ingezeten vennootschappen hun uitkeerden en hadden zo geen recht op een belastingkrediet ten belope van de door de ingezeten uitkerende vennootschap betaalde belasting.

11. § 50c, leden 1 en 4, EStG, zoals gewijzigd bij het Gesetz zur Verbesserung der steuerlichen Bedingungen zur Sicherung des Wirtschaftsstandorts Deutschland im Europäischen Binnenmarkt (Standortsicherungsgesetz, wet tot verbetering van de fiscale voorwaarden, om te verzekeren dat Duitsland binnen de Europese interne markt een vestigingsplaats voor ondernemingen blijft) van 13 september 1993 (*BGBl.* 1993 I, blz. 1569) luidde:

'1. Een tot verrekening van vennootschapsbelasting gerechtigde belastingplichtige die een aandeel in een [...] onbeperkt belastingplichtige kapitaalvennootschap verkrijgt van een niet tot een dergelijke verrekening gerechtigde aandeelhouder [...], mag bij de winstbepaling geen rekening houden met winstverminderingen die ontstaan door

1. door de inaanmerkingneming van de lagere actuele waarde van de deelneming of
2. de vervreemding of de onttrekking daarvan,

in het jaar van de verkrijging of in een van de volgende negen jaren, voor zover deze inaanmerkingneming van de lagere actuele waarde of van elke andere winstvermindering alleen voortvloeit uit winstuitkeringen of winstoverdrachten krachtens overeenkomsten tot regeling van de zeggenschap, en de winstverminderingen in totaliteit het geblokkeerde bedrag, als bedoeld in lid 4, niet overschrijden.

[...]

4. Het geblokkeerde bedrag komt overeen met het verschil tussen de aanschafkosten en de nominale waarde van het aandeel. [...]'

12. Het Gesetz zur Änderung des Umwandlungssteuerrechts (wet tot wijziging van het belastingregime voor de reorganisatie van vennootschappen) van 28 oktober 1994 (BGBl. 1994 I, blz. 3267; hierna: 'UmwStG') had in het Duitse recht de mogelijkheid ingevoerd om een kapitaalvennootschap in een personenvennootschap om te zetten met behoud van de fiscale waarde van de overgedragen economische goederen zonder realisatie van de latente meerwaarden.

13. Wanneer het vermogen van een vennootschap door omzetting overging op een personenvennootschap moest overeenkomstig § 4, lid 4, UmwStG op het niveau van de personenvennootschap de overnamewinst of het overnameverlies worden vastgesteld door vergelijking van de waarde waartegen de overgedragen economische goederen moesten worden overgenomen en de boekwaarde van de aandelen in de overdragende vennootschap. Volgens § 14 UmwStG gold hetzelfde bij omzetting van een vennootschap in een personenvennootschap.

14. De aldus bepaalde overnamewinst of het overnameverlies ('eerste fase') moest overeenkomstig § 4, lid 5, UmwStG worden verhoogd respectievelijk verminderd met de krachtens § 10, lid 1, UmwStG te heffen vennootschapsbelasting en met een geblokkeerd bedrag in de zin van§ 50c EStG aangezien de aandelen in de overdragende vennootschap op de fiscale peildatum voor de overdracht behoorden tot het bedrijfsvermogen van de overnemende personenvennootschap.

15. Indien er vervolgens nog steeds een overnameverlies was ('tweede fase'), moesten de waarderamingen van de overgedragen materiële en immateriële economische goederen tot hun actuele waarde worden aangevuld. Een dan nog resterend verlies werd krachtens § 4, lid 6, UmwStG in mindering gebracht op de winst van de overnemende personenvennootschap.

16. § 10, lid 1, UmwStG luidde:

'De vennootschapsbelasting op de delen van het eigen vermogen van de overdragende vennootschap, die in de zin van § 30, lid 1, punten 1 en 2, [KStG] voor uitkering kunnen worden bestemd, moet onverminderd lid 2 worden verrekend met de door de aandeelhouders van de overnemende personenvennootschap te betalen inkomstenbelasting of vennootschapsbelasting of met de inkomstenbelasting van de overnemende natuurlijke persoon.'

Verdrag tussen de Bondsrepubliek Duitsland en het Verenigd Koninkrijk van Groot-Brittannië en Noord-Ierland

17. In artikel III, lid 1, van het verdrag van 26 november 1964 tussen de Bondsrepubliek Duitsland en het Verenigd Koninkrijk van Groot-Brittannië en Noord-Ierland tot het vermijden van dubbele belasting en het voorkomen van belastingontduiking (BGBl. 1996 II, blz. 358), wordt bepaald dat 'de handels- en nijverheidswinsten van een onderneming uit een van de grondgebieden slechts op dit grondgebied belastbaar zijn, tenzij zij in het andere grondgebied een industriële of commerciële activiteit uitoefent door middel van een aldaar gevestigde vaste inrichting'.

Hoofdgeding en prejudiciële vraag

18. Verzoekster in het hoofdgeding werd op 1 juli 1995 opgericht in het kader van de herstructurering van de Glaxo Wellcome groep na de omzetting, door verandering van de rechtsvorm, van de vennootschap met beperkte aansprakelijkheid naar Duits recht Glaxo Wellcome GmbH (hierna: 'GW GmbH').

19. De stappen van de herstructurering van de Glaxo Wellcome groep kunnen als volgt worden omschreven.

20. Op 26 juni 1995 heeft de vennootschap naar Duits recht Glaxo Verwaltungs GmbH (hierna: 'GV GmbH'), die reeds 95% van de aandelen in GW GmbH bezat, 5% van de aandelen van GW GmbH verkregen van Glaxo Group Limited (hierna: 'GG Ltd'), haar in het Verenigd Koninkrijk gevestigde moedermaatschappij, en is zij de enige moedermaatschappij van GW GmbH geworden.

21. Op 27 juni en 7 juli 1995 hebben GW GmbH en vervolgens verzoekster in het hoofdgeding alle aandelen in Wellcome GmbH (hierna: 'W GmbH') verkregen. De vennootschappen die de betrokken aandelen hebben verkocht

zijn GG Ltd, die 99,98% van de aandelen in W GmbH in handen had, en Burroughs Wellcome Ltd, de moedermaatschappij van GG Ltd, die 0,02% van de genoemde aandelen bezat.

22. Bij akte van fusie van 25 augustus 1995 werd W GmbH met terugwerkende kracht tot 29 juni 1995 gefuseerd met haar enige aandeelhouder, GW GmbH.

23. Op 30 juni 1995 heeft GV GmbH 1% van haar aandelen in GW GmbH verkocht aan Seftonpharm GmbH, die volledig in haar handen was.

24. Op 1 juli 1995 werd GW GmbH omgezet in een commanditaire vennootschap naar Duits recht. Zij heet voortaan Glaxo Wellcome GmbH & Co KG.

25. Op de datum van die omzetting bedroeg de balanswaarde van de aandelen in GW GmbH bij GV GmbH (met inbegrip van Seftonpharm GmbH) 500 miljoen DEM. Op grond van § 4, leden 4 en 5, UmwStG berekende verzoekster in het hoofdgeding met inachtneming van een geblokkeerd bedrag van 22 887 706 DEM overeenkomstig § 50c EStG, een verlies van 328 096 563 DEM door de overname van 5 % van de aandelen in GW GmbH van GG Ltd.

26. Volgens het Finanzamt was niet alleen bij de verkrijging van de aandelen in GW GmbH door GV GmbH van GG Ltd een geblokkeerd bedrag ten laste van de verworven aandelen ontstaan. Zijns inziens rustte ook op de aandelen in W GmbH die verzoekster in het hoofdgeding van GG Ltd en Burroughs Wellcome Ltd had verkregen, een geblokkeerd bedrag van 322 565 500 DEM. Na de overname van W GmbH door GW GmbH is dit tweede geblokkeerde bedrag niet verdwenen, maar is het overgedragen op de aandelen van GV GmbH in GW GmbH. Het uit de omzetting van GW GmbH voortvloeiende overnameverlies verminderde dus door de geblokkeerde bedragen tot 5 531 063 DEM.

27. Tussen verzoekster in het hoofdgeding en het Finanzamt is in wezen geschil of het door GW GmbH geboekte overnameverlies wordt verlaagd met een geblokkeerd bedrag in de zin van § 50c, EStG dat is ontstaan bij de verwerving van aandelen in W GmbH door GW GmbH.

28. Verzoekster in het hoofdgeding werd dienaangaande in het gelijk gesteld door het Finanzgericht München, waarop het Finanzamt bij het Bundesfinanzhof hogere voorziening heeft ingesteld.

29. Anders dan het Finanzgericht München had geoordeeld, is de verwijzende rechter van oordeel dat louter krachtens het Duitse recht het genoemde verlies moet worden verlaagd met het geblokkeerde bedrag dat is ontstaan bij de verwerving van aandelen in W GmbH door GW GmbH.

30. Volgens het Bundesfinanzhof kan gelet op het gemeenschapsrecht echter worden getwijfeld aan de wettigheid van de inaanmerkingneming van een geblokkeerd bedrag overeenkomstig § 50c, EStG, aangezien de belastingplichtige anders wordt behandeld al naargelang hij de aandelen verkrijgt van een verrekeningsgerechtigde aandeelhouder dan wel van een niet tot verrekening gerechtigde aandeelhouder.

31. In die omstandigheden heeft het Bundesfinanzhof de behandeling van de zaak geschorst en het Hof de volgende prejudiciële vraag gesteld:

> 'Verzet artikel 52 [...] of artikel 73 B van het Verdrag [...] zich tegen de regeling van een lidstaat die, in het kader van een nationaal stelsel van verrekening van vennootschapsbelasting, de waardevermindering van aandelen ten gevolge van winstuitkeringen uitsluit van de belastinggrondslag, wanneer een tot verrekening van vennootschapsbelasting gerechtigde belastingplichtige een aandeel in een onbeperkt belastingplichtige kapitaalvennootschap verkrijgt van een niet tot verrekening gerechtigde aandeelhouder, terwijl in geval van verkrijging van een aandeel van een verrekeningsgerechtigde aandeelhouder dergelijke waardevermindering de belastinggrondslag van de verkrijger vermindert?'

Beantwoording van de prejudiciële vraag

32. Vooraf zij erop gewezen dat volgens de uiteenzettingen van de Duitse regering niet-ingezeten aandeelhouders in de regel in Duitsland slechts beperkt belastingplichtig waren en geen recht op verrekening van vennootschapsbelasting hadden. Bijgevolg was § 50c, EStG vooral van toepassing op de vervreemding van deelnemingen in een ingezeten kapitaalvennootschap, die derhalve onbeperkt belastingplichtig is, aan een ingezeten aandeelhouder, die dientengevolge verrekeningsgerechtigd is, door een niet-ingezeten aandeelhouder, die dus niet tot verrekening gerechtigd is.

33. Derhalve moet de prejudiciële vraag aldus worden verstaan dat de verwijzende rechter wenst te vernemen of artikel 52 of artikel 73 B van het Verdrag zich verzet tegen een regeling van een lidstaat die de waardevermindering van aandelen ten gevolge van winstuitkeringen uitsluit van de belastinggrondslag van een ingezeten belastingplichtige wanneer deze belastingplichtige aandelen in een ingezeten kapitaalvennootschap verkrijgt van een niet-ingezeten aandeelhouder, terwijl in geval van verkrijging van die aandelen van een ingezeten aandeelhouder die waardevermindering de belastinggrondslag van de verkrijger vermindert.

34. Tevens zij in herinnering gebracht dat volgens vaste rechtspraak de directe belastingen weliswaar tot de bevoegdheid van de lidstaten behoren, doch dat deze niettemin verplicht zijn deze bevoegdheid in overeenstemming met het gemeenschapsrecht uit te oefenen (zie met name arresten van 13 december 2005, Marks & Spencer, C-446/03, *Jurispr.* blz. I-10837, punt 29; 12 september 2006, Cadbury Schweppes en Cadbury Schweppes Overseas, C-196/04, *Jurispr.* blz. I-7995, punt 40; 12 december 2006, Test Claimants in Class IV of the ACT Group Litigation, C-374/04, *Jurispr.* blz. I-11673, punt 36, en 8 november 2007, Amurta, C-379/05, *Jurispr.* blz. I-9569, punt 16).

35. Aangezien de vraag van de verwijzende rechter zowel betrekking heeft op artikel 52 als op artikel 73 B van het Verdrag moet eerst worden bepaald of en in welke mate een nationale regeling als in het hoofdgeding aan de orde is, de in deze artikelen bedoelde vrijheden kan aantasten.

In het hoofdgeding aan de orde zijnde vrijheid

36. In dit verband zij eraan herinnerd dat met betrekking tot de vraag of een nationale wettelijke regeling onder de ene of de andere vrijheid van verkeer valt, uit ondertussen vaste rechtspraak blijkt dat rekening dient te worden gehouden met het voorwerp van de wettelijke regeling in kwestie (zie arrest van 24 mei 2007, Holböck, C-157/05, *Jurispr.* blz. I-4051, punt 22 en aldaar aangehaalde rechtspraak).

37. Uit de rechtspraak volgt ook dat het Hof de betrokken maatregel in beginsel slechts uit het oogpunt van een van deze twee vrijheden onderzoekt indien blijkt dat in de omstandigheden van het hoofdgeding een van de vrijheden volledig ondergeschikt is aan de andere en daarmee kan worden verbonden (arrest van 3 oktober 2006, Fidium Finanz, C-452/04, *Jurispr.* blz. I-9521, punt 34).

38. Derhalve moet in de eerste plaats worden nagegaan of een verkrijging van aandelen in een ingezeten vennootschap door een ingezetene van een niet-ingezeten aandeelhouder, zoals in het hoofdgeding aan de orde is, een kapitaalbeweging in de zin van artikel 73 B van het Verdrag vormt.

39. Aangezien het Verdrag geen definitie van het begrip 'kapitaalverkeer' bevat, heeft het Hof eerder erkend dat de nomenclatuur in de bijlage bij richtlijn 88/361/EEG van de Raad van 24 juni 1988 voor de uitvoering van artikel 67 van het Verdrag [artikel ingetrokken bij het Verdrag van Amsterdam] (*PB* L 178, blz. 5), indicatieve waarde heeft, ook al is deze vastgesteld op basis van de artikelen 69 en 70, lid 1, EEG-Verdrag (de artikelen 67 tot en met 73 EEG-Verdrag werden vervangen door de artikelen 73 B tot en met 73 G EG-Verdrag, thans de artikelen 56 EG tot en met 60 EG), waarbij de lijst die zij bevat, zoals in de inleiding te kennen wordt gegeven, niet uitputtend is (zie met name arresten van 23 februari 2006, Van Hilten-van der Heijden, C-513/03, *Jurispr.* blz. I-1957, punt 39; 14 september 2006, Centro di Musicologia Walter Stauffer, C-386/04, *Jurispr.* blz. I-8203, punt 22; 11 september 2008, Eckelkamp e.a., C-11/07, *Jurispr.* blz. I-6845, punt 38, en 27 januari 2009, Persche, C-318/07, *Jurispr.* blz. I-00000, punt 24).

40. Derhalve zijn kapitaalverkeer in de zin van artikel 73 B, lid 1, van het Verdrag met name directe investeringen in de vorm van deelneming in een onderneming door aandeelhouderschap die de mogelijkheid biedt om daadwerkelijk deel te hebben in het bestuur van of de zeggenschap over een vennootschap ('directe' investeringen) en de verwerving van effecten op de kapitaalmarkt met uitsluitend doel te beleggen zonder invloed op het bestuur van en de zeggenschap over de onderneming te willen uitoefenen ('portefeuillebeleggingen') (zie in die zin arresten van 16 maart 1999, Trummer en Mayer, C-222/97, *Jurispr.* blz. I-1661, punt 21; 4 juni 2002, Commissie/ Frankrijk, C-483/99, *Jurispr.* blz. I-4781, punten 36 en 37; 13 mei 2003, Commissie/ Verenigd Koninkrijk, C-98/01, *Jurispr.* blz. I-4641, punten 39 en 40, en 28 september 2006, Commissie/Nederland, C-282/04 en C-283/04, *Jurispr.* blz. I-9141, punt 19).

41. Het Hof heeft eveneens geoordeeld dat een terugverkoop van aandelen door een niet-ingezeten aandeelhouder aan de ingezeten uitgevende vennootschap een kapitaalbeweging vormt in de zin van artikel 1 van richtlijn 88/361 en van de nomenclatuur van het kapitaalverkeer die in bijlage I bij die richtlijn is opgenomen (zie arrest van 19 januari 2006, Bouanich, C-265/04, *Jurispr.* blz. I-923, punt 29).

42. Volgens de tweede alinea, vierde streepje, van bijlage I bij richtlijn 88/361 omvat het vrije kapitaalverkeer immers de liquidatie of de overdracht van gevormde vermogenswaarden.

43. Derhalve vormt de overdracht van deelnemingen in ingezeten vennootschappen door niet-ingezeten beleggers een kapitaalbeweging in de zin van artikel 1 van de genoemde richtlijn en van de nomenclatuur van het kapitaalverkeer die in bijlage I bij die richtlijn is opgenomen.

44. Ofschoon, zoals de Duitse regering aangeeft, de verkrijging van aandelen in een ingezeten vennootschap door een ingezetene van een niet-ingezeten aandeelhouder niet uitdrukkelijk wordt vermeld in de nomenclatuur van het kapitaalverkeer die in bijlage I bij richtlijn 88/361 is opgenomen, vormt deze verrichting dus een kapitaalbeweging in de zin van artikel 1 van deze richtlijn en valt zij onder de werkingssfeer van de communautaire voorschriften inzake het vrije kapitaalverkeer.

45. Wat in de tweede plaats artikel 52 van het Verdrag betreft, volgt uit 's Hofs rechtspraak dat de vrijheid van vestiging, die in dit artikel aan de gemeenschapsonderdanen wordt toegekend en die voor hen de toegang tot en

de uitoefening van werkzaamheden anders dan in loondienst alsmede de oprichting en het bestuur van ondernemingen omvat onder dezelfde voorwaarden als in de wetgeving van de lidstaat van vestiging voor de eigen onderdanen zijn vastgesteld, voor de vennootschappen die in overeenstemming met de wetgeving van een lidstaat zijn opgericht en die hun statutaire zetel, hun hoofdbestuur of hun hoofdvestiging binnen de Europese Gemeenschap hebben, het recht meebrengt om in de betrokken lidstaat hun bedrijfsactiviteit uit te oefenen door middel van een dochteronderneming, een filiaal of een agentschap (arrest van 23 februari 2006, Keller Holding, C-471/04, *Jurispr.* blz. I-2107, punt 29; arrest Centro di Musicologia Walter Stauffern, reeds aangehaald, punt 17, en arrest van 11 oktober 2007, ELISA, C-451/05, *Jurispr.* blz. I-8251, punt 62).

46. Het begrip 'vestiging' in de zin van het Verdrag is zeer ruim en houdt in dat een gemeenschapsonderdaan duurzaam kan deelnemen aan het economische leven van een andere lidstaat dan zijn staat van herkomst, daar voordeel uit kan halen en op die wijze de economische en sociale vervlechting in de Gemeenschap op het gebied van niet in loondienst verrichte werkzaamheden kan bevorderen (zie met name reeds aangehaalde arresten Centro di Musicologia Walter Stauffer, punt 18, en ELISA, punt 63).

47. Volgens vaste rechtspraak vallen nationale bepalingen die van toepassing zijn wanneer een staatsburger van een lidstaat een deelneming in het kapitaal van een in een andere lidstaat gevestigde vennootschap bezit waardoor hij of zij een beslissende invloed op de besluiten van deze vennootschap heeft en hij de activiteiten ervan kan bepalen, binnen de materiële werkingssfeer van de verdragsbepalingen inzake de vrijheid van vestiging (zie met name arrest van 13 april 2000, Baars, C-251/98, *Jurispr.* blz. I-2787, punt 22; arrest Cadbury Schweppes en Cadbury Schweppes Overseas, reeds aangehaald, punt 31; arresten van 13 maart 2007, Test Claimants in the Thin Cap Group Litigation, C-524/04, *Jurispr.* blz. I-2107, punt 27, en 17 juli 2008, Commissie/Spanje, C-207/07, punt 60).

48. Uit de opmerkingen van de Duitse regering blijkt dat een van de voorziene gevallen voor de toepassing van de in het hoofdgeding aan de orde zijnde wettelijke regeling, het geval is waarin een niet-ingezeten aandeelhouder meerdere in Duitsland gevestigde dochterondernemingen controleert en haar aandelen in een van deze dochterondernemingen verkoopt aan een andere gecontroleerde dochteronderneming.

49. Vaststaat evenwel dat de toepassing van de genoemde wettelijke regeling niet afhangt van de omvang van de deelnemingen verworven van de niet-ingezeten aandeelhouder en niet beperkt is tot situaties waarin de aandeelhouder een beslissende invloed kan uitoefenen op de besluitvorming van de betrokken vennootschap en de activiteiten ervan kan bepalen.

50. Aangezien bovendien de in het hoofdgeding aan de orde zijnde wettelijke regeling beoogt te beletten dat niet-ingezeten aandeelhouders een ongerechtvaardigd belastingvoordeel verkrijgen dat rechtstreeks uit de overdracht van aandelen voortvloeit, die met name enkel kan worden verricht om het genoemde voordeel te verkrijgen, en niet om de vrijheid van vestiging uit te oefenen of ingevolge de uitoefening van deze vrijheid, moet worden geoordeeld dat het aspect van deze regeling dat verband houdt met het vrije kapitaalverkeer, voorrang heeft boven het aspect dat de vrijheid van vestiging betreft.

51. Indien deze wettelijke regeling de vrijheid van vestiging beperkt, dan is deze beperking derhalve het onvermijdelijke gevolg van een eventuele belemmering van het vrije kapitaalverkeer en rechtvaardigt zij dus niet een autonome toetsing van deze wettelijke regeling aan artikel 52 van het Verdrag (zie in die zin arrest van 14 oktober 2004, Omega, C-36/02, *Jurispr.* blz. I-9609, punt 27; arresten Cadbury Schweppes en Cadbury Schweppes Overseas, reeds aangehaald, punt 33; Fidium Finanz, reeds aangehaald, punt 48, en Test Claimants in the Thin Cap Group Litigation, reeds aangehaald, punt 34).

52. De in het hoofdgeding aan de orde zijnde wettelijke regeling moet dus uitsluitend worden getoetst aan het vrije kapitaalverkeer.

Bestaan van een beperking van het vrije kapitaalverkeer

53. Zoals de verwijzende rechterlijke instantie opmerkt, heeft de in het hoofdgeding aan de orde zijnde wettelijke regeling tot gevolg dat wanneer een ingezeten belastingplichtige aandelen in een ingezeten kapitaalvennootschap heeft verkregen van een niet-ingezeten aandeelhouder, de waardevermindering van die aandelen ten gevolge van winstuitkeringen wordt uitgesloten van de belastinggrondslag van de verkrijger, terwijl in geval van verkrijging van deze aandelen van een ingezeten aandeelhouder dergelijke waardevermindering de belastinggrondslag van de verkrijger vermindert.

54. Deze beperking van de inaanmerkingneming van de waardevermindering van de aandelen ten gevolge van winstuitkeringen is van toepassing vanaf het jaar van de verkrijging van die aandelen en in de negen daaropvolgende jaren, en betreft uitsluitend winstverminderingen door winstuitkeringen of door winstoverdrachten ter uitvoering van een overeenkomst tot regeling van de zeggenschap en voor zover de winstverminderingen niet een bepaald bedrag overschrijden, 'geblokkeerd bedrag' genoemd.

55. Dit geblokkeerde bedrag – het verschil tussen de aankoopprijs die door de ingezeten aandeelhouder is betaald en de nominale waarde van de aandelen – drukt aldus op de van een niet-ingezetene verkregen aandelen door in

wezen de gevolgen van de gedeeltelijke afschrijving van de aandelen ten gevolge van de winstuitkering op te heffen.

56. Dat een belastingplichtige op zijn belastbare winst de uit de gedeeltelijke afschrijving van zijn deelneming in de vennootschap voortvloeiende verliezen in aftrek kan brengen wanneer de waardevermindering van de aandelen het gevolg is van de winstuitkering, vormt zonder meer een belastingvoordeel.

57. Door dit voordeel uitsluitend aan een ingezeten belastingplichtige toe te kennen wanneer hij aandelen in een ingezeten vennootschap verkrijgt van een ingezeten aandeelhouder, worden de deelnemingen van de niet-ingezetenen minder aantrekkelijk en kan de ingezeten belastingplichtige er bijgevolg van worden weerhouden deze deelnemingen te verwerven.

58. Bovendien kan een dergelijk verschil in behandeling ook niet-ingezeten beleggers ervan weerhouden om een deelneming te verwerven in de ingezeten vennootschap en aldus voor die vennootschap een belemmering bij het bijeenbrengen van kapitaal uit andere lidstaten vormen.

59. Hieruit volgt dat een wettelijke regeling als die welke in het hoofdgeding aan de orde is een in beginsel door artikel 73 B van het Verdrag verboden beperking van het vrije kapitaalverkeer vormt.

Rechtvaardiging van de beperking van het vrije kapitaalverkeer

60. Evenwel moet worden onderzocht of een dergelijke beperking van het vrije kapitaalverkeer kan worden gerechtvaardigd op basis van de bepalingen van het Verdrag.

61. Volgens de Duitse regering en de Commissie van de Europese Gemeenschappen beoogt de in het hoofdgeding aan de orde zijnde wettelijke regeling te voorkomen dat een niet-ingezeten aandeelhouder door bepaalde praktijken, met name die welke door de advocaat-generaal in punt 100 van zijn conclusie worden beschreven, economisch gezien hetzelfde resultaat bereikt als wanneer hem een belastingkrediet werd toegekend.

62. De in het hoofdgeding aan de orde zijnde wettelijke regeling beoogt volgens hen aldus de coherentie van de Duitse procedure van volledige verrekening te bewaren en is gerechtvaardigd, aangezien uit het arrest Test Claimants in Class IV of the ACT Group Litigation, reeds aangehaald, en het arrest van 26 juni 2008, Burda, C-284/06, *Jurispr.* blz. I-4571 blijkt dat de omstandigheid dat geen belastingkrediet ter voorkoming van dubbele economische belasting wordt toegekend aan niet-ingezeten aandeelhouders die dividenden ontvangen van ingezeten vennootschappen, niet in strijd met het gemeenschapsrecht kan worden geacht.

63. Zowel de Duitse regering als de Commissie merkt bovendien op dat het feit dat – zonder dat daar een belastingschuld tegenover staat – een belastingkrediet wordt toegekend aan een niet-ingezeten aandeelhouder die niet belastingplichtig is in de lidstaat waarin de uitkerende vennootschap is gevestigd, erop neer komt die lidstaat te verplichten af te zien van de belasting van een deel van de op zijn grondgebied behaalde winsten. Dienaangaande merkt de Commissie nog op dat de betaling van een belastingkrediet aan een niet-ingezeten aandeelhouder niet de functie van het genoemde belastingkrediet kan vervullen, te weten de voordien op het niveau van de vennootschap ingehouden belasting aan te passen aan het individuele tarief waaraan de genoemde belastingplichtige is onderworpen, maar alleen tot gevolg heeft dat de nationale belastbare materie naar een andere lidstaat wordt verplaatst.

64. Verzoekster in het hoofdgeding meent daarentegen dat noch de noodzaak om de werking van de verrekeningsprocedure te verzekeren, noch de noodzaak om de fiscale samenhang te handhaven of de eenmalige belastingheffing in Duitsland te garanderen een rechtvaardiging kan vormen voor de in het hoofdgeding aan de orde zijnde wettelijke regeling.

65. Deze wettelijke regeling legt geen enkel technisch verband tussen de verrekeningsprocedure en het nadeel dat uit deze wettelijke regeling voortvloeit, en heeft voorts tot gevolg dat de bedrijfsbelasting voor de ingezeten verkrijger wordt verhoogd, aangezien de winstbepaling ook bepalend is voor deze belasting die evenmin een band heeft met de verrekening van vennootschapsbelasting.

66. Gelet op de aldus door verweerster in het hoofdgeding, de Duitse regering en de Commissie aangevoerde argumenten, zij eraan herinnerd dat volgens artikel 73 D, lid 1, sub a, EG-Verdrag [thans artikel 58, lid 1, sub a, EG] het bepaalde in artikel 73 B van het Verdrag niet afdoet aan het recht van de lidstaten om de ter zake dienende bepalingen van hun belastingwetgeving toe te passen die onderscheid maken tussen belastingplichtigen die niet in dezelfde situatie verkeren met betrekking tot hun vestigingsplaats of de plaats waar hun kapitaal is belegd.

67. Artikel 73 D, lid 1, sub a, van het Verdrag, dat als afwijking van het fundamentele beginsel van vrij kapitaalverkeer strikt moet worden uitgelegd, kan evenwel niet aldus worden uitgelegd dat elke belastingwetgeving die onderscheid maakt tussen belastingplichtigen op grond van hun vestigingsplaats of de lidstaat waar zij hun kapitaal beleggen, automatisch verenigbaar is met het Verdrag. De in artikel 73 D, lid 1, sub a, van het Verdrag bedoelde afwijking wordt immers op haar beurt beperkt door dit artikel 73 D, lid 3, dat bepaalt dat de in lid 1 van dit artikel bedoelde nationale maatregelen 'geen middel tot willekeurige discriminatie [mogen] vormen, noch een verkapte

beperking van het vrije kapitaalverkeer en betalingsverkeer als omschreven in artikel 73 B' (zie arrest van 7 september 2004, Manninen, C-319/02, *Jurispr.* blz. I-7477, punt 28, en arrest Centro di Musicologia Walter Stauffer, reeds aangehaald, punt 31).

68. Derhalve moet onderscheid worden gemaakt tussen de krachtens artikel 73 D, lid 1, sub a, van het Verdrag toegestane ongelijke behandelingen en de discriminaties die lid 3 van dit artikel verbiedt. Volgens de rechtspraak kan een nationale belastingregeling als die welke in het hoofdgeding aan de orde is slechts verenigbaar met de verdragsbepalingen betreffende het vrije kapitaalverkeer worden geacht indien het verschil in behandeling betrekking heeft op situaties die niet objectief vergelijkbaar zijn of wordt gerechtvaardigd door dwingende redenen van algemeen belang (zie arrest van 6 juni 2000, Verkooijen, C-35/98, *Jurispr.* blz. I-4071, punt 43; arrest Manninen, reeds aangehaald, punt 29, en arrest van 8 september 2005, Blanckaert, C-512/03, *Jurispr.* blz. I-7685, punt 42).

69. Het Hof heeft reeds vastgesteld dat met betrekking tot de toepassing van de belastingwetgeving van de lidstaat van vestiging van de uitkerende vennootschap die een stelsel voor voorkoming of vermindering van opeenvolgende belastingheffingen of dubbele economische belasting van door ingezeten vennootschappen aan ingezetenen uitgekeerde dividenden kent, de dividendontvangende aandeelhouders die ingezetenen zijn van die lidstaat, zich niet noodzakelijkerwijs in een situatie bevinden die vergelijkbaar is met die van dividendontvangende aandeelhouders die ingezetenen zijn van een andere lidstaat (zie in die zin arrest Test Claimants in Class IV of the ACT Group Litigation, reeds aangehaald, punten 55 en 57).

70. Wanneer de uitkerende vennootschap en de ontvangende aandeelhouder niet in dezelfde lidstaat zijn gevestigd, bevindt de lidstaat waarin de uitkerende vennootschap is gevestigd, dus de lidstaat van de bron van de winst, zich wat het voorkomen of het verminderen van opeenvolgende belastingheffingen en dubbele economische belasting betreft, niet in dezelfde positie als de lidstaat waarin de ontvangende aandeelhouder is gevestigd (arrest Test Claimants in Class IV of the ACT Group Litigation, reeds aangehaald, punt 58).

71. Er zij evenwel op gewezen dat het in het hoofdgeding aan de orde zijnde verschil in behandeling geen betrekking heeft op de situatie van een aandeelhouder al naargelang hij ingezetene is of niet en bijgevolg de mogelijkheid voor deze aandeelhouder om in aanmerking te komen voor een belastingkrediet voor de belasting die de uitkerende vennootschap heeft betaald.

72. Dit verschil in behandeling betreft uitsluitend de ingezeten aandeelhouders naargelang zij hun deelneming in een ingezeten vennootschap hebben verkregen van een ingezeten aandeelhouder dan wel van een niet-ingezeten aandeelhouder.

73. Zoals de advocaat-generaal in punt 139 van zijn conclusie heeft opgemerkt, bevinden deze aandeelhouders zich ten aanzien van de verliezen die voortvloeien uit een gedeeltelijke afschrijving op de aandelen in een ingezeten vennootschap, in een vergelijkbare situatie ongeacht of het om van een ingezetene of van een niet-ingezetene verkregen aandelen gaat. De winstuitkering vermindert immers de waarde van een aandeel, ongeacht of dit vooraf werd verkregen van een ingezetene of van een niet-ingezetene, en in beide gevallen wordt deze waardevermindering door de ingezeten aandeelhouder gedragen.

74. Een dergelijk verschil in behandeling brengt derhalve geen objectief verschil in situatie van deze aandeelhouders tot uitdrukking.

75. Tevens moet worden nagegaan of een beperking als die in het hoofdgeding gerechtvaardigd kan zijn uit hoofde van de door de Duitse regering en de Commissie ingeroepen dwingende redenen van algemeen belang.

76. De door de Duitse regering en de Commissie aangevoerde argumenten, uiteengezet in de punten 61 tot en met 63 van dit arrest, kunnen in verband worden gebracht met de noodzaak om de samenhang van het Duitse belastingstelsel te bewaren, om de belastingheffing op inkomsten die worden gegenereerd op het Duitse grondgebied te verzekeren en om fictieve constructies voor de omzeiling van de Duitse wetgeving te voorkomen.

77. Wat om te beginnen het argument betreffende de noodzaak om de samenhang van het Duitse belastingstelsel te bewaren aangaat, zij erop gewezen dat het Hof reeds erkend heeft dat de noodzaak om de samenhang van een belastingstelsel te bewaren een beperking van de uitoefening van de door het Verdrag gewaarborgde verkeersvrijheden kan rechtvaardigen (arrest van 28 januari 1992, Bachmann, C-204/90, *Jurispr.* blz. I-249, punt 28; arrest Manninen, reeds aangehaald, punt 42, en arrest van 27 november 2008, Papillon, C-418/07, *Jurispr.* blz. I-00000, punt 43).

78. Een beroep op een dergelijke rechtvaardigingsgrond kan volgens het Hof evenwel alleen slagen indien er een rechtstreeks verband bestaat tussen het betrokken fiscale voordeel en de verrekening van dat voordeel door een bepaalde belastingheffing, welk rechtstreeks verband op basis van de door de betrokken belastingregeling nagestreefde doelstelling moet worden aangetoond (zie arrest Papillon, reeds aangehaald, punt 44 en aldaar aangehaalde rechtspraak).

79. Zoals de Duitse regering en de Commissie hebben opgemerkt, beoogt de in het hoofdgeding aan de orde zijnde wettelijke regeling te voorkomen dat de niet-ingezeten aandeelhouder door een andere verrichting dan een winstuitkering economisch gezien niettemin van hetzelfde resultaat kan krijgen als de voordelen van het belastingkrediet op de vennootschapsbelasting die is betaald door de vennootschap waarvan hij de aandelen bezit.

80. Het staat vast dat de nadelen die voortvloeien uit de in het hoofdgeding aan de orde zijnde wettelijke regeling, rechtstreeks worden gedragen door de ingezeten aandeelhouder die deze aandelen van een niet-ingezetene heeft verkregen. Voor deze ingezeten aandeelhouder wordt het feit dat hij de verliezen die voortvloeien uit de gedeeltelijke afschrijving van zijn deelneming in een ingezeten vennootschap, niet van zijn belastbare winst kan aftrekken wanneer de waardevermindering van de deelneming voortvloeit uit de winstuitkering, door geen enkel fiscaal voordeel gecompenseerd. De overweging dat de winst die ontstaat voor de niet-ingezetene die de aandelen aan de ingezeten aandeelhouder heeft verkocht, in Duitsland niet aan belasting is onderworpen, is immers irrelevant ten opzichte van de ingezeten aandeelhouder die het nadeel draagt.

81. Bijgevolg ontbreekt in casu een rechtstreeks verband zoals door de in punt 78 van dit arrest aangehaalde rechtspraak wordt geëist, en kan de in het hoofdgeding aan de orde zijnde wettelijke regeling niet worden gerechtvaardigd door de noodzaak om de samenhang van het belastingstelsel van volledige verrekening te bewaren.

82. Wat vervolgens het argument betreft dat de Bondsrepubliek Duitsland de mogelijkheid moet behouden om haar fiscale bevoegdheid over de op haar grondgebied verrichte activiteiten uit te oefenen, moet worden vastgesteld dat het weliswaar vaste rechtspraak is dat derving van belastingopbrengst niet kan worden aangemerkt als een dwingende reden van algemeen belang die kan worden ingeroepen ter rechtvaardiging van een maatregel die in beginsel in strijd is met een fundamentele vrijheid (zie met name arrest Manninen, reeds aangehaald, punt 49 en aldaar aangehaalde rechtspraak). Het Hof heeft echter ook erkend dat er gedragingen kunnen bestaan die afbreuk kunnen doen aan het recht van de lidstaten om hun belastingbevoegdheid uit te oefenen met betrekking tot activiteiten die op hun grondgebied plaatsvinden, en zo de evenwichtige verdeling van de heffingsbevoegdheid tussen de lidstaten in gevaar kunnen brengen (zie arrest Marks & Spencer, reeds aangehaald, punt 46); dergelijke gedragingen kunnen een beperking van de door het Verdrag gewaarborgde vrijheden rechtvaardigen (zie in die zin arrest Cadbury Schweppes en Cadbury Schweppes Overseas, reeds aangehaald, punten 55 en 56, en arrest van 29 maart 2007, Rewe Zentralfinanz, C-347/04, *Jurispr.* blz. I-2647, punt 42).

83. Het Hof heeft ook geoordeeld dat eisen dat de lidstaat waarin de uitkerende vennootschap is gevestigd, waarborgt dat aan een niet-ingezeten aandeelhouder uitgekeerde winst niet wordt getroffen door opeenvolgende belastingheffingen of door een dubbele economische belasting, hetzij door deze winsten bij de uitkerende vennootschap vrij te stellen van belasting, hetzij door aan die aandeelhouder een belastingvoordeel te geven ter hoogte van de door de uitkerende vennootschap over die winst betaalde belasting, de facto betekent dat deze staat moet afzien van zijn recht om belasting te heffen over inkomen dat door een economische activiteit op zijn grondgebied is gegenereerd (arrest Test Claimants in Class IV of the ACT Group Litigation, reeds aangehaald, punt 59).

84. Andere verrichtingen dan een winstuitkering die de niet-ingezeten aandeelhouder in staat stellen economisch gezien hetzelfde resultaat te krijgen als wanneer hem het belastingkrediet werd toegekend op de vennootschapsbelasting die is betaald door de vennootschap waarvan hij de aandelen bezit, kunnen evenzeer afbreuk doen aan de mogelijkheid voor de vestigingsstaat van die vennootschap om zijn recht uit te oefenen om belasting te heffen over inkomsten die door een economische activiteit op zijn grondgebied worden gegenereerd.

85. De opneming in de verkoopprijs van de aandelen van een bedrag ter hoogte van het belastingkrediet dat de ingezeten verkrijger van deze aandelen kan ontvangen, en de verrekening van de waardevermindering van de genoemde aandelen na de dividenduitkering met het bedrag van de door de verkrijger van diezelfde aandelen ontvangen dividenden, zouden voor deze ingezeten verkrijger immers leiden tot hetzij het recht het belastingkrediet te verrekenen met andere door hem verschuldigde belastingen, hetzij, wanneer hij niet over andere belastbare inkomsten beschikt, de terugbetaling van een bedrag ter hoogte van het belastingkrediet uit hoofde van de door de vennootschap betaalde vennootschapsbelasting.

86. Aangezien de prijs van de aandelen het bedrag gelijk aan het belastingkrediet omvat, zou de toekenning van een belastingkrediet of de terugbetaling van een bedrag gelijk aan dit belastingkrediet aan de nieuwe ingezeten aandeelhouder tot gevolg hebben de niet-ingezeten aandeelhouder onrechtstreeks een belastingkrediet uit hoofde van de op het niveau van de vennootschap ingehouden belasting toe te kennen.

87. Deze gevolgen blijven niet beperkt tot de derving van fiscale inkomsten voor de Bondsrepubliek Duitsland, maar houden in dat, doordat aan de niet-ingezetene onrechtstreeks een economisch voordeel wordt toegekend dat gelijk is aan het belastingkrediet uit hoofde van de over de winst van een ingezeten vennootschap geheven belasting, de normaal in de lidstaat van vestiging van deze vennootschap belastbare inkomsten worden verplaatst naar de lidstaat die bevoegd is om de door de niet-ingezetene behaalde winst te belasten, waardoor afbreuk wordt gedaan aan een evenwichtige verdeling van de heffingsbevoegdheid tussen de lidstaten.

88. Hieruit volgt dat een wettelijke regeling zoals in het hoofdgeding aan de orde is, kan worden gerechtvaardigd door de noodzaak om een evenwichtige verdeling van de heffingsbevoegdheid tussen de lidstaten te bewaren.

89. Wat ten slotte de argumenten betreft dat belastingontduiking moet worden voorkomen en dat kunstmatige constructies die zijn bedoeld om het Duitse belastingstelsel te ontduiken, moeten worden bestreden, moet worden vastgesteld dat een nationale maatregel die het vrije kapitaalverkeer beperkt, gerechtvaardigd kan zijn wanneer hij specifiek ziet op volstrekt kunstmatige constructies die geen verband houden met de economische realiteit en alleen bedoeld zijn om een fiscaal voordeel te verkrijgen (zie in die zin arresten Cadbury Schweppes en Cadbury Schweppes Overseas, reeds aangehaald, punten 51 en 55; Test Claimants in the Thin Cap Group Litigation, reeds aangehaald, punten 72 en 74, en arrest van 4 december 2008, Jobra, C-330/07, *Jurispr.* blz. I-00000, punt 35).

90. Blijkens de opmerkingen van de Duitse regering, waarvoor bevestiging is te vinden in de memorie van toelichting bij de wet waarbij de in het hoofdgeding aan de orde zijnde wettelijke regeling in de Duitse rechtsorde werd ingevoerd, heeft deze wettelijke regeling tot doel de constructies tegen te gaan waarmee de niet-ingezeten aandeelhouders bij de verkoop van hun aandelen een bedrag verkrijgen ter hoogte van het belastingkrediet uit hoofde van de door de ingezeten vennootschap betaalde vennootschapsbelasting, middels praktijken als die welke in punt 100 van de conclusie van de advocaat-generaal zijn beschreven, die uitsluitend worden aangewend met het doel het genoemde fiscale voordeel te verkrijgen.

91. Door voor de nieuwe aandeelhouder het recht te beperken om van zijn belastbare winst het bedrag van het door de waardevermindering van de litigieuze aandelen ontstane verlies af te trekken voor zover dit het 'geblokkeerde bedrag' niet overschrijdt, kan de in het hoofdgeding aan de orde zijnde wettelijke regeling praktijken tegengaan die geen ander doel hebben dan de niet-ingezeten aandeelhouder een belastingkrediet uit hoofde van de door de ingezeten vennootschap betaalde vennootschapsbelasting te laten verkrijgen. Bovendien heeft de uit de genoemde beperking voortvloeiende verhoging van de belastinggrondslag van de nieuwe ingezeten aandeelhouder tot doel te voorkomen dat normaal in Duitsland belastbare inkomsten als deel van de door de voormalige niet-ingezeten aandeelhouder behaalde winst die overeenkomt met het onverschuldigde belastingkrediet, worden overgedragen zonder in Duitsland aan belasting te worden onderworpen.

92. Een dergelijke wettelijke regeling is bijgevolg geschikt voor het bereiken van de beoogde doelstellingen van bewaring van een evenwichtige verdeling van de heffingsbevoegdheid tussen de lidstaten en van voorkoming van volstrekt kunstmatige constructies die geen verband houden met de economische realiteit en alleen bedoeld zijn om een fiscaal voordeel te verkrijgen.

93. Niettemin dient te worden nagegaan of een dergelijke wettelijke regeling niet verder gaat dan noodzakelijk is om de aldus nagestreefde doelstellingen te bereiken.

94. Het staat aan de verwijzende rechter na te gaan of – voor zover de berekening van het geblokkeerde bedrag is gebaseerd op de kosten van de verwerving van de betrokken aandelen – de gevolgen van de in het hoofdgeding aan de orde zijnde wettelijke regeling niet verder gaan dan noodzakelijk is om te waarborgen dat een bedrag dat gelijk is aan het belastingkrediet niet onterecht wordt toegekend aan de niet-ingezeten aandeelhouder.

95. Zoals de advocaat-generaal in punt 170 van zijn conclusie tevens opmerkt, is deze wettelijke regeling immers van toepassing wanneer een ingezeten belastingplichtige zijn aandelen in een ingezeten vennootschap van een niet-ingezeten aandeelhouder heeft verkregen voor een prijs die, om welke reden dan ook, de nominale waarde van de aandelen overschrijdt.

96. Bijgevolg is een dergelijke regeling gebaseerd op een vermoeden dat elke verhoging van de verkoopprijs noodzakelijkerwijs de inaanmerkingneming van het belastingkrediet omvat en uitsluitend daartoe wordt toegepast. Zoals de advocaat-generaal in punt 172 van zijn conclusie heeft opgemerkt, kan echter niet worden uitgesloten dat de aandelen worden verkocht tegen een hogere waarde dan de nominale waarde ervan om andere redenen dan om de aandeelhouder een belastingkrediet uit hoofde van de door de ingezeten vennootschap betaalde vennootschapsbelasting toe te kennen, of in ieder geval dat de niet-uitgekeerde winst en de mogelijkheid een bij deze aandelen behorend belastingkrediet te verkrijgen slechts een onderdeel van de verkoopprijs van deze aandelen vormen.

97. Voorts heeft verzoekster in het hoofdgeding voor het Hof betoogd dat de inaanmerkingneming van het geblokkeerde bedrag en de verhoging van de belastinggrondslag van de ingezeten aandeelhouder ook gevolgen hebben voor andere belastingen waaraan deze aandeelhouder kan worden onderworpen, en met name voor de berekening van de door hem verschuldigde bedrijfsbelasting. Dergelijke gevolgen gaan verder dan noodzakelijk is om de doelstellingen van de in het hoofdgeding aan de orde zijnde wettelijke regeling te bereiken.

98. Het staat eveneens aan de verwijzende rechter na te gaan of de toepassing van de beperking van de inaanmerkingneming van de waardevermindering van aandelen ten gevolge van een winstuitkering vanaf het jaar van de verkrijging van de genoemde aandelen en in de daaropvolgende negen jaren, niet verder gaat dan noodzakelijk is om de doelstellingen van de in het hoofdgeding aan de orde zijnde wettelijke regeling te bereiken.

99. Ten slotte moet, zoals de advocaat-generaal in punt 174 van zijn conclusie opmerkt, betreffende de doelstelling van voorkoming van volstrekt kunstmatige constructies die geen verband houden met de economische realiteit en alleen bedoeld zijn om onterecht een fiscaal voordeel te verkrijgen, worden vastgesteld dat, om te voldoen aan het evenredigheidsbeginsel, een maatregel die een dergelijke doelstelling nastreeft, de nationale rechter in staat moet stellen om elk geval, met inachtneming van de bijzonderheden ervan, afzonderlijk te beoordelen, en op basis van objectieve feiten rekening te houden met het misbruik opleverende of frauduleuze gedrag van de betrokkenen.

100. Voor zover een wettelijke regeling als die in het hoofdgeding niet toelaat dat de toepassing ervan wordt beperkt tot op grond van objectieve omstandigheden vastgestelde volstrekt kunstmatige constructies, maar alle situaties betreft waarin de ingezeten belastingplichtige aandelen in een ingezeten vennootschap heeft verkregen van een niet-ingezeten aandeelhouder voor een prijs die, om welke reden dan ook, de nominale waarde van de aandelen overschrijdt, gaan de gevolgen van een dergelijke wettelijke regeling als die in het hoofdgeding verder dan noodzakelijk is voor het bereiken van de doelstelling van voorkoming van volstrekt kunstmatige constructies die geen verband houden met de economische realiteit en alleen bedoeld zijn om onterecht een fiscaal voordeel te verkrijgen.

101. Mitsdien moet op de gestelde vraag worden geantwoord dat artikel 73 B van het Verdrag aldus moet worden uitgelegd dat het zich niet verzet tegen een wettelijke regeling van een lidstaat die de waardevermindering van aandelen ten gevolge van een winstuitkering uitsluit van de belastinggrondslag van een ingezeten belastingplichtige wanneer deze belastingplichtige aandelen in een ingezeten kapitaalvennootschap verkrijgt van een niet-ingezeten aandeelhouder, terwijl in geval van een verkrijging van aandelen van een ingezeten aandeelhouder een dergelijke waardevermindering de belastinggrondslag van de verkrijger vermindert.

102. Deze vaststelling gaat op wanneer een dergelijke wettelijke regeling niet verder gaat dan noodzakelijk is om een evenwichtige verdeling van de heffingsbevoegdheid tussen de lidstaten te waarborgen en volstrekt kunstmatige constructies te voorkomen die geen verband houden met de economische realiteit en alleen bedoeld zijn om onterecht een fiscaal voordeel te verkrijgen. Het staat aan de verwijzende rechter te onderzoeken of de in het hoofdgeding aan de orde zijnde wettelijke regeling niet verder gaat dan noodzakelijk is om deze doelstellingen te bereiken.

Kosten

103. ...

HET HOF VAN JUSTITIE (Eerste kamer)

verklaart voor recht:

Artikel 73 B van het EG-Verdrag (mans artikel 56 EG) Moet aldus worden uitgelegd dat het zich niet verzet tegen een wettelijke regeling van een lidstaat die de waardevermindering van aandelen ten gevolge van winstuitkeringen uitsluit van de belastinggrondslag van een ingezeten belastingplichtige wanneer deze belastingplichtige aandelen in een ingezeten kapitaalvennootschap verkrijgt van een niet-ingezeten aandeelhouder, terwijl in geval van een verkrijging van aandelen van een ingezeten aandeelhouder een dergelijke waardevermindering de belastinggrondslag van de verkrijger vermindert.

Deze vaststelling gaat op wanneer een dergelijke wettelijke regeling niet verder gaat dan noodzakelijk is om van een evenwichtige verdeling van de heffingsbevoegdheid tussen de lidstaten te waarborgen en volstrekt kunstmatige constructies te voorkomen die geen verband houden Met de economische realiteit en alleen bedoeld zijn om onterecht een fiscaal voordeel te verkrijgen. Het staat aan de verwijzende rechter te onderzoeken of de in het hoofdgeding aan de orde zijnde wettelijke regeling niet verder gaat dan noodzakelijk is om deze doelstellingen te bereiken.

HvJ EG 1 oktober 2009, zaak C-569/07 (HSBC Holdings plc, Vidacos Nominees Ltd v. The Commissioners of Her Majesty's Revenue & Customs)

Tweede kamer: *C. W. A. Timmermans, kamerpresident, J.-C. Bonichot, K. Schiemann, J. Makarczyk (rapporteur) en L. Bay Larsen, rechters*

Advocaat-generaal: *P. Mengozzi*

ECJ holds UK tax charged on transfer of shares into a clearance service incompatible with EC law 09 10 01 HSBC Holdings and Vidacos Nominees

On 1 October 2009, the ECJ rendered its judgement in the case of HSBC Holdings and Vidacos Nominees case (C-569/07) concerning the compatibility of UK stamp duty reserve tax ('SDRT') with Articles 10 and 11 of Council Directive 69/335/EEC of 17 July 1969 concerning indirect taxes on the raising of capital, as amended by Council Directive 85/303/EEC of 10 June 1985 (the 'Capital Duty Directive'), as well as Articles 43, 49 and 56 EC.

Under the applicable UK legislation, no SDRT is charged on the issue of the shares in certificated form but all transfers of shares or other chargeable securities for consideration are subject to SDRT at a rate of 0.5% of the amount or value of the consideration for the transfer. Conversely, SDRT is due on the issue or transfer of non-certified shares to the operator of a clearance service at a rate of 1.5% of the issue price or the amount or value of the consideration, whereas subsequent transfers of shares within the same clearance service are not taxed. Furthermore, a clearance service may elect to enter into an agreement with the Inland Revenue based on which, payment of SDRT is made at the standard rate of 0.5% (on each transfer), provided a number of requirements are met.

On 7 June 2000, HSBC Holdings plc ('HSBC'), a company incorporated and resident for tax purposes in the UK, made a public offer to acquire all of the issued shares of Crédit commercial de France ('CCF'), a public company incorporated and resident for tax purposes in France, the shares of which were listed on the Paris Stock Exchange. As consideration for the acquisition of CCF shares, HSBC issued shares listed on the Paris Stock Exchange to a clearance service, namely, Vidacos Nominees Ltd, and SDRT was therefore charged at the rate of 1.5% of the price or value of those shares.

According to the ECJ, the 1.5% SDRT on the first transfer of newly issued shares was unacceptable under Article 11 of the Capital Duty Directive, which provides that no tax may be charged on, amongst others, the creation, issue, admission to quotation on a stock exchange, and making available on the market or dealing in stocks. Moreover, in the ECJ's view, the exception provided for in Article 12(1) of the Capital Duty Directive, according to which duties on the transfer of securities are acceptable, does not apply since this exception should be interpreted narrowly. Therefore, the ECJ concluded that Article 11(a) of the Capital Duty Directive must be interpreted as meaning that it prohibits the levying of a duty, such as that at issue in the main proceedings, on the issue of shares into a clearance service.

Bovenstaande samenvatting (uit EU Tax Alert) werd beschikbaar gesteld door Loyens & Loeff.

HvJ EG 1 oktober 2009, zaak C-247/08 (Gaz de France – Berliner Investissement SA v. Bundeszentralamt für Steuern)

Eerste kamer: *P. Jann, kamerpresident, M. Ilešič, A. Tizzano, E. Levits (rapporteur) en J. J. Kasel, rechters*

Advocaat-generaal: *J. Mazák*

1. Het verzoek om een prejudiciële beslissing betreft de uitlegging van artikel 2, sub a, van richtlijn 90/435/EEG van de Raad van 23 juli 1990 betreffende de gemeenschappelijke fiscale regeling voor moedermaatschappijen en dochteronder nemingen uit verschillende lidstaten (*PB* L 225, blz. 6), gelezen in combinatie met punt f van de bijlage bij deze richtlijn, alsook de geldigheid van deze bepaling in het licht van de artikelen 43 EG, 48 EG, 56 EG en 58 EG.

2. Dit verzoek is ingediend in een geding tussen Gaz de France – Berliner Investissement SA, een in Frankrijk gevestigde onderneming die tot 2002 de rechtsvorm had van een société par actions simplifiée (SAS), en het Bundeszentralamt für Steuern betreffende de heffing van belasting over de winst die in het belastingjaar 1999 aan eerstgenoemde is uitgekeerd door Gaz de France Deutschland GmbH, die in Duitsland is gevestigd.

Toepasselijke bepalingen

Gemeenschapsregeling

3. Artikel 2 van richtlijn 90/435 luidt als volgt:

'Voor de toepassing van deze richtlijn wordt onder de term 'vennootschap van een lidstaat' verstaan iedere vennootschap:
a. die een van de in de bijlage genoemde rechtsvormen heeft;
b. die volgens de fiscale wetgeving van een lidstaat wordt beschouwd in deze staat haar fiscale woonplaats te hebben en die, volgens een met een derde staat gesloten verdrag op het gebied van dubbele belastingheffing, niet wordt beschouwd als fiscaal buiten de Gemeenschap te zijn gevestigd;
c. die bovendien, zonder keuzemogelijkheid en zonder ervan te zijn vrijgesteld, onderworpen is aan een van de volgende belastingen:
[...]
– 'impôt sur les sociétés' in Frankrijk, [...]
of aan enige andere belasting die in de plaats zou treden van een van bovengenoemde belastingen.'

4. Volgens artikel 5, lid 1, van richtlijn 90/435 wordt de door een dochteronderneming aan de moedermaatschappij uitgekeerde winst van bronbelasting vrijgesteld, althans wanneer laatstgenoemde een minimumdeelneming van 25% bezit in het kapitaal van de dochteronderneming.

5. In de bijlage bij richtlijn 90/435, getiteld 'Lijst van de in artikel 2, sub a, bedoelde vennootschappen', worden in punt f de volgende vennootschappen opgesomd:

'[d]e vennootschappen naar Frans recht, geheten 'société anonyme', 'société en commandite par actions', 'société à responsabilité limitée', alsook openbare instellingen en ondernemingen met een industrieel of commercieel karakter.'

6. Punt 4 van de considerans van richtlijn 2003/123/EG van de Raad van 22 december 2003 tot wijziging van richtlijn 90/435 (*PB* 2004, L 7, blz. 41) luidt als volgt:

'In artikel 2 van richtlijn [90/435] worden de vennootschappen omschreven die binnen haar werkingssfeer vallen. De bijlage omvat een lijst van vennootschappen waarop de richtlijn van toepassing is. Bepaalde vennootschapsvormen zijn niet in de lijst in de bijlage opgenomen, ondanks het feit dat zij hun fiscale woonplaats in een lidstaat hebben en daar aan de vennootschapsbelasting onderworpen zijn. De werkingssfeer van richtlijn [90/435] moet daarom worden uitgebreid tot andere entiteiten die grensoverschrijdende activiteiten in de Gemeenschap kunnen verrichten en aan alle in die richtlijn gestelde eisen voldoen.'

7. Artikel 1, punt 6, van richtlijn 2003/123 bepaalt dat de bijlage bij richtlijn 90/435 wordt vervangen door de tekst in de bijlage bij richtlijn 2003/123. Na deze wijziging luidt het nieuwe punt f van de bijlage bij richtlijn 90/435 als volgt:

'[d]e vennootschappen naar Frans recht, geheten 'société anonyme', 'société en commandite par actions', 'société à responsabilité limitée', 'sociétés par actions simplifiées', 'sociétés d'assurances mutuelles', 'caisses d'épargne et de prévoyance', 'sociétés civiles' die automatisch aan de vennootschapsbelasting onderworpen zijn, 'coopératives', 'unions de coopératives' alsmede de overheidsinstellingen en -bedrijven met een industrieel of commercieel karakter, alsmede andere vennootschappen die zijn opgericht naar Frans recht en die onder de Franse vennootschapsbelasting vallen'.

8. Volgens artikel 2 van richtlijn 2003/123 moet deze richtlijn uiterlijk op 1 januari 2005 in het recht van de lidstaten worden omgezet.

Nationale regeling

9. § 44d van het Einkommensteuergesetz (Duitse wet op de inkomstenbelasting), in de op het hoofdgeding toepasselijke versie (hierna: 'EStG 1999'), luidt als volgt:

'1. Op verzoek wordt geen inkomstenbelasting geheven op de kapitaalopbrengsten in de zin van § 20, lid 1, punt 1, [...] die een moedermaatschappij die noch haar zetel noch haar bestuur in het binnenland heeft, ontvangt door uitkeringen van een onbeperkt belastingplichtige kapitaalvennootschap in de zin van § 1, lid 1, punt 1, van de wet op de vennootschapsbelasting, dan wel door terugbetaling van de vennootschapsbelasting.
2. Onder moedermaatschappij in de zin van lid 1 wordt verstaan een vennootschap die voldoet aan de in bijlage 7 bij deze wet omschreven voorwaarden van artikel 2 van richtlijn [90/435] en die ten tijde van het verschuldigd worden van de belasting op kapitaalopbrengsten overeenkomstig § 44, lid 1, tweede volzin, aantoonbaar voor ten minste één vierde rechtstreeks deelneemt in het maatschappelijk kapitaal van een onbeperkt belastingplichtige kapitaalvennootschap. Bovendien moet deze deelneming aantoonbaar gedurende twaalf maanden ononderbroken hebben bestaan. [...]'

10. Bijlage 7 bij het EStG 1999 luidt als volgt:

'Onder vennootschap in de zin van artikel 2 van [...] richtlijn [90/435] wordt verstaan iedere vennootschap
1. die één van de volgende rechtsvormen heeft:
[...]
– vennootschappen naar Frans recht, geheten:
'société anonyme', 'société en commandite par actions', 'société à responsabilité limitée', alsook openbare instellingen en ondernemingen met een industrieel of commercieel karakter;
[...]
2. die volgens de fiscale wetgeving van een lidstaat wordt geacht in deze staat haar fiscale woonplaats te hebben en die, volgens een met een derde staat gesloten verdrag op het gebied van dubbele belastingheffing, niet wordt geacht fiscaal buiten de Gemeenschap te zijn gevestigd, en
3. die zonder keuzemogelijkheid en zonder ervan te zijn vrijgesteld is onderworpen aan één van de volgende belastingen:
[...]
– impôt sur les sociétés in Frankrijk, [...]
of aan enige andere belasting die in de plaats zou treden van een van bovengenoemde belastingen.'

Hoofdgeding en prejudiciële vragen

11. Op 16 juni 1999 heeft Gaz de France Deutschland GmbH, waarvan verzoekster in het hoofdgeding alle aandelen in handen heeft, aan deze laatste een winst van 980 387 DEM uitgekeerd. Zij hield hierop een bedrag aan kapitaalinkomstenbelasting van 49 019,35 DEM en een solidariteitstoeslag van 2 696,06 DEM in, die zij afdroeg aan het bevoegde Finanzamt.

12. Op 16 augustus 1999 heeft verzoekster in het hoofdgeding bij het Bundesamt für Finanzen, dat op 1 januari 2006 is omgedoopt tot het Bundeszentralamt für Steuern, een aanvraag ingediend tot terugbetaling van de kapitaalinkomstenbelasting inclusief de solidariteitstoeslag.

13. Bij beschikking van 6 september 1999 heeft verweerder in het hoofdgeding deze aanvraag afgewezen op grond dat verzoekster in het hoofdgeding geen moedermaatschappij in de zin van § 44d, lid 2, EstG 1999 juncto artikel 2 van richtlijn 90/435 was.

14. Na de afwijzing van haar tegen deze beschikking ingediende bezwaar heeft verzoekster in het hoofdgeding beroep ingesteld bij het Finanzgericht Köln, dat van oordeel is dat verzoekster in het hoofdgeding volgens de formulering van richtlijn 90/435 geen recht heeft op terugbetaling van de kapitaalinkomstenbelasting, omdat zij in het jaar van de uitkering geen van de rechtsvormen had die worden genoemd in artikel 2, sub a, van richtlijn 90/435 juncto punt f van de bijlage bij deze richtlijn.

15. Deze rechtbank betwijfelt evenwel of een letterlijke uitlegging van de bepalingen van richtlijn 90/435 kan volstaan. Volgens haar moet ook rekening worden gehouden met het doel van deze richtlijn, alsook met het feit dat het Franse recht ten tijde van de inwerkingtreding van deze richtlijn nog geen 'société par actions simplifiée' kende en dat deze vennootschapsvorm bij richtlijn 2003/123 in de bijlage bij richtlijn 90/435 is ingevoegd.

16. Volgens het Finanzgericht Köln rijst dan ook in de voor hem aanhangige zaak de vraag of een onvrijwillige leemte in de regelgeving eraan in de weg kan staan dat artikel 2, sub a, van richtlijn 90/435, gelezen in samenhang met punt f van de bijlage bij deze richtlijn, naar analogie aldus wordt uitgelegd dat een vennootschap naar Frans recht die de vorm heeft van een société par actions simplifiée reeds vóór 2005 kon worden beschouwd als een

'vennootschap van een lidstaat' in de zin van richtlijn 90/435, en of artikel 2, sub a, van deze richtlijn, gelezen in samenhang met punt f van de bijlage bij deze richtlijn, in voorkomend geval inbreuk maakt op de artikelen 43 EG en 48 EG of op de artikelen 56 EG en 58 EG.

17. In deze omstandigheden heeft het Finanzgericht Köln de behandeling van de zaak geschorst en het Hof de volgende prejudiciële vragen gesteld:

'1. Moet artikel 2, sub a, [van richtlijn 90/435] in samenhang met de bijlage, sub f, bij [deze] richtlijn [...] aldus worden uitgelegd dat ook een Franse vennootschap met de rechtsvorm van een 'société par actions simplifiée' reeds vóór 2005 kon worden aangemerkt als 'vennootschap van een lidstaat' in de zin van deze richtlijn, zodat zij voor een winstuitkering van haar Duitse dochtermaatschappij in 1999 krachtens artikel 5, lid 1, van richtlijn [90/435] moet worden vrijgesteld van bronbelasting?
2. Indien de eerste vraag ontkennend wordt beantwoord: is artikel 2, sub a, [van richtlijn 90/435] in samenhang met de bijlage, sub f, bij [deze] richtlijn [...] in zoverre in strijd met de artikelen 43 EG en 48 EG dan wel de artikelen 56, lid 1, EG en 58, leden 1, sub a, en 3, EG dat het in samenhang met artikel 5, lid 1, van richtlijn [90/435] weliswaar voor een Franse moedermaatschappij met de rechtsvorm van een société anonyme, société en commandite par actions of société à responsabilité limitée, doch niet voor een Franse moedermaatschappij met de rechtsvorm van een société par actions simplifiée bij winstuitkeringen van een Duitse dochtermaatschappij een vrijstelling van bronbelasting voorschrijft?'

Beantwoording van de prejudiciële vragen

Ontvankelijkheid

18. De Italiaanse regering betwist de ontvankelijkheid van het verzoek om een prejudiciële beslissing omdat dit verzoek geen informatie bevat over de structuur van de société par actions simplifiée en de regels die deze vennootschap beheersen, en evenmin over de andere soorten vennootschappen waarmee deze vennootschap wordt vergeleken. Bij gebreke van dergelijke informatie is het onmogelijk om de elementen te beoordelen die aan de basis liggen van de premisse van de verwijzende rechter dat een société par actions simplifiée soortgelijke kenmerken heeft als de vennootschappen naar Frans recht die overeenkomstig artikel 5, lid 1, van richtlijn 90/435 steeds vrijstelling van bronbelasting over de uitgekeerde winsten hebben genoten, en dus om de relevantie van het verzoek om een prejudiciële beslissing voor de beslechting van het hoofdgeding te beoordelen.

19. Dienaangaande moet worden opgemerkt dat het gelet op de bevoegdheidsverdeling in het kader van de prejudiciële procedure weliswaar uitsluitend de zaak van de nationale rechter is om het voorwerp te bepalen van de vragen die hij aan het Hof wenst te stellen, maar dat het Hof tevens heeft geoordeeld dat het in uitzonderlijke omstandigheden ter toetsing van zijn eigen bevoegdheid een onderzoek dient in te stellen naar de omstandigheden waaronder de nationale rechter hem om een prejudiciële beslissing heeft verzocht (zie met name arrest van 18 december 2007, ZF Zefeser, C-62/06, *Jurispr.* blz. I-11995, punt 14).

20. Dit is met name het geval wanneer het Hof niet beschikt over de gegevens, feitelijk en rechtens, die noodzakelijk zijn om een nuttig antwoord te geven op de gestelde vragen (zie met name arresten van 13 maart 2001, PreussenElektra, C-379/ 98, *Jurispr.* blz. I-2099, punt 39; 5 december 2006, Cipolla e.a., C-94/04 en C-202/04, *Jurispr.* blz. I-11421, punt 25, en 8 november 2007, Amurta, C-379/05, *Jurispr.* blz. I-9569, punt 64). De nationale rechter moet immers wegens het vereiste om tot een voor hem nuttige uitlegging van het gemeenschapsrecht te komen, een omschrijving geven van het feitelijke en juridische kader waarin de gestelde vragen moeten worden geplaatst, of althans de feiten uiteenzetten waarop die vragen zijn gebaseerd (zie met name arrest van 23 maart 2006, Enirisorse, C-237/04, *Jurispr.* blz. I-2843, punt 17 en aldaar aangehaalde rechtspraak).

21. De in de verwijzingsbeslissing verstrekte gegevens moeten niet alleen het Hof in staat stellen een nuttig antwoord te geven, maar ook de regeringen van de lidstaten en de andere belanghebbende partijen de mogelijkheid bieden, overeenkomstig artikel 23 van het Statuut van het Hof van Justitie opmerkingen te maken. Het Hof dient erop toe te zien dat deze mogelijkheid gewaarborgd blijft, gelet op het feit dat ingevolge genoemde bepaling alleen de verwijzingsbeslissingen ter kennis van de belanghebbende partijen worden gebracht (zie met name arrest Enirisorse, reeds aangehaald, punt 18 en aldaar aangehaalde rechtspraak).

22. Vastgesteld moet worden dat de verwijzende rechter in casu het feitelijke en juridische kader van het hoofdgeding en de redenen waarom hij een antwoord op de gestelde vragen noodzakelijk acht, voldoende heeft uiteengezet om het Hof in staat te stellen een nuttig antwoord te geven op zijn vragen. Voorts blijkt uit de opmerkingen die zijn ingediend door de Duitse en de Italiaanse regering, de regering van het Verenigd Koninkrijk en de Commissie van de Europese Gemeenschappen, dat zij op basis van de gegevens die zijn vervat in het verzoek om een prejudiciële beslissing, op nuttige wijze een standpunt hebben kunnen innemen met betrekking tot de aan het Hof gestelde vragen.

23. In deze omstandigheden kan het feit dat de verwijzingsbeslissing geen uitvoerige beschrijving bevat van de regels betreffende sociétés par actions simplifiées en betreffende de andere vennootschappen naar Frans recht,

niet tot gevolg hebben dat het prejudiciële verzoek niet-ontvankelijk is. Het Hof is hoe dan ook niet bevoegd om de nationale wettelijke regeling uit te leggen.

24. Gelet op het bovenstaande dienen de prejudiciële vragen te worden beantwoord.

Ten gronde

Eerste vraag

25. Met zijn eerste vraag wenst de verwijzende rechter in wezen te vernemen of artikel 2, sub a, van richtlijn 90/435, gelezen in samenhang met punt f van de bijlage bij deze richtlijn, aldus dient te worden uitgelegd dat een vennootschap naar Frans recht die de vorm heeft van een société par actions simplifiée, reeds vóór de wijziging van deze richtlijn bij richtlijn 2003/123 als een 'vennootschap van een lidstaat' kon worden beschouwd.

26. Bij de beantwoording van deze vraag dient rekening te worden gehouden met de bewoordingen van de bepaling waarvan om uitlegging wordt verzocht, alsook met de doelstellingen en de systematiek van richtlijn 90/435 (zie in die zin arresten van 17 oktober 1996, Denkavit e.a., C-283/94, C-291/94 en C-292/94, *Jurispr.* blz. I-5063, punten 24 en 26; 8 juni 2000, Epson Europe, C-375/98, *Jurispr.* blz. I-4243, punten 22 en 24, en 3 april 2008, Banque Fédérative du Crédit Mutuel, C-27/07, *Jurispr.* blz. I-2067, punt 22).

27. Zoals met name blijkt uit de derde overweging van de considerans, beoogt richtlijn 90/435 door de invoering van een gemeenschappelijke fiscale regeling iedere benadeling van de samenwerking tussen vennootschappen uit verschillende lidstaten ten opzichte van de samenwerking tussen vennootschappen van eenzelfde lidstaat op te heffen en aldus de hergroepering van vennootschappen op gemeenschapsniveau te vergemakkelijken (reeds aangehaalde arresten Denkavit e.a., punt 22, en Epson Europe, punt 20, alsook arresten van 4 oktober 2001, Athinaïki Zythopoiïa, C-294/99, *Jurispr.* blz. I-6797, punt 25; 25 september 2003, Océ van der Grinten, C-58/01, *Jurispr.* blz. I-9809, punt 45, en arrest Banque Fédérative du Crédit Mutuel, reeds aangehaald, punt 23). Richtlijn 90/435 beoogt aldus de fiscale neutraliteit van de winstuitkering door een in een lidstaat gelegen dochteronderneming aan haar in een andere lidstaat gevestigde moedervennootschap te verzekeren (arrest Banque Fédérative du Crédit Mutuel, reeds aangehaald, punt 24).

28. Blijkens artikel 1 van richtlijn 90/435 heeft deze richtlijn betrekking op winstuitkeringen die vennootschappen van een lidstaat ontvangen van hun dochterondernemingen uit andere lidstaten.

29. Artikel 2 van richtlijn 90/435 bepaalt onder welke voorwaarden een vennootschap kan worden beschouwd als een vennootschap van een lidstaat in de zin van deze richtlijn en bakent aldus de werkingssfeer van deze richtlijn af. Zoals de advocaat-generaal in punt 27 van zijn conclusie heeft opgemerkt, zijn deze voorwaarden cumulatief.

30. Volgens artikel 2, sub a, van richtlijn 90/435 wordt onder de term 'vennootschap van een lidstaat' verstaan iedere vennootschap die een van de in de bijlage bij deze richtlijn genoemde rechtsvormen heeft.

31. In de bijlage bij richtlijn 90/435 worden twee verschillende technieken gebruikt ter aanduiding van de vennootschappen die binnen de werkingssfeer van de richtlijn vallen. Zo wordt in de punten k en l van deze bijlage, waarin respectievelijk sprake is van '[h]andelsvennootschappen of burgerlijke vennootschappen met handelsvorm, en de naar Portugees recht opgerichte coöperaties en openbare bedrijven' en van '[d]e vennootschappen naar Brits recht', een generieke formulering gebruikt, terwijl in de andere punten van deze bijlage de bedoelde rechtsvormen uitdrukkelijk bij name worden genoemd.

32. Deze laatste techniek, die in de meeste punten van de bijlage bij richtlijn 90/435 en met name in punt f van deze bijlage voor de vennootschappen naar Frans recht wordt gebruikt en die erin bestaat dat de onder deze richtlijn vallende rechtsvormen bij name worden genoemd, zonder dat wordt bepaald dat deze richtlijn kan worden toegepast op andere vennootschappen die overeenkomstig het recht van de lidstaten zijn opgericht, waarbij voor het Franse recht een uitzondering wordt gemaakt voor openbare instellingen en ondernemingen, impliceert dat de opsomming van de betrokken benamingen limitatief is.

33. Aldus blijkt zowel uit de formulering als uit de systematiek van artikel 2, sub a, van richtlijn 90/435 en punt f van de bijlage bij deze richtlijn dat een vennootschap naar Frans recht die geen openbare instelling of onderneming met een industrieel of commercieel karakter is, slechts als een vennootschap van een lidstaat in de zin van deze richtlijn kan worden beschouwd indien zij een van de rechtsvormen heeft die limitatief in punt f van de bijlage bij deze richtlijn zijn opgesomd en met name de vorm heeft van een 'société anonyme', een 'société en commandite par actions' of een 'société à responsabilité limitée'.

34. Aan deze conclusie wordt niet afgedaan door het argument van verzoekster in het hoofdgeding en de Commissie dat de lijst van vennootschappen in punt f van de bijlage bij richtlijn 90/435 slechts exemplarisch is en uitsluitend tot doel heeft problemen te voorkomen die kunnen voortvloeien uit kwalificatieconflicten, wanneer een vennootschap in de ene lidstaat vanuit fiscaal oogpunt wordt behandeld als een aan de vennootschapsbelasting onderworpen kapitaalvennootschap, terwijl een andere lidstaat deze vennootschap beschouwt als een personenvennootschap die niet aan de vennootschapsbelasting is onderworpen, aangezien bepaalde lidstaten bij de vast-

stelling van richtlijn 90/435 personenvennootschappen van de werkingssfeer van deze richtlijn hebben willen uitsluiten.

35. De door verzoekster in het hoofdgeding en de Commissie voorgestelde uitlegging zou kunnen beantwoorden aan de doelstellingen van richtlijn 90/435, zoals deze in de derde overweging van de considerans ervan worden uiteengezet, aangezien zij een uitbreiding van de werkingssfeer van deze richtlijn tot een groter aantal vennootschappen zou impliceren en er aldus toe zou bijdragen dat de samenwerking tussen vennootschappen van verschillende lidstaten niet langer wordt benadeeld ten opzichte van de samenwerking tussen vennootschappen van dezelfde lidstaat, waardoor de hergroepering van vennootschappen op communautair niveau zou worden vergemakkelijkt.

36. Zoals de advocaat-generaal in punt 31 van zijn conclusie heeft opgemerkt, moet evenwel worden vastgesteld dat richtlijn 90/435 niet tot doel heeft, een gemeenschappelijke regeling in te voeren voor alle vennootschappen van de lidstaten of voor alle soorten deelnemingen.

37. Voor deelnemingen die niet onder richtlijn 90/435 vallen, is het namelijk aan de lidstaten is om te bepalen of en in hoeverre dubbele economische belasting van de uitgekeerde winst moet worden voorkomen, en hiertoe unilateraal of door middel van met andere lidstaten gesloten overeenkomsten mechanismen ter voorkoming of vermindering van deze dubbele economische belasting in te stellen (zie arrest van 12 december 2006, Test Claimants in Class IV of the ACT Group Litigation, C-374/04, *Jurispr.* blz. I-11673, punt 54, en arrest Amurta, reeds aangehaald, punt 24).

38. Richtlijn 90/435 beperkt aldus de bevoegdheid van de lidstaten tot het belasten van de winsten die door op hun grondgebied gevestigde vennootschappen worden uitgekeerd aan vennootschappen die in een andere lidstaat zijn gevestigd en binnen de werkingssfeer van deze richtlijn vallen. In deze omstandigheden verzet het fundamentele beginsel van rechtszekerheid zich ertegen dat de lijst van vennootschappen in punt f van de bijlage bij deze richtlijn als een exemplarische lijst wordt opgevat, wanneer een dergelijke uitlegging niet voortvloeit uit de formulering ervan of uit de systematiek van richtlijn 90/435.

39. De door verzoekster in het hoofdgeding en de Commissie voorgestelde uitlegging vindt evenmin steun in de mogelijkerwijs door bepaalde lidstaten bij de vaststelling van richtlijn 90/435 geuite wens om slechts personenvennootschappen van de werkingssfeer van deze richtlijn uit te sluiten. Door de lidstaten in de Raad van de Europese Unie geuite intenties hebben immers geen rechtskracht, wanneer zij niet in wettelijke bepalingen zijn neergelegd. Deze laatste zijn immers bestemd voor de justitiabelen, die overeenkomstig de vereisten van het rechtszekerheidsbeginsel op de inhoud ervan moeten kunnen afgaan (arrest Denkavit e.a., reeds aangehaald, punt 29).

40. De uitlegging volgens welke de société par actions simplifiée niet reeds vanaf de invoering ervan in het Franse recht kan worden geacht onder richtlijn 90/435 te vallen, wordt bovendien bevestigd door de ontwikkelingen in de wetgeving en met name door richtlijn 2003/123.

41. Zo wordt in punt 4 van de considerans van richtlijn 2003/123 vastgesteld dat de bijlage bij richtlijn 90/435 een lijst van vennootschappen omvat waarop deze richtlijn van toepassing is, en dat bepaalde vennootschapsvormen niet in de lijst in deze bijlage zijn opgenomen, ondanks het feit dat zij hun fiscale woonplaats in een lidstaat hebben en daar aan de vennootschapsbelasting onderworpen zijn. In ditzelfde punt van de considerans wordt gepreciseerd dat de werkingssfeer van richtlijn 90/435/EEG daarom moet worden uitgebreid tot andere entiteiten die grensoverschrijdende activiteiten in de Gemeenschap kunnen verrichten en aan alle in die richtlijn gestelde eisen voldoen.

42. Voorts bepaalt artikel 1, punt 6, van richtlijn 2003/123 dat de bijlage bij richtlijn 90/435 wordt vervangen door de tekst in de bijlage bij richtlijn 2003/123. Na de wijziging van de bijlage bij richtlijn 90/435 door richtlijn 2003/123, omvat punt f van deze bijlage onder meer de société par actions simplifiée. Om met name rekening te houden met de ontwikkeling van het nationale recht, bepaalt het dat ook andere vennootschappen die zijn opgericht naar Frans recht en die onder de Franse vennootschapsbelasting vallen, binnen de werkingssfeer van richtlijn 90/435 vallen.

43. Ten slotte kan richtlijn 90/435, anders dan verzoekster in het hoofdgeding en de Commissie stellen, niet naar analogie worden toegepast op andere soorten vennootschappen, zoals bijvoorbeeld de société par actions simplifiée naar Frans recht, ook al zijn deze vergelijkbaar, aangezien de vennootschapsvormen naar Frans recht die onder deze richtlijn vallen, limitatief worden opgesomd in punt f van de bijlage bij deze richtlijn.

44. *Gelet op het* bovenstaande dient op de eerste vraag te worden geantwoord dat artikel 2, sub a, van richtlijn 90/435, gelezen in samenhang met puntf van de bijlage bij deze richtlijn, aldus moet worden uitgelegd dat een vennootschap naar Frans recht die de vorm heeft van een société par actions simplifiée niet reeds vóór de wijziging van deze richtlijn bij richtlijn 2003/123 als een 'vennootschap van een lidstaat' in de zin van deze richtlijn kon worden beschouwd.

Tweede vraag

45. Met zijn tweede vraag wenst de verwijzende rechter te vernemen of artikel 2, sub a, van richtlijn 90/435, gelezen in samenhang met punt f van de bijlage bij deze richtlijn en met artikel 5, lid 1, van deze richtlijn, verenigbaar is met de artikelen 43 EG en 48 EG of met de artikelen 56, lid 1, EG en 58, leden 1, sub a, en 3 EG, voor zover er een vrijstelling van bronbelasting geldt wanneer een dochteronderneming naar Duits recht winsten uitkeert aan een moedermaatschappij naar Frans recht met de rechtsvorm van een société anonyme, een société en commandite par actions of een société à responsabilité limitée, maar niet wanneer de moedermaatschappij naar Frans recht de rechtsvorm heeft van een société par actions simplifiée.

46. Verzoekster in het hoofdgeding stelt dienaangaande dat de uitsluiting van de société par actions simplifiée van de werkingssfeer van richtlijn 90/435 erop neerkomt dat deze vennootschap willekeurig wordt benadeeld ten opzichte van de société anonyme of de société à responsabilité limitée naar Frans recht, of ten opzichte van de andere in deze richtlijn genoemde vormen van aandelenvennootschappen of vennootschappen met beperkte aansprakelijkheid uit andere lidstaten. De société par actions simplifiée wordt met name benadeeld omdat het Duitse recht niet bepaalt volgens welke procedure kan worden aangevoerd dat de kapitaalinkomstenbelasting in strijd met het gemeenschapsrecht wordt toegepast, wanneer richtlijn 90/435 niet van toepassing is.

47. De Duitse en de Italiaanse regering en de regering van het Verenigd Koninkrijk en de Commissie zien daarentegen geen enkele reden om de geldigheid van richtlijn 90/435 in twijfel te trekken. De fundamentele vrijheden verbieden niet de toepassing van bronbelasting als zodanig en verzetten zich niet tegen dubbele belasting die voortvloeit uit de parallelle uitoefening van belastingbevoegdheden door twee lidstaten. Voorts beschikt de gemeenschapswetgever over een ruime beoordelingsvrijheid bij de harmonisatie en de onderlinge aanpassing van de wetgevingen. De beperking van de harmonisatie of de onderlinge aanpassing van de wetgevingen tot bijzondere domeinen kan dus op zich niet onwettig zijn.

48. De Italiaanse regering beklemtoont bovendien dat de société par actions simplifiée na de inwerkingtreding van richtlijn 90/435 is ingevoerd, zodat deze laatste niet ongeldig kan worden geacht wegens het feit dat deze vennootschapsvorm niet in aanmerking is genomen. De gebreken die de ongeldigheid van een handeling meebrengen, moeten immers bestaan op de datum waarop deze handeling tot stand komt. Hoogstens kan de vraag rijzen of richtlijn 2003/123 de société par actions simplifiée niet met terugwerkende kracht in de lijst van de bijlage bij richtlijn 90/435 diende op te nemen. Het behoort evenwel volledig tot de discretionaire bevoegdheid van de gemeenschapswetgever om de bijlage bij richtlijn 90/435 al dan niet aan te vullen en de gevolgen van de opname van deze vennootschapsvorm in deze bijlage in de tijd te beperken door te bepalen dat deze opname geen terugwerkende kracht heeft.

49. Dienaangaande zij eraan herinnerd dat bij de beoordeling van de geldigheid van een handeling die het Hof in het kader van een prejudiciële verwijzing moet verrichten, normaliter moet worden uitgegaan van de situatie op het tijdstip van de vaststelling van deze handeling (arrest van 17 juli 1997, SAM Schiffahrt en Stapf, C-248/95 en C-249/95, *Jurispr.* blz. I-4475, punt 46).

50. Gesteld al dat de geldigheid van een handeling in sommige gevallen kan worden beoordeeld op basis van nieuwe elementen die na de vaststelling ervan zijn ingetreden (arrest SAM Schiffahrt et Stapf, reeds aangehaald, punt 47), is een dergelijke beoordeling in casu niet vereist.

51. De société par actions simplifiée is immers weliswaar pas na de vaststelling van richtlijn 90/435 in het Franse recht ingevoerd, maar uit het antwoord op de eerste vraag blijkt dat de werkingssfeer van deze richtlijn voor de vennootschappen naar Frans recht is bepaald aan de hand van een opsomming van de namen van de onder deze richtlijn vallende rechtsvormen, zonder dat is bepaald dat deze richtlijn op andere naar Frans recht opgerichte vennootschappen kan worden toegepast.

52. Volgens vaste rechtspraak staat het de communautaire instellingen vrij om de harmonisatie op een bepaald gebied slechts geleidelijk te laten verlopen of nationale wetgevingen etappegewijs onderling aan te passen. Het is immers over het algemeen moeilijk om dergelijke maatregelen uit te voeren, omdat de bevoegde communautaire instellingen daartoe, uitgaande van verschillende, ingewikkelde nationale bepalingen, gemeenschappelijke regels moeten opstellen die in overeenstemming zijn met de in het EG-Verdrag neergelegde doelstellingen en door een gekwalificeerde meerderheid van de leden van de Raad of zelfs, zoals op belastinggebied, unaniem door de Raad worden goedgekeurd (zie in die zin arresten van 29 februari 1984, Rewe-Zentrale, 37/83, *Jurispr.* blz. 1229, punt 20; 13 mei 1997, Duitsland/Parlement en Raad, C-233/ 94, *Jurispr.* blz. I-2405, punt 43, en 17 juni 1999, Socridis, C-166/98, *Jurispr.* blz. I-3791, punt 26).

53. Niettemin dient te worden nagegaan of een beperking van de werkingssfeer van richtlijn 90/435, zoals deze voortvloeit uit artikel 2, sub a, van richtlijn 90/435 en punt f van de bijlage bij deze richtlijn, die inhoudt dat andere vennootschappen die naar nationaal recht kunnen worden opgericht, van meet af aan worden uitgesloten, onverenigbaar kan worden geacht met de artikelen van het Verdrag die de vrijheid van vestiging of het vrije verkeer van kapitaal waarborgen.

54. Volgens vaste rechtspraak omvat de vrijheid van vestiging voor onderdanen van een lidstaat op het grondgebied van een andere lidstaat de toegang tot en de uitoefening van werkzaamheden anders dan in loondienst, alsook de oprichting en het beheer van ondernemingen onder de voorwaarden die door de wetgeving van het land van vestiging voor de eigen onderdanen zijn vastgesteld. De opheffing van de beperkingen op de vrijheid van vestiging heeft eveneens betrekking op beperkingen betreffende de oprichting van agentschappen, filialen of dochterondernemingen door de onderdanen van een lidstaat die op het grondgebied van een andere lidstaat zijn gevestigd (zie met name arresten van 28 januari 1986, Commissie/Frankrijk, 270/83, *Jurispr.* blz. 273, punt 13; 29 april 1999, Royal Bank of Scotland, C-311/97, *Jurispr.* blz. I-2651, punt 22, en 23 februari 2006, CLT-UFA, C-253/03, *Jurispr.* blz. I-1831, punt 13).

55. Het is eveneens vaste rechtspraak dat de bepalingen van het Verdrag betreffende de vrijheid van vestiging weliswaar volgens de bewoordingen ervan beogen te garanderen dat buitenlandse burgers en ondernemingen in de lidstaat van ontvangst op dezelfde wijze worden behandeld als de ingezetenen daarvan, maar de lidstaat van oorsprong ook verbieden de vestiging van een van zijn onderdanen of van een naar zijn nationaal recht opgerichte vennootschap in een andere lidstaat te bemoeilijken (zie met name arresten van 16 juli 1998, ICI, C-264/96, *Jurispr.* blz. I-4695, punt 21; 12 september 2006, Cadbury Schweppes en Cadbury Schweppes Overseas, C-196/04, *Jurispr.* blz. I-7995, punt 42; 6 december 2007, Columbus Container Services, C-298/05, *Jurispr.* blz. I-10451, punt 33, en 15 mei 2008, Lidl Belgium, C-414/06, *Jurispr.* blz. I-3601, punt 19).

56. Zoals in punt 27 van het onderhavige arrest is opgemerkt, beoogt richtlijn 90/435 door de invoering van een gemeenschappelijke fiscale regeling elke benadeling van de samenwerking tussen vennootschappen uit verschillende lidstaten ten opzichte van de samenwerking tussen vennootschappen van eenzelfde lidstaat op te heffen en aldus de hergroepering van vennootschappen op gemeenschapsniveau te vergemakkelijken (arrest Banque Fédérative du Crédit Mutuel, reeds aangehaald, punt 23, en arrest van 12 februari 2009, Cobelfret, C-138/07, *Jurispr.* blz. I-00000, punt 28).

57. Ter verwezenlijking van de doelstelling dat winstuitkeringen door een in een lidstaat gevestigde dochteronderneming aan haar in een andere lidstaat gevestigde moedermaatschappij fiscaal neutraal zijn, beoogt richtlijn 90/435 te voorkomen dat deze winst economisch gezien dubbel wordt belast, met andere woorden dat de uitgekeerde winst een eerste keer wordt belast bij de dochteronderneming en een tweede keer bij de moedermaatschappij (zie reeds aangehaalde arresten Banque Fédérative du Crédit Mutuel, punten 24 en 27, en Cobelfret, punt 29).

58. Te dien einde schrijft artikel 5, lid 1, van richtlijn 90/435 de lidstaten voor, de door een dochteronderneming aan de moedermaatschappij uitgekeerde winst van bronbelasting vrij te stellen, wanneer laatstgenoemde een minimumdeelneming van 25% bezit in het kapitaal van de dochteronderneming.

59. Volgens richtlijn 90/435 zijn de lidstaten weliswaar enkel hiertoe verplicht voor zover het gaat om winstuitkeringen aan vennootschappen die kunnen worden beschouwd als vennootschappen in de zin van deze richtlijn, maar dienaangaande kan worden volstaan met de vaststelling dat deze richtlijn een lidstaat niet toestaat om winstuitkeringen aan vennootschappen van andere lidstaten die niet binnen haar werkingssfeer vallen, minder gunstig te behandelen dan winstuitkeringen aan vergelijkbare vennootschappen die op zijn grondgebied zijn gevestigd.

60. Het Hof heeft immers reeds geoordeeld dat het weliswaar voor deelnemingen die niet onder richtlijn 90/435 vallen, aan de lidstaten is om te bepalen of en in hoeverre dubbele economische belasting van de uitgekeerde winst moet worden voorkomen, en om hiertoe unilateraal of door middel van met andere lidstaten gesloten overeenkomsten mechanismen ter voorkoming of vermindering van deze dubbele economische belasting in te stellen, maar dat dit loutere feit niet betekent dat zij maatregelen mogen treffen die in strijd zijn met de door het Verdrag gewaarborgde vrijheden van verkeer (zie reeds aangehaalde arresten Test Claimants in Class IV of the ACT Group Litigation, punt 54, en Amurta, punt 24, alsook arrest van 18 juni 2009, Aberdeen Property Fininvest Alpha, C-303/07, *Jurispr.* blz. I-00000, punt 28).

61. Bijgevolg kan een beperking van de werkingssfeer van richtlijn 90/435, zoals deze voortvloeit uit artikel 2, sub a, van richtlijn 90/435 en punt f van de bijlage bij deze richtlijn, die inhoudt dat andere naar nationaal recht opgerichte vennootschappen van meet af aan worden uitgesloten, geen beperking van de vrijheid van vestiging vormen.

62. De conclusie in het vorige punt geldt ook voor de bepalingen betreffende het vrije verkeer van kapitaal.

63. Gelet op het bovenstaande dient op de tweede vraag te worden geantwoord dat het onderzoek hiervan geen elementen aan het licht heeft gebracht die de geldigheid van artikel 2, sub a, van richtlijn 90/435, gelezen in samenhang met punt f van de bijlage bij deze richtlijn en met artikel 5, lid 1, van deze richtlijn, kunnen aantasten.

Kosten

64. …

HET HOF VAN JUSTITIE (Eerste kamer)

verklaart voor recht:

1. **Artikel 2, sub a, van richtlijn 90/435/EEG van de Raad van 23 juli 1990 betreffende de gemeenschappelijke fiscale regeling voor moedermaatschappijen en dochterondernemingen uit verschillende lidstaten, gelezen in samenhang met punt f van de bijlage bij deze richtlijn, moet aldus worden uitgelegd dat een vennootschap naar Frans recht die de vorm heeft van een société par actions simplifiée niet reeds vóór de wijziging van deze richtlijn bij richtlijn 2003/123/EG van de Raad van 22 december 2003 als een 'vennootschap van een lidstaat' in de zin van deze richtlijn kon worden beschouwd.**

2. **Het onderzoek van de tweede vraag heeft geen elementen aan het licht gebracht die de geldigheid van artikel 2, sub a, van richtlijn 90/435, gelezen in samenhang met punt f van de bijlage bij deze richtlijn en met artikel 5, lid 1, van deze richtlijn, kunnen aantasten.**

HvJ EG 6 oktober 2009, zaak C-562/07 (Commissie van de Europese Gemeenschappen v. Koninkrijk Spanje)

Eerste kamer: *M. Ilešič, president van de Vijfde kamer, waarnemend voor de president van de Eerste kamer, A. Tizzano, A. Borg Barthet, E. Levits en J. J. Kasel (rapporteur), rechters*

Advocaat-generaal: *J. Kokott*

Samenvatting

In its action brought before the ECJ on 19 December 2007, the Commission requested the Court to declare that, by treating differently capital gains obtained in Spain by non-residents from those obtained by residents until 31 December 2006, Spain had failed to fulfil its obligations under Articles 39 and 56 EC and Articles 28 and 40 EEA (see EU Tax Alert, edition 55, May 2008).

Under the Spanish legislation in force until 31 December 2006, the taxation of capital gains of non-residents was subject to a proportional rate of 35%, whereas residents were subject to a progressive tax schedule if the capital assets remained their property for a period of less than one year, and to a proportional rate of 15% if the period of ownership exceeded one year. Consequently, the tax burden borne by non-residents if they sold their assets after the elapse of one year following acquisition was always greater. In the event of a disposal of assets within the year following acquisition, non-residents also bore a greater tax burden, except when the average rate applied to resident taxpayers exceeded 35% (which would imply very considerable capital gains).

First, the ECJ observed that residents and non-residents in Spain are in an objectively comparable situation both in respect of short-term and long-term capital gains accruing on the disposal of assets owned in Spain. The ECJ rejected the justification proposed by Spain, based upon the need to safeguard the cohesion of the national tax system, since the Court concluded that no direct link could be derived between the advantages granted to resident taxpayers and any offsetting as a result of a particular tax levy. Therefore, the Court considered the action brought by the Commission well founded and declared that Spain had failed to fulfil its obligations under the provisions on the free movement of capital (Article 56 EC and Article 40 EEA), by treating differently, until 31 December 2006, capital gains realised in Spain according to whether they were made by residents or by non-residents.

Bovenstaande samenvatting (uit EU Tax Alert) werd beschikbaar gesteld door Loyens & Loeff.

HvJ EG 6 oktober 2009, zaak C-153/08 (Commissie van de Europese Gemeenschappen v. Koninkrijk Spanje)

Eerste kamer: *P. Jann, kamerpresident, M. Ilešič, A. Tizzano, E. Levits en J. J. Kasel (rapporteur), rechters*

Advocaat-generaal: *P. Mengozzi*

Tax exemption on winnings from lotteries and betting organised by certain Spanish entities is incompatible with EC law (Commission v Spain)

On 6 October 2009, the ECJ rendered its judgment in the Commission v Spain case (C-153/08), holding the Spanish tax exemption on winnings from lotteries and betting organised by certain Spanish entities incompatible with the freedom to provide services protected under Article 49 EC and Article 36 EEA. In the action brought before the ECJ on 15 April 2008, the Commission requested the Court to declare that, by maintaining in force fiscal legislation taxing winnings from all types of lotteries, games and betting organised in other Member States or EEA countries, whereas winnings obtained from certain lotteries, games and betting organised within Spain are exempted from income tax, Spain has failed to fulfil its obligations under Article 49 EC and Article 36 EEA.

First, the ECJ referred to its established case law and observed that the organising of lotteries was to be regarded as a service for the purposes of the EC Treaty, falling under the scope of Article 49 EC and Article 36 EEA. Relying upon its decision in the Centro di Musicologia Walter Stauffer case (C-386/04) and subsequent case law, the ECJ reiterated that where a body recognised as having charitable status in one Member State satisfies the requirements imposed for that purpose by the law of another Member State and where its object is to promote the very same interests of the general public (i.e. being in a comparable situation), so that it would be likely to be recognised as having charitable status in the latter Member State, the authorities of that Member State cannot deny that body the right to equal treatment solely on the ground that it is not established in that Member State. It follows that the Spanish legislation is discriminatory because the tax exemption is reserved for certain entities which that legislation defines precisely, and entities of other Member States or EEA countries, albeit of the same nature and in pursuit of the same objectives as the Spanish entities specified in the tax exemption rule, are excluded from the benefit of that tax exemption.

It is also apparent from the Court's case law that the restriction at issue in the present case can be justified only provided that the objectives pursued by the Spanish legislature fall within the category of public policy, public security or public health grounds for the purposes of Article 46(1) EC and that it is in conformity with the principle of proportionality. The ECJ rejected all arguments put forward by Spain with regard to the need to prevent money laundering and counteract tax evasion and denied the application of the aforementioned justifications because the Spanish legislation was not specifically designed to attain those objectives and is disproportionally burdensome. Furthermore, the ECJ held that the tax exemption at issue did not in any event serve to achieve, on the one hand, the objective of protecting the social order, since it encouraged participation in lotteries and gambling rather than discouraging it, or, on the other hand, the objective of consumer protection, since there was no direct link between the tax exemption and the administrative measures intended to protect the interests of consumers. It followed that the discrimination at issue in this case was not justified for the purposes of Article 46(1) EC.

Bovenstaande samenvatting (uit EU Tax Alert) werd beschikbaar gesteld door Loyens & Loeff.

HvJ EG 15 oktober 2009, zaak C-35/08 (Grundstücksgemeinschaft Busley/Cibrian v. Finanzamt Stuttgart-Körperschaften)

Derde kamer: *J. N. Cunha Rodrigues, president van de Tweede kamer, waarnemend voor de president van de Derde kamer, P. Lindh, A. Rosas, U. Lõhmus (rapporteur) en A. Ó Caoimh, rechters*

Advocaat-generaal: *E. Sharpston*

1. Het verzoek om een prejudiciële beslissing betreft de uitlegging van de artikelen 18 EG en 56 EG.

2. Dit verzoek is ingediend in het kader van een geding tussen P. Busley en B. Cibrian Fernandez, als gezamenlijke erfgenamen, en het Finanzamt Stuttgart-Körperschaften (de voor vennootschappen bevoegde belastingdienst; hierna: 'Finanzamt') over de fiscale behandeling, voor de jaren 1997 tot en met 2003, van inkomsten uit een in Spanje gelegen woonhuis dat zij van hun ouders hadden geërfd.

Rechtskader

Gemeenschapsregeling

3. Artikel 1, lid 1, van richtlijn 88/361/EEG van de Raad van 24 juni 1988 voor de uitvoering van artikel 67 van het Verdrag (ingetrokken bij het Verdrag van Amsterdam) (*PB* L 178, blz. 5) bepaalt:

> 'Onverminderd de hiernavolgende bepalingen heffen de lidstaten de beperkingen op met betrekking tot het kapitaalverkeer tussen ingezetenen van de lidstaten. Teneinde de toepassing van deze richtlijn te vergemakkelijken, worden de verschillende categorieën kapitaalverkeer ingedeeld volgens de nomenclatuur van bijlage I.'

4. Tot de kapitaalbewegingen opgesomd in bijlage I bij richtlijn 88/361 behoort, onder rubriek XI van deze bijlage, het kapitaalverkeer van persoonlijke aard, daaronder begrepen nalatenschappen en legaten.

Nationale regeling

5. § 2a, lid 1, Einkommensteuergesetz (Duitse wet inzake inkomstenbelastingen), zoals van toepassing tijdens de jaren 1997 tot en met 2003 (hierna: 'EStG'), schrijft voor dat bepaalde categorieën van buitenlandse negatieve inkomsten alleen kunnen worden verrekend met soortgelijke positieve inkomsten uit dezelfde staat als de negatieve inkomsten. Voor zover de negatieve inkomsten niet op deze wijze kunnen worden verrekend, worden zij afgetrokken van soortgelijke positieve inkomsten die de belastingplichtige voor de daaropvolgende aanslagjaren uit dezelfde staat ontvangt. De aftrek is enkel toegestaan wanneer de negatieve inkomsten voor de voorafgaande aanslagjaren niet in aanmerking konden worden genomen. Tot deze categorieën behoren, onder punt 6, sub a, van de eerste volzin van dat lid, negatieve inkomsten uit verhuur en verpachting van onroerende zaken of van zaken die een economische eenheid vormen, wanneer deze in een andere staat zijn gelegen.

6. § 7, lid 4, eerste volzin, EStG, betreffende de aftrek voor afschrijving tot volledige afschrijving, bepaalt in punt 1 dat jaarlijks 3% mag worden afgetrokken van de aankoopprijs of de bouwprijs van gebouwen die tot het vermogen van een onderneming behoren, niet als woning worden gebruikt en waarvoor de bouwaanvraag werd ingediend na 31 maart 1985. In punt 2 van dezelfde volzin zijn de jaarlijkse afschrijvingspercentages vastgesteld voor gebouwen die niet aan deze voorwaarden voldoen; zo bedraagt voor na 31 december 1924 afgewerkte gebouwen de jaarlijkse aftrek 2% van de aankoopprijs of de bouwprijs.

7. In afwijking van het bepaalde in § 7, lid 4, EStG is overeenkomstig § 7, lid 5, eerste volzin, ervan een degressieve afschrijving mogelijk voor in het binnenland gelegen gebouwen die door de belastingplichtige zijn opgetrokken of uiterlijk vóór het einde van het jaar van afwerking aangekocht. Ingevolge punt 3, sub a, van deze volzin, kunnen voor de gebouwen bedoeld in § 7, lid 4, eerste volzin, punt 2, EStG die de belastingplichtige heeft opgetrokken op grond van een na 28 februari 1989 en vóór 1 januari 1996 ingediende bouwaanvraag of heeft aangekocht op grond van een obligatoire overeenkomst die na 28 februari 1989 en vóór 1 januari 1996 rechtsgeldig werd afgesloten, de volgende afschrijvingspercentages van de aankoopprijs of bouwprijs van deze gebouwen worden toegepast, voor zover – zij als woonhuis worden gebruikt:

- in het jaar van afwerking en in de volgende drie jaar: 7% per jaar,
- in de volgende zes jaar: 5% per jaar,
- in de volgende zes jaar: 2% per jaar,
- in de volgende 24 jaar: 1,25% per jaar.

Hoofdgeding en prejudiciële vragen

8. Verzoekers in het hoofdgeding zijn broer en zus en hebben de Spaanse nationaliteit. Sinds hun geboorte wonen zij in Duitsland. In de jaren 1997 tot en met 2003 hebben zij inkomsten uit een beroepswerkzaamheid in loondienst ontvangen en waren zij in Duitsland onbeperkt belastingplichtig in de inkomstenbelasting.

9. In 1990 zijn de ouders van verzoekers in het hoofdgeding, eveneens Spaanse staatsburgers, begonnen met de bouw van een woonhuis in Spanje, dat in 1993 werd afgewerkt. De moeder en de vader van verzoekers in het hoofdgeding zijn overleden in 1995 respectievelijk 1996. Bij het openvallen van de nalatenschap, in november 1996, zijn verzoekers eigenaar van dit woonhuis geworden als gezamenlijke erfgenamen ('Erbengemeinschaft'), maar zij hebben nooit in dit huis gewoond. Het werd vanaf 1 januari 2001 verhuurd en in 2006 verkocht.

10. In hun belastingaangiften die verzoekers in het hoofdgeding bij het Finanzamt hebben ingediend voor de jaren 1997 tot en met 2003, hebben zij voor dat woonhuis verzocht om de degressieve afschrijving zoals voorzien in § 7, lid 5, EStG toe te passen en om de beperkte verliesverrekening zoals voorzien in § 2a, lid 1, eerste volzin, punt 6, sub a, EStG niet toe te passen. Het Finanzamt heeft dit verzoek afgewezen en toepassing gemaakt van laatstgenoemde bepaling en van de lineaire afschrijving zoals voorzien in § 7, lid 4, EStG op grond dat het woonhuis niet in het binnenland was gelegen.

11. Aangezien het Finanzamt niet had beslist op de bezwaren die tegen deze afwijzende beslissing waren ingediend, hebben verzoekers in het hoofdgeding beroep ingesteld bij de verwijzende rechter op grond dat de fiscale behandeling van de inkomsten uit hun in Spanje gelegen woonhuis in strijd was met de artikelen 39 EG en 43 EG.

12. De verwijzende rechter is van oordeel dat het beroep van verzoekers in het hoofdgeding naar nationaal recht ongegrond is, daar het betrokken woonhuis buiten Duitsland is gelegen. Toch heeft de verwijzende rechter twijfels over de verenigbaarheid met artikel 56 EG van de §§ 2a, lid 1, eerste volzin, punt 6, sub a, en 7, lid 5, EStG en hij preciseert dat, mocht het Hof vaststellen dat het EG-Verdrag zich verzet tegen een nationale regeling als laatstgenoemde bepalingen, het beroep gegrond moet worden verklaard.

13. Daarop heeft het Finanzamt Baden-Württemberg de behandeling van de zaak geschorst en het Hof de volgende vragen gesteld:

'1. a. Staat artikel 56 EG eraan in de weg dat een in Duitsland onbeperkt belastingplichtige natuurlijke persoon verliezen uit verhuur en verpachting van een in een andere lidstaat van de Europese Unie gelegen onroerende zaak – anders dan het verlies uit een in het binnenland gelegen onroerende zaak – niet kan aftrekken van zijn belastbaar inkomen in Duitsland voor het jaar waarin deze verliezen zijn ontstaan?

b. Is het daarbij van belang of de natuurlijke persoon de investering in de onroerende zaak zelf heeft verricht, of is er ook sprake van schending van het gemeenschapsrecht wanneer de natuurlijke persoon door vererving eigenaar van de in een andere lidstaat gelegen onroerende zaak is geworden?

2. Staat artikel 56 EG eraan in de weg dat een in Duitsland onbeperkt belastingplichtige natuurlijke persoon bij de vaststelling van de inkomsten uit verhuur en verpachting van een in een andere lidstaat van de Europese Unie gelegen onroerende zaak enkel de normale afschrijving kan toepassen, terwijl hij voor in het binnenland gelegen onroerende zaken de hogere degressieve afschrijving kan toepassen?

3. Indien de eerste en de tweede vraag ontkennend worden beantwoord, zijn de betrokken nationale bepalingen dan in strijd met het in artikel 18 EG vervatte beginsel van vrij verkeer?'

14. Ter terechtzitting hebben verzoekers in het hoofdgeding het Hof erop gewezen dat het Finanzamt hun een mededeling had gestuurd, met melding dat hun verzoek tot verrekening van het verlies uit de verhuur van hun in Spanje gelegen woonhuis, zijnde het voorwerp van de eerste prejudiciële vraag, werd toegewezen. Aangezien de verwijzende rechter het Hof echter niet heeft gemeld dat deze vraag werd ingetrokken, dient het Hof erop te antwoorden.

Beantwoording van de prejudiciële vragen

Eerste en tweede vraag

15. Met zijn eerste en zijn tweede vraag, die samen dienen te worden onderzocht, wenst de verwijzende rechter in wezen te vernemen of artikel 56 EG zich verzet tegen een wettelijke regeling van een lidstaat inzake de inkomstenbelasting, die ingezeten en onbeperkt belastingplichtige natuurlijke personen enkel op voorwaarde dat een onroerende zaak op het grondgebied van deze lidstaat is gelegen, het recht verleent om een verlies uit verhuur en verpachting van deze onroerende zaak in het jaar waarin dat verlies is ontstaan in aftrek te brengen op de belastbare grondslag, en om bij de vaststelling van de inkomsten uit deze zaak een degressieve afschrijving toe te passen.

16. Bovendien vraagt de verwijzende rechter of artikel 56 EG van toepassing is op een situatie zoals in het hoofdgeding, waarin de betrokkenen door vererving eigenaar van de onroerende zaak zijn geworden.

17. Volgens vaste rechtspraak heeft, aangezien het Verdrag geen definitie bevat van het begrip 'kapitaal-verkeer'

in de zin van artikel 56, lid 1, EG, de nomenclatuur in bijlage I bij richtlijn 88/361 een indicatieve waarde, ook al is deze richtlijn vastgesteld op basis van de artikelen 69 en 70, lid 1, EEG-Verdrag (nadien de artikelen 69 en 70, lid 1, EG-Verdrag, ingetrokken bij het Verdrag van Amsterdam), waarbij de nomenclatuur die zij bevat, zoals in de derde alinea van de inleiding van die bijlage te kennen wordt gegeven, het begrip 'kapitaalverkeer' geenszins beperkt (zie met name arresten van 14 september 2006, Centro di Musicologia Walter Stauffer, C-386/04, *Jurispr.* blz. I-8203, punt 22 en aldaar aangehaalde rechtspraak, en 12 februari 2009, Block, C-67/08, *Jurispr.* blz. I-00000, punt 19).

18. Het Hof, dat er met name op heeft gewezen dat erfopvolgingen, die hierin bestaan dat één of meerdere personen de nalatenschap van een overledene verkrijgen, vallen onder rubriek XI van bijlage I bij richtlijn 88/361, met het opschrift 'Kapitaalverkeer van persoonlijke aard', heeft geoordeeld dat erfopvolgingen, ongeacht of zij geldsommen, onroerende of roerende zaken betreffen, kapitaalverkeer in de zin van artikel 56 EG vormen, tenzij alle constituerende elementen binnen één lidstaat gelegen zijn (zie met name arresten van 23 februari 2006, Van Hilten-van der Heijden, C-513/03, *Jurispr.* blz. I-1957, punten 40-42; 11 september 2008, Arens-Sikken, C-43/07, *Jurispr.* blz. I-6887, punt 30, en 27 januari 2009, Persche, C-318/07, *Jurispr.* blz. I-00000, punten 26 en 27, en arrest Block, reeds aangehaald, punt 20).

19. Een situatie waarin natuurlijke personen die in Duitsland wonen en in deze lidstaat onbeperkt belastingplichtig zijn, een in Spanje gelegen woonhuis erven, valt bijgevolg onder artikel 56 EG. Het is dus niet nodig te onderzoeken of de artikelen 39 EG en 43 EG, waarop verzoekers in het hoofdgeding zich beroepen, van toepassing zijn.

20. Aangaande het bestaan van beperkingen van het kapitaalverkeer in de zin van artikel 56, lid 1, EG zij eraan herinnerd dat de door deze bepaling verboden maatregelen mede de maatregelen omvatten die niet-ingezetenen ervan kunnen doen afzien, in een lidstaat investeringen te doen, of ingezetenen van bedoelde lidstaat kunnen ontmoedigen in andere staten investeringen te doen (zie arresten van 25 januari 2007, Festersen, C-370/05, *Jurispr.* blz. I-1129, punt 24; 18 december 2007, A, C-101/05, *Jurispr.* blz. I-11531, punt 40, en 22 januari 2009, STEKO Industriemontage, C-377/07, *Jurispr.* blz. I-00000, punt 23).

21. Als dergelijke beperkingen kunnen niet alleen worden aangemerkt nationale maatregelen die de aankoop van een in een andere lidstaat gelegen onroerende zaak kunnen verhinderen of beperken, maar ook nationale maatregelen die het behoud van een dergelijke zaak kunnen ontmoedigen (zie, mutatis mutandis, arrest STEKO Industriemontage, reeds aangehaald, punt 24 en aldaar aangehaalde rechtspraak).

22. Uit de verwijzingsbeslissing blijkt, ten eerste, dat bij de vaststelling van de belastbare grondslag van het inkomen van een belastingplichtige in Duitsland het verlies op inkomsten uit met name de verhuur van een in Duitsland gelegen onroerende zaak volledig kan worden verrekend in het jaar waarin dat verlies is ontstaan. Overeenkomstig § 2a, lid 1, eerste volzin, punt 6, sub a, EStG is het verlies op de verhuur van een buiten het nationale grondgebied gelegen onroerende zaak slechts aftrekbaar van latere positieve inkomsten uit de verhuur van deze onroerende zaak.

23. Ten tweede kan een belastingplichtige in Duitsland ingevolge § 7, lid 5, EStG een op het nationale grondgebied gelegen onroerende zaak degressief afschrijven mits is voldaan aan de in deze bepaling gestelde voorwaarden. In de eerste jaren kan een degressieve afschrijving leiden tot een aanzienlijk hoger verlies op huurinkomsten en dus tot een aanzienlijk minder hoger belastingdruk voor deze belastingplichtige dan het geval is bij de lineaire afschrijving voorzien in § 7, lid 4, eerste volzin, punt 2, EStG, die de enige mogelijke afschrijving is voor de in deze bepaling bedoelde onroerende zaken die buiten het grondgebied van Duitsland zijn gelegen.

24. Weliswaar kunnen de negatieve inkomsten die voor een in Duitsland wonende belastingplichtige ontstaan uit een in een andere lidstaat verhuurde onroerende zaak, uiteindelijk in Duitsland worden verrekend voor zover naderhand positieve inkomsten uit deze zaak worden gehaald. Bovendien heeft, zoals het Finanzamt opmerkt, de degressieve afschrijving enkel uitstel van belasting door vervroegde afschrijvingen tot gevolg.

25. Zelfs ingeval deze belastingplichtige de onroerende zaak gedurende een voldoende lange periode onder zich heeft om het verlies volledig te kunnen verrekenen met latere positieve inkomsten en om de aankoopprijs of de bouwprijs van deze zaak volledig te kunnen afschrijven, kan hij, anders dan een in Duitsland wonende belastingplichtige die in een onroerende zaak in deze lidstaat heeft geïnvesteerd, dat verlies toch niet onmiddellijk verrekenen en evenmin een hoger beginafschrijvingspercentage toepassen en verliest hij, zoals de Commissie van de Europese Gemeenschappen benadrukt, een cashflowvoordeel (zie, mutatis mutandis, arresten van 12 december 2006, Test Claimants in the FII Group Litigation, C-446/04, *Jurispr.* blz. I-11753, punten 84 en 153, en 29 maart 2007, Rewe Zentralfinanz, C-347/04, *Jurispr.* blz. I-2647, punt 29).

26. Bijgevolg is de fiscale situatie van een in Duitsland wonende en onbeperkt belastingplichtige natuurlijke persoon die, zoals verzoekers in het hoofdgeding, in een andere lidstaat een onroerende zaak bezit, minder gunstig dan wanneer deze zaak in Duitsland zou zijn gelegen.

27. Dat belastingnadeel kan een dergelijk persoon ontmoedigen om in een in een andere lidstaat gelegen

onroerende zaak te investeren of om een dergelijke zaak waarvan hij eigenaar is, te behouden. Nationale maatregelen zoals die welke in het hoofdgeding aan de orde zijn, vormen dus bij artikel 56 EG in beginsel verboden beperkingen van het vrije verkeer van kapitaal.

28. Niettemin dient te worden onderzocht of deze beperkingen gerechtvaardigd zijn, zoals het Finanzamt en de Duitse regering aanvoeren, zodat het kan gaan om aanvaardbare beperkingen op voorwaarde dat zij geschikt zijn om de verwezenlijking van het gestelde doel te waarborgen en niet verder gaan dan ter bereiking van dat doel noodzakelijk is (zie in die zin arresten van 11 oktober 2007, ELISA, C-451/05, *Jurispr.* blz. I-8251, punt 79; 7 januari 2008, Commissie/Duitsland, C-152/05, *Jurispr.* blz. I-39, punt 26, en 10 februari 2009, Commissie/Italië, C-110/05, *Jurispr.* blz. I-00000, punt 59).

29. Met betrekking tot § 2a, lid 1, eerste volzin, punt 6, sub a, EStG stelt het Finanzamt dat deze bepaling in overeenstemming is met het territorialiteitsbeginsel, zoals dat door het Hof is erkend in punt 22 van het arrest van 15 mei 1997, *Futura Participations en Singer* (C-250/95, *Jurispr.* blz. I-2471).

30. Dat beginsel, dat dient om er bij de toepassing van het gemeenschapsrecht voor te zorgen dat rekening wordt gehouden met de grenzen van de belastingbevoegdheden van de lidstaten, verzet zich er echter niet tegen dat een in een lidstaat onbeperkt belastingplichtige negatieve inkomsten uit een in een andere lidstaat gelegen onroerende zaak verrekent (zie, mutatis mutandis, arrest Rewe Zentralfinanz, reeds aangehaald, punt 69). Bijgevolg kan deze bepaling, krachtens welke verzoekers in het hoofdgeding, die in Duitsland onbeperkt belastingplichtig zijn, het verlies uit hun in Spanje gelegen woonhuis niet kunnen verrekenen, niet worden beschouwd als een toepassing van het territorialiteitsbeginsel.

31. Met betrekking tot § 7, lid 5, EStG stellen het Finanzamt en de Duitse regering dat punt 3, sub a, van de eerste volzin van dat lid tot doel heeft de bouw van huurwoningen aan te moedigen om te voldoen aan een tekort aan dergelijke woningen voor de Duitse bevolking. Volgens hen vormt deze sociaal-politieke doel-stelling een dwingende reden van algemeen belang. Deze regering heeft voorts in antwoord op de vragen die het Hof ter terechtzitting heeft gesteld, gepreciseerd dat uitsluitend huurwoningen in aanmerking kunnen komen voor de in deze bepaling voorziene degressieve afschrijving en dat deze bepaling werd vastgesteld om een algemeen tekort aan dergelijke woningen in Duitsland terug te dringen.

32. Gesteld dat deze doelstelling een beperking van het vrije verkeer van kapitaal kan rechtvaardigen, het blijkt niet dat een dergelijke nationale maatregel, met een duidelijk onderscheid naargelang de huur-woningen op of buiten het nationale grondgebied zijn gelegen, geschikt is om de verwezenlijking ervan te waarborgen. In plaats van gebieden met een uitgesproken schaarste aan dergelijke woningen te viseren houdt § 7, lid 5, eerste volzin, punt 3, sub a, EStG, zoals verzoekers in het hoofdgeding en de Commissie ter terechtzitting hebben gepreciseerd, immers geen rekening met de behoefte in de verschillende regio's in Duitsland. Bovendien kan elke soort huur-woning, van de meest eenvoudige tot de meest luxueuze woning, in aanmerking komen voor degressieve afschrijving. Derhalve kan niet worden aangenomen dat privé-investeerders, die met name vanuit financiële overwegingen handelen, tegemoetkomen aan de vermeende sociaal-politieke doelstelling van deze bepaling.

33. Op de eerste en de tweede vraag dient dus te worden geantwoord dat artikel 56 EG zich verzet tegen een wettelijke regeling van een lidstaat inzake de inkomstenbelasting, die ingezeten en onbeperkt belastingplichtige natuurlijke personen enkel op voorwaarde dat een onroerende zaak op het grondgebied van deze lidstaat is gelegen, het recht verleent om een verlies uit verhuur en verpachting van deze onroerende zaak in het jaar waarin dat verlies is ontstaan in aftrek te brengen op de belastbare grondslag, en om bij de vast-stelling van de inkomsten uit deze zaak een degressieve afschrijving toe te passen.

Derde vraag

34. Gelet op het antwoord op de eerste en de tweede vraag behoeft de derde vraag niet te worden beantwoord.

Kosten

35. ...

HET HOF VAN JUSTITIE (Derde kamer)

verklaart voor recht:

Artikel 56 EG verzet zich tegen een wettelijke regeling van een lidstaat inzake de inkomstenbelasting, die ingezeten en onbeperkt belastingplichtige natuurlijke personen enkel op voorwaarde dat een onroerende zaak op het grondgebied van deze lidstaat is gelegen, het recht verleent om een verlies uit verhuur en verpachting van deze onroerende zaak in het jaar waarin dat verlies is ontstaan in aftrek te brengen op de belastbare grondslag, en om bij de vaststelling van de inkomsten uit deze zaak een degressieve afschrijving toe te passen.

HvJ EG 12 november 2009, zaak C-441/08 (Elektrownia Pątnów II sp. zoo v. Dyrektor Izby Skarbowej w Poznaniu)

Zesde kamer: *J.-C. Bonichot (rapporteur), president van de Vierde kamer, waarnemend voor de president van de Zesde kamer, K. Schiemann en P. Kūris, rechters*
Advocaat-generaal: *J. Mazák*

Samenvatting

The case concerns the interpretation of the second indent of Article 5(3) of Council Directive 69/335/EEC (the 'Capital Duty Directive'), which provides that the amount of capital duty that is charged in the case of an increase in capital shall not include the amount of the loans taken up by a capital company which are converted into shares in the company and which have already been subjected to capital duty.

Prior to Poland's accession to the EU, Polish domestic law provided for taxation of civil law transactions in respect of, inter alia, loans taken up from shareholders. In this case, the Polish company Elektrownia Pątnów had taken up a series of loans from its (Polish resident) parent company between 2002 and 2004. In accordance with the domestic law at that time, Elektrownia Pątnów had paid the tax on civil law transactions on the loans it had taken up. With effect from 1 May 2004, Poland became a Member State. In 2005, the loans taken up by Elektrownia Pątnów were converted into share capital. This transaction was subject to the tax on civil law transactions, which had been amended in order to comply with the Capital Duty Directive, without taking account of the earlier taxation of the loans. Elektrownia Pątnów filed a complaint with the tax authorities on the basis that it had incurred double taxation. In the ensuing legal proceedings, the Polish administrative court referred to the ECJ the question whether the second indent of Article 5(3) of the Capital Duty Directive (cited above) also applies in a situation in which the conversion into shares took place after the accession of a Member State to the EU, even though the loans predated that accession and had been taxed in accordance with the national law which was in force at that time.

The ECJ considered that the second indent of Article 5(3) of the Capital Duty Directive should be regarded as a new rule which applies immediately to transactions which are carried out after its entry into force in Poland and which come within its scope. Therefore, in determining the amount of capital duty due on the conversion into shares of loans taken up prior to Poland's accession to the EU and converted after Poland's accession, the previous taxation of those loans on the basis of the national law in force at that earlier time should be taken into account (thus reducing the double taxation in this case).

Bovenstaande samenvatting (uit EU Tax Alert) werd beschikbaar gesteld door Loyens & Loeff.

HvJ EU 17 november 2009, zaak C-169/08 (Presidente del Consiglio dei Ministri v. Regione Sardegna)

Grote kamer: *V. Skouris, president, K. Lenaerts, J.-C. Bonichot, P. Lindh en C. Toader (rapporteur), kamerpresidenten, C. W. A. Timmermans, A. Rosas, P. Kūris, E. Juhász, G. Arestis, A. Borg Barthet, A. Ó Caoimh en L. Bay Larsen, rechters*

Advocaat-generaal: *J. Kokott*

1. Het verzoek om een prejudiciële beslissing betreft de uitlegging van de artikelen 49 EG en 87 EG.

2. Dit verzoek is ingediend in een geding tussen de voorzitter van de Italiaanse ministerraad (Presidente del Consiglio dei Ministri) en de regio Sardinië (Regione Sardegna) betreffende de instelling door deze laatste van een belasting op toeristische tussenstops van vliegtuigen bestemd voor privévervoer van personen en van pleziervaartuigen, die enkel geldt voor exploitanten die hun fiscaal domicilie buiten het grondgebied van de regio hebben.

Toepasselijke nationale bepalingen

Italiaanse grondwet

3. Artikel 117, eerste alinea, van de Italiaanse grondwet bepaalt:

„De wetgevende macht wordt door de staat en de regio's uitgeoefend met inachtneming van zowel de grondwet als de verplichtingen uit hoofde van het communautaire en het internationale recht."

Nationale wetgeving

4. Artikel 743, lid 1, van de Italiaanse Codice della navigazione (wetboek inzake de lucht- en zeescheepvaart) definieert het begrip vliegtuig als volgt:

„Onder vliegtuig wordt verstaan elk toestel dat is bestemd voor het vervoer van personen of goederen door de lucht."

5. Artikel 1, lid 2, van de Codice della nautica da diporto (wetboek inzake de pleziervaart), ingevoerd bij decreto legislativo nr. 171 van 18 juli 2005, geeft de volgende definitie van het begrip pleziervaart:

„Voor de toepassing van dit wetboek wordt onder pleziervaart verstaan de scheepvaart op de zee- en de binnenwateren voor sport- of recreatiedoeleinden zonder winstoogmerk."

6. Artikel 2, lid 1, van de Codice della nautica da diporto regelt het commerciële gebruik van pleziervaartuigen en definieert dit als volgt:

„1. Pleziervaartuigen worden gebruikt voor commerciële doeleinden wanneer zij:
  a. het voorwerp vormen van een huurovereenkomst;
  b. worden gebruikt voor beroepsopleidingen in de pleziervaart;
  c. worden gebruikt door centra voor duik- en onderwatertraining als hulpmiddel voor sport- of recreatieduikers.

[...]"

Regionale wetgeving

7. Wet nr. 4 van de regio Sardinië van 11 mei 2006 houdende diverse bepalingen inzake inkomsten, herkwalificatie van uitgaven, sociaal en ontwikkelingsbeleid, zoals gewijzigd bij artikel 3, lid 3, van wet nr. 2 van de regio Sardinië van 29 mei 2007 houdende bepalingen betreffende het opstellen van de jaarlijkse en meerjarenbegroting van de regio – financieringswet 2007 (hierna: „regionale wet nr. 4/2006"), bepaalt in artikel 4, „Regionale belasting op de binnenkomst voor toeristische doeleinden van vliegtuigen en pleziervaartuigen", het volgende:

„1. Vanaf 2006 wordt een regionale belasting geheven op de binnenkomst voor toeristische doeleinden van vliegtuigen en pleziervaartuigen.

2. Aan deze belasting is onderworpen:

a. de binnenkomst van vliegtuigen voor algemene luchtvaart in de zin van artikel 743 en volgende van de Codice della navigazione, bestemd voor het privévervoer van personen, in de periode van 1 juni tot en met 30 september op vliegvelden op het grondgebied van de Regio;

b. de binnenkomst van pleziervaartuigen in de zin van decreto legislativo nr. 171 van 18 juli 2005 (Codice della nautica da diporto), of althans van vaartuigen die voor recreatiedoeleinden worden gebruikt, met een lengte van meer dan veertien meter, gemeten volgens de geharmoniseerde normen EN/ISO/DIS 8666 als bedoeld in artikel 3, sub b, van genoemd decreto legislativo, in de periode van 1 juni tot en met 30 september in havens, aanleg- en ankerplaatsen op het grondgebied van de regio en daartoe ingerichte ankergebieden in de territoriale zee langs de kust van Sardinië.

3. De belasting is verschuldigd door de natuurlijke of rechtspersoon die zijn fiscale woonplaats of zetel heeft buiten het grondgebied van de regio en die een vliegtuig in de zin van de artikelen 874 en volgende van de Codice della navigazione of een pleziervaartuig in de zin van de artikelen 265 en volgende van de Codice della navigazione exploiteert.

4. De in lid 2, sub a, bedoelde regionale belasting is verschuldigd bij elke binnenkomst. De in lid 2, sub b, bedoelde regionale belasting is jaarlijks verschuldigd.

[...]

6. Van deze belasting zijn vrijgesteld:

a. vaartuigen die binnenkomen om deel te nemen aan sportregatta's, manifestaties met oude vaartuigen of one-designboten en zeilevenementen, ook zonder wedstrijdkarakter, voor zover deze evenementen vooraf door de organisatoren ter kennis van de maritieme autoriteiten zijn gebracht; voordat de vaartuigen aanleggen, wordt ARASE [Agenzia della Regione Autonoma della Sardegna per le Entrate] van deze kennisgeving op de hoogte gebracht;

b. pleziervaartuigen die het hele jaar door in de haveninstallaties van de regio liggen;

c. technische stops, voor de duur die hiertoe noodzakelijk is.

De regels volgens welke dient te worden bevestigd dat een van deze vrijstellingen van toepassing is, worden vastgesteld bij specifiek besluit van ARASE.

7. De belasting wordt betaald:

a. voor vliegtuigen in de zin van lid 2, sub a, bij de landing;

b. voor de pleziervaartuigen, binnen 24 uur na aankomst in de havens, de aanleg- en ankerplaatsen en de ankergebieden langs de kust van Sardinië,

overeenkomstig de bij besluit van ARASE vast te stellen regels.

[...]"

Hoofdgeding en prejudiciële vragen

8. De voorzitter van de ministerraad heeft in 2006 en 2007 een beroep bij het Corte costituzionale ingesteld teneinde artikel 4 van regionale wet nr. 4/2006 en de artikelen 2 en 3 van deze wet en artikel 5 van wet nr. 2 van 29 mei 2007, zowel in hun oorspronkelijke als in hun gewijzigde versie, op hun grondwettigheid te toetsen. Bij al deze bepalingen worden regionale belastingen ingesteld.

9. Verzoeker in het hoofdgeding stelt dat artikel 4 van regionale wet nr. 4/2006 in strijd is met de gemeenschapsrechtelijke verplichtingen waaraan de Italiaanse wetgever volgens artikel 117, lid 1, van de Italiaanse grondwet is onderworpen. Ter ondersteuning van haar beroepen voert zij aan dat de artikelen 49 EG en 81 EG, junctis artikel 3, lid 1, sub g, EG en artikel 10 EG, alsook artikel 87 EG zijn geschonden.

10. In zijn arrest nr. 102 van 15 april 2008 heeft de Corte costituzionale, na de twee bovengenoemde beroepen te hebben gevoegd, zich uitgesproken over de grondwettigheidsvragen die in het kader van het beroep van 2006 waren opgeworpen en over een deel van de grondwettigheidsvragen die in het kader van het beroep van 2007 waren opgeworpen. Wat met name artikel 4 van regionale wet nr. 4/2006 betreft, dat aan de orde was in dit laatste beroep, heeft de Corte costituzionale de grondwettigheidsvragen die met betrekking tot andere grondwettelijke bepalingen dan bovengenoemd artikel 117, lid 1, waren opgeworpen, niet-ontvankelijk of ongegrond verklaard. Zij heeft aldus besloten om de zaak afzonderlijk te behandelen, voor zover deze betrekking had op dit artikel, en de behandeling van deze zaak te schorsen in afwachting van het arrest van het Hof van Justitie over het met de verwijzingsbeslissing ingediende prejudiciële verzoek. Bovendien heeft de verwijzende rechter het opportuun geacht zijn beslissing over de eventuele schending van de artikelen 3, lid 1, sub g, EG, 10 EG en 81 EG aan te houden tot na deze uitspraak.

11. In de verwijzingsbeslissing gaat de Corte costituzionale nader in op de ontvankelijkheid van het prejudiciële verzoek, zowel wat haar hoedanigheid van rechterlijke instantie in de zin van artikel 234 EG betreft, als wat de relevantie van de gestelde vragen voor de beslechting van het voor haar aanhangige geding betreft.

12. De Corte costituzionale stelt om te beginnen dat het begrip „rechterlijke instantie" in de zin van artikel 234 EG dient te worden uitgelegd op basis van het gemeenschapsrecht, dat de kwalificatie van de verwijzende instantie naar nationaal recht niet bepalend is en dat zij aan alle voorwaarden voldoet om een prejudicieel verzoek te kunnen indienen.

13. Wat de relevantie van de prejudiciële vragen betreft, merkt de Corte costituzionale op dat de bepalingen van gemeenschapsrecht in rechtstreekse beroepen tot toetsing van de grondwettigheid „fungeren als intermediaire normen die bij de beoordeling van de verenigbaarheid van regionale voorschriften met artikel 117, lid 1, van de grondwet in aanmerking kunnen worden genomen [...] of [...], preciezer gezegd, een concrete invulling [vormen] van de in artikel 117, lid 1, van de grondwet neergelegde norm [...], zodat de met deze communautaire normen onverenigbaar geachte regionale norm ongrondwettig wordt verklaard".

14. Wat de inhoud van de gestelde vragen betreft, beklemtoont de verwijzende rechter dat artikel 4 van regionale wet nr. 4/2006 valt binnen de werkingssfeer van de in punt 9 van het onderhavige arrest genoemde communautaire bepalingen. Het is van toepassing op natuurlijke en rechtspersonen en betreft ondernemingen die pleziervaartuigen en vliegtuigen voor algemene luchtvaart, bestemd voor het privévervoer van personen, exploiteren.

15. De verwijzende rechter merkt bovendien op dat deze regionale wet, door ondernemingen die geen fiscaal domicilie in Sardinië hebben, aan belasting te onderwerpen, deze ondernemingen lijkt te discrimineren ten opzichte van ondernemingen die dezelfde activiteit uitoefenen, maar deze belasting niet hoeven te betalen op de loutere grond dat zij hun fiscaal domicilie in Sardinië hebben, en bijgevolg voor niet-ingezeten ondernemingen lijkt te leiden tot een verhoging van de kosten van de verleende diensten.

16. De verwijzende rechter heeft voorts twijfels over de door de regio Sardinië aangevoerde rechtvaardigingsgronden, namelijk dat deze niet-ingezeten ondernemingen evenzeer als de ondernemingen met een fiscaal domicilie in deze regio gebruikmaken van de regionale en lokale openbare diensten, maar niet bijdragen tot de financiering van deze diensten, en dat de meerkosten die de in Sardinië gevestigde ondernemingen dragen wegens de bijzondere geografische en economische kenmerken van deze regio als eiland, dienen te worden gecompenseerd.

17. Wat met name de gestelde schending van artikel 87 EG betreft, merkt de verwijzende rechter op dat de vraag rijst of het economische concurrentievoordeel dat ondernemingen met fiscaal domicilie in Sardinië genieten doordat zij niet aan de regionale belasting op tussenstops zijn onderworpen, onder het begrip staatssteun valt, gelet op het feit dat dit voordeel niet voortvloeit uit een belastingvoordeel, maar het indirecte gevolg is van het feit dat deze ondernemingen minder kosten hebben dan ondernemingen die buiten het grondgebied van de regio zijn gevestigd.

18. In deze omstandigheden heeft de Corte costituzionale de behandeling van de zaak geschorst en het Hof de volgende prejudiciële vragen gesteld:

„1. Moet artikel 49 EG aldus worden uitgelegd dat het zich verzet tegen de toepassing van een bepaling als artikel 4 van [regionale wet nr. 4/2006], volgens welke de regionale belasting op de binnenkomst voor toeristische doeleinden van vliegtuigen enkel van toepassing is op ondernemingen die hun fiscaal domicilie buiten het grondgebied van de regio Sardinië hebben en die vliegtuigen exploiteren die zij zelf in het kader van ‚algemene zakelijke luchtvaartactiviteiten' voor het vervoer van personen gebruiken?

2. Vormt artikel 4 van [regionale wet nr. 4/2006], voor zover dit bepaalt dat de regionale belasting op de binnenkomst voor toeristische doeleinden van vliegtuigen enkel van toepassing is op ondernemingen die hun fiscaal domicilie buiten het grondgebied van de regio Sardinië hebben en die vliegtuigen exploiteren die zij zelf in het kader van ‚algemene zakelijke luchtvaartactiviteiten' voor het vervoer van personen gebruiken, staatssteun in de zin van artikel 87 van het Verdrag ten gunste van ondernemingen met een fiscaal domicilie op het grondgebied van de regio Sardinië die dezelfde activiteit uitoefenen?

3. Moet artikel 49 van het Verdrag aldus worden uitgelegd dat het zich verzet tegen de toepassing van een bepaling als artikel 4 van [regionale wet nr. 4/2006], volgens welke de regionale belasting op de binnenkomst voor toeristische doeleinden van pleziervaartuigen enkel van toepassing is op ondernemingen met fiscaal domicilie buiten het grondgebied van de regio Sardinië, die pleziervaartuigen exploiteren en deze in het kader van hun bedrijfsactiviteit ter beschikking stellen van derden?

4. Vormt artikel 4 van [regionale wet nr. 4/2006], voor zover dit bepaalt dat de regionale belasting op de binnenkomst voor toeristische doeleinden van pleziervaartuigen enkel van toepassing is op ondernemingen met fiscaal domicilie buiten het grondgebied van de regio Sardinië, die pleziervaartuigen exploiteren en deze in het kader van hun bedrijfsactiviteit ter beschikking stellen van derden, staatssteun in de zin

van artikel 87 EG ten gunste van ondernemingen die hun fiscaal domicilie op het grondgebied van de regio Sardinië hebben en dezelfde activiteit uitoefenen?"

Beantwoording van de prejudiciële vragen

Eerste en derde vraag, betreffende artikel 49 EG

19. Met zijn eerste en derde vraag, die samen dienen te worden behandeld, wenst de verwijzende rechter in wezen te vernemen of artikel 49 EG aldus moet worden uitgelegd dat het zich verzet tegen een belastingregeling van een regionale overheid, zoals die vervat in artikel 4 van regionale wet nr. 4/2006, die een regionale belasting op toeristische tussenstops van vliegtuigen bestemd voor het privévervoer van personen en van pleziervaartuigen instelt, wanneer deze belasting enkel van toepassing is op ondernemingen die hun fiscaal domicilie buiten het grondgebied van de regio hebben.

Voorwaarden voor de toepassing van artikel 49 EG

20. Ter beantwoording van deze vraag dient vooraf te worden nagegaan of regionale wet nr. 4/2006 valt binnen de werkingssfeer van het beginsel van vrije dienstverrichting in de zin van artikel 50 EG.

21. Zoals blijkt uit de formulering van artikel 4 van regionale wet nr. 4/2006, is de in het hoofdgeding aan de orde zijnde belasting van toepassing op toeristische tussenstops van vliegtuigen voor algemene luchtvaart bestemd voor het privévervoer van personen [artikel 4, lid 2, sub a, van deze wet] en van pleziervaartuigen en vaartuigen die voor recreatiedoeleinden worden gebruikt, voor zover deze vaartuigen langer dan veertien meter zijn [artikel 4, lid 2, sub b, van deze wet].

22. De regionale belasting op tussenstops geldt dus niet voor burgerluchtvaartmaatschappijen die personen en goederen vervoeren. De verwijzende rechter merkt op dat deze belasting met name van toepassing is op ondernemingen die vliegtuigen exploiteren om in het kader van hun bedrijfsvoering gratis luchtvervoer te verstrekken. Wat de pleziervaartuigen betreft, merkt de verwijzende rechter voorts op dat deze belasting met name van toepassing is op ondernemingen waarvan de activiteit erin bestaat, deze vaartuigen tegen vergoeding ter beschikking te stellen van derden.

23. Dienaangaande zij herinnerd aan de rechtspraak van het Hof dat het begrip „diensten" in de zin van artikel 50 EG doelt op dienstverrichtingen die gewoonlijk tegen vergoeding geschieden, en dat deze vergoeding de economische tegenprestatie voor de betrokken dienst vormt en in onderling overleg wordt vastgesteld door de dienstverrichter en degene voor wie de dienst wordt verricht (zie arresten van 27 september 1988, Humbel en Edel, 263/86, Jurispr. blz. 5365, punt 17; 7 december 1993, Wirth, C-109/92, Jurispr. blz. I-6447, punt 15, en 22 mei 2003, Freskot, C-355/00, Jurispr. blz. I-5263, punten 54 en 55).

24. In casu is de regionale belasting op tussenstops, zoals blijkt uit de opmerkingen van de regio Sardinië, van toepassing op de exploitanten van vervoermiddelen die zich naar het grondgebied ervan begeven, en niet op vervoersondernemingen die in deze regio hun activiteit uitoefenen. Zoals de advocaat-generaal in punt 34 van haar conclusie heeft opgemerkt, kan evenwel uit het loutere feit dat deze belasting niet van toepassing is op het verrichten van vervoersdiensten, nog niet worden afgeleid dat de in het hoofdgeding aan de orde zijnde belastingregeling totaal geen relatie met het vrije verkeer van diensten heeft.

25. Het is immers vaste rechtspraak dat, hoewel artikel 50, derde alinea, EG enkel melding maakt van de actieve vrijheid van dienstverrichting – in het kader waarvan de dienstverrichter zich verplaatst naar de ontvanger van de diensten –, het vrij verrichten van diensten tevens de vrijheid van de ontvangers van de diensten, en met name van toeristen, omvat om zich te begeven naar een andere lidstaat waarin de dienstverrichter zich bevindt, teneinde daar gebruik te maken van deze diensten (zie met name arresten van 31 januari 1984, Luisi en Carbone, 286/82 en 26/83, Jurispr. blz. 377, punten 10 en 16, en 11 september 2007, Schwarz en Gootjes-Schwarz, C-76/05, Jurispr. blz. I-6849, punt 36, en Commissie/Duitsland, C-318/05, Jurispr. blz. I-6957, punt 65).

26. Zoals de advocaat-generaal in punt 37 van haar conclusie heeft opgemerkt, maken de exploitanten en de gebruikers van vervoermiddelen in het hoofdgeding gebruik van diverse diensten op het grondgebied van de regio Sardinië, zoals de diensten die in de luchthavens en in de havens worden verstrekt. Bijgevolg vormt de tussenstop een noodzakelijke voorwaarde om gebruik te kunnen maken van deze diensten en is er een bepaald verband tussen de regionale belasting op tussenstops en dergelijke diensten.

27. Bovendien is de regionale belasting op de tussenstops van pleziervaartuigen ook van toepassing op ondernemingen die deze pleziervaartuigen exploiteren, en met name op die waarvan de bedrijfsactiviteit erin

bestaat, deze vaartuigen tegen vergoeding ter beschikking te stellen van derden. De Sardische wetgever heeft dus bij regionale wet nr. 4/2006 een belasting ingesteld die rechtstreeks drukt op dienstverrichtingen in de zin van artikel 50 EG.

28. Ten slotte kunnen de diensten waarop de regionale belasting op tussenstops drukt, zoals de Commissie van de Europese Gemeenschappen heeft opgemerkt, van grensoverschrijdende aard zijn, aangezien deze belasting afbreuk kan doen aan de mogelijkheid voor in Sardinië gevestigde ondernemingen om in de luchthavens en de havens afhandelingsdiensten aan te bieden aan burgers en ondernemingen die in een andere lidstaat zijn gevestigd, en voorts invloed heeft op de activiteit van buitenlandse ondernemingen die in een andere lidstaat dan de Italiaanse Republiek zijn gevestigd en in Sardinië pleziervaartuigen exploiteren.

Bestaan van een beperking van het vrij verrichten van diensten

29. Met betrekking tot de vraag of de in het hoofdgeding aan de orde zijnde wettelijke regeling een beperking van het vrij verrichten van diensten vormt, zij er vooraf aan herinnerd dat, wat de vrijheid van dienstverrichting betreft, een nationale belastingmaatregel die de uitoefening van deze vrijheid belemmert, een verboden maatregel kan zijn, ongeacht of deze uitgaat van de staat zelf of van een plaatselijke overheid (zie met name arrest van 8 september 2005, Mobistar en Belgacom Mobile, C-544/03 en C-545/03, Jurispr. blz. I-7723, punt 28 en aldaar aangehaalde rechtspraak).

30. In casu staat vast dat de regionale belasting op tussenstops drukt op de exploitanten van vliegtuigen en pleziervaartuigen die hun fiscaal domicilie buiten het grondgebied van de regio hebben en dat het belastbare feit de tussenstop van het vliegtuig of het pleziervaartuig op dit grondgebied is. Deze belasting is weliswaar slechts van toepassing in een welbepaald deel van een lidstaat, maar zij drukt op de tussenstops van de betrokken vliegtuigen en pleziervaartuigen zonder een onderscheid te maken naargelang zij afkomstig zijn uit een andere regio van Italië of een andere lidstaat. In die omstandigheden sluit het regionale karakter van de belasting niet uit dat deze het vrije verkeer van diensten kan belemmeren (zie naar analogie arrest van 9 september 2004, Carbonati Apuani, C-72/03, Jurispr. blz. I-8027, punt 26).

31. Door de toepassing van deze belastingregeling worden de betrokken diensten voor al degenen die aan deze belasting zijn onderworpen en hun fiscaal domicilie buiten het grondgebied van de regio hebben en in andere lidstaten zijn gevestigd, duurder dan voor de op dit grondgebied gevestigde exploitanten.

32. Een dergelijke wettelijke regeling leidt immers tot extra kosten voor tussenstops van vliegtuigen en vaartuigen ten laste van ondernemingen die hun fiscaal domicilie buiten het grondgebied van de regio hebben en in andere lidstaten zijn gevestigd, en creëert aldus een voordeel voor bepaalde categorieën van ondernemingen die in deze regio zijn gevestigd (zie arresten van 25 juli 1991, Commissie/Nederland, C-353/89, Jurispr. blz. I-4069, punt 25; 13 december 2007, United Pan-Europe Communications Belgium e.a., C-250/06, Jurispr. blz. I-11135, punt 37, en 1 april 2008, Gouvernement de la Communauté française en Gouvernement wallon, C-212/06, Jurispr. blz. I-1683, punt 50).

33. De regio Sardinië stelt evenwel dat de ingezetenen en de niet-ingezetenen gelet op de aard en het doel van de regionale belasting op tussenstops, die gericht is op de bescherming van het milieu, zich niet in een objectief vergelijkbare situatie bevinden, zodat de verschillende behandeling ervan volgens de rechtspraak van het Hof en met name het arrest van 14 februari 1995, Schumacker (C-279/93, Jurispr. blz. I-225), geen beperking van het vrij verrichten van diensten vormt. De ingezetenen dragen immers bij tot de middelen die dienen voor het behoud, het herstel en de bescherming van het milieu, doordat zij via de algemene belastingen en met name de inkomstenbelasting, waarvan een deel gaat naar de regionale begroting, de maatregelen van de regio Sardinië financieren, terwijl de niet-ingezeten ondernemingen zich op milieugebied gedragen als „free riders", door gebruik te maken van de middelen zonder bij te dragen in de kosten van dergelijke maatregelen.

34. Op het gebied van de directe belastingen heeft het Hof erkend dat de situatie van ingezetenen en die van niet-ingezetenen van een bepaalde staat in het algemeen niet vergelijkbaar zijn, aangezien deze situaties objectief van elkaar verschillen, zowel wat de bron van inkomsten als wat de persoonlijke draagkracht van de belastingplichtige of de inaanmerkingneming van de persoonlijke en gezinssituatie betreft (zie met name arrest Schumacker, reeds aangehaald, punten 31-33, en arrest van 16 oktober 2008, Renneberg, C-527/06, Jurispr. blz. I-7735, punt 59).

35. Ter vergelijking van de situatie van de belastingplichtigen dient evenwel rekening te worden gehouden met de specifieke kenmerken van de betrokken belasting. Een verschil in behandeling tussen ingezetenen en niet-ingezetenen vormt dus een door artikel 49 EG verboden beperking van het vrije verkeer, wanneer er geen objectief verschil ten aanzien van de betrokken heffing bestaat dat grond kan opleveren voor een verschil-

lende behandeling van de verschillende categorieën belastingplichtigen (zie in die zin arrest Renneberg, reeds aangehaald, punt 60).

36. Dit is met name het geval voor de in het hoofdgeding aan de orde zijnde belasting. Zoals de Commissie heeft beklemtoond, is deze belasting immers verschuldigd wegens tussenstops van vliegtuigen voor het privévervoer van personen en van pleziervaartuigen en niet op grond van de financiële situatie van de betrokken belastingplichtigen.

37. Anders dan de regio Sardinië stelt, bevinden dus alle natuurlijke en rechtspersonen die gebruikmaken van de betrokken diensten, ongeacht de plaats waar zij wonen of zijn gevestigd, zich ten aanzien van deze belasting in een objectief vergelijkbare situatie wat de gevolgen voor het milieu betreft.

38. De omstandigheid dat de personen die in Sardinië aan de belasting zijn onderworpen, via de betaling van algemenen belastingen en met name van inkomstenbelastingen bijdragen aan de milieubeschermingsmaatregelen van de regio Sardinië, is niet relevant voor de vergelijking van de situatie van de ingezetenen en de niet-ingezetenen ten aanzien van de regionale belasting op tussenstops. Zoals de advocaat-generaal in punt 87 van haar conclusie heeft opgemerkt, is deze belasting immers niet van dezelfde aard en heeft zij niet dezelfde doelstellingen als de overige door de Sardische belastingplichtigen betaalde belastingen, die er met name toe dienen een algemene bijdrage te leveren aan de openbare begroting en aldus alle regionale maatregelen te financieren.

39. Uit het bovenstaande volgt dat uit geen enkel element van het aan het Hof overgelegde dossier kan worden opgemaakt dat ingezetenen en niet-ingezetenen zich niet in een objectief vergelijkbare situatie bevinden ten aanzien van de regionale belasting op tussenstops. De in het hoofdgeding aan de orde zijnde belastingregeling vormt dus een beperking van het vrij verrichten van diensten, doordat zij enkel geldt voor ondernemingen die vliegtuigen voor het privévervoer van personen en pleziervaartuigen exploiteren en hun fiscaal domicilie buiten het grondgebied van de regio hebben, en de in deze regio gevestigde ondernemingen niet aan dezelfde belasting onderwerpt.

Mogelijke rechtvaardigingsgronden voor de in het hoofdgeding aan de orde zijnde wettelijke regeling

– Rechtvaardiging op grond van het vereiste, het milieu en de volksgezondheid te beschermen

40. De regio Sardinië stelt dat de regionale belasting op tussenstops, ook al zou zij een maatregel vormen die het vrij verrichten van diensten beperkt, gerechtvaardigd is door redenen van algemeen belang en met name door het vereiste het milieu te beschermen, dat kan worden beschouwd als een reden van „volksgezondheid", waarnaar uitdrukkelijk wordt verwezen in artikel 46, lid 1, EG.

41. Meer bepaald vindt deze belasting haar grondslag in een nieuw regionaal beleid dat gericht is op de bescherming van het milieu en het landschap op het grondgebied van de regio Sardinië. Dit beleid voorziet volgens haar in de invoering van een reeks bijdragen die ertoe strekken buitensporige belasting van het milieu en het landschap in het kustgebied te ontmoedigen en dure maatregelen voor het herstel van dit gebied te financieren. Bovendien is deze belasting gebaseerd op het beginsel dat de vervuiler betaalt, aangezien zij indirect drukt op de exploitanten van vervoermiddelen die een bron van vervuiling vormen.

42. Volgens vaste rechtspraak van het Hof kan een beperking van de door het EG-Verdrag gewaarborgde fundamentele vrijheden, ongeacht het bestaan van een wettig doel dat beantwoordt aan dwingende redenen van algemeen belang, slechts gerechtvaardigd zijn wanneer de betrokken maatregel geschikt is om het nagestreefde doel te verwezenlijken en niet verder gaat dan nodig is voor het bereiken van dit doel (zie arrest van 30 januari 2009, Commissie/Denemarken, C-150/07, Jurispr. blz. I-1163, punt 46; arrest Gouvernement de la Communauté française en Gouvernement wallon, reeds aangehaald, punt 55, en arrest van 5 maart 2007, UTECA, C-222/05, Jurispr. blz. I-00000, punt 25). Bovendien is een nationale wettelijke regeling slechts geschikt om de verwezenlijking van het gestelde doel te waarborgen, wanneer de verwezenlijking ervan werkelijk coherent en systematisch wordt nagestreefd (arrest van 10 maart 2009, Hartlauer, Jurispr. blz. I-00000, C-169/07, punt 55).

43. In casu kunnen de door de regio Sardinië aangevoerde redenen weliswaar een grond opleveren voor het instellen van de regionale belasting op tussenstops, maar zij kunnen geen rechtvaardiging vormen voor de wijze waarop deze wordt toegepast, met name niet voor de verschillende behandeling van exploitanten die hun fiscaal domicilie buiten het grondgebied van de regio hebben, die als enigen deze belasting verschuldigd zijn.

44. Het is immers duidelijk dat de wijze waarop deze belasting wordt toegepast, die leidt tot een beperking van het vrij verrichten van diensten in de zin van artikel 49 EG, noch geschikt is om de verwezenlijking van deze algemene doelstellingen te waarborgen, noch noodzakelijk is om deze te bereiken. Zoals de advocaat-generaal in de punten 73 en 74 van haar conclusie heeft opgemerkt, vormen privévliegtuigen en pleziervaartuigen die Sardinië aandoen, weliswaar een bron van vervuiling, maar dit geldt ongeacht de herkomst van deze vliegtuigen en vaartuigen, en deze vervuiling houdt met name geen verband met het fiscale domicilie van de exploitanten ervan. Vliegtuigen en vaartuigen van niet-ingezetenen tasten het milieu evenzeer aan als die van ingezetenen.

45. De beperking van het vrij verrichten van diensten zoals deze voortvloeit uit de in het hoofdgeding aan de orde zijnde belastingregeling kan dus niet worden gerechtvaardigd uit hoofde van de bescherming van het milieu, aangezien bij de toepassing van de hierbij ingestelde belasting een onderscheid tussen personen wordt gemaakt dat geen verband houdt met deze milieudoelstelling. Deze beperking kan evenmin gerechtvaardigd zijn uit hoofde van de volksgezondheid, aangezien de regio Sardinië niets heeft aangevoerd waaruit kan worden opgemaakt dat deze wettelijke regeling ertoe strekt de volksgezondheid te beschermen.

– Rechtvaardiging op grond van de coherentie van het belastingsysteem

46. In haar opmerkingen stelt de regio Sardinië ter rechtvaardiging van de in het hoofdgeding aan de orde zijnde belastingregeling dat de coherentie van haar belastingsysteem dient te worden gewaarborgd. Dat de regionale belasting op tussenstops enkel geldt voor personen met een domicilie buiten het grondgebied van de regio is volgens haar gerechtvaardigd door het feit dat de ingezetenen andere belastingen betalen die bijdragen tot de maatregelen ter bescherming van het milieu in Sardinië.

47. Dienaangaande heeft het Hof aanvaard dat de noodzaak om de coherentie van het belastingsysteem veilig te stellen een beperking van de uitoefening van de door het Verdrag gewaarborgde fundamentele vrijheden kan rechtvaardigen, maar het heeft gepreciseerd dat een dergelijke rechtvaardiging enkel kan worden aanvaard indien er een rechtstreeks verband bestaat tussen het betrokken fiscale voordeel en de compensatie van dit voordeel door een bepaalde heffing en dat het rechtstreekse karakter van dit verband dient te worden beoordeeld aan de hand van het doel van de betrokken regeling (zie met name arrest van 18 juni 2009, Aberdeen Property Fininvest Alpha, C-303/07, Jurispr. blz. I-00000, punten 71 en 72).

48. Zoals in punt 38 van het onderhavige arrest is opgemerkt, worden met de regionale belasting op tussenstops evenwel niet dezelfde doelstellingen nagestreefd als met de belastingen die worden betaald door de belastingplichtigen die in Sardinië wonen en die in het algemeen dienen ter dekking van de openbare begroting en dus ter financiering van alle maatregelen van de regio Sardinië. Het feit dat deze ingezetenen niet aan deze belasting zijn onderworpen, kan dus niet worden beschouwd als een compensatie voor de andere belastingen waaraan zij zijn onderworpen.

49. Uit deze overwegingen volgt dat de beperking van het vrij verrichten van diensten zoals deze voortvloeit uit de in het hoofdgeding aan de orde zijnde belastingregeling, niet kan worden gerechtvaardigd door het streven, de coherentie van het belastingsysteem van de regio Sardinië te verzekeren.

50. In deze omstandigheden dient op de eerste en de derde vraag te worden geantwoord dat artikel 49 EG aldus dient te worden uitgelegd dat het zich verzet tegen de belastingregeling van een regionale overheid, zoals die vervat in artikel 4 van regionale wet nr. 4/2006, die een regionale belasting op toeristische tussenstops van vliegtuigen voor het privévervoer van personen en van pleziervaartuigen instelt die enkel geldt voor ondernemingen die hun fiscaal domicilie buiten het grondgebied van de regio hebben.

Tweede en vierde vraag met betrekking tot artikel 87 EG

51. Met zijn tweede en vierde vraag, die samen dienen te worden onderzocht, wenst de verwijzende rechter te vernemen of artikel 87 EG aldus dient te worden uitgelegd dat een belastingregeling van een regionale overheid die een regionale belasting op tussenstops, zoals die van artikel 4 van regionale wet nr. 4/2006 instelt, die enkel van toepassing is op exploitanten die hun fiscaal domicilie buiten het grondgebied van de regio hebben, staatssteun vormt ten gunste van de ondernemingen die op dit grondgebied zijn gevestigd.

52. Er zij meteen herinnerd aan de rechtspraak van het Hof dat voor de kwalificatie van een maatregel als steun in de zin van het Verdrag vereist is dat is voldaan aan elk van de vier cumulatieve criteria van artikel 87, lid 1, EG. In de eerste plaats moet het gaan om een maatregel van de staat of met staatsmiddelen bekostigd, in de tweede plaats moet deze maatregel het handelsverkeer tussen de lidstaten ongunstig kunnen beïnvloeden,

in de derde plaats moet de maatregel de begunstigde een voordeel verschaffen en in de vierde plaats moet hij de mededinging vervalsen of dreigen te vervalsen (zie met name arrest van 23 maart 2006, Enirisorse, C-237/04, Jurispr. blz. I-2843, punten 38 en 39 en aldaar aangehaalde rechtspraak).

53. In casu staat vast dat de in het hoofdgeding aan de orde zijnde belasting voldoet aan het tweede en het vierde criterium, aangezien zij drukt op diensten die in het kader van tussenstops van vliegtuigen en pleziervaartuigen worden verricht en betrekking hebben op de intracommunautaire handel, en dat deze belasting de mededinging kan vervalsen doordat zij een economisch voordeel verleent aan ondernemingen die in Sardinië zijn gevestigd, zoals in punt 32 van het onderhavige arrest is gezegd.

54. De vragen betreffende de uitlegging van artikel 87 EG hebben aldus betrekking op de toepassing van de twee overige criteria voor de kwalificatie van de regionale belasting op tussenstops als staatssteun. Volgens de regio Sardinië kan deze belasting niet als staatssteun worden beschouwd, omdat er geen staatsmiddelen worden gebruikt en de maatregel niet selectief is. De Commissie komt in haar schriftelijke opmerkingen tot de conclusie dat deze belasting aan alle criteria van artikel 87 EG voldoet.

Gebruik van publieke middelen

55. Volgens de regio Sardinië omvat de in het hoofdgeding aan de orde zijnde wettelijke regeling geen met regionale middelen bekostigde maatregelen. Er wordt geen afstand gedaan van regionale inkomsten, aangezien de ingezeten ondernemingen reeds aan de milieu-uitgaven bijdragen via het deel van de inkomsten dat voortvloeit uit de door hen betaalde belastingen. De regionale belasting op tussenstops verhoogt deze inkomsten, door de verplichting om milieubijdragen te betalen uit te breiden tot diegenen die als niet-ingezetenen niet via de gewone belastingen aan de financiering van deze uitgaven bijdragen.

56. Dienaangaande zij herinnerd aan de vaste rechtspraak van het Hof dat het begrip steun niet alleen positieve prestaties zoals subsidies, leningen of deelnemingen in het kapitaal van ondernemingen kan omvatten, maar ook maatregelen die, in verschillende vormen, de lasten verlichten die normaliter op het budget van een onderneming drukken en daardoor, zonder subsidies in de strikte zin van het woord te zijn, van gelijke aard zijn en identieke gevolgen hebben (zie met name arresten van 19 september 2000, Duitsland/Commissie, C-156/98, Jurispr. blz. I-6857, punt 25, en 1 juli 2008, Chronopost en La Poste/UFEX e.a., C-341/06 P en C-342/06 P, Jurispr. blz. I-4777, punt 123 en aldaar aangehaalde rechtspraak).

57. Zoals de Commissie in herinnering heeft gebracht, vormt een belastingregeling zoals die welke in het hoofdgeding aan de orde is, waarbij bepaalde ondernemingen van de betrokken belasting worden vrijgesteld, staatssteun, ook al omvat zij geen overdracht van publieke middelen, aangezien zij inhoudt dat de betrokken autoriteiten afzien van de fiscale inkomsten die zij normalerwijze hadden kunnen innen (arrest Duitsland/Commissie, reeds aangehaald, punten 26-28).

58. De omstandigheid dat de in het hoofdgeding aan de orde zijnde belastingregeling niet voorziet in de toekenning van een subsidie, maar inhoudt dat de exploitanten van vliegtuigen voor het privévervoer van personen en van pleziervaartuigen die hun fiscaal domicilie hebben op het grondgebied van de regio, niet aan de regionale belasting op tussenstops worden onderworpen, wettigt dus de conclusie dat deze vrijstelling als staatssteun kan worden beschouwd.

Selectiviteit van de in het hoofdgeding aan de orde zijnde belastingregeling

59. Volgens de regio Sardinië vormt het verschil in behandeling tussen ingezeten en niet ingezeten ondernemingen geen selectief voordeel. De in het hoofdgeding aan de orde zijnde belastingregeling is immers vanuit geografisch oogpunt niet selectief, aangezien het referentiekader voor de beoordeling van het „algemene karakter" van de maatregel volgens de uitlegging van het Hof in zijn arrest van 6 september 2006, Portugal/Commissie (C-88/03, Jurispr. blz. I-7115), die van de regionale entiteit is, mits deze voldoende autonoom is. Dit is het geval in het hoofdgeding, aangezien aan de regio Sardinië autonome bevoegdheden zijn verleend bij een wet die kracht van grondwet heeft, op grond waarvan zij eigen belastingen kan instellen. Bovendien belast deze wettelijke regeling overeenkomstig het algemenere beginsel van gelijke fiscale behandeling rechtens en feitelijk verschillende situaties op verschillende wijze.

60. Dienaangaande zij eraan herinnerd dat een maatregel die niet door de nationale wetgever, maar door een regionale overheid is vastgesteld, volgens de door verzoekster in het hoofdgeding aangevoerde rechtspraak niet reeds selectief is in de zin van artikel 87, lid 1, EG omdat hierbij slechts voordelen worden verleend op het deel van het nationale grondgebied waarop de maatregel van toepassing is (zie arrest Portugal/Commissie,

reeds aangehaald, punten 53 en 57, en 11 september 2008, UGT-Rioja e.a., C-428/06–C-434/06, Jurispr. blz. I-6747, punten 47 en 48).

61. Uit deze rechtspraak blijkt evenwel ook dat ter beoordeling van het selectieve karakter van een maatregel van een regionale entiteit die autonoom is ten opzichte van de centrale overheid, zoals de regio Sardinië, dient te worden onderzocht of deze maatregel gelet op het nagestreefde doel bepaalde ondernemingen bevoordeelt ten opzichte van andere die zich binnen de rechtsorde waarin de entiteit haar bevoegdheden uitoefent, in een feitelijk en juridisch vergelijkbare situatie bevinden (zie arrest van 8 november 2001, Adria-Wien Pipeline en Wietersdorfer & Peggauer Zementwerke, C-143/99, Jurispr. blz. I-8365, punt 41, en arrest Portugal/Commissie, reeds aangehaald, punten 56 en 58).

62. Aldus dient te worden vastgesteld of de ondernemingen die hun fiscaal domicilie buiten het grondgebied van de regio hebben, zich gelet op de kenmerken van de regionale belasting voor tussenstops en in het licht van het juridische referentiekader feitelijk en juridisch in een situatie bevinden die vergelijkbaar is met die van de ondernemingen die op dit grondgebied zijn gevestigd.

63. Zoals blijkt uit de punten 36 en 37 van het onderhavige arrest, dient te worden vastgesteld dat, gelet op de aard en het doel van bovengenoemde belasting, alle natuurlijke en rechtspersonen die gebruikmaken van de diensten die in het kader van tussenstops in Sardinië worden verricht, zich, anders dan verweerster in het hoofdgeding stelt, in een objectief vergelijkbare situatie bevinden, ongeacht de plaats waar zij wonen of gevestigd zijn. Hieruit volgt dat de maatregel niet als algemeen kan worden beschouwd, aangezien zij niet van toepassing is op alle exploitanten van vliegtuigen en pleziervaartuigen die Sardinië aandoen.

64. Een belastingregeling zoals die welke in het hoofdgeding aan de orde is, vormt dus staatssteun ten gunste van de in Sardinië gevestigde ondernemingen.

65. Het staat aan de verwijzende rechter om passende gevolgen aan deze vaststelling te verbinden.

66. In deze omstandigheden dient op de tweede en de vierde vraag te worden geantwoord dat artikel 87, lid 1, EG aldus moet worden uitgelegd dat een belastingregeling van een regionale autoriteit die een belasting op tussenstops, zoals die welke in het hoofdgeding aan de orde is, instelt die enkel van toepassing is op natuurlijke en rechtspersonen die hun fiscaal domicilie buiten het grondgebied van de regio hebben, staatssteun vormt ten gunste van de op dit grondgebied gevestigde ondernemingen.

Kosten

67. ...

Het Hof van Justitie (Grote kamer)

verklaart voor recht:

1. **Artikel 49 EG dient aldus te worden uitgelegd dat het zich verzet tegen de belastingregeling van een regionale overheid, zoals die vervat in artikel 4 van wet nr. 4 van de regio Sardinië van 11 mei 2006 houdende diverse bepalingen inzake inkomsten, herkwalificatie van uitgaven, sociaal en ontwikkelingsbeleid, zoals gewijzigd bij artikel 3, lid 3, van wet nr. 2 van de regio Sardinië van 29 mei 2007 houdende bepalingen betreffende het opstellen van de jaarlijkse en meerjarenbegroting van de regio – financieringswet 2007, die een regionale belasting op toeristische tussenstops van vliegtuigen voor het privévervoer van personen en van pleziervaartuigen instelt die enkel van toepassing is op natuurlijke en rechtspersonen die hun fiscaal domicilie buiten het grondgebied van de regio hebben.**

2. **Artikel 87, lid 1, EG moet aldus worden uitgelegd dat een belastingregeling van een regionale autoriteit die een belasting op tussenstops, zoals die welke in het hoofdgeding aan de orde is, instelt die enkel van toepassing is op natuurlijke en rechtspersonen die hun fiscaal domicilie buiten het grondgebied van de regio hebben, staatssteun vormt ten gunste van de op dit grondgebied gevestigde ondernemingen.**

HvJ EG 19 november 2009, zaak C-540/07 (Commissie van de Europese Gemeenschappen v. Italiaanse Republiek)

Tweede kamer: *J.-C. Bonichot (rapporteur), president van de Vierde kamer, waarnemend voor de president van de Tweede kamer, C. Toader, C. W. A. Timmermans, K. Schiemann en P. Kūris, rechters*

Advocaat-generaal: *J. Kokott*

1. De Commissie van de Europese Gemeenschappen verzoekt het Hof vast te stellen dat de Italiaanse Republiek, door een fiscale regeling te handhaven waarbij dividenden die worden uitgekeerd aan vennootschappen die zijn gevestigd in andere lidstaten of in staten die partij zijn bij de Overeenkomst betreffende de Europese Economische Ruimte van 2 mei 1992 (*PB* 1994, L 1, blz. 3; hierna: 'EER-Overeenkomst'), minder gunstig worden behandeld dan dividenden die worden uitgekeerd aan ingezeten vennootschappen, niet heeft voldaan aan de krachtens artikel 56 EG en artikel 40 EER-Overeenkomst op haar rustende verplichtingen inzake vrij kapitaalverkeer tussen de lidstaten en tussen de staten die partij zijn bij deze Overeenkomst, en evenmin aan de krachtens artikel 31 EER-Overeenkomst op haar rustende verplichtingen inzake vrijheid van vestiging in de staten die partij zijn bij deze Overeenkomst.

Toepasselijke bepalingen

EER-Overeenkomst

2. Artikel 6 EER-Overeenkomst luidt:

'Onverminderd de toekomstige ontwikkelingen van de jurisprudentie, worden de bepalingen van deze Overeenkomst, voor zover zij in essentie gelijk zijn aan de overeenkomstige regels van het Verdrag tot oprichting van de Europese Economische Gemeenschap en het Verdrag tot oprichting van de Europese Gemeenschap voor Kolen en Staal en de ter uitvoering van die Verdragen aangenomen besluiten, wat de tenuitvoerlegging en toepassing betreft, uitgelegd overeenkomstig de desbetreffende uitspraken van het Hof van Justitie van de Europese Gemeenschappen daterende van vóór de ondertekening van deze Overeenkomst.'

3. Artikel 31, lid 1, EER-Overeenkomst bepaalt:

'In het kader van de bepalingen van deze Overeenkomst zijn er geen beperkingen van de vrijheid van vestiging voor onderdanen van een lidstaat van de [Europese Gemeenschap] of een [staat van de Europese Vrijhandelsassociatie (EVA)] op het grondgebied van een andere staat bij de Overeenkomst. Dit geldt eveneens voor de oprichting van agentschappen, filialen of dochterondernemingen door de onderdanen van een lidstaat van de [Gemeenschap] of een EVA-staat die op het grondgebied van een van deze staten zijn gevestigd.

De vrijheid van vestiging omvat, behoudens de bepalingen van hoofdstuk 4, de toegang tot werkzaamheden anders dan in loondienst en de uitoefening daarvan alsmede de oprichting en het beheer van ondernemingen, en met name van vennootschappen in de zin van artikel 34, tweede alinea, overeenkomstig de bepalingen welke door de wetgeving van het land van vestiging voor de eigen onderdanen zijn vastgesteld.'

4. Artikel 40 EER-Overeenkomst luidt:

'In het kader van de bepalingen van deze Overeenkomst zijn er tussen de overeenkomstsluitende partijen geen beperkingen van het verkeer van kapitaal toebehorende aan personen die woonachtig of gevestigd zijn in de lidstaten van de [Gemeenschap] of de EVA-staten en is er geen discriminerende behandeling op grond van de nationaliteit of van de vestigingsplaats van partijen of op grond van het gebied waar het kapitaal wordt belegd. Bijlage XII bevat de bepalingen die nodig zijn voor de tenuitvoerlegging van dit artikel.'

Gemeenschapsregeling

5. Artikel 3, lid 1, van richtlijn 90/435/EEG van de Raad van 23 juli 1990 betreffende de gemeenschappelijke fiscale regeling voor moedermaatschappijen en dochterondernemingen uit verschillende lidstaten (*PB* L 225, blz. 6), zoals gewijzigd bij richtlijn 2003/123/EG van de Raad van 22 december 2003 (*PB* 2004, L 7, blz. 41; hierna: 'richtlijn 90/435'), bepaalt:

'[...]

a. wordt de hoedanigheid van moedermaatschappij ten minste toegekend aan iedere vennootschap van een lidstaat die voldoet aan de voorwaarden van artikel 2 en die een deelneming van ten minste 20% bezit in het kapitaal van een vennootschap van een andere lidstaat die aan dezelfde voorwaarden voldoet.

Die hoedanigheid wordt onder dezelfde voorwaarden toegekend aan een vennootschap van een lidstaat die een deelneming van ten minste 20% bezit in het kapitaal van een vennootschap van diezelfde lidstaat welke geheel of gedeeltelijk wordt gehouden door een in een andere lidstaat gelegen vaste inrichting van eerstgenoemde vennootschap.

[...]'

6. Artikel 4, lid 1, van richtlijn 90/435 luidt:

'Wanneer een moedermaatschappij of haar vaste inrichting, op grond van de deelgerechtigdheid van de moeder-maatschappij in haar dochteronderneming, uitgekeerde winst ontvangt, anders dan bij de liquidatie van de dochteronderneming, moeten de lidstaat van de moedermaatschappij en de lidstaat van haar vaste inrichting:
– ofwel zich onthouden van het belasten van deze winst;
– ofwel de winst belasten, maar in dat geval de moedermaatschappij en de vaste inrichting toestaan van de verschuldigde belasting af te trekken het gedeelte van de belasting dat betrekking heeft op die winst en betaald is door de dochteronderneming en enigerlei kleindochteronderneming, op voorwaarde dat bij iedere schakel een vennootschap en haar kleindochteronderneming aan de in de artikelen 2 en 3 gestelde eisen voldoen, tot het bedrag van de overeenstemmende verschuldigde belasting.'

7. Artikel 5, lid 1, van richtlijn 90/435 bepaalt:

'De door een dochteronderneming aan de moedermaatschappij uitgekeerde winst wordt vrijgesteld van bronbelasting.'

Nationale wettelijke regeling Binnenlandse dividenden

8. De Italiaanse belastingheffing op binnenlandse dividenden die worden uitgekeerd aan in Italië aan de vennootschapsbelasting onderworpen vennootschappen en commerciële entiteiten, is geregeld in het decreto legislativo n. 344 recante riforma dell'imposizione sul reddito delle società, a norma dell'articolo 4 della legge 7 aprile 2003, n. 80 (wetsbesluit nr. 344 tot hervorming van de vennootschapsbelasting op grond van artikel 4 van wet nr. 80 van 7 april 2003) van 12 december 2003 (gewoon supplement bij GURI nr. 291 van 16 december 2003), dat in werking is getreden op 1 januari 2005.

9. Sinds deze hervorming is de betrokken heffing geregeld in artikel 89, met als titel 'Dividend en interest', lid 2, van de testo unico delle imposte sui redditi (gecoördineerde tekst van de inkomstenbelasting; hierna: 'TUIR'), vastgesteld bij decreto del Presidente della Repubblica n. 917 (besluit nr. 917 van de president van de Republiek) van 22 december 1986, dat bepaalt:

'De winst die door de in artikel 73, lid 1, sub a en b, bedoelde vennootschappen en entiteiten wordt uitgekeerd, ongeacht de vorm en de benaming ervan, ook in de in artikel 47, lid 7, bedoelde gevallen, komt bij de vaststelling van het inkomen in het belastingjaar waarin zij wordt ontvangen, niet in aanmerking, aangezien zij voor 95% niet wordt opgenomen in het inkomen van de ontvangende vennootschap of entiteit.'

10. Artikel 73, lid 1, sub a en b, TUIR bepaalt:

'Zijn aan de vennootschapsbelasting onderworpen:
a. op het grondgebied van de staat gevestigde vennootschappen op aandelen en commanditaire vennootschappen op aandelen, vennootschappen met beperkte aansprakelijkheid, coöperaties en onderlinge verzekeringsmaatschappijen;
b. op het grondgebied van de staat gevestigde publieke en particuliere entiteiten die geen vennootschappen zijn, waarvan het doel uitsluitend of hoofdzakelijk het verrichten van commerciële werkzaamheden is.'

Uitgaande dividenden

11. Artikel 27, met als titel 'Belasting op dividend', lid 3, van het decreto del Presidente della Republica n. 600 recante disposizioni comuni in materia di accertamento delle imposte sui redditi (besluit nr. 600 van de president van de Republiek houdende gemeenschappelijke bepalingen inzake de vaststelling van de inkomstenbelasting) van 29 september 1973 luidt:

'Op winst die aan niet-ingezetenen wordt uitgekeerd, wordt 27% belasting ingehouden. Dit percentage wordt verminderd tot 12,5% voor winst die aan spaaraandeelhouders wordt uitgekeerd. Niet-ingezetenen, met uitzondering van spaaraandeelhouders, hebben recht op teruggaaf van de belasting waarvan via een bewijs van de bevoegde belastingdienst van de buitenlandse staat is aangetoond dat zij in het buitenland over dezelfde winst definitief is betaald, en dit ten belope van vier negende van de ingehouden belasting.'

12. Artikel 27 bis van dit decreto voorziet in de teruggaaf of, onder bepaalde voorwaarden, vrijstelling van de in artikel 27 van dit decreto vastgestelde belasting voor in een lidstaat gevestigde vennootschappen die voldoen aan de in richtlijn 90/ 435 gestelde voorwaarden inzake de participatiedrempel en de participatieduur.

Precontentieuze procedure

13. Van mening dat de fiscale regeling voor dividenden uit Italiaanse bron die worden uitgekeerd aan vennootschappen die zijn gevestigd in een andere lidstaat of in een staat die partij is bij de EER-Overeenkomst, niet ver-

enigbaar was met het vrije kapitaalverkeer en met de vrijheid van vestiging, heeft de Commissie de procedure van artikel 226 EG ingeleid en op 18 oktober 2005 de Italiaanse Republiek een aanmaningsbrief toegezonden.

14. Aangezien de argumenten die de Italiaanse Republiek aanvoerde in haar brief van 9 februari 2006 de Commissie niet konden overtuigen, heeft zij bij brief van 4 juli 2006 aan deze lidstaat een met redenen omkleed advies doen toekomen, waarin zij de Italiaanse Republiek verzocht, binnen twee maanden na ontvangst ervan de nodige maatregelen te nemen om dit advies op te volgen.

15. Bij brief van 30 januari 2007 heeft de Italiaanse Republiek op het met redenen omklede advies geantwoord. Van mening dat deze lidstaat de verweten inbreuk niet had beëindigd, heeft de Commissie het onderhavige beroep ingesteld.

Beroep

Ontvankelijkheid

16. De Italiaanse Republiek stelt dat het beroep niet-ontvankelijk is omdat het voorwerp van het geschil niet nauwkeurig genoeg is uiteengezet. De Commissie heeft alleen diverse wetteksten vergeleken en vastgesteld dat uitgaande dividenden hoger worden belast dan dividenden die worden uitgekeerd aan in Italië gevestigde vennootschappen, zonder al deze teksten nauwkeurig en volledig te onderzoeken en specifiek aan te tonen dat elk daarvan niet verenigbaar is met de door haar aangevoerde beginselen.

17. In dit verband moet eraan worden herinnerd dat artikel 38, lid 1, sub c, van het Reglement voor de procesvoering bepaalt dat elk inleidend verzoekschrift het voorwerp van het geschil en een summiere uiteenzetting van de aangevoerde middelen dient te bevatten. Bijgevolg behoort de Commissie in elk krachtens artikel 226 EG ingediend verzoekschrift de aangevoerde grieven voldoende nauwkeurig en coherent uiteen te zetten, zodat de lidstaat zijn verweer kan voeren en het Hof het bestaan van de vermeende niet-nakoming kan beoordelen (zie in die zin arresten van 13 december 1990, Commissie/Griekenland, C-347/88, *Jurispr.* blz. I-4747, punt 28, en 4 mei 2006, Commissie/Verenigd Koninkrijk, C-98/04, *Jurispr.* blz. I-4003, punt 18).

18. In casu blijkt uit de motivering alsmede uit de conclusies van het beroep van de Commissie voldoende duidelijk en nauwkeurig dat dit beroep betrekking heeft op de vraag of het verschil in fiscale regeling tussen aan Italiaanse ingezetenen uitgekeerde dividenden en dividenden die worden uitgekeerd aan in andere lid-staten of in staten die partij zijn bij de EER-Overeenkomst gevestigde vennootschappen verenigbaar is met het vrije kapitaalverkeer en de vrijheid van vestiging.

19. Aangezien het beroep niet dubbelzinnig is, moet de door de Italiaanse Republiek opgeworpen exceptie van niet-ontvankelijkheid worden afgewezen.

Ten gronde

Argumenten van de partijen

20. De Commissie stelt in wezen dat dividenden die worden uitgekeerd aan vennootschappen die zijn gevestigd in andere lidstaten of in staten die partij zijn bij de EER-Overeenkomst, minder gunstig worden behandeld dan dividenden die worden uitgekeerd aan in Italië gevestigde vennootschappen. Dit leidt er volgens haar toe dat vennootschappen die zijn gevestigd in andere lidstaten of in staten die partij zijn bij de EER-Overeenkomst, worden ontmoedigd om te investeren in in Italië gevestigde vennootschappen, hetgeen aldus een belemmering van het vrije kapitaalverkeer vormt.

21. Aangezien richtlijn 90/435 niet geldt voor vennootschappen die gevestigd zijn in staten die partij zijn bij de EER-Overeenkomst en de Italiaanse fiscale regeling voor uitgaande dividenden ook betrekking heeft op controleparticipaties in Italiaanse vennootschappen die worden gehouden door vennootschappen die zijn gevestigd in staten die partij zijn bij de EER-Overeenkomst, voert de Commissie aan dat artikel 31 EER-Overeenkomst, dat net als de overeenkomstige bepalingen van het EG-Verdrag beperkingen van de vrijheid van vestiging verbiedt, eveneens is geschonden.

22. Volgens de Italiaanse Republiek is het feit dat binnenlandse dividenden worden vrijgesteld van belasting, terwijl een bronbelasting wordt ingehouden op uitgaande dividenden die worden uitgekeerd aan in andere lidstaten gevestigde ontvangers, niet noodzakelijk steeds in strijd is met het gemeenschapsrecht. De onverenigbaarheid met het gemeenschapsrecht kan slechts worden vastgesteld in het concrete geval waarin de ontvangende vennootschap in de andere lidstaat, na toepassing van de bilaterale overeenkomst tot voorkoming van dubbele belasting, in haar staat van vestiging de dubbele belasting niet kan vermijden, bijvoorbeeld door de belasting die werd ingehouden in de lidstaat van de uitkerende vennootschap te verrekenen met haar eigen op nationaal niveau belastbaar inkomen. Ingeval op grond van een bilateraal dubbelbelastingverdrag de in de andere lidstaat geheven bronbelasting wordt verrekend in de lidstaat van ontvangst, kan volgens de Italiaanse Republiek aldus geen sprake zijn van met artikel 56 EG strijdige discriminatie. De verrekeningsbedingen in deze bilaterale overeenkomsten stroken met de vrijheid waarover de lidstaten beschikken om hun heffings-bevoegdheid te verdelen.

23. De Commissie toont in dit verband niet aan dat geen enkele van de door de Italiaanse Republiek gesloten bilaterale overeenkomsten het mogelijk maakt de impact van de in deze lidstaat geheven bronbelasting te elimineren.

24. Voorts voert de Italiaanse Republiek aan dat de fiscale behandeling van uitgaande dividenden moet worden getoetst aan het gehele stelsel van belasting over dividenden die worden uitgekeerd aan ontvangers in deze lidstaat. In het laatste geval wordt de uitkering van een dividend aan een natuurlijke persoon/aandeelhouder die ingezetene van Italië is, belast. De vrijstelling van 95% van de door de belastingplichtigen ontvangen dividenden is slechts een fase ter voorbereiding van de belasting van natuurlijke personen/aandeelhouders. Is de aandeelhouder een niet-ingezeten vennootschap, die de dividenden normaal aan niet-ingezeten natuurlijke personen uitkeert, dan worden de natuurlijke personen niet belast. Volgens de Italiaanse Republiek worden niet-ingezeten vennootschappen zwaarder belast omdat rekening moet worden gehouden met het feit dat de belasting over de winst van vennootschappen consistent moet zijn met de belasting over het inkomen van natuurlijke personen. Aldus komen de belasting van ingezeten aandeelhouders/natuurlijke personen en die van niet-ingezeten aandeelhouders overeen.

25. Subsidiair betoogt de Italiaanse Republiek dat het verschil in behandeling gerechtvaardigd is door het verschil in situatie, waarbij niet-ingezeten vennootschappen geenszins verplicht zijn een deelneming van een in Italië ingezeten natuurlijke persoon in het kapitaal van deze vennootschappen te melden aan de Italiaanse belastingdienst.

26. Ook al wordt ervan uitgegaan dat er geen sprake is van enig verschil in situatie, de discriminatie is volgens de Italiaanse Republiek gerechtvaardigd door de noodzaak de samenhang van het belastingstelsel te waarborgen en door de noodzaak belastingfraude of -ontwijking te voorkomen.

27. De Italiaanse Republiek stelt ten slotte dat de Commissie in geen geval haar kan verwijten dat zij niet heeft geanticipeerd op de ontwikkelingen in de rechtspraak van het Hof en de arresten van 14 december 2006, Denkavit Internationaal en Denkavit France (C-170/05, *Jurispr.* blz. I-11949), en 8 november 2007, Amurta (C-379/05, *Jurispr.* blz. I-9569), die zijn gewezen na het verstrijken van de termijn die haar in het met redenen omklede advies was toegekend.

Beoordeling door het Hof

– Schending van artikel 56, lid 1, EG

28. Om te beginnen wordt eraan herinnerd dat de directe belastingen weliswaar tot de bevoegdheid van de lidstaten behoren, maar dat zij deze bevoegdheid met eerbiediging van het gemeenschapsrecht dienen uit te oefenen (zie onder meer arrest van 13 december 2005, Marks & Spencer, C-446/03, *Jurispr.* blz. I-10837, punt 29).

29. Bij gebreke van communautaire unificatie- of harmonisatiemaatregelen blijven de lidstaten aldus bevoegd om, door het sluiten van overeenkomsten of unilateraal, de criteria voor de verdeling van hun heffingsbevoegdheid vast te stellen teneinde onder meer dubbele belasting af te schaffen (arresten van 12 mei 1998, Gilly, C-336/96, *Jurispr.* blz. I-2793, punten 24 en 30, en 7 september 2006, N, C-470/04, *Jurispr.* blz. I-7409, punt 44).

30. Richtlijn 90/435 beoogt door de invoering van een gemeenschappelijke fiscale regeling iedere benadeling van de samenwerking tussen vennootschappen uit verschillende lidstaten ten opzichte van de samenwerking tussen vennootschappen van eenzelfde lidstaat op te heffen, en aldus de hergroepering van vennootschappen op gemeenschapsniveau te vergemakkelijken (arrest van 12 december 2006, Test Claimants in the FII Group Litigation, C-446/04, *Jurispr.* blz. I-11753, punt 103).

31. Voor niet onder richtlijn 90/435 vallende deelnemingen staat het aan de lidstaten om te bepalen of en in hoeverre economische dubbele belasting van de uitgekeerde winst moet worden voorkomen, en om hiertoe unilateraal of door middel van met andere lidstaten gesloten overeenkomsten mechanismen tot voorkoming of vermindering van deze economische dubbele belasting in te stellen. Op grond van dit enkele feit mogen zij evenwel geen maatregelen treffen die in strijd zijn met de door het EG-Verdrag gewaarborgde vrijheden van verkeer (zie in die zin arrest van 12 december 2006, Test Claimants in Class IV of the ACT Group Litigation, C-374/04, *Jurispr.* blz. I-11673, punt 54).

32. In casu stelt de Italiaanse wettelijke regeling dividenden die worden uitgekeerd aan ingezeten vennootschappen, voor 95% vrij van belasting en op de resterende 5% wordt het normale tarief van de vennootschapsbelasting van 33% toegepast. Voor dividenden die worden uitgekeerd aan in andere lidstaten gevestigde vennootschappen, geldt een bronbelasting van 27%, waarbij tot hooguit vier negende van de ingehouden belasting op verzoek kan worden teruggegeven. Op grond van de verschillende dubbelbelastingverdragen kan voorts een lagere bronbelasting worden toegepast, mits bepaalde voorwaarden inzake participatiedrempel en participatieduur zijn vervuld. Dit tarief is echter nog steeds hoger dan dat voor dividenden die aan ingezeten vennootschappen worden uitgekeerd.

33. Kortom, betwist wordt niet dat de Italiaanse wettelijke regeling voorziet in een hoger belastingtarief voor dividenden die worden uitgekeerd aan in andere lidstaten gevestigde vennootschappen dan voor dividenden die worden uitgekeerd aan ingezeten vennootschappen.

34. De Italiaanse Republiek stelt evenwel dat dit verschil in behandeling slechts schijn is, omdat rekening moet worden gehouden met de dubbelbelastingverdragen en met het gehele Italiaanse belastingstelsel.

35. Wat het eerste punt betreft, stelt de Italiaanse regering dat dividenden die worden uitgekeerd aan in andere lidstaten gevestigde vennootschappen, in werkelijkheid niet verschillend worden behandeld dan dividenden die worden uitgekeerd aan ingezeten vennootschappen, aangezien de Italiaanse bronbelasting ingevolge de dubbelbelastingverdragen kan worden verrekend met de in de andere lidstaat verschuldigde belasting.

36. Het Hof heeft weliswaar reeds geoordeeld dat niet valt uit te sluiten dat een lidstaat erin slaagt, de eerbiediging van zijn uit het Verdrag voortvloeiende verplichtingen te verzekeren door met een andere lidstaat een verdrag tot voorkoming van dubbele belasting te sluiten (zie in die zin reeds aangehaalde arresten Test Claimants in Class IV of the ACT Group Litigation, punt 71, en Amurta, punt 79).

37. Daartoe is het echter wel noodzakelijk dat door toepassing van het dubbelbelastingverdrag de gevolgen van het uit de nationale wettelijke regeling voortvloeiende verschil in behandeling worden gecompenseerd. Het verschil in behandeling tussen dividenden die worden uitgekeerd aan in andere lidstaten gevestigde vennootschappen, en dividenden die worden uitgekeerd aan ingezeten vennootschappen, verdwijnt immers pas volledig wanneer de op grond van de nationale wettelijke regeling geheven bronbelasting kan worden verrekend met de in de andere lidstaat geheven belasting ten belope van het uit de nationale wettelijke regeling voortvloeiende verschil in behandeling.

38. In casu wordt een dergelijke verrekening van de Italiaanse bronbelasting met de in de andere lidstaat verschuldigde belasting niet gewaarborgd door de Italiaanse wettelijke regeling. Voor de verrekening wordt immers met name verondersteld dat de uit Italië afkomstige dividenden voldoende worden belast in de andere lidstaat. Wanneer deze dividenden niet of niet hoog genoeg worden belast, kan – zoals de advocaat-generaal in de punten 58 en 59 van haar conclusie heeft opgemerkt – de Italiaanse bronbelasting of een gedeelte daarvan niet worden verrekend. In dat geval kan het uit de nationale wettelijke regeling voortvloeiende verschil in behandeling niet worden gecompenseerd door toepassing van het dubbelbelastingverdrag.

39. De keuze om de uit Italië afkomstige inkomsten in de andere lidstaat te belasten en de mate waarin zij worden belast, zijn evenwel geen zaak van de Italiaanse Republiek, maar dit wordt bepaald in de door de andere lidstaat vastgestelde belastingregels. De Italiaanse Republiek kan bijgevolg niet met recht stellen dat, doordat de Italiaanse bronbelasting ingevolge de dubbelbelastingverdragen wordt verrekend met de in de andere lidstaat verschuldigde belasting, het uit de nationale wettelijke regeling voortvloeiende verschil in behandeling steeds kan worden gecompenseerd.

40. Daaruit volgt dat de Italiaanse Republiek niet kan stellen dat dividenden die worden uitgekeerd aan in andere lidstaten gevestigde vennootschappen, uiteindelijk niet verschillend worden behandeld dan dividenden die worden uitgekeerd aan ingezeten vennootschappen, omdat de dubbelbelastingverdragen worden toegepast.

41. In de loop van de procedure heeft de Italiaanse Republiek overigens aangegeven dat zij geen overeenkomst tot voorkoming van dubbele belasting met Slovenië heeft gesloten. Haar redenering mist dus hoe dan ook doel wat de aan in Slovenië gevestigde vennootschappen uitgekeerde dividenden betreft.

42. Wat het tweede punt betreft, kan de Italiaanse Republiek evenmin stellen dat het in punt 33 van het onderhavige arrest vastgestelde verschil in behandeling niet bestaat, omdat rekening moet worden gehouden met het gehele Italiaanse belastingstelsel, dat beoogt de natuurlijke personen/uiteindelijke ontvangers van de dividenden direct of indirect te belasten, en met name met het feit dat ingezeten natuurlijke personen/aandeelhouders aan de inkomstenbelasting onderworpen zijn, waardoor de belasting van ingezeten aandeelhouders/natuurlijke personen en die van niet-ingezeten aandeelhouders in werkelijkheid overeenkomen.

43. Om dit argument af te wijzen, kan immers worden volstaan met de opmerking dat regelingen en situaties worden vergeleken die niet vergelijkbaar zijn, namelijk enerzijds natuurlijke personen/ontvangers van binnenlandse dividenden en de voor hen geldende belasting over het inkomen en anderzijds kapitaalvennootschappen/ontvangers van uitgaande dividenden en de door Italië geheven bronbelasting. In dit verband is niet relevant dat de Italiaanse wettelijke regeling volgens de Italiaanse Republiek tot doel heeft een mogelijk onevenwicht bij de belasting van natuurlijke personen die deelnemingen aanhouden in vennootschappen waaraan dividenden worden uitgekeerd, bij te sturen.

44. Deze lidstaat kan bijgevolg niet stellen dat er geen verschil in behandeling is tussen de belasting op dividenden die worden uitgekeerd aan in andere lidstaten gevestigde vennootschappen, en die op dividenden die worden uitgekeerd aan ingezeten vennootschappen.

45. Dit verschil in behandeling kan in andere lidstaten gevestigde vennootschappen ontmoedigen om in Italië te investeren en vormt dus een door artikel 56, lid 1, EG in beginsel verboden beperking van het vrije kapitaalverkeer.

46. Evenwel moet worden nagegaan of deze beperking van het vrije kapitaalverkeer kan worden gerechtvaardigd op basis van de bepalingen van het Verdrag.

47. Volgens artikel 58, lid 1, EG '[doet] het bepaalde in artikel 56 niets af aan het recht van de lidstaten [...] de ter zake dienende bepalingen van hun belastingwetgeving toe te passen die onderscheid maken tussen belastingplichtigen die niet in dezelfde situatie verkeren met betrekking tot hun vestigingsplaats [...]'.

48. De in deze bepaling bedoelde afwijking wordt op haar beurt beperkt door artikel 58, lid 3, EG, dat bepaalt dat de in lid 1 van dit artikel bedoelde nationale bepalingen 'geen middel tot willekeurige discriminatie [mogen] vormen, noch een verkapte beperking van het vrije kapitaalverkeer en betalingsverkeer als omschreven in artikel 56'.

49. De door artikel 58, lid 1, sub a, EG toegestane verschillen in behandeling moeten aldus worden onderscheiden van de door lid 3 van dit artikel verboden discriminaties. Volgens de rechtspraak kan een nationale fiscale regeling als de onderhavige enkel verenigbaar met de verdragsbepalingen betreffende het vrije kapitaalverkeer worden geacht, indien het verschil in behandeling betrekking heeft op situaties die niet objectief vergelijkbaar zijn, of wordt gerechtvaardigd door een dwingende reden van algemeen belang (zie arresten van 6 juni 2000, Verkooijen, C-35/98, *Jurispr.* blz. I-4071, punt 43; 7 september 2004, Manninen, C-319/02, *Jurispr.* blz. I-7477, punt 29, en 8 september 2005, Blanckaert, C-512/03, *Jurispr.* blz. I-7685, punt 42).

50. Er moet dus worden nagegaan of in Italië gevestigde dividendontvangende vennootschappen en in een andere lidstaat gevestigde dividendontvangende vennootschappen zich, rekening houdend met het doel van de betrokken nationale wettelijke regeling, al dan niet in een vergelijkbare situatie bevinden.

51. Het Hof heeft reeds geoordeeld dat ingezeten dividendontvangende aandeelhouders zich met betrekking tot maatregelen die een lidstaat heeft getroffen om opeenvolgende belastingheffingen of economische dubbele belasting van door een ingezeten vennootschap uitgekeerde winst te voorkomen of te verminderen, niet noodzakelijkerwijs in een situatie bevinden die vergelijkbaar is met die van dividendontvangende aandeelhouders die ingezetenen zijn van een andere lidstaat (arrest Denkavit Internationaal en Denkavit France, reeds aangehaald, punt 34).

52. Zodra een lidstaat, hetzij unilateraal hetzij door het sluiten van overeenkomsten, niet alleen ingezeten aandeelhouders, maar ook niet-ingezeten aandeelhouders aan inkomstenbelasting onderwerpt voor de dividenden die zij van een ingezeten vennootschap ontvangen, benadert de situatie van deze niet-ingezeten aandeelhouders evenwel die van de ingezeten aandeelhouders (reeds aangehaalde arresten Test Claimants in Class IV of the ACT Group Litigation, punt 68; Denkavit Internationaal en Denkavit France, punt 35, en Amurta, punt 38).

53. Het is namelijk uitsluitend de uitoefening door deze staat van zijn fiscale bevoegdheid die, los van enige belasting in een andere lidstaat, een risico van opeenvolgende belastingheffingen of economische dubbele belasting meebrengt. In een dergelijk geval worden de niet-ingezeten ontvangers alleen dan niet geconfronteerd met een in beginsel door artikel 56 EG verboden beperking van het vrije kapitaalverkeer, wanneer de staat van vestiging van de uitkerende vennootschap erop toeziet dat, wat het in zijn nationale recht vervatte mechanisme ter voorkoming of vermindering van opeenvolgende belastingheffingen of economische dubbele belasting betreft, niet-ingezetenen op dezelfde wijze worden behandeld als ingezetenen (zie reeds aangehaalde arresten Test Claimants in Class IV of the ACT Group Litigation, punt 70, en Amurta, punt 39).

54. De Italiaanse wetgever heeft er in casu voor gekozen zijn fiscale bevoegdheid uit te oefenen met betrekking tot dividenden die aan in andere lidstaten gevestigde vennootschappen worden uitgekeerd. Niet-ingezetenen die deze dividenden ontvangen, bevinden zich dus in een situatie die vergelijkbaar is met die van ingezetenen wat het risico van economische dubbele belasting over door ingezeten vennootschappen uitgekeerde dividenden betreft, zodat niet-ingezeten ontvangers niet anders mogen worden behandeld dan ingezeten ontvangers.

55. De Italiaanse Republiek stelt dat het verschil in behandeling wordt gerechtvaardigd door dwingende redenen van algemeen belang die verband houden met de samenhang van het belastingstelsel, de handhaving van een evenwichtige verdeling van de heffingsbevoegdheid en de bestrijding van belastingfraude. Het Hof heeft inderdaad erkend dat deze redenen dergelijke verschillen kunnen rechtvaardigen (zie in die zin arrest Marks & Spencer, reeds aangehaald, punt 51, en arrest van 15 mei 2008, Lidl Belgium, C-414/06, *Jurispr.* blz. I-3601, punt 42, evenals, wat de samenhang van het belastingstelsel als rechtvaardigingsgrond betreft, arresten van 28 januari 1992, Bachmann, C-204/90, *Jurispr.* blz. I-249, punt 28, en 13 maart 2007, Test Claimants in the Thin Cap Group Litigation, C-524/04, *Jurispr.* blz. I-2107, punt 68).

56. Met betrekking tot de samenhang van het belastingstelsel en de handhaving van een evenwichtige verdeling van de heffingsbevoegdheid kan worden volstaan met de opmerking dat de Italiaanse Republiek in wezen de argumenten herhaalt die zijn aangevoerd om te stellen dat het in punt 33 van het onderhavige arrest vastgestelde verschil in behandeling niet bestaat, omdat er ook rekening mee moet worden gehouden dat ingezeten natuurlijke

personen/aandeelhouders in Italië aan de inkomstenbelasting onderworpen zijn. Om de in punt 43 van het onderhavige arrest aangegeven redenen kan dit betoog niet worden gevolgd.

57. Met betrekking tot de bestrijding van belastingfraude wordt eraan herinnerd dat een beperking van het vrije kapitaalverkeer slechts op zich toelaatbaar is wanneer zij geschikt is om het betrokken doel te verwezenlijken en niet verder gaat dan nodig is voor het bereiken van dit doel (arrest Marks & Spencer, reeds aangehaald, punt 35; arrest van 12 september 2006, Cadbury Schweppes en Cadbury Schweppes Overseas, C-196/04, *Jurispr.* blz. I-7995, punt 47, en arrest Test Claimants in the Thin Cap Group Litigation, reeds aan-gehaald, punt 64).

58. Aldus kan de bestrijding van belastingfraude slechts als rechtvaardigingsgrond worden aanvaard indien zij gericht is tegen zuiver kunstmatige constructies die tot doel hebben de belastingwet te ontduiken, wat elk algemeen vermoeden van fraude uitsluit. Een algemeen vermoeden van belastingfraude of -ontwijking volstaat derhalve niet als rechtvaardigingsgrond voor een fiscale maatregel die afbreuk doet aan de door het Verdrag nagestreefde doelstellingen (zie in die zin arrest van 26 september 2000, Commissie/België, C-478/98, *Jurispr.* blz. I-7587, punt 45, en arrest Cadbury Schweppes en Cadbury Schweppes Overseas, reeds aangehaald, punt 50 en aldaar aangehaalde rechtspraak).

59. In casu geldt echter op algemene wijze een minder gunstige fiscale regeling voor alle dividenden die aan in andere lidstaten gevestigde vennootschappen worden uitgekeerd. Deze minder gunstige behandeling kan bijgevolg niet worden gerechtvaardigd uit hoofde van de bestrijding van belastingfraude.

60. Een lidstaat kan op grond van richtlijn 77/799/EEG van de Raad van 19 december 1977 betreffende de wederzijdse bijstand van de bevoegde autoriteiten van de lidstaten op het gebied van de directe en de indirecte belastingen (*PB* L 336, blz. 15), zoals gewijzigd bij richtlijn 92/12/EEG van de Raad van 25 februari 1992 (*PB* L 76, blz. 1; hierna: 'richtlijn 77/799'), de bevoegde autoriteiten van een andere lidstaat verzoeken hem alle inlichtingen te verstrekken die voor hem van nut kunnen zijn om het juiste bedrag van de onder deze richtlijn vallende belastingen te bepalen (zie arrest Cadbury Schweppes en Cadbury Schweppes Overseas, reeds aangehaald, punt 71).

61. De minder gunstige behandeling waarin de Italiaanse wettelijke regeling voorziet voor dividenden die aan in andere lidstaten gevestigde vennootschappen worden uitgekeerd, vormt bijgevolg een met artikel 56, lid 1, EG onverenigbare beperking van het vrije kapitaalverkeer.

62. Ten slotte kan de Italiaanse Republiek niet stellen dat het beroep wegens niet-nakoming hoe dan ook moet worden verworpen, omdat de onverenigbaarheid van haar wettelijke regeling met artikel 56, lid 1, EG voortvloeit uit de uitlegging van dit artikel door het Hof van Justitie in na prejudiciële verwijzing gewezen arresten die dateren van na het met redenen omklede advies in de onderhavige zaak.

63. De uitlegging die het Hof krachtens de hem bij artikel 234 EG verleende bevoegdheid geeft van een voorschrift van gemeenschapsrecht, verklaart en preciseert de betekenis en strekking van dit voorschrift zoals het sedert het tijdstip van zijn inwerkingtreding moet of had moeten worden verstaan en toegepast (zie in die zin arrest van 27 maart 1980, Denkavit italiana, 61/79, *Jurispr.* blz. 1205, punt 16), tenzij het Hof voor het verleden beperkingen heeft gesteld aan de mogelijkheid om zich te beroepen op de aldus uitgelegde bepaling (zie in die zin arrest Denkavit italiana, reeds aangehaald, punt 17).

64. Gelet op het voorgaande is de Italiaanse Republiek, door dividenden die worden uitgekeerd aan in andere lidstaten gevestigde vennootschappen, te onderwerpen aan een minder gunstige fiscale regeling dan die voor dividenden die worden uitgekeerd aan ingezeten vennootschappen, de krachtens artikel 56, lid 1, EG op haar rustende verplichtingen niet nagekomen.

– Schending van de EER-Overeenkomst

65. Een van de belangrijkste doelstellingen van de EER-Overeenkomst is een zo volledig mogelijke verwezenlijking van het vrije verkeer van goederen, personen, diensten en kapitaal in de gehele Europese Economische Ruimte (EER), zodat de op het grondgebied van de Gemeenschap verwezenlijkte interne markt wordt uitgebreid naar de EVA-staten. In deze optiek beogen meerdere bepalingen van deze Overeenkomst een zo uniform mogelijke uitlegging ervan te waarborgen in de gehele EER (zie advies 1/92 van 10 april 1992, *Jurispr.* blz. I-2821). Het staat aan het Hof om er in dit kader over te waken dat de regels van de EER-Overeenkomst die in wezen gelijk zijn aan die van het Verdrag uniform worden uitgelegd in de lidstaten (arrest van 23 september 2003, Ospelt en Schlössle Weissenberg, C-452/01, *Jurispr.* blz. I-9743, punt 29).

66. Daaruit volgt dat beperkingen van het vrije kapitaalverkeer tussen ingezetenen van staten die partij zijn bij de EER-Overeenkomst weliswaar moeten worden getoetst aan artikel 40 van en bijlage XII bij deze Overeenkomst, maar dat deze bepalingen dezelfde juridische strekking hebben als de in wezen identieke bepalingen van artikel 56 EG (zie arrest van 11 juni 2009, Commissie/Nederland, C-521/07, *Jurispr.* blz. I-00000, punt 33).

67. Bijgevolg vormt de minder gunstige behandeling waarin de Italiaanse wettelijke regeling voorziet voor dividenden die worden uitgekeerd aan in staten die partij zijn bij de EER-Overeenkomst gevestigde vennootschappen,

een beperking van het vrije kapitaalverkeer in de zin van artikel 40 EER-Overeenkomst om de redenen die zijn aangegeven bij het onderzoek van het beroep tegen de achtergrond van artikel 56, lid 1, EG.

68. Deze beperking is evenwel gerechtvaardigd door de dwingende reden van algemeen belang betreffende de bestrijding van belastingfraude.

69. Zoals het Hof reeds heeft geoordeeld, kan de rechtspraak met betrekking tot beperkingen van de uitoefening van de vrijheden van verkeer binnen de Gemeenschap niet integraal worden getransponeerd naar het kapitaalverkeer tussen lidstaten en derde staten, aangezien dat kapitaalverkeer in een andere juridische context valt (zie in die zin arrest van 18 december 2007, A, C-101/05, *Jurispr.* blz. I-11531, punt 60).

70. Ten eerste bestaat het kader voor samenwerking tussen de bevoegde autoriteiten van de lidstaten waarin richtlijn 77/ 799 voorziet, niet tussen deze autoriteiten en de bevoegde autoriteiten van een derde staat wanneer deze geen enkele verplichting tot wederzijdse bijstand is aangegaan.

71. Ten tweede heeft de Italiaanse Republiek aangevoerd, zonder op dit punt te zijn tegengesproken, dat tussen haar en het Vorstendom Liechtenstein geen enkel instrument tot uitwisseling van inlichtingen bestaat. Ten derde heeft de Italiaanse Republiek gesteld, nogmaals zonder te zijn tegengesproken, dat de overeenkomsten tot voorkoming van dubbele belasting die zij heeft ondertekend met de Republiek IJsland en het Koninkrijk Noorwegen, niet voorzien in een verplichting tot verstrekking van inlichtingen.

72. Bijgevolg moet de betrokken Italiaanse wettelijke regeling worden geacht ten aanzien van de staten die partij zijn bij de EER-Overeenkomst, gerechtvaardigd te zijn door de dwingende reden van algemeen belang betreffende de bestrijding van belastingfraude, en moet zij worden geacht geschikt te zijn om het betrokken doel te verwezenlijken en niet verder te gaan dan nodig is voor het bereiken van dit doel.

73. Het beroep dient derhalve te worden verworpen, voor zover het betrekking heeft op niet-nakoming door de Italiaanse Republiek van de krachtens artikel 40 EER-Overeenkomst op haar rustende verplichtingen.

74. De Commissie stelt tevens dat de Italiaanse wettelijke regeling een niet-gerechtvaardigde beperking van de door artikel 31 EER-Overeenkomst gewaarborgde vrijheid van vestiging vormt.

75. Om de met betrekking tot artikel 40 EER-Overeenkomst aangegeven redenen moet de betrokken Italiaanse wettelijke regeling evenwel worden geacht ten aanzien van de staten die partij zijn bij de EER-Overeenkomst, gerechtvaardigd te zijn door de dwingende reden van algemeen belang betreffende de bestrijding van belastingfraude, en moet zij worden geacht geschikt te zijn om het betrokken doel te verwezenlijken en niet verder te gaan dan nodig is voor het bereiken van dit doel.

76. Het beroep dient derhalve eveneens te worden verworpen, voor zover het betrekking heeft op niet-nakoming door de Italiaanse Republiek van de krachtens artikel 31 EER-Overeenkomst op haar rustende verplichtingen.

Kosten

77. Volgens artikel 69, lid 2, van het Reglement voor de procesvoering wordt de in het ongelijk gestelde partij in de kosten verwezen, voor zover dit is gevorderd. Volgens artikel 69, lid 3, van dit Reglement kan het Hof de proceskosten over de partijen verdelen of beslissen dat elke partij haar eigen kosten zal dragen, indien zij onderscheidenlijk op één of meer punten in het ongelijk worden gesteld, en voorts wegens bijzondere redenen.

78. In de onderhavige zaak moet in aanmerking worden genomen dat de Commissie niet op alle punten in het gelijk is gesteld.

79. De Italiaanse Republiek dient dus te worden verwezen in drie vierde van alle kosten en de Commissie in het overige vierde.

HET HOF VAN JUSTITIE (Tweede kamer)

verklaart:

1. **Door dividenden die worden uitgekeerd aan in andere lidstaten gevestigde vennootschappen, aan een minder gunstige fiscale regeling te onderwerpen dan dividenden die worden uitgekeerd aan ingezeten vennootschappen, is de Italiaanse Republiek de krachtens artikel 56, lid 1, EG op haar rustende verplichtingen niet nagekomen.**

2. **Het beroep wordt voor het overige verworpen.**

3. **De Italiaanse Republiek wordt verwezen in drie vierde van alle kosten. De Commissie van de Europese Gemeenschappen wordt verwezen in het overige vierde.**

HvJ EG 21 januari 2010, zaak C-311/08 (Société de Gestion Industrielle SA (SGI) v. Belgische Staat)

Derde kamer: *J. N. Cunha Rodrigues, president van de Tweede kamer, waarnemend voor de president van de Derde kamer, P. Lindh, A. Rosas (rapporteur), U. Lõhmus en A. Ó Caoimh, rechters*
Advocaat-generaal: *J. Kokott*

1. Het verzoek om een prejudiciële beslissing betreft de uitlegging van de artikelen 12 EG, 43 EG, 48 EG en 56 EG.

2. Dit verzoek is ingediend in het kader van een geding tussen Société de Gestion Industrielle SA (SGI) (hierna: 'SGI'), een vennootschap naar Belgisch recht, en de Belgische Staat over de toevoeging, door de nationale belastingadministratie, aan de eigen winst van deze vennootschap van het bedrag van de abnormale of goedgunstige voordelen die deze vennootschap heeft toegekend aan in andere lidstaten gevestigde vennootschappen waarmee zij zich in een band van wederzijdse afhankelijkheid bevindt.

Nationaal rechtskader

3. Artikel 26 van het Wetboek van de inkomstenbelastingen 1992, gecoördineerd bij koninklijk besluit van 10 april 1992 en bekrachtigd bij wet van 12 juni 1992 (bijvoegsel bij het Belgisch Staatsblad van 30 juli 1992, blz. 17120), zoals van toepassing ten tijde van de feiten in het hoofdgeding (hierna: 'WIB 1992'), bepaalt:

'Wanneer een in België gevestigde onderneming abnormale of goedgunstige voordelen verleent, worden die voordelen, onder voorbehoud van het bepaalde in artikel 54, bij haar eigen winst gevoegd, tenzij die voordelen in aanmerking komen voor het bepalen van de belastbare inkomsten van de verkrijger.

Niettegenstaande de in het eerste lid vermelde beperking worden de abnormale of goedgunstige voordelen bij de eigen winst gevoegd wanneer die voordelen worden verleend aan:

1° een in artikel 227 vermelde belastingplichtige ten aanzien waarvan de in België gevestigde onderneming zich rechtstreeks of onrechtstreeks in enigerlei band van wederzijdse afhankelijkheid bevindt;

2° een in artikel 227 vermelde belastingplichtige of aan een buitenlandse inrichting die krachtens de bepalingen van de wetgeving van het land waar zij gevestigd zijn, aldaar niet aan een inkomstenbelasting zijn onderworpen of aan een aanzienlijk gunstigere belastingregeling zijn onderworpen dan die waaraan de in België gevestigde onderneming is onderworpen;

3° een in artikel 227 vermelde belastingplichtige die belangen gemeen heeft met de in 1° of 2° vermelde belastingplichtige of inrichting.'

4. Blijkens de verwijzingsbeslissing wordt een voordeel volgens de nationale rechtspraak als 'abnormaal' in de zin van artikel 26, tweede alinea, 1°, WIB 1992 beschouwd, wanneer het volgens de economische omstandigheden van dat ogenblik en de economische situatie van de partijen in strijd is met de gewone gang van zaken en met de gevestigde handelsbeginselen of -gebruiken. Een voordeel is 'goedgunstig' wanneer het zonder verplichting of zonder enige tegenwaarde is verleend.

5. Artikel 49 WIB 1992 luidt als volgt:

'Als beroepskosten zijn aftrekbaar de kosten die de belastingplichtige in het belastbare tijdperk heeft gedaan of gedragen om de belastbare inkomsten te verkrijgen of te behouden en waarvan hij de echtheid en het bedrag verantwoordt door middel van bewijsstukken of, ingeval zulks niet mogelijk is, door alle andere door het gemeen recht toegelaten bewijsmiddelen, met uitzondering van de eed.

Als in het belastbare tijdperk gedaan of gedragen worden beschouwd, de kosten die in dat tijdperk werkelijk zijn betaald of gedragen of het karakter van zekere en vaststaande schulden of verliezen hebben verkregen en als zodanig zijn geboekt.'

6. Artikel 79 WIB 1992 bepaalt:

'Beroepsverliezen worden niet afgetrokken van het gedeelte van de winst of de baten dat voorkomt uit abnormale of goedgunstige voordelen die de belastingplichtige, in welke vorm of door welk middel ook, rechtstreeks of onrechtstreeks heeft verkregen uit een onderneming ten aanzien waarvan hij zich rechtstreeks of onrechtstreeks in enige band van wederzijdse afhankelijkheid bevindt.'

7. Artikel 207 WIB 1992 verbiedt een bepaald aantal aftrekken op het gedeelte van de winst dat uit abnormale of goedgunstige voordelen voortkomt.

8. Artikel 227, 2°, WIB 1992 definieert niet-ingezetenen vennootschappen als volgt: 'buitenlandse vennootschappen [...] die hun maatschappelijke zetel, hun voornaamste inrichting of hun zetel van bestuur of beheer niet in België hebben'.

Hoofdgeding en prejudiciële vragen

9. SGI is een holdingvennootschap naar Belgisch recht. Zij bezit een participatie van 65% in het kapitaal van de vennootschap naar Frans recht RECYDEM SA (hierna: 'Recydem'). Zij is tevens een van de bestuurders van deze vennootschap.

10. Tot de aandeelhouders van SGI behoort de vennootschap naar Luxemburgs recht COBELPIN SA (hierna: 'Cobelpin'). In haar antwoord van 7 april 2009 op een door het Hof op 23 maart 2009 gestelde schriftelijke vraag heeft SGI verklaard dat deze vennootschap 34% van haar kapitaal in handen heeft. Cobelpin is bestuurder en afgevaardigd bestuurder van SGI.

11. D. Leone is afgevaardigd bestuurder van SGI en een van de bestuurders van Cobelpin en Recydem.

12. Op 31 december 2000 heeft SGI Recydem een renteloze lening verstrekt van 37 836 113 BEF (937 933 EUR). Volgens de Belgische belastingadministratie diende voor aanslagjaar 2001 overeenkomstig artikel 26, tweede alinea, 1°, WIB 1992 een bedrag van 1 891 806 BEF (46 897 EUR) aan de eigen winst van SGI te worden toegevoegd als door laatstgenoemde aan haar dochteronderneming toegekende abnormale of goedgunstige voordelen. Dit bedrag kwam overeen met een tegen een jaarlijkse rentevoet van 5% berekende fictieve rente.

13. Vanaf 1 juli 2000 heeft SGI Cobelpin bestuurdersvergoedingen betaald ten bedrage van 350 000 LUF (8 676 EUR) per maand. Van oordeel dat niet was voldaan aan de in artikel 49 WIB 1992 gestelde voorwaarden heeft de Belgische belastingadministratie de aftrek van deze vergoedingen als beroepskosten voor de aanslagjaren 2001 en 2002 geweigerd. Volgens haar waren de betaalde vergoedingen kennelijk onredelijk en stonden zij totaal niet in verhouding met het economische nut van de betrokken prestaties. De vertegenwoordiger van Cobelpin in de raad van bestuur van SGI was ook op eigen naam lid van deze raad.

14. Bijgevolg zijn voor de aanslagjaren 2001 en 2002 wijzigende aanslagen aan SGI toegezonden. Omdat de door SGI op 28 januari en 9 februari 2004 tegen deze belastingaanslagen gemaakte bezwaren op 22 juli 2004 bij beslissing van de gewestelijk directeur zijn afgewezen, heeft deze vennootschap op 4 augustus 2004 beroep bij de Rechtbank van eerste aanleg te Bergen ingesteld.

15. Volgens de verwijzende rechterlijke instantie heeft de Belgische belastingadministratie artikel 26, tweede alinea, 1°, WIB 1992 correct toegepast door de fictieve rente van de door SGI aan Recydem toegestane lening in de eigen winst van SGI op te nemen. Voor de toekenning van deze lening bestond er geen enkele economische reden. Terwijl haar dochteronderneming zich in de betrokken periode in een veilige financiële situatie bevond en winst maakte, is SGI leningen aangegaan die haar financiële situatie ernstig in gevaar brachten.

16. Met betrekking tot de door SGI aan Cobelpin betaalde bestuurdersvergoedingen is de verwijzende rechterlijke instantie van mening dat deze overeenkomstig artikel 49 WIB 1992 niet als beroepskosten kunnen worden afgetrokken. Deze voordelen moeten aan de eigen winst van SGI worden toegevoegd overeenkomstig artikel 26, tweede alinea, 1°, WIB 1992.

17. Deze rechterlijke instantie heeft evenwel twijfels over de verenigbaarheid van laatstgenoemde bepaling met het beginsel van vrijheid van vestiging in de zin van de artikelen 43 EG en volgende en met het in de artikelen 56 EG en volgende neergelegde beginsel van vrij verkeer van kapitaal. De eigen winst van een ingezeten vennootschap wordt immers vermeerderd met het bedrag van de door haar toegekende abnormale of goedgunstige voordelen wanneer de verkrijgende vennootschap zich in een band van wederzijdse afhankelijkheid met eerstgenoemde vennootschap bevindt en in een andere lidstaat is gevestigd, terwijl dit niet het geval is wanneer dergelijke voordelen worden toegekend aan een andere ingezeten vennootschap die zich in een dergelijke situatie bevindt en deze voordelen in aanmerking worden genomen voor de vaststelling van de belastbare inkomsten van laatstgenoemde vennootschap.

18. Daarop heeft de Rechtbank van eerste aanleg te Bergen de behandeling van de zaak geschorst en het Hof de volgende prejudiciële vragen voorgelegd:

'1. Verzet artikel 43 EG, junctis de artikelen 48 EG en, in voorkomend geval, 12 EG, zich tegen een wettelijke regeling van een lidstaat volgens welke, zoals in casu, een abnormaal of goedgunstig voordeel wordt belast bij de Belgische ingezeten vennootschap die dit voordeel heeft toegekend aan een in een andere lidstaat gevestigde vennootschap waarmee de Belgische vennootschap zich rechtstreeks of indirect in enigerlei band van wederzijdse afhankelijkheid bevindt, terwijl de Belgische ingezeten vennootschap in gelijke omstandigheden niet kan worden belast over een abnormaal of goedgunstig voordeel zo dat voordeel is toegekend aan een andere in België gevestigde vennootschap waarmee de Belgische vennootschap zich rechtstreeks of indirect in enigerlei band van wederzijdse afhankelijkheid bevindt?

2. Verzet artikel 56 EG, junctis de artikelen 48 EG en, in voorkomend geval, 12 EG, zich tegen een wettelijke regeling van een lidstaat volgens welke, zoals in casu, een abnormaal of goedgunstig voordeel wordt belast bij de Belgische ingezeten vennootschap die dit voordeel heeft toegekend aan een in een andere lidstaat gevestigde vennootschap waarmee de Belgische vennootschap zich rechtstreeks of indirect in enigerlei band van wederzijdse afhankelijkheid bevindt, terwijl de Belgische ingezeten vennootschap in gelijke omstandigheden

niet kan worden belast over een abnormaal of goedgunstig voordeel zo dat voordeel is toegekend aan een andere in België gevestigde vennootschap waarmee de Belgische vennootschap zich rechtstreeks of indirect in enigerlei band van wederzijdse afhankelijkheid bevindt?'

Beantwoording van de prejudiciële vragen

19. Met haar twee in nagenoeg dezelfde bewoordingen gestelde vragen wenst de verwijzende rechterlijke instantie in wezen te vernemen of artikel 43 EG, gelezen in samenhang met artikel 48 EG, en/of artikel 56 EG aldus moeten worden uitgelegd dat deze artikelen zich verzetten tegen een regeling van een lidstaat als die aan de orde in het hoofdgeding, volgens welke een 'abnormaal' of 'goedgunstig' voordeel wordt belast bij de ingezeten vennootschap wanneer deze dit voordeel heeft toegekend aan een in een andere lidstaat gevestigde vennootschap waarmee deze vennootschap zich rechtstreeks of indirect in een band van wederzijdse afhankelijkheid bevindt, terwijl een ingezeten vennootschap niet over een dergelijk voordeel kan worden belast wanneer dat voordeel is toegekend aan een andere ingezeten vennootschap waarmee deze vennootschap zich in een dergelijke band bevindt.

20. Uit de verwijzingsbeslissing volgt dat de eerste vraag, die voornamelijk de uitoefening van de vrijheid van vestiging in de zin van de artikelen 43 EG en 48 EG betreft, in wezen ziet op de toekenning door SGI van een renteloze lening aan haar dochteronderneming naar Frans recht Recydem, en inzonderheid op de toevoeging door de Belgische belastingautoriteiten aan de eigen winst van eerstgenoemde vennootschap, voor de vaststelling van haar belastbare inkomsten, van het bedrag van de fictieve rente van deze lening overeenkomstig artikel 26, tweede alinea, 1°, WIB 1992.

21. Blijkens deze beslissing ziet de tweede vraag, die in wezen de uitlegging van artikel 56 EG inzake het vrije verkeer van kapitaal betreft, op de betaling door SGI aan haar aandeelhouder naar Luxemburgs recht Cobelpin van onredelijk hoog geachte bestuurdersvergoedingen en op de fiscale behandeling daarvan bij eerst-genoemde vennootschap. Uit diezelfde beslissing blijkt dat de Belgische belastingadministratie heeft geweigerd om deze betalingen af te trekken als beroepskosten en zich daarvoor op artikel 49 WIB 1992 heeft gebaseerd. Uit de in het dossier opgenomen stukken kan niet worden afgeleid dat de administratie in dit verband artikel 26, tweede alinea, 1°, WIB 1992 heeft toegepast.

22. Ook al zou artikel 49 WIB 1992 voor de afdoening van het hoofdgeding relevant kunnen zijn, de verwijzende rechterlijke instantie heeft het Hof evenwel enkel in verband met artikel 26, tweede alinea, 1°, WIB 1992 om uitlegging van de betrokken vrijheden verzocht. In dit verband volstaat de vaststelling dat de betrokken rechterlijke instantie, die de verantwoordelijkheid voor de te geven rechterlijke beslissing draagt, het best geplaatst is om, gelet op de bijzonderheden van het aan haar voorgelegde geval, het relevante nationale rechtskader vast te stellen en om op basis daarvan haar verzoek om een prejudiciële beslissing te formuleren (zie in die zin arrest van 23 april 2009, Angelidaki e.a., C-378/07-C-380/07, *Jurispr.* blz. I-00000, punt 48 en aldaar aangehaalde rechtspraak).

Toepasselijke vrijheid

23. Vooraf moet worden uitgemaakt of – en in welke mate – een nationale regeling als die welke aan de orde is in het hoofdgeding, afbreuk kan doen aan de uitoefening van de vrijheid van vestiging in de zin van de artikelen 43 EG en 48 EG en/ of aan de uitoefening van het in de artikelen 56 EG en volgende geformuleerde vrije verkeer van kapitaal.

24. Volgens alle belanghebbenden die opmerkingen bij het Hof hebben ingediend, moet de eerste vraag uit het oogpunt van de vrijheid van vestiging worden onderzocht. Met betrekking tot de aan de tweede vraag ten grondslag liggende feitelijke omstandigheden betogen SGI alsmede de Belgische en de Duitse regering dat de bepalingen betreffende het vrije verkeer van kapitaal moeten worden toegepast. De andere belanghebbenden zijn daarentegen van mening dat deze vraag op dezelfde wijze als de eerste moet worden beantwoord. SGI beroept zich voor beide vragen op artikel 12 EG.

25. Volgens vaste rechtspraak dient met betrekking tot de vraag of een nationale wettelijke regeling onder de ene of de andere vrijheid van verkeer valt, rekening te worden gehouden met het voorwerp van de wettelijke regeling in kwestie (zie in die zin arresten van 12 september 2006, Cadbury Schweppes en Cadbury Schweppes Overseas, C-196/04, *Jurispr.* blz. I-7995, punten 31-33; 3 oktober 2006, Fidium Finanz, C-452/04, *Jurispr.* blz. I-9521, punten 34 en 44-49, en 17 september 2009, Glaxo Wellcome, C-182/08, *Jurispr.* blz. I-00000, punt 36).

26. Volgens de Belgische regering betreft de regeling in het hoofdgeding de vaststelling van de brutowinst van ingezeten vennootschappen met het oog op het belasten van hun inkomsten. Teneinde belastingontwijking tegen te gaan worden de inkomsten die ingezeten vennootschappen niet hebben gerealiseerd door abnormale of goedgunstige voordelen toe te kennen aan niet-ingezeten vennootschappen waarmee zij zich in een band van wederzijdse afhankelijkheid bevinden, opnieuw in de winst van eerstgenoemde vennootschappen opgenomen. Op grond van deze regeling kunnen de nationale belastingautoriteiten in dergelijke gevallen de ingezeten vennootschap belasten – naargelang van het geval – ten belope van het teveel dat deze vennootschap ten opzichte van de normale marktprijs heeft betaald of van de door deze vennootschap gederfde winst.

27. In haar antwoord van 24 april 2009 op een door het Hof op 23 maart 2009 gestelde schriftelijke vraag heeft de Belgische regering gepreciseerd dat de regeling in het hoofdgeding op situaties ziet waarin de betrokken vennootschappen in hun onderlinge betrekkingen voorwaarden hanteren die verschillen van die welke tussen onafhankelijke ondernemingen gelden. Van een 'band van wederzijdse afhankelijkheid' in de zin van deze regeling is er sprake wanneer de ene vennootschap een deelneming in het kapitaal van de andere vennootschap bezit waardoor zij een beslissende invloed op de besluiten van deze vennootschap heeft en zij de activiteiten ervan kan bepalen, in de zin van de rechtspraak die voortvloeit uit het arrest van 13 april 2000, Baars (C-251/98, *Jurispr.* blz. I-2787, punt 22).

28. Volgens vaste rechtspraak van het Hof vallen nationale regelingen die in dergelijke omstandigheden van toepassing zijn, binnen de materiële werkingssfeer van de bepalingen van het EG-verdrag inzake de vrijheid van vestiging (zie met name reeds aangehaalde arresten Baars, punten 21 en 22; Cadbury Schweppes en Cadbury Schweppes Overseas, punt 31, en Glaxo Wellcome, punt 47).

29. Volgens de Belgische regering dient de in het hoofdgeding aan de orde zijnde regeling evenwel niet enkel te worden toegepast in situaties die binnen de werkingssfeer vallen van de uit het arrest Baars volgende rechtspraak. Het bestaan van een band van wederzijdse afhankelijkheid hangt immers niet af van de omvang van de participatie van de ene vennootschap in het kapitaal van de andere. In haar in punt 27 van het onderhavige arrest vermelde antwoord heeft diezelfde regering erop gewezen dat deze regeling betrekking heeft op alle banden die, gelet op de feiten en de omstandigheden, enigerlei wederzijdse afhankelijkheid – rechtstreeks dan wel indirect – tussen de vennootschappen in kwestie in het leven roepen. Het kan dus gaan om een participatie in het kapitaal van de andere betrokken vennootschap die niet tot de uitoefening van een 'beslissende invloed' in de zin van voormelde rechtspraak leidt, maar bijvoorbeeld ook om een afhankelijke positie inzake grondstoffen of op het gebied van technische samenwerking en zekerheidstellingen.

30. Gelet op deze preciseringen moet worden geoordeeld dat de nationale regeling in het hoofdgeding in beginsel ook afbreuk kan doen aan de uitoefening van andere vrijheden van verkeer, en met name van het vrije verkeer van kapitaal in de zin van artikel 56 EG.

31. Met betrekking tot de toepasselijkheid van artikel 12 EG, dat een algemeen verbod van discriminatie op grond van nationaliteit poneert, zij erop gewezen dat deze bepaling slechts autonoom toepassing kan vinden in gevallen waarin het unierecht wel geldt, maar waarvoor het Verdrag niet in bijzondere discriminatieverboden voorziet (zie met name arresten van 8 maart 2001, Metallgesellschaft e.a., C-397/98 en C-410/98, *Jurispr.* blz. I-1727, punten 38 en 39; 11 oktober 2007, Hollmann, C-443/06, *Jurispr.* blz. I-8491, punten 28 en 29, en 17 januari 2008, Lammers & Van Cleeff, C-105/07, *Jurispr.* blz. I-173, punt 14).

32. De artikelen 43 EG en 56 EG voorzien evenwel in dergelijke specifieke non-discriminatieverboden met betrekking tot de vrijheid van vestiging en het vrije verkeer van kapitaal.

33. Wat de in omstandigheden als die in het hoofdgeding toe te passen verdragsbepalingen betreft, moet worden opgemerkt dat het bestaan van een 'band van wederzijdse afhankelijkheid' in de zin van de betrokken regeling tussen SGI en Recydem enerzijds en tussen SGI en Cobelpin anderzijds, voor de verwijzende rechterlijke instantie niet wordt betwist.

34. Wat de aard van deze banden betreft, blijkt uit de verwijzingsbeslissing dat SGI een participatie van 65% in het kapitaal van Recydem bezit. Blijkens het in punt 10 van het onderhavige arrest genoemde antwoord bedraagt de participatie van Cobelpin in het kapitaal van SGI 34%. Het Hof beschikt niet over gegevens waaruit blijkt dat er tussen deze vennootschappen andere deelnemingsverbanden zouden bestaan.

35. Dergelijke deelnemingen kunnen in beginsel een 'beslissende invloed' in de zin van de uit het arrest Baars volgende rechtspraak, waarnaar verwijzing in de punten 27 en 28 van het onderhavige arrest, verlenen aan SGI op de besluiten en de activiteiten van Recydem respectievelijk aan Cobelpin op de besluiten en de activiteiten van SGI. Bovendien bestaan er volgens de verwijzingsbeslissing bestuurlijke banden tussen deze vennootschappen.

36. Aangezien het hoofdgeding uitsluitend betrekking heeft op de impact van de betrokken regeling op de fiscale behandeling van een vennootschap die zich met de andere betrokken vennootschappen in een band van wederzijdse afhankelijkheid bevindt en deze band tot de uitoefening van een 'beslissende invloed' leidt in de zin van de uit het arrest Baars volgende rechtspraak, zijn de artikelen 43 EG en 48 EG betreffende de vrijheid van vestiging van toepassing.

37. Derhalve dienen de prejudiciële vragen enkel tegen de achtergrond van de artikelen 43 EG en 48 EG te worden beantwoord. Deze vragen moeten samen worden onderzocht.

Bestaan van een beperking van de vrijheid van vestiging

38. De door artikel 43 EG aan de gemeenschapsonderdanen toegekende vrijheid van vestiging omvat voor hen de toegang tot de uitoefening van werkzaamheden anders dan in loondienst alsmede de oprichting en het bestuur van ondernemingen onder dezelfde voorwaarden als in de wetgeving van de lidstaat van vestiging voor de eigen

onderdanen zijn vastgesteld. Zij brengt voor de vennootschappen die in overeenstemming met de wetgeving van een lidstaat zijn opgericht en die hun statutaire zetel, hun hoofdbestuur of hun hoofdvestiging binnen de Europese Gemeenschap hebben, het recht mee om in de betrokken lidstaat hun bedrijfsactiviteit uit te oefenen door middel van een dochteronderneming, een filiaal of een agentschap (zie met name arrest van 23 februari 2006, Keller Holding, C-471/04, *Jurispr.* blz. I-2107, punt 29, en arrest Glaxo Wellcome, reeds aangehaald, punt 45).

39. Hoewel de bepalingen van het EG-Verdrag betreffende de vrijheid van vestiging volgens de bewoordingen ervan het recht op behandeling als eigen onderdaan of onderneming beogen te garanderen, verbieden zij eveneens dat de lidstaat van herkomst de vestiging van een van zijn onderdanen of van een naar zijn nationaal recht opgerichte vennootschap in een andere lidstaat belemmert (zie onder meer arresten van 16 juli 1998, ICI, C-264/96, *Jurispr.* blz. I-4695, punt 21; 13 december 2005, Marks & Spencer, C-446/03, *Jurispr.* blz. I-10837, punt 31; 6 december 2007, Columbus Container Services, C-298/05, *Jurispr.* blz. I-10451, punt 33, en 27 november 2008, Papillon, C-418/07, *Jurispr.* blz. I-8947, punt 16).

40. Met betrekking tot vennootschappen zij opgemerkt dat hun 'zetel' in de zin van artikel 48 EG – net als de nationaliteit van natuurlijke personen – dient ter bepaling van hun binding aan de rechtsorde van een lidstaat. Zou de lidstaat van vestiging vrijelijk een andere behandeling mogen toepassen, enkel omdat de zetel van de vennootschap in een andere lidstaat is gevestigd, dan zou daarmee aan artikel 43 EG iedere inhoud worden ontnomen (zie in die zin arresten van 28 januari 1986, Commissie/Frankrijk, 270/83, *Jurispr.* blz. 273, punt 18; 13 juli 1993, Commerzbank, C-330/91, *Jurispr.* blz. I-4017, punt 13, en 18 juni 2009, Aberdeen Property Fininvest Alpha, C-303/07, *Jurispr.* blz. I-00000, punt 38).

41. SGI, de Zweedse regering en de Commissie stellen zich op het standpunt dat de in het hoofdgeding aan de orde zijnde regeling een beperking in de zin van het unierecht oplevert. De Belgische en de Duitse regering betogen het tegendeel. Gelet op de algemene context houdt deze regeling volgens hen geen ongunstigere behandeling in van ingezeten vennootschappen die abnormale of goedgunstige voordelen toekennen aan in andere lidstaten gevestigde vennootschappen waarmee zij zich in een band van wederzijdse afhankelijkheid bevinden, ten opzichte van ingezeten vennootschappen die dergelijke voordelen toekennen aan andere ingezeten vennootschappen die zich in een dergelijke situatie bevinden. Deze regeling vormt dan ook geen beperking.

42. In casu staat vast dat volgens de regeling in het hoofdgeding de abnormale of goedgunstige voordelen die door een ingezeten vennootschap worden toegekend aan een vennootschap ten aanzien waarvan zij zich in een band van wederzijdse afhankelijkheid bevindt, enkel aan de eigen winst van eerstgenoemde vennootschap worden toegevoegd indien de verkrijgende vennootschap in een andere lidstaat is gevestigd. Een ingezeten vennootschap wordt daarentegen niet over een dergelijke voordeel belast wanneer het wordt verleend aan een andere ingezeten vennootschap waarmee er een dergelijke band bestaat, mits dit voordeel in aanmerking wordt genomen om de belastbare inkomsten van laatstgenoemde vennootschap te bepalen.

43. Hieruit volgt dat de fiscale situatie van een vennootschap met zetel in België die – zoals SGI – abnormale of goedgunstige voordelen toekent aan in andere lidstaten gevestigde vennootschappen waarmee zij zich in een band van wederzijdse afhankelijkheid bevindt, minder gunstig is dan wanneer zij dergelijke voordelen zou toekennen aan ingezeten vennootschappen waarmee er een dergelijke band bestaat.

44. Een dergelijk verschil in fiscale behandeling tussen ingezeten vennootschappen op grond van de plaats van de zetel van de vennootschappen die de betrokken voordelen verkrijgen, kan een beperking van de vrijheid van vestiging in de zin van artikel 43 EG opleveren. Een ingezeten vennootschap zou immers kunnen afzien van de verkrijging, de oprichting of het behoud van een dochteronderneming in een andere lidstaat, dan wel van de verkrijging of het behoud van een aanmerkelijk belang van een in laatstgenoemde staat gevestigde vennootschap, gelet op de belastingdruk die in een grensoverschrijdende situatie rust op de toekenning van de door de regeling in het hoofdgeding bedoelde voordelen.

45. Bovendien kan deze regeling een beperking voor in andere lidstaten gevestigde vennootschappen meebrengen. Deze vennootschappen zouden immers kunnen afzien van de verkrijging, de oprichting of het behoud van een dochteronderneming in België, dan wel van de verkrijging of het behoud van een aanmerkelijk belang van een in laatstgenoemde staat gevestigde vennootschap, wegens de belastingdruk die aldaar rust op de toekenning van de door deze regeling bedoelde voordelen.

46. Aan deze conclusie wordt niet afgedaan door de argumenten van de Belgische en de Duitse regering.

47. De Belgische regering stelt dat het uit de toepassing van deze regeling voortvloeiende fiscale nadeel niet bestaat in het feit dat de door de ingezeten vennootschap toegekende abnormale of goedgunstige voordelen door de Belgische belastingautoriteiten opnieuw in de eigen winst van deze vennootschap worden opgenomen, maar veeleer in het gevaar dat er zich een dubbele belasting voordoet ingeval de lidstaat van vestiging van de verkrijgende vennootschap geen overeenkomstige fiscale correctie verricht. Dit gevaar wordt sterk verminderd door de mogelijkheid om het Verdrag ter afschaffing van dubbele belasting in geval van winstcorrecties tussen verbonden ondernemingen (90/436/EEG) van 23 juli 1990 (*PB* L 225, blz. 10; hierna: 'Arbitrageverdrag') toe te passen.

48. Deze regering merkt eveneens op dat in binnenlandse situaties de artikelen 79 en 207 WIB 1992 een aantal fiscale aftrekken beperken bij ingezeten vennootschappen die profijt uit abnormale of goedgunstige voordelen hebben getrokken. Zodoende is het verschil in fiscale behandeling van ingezeten vennootschappen, naargelang van de plaats van vestiging van de verkrijgende vennootschappen, minder aanzienlijk dan het lijkt.

49. Volgens de Duitse regering leggen de Belgische belastingautoriteiten in een grensoverschrijdende situatie geen enkele bijkomende heffing op. Aangezien zij niet bevoegd zijn om de inkomsten te belasten van een verkrijgende vennootschap die in een andere lidstaat is gevestigd, belasten zij het abnormale of goedgunstige voordeel bij de ingezeten vennootschap die dit voordeel heeft toegekend. Deze regering benadrukt dat ditzelfde type voordeel ook in binnenlandse situaties aan belasting wordt onderworpen, weliswaar niet bij de toekennende ingezeten vennootschap, maar bij de verkrijgende ingezeten vennootschap. Derhalve kan worden betwijfeld of de regeling in het hoofdgeding beperkende gevolgen heeft.

50. Allereerst zij opgemerkt dat om een wettelijke regeling als een beperking van de vrijheid van vestiging aan te merken, het volstaat dat zij de uitoefening van deze vrijheid in een lidstaat door in een andere lidstaat gevestigde vennootschappen kan beperken, zonder dat hoeft te worden aangetoond dat de betrokken wettelijke regeling daadwerkelijk tot gevolg heeft gehad dat sommige van die vennootschappen hebben afgezien van de verkrijging, de oprichting of het behoud van een dochteronderneming in eerstgenoemde lidstaat (zie arresten van 13 maart 2007, Test Claimants in the Thin Cap Group Litigation, C-524/04, *Jurispr.* blz. I-2107, punt 62, en 18 juli 2007, Oy AA, C-231/05, *Jurispr.* blz. I-6373, punt 42).

51. Betreffende de argumenten inzake de fiscale behandeling, in een binnenlandse situatie, van de inkomsten van de verkrijgende ingezeten vennootschap, lijken deze regeringen, zoals de advocaat-generaal in punt 45 van haar conclusie opmerkt, zich op een totaalbeeld van de ondernemingsgroep te baseren en ervan uit te gaan dat het weinig verschil uitmaakt aan welke vennootschap binnen de groep bepaalde inkomsten worden toegerekend.

52. In dit verband moet worden beklemtoond dat de ingezeten vennootschap die een abnormaal of goedgunstig voordeel toekent en de vennootschap die dit voordeel verkrijgt, afzonderlijke rechtspersonen zijn en elk van hen aan eigen belastingheffingen zijn onderworpen. De in een binnenlandse situatie op de verkrijgende vennootschap toegepaste belasting kan hoe dan ook niet worden gelijkgesteld met de belasting die in een grensoverschrijdende situatie over het betrokken voordeel wordt geheven bij de toekennende vennootschap.

53. Gesteld dat, zo de betrokken ondernemingen in een binnenlandse situatie rechtstreeks of indirect 100% zijn gelieerd, de onderlinge verdeling van de belastingdruk onder bepaalde voorwaarden fiscaal mogelijkerwijs geen gevolgen heeft, moet worden onderstreept dat – zeker in een grensoverschrijdende situatie – het gevaar voor dubbele belasting blijft bestaan. Zoals de advocaat-generaal in de punten 46 en 47 van haar conclusie terecht aangeeft, kunnen de door een ingezeten vennootschap toegekende abnormale of goedgunstige voordelen die opnieuw in haar eigen winst worden opgenomen, in de lidstaat van vestiging van de verkrijgende vennootschap immers bij deze laatste worden belast.

54. Wat de mogelijke toepassing van het Arbitrageverdrag betreft, moet erop worden gewezen dat, zoals de advocaat-generaal in punt 48 van haar conclusie opmerkt, het inleiden van de in artikel 6 van deel 3 van dit verdrag voorziene procedure van onderling overleg tussen de betrokken belastingadministraties een extra administratieve en economische inspanning vergt van de vennootschap die haar geval ter behandeling voorlegt in het kader van deze procedure. Voorts kunnen een overleg- en een eventueel daarop aansluitende arbitrageprocedure meerdere jaren in beslag nemen. Daarbij moet de betrokken vennootschap deze dubbel geheven belasting gedurende die procedure voorfinancieren. Bovendien kan de regeling in het hoofdgeding blijkens de in punt 29 van het onderhavige arrest genoemde elementen ook worden toegepast in bepaalde situaties die niet binnen werkingssfeer van dat verdrag vallen.

55. Een regeling van een lidstaat als die welke in het hoofdgeding aan de orde is, vormt bijgevolg een beperking van de vrijheid van vestiging in de zin van artikel 43 EG, juncto artikel 48 EG.

Rechtvaardiging van de in het hoofdgeding aan de orde zijnde regeling

56. Volgens vaste rechtspraak is een maatregel die mogelijkerwijs de in artikel 43 EG neergelegde vrijheid van vestiging beperkt, slechts toelaatbaar wanneer deze een met het Verdrag verenigbaar wettig doel nastreeft en gerechtvaardigd is uit hoofde van dwingende redenen van algemeen belang. Daarenboven moet in een dergelijk geval de beperking geschikt zijn om het aldus nagestreefde doel te verwezenlijken en mag ze niet verder gaan dan nodig is voor het bereiken van dat doel (zie met name arresten van 15 mei 1997, Futura Participations en Singer, C-250/95, *Jurispr.* blz. I-2471, punt 26; 11 maart 2004, de Lasteyrie du Saillant, C-9/02, *Jurispr.* blz. I-2409, punt 49; arresten Marks & Spencer, reeds aangehaald, punt 35, en Lammers & Van Cleeff, reeds aangehaald, punt 25).

57. De Zweedse regering en de Commissie zijn van mening dat de regeling in het hoofdgeding gerechtvaardigd is uit hoofde van – in hun geheel beschouwd – de noodzaak om een evenwichtige verdeling van de heffingsbevoegdheid tussen de lidstaten te waarborgen, de vrees voor belastingontwijking en de bestrijding van misbruiken. De

Commissie benadrukt evenwel dat het evenredigheidsbeginsel moet worden geëerbiedigd. De Belgische en de Duitse regering beroepen zich subsidiair op dezelfde rechtvaardigingsgronden.

58. De Belgische regering verklaart dat de regeling in het hoofdgeding belastingontwijking beoogt te bestrijden door de mogelijkheid te creëren om voor fiscale doeleinden situaties te corrigeren waarin de betrokken vennootschappen in hun onderlinge betrekkingen voorwaarden hanteren die afwijken van hetgeen zij in omstandigheden van volledige mededinging zouden zijn overeengekomen. Deze regering heeft tijdens de terechtzitting gepreciseerd dat de betrokken regeling is gebaseerd op artikel 9 van het door de Organisatie voor Economische Samenwerking en Ontwikkeling (OESO) opgestelde modelverdrag inzake dubbele belasting naar het inkomen en het vermogen en op artikel 4 van het Arbitrageverdrag, die in soortgelijke winstcorrecties voorzien wanneer transacties tussen verbonden vennootschappen niet met het at arm's length-beginsel stroken.

59. Volgens deze regering vooronderstelt het begrip 'voordeel' in de zin van de regeling in het hoofdgeding een verrijking van de verkrijgende vennootschap, alsook – bij de toekennende vennootschap – het ontbreken van een daadwerkelijke gelijkwaardige tegenprestatie voor dit voordeel. De voorwaarde dat het voordeel 'abnormaal' is, betekent dat het in strijd is met de gewone gang van zaken, met de gevestigde beginselen en gebruiken, dan wel met hetgeen in soortgelijke gevallen gebruikelijk is. Het criterium dat het voordeel 'goedgunstig' is, impliceert dat het zonder verplichting of zonder enige tegenwaarde is verleend.

60. Wat in de eerste plaats de evenwichtige verdeling van de heffingsbevoegdheid tussen de lidstaten betreft, zij eraan herinnerd dat deze rechtvaardigingsgrond kan worden aanvaard met name wanneer de betrokken regeling beoogt gedragingen te vermijden die afbreuk kunnen doen aan het recht van een lidstaat om zijn belastingbevoegdheid uit te oefenen met betrekking tot activiteiten die op zijn grondgebied plaatsvinden (zie met name arrest Marks & Spencer, reeds aangehaald, punt 46; arrest van 29 maart 2007, Rewe Zentralfinanz, C-347/04, *Jurispr.* blz. I-2647, punt 42; arresten Oy AA, reeds aangehaald, punt 54, en Aberdeen Property Fininvest Alpha, reeds aangehaald, punt 66).

61. Het Hof heeft erkend dat de handhaving van de verdeling van de heffingsbevoegdheid tussen de lidstaten het noodzakelijk kan maken, op de bedrijfsactiviteiten van de in een van deze staten gevestigde vennootschappen zowel ter zake van winst als ter zake van verlies uitsluitend de fiscale regels van die lidstaat toe te passen (zie met name arrest Oy AA, reeds aangehaald, punt 54, en arrest van 15 mei 2008, Lidl Belgium, C-414/06, *Jurispr.* blz. I-3601, punt 31).

62. Zo vennootschappen de mogelijkheid zou worden geboden, te opteren voor verrekening van hun verliezen of inaanmerkingneming van hun winsten in hun lidstaat van vestiging dan wel in een andere lidstaat, dan zou de evenwichtige verdeling van de heffingsbevoegdheid tussen de lidstaten immers groot gevaar lopen, aangezien de belastinggrondslag inde ene staat zou worden vermeerderd en in de andere zou worden verminderd met het bedrag van de overgedragen verliezen of winsten (zie in die zin reeds aangehaalde arresten Marks & Spencer, punt 46; Oy AA, punt 55, en Lidl Belgium, punt 32).

63. In casu moet worden vastgesteld dat indien het ingezeten vennootschappen zou worden toegestaan, hun winsten in de vorm van abnormale of goedgunstige voordelen over te dragen aan in andere lidstaten gevestigde vennootschappen waarmee zij zich in een band van wederzijdse afhankelijkheid bevinden, de evenwichtige verdeling van de heffingsbevoegdheid tussen de lidstaten ernstig in gevaar zou kunnen worden gebracht. Dit zou zelfs het stelsel van de verdeling van de heffingsbevoegdheid tussen de lidstaten als zodanig kunnen ontwrichten, aangezien de lidstaat van de vennootschap die abnormale of goedgunstige voordelen toekent, afhankelijk van de keuze van de met elkaar verbonden vennootschappen, gedwongen zou zijn af te zien van zijn recht om als staat van vestiging van deze vennootschap belasting te heffen op haar inkomsten, eventueel ten voordele van de lidstaat van vestiging van de verkrijgende vennootschap (zie in die zin arrest Oy AA, reeds aangehaald, punt 56).

64. Door te bepalen dat een abnormaal of goedgunstig voordeel wordt belast bij de ingezeten vennootschap die dit voordeel aan een in een andere lidstaat gevestigde vennootschap heeft toegekend, kan de Belgische Staat op grond van de betrokken regeling zijn belastingbevoegdheid uitoefenen met betrekking tot de activiteiten die plaatsvinden op zijn grondgebied.

65. Wat in de tweede plaats het voorkomen van belastingontwijking betreft, zij eraan herinnerd dat een nationale maatregel die de vrijheid van vestiging beperkt, gerechtvaardigd kan zijn wanneer hij specifiek gericht is op volstrekt kunstmatige constructies die bedoeld zijn om de wetgeving van de betrokken lidstaat te ontwijken (zie in die zin reeds aangehaalde arresten ICI, punt 26; Marks & Spencer, punt 57; Cadbury Schweppes en Cadbury Schweppes Overseas, punt 51, en Test Claimants in the Thin Cap Group Litigation, punt 72).

66. Ook al heeft een nationale wettelijke regeling niet specifiek tot doel om het daarin voorziene belastingvoordeel te onthouden aan dergelijke volstrekt kunstmatige constructies die geen verband houden met de economische realiteit en bedoeld zijn om de belasting te ontwijken die normaliter verschuldigd is over winsten uit activiteiten op het nationale grondgebied, een dergelijke regeling kan toch worden geacht, gerechtvaardigd te zijn wegens de doelstelling van voorkoming van belastingontwijking in samenhang met de doelstelling inzake het

behoud van een evenwichtige verdeling van de heffingsbevoegdheid tussen de lidstaten (zie in die zin arrest Oy AA, reeds aangehaald, punt 63).

67. Met betrekking tot de relevantie van deze rechtvaardigingsgrond ten aanzien van feiten als die in het hoofdgeding, dient te worden opgemerkt dat ingeval zou worden aanvaard dat ingezeten vennootschappen abnormale of goedgunstige voordelen toekennen aan in andere lidstaten gevestigde vennootschappen waarmee zij zich in een band van wederzijdse afhankelijkheid bevinden zonder dat daarbij in enige fiscale correctiemaatregel wordt voorzien, dit het risico zou meebrengen dat via kunstmatige constructies tussen gelieerde vennootschappen inkomstenoverdrachten worden georganiseerd naar vennootschappen die zijn gevestigd in lidstaten met de laagste belastingtarieven of lidstaten waar die inkomsten niet worden belast (zie in die zin arrest Oy AA, reeds aangehaald, punt 58).

68. Door een abnormaal of goedgunstig voordeel te belasten bij de ingezeten vennootschap die dit voordeel aan een in een andere lidstaat gevestigde vennootschap heeft toegekend, kan de regeling in het hoofdgeding dergelijke praktijken voorkomen. Deze praktijken kunnen zijn ingegeven door het bestaan van aanzienlijke verschillen tussen de belastinggrondslag of de belastingtarieven in de verschillende lidstaten en enkel tot doel hebben de belasting te ontwijken die normaliter verschuldigd is in de lidstaat van de zetel van de vennootschap die dit voordeel heeft toegekend (zie in die zin arrest Oy AA, reeds aangehaald, punt 59).

69. Gelet op deze twee elementen, namelijk de noodzaak om een evenwichtige verdeling van de heffingsbevoegdheid tussen de lidstaten te handhaven en de noodzaak om belastingontwijking te voorkomen, in hun geheel beschouwd, moet worden vastgesteld dat een regeling als die in het hoofdgeding rechtmatige doelstellingen nastreeft die verenigbaar zijn met het Verdrag en die dwingende redenen van algemeen belang uitmaken, en dat deze regeling geschikt is om deze doelstellingen te verwezenlijken.

70. Bijgevolg dient enkel nog te worden nagegaan of de in het hoofdgeding aan de orde zijnde regeling niet verder gaat dan nodig is voor het bereiken van de beoogde doelstellingen, in hun geheel beschouwd.

71. Een nationale wettelijke regeling die zich ter beantwoording van de vraag of een transactie een kunstmatige constructie is die voor belastingdoeleinden is opgezet, op een onderzoek van objectieve en verifieerbare elementen baseert, moet worden geacht niet verder te gaan dan hetgeen nodig is voor het bereiken van de doelstellingen inzake de noodzaak om een evenwichtige verdeling van de heffingsbevoegdheid tussen de lidstaten te handhaven en de noodzaak om belastingontwijking te voorkomen, wanneer, in de eerste plaats, in elk geval waarin er een vermoeden bestaat dat de transactie afwijkt van hetgeen de betrokken vennootschappen in omstandigheden van volledige mededinging zouden zijn overeengekomen, de belastingplichtige in staat wordt gesteld om zonder buitensporige administratieve moeite bewijs aan te dragen met betrekking tot de eventuele commerciële redenen waarom de transactie heeft plaatsgevonden (zie in die zin arrest Test Claimants in the Thin Cap Group Litigation, reeds aangehaald, punt 82, en beschikking van 23 april 2008, Test Claimants in the CFC and Dividend Group Litigation, C-201/05, *Jurispr.* blz. I-2875, punt 84).

72. In de tweede plaats, wanneer de verificatie van dergelijke elementen tot de conclusie leidt dat de betrokken transactie afwijkt van hetgeen de betrokken vennootschappen in omstandigheden van volledige mededinging zouden zijn overeengekomen, dient de fiscale correctiemaatregel te worden beperkt tot de fractie van de verrichting die verder gaat dan hetgeen de betrokken vennootschappen zouden zijn overeengekomen indien zij zich niet in een situatie van wederzijdse afhankelijkheid zouden hebben bevonden.

73. Volgens de Belgische regering rust de bewijslast van het bestaan van een 'abnormaal' of 'goedgunstig' voordeel in de zin van de regeling in het hoofdgeding op de nationale belastingadministratie. Wanneer deze administratie die regeling toepast, wordt de belastingplichtige in de gelegenheid gesteld om gegevens over te leggen betreffende de eventuele commerciële redenen waarom de transactie in kwestie is gesloten. Hij beschikt over een - verlengbare - termijn van een maand om aan te tonen dat het niet om een abnormaal of goedgunstig voordeel gaat, gelet op de omstandigheden waarin de transactie heeft plaatsgevonden. Indien de administratie zich desondanks handhaaft op haar standpunt dat zij een fiscale correctie moet verrichten en zij de argumenten van de belastingplichtige niet aanvaardt, kan deze tegen deze belasting opkomen bij de nationale rechterlijke instanties.

74. Diezelfde regering voegt daaraan toe dat in geval van toepassing van de regeling in het hoofdgeding enkel het abnormale of goedgunstige gedeelte van het betrokken voordeel opnieuw wordt opgenomen in de eigen winst van de ingezeten toekennende vennootschap.

75. Onder voorbehoud van de verificaties die de verwijzende rechterlijke instantie dient te verrichten betreffende deze laatste twee punten, die de uitlegging en de toepassing van het Belgische recht betreffen, moet derhalve worden geconcludeerd dat, gelet op hetgeen voorafgaat, een nationale regeling als die welke aan de orde is in het hoofdgeding, evenredig is met alle door deze regeling nagestreefde doelstellingen.

76. Gelet op een en ander moet op de prejudiciële vragen worden geantwoord dat artikel 43 EG, gelezen in samenhang met artikel 48 EG, aldus moet worden uitgelegd dat het zich in beginsel niet verzet tegen een regeling van een lidstaat als die aan de orde in het hoofdgeding, volgens welke een abnormaal of goedgunstig voordeel

wordt belast bij de ingezeten vennootschap wanneer dit voordeel is toegekend aan een in een andere lidstaat gevestigde vennootschap ten aanzien waarvan eerstgenoemde vennootschap zich rechtstreeks of indirect in een band van wederzijdse afhankelijkheid bevindt, terwijl een ingezeten vennootschap niet over een dergelijk voordeel kan worden belast ingeval dit voordeel is toegekend aan een andere ingezeten vennootschap ten aanzien waarvan deze vennootschap zich in een dergelijke band bevindt. Niettemin dient de verwijzende rechterlijke instantie te verifiëren of de regeling in het hoofdgeding niet verder gaat dan noodzakelijk is voor het bereiken van de door deze regeling nagestreefde doelstellingen, in hun geheel beschouwd.

Kosten

77. …

HET HOF (Derde kamer)

verklaart voor recht:

Artikel 43 EG, gelezen in samenhang Met artikel 48 EG, Moet aldus worden uitgelegd dat het zich in beginsel niet verzet tegen een regeling van een lidstaat als die aan de orde in het hoofdgeding, volgens welke een abnormaal of goedgunstig voordeel wordt belast bij de ingezeten vennootschap wanneer dit voordeel is toegekend aan een in een andere lidstaat gevestigde vennootschap ten aanzien waarvan eerstgenoemde vennootschap zich rechtstreeks of indirect in een band van wederzijdse afhankelijkheid bevindt, terwijl een ingezeten vennootschap niet over een dergelijk voordeel kan worden belast ingeval dit voordeel is toegekend aan een andere ingezeten vennootschap ten aanzien waarvan deze vennootschap zich in een dergelijke band bevindt. Niettemin dient de verwijzende rechterlijke instantie te verifiëren of de regeling in het hoofdgeding niet verder gaat dan noodzakelijk is voor het bereiken van de door deze regeling nagestreefde doelstellingen, in hun geheel beschouwd.

HvJ EG 25 februari 2010, zaak C-172/08 (Pontina Ambiente Srl v. Regione Lazio)

Tweede kamer: *C. Toader, president van de Achtste kamer, waarnemend voor de president van de Tweede kamer, C. W. A. Timmermans, K. Schiemann, P. Kūris (rapporteur) en L. Bay Larsen, rechters*

Advocaat-generaal: *E. Sharpston*

Samenvatting

The question in this case was whether certain provisions of Italy's national law introducing a special levy for the depositing of waste in landfills are compatible with Articles 12, 14, 43 and 46 EC, the Council Directive 1999/31/EC of 26 April 1999 on the landfill of waste (the 'Landfill Directive') and Directive 2000/35/EC of the European Parliament and of the Council of 29 June 2000 on combating late payment in commercial transactions.

The Landfill Directive deals with the disposal of waste by depositing it in landfill sites and is based on the 'polluter pays' principle. The price charged for waste disposal in a landfill is meant to cover the full costs (both short-term and long-term) of the waste disposal operation. This case presented the ECJ with the issue of the Italian legislation supposedly implementing the Landfill Directive, but which contains lacunae, the effect of which is that a waste disposal operator required to pay a levy calculated by reference to the quantity of waste deposited is faced with penalty charges for late payment of the levy, whilst having no apparent recourse against the municipal authorities for whom it disposes of the waste (the 'polluters') who have consistently failed to reimburse the levy to it and who are, at least in part, therefore responsible for its incurring the penalty charges for late payment.

The CJ ruled as follows:

1. Article 10 of the Landfill Directive must be interpreted as meaning that it does not preclude a national provision, such as that at issue in the main proceedings, which makes the operator of a landfill site subject to a levy to be reimbursed by the local authority depositing the waste and which provides for financial penalties to be imposed on that operator for late payment of the levy, on condition that those rules are accompanied by measures to ensure that the levy is actually reimbursed within a short time and that all the costs of recovery, and in particular, the costs resulting from late payment of amounts which that authority owes to the site operator on that account, including costs incurred in order to avoid any financial penalty which might be imposed on the site operator, are passed on in the price to be paid by the authority to that operator. It is for the national court to ascertain whether those conditions have been satisfied;

2. Articles 1, 2(1) and 3 of Directive 2000/35/EC must be interpreted as meaning the sums owed to the operator of a landfill site by a local authority depositing waste in the landfill, such as the sums due by way of reimbursement of a levy, come within the scope of that Directive and that the Member States must ensure, in accordance with Article 3 thereof, that, in the case of late payment, the landfill operator may charge the local authority interest on those sums for which the local authority is liable.

Bovenstaande samenvatting (uit EU Tax Alert) werd beschikbaar gesteld door Loyens & Loeff.

HvJ EG 25 februari 2010, zaak C-337/08 (X Holding BV v. Staatssecretaris van Financiën)

Tweede kamer: *J.-C. Bonichot (rapporteur), president van de Vierde kamer, waarnemend voor de president van de Tweede kamer, C. W. A. Timmermans, K. Schiemann, P. Kūris en L. Bay Larsen, rechters*

Advocaat-generaal: *J. Kokott*

1. Het verzoek om een prejudiciële beslissing betreft de uitlegging van de artikelen 43 EG en 48 EG.

2. Dit verzoek is ingediend in het kader van een geding tussen X Holding BV (hierna: 'X Holding'), een in Nederland gevestigde kapitaalvennootschap, en de Nederlandse belastingdienst over de weigering van laatstgenoemde om deze vennootschap de mogelijkheid te bieden om met een niet-ingezeten dochteronderneming een fiscale eenheid te vormen.

Rechtskader

Verdrag tussen het Koninkrijk der Nederlanden en het Koninkrijk België tot het vermijden van dubbele belasting

3. Het op 5 juni 2001 tot stand gekomen Verdrag tussen het Koninkrijk der Nederlanden en het Koninkrijk België tot het vermijden van dubbele belasting en tot het voorkomen van het ontgaan van belasting inzake belastingen naar het inkomen en naar het vermogen (hierna: 'dubbelbelastingverdrag') bepaalt in artikel 7, lid 1, overeenkomstig het modelverdrag van de Organisatie voor Economische Samenwerking en Ontwikkeling (OESO):

> 'Winst van een onderneming van een verdragsluitende Staat is slechts in die Staat belastbaar, tenzij de onderneming in de andere verdragsluitende Staat haar bedrijf uitoefent met behulp van een aldaar gevestigde vaste inrichting. Indien de onderneming aldus haar bedrijf uitoefent, mag de winst van de onderneming in de andere Staat worden belast, maar slechts in zoverre als zij aan die vaste inrichting kan worden toegerekend.'

4. Wanneer een in Nederland gevestigde belastingplichtige bestanddelen van het inkomen verkrijgt die overeenkomstig artikel 7 van het dubbelbelastingverdrag in België belastbaar zijn, verleent het Koninkrijk der Nederlanden op grond van artikel 23, lid 2, van dit verdrag voor deze inkomensbestanddelen een vermindering van de daarop betrekking hebbende belasting overeenkomstig de bepalingen in de Nederlandse wetgeving tot het vermijden van dubbele belasting.

Nederlandse wettelijke regeling

5. Artikel 15 van de Wet op de vennootschapsbelasting 1969 bepaalt:

> '1. Ingeval een belastingplichtige (moedermaatschappij) de juridische en economische eigendom bezit van ten minste 95 percent van de aandelen in het nominaal gestorte kapitaal van een andere belastingplichtige (dochtermaatschappij) wordt op verzoek van beide belastingplichtigen de belasting van hen geheven alsof er één belastingplichtige is, in die zin dat de werkzaamheden en het vermogen van de dochtermaatschappij deel uitmaken van de werkzaamheden en het vermogen van de moedermaatschappij. De belasting wordt geheven bij de moedermaatschappij. De belastingplichtigen tezamen worden in dat geval aangemerkt als fiscale eenheid. Van een fiscale eenheid kan meer dan één dochtermaatschappij deel uitmaken.
>
> [...]
>
> 3. Het eerste lid vindt slechts toepassing indien:
>
> [...]
>
> b. voor het bepalen van de winst bij beide belastingplichtigen dezelfde bepalingen van toepassing zijn;
>
> c. beide belastingplichtigen in Nederland zijn gevestigd en ingeval op een belastingplichtige de Belastingregeling voor het Koninkrijk dan wel een verdrag ter voorkoming van dubbele belasting van toepassing is, die belastingplichtige tevens volgens die regeling onderscheidenlijk dat verdrag geacht wordt in Nederland te zijn gevestigd;
>
> [...]
>
> 4. Bij algemene maatregel van bestuur kunnen regels worden gegeven volgens welke belastingplichtigen bij wie voor het bepalen van de winst niet dezelfde bepalingen van toepassing zijn, in afwijking van het derde lid, onderdeel b, tezamen toch een fiscale eenheid kunnen vormen. Voorts kan, in afwijking van het derde lid, onderdeel c, een belastingplichtige die op grond van de nationale wet of op grond van de Belastingregeling voor het Koninkrijk dan wel een verdrag ter voorkoming van dubbele belasting niet in Nederland is gevestigd maar wel een onderneming drijft met behulp van een in Nederland aanwezige vaste inrichting, onder bij algemene maatregel van bestuur te stellen voorwaarden, deel uitmaken van een fiscale eenheid voor zover het heffingsrecht over de uit die onderneming genoten winst ingevolge de Belastingregeling voor het Koninkrijk dan wel een verdrag ter voorkoming van dubbele belasting aan Nederland is toegewezen indien:

a. de plaats van de werkelijke leiding van deze belastingplichtige is gelegen in de Nederlandse Antillen, Aruba, een lidstaat van de Europese Unie of een staat in de relatie waarmee een met Nederland gesloten verdrag ter voorkoming van dubbele belasting van toepassing is waarin een bepaling is opgenomen die discriminatie van vaste inrichtingen verbiedt;

b. de belastingplichtige, bedoeld in onderdeel a, een naamloze vennootschap of een besloten vennootschap met beperkte aansprakelijkheid, dan wel een daarmee naar aard en inrichting vergelijkbaar lichaam is; en

c. in het geval de belastingplichtige, bedoeld in onderdeel a, als moedermaatschappij deel uitmaakt van de fiscale eenheid – het aandelenbezit, bedoeld in het eerste lid, in de dochtermaatschappij behoort tot het vermogen van de in Nederland aanwezige vaste inrichting van deze moedermaatschappij.

[...]'

Hoofdgeding en prejudiciële vraag

6. X Holding, die in Nederland is gevestigd, is de enige aandeelhouder van de vennootschap naar Belgisch recht F, die in België is gevestigd en in Nederland niet aan de vennootschapsbelasting is onderworpen.

7. Beide vennootschappen hebben het verzoek gedaan om als fiscale eenheid in de zin van artikel 15, lid 1, van de Wet op de vennootschapsbelasting 1969 te worden aangemerkt. De Nederlandse belastingdienst heeft hun verzoek afgewezen op grond dat de vennootschap F, anders dan artikel 15, lid 3, sub c, van deze wet vereist, niet in Nederland is gevestigd.

8. De Rechtbank te Arnhem, waarbij beroep tegen deze afwijzende beschikking was ingesteld, heeft de wettigheid ervan bevestigd onder verwijzing naar met name het arrest van 13 december 2005, Marks & Spencer (C-446/03, *Jurispr.* blz. I-10837).

9. X Holding heeft bij de Hoge Raad der Nederlanden beroep in cassatie ingesteld. De Hoge Raad heeft de behandeling van de zaak geschorst en het Hof de volgende prejudiciële vraag gesteld:

> 'Moet artikel 43 EG in verbinding met artikel 48 EG aldus worden uitgelegd dat dit artikel eraan in de weg staat dat een nationale regeling van een lidstaat [...] volgens welke regeling een moedervennootschap en haar dochtervennootschap ervoor kunnen kiezen dat de belasting van hen wordt geheven bij de in die lidstaat gevestigde moedervennootschap alsof er één belastingplichtige is, die keuzemogelijkheid voorbehoudt aan vennootschappen die voor de belasting van hun winst zijn onderworpen aan de fiscale jurisdictie van de betrokken lidstaat?'

Verzoek tot heropening van de Mondelinge behandeling

10. Bij akte, neergelegd ter griffie van het Hof op 2 december 2009, heeft X Holding het Hof verzocht om overeenkomstig artikel 61 van het Reglement voor de procesvoering de heropening van de mondelinge behandeling te bevelen. Volgens deze vennootschap berust de conclusie van de advocaat-generaal op een onjuist begrip van het Nederlandse nationale en internationale belastingrecht.

11. Volgens de rechtspraak kan het Hof krachtens artikel 61 van het Reglement voor de procesvoering de mondelinge behandeling ambtshalve, op voorstel van de advocaat-generaal dan wel op verzoek van partijen heropenen indien het van oordeel is dat het onvoldoende is ingelicht of dat de zaak moet worden beslecht op basis van een argument waarover tussen partijen geen discussie heeft plaatsgevonden (zie met name arrest van 16 december 2008, Cartesio, C-210/06, *Jurispr.* blz. I-9641, punt 46).

12. Het in het hoofdgeding van toepassing zijnde Nederlandse recht is evenwel uiteengezet en toegelicht in de bij het Hof ingediende opmerkingen en tijdens de pleidooien ter terechtzitting. Het Hof is bijgevolg van oordeel dat het over alle gegevens beschikt die noodzakelijk zijn om op de vragen van de verwijzende rechter te antwoorden.

13. Bovendien wordt niet aangevoerd dat deze zaak moet worden beslecht op basis van een argument waarover voor het Hof geen discussie is gevoerd.

14. Derhalve dient, de advocaat-generaal gehoord, het verzoek tot heropening van de mondelinge behandeling te worden afgewezen.

Beantwoording van de prejudiciële vraag

15. Met zijn vraag wenst de verwijzende rechter in wezen te vernemen of de artikelen 43 EG en 48 EG zich verzetten tegen de wettelijke regeling van een lidstaat die een moedervennootschap de mogelijkheid biedt om met haar ingezeten dochteronderneming een fiscale eenheid te vormen, doch niet toestaat dat een dergelijke fiscale eenheid wordt gevormd met een niet-ingezeten dochteronderneming omdat laatstgenoemde vennootschap voor de belasting van haar winst niet is onderworpen aan de belastingwet van deze lidstaat.

16. Volgens vaste rechtspraak behoren de directe belastingen weliswaar tot de bevoegdheid van de lidstaten, doch deze zijn niettemin verplicht, deze bevoegdheid in overeenstemming met het gemeenschapsrecht uit te oefenen (zie met name arrest Marks & Spencer, reeds aangehaald, punt 29; arresten van 12 december 2006, Test Claimants in Class IV of the ACT Group Litigation, C-374/04, *Jurispr.* blz. I-11673, punt 36, en 17 september 2009, Glaxo Wellcome, C-182/08, nog niet gepubliceerd in de Jurisprudentie, punt 34).

17. De vrijheid van vestiging, die in artikel 43 EG aan de gemeenschapsonderdanen wordt toegekend en die voor hen de toegang tot en de uitoefening van werkzaamheden anders dan in loondienst omvat alsmede de oprichting en het bestuur van ondernemingen onder dezelfde voorwaarden als in de wetgeving van het land van vestiging voor de eigen onderdanen zijn vastgesteld, brengt overeenkomstig artikel 48 EG voor de vennootschappen die in overeenstemming met de wetgeving van een lidstaat zijn opgericht en die hun statutaire zetel, hun hoofdbestuur of hun hoofdvestiging binnen de Europese Gemeenschap hebben, het recht mee om in de betrokken lidstaat hun bedrijfsactiviteit uit te oefenen door middel van een dochteronderneming, een filiaal of een agentschap (zie met name arrest van 21 september 1999, Saint-Gobain ZN, C-307/ 97, *Jurispr.* blz. I-6161, punt 35, en arrest Marks & Spencer, reeds aangehaald, punt 30).

18. De mogelijkheid die het Nederlandse recht aan ingezeten moedervennootschappen en hun ingezeten dochterondernemingen biedt om te worden belast alsof er één belastingplichtige is, dat wil zeggen om aan een fiscale integratieregeling te worden onderworpen, vormt voor de betrokken vennootschappen een voordeel. Op basis van deze regeling is het met name mogelijk om de winst en het verlies van de in de fiscale eenheid opgenomen vennootschappen te consolideren op het niveau van de moedervennootschap en om intragroepstransacties fiscaal neutraal te houden.

19. Wanneer een moedervennootschap met een in een andere lidstaat gevestigde dochteronderneming van dit voordeel wordt uitgesloten, kan het voor de moedervennootschap minder aantrekkelijk worden om haar vrijheid van vestiging uit te oefenen doordat zij ervan wordt afgeschrikt, dochterondernemingen in andere lidstaten op te richten.

20. Een dergelijk verschil in behandeling is slechts verenigbaar met de bepalingen van het EG-Verdrag inzake de vrijheid van vestiging op voorwaarde dat het betrekking heeft op situaties die niet objectief vergelijkbaar zijn, of wordt gerechtvaardigd door een dwingende reden van algemeen belang (zie in die zin arrest van 12 december 2006, Test Claimants in the FII Group Litigation, C-446/04, *Jurispr.* blz. I-11753, punt 167).

21. De Nederlandse, de Duitse en de Portugese regering voeren aan dat beide situaties niet objectief vergelijkbaar zijn omdat ingezeten en niet-ingezeten dochterondernemingen zich uit het oogpunt van een belastingregeling als die welke in het hoofdgeding aan de orde is, niet in fiscaal vergelijkbare situaties bevinden. Inzonderheid valt de dochteronderneming die haar zetel in een andere lidstaat heeft, niet onder de fiscale jurisdictie van de staat van vestiging van de moedervennootschap, zodat zij niet kan worden opgenomen in een in laatstgenoemde staat belastingplichtige fiscale eenheid.

22. In dit verband volgt uit de rechtspraak van het Hof dat de vergelijkbaarheid van een communautaire situatie met een nationale situatie moet worden onderzocht op basis van het door de betrokken nationale bepalingen nagestreefde doel (zie in die zin arrest van 18 juli 2007, Oy AA, C-231/05, *Jurispr.* blz. I-6373, punt 38).

23. Hoewel de woonplaats van de belastingplichtigen in het belastingrecht een rechtvaardigingsgrond kan zijn voor nationale regels waarbij ingezeten belastingplichtigen en niet-ingezeten belastingplichtigen verschillend worden behandeld, is dit niet regel. Wanneer de lidstaat van vestiging in alle gevallen een andere behandeling zou mogen toepassen alleen omdat de zetel van een vennootschap in een andere lidstaat is gevestigd, zou daarmee aan artikel 43 EG elke inhoud worden ontnomen (zie in die zin arrest van 28 januari 1986, Commissie/Frankrijk, 270/83, *Jurispr.* blz. 273, punt 18, en arrest Marks & Spencer, reeds aangehaald, punt 37).

24. De situatie van een ingezeten moedervennootschap die met een ingezeten dochteronderneming een fiscale eenheid wil vormen, is uit het oogpunt van de doelstelling van een belastingregeling als die welke in het hoofdgeding aan de orde is, objectief vergelijkbaar met de situatie van een ingezeten moedervennootschap die met een niet-ingezeten dochteronderneming een fiscale eenheid wil vormen, voor zover beide in aanmerking willen komen voor de voordelen van deze regeling, waardoor met name de winst en het verlies van de in de fiscale eenheid opgenomen vennootschappen kunnen worden geconsolideerd op het niveau van de moedervennootschap en de intragroepstransacties fiscaal neutraal kunnen blijven.

25. Onderzocht dient te worden of een verschil in behandeling als dat in het hoofdgeding wordt gerechtvaardigd door een dwingende reden van algemeen belang.

26. Een dergelijk verschil is slechts gerechtvaardigd wanneer het geschikt is om de nagestreefde doelstelling te verwezenlijken en niet verder gaat dan noodzakelijk is voor de verwezenlijking van dat doel (zie in die zin arresten van 15 mei 1997, Futura Participations en Singer, C-250/95, *Jurispr.* blz. I-2471, punt 26, en 11 maart 2004, de Lasteyrie du Saillant, C-9/02, *Jurispr.* blz. I-2409, punt 49, en arrest Marks & Spencer, reeds aangehaald, punt 35).

27. De regeringen die opmerkingen bij het Hof hebben ingediend, voeren aan dat het in het hoofdgeding aan de orde zijnde verschil in behandeling met name gerechtvaardigd is om de verdeling van de heffingsbevoegdheid tussen de lidstaten te handhaven.

28. In dit verband zij eraan herinnerd dat de handhaving van de verdeling van de heffingsbevoegdheid tussen de lidstaten het noodzakelijk kan maken, op de bedrijfsactiviteiten van de in een van deze staten gevestigde vennootschappen zowel ter zake van winst als ter zake van verlies uitsluitend de fiscale regels van die lidstaat toe te passen (zie arrest Marks & Spencer, reeds aangehaald, punt 45, en arrest van 15 mei 2008, Lidl Belgium, C-414/06, *Jurispr.* blz. I-3601, punt 31).

29. Zou vennootschappen de mogelijkheid worden geboden, te opteren voor verrekening van hun verliezen in de lidstaat waar hun vestiging is gelegen dan wel in een andere lidstaat, dan zou de evenwichtige verdeling van de heffingsbevoegdheid tussen de lidstaten immers groot gevaar lopen, aangezien de belastinggrondslag in de eerste lidstaat zou worden vermeerderd en in de tweede zou worden verminderd met het bedrag van de overgedragen verliezen (zie reeds aangehaalde arresten Marks & Spencer, punt 46; Oy AA, punt 55, en Lidl Belgium, punt 32).

30. Hetzelfde geldt voor een fiscale integratieregeling als die welke in het hoofdgeding aan de orde is.

31. Aangezien de moedervennootschap vrijelijk kan beslissen om met haar dochteronderneming een fiscale eenheid te vormen en van het ene op het andere jaar even vrijelijk kan beslissen om die fiscale eenheid op te heffen, zou zij met de mogelijkheid om een niet-ingezeten dochteronderneming in de fiscale eenheid op te nemen, de vrijheid hebben om te kiezen welke belastingregeling op de verliezen van deze dochteronderneming van toepassing is en waar deze verliezen worden verrekend.

32. Wanneer de contouren van de fiscale eenheid aldus kunnen worden gewijzigd, zou, wanneer de mogelijkheid werd aanvaard om een niet-ingezeten dochteronderneming daarin op te nemen, dit ertoe leiden dat de moedervennootschap vrijelijk kan kiezen in welke lidstaat de verliezen van deze dochteronderneming in mindering worden gebracht (zie in die zin reeds aangehaalde arresten, Oy AA, punt 56, en Lidl Belgium, punt 34).

33. Een fiscale regeling als die welke in het hoofdgeding aan de orde is, is derhalve gerechtvaardigd uit hoofde van de noodzaak om de verdeling van de heffingsbevoegdheid tussen de lidstaten te handhaven.

34. Nu deze regeling geschikt is om de verwezenlijking van deze doelstelling te waarborgen, dient nog te worden onderzocht of zij niet verder gaat dan noodzakelijk is om deze doelstelling te bereiken (zie in die zin met name arrest Marks & Spencer, reeds aangehaald, punt 53).

35. X Holding en de Commissie van de Europese Gemeenschappen voeren ter zake aan dat de vorming van een fiscale eenheid op het nationale grondgebied erop neerkomt dat ingezeten dochterondernemingen fiscaal gezien worden gelijkgesteld met vaste inrichtingen. Volgens hen kunnen, naar analogie, niet-ingezeten dochterondernemingen in het kader van een grensoverschrijdende fiscale eenheid op dezelfde wijze worden behandeld als buitenlandse vaste inrichtingen. De verliezen van een buitenlandse vaste inrichting kunnen tijdelijk worden verrekend met de winst van de moedervennootschap overeenkomstig een regeling van voorlopige verliesoverdracht in combinatie met een inhaalregeling voor latere aanslagjaren. Vergeleken met het verbod voor een ingezeten moedervennootschap om met een niet-ingezeten dochteronderneming een fiscale eenheid te vormen, kan toepassing van deze regeling op niet-ingezeten dochterondernemingen een minder ingrijpende maatregel zijn om de beoogde doelstelling te bereiken.

36. Met dit betoog kan evenwel niet worden ingestemd.

37. Zoals de advocaat-generaal in punt 51 van haar conclusie heeft opgemerkt, impliceert de beslissing van een lidstaat om de tijdelijke verrekening van verliezen van een buitenlandse vaste inrichting op de plaats van de hoofdzetel van de onderneming toe te staan, immers niet dat ook niet-ingezeten dochterondernemingen van een ingezeten moedervennootschap deze mogelijkheid moet worden geboden.

38. Vaste inrichtingen die in een andere lidstaat zijn gevestigd, en niet-ingezeten dochterondernemingen bevinden zich immers niet in een vergelijkbare situatie wat de verdeling van de heffingsbevoegdheid betreft zoals die voortvloeit uit een verdrag als het dubbelbelastingverdrag, en inzonderheid de artikelen 7, lid 1, en 23, lid 2, ervan. Terwijl een dochteronderneming als zelfstandige rechtspersoon onbeperkt belastingplichtig is in de staat die partij is bij een dergelijk verdrag en waar zij haar zetel heeft, ligt dit immers anders voor een in een andere lidstaat gevestigde vaste inrichting, die in beginsel en ten dele onderworpen blijft aan de fiscale jurisdictie van de lidstaat van oorsprong.

39. Het is juist dat het Hof in andere gevallen heeft geoordeeld dat de vrije keuze die artikel 43, eerste alinea, tweede volzin, EG de economische subjecten biedt met betrekking tot de rechtsvorm die het best bij de uitoefening van hun werkzaamheden in een andere lidstaat past, niet mag worden beperkt door discriminerende fiscale bepalingen (zie in die zin arresten Commissie/Frankrijk, reeds aangehaald, punt 22, en Oy AA, reeds aangehaald, punt 40, en arrest van 23 februari 2006, CLT-UFA, C-253/03, *Jurispr.* blz. I-1831, punt 14).

40. De lidstaat van oorsprong blijft evenwel vrij te bepalen onder welke voorwaarden en op welk niveau de verschillende vestigingsvormen van nationale vennootschappen die in het buitenland een activiteit uitoefenen, zullen worden belast, mits deze vestigingsvormen daardoor niet worden gediscrimineerd ten opzichte van vergelijkbare nationale vestigingen (arrest van 6 december 2007, Columbus Container Services, C-298/05, *Jurispr.* blz. I-10451, punten 51 en 53). Aangezien - zoals in punt 38 van het onderhavige arrest is uiteengezet - in een andere lidstaat gevestigde vaste inrichtingen en niet-ingezeten dochterondernemingen zich niet in een vergelijkbare situatie bevinden wat de verdeling van de heffingsbevoegdheid betreft, is de lidstaat van oorsprong bijgevolg niet verplicht om op niet-ingezeten dochterondernemingen dezelfde fiscale regeling toe te passen als die welke geldt voor buitenlandse vaste inrichtingen.

41. In een situatie als die in het hoofdgeding, waarin het belastingvoordeel in kwestie bestaat in de mogelijkheid voor ingezeten moedervennootschappen en hun ingezeten dochterondernemingen om te worden belast als waren zij één fiscale eenheid, zou elke uitbreiding van dit voordeel tot grensoverschrijdende situaties dus tot gevolg hebben dat, zoals in punt 32 van dit arrest is overwogen, moedervennootschappen vrijelijk kunnen kiezen in welke lidstaat zij de verliezen van hun niet-ingezeten dochteronderneming in mindering brengen (zie, mutatis mutandis, arrest Oy AA, reeds aangehaald, punt 64).

42. Gelet op het voorgaande, dient een fiscale regeling als die welke in het hoofdgeding aan de orde is, te worden beschouwd als evenredig met de daarmee nagestreefde doelstellingen.

43. Derhalve dient op de prejudiciële vraag te worden geantwoord dat de artikelen 43 EG en 48 EG zich niet verzetten tegen de wettelijke regeling van een lidstaat die een moedervennootschap de mogelijkheid biedt om met haar ingezeten dochteronderneming een fiscale eenheid te vormen, doch niet toestaat dat een dergelijke fiscale eenheid wordt gevormd met een niet-ingezeten dochteronderneming omdat laatstgenoemde vennootschap voor de belasting van haar winst niet is onderworpen aan de belastingwet van deze lidstaat.

Kosten

44. ...

HET HOF (Tweede kamer)

verklaart voor recht:

De artikelen 43 EG en 48 EG verzetten zich niet tegen de wettelijke regeling van een lidstaat die een moedervennootschap de mogelijkheid biedt om met haar ingezeten dochteronderneming een fiscale eenheid te vormen, doch niet toestaat dat een dergelijke fiscale eenheid wordt gevormd mnet een niet-ingezeten dochteronderneming omdat laatstgenoemde vennootschap voor de belasting van haar winst niet is onderworpen aan de belastingwet van deze lidstaat.

HvJ EG 18 maart 2010, zaak C-440/08 (F. Gielen v. Staatssecretaris van Financiën)

Eerste kamer: *A. Tizzano, kamerpresident, waarnemend president van de Eerste kamer, E. Levits, A. Borg Barthet, M. Ilešič (rapporteur) en J. J. Kasel, rechters*

Advocaat-generaal: *D. Ruiz-Jarabo Colomer*

1. Het verzoek om een prejudiciële beslissing betreft de uitlegging van artikel 43 EG.

2. Dit verzoek is ingediend in het kader van een geding tussen F. Gielen en de Staatssecretaris van Financiën ter zake van de inkomstenbelasting voor 2001.

Bepalingen van nationaal recht

3. Artikel 2.1, sub b, van de wet op de inkomstenbelastingen 2001 (hierna: 'wet IB 2001') bepaalt dat belastingplichtigen voor de inkomstenbelasting de natuurlijke personen zijn die niet in Nederland wonen, maar wel Nederlands inkomen genieten (buitenlandse belastingplichtigen).

4. Volgens artikel 3.2 wet IB 2001 is de belastbare winst de winst die de belastingplichtige als ondernemer geniet uit een of meer ondernemingen, verminderd met de ondernemersaftrek.

5. Krachtens artikel 3.76, lid 2, wet IB 2001 is de omvang van die aftrek afhankelijk van de omvang van de winst overeenkomstig de in deze bepaling opgenomen degressieve staffel. De aftrek bedraagt 6 084 EUR bij een winst van minder dan 11 745 EUR en daalt met tussenstappen tot uiteindelijk 2 984 EUR bij een winst van meer dan 50 065 EUR.

6. Overeenkomstig lid 1 van dat artikel geldt voor de zelfstandigenaftrek onder meer een 'urencriterium'.

7. Hieronder wordt volgens artikel 3.6 wet IB 2001 verstaan het gedurende het kalenderjaar besteden van ten minste 1 225 uren aan werkzaamheden voor een of meer ondernemingen waaruit de belastingplichtige als ondernemer winst geniet.

8. Voor de beoordeling of een buitenlandse belastingplichtige aan dit criterium voldoet, worden alleen de uren in aanmerking genomen die worden besteed aan de werkzaamheden voor een gedeelte van een onderneming dat wordt gedreven met behulp van een vaste inrichting in Nederland.

9. Een buitenlandse belastingplichtige die als inwoner in de belastingheffing van een andere lidstaat wordt betrokken, kan evenwel overeenkomstig artikel 2.5, lid 1, wet IB 2001 kiezen voor toepassing van de regels van deze wet voor binnenlandse belastingplichtigen (hierna: 'keuze voor behandeling als binnenlandse belastingplichtige'). Voornoemde bepaling vereist niet dat het inkomen van de buitenlandse belastingplichtige volledig of nagenoeg volledig in Nederland wordt verkregen. Deze bepaling luidt als volgt:

> 'De binnenlandse belastingplichtige die niet gedurende het gehele kalenderjaar in Nederland woont, en de buitenlandse belastingplichtige die als inwoner van een andere lidstaat van de Europese Unie of van een bij ministeriële regeling aangewezen andere mogendheid waarmee Nederland een regeling ter voorkoming van dubbele belasting is overeengekomen die voorziet in de uitwisseling van inlichtingen, in de belastingheffing van die lidstaat of mogendheid wordt betrokken, kunnen kiezen voor toepassing van de regels van deze wet voor binnenlandse belastingplichtigen. [...]'

10. Krachtens de artikelen 2 tot en met 10 van het Uitvoeringsbesluit inkomstenbelasting 2001 wordt aan de belastingplichtige die ervoor kiest te worden behandeld als binnenlandse belastingplichtige, een vermindering van de verschuldigde inkomstenbelasting verleend voor de belasting die betrekking heeft op niet of tegen een beperkt tarief in Nederland te belasten inkomensbestanddelen.

11. Artikel 3 van voornoemd besluit luidt:

> '1. De vermindering vanwege in het inkomen uit werk en woning begrepen niet [...] in Nederland te belasten inkomensbestanddelen is gelijk aan het bedrag dat tot de belasting die zonder de toepassing van de artikelen 2 tot en met 10 volgens de wet over het belastbare inkomen uit werk en woning verschuldigd zou zijn, in dezelfde verhouding staat als het gezamenlijke bedrag van de niet [...] in Nederland te belasten bestanddelen van het noemerinkomen staat tot het noemerinkomen.
> [...]
> 5. Onder noemerinkomen wordt verstaan: het inkomen uit werk en woning [...]'

12. Artikel 9, lid 1, van het Besluit voorkoming dubbele belasting 2001 bepaalt:

'1. Het buitenlandse inkomen uit werk en woning uit een andere mogendheid bestaat uit het gezamenlijke bedrag van hetgeen de belastingplichtige als bestanddeel van het inkomen uit werk en woning uit die mogendheid geniet als:

a. belastbare winst uit buitenlandse onderneming, zijnde een onderneming die, of het gedeelte van een onderneming dat, wordt gedreven met behulp van een vaste inrichting of van een vaste vertegenwoordiger binnen het gebied van de andere mogendheid;

[...]'

Hoofdgeding en prejudiciële vraag

13. Gielen woont in Duitsland en exploiteert aldaar samen met twee anderen een glastuinbouwbedrijf. In Nederland heeft hij een vaste inrichting waar op contractbasis perkplanten worden gekweekt.

14. In 2001 heeft hij in Duitsland meer dan 1 225 uren werkzaamheden voor deze onderneming verricht, terwijl hij voor de vaste inrichting in Nederland minder dan 1 225 uren heeft gewerkt.

15. Volgens de Nederlandse belastingdienst voldeed Gielen derhalve niet aan het 'urencriterium'. De Rechtbank Breda heeft deze uitlegging bevestigd.

16. Het Gerechtshof te 's-Hertogenbosch was daarentegen van oordeel dat een dergelijke toepassing van voornoemd criterium zou leiden tot een door artikel 43 EG verboden discriminatie, omdat onderscheid wordt gemaakt tussen binnenlandse en buitenlandse belastingplichtigen. Volgens het Gerechtshof te 's-Hertogenbosch kunnen bij de toepassing van dit criterium binnenlandse belastingplichtigen immers worden belast naar hun winst, waar ter wereld deze ook is behaald.

17. Naar het oordeel van het Gerechtshof te 's-Hertogenbosch worden dit onderscheid en deze belemmering niet gerechtvaardigd door een objectief verschil in situatie tussen binnenlandse en buitenlandse belastingplichtigen, met name omdat de zelfstandigenaftrek rechtstreeks aanknoopt bij de activiteit van de belastingplichtigen.

18. Gielen heeft tegen de uitspraak van het Gerechtshof te 's-Hertogenbosch beroep in cassatie ingesteld bij de Hoge Raad der Nederlanden. Gielen stelt zich op het standpunt dat het feit dat hem als buitenlandse belastingplichtige het recht op zelfstandigenaftrek wordt geweigerd, een door artikel 43 EG verboden discriminatie oplevert.

19. De Hoge Raad der Nederlanden merkt op dat de discriminatie in de zin van artikel 43 EG voortvloeit uit het feit dat voor een buitenlandse belastingplichtige niet alle door hem aan zijn onderneming bestede uren, ook de uren besteed aan werkzaamheden voor een onderneming of een vestiging in een andere lidstaat, meetellen.

20. De Hoge Raad vraagt zich evenwel af of een dergelijke discriminatie door de keuze voor behandeling als binnenlandse belastingplichtige kan worden vermeden. Op grond van die keuze wordt het tarief waartegen de buitenlandse belastingplichtige bij opteren voor binnenlandse belastingplicht in Nederland wordt belast, progressief toegepast.

21. Daarop heeft Hoge Raad der Nederlanden de behandeling van de zaak geschorst en het Hof de volgende prejudiciële vraag gesteld:

'Moet artikel 43 EG aldus worden uitgelegd dat dit artikel zich niet verzet tegen toepassing van een bepaling van de belastingwetgeving van een lidstaat op winst die een onderdaan van een andere lidstaat (buitenlandse belastingplichtige) heeft genoten uit een in eerstbedoelde lidstaat gedreven deel van zijn onderneming, indien die bepaling, op een bepaalde wijze uitgelegd, weliswaar een – op zichzelf bezien – met artikel 43 EG strijdig onderscheid maakt tussen binnenlandse en buitenlandse belastingplichtigen, doch de betrokken buitenlandse belastingplichtige de mogelijkheid heeft gehad ervoor te kiezen behandeld te worden als een binnenlandse belastingplichtige, welke mogelijkheid hij om hem moverende redenen niet heeft benut?'

Beantwoording van de prejudiciële vraag

Ontvankelijkheid

22. De Duitse en de Portugese regering vragen zich af of het Hof uitspraak kan doen op de vraag van de nationale rechter.

23. Volgens de Duitse regering bevat de in het hoofdgeding aan de orde zijnde belastingregeling in wezen geen verboden discriminatie in de zin van artikel 43 EG, zodat niet de vraag hoeft te worden gesteld of de discriminatie door de keuze voor behandeling als binnenlandse belastingplichtige kan worden weggenomen. Bijgevolg heeft het antwoord van het Hof op de prejudiciële vraag geen enkel nut voor de beslechting van het hoofdgeding.

24. De Portugese regering voert hoofdzakelijk aan dat de prejudiciële vraag afhangt van een bepaalde uitlegging van de in het hoofdgeding aan de orde zijnde nationale wettelijke regeling.

25. Uit de verwijzingsbeslissing blijkt namelijk dat artikel 3.6 wet IB 2001 ook aldus kan worden uitgelegd dat met het oog op de in het hoofdgeding aan de orde zijnde aftrek voor een buitenlandse belastingplichtige de aan een vestiging in Nederland bestede uren en de aan een vestiging in een andere lidstaat bestede uren in aanmerking kunnen worden genomen, waardoor deze bepaling niet in strijd is met artikel 43 EG en het antwoord op de prejudiciële vraag overbodig wordt.

26. Aangezien de verwijzende rechter de mogelijkheid heeft, de in het hoofdgeding aan de orde zijnde belastingregeling aldus uit te leggen dat deze geen met artikel 43 EG strijdige discriminatie bevat, is de prejudiciële vraag naar de mening van de Portugese regering hypothetisch, zodat het antwoord van het Hof niet bindend is voor de verwijzende rechter.

27. In dit verband zij eraan herinnerd dat het volgens vaste rechtspraak in het kader van de procedure van artikel 267 VWEU uitsluitend een zaak is van de nationale rechter aan wie het geschil is voorgelegd en die de verantwoordelijkheid draagt voor de te geven rechterlijke beslissing, om, gelet op de bijzonderheden van het geval, zowel de noodzaak van een prejudiciële beslissing voor het wijzen van zijn vonnis te beoordelen, als de relevantie van de vragen die hij aan het Hof voorlegt. Wanneer de gestelde vragen betrekking hebben op de uitlegging van het recht van de Unie, is het Hof derhalve in beginsel verplicht daarop te antwoorden (zie met name arresten van 23 april 2009, Rüffler, C-544/07, nog niet gepubliceerd in de *Jurisprudentie*, punt 36, en 19 november 2009, Filipiak, C-314/08, nog niet gepubliceerd in de *Jurisprudentie*, punt 40).

28. Het Hof heeft echter eveneens geoordeeld dat het in uitzonderlijke omstandigheden aan hem staat om, ter toetsing van zijn eigen bevoegdheid, een onderzoek in te stellen naar de omstandigheden waaronder het door de nationale rechter is geadieerd (zie in die zin arrest van 16 december 1981, Foglia, 244/80, *Jurispr*. blz. 3045, punt 21, en reeds aangehaalde arresten Rüffler, punt 37, en Filipiak, punt 41).

29. Het Hof kan slechts weigeren uitspraak te doen op een prejudiciële vraag van een nationale rechter wanneer duidelijk blijkt dat de gevraagde uitlegging van het recht van de Unie geen enkel verband houdt met een reëel geschil of met het voorwerp van het hoofdgeding, wanneer het vraagstuk van hypothetische aard is, of wanneer het Hof niet beschikt over de gegevens, feitelijk en rechtens, die voor hem noodzakelijk zijn om een nuttig antwoord te geven op de gestelde vragen (reeds aangehaalde arresten Rüffler, punt 38, en Filipiak, punt 42).

30. Dienaangaande zij vastgesteld dat uit de verwijzingsbeslissing blijkt dat het hoofdgeding en de prejudiciële vraag voornamelijk betrekking hebben op de uitlegging van artikel 49 VWEU in het licht van een nationale regeling die potentieel discriminerende gevolgen heeft voor buitenlandse belastingplichtigen met betrekking tot een fiscaal voordeel als de zelfstandigenaftrek, zelfs indien voornoemde belastingplichtigen, waar het om dat voordeel gaat, volgens die regeling kunnen opteren voor een behandeling als binnenlandse belastingplichtige.

31. Verder moet voor de beantwoording van die vraag eerst worden nagegaan of de in het hoofdgeding aan de orde zijnde nationale regeling discriminerende gevolgen in de zin van artikel 49 VWEU heeft, wat een vraag van Unierecht is voor de uitlegging waarvan het Hof bevoegd is.

32. Gelet op deze vaststellingen, blijkt niet duidelijk dat de gevraagde uitlegging geen enkel verband houdt met een reëel geschil of met het voorwerp van het hoofdgeding, zodat de door de Duitse en de Portugese regering opgeworpen excepties van niet-ontvankelijkheid moeten worden afgewezen.

33. Het verzoek om een prejudiciële beslissing is derhalve ontvankelijk.

Ten gronde

34. Met zijn vraag, die in twee gedeelten moet worden onderzocht, wenst de verwijzende rechter in wezen te vernemen of artikel 49 VWEU zich verzet tegen een nationale regeling die, waar het gaat om de toekenning van een fiscaal voordeel als de zelfstandigenaftrek, potentieel discriminerende gevolgen heeft voor buitenlandse belastingplichtigen, zelfs indien deze belastingplichtigen met betrekking tot dat voordeel volgens die regeling kunnen kiezen voor de behandeling als binnenlandse belastingplichtige.

Discriminerende gevolgen van de in het hoofdgeding aan de orde zijnde nationale regeling in de zin van artikel 49 VWEU

35. Om de vraag te beantwoorden, moet eerst worden nagegaan, zoals ook uit punt 31 van het onderhavige arrest blijkt, of de in het hoofdgeding aan de orde zijnde nationale regeling daadwerkelijk een met artikel 49 VWEU strijdige discriminatie bevat.

36. Er zij aan herinnerd dat, ofschoon de directe belastingen tot de bevoegdheid van de lidstaten behoren, deze niettemin verplicht zijn die bevoegdheid in overeenstemming met het recht van de Unie uit te oefenen (zie met name arrest van 7 september 2004, Manninen, C-319/02, *Jurispr*. blz. I-7477, punt 19 en aldaar aangehaalde rechtspraak).

37. Ook zij eraan herinnerd dat de regels inzake gelijke behandeling niet alleen de zichtbare discriminaties op grond van nationaliteit verbieden, maar ook alle verkapte vormen van discriminatie die door toepassing van andere onderscheidingscriteria in feite tot hetzelfde resultaat leiden (zie met name arrest van 14 februari 1995, Schumacker, C-279/93, *Jurispr.* blz. I-225, punt 26 en aldaar aangehaalde rechtspraak).

38. Verder is slechts sprake van discriminatie wanneer verschillende regels worden toegepast op vergelijkbare situaties of wanneer dezelfde regel wordt toegepast op verschillende situaties (zie met name arrest Schumacker, reeds aangehaald, punt 30, en arrest van 14 september 1999, Gschwind, C-391/97, *Jurispr.* blz. I-5451, punt 21).

39. In het onderhavige geval blijkt om te beginnen uit het dossier dat Gielen, die in Duitsland woonachtig is, in 2001 aan werkzaamheden voor zijn vaste inrichting in Nederland minder dan 1 225 uren heeft besteed, terwijl hij voor zijn bedrijf in Duitsland meer dan 1 225 uren heeft gewerkt.

40. De verwijzende rechter geeft te kennen dat volgens de in het hoofdgeding aan de orde zijnde nationale regeling een binnenlands belastingplichtige ondernemer voor de berekening van het urencriterium dat aanspraak geeft op de zelfstandigenaftrek, zowel de in een andere lidstaat gewerkte uren als de in Nederland gewerkte uren kan meetellen, terwijl een buitenlands belastingplichtige ondernemer voor die berekening slechts de in Nederland gewerkte uren mag meetellen.

41. Bovendien erkent de Nederlandse regering in haar schriftelijke opmerkingen dat het daarbij gaat om een onderscheid naar woonplaats.

42. Derhalve moet worden vastgesteld dat de in het hoofdgeding aan de orde zijnde nationale regeling de belastingplichtigen, wat betreft de vraag of voor de toepassing van de zelfstandigenaftrek is voldaan aan het 'urencriterium', verschillend behandelt naargelang zij al dan niet in Nederland wonen. Een dergelijke verschillende behandeling kan in het nadeel werken van hoofdzakelijk onderdanen van andere lidstaten, omdat de niet-ingezetenen in de meeste gevallen buitenlanders zijn.

43. Wat meer in het bijzonder de zaken in verband met de inkomstenbelasting van natuurlijke personen betreft, heeft het Hof erkend dat de situatie van ingezetenen en die van niet-ingezetenen van een bepaalde staat in het algemeen niet vergelijkbaar zijn, aangezien die situaties objectief van elkaar verschillen, zowel wat de bron van inkomsten als wat de persoonlijke draagkracht van de belastingplichtige of de inaanmerkingneming van de persoonlijke en gezinssituatie betreft (zie met name arresten van 22 maart 2007, Talotta, C-383/05, *Jurispr.* blz. I-2555, punt 19 en aldaar aangehaalde rechtspraak, en 16 oktober 2008, Renneberg, C-527/06, *Jurispr.* blz. I-7735, punt 59).

44. Het Hof heeft niettemin gepreciseerd dat, wanneer een fiscaal voordeel wordt onthouden aan niet-ingezetenen, een verschil in behandeling tussen deze twee categorieën belastingplichtigen kan worden aangemerkt als discriminatie in de zin van het WEU-Verdrag, wanneer er geen objectief verschil bestaat dat grond kan opleveren voor een verschillende behandeling van de twee categorieën belastingplichtigen op dit punt (reeds aangehaalde arresten Talotta, punt 19 en aldaar aangehaalde rechtspraak, en Renneberg, punt 60).

45. De verwijzende rechter wijst er echter op dat de zelfstandigenaftrek niet aanknoopt bij de persoonlijke situatie van de belastingplichtigen, maar bij de aard van hun activiteit. Deze aftrek wordt immers toegekend aan de ondernemers waarvoor het als ondernemer verrichten van werkzaamheden de hoofdactiviteit is, wat met name wordt bewezen doordat aan het 'urencriterium' wordt voldaan.

46. Voor zover voornoemde aftrek wordt verleend aan alle belastingplichtige ondernemers die met name aan voornoemd criterium hebben voldaan, moet worden vastgesteld dat het in dit verband niet relevant is om verschil te maken of die belastingplichtigen de uren in Nederland dan wel in een andere lidstaat hebben gewerkt.

47. Hieruit volgt dat, zoals de advocaat-generaal in punt 39 van zijn conclusie heeft opgemerkt, de binnenlandse en de buitenlandse belastingplichtigen zich voor de zelfstandigenaftrek in een vergelijkbare situatie bevinden (zie in die zin arresten van 12 juni 2003, Gerritse, C-234/01, *Jurispr.* blz. I-5933, punt 27, en 6 juli 2006, Conijn, C-346/04, *Jurispr.* blz. I-6137, punt 20).

48. In die omstandigheden moet worden geconcludeerd dat een nationale regeling die met het oog op een fiscaal voordeel als de in het hoofdgeding aan de orde zijnde zelfstandigenaftrek, gebruikmaakt van een 'urencriterium' waardoor de buitenlandse belastingplichtigen de in een andere lidstaat gewerkte uren niet kunnen meetellen, in het nadeel kan werken van hoofdzakelijk deze belastingplichtigen. Een dergelijke regeling levert derhalve een indirecte discriminatie op grond van nationaliteit in de zin van artikel 49 VWEU op.

Keuze voor behandeling als binnenlandse belastingplichtige

49. Aan deze conclusie wordt niet afgedaan door het argument dat de keuze voor behandeling als binnenlandse belastingplichtige de betrokken discriminatie kan wegnemen.

50. Meteen zij opgemerkt dat de keuze voor behandeling als binnenlandse belastingplichtige een buitenlandse belastingplichtige als Gielen de mogelijkheid biedt te kiezen tussen een discriminerende belastingregeling en een regeling die dat beweerdelijk niet is.

51. In dit verband zij erop gewezen dat een dergelijke keuze in casu niet de discriminerende gevolgen van eerstgenoemde belastingregeling kan wegnemen.

52. Indien werd erkend dat die keuze een dergelijk effect heeft, zou dat immers tot gevolg hebben, zoals de advocaat-generaal in punt 52 van zijn conclusie in wezen heeft opgemerkt, dat een belastingregeling als rechtmatig werd beschouwd die op zich wegens het discriminerende karakter ervan nog steeds in strijd is met artikel 49 VWEU.

53. Zoals het Hof reeds heeft gepreciseerd, is een nationale regeling die de vrijheid van vestiging beperkt, nog steeds in strijd met het recht van de Unie, ook al is de toepassing daarvan facultatief (zie in die zin arrest van 12 december 2006, Test Claimants in the FII Group Litigation, C-446/04, *Jurispr.* blz. I-11753, punt 162).

54. Hieruit volgt dat de optie die in het hoofdgeding voor de buitenlandse belastingplichtige openstaat door de keuze voor behandeling als binnenlandse belastingplichtige, de in punt 48 van het onderhavige arrest geconstateerde discriminatie niet neutraliseert.

55. Gelet op een en ander, verzet artikel 49 VWEU zich tegen een nationale regeling die, waar het gaat om de toekenning van een fiscaal voordeel als de in het hoofdgeding aan de orde zijnde zelfstandigenaftrek, discriminerende gevolgen heeft voor buitenlandse belastingplichtigen, zelfs indien deze belastingplichtigen met betrekking tot dat voordeel kunnen kiezen voor toepassing van de regeling voor binnenlandse belastingplichtigen.

Kosten

56. ...

HET HOF (Eerste kamer)

verklaart voor recht:

Artikel 49 VWEU verzet zich tegen een nationale regeling die, waar het gaat om de toekenning van een fiscaal voordeel als de in het hoofdgeding aan de orde zijnde zelfstandigenaftrek, discriminerende gevolgen heeft voor buitenlandse belastingplichtigen, zelfs indien deze belastingplichtigen met betrekking tot dat voordeel kunnen kiezen voor toepassing van de regeling voor binnenlandse belastingplichtigen.

HvJ EG 15 april 2010, zaak C-96/08 (CIBA Speciality Chemicals Central and Eastern Europe Szolgáltató, Tanácsadó és Keresdedelmi kft v. Adó- és Pénzügyi Ellenorzési Hivatal (APEH) Hatósági Foosztály)

Derde kamer: *J. N. Cunha Rodrigues, president van de Tweede kamer, waarnemend voor de president van de Derde kamer, A. Rosas en U. Lõhmus (rapporteur), rechters*
Advocaat-generaal: *E. Sharpston*

1. Het verzoek om een prejudiciële beslissing betreft de uitlegging van de artikelen 43 EG en 48 EG.

2. Dit verzoek is ingediend in het kader van een geding tussen CIBA Speciality Chemicals Central and Eastern Europe Szolgáltató, Tanácsadó és Keresdedelmi kft (hierna: 'CIBA') en de Adó- és Pénzügyi Ellenorzési Hivatal (APEH) Hatósági Foosztály (hoofdkantoor van de centrale administratie van belastingen en fiscale controle) betreffende het door CIBA te betalen bedrag van de beroepsopleidingsbijdrage (hierna: 'BOB').

Toepasselijke bepalingen

Nationale regeling

3. Artikel 2, lid 1, van wet nr. LXXXVI van 2003 inzake de beroepsopleidingsbijdrage en de steun voor verbetering van de opleiding (A szakképzési hozzájárulásról és a képzés fejlesztésének támogatásáról szóló 2003. évi LXXXVI. törvény) (*Magyar Közlöny* 2003/131; hierna: 'wet van 2003') bepaalt:

> 'Zijn verplicht tot betaling van de [BOB], met inachtneming van de leden 3 en 4, handelsvennootschappen die op het nationale grondgebied zijn gevestigd [...]'

4. Artikel 2, lid 2, van de wet van 2003 luidt:

> 'Zijn eveneens verplicht tot betaling van de [BOB] in het buitenland gevestigde rechtspersonen die op het nationale grondgebied commerciële activiteiten uitoefenen, ondernemingen zonder eigen rechtspersoonlijkheid, verenigingen van personen en andere organisaties die in het buitenland zijn gevestigd, maar die in Hongarije over een permanente vestiging of een filiaal beschikken.'

5. Artikel 3, lid 1, van deze wet bepaalt:

> 'De berekeningsgrondslag van de [BOB] wordt gevormd:
> a. door de loonkosten, zoals berekend aan de hand van artikel 79, lid 2, van wet nr. C van 2000 inzake boekhouding (A számvitelrol szóló 2000. évi C. törvény) [...]'

6. Blijkens de schriftelijke opmerkingen van CIBA en de Hongaarse regering bevat het in de Republiek Hongarije opgerichte arbeidsmarktfonds een onderdeel beroepsopleiding, dat volgens artikel 8, lid 1, van de wet van 2003 met name tot doel heeft het aantal specialisten te verhogen dat is opgeleid om te beantwoorden aan de eisen van de nationale economie, en hun professionele vaardigheden te ontwikkelen.

7. Volgens deze opmerkingen kan het brutobedrag van de BOB dat de belastingbetaler voor dat onderdeel dient te betalen, worden verminderd door:
- de organisatie van een praktijkopleiding overeenkomstig artikel 4 van de wet van 2003,
- het sluiten van een overeenkomst voor de opleiding van de werknemers van de belastingbetaler, tot maximaal 33% van dat bedrag, en
- het doen van een ontwikkelingsgift aan een instelling voor hoger onderwijs of beroepsonderwijs, tot maximaal 75% van dat bedrag.

Hoofdgeding en prejudiciële vraag

8. CIBA is een in Hongarije gevestigde onderneming die verplicht is om de BOB te betalen. Zij heeft een filiaal in Tsjechië, waar zij voldoet aan haar verplichtingen inzake belastingen en socialezekerheidsbijdragen voor de in dat filiaal werkzame werknemers, met inbegrip van de in het Tsjechische nationale recht voorgeschreven bijdragen voor het werkgelegenheidsbeleid van de overheid.

9. Tijdens een controle a posteriori betreffende de jaren 2003 en 2004 stelden de Hongaarse belastingautoriteiten vast dat CIBA een belastingschuld had. In het administratief beroep tegen het betrokken besluit bevestigde verweerder in het hoofdgeding deze schuld, die met name bestaat uit door CIBA niet-betaalde BOB's.

10. Voor de verwijzende rechter stelde CIBA dat de berekeningsgrondslag van de te betalen BOB niet verenigbaar is met artikel 43 EG, voor zover hij voor een in Hongarije gevestigde onderneming haar loonkosten omvat, inclusief

die van filialen buiten het nationale grondgebied. *CIBA* voerde aan dat zij voor haar werknemers in Tsjechië bijgevolg onderworpen is aan een dubbele verplichting tot betaling van een dergelijke bijdrage. Voorts kunnen deze werknemers onmogelijk de voordelen genieten die voortvloeien uit door de nationale Hongaarse arbeidsmarktdiensten georganiseerde beroepsopleidingen, en is het uitgesloten dat voor hen een praktijkopleiding wordt georganiseerd, opleidingsovereenkomsten worden gesloten of ontwikkelingsgiften worden gedaan.

11. De verwijzende rechter merkt op dat de BOB niet valt binnen de werkingssfeer van de op 14 januari 1993 te Praag ondertekende overeenkomst tussen de Republiek Hongarije en de Tsjechische Republiek tot voorkoming van dubbele belasting en van het ontgaan van belasting inzake belastingen naar het inkomen en naar het vermogen, zodat moet worden onderzocht of de wet van 2003, voor zover zij een in Hongarije gevestigde vennootschap ook ertoe verplicht om de BOB te betalen wanneer zij buiten die lidstaat werknemers in dienst heeft, een beperking van de vrijheid van vestiging vormt.

12. Daarop heeft de Pest Megyei Bíróság de behandeling van de zaak geschorst en het Hof de volgende prejudiciële vraag gesteld:

'Verzet het in de artikelen 43 EG en 48 EG geformuleerde beginsel van vrijheid van vestiging zich tegen een rechtsvoorschrift, volgens hetwelk in Hongarije gevestigde handelsvennootschappen tevens de [BOB] moeten betalen wanneer zij in hun buitenlandse filialen werknemers tewerkstellen en voor die werknemers voldoen aan hun verplichtingen inzake belastingen en socialezekerheidsbijdragen in de staat van het filiaal?'

Bevoegdheid van het Hof

13. Het hoofdgeding heeft betrekking op de boekjaren 2003 en 2004 van CIBA, terwijl de Republiek Hongarije pas op 1 mei 2004 tot de Europese Unie is toegetreden.

14. Het Hof is uitsluitend bevoegd om de bepalingen van het EG-Verdrag uit te leggen wat de toepassing daarvan in een nieuwe lidstaat betreft vanaf de datum van diens toetreding tot de Europese Unie (zie in die zin arresten van 10 januari 2006, Ynos, C-302/04, *Jurispr.* blz. I-371, punt 36, en 14 juni 2007, Telefónica O2 Czech Republic, C-64/06, *Jurispr.* blz. I-4887, punt 23).

15. Aangezien de feiten in het hoofdgeding gedeeltelijk van latere datum zijn, is het Hof bevoegd om de gestelde vraag te beantwoorden.

Beantwoording van de prejudiciële vraag

16. Met zijn vraag wenst de verwijzende rechter in wezen te vernemen of de artikelen 43 EG en 48 EG in de weg staan aan een regeling van een lidstaat volgens welke een in die staat gevestigde onderneming verplicht is tot betaling van een bijdrage zoals de BOB, waarvan het bedrag wordt berekend op basis van haar loonkosten, inclusief die met betrekking tot een filiaal van die onderneming in een andere lidstaat waarin zij ook voldoet aan haar verplichtingen inzake belastingen en socialezekerheidsbijdragen betreffende de werknemers van dat filiaal.

17. Volgens vaste rechtspraak brengt de vrijheid van vestiging, die in artikel 43 EG aan de burgers van de lidstaten wordt toegekend en die voor hen de toegang tot en de uitoefening van werkzaamheden anders dan in loondienst omvat alsmede de oprichting en het beheer van ondernemingen overeenkomstig de bepalingen welke door de wetgeving van de lidstaat van vestiging voor de eigen onderdanen zijn vastgesteld, overeenkomstig artikel 48 EG voor de vennootschappen die in overeenstemming met de wettelijke regeling van een lidstaat zijn opgericht en die hun statutaire zetel, hun hoofdbestuur of hun hoofdvestiging binnen de Europese Unie hebben, het recht mee om in de betrokken lidstaat hun bedrijfsactiviteit uit te oefenen door middel van een dochteronderneming, een filiaal of een agentschap (zie met name arresten van 13 december 2005, Marks & Spencer, C-446/03, *Jurispr.* blz. I-10837, punt 30; 12 december 2006, Test Claimants in Class IV of the ACT Group Litigation, C-374/04, *Jurispr.* blz. I-11673, punt 42, en 19 november 2009, Filipiak, C-314/08, *Jurispr.* blz. I-00000, punt 59).

18. Hoewel de bepalingen betreffende de vrijheid van vestiging volgens de bewoordingen ervan het voordeel van de nationale behandeling in de lidstaat van ontvangst beogen te garanderen, verbieden zij de lidstaat van oorsprong ook om de vestiging van een van zijn burgers of van een naar zijn recht opgerichte vennootschap in een andere lidstaat te bemoeilijken (zie arresten van 6 december 2007, Columbus Container Services, C-298/05, *Jurispr.* blz. I-10451, punt 33, en 23 oktober 2008, Krankenheim Ruhesitz am Wannsee-Seniorenheimstatt, C-157/07, *Jurispr.* blz. I-8061, punt 29, en arrest Filipiak, reeds aangehaald, punt 60).

19. Het is eveneens vaste rechtspraak dat alle maatregelen die de uitoefening van de vrijheid van vestiging verbieden, belemmeren of minder aantrekkelijk maken, als beperkingen van deze vrijheid moeten worden beschouwd (zie reeds aangehaalde arresten Columbus Container Services, punt 34, en Krankenheim Ruhesitz am Wannsee-Seniorenheimstatt, punt 30).

20. Volgens CIBA kan de nationale regeling betreffende de BOB een op het Hongaarse grondgebied gevestigde onderneming ervan weerhouden een vestiging in een andere lidstaat op te richten. De verplichting om als BOB een bedrag te betalen dat is berekend op basis van de loonkosten van die onderneming, inclusief die van de werkne-

mers van die vestiging, leidt tot een dubbele verplichting als de lidstaat van de vestiging voor die werknemers een soortgelijke last oplegt. In casu moet CIBA voor de werknemers van haar filiaal in die lidstaat een dergelijke last betalen in de vorm van bijdragen met betrekking tot het werkgelegenheidsbeleid van de Tsjechische overheid.

21. Voorts betoogt CIBA dat de BOB geen belasting is, aangezien zij wordt betaald aan een onderdeel van een overheidsfonds voor beroepsopleiding dat geen deel uitmaakt van het overheidsbudget en er daarnaast een rechtstreeks verband bestaat tussen de bijdragen en de uitkeringen die dat fonds overeenkomstig het nationale recht verstrekt aan instellingen voor beroepsopleiding en/of onderwijsinstellingen.

22. In dit verband blijkt uit de verwijzingsbeslissing en de bij het Hof ingediende opmerkingen dat de BOB een last is die wordt opgelegd aan vennootschappen die vallen binnen de werkingssfeer van de wet van 2003, als omschreven in artikel 2, leden 1 en 2, daarvan, en die overeenkomstig artikel 3 van die wet wordt berekend op basis van de loonkosten van die vennootschappen. De betalingen van de BOB stijven een onderdeel van het Hongaarse arbeidsmarktfonds waaruit, zoals CIBA opmerkt, steun wordt verleend aan instellingen voor beroepsopleiding in Hongarije.

23. Noch het feit dat de BOB wordt berekend op basis van de loonkosten van de bijdrageplichtige vennootschappen en niet op basis van de inkomsten of de winsten van die vennootschappen, noch dat zij is bestemd voor een fonds dat geen deel uitmaakt van het centrale overheidsbudget en dat voor een specifiek gebruik wordt aangewend, volstaat evenwel op zich om uit te sluiten dat zij onder de directe belastingen valt.

24. Zoals de advocaat-generaal in punt 21 van haar conclusie heeft opgemerkt, ontvangen die vennootschappen voorts kennelijk generlei dienst als directe tegenprestatie voor de betaalde BOB. In haar opmerkingen benadrukt de Hongaarse regering dienaangaande dat de BOB geen bijdrage is waarvan de betaling de werknemers een individueel recht op deelname aan een beroepsopleiding verleent. Het is immers de staat die moet beslissen op welke wijze het betaalde bedrag moet worden aangewend om het niveau van de beroepsopleiding op de Hongaarse arbeidsmarkt te verbeteren. Het staat evenwel aan de verwijzende rechter om een en ander te verifiëren.

25. Aangenomen dat de BOB onder de directe belastingen valt en dat CIBA's verplichting om de BOB te betalen op basis van een berekening waarbij rekening wordt gehouden met de loonkosten van haar filiaal in Tsjechië, en om voor de werknemers van dat filiaal bijdragen te betalen met betrekking tot het werkgelegenheidsbeleid van de overheid van die lidstaat, kan worden aangemerkt als een dubbele belasting, is dat fiscaal nadeel het gevolg van de parallelle uitoefening van belastingbevoegdheid door twee lidstaten (zie in die zin arresten van 14 november 2006, Kerckhaert en Morres, C-513/04, *Jurispr.* blz. I-10967, punt 20, en 12 februari 2009, Block, C-67/08, *Jurispr.* blz. I-883, punt 28).

26. Overeenkomsten ter voorkoming van dubbele belasting strekken ertoe de negatieve effecten voor de werking van de interne markt weg te werken of te verminderen die voortvloeien uit het in het vorige punt genoemde naast elkaar bestaan van nationale belastingstelsels (reeds aangehaalde arresten Kerckhaert en Morres, punt 21, en Block, punt 29).

27. Het recht van de Unie voorziet in de huidige stand van zijn ontwikkeling en voor een situatie als die in het hoofdgeding evenwel niet in algemene criteria voor de verdeling van de bevoegdheden tussen de lidstaten ter zake van de afschaffing van dubbele belasting binnen de Europese Unie. Afgezien van richtlijn 90/435/EEG van de Raad van 23 juli 1990 betreffende de gemeenschappelijke fiscale regeling voor moedermaatschappijen en dochterondernemingen uit verschillende lidstaten (*PB* L 225, blz. 6), het Verdrag van 23 juli 1990 tot afschaffing van dubbele belasting in geval van winstcorrecties tussen verbonden ondernemingen (*PB* L 225, blz. 10), en richtlijn 2003/48/EG van de Raad van 3 juni 2003 betreffende belastingheffing op inkomsten uit spaargelden in de vorm van rentebetaling (*PB* L 157, blz. 38), is tot dusver in het kader van het recht van de Unie geen enkele unificatie- of harmonisatiemaatregel tot afschaffing van dubbele belastingen vastgesteld (reeds aangehaalde arresten Kerckhaert en Morres, punt 22, en Block, punt 30).

28. Daaruit vloeit voort dat de lidstaten, mits zij het recht van de Unie in acht nemen, bij de huidige stand van ontwikkeling van dit recht over een zekere autonomie ter zake beschikken, zodat zij niet verplicht zijn om hun belastingstelsel aan te passen aan de verschillende belastingstelsels van de andere lidstaten om met name dubbele belasting als gevolg van de parallelle uitoefening door deze staten van hun fiscale bevoegdheden te voorkomen (zie in die zin reeds aangehaalde arresten Columbus Container Services, punt 51, en Block, punt 31).

29. Derhalve levert de door CIBA aangevoerde dubbele belasting, zo zij al bestaat, op zich geen door het Verdrag verboden beperking op (zie in die zin arresten van 20 mei 2008, Orange European Smallcap Fund, C-194/06, *Jurispr.* blz. I-3747, punt 42, en 16 juli 2009, Damseaux, C-128/08, *Jurispr.* blz. I-00000, punt 27).

30. De Commissie van de Europese Gemeenschappen *stelt echter dat de* BOB een bijzondere, in het belang van de werknemers geheven belasting is, die *kan worden vergeleken* met de werkgeversbijdragen die aan de orde waren in het hoofdgeding in *de zaak waarin het* arrest van 23 november 1999, Arblade e.a. (C-369/96 en C-376/96, *Jurispr.* blz. I-8453), *is gewezen.*

31. In punt 50 van dat arrest heeft het Hof geoordeeld dat een nationale regeling die een werkgever die handelt als dienstverrichter in de zin van het Verdrag, verplicht werkgeversbijdragen te betalen aan het fonds van de lidstaat van ontvangst, boven op de bijdragen die hij reeds betaalt aan het fonds van de lidstaat waar hij is gevestigd, een beperking van de vrijheid van dienstverrichting vormt, aangezien een dergelijke verplichting voor de in een andere lidstaat gevestigde ondernemingen extra administratieve en economische kosten en lasten meebrengt, zodat deze laatste uit het oogpunt van de mededinging niet op gelijke voet staan met de in de lidstaat van ontvangst gevestigde werkgevers en ervan kunnen worden afgeschrikt, aldaar diensten te verrichten.

32. In tegenstelling tot die bijdragen, die voor elke ter beschikking gestelde werknemer moesten worden betaald met het oog op diens sociale bescherming (zie arrest Arblade e.a., reeds aangehaald, punten 48, 49 en 80), lijkt de BOB, zoals in de punten 22 en 24 van dit arrest is opgemerkt, door de bijdrageplichtige ondernemingen evenwel niet te worden betaald om die ondernemingen, en nog minder hun werknemers, een rechtstreeks voordeel op te leveren, maar stijft zij een overheidsfonds waaruit steun aan Hongaarse instellingen voor beroepsopleiding wordt verleend. Onder voorbehoud van de in punt 24 bedoelde verificatie door de verwijzende rechter kan de BOB bijgevolg niet worden vergeleken met de bijdragen die aan de orde waren in het arrest Arblade e.a.

33. CIBA en de Commissie verwijzen ook naar twee aspecten van de regeling betreffende de BOB die volgens hen de vrijheid van vestiging belemmeren, ongeacht of er al dan niet sprake is van dubbele belasting.

34. In de eerste plaats betreft de verplichting om die bijdrage te betalen de totale loonkosten van een onderneming die in Hongarije is gevestigd, maar ook vestigingen buiten die lidstaat heeft, terwijl alleen de op het grondgebied van die lidstaat te werk gestelde werknemers de uit het Hongaarse arbeidsmarktfonds gefinancierde opleidingen kunnen volgen.

35. In de tweede plaats is een onderneming die in Hongarije is gevestigd, maar ook vestigingen buiten die lidstaat heeft, verplicht om de BOB te betalen voor werknemers voor wie geen beroep kan worden gedaan op de in het nationale recht geboden mogelijkheden om het verschuldigde brutobedrag van de BOB te verlagen.

36. Hoewel de verwijzende rechter geen expliciete vragen stelt over die twee aspecten van de in het hoofdgeding aan de orde zijnde nationale regeling, blijkt uit de verwijzingsbeslissing dat, zoals in punt 11 van dit arrest is uiteengezet, hij zich afvraagt of de verplichting van een in Hongarije gevestigde vennootschap om de BOB te betalen met betrekking tot de loonkosten van een in een andere lidstaat gevestigd filiaal van die vennootschap, verenigbaar is met de vrijheid van vestiging. Aangezien die twee aspecten in deze context relevant lijken, dienen zij te worden onderzocht teneinde de verwijzende rechter een nuttig antwoord te kunnen geven.

37. Met betrekking tot het argument dat de werknemers in Tsjechië geen uit het Hongaarse arbeidsmarktfonds gefinancierde opleidingen kunnen volgen, zij eraan herinnerd dat de lidstaat waar een onderneming is gevestigd bij het ontbreken van een overeenkomst ter voorkoming van dubbele belasting het recht heeft om deze onderneming naar het wereldinkomen te belasten (zie in die zin arresten van 14 februari 1995, Schumacker, C-279/93, *Jurispr.* blz. I-225, punt 32, en 15 mei 2008, Lidl Belgium, C-414/06, *Jurispr.* blz. I-3601, punt 33).

38. Het feit dat de werknemers van CIBA in Tsjechië die opleidingen mogelijk niet kunnen volgen, is slechts het gevolg van de heffings- en uitgavebevoegdheid van de Republiek Hongarije, aangezien de BOB volgens de verwijzingsbeslissing niet valt binnen de werkingssfeer van de in punt 11 van dit arrest genoemde overeenkomst. Bijgevolg levert dit op zich geen beperking op die in strijd is met de vrijheid van vestiging.

39. Wat de mogelijkheden voor een binnen de werkingssfeer van de wet van 2003 vallende vennootschap betreft om het verschuldigde brutobedrag van de BOB te verlagen, blijkt uit de opmerkingen van CIBA en de Hongaarse regering, zoals in punt 7 van dit arrest is uiteengezet, dat een dergelijke vennootschap daartoe een praktijkopleiding kan organiseren, een opleidingsovereenkomst voor haar eigen werknemers kan sluiten of een ontwikkelingsgift aan een instelling voor hoger onderwijs of beroepsonderwijs kan doen.

40. Voor zover een dergelijke vennootschap dit zou hebben gedaan, los van haar verplichting om de BOB te betalen, hetgeen met name het geval kan zijn voor de organisatie van een opleiding voor haar eigen werknemers, dient de mogelijkheid om de kosten daarvan af te trekken van het verschuldigde brutobedrag van de BOB, als een voordeel te worden aangemerkt.

41. Blijkens de opmerkingen van CIBA zijn die mogelijkheden om het te betalen brutobedrag van de BOB te verlagen, evenwel omschreven in het Hongaarse nationale recht. Ter terechtzitting hebben zowel deze partij in het hoofdgeding als de Hongaarse regering opgemerkt dat de aldus georganiseerde opleidingen op het Hongaarse grondgebied moeten plaatsvinden. CIBA stelt dat het personeel in haar filiaal in Tsjechië weliswaar niet van deelname aan die opleidingen is uitgesloten, maar dat die deelname extra kosten zou meebrengen, met name in de vorm van reiskosten, en, gelet op de verschillen tussen het Hongaarse en het Tsjechische opleidingsstelsel, geen nut zou hebben.

42. Het staat aan de verwijzende rechter om de in de drie vorige punten genoemde bijzondere kenmerken van het stelsel alsook de praktische gevolgen ervan te verifiëren. Onder voorbehoud van die verificatie lijken de mogelijk-

heden waarover een vennootschap zoals verzoekster in het hoofdgeding naar Hongaars recht beschikt om het te betalen brutobedrag van de BOB te verlagen, in de praktijk niet te gelden voor een vestiging in een andere lidstaat.

43. In dat geval is de situatie van een in Hongarije gevestigde vennootschap die ook een vestiging in een andere lidstaat heeft, wat het in punt 40 van dit arrest vastgestelde voordeel betreft, minder gunstig dan die van een vennootschap die haar activiteit uitsluitend tot het Hongaarse grondgebied beperkt (zie naar analogie reeds aangehaalde arresten Lidl Belgium, punt 25, en Filipiak, punt 67).

44. Derhalve kan de praktische moeilijkheid voor een in Hongarije gevestigde vennootschap om voor een vestiging in een andere lidstaat een beroep te doen op de mogelijkheden waarin de Hongaarse regeling voorziet om het verschuldigde brutobedrag van de BOB te verlagen, mits zij door de verwijzende rechter wordt bevestigd, die vennootschap ervan weerhouden de in de artikelen 43 EG en 48 EG bedoelde vrijheid van vestiging te benutten, en vormt zij een beperking van die vrijheid (zie naar analogie arrest Filipiak, punt 71, en aldaar aangehaalde rechtspraak).

45. Volgens de rechtspraak van het Hof is een maatregel waarbij door het Verdrag gewaarborgde fundamentele vrijheden worden beperkt, slechts toelaatbaar indien hijwordt gerechtvaardigd door dwingende redenen van algemeen belang. In dat geval is tevens vereist dat de toepassing van de betrokken maatregel geschikt is om de verwezenlijking van het nagestreefde doel te waarborgen en niet verder gaat dan ter bereiking van dat doel noodzakelijk is (zie met name arrest van 16 oktober 2008, Renneberg, C-527/06, *Jurispr.* blz. I-7735, punt 81).

46. De Hongaarse regering noch de verwijzende rechter hebben evenwel een mogelijke rechtvaardigingsgrond aangevoerd.

47. Hoe dan ook moet worden vastgesteld dat een beperking als bedoeld in punt 44 van dit arrest niet kan worden gerechtvaardigd door de noodzaak om de samenhang van een stelsel als het in het hoofdgeding aan de orde zijnde BOB-stelsel te bewaren. Een beroep op een dergelijke rechtvaardigingsgrond kan volgens het Hof alleen slagen indien er een rechtstreeks verband bestaat tussen het betrokken voordeel en de compensatie van dat voordeel door een bepaalde belastingheffing, welk rechtstreeks verband op basis van de door de betrokken regeling nagestreefde doelstelling moet worden beoordeeld (zie in die zin arrest van 17 september 2009, Glaxo Wellcome, C-182/08, *Jurispr.* blz. I-00000, punt 78, en aldaar aangehaalde rechtspraak). In het hoofdgeding lijkt het feit dat voor een in Hongarije gevestigde vennootschap rekening wordt gehouden met de loonsom van een vestiging in een andere lidstaat, in de praktijk niet te worden gecompenseerd door enige mogelijkheid voor die vennootschap om gebruik te maken van de mogelijkheden waarin de Hongaarse regeling voorziet om het verschuldigde brutobedrag van de BOB te verlagen met betrekking tot de in die vestiging gemaakte opleidingskosten.

48. Voorts blijkt uit artikel 8, lid 1, van de wet van 2003 en de opmerkingen van de Hongaarse regering dat de regeling betreffende de BOB strekt tot verbetering van het opleidingsniveau van het personeel op de Hongaarse arbeidsmarkt. Een verlaging van het te betalen brutobedrag van de BOB met de buiten het Hongaarse grondgebied gemaakte opleidingskosten kan stellig leiden tot een verlaging van de inkomsten die bestemd zijn om dat doel te verwezenlijken. Een dergelijke overweging is echter zuiver economisch en kan volgens vaste rechtspraak dus geen dwingende reden van algemeen belang vormen (zie in die zin arrest van 21 november 2002, X en Y, C-436/00, *Jurispr.* blz. I-10829, punt 50, en arrest Glaxo Wellcome, reeds aangehaald, punt 82).

49. Gelet op het voorgaande moet op de gestelde vraag worden geantwoord dat de artikelen 43 EG en 48 EG in de weg staan aan een regeling van een lidstaat volgens welke een in die staat gevestigde onderneming verplicht is tot betaling van een bijdrage zoals de BOB, waarvan het bedrag wordt berekend op basis van haar loonkosten, inclusief die van een filiaal van die onderneming in een andere lidstaat, indien die onderneming in de praktijk voor dat filiaal geen gebruik kan maken van de mogelijkheden waarin die regeling voorziet om die bijdrage te verlagen dan wel daartoe geen toegang heeft.

Kosten

50. …

HET HOF (Derde kamer)

verklaart voor recht:

De artikelen 43 EG en 48 EG staan in de weg aan een regeling van een lidstaat volgens welke een in die staat gevestigde onderneming verplicht is tot betaling van een bijdrage zoals de beroepsopleidingsbijdrage, waarvan het bedrag wordt berekend op basis van haar loonkosten, inclusief die van een filiaal van die onderneming in een andere lidstaat, indien die onderneming in de praktijk voor dat filiaal geen gebruik kan maken van de mogelijkheden waarin die regeling voorziet om die bijdrage te verlagen dan wel daartoe geen toegang heeft.

HvJ EG 22 april 2010, zaak C-510/08 (Vera Mattner v. Finanzamt Velbert)

Tweede kamer: *J. N. Cunha Rodrigues, kamerpresident, P. Lindh, A. Rosas, U. Lõhmus en A. Ó Caoimh (rapporteur), rechters*
Advocaat-generaal: *P. Mengozzi*

Samenvatting

This case concerns the calculation of the German gift tax due on the gift of immovable property located in Germany, which varies according to whether either the donor or the donee is resident or non-resident in Germany at the date of the gift. The facts of the case are as follows. Ms Mattner, a German national who has lived in the Netherlands for more than 35 years, acquired by gift from her mother, who is also a German national and has lived in the Netherlands for more than 50 years, a piece of land on which a house had been built, in Düsseldorf (Germany), worth EUR 255,000. The Finanzamt claimed gift tax in the amount of EUR 27,929 from Ms Mattner in respect of the gift she had received. That figure was obtained by deducting an allowance of EUR 1,100 from the value of the land and applying a rate of 11% to the resulting taxable value. However, had Ms Mattner or her mother been resident in Germany at the date of the gift, Ms Mattner would have been able to claim the allowance of EUR 205,000, as a result of which the taxable value would have been limited to only EUR 50,000 and the tax due would, subject to a 7% rate, have been EUR 3,500 instead of EUR 27,929. Ms Mattner objected to this assessment before the Tax Court of Düsseldorf, seeking to obtain the benefit of the EUR 205,000 allowance. On 4 November 2008, the referring court brought the matter before the CJ.

The CJ observed that a situation in which a person resident in the Netherlands makes a gift of land in Germany to another person also resident in the Netherlands cannot be regarded as a purely domestic situation, falling within the scope of the free movement of capital under Article 63 TFEU. The CJ dismissed the analysis of the case under the TFEU provisions on the free movement for workers or the freedom of establishment. The CJ held that the German legislation at issue constitutes a restriction on the free movement of capital as it makes the application of an allowance against the taxable value of the immovable property concerned dependent on the place of residence of the donor and the donee on the date of the gift, imposing the greater tax burden on the gift between non-residents.

Contrary to the submissions of the Finanzamt and the German Government, the CJ held that difference in treatment cannot be justified on the ground that residents and non-residents are in objectively different situations. The German legislation, in principle, regards both the recipient of a gift between non-residents and the recipient of a gift involving at least one resident as taxpayers for the purposes of charging gift tax on gifts of immovable property in Germany. By treating gifts to those two classes of persons in the same way, except in relation to the amount of the allowance the donee may benefit from, the national legislature accepted that there was no objective difference between them in regard to the detailed rules and conditions of charging gift tax which could justify a difference in treatment. The CJ rejected the justifications submitted by the Finanzamt and the German Government based on overriding reasons in the general interest and concluded that the German gift tax rules at stake violated the free movement of capital protected under Article 63 TFEU.

Bovenstaande samenvatting (uit EU Tax Alert) werd beschikbaar gesteld door Loyens & Loeff.

HvJ EG 20 mei 2010, zaak C-352/08 (Modehuis A. Zwijnenburg BV v. Staatssecretaris van Financiën)

Eerste kamer: *A. Tizzano, kamerpresident, waarnemend voor de president van de Eerste kamer, E. Levits, A. Borg Barthet, M. Ilešič en J. J. Kasel (rapporteur), rechters*

Advocaat-generaal: *J. Kokott*

1. Het verzoek om een prejudiciële beslissing heeft betrekking op de uitlegging van artikel 11, lid 1, sub a, van richtlijn 90/434/EEG van de Raad van 23 juli 1990 betreffende de gemeenschappelijke fiscale regeling voor fusies, splitsingen, inbreng van activa en aandelenruil met betrekking tot vennootschappen uit verschillende lidstaten (*PB* L 225, blz. 1).

2. Deze vraag is gesteld in het kader van een geding tussen Modehuis A. Zwijnenburg BV (hierna: 'Zwijnenburg') en de Staatssecretaris van Financiën over een verzoek om teruggaaf van overdrachtsbelasting, gestoeld op een wettelijke vrijstelling ter zake van bedrijfsfusies.

Toepasselijke bepalingen

Regelgeving van de Unie

3. Volgens de eerste overweging van haar considerans heeft richtlijn 90/434 tot doel te waarborgen dat herstructureringen van bedrijven in verschillende lidstaten, zoals fusies, splitsingen, inbreng van activa en aandelenruil, niet worden belemmerd door uit de fiscale voorschriften der lidstaten voortvloeiende bijzondere beperkingen, nadelen of distorsies.

4. Uit de vierde overweging van de considerans van deze richtlijn volgt dat de gemeenschappelijke fiscale regeling moet voorkomen dat wegens fusies, splitsingen, inbreng van activa of aandelenruil belasting wordt geheven, met dien verstande dat de financiële belangen van de staat van de inbrengende of verworven vennootschap moeten worden veiliggesteld.

5. Volgens de bewoordingen van artikel 4, lid 1, van deze richtlijn '[leiden f]usies of splitsingen [...] niet tot enigerlei belastingheffing over de meerwaarden die bepaald worden door het verschil tussen de werkelijke waarde van de overgedragen activa en passiva en hun fiscale waarde'.

6. Ingevolge artikel 8, lid 1, van richtlijn 90/434 '[mag t]oekenning bij een fusie, een splitsing of een aandelenruil, van bewijzen van deelgerechtigdheid in het maatschappelijk kapitaal van de ontvangende of de verwervende vennootschap aan een deelgerechtigde van de inbrengende of verworven vennootschap in ruil voor bewijzen van deelgerechtigdheid in het maatschappelijk kapitaal van deze laatste vennootschap, [...] op zich niet leiden tot enigerlei belastingheffing op het inkomen, de winst of de meerwaarden van deze deelgerechtigde'.

7. Artikel 11, lid 1, sub a, van richtlijn 90/434 is als volgt verwoord:

'1. De lidstaten kunnen weigeren de bepalingen van de titels II, III en IV geheel of gedeeltelijk toe te passen of het voordeel ervan teniet doen indien blijkt dat de fusie, splitsing, inbreng van activa of aandelenruil:

a. als hoofddoel of een der hoofddoelen belastingfraude of -ontwijking heeft; het feit dat een van de in artikel 1 bedoelde rechtshandelingen niet plaatsvindt op grond van zakelijke overwegingen, zoals herstructurering of rationalisering van de activiteiten van de bij de transactie betrokken vennootschappen, kan doen veronderstellen dat die transactie als hoofddoel of een van de hoofddoelen belastingfraude of -ontwijking heeft'.

|8. Artikel 14 van de Wet op de vennootschapsbelasting 1969 luidt in de op het hoofdgeding toepasselijke versie:

'1. De belastingplichtige die zijn gehele onderneming of een zelfstandig onderdeel van een onderneming overdraagt (overdrager) aan een ander lichaam dat reeds belastingplichtig is of door de overname belastingplichtig wordt (overnemer), tegen uitreiking van aandelen in de overnemer (bedrijfsfusie), behoeft de winst behaald met of bij de overdracht niet in aanmerking te nemen, [...]. Indien de winst niet in aanmerking wordt genomen, treedt de overnemer ten aanzien van alle vermogensbestanddelen die in het kader van de bedrijfsfusie zijn verkregen in de plaats van de overdrager.

[...]

4. In afwijking van het eerste en het tweede lid, wordt de winst wel in aanmerking genomen, indien de bedrijfsfusie in overwegende mate is gericht op het ontgaan of uitstellen van belastingheffing. De bedrijfsfusie wordt, tenzij het tegendeel aannemelijk wordt gemaakt, geacht in overwegende mate te zijn gericht op het ontgaan of uitstellen van belastingheffing indien deze niet plaatsvindt op grond van zakelijke overwegingen, zoals herstructurering of rationalisering van de actieve werkzaamheden van de overdrager en de overnemer. Indien aandelen in de overdrager dan wel in de overnemer binnen drie jaar na de overdracht geheel of ten dele, direct of indirect worden vervreemd aan een lichaam dat niet met de overdrager en de overnemer is ver-

bonden, worden zakelijke overwegingen niet aanwezig geacht, tenzij het tegendeel aannemelijk wordt gemaakt.

[...]

8. De overdrager die zekerheid wenst omtrent de vraag of de bedrijfsfusie niet wordt geacht in overwegende mate te zijn gericht op het ontgaan of uitstellen van belastingheffing, kan voor de overdracht een verzoek indienen bij de inspecteur, die daarop bij voor bezwaar vatbare beschikking beslist.'

9. Krachtens artikel 2 van de Wet op belastingen van rechtsverkeer 1970, in de op het hoofdgeding toepasselijke versie, wordt onder overdrachtsbelasting verstaan 'een belasting geheven ter zake van de verkrijging van in Nederland gelegen onroerende zaken of van rechten waaraan deze zijn onderworpen'.

10. Artikel 4 van deze wet preciseert:

'Als 'zaken' als bedoeld in artikel 2 worden mede aangemerkt (fictieve onroerende zaken):

a. aandelen in lichamen met een in aandelen verdeeld kapitaal, waarvan de bezittingen op het tijdstip van de verkrijging of op enig tijdstip in het daaraan voorafgaande jaar hoofdzakelijk bestaan of hebben bestaan uit in Nederland gelegen onroerende zaken, mits deze onroerende zaken, als geheel genomen, op dat tijdstip geheel of hoofdzakelijk dienstbaar zijn of waren aan het verkrijgen, vervreemden of exploiteren van die onroerende zaken; [...]'

11. Krachtens artikel 14 van deze wet '[bedraagt de belasting] 6 percent'.

12. Artikel 15, lid 1, sub h, van diezelfde wet luidt:

'1. Onder bij algemene maatregel van bestuur te stellen voorwaarden is van de belasting vrijgesteld de verkrijging: [...]

h. bij fusie, splitsing en interne reorganisatie; [...]'

13. Artikel 5a van het Uitvoeringsbesluit wet op belastingen van rechtsverkeer bepaalt in de op het hoofdgeding toepasselijke versie het volgende:

'1. De in artikel 15, eerste lid, [sub] h, van de wet bedoelde vrijstelling wegens fusie is van toepassing indien een vennootschap uitsluitend de gehele onderneming of een zelfstandig onderdeel daarvan van een andere vennootschap verkrijgt tegen toekenning van aandelen.

2. Onder toekenning van aandelen wordt begrepen het geval waarin naast de toekenning van aandelen tevens een bedrag in geld wordt betaald van ten hoogste 10 percent van de waarde van hetgeen op de aandelen is gestort.

[...]

7. Voor de toepassing van dit artikel wordt onder vennootschap verstaan de naamloze vennootschap, de besloten vennootschap met beperkte aansprakelijkheid, de open commanditaire vennootschap, alsmede andere vennootschappen welker kapitaal geheel of ten dele in aandelen is verdeeld. [...]'

Hoofdgeding en prejudiciële vraag

14. Zwijnenburg exploiteerde een modezaak in twee panden gelegen aan de Tolstraat 17 en 19 te Meerbeek (Nederland). Zwijnenburg was eigenaar van het pand gelegen aan de Tolstraat 19 en huurde het pand gelegen aan de Tolstraat 17 van A. Zwijnenburg Beheer BV (hierna: 'Beheer'), die daarvan de eigenaar was en als enige activiteit het beheer van onroerende zaken had.

15. De aandelen in Beheer werden gehouden door A. J. Zwijnenburg en zijn echtgenote (hierna: 'ouders').

16. De aandelen in Zwijnenburg werden via een holding gehouden door L. E. Zwijnenburg (hierna: de 'zoon') en zijn echtgenote.

17. Ter voltooiing van de overname van de handelszaak van zijn ouders door de zoon, die reeds in de maand december 1990 in gang was gezet, was erin voorzien dat Zwijnenburg zijn modezaak en het pand gelegen aan de Tolstraat 19 zou inbrengen in Beheer tegen uitreiking van aandelen. Overeenkomstig artikel 14, lid 1, van de Wet op de vennootschapsbelasting 1969 zou deze bedrijfsfusie van belasting moeten zijn vrijgesteld.

18. Zwijnenburg zou de resterende aandelen in Beheer, die in handen waren van zijn ouders en waarop een koopoptie was verleend, in een later stadium verwerven. Deze transactie zou overeenkomstig artikel 15, lid 1, sub h, van de Wet op belastingen van rechtsverkeer 1970 juncto artikel 5a, lid 1, van het uitvoeringsbesluit bij die wet van de vrijstelling van overdrachtsbelasting moeten profiteren.

19. Zwijnenburg heeft zich bij brief van 13 januari 2004 tot de belastingdienst gewend om bevestiging te krijgen dat de voorgenomen bedrijfsfusie tussen Zwijnenburg en Beheer en de latere verkrijging van de aandelen in Beheer door Zwijnenburg zonder belastingheffing konden plaatsvinden, met name zonder overdrachtsbelasting te hoeven te betalen.

20. Bij beschikking van 19 januari 2004 heeft de inspecteur van de belastingdienst dit verzoek evenwel afgewezen omdat hij meende dat de bedrijfsfusie binnen de werkingssfeer van artikel 14, lid 4, van de Wet op de vennootschapsbelasting 1969 viel, daar zij in overwegende mate was gericht op het ontgaan of uitstellen van belastingheffing.

21. De inspecteur heeft zijn beschikking, na daartegen gemaakt bezwaar, gehandhaafd. Het Gerechtshof te 's-Gravenhage heeft het door Zwijnenburg tegen die beslissing ingestelde beroep ongegrond verklaard.

22. Volgens deze rechter was de wens om de panden gelegen aan de Tolstraat 17 en 19 in één enkele onderneming samen te voegen, waarvan uiteindelijk de zoon de voordelen zou genieten, stellig op zakelijke overwegingen gestoeld. Hij oordeelde echter dat de voor de samenvoeging van de panden gekozen weg van de bedrijfsfusie niet door zakelijke overwegingen was ingegeven, aangezien Zwijnenburg haar onderneming in Beheer moest inbrengen en later de door deze laatste uitgegeven aandelen moest verwerven.

23. Het Gerechtshof te 's-Gravenhage oordeelde dat Zwijnenburg niet aannemelijk had gemaakt dat belastingfraude of -ontwijking niet het hoofddoel of een van de hoofddoelen van de voorgenomen bedrijfsfusie was. De enige beweegreden om tot deze fusie over te gaan was om de overdrachtsbelasting te ontgaan die verschuldigd zou zijn bij een directe overdracht van het pand aan de Tolstraat 17 aan Zwijnenburg alsmede het uitstellen van de heffing van vennootschapsbelasting over het verschil tussen de boekwaarde van dit pand en de waarde in het economisch verkeer bij overdracht.

24. Het Gerechtshof te 's-Gravenhage concludeerde dat, zelfs als het einddoel van de transactie op zakelijke overwegingen berustte, de gekozen financiële constructie enkel was opgezet om de fiscale voordelen te genieten die voor bedrijfsfusies waren voorbehouden.

25. Zwijnenburg heeft daarop beroep tot cassatie ingesteld bij de Hoge Raad der Nederlanden.

26. De Hoge Raad stelde vast dat de ouders als gevolg van de betrokken transactie nog steeds een economisch belang in de onderneming zouden hebben, terwijl zij zich juist wilden terugtrekken ten gunste van de zoon en zijn echtgenote. Hij leidt hieruit af dat een hoofddoel van de voorgenomen bedrijfsfusie was om bepaalde fiscale gevolgen te ontgaan, namelijk de overdrachtsbelasting die Zwijnenburg verschuldigd zou zijn geweest indien het pand aan de Tolstraat 17 door haar zou zijn verworven of indien de aandelen Beheer aan haar zouden zijn overgedragen.

27. De Hoge Raad der Nederlanden merkt op dat artikel 14 van de Wet op de vennootschapsbelasting 1969 het bepaalde in artikel 11, lid 1, sub a, van richtlijn 90/434 overneemt om dit ook op zuiver interne situaties toe te passen. Hij stelt evenwel vast dat overdrachtsbelasting niet behoort tot de belastingen waarvan de heffing op grond van deze richtlijn achterwege behoort te blijven.

28. In die omstandigheden heeft de Hoge Raad der Nederlanden de behandeling van de zaak geschorst en het Hof de volgende prejudiciële vraag gesteld:

> 'Moet artikel 11, lid 1, sub a, van richtlijn nr. 90/434/EEG [...] zo worden uitgelegd dat de faciliteiten van die richtlijn kunnen worden geweigerd aan de belastingplichtige ingeval een samenstel van rechtshandelingen erop is gericht de heffing te voorkomen van een andere belasting dan de belastingen waarop de in die richtlijn opgenomen faciliteiten betrekking hebben?'

Beantwoording van de prejudiciële vraag

Voorafgaande opmerkingen

29. Op Zwijnenburg na concluderen alle partijen die schriftelijke opmerkingen hebben ingediend, dat het Hof zich bevoegd moet verklaren om op de prejudiciële vraag te antwoorden.

30. Dienaangaande moet eraan worden herinnerd dat het Hof krachtens artikel 234 EG bevoegd is bij wijze van prejudiciële beslissing uitspraak te doen over onder meer de uitlegging van het EG-Verdrag en de handelingen van de instellingen van de Unie.

31. Vaststaat dat het hoofdgeding betrekking heeft op een bepaling van nationaal recht die in een zuiver interne situatie van toepassing is.

32. De verwijzende rechter heeft er echter op gewezen dat de Nederlandse wetgever bij de omzetting van richtlijn 90/434 in nationaal recht, heeft besloten de bij deze richtlijn voorziene fiscale behandeling ook op zuiver interne situaties toe te passen, zodat nationale en grensoverschrijdende herstructureringen onderworpen zijn aan dezelfde fiscale regeling voor fusies.

33. Volgens de rechtspraak van het Hof heeft de Unie, wanneer een nationale wettelijke regeling zich voor haar oplossingen voor zuiver interne situaties conformeert aan de in het recht van de Unie gekozen oplossingen, teneinde inzonderheid discriminaties ten nadele van nationale onderdanen of eventuele distorsies van de mededinging te voorkomen, er stellig belang bij, dat ter vermijding van uiteenlopende uitleggingen in de toekomst de overgenomen bepalingen of begrippen van het recht van de Unie op eenvormige wijze worden uitgelegd, ongeacht

de omstandigheden waaronder zij toepassing moeten vinden (zie arresten van 17 juli 1997, Leur-Bloem, C-28/95, *Jurispr.* blz. I-4161, punt 32, en 15 januari 2002, Andersen og Jensen, C-43/00, *Jurispr.* blz. I-379, punt 18).

34. Daaraan moet worden toegevoegd dat het uitsluitend aan de nationale rechter staat, de precieze strekking van die verwijzing naar het recht van de Unie te beoordelen, en het Hof enkel bevoegd is om de bepalingen van dat recht te onderzoeken (arrest Leur-Bloem, reeds aangehaald, punt 33).

35. Hieruit volgt dat het Hof bevoegd is de bepalingen van richtlijn 90/434 uit te leggen, ook al zijn deze niet rechtstreeks van toepassing op de situatie in het hoofdgeding. Bijgevolg moet de vraag van de Hoge Raad der Nederlanden worden beantwoord.

Prejudiciële vraag

36. Met zijn vraag wenst de verwijzende rechter in wezen te vernemen of artikel 11, lid 1, sub a, van richtlijn 90/434 aldus moet worden uitgelegd dat de daarbij ingevoerde faciliteiten kunnen worden geweigerd aan de belastingplichtige die door middel van een juridische constructie bestaande in een bedrijfsfusie, de heffing wilde voorkomen van een belasting zoals die in het hoofdgeding, namelijk overdrachtsbelasting, terwijl deze belasting niet onder die richtlijn valt.

37. Uit het dossier volgt dat bij gebreke van een uitdrukkelijke nationale bepaling die de Nederlandse belastingautoriteiten de mogelijkheid biedt om het voordeel van de vrijstelling van overdrachtsbelasting te weigeren in geval van een bedrijfsfusie waarbij vaststaat dat zij door de belastingplichtige in overwegende mate wordt voorgenomen om de heffing van die belasting te ontwijken, deze autoriteiten artikel 11, lid 1, sub a, van richtlijn 90/434 zodanig willen toepassen dat vennootschapsbelasting wordt geheven ter compensatie van de ontweken overdrachtsbelasting.

38. Het Hof heeft aangaande de doelstelling van deze richtlijn reeds gepreciseerd dat zij volgens de eerste overweging van haar considerans beoogt concurrentieneutrale belastingvoorschriften tot stand te brengen om de ondernemingen in staat te stellen zich aan te passen aan de eisen van de gemeenschappelijke markt, hun productiviteit te vergroten en hun concurrentiepositie op de internationale markt te versterken. In deze overweging heet het eveneens dat fusies, splitsingen, inbreng van activa en aandelenruil waarbij vennootschappen uit verschillende lidstaten zijn betrokken, niet moeten worden belemmerd door uit de fiscale voorschriften van de lidstaten voortvloeiende bijzondere beperkingen, nadelen of distorsies (arrest Leur-Bloem, reeds aangehaald, punt 45).

39. Meer bepaald beoogt richtlijn 90/434 de fiscale obstakels voor grensoverschrijdende herstructureringen van ondernemingen weg te nemen, door te waarborgen dat eventuele waardevermeerderingen van aandelen niet worden belast voordat zij daadwerkelijk worden gerealiseerd (arresten van 5 juli 2007, Kofoed, C-321/05, *Jurispr.* blz. I-5795, punt 32, en 11 december 2008, A.T., C-285/07, *Jurispr.* blz. I-9329, punt 28).

40. Met dat doel bepaalt richtlijn 90/434, meer bepaald in artikel 4 ervan, dat fusies of splitsingen niet mogen leiden tot enigerlei belastingheffing over de meerwaarden die bepaald worden door het verschil tussen de werkelijke waarde van de overgedragen activa en passiva en hun fiscale waarde, en in artikel 8 ervan dat de toekenning bij een fusie, een splitsing of een aandelenruil, van bewijzen van deelgerechtigdheid in het maatschappelijk kapitaal van de ontvangende of de verwervende vennootschap aan een deelgerechtigde van de inbrengende of verworven vennootschap in ruil voor bewijzen van deelgerechtigdheid in het maatschappelijk kapitaal van deze laatste vennootschap, op zich niet kan leiden tot enigerlei belastingheffing op het inkomen, de winst of de meerwaarden van deze deelgerechtigde.

41. Het Hof heeft eveneens geoordeeld dat de bij de richtlijn ingevoerde gemeenschappelijke fiscale regeling, die verschillende fiscale voordelen behelst, zonder onderscheid van toepassing is op elke fusie, splitsing, inbreng van activa en aandelenruil, ongeacht om welke redenen deze plaatsvindt en of deze van financiële, economische of zuiver fiscale aard zijn (reeds aangehaalde arresten Leur-Bloem, punt 36, en Kofoed, punt 30).

42. Hieruit volgt dat de bepaling van de transacties die onder de faciliteiten van richtlijn 90/434 kunnen vallen, niet afhangt van financiële, economische of fiscale overwegingen. De motieven voor de voorgenomen transactie zijn daarentegen van belang bij de tenuitvoerlegging van de in artikel 11, lid 1, van die richtlijn voorziene faciliteit.

43. Krachtens artikel 11, lid 1, sub a, van richtlijn 90/434 kunnen de lidstaten weigeren de richtlijn geheel of gedeeltelijk toe te passen of het voordeel ervan tenietdoen, met name indien blijkt dat de aandelenruil als hoofddoel of een der hoofddoelen belastingfraude of -ontwijking heeft. Deze bepaling preciseert bovendien dat het feit dat een rechtshandeling niet plaatsvindt op grond van zakelijke overwegingen, zoals herstructurering of rationalisering van de activiteiten van de bij de transactie betrokken vennootschappen, kan doen vermoeden dat die transactie een dergelijk doel heeft (reeds aangehaalde arresten Leur-Bloem, punten 38 en 39, en Kofoed, punt 37).

44. Bij het onderzoek of de voorgenomen transactie een dergelijk doel heeft, kunnen de bevoegde nationale autoriteiten zich er evenwel niet toe beperken vooraf vastgestelde algemene criteria toe te passen, doch moeten zij in elk concreet geval deze in haar geheel onderzoeken (arrest Leur-Bloem, reeds aangehaald, punt 41).

45. De lidstaten kunnen immers slechts bij uitzondering en in bijzondere omstandigheden op grond van artikel 11, lid 1, sub a, weigeren de richtlijn geheel of gedeeltelijk toe te passen of het voordeel ervan tenietdoen (reeds aangehaalde arresten Kofoed, punt 37, en A.T., punt 31).

46. Bijgevolg moet artikel 11, lid 1, sub a, van richtlijn 90/434, als uitzonderingsbepaling, eng worden uitgelegd, rekening houdend met de bewoordingen en de doelstelling ervan en met de context waarin het moet worden geplaatst.

47. Door op het punt van de zakelijke overwegingen te verwijzen naar de herstructurering of rationalisering van de activiteiten van de bij de transactie betrokken vennootschappen, waarbij het vermoeden van belastingfraude of -ontwijking niet kan rijzen, is deze bepaling duidelijk toegespitst op het domein van de bedrijfsfusies en andere reorganisaties en is zij enkel van toepassing op de belastingen waartoe dergelijke transacties aanleiding geven.

48. Voor de voorgaande vaststelling kan voorts steun worden gevonden in het feit dat bij de huidige stand van het recht van de Unie, het domein van de directe belastingen niet als zodanig onder haar bevoegdheid valt.

49. Zoals de advocaat-generaal immers in punt 52 van haar conclusie heeft opgemerkt, leidt richtlijn 90/434 niet tot een volledige harmonisatie van de belastingen die in geval van een fusie of een vergelijkbare operatie tussen ondernemingen in verschillende lidstaten kunnen worden geheven. Deze richtlijn beperkt zich er met de invoering van concurrentieneutrale voorschriften toe bepaalde fiscale nadelen die met grensoverschrijdende herstructureringen van onderneming verbonden zijn, te verhelpen.

50. Hieruit volgt dat enkel de belastingen waarop richtlijn 90/434 uitdrukkelijk betrekking heeft, in aanmerking kunnen komen voor de daarbij ingevoerde faciliteiten en dus binnen de werkingssfeer van de uitzondering voorzien in artikel 11, lid 1, sub a, van genoemde richtlijn kunnen vallen.

51. In het kader van de ingevoerde faciliteiten verwijst richtlijn 90/434, die een bijzondere plaats inruimt voor belastingheffing over de meerwaarden, in essentie naar belastingen op vennootschappen en naar die welke door de deelgerechtigden daarvan verschuldigd zijn.

52. Er is daarentegen geen enkele aanwijzing in genoemde richtlijn op grond waarvan kan worden geconcludeerd dat deze de faciliteiten heeft willen uitbreiden tot andere belastingen zoals die in de hoofdzaak, namelijk een belasting die wordt geheven in geval van verwerving van een onroerende zaak die in de betrokken lidstaat is gelegen.

53. Een dergelijk geval moet immers worden beschouwd als vallend onder de fiscale bevoegdheid van de lidstaten.

54. In die omstandigheden kan het voordeel van de bij richtlijn 90/434 ingevoerde faciliteiten niet op grond van artikel 11, lid 1, sub a, van deze laatste worden geweigerd ter compensatie van de niet-betaling van een belasting, zoals die in het hoofdgeding, waarvan de grondslag en het tarief noodzakelijkerwijs verschillen van die welke van toepassing zijn op bedrijfsfusies en andere daarop betrekking hebbende reorganisaties.

55. Indien een andere aanpak zou worden gekozen, zou niet alleen afbreuk worden gedaan aan de uniforme en coherente uitlegging van richtlijn 90/434, maar zou dit bovendien verder gaan dan nodig is om de financiële belangen van de betrokken lidstaat veilig te stellen, zoals bepaald in de vierde overweging van de considerans van deze richtlijn. Zoals de advocaat-generaal in punt 66 van haar conclusie heeft opgemerkt, is het financiële belang van de betrokken lidstaat, wanneer het hoofddoel van de voorgenomen fusie het ontwijken van overdrachtsbelasting is, beperkt tot de heffing van diezelfde overdrachtsbelasting en kan dit dan ook niet binnen de werkingssfeer van genoemde richtlijn vallen.

56. Gelet op een en ander moet op de gestelde vraag worden geantwoord dat artikel 11, lid 1, sub a, van richtlijn 90/434 aldus moet worden uitgelegd dat de daarbij ingevoerde faciliteiten niet kunnen worden geweigerd aan de belastingplichtige die door middel van een juridische constructie bestaande in een bedrijfsfusie, de heffing wilde voorkomen van een belasting zoals die in het hoofdgeding, namelijk overdrachtsbelasting, wanneer deze belasting niet binnen de werkingssfeer van deze richtlijn valt.

Kosten

57. ...

HET HOF VAN JUSTITIE (Eerste kamer)

verklaart voor recht:

Artikel 11, lid 1, sub a, van richtlijn 90/434/EEG van de Raad van 23 juli 1990 betreffende de gemeenschappelijke fiscale regeling voor fusies, splitsingen, inbreng van activa en aandelenruil met betrekking tot vennootschappen uit verschillende lidstaten, moet aldus worden uitgelegd dat de daarbij ingevoerde faciliteiten niet

kunnen worden geweigerd aan de belastingplichtige die door middel van een juridische constructie bestaande in een bedrijfsfusie, de heffing wilde voorkomen van een belasting zoals die in het hoofdgeding, namelijk overdrachtsbelasting, wanneer deze belasting niet binnen de werkingssfeer van deze richtlijn valt.

HvJ EU 20 mei 2010, zaak C-56/09 (Zanotti)

Tweede kamer: *J. N. Cunha Rodrigues, kamerpresident, A. Rosas, U. Lõhmus, A. Ó Caoimh (rapporteur), en A. Arabadjiev, rechters*

Advocaat-generaal: *J. Kokott*

1. Het verzoek om een prejudiciële beslissing betreft de uitlegging van de artikelen 49 EG en 18 EG betreffende het vrij verrichten van diensten respectievelijk het burgerschap van de Unie.

2. Dit verzoek is ingediend in het kader van een geding tussen E. Zanotti en de Agenzia delle Entrate – Ufficio Roma 2 (hierna: 'Agenzia') inzake het in mindering brengen op de brutobelasting van de kosten voor het volgen van universitaire cursus in een andere lidstaat.

HET HOF (Tweede kamer)

verklaart voor recht:

1. Artikel 49 EG moet aldus worden uitgelegd dat:

– het in de weg staat aan een nationale regeling volgens welke belastingplichtigen de kosten voor cursussen op universitair niveau aan universitaire instellingen op het grondgebied van deze lidstaat kunnen aftrekken van de brutobelasting, maar deze mogelijkheid op algemene wijze wordt uitgesloten voor kosten voor cursussen op universitair niveau aan een particuliere universitaire instelling in een andere lidstaat;

– het niet in de weg staat aan een nationale regeling volgens welke belastingplichtigen de kosten voor cursussen op universitair niveau aan een particuliere universitaire instelling in een andere lidstaat kunnen aftrekken van de brutobelasting voor zover zij niet meer bedragen dan het maximum dat is vastgesteld voor de overeenkomstige kosten voor het volgen van soortgelijke cursussen aan de binnenlandse openbare universiteit die zich het dichtst bij de fiscale woonplaats van de belastingplichtige bevindt.

2. Artikel 18 EG moet aldus worden uitgelegd dat:

– het in de weg staat aan een nationale regeling volgens welke belastingplichtigen de kosten voor cursussen op universitair niveau aan instellingen op het grondgebied van die lidstaat kunnen aftrekken van de brutobelasting, maar deze mogelijkheid op algemene wijze wordt uitgesloten voor kosten voor cursussen op universitair niveau aan een universitaire instelling in een andere lidstaat;

– het niet in de weg staat aan een nationale regeling volgens welke belastingplichtigen de kosten voor cursussen op universitair niveau aan een universitaire instelling in een andere lidstaat kunnen aftrekken van de brutobelasting voor zover zij niet meer bedragen dan het maximum dat is vastgesteld voor de overeenkomstige kosten voor het volgen van soortgelijke cursussen aan de binnenlandse openbare universiteit die zich het dichtst bij de fiscale woonplaats van de belastingplichtige bevindt.

Samenvatting beschikbaar gesteld door Loyens & Loeff (EU Tax Alert):

On 20 May 2010, the CJ rendered its judgment in the Zanotti case (C-56/09), without an Opinion from Advocate General Kokott. The question in this case was whether the Italian income tax law (Article 15(1)(e) of Decree No 917 of the President of the Republic of 22 December 1986 and of Point 1.5.1 of Circular No 95 of the Ministry of Finance of 12 May 2000), which imposes a cap on the deductibility of costs related to studies in non-resident universities while allowing such tax deduction in respect of tuition fees payable to Italian State universities offering similar courses, is in conflict with EU law.

Mr Zanotti is an Italian citizen who came to the Netherlands in 2003 to pursue a degree from the (Adv) LLM Program in International Tax Law at the International Tax Center Leiden (Leiden University). Mr Zanotti tried to deduct the tuition fees paid to Leiden University in his Italian tax return for fiscal year 2003. The Italian Revenue allowed a deduction up to the maximum amount set for the corresponding costs of attending similar courses at the national State University nearest to the taxpayer's residence for tax purposes. Amongst others, Mr Zanotti argued before the Italian Regional Tax Commission of Rome that the restrictions imposed by the Italian legislation are precluded by the freedom to provide services (Article 56 TFEU) and the right of EU citizens to move and reside freely within the EU (Article 21 TFEU). In turn, the Italian court referred a preliminary question to the ECJ on 9 February 2009 (see EU Tax Alert, edition 66, May 2009).

The CJ held that national legislation which allows taxpayers to deduct from gross tax the costs of attending University courses provided by Universities situated in that Member State but excludes generally that possibility for University tuition fees incurred at a private University established in another Member State is incompatible with EU

law. Conversely, if the national legislation allows a partial deduction up to the maximum amount set for the corresponding costs of attending similar courses at the national State University nearest to the taxpayer's residence for tax purposes (i.e. quantitative and territorial limits), that legislation does not constitute an obstacle to the freedom to provide services and the right of EU citizens to move and reside freely within the EU. The Court had previously held in the Schwarz and Gootjes-Schwarz case (C-76/05) that, in order to avoid an excessive financial burden, it is legitimate for a Member State to limit the amount deductible in respect of tuition fees to a given level, corresponding to the tax relief granted by that Member State, taking account of certain values of its own, for attendance at educational establishments situated in its territory.

HvJ EG 3 juni 2010, zaak C-487/08 (Europese Commissie v. Koninkrijk Spanje)

Eerste kamer: *A. Tizzano, kamerpresident, E. Levits (rapporteur), A. Borg Barthet, J. J. Kasel en M. Berger, rechters*
Advocaat-generaal: *J. Mazák*

1. De Commissie van de Europese Gemeenschappen verzoekt het Hof vast te stellen dat het Koninkrijk Spanje de verplichtingen niet is nagekomen die op hem rusten krachtens artikel 56 EG en artikel 40 van de Overeenkomst betreffende de Europese Economische Ruimte van 2 mei 1992 (*PB* 1994, L 1, blz. 3; hierna: 'EER-Overeenkomst'), door dividenden die worden uitgekeerd aan ingezeten aandeelhouders en die welke worden uitgekeerd aan niet-ingezeten aandeelhouders verschillend te behandelen.

HET HOF (Eerste kamer)

verklaart:

1. **Door aan de vrijstelling van dividenden die worden uitgekeerd door in Spanje gevestigde vennootschappen, de voorwaarde te verbinden dat in een andere lidstaat gevestigde dividendontvangende vennootschappen een deelneming in het kapitaal van de uitkerende vennootschappen bezitten, die groter moet zijn dan die van in Spanje gevestigde dividendontvangende vennootschappen, is het Koninkrijk Spanje de krachtens artikel 56, lid 1, EG op hem rustende verplichtingen niet nagekomen.**
2. **Het beroep wordt verworpen voor het overige.**
3. **De Europese Commissie en het Koninkrijk Spanje dragen elk hun eigen kosten.**

Samenvatting beschikbaar gesteld door Loyens & Loeff (uit EU Tax Alert):

On 3 June 2010, the CJ gave its judgment in the *Commission v Spain* case (C-487/08). The case concerns Spanish taxation of cross-border dividends. According to Spanish law, dividends distributed by domestic subsidiaries to its parent companies resident in Spain are exempt from withholding tax on distribution provided that: i. the participation was held for a continuous period of at least one year; and ii. at least 5% direct or indirect shareholding is held in its subsidiary. In addition, such income is also exempt when received by the parent resident company as it is allowed to deduct the dividends in whole received from its taxable base. On the other hand, in the case of a parent company resident in another Member State, a withholding tax is charged unless the regime provided under Council Directive 90/453/EEC of 23 July 1990 on the common system of taxation applicable in the case of parent companies and subsidiaries of different Member States (the Parent-Subsidiary Directive') applies. At the time of the facts, such regime required (amongst others) a 20% shareholding for the withholding tax exemption to be applicable.

The Commission brought an action against Spain since it considered to bea breach of the free movement of capital the fact that the exemption of withholding tax on domestic and cross-border distributed dividends is subject to different minimum shareholding thresholds: 5% in the case of domestic participation against 20% in the case of cross-border dividend distributions to parent companies located in other Member States. In analyzing the case, the CJ started by considering that the Spanish tax law imposed a difference in the treatment between companies resident in Spain and those in other Member States which had between 5% and 20% shareholding in a Spanish distributing company. Such different treatment is a restriction to the free movement of capital (Article 63 TFEU).

The CJ then analysed the justifications raised by Spain: i. the different treatment provided to companies resident in another Member State was due to the different situation of those companies, and ii. the disadvantages arising from such different treatment could be neutralized by double tax conventions concluded by Spain. As regards the first argument, the CJ observed that as from the moment that Spain chose to impose a charge to tax on the income of both residents and non-resident shareholders, their situation became comparable, in particular, with regard to the risk of economic double taxation.

Therefore, non-resident recipients could not be treated differently from resident recipients. Regarding the second argument raised by Spain, the CJ reaffirmed the principles already stated in *Amurta* (C-379/05) and, in particular, in *Commission v Italy* (C-540/07).

The CJ reaffirmed that it was indeed possible to neutralize a restriction by concluding a double tax convention with another Member State. However, it was necessary that such a convention compensated the differential treatment arising under national legislation by providing a credit for the full amount of the tax withheld at source. In that regard, the CJ observed that the majority of the conventions concluded by Spain provided only for the ordinary credit method (rather than a full credit). Therefore, the difference in the treatment provided by Spanish legislation may only be neutralised where the dividends from Spain were taxed or sufficiently taxed in the other Member State in order to allow the offset of the Spanish withholding tax. That meant that the neutralization of such different treatment was dependent not on Spain but on the (domestic) tax legislation of the other Member State. In accordance therewith, the CJ observed that the conventions concluded by Spain did not in all cases allow for the difference in treatment arising from the application of national legislation to be neutralised.

In addition, Spain argued that although no double tax convention had been concluded with Cyprus, its domestic law provided for a domestic exemption, meaning that no double taxation would arise in such case. Also here, the CJ referred to previous case law (*Amurta*) by stating that in all events, a Member State could not rely on the unilateral advantages granted by other Member State to avoid the obligations under the Treaty and that, in all events, an exemption would neutralise the restriction caused by the Spanish taxation. In line with its settled case law, the CJ concluded that the Spanish legislation at stake was in breach of the free movement of capital provided by Article 63 TFEU.

HvJ EG 17 juni 2010, zaak C-105/08 (Europese Commissie v. Portugese Republiek)

Eerste kamer: *A. Tizzano, kamerpresident, A. Borg Barthet, M. Ilešič, J. J. Kasel (rapporteur) en M. Berger, rechters*
Advocaat-generaal: *J. Kokott*

1. De Commissie van de Europese Gemeenschappen verzoekt het Hof vast te stellen dat de Portugese Republiek, door de rente-inkomsten van niet-ingezeten financiële instellingen zwaarder te belasten dan de rente-inkomsten van in Portugal gevestigde financiële instellingen, beperkingen stelt aan het vrij verrichten van hypothecaire en andere kredietdiensten door financiële instellingen die zijn gevestigd in andere lidstaten en in staten die partij zijn bij de Overeenkomst betreffende de Europese Economische Ruimte van 2 mei 1992 (*PB* 1994, L 1, blz. 3; hierna: 'EER-Overeenkomst'), en derhalve de krachtens de artikelen 49 EG en 56 EG en de artikelen 36 en 40 EER-Overeenkomst op haar rustende verplichtingen niet is nagekomen.

HET HOF (Eerste kamer)

verklaart:

1. **Het beroep wordt verworpen.**
2. **De Europese Commissie wordt verwezen in de kosten.**
3. **De Republiek Litouwen draagt haar eigen kosten.**

Samenvatting beschikbaar gesteld door Loyens & Loeff (uit EU Tax Alert):

On 17 June 2010, the CJ gave its judgment in the Commission v Portugal case (C-105/08). This case concerns the provisions on the taxation of outbound interest payments.

As a rule, non-resident lenders are subject to a 20% withholding tax which is levied on the gross income paid by entities located in Portugal. In the case of Portuguese resident financial institutions, however, there is a withholding tax exemption on the interest payments which are taxed exclusively on the net interest at the normal Portuguese corporate income tax rate of 25%. The case was brought by the Commission, which considers these provisions to be in breach of the freedom to provide services and the freedom of capital set forth in Articles 56 and 63 TFEU. The Commission in order to sustain its reasoning submitted arithmetical examples, which in its view, prove that non-resident institutions were subject to an unfavourable treatment when compared with resident ones. The CJ considered however, following AG Kokott opinion on the case (see EU Tax Alert edition 78, April 2010), that the Commission had not followed the rules on the burden of proof, which require the submission of all the facts which allow to unequivocally conclude in accordance with the terms argued by the Commission. Namely, according to the CJ view, the Commission could have furnished, inter alia, statistical data or information concerning the level of interest paid on bank loans and relating to the refinancing conditions in order to support the plausibility of its calculations. It considered that the Commission failed to produce conclusive evidence capable of establishing that the figures put forward in support of its arguments are in fact borne out by the actual facts and that the arithmetical example on which it relies is not purely hypothetical. The CJ decided to dismiss the Commission's action.

HvJ EG 24 juni 2010, gevoegde zaken C-338/08 en C-339/08 (P. Ferrero e C. SpA v. Agenzia delle Entrate – Ufficio di Alba [C-338/08] en General Beverage Europe BV v. Agenzia delle Entrate – Ufficio di Torino 1 [C-339/08])

Vierde kamer: *J.-C. Bonichot (rapporteur), kamerpresident, C. Toader, K. Schiemann, P. Kūris en L. Bay Larsen, rechters*
Advocaat-generaal: *P. Cruz Villalón*

1. De verzoeken om een prejudiciële beslissing betreffen de uitlegging van de artikelen 5, lid 1, en 7, lid 2, van richtlijn 90/ 435/EEG van de Raad van 23 juli 1990 betreffende de gemeenschappelijke fiscale regeling voor moedermaatschappijen en dochterondernemingen uit verschillende lidstaten (hierna: 'richtlijn'), in de versie die van kracht was ten tijde van de feiten in de hoofdgedingen (*PB* L 225, blz. 6).

2. Deze verzoeken zijn ingediend in het kader van twee gedingen tussen P. Ferrero e C. SpA (hierna: 'Ferrero') en General Beverage Europe BV (hierna: 'GBE') enerzijds, en de Italiaanse belastingadministratie anderzijds inzake fiscale inhoudingen door deze laatste bij financiële overdrachten die als dividenduitkeringen worden beschouwd. Het eerste geding betreft fiscale inhoudingen bij de uitkering van dividenden en bij de teruggaaf van de 'maggiorazione di conguaglio' (verhoging ten behoeve van de verrekening) door Ferrero aan haar Nederlandse moedermaatschappij Ferrero International BV (hierna: 'Ferrero International'). Het tweede geding betreft fiscale inhoudingen bij de uitkering van dividenden en de teruggaaf van de 'maggiorazione di conguaglio' aan GBE door haar Italiaanse dochteronderneming Martini e Rossi SpA (hierna: 'Martini').

Toepasselijke bepalingen

3. De derde overweging van de considerans van de richtlijn luidt:

'Overwegende dat de huidige fiscale voorschriften voor de betrekkingen tussen moedermaatschappijen en dochterondernemingen uit verschillende lidstaten van land tot land aanzienlijke verschillen vertonen en in het algemeen minder gunstig zijn dan de voorschriften voor de betrekkingen tussen moedermaatschappijen en dochterondernemingen van dezelfde lidstaat; dat de samenwerking tussen vennootschappen van verschillende lidstaten hierdoor benadeeld wordt ten opzichte van de samenwerking tussen vennootschappen van dezelfde lidstaat; dat deze benadeling moet worden opgeheven door invoering van een gemeenschappelijke regeling en dat hergroeperingen van vennootschappen op communautair niveau aldus vergemakkelijkt moeten worden'.

4. Artikel 1, lid 1, van de richtlijn bakent de werkingssfeer van de richtlijn als volgt af:

'Elke lidstaat past deze richtlijn toe:
– op uitkeringen van winst die door vennootschappen van deze staat zijn ontvangen van hun dochterondernemingen uit andere lidstaten;
– op winst die door vennootschappen van deze staat is uitgekeerd aan vennootschappen van andere lidstaten, waarvan zij dochteronderneming zijn.'

5. Artikel 3, lid 1, van de richtlijn omschrijft de begrippen 'moedermaatschappij' en 'dochteronderneming' als volgt:

'Voor de toepassing van deze richtlijn:
a. wordt de hoedanigheid van moedermaatschappij ten minste toegekend aan iedere vennootschap van een lidstaat die voldoet aan de voorwaarden van artikel 2 en die een deelneming van ten minste 25% bezit in het kapitaal van een vennootschap van een andere lidstaat die aan dezelfde voorwaarden voldoet;
b. wordt verstaan onder dochteronderneming, de vennootschap in het kapitaal waarvan de sub a bedoelde deelneming wordt gehouden.'

6. Artikel 5, lid 1, van de richtlijn legt het beginsel van het verbod van bronbelasting als volgt vast:

'De door een dochteronderneming aan de moedermaatschappij uitgekeerde winst wordt, althans wanneer laatstgenoemde een minimumdeelneming van 25% bezit in het kapitaal van de dochteronderneming, van bronbelasting vrijgesteld.'

7. Artikel 7, lid 2, van de richtlijn bepaalt echter:

'Deze richtlijn laat onverlet de toepassing van nationale of verdragsbepalingen, die gericht zijn op de afschaffing of vermindering van dubbele economische belasting van dividenden, in het bijzonder van de bepalingen betreffende de betaling van belastingkredieten aan de gerechtigde tot de dividenden.'

Nationaal recht

8. Volgens het ten tijde van de feiten in de hoofdgedingen geldende Italiaanse recht had een Italiaanse vennootschap die dividenden ontving recht op een belastingkrediet gelijk aan negen zestienden van de uitgekeerde dividenden. Aangezien de Italiaanse vennootschapsbelasting 36% bedroeg, ontving de dividendontvangende onderneming dus een belastingkrediet gelijk aan het bedrag van de belasting waaraan de uitkerende vennootschap werd onderworpen.

9. De Italiaanse wetgever voorzag onder bepaalde omstandigheden ook in de toepassing van een 'maggiorazione di conguaglio' van de inkomstenbelasting van dividenduitkerende ondernemingen. Volgens artikel 105, lid 1, van de geconsolideerde tekst inzake inkomstenbelasting, goedgekeurd bij presidentieel besluit nr. 917 van 22 december 1986 (GURI nr. 302 van 31 december 1986), in de versie die gold ten tijde van de feiten van de hoofdgedingen, was deze 'maggiorazione di conguaglio' van toepassing wanneer het bedrag van de uitgekeerde dividenden hoger was dan 64% van de aangegeven inkomsten van de dochteronderneming en was het bedrag ervan gelijk aan negen zestienden van het verschil.

Bilaterale overeenkomst tussen de Italiaanse Republiek en het Koninkrijk der Nederlanden

10. In artikel 10, lid 1, van de op 8 mei 1990 te 's-Gravenhage gesloten overeenkomst tussen de Italiaanse Republiek en het Koninkrijk der Nederlanden tot het vermijden van dubbele belasting en het voorkomen van het ontgaan van belasting met betrekking tot belastingen naar het inkomen en naar het vermogen, met bijbehorend protocol (hierna: 'bilaterale overeenkomst'), is het beginsel opgenomen dat dividenden worden belast in de staat van de vennootschap die ze ontvangt.

11. In afwijking van dit beginsel staat artikel 10, lid 2, sub a-i, van de bilaterale overeenkomst de belasting van de dividenden in de staat van de uitkerende vennootschap toe onder de volgende voorwaarden:

> 'Deze dividenden mogen echter ook in de staat waarvan het lichaam dat de dividenden betaalt inwoner is overeenkomstig de wetgeving van die staat worden belast, maar indien de genieter de uiteindelijk gerechtigde tot de dividenden is, mag de aldus geheven belasting niet overschrijden:
> a. i. 5 percent van het brutobedrag van de dividenden, indien de uiteindelijk gerechtigde een lichaam is dat gedurende een periode van 12 maanden, voorafgaande aan de datum waarop tot de uitbetaling van het dividend wordt besloten, in bezit is geweest van meer dan 50 percent van de stemgerechtigde aandelen van het lichaam dat de dividenden betaalt'.

12. Volgens artikel 10, lid 3, van de bilaterale overeenkomst kan een Nederlandse vennootschap de teruggaaf verkrijgen van de in punt 9 van dit arrest aangehaalde 'maggiorazione di conguaglio':

> 'Een persoon die inwoner is van Nederland en die dividenden geniet die zijn uitgedeeld door een lichaam dat inwoner is van Italië, heeft behoudens de inhouding van de in het tweede lid bedoelde belasting, recht op teruggaaf van het bedrag van de in voorkomend geval door dat lichaam ter zake van die dividenden verschuldigde 'maggiorazione di conguaglio'. Deze teruggaaf moet worden gevraagd binnen de termijnen waarin de Italiaanse wetgeving voorziet, door tussenkomst van hetzelfde lichaam, dat in dat geval handelt in zijn naam en voor rekening van genoemde inwoner van Nederland.
>
> Deze bepaling is van toepassing op dividenden tot de uitdeling waarvan sedert de datum van inwerkingtreding van deze Overeenkomst is besloten.
>
> Het lichaam dat de uitdeling doet, kan bovenbedoeld bedrag aan een inwoner van Nederland tegelijk uitbetalen met de aan deze toekomende dividenden en bij de eerstvolgende aangifte van zijn inkomsten na genoemde betaling dat bedrag in mindering brengen op de verschuldigde belasting. [...]'

13. Artikel 10, lid 5, sub a en b, van de bilaterale overeenkomst bepaalt:

> 'a. De uitdrukking 'dividenden', zoals gebezigd in dit artikel, betekent inkomsten uit aandelen [...]
> b. Als dividenden betaald door een lichaam dat inwoner is van Italië, worden eveneens beschouwd de op de door dat lichaam betaalde dividenden betrekking hebbende, in het derde lid bedoelde bruto bedragen die zijn teruggegeven uit hoofde van de 'maggiorazione di conguaglio'.'

14. Artikel 24, lid 3, van de bilaterale overeenkomst bepaalt voorts:

> 'Nederland verleent voorts een aftrek op de aldus berekende Nederlandse belasting voor die bestanddelen van het inkomen die volgens artikel 10, tweede lid, [...] van deze overeenkomst in Italië mogen worden belast, in zoverre deze bestanddelen in de in het eerste lid bedoelde grondslag zijn begrepen. Het bedrag van deze aftrek is gelijk aan de in Italië over deze bestanddelen van het inkomen betaalde belasting, maar bedraagt niet meer dan het bedrag van de vermindering, die zou zijn verleend indien de aldus in de belastbare grondslag begrepen bestanddelen van het inkomen de enige bestanddelen van het inkomen zouden zijn geweest, die uit hoofde van de bepalingen in de Nederlandse wetgeving tot het vermijden van dubbele belasting van Nederlandse belasting zijn vrijgesteld.'

Hoofdgedingen en prejudiciële vragen

15. Ferrero en Martini, die voor 100% eigendom zijn van hun respectieve moedermaatschappij, te weten Ferrero International en GBE, hebben respectievelijk in 1997 en in 1998 aan hen dividenden uitgekeerd en overeenkomstig artikel 10, lid 3, van de bilaterale overeenkomst de 'maggiorazione di conguaglio' 'teruggegeven'.

16. De Italiaanse belastingadministratie heeft overeenkomstig artikel 10, lid 2, sub a-i, van de bilaterale overeenkomst op deze vier overdrachten een inhouding van 5% verricht. Ferrero International en GBE hebben daarop elk om teruggaaf van deze inhoudingen verzocht. Na de weigeringsbeslissingen van de belastingadministratie hebben verzoeksters in de hoofdgedingen zich gewend tot de Commissione tributaria regionale di Cuneo, respectievelijk de Commissione tributaria di Torino. De Corte suprema di cassazione, die uiteindelijk uitspraak moest doen over de twee hoofdgedingen, was van oordeel dat deze inhouding op de dividenden verenigbaar was met de richtlijn, maar dat dit niet het geval was voor de toepassing van deze inhouding op de teruggaaf van de 'maggiorazione di conguaglio'. Vervolgens heeft deze rechterlijke instantie de twee zaken naar de Commissione tributaria regionale di Torino verwezen.

17. Daarop heeft de Commissione tributaria regionale di Torino in zaak C-338/08 de behandeling van de zaak geschorst en het Hof de volgende prejudiciële vragen gesteld:

> '1. Vormt de inhouding die van toepassing is op de 'maggiorazione di conguaglio', een door artikel 5, lid 1, van [de richtlijn] verboden bronbelasting op de winst (in het onderhavige geval had de dochteronderneming geopteerd voor het stelsel van de overeenkomst)?
> 2. Subsidiair, voor het geval dat de eerste vraag bevestigend wordt beantwoord, is de vrijwaringsclausule van artikel 7, lid 2, van de richtlijn van toepassing?'

18. Ook in zaak C-339/08 heeft de Commissione tributaria regionale di Torino de behandeling van de zaak geschorst en het Hof de volgende prejudiciële vragen gesteld:

> '1. Vormt de inhouding die van toepassing is op de 'maggiorazione di conguaglio' een door artikel 5 van [de richtlijn] verboden bronbelasting op de winst?
> 2. Is de vrijwaringsclausule van artikel 7, lid 2, van [de richtlijn] van toepassing? Meer bepaald, moet artikel 7, lid 2, van [de richtlijn] aldus worden uitgelegd dat een lidstaat kan afzien van de toepassing van een vrijstelling in de zin van artikel 5, lid 1, van de richtlijn, in gevallen waarin de staat waar de moedermaatschappij haar zetel heeft, aan deze laatste uit hoofde van een bilateraal verdrag een belastingkrediet toekent?'

19. Bij beschikking van de president van het Hof van 16 september 2008 zijn de zaken C-338/08 en C-339/08 gevoegd voor de schriftelijke en de mondelinge behandeling en voor het arrest.

Beantwoording van de prejudiciële vragen

20. Vooraf moet worden vastgesteld dat uit de formulering van de prejudiciële vragen uitdrukkelijk blijkt dat zij alleen betrekking hebben op de verenigbaarheid van de inhouding van 5% die de Italiaanse belastingadministratie overeenkomstig de bilaterale overeenkomst verricht op de teruggaaf van de 'maggiorazione di conguaglio' door Italiaanse vennootschappen aan hun Nederlandse moedermaatschappijen met het recht van de Unie.

21. De vragen betreffen dus niet de verenigbaarheid van de fiscale inhouding op dividenden die door Italiaanse vennootschappen worden uitgekeerd aan hun Nederlandse moedermaatschappijen met het recht van de Unie, noch a fortiori de verenigbaarheid van de op deze dividenden toegepaste fiscale regeling waarin wordt voorzien door het in de hoofdgedingen aan de orde zijnde nationale recht, met het recht van de Unie.

Eerste vraag

22. Met zijn eerste vraag wenst de verwijzende rechter in wezen van het Hof te vernemen of de inhouding van 5% die de Italiaanse belastingadministratie overeenkomstig artikel 10, lid 2, sub a-i, van de bilaterale overeenkomst toepast op de teruggaaf van de 'maggiorazione di conguaglio' door Italiaanse vennootschappen aan hun Nederlandse moedermaatschappijen overeenkomstig artikel 10, lid 3, van deze overeenkomst, een door artikel 5, lid 1, van de richtlijn verboden bronbelasting vormt.

23. Vooraf zij eraan herinnerd dat met name uit de derde overweging van de considerans ervan blijkt dat de richtlijn door de invoering van een gemeenschappelijke fiscale regeling beoogt iedere benadeling van de samenwerking tussen vennootschappen uit verschillende lidstaten ten opzichte van de samenwerking tussen vennootschappen van eenzelfde lidstaat op te heffen, en aldus de hergroepering van vennootschappen op gemeenschapsniveau te vergemakkelijken. Derhalve bepaalt artikel 5, lid 1, van de richtlijn dat ter vermijding van dubbele belasting de winstuitkering aan de moedermaatschappij in de staat van de dochteronderneming van bronbelasting is vrijgesteld indien de moedermaatschappij een minimumdeelneming van 25% bezit in het kapitaal van de dochteronderneming (zie in die zin arrest van 25 september 2003, Océ van der Grinten, C-58/01, *Jurispr.* blz. I-9809, punt 45, en aldaar aangehaalde rechtspraak).

24. In de hoofdzaken wordt niet betwist dat de betrokken Nederlandse vennootschappen, te weten Ferrero International en GBE, de hoedanigheid van moedermaatschappij van Ferrero en Martini hebben in de zin van artikel 3, lid 1, van de richtlijn.

25. Voorts is het begrip 'bronbelasting' in artikel 5, lid 1, van de richtlijn niet beperkt tot enkele soorten nauwkeurig bepaalde nationale belastingen (zie arrest Océ van der Grinten, reeds aangehaald, punt 46). Bovendien moet het Hof een heffing, belasting of recht vanuit gemeenschapsrechtelijk oogpunt kwalificeren aan de hand van de objectieve kenmerken van de belasting, onafhankelijk van de wijze waarop deze naar nationaal recht wordt gekwalificeerd (zie arrest Océ van der Grinten, reeds aangehaald, punt 46).

26. Dienaangaande volgt uit vaste rechtspraak dat elke belastingheffing op inkomsten verworven in de staat waar de dividenden worden uitgekeerd, ter zake van uitkering van dividend of elke andere opbrengst van waardepapieren, waarbij de grondslag van die belasting de opbrengst van de waardepapieren en de belastingplichtige de houder van die waardepapieren is, een bronbelasting op winstuitkering in de zin van artikel 5, lid 1, van de richtlijn vormt (zie met name arrest Océ van der Grinten, reeds aangehaald, punt 47, en arrest van 26 juni 2008, Burda, C-284/06, *Jurispr.* blz. I-4571, punt 52).

27. Om na te gaan of is voldaan aan de tweede in de rechtspraak gestelde voorwaarde, die de betrokken belastinggrondslag betreft, moet worden onderzocht of de in de hoofdgedingen aan de orde zijnde belastinggrondslag, namelijk de teruggaaf van de 'maggiorazione di conguaglio' die aanleiding gaf tot de toepassing van een tarief van 5%, als een winstuitkering kan worden beschouwd. Dat artikel 10, lid 5, van de bilaterale overeenkomst de teruggaaf van de 'maggiorazione di conguaglio' uitdrukkelijk aanmerkt als 'dividenden', kan in dit verband geen doorslaggevende invloed hebben op de kwalificatie die hieraan in het recht van de Unie moet worden gegeven.

28. Deze kwestie doet daarentegen een voorafgaande vraag rijzen over de kwalificatie van de 'maggiorazione di conguaglio' zelf.

29. Uit het dossier, met name uit de antwoorden van de Italiaanse Republiek op de haar door het Hof gestelde vragen, lijkt te blijken dat de 'maggiorazione di conguaglio' door de Italiaanse wetgever is ingevoerd om te voorkomen dat de vennootschap waaraan dividenden worden uitgekeerd bij de uitkering van de dividenden een belastingkrediet krijgt voor een belasting die, ongeacht de reden, door de uitkerende vennootschap niet is betaald.

30. Aldus bestaat dit mechanisme erin belasting te heffen op de winst van de uitkerende vennootschap waarop zij voordien geen, of slechts in beperkte mate belasting heeft betaald.

31. Onder voorbehoud van verificatie door de nationale rechter van deze verschillende elementen vormt de 'maggiorazione di conguaglio' bijgevolg een op de uitkerende vennootschap drukkende aanvullende belasting die moet voorkomen dat een Italiaanse vennootschap bij de uitkering van dividend in aanmerking komt voor een belastingkrediet voor belastingen die de uitkerende vennootschap niet heeft betaald.

32. Vastgesteld moet worden dat deze belasting zonder onderscheid wordt geheven, ongeacht of de winst wordt uitgekeerd aan ingezeten vennootschappen dan wel aan niet-ingezeten vennootschappen, zoals een Nederlandse vennootschap, die niet in aanmerking komen voor het door de Italiaanse wetgeving ingevoerde belastingkrediet.

33. Dienaangaande zij opgemerkt dat het Hof heeft geoordeeld dat een stelsel volgens hetwelk de belasting van winst die een in een lidstaat gevestigde dochtermaatschappij uitkeert aan haar moedermaatschappij aan eenzelfde fiscaal correctiemechanisme wordt onderworpen om te voorkomen dat een belastingkrediet wordt toegekend voor een niet-betaalde belasting, ongeacht of de moedermaatschappij in dezelfde lidstaat of in een andere lidstaat is gevestigd, terwijl een niet-ingezeten moedermaatschappij, anders dan een ingezeten moedermaatschappij, van de lidstaat van vestiging van haar dochteronderneming geen belastingkrediet krijgt, niet in strijd is met de vrijheid van vestiging (zie in die zin arrest Burda, reeds aangehaald, punt 96).

34. Voorts kan de 'maggiorazione di conguaglio' zelf niet worden beschouwd als een door artikel 5, lid 1, van de richtlijn verboden bronbelasting, aangezien niet de houder van de effecten, maar de uitkerende vennootschap belastingplichtig is (zie in die zin arrest Burda, reeds aangehaald, punten 55 en 56).

35. Onder voorbehoud van de dienaangaande door de verwijzende rechter te verrichten verificaties, moet derhalve ervan worden uitgegaan dat de 'maggiorazione di conguaglio' een door de uitkerende vennootschap gedragen aanvullende belasting op de winst van de vennootschappen is waartegen de richtlijn zich niet verzet.

36. Bijgevolg moet de 'teruggaaf' van het 'bedrag' van deze 'maggiorazione di conguaglio' waarop Nederlandse vennootschappen krachtens artikel 10, lid 3, van de bilaterale overeenkomst recht hebben, worden beschouwd als de overdracht van een gedeelte van een fiscale opbrengst die voortvloeit uit de verzaking door de Italiaanse staat aan de definitieve inning ervan met het door de twee staten die partij zijn bij de overeenkomst goedgekeurde doel om de dubbele economische belasting van aan een Nederlandse vennootschap door haar Italiaanse dochteronderneming uitgekeerde dividenden te beperken.

37. Deze kwalificatie wordt ook bevestigd door artikel 10, lid 3, van de bilaterale overeenkomst, waarin is bepaald dat wanneer tot deze financiële overdracht rechtstreeks wordt overgegaan door de uitkerende vennootschap, zij

dit bedrag vervolgens in mindering kan brengen op de aan de Italiaanse belastingadministratie verschuldigde belasting. Dat de uitkerende vennootschap het aan haar moedermaatschappij overgedragen bedrag in mindering brengt op de aan de Italiaanse fiscus verschuldigde belasting is, rekening houdend met het stelsel van de 'maggiorazione di conguaglio' zelf, immers slechts te verklaren door het fiscale karakter hiervan en dus van het hieraan door de bilaterale overeenkomst verbonden recht op teruggaaf.

38. Het staat niettemin aan de verwijzende rechter om deze verschillende gegevens te beoordelen en met name na te gaan of de Italiaanse belastingadministratie in feite niet stelselmatig verzaakt aan de fiscale opbrengst die bestaat uit de 'maggiorazione di conguaglio' bij de uitkering van dividenden door een Italiaanse vennootschap aan een Nederlandse vennootschap, met name wanneer de 'maggiorazione di conguaglio' door deze administratie niet wordt geïnd, maar de daarmee overeenkomende bedragen door de Italiaanse vennootschap rechtstreeks worden overgedragen aan de Nederlandse vennootschap. Indien dat het geval is, kan deze overdracht bij de voltrekking ervan namelijk als een winstuitkering worden beschouwd.

39. In dat geval zou derhalve moeten worden aangenomen dat is voldaan aan de in punt 26 van dit arrest genoemde voorwaarde inzake de belastinggrondslag, die is onderzocht met betrekking tot de kwalificatie van een bronbelasting op de uitgekeerde winst in de zin van artikel 5, lid 1, van de richtlijn. Voor zover ten aanzien van een fiscale inhouding als die welke aan de orde is in de hoofdgedingen ook is voldaan aan de twee andere noodzakelijke voorwaarden voor de kwalificatie van een belastingheffing als bronbelasting, die ook in dat punt in herinnering zijn gebracht en die verband houden met het feit dat tot de onderzochte belastingheffing heeft geleid en met de bepaling van de belastingplichtige, zou moeten worden geconcludeerd dat deze fiscale inhouding een bronbelasting op de winst vormt in de zin van artikel 5, lid 1, van de richtlijn.

40. Met inachtneming van deze verschillende voorbehouden moet worden geoordeeld dat de in de hoofdgedingen aan de orde zijnde teruggaaf van de 'maggiorazione di conguaglio' de overdracht van een fiscale opbrengst van de Italiaanse administratie aan een Nederlandse vennootschap vormt en dat hij bijgevolg niet kan worden aangemerkt als opbrengst van waardepapieren (zie naar analogie arrest Océ van der Grinten, reeds aangehaald, punt 56).

41. In dat geval bestaat de grondslag van een fiscale inhouding als die welke in de hoofdgedingen aan de orde is niet uit de opbrengst van de waardepapieren. Deze vaststelling volstaat om deze inhouding, voor zover zij gebeurt op de teruggaaf van de 'maggiorazione di conguaglio', niet als een door artikel 5, lid 1, van de richtlijn in beginsel verboden bronbelasting op de uitgekeerde winst aan te merken.

42. Gelet op een en ander moet op de eerste vraag worden geantwoord dat, onder voorbehoud van met name de in punt 38 van dit arrest bedoelde toetsing door de verwijzende rechter van de aard van de in de hoofdgedingen aan de orde zijnde 'teruggaaf' van de 'maggiorazione di conguaglio' door een Italiaanse vennootschap aan een Nederlandse vennootschap overeenkomstig artikel 10, lid 3, van de bilaterale overeenkomst, een fiscale inhouding als die welke in de hoofdgedingen aan de orde is, voor zover zij op die teruggaaf wordt verricht, geen door artikel 5, lid 1, van de richtlijn in beginsel verboden bronbelasting op de uitgekeerde winst vormt. Indien de verwijzende rechter evenwel van oordeel is dat deze 'teruggaaf' van 'maggiorazione di conguaglio' niet van fiscale aard is, vormt een fiscale inhouding als die welke in de hoofdgedingen aan de orde is een door artikel 5, lid 1, van de richtlijn in beginsel verboden bronbelasting op de uitgekeerde winst.

Tweede vraag

43. Met zijn tweede vraag verzoekt de verwijzende rechter het Hof te verduidelijken of in het geval dat een fiscale inhouding als die welke in de hoofdgedingen aan de orde is een bronbelasting op de uitgekeerde winst in de zin van artikel 5, lid 1, van de richtlijn vormt, zij niettemin binnen de werkingssfeer van artikel 7, lid 2, van deze richtlijn kan vallen.

44. Voor het geval dat de verwijzende rechter met name tijdens zijn in punt 38 van dit arrest bedoelde toetsing van de aard van de teruggaaf van de 'maggiorazione di conguaglio' tot de slotsom komt dat de in de hoofdgedingen aan de orde zijnde fiscale inhouding een bronbelasting op de uitgekeerde winst in de zin van artikel 5, lid 1, van de richtlijn vormt, moet worden nagegaan of zij binnen de werkingssfeer van artikel 7, lid 2, van deze richtlijn valt.

45. Dienaangaande moet er allereerst aan worden herinnerd dat artikel 7, lid 2, van richtlijn 90/435 als uitzondering op het in artikel 5, lid 1, van deze richtlijn neergelegde algemene beginsel van het verbod van bronbelasting op uitgekeerde winst strikt moet worden uitgelegd (zie arrest Océ van der Grinten, reeds aangehaald, punt 86).

46. Voorts moet worden vastgesteld dat, hoewel de bilaterale overeenkomst blijkens de titel ervan strekt tot vermijding van dubbele belasting met betrekking tot inkomsten- en vermogensbelasting, de in de hoofdgedingen aan de orde zijnde fiscale inhouding slechts kan worden geacht binnen de werkingssfeer van artikel 7, lid 2, van de richtlijn te vallen indien de bilaterale overeenkomst bepalingen bevat die gericht zijn op de afschaffing of vermindering van dubbele economische belasting van dividenden, en de toepassing van deze inhouding de gevolgen

ervan niet ongedaan maakt (zie betreffende deze laatste voorwaarde met name arrest Océ van der Grinten, reeds aangehaald, punt 87), hetgeen de verwijzende rechter dient te beoordelen.

47. Derhalve moet op de tweede prejudiciële vraag worden geantwoord dat indien de verwijzende rechter de in de hoofdgedingen aan de orde zijnde fiscale inhouding als een bronbelasting op de uitgekeerde winst in de zin van artikel 5, lid 1, van de richtlijn beschouwt, deze fiscale inhouding slechts kan worden geacht binnen de werkingssfeer van artikel 7, lid 2, van de richtlijn te vallen indien de overeenkomst bepalingen bevat die gericht zijn op de afschaffing of vermindering van dubbele economische belasting van dividenduitkeringen en de toepassing van de inhouding de gevolgen ervan niet ongedaan maakt, hetgeen de verwijzende rechter dient te beoordelen.

Kosten

48. …

HET HOF (Vierde kamer)

verklaart voor recht:

1. **Onder voorbehoud van met name de in punt 38 van dit arrest bedoelde toetsing door de verwijzende rechter van de aard van de in de hoofdgedingen aan de orde zijnde 'teruggaaf' van de 'maggiorazione di conguaglio' door een Italiaanse vennootschap aan een Nederlandse vennootschap overeenkomstig artikel 10, lid 3, van de op 8 mei 1990 te 's-Gravenhage gesloten overeenkomst tussen de Italiaanse Republiek en het Koninkrijk der Nederlanden tot het vermijden van dubbele belasting en het voorkomen van het ontgaan van belasting met betrekking tot belastingen naar het inkomen en naar het vermogen, met bijbehorend protocol, vormt een fiscale inhouding als die welke in de hoofdgedingen aan de orde is, voor zover zij op die teruggaaf wordt verricht, geen bronbelasting op de uitgekeerde winst die door artikel 5, lid 1, van richtlijn 90/435/EEG van de Raad van 23 juli 1990 betreffende de gemeenschappelijke fiscale regeling voor moedermaatschappijen en dochterondernemingen uit verschillende lidstaten, in de versie die van kracht was ten tijde van de feiten in de hoofdgedingen, in beginsel verboden is. Indien de verwijzende rechter evenwel van oordeel is dat deze 'teruggaaf' van 'maggiorazione di conguaglio' niet van fiscale aard is, vormt een fiscale inhouding als die welke in de hoofdgedingen aan de orde is een door artikel 5, lid 1, van richtlijn 90/435 in beginsel verboden bronbelasting op de uitgekeerde winst.**

2. **Indien de verwijzende rechter de in de hoofdgedingen aan de orde zijnde fiscale inhouding beschouwt als een bronbelasting op de uitgekeerde winst in de zin van artikel 5, lid 1, van richtlijn 90/435, in de versie die van kracht was ten tijde van de feiten in de hoofdgedingen, kan deze fiscale inhouding slechts worden geacht binnen de werkingssfeer van artikel 7, lid 2, van richtlijn 90/435 te vallen indien de overeenkomst bepalingen bevat die gericht zijn op de afschaffing of vermindering van dubbele economische belasting van dividenduitkeringen en de toepassing van de inhouding de gevolgen ervan niet ongedaan maakt, hetgeen de verwijzende rechter dient te beoordelen.**

HvJ EG 1 juli 2010, zaak C-233/09 (Gerhard Dijkman, Maria Dijkman-Lavaleije v. Belgische Staat)

Eerste kamer: *A. Tizzano, kamerpresident, E. Levits (rapporteur), M. Ilešič, M. Safjan en M. Berger, rechters*
Advocaat-generaal: *P. Mengozzi*

1. Het verzoek om een prejudiciële beslissing heeft betrekking op de uitlegging van artikel 56, lid 1, EG.

2. Dit verzoek is ingediend in een geding tussen G. Dijkman en M. Dijkman-Lavaleije en de Belgische Staat, betreffende de weigering van de Belgische belastingadministratie om hun met name de aanvullende gemeentebelasting op de personenbelasting (hierna: 'aanvullende gemeentebelasting') terug te storten die voor de aanslagjaren 2004 en 2005 is geïnd naar evenredigheid van de personenbelasting die verschuldigd was op bepaalde roerende inkomsten uit investeringen en beleggingen in Nederland.

HET HOF (Eerste kamer)

verklaart voor recht:

Artikel 56 EG verzet zich tegen een wettelijke regeling van een lidstaat volgens welke ingezeten belastingplichtigen van deze lidstaat die interesten of dividenden uit beleggingen of investeringen in een andere lidstaat ontvangen, onderworpen zijn aan een aanvullende gemeentebelasting wanneer zij er niet voor hebben geopteerd zich deze roerende inkomsten te laten uitbetalen door een in hun woonstaat gevestigde tussenpersoon, terwijl soortgelijke inkomsten die voortvloeien uit beleggingen of investeringen in hun woonstaat niet hoeven te worden aangegeven en in dat geval ook niet onderworpen zijn aan de aanvullende gemeentebelasting, aangezien zij reeds aan een bronheffing zijn onderworpen.

Samenvatting beschikbaar gesteld door Loyens & Loeff (EU Tax Alert):

On 19 October 2010, the Belgian tax authorities issued a Circular Letter on the consequences of the CJ's decision in the Dijkman en Dijkman case (C-233/09). In this case, on 1 July 2010, the CJ ruled that the Belgian legislation regarding the supplementary municipal tax levied on interest and dividends received abroad violated the free movement of capital provided in Article 63 TFEU. Only interest and dividends paid abroad that were not paid through Belgian intermediaries were subject to this additional municipal tax (as they had to be mentioned in the personal income tax return of the receiving Belgian resident) whereas similar interest and dividends paid in Belgium were not subject to this additional municipal tax (as they were exempt from the obligation to be mentioned in the personal income tax return of the receiving Belgian resident).

According to the Circular Letter, in order to bring the Belgian legislation in line with EU law, interest and dividends paid abroad that would not have to be mentioned in the personal income tax return of the Belgian resident if they were paid in Belgium or through Belgian intermediaries, are exempt from the supplementary municipal tax. From a practical point of view, the taxpayer receiving the interest and dividends should indicate (e.g. in an annex to his tax return) which part of the received interest and dividends qualifies for the exemption from the supplementary municipal tax. If no such indication is made, the supplementary municipal tax will still be due. The repayment of the supplementary municipal tax that was unduly paid, is not granted automatically. Hence, a tax complaint or request for discharge ex officio should be filed.

If an administrative tax complaint has been filed against the tax assessment imposing the supplementary municipal tax, release of this municipal tax is granted. A tax complaint should, in principle, be filed within six months as of the third working day following the sending of the notice of the tax assessment. If this six month period has lapsed, a request for discharge ex officio could still be filed. Such request needs to be filed within five years as of *1 January of the year of* enrolment of the tax. In requests made before the end of 2010, the repayment of supplementary municipal tax enrolled as of 1 January 2006 could thus be claimed. In pending cases before the Belgian courts, the tax authorities will file a so-called 'settlement conclusion' granting the relief of the unduly paid supplementary municipal tax.

HvJ EG 15 juli 2010, zaak C-70/09 (Alexander Hengartner, Rudolf Gasser v. Landesregierung Vorarlberg)

Derde kamer: *K. Lenaerts, kamerpresident, R. Silva de Lapuerta (rapporteur), G. Arestis, J. Malenovský en T. von Danwitz, rechters*

Advocaat-generaal: *N. Jääskinen*

1. Het verzoek om een prejudiciële beslissing betreft de uitlegging van de bepalingen van bijlage I bij de overeenkomst tussen de Europese Gemeenschap en haar lidstaten, enerzijds, en de Zwitserse Bondsstaat, anderzijds, over het vrij verkeer van personen, die op 21 juni 1999 in Luxemburg is ondertekend (*PB* 2002, L 114, blz. 6).

2. Dit verzoek werd ingediend in het kader van een geding tussen Hengartner en Gasser, Zwitserse onderdanen, enerzijds, en de Landesregierung Vorarlberg (regering van het Land Vorarlberg), anderzijds, inzake het heffen van een jachtbelasting, waarbij deze Zwitserse onderdanen aan een hoger belastingtarief werden onderworpen dan met name de onderdanen van de Europese Unie.

HET HOF (Derde kamer)

verklaart voor recht:

De bepalingen van de overeenkomst tussen de Europese Gemeenschap en haar lidstaten, enerzijds, en de Zwitserse Bondsstaat, anderzijds, over het vrij verkeer van personen, die op 21 juni 1999 in Luxemburg is ondertekend, verzetten zich er niet tegen dat een onderdaan van een overeenkomstsluitende partij op het grondgebied van een andere overeenkomstsluitende partij als ontvanger van diensten een andere fiscale behandeling ondergaat dan de personen die hun hoofdverblijfplaats hebben op dit grondgebied, de burgers van de Unie en de personen die Met hen zijn gelijkgesteld op grond van het recht van de Unie, wat de heffing van een belasting betreft die verschuldigd is voor het verrichten van een dienst zoals het ter beschikking stellen van een jachtrecht.

Samenvatting beschikbaar gesteld door Loyens & Loeff (EU Tax Alert):

On 20 May 2010, Advocate General Jääskinen gave his Opinion in the Hengartner and Gasser case (C-70/09). The questions in this case were whether hunting is a self-employed activity within the meaning of Article 49 TFEU (former Article 43 EC), even if that activity is not intended to make an overall profit, and whether third country nationals from Switzerland can rely on the EU-Switzerland Agreement on the Free Movement of Persons concluded in 1999, which came into force on 1 June 2002, to invoke protection against a potentially discriminatory hunting levy under the freedom of establishment provision.

Mr. Hengartner and Mr. Gasser are Swiss residents and nationals who leased the right to hunt in Austria for six years, from 2002 to 2008. They were subject to a higher hunting levy than the levy imposed on EU citizens or Austrian residents. They appealed a decision of the Austrian tax administration and, on 17 February 2009, the Austrian Higher Administrative Court decided to refer the case to the Court for a preliminary ruling.

According to Advocate General Jääskinen, it is indisputable that third country nationals cannot invoke protection under the freedom of establishment provision. He also observed that the scope of the provision on the freedom of establishment and freedom to provide services, as well as the general non-discrimination prohibition under the EU-Switzerland Agreement on the Free Movement of Persons are much more restricted than under the TFEU. Therefore, the Advocate General concluded that the EU-Switzerland Agreement on the Free Movement of Persons does not preclude national legislation according to which a hunting levy is imposed on Swiss nationals at a higher rate than on EU citizens.

HvJ EU 28 oktober 2010, zaak C-72/09 (Établissements Rimbaud SA v. Directeur général des impôts, Directeur des services fiscaux d'Aix-en-Provence)

Derde kamer: *K. Lenaerts, kamerpresident, D. Šváby, E. Juhász, G. Arestis (rapporteur) en T. von Danwitz, rechters*
Advocaat-generaal: *N. Jääskinen*

1. Het verzoek om een prejudiciële beslissing betreft de uitlegging van artikel 40 van de Overeenkomst betreffende de Europese Economische Ruimte van 2 mei 1992 (*PB* 1994, L 1, blz. 3; hierna: 'EER-Overeenkomst').

2. Dit verzoek is ingediend in het kader van een geding tussen de vennootschap Établissements Rimbaud SA (hierna: 'Rimbaud') en de Directeur général des impôts en de Directeur des services fiscaux d'Aix-en-Provence (hierna: 'Franse belastingadministratie'), over de vraag of deze vennootschap is onderworpen aan de belasting over de marktwaarde van onroerende zaken die rechtspersonen in Frankrijk bezitten (hierna: 'omstreden belasting').

Toepasselijke bepalingen

EER-Overeenkomst

3. Artikel 40 van de EER-Overeenkomst bepaalt:

'In het kader van de bepalingen van deze Overeenkomst zijn er tussen de overeenkomstsluitende partijen geen beperkingen van het verkeer van kapitaal toebehorende aan personen die woonachtig of gevestigd zijn in de lidstaten van de EG of de [staten van de Europese Vrijhandelsassociatie (EVA)] en is er geen discriminerende behandeling op grond van de nationaliteit of van de vestigingsplaats van partijen of op grond van het gebied waar het kapitaal wordt belegd. Bijlage XII bevat de bepalingen die nodig zijn voor de tenuitvoerlegging van dit artikel.'

4. Bijlage XII, 'Vrij verkeer van kapitaal', bij de EER-Overeenkomst verwijst naar richtlijn 88/361/EEG van de Raad van 24 juni 1988 voor de uitvoering van artikel 67 van het Verdrag (dit artikel is ingetrokken bij het Verdrag van Amsterdam). Volgens artikel 1, lid 1, van deze richtlijn worden de verschillende categorieën kapitaalverkeer ingedeeld volgens de nomenclatuur van bijlage I bij die richtlijn.

Nationale regeling

5. De artikelen 990 D en volgende van de Franse Code général des impôts (algemeen belastingwetboek; hierna: 'CGI') maken deel uit van de maatregelen die de Franse wetgever heeft genomen om bepaalde vormen van belastingontwijking te bestrijden.

6. Artikel 990 D van de CGI bepaalt:

'Rechtspersonen die, hetzij rechtstreeks, hetzij via een tussenpersoon, één of meer onroerende zaken in Frankrijk bezitten of houder zijn van zakelijke rechten met betrekking tot deze zaken, zijn onderworpen aan een jaarlijkse belasting ten belope van 3% van de marktwaarde van deze zaken of rechten.

Wordt geacht via een tussenpersoon onroerende zaken of rechten in Frankrijk te bezitten, elke rechtspersoon die een deelneming heeft, ongeacht de vorm en de omvang ervan, in een rechtspersoon die deze zaken of rechten bezit of een deelneming bezit in een derde rechtspersoon die zelf deze zaken of rechten bezit of als tussenpersoon in de keten van deelnemingen fungeert. Deze bepaling is van toepassing ongeacht het aantal rechtspersonen die als tussenpersoon fungeren.'

7. Artikel 990 E van de CGI bepaalt:

'De in artikel 990 D bedoelde belasting is niet van toepassing:
1° op rechtspersonen wier in Frankrijk gelegen onroerende activa in de zin van artikel 990 D minder dan 50% van de Franse activa uitmaken. Voor de toepassing van deze bepaling worden van de onroerende activa uitgesloten de activa die de in artikel 990 D bedoelde rechtspersonen of tussenpersonen voor hun eigen, andere dan onroerende, bedrijfsactiviteit gebruiken;
2° op rechtspersonen die hun zetel hebben in een land of op een grondgebied dat met Frankrijk een overeenkomst inzake administratieve bijstand ter bestrijding van belastingfraude en -ontwijking heeft gesloten, en die elk jaar uiterlijk op 15 mei op de plaats vastgesteld bij het in artikel 990 F bedoelde besluit aangifte doen van de ligging, de samenstelling en de waarde van de onroerende zaken die zij op 1 januari in hun bezit hadden, de naam en het adres van hun vennoten op dezelfde datum alsmede het aantal aandelen of deelbewijzen dat ieder van hen houdt;

3° op rechtspersonen die hun zetel van werkelijke leiding in Frankrijk hebben en op andere rechtspersonen die op grond van een verdrag niet aan een hogere belasting mogen worden onderworpen, wanneer zij elk jaar de belastingadministratie op haar verzoek mededeling doen van de ligging en de samenstelling van de onroerende zaken die zij op 1 januari in hun bezit hadden, de naam en het adres van hun aandeelhouders, vennoten of andere leden, het aantal aandelen, deelbewijzen of andere rechten dat ieder van hen houdt, en de verklaring inzake hun fiscale vestiging aan haar doen toekomen, of zich daartoe verbinden en deze verbintenis ook nakomen. De verbintenis gaat in op de dag waarop de rechtspersoon de onroerende zaak, het zakelijk recht of de deelneming als bedoeld in artikel 990 D verkrijgt of, voor zaken, rechten of deelnemingen die op 1 januari 1993 reeds in hun bezit waren, uiterlijk op 15 mei 1993 [...]'

Hoofdgeding en prejudiciële vraag

8. Rimbaud, met vennootschappelijke zetel in Liechtenstein, bezit een onroerende zaak in Frankrijk. Op grond hiervan is zij in beginsel onderworpen aan de omstreden belasting.

9. De Franse belastingadministratie heeft de omstreden belasting van Rimbaud ingevorderd, in eerste instantie voor de periode van 1988 tot 1997 en later voor de periode van 1998 tot 2000.

10. Nadat haar bezwaren waren afgewezen, heeft Rimbaud beroepen ingesteld tegen de Franse belastingadministratie. Bij een arrest van de Cour d'appel d'Aix-en-Provence van 20 september 2005 werd Rimbaud in het ongelijk gesteld, waarop zij hogere voorziening heeft ingesteld bij de Cour de cassation.

11. In die omstandigheden heeft de Cour de cassation de behandeling van de zaak geschorst en het Hof de volgende prejudiciële vraag voorgelegd:

'Verzet artikel 40 van de [EER-Overeenkomst] zich tegen een wettelijke regeling als die van de artikelen 990 D en volgende van de [CGI] in de toentertijd van toepassing zijnde versie, volgens welke vennootschappen met zetel in Frankrijk zijn vrijgesteld van de belasting van 3% over de marktwaarde van in Frankrijk gelegen onroerende zaken, terwijl deze vrijstelling voor een vennootschap met zetel in een land van de [EER] dat geen lid van de Europese Unie is, afhankelijk is gesteld van het bestaan van een tussen [de Franse Republiek] en deze staat gesloten overeenkomst inzake administratieve bijstand ter bestrijding van belastingontduiking en -ontwijking of van de omstandigheid dat krachtens een verdrag dat een bepaling bevat die discriminatie op grond van nationaliteit verbiedt, deze rechtspersonen niet zwaarder mogen worden belast dan in Frankrijk gevestigde vennootschappen?'

Beantwoording van de prejudiciële vraag

12. Met zijn vraag wenst de verwijzende rechter in wezen te vernemen of artikel 40 van de EER-Overeenkomst aldus moet worden uitgelegd dat het in de weg staat aan een nationale wettelijke regeling als die welke in het hoofdgeding aan de orde is, volgens welke de vennootschappen met vennootschappelijke zetel op het grondgebied van een lidstaat van de omstreden belasting zijn vrijgesteld, doch deze vrijstelling voor een vennootschap met vennootschappelijke zetel op het grondgebied van een derde staat die lid van de Europese Economische Ruimte (hierna: 'EER') is, afhankelijk is gesteld van het bestaan van een tussen die lidstaat en deze derde staat gesloten overeenkomst inzake administratieve bijstand ter bestrijding van belastingontduiking en -ontwijking of van de omstandigheid dat krachtens een verdrag dat een bepaling bevat die discriminatie op grond van nationaliteit verbiedt, deze rechtspersonen niet zwaarder mogen worden belast dan de in die lidstaat gevestigde vennootschappen.

13. Om te beginnen dient erop te worden gewezen dat ingevolge besluit nr. 1/95 van de EER-Raad van 10 maart 1995 over de inwerkingtreding van de Overeenkomst betreffende de Europese Economische Ruimte voor het Vorstendom Liechtenstein (*PB* L 86, blz. 58) artikel 40 van de EER-Overeenkomst in Liechtenstein in werking is getreden op 1 mei 1995. De uitlegging van dit artikel heeft dus geen gevolgen voor feiten die vóór die datum tot heffing van de omstreden belasting hebben geleid.

14. Verder dient te worden vermeld dat de in het hoofdgeding aan de orde zijnde nationale regeling door het Hof reeds aan richtlijn 77/799/EEG van de Raad van 19 december 1977 betreffende de wederzijdse bijstand van de bevoegde autoriteiten van de lidstaten op het gebied van de directe en de indirecte belastingen (*PB* L 336, blz. 15), zoals gewijzigd bij richtlijn 92/12/EEG van de Raad van 25 februari 1992 (*PB* L 76, blz. 1; hierna: 'richtlijn 77/799'), alsmede aan artikel 63 VWEU is getoetst in het arrest van 11 oktober 2007, ELISA (C-451/05, *Jurispr.* blz. I-8251).

15. In het hoofdgeding is Rimbaud, die in Frankrijk een onroerende zaak bezit, in beginsel uit dien hoofde de omstreden belasting verschuldigd overeenkomstig artikel 990 D van de CGI.

16. Met betrekking tot de aan de orde zijnde categorie van kapitaalverkeer bepaalt artikel 40 van de EER-Overeenkomst dat de bepalingen die nodig zijn voor de tenuitvoerlegging van dit artikel, zijn opgenomen in bijlage XII bij deze overeenkomst. In deze bijlage XII wordt bepaald dat richtlijn 88/361 en bijlageI bij deze richtlijn van toepassing zijn op de EER.

17. Volgens vaste rechtspraak omvat het kapitaalverkeer handelingen waarmee niet-ingezetenen op het grondgebied van een lidstaat in onroerende zaken beleggen, zoals blijkt uit de nomenclatuur van het kapitaalverkeer in bijlage I bij richtlijn 88/361. Deze nomenclatuur behoudt voor de definitie van het begrip kapitaalverkeer de indicatieve waarde die zij voorheen bezat (zie in die zin arresten van 16 maart 1999, Trummer en Mayer, C-222/97, *Jurispr.* blz. I-1661, punt 21; 11 januari 2001, Stefan, C-464/98, *Jurispr.* blz. I-173, punt 5; 5 maart 2002, Reisch e.a., C-515/99, C-519/99-C-524/99 en C-526/99-C-540/99, *Jurispr.* blz. I-2157, punt 30, en 14 september 2006, Centro di Musicologia Walter Stauffer, C-386/04, *Jurispr.* blz. I-8203, punt 22).

18. Vaststaat dat Rimbaud in Frankrijk in onroerende zaken heeft belegd. Een dergelijke grensoverschrijdende belegging vormt kapitaalverkeer in de zin van bovengenoemde nomenclatuur (zie in die zin arrest ELISA, reeds aangehaald, punt 60).

19. Bijgevolg zijn de bepalingen van artikel 40 van en bijlage XII bij de EER-Overeenkomst van toepassing in een geding als het hoofdgeding, waar het gaat om een transactie tussen burgers van staten die partij zijn bij deze overeenkomst. Volgens vaste rechtspraak kan het Hof deze bepalingen uitleggen wanneer het door een rechterlijke instantie van een lidstaat wordt verzocht te preciseren welke draagwijdte deze overeenkomst, die integrerend deel uitmaakt van de rechtsorde van de Unie, in die staat heeft (zie arresten van 15 juni 1999, Andersson en Wåkerås-Andersson, C-321/97, *Jurispr.* blz. I-3551, punten 26-31; 15 mei 2003, Salzmann, C-300/01, *Jurispr.* blz. I-4899, punt 65, en 23 september 2003, Ospelt en Schlössle Weissenberg, C-452/01, *Jurispr.* blz. I-9743, punt 27).

20. Een van de belangrijkste doelstellingen van de EER-Overeenkomst is een zo volledig mogelijke verwezenlijking van het vrije verkeer van goederen, personen, diensten en kapitaal in de gehele EER, zodat de op het grondgebied van de Unie verwezenlijkte interne markt wordt uitgebreid naar de EVA-staten. In deze optiek beogen meerdere bepalingen van deze overeenkomst een zo uniform mogelijke uitlegging ervan te waarborgen in de gehele EER (zie advies 1/92 van 10 april 1992, *Jurispr.* blz. I-2821). Het staat aan het Hof om er in dit kader over te waken dat de regels van de EER-Overeenkomst, die in wezen gelijk zijn aan die van het VWEU, uniform worden uitgelegd in de lidstaten (arrest Ospelt en Schlössle Weissenberg, reeds aangehaald, punt 29).

21. Uit de bepalingen van artikel 40 van de EER-Overeenkomst blijkt dat het daarin neergelegde verbod op beperkingen van het kapitaalverkeer en op discriminatie in het kader van de betrekkingen tussen de staten die partij zijn bij de EER-Overeenkomst – lidstaten van de Unie dan wel leden van de EVA – hetzelfde is als het verbod dat het recht van de Unie oplegt in de betrekkingen tussen de lidstaten (zie arrest Ospelt en Schlössle Weissenberg, reeds aangehaald, punt 28).

22. Hieruit volgt dat beperkingen van het vrije verkeer van kapitaal tussen burgers van staten die partij zijn bij de EER-Overeenkomst, weliswaar moeten worden getoetst aan artikel 40 van en bijlage XII bij deze overeenkomst, doch dat deze bepalingen dezelfde juridische strekking hebben als de bepalingen van artikel 63 VWEU (zie arrest van 11 juni 2009, Commissie/Nederland, C-521/07, *Jurispr.* blz. I-4873, punt 33) .

23. Er dient aan te worden herinnerd dat volgens vaste rechtspraak, hoewel de directe belastingen tot de bevoegdheid van de lidstaten behoren, deze laatste niettemin verplicht zijn deze bevoegdheid in overeenstemming met het recht van de Unie uit te oefenen (zie met name arresten van 7 september 2004, Manninen, C-319/02, *Jurispr.* blz. I-7477, punt 19; 6 maart 2007, Meilicke e.a., C-292/04, *Jurispr.* blz. I-1835, punt 19; 24 mei 2007, Holböck, C-157/05, *Jurispr.* blz. I-4051, punt 21, en het arrest ELISA, reeds aangehaald, punt 68). Deze bevoegdheid staat hun ook niet toe maatregelen toe te passen die in strijd zijn met de door overeenkomstige bepalingen van de EER-Overeenkomst gewaarborgde vrijheden van verkeer.

Bestaan van een beperking van het kapitaalverkeer

24. Met betrekking tot de vraag of een nationale regeling als die welke in het hoofdgeding aan de orde is, een beperking van het kapitaalverkeer vormt, is in de zaak die aanleiding heeft gegeven tot het reeds aangehaalde arrest ELISA, reeds vastgesteld dat de betrokken regeling een door artikel 63 VWEU verboden beperking van het beginsel van het vrije verkeer van kapitaal vormt.

25. Geoordeeld is dat de rechtspersonen die hun zetel van leiding niet in Frankrijk hebben, anders dan de andere belastingplichtigen, ingevolge artikel 990 E, punten 2 en 3, van de CGI slechts van de omstreden belasting kunnen worden vrijgesteld indien is voldaan aan een aanvullende voorwaarde, namelijk het bestaan van een overeenkomst tussen de Franse Republiek en de betrokken lidstaat. Zonder een dergelijke overeenkomst kan een rechtspersoon die zijn zetel van leiding niet in Frankrijk heeft, niet met succes op grond van de artikelen 990 D en 990 E, punten 2 et 3, van de CGI om vrijstelling van de omstreden belasting verzoeken. Gelet op het feit dat de beslissing om een overeenkomst of een verdrag te sluiten alleen bij de betrokken staten ligt, kan de voorwaarde dat er een overeenkomst inzake administratieve bijstand of een verdrag bestaat, voor deze categorie van rechtspersonen de facto tot gevolg hebben dat zij nooit van de omstreden belasting kunnen worden vrijgesteld, waardoor belegging in onroerende zaken in Frankrijk minder aantrekkelijk wordt voor de niet-ingezeten vennootschappen (zie arrest ELISA, reeds aangehaald, punten 75-77).

26. In het hoofdgeding is de in artikel 990 E van de CGI bepaalde vrijstelling van de omstreden belasting voor de in de betrokken derde staat gevestigde vennootschappen afhankelijk gesteld van het bestaan van een tussen de Franse Republiek en het Vorstendom Liechtenstein gesloten overeenkomst inzake administratieve bijstand of verdrag.

27. Wat de in artikel 990 E, punt 2, van de CGI bedoelde vrijstelling betreft, is tussen deze twee staten echter geen overeenkomst inzake administratieve bijstand ter bestrijding van belastingontduiking en -ontwijking gesloten. Ook wat de in artikel 990 E, punt 3, van de CGI bedoelde vrijstelling betreft, dient te worden vermeld dat de Franse Republiek en het Vorstendom Liechtenstein tot op heden geen verdrag hebben gesloten volgens hetwelk de betrokken rechtspersonen niet zwaarder mogen worden belast dan rechtspersonen die hun vennootschappelijke zetel in Frankrijk hebben.

28. Hieruit volgt dat de eisen die in de in het hoofdgeding aan de orde zijnde nationale regeling worden gesteld om in aanmerking te komen voor vrijstelling van de omstreden belasting, de in Liechtenstein gevestigde niet-ingezeten vennootschappen automatisch van de vrijstelling uitsluiten en voor deze vennootschappen belegging in onroerende zaken in Frankrijk minder aantrekkelijk maken.

29. In een zaak als het hoofdgeding vormt die regeling voor deze rechtspersonen dus een beperking van het beginsel van vrij verkeer van kapitaal, die in beginsel door artikel 40 van de EER-Overeenkomst op dezelfde wijze wordt verboden als door artikel 63 VWEU.

30. Volgens de Franse regering strekt de omstreden belasting ertoe de belastingplichtigen die aan deze belasting zijn onderworpen, ervan te weerhouden deze belasting te omzeilen door vennootschappen op te richten – die vervolgens onroerende zaken in Frankrijk verwerven – in staten die met de Franse Republiek geen overeenkomst inzake administratieve bijstand ter bestrijding van belastingontduiking en -ontwijking hebben gesloten. Het wezenlijke criterium voor vrijstelling is dat de zekerheid bestaat dat de Franse belastingadministratie rechtstreeks aan de buitenlandse belastingautoriteiten alle inlichtingen kan vragen die noodzakelijk zijn voor de controle van de aangiften die overeenkomstig artikel 990 E van de CGI zijn verricht door vennootschappen die eigendomsrechten of andere zakelijke rechten op onroerende zaken in Frankrijk hebben, alsook van de aangiften die door natuurlijke personen met fiscale woonplaats in Frankrijk zijn verricht met betrekking tot hun onroerende zaken die aan de belasting zijn onderworpen.

31. De Franse regering verklaart dat, waar in het recht van de Unie een verplichting tot wederzijdse bijstand bestaat, de lidstaten van de EER die geen lid van de Europese Unie zijn, niet verplicht zijn om richtlijn 77/799 in nationaal recht om te zetten. Wanneer er geen overeenkomst met een clausule van administratieve bijstand of geen verdrag met een clausule van non-discriminatie op belastinggebied is gesloten, kunnen de Franse belastingautoriteiten aan de belastingautoriteiten van het Vorstendom Liechtenstein dus niet rechtstreeks de noodzakelijke inlichtingen vragen.

32. Bijgevolg moet worden onderzocht of de betrokken beperking gerechtvaardigd wordt door het algemeen belang van bestrijding van belastingfraude en door de noodzaak om de doeltreffendheid van de fiscale controles te waarborgen.

Rechtvaardiging op grond van bestrijding van belastingfraude en de noodzaak om de doeltreffendheid van de fiscale controles te waarborgen

33. Met betrekking tot de rechtvaardiging op grond van bestrijding van belastingfraude en de noodzaak om de doeltreffendheid van de fiscale controles te waarborgen dient eraan te worden herinnerd dat een beperking van het vrije verkeer van kapitaal op grond daarvan slechts kan worden toegestaan wanneer zij geschikt is om het betrokken doel te verwezenlijken en niet verder gaat dan nodig is voor het bereiken van dit doel (arresten van 13 december 2005, Marks & Spencer, C-446/03, *Jurispr.* blz. I-10837, punt 35; 12 september 2006, Cadbury Schweppes en Cadbury Schweppes Overseas, C-196/04, *Jurispr.* blz. I-7995, punt 47; 13 maart 2007, Test Claimants in the Thin Cap Group Litigation, C-524/04, *Jurispr.* blz. I-2107, punt 64, en 18 december 2007, A, C-101/05, *Jurispr.* blz. I-11531, punt 55).

34. Aldus kan de bestrijding van belastingfraude slechts als rechtvaardigingsgrond worden aanvaard indien zij is gericht tegen zuiver kunstmatige constructies die tot doel hebben de belastingwet te omzeilen, wat elk algemeen vermoeden van fraude uitsluit. Een algemeen vermoeden van belastingfraude of -ontwijking volstaat dus niet als rechtvaardigingsgrond voor een fiscale maatregel die afbreuk doet aan de door het Verdrag nagestreefde doelstellingen (zie in die zin arrest van 26 september 2000, Commissie/België, C-478/98, *Jurispr.* blz. I-7587, punt 45, en arrest Cadbury Schweppes en Cadbury Schweppes Overseas, reeds aangehaald, punt 50 en aldaar aangehaalde rechtspraak).

35. Een lidstaat mag immers maatregelen toepassen die een duidelijke en nauwkeurige controle van het door de belastingplichtigen verschuldigde bedrag mogelijk maken (zie arrest van 10 maart 2005, Laboratoires Fournier, C-39/04, *Jurispr.* blz. I-2057, punt 24).

36. Met betrekking tot de aan de orde zijnde nationale regeling heeft het Hof in het reeds aangehaalde arrest ELISA reeds geoordeeld dat deze regeling geschikt is voor de verwezenlijking van het doel, belastingfraude te bestrijden, doordat zij de mogelijkheid biedt om praktijken te bestrijden die louter tot doel hebben te vermijden dat natuurlijke personen in Frankrijk vermogensbelasting moeten betalen, of althans om deze praktijken minder aantrekkelijk te maken.

37. Het Hof heeft echter geoordeeld dat niets de Franse belastingautoriteiten belet om, indien zij niet op grond van een overeenkomst met de lidstaat op het grondgebied waarvan de betrokken rechtspersoon zijn zetel van leiding heeft, een beroep kunnen doen op de medewerking van de belastingautoriteiten van die lidstaat, van de belastingplichtige de bewijzen te verlangen die zij noodzakelijk achten voor de correcte vaststelling van de betrokken belastingen, en in voorkomend geval de gevraagde vrijstelling te weigeren wanneer deze bewijzen niet worden geleverd.

38. Vastgesteld is dat de in het hoofdgeding aan de orde zijnde Franse regeling de vennootschappen die zijn uitgesloten van de werkingssfeer van een overeenkomst inzake administratieve bijstand niet onder een verdrag met een clausule van non-discriminatie op belastinggebied vallen, maar in onroerende zaken in Frankrijk beleggen, niet toestaat om bewijsstukken over te leggen waarmee de identiteit van hun aandeelhouders kan worden aangetoond, of om enige andere door de Franse belastingautoriteiten noodzakelijk geachte inlichting te verstrekken Om die reden heeft het Hof geoordeeld dat deze vennootschappen volgens die regeling nooit kunnen bewijzen dat zij geen frauduleus doel nastreven. Het heeft daaruit geconcludeerd dat de Franse regering minder beperkende maatregelen had kunnen treffen om het doel van bestrijding van belastingfraude te bereiken en dat de omstreden belasting dus niet kan worden gerechtvaardigd door de bestrijding van dergelijke fraude (zie arrest ELISA, reeds aangehaald, punten 99-101).

39. Er zij echter aan herinnerd dat de feiten in de zaak die aanleiding heeft gegeven tot het reeds aangehaalde arrest ELISA, betrekking hadden op lidstaten van de Unie niet op derde staten. Zoals in punt 19 van bovengenoemd arrest is gezegd, betreffen de in dat arrest gegeven antwoorden op de prejudiciële vragen dus alleen de betrekkingen tussen de lidstaten van de Unie.

40. De rechtspraak met betrekking tot de beperkingen van het gebruik van de vrijheden van verkeer binnen de Unie kan echter niet integraal worden getransponeerd naar het kapitaalverkeer tussen de lidstaten en derde staten, aangezien dat kapitaalverkeer in een andere juridische context valt (zie arrest A, reeds aangehaald, punt 60, en arrest van 19 november 2009, Commissie/Italië, C-540/07, *Jurispr.* blz. I-10983, punt 69).

41. Dienaangaande zij erop gewezen dat een kader voor samenwerking tussen de bevoegde autoriteiten van de lidstaten als dat waarin richtlijn 77/799 voorziet, tussen deze autoriteiten en de bevoegde autoriteiten van een derde staat niet bestaat wanneer deze staat geen enkele verplichting tot wederzijdse bijstand is aangegaan (zie arrest Commissie/Italië, reeds aangehaald, punt 70).

42. In bijlage XXII bij de EER-Overeenkomst wordt bepaald dat de lidstaten van de EER de richtlijnen betreffende de onderlinge aanpassing van het vennootschapsrecht, en met de name de richtlijnen betreffende de boekhouding van de vennootschappen, in nationaal recht moeten omzetten. Deze maatregelen bieden de belastingplichtige de mogelijkheid om betrouwbare en controleerbare gegevens over te leggen aangaande een vennootschap die is gevestigd in een staat die partij is bij de EER-Overeenkomst. In het onderhavige geval staat echter vast dat richtlijn 77/799 niet van toepassing is tussen de bevoegde autoriteiten van de lidstaten en die van het Vorstendom Liechtenstein.

43. In het hoofdgeding hebben de Franse belastingautoriteiten dus niet de mogelijkheid om van de belastingautoriteiten van het Vorstendom Liechtenstein de inlichtingen te krijgen die noodzakelijk zijn voor een doeltreffende controle van de door de belastingplichtige vennootschappen verstrekte gegevens.

44. Hieruit volgt dat wanneer de regeling van een lidstaat de toekenning van een fiscaal voordeel afhankelijk stelt van de vervulling van voorwaarden waarvan de naleving slechts kan worden gecontroleerd door het verkrijgen van inlichtingen van de bevoegde autoriteiten van een derde staat die lid is van de EER, die lidstaat in beginsel de toekenning van dit voordeel mag weigeren wanneer, met name wegens het ontbreken van een uit een overeenkomst of verdrag voortvloeiende verplichting voor deze derde staat om inlichtingen te verstrekken, het onmogelijk blijkt om deze inlichtingen van laatstgenoemde staat te verkrijgen.

45. Wat inzonderheid de vraag betreft of, zoals de Commissie betoogt, de Franse belastingautoriteiten in elk concreet geval de bewijsstukken dienen te onderzoeken door een in een EER-lidstaat gevestigde vennootschap zijn overgelegd, dient erop te worden gewezen dat uit het reeds aangehaalde arrest ELISA blijkt dat in het kader van de Unie de categorische weigering om een belastingvoordeel toe te kennen niet gerechtvaardigd is, omdat niets de belastingautoriteiten belet, van de belastingplichtige de bewijzen te verlangen die zij noodzakelijk achten voor de correcte vaststelling van de betrokken heffingen en belastingen, en in voorkomend geval de gevraagde vrijstelling te weigeren wanneer deze bewijzen niet worden geleverd.

46. Deze rechtspraak is echter niet van toepassing op de daarvan verschillende situatie van een in het Vorstendom Liechtenstein gevestigde vennootschap. Ook al waren in de in het arrest ELISA aan de orde zijnde situatie de Luxemburgse autoriteiten volgens artikel 8, lid 1, van richtlijn 77/799 in beginsel niet verplicht om inlichtingen te verstrekken, dit neemt niet weg dat het rechtskader zeer verschillend was.

47. Allereerst wordt in artikel 1, lid 1, van richtlijn 77/799 bepaald dat de bevoegde autoriteiten van de lidstaten elkaar alle inlichtingen verstrekken die hun van nut kunnen zijn voor een juiste vaststelling van de belastingschuld op het gebied van de belastingen naar het inkomen en het vermogen alsmede alle inlichtingen met betrekking tot de vaststelling van de heffingen op verzekeringspremies. Voor de tenuitvoerlegging daarvan geeft deze richtlijn in artikel 3 regels inzake automatische uitwisseling van inlichtingen en in artikel 4 regels inzake spontane uitwisseling van inlichtingen. Verder voorziet zij in termijnen van kennisgeving (artikel 5), in samenwerking van de ambtenaren van de staten (artikel 6) alsmede in overleg (artikel 9) en in uitwisseling van ervaringen (artikel 10).

48. Het is aldus slechts bij wijze van afwijking dat artikel 8, 'Begrenzing van de uitwisseling van inlichtingen', van richtlijn 77/799 voorziet in uitzonderingen op de uitwisseling van inlichtingen. Als afwijkende bepaling moet dit artikel strikt worden uitgelegd. Bovendien zijn de lidstaten op grond van het beginsel van loyale samenwerking verplicht de bij richtlijn 77/799 ingestelde uitwisseling van inlichtingen daadwerkelijk toe te passen.

49. In het kader van deze bepalingen vormt de in het reeds aangehaalde arrest ELISA aan de belastingplichtige geboden mogelijkheid om bewijsstukken over te leggen die door de Franse belastingautoriteiten moeten worden onderzocht, dus een maatregel om te voorkomen dat de door het algemene stelsel van uitwisseling van inlichtingen gestelde grens, zoals die voortvloeit uit de toepassing van dat artikel 8, in het nadeel van de belastingplichtige uitvalt.

50. Die mogelijkheid is dus gebaseerd op en bijgevolg afhankelijk van het bestaan van een algemeen stelsel van uitwisseling van inlichtingen zoals het bij richtlijn 77/799 ingevoerde stelsel, zodat niet kan worden aangenomen dat een dergelijk recht ook toekomt aan een belastingplichtige in omstandigheden als die in het hoofdgeding, die worden gekenmerkt door de omstandigheid dat de belastingautoriteiten van het Vorstendom Liechtenstein geen enkele bijstandsverplichting hebben.

51. In die omstandigheden moet worden aangenomen dat een wettelijke regeling als die welke aan de orde is in het hoofdgeding, ten aanzien van de staat die partij is bij de EER-Overeenkomst, gerechtvaardigd is om dwingende redenen van algemeen belang in verband met de bestrijding van belastingfraude en de noodzaak om de doeltreffendheid van de fiscale controles te waarborgen, en geschikt is om het betrokken doel te verwezenlijken en niet verder gaat dan nodig is voor het bereiken van dit doel.

52. Uit een en ander volgt dat artikel 40 van de EER-Overeenkomst niet in de weg staat aan een nationale wettelijke regeling als die welke in het hoofdgeding aan de orde is, volgens welke de vennootschappen met vennootschappelijke zetel op het grondgebied van een lidstaat van de Unie van de omstreden belasting zijn vrijgesteld, doch deze vrijstelling voor een vennootschap met vennootschappelijke zetel op het grondgebied van een derde staat die lid van de EER is, afhankelijk is gesteld van het bestaan van een tussen die lidstaat en deze derde staat gesloten overeenkomst inzake administratieve bijstand ter bestrijding van belastingontduiking en -ontwijking of van de omstandigheid dat krachtens een verdrag dat een bepaling bevat die discriminatie op grond van nationaliteit verbiedt, deze rechtspersonen niet zwaarder mogen worden belast dan de in deze lidstaat gevestigde vennootschappen.

Kosten

53. ...

HET HOF (Derde kamer)

verklaart voor recht:

Artikel 40 van de Overeenkomst betreffende de Europese Economische Ruimte van 2 mei 1992 staat niet in de weg aan een nationale wettelijke regeling als die welke aan de orde is in het hoofdgeding, volgens welke de vennootschappen met vennootschappelijke zetel op het grondgebied van een lidstaat van Europese Unie van de belasting op de marktwaarde van op het grondgebied van die lidstaat gelegen onroerende zaken zijn vrijgesteld, doch deze vrijstelling voor een vennootschap met vennootschappelijke zetel op het grondgebied van een derde staat die lid van de Europese Economische Ruimte is, afhankelijk is gesteld van het bestaan van een tussen die lidstaat en deze derde staat gesloten overeenkomst inzake administratieve bijstand ter bestrijding van belastingontduiking en -ontwijking of van de omstandigheid dat krachtens een verdrag dat een bepaling bevat die discriminatie op grond van nationaliteit verbiedt, deze rechtspersonen niet zwaarder mogen worden belast dan de op het grondgebied van een lidstaat gevestigde vennootschappen.

HvJ EU 20 januari 2011, zaak C-155/09 (Europese Commissie v. Helleense Republiek)

Eerste kamer: *A. Tizzano, kamerpresident, J. J. Kasel, E. Levits, M. Safjan en M. Berger (rapporteur), rechters*
Advocaat-generaal: *J. Mazák*

1. De Commissie van de Europese Gemeenschappen verzoekt het Hof vast te stellen dat de Helleense Republiek:
– door vrijstelling van de belasting op de overdracht van onroerende goederen (hierna: 'belasting') enkel te verlenen aan personen die reeds vast in Griekenland wonen, en niet aan personen die het voornemen hebben om zich er in de toekomst te vestigen, en
– door onder bepaalde voorwaarden enkel aan Griekse staatsburgers vrijstelling van die belasting te verlenen bij de aankoop van een eerste woning in Griekenland, waardoor een uitdrukkelijke discriminatie wordt ingevoerd van personen die in het buitenland wonen en geen Griekse staatsburgers zijn, de verplichtingen niet is nagekomen die op haar rusten krachtens de artikelen 18 EG, 39 EG en 43 EG, gelezen in het licht van artikel 12 EG, en de artikelen 4, 28 en 31 van de Overeenkomst betreffende de Europese Economische Ruimte van 2 mei 1992 (*PB* 1994, L 1, blz. 3; hierna: 'EER-Overeenkomst'), doordat deze lidstaat de uitoefening van de uit die bepalingen voortvloeiende fundamentele vrijheden belemmert.

HET HOF (Eerste kamer)

verklaart:

1. – Door met toepassing van artikel 1, leden 1 en 3, eerste alinea, van wet 1078/1980 enkel vrijstelling van de belasting op de overdracht van onroerende goederen te verlenen aan personen die vast op het nationale grondgebied wonen, en niet aan niet-ingezetenen die het voornemen hebben om zich in de toekomst op dat grondgebied te vestigen, en
– door onder bepaalde voorwaarden enkel aan Griekse staatsburgers en personen van Griekse afkomst vrijstelling van die belasting te verlenen bij de aankoop van een eerste woning op het nationale grondgebied,
is de Helleense Republiek de verplichtingen niet nagekomen die op haar rusten krachtens de artikelen 12 EG, 18 EG, 39 EG en 43 EG en de artikelen 4, 28 en 31 van de Overeenkomst betreffende de Europese Economische Ruimte van 2 mei 1992.

2. De Helleense Republiek wordt verwezen in de kosten.

Samenvatting beschikbaar gesteld door Loyens & Loeff (uit EU Tax Alert):

On 20 January 2011, the CJ held in the *Commission v Greece* case (C-155/09) that the Greek rules, which make the exemption from the tax payable on the purchase of a first residential property in Greece conditional upon the residency or the nationality of the purchaser, are contrary to the fundamental freedoms. In particular, the provisions at issue constitute a prohibited discrimination on grounds of nationality (Article 18 TFEU and Article 4 EEA) and a breach of the free movement of EU citizens (Article 21 TFEU), of workers (Article 45 TFEU and Article 28 EEA) and of the right of establishment (Article 49 TFEU and Article 31 EEA).

According to Greek law, the purchase of the first home of a family unit in Greece is exempt from transfer tax provided that the purchaser is either i. a permanent resident of Greece, or ii. a Greek national or a person of Greek origin entered in a municipal registry in Greece, who has worked abroad for at least six years. In 2007 and in 2008, the Commission sent the Greek Government a letter of formal notice and a reasoned opinion respectively, in which it held that this regime discriminates against individuals who are neither a permanent resident in Greece nor Greek nationals. In 2009, as the Commission did not find the explanations put forward by Greece in reply to its inquiries convincing, it referred Greece to the CJ.

The CJ analysed the two conditions required for the exemption separately. First, it observed that the requirement that the purchaser be resident in Greece in order to benefit from the tax exemption places at a disadvantage non-residents considering settling in Greece, thereby covertly discriminating purchasers who are not Greek nationals and hindering their exercise of the right of movement as workers or EU citizens as well as their right of establishment. The CJ rejected the first justification put forward by Greece, based on the need to prevent property speculation, tax evasion and abuse, on the grounds that the provision does not ensure that the property purchased by a resident is actually used as a dwelling by the purchaser instead of being rented out. The provision is therefore not suitable to achieve the alleged objective. Second, the provision goes beyond what is necessary to prevent the speculation with immovable property by non-residents. For the latter purpose, it would be sufficient to ensure that the purchaser does not own other properties in Greece, for instance, by maintaining a land register where information about resident and nonresident property owners is recorded. The CJ also rejected the second justification whereby Greece argued that the provision is part of the general context of social policy. As the exemption is granted irrespective of the income level of the purchaser, the CJ considered the provision inappropriate to attain that objective as well.

The CJ then considered the condition for the exemption based on the nationality or the origin of the purchaser of a first home in Greece. Agreeing with the Commission, the CJ observed that a tax advantage afforded only to Greek nationals and to individuals of Greek origin, such as the exemption at issue, entails a direct discrimination of EU citizens, not being Greek nationals, intending to settle in Greece. The CJ held that such discriminatory treatment could not be justified either as an incentive to Greek nationals who have emigrated abroad to return to Greece or as a social tool aimed at maintaining the link between Greek emigrants and their country of origin, as these considerations do not relate to objective circumstances capable of justifying that discrimination.

HvJ EU 10 februari 2011, gevoegde zaken C-436/08 en C-437/08 (Haribo Lakritzen Hans Riegel BetriebsgmbH (C-436/08), Österreichische Salinen AG (C-437/08) v. Finanzamt Linz)

Derde kamer: *K. Lenaerts (rapporteur), kamerpresident, D. Šváby, R. Silva de Lapuerta, J. Malenovský en T. von Danwitz, rechters*

Advocaat-generaal: *J. Kokott*

1. De verzoeken om een prejudiciële beslissing betreffen de uitlegging van het recht van de Unie.

2. Deze verzoeken zijn ingediend in het kader van gedingen tussen Haribo Lakritzen Hans Riegel Betriebs-gmbH (hierna: 'Haribo'), een vennootschap met beperkte aansprakelijkheid naar Oostenrijks recht, en Österreichische Salinen AG (hierna: 'Salinen'), een naamloze vennootschap naar Oostenrijks recht, enerzijds, en het Finanzamt Linz (belastingdienst van Linz), anderzijds, over de belasting die in Oostenrijk wordt geheven over dividenden die afkomstig zijn van in andere lidstaten en in derde staten gevestigde vennootschappen.

I – Toepasselijke bepalingen van nationaal recht

3. Ter voorkoming van economische dubbele belasting van dividenden die door een ingezeten of een niet-ingezeten vennootschap worden uitgekeerd aan een ingezeten vennootschap, bepaalt de Oostenrijkse wettelijke belastingregeling dat op dergelijke dividenden onder bepaalde voorwaarden de 'vrijstellingsmethode' wordt toegepast. Bij deze methode worden de door de ontvangende vennootschap verkregen dividenden van vennootschapsbelasting vrijgesteld. In andere gevallen kan de 'verrekeningsmethode' worden toegepast, waarbij de vennootschapsbelasting die is betaald over de winst waaruit de dividenden zijn uitgekeerd, wordt verrekend met de door de ontvangende vennootschap in Oostenrijk verschuldigde vennootschapsbelasting.

4. § 10 van het Körperschaftsteuergesetz 1988 (wet op de vennootschapsbelasting 1988, BGBl. 401/1988), zoals gewijzigd bij het Budgetbegleitgesetz 2009 (wet bij de begroting 2009, BGBl. I, 52/2009; hierna: 'KStG'), die overeenkomstig § 26c, punt 16, sub b, KStG van toepassing is op alle lopende aanslagen, luidt:

'1. Opbrengsten uit deelnemingen zijn vrijgesteld van vennootschapsbelasting. Opbrengsten uit deeneming zijn:

1. winstaandelen van om het even welke aard uit deelnemingen, in de vorm van aandelen of deelbewijzen, in binnenlandse kapitaalvennootschappen of binnenlandse coöperatieve vennootschappen met winstgevend doel.

[...]

5. winstaandelen [...] uit een deelneming in een buitenlandse vennootschap die voldoet aan de in bijlage 2 bij het Einkommensteuergesetz 1988 opgenomen voorwaarden van artikel 2 van richtlijn 90/435/EEG [van de Raad] van 23 juli 1990 [betreffende de gemeenschappelijke fiscale regeling voor moedermaatschappijen en dochterondernemingen uit verschillende lidstaten (*PB* L 255, blz. 6)], en niet onder punt 7 valt.

6. winstaandelen [...] uit een deelneming in een vennootschap uit een [derdeland] dat partij is bij de Overeenkomst betreffende de Europese Economische Ruimte [van 2 mei 1992 (*PB* 1994, L 1, blz. 1; hierna: 'EER-Overeenkomst'),] [...] wanneer met de staat van vestiging een omstandig verdrag inzake wederzijdse administratieve en gerechtelijke bijstand is afgesloten en wanneer de vennootschap niet onder punt 7 valt.

7. winstaandelen van om het even welke aard uit een internationale gekwalificeerde deelneming (hierna: 'internationale deelneming') in de zin van lid 2 [infra].

2. Er is sprake van een internationale deelneming wanneer [...] belastingplichtigen [...] aantoonbaar in de vorm van kapitaalaandelen gedurende een onafgebroken periode van ten minste één jaar voor ten minste één tiende deelnemen in het kapitaal [van een niet-ingezeten vennootschap].

[...]

4. In afwijking van lid 1, punt 7, zijn winstaandelen [...] uit internationale deelnemingen in de zin van lid 2 in het kader van de volgende bepalingen niet vrijgesteld van vennootschapsbelasting wanneer er sprake is van omstandigheden op grond waarvan de bondsminister van Financiën dit ter verhindering van belastingontwijking of misbruik (§ 22 van de Bundesabgabenordnung) bij verordening voorschrijft. Dat er sprake is van dergelijke omstandigheden kan met name worden aangenomen wanneer

1. het zwaartepunt van de buitenlandse vennootschap direct of indirect erin bestaat, opbrengsten uit rente, uit de vervreemding van roerende lichamelijke of niet-lichamelijke zaken en uit de verkoop van deelnemingen te behalen, en

2. het inkomen van de buitenlandse vennootschap niet onderworpen is aan een buitenlandse belasting die wat de vaststelling van de heffingsgrondslag respectievelijk het belastingtarief betreft vergelijkbaar is met de Oostenrijkse vennootschapsbelasting.

5. In afwijking van lid 1, punten 5 en 6, zijn winstaandelen niet vrijgesteld van vennootschapsbelasting wanneer een van de volgende voorwaarden van toepassing is:

1. de buitenlandse vennootschap is in het buitenland direct noch indirect daadwerkelijk onderworpen aan een belasting die vergelijkbaar is met de Oostenrijkse vennootschapsbelasting of

2. de winsten van de buitenlandse vennootschap zijn in het buitenland onderworpen aan een met de Oostenrijkse vennootschapsbelasting vergelijkbare belasting, waarvan het toe te passen tarief meer dan tien procentpunten lager is dan de Oostenrijkse vennootschapsbelasting [...] of

3. de buitenlandse vennootschap geniet in het buitenland volledige persoonlijke of zakelijke belastingvrijstellingen. [...]

6. In de gevallen van de leden 4 en 5 moet met betrekking tot winstaandelen op de volgende wijze de belasting worden verminderd met de met de [Oostenrijkse] vennootschapsbelasting overeenkomende buitenlandse belasting: de als voorbelasting op de uitkering [van winst] te beschouwen buitenlandse belasting wordt op verzoek verrekend met de binnenlandse vennootschapsbelasting, die op de winstaandelen drukt die uit de internationale deelneming zijn verkregen, van welke aard die winstaandelen ook zijn. De te verrekenen buitenlandse belasting moet bij de vaststelling van de inkomsten worden bijgeteld bij de winstaandelen uit de internationale deelneming."

5. Op 13 juni 2008 heeft het Bundesministerium für Finanzen (bondsministerie van Financiën) naar aanleiding van de uitspraken van het Verwaltungsgerichtshof van 17 april 2008 waarvan sprake in punt 13 van het onderhavige arrest, een mededeling gepubliceerd over § 10, lid 2, KStG, zoals van toepassing vóór het Budgetbegleitgesetz 2009 (BMF-010216/ 0090-VI/6/2008). Ingevolge deze bepaling waren opbrengsten uit deelnemingen in een ingezeten vennootschap vrijgesteld van vennootschapsbelasting, terwijl opbrengsten uit deelnemingen in een niet-ingezeten vennootschap slechts waren vrijgesteld op voorwaarde dat de deelneming van de verkrijger van deze opbrengsten in het vennootschapskapitaal van de uitkerende vennootschap minstens 25% bedroeg.

6. Aangaande dividenden uit deelnemingen in niet-ingezeten kapitaalvennootschappen onder de participatiedrempel van 25% werd in de mededeling van 13 juni 2008 verklaard dat zowel de vennootschapsbelasting over de in de vestigingsstaat van de uitkerende vennootschap uitgekeerde winst als de overeenkomstig het toepasselijke dubbelbelastingverdrag in deze staat daadwerkelijk ingehouden bronheffing werd verrekend met de vennootschapsbelasting.

7. Volgens deze mededeling moet een belastingplichtige de volgende gegevens overleggen om in aanmerking te komen voor de verrekening van de buitenlandse belasting met de in Oostenrijk verschuldigde belasting:

- nauwkeurige omschrijving van de uitkerende vennootschap waarin de deelneming wordt gehouden;
- nauwkeurige vermelding van de omvang van de deelneming;
- nauwkeurige vermelding van het tarief van de vennootschapsbelasting die de uitkerende vennootschap in haar vestigingsstaat moet betalen. Valt deze vennootschap niet onder de normale belastingregeling van de vestigingsstaat (maar geniet zij bijvoorbeeld een voordeliger belastingtarief, een persoonlijke vrijstelling of een aanzienlijke belastingvrijstelling of -vermindering), dan moet het daadwerkelijk toepasselijke belastingtarief worden opgegeven;
- vermelding van de op basis van bovengenoemde parameters berekende buitenlandse vennootschapsbelasting die op zijn aandeel drukt;
- nauwkeurige vermelding van het tarief van de daadwerkelijk ingehouden bronheffing, beperkt tot het in het dubbelbelastingverdrag voorziene tarief van bronbelasting;
- berekening van de verrekenbare belasting.

8. De verwijzende rechter is van oordeel dat de mededeling van 13 juni 2008 nog steeds van toepassing is ondanks de wijzigingen die in de loop van 2009 in de wettelijke regeling zijn aangebracht.

II – Hoofdgedingen en prejudiciële vragen

9. In belastingjaar 2001 heeft Haribo inkomsten uit een deelneming in een investeringsfonds ontvangen in de vorm van dividenden die waren uitgekeerd door in andere lidstaten dan de Republiek Oostenrijk en in derde staten gevestigde kapitaalvennootschappen. Salinen heeft soortgelijke inkomsten ontvangen in belastingjaar 2002. In datzelfde belastingjaar heeft Salinen een verlies uit bedrijfsinkomsten geleden.

10. Nadat het Finanzamt Linz hun verzoeken om belastingvrijstelling voor de van deze niet-ingezeten vennootschappen afkomstige dividenden had afgewezen, hebben Haribo en Salinen bij de verwijzende rechter beroep ingesteld.

11. Bij beslissingen van 13 januari 2005 heeft de verwijzende rechter geoordeeld dat § 10, lid 2, KStG, zoals van toepassing vóór het Budgetbegleitgesetz 2009, in strijd was met het beginsel van vrij verkeer van kapitaal doordat dividenden van niet-ingezeten vennootschappen, daaronder begrepen dividenden van in derde staten gevestigde vennootschappen, zwaarder werden belast dan dividenden van ingezeten vennootschappen zonder dat dit verschil in behandeling gerechtvaardigd was. Door de belastingregeling van § 10, lid 1, KStG voor dividenden van bin-

nenlandse kapitaalvennootschappen naar analogie toe te passen, heeft deze rechter dividenden van in andere lidstaten of in derde staten gevestigde kapitaalvennootschappen behandeld als belastingvrije opbrengsten.

12. Het Finanzamt Linz heeft bij het Verwaltungsgerichtshof hoger beroep tegen deze beslissingen ingesteld op grond dat aandelen in binnenlandse investeringsfondsen niet onder artikel 63 VWEU vallen.

13. Bij beslissingen van 17 april 2008 heeft deze rechterlijke instantie allereerst geoordeeld dat de verwerving en het houden, in niet-ingezeten vennootschappen, van deelnemingen waardoor geen aanmerkelijke invloed op deze vennootschappen kan worden uitgeoefend, onder artikel 63 VWEU vallen, ook wanneer deze deelnemingen via een investeringsfonds worden gehouden.

14. Vervolgens heeft het Verwaltungsgerichtshof, zoals de verwijzende rechter, geoordeeld dat § 10, lid 2, KStG, zoals van toepassing vóór het Budgetbegleitgesetz 2009, in strijd was met het beginsel van vrij verkeer van kapitaal en bijgevolg enkel in overeenstemming met het recht van de Unie kon worden toegepast. Wanneer verschillende oplossingen mogelijk zijn die alle in overeenstemming met het recht van de Unie zijn, moet die oplossing worden toegepast die het meest beantwoordt aan de wil van de nationale wetgever.

15. Derhalve heeft het Verwaltungsgerichtshof geoordeeld dat, om een einde te maken aan de minder gunstige fiscale behandeling van dividenden van niet-ingezeten vennootschappen waarin een aandeelhouder een participatie van minder dan 25% bezit, vergeleken met de fiscale behandeling van dividenden uit ingezeten vennootschappen, op eerstgenoemde categorie van dividenden niet de vrijstellingsmethode dient te worden toegepast, maar een methode waarbij de belasting die over de dividenden in de vestigingsstaat van de uitkerende vennootschap wordt geheven, wordt verrekend met de in Oostenrijk verschuldigde belasting.

16. Tot slot heeft het Verwaltungsgerichtshof verklaard dat de verrekeningsmethode meer in lijn ligt met de door de Oostenrijkse wetgever gekozen oplossing dan de vrijstellingsmethode. Wanneer de dividenden in de vestigingsstaat van de uitkerende vennootschap tegen hetzelfde of een hoger tarief worden belast dan het tarief dat de staat van de aandeelhouder toepast, leiden de verrekeningsmethode en de vrijstellingsmethode immers tot hetzelfde resultaat. Wanneer daarentegen de belastingdruk in eerstgenoemde staat minder hoog is dan in de staat van de aandeelhouder, leidt alleen de verrekeningsmethode ertoe dat het belastingniveau in laatstgenoemde staat even hoog is als voor binnenlandse dividenden.

17. Van oordeel dat de beslissingen van de verwijzende rechter onwettig waren doordat naar analogie toepassing was gemaakt van de vrijstellingsmethode van § 10, lid 2, KStG, zoals van toepassing vóór het Budgetbegleitgesetz 2009, heeft het Verwaltungsgerichtshof deze uitspraken vernietigd en de zaken naar dezelfde rechter teruggewezen.

18. Bij op 3 oktober 2008 bij het Hof ingekomen beslissingen heeft de verwijzende rechter het Hof gevraagd of de vrijstellingsmethode en de verrekeningsmethode als volgens het recht van de Unie gelijkwaardige methoden kunnen worden beschouwd.

19. De oorspronkelijke versie van § 10 KStG werd retroactief gewijzigd bij het Budgetbegleitgesetz 2009. Aangezien ingevolge deze nieuwe voorschriften de vrijstellingsmethode onder bepaalde voorwaarden ook wordt toegepast op dividenden die een ingezeten vennootschap van niet-ingezeten vennootschappen ontvangt, heeft het Hof op 8 oktober 2009 krachtens artikel 104, lid 5, van zijn Reglement voor de procesvoering de verwijzende rechter om nadere verduidelijking gevraagd. Aan de verwijzende rechter werd gevraagd of de wetswijziging invloed heeft op de formulering van de prejudiciële vragen.

20. In zijn antwoord van 30 oktober 2009 op deze vraag om nadere verduidelijking heeft de verwijzende rechter de in elke zaak gestelde prejudiciële vragen geherformuleerd.

21. In zaak C-436/08 verduidelijkt hij allereerst dat volgens het KStG als voorwaarde voor de vrijstelling voor dividenden uit deelnemingen van minder dan 10% in het vennootschapskapitaal van de uitkerende vennootschap (portfoliodividenden) die afkomstig zijn van een vennootschap die gevestigd is in een derde staat die partij is bij de EER-Overeenkomst, geldt dat een omstandig verdrag inzake wederzijdse administratieve en gerechtelijke bijstand is afgesloten tussen de Republiek Oostenrijk en de betrokken derde staat. Voor internationale deelnemingen in de zin van § 10, lid 2, KStG wordt geen dergelijke voorwaarde gesteld.

22. Vervolgens benadrukt de verwijzende rechter dat de belastingvrijstelling voor portfoliodividenden die afkomstig zijn van een niet-ingezeten vennootschap die in een andere lidstaat dan de Republiek Oostenrijk is gevestigd of in een derde staat die partij is bij de EER-Overeenkomst, meestal in geen geval geldt, gelet op de informatie die de belastingplichtige aan de belastingdienst moet verstrekken wil hij voor dit belastingvoordeel in aanmerking komen. De belastingplichtige moet immers het bewijs leveren dat niet is voldaan aan de voorwaarden van § 10, lid 5, KStG. Zo moet de belastingplichtige de belasting vergelijken (§ 10, lid 5, punt 1, KStG), het toe te passen belastingtarief bepalen (§ 10, lid 5, punt 2, KStG), alsmede de persoonlijke en zakelijke vrijstellingen van de niet-ingezeten rechtspersoon (§ 10, lid 5, punt 3, KStG), de desbetreffende bewijsstukken bijeenbrengen en ter beschikking van de belastingdienst houden in geval van een controle. Voor deelnemingen in een investeringsfonds is het in de praktijk onmogelijk te bewijzen dat niet is voldaan aan de voorwaarden van § 10, lid 5, KStG.

23. Het standpunt dat het Verwaltungsgerichtshof in zijn beslissingen van 17 april 2008 heeft ingenomen, namelijk dat de vrijstellingsmethode en de verrekeningsmethode altijd als gelijkwaardig moeten worden beschouwd, wordt niet gevolgd door de verwijzende rechter.

24. Tot slot merkt de verwijzende rechter op dat de wetgever in § 10 KStG geen belastingvoordeel toekent voor dividenden uit deelnemingen van minder dan 10% in het kapitaal van een in een derde staat gevestigde rechtspersoon, daar de participatiedrempel waaronder dit voordeel wordt geweigerd, voorheen was vastgesteld op 25%. Zo deze regeling in strijd is met het recht van de Unie, dan zou de verwijzende rechter overeenkomstig de beslissing van het Verwaltungsgerichtshof van 17 april 2008 normaliter de verrekeningsmethode moeten toepassen.

25. Daarop heeft de Unabhängige Finanzsenat, Außenstelle Linz, de behandeling van de zaak geschorst en het Hof in zaak C-436/08, na herformulering, de volgende prejudiciële vragen gesteld:

'1. Is het in strijd met het [recht van de Unie] wanneer dividenden uit buitenlandse portfolioparticipaties in EER-staten alleen belastingvrij zijn op voorwaarde dat een verdrag inzake wederzijdse administratieve en gerechtelijke bijstand bestaat, hoewel deze voorwaarde niet geldt voor de vrijstelling van dividenden uit internationale deelnemingen (ook wanneer de dividenden uit derde landen afkomstig zijn en zelfs wanneer wordt overgeschakeld op de verrekeningsmethode)?

2. Is het in strijd met het [recht van de Unie] wanneer voor buitenlandse portfoliodividenden uit EU/EER-staten de verrekeningsmethode moet worden toegepast zodra niet is voldaan aan de voorwaarden voor de vrijstellingsmethode, ofschoon het voor de aandeelhouder zeer moeilijk of zelfs onmogelijk is om het bewijs te leveren dat is voldaan aan de voorwaarden voor de vrijstellingsmethode (vergelijkbare belastingdruk, buitenlands belastingtarief, ontbreken van persoonlijke of zakelijke vrijstellingen van de buitenlandse vennootschap) en om de voor de verrekening van de buitenlandse vennootschapsbelasting noodzakelijke gegevens te verstrekken?

3. Is het in strijd met het [recht van de Unie] wanneer voor opbrengsten uit participaties in in derde landen gevestigde vennootschappen in de wet noch in een vrijstelling van de vennootschapbelasting, noch in een verrekening van de betaalde vennootschapsbelasting wordt voorzien wanneer het gaat om participaties van minder dan 10% (25%), terwijl opbrengsten uit binnenlandse participaties ongeacht de participatiedrempel van belasting zijn vrijgesteld?

4. a. Indien de derde vraag bevestigend wordt beantwoord: is het in strijd met het [recht van de Unie] wanneer een nationale overheid ter vermijding van discriminatie van participaties in in derde landen gevestigde rechtspersonen de verrekeningsmethode toepast, waarbij het bewijs van de in het buitenland bij de bron betaalde vennootschapsbelasting wegens de geringe omvang van de deelneming niet of met slechts onevenredige inspanningen kan worden geleverd, omdat dit resultaat volgens een beslissing van het Oostenrijkse Verwaltungsgerichtshof het meest aansluit bij de (hypothetische) wil van de wetgever, terwijl dividenden uit in derde landen gevestigde rechtspersonen van belasting zouden zijn vrijgesteld wanneer de tot discriminatie leidende participatiedrempel van 10% (25%) gewoon niet zou worden toegepast?

b. Indien de vierde vraag, sub a, bevestigend wordt beantwoord: is het in strijd met het [recht van de Unie] wanneer opbrengsten uit participaties in in derde landen gevestigde rechtspersonen niet worden vrijgesteld voor zover de participatie minder dan 10% (25%) bedraagt, terwijl voor de vrijstelling van opbrengsten uit participaties van meer dan 10% (25%) niet als voorwaarde geldt dat er een omstandig verdrag inzake wederzijdse administratieve en gerechtelijke bijstand bestaat?

c. Indien de vierde vraag, sub b, ontkennend wordt beantwoord: is het in strijd met het [recht van de Unie] wanneer voor opbrengsten uit participaties in in derde landen gevestigde rechtspersonen de verrekening van de buitenlandse vennootschapsbelasting wordt geweigerd voor zover de participatie minder dan 10% (25%) bedraagt, terwijl voor een – in specifieke gevallen voorgeschreven – verrekening van de belasting bij opbrengsten uit participaties in in derde landen gevestigde vennootschappen die meer dan 10% (25%) bedragen, niet als voorwaarde geldt dat er een omstandig verdrag inzake wederzijdse administratieve en gerechtelijke bijstand bestaat?'

26. In zaak C-437/08 merkt de verwijzende rechter op dat het in de beslissing van het Verwaltungsgerichtshof van 17 april 2008 een open vraag blijft of de te verrekenen belasting niet alleen de in de vestigingsstaat van de uitkerende vennootschap betaalde vennootschapsbelasting omvat, maar ook de overeenkomstig het toepasselijke dubbelbelastingverdrag in die staat daadwerkelijk ingehouden bronbelasting.

27. Bovendient rijst ingeval de ontvangende ingezeten vennootschap in een bepaald belastingjaar een verlies uit bedrijfsinkomsten heeft geleden, de vraag of de belastingdienst ter vermijding van discriminatie op grond van het verschil in behandeling tussen dividenden uit niet-ingezeten vennootschappen en dividenden uit ingezeten vennootschappen, de verrekening van de buitenlandse belasting niet moet uitstellen tot de volgende belastingjaren.

28. Daarop heeft de Unabhängige Finanzsenat, Außenstelle Linz, de behandeling van de zaak geschorst en het Hof in zaak C-437/08, na herformulering, de volgende prejudiciële vragen gesteld:

'1. Is het in strijd met het [recht van de Unie] wanneer voor buitenlandse dividenden bij een verandering van methode de verrekeningsmethode moet worden toegepast, doch met betrekking tot de verrekenbare vennootschapsbelasting of de verrekenbare bronbelasting niet tegelijkertijd een uitstel van verrekening tot de volgende jaren of een krediet in het verliesjaar wordt toegestaan?

2. Is het in strijd met het [recht van de Unie] wanneer voor dividenden uit derde landen de verrekeningsmethode moet worden toegepast omdat dit resultaat volgens een beslissing van het Oostenrijkse Verwaltungsgerichtshof het meest aansluit bij de (hypothetische) wil van de wetgever, terwijl niet tegelijkertijd een uitstel van verrekening of een krediet in het verliesjaar wordt toegestaan?'

29. Bij beschikking van de president van het Hof van 16 januari 2009 zijn de zaken C-436/08 en C-437/08 gevoegd voor de schriftelijke en de mondelinge behandeling alsmede voor het arrest.

30. Gelet op het feit dat de verwijzende rechter de prejudiciële vragen heeft geherformuleerd in zijn antwoord van 30 oktober 2009 op de vraag om nadere verduidelijking, heeft het Hof bovendien beslist de schriftelijke behandeling in de onderhavige zaken te heropenen.

III – Beantwoording van de prejudiciële vragen

A – In de hoofdgedingen aan de orde zijnde vrijheid

31. In de prejudiciële vragen in elk van de zaken wordt niet aangegeven welke bepaling van het VWEU precies moet worden uitgelegd om de verwijzende rechter in staat te stellen de hoofdgedingen te beslechten. In deze vragen wordt alleen, in algemene bewoordingen, naar het recht van de Unie verwezen.

32. Volgens vaste rechtspraak staat het aan het Hof om, wanneer vragen onnauwkeurig zijn geformuleerd, uit alle door de nationale rechter verstrekte gegevens en uit het dossier van het hoofdgeding die elementen van het recht van de Unie te putten die, gelet op het onderwerp van het geding, uitlegging behoeven (arresten van 18 november 1999, Teckal, C-107/98, *Jurispr.* blz. I-8121, punt 34, en 23 januari 2003, Makedoniko Metro en Michaniki, C-57/01, *Jurispr.* blz. I-1091, punt 56).

33. In dit verband zij eraan herinnerd dat de fiscale behandeling van dividenden zowel onder artikel 49 VWEU betreffende de vrijheid van vestiging als onder artikel 63 VWEU betreffende het vrije verkeer van kapitaal kan vallen (zie in die zin arrest van 12 december 2006, Test Claimants in the FII Group Litigation, C-446/04, *Jurispr.* blz. I-11753, punt 36).

34. Met betrekking tot de vraag of een nationale wettelijke regeling onder de ene of de andere vrijheid van verkeer valt, blijkt uit ondertussen vaste rechtspraak dat rekening dient te worden gehouden met het voorwerp van de wettelijke regeling in kwestie (zie in die zin arresten van 12 september 2006, Cadbury Schweppes en Cadbury Schweppes Overseas, C-196/04, *Jurispr.* blz. I-7995, punten 31-33; 3 oktober 2006, Fidium Finanz, C-452/04, *Jurispr.* blz. I-9521, punten 34 en 44-49; 12 december 2006, Test Claimants in Class VI of the ACT Group Litigation, C-374/04, *Jurispr.* blz. I-11673, punten 37 en 38; arrest Test Claimants in the FII Group Litigation, reeds aangehaald, punt 36, en arrest van 13 maart 2007, Test Claimants in the Thin Cap Group Litigation, C-524/04, *Jurispr.* blz. I-2107, punten 26-34).

35. In dit verband is reeds geoordeeld dat een nationale wettelijke regeling die alleen van toepassing is op deelnemingen waarmee een zodanige invloed op de besluiten van een vennootschap kan worden uitgeoefend dat de activiteiten ervan kunnen worden bepaald, onder de verdragsbepalingen inzake de vrijheid van vestiging valt (zie arrest Test Claimants in the FII Group Litigation, reeds aangehaald, punt 37, en arrest van 21 oktober 2010, Idryma Typou, C-81/09, nog niet gepubliceerd in de *Jurisprudentie*, punt 47). Nationale bepalingen die van toepassing zijn op deelnemingen die enkel om te beleggen worden genomen zonder dat het de bedoeling is invloed op het bestuur en de zeggenschap van de onderneming uit te oefenen, moeten daarentegen uitsluitend aan het beginsel van het vrije verkeer van kapitaal worden getoetst (zie in die zin arrest Test Claimants in the FII Group Litigation, reeds aangehaald, punt 38, en arrest van 17 september 2009, Glaxo Wellcome, C-182/08, *Jurispr.* blz. I-8591, punten 40 en 45-52).

36. In casu staat vast dat beide hoofdgedingen betrekking hebben op de belasting, in Oostenrijk, van dividenden die ingezeten vennootschappen ontvangen uit deelnemingen die zij aanhouden in niet-ingezeten vennootschappen en die minder dan 10% van het kapitaal ervan bedragen. Deelnemingen van een dergelijke omvang bieden niet de mogelijkheid om een zodanige invloed op de besluiten van de betrokken vennootschappen uit te oefenen dat de activiteiten ervan kunnen worden bepaald.

37. Voorts staat vast dat volgens de op de hoofdgedingen toepasselijke nationale wettelijke belastingregeling een onderscheid wordt gemaakt op grond van de binnenlandse dan wel buitenlandse herkomst van dividenden die worden verkregen uit deelnemingen van minder dan 10% van het kapitaal van de uitkerende vennootschap. Portfoliodividenden zijn volgens § 10, lid 1, punt 1, KStG immers altijd van vennootschapsbelasting vrijgesteld wanneer de betrokken deelnemingen worden gehouden in binnenlandse vennootschappen. Portfoliodividenden uit deelnemingen in vennootschappen die zijn gevestigd in een EER-staat waarmee geen verdrag inzake administratieve en

gerechtelijke bijstand bestaat, of in een andere derde staat, komen overeenkomstig § 10, lid 1, punt 6, KStG daarentegen noch voor een belastingvrijstelling in aanmerking, noch voor een verrekening van de belasting die is betaald over de winst waaruit de dividenden zijn uitgekeerd. Portfoliodividenden uit andere lidstaten of EER-staten waarmee een omstandig verdrag inzake administratieve en gerechtelijke bijstand is afgesloten, zijn ingevolge § 10, lid 5, KStG onderworpen aan de verrekeningsmethode in de plaats van de vrijstellingsmethode wanneer, zakelijk weergegeven, de winst van de uitkerende vennootschap in de vestigingsstaat niet daadwerkelijk is onderworpen aan een vennootschapsbelasting die vergelijkbaar is met de Oostenrijkse vennootschapsbelasting.

38. Derhalve dient te worden aangenomen dat een regeling als die in de hoofdgedingen, uitsluitend onder de verdragsbepalingen inzake het vrije verkeer van kapitaal valt.

B – Prejudiciële vragen in zaak C-436/08

1. Eerste vraag

39. Met deze vraag wenst de verwijzende rechter in wezen te vernemen of artikel 63 VWEU zich verzet tegen een nationale regeling volgens welke de belastingvrijstelling voor portfoliodividenden die worden verkregen van een in een EER-staat gevestigde vennootschap, afhankelijk is van de voorwaarde dat een omstandig verdrag inzake wederzijdse administratieve en gerechtelijke bijstand bestaat, terwijl voor 'internationale deelnemingen' geen soortgelijke voorwaarde geldt.

a. Ontvankelijkheid

40. Volgens de Oostenrijkse regering is de vraag niet-ontvankelijk. Zij benadrukt dat, volgens de uiteenzetting van de feiten in de verwijzingsbeslissing, verzoekster in het hoofdgeding deelnemingen bezit in investeringsfondsen waarvan de activa niet bestaan uit aandelen in vennootschappen met zetel in een EER-staat. De vraag houdt dus geen verband met het voorwerp van het hoofdgeding.

41. In dit verband zij eraan herinnerd dat in het kader van de procedure van artikel 267 VWEU, die op een duidelijke afbakening van de taken van de nationale rechterlijke instanties en van het Hof berust, elke beoordeling van de feiten tot de bevoegdheid van de nationale rechter behoort. Het is tevens uitsluitend een zaak van de nationale rechter aan wie het geschil is voorgelegd en die de verantwoordelijkheid draagt voor de te geven rechterlijke beslissing, om, gelet op de bijzonderheden van het geval, zowel de noodzaak van een prejudiciële beslissing voor het wijzen van zijn vonnis te beoordelen, als de relevantie van de vragen die hij aan het Hof voorlegt. Wanneer de vragen betrekking hebben op de uitlegging van het recht van de Unie, is het Hof derhalve in beginsel verplicht daarop te antwoorden (zie met name arrest van 22 oktober 2009, Zurita García en Choque Cabrera, C-261/08 en C-348/08, *Jurispr.* blz. I-10143, punt 34 en aldaar aangehaalde rechtspraak).

42. Het Hof kan slechts weigeren uitspraak te doen op een prejudiciële vraag van een nationale rechter wanneer duidelijk blijkt dat de gevraagde uitlegging van het recht van de Unie geen enkel verband houdt met een reëel geschil of met het voorwerp van het hoofdgeding, wanneer het vraagstuk van hypothetische aard is of wanneer het Hof niet beschikt over de gegevens, feitelijk en rechtens, die voor hem noodzakelijk zijn om een nuttig antwoord te geven op de gestelde vragen (zie met name arresten van 13 maart 2001, PreussenElektra, C-379/98, *Jurispr.* blz. I-2099, punt 39, en 22 januari 2002, Canal Satélite Digital, C-390/99, *Jurispr.* blz. I-607, punt 19, en arrest Zurita García en Choque Cabrera, reeds aangehaald, punt 35).

43. In de verwijzingsbeslissing wordt uiteengezet dat verzoekster in het hoofdgeding in het betrokken belastingjaar portfoliodividenden heeft ontvangen van kapitaalvennootschappen met zetel in andere lidstaten dan de Republiek Oostenrijk en in derde staten. Toch kan worden aangenomen dat de verwijzende rechter, wanneer hij spreekt over deelnemingen in in 'derde staten' gevestigde vennootschappen, deze term gebruikt om de tegenstelling met 'lidstaten' duidelijk te maken. De verwijzing naar derde staten moet dus worden begrepen als een term die ook de EER-staten omvat.

44. Daar de verwijzende rechter betwijfelt of de nationale regeling die geldt voor portfoliodividenden uit deelnemingen in in de EER-staten gevestigde vennootschappen, verenigbaar is met het recht van de Unie en uit geen enkel element van de verwijzingsbeslissing blijkt dat verzoekster in het hoofdgeding geen deelnemingen in dergelijke vennootschappen bezit, is de gevraagde uitlegging van recht van de Unie niet kennelijk irrelevant voor de beslissing die de verwijzende rechterlijke instantie moet nemen.

45. De eerste prejudiciële vraag moet dus ontvankelijk worden verklaard.

b. Ten gronde

i. Opmerkingen vooraf

46. Artikel 63, lid 1, VWEU heeft het kapitaalverkeer tussen de lidstaten onderling en tussen de lidstaten en derde staten geliberaliseerd. Daartoe bepaalt het dat in het kader van het hoofdstuk van het VWEU 'Kapitaal en beta-

lingsverkeer' alle beperkingen van het kapitaalverkeer tussen de lidstaten onderling en tussen de lidstaten en derde staten verboden zijn.

47. Met zijn vraag verzoekt de verwijzende rechter om uitlegging van artikel 63 VWEU teneinde te kunnen oordelen of de in het hoofdgeding aan de orde zijnde regeling, volgens welke dividenden uit 'internationale deelnemingen', zijnde deelnemingen van minstens 10% in het kapitaal van niet-ingezeten vennootschappen, fiscaal gunstiger worden behandeld dan portfoliodividenden van in een EER-staat gevestigde vennootschap, in overeenstemming is met deze bepaling.

48. Zoals de Oostenrijkse, de Duitse en de Nederlandse regering alsmede de Europese Commissie hebben opgemerkt, moet in een geval als dat in het hoofdgeding, een vergelijking worden gemaakt tussen de fiscale behandeling van van een ingezeten vennootschap ontvangen portfoliodividenden en van portfoliodividenden die worden ontvangen van in een EER-staat gevestigde vennootschap. Artikel 63 VWEU verzet zich immers in beginsel tegen een verschil in behandeling, in een lidstaat, van dividenden die afkomstig zijn van een in een derde staat gevestigde vennootschap, en dividenden die afkomstig zijn van een vennootschap met zetel in deze lidstaat (zie beschikking van 4 juni 2009, KBC Bank en Beleggen, Risicokapitaal, Beheer, C-439/07 en C-499/07, *Jurispr.* blz. I-4409, punt 71). Het verschil in behandeling tussen inkomsten uit een derde staat en inkomsten uit een andere derde staat is daarentegen als zodanig voor deze bepaling niet relevant.

49. Voor het antwoord op deze prejudiciële vraag dient dus te worden onderzocht of artikel 63 VWEU aldus moet worden uitgelegd dat het zich verzet tegen een nationale regeling volgens welke portfoliodividenden uit deelnemingen in ingezeten vennootschappen overeenkomstig § 10, lid 1, punt 1, KStG altijd van vennootschapsbelasting zijn vrijgesteld, terwijl ingevolge § 10, lid 1, punt 6, KStG portfoliodividenden van een in een EER-staat gevestigde vennootschap voor deze vrijstelling slechts in aanmerking komen wanneer de Republiek Oostenrijk en de betrokken derde staat een omstandig verdrag inzake wederzijdse administratieve en gerechtelijke bijstand hebben afgesloten.

ii. Bestaan van een beperking van het kapitaalverkeer

50. Volgens vaste rechtspraak omvatten de maatregelen die ingevolge artikel 63, lid 1, VWEU verboden zijn op grond dat zij het kapitaalverkeer beperken, mede de maatregelen die niet-ingezetenen ervan doen afzien, in een lidstaat investeringen te doen, of ingezetenen van deze lidstaat ontmoedigen in andere staten investeringen te doen (arresten van 25 januari 2007, Festersen, C-370/05, *Jurispr.* blz. I-1129, punt 24, en 18 december 2007, A, C-101/05, *Jurispr.* blz. I-11531, punt 40).

51. Aangaande de vraag of een nationale regeling als die in het hoofdgeding een beperking van het kapitaalverkeer vormt, dient te worden vastgesteld dat voor ingezeten vennootschappen die van een in een EER-staat gevestigde vennootschap portfoliodividenden ontvangen, anders dan voor ingezeten vennootschappen die van ingezeten vennootschappen portfoliodividenden ontvangen, als bijkomende voorwaarde voor de vrijstelling van vennootschapsbelasting geldt dat een omstandig verdrag inzake wederzijdse administratieve en gerechtelijke bijstand tussen de Republiek Oostenrijk en de betrokken derde staat is afgesloten. Gelet op het feit dat de beslissing om een verdrag te sluiten uitsluitend bij de betrokken staten ligt, kan de voorwaarde dat er een omstandig verdrag inzake wederzijdse administratieve of gerechtelijke bijstand bestaat, voor portfoliodividenden van een in een EER-staat gevestigde vennootschap de facto tot gevolg hebben dat zij nooit van vennootschapsbelasting kunnen worden vrijgesteld. (zie naar analogie arrest van 28 oktober 2010, Établissements Rimbaud, C-72/09, nog niet gepubliceerd in de *Jurisprudentie*, punt 25).

52. Gelet op de in de betrokken regeling gestelde voorwaarden waaraan moet zijn voldaan opdat portfoliodividenden die een in Oostenrijk gevestigde vennootschap van een in een EER-staat gevestigde vennootschap ontvangt, in Oostenrijk van vennootschapsbelasting zijn vrijgesteld, is investeren in eerstgenoemde vennootschappen door laatstgenoemde vennootschappen bijgevolg minder aantrekkelijk dan investeren in in Oostenrijk of een andere lidstaat gevestigde vennootschappen. Dit verschil in behandeling kan een in Oostenrijk gevestigde vennootschap ontmoedigen om aandelen in een in een EER-staat gevestigde vennootschap te verwerven.

53. Deze regeling vormt derhalve een door artikel 63 VWEU in beginsel verboden beperking van het vrije verkeer van kapitaal tussen een lidstaat en bepaalde derde staten.

54. Evenwel dient te worden onderzocht of deze beperking van het vrije verkeer van kapitaal kan worden gerechtvaardigd op basis van de verdragsbepalingen inzake het vrije verkeer van kapitaal.

iii. Eventuele rechtvaardigingen van de maatregel

55. Artikel 65, lid 1, sub a, VWEU bepaalt dat artikel 63 VWEU 'niets [afdoet] aan het recht van de lidstaten [...] de ter zake dienende bepalingen van hun belastingwetgeving toe te passen die onderscheid maken tussen belastingplichtigen die niet in dezelfde situatie verkeren met betrekking tot hun vestigingsplaats of de plaats waar hun kapitaal is belegd'.

56. Deze bepaling moet, als uitzondering op het fundamentele beginsel van het vrije verkeer van kapitaal, strikt worden uitgelegd. Bijgevolg kan zij niet aldus worden uitgelegd dat elke belastingwetgeving die tussen belastingplichtigen een onderscheid maakt naargelang van hun vestigingsplaats of van de lidstaat waar zij hun kapitaal beleggen, automatisch verenigbaar is met het Verdrag (zie arresten van 11 september 2008, Eckelkamp e.a., C-11/07, *Jurispr.* blz. I-6845, punt 57, en 22 april 2010, Mattner, C-510/08, nog niet gepubliceerd in de *Jurisprudentie*, punt 32).

57. De in deze bepaling bedoelde afwijking wordt immers zelf beperkt door artikel 65, lid 3, VWEU, dat bepaalt dat de in lid 1 daarvan bedoelde nationale maatregelen 'geen middel tot willekeurige discriminatie [mogen] vormen, noch een verkapte beperking van het vrije kapitaalverkeer en betalingsverkeer als omschreven in artikel 63'.

58. De door artikel 65, lid 1, sub a, VWEU toegestane verschillen in behandeling moeten aldus worden onderscheiden van de door lid 3 van dit artikel verboden discriminaties. Volgens de rechtspraak kan een nationale belastingregeling als die in het hoofdgeding enkel verenigbaar met de verdragsbepalingen betreffende het vrije kapitaalverkeer worden geacht, indien het daarbij ingevoerde verschil in behandeling tussen portfolio-dividenden van ingezeten vennootschappen en die van in een EER-staat gevestigde vennootschappen betrekking heeft op situaties die niet objectief vergelijkbaar zijn, of wordt gerechtvaardigd door een dwingende reden van algemeen belang (zie arresten van 6 juni 2000, Verkooijen, C-35/98, *Jurispr.* blz. I-4071, punt 43; 7 september 2004, Manninen, C-319/02, *Jurispr.* blz. I-7477, punt 29; 8 september 2005, Blanckaert, C-512/03, *Jurispr.* blz. I-7685, punt 42, en 19 november 2009, Commissie/Italië, C-540/07, *Jurispr.* blz. I-10983, punt 49).

59. De situatie van een vennootschap-aandeelhouder die buitenlandse dividenden ontvangt, is met betrekking tot een belastingregel als die in het hoofdgeding, die ertoe strekt de economische dubbele belasting over winstuitkeringen te voorkomen, vergelijkbaar met die van een vennootschap-aandeelhouder die binnenlandse dividenden ontvangt, voor zover de winst in beide gevallen in beginsel opeenvolgende keren kan worden belast (zie arrest Test Claimants in the FII Group Litigation, reeds aangehaald, punt 62).

60. Derhalve is een lidstaat waarin een regeling ter voorkoming van economische dubbele belasting geldt voor dividenden die aan ingezeten vennootschappen worden uitgekeerd door andere ingezeten vennootschappen, op grond van artikel 63 VWEU ertoe verplicht, dividenden die aan ingezeten vennootschappen worden uitgekeerd door in een EER-staat gevestigde vennootschappen, op evenwaardige wijze te behandelen (zie in die zin arrest Test Claimants in the FII Group Litigation, punt 72).

61. De in het hoofdgeding aan de orde zijnde nationale wettelijke regeling voorziet echter niet in een dergelijke evenwaardige behandeling. Hoewel deze wettelijke regeling systematisch voorkomt dat er een economische dubbele belasting wordt geheven over binnenlandse portfoliodividenden die een ingezeten vennootschap ontvangt, wordt deze dubbele belasting weggewerkt noch verminderd wanneer een ingezeten vennootschap portfoliodividenden ontvangt van een vennootschap die is gevestigd in een EER-staat waarmee de Republiek Oostenrijk geen omstandig verdrag inzake wederzijdse administratieve en gerechtelijke bijstand heeft afgesloten. In dit laatste geval voorziet de nationale wettelijke regeling noch in een belastingvrijstelling voor de ontvangen dividenden, noch in de verrekening van de in de betrokken derde staat over de winstuitkeringen betaalde belasting, hoewel de noodzaak van voorkoming van economische dubbele belasting voor ingezeten vennootschappen even sterk geldt, ongeacht of zij dividenden van ingezeten vennootschappen dan wel van in een EER-staat gevestigde vennootschappen ontvangen.

62. Het verschil in behandeling, in de vennootschapsbelasting, tussen binnenlandse dividenden en dividenden van een vennootschap die is gevestigd in een EER-staat, kan derhalve niet gerechtvaardigd worden door een verschil in situatie dat verband houdt met de plaats waar het kapitaal is belegd.

63. Onderzocht dient nog te worden of de beperking die voortvloeit uit de in het hoofdgeding aan de orde zijnde nationale regeling, gerechtvaardigd is door een dwingende reden van algemeen belang (zie arrest van 11 oktober 2007, ELISA, C-451/05, *Jurispr.* blz. I-8251, punt 79)

64. De Oostenrijkse, de Duitse, de Italiaanse, de Nederlandse regering en de regering van het Verenigd Koninkrijk wijzen er in dit verband op dat aangezien er geen kader voor samenwerking tussen de betrokken bevoegde autoriteiten bestaat, zoals de regeling welke voortvloeit uit richtlijn 77/799/EEG van de Raad van 19 december 1977 betreffende de wederzijdse bijstand van de bevoegde autoriteiten van de lidstaten op het gebied van de directe en de indirecte belastingen (*PB* L 336, blz. 15), zoals gewijzigd bij richtlijn 92/12/EEG van de Raad van 25 februari 1992 (*PB* L 76, blz. 1; hierna: 'richtlijn 77/799'), een lidstaat het recht heeft de vrijstelling van portfoliodividenden die afkomstig zijn van een in een EER-staat gevestigde vennootschap, afhankelijk te stellen van de voorwaarde dat er met de betrokken derde staat een verdrag inzake wederzijdse bijstand bestaat. Om na te gaan of en hoeveel belasting is betaald door de uitkerende vennootschap, moeten immers inlichtingen worden uitgewisseld met de belastingdienst van de staat van vestiging van deze vennootschap.

65. De rechtspraak met betrekking tot de beperkingen van het gebruik van de vrijheden van verkeer binnen de Unie kan echter niet integraal worden getransponeerd naar het kapitaalverkeer tussen de lidstaten en derde sta-

ten, aangezien dat kapitaalverkeer in een andere juridische context valt (zie reeds aangehaalde arresten A, punt 60, en Commissie/Italië, punt 69).

66. Dienaangaande zij erop gewezen dat een kader voor samenwerking tussen de bevoegde autoriteiten van de lidstaten als dat waarin richtlijn 77/799 voorziet, tussen deze autoriteiten en de bevoegde autoriteiten van een derde staat niet bestaat wanneer deze staat geen enkele verplichting tot wederzijdse bijstand is aangegaan (zie reeds aangehaalde arresten Commissie/Italië, punt 70, en Établissements Rimbaud, punt 41).

67. Hieruit volgt dat wanneer de regeling van een lidstaat de toekenning van een belastingvoordeel afhankelijk stelt van de vervulling van voorwaarden waarvan de naleving slechts kan worden gecontroleerd door het verkrijgen van inlichtingen van de bevoegde autoriteiten van een derde staat die partij is bij de EER-Overeenkomst, die lidstaat in beginsel de toekenning van dit voordeel mag weigeren wanneer, met name wegens het ontbreken van een uit een overeenkomst of verdrag voortvloeiende verplichting voor deze derde staat om inlichtingen te verstrekken, het onmogelijk blijkt om deze inlichtingen van laatstgenoemde staat te verkrijgen (zie arrest Établissements Rimbaud, reeds aangehaald, punt 44).

68. Uit de in het hoofdgeding aan de orde zijnde regeling volgt dat ingevolge § 10, lid 5, KStG geen vrijstelling geldt voor portfoliodividenden die afkomstig zijn van een in een EER-staat gevestigde vennootschap wanneer, zakelijk weergegeven, de winst van de uitkerende vennootschap in de betrokken derde staat niet daadwerkelijk onderworpen is geweest aan een vennootschapsbelasting die vergelijkbaar is met de Oostenrijkse vennootschapsbelasting. Aldus kan worden aangenomen dat naleving van de voorwaarden voor toepassing van de belastingvrijstelling niet kan worden gecontroleerd door de betrokken lidstaat, aangezien de derde staat geen uit een overeenkomst of verdrag voortvloeiende verplichting heeft om bepaalde inlichtingen te verstrekken aan de belastingautoriteiten van deze lidstaat.

69. Een regeling van een lidstaat als die in het hoofdgeding, volgens welke de vrijstelling voor dividenden van een in een EER-staat gevestigde vennootschap afhankelijk is van de voorwaarde dat met de betrokken derde staat een verdrag inzake wederzijdse bijstand bestaat, kan derhalve worden gerechtvaardigd door dwingende redenen van algemeen belang die verband houden met de doeltreffendheid van de belastingcontroles en de bestrijding van belastingfraude.

70. Ook al is de beperking van een vrijheid van verkeer geschikt voor het nagestreefde doel, zij mag evenwel niet verder gaan dan noodzakelijk is voor de verwezenlijking van dat doel (zie arrest ELISA, reeds aangehaald, punt 82 en aldaar aangehaalde rechtspraak). Bijgevolg dient te worden nagegaan of de beperking die voortvloeit uit een regeling als die in het hoofdgeding, het evenredigheidsbeginsel eerbiedigt.

71. In dit verband dient te worden vastgesteld, ten eerste, dat gelet op voorgaande overwegingen een lidstaat in beginsel vrij is om de vrijstelling voor dividenden van een in een EER-staat gevestigde vennootschap afhankelijk te stellen van de voorwaarde dat met deze staat een verdrag inzake wederzijdse bijstand is afgesloten. Aan de evenredigheid van een dergelijke regeling wordt dus niet afgedaan door de loutere omstandigheid dat een lidstaat deze voorwaarde niet stelt voor de vrijstelling van dividenden uit een deelneming van minstens 10% van het kapitaal van de uitkerende vennootschap.

72. Ten tweede dient te worden vastgesteld dat ingevolge de in het hoofdgeding aan de orde zijnde regeling de vrijstelling voor portfoliodividenden die afkomstig zijn van een in een EER-staat gevestigde vennootschap, afhankelijk is van de voorwaarde dat met deze staat een verdrag inzake zowel wederzijdse administratieve als wederzijdse gerechtelijke bijstand is gesloten.

73. Het is echter alleen noodzakelijk dat een verdrag inzake wederzijdse administratieve bijstand is gesloten opdat de betrokken lidstaat in staat is het daadwerkelijke belastingniveau van de niet-ingezeten uitkerende vennootschap te controleren. De betrokken nationale regel betreft immers de heffing in Oostenrijk van vennootschapbelasting over inkomsten die ingezeten vennootschappen in Oostenrijk ontvangen. Voor de invordering van deze belasting door de Oostenrijkse autoriteiten is de gerechtelijke bijstand van de autoriteiten van een derde staat niet vereist.

74. Het argument dat de Oostenrijkse regering ter terechtzitting heeft aangevoerd, namelijk dat gerechtelijke bijstand noodzakelijk is in geval van vertrek van de belastingplichtige, moet worden afgewezen. Zoals de advocaat-generaal in punt 90 van haar conclusie heeft opgemerkt, is vertrek van de belastingplichtige als hypothese te vergezocht om te kunnen rechtvaardigen dat vermijding van de economische dubbele belasting van portfoliodividenden die afkomstig zijn uit een EER-staat, zonder uitzondering afhankelijk is van de voorwaarde dat een verdrag inzake gerechtelijke bijstand bestaat.

75. Derhalve dient op de eerste prejudiciële vraag te worden geantwoord dat artikel 63 VWEU aldus moet worden uitgelegd dat het zich verzet tegen een wettelijke regeling van een lidstaat volgens welke portfolio-dividenden uit deelnemingen in ingezeten vennootschappen van vennootschapsbelasting zijn vrijgesteld en deze vrijstelling voor portfoliodividenden afkomstig van een vennootschap die gevestigd is in een derde staat die partij is bij de EER-Overeenkomst, afhankelijk is van de voorwaarde dat een omstandig verdrag inzake wederzijdse administratieve

en gerechtelijke bijstand tussen de betrokken lidstaat en derde staat bestaat, voor zover alleen een verdrag inzake wederzijdse administratieve bijstand noodzakelijk is ter verwezenlijking van de doelstellingen van de betrokken wettelijke regeling.

2. Tweede vraag

a. Opmerkingen vooraf

76. De verwijzende rechter herinnert eraan dat ingevolge § 10 KStG portfoliodividenden van ingezeten vennootschappen, van in een andere lidstaat gevestigde vennootschappen en van in een EER-staat gevestigde vennootschappen van belasting zijn vrijgesteld indien er een omstandig verdrag inzake wederzijdse bijstand bestaat. Volgens de verwijzende rechter is de belastingvrijstelling voor dividenden van niet-ingezeten vennootschappen evenwel in het overgrote deel van de gevallen niet van toepassing omdat de ontvangende vennootschap de belastingadministratie bepaalde informatie moet verstrekken wil zij voor dit belastingvoordeel in aanmerking komen. Doorgaans geldt dus de verrekeningsmethode voor dividenden van niet-ingezeten vennootschappen. Volgens de verwijzende rechter kan de belastingplichtige maar moeilijk de bewijsstukken betreffende de verrekenbare buitenlandse belasting overleggen.

77. Met zijn tweede vraag wenst de verwijzende rechter aldus in wezen te vernemen of artikel 63 VWEU zich verzet tegen een nationale regeling als die in het hoofdgeding, volgens welke de verrekeningsmethode wordt toegepast op portfoliodividenden die worden uitgekeerd door in een andere lidstaat of in een EER-staat gevestigde vennootschappen wanneer niet is aangetoond dat is voldaan aan de voorwaarden voor toepassing van de belastingvrijstelling, hoewel het voor de belastingplichtige zeer moeilijk of zelfs onmogelijk is om hetzij te bewijzen dat is voldaan aan deze voorwaarden, namelijk vergelijkbare belastingheffing, buitenlands belastingniveau en ontbreken van persoonlijke of zakelijke vrijstellingen van de niet-ingezeten rechtspersoon, hetzij de voor de verrekening van de buitenlandse vennootschapsbelasting noodzakelijke gegevens te verstrekken.

78. Het antwoord van het Hof moet de verwijzende rechter in staat stellen te oordelen of ten eerste de in de nationale wettelijke regeling voorziene 'overschakeling' van de vrijstellingsmethode naar de verrekeningsmethode wanneer de ontvanger van dividenden van niet-ingezeten vennootschappen niet over bepaalde bewijselementen beschikt en ten tweede toepassing van een verrekeningsmethode die voor deze ontvanger aanzienlijke of zelfs buitensporig zware administratieve lasten meebrengt, in overeenstemming zijn met artikel 63 VWEU.

b. Bestaan van een beperking van het kapitaalverkeer

79. Ingevolge § 10, lid 1, punt 1, KStG zijn portfoliodividenden van in Oostenrijk gevestigde vennootschappen van vennootschapsbelasting vrijgesteld. Overeenkomstig § 10, lid 1, punten 5 en 6, KStG wordt een economische dubbele belasting van dividenden van in een andere lidstaat dan de Republiek Oostenrijk of in een EER-staat gevestigde vennootschappen dankzij de vrijstellings- of de verrekeningsmethode slechts voorkomen wanneer de ontvanger van deze dividenden over bewijselementen beschikt met betrekking tot het belastingniveau dat op de uitkerende vennootschappen drukt in hun vestigingsstaat.

80. Door het verschil in behandeling van portfoliodividenden worden in Oostenrijk gevestigde vennootschappen echter ontmoedigd om te beleggen in in een andere lidstaat of in een EER-staat gevestigde vennootschappen. Aangezien dividenden van in een andere lidstaat of een EER-staat gevestigde vennootschappen in Oostenrijk fiscaal minder gunstig worden behandeld, zijn aandelen in eerstgenoemde vennootschappen voor in Oostenrijk gevestigde beleggers immers minder aantrekkelijk dan aandelen in in laatstgenoemde lidstaat gevestigde vennootschappen.

81. Een regeling als die in het hoofdgeding bevat dus een door artikel 63, lid 1, VWEU in beginsel verboden beperking van het kapitaalverkeer tussen de lidstaten onderling en tussen de lidstaten en derde staten.

82. Evenwel moet worden onderzocht of deze beperking van het vrije kapitaalverkeer kan worden gerechtvaardigd op basis van de verdragsbepalingen inzake het vrije verkeer van kapitaal.

c. Eventuele rechtvaardigingen van de maatregel

83. Volgens de in punt 58 van het onderhavige arrest aangehaalde rechtspraak is een nationale belastingregeling als die welke in het hoofdgeding aan de orde is, slechts verenigbaar met de verdragsbepalingen inzake het vrije verkeer van kapitaal indien het verschil in behandeling niet objectief vergelijkbare situaties betreft of gerechtvaardigd is door een dwingende reden van algemeen belang.

84. Dienaangaande moet er allereerst aan worden herinnerd dat de situatie van een vennootschap-aandeelhouder die buitenlandse dividenden ontvangt, met betrekking tot een belastingregel als die in het hoofdgeding, die ertoe strekt een economische dubbele belasting over winstuitkeringen te voorkomen, vergelijkbaar is met die van een vennootschap-aandeelhouder die binnenlandse dividenden ontvangt, voor zover de winst in beide gevallen in

beginsel opeenvolgende keren kan worden belast (zie arrest Test Claimants in the FII Group Litigation, reeds aangehaald, punt 62).

85. Aldus is een lidstaat waarin een regeling geldt ter voorkoming van economische dubbele belasting over dividenden die door ingezeten vennootschappen aan ingezetenen worden uitgekeerd, op grond van artikel 63 VWEU ertoe verplicht, dividenden die door niet-ingezetenen vennootschappen aan niet-ingezetenen worden uitgekeerd, op evenwaardige wijze te behandelen (zie in die zin arrest Test Claimants in the FII Group Litigation, reeds aangehaald, punt 72).

86. Toch verbiedt het recht van de Unie een lidstaat niet dat hij opeenvolgende belastingheffingen over door een ingezeten vennootschap ontvangen dividenden vermijdt door regels toe te passen die deze dividenden vrijstellen van belasting wanneer zij worden uitgekeerd door een ingezeten vennootschap, en tegelijk door een verrekeningsregeling vermijdt dat die dividenden opeenvolgende keren worden belast wanneer zijworden uitgekeerd door een niet-ingezeten vennootschap, op voorwaarde evenwel dat het belastingtarief voor buitenlandse dividenden niet hoger is dan het tarief voor binnenlandse dividenden en het belastingkrediet ten minste gelijk is aan het bedrag dat is betaald in de lidstaat van de uitkerende vennootschap, tot beloop van het bedrag van de belasting in de lidstaat van de ontvangende vennootschap (zie arrest Test Claimants in the FII Group Litigation, reeds aangehaald, punten 48 en 57, en beschikking van 23 april 2008, Test Claimants in the CFC and Dividend Group Litigation, C-201/05, *Jurispr.* blz. I-2875, punt 39).

87. Wanneer de winst waaruit de buitenlandse dividenden worden uitgekeerd, in de lidstaat van de uitkerende vennootschap minder wordt belast dan in de lidstaat van de ontvangende vennootschap, moet laatstgenoemde lidstaat derhalve een volledig belastingkrediet verlenen ter grootte van de belasting die de uitkerende vennootschap in haar lidstaat van vestiging heeft betaald (arrest Test Claimants in the FII Group Litigation, reeds aangehaald, punt 51).

88. Wanneer deze winst daarentegen in de lidstaat van de uitkerende vennootschap meer wordt belast dan in de lidstaat van de ontvangende vennootschap, moet laatstgenoemde lidstaat slechts een belastingkrediet verlenen van ten hoogste het bedrag van de vennootschapsbelasting die door de ontvangende vennootschap verschuldigd is. Hij is niet verplicht het verschil terug te betalen, dat wil zeggen het deel van het in de lidstaat van de uitkerende vennootschap betaalde bedrag dat hoger is dan de in de lidstaat van de ontvangende vennootschap verschuldigde belasting (zie arrest Test Claimants in the FII Group Litigation, reeds aangehaald, punt 52).

89. Aldus maakt de verrekeningsmethode het mogelijk om dividenden van niet-ingezeten vennootschappen op een evenwaardige wijze te behandelen als door ingezeten vennootschappen uitgekeerde dividenden, die onder de vrijstellingsmethode vallen. Door toepassing van de verrekeningsmethode op dividenden van niet-ingezeten vennootschappen kan immers worden gewaarborgd dat dezelfde belastingdruk rust op buitenlandse en op binnenlandse portfoliodividenden, met name wanneer de staat van waaruit de dividenden afkomstig zijn, een lager tarief in de vennootschapsbelasting toepast dan het tarief dat geldt in de lidstaat van vestiging van de ontvangende vennootschap. In een dergelijk geval zou een vrijstelling voor dividenden van niet-ingezeten vennootschappen gunstiger zijn voor belastingplichtigen die in buitenlandse participaties hebben belegd, vergeleken met belastingplichtigen die in binnenlandse participaties hebben belegd.

90. Gelet op de gelijkwaardigheid van de vrijstellingsmethode en de verrekeningsmethode zijn de moeilijkheden die een belastingplichtige kan ondervinden om te bewijzen dat is voldaan aan de voorwaarden voor toepassing van de belastingvrijstelling voor dividenden van niet-ingezeten vennootschappen, in de regel geen relevante factor bij de beoordeling of artikel 63 VWEU zich verzet tegen een regeling als die in het hoofdgeding. Dergelijke moeilijkheden of zelfs de onmogelijkheid voor de belastingplichtige om de gevraagde bewijsstukken over te leggen, hebben immers alleen tot gevolg dat de aan de vrijstellingsmethode gelijkwaardige verrekeningsmethode wordt toegepast op de dividenden die hij van niet-ingezeten vennootschappen heeft ontvangen.

91. Met betrekking tot de administratieve last die op een belastingplichtige rust wil hij voor de verrekeningsmethode in aanmerking komen, is reeds geoordeeld dat het enkele feit dat een verrekeningsregeling in vergelijking met een vrijstellingsregeling de belastingplichtigen extra administratieve lasten oplegt, niet kan worden aangemerkt als een verschil in behandeling dat indruist tegen het vrije verkeer van kapitaal (zie arrest Test Claimants in the FII Group Litigation, reeds aangehaald, punt 53).

92. Volgens de verwijzende rechter kan de administratieve last die als gevolg van de in het hoofdgeding aan de orde zijnde nationale regeling op de ontvanger van portfoliodividenden rust, echter buitensporig zwaar uitvallen.

93. In dit verband verklaart Haribo dat, anders dan door ingezeten vennootschappen uitgekeerde portfoliodividenden, die vrijgesteld zijn, portfoliodividenden die door in een andere lidstaat of in een EER-staat gevestigde vennootschappen in Oostenrijk via een investeringsfonds worden uitgekeerd, in Oostenrijk normaliter aan een vennootschapsbelasting van 25% zijn onderworpen wegens de buitensporig zware administratieve last die op de belastingplichtige rust. Volgens Haribo zijn de vrijstellingsmethode en de verrekeningsmethode slechts gelijk-

waardig wanneer daadwerkelijk of zonder onevenredige moeite kan worden bewezen welk bedrag aan vennootschapsbelasting in het buitenland is betaald.

94. De Oostenrijkse, de Duitse, de Italiaanse, de Nederlandse regering en de regering van het Verenigd Koninkrijk alsmede de Commissie stellen evenwel dat op de ontvanger van portfoliodividenden geen buitensporig zware administratieve last rust. De Oostenrijkse regering benadrukt dat het als gevolg van de mededeling van 13 juni 2008 voor de belastingplichtige aanzienlijker eenvoudiger is geworden om de bewijsstukken te leveren die nodig zijn om voor verrekening van de buitenlandse belasting in aanmerking te komen.

95. In dit verband zij eraan herinnerd dat de belastingautoriteiten van een lidstaat het recht hebben om van de belastingplichtige de bewijzen te verlangen die zij noodzakelijk achten om te oordelen of is voldaan aan de in de betrokken wettelijke regeling gestelde voorwaarden voor toekenning van een belastingvoordeel, en bijgevolg of dat voordeel al dan niet moet worden verleend (zie in die zin arresten van 3 oktober 2002, Danner, C-136/00, *Jurispr.* blz. I-8147, punt 50; 26 juni 2003, Skandia en Ramstedt, C-422/01, *Jurispr.* blz. I-6817, punt 43, en 27 januari 2009, Persche, C-318/07, *Jurispr.* blz. I-359, punt 54).

96. Mocht blijken dat het voor vennootschappen die portfoliodividenden ontvangen van in een andere lidstaat dan de Republiek Oostenrijk of in een EER-staat gevestigde vennootschappen, wegens een buitensporig zware administratieve last daadwerkelijk onmogelijk is om voor de verrekeningsmethode in aanmerking te komen, dan kan met een dergelijke wettelijke regeling een economische dubbele belasting over deze dividenden weliswaar niet worden voorkomen of verminderd. In een dergelijk geval kan niet worden aangenomen dat de verrekeningsmethode en de vrijstellingsmethode, waarmee kan worden vermeden dat winstuitkeringen opeenvolgende keren worden belast, tot een gelijkwaardig resultaat leiden.

97. Aangezien het een lidstaat in de regel vrij staat om opeenvolgende belastingheffingen over door een ingezeten vennootschap ontvangen portfoliodividenden te vermijden door te kiezen voor de vrijstellingsmethode wanneer deze dividenden worden uitgekeerd door een ingezeten vennootschap, en voor de verrekeningsmethode wanneer zij worden uitgekeerd door een in een andere lidstaat of in een EER-staat gevestigde vennootschap, zijn de extra administratieve lasten die aan de ingezeten vennootschap worden opgelegd, namelijk het feit dat de nationale belastingadministratie informatie verlangt over de belasting die daadwerkelijk rust op de winst van de uitkerende vennootschap in haar vestigingsstaat, evenwel inherent aan de werking van de verrekeningsmethode en kunnen zij niet als buitensporig zwaar worden beschouwd (zie in die zin arrest Test Claimants in the FII Group Litigation, reeds aangehaald, punten 48 en 53). Wanneer die informatie ontbreekt, zijn de belastingautoriteiten van de lidstaat van vestiging van de ontvanger van buitenlandse dividenden in de regel niet bij machte te bepalen welk bedrag aan vennootschapsbelasting in de staat van de uitkerende vennootschap is betaald teneinde dit bedrag te verrekenen met de door de ontvanger van deze dividenden verschuldigde belasting.

98. Hoewel de ontvangende vennootschap niet zelf alle informatie bezit over de vennootschapsbelasting die is geheven over de dividenden die zijn uitgekeerd door een in een andere lidstaat of in een EER-staat gevestigde vennootschap, is deze informatie in elk geval door laatstgenoemde vennootschap gekend. Aldus zijn eventuele moeilijkheden die de ontvangende vennootschap ondervindt om de gevraagde informatie over de door de uitkerende vennootschap betaalde belasting te verstrekken, niet te wijten aan het feit dat deze informatie intrinsiek ingewikkeld is, maar aan het feit dat de vennootschap die over deze informatie beschikt, niet wenst samen te werken. Zoals de advocaat-generaal in punt 58 van haar conclusie heeft opgemerkt, is de ontbrekende informatiestroom waarmee de belegger geconfronteerd wordt, geen probleem dat de betrokken lidstaat moet ondervangen.

99. Bovendien moet worden vastgesteld dat, zoals de Oostenrijkse regering heeft opgemerkt, met de mededeling van 13 juni 2008 het eenvoudiger is geworden om de voor de verrekening van de buitenlandse belasting noodzakelijk bewijsstukken over te leggen aangezien voor de berekening van de in het buitenland betaalde belasting de volgende formule wordt toegepast. De winst van de uitkerende vennootschap wordt vermenigvuldigd met het nominale tarief in de vennootschapsbelasting dat geldt in de vestigingsstaat van deze vennootschap, en met de deelneming van de ontvangende vennootschap in het kapitaal van de uitkerende vennootschap. Voor deze berekening is slechts een beperkte samenwerking vereist van de kant van de uitkerende vennootschap of van het investeringsfonds wanneer de betrokken deelneming via een dergelijk fonds wordt aangehouden.

100. Tot slot, zoals de Oostenrijkse, de Duitse, de Nederlandse regering en de regering van het Verenigd Koninkrijk hebben benadrukt, impliceert het feit dat wanneer het gaat om dividenden van in een andere lidstaat dan de Republiek Oostenrijk gevestigde vennootschap, de belastingadministratie van deze lidstaat een beroep kan doen op de bij richtlijn 77/799 ingevoerde regeling van wederzijdse bijstand, niet dat zij de ontvangende vennootschap moet vrijstellen van het bewijs van het bedrag aan belasting dat de uitkerende vennootschap in een andere lidstaat heeft betaald.

101. Het Hof heeft immers opgemerkt dat, daar richtlijn 77/799 voorziet in de mogelijkheid voor de nationale belastingadministratie om te verzoeken om inlichtingen die zij zelf niet kan verkrijgen, het gebruik in artikel 2, lid 1, van deze richtlijn van het woord 'kan' erop kan wijzen dat deze administratie weliswaar de mogelijkheid, doch niet de verplichting heeft om de bevoegde autoriteiten van een andere lidstaat om inlichtingen te verzoeken. Elke

lidstaat dient de specifieke gevallen te beoordelen waarin inlichtingen ontbreken over transacties die zijn verricht door op zijn grondgebied gevestigde belastingplichtigen, en te beslissen of deze gevallen aanleiding zijn om bij een andere lidstaat een verzoek om inlichtingen in te dienen (arrest van 27 september 2007, Twoh International, C-184/05, *Jurispr.* blz. I-7897, punt 32, en arrest Persche, reeds aangehaald, punt 65).

102. Bijgevolg verlangt richtlijn 77/799 niet dat de lidstaat van vestiging van de ontvangende vennootschap gebruikmaakt van de door deze richtlijn ingevoerde regeling van wederzijdse bijstand wanneer de door deze vennootschap verstrekte inlichtingen niet volstaan om te controleren of zij voldoet aan de in de nationale wettelijke regeling gestelde voorwaarden voor toepassing van de verrekeningsmethode.

103. Om dezelfde redenen impliceert het feit dat tussen de Republiek Oostenrijk en een EER-staat eventueel een verdrag inzake wederzijdse bijstand is afgesloten, hetwelk voorziet in de mogelijkheid voor deze lidstaat om de autoriteiten van de betrokken derde staat te verzoeken om voor toepassing van de verrekeningsmethode relevante inlichtingen, niet dat de administratieve last die op de ontvangende vennootschap rust om te bewijzen welk bedrag aan belasting in de betrokken derde staat is betaald, buitensporig zwaar is.

104. Gelet op het voorgaande dient derhalve op de tweede prejudiciële vraag te worden geantwoord dat artikel 63 VWEU aldus moet worden uitgelegd dat het zich niet verzet tegen een wettelijke regeling van een lidstaat volgens welke portfoliodividenden die een ingezeten vennootschap van een andere ingezeten vennootschap ontvangt, van vennootschapsbelasting zijn vrijgesteld, terwijl portfoliodividenden die een ingezeten vennootschap ontvangt van een vennootschap die gevestigd is in een andere lidstaat of een derde staat die partij is bij de EER-Overeenkomst, wel aan vennootschapsbelasting zijn onderworpen, voor zover evenwel de in de vestigingsstaat van laatstgenoemde vennootschap betaalde belasting wordt verrekend met de in de lidstaat van de ontvangende vennootschap verschuldigde belasting en de administratieve last die op de ontvangende vennootschap rust wil zij voor deze verrekening in aanmerking komen, niet buitensporig zwaar is. Wanneer de nationale belastingadministratie van de ontvangende vennootschap inlichtingen verlangt over de belasting die over de winst van de uitkerende vennootschap daadwerkelijk is geheven in de lidstaat van vestiging van laatstgenoemde vennootschap, is dit inherent aan de werking zelf van de verrekeningsmethode en kan dit niet worden beschouwd als een buitensporig zware administratieve last.

3. Derde vraag

a. Opmerkingen vooraf

105. Met zijn derde vraag wenst de verwijzende rechter te vernemen of artikel 63 VWEU zich verzet tegen een nationale wettelijke regeling als die in het hoofdgeding, volgens welke dividenden uit deelnemingen in in een derde staat gevestigde vennootschappen van zowel de vrijstelling in de vennootschapsbelasting als de verrekening van de in het buitenland betaalde vennootschapsbelasting zijn uitgesloten wanneer de deelneming van de ontvangende vennootschap minder dan 10% (voorheen 25%) van het kapitaal van de uitkerende vennootschap bedraagt, hoewel dividenden uit deelnemingen in ingezeten vennootschappen zijn vrijgesteld ongeacht het participatiepercentage.

106. De participatiedrempel van 25%, waaraan de verwijzende rechter in zijn vraag refereert, staat vermeld in § 10 KStG zoals van toepassing vóór de wetswijziging van 2009. Blijkens het aan het Hof overgelegde dossier bepaalt § 10, lid 1, punt 7, en leden 2 en 4, KStG, dat op de hoofdgedingen evenwel met terugwerkende kracht van toepassing is, de regel dat dividenden uit een deelneming in een in een derde staat gevestigde vennootschap hetzij zijn vrijgesteld van vennootschapsbelasting in Oostenrijk, hetzij in aanmerking komen voor verrekening van de in het buitenland betaalde belasting wanneer de betrokken deelneming minstens 10% van het kapitaal van laatstgenoemde vennootschap bedraagt.

107. Voor deelnemingen onder deze participatiedrempel wordt in de betrokken nationale wettelijke regeling met betrekking tot portfoliodividenden die afkomstig zijn van in een derde staat gevestigde vennootschappen, een onderscheid gemaakt tussen EER-staten en andere derde staten. Portfoliodividenden van vennootschappen die zijn gevestigd in een EER-staat waarmee de Republiek Oostenrijk een omstandig verdrag inzake wederzijdse administratieve en gerechtelijke bijstand heeft afgesloten, zijn van vennootschapsbelasting vrijgesteld of komen in aanmerking voor verrekening van de belasting die is betaald in de betrokken EER-staat waarin de uitkerende vennootschap is gevestigd; dit geldt evenwel niet voor portfoliodividenden van in een andere derde staat gevestigde vennootschappen.

108. Aangezien het verschil in behandeling van dividenden van vennootschappen die in een EER-staat zijn gevestigd, aan de orde is in de eerste prejudiciële vraag, dient te worden aangenomen dat de verwijzende rechter met zijn derde vraag wenst te vernemen of artikel 63 VWEU zich verzet tegen een regeling als die in het hoofdgeding, volgens welke portfoliodividenden uit deelnemingen in vennootschappen die zijn gevestigd in een andere derde staat dan de EER-staten, noch zijn vrijgesteld noch voor verrekening van de betaalde buitenlandse belasting in aanmerking komen, hoewel dividenden uit soortgelijke deelnemingen in ingezeten vennootschappen altijd zijn vrijgesteld.

b. Bestaan van een beperking van het vrije verkeer van kapitaal

109. Vastgesteld dient te worden dat een nationale regeling als die in het hoofdgeding, in Oostenrijk gevestigde vennootschappen ervan ontmoedigt hun kapitaal te beleggen in vennootschappen die in een andere derde staat dan de EER-staten zijn gevestigd. Aangezien dividenden die laatstgenoemde vennootschappen aan in Oostenrijk gevestigde vennootschappen uitkeren, fiscaal minder gunstig worden behandeld dan dividenden die in deze lidstaat gevestigde vennootschappen uitkeren, zijn aandelen in in een derde staat gevestigde vennootschappen voor in Oostenrijk gevestigde beleggers immers minder aantrekkelijk dan aandelen in in Oostenrijk gevestigde vennootschappen (zie in die zin reeds aangehaalde arresten Test Claimants in the FII Group Litigation, punt 166, en A, punt 42).

110. Een regeling als die welke in het hoofdgeding aan de orde is, bevat dus een door artikel 63, lid 1, VWEU in beginsel verboden beperking van het kapitaalverkeer tussen de lidstaten en de betrokken derde staten.

111. Evenwel moet worden nagegaan of deze beperking van het vrije kapitaalverkeer kan worden gerechtvaardigd op basis van de verdragsbepalingen inzake het vrije verkeer van kapitaal.

c. Eventuele rechtvaardigingen van de maatregel

112. Zoals in de punten 58 en 83 van het onderhavige arrest eraan is herinnerd, kan een nationale belastingregeling als die in het hoofdgeding slechts verenigbaar met de verdragsbepalingen betreffende het vrije kapitaalverkeer worden geacht indien het verschil in behandeling betrekking heeft op situaties die niet objectief vergelijkbaar zijn, of wordt gerechtvaardigd door een dwingende reden van algemeen belang.

113. De situatie van een vennootschap-aandeelhouder die dividenden uit een derde staat ontvangt, is met betrekking tot een belastingregel als die in het hoofdgeding, die ertoe strekt een economische dubbele belasting over winstuitkeringen te voorkomen, vergelijkbaar met die van een vennootschap-aandeelhouder die binnenlandse dividenden ontvangt, voor zover de winst in beide gevallen in beginsel opeenvolgende keren kan worden belast (zie arrest Test Claimants in the FII Group Litigation, reeds aangehaald, punt 62).

114. Derhalve is een lidstaat waarin een regeling ter voorkoming van economische dubbele belasting geldt voor dividenden die aan ingezeten vennootschappen worden uitgekeerd door andere ingezeten vennootschappen, op grond van artikel 63 VWEU ertoe verplicht, dividenden die aan ingezeten vennootschappen worden uitgekeerd door in een andere derde staat dan de EER-staten gevestigde vennootschappen, op evenwaardige wijze te behandelen (zie in die zin arrest Test Claimants in the FII Group Litigation, reeds aangehaald, punt 72).

115. De in het hoofdgeding aan de orde zijnde nationale wettelijke regeling voorziet echter niet in een dergelijke evenwaardige behandeling. Hoewel deze wettelijke regeling systematisch voorkomt dat er een economische dubbele belasting wordt geheven over binnenlandse portfoliodividenden die een ingezeten vennootschap ontvangt, wordt deze dubbele belasting weggewerkt noch verminderd wanneer een ingezeten vennootschap portfoliodividenden ontvangt van een vennootschap die is gevestigd in een andere derde staat dan de EER-staten.

116. Het verschil in behandeling, in de vennootschapsbelasting, van door ingezeten vennootschappen ontvangen dividenden naargelang van de herkomst van deze dividenden kan derhalve niet worden gerechtvaardigd door een verschil in situatie dat verband houdt met de plaats waar het kapitaal is belegd.

117. Onderzocht dient nog te worden of de beperking die voortvloeit uit de in het hoofdgeding aan de orde zijnde nationale regeling, gerechtvaardigd is door een dwingende reden van algemeen belang (zie arrest ELISA, reeds aangehaald, punt 79).

118. De Oostenrijkse, de Duitse, de Italiaanse, de Finse en de Nederlandse regering voeren aan dat zo een beperking van het vrije verkeer van kapitaal uit een derde staat kan worden gerechtvaardigd, dit niet zo is wanneer deze beperking ziet op het kapitaalverkeer tussen de lidstaten (zie reeds aangehaalde arresten Test Claimants in the FII Group Litigation, punt 171, en A, punt 37). Deze regeringen zijn van mening dat de noodzaak om een evenwichtige verdeling van de heffingsbevoegdheid te waarborgen in de verhoudingen tussen de lidstaten en andere derde staten dan de EER-staten een dwingende reden van algemeen belang kan uitmaken op grond waarvan de lidstaten zijn vrijgesteld van de verplichting om dividenden uit deze derde staten en dividenden van ingezeten vennootschappen fiscaal op voet van gelijkheid te behandelen. Hoewel de lidstaten ertoe verplicht zijn aan een in een andere lidstaat gevestigde vennootschap dezelfde belastingvoordelen toe te kennen als aan op hun grondgebied gevestigde vennootschappen, geldt deze verplichting niet tussen de lidstaten van de Unie en de derde staten met betrekking tot op hun respectieve grondgebied gevestigde vennootschappen. Gesteld dat artikel 63 VWEU een lidstaat de verplichting oplegt om dividenden uit andere derde staten dan de EER-staten op dezelfde wijze te behandelen als dividenden van ingezeten vennootschappen, dan zou de manoeuvreerruimte voor de lidstaten om belastingverdragen af te sluiten en op deze wijze een evenwichtige verdeling van de heffingsbevoegdheid in hun verhoudingen met derde staten te waarborgen, tot nagenoeg nihil worden gereduceerd.

119. De rechtspraak met betrekking tot de beperkingen van het gebruik van de vrijheden van verkeer binnen de Unie kan niet integraal worden getransponeerd naar het kapitaalverkeer tussen de lidstaten en derde staten, aan-

gezien dat kapitaalverkeer in een andere juridische context valt (arrest Établissements Rimbaud, reeds aangehaald, punt 40 en aldaar aangehaalde rechtspraak).

120. Het is aldus niet uitgesloten dat een lidstaat kan aantonen dat een beperking van het kapitaalverkeer naar of uit derde landen om een bepaalde reden gerechtvaardigd is in omstandigheden waarin die reden geen geldige rechtvaardiging zou opleveren voor een beperking van het kapitaalverkeer tussen de lidstaten (arrest A, reeds aangehaald, punten 36 en 37, en reeds aangehaalde beschikkingen Test Claimants in the CFC and Dividend Group Litigation, punt 93, en KBC-Bank en Beleggen, Risicokapitaal, Beheer, punt 73).

121. In de rechtspraak is reeds erkend dat een beperking van het gebruik van een vrijheid van verkeer binnen de Unie gerechtvaardigd kan zijn om de verdeling van de heffingsbevoegdheid tussen de lidstaten te handhaven (zie in die zin arresten van 13 december 2005, Marks & Spencer, C-446/03, *Jurispr.* blz. I-10837, punt 45; 18 juli 2007, Oy AA, C-231/05, *Jurispr.* blz. I-6373, punt 51, en 15 mei 2008, Lidl Belgium, C-414/06, *Jurispr.* blz. I-3601, punt 42). Een dergelijke rechtvaardiging, die een dwingende reden van algemeen belang uitmaakt, kan derhalve a fortiori worden erkend in de betrekkingen van lidstaten met derde staten.

122. Het verschil in behandeling tussen binnenlandse dividenden en dividenden van een andere derde staat dan de EER-staten is echter slechts door een dergelijke dwingende reden van algemeen belang gerechtvaardigd indien dit verschil geschikt is om de nagestreefde doelstelling te verwezenlijken en niet verder gaat dan noodzakelijk is voor de verwezenlijking van dat doel (zie arresten van 15 mei 1997, Futura Participations en Singer, C-250/95, *Jurispr.* blz. I-2471, punt 26; 11 maart 2004, de Lasteyrie du Saillant, C-9/02, *Jurispr.* blz. I-2409, punt 49, en arrest Marks & Spencer, reeds aangehaald, punt 35).

123. Wanneer door een ingezeten vennootschap ontvangen portfoliodividenden op dezelfde wijze worden behandeld ongeacht of zij afkomstig van een andere ingezeten vennootschap dan wel van een in een andere derde staat dan de EER-staten gevestigde vennootschap, heeft dit niet tot gevolg dat inkomsten die normaliter in de lidstaat van vestiging van de ontvangende vennootschap belastbaar zijn, worden verplaatst naar de betrokken derde staat (zie in die zin arrest Glaxo Wellcome, reeds aangehaald, punt 87). Zoals de advocaat-generaal in punt 120 van haar conclusie heeft benadrukt, gaat het in het hoofdgeding niet om de heffingsbevoegdheid voor economische activiteiten op het nationale grondgebied, maar om de belasting van buitenlandse inkomsten.

124. Het verschil in behandeling van portfoliodividenden op grond van de binnenlandse dan wel buitenlandse herkomst kan dus niet worden gerechtvaardigd uit hoofde van de noodzaak om de verdeling van de heffingsbevoegdheid tussen de lidstaten en andere derde staten dan de EER-staten te handhaven.

125. Vrijstelling van portfoliodividenden die worden uitgekeerd door vennootschappen die zijn gevestigd in een andere derde staat dan de EER-staten of verrekening van de in laatstgenoemde staat betaalde belasting zou voor de Republiek Oostenrijk weliswaar een vermindering van haar eigen belastingopbrengsten in de vennootschapsbelasting tot gevolg hebben.

126. Toch kan een vermindering van de belastingopbrengsten volgens vaste rechtspraak niet worden beschouwd als een dwingende reden van algemeen belang die kan worden aangevoerd ter rechtvaardiging van een maatregel die in beginsel in strijd is met een fundamentele vrijheid (zie met name arrest Manninen, reeds aangehaald, punt 49, en arrest van 14 september 2006, Centro di Musicologia Walter Stauffer, C-386/04, *Jurispr.* blz. I-8203, punt 59).

127. Aangaande het feit dat de betrekkingen tussen de lidstaten en derde staten niet wederkerig zijn, moet eraan worden herinnerd dat de lidstaten bij de uitbreiding van het beginsel van het vrije verkeer van kapitaal door artikel 56, lid 1, EG (thans artikel 63, lid 1, VWEU) tot het kapitaalverkeer tussen derde landen en lidstaten, ervoor hebben gekozen dit beginsel in hetzelfde artikel en in identieke bewoordingen te verankeren voor het kapitaalverkeer binnen de Unie en voor het kapitaalverkeer dat betrekkingen met derde landen betreft (zie arrest A, reeds aangehaald, punt 31).

128. Derhalve kan het ontbreken van wederkerigheid in de betrekkingen tussen de lidstaten en andere derde staten dan de EER-staten geen rechtvaardiging zijn voor een beperking van het kapitaalverkeer tussen de lidstaten en deze derde staten.

129. De Oostenrijkse regering stelt vervolgens dat haar belastingregeling gerechtvaardigd is door de noodzaak om de doeltreffendheid van de fiscale controles te waarborgen aangezien de toepasselijke dubbelbelastingverdragen met de derde staten niet dezelfde mate van informatie-uitwisseling met de bevoegde autoriteiten van de betrokken staat verzekeren als de bij richtlijn 77/799 ingevoerde regeling waarborgt in de betrekkingen tussen de autoriteiten van de lidstaten.

130. Dienaangaande zij eraan herinnerd dat het bij richtlijn 77/799 ingevoerde kader voor samenwerking tussen de bevoegde autoriteiten van de lidstaten, tussen deze autoriteiten en de bevoegde autoriteiten van een derde staat niet bestaat wanneer laatstgenoemde staat geen enkele verplichting tot wederzijdse bijstand is aangegaan (zie reeds aangehaalde arresten Commissie/Italië, punt 70, en Établissements Rimbaud, punt 41).

131. Wanneer volgens de regeling van een lidstaat de toekenning van een belastingvoordeel afhankelijk is van de vervulling van voorwaarden waarvan de naleving slechts kan worden gecontroleerd door het verkrijgen van inlichtingen van de bevoegde autoriteiten van een andere derde staat dan een EER-staat, mag die lidstaat bijgevolg in beginsel de toekenning van dit voordeel weigeren wanneer, met name wegens het ontbreken van een uit een overeenkomst of verdrag voortvloeiende verplichting voor deze derde staat om inlichtingen te verstrekken, het onmogelijk blijkt om deze inlichtingen van laatstgenoemde staat te verkrijgen (zie naar analogie arrest Établissements Rimbaud, reeds aangehaald, punt 44).

132. In casu dient evenwel te worden vastgesteld dat volgens de in het hoofdgeding aan de orde zijnde nationale regeling een eventuele vrijstelling voor portfoliodividenden die afkomstig zijn van een vennootschap die in een andere derde staat dan de EER-staten is gevestigd, of een eventuele verrekening van de in deze derde staat betaalde belasting niet afhankelijk is van de voorwaarde dat tussen de lidstaat en de betrokken derde staat een verdrag inzake wederzijdse bijstand is afgesloten. Ingevolge § 10 KStG zijn portfoliodividenden van een andere derde staat dan de EER-staten immers in Oostenrijk altijd aan de vennootschapsbelasting onderworpen zonder dat de betrokken nationale wettelijke regeling voor dergelijke dividenden een belastingvoordeel toekent teneinde economische dubbele belasting te vermijden.

133. Het verschil dat op het vlak van de samenwerking tussen de belastingautoriteiten bestaat tussen de situatie tussen de lidstaten binnen de Unie enerzijds en tussen de lidstaten en derde staten anderzijds kan aldus geen rechtvaardiging zijn voor het verschil in fiscale behandeling tussen binnenlandse portfoliodividenden en portfoliodividenden die afkomstig zijn van een andere derde staat dan de EER-staten.

134. Tot slot merkt de Oostenrijkse regering op dat zo de in het hoofdgeding aan de orde zijnde regeling in strijd zou zijn met het vrije verkeer van kapitaal, dan zou moeten worden nagegaan of deelnemingen in in een derde staat gevestigde vennootschappen niet moeten worden gekwalificeerd als directe investeringen in de zin van artikel 64, lid 1, VWEU aangezien in dat geval kan worden aangenomen dat de nationale regeling reeds bestond op 31 december 1993. Deze regeling zou in dat geval bijgevolg kunnen worden geacht gerechtvaardigd te zijn door de 'standstill'-clausule van dit artikel van het VWEU.

135. Volgens artikel 64, lid 1, VWEU doet het bepaalde in artikel 63 VWEU geen afbreuk aan de toepassing op derde landen van beperkingen die op 31 december 1993 bestaan uit hoofde van nationaal of Unierecht inzake het kapitaalverkeer naar of uit derde staten in verband met directe investeringen.

136. Wanneer een lidstaat vóór 31 december 1993 een wettelijke regeling heeft vastgesteld die bij artikel 63 VWEU verboden beperkingen van het kapitaalverkeer naar of uit derde staten inhoudt en hij na deze datum maatregelen vaststelt die, ofschoon zij ook een beperking van dit verkeer inhouden, op de voornaamste punten identiek zijn aan de vroegere wettelijke regeling of daarin enkel een belemmering voor de uitoefening van de rechten en vrijheden van de Unie in de vroegere wettelijke regeling verminderen of opheffen, staat artikel 63 VWEU bijgevolg niet in de weg aan de toepassing van deze maatregelen op derde staten wanneer zij gelden voor het kapitaalverkeer in verband met directe investeringen (arrest Test Claimants in the FII Group Litigation, reeds aangehaald, punt 196).

137. Als directe investeringen kunnen volgens de rechtspraak niet worden beschouwd deelnemingen in een vennootschap die niet worden genomen teneinde duurzame en directe economische betrekkingen te vestigen of te handhaven tussen de aandeelhouder en de betrokken vennootschap en de aandeelhouder niet de mogelijkheid bieden daadwerkelijk deel te hebben in het bestuur van of de zeggenschap over de betrokken vennootschap (arrest Test Claimants in the FII Group Litigation, reeds aangehaald, punt 196). Aangezien de in het kader van deze vraag onderzochte wettelijke regeling alleen ziet op deelnemingen van minder dan 10% van het vennootschapskapitaal van de uitkerende vennootschap, valt zij niet binnen de materiële werkingssfeer van artikel 64, lid 1, VWEU.

138. Gelet op al het voorgaande dient op de derde prejudiciële vraag derhalve te worden geantwoord dat artikel 63 VWEU aldus moet worden uitgelegd dat het zich verzet tegen een nationale regeling volgens welke ter voorkoming van economische dubbele belasting portfoliodividenden die een ingezeten vennootschap ontvangt van een andere ingezeten vennootschap, van vennootschapsbelasting zijn vrijgesteld en dividenden die worden uitgekeerd door een vennootschap die gevestigd is in een andere derde staat dan een staat die partij is bij de EER-Overeenkomst, zijn vrijgesteld noch in aanmerking komen voor verrekening van de door de uitkerende vennootschap in haar vestigingsstaat betaalde belasting.

4. Vierde vraag

139. Met zijn vierde vraag wenst de verwijzende rechter in wezen te vernemen of artikel 63 VWEU zich ertegen verzet dat een nationale administratie op portfoliodividenden van vennootschappen die zijn gevestigd in een EER-staat waarmee de Republiek Oostenrijk geen omstandig verdrag inzake wederzijdse administratieve en gerechtelijke bijstand heeft afgesloten, of in een andere derde staat, de verrekeningsmethode toepast hoewel dit voor de ontvanger van de dividenden een naar verluidt buitensporig zwareadministratieve last met zich meebrengt, op grond dathet gebruik van de verrekeningsmethode volgens een beslissing van het Verwaltungsgerichtshof het

meest aansluit bij de wil van de wetgever, terwijl bij niet-toepassing van de participatiedrempel van 10% voor portfoliodividenden van in eenderde staat gevestigde vennootschappen automatisch een belastingvrijstelling zou gelden en dus economische dubbele belasting automatisch zou worden vermeden.

140. Dienaangaande zij eraan herinnerd dat het Verwaltungsgerichtshof heeft geoordeeld dat, om een einde te maken aan de minder gunstige fiscale behandeling van dividenden van niet-ingezeten vennootschappen vergeleken met de fiscale behandeling van dividenden van ingezeten vennootschappen, op eerstgenoemde categorie van dividenden niet de vrijstellingsmethode dient te worden toegepast, maar een methode waarbij de belasting die over de dividenden in de vestigingsstaat van de uitkerende vennootschap is geheven, wordt verrekend met de in Oostenrijk verschuldigde belasting.

141. Zoals in punt 86 van het onderhavige arrest eraan is herinnerd, verbiedt het recht van de Unie een lidstaat niet dat hij opeenvolgende belastingheffingen over door een ingezeten vennootschap ontvangen dividenden vermijdt door regels toe te passen die deze dividenden van belasting vrijstellen wanneer zij worden uitgekeerd door een ingezeten vennootschap, en tegelijk door een verrekeningsregeling vermijdt dat die dividenden opeenvolgende keren worden belast wanneer zij worden uitgekeerd door een niet-ingezeten vennootschap, op voorwaarde evenwel dat het belastingtarief voor buitenlandse dividenden niet hoger is dan het tarief voor binnenlandse dividenden en het belastingkrediet ten minste gelijk is aan het bedrag dat is betaald in de staat van de uitkerende vennootschap, tot beloop van het bedrag van de belasting in de lidstaat van de ontvangende vennootschap.

142. Bovendien staat het in beginsel aan de lidstaten om, wanneer zij mechanismen invoeren om opeenvolgende belastingheffingen over winstuitkeringen te vermijden of te verminderen, te bepalen welke categorie belastingplichtigen van die mechanismen kan gebruikmaken en daartoe drempels vast te stellen op grond van de deelneming van die belastingplichtigen in de betrokken uitkerende vennootschappen (zie arrest Test Claimants in the FII Group Litigation, reeds aangehaald, punt 67).

143. Artikel 63 VWEU verzet zich er dus niet tegen dat een nationale belastingadministratie op dividenden uit bepaalde derde staten de verrekeningsmethode toepast wanneer de deelneming van de ontvangende vennootschap in het kapitaal van de uitkerende vennootschap onder een bepaalde participatiedrempel ligt, en de vrijstellingsmethode wanneer deze deelneming boven deze drempel ligt, terwijl zij systematisch de vrijstellingsmethode toepast op binnenlandse dividenden, op voorwaarde evenwel dat de betrokken methoden ter voorkoming of vermindering van opeenvolgende belastingheffingen over winstuitkeringen tot een gelijkwaardig resultaat leiden.

144. De naar verluidt buitensporig zware administratieve last die toepassing van de verrekeningsmethode met zich meebrengt, is reeds onderzocht in de punten 92 tot en met 99 en 104 van het onderhavige arrest.

145. Met zijn vierde vraag, sub b en c, vraagt de verwijzende rechter het Hof eveneens of artikel 63 VWEU zich verzet tegen een nationale wettelijke regeling of praktijk volgens welke toepassing van de verrekeningsmethode op portfoliodividenden van in een andere derde staat dan de EER-staten gevestigde vennootschappen afhankelijk is van de voorwaarde dat met de betrokken derde staat een verdrag inzake wederzijdse bijstand bestaat.

146. Deze vraag is echter zuiver hypothetisch en dus niet-ontvankelijk (zie arrest van 22 juni 2010, Melki en Abdeli, C-188/10 en C-189/10, nog niet gepubliceerd in de *Jurisprudentie*, punt 27 en aldaar aangehaalde rechtspraak).

147. Derhalve dient op de vierde prejudiciële vraag te worden geantwoord dat artikel 63 VWEU zich niet ertegen verzet dat een nationale belastingautoriteit op dividenden uit bepaalde derde staten de verrekeningsmethode toepast wanneer de deelneming van de ontvangende vennootschap in het kapitaal van de uitkerende vennootschap onder een bepaalde participatiedrempel ligt, en de vrijstellingsmethode wanneer deze deelneming boven deze drempel ligt, terwijl op binnenlandse dividenden systematisch de vrijstellingsmethode wordt toegepast, op voorwaarde evenwel dat de betrokken regelingen ter voorkoming of vermindering van opeenvolgende belastingheffingen over winstuitkeringen tot een gelijkwaardig resultaat leiden. Het feit dat de nationale belastingadministratie de ontvangende vennootschap verzoekt om inlichtingen betreffende de belasting die daadwerkelijk rust op de winst van de uitkerende vennootschap in de derde staat van vestiging van laatstgenoemde vennootschap, is inherent aan de werking zelf van de verrekeningsmethode en doet als zodanig geen afbreuk aan de gelijkwaardigheid van de vrijstellingsmethode en de verrekeningsmethode.

C – Prejudiciële vragen in zaak C-437/08

148. Met zijn vragen in zaak C-437/08 wenst de verwijzende rechter in wezen te vernemen, in de eerste plaats, of artikel 63 VWEU zich verzet tegen een nationale wettelijke regeling als die in het hoofdgeding, volgens welke op dividenden van in een andere lidstaat of in een derde staat gevestigde vennootschappen onder bepaalde voorwaarden de verrekeningsmethode wordt toegepast terwijl binnenlandse dividenden altijd van vennootschapsbelasting zijn vrijgesteld, en voor de belastingjaren waarin de ontvangende vennootschap een verlies uit bedrijfsinkomsten heeft geleden, geen uitstel van de verrekening tot de volgende belastingjaren mogelijk is.

149. In de tweede plaats wenst de verwijzende rechter te vernemen of artikel 63 VWEU een lidstaat ertoe verplicht om voor de toepassing van de verrekeningsmethode op buitenlandse dividenden niet alleen rekening te houden met de vennootschapsbelasting die is betaald in de staat van vestiging van de uitkerende vennootschap, maar ook met de in laatstgenoemde staat bij de bron ingehouden belasting.

1. Ontvankelijkheid

150. De Oostenrijkse regering is van mening dat de vragen geen verband houden met het geschil in het hoofdgeding, aangezien dit geschil alleen betrekking heeft op belastingjaar 2002, zijnde het belastingjaar waarin het verlies uit bedrijfsinkomsten is geleden. Een eventueel uitstel van de verrekening van de in het buitenland betaalde belasting kan enkel slaan op latere belastingjaren.

151. Dit betoog faalt.

152. Ook al heeft het hoofdgeding enkel betrekking op de belasting voor belastingjaar 2002, zijnde het jaar waarin Salinen verlies heeft geleden, de verwijzende rechter wenst met zijn vragen te vernemen of toepassing, voor dit belastingjaar, van de verrekeningsmethode op de dividenden die deze vennootschap heeft ontvangen van een niet-ingezeten vennootschap, kan worden beschouwd als gelijkwaardig aan een belastingvrijstelling voor deze dividenden. Hij vraagt ook of toepassing van de verrekeningsmethode in dat geval verenigbaar is met artikel 63 VWEU, in de veronderstelling dat de ontvangende vennootschap volgens deze methode de belasting die is betaald in de staat van vestiging van de uitkerende vennootschap, niet kan overdragen naar latere belastingjaren.

153. Derhalve zijn de prejudiciële vragen in zaak C-437/08 ontvankelijk.

2. Ten gronde

154. Voor het antwoord op de prejudiciële vragen van de verwijzende rechter dient in de eerste plaats te worden onderzocht of een lidstaat die op door niet-ingezeten vennootschappen uitgekeerde dividenden de verrekeningsmethode en op door ingezeten vennootschappen uitgekeerde dividenden de vrijstellingsmethode toepast, op grond van artikel 63 VWEU ertoe verplicht is, uitstel van de verrekening van de betaalde belasting mogelijk te maken wanneer voor het belastingjaar waarin de ontvangende vennootschap de dividenden ontvangt, zij een verlies uit bedrijfsinkomsten boekt.

155. De Oostenrijkse regering is van mening dat artikel 63 VWEU een lidstaat niet ertoe verplicht, een dergelijk uitstel mogelijk te maken. Wanneer de winst in de lidstaat van vestiging van de uitkerende vennootschap meer wordt belast dan in de lidstaat van de ontvangende vennootschap, moet laatstgenoemde lidstaat immers slechts een belastingkrediet verlenen van ten hoogste het bedrag van de vennootschapsbelasting dat door de ontvangende vennootschap verschuldigd is (arrest Test Claimants in the FII Group Litigation, reeds aangehaald, punt 52). Wanneer als gevolg van het verlies dat de ontvangende vennootschap in het jaar van de dividenduitkering lijdt, geen nationale belasting over de ontvangen dividenden wordt betaald, is de staat van de ontvangende vennootschap evenmin ertoe gehouden een belastingkrediet te verlenen, noch voor het belastingjaar dat met dat jaar overeenstemt, noch a fortiori voor latere belastingjaren.

156. In dit verband zij eraan herinnerd dat een lidstaat waarin een regeling geldt voor het vermijden van economische dubbele belasting voor dividenden die door ingezeten vennootschappen worden uitgekeerd aan ingezetenen, op grond van artikel 63 VWEU dividenden die door niet-ingezeten vennootschappen worden uitgekeerd aan ingezetenen, op evenwaardige wijze moet behandelen (arrest Test Claimants in the FII Group Litigation, reeds aangehaald, punt 72).

157. In het hoofdgeding volgt uit § 10, lid 6, KStG dat overeenkomstig het betrokken verrekeningssysteem door niet-ingezeten vennootschappen uitgekeerde dividenden worden opgenomen in de belastbare grondslag van de ontvangende vennootschap, zodat in geval van verlies in het betrokken belastingjaar het bedrag van het verlies vermindert ten bedrage van de ontvangen dividenden. Het bedrag van het naar latere belastingjaren overdraagbare verlies vermindert dus in dezelfde mate. Dividenden van ingezeten vennootschappen, die van belasting zijn vrijgesteld, hebben daarentegen geen weerslag op de belastbare grondslag van de ontvangende vennootschap en dus ook niet op het bedrag van haar eventueel overdraagbare verliezen.

158. Zelfs wanneer de dividenden die een ingezeten vennootschap van een niet-ingezeten vennootschap ontvangt, niet aan vennootschapsbelasting worden onderworpen in de lidstaat van vestiging van eerstgenoemde vennootschap in het belastingjaar waarin deze dividenden zijn ontvangen, kan de vermindering van de verliezen van de ontvangende vennootschap ertoe leiden dat deze vennootschap, wanneer zij niet in aanmerking komt voor een uitstel van de verrekening van de door de uitkerende vennootschap betaalde belasting, op deze dividenden economisch dubbel wordt belast in latere belastingjaren, wanneer haar resultaat positief is (zie in die zin arrest van 12 februari 2009, Cobelfret, C-138/ 07, blz. I-731, punten 39 en 40; en beschikking KBC-Bank en Beleggen, Risicokapitaal, Beheer, reeds aangehaald, punten 39 en 40). Daarentegen bestaat geen gevaar voor economische dubbele belasting over binnenlandse dividenden, want zij vallen onder de vrijstellingsmethode.

159. Voor zover een nationale regeling als die in het hoofdgeding niet voorziet in uitstel van de verrekening van de vennootschapsbelasting die is betaald in de staat van vestiging van de uitkerende vennootschap, worden buitenlandse dividenden volgens een systeem als dat in het hoofdgeding zwaarder belast dan binnenlandse dividenden, waarvoor de vrijstellingsmethode geldt.

160. Gelet op wat in punt 156 van het onderhavige arrest is uiteengezet, dient te worden aangenomen dat artikel 63 VWEU zich tegen een dergelijke regeling verzet.

161. Anders dan de Oostenrijkse regering stelt, kan een regeling als die in het hoofdgeding niet worden gerechtvaardigd door het feit dat bij toepassing van de verrekeningsmethode een lidstaat slechts een belastingkrediet moet verlenen van ten hoogste het bedrag van de vennootschapsbelasting die de ontvangende vennootschap verschuldigd is (zie arrest Test Claimants in the FII Group Litigation, reeds aangehaald, punten 50 en 52).

162. Volgens de rechtspraak vereist de gelijkwaardigheid van de vrijstellingsmethode en de verrekeningsmethode weliswaar niet dat bij de verrekeningsmethode voor de dividenden van niet-ingezeten vennootschappen een belastingkrediet wordt verleend dat hoger is dan de nationale belasting (zie arrest Test Claimants in the FII Group Litigation, reeds aangehaald, punten 50 en 52). Een belastingkrediet voor ten hoogste het bedrag van de vennootschapsbelasting dat de ontvangende vennootschap verschuldigd is, is immers toereikend om de economische dubbele belasting over de uitgekeerde dividenden te voorkomen.

163. Zoals blijkt uit punt 158 van het onderhavige arrest, voorkomt een nationale wettelijke regeling die voor dividenden van niet-ingezeten vennootschappen niet voorziet in uitstel van de verrekening van de in het buitenland betaalde belasting hoewel binnenlandse dividenden van vennootschapsbelasting zijn vrijgesteld, evenwel niet dat buitenlandse dividenden economisch dubbel worden belast.

164. Aangezien met betrekking tot een belastingregel die ertoe strekt de belasting van winstuitkeringen te vermijden of te verminderen, de situatie van een vennootschap die buitenlandse dividenden ontvangt, vergelijkbaar is met die van een vennootschap die binnenlandse dividenden ontvangt voor zover de winst in beide gevallen in beginsel opeenvolgende keren kan worden belast (zie arrest Test Claimaints in the FII Group Litigation, reeds aangehaald, punt 62), kan een verschil in behandeling als dat in het hoofdgeding tussen binnenlandse dividenden en buitenlandse dividenden niet worden gerechtvaardigd door een verschil in behandeling dat verband houdt met de plaats waar het kapitaal wordt belegd.

165. Ten slotte kan het verschil in behandeling als dat in het hoofdgeding, anders dan de Italiaanse regering aanvoert, niet worden gerechtvaardigd door de noodzaak om te voorkomen dat binnen een groep van vennootschappen waartoe de ontvangende vennootschap en de uitkerende niet-ingezeten vennootschap behoren, kunstmatige constructies worden opgezet om de herkomst van de dividenden te wijzigen enkel en alleen om belastingvoordelen te genieten. Hier kan worden volstaan met de vaststelling dat de in het hoofdgeding aan de orde zijnde nationale maatregel, die het vrije verkeer van kapitaal beperkt, niet specifiek ziet op volstrekt kunstmatige constructies die geen verband houden met de economische realiteit en alleen bedoeld zijn om een fiscaal voordeel te verkrijgen (zie in die zin arrest Glaxo Wellcome, reeds aangehaald, punt 89 en aldaar aangehaalde rechtspraak). Zoals de advocaat-generaal in punt 160 van haar conclusie heeft opgemerkt, lijkt in een geval als dat in het hoofdgeding uitgesloten dat binnen een vennootschapsgroep volstrekt kunstmatige constructies bestaan, aangezien Salinen dividenden uit deelnemingen van minder dan 10% in het kapitaal van de uitkerende vennootschap ontvangt en deze deelnemingen via een binnenlands investeringsfonds in mede-eigendom met andere beleggers worden gehouden.

166. In de tweede plaats dient aangaande de vraag of bij toepassing van de verrekeningsmethode rekening moet worden gehouden met de belasting die bij de bron is ingehouden in de staat van de uitkerende vennootschap, eraan te worden herinnerd dat een dergelijke belasting, wanneer die niet wordt verrekend in de staat van vestiging van de ontvangende vennootschap, aanleiding geeft tot een juridische dubbele belasting.

167. Het staat aan elke lidstaat om met eerbiediging van het recht van de Unie zijn stelsel van belasting van winstuitkeringen te organiseren en in dat kader de belastbare grondslag en het belastingtarief voor de ontvangende aandeelhouder te bepalen (zie onder meer arresten Test Claimants in Class IV of the ACT Group Litigation, reeds aangehaald, punt 50; Test Claimants in the FII Group Litigation, reeds aangehaald, punt 47, en arrest van 20 mei 2008, Orange European Smallcap Fund, C-194/04, *Jurispr.* blz. I-3747, punt 30).

168. Enerzijds volgt hieruit dat dividenden die door een in een lidstaat gevestigde vennootschap aan een in een andere lidstaat wonende aandeelhouder worden uitgekeerd, aan een juridische dubbele belasting kunnen worden onderworpen wanneer beide lidstaten hun belastingbevoegdheid wensen uit te oefenen en deze dividenden wensen te belasten bij de aandeelhouder (arrest van 16 juli 2009, Damseaux, C-128/08, *Jurispr.* blz. I-6823, punt 26).

169. Anderzijds heeft het Hof reeds geoordeeld dat de nadelen die uit de parallelle uitoefening van belastingbevoegdheden door verschillende lidstaten kunnen voortvloeien, voor zover deze uitoefening geen discriminatie oplevert, geen door het Verdrag verboden beperkingen vormen (arrest van 3 juni 2010, Commissie/Spanje, C-487/08, nog niet gepubliceerd in de *Jurisprudentie*, punt 56 en aldaar aangehaalde rechtspraak).

170. Aangezien het recht van de Unie in de huidige stand niet voorziet in algemene criteria voor de verdeling van de bevoegdheden tussen de lidstaten voor de afschaffing van dubbele belasting binnen de Unie, impliceert de omstandigheid dat zowel de bronstaat van de dividenden als de woonstaat van de aandeelhouder deze dividenden kan belasten, niet dat de lidstaat van vestiging krachtens het recht van de Unie de nadelen moet voorkomen die uit de uitoefening van de aldus door de twee lidstaten gedeelde bevoegdheid zouden kunnen voortvloeien (zie arrest Damseaux, reeds aangehaald, punten 30 en 34, en arrest van 15 april 2010, CIBA, C-96/08, nog niet gepubliceerd in de *Jurisprudentie*, punten 27 en 28).

171. Bijgevolg kan artikel 63 VWEU niet aldus worden uitgelegd dat het een lidstaat ertoe verplicht, in zijn belastingwetgeving te voorzien in verrekening van de belasting die in een andere lidstaat over dividenden bij de bron is geheven, met het oog op voorkoming van juridische dubbele belasting over dividenden die een in eerstgenoemde lidstaat gevestigde vennootschap ontvangt, daar deze belasting het gevolg is van de parallelle uitoefening, door de betrokken lidstaten, van hun respectieve heffingsbevoegdheid (zie in die zin arrest van 14 november 2006, Kerckhaert en Morres, C-513/04, *Jurispr.* blz. I-10967, punten 22-24).

172. Deze vaststelling geldt a fortiori wanneer de juridische dubbele belasting het gevolg is van de parallelle uitoefening door een lidstaat en door een derde staat van hun respectieve heffingsbevoegdheid, zoals volgt uit de punten 119 en 120 van het onderhavige arrest.

173. Gelet op al deze overwegingen dient op de prejudiciële vragen te worden geantwoord dat artikel 63 VWEU aldus moet worden uitgelegd dat:

– het zich verzet tegen een nationale regeling volgens welke ingezeten vennootschappen de mogelijkheid hebben om verliezen die zij in een belastingjaar hebben geleden, naar latere belastingjaren over te dragen en economische dubbele belasting over dividenden wordt voorkomen doordat op binnenlandse dividenden de vrijstellingsmethode wordt toegepast terwijl de verrekeningsmethode geldt voor dividenden die worden uitgekeerd door in een andere lidstaat of in een derde staat gevestigde vennootschappen, voor zover op grond van deze regeling bij toepassing van de verrekeningsmethode uitstel van de verrekening van de vennootschapsbelasting die is betaald in de staat van vestiging van de uitkerende vennootschap, tot de volgende belastingjaren niet mogelijk is indien de ontvangende vennootschap voor het jaar waarin zij de buitenlandse dividenden heeft ontvangen, een verlies uit bedrijfsinkomsten heeft geboekt, en

– het een lidstaat niet ertoe verplicht om in zijn belastingwetgeving te voorzien in verrekening van de belasting die in een andere lidstaat of in een derde staat over dividenden bij de bron is geheven, met het oog op voorkoming van juridische dubbele belasting over dividenden die een in eerstgenoemde lidstaat gevestigde vennootschap ontvangt, daar deze belasting het gevolg is van de parallelle uitoefening, door de betrokken staten, van hun respectieve heffingsbevoegdheid.

IV – Kosten

174. …

HET HOF (Derde kamer)

verklaart voor recht:

1. Artikel 63 VWEU moet aldus worden uitgelegd dat het zich verzet tegen een wettelijke regeling van een lidstaat volgens welke portfoliodividenden uit deelnemingen in ingezeten vennootschappen van vennootschapsbelasting zijn vrijgesteld en deze vrijstelling voor portfoliodividenden afkomstig van een vennootschap die gevestigd is in een derde staat die partij is bij de Overeenkomst betreffende de Europese Economische Ruimte van 2 mei 1992, afhankelijk is van de voorwaarde dat een omstandig verdrag inzake wederzijdse administratieve en gerechtelijke bijstand tussen de betrokken lidstaat en derde staat bestaat, voor zover alleen een verdrag inzake wederzijdse administratieve bijstand noodzakelijk is ter verwezenlijking van de doelstellingen van de betrokken wettelijke regeling.

2. Artikel 63 VWEU moet aldus worden uitgelegd dat het zich niet verzet tegen een wettelijke regeling van een lidstaat volgens welke portfoliodividenden die een ingezeten vennootschap van een andere ingezeten vennootschap ontvangt, van vennootschapsbelasting zijn vrijgesteld, terwijl portfoliodividenden die een ingezeten vennootschap ontvangt van een vennootschap die gevestigd is in een andere lidstaat of een derde staat die partij is bij de Overeenkomst betreffende de Europese Economische Ruimte van 2 mei 1992, wel aan vennootschapsbelasting zijn onderworpen, voor zover evenwel de in de vestigingsstaat van laatstgenoemde vennootschap betaalde belasting wordt verrekend met de in de lidstaat van de ontvangende vennootschap verschuldigde belasting en de administratieve last die op de ontvangende vennootschap rust wil zij voor deze verrekening in aanmerking komen, niet buitensporig zwaar is. Wanneer de nationale belastingadministratie van de ontvangende vennootschap inlichtingen verlangt over de belasting die over de winst van de uitkerende vennootschap daadwerkelijk is geheven in de lidstaat van vestiging van laatstgenoemde vennootschap, is dit inhe-

rent aan de werking zelf van de verrekeningsmethode en kan dit niet worden beschouwd als een buitensporig zware administratieve last.

3. Artikel 63 VWEU moet aldus worden uitgelegd dat het zich verzet tegen een nationale regeling volgens welke ter voorkoming van economische dubbele belasting portfoliodividenden die een ingezeten vennootschap ontvangt van een andere ingezeten vennootschap, van vennootschapsbelasting zijn vrijgesteld en dividenden die worden uitgekeerd door een vennootschap die gevestigd is in een andere derde staat dan een staat die partij is bij de Overeenkomst betreffende de Europese Economische Ruimte van 2 mei 1992, zijn vrijgesteld noch in aanmerking komen voor verrekening van de door de uitkerende vennootschap in haar vestigingsstaat betaalde belasting.

4. Artikel 63 VWEU verzet zich er niet tegen dat een nationale belastingautoriteit op dividenden uit bepaalde derde staten de verrekeningsmethode toepast wanneer de deelneming van de ontvangende vennootschap in het kapitaal van de uitkerende vennootschap onder een bepaalde participatiedrempel ligt, en de vrijstellingsmethode wanneer deze deelneming boven deze drempel ligt, terwijl op binnenlandse dividenden systematisch de vrijstellingsmethode wordt toegepast, op voorwaarde evenwel dat de betrokken regelingen ter voorkoming of vermindering van opeenvolgende belastingheffingen over winstuitkeringen tot een gelijkwaardig resultaat leiden. Het feit dat de nationale belastingadministratie de ontvangende vennootschap verzoekt om inlichtingen betreffende de belasting die daadwerkelijk rust op de winst van de uitkerende vennootschap in de derde staat van vestiging van laatstgenoemde vennootschap, is inherent aan de werking zelf van de verrekeningsmethode en doet als zodanig geen afbreuk aan de gelijkwaardigheid van de vrijstellingsmethode en de verrekeningsmethode.

5. Artikel 63 VWEU dient aldus te worden uitgelegd dat:

– het zich verzet tegen een nationale regeling volgens welke ingezeten vennootschappen de mogelijkheid hebben om verliezen die zij in een belastingjaar hebben geleden, naar latere belastingjaren over te dragen en economische dubbele belasting over dividenden wordt voorkomen doordat op binnenlandse dividenden de vrijstellingsmethode wordt toegepast terwijl de verrekeningsmethode geldt voor dividenden die worden uitgekeerd door in een andere lidstaat of in een derde staat gevestigde vennootschappen, voor zover op grond van deze regeling bij toepassing van de verrekeningsmethode uitstel van de verrekening van de vennootschapsbelasting die is betaald in de staat van vestiging van de uitkerende vennootschap, tot de volgende belastingjaren niet mogelijk is indien de ontvangende vennootschap voor het jaar waarin zij de buitenlandse dividenden heeft ontvangen, een verlies uit bedrijfsinkomsten heeft geboekt, en

– het een lidstaat niet ertoe verplicht om in zijn belastingwetgeving te voorzien in verrekening van de belasting die in een andere lidstaat of in een derde staat over dividenden bij de bron is geheven, met het oog op voorkoming van juridische dubbele belasting over dividenden die een in eerstgenoemde lidstaat gevestigde vennootschap ontvangt, daar deze belasting het gevolg is van de parallelle uitoefening, door de betrokken staten, van hun respectieve heffingsbevoegdheid.

HvJ EU 10 februari 2011, zaak C-25/10 (Missionswerk Werner Heukelbach eV v. Belgische Staat)

Tweede kamer: *J. N. Cunha Rodrigues, kamerpresident, A. Arabadjiev, U. Lõhmus (rapporteur), A. Ó Caoimh en P. Lindh, rechters*

Advocaat-generaal: *N. Jääskinen*

1. Het verzoek om een prejudiciële beslissing betreft de uitlegging van de artikelen 18 VWEU, 45 VWEU, 49 VWEU en 54 VWEU.

2. Dit verzoek is ingediend in het kader van een geschil tussen Missionswerk Werner Heukelbach eV (hierna: 'Missionswerk') en de Belgische Staat over de weigering van deze laatste om het verlaagde tarief toe te passen van de rechten die naar aanleiding van een door deze vereniging ontvangen erfenis verschuldigd zijn.

HET HOF (Tweede kamer)

verklaart voor recht:

Artikel 63 VWEU verzet zich tegen de wettelijke regeling van een lidstaat die de mogelijkheid om voor het verlaagde tarief van de successierechten in aanmerking te komen voorbehoudt aan organismen zonder winstoogmerk die hun zetel van werkzaamheden hebben in die lidstaat dan wel in de lidstaat waar de erflater daadwerkelijk verbleef of zijn arbeidsplaats had op het tijdstip van zijn overlijden, of waar hij voorheen daadwerkelijk is verbleven of zijn arbeidsplaats heeft gehad.

Samenvatting beschikbaar gesteld door Loyens & Loeff (uit EU Tax Alert):

On 10 February 2011, the CJ gave its judgment in the *Missionswerk Werner Heukelbach* case (C-25/10). On 7 January 2010, the Court of First Instance of Liège referred a question for a preliminary ruling to the CJ regarding the compatibility of the Belgian (Walloon) rules on inheritance tax on legacies in favour of non-profit-making associations with Articles 18, 45, 49 and 54 TFEU. The Belgian (Walloon) rules provide that the inheritance tax is reduced from 80% to 7% for legacies to non-profitmaking associations provided that they have a centre of operations either in Belgium or in a Member State of the European Community in which, at the time of death, the deceased actually resided or had his place of work, or in which he had previously actually resided or had his place of work.
In the case at hand, Missionswerk is a religious association with its seat in Germany that was named as residuary legatee by a Belgian national who lived, worked and died in Belgium. Missionswerk paid inheritance tax at the marginal rate of 80%. Its claim for the reduced rate was denied by the Belgian tax authorities, as it did not fulfill the conditions laid down in the Belgian (Walloon) rules. Missionswerk brought the case before the Court of First Instance of Liège, which referred a preliminary question to the CJ on whether or not Articles 18, 45, 49 and 54 of the TFEU precluded rules of a Member State that reserve the benefit of taxation at the reduced rate of 7% to non-profit-making associations which are established in a Member State in which, at the time of death, the deceased actually resided or had his place of work, or in which he had previously actually resided or had his place of work.
The CJ first stated that an inheritance is a movement of capital, except in cases where its constituent elements are confined within a single Member State and that, in the case at hand, the provisions that apply are those on the free movement of capital set out in Article 63 TFEU.

The CJ further held that the Belgian (Walloon) legislation constitutes a restriction on the free movement of capital, as it levies a higher tax on legacies in favour of nonprofit-making associations established in Member States in which Belgian residents have not actually resided or worked and as such, dissuades those Belgian residents from naming these associations as beneficiaries. The CJ did not accept the justification based on the non-comparability of the non-profit-making associations established in Belgium and those established in another Member State. It pointed out that a body which is established in one Member State but satisfies the conditions laid down in another Member State for the grant of tax advantages, is, as regards the grant by the latter Member State of tax advantages intended to encourage the charitable activities concerned, in a situation which is comparable to that of the bodies established in the latter Member State which are recognised as having charitable purposes. If Missionswerk thus fulfils the conditions imposed by the Walloon legislation for the grant of tax advantages in relation to succession rights, Belgium cannot refuse Missionswerk the right to equal treatment on the ground that it does not have its centre of operations in that Member State or in the Member State where the deceased had worked or resided. Whether or not the conditions imposed by the Belgian (Walloon) legislation are fulfilled, is a matter for the national court to determine. In any event, it must be held that the Belgian (Walloon) legislation at issue does not enable the objective pursued (i.e. the provision of tax advantages only to bodies whose activities benefit the

Belgian community at large) to be achieved. Organizations which have their centre of operations outside Belgium are taxed at a higher rate even where they have a close link with the Belgian community, whereas bodies with their operational centre in Belgium benefit from the lower rate irrespective of whether or not they have established a close link with that community. The CJ thus ruled that Article 63 TFEU precluded the above Belgian (Walloon) legislation.

HvJ EU 31 maart 2011, zaak C-450/09 (Ulrich Schröder v. Finanzamt Hameln)

Tweede kamer: *J. N. Cunha Rodrigues, kamerpresident, A. Arabadjiev, U. Lõhmus (rapporteur), A. Ó Caoimh en P. Lindh, rechters*

Advocaat-generaal: *Y. Bot*

1. Het verzoek om een prejudiciële beslissing betreft de uitlegging van de artikelen 18 VWEU en 63 VWEU.

2. Dit verzoek is ingediend in het kader van een geding tussen U. Schröder en het Finanzamt Hameln over diens weigering van aftrek van de uitkering die Schröder aan zijn moeder heeft betaald uit de inkomsten uit de verhuur van in Duitsland gelegen onroerende goederen die hij als voorschot op zijn erfdeel heeft verkregen.

HET HOF (Tweede kamer)

verklaart voor recht:

Artikel 63 VWEU moet aldus worden uitgelegd dat het zich verzet tegen een regeling van een lidstaat volgens welke een ingezeten belastingplichtige de uitkeringen die hij heeft betaald aan een ouder die hem op het grondgebied van deze staat gelegen onroerende goederen heeft overgedragen, kan aftrekken van de huurinkomsten uitdeze goederen, terwijl deze aftrek niet mogelijk is voor een niet-ingezeten belastingplichtige, voor zover de verbintenis tot betaling van deze uitkeringen voortvloeit uit de overdracht van deze goederen.

Samenvatting beschikbaar gesteld door Loyens & Loeff (uit EU Tax Alert):

On 31 March 2011, the Court of Justice (CJ) gave its judgment in the *Schröder* case (C-450/09) shortly after Advocate General Bot had issued his Opinion of 9 December 2010. The case relates to the right of nonresidents to deduct expenses in Germany. Mr Schröder, the Interested Party, was a Belgian resident with German nationality. He received employment income in Belgium. He received from his parents, as an advance on his inheritance, various immovable properties located in Germany. In return, the Interested Party paid a monthly annuity of EUR 1,000 to his parents. The parents retained the right of usufruct of the immovable properties. The Interested Party rented out the properties and received rental income in that respect. Based on its domestic legislation, Germany subjected this income to non-resident taxation. Under German law, the Interested Party was not allowed to deduct the monthly annuity related to the transfer of the immovable properties. If the Interested Party had been a resident of Germany, he would have been in the position to deduct the EUR 1,000. Following the Opinion of the Advocate General, the CJ decided that the legislation at hand should be examined in the light of the free movement of capital, as the investment in real estate forms a capital movement according to the nomenclature to Directive 88/361/EEG, which has an indicative value for the scope of Article 63 of the Treaty on the Functioning of the European Union ('TFEU') (formerly Article 56 EC). The general prohibition of discrimination of Article 18 TFEU (formerly Article 12 EC) only comes into play when no specific anti-discrimination provision applies. As the free movement of capital applies in the case at hand, there is no room for separate examination in the light of the general anti-discrimination provision of Article 18 TFEU. In respect of the question of whether the domestic provisions at hand constitute a forbidden restriction on the free movement of capital, the Advocate General had noted in his Opinion that if the monthly payment of the EUR 1,000 annuity in return for the transfer of the ownership of the real estate were to be considered to bea personal deduction related to the family situation of the Interested Party, then based on, amongst others, the CJ's decision in *Schumacker* (C-279/93), this payment would only be deductible if the Interested Party earned 90% or more of his income in Germany, which was not the case. If, however, the monthly payment were to be considered a cost directly related to the receipt of rental income, the payment would be fully deductible based on, amongst others, the CJ's judgment in *Gerritse* (C-234/01), as comparability between residents and non-residents would be present.

The CJ followed the same line of reasoning, and concluded that the payment should be deductible as it relates to the transfer of the ownership of the real estate and consequently, the receipt of rental income. The payment of the annuity was a *conditione sine qua non* for receiving the ownership of the property and thus, the rental income. The CJ concluded that non- residents and residents are in the same position as regards costs related to the receipt of rental income. As only residents are allowed to deduct these costs, a restriction of the free movement of capital is present. Germany had invoked no justification for the restriction and thus, the legislation at hand did indeed constitute a forbidden restriction and, consequently, was in breach of Article 63 TFEU.

HvJ EG 7 april 2011, zaak C-20/09 (Europese Commissie v. Portugese Republiek)

Tweede kamer: *J. N. Cunha Rodrigues, kamerpresident, A. Arabadjiev, A. Rosas (rapporteur), U. Lõhmus en P. Lindh, rechters*

Advocaat-generaal: *P. Mengozzi*

1. De Commissie van de Europese Gemeenschappen verzoekt het Hof vast te stellen dat de Portugese Republiek, door in het kader van de bij wet nr. 39-A/2005 van 29 juli 2005 (Diário da República I, reeks A, nr. 145, van 29 juli 2005) ingevoerde fiscale regularisatie te voorzien in een fiscale voorkeursbehandeling voor staatspapier dat uitsluitend door de Portugese staat is uitgegeven, de verplichtingen niet is nagekomen die op haar rusten krachtens artikel 56 EG en artikel 40 van de Overeenkomst betreffende de Europese Economische Ruimte van 2 mei 1992 (*PB* 1994, L 1, blz. 3; hierna: 'EER-Overeenkomst').

HET HOF (Tweede kamer)

verklaart:

1. Door in het kader van de bij wet nr. 39-A/2005 van 29 juli 2005 ingevoerde bijzondere fiscale regularisatieregeling voor vermogensbestanddelen die zich per 31 december 2004 niet op het Portugese grondgebied bevinden ('regime excepcional de regularização tributária de elementos patrimoniais que não se encontrem no território português em 31 de Dezembro de 2004') te voorzien in een fiscale voorkeursbehandeling voor staatspapier dat uitsluitend door de Portugese staat is uitgegeven, is de Portugese Republiek de verplichtingen niet nagekomen die op haar rusten krachtens artikel 56 EG en artikel 40 van de Overeenkomst betreffende de Europese Economische Ruimte van 2 mei 1992.

2. De Portugese Republiek wordt verwezen in de kosten.

Samenvatting beschikbaar gesteld door Loyens & Loeff (EU Tax Alert):

On 7 April 2011, the CJ gave its judgment in the *Commission v Portugal* case (C-20/09). This case concerns the Portuguese 2005 tax amnesty legislation, which has now been declared incompatible with the free movement of capital.

In 2005, the Portuguese Parliament approved a tax amnesty for undeclared funds held abroad under the *Regime Especial de Regularizacao Tributaria* ('RERT'). The aim of this regime was to tackle tax evasion and tax fraud by creating an incentive, limited in time (until 31 December 2005), for Portuguese resident individuals to voluntarily legalize their tax situation regarding the failure to declare taxable income held abroad. For that purpose, it provided the possibility for said resident individuals to file a confidential statement with the disclosure and subsequent regularization of the undeclared funds held abroad.

The consequence of the application of the regime was that the individual availing himself of the tax amnesty had to pay an amount corresponding to 5% of the value of the assets regularized under the RERT. However, a reduced rate of 2.5% applied to regularized Portuguese government bonds, and to the value of assets reinvested in such bonds. The Commission considered that the difference in the applicable rates (2.5% against 5%) constituted a breach of the free movement of capital provided by Article 63 TFEU, as well as Article 40 of the Agreement on the European Economic Area ('EEA') as it dissuaded the regularization of assets other than Portuguese government bonds and discouraged investments in government bonds issued by other Member States.

The CJ upheld the Commission's argument and found that the measure constituted a restriction on the free movement of capital. The CJ went on to analyse the justifications invoked by Portugal. Portugal argued that the restriction would be justified by the need to fight tax evasion and tax fraud. In that regard, the CJ observed that, in general, such an objective could justify a restriction on the free movement of capital. However, it considered that in the case at hand, the Portuguese government had not been able to demonstrate that the difference between the tax rate of domestic bonds and that applicable to bonds issued by other Member States was necessary to attain the objective of combating tax evasion. In fact, as the Court observed, all the remaining RERT provisions were applicable irrespective of the place where the capital was invested. The Portuguese govern ment also put forward that the different rates were justified as they provided for a higher compensatory indemnity for the legalization of the investments concerning public bonds issued by other Member States. In reply to this, the CJ pointed out that such an objective was of a purely economic character aimed at the compensation of the decrease of tax revenue of Portugal. Following its settled case law, the CJ reminded that such an objective could not justify a restriction on the free movement of capital.

Finally, the CJ dealt with the argument according to which, Council Directive 2003/48/EC of 3 June 2003 on the taxation of savings income in the form of interest payments (the 'Savings Tax Directive') allowed a difference between bonds issued by public bodies and those issued by private entities. The CJ considered that even if the Directive allowed such difference, that could not justify a different treatment between bonds issued by the Portuguese government and similar (government) bonds issued by other Member States.

HvJ EG 5 mei 2011, zaak C-267/09 (Europese Commissie v. Portugese Republiek)

Vierde kamer: *J.-C. Bonichot (rapporteur), kamerpresident, K. Schiemann, L. Bay Larsen, C. Toader en A. Prechal, rechters*
Advocaat-generaal: *J. Kokott*

1. De Commissie van de Europese Gemeenschappen verzoekt het Hof vast te stellen dat de Portugese Republiek, door artikel 130 van de Código do Imposto sobre o Rendimento das Pessoas Singulares (wet betreffende de inkomstenbelastingen van natuurlijke personen; hierna: 'CIRS') aan te nemen en te handhaven, volgens hetwelk niet-ingezeten belastingplichtigen ertoe verplicht zijn in Portugal een fiscaal vertegenwoordiger aan te stellen, de verplichtingen niet is nagekomen die op haar rusten krachtens de artikelen 18 EG en 56 EG, alsmede de daarmee overeenstemmende artikelen van de Overeenkomst betreffende de Europese Economische Ruimte van 2 mei 1992 (PB 1994, L 1, blz. 3; hierna: 'EER-Overeenkomst').

HET HOF (Vierde kamer)

verklaart:

1. Door artikel 130 van de Código do Imposto sobre o Rendimento das Pessoas Singulares (wet betreffende de inkomstenbelastingen van natuurlijke personen) aan te nemen en te handhaven, volgens hetwelk niet-ingezeten belastingplichtigen ertoe verplicht zijn in Portugal een fiscaal vertegenwoordiger aan te stellen wanneer zij inkomsten ontvangen waarvan aangifte moet worden gedaan, is de Portugese Republiek de krachtens artikel 56 EG op haar rustende verplichtingen niet nagekomen.

2. Het beroep wordt verworpen voor het overige.

3. De Portugese Republiek wordt verwezen in drie vierde van alle kosten. De Europese Commissie wordt verwezen in het overige vierde.

4. Het Koninkrijk Spanje draagt zijn eigen kosten.

Samenvatting beschikbaar gesteld door Loyens & Loeff (EU Tax Alert):

On 5 May 2011, the CJ issued its judgment in the *Commission v Portugal* case (C-267/09). In this case the Commission challenged the Portuguese provisions which imposed on non-resident taxpayers the obligation to appoint a tax representative in the light of the free movement of capital set forth in Article 63 of the Treaty on the Functioning of the European Union ('TFEU') (previously Article 56 EC) and in Article 40 of the Agreement on the European Economic Area ('EEA') as well as that of the free of movement of Union citizens under Article 21 TFEU (previously Article 18 EC).

According to Article 130 of the Personal Income Tax Code non-resident taxpayers who do not have a permanent establishment in Portugal and obtain income within Portuguese territory are obliged to appoint a tax representative. The same applies to residents who leave Portugal for more than six months. Such tax representative must be in any case either a person or an entity resident for tax purposes in Portugal. The consequence of the failure to appoint such representative is, aside from the application of penalties, that the non-resident taxpayer is inhibited from exercising his rights before the tax authorities namely submitting administrative or judicial claims.

The Commission considered that such obligation, which in most cases imposes additional financial burden on non-resident taxpayers, constituted a discriminatory measure disproportionate to the aim of ensuring the effectiveness of fiscal supervision and the prevention of tax avoidance relied on by Portugal. Therefore, it claimed that the measure infringed the above cited provisions of the TFEU and the EEA Agreement on free movement.

The CJ found that a restriction to the free movement of capital under Article 63 TFEU existed as the measure at stake dissuaded investments in Portugal due to the associated costs of remuneration of such representative. Regarding the justifications raised by Portugal the CJ confirmed that the requirement to appoint a tax representative goes beyond what is necessary for achieving effective fiscal supervision and the prevention of tax avoidance considering the existence of Council Directive 77/799/EEC of 19 December 1977 concerning mutual assistance by the competent authorities of the Member States in the field of direct taxation (the 'Mutual Assistance Directive') as well as Council Directive 2008/55/EEC of 26 May 2008 on mutual assistance for the recovery of claims relating to certain levies, duties, taxes and other measures. In reply to the argument relating to the ineffectiveness of the latter directives, it was pointed out that, where taxable items have been concealed from the tax authorities and they have no evidence allowing them to initiate an investigation under the Mutual Assistance Directive, the obligation to appoint a tax representative would not, in itself, lead to the disclosure of such evidence and make good the alleged insufficiency of the Directive.

In what refers to the breach of Article 40 EEA, the CJ pointed out that movements of capital between Member States and non-member countries take place in a different legal context. In that regard it recalled, in particular, the fact that the framework of cooperation which is provided for by the Mutual Assistance Directive is not applicable to non-member countries. As regards the possibility for exchange of information under bilateral double taxation agreements concluded by Portugal with non-member States party to the EEA Agreement, the Court observed that the Commission failed to establish that the exchange of information mechanisms under those agreements were sufficient to verify and monitor the returns submitted by taxable persons residing in the latter States. Therefore, it concluded that as far as it concerns taxpayers residing in non-member States party to the EEA Agreement the obligation to appoint a tax representative could not be considered a disproportionate measure.

Finally, the Court held that in view of the infringement of Article 63 TFEU by the contested legislation, there was no need for a separate examination of the latter in the light of Article 21 TFEU.

EU HvJ 5 mei 2011, zaak C-384/09 (Prunus SARL, Polonium SA v. Directeur des services fiscaux)

Derde kamer: *K. Lenaerts, kamerpresident, D. Šváby, R. Silva de Lapuerta, E. Juhász en G. Arestis (rapporteur), rechters*

Advocaat-generaal: *P. Cruz Villalón*

1. Het verzoek om een prejudiciële beslissing betreft de uitlegging van de artikelen 63 VWEU en volgende. In casu gaat het in wezen om de vraag of de Franse belasting over de marktwaarde van onroerende zaken die een in een lidstaat gevestigde vennootschap in Frankrijk bezit, ook van toepassing is wanneer de vennootschap is gevestigd in een land en gebied overzee (LGO), in casu de Britse Maagdeneilanden, en of de hoofdelijke aansprakelijkheid voor betaling van deze belasting die rust op elke rechtspersoon die een schakel is tussen de schuldenaar van deze belasting en de in Frankrijk gelegen onroerende zaken, een beperking van het vrije verkeer van kapitaal vormt.

2. Dit verzoek is ingediend in het kader van een geding tussen Prunus SARL (hierna: 'Prunus') en Polonium SA (hierna: 'Polonium') enerzijds en de Directeur général des impôts en de Directeur des services fiscaux d'Aix-en-Provence (hierna gezamenlijk: 'Franse belastingdienst') anderzijds over de betaling waartoe Prunus hoofdelijk gehouden was wegens een belastingheffing over de marktwaarde van onroerende zaken die in Frankrijk in het bezit zijn van rechtspersonen (hierna: 'belasting van 3%'), ten laste van twee vennootschappen die deelnemingen hebben in het vennootschapskapitaal van Prunus.

Toepasselijke bepalingen

Unierecht

3. Op 25 juli 1991 heeft de Raad besluit 91/482/EEG betreffende de associatie van de landen en gebieden overzee met de Europese Economische Gemeenschap (*PB* L 263, blz. 1; hierna: 'Zesde LGO-besluit') genomen; dit besluit was tot en met 1 december 2001 van kracht.

4. Wat het kapitaalverkeer betreft bepaalt artikel 180, lid 1, van het Zesde LGO-besluit:

'Wat het met de investeringen verbonden kapitaalverkeer en de lopende betalingen betreft, onthouden zowel de bevoegde autoriteiten van de LGO als de lidstaten van de Gemeenschap zich op het gebied van deviezentransacties van maatregelen die onverenigbaar zijn met hun verplichtingen welke voortvloeien uit de toepassing van de bepalingen van dit besluit inzake goederenhandel, dienstenverkeer, vestiging en industriële samenwerking. Deze verplichtingen beletten evenwel niet om, om met grote economische moeilijkheden of ernstige betalingsbalansproblemen verband houdende redenen, noodzakelijke vrijwaringsmaatregelen te treffen.'

5. Op 27 november 2001 heeft de Raad besluit 2001/822/EG betreffende de associatie van de LGO met de Europese Economische Gemeenschap ('LGO-besluit') (*PB* L 314, blz. 1; hierna: 'Zevende LGO-besluit') genomen. Dit besluit is op 2 december 2001 van kracht geworden.

6. Wat het kapitaalverkeer betreft bepaalt artikel 47, lid 1, sub b, van het Zevende LGO-besluit dat, onverminderd het bepaalde in lid 2, '[…] de lidstaten en de autoriteiten van de LGO, wat betreft transacties op de kapitaalrekening van de betalingsbalans, geen beperkingen [opleggen] aan het vrije verkeer van kapitaal voor directe investeringen in vennootschappen die in overeenstemming met de wetten van het gastland of -gebied zijn opgericht en investeringen die overeenkomstig de bepalingen van dit besluit zijn verricht; ook verbinden zij zich ertoe geen beperkingen op te leggen aan de liquidatie of repatriëring van deze investeringen en alle daaruit voortvloeiende opbrengsten'. Lid 2 van dit artikel bepaalt dat de Europese Unie, de lidstaten en de LGO onder meer de in artikel 64 VWEU bedoelde maatregelen mutatis mutandis kunnen treffen overeenkomstig de daarin bepaalde voorwaarden.

Nationaal recht

7. De artikelen 990 D en volgende van de Code général des impôts (Frans algemeen belastingwetboek; hierna: 'CGI') maken deel uit van de maatregelen die de Franse wetgever heeft genomen om bepaalde vormen van belastingontwijking te bestrijden.

8. Artikel 990 D CGI, zoals van toepassing ten tijde van de feiten in het hoofdgeding, bepaalt:

'Rechtspersonen die, hetzij rechtstreeks, hetzij via een tussenpersoon, één of meer onroerende zaken in Frankrijk bezitten of houder zijn van zakelijke rechten met betrekking tot deze zaken, zijn onderworpen aan een jaarlijkse belasting ten belope van 3% van de marktwaarde van deze zaken of rechten.

Wordt geacht via een tussenpersoon onroerende zaken of rechten in Frankrijk te bezitten, elke rechtspersoon die een deelneming heeft, ongeacht de vorm en de omvang ervan, in een rechtspersoon die deze zaken of rechten bezit of een deelneming bezit in een derde rechtspersoon die zelf deze zaken of rechten bezit of als tussenpersoon in de keten van deelnemingen fungeert. Deze bepaling is van toepassing ongeacht het aantal rechtspersonen die als tussenpersoon fungeren.'

9. Artikel 990 E CGI, zoals van toepassing ten tijde van de feiten in het hoofdgeding, luidt:

'De in artikel 990 D bedoelde belasting is niet van toepassing:
1. op rechtspersonen wier in Frankrijk gelegen onroerende activa in de zin van artikel 990 D minder dan 50% van de Franse activa uitmaken. Voor de toepassing van deze bepaling worden van de onroerende activa uitgesloten de activa die de in artikel 990 D bedoelde rechtspersonen of tussenpersonen voor hun eigen, andere dan onroerende, bedrijfsactiviteit gebruiken;
2. op rechtspersonen die hun zetel hebben in een land of op een grondgebied dat met Frankrijk een overeenkomst inzake administratieve bijstand ter bestrijding van belastingfraude en -ontwijking heeft gesloten, en die elk jaar uiterlijk op 15 mei op de plaats vastgesteld bij het in artikel 990 F bedoelde besluit aangifte doen van de ligging, de samenstelling en de waarde van de onroerende zaken die zij op 1 januari in hun bezit hadden, de naam en het adres van hun vennoten op dezelfde datum alsmede het aantal aandelen of deelbewijzen dat ieder van hen houdt;
3. op rechtspersonen die hun zetel van werkelijke leiding in Frankrijk hebben en op andere rechtspersonen die op grond van een verdrag niet aan een hogere belasting mogen worden onderworpen, wanneer zij elk jaar de belastingdienst op haar verzoek mededeling doen van de ligging en de samenstelling van de onroerende zaken die zij op 1 januari in hun bezit hadden, de naam en het adres van hun aandeelhouders, vennoten of andere leden, het aantal aandelen, deelbewijzen of andere rechten dat ieder van hen houdt, en de verklaring inzake hun fiscale vestiging aan haar doen toekomen, of zich daartoe verbinden en deze verbintenis ook nakomen. De verbintenis gaat in op de dag waarop de rechtspersoon de onroerende zaak, het zakelijk recht of de deelneming als bedoeld in artikel 990 D verkrijgt of, voor zaken, rechten of deelnemingen die op 1 januari 1993 reeds in hun bezit waren, uiterlijk op 15 mei 1993; [...]'

10. Artikel 990 F CGI, zoals van toepassing ten tijde van de feiten in het hoofdgeding, bepaalt:

'De belasting is verschuldigd uit hoofde van onroerende zaken of onroerende rechten die per 1 januari van het aanslagjaar in het bezit zijn, met uitzondering van de zaken die regelmatig zijn ingeschreven in de inventaris van rechtspersonen die het beroep van handelaar of promotor van vastgoed uitoefenen. In geval van een keten van deelnemingen is de belasting verschuldigd door de rechtspersoon (of rechtspersonen) die binnen deze keten het dichtst staat (staan) bij de onroerende zaken of onroerende rechten en die niet krachtens artikel 990 E, punt 2 of 3, is (zijn) vrijgesteld. Elke rechtspersoon die als tussenpersoon fungeert tussen de schuldenaar of de schuldenaren van de belasting en de onroerende zaken of onroerende rechten is hoofdelijk gehouden tot betaling van deze belasting.

De rechtspersoon die, omdat hij de in artikel 990 E, punt 3, bedoelde verbintenis niet is nagekomen, binnen de werkingssfeer van de in artikel 990 D bedoelde belasting valt, kan daarvan worden vrijgesteld vanaf het jaar waarin hij de belastingdienst de in dat punt 3 genoemde informatie verschaft en zich er opnieuw toe verbindt om op verzoek deze informatie aan de belastingdienst te verschaffen.

De belastingplichtigen moeten uiterlijk op 15 mei van elk jaar aangifte doen van de ligging, de samenstelling en de waarde van de betrokken onroerende zaken en onroerende rechten. Deze aangifte wordt gelijktijdig met betaling van de belasting ingediend op de plaats die bij besluit van de minister voor begroting wordt bepaald.

De belasting wordt geïnd volgens de regels, op straffe van de sancties en onder de garanties die gelden voor de registratierechten. De bepalingen van artikel 223 quinquies A zijn eveneens van toepassing op deze belasting.

In geval van overdracht van de onroerende zaak is de in artikel 244 bis A, I, bedoelde vertegenwoordiger gehouden tot betaling van de op die datum nog verschuldigde belasting.'

Hoofdgeding en prejudiciële vragen

11. Prunus, een vennootschap met zetel in Frankrijk, is voor 100% eigendom van Polonium, een holdingvennootschap naar Luxemburgs recht met zetel in Luxemburg. Laatstgenoemde vennootschap is op haar beurt voor 50% in het bezit van Lovett Overseas SA en Grebell Investments SA (hierna: 'Lovett en Grebell'), twee vennootschappen die zijn ingeschreven op de Britse Maagdeneilanden.

12. Van 1998 tot en met 2002 was Prunus rechtstreeks of indirect eigenaar van verschillende onroerende zaken op het Franse grondgebied.

13. Prunus en Polonium zijn hun aangifteverplichtingen nagekomen en werden krachtens artikel 990 E CGI vrijgesteld van betaling van de belasting van 3%.

14. Lovett en Grebell, die de laatste schakel in de keten van deelnemingen vormen, werden echter elk voor 50% onderworpen aan deze belasting over de marktwaarde van de onroerende zaken waarvan Prunus rechtstreeks of

indirect eigenaar in Frankrijk was, aangezien voor deze twee vennootschappen niet was voldaan aan de in artikel 900 E, punt 3, CGI gestelde vrijstellingsvoorwaarden.

15. Op 19 september 2005 en 24 januari 2006 heeft de Franse belastingdienst Prunus aangemaand tot betaling van de bedragen die Lovett en Grebell verschuldigd waren volgens de op 7 mei 2003 betekende navorderingsaanslagen, als hoofdelijke schuldenaar van de door deze vennootschappen verschuldigde belasting van 3%. De bezwaren die Prunus op 30 september 2005 en 8 februari 2006 heeft gemaakt, werden afgewezen bij beslissing van 12 december 2006, waarna Prunus bij het Tribunal de grande instance de Paris tegen deze afwijzing beroep heeft ingesteld teneinde als hoofdelijke schuldenaar te worden bevrijd van deze belasting voor de jaren 2001 en 2002.

16. Het verzoek van Polonium tot vrijwillige interventie aan de zijde van Prunus heeft het Tribunal de grande instance de Paris ontvankelijk verkaard op grond dat Polonium alle aandelen van Prunus bezit.

17. In deze context heeft het Tribunal de grande instance de Paris de behandeling van de zaak geschorst en het Hof de volgende prejudiciële vragen gesteld:

'1. Verzetten de artikelen 56 EG en volgende zich tegen een wettelijke regeling als die van de artikelen 990 D en volgende van de Code général des impôts, die rechtspersonen die hun werkelijke bestuurszetel in Frankrijk, of sinds 1 januari 2008, in een lidstaat van de Europese Unie hebben, aanspraak verleent op vrijstelling van de litigieuze belasting en deze aanspraak voor rechtspersonen die hun werkelijke bestuurszetel op het grondgebied van een derde land hebben, afhankelijk stelt van het bestaan van een tussen Frankrijk en deze staat gesloten overeenkomst inzake administratieve bijstand met het oog op de bestrijding van belastingfraude en belastingontwijking, of van de voorwaarde dat deze rechtspersonen als gevolg van de toepassing van een verdrag dat een clausule van non-discriminatie op grond van nationaliteit bevat, geen hogere belasting mag worden opgelegd dan die waaraan de rechtspersonen zijn onderworpen die hun werkelijke bestuurszetel in Frankrijk hebben?

2. Verzetten de artikelen 56 EG en volgende zich tegen een wettelijke regeling als die van artikel 990 F van de Code général des impôts, op grond waarvan de belastingdienst een rechtspersoon die tussen de schuldenaar (schuldenaren) van de belasting en de onroerende zaken of rechten staat, hoofdelijk aansprakelijk kan houden voor de betaling van de belasting bedoeld in de artikelen 990 D en volgende van de Code général des impôts?'

Beantwoording van de prejudiciële vragen

Eerste vraag

18. Met zijn eerste vraag wenst de verwijzende rechter in wezen te vernemen of het beginsel van vrij verkeer van kapitaal aldus moet worden uitgelegd dat het zich verzet tegen een nationale regeling als die in het hoofdgeding volgens welke een vrijstelling van de belasting over de marktwaarde van op het grondgebied van een lidstaat van de Unie gelegen onroerende zaken geldt voor vennootschappen die hun maatschappelijke zetel op het grondgebied van deze staat hebben en deze vrijstelling voor vennootschappen met maatschappelijke zetel op het grondgebied van een LGO afhankelijk is van de voorwaarde dat tussen deze lidstaat en dat grondgebied een verdrag inzake administratieve bijstand ter bestrijding van belastingontduiking en -ontwijking is gesloten of van de omstandigheid dat deze rechtspersonen als gevolg van de toepassing van een verdrag dat een clausule van non-discriminatie op grond van de vestigingsplaats bevat, geen hogere belasting mag worden opgelegd dan die waaraan de op het grondgebied van een lidstaat gevestigde vennootschappen zijn onderworpen.

19. Aangezien de Britse Maagdeneilanden, waar Lovett en Grebell zijn ingeschreven, zijn vermeld in de lijst van LGO van bijlage II bij het VWEU, dient te worden onderzocht of artikel 63 VWEU van toepassing is op het kapitaalverkeer tussen de lidstaten en de LGO.

20. Artikel 63 VWEU verbiedt 'alle beperkingen van het kapitaalverkeer tussen lidstaten onderling en tussen lidstaten en derde landen'. Gelet op de onbeperkte territoriale werkingssfeer van deze bepaling moet worden aangenomen dat deze bepaling noodzakelijkerwijs van toepassing is op het kapitaalverkeer naar en uit de LGO.

21. Bijgevolg dient te worden uitgemaakt of een nationale regeling als die in het hoofdgeding het vrije verkeer van kapitaal kan belemmeren.

22. De in het hoofdgeding aan de orde zijnde nationale regeling werd door het Hof reeds getoetst aan artikel 63 VWEU, in het arrest van 11 oktober 2007, ELISA (C-451/05, *Jurispr.* blz. I-8251), en aan artikel 40 van de Overeenkomst betreffende de Europese Economische Ruimte van 2 mei 1992 (*PB* 1994, L 1, blz. 3), in het arrest van 28 oktober 2010, Établissements Rimbaud (C-72/09, nog niet gepubliceerd in de *Jurisprudentie*). Uit het arrest ELISA, reeds aangehaald (punt 60), blijkt dat een grensoverschrijdende investering in onroerende zaken een kapitaalbeweging in de zin van artikel 63 VWEU vormt.

23. In de reeds aangehaalde arresten ELISA en Établissements Rimbaud is reeds vastgesteld dat een nationale regeling als die in het hoofdgeding een beperking van het vrije verkeer van kapitaal vormt aangezien voor rechtspersonen die hun bestuurszetel niet in Frankrijk hebben, anders dan voor de andere belastingplichtigen, ingevolge

artikel 990 E, punten 2 en 3, CGI aan een bijkomende voorwaarde moet zijn voldaan opdat zij een voordeel kunnen genieten, namelijk het bestaan van een overeenkomst of een verdrag tussen de Franse Republiek en de betrokken staat. Zonder een dergelijke overeenkomst kan een rechtspersoon die zijn bestuurszetel niet in Frankrijk heeft, niet met succes op grond van de artikelen 990 D en 990 E, punten 2 en 3, CGI om vrijstelling van de belasting van 3% verzoeken. Deze bijkomende voorwaarde kan voor deze categorie van rechtspersonen de facto tot gevolg hebben dat zij nooit van deze belasting kunnen worden vrijgesteld, waardoor investeringen in onroerende zaken in Frankrijk minder aantrekkelijk worden voor deze niet-ingezeten vennootschappen.

24. In het hoofdgeding staat vast dat de Franse Republiek en de Britse Maagdeneilanden geen overeenkomst inzake administratieve bijstand ter bestrijding van belastingontduiking en -ontwijking hebben gesloten, noch een verdrag op grond waarvan rechtspersonen die hun maatschappelijke zetel niet in Frankrijk hebben, geen hogere belasting mag worden opgelegd dan die waaraan rechtspersonen met maatschappelijke zetel in deze lidstaat zijn onderworpen.

25. Daaruit volgt dat rechtspersonen met maatschappelijke zetel op de Britse Maagdeneilanden de mogelijkheid wordt ontzegd om voor vrijstelling van de belasting van 3% in aanmerking te komen. Bijgevolg maakt deze regeling investeringen in onroerende zaken in Frankrijk minder aantrekkelijk voor deze niet-ingezeten vennootschappen. De in het hoofdgeding aan de orde zijnde wettelijke regeling vormt voor deze vennootschappen dus een door artikel 63 VWEU in beginsel verboden beperking van het vrije verkeer van kapitaal.

26. Evenwel dient nog te worden nagegaan of, zoals de Franse regering en de Europese Commissie stellen, een beperking als die in het hoofdgeding overeenkomstig artikel 64, lid 1, VWEU kan worden beschouwd als een beperking die bestaat op 31 december 1993.

27. Ingevolge artikel 64, lid 1, VWEU doet het verbod op beperkingen van het vrije kapitaalverkeer in de zin van artikel 63 VWEU geen afbreuk aan de toepassing op derde staten van beperkingen die op 31 december 1993 bestaan uit hoofde van het nationale recht of het Unierecht inzake het kapitaalverkeer naar of uit dergelijke staten in verband met directe investeringen, met inbegrip van investeringen in onroerende zaken.

28. In dit opzicht dient eerst te worden bepaald of de LGO met het oog op de toepassing van de verdragsbepalingen inzake het vrije verkeer van kapitaal moeten worden gelijkgesteld met lidstaten of derde staten.

29. Het Hof heeft reeds geoordeeld dat de LGO voorwerp zijn van een bijzondere associatieregeling omschreven in het vierde deel van het Verdrag zodat de algemene verdragsbepalingen, waarvan de territoriale werkingssfeer in beginsel tot de lidstaten is beperkt, zonder uitdrukkelijke verwijzing niet op de LGO van toepassing zijn (zie arresten van 12 februari 1992, Leplat, C-260/90, *Jurispr.* blz. I-643, punt 10; 28 januari 1999, van der Kooy, C-181/97, *Jurispr.* blz. I-483, punt 37; 22 november 2001, Nederland/Raad, C-110/97, *Jurispr.* blz. I-8763, punt 49, en 12 september 2006, Eman en Sevinger, C-300/04, *Jurispr.* blz. I-8055, punt 46). De LGO vallen dus slechts op dezelfde wijze als de lidstaten onder de bepalingen van Unierecht wanneer in het Unierecht uitdrukkelijk is voorzien in een dergelijke gelijkstelling van de LGO met de lidstaten.

30. Evenwel dient te worden vastgesteld dat het EG-Verdrag en het VWEU geen uitdrukkelijke verwijzing naar het kapitaalverkeer tussen de lidstaten en de LGO bevatten.

31. Bijgevolg genieten de LGO als derde staten de in artikel 63 VWEU voorziene vrijmaking van het kapitaalverkeer.

32. Deze uitlegging vindt steun in de bepalingen van het Zevende LGO-besluit, dat werd vastgesteld toen de vrijmaking van het kapitaalverkeer ten aanzien van derde staten was voltooid. Artikel 47, lid 2, van dit besluit bepaalt immers dat artikel 64 VWEU naar analogie van toepassing is op de LGO.

33. Vervolgens dient te worden onderzocht of een beperking als die welke voortvloeit uit de in het hoofdgeding aan de orde zijnde wettelijke regeling, betreffende investeringen in onroerende zaken kan worden beschouwd als een beperking die op 31 december 1993 bestond.

34. Het Hof heeft reeds geoordeeld dat het begrip op 31 december 1993 bestaande beperking veronderstelt dat het rechtskader waarin de betrokken beperking is opgenomen, sinds die datum ononderbroken deel heeft uitgemaakt van de rechtsorde van de betrokken lidstaat. Zou dit anders zijn, dan zou een lidstaat immers op enig tijdstip opnieuw beperkingen van het kapitaalverkeer naar of uit derde staten kunnen invoeren die op 31 december 1993 in de nationale rechtorde bestonden, doch niet zijn gehandhaafd (arrest van 18 december 2007, A, C-101/05, *Jurispr.* blz. I-11531, punt 48).

35. Uit het aan het Hof overgelegde dossier blijkt dat de in het hoofdgeding aan de orde zijnde regeling werd aangenomen bij wet nr. 92-1736 van 30 december 1992 houdende de begrotingswet voor het jaar 1993 (*JORF* nr. 304 van 31 december 1992), die op 1 januari 1993 van kracht is geworden. De uit deze wettelijke regeling voortvloeiende beperking van het vrije verkeer van kapitaal uit de LGO bestond dus reeds voor de in artikel 64, lid 1, VWEU genoemde datum van 31 december 1993.

36. Bovendien wordt niet betwist dat de op 31 december 1993 van kracht zijnde versie van de regeling en de versie die gedurende de in het hoofdgeding aan de orde zijnde belastingjaren 2001 en 2002 van toepassing was, slechts enkele redactionele verschillen vertonen die geenszins afbreuk doen aan de logica van het rechtskader dat sinds 31 december 1993 ononderbroken deel uitmaakt van de rechtsorde van de betrokken lidstaat.

37. Daaruit volgt dat de beperkingen die voortvloeien uit een nationale regeling als die welke in het hoofdgeding aan de orde is, krachtens artikel 64, lid 1, VWEU aanvaard zijn ten aanzien van de LGO.

38. Derhalve dient op de eerste prejudiciële vraag te worden geantwoord dat artikel 64, lid 1, VWEU aldus moet worden uitgelegd dat artikel 63 VWEU geen afbreuk doet aan de toepassing van een op 31 december 1993 bestaande nationale wettelijke regeling volgens welke een vrijstelling van de belasting over de marktwaarde van op het grondgebied van een lidstaat van de Unie gelegen onroerende zaken geldt voor vennootschappen die hun maatschappelijke zetel op het grondgebied van deze staat hebben, en deze vrijstelling voor vennootschappen met maatschappelijke zetel op het grondgebied van een LGO afhankelijk is van de voorwaarde dat tussen deze lidstaat en dat grondgebied een verdrag inzake administratieve bijstand ter bestrijding van belastingontduiking en -ontwijking is gesloten of van de omstandigheid dat deze rechtspersonen als gevolg van de toepassing van een verdrag dat een clausule van non-discriminatie op grond van nationaliteit bevat, geen hogere belasting mag worden opgelegd dan die waaraan de op het grondgebied van diezelfde lidstaat gevestigde vennootschappen zijn onderworpen.

Tweede vraag

39. Gelet op voorgaande overwegingen behoeft de tweede vraag niet te worden beantwoord.

Kosten

40. …

HET HOF (Derde kamer)

verklaart voor recht:

Artikel 64, lid 1, VWEU moet aldus worden uitgelegd dat artikel 63 VWEU geen afbreuk doet aan de toepassing van een op 31 december 1993 bestaande nationale wettelijke regeling volgens welke een vrijstelling van de belasting over de marktwaarde van op het grondgebied van een lidstaat van de Europese Unie gelegen onroerende zaken geldt voor vennootschappen die hun maatschappelijke zetel op het grondgebied van deze staat hebben, en deze vrijstelling voor vennootschappen met maatschappelijke zetel op het grondgebied van een land en gebied overzee afhankelijk is van de voorwaarde dat tussen deze lidstaat en dat grondgebied een verdrag inzake administratieve bijstand terbestrijding van belastingontduiking en -ontwijking is gesloten of van de omstandigheid dat deze rechtspersonen als gevolg van de toepassing van een verdrag dat een clausule van non-discriminatie op grond van nationaliteit bevat, geen hogere belasting mag worden opgelegd dan die waaraan de op het grondgebied van diezelfde lidstaat gevestigde vennootschappen zijn onderworpen.

HvJ EG 16 juni 2011, zaak C-10/10 (Europese Commissie v. Republiek Oostenrijk)

Vierde kamer: *J.-C. Bonichot, kamerpresident, K. Schiemann, C. Toader, A. Prechal (rapporteur) en E. Jarašiūnas, rechters*
Advocaat-generaal: *V. Trstenjak*

HET HOF (Vierde kamer)

verklaart:

1. **Door de belastingaftrek van giften aan onderzoeks- en onderwijsinstellingen alleen te aanvaarden wanneer deze instellingen in Oostenrijk zijn gevestigd, is de Republiek Oostenrijk de verplichtingen niet nagekomen die op haar rusten krachtens artikel 56 EG en artikel 40 van de Overeenkomst betreffende de Europese Economische Ruimte van 2 mei 1992.**

2. **De Republiek Oostenrijk wordt verwezen in de kosten.**

HvJ EG 30 juni 2011, zaak C-262/09 (Wienand Meilicke, Heidi Christa Weyde, Marina Stöffler v. Finanzamt Bonn-Innenstadt)

Eerste kamer: *A. Tizzano, kamerpresident, M. Ilešič, E. Levits (rapporteur), M. Safjan en M. Berger, rechters*
Advocaat-generaal: *V. Trstenjak*

1. Het verzoek om een prejudiciële beslissing betreft de uitlegging van de artikelen 56 EG en 58 EG, die sinds 1 december 2009 zijn vervangen door de artikelen 63 VWEU en 65 VWEU.

2. Dit verzoek is ingediend in het kader van een geding tussen W. Meilicke, H. C. Weyde en M. Stöffler als erfgenamen van de op 3 mei 1997 overleden H. Meilicke, enerzijds, en het Finanzamt Bonn-Innenstadt (belastingdienst van Bonn-centrum; hierna: 'Finanzamt'), anderzijds, over de belasting op dividenden die vennootschappen met zetel in Denemarken en in Nederland tussen 1995 en 1997 aan de overledene hebben uitgekeerd.

Toepasselijke bepalingen

Gemeenschapsrecht

3. Artikel 56, lid 1, EG, dat is opgenomen in het derde deel van het EG-Verdrag over het beleid van de Europese Gemeenschap, titel III, 'Het vrije verkeer van personen, diensten en kapitaal', hoofdstuk 4, 'Kapitaal- en betalingsverkeer', luidde:

> 'In het kader van de bepalingen van dit hoofdstuk zijn alle beperkingen van het kapitaalverkeer tussen lidstaten onderling en tussen lidstaten en derde landen verboden.'

4. Artikel 58, lid 1, EG bepaalde:

> 'Het bepaalde in artikel 56 doet niets af aan het recht van de lidstaten:
> a. de ter zake dienende bepalingen van hun belastingwetgeving toe te passen die onderscheid maken tussen belastingplichtigen die niet in dezelfde situatie verkeren met betrekking tot hun vestigingsplaats of de plaats waar hun kapitaal is belegd;
> [...]'

5. Artikel 58, lid 3, EG luidde:

> 'De in de leden 1 en 2 bedoelde maatregelen en procedures mogen geen middel tot willekeurige discriminatie vormen, noch een verkapte beperking van het vrije kapitaalverkeer en betalingsverkeer als omschreven in artikel 56.'

6. Artikel 2, lid 1, van richtlijn 77/799/EEG van de Raad van 19 december 1977 betreffende de wederzijdse bijstand van de bevoegde autoriteiten van de lidstaten op het gebied van de directe belastingen (*PB* L 336, blz. 15) bepaalt:

> '1. De bevoegde autoriteit van een lidstaat kan de bevoegde autoriteit van een andere lidstaat om de verstrekking van de in artikel 1, lid 1, bedoelde inlichtingen verzoeken voor een bepaald geval. [...]'

Voor 1995 tot en met 1997 toepasselijk Duits recht

7. Overeenkomstig de §§ 1, 2 en 20 van het Einkommensteuergesetz (Duitse wet op de inkomstenbelasting) van 7 september 1990 (*BGBl.* 1990 I, blz. 1898), zoals gewijzigd bij de wet van 13 september 1993 (*BGBl.* 1993 I, blz. 1569; hierna: 'EStG'), zijn dividenden die worden uitgekeerd aan een persoon die in Duitsland woont en dus in dat land onbeperkt belastingplichtig is voor de inkomstenbelasting, aldaar belastbaar als inkomsten uit kapitaal.

8. Overeenkomstig § 27, lid 1, van het Körperschaftsteuergesetz (Duitse wet op de vennootschapsbelasting) van 11 maart 1991 (*BGBl.* 1991 I, blz. 638), zoals gewijzigd bij de wet van 13 september 1993 (hierna: 'KStG'), wordt op dividenden die worden uitgekeerd door kapitaalvennootschappen die in Duitsland onbeperkt belastingplichtig zijn voor de vennootschapsbelasting, 30% vennootschapsbelasting geheven. Dit resulteert in een uitkering van 70% van de winst vóór belasting en een belastingkrediet van 30/70, dat wil zeggen van 3/7 van de ontvangen dividenden.

9. Krachtens § 36, lid 2, tweede zin, punt 3, EStG, uitgelegd in het licht van het arrest van het Hof van 6 maart 2007, Meilicke e.a. (C-292/04, *Jurispr.* blz. I-1835), geldt dit belastingkrediet voor dividenden van in Duitsland of in een andere lidstaat onbeperkt belastingplichtige kapitaalvennootschappen. Bijgevolg krijgen personen die in Duitsland onbeperkt belastingplichtig zijn voor de inkomstenbelasting dit belastingkrediet wél voor dividenden van Duitse vennootschappen, maar niet voor dividenden van buitenlandse vennootschappen.

10. Volgens § 36, lid 2, tweede zin, punt 3, vierde zin, sub b, EStG is voor de verrekening van de vennootschapsbelasting de overlegging van een vennootschapsbelastingcertificaat in de zin van §§ 44 en volgende KStG vereist.

11. § 44 KStG bepaalt:

> '1. Wanneer een onbeperkt belastingplichtig lichaam voor eigen rekening prestaties verricht die voor de aandeelhouders inkomsten zijn in de zin van § 20, lid 1, punt 1 of 2, van het Einkommensteuergesetz, verstrekt het, onder voorbehoud van lid 2, zijn aandeelhouders op hun verzoek een nota volgens het voorgeschreven model met de navolgende gegevens:
> 1. naam en adres van de aandeelhouder;
> 2. het bedrag van de prestaties;
> 3. de datum van betaling;
> 4. het bedrag van de krachtens § 36, lid 2, punt 3, eerste zin, van het Einkommensteuergesetz aftrekbare vennootschapsbelasting;
> 5. het bedrag van de terug te betalen vennootschapsbelasting in de zin van § 52; voldoende is dat de vermelding betrekking heeft op één aandeel, één deelneming of één genotsrecht;
> 6. het bedrag van de prestatie waarvoor het vermogensbestanddeel in de zin van § 30, lid 2, punt 1, wordt geacht te zijn gebruikt;
> 7. het bedrag van de prestatie waarvoor het vermogensbestanddeel in de zin van § 30, lid 2, punt 4, wordt geacht te zijn gebruikt.
> [...]'

12. §§ 175 van de Abgabenordnung (Duits belastingwetboek), ingevoegd bij de wet van 16 maart 1976 (*BGBl.* 1976 I, blz. 613, en verbetering *BGBl.* 1977 I, blz. 269), in de op 1 oktober 2002 bekendgemaakte versie (*BGBl.* 2002 I, blz. 3866, en verbetering *BGBl.* 2003 I, blz. 61; hierna: 'AO'), bepaalt:

> '1. Een belastingaanslag moet worden vastgesteld, vernietigd of gewijzigd, [...]
> 2. wanneer zich een gebeurtenis voordoet die fiscale implicaties heeft voor het verleden (gebeurtenis met terugwerkende kracht). In de in de eerste zin, punt 2, bedoelde gevallen begint de termijn voor vaststelling van de belasting aan het einde van het kalenderjaar waarin de gebeurtenis zich voordoet.
> [...]'

13. Op 9 december 2004 is de AO, wat betreft de onherroepelijkheid van belastingaanslagen en de wijziging ervan in geval van gebeurtenissen met terugwerkende kracht, gewijzigd bij het Gesetz zur Umsetzung von EU-Richtlinien in nationales Steuerrecht und zur Änderung weiterer Vorschriften (*BGBl.* 2004 I, blz. 3310, wet tot omzetting van EG-richtlijnen in nationaal belastingrecht en tot wijziging van andere bepalingen; hierna: 'gewijzigde AO'). Zoals volgt uit artikel 8 van deze wijzigingswet luidt § 175, lid 2, tweede zin, van de gewijzigde AO:

> 'De laattijdige verstrekking of overlegging van een certificaat of verklaring geldt niet als een gebeurtenis met terugwerkende kracht.'

14. Om de werkingssfeer ratione temporis van § 175, lid 2, tweede zin, van de gewijzigde AO af te bakenen, is artikel 97, § 9, lid 3, van het Einführungsgesetz zur Abgabenordnung (wet tot invoering van het belastingwetboek) van 14 december 1976 (*BGBl.* 1976 I, blz. 3341, en verbetering *BGBl.* 1977 I, blz. 667; hierna: 'EGAO') zelf gewijzigd. Thans bepaalt het:

> '§ 175, lid 2, tweede zin, [van de gewijzigde AO] is slechts van toepassing wanneer het certificaat of de verklaring na 28 oktober 2004 wordt verstrekt of overgelegd. [...]'

Hoofdgeding en prejudiciële vragen

15. H. Meilicke, die in Duitsland woonde, bezat aandelen van vennootschappen met zetel in Nederland en in Denemarken. In de jaren 1995 tot en met 1997 heeft hij uit hoofde daarvan dividenden ontvangen voor in totaal 39 631,32 DEM, zijnde 20 263,17 EUR.

16. Bij brief van 30 oktober 2000 hebben verzoekers in het hoofdgeding het Finanzamt verzocht om een belastingkrediet ten belope van 3/7 van deze dividenden, dat in mindering moest worden gebracht op de op naam van H. Meilicke vastgestelde inkomstenbelasting.

17. Het Finanzamt heeft dit verzoek afgewezen, op grond dat alleen de vennootschapsbelasting die wordt geheven op een in Duitsland onbeperkt belastingplichtige vennootschap met de inkomstenbelasting kan worden verrekend.

18. Verzoekers in het hoofdgeding zijn tegen dit besluit opgekomen bij het Finanzgericht Köln, dat bij beslissing van 24 juni 2004 het Hof de volgende prejudiciële vraag heeft gesteld:

> 'Is § 36, lid 2, punt 3, [EStG], op grond waarvan enkel de vennootschapsbelasting van een onbeperkt belastingplichtige vennootschap of personenvereniging ten belope van 3/7 van de inkomsten in de zin van § 20, lid 1, punten 1 of 2, EStG met de inkomstenbelasting wordt verrekend, verenigbaar met artikel 56, lid 1, EG en artikel 58, lid 1, sub a, en lid 3, EG?'

19. Naar aanleiding van het arrest van 7 september 2004, Manninen, (C-319/02, *Jurispr.* blz. I-7477), hebben verzoekers in het hoofdgeding bij memories van 7 januari 2005, 16 mei 2007 en 23 november 2007 hun verzoek gewijzigd, en hebben zij niet meer verzocht om een belastingkrediet met betrekking tot de vennootschapsbelasting ten belope van 3/7 van de litigieuze dividenden, maar wel ten belope van 34/66 van de Deense brutodividenden en 35/65 van de Nederlandse brutodividenden.

20. Het Hof heeft in het reeds aangehaalde arrest Meilicke e.a. voor recht verklaard:

> 'De artikelen 56 EG en 58 EG moeten aldus worden uitgelegd dat zij zich verzetten tegen een belastingregeling krachtens welke een in een lidstaat onbeperkt belastingplichtige aandeelhouder bij de uitkering van dividenden door een kapitaalvennootschap een belastingkrediet ontvangt dat wordt berekend op basis van het voor de uitgekeerde winst geldende vennootschapsbelastingtarief, wanneer de uitkerende vennootschap in dezelfde lidstaat is gevestigd, maar niet wanneer zij in een andere lidstaat is gevestigd.'

21. Op grond van dit arrest is de verwijzende rechter van oordeel dat verzoekers in het hoofdgeding recht hebben op twee belastingkredieten, die worden berekend op basis van het voor de uitgekeerde winst geldende vennootschapsbelastingtarief van de lidstaten waar de uitkerende vennootschappen zijn gevestigd.

22. Het Finanzgericht Köln stelt echter vast dat de in Nederland en in Denemarken uit hoofde van deze belasting daadwerkelijk betaalde bedragen in feite niet kunnen worden vastgesteld. Bijgevolg heeft de verwijzende rechter twijfels bij de stappen die moeten worden ondernomen, in het bijzonder met betrekking tot de concrete berekening die het mogelijk moet maken om het bedrag te bepalen van de belastingkredieten waarop verzoekers in het hoofdgeding recht hebben. Dienaangaande noemt deze rechterlijke instantie drie mogelijke oplossingen, namelijk, ten eerste, toepassing van een nationale regel volgens welke de vennootschapsbelasting op buitenlandse dividenden met de inkomstenbelasting wordt verrekend ten belope van de breuk die van toepassing is voor door nationale vennootschappen uitgekeerde brutodividenden, ten tweede, raming van het tarief van de buitenlandse vennootschapsbelasting op buitenlandse dividenden, of, ten derde, zo nauwkeurig mogelijke vaststelling van het bedrag van de geheven buitenlandse vennootschapsbelasting. In dit laatste geval vraagt zij zich af welk bewijsmateriaal noodzakelijk is om het belastingkrediet te kunnen berekenen.

23. Daarop heeft het Finanzgericht Köln de behandeling van de zaak opnieuw geschorst en het Hof de volgende prejudiciële vragen gesteld:

> '1. Verzetten het vrije verkeer van kapitaal zoals neergelegd in de artikelen 56, lid 1, EG en 58, lid 1, sub a, en lid 3, EG, het doeltreffendheidsbeginsel en het beginsel van de nuttige werking zich tegen een regeling zoals § 36, lid 2, tweede zin, punt 3, van het EStG (in de ten tijde van de feiten [van het hoofdgeding] geldende versie), volgens welke de vennootschapsbelasting ten belope van 3/7 van de brutodividenden wordt verrekend met de inkomstenbelasting voor zover deze brutodividenden niet voortkomen uit uitkeringen waarvoor eigen vermogen in de zin van § 30, lid 2, punt 1, KStG (in de ten tijde van de feiten [van het hoofdgeding] geldende versie) is gebruikt, hoewel de daadwerkelijk betaalde vennootschapsbelasting op dividenden ontvangen van een in een andere lidstaat gevestigde vennootschap in feite niet kan worden berekend en nog hoger zou kunnen zijn?
>
> 2. Verzetten het vrije verkeer van kapitaal [...], het doeltreffendheidsbeginsel en het beginsel van de nuttige werking zich tegen een regeling, zoals § 36, lid 2, tweede zin, punt 3, vierde zin, sub b, EStG (in de ten tijde van de feiten [van het hoofdgeding] geldende versie), volgens welke [de vennootschapsbelasting slechts met de inkomstenbelasting kan worden verrekend] mits een certificaat betreffende [de vennootschapsbelasting] wordt overgelegd in de zin van §§ 44 en volgende KStG (in de ten tijde van de feiten [van

het hoofdgeding] geldende versie) dat met name gegevens bevat over het bedrag van de vennootschapsbelasting die in mindering kan worden gebracht, alsmede de samenstelling van de uitkering volgens de verschillende delen van het beschikbare eigen vermogen op grond van een speciale indeling van het eigen vermogen in de zin van§ 30 KStG (in de ten tijde van de feiten [van het hoofdgeding] geldende versie), hoewel de daadwerkelijk betaalde buitenlandse vennootschapsbelasting die kan worden verrekend in feite niet kan worden berekend en het [vorenbedoelde certificaat] feitelijk onmogelijk over te leggen is?

3. Volgt uit het vrije verkeer van kapitaal [...] dat wanneer een vennootschapsbelastingcertificaat in de zin van § 44 KStG (in de ten tijde van de feiten [van het hoofdgeding] geldende versie) feitelijk niet kan worden overgelegd en wanneer de daadwerkelijk betaalde vennootschapsbelasting op de buitenlandse dividenden niet kan worden berekend, het bedrag van vennootschapsbelasting moet worden geraamd en, in voorkomend geval, ook de gedragen indirecte vennootschapsbelasting moet worden meegerekend?

4. a. Ingeval vraag 2 ontkennend wordt beantwoord en [dus] een vennootschapsbelastingcertificaat nodig is: dienen het doeltreffendheidbeginsel en het beginsel van de nuttige werking aldus te worden begrepen dat zij zich verzetten tegen een regeling zoals § 175, lid 2, tweede zin, [van de gewijzigde AO] juncto artikel 97, § 9, lid 3, [EGAO], volgens welke met name de overlegging van een vennootschapsbelastingcertificaat vanaf 29 oktober 2004 niet meer als een gebeurtenis met terugwerkende kracht wordt beschouwd, waardoor de verrekening van de buitenlandse vennootschapsbelasting bij definitieve vaststelling van de [in Duitsland verschuldigde] inkomstenbelasting procedureel gezien onmogelijk wordt, zonder dat in een overgangsperiode is voorzien om de verrekening van de buitenlandse vennootschapsbelasting te vragen?

b. Ingeval vraag 2 bevestigend wordt beantwoord en [dus] geen vennootschapsbelastingcertificaat nodig is: dienen het vrije verkeer van kapitaal zoals neergelegd in artikel 56 EG, het doeltreffendheidsbeginsel en het beginsel van de nuttige werking aldus te worden begrepen dat zij zich verzetten tegen een regeling zoals § 175, lid 1, eerste zin, punt 2, AO, volgens welke een belastingaanslag moet worden gewijzigd wanneer zich een gebeurtenis met terugwerkende kracht voordoet, zoals de overlegging van een vennootschapsbelastingcertificaat, waardoor een verrekening van vennootschapsbelasting met betrekking tot binnenlandse dividenden ook bij definitieve aanslagen inkomstenbelasting mogelijk is terwijl dit met betrekking tot buitenlandse dividenden niet mogelijk zou zijn bij ontbreken van een [buitenlands] vennootschapsbelastingcertificaat?'

Beantwoording van de prejudiciële vragen

Eerste vraag

24. Met deze vraag, gelezen in samenhang met de volgende twee vragen, wenst de verwijzende rechter in wezen te vernemen of de artikelen 56 EG en 58 EG aldus moeten worden uitgelegd dat zij, indien het krachtens de wetgeving van een lidstaat vereiste bewijsmateriaal om in aanmerking te komen voor een belastingkrediet met betrekking tot de op dividenden geheven vennootschapsbelasting niet wordt voorgelegd, zich verzetten tegen de toepassing van een bepaling als § 36, lid 2, tweede zin, punt 3, EStG, op grond waarvan de op buitenlandse dividenden geheven vennootschapsbelasting met de inkomstenbelasting wordt verrekend ten belope van het gedeelte van de vennootschapsbelasting op door nationale vennootschappen uitgekeerde brutodividenden.

25. Het Hof heeft in zijn motivering in het reeds aangehaalde arrest Meilicke e.a. om te beginnen opgemerkt dat het Finanzgericht Köln zijn verzoek om een prejudiciële beslissing had ingediend voordat het reeds aangehaalde arrest Manninen was gewezen.

26. Het Hof heeft er vervolgens op gewezen dat overeenkomstig punt 54 van het arrest Manninen bij de berekening van een belastingkrediet voor een in Finland onbeperkt belastingplichtige aandeelhouder die dividenden heeft ontvangen van een in een andere lidstaat gevestigde vennootschap, rekening moet worden gehouden met de belasting die door de in deze andere lidstaat gevestigde vennootschap daadwerkelijk is betaald, zoals deze voortvloeit uit de in deze lidstaat geldende algemene regels voor de berekening van de belastinggrondslag en van het tarief van de vennootschapsbelasting (arrest Meilicke e.a., reeds aangehaald, punt 15).

27. Rekening houdend met de aanspraak van verzoekers in het hoofdgeding op een belastingkrediet ten belope van 34/66 van de Deense dividenden en 35/65 van de Nederlandse dividenden, en voorts met het standpunt van de Duitse regering dat, in geval van buitenlandse dividenden, geen forfaitair belastingkrediet ten belope van 3/7 van de ontvangen dividenden kan worden toegekend, omdat het belastingkrediet verband moet houden met het tarief dat voor uitgekeerde winst geldt overeenkomstig de wetgeving inzake de vennootschapsbelasting van de lidstaat op het grondgebied waarvan de vennootschap is gevestigd die deze divi-

denden heeft uitgekeerd (arrest Meilicke, reeds aangehaald, punten 16 en 17), heeft het Hof de rechtspraak bevestigd die is ontwikkeld in het reeds aangehaalde arrest Manninen.

28. Uit het voorgaande volgt dat het Hof met zijn in punt 20 van het onderhavige arrest in herinnering gebrachte antwoord op de prejudiciële vraag in het reeds aangehaalde arrest Meilicke e.a. heeft uitgesloten dat het belastingkrediet waarop een in een lidstaat onbeperkt belastingplichtige aandeelhouder recht heeft voor door een in een andere lidstaat gevestigde kapitaalvennootschap uitgekeerde dividenden kan worden berekend op een andere basis dan het voor de uitgekeerde winst geldende vennootschapsbelastingtarief dat op de uitkerende vennootschap van toepassing is volgens het recht van zijn lidstaat van vestiging.

29. Het Hof heeft voorts reeds verklaard dat een lidstaat, wanneer hij een stelsel ter voorkoming of vermindering van opeenvolgende belastingheffingen of dubbele economische belasting van door ingezeten vennootschappen aan ingezetenen uitgekeerd dividend kent, het door niet-ingezeten vennootschappen aan ingezetenen uitgekeerd dividend op soortgelijke wijze moet behandelen (zie in die zin arrest van 15 juli 2004, Lenz, C-315/02, *Jurispr.* blz. I-7063, punten 27-49; arrest Manninen, reeds aangehaald, punten 29-55, en arrest van 12 december 2006, Test Claimants in Class IV of the ACT Group Litigation, C-374/04, *Jurispr.* blz. I-11673, punt 55).

30. In het kader van dergelijke stelsels is de situatie van in een lidstaat gevestigde aandeelhouders die dividenden ontvangen van een in dezelfde staat gevestigde vennootschap, immers vergelijkbaar met die van in deze lidstaat gevestigde aandeelhouders die dividenden ontvangen van een in een andere lidstaat gevestigde vennootschap, aangezien zowel dividenden van nationale als dividenden van buitenlandse oorsprong kunnen worden onderworpen aan, enerzijds, in het geval van vennootschappen-aandeelhouders, opeenvolgende belastingheffingen, en, anderzijds, in het geval van uiteindelijke aandeelhouders, aan dubbele economische belasting (zie, in die zin, reeds aangehaalde arresten, Lenz, punten 31 en 32; Manninen, punten 35 en 36, en Test Claimants in Class IV of the ACT Group Litigation, punt 56).

31. Tegen de achtergrond van deze rechtspraak is een lidstaat als de Bondsrepubliek Duitsland, gezien zijn regeling ter voorkoming van economische dubbele belasting op dividenden die door ingezeten vennootschappen aan ingezetenen worden uitgekeerd, verplicht dividenden die door niet-ingezeten vennootschappen aan ingezetenen worden uitgekeerd op evenwaardige wijze te behandelen. Dit betekent dat deze nationale regeling zoveel mogelijk moet worden toegepast op grensoverschrijdende situaties. Zo worden door niet-ingezeten vennootschappen aan ingezetenen uitgekeerde dividenden niet in aanmerking genomen in situaties waarin indirecte eerdere vennootschapsbelastingheffingen op nationaal niveau niet in aanmerking kunnen worden genomen, hetgeen de nationale rechter dient na te gaan.

32. In een context als die van het hoofdgeding is de verplichting van een lidstaat tot voorkoming van dubbele economische belasting van een natuurlijke persoon die als eindontvanger buitenlandse dividenden ontvangt, beperkt tot de aftrek van de door de uitkerende vennootschap op deze dividenden betaalde vennootschapsbelasting volgens het recht van zijn lidstaat van vestiging, van de door de aandeelhouder op deze dividenden te betalen inkomstenbelasting.

33. Zoals het Finanzamt en de Duitse regering betogen, kan het in artikel 56, lid 1, EG vastgelegde beginsel van vrij verkeer van kapitaal immers niet tot gevolg hebben dat de lidstaten worden verplicht om verder te gaan dan een opheffing van de door de aandeelhouder op de ontvangen buitenlandse dividenden te betalen nationale inkomstenbelasting en om een bedrag terug te betalen dat zijn oorsprong vindt in het belastingstelsel van een andere lidstaat (zie naar analogie arrest van 12 december 2006, Test Claimants in the FII Group Litigation, C-446/04, *Jurispr.* blz. I-11753, punt 52), omdat anders de fiscale autonomie van de eerste lidstaat zou worden beperkt door de uitoefening door de andere lidstaat van zijn bevoegdheid tot belastingheffing (zie met name arrest Test Claimants in the FII Group Litigation, reeds aangehaald, punt 47; arresten van 20 mei 2008, Orange European Smallcap Fund, C-194/06, *Jurispr.* blz. I-3747, punt 30, en 16 juli 2009, Damseaux, C-128/08, *Jurispr.* blz. I-6823, punt 25).

34. Gelet op een en ander, moet op de eerste prejudiciële vraag, gelezen in samenhang met de twee volgende vragen, worden geantwoord dat voor de berekening van het bedrag van het belastingkrediet waarop een in een lidstaat onbeperkt belastingplichtige aandeelhouder recht heeft voor door een in een andere lidstaat gevestigde kapitaalvennootschap uitgekeerde dividenden, de artikelen 56 EG en 58 EG, indien het krachtens de wetgeving van de eerste lidstaat vereiste bewijsmateriaal niet wordt voorgelegd, zich verzetten tegen de toepassing van een bepaling als § 36, lid 2, tweede zin, punt 3, EStG, op grond waarvan de vennootschapsbelasting op buitenlandse dividenden met de inkomstenbelasting van de aandeelhouder wordt verrekend ten belope van het gedeelte van de vennootschapsbelasting op door vennootschappen van de eerste lidstaat uitgekeerde brutodividenden. Het belastingkrediet moet worden berekend op basis van het voor de uitgekeerde

winst geldende vennootschapsbelastingtarief voor de uitkerende vennootschap volgens het recht van haar lidstaat van vestiging, met dien verstande dat het te verrekenen bedrag niet hoger mag zijn dan het bedrag van de inkomstenbelasting die moet worden betaald op de dividenden die de ontvangende aandeelhouder heeft ontvangen in de lidstaat waar hij onbeperkt belastingplichtig is.

Tweede en derde vraag

35. Met zijn tweede en zijn derde vraag wenst de verwijzende rechter te vernemen of de artikelen 56 EG en 58 EG aldus moeten worden uitgelegd dat zij zich verzetten tegen de toepassing van een bepaling als § 36, lid 2, tweede zin, punt 3, vierde zin, sub b, EStG, op grond waarvan het door een in een lidstaat onbeperkt belastingplichtige aandeelhouder voor te leggen bewijsmateriaal om er in aanmerking te komen voor een belastingkrediet met betrekking tot de door een in een andere lidstaat gevestigde kapitaalvennootschap uitgekeerde dividenden even gedetailleerd moet zijn en dezelfde vorm moet hebben als het bewijsmateriaal dat vereist is wanneer de uitkerende vennootschap in de eerste lidstaat is gevestigd. Zo ja, wenst hij te vernemen hoe nauwkeurig het bewijsmateriaal moet zijn dat wordt voorgelegd voor de vaststelling van het tarief van de op dividenden geheven buitenlandse vennootschapsbelasting ter bepaling van het bedrag van het belastingkrediet waarop de ontvanger van de dividenden recht heeft en, in voorkomend geval, of de artikelen 56 EG en 58 EG voor de nationale rechter de mogelijkheid openlaten om dit belastingtarief te ramen.

36. Voor de beantwoording van deze vragen zij er allereerst op gewezen dat het voor de uitgekeerde winst geldende vennootschapsbelastingtarief voor de uitkerende vennootschap zo nauwkeurig mogelijk moet worden vastgesteld, aangezien het bepalend is voor de berekening van het belastingkrediet waarop de aandeelhouder recht heeft in de lidstaat van zijn woonplaats. Zo is meteen uitgesloten dat de berekening van dit belastingkrediet zou worden gebaseerd op een eenvoudige raming van het relevante tarief.

37. Vervolgens moet worden vastgesteld dat het inherent is aan het beginsel van de fiscale autonomie van de lidstaten dat deze lidstaten bepalen welk bewijsmateriaal volgens hun nationale stelsel vereist is om in aanmerking te komen voor dit belastingkrediet.

38. Niettemin moeten de lidstaten hun fiscale autonomie uitoefenen met inachtneming van de in het Unierecht neergelegde vereisten, met name de in de verdragsbepalingen inzake het vrije verkeer van kapitaal gestelde vereisten.

39. Dienaangaande heeft het Hof reeds gepreciseerd dat eventuele moeilijkheden bij de vaststelling van de in een andere lidstaat daadwerkelijk betaalde belasting niet een belemmering van het vrije verkeer van kapitaal kunnen rechtvaardigen (zie reeds aangehaalde arresten Manninen, punt 54, en Test Claimants in the FII Group Litigation, punt 70).

40. In casu moet worden vastgesteld dat een nationale wetgeving als die in het hoofdgeding, volgens welke voor de toekenning van het belastingkrediet de overlegging van een certificaat overeenkomstig het nationale stelsel van de betrokken lidstaat is vereist, zonder dat de aandeelhouder de mogelijkheid heeft om het bedrag van de door de uitkerende vennootschap daadwerkelijk betaalde belasting aan de hand van andere gegevens en relevante informatie te bewijzen, een door artikel 65, lid 3, VWEU verboden verkapte beperking van het vrije verkeer van kapitaal vormt (zie naar analogie arrest van 27 januari 2009, Persche, C-318/07, *Jurispr.* blz. I-359, punt 72).

41. Stellig volgt uit de rechtspraak dat de noodzaak om de doeltreffendheid van de fiscale controles te waarborgen een dwingende reden van algemeen belang vormt die een beperking van de door het Verdrag gewaarborgde fundamentele vrijheden kan rechtvaardigen, en dat een lidstaat maatregelen mag toepassen die een duidelijke en nauwkeurige controle mogelijk maken van het bedrag van de in een andere lidstaat gemaakte kosten die in die lidstaat mogen worden afgetrokken (zie met name arresten van 15 mei 1997, Futura Participations en Singer, C-250/95, *Jurispr.* blz. I-2471, punt 31, en 10 maart 2005, Laboratoires Fournier, C-39/04, *Jurispr.* blz. I-2057, punt 24).

42. Een beperkende maatregel kan echter slechts gerechtvaardigd zijn, indien hij in overeenstemming is met het evenredigheidsbeginsel, dat wil zeggen dat hij geschikt moet zijn om het ermee nagestreefde doel te bereiken en niet verder mag gaan dan ter bereiking van dit doel nodig is (zie met name arrest van 18 december 2007, A, C-101/05, *Jurispr.* blz. I-11531, punten 55 en 56, en arrest Persche, reeds aangehaald, punt 52).

43. Een regeling van een lidstaat die personen die in die lidstaat onbeperkt belastingplichtig zijn voor de inkomstenbelasting en die hebben geïnvesteerd in kapitaalvennootschappen die in een andere lidstaat zijn gevestigd, volstrekt belet bewijsmateriaal voor te leggen dat voldoet aan andere criteria, met name inzake de overlegging, dan de in de wetgeving van de eerste lidstaat voor binnenlandse investeringen neergelegde crite-

ria, zou echter niet alleen in strijd zijn met het beginsel van behoorlijk bestuur, maar zou vooral verder gaan dan hetgeen noodzakelijk is ter bereiking van de doelstelling van doeltreffendheid van de fiscale controles.

44. Op voorhand valt immers niet uit te sluiten dat deze aandeelhouders in staat zijn relevante bewijsstukken over te leggen aan de hand waarvan de belastingautoriteiten van de lidstaat van heffing duidelijk en nauwkeurig kunnen controleren welke uitgaven in andere lidstaten daadwerkelijk zijn gedaan (zie naar analogie reeds aangehaalde arresten Laboratoires Fournier, punt 25, en Persche, punt 53).

45. Met betrekking tot de bewijslast en de nauwkeurigheid waaraan het bewijsmateriaal moet voldoen dat vereist is om in aanmerking te komen voor een belastingkrediet met betrekking tot de door een in een andere lidstaat gevestigde kapitaalvennootschap uitgekeerde dividenden, dient eraan te worden herinnerd dat het Hof reeds heeft geoordeeld dat de belastingautoriteiten van een lidstaat het recht hebben om van de belastingplichtige de bewijzen te verlangen die zij noodzakelijk achten om te oordelen of is voldaan aan de in de betrokken wetgeving gestelde voorwaarden voor toekenning van een belastingvoordeel, en bijgevolg of dat voordeel al dan niet moet worden verleend (zie arrest van 10 februari 2011, Haribo Lakritzen Hans Riegel en Österreichische Salinen, C-436/08 en C-437/08, nog niet gepubliceerd in de *Jurisprudentie*, punt 95 en aldaar aangehaalde rechtspraak).

46. Deze beoordeling mag niet te formalistisch worden verricht, zodat de overlegging van bewijsstukken die niet zo gedetailleerd zijn als en niet de vorm hebben van het vennootschapsbelastingcertificaat dat is voorgeschreven door de wetgeving van de lidstaat die heffingsbevoegd is met betrekking tot een aandeelhouder die dividenden heeft ontvangen van een in een andere lidstaat gevestigde kapitaalvennootschap, maar aan de hand waarvan de belastingautoriteiten van de heffingsbevoegde lidstaat niettemin duidelijk en nauwkeurig kunnen nagaan of is voldaan aan de voorwaarden voor de verkrijging van een belastingvoordeel, door deze autoriteiten als gelijkwaardig aan de overlegging van dit certificaat moet worden beschouwd.

47. De betrokken fiscale autoriteiten kunnen het gewenste belastingvoordeel slechts weigeren indien de betrokken aandeelhouder geen zoals in het voorgaande punt van het onderhavige arrest vermelde informatie verstrekt.

48. Zoals het Hof reeds heeft geoordeeld, is de ontbrekende informatiestroom waarmee de belegger wordt geconfronteerd immers geen probleem waarvan de betrokken lidstaat de gevolgen moet dragen (zie arrest Haribo Lakritzen Hans Riegel en Österreichische Salinen, reeds aangehaald, punt 98).

49. In het kader van bedoeld arrest, dat betrekking heeft op een vennootschap die dividenden ontvangt, maar ook geldt voor een natuurlijke persoon die zich in dezelfde situatie bevindt, herinnert het Hof overigens aan de werkingssfeer van richtlijn 77/799, die tot doel heeft belastingfraude te voorkomen.

50. Dienaangaande impliceert het feit dat wanneer het gaat om dividenden van in een andere lidstaat dan de lidstaat die een belastingkrediet toekent gevestigde vennootschap, de belastingadministratie van laatstgenoemde lidstaat een beroep kan doen op de bij richtlijn 77/799 ingevoerde regeling van wederzijdse bijstand, niet dat zij de ontvangende vennootschap moet vrijstellen van het bewijs van het bedrag aan belasting dat de uitkerende vennootschap in een andere lidstaat heeft betaald (zie arrest Haribo Lakritzen Hans Riegel en Österreichische Salinen, reeds aangehaald, punt 100).

51. Aangezien richtlijn 77/799 voorziet in de mogelijkheid voor nationale belastingautoriteiten om te verzoeken om inlichtingen die zij zelf niet kunnen verkrijgen, kan het gebruik in artikel 2, lid 1, van deze richtlijn van het woord 'kan' erop wijzen dat deze autoriteiten weliswaar de mogelijkheid, doch niet de verplichting hebben om de bevoegde autoriteit van een andere lidstaat om inlichtingen te verzoeken. Elke lidstaat dient de specifieke gevallen te beoordelen waarin inlichtingen ontbreken over transacties die zijn verricht door op zijn grondgebied gevestigde belastingplichtigen, en te beslissen of deze gevallen aanleiding zijn om een andere lidstaat om inlichtingen te verzoeken (arrest Haribo Lakritzen Hans Riegel en Österreichische Salinen, reeds aangehaald, punt 101 en aldaar aangehaalde rechtspraak).

52. Bijgevolg verplicht richtlijn 77/799 deze belastingautoriteiten niet om gebruik te maken van de door deze richtlijn ingevoerde regeling van wederzijdse bijstand wanneer de door een belastingplichtige verstrekte inlichtingen niet volstaan om na te gaan of hij voldoet aan de in de nationale wetgeving gestelde voorwaarden om recht te hebben op een belastingkrediet (zie in die zin arrest Haribo Lakritzen Hans Riegel en Österreichische Salinen, reeds aangehaald, punt 102 en aldaar aangehaalde rechtspraak).

53. Gelet op het voorgaande, moet op de tweede en de derde prejudiciële vraag worden geantwoord dat de artikelen 56 EG en 58 EG, met betrekking tot de nauwkeurigheid waaraan het bewijsmateriaal moet voldoen dat vereist is om een belastingkrediet te verkrijgen met betrekking tot dividenden die worden uitgekeerd door

een kapitaalvennootschap die is gevestigd in een andere lidstaat dan die waar de ontvanger van de dividenden onbeperkt belastingplichtig is, zich verzetten tegen de toepassing van een bepaling als § 36, lid 2, tweede zin, punt 3, vierde zin, sub b, EStG, op grond waarvan het door deze ontvanger voor te leggen bewijsmateriaal even gedetailleerd moet zijn en dezelfde vorm moet hebben als het bewijsmateriaal dat vereist is wanneer de uitkerende vennootschap in de met betrekking tot deze ontvanger heffingsbevoegde lidstaat is gevestigd. De belastingautoriteiten van laatstgenoemde lidstaat hebben het recht van deze ontvanger bewijsstukken te verlangen aan de hand waarvan zij duidelijk en nauwkeurig kunnen nagaan of is voldaan aan de in de nationale wetgeving gestelde voorwaarden voor de verkrijging van een belastingkrediet, zonder dat het hun toekomt een raming te maken van dit belastingkrediet.

Vierde vraag

54. Met zijn vierde vraag wenst de verwijzende rechter te vernemen of het doeltreffendheidsbeginsel aldus moet worden uitgelegd dat het zich verzet tegen een regeling zoals § 175, lid 2, tweede zin, van de gewijzigde AO juncto artikel 97, § 9, lid 3, EGAO, op grond waarvan, met terugwerkende kracht en zonder dat is voorzien in een overgangsperiode, een persoon die onbeperkt belastingplichtig is in de betrokken lidstaat niet de verrekening kan verkrijgen van de buitenlandse vennootschapsbelasting die is geheven op door een in een andere lidstaat gevestigde kapitaalvennootschap aan deze persoon uitgekeerde dividenden tegen overlegging van een certificaat inzake deze belasting overeenkomstig de vereisten van de wetgeving van de eerste lidstaat, of van bewijsstukken aan de hand waarvan zijn belastingautoriteiten duidelijk en nauwkeurig kunnen nagaan of is voldaan aan de voorwaarden voor de verkrijging van dit belastingvoordeel.

55. In dit verband zij er aan herinnerd dat volgens vaste rechtspraak, bij ontbreken van een Unieregeling ter zake, de procedurevoorschriften ter verzekering van de bescherming van de rechten welke de justitiabelen aan het Unierecht ontlenen op grond van het beginsel van procedurele autonomie van de lidstaten, een aangelegenheid van de interne rechtsorde van elke lidstaat zijn, met dien verstande evenwel dat zij niet ongunstiger mogen zijn dan die welke voor soortgelijke nationale situaties gelden (gelijkwaardigheidsbeginsel) en de uitoefening van de door het Unierecht verleende rechten in de praktijk niet onmogelijk of uiterst moeilijk mogen maken (doeltreffendheidsbeginsel) (zie arresten van 7 januari 2004, Wells, C-201/02, *Jurispr.* blz. I-723, punt 67, en 19 september 2006, i-21 Germany en Arcor, C-392/04 en C-422/04, *Jurispr.* blz. I-8559, punt 57).

56. Met betrekking tot het doeltreffendheidsbeginsel heeft het Hof erkend dat het met het Unierecht verenigbaar is dat in het belang van de rechtszekerheid, waarin zowel de belastingplichtige als de belastingdienst bescherming vindt, redelijke beroepstermijnen worden vastgesteld die gelden op straffe van verval van recht. Dergelijke termijnen kunnen de uitoefening van de door de rechtsorde van de Unie verleende rechten immers niet nagenoeg onmogelijk of buitengewoon moeilijk maken (arrest van 17 november 1998, Aprile, C-228/96, *Jurispr.* blz. I-7141, punt 19).

57. Voorts heeft het Hof met betrekking tot de terugbetaling van onverschuldigd geïnde nationale heffingen gepreciseerd dat, wanneer de regels voor terugbetaling door het nationale recht met terugwerkende kracht worden gewijzigd, de nieuwe wetgeving volgens het doeltreffendheidsbeginsel een overgangsregeling moet bevatten, zodat de justitiabelen na de vaststelling van die nieuwe wetgeving over een voldoende termijn beschikken voor de indiening van verzoeken om teruggaaf, waartoe zij onder de oude wetgeving gerechtigd waren (zie in die zin arresten van 11 juli 2002, Marks & Spencer, C-62/00, *Jurispr.* blz. I-6325, punt 38, en 24 september 2002, Grundig Italiana, C-255/00, *Jurispr.* blz. I-8003, punt 37).

58. Uit de verwijzingsbeslissing blijkt echter dat § 175, lid 2, tweede zin, AO juncto artikel 97, § 9, lid 3, EGAO, in de versie van 9 december 2004, het nationale recht met terugwerkende kracht hebben gewijzigd zonder dat een overgangsregeling de betrokken aandeelhouders de mogelijkheid biedt gebruik te maken van hun recht op een belastingkrediet. Bijgevolg verzet het doeltreffendheidsbeginsel zich tegen deze wetswijziging, aangezien zij de belastingplichtigen geen redelijke termijn toestaat om gedurende een overgangsperiode gebruik te maken van hun recht op een belastingkrediet. Het staat aan de verwijzende rechter om deze termijn vast te stellen om de aandeelhouders de mogelijkheid te bieden gebruik te maken van deze rechten door de overlegging van een vennootschapsbelastingcertificaat in de zin van de nationale wetgeving of van de in punt 54 van het onderhavige arrest bedoelde bewijsstukken.

59. Uit het bovenstaande volgt dat op de vierde prejudiciële vraag dient te worden geantwoord dat het doeltreffendheidsbeginsel zich verzet tegen een nationale regeling zoals § 175, lid 2, tweede zin, van de gewijzigde AO juncto artikel 97, § 9, lid 3, EGAO, zoals gewijzigd, op grond waarvan, met terugwerkende kracht en zonder dat is voorzien in een overgangstermijn, niet de verrekening kan worden verkregen van de buitenlandse vennootschapsbelasting die is geheven op door een in een andere lidstaat gevestigde kapitaalvennootschap uitge-

keerde dividenden tegen overlegging van een certificaat inzake deze belasting overeenkomstig de wetgeving van de lidstaat waar de ontvanger van deze dividenden onbeperkt belastingplichtig is, of van bewijsstukken aan de hand waarvan de belastingautoriteiten van deze lidstaat duidelijk en nauwkeurig kunnen nagaan of is voldaan aan de voorwaarden voor de verkrijging van een belastingvoordeel. Het staat aan de verwijzende rechter om te bepalen wat de redelijke termijn is voor de overlegging van dit certificaat of deze bewijsstukken.

Kosten

60. …

HET HOF (Eerste kamer)

verklaart voor recht:

1. Voor de berekening van het bedrag van het belastingkrediet waarop een in een lidstaat onbeperkt belastingplichtige aandeelhouder recht heeft voor door een in een andere lidstaat gevestigde kapitaalvennootschap uitgekeerde dividenden verzetten de artikelen 56 EG en 58 EG, indien het krachtens de wetgeving van de eerste lidstaat vereiste bewijsmateriaal niet wordt voorgelegd, zich tegen de toepassing van een bepaling als § 36, lid 2, tweede zin, punt 3, van het Einkommensteuergesetz van 7 september 1990, zoals gewijzigd bij de wet van 13 september 1993, op grond waarvan de op buitenlandse dividenden geheven vennootschapsbelasting met de inkomstenbelasting van de aandeelhouder wordt verrekend ten belope van het gedeelte van de vennootschapsbelasting op door vennootschappen van de eerste lidstaat uitgekeerde brutodividenden.

Het belastingkrediet moet worden berekend op basis van het voor de uitgekeerde winst geldende vennootschapsbelastingtarief voor de uitkerende vennootschap volgens het recht van haar lidstaat van vestiging, met dien verstande dat het te verrekenen bedrag niet hoger mag zijn dan het bedrag van de inkomstenbelasting die Moet worden betaald op de dividenden die de ontvangende aandeelhouder heeft ontvangen in de lidstaat waar hij onbeperkt belastingplichtig is.

2. Met betrekking tot de nauwkeurigheid waaraan het bewijsmateriaal moet voldoen dat vereist is om een belastingkrediet te verkrijgen met betrekking tot dividenden die worden uitgekeerd door een kapitaalvennootschap die is gevestigd in een andere lidstaat dan die waar de ontvanger van de dividenden onbeperkt belastingplichtig is, verzetten de artikelen 56 EG en 58 EG zich tegen de toepassing van een bepaling als § 36, lid 2, tweede zin, punt 3, vierde zin, sub b, van het Einkommensteuergesetz van 7 september 1990, zoals gewijzigd bij de wet van 13 september 1993, op grond waarvan het door deze ontvanger voor te leggen bewijsmateriaal even gedetailleerd moet zijn en dezelfde vorm moet hebben als het bewijsmateriaal dat vereist is wanneer de uitkerende vennootschap in de met betrekking tot deze ontvanger heffingsbevoegde lidstaat is gevestigd.

De belastingautoriteiten van laatstgenoemde lidstaat hebben het recht van deze ontvanger bewijsstukken te verlangen aan de hand waarvan zij duidelijk en nauwkeurig kunnen nagaan of is voldaan aan de in de nationale wetgeving gestelde voorwaarden voor de verkrijging van een belastingkrediet, zonder dat het hun toekomt een raming te maken van dit belastingkrediet.

3. Het doeltreffendheidsbeginsel verzet zich tegen een nationale regeling zoals § 175, lid 2, tweede zin, van de Abgabenordnung, gewijzigd bij het Gesetz zur Umsetzung von EU-Richtlinien in nationales Steuerrecht und zur Änderung weiterer Vorschriften, juncto artikel 97, § 9, lid 3, van het Einführungsgesetz zur Abgabenordnung van 14 december 1976, zoals gewijzigd, op grond waarvan, met terugwerkende kracht en zonder dat is voorzien in een overgangstermijn, niet de verrekening kan worden verkregen van de buitenlandse vennootschapsbelasting die is geheven op door een in een andere lidstaat gevestigde kapitaalvennootschap uitgekeerde dividenden tegen overlegging van een certificaat inzake deze belasting overeenkomstig de wetgeving van de lidstaat waar de ontvanger van deze dividenden onbeperkt belastingplichtig is, of van bewijsstukken aan de hand waarvan de belastingautoriteiten van deze lidstaat duidelijk en nauwkeurig kunnen nagaan of is voldaan aan de voorwaarden voor de verkrijging van een belastingvoordeel. Het staat aan de verwijzende rechter om te bepalen wat de redelijke termijn is voor de overlegging van dit certificaat of deze bewijsstukken.

HvJ EU 21 juli 2011, zaak C-397/09 (Scheuten Solar Technology GmbH v. Finanzamt Gelsenkirchen-Süd)

Derde kamer: *K. Lenaerts, kamerpresident, D. Šváby, R. Silva de Lapuerta (rapporteur), E. Juhász en T. von Danwitz, rechters*
Advocaat-generaal: *E. Sharpston*

1. Het verzoek om een prejudiciële beslissing betreft de uitlegging van artikel 1 van richtlijn 2003/49/EG van de Raad van 3 juni 2003 betreffende een gemeenschappelijke belastingregeling inzake uitkeringen van interest en royalty's tussen verbonden ondernemingen van verschillende lidstaten (*PB* L 157, blz. 49).

2. Dit verzoek is ingediend in het kader van een geding tussen Scheuten Solar Technology GmbH (hierna: 'SST') en het Finanzamt Gelsenkirchen-Süd (hierna: 'Finanzamt') over de vaststelling van het basisbedrag voor de berekening van de bedrijfsbelasting.

Toepasselijke bepalingen

Unierecht

3. Artikel 1 van richtlijn 2003/49 bepaalt:

'1. Uitkeringen van interest of royalty's die ontstaan in een lidstaat, worden vrijgesteld van alle belastingen in die bronstaat (door inhouding dan wel door aanslag), op voorwaarde dat een onderneming van een andere lidstaat, of een in een andere lidstaat gelegen vaste inrichting van een onderneming van een lidstaat, de uiteindelijk gerechtigde tot de interest of de royalty's is.
2. Uitkeringen die worden uitbetaald door een onderneming van een lidstaat of een in die lidstaat gelegen vaste inrichting van een onderneming van een andere lidstaat, worden geacht in die lidstaat te ontstaan (hierna: 'bronstaat'). [...] 4 Een onderneming van een lidstaat wordt alleen als uiteindelijk gerechtigde tot interest of royalty's behandeld indien zij de betrokken uitkeringen te eigen gunste ontvangt, en niet als bemiddelende instantie, bijvoorbeeld als tussenpersoon, trustee of gemachtigde van een derde.
[...]
7. Dit artikel vindt alleen toepassing indien de onderneming die de betaler van interest of royalty's is, of de onderneming waarvan de vaste inrichting als zodanig wordt behandeld, een verbonden onderneming is van de onderneming die de uiteindelijk gerechtigde is of waarvan de vaste inrichting wordt behandeld als de uiteindelijk gerechtigde tot de betrokken interest of royalty's.
[...]
10. Een lidstaat heeft de mogelijkheid om deze richtlijn niet toe te passen op een onderneming van een andere lidstaat of op een vaste inrichting van een onderneming van een andere lidstaat indien de in artikel 3, sub b, genoemde voorwaarden niet vervuld waren gedurende een ononderbroken periode van ten minste twee jaar.
[...]'

4. Artikel 2 van deze richtlijn bepaalt:

'Voor de toepassing van deze richtlijn wordt verstaan onder:
a. 'interest': inkomsten uit schuldvorderingen van welke aard dan ook, al dan niet verzekerd door hypotheek en al dan niet aanspraak gevend op een aandeel in de winst van de schuldenaar, en in het bijzonder inkomsten uit leningen en inkomsten uit obligaties of schuldbewijzen, daaronder begrepen de aan zodanige leningen, obligaties of schuldbewijzen verbonden premies en prijzen. In rekening gebrachte boete voor te late betaling wordt niet als interest aangemerkt;
[...]'

5. Artikel 3, sub b, van deze richtlijn bepaalt:

'Voor de toepassing van deze richtlijn wordt verstaan onder: [...]
b. ['verbonden onderneming',] iedere onderneming die ten minste daardoor met een tweede onderneming verbonden is doordat:
i. de eerste onderneming rechtstreeks een deelneming van ten minste 25% in het kapitaal van de tweede onderneming heeft, dan wel
ii. de tweede onderneming rechtstreeks een deelneming van ten minste 25% in het kapitaal van de eerste onderneming heeft, dan wel
iii. een derde onderneming rechtstreeks een deelneming van ten minste 25% in het kapitaal van zowel de eerste onderneming als de tweede onderneming heeft. De deelnemingen mogen enkel ondernemingen betreffen die binnen de Gemeenschap gevestigd zijn.
[...]'

6. In artikel 4 van richtlijn 2003/49 wordt bepaald:

'1. In de volgende gevallen behoeft de bronstaat de voordelen van deze richtlijn niet toe te kennen:

a. uitkeringen die volgens het recht van de bronstaat als winstuitkering of terugbetaling van kapitaal worden behandeld;

[...]

2. Wanneer, ten gevolge van een bijzondere verhouding tussen de uitbetaler en de uiteindelijk gerechtigde van de interest of royalty's of tussen hen beiden en een derde, het bedrag van de interest of royalty's hoger is dan het bedrag dat zonder een dergelijke verhouding door de uitbetaler en de uiteindelijk gerechtigde zou zijn overeengekomen, vindt deze richtlijn slechts toepassing op dit eventuele laatstgenoemde bedrag.'

Nationaal recht

7. Ingevolge § 2 van het Gewerbesteuergesetz 2002 (BGBl. 2002 I, blz. 4167), zoals van toepassing ten tijde van de feiten in het hoofdgeding (hierna: 'wet op de bedrijfsbelasting'), wordt over elke op het nationale grondgebied uitgeoefende handels- en nijverheidsactiviteit naast de inkomstenbelasting of de vennootschapsbelasting een bedrijfsbelasting geheven.

8. Leden 1 en 2 van deze paragraaf luiden als volgt:

'1. Elk in Duitsland duurzaam uitgeoefend bedrijf is aan de bedrijfsbelasting onderworpen. Onder 'bedrijf' wordt een commerciële onderneming in de zin van de wet op de inkomstenbelasting verstaan. Een bedrijf wordt geacht zijn werkzaamheden in Duitsland uit te oefenen wanneer daarvoor in Duitsland of op een in Duitsland geregistreerd koopvaardijschip een vaste inrichting wordt onderhouden.

2. Als uitoefening van een bedrijf worden steeds en in volle omvang de werkzaamheden van kapitaalvennootschappen (naamloze vennootschappen, commanditaire vennootschappen op aandelen, besloten vennootschappen) [...] aangemerkt.'

9. Volgens § 6 van deze wet bestaat de heffingsgrondslag voor de bedrijfsbelasting uit de bedrijfswinst.

10. De bedrijfswinst wordt in § 7, eerste volzin, van deze wet gedefinieerd als volgt:

'De bedrijfswinst is de winst berekend volgens de bepalingen van de wet op de inkomstenbelasting of de wet op de vennootschapsbelasting [...], vermeerderd en verminderd met de in de §§8 en 9 bedoelde bedragen'.

11. § 8 van de wet op de bedrijfsbelasting, met als titel 'Bijtellingen', luidt:

'Voor zover de volgende bedragen bij de vaststelling van de winst in mindering zijn gebracht, worden deze weer opgeteld bij de bedrijfswinst (§ 7):

1. de helft van de betalingen ter zake van de schulden die economisch verband houden met de aanvang of de overname van het bedrijf of een deel daarvan, dan wel met de uitbreiding of verbetering van het bedrijf, of dienen tot een niet slechts tijdelijke versterking van het bedrijfskapitaal'.

12. Met betrekking tot de heffingsgrondslag van de bedrijfsbelasting bepaalt § 10a van de wet op de bedrijfsbelasting dat verliezen in mindering moeten worden gebracht op de overeenkomstig § 8 van deze wet berekende winst.

Hoofdgeding en prejudiciële vragen

13. SST is een naar Duits recht opgerichte vennootschap met beperkte aansprakelijkheid die gevestigd is te Gelsenkirchen. Enige aandeelhouder van SST is Scheuten Solar Systems BV, een Nederlandse besloten vennootschap gevestigd te Venlo (Nederland).

14. Tussen 27 augustus 2003 en 1 december 2004 is SST bij een aantal opeenvolgende contracten bij haar moedermaatschappij leningen voor een totaalbedrag van 5 180 000 EUR aangegaan. Over deze leningen heeft SST in 2004 een bedrag van 154 584 EUR aan interest aan haar moedermaatschappij uitbetaald. Dit bedrag heeft SST als bedrijfskosten in mindering gebracht op haar winst.

15. Het Finanzamt heeft in zijn besluit tot vaststelling van de heffingsgrondslag voor de bedrijfsbelasting voor 2004, krachtens § 8, lid 1, van de wet op de bedrijfsbelasting, evenwel geoordeeld dat SST slechts 50 % van het bedrag van deze interest in mindering op de winst mocht brengen, zodat de helft van het bedrag van 154 584 EUR werd bijgeteld bij de bedrijfswinst van SST.

16. SST heeft tegen dit besluit van het Finanzamt beroep ingesteld op grond dat de toevoeging van de helft van de betrokken interest neerkomt op een met artikel 1, lid 1, van richtlijn 2003/49 strijdige belastingheffing.

17. Bij uitspraak van 22 februari 2008 heeft het Finanzgericht Münster dat beroep verworpen.

18. Daarop heeft SST tegen deze uitspraak beroep tot 'Revision' ingesteld bij het Bundesfinanzhof.

19. Het Bundesfinanzhof, dat eraan twijfelt of de relevante nationaalrechtelijke bepalingen verenigbaar zijn met de bepalingen van richtlijn 2003/49, heeft de behandeling van de zaak geschorst en het Hof de volgende prejudiciële vragen gesteld:

> '1. Staat artikel 1, lid 1, van richtlijn 2003/49 in de weg aan een regeling op grond waarvan de door een onderneming van een lidstaat aan een verbonden onderneming van een andere lidstaat betaalde rente op leningen bij de eerstgenoemde onderneming wordt opgeteld bij de grondslag voor de bedrijfsbelasting?
>
> 2. Ingeval de eerste vraag bevestigend wordt beantwoord: moet artikel 1, lid 10, van richtlijn 2003/49 aldus worden uitgelegd dat een lidstaat ook de mogelijkheid heeft om de richtlijn niet toe te passen indien de in artikel 3, sub b, daarvan genoemde voorwaarden voor het bestaan van een verbonden onderneming ten tijde van de betaling van de rente nog niet vervuld waren gedurende een ononderbroken periode van ten minste twee jaar? Kunnen de lidstaten zich in dat geval tegenover de betalende onderneming rechtstreeks beroepen op artikel 1, lid 10, van richtlijn 2003/49?'

Beantwoording van de prejudiciële vragen

Eerste vraag

20. Met deze vraag wenst de verwijzende rechter in wezen te vernemen of artikel 1, lid 1, van richtlijn 2003/49 aldus moet worden uitgelegd dat het zich verzet tegen een bepaling van nationaal belastingrecht volgens welke interest op een lening die een in een lidstaat gevestigde onderneming betaalt aan een in een andere lidstaat gevestigde verbonden onderneming, wordt opgenomen in de heffingsgrondslag van de bedrijfsbelasting waaraan eerstgenoemde onderneming is onderworpen.

21. Allereerst dient te worden vastgesteld dat in het hoofdgeding SST in de bedrijfsbelasting is belast over haar bedrijfswinst. Voor de vaststelling van de heffingsgrondslag van deze belasting heeft het Finanzamt overeenkomstig de in het hoofdgeding geldende nationale wettelijke regeling de helft van de interest die SST aan haar in Nederland gevestigde moedermaatschappij heeft betaald, opgeteld bij de winst van SST.

22. Volgens SST komt deze berekening neer op een belastingheffing zodat de in het hoofdgeding van toepassing zijnde nationale wettelijke regeling ertoe leidt dat een met artikel 1, lid 1, van richtlijn 2003/49 economische dubbele belasting over de interest wordt geheven. Alle andere belanghebbenden die bij het Hof opmerkingen hebben ingediend, zijn daarentegen van mening dat deze wettelijke regeling niet binnen de werkingssfeer van deze bepaling valt en zij stellen dus voor om op de prejudiciële vraag ontkennend te antwoorden.

23. Derhalve moet het Hof de werkingssfeer van deze bepaling afbakenen.

24. Volgens de punten 2 tot en met 4 van de considerans van richtlijn 2003/49 strekt deze richtlijn ertoe dubbele belasting op uitkeringen van interest en royalty's tussen verbonden ondernemingen uit verschillende lidstaten af te schaffen en te waarborgen dat deze uitkeringen eenmaal in een lidstaat worden belast. Volgens deze punten van de considerans is de afschaffing van belasting op deze uitkeringen in de lidstaat waar zij ontstaan, het geschiktste middel om een gelijke fiscale behandeling van nationale en transnationale transacties te waarborgen.

25. De werkingssfeer van richtlijn 2003/49, zoals omschreven in artikel 1, lid 1, ervan, ziet derhalve op de vrijstelling van uitkeringen van interest en royalty's die ontstaan in de bronstaat, wanneer de uiteindelijk gerechtigde ervan een in een andere lidstaat gevestigde onderneming is of een in een andere lidstaat gelegen vaste inrichting van een onderneming van een lidstaat.

26. De in deze bepaling vervatte regel strekt ertoe te waarborgen dat de uiteindelijk gerechtigde van interest en royalty's die ontstaan in een andere lidstaat dan zijn lidstaat van vestiging, in de bronstaat van alle belasting wordt vrijgesteld. De bewoordingen van artikel 1, lid 1, van richtlijn 2003/49, met het onderschikkende voegwoord 'op voorwaarde dat', leggen immers een verband tussen de uitkeringen van deze interest en royalty's in een lidstaat en de ontvangst ervan door de uiteindelijk gerechtigde in een andere lidstaat.

27. In artikel 2, sub a, van richtlijn 2003/49 wordt het begrip 'interest' gedefinieerd als 'inkomsten uit schuldvorderingen van welke aard ook'. Alleen de uiteindelijk gerechtigde kan interest als inkomsten uit dergelijke schuldvorderingen ontvangen.

28. Uit het voorafgaande volgt dat artikel 1, lid 1, van richtlijn 2003/49, gelezen in samenhang met de punten 2 tot en met 4 van de considerans ervan, ertoe strekt juridische dubbele belasting over grensoverschrijdende uitkeringen van interest te vermijden door in de bronstaat de heffing van belasting over interest ten laste van de uiteindelijk gerechtigde ervan te verbieden. Deze bepaling betreft dus uitsluitend de fiscale situatie van de schuldeiser van interest.

29. Bovendien vindt deze uitlegging van artikel 1, lid 1, van richtlijn 2003/49 steun in lid 10 van dit artikel, volgens hetwelk de lidstaten onder bepaalde voorwaarden de mogelijkheid hebben de vrijstelling van lid 1 niet toe te passen. De entiteiten waarop artikel 1, lid 10, van deze richtlijn toepassing kan vinden, worden omschreven als 'een onderneming van een andere lidstaat of […] een vaste inrichting van een onderneming van een andere lidstaat'.

Deze bepaling bevat immers geen verwijzing naar de betaler van interest. Uit deze afwijkende regeling vloeit dus voort dat deze regeling slaat op de uiteindelijk gerechtigde van interest of royalty's in een andere lidstaat en niet op de schuldenaar van deze interest of royalty's.

30. Een nationale wettelijke regeling als die welke in het hoofdgeding aan de orde is, leidt evenwel niet tot een vermindering van de inkomsten van de schuldeiser. De uiteindelijk gerechtigde van de uitbetaalde interest wordt niet over de uitgekeerde interest belast. De betrokken wettelijke regeling ziet alleen op de vaststelling van de heffingsgrondslag van de bedrijfsbelasting waaraan in casu de schuldenaar van de uitgekeerde interest is onderworpen.

31. In dit verband zij benadrukt dat de methode voor berekening van de heffingsgrondslag van de betaler van interest en de daarvoor in aanmerking te nemen bestanddelen, zoals bepaalde uitgaven, niet het voorwerp uitmaken van artikel 1, lid 1, van richtlijn 2003/49.

32. Met betrekking tot de in het hoofdgeding aan de orde zijnde nationale wettelijke regeling zij opgemerkt dat de betrokken bedrijfsbelasting als specifieke kenmerken heeft dat de bedrijfswinst eerst volgens de bepalingen van de wet op de inkomstenbelasting en de wet op de vennootschapsbelasting wordt bepaald en vervolgens bepaalde bedragen worden bijgeteld of in mindering gebracht. Alleen bedragen die in de eerste fase van de berekening werden afgetrokken, worden bijgeteld.

33. De nationaalrechtelijke bepalingen betreffende de heffingsgrondslag voor de betaler van interest, zoals de regels inzake de aftrekbaarheid van bepaalde uitgaven en de aard ervan, beantwoorden aan welbepaalde beleidskeuzes van de wetgever die onder de belastingpolitiek van elke lidstaat vallen.

34. Bij gebreke van regeling inzake de berekening van de heffingsgrondslag voor de betaler van interest mag de werkingssfeer van artikel 1, lid 1, van richtlijn 2003/49 dus niet ruimer worden toegepast dan de daarin voorziene vrijstelling.

35. Aangaande de eventuele invloed van de rechtspraak van het Hof betreffende richtlijn 90/435/EEG van de Raad van 23 juli 1990 betreffende de gemeenschappelijke fiscale regeling voor moedermaatschappijen en dochterondernemingen uit verschillende lidstaten (*PB* L 225, blz. 6), behoeft ten slotte slechts te worden opgemerkt, zoals de advocaat-generaal in de punten 45 tot en met 49 van haar conclusie heeft gedaan, dat de arresten van 4 oktober 2001, Athinaïki Zythopoiïa (C-294/99, *Jurispr.* blz. I-6797), en 26 juni 2008, Burda (C-284/06, *Jurispr.* blz. I-4571), geen elementen bevatten die bruikbaar kunnen zijn voor de uitlegging van artikel 1, lid 1, van richtlijn 2003/49 ten aanzien van een nationale wettelijke regeling als die in het hoofdgeding. In de zaken die tot deze arresten hebben geleid, was het belastbare feit van de betrokken heffing immers de uitkering van winst door de dochteronderneming aan de moedermaatschappij. De uitkeringen van interest waarover het gaat in het onderhavige geding, zijn daarentegen geen belastbaar feit. De in het hoofdgeding aan de orde zijnde nationaalrechtelijke bepalingen betreffen slechts de aftrekbaarheid van deze uitkeringen als uitgaven voor de berekening van de heffingsgrondslag van de bedrijfsbelasting.

36. Uit al het voorgaande volgt dat op de eerste vraag dient te worden geantwoord dat artikel 1, lid 1, van richtlijn 2003/49 aldus moet worden uitgelegd dat het zich niet verzet tegen een bepaling van nationaal belastingrecht volgens welke interest op een lening die een in een lidstaat gevestigde onderneming betaalt aan een in een andere lidstaat gevestigde verbonden onderneming, wordt opgenomen in de heffingsgrondslag van de bedrijfsbelasting waaraan eerstgenoemde onderneming is onderworpen.

Tweede vraag

37. Gezien het antwoord op de eerste vraag behoeft de tweede vraag niet te worden beantwoord.

Kosten

38. ...

HET HOF (Derde kamer)

verklaart voor recht:

Artikel 1, lid 1, van richtlijn 2003/49/EG van de Raad van 3 juni 2003 betreffende een gemeenschappelijke belastingregeling inzake uitkeringen van interest en royalty's tussen verbonden ondernemingen van verschillende lidstaten moet aldus worden uitgelegd dat het zich niet verzet tegen een bepaling van nationaal belastingrecht volgens welke interest op een lening die een in een lidstaat gevestigde onderneming betaalt aan een in een andere lidstaat gevestigde verbonden onderneming, wordt opgenomen in de heffingsgrondslag van de bedrijfsbelasting waaraan eerstgenoemde onderneming is onderworpen.

OHvJ EG 8 september 2011, gevoegde zaken C-78/08 tot en met C-80/08 (Ministero dell'Economia e delle Finanze, Agenzia delle Entrate v. Paint Graphos Soc. coop. arl [C-78/08], Adige Carni Soc. coop. arl, in liquidatie v. Agenzia delle Entrate, Ministero dell'Economia e delle Finanze [C-79/08], en Ministero delle Finanze v. Michele Franchetto [C-80/08])

Eerste kamer: *A Tizzano, kamerpresident, J. J. Kasel (rapporteur), M. Ilešič, M. Safjan en M. Berger, rechters*

Advocaat-generaal: *N. Jääskinen*

1. De verzoeken om een prejudiciële beslissing betreffen de uitlegging van artikel 87 EG en het beginsel van verbod van rechtsmisbruik op belastinggebied.

2. Deze verzoeken zijn ingediend in het kader van drie gedingen tussen respectievelijk het Ministero dell'Economia e delle Finanze en de Agenzia delle Entrate en Paint Graphos Soc. coop. arl (hierna: 'Paint Graphos') (C-78/08); Adige Carni Soc. coop. arl, in liquidatie (hierna: 'Adige Carni'), de Agenzia delle Entrate en het Ministero dell'Economia e delle Finanze (C-79/08); en het Ministero delle Finanze en Franchetto (C-80/08) over verzoeken met het oog op de verkrijging van vrijstelling van meerdere belastingen ten voordele van productie- en arbeidscoöperaties onder het Italiaanse belastingrecht.

Toepasselijke bepalingen

Recht van de Unie

3. Op 10 december 1998 heeft de Commissie van de Europese Gemeenschappen een mededeling over de toepassing van de regels betreffende steunmaatregelen van de staten op maatregelen op het gebied van de directe belastingen op ondernemingen (*PB* C 384, blz. 3; hierna: 'mededeling inzake directe belastingen op ondernemingen') bekendgemaakt, waarin zij bepaalde aspecten op het gebied van staatssteun in de vorm van fiscale maatregelen wil verduidelijken.

4. Na de vaststelling van verordening (EG) nr. 1435/2003 van de Raad van 22 juli 2003 betreffende het statuut voor een Europese Coöperatieve Vennootschap (SCE) (*PB* L 207, blz. 1, met rectificatie in *PB* 2007, L 49, blz. 35), heeft de Commissie in haar mededeling van 23 februari 2004 aan de Raad, het Europees Parlement, het Europees Economisch en Sociaal Comité en het Comité van de Regio's over de bevordering van coöperatieve vennootschappen in Europa [COM(2004) 18 def.; hierna: 'mededeling over de bevordering van coöperatieve vennootschappen in Europa'], de specifieke kenmerken van de coöperatieve vennootschappen duidelijk naar voren doen komen en maatregelen voorgesteld om de ontwikkeling van deze vennootschapsvorm in de lidstaten te bevorderen.

Nationale regeling

5. Artikel 45 van de Italiaanse grondwet luidt als volgt:

'De Republiek erkent de sociale functie van de op onderlinge bijstand gebaseerde coöperatie zonder particuliere speculatiedoeleinden. De wet ondersteunt en bevordert de ontwikkeling ervan met gepaste maatregelen en waarborgt met behulp van gepast toezicht de hoedanigheid en doeleinden ervan. De wet voorziet in de bescherming en de ontwikkeling van de ambachtelijke sector.'

6. Decreet nr. 601 van de president van de Republiek van 29 september 1973 inzake de regeling van belastingvoordelen (gewoon supplement bij de GURI nr. 268 van 16 oktober 1973, blz. 3), voorzag in de op de feiten van het hoofdgeding geldende versie (hierna: 'DPR nr. 601/1973') in het volgende:

'*Artikel 10 (Landbouw- en kleinevisserijcoöperaties)*

1. Van de belasting over het inkomen van rechtspersonen en de plaatselijke inkomstenbelasting zijn vrijgesteld de inkomsten die coöperatieve vennootschappen en hun consortia behalen met de fokkerij van dieren die worden gevoed met voer dat voor ten minste een kwart van de grondstukken van de leden afkomstig is, alsook de be- en verwerking en verkoop – binnen de grenzen gesteld sub c van artikel 28 van het decreet nr. 597 van de president van de Republiek van 29 september 1973 – van landbouw- of zoötechnische producten en van dieren die door de leden zijn ingebracht, binnen de grenzen van de mogelijkheden van hun grondstukken.

2. Indien de door de coöperatie of haar leden uitgeoefende activiteiten de grenzen bedoeld in het voorafgaande lid en sub b en c van artikel 28 van genoemd decreet overschrijden, is de vrijstelling van toepassing op dat deel van het inkomen van de coöperatie of het consortium dat overeenkomt met de landbouwinkomsten van de grondstukken van de leden.

3. De inkomsten van kleinevisserijcoöperaties en hun consortia zijn vrijgesteld van de belasting op het inkomen van rechtspersonen en de plaatselijke inkomstenbelasting. Als kleinevisserijcoöperaties worden beschouwd zij die de zeevisserij beroepsmatig bedrijven met uitsluitend gebruikmaking van schepen van de categorieën 3 en 4 als bedoeld in artikel 8 van decreet nr. 1639 van de president van de Republiek van 2 oktober 1968, of de visserij op binnenwateren.

Artikel 11 (Productie- en arbeidscoöperaties)

'1. De inkomsten van productie- en arbeidscoöperaties en van hun consortia zijn vrijgesteld van de belasting op het inkomen van rechtspersonen en van de plaatselijke inkomstenbelasting indien het bedrag van de lonen die worden betaald aan de leden die hun arbeid permanent inbrengen, met inbegrip van de in het laatste lid bedoelde bedragen, niet lager is dan 60% van het totale bedrag van alle andere kosten, met uitzondering van de kosten van grondstoffen en leveringen. Indien het bedrag van de lonen lager is dan 60%, maar niet lager dan 40%, van het totale bedrag van de overige kosten, wordt de belasting op het inkomen van rechtspersonen en de plaatselijke inkomstenbelasting gehalveerd.

2. De bepalingen van het voorgaande lid zijn van toepassing op productiecoöperaties, mits de leden voldoen aan alle eisen die voor de leden van arbeidscoöperaties zijn voorzien bij artikel 23 van wetsbesluit van het voorlopig staatshoofd [nr. 1577] van 14 december 1947, zoals gewijzigd.

3. Bij de berekening van de inkomsten van productie- en arbeidscoöperaties en van hun consortia kunnen de aan de in loondienst werkzame leden als salarisaanvulling betaalde bedragen worden afgetrokken tot het bedrag van de gebruikelijke lonen, vermeerderd met 20%.'

Artikel 12 (Overige coöperatieve vennootschappen)

'1. Voor de andere coöperatieve vennootschappen en hun consortia dan die aangegeven in de artikelen 10 en 11 wordt de belasting op het inkomsten van rechtspersonen en de plaatselijke inkomstenbelasting met een kwart verlaagd.

2. De vennootschap of het consortium heeft wat de plaatselijke inkomstenbelasting betreft de keuze of zij de toepassing van de aftrekken voorzien in het vierde lid van artikel 7 van decreet nr. 599 van de president van de Republiek van 29 september 1973 in plaats van de bij het vorige lid voorziene kortingen wenst. De keuze moet worden gemaakt in de jaarlijkse aangifte, waaraan op straffe van nietigheid de lijst van de leden waarop deze aftrekken van toepassing is, moet worden toegevoegd.

3. Voor consumentencoöperaties en hun consortia worden onverminderd de bepalingen van de voorafgaande leden de onder de leden verdeelde bedragen in de vorm van restituties van een deel van de aankoopprijs van gekochte goederen tot de inkomensaftrek toegelaten.'

Artikel 13 (Financiering van de leden)

'1. Van de plaatselijke inkomstenbelasting zijn vrijgesteld de rente over de bedragen, anders dan het deel van het maatschappelijk kapitaal dat natuurlijke personen aan de coöperatie en haar consortia ter beschikking stellen of dat deze van de leden inhouden, mits:

a. de stortingen en inhoudingen uitsluitend plaatsvinden ter bereiking van het maatschappelijke doel en zij niet meer bedragen dan 40 miljoen ITL per lid. Dit plafond wordt op 80 miljoen ITL vastgesteld voor coöperaties op het gebied van de conservering, de behandeling, de verwerking en de verkoop van landbouwgoederen en voor productie- en arbeidscoöperaties;

b. de rente over deze sommen mag niet het renteplafond overschrijden dat geldt voor houders van depositocertificaten van de postbank.

[...]'

Artikel 14 (Voorwaarden voor de toepasselijkheid van de voordelen)

'1. De belastingvoordelen van deze titel zijn van toepassing op de coöperatieve vennootschappen en op de consortia ervan die voldoen aan de beginselen van onderlinge bijstand als voorzien in de wetten van de Staat, en die zijn ingeschreven in de prefectorale registers of in het algemene coöperatieregister.

2. Aan de vereisten van onderlinge bijstand wordt geacht te zijn voldaan indien de voorwaarden van artikel 26 van wetsbesluit van het voorlopig staatshoofd nr. 1577 van 14 december 1947 [houdende maatregelen tot samenwerking (GURI nr. 17 van 22 januari 1948)], zoals gewijzigd (hierna: 'wetsbesluit nr. 1577/1947'), uitdrukkelijk in de statuten zijn opgenomen, zonder afwijkingsmogelijkheid, en indien die voorwaarden daadwerkelijk in acht zijn genomen in het belastingtijdvak en in de vijf daaraan voorafgaande jaren, of, in voorkomend geval, gedurende de tijd die sinds de goedkeuring van de statuten is verstreken, indien dat minder dan vijf jaar is.

3. De belastingdienst controleert in overleg met het ministerie van Arbeid of de andere toezichthoudende organen de voorwaarden voor de toepasselijkheid van de belastingvoordelen.'

7. Artikel 26 van wetsbesluit nr. 1577/1947 is als volgt verwoord:

'Voor de belastingheffing worden de voorwaarden ter zake van het doel van onderlinge bijstand geacht te zijn vervuld, wanneer de statuten van de coöperatie de volgende bepalingen bevatten:

a. verbod om hogere dividenden uit te keren dan het tarief van de wettelijke rente over het daadwerkelijk uitgekeerde kapitaal;
b. verbod om de reserves gedurende de levensduur van de vennootschap onder de leden te verdelen;
c. in geval van ontbinding van de vennootschap, overgang van het gehele vermogen van de vennootschap, na aftrek van enkel het uitgekeerde kapitaal of de eventueel verschuldigde dividenden, naar doelstellingen van algemeen nut die met de geest van onderlinge bijstand in overeenstemming zijn.
[…]'

8. Artikel 12 van wet nr. 904 van 16 december 1977 houdende wijzigingen van de regeling inzake de belasting op het inkomen van rechtspersonen en de regeling inzake de belasting op dividenden en kapitaalverhogingen, aanpassing van het minimumkapitaal van vennootschappen en overige bepalingen op het gebied van de belastingen en het vennootschapsrecht (GURI nr. 343 van 17 december 1977), voorziet in het volgende:

> 'Onverminderd de bepalingen van titel III van decreet nr. 601 van de president van de Republiek van 29 september 1973, zoals gewijzigd en aangevuld, dragen de sommen die voor de niet-verdeelbare reserves zijn bestemd, niet bij tot de vorming van het belastbare inkomen van coöperatieve vennootschappen en hun consortia, mits de mogelijkheid is uitgesloten dat zij in enigerlei vorm aan de vennoten worden uitgekeerd en zulks zowel voor de levensduur van de vennootschap of het consortium als bij de ontbinding ervan.'

Hoofdgedingen

Zaak C-78/08

9. Na controles door de Guardia di Finanza heeft de belastingdienst van Matera aan Paint Graphos, een coöperatieve vennootschap naar Italiaans recht, een aanslag opgelegd, waarbij voor het jaar 1993 het bedrag van haar inkomsten voor de vaststelling van de belasting over het inkomen van rechtspersonen (hierna: 'IRPEG') en de plaatselijke inkomstenbelasting (hierna: 'ILOR') werd gerectificeerd. In dezelfde aanslag heeft de belastingdienst die vennootschap het recht op de vrijstellingen in de Italiaanse regelgeving ten voordele van coöperatieve vennootschappen geweigerd.

10. Paint Graphos heeft tegen deze belastingaanslag beroep ingesteld bij de Commissione tributaria provinciale di Matera (provinciale commissie voor belastingzaken van Matera), en daarbij haar recht op bedoelde belastingvrijstellingen ingeroepen. Het beroep werd door deze rechter gegrond verklaard.

11. De belastingdienst is van deze beslissing in hoger beroep gegaan bij de Commissione tributaria regionale della Basilicata (regionale commissie voor belastingzaken van Basilicata), die de in eerste aanleg genomen beslissing heeft bevestigd.

12. Het Ministero dell'Economia e delle Finanze en de Agenzia delle Entrate hebben tegen dit arrest beroep tot cassatie ingesteld, waarbij zij onder meer schending en onjuiste toepassing van de artikelen 11 en 14 van DPR nr. 601/1973 hebben ingeroepen.

Zaak C-79/08

13. Bij aanslag van 8 juni 1999 heeft de belastingdienst van Rovigo Adige Carni, een coöperatieve vennootschap naar Italiaans recht, in kennis gesteld van de intrekking van de belastingvoordelen van de artikelen 10 en volgende van DPR nr. 601/1973, de verhoging van haar belastbaar inkomen voor het jaar 1993 en de daaruit voortvloeiende hogere IRPEG en ILOR die deze vennootschap verschuldigd was. De belastingdienst voerde met name het bestaan van niet-aftrekbare kosten aan, in die zin dat zij niet schriftelijk waren onderbouwd of geen betrekking hadden op het belastingjaar in kwestie. Op basis van een proces-verbaal van de Guardia di Finanza kwam zij tevens op tegen de uitreiking van facturen voor niet-bestaande verrichtingen, waarvan het daarmee overeenkomende bedrag als inkomsten moest worden beschouwd. Daar Adige Carni dit bedrag niet als inkomsten had geboekt, beschouwde de belastingdienst dit bedrag als in strijd met artikel 11 DPR nr. 601/ 1973 aan de leden uitgekeerd.

14. Adige Carni heeft beroep ingesteld bij de Commissione tributaria provinciale di Rovigo, die de litigieuze aanslag nietig heeft verklaard.

15. De belastingdienst is van deze beslissing in hoger beroep gegaan bij de Commissione tributaria regionale, die de belastingaanslag en het verval van de door Adige Carmi genoten belastingvrijstellingen heeft bevestigd.

16. Deze laatste heeft daarop beroep tot cassatie ingesteld, en daarbij onder meer gesteld dat de beslissing tot weigering van de betrokken belastingvrijstellingen niet, althans ontoereikend, was gemotiveerd.

Zaak C-80/08

17. De belastingdienst van Monfalcone heeft de door Franchetto, een Italiaanse staatsburger, ingediende aangiften inkomstenbelasting voor de jaren 1984 tot en met 1988 gerectificeerd op grond dat hij als lid van de coöperatie Cooperativa Maricoltori Alto Adriatico rl, (hierna: 'Cooperativa Maricoltori'), met als doel het kweken en verkopen

van weekdieren, zoals nog andere leden zelfstandig op de markt was opgetreden, terwijl deze vennootschap, op naam waarvan de aankoop- en verkoopfacturen waren gesteld, bij elke verkoop een provisie voor elke verrichte dienst ontving en het bedrag van de prijsverhoging uitdeelde aan de leden in plaats van het toe te voegen aan de daartoe bedoelde reserves.

18. Wat de Cooperativa Maricoltori aangaat, zijn de vrijstellingen die uit hoofde van de IRPEG zijn verleend voor de jaren 1984 en 1985 teruggedraaid en de daarmee overeenkomende bedragen teruggevorderd door de belastingdienst van Monfalcone. Het door deze vennootschap ingestelde beroep ter zake van het jaar 1985 is door de Commissione tributaria di primo grado di Trieste (commissie voor belastingszaken in eerste aanleg van Triëste) verworpen, terwijl ter zake van het belastingjaar 1984 fiscale amnestie is verleend.

19. Franchetto is tegen de hem betreffende belastingaanslag opgekomen bij de Commissione tributaria di primo grado di Trieste, waarbij hij heeft ingeroepen dat niet kan worden betwist dat voldaan is aan de voorwaarden voor erkenning van deze vennootschap als coöperatie, in die zin dat niet, als voorzien in artikel 14 van DPR nr. 601/1973, het advies van het ministerie van Arbeid was ingewonnen.

20. De Commissione tributaria di primo grado di Trieste heeft het beroep van Franchetto gegrond verklaard.

21. In tweede aanleg, op het door de belastingdienst van Monfalcone ingestelde hoger beroep, heeft de Commissione tributaria di secondo grado di Trieste (commissie voor belastingzaken in tweede aanleg van Triëste) echter in zijn nadeel beslist, daar zij van oordeel was dat de Cooperativa Maricoltori geen doelstellingen van onderlinge bijstand nastreefde, maar 'consortiale' doelstellingen.

22. Na te zijn aangezocht door Franchetto, die betoogde dat zijn situatie dezelfde was als die van een lid in loondienst van een coöperatie dat als zodanig was aangegeven in haar statuten, heeft de Commissione tributaria centrale di Roma (centrale commissie voor belastingzaken van Rome), zonder onderzoek ten gronde van de door verzoeker aangevoerde argumenten, geoordeeld dat het voordeel van de belastingvrijstellingen niet aan de genoemde coöperatieve vennootschap kon worden geweigerd zonder eerst het verplichte advies van het ministerie van Arbeid in te winnen.

23. Het ministero delle Finanze verzoekt in cassatie om vernietiging van de beslissing van laatstgenoemde instantie, waarbij het onder meer steunt op schending van artikel 14 van DPR nr. 601/1973, op grond dat de belastingaanslag gericht was tot het lid van de coöperatieve vennootschap en niet tot deze laatste als zodanig, en dat het om die reden niet nodig was om het advies van het ministerie van Arbeid in te winnen.

24. Bij beschikking van de president van het Hof van 31 maart 2008 zijn de zaken C-78/08 tot en met C-80/08 gevoegd voor de schriftelijke en de mondelinge behandeling en voor het arrest.

Prejudiciële vragen

25. Na te hebben opgemerkt dat bij hem aanhangige gedingen als voorwerp het recht op gehele of gedeeltelijke vrijstelling van verschillende belastingen hebben die de Italiaanse regelgeving voorbehoudt aan de coöperatieve vennootschappen – vanwege het specifieke doel dat deze laatste nastreven, dat ook in artikel 45 van de Italiaanse grondwet is erkend, namelijk de bevordering van de sociale functie en het overwegend op onderlinge bijstand gestoelde karakter van dit type vennootschappen –, heeft de Corte suprema di cassazione (Hooggerechtshof van cassatie) geoordeeld dat, teneinde te bepalen of deze voordelen met het recht van de Unie in overeenstemming waren, eerst moest worden nagegaan of en in voorkomend geval onder welke voorwaarden het feit dat de betrokken coöperatieve vennootschappen zo vaak aanzienlijke belastingbesparingen kunnen realiseren, met de gemeenschappelijke markt onverenigbare steun in de zin van artikel 87, lid 1, EG vormt. Een dergelijke onverenigbaarheid zou er immers op grond van de rechtstreekse werking van artikel 88, lid 3, EG toe leiden dat de nationale autoriteiten, de gerechtelijke daaronder begrepen, DPR nr. 601/1973 buiten toepassing moeten laten.

26. In soortgelijke zin zou, wanneer de keuze van de betrokken ondernemingen voor de vorm van een coöperatie zou neerkomen op rechtsmisbruik dat indruist tegen de marktregels, de vrije concurrentie en het beginsel van gelijke behandeling, het gevolg daarvan zijn dat de coöperatieve vennootschap die rechtsvorm niet aan de belastingdienst zou kunnen tegenwerpen, welke laatste deze vennootschappen dan zou kunnen belasten op basis van de normale belastingregels die gelden voor ondernemingen met een winstoogmerk. Volgens de Corte suprema di cassazione moet men zich afvragen of de betrokken voordelen gerechtvaardigd en evenredig zijn, gelet op niet alleen de omvang en het marktaandeel van sommige coöperatieve vennootschappen, maar ook de tekortkomingen in het toezicht zoals voorzien in het nationale recht.

27. De verwijzende rechter wijst er dienaangaande op dat enkel door interventie van de polizia tributaria (belastingpolitie) kon worden vastgesteld dat de in het hoofdgeding betrokken coöperatieve vennootschappen geen doelstelling van onderlinge bijstand nastreefden, anders dan zij beweerden en in hun statuten tot uiting hadden gebracht, terwijl de met het toezicht belaste instanties die moesten nagaan of de in het Italiaanse regelgeving gestelde voorwaarden inzake het doel van onderlinge bijstand waren vervuld, niet in staat waren geweest om deze onregelmatigheid aan het licht te brengen. Dergelijke tekortkomingen in het systeem werken misbruik in de hand

wanneer de criteria moet worden toegepast op grond waarvan de coöperatieve vennootschappen het voordeel van de gunstigere belastingregeling kunnen genieten.

28. Daarop heeft de Corte suprema di cassazione de behandeling van de zaken geschorst en het Hof de volgende prejudiciële vragen gesteld, die gelijkluidend zijn in de drie zaken C-78/08 tot en met C-80/08:

> '[1.] [Z]ijn de belastingvoordelen voor coöperatieve vennootschappen, geregeld in de artikelen 10, 11, 12, 13 en 14 van DPR [nr. 601/1973], verenigbaar met de mededingingsregels en kunnen zij worden aangemerkt als staatssteun in de zin van artikel 87 van het EG-Verdrag, vooral gezien de ondeugdelijkheid van het systeem van controle en correctie van misbruik, dat is vastgesteld bij [wetsbesluit nr. 1577/1947]?
> [2.] [K]unnen de betrokken maatregelen, in het bijzonder met het oog op de kwalificatie daarvan als staatssteun, evenredig worden geacht aan de doeleinden van de coöperatieve vennootschap? Kan bij de beoordeling van de evenredigheid, behalve met de afzonderlijke maatregel, ook rekening worden gehouden met het voordeel dat de maatregelen in hun geheel opleveren, met de daaruit voortvloeiende mededingingsverstoring?
> [3.] Bij de beantwoording van de voorgaande vragen moet rekening worden gehouden met het feit dat het controlesysteem nog verder is verzwakt door de hervorming van het vennootschapsrecht bij wet nr. 311 van 2004, vooral wat betreft de coöperaties die overwegend en niet volledig op onderlinge bijstand berusten.
> [4.] [K]an, ongeacht of de betrokken belastingvoordelen als staatssteun kunnen worden aangemerkt, het gebruik van de rechtsvorm van de coöperatieve vennootschap, ook buiten gevallen van fraude of schijntransacties, worden aangemerkt als rechtsmisbruik indien die vorm uitsluitend of hoofdzakelijk wordt gebruikt om belasting te besparen?'

Ontvankelijkheid van de verzoeken om een prejudiciële beslissing

29. Paint Graphos, Adige Carni en de regeringen die bij het Hof opmerkingen hebben ingediend, met uitzondering van de Franse regering, alsook de Commissie hebben twijfels geuit ten aanzien van de ontvankelijkheid van de onderhavige verzoeken om een prejudiciële beslissing, althans op zijn minst de ene of de andere gestelde vraag. Ze hebben dus enkel in subsidiaire orde een standpunt ten gronde ingenomen.

30. Er moet om te beginnen aan worden herinnerd dat het in het kader van de procedure van artikel 267 VWEU het uitsluitend een zaak is van de nationale rechter aan wie het geschil is voorgelegd en die de verantwoordelijkheid draagt voor de te geven rechterlijke beslissing, om, gelet op de bijzonderheden van het geval, zowel de noodzaak van een prejudiciële beslissing voor het wijzen van zijn vonnis te beoordelen, als de relevantie van de vragen die hij aan het Hof voorlegt. Wanneer de vragen betrekking hebben op de uitlegging van Unierecht, is het Hof derhalve in beginsel verplicht daarop te antwoorden (zie onder meer arrest van 10 juni 2010, Bruno e.a., C-395/08 en C-396/08, nog niet gepubliceerd in de *Jurisprudentie*, punt 18 en aldaar aangehaalde rechtspraak).

31. Volgens vaste rechtspraak rust er een vermoeden van relevantie op de vragen betreffende de uitlegging van het gemeenschapsrecht die de nationale rechter heeft gesteld binnen het onder zijn eigen verantwoordelijkheid geschetste feitelijke en wettelijke kader, ten aanzien waarvan het niet aan het Hof is de juistheid te onderzoeken. Het Hof kan slechts weigeren uitspraak te doen op een verzoek van een nationale rechter wanneer duidelijk blijkt dat de gevraagde uitlegging van het Unierecht geen verband houdt met een reëel geschil of met het voorwerp van het hoofdgeding, of wanneer het vraagstuk van hypothetische aard is of het Hof niet beschikt over de gegevens, feitelijk en rechtens, die noodzakelijk zijn om een zinvol antwoord te geven op de gestelde vragen (arresten van 7 juni 2007, van der Weerd e.a., C-222/05-C-225/05, *Jurispr.* blz. I-4233, punt 22; en 22 juni 2010, Melki en Abdeli, C-188/10 en C-189/10, nog niet gepubliceerd in de *Jurisprudentie*, punt 27, en arrest Bruno e.a., reeds aangehaald, punt 19).

32. Het is enkel in uitzonderlijke omstandigheden dat het aan het Hof staat om, ter toetsing van zijn eigen bevoegdheid, een onderzoek in te stellen naar de omstandigheden waaronder de nationale rechter hem om een prejudiciële beslissing heeft verzocht (zie in die zin arrest van 13 maart 2001, PreussenElektra, C-379/98, *Jurispr.* blz. I-2099, punt 39). De geest van samenwerking die het verloop van de prejudiciële procedure moet beheersen, impliceert immers dat de nationale rechter oog heeft voor de aan het Hof opgedragen taak, te weten bij te dragen tot de rechtsbedeling in de lidstaten en niet adviezen over algemene of hypothetische vraagstukken te geven (arrest van 12 juni 2003, Schmidberger, C-112/00, *Jurispr.* blz. I-5659, punt 32 en aldaar aangehaalde rechtspraak).

33. Wat de onderhavige prejudiciële verwijzingen aangaat, verzoekt de nationale rechter met zijn eerste twee vragen of de belastingvoordelen die het betrokken nationale recht toekent aan coöperatieve vennootschappen met het recht van de Unie verenigbaar zijn en meer in het bijzonder of deze voordelen kunnen worden gekwalificeerd als 'staatssteun' in de zin van artikel 87, lid 1, EG.

34. Het is vaste rechtspraak dat het Hof in het kader van een overeenkomstig artikel 267 VWEU ingeleide procedure weliswaar niet bevoegd is om uitspraak te doen over de verenigbaarheid van het nationale recht met het Unierecht of om het nationale recht uit te leggen, doch daarentegen wel bevoegd is om de verwijzende rechter alle uitleggingsgegevens met betrekking tot het Unierecht te verschaffen die hem in staat stellen deze verenigbaarheid

te beoordelen bij de beslechting van het bij hem aanhangige geding (zie onder meer arresten van 15 december 1993, Hünermund e.a., C-292/92, *Jurispr.* blz. I-6787, punt 8, en 27 november 2001, Lombardini en Mantovani, C-285/99 en C-286/99, *Jurispr.* blz. I-9233, punt 27).

35. Preciezer gezegd is geoordeeld dat de bevoegdheid van de Commissie om de verenigbaarheid van steun met de gemeenschappelijke markt te beoordelen, er niet aan in de weg staat dat een nationale rechter het Hof een prejudiciële vraag stelt over de uitlegging van het begrip steun (arrest van 29 juni 1999, DM Transport, C-256/97, *Jurispr.* blz. I-3913, punt 15). Het Hof kan dus de verwijzende rechter alle uitleggingsgegevens met betrekking tot het Unierecht verschaffen die hem in staat stellen te beoordelen of een nationale maatregel als staatssteun in de zin van dat recht kan worden gekwalificeerd (zie arrest van 10 juni 2010, Fallimento Traghetti del Mediterraneo, C-140/09, nog niet gepubliceerd in de *Jurisprudentie*, punt 24 en aldaar aangehaalde rechtspraak).

36. Hieruit volgt dat de omstandigheid dat de eerste twee vragen zo zijn verwoord dat zij betrekking hebben op de verenigbaarheid van DPR nr. 601/1973 met de relevante bepalingen van het recht van de Unie, niet van dien aard is dat dit tot de niet-ontvankelijkheid ervan leidt.

37. Datzelfde geldt voor de omstandigheid dat de eerste van deze twee vragen tevens verwijst naar de artikelen 10 en 12 van DPR nr. 601/1973, die andere coöperatieve vennootschappen dan productie- en arbeidscoöperaties tot voorwerp hebben, ook al heeft de Corte suprema di cassazione de coöperatieve vennootschappen die in de hoofdgedingen betrokken zijn als 'productie- en arbeidscoöperaties' in de zin van artikel 11 van datzelfde decreet gekwalificeerd. De eerste twee vragen die zijn gesteld, moeten immers als ontvankelijk worden beschouwd voor zover zij doelen op de situatie van dit laatste type van coöperatieve vennootschappen, zoals deze zich voordoet in het licht van artikel 11 van genoemd decreet, gelezen, in voorkomend geval, in samenhang met de artikelen 13 en 14 daarvan.

38. Gelet op een en ander moeten de eerste twee vragen, die tezamen moeten worden onderzocht, aldus worden opgevat dat daarmee in wezen wordt gevraagd of en in voorkomend geval in welke mate de belastingvoordelen waarvan productie- en arbeidscoöperaties als die in de hoofdgedingen het voordeel genieten uit hoofde van een nationale regeling zoals die in artikel 11 van DPR nr. 601/1973, kunnen worden gekwalificeerd als 'staatssteun' in de zin van artikel 87, lid 1, EG.

39. Ten aanzien van de derde vraag moet worden vastgesteld dat de Corte suprema di cassazione daarin verwijst naar wetswijzigingen die na de feiten in de hoofdgedingen hebben plaatsgevonden. Ook de verwijzing naar wet nr. 311 van 2004 die in die vraag voorkomt, is zonder relevantie voor de beslechting van de geschillen die bij de verwijzende rechter aanhangig zijn. Bijgevolg is de derde vraag niet-ontvankelijk.

40. Aangaande de vierde vraag van de verwijzende rechter, betreffende eventueel rechtsmisbruik door de vennootschappen die in de hoofdgedingen zijn betrokken, moet eraan worden herinnerd dat de justitiabelen volgens rechtspraak van het Hof in geval van bedrog of misbruik geen beroep op het Unierecht kunnen doen (zie onder meer arresten van 21 februari 2006, Halifax e.a., C-255/02, *Jurispr.* blz. I-1609, punt 68, en 20 september 2007, Tum en Dari, C-16/05, *Jurispr.* blz. I-7415, punt 64).

41. Het staat echter vast dat de voordelen die krachtens DPR nr. 601/1973 aan de coöperatieve vennootschappen in het hoofdgeding zijn toegekend, uitsluitend bij Italiaans recht zijn ingevoerd, en niet het recht van de Unie. Het is derhalve uitgesloten dat in de onderhavige zaak afbreuk wordt gedaan aan het beginsel van het verbod van rechtsmisbruik in het recht van de Unie.

42. Daar de vierde vraag dus geen betrekking heeft op de uitlegging van het recht van de Unie, is het Hof niet bevoegd om ervan kennis te nemen.

Beantwoording van de prejudiciële vragen

43. Om een antwoord te kunnen geven op de eerste twee vragen zoals geherformuleerd in punt 38 van het onderhavige arrest, moeten de verwijzende rechter alle uitleggingsgegevens worden verschaft over de voorwaarden waaronder ingevolge artikel 87, lid 1, EG een nationale maatregel als staatssteun kan worden aangemerkt, te weten in de eerste plaats de financiering van die maatregel door de staat of met staatsmiddelen, in de tweede plaats de selectiviteit van die maatregel en in derde plaats de invloed ervan op het handelsverkeer tussen de lidstaten en de daaruit voortvloeiende vervalsing van de mededinging. Deze drie voorwaarden moeten dus successievelijk worden onderzocht.

Voorwaarde inzake financiering van de maatregel door de staat of met staatsmiddelen

44. Artikel 87, lid 1, EG heeft betrekking op 'steunmaatregelen van de staten of in welke vorm ook met staatsmiddelen bekostigd'.

45. Volgens vaste rechtspraak heeft het begrip steun een algemenere strekking dan het begrip subsidie, daar het niet alleen positieve prestaties zoals de subsidie zelf omvat, maar ook overheidsmaatregelen die, in verschillende vormen, de lasten verlichten die normaliter op het budget van een onderneming drukken en daardoor – zonder

subsidies in de strikte zin van het woord te zijn – van dezelfde aard zijn en identieke gevolgen hebben (zie onder meer arresten van 8 november 2001, Adria-Wien Pipeline en Wietersdorfer & Peggauer Zementwerke, C-143/99, *Jurispr.* blz. I-8365, punt 38; 15 juli 2004, Spanje/Commissie, C-501/00, *Jurispr.* blz. I-6717, punt 90 en aldaar aangehaalde rechtspraak, en 10 januari 2006, Cassa di Risparmio di Firenze e.a., C-222/04, *Jurispr.* blz. I-289, punt 131).

46. Een maatregel waarbij de overheid aan bepaalde ondernemingen een belastingvrijstelling verleent die, hoewel in dat kader geen staatsmiddelen worden overgedragen, de financiële situatie van de begunstigden verbetert ten opzichte van de andere belastingplichtigen, is bijgevolg als een 'steunmaatregel van de staat' in de zin van artikel 87, lid 1, EG aan te merken. Ook een maatregel waarbij aan bepaalde ondernemingen een belastingvermindering of een uitstel van betaling van de normaliter verschuldigde belasting wordt verleend, kan een steunmaatregel van de staat zijn (arrest Cassa di Risparmio di Firenze e.a., reeds aangehaald, punt 132).

47. Een nationale maatregel zoals die aan de orde in de hoofdgedingen, wordt dus met staatsmiddelen bekostigd.

Voorwaarden inzake selectiviteit van de litigieuze maatregel

48. Artikel 87, lid 1, EG verbiedt steunmaatregelen die 'bepaalde ondernemingen of bepaalde producties' begunstigen, dus selectieve steunmaatregelen.

49. De kwalificatie van een nationale belastingmaatregel als 'selectief' veronderstelt dus in de eerste plaats dat wordt bepaald en onderzocht welke algemene of 'normale' belastingregeling geldt in de betrokken lidstaat. Vervolgens moet worden beoordeeld en vastgesteld of het door de betrokken belastingmaatregel verschafte voordeel eventueel selectief is ten opzichte van die algemene belastingregeling, door te bewijzen dat die maatregel van voornoemde algemene regeling afwijkt, voor zover zij differentiaties invoert tussen marktdeelnemers die zich, gelet op het doel van het belastingstelsel van de betrokken lidstaat, in een feitelijk en juridisch vergelijkbare situatie bevinden (zie in die zin arrest van 6 september 2006, Portugal/Commissie, C-88/03, *Jurispr.* blz. I-7115, punt 56).

50. In dat verband volgt uit alle aanwijzingen waarover het Hof beschikt dat met het oog op de berekening van de belasting over het inkomen van rechtspersonen, de belastinggrondslag voor de betrokken productie- en arbeidscoöperaties op dezelfde wijze wordt bepaald als voor andere soorten vennootschappen, dat wil zeggen afhankelijk van de nettowinst uit ondernemingsactiviteiten aan het einde van het belastingjaar. Er moet dus van worden uitgegaan dat de vennootschapsbelasting het juridische referentiestelsel is aan de hand waarvan moet worden bepaald of de betrokken maatregel mogelijkerwijs selectief is.

51. Vervolgens moet worden opgemerkt dat, in afwijking van de algemene regel die op rechtspersonen van toepassing is, het belastbare inkomen van productie- en arbeidscoöperaties van de vennootschapsbelasting is vrijgesteld. Deze coöperatieve vennootschappen genieten dus een belastingvoordeel waarop de ondernemingen met winstoogmerk geen aanspraak kunnen maken.

52. Uit artikel 11 van DPR nr. 601/1973 volgt dat een voordeel als dat in de hoofdgedingen niet op alle marktdeelnemers van toepassing is, maar afhankelijk van de rechtsvorm van de onderneming wordt toegekend, namelijk al of niet een coöperatieve vennootschap (zie in die zin arrest Cassa di Risparmio di Firenze e.a., reeds aangehaald, punt 136).

53. Gepreciseerd moet nog worden dat een steunmaatregel zelfs wanneer hij een gehele economische sector betreft, selectief kan zijn in de zin van artikel 87, lid 1, EG (zie onder meer arrest van 17 juni 1999, België/Commissie, C-75/97, *Jurispr.* blz. I-3671, punt 33).

54. Bijgevolg moet worden bepaald of belastingvrijstellingen zoals die in de hoofdgedingen, bepaalde ondernemingen of bepaalde producties kunnen begunstigen ten opzichte van andere ondernemingen die zich in een feitelijk en juridisch vergelijkbare situatie bevinden, gelet op de doelstelling van het stelsel van vennootschapsbelasting, namelijk de belasting van de winst van vennootschappen.

55. Coöperatieve vennootschappen, de vorm waarin de juridische entiteiten in de hoofdgedingen zijn opgericht, volgen voor hun wijze van functioneren specifieke beginselen die hen duidelijk onderscheiden van andere marktdeelnemers. Zowel de Uniewetgever, met de vaststelling van verordening nr. 1435/2003, als de Commissie, met haar mededeling over de bevordering van coöperatieve vennootschappen in Europa, hebben op deze specifieke kenmerken opmerkzaam gemaakt.

56. Zij behelzen met name, zoals is uiteengezet in punt8 van de considerans van genoemde verordening, het beginsel van de voorrang van de individuele persoon, hetgeen tot uiting komt in specifieke bepalingen betreffende de voorwaarden inzake toetreding, uittreding en uitsluiting van de leden. In punt 10 van de considerans van diezelfde verordening is gepreciseerd dat het batig saldo en de reserves na ontbinding verdeeld dienen te worden aan een ander coöperatief lichaam dat soortgelijke doeleinden van algemeen belang nastreeft.

57. Wat het bestuur van coöperatieve vennootschappen betreft, moet worden opgemerkt dat deze niet ten voordele van externe investeerders worden bestuurd. Volgens de punten 8 en 9 van de considerans van verordening nr.

1435/2003 en punt 1.1 van de mededeling over de bevordering van coöperatieve vennootschappen in Europa, wordt de controle over de vennootschap in gelijke delen door de leden uitgeoefend, daarmee uitdrukking gevend aan de regel 'één stem per lid'. De reserves en de activa zijn in gemeenschappelijke handen, niet-verdeelbaar en alleen te gebruiken in het gemeenschappelijke belang van de leden.

58. Wat het functioneren van coöperatieve vennootschappen betreft, moet worden opgemerkt dat, zoals onder meer is aangegeven in punt 10 van de considerans van verordening nr. 1435/2003 en punt 1.1 van de mededeling over de bevordering van coöperatieve vennootschappen in Europa, zij, gelet op de voorrang van de individuele persoon, dienen tot wederzijds voordeel van hun leden, die tegelijkertijd de afnemer, werknemer of leverancier ervan zijn, opdat elk van hen van de activiteiten van de SCE profijt kan trekken naar rata van zijn deelneming en zijn transacties met deze vennootschap.

59. Zoals is gepreciseerd in punt 2.2.3 van diezelfde mededeling hebben coöperatieve vennootschappen geen of weinig toegang tot de aandelenbeurzen, zodat zij voor hun ontwikkeling steunen op hun eigen kapitaal of op krediet. Deze situatie is te wijten aan het feit dat de aandelen in de coöperatieve vennootschappen niet aan de beurs genoteerd zijn en zij dus niet verhandelbaar zijn. Zoals wordt benadrukt in punt 10 van de considerans van verordening nr. 1435/2003, dient de beloning van het geleende kapitaal en van de deelnemingen bovendien beperkt te zijn, hetgeen de investering in een coöperatieve vennootschap minder aantrekkelijk maakt.

60. Bijgevolg is de winstmarge van deze specifieke soort van vennootschap aanzienlijk kleiner dan die van kapitaalvennootschappen, die zich beter aan de eisen van de markt kunnen aanpassen.

61. Gelet op de specifieke kenmerken van coöperatieve vennootschappen moet dus worden vastgesteld dat productie- en arbeidscoöperaties zoals die in de hoofdgedingen aan de orde, in beginsel niet kunnen worden geacht zich in een vergelijkbare feitelijke en juridische situatie te bevinden als commerciële ondernemingen, voor zover zij evenwel in het economisch belang van hun leden optreden en zij met deze laatste niet een zuiver commerciële, maar een bijzondere persoonlijke relatie onderhouden, waarin de leden actief betrokken worden en recht hebben op een billijk aandeel in de economische resultaten.

62. Productie- en arbeidscoöperaties die immers andere kenmerken vertonen dan die welke inherent zijn aan dit type van vennootschap streven niet daadwerkelijk een doelstelling van onderlinge bijstand na en moeten dus worden onderscheiden van het model zoals omschreven in de mededeling over de bevordering van coöperatieve vennootschappen in Europa van de Commissie.

63. Als laatste analyse moet de verwijzende rechter aan de hand van de criteria genoemd in de punten 55 tot en met 62 van het onderhavige arrest nagaan of, gelet op alle omstandigheden van de gedingen waarin hij uitspraak moet doen, de productie- en arbeidscoöperaties die in de hoofdgedingen aan de orde zijn, zich feitelijk in een vergelijkbare situatie bevinden als ondernemingen met een winstoogmerk die aan de vennootschapsbelasting zijn onderworpen.

64. Mocht de nationale rechter tot de conclusie komen dat in de gedingen die bij hem aanhangig zijn de voorwaarde die in het vorige punt is genoemd ook daadwerkelijk is vervuld, moet nog conform de rechtspraak van het Hof worden bepaald of belastingvrijstellingen zoals die welke in de hoofdgedingen aan de orde zijn, gerechtvaardigd worden door de aard of de algemene opzet van het belastingstelsel waarvan zij een onderdeel vormen (zie in die zin arrest Adria-Wien Pipeline en Wietersdorfer & Peggauer Zementwerke, reeds aangehaald, punt 42).

65. Een maatregel die een uitzondering op de toepassing van het algemene belastingstelsel vormt, kan worden gerechtvaardigd, wanneer de betrokken lidstaat kan aantonen dat deze maatregel rechtstreeks uit de basis- of hoofdbeginselen van zijn belastingstelsel voortvloeit (zie arrest Portugal/Commissie, reeds aangehaald, punt 81).

66. In die context moeten de verwijzende rechter de volgende preciseringen worden gegeven zodat hij op dienstige wijze uitspraak kan doen in de gedingen die bij hem aanhangig zijn.

67. Het Hof heeft herhaaldelijk geoordeeld dat het door overheidsinterventies nagestreefde doel niet volstaat om ten aanzien daarvan meteen de kwalificatie als 'steunmaatregel' in de zin van artikel 87 EG uit te sluiten (zie onder meer arrest van 22 december 2008, British Aggregates/Commissie, C-487/06 P, *Jurispr.* blz. I-10505, punt 84 en aldaar aangehaalde rechtspraak).

68. Artikel 87, lid 1, EG maakt namelijk geen onderscheid naar de redenen of doeleinden van de maatregelen van de staten, maar ziet op hun gevolgen (arrest British Aggregates/Commissie, reeds aangehaald, punt 85 en aldaar aangehaalde rechtspraak).

69. Een maatregel die een uitzondering op de toepassing van het algemene belastingstelsel maakt, kan worden gerechtvaardigd, wanneer deze maatregel rechtstreeks uit de basis- of hoofdbeginselen van genoemd belastingstelsel voortvloeit. In dit verband moet een onderscheid worden gemaakt tussen de doelstellingen van een specifiek belastingstelsel die buiten dat stelsel zijn gelegen, en de voor het bereiken van dergelijke doelstellingen noodzakelijke mechanismen die inherent zijn aan het belastingstelsel zelf (zie in die zin arrest Portugal/Commissie, reeds aangehaald, punt 81).

70. Bijgevolg kunnen belastingvrijstellingen die een doelstelling nastreven die vreemd is aan het belastingstelsel waarvan zij onderdeel uitmaken, niet ontsnappen aan de vereisten die uit artikel 87, lid 1, EG voortvloeien.

71. Zoals vervolgens uit punt 25 van de mededeling inzake directe belastingen op ondernemingen volgt, is de Commissie van oordeel dat de aard of de algemene opzet van het nationale belastingstelsel met recht kan worden ingeroepen om te rechtvaardigen dat coöperatieve vennootschappen die hun gehele winst aan hun leden uitkeren, niet op het niveau van de coöperatie worden belast, vooropgesteld dat de belasting bij haar leden wordt geheven.

72. Tot slot, zoals de Commissie in haar schriftelijke opmerkingen te kennen heeft gegeven, is zij tevens van mening dat een nationale maatregel niet door de aard of de algemene opzet van het betrokken belastingstelsel kan worden gerechtvaardigd, wanneer dit vrijstelling van belasting toestaat op winst die is behaald met handelstransacties met derden die geen lid van de coöperatie zijn of aftrek van bedragen die aan deze laatste bij wijze van vergoedingen zijn uitgekeerd.

73. Daarnaast moet ervoor worden gewaakt dat het vereiste wordt geëerbiedigd van coherentie van een gegeven voordeel met niet alleen de inherente kenmerken van het betrokken belastingstelsel, maar ook met de uitvoering die aan dit stelsel wordt gegeven.

74. Het staat dus aan de betrokken lidstaat om controle- en toezichtprocedures in te voeren en te doen toepassen de geschikt zijn om de coherentie te waarborgen tussen de specifieke belastingmaatregelen ten gunste van coöperatieve vennootschappen en de logica en algemene opzet van het belastingstelsel en te voorkomen dat economische entiteiten deze specifieke rechtsvorm alleen kiezen om het voordeel te genieten van de voor dit type vennootschap voorziene voordelen op belastinggebied. Het staat aan de verwijzende rechter om na te gaan of aan dit vereiste is voldaan in de hoofdgedingen.

75. Hoe dan ook moet er nog voor worden gewaakt, opdat belastingvrijstellingen zoals die in het hoofdgeding gerechtvaardigd kunnen worden door de aard of de algemene opzet van het belastingstelsel van de betrokken lidstaat, dat zij met het evenredigheidsbeginsel in overeenstemming zijn en dat zij niet verder gaan dan nodig is, in die zin dat het legitiem nagestreefde doel niet met minder vergaande middelen kan worden bereikt.

76. Het staat aan de verwijzende recht om aan de hand van al de uitleggingsgevens die het Hof over het recht van de Unie heeft verstrekt in de punten 64 tot en met 75 van het onderhavige arrest, om te beoordelen of de belastingvoordelen ten gunste van de productie- en arbeidscoöperaties die in de hoofdgedingen aan de orde zijn, gerechtvaardigd zijn in het licht van de aard en de algemene opzet van het betrokken belastingstelsel.

Voorwaarden inzake de invloed op het handelsverkeer tussen de lidstaten en de vervalsing van de mededinging

77. Artikel 87, lid 1, EG verbiedt steunmaatregelen die het handelsverkeer tussen de lidstaten ongunstig beïnvloeden en de mededinging vervalsen of dreigen te vervalsen.

78. Om een nationale maatregel als staatssteun te kunnen kwalificeren, behoeft niet te worden vastgesteld of de steun in kwestie de handel tussen lidstaten werkelijk beïnvloedt en de mededinging daadwerkelijk vervalst, maar behoeft enkel te worden onderzocht of deze steunmaatregelen dat handelsverkeer ongunstig kunnen beïnvloeden en de mededinging kunnen vervalsen (arresten van 29 april 2004, Italië/Commissie, C-372/97, *Jurispr.* blz. I-3679, punt 44; en 15 december 2005, Unicredito Italiano, C-148/04, *Jurispr.* blz. I-11137, punt 54, en arrest Cassa di Risparmio e.a., reeds aangehaald, punt 140).

79. Meer in het bijzonder, wanneer steun van een lidstaat de positie van een onderneming ten opzichte van andere concurrerende ondernemingen in het intracommunautaire handelsverkeer versterkt, moet dit handelsverkeer worden geacht door de steun te worden beïnvloed (zie onder meer de reeds aangehaalde arresten Unicredito Italiano, punt 56 en aldaar aangehaalde rechtspraak, en Cassa di Risparmio di Firenze e.a., punt 141).

80. Het is in dat verband niet noodzakelijk dat de begunstigde onderneming zelf aan het intracommunautaire handelsverkeer deelneemt. Immers, wanneer een lidstaat steun toekent aan een onderneming, kan de binnenlandse activiteit in stand blijven of stijgen, met als gevolg dat de kansen van in andere lidstaten gevestigde ondernemingen om in die lidstaat op de markt te komen, afnemen. Bovendien kan de versterking van een onderneming die voordien niet deelnam aan het intracommunautaire handelsverkeer, haar in een situatie brengen waardoor zij de markt van een andere lidstaat kan betreden (reeds aangehaalde arresten Unicredito Italiano, punt 58, en Cassa di Risparmio di Firenze e.a., punt 143).

81. Bijgevolg moet worden vastgesteld dat een belastingvoordeel als dat in de hoofdgedingen aan de orde, het handelsverkeer tussen de lidstaten ongunstig kan beïnvloeden en de mededinging kan vervalsen in de zin van artikel 87, lid 1, EG.

82. Gelet op een en ander moet op de gestelde vragen zoals geherformuleerd in punt 38 van het onderhavige arrest, worden geantwoord dat belastingvrijstellingen zoals die aan de orde in de hoofdgedingen, die worden toegekend aan productie- en arbeidscoöperaties krachtens een nationale regeling als die in artikel 11 van DPR nr.

601/1973, slechts een 'steunmaatregel' in de zin van artikel 87, lid 1, EG opleveren voor zover aan alle voorwaarden voor toepassing van die bepaling is voldaan. In een situatie als die welke aanleiding heeft gegeven tot de gedingen die bij de verwijzende rechter aanhangig zijn, staat het aan hem om in het bijzonder na te gaan of de betrokken belastingvrijstellingen selectief zijn en of zij gerechtvaardigd worden door de aard of de algemene opzet van het nationale belastingstelsel waarvan zij onderdeel uitmaken, door met name te bepalen of de coöperatieve vennootschappen in de hoofdgedingen zich feitelijk in een vergelijkbare situatie bevinden als andere marktdeelnemers die zijn opgericht in de vorm van juridische entiteiten met een winstoogmerk en, indien dit inderdaad het geval is, of de gunstigere fiscale behandeling die aan genoemde coöperatieve vennootschappen is voorbehouden, inherent is aan de wezenlijke beginselen van het stelsel van belastingheffing dat in de betrokken lidstaat van toepassing is en voorts in overeenstemming is met de beginselen van coherentie en evenredigheid.

Kosten

83. …

HET HOF VAN JUSTITIE (Eerste kamer)

verklaart voor recht:

Belastingvrijstellingen zoals die aan de orde in de hoofdgedingen, die worden toegekend aan productie- en arbeidscoöperaties krachtens een nationale regeling als die in artikel 11 van decreet nr. 601 van de president van de Republiek van 29 september 1973 inzake de regeling van belastingvoordelen, in de versie die gold van 1984 tot en met 1993, leveren slechts een 'steunmaatregel' in de zin van artikel 87, lid 1, EG op voor zover aan alle voorwaarden voor toepassing van die bepaling is voldaan. In een situatie als die welke aanleiding heeft gegeven tot de gedingen die bij de verwijzende rechter aanhangig zijn, staat het aan hem om in het bijzonder na te gaan of de betrokken belastingvrijstellingen selectief zijn en of zij gerechtvaardigd worden door de aard of de algemene opzet van het nationale belastingstelsel waarvan zij onderdeel uitmaken, door met name te bepalen of de coöperatieve vennootschappen in de hoofdgedingen zich feitelijk in een vergelijkbare situatie bevinden als andere marktdeelnemers die zijn opgericht in de vorm van juridische entiteiten met een winstoogmerk en, indien dit inderdaad het geval is, of de gunstigere fiscale behandeling die aan genoemde coöperatieve vennootschappen is voorbehouden, inherent is aan de wezenlijke beginselen van het stelsel van belastingheffing dat in de betrokken lidstaat van toepassing is en voorts in overeenstemming is met de beginselen van coherentie en evenredigheid.

HvJ EG 15 september 2011, zaak C-310/09 (Ministre du Budget, des Comptes publics et de la Fonction publique v. Accor SA)

Eerste kamer: *A. Tizzano, kamerpresident, M. Ilešič, E. Levits (rapporteur), M. Safjan en M. Berger, rechters*
Advocaat-generaal: *P. Mengozzi*

1. Het verzoek om een prejudiciële beslissing heeft betrekking op de uitlegging van de artikelen 43 EG en 56 EG.

2. Dit verzoek is ingediend in het kader van een geding tussen de Ministre du Budget, des Comptes publics et de la Fonction publique en Accor SA (hierna: 'Accor') betreffende het verzoek van laatstgenoemde om teruggaaf van de roerende voorheffing die zij over de jaren 1999 tot en met 2001 heeft moeten betalen.

Toepasselijke bepalingen

3. In de versie van de loi de Finances pour 1989 (begrotingswet voor 1989) nr. 88-1149 van 23 december 1988 (*JORF* van 28 december 1988, blz. 16320), die gold tot en met 31 december 2000, bepaalde artikel 145 van de code général des impôts (Franse algemene belastingwet; hierna: 'CGI'):

> '1. De belastingregeling voor de moederondernemingen, zoals gedefinieerd in de artikelen 146 en 216, is toepasselijk op de ondernemingen en andere organismen die aan de vennootschapsbelasting tegen het normale tarief zijn onderworpen, met deelnemingen die aan de volgende voorwaarden voldoen:
> [...]
> b. Wanneer de kostprijs van de deelneming in de emitterende onderneming minder bedraagt dan 150 miljoen franc, moeten de deelnemingen minstens 10% van het kapitaal van de uitkerende onderneming vertegenwoordigen, waarbij die kostprijs en dat percentage moeten worden beoordeeld op de datum waarop de opbrengsten uit de deelnemingen worden uitgekeerd. [...]
> [...]'

4. De loi de Finances pour 2001 (begrotingswet voor 2001) nr. 2000-1352 van 30 december 2000 (*JORF* van 31 december 2000, blz. 21119) heeft de in artikel 145, lid 1, sub b, van de CGI vastgelegde drempel gewijzigd. In de versie die gold van 1 januari 2001 tot en met 31 december 2005 was bepaald dat de deelnemingen minstens 5% van het kapitaal van de uitkerende vennootschap moesten vertegenwoordigen.

5. Artikel 146, lid 2, van de CGI bepaalde in de versie die gold in de in het hoofdgeding aan de orde zijnde belastingjaren:

> 'Wanneer de uitkeringen door een moedermaatschappij aanleiding geven tot toepassing van de in artikel 223 sexies bepaalde voorheffing, wordt deze voorheffing in voorkomend geval verminderd met de bedragen van de belastingkredieten die zijn verbonden aan de opbrengsten uit deelnemingen [...], welke zijn geïnd over maximaal de laatste vijf afgesloten boekjaren [...]'.

6. Artikel 158 bis, I, van de CGI bepaalde in de versie die gold in de in het hoofdgeding aan de orde zijnde belastingjaren het volgende:

> 'De personen die dividenden ontvangen welke worden uitgekeerd door Franse vennootschappen, beschikken uit dien hoofde over een inkomen dat is samengesteld uit:
> a. de bedragen die zij ontvangen van de vennootschap;
> b. een belastingkrediet in de vorm van een op krediet op de rekening van de staatskas. Dat belastingkrediet is gelijk aan de helft van de door de onderneming daadwerkelijk betaalde bedragen.
> Het kan worden gebruikt voor zover het inkomen begrepen is in de grondslag voor de door de belanghebbende verschuldigde inkomstenbelasting.
> Het wordt aanvaard als betaling van die belasting.
> Het wordt teruggegeven aan natuurlijke personen voor zover het bedrag ervan het bedrag van de door die personen verschuldigde belasting overschrijdt.'

7. Artikel 216, I, van de CGI luidt:

> 'De netto-opbrengsten van de deelnemingen die recht geven op toepassing van de belastingregeling voor moederondernemingen [...] die een moederonderneming in een boekjaar heeft ontvangen, kunnen worden afgetrokken van haar totale nettowinst [...]'

8. In de versie die toepasselijk was op vanaf 1 januari uitgekeerde bedragen bepaalde artikel 223 sexies, lid 1, eerste alinea, van de CGI:

'[...] indien de door een onderneming uitgekeerde opbrengsten worden afgetrokken van bedragen waarover zij geen vennootschapsbelasting tegen het normale tarief [...] hoeft te betalen, moet deze onderneming een voorheffing betalen ten bedrage van het belastingkrediet dat is berekend onder de in artikel 158 bis, lid I, bepaalde voorwaarden. De voorheffing dient te worden betaald over uitkeringen die recht geven op het belastingkrediet zoals bepaald in artikel 158 bis, ongeacht de begunstigden.'

Hoofdgeding en prejudiciële vragen

9. Blijkens de verwijzingsbeslissing heeft Accor in de jaren 1998 tot en met 2000 dividend ontvangen van in andere lidstaten gevestigde dochterondernemingen en heeft zij bij de dooruitdeling van dat dividend ingevolge artikel 146, lid 2, CGI en de artikelen 158 bis en 223 sexies van die wet een voorheffing betaald die, over de jaren 1999 tot en met 2001, respectievelijk 323 297 053 FRF, 359 183 404 FRF en 341 261 380 FRF bedroeg.

10. Bij bezwaarschrift van 21 december 2001 heeft Accor terugbetaling van deze voorheffing gevorderd waarbij zij aanvoerde dat deze bepalingen van de CGI onverenigbaar waren met het gemeenschapsrecht. Na afwijzing van dit bezwaar heeft Accor de zaak voorgelegd aan het Tribunal administratif de Versailles, dat haar vordering bij vonnis van 21 december 2006 volledig heeft toegewezen.

11. Het hoger beroep van de Ministre du Budget, des Comptes publics et de la Fonction publique tegen dat vonnis is bij arrest van de Cour administrative d'appel de Versailles van 20 mei 2008 verworpen, waarop die minister beroep tot cassatie heeft ingesteld bij de Conseil d'État.

12. De Conseil d'État stelt vast dat uit de bepalingen van artikel 216 van de CGI voortvloeit dat een moedermaatschappij, onverminderd een deel kosten en lasten, geen vennootschapsbelasting hoeft te betalen over de dividenden die zij van dochterondernemingen ontvangt, ongeacht waar die dochterondernemingen gevestigd zijn. Zij moet krachtens artikel 223 sexies van diezelfde wet over de dooruitdeling van dat dividend aan haar eigen aandeelhouders een voorheffing betalen, ongeacht de herkomst van het aan haar uitgekeerde en vervolgens door haar dooruitgedeelde dividend. Volgens de Conseil d'État doet dit voorheffingstelsel op zich geen afbreuk aan de vrijheid van vestiging of het vrije verkeer van kapitaal.

13. Het bedrag van het belastingkrediet dat ingevolge artikel 158 bis van de CGI aan de moedermaatschappij wordt toegekend voor dividenden die zijn uitgekeerd door een in Frankrijk gevestigde dochteronderneming, kan krachtens artikel 146 lid 2, van de CGI van de voorheffing worden afgetrokken bij de dooruitdeling van dat dividend aan de aandeelhouders. Ingevolge artikel 158 bis van de CGI kan echter geen belastingkrediet aan een moedermaatschappij worden toegekend voor dividenden die afkomstig zijn van dochterondernemingen die zijn gevestigd in een andere lidstaat, zodat geen verrekening mogelijk is met de voorheffing, die opeisbaar wordt op het moment dat deze moedermaatschappij die dividenden dooruitdeelt. Nu geen belastingkrediet wordt toegekend voor dividenden die afkomstig zijn van een in een andere lidstaat gevestigde dochteronderneming en dus het opeisbare bedrag van de voorheffing niet kan worden verlaagd, vermindert de betaling van die voorheffing door die moedermaatschappij het bedrag van de dooruitgedeelde dividenden doordat zij wordt verrekend met de uitkeerbare massa.

14. In die omstandigheden heeft de Conseil d'État besloten, de behandeling van de zaak te schorsen en het Hof de volgende prejudiciële vragen te stellen:

'1. a. Moeten de artikelen 56 [EG] en 43 [EG] aldus worden uitgelegd dat zij zich verzetten tegen een belastingregeling die ter voorkoming van de economische dubbele belasting van dividend:

– een moedermaatschappij toestaat om de voorheffing die zij moet betalen wanneer zij van haar dochterondernemingen ontvangen dividend dooruitdeelt aan haar eigen aandeelhouders, te verrekenen met het belastingkrediet dat haar wordt toegekend ter zake van de uitkering van dit dividend, indien het dividend van een in Frankrijk gevestigde dochteronderneming betreft,

– maar deze mogelijkheid niet biedt wanneer dit dividend afkomstig is van een dochteronderneming die is gevestigd in een andere lidstaat [...], daar volgens deze regeling in een dergelijk geval geen belastingkrediet wordt toegekend ter zake van de uitkering van dit dividend door deze dochteronderneming, omdat een dergelijke regeling op zichzelf voor de moedermaatschappij een schending oplevert van de beginselen van het vrije verkeer van kapitaal en van de vrijheid van vestiging?

b. Indien de vraag [sub a] ontkennend wordt beantwoord, moeten deze artikelen dan aldus worden uitgelegd dat zij zich niettemin verzetten tegen een dergelijke regeling omdat ook rekening moet worden gehouden met de situatie van de aandeelhouders, aangezien het bedrag van het dividend dat een moedermaatschappij van haar dochterondernemingen heeft ontvangen en aan haar eigen aandeelhouders uitkeert, als gevolg van de te betalen voorheffing verschilt naargelang van de plaats van vestiging van deze dochterondernemingen, in Frankrijk dan wel in een andere lidstaat [...], zodat deze regeling aandeelhouders kan afschrikken van investering in deze moedermaatschappij, dientengevolge voor deze maatschappij het aantrekken van kapitaal kan bemoeilijken en haar ervan kan weerhouden kapitaal te investeren in in andere lidstaten dan Frankrijk gevestigde dochterondernemingen, of om in deze lidstaten dochterondernemingen op te richten?

2. Indien de vragen [sub a en sub b van de eerste vraag] bevestigend worden beantwoord en de artikelen 56 [EG] en 43 [EG] aldus moeten worden uitgelegd dat zij zich verzetten tegen de bovenbeschreven voorheffingsregeling, en dat de overheid derhalve in beginsel gehouden is tot teruggaaf van de bedragen die zij op basis van deze regeling heeft ontvangen voor zover dit in strijd met het gemeenschapsrecht is gebeurd, verzet het gemeenschapsrecht zich dan, in het geval van een dergelijke regeling die op zich niet leidt tot een afwenteling van belasting door de belastingplichtige op een derde, ertegen

a. dat de overheid de teruggaaf van de door de moedermaatschappij betaalde bedragen kan weigeren om reden dat deze teruggaaf zou leiden tot ongerechtvaardigde verrijking van deze vennootschap,

b. en, bij een ontkennend antwoord, dat het gegeven dat het door de moedermaatschappij betaalde bedrag voor haar geen boekhoudkundige of fiscale last vormt, maar slechts in mindering komt op het totale bedrag dat aan haar aandeelhouders kan worden uitgekeerd, als grond kan worden aangevoerd voor weigering van de teruggaaf van dit bedrag aan deze vennootschap?

3. Gelet op het antwoord op de [eerste en de tweede vraag], verzetten de beginselen van gelijkwaardigheid en doeltreffendheid zich ertegen dat de teruggaaf, die moet waarborgen dat dezelfde belastingregeling van toepassing is op door de moedermaatschappij dooruitgedeeld dividend, of dit dividend nu afkomstig is van dochterondernemingen die in Frankrijk dan wel in een andere lidstaat [...] zijn gevestigd, afhankelijk wordt gesteld van de voorwaarde, in voorkomend geval onder voorbehoud van bepalingen van een tussen [de Franse Republiek] en de lidstaat van vestiging van de dochteronderneming gesloten bilaterale overeenkomst inzake de uitwisseling van informatie, dat de belastingplichtige voor elke dividendbetaling de gegevens overlegt die hij als enige in bezit heeft, met name inzake het daadwerkelijk toegepaste belastingtarief en het belastingbedrag dat daadwerkelijk is betaald over de winst die zijn in een andere lidstaat [...] dan Frankrijk gevestigde dochterondernemingen hebben behaald, terwijl dit bewijs, dat de overheid bekend is, niet is vereist voor in Frankrijk gevestigde dochterondernemingen?'

De verzoeken om heropening van de mondelinge behandeling

15. Bij akten neergelegd op respectievelijk 7 januari en 2 februari 2011, hebben Accor en de Franse regering verzocht om heropening van de mondelinge behandeling.

16. Accor betoogt daartoe dat de advocaat-generaal zich in de punten 73 en volgende van zijn conclusie heeft gebaseerd op argumenten die voortvloeien uit het arrest van 12 december 2006, Test Claimants in the FII Group Litigation (C-446/04, *Jurispr.* blz. I-11753), waarover tussen partijen geen discussie heeft plaatsgevonden.

17. De Franse regering heeft de wens te kennen gegeven, in het kader van de tweede terechtzitting te kunnen terugkomen op het argument dat het gecombineerde mechanisme van belastingkrediet en voorheffing zoals dat in het hoofdgeding aan de orde is, slechts het vrije verkeer van kapitaal kan beperken ten aanzien van de aandeelhouders, welk argument uiteen is gezet in punt 82 van haar schriftelijke opmerkingen en in de conclusie van de advocaat-generaal is onderzocht.

18. Die regering heeft voorts te kennen gegeven dat de conclusie van de advocaat-generaal het interne Franse recht niet volledig in de beschouwing betrekt. In de eerste plaats verklaart de advocaat-generaal in het kader van de beantwoording van de tweede vraag weliswaar dat de teruggaaf van de voorheffing waarvoor een onderneming in aanmerking komt, indirect ten goede komt aan haar aandeelhouders, maar volgens de Franse regering moet het vermogen van een onderneming worden onderscheiden van dat van haar aandeelhouders. In de tweede plaats is de Franse regering het er niet mee eens dat de aandeelhouders naar Frans procesrecht geen vordering tot teruggaaf kunnen indienen. Zij geeft te kennen dat een dergelijke vordering, die naast een schadevordering zou bestaan, zou voortvloeien uit de volgens vaste rechtspraak van het Hof op de lidstaten rustende verplichting, belastingen die in strijd met het recht van de Unie zijn geïnd terug te geven.

19. Volgens de rechtspraak kan het Hof krachtens artikel 61 van het Reglement voor de procesvoering de mondelinge behandeling ambtshalve, op voorstel van de advocaat-generaal dan wel op verzoek van partijen heropenen indien het van oordeel is dat het onvoldoende is ingelicht of dat de zaak moet worden beslecht op basis van een argument waarover tussen partijen geen discussie heeft plaatsgevonden (zie arresten van 26 juni 2008, Burda, C-284/06, *Jurispr.* blz. I-4571, punt 37 en aldaar aangehaalde rechtspraak, en 16 december 2010, Stichting Natuur en Milieu, C-266/09, nog niet gepubliceerd in de *Jurisprudentie*, punt 27).

20. Het Statuut van het Hof van Justitie van de Europese Unie en het Reglement voor de procesvoering van het Hof voorzien daarentegen niet in de mogelijkheid voor partijen om opmerkingen in te dienen in antwoord op de conclusie van de advocaat-generaal (zie arrest Stichting Natuur en Milieu, reeds aangehaald, punt 28).

21. In casu is het Hof van oordeel dat het over alle nodige gegevens beschikt om te kunnen antwoorden op de gestelde vragen, en dat de voor hem gemaakte opmerkingen deze gegevens betroffen.

22. De verzoeken om heropening van de mondelinge behandeling moeten dus worden verworpen.

Beantwoording van de prejudiciële vragen

De eerste vraag

23. Met haar eerste vraag wenst de verwijzende rechterlijke instantie in hoofdzaak te vernemen of de artikelen 49 VWEU en 63 VWEU in de weg staan aan wettelijke bepalingen van een lidstaat ter voorkoming van de economische dubbele belasting van dividend zoals aan de orde in het hoofdgeding, op grond waarvan een moedermaatschappij de voorheffing die zij moet betalen wanneer zij van haar dochterondernemingen ontvangen dividend dooruitdeelt aan haar eigen aandeelhouders, met het aan de uitkering van dat dividend verbonden belastingkrediet mag verrekenen indien het dividend van een in die lidstaat gevestigde dochteronderneming betreft, maar die deze mogelijkheid niet bieden wanneer dat dividend afkomstig is van een dochteronderneming die is gevestigd in een andere lidstaat, daar volgens die wettelijke bepalingen in dat laatste geval geen belastingkrediet wordt toegekend ter zake van de uitkering van dat dividend door die dochteronderneming.

24. Met de eerste vraag, sub a, wenst de verwijzende rechterlijke instantie te vernemen of dergelijke wettelijke bepalingen een beperking van de verkeersvrijheden kunnen opleveren voor de moedermaatschappij.

25. Met de tweede vraag, sub b, wenst de verwijzende rechterlijke instantie, in geval van een ontkennend antwoord op dezelfde vraag, sub a, te vernemen of de artikelen 49 VWEU en 63 VWEU zich niettemin tegen dergelijke wettelijke bepalingen verzetten omdat ook rekening moet worden gehouden met de situatie van de aandeelhouders.

26. Ofschoon de eerste vraag, sub b, slechts is gesteld voor het geval van een ontkennend antwoord op diezelfde vraag, sub a, moet echter worden vastgesteld dat de vraag of rekening moet worden gehouden met de situatie van de aandeelhouders aan de orde wordt gesteld om te onderzoeken of sprake is van een beperking voor de moedermaatschappij zelf.

27. De verwijzende rechterlijke instantie vraagt immers of de artikelen 49 VWEU en 63 VWEU in de weg staan aan wettelijke bepalingen van een lidstaat zoals aan de orde in het hoofdgeding, op grond dat deze de aandeelhouders zouden doen besluiten, niet in het kapitaal van de moedermaatschappij te investeren, bijgevolg de inzameling van kapitaal door die vennootschap nadelig zouden beïnvloeden en daardoor die vennootschap ervan zouden afbrengen, kapitaal in te brengen in dochterondernemingen die in andere lidstaten zijn gevestigd of in die staten dochterondernemingen op te richten.

28. De twee onderdelen van de eerste vraag moeten dan ook samen worden beantwoord.

De toepasselijke vrijheid

29. Aangezien de eerste vraag van de verwijzende rechter zowel betrekking heeft op artikel 49 VWEU als op artikel 63 VWEU, moet vooraf worden bepaald of en in hoeverre een nationale regeling zoals die in het hoofdgeding aan de orde is, de door deze artikelen gewaarborgde vrijheden kan aantasten.

30. In dit verband zij eraan herinnerd dat de fiscale behandeling van dividend zowel onder artikel 49 VWEU, betreffende de vrijheid van vestiging, als onder artikel 63 VWEU, betreffende het vrije verkeer van kapitaal, kan vallen (arrest van 10 februari 2011, Haribo Lakritzen Hans Riegel en Österreichische Salinen, C-436/08 en C-437/08, nog niet gepubliceerd in de *Jurisprudentie*, punt 33 en aldaar aangehaalde rechtspraak).

31. Met betrekking tot de vraag of een nationale wettelijke regeling onder de ene of de andere vrijheid van verkeer valt, blijkt uit ondertussen vaste rechtspraak dat rekening dient te worden gehouden met het voorwerp van de wettelijke regeling in kwestie (arrest Haribo Lakritzen Hans Riegel en Österreichische Salinen, reeds aangehaald, punt 34 en aldaar aangehaalde rechtspraak).

32. In dit verband is reeds geoordeeld dat een nationale wettelijke regeling die alleen van toepassing is op deelnemingen waarmee een bepalende invloed op de besluiten van een vennootschap kan worden uitgeoefend en de activiteiten ervan kunnen worden bepaald, onder de verdragsbepalingen inzake de vrijheid van vestiging valt (zie arrest Test Claimants in the FII Group Litigation, reeds aangehaald, punt 37, en arrest van 21 oktober 2010, Idryma Typou, C-81/09, nog niet gepubliceerd in de *Jurisprudentie*, punt 47). Nationale bepalingen die van toepassing zijn op deelnemingen die enkel om te beleggen worden genomen, zonder dat het de bedoeling is invloed op het bestuur en de zeggenschap van de onderneming uit te oefenen, moeten daarentegen uitsluitend aan het beginsel van het vrije verkeer van kapitaal worden getoetst (arrest Test Claimants in the FII Group Litigation, reeds aangehaald, punt 35 en aldaar aangehaalde rechtspraak).

33. De in het hoofdgeding aan de orde zijnde belastingregeling voor moedermaatschappijen gold overeenkomstig artikel 145 van de CGI gedurende de jaren 1999 en 2000 voor vennootschappen die minstens 10% van het kapitaal van hun dochterondernemingen in handen hadden. Voor 2001 is die drempel verlaagd tot 5% van het kapitaal van de dochteronderneming.

34. Hieruit volgt dat de nationale regeling die in het hoofdgeding aan de orde is, niet alleen toepassing kon vinden op ondernemingen die dividend ontvingen op basis van een deelneming waarmee een bepalende invloed op de besluiten van de uitkerende dochteronderneming kon worden uitgeoefend en de activiteiten van die onderneming konden worden bepaald, maar ook op ondernemingen die dividend ontvingen op basis van een minderheidsdeelneming waarmee die invloed niet kon worden uitgeoefend.

35. Wat de feiten in het hoofdgeding betreft moet worden opgemerkt dat de verwijzingsbeslissing geen informatie bevat over de aard van de deelnemingen van Accor in het kapitaal van haar dochterondernemingen die dividend hebben uitgekeerd.

36. Voorts heeft Accor in haar bij het Hof ingediende opmerkingen te kennen gegeven dat het hoofdgeding betrekking heeft op dividend dat zij heeft ontvangen van dochterondernemingen die zijn gevestigd in andere lidstaten dan de Franse Republiek en die door haar worden gecontroleerd, terwijl de Franse regering ook melding heeft gemaakt van deelnemingen waarmee Accor de besluiten van de uitkerende dochterondernemingen niet bepalend kon beïnvloeden en de activiteiten van die ondernemingen niet kon bepalen.

37. Dienaangaande zij in herinnering gebracht dat in het kader van de bij artikel 267 VWEU ingevoerde samenwerkingsprocedure niet het Hof, maar de nationale rechter de aan het geding ten grondslag liggende feiten dient vast te stellen en daaruit de consequenties dient te trekken voor de door hem te geven beslissing (zie onder meer arresten van 16 september 1999, WWF e.a., C-435/97, *Jurispr.* blz. I-5613, punt 32; 23 oktober 2001, Tridon, C-510/99, *Jurispr.* blz. I-7777, punt 28, en 11 december 2007, Eind, C-291/05, *Jurispr.* blz. I-10719, punt 18).

38. In die omstandigheden moet, gelet op het voorwerp van de wettelijke bepalingen die in het hoofdgeding aan de orde zijn, voor de beantwoording van de eerste gestelde vraag zowel artikel 49 VWEU als artikel 63 VWEU in de beschouwing worden betrokken.

De vrijheid van vestiging

39. De vrijheid van vestiging die in artikel 49 VWE aan de onderdanen van de Unie wordt toegekend, en die voor hen de toegang tot en de uitoefening van werkzaamheden anders dan in loondienst omvat alsmede de oprichting en het bestuur van ondernemingen onder dezelfde voorwaarden als in de wetgeving van het land van vestiging voor de eigen onderdanen zijn vastgesteld, brengt overeenkomstig artikel 54 VWEU voor de vennootschappen die naar het recht van een lidstaat zijn opgericht en die hun statutaire zetel, hun hoofdbestuur of hun hoofdvestiging binnen de Europese Unie hebben, het recht mee om in de betrokken lidstaat hun bedrijfsactiviteit uit te oefenen door middel van een dochteronderneming, een filiaal of een agentschap (zie onder meer arresten van 21 september 1999, Saint-Gobain ZN, C-307/97, *Jurispr.* blz. I-6161, punt 35; 23 februari 2006, Keller Holding, C-471/04, *Jurispr.* blz. I-2107, punt 29, en 12 september 2006, Cadbury Schweppes en Cadbury Schweppes Overseas, C-196/04, *Jurispr.* blz. I-7995, punt 41).

40. Hoewel de verdragsbepalingen betreffende de vrijheid van vestiging volgens de bewoordingen ervan het voordeel van de nationale behandeling in de lidstaat van ontvangst beogen te waarborgen, verzetten zij zich er ook tegen dat de lidstaat van oorsprong de vestiging in een andere lidstaat van een van zijn onderdanen of van een naar zijn recht opgerichte vennootschap bemoeilijkt (zie onder meer arrest van 16 juli 1998, ICI, C-264/96, *Jurispr.* blz. I-4695, punt 21, en arrest Cadbury Schweppes en Cadbury Schweppes Overseas, reeds aangehaald, punt 42).

41. In het hoofdgeding staat vast dat ingevolge de aan de orde zijnde wettelijke bepalingen door een ingezeten dochteronderneming uitgekeerd dividend en door een niet-ingezeten dochteronderneming uitgekeerd dividend verschillend worden behandeld.

42. Een moedermaatschappij die dividend ontvangt van een ingezeten dochteronderneming komt – op grond van dat dividend – immers in aanmerking voor een belastingkrediet dat gelijk is aan de helft van de bedragen die door die ingezeten dochteronderneming uit hoofde van dat dividend zijn uitgekeerd, terwijl dat belastingkrediet niet wordt toegekend voor dividend dat is uitgekeerd door een niet-ingezeten dochteronderneming.

43. In dit verband volgt uit de rechtspraak dat de lidstaten bij de inrichting van hun belastingstelsel, en met name wanneer zij een mechanisme instellen om opeenvolgende belastingheffingen of dubbele economische belasting te vermijden of te verminderen, de uit het recht van de Unie voortvloeiende eisen in acht moeten nemen, met name die welke worden opgelegd door de verdragsbepalingen betreffende de verkeersvrijheden (zie arrest Test Claimants in the FII Group Litigation, reeds aangehaald, punt 45).

44. Zo blijkt uit de rechtspraak dat, ongeacht het mechanisme dat wordt ingevoerd om opeenvolgende belastingheffingen of dubbele economische belasting te vermijden of te verminderen, de door het Verdrag gewaarborgde verkeersvrijheden eraan in de weg staat dat een lidstaat uit het buitenland afkomstig dividend ongunstiger behandelt dan in het binnenland uitgekeerd dividend, tenzij dat verschil in behandeling betrekking heeft op situaties die niet objectief vergelijkbaar zijn, of wordt gerechtvaardigd door dwingende redenen van algemeen belang (zie in die zin arresten van 15 juli 2004, Lenz, C-315/02, *Jurispr.* blz. I-7063, punten 20-49, en 7 september 2004,

Manninen, C-319/02, *Jurispr.* blz. I-7477, punten 20-55, en arrest Test Claimants in the FII Group Litigation, reeds aangehaald, punt 46).

45. Voor een belastingregel die ertoe strekt, de belasting van uitgekeerd dividend te vermijden of te verminderen, is de situatie van een moedermaatschappij die uit het buitenland dividend ontvangt vergelijkbaar met die van een moedermaatschappij die in het binnenland uitgekeerd dividend ontvangt, voor zover de winst in beide gevallen in beginsel opeenvolgende keren kan worden belast (zie arrest Test Claimants in the FII Group Litigation, reeds aangehaald, punt 62).

46. Zoals de Franse regering heeft opgemerkt, was een moedermaatschappij inderdaad vrijgesteld van vennootschapsbelasting, zowel voor dividend dat haar door ingezeten dochterondernemingen was uitgekeerd als voor dividend dat afkomstig was van in het buitenland gevestigde dochterondernemingen, en kon die onderneming de belastingkredieten die verband hielden met door haar ingezeten dochterondernemingen uitgekeerd dividend niet verrekenen met de vennootschapsbelasting die zij uit hoofde van andere verrichtingen verschuldigd was.

47. Die regering geeft echter toe, dat de belastingkredieten konden worden gebruikt bij de dooruitdeling van ontvangen dividenden. Een moedermaatschappij kon die belastingkredieten dus verrekenen met de voorheffing die zij bij de dooruitdeling van het dividend moest afdragen.

48. Hoewel die lidstaat bijgevolg van niet-ingezeten dochterondernemingen ontvangen dividend vrijstelde van belasting bij de moedermaatschappij, onderwierp hij het aan een minder gunstige behandeling dan dividend dat afkomstig was van ingezeten dochterondernemingen.

49. Anders dan het geval was met dividend dat was uitgekeerd door ingezeten dochterondernemingen, kon ingevolge de in het hoofdgeding aan de orde zijnde wettelijke bepalingen belastingheffing bij de uitkerende dochteronderneming niet worden vermeden, ofschoon zowel van ingezeten dochterondernemingen ontvangen dividend als dividend dat was uitgekeerd door niet-ingezeten dochterondernemingen bij de dooruitdeling ervan aan de voorheffing was onderworpen. Bij de dooruitdeling van dividend dat was uitgekeerd door dochterondernemingen in het binnenland werd het belastingkrediet bijgevolg verrekend met de verschuldigde voorheffing, zonder dat de voorheffing het totale bedrag van het uit te delen dividend verminderde. Doordat de moedermaatschappij niet in aanmerking kwam voor een belastingkrediet voor dividend dat afkomstig was van buitenlandse dochterondernemingen, had de toepassing van de voorheffing voor dat dividend tot gevolg dat het totaalbedrag van het dooruitgedeelde dividend lager uitviel.

50. In die omstandigheden moest de moedermaatschappij die dividend ontving van een in een andere lidstaat gevestigde dochteronderneming ofwel dividend dooruitdelen dat was gekort met het bedrag van de voorheffing en dat dus minder bedroeg dan bij de dooruitdeling van dividend dat afkomstig was van in Frankrijk gevestigde dochterondernemingen, hetzij, zoals de advocaat-generaal in punt 48 van zijn conclusie opmerkt, haar reserves aanspreken voor een bedrag ter hoogte van de af te dragen voorheffing om aldus het totaalbedrag van uit te delen dividend te verhogen.

51. Gelet op het feit dat dividend dat was uitgekeerd door een dochteronderneming die in een andere lidstaat was gevestigd, ongunstig werd behandeld vergeleken met dividend dat was uitgekeerd door een ingezeten dochteronderneming, kon een moedermaatschappij ervan worden weerhouden haar activiteiten uit te oefenen via in andere lidstaten gevestigde dochterondernemingen (zie in die zin arrest van 18 september 2003, Bosal, C-168/01, *Jurispr.* blz. I-9409, punt 27, en arrest Keller Holding, reeds aangehaald, punt 35).

52. De Franse regering geeft weliswaar toe dat door een in Frankrijk gevestigde dochteronderneming uitgekeerd dividend anders werd behandeld dan dividend dat afkomstig was van een in een andere lidstaat gevestigde dochteronderneming wat betreft de mogelijkheid voor de ontvangende moedermaatschappij om het belastingkrediet te verrekenen met de voorheffing die deze moest afdragen bij de dooruitdeling van dat dividend aan haar eigen aandeelhouders, maar is niettemin van oordeel dat dat geen beperking voor de moedermaatschappij opleverde.

53. Die regering merkt op dat de gebruikmaking van het belastingkrediet voortvloeide uit een zelfstandig besluit van de bevoegde organen van de moedermaatschappij en niet uit de wettelijke bepalingen die in het hoofdgeding aan de orde zijn, daar door het besluit van die moedermaatschappij om het door een Franse dochteronderneming uitgekeerd dividend door uit te delen, het aan dat dividend gekoppelde belastingkrediet kon worden verrekend met de voorheffing. Onder verwijzing naar het arrest van 27 januari 2000, Graf (C-190/98, *Jurispr.* blz. I-493, punten 24 en 25), geeft de Franse regering hiermee te kennen dat het eventuele ongunstige effect van de aan de orde zijnde wettelijke bepalingen dus afhangt van een dermate hypothetisch besluit van de bevoegde organen van de moedermaatschappij, dat die bepalingen niet kunnen worden geacht de verkeersvrijheden te belemmeren.

54. Voorts merkt de Franse regering op dat, ongeacht de herkomst van het dividend, het door de moedermaatschappij te betalen bedrag gelijk blijft voor zover de voorheffing op de aan de aandeelhouders uit te keren resultaten rustte.

55. Niet-ingezeten aandeelhouders konden op grond van door de Franse Republiek met alle lidstaten van de Unie gesloten verdragen ter vermijding van dubbele belasting teruggaaf verkrijgen van de door de moedermaatschappij die dividend uitkeerde ingehouden voorheffing, zodat de betrokken regelgeving hun situatie niet benadeelde.

56. Met betrekking tot de aandeelhouders van de moedermaatschappij die wel ingezetenen waren zet de Franse regering uiteen, dat het ontbreken van een belastingkrediet dat kon worden verrekend met de voorheffing die door die moedermaatschappij verschuldigd was bij de dooruitdeling van dividend dat van buitenlandse dochterondernemingen afkomstig was, wellicht moet worden gezien als een belemmering voor de kapitaalinzameling bij de Franse aandeelhouders, maar dat die belemmering hoe dan ook een zuiver interne kapitaalbeweging tussen een Franse moedermaatschappij en haar Franse aandeelhouders betrof, zonder grensoverschrijdend aspect, en niet onder het recht van de Unie viel.

57. Deze argumenten falen.

58. In de eerste plaats kon het belastingkrediet in verband met door binnenlandse dochterondernemingen uitgekeerd dividend weliswaar pas worden gebruikt op het moment waarop de moedermaatschappij besloot tot dooruitdeling van dat dividend, maar het staat vast dat zowel het verschil in behandeling op grond van de plaats van vestiging van de uitkerende dochteronderneming als de mogelijkheid om het eventuele belastingkrediet te verrekenen met de bij de dooruitdeling van het dividend verschuldigde voorheffing, rechtstreeks voortvloeien uit de in het hoofdgeding aan de orde zijnde Franse wetgeving.

59. De mogelijkheid voor de moedermaatschappij dat zij beschikte over een belastingkrediet dat bij de dooruitdeling van dividend kon worden verrekend met de voorheffing, hing dan ook niet af van een toekomstige, hypothetische gebeurtenis, maar van een omstandigheid die per definitie verbonden was met de uitoefening van de vrijheid van vestiging, te weten de plaats van vestiging van haar dochteronderneming.

60. In de tweede plaats moet worden opgemerkt dat, ook al had de in het hoofdgeding aan de orde zijnde regeling, zoals de Franse regering opmerkt, geen gevolgen voor de situatie van niet-ingezeten aandeelhouders, de omstandigheid dat die regeling een belemmering kon vormen voor de kapitaalinzameling door een moedermaatschappij bij ingezeten aandeelhouders, volstaat ter bevestiging dat de bepalingen van die regeling beperkend waren.

61. De omstandigheid immers dat ingezeten aandeelhouders konden besluiten, geen aandelen in een moedermaatschappij te verwerven op grond dat dividend dat zou worden uitgekeerd door in een andere lidstaat dan Frankrijk gevestigde dochterondernemingen van die onderneming lager zou zijn dan door ingezeten dochterondernemingen uitgekeerd dividend, zou op haar beurt de moedermaatschappij kunnen doen besluiten, geen activiteiten via buitenlandse dochterondernemingen te verrichten.

62. Doordat een dergelijke situatie een verband vertoont met het intracommunautaire handelsverkeer, kan zij onder de verdragsbepalingen inzake de fundamentele vrijheden vallen (zie arrest Keller Holding, reeds aangehaald, punt 24) en, doordat zij op het vlak van de belastingen communautaire situaties ten opzichte van zuiver interne situaties benadelen, leveren de in het hoofdgeding aan de orde zijnde bepalingen van de CGI dus een beperking op die in beginsel ingevolge de verdragsbepalingen inzake de vrijheid van vestiging verboden is (zie arrest van 27 november 2008, Papillon, C-418/07, *Jurispr.* blz. I-8947, punt 32).

63. Volgens de rechtspraak van het Hof is een beperking van de vrijheid van vestiging slechts toelaatbaar wanneer zij gerechtvaardigd is uit hoofde van dwingende redenen van algemeen belang (zie onder meer arrest van 18 juni 2009, Aberdeen Property Fininvest Alpha, C-303/07, *Jurispr.* blz. I-5145, punt 57). Nu echter noch de verwijzende rechterlijke instantie noch de partijen die opmerkingen hebben ingediend omstandigheden hebben aangevoerd op grond waarvan die beperking gerechtvaardigd kan worden geacht, moet derhalve worden vastgesteld dat artikel 49 VWEU in de weg staat aan een wettelijke regeling zoals die in het hoofdgeding aan de orde is.

Het vrije kapitaalverkeer

64. De overwegingen in de voorgaande punten gelden op dezelfde wijze wanneer een moedermaatschappij dividend heeft ontvangen op basis van een deelneming waarmee zij de besluiten van de uitkerende dochteronderneming niet bepalend kan beïnvloeden en de activiteiten van die dochteronderneming niet kan bepalen.

65. Het in punt 41 van het onderhavige arrest aan de orde gestelde verschil in behandeling kon immers tot gevolg hebben dat in Frankrijk gevestigde moedermaatschappijen zouden besluiten, geen kapitaal te investeren in ondernemingen die in een andere lidstaat waren gevestigd, en kon ook belemmerend werken voor in andere lidstaten gevestigde ondernemingen doordat het voor die ondernemingen een belemmering opleverde voor de inzameling van kapitaal in Frankrijk.

66. Doordat de kapitaalopbrengsten uit het buitenland fiscaal ongunstiger werden behandeld dan dividend dat werd uitgekeerd door in Frankrijk gevestigde dochterondernemingen, waren de aandelen van in andere lidstaten gevestigde ondernemingen voor de in Frankrijk gevestigde moedermaatschappijen minder aantrekkelijk dan die van in die lidstaat gevestigde ondernemingen (zie arrest van 6 juni 2000, Verkooijen, C-35/98, *Jurispr.* blz. I-4071,

punt 35, en reeds aangehaalde arresten Manninen, punten 22 en 23, en Test Claimants in the FII Group Litigation, punt 64).

67. Hieruit volgt dat het door de in het hoofdgeding aan de orde zijnde wetgeving gehanteerde verschil in behandeling een beperking van het vrije kapitaalverkeer vormde die in beginsel ingevolge artikel 63 VWEU verboden is.

68. Noch de verwijzende rechterlijke instantie, noch de partijen die opmerkingen hebben ingediend hebben verwezen naar de in artikel 65 VWEU uiteengezette redenen en naar de dwingende redenen van algemeen belang die een dergelijke beperking kunnen rechtvaardigen.

69. Gelet op het voorgaande moet op de eerste vraag worden geantwoord dat de artikelen 49 VWEU en 63 VWEU in de weg staan aan wettelijke bepalingen van een lidstaat ter voorkoming van de economische dubbele belasting van dividend zoals aan de orde in het hoofdgeding, op grond waarvan een moedermaatschappij de voorheffing die zij moet betalen wanneer zij van haar dochterondernemingen ontvangen dividend dooruitdeelt aan haar eigen aandeelhouders, mag verrekenen met het belastingkrediet dat aan de uitkering van dat dividend is verbonden indien het dividend van een in die lidstaat gevestigde dochteronderneming betreft, maar die deze mogelijkheid niet bieden wanneer dat dividend afkomstig is van een dochteronderneming die is gevestigd in een andere lidstaat, daar volgens die wettelijke bepalingen in dat laatste geval geen belastingkrediet wordt toegekend ter zake van de uitkering van dat dividend door die dochteronderneming.

De tweede vraag

70. Met haar tweede vraag wenst de verwijzende rechterlijke instantie in hoofdzaak te vernemen of het recht van de Unie, wanneer de belastingregeling die in het hoofdgeding aan de orde is op zich niet leidt tot afwenteling van belasting door de belastingplichtige op een derde, zich ertegen verzet dat de overheid de teruggaaf van de door de moedermaatschappij betaalde bedragen weigert, hetzij op grond dat die teruggaaf zou leiden tot ongerechtvaardigde verrijking van die onderneming, hetzij op grond dat het door de moedermaatschappij betaalde bedrag voor haar geen boekhoudkundige of fiscale last vormt, maar in mindering komt op het totale bedrag dat aan haar aandeelhouders kan worden dooruitgedeeld.

71. Dienaangaande zij in herinnering gebracht dat het recht op teruggaaf van belastingen die in een lidstaat in strijd met het recht van de Unie zijn geïnd, het gevolg en het complement is van de rechten die de justitiabelen ontlenen aan de bepalingen van Unierecht, zoals die door het Hof zijn uitgelegd (zie onder meer arresten van 9 november 1983, San Giorgio, 199/82, *Jurispr.* blz. 3595, punt 12, en 8 maart 2001, Metallgesellschaft e.a., C-397/98 en C-410/98, *Jurispr.* blz. I 1727, punt 84). De lidstaat is dus in beginsel verplicht, in strijd met het recht van de Unie geïnde belastingen terug te betalen (arrest van 14 januari 1997, Comateb e.a., C-192/95-C-218/95, *Jurispr.* blz. I-165, punt 20; arrest Metallgesellschaft e.a., reeds aangehaald, punt 84; arrest van 2 oktober 2003, Weber's Wine World e.a., C-147/01, *Jurispr.* blz. I-11365, punt 93, en arrest Test Claimants in the FII Group Litigation, reeds aangehaald, punt 202).

72. Volgens vaste rechtspraak verzet het recht van de Unie zich er echter niet tegen dat onder een nationaal rechtsstelsel de teruggaaf van ten onrechte geïnde belastingen wordt geweigerd in omstandigheden waarin dit zou uitlopen op ongerechtvaardigde verrijking van de rechthebbenden (arresten van 24 maart 1988, Commissie/Italië, 104/86, *Jurispr.* blz. 1799, punt 6; 9 februari 1999, Dilexport, C-343/96, *Jurispr.* blz. I-579, punt 47; en 21 september 2000, Michaïlidis, C-441/98 en C-442/98, *Jurispr.* blz. I-7145, punt 31, en 10 april 2008, Marks & Spencer, C-309/06, *Jurispr.* blz. I-2283, punt 41). De bescherming van de door de rechtsorde van de Unie ter zake gewaarborgde rechten gebiedt dus niet, dat in strijd met het recht van de Unie geïnde belastingen, rechten en heffingen worden terugbetaald wanneer vaststaat dat de betalingsplichtige deze daadwerkelijk op anderen heeft afgewenteld (zie arrest Comateb e.a., reeds aangehaald, punt 21, en arrest van 6 september 2011, Lady & Kid e.a., C-398/09, nog niet gepubliceerd in de *Jurisprudentie*, punt 18).

73. Uit de rechtspraak volgt echter dat die weigering tot teruggaaf een aan de rechtsorde van de Unie ontleend subjectief recht beperkt en dus strikt moet worden uitgelegd (reeds aangehaalde arresten Weber's Wine World e.a., punt 95, en Lady & Kid e.a., punt 20).

74. Zo blijkt uit de punten 20 en 25 van het arrest Lady & Kid e.a., reeds aangehaald, dat de enige uitzondering op het recht op teruggaaf van in strijd met het recht van de Unie geïnde belastingen het geval betreft waarin een ten onrechte geïnde belasting door de belastingplichtige rechtstreeks op de koper is afgewenteld.

75. In casu geeft de verwijzende rechterlijke instantie zelf aan dat de regeling die in het hoofdgeding aan de orde is, die overigens betrekking heeft op een door een moedermaatschappij bij de dooruitdeling van dividend betaalde voorheffing en niet op een bij de verkoop van producten geïnde belasting, niet ertoe leidt dat die voorheffing wordt afgewenteld op derden, zoals de in bovenstaande rechtspraak bedoelde koper.

76. In die omstandigheden moet op de tweede vraag worden geantwoord dat het recht van de Unie, wanneer een nationale belastingregeling zoals die in het hoofdgeding aan de orde is op zich niet leidt tot afwenteling op een derde van door de betalingsplichtige onverschuldigd afgedragen belasting, zich ertegen verzet dat een lidstaat

teruggaaf van de door de moedermaatschappij betaalde bedragen weigert, hetzij op grond dat die teruggaaf zou leiden tot ongerechtvaardigde verrijking van die onderneming, hetzij op grond dat het door de moedermaatschappij betaalde bedrag voor haar geen boekhoudkundige of fiscale last vormt, maar in mindering wordt gebracht op het totale bedrag dat aan haar aandeelhouders kan worden dooruitgedeeld.

De derde vraag

77. Met haar derde vraag wenst de verwijzende rechterlijke instantie te vernemen of het gelijkwaardigheids- en het doeltreffendheidsbeginsel eraan in de weg staan dat aan teruggaaf aan een moedermaatschappij van bedragen waardoor moet worden gewaarborgd dat op door die onderneming dooruitgedeeld dividend dat wordt uitgekeerd door in Frankrijk gevestigde dochterondernemingen van die moedermaatschappij en dividend dat afkomstig is van dochterondernemingen die in andere lidstaten zijn gevestigd, dezelfde belastingregeling wordt toegepast, de voorwaarde is gekoppeld dat de belastingplichtige voor elke dividendbetaling de gegevens overlegt die hij als enige in bezit heeft, met name inzake het daadwerkelijk toegepaste belastingtarief en het belastingbedrag dat daadwerkelijk is betaald over de winst die zijn in andere lidstaten gevestigde dochterondernemingen hebben behaald, terwijl voor in Frankrijk gevestigde dochterondernemingen dat bewijs, dat de overheid bekend is, niet vereist is.

78. Volgens vaste rechtspraak dienen de rechterlijke instanties van de lidstaten op grond van het in artikel 4 VEU neergelegde beginsel van loyale samenwerking de rechterlijke bescherming te verzekeren van de rechten die de justitiabelen aan het recht van de Unie ontlenen (zie in die zin arresten van 16 december 1976, Rewe-Zentralfinanz en Rewe-Zentral, 33/76, *Jurispr.* blz. 1989, punt 5, en Comet, 45/76, *Jurispr.* blz. 2043, punt 12; 19 juni 1990, Factortame e.a., C-213/89, *Jurispr.* blz. I-2433, punt 19, en 13 maart 2007, Unibet, C-432/05, *Jurispr.* blz. I-2271, punt 38).

79. Bij gebreke van een regeling van de Unie op het betrokken gebied is het derhalve een aangelegenheid van de nationale rechtsorde van elke lidstaat om de bevoegde rechterlijke instanties aan te wijzen en de procesregels te geven voor rechtsvorderingen die ertoe strekken, de rechten te beschermen die de justitiabelen aan het recht van de Unie ontlenen, mits die regels niet ongunstiger zijn dan die welke voor soortgelijke nationale vorderingen gelden (gelijkwaardigheidsbeginsel), en zij de uitoefening van de door de rechtsorde van de Unie verleende rechten in de praktijk niet onmogelijk of uiterst moeilijk maken (doeltreffendheidsbeginsel) (arrest Test Claimants in the FII Group Litigation, reeds aangehaald, punt 203 en aldaar aangehaalde rechtspraak).

80. Ook staat het aan de verwijzende rechterlijke instantie, te bepalen hoe in de praktijk een einde moet worden gemaakt aan schending van het verbod van beperkingen van de vrijheid van vestiging en het vrije kapitaalverkeer.

81. De derde gestelde vraag impliceert dat, volgens de opvatting van de verwijzende rechter, ingeval beperkingen van de vrijheid van vestiging en van het vrije kapitaalverkeer worden vastgesteld, gelijke behandeling van ontvangers van dividend dat door in Frankrijk gevestigde dochterondernemingen is uitgekeerd en ontvangers van dividend dat afkomstig is van in andere lidstaten gevestigde dochterondernemingen moet worden bereikt doordat aan deze laatste ontvangers het belastingkrediet toekomt dat de eerste ontvangen.

82. Dienaangaande zij in herinnering gebracht dat de belastingautoriteiten van een lidstaat van de belastingplichtige de bewijzen mogen verlangen die zij noodzakelijk achten om te beoordelen of is voldaan aan de voorwaarden voor een in de betrokken wettelijke regeling neergelegd belastingvoordeel en, bijgevolg, of dat voordeel al dan niet moet worden toegekend (zie in die zin arrest van 3 oktober 2002, Danner, C-136/00, *Jurispr.* blz. I-8147, punt 50; 26 juni 2003, Skandia en Ramstedt, C-422/01, *Jurispr.* blz. I-6817, punt 43; 27 januari 2009, Persche, C-318/07, *Jurispr.* blz. I-359, punt 54; arrest Haribo Lakritzen Hans Riegel en Österreichische Salinen, reeds aangehaald, punt 95, en arrest van 30 juni 2011, Meilicke e.a., C-262/09, nog niet gepubliceerd in de *Jurisprudentie*, punt 45).

83. Accor betoogt in dit verband dat het stelsel van het belastingkrediet als enige grondslag heeft dat de uitkerende dochteronderneming aan de vennootschapsbelasting is onderworpen, met dien verstande dat het belastingkrediet steeds 50% van het uitgekeerde dividend bedraagt. Volgens Accor volstaat dan ook het bewijs dat de uitkerende dochteronderneming in haar lidstaat van vestiging aan vennootschapsbelasting is onderworpen.

84. Volgens de Commissie is het weliswaar legitiem, rekening te houden met de belasting die de dochteronderneming in haar lidstaat van vestiging heeft afgedragen, maar stemt in het kader van de regeling die in het hoofdgeding aan de orde is het bedrag dat aan belasting is betaald niet strikt overeen met het bedrag van het belastingkrediet, en kan ermee worden volstaan, uit te gaan van het wettelijke belastingtarief in de lidstaat van vestiging van de dochteronderneming.

85. De Franse regering en de regering van het Verenigd Koninkrijk betogen dat de beweerde discriminatie als gevolg van de in het hoofdgeding aan de orde belastingregeling zou moeten worden verholpen door toepassing van een belastingkrediet waarvan het bedrag de in de lidstaat van vestiging van de dochteronderneming betaalde belasting kan compenseren en dat moet worden berekend aan de hand van het bedrag van de belasting waaraan de winst die aan de door de dochteronderneming uitgekeerde dividenden ten grondslag ligt in die staat is onder-

worpen. Volgens de Franse regering hield het stelsel van het belastingkrediet en de voorheffing in dat de dubbele economische belasting van uitgekeerd dividend ter verzekering van neutrale belastingheffing werd afgezwakt en dat bij de afzwakking van de dubbele economische belasting rekening werd gehouden met het niveau van de vennootschapsbelasting waaraan de Franse dochterondernemingen reeds waren onderworpen. Volgens de Franse regering kon het belastingkrediet niet meer bedragen dan het bedrag van de vennootschapsbelasting tegen het normale tarief over de winst waarover dividend was uitgekeerd en werd, indien op die winst een verlaagd belastingtarief was toegepast en het belastingkrediet dus meer zou bedragen dan de reeds betaalde vennootschapsbelasting, een voorheffing verschuldigd ter hoogte van het bedrag waarmee het belastingkrediet de vennootschapsbelasting overschreed.

86. De nationale rechter, die als enige bevoegd is het nationale recht uit te leggen, dient uit te maken in hoeverre de in het hoofdgeding aan de orde zijnde regeling was gebaseerd op strikte overeenstemming tussen het bedrag van de belasting die was betaald over de aan de dividenduitkering ten grondslag liggende winst en het bedrag van het belastingkrediet.

87. Uit de rechtspraak volgt echter dat op grond van het recht van de Unie een lidstaat waarin een regeling voor het vermijden van dubbele economische belasting geldt in geval van dividend dat aan ingezetenen wordt uitgekeerd door ingezeten vennootschappen, dividend dat aan ingezetenen wordt uitgekeerd door niet in het binnenland gevestigde vennootschappen weliswaar op gelijkwaardige wijze moet behandelen (zie arrest Test Claimants in the FII Group Litigation, reeds aangehaald, punt 72), maar dat recht verlangt niet dat de lidstaten belastingplichtigen die in buitenlandse ondernemingen hebben geïnvesteerd moet bevoordelen ten opzichte van degenen die in binnenlandse ondernemingen hebben geïnvesteerd (zie in die zin arrest van 6 december 2007, Columbus Container Services, C-298/05, *Jurispr.* blz. I-10451, punten 39 en 40, en arrest Haribo Lakritzen Hans Riegel en Österreichische Salinen, reeds aangehaald, punt 89).

88. Zo verbiedt het recht van de Unie een lidstaat niet dat hij opeenvolgende belastingheffingen over door een binnenlandse vennootschap ontvangen dividend vermijdt door regels toe te passen die dat dividend vrijstellen van belasting wanneer het wordt uitgekeerd door een ingezeten vennootschap, en tegelijk door een verrekeningsregeling vermijdt dat dat dividend opeenvolgende keren wordt belast wanneer het wordt uitgekeerd door een niet-ingezeten vennootschap, op voorwaarde evenwel dat het belastingtarief voor buitenlands dividend niet hoger is dan het tarief voor binnenlands dividend en het belastingkrediet ten minste gelijk is aan het bedrag dat is betaald in de lidstaat van de uitkerende vennootschap, tot beloop van het bedrag van de belasting in de lidstaat van de ontvangende vennootschap (zie reeds aangehaalde arresten Test Claimants in the FII Group Litigation, en Haribo Lakritzen Hans Riegel en Österreichische Salinen, punt 86, punten 48 en 57, en beschikking van 23 april 2008, Test Claimants in the CFC and Dividend Group Litigation, C-201/05, *Jurispr.* blz. I-2875, punt 39).

89. Het Hof heeft geoordeeld dat wanneer de winst waaruit het buitenlandse dividend wordt uitgekeerd, in de lidstaat van de uitkerende vennootschap minder zwaar wordt belast dan in de lidstaat van de ontvangende vennootschap, laatstgenoemde lidstaat een volledig belastingkrediet moet verlenen ter hoogte van de belasting die de uitkerende vennootschap in haar lidstaat van vestiging heeft betaald (reeds aangehaalde arresten Test Claimants in the FII Group Litigation, punt 51, en Haribo Lakritzen Hans Riegel en Österreichische Salinen, punt 87).

90. Wanneer die winst daarentegen in de staat van de uitkerende vennootschap zwaarder wordt belast dan in de staat van de ontvangende vennootschap, hoeft laatstgenoemde staat slechts een belastingkrediet te verlenen van ten hoogste het bedrag van de vennootschapsbelasting die door de ontvangende vennootschap verschuldigd is. Hij is niet verplicht het verschil terug te betalen, dat wil zeggen het in de lidstaat van de uitkerende vennootschap betaalde bedrag dat hoger is dan de in de lidstaat van de ontvangende vennootschap verschuldigde belasting (zie reeds aangehaalde arresten Test Claimants in the FII Group Litigation, punt 52, en Haribo Lakritzen Hans Riegel en Österreichische Salinen, punt 88).

91. Met betrekking tot de in het hoofdgeding aan de orde zijde regeling zij opgemerkt dat indien een lidstaat de ontvangers van dividend dat afkomstig is van een in een andere lidstaat gevestigde onderneming in alle gevallen een belastingkrediet moest verlenen ten bedrage van de helft van het bedrag van dat dividend, zoals Accor vordert, dat dividend daardoor gunstiger zou worden behandeld dan dividend dat in de eerste lidstaat is uitgekeerd wanneer het belastingtarief waaraan de onderneming die dat dividend uitkeert in haar staat van vestiging is onderworpen, lager is dan het in de eerste staat toegepaste tarief.

92. Hieruit volgt dat een lidstaat in staat moet zijn, het bedrag van de in de staat van vestiging van de uitkerende vennootschap betaalde vennootschapsbelasting waarop het aan de ontvangende moedermaatschappij toegekende belastingkrediet betrekking moet hebben, te bepalen. Anders dan Accor betoogt, kan dus niet worden volstaan met het bewijs dat de uitkerende vennootschap in haar lidstaat van vestiging is belast over de winst waarover het dividend is uitgekeerd, zonder informatie te verstrekken over de aard en het tarief van de belasting die over die winst daadwerkelijk is geheven.

93. In die omstandigheden kunnen de administratieve lasten, waaronder het feit dat de belastingautoriteiten informatie verlangen betreffende de belasting die daadwerkelijk rust op de winst van de vennootschap die divi-

dend uitkeert in haar staat van vestiging, niet als excessief worden beschouwd en niet indruisen tegen het gelijkwaardigheids- en het doeltreffendheidsbeginsel.

94. Aangaande het gelijkwaardigheidsbeginsel geeft de verwijzende rechterlijke instantie in de derde vraag zelf aan dat wat betreft het door de in Frankrijk gevestigde dochterenemingen uitgekeerde dividend, de autoriteiten bekend zijn met de informatie betreffende het daadwerkelijk toegepaste belastingtarief en het bedrag van de daadwerkelijk betaalde belasting.

95. Zoals de advocaat-generaal in punt 102 van zijn conclusie opmerkt, vloeit voorts uit de in punt 82 van het onderhavige arrest in herinnering gebrachte rechtspraak voort dat het recht van de Unie er niet aan in de weg staat dat de betrokken moedermaatschappij als eerste de relevante bewijsstukken dient over te leggen.

96. Hoewel de moedermaatschappij die dividend ontvangt niet zelf alle informatie bezit over de vennootschapsbelasting die is geheven over het dividend dat is uitgekeerd door haar in een andere lidstaat gevestigde dochteronderneming, is in beginsel laatstgenoemde vennootschap met die informatie bekend. In die omstandigheden zijn eventuele moeilijkheden die de moedermaatschappij ondervindt om de gevraagde informatie over de door haar uitkerende dochteronderneming betaalde belasting te verstrekken, niet te wijten aan de ingewikkeldheid van deze informatie, maar aan het feit dat de dochteronderneming die over deze informatie beschikt, niet samenwerkt. Bijgevolg is de ontbrekende informatiestroom waarmee de moedermaatschappij wordt geconfronteerd geen probleem waarvoor de betrokken lidstaat zich zou moeten verantwoorden (zie in die zin arrest Haribo Lakritzen Hans Riegel en Österreichische Salinen, reeds aangehaald, punt 98).

97. Anders dan Accor betoogt, impliceert bovendien het feit dat de nationale belastingautoriteiten een beroep kunnen doen op de regeling van wederzijdse bijstand van richtlijn 77/799/EEG van de Raad van 19 december 1977 betreffende de wederzijdse bijstand van de bevoegde autoriteiten van de lidstaten op het gebied van de directe belastingen (*PB* L 336, blz. 15), zoals gewijzigd bij richtlijn 92/12/EG van de Raad van 25 februari 1992 (*PB* L 76, blz. 1; hierna: 'richtlijn 77/799'), niet dat zij de moedermaatschappij die dividend ontvangt moeten vrijstellen van het bewijs van het bedrag aan belasting dat de uitkerende vennootschap in een andere lidstaat heeft betaald (zie reeds aangehaalde arresten Haribo Lakritzen Hans Riegel en Österreichische Salinen, punt 100, et Meilicke, punt 50).

98. Het Hof heeft immers opgemerkt dat, daar richtlijn 77/799 voorziet in de mogelijkheid voor de nationale belastingautoriteit, te verzoeken om inlichtingen die zij zelf niet kan verkrijgen, het gebruik in artikel 2, lid 1, van richtlijn 77/799 van het woord 'kan' erop wijst dat deze autoriteit weliswaar de mogelijkheid, doch niet de verplichting heeft om de bevoegde autoriteiten van een andere lidstaat om inlichtingen te verzoeken. Elke lidstaat dient de specifieke gevallen te beoordelen waarin inlichtingen over transacties die door op zijn grondgebied gevestigde belastingplichtigen zijn verricht ontbreken, en te beslissen of deze gevallen aanleiding zijn om een andere lidstaat om inlichtingen te verzoeken (arrest van 27 september 2007, Twoh International, C-184/05, *Jurispr.* blz. I-7897, punt 32, en reeds aangehaalde arresten Persche, punt 65, Haribo Lakritzen Hans Riegel en Österreichische Salinen, punt 101, en Meilicke, punt 51).

99. Aangaande de eerbiediging van het doeltreffendheidsbeginsel moet in de eerste plaats worden opgemerkt dat de verlangde bewijsstukken de belastingautoriteiten van de lidstaat die de belasting heft in staat moeten stellen, duidelijk en nauwkeurig na te gaan of de voorwaarden voor de verkrijging van een belastingvoordeel vervuld zijn. Zij hoeven echter niet in een bepaalde vorm te worden verstrekt, daar de beoordeling niet te formalistisch dient te geschieden (zie in die zin arrest Meilicke e.a., reeds aangehaald, punt 46).

100. In de tweede plaats dient de verwijzende rechterlijke instantie na te gaan of de verkrijging van de gegevens betreffende het daadwerkelijk toegepaste belastingtarief en het bedrag van de belasting die daadwerkelijk is betaald over de winst waarover dividend is uitgekeerd in de praktijk niet onmogelijk of uiterst moeilijk is, gelet op onder meer de wetgeving van de lidstaat van vestiging van de uitkerende vennootschap op het gebied van de vermijding van dubbele belasting en de registratie van af te dragen vennootschapsbelasting alsmede de bewaring van administratieve of boekhoudkundige bescheiden.

101. Het verzoek om overlegging van bedoelde gegevens moet bovendien worden gedaan binnen de wettelijke bewaartermijn voor administratieve of boekhoudkundige bescheiden, zoals vastgelegd in het recht van de lidstaat waar de dochteronderneming is gevestigd. Zoals Accor opmerkt, kan voor haar belastingkrediet niet van haar worden verlangd dat zij bescheiden overlegt die betrekking hebben op een tijdvak dat de wettelijk bewaartermijn voor administratieve en boekhoudkundige bescheiden overschrijdt.

102. Gelet op het voorgaande moet op de derde vraag worden geantwoord dat het gelijkwaardigheids- en het doeltreffendheidsbeginsel er niet aan in de weg staan dat aan teruggaaf aan een moedermaatschappij van bedragen waardoor moet worden gewaarborgd dat op door die vennootschap dooruitgedeeld dividend dat wordt uitgekeerd door in Frankrijk gevestigde dochterondernemingen van die moedermaatschappij en dividend dat afkomstig is van dochterondernemingen die in andere lidstaten zijn gevestigd, dezelfde belastingregeling wordt toegepast, de voorwaarde is gekoppeld dat de belastingplichtige voor elke dividendbetaling de gegevens overlegt die hij als enige in bezit heeft, met name inzake het daadwerkelijk toegepaste belastingtarief en het belastingbedrag dat

daadwerkelijk is betaald over de winst die zijn in andere lidstaten gevestigde dochterondernemingen hebben behaald, terwijl voor in Frankrijk gevestigde dochterondernemingen dat bewijs, dat de overheid bekend is, niet vereist is. De overlegging van die gegevens mag echter slechts worden verlangd onder het voorbehoud dat het in de praktijk niet onmogelijk of uiterst moeilijk is, het bewijs te leveren van de door in andere lidstaten gevestigde dochterondernemingen betaalde belasting, gelet op onder meer de wettelijke bepalingen van die lidstaten op het gebied van de vermijding van dubbele belasting en de registratie van af te dragen vennootschapsbelasting alsmede de bewaring van administratieve bescheiden. De verwijzende rechterlijke instantie dient na te gaan of aan die voorwaarden in het hoofdgeding is voldaan.

Kosten

103. ...

HET HOF VAN JUSTITIE (Eerste kamer)

verklaart voor recht:

1. De artikelen 49 VWEU en 63 VWEU staan in de weg aan wettelijke bepalingen van een lidstaat ter voorkoming van de economische dubbele belasting van dividend zoals aan de orde in het hoofdgeding, op grond waarvan een moedermaatschappij de voorheffing die zij moet betalen wanneer zij van haar dochterondernemingen ontvangen dividend dooruitdeelt aan haar eigen aandeelhouders, mag verrekenen met het belastingkrediet dat aan de uitkering van dat dividend is verbonden indien het dividend van een in die lidstaat gevestigde dochteronderneming betreft, maar die deze mogelijkheid niet bieden wanneer dat dividend afkomstig is van een dochteronderneming die is gevestigd in een andere lidstaat, daar volgens die wettelijke bepalingen in dat laatste geval geen belastingkrediet wordt toegekend ter zake van de uitkering van dat dividend door die dochteronderneming

2. Wanneer een nationale belastingregeling zoals die in het hoofdgeding aan de orde is op zich niet leidt tot afwenteling op een derde van door de betalingsplichtige onverschuldigd afgedragen belasting, verzet het recht van de Unie zich ertegen dat een lidstaat teruggaaf van de door de moedermaatschappij betaalde bedragen weigert, hetzij op grond dat die teruggaaf zou leiden tot ongerechtvaardigde verrijking van die vennootschap, hetzij op grond dat het door de moedermaatschappij betaalde bedrag voor haar geen boekhoudkundige of fiscale last vormt, maar in mindering komt op het totale bedrag dat aan haar aandeelhouders kan worden dooruitgedeeld.

3. Het gelijkwaardigheids- en het doeltreffendheidsbeginsel staan er niet aan in de weg dat aan teruggaaf aan een moedermaatschappij van bedragen waardoor moet worden gewaarborgd dat op door die vennootschap dooruitgedeeld dividend dat wordt uitgekeerd door in Frankrijk gevestigde dochterondernemingen van die moedermaatschappij en dividend dat afkomstig is van dochterondernemingen die in andere lidstaten zijn gevestigd, dezelfde belastingregeling wordt toegepast, de voorwaarde is gekoppeld dat de belastingplichtige voor elke dividendbetaling de gegevens overlegt die hij als enige in bezit heeft, met name inzake het daadwerkelijk toegepaste belastingtarief en het belastingbedrag dat daadwerkelijk is betaald over de winst die zijn in andere lidstaten gevestigde dochterondernemingen hebben behaald, terwijl voor in Frankrijk gevestigde dochterondernemingen dat bewijs, dat de overheid bekend is, niet vereist is. De overlegging van die gegevens mag echter slechts worden verlangd onder het voorbehoud dat het in de praktijk niet onmogelijk of uiterst moeilijk is, het bewijs te leveren van de door in andere lidstaten gevestigde dochterondernemingen betaalde belasting, gelet op onder meer de wettelijke bepalingen van die lidstaten op het gebied van de vermijding van dubbele belasting en de registratie van af te dragen vennootschapsbelasting alsmede de bewaring van administratieve bescheiden. De verwijzende rechterlijke instantie dient na te gaan of aan die voorwaarden in het hoofdgeding is voldaan.

HvJ EG 15 september 2011, zaak C-132/10 (Olivier Halley, Julie Halley, Marie Halley v. Belgische Staat)

Tweede kamer: *J. N. Cunha Rodrigues, kamerpresident, A. Arabadjiev, A. Rosas, U. Lõhmus (rapporteur) en A. Ó Caoimh, rechters*
Advocaat-generaal: *N. Jääskinen*

1. Het verzoek om een prejudiciële beslissing betreft de uitlegging van de artikelen 26 VWEU, 49 VWEU, 63 VWEU en 65 VWEU.

2. Dit verzoek is ingediend in het kader van een geding tussen O. Halley, J. Halley en M. Halley enerzijds en de Belgische Staat anderzijds over successierechten die verschuldigd zijn over aandelen op naam van een vennootschap waarvan de zetel van de werkelijke leiding niet in België is gelegen.

Toepasselijke bepalingen

Unieregeling

3. Artikel 1, lid 1, van richtlijn 88/361/EEG van de Raad van 24 juni 1988 voor de uitvoering van artikel 67 van het Verdrag [artikel ingetrokken bij het Verdrag van Amsterdam] (*PB* L 178, blz. 5) luidt:

> 'Onverminderd de hierna volgende bepalingen heffen de lidstaten de beperkingen op met betrekking tot het kapitaalverkeer tussen ingezetenen van de lidstaten. Teneinde de toepassing van deze richtlijn te vergemakkelijken, worden de verschillende categorieën kapitaalverkeer ingedeeld volgens de nomenclatuur van bijlage I.'

4. In de opsomming van kapitaalbewegingen bedoeld in artikel 1 van richtlijn 88/361 zijn in rubriek XI, met als titel 'Kapitaalverkeer van persoonlijke aard', van bijlage I onder meer de nalatenschappen en legaten vermeld.

Nationale regeling

5. Artikel 1, 1°, van het Wetboek der successierechten, ingevoerd bij koninklijk besluit nr. 308 van 31 maart 1936 (*Belgisch Staatsblad* van 7 april 1936, blz. 2403), bekrachtigd bij wet van 4 mei 1936 (*Belgisch Staatsblad* van 7 mei 1936, blz. 3426; hierna: 'W. Succ.'), bepaalt dat een recht van successie wordt gevestigd op de waarde, na aftrekking van de schulden, van al wat uit de nalatenschap van een erflater wordt verkregen door zijn erfgenamen.

6. Artikel 111 W. Succ. luidt:

> 'Om de te lage schatting vast te stellen van het geheel of van een gedeelte der zich binnen het [Koninkrijk België] bevindende erfgoederen die voor hun verkoopwaarde aangegeven worden, mag de ontvanger, onverminderd de andere bewijsmiddelen voorzien onder artikel 105, de schatting van bedoelde goederen vorderen; edoch wordt dit recht van schatting, ten aanzien van lichamelijke roerende goederen, enkel op zeeschepen en boten toegepast.'

7. Artikel 137, eerste alinea, 2°, W. Succ. bepaalt dat er verjaring is voor de eis 'van de vordering tot schatting der goederen onderworpen aan dergelijke controle en van de rechten, interesten en boeten in geval van te lage waardering van bedoelde goederen, na twee jaar; van de rechten, interesten en boeten in geval van te lage waardering van niet aan schatting onderworpen goederen, na tien jaar; dit alles te rekenen van de dag van de indiening der aangifte'.

Hoofdgeding en prejudiciële vraag

8. Annick De Pinsun en Paul-Louis Halley, de ouders van verzoekers in het hoofdgeding, zijn gelijktijdig overleden op 6 december 2003. Hun woonplaats was gelegen te Tervuren (België) en er moest een aangifte van de nalatenschap worden ingediend te Leuven.

9. Op 16 augustus 2004 en 2005 hebben verzoekers in het hoofdgeding een voorschot op de successierechten van 16 miljoen EUR respectievelijk 4 miljoen EUR betaald.

10. Op 7 november 2005 hebben verzoekers in het hoofdgeding bij de belastingadministratie te Leuven een aangifte van de nalatenschap van hun vader en ook een aangifte van de nalatenschap van hun moeder ingediend.

11. Tot de nalatenschap van elke ouder behoorde de helft in onverdeeldheid van 2 172 600 aandelen op naam van de vennootschap Carrefour SA, met maatschappelijke zetel, ten tijde van de feiten in het hoofdgeding, te Levallois-Perret (Frankrijk), en van 2 085 aandelen aan toonder van dezelfde vennootschap. Verzoekers in het hoofdgeding hebben de aandelen op naam gewaardeerd op 28,31 EUR per aandeel, dit is de beurswaarde op de datum van het overlijden van hun ouders, met een waardevermindering van 35 %.

12. Bij brief van 20 februari 2008 heeft het derde Ontvangkantoor van de Registratie te Leuven verzoekers in het hoofdgeding meegedeeld dat de Centrale Administratie te Brussel op 29 januari 2008 had beslist dat de aandelen dienden te worden gewaardeerd op 43,55 EUR per aandeel.

13. In hun bij de verwijzende rechter ingediende verzoekschrift stellen verzoekers in het hoofdgeding primair dat de vordering van de Belgische belastingadministratie tot vaststelling van een tekortschatting is verjaard. Subsidiair betwisten zij de door deze administratie in aanmerking genomen waarde van de aandelen op naam.

14. Uit de verwijzingsbeslissing blijkt dat overeenkomstig artikel 111 juncto artikel 137, eerste alinea, 2°, W. Succ. de in artikel 111 van dit wetboek bedoelde schatting van de aandelen op naam mogelijk is voor zover het gaat om aandelen in een in België gelegen vennootschap. De aandelen bevinden zich in deze lidstaat wanneer de zetel van de werkelijke leiding van de vennootschap waarin deze aandelen worden aangehouden, in deze lidstaat is gelegen. De verjaringstermijn voor de schatting van de aandelen bedraagt in dat geval twee jaar. Voor aandelen in een vennootschap waarvan de zetel van de werkelijke leiding buiten het Belgische grondgebied is gelegen, is een dergelijke schatting daarentegen niet mogelijk en bedraagt de verjaringstermijn tien jaar.

15. Van oordeel dat in het hoofdgeding vragen betreffende de uitlegging van het recht van de Unie rijzen, heeft de Rechtbank van eerste aanleg te Leuven de behandeling van de zaak geschorst en het Hof de volgende prejudiciële vraag gesteld:

> 'Is artikel 137, eerste [alinea], 2°, van het Wetboek der successierechten, gelezen in samenhang met artikel 111 van het Wetboek der successierechten, bestaanbaar met de artikelen 26, 49, 63 en 65 van het Verdrag betreffende de werking van de Europese Unie doordat de verjaringstermijn voor de successierechten verschuldigd op aandelen op naam twee jaar bedraagt indien de zetel van de werkelijke leiding van de vennootschap zich in België bevindt, terwijl deze verjaringstermijn tien jaar bedraagt indien de zetel van de werkelijke leiding van de vennootschap zich niet in België bevindt?'

Beantwoording van de prejudiciële vraag

In het hoofdgeding aan de orde zijnde vrijheid

16. De vraag van de verwijzende rechter ziet op de artikelen 26 VWEU, 49 VWEU, 63 VWEU en 65 VWEU. In hun bij het Hof ingediende opmerkingen voeren de Belgische regering en de Europese Commissie aan dat alleen de laatste twee bepalingen, namelijk de verdragsbepalingen inzake het vrije verkeer van kapitaal, in het hoofdgeding van belang zijn.

17. Volgens ondertussen vaststaande rechtspraak dient voor het antwoord op de vraag of een nationale wettelijke regeling onder de ene of de andere vrijheid van verkeer valt, rekening te worden gehouden met het voorwerp van de wettelijke regeling in kwestie (arresten van 24 mei 2007, Holböck, C-157/05, *Jurispr.* blz. I-4051, punt 22, en 17 september 2009, Glaxo Wellcome, C-182/08, *Jurispr.* blz. I-8591, punt 36).

18. In het hoofdgeding bestaat het voorwerp van de betrokken nationale wettelijke regeling erin de termijn te bepalen waarbinnen de schatting moet gebeuren van aandelen op naam in een vennootschap waarvan de zetel van de werkelijke leiding buiten het Belgische grondgebied is gelegen, die via een nalatenschap worden verkregen.

19. Volgens de rechtspraak van het Hof vallen successies waarbij één of meerdere personen de nalatenschap van een overledene verkrijgen, onder rubriek XI ('Kapitaalverkeer van persoonlijke aard') van bijlage I bij richtlijn 88/361, en vormen zij kapitaalverkeer in de zin van artikel 63 VWEU, tenzij alle bestanddelen binnen één lidstaat gelegen zijn (zie in die zin arrest van 11 september 2008, Eckelkamp e.a., C-11/07, *Jurispr.* blz. I-6845, punt 39 en aldaar aangehaalde rechtspraak). Een situatie als die in het hoofdgeding, waarin een in België woonachtige persoon aandelen bezit in een vennootschap waarvan de zetel van de werkelijke leiding in Frankrijk is gelegen, is evenwel geen zuiver nationale situatie.

20. Bijgevolg zijn de bepalingen van het VWEU inzake het vrije verkeer van kapitaal van toepassing in een zaak als die in het hoofdgeding.

21. Derhalve moet worden geconstateerd dat de verwijzende rechter met zijn vraag in wezen wenst te vernemen of artikel 63 VWEU aldus moet worden uitgelegd dat het zich verzet tegen een wettelijke regeling van een lidstaat volgens welke inzake successierechten voor de schatting van aandelen op naam een andere verjaringstermijn geldt naargelang de zetel van de werkelijke leiding van de emitterende vennootschap waarvan de overledene aandeelhouder was, in of buiten deze lidstaat is gelegen.

Bestaan van een beperking van het vrije verkeer van kapitaal

22. De maatregelen die ingevolge artikel 63, lid 1, VWEU verboden zijn op grond dat zij het kapitaalverkeer beperken, omvatten mede de maatregelen die niet-ingezetenen ervan kunnen doen afzien, in een lidstaat investeringen te doen of dergelijke investeringen aan te houden (zie in die zin arresten van 22 januari 2009, STEKO Industrie-

montage, C-377/07, *Jurispr.* blz. I-299, punten 23 en 24, en 31 maart 2011, Schröder, C-450/09, nog niet gepubliceerd in de *Jurisprudentie*, punt 30).

23. Met betrekking tot de in het hoofdgeding aan de orde zijnde wettelijke regeling blijkt uit de verwijzingsbeslissing dat in deze regeling bij de vaststelling van de verjaringstermijn voor de schatting van aandelen op naam met het oog op heffing van successierechten een onderscheid wordt gemaakt naargelang van de ligging van de zetel van de werkelijke leiding van de emitterende vennootschap, aangezien de verjaringstermijn voor de schatting van aandelen die zijn uitgegeven door een vennootschap waarvan de zetel van de werkelijke leiding in België is gelegen, twee jaar bedraagt terwijl deze verjaringstermijn tien jaar bedraagt wanneer de aandelen zijn uitgegeven door een vennootschap waarvan deze zetel in een andere lidstaat is gelegen.

24. Toepassing van deze langere verjaringstermijn op erfgenamen die aandelen aanhouden in een vennootschap waarvan de zetel van de werkelijke leiding in een andere lidstaat dan het Koninkrijk België is gelegen, kan echter tot gevolg hebben dat Belgische ingezetenen ervan afzien te investeren of investeringen aan te houden in buiten deze lidstaat gelegen activa, aangezien hun erfgenamen langere tijd in onzekerheid over een mogelijke fiscale navordering zullen verkeren.

25. Een dergelijke nationale wettelijke regeling vormt dus een beperking van het vrije verkeer van kapitaal in de zin van artikel 63, lid 1, VWEU.

Rechtvaardiging van de beperking van het vrije verkeer van kapitaal

26. Ter rechtvaardiging van de beperking van het vrije verkeer van kapitaal voert de Belgische regering gronden aan die verband houden met de noodzaak om de doeltreffendheid van fiscale controles te waarborgen en de bestrijding van belastingfraude.

27. Volgens deze regering is het met het oog op de doeltreffendheid van de fiscale controles noodzakelijk dat een langere verjaringstermijn geldt voor de schatting van aandelen in vennootschappen die in een andere lidstaat dan het Koninkrijk België zijn gelegen, opdat inlichtingen met betrekking tot die aandelen kunnen worden verkregen.

28. Met het oog op de bestrijding van belastingfraude biedt deze termijn de Belgische belastingadministratie de mogelijkheid om bij ontdekking van tekortschatting van aandelen in in het buitenland gelegen vennootschappen een onderzoek in te stellen en een bijkomende aanslag op te leggen wanneer aan het licht komt dat deze aandelen voor een te laag bedrag in de belastingheffing waren betrokken.

29. Bovendien voert de Belgische regering aan dat een wettelijke regeling als die in het hoofdgeding noodzakelijk is ter compensatie van het ontbreken van effectieve mogelijkheden voor deze administratie om inlichtingen te verkrijgen over de tegoeden die in een andere lidstaat dan het Koninkrijk België worden aangehouden. Deze regering merkt op dat een lidstaat slechts een verzoek om inlichtingen op grond van artikel 2 van richtlijn 77/799/EEG van de Raad van 19 december 1977 betreffende de wederzijdse bijstand van de bevoegde autoriteiten van de lidstaten op het gebied van de directe belastingen (*PB* L 336, blz. 15) kan indienen wanneer hij reeds voldoende aanknopingspunten heeft.

30. Volgens vaste rechtspraak van het Hof vormen de bestrijding van belastingfraude alsmede de noodzaak om de doeltreffendheid van de fiscale controles te waarborgen dwingende redenen van algemeen belang die een beperking van de uitoefening van de door het VWEU gegarandeerde vrijheden van verkeer kunnen rechtvaardigen (zie met name wat de bestrijding van fraude betreft arrest van 14 september 2006, Centro di Musicologia Walter Stauffer, C-386/04, *Jurispr.* blz. I-8203, punt 32, en wat de doeltreffendheid van fiscale controles betreft arrest van 27 januari 2009, Persche, C-318/07, *Jurispr.* blz. I-359, punt 52).

31. Een beperking van het vrije verkeer van kapitaal kan slechts op grond daarvan worden toegestaan wanneer zij geschikt is om het betrokken doel te verwezenlijken en niet verder gaat dan noodzakelijk is voor het bereiken van dit doel (zie met name arrest van 28 oktober 2010, Établissements Rimbaud, C-72/09, nog niet gepubliceerd in de *Jurisprudentie*, punt 33 en aldaar aangehaalde rechtspraak).

32. Zelfs gesteld dat de in het hoofdgeding aan de orde zijnde nationale wettelijke regeling geschikt is voor de verwezenlijking van de doelstellingen bestaande in de noodzaak om de doeltreffendheid van de fiscale controles te waarborgen en de bestrijding van belastingfraude, zij gaat evenwel verder dan noodzakelijk is voor de verwezenlijking van deze doelstellingen.

33. Volgens de rechtspraak van het Hof betreffende de termijn voor een fiscale navordering ingeval spaartegoeden en/of inkomsten uit spaartegoeden voor de belastingautoriteiten zijn verzwegen, dient immers een onderscheid tussen twee gevallen te worden gemaakt: het eerste geval betreft de situatie waarin belastbare bestanddelen zijn verzwegen en de belastingautoriteiten geen aanwijzingen hebben om een onderzoek te kunnen instellen; het tweede geval betreft de situatie waarin de belastingautoriteiten wel over aanwijzingen over deze belastbare bestanddelen beschikken (arrest van 11 juni 2009, X en Passenheim-van Schoot, C-155/08 en C-157/08, *Jurispr.* blz. I-5093, punten 62 en 63).

34. In het hoofdgeding staat vast dat de betrokken aandelen op naam zijn opgegeven in de aangiften van de nalatenschap zodat de belastingautoriteiten van de betrokken lidstaat over aanwijzingen over deze aandelen beschikken. Bijgevolg gaat het bij de in het hoofdgeding aan de orde zijnde wettelijke regeling om het tweede geval waarvan sprake in het vorige punt.

35. Met betrekking tot dit tweede geval heeft het Hof in punt 74 van het reeds aangehaalde arrest X en Passenheim-van Schoot geoordeeld dat evenwel geen rechtvaardiging kan worden gevonden voor de toepassing door een lidstaat van een verlengde navorderingstermijn die niet specifiek ertoe strekt, de belastingautoriteiten van deze staat in staat te stellen op nuttige wijze gebruik te maken van regelingen voor wederzijdse bijstand tussen lidstaten, en die in werking treedt zodra de betrokken belastbare bestanddelen in een andere lidstaat zijn ondergebracht.

36. Wanneer de belastingautoriteiten van een lidstaat over aanwijzingen beschikken op basis waarvan zij zich tot de bevoegde autoriteiten van andere lidstaten kunnen wenden, hetzij via de in richtlijn 77/799 neergelegde regeling voor wederzijdse bijstand hetzij via de regeling van bilaterale overeenkomsten, met het verzoek om mededeling van de inlichtingen die hun van nut zijn voor de juiste vaststelling van de belastingschuld, is het loutere feit dat de betrokken belastbare bestanddelen in een andere lidstaat zijn ondergebracht, immers geen rechtvaardiging voor de algemene toepassing van een bijkomende navorderingstermijn die niet afhankelijk is van de tijd die noodzakelijkerwijs moet verlopen om op nuttige wijze gebruik te maken van deze regelingen voor wederzijdse bijstand (arrest X en Passenheim-van Schoot, reeds aangehaald, punt 75).

37. Hoewel deze richtlijn niet van toepassing is op successierechten, blijkt in casu uit het aan het Hof overgelegde dossier dat niet uitgesloten lijkt dat de Belgische belastingadministratie, teneinde de waarde van de betrokken aandelen na te gaan, toch een beroep had kunnen doen op andere regelingen voor wederzijdse bijstand, zoals de Overeenkomst tussen België en Frankrijk, tot voorkoming van dubbele aanslag en tot regeling van sommige andere vraagstukken inzake belastingen op de erfenissen en registratierechten, ondertekend te Brussel op 20 januari 1959.

38. Zoals de Commissie terecht heeft opgemerkt, belet hoe dan ook niets de Belgische belastingautoriteiten, zo zij een onderzoek wensen in te stellen, om zich voor de waardering van beursgenoteerde aandelen als die welke in het hoofdgeding aan de orde zijn, te baseren op de koers van deze aandelen op de datum van het overlijden van de aandeelhouder, die in de pers of op internet wordt gepubliceerd. Zoals blijkt uit het aan het Hof overgelegde dossier, is het trouwens op deze basis dat de in het hoofdgeding aan de orde zijnde aandelen door deze belastingautoriteiten uiteindelijk zijn gewaardeerd meer dan twee jaar na indiening van de aangiften van de nalatenschap.

39. Hieruit volgt dat toepassing van een termijn van tien jaar voor de waardering van aandelen in een vennootschap waarvan de zetel van de werkelijke leiding in een andere lidstaat dan het Koninkrijk België is gelegen, niet gerechtvaardigd is aangezien algemene toepassing van een dergelijke termijn geenszins afhankelijk is van de tijd die moet verstrijken opdat op nuttige wijze gebruik kan worden gemaakt van de regelingen voor wederzijdse bijstand of alternatieven die het mogelijk maken om een onderzoek naar de waarde van deze aandelen in te stellen.

40. Uit een en ander volgt dat op de prejudiciële vraag moet worden geantwoord dat artikel 63 VWEU aldus dient te worden uitgelegd dat het zich verzet tegen de wettelijke regeling van een lidstaat als die welke in het hoofdgeding aan de orde is, volgens welke inzake successierechten een verjaringstermijn van tien jaar geldt voor de waardering van aandelen op naam in een vennootschap waarvan de overledene aandeelhouder was en waarvan de zetel van de werkelijke leiding in een andere lidstaat is gelegen, terwijl diezelfde termijn twee jaar bedraagt wanneer de zetel van de werkelijke leiding in eerstgenoemde lidstaat is gelegen.

Kosten

41. ...

HET HOF (Tweede kamer)

verklaart voor recht:

Artikel 63 VWEU dient aldus te worden uitgelegd dat het zich verzet tegen de wettelijke regeling van een lidstaat als die welke in het hoofdgeding aan de orde is, volgens welke inzake successierechten een verjaringstermijn van tien jaar geldt voor de waardering van aandelen op naam in een vennootschap waarvan de overledene aandeelhouder was en waarvan de zetel van de werkelijke leiding in een andere lidstaat is gelegen, terwijl diezelfde termijn twee jaar bedraagt wanneer de zetel van de werkelijke leiding in eerstgenoemde lidstaat is gelegen.

HvJ EG 15 september 2011, zaak C-240/10 (Cathy Schulz-Delzers, Pascal Schulz v. Finanzamt Stuttgart III)

Vierde kamer: *J.-C. Bonichot, kamerpresident, K. Schiemann (rapporteur), C. Toader, A. Prechal en E. Jarašiūnas, rechters*
Advocaat-generaal: *P. Mengozzi*

HET HOF (Vierde kamer)

verklaart voor recht:

Artikel 39 EG moet aldus worden uitgelegd, dat het zich niet verzet tegen een bepaling als § 3, punt 64, EStG, op grond waarvan toelagen als in het hoofdgeding aan de orde, die zijn toegekend aan een ambtenaar van een lidstaat die in een andere lidstaat werkt om het koopkrachtverlies op de standplaats te compenseren, niet in aanmerking worden genomen ter bepaling van het in die eerste lidstaat op overige inkomsten van de belastingplichtige of zijn echtgenote toepasselijke belastingtarief, terwijl vergelijkbare toelagen die zijn toegekend aan een ambtenaar van die andere lidstaat die in de eerste lidstaat werkt, bij het bepalen van dat belastingtarief in aanmerking worden genomen.

CE Cour de Justice, 29 september 2011, zaak C-387/10 (Commission européenne contre République d'Autriche)

Septième chambre: *D. Šváby, président de chambre, R. Silva de Lapuerta (rapporteur) et T. von Danwitz, juges*

Avocat Général: *J. Mazák*

LA COUR (septième chambre)

déclare et arrête:

1. En ayant adopté et maintenu en vigueur des dispositions en vertu desquelles seuls les établissements de crédit nationaux et les fiduciaires économiques nationales peuvent être désignés en tant que représentants fiscaux de fonds d'investissement ou de fonds d'investissement immobilier, la République d'Autriche a manqué aux obligations qui lui incombent en vertu des articles 49 CE et 36 de l'accord sur l'Espace économique européen, du 2 mai 1992.

2. La République d'Autriche est condamnée aux dépens.

HvJ EG 6 oktober 2011, zaak C-493/09 (Europese Commissie v. Portugese Republiek)

Eerste kamer: *A. Tizzano, kamerpresident, J. J. Kasel, A. Borg Barthet, E. Levits (rapporteur) en M. Safjan, rechters*
Advocaat-generaal: *P. Mengozzi*

1. De Europese Commissie verzoekt het Hof vast te stellen dat de Portugese Republiek, door de dividendontvangsten van niet-ingezeten pensioenfondsen zwaarder te belasten dan de dividendontvangsten van op het Portugese grondgebied gevestigde pensioenfondsen, de verplichtingen niet is nagekomen die op haar rusten krachtens artikel 63 VWEU en artikel 40 van de Overeenkomst betreffende de Europese Economische Ruimte van 2 mei 1992 (*PB* 1994, L 1, blz. 3; hierna: 'EER-Overeenkomst').

Toepasselijke bepalingen

2. Volgens artikel 16, lid 1, van het Estatuto dos Beneficios Fiscais (Portugese regeling inzake belastingvoordelen; hierna: 'EBF'), zijn inkomsten van naar Portugees recht opgerichte en werkzaam zijnde pensioenfondsen en daaraan gelijk te stellen instellingen vrijgesteld van Imposto sobre o Rendimento das Pessoas Colectivas (vennootschapsbelasting; hierna: 'IRC').

3. Artikel 16, lid 4, EBF bepaalt dat bij niet-naleving van de in lid 1 van dit artikel gestelde voorwaarden deze vrijstelling niet geldt voor het betrokken boekjaar, en vennootschappen die pensioenfondsen en daaraan gelijk te stellen instellingen, waaronder ook ziekenfondsen, beheren, primair aansprakelijk zijn voor de belastingschulden van de door hen beheerde fondsen of vermogens en de verschuldigde belasting dienen te betalen binnen de termijn voorzien in artikel 120, lid 1, van de Código do Imposto sobre o Rendimento das Pessoas Colectivas (Portugese wet op de vennootschapsbelasting; hierna: 'CIRC').

4. Volgens artikel 4, lid 2, CIRC blijven rechtspersonen en andere instellingen die hun zetel of feitelijke leiding niet op Portugees grondgebied hebben, IRC verschuldigd over de in Portugal verkregen inkomsten. Artikel 80, lid 4, sub c, CIRC preciseert dat de IRC 20% bedraagt, behoudens de eventuele toepassing van bepalingen van verdragen ter voorkoming van dubbele belasting.

5. Artikel 4, lid 3, sub c, punt 3, CIRC bepaalt dat de inkomsten van kapitaalinvesteringen waarvan de debiteur op Portugees grondgebied woont of aldaar zijn zetel of werkelijke leiding heeft of waarvan de betalingen aan een vaste inrichting in Portugal toerekenbaar zijn, tot de in Portugal belastbare inkomsten van niet-ingezetenen behoren.

6. Overeenkomstig artikel 88, leden 1, sub c, 3, sub b, en 5, CIRC wordt de IRC geheven in de vorm van een definitieve bronbelasting.

7. Artikel 88, lid 11, CIRC luidt:

> 'Winstuitkeringen door aan IRC onderworpen instellingen aan geheel of gedeeltelijk daarvan vrijgestelde belastingplichtigen, waaronder alsdan ook kapitaalopbrengsten zijn begrepen, worden autonoom belast tegen een tarief van 20% wanneer de winst opleverende aandelen niet onafgebroken in het bezit van dezelfde belastingplichtige zijn geweest gedurende het jaar voorafgaande aan de uitkering en niet gedurende de voor die periode vereiste duur zijn aangehouden.'

8. Artikel 88, lid 12, CIRC bepaalt:

> 'Op het overeenkomstig het bepaalde in lid 11 vastgestelde belastingbedrag wordt de eventueel aan de bron ingehouden belasting in mindering gebracht, aangezien het ingehouden bedrag in dat geval niet uit hoofde van artikel 90, lid 2, kan worden afgetrokken.'

Precontentieuze procedure

9. Op 23 maart 2007 heeft de Commissie de Portugese Republiek een aanmaningsbrief gestuurd, waarin zij stelde dat de Portugese belastingbepalingen inzake de fiscale behandeling van dividend- en renteontvangsten van niet op het Portugese grondgebied gevestigde pensioenfondsen, onverenigbaar waren met artikel 63 VWEU en artikel 40 EER-Overeenkomst.

10. Omdat de Commissie geen genoegen nam met het antwoord van de Portugese Republiek van 18 juni 2007, heeft zij haar op 8 mei 2008 een met redenen omkleed advies gestuurd waarin zij haar verzocht om de maatregelen te nemen die noodzakelijk waren om aan dit advies te voldoen binnen twee maanden na ontvangst ervan.

11. In haar antwoord van 14 augustus 2008 heeft de Portugese Republiek erkend dat de betrokken belastingregeling een beperking van het vrije kapitaalverkeer vormde, maar stelt zij dat die beperking gerechtvaardigd was in

het licht van het recht van de Unie. In het bijzonder heeft zij aangevoerd dat de aan de in Portugal gevestigde pensioenfondsen voorbehouden, gunstigere belastingregeling een compensatie vormde voor de specifieke wettelijke verplichtingen waaraan die fondsen onderworpen waren.

12. Niet tevreden met deze uitleg heeft de Commissie besloten het onderhavige beroep wegens niet-nakoming in te stellen.

Procesverloop voor het Hof

13. Bij akte, neergelegd ter griffie van het Hof op 8 april 2010, heeft de Toezichthoudende Autoriteit van de EVA op grond van artikel 40, derde alinea, van het Statuut van het Hof van Justitie van de Europese Unie en artikel 93 van het Reglement voor de procesvoering van het Hof, verzocht om toelating tot interventie aan de zijde van de Commissie.

14. Bij beschikking van 15 juli 2010 heeft de president van het Hof dat verzoek afgewezen.

Beroep

Argumenten van partijen

15. De Commissie stelt dat de Portugese belastingregeling betreffende de pensioenfondsen een verschillende behandeling op grond van de plaats van vestiging van die fondsen invoert. Zo zijn dividenduitkeringen aan naar Portugees recht opgerichte en werkzaam zijnde pensioenfondsen volledig van IRC vrijgesteld, terwijl dividenduitkeringen aan niet-ingezeten pensioenfondsen wél aan die belasting zijn onderworpen.

16. De Commissie ziet in deze verschillende behandeling een beperking van het vrije kapitaalverkeer, aangezien het investeren door niet-ingezeten pensioenfondsen in Portugese ondernemingen minder aantrekkelijk wordt gemaakt.

17. De Portugese Republiek preciseert vooraf dat ingezeten en niet-ingezeten pensioenfondsen ingevolge artikel 88, lid 11, CIRC niet verschillend worden behandeld wanneer het uitgekeerde dividend afkomstig is van aandelen die door het ontvangende fonds korter dan een jaar zijn aangehouden, aangezien over deze inkomsten in beide gevallen IRC wordt geheven.

18. Voor de overige gevallen erkent de Portugese Republiek dat het vrije kapitaalverkeer wordt beperkt, maar stelt zij dat dit om twee redenen gerechtvaardigd is.

19. Ten eerste is de belastingregeling betreffende de pensioenfondsen gerechtvaardigd om de fiscale samenhang te bewaren. Zo wordt de vrijstelling van de inkomsten van de ingezeten pensioenfondsen gecompenseerd doordat over de pensioenuitkeringen aan de in Portugal wonende gerechtigden belasting over de inkomsten van natuurlijke personen wordt geheven. Op pensioengebied is een ruime uitlegging van deze dwingende reden van algemeen belang noodzakelijk om ieder risico van aantasting van het financiële evenwicht van het socialezekerheidsstelsel weg te nemen.

20. Ten tweede is de beperking van de IRC-vrijstelling tot ingezeten pensioenfondsen gebaseerd op vereisten die verband houden met de doeltreffendheid van de fiscale controles. Volgens de wettelijke voorwaarden om voor deze vrijstelling in aanmerking te komen, moeten fondsen met belangstelling voor deze vrijstelling door de Portugese belastingdiensten rechtstreeks kunnen worden gecontroleerd.

21. Zo zijn de in Portugal ingezeten fondsen niet alleen onderworpen aan bijzonder strenge prudentiële vereisten ter bescherming van investeerders overeenkomstig richtlijn 2003/41/EG van het Europees Parlement en de Raad van 3 juni 2003 betreffende de werkzaamheden van en het toezicht op instellingen voor bedrijfspensioenvoorziening (*PB* L 235, blz. 10), maar ook aan extra eigen voorwaarden van Portugees recht, met name inzake financiële aansprakelijkheid. Op dit punt bepaalt artikel 16, lid 4, EBF met name dat vennootschappen die pensioenfondsen beheren, primair aansprakelijk zijn voor de belastingschulden van de door hen beheerde fondsen of vermogens.

22. Het controleren van deze voorwaarden is bijzonder ingewikkeld en vereist dat de Portugese belastingdiensten zich rechtstreeks tot de van IRC vrijgestelde pensioenfondsen kunnen wenden. Met name in geval van niet-naleving van de voorwaarden van de Portugese regeling inzake de IRC-vrijstelling is een rechtstreekse aanpak van het betrokken fonds absoluut noodzakelijk om de terugbetaling van de uit hoofde van de IRC verschuldigde bedragen te verzekeren. Dit is onmogelijk bij in een andere lidstaat gevestigde fondsen en a fortiori bij fondsen die gevestigd zijn in een derde staat die partij is bij de EER-Overeenkomst, aangezien de Uniebepalingen betreffende de samenwerking op fiscaal gebied in deze samenhang niet toepasbaar zijn.

23. Tegen deze argumenten brengt de Commissie ten eerste in dat, wat de beperking van het vrije kapitaalverkeer door de Portugese belastingregeling inzake de pensioenfondsen betreft, de rechtvaardiging ontleend aan de fiscale samenhang niet kan worden aanvaard.

24. Enerzijds is de over de inkomsten van niet-ingezeten pensioenfondsen geheven IRC geen rechtstreekse financieringsbron voor het socialezekerheidsstelsel. Anderzijds wordt verlies aan belastinginkomsten als gevolg van de IRC-vrijstelling slechts doeltreffend door het heffen van belasting over pensioenuitkeringen gecompenseerd, wanneer de betrokken uitkeringsgerechtigden in Portugal wonen.

25. Ten tweede is de Commissie van mening dat de betrokken beperking ook niet door overwegingen in verband met de doeltreffendheid van de fiscale controles kan worden gerechtvaardigd.

26. Het concurrentievoordeel dat niet-ingezeten pensioenfondsen op het gebied van na te leven vereisten zouden hebben, kan namelijk niet rechtvaardigen dat zij fiscaal minder gunstig worden behandeld.

27. Voorts kan de aan niet-ingezeten pensioenfondsen voorbehouden fiscale behandeling niet worden geacht te strekken tot bescherming van de ondernemingen waarin zij investeren en de in Portugal wonende particulieren. Die behandeling wil gewoon het voordeel van de IRC-vrijstelling beperken tot ingezeten pensioenfondsen zonder dat het voor niet-ingezeten pensioenfondsen mogelijk is te bewijzen dat zij waarborgen bieden die gelijkwaardig zijn aan die welke door ingezeten fondsen worden geboden. Om verwezenlijking van de door de Portugese Republiek aangevoerde doelstellingen te verzekeren, volstaat het derhalve om van de niet-ingezeten pensioenfondsen het bewijs te vragen van hun kwaliteit en het wettelijke kader waarbinnen zij werkzaam zijn, aangezien de Portugese autoriteiten op grond van de in het Unierecht vervatte mechanismen voor samenwerking en wederzijdse bijstand, maar ook, waar het de EER-staten betreft, door multi- en bilaterale overeenkomsten, tot de noodzakelijke verificaties en ook de inning van belastingschulden kunnen overgaan.

Beoordeling door het Hof Bestaan van een beperking van het vrije verkeer van kapitaal

28. Volgens vaste rechtspraak omvatten de maatregelen die ingevolge artikel 63, lid 1, VWEU verboden zijn op grond dat zij het kapitaalverkeer beperken, mede de maatregelen die niet-ingezetenen ervan doen afzien, in een lidstaat investeringen te doen, of ingezetenen van deze lidstaat ontmoedigen in andere staten investeringen te doen (arrest van 10 februari 2011, Haribo Lakritzen Hans Riegel en Österreichische Salinen, C-436/08 en C-437/08, nog niet gepubliceerd in de *Jurisprudentie*, punt 50).

29. Wat de vraag betreft of de betrokken nationale regeling het vrije kapitaalverkeer beperkt, moet worden vastgesteld dat de dividenduitkeringen door op Portugees grondgebied gevestigde ondernemingen aan pensioenfondsen slechts van IRC zijn vrijgesteld, wanneer zij twee voorwaarden vervullen. Om te beginnen moet het dividend worden uitgekeerd aan naar Portugees recht opgerichte en werkzaam zijnde pensioenfondsen. Voorts moet dit dividend worden uitgekeerd uit aandelen die onafgebroken in het bezit van hetzelfde pensioenfonds zijn geweest gedurende minstens het jaar voorafgaande aan de uitkering of gedurende de voor die periode vereiste duur zijn aangehouden.

30. Wegens de eerste voorwaarde van de betrokken nationale regeling is de investering die een niet-ingezeten pensioenfonds in een Portugese onderneming kan doen bijgevolg minder aantrekkelijk dan de investering die een ingezeten pensioenfonds zou kunnen doen. Enkel in het eerste geval wordt namelijk over het door de Portugese onderneming uitgekeerde dividend 20% IRC geheven, ook wanneer dat dividend afkomstig is van aandelen die door dat fonds gedurende minstens het jaar voorafgaande aan de uitkering zijn aangehouden. Deze verschillende behandeling weerhoudt niet-ingezeten pensioenfondsen ervan te investeren in Portugese ondernemingen en ontmoedigt in Portugal wonende beleggers te investeren in dergelijke pensioenfondsen.

31. Van een dergelijke verschillende behandeling is echter geen sprake wanneer het door een ingezeten onderneming uitgekeerde dividend afkomstig is van aandelen die gedurende het jaar voorafgaande aan de uitkering niet in het bezit van dezelfde belastingplichtige zijn gebleven. Ingevolge artikel 88, lid 11, CIRC geldt de in artikel 16, lid 1, EBF voorziene vrijstelling in die omstandigheden namelijk niet, zodat over dit dividend IRC wordt geheven ongeacht de plaats waar het dividendontvangende pensioenfonds is gevestigd.

32. Vastgesteld moet dan ook worden dat de betrokken regeling, voor zover zij betrekking heeft op de heffing van belasting over dividend dat door op het Portugese grondgebied gevestigde ondernemingen wordt uitgekeerd uit aandelen die langer dan een jaar door een pensioenfonds zijn aangehouden, een in beginsel bij artikel 63 VWEU verboden beperking van het vrije verkeer van kapitaal vormt.

Mogelijke gronden ter rechtvaardiging van de betrokken wettelijke regeling

33. Volgens vaste rechtspraak kunnen nationale maatregelen die het vrije verkeer van kapitaal beperken, gerechtvaardigd worden door de in artikel 63 VWEU genoemde redenen of door dwingende redenen van algemeen belang, op voorwaarde dat zij geschikt zijn om de verwezenlijking van het gestelde doel te waarborgen en niet verder gaan dan voor het bereiken van dit doel noodzakelijk is (arrest van 1 juli 2010, Dijkman en Dijkman-Lavaleije, C-233/09, nog niet gepubliceerd in de *Jurisprudentie*, punt 49 en aldaar aangehaalde rechtspraak).

34. Volgens de Portugese Republiek wordt de betrokken wettelijke regeling gerechtvaardigd door redenen die verband houden met de noodzaak tot veiligstelling van enerzijds de fiscale samenhang en anderzijds de doeltref-

fendheid van de controle van de vereisten waaraan de pensioenfondsen moeten voldoen om voor de betrokken vrijstelling van vennootschapsbelasting in aanmerking te komen.

– Doel ontleend aan de noodzaak om de fiscale samenhang te bewaren

35. Er zij aan herinnerd dat het Hof in het verleden reeds heeft erkend dat de noodzaak om de samenhang van een belastingstelsel te bewaren een beperking van de uitoefening van de in het EG-Verdrag gewaarborgde fundamentele vrijheden kan rechtvaardigen (arrest van 27 november 2008, Papillon, C-418/07, *Jurispr.* blz. I-8947, punt 43, en arrest Dijkman en Dijkman-Lavaleije, reeds aangehaald, punt 54).

36. Een beroep op een dergelijke rechtvaardigingsgrond kan volgens het Hof evenwel alleen slagen indien er een rechtstreeks verband bestaat tussen het betrokken fiscale voordeel en de compensatie van dat voordeel door een bepaalde belastingheffing, waarbij het rechtstreekse verband op basis van het door de betrokken belastingregeling nagestreefde doel moet worden beoordeeld (reeds aangehaalde arresten Papillon, punt 44, alsmede Dijkman en Dijkman-Lavaleije, punt 55).

37. Dienaangaande heeft de Portugese Republiek niet rechtens genoegzaam aangetoond dat een dergelijk verband bestaat, aangezien zij enkel heeft gesteld dat de vrijstelling van vennootschapsbelasting de inkomstenbelasting compenseert die aangeslotenen bij een in Portugal gevestigd pensioenfonds over hun uitkeringen moeten betalen en dat met die vrijstelling dus kan worden voorkomen dat die inkomsten dubbel worden belast.

38. Bovendien moet ten eerste worden vastgesteld dat uit de betrokken regeling niet blijkt dat geen inkomstenbelasting wordt geheven over inkomsten die door niet-ingezeten pensioenfondsen aan in Portugal woonachtige gerechtigden worden uitgekeerd. In dergelijke omstandigheden wordt bijgevolg vennootschapsbelasting geheven over de dividenduitkeringen aan niet-ingezeten fondsen en inkomstenbelasting over de bedragen die door deze fondsen aan ingezeten gerechtigden worden uitgekeerd.

39. Ten tweede wordt, wanneer een ingezeten fonds inkomsten uitkeert aan een niet-ingezeten gerechtigde, het door dat fonds ontvangen dividend van vennootschapsbelasting vrijgesteld, ongeacht hoe de door hem uitgekeerde inkomsten in de woonstaat van de gerechtigde ervan fiscaal worden behandeld.

40. Wat verder het argument betreft inzake de noodzaak om het voortbestaan van het Portugese pensioenstelsel te verzekeren, heeft de Portugese Republiek niets aangevoerd waaruit kan worden opgemaakt in hoeverre de financiering van dit stelsel op de helling zou kunnen komen te staan, wanneer dividenduitkeringen aan niet-ingezeten fondsen van vennootschapsbelasting zouden worden vrijgesteld.

41. Gelet op de door haar aangevoerde argumenten kan de Portugese Republiek zich ter rechtvaardiging van de uit de betrokken regeling resulterende beperking van het vrije kapitaalverkeer bijgevolg niet beroepen op de noodzaak om de fiscale samenhang te bewaren.

– Doel ontleend aan de noodzaak om de doeltreffendheid van de controles te waarborgen

42. Volgens vaste rechtspraak is de noodzaak om de doeltreffendheid van de fiscale controles te waarborgen, een dwingende reden van algemeen belang die een beperking van de uitoefening van de verdragsrechtelijk gewaarborgde fundamentele vrijheden kan rechtvaardigen (arrest Dijkman en Dijkman-Lavaleije, reeds aangehaald, punt 58 en aldaar aangehaalde rechtspraak).

43. Volgens de Portugese Republiek vormt de IRC-vrijstelling een tegenprestatie voor de naleving door de pensioenfondsen van de in richtlijn 2003/41 en het Portugese recht gestelde vereisten.

44. In het bijzonder zouden de voorwaarden waaraan ingezeten pensioenfondsen moeten voldoen om van IRC te worden vrijgesteld, het voortbestaan van het Portugese pensioenstelsel beogen te verzekeren, doordat deze fondsen daarbij aan bijzonder strenge vereisten inzake beheer, werking, kapitalisatie en financiële aansprakelijkheid worden onderworpen. De belastingdienst zou de naleving van deze vereisten evenwel alleen kunnen controleren wanneer deze pensioenfondsen in Portugal gevestigd zijn.

45. Dienaangaande moet echter worden vastgesteld dat de betrokken regeling niet-ingezeten pensioenfondsen principieel van de IRC-vrijstelling uitsluit, zonder dat hun de mogelijkheid wordt geboden, te bewijzen dat zij aan de vereisten van het Portugese recht voldoen. De Portugese Republiek kan dan ook niet stellen dat het betrokken verschil in behandeling van ingezeten pensioenfondsen en niet-ingezeten pensioenfondsen op het gebied van de IRC-vrijstelling een tegenprestatie vormt voor de naleving, door eerstgenoemde fondsen, van de in het Portugese recht gestelde vereisten. Niet-ingezeten pensioenfondsen zijn namelijk hoe dan ook van die vrijstelling uitgesloten, ook wanneer zij aan de vereisten voor het verkrijgen daarvan zouden voldoen.

46. Een nationale regeling die een pensioenfonds volstrekt belet het bewijs te leveren dat het de voorwaarden vervult waaronder het voor de IRC-vrijstelling in aanmerking zou komen, indien het in Portugal gevestigd was, kan evenwel niet door de doeltreffendheid van de fiscale controles gerechtvaardigd worden. Immers valt niet van tevoren uit te sluiten dat in een andere lidstaat dan de Portugese Republiek gevestigde pensioenfondsen relevante

bewijsstukken kunnen overleggen aan de hand waarvan de Portugese belastingdiensten duidelijk en nauwkeurig kunnen nagaan dat zij in hun staat van vestiging voorwaarden vervullen die gelijkwaardig zijn aan die welke naar Portugees recht gelden.

47. Een dergelijke vaststelling geldt voor de lidstaten van de Europese Unie en de lidstaten van de Europese Economische Ruimte (EER) des te meer daar het door de Portugese Republiek in haar verweerschrift aangevoerde wetsbesluit nr. 12/2006 van 20 januari 2006, zoals de advocaat-generaal in de punten 57 en 58 van zijn conclusie heeft uiteengezet, beoogt uitvoering te geven aan richtlijn 2003/41, die ook in de EER-staten van toepassing is.

48. Hoe dan ook kan het feit dat het voor niet-ingezeten pensioenfondsen volstrekt onmogelijk is om de vrijstelling te verkrijgen die aan in Portugal gevestigde pensioenfondsen wordt verleend, evenmin in verhouding worden geacht met de door de Portugese Republiek aangevoerde moeilijkheden inzake het verzamelen van relevante inlichtingen en de invordering van belastingschulden.

49. Wat ten eerste in een andere lidstaat dan de Portugese Republiek gevestigde pensioenfondsen betreft, bieden richtlijn 77/799/EEG van de Raad van 19 december 1977 betreffende de wederzijdse bijstand van de bevoegde autoriteiten van de lidstaten op het gebied van de directe belastingen (*PB* L 336, blz. 15), en richtlijn 2008/55/EG van de Raad van 26 mei 2008 betreffende de wederzijdse bijstand inzake de invordering van schuldvorderingen die voortvloeien uit bepaalde bijdragen, rechten en belastingen, alsmede uit andere maatregelen (*PB* L 150, blz. 28), de Portugese autoriteiten een kader voor samenwerking en bijstand waarbinnen zij de krachtens hun nationale recht vereiste inlichtingen kunnen verkrijgen en hun de middelen kunnen worden aangereikt om eventuele belastingschulden bij niet-ingezeten pensioenfondsen in te vorderen.

50. Wat ten tweede in een lidstaat van de EER gevestigde pensioenfondsen betreft, moet worden vastgesteld dat hoewel de in het vorige punt van dit arrest beschreven mechanismen als zodanig geen toepassing vinden, de betrokken regeling de vrijstelling van vennootschapsbelasting niet afhankelijk stelt van het bestaan van een bilaterale bijstandsovereenkomst tussen de Portugese Republiek en de EER-staten die een samenwerking en bijstand mogelijk zou maken die gelijkwaardig zijn met die welke tussen de lidstaten van de Unie zijn ingevoerd. Zoals voorts de advocaat-generaal in punt 70 van zijn conclusie heeft aangegeven, zijn maatregelen ter verzekering van de invordering van belastingschulden denkbaar die het vrije kapitaalverkeer minder beperken dan de betrokken regeling, zoals de verplichting om vooraf de financiële waarborgen te stellen die voor de voldoening van die schulden noodzakelijk zijn.

51. Bijgevolg kan de uit de betrokken regeling resulterende beperking van het vrije kapitaalverkeer niet op de door de Portugese Republiek aangevoerde gronden worden gerechtvaardigd.

52. In die omstandigheden moet worden vastgesteld dat de Portugese Republiek, door de vrijstelling van vennootschapsbelasting uitsluitend aan op het Portugese grondgebied gevestigde pensioenfondsen voor te behouden, de krachtens artikel 63 VWEU en artikel 40 EER-Overeenkomst op haar rustende verplichtingen niet is nagekomen.

Kosten

53. …

HET HOF (Eerste kamer)

verklaart:

1. **Door de vrijstelling van vennootschapsbelasting uitsluitend aan op het Portugese grondgebied gevestigde pensioenfondsen voor te behouden, is de Portugese Republiek de verplichtingen niet nagekomen die op haar rusten krachtens artikel 63 VWEU en artikel 40 van de Overeenkomst betreffende de Europese Economische Ruimte van 2 mei 1992.**

2. **De Portugese Republiek wordt verwezen in de kosten.**

HvJ EU 13 oktober 2011, zaak C-9/11 (Waypoint Aviation SA v. de Belgische Staat – FOD Financiën)

Achtste kamer: *A. Prechal, kamerpresident, waarnemend voor de president van de Achtste kamer, K. Schiemann en E. Jarašiūnas (rapporteur), rechters*

Advocaat-generaal *J. Kokott*

HET HOF (Achtste kamer)

verklaart voor recht:

Artikel 49 moet aldus worden uitgelegd dat het zich verzet tegen een bepaling van een lidstaat als die in het hoofdgeding, die voorziet in de toekenning van een fiscaal verrekenbaar tegoed over opbrengsten van leningen die zijn toegestaan aan bepaalde ondernemingen voor de verkrijging van nieuwe goederen die op het nationale grondgebied worden gebruikt, op voorwaarde dat het gebruiksrecht van het goed niet wordt overgedragen door de vennootschap die het goed heeft verkregen dankzij een lening die recht geeft op een fiscaal verrekenbaar tegoed of door enige andere vennootschap van dezelfde groep, aan andere derden dan de in die lidstaat gevestigde leden van die groep.

HvJ EU 20 oktober 2011, zaak C-284/09 (Europese Commissie v. Bondsrepubliek Duitsland)

Eerste kamer: *A. Tizzano, kamerpresident, M. Safjan, M. Ilešič, E. Levits (rapporteur) en J. J. Kasel, rechters*
Advocaat-generaal: *E. Sharpston*

1. De Commissie van de Europese Gemeenschappen verzoekt het Hof vast te stellen dat de Bondsrepubliek Duitsland, door de aan een in een andere lidstaat of in de Europese Economische Ruimte (EER) gevestigde vennootschap uitgekeerde dividenden in economische termen zwaarder te belasten dan de aan een op haar grondgebied gevestigde vennootschap uitgekeerde dividenden, wanneer de in richtlijn 90/435/EEG van de Raad van 23 juli 1990 betreffende de gemeenschappelijke fiscale regeling voor moedermaatschappijen en dochterondernemingen uit verschillende lidstaten (*PB* L 225, blz. 6), zoals gewijzigd bij richtlijn 2003/123/EG van de Raad van 22 december 2003 (*PB* 2004, L 7, blz. 41; hierna: 'richtlijn 90/435'), vastgestelde minimumdrempel voor deelnemingen van een moedermaatschappij in het kapitaal van haar dochteronderneming niet is bereikt, de verplichtingen niet is nagekomen die op haar rusten krachtens artikel 56 EG en, met betrekking tot de Republiek IJsland en het Koninkrijk Noorwegen, krachtens artikel 40 van de Overeenkomst betreffende de Europese Economische Ruimte van 2 mei 1992 (*PB* 1994, L 1, blz. 3; hierna: 'EER-Overeenkomst').

Toepasselijke bepalingen

EER-Overeenkomst

2. Artikel 40 van de EER-Overeenkomst luidt:

'In het kader van de bepalingen van deze Overeenkomst zijn er tussen de overeenkomstsluitende partijen geen beperkingen van het verkeer van kapitaal toebehorende aan personen die woonachtig of gevestigd zijn in de lidstaten van de [Europese Unie] of de [...] staten [van de Europese Vrijhandelsassociatie (EVA)] en is er geen discriminerende behandeling op grond van de nationaliteit of van de vestigingsplaats van partijen of op grond van het gebied waar het kapitaal wordt belegd. Bijlage XII bevat de bepalingen die nodig zijn voor de tenuitvoerlegging van dit artikel.'

Unierecht

3. Artikel 3, lid 1, van richtlijn 90/435 bepaalt:

'Voor de toepassing van deze richtlijn:
a. wordt de hoedanigheid van moedermaatschappij ten minste toegekend aan iedere vennootschap van een lidstaat die voldoet aan de voorwaarden van artikel 2 en die een deelneming van ten minste 20% bezit in het kapitaal van een vennootschap van een andere lidstaat die aan dezelfde voorwaarden voldoet.
[...] Vanaf 1 januari 2007 bedraagt de deelneming 15%.
Vanaf 1 januari 2009 bedraagt de deelneming ten minste 10%. [...]'

4. Overeenkomstig artikel 5, lid 1, van richtlijn 90/435 wordt de door een dochteronderneming aan de moedermaatschappij uitgekeerde winst van bronbelasting vrijgesteld.

Nationale regeling

Dividendbelasting in het algemeen

5. De Duitse regeling voor de belasting van kapitaalinkomsten vloeit voort uit het Einkommensteuergesetz (Duitse wet op de inkomstenbelasting, *BGBl.* 2002 I, blz. 4210, in de versie die werd bekendgemaakt in het *BGBl.* 2003 I, blz. 179; hierna: 'EStG'), wat rechtspersonenbelasting betreft in combinatie met het Körperschaftssteuergesetz (Duitse wet op de vennootschapsbelasting, *BGBl.* 2002 I, blz. 4144; hierna: 'KStG'). De relevante bepalingen, in de versie die op het onderhavige geding van toepassing is, waren de in de punten 6 tot en met 15 van het onderhavige arrest vermelde bepalingen.

6. § 20, lid 1, punt 1, EStG luidt:

'Tot de kapitaalinkomsten behoren:
1. winstaandelen (dividenden) [...] van een kapitaalvennootschap, interesten en andere inkomsten uit aandelen en deelnemingen in vennootschappen met beperkte aansprakelijkheid, vennootschappen naar Duits recht, geheten 'Erwerbs-und-Wirtschaftsgenossenschaften', en mijnexploitatiemaatschappijen die de rechten van een rechtspersoon genieten. Verkapte winstuitkeringen maken eveneens deel uit van de overige inkomsten. Deze inkomsten worden niet in mindering gebracht van de inkomsten voor zover zij voortkomen uit uit-

keringen door een rechtspersoon waarvoor de bedragen op de fiscale tegoedrekening (steuerliches Einlagekonto) in de zin van § 27 [KStG] worden beschouwd te zijn gebruikt.'

7. § 43 EStG, met als opschrift 'Kapitaalinkomsten waarop belasting wordt ingehouden', bepaalt in lid 1, eerste volzin, punt 1, en derde volzin:

'De inkomstenbelasting wordt geheven door inhouding op de kapitaalinkomsten (belasting op de kapitaalopbrengsten) op de inkomsten uit binnenlands kapitaal [...] en in de in punt 7, sub a, punt 8 en de tweede volzin bedoelde gevallen op de volgende kapitaalinkomsten:
1. kapitaalinkomsten in de zin van § 20, lid 1, punten 1 en 2. [...]
De belasting wordt ingehouden onverminderd § 3, punt 40, en § 8b [KStG].'

8. § 44, lid 1, eerste tot en met derde volzin, EStG, betreffende de voldoening van de belasting op kapitaalinkomsten:

'In de in § 43, lid 1, eerste volzin, [punt 1] bedoelde gevallen is de schuldenaar van de belasting op kapitaalinkomsten de schuldeiser van de kapitaalinkomsten. De belasting op kapitaalinkomsten wordt verschuldigd op het tijdstip waarop de schuldeiser de kapitaalinkomsten ontvangt. In de in § 43, lid 1, eerste volzin, punten 1 tot en met 4 [...], bedoelde gevallen houdt de schuldenaar van de kapitaalinkomsten op dat tijdstip de belasting in voor rekening van de schuldeiser van de kapitaalinkomsten.'

9. De berekening van de belasting op kapitaalinkomsten wordt geregeld door § 43a, lid 1, punt 1, EStG, dat luidt als volgt:

'De belasting op kapitaalinkomsten bedraagt
1. in de in § 43, lid 1, eerste volzin, punt 1 [...] bedoelde gevallen [...] 25% van de kapitaalinkomsten; [...]'

10. § 8b, lid 1, eerste volzin, KStG bepaalt dat door een dochteronderneming uitgekeerde dividenden niet in aanmerking worden genomen bij de berekening van de inkomsten van de moedermaatschappij.

Belasting van aan een in Duitsland gevestigde vennootschap uitgekeerde dividenden

11. Met betrekking tot de belasting van aan een in Duitsland gevestigde vennootschap uitgekeerde dividenden verwijst § 31, lid 1, eerste volzin, KStG naar de relevante bepalingen van het EStG.

12. § 36, leden 2, punt 2, en 4, tweede volzin, EStG, over het verschuldigd worden en de betaling van de inkomstenbelasting, bepaalt:

'2. De volgende bedragen worden van de inkomstenbelasting afgetrokken:
[...]
2. de door inhouding geheven inkomstenbelasting, voor zover die wordt geheven op [...] de inkomsten die overeenkomstig [...] § 8b, leden 1 en 6, tweede volzin, [KStG] niet in aanmerking worden genomen bij de berekening van de inkomsten en voor zover geen terugbetaling is gevraagd of geschied. De door inhouding geheven inkomstenbelasting wordt niet afgetrokken indien het in § 45a, lid 2 of 3, bedoelde attest niet is overgelegd. [...]
[...]
4. [...] Indien na aftrek een overschot blijkt te bestaan ten gunste van de belastingplichtige, wordt dit overschot na de betekening van de belastingaanslag aan de belastingplichtige uitgekeerd.'

Belasting van aan een vennootschap die niet in Duitsland is gevestigd uitgekeerde dividenden

13. Vennootschappen die noch hun bestuur noch hun zetel in Duitsland hebben of die in deze lidstaat niet onbeperkt belastingplichtig zijn, worden overeenkomstig § 2 KStG beschouwd als beperkt belastingplichtig voor hun binnenlandse inkomsten.

14. Overeenkomstig § 32, lid 1, punt 2, KStG isderechtspersonenbelasting op inkomsten waarop belasting wordt ingehouden betaald door de belastinginhouding wanneer de ontvanger van de inkomsten in Duitsland beperkt belastingplichtig is.

15. § 43b EStG bepaalt dat op verzoek van de belastingplichtige wordt afgezien van de inning van de belasting op kapitaalinkomsten wanneer de deelneming van een in een andere lidstaat dan de Bondsrepubliek Duitsland gevestigde moedermaatschappij in het kapitaal van haar dochteronderneming de in artikel 3, lid 1, sub a, van richtlijn 90/345 bedoelde drempel bereikt.

Verdragen ter voorkoming van dubbele belasting

16. De door de Bondsrepubliek Duitsland met alle andere lidstaten, alsook met de Republiek IJsland en het Koninkrijk Noorwegen, gesloten verdragen ter voorkoming van dubbele belasting bevatten voorschriften met betrekking tot de verrekening van de in Duitsland geheven bronbelasting met het in de lidstaat van vestiging van

de moedermaatschappij verschuldigde belastingbedrag. Het bedrag van het belastingkrediet mag niet het gedeelte van de voorafgaand aan de verrekening vastgestelde belasting op inkomsten uit Duitsland overschrijden en deze verdragen voorzien niet in een terugbetaling van een eventueel belastingtegoed dat bestaat uit het verschil tussen de belasting in de betrokken lidstaat en de bronbelasting in Duitsland.

Precontentieuze procedure

17. Bij aanmaningsbrief van 12 oktober 2005 heeft de Commissie de Bondsrepubliek Duitsland gewezen op haar twijfels inzake de verenigbaarheid van de Duitse regeling inzake dividendbelasting met artikel 56 EG en artikel 40 van de EER-Overeenkomst, aangezien zij ingezeten dividendontvangende vennootschappen op het gebied van belastingheffing bevoordeelt ten opzichte van ontvangende vennootschappen die zijn gevestigd in een andere lidstaat of in een staat die partij is bij de EER-Overeenkomst.

18. De Duitse regering heeft de aanmaningsbrief beantwoord bij brief van 21 december 2005.

19. Op 27 juni 2007 heeft de Commissie de Bondsrepubliek Duitsland een met redenen omkleed advies doen toekomen waarin zij aanvoerde dat zij het feit dat het gecombineerde effect van iedere nationale bronbelasting en de nationale inkomstenbelasting op binnenlandse dividenden tot een lagere belasting dan de bronbelasting op uitgaande dividenden leidt, onverenigbaar met artikel 56 EG beschouwde.

20. In haar mededeling van 28 augustus 2007 heeft de Duitse regering gewag gemaakt van een verschil tussen, enerzijds, de aanmaningsbrief, die op een onjuiste beschrijving van het Duitse belastingrecht berustte voor zover hierin het standpunt werd ingenomen dat ingezeten moedermaatschappijen geen bronbelasting op dividenden moesten betalen, en, anderzijds, het met redenen omkleed advies waarin terecht werd opgemerkt dat Duitse aandeelhouders eveneens de bronbelasting moeten betalen, maar waarin anders dan in de aanmaningsbrief hieruit werd afgeleid dat de inbreuk op het vrije verkeer van kapitaal bestaat in het bevrijdende karakter van bronbelasting voor moedermaatschappijen die zijn gevestigd in andere lidstaten dan de Bondsrepubliek Duitsland of in staten die partij zijn bij de EER-Overeenkomst.

21. In antwoord op deze mededeling heeft de Commissie op 28 november 2007 aan deze lidstaat een aanvullende aanmaningsbrief gezonden, waarin zij preciseerde dat de onjuiste beschrijving van het Duitse belastingrecht volgens haar geen gevolgen had voor het grootste deel van de precontentieuze procedure. Zij wees erop dat aangezien Duitse aandeelhouders in aanmerking komen voor verrekening van de bronbelasting met de rechtspersonenbelasting, terwijl diezelfde bronbelasting een bevrijdend karakter heeft voor vennootschappen die zijn gevestigd in andere lidstaten of in staten die partij zijn bij de EER-Overeenkomst, deze vennootschappen meer belasting moeten betalen op dividenden.

22. Aangezien de Commissie geen gunstig gevolg had gegeven aan het verzoek van de Duitse regering om verlenging van de termijn voor antwoord op deze aanvullende aanmaningsbrief, heeft de Commissie op 28 februari 2008 een aanvullend met redenen omkleed advies uitgebracht.

23. De Bondsrepubliek Duitsland heeft op het aanvullende met redenen omkleed advies geantwoord bij brief van 30 april 2008, waarin zij de Commissie in kennis stelde van haar voornemen om alle maatregelen te treffen die noodzakelijk waren om te voldoen aan dit aanvullende met redenen omkleed advies.

24. De Commissie heeft het onderhavige beroep ingesteld, omdat zij heeft vastgesteld dat de Bondsrepubliek Duitsland aan het einde van de in het aanvullende met redenen omkleed advies aan haar verleende termijn van twee maanden haar fiscale bepalingen niet had gewijzigd om te voldoen aan dit advies en de gelijke behandeling van ingezeten en niet-ingezeten vennootschappen te waarborgen.

Beroep

Argumenten van partijen

25. De Commissie betoogt dat de Bondsrepubliek Duitsland inbreuk heeft gemaakt op het in artikel 56 EG en artikel 40 van de EER-Overeenkomst vastgelegde vrije verkeer van kapitaal door de economische last van de aan de bron op dividenduitkeringen ingehouden belasting op kapitaalinkomsten ongedaan te maken, door alleen aan moedermaatschappijen die hun zetel en hun bestuur op haar grondgebied hebben de mogelijkheid te bieden om verrekening en terugbetaling van deze belasting te verkrijgen, zonder echter door middel van interne maatregelen of op basis van met de andere lidstaten van de Unie dan wel met de Republiek IJsland of het Koninkrijk Noorwegen gesloten verdragen ter voorkoming van dubbele belasting in deze staten gevestigde moedermaatschappijen in staat te stellen van deze belastingvoordelen te profiteren.

26. In Duitsland gevestigde moedermaatschappijen en moedermaatschappijen die zijn gevestigd in andere lidstaten of in staten die partijzijn bij de EER-Overeenkomst bevinden zich volgens de Commissie in een objectief vergelijkbare situatie. De Bondsrepubliek Duitsland heeft besloten economische meervoudige belasting van uitgekeerde winst te voorkomen, maar uiteindelijk kunnen alleen moedermaatschappijen die hun zetel en bestuur op haar nationale grondgebied hebben zich onttrekken aan de economische last van de bronbelasting, aangezien zij niet

alleen deze bronbelasting volledig kunnen verrekenen met hun rechtspersonenbelasting, maar ook terugbetaling kunnen verkrijgen indien de te betalen inkomstenbelasting lager is dan het bedrag van de bronbelasting, zodat zij in feite geen belasting betalen op de aan hen uitgekeerde dividenden. Moedermaatschappijen die zijn gevestigd in andere lidstaten of in staten die partij zijn bij de EER-Overeenkomst kunnen zich daarentegen niet volledig onttrekken aan de economische last van de bronbelasting, die na de inhouding ervan als betaald wordt beschouwd.

27. Dienaangaande preciseert de Commissie dat haar beroep alleen dividendbetalingen aan kapitaalvennootschappen betreft en dat het niet relevant is om een vergelijking te maken tussen de totale belastingdruk op dividendontvangsten van, enerzijds, natuurlijke personen en personenvennootschappen in Duitsland en, anderzijds, kapitaalvennootschappen in het buitenland, omdat de betrokken situaties verschillend zijn.

28. Wanneer een lidstaat op het gebied van de dividendbelasting voordelen toekent, waaronder voordelen zoals verrekening of terugbetaling die als economisch gevolg hebben dat een eerder geheven bronbelasting wordt gecompenseerd, mogen deze voordelen volgens de Commissie niet worden beperkt tot op het nationale grondgebied gevestigde dividendontvangers en moeten zij zich uitstrekken tot ontvangers die zijn gevestigd in andere lidstaten of in staten die partij zijn bij de EER-Overeenkomst.

29. Wat de eventuele gevolgen van verdragen ter voorkoming van dubbele belasting betreft, merkt de Commissie in de eerste plaats op dat de in deze verdragen vastgestelde eenvoudige verlaging van het tarief van de bronbelasting op dividenduitkeringen aan moedermaatschappijen die zijn gevestigd in andere lidstaten of in staten die partij zijn bij de EER-Overeenkomst, op zich niet leidt tot een volledig gelijke economische behandeling, aangezien zij niet neerkomt op een volledige economische vrijstelling van de bronbelasting, waarvoor in Duitsland gevestigde moedermaatschappijen daarentegen wel in aanmerking komen.

30. In de tweede plaats wordt door de verrekeningsmechanismes waarin de door de Bondsrepubliek Duitsland gesloten verdragen ter voorkoming van dubbele belasting voorzien hoogstens bijgedragen tot de vermindering van de dubbele belasting ten gunste van niet in Duitsland gevestigde moedermaatschappijen. Zij bieden niet de mogelijkheid om steeds een volledige economische vrijstelling te verkrijgen, aangezien de verplichting tot belastingverlichting beperkt is tot een maximaal te verrekenen bedrag.

31. De Commissie merkt voorts op dat de niet-onderwerping van niet-ingezeten moedermaatschappijen aan bedrijfsbelasting geenszins een belastingvoordeel oplevert, omdat zelfs indien een dergelijk voordeel bestond, het wegens de verschillende aard ervan niet zou volstaan ter compensatie van de fiscaal ongunstige behandeling wegens het bevrijdende karakter van de precies door deze moedermaatschappijen verschuldigde aan de bron ingehouden belasting op kapitaalinkomsten. Een moedermaatschappij die is gevestigd in een andere lidstaat of in een staat die partij is bij de EER-Overeenkomst moet niet de bedrijfsbelasting betalen omdat zij geen economische activiteit uitoefent in een Duitse gemeente en er geen belastbare materie is.

32. Ten slotte betoogt de Commissie dat de betrokken belastingregeling niet kan worden gerechtvaardigd door de noodzaak om een evenwichtige verdeling van de heffingsbevoegdheid tussen de lidstaten te waarborgen noch door redenen die verband houden met de samenhang van het Duitse belastingstelsel.

33. De Bondsrepubliek Duitsland verwijt de Commissie dat zij de vrijstelling van kapitaalvennootschappen als tussenschakel afzonderlijk beoordeelt, terwijl deze lidstaat sinds 2001 een stelsel van gedeeltelijke inkomsten toepast waarbij de belastingheffing op dividenden in twee fasen wordt verdeeld. Zo wordt de dividenduitkerende vennootschap in de eerste fase van deze gedeeltelijke belastingheffing onderworpen aan een niet-aftrekbare bevrijdende rechtspersonenbelasting waarvan het tarief vanaf 1 januari 2008 15% bedraagt, terwijl de laatste aandeelhouder die de dividenden ontvangt in de tweede fase van de gedeeltelijke belastingheffing dermate wordt belast dat, gelet op de gedeeltelijke belastingheffing van de eerste fase, de winstuitkering uiteindelijk volledig wordt belast. Dit leidt bijgevolg tot een enkele volledige belasting door middel van twee gedeeltelijke belastingheffingen en de tussenvennootschappen met deelnemingen zijn vrijgesteld om een te hoge belasting te voorkomen. Zo mag het afzien van de belasting van aan een ingezeten participatievennootschap uitgekeerde dividenden overeenkomstig § 8b KStG niet worden beschouwd als een beslissing om de bevoegdheid tot het belasten van de dividenden niet uit te oefenen, aangezien die wordt uitgeoefend door middel van het uit meerdere fasen bestaande algemene stelsel.

34. Dit beginsel van een enkele volledige belasting op de in Duitsland gerealiseerde en uitgekeerde winst is zowel van toepassing wanneer de ontvanger het nationale grondgebied niet verlaat als in grensoverschrijdende situaties. Om ervoor te zorgen dat de door de Bondsrepubliek Duitsland opgelegde belastingdruk op dividenden even hoog is in een binnenlandse situatie als in een grensoverschrijdende situatie, moet de tweede fase van de belastingheffing in dit laatste geval echter worden vervroegd, aangezien dividenduitkeringen door een buitenlandse moedermaatschappij aan haar buitenlandse aandeelhouder niet tot de heffingsbevoegdheid van de Bondsrepubliek Duitsland behoren. Overeenkomstig het verdelingsbeginsel en het territorialiteitsbeginsel heeft iedere lidstaat echter het recht om belasting te heffen op de op zijn grondgebied gerealiseerde winst.

35. De Bondsrepubliek Duitsland erkent dat zij ingezeten en niet-ingezeten kapitaalvennootschappen verschillend behandelt wanneer zij dividenden ontvangen van ingezeten vennootschappen, aangezien alleen ingezeten vennootschappen in aanmerking komen voor de in § 8b KStG bedoelde belastingvrijstelling.

36. Dit verschil in behandeling is echter slechts formeel en leidt niet tot discriminatie van moedermaatschappijen die zijn gevestigd in een andere lidstaat of in een staat die partij is bij de EER-Overeenkomst.

37. In Duitsland gevestigde vennootschappen en vennootschappen die zijn gevestigd in andere lidstaten of in staten die partij zijn bij de EER-Overeenkomst bevinden zich niet in een vergelijkbare situatie, gelet op het doel van § 8b KStG om een te hoge dividendbelasting in Duitsland te voorkomen in het kader van de toepassing van het stelsel van gedeeltelijke belasting op inkomsten. In geval van dividenduitkeringen aan een vennootschap die is gevestigd in een andere lidstaat of in een staat die partij is bij de EER-Overeenkomst is er echter geen sprake van een dergelijk risico.

38. Voorts ontmoedigt het Duitse belastingrecht buitenlandse investeerders niet om te investeren in het kapitaal van in Duitsland gevestigde ondernemingen, aangezien de Duitse belastingdruk op aan niet-ingezeten ontvangers uitgekeerde dividenden, onder voorbehoud van een verlaging op grond van een verdrag ter voorkoming van dubbele belasting, in wezen dezelfde is als die op aan ingezeten ontvangers uitgekeerde dividenden.

39. In geval van grensoverschrijdende dividenduitkering ontstaat een bijkomende belasting slechts door toedoen van de staat van vestiging van de ontvanger ten gevolge van het naast elkaar bestaan van verschillende wettelijke belastingregelingen.

40. Krachtens de met alle andere lidstaten van de Europese Unie, alsook met de Republiek IJsland en het Koninkrijk Noorwegen, gesloten verdragen ter voorkoming van dubbele belasting met betrekking tot inkomstenbelasting en rechtspersonenbelasting beperkt de Bondsrepubliek Duitsland zich tot de heffing van een bronbelasting op het dividend van normaliter 10% of 15%. Gelet op deze verdragen belast deze lidstaat aan niet-ingezeten ontvangers uitgekeerde dividenden zelfs aanzienlijk minder zwaar dan aan ingezeten ontvangers uitgekeerde dividenden.

41. Voorts bepalen de verdragen ter voorkoming van dubbele belasting dat een risico van dubbele belasting wordt voorkomen door de Duitse bronbelasting te verrekenen met de belasting in de staat van vestiging van de dividendontvangende vennootschap.

42. Ten slotte wijst de Bondsrepubliek Duitsland erop dat dividenduitkeringen aan ingezeten vennootschappen weliswaar niet aan de rechtspersonenbelasting zijn onderworpen, maar dat deze dividenden in aanmerking worden genomen bij de berekening van de krachtens de wet inzake bedrijfsbelasting door deze vennootschappen verschuldigde bedrijfsbelasting. Aan buitenlandse vennootschappen uitgekeerde dividenden zijn daarentegen niet aan deze belasting onderworpen.

43. Subsidiair stelt de Bondsrepubliek Duitsland dat het Duitse stelsel van dividendbelasting in ieder geval gerechtvaardigd is uit hoofde van dringende redenen van algemeen belang, met name door de noodzaak om een evenwichtige verdeling van de heffingsbevoegdheid te waarborgen, in samenhang met het territorialiteitsbeginsel, en door de noodzaak om de samenhang van de belastingregeling te verzekeren.

Beoordeling door het Hof Schending van artikel 56, lid 1, EG

– Bestaan van een beperking van het vrije verkeer van kapitaal

44. Volgens vaste rechtspraak van het Hof behoren de directe belastingen weliswaar tot de bevoegdheid van de lidstaten, maar moeten zij deze bevoegdheid uitoefenen in overeenstemming met het Unierecht (zie met name arresten van 12 december 2006, Test Claimants in Class IV of the ACT Group Litigation, C-374/04, *Jurispr.* blz. I-11673, punt 36; 8 november 2007, Amurta, C-379/05, *Jurispr.* blz. I-9569, punt 16; 19 november 2009, Commissie/Italië, C-540/07, *Jurispr.* blz. I-10983, punt 28, en 3 juni 2010, Commissie/Spanje, C-487-08, nog niet gepubliceerd in de *Jurisprudentie*, punt 37).

45. Het staat met name aan elke lidstaat om met eerbiediging van het Unierecht zijn stelsel van belasting van uitgekeerde winst te organiseren en in dat kader de belastinggrondslag en het belastingtarief voor de ontvangende aandeelhouder te bepalen (zie met name arrest Test Claimants in Class IV of the ACT Group Litigation, reeds aangehaald, punt 50; arresten van 12 december 2006, Test Claimants in the FII Group Litigation, C-446/04, *Jurispr.* blz. I-11753, punt 47; 20 mei 2008, Orange European Smallcap Fund, C-194/06, *Jurispr.* blz. I-3747, punt 30, en 16 juli 2009, Damseaux, C-128/08, *Jurispr.* blz. I-6823, punt 25).

46. Tevens moet worden opgemerkt dat de lidstaten bij gebreke van unierechtelijke unificatie- of harmonisatiemaatregelen bevoegd blijven om, door het sluiten van overeenkomsten of unilateraal, de criteria voor de verdeling van hun belastingbevoegdheid vast te stellen teneinde met name dubbele belasting af te schaffen (arresten van 12 mei 1998, Gilly, C-336/96, *Jurispr.* blz. I-2793, punten 24 en 30, en 21 september 1999, Saint-Gobain ZN, C-307/97, *Jurispr.* blz. I-6161, punt 57, alsook de reeds aangehaalde arresten Amurta, punt 17; Commissie/Italië, punt 29, en Commissie/Spanje, punt 38).

47. Zoals met name blijkt uit de derde overweging van de considerans ervan, beoogt richtlijn 90/435 door de invoering van een gemeenschappelijke fiscale regeling iedere benadeling van de samenwerking tussen vennootschappen uit verschillende lidstaten ten opzichte van de samenwerking tussen vennootschappen van eenzelfde lidstaat op te heffen, en aldus de hergroepering van vennootschappen op het niveau van de Unie te vergemakkelijken (reeds aangehaalde arresten Test Claimants in the FII Group Litigation, punt 103; Amurta, punt 18, en Commissie/Spanje, punt 39).

48. Voor deelnemingen die niet onder richtlijn 90/435 vallen, is het aan de lidstaten om te bepalen of en in hoeverre economische dubbele belasting van en opeenvolgende heffingen over de uitgekeerde winst moeten worden voorkomen, en hiertoe unilateraal of door middel van met andere lidstaten gesloten overeenkomsten regelingen ter voorkoming of vermindering van deze economische dubbele belasting of opeenvolgende heffingen in te stellen. Dit enkele feit betekent evenwel niet dat zij maatregelen mogen treffen die in strijd zijn met de door het Verdrag gewaarborgde vrijheden van verkeer (zie reeds aangehaalde arresten Test Claimants in Class IV of the ACT Group Litigation, punt 54; Amurta, punt 24; Commissie/Italië, punt 31, en Commissie/Spanje, punt 40).

49. In casu staat vast dat de Duitse wettelijke regeling voorziet in een bronbelasting op dividenduitkeringen door een in Duitsland gevestigde vennootschap aan zowel in dezelfde lidstaat gevestigde vennootschappen als in een andere lidstaat gevestigde vennootschappen. Aan in Duitsland gevestigde vennootschappen uitgekeerde dividenden worden echter niet in aanmerking genomen bij de berekening van de inkomsten van deze vennootschap overeenkomstig § 8b, lid 1, eerste volzin, KStG, en voorts komen zij in aanmerking voor een belastingkrediet met betrekking tot de bronbelasting. Bovendien wordt dit belastingkrediet overeenkomstig § 36, leden 2 en 4, EStG terugbetaald aan de belastingplichtige voor zover het bedrag van de verschuldigde inkomstenbelasting lager is dan het bedrag van het belastingkrediet. Ingezeten ontvangende vennootschappen ondervinden bijgevolg geen uit de bronbelasting voortvloeiende belastingdruk.

50. Indien de in artikel 3, lid 1, sub a, van richtlijn 90/435 vastgestelde minimumdrempel voor deelnemingen van een moedermaatschappij in het kapitaal van haar dochteronderneming niet is bereikt, wordt de bronbelasting op aan in een andere lidstaat gevestigde vennootschappen uitgekeerde dividenden door het Duitse belastingrecht daarentegen als bevrijdend beschouwd.

51. Niet betwist wordt dat de Duitse belastingregeling op die manier een verschil in behandeling van dividenden invoert naargelang die worden uitgekeerd aan ingezeten dan wel aan niet-ingezeten ontvangende vennootschappen.

52. Dienaangaande betoogt de Bondsrepubliek Duitsland evenwel dat de dividendontvangende vennootschappen, gelet op het doel van de betrokken wettelijke belastingregeling, zich niet in een vergelijkbare situatie bevinden, en voorts dat de belastingdruk op aan in een andere lidstaat gevestigde vennootschappen uitgekeerde dividenden niet hoger is dan die op aan ingezeten vennootschappen uitgekeerde dividenden.

53. In de eerste plaats dient te worden nagegaan of de dividendontvangende vennootschappen gelet op het doel van deze wettelijke regeling, dat er volgens de Bondsrepubliek Duitsland in bestaat een te hoge belasting van de uitgekeerde winst in Duitsland te voorkomen, zich in een vergelijkbare situatie bevinden al naargelang zij in Duitsland zijn gevestigd of niet.

54. Dienaangaande kan slechts worden vastgesteld dat de doelstelling om een te hoge belasting van de uitgekeerde winst in Duitsland te voorkomen wordt bereikt door op de in punt 49 van het onderhavige arrest beschreven wijze een einde te maken aan de opeenvolgende belastingheffingen op dividenden die worden uitgekeerd aan ingezeten vennootschappen.

55. Stellig blijkt uit de rechtspraak dat ingezeten ontvangende vennootschappen zich met betrekking tot maatregelen die een lidstaat heeft getroffen om opeenvolgende belastingheffingen over of economische dubbele belasting van door een ingezeten vennootschap uitgekeerde winst te voorkomen of te verminderen, niet noodzakelijkerwijs in een situatie bevinden die vergelijkbaar is met die van in een andere lidstaat gevestigde ontvangende vennootschappen (zie in die zin arrest van 14 december 2006, Denkavit Internationaal en Denkavit France, C-170/05, *Jurispr.* blz. I-11949, punt 34, en reeds aangehaalde arresten Amurta, punt 37; Commissie/Italië, punt 51, en Commissie/Spanje, punt 50).

56. Zodra een lidstaat, hetzij unilateraal hetzij door het sluiten van overeenkomsten, niet alleen ingezeten vennootschappen, maar ook niet-ingezeten vennootschappen voor het dividend dat zij van een ingezeten vennootschap ontvangen, aan de inkomstenbelasting onderwerpt, benadert de situatie van deze niet-ingezeten vennootschappen echter die van de ingezeten vennootschappen (zie in die zin reeds aangehaalde arresten Test Claimants in Class IV of the ACT Group Litigation, punt 68; Denkavit Internationaal en Denkavit France, punt 35; Amurta, punt 38; Commissie/Italië, punt 52, en Commissie/Spanje, punt 51).

57. Het is immers uitsluitend de uitoefening door deze staat van zijn heffingsbevoegdheid die, los van enige belasting in een andere lidstaat, een risico van opeenvolgende belastingheffingen of economische dubbele belasting meebrengt. In een dergelijk geval worden de niet-ingezeten ontvangende vennootschappen alleen dan niet

geconfronteerd met een door artikel 56 EG in beginsel verboden beperking van het vrije kapitaalverkeer, wanneer de staat van vestiging van de uitkerende vennootschap erop toeziet dat, wat de in zijn nationale recht vervatte regeling ter voorkoming of vermindering van opeenvolgende belastingheffingen of economische dubbele belasting betreft, niet-ingezeten vennootschappen op dezelfde wijze worden behandeld als ingezeten vennootschappen (zie reeds aangehaalde arresten Test Claimants in Class IV of the ACT Group Litigation, punt 70; Amurta, punt 39; Commissie/Italië, punt 53, en Commissie/Spanje, punt 52).

58. In casu moet echter worden vastgesteld dat de Bondsrepubliek Duitsland ervoor heeft gekozen om haar belastingbevoegdheid met betrekking tot dividenduitkeringen aan in andere lidstaten gevestigde vennootschappen uit te oefenen. Niet-ingezeten vennootschappen die deze dividenden ontvangen, bevinden zich, wat het risico betreft dat de door ingezeten vennootschappen uitgekeerde dividenden aan opeenvolgende belastingheffingen worden onderworpen, bijgevolg in een situatie die vergelijkbaar is met die van ingezeten vennootschappen, zodat niet-ingezeten dividendontvangende vennootschappen niet anders mogen worden behandeld dan ingezeten dividendontvangende vennootschappen (arrest Commissie/Spanje, reeds aangehaald, punt 53).

59. Aan deze vaststelling wordt niet afgedaan door het argument van de Bondsrepubliek Duitsland dat ingezeten en niet-ingezeten dividendontvangende vennootschappen zich niet in een vergelijkbare situatie bevinden, aangezien alleen de door de ingezeten dividendontvangende vennootschappen opnieuw uitgekeerde winst in Duitsland aan een te hoge belasting kan worden onderworpen, aangezien deze lidstaat alleen de inkomsten van de op zijn grondgebied gevestigde aandeelhouders van deze vennootschappen kan belasten.

60. Naast het feit dat niet kan worden uitgesloten dat een in een andere lidstaat dan de Bondsrepubliek Duitsland gevestigde vennootschap in Duitsland gevestigde aandeelhouders heeft, zou een vergelijking van de belastingdruk op aan niet-ingezeten vennootschappen uitgekeerde dividenden en de totale belastingdruk op dividenden wanneer een ingezeten ontvangende vennootschap ze opnieuw uitkeert aan haar ingezeten aandeelhouders, erop neerkomen dat regelingen en situaties worden vergeleken die niet vergelijkbaar zijn, namelijk, enerzijds, natuurlijke personen/ontvangers van binnenlandse dividenden en de voor hen geldende belasting over het inkomen en, anderzijds, kapitaalvennootschappen/ ontvangers van uitgaande dividenden en de door deze lidstaat geheven bronbelasting (zie in die zin arrest Commissie/Italië, reeds aangehaald, punt 43).

61. Ten bewijze dat de belastingdruk op aan in een andere lidstaat gevestigde vennootschappen uitgekeerde dividenden niet hoger is dan die op aan ingezeten vennootschappen uitgekeerde dividenden, verwijst de Bondsrepubliek Duitsland in de tweede plaats naar de met alle lidstaten gesloten verdragen ter voorkoming van dubbele belasting en naar het feit dat ingezeten vennootschappen, anders dan niet-ingezeten vennootschappen, in Duitsland aan de bedrijfsbelasting zijn onderworpen.

62. Wat de gevolgen van de verdragen ter voorkoming van dubbele belasting betreft, dient eraan te worden herinnerd dat het Hof heeft geoordeeld dat niet valt uit te sluiten dat een lidstaat erin slaagt de eerbiediging van zijn uit het Verdrag voortvloeiende verplichtingen te verzekeren door met een andere lidstaat een verdrag ter voorkoming van dubbele belasting te sluiten (zie in die zin reeds aangehaalde arresten Test Claimants in Class IV of the ACT Group Litigation, punt 71; Amurta, punt 79; Commissie/Italië, punt 36, en Commissie/Spanje, punt 58).

63. Daartoe is echter wel noodzakelijk dat door toepassing van een dergelijk verdrag de gevolgen van het uit de nationale wettelijke regeling voortvloeiende verschil in behandeling worden gecompenseerd (zie reeds aangehaald arresten Commissie/Italië, punt 37, en Commissie/Spanje, punt 59).

64. Volgens de Bondsrepubliek Duitsland beperkt zij zich overeenkomstig de met de andere lidstaten gesloten verdragen ter voorkoming van dubbele belasting tot de heffing van een bronbelasting op de dividenden van normaliter 10% of 15%, waarbij de boven deze grens betaalde bronbelasting overeenkomstig het nationale recht wordt terugbetaald aan de aandeelhouder.

65. Zoals de Commissie terecht betoogt, is de eenvoudige verlaging van het tarief van de bronbelasting op dividenduitkeringen aan in een andere lidstaat gevestigde vennootschappen op zich evenwel ontoereikend om de gevolgen van het uit de nationale wettelijke belastingregeling voortvloeiende verschil in behandeling te compenseren, aangezien zij niet kan worden gelijkgesteld met een neutralisering van de economische last van de bronbelasting op de in punt 49 van het onderhavige arrest beschreven wijze, waarvoor in Duitsland gevestigde vennootschappen in aanmerking komen.

66. De Bondsrepubliek Duitsland stelt bovendien dat de verdragen ter voorkoming van dubbele belasting bepalen dat een risico van dubbele belasting wordt voorkomen door de bronbelasting te verrekenen met de in de staat van vestiging verschuldigde belasting. Volgens de aanwijzingen van de Commissie, die de verwerende lidstaat niet betwist, bepalen deze verdragen dat de verplichting tot verrekening beperkt is tot een maximaal te verrekenen bedrag.

67. Dienaangaande moet worden opgemerkt dat de toepassing van de verrekeningsmethode het mogelijk moet maken om de in Duitsland geheven dividendbelasting volledig te verrekenen met de belasting die verschuldigd is in de lidstaat van vestiging van de dividendontvangende vennootschap, zodat indien de door deze vennootschap

ontvangen dividenden uiteindelijk zwaarder zouden worden belast dan dividenden uitgekeerd aan in Duitsland gevestigde vennootschappen, deze zwaardere belastingdruk niet langer is toe te rekenen aan de Bondsrepubliek Duitsland, maar aan de lidstaat van vestiging van de ontvangende vennootschap die zijn belastingbevoegdheid heeft uitgeoefend (zie in die zin arrest Commissie/Spanje, reeds aangehaald, punt 60).

68. Bijgevolg kan het verschil in behandeling slechts door middel van deze verrekeningsmethode worden geneutraliseerd wanneer de Duitse dividenden in de andere lidstaat voldoende worden belast. Worden die dividenden niet of niet zwaar genoeg belast, dan kan de in Duitsland geheven belasting of een gedeelte daarvan niet worden verrekend (zie reeds aangehaalde arresten Commissie/Italië, punt 38, en Commissie/Spanje, punt 62).

69. Tevens moet worden gepreciseerd dat de keuze om de uit Duitsland afkomstige inkomsten in de andere lidstaat te belasten of de mate waarin zij worden belast, geen zaak van de Bondsrepubliek Duitsland is, maar wordt bepaald in de door de andere lidstaat vastgestelde belastingregels (arrest Commissie/Spanje, reeds aangehaald, punt 64).

70. De Bondsrepubliek Duitsland kan bijgevolg niet met recht stellen dat door de verrekening van de in deze lidstaat betaalde belasting met de in de andere lidstaat verschuldigde belasting ingevolge de verdragen ter voorkoming van dubbele belasting, het verschil in behandeling dat voortvloeit uit de nationale wettelijke belastingregeling of deze verdragen waardoor het tarief van de bronbelasting wordt verlaagd, steeds kan worden gecompenseerd (zie eveneens reeds aangehaalde arresten Commissie/Italië, punt 39, en Commissie/Spanje, punt 64).

71. Wat ten slotte het argument van de Bondsrepubliek Duitsland betreft dat in een andere lidstaat gevestigde dividendontvangende vennootschappen niet de bedrijfsbelasting moeten betalen waaraan in Duitsland gevestigde dividendontvangende vennootschappen wel zijn onderworpen, kan worden volstaan met eraan te herinneren dat overeenkomstig de rechtspraak van het Hof, andere voordelen er niet voor kunnen zorgen dat een ongunstige fiscale behandeling die indruist tegen een fundamentele vrijheid, verenigbaar is met het Unierecht, als deze andere voordelen al bestaan (zie in die zinarrest van 6 juni 2000, Verkooijen, C-35/98, *Jurispr.* blz. I-4071, punt 61; arrest Amurta, reeds aangehaald, punt 75, en arrest van 1 juli 2010, Dijkman en Dijkman-Lavaleije, C-233/09, nog niet gepubliceerd inde *Jurisprudentie*, punt 41).

72. Gelet op de voorgaande overwegingen dient bijgevolg te worden vastgesteld dat het verschil in behandeling van dividenden naargelang die worden uitgekeerd aan ingezeten dan wel aan niet-ingezeten vennootschappen, dat voortvloeit uit de Duitse wettelijke belastingregeling, in andere lidstaten gevestigde vennootschappen kan ontmoedigen om in Duitsland te investeren en eveneens een belemmering kan vormen bij de inzameling van kapitaal door ingezeten vennootschappen bij in andere lidstaten gevestigde vennootschappen.

73. Bijgevolg vormt deze wettelijke regeling een in beginsel door artikel 56, lid 1, EG verboden beperking van het vrije verkeer van kapitaal.

– Rechtvaardiging van de beperking van het vrije verkeer van kapitaal

74. Volgens vaste rechtspraak kunnen nationale maatregelen die het vrije verkeer van kapitaal belemmeren, gerechtvaardigd worden door dwingende redenen van algemeen belang, op voorwaarde dat zij geschikt zijn om de verwezenlijking van het gestelde doel te waarborgen en niet verder gaan dan voor het bereiken van dit doel noodzakelijk is (arrest van 23 oktober 2007, Commissie/Duitsland, C-112/05, *Jurispr.* blz. I-8995, punten 72 en 73, en arrest Dijkman en Dijkman-Lavaleije, reeds aangehaald, punt 49).

75. Dienaangaande betoogt de Bondsrepubliek Duitsland in de eerste plaats dat de Duitse regeling inzake dividendbelasting, die een enkele volledige belasting in zowel binnenlandse als grensoverschrijdende situaties beoogt in te voeren, gerechtvaardigd is door de noodzaak om een evenwichtige verdeling van de heffingsbevoegdheid te waarborgen, in combinatie met het territorialiteitsbeginsel, volgens hetwelk iedere lidstaat het recht heeft om belasting te heffen op de op zijn grondgebied gerealiseerde winst. Deze lidstaat kan er alleen voor zorgen dat de dividenden die worden uitgekeerd uit door een economische activiteit op zijn grondgebied gegenereerde inkomsten in Duitsland aan een enkele volledige belasting worden onderworpen, door een bronbelasting te heffen.

76. De Bondsrepubliek Duitsland merkt voorts op dat uit de rechtspraak van het Hof, in het bijzonder uit punt 59 van het reeds aangehaalde arrest Test Claimants in Class IV of the ACT Group Litigation en uit punt 83 van het arrest van 17 september 2009, Glaxo Wellcome (C-182/08, *Jurispr.* blz. I-8591), voortvloeit dat eisen dat de lidstaat waarin de uitkerende vennootschap is gevestigd, waarborgt dat aan een niet-ingezeten aandeelhouder uitgekeerde winst niet wordt getroffen door opeenvolgende belastingheffingen of door een dubbele economische belasting, de facto betekent dat deze staat moet afzien van zijn recht om belasting te heffen over inkomsten die door een economische activiteit op zijn grondgebied worden gegenereerd.

77. Dienaangaande zij eraan herinnerd dat de noodzaak om een evenwichtige verdeling van de heffingsbevoegdheid tussen de lidstaten te waarborgen, als rechtvaardigingsgrond met name kan worden aanvaard wanneer de betrokken regeling ertoe strekt gedragingen te voorkomen die afbreuk kunnen doen aan het recht van een lidstaat

om zijn belastingbevoegdheid uit te oefenen met betrekking tot activiteiten die op zijn grondgebied plaatsvinden (zie arresten van 29 maart 2007, Rewe Zentralfinanz, C-347/04, *Jurispr.* blz. I-2647, punt 42; 18 juli 2007, Oy AA, C-231/05, *Jurispr.* blz. I-6373, punt 54; arrest Amurta, reeds aangehaald, punt 58, en arrest van 18 juin 2009, Aberdeen Property Fininvest Alpha, C-303/07, *Jurispr.* blz. I-5145, punt 66).

78. Uit de rechtspraak van het Hof blijkt evenwel eveneens dat een lidstaat die ervoor heeft gekozen om over dit soort inkomsten geen belasting te heffen van op zijn grondgebied gevestigde ontvangende vennootschappen, ter rechtvaardiging van het heffen van belasting van ontvangende vennootschappen die in een andere lidstaat zijn gevestigd, geen beroep kan doen op de noodzaak om een evenwichtige verdeling van de heffingsbevoegdheid tussen de lidstaten te waarborgen (reeds aangehaalde arresten Amurta, punt 59, en Aberdeen Property Fininvest Alpha, punt 67).

79. Hoewel de Bondsrepubliek Duitsland betoogt dat § 8b KStG niet mag worden beschouwd als de concretisering van haar beslissing om haar bevoegdheid tot het belasten van de dividenden niet uit te oefenen, staat echter vast dat in Duitsland gevestigde vennootschappen voor de dividenden die worden uitgekeerd door ingezeten uitkerende vennootschappen in aanmerking komen voor een volledige neutralisering van de gevolgen van de bronbelasting.

80. Stellig heeft het Hof reeds geoordeeld dat eisen dat de lidstaat waarin de uitkerende vennootschap is gevestigd, waarborgt dat aan een niet-ingezeten aandeelhouder uitgekeerde winst niet wordt getroffen door opeenvolgende belastingheffingen of door een dubbele economische belasting, hetzij door deze winst bij de uitkerende vennootschap vrij te stellen van belasting, hetzij door aan die aandeelhouder een belastingvoordeel te geven ter hoogte van de door de uitkerende vennootschap over die winst betaalde belasting, de facto zou betekenen dat deze staat moet afzien van zijn recht om belasting te heffen over inkomsten die door een economische activiteit op zijn grondgebied worden gegenereerd (zie reeds aangehaalde arresten Test Claimants in Class IV of the ACT Group Litigation, punt 59, en Glaxo Wellcome, punt 83).

81. In casu betekent de aan in een andere lidstaat gevestigde vennootschappen toegekende vrijstelling van bronbelasting of het belastingvoordeel ter hoogte van de door de Bondsrepubliek Duitsland geheven bronbelasting, echter niet de facto dat de Bondsrepubliek Duitsland moet afzien van haar recht om belasting te heffen over inkomsten die door een economische activiteit op haar grondgebied worden gegenereerd. De door ingezeten vennootschappen uitgekeerde dividenden zijn immers reeds belast als winst van de uitkerende vennootschappen.

82. Stellig leidt de vrijstelling van bronbelasting of de toekenning van een belastingvoordeel ter hoogte van de door de Bondsrepubliek Duitsland geheven bronbelasting voor deze staat tot een derving van haar fiscale inkomsten.

83. Volgens vaste rechtspraak van het Hof kan derving van belastingopbrengst echter niet worden aangemerkt als een dwingende reden van algemeen belang die kan worden ingeroepen ter rechtvaardiging van een maatregel die in beginsel in strijd is met een fundamentele vrijheid (zie met name arrest van 7 september 2004, Manninen, C-319/02, *Jurispr.* blz. I-7477, punt 49 en aldaar aangehaalde rechtspraak).

84. In de tweede plaats betoogt de Bondsrepubliek Duitsland dat de regeling inzake dividendbelasting gerechtvaardigd is door redenen die verband houden met de samenhang van de belastingregeling. Het krachtens § 8b KStG toegekende belastingvoordeel wordt immers gecompenseerd door een belastingnadeel, namelijk de belasting van de aandeelhouders. Zelfs wanneer de winst niet wordt uitgekeerd aan de aandeelhouders, vindt in Duitsland de tweede fase van de belastingheffing plaats.

85. In dat verband heeft het Hof reeds erkend dat de noodzaak om de samenhang van een belastingregeling te bewaren een beperking van de uitoefening van de door het Verdrag gewaarborgde verkeersvrijheden kan rechtvaardigen (arrest van 28 januari 1992, Bachmann, C-204/90, *Jurispr.* blz. I-249, punt 28; arrest Manninen, reeds aangehaald, punt 42; arrest van 27 november 2008, Papillon, C-418/07, *Jurispr.* blz. I-8947, punt 43, en arrest Glaxo Wellcome, reeds aangehaald, punt 77).

86. Een beroep op een dergelijke rechtvaardigingsgrond kan volgens het Hof evenwel alleen slagen indien er een rechtstreeks verband bestaat tussen het betrokken belastingvoordeel en de verrekening van dat voordeel door een bepaalde belastingheffing. Dit rechtstreekse verband moet worden aangetoond op basis van de door de betrokken belastingregeling nagestreefde doelstelling (zie reeds aangehaalde arresten Papillon, punt 44, en Glaxo Wellcome, punt 78).

87. In casu dient te worden vastgesteld dat voor de neutralisering van de gevolgen van de bronbelasting op de aan een ingezeten vennootschap uitgekeerde dividenden in het kader van de betrokken wettelijke belastingregeling niet de dubbele voorwaarde geldt dat zij door bedoelde vennootschap opnieuw worden uitgekeerd en dat de vrijstelling in economische termen van de bronbelasting kan worden gecompenseerd door de heffing van dividendbelasting van de aandeelhouders van deze vennootschap.

88. Zoals blijkt uit de in het verweerschrift van de Bondsrepubliek Duitsland weergegeven memorie van toelichting van de betrokken wettelijke belastingregeling, is een van de doelstellingen van het stelsel van gedeeltelijke

belasting op inkomsten de herinvestering van de exploitatiewinst in de onderneming te bevorderen en zo de zelffinanciering van ondernemingen te verbeteren. Dit stelsel van gedeeltelijke belasting is er namelijk op gericht het behoud van de winst in de vennootschap te bevorderen en de uitkering ervan als dividend aan de aandeelhouders te voorkomen.

89. Aangezien de tweede fase van de belastingheffing slechts plaatsvindt indien de winst aan de aandeelhouders als dividend is uitgekeerd, maakt het stelsel de accumulatie van de winst in de vennootschap immers fiscaal voordeliger dan de uitkering ervan aan de aandeelhouders.

90. Aangezien het voorkomen van de tweede fase van de belastingheffing kan worden beschouwd als verenigbaar met het doel van de belastingregeling om de accumulatie van de winst in de ontvangende vennootschap te bevorderen ten koste van de uitkering ervan als dividend aan de aandeelhouders, kan niet worden aangenomen dat het voordeel van een vrijstelling van de bronbelasting op aan een ingezeten vennootschap uitgekeerde dividenden steeds wordt gecompenseerd door de belasting van deze winst als inkomsten van de aandeelhouders van de ontvangende vennootschap.

91. Het argument van de Bondsrepubliek Duitsland dat zelfs wanneer de winst van de ontvangende vennootschap niet wordt uitgekeerd aan de aandeelhouders, de tweede fase van de belastingheffing daarna toch plaatsvindt, aangezien zich in de toekomst noodzakelijkerwijs een belastbare handeling voordoet, kan niet worden aanvaard. Zelfs indien dit het geval zou zijn, kan een eventuele uitgestelde belastingheffing geen directe vrijstelling van de bronbelasting op de aan ingezeten ontvangende vennootschappen uitgekeerde dividenden rechtvaardigen.

92. Bijgevolg is er geen rechtstreeks verband in de zin van de in punt 86 van het onderhavige arrest aangehaalde rechtspraak tussen de vrijstelling van de bronbelasting op de aan ingezeten ontvangende vennootschappen uitgekeerde dividenden en het feit dat deze dividenden worden belast als inkomsten van de aandeelhouders van deze vennootschappen, dan wel ter gelegenheid van een eventuele latere belastbare handeling.

93. Bijgevolg kan de uit de betrokken wettelijke belastingregeling voortvloeiende beperking van het vrije verkeer van kapitaal niet worden gerechtvaardigd door de redenen die de Bondsrepubliek Duitsland aanvoert.

94. Uit een en ander volgt dat de Bondsrepubliek Duitsland de krachtens artikel 56, lid 1, EG op haar rustende verplichtingen niet is nagekomen, door de aan in andere lidstaten gevestigde vennootschappen uitgekeerde dividenden in economische termen zwaarder te belasten dan de aan op haar grondgebied gevestigde vennootschappen uitgekeerde dividenden, wanneer de in artikel 3, lid 1, sub a, van richtlijn 90/435 vastgestelde minimumdrempel voor deelnemingen van een moedermaatschappij in het kapitaal van haar dochteronderneming niet is bereikt.

Schending van artikel 40 van de EER-Overeenkomst

95. Een van de belangrijkste doelstellingen van de EER-Overeenkomst is een zo volledig mogelijke verwezenlijking van het vrije verkeer van goederen, personen, diensten en kapitaal in de gehele EER, zodat de op het grondgebied van de Unie verwezenlijkte interne markt wordt uitgebreid naar de EVA-staten. In die optiek streven meerdere bepalingen van deze Overeenkomst ernaar een zo uniform mogelijke uitlegging ervan te waarborgen in de gehele EER (zie advies 1/92 van 10 april 1992, *Jurispr.* blz. I-2821). Het staat aan het Hof om er in dit kader over te waken dat de regels van de EER-Overeenkomst, die in wezen gelijk zijn aan deze van het Verdrag, uniform worden uitgelegd in de lidstaten (arrest van 23 september 2003, Ospelt en Schlössle Weissenberg, C-452/01, *Jurispr.* blz. I-9743, punt 29, en arrest Commissie/Italië, reeds aangehaald, punt 65).

96. Hieruit volgt dat de beperkingen van het vrije verkeer van kapitaal tussen ingezetenen van staten die partij zijn bij de EER-Overeenkomst, weliswaar moeten worden getoetst aan artikel 40 en bijlage XII bij deze Overeenkomst, doch dat de bepalingen hiervan dezelfde juridische strekking hebben als de in wezen identieke bepalingen van artikel 56 EG (zie arrest van 11 juni 2009, Commissie/Nederland, C-521/07, *Jurispr.* blz. I-4873, punt 33, en arrest Commissie/Italië, reeds aangehaald, punt 66).

97. Zoals in punt 49 van het onderhavige arrest is vastgesteld, ondervinden in Duitsland gevestigde ontvangende vennootschappen geen belastingdruk die voortvloeit uit de bronbelasting op de dividenden die hun worden uitgekeerd door hun ingezeten dochtervennootschappen.

98. De bronbelasting op aan in IJsland en Noorwegen gevestigde vennootschappen uitgekeerde dividenden is naar Duits recht daarentegen bevrijdend.

99. Om de redenen die reeds zijn uiteengezet bij de toetsing van het beroep aan artikel 56, lid 1, EG, moet bijgevolg worden geoordeeld dat de Bondsrepubliek Duitsland de krachtens artikel 40 van de EER-Overeenkomst op haar rustende verplichtingen niet is nagekomen, door de aan in IJsland en Noorwegen gevestigde vennootschappen uitgekeerde dividenden in economische termen zwaarder te belasten dan de aan op haar grondgebied gevestigde vennootschappen uitgekeerde dividenden.

Kosten

100. …

HET HOF (Eerste kamer)

verklaart:

1. **De Bondsrepubliek Duitsland is de krachtens artikel 56, lid 1, EG op haar rustende verplichtingen niet nagekomen, door de aan in andere lidstaten gevestigde vennootschappen uitgekeerde dividenden in economische termen zwaarder te belasten dan de aan op haar grondgebied gevestigde vennootschappen uitgekeerde dividenden, wanneer de in artikel 3, lid 1, sub a, van richtlijn 90/435/EEG van de Raad van 23 juli 1990 betreffende de gemeenschappelijke fiscale regeling voor moedermaatschappijen en dochterondernemingen uit verschillende lidstaten, zoals gewijzigd bij richtlijn 2003/123/EG van de Raad van 22 december 2003, vastgestelde minimumdrempel voor deelnemingen van een moedermaatschappij in het kapitaal van haar dochteronderneming niet is bereikt.**

2. **De Bondsrepubliek Duitsland is de krachtens artikel 40 van de Overeenkomst betreffende de Europese Economische Ruimte van 2 mei 1992 op haar rustende verplichtingen niet nagekomen, door de aan in IJsland en Noorwegen gevestigde vennootschappen uitgekeerde dividenden in economische termen zwaarder te belasten dan de aan op haar grondgebied gevestigde vennootschappen uitgekeerde dividenden.**

3. **De Bondsrepubliek Duitsland wordt verwezen in de kosten.**

HvJ EU 10 november 2011, zaak C-126/10 (Foggia – Sociedade Gestora de Participações Sociais SA v. Secretário de Estado dos Assuntos Fiscais)

Vijfde kamer: *M. Safjan, kamerpresident, J. J. Kasel (rapporteur) en M. Berger, rechters*

Advocaat-generaal: *J. Mazák*

1. Het onderhavige verzoek om een prejudiciële beslissing betreft de uitlegging van artikel 11, lid 1, sub a, van richtlijn 90/434/EEG van de Raad van 23 juli 1990 betreffende de gemeenschappelijke fiscale regeling voor fusies, splitsingen, inbreng van activa en aandelenruil met betrekking tot vennootschappen uit verschillende lidstaten (*PB* L 225, blz. 1).

2. Dit verzoek is ingediend in het kader van een geding tussen Foggia – Sociedade Gestora de Participações Sociais SA (hierna: 'Foggia – SGPS') en de Secretário de Estado dos Assuntos Fiscais (staatssecretaris voor belastingzaken; hierna: 'Secretário de Estado') inzake de weigering van laatstbedoelde om aan Foggia – SGPS toestemming te verlenen om fiscale verliezen over te nemen na een fusie van tot dezelfde groep behorende ondernemingen.

Rechtskader

Unierecht

3. Volgens de negende overweging van de considerans van richtlijn 90/434 '[moeten] de lidstaten het voordeel dat voortvloeit uit de toepassing van de bepalingen van de richtlijn [...] kunnen weigeren indien de fusie, splitsing, inbreng van activa of aandelenruil, belastingfraude of -ontwijking tot doel heeft [...]'.

4. Artikel 6 van richtlijn 90/434, dat deel uitmaakt van titel II van deze richtlijn, waarin regels voor fusies, splitsingen en aandelenruil zijn neergelegd, luidt:

> 'Indien de lidstaten, wanneer de in artikel 1 bedoelde rechtshandelingen plaatsvinden tussen vennootschappen van de staat van de inbrengende vennootschap, bepalingen toepassen die de ontvangende vennootschap de mogelijkheid bieden de in fiscaal opzicht nog niet verrekende verliezen van de inbrengende vennootschap over te nemen, breiden zij de werkingssfeer van die bepalingen uit zodat de op hun grondgebied gelegen vaste inrichtingen van de ontvangende vennootschap de in fiscaal opzicht nog niet verrekende verliezen van de inbrengende vennootschap kunnen overnemen'.

5. Artikel 11 van richtlijn 90/434, dat is opgenomen in titel V van deze richtlijn, 'Slotbepalingen', bepaalt in lid 1:

> 'De lidstaten kunnen weigeren de bepalingen van de titels II, III en IV geheel of gedeeltelijk toe te passen of het voordeel ervan teniet doen indien blijkt dat de fusie, splitsing, inbreng van activa of aandelenruil
> a. als hoofddoel of een der hoofddoelen belastingfraude of -ontwijking heeft; het feit dat een van de in artikel 1 bedoelde rechtshandelingen niet plaatsvindt op grond van zakelijke overwegingen, zoals herstructurering of rationalisering van de activiteiten van de bij de transactie betrokken vennootschappen, kan doen veronderstellen dat die transactie als hoofddoel of een van de hoofddoelen belastingfraude of -ontwijking heeft;
> [...]'

Nationaal recht

6. Het Wetboek Vennootschapsbelasting (Código do Imposto sobre o Rendimento das Pessoas Colectivas), in de versie die op het hoofdgeding van toepassing is (hierna: 'CIRC'), bevat een artikel 67 betreffende de overdraagbaarheid van fiscale verliezen, waarvan de leden 6, 7 en 10 als volgt luiden:

> '6. Voor toepassing van de artikelen 68 en 70 [CIRC], met betrekking tot fusies en splitsingen van vennootschappen uit verschillende lidstaten van de Europese Unie, heeft de term 'vennootschap' de in de bijlage bij richtlijn 90/434 aangegeven betekenis.
> 7. De in de onderhavige onderafdeling ingevoerde bijzondere regeling is van toepassing op fusies en splitsingen van vennootschappen en op inbreng van activa, zoals gedefinieerd in de leden 1 tot en met 3, waarbij volgende partijen zijn betrokken:
> a. vennootschappen waarvan de zetel of de daadwerkelijke leiding zich op het Portugese grondgebied bevindt, die aan de vennootschapsbelasting zijn onderworpen en niet zijn vrijgesteld, en waarvan de belastbare winst niet is vastgesteld op basis van de vereenvoudigde regeling;
> b. één of meer vennootschappen van andere lidstaten van de Europese Unie, wanneer alle vennootschappen aan de in artikel 3 van richtlijn 90/434 neergelegde voorwaarden voldoen;
> [...]

10. De bijzondere regeling is noch geheel noch gedeeltelijk van toepassing wanneer blijkt dat de transacties die onder deze regeling vallen, als hoofddoel of een der hoofddoelen belastingontwijking hebben, hetgeen met name als bewezen kan worden beschouwd wanneer de inkomsten van de betrokken ondernemingen niet volledig aan hetzelfde stelsel van vennootschapsbelasting zijn onderworpen of wanneer de transacties niet hebben plaatsgevonden op grond van zakelijke overwegingen, zoals herstructurering of rationalisering van de activiteiten van de bij de transactie betrokken vennootschappen. In dat geval wordt, indien nodig, een aanvullende belastingaanslag gevestigd.'

7. Artikel 69, leden 1 en 2, CIRC bepaalt:

'1. De fiscale verliezen van gefuseerde vennootschappen mogen in mindering worden gebracht van de belastbare winst van de nieuwe vennootschap of de overnemende vennootschap tot op het einde van de in artikel 47, lid 1, bepaalde termijn, die loopt vanaf het boekjaar waarop deze winst betrekking heeft, op voorwaarde dat de minister van Financiën hiervoor zijn toestemming geeft, die op verzoek van de belanghebbenden aan het Directoraat-generaal belastingen wordt afgegeven vóór het einde van de maand volgend op deze waarin de fusie in het handelsregister is ingeschreven.
2. De toestemming wordt slechts verleend indien wordt aangetoond dat de fusie gebeurde op grond van zakelijke overwegingen, zoals de herstructurering of rationalisering van de activiteiten van de betrokken vennootschappen, en dat zij een onderdeel vormt van een strategie van economische herstructurering en ontwikkeling van de onderneming op middellange of lange termijn, met positieve gevolgen voor de productiestructuur. In het kader daarvan dienen alle noodzakelijke of bruikbare gegevens te worden verstrekt, zodat een volledig inzicht in alle juridische en economische aspecten van de betrokken transactie wordt geboden.'

Hoofdgeding en prejudiciële vragen

8. Bij fusie van 29 september 2003 heeft Foggia – SGPS, een vennootschap naar Portugees recht die actief is als holding, drie andere holdings overgenomen die tot dezelfde groep behoorden.

9. Bij op 28 november 2003 bij de Secretário de Estado ingekomen verzoek heeft Foggia – SGPS overeenkomstig artikel 69, lid 1, CIRC toestemming aangevraagd om de vastgestelde, maar nog niet verrekende fiscale verliezen die de overgenomen holdings in de boekjaren 1997 tot en met 2002 hadden geleden, van haar eventuele belastbare winst in mindering te brengen.

10. De Secretário de Estado heeft dit verzoek ingewilligd voor twee van de drie vennootschappen, maar heeft bij beschikking van 6 oktober 2004 de overdracht van de fiscale verliezen van Riguadiana – SGPS SA (hierna: 'Riguadiana') geweigerd, op grond dat Foggia – SGPS bij de fusie met laatstbedoelde vennootschap geen enkel economisch belang had.

11. In dit verband hebben de diensten van de Secretário de Estado benadrukt dat Riguadiana voor de betreffende jaren geen participaties meer in handen had, dat zij uit haar activiteiten nauwelijks inkomsten haalde en dat zij slechts belegde in effecten. Bovendien was het niet duidelijk waar de fiscale verliezen van deze vennootschap, die volgens de belastingaangifte voor het jaar 2002 ongeveer 2 miljoen EUR bedroegen, vandaan kwamen. Het verdwijnen van Riguadiana uit de groepsstructuur kan inderdaad tot een daling van de administratieve en beheerskosten van deze groep leiden, maar volgens de Secretário de Estado kan dit gunstige effect op de structurele kosten van deze groep niet als een economisch belang voor Foggia – SGPS worden beschouwd.

12. Op 24 januari 2005 heeft Foggia – SGPS bij het Tribunal Central Administrativo Sul een bijzonder administratief beroep ingesteld, waarbij zij heeft verzocht om nietigverklaring van deze beschikking en om vaststelling van een administratieve rechtshandeling waarbij de overdracht van de betrokken fiscale verliezen wordt toegestaan. Dit beroep werd echter verworpen.

13. Op 3 december 2008 heeft Foggia – SGPS tegen dit vonnis beroep ingesteld bij het Supremo Tribunal Administrativo, de in laatste aanleg uitspraak doende rechter.

14. In zijn verwijzingsbeslissing brengt laatstgenoemde rechter in herinnering dat het bestaan van 'zakelijke overwegingen' één van de twee in artikel 69, lid 2, CIRC opgesomde cumulatieve voorwaarden vormt, en dat de Secretário de Estado over de discretionaire bevoegdheid beschikt om uit te maken of aan die voorwaarde is voldaan. De verwijzende rechter twijfelt evenwel aan de verenigbaarheid van de door de Secretário de Estado uitgevoerde beoordeling van de term 'zakelijke overwegingen' met hetzelfde in artikel 11, lid 1, sub a, van richtlijn 90/434 vermelde begrip.

15. In die omstandigheden heeft het Supremo Tribunal Administrativo de behandeling van de zaak geschorst en het Hof de volgende prejudiciële vragen gesteld:

'1. Welke betekenis en strekking heeft artikel 11, lid 1, sub a, van richtlijn [90/434], en meer in het bijzonder wat betekenen de uitdrukkingen 'zakelijke overwegingen' en 'herstructurering of rationalisering van de activiteiten' van vennootschappen die betrokken zijn bij transacties in de zin van richtlijn [90/434]?

2. Is met de voormelde communautaire bepaling verenigbaar het standpunt van de belastingdienst, dat er geen zakelijke overwegingen waren die het verzoek van de overnemende vennootschap om overdracht van de fiscale verliezen rechtvaardigden, omdat volgens die dienst het economisch belang van de fusie vanuit het oogpunt van de overnemende vennootschap niet vanzelfsprekend was, gelet op het feit dat de overgenomen vennootschap in het geheel geen activiteiten had verricht als houdstermaatschappij en ook geen financiële deelnemingen bezat, zodat zij slechts aanzienlijke verliezen overdroeg, al is daarbij wel in aanmerking genomen dat de fusie mogelijkerwijs een positief effect kon hebben op de kostenstructuur van de groep?'

Bevoegdheid van het Hof en ontvankelijkheid van het verzoek om een prejudiciële beslissing

16. In haar schriftelijke opmerkingen heeft de Portugese regering enerzijds geconcludeerd dat het Hof niet bevoegd is om over het verzoek om een prejudiciële beslissing uitspraak te doen en heeft zij anderzijds aangevoerd dat dit verzoek niet-ontvankelijk is, omdat de door de verwijzende rechter gestelde vragen niet relevant zijn.

17. In de eerste plaats betoogt deze regering dat het hoofdgeding zich in een louter nationale context afspeelt, zodat kan worden betwijfeld of dit geding onder de werkingssfeer van richtlijn 90/434 valt en of het Hof dus wel bevoegd is, aangezien het Unierecht de bij de verwijzende rechter aanhangig zijnde zaak noch direct noch indirect beheerst.

18. In dit verband zij eraan herinnerd dat het Hof overeenkomstig artikel 267, eerste alinea, VWEU met name bevoegd is om bij wijze van prejudiciële beslissing een uitspraak te doen over 'de uitlegging van de verdragen' en 'de uitlegging van de handelingen van de instellingen [...] van de Unie'.

19. Vaststaat dat het hoofdgeding betrekking heeft op een bepaling van nationaal recht die in een zuiver interne situatie van toepassing is.

20. Uit het dossier waarover het Hof beschikt, blijkt evenwel dat nationale en grensoverschrijdende herstructureringen overeenkomstig artikel 67 CIRC aan dezelfde fiscale regeling voor fusies zijn onderworpen, en dat de in artikel 11, lid 1, sub a, van richtlijn 90/434 neergelegde regel op basis waarvan toepassing van deze fiscale regeling kan worden geweigerd wanneer er geen zakelijke overwegingen bestaan, ook voor louter interne situaties moet gelden.

21. Volgens vaste rechtspraak van het Hof heeft de Unie, wanneer een nationale wettelijke regeling zich voor haar oplossingen voor zuiver interne situaties conformeert aan de in het Unierecht gekozen oplossingen, teneinde inzonderheid discriminatie van nationale onderdanen of eventuele distorsies van de mededinging te voorkomen, er stellig belang bij dat ter vermijding van uiteenlopende uitleggingen in de toekomst de overgenomen bepalingen of begrippen van het Unierecht op eenvormige wijze worden uitgelegd, ongeacht de omstandigheden waarin zij toepassing moeten vinden (arresten van 17 juli 1997, Leur-Bloem, C-28/95, *Jurispr.* blz. I-4161, punt 32; 15 januari 2002, Andersen og Jensen, C-43/00, *Jurispr.* blz. I-379, punt 18, en 20 mei 2010, Modehuis A. Zwijnenburg, C-352/08, nog niet gepubliceerd in de *Jurisprudentie*, punt 33).

22. Daaraan moet worden toegevoegd dat het uitsluitend aan de nationale rechter staat de precieze strekking van die verwijzing naar het Unierecht te beoordelen, en dat het Hof enkel bevoegd is om de bepalingen van dat recht te onderzoeken en uit te leggen (reeds aangehaalde arresten Leur-Bloem, punt 33, en Modehuis A. Zwijnenburg, punt 34).

23. Hieruit volgt dat het Hof bevoegd is om een antwoord te geven op de door het Supremo Tribunal Administrativo gestelde vragen inzake de uitlegging van richtlijn 90/434, ook al regelen de bepalingen van deze richtlijn de in het hoofdgeding aan de orde zijnde situatie niet rechtstreeks.

24. In de tweede plaats betoogt de Portugese regering dat het verzoek om een prejudiciële beslissing niet-ontvankelijk is omdat er geen verband bestaat tussen enerzijds de gevraagde uitlegging van artikel 11, lid 1, sub a, van richtlijn 90/434, waarvan de formulering is overgenomen in artikel 67, lid 10, CIRC, en anderzijds het voorwerp van het hoofdgeding, dat betrekking heeft op artikel 69, lid 2, CIRC inzake de in artikel 6 van de richtlijn bedoelde overdraagbaarheid van fiscale verliezen.

25. Overeenkomstig vaste rechtspraak van het Hof is het, in het kader van de in artikel 267 VWEU neergelegde samenwerking tussen het Hof en de nationale rechterlijke instanties, uitsluitend een zaak van de nationale rechter aan wie het geschil is voorgelegd en die de verantwoordelijkheid voor de te geven rechterlijke beslissing draagt, om, gelet op de bijzonderheden van het geval, zowel de noodzaak van een prejudiciële beslissing voor het wijzen van zijn vonnis te beoordelen, als de relevantie van de vragen die hij aan het Hof voorlegt. Wanneer de vragen betrekking hebben op de uitlegging van Unierecht, is het Hof derhalve in beginsel verplicht daarop te antwoorden (zie met name reeds aangehaald arrest Leur-Bloem, punt 24; arresten van 22 december 2008, Les Vergers du Vieux Tauves, C-48/07, blz. I-10627, punt 16, en 8 september 2011, Paint Graphos e.a., C-78/08-C-80/08, nog niet gepubliceerd in de *Jurisprudentie*, punt 30).

26. Op de vragen betreffende de uitlegging van het Unierecht, die de nationale rechter binnen het onder zijn eigen verantwoordelijkheid geschetste feitelijke en wettelijke kader heeft gesteld en ten aanzien waarvan het niet aan

het Hof is de juistheid te onderzoeken, rust immers een vermoeden van relevantie. Het Hof kan slechts weigeren uitspraak te doen op een verzoek om een prejudiciële beslissing van een nationale rechter wanneer duidelijk blijkt dat de gevraagde uitlegging van het Unierecht geen verband houdt met een reëel geschil of met het voorwerp van het hoofdgeding, of wanneer het vraagstuk van hypothetische aard is of het Hof niet beschikt over de gegevens, feitelijk en rechtens, die noodzakelijk zijn om een zinvol antwoord te geven op de gestelde vragen (zie arresten van 7 juni 2007, van der Weerd e.a., C-222/05-C-225/05, *Jurispr.* blz. I-4233, punt 22; reeds aangehaalde arresten Les Vergers du Vieux Tauves, punt 17, en Paint Graphos e.a., punt 31).

27. In casu kan echter niet op goede gronden worden betoogd dat de uitlegging van richtlijn 90/434 geen enkel verband houdt met een reëel geschil of met het voorwerp van het hoofdgeding, of dat het vraagstuk van hypothetische aard is, aangezien het verzoek van de verwijzende rechter juist ertoe strekt hem in staat te stellen te antwoorden op een vraag betreffende de verenigbaarheid van de stelling die de Secretário de Estado inzake het begrip 'zakelijke overwegingen' verdedigt, met ditzelfde in artikel 11, lid 1, sub a, van deze richtlijn neergelegde begrip.

28. Hieruit volgt dat het verzoek om een prejudiciële beslissing, anders dan de Portugese regering betoogt, ontvankelijk moet worden verklaard.

29. Gelet op de formulering van de tweede vraag zij niettemin herinnerd aan de vaste rechtspraak op grond waarvan het Hof in het kader van een overeenkomstig artikel 267 VWEU ingeleide procedure weliswaar niet bevoegd is om uitspraak te doen over de verenigbaarheid van het nationale recht met het Unierecht of om nationale wettelijke of bestuursrechtelijke bepalingen uit te leggen, maar wel bevoegd is om de verwijzende rechter alle uitleggingsgegevens met betrekking tot het Unierecht te verschaffen die hem in staat stellen deze verenigbaarheid te beoordelen bij de beslechting van het bij hem aanhangige geding (zie met name arresten van 15 december 1993, Hünermund e.a., C-292/92, *Jurispr.* blz. I-6787, punt 8, en 6 maart 2007, Placanica e.a., C-338/04, C-359/04 en C-360/04, *Jurispr.* blz. I-1891, punt 36).

30. Gelet op een en ander moet worden geoordeeld dat de verwijzende rechter met zijn twee vragen, die samen moeten onderzocht, in wezen wenst te vernemen of artikel 11, lid 1, sub a, van richtlijn 90/434 aldus moet worden uitgelegd dat een fusie tussen twee ondernemingen van dezelfde groep kan worden geacht te hebben plaatsgevonden op grond van 'zakelijke overwegingen', in de zin van deze bepaling, wanneer zij een positief effect heeft op de structurele kosten van deze groep, hoewel de overgenomen onderneming geen enkele activiteit uitoefent, geen financiële participaties aanhoudt en slechts grote verliezen aan de overnemende onderneming overdraagt.

Beantwoording van de prejudiciële vragen

31. Om te beginnen zij beklemtoond dat de bij richtlijn 90/434 ingevoerde gemeenschappelijke fiscale regeling verschillende fiscale voordelen behelst en zonder onderscheid van toepassing is op elke fusie, splitsing, inbreng van activa en aandelenruil, ongeacht om welke redenen deze plaatsvindt en of deze van financiële, economische of zuiver fiscale aard zijn (zie reeds aangehaald arrest Leur-Bloem, punt 36, en arrest van 5 juli 2007, Kofoed, C-321/05, *Jurispr.* blz. I-5795, punt 30).

32. De redenen voor de voorgenomen transactie zijn daarentegen wel van belang bij de tenuitvoerlegging van de bij artikel 11, lid 1, van deze richtlijn aan de lidstaten verleende mogelijkheid om te weigeren de bepalingen van deze richtlijn toe te passen (reeds aangehaald arrest Modehuis A. Zwijnenburg, punt 42).

33. Meer in het bijzonder kunnen de lidstaten krachtens artikel 11, lid 1, sub a, van richtlijn 90/434, bij wijze van uitzondering en in specifieke gevallen, weigeren de richtlijn geheel of gedeeltelijk toe te passen of het voordeel ervan tenietdoen, met name indien blijkt dat de aandelenruil als hoofddoel of een der hoofddoelen belastingfraude of –ontwijking heeft. Deze bepaling preciseert bovendien dat het feit dat een transactie niet plaatsvindt op grond van zakelijke overwegingen, zoals herstructurering of rationalisering van de activiteiten van de bij de transactie betrokken vennootschappen, kan doen veronderstellen dat die transactie een dergelijk doel heeft (zie in die zin reeds aangehaalde arresten Leur-Bloem, punten 38 en 39, en Kofoed, punt 37).

34. Wat het begrip 'zakelijke overwegingen' in de zin van artikel 11, lid 1, sub a, betreft, heeft het Hof reeds kunnen preciseren dat uit de tekst en de doelstellingen van artikel 11 en van richtlijn 90/434 in het algemeen blijkt dat dit begrip ruimer is dan het louter nastreven van een zuiver fiscaal voordeel. Een aandelenfusie die enkel een dergelijk doel wil bereiken, levert derhalve geen zakelijke overweging op in de zin van dit artikel (reeds aangehaald arrest Leur-Bloem, punt 47).

35. Bijgevolg kan een fusie waaraan verschillende doelstellingen, waaronder eventueel ook fiscale overwegingen, ten grondslag liggen, op grond van zakelijke overwegingen plaatsvinden, op voorwaarde echter dat deze fiscale overwegingen in het kader van de voorgenomen transactie niet doorslaggevend zijn.

36. Overeenkomstig artikel 11, lid 1, sub a, van richtlijn 90/434 kan de vaststelling dat een fusie er slechts toe strekt een belastingvoordeel te verkrijgen, en dus niet op grond van zakelijke overwegingen plaatsvindt, immers doen veronderstellen dat deze transactie als hoofddoel of een der hoofddoelen belastingfraude of -ontwijking heeft.

37. Uit de rechtspraak van het Hof blijkt dat de bevoegde nationale autoriteiten zich bij het onderzoek of de voorgenomen transactie een dergelijk doel nastreeft, niet ertoe mogen beperken vooraf vastgestelde algemene criteria toe te passen, maar in elk concreet geval de betreffende transactie in haar geheel moeten onderzoeken. De vaststelling van een voorschrift van algemene strekking dat bepaalde soorten van transacties automatisch van het belastingvoordeel uitsluit, zonder rekening te houden met de vraag of er daadwerkelijk sprake is van belastingontwijking of -fraude, gaat namelijk verder dan ter voorkoming van zulke fraude of ontwijking nodig is en doet af aan de door richtlijn 90/434 nagestreefde doelstelling (reeds aangehaald arrest Leur-Bloem, punten 41 en 44).

38. In het kader van dat algemene onderzoek moet rekening worden gehouden met de door de verwijzende rechter vermelde factoren, namelijk het feit dat de overgenomen onderneming op het tijdstip van de fusie zelf geen beheersactiviteiten meer uitoefende en geen financiële participaties meer aanhield en het feit dat de overnemende onderneming de in fiscaal opzicht nog niet verrekende verliezen van de overgenomen onderneming wilde overnemen.

39. Geen van deze factoren kan op zich echter als doorslaggevend worden beschouwd.

40. Een fusie of herstructurering in de vorm van de overname van een onderneming die geen activiteiten uitoefent en geen eigen activa in de overnemende onderneming inbrengt, kan vanuit het oogpunt van laatstbedoelde immers toch op grond van zakelijke overwegingen hebben plaatsgevonden.

41. Ook is het niet uitgesloten dat een fusie door overname van een onderneming met dergelijke verliezen op grond van zakelijke overwegingen kan plaatsvinden, aangezien artikel 6 van richtlijn 90/434 uitdrukkelijk verwijst naar bepalingen die de mogelijkheid bieden de in fiscaal opzicht nog niet verrekende verliezen van de overgenomen vennootschap over te nemen.

42. Dat deze fiscale verliezen erg groot zijn en dat de herkomst ervan niet duidelijk is vastgesteld, kan daarentegen wel een aanwijzing voor belastingfraude of -ontwijking zijn, wanneer de fusie door overname van een onderneming zonder inbreng van activa slechts tot doel heeft een zuiver fiscaal voordeel te verkrijgen.

43. Met een beroep op de in artikel 11, lid 1, sub a, van richtlijn 90/434 gehanteerde termen 'herstructurering' en 'rationalisering', vraagt de verwijzende rechter zich bijgevolg af of het positieve effect op de structurele kosten, dat uit de vermindering van de administratieve en beheerskosten van de groep als gevolg van de fusie door overname voortvloeit, een zakelijke overweging in de zin van dit artikel kan opleveren.

44. Om deze vraag te kunnen beantwoorden, moet worden gepreciseerd dat artikel 11, lid 1, sub a, van richtlijn 90/434 een uitzondering op de bij richtlijn 90/434 vastgestelde fiscale regels vormt, die strikt moet worden uitgelegd, rekening houdend met de bewoordingen en de doelstelling ervan en met de context waarin deze bepaling moet worden geplaatst (reeds aangehaald arrest Modehuis A. Zwijnenburg, punt 46).

45. Uit de bewoordingen van dit artikel 11, lid 1, sub a, en meer in het bijzonder uit de woorden 'zoals herstructurering of rationalisering', blijkt dat de aldus bedoelde transacties voorbeelden van zakelijke overwegingen zijn en dat zij in overeenstemming met laatstbedoeld begrip moeten worden uitgelegd.

46. Zoals het Hof in punt 47 van het voormelde arrest Leur-Bloem al heeft geoordeeld, hebben de begrippen herstructurering en rationalisering dus een ruimere invulling dan het louter nastreven van een zuiver fiscaal voordeel en kan een herstructurering of rationalisering die enkel een dergelijk doel nastreeft, geen zakelijke overweging in de zin van die bepaling opleveren.

47. Bijgevolg verzet in beginsel niets zich ertegen dat een fusie, door middel waarvan een groep wordt geherstructureerd of gerationaliseerd zodat de administratieve en beheerskosten ervan kunnen worden verminderd, uit zakelijke overwegingen kan plaatsvinden. Dat is echter niet het geval bij een overname, zoals de in het hoofdgeding aan de orde zijnde, waaruit lijkt voort te vloeien dat de structurele kostenbesparing binnen de betrokken groep volstrekt marginaal is in vergelijking met het bedrag van het verwachte fiscale voordeel, namelijk meer dan 2 miljoen EUR.

48. Hieraan zij toegevoegd dat de kostenbesparing als gevolg van de vermindering van de administratieve en de beheerskosten bij het verdwijnen van de overgenomen onderneming, inherent is aan elke fusie door overname, aangezien een dergelijke transactie per definitie voor een vereenvoudiging van de groepsstructuur zorgt.

49. Indien stelselmatig zou worden erkend dat de uit de vermindering van de administratieve en beheerskosten voortvloeiende besparing van structurele kosten een zakelijke overweging vormt, zonder rekening te houden met de andere doelstellingen van de voorgenomen transactie en meer in het bijzonder met de fiscale voordelen ervan, zou de in artikel 11, lid 1, sub a, van richtlijn 90/434 neergelegde regel zijn doel verliezen, dat erin bestaat de financiële belangen van de lidstaten te beschermen door overeenkomstig de negende overweging van de considerans van deze richtlijn voor hen in de mogelijkheid te voorzien om in geval van belastingfraude of -ontwijking de toepassing van de in de richtlijn neergelegde bepalingen te weigeren.

50. Overigens zij eraan herinnerd dat artikel 11, lid 1, sub a, van richtlijn 90/434 een weerspiegeling is van het algemene beginsel van Unierecht dat rechtsmisbruik verboden is. De toepassing van regels van Unierecht kan niet

zo ver gaan dat misbruiken worden gedekt, met andere woorden transacties die niet zijn verricht in het kader van normale handelsverrichtingen, maar uitsluitend met het doel om de door het Unierecht toegekende voordelen op onrechtmatige wijze te verkrijgen (zie in die zin arresten van 9 maart 1999, Centros, C-212/97, *Jurispr.* blz. I-1459, punt 24, en 21 februari 2006, Halifax e.a., C-255/02, *Jurispr.* blz. I-1609, punten 68 en 69, alsmede reeds aangehaald arrest Kofoed, punt 38).

51. In dit verband moet de verwijzende rechter aan de hand van de in de punten 39 tot en met 51 van het onderhavige arrest vermelde criteria nagaan of, gelet op alle omstandigheden van het geding waarin hij uitspraak moet doen, alle bestanddelen van het in artikel 11, lid 1, sub a, van richtlijn 90/434 neergelegde vermoeden van belastingfraude of -ontwijking in het kader van dit geding zijn vervuld.

52. Op de gestelde vragen, zoals die in punt 30 van het onderhavige arrest zijn geherformuleerd, moet dus worden geantwoord dat artikel 11, lid 1, sub a, van richtlijn 90/434 aldus moet worden uitgelegd dat bij een fusie tussen twee vennootschappen die tot dezelfde groep behoren, het feit dat de overgenomen vennootschap ten tijde van de fusie geen activiteiten uitoefent, geen financiële participaties aanhoudt en aan de overnemende vennootschap slechts grote verliezen van onbestemde oorsprong overdraagt, kan doen veronderstellen dat aan deze transactie geen 'zakelijke overwegingen' in de zin van deze bepaling ten grondslag liggen, ook al heeft deze transactie als positief effect dat de groep structurele kosten bespaart. De verwijzende rechter moet, gelet op alle omstandigheden van het geding waarin hij uitspraak moet doen, nagaan of alle bestanddelen van het vermoeden van belastingfraude of -ontwijking, in de zin van deze bepaling, in het kader van dit geding zijn vervuld.

Kosten

53. ...

HET HOF (Vijfde kamer)

verklaart voor recht:

Artikel 11, lid 1, sub a, van richtlijn 90/434/EEG van de Raad van 23 juli 1990 betreffende de gemeenschappelijke fiscale regeling voor fusies, splitsingen, inbreng van activa en aandelenruil met betrekking tot vennootschappen uit verschillende lidstaten, moet aldus worden uitgelegd dat bij een fusie tussen twee vennootschappen die tot dezelfde groep behoren, het feit dat de overgenomen vennootschap ten tijde van de fusie geen activiteiten uitoefent, geen financiële participaties aanhoudt en aan de overnemende vennootschap slechts grote verliezen van onbestemde oorsprong overdraagt, kan doen veronderstellen dat aan deze transactie geen 'zakelijke overwegingen' in de zin van deze bepaling ten grondslag liggen, ook al heeft deze transactie als positief effect dat de groep structurele kosten bespaart. De verwijzende rechter moet, gelet op alle omstandigheden van het geding waarin hij uitspraak moet doen, nagaan of alle bestanddelen van het vermoeden van belastingfraude of -ontwijking, in de zin van deze bepaling, in het kader van dit geding zijn vervuld.

HvJ EU 29 november 2011, zaak C-371/10 (National Grid Indus BV v. Inspecteur van de Belastingdienst Rijnmond/ kantoor Rotterdam)

Grote kamer: *A. Tizzano, president van de Eerste kamer, waarnemend voor de president, J. N. Cunha Rodrigues, K. Lenaerts (rapporteur) en A. Prechal, kamerpresidenten, R. Silva de Lapuerta, K. Schiemann, E. Levits, A. Ó Caoimh, L. Bay Larsen, T. von Danwitz en M. Berger, rechters*

Advocaat-generaal: *J. Kokott*

1. Het verzoek om een prejudiciële beslissing betreft de uitlegging van artikel 49 VWEU.

2. Dit verzoek is ingediend in het kader van een geding tussen National Grid Indus BV (hierna: 'National Grid Indus'), een vennootschap naar Nederlands recht waarvan de statutaire zetel zich in Nederland bevindt, en de Inspecteur van de Belastingdienst Rijnmond/kantoor Rotterdam (hierna: 'inspecteur') ter zake van de heffing op latente meerwaarden die aanwezig zijn in de activa van genoemde vennootschap bij de verplaatsing van de feitelijke bestuurszetel daarvan naar het Verenigd Koninkrijk.

Toepasselijke bepalingen

Overeenkomst tot het vermijden van dubbele belasting en het voorkomen van het ontgaan van belasting

3. Het Koninkrijk der Nederlanden en het Verenigd Koninkrijk van Groot-Brittannië en Noord-Ierland hebben een overeenkomst tot het vermijden van dubbele belasting en het voorkomen van het ontgaan van belasting met betrekking tot belastingen naar het inkomen en naar vermogenswinsten (hierna: 'overeenkomst') gesloten.

4. Artikel 4 van de overeenkomst bepaalt het volgende:

> '1. Voor de toepassing van deze Overeenkomst betekent de uitdrukking 'inwoner van een van de Staten' iedere persoon die, ingevolge de wetgeving van die Staat, aldaar aan belasting is onderworpen op grond van zijn woonplaats, verblijf, plaats van leiding of enige andere soortgelijke omstandigheid. [...]
> [...]
> 3. Indien een andere dan een natuurlijke persoon ingevolge de bepalingen van het eerste lid inwoner van beide Staten is, wordt hij geacht inwoner te zijn van de Staat waar de plaats van zijn werkelijke leiding is gelegen.'

5. Volgens de bewoordingen van artikel 7, lid 1, van de overeenkomst '[zijn d]e voordelen van een onderneming van een van de Staten [...] slechts in die Staat belastbaar, tenzij de onderneming in de andere Staat haar bedrijf uitoefent door middel van een aldaar gevestigde vaste inrichting. Indien de onderneming aldus haar bedrijf uitoefent, mogen de voordelen van de onderneming in de andere Staat worden belast, maar slechts in zoverre als zij aan die vaste inrichting kunnen worden toegerekend.'

6. Artikel 13 van de overeenkomst voorziet in het volgende:

> 1. Voordelen verkregen door een inwoner van een van de Staten uit de vervreemding van onroerende goederen [...] die zijn gelegen in de andere Staat, mogen in die andere Staat worden belast.
> 2. Voordelen verkregen uit de vervreemding van roerende zaken die deel uitmaken van het bedrijfsvermogen van een vaste inrichting die een onderneming van een van de Staten in de andere Staat heeft [...], daaronder begrepen voordelen verkregen uit de vervreemding van de vaste inrichting (alleen of met de gehele onderneming) [...], mogen in die andere Staat worden belast.
> 3. Voordelen verkregen uit de vervreemding van schepen of luchtvaartuigen die in internationaal verkeer worden geëxploiteerd [...] zijn slechts belastbaar in de Staat waar de plaats van de werkelijke leiding van de onderneming is gelegen.
> 4. Voordelen verkregen uit de vervreemding van alle andere zaken dan bedoeld in het eerste, tweede en derde lid van dit artikel zijn slechts belastbaar in de Staat waarvan de vervreemder inwoner is.'

Nederlandse regelgeving

7. Artikel 16 van de Wet op de inkomstenbelasting 1964 (hierna: 'Wet IB') bepaalt het volgende:

> 'Voordelen uit onderneming welke niet reeds [...] in aanmerking zijn genomen, worden gerekend tot de winst van het kalenderjaar waarin degene voor wiens rekening de onderneming wordt gedreven, ophoudt uit de onderneming in Nederland belastbare winst te genieten. [...]'

8. Krachtens artikel 8 van de Wet op de vennootschapsbelasting 1969 (hierna: 'Wet VPB'), is artikel 16 van de Wet IB van overeenkomstige toepassing op de heffing van vennootschapsbelasting.

9. Artikel 2, lid 4, van de Wet VPB luidt:

'Heeft de oprichting van een lichaam plaatsgevonden naar Nederlands recht, dan wordt voor de toepassing van deze wet [...] het lichaam steeds geacht in Nederland te zijn gevestigd. [...]'

Aan het hoofdgeding ten grondslag liggende feiten en prejudiciële vragen

10. National Grid Indus is een besloten vennootschap naar Nederlands recht. Zij had tot 15 december 2000 haar feitelijke bestuurszetel in Nederland.

11. Deze vennootschap is sinds 10 juni 1996 houder van een vordering ten bedrage van 33 113 000 GBP op National Grid Company plc, een in het Verenigd Koninkrijk gevestigde vennootschap.

12. Na een stijging van de koers van de pond sterling ten opzichte van de Nederlandse gulden, is een niet-gerealiseerde koerswinst op deze vordering ontstaan. Op 15 december 2000 bedroeg deze koerswinst 22 128 160 NLG.

13. Op die datum heeft National Grid Indus haar feitelijke bestuurszetel naar het Verenigd Koninkrijk verplaatst. Overeenkomstig artikel 2, lid 4, van de Wet VPB is National Grid Indus, vanwege het feit dat zij naar Nederlands recht was opgericht, in beginsel onbeperkt belastingplichtig gebleven in Nederland. Krachtens artikel 4, lid 3, van de overeenkomst, die voorrang heeft boven het nationale recht, moest National Grid Indus na de verplaatsing van haar feitelijke bestuurszetel, evenwel als inwoner van het Verenigd Koninkrijk worden beschouwd. Aangezien National Grid Indus na haar zetelverplaatsing niet langer over een vaste inrichting in de zin van de overeenkomst in Nederland beschikte, kwam het heffingsrecht over de ondernemingswinst en vermogenswinsten van deze vennootschap na de zetelverplaatsing aan het Verenigd Koninkrijk toe, conform de artikelen 7, lid 1, en 13, lid 4, van de overeenkomst.

14. Als gevolg van de toepassing van de overeenkomst was National Grid Indus opgehouden in Nederland belastbare winst te genieten in de zin van artikel 16 van de Wet IB, zodat krachtens genoemde bepaling juncto artikel 8 van de Wet VPB een eindafrekening diende plaats te vinden over de ten tijde van de zetelverplaatsing van deze onderneming aanwezige latente meerwaarden. De inspecteur heeft daarom besloten dat National Grid Indus onder meer diende te worden belast over de koerswinst die in punt 12 van het onderhavige arrest is vermeld.

15. National Grid Indus heeft tegen de beschikking van de inspecteur beroep ingesteld bij de Rechtbank Haarlem, die bij uitspraak van 17 december 2007 genoemde beschikking heeft bevestigd.

16. National Grid Indus heeft daarop hoger beroep ingesteld tegen de uitspraak van de Rechtbank Haarlem bij het Gerechtshof Amsterdam.

17. De verwijzende rechter is om te beginnen van oordeel dat National Grid Indus de vrijheid van vestiging kan inroepen ter betwisting van de fiscale gevolgen die Nederland als lidstaat van oorsprong aan de verplaatsing van haar feitelijke zetel naar een andere lidstaat verbindt. Nu het bestaan en de werking van genoemde vennootschap als naar het recht van Nederland opgerichte vennootschap niet door de in geding zijnde nationale regeling wordt aangetast, onderscheidt de zaak die in het hoofdgeding aan de orde is zich van die welke aanleiding heeft gegeven tot de arresten van 27 september 1988, Daily Mail and General Trust (81/87, *Jurispr.* blz. 5483), en 16 december 2008, Cartesio (C-210/06, *Jurispr.* blz. I-9641). Niettemin is er twijfel op dit punt blijven bestaan.

18. De verwijzende rechter is vervolgens van oordeel dat een heffing zoals aan de orde in het hoofdgeding, een beperking van de vrijheid van vestiging oplevert. De nationale maatregel die aan deze heffing ten grondslag ligt, zou echter gerechtvaardigd kunnen zijn uit hoofde van de doelstelling om een evenwichtige verdeling van de heffingsbevoegdheid tussen de lidstaten te verzekeren, overeenkomstig het fiscale territorialiteitsbeginsel, verbonden met een temporele component. Hij legt ten dien einde uit dat aan artikel 16 van de Wet IB de gedachte ten grondslag ligt dat de totale winst die een vennootschap als inwoner heeft behaald, in de Nederlandse belastingheffing dient te worden betrokken. Wanneer de betrokken vennootschap als gevolg van de verplaatsing van haar feitelijke bestuurszetel ophoudt in Nederland belastingplichtig te zijn, dienen de latente meerwaarden die in het ondernemingsvermogen daarvan aanwezig zijn die nog niet in Nederland zijn belast, als belastbare winst te worden beschouwd, en derhalve in de belastingheffing te worden betrokken.

19. De verwijzende rechter is evenwel van oordeel dat het niet uitgesloten is dat, volgens de rechtspraak die volgt uit de arresten van 11 maart 2004, de Lasteyrie du Saillant (C-9/02, *Jurispr.* blz. I-2409), en 7 september 2006, N (C-470/04, *Jurispr.* blz. I-7409), de eindafrekeningsheffing, zoals opgenomen in de regeling die in het hoofdgeding aan de orde is, als onevenredig moet worden beschouwd, nu zij leidt tot een onmiddellijk invorderbare belastingschuld en geen rekening houdt met waardeverminderingen die optreden na de verplaatsing van de zetel van de betrokken vennootschap. De verwijzende rechter is van oordeel dat ook op dit punt twijfel blijft bestaan. Hij voegt in dit verband toe dat uitstel van de belastingheffing tot op het tijdstip waarop de meerwaarden daadwerkelijk worden gerealiseerd, tot onoverkomelijke praktische problemen kan leiden.

20. Ten slotte benadrukt de verwijzende rechter dat er in de onderhavige zaak na de verplaatsing van de feitelijke bestuurszetel van National Grid Indus geen waardeverminderingen kunnen optreden, aangezien deze verplaatsing

ertoe heeft geleid dat het valutarisico voor de vordering in ponden sterling is verdwenen. Na deze verplaatsing moest deze vennootschap haar winst immers in die munteenheid bepalen.

21. In die omstandigheden heeft het Gerechtshof Amsterdam de behandeling van de zaak geschorst en het Hof de volgende prejudiciële vragen gesteld:

'1. Kan, indien een lidstaat aan een naar het recht van die lidstaat opgerichte vennootschap die vanuit die lidstaat haar feitelijke zetel verplaatst naar een andere lidstaat, ter zake van deze zetelverplaatsing een fiscale eindafrekeningsheffing oplegt, deze vennootschap zich, naar de huidige stand van het gemeenschapsrecht, tegenover die lidstaat beroepen op artikel 43 EG (thans artikel 49 VWEU)?

2. Indien de eerste vraag bevestigend moet worden beantwoord: is een eindafrekeningsheffing als de onderhavige, die de meerwaarden in de vanuit de lidstaat van vertrek naar de lidstaat van aankomst verplaatste vermogensbestanddelen van de vennootschap, zoals deze ten tijde van haar zetelverplaatsing aanwezig worden bevonden, zonder uitstel en zonder de mogelijkheid latere waardeverliezen in aanmerking te nemen, in de heffing betrekt, in strijd met artikel 43 EG (thans artikel 49 VWEU), in die zin dat een dergelijke eindafrekeningsheffing niet kan worden gerechtvaardigd door de noodzaak tot verdeling van heffingsbevoegdheden tussen de lidstaten?

3. Is het antwoord op de vorige vraag mede afhankelijk van de omstandigheid dat de onderhavige eindafrekeningsheffing betrekking heeft op een onder de Nederlandse belastingjurisdictie aangegroeide (valuta)winst, terwijl deze winst in het land van aankomst onder het daar geldende belastingregime niet tot uitdrukking kan komen?'

Beantwoording van de prejudiciële vragen

Eerste vraag

22. Met zijn eerste vraag wenst de verwijzende rechter in wezen te vernemen of een naar het recht van een lidstaat opgerichte vennootschap die haar feitelijke bestuurszetel naar een andere lidstaat verplaatst en die bij die verplaatsing in de eerste lidstaat aan een heffing wordt onderworpen, artikel 49 VWEU tegen die lidstaat kan inroepen.

23. De Nederlandse, de Duitse, de Italiaanse, de Portugese, de Finse en de Zweedse regering evenals die van het Verenigd Koninkrijk betogen dat artikel 49 VWEU de bevoegdheid van de lidstaten onverlet laat om een regeling vast te stellen, waaronder regels van fiscale aard, ter zake van zetelverplaatsingen van ondernemingen tussen lidstaten. De uitlegging die door het Hof aan dit artikel is gegeven in de reeds aangehaalde arresten Daily Mail and General Trust en Cartesio heeft niet alleen betrekking op de voorwaarden waaronder naar nationaal recht vennootschappen kunnen worden opgericht of kunnen functioneren.

24. Deze regeringen lichten in dit verband toe dat National Grid Indus, juist vanwege de verplaatsing van haar feitelijke bestuurszetel, niet langer aan de belastingwetgeving van de lidstaat van oorsprong is onderworpen. Nederland verliest haar heffingsbevoegdheid ten aanzien van de winst uit onderneming van genoemde vennootschap. De heffing die in het hoofdgeding aan de orde is, is dus nauw verbonden met de bepalingen van het nationale vennootschapsrecht die de voorwaarden voor vestiging van vennootschappen en de verplaatsing van hun zetel regelen, en deze heffing is een direct gevolg van deze bepalingen.

25. Dienaangaande moet eraan worden herinnerd dat ingevolge artikel 54 VWEU de vennootschappen welke in overeenstemming met de wetgeving van een lidstaat zijn opgericht en welke hun statutaire zetel, hun hoofdbestuur of hun hoofdvestiging binnen de Unie hebben, voor de toepassing van de bepalingen van het VWEU inzake de vrijheid van vestiging worden gelijkgesteld met de natuurlijke personen die onderdaan zijn van de lidstaten.

26. Daar het recht van de Unie geen eenduidige definitie kent van vennootschappen die aanspraak kunnen maken op het recht van vestiging op basis van één aanknopingscriterium waarmee het op een vennootschap toepasselijke nationale recht wordt bepaald, vormt de vraag of artikel 49 VWEU van toepassing is op een vennootschap die zich op het in dit artikel verankerde fundamentele recht beroept, net als overigens de vraag of een natuurlijke persoon een onderdaan is van een lidstaat en uit dien hoofde deze vrijheid geniet, dus een voorafgaande vraag waarop bij de huidige stand van het recht van de Unie enkel in het toepasselijke nationale recht een antwoord kan worden gevonden. Dus enkel wanneer is gebleken dat deze vennootschap, gelet op de voorwaarden van artikel 54 VWEU, inderdaad recht heeft op vrijheid van vestiging, rijst de vraag of deze vennootschap wordt geconfronteerd met een beperking van deze vrijheid in de zin van artikel 49 VWEU (zie arrest Daily Mail and General Trust, reeds aangehaald, punten 19-23; arrest van 5 november 2002, Überseering, C-208/00, *Jurispr.* blz. I-9919, punten 67-70, en arrest Cartesio, reeds aangehaald, punt 109).

27. Een lidstaat mag dus zowel de aanknoping omschrijven die van een vennootschap vereist is opdat deze kan worden geacht te zijn opgericht volgens het nationale recht van die lidstaat, en uit dien hoofde het recht van vestiging heeft, als de aanknoping die vereist is om deze hoedanigheid naderhand te kunnen handhaven (arrest Cartesio, reeds aangehaald, punt 110). Een lidstaat kan dus beperkingen stellen aan de verplaatsing van de feite-

lijke bestuurszetel van een volgens zijn wettelijke regeling opgerichte vennootschap naar een andere staat en met behoud van haar rechtspersoonlijkheid volgens het recht van de staat van oprichting (arrest Überseering, reeds aangehaald, punt 70).

28. In het hoofdgeding heeft de verplaatsing van de feitelijke bestuurszetel van National Grid Indus naar het Verenigd Koninkrijk echter haar hoedanigheid van vennootschap naar Nederlands recht krachtens dit recht niet aangetast, daar dit recht wat vennootschappen betreft de oprichtingstheorie volgt.

29. De Nederlandse, de Duitse, de Italiaans, de Portugese, de Finse en de Zweedse regering evenals die van het Verenigd Koninkrijk betogen evenwel dat wanneer een lidstaat bevoegd is om de ontbinding en de liquidatie van een emigrerende vennootschap te eisen, deze lidstaat ook geacht moet worden bevoegd te zijn om fiscale eisen te stellen, indien deze de – vanuit het oogpunt van de interne markt gunstigere – regeling van de zetelverplaatsing met behoud van de rechtspersoonlijkheid toepast.

30. De in punt 27 van het onderhavige arrest genoemde mogelijkheid impliceert echter geenszins dat de regels van het Verdrag inzake de vrijheid van vestiging niet op de nationale wetgeving op het gebied van de oprichting en ontbinding van vennootschappen van toepassing zijn (zie arrest Cartesio, reeds aangehaald, punt 112).

31. De nationale regeling die in het hoofdgeding aan de orde is, heeft geen betrekking op de bepaling van de voorwaarden die een lidstaat naar het recht waarvan een vennootschap is opgericht, vereist opdat deze haar hoedanigheid van naar het recht van die lidstaat opgerichte vennootschap kan behouden na de verplaatsing van haar feitelijke bestuurszetel naar een andere lidstaat. Genoemde regeling beperkt zich ertoe om voor vennootschappen die naar nationaal recht zijn opgericht, fiscale consequenties te verbinden aan de zetelverplaatsing tussen lidstaten, zonder dat een dergelijke zetelverplaatsing hun hoedanigheid van vennootschap naar het recht van de betrokken lidstaat aantast.

32. Aangezien de verplaatsing van de feitelijke bestuurszetel van National Grid Indus naar het Verenigd Koninkrijk in het hoofdgeding geen invloed heeft gehad op de hoedanigheid van deze laatste van vennootschap naar Nederlands recht, heeft genoemde verplaatsing de mogelijkheid van genoemde vennootschap om zich op artikel 49 VWEU te beroepen niet aangetast. Als vennootschap die in overeenstemming met de regelgeving van een lidstaat is opgericht en die haar statutaire zetel en haar centrale bestuurszetel binnen de Unie heeft, geniet zij ingevolge artikel 54 VWEU het voordeel van de Verdragsbepalingen inzake de vrijheid van vestiging en kan zij dus de rechten die zij aan artikel 49 VWEU ontleent inroepen, meer bepaald om de rechtmatigheid van een door genoemde lidstaat aan haar opgelegde heffing bij de verplaatsing van haar feitelijke bestuurszetel naar een andere lidstaat aan de orde te stellen.

33. Bijgevolg moet op de eerste vraag worden geantwoord dat een naar het recht van een lidstaat opgerichte vennootschap die haar feitelijke bestuurszetel naar een andere lidstaat verplaatst, zonder dat deze verplaatsing haar hoedanigheid van vennootschap naar het recht van de eerste lidstaat aantast, zich op artikel 49 VWEU kan beroepen om de rechtmatigheid van een door de eerste lidstaat aan haar opgelegde heffing bij genoemde zetelverplaatsing aan de orde te stellen.

Tweede en derde vraag

34. Met zijn tweede en derde vraag, die tezamen moeten worden onderzocht, wenst de verwijzende rechter in wezen te vernemen of artikel 49 VWEU aldus moet worden uitgelegd dat het zich verzet tegen een belastingregeling van een lidstaat, zoals die in het hoofdgeding, krachtens welke de latente meerwaarden in vermogensbestanddelen van een vennootschap, die is opgericht naar het recht van die lidstaat en die haar feitelijke bestuurszetel naar een andere lidstaat verplaatst, bij die zetelverplaatsing door de eerste lidstaat aan een heffing wordt onderworpen, zonder dat deze regeling voorziet in uitstel van betaling van de aan genoemde vennootschap opgelegde heffing tot het moment waarop deze meerwaarden daadwerkelijk gerealiseerd worden, en zonder rekening te houden met eventuele na de verplaatsing van genoemde zetel opgetreden waardeverminderingen. Hij wenst voorts te vernemen of de uitlegging van artikel 49 VWEU wordt beïnvloed door de omstandigheid dat de latente meerwaarden die zijn belast, betrekking hebben op koerswinsten die in de lidstaat van ontvangst niet meer tot uitdrukking kunnen komen, gelet op het daar geldende belastingregime.

Of sprake is van een beperking van de vrijheid van vestiging

35. Krachtens artikel 49 VWEU moeten beperkingen van de vrijheid van vestiging worden opgeheven. Hoewel de bepalingen betreffende de vrijheid van vestiging volgens de bewoordingen ervan het voordeel van de nationale behandeling in de lidstaat van ontvangst beogen te garanderen, verbieden zij de lidstaat van oorsprong ook om de vestiging van een van zijn burgers of van een naar zijn recht opgerichte vennootschap in een andere lidstaat te bemoeilijken (zie arresten van 16 juli 1998, ICI, C-264/96, *Jurispr.* blz. I-4695, punt 21; 6 december 2007, Columbus Container Services, C-298/05, *Jurispr.* blz. I-10451, punt 33; 23 oktober 2008, Krankenheim Ruhesitz am Wannsee-Seniorenheimstatt, C-157/07, *Jurispr.* blz. I-8061, punt 29, en 15 april 2010, CIBA, C-96/08, *Jurispr.* blz. I-2911, punt 18).

36. Het is eveneens vaste rechtspraak dat alle maatregelen die de uitoefening van de vrijheid van vestiging verbieden, belemmeren of minder aantrekkelijk maken, als beperkingen van deze vrijheid moeten worden beschouwd (zie arrest van 5 oktober 2004, CaixaBank France, C-442/02, *Jurispr.* blz. I-8961, punt 11, en reeds aangehaalde arresten Columbus Container Services, punt 34; Krankenheim Ruhesitz am Wannsee-Seniorenheimstatt, punt 30, en CIBA, punt 19).

37. Vastgesteld moet worden dat in het hoofdgeding een vennootschap naar Nederlands recht die haar feitelijke bestuurszetel buiten het Nederlandse grondgebied wil verplaatsen, in het kader van de uitoefening van het recht dat haar door artikel 49 VWEU wordt gewaarborgd, een liquiditeitsnadeel ondervindt in vergelijking met een vergelijkbare vennootschap die haar feitelijke bestuurszetel in Nederland behoudt. Krachtens de nationale regeling die in het hoofdgeding aan de orde is, leidt de verplaatsing van de feitelijke bestuurszetel van een vennootschap naar Nederlands recht immers tot de onmiddellijke belasting van de latente meerwaarden in de verplaatste activa, terwijl dergelijke meerwaarden niet worden belast wanneer een dergelijke vennootschap haar zetel binnen het Nederlandse grondgebied verplaatst. De meerwaarden in de activa van een vennootschap die overgaat tot een verplaatsing van haar zetel binnen de betrokken lidstaat worden pas belast wanneer en voor zover zij daadwerkelijk worden gerealiseerd. Dit verschil in behandeling wat de heffing op de meerwaarden betreft, is dusdanig dat het een vennootschap naar Nederlands recht zal ontmoedigen om haar zetel naar een andere lidstaat te verplaatsen (zie in die zin reeds aangehaalde arresten de Lasteyrie du Saillant, punt 46, en N, punt 35).

38. Het aldus geconstateerde verschil in behandeling wordt niet verklaard door een objectief verschil tussen de situaties. Vanuit het oogpunt van de regelgeving van een lidstaat die de op haar grondgebied aangegroeide meerwaarden wil belasten, is de situatie van een naar het recht van genoemde lidstaat opgerichte vennootschap die haar zetel naar een andere lidstaat wil verplaatsen, immers vergelijkbaar met die van een vennootschap die eveneens naar het recht van de eerste lidstaat is opgericht en die haar zetel in die lidstaat wil behouden, voor zover het de belasting betreft van de meerwaarden in de activa die in de eerste lidstaat zijn aangegroeid vóór de zetelverplaatsing.

39. De Spaanse, de Franse en de Portugese regering zetten uiteen dat een vennootschap zoals verzoekster in het hoofdgeding geen enkel nadeel ondervindt ten opzichte van een vennootschap die haar zetel binnen een lidstaat heeft verplaatst. Gelet op het feit dat de koerswinst in Nederlandse gulden op een vordering in ponden sterling zal zijn verdwenen op het moment van de verplaatsing van de feitelijke bestuurszetel van National Grid Indus naar het Verenigd Koninkrijk, zal deze vennootschap volgens genoemde regeringen over een gerealiseerde meerwaarde zijn belast. Een zetelverplaatsing binnen de betrokken lidstaat zou daarentegen geen aanleiding hebben gegeven tot de realisatie van een meerwaarde.

40. Een dergelijk betoog moet worden afgewezen. De heffing die in het hoofdgeding aan de orde is, ziet niet op gerealiseerde meerwaarden. De koerswinst die in het kader van het hoofdgeding wordt belast, heeft immers betrekking op een latente meerwaarde die voor National Grid Indus geen inkomsten heeft opgeleverd. Een dergelijk latente meerwaarde zou niet zijn belast, indien National Grid Indus haar feitelijke bestuurszetel binnen het Nederlandse grondgebied zou hebben verplaatst.

41. Hieruit volgt dat het verschil in behandeling waaraan, in het kader van de nationale bepalingen die in het hoofdgeding aan de orde zijn, de vennootschappen naar Nederlands recht die hun feitelijke bestuurszetel naar een andere lidstaat verplaatsen worden onderworpen ten opzichte van de vennootschappen naar Nederlands recht die hun feitelijke bestuurszetel binnen het Nederlandse grondgebied verplaatsen, een in beginsel door de Verdragsbepalingen inzake de vrijheid van vestiging verboden beperking vormt.

Rechtvaardiging van de beperking van de vrijheid van vestiging

42. Volgens vaste rechtspraak is een beperking van de vrijheid van vestiging slechts toelaatbaar wanneer zij gerechtvaardigd is uit hoofde van dwingende vereisten van algemeen belang. Daarenboven moet in een dergelijk geval de beperking geschikt zijn om het nagestreefde doel te verwezenlijken en mag zij niet verder gaan dan nodig is voor het bereiken van dat doel (arresten van 13 december 2005, Marks & Spencer, C-446/03, *Jurispr.* blz. I-10837, punt 35; 12 september 2006, Cadbury Schweppes en Cadbury Schweppes Overseas, C-196/04, *Jurispr.* blz. I-7995, punt 47; 13 maart 2007, Test Claimants in the Thin Cap Group Litigation, C-524/04, *Jurispr.* blz. I-2107, punt 64, en 18 juni 2009, Aberdeen Property Fininvest Alpha, C-303/07, *Jurispr.* blz. I-5145, punt 57).

43. Volgens de verwijzende rechter blijkt de beperking van de vrijheid van vestiging gerechtvaardigd te zijn door de doelstelling om een evenwichtige verdeling van de heffingsbevoegdheid tussen de lidstaten te waarborgen, overeenkomstig het territorialiteitsbeginsel, verbonden met een temporele component. De betrokken lidstaat oefent haar heffingsbevoegdheid immers enkel uit over de meerwaarden die op haar grondgebied zijn aangegroeid in het tijdvak waarin National Grid Indus daar haar fiscale woonplaats had.

44. National Grid Indus meent echter dat een dergelijke doelstelling de vastgestelde beperking niet kan rechtvaardigen, aangezien de heffing die in het hoofdgeding aan de orde is, geen betrekking heeft op daadwerkelijke winst.

45. In de eerste plaats zij eraan herinnerd dat de onverkorte handhaving van de verdeling van de heffingsbevoegdheid tussen de lidstaten een door het Hof erkend legitiem doel is (zie in die zin reeds aangehaalde arresten Marks & Spencer, punt 45, en N, punt 42, en arresten van 18 juli 2007, Oy AA, C-231/05, *Jurispr.* blz. I-6373, punt 51, en 15 mei 2008, Lidl Belgium, C-414/06, *Jurispr.* blz. I-3601, punt 31). In de tweede plaats volgt uit vaste rechtspraak dat de lidstaten bij gebreke van unificatie- of harmonisatiemaatregelen die door de Unie zijn aangenomen bevoegd blijven om, door het sluiten van overeenkomsten of unilateraal, de criteria voor de verdeling van hun heffingsbevoegdheid vast te stellen teneinde onder meer dubbele belasting af te schaffen (arrest van 19 november 2009, Commissie/Italië, C-540/07, *Jurispr.* blz. I-10983, punt 29 en aldaar aangehaalde rechtspraak).

46. De verplaatsing van de feitelijke bestuurszetel van een vennootschap van een lidstaat naar een andere lidstaat kan niet betekenen dat de lidstaat van oorsprong moet afzien van zijn recht om een meerwaarde te belasten die vóór genoemde verplaatsing in het kader van zijn fiscale bevoegdheid is ontstaan (zie in die zin arrest van 12 december 2006, Test Claimants in Class IV of the ACT Group Litigation, C-374/04, *Jurispr.* blz. I-11673, punt 59). Het Hof heeft aldus geoordeeld dat een lidstaat ingevolge het fiscale territorialiteitsbeginsel, verbonden met een temporele component, te weten het verblijf van de belastingplichtige op het nationale grondgebied gedurende de periode waarin de latente meerwaarden zijn ontstaan, genoemde meerwaarden mag belasten op het moment van vertrek van de betrokken belastingplichtige (zie arrest N, reeds aangehaald, punt 46). Een dergelijke maatregel strekt er immers toe om situaties te vermijden die afbreuk kunnen doen aan het recht van een lidstaat om zijn belastingbevoegdheid uit te oefenen met betrekking tot activiteiten die op zijn grondgebied plaatsvinden en kan dus worden gerechtvaardigd om redenen die verband houden met het behoud van de verdeling van de heffingsbevoegdheid tussen lidstaten (zie reeds aangehaalde arresten Marks & Spencer, punt 46, en Oy AA, punt 54, en arrest van 21 januari 2010, SGI, C-311/08, *Jurispr.* blz. I-487, punt 60).

47. Uit de verwijzingsbeslissing volgt dat ingevolge artikel 7, lid 1, van de overeenkomst, National Grid Indus na de verplaatsing van haar feitelijke bestuurszetel naar het Verenigd Koninkrijk werd beschouwd als een vennootschap die inwoner van die laatste lidstaat was. Aangezien National Grid Indus na genoemde zetelverplaatsing was opgehouden in Nederland belastbare winst te genieten, is overeenkomstig artikel 16 van de Wet IB een eindafrekening opgesteld voor de in de activa van deze vennootschap aanwezige meerwaarden in Nederland op het moment van haar zetelverplaatsing naar het Verenigd Koninkrijk. De meerwaarden die na de verplaatsing van genoemde zetel zijn gerealiseerd, worden ingevolge artikel 13, lid 4, van de overeenkomst in die laatste lidstaat belast.

48. Gelet op deze factoren is een regeling als die in het hoofdgeding geschikt om de verdeling van de heffingsbevoegdheid tussen de betrokken lidstaten te waarborgen. De eindafrekeningsheffing die op het moment van de verplaatsing van de feitelijke bestuurszetel van een vennootschap wordt opgelegd, strekt er immers toe om in de lidstaat van oorsprong de niet-gerealiseerde meerwaarden die binnen het kader van de fiscale bevoegdheid van die lidstaat zijn aangegroeid vóór de verplaatsing van genoemde zetel, aan winstbelasting te onderwerpen. De latente meerwaarden in een economische goed worden aldus belast in de lidstaat waar zij zijn aangegroeid. De meerwaarden die zijn gerealiseerd na de verplaatsing van de zetel van genoemde vennootschap, worden uitsluitend belast in de lidstaat van ontvangst waarin zij zijn aangegroeid, zodat een dubbele belasting daarvan wordt voorkomen.

49. Het argument van National Grid Indus dat de heffing die in het hoofdgeding aan de orde is, niet kan worden gerechtvaardigd aangezien zij over een latente meerwaarde wordt opgelegd, en niet over een gerealiseerde meerwaarde, moet worden verworpen. Zoals immers de verschillende regeringen die bij het Hof opmerkingen hebben ingediend hebben benadrukt, is een lidstaat gerechtigd om de economische waarde die door een latente meerwaarde op zijn grondgebied wordt gegenereerd te belasten, zelfs indien de betrokken meerwaarde nog niet daadwerkelijk is gerealiseerd.

50. Tevens moet worden onderzocht of een regeling als die welke in het hoofdgeding aan de orde is niet verder gaat dan noodzakelijk is ter bereiking van het doel dat ermee wordt nagestreefd (arrest van 30 juni 2011, Meilicke e.a., C-262/09, nog niet gepubliceerd in de *Jurisprudentie*, punt 42 en aldaar aangehaalde rechtspraak).

51. Te dien einde moet eraan worden herinnerd dat volgens de nationale regeling die in het hoofdgeding aan de orde is, zowel de vaststelling van het bedrag van de belastingschuld als de invordering van deze laatste plaatsvinden op het moment waarop de betrokken vennootschap ophoudt in Nederland belastbare winst te genieten, in casu het moment van de verplaatsing van haar feitelijke bestuurszetel naar een andere lidstaat. Om de evenredigheid van een dergelijke regeling te beoordelen, moet een onderscheid worden gemaakt tussen de vaststelling van het bedrag van de heffing en de inning daarvan.

– De definitieve vaststelling van het bedrag van de heffing op het moment waarop de vennootschap haar zetel naar een andere lidstaat verplaatst

52. Zoals de advocaat-generaal in de punten 55 en 56 van haar conclusie opmerkt, is de vaststelling van het bedrag van de heffing op het moment van de verplaatsing van de feitelijke bestuurszetel van een vennootschap in overeenstemming met het evenredigheidsbeginsel, gelet op de doelstelling van de nationale regeling die in het

hoofdgeding aan de orde is, om de meerwaarden die in het kader van de fiscale bevoegdheid van de lidstaat van oorsprong zijn ontstaan, in deze lidstaat te belasten. Het is immers evenredig dat de lidstaat van oorsprong, teneinde de uitoefening van zijn fiscale bevoegdheid veilig te stellen, de verschuldigde belasting bepaalt over de op zijn grondgebied aangegroeide latente meerwaarden op het moment waarop zijn bevoegdheid om van de betrokken vennootschap belasting te heffen, ophoudt te bestaan, in casu het moment van de verplaatsing van haar feitelijke bestuurszetel naar een andere lidstaat.

53. Onder verwijzing naar het reeds aangehaalde arrest N, betoogt de Europese Commissie evenwel dat de lidstaat van oorsprong in het licht van het evenredigheidsbeginsel gehouden is om waardeverminderingen in aanmerking te nemen die zijn opgetreden tussen het moment van de zetelverplaatsing van de vennootschap en de realisatie van de betrokken activa, ingeval de belastingregeling in de lidstaat van ontvangst deze waardeverminderingen niet in aanmerking zou nemen.

54. Er moet aan worden herinnerd dat het Hof in het arrest N, dat betrekking had op een nationale regeling die een particulier bij de verplaatsing van zijn fiscale woonplaats naar een andere lidstaat onderwierp aan een heffing op de latente meerwaarden in een aanmerkelijk belang dat deze in een vennootschap hield, heeft geoordeeld dat enkel als evenredig met het oog op het nagestreefde doel van waarborging van een evenwichtige verdeling van de heffingsbevoegdheid tussen lidstaten kan worden beschouwd, een belastingstelsel dat volledig rekening houdt met waardeverminderingen die na de verlegging van de woonplaats van de betrokken belastingplichtige kunnen optreden, tenzij reeds met deze waardeverminderingen rekening is gehouden in de lidstaat van ontvangst (arrest N, reeds aangehaald, punt 54).

55. Ook als de verplaatsing, door National Grid Indus, van haar feitelijke bestuurszetel naar het Verenigd Koninkrijk ertoe heeft geleid dat het valutarisico voor de in het hoofdgeding aan de orde zijnde vordering in ponden sterling is verdwenen, kan niettemin een waardevermindering met betrekking tot deze vordering optreden na genoemde verplaatsing, bijvoorbeeld indien de schuld niet volledig aan de betrokken vennootschap wordt terugbetaald.

56. Anders dan het geval was in de zaak die aanleiding heeft gegeven tot het reeds aangehaalde arrest N, kan het feit dat de lidstaat van oorsprong in het onderhavige hoofdgeding geen waardeverminderingen in aanmerking neemt die zijn opgetreden na de verplaatsing van de feitelijke bestuurszetel van een vennootschap, niet als onevenredig ten opzichte van het door de regeling in het hoofdgeding nagestreefde doel worden beschouwd.

57. De activa van een vennootschap zijn immers rechtstreeks bestemd voor economische activiteiten die winst moeten opleveren. Bovendien wordt de hoogte van de belastbare winst van een vennootschap gedeeltelijk beïnvloed door de waarde waartegen de activa zijn opgenomen in haar balans, aangezien de afschrijvingen daarop de belastinggrondslag doen afnemen.

58. Daar waar in een situatie zoals die in het hoofdgeding, de winst van de vennootschap die haar feitelijke bestuurszetel heeft verplaatst, pas na genoemde zetelverplaatsing wordt belast in de lidstaat van ontvangst, overeenkomstig het fiscale territorialiteitsbeginsel, verbonden met een temporele component, staat het, gelet op eerdergenoemd verband tussen de activa van een vennootschap en haar belastbare winst – en derhalve om redenen die verband houden met de symmetrie tussen het recht om belasting over winst te heffen en de mogelijkheid om verlies in aftrek te brengen –, tevens aan deze laatste lidstaat om in zijn belastingregime rekening te houden met fluctuaties in de waarde van de activa van de betrokken vennootschap die zijn opgetreden na de datum waarop de lidstaat van oorsprong elke fiscale aanknoping met genoemde vennootschap heeft verloren.

59. In die omstandigheden is de lidstaat van oorsprong, anders dan de Commissie suggereert, niet verplicht om rekening te houden met eventuele koersverliezen die zijn opgetreden na de verplaatsing, door National Grid Indus, van haar feitelijke bestuurszetel naar het Verenigd Koninkrijk, tot aan de terugbetaling of de vervreemding van de door genoemde vennootschap gehouden vordering. De heffing die over de latente meerwaarden is verschuldigd, wordt immers vastgesteld op het moment waarop de heffingsbevoegdheid van de lidstaat van oorsprong ten aanzien van de betrokken vennootschap ophoudt te bestaan, in casu op het moment van de verplaatsing van de zetel van genoemde vennootschap. Zowel de inaanmerkingneming van een koerswinst als van een koersverlies door de lidstaat van oorsprong, die zijn opgetreden na de verplaatsing van de feitelijke bestuurszetel, zouden niet alleen het gevaar in zich bergen dat de evenwichtige verdeling van de heffingsbevoegdheid tussen de lidstaten in het gedrang komt, maar zouden ook kunnen leiden tot dubbele belasting en dubbele verliesverrekening. Dit zou onder meer het geval zijn bij een vennootschap die een vordering in ponden sterling als die in het hoofdgeding houdt, die haar zetel verplaatst van een lidstaat waarvan de munteenheid de euro is naar een andere lidstaat van de eurozone.

60. De omstandigheid dat in een situatie als die in het hoofdgeding, de verplaatsing van de feitelijke bestuurszetel van de vennootschap naar het Verenigd Koninkrijk ertoe heeft geleid dat het valutarisico is verdwenen, aangezien de vordering in ponden sterling na de verplaatsing van genoemde zetel ook in die munteenheid tot uitdrukking komt in de balans van de vennootschap, is in dit verband zonder gevolgen. Het is immers in overeenstemming met het fiscale territorialiteitsbeginsel, verbonden met een temporele component, te weten de fiscale woonplaats op

het nationale grondgebied in het tijdvak waarin de belastbare winst is ontstaan, dat de meerwaarde die is aangegroeid in de lidstaat van oorsprong wordt belast op het moment waarop de feitelijke bestuurszetel van de betrokken vennootschap wordt verplaatst.

61. Zoals bovendien volgt uit punt 58 van het onderhavige arrest, houdt het belastingregime in de lidstaat van ontvangst op het moment van realisatie van de activa van de betrokken vennootschap, in beginsel rekening met de meerwaarden en de waardeverliezen die met deze activa zijn gerealiseerd sinds de verplaatsing van haar zetel. De eventuele niet-inaanmerkingneming van waardeverminderingen door de lidstaat van ontvangst, verplicht de lidstaat van oorsprong er echter geenszins toe om op het moment van de realisatie van de betrokken activa over te gaan tot een herbeoordeling van een belastingschuld die definitief is vastgesteld op het moment waarop de betrokken vennootschap, wegens de verplaatsing van haar feitelijke bestuurszetel, is opgehouden in die laatste lidstaat aan belasting onderworpen te zijn.

62. In dat opzicht moet eraan worden herinnerd dat het Verdrag een vennootschap die onder artikel 54 VWEU valt, niet de garantie biedt dat de verplaatsing van haar feitelijke bestuurszetel naar een andere lidstaat fiscaal neutraal is. Gelet op de verschillen tussen de regelingen van de lidstaten ter zake, kan een dergelijke verplaatsing naargelang van het geval voor een vennootschap op het vlak van de belastingen meer of minder voor- of nadelig uitvallen (zie in die zin arresten van 15 juli 2004, Lindfors, C-365/02, *Jurispr.* blz. I-7183, punt 34; 12 juli 2005, Schempp, C-403/03, *Jurispr.* blz. I-6421, punt 45, en 20 mei 2008, Orange European Smallcap Fund, C-194/06, *Jurispr.* blz. I-3747, punt 37). De vrijheid van vestiging kan immers niet aldus worden begrepen dat een lidstaat verplicht is, zijn belastingregeling af te stemmen op die van een andere lidstaat, teneinde te waarborgen dat in alle situaties de belasting aldus wordt geheven dat alle verschillen als gevolg van de nationale belastingregelingen verdwijnen (zie arrest van 28 februari 2008, Deutsche Shell, C-293/06, *Jurispr.* blz. I-1129, punt 43).

63. Benadrukt moet nog worden dat de belastingsituatie van een vennootschap als die in het hoofdgeding, die een vordering in ponden sterling houdt en haar feitelijke bestuurszetel van Nederland naar het Verenigd Koninkrijk verplaatst, vergeleken met een vennootschap die een identieke vordering houdt, maar haar zetel binnen de eerste van die lidstaten verplaatst, niet noodzakelijkerwijs nadelig is.

64. Uit het voorgaande volgt dat artikel 49 VWEU zich niet verzet tegen een regeling van een lidstaat krachtens welke het bedrag van de heffing over de latente meerwaarden in vermogensbestanddelen van een vennootschap definitief wordt vastgesteld – zonder eventuele later optredende waardeverminderingen of meerwaarden in aanmerking te nemen – op het moment waarop de vennootschap, wegens de verplaatsing van haar feitelijke bestuurszetel naar een andere lidstaat, ophoudt in de eerste lidstaat belastbare winst te genieten. Het is onverschillig in dit verband dat de belaste latente meerwaarden betrekking hebben op valutawinsten die niet tot uitdrukking kunnen komen in de lidstaat van ontvangst, gelet op het daar geldende belastingregime.

– De onmiddellijke invordering van de heffing op het moment waarop de vennootschap haar zetel naar een andere lidstaat verplaatst

65. Volgens National Grid Indus en de Commissie is de onmiddellijke invordering van de heffing op het moment van de verplaatsing van de zetel van een vennootschap naar een andere lidstaat onevenredig. De invordering daarvan op het moment van de daadwerkelijke realisatie van de meerwaarden is een minder beperkende maatregel dan die welke in de regeling in het hoofdgeding is opgenomen, die de verdeling van de heffingsbevoegdheid tussen de lidstaten niet in gevaar zou brengen.

66. De Commissie voegt toe dat de administratieve last die met de uitgestelde invordering van de belasting gepaard gaat, niet buitensporig is. Een eenvoudige jaarlijkse verklaring van de betrokken vennootschap, waarin deze laatste aangeeft dat zij nog steeds in het bezit van de verplaatste activa is, vergezeld van een verklaring op het moment van de daadwerkelijke vervreemding van het actief, zou kunnen volstaan om de lidstaat van oorsprong in staat te stellen om de heffing die over de latente meerwaarden verschuldigd is, in te vorderen op het moment waarop het actief gerealiseerd wordt.

67. De tien regeringen die bij het Hof opmerkingen hebben ingediend, geven daarentegen te kennen dat de onmiddellijke invordering van de belastingschuld op het moment waarop de feitelijke bestuurszetel van de betrokken vennootschap wordt verplaatst, in overeenstemming is met het evenredigheidsbeginsel. Het uitstel van de invordering tot aan het moment van realisatie van de meerwaarden is geen gelijkwaardige en doeltreffende alternatieve oplossing en zou de doelstelling van algemeen belang die door de regeling in het hoofdgeding wordt nagestreefd in het gedrang kunnen brengen. Zij wijzen in dit verband met nadruk op het feit dat de uitgestelde invordering van de belasting noodzakelijkerwijs zou inhouden dat tot het moment van hun realisatie in de lidstaat van ontvangst zicht moet kunnen worden gehouden op de verschillende bestanddelen van de activa waarvoor een meerwaarde is vastgesteld op het moment van de verplaatsing van de zetel van deze vennootschap. De organisatie van deze monitoring zou een buitensporige last zijn voor zowel genoemde vennootschap als voor de belastingdienst.

68. Dienaangaande moet worden vastgesteld dat de invordering van de belastingschuld op het moment van de daadwerkelijke realisatie, in de lidstaat van ontvangst, van het actief waarvoor door de autoriteiten van de lidstaat van oorsprong een meerwaarde is vastgesteld bij gelegenheid van de verplaatsing van de feitelijke bestuurszetel van een vennootschap in de eerste lidstaat, strekt tot vermijding van de liquiditeitsproblemen waartoe de onmiddellijke invordering van de over latente meerwaarden verschuldigde heffing zou kunnen leiden.

69. Aangaande de administratieve lasten die een dergelijke uitgestelde invordering van de heffing met zich zou kunnen brengen, moet worden opgemerkt dat de verplaatsing van de feitelijke bestuurszetel van een vennootschap gepaard kan gaan met de verplaatsing van een groot aantal activa. De Nederlandse regering benadrukt te dien einde dat de situatie in het hoofdgeding atypisch is, aangezien deze uitsluitend de meerwaarde in een door National Grid Indus gehouden vordering betreft.

70. Hieruit volgt, zoals de advocaat-generaal in punt 69 van haar conclusie heeft opgemerkt, dat de vermogenssituatie van een vennootschap dermate complex kan zijn dat het grensoverschrijdend nauwkeurig zicht houden op het lot van al de tot het uitstaande en vlottende kapitaal behorende bestanddelen tot aan de realisatie van de latente meerwaarden in de bestanddelen van die vennootschap vrijwel onmogelijk is en dat een dergelijke monitoring inspanningen vergt die voor de betrokken vennootschap aanzienlijke of zelfs buiten-sporige lasten met zich zou brengen.

71. Het kan dus niet worden uitgesloten dat de administratieve last die de door de Commissie gesuggereerde jaarlijkse verklaring zou inhouden, die noodzakelijkerwijs betrekking zou hebben op elk vermogensbestanddeel waarvoor een latente meerwaarde is vastgesteld op het moment van de verplaatsing van de feitelijke bestuurszetel van de betrokken vennootschap, voor deze laatste als zodanig een beperking van de vrijheid van vestiging met zich zou brengen die voor die vrijheid niet noodzakelijkerwijs minder ingrijpend zou zijn dan de onmiddellijke invordering van de belastingschuld die met deze meerwaarde samenhangt.

72. Daarentegen zouden in andere situaties de aard en de omvang van het vermogen van de vennootschap dusdanig kunnen zijn dat eenvoudig zicht kan worden gehouden op de vermogensbestanddelen waarvoor een meerwaarde is vastgesteld op het moment waarop de betrokken vennootschap haar feitelijke bestuurszetel naar een andere lidstaat heeft verplaatst.

73. In die omstandigheden zou een nationale regeling die de vennootschap die haar feitelijke bestuurszetel naar een andere lidstaat verplaatst, de keuze biedt tussen, enerzijds, de onmiddellijke betaling van het bedrag van de heffing, hetgeen tot een liquiditeitsnadeel zou leiden maar haar zou vrijstellen van latere administratieve lasten, en, anderzijds, de uitgestelde betaling van het bedrag van genoemde heffing, in voorkomend geval inclusief rente overeenkomstig de toepasselijke nationale regeling, hetgeen voor de betrokken vennootschap noodzakelijkerwijs gepaard gaat met een administratieve last in verband met de monitoring van de verplaatste activa, een maatregel vormen die, als maatregel die geschikt is om de evenwichtige verdeling van de heffingsbevoegdheid tussen de lidstaten te waarborgen, minder zou ingrijpen in de vrijheid van vestiging dan de maatregel die in het hoofdgeding aan de orde is. In het geval waarin een vennootschap meent dat de met de uitgestelde invordering verbonden lasten buitensporig zijn, zou zij immers voor onmiddellijke betaling van de heffing kunnen kiezen.

74. Er moet echter ook rekening worden gehouden met het risico van niet-invordering van de heffing, dat stijgt naarmate de tijd verstrijkt. Met dit risico kan door de betrokken lidstaat rekening worden gehouden in het kader van de toepasselijke nationale regelgeving inzake uitgestelde betaling van belastingschulden, door maatregelen als het stellen van een bankgarantie.

75. De regeringen die bij het Hof opmerkingen hebben ingediend, menen nog dat de uitgestelde betaling van de heffing voor de belastingdiensten van de lidstaten een buitensporige last zou betekenen, die verband houdt met de monitoring van alle vermogensbestanddelen van een vennootschap waarvoor een meerwaarde is vastgesteld op het moment van de verplaatsing van de feitelijke bestuurszetel daarvan.

76. Een dergelijk betoog moet worden verworpen.

77. Er moet aan worden herinnerd dat de monitoring van de vermogensbestanddelen slechts betrekking heeft op de invordering van de belastingschuld en niet op de vaststelling daarvan. Zoals volgt uit punt 64 van het onderhavige arrest, verzet artikel 49 VWEU zich niet tegen een regeling van een lidstaat, zoals die in het hoofdgeding, krachtens welke het bedrag van de heffing over de latente meerwaarden in de activa van een vennootschap die, wegens de verplaatsing van haar feitelijke bestuurszetel naar een andere lidstaat, ophoudt in genoemde lidstaat belastbare winst te genieten, definitief wordt vastgesteld op het moment van de verplaatsing van genoemde zetel. Daar waar een vennootschap die voor uitgestelde betaling van die heffing kiest, noodzakelijkerwijs van oordeel is dat de monitoring van de vermogensbestanddelen waarvoor een meerwaarde is vastgesteld op het moment van de zetelverplaatsing voor haar geen buitensporige administratieve lasten doet ontstaan, kunnen de lasten die op de belastingdienst van de lidstaat van oorsprong drukken en die verband houden met de controle van de verklaringen in het kader van een dergelijke monitoring evenmin als buitensporig worden gekwalificeerd.

78. Anders dan de Nederlandse, de Duitse en de Spaanse regering beweren, zijn vervolgens de mechanismen voor wederzijdse bijstand tussen de autoriteiten van de lidstaten voldoende om de lidstaat van oorsprong in staat te stellen om de waarheidsgetrouwheid te controleren van de verklaringen van vennootschappen die voor uitgestelde betaling van genoemde heffing hebben gekozen. Ten dien einde moet worden benadrukt dat, daar waar deze laatste definitief wordt vastgesteld op het moment waarop de vennootschap, wegens de verplaatsing van haar feitelijke bestuurszetel, ophoudt in de lidstaat van oorsprong belastbare winst te genieten, de bijstand van de lidstaat van ontvangst geen betrekking zal hebben op de juiste vaststelling van de belasting, maar alleen op de invordering daarvan. Artikel 4, lid 1, van richtlijn 2008/55/EG van de Raad van 26 mei 2008 betreffende de wederzijdse bijstand inzake de invordering van schuldvorderingen die voortvloeien uit bepaalde bijdragen, rechten en belastingen, alsmede uit andere maatregelen (*PB* L 150, blz. 28) bepaalt dat '[o]p verzoek van de verzoekende autoriteit [...] de aangezochte autoriteit haar de inlichtingen [verstrekt] die haar van nut zijn voor de invordering van een schuldvordering'. Genoemde richtlijn maakt het voor de lidstaat van oorsprong dus mogelijk om van de bevoegde autoriteit van de lidstaat van ontvangst de inlichtingen te verkrijgen of de activa van een vennootschap die haar feitelijke bestuurszetel naar deze laatste lidstaat verplaatst, al of niet gerealiseerd zijn, voor zover deze nodig zijn om de lidstaat van oorsprong in staat te stellen een belastingschuld in te vorderen die is ontstaan op het moment van de verplaatsing van genoemde zetel. Bovendien biedt richtlijn 2008/55, met name de artikelen 5 tot en met 9 ervan, de autoriteiten van de lidstaat van oorsprong een kader voor samenwerking en bijstand op grond waarvan zij de belastingschuld ook daadwerkelijk in de lidstaat van ontvangst kunnen invorderen.

79. De Duitse en de Italiaanse regering geven voorts nog te kennen dat de nationale regeling die in het hoofdgeding aan de orde is, gerechtvaardigd wordt door het vereiste om de samenhang van het nationale belastingstelsel te bewaren. De heffing over de latente meerwaarden op het moment van de verplaatsing van de feitelijke bestuurszetel van de betrokken vennootschap naar een andere lidstaat, is het logische complement van de eerder toegekende belastingvrijstelling voor genoemde meerwaarden.

80. Zoals de advocaat-generaal in punt 99 van haar conclusie heeft opgemerkt, overlappen de vereisten ten aanzien van de fiscale samenhang en de evenwichtige verdeling van de heffingsbevoegdheid elkaar.

81. Zelfs gesteld, echter, dat de nationale regeling die in het hoofdgeding aan de orde is, dusdanig is dat daarmee de doelstelling betreffende het behoud van de fiscale samenhang kan worden bereikt, moet worden vastgesteld dat enkel de bepaling van het bedrag van de heffing op het moment van de verplaatsing van de feitelijke bestuurszetel van een vennootschap, en niet de onmiddellijke invordering ervan, zou moeten worden beschouwd als niet verder gaand dan noodzakelijk is voor de verwezenlijking van een dergelijke doelstelling.

82. De uitgestelde invordering van genoemde heffing doet immers niet af aan het verband dat in de Nederlandse nationale regeling bestaat tussen, enerzijds, het fiscale voordeel als gevolg van de vrijstelling die voor de latente meerwaarden in de vermogensbestanddelen wordt toegekend zolang een vennootschap in de betrokken lidstaat belastbare winst behaalt en, anderzijds, de compensatie van genoemd voordeel met een fiscale last die wordt bepaald op het moment waarop de betrokken vennootschap ophoudt dergelijke winst te behalen.

83. Ten slotte roepen de Duitse, de Spaanse, de Portugese, de Finse en de Zweedse regering evenals die van het Verenigd Koninkrijk een gevaar van belastingontwijking in als rechtvaardiging voor de in geding zijnde nationale regeling.

84. Echter, de omstandigheid alleen dat een vennootschap haar zetel naar een andere lidstaat verplaatst, is niet voldoende om uit te gaan van een algemeen vermoeden van belastingfraude en kan geen rechtvaardigingsgrond zijn voor een maatregel die afbreuk doet aan de uitoefening van een bij het Verdrag beschermde fundamentele vrijheid (zie in die zin arrest ICI, reeds aangehaald, punt 26; arresten van 26 september 2000, Commissie/België, C-478/98, *Jurispr.* blz. I-7587, punt 45; 21 november 2002, X en Y, C-436/00, *Jurispr.* blz. I-10829, punt 62, en 4 maart 2004, Commissie/Frankrijk, C-334/02, *Jurispr.* blz. I-2229, punt 27, en arrest Cadbury Schweppes Overseas, reeds aangehaald, punt 50).

85. Gelet op een en ander is een regeling van een lidstaat zoals die welke in het hoofdgeding aan de orde is, die de onmiddellijke invordering voorschrijft van de heffing over de latente meerwaarden in vermogensbestanddelen van een vennootschap die haar feitelijke bestuurszetel naar een andere lidstaat verplaatst, op het moment van genoemde verplaatsing, onevenredig.

86. Bijgevolg moet op de tweede en de derde vraag worden geantwoord dat artikel 49 VWEU in die zin moet worden uitgelegd dat:

– het zich niet verzet tegen een regeling van een lidstaat krachtens welke het bedrag van de heffing over de latente meerwaarden in vermogensbestanddelen van een vennootschap definitief wordt vastgesteld – zonder eventuele later optredende waardeverminderingen of meerwaarden in aanmerking te nemen – op het moment waarop de vennootschap, wegens de verplaatsing van haar feitelijke bestuurszetel naar een andere lidstaat, ophoudt in de eerste lidstaat belastbare winst te genieten; het is in dat verband onverschillig dat de belaste latente meerwaarden betrekking hebben op valutawinsten die in de lidstaat van ontvangst niet tot uitdrukking kunnen komen, gelet op het daar geldende belastingregime;

– het zich verzet tegen een regeling van een lidstaat die de onmiddellijke invordering voorschrijft van de heffing over de latente meerwaarden in vermogensbestanddelen van een vennootschap die haar feitelijke bestuurszetel naar een andere lidstaat verplaatst, op het moment zelf van genoemde verplaatsing.

Kosten

87. …

HET HOF (Grote kamer)

verklaart voor recht:

1. **Een naar het recht van een lidstaat opgerichte vennootschap die haar feitelijke bestuurszetel naar een andere lidstaat verplaatst, zonder dat deze verplaatsing haar hoedanigheid van vennootschap naar het recht van de eerste lidstaat aantast, kan zich op artikel 49 VWEU beroepen om de rechtmatigheid van een door de eerste lidstaat aan haar opgelegde heffing bij genoemde zetelverplaatsing aan de orde te stellen.**

2. **Artikel 49 VWEU moet in die zin worden uitgelegd dat:**

– het zich niet verzet tegen een regeling van een lidstaat krachtens welke het bedrag van de heffing over de latente meerwaarden in vermogensbestanddelen van een vennootschap definitief wordt vastgesteld – zonder eventuele later optredende waardeverminderingen of meerwaarden in aanmerking te nemen – op het moment waarop de vennootschap, wegens de verplaatsing van haar feitelijke bestuurszetel naar een andere lidstaat, ophoudt in de eerste lidstaat belastbare winst te genieten; het is in dat verband onverschillig dat de belaste latente meerwaarden betrekking hebben op valutawinsten die in de lidstaat van ontvangst niet tot uitdrukking kunnen komen, gelet op het daar geldende belastingregime;

– het zich verzet tegen een regeling van een lidstaat die de onmiddellijke invordering voorschrijft van de heffing over de latente meerwaarden in vermogensbestanddelen van een vennootschap die haar feitelijke bestuurszetel naar een andere lidstaat verplaatst, op het moment zelf van genoemde verplaatsing.

HvJ EU 1 december 2011, zaak C-250/08 (Europese Commissie v. Koninkrijk België)

Eerste kamer: *A. Tizzano (rapporteur), kamerpresident, M. Safjan, M. Ilešič, E. Levits en M. Berger, rechters*
Advocaat-generaal: *E. Sharpston*

1. De Commissie van de Europese Gemeenschappen verzoekt het Hof vast te stellen dat het Koninkrijk België niet heeft voldaan aan zijn verplichtingen op grond van de artikelen 18 EG, 43 EG en 56 EG en van de artikelen 31 en 40 van de Overeenkomst betreffende de Europese Economische Ruimte van 2 mei 1992 (*PB* 1994, L 1, blz. 3; hierna: 'EER-Overeenkomst') doordat, in het Vlaamse Gewest, voor de berekening van een belastingvoordeel bij de aankoop van een tot nieuwe hoofdverblijfplaats bestemd onroerend goed het bedrag aan registratierechten betaald bij de aankoop van een vorige hoofdverblijfplaats enkel in aanmerking wordt genomen wanneer deze in het Vlaamse Gewest lag en niet wanneer deze in een andere lidstaat dan het Koninkrijk België of een lidstaat van de Europese Vrijhandelsassociatie (EVA) lag.

Toepasselijke nationale bepalingen

2. Artikel 61/3 van het Wetboek der registratie-, hypotheek- en griffierechten, zoals gewijzigd bij het op 1 februari 2002 door het Vlaamse Gewest vastgestelde decreet (hierna: 'W. Reg.'), voert in het Vlaamse Gewest de regeling van de 'meeneembaarheid' van de registratierechten in. Dit artikel bepaalt:

'In geval van zuivere aankoop van een tot bewoning aangewend of bestemd onroerend goed door een natuurlijke persoon om er zijn hoofdverblijfplaats te vestigen, wordt zijn wettelijk aandeel in de rechten die overeenkomstig de artikelen 44, 53, 2°, of 57 verschuldigd waren op de aankoop van de woning die hem voorheen tot hoofdverblijfplaats heeft gediend of van de bouwgrond waarop die woning is opgericht, verrekend met zijn wettelijk aandeel in de rechten verschuldigd op de nieuwe aankoop, mits de nieuwe aankoop vaste datum heeft gekregen binnen twee jaar te rekenen van de datum van de registratie van het document dat aanleiding heeft gegeven tot de heffing van het evenredige recht op hetzij de zuivere wederverkoop van de woning die hem voorheen tot hoofdverblijfplaats heeft gediend, hetzij de verdeling van die woning waarbij de natuurlijke persoon al zijn rechten erin heeft afgestaan.

Van de verrekening overeenkomstig de bepalingen van dit artikel zijn uitgesloten de rechten betaald voor de verkrijging van een onroerend goed dat niet in het Vlaamse Gewest is gelegen.

Aanvullende rechten die voor om het even welke reden op een aankoop werden geheven zijn eveneens van de verrekening uitgesloten.

De verrekening overeenkomstig de bepalingen van dit artikel levert in geen geval grond voor een teruggave op. In geval een verrichting als bedoeld in het eerste lid is voorafgegaan door een of meer zulke verrichtingen en/of door een of meer verrichtingen als bedoeld in het eerste lid van artikel 212 bis, worden, in voorkomend geval, de bij die voorgaande verrichtingen ingevolge de toepassing van het derde of het vijfde lid van dit artikel nog niet verrekende rechten en/of de ingevolge de toepassing van het derde of het vijfde lid van artikel 212 bis nog niet teruggegeven rechten, gevoegd bij het wettelijk aandeel van de natuurlijke persoon in de overeenkomstig de artikelen 44, 53, 2°, of 57 verschuldigde rechten op de voorlaatste aankoop, om het verrekenbaar bedrag bij de laatste aankoop te bepalen.

Het te verrekenen bedrag, bekomen met toepassing van het eerste of het vierde lid kan nooit meer bedragen dan 12.500 euro. Dit maximum te verrekenen bedrag wordt bepaald in verhouding tot de fractie die de natuurlijke persoon bekomt in het nieuw aangekochte goed.'

3. Artikel 212 bis W. Reg., zoals van toepassing in het Vlaamse Gewest, regelt bovendien onder dezelfde voorwaarden en in, mutatis mutandis, identieke bewoordingen de teruggave van de over de eerste aankoop van een onroerend goed in het Vlaamse Gewest betaalde registratierechten ingeval het vroeger in het Vlaamse Gewest aangekochte onroerend goed dat voorheen als hoofdverblijfplaats werd gebruikt, wordt verkocht binnen twee jaar of binnen vijf jaar wanneer bouwgrond wordt aangekocht na de aankoop in ditzelfde Gewest van een woning die als nieuwe hoofdverblijfplaats is bestemd.

Precontentieuze procedure

4. Van oordeel dat artikel 61/3 W. Reg. in strijd was met de artikelen 18 EG, 43 EG en 56 EG en de artikelen 31 en 40 van de EER-Overeenkomst, heeft de Commissie het Koninkrijk België bij aanmaningsbrief van 23 december 2005 uitgenodigd zijn opmerkingen over deze niet-nakomingen te maken.

5. In zijn antwoord van 22 maart 2006 heeft het Koninkrijk België toegelicht waarom de betrokken regeling zijns inziens niet in strijd was met het EG-Verdrag of de EER-Overeenkomst.

6. Daarop heeft de Commissie op 13 juli 2006 een met redenen omkleed advies uitgebracht, waarbij het Koninkrijk België werd verzocht de maatregelen te nemen die noodzakelijk waren om aan dit advies te voldoen binnen twee maanden na ontvangst ervan.

7. Op 13 september 2006 hebben de Belgische autoriteiten de Commissie geantwoord dat de omstreden fiscale regeling niet in strijd was met het Verdrag. Ook al was dit het geval, deze regeling voldeed hoe dan ook aan de door het Hof in zijn arrest van 28 januari 1992, Bachmann (C-204/90, *Jurispr.* blz. I-249), gestelde vereisten betreffende de voorwaarden voor aftrekbaarheid van de belasting zodat de omstreden regeling naar Unierecht is toegestaan tot handhaving van de samenhang van het Belgische belastingstelsel.

8. Daar de Commissie geen genoegen met dit antwoord kon nemen, heeft zij het onderhavige beroep ingesteld.

9. Bij beschikking van de president van het Hof van 10 december 2008 is de Republiek Hongarije toegelaten tot interventie aan de zijde van het Koninkrijk België.

Beroep

Argumenten van partijen

10. In de eerste plaats, aldus de Commissie, is de litigieuze regeling in strijd met artikel 18 EG.

11. Het recht van een burger van de Unie om in een andere lidstaat dan zijn staat van herkomst te 'verblijven', houdt namelijk het recht in om er zijn hoofdverblijfplaats te vestigen, hetgeen het recht omvat om deze hoofdverblijfplaats te kopen of te bouwen. Door personen die onroerende goederen in het Vlaamse Gewest verwerven, alleen dan een vermindering van de registratierechten toe te kennen wanneer zij reeds een hoofdverblijfplaats in dat Gewest bezaten, verleent het Vlaamse Gewest dus een belastingvoordeel dat wordt ontzegd aan personen die hun hoofdverblijfplaats voorheen in een andere lidstaat dan het Koninkrijk België hadden aangekocht. Dat is een discriminatie op een wezenlijk punt van het recht op intracommunautaire mobiliteit, namelijk de aankoop van een onroerend goed.

12. In de tweede plaats is deze regeling in strijd met artikel 43 EG betreffende het recht van vestiging en met artikel 31 van de EER-Overeenkomst.

13. Daar volgens artikel 44, lid 2, sub e, EG de vrijheid van vestiging ook het recht inhoudt om op het grondgebied van een andere lidstaat onroerende goederen te verwerven, maakt de wettelijke regeling van het Vlaamse Gewest inzake registratierechten onderscheid tussen gemeenschapsburgers die de zetel van hun economische activiteit verplaatsen, naargelang de verplaatsing binnen het Vlaamse Gewest dan wel vanuit een andere lidstaat dan het Koninkrijk België naar dit Gewest plaatsvindt. Deze discriminatie grijpt met name in op de activiteiten 'andere dan in loondienst', doordat deze activiteiten veelal vanuit de hoofdverblijfplaats van de zelfstandige worden uitgeoefend.

14. Aangezien artikel 31 van de EER-Overeenkomst in dezelfde bewoordingen de burgers van een EVA-lidstaat het recht van vestiging toekent, is de litigieuze regeling ook in strijd met dit artikel.

15. In de derde plaats is deze wettelijke regeling volgens de Commissie in strijd met artikel 56 EG aangezien dit artikel elke beperking van het kapitaalverkeer tussen lidstaten verbiedt, daaronder begrepen de beleggingen van niet-ingezetenen in onroerend goed, zoals blijkt uit de nomenclatuur van kapitaalbewegingen in bijlage 1 bij richtlijn 88/361/EEG van de Raad van 24 juni 1988 voor de uitvoering van artikel [56 EG] (*PB* L 178, blz. 5). Hetzelfde geldt voor artikel 40 van de EER-Overeenkomst, dat in essentie overeenkomt met artikel 56 EG.

16. Ten slotte behandelt de litigieuze regeling objectief vergelijkbare situaties ongelijk. Volgens de Commissie gaat het in casu om objectief vergelijkbare situaties, aangezien alle gevallen personen betreffen die hun hoofdverblijfplaats binnen de Europese Unie en de Europese Economische Ruimte (EER) verplaatsen. Er is geen reden om onderscheid te maken naargelang de verplaatsing binnen het Vlaamse Gewest dan wel vanuit een andere lidstaat dan het Koninkrijk België naar dit Gewest plaatsvindt. In beide gevallen zijn weliswaar registratierechten bij de aankoop van de nieuwe hoofdverblijfplaats verschuldigd, maar de Vlaamse regeling kent alleen een belastingvoordeel toe aan personen die voorheen over een hoofdverblijfplaats in dit Gewest beschikten.

17. Bovendien, aldus de Commissie, is de discriminatie niet gerechtvaardigd door redenen van algemeen belang.

18. Wat de door het Koninkrijk België aangevoerde redenen van fiscale samenhang betreft, kan deze lidstaat zich volgens de Commissie niet beroepen op het arrest Bachmann, reeds aangehaald (punt 21), en het arrest van 28 januari 1992, Commissie/België, (C-300/90, *Jurispr.* blz. I-305, punt 14), waarin het Hof de noodzaak van handhaving van de samenhang van het belastingstelsel erkende als een rechtvaardigingsgrond voor schending van het vrije verkeer van personen.

19. Deze rechtvaardigingsgrond is volgens de rechtspraak van het Hof immers slechts aanvaardbaar wanneer een rechtstreeks verband bestaat tussen het betrokken belastingvoordeel en de compensatie van dit voordeel door een bepaalde heffing (arrest van 8 november 2007, Amurta, C-379/05, *Jurispr.* blz. I-9569, punt 46). Deze rechtspraak

strekt ertoe te vermijden dat eenzelfde verrichting tweemaal of niet wordt belast. In casu hebben de aankoop van het eerste hoofdverblijf en de desbetreffende registratierechten evenwel geen enkel rechtstreeks fiscaal verband met de verwerving van het tweede hoofdverblijf en de naar aanleiding daarvan geheven registratierechten.

20. De Belgische regering zet om te beginnen uiteen dat de betrokken regeling geldt voor alle natuurlijke personen, ongeacht hun nationaliteit, en drie doelstellingen beoogt: ten eerste, de verhoging van de arbeidsgebonden mobiliteit en een evenredige verlaging van de hoge pendelvolumes en verkorting van de lange verkeersfiles, hetgeen de milieubescherming en de volksgezondheid ten goede komt; ten tweede, de aanmoediging van de renovatie van gebouwen en woningen, en ten derde, de matiging van de huurprijzen.

21. Met betrekking tot de schending van de artikelen 18 EG, 43 EG en 56 EG betoogt de Belgische regering dat de Vlaamse wettelijke regeling enkel aan het beginsel van het vrije verkeer van kapitaal dient te worden getoetst, aangezien volgens vaste rechtspraak de aankoop van een onroerend goed op het grondgebied van een lidstaat door een niet-ingezetene een kapitaalbeweging tussen lidstaten vormt (zie arresten van 1 juni 1999, Konle, C-302/97, *Jurispr.* blz. I-3099, punt 22, en 13 juli 2000, Albore, C-423/98, *Jurispr.* blz. I-5965, punt 14), waarbij de aan de vrijheid van vestiging gestelde beperking dus slechts een rechtstreeks gevolg is van de beperking van het vrije verkeer van kapitaal (arrest van 11 november 1981, Casati, 203/80, *Jurispr.* blz. 2595, punt 8). Het Koninkrijk België verwijst in dit verband ook naar de arresten van 4 juni 2002, Commissie/Portugal (C-367/98, *Jurispr.* blz. I-4731), Commissie/Frankrijk (C-483/99, Jurispr. blz. I-4781) en Commissie/ België (C-503/99, *Jurispr.* blz. I-4809).

22. Daar artikel 18 EG een bijzondere uitdrukking vindt in de traditionele fundamentele vrijheden, kan dit artikel voorts slechts autonoom toepassing vinden in gevallen waarin het Unierecht geldt, maar waarvoor het Verdrag niet in specifieke bepalingen voorziet. Het Koninkrijk België beroept zich in dit verband op de arresten van 29 februari 1996, Skanavi en Chryssanthakopoulos (C-193/94, *Jurispr.* blz. I-929, punt 22), en 26 november 2002, Oteiza Olazabal (C-100/01, *Jurispr.* blz. I-10981, punt 56).

23. Ten gronde merkt de Belgische regering op dat geen afbreuk wordt gedaan aan het vrije verkeer van kapitaal voornamelijk omdat er geen discriminatie is tussen objectief vergelijkbare situaties. Voor de eerste aankoop van een als hoofdverblijfplaats bestemde woning in het Vlaamse Gewest worden gelijke situaties namelijk gelijk behandeld daar iedere koper die voor het eerst een als hoofdverblijfplaats bestemde woning in het Vlaamse Gewest koopt, registratierechten ten belope van 10% van de verkoopwaarde van het aangekochte onroerend goed verschuldigd is.

24. Voor de tweede aankoop van een als hoofdverblijfplaats bestemde woning verschilt de behandeling daarentegen naargelang de vorige hoofdverblijfplaats op dan wel buiten het grondgebied van het Vlaamse Gewest lag. Deze lidstaat baseert zich op de rechtspraak van het Hof en met name op de arresten van 14 februari 1995, Schumacker (C-279/93, *Jurispr.* blz. I-225), en 1 juli 2004, Wallentin (C-169/03, *Jurispr.* blz. I-6443), waarbij is geoordeeld dat inzake directe belastingen de situatie van een ingezetene doorgaans niet vergelijkbaar is met die van een niet-ingezetene en dat het feit dat een lidstaat een niet-ingezetene bepaalde belastingvoordelen weigert die een ingezetene wel geniet, in de regel niet discriminerend is.

25. De Belgische regering voert ook aan dat de betrokken regeling in overeenstemming is met het in de arresten van 15 mei 1997, Futura Participations en Singer (C-250/95, *Jurispr.* blz. I-2471), en 12 december 2006, Test Claimants in Class IV of the ACT Group Litigation (C-374/04, *Jurispr.* blz. I-11673), Unierechtelijk erkende fiscale territorialiteitsbeginsel, volgens hetwelk afzonderlijke belastingstelsels naast elkaar bestaan zonder onderlinge hiërarchie. Dit leidt tot mogelijke dispariteiten en variaties die louter het gevolg zijn van de verschillen tussen de belastingstelsels en die daardoor niet binnen de werkingssfeer van de Verdragsbepalingen inzake het vrije verkeer vallen, zoals het Hof heeft opgemerkt in het arrest van 12 juli 2005, Schempp (C-403/03, *Jurispr.* blz. I-6421, punt 45).

26. De Belgische regering betoogt ten slotte subsidiair dat de meeneembaarheidsregeling wordt gerechtvaardigd door redenen van algemeen belang en inzonderheid door het beginsel van de samenhang van het belastingstelsel, dat het Hof heeft geformuleerd in het arrest Bachmann, reeds aangehaald (punt 28), daar er een rechtstreeks verband bestaat tussen de eerste aankoop van een als hoofdverblijfplaats bestemde woning en de aftrek voor de tweede aankoop van een dergelijke woning, maar dat verband wordt pas concreet bij de totstandkoming van deze laatste aankoop.

27. De Hongaarse regering sluit zich in haar memorie in interventie aan de zijde van het Koninkrijk België aan bij verweerders betoog, met name dat de situaties niet objectief vergelijkbaar zijn en er dus Unierechtelijk geen sprake is van discriminatie.

28. Deze regering wijst op het belang van eerbiediging van het territorialiteitsbeginsel in het belastingrecht en is van mening dat de fiscale bevoegdheid van de lidstaten voor nationale onroerende goederen – waaronder de aankoop van dergelijke goederen – absoluut is, maar niet bestaat voor buitenlandse onroerende goederen. Aangezien de fiscale bevoegdheid van de lidstaten niet alleen de vaststelling van de belasting omvat, maar ook de toekenning van belastingvoordelen, kunnen de lidstaten buitenlandse onroerende goederen uitsluiten van belastingvoorde-

len. De mogelijke beperking van de fundamentele vrijheden, waarop de Commissie zich beroept, is het noodzakelijke gevolg van de territoriale verdeling van de fiscale bevoegdheid van de lidstaten. In elk geval is deze beperking gerechtvaardigd door het beginsel van de samenhang van het belastingstelsel.

Beoordeling door het Hof

29. Om te beginnen dient de litigieuze regeling volgens het Koninkrijk België niet te worden getoetst aan de artikelen 18 EG en 43 EG, zodat alleen uit het oogpunt van het beginsel van het vrije verkeer van kapitaal dient te worden nagegaan of er sprake is van een niet-nakoming.

30. Volgens vaste rechtspraak kan artikel 18 EG slechts autonoom worden toegepast in gevallen waarin het Unierecht wordt toegepast, maar waarvoor het Verdrag niet voorziet in bijzondere bepalingen (zie in die zin arresten Skanavi en Chryssanthakopoulos, reeds aangehaald, punt 22; arrest Oteiza Olazabal, reeds aangehaald, punt 26, en arrest van 11 september 2007, Commissie/Duitsland, C-318/05, *Jurispr.* blz. I-6957, punten 35 en 36).

31. Bovendien is het ook vaste rechtspraak dat nationale maatregelen die de aankoop van een in een andere lidstaat gelegen onroerend goed kunnen verhinderen of beperken, kunnen worden beschouwd als maatregelen die het vrije verkeer van kapitaal beperken (zie arresten van 22 januari 2009, STEKO Industriemontage, C-377/07, *Jurispr.* blz. I-299, punt 24, en 15 oktober 2009, Busley en Cibrian Fernandez, C-35/08, *Jurispr.* blz. I-9807, punt 21).

32. Gelet op deze elementen dient de betrokken regeling dus alleen aan artikel 56 EG te worden getoetst. Artikel 18 EG vindt in casu namelijk geen autonome toepassing, daar de gevallen van aankoop van een nieuwe verblijfplaats in het Vlaamse Gewest door een persoon die zonder economische reden vanuit een andere lidstaat naar dit Belgische gewest verhuist, onder het vrije verkeer van kapitaal valt. Bovendien is eventuele schending van artikel 43 EG, zoals het Koninkrijk België opmerkt, in casu het onafwendbare gevolg van schending van het vrije verkeer van kapitaal.

33. Volgens vaste rechtspraak zijn de lidstaten, hoewel de directe belastingen tot hun bevoegdheid behoren, niettemin verplicht deze bevoegdheid in overeenstemming met het Unierecht uit te oefenen (arresten van 4 maart 2004, Commissie/ Frankrijk, C-334/02, *Jurispr.* blz. I-2229, punt 21; 20 januari 2011, Commissie/Griekenland, C-155/09, nog niet gepubliceerd in de *Jurisprudentie*, punt 39, en 16 juni 2011, Commissie/Oostenrijk, C-10/10, nog niet gepubliceerd in de *Jurisprudentie*, punt 23).

34. Dienaangaande is irrelevant dat partijen het oneens zijn over de kwalificatie van de betrokken registratierechten als directe of indirecte belastingen aangezien de lidstaten, zoals de Commissie in haar verzoekschrift opmerkt, bij gebreke van harmonisatiemaatregelen betreffende de registratierechten hun bevoegdheid met inachtneming van het Unierecht moeten uitoefenen. Deze rechten moeten dus op soortgelijke wijze als de verenigbaarheid van directe belastingen met het Unierecht worden onderzocht.

35. Derhalve dient allereerst te worden onderzocht of artikel 61/3 W. Reg., dat de meeneembaarheid invoert, zoals de Commissie stelt, het vrije verkeer van kapitaal in de zin van artikel 56 EG en artikel 40 van de EER-Overeenkomst beperkt doordat het de aankoop van onroerend goed met kapitaal uit een andere lidstaat dan het Koninkrijk België uitsluit van het bij dat artikel ingevoerde belastingvoordeel.

36. Artikel 56, lid 1, EG verbiedt alle beperkingen van het kapitaalverkeer tussen lidstaten onderling en tussen lidstaten en derde landen. Waar het EG-Verdrag geen definitie geeft van het begrip kapitaalverkeer, staat niettemin vast dat richtlijn 88/ 361, samen met de bijgevoegde nomenclatuur, voor de omschrijving van dit begrip een indicatieve waarde heeft (zie arrest van 28 september 2006, Commissie/Nederland, C-282/04 en C-283/04, *Jurispr.* blz. I-9141, punt 19). Bovendien vermeldt enerzijds rubriek II met het opschrift 'Beleggingen in onroerende goederen (niet vallende onder categorie I)' van bijlage I bij richtlijn 88/361 beleggingen in onroerende goederen. Anderzijds volgt uit dit opschrift dat dit soort investering impliciet onder rubriek I met het opschrift 'Directe investeringen' van deze zelfde bijlage valt.

37. In casu worden bij aankoop door een natuurlijke persoon van een tot bewoning aangewend of bestemd onroerend goed om er zijn hoofdverblijfplaats te vestigen, de registratierechten die hij heeft betaald over zijn vorige verblijfplaats die is verkocht tot financiering van zijn nieuwe aankoop, krachtens artikel 61/3 W. Reg. afgetrokken van de over dat onroerend goed te betalen registratierechten, mits deze nieuwe aankoop plaatsvond binnen twee jaar na de verkoop van het vorige onroerend goed en dat goed in het Vlaamse Gewest lag.

38. Zoals het Koninkrijk België heeft erkend, kunnen dus alleen natuurlijke personen met hoofdverblijfplaats in het Vlaamse Gewest die onder de voorwaarden van artikel 61/3 W. Reg. een nieuwe hoofdverblijfplaats op het grondgebied van dit Gewest aankopen, in aanmerking komen voor deze aftrek.

39. Bijgevolg sluit de meeneembaarheidsregeling uit dat personen die voor het eerst een als hoofdverblijfplaats bestemd onroerend goed in het Vlaamse Gewest aankopen en hun hoofdverblijfplaats in een andere lidstaat hebben verkocht om hun aankoop in dit Gewest te financieren, in aanmerking komen voor de vermindering van de registratierechten krachtens deze regeling.

40. Op grond van de litigieuze wettelijke regeling zijn immers allereerst personen die hun hoofdverblijfplaats van het grondgebied van een ander Belgisch gewest dan het Vlaamse Gewest naar dit laatste Gewest verplaatsen, uitgesloten van het voordeel van meeneembaarheid van de registratierechten.

41. Het Unierecht kan evenwel niet worden toegepast op een zuiver interne situatie waarin er geen vrij verkeer binnen de Unie is uitgeoefend (zie in die zin arrest van 1 april 2008, Regering van de Franse Gemeenschap en Waalse Regering, C-212/06, *Jurispr.* blz. I-1683, punten 37 en 38).

42. Op grond van de litigieuze regeling zijn voorts de burgers van andere lidstaten dan het Koninkrijk België die hun hoofdverblijfplaats van een andere lidstaat dan het Koninkrijk België verplaatsen naar het grondgebied van het Vlaamse Gewest en de opbrengst van de verkoop van hun vorige hoofdverblijfplaats gebruiken om de aankoop van hun nieuw onroerend goed in dit Gewest te financieren, uitgesloten van het belastingvoordeel.

43. Deze regeling kan bijgevolg personen bij de uitoefening van hun vrij verkeer treffen en moet dus worden getoetst aan het Unierecht (zie in die zin arrest Regering van de Franse Gemeenschap en Waalse Regering, reeds aangehaald, punt 42).

44. Dienaangaande staat vast dat de regeling van meeneembaarheid van registratierechten, door de in punt 42 van het onderhavige arrest bedoelde personen uit te sluiten van de fiscale aftrek van de betrokken registratierechten, hun een zwaardere fiscale last oplegt dan aan degenen die in aanmerking komen voor deze aftrek. Wegens de mogelijke invloed van de belastingvoordelen op het gedrag van personen die een nieuwe hoofdverblijfplaats aankopen, valt niet uit te sluiten dat de niet-aftrekbaarheid van de in een andere lidstaat dan het Koninkrijk België betaalde registratierechten in sommige gevallen ontradend kan werken voor personen die hun recht van vrij verkeer uitoefenen, om een onroerend goed in het Vlaamse Gewest aan te kopen (zie in die zin arrest van 27 januari 2009, Persche, C-318/07, *Jurispr.* blz. I-359, punt 38, en arrest Commissie/Oostenrijk, reeds aangehaald, punt 26).

45. Gelet op voorgaande beoordelingen dient te worden vastgesteld dat artikel 61/3 W. Reg. het kapitaalverkeer beperkt.

46. Derhalve dient vervolgens te worden nagegaan of het gaat om een verboden beperking in de zin van artikel 56, lid 1, EG. Volgens het Koninkrijk België is dat in casu namelijk niet het geval, omdat de betrokken regeling verenigbaar is met het fiscale territorialiteitsbeginsel en de beperking van het vrije verkeer van kapitaal het gevolg is van de verschillen tussen de verschillende nationale regelingen.

47. Dienaangaande is van belang om er, zoals de Commissie, op te wijzen dat de betrokken beperking niet het gevolg is van de verschillen tussen de nationale wetgevingen, maar alleen van de Belgische meeneembaarheidsregeling.

48. Voorts handelt de betrokken lidstaat, door de aankoop van verblijfplaatsen op zijn grondgebied te belasten, weliswaar in overeenstemming met het in het Unierecht erkende territorialiteitsbeginsel van internationaal fiscaal recht (zie met name arrest Futura Participations en Singer, reeds aangehaald, punt 22), maar de krachtens het territorialiteitsbeginsel aan de lidstaten toekomende bevoegdheden moeten worden uitgeoefend met inachtneming van de Unierechtelijke beginselen.

49. Ingevolge artikel 58, lid 1, sub a, EG doet artikel 56 EG evenwel niets af aan het recht van de lidstaten 'de ter zake dienende bepalingen van hun belastingwetgeving toe te passen die onderscheid maken tussen belastingplichtigen die niet in dezelfde situatie verkeren met betrekking tot [...] de plaats waar hun kapitaal is belegd'. Deze afwijking wordt evenwel zelf beperkt door artikel 58, lid 3, EG, dat bepaalt dat de in lid 1 van dat artikel bedoelde nationale bepalingen 'geen middel tot willekeurige discriminatie [mogen] vormen, noch een verkapte beperking van het vrije kapitaalverkeer en betalingsverkeer als omschreven in artikel 56' (arrest van 7 september 2004, Manninen, C-319/02, *Jurispr.* blz. I-7477, punt 28, en arrest Commissie/Oostenrijk, reeds aangehaald, punt 28).

50. Zou een lidstaat vrijelijk een verschillende regeling alleen afhankelijk van de ligging van de eerste hoofdverblijfplaats mogen toepassen, dan zou daarmee namelijk aan de bepalingen betreffende het vrije verkeer van kapitaal iedere inhoud worden ontnomen (zie in die zin, wat de vrijheid van vestiging betreft, arresten van 28 januari 1986, Commissie/Frankrijk, 270/83, *Jurispr.* blz. 273, punt 18; 8 maart 2001, Metallgesellschaft e.a., C-397/98 en C-410/98, *Jurispr.* blz. I-1727, punt 42, en 27 november 2008, Papillon, C-418/07, *Jurispr.* blz. I-8947, punt 26).

51. Om te beginnen vereist de rechtspraak van het Hof voor verenigbaarheid met de Verdragsbepalingen inzake vrij verkeer van kapitaal van een nationale belastingregeling als die in het hoofdgeding, die onderscheid maakt tussen de aftrekbaarheid van in het Vlaamse Gewest en in een andere lidstaat betaalde registratierechten, dat het verschil in behandeling situaties betreft die niet objectief vergelijkbaar zijn of dat dit verschil wordt gerechtvaardigd door een dwingende reden van algemeen belang (zie in die zin arrest van 6 juni 2000, Verkooijen, C-35/98, *Jurispr.* blz. I-4071, punt 43, en reeds aangehaalde arresten Manninen, punt 29, en Commissie/Oostenrijk, punt 29).

52. In deze context stelt het Koninkrijk België dat de situaties niet vergelijkbaar zijn.

53. Zoals is uiteengezet in de punten 23 en 24 van het onderhavige arrest, stelt deze lidstaat met name dat alle personen voor de eerste aankoop van een onroerend goed in het Vlaamse Gewest gelijk worden behandeld; zij zijn een registratierecht van 10% van de verkoopwaarde van het aangekochte goed verschuldigd. Daarentegen is de situatie van deze personen niet vergelijkbaar met die van personen die voorheen in dit Gewest een als hoofdverblijfplaats bestemd onroerend goed hebben gekocht, daar laatstgenoemden bij de aankoop van hun vorige hoofdverblijfplaats reeds registratierechten in dit Gewest hebben voldaan.

54. Dit betoog kan evenwel niet slagen.

55. Volgens de rechtspraak van het Hof inzake directe belastingen zijn de situatie van ingezetenen en die van niet-ingezetenen van een staat weliswaar in de regel niet vergelijkbaar aangezien het inkomen dat een niet-ingezetene op het grondgebied van een staat verwerft, meestal slechts een deel is van zijn totale inkomen, waarvan het zwaartepunt is geconcentreerd op de plaats waar hij woont, en de persoonlijke draagkracht van de niet-ingezetene, die voortvloeit uit zijn totale inkomen en zijn persoonlijke situatie en zijn gezinssituatie, het gemakkelijkst kan worden beoordeeld op de plaats waar hij het centrum van zijn persoonlijke en vermogensrechtelijke belangen heeft; die plaats is doorgaans zijn gebruikelijke woonplaats (arrest Schumacker, reeds aangehaald, punten 31 en 32; arrest van 16 mei 2000, Zurstrassen, C-87/99, *Jurispr.* blz. I-3337, punt 21, en arrest Wallentin, reeds aangehaald, punt 15).

56. Derhalve is de uitsluiting door een lidstaat van niet-ingezetenen van bepaalde belastingvoordelen die hij ingezetenen verleent, zoals het Koninkrijk België benadrukt, in de regel niet discriminerend, gelet op de objectieve verschillen tussen de situatie van ingezetenen en die van niet-ingezetenen zowel wat de inkomstenbron als wat de persoonlijke draagkracht of de persoonlijke en gezinssituatie betreft (zie arrest Schumacker, reeds aangehaald, punt 34; arrest van 12 juni 2003, Gerritse, C-234/01, *Jurispr.* blz. I-5933, punt 44, en arrest Wallentin, reeds aangehaald, punt 16).

57. Het is evenwel van belang erop te wijzen dat het Hof deze beginselen ontwikkelde in het kader van rechtspraak inzake inkomstenbelasting en dat op dit gebied objectieve verschillen tussen de belastingplichtigen als de inkomstenbron, de persoonlijke draagkracht of de persoonlijke en gezinssituatie de aan de belastingplichtige opgelegde belastingen kunnen beïnvloeden en door de wetgever in de regel in aanmerking worden genomen.

58. Dat is niet het geval voor de litigieuze registratierechten, die worden vastgesteld in verhouding tot de koopprijs van de onroerende goederen. Het Koninkrijk België heeft overigens niet aangevoerd, en het blijkt uit geen enkel dossiergegeven, dat de betrokken regeling bij de betaling van deze rechten daadwerkelijk rekening houdt met een van deze objectieve verschillen.

59. Derhalve is, wat de litigieuze registratierechten betreft, de ligging van de vorige hoofdverblijfplaats het enige verschil tussen de situatie van niet-ingezetenen van België, waaronder de Belgische staatsburgers die hun recht van vrij verkeer in de Unie hebben uitgeoefend, en die van ingezetenen van het Vlaamse Gewest, Belgische staatsburgers of staatsburgers van een andere lidstaat die een nieuwe hoofdverblijfplaats in dit Gewest verwerven. In beide situaties zullen deze personen namelijk een onroerend goed in het Vlaamse Gewest hebben aangekocht om zich er te vestigen, en zullen eerstgenoemden bij de aankoop van hun vorige hoofdverblijfplaats een soortgelijke belasting als de registratierechten hebben betaald in de staat waar deze verblijfplaats lag, terwijl laatstgenoemden deze rechten in het betrokken Gewest zullen hebben betaald.

60. De in het vorige punt beschreven situaties zijn dus, zoals de Commissie opmerkt, objectief vergelijkbaar.

61. Na deze precisering moet, om vast te stellen of sprake is van discriminatie, ook tegen de achtergrond van de door de betrokken nationale bepalingen nagestreefde doelstelling worden nagegaan of de betrokken situaties vergelijkbaar zijn (zie in die zin arrest van 18 juli 2007, Oy AA, C-231/05, *Jurispr.* blz. I-6373, punt 38, en arrest Papillon, reeds aangehaald, punt 27).

62. Het Koninkrijk België wijst er in zijn verweerschrift op dat het decreet van 1 februari 2002 van het Vlaamse Gewest, dat verschillende wijzigingen in de vroegere versie van het W. Reg. heeft aangebracht, fundamenteel drie doelstellingen nastreeft.

63. In de eerste plaats strekt dit decreet tot verhoging van de arbeidsmobiliteit en tot vermindering van het wegverkeer om ecologische redenen. In deze context stimuleert de meeneembaarheidsregeling met name de verhuizing naar een beter aangepaste woning. In de tweede plaats bevordert deze regeling de renovatie van onroerend goed en van woningen eerder dan nieuwbouw. In de derde plaats leidt de verlaging van de registratierechten tot matiging van de huurprijzen door het verhogen van met name het brutorendement voor de eigenaars-verhuurders.

64. Ook al kan de litigieuze regeling daadwerkelijk helpen om deze doelstellingen te bereiken, het Koninkrijk België heeft niet uiteengezet waarom deze doelstellingen beter kunnen worden bereikt wanneer personen die hun hoofdverblijfplaats in een andere lidstaat dan het Koninkrijk België hebben verkocht, van de meeneembaarheidsregeling worden uitgesloten.

65. Zoals de Commissie terecht opmerkt, draagt de bij deze regeling ingevoerde discriminatie, dat wil zeggen de uitsluiting van een bepaalde categorie kopers van onroerend goed in het Vlaamse Gewest van het voordeel van de meeneembaarheid, namelijk niet bij tot de verwezenlijking van de aangegeven doelstellingen, aangezien de ingezetenen van lidstaten die in de nabijheid van het Vlaamse Gewest wonen en in dit Gewest als werknemer of zelfstandige een economische activiteit uitoefenen, door de betrokken regeling ertoe zouden kunnen worden aangezet om hun hoofdverblijfplaats naar dit Gewest te verplaatsen en aldus een van de in punt 63 van dit arrest uiteengezette voordelen te genieten.

66. Bijgevolg kan het argument van het Koninkrijk België dat de situatie van binnenlandse belastingplichtigen en die van belastingplichtigen uit een andere lidstaat niet vergelijkbaar zijn, niet slagen.

67. Gelet op voorgaande overwegingen is artikel 61/3 W. Reg., dat situaties die binnen het Unierecht vallen fiscaal ongunstiger behandelt dan zuiver interne situaties, een bij artikel 56, lid 1, EG verboden beperking.

68. Ten slotte is een dergelijke beperking volgens de rechtspraak van het Hof slechts toelaatbaar wanneer zij gerechtvaardigd is uit hoofde van dwingende redenen van algemeen belang. Daarenboven moet zij in een dergelijk geval geschikt zijn om het betrokken doel te verwezenlijken en mag zij niet verder gaan dan nodig is voor het bereiken van dat doel (arresten van 13 december 2005, Marks & Spencer, C-446/03, *Jurispr.* blz. I-10837, punt 35, en 13 maart 2007, Test Claimants in the Thin Cap Group Litigation, C-524/04, blz. I-2107, punt 64).

69. In deze context stelt het Koninkrijk België, ondersteund door de Hongaarse regering, dat de uit artikel 61/3 W. Reg. voortvloeiende beperking van het vrije verkeer van kapitaal gerechtvaardigd is door de noodzaak om de samenhang van het belastingstelsel te handhaven.

70. Het Hof heeft namelijk reeds geoordeeld dat de noodzaak om de samenhang van het belastingstelsel te waarborgen een rechtvaardigingsgrond kan zijn voor een regeling die de fundamentele vrijheden beperkt (reeds aangehaalde arresten Bachmann, punt 21; 28 januari 1992, Commissie/België, punt 14, en Manninen, punt 42, en arrest van 23 oktober 2008, Krankenheim Ruhesitz am Wannsee-Seniorenheimstatt, C-157/07, *Jurispr.* blz. I-8061, punt 43).

71. Volgens vaste rechtspraak kan een argument op basis van een dergelijke rechtvaardiging echter alleen slagen indien wordt aangetoond dat er een rechtstreeks verband bestaat tussen het betrokken belastingvoordeel en de compensatie van dit voordeel door een bepaalde fiscale heffing (zie met name arrest Verkooijen, reeds aangehaald, punt 57; arrest van 8 september 2003, Bosal, C-168/01, *Jurispr.* blz. I-9409, punt 29, en arrest Manninen, reeds aangehaald, punt 42 en aldaar aangehaalde rechtspraak).

72. Zoals het Koninkrijk België stelt, kunnen de registratierechten die bij de aankoop van een als hoofdverblijfplaats bestemde woning in het Vlaamse Gewest zijn betaald, krachtens de regeling van artikel 61/3 W. Reg. onder bepaalde voorwaarden tot maximaal 12 500 EUR worden verrekend met de registratierechten die zijn verschuldigd bij de aankoop van een nieuwe hoofdverblijfplaats in dit Gewest.

73. Aangezien het Koninkrijk België niet gerechtigd is belasting te heffen over de aankoop die voorheen in een andere lidstaat is verricht door personen die beslissen hun nieuwe hoofdverblijfplaats in het Vlaamse Gewest te vestigen, weerspiegelt dit belastingvoordeel een symmetrische logica (zie naar analogie arrest Krankenheim Ruhesitz am Wannsee-Seniorenheimstatt, reeds aangehaald, punt 42).

74. Deze personen zouden, indien zij bij aankoop van een onroerend goed in het Vlaamse Gewest in aanmerking kwamen voor de meeneembaarheidsregeling, namelijk ten onrechte voordeel halen uit een belastingregeling waaraan hun vorige onroerende aankoop buiten België niet was onderworpen.

75. Er is in deze regeling dus een verband tussen het belastingvoordeel en de initiële heffing. Enerzijds gaat het namelijk om eenzelfde belastingplichtige die de betrokken rechten reeds heeft voldaan en die in aanmerking komt voor aftrek, en anderzijds om een in het kader van eenzelfde belasting verleend voordeel.

76. In deze context volstaan deze twee voorwaarden, in casu dezelfde belastingplichtige en dezelfde belasting, volgens het Hof om een dergelijk verband vast te stellen (zie in die zin reeds aangehaalde arresten Verkooijen, punt 58; Bosal, punten 29 en 30, en Krankenheim Ruhesitz am Wannsee-Seniorenheimstatt, punt 42). De Commissie betwist bovendien niet en gaf in repliek zelfs toe dat het betrokken belastingvoordeel aan dezelfde belastingplichtige en in het kader van dezelfde belasting wordt toegekend.

77. Gelet op voorgaande overwegingen is de uit artikel 61/3 W. Reg. voortvloeiende beperking gerechtvaardigd door de noodzaak om de samenhang van het belastingstelsel te garanderen.

78. Dat neemt niet weg dat de beperking, wil zij uit dien hoofde gerechtvaardigd zijn, zoals in herinnering is gebracht in punt 68 van het onderhavige arrest, geschikt voor en evenredig aan de nagestreefde doelstelling moet zijn.

79. Dienaangaande dient meteen erop te worden gewezen dat noch de Commissie noch het Koninkrijk België in hun schrifturen een standpunt over de evenredigheid van de betrokken regeling hebben bepaald.

80. Het is van belang op te merken dat die beperking tegen de achtergrond van de rechtspraak van het Hof geschikt is om dat doel te verwezenlijken, aangezien zij perfect symmetrisch werkt, daar alleen de voorheen in het kader van het Belgische belastingstelsel betaalde registratierechten kunnen worden afgetrokken (zie in die zin arrest Krankenheim Ruhesitz am Wannsee-Seniorenheimstatt, reeds aangehaald, punt 44).

81. Voorts is deze beperking volgens de rechtspraak van het Hof ook volstrekt evenredig aan het beoogde doel gelet op de bij de betrokken bepaling vastgestelde beperking tot maximaal 12 500 EUR aftrek op de registratierechten die zijn verschuldigd door een persoon die een nieuwe hoofdverblijfplaats in het Vlaamse Gewest aankoopt (zie in die zin arrest Krankenheim Ruhesitz am Wannsee-Seniorenheimstatt, reeds aangehaald, punt 45). Door deze beperking blijft de litigieuze regeling namelijk een belastingvoordeel en wordt zij geen verkapte vrijstelling.

82. De beperking van het vrije kapitaalverkeer is dus gerechtvaardigd uit hoofde van de handhaving van de samenhang van het belastingstelsel.

83. Wat de door de Commissie gestelde aantasting door de litigieuze regeling van artikel 40 van de EER-Overeenkomst betreft, dient te worden opgemerkt dat, aangezien de bepalingen van dit artikel dezelfde juridische strekking hebben als de in wezen identieke bepalingen van artikel 56 EG (zie arrest van 11 juni 2009, Commissie/Nederland, C-521/07, *Jurispr.* blz.I-4873, punt 33, en 28 oktober 2010, Établissements Rimbaud, C-72/09, nog niet gepubliceerd in de *Jurisprudentie*, punt 22), alle voorgaande overwegingen in omstandigheden als die van het onderhavige beroep naar analogie toepasbaar zijn op dat artikel 40.

84. Derhalve is de grief inzake schending van het vrije verkeer van kapitaal ongegrond. Bijgevolg moet het beroep van de Commissie worden verworpen.

Kosten

85. ...

HET HOF (Eerste kamer)

verklaart:

1. **Het beroep wordt verworpen.**
2. **De Europese Commissie wordt verwezen in de kosten.**

HvJ EU 1 december 2011, zaak C-253/09 (Europese Commissie v. Republiek Hongarije)

Eerste kamer: *A. Tizzano, kamerpresident, M. Safjan, M. Ilešič, E. Levits en M. Berger (rapporteur), rechters*
Advocaat-generaal: *J. Mazák*

1. Met haar beroep verzoekt de Commissie van de Europese Gemeenschappen het Hof vast te stellen dat de Republiek Hongarije, door op de verwerving in Hongarije van een als hoofdwoning bestemd onroerend goed, na de verkoop van een soortgelijk ander onroerend goed, een verschillende behandeling toe te passen naargelang het verkochte onroerende goed is gelegen in Hongarije of op het grondgebied van een andere lidstaat, de verplichtingen niet is nagekomen die op haar rusten krachtens de artikelen 18 EG, 39 EG en 43 EG, alsmede de artikelen 28 en 31 van de Overeenkomst betreffende de Europese Economische Ruimte van 2 mei 1992 (*PB* 1994 L 1, blz. 3; hierna: 'EER-Overeenkomst').

Toepasselijke nationale bepalingen

2. § 63 van wet nr. CXVII van 1995 op de inkomstenbelasting (hierna: 'wet op de inkomstenbelasting'), in de versie die gold tot en met 31 december 2007, bepaalde:

> '[...] het tarief van de belasting op inkomsten verkregen uit de overdracht van onroerende goederen en van rechten waaraan deze zijn onderworpen, bedraagt 25 %. [...] De te betalen belasting wordt verlaagd met (of kwijtgescholden tot) het bedrag van de verschuldigde belasting over het gedeelte van de inkomsten verkregen uit de overdracht van onroerend goed of van een desbetreffend recht (tegemoetkoming bij de koop van een woning), dat door een particulier binnen twaalf maanden voorafgaande aan of zestig maanden na de ontvangst van die inkomsten wordt gebruikt voor de koop van een voor bewoning bestemd onroerend goed ten behoeve van eigen gebruik of gebruik door een naast familielid of een voormalige echtgenoot (grondslag van de tegemoetkoming bij de koop van een woning).'

3. Deze tegemoetkoming bij de koop van een woning werd alleen toegekend indien de investering betrekking had op een voor bewoning bestemde onroerend goed in Hongarije.

4. § 1 van wet nr. XCIII van 1990 op de belastingen (hierna: 'belastingwet'), in de in casu toepasselijke versie, luidt als volgt:

> 'Ter zake van de verkrijging van onroerende zaken door erfopvolging, schenking of overdracht onder bezwarende titel wordt overdrachtsbelasting geheven [...].'

5. Artikel 2, lid 2, van de belastingwet bepaalt:

> '[...] De bepalingen inzake de belasting op de schenking en de overdracht van onroerende zaken onder bezwarende titel zijn van toepassing op onroerende zaken gelegen op nationaal grondgebied, en op de rechten die daaraan zijn verbonden, tenzij bij internationale overeenkomst anders is bepaald.'

6. In § 21, lid 5, van de belastingwet wordt bepaald:

> '[...] Indien een particuliere koper zijn andere woning binnen een jaar voor of na de koop verkoopt, bedraagt de grondslag voor de berekening van de belasting het verschil tussen de marktwaarde – bruto – van het gekochte onroerend goed en die van het verkochte onroerend goed. [...]'

Precontentieuze procedure

7. De Commissie heeft bij brief van 23 maart 2007 de Hongaarse regering laten weten dat de Hongaarse belastingwetgeving inzake de overdracht van onroerende zaken mogelijk in strijd is met de verplichtingen die op de Hongaarse Republiek rusten krachtens de artikelen 18 EG, 39 EG, 43 EG en 56 EG alsmede de overeenkomstige artikelen van de EER-Overeenkomst.

8. De Commissie stelde zich op het standpunt dat de bepalingen van de belastingwet de verwerving, in Hongarije, van een voor bewoning bestemd onroerend goed na de verkoop van een vorige woning verschillend behandelen, doordat zij voorzien in gunstigere maatregelen wanneer die vorige woning is gelegen in Hongarije dan wanneer zij is gelegen op het grondgebied van een andere lidstaat. Zo wordt op grond van die bepalingen de koop van een voor bewoning bestemd onroerend goed in samenhang met de verkoop van een vorige woning zwaarder belast wanneer laatstgenoemde woning niet in Hongarije is gelegen. Ook maken die bepalingen, door de discriminerende aard ervan, inbreuk op de beginselen van het vrij verkeer van werknemers en kapitaal alsmede van de vrijheid van vestiging. De Commissie verklaarde voorts geen enkele geldige reden te zien die het in deze wettelijke regeling gemaakte onderscheid kan rechtvaardigen.

9. In haar brief van 8 augustus 2007, heeft de Hongaarse regering erkend dat de bepalingen van § 63 van de wet op de inkomstenbelasting inbreuk maken op het geldende Unierecht, en aangekondigd nieuwe wetgeving te zullen vaststellen teneinde te waarborgen dat belastingplichtigen bij de berekening van hun inkomstenbelasting niet discriminerend worden behandeld wegens de plaats waar hun onroerend goed is gelegen.

10. Aan de andere kant was de Republiek Hongarije van mening dat de bepaling die is opgenomen in § 21, lid 5, van de belastingwet niet in strijd is met het Unierecht.

11. Bij brief van 12 december 2007 heeft de Republiek Hongarije de Commissie meegedeeld dat het Hongaarse parlement wet nr. CXXVI van 2007 houdende wijziging van een aantal belastingwetten had goedgekeurd, welke in werking is getreden op 1 januari 2008. § 19 van die wet wijzigde § 63 van de wet op de inkomstenbelasting in die zin dat daarbij de bepalingen inzake de belastingvermindering die werd toegepast bij de koop van op het Hongaarse grondgebied gelegen, voor bewoning bestemd onroerend goed werden ingetrokken.

12. In die omstandigheden heeft de Commissie haar in haar aanmaningsbrief weergegeven standpunt gehandhaafd en op 27 juni 2008 een met redenen omkleed advies uitgebracht waarin zij de Republiek Hongarije verzoekt om binnen een termijn van twee maanden vanaf de ontvangst ervan de nodige maatregelen te nemen om aan dat advies te voldoen.

13. De Republiek Hongarije heeft bij brief van 27 augustus 2008 op het met redenen omkleed advies geantwoord met een herhaling van de reeds in haar brief van 8 augustus 2007 uiteengezette argumenten.

14. Daar de Commissie geen genoegen kon nemen met dat antwoord, heeft zij het onderhavige beroep ingesteld.

Beroep

Argumenten van partijen

15. De Commissie betoogt dat de litigieuze wettelijke regeling, en met name het systeem van berekening van de belasting op de verwerving van onroerend goed, in strijd is met de artikelen 18 EG, 39 EG en 43 EG alsmede met de artikelen 28 en 31 van de EER-Overeenkomst, doordat zij burgers van de Unie en de Europese Economische Ruimte die in het kader van de uitoefening van hun recht op vrij verkeer in Hongarije een onroerend goed willen verwerven, met gelijktijdige verkoop van hun in een andere lidstaat van de Europese Unie of de EER gelegen onroerend goed, minder gunstig behandeld.

16. De Commissie is van mening dat de betrokken belasting een indirecte belasting is.

17. Voorts betoogt zij dat die belasting verschuldigd is bij elke verwerving in Hongarije van voor hoofdbewoning bestemd onroerend goed, maar kan worden verminderd, of zelfs achterwege kan blijven, wanneer die verwerving min of meer gelijktijdig plaatsvindt met de verkoop van de vorige woning van de verwerver, mits laatstgenoemde woning is gelegen in Hongarije. Hoewel de grondslag voor de berekening van die belasting, krachtens § 21, lid 5, van de belastingwet wordt gevormd door het verschil tussen de marktwaarde – bruto – van het gekochte onroerend goed en die van het verkochte onroerend goed, kan immers enkel de waarde van op het Hongaarse grondgebied gelegen verkochte onroerende goederen worden afgetrokken. In die omstandigheden bevinden personen die voor de eerste keer in Hongarije een als hoofdwoning bestemd onroerend goed kopen zich wegens de door die belastingregeling veroorzaakte discriminatie in een minder gunstige situatie en worden zij minder gestimuleerd om een nieuwe woning te kopen in die lidstaat en daar te gaan wonen, dan personen die opnieuw een soortgelijk onroerend goed aankopen dat in de plaats komt van het onroerende goed dat zij reeds op het Hongaarse grondgebied bezaten.

18. Volgens de Commissie kunnen personen die voorafgaand aan de verwerving in Hongarije van hun nieuwe hoofdwoning beschikten over een hoofdwoning in een andere lidstaat zich in dezelfde situatie bevinden als personen die reeds over een dergelijke woning in Hongarije beschikten, namelijk een situatie waarin de eerstgenoemde categorie personen bij de verwerving van een als hoofdwoning bestemd onroerend goed in die andere lidstaat eveneens een belasting hebben moeten betalen van gelijke hoogte als de litigieuze belasting. De omstandigheid dat de Hongaarse wettelijke regeling bij de berekening van de grondslag van de belasting geen enkele mogelijkheid biedt om de marktwaarde van het verkochte goed af te trekken van de waarde van het nieuw gekochte onroerende goed, wanneer het verkochte onroerende goed niet in Hongarije is gelegen, leidt ertoe dat objectief vergelijkbare situaties verschillend worden behandeld, en is derhalve discriminerend.

19. Wat de schending van de vrijheid van vestiging betreft, is de Commissie, anders dan de Republiek Hongarije, van mening dat wat de uitoefening van die vrijheid betreft, het van weinig belang is dat de betrokken wettelijke bepaling betrekking heeft op onroerende goederen die voor woondoeleinden worden gebruikt en niet op bedrijfsruimten. Het kan immers niet worden uitgesloten dat een zelfstandige als vestigingsplaats van zijn beroepsactiviteit zijn hoofdwoning gebruikt.

20. Wat de personen betreft die geen economische activiteit uitoefenen, ligt volgens de Commissie diezelfde conclusie voor de hand, en wel om dezelfde op artikel 18 EG gebaseerde redenen.

21. De Commissie is voorts, op grond van dezelfde overwegingen als die aangaande de schending van de artikelen 39 EG en 43 EG van mening, dat de Republiek Hongarije evenmin de verplichtingen nakomt die op haar rusten krachtens de artikelen 28 en 31 EER betreffende respectievelijk de vrijheid van vestiging en het vrij verkeer van werknemers.

22. Bovendien wordt de discriminatie, aldus de Commissie, niet gerechtvaardigd door vereisten van algemeen belang.

23. Aangaande de vereisten die verband houden met de samenhang van het belastingstelsel, is de Commissie van mening dat de Republiek Hongarije zich niet kan beroepen op de arresten van 28 januari 1992, Bachmann (C-204/90, *Jurispr.* blz. I-249), en 23 februari 2006, Keller Holding (C-471/04, *Jurispr.* blz. I-2107). De noodzaak van het bewaren van de samenhang van het belastingstelsel kan volgens de Commissie weliswaar een beperking van de uitoefening van de door het EG-Verdrag gewaarborgde fundamentele beginselen rechtvaardigen, doch een daarop steunend argument kan enkel worden aanvaard indien er een rechtstreeks verband bestaat tussen het betrokken belastingvoordeel en de verrekening van dat voordeel door een bepaalde belastingheffing. Er bestaat evenwel geen enkel fiscaal verband tussen de betrokken onroerendgoedverkopen die onder de litigieuze wettelijke regeling vallen.

24. Bovendien is de Commissie van mening dat het door de Republiek Hongarije aangevoerde territorialiteitsbeginsel, dat inhoudt dat er sprake moet zijn van een fiscale bevoegdheid die zonder beperkingen kan worden uitgeoefend op onroerende goederen die zijn gelegen op het nationale grondgebied, en dat een dergelijke bevoegdheid ontbreekt ten aanzien van in het buitenland gelegen onroerende goederen, evenmin het bestaan van de in § 21, lid 5, van de belastingwet opgenomen maatregel kan rechtvaardigen.

25. Ook kan volgens de Commissie, die zich dienaangaande beroept op het arrest van 7 september 2004, Manninen (C-319/02, *Jurispr.* blz. I-7477, punt 49), een mogelijke derving van belastingopbrengst niet worden aangemerkt als een dwingend vereiste van algemeen belang die door de Hongaarse autoriteiten kan worden ingeroepen ter rechtvaardiging van die maatregel.

26. Tot slot wijst de Commissie, opnieuw verwijzend naar het arrest Manninen, eveneens de rechtvaardiging van de hand die is ontleend aan de moeilijkheden die de Hongaarse autoriteiten zouden ondervinden wanneer zij bij het vaststellen van het bedrag van de ter zake van de verwerving van een in Hongarije gelegen onroerend goed verschuldigde belasting rekening moeten houden met het bestaan van in andere lidstaten verkochte eigendommen en de bij de verwerving daarvan betaalde belastingen. De moeilijkheid, zowel inhoudelijk als wat de berekeningsmethode betreft, om vast te stellen in welke mate de in het buitenland betaalde belasting overeenstemt met de litigieuze belasting, kan geenszins een argument vormen dat de aan de orde zijnde discriminatie kan rechtvaardigen De Commissie geeft evenwel toe dat de Republiek Hongarije, volgens het arrest van 17 januari 2008, Jäger (C-256/06, *Jurispr.* blz. I-123), specifieke eisen aan de belastingplichtige mag opleggen teneinde de noodzakelijke inlichtingen te verkrijgen, al mogen deze eisen echter in elk geval niet onevenredig zijn aan het nagestreefde doel.

27. De Republiek Hongarije, die beklemtoont dat de litigieuze belasting, anders dan de Commissie stelt, moet worden gerangschikt in de categorie directe belastingen, antwoordt hierop dat de betrokken belastingregeling geen schending kan opleveren van de artikelen 18 EG, 39 EG en 43 EG en evenmin van de overeenkomstige artikelen van de EER-Overeenkomst. Subsidiair betoogt die lidstaat dat de betrokken regeling in ieder geval wordt gerechtvaardigd door vereisten van algemeen belang.

28. De Republiek Hongarije voert om te beginnen aan dat er geen sprake is van enige inbreuk op het vrij verkeer van personen en de vrijheid van vestiging, voornamelijk vanwege het feit dat hier geen discriminatie bestaat tussen objectief vergelijkbare situaties. Zij bestrijdt het standpunt hierover van de Commissie en betoogt dat alle personen die voor het eerst een onroerend goed in Hongarije wensen te verwerven zich in een objectief vergelijkbare situatie bevinden, ongeacht of zij al dan niet in een andere lidstaat onroerend goed hebben verworven. Ook personen die, terwijl zij in Hongarije reeds eigenaar zijn van een als hoofdwoning bestemd onroerend, in die Staat een soortgelijk nieuw onroerend goed verwerven ter vervanging van het vorige onroerende goed, bevinden zich in een objectief vergelijkbare situatie.

29. Daarentegen bevinden personen die een in Hongarije gelegen, als hoofdwoning bestemd onroerend goed verkopen om in die lidstaat een soortgelijk ander onroerend goed te verwerven zich volgens die lidstaat niet in een vergelijkbare situatie als personen die een in een andere lidstaat gelegen, als hoofdwoning bestemd onroerend goed verkopen om in Hongarije een soortgelijk ander onroerend goed te verwerven. Enerzijds kan de fiscale woonplaats van die personen een andere zijn, daar immers zij die tot de eerste categorie behoren nationale ingezetenen zijn, terwijl zij die tot de tweede categorie behoren buitenlandse ingezetenen zijn. Anderzijds ontkomt het onroerende goed waarvan de tot de laatstgenoemde categorie behorende personen eerder eigenaar waren aan de toepassing van het Hongaarse belastingrecht, zowel vanuit territoriaal als vanuit financieel oogpunt, terwijl dat niet het geval is bij de door de eerstgenoemde categorie personen verkochte onroerende goederen.

30. Dienaangaande verwijst de Republiek Hongarije naar de rechtspraak van het Hof, en met name naar de arresten van 14 februari 1995, Schumacker (C-279/93, *Jurispr.* blz. I-225, punt 34), en 5 juli 2005, D. (C-376/03, *Jurispr.* blz. I-5821), volgens welke, op het gebied van inkomsten- en vermogensbelastingen, de situaties van ingezetenen en niet-ingezetenen in het algemeen niet vergelijkbaar zijn en het feit dat een lidstaat bepaalde belastingvoordelen niet toekent aan een niet-ingezetene doch wel aan een ingezetene, in de regel niet discriminerend is. Voorts beroept de Republiek Hongarije zich ter ondersteuning van haar betoog op de zaak die heeft geleid tot het arrest van 8 september 2005, Blanckaert (C-512/03, *Jurispr.* blz. I-7685), met onderstreping van de gelijksoortigheid van de litigieuze bepalingen in die zaak en de bepalingen in de onderhavige zaak.

31. De Republiek Hongarije beklemtoont overigens dat het Verdrag zoals dat door het Hof wordt uitgelegd een burger van de Unie niet de garantie biedt dat de overbrenging van zijn werkzaamheden naar een andere lidstaat fiscaal neutraal is (zie met name arresten van 29 april 2004, Weigel, C-387/01, *Jurispr.* blz. I-4981, punt 55; 15 juli 2004, Lindfors, C-365/02, *Jurispr.* blz. I-7183, punt 34, en 12 juli 2005, Schempp, C-403/03, *Jurispr.* blz. I-6421, punt 45). Zij betoogt derhalve dat de betrokken wettelijke regeling in overeenstemming is met het Unierechtelijk erkende beginsel van fiscale territorialiteit (zie met name arrest van 15 mei 1997, Futura Participations en Singer, C-250/95, *Jurispr.* blz. I-2471) op grond waarvan de verschillende nationale belastingstelsels naast elkaar bestaan zonder onderlinge hiërarchie.

32. Aangezien eventuele distorsies als gevolg van de discrepanties tussen de nationale belastingwetgevingen niet binnen de werkingssfeer van de verdragsbepalingen inzake het vrij verkeer vallen, is het denkbaar dat een persoon die van die bepalingen gebruik heeft gemaakt, in een lidstaat vanuit fiscaal oogpunt minder gunstig wordt behandeld om de eenvoudige reden dat hij is onderworpen aan de belastingautoriteit van een andere lidstaat. Een dergelijke situatie lijkt evenwel op zichzelf geen discriminatie van die persoon, noch een met het Unierecht strijdige beperking van het recht van vrij verkeer te vormen.

33. De Republiek Hongarije beklemtoont in dit verband dat de fiscale bevoegdheid van de lidstaten niet alleen de vaststelling van de belastingdruk omvat, maar ook de toekenning van voordelen. Derhalve is de litigieuze wettelijke regeling volgens haar in overeenstemming met het beginsel van fiscale territorialiteit en vormt zij geen schending van het Unierecht.

34. In dat geval is de mogelijke beperking van de fundamentele vrijheden volgens de Republiek Hongarije het noodzakelijke gevolg van de territoriale verdeling van de fiscale bevoegdheid van de lidstaten. Het behoud van de evenwichtige verdeling van de heffingsbevoegdheid tussen de lidstaten maakt deel uit van de vereisten van algemeen belang die dergelijke beperkingen rechtvaardigen.

35. Subsidiair is voornoemde lidstaat, onder verwijzing naar vaste rechtspraak (zie reeds aangehaald arrest Bachmann; arrest van 28 januari 1992, Commissie/België, C-300/90, *Jurispr.* blz. I-305; reeds aangehaalde arresten Manninen en Keller Holding, en arrest van 8 november 2007, Amurta, C-379/05, *Jurispr.* blz. I-9569), van mening dat de litigieuze belastingregeling wordt gerechtvaardigd door vereisten van algemeen belang die verband houden met de samenhang van het belastingstelsel. Het Hof heeft volgens de Republiek Hongarije in die omstandigheden een dergelijke rechtvaardiging aanvaard, wanneer, enerzijds, is vastgesteld dat er een rechtstreeks verband bestaat tussen de toekenning van het betrokken fiscale voordeel en de fiscale last die er de tegenhanger van is en, anderzijds, dat voordeel en die last betrekking hebben op dezelfde persoon en dezelfde belasting. In casu bevestigt de Republiek Hongarije dat er een dergelijk verband bestaat, gelet op het feit dat enkel personen die reeds een onroerend goed op het Hongaarse grondgebied hebben verworven in aanmerking kunnen komen voor het litigieuze belastingvoordeel bij de verwerving van een ander onroerend goed in Hongarije. Volgens haar valt dan ook niet te ontkennen dat dat belastingvoordeel en de belastingdruk die er de tegenhanger van is, betrekking hebben op dezelfde persoon en binnen het kader van dezelfde belasting vallen.

36. Overigens verwerpt de Republiek Hongarije het door de Commissie aangevoerde argument dat de litigieuze wettelijke regeling enkel ertoe strekt een vermindering van de begrotingsinkomsten te voorkomen. Het met die wettelijke regeling nagestreefde doel is erin gelegen ervoor te zorgen dat elke verwerving van onroerend goed in Hongarije minstens eenmaal wordt onderworpen aan de litigieuze belasting over het totaal van de marktwaarde van het verworven onroerend goed, door te voorkomen dat de middelen waarop de belasting drukt bij de eerste verwerving later nogmaals worden belast. Het gaat hier om een samenhangend geheel dat onverbrekelijk verbonden is met de uitvoering van het territorialiteitsbeginsel.

37. Tot slot voert die lidstaat aan dat de uitbreiding van het belastingvoordeel tot buitenlandse onroerende goederen binnen het kader van de litigieuze wettelijke regeling zou leiden tot praktische problemen die zo ernstig zouden zijn dat zij het functioneren van het stelsel zouden belemmeren en bovendien het voorkomen van eventueel misbruik onmogelijk zouden maken.

38. Bovendien herinnert de Republiek Hongarije er in haar dupliek aan dat uit het verzoekschrift van de Commissie volgt dat zij de Hongaarse wettelijke regeling aanvecht voor zover deze de uitoefening beperkt van de rechten van vrij verkeer en vrijheid van vestiging van personen die de plaats van hun hoofdverblijf naar Hongarije wensen over te brengen in het kader van hun rechten van vrij verkeer en vrijheid van vestiging. Indien de Commissie bij

haar onderzoek de koop van onroerend goed enkel als een investering had willen aanmerken, zonder rekening te houden met de wijzigingen van verblijfplaats of fiscale woonplaats, dan had zij dat onderzoek verricht vanuit de invalshoek van het vrij verkeer van kapitaal in de zin van artikel 56 EG.

39. Nu de Commissie evenwel niet die fundamentele vrijheid, doch slechts het vrij verkeer van personen ter sprake heeft gebracht, moet worden aangenomen dat het beroep enkel betrekking heeft op situaties waarin een persoon zijn verblijfplaats naar Hongarije overbrengt in het kader van zijn recht van vrij verkeer. Die lidstaat leidt hieruit af dat de wijziging van verblijfplaats of fiscale woonplaats rechtvaardigt dat onderscheid wordt gemaakt tussen personen die voor het eerst een woning in Hongarije verwerven en personen die aldaar een nieuwe woning verwerven die in de plaats komt van een vroegere woning in diezelfde Staat.

40. Bijgevolg stelt de Republiek Hongarije, die zich ter ondersteuning van haar betoog beroept op het arrest van 12 februari 2009, Block (C-67/08, *Jurispr.* blz. I-883), dat er voor een lidstaat geen verplichting bestaat om de marktwaarde van een in een andere lidstaat van de Unie of de EER gelegen onroerend goed in aanmerking te nemen.

Beoordeling door het Hof

41. Om te beginnen zij eraan herinnerd dat er tussen de Commissie en de Republiek Hongarije onenigheid bestaat over de vraag of de litigieuze belasting moet worden gekwalificeerd als directe of als indirecte belasting.

42. Dienaangaande moet worden vastgesteld dat, ongeacht de vraag of, in casu, die belasting een directe of een indirecte belasting is, deze binnen de Unie niet is geharmoniseerd en dus valt onder de bevoegdheid van de lidstaten, die, volgens vaste rechtspraak van het Hof, bij de uitoefening van deze bevoegdheid het Unierecht in acht moeten nemen (zie met name, met betrekking tot directe belasting, arresten van 4 maart 2004, Commissie/Frankrijk, C-334/02, *Jurispr.* blz. I-2229, punt 21; 20 januari 2011, Commissie/Griekenland, C-155/09, nog niet gepubliceerd in de *Jurisprudentie*, punt 39, en 16 juni 2011, Commissie/Oostenrijk, C-10/10, nog niet gepubliceerd in de *Jurisprudentie*, punt 23).

43. Derhalve moet worden onderzocht of – zoals de Commissie betoogt – de bepalingen van de nationale wettelijke regeling inzake de belasting op de overdracht van onroerende zaken onder bezwarende titel, en met name § 2, lid 2, juncto § 21, lid 5, van de belastingwet, een beperking vormen van het vrij verkeer van personen en de vrijheid van vestiging, zoals neergelegd in de artikelen 18 EG, 39 EG en 43 EG alsmede de artikelen 28 en 31 van de EER-Overeenkomst.

Grieven inzake schending van de verdragsbepalingen

44. Wat de klacht betreft dat de Republiek Hongarije de verplichtingen niet is nagekomen die op haar rusten krachtens de artikelen 18 EG, 39 EG en 43 EG, vindt artikel 18 EG, dat in algemene termen bepaalt dat iedere burger van de Unie het recht heeft vrij op het grondgebied van de lidstaten te reizen en te verblijven, een bijzondere uitdrukking in artikel 39 EG voor zover het het vrij verkeer van werknemers betreft, en in artikel 43 EG wat de vrijheid van vestiging aangaat (zie arresten van 26 oktober 2006, Commissie/Portugal, C-345/05, *Jurispr.* blz. I-10633, punt 13; 18 januari 2007, Commissie/Zweden, C-104/06, *Jurispr.* blz. I-671, punt 15; 17 januari 2008, Commissie/Duitsland, C-152/05, *Jurispr.* blz. I-39, punt 18, en reeds aangehaald arrest Commissie/Griekenland, punt 41).

45. Bijgevolg moet de betrokken belastingregeling allereerst worden getoetst aan de artikelen 39 EG en 43 EG, en vervolgens, wat de personen betreft die zich van de ene lidstaat naar een andere lidstaat verplaatsen met het doel zich aldaar te vestigen om vereisten die geen verband houden met de uitoefening van een economische activiteit, aan artikel 18 EG.

– Aangaande de vraag of de artikelen 39 EG en 43 EG worden beperkt

46. De bepalingen van het EG-Verdrag inzake het vrije verkeer van personen beogen het de burgers van de Unie gemakkelijker te maken, om het even welk beroep uit te oefenen op het gehele grondgebied van de Unie, en staan in de weg aan regelingen die deze onderdanen zouden kunnen benadelen wanneer zij op het grondgebied van een andere lidstaat een economische activiteit willen uitoefenen (zie arrest van 15 september 2005, Commissie/Denemarken, C-464/02, *Jurispr.* blz. I-7929, punt 34 en aldaar aangehaalde rechtspraak; en reeds aangehaalde arresten Commissie/Portugal, punt 15; Commissie/Zweden, punt 17; Commissie/Duitsland, punt 21, en Commissie/Griekenland, punt 43).

47. De vrijheid van vestiging omvat voor burgers van een lidstaat op het grondgebied van een andere lidstaat onder meer de toegang tot werkzaamheden anders dan in loondienst en de uitoefening daarvan overeenkomstig de bepalingen welke door de wettelijke regeling van het land van vestiging voor de eigen burgers zijn vastgesteld (zie met name arresten van 28 januari 1986, Commissie/Frankrijk, 270/83, *Jurispr.* blz. 273, punt 13, en 24 mei 2011, Commissie/België, C-47/08, nog niet gepubliceerd in de *Jurisprudentie*, punt 79, alsmede in die zin arrest van

22 december 2008, Commissie/Oostenrijk, C-161/07, *Jurispr.* blz. I-10671, punt 27). Anders gezegd verbiedt artikel 43 EG elke lidstaat om voor degenen die gebruik maken van de vrijheid zich aldaar te vestigen, andere voorwaarden voor de uitoefening van hun activiteiten vast te stellen dan die welke voor eigen burgers gelden (reeds aangehaalde arresten van 22 december 2008, Commissie/Oostenrijk, punt 28, en 24 mei 2011, Commissie/België, punt 79).

48. In casu betoogt de Commissie dat de litigieuze regeling, daar zij belastingplichtigen – al dan niet van Hongaarse nationaliteit – die een op het Hongaarse grondgebied gelegen onroerend goed verkopen fiscaal anders behandelt dan belastingplichtigen die een buiten dat grondgebied gelegen onroerend goed verkopen, discriminerend is, en deze laatsten kan ontmoedigen om hun recht op vrij verkeer en vrije vestiging uit te oefenen.

49. De Commissie is derhalve van mening dat de discriminatie het gevolg is van de minder gunstige fiscale behandeling van de verplaatsingen van de woonplaats van een andere lidstaat naar Hongarije in vergelijking met een dergelijke verplaatsing binnen Hongaars grondgebied, waarbij zij zich in wezen op het standpunt stelt dat op grond van het fiscale gelijkheidsbeginsel de eerste situatie, die een grensoverschrijdend aspect heeft, fiscaal op dezelfde wijze zou moeten worden behandeld als de tweede, en dat ook in de eerstgenoemde situatie recht behoort te bestaan op het litigieuze belastingvoordeel.

50. Dienaangaande zij eraan herinnerd dat volgens vaste rechtspraak slechts sprake van discriminatie is wanneer verschillende regels worden toegepast op vergelijkbare situaties of wanneer dezelfde regel wordt toegepast op verschillende situaties (zie met name reeds aangehaald arrest Schumacker, punt 30; arresten van 22 maart 2007, Talotta, C-383/05, *Jurispr.* blz. I-2555, punt 18, en 18 juli 2007, Lakebrink en Peters-Lakebrink, C-182/06, *Jurispr.* blz. I-6705, punt 27).

51. Bijgevolg kan worden gesteld dat er sprake is van discriminatie tussen twee categorieën belastingplichtigen, in de zin van het Verdrag, wanneer de situaties van die categorieën belastingplichtigen vergelijkbaar zijn wat de betrokken belastingregeling betreft.

52. Hieruit volgt dat in casu de Republiek Hongarije het aan de orde zijnde belastingvoordeel alleen dan ook moet toekennen aan belastingplichtigen die een onroerend goed gelegen buiten Hongaars grondgebied verkopen, indien hun situatie wat de betrokken belasting betreft als objectief vergelijkbaar kan worden beschouwd met die van belastingplichtigen die in Hongarije gelegen onroerend goed verkopen.

53. In dit verband verzet de Republiek Hongarije zich tegen de conclusie van de Commissie en betoogt zij dat de situaties niet vergelijkbaar zijn. Zij verklaart dat het mogelijk is om de uitbreiding van het litigieuze belastingvoordeel uit te sluiten voor onroerende goederen waarvoor reeds eerder in een andere lidstaat belasting is of had moeten worden betaald indien die lidstaat een dergelijke openbare last heeft ingevoerd. De werkingssfeer van de litigieuze wettelijke regeling strekt zich, gelet op de aard van die openbare last, enkel uit tot in Hongarije gelegen onroerende goederen, waardoor personen die tevoren geen onroerend goed in die lidstaat hebben verworven en personen die in die lidstaat wel reeds over onroerend goed beschikken, zich niet in vergelijkbare situaties bevinden, zodat de toepassing van verschillende regels op die twee categorieën personen geen discriminatie in de zin van het Verdrag vormt.

54. Dit betoog kan evenwel niet slagen.

55. Immers, het is ongetwijfeld juist dat, volgens de rechtspraak van het Hof op het gebied van de directe belastingen, de situatie van ingezetenen en die van niet-ingezetenen van een bepaalde staat in het algemeen niet vergelijkbaar is, aangezien het door een niet-ingezetene in een staat verworven inkomen meestal slechts een deel is van zijn totale inkomen, waarvan het zwaartepunt is geconcentreerd op de plaats waar hij woont. De persoonlijke draagkracht van de niet-ingezetene, die gevormd wordt door zijn totale inkomen en zijn persoonlijke en gezinssituatie, kan voorts het gemakkelijkst worden beoordeeld op de plaats waar hij het centrum van zijn persoonlijke en vermogensrechtelijke belangen heeft, hetgeen in het algemeen zijn gebruikelijke woonplaats is (reeds aangehaald arrest Schumacker, punten 31 en 32; en arresten van 14 september 1999, Gschwind, C-391/97, *Jurispr.* blz. I-5451, punt 22, en 1 juli 2004, Wallentin, C-169/03, *Jurispr.* blz. I-6443, punt 15).

56. Wanneer een lidstaat een niet-ingezetene niet in aanmerking brengt voor bepaalde belastingvoordelen die hij aan de ingezetene verleent, is dat dan ook in de regel niet discriminerend, gelet op de objectieve verschillen tussen de situatie van ingezetenen en van niet-ingezetenen zowel wat de inkomstenbron als wat de persoonlijke draagkracht of de persoonlijke en gezinssituatie betreft (reeds aangehaald arresten Schumacker, punt 34; Gschwind, punt 23; arrest van 12 juni 2003, Gerritse, C-234/01, *Jurispr.* blz. I-5933, punt 44, en reeds aangehaald arrest Wallentin, punt 16).

57. Bovenstaande principes heeft het Hof evenwel ontwikkeld in het kader van zijn rechtspraak inzake inkomstenbelasting. Op het gebied van die belasting kunnen objectieve verschillen tussen de belastingplichtigen, zoals de bron van de inkomsten, de persoonlijke draagkracht, of de persoonlijke en gezinssituatie, van invloed zijn op de heffing bij de belastingplichtige. Met die verschillen wordt in het algemeen door de wetgever rekening gehouden. Bij de litigieuze belasting, die wordt vastgesteld aan de hand van de verkoopprijs van de onroerende goederen, is

dat evenwel niet het geval. Afgezien daarvan heeft de Republiek Hongarije niet aangevoerd, en blijkt ook nergens uit het dossier, dat bij de betaling van die belasting rekening is gehouden met de persoonlijke omstandigheden van de belastingplichtige.

58. In die omstandigheden is, wat de litigieuze belasting betreft, het enige verschil tussen de situatie van niet in Hongarije wonende personen – met inbegrip van Hongaarse burgers die gebruik hebben gemaakt van hun recht van vrij verkeer binnen de Unie – en de situatie van wel in Hongarije wonende personen – die Hongaarse burgers of burgers van een andere lidstaat kunnen zijn – die een nieuwe hoofdwoning verwerven in die lidstaat, gelegen in de plaats van hun vorige hoofdwoning. In beide situaties immers gaat het om personen die een onroerend goed gekocht hebben in Hongarije om zich aldaar te vestigen, waarbij de ene groep bij de verkoop van hun eerdere hoofdwoning een met de litigieuze belasting vergelijkbare belasting heeft betaald in de staat waarin die woning was gelegen, en de andere groep die belasting heeft betaald in Hongarije.

59. In die omstandigheden zou, indien een lidstaat vrijelijk een burger van de Unie ongelijk zou mogen behandelen, enkel omdat de eerste hoofdwoning van die burger in een andere lidstaat is gevestigd, aan de bepalingen betreffende het vrij verkeer van personen iedere inhoud worden ontnomen (zie in die zin reeds aangehaald arrest van 28 januari 1986, Commissie/Frankrijk, punt 18; en arresten van 8 maart 2001, Metallgesellschaft e.a., C-397/98 en C-410/98, *Jurispr.* blz. I-1727, punt 42, en 27 november 2008, Papillon, C-418/07, *Jurispr.* blz. I-8947, punt 26).

60. Gelet op het voorgaande bevinden, zoals de Commissie terecht opmerkt, alle personen die binnen de Unie of de EER hun hoofdwoning verplaatsen, ongeacht of zij zich enkel binnen het Hongaarse grondgebied verplaatsen dan wel zich vanuit de lidstaat waar de eerdere woning was gevestigd naar Hongarije verplaatsen, zich in een vergelijkbare situatie.

61. Na deze vaststelling zij eraan herinnerd dat om het bestaan van een discriminatie vast te stellen de vergelijkbaarheid van een communautaire situatie met een zuiver interne situatie moet worden onderzocht, daarbij rekening houdend met de door de betrokken nationale bepalingen nagestreefde doeleinden (zie met name reeds aangehaald arrest Papillon, punt 27).

62. Dienaangaande blijkt uit het dossier dat in casu het doel van de nationale wettelijke regeling erin is gelegen elke verwerving van onroerend goed aan belastingbetaling te onderwerpen, waarbij de grondslag van die belasting wordt gevormd door de totale marktwaarde van het verworven onroerend goed, en tegelijkertijd te vermijden dat de middelen waarop de belasting bij de verwerving van het verkochte onroerend goed drukt, bij een volgende verwerving niet nogmaals worden belast.

63. Wat de vergelijkbaarheid van de situaties betreft, kan aan dat doel, erin bestaande dat het kapitaal dat wordt geïnvesteerd in de verwerving van onroerende goederen slechts eenmaal wordt belast, in beginsel afbreuk worden gedaan zowel in de situatie waarin het verkochte onroerend goed op het Hongaarse grondgebied is gelegen als in de situatie waarin het op het grondgebied van een andere lidstaat is gelegen.

64. Met het oog op het doel van de belastingwet, zijn die twee situaties dus objectief vergelijkbaar.

65. Bijgevolg wordt bij de litigieuze fiscale regeling een ongelijkheid ingevoerd op grond van de plaats waar het verkochte onroerend goed is gelegen.

66. Wat het door de Commissie naar voren gebrachte ontmoedigende effect van de litigieuze regeling betreft, zij eraan herinnerd dat, zoals hiervoor reeds is opgemerkt, die wettelijke regeling, doordat zij het litigieuze belastingvoordeel niet toekent aan personen die in Hongarije een onroerend verwerven dat is bestemd om hun hoofdwoning te worden, terwijl zij hun vorige, in een andere lidstaat gelegen hoofdwoning hebben verkocht of aan het verkopen zijn, voor die personen een zwaardere fiscale last met zich meebrengt dan voor hen die wel voor dat voordeel in aanmerking komen.

67. In die omstandigheden kan niet worden uitgesloten dat de litigieuze wettelijke regeling in bepaalde gevallen personen die hun uit de artikelen 39 EG en 43 EG voortvloeiende rechten van vrij verkeer (en vrijheid van vestiging) uitoefenen, kan ontmoedigen over te gaan tot het kopen van een woning in Hongarije.

68. Gelet op het voorgaande moet worden vastgesteld dat de bepalingen van § 2 juncto § 21, lid 5, van de belastingwet een beperking vormen van het vrij verkeer van personen, zoals neergelegd in de artikelen 39 EG en 43 EG, aangezien eerstgenoemde bepalingen – wat de belasting op de verwerving van onroerende goederen betreft – personen die zich in Hongarije willen vestigen door aldaar een onroerend goed te kopen minder gunstig behandelen dan personen die binnen die lidstaat een andere woning betrekken, door aan die eerste categorie personen niet het betrokken belastingvoordeel bij de koop van een onroerend goed toe te kennen.

– Aangaande de vraag of de beperkingen gerechtvaardigd zijn

69. Uit vaste rechtspraak blijkt dat nationale maatregelen die de uitoefening van de in het Verdrag gewaarborgde fundamentele vrijheden kunnen belemmeren of minder aantrekkelijk kunnen maken, niettemin toelaatbaar kunnen zijn indien zij een doel van algemeen belang nastreven, geschikt zijn om de verwezenlijking daarvan te waar-

borgen en niet verder gaan dan noodzakelijk is om het gestelde doel te bereiken (zie met name reeds aangehaald arrest Commissie/ Griekenland, punt 51).

70. Derhalve moet worden nagegaan of het verschil in behandeling tussen die twee categorieën belastingplichtigen kan worden gerechtvaardigd door een dwingend vereiste dat verband houdt met het algemeen belang, zoals de noodzaak om de samenhang van het belastingstelsel te bewaren.

71. Het Hof heeft immers reeds geoordeeld dat de noodzaak om de samenhang van het belastingstelsel te waarborgen een rechtvaardigingsgrond kan zijn voor een regeling die de fundamentele vrijheden beperkt (zie met name reeds aangehaalde arresten Bachmann, punt 21, en Manninen, punt 42; en arresten van 23 oktober 2008, Krankenheim Ruhesitz am Wannsee-Seniorenheimstatt, C-157/07, *Jurispr.* blz. I-8061, punt 43, en 17 september 2009, Glaxo Wellcome, C-182/08, *Jurispr.* blz. I-8591, punt 77).

72. Een argument op basis van een dergelijke rechtvaardiging kan echter enkel worden aanvaard indien wordt bewezen dat er een rechtstreeks verband bestaat tussen het betrokken fiscale voordeel en de compensatie van dit voordeel door een bepaalde heffing (zie met name reeds aangehaald arrest Manninen, punt 42; arrest van 13 maart 2007, Test Claimants in the Thin Cap Group Litigation, C-524/04, *Jurispr.* blz. I-2107, punt 68, en reeds aangehaald arrest Amurta, punt 46).

73. Dienaangaande moet worden vastgesteld dat de bij de belastingwet ingevoerde regeling is gebaseerd op het idee dat de verwerver van een in Hongarije gelegen onroerend goed dat is bestemd om zijn hoofdwoning te worden, die – binnen de door die wet voorgeschreven termijn – zijn vorige, eveneens in die lidstaat gelegen woning verkoopt, niet over de volle waarde van het gekochte onroerend goed belasting moet betalen, maar slechts over het verschil tussen de marktwaarde van het gekochte onroerend goed en de marktwaarde van het verkochte onroerend goed. Derhalve wordt van de middelen die worden geïnvesteerd in de verwerving van onroerend goed enkel dat gedeelte belast dat nog niet eerder aan belastingheffing is onderworpen.

74. Wanneer het verkochte onroerend goed daarentegen in een andere lidstaat dan de Republiek Hongarije is gelegen, heeft laatstgenoemde Staat geen heffingsbevoegdheid ten aanzien van de transactie die in die andere lidstaat is verricht door de persoon die heeft besloten een onroerend goed in Hongarije te verwerven dat is bestemd om zijn hoofdwoning te worden. In die omstandigheden weerspiegelt de opzet van dat belastingvoordeel, die inhoudt dat bij de verwerving van een dergelijk onroerend goed enkel die personen voor dat voordeel in aanmerking komen die de litigieuze belasting reeds hebben betaald toen zij een vergelijkbaar onroerend goed kochten, een symmetrische logica in de zin van de rechtspraak (zie in die zin reeds aangehaald arrest Krankenheim Ruhesitz am Wannsee-Seniorenheimstatt, punt 42).

75. Wanneer belastingplichtigen die die belasting niet reeds eerder hebben betaald, op grond van de litigieuze belastingregeling toch voor het betrokken belastingvoordeel in aanmerking zouden kunnen komen, dan zouden zij immers ongerechtvaardigd voordeel halen uit een belastingheffing waaraan hun eerdere verwerving, buiten het Hongaarse grondgebied, niet onderworpen is geweest.

76. Hieruit volgt dat er binnen die regeling een rechtstreeks verband bestaat tussen het toegekende belastingvoordeel en de eerdere heffing. Immers, ten eerste hebben dat voordeel en die heffing betrekking op dezelfde persoon, en ten tweede passen zij binnen het kader van dezelfde belastingheffing.

77. Binnen die context zij eraan herinnerd dat het Hof die twee voorwaarden, te weten dat de belastingen identiek zijn en dat zij op dezelfde persoon worden toegepast, voldoende heeft geacht om het bestaan van een dergelijk verband aan te nemen (zie met name arresten van 6 juni 2000, Verkooijen, C-35/98, *Jurispr.* blz. I-4071, punt 58; 18 september 2003, Bosal, C-168/01, *Jurispr.* blz. I-9409, punten 29 en 30, en reeds aangehaald arrest Krankenheim Ruhesitz am Wannsee-Seniorenheimstatt, punt 42). Bovendien moet worden beklemtoond dat de Commissie niet uitdrukkelijk heeft bestreden dat het betrokken belastingvoordeel wordt toegekend aan dezelfde belastingplichtige en binnen het kader van dezelfde belastingheffing.

78. Gelet op het voorgaande moet worden vastgesteld dat de uit § 2, lid 2, en § 21, lid 5, van de belastingwet voortvloeiende beperking wordt gerechtvaardigd door de noodzaak om de samenhang van het belastingstelsel te bewaren.

79. Om op die grond gerechtvaardigd te zijn, moet die beperking evenwel bovendien, zoals in herinnering is gebracht in punt 69 van het onderhavige arrest, geschikt en evenredig zijn met het oog op het nagestreefde doel.

80. In dit verband dient te worden vastgesteld dat de betrokken beperking, gelet op de rechtspraak van het Hof, geschikt is om dat doel te verwezenlijken, aangezien zij symmetrisch werkt, daar alleen het verschil tussen de waarde van het verkochte, in Hongarije gelegen, onroerend goed en de waarde van het verworven onroerend goed in aanmerking kan worden genomen binnen het kader van de betrokken belastingregeling (zie in die zin reeds aangehaald arrest Krankenheim Ruhesitz am Wannsee-Seniorenheimstatt, punt 44).

81. Bovendien is die beperking evenredig aan het nagestreefde doel. Ten eerste is dat doel immers met name erin gelegen te voorkomen dat bij de koop van een nieuwe hoofdwoning in Hongarije het in de koop van de, inmiddels

verkochte, vorige woning geïnvesteerde kapitaal dubbel wordt belast. Ten tweede heeft de Republiek Hongarije, zoals is opgemerkt in punt 74 van het onderhavige arrest, geen heffingsbevoegdheid ten aanzien van onroerendgoedtransacties die in andere lidstaten zijn verricht.

82. In die omstandigheden zou de inaanmerkingneming van dergelijke transacties teneinde de grondslag van de betrokken belasting te verminderen, erop neerkomen dat die transacties zouden worden behandeld alsof zij reeds aan de litigieuze belasting onderworpen zijn geweest, ook al was dat niet het geval. Die situatie zou duidelijk in strijd zijn met het genoemde doel van het vermijden van dubbele belastingheffing in het Hongaarse belastingstelsel.

83. Hoewel in andere lidstaten verrichte onroerendgoedtransacties ook onderworpen kunnen zijn geweest aan vergelijkbare, of zelfs identieke, belastingen, moet niettemin worden vastgesteld dat de lidstaten, mits zij het Unierecht in acht nemen, bij de huidige stand van ontwikkeling van dat recht over een zekere autonomie op belastinggebied beschikken, zodat zij niet verplicht zijn om hun belastingstelsel aan te passen aan de verschillende belastingstelsels van de andere lidstaten om met name dubbele belasting te voorkomen (zie naar analogie arresten van 6 december 2007, Columbus Container Services, C-298/05, *Jurispr.* blz. I-10451, punt 51, en 12 februari 2009, Block, C-67/08, *Jurispr.* blz. I-883, punt 31).

84. Aan deze beoordeling wordt niet afgedaan door het feit dat de belastingplichtige, vanwege de wijze waarop de grondslag van de belasting op onroerend goed wordt berekend, kan worden vrijgesteld van betaling van die belasting bij de latere verwerving van een onroerend goed in Hongarije. Wanneer de waarde van het tweede onroerend goed minder bedraagt dan de waarde van het verkochte onroerend goed, wordt het in die tweede verwerving geïnvesteerde kapitaal immers niet aan belastingheffing onderworpen, en heeft de belastingplichtige dus geen recht op teruggaaf van een gedeelte van de bij de eerste verwerving betaalde belasting. Een dergelijk mechanisme maakt aannemelijk dat de betrokken regeling wel degelijk een voordeel vormt en geen verkapte vrijstelling waarvoor alleen Hongaarse ingezetenen in aanmerking komen.

85. Hieruit volgt dat de beperking van het vrij verkeer van personen en de vrijheid van vestiging kan worden gerechtvaardigd door redenen die verband houden met het bewaren van de samenhang van het belastingstelsel.

– Aangaande de vraag of artikel 18 EG wordt beperkt

86. Met betrekking tot personen die geen ingezetenen zijn van Hongarije en aldaar geen economische activiteit uitoefenen, zij opgemerkt dat een nationale regeling die bepaalde eigen onderdanen benadeelt louter omdat zij hun recht om in een andere lidstaat vrij te reizen en te verblijven hebben uitgeoefend, een beperking vormt van de vrijheden die elke burger van de Unie op grond van artikel 18, lid 1, EG geniet (zie arresten van 18 juli 2006, De Cuyper, C-406/04, *Jurispr.* blz. I-6947, punt 39; 26 oktober 2006, Tas-Hagen en Tas, C-192/05, *Jurispr.* blz. I-10451, punt 31, en 23 oktober 2007, Morgan en Bucher, C-11/06 en C-12/06, *Jurispr.* blz. I-9161, punt 25).

87. In casu kan redelijkerwijs niet worden ontkend dat de uitsluiting van het genot van vermindering van de belastinggrondslag van personen die zich binnen de Unie verplaatsen om vereisten die geen verband houden met het uitoefenen van een economische activiteit, die personen er in bepaalde gevallen van kan weerhouden de door artikel 18 EG gewaarborgde fundamentele vrijheden uit te oefenen.

88. Niettemin volgt uit de rechtspraak van het Hof dat een dergelijke beperking uit het oogpunt van het Unierecht kan worden gerechtvaardigd indien zij is gebaseerd op objectieve overwegingen die losstaan van de nationaliteit van de betrokken personen en evenredig zijn aan het door het nationale recht rechtmatig nagestreefde doel (zie reeds aangehaalde arresten De Cuyper, punt 40; Tas-Hagen en Tas, punt 33, en Morgan en Bucher, punt 33).

89. Dienaangaande zij opgemerkt dat dezelfde conclusie als waartoe het Hof met betrekking tot de rechtvaardiging van de beperking van de artikelen 39 EG en 43 EG is gekomen in de punten 69 tot en met 85 van het onderhavige arrest om dezelfde redenen ook geldt voor de grief betreffende artikel 18 EG (zie arrest van 5 juli 2007, Commissie/België, C-522/04, *Jurispr.* blz. I-5701, punt 72; en reeds aangehaalde arresten Commissie/Duitsland, punt 30, en Commissie/Griekenland, punt 60).

- Aangaande de grieven ontleend aan schending van de bepalingen van de EER-Overeenkomst

90. De Commissie betoogt in de tweede plaats dat de Republiek Hongarije niet heeft voldaan aan de verplichtingen die op haar rusten krachtens de artikelen 28 en 31 van de EER-overeenkomst, betreffende het vrije verkeer van werknemers en de vrijheid van vestiging.

91. Dienaangaande zij opgemerkt dat de in de artikelen 28 en 31 van de EER-Overeenkomst neergelegde regels die beperkingen van de vrijheid van verkeer en van vestiging verbieden, dezelfde juridische strekking hebben als de in wezen identieke bepalingen van de artikelen 39 EG en 43 EG (zie met name reeds aangehaald arrest van 5 juli 2007, Commissie/ België, punt 76).

92. In deze omstandigheden dienen de grieven ontleend aan schending van het vrije verkeer van personen en de vrijheid van vestiging, ongegrond te worden verklaard.

93. Aangezien geen van de grieven is aanvaard, moet het beroep van de Commissie worden verworpen.

Kosten

94. …

HET HOF (Eerste kamer)

verklaart:

1. Het beroep wordt verworpen.

2. De Europese Comissie wordt verwezen in de kosten.

HvJ EU 8 december 2011, zaak C-157/10 (Banco Bilbao Vizcaya Argentaria, SA v. Administración General del Estado)

Eerste kamer: *A. Tizzano, kamerpresident, M. Safjan, M. Ilešič, E. Levits (rapporteur) en J. J. Kasel, rechters*
Advocaat-generaal: *P. Mengozzi*

1. Het verzoek om een prejudiciële beslissing betreft de uitlegging van de artikelen 63 VWEU en 65 VWEU.

2. Dit verzoek is ingediend in het kader van een geding tussen de Banco Bilbao Vizcaya Argentaria, SA (hierna: 'BBVA') en de Administración General del Estado, over de weigering van laatstgenoemde om BBVA toe te staan om op het bedrag van de voor het aanslagjaar 2001 over haar totale inkomen verschuldigde vennootschapsbelasting in mindering te brengen het bedrag van de belasting die in België over de aldaar ontvangen rente is verschuldigd, maar op grond van een vrijstelling niet is betaald.

Toepasselijke bepalingen

Gemeenschapsrecht

3. Artikel 67 EEG-Verdrag (later artikel 67 EG-Verdrag, dat bij het Verdrag van Amsterdam is ingetrokken), dat van kracht was ten tijde van de feiten in het hoofdgeding, was als volgt geformuleerd:

> '1. Gedurende de overgangsperiode en in de mate waarin zulks voor de goede werking van de gemeenschappelijke markt nodig is, heffen de lidstaten in hun onderling verkeer geleidelijk de beperkingen op met betrekking tot het verkeer van kapitaal toebehorende aan personen die woonachtig of gevestigd zijn in de lidstaten alsmede discriminerende behandeling op grond van nationaliteit of van de vestigingsplaats van partijen of op grond van het gebied waar het kapitaal wordt belegd.
> [...]'

4. Artikel 1, lid 1, van richtlijn 88/361/EEG van de Raad van 24 juni 1988 voor de uitvoering van artikel 67 van het Verdrag [artikel ingetrokken bij het Verdrag van Amsterdam] (*PB* L 178, blz. 5) bepaalt:

> 'Onverminderd de hierna volgende bepalingen heffen de lidstaten de beperkingen op met betrekking tot het kapitaalverkeer tussen ingezetenen van de lidstaten. Ten einde de toepassing van deze richtlijn te vergemakkelijken, worden de verschillende categorieën kapitaalverkeer ingedeeld volgens de nomenclatuur van bijlage I.'

5. Krachtens artikel 6, lid 2, van richtlijn 88/361 kan het Koninkrijk Spanje tijdelijk beperkingen van het in bijlage IV genoemde kapitaalverkeer handhaven, onder de voorwaarden en binnen de termijnen welke in deze bijlage zijn vermeld.

Spaans nationaal recht

6. Artikel 57, lid 1, van de Ley General Tributaria 230/1963 (Spaanse algemene belastingwet 230/1963) van 28 december 1963 (BOE nr. 313 van 31 december 1963, blz. 18248), bepaalde:

> 'Wanneer op het verschuldigde bedrag van de betrokken belasting eerder verschuldigde of voldane belastingen in aftrek mogen worden gebracht, betreft de aftrek het volledige bedrag van die belastingen, ook indien daarop een vrijstelling of belastingkrediet van toepassing was.'

7. In artikel 24, lid 4, van Ley 61/1978 del Impuesto sobre Sociedades (Spaanse wet nr. 61/1978 inzake de vennootschapsbelasting) van 27 december 1978 (BOE nr. 312 van 30 december 1978, blz. 29429) werd bepaald:

> 'In het geval van een onbeperkte belastingplicht wordt, wanneer de inkomsten van de belastingplichtige mede inkomsten omvatten die in het buitenland zijn verkregen en belast, het laagste bedrag van de volgende twee in aftrek gebracht:
> a. Het daadwerkelijk in het buitenland betaalde bedrag uit hoofde van een identieke of vergelijkbare heffing als deze belasting.
> b. Het bedrag van de verschuldigde belasting die in Spanje over dat inkomen zou moeten worden betaald, indien het in Spanje zou zijn verkregen.'

Overeenkomst tot het vermijden van dubbele belasting

8. Artikel 11 van de overeenkomst tussen het Koninkrijk Spanje en het Koninkrijk België tot voorkoming van dubbele belasting en tot het regelen van bepaalde vraagstukken op het gebied van belastingen op inkomen en vermogen, ondertekend te Brussel op 24 september 1970 en bekrachtigd door het Koninkrijk Spanje op 28 mei 1971

(BOE nr. 258 van 27 oktober 1972, blz. 19176; hierna: 'Belastingovereenkomst'), dat ten tijde van de feiten in het hoofdgeding van toepassing was, luidde:

'1. Interest afkomstig uit een overeenkomstsluitende staat en toegekend aan een verblijfhouder van de andere overeenkomstsluitende staat is in de andere staat belastbaar.
2. Die interest mag echter in de overeenkomstsluitende staat waaruit hijafkomstig is, volgens de wetgeving van die staat worden belast, maar de aldus geheven belasting mag niet hoger zijn dan 15 % van het bedrag van de interest.
[...]'

9. Artikel 23 van de Belastingovereenkomst bepaalt:

'1. Indien een ingezetene van een overeenkomstsluitende staat inkomsten geniet waarop niet in de hierna volgende leden 3 en 4 wordt gedoeld en die inkomsten volgens de bepalingen van deze overeenkomst in de andere overeenkomstsluitende staat kunnen worden belast, stelt de eerste staat die inkomsten vrij van de belasting [...].
[...]
3. [...] [I]ndien een ingezetene van een overeenkomstsluitende staat inkomsten geniet die volgens artikel 10, lid 2, artikel 11, leden 2 en 7, of artikel 12, leden 2 en 6, in de andere overeenkomstsluitende staat kunnen worden belast, verleent de eerste staat op de door die ingezetene over deze inkomsten verschuldigde belasting een aftrek, die wordt berekend op basis van het bedrag van bovengenoemde inkomsten dat in de belastbare grondslag van die ingezetene is meegerekend en waarvan het tarief niet lager mag zijn dan het tarief van de in de andere overeenkomstsluitende staat over die inkomsten geheven belasting [...]'.

Aan het hoofdgeding ten grondslag liggende feiten en prejudiciële vraag

10. BBVA is de dominante onderneming van Grupo Consolidado 2/82. In het Spaanse rechtssysteem is een geconsolideerde groep een eenheid die om fiscale redenen wordt gevormd door een samenstel van vennootschappen, waarvan er een de overige domineert.

11. Naar aanleiding van een reeks van verificaties en controles die betrekking hadden op de vennootschapsbelasting over 1991, heeft de Oficina Nacional de Inspección (nationale belastinginspectie), van mening dat overeenkomstig de bepalingen van artikel 24, lid 4, van wet 61/1978 enkel de daadwerkelijk betaalde belastingen kunnen worden afgetrokken, bij beschikking van 24 oktober 1997 de door BBVA aangegeven belastbare grondslag verhoogd met 6 750 405 ESP (40 570,75 EUR). Dat bedrag komt overeen met het bedrag dat BBVA had afgetrokken van de vennootschapsbelasting die in België over de in die lidstaat ontvangen rente-inkomsten was verschuldigd, doch op grond van een vrijstelling niet was betaald.

12. De beschikking van de Oficina Nacional de Inspección werd bij beslissing van de Tribunal Económico-Administrativo Central van 11 mei 2001 bevestigd. Aangezien het tegen die beslissing door BBVA bij de kamer voor bestuursgeschillen van de Audiencia Nacional ingestelde beroep bij arrest van 26 juni 2003 werd verworpen, heeft BBVA beroep in cassatie ingesteld bij de Tribunal Supremo.

13. In haar cassatieberoep betoogt BBVA dat zij gerechtigd is om het van bedrag van de in Spanje op haar wereldinkomen drukkende vennootschapsbelasting het bedrag af te trekken van de belasting die zij in België over de aldaar verkregen rente-inkomsten was verschuldigd, doch op grond van een vrijstelling niet had betaald.

14. Het Tribunal Supremo merkt op dat ingevolge zijn recente rechtspraak het Spaanse nationale recht zich ertegen verzet dat BBVA het bedrag van de in België verschuldigde belasting aftrekt van het bedrag van de in Spanje verschuldigde vennootschapsbelasting, aangezien eerstgenoemde belasting op grond van een vrijstelling niet was betaald. Dat vloeit volgens het Tribunal Supremo ook voort uit artikel 23, lid 3, van de Belastingovereenkomst.

15. Het Tribunal Supremo vraagt zich af of een dergelijke regeling verenigbaar is met het beginsel van vrij verkeer van kapitaal, aangezien zij tot gevolg heeft dat in Spanje gevestigde vennootschappen die investeringen verrichten in België en daar winsten uit behalen het door de Belgische fiscale autoriteiten verleende belastingvoordeel mislopen, omdat zij over die winsten uiteindelijk in hun vestigingsstaat belasting betalen waarvan zij evenwel in de investeringsstaat zijn vrijgesteld.

16. In die omstandigheden heeft het Tribunal Supremo de behandeling van de zaak geschorst en het Hof de volgende prejudiciële vraag gesteld:

'Moeten de artikelen 63 [VWEU] en 65 [VWEU] aldus worden uitgelegd, dat zij zich verzetten tegen een (eenzijdig of op grond van een bilaterale overeenkomst tot het vermijden van dubbele belasting vastgestelde) nationale regeling die voor de vennootschapsbelasting en in het kader van regels ter vermijding van dubbele belasting de aftrek verbiedt van de in andere lidstaten van de Europese Unie verschuldigde belasting over inkomsten waarop die belasting wordt geheven en die aldaar zijn verkregen, wanneer de belasting weliswaar verschuldigd is, maar op grond van een vrijstelling, belastingkrediet of enig ander fiscaal voordeel niet behoeft te worden betaald?'

Beantwoording van de prejudiciële vraag

Ontvankelijkheid

17. De Portugese regering is van mening dat het verzoek om een prejudiciële beslissing niet-ontvankelijk moet worden verklaard, aangezien de door de verwijzende rechter gevraagde uitlegging van de artikelen 63 VWEU en 65 VWEU op grond van de toepassing ratione temporis van rechtsregels niet relevant is voor de beslechting van het hoofdgeding, dat betrekking heeft op het belastingjaar 1991. De artikelen 56 EG en 58 EG (later respectievelijk de artikelen 63 VWEU en 65 VWEU) werden namelijk pas bij het op 7 februari 1992 te Maastricht ondertekende Verdrag betreffende de Europese Unie ingevoegd in het Verdrag tot oprichting van de Europese Unie.

18. Dienaangaande zij eraan herinnerd dat in het kader van de bij artikel 267 VWEU ingestelde procedure van samenwerking tussen de nationale rechterlijke instanties en het Hof het de taak van het Hof is om de nationale rechter een nuttig antwoord te geven aan de hand waarvan deze het bij hem aanhangige geding kan oplossen. Met het oog hierop dient het Hof in voorkomend geval de hem voorgelegde vraag te herformuleren (zie met name arresten van 4 mei 2006, Haug, C-286/05, *Jurispr.* blz. I-4121, punt 17, en 11 maart 2008, Jager, C-420/06, *Jurispr.* blz. I-1315, punt 46).

19. Voorts kan volgens vaste rechtspraak het Hof, om de rechter die het verzoek om een prejudiciële beslissing heeft ingediend, een nuttig antwoord te geven, bepalingen van Unierecht in aanmerking nemen die de nationale rechter in zijn prejudiciële vragen niet heeft vermeld (zie met name arresten van 12 oktober 2004, Wolff & Müller, C-60/03, *Jurispr.* blz. I-9553, punt 24; 7 juli 2005, Weide, C-153/03, *Jurispr.* blz. I-6017, punt 25, en 23 februari 2006, van Hilten-van der Heijden, C-513/03, *Jurispr.* blz. I-1957, punt 26).

20. Het Hof heeft immers tot taak alle Unierechtelijke bepalingen uit te leggen die noodzakelijk zijn voor de beslechting van bij de nationale rechterlijke instanties aanhangige gedingen, ook wanneer die bepalingen niet uitdrukkelijk worden genoemd in de door die rechterlijke instanties gestelde vragen (zie arresten van 19 november 2002, Strawson en Gagg & Sons, C-304/00, *Jurispr.* blz. I-10737, punt 58, en reeds aangehaald arrest Jager, punt 47).

21. Aangezien het Hof dus bevoegd is om de prejudiciële vraag te beantwoorden met inaanmerkingneming van de op de feiten in het hoofdgeding toepasselijke rechtsvoorschriften, moet de door de Portugese regering opgeworpen exceptie van niet-ontvankelijkheid worden verworpen.

Ten gronde

Inleidende opmerkingen

22. Het hoofdgeding heeft betrekking op het belastingjaar 1991, dat wil zeggen op een feitelijke en juridische situatie van vóór de inwerkingtreding van het WEU-Verdrag. De ten tijde van de feiten in het hoofdgeding geldende regels inzake het vrije verkeer van kapitaal waren artikel 67 EEG-Verdrag en de ter uitvoering van dit voorschrift vastgestelde richtlijn 88/3613.

23. Hieruit volgt dat de door de verwijzende rechter gestelde prejudiciële vraag in het licht van die voorschriften moet worden beantwoord.

24. Dienaangaande zij eraan herinnerd dat richtlijn 88/361 een volledige liberalisering van het kapitaalverkeer tot stand heeft gebracht en dat artikel 1, lid 1 – waarvan de rechtstreekse werking door het Hof is erkend – ervan daartoe de lidstaten de verplichting heeft opgelegd, alle beperkingen met betrekking tot het kapitaalverkeer op te heffen (zie arrest van 11 december 2003, Barbier, C-364/01, *Jurispr.* blz. I-15013, punt 57 en aldaar aangehaalde jurisprudentie).

25. Volgens artikel 6, lid 2, van richtlijn 88/361 is het Koninkrijk Spanje evenwel gemachtigd om uiterlijk tot en met 31 december 1992 de in de lijsten III en IV van bijlage IV bij die richtlijn genoemde beperkingen met betrekking tot het kapitaalverkeer te handhaven.

26. Hieruit volgt dat, in de eerste plaats, moet worden nagegaan of een regeling als die welke in het hoofdgeding aan de orde is een beperking met betrekking tot het kapitaalverkeer vormt in de zin van artikel 1, lid 1, van richtlijn 88/361.

27. Alleen wanneer de in het hoofdgeding aan de orde zijnde regeling leidt tot een beperking van het vrije verkeer van kapitaal, dient de verwijzende rechter, in de tweede plaats, te onderzoeken of het kapitaalverkeer dat in het hoofdgeding heeft geleid tot betaling van de betrokken rente, valt onder de afwijkingsbepaling van artikel 6, lid 2, van richtlijn 88/361, waarbij alleen de verwijzende rechter bevoegd is de feiten vast te stellen en na te gaan wat de aard en herkomst zijn van de door BBVA in België ontvangen rente.

Aangaande de vraag of er sprake is van een beperking van het vrije verkeer van kapitaal

28. Volgens vaste rechtspraak zijn de lidstaten, hoewel de directe belastingen tot hun bevoegdheid horen, niettemin verplicht deze bevoegdheid in overeenstemming met het recht van de Unie uit te oefenen (zie arresten van

14 februari 1995, Schumacker, C-279/03, *Jurispr.* blz. I-225, punt 21; 11 augustus 1995, Wielockx, C-80/94, *Jurispr.* blz. I-2493, punt 16; 6 juni 2000, Verkooijen, C-35/98, *Jurispr.* blz. I-4071 punt 32, en reeds aangehaald arrest Barbier, punt 56).

29. Het staat aan elke lidstaat om met eerbiediging van het recht van de Unie zijn stelsel van belasting op inkomsten uit roerend vermogen te organiseren en in dat kader de belastbare grondslag en het belastingtarief voor de ontvanger van die inkomsten te bepalen (zie naar analogie arresten van 16 juli 2009, Damseaux, C-128/08, *Jurispr.* blz. I-6823, punt 25, en 10 februari 2011, Haribo Lakritzen Hans Riegel en Österreichische Salinen, C-436/08 en C-437/08, nog niet gepubliceerd in de *Jurisprudentie*, punt 167 en aldaar aangehaalde rechtspraak).

30. Hieruit volgt dat rente die door een in een lidstaat gevestigde schuldenaar aan een in een andere lidstaat wonende ontvanger wordt uitgekeerd, aan een juridische dubbele belasting kan worden onderworpen wanneer beide lidstaten hun belastingbevoegdheid wensen uit te oefenen en deze rente wensen te belasten, doordat de eerste lidstaat op de rente een inhouding aan de bron toepast en de tweede lidstaat die rente tot het belastbaar inkomen van de ontvanger rekent.

31. Bij gebreke van unificatie- of harmonisatiemaatregelen van de Unie, blijven de lidstaten bevoegd om, door het sluiten van overeenkomsten of unilateraal, de criteria voor de verdeling van hun heffingsbevoegdheid vast te stellen teneinde onder meer dubbele belasting af te schaffen (zie arresten van 12 mei 1998, Gilly, C-336/96, *Jurispr.* blz. 2793, punten 24 en 30; 21 september 1999, Saint-Gobain ZN, C-307/97, *Jurispr.* blz. I-6161, punt 57; 8 november 2007, Amurta, C-379/05, *Jurispr.* blz. I-9569, punt 17, en arrest van 20 mei 2008, European Smallcap Fund, C-194/06, *Jurispr.* blz. I-3747, punt 32). Het staat aan hen om de maatregelen te nemen die noodzakelijk zijn om situaties van dubbele belasting te voorkomen, door met name de in de internationale belastingpraktijk gehanteerde verdelingscriteria toe te passen (zie arrest van 14 november 2006, Kerckhaert en Morres, C-513/04, *Jurispr.* blz. I-10967, punt 23).

32. In casu volgt uit de verwijzingsbeschikking dat in het Spaanse recht dergelijke maatregelen ter voorkoming van dubbele belasting van rente zijn ingevoerd door, enerzijds, de Belastingovereenkomst en, anderzijds, de Spaanse wettelijke regeling.

33. Zo bepaalde artikel 23, lid 3, van de Belastingovereenkomst dat het Koninkrijk Spanje op de belasting die een ingezetene van die lidstaat over uit België afkomstige rente is verschuldigd een aftrek verleent, die wordt berekend op basis van het bedrag van die rente dat in de belastbare grondslag van die ingezetene is meegerekend en waarvan het tarief niet lager mag zijn dan het tarief van de in België over die inkomsten geheven belasting.

34. Artikel 24, lid 4, van wet 61/1978 voorzag, wat in het buitenland verworven en belaste inkomsten betreft, in de aftrek van het laagste van beide volgende bedragen, dat wil zeggen van hetzij het bedrag dat in het buitenland daadwerkelijk, op grond van een aan die belasting gelijke of in wezen gelijksoortige heffing, is betaald, hetzij het bedrag dat over die inkomsten in Spanje had moeten worden betaald indien zij op het Spaanse grondgebied zouden zijn verworven.

35. Niettemin verzoekt BBVA in het kader van het hoofdgeding dat het bedrag van de belasting die in België over de in die lidstaat ontvangen rente is verschuldigd, maar op grond van een vrijstelling niet is betaald, wordt afgetrokken van de in Spanje verschuldigde vennootschapsbelasting.

36. De verwijzende rechter is van mening dat een uitlegging van de bepalingen van de Belastingovereenkomst en de Spaanse nationale wettelijke regeling in die zin dat enkel de in een andere lidstaat daadwerkelijk betaalde belasting van de in Spanje verschuldigde belasting kan worden afgetrokken, in Spanje gevestigde vennootschappen kan ontmoedigen om hun kapitaal in een andere lidstaat te investeren.

37. Bijgevolg moet worden vastgesteld dat het nadeel dat BBVA in casu stelt te hebben geleden, niet bestaat in de dubbele belasting over de door BBVA ontvangen rente, aangezien die rente enkel in Spanje wordt belast, maar in het feit dat BBVA voor de berekening van de in Spanje verschuldigde belasting geen gebruik kan maken van het fiscale voordeel in de vorm van de door de Belgische wettelijke regeling verleende vrijstelling.

38. Het Hof heeft reeds geoordeeld dat de nadelen die uit de parallelle uitoefening van belastingbevoegdheden door verschillende lidstaten kunnen voortvloeien, voor zover deze uitoefening geen discriminatie oplevert, geen beperkingen van de verkeersvrijheden vormen (zie in die zin reeds aangehaalde arresten Kerckhaert en Morres, punten 19, 20 en 24, Orange European Smallcap Fund, punten 41, 42 en 47, en Damseaux, punt 27).

39. Aangezien de lidstaten niet verplicht zijn om hun belastingstelsel aan te passen aan de verschillende belastingstelsels van de andere lidstaten om met name dubbele belasting te voorkomen (zie arrest van 12 februari 2009, Block, C-67/08, *Jurispr.* blz. I-883, punt 31), zijn ze dus a fortiori niet verplicht om hun belastingregeling aan te passen teneinde een belastingplichtige de mogelijkheid te bieden om gebruik te maken van een door andere lidstaat in het kader van de uitoefening van zijn fiscale bevoegdheden verleend belastingvoordeel, voor zover hun wettelijke regeling niet discriminerend is.

40. Derhalve moet worden nagegaan of op grond van de in het hoofdgeding aan de orde zijnde regeling de in een andere lidstaat ontvangen rente vergeleken met de in Spanje ontvangen rente niet discriminerend wordt behandeld.

41. Dienaangaande volgt uit vaste rechtspraak dat er van discriminatie niet alleen sprake kan zijn wanneer verschillende regels worden toegepast op vergelijkbare situaties, maar ook wanneer dezelfde regel wordt toegepast op verschillende situaties (zie reeds aangehaald arrest Schumacker, punt 30; arrest van 29 april 1999, Royal Bank of Scotland, C-311/97, *Jurispr.* blz. I-2651, punt 26, en reeds aangehaald arrest Kerckhaert en Morres, punt 19).

42. Ten aanzien van de belastingregeling van de woonstaat wordt de positie van een belastingplichtige die rente ontvangt niet noodzakelijkerwijs anders door de enkele omstandigheid dat hij deze rente van een in een andere lidstaat gevestigde schuldenaar ontvangt, welke lidstaat die rente bij de uitoefening van zijn belastingbevoegdheid op grond van de inkomstenbelasting kan onderwerpen aan een inhouding aan de bron (zie in die zin reeds aangehaald arrest Kerckhaert en Morres, punt 19, en arrest van 6 december 2007, Columbus Container Services, C-298/05, *Jurispr.* blz. I-10451, punt 42).

43. In casu staat vast dat voor het Hof niet is gesteld dat de in een andere lidstaat ontvangen rente discriminerend wordt behandeld vergeleken met uit Spanje afkomstige rente.

44. Uit de door de verwijzende rechter aangevoerde toepasselijke bepalingen volgt evenwel dat artikel 57, lid 1, van wet 230/1963 bepaalt dat wanneer op het verschuldigde bedrag van de betrokken belasting, eerder verschuldigde of voldane belastingen in mindering moeten worden gebracht, de aftrek het volledige bedrag van die belastingen betreft, ook indien daarop een vrijstelling of belastingkrediet van toepassing was.

45. Bijgevolg dient de nationale rechter, die als enige bevoegd is het nationale recht uit te leggen, te onderzoeken of, gelet op de wijze van belastingheffing over de in Spanje ontvangen rente, de aangehaalde bepaling van wet 230/1963 kan worden toegepast op die rente en of, in een dergelijk geval, de behandeling van in een andere lidstaat ontvangen rente vergeleken met de behandeling waaraan de in Spanje ontvangen rente wordt onderworpen, met het oog op de mogelijkheid om verschuldigde, doch niet betaalde belasting af te trekken, niet discriminerend is.

46. Gelet op bovenstaande overwegingen moet op de gestelde vraag worden geantwoord dat artikel 67 EEG-Verdrag en artikel 1 van richtlijn 88/361 zich niet verzetten tegen een regeling van een lidstaat, als die welke in het hoofdgeding aan de orde is, die voor de vennootschapsbelasting en in het kader van regels ter vermijding van dubbele belasting de aftrek verbiedt van de in andere lidstaten van de Europese Unie verschuldigde belasting over inkomsten die aldaar zijn verkregen en waarop die belasting wordt geheven, wanneer de belasting weliswaar verschuldigd is, maar niet behoeft te worden betaald op grond van een vrijstelling, belastingkrediet of enig ander fiscaal voordeel, voor zover die regeling niet discriminerend is vergeleken met de behandeling waaraan de in die lidstaat ontvangen rente wordt onderworpen, hetgeen de verwijzende rechter dient na te gaan.

Kosten

47. ...

HET HOF (Eerste kamer)

verklaart voor recht:

Artikel 67 EEG-Verdrag en artikel 1 van richtlijn 88/361/EEG van de Raad van 24 juni 1988 voor de uitvoering van artikel 67 van het Verdrag [artikel ingetrokken bij het Verdrag van Amsterdam], verzetten zich niet tegen een regeling van een lidstaat, als die welke in het hoofdgeding aan de orde is, die voor de vennootschapsbelasting en in het kader van regels ter vermijding van dubbele belasting de aftrek verbiedt van de in andere lidstaten van de Europese Unie verschuldigde belasting over inkomsten die aldaar zijn verkregen en waarop die belasting wordt geheven, wanneer de belasting weliswaar verschuldigd is, maar niet behoeft te worden betaald op grond van een vrijstelling, belastingkrediet of enig ander fiscaal voordeel, voor zover die regeling niet discriminerend is vergeleken met de behandeling waaraan de in die lidstaat ontvangen rente wordt onderworpen, hetgeen de verwijzende rechter dient na te gaan.

HvJ EG 29 maart 2012, zaak C-417/10 (Ministero dell'Economia e delle Finanze, Agenzia delle Entrate v. 3M Italia SpA)

Vierde kamer: *J.-C. Bonichot, kamerpresident, A. Prechal, L. Bay Larsen, C. Toader en E. Jarašiūnas (rapporteur), rechters*
Advocaat-generaal: *E. Sharpston*

1. Het verzoek om een prejudiciële beslissing betreft de uitlegging van het recht van de Unie op het gebied van de directe belastingen.

2. Dit verzoek is ingediend in het kader van een geding tussen het Ministero dell'Economia e delle Finanze (ministerie van Economie en Financiën) en de Agenzia delle Entrate (belastingkantoor) en 3M Italia SpA (hierna: '3M Italia') over de belastingheffing op door deze laatste over de jaren 1989 tot en met 1991 uitgekeerd dividend.

Toepasselijke bepalingen

3. Artikel 3, lid 2 bis, van decreto-legge 40/2010 (GURI nr. 71 van 26 maart 2010), omgezet – met wijzigingen – in wet 73/2010 (GURI nr. 120 van 25 mei 2010, hierna: 'decreto-legge 40/2010'), luidt als volgt:

> 'Ter beperking van de duur van de procedures in belastingzaken en gelet op het beginsel van een redelijke procesduur in de zin van het bij wet nr. 848 van 4 augustus 1955 geratificeerde Europees Verdrag tot Bescherming van de Rechten van de Mens en de Fundamentele Vrijheden[, ondertekend te Rome op 4 november 1950 (hierna: 'EVRM')] worden aanhangige belastingprocedures die zijn ingeleid met beroepen die ten tijde van de inwerkingtreding van de wet tot omzetting van dit decreet sedert meer dan tien jaar ter griffie in eerste aanleg zijn ingeschreven en waarin de belastingdienst in eerste en in tweede aanleg in het ongelijk is gesteld, wegens niet-inachtneming van de redelijke termijn als bedoeld in artikel 6, lid 1, van voormeld Verdrag als volgt beëindigd:
> […]
> b. bij de Corte di cassazione aanhangige zaken kunnen worden beëindigd door betaling van een bedrag ter hoogte van 5 % van het in geding zijnde bedrag […] indien tegelijkertijd afstand wordt gedaan van iedere aanspraak op een billijke schadevergoeding in de zin van wet nr. 89 van 24 maart 2001. De belastingplichtige kan zijn daartoe strekkende verzoek, met het bewijs van betaling, bij de bevoegde instantie of griffie indienen binnen negentig dagen, te rekenen vanaf de inwerkingtreding van de wet ter omzetting van het onderhavige decreet. De behandeling van de in deze paragraaf bedoelde procedures wordt tot het verstrijken van deze tweede termijn geschorst en de procedures worden beëindigd met volledige verrekening van de proceskosten. In geen geval kan terugbetaling plaatsvinden.'

Hoofdgeding en prejudiciële vragen

4. De vennootschap 3M Company, gevestigd in de Verenigde Staten, heeft op aandelen van de door haar gecontroleerde onderneming 3M Italia een recht van vruchtgebruik gevestigd ten gunste van Shearson Lehman Hutton Special Financing, eveneens gevestigd in de Verenigde Staten. Deze laatste heeft op haar beurt het vruchtgebruik overgedragen aan Olivetti & C. SpA, gevestigd in Italië, waarbij het stemrecht aan de blote eigenaar, 3M Company, bleef voorbehouden.

5. Na controle was de Italiaanse belastingdienst van oordeel dat de overdracht van het vruchtgebruik aan Olivetti & C. fictief was en dat het door 3M Italia aan deze laatste uitgekeerd dividend in werkelijkheid was toegevloeid aan Shearson Lehman Hutton Special Financing, een buiten Italië gevestigde onderneming. Derhalve besloot hij dat op bedoeld dividend in plaats van de vooraftrek van 10 % en het overeenkomstige belastingkrediet voor in Italië gevestigde belastingplichtigen de belasting van 32,4 % zoals neergelegd in de Italiaanse voorschriften over de belastingheffing op inkomsten uit eigendom moest worden toegepast. De belastingdienst stond voorts op het standpunt dat 3M Italia aansprakelijk kon worden gesteld voor de onjuiste gang van zaken en heeft van deze laatste betaling gevorderd van de bedragen van 20 089 887 000 ITL voor 1989; 12 960 747 000 ITL voor 1990 en 9 806 820 000 ITL voor 1991, vermeerderd met boeten en interessen.

6. 3M Italia heeft de betrokken aanslagen bestreden voor de Commissione Tributaria Provinciale di Caserta (belastingkamer voor de provincie Caserta), die de betrokken aanslagen heeft vernietigd. Deze uitspraak is bevestigd in een arrest van de Commissione tributaria regionale Campania (belastingkamer voor de regio Campania) van 14 juli 2000.

7. Tegen deze uitspraak is bij de verwijzende rechterlijke instantie beroep tot cassatie ingesteld door het Ministero dell'Economia e delle Finanze en de Agenzia delle Entrate, die hebben aangevoerd dat de aan de orde zijnde verrichting, te weten de overdracht van vruchtgebruik, in werkelijkheid slechts een schijnhandeling was die belastingontwijking tot doel had. In dit stadium heeft 3M Italia om toepassing van artikel 3, lid 2 bis, sub b, van decreto-

legge 40/2010 verzocht om te verkrijgen dat de procedure voor de Corte suprema di cassazione zou worden beëindigd.

8. De Corte suprema di cassazione betwijfelt echter of voormelde bepaling verenigbaar is met het recht van de Unie.

9. Volgens deze rechterlijke instantie is het de vraag of het in de arresten van 21 februari 2006, Halifax e.a. (C-255/02, *Jurispr.* blz. I-1609), en 21 februari 2008, Part Service (C-425/06, *Jurispr.* blz. I-897), geformuleerde beginsel van het verbod van rechtsmisbruik op het gebied van de geharmoniseerde belastingen kan worden toegepast op niet-geharmoniseerde belastingen zoals de indirecte belastingen. Dienaangaande vraagt zij zich af 'of er niet een communautair belang bestaat in gevallen – zoals het onderhavige – van grensoverschrijdende financiële transacties, waarin het beroep op rechtsvormen die niet stroken met daadwerkelijke financiële transacties zou kunnen worden gezien als misbruik van de door het EG-Verdrag gewaarborgde fundamentele vrijheden, in de eerste plaats van het vrije kapitaalverkeer'.

10. Indien dat het geval is moet naar haar oordeel worden onderzocht of de aan de orde zijnde nationale bepaling, die op de belastingplichtige slechts een 'nagenoeg symbolische' verplichting legt, niet in strijd is met de verplichting, misbruik te bestrijden, en met artikel 4, lid 3, VEU, op grond waarvan de lidstaten alle maatregelen moeten treffen die geschikt zijn om de nakoming van de uit de Verdragen voortvloeiende verplichtingen te verzekeren, en zich dienen te onthouden van alle maatregelen die de verwezenlijking van de doelstellingen van de Unie in gevaar kunnen brengen.

11. Voor het overige vraagt de verwijzende rechter zich af of de aan de orde zijnde bepaling, die naar zijn oordeel erop neerkomt dat nagenoeg volledig van inning van de belastingschuld wordt afgezien, verenigbaar is met de beginselen van de interne markt. Onder verwijzing naar de 'door het Verdrag gewaarborgde fundamentele vrijheden' vraagt hij zich inzonderheid af of een dergelijke bepaling kan worden beschouwd als een juiste toepassing van de zogenoemde 'fiscale mededinging', waar in casu de onttrekking aan belastingheffing op misbruik berust. Bovendien wijst hij erop dat deze niet-invordering van belasting tot 'discriminatie van in Italië gevestigde ondernemingen' leidt.

12. Voorts moeten volgens de verwijzende rechter de regels van het VWEU inzake staatssteun in de beschouwing worden betrokken, gelet op het voordeel dat de betrokken bepaling de begunstigde verleent en aangezien het hier een selectieve maatregel betreft. Een belastingamnestie waarbij eenvoudig van belastingheffing wordt afgezien, kan, ook al wordt zij uitsluitend verleend in de gerechtelijke fase tegen betaling van een zeer gering bedrag, geen rechtvaardiging vinden in de aard of de opzet van het betrokken belastingstelsel en moet in beginsel als staatssteun worden beschouwd.

13. Tot slot vraagt de verwijzende rechter zich af of een dergelijke bepaling niet in strijd is met de verplichting, de daadwerkelijke toepassing van het recht van de Unie te verzekeren, nu zij aan de rechter die in laatste instantie uitspraak doet de bevoegdheid zijn rechtmatigheidstoetsing te verrichten – zijn toezicht op de uitlegging en de toepassing van het recht van de Unie daaronder begrepen – ontneemt.

14. Daarop heeft de Corte suprema di cassazione de behandeling van de zaak geschorst en het Hof volgende prejudiciële vragen gesteld:

'1. Vormt het verbod op misbruik van recht op belastinggebied, zoals gedefinieerd in de [reeds aangehaalde arresten] Halifax e. a. en [...] Part Service, alleen een fundamenteel beginsel van gemeenschapsrecht op het gebied van geharmoniseerde belastingen en in materies die in afgeleid gemeenschapsrecht zijn geregeld, of strekt het zich, in gevallen van misbruik van fundamentele vrijheden, mede uit tot de gebieden van niet geharmoniseerde belastingen, zoals de directe belastingen, wanneer het gaat om de belastingheffing op grensoverschrijdende transacties, zoals in het geval waarin een vennootschap genotsrechten verwerft op aandelen van een andere, in een andere lidstaat of in een derde staat gevestigde vennootschap?

2. Bestaat er, het antwoord op de eerste vraag buiten beschouwing gelaten, een communautair belang dat de lidstaten passende maatregelen treffen ter bestrijding van belastingontwijking op het gebied van niet geharmoniseerde belastingen? Staat dat belang in de weg aan de niet-toepassing – in het kader van een belastingkwijtschelding – van het verbod op misbruik van recht, dat ook als regel van nationaal recht is erkend, en is in dat geval sprake van schending van de uit artikel 4, lid 3, VEU af te leiden beginselen?

3. Kan uit de beginselen die de interne markt beheersen het verbod worden afgeleid om naast buitengewone maatregelen waarbij volledig van belastingheffing wordt afgezien, een buitengewone maatregel te treffen ter beslechting van belastinggeschillen, waarvan de toepassing beperkt is in de tijd en waaraan de voorwaarde is gekoppeld dat slechts een deel van de verschuldigde belasting, dat aanzienlijk minder bedraagt dan het verschuldigde bedrag, wordt voldaan?

4. Staan het beginsel van non-discriminatie en de regels inzake staatssteun in de weg aan de regeling ter schikking van belastinggeschillen zoals in deze zaak aan de orde?

5. Staat het beginsel van doeltreffende toepassing van het gemeenschapsrecht in de weg aan een buitengewone, in de tijd beperkte procedureregeling die de hoogste rechter, die prejudiciële vragen over de geldigheid en de uitlegging aan het Hof van Justitie van de Europese Unie dient voor te leggen, de rechtmatigheidstoetsing (inzonderheid het toezicht op een juiste uitlegging en toepassing van het gemeenschapsrecht) onttrekt?'

Beantwoording van de prejudiciële vragen

15. Met haar prejudiciële vragen wenst de verwijzende rechterlijke instantie in hoofdzaak te vernemen of het recht van de Unie, meer in het bijzonder het beginsel van het verbod van rechtsmisbruik, artikel 4, lid 3, VEU, de door het VWEU gewaarborgde vrijheden, het beginsel van non-discriminatie, de regels inzake staatssteun en de verplichting, de daadwerkelijke toepassing van het recht van de Unie te waarborgen, aldus moet worden uitgelegd dat het eraan in de weg staat dat in een zaak als die in het hoofdgeding, betreffende directe belastingen, een nationale bepaling wordt toegepast op grond waarvan procedures die aanhangig zijn voor een gerecht dat in laatste instantie uitspraak doet in belastingzaken, worden beëindigd tegen betaling van een bedrag ter hoogte van 5 % van het in geding zijnde bedrag, wanneer die procedures zijn aangevangen met een beroep dat meer dan tien jaar voor de inwerkingtreding van die bepaling in eerste aanleg is ingesteld en de belastingdienst in eerste en in tweede aanleg in het ongelijk is gesteld.

Ontvankelijkheid

16. 3M Italia en de Italiaanse regering betogen dat het verzoek om een prejudiciële beslissing niet-ontvankelijk is.

17. 3M Italia betoogt dat nu in het kader van de procedure in het hoofdgeding definitief is vastgesteld dat van opzet of schuld geen sprake is, het recht van de Unie in het hoofdgeding niet toepasselijk is en in het Italiaanse recht een constitutioneel beginsel bestaat dat rechtsmisbruik verbiedt, de eerste twee vragen van de verwijzende rechterlijke instantie geen verband houden met een reëel geschil of het voorwerp van het hoofdgeding en een louter hypothetisch vraagstuk betreffen.

18. Volgens de Italiaanse regering voldoet de verwijzingsbeslissing niet aan het vereiste dat alle feitelijke aspecten en aspecten rechtens van het hoofdgeding worden vermeld aan de hand waarvan het Hof een voor de beslechting van dat geding nuttige uitlegging kan geven. Inzonderheid bevat de verwijzingsbeslissing geen analyse van artikel 3, lid 2 bis, van decreto-legge 40/2010 die duidelijk maakt op welke grond ingevolge deze bepaling van belastingheffing kan worden afgezien. Evenmin geeft zij aan in hoeverre de feiten in het hoofdgeding grensoverschrijdend zijn en als rechtsmisbruik moeten worden aangemerkt. De gestelde vragen zijn naar haar oordeel dan ook abstract en hypothetisch.

19. In dit verband zij eraan herinnerd dat een verzoek om een prejudiciële beslissing van een nationale rechter slechts niet-ontvankelijk kan worden verklaard wanneer duidelijk blijkt dat de gevraagde uitlegging van het Unierecht geen verband houdt met een reëel geschil of met het voorwerp van het hoofdgeding, wanneer het vraagstuk van hypothetische aard is of het Hof niet beschikt over de gegevens, feitelijk en rechtens, die noodzakelijk zijn om een zinvol antwoord te geven op de gestelde vragen (zie onder meer arresten van 15 december 1995, Bosman, C-415/93, *Jurispr.* blz. I-4921, punt 61, en 31 maart 2011, Schröder, C 450/09, nog niet gepubliceerd in de *Jurisprudentie*, punt 17).

20. Aangaande inzonderheid de gegevens die in het kader van een verzoek om een prejudiciële beslissing aan het Hof moeten worden verstrekt, deze dienen niet enkel om het Hof in staat te stellen een bruikbaar antwoord te geven aan de verwijzende rechter, maar zij moeten daarnaast de regeringen van de lidstaten en de andere belanghebbende partijen de mogelijkheid bieden overeenkomstig artikel 23 van het Statuut van het Hof van Justitie van de Europese Unie opmerkingen te maken. Volgens vaste rechtspraak dient de nationale rechter daartoe een omschrijving te geven van het feitelijke en juridische kader waarin de gestelde vragen moeten worden geplaatst, of althans de feiten uiteen te zetten waarop deze vragen zijn gebaseerd. Voorts moet de verwijzingsbeslissing de precieze redenen vermelden waarom de nationale rechter twijfelt over de uitlegging van het Unierecht en het noodzakelijk acht om prejudiciële vragen aan het Hof te stellen (arrest van 8 september 2009, Liga Portuguesa de Futebol Profissional en Bwin International, C-42/07, *Jurispr.* blz. I-7633, punt 40 en aldaar aangehaalde rechtspraak).

21. In casu bevat de verwijzingsbeslissing een uiteenzetting van de feiten in het hoofdgeding en van het relevante nationale recht, te weten artikel 3, lid 2 bis, sub b, van decreto-legge 40/2010. Zij vermeldt bovendien de redenen waarom de verwijzende rechterlijke instantie betwijfelt of die bepaling verenigbaar is met het recht van de Unie en waarom hij het noodzakelijk heeft geacht het Hof om een prejudiciële beslissing te verzoeken.

22. Ofschoon de verwijzende rechterlijke instantie in haar derde vraag, die algemeen betrekking heeft op de uitlegging van de 'beginselen van de interne markt', de aldus bedoelde beginselen niet preciseert, is de uiteenzetting in de verwijzingsbeslissing van de feitelijke aspecten en aspecten rechtens en van de twijfel over de verenigbaarheid van artikel 3, lid 2 bis, sub b, van decreto-legge 40/2010 met het recht van de Unie in haar geheel gezien, voor

de lidstaten en de overige belanghebbende partijen voldoende duidelijk om dienaangaande hun opmerkingen kenbaar te maken en doeltreffend aan de procedure deel te nemen – hetgeen wordt aangetoond door de schriftelijke en mondelinge opmerkingen van de deelnemende partijen – en voor het Hof om die rechterlijke instantie een zinvol antwoord te verschaffen.

23. De vraag tot slot of het recht van de Unie toepasselijk is op het hoofdgeding valt onder het onderzoek ten gronde van de gestelde vragen zoals die in punt 15 van het onderhavige arrest zijn geherformuleerd. Die vragen zijn beslissend voor de oplossing van het hoofdgeding, nu daarin de beëindiging van de zaak door een beslissing van de verwijzende rechterlijke instantie op basis van de betrokken nationale bepaling aan de orde is. Die vragen houden dan ook kennelijk verband met de realiteit van het hoofdgeding en zijn niet abstract of hypothetisch.

24. Het verzoek om een prejudiciële beslissing is derhalve ontvankelijk.

Ten gronde

25. Het is vaste rechtspraak dat de lidstaten, hoewel de directe belastingen tot hun bevoegdheid behoren, deze bevoegdheid niettemin in overeenstemming met het recht van de Unie dienen uit te oefenen (zie onder meer arrest van 17 september 2009, Glaxo Wellcome, C-182/08, *Jurispr.* blz. I-8591, punt 34 en aldaar aangehaalde rechtspraak).

26. In casu bepaalt artikel 3, lid 2 bis, sub b, van decreto-legge 40/2010 dat voor de Corte suprema di cassazione aanhangige procedures in belastingzaken die sinds de instelling van het beroep in eerste aanleg meer dan tien jaar duren en waarin de belastingdienst in eerste en in tweede aanleg in het ongelijk is gesteld, tegen betaling van een bedrag ter hoogte van 5 % van het in geding zijnde bedrag worden beëindigd 'ter beperking van de duur van de procedures in belastingzaken en gelet op het beginsel van een redelijke procesduur in de zin van het [EVRM] [...] wegens niet-inachtneming van de redelijke termijn als bedoeld in artikel 6, lid 1, van [dat Verdrag]'.

27. Bovendien moet worden beklemtoond dat artikel 3, lid 2 bis, sub b, van decreto-legge 40/2010, dat de verwijzende rechter uitlegt als het afzien van belastingheffing, volgens de bewoordingen ervan ertoe strekt de duur van procedures in belastingzaken te verkorten ter eerbiediging van het in het EVRM neergelegde beginsel van een redelijke termijn en om aan schendingen van dit beginsel een einde te maken.

28. In dit verband blijkt uit het dossier dat de feiten in het hoofdgeding zich meer dan 20 jaar geleden hebben voorgedaan.

29. Gelet op een en ander moet worden nagegaan of de in de verwijzingsbeslissing aangevoerde regels en beginselen van Unierecht eraan in de weg staan dat in een zaak als aan de orde in het hoofdgeding een nationale bepaling als artikel 3, lid 2 bis, sub b, van decreto-legge 40/2010 wordt toegepast.

30. Aangaande in de eerste plaats het beginsel van het verbod van rechtsmisbruik en artikel 4, lid 3, VEU zij om te beginnen opgemerkt dat het in het hoofdgeding niet gaat om een zaak waarin de belastingplichtige zich bedrieglijk of onrechtmatig op een norm van het recht van de Unie beroept of kan beroepen. Bijgevolg zijn de reeds aangehaalde arresten Halifax e. a. en Part Service, die zijn gewezen in zaken betreffende belasting over de toegevoegde waarde en die de verwijzende rechter vermeldt met de vraag of het in die arresten geformuleerde beginsel van het verbod van rechtsmisbruik zich uitstrekt tot het gebied van de niet-geharmoniseerde belastingen, in casu irrelevant.

31. Vervolgens moet worden opgemerkt dat uit het dossier evenmin blijkt dat in het hoofdgeding de toepassing van een nationale bepaling die een beperking op een van de door het VWEU gewaarborgde vrijheden aanbrengt en een eventuele rechtvaardiging voor een dergelijke beperking door de noodzaak, misbruik te voorkomen, aan de orde zijn gesteld. Bijgevolg is de rechtspraak van het Hof betreffende rechtsmisbruik op het gebied van de directe belastingen, zoals onder meer voortvloeiend uit de arresten van 12 september 2006, Cadbury Schweppes en Cadbury Schweppes Overseas (C-196/04, *Jurispr.* blz. I-7995), 13 maart 2007, Test Claimants in the Thin Cap Group Litigation (C-524/04, *Jurispr.* blz. I-2107), en 4 december 2008, Jobra (C-330/07, *Jurispr.* blz. I-9099), en het arrest Glaxo Wellcome, reeds aangehaald, evenmin relevant.

32. Tot slot moet hoe dan ook worden vastgesteld dat het recht van de Unie geen algemeen beginsel kent waaruit een verplichting voor de lidstaten om misbruik op het gebied van de directe belastingen te bestrijden zou voortvloeien of dat zich tegen toepassing van een bepaling zoals aan de orde in het hoofdgeding zou verzetten wanneer de belastbare handeling op misbruik berust en het recht van de Unie niet aan de orde is.

33. Hieruit volgt dat het beginsel van verbod van rechtsmisbruik en artikel 4, lid 3, VEU, bepalende dat de lidstaten alle algemene en bijzondere maatregelen dienen te treffen die geschikt zijn om de nakoming van de uit dat recht voortvloeiende verplichtingen te verzekeren, en zich dienen te onthouden van alle maatregelen die de verwezenlijking van de doelstellingen van de Unie in gevaar kunnen brengen, er in beginsel niet aan in de weg kunnen staan dat – in een zaak zoals aan de orde in het hoofdgeding – een nationale bepaling als artikel 3, lid 2 bis, sub b, van decreto-legge 40/2010 toepassing vindt.

34. In de tweede plaats moet met betrekking tot de door het VWEU gewaarborgde fundamentele vrijheden en het non-discriminatiebeginsel worden opgemerkt dat alleen het vrije kapitaalverkeer geraakt lijkt door de in het hoofdgeding aan de orde zijnde verrichting, die inhield dat een onderneming in een derde staat het vruchtgebruik op aandelen in een Italiaanse onderneming had overgedragen aan een andere Italiaanse onderneming. In dit verband kan worden volstaan met vast te stellen dat uit niets in het dossier blijkt dat in een zaak als die in het hoofdgeding een bepaling als artikel 3, lid 2 bis, sub b, van decreto-legge 40/2010 het vrije kapitaalverkeer noch overigens algemeen de uitoefening van een der door het VWEU gewaarborgde vrijheden ongunstig beïnvloedt.

35. Nu die vrijheden op hun respectieve gebied specifiek uitdrukking geven aan het algemene verbod van iedere discriminatie op grond van nationaliteit (zie in die zin arrest van 11 maart 2010, Attanasio Group, C-384/08, *Jurispr.* blz. I-2055, punt 31), staat voormeld beginsel er evenmin aan in de weg dat in een zaak betreffende directe belastingen een nationale bepaling als artikel 3, lid 2 bis, sub b, van decreto-legge 40/2010 wordt toegepast.

36. Met betrekking tot in de derde plaats de regels inzake staatssteun heeft het Hof herhaaldelijk geoordeeld dat maatregelen van de staten niet reeds op grond van het ermee nagestreefde doel aan de kwalificatie als 'steunmaatregel' in de zin van artikel 107 VWEU kunnen ontsnappen. Dat artikel maakt immers geen onderscheid naar de redenen of doeleinden van de maatregelen van de staten, maar definieert ze aan de hand van hun gevolgen (zie arrest van 22 december 2008, British Aggregates/Commissie, C-487/06 P, *Jurispr.* blz. I-10515, punten 84 en 85 en aldaar aangehaalde rechtspraak).

37. Volgens vaste rechtspraak moet voor de kwalificatie als staatssteun aan alle volgende voorwaarden zijn voldaan. In de eerste plaats moet het gaan om een maatregel van de staat of met staatsmiddelen bekostigd. In de tweede plaats moet deze maatregel het handelsverkeer tussen de lidstaten ongunstig kunnen beïnvloeden. In de derde plaats moet de maatregel de begunstigde een voordeel verschaffen en in de vierde plaats moet hij de mededinging vervalsen of dreigen te vervalsen (arrest van 10 juni 2010, Fallimento Traghetti del Mediterraneo, C-140/09, *Jurispr.* blz. I-5243, punt 31 en aldaar aangehaalde rechtspraak).

38. Aangaande de derde voorwaarde zij in herinnering gebracht dat een maatregel waarbij de overheid bepaalde ondernemingen een fiscaal gunstige behandeling verleent die, hoewel daarbij geen staatsmiddelen worden overgedragen, de financiële situatie van de begunstigden verbetert ten opzichte van de andere belastingplichtigen, een steunmaatregel van de staat in de zin van artikel 107, lid 1, VWEU vormt (zie arrest van 15 december 2005, Italië/Commissie, C-66/02, *Jurispr.* blz. I-10901, punt 78).

39. Voordelen die voortvloeien uit een algemene maatregel die zonder onderscheid van toepassing is op alle marktdeelnemers, vormen daarentegen geen steun in de zin van dat artikel (zie arrest Italië/Commissie, reeds aangehaald, punt 99).

40. Bij het onderzoek of sprake is van een selectieve maatregel, dient te worden nagegaan of hij binnen het kader van een bepaalde rechtsregeling een voordeel verschaft aan bepaalde ondernemingen ten opzichte van andere ondernemingen die zich in een feitelijk en juridisch vergelijkbare situatie bevinden. Het begrip staatssteun strekt zich echter niet uit tot maatregelen die differentiëren tussen ondernemingen – en dus per definitie selectief zijn – wanneer die differentiatie voortvloeit uit de aard of de opzet van het stelsel waarvan zij deel uitmaken (zie arrest British Aggregates/Commissie, reeds aangehaald, punten 82 en 83 en aldaar aangehaalde rechtspraak).

41. In casu moet – aangenomen dat artikel 3, lid 2 bis, sub b, van decreto-legge 40/2010 in een bepaalde situatie ertoe kan leiden dat aan de begunstigde van die bepaling een voordeel wordt toegekend – aangaande de vraag of de maatregel selectief is worden vastgesteld dat zij algemeen geldt voor alle belastingplichtigen die partij zijn in een voor de Corte suprema di cassazione aanhangige procedure in een belastingzaak, ongeacht de aard van de orde zijnde belasting, voor zover die procedure is aangevangen met een beroep dat meer dan tien jaar voor de inwerkingtreding van die bepaling in eerste aanleg is ingesteld en de belastingdienst in eerste en in tweede aanleg in het ongelijk is gesteld

42. Het feit dat alleen belastingplichtigen die deze voorwaarden vervullen voor de maatregel in aanmerking komen, brengt op zich nog niet mee dat het hier een selectieve maatregel betreft. Vastgesteld moet immers worden dat de personen die er niet voor in aanmerking komen zich feitelijk en rechtens niet in een situatie bevinden die met bedoelde belastingplichtigen vergelijkbaar is gelet op het door de nationale wetgever nagestreefde doel, te weten de eerbiediging van het beginsel van een redelijke termijn.

43. De geldigheid van deze maatregel is beperkt in de tijd, daar de belastingplichtigen die ervoor in aanmerking wensen te komen bij de bevoegde instantie of de bevoegde griffie binnen 90 dagen na de inwerkingtreding van de wet tot omzetting van het decreto-legge een verzoek moeten indienen. Deze beperking in de tijd is echter inherent aan dit soort – noodzakelijkerwijs gerichte – maatregelen, terwijl voorts genoemde termijn voldoende lijkt om alle belastingplichtigen die voor toepassing van deze algemene en gerichte maatregel in aanmerking komen de gelegenheid te bieden, om toepassing ervan te verzoeken.

44. Hieruit volgt – zonder dat de overige in punt 37 van het onderhavige arrest in herinnering gebrachte voorwaarden hoeven te worden onderzocht – dat een maatregel als die voorzien in artikel 3, lid 2 bis, sub b, van decreto-legge 40/2010 niet als staatssteun kan worden aangemerkt.

45. Aangaande tot slot de verplichting, de daadwerkelijke toepassing van het recht van de Unie te waarborgen, volgt uit al het voorgaande dat het beginsel van het verbod van rechtsmisbruik, artikel 4, lid 3, VEU, de door het VWEU gewaarborgde vrijheden, het beginsel van non-discriminatie en de regels inzake staatssteun er niet aan in de weg staan dat in een zaak betreffende directe belastingen een nationale bepaling als artikel 3, lid 2 bis, sub b, van decreto-legge 40/2010 wordt toegepast.

46. Nu van schending van het recht van de Unie geen sprake is kan derhalve niet worden geconcludeerd dat een dergelijke bepaling, doordat zij – zoals iedere andere bepaling op grond waarvan de procedure eindigt voordat een beslissing ten gronde is gegeven – tot gevolg heeft dat de nationale rechterlijke instantie die in laatste instantie beslist wordt belet, in de betrokken procedures overeenkomstig het recht van de Unie haar rechtmatigheidstoetsing te verrichten na in voorkomend geval het Hof te hebben aangezocht krachtens artikel 267 VWEU, in strijd is met de verplichting van de rechterlijke instanties die in laatste instantie uitspraak doen, in het kader van hun bevoegdheden de daadwerkelijke toepassing van het recht van de Unie te waarborgen.

47. Gelet op het voorgaande moet op de gestelde vragen worden geantwoord dat het recht van de Unie, inzonderheid het beginsel van het verbod van rechtsmisbruik, artikel 4, lid 3, VEU, de door het VWEU gewaarborgde vrijheden, het beginsel van non-discriminatie, de regels inzake staatssteun en de verplichting, de daadwerkelijke toepassing van het recht van de Unie te waarborgen, aldus moet worden uitgelegd dat het er niet aan in de weg staat dat in een zaak als die in het hoofdgeding, betreffende directe belastingen, een nationale bepaling wordt toegepast op grond waarvan procedures die aanhangig zijn voor een gerecht dat in laatste instantie uitspraak doet in belastingzaken, worden beëindigd tegen betaling van een bedrag ter hoogte van 5 % van het in geding zijnde bedrag, wanneer die procedures zijn aangevangen met een beroep dat meer dan tien jaar voor de inwerkingtreding van die bepaling in eerste aanleg is ingesteld en de belastingdienst in eerste en in tweede aanleg in het ongelijk is gesteld.

Kosten

48. ...

HET HOF (Vierde kamer)

verklaart voor recht:

Het recht van de Unie, inzonderheid het beginsel van het verbod van rechtsmisbruik, artikel 4, lid 3, VEU, de door het VWEU gewaarborgde vrijheden, het beginsel van non-discriminatie, de regels inzake staatssteun en de verplichting, de daadwerkelijke toepassing van het recht van de Unie te waarborgen, moet aldus worden uitgelegd dat het er niet aan in de weg staat dat in een zaak als die in het hoofdgeding, betreffende directe belastingen, een nationale bepaling wordt toegepast op grond waarvan procedures die aanhangig zijn voor een gerecht dat in laatste instantie uitspraak doet in belastingzaken, worden beëindigd tegen betaling van een bedrag ter hoogte van 5 % van het in geding zijnde bedrag, wanneer die procedures zijn aangevangen met een beroep dat meer dan tien jaar voor de inwerkingtreding van die bepaling in eerste aanleg is ingesteld en de belastingdienst in eerste en in tweede aanleg in het ongelijk is gesteld.

HvJ EG 10 mei 2012, zaak C-39/10 (Europese Commissie v. Republiek Estland)

Vierde kamer: *J.-C. Bonichot, kamerpresident, A. Prechal, K. Schiemann, C. Toader (rapporteur) en E. Jarašiūnas, rechters*
Advocaat-generaal: *N. Jääskinen*

1. De Europese Commissie verzoekt het Hof vast te stellen dat, doordat de tulumaksuseadus (wet betreffende de inkomstenbelasting) van 15 december 1999 (RT I 1999, 101, 903), zoals gewijzigd bij wet van 26 november 2009 (RT I 2009, 62, 405; hierna: 'belastingwet'), niet voorziet in de toepassing van de individuele vermindering van het belastbaar inkomen voor niet-ingezetenen wier totale inkomen zo gering is dat zij daarvoor wel in aanmerking zouden komen indien zij ingezetenen waren, de Republiek Estland de verplichtingen niet is nagekomen die op haar rusten krachtens artikel 45 VWEU en artikel 28 van de Overeenkomst betreffende de Europese Economische Ruimte van 2 mei 1992 (*PB* 1994, L 1, blz. 3; hierna: 'EER-Overeenkomst').

Toepasselijke bepalingen

Aanbeveling 94/79/CE

2. De derde, vierde en zesde overweging van de considerans van aanbeveling 94/79/EG van de Commissie van 21 december 1993 betreffende belastingen op bepaalde inkomsten die door niet-ingezetenen verworven zijn in een andere lidstaat dan die waarvan zij ingezetene zijn (*PB* 1994, L 39, blz. 22) luiden als volgt:

> '[...] initiatieven moeten worden ontplooid om te zorgen voor een volledig vrij verkeer van personen ten behoeve van de goede werking van de interne markt; [...] het [is] van belang de lidstaten de voorschriften ter kennis te brengen die naar het oordeel van de Commissie kunnen waarborgen dat niet-ingezetenen een fiscale behandeling genieten die even gunstig is als die welke op ingezetenen wordt toegepast;
> [...] dit initiatief [doet] geen afbreuk aan het door de Commissie voeren van een actief beleid op het gebied van inbreukprocedures, teneinde er voor te zorgen dat de grondbeginselen van het [EG-]Verdrag worden nageleefd;
> [...]
> [...] het beginsel van de gelijke behandeling, dat voortvloeit uit artikel [45 VWEU] en uit artikel [49 VWEU], verplicht [ertoe] de fiscale voordelen en aftrekposten waarvan ingezetenen gebruik kunnen maken, niet te weigeren aan personen die [...] inkomsten verwerven, indien zij hun inkomsten overwegend verwerven in het land waarin zij werkzaam zijn'.

3. Uit artikel 1, lid 1, van deze aanbeveling volgt dat zij meerdere inkomstencategorieën betreft, waaronder de pensioenenuitkeringen.

4. Artikel 2, leden 1 en 2, eerste alinea, van die aanbeveling luidt als volgt:

> '1. De in artikel 1, lid 1, bedoelde inkomsten worden in de lidstaat waar zij worden belast, niet zwaarder belast dan het geval zou zijn indien de belastingplichtige, zijn echtgenote en zijn kinderen ingezetenen van deze lidstaat zouden zijn.
> 2. Aan de toepassing van het bepaalde in lid 1 is de voorwaarde verbonden dat de in artikel 1, lid 1, bedoelde inkomsten, die belastbaar zijn in de lidstaat waarvan de natuurlijke persoon niet-ingezetene is, ten minste 75 % van het totale belastbare inkomen van deze persoon in het belastingjaar bedragen.'

Overeenkomst tussen de Republiek Finland en de Republiek Estland ter voorkoming van dubbele belasting

5. Artikel 18, lid 2, sub a, van de overeenkomst ter voorkoming van dubbele belasting en van het ontgaan van belasting met betrekking tot belastingen naar het inkomen en naar het vermogen, gesloten te Helsinki op 23 maart 1993 tussen de Republiek Finland en de Republiek Estland (hierna: 'overeenkomst ter voorkoming van dubbele belasting') bepaalt:

> 'De uitgekeerde pensioenen en andere uitkeringen in de vorm van periodieke betalingen of van forfaitaire vergoedingen, toegekend krachtens de wetgeving betreffende de sociale zekerheid van een verdragsluitende staat of krachtens elk ander openbaar programma dat door een verdragsluitende staat is georganiseerd met het oog op de sociale bescherming, zijn enkel in die staat belastbaar'.

Belastingwet

6. § 1, lid 1, van de belastingwet bepaalt:

> 'De inkomstenbelasting wordt geheven over het inkomen van de belastingplichtige, na aftrek van de wettelijk toegestane verminderingen.'

7. Volgens § 2, lid 1, van die wet wordt die belasting:

'[...] betaald door de niet-ingezeten natuurlijke en rechtspersonen die belastbaar inkomen ontvangen.'

8. § 12, lid 1, van die wet bepaalt:

'De inkomstenbelasting wordt geheven over het inkomen afkomstig van alle inkomstenbronnen binnen en buiten Estland dat tijdens een belastingtijdperk is verworven door een ingezeten natuurlijke persoon [...]'

9. Bovendien wordt overeenkomstig de §§ 19, lid 2, en 29, lid 9, van de belastingwet eveneens inkomstenbelasting geheven over de pensioenen en wordt die belasting volgens § 41, lid 6, van die wet aan de bron ingehouden.

10. § 23 van de belastingwet bepaalt:

'Een ingezeten natuurlijke persoon kan 27 000 EEK aftrekken van zijn inkomen verworven tijdens het belastingtijdvak.'

11. Bovendien voorziet § 232 van die wet in een aanvullende vermindering van de belastbare grondslag voor de pensioenen. Die bepaling luidt als volgt:

'Wanneer een ingezeten natuurlijke persoon een wettelijk pensioen van een verdragsluitende staat verwerft, een verplicht gekapitaliseerd pensioen volgens de wetgeving van die staat, of een pensioen volgens een overeenkomst inzake sociale zekerheid, wordt een aanvullende vermindering van het inkomen van de persoon verleend, gelijk aan het bedrag van deze pensioenen, tot een maximum van 36 000 EEK per belastingtijdvak.'

12. Wat de pensioenen betreft die de ingezetenen van de Republiek Estland ontvangen, bepaalt § 42, lid 11, van die wet bovendien het volgende:

'In het geval van een wettelijk pensioen dat door de Estse staat wordt betaald aan een ingezeten natuurlijke persoon, en in het geval van een verplicht gekapitaliseerd pensioen volgens de wet op de pensioenen met kapitalisatie, wordt een aanvullende vermindering (§ 232) verleend, gelijk aan het bedrag van dat pensioen vóór de berekening van de belastinginhouding, voor zover die vermindering per kalendermaand niet meer bedraagt dan een twaalfde van het in § 232 bedoelde bedrag.'

13. Wat de inkomsten betreft die niet-ingezetenen verwerven, bepaalt § 283 van de belastingwet het volgende:

'Een natuurlijke persoon die ingezetene is van een andere lidstaat van de Europese Unie kan de in dit hoofdstuk bedoelde aftrekken eveneens in mindering brengen op zijn belastbaar inkomen in Estland, voor zover hij minstens 75 % van zijn belastbaar inkomen in een belastingtijdvak in Estland verwerft en een aangifte inkomstenbelasting als ingezeten natuurlijke persoon indient. Onder belastbaar inkomen wordt verstaan het inkomen vóór de aftrek van verminderingen overeenkomstig de wetgeving van de betrokken staat.'

Precontentieuze procedure

14. Een in Finland wonende persoon met de Estse nationaliteit (hierna: 'klaagster') heeft bij de Commissie een klacht ingediend over de berekening door Estland van de inkomstenbelasting over het ouderdomspensioen dat haar in die lidstaat wordt uitgekeerd. Klaagster is opgekomen tegen de weigering van de Estse autoriteiten om haar in aanmerking te laten komen voor de vermindering van de belastbare grondslag en de aanvullende vermindering waarin de belastingwet voorziet voor de belastingplichtigen die in Estland wonen.

15. Blijkens het onderzoek van de Commissie heeft klaagster zich, na het bereiken van de pensioengerechtigde leeftijd in Estland, in Finland gevestigd waar zij heeft gewerkt en recht op een pensioen heeft verworven. Aldus ontvangt klaagster in zowel Estland als Finland een ouderdomspensioen voor een bijna identiek bedrag. Het in Estland verworven pensioen is aan inkomstenbelasting onderworpen, terwijl klaagster in Finland wegens haar zeer gering totaalinkomen geen inkomstenbelasting betaalt. Het gecumuleerde bedrag van de twee pensioenen overschrijdt overigens nauwelijks de in § 232 van de belastingwet voorziene drempel voor de vermindering.

16. Gelet op het voorgaande heeft de Commissie geoordeeld dat in het kader van het Estse recht de fiscale last voor niet-ingezetenen die zich in een soortgelijke situatie als klaagster bevinden zwaarder is dan wanneer zij hun totale inkomen enkel in Estland zouden verwerven.

17. Bijgevolg heeft de Commissie op 4 februari 2008 een aanmaningsbrief gezonden aan de Republiek Estland, waarin zij die lidstaat wees op de eventuele onverenigbaarheid van de nationale wettelijke bepalingen betreffende de belasting van pensioenen die aan niet-ingezetenen worden uitgekeerd, met artikel 45 VWEU en artikel 28 van de EER-Overeenkomst.

18. Bij brief van 9 april 2008 heeft de Republiek Estland het standpunt van de Commissie betwist. Zij heeft benadrukt dat op grond van de belastingwet de in die wet voorziene aftrekken gelden voor niet-ingezetenen die het merendeel van hun inkomsten, dat wil zeggen minstens 75 % daarvan, in Estland verwerven. Die wet behandelt niet-ingezetenen dus op dezelfde wijze als ingezetenen. Indien de in Estland verworven inkomsten daarentegen

lager liggen dan dat percentage, moet de lidstaat van de woonplaats verzekeren dat de belastingplichtigen die niet in Estland verblijven passend worden belast.

19. Op 17 oktober 2008 heeft de Commissie de Republiek Estland een met redenen omkleed advies gezonden waarin zij de in de aanmaningsbrief aangevoerde argumenten heeft herhaald en die lidstaat heeft verzocht om binnen de twee maanden vanaf de ontvangst van dat advies de nodige maatregelen te nemen.

20. In haar antwoord van 18 december 2008 op dat met redenen omkleed advies heeft de Republiek Estland te kennen gegeven het oneens te zijn met de grieven van de Commissie betreffende de onverenigbaarheid van de belastingwet met artikel 45 VWEU. Zij heeft evenwel erkend dat die wet, gelet op de krachtens artikel 28 van de EER-Overeenkomst op haar rustende verplichtingen, lacunes bevatte, en zich bereid verklaard de werkingsfeer van § 283 van die wet ook uit te breiden tot onderdanen van de lidstaten van de Europese Economische Ruimte.

21. Aangezien de Commissie de door de Estse Republiek aangevoerde argumenten niet overtuigend achtte, heeft zij beslist het onderhavige beroep in te stellen.

22. Bij beschikking van de president van het Hof van 4 juni 2010 zijn het Koninkrijk Spanje, de Portugese Republiek en het Verenigd Koninkrijk van Groot-Brittannië en Noord-Ierland toegelaten tot interventie ter ondersteuning van de conclusies van de Republiek Estland. Bij beschikkingen van 7 juli 2010 en van 14 januari 2011 heeft de president van het Hof de Bondsrepubliek Duitsland en het Koninkrijk Zweden toegelaten tot interventie ter ondersteuning van de conclusies van de Republiek Estland. De Bondsrepubliek Duitsland heeft echter geen opmerkingen ingediend.

Het beroep

Ontvankelijkheid van het beroep

23. In de eerste plaats heeft de Republiek Estland in haar dupliek, daarin ondersteund door het Koninkrijk Spanje, betoogd dat het beroep niet-ontvankelijk moet worden verklaard voor zover het voorwerp ervan niet duidelijk en nauwkeurig is bepaald, en de conclusies dubbelzinnig zijn geformuleerd. De Commissie heeft niet duidelijk te kennen gegeven in welke gevallen, voor wat de inkomstenbelasting van niet-ingezetenen betreft, de Republiek Estland de vermindering moet toepassen om de verweten niet-nakoming te beëindigen, aangezien de Commissie in haar verzoekschrift heeft gesteld dat die vermindering moet worden toegekend wanneer het wereldinkomen van niet-ingezetenen die in Estland een pensioen ontvangen lager ligt dan de drempels voor de vermindering die in het Estse recht zijn vastgesteld voor de belastingplichtigen die in die lidstaat verblijven, terwijl zij in repliek heeft verklaard dat de Republiek Estland voor de toekenning van die vermindering rekening moet houden met de drempels voor de vermindering die eventueel in de woonstaat van de betrokkene zijn vastgesteld.

24. In dat verband zij eraan herinnerd dat uit artikel 38, lid 1, sub c, van het Reglement voor de procesvoering en uit de rechtspraak van het Hof over die bepaling volgt dat elk inleidend verzoekschrift duidelijk en nauwkeurig het voorwerp van het geschil en een summiere uiteenzetting van de aangevoerde middelen moet bevatten, zodat de verweerder zijn verweer kan voorbereiden en het Hof zijn toezicht kan uitoefenen. Daaruit volgt dat de wezenlijke elementen, feitelijk en rechtens, waarop het beroep is gebaseerd, coherent en begrijpelijk moeten worden weergegeven in de tekst van het verzoekschrift zelf en dat het petitum op ondubbelzinnige wijze moet zijn geformuleerd, teneinde te vermijden dat het Hof ultra petita recht doet of nalaat op een van de grieven recht te doen (zie onder meer arresten van 12 februari 2009, Commissie/ Polen, C-475/07, punt 43, en 24 maart 2011, Commissie/Spanje, C-375/10, punt 10).

25. Het Hof kan ambtshalve onderzoeken of deze voorwaarden zijn vervuld (zie onder meer arrest van 26 april 2007, Commissie/Finland, C-195/04, *Jurispr.* blz. I-3351, punten 21 en 22).

26. Het Hof heeft tevens geoordeeld dat in het kader van een beroep op basis van artikel 258 VWEU, dit beroep de grieven coherent en nauwkeurig moet uiteenzetten, zodat de lidstaat en het Hof de omvang van de verweten schending van het Unierecht precies kunnen begrijpen, wat noodzakelijk is opdat die lidstaat nuttig verweer kan voeren en het Hof het bestaan van de vermeende niet-nakoming kan beoordelen (zie onder meer arresten Commissie/Polen, punt 44, en Commissie/ Spanje, punt 11, beide reeds aangehaald).

27. In de onderhavige niet-nakomingsprocedure moet echter enerzijds worden vastgesteld dat de Commissie in haar verzoekschrift, en met name in punt 25 ervan, heeft aangevoerd dat '[w]anneer de wetgeving van een lidstaat [voorziet] in een drempel waaronder de belastingplichtige wordt geacht niet over de noodzakelijke middelen te beschikken om de openbare uitgaven te financieren, er geen enkele reden is om deze belastingplichtigen, van wie het inkomen onder de vastgestelde drempel ligt, te onderscheiden op basis van hun woonplaats'. Aldus heeft de Commissie duidelijk te kennen gegeven dat de Republiek Estland naar haar mening wel degelijk rekening dient te houden de door de belastingwet vastgelegde drempel voor de vermindering om uit te maken of de niet-ingezetene die in die lidstaat een ouderdomspensioen ontvangt recht heeft op de voor de inkomstenbelasting vastgestelde vermindering.

28. Anderzijds moet, wat de verwijzing door de Commissie naar de in de woonstaat vastgelegde drempels voor de vermindering betreft, worden vastgesteld dat deze verwijzing aansluit op een onderzoek door de Commissie naar de rechtspraak die is ontwikkeld in het arrest van 14 februari 1995, Schumacker (C-279/93, *Jurispr.* blz. I-225), uit welk onderzoek de Commissie juist heeft afgeleid dat wanneer het totale inkomen van de belastingplichtige zo gering is dat hij in de lidstaat van zijn woonplaats aan geen enkele belasting is onderworpen, hij zich in een soortgelijke situatie bevindt als de ingezetene van de lidstaat waarin de betrokken inkomsten zijn verworven. Die staat moet bijgevolg 'met betrekking tot verminderingen zijn eigen regels toepassen, die bepalen in hoeverre de belastingplichtigen in staat zijn belastingen te betalen, bestemd voor het dekken van de behoeften van het land.'

29. In ieder geval blijkt uit niets in het dossier dat de Republiek Estland niet in staat was op basis van het verzoekschrift verweer te voeren en dat het Hof niet in de gelegenheid is gesteld te onderzoeken of er sprake is van een niet-nakoming.

30. De door de Republiek Estland opgeworpen exceptie van niet-ontvankelijkheid is dus ongegrond en moet worden afgewezen.

31. In de tweede plaats acht het Hof het passend, gezien het feit dat de door het Koninkrijk Spanje en de Portugese Republiek opgeworpen exceptie van niet-ontvankelijkheid grotendeels samenvalt met het door de Republiek Estland gevoerde verweer op basis van aanbeveling 94/79, om het eventuele onderzoek ervan te voegen met de behandeling ten gronde.

32. In de derde plaats moet worden opgemerkt dat volgens het petitum van het verzoekschrift de Commissie het Hof verzoekt vast te stellen dat de Republiek Estland de krachtens artikel 45 VWEU en artikel 28 van de EER-Overeenkomst op haar rustende verplichtingen niet is nagekomen, doordat zij in de belastingwet niet heeft voorzien in de toepassing van de vermindering voor niet-ingezetenen wier totale inkomen zo gering is dat zij daarvoor wel in aanmerking zouden komen indien zij ingezetenen waren. Aldus lijkt het petitum de nationale wetgeving te beogen met betrekking tot alle aan die wet onderworpen inkomsten.

33. Uit de memories van de Commissie blijkt echter dat die instelling in haar betoog ter ondersteuning van de grieven jegens de Republiek Estland slechts verwijst naar de fiscale behandeling van gepensioneerden die zich in dezelfde situatie als klaagster bevinden. Overigens heeft de Commissie ter terechtzitting gepreciseerd dat haar verzoek tot vaststelling van niet-nakoming enkel de pensioenen van niet-ingezetenen betreft.

34. Bijgevolg moet het onderhavige beroep wegens niet-nakoming worden geacht enkel betrekking te hebben op de toepassing van de regels van de belastingwet op ouderdomspensioenen die worden uitgekeerd aan niet-ingezetenen die zich in een situatie zoals die van klaagster bevinden.

Ten gronde

Argumenten van partijen

35. In haar beroep voert de Commissie in wezen aan dat de belastingwet, doordat zij de niet-ingezeten gepensioneerden die minder dan 75% van hun inkomsten in Estland verwerven, uitsluit van de in die wet voorziene verminderingen, die belastingplichtigen wegens het uitoefenen van hun recht van vrij verkeer van werknemers, zoals klaagster heeft gedaan, in een minder gunstige positie plaatst dan indien zij dit recht niet hadden uitgeoefend, ook al bevinden zij zich, gelet op het geringe bedrag van hun pensioenen, in een vergelijkbare situatie als die van ingezetenen met een vergelijkbaar inkomstenniveau. Bijgevolg vormt die wet een belemmering van het vrije verkeer van personen, zoals dit is neergelegd in artikel 45 VWEU en artikel 28 van de EER-Overeenkomst.

36. Zoals blijkt uit het reeds aangehaalde arrest Schumacker en is bevestigd door het arrest van 1 juli 2004, Wallentin (C-169/03, *Jurispr.* blz. I-6443), bevinden de personen die slechts een klein gedeelte van hun inkomsten in de woonstaat verwerven zich wat hun fiscale behandeling betreft immers in een situatie die vergelijkbaar is met die van personen die verblijven in de lidstaat waar zij hun inkomsten verwerven. Wanneer iemands inkomsten nauwelijks of helemaal niet belastbaar zijn in diens woonstaat, kan deze staat er niet voor zorgen dat de belastingen die zijn betaald op de inkomsten verworven in een andere lidstaat van de belastbare grondslag worden afgetrokken. In die omstandigheden staat het volgens de Commissie aan de lidstaat waar de inkomsten zijn verworven om hierop zijn eigen fiscale voorschriften toe te passen, met name het voordeel van verminderingen.

37. Bijgevolg moet, zoals het Hof in het arrest van 14 september 1999, Gschwind (C-391/97, *Jurispr.* blz. I-5451) en het reeds aangehaalde arrest Wallentin heeft erkend, wanneer een lidstaat een vermindering toekent voor de inkomsten die geringer zijn dan bepaalde bedragen teneinde de belastingplichtigen een bestaansminimum te verzekeren, een dergelijk voordeel ook aan niet-ingezetenen worden toegekend, aangezien dat voordeel wordt toegekend op grond van de persoonlijke situatie van de belastingplichtige.

38. Volgens de Republiek Estland, daarin ondersteund door alle interveniënten, vormt het in de belastingwet voorziene verschil in behandeling tussen ingezetenen en niet-ingezetenen daarentegen geen beperking van het vrije verkeer van personen, aangezien het niet leidt tot een discriminatie tussen personen die zich in vergelijkbare situaties bevinden.

39. In dit verband brengt zij in herinnering dat uit het arrest Schumacker volgt dat de situatie van ingezetenen en niet-ingezetenen enkel als vergelijkbaar mag worden beschouwd wanneer de niet-ingezetenen het belangrijkste deel van hun inkomsten niet in de woonstaat, maar in een andere lidstaat verwerven. Het is enkel in dit geval dat die laatste staat de niet-ingezetenen fiscaal niet anders mag behandelen dan de ingezetenen.

40. Aldus past de belastingwet, om te verzekeren dat de ingezetenen en de niet-ingezetenen die zich in een vergelijkbare situatie bevinden gelijk worden behandeld, de betrokken verminderingen op de niet-ingezetenen toe indien zij 75 % van hun wereldinkomen in Estland verwerven. Het belastbare inkomen wordt volgens de wetgeving van de woonstaat van de betrokkene berekend en ter bepaling van het deel dat in Estland is verworven, moet de niet-ingezetene een bewijs overleggen dat door de belastingdienst van zijn woonstaat is verstrekt.

41. Volgens de Republiek Estland heeft de Commissie met de instelling van dit beroep overigens aanbeveling 94/79 niet geëerbiedigd, waarin zij erop heeft gewezen dat de gelijke fiscale behandeling van ingezetenen en niet-ingezetenen zich enkel opdringt indien de niet-ingezetenen minstens 75 % van de inkomsten tijdens het betrokken belastingjaar hebben verworven in de lidstaat die ze belast.

42. Wat meer in het bijzonder de situatie van klaagster betreft, benadrukken het Koninkrijk Spanje en de Portugese Republiek bovendien dat de woonstaat, in casu de Republiek Finland, het totaal van de inkomsten die de betrokken belastingplichtige in zowel die lidstaat als in een andere lidstaat heeft verworven in aanmerking heeft genomen, en dat hij die niet heeft belast omdat het totale inkomen het van de belasting vrijgestelde minimuminkomen niet overschreed. Via een a contrarioredenering beklemtonen zij dat indien de woonstaat een geringer vrijgesteld minimuminkomen had vastgelegd, de inkomsten van die belastingplichtige zouden zijn belast, waarbij het bedrag van de in Estland betaalde belasting in mindering zou zijn gebracht. Aldus was de belastingwet niet strijdig met het vrije verkeer van werknemers.

43. Het Verenigd Koninkrijk voegt daaraan toe dat de door de Commissie voorgestelde oplossing om te vermijden dat de niet-ingezetene in Estland een hoger sociaal voordeel geniet dan de ingezetene, die erin bestaat dat de autoriteiten van die lidstaat het wereldinkomen van de betrokken belastingplichtige in aanmerking nemen bij de toepassing van de vermindering, onjuist is. Volgens de overeenkomst ter voorkoming van dubbele belasting is het immers onmogelijk om in Estland inkomsten te belasten die in Finland zijn verworven. De Republiek Estland kan dus niet het wereldinkomen van de betrokken belastingplichtige berekenen, terwijl de Republiek Finland dat wel kan, rekening houdend met het feit dat die belastingplichtige in Finland verblijft en dat de Finse autoriteiten bevoegd zijn om van hem inlichtingen en documenten te verkrijgen. Het standpunt van de Commissie leidt ertoe dat de Republiek Estland haar belastingvrije som enkel op de in Estland verworven inkomsten mag toepassen en dat de niet-ingezetene wordt bevoordeeld doordat zijn persoonlijke en gezinssituatie zowel in Estland als in Finland in aanmerking wordt genomen.

44. Over deze verschillende punten merkt de Commissie op dat, anders dan verweerster en de interveniënten betogen, het Hof in het arrest Schumacker heeft geoordeeld dat wanneer de belastingplichtige geen inkomsten van betekenis verwerft in de woonstaat, de lidstaat waar die belastingplichtige zijn inkomsten verwerft hem dezelfde voordelen moet toekennen als die toegekend aan de ingezetenen die enkel inkomsten in die staat verwerven. Aldus heeft het Hof aanvaard dat hoewel in normale omstandigheden de lidstaat waarin een inkomen wordt verworven het aan de woonstaat kan overlaten om een aan de middelen van de belastingplichtige aangepast belastingniveau te verzekeren, de lidstaat waarin dat inkomen is verworven de persoonlijke situatie van de belastingplichtige in aanmerking moet nemen indien de woonstaat daar niet toe in staat is. Evenzo kan de woonstaat, indien de inkomsten van een belastingplichtige daar nauwelijks of helemaal niet belastbaar zijn, niet verzekeren dat de belastingen die zijn betaald over de inkomsten die in een andere lidstaat zijn verworven in mindering van de belastbare grondslag worden gebracht.

45. Wat de methode van berekening van de inkomsten van de niet-ingezetene betreft, benadrukt de Commissie dat de Republiek Estland het recht heeft om het wereldinkomen van de belastingplichtige in aanmerking te nemen bij de berekening van de belasting waaraan die belastingplichtige in voorkomend geval in Estland is onderworpen. Indien het wereldinkomen van de belastingplichtige geringer is dan de in Estland toepasselijke belastingdrempel moet die belastingplichtige in Estland aan geen enkele belasting worden onderworpen. Indien daarentegen zijn wereldinkomen de in Estland toepasselijke drempel overschrijdt, kan hij aan de inkomstenbelasting worden onderworpen. Dat leidt niet tot een belasting over de inkomsten verworven in andere lidstaten dan de Republiek Estland, maar komt enkel neer op het bepalen van de draagkracht van de belastingplichtige in het kader van de belastingheffing op uitsluitend de inkomsten die hij in Estland heeft verworven.

46. Wat het betoog van verweerster over aanbeveling 94/79 betreft, stelt de Commissie dat die handeling niet verbindend is. Zij kan niet tot doel hebben de regels van het primaire recht over het vrije verkeer van personen aan te vullen en beperkt in ieder geval niet de beoordelingsvrijheid van de Commissie. Die aanbeveling suggereert enkel de vaststelling van nationale maatregelen ter uitvoering van het recht van de Unie zonder af te doen aan de correcte uitvoering van de uit de Verdragen voortvloeiende verplichtingen. Overigens heeft die aanbeveling zelfs haar relevantie verloren aangezien zij is vastgesteld vóór de uitspraak van het arrest Schumacker.

Beoordeling door het Hof

– Grief inzake schending van artikel 45 VWEU

47. Vooraf dient eraan te worden herinnerd dat uit vaste rechtspraak volgt dat de directe belasting weliswaar tot de bevoegdheid van de lidstaten behoort, maar dat zij deze bevoegdheid echter in overeenstemming met het Unierecht moeten uitoefenen (zie onder meer arrest Schumacker, punt 21, en arresten van 13 december 2005, Marks & Spencer, C-446/03, *Jurispr.* blz. I-10837, punt 29 en 19 november 2009, Commissie/Italië, C-540/07, *Jurispr.* blz. I-10983, punt 28). Bovendien moeten de nationale belastingregels de in de Verdragen neergelegde vrijheden en in het bijzonder het in artikel 45 VWEU neergelegde vrije verkeer van werknemers eerbiedigen.

48. In dat verband is het in beginsel onverenigbaar met de regels van het vrije verkeer dat een werknemer die dat recht heeft uitgeoefend, in de lidstaat waarvan hij een onderdaan is minder gunstig wordt behandeld dan indien hij geen gebruik had gemaakt van de hem bij die regels toegekende mogelijkheden. Evenwel moet eraan worden herinnerd dat er van discriminatie slechts pas sprake is indien verschillende regels worden toegepast op vergelijkbare situaties of wanneer dezelfde regel wordt toegepast op verschillende situaties (zie onder meer de arresten Schumacker, punt 30, en Gschwind, punt 21, en arrest van 22 maart 2007, Talotta, C-383/05, *Jurispr.* blz. I-2555, punt 18).

49. Nu zijn bij de directe belasting de situaties van ingezetenen en niet-ingezetenen in het algemeen niet vergelijkbaar, aangezien het door een niet-ingezetene in een lidstaat verworven inkomen meestal slechts een deel van zijn totale inkomen vormt, waarvan het zwaartepunt zich bevindt op de plaats waar hij woont, en de persoonlijke draagkracht van de niet-ingezetene, die wordt gevormd door zijn totale inkomen en zijn persoonlijke en gezinssituatie, het gemakkelijkst kan worden beoordeeld op de plaats waar hij het centrum van zijn persoonlijke en vermogensrechtelijke belangen heeft, hetgeen in het algemeen zijn gebruikelijke woonplaats is (zie onder meer arresten Schumacker, punten 31 en 32, en Gschwind, punt 22).

50. In punt 34 van het arrest Schumacker heeft het Hof geoordeeld dat wanneer een lidstaat een niet-ingezetene niet in aanmerking laat komen voor bepaalde belastingvoordelen die hij aan de ingezetene verleent, dat in de regel niet discriminerend is, rekening houdend met de objectieve verschillen tussen de situatie van de ingezetenen en de niet-ingezetenen, zowel wat de inkomstenbron als wat de persoonlijke draagkracht of de persoonlijke en gezinssituatie betreft (zie arrest Gschwind, punt 23).

51. Van een discriminatie in de zin van het Verdrag tussen ingezetenen en niet-ingezetenen kan er slechts sprake zijn indien, ongeacht het feit dat de twee categorieën belastingplichtigen in verschillende lidstaten verblijven, wordt vastgesteld dat zij zich, gelet op het doel en de inhoud van de betrokken nationale bepalingen, in een vergelijkbare situatie bevinden (zie arrest Gschwind, punt 26).

52. Dit is het geval wanneer een niet-ingezetene die geen inkomsten van betekenis verwerft in de woonstaat en het grootste deel van zijn belastbaar inkomen verwerft uit arbeid verricht in de werkstaat, zich in een vergelijkbare situatie bevindt als de ingezetenen van die laatste staat, aangezien in dat geval de woonstaat hem niet de voordelen kan toekennen die voortvloeien uit de inaanmerkingneming van zijn persoonlijke en gezinssituatie. Bijgevolg moet hij fiscaal worden behandeld als een ingezetene van de werkstaat en moet die staat hem de belastingvoordelen toekennen waarin hij voor de ingezetenen voorziet (zie onder meer arresten Schumacker, punten 36 en 37, en Gschwind, punt 27).

53. Het is ook vaste rechtspraak van het Hof dat in een situatie waarin er krachtens de belastingwetgeving van de lidstaat van de woonplaats in die staat geen enkel belastbaar inkomen is (zie in die zin arrest Wallentin, reeds aangehaald, punt 18), er een discriminatie kan zijn indien de persoonlijke en gezinssituatie van iemand zoals klaagster niet in de woonstaat en evenmin in de werkstaat in aanmerking wordt genomen (zie in die zin arrest Wallentin, punt 17).

54. Wanneer bijna 50 % van de totale inkomsten van de betrokkene in de woonstaat worden verworven, moet die woonstaat dus in beginsel in staat zijn om overeenkomstig de modaliteiten van zijn wettelijke regeling de draagkracht en de persoonlijke en gezinssituatie van de betrokkene in aanmerking te nemen (zie arrest Gschwind, punt 29).

55. In een geval echter zoals dat van klaagster, die krachtens de belastingwetgeving van de lidstaat van de woonplaats wegens haar geringe wereldinkomen in die staat niet belastbaar is, kan de woonstaat de draagkracht en de persoonlijke en gezinssituatie van de betrokkene, in het bijzonder de weerslag daarop door het belasten van inkomsten verworven in een andere lidstaat niet, in aanmerking nemen.

56. In dergelijke omstandigheden resulteert de weigering van de lidstaat waar de betrokken inkomsten zijn verworven om een in zijn belastingregeling vastgestelde vermindering toe te kennen, in een benadeling van de niet-ingezeten belastingplichtigen zoals klaagster op de enkele grond dat zij gebruik hebben gemaakt van de door het VWEU gewaarborgde vrijheden van verkeer.

57. Het uit een dergelijke regeling voortvloeiende verschil in behandeling kan alleen worden gerechtvaardigd indien het is gebaseerd op objectieve overwegingen die evenredig zijn aan de rechtmatige doelstellingen van het nationale recht (arrest van 9 november 2006, Turpeinen, C-520/04, *Jurispr.* blz. I-10685, punt 32). Hoewel de Republiek Estland heeft aangevoerd dat de litigieuze voorwaarde beoogt te vermijden dat de niet-ingezeten belastingplichtige verminderingen in elk van de betrokken lidstaten cumuleert, moet in dat verband worden vastgesteld dat er in een geval zoals dat van klaagster geen sprake is van een ongerechtvaardigde cumul van voordelen.

58. Derhalve en voor zover dit hierboven is aangegeven kan de algemene aard van de voorwaarde van § 283 van de belastingwet, die de persoonlijke en gezinssituatie van de betrokken belastingplichtigen niet in aanmerking neemt, personen benadelen zoals klaagster die gebruik hebben gemaakt van de mogelijkheden die hen bij de regels inzake het vrije verkeer van werknemers zijn gegeven, en is zij dus onverenigbaar met de vereisten van de Verdragen zoals die uit artikel 45 VWEU voortvloeien.

59. De grief inzake de schending van artikel 45 VWEU moet bijgevolg gegrond worden verklaard.

60. De Republiek Estland heeft echter aangevoerd dat aanbeveling 94/79, wegens haar inhoud en aard, de vaststelling van de aangevoerde niet-nakoming verhindert.

61. Het is juist dat de Commissie in artikel 2, lid 2, van die aanbeveling te kennen heeft gegeven dat de lidstaten de inkomsten van niet-ingezeten natuurlijke personen niet zwaarder mogen belasten dan die van de ingezetenen wanneer de inkomsten die belastbaar zijn in de lidstaat waarvan de natuurlijke persoon niet-ingezetene is minstens 75 % van het totale belastbare inkomen van deze persoon in het belastingjaar bedragen.

62. De Republiek Estland voert aan dat zij in de andere gevallen ingezetenen en niet-ingezetenen verschillend mag behandelen.

63. Evenwel moet eraan worden herinnerd dat volgens artikel 288, laatste alinea, VWEU de aanbevelingen tot de niet-verbindende handelingen van de instellingen van de Unie behoren. Overigens, zoals de advocaat-generaal in punt 60 van zijn conclusie in herinnering heeft gebracht, berust de niet-nakomingsprocedure op de objectieve vaststelling dat een lidstaat de verplichtingen niet is nagekomen die het Unierecht hem opleggen, zodat de Republiek Estland zich in casu niet op het vertrouwensbeginsel kan beroepen om de objectieve vaststelling te verhinderen dat zij de krachtens het Verdrag op haar rustende verplichtingen niet is nagekomen (zie in die zin arrest van 6 oktober 2009, Commissie/Spanje, C-562/07, *Jurispr.* blz. I-9553, punt 18).

64. Voorts moet worden opgemerkt dat de vierde overweging van de considerans van aanbeveling 94/79 bepaalt dat zij de Commissie niet verhindert een actief beleid te voeren op het gebied van inbreukprocedures om ervoor te zorgen dat de grondbeginselen van het Verdrag worden geëerbiedigd.

65. In die omstandigheden staat aanbeveling 94/79 niet in de weg aan de vaststelling van de niet-nakoming van de verplichtingen van artikel 45 VWEU. Het Hof moet zich dus niet buigen over de vraag of het Koninkrijk Spanje en de Portugese Republiek het recht hadden om in het kader van hun interventie op de grondslag van de vaststelling van die aanbeveling een exceptie van niet-ontvankelijkheid op te werpen tegen het beroep van de Commissie.

– Grief inzake schending van artikel 28 van de EER-Overeenkomst

66. Hoewel de Republiek Estland in het kader van haar verweer de argumenten betreffende de op artikel 45 VWEU gebaseerde grief ook heeft aangevoerd om tegen de grief betreffende artikel 28 van de EER-Overeenkomst op te komen, heeft zij de noodzaak erkend om § 283 van de belastingwet te vervolledigen 'teneinde de werkingssfeer ervan ook uit te breiden tot onderdanen van de lidstaten van de Europese Economische Ruimte'.

67. In dat verband moet worden opgemerkt dat de Estse wetgeving geen enkele mogelijkheid biedt om het betrokken fiscale voordeel toe te kennen aan personen die een Ests pensioen ontvangen en wonen in een van de derde landen die partij zijn bij de EER-Overeenkomst. Voor zover de bepalingen van artikel 28 van de EER-Overeenkomst dezelfde draagwijdte rechtens hebben als de in wezen identieke bepalingen van artikel 45 VWEU, geldt het voorgaande mutatis mutandis voor artikel 28 (zie in die zin arrest van 18 januari 2007, Commissie/Zweden, C-104/06, *Jurispr.* blz. I-671, punt 32).

68. Blijkens het voorgaande is de Republiek Estland, door de niet-ingezeten gepensioneerden die wegens de geringe hoogte van hun pensioenen krachtens de belastingwetgeving van de lidstaat van de woonplaats aldaar niet worden belast, uit te sluiten van het voordeel van de in de belastingwet vastgestelde verminderingen, de krachtens artikel 45 VWEU en artikel 28 van de EER-Overeenkomst op haar rustende verplichtingen niet nagekomen.

Kosten

69. …

70. …

HET HOF (Vierde kamer)

verklaart:

1. **Door de niet-ingezeten gepensioneerden die wegens de geringe hoogte van hun pensioenen krachtens de belastingwetgeving van de lidstaat van de woonplaats aldaar niet worden belast, uit te sluiten van het voordeel van de verminderingen waarin is voorzien bij de tulumaksuseadus (wet betreffende de inkomstenbelasting) van 15 december 1999, zoals gewijzigd bij de wet van 26 november 2009, is de Republiek Estland de verplichtingen niet nagekomen die op haar rusten krachtens artikel 45 VWEU en artikel 28 van de Overeenkomst betreffende de Europese Economische Ruimte van 2 mei 1992.**

2. **De Republiek Estland wordt verwezen in de kosten.**

3. **Het Koninkrijk Spanje, de Portugese Republiek, het Koninkrijk Zweden, het Verenigd Koninkrijk van Groot-Brittannië en Noord-Ierland en de Bondsrepubliek Duitsland dragen hun eigen kosten.**

HvJ EU 10 mei 2012, gevoegde zaken C-338/11 tot en met C-347/11 (Santander Asset Management SGIIC SA, namens FIM Santander Top 25 Euro Fi [C-338/11], v. Directeur des résidents à l'étranger et des services généraux en Santander Asset Management SGIIC SA, namens Cartera Mobiliaria SA SICAV [C-339/11], Kapitalanlagegesellschaft mbH, namens Alltri Inka [C-340/11], Allianz Global Investors Kapitalanlagegesellschaft mbH, namens DBI-Fonds APT n° 737 [C-341/11], SICAV KBC Select Immo [C-342/11], SGSS Deutschland Kapitalanlagegesellschaft mbH [C-343/11], International Values Series of the FA Investment Trust Co. [C-344/11], Continental Small Co. Series of the DFA Investment Trust Co. [C-345/11[, SICAV GA Fund B [C-346/11], Generali Investments Deutschland Kapitalanlagegesellschaft mbH, namens AMB Generali Aktien Euroland [C-347/11], v. Ministre du Budget, des Comptes publics, de la Fonction publique et de la Réforme de l'État]

Derde kamer: *K. Lenaerts (rapporteur), kamerpresident, J. Malenovský, G. Arestis, T. von Danwitz en D. Šváby, rechters*

Advocaat-generaal: *J. Mazák*

1. De verzoeken om een prejudiciële beslissing betreffen de uitlegging van de artikelen 63 VWEU en 65 VWEU.

2. Deze verzoeken zijn ingediend in het kader van gedingen tussen niet-ingezeten instellingen voor collectieve belegging in effecten (icbe's) en de Franse belastingautoriteiten betreffende de bronheffing die wordt ingehouden op aan deze icbe's uitgekeerde dividenden van nationale oorsprong.

Toepasselijke nationale bepalingen

3. In het Franse recht is de term icbe de verzamelnaam voor beleggingsvennootschappen met veranderlijk kapitaal (beveks) en gemeenschappelijke beleggingsfondsen (gbf's). Krachtens artikel 208, lid 1 bis A, van de code général des impôts (algemeen belastingwetboek; hierna: 'CGI') dienen beveks geen vennootschapsbelasting te betalen over de opbrengst die zij maken in het kader van hun wettelijk doel. Gbf's zijn een vorm van mede-eigendom en vallen daarom van rechtswege buiten de werkingssfeer van de vennootschapsbelasting.

4. Artikel 119 bis, lid 2, CGI bepaalt:

'Over de [dividenden] die ten goede komen aan personen die hun fiscale woonplaats niet in Frankrijk hebben of daar niet gevestigd zijn, wordt een bronbelasting geheven tegen het in artikel 187 bepaalde tarief [...]'

5. Artikel 187 CGI luidt:

'1. Het tarief van de in artikel 119 bis bedoelde bronheffing bedraagt:

[...]

– 25% voor alle andere inkomsten'.

Hoofdgedingen en prejudiciële vragen

6. Verzoeksters in het hoofdgeding zijn icbe's uit België (zaken C-342/11 en C-346/11), Duitsland (zaken C-340/11, C-341/11, C-343/11 en C-347/11), Spanje (zaken C-338/11 en C-339/11) en de Verenigde Staten (C-344/11 en C-345/11), die met name beleggen in aandelen van Franse vennootschappen en op grond daarvan dividenden ontvangen. In Frankrijk zijn deze dividenden overeenkomstig de artikelen 119 bis, lid 2, en 187, lid 1, CGI onderworpen aan een bronheffing van 25 %.

7. De verwijzende rechter is van mening dat de in de hoofdgedingen aan de orde zijnde nationale wettelijke regeling een verschillende fiscale behandeling invoert ten nadele van niet-ingezeten icbe's, aangezien de door deze instellingen ontvangen dividenden van Franse oorsprong onderworpen zijn aan bronheffing, terwijl dividenden van dezelfde oorsprong die aan ingezeten icbe's worden uitgekeerd, niet aan deze bronheffing zijn onderworpen. Dit verschil in behandeling vormt volgens de verwijzende rechter een beperking van het vrije verkeer van kapitaal in de zin van artikel 63 VWEU, die in het licht van artikel 65 VWEU slechts kan worden toegestaan indien dit verschil in behandeling situaties betreft die niet objectief vergelijkbaar zijn of indien de beperking door een dwingende reden van algemeen belang wordt gerechtvaardigd. Om de vergelijkbaarheid van de situaties te kunnen beoordelen, is het volgens de verwijzende rechter essentieel om te weten of, naast de situatie van de icbe's, ook de situatie van de deelnemers in aanmerking moet worden genomen.

8. Hij zet uiteen dat, indien enkel rekening wordt gehouden met de situatie van de icbe's, moet worden vastgesteld deze zich in een objectief vergelijkbare situatie bevinden, ongeacht of zij ingezetene van Frankrijk of van een andere lidstaat zijn. In dat geval kan het verschil in behandeling bovendien niet worden geacht door een dwingende reden van algemeen belang te zijn gerechtvaardigd.

9. Indien daarentegen, gelet op enerzijds het uitsluitende doel van icbe's, namelijk louter als tussenpersonen – die niet noodzakelijk rechtspersoonlijkheid hebben – te beleggen voor rekening van beleggers, en anderzijds de daadwerkelijke heffing op dividenden die – hetzij rechtstreeks op grond van de fiscale regeling inzake ingezeten icbe's, hetzij indirect op grond van de voor niet-ingezeten icbe's geldende bronheffing – op de deelnemers drukt, ongeacht of zij in Frankrijk verblijven, niet enkel rekening moet worden gehouden met de situatie van de icbe's, maar ook met deze van de deelnemers ervan, kan de bronheffing met het beginsel van het vrije kapitaalverkeer in overeenstemming zijn indien de situaties, in het licht van de toepasselijke fiscale regeling, niet als objectief vergelijkbaar kunnen worden beschouwd, of wanneer de doeltreffendheid van de fiscale controles, als dwingende reden van algemeen belang, het verschil in behandeling rechtvaardigt.

10. In die omstandigheden heeft het Tribunal administratif de Montreuil de behandeling van de zaak geschorst en het Hof de volgende prejudiciële vragen gesteld:

> '1. Dient, behalve de situatie van de icbe's zelf, ook de situatie van de deelnemers in aanmerking te worden genomen?
>
> 2. Zo ja, onder welke voorwaarden kan de litigieuze bronheffing dan met het beginsel van vrij kapitaalverkeer in overeenstemming worden geacht?'

11. Bij beschikking van de president van het Hof van 4 augustus 2011 zijn de zaken C-338/11 tot en met C-347/11 gevoegd voor de schriftelijke en de mondelinge behandeling, alsook voor het arrest.

Beantwoording van de prejudiciële vragen

12. Om te beginnen moet worden gepreciseerd dat de artikelen 119 bis, lid 2, en 187 CGI weliswaar in het algemeen van toepassing zijn op personen van wie de fiscale woonplaats of de verblijfplaats zich niet in Frankrijk bevindt, maar de gestelde vragen betreffen uitsluitend de uit de toepassing van deze bepalingen voortvloeiende fiscale behandeling van icbe's.

13. Met zijn vragen wenst de verwijzende rechter in wezen te vernemen of de artikelen 63 VWEU en 65 VWEU aldus moeten worden uitgelegd dat zij zich verzetten tegen een nationale regeling zoals in de hoofdgedingen aan de orde, die de aan icbe's uitgekeerde dividenden van nationale oorsprong fiscaal verschillend behandelt naargelang van de plaats waar de ontvangende instelling is gevestigd. Hij vraagt zich in het bijzonder met betrekking tot de heffing van belasting over dividenden die door ingezeten vennootschappen aan niet-ingezeten icbe's worden uitgekeerd af, of de vergelijking van de situaties om vast te stellen of er een verschil in behandeling bestaat dat het vrije kapitaalverkeer beperkt, louter op het niveau van het beleggingsinstrument moet worden verricht dan wel of ook de situatie van de deelnemers in aanmerking moet worden genomen.

14. In dit verband zij er meteen aan herinnerd dat de lidstaten volgens vaste rechtspraak weliswaar bevoegd zijn voor de directe belastingen, maar dat zij deze bevoegdheid in overeenstemming met het recht van de Unie moeten uitoefenen (arresten van 4 maart 2004, Commissie/Frankrijk, C-334/02, *Jurispr.* blz. I-2229, punt 21; 20 januari 2011, Commissie/ Griekenland, C-155/09, nog niet gepubliceerd in de *Jurisprudentie*, punt 39, en 16 juni 2011, Commissie/Oostenrijk, C-10/10, nog niet gepubliceerd in de *Jurisprudentie*, punt 23).

15. Tevens volgt uit vaste rechtspraak dat de maatregelen die ingevolge artikel 63, lid 1, VWEU verboden zijn omdat zij het kapitaalverkeer beperken, mede de maatregelen omvatten die niet-ingezetenen ervan doen afzien in een lidstaat investeringen te doen, of ingezetenen van deze lidstaat ontmoedigen in andere staten investeringen te doen (arresten van 25 januari 2007, Festersen, C-370/05, *Jurispr.* blz. I-1129, punt 24; 18 december 2007, A, C-101/05, *Jurispr.* blz. I-11531, punt 40, en 10 februari 2011, Haribo Lakritzen Hans Riegel en Österreichische Salinen, C-436/08 en C-437/08, nog niet gepubliceerd in de *Jurisprudentie*, punt 50).

16. Wat de vraag betreft of een regeling van een lidstaat, zoals die welke in de hoofdgedingen aan de orde is, het kapitaalverkeer beperkt, moet in herinnering worden gebracht dat op grond van deze regeling een bronheffing van 25 % geldt voor de dividenden die een ingezeten vennootschap aan een niet-ingezeten icbe uitkeert, ongeacht of deze icbe in een andere lidstaat of in een derde staat is gevestigd, terwijl dergelijke dividenden niet worden belast wanneer zij aan een ingezeten icbe worden uitgekeerd.

17. Dat dividenden fiscaal verschillend worden behandeld naargelang van de plaats waar de icbe's zijn gevestigd, kan enerzijds de niet-ingezeten icbe's ervan doen afzien te beleggen in vennootschappen die in Frankrijk zijn gevestigd en kan anderzijds de in Frankrijk wonende beleggers ervan doen afzien rechten van deelneming in niet-ingezeten icbe's te verwerven.

18. Deze wettelijke regeling vormt derhalve een in beginsel door artikel 63 VWEU verboden beperking van het vrije verkeer van kapitaal.

19. Niettemin dient te worden onderzocht of deze beperking kan worden gerechtvaardigd op basis van de bepalingen van het VWEU.

20. In dit verband zij eraan herinnerd dat volgens artikel 65, lid 1, sub a, VWEU '[h]et bepaalde in artikel 63 [VWEU] niets af [doet] aan het recht van de lidstaten [...] de ter zake dienende bepalingen van hun belastingwetgeving toe te passen die onderscheid maken tussen belastingplichtigen die niet in dezelfde situatie verkeren met betrekking tot hun vestigingsplaats of de plaats waar hun kapitaal is belegd'.

21. Deze bepaling moet, als afwijking van het grondbeginsel van het vrije verkeer van kapitaal, strikt worden uitgelegd. Bijgevolg mag zij niet aldus worden uitgelegd dat elke belastingwetgeving die een onderscheid maakt tussen belastingplichtigen naargelang van hun vestigingsplaats of van de lidstaat waar zij hun kapitaal beleggen, automatisch verenigbaar is met het Verdrag (zie arresten van 11 september 2008, Eckelkamp e.a., C-11/07, *Jurispr.* blz. I-6845, punt 57, en 22 april 2010, Mattner, C-510/08, *Jurispr.* blz. I-3553, punt 32, en reeds aangehaald arrest Haribo Lakritzen Hans Riegel en Österreichische Salinen, punt 56).

22. De in deze bepaling bedoelde afwijking wordt immers zelf beperkt door artikel 65, lid 3, VWEU, dat bepaalt dat de in lid 1 van dit artikel bedoelde nationale maatregelen 'geen middel tot willekeurige discriminatie [mogen] vormen, noch een verkapte beperking van het vrije kapitaalverkeer en betalingsverkeer als omschreven in artikel 63'.

23. Bijgevolg moet een onderscheid worden gemaakt tussen de door artikel 65, lid 1, sub a, VWEU toegestane verschillen in behandeling en de door lid 3 van ditzelfde artikel verboden discriminaties. Uit de rechtspraak volgt dat een nationale belastingregeling als in de hoofdgedingen aan de orde is slechts verenigbaar met de verdragsbepalingen betreffende het vrije kapitaalverkeer kan worden geacht, indien het verschil in behandeling betrekking heeft op situaties die niet objectief vergelijkbaar zijn, of wordt gerechtvaardigd door een dwingende reden van algemeen belang (zie arresten van 6 juni 2000, Verkooijen, C-35/98, *Jurispr.* blz. I-4071, punt 43; 7 september 2004, Manninen, C-319/02, *Jurispr.* blz. I-7477, punt 29, en 1 december 2011, Commissie/België, C-250/08, nog niet gepubliceerd in de *Jurisprudentie*, punt 51).

24. De verwijzende rechter vraagt zich af of bij de beoordeling of de situaties vergelijkbaar zijn, naast de situatie van de icbe's ook de situatie van de deelnemers in aanmerking moet worden genomen.

25. In dit verband benadrukt de Franse regering dat icbe's niet in eigen naam beleggen, maar collectieve beleggingsinstrumenten vormen en als zodanig optreden voor rekening van hun deelnemers. Aangezien de tussenkomst van icbe's fiscaal neutraal is, zijn de dividenden die zij ontvangen onbelast. Bijgevolg moet ook rekening worden gehouden met de situatie van deze deelnemers teneinde uit te maken of het feit dat aan niet-ingezeten icbe's uitgekeerde dividenden anders worden behandeld dan aan ingezeten icbe's uitgekeerde dividenden, betrekking heeft op situaties die niet objectief vergelijkbaar zijn.

26. Dit betoog kan echter niet slagen.

27. Het staat aan elke lidstaat om met eerbiediging van het recht van de Unie zijn stelsel van belasting van winstuitkeringen te organiseren. Wanneer een nationale belastingregeling echter een onderscheidingscriterium vaststelt voor de belasting van winstuitkeringen, moet bij de beoordeling van de vergelijkbaarheid van de situaties rekening worden gehouden met dit criterium (zie in die zin arresten van 14 december 2006, Denkavit Internationaal en Denkavit France, C-170/05, *Jurispr.* blz. I-11949, punten 34 en 35; 18 juni 2009, Aberdeen Property Fininvest Alpha, C-303/07, *Jurispr.* blz. I-5145, punten 51-54; 19 november 2009, Commissie/Italië, C-540/07, *Jurispr.* blz. I-10983, punt 43, en 20 oktober 2011, Commissie/Duitsland, C-284/09, nog niet gepubliceerd in de *Jurisprudentie*, punt 60).

28. Enkel de criteria die in de betrokken regeling als relevante onderscheidingscriteria zijn vastgesteld, moeten in aanmerking worden genomen bij de beoordeling of het uit een dergelijke regeling voortvloeiende verschil in behandeling een weerspiegeling vormt van objectief verschillende situaties. Wanneer een lidstaat ervoor opteert om zijn bevoegdheid tot het heffen van belastingen over de door ingezeten vennootschappen uitgekeerde dividenden uit te oefenen, en deze heffing uitsluitend doet afhangen van de vestigingsplaats van de begunstigde icbe's, is de fiscale situatie van de deelnemers van deze icbe's niet relevant bij de beoordeling of deze regeling discriminerend is.

29. Inzake de in de hoofdgedingen aan de orde zijnde belastingwetgeving moet worden geconstateerd dat deze een op de vestigingsplaats van de icbe gebaseerd onderscheidingscriterium in het leven roept, waarbij enkel ten aanzien van niet-ingezeten icbe's een bronheffing wordt ingehouden op de dividenden die zij ontvangen.

30. Voorts bestaat er, anders dan de Franse regering oppert, geen verband tussen het feit dat door ingezeten icbe's ontvangen dividenden niet worden belast en het feit dat de deelnemers van deze icbe's belasting over deze dividenden verschuldigd zijn. Aan de fiscale vrijstelling die voor ingezeten icbe's geldt, is immers niet de voorwaarde verbonden dat de deelnemers van deze icbe's over de uitgekeerde inkomsten worden belast.

31. In dit verband zij opgemerkt dat icbe's die de ontvangen dividenden kapitaliseren geen nieuwe dividenden meer uitkeren die bij de deelnemers zou kunnen worden belast. De in de hoofdgedingen aan de orde zijnde nationale regeling schept dus geen enkele band tussen enerzijds de fiscale behandeling van de dividenden van nationale oorsprong die worden ontvangen door de – al dan niet ingezeten – kapitalisatie-icbe's, en anderzijds de fiscale situatie van de deelnemers ervan.

32. Wat de icbe's betreft die de ontvangen dividenden wel opnieuw uitkeren, houdt de aan de orde zijnde regeling evenmin rekening met de fiscale situatie van de deelnemers ervan.

33. In dit verband moet worden vastgesteld dat het betoog van de Franse regering is gebaseerd op de premisse dat de fiscale verblijfplaats van de deelnemers van ingezeten icbe's in Frankrijk ligt, terwijl de fiscale verblijfplaats van deelnemers van niet-ingezeten icbe's ligt in de lidstaat waar de betrokken icbe is gevestigd. De tussen de Franse Republiek en de betrokken lidstaat of derde staat gesloten bilaterale verdragen ter voorkoming van dubbele belasting waarborgen volgens de Franse regering aldus dat deelnemers van ingezeten en deelnemers van niet-ingezeten icbe's op fiscaal gebied gelijk worden behandeld.

34. Deze premisse berust echter op een veralgemening en is daarom onjuist. Het is immers niet ongebruikelijk dat een deelnemer van een niet in Frankrijk ingezeten icbe zijn fiscale verblijfplaats in Frankrijk heeft of dat een deelnemer van een in Frankrijk ingezeten icbe zijn fiscale verblijfplaats in een andere lidstaat of een derde staat heeft.

35. Uit de in het hoofdgeding aan de orde zijnde regeling blijkt dat de aan een ingezeten distributie-icbe uitgekeerde dividenden van nationale oorsprong zelfs van belasting zijn vrijgesteld ingeval de Franse Republiek geen gebruik maakt van haar fiscale bevoegdheid ten aanzien van de door een dergelijke icbe op haar beurt uitgekeerde dividenden, met name wanneer deze worden uitgekeerd aan deelnemers waarvan de fiscale verblijfplaats in een andere lidstaat of in een derde staat ligt.

36. Voorts worden de aan niet-ingezeten distributie-icbe's uitgekeerde dividenden van nationale oorsprong belast tegen 25 %, ongeacht de fiscale situatie van de deelnemers ervan.

37. Wat de niet-ingezeten deelnemers van dergelijke icbe's betreft, zij opgemerkt dat bepaalde tussen de Franse Republiek en de betrokken lidstaat of derde staat gesloten bilaterale verdragen ter voorkoming van dubbele belasting weliswaar bepalen dat de staat waar deze deelnemers verblijven rekening houdt met de in Frankrijk ingehouden bronheffing, maar daaruit kan niet worden afgeleid dat de in de hoofdgedingen aan de orde zijnde regeling de fiscale situatie van deze deelnemers in aanmerking neemt. Het is integendeel de staat van verblijf van deze deelnemers die op grond van dergelijke verdragen rekening houdt met de fiscale behandeling die de dividenden in Frankrijk op het niveau van de icbe's hebben genoten.

38. Zoals de Franse regering betoogt, bestaat er voor in Frankrijk gevestigde deelnemers van niet-ingezeten icbe's weliswaar een administratieve praktijk op grond waarvan deze deelnemers in bepaalde gevallen een belastingkrediet kunnen krijgen voor de bronheffing die op het niveau van de niet-ingezeten icbe is ingehouden, maar dat neemt niet weg dat de in de hoofdgedingen aan de orde zijnde regeling bepaalt dat aan niet-ingezeten icbe's uitgekeerde dividenden van nationale oorsprong worden belast tegen 25 % en wel uitsluitend vanwege de vestigingsplaats van deze icbe's en dus ongeacht de fiscale situatie van de deelnemers van deze icbe's.

39. Gelet op het door deze regeling vastgestelde onderscheidingscriterium, dat uitsluitend is gebaseerd op de vestigingsplaats van de icbe, dient de beoordeling of de situaties vergelijkbaar zijn, op basis waarvan kan worden vastgesteld of deze regeling discriminerend is, louter op het niveau van het beleggingsinstrument te worden uitgevoerd.

40. Aan deze conclusie wordt niet afgedaan door het feit dat het Hof in zijn arrest Orange European Smallcap Fund van 20 mei 2008 (C-194/06, *Jurispr.* blz. I-3747), dat betrekking had op de Nederlandse belastingregeling inzake icbe's, rekening heeft gehouden met de belastingregeling die gold voor natuurlijke personen die rechten van deelneming bezaten, om te beoordelen of een belastingregeling als die welke in die zaak de orde was verenigbaar was met het vrije kapitaalverkeer. Anders dan de in casu aan de orde zijnde belastingregeling stelde die regeling de fiscale vrijstelling van de icbe's immers afhankelijk van de voorwaarde dat alle winst van deze instellingen aan de deelnemers ervan werd uitgekeerd, teneinde ervoor te zorgen dat de belastingdruk op beleggingsopbrengsten via deze instellingen zo veel mogelijk gelijk was aan de belastingdruk bij rechtstreekse beleggingen van particulieren (reeds aangehaald arrest Orange European Smallcap Fund, punten 8, 33 en 60). In laatstbedoelde zaak heeft de nationale wetgever dus de fiscale situatie van de deelnemer als onderscheidingscriterium voor de toepasselijke fiscale behandeling gehanteerd.

41. In de hoofdgedingen is het onderscheidingscriterium voor de toepasselijke fiscale behandeling dat door de betrokken nationale regeling in het leven is geroepen, daarentegen niet de fiscale situatie van de deelnemer, maar uitsluitend het statuut – van ingezetene of niet-ingezetene – van de icbe.

42. Zoals de verwijzende rechter benadrukt, bevinden ingezeten icbe's die dividenden ontvangen en niet-ingezeten icbe's die dividenden ontvangen zich ten aanzien van een nationale regeling als in de hoofdgedingen aan de

orde is, die beoogt te vermijden dat door ingezeten vennootschappen uitgekeerde dividenden meermaals worden belast, in een vergelijkbare situatie (zie reeds aangehaalde arresten Aberdeen Property Fininvest Alpha, punten 43 en 44, en Commissie/Duitsland, punt 58).

43. Het op het arrest Truck Center van 22 december 2008 (C-282/07, *Jurispr.* blz. I-10767, punt 47) gebaseerde argument van de Franse regering dat de verschillende behandeling van ingezeten icbe's en niet-ingezeten icbe's slechts een weerspiegeling vormt van het feit dat deze instellingen zich met betrekking tot de inning van de belasting in een verschillende situatie bevinden, kan niet worden aanvaard. In dit verband moet eraan worden herinnerd dat de nationale regeling in de zaak die heeft geleid tot het reeds aangehaalde arrest Truck Center, bepaalde dat zowel ingezeten als niet-ingezeten vennootschappen die dividenden ontvingen, over bepaalde inkomsten van nationale oorsprong werden belast. Die regeling bepaalde uitsluitend dat deze belasting op een verschillende manier werd geïnd naargelang van de plaats waar de zetel van de dividenden ontvangende vennootschap was gevestigd, hetgeen was gerechtvaardigd omdat de ingezeten en de niet-ingezeten vennootschappen zich in een objectief verschillende situatie bevonden. De regeling die in de hoofdgedingen aan de orde is schrijft echter niet louter voor dat de belasting op een verschillende manier wordt geïnd naargelang van de plaats waar de ontvanger van de dividenden van nationale oorsprong verblijft, maar bepaalt daarentegen dat deze dividenden enkel bij niet-ingezeten icbe's worden belast.

44. Bijgevolg kan het verschil in behandeling tussen ingezeten icbe's, die geen belasting hoeven te betalen over de dividenden van nationale oorsprong die zij ontvangen, en niet-ingezeten icbe's, ten aanzien waarvan op deze dividenden een bronheffing wordt ingehouden, niet worden gerechtvaardigd door een relevant verschil in situatie.

45. Onderzocht dient nog te worden of de beperking die voortvloeit uit een nationale regeling zoals die welke in de hoofdgedingen aan de orde is, gerechtvaardigd is door dwingende redenen van algemeen belang (zie arrest van 11 oktober 2007, ELISA, C-451/05, *Jurispr.* blz. I-8251, punt 79, en reeds aangehaalde arresten Haribo Lakritzen Hans Riegel en Österreichische Salinen, punt 63, en Commissie/België, punt 68).

46. De Franse regering heeft voor het Hof diverse rechtvaardigingsgronden aangevoerd, te weten de noodzaak om een evenwichtige verdeling van de heffingsbevoegdheid tussen de lidstaten te handhaven, de noodzaak om de doeltreffendheid van de fiscale controles te waarborgen en het behoud van de samenhang van het in de hoofdgedingen aan de orde zijnde belastingstelsel. Wat in het bijzonder de rechtvaardigingsgronden voor de beperkingen van het kapitaalverkeer in de verhouding met derde staten betreft, baseert de Franse regering zich enerzijds op de stelling dat de betrokken regels in deze specifieke context noodzakelijk zijn om de doeltreffendheid van de fiscale controles te waarborgen en anderzijds op artikel 64, lid 1, VWEU.

47. Dienaangaande zij eraan herinnerd dat de noodzaak om een evenwichtige verdeling van de heffingsbevoegdheid tussen de lidstaten te waarborgen, als rechtvaardigingsgrond met name kan worden aanvaard wanneer de betrokken regeling ertoe strekt gedragingen te voorkomen die afbreuk kunnen doen aan het recht van een lidstaat om zijn belastingbevoegdheid uit te oefenen met betrekking tot activiteiten die op zijn grondgebied plaatsvinden (zie arresten van 18 juli 2007, Oy AA, C-231/05, *Jurispr.* blz. I-6373, punt 54, en 8 november 2007, Amurta, C-379/05, *Jurispr.* blz. I-9569, punt 58, en reeds aangehaalde arresten Aberdeen Property Fininvest Alpha, punt 66, en Commissie/Duitsland, punt 77).

48. Wanneer een lidstaat er evenwel voor heeft gekozen om bij ingezeten icbe's geen belasting te heffen over de dividenden van nationale oorsprong die zij ontvangen, kan hij zich ter rechtvaardiging van het feit dat niet-ingezeten vennootschappen die dergelijke inkomsten ontvangen, wel worden belast, niet beroepen op de noodzaak om een evenwichtige verdeling van de heffingsbevoegdheid tussen de lidstaten te waarborgen (zie reeds aangehaalde arresten Amurta, punt 59; Aberdeen Property Fininvest Alpha, punt 67, en Commissie/Duitsland, punt 78).

49. De in de hoofdgedingen aan de orde zijnde nationale regeling kan evenmin worden gerechtvaardigd door de noodzaak om de doeltreffendheid van de fiscale controles te waarborgen. De doeltreffendheid van de fiscale controles kan immers geen rechtvaardiging bieden voor een belasting die uitsluitend en specifiek niet-ingezetenen treft, zoals de verwijzende rechter overigens opmerkt.

50. Wat het argument inzake het behoud van de samenhang van het Franse belastingstelsel betreft, zij eraan herinnerd dat het Hof reeds heeft geoordeeld dat de noodzaak om een dergelijke samenhang te waarborgen een rechtvaardigingsgrond kan zijn voor een regeling die de fundamentele vrijheden beperkt (zie arresten van 28 januari 1992, Bachmann, C-204/90, *Jurispr.* blz. I-249, punt 21, en 23 oktober 2008, Krankenheim Ruhesitz am Wannsee-Seniorenheimstatt, C-157/07, *Jurispr.* blz. I-8061, punt 43, en reeds aangehaald arrest Commissie/België, punt 70).

51. Een beroep op een dergelijke rechtvaardigingsgrond kan volgens vaste rechtspraak evenwel alleen slagen indien wordt aangetoond dat er een rechtstreeks verband bestaat tussen het betrokken belastingvoordeel en de compensatie van dat voordeel door een bepaalde belastingheffing (reeds aangehaald arrest Commissie/België, punt 71 en aldaar aangehaalde rechtspraak). Of het verband rechtstreeks is, moet aan de hand van het doel van de

betrokken regeling worden beoordeeld (arrest van 27 november 2008, Papillon, C-418/07, *Jurispr.* blz. I-8947, punt 44, en reeds aangehaald arrest Aberdeen Property Fininvest Alpha, punt 72).

52. Zoals uit punt 30 van het onderhavige arrest volgt, is de vrijstelling van de dividenden van bronheffing echter niet afhankelijk gesteld van de voorwaarde dat de betrokken icbe de door haar ontvangen dividenden opnieuw uitkeert en dat de vrijstelling van bronheffing kan worden gecompenseerd door de heffing van belasting over deze dividenden bij de deelnemers van deze icbe.

53. Bijgevolg bestaat er geen rechtstreeks verband, in de zin van de in punt 51 van het onderhavige arrest aangehaalde rechtspraak, tussen het feit dat de door een ingezeten icbe ontvangen dividenden van nationale oorsprong zijn vrijgesteld van bronheffing, en het feit dat deze dividenden als inkomsten worden belast bij de deelnemers van deze icbe.

54. Wat tot slot in het bijzonder de rechtvaardigingsgronden voor beperkingen van het kapitaalverkeer in de verhouding met derde staten betreft, moet om te beginnen worden opgemerkt dat de Franse regering enkel heeft betoogd dat de litigieuze beperkingen in het kader van dit verkeer bij gebreke van belastingverdragen die in wederzijdse administratieve bijstand voorzien, gerechtvaardigd moeten zijn uit hoofde van de noodzaak om de doeltreffendheid van de fiscale controles te waarborgen. Volgens de rechtspraak is de juridische context van een dergelijk kapitaalverkeer weliswaar volledig anders dan bij betrekkingen tussen lidstaten (reeds aangehaald arrest A, punt 60), maar in dit verband kan worden volstaan met de opmerking dat de Franse regering geen gegevens heeft verstrekt die aantonen op welke wijze de noodzaak om de doeltreffendheid van de fiscale controles te waarborgen een belasting kan rechtvaardigen die uitsluitend en specifiek niet-ingezeten icbe's treft. Aangezien de verzoeken om een prejudiciële beslissing voorts niet strekken tot uitlegging van artikel 64, lid 1, VWEU, hoeft niet te worden onderzocht of een beperking van het kapitaalverkeer naar of uit derde staten die voortvloeit uit een nationale regeling zoals die welke in de hoofdgedingen aan de orde is, op grond van deze bepaling kan worden gerechtvaardigd.

55. Gelet op een en ander moet op de gestelde vragen worden geantwoord dat de artikelen 63 VWEU en 65 VWEU aldus moeten worden uitgelegd dat zij zich verzetten tegen een regeling van een lidstaat die bepaalt dat dividenden van nationale oorsprong aan de bron worden belast wanneer zij worden uitgekeerd aan in een andere staat gevestigde icbe's, terwijl in de eerstbedoelde staat gevestigde icbe's geen belasting over dergelijke dividenden hoeven te betalen.

De werking van het onderhavige arrest in de tijd

56. In haar mondelinge opmerkingen heeft de Franse regering het Hof verzocht om de werking van het onderhavige arrest in de tijd te beperken ingeval het zou vaststellen dat een nationale regeling als die welke in de hoofdgedingen aan de orde is, onverenigbaar is met de artikelen 63 VWEU en 65 VWEU.

57. Ter onderbouwing van haar verzoek heeft deze regering om te beginnen de aandacht van het Hof gevestigd op de ernstige financiële gevolgen van een arrest waarin het tot een dergelijke vaststelling komt. Voorts heeft zij betoogd dat de Franse Republiek, gelet op de houding van de Europese Commissie en de andere lidstaten, ervan mocht uitgaan dat de in de hoofdgedingen aan de orde zijnde regeling in overeenstemming was met het Unierecht.

58. In dit verband zij eraan herinnerd dat volgens vaste rechtspraak de uitlegging die het Hof krachtens de hem bij artikel 267 VWEU verleende bevoegdheid geeft aan een voorschrift van Unierecht, de betekenis en de strekking van dat voorschrift zoals het sedert het tijdstip van de inwerkingtreding ervan moet of had moeten worden verstaan en toegepast, verklaart en preciseert. Hieruit volgt dat de rechter het aldus uitgelegde voorschrift zelfs kan en moet toepassen op rechtsbetrekkingen die zijn ontstaan en tot stand zijn gekomen vóór het arrest waarbij op het verzoek om uitlegging is beslist, indien voor het overige is voldaan aan de voorwaarden waaronder een geschil over de toepassing van dat voorschrift voor de bevoegde rechter kan worden gebracht (zie met name arresten van 3 oktober 2002, Barreira Pérez, C-347/00, *Jurispr.* blz. I-8191, punt 44; 17 februari 2005, Linneweber en Akritidis, C-453/02 en C-462/02, *Jurispr.* blz. I-1131, punt 41, en 6 maart 2007, Meilicke e.a., C-292/04, *Jurispr.* blz. I-1835, punt 34).

59. Derhalve kan het Hof slechts in zeer uitzonderlijke gevallen uit hoofde van een aan de rechtsorde van de Unie inherent algemeen beginsel van rechtszekerheid besluiten beperkingen te stellen aan de mogelijkheid voor iedere belanghebbende om met een beroep op een door het Hof uitgelegde bepaling te goeder trouw tot stand gekomen rechtsbetrekkingen opnieuw ter discussie te stellen. Tot een dergelijke beperking kan slechts worden besloten indien is voldaan aan twee essentiële criteria, te weten de goede trouw van de belanghebbende kringen en het gevaar voor ernstige verstoringen (zie met name arresten van 10 januari 2006, Skov en Bilka, C-402/03, *Jurispr.* blz. I-199, punt 51, en 3 juni 2010, Kalinchev, C-2/09, *Jurispr.* blz. I-4939, punt 50).

60. Meer bepaald heeft het Hof slechts in zeer specifieke omstandigheden van deze mogelijkheid gebruikgemaakt, met name wanneer er gevaar bestond voor ernstige economische repercussies, inzonderheid gezien het

grote aantal rechtsbetrekkingen dat op basis van de geldig geachte wettelijke regeling te goeder trouw tot stand was gekomen, en wanneer bleek dat particulieren en de nationale autoriteiten tot een met het Unierecht strijdig gedrag waren gebracht op grond van een objectieve, grote onzekerheid over de strekking van de bepalingen van Unierecht, tot welke onzekerheid het gedrag van andere lidstaten of van de Commissie eventueel had bijgedragen (zie met name arrest van 27 april 2006, Richards, C-423/04, *Jurispr.* blz. I-3585, punt 42, en reeds aangehaald arrest Kalinchev, punt 51).

61. De Franse regering heeft aangevoerd dat er over de strekking van de bepalingen van Unierecht objectieve, grote onzekerheid bestond, maar heeft niet gepreciseerd hoe het gedrag van de Commissie en van andere lidstaten aan deze onzekerheid heeft bijdragen. In ieder geval kan niet worden aanvaard dat in de hoofdgedingen sprake is van objectieve, grote onzekerheid over de strekking van de bepalingen van Unierecht. Uit de in punt 27 van het onderhavige arrest aangehaalde vaste rechtspraak van het Hof volgt immers dat bij het onderzoek naar de verenigbaarheid van een regeling als die van de hoofdgedingen met de artikelen 63 VWEU en 65 VWEU, de vergelijkbaarheid van de situaties op het door de lidstaat zelf gekozen niveau moet worden beoordeeld, in casu dus op het niveau van de icbe's. Zoals de verwijzende rechter vaststelt, doen zich voorts geen bijzondere problemen voor bij de beoordeling van de verenigbaarheid van een regeling als die van de hoofdgedingen met de artikelen 63 VWEU en 65 VWEU indien de situaties op het niveau van de icbe's moeten worden vergeleken.

62. Wat de verwijzing van de Franse regering naar de aanzienlijke budgettaire gevolgen van het onderhavige arrest van het Hof betreft, is het vaste rechtspraak dat de financiële gevolgen die een prejudicieel arrest voor een lidstaat zou kunnen hebben, op zich niet rechtvaardigen dat de werking in de tijd van dit arrest wordt beperkt (arresten van 20 september 2001, Grzelczyk, C-184/99, *Jurispr.* blz. I-6193, punt 52, en 15 maart 2005, Bidar, C-209/03, *Jurispr.* blz. I-2119, punt 68, en reeds aangehaald arrest Kalinchev, punt 52). In casu heeft de Franse Republiek, die slechts ter terechtzitting heeft gevraagd om de werking van het onderhavige arrest in de tijd te beperken, tijdens die terechtzitting geen gegevens aangevoerd op basis waarvan het Hof kan beoordelen of de Franse Republiek daadwerkelijk het risico loopt ernstige economische gevolgen te ondergaan.

63. Uit de voorgaande overwegingen volgt dat de werking van het onderhavige arrest niet in de tijd hoeft te worden beperkt.

Kosten

64. ...

HET HOF (Derde kamer)

verklaart voor recht:

De artikelen 63 VWEU en 65 VWEU moeten aldus worden uitgelegd dat zij zich verzetten tegen een regeling van een lidstaat die bepaalt dat dividenden van nationale oorsprong aan de bron worden belast wanneer zij worden uitgekeerd aan in een andere staat gevestigde instellingen voor collectieve belegging in effecten, terwijl in de eerstbedoelde staat gevestigde instellingen voor collectieve belegging in effecten geen belasting over dergelijke dividenden hoeven te betalen.

CE Cour de Justice 10 mei 2012, zaak C-370/11 (Commission européenne contre Royaume de Belgique)

Sixième chambre: *U. Lõhmus (rapporteur), président de chambre, A. Rosas et A. Ó Caoimh, juges*
Avocat-général: *P. Cruz Villalón*

1. Par sa requête, la Commission européenne demande à la Cour de constater que, en maintenant des règles selon lesquelles les plus-values réalisées lors du rachat d'actions d'organismes de placement collectif qui ne bénéficient pas d'une autorisation accordée conformément à la directive 85/611/CEE du Conseil, du 20 décembre 1985, portant coordination des dispositions législatives, réglementaires et administratives concernant certains organismes de placement collectif en valeurs mobilières (OPCVM) (*JO* L 375, p. 3), ne sont pas imposables lorsque ces organismes sont établis en Belgique, tandis que les plus-values réalisées lors du rachat d'actions de tels organismes établis en Norvège ou en Islande sont imposables, le Royaume de Belgique a manqué aux obligations qui lui incombent en vertu des articles 36 et 40 de l'accord sur l'Espace économique européen, du 2 mai 1992 (*JO* 1994, L 1, p. 3, ci-après l''accord EEE').

Le cadre juridique

L'accord EEE

2. Les articles 36 et 40 de l'accord EEE correspondent, respectivement, aux articles 56 TFUE et 63 TFUE.

La réglementation belge

3. Il résulte de l'article 90, 1°, du code des impôts sur les revenus 1992 (*Moniteur belge* du 30 juillet 1992, ci-après le 'CIR 1992') que la plus-value résultant du rachat de parts d'un organisme de placement collectif en valeurs mobilières (ci-après un 'OPCVM') n'est en principe pas imposable lorsqu'elle est réalisée par une personne physique résidant en Belgique et agissant dans le cadre d'une gestion normale du patrimoine privé.

4. La loi-programme du 27 décembre 2005 (*Moniteur belge* du 30 décembre 2005, p. 57315) a complété le CIR 1992 par l'ajout d'un article 19 bis, qui a élargi la définition de la notion d''intérêts' figurant à l'article 19 de ce code. Il en résulte que les plus-values réalisées lors du rachat de parts de certains OPCVM sont imposables.

5. L'article 19 bis, § 1er, premier et sixième alinéas, de ladite loi-programme, tel que modifié par la loi du 21 décembre 2009 portant des dispositions fiscales et diverses (*Moniteur belge* du 31 décembre 2009, p. 82816), dispose:

> 'Les intérêts comprennent également la partie du montant qui correspond à la composante d'intérêts, reçue en cas de rachat de parts propres ou en cas de partage total ou partiel de l'avoir social d'un [OPCVM] dont plus de 40 % du patrimoine est investi directement ou indirectement en créances, dans la mesure où cette composante d'intérêts se rapporteà la période durant laquelle le bénéficiairea été titulaire des parts. [...]
>
> [...] Par [OPCVM] au sens de cet article, il y a lieu d'entendre les organismes visés à l'article 2, § 1er, 6°, de l'arrêté royal du 27 septembre 2009 [d'exécution de l'article 338 bis, § 2, du code des impôts sur les revenus 1992 (*Moniteur belge* du 1er octobre 2009, p. 65609, ci-après l''arrêté royal du 27 septembre 2009')], ainsi que les organismes de placement collectif établis en dehors du territoire où le traité [CE] est applicable en vertu de son article 299.'

6. L'article 2 de l'arrêté royal du 27 septembre 2009 prévoit:

> '§ 1er. Pour l'application de l'article 338 bis du [CIR] 1992, il faut entendre par: [...] 6° [OPCVM]: tout [OPCVM] autorisé conformément à la directive 85/611[...]; [...]'

La procédure précontentieuse

7. Après avoir, le 29 octobre 2009, mis le Royaume de Belgique en demeure de présenter ses observations sur la compatibilité, notamment, de l'article 19 bis du CIR 1992 avec les articles 36 et 40 de l'accord EEE, la Commission a, le 1er octobre 2010, adressé un avis motivé à cet État membre, l'invitant à prendre les mesures nécessaires pour s'y conformer dans un délai de deux mois à compter de sa réception.

8. N'étant pas satisfaite de la réponse du Royaume de Belgique du 8 décembre 2010 audit avis, la Commission a introduit le présent recours.

Sur le recours

Argumentation des parties

9. La Commission soutient qu'il résulte des articles 19 bis, § 1er, du CIR 1992 et 2, § 1er, 6°, de l'arrêté royal du 27 septembre 2009 que les plus-values réalisées par un résident belge lors du rachat d'actions d'OPCVM ne bénéficiant pas d'une autorisation accordée conformément à la directive 85/611 et qui sont établis en Belgique ne sont pas imposables, alors que sont imposables, pour un résident belge, les plus-values réalisées lors du rachat d'actions d'OPCVM ne bénéficiant pas d'une telle autorisation et qui sont établis en Norvège ou en Islande.

10. Selon la Commission, cette différence de traitement fiscal restreint la libre circulation des capitaux garantie par l'article 40 de l'accord EEE, dans la mesure où elle est susceptible de dissuader des investisseurs résidant en Belgique d'investir dans ces derniers OPCVM. Elle serait également incompatible avec l'article 36 de l'accord EEE en ce qu'elle entraverait l'exercice par lesdits OPCVM de la libre prestation des services à l'égard des investisseurs belges. Il n'existerait aucune justification à ces restrictions.

11. Dans son mémoire en défense, le Royaume de Belgique reconnaît le bien-fondé du manquement qui lui est reproché. Il se borne à exposer son intention d'adopter, dans les meilleurs délais, un arrêté royal permettant l'entrée en vigueur de l'article 118 de la loi-programme du 27 décembre 2005, qui vise à faire cesser la différence de traitement fiscal en cause et à ce que soient ainsi remplies les obligations qui lui incombent en vertu des articles 36 et 40 de l'accord EEE.

Appréciation de la Cour

12. Il convient de relever d'emblée, ainsi que le précisent tant la Commission que le Royaume de Belgique dans leurs mémoires respectifs, que l'article 19 bis, § 1er, du CIR 1992, disposition qui est à l'origine de la différence de traitement fiscal litigieuse, ne concerne que les OPCVM dont plus de 40 % du patrimoine est investi directement ou indirectement en créances.

13. Partant, il y a lieu de considérer que, par son recours, la Commission demande que soit constaté un manquement en ce qui concerne ces seuls OPCVM.

14. S'agissant de l'intention du Royaume de Belgique d'adopter des mesures qui, selon lui, mettront fin à ladite différence de traitement, il suffit de rappeler qu'il est de jurisprudence constante que l'existence d'un manquement doit être appréciée en fonction de la situation de l'État membre telle qu'elle se présentait au terme du délai fixé dans l'avis motivé et que les changements intervenus par la suite ne sauraient être pris en compte par la Cour (voir, notamment, arrêts du 20 novembre 2003, Commission/France, C-296/01, Rec. p. I-13909, point 43, et du 4 mars 2010, Commission/Italie, C-297/08, Rec. p. I- 1749, point 79).

15. En ce qui concerne le manquement aux obligations résultant de l'article 40 de l'accord EEE allégué par la Commission, la Cour a déjà eu l'occasion de constater que, si des restrictions à la libre circulation des capitaux entre ressortissants d'États parties à cet accord doivent être appréciées au regard de cet article ainsi que de l'annexe XII dudit accord, ces stipulations revêtent la même portée juridique que celle des dispositions de l'article 63 TFUE (voir arrêts du 11 juin 2009, Commission/ Pays-Bas, C-521/07, Rec. p. I-4873, point 33, ainsi que du 28 octobre 2010, Établissements Rimbaud, C-72/09, non encore publié au Recueil, point 22).

16. Selon une jurisprudence constante, les mesures interdites par cette dernière disposition, en tant que restrictions aux mouvements de capitaux, comprennent celles qui sont de nature à dissuader les non-résidents de faire des investissements dans un État membre ou à dissuader les résidents dudit État membre d'en faire dans d'autres États (arrêts du 25 janvier 2007, Festersen, C-370/05, Rec. p. I-1129, point 24, ainsi que du 6 octobre 2011, Commission/Portugal, C-493/09, non encore publié au Recueil, point 28).

17. Il est constant que, en vertu de la réglementation belge en cause, les plus-values réalisées par un résident belge lors du rachat d'actions d'OPCVM dont plus de 40 % du patrimoine est investi en créances et qui ne bénéficient pas d'une autorisation délivrée conformément à la directive 85/61l ne sont pas imposables lorsque ces organismes sont établis en Belgique, tandis que les plus-values réalisées lors du rachat d'actions de tels organismes établis en Norvège ou en Islande sont imposables.

18. Cette différence de traitement fiscal est susceptible de rendre moins attractif, pour un résident belge, un investissement dans ces derniers organismes par rapport à un investissement dans un tel OPCVM établi en Belgique et, partant, de le dissuader d'investir dans un OPCVM de ce type établi en Norvège ou en Islande. Il en résulte que la réglementation belge en cause constitue une restriction aux mouvements de capitaux interdite, en principe, par l'article 40 de l'accord EEE.

19. Force est de constater que, dans son mémoire en défense, le Royaume de Belgique n'invoque aucune raison impérieuse d'intérêt général susceptible de justifier cette restriction. Bien au contraire, il reconnaît le manquement que lui reproche la Commission.

20. Dans ces conditions, il convient de constater que, en maintenant des règles selon lesquelles les plus-values réalisées lors du rachat d'actions d'organismes de placement collectif dont plus de 40 % du patrimoine est investi en créances et qui ne bénéficient pas d'une autorisation délivrée conformément à la directive 85/611 ne sont pas imposables lorsque ces organismes sont établis en Belgique, tandis que les plus-values réalisées lors du rachat d'actions de tels organismes établis en Norvège ou en Islande sont imposables, le Royaume de Belgique a manqué aux obligations qui lui incombent en vertu de l'article 40 de l'accord EEE.

21. S'agissant de la demande de la Commission tendant à ce que soit constaté un manquement aux obligations résultant de l'article 36 de l'accord EEE, au motif que la différence de traitement fiscal constatée au point 17 du présent arrêt restreint l'exercice de la libre prestation des services par les OPCVM établis en Norvège et en Islande à l'égard des résidents belges, il y a lieu de relever qu'une telle restriction résulterait du fait que ces derniers sont dissuadés, en vertu de ladite différence de traitement, d'investir dans de tels OPCVM. Elle serait donc la conséquence directe des obstacles à la libre circulation des capitaux examinés ci-dessus, dont elle est indissociable. Dès lors, une violation de l'article 40 de l'accord EEE ayant été constatée, il n'est pas nécessaire d'examiner séparément la réglementation nationale en cause à la lumière des dispositions de l'accord EEE relatives à la libre prestation des services (voir, par analogie, arrêts du 13 mai 2003, Commission/Espagne, C-463/00, Rec. p. I-4581, point 86, ainsi que du 8 juillet 2010, Commission/Portugal, C-171/08, Rec. p. I-6817, point 80).

Sur les dépens

22. ...

Par ces motifs,

LA COUR (sixième chambre)

déclare et arrête:

1. **En maintenant des règles selon lesquelles les plus-values réalisées lors du rachat 'actions d'organismes de placement collectif dont plus de 40 % du patrimoine est investi en créances et qui ne bénéficient pas d'une autorisation délivrée conformément à la directive 85/611/CEE du Conseil, du 20 décembre 1985, portant coordination des dispositions législatives, réglementaires et administratives concernant certains organismes de placement collectif en valeurs mobilières (OPCVM), ne sont pas imposables lorsque ces organismes sont établis en Belgique, tandis que les plus-values réalisées lors du rachat d'actions de tels organismes établis en Norvège ou en Islande sont imposables, le Royaume de Belgique a manqué aux obligations qui lui incombent en vertu de l'article 40 de l'accord sur l'Espace économique européen, du 2 mai 1992.**
2. **Le Royaume de Belgique est condamné aux dépens.**

HvJ EU 5 juli 2012, zaak C-318/10 (Société d'investissement pour l'agriculture tropicale SA [SIAT] v. Belgische Staat)

Eerste kamer: *A. Tizzano, kamerpresident, A. Borg Barthet, E. Levits (rapporteur), J. J. Kasel en M. Berger, rechters*

Advocaat-generaal: *P. Cruz Villalón*

1. Het verzoek om een prejudiciële beslissing betreft de uitlegging van artikel 49 EG.

2. Dit verzoek is ingediend in het kader van een geding tussen Société d'Investissement pour l'Agriculture Tropicale SA (hierna: 'SIAT') en de Belgische staat, vertegenwoordigd door de minister van Financiën, over de weigering van deze minister om de aftrek als beroepskosten toe te staan van het bedrag van 28 402 251 BEF dat deze vennootschap in haar per 31 december 1997 afgesloten rekeningen als last had opgenomen.

Toepasselijke bepalingen van Belgisch recht

3. Artikel 26 van het wetboek van de inkomstenbelastingen 1992 (hierna: 'WIB 1992') bepaalt:

'Wanneer een in België gevestigde onderneming abnormale of goedgunstige voordelen verleent, worden die voordelen, onverminderd de toepassing van artikel 49 en onder voorbehoud van het bepaalde in artikel 54, bij haar eigen winst gevoegd, tenzij die voordelen in aanmerking komen voor het bepalen van de belastbare inkomsten van de verkrijger. Niettegenstaande de in het eerste lid vermelde beperking worden de abnormale of goedgunstige voordelen bij de eigen winst gevoegd wanneer die voordelen worden verleend aan:
[...]
2° een in artikel 227 vermelde belastingplichtige of aan een buitenlandse inrichting die krachtens de bepalingen van de wetgeving van het land waar zij gevestigd zijn, aldaar niet aan een inkomstenbelasting zijn onderworpen of aan een aanzienlijk gunstigere belastingregeling zijn onderworpen dan die waaraan de in België gevestigde onderneming is onderworpen;
[...]'

4. Artikel 49 WIB 1992 luidt:

'Als beroepskosten zijn aftrekbaar de kosten die de belastingplichtige in het belastbare tijdperk heeft gedaan of gedragen om de belastbare inkomsten te verkrijgen of te behouden en waarvan hij de echtheid en het bedrag verantwoordt door middel van bewijsstukken of, ingeval zulks niet mogelijk is, door alle andere door het gemeen recht toegelaten bewijsmiddelen, met uitzondering van de eed.

Als in het belastbare tijdperk gedaan of gedragen worden beschouwd, de kosten die in dat tijdperk werkelijk zijn betaald of gedragen of het karakter van zekere en vaststaande schulden of verliezen hebben verkregen en als zodanig zijn geboekt.'

5. Artikel 53 WIB 1992 bepaalt:

'Als beroepskosten worden niet aangemerkt:
[...]
10° alle kosten in zover deze op onredelijke wijze de beroepsbehoeften overtreffen; [...]'

6. Artikel 54 WIB 1992 luidt:

'Interest, retributies voor de concessie van het gebruik van uitvindingsoctrooien, fabricageprocédés en andere dergelijke rechten, of bezoldigingen voor prestaties of diensten, worden niet als beroepskosten aangemerkt indien zij rechtstreeks of onrechtstreeks worden betaald of toegekend aan een in artikel 227 vermelde belastingplichtige of aan een buitenlandse inrichting die krachtens de bepalingen van de wetgeving van het land waar zij gevestigd zijn, niet aan een inkomstenbelasting zijn onderworpen of voor zulke inkomsten aldaar aan een aanzienlijk gunstigere belastingregeling zijn onderworpen dan die waaraan die inkomsten in België zijn onderworpen, tenzij de belastingplichtige door alle rechtsmiddelen bewijst dat zij verband houden met werkelijke en oprechte verrichtingen en mits zij de normale grenzen niet overschrijden.'

7. Krachtens artikel 227, 2°, WIB 1992 zijn aan de belasting van niet-ingezetenen onderworpen met name buitenlandse vennootschappen die hun maatschappelijke zetel, hun voornaamste inrichting of hun zetel van bestuur of beheer niet in België hebben.

Hoofdgeding en prejudiciële vraag

8. SIAT, een vennootschap naar Belgisch recht, heeft in 1991 met een Nigeriaanse groep een gemeenschappelijke dochteronderneming opgericht voor de exploitatie van palmplantages voor de productie van palmolie.

9. De overeenkomsten tussen de partijen bepaalden dat SIAT diensten tegen betaling zou verlenen aan de gemeenschappelijke dochteronderneming en haar outillage zou verkopen, en voorts dat zij een gedeelte van de hiermee behaalde winst als commissie voor de aanbrenging van werk zou teruggeven aan de moedermaatschappij van de Nigeriaanse groep, te weten de Luxemburgse vennootschap Megatrade International SA (hierna: 'MISA').

10. In 1997 hebben de partijen gepraat over het precieze bedrag van de door SIAT verschuldigde commissies. Deze besprekingen leidden ertoe dat de associatie werd beëindigd en dat SIAT zich ertoe verbond om MISA 2 000 000 USD te betalen bij wege van eindafrekening.

11. Dientengevolge heeft SIAT in haar op 31 december 1997 afgesloten rekeningen als last een bedrag van 28 402 251 BEF opgenomen voor de betaling van de aan MISA verschuldigde commissies.

12. De Belgische belastingadministratie (hierna: 'belastingadministratie') stelde dat MISA de status had van een holdingvennootschap volgens de Luxemburgse wet van 31 juli 1929 inzake de belastingregeling die van toepassing is op holdingvennootschappen, en derhalve niet aan een aan de Belgische vennootschapsbelasting analoge belasting was onderworpen, en heeft op grond van artikel 54 WIB 1992 de aftrek van het bedrag van 28 402 251 BEF als beroepskosten afgewezen.

13. Naar aanleiding van het beroep van SIAT tegen de beslissing van de belastingadministratie hebben de Rechtbank van eerste aanleg te Brussel, bij vonnis van 21 februari 2003, en het Hof van Beroep te Brussel, bij arrest van 12 maart 2008, het standpunt van de belastingadministratie bevestigd.

14. SIAT heeft cassatieberoep ingesteld bij het Hof van Cassatie, dat wegens twijfel over de uitlegging van artikel 49 EG, de behandeling van de zaak heeft geschorst en het Hof de volgende prejudiciële vraag heeft gesteld:

> 'Moet artikel 49 EG, in de versie die in casu van toepassing is, aangezien de feiten van het geding zich hebben voorgedaan vóór de inwerkingtreding van het Verdrag van Lissabon op l december 2009, aldus worden uitgelegd dat het in de weg staat aan de nationale wettelijke regeling van een lidstaat die inhoudt dat de vergoedingen voor prestaties of diensten niet als aftrekbare beroepskosten worden aangemerkt indien zij rechtstreeks of onrechtstreeks worden betaald of toegekend aan een in een andere lidstaat wonende belastingplichtige of aan een buitenlandse inrichting, die krachtens de wetgeving van het land waar zij zijn gevestigd, aldaar niet aan inkomstenbelasting zijn onderworpen of voor zulke inkomsten aldaar aan een aanzienlijk gunstigere belastingregeling zijn onderworpen dan die waaraan die inkomsten zijn onderworpen in de lidstaat waarvan de nationale wetgeving aan de orde is, tenzij de belastingplichtige met alle middelen rechtens bewijst dat die vergoedingen verband houden met werkelijke en oprechte verrichtingen en mits zij de normale grenzen niet overschrijden, terwijl een dergelijk bewijs niet vereist is voor de aftrek van vergoedingen voor prestaties of diensten die worden betaald aan een belastingplichtige die in die lidstaat woont, zelfs wanneer deze belastingplichtige niet aan de inkomstenbelasting is onderworpen of aan een aanzienlijk gunstigere belastingregeling is onderworpen dan de normale belastingregeling van deze staat?'

Beantwoording van de prejudiciële vraag

Voorafgaande opmerkingen

15. Blijkens het verzoek om een prejudiciële beslissing en de bij het Hof ingediende opmerkingen is de algemene regel inzake de aftrek van beroepskosten opgenomen in artikel 49 WIB 1992, krachtens hetwelk kosten aftrekbaar zijn als beroepskosten indien zij noodzakelijk zijn om de belastbare inkomsten te verkrijgen of te behouden en de belastingplichtige de echtheid en het bedrag ervan aantoont (hierna: 'algemene regel').

16. In het hoofdgeding stelt SIAT de verenigbaarheid met het Unierecht ter discussie van de in artikel 54 WIB 1992 neergelegde bijzondere regel, op grond waarvan de belastingadministratie het verzoek van deze vennootschap om aftrek van de beroepskosten heeft afgewezen. Volgens artikel 54 WIB worden vergoedingen voor prestaties of diensten die door Belgische belastingplichtigen worden verricht voor belastingplichtigen die zijn gevestigd in een andere lidstaat waar deze belastingplichtigen niet aan inkomstenbelasting zijn onderworpen of voor de betrokken inkomsten aan een aanzienlijk gunstigere belastingregeling zijn onderworpen dan die waaraan die inkomsten in België zijn onderworpen, niet als aftrekbare beroepskosten aangemerkt, tenzij de Belgische belastingplichtige bewijst dat deze vergoedingen verband houden met een werkelijke en oprechte verrichting en mits zij de normale grenzen niet overschrijden (hierna: 'bijzondere regel').

17. Met zijn vraag wenst de verwijzende rechter dus in wezen te vernemen of artikel 49 EG aldus moet worden uitgelegd dat het zich verzet tegen een regeling van een lidstaat als die welke in het hoofdgeding aan de orde is, volgens welke vergoedingen voor prestaties of diensten die een ingezeten belastingplichtige aan een niet-ingezeten vennootschap betaalt, niet als aftrekbare beroepskosten worden aangemerkt wanneer deze niet-ingezeten vennootschap in de lidstaat waar zij is gevestigd niet aan inkomstenbelasting is onderworpen of voor de betrokken inkomsten aan een aanzienlijk gunstigere belastingregeling is onderworpen dan die waaraan die inkomsten in de eerste lidstaat zijn onderworpen, tenzij de belastingplichtige bewijst dat deze bezoldigingen verband houden met werkelijke en oprechte verrichtingen en mits zij de normale grenzen niet overschrijden, terwijl volgens de

algemene regel deze vergoedingen aftrekbaar zijn als beroepskosten indien zij noodzakelijk zijn om de belastbare inkomsten te verkrijgen of te behouden en de belastingplichtige de echtheid en het bedrag van deze vergoedingen aantoont.

Bestaan van een beperking van de vrijheid van dienstverrichting

18. Het Hof heeft herhaaldelijk geoordeeld dat artikel 49 EG zich verzet tegen de toepassing van elke nationale regeling die ertoe leidt dat het verrichten van diensten tussen lidstaten moeilijker wordt dan het verrichten van diensten binnen een enkele lidstaat (zie met name arrest van 11 juni 2009, X en Passenheim-van Schoot, C-155/08 en C-157/08, *Jurispr.* blz. I-5093, punt 32 en aldaar aangehaalde rechtspraak). Als beperkingen op de vrijheid van dienstverrichting moeten worden beschouwd, nationale maatregelen die het gebruik van die vrijheid verbieden, belemmeren of minder aantrekkelijk maken (zie met name arresten van 4 december 2008, Jobra, C-330/07, *Jurispr.* blz. I-9099, punt 19, en 22 december 2010, Tankreederei I, C-287/10, nog niet gepubliceerd in de *Jurisprudentie*, punt 15).

19. Voorts kent artikel 49 EG volgens vaste rechtspraak van het Hof niet enkel rechten toe aan de dienstverrichter zelf, maar evenzeer aan de ontvanger van deze diensten (zie arresten van 26 oktober 1999, Eurowings Luftverkehr, C-294/97, *Jurispr.* blz. I-7447, punt 34; 3 oktober 2006, FKP Scorpio Konzertproduktionen, C-290/04, *Jurispr.* blz. I-9461, punt 32, en 1 juli 2010, Dijkman en Dijkman-Lavaleije, C-233/09, *Jurispr.* blz. I-6645, punt 24).

20. Niettemin kan, anders dan de Franse regering in haar schriftelijke opmerkingen stelt, niet worden geoordeeld dat met betrekking tot de aftrek van beroepskosten in het kader van de algemene regel dezelfde materiële voorwaarden van toepassing zijn als in het kader van de bijzondere regel.

21. Zo moet de belastingplichtige in het kader van de algemene regel de echtheid en het bedrag van de gemaakte kosten aantonen. Volgens de Belgische regering gaat de belastingadministratie uit van het vermoeden dat deze kosten noodzakelijk zijn om de belastbare inkomsten te verkrijgen of te behouden. Voorts mag het bedrag van de kosten volgens artikel 53, 10°, WIB 1992 niet op onredelijke wijze de beroepsbehoeften overtreffen.

22. Daarentegen moet de belastingplichtige krachtens de bijzondere regel ter weerlegging van het vermoeden van niet-aftrekbaarheid van de kosten in de eerste plaats bewijzen dat deze kosten verband houden met werkelijke en oprechte verrichtingen, hetgeen volgens de administratieve commentaar op WIB 1992, waarnaar zowel SIAT als de Commissie voor het Hof hebben verwezen, inhoudt dat moet worden bewezen dat de uit-gaven binnen het raam van de gewone beroepsverrichtingen vallen, aan een industriële, commerciële of financiële noodzaak beantwoorden en normaal een compensatie vinden of moeten vinden in de gezamenlijke activiteit van de onderneming. Blijkens deze commentaar volstaat het dienaangaande niet om akten en docu-menten met een geldige rechtsvorm over te leggen, maar dient in de eerste plaats de ambtenaar van de belastingadministratie naar redelijkheid te worden overtuigd van de echtheid en de oprechtheid van de betrokken verrichtingen. Zoals de Belgische regering opmerkt in haar bij het Hof ingediende schriftelijke opmerkingen moet de ingezeten belastingplichtige ter verkrijging van de aftrek bewijzen dat de beroepsverrichtingen niet zijn gesimuleerd.

23. In de tweede plaats moet de belastingplichtige bewijzen dat de betrokken beroepskosten de normale grenzen niet overschrijden, hetgeen volgens de verklaringen van de Belgische regering ter terechtzitting van het Hof impliceert dat de betrokken verrichting wordt vergeleken met de normale praktijk van marktdeel-nemers, terwijl artikel 53, 10°, WIB 1992, zoals in punt 21 van het onderhavige arrest in herinnering is gebracht, wat de ten behoeve van in België gevestigde belastingplichtigen gemaakte beroepskosten betreft, slechts de 'onredelijke' kosten van aftrek uitsluit.

24. Vastgesteld moet dus worden dat het vermoeden van niet-aftrekbaarheid van de beroepskosten en de materiële voorwaarden voor de eventuele aftrek ervan, die zijn vastgesteld bij artikel 54 WIB 1992, de verkrijging van deze aftrek op grond van dit artikel moeilijker maken dan wanneer de aftrek wordt toegestaan overeenkomstig de in artikel 49 WIB 1992 neergelegde algemene regel.

25. Voorts zij benadrukt dat de bijzondere regel kan worden toegepast wanneer vergoedingen worden betaald aan dienstverrichters die krachtens de wetgeving van de lidstaat waar zij zijn gevestigd, daar niet aan inkomstenbelasting zijn onderworpen of voor de betrokken inkomsten aan een 'aanzienlijk gunstigere belastingregeling zijn onderworpen dan die waaraan die inkomsten in België zijn onderworpen'.

26. De Belgische regering erkent dat de belastingadministratie, bij ontbreken van normatieve preciseringen of administratieve instructies over wat is te verstaan onder 'een aanzienlijk gunstigere belastingregeling [...] dan die waaraan die inkomsten in België zijn onderworpen', de toepasbaarheid van de bijzondere regel per geval dient te beoordelen onder toezicht van de nationale rechterlijke instanties.

27. Bijgevolg is de werkingssfeer van deze bijzondere regel vooraf niet met voldoende nauwkeurigheid vastgesteld, zodat wanneer de dienstverrichter in een andere lidstaat dan het Koninkrijk België is gevestigd en daar aan een gunstigere belastingregeling is onderworpen dan die waaraan die inkomsten in België zijn onderworpen, er

onzekerheid bestaat over de vraag of deze regeling zal worden beschouwd als een 'aanzienlijk gunstigere regeling' en of de bijzondere regel dus zal gelden.

28. Bijgevolg kan een dergelijke bijzondere regel, die voorziet in strengere voorwaarden voor de verkrijging van de aftrek van beroepskosten dan de bij de algemene regel vastgestelde voorwaarden en waarvan de werkingssfeer vooraf niet met nauwkeurigheid is vastgesteld, de Belgische belastingplichtigen ervan weerhouden hun recht op vrijheid van dienstverrichting uit te oefenen en gebruik te maken van de diensten van in een andere lidstaat gevestigde dienstverrichters, en voorts laatstgenoemde dienstverrichters ervan weerhouden hun diensten aan te bieden aan in België gevestigde ontvangers (zie in die zin arrest van 26 juni 2003, Skandia en Ramstedt, C-422/01, *Jurispr.* blz. I-6817, punt 28 en aldaar aangehaalde rechtspraak).

29. Artikel 54 WIB 1992 vormt dus een beperking van de vrijheid van dienstverrichting in de zin van artikel 49 EG.

30. Aan deze conclusie wordt niet afgedaan door de argumenten van de Belgische, de Franse en de Portugese regering, dat een ingezeten belastingplichtige die een betaling verricht ten gunste van een andere ingezetene zich wat de voorwaarden inzake de bewijslast betreft, in een objectief andere situatie bevindt dan een ingezeten belastingplichtige die een betaling verricht ten gunste van een niet-ingezetene die is onderworpen aan een aanzienlijk gunstigere belastingregeling dan de Belgische regeling. Deze regeringen stellen in wezen dat slechts in deze laatste situatie het gevaar bestaat dat de verrichting als wezenlijk doel heeft de normaal verschuldigde belasting te ontduiken, en dat de ingezeten belastingplichtige voor wie de diensten worden verricht het best kan bewijzen dat de verrichting werkelijk en oprecht is, aangezien in een andere lidstaat dan het Koninkrijk België gevestigde dienstverrichters niet onder het rechtstreekse toezicht van de Belgische belastingadministratie staan.

31. Opgemerkt zij dat de situatie van een in België wonende ontvanger van diensten met betrekking tot een fiscaal voordeel, namelijk de mogelijkheid om de aan de verrichter van deze diensten betaalde vergoedingen af te trekken als beroepskosten, niet verschilt naargelang deze dienstverrichter al dan niet in dezelfde lidstaat is gevestigd of naargelang deze dienstverrichter in een andere lidstaat al dan niet fiscaal gunstiger wordt behandeld. In al deze gevallen kunnen de ontvangers van de diensten werkelijke kosten hebben gemaakt, waardoor de aftrek ervan als beroepskosten is gerechtvaardigd indien is voldaan aan de voorwaarden om in aanmerking te komen voor dit fiscale voordeel.

32. Stellig staan niet-ingezeten dienstverrichters niet onder het rechtstreekse toezicht van de Belgische belastingadministratie. Het in het hoofdgeding aan de orde zijnde verschil in behandeling heeft echter geen betrekking op dienstverrichters, naargelang zij al dan niet in België zijn gevestigd, maar op ingezeten ontvangers van diensten die wel onder het rechtstreekse toezicht van deze administratie staan. Deze administratie kan niet alleen aan deze ontvangers voorwaarden opleggen om in aanmerking te komen voor dit fiscale voordeel, die beogen te waarborgen dat dit voordeel niet wordt toegekend indien de verrichting als wezenlijk doel heeft de normaal verschuldigde belasting te ontduiken, maar ook de daartoe noodzakelijke controles en verificaties uitvoeren.

33. Dat uit het oogpunt van de belastingadministratie het frauderisico in bepaalde situaties groter is dan in andere, heeft dus geen gevolgen voor de vergelijkbaarheid van de situaties van de ontvangers van diensten.

Rechtvaardiging van de beperking van de vrijheid van dienstverrichting

34. Uit de rechtspraak van het Hof blijkt dat de vrijheid van dienstverrichting slechts mag worden beperkt, indien de beperking een met het EG-Verdrag verenigbaar legitiem doel nastreeft en haar rechtvaardiging vindt in dwingende redenen van algemeen belang. De beperking moet voorts geschikt zijn ter bereiking van het ermee beoogde doel en mag niet verder gaan dan met het oog daarop noodzakelijk is (zie met name arresten van 5 juni 1997, SETTG, C-398/95, *Jurispr.* blz. I-3091, punt 21, en 18 december 2007, Laval un Partneri, C-341/05, *Jurispr.* blz. I-11767, punt 101, en arrest Jobra, reeds aangehaald, punt 27).

35. Volgens de Belgische, de Franse en de Portugese regering, de regering van het Verenigd Koninkrijk en de Commissie kan de in het hoofdgeding aan de orde zijnde wettelijke regeling haar rechtvaardiging vinden in de bestrijding van belastingfraude en -ontwijking, de noodzaak de evenwichtige verdeling van de heffingsbevoegdheid tussen de lidstaten te handhaven en, volgens de Franse en de Portugese regering, in de noodzaak de doeltreffendheid van de fiscale controles te handhaven.

36. Dienaangaande heeft het Hof reeds geoordeeld dat zowel de bestrijding van belastingfraude (zie met name arrest van 11 oktober 2007, ELISA, C-451/05, *Jurispr.* blz. I-8251, punt 81) als de noodzaak om de doeltreffendheid van de fiscale controles te waarborgen (zie met name arrest van 18 december 2007, A, C-101/05, *Jurispr.* blz. I-11531, punt 55) dwingende redenen van algemeen belang vormen, die een beperking van de uitoefening van de door het Verdrag gegarandeerde vrijheden van verkeer kunnen rechtvaardigen.

37. Voorts is reeds geoordeeld dat een beperking van het gebruik van een vrijheid van verkeer binnen de Europese Unie gerechtvaardigd kan zijn om de verdeling van de heffingsbevoegdheid tussen de lidstaten te handhaven (zie arrest van 10 februari 2011, Haribo Lakritzen Hans Riegel en Österreichische Salinen, C-436/08 en C-437/08, nog niet gepubliceerd in de *Jurisprudentie*, punt 121 en aldaar aangehaalde rechtspraak).

38. Wat in de eerste plaats de bestrijding van belastingfraude betreft, zij erop gewezen dat de enkele omstandigheid dat een ingezeten belastingplichtige gebruik maakt van de diensten van een niet-ingezeten dienstverrichter niet volstaat om uit te gaan van een algemeen vermoeden van misbruik, en geen rechtvaardigings-grond kan zijn voor een maatregel die afbreuk doet aan het gebruik van een bij het Verdrag beschermde fundamentele vrijheid (zie naar analogie arresten van 21 november 2002, X en Y, C-436/00, *Jurispr.* blz. I-10829, punt 62; 12 september 2006, Cadbury Schweppes en Cadbury Schweppes Overseas, C-196/04, *Jurispr.* blz. I-7995, punt 50; 13 maart 2007, Test Claimants in the Thin Cap Group Litigation, C-524/04, *Jurispr.* blz. I-2107, punt 73; 17 januari 2008, Lammers & Van Cleeff, C-105/07, *Jurispr.* blz. I-173, punt 27, en reeds aangehaald arrest Jobra, punt 37).

39. Voorts heeft het Hof geoordeeld dat het bestaan van een eventueel fiscaal voordeel voor dienstverrichters in de vorm van een lage belastingdruk in de lidstaat waar zij zijn gevestigd, een andere lidstaat als zodanig niet het recht verleent om de op zijn grondgebied gevestigde ontvangers van de dienst fiscaal minder gunstig te behandelen (zie reeds aangehaalde arresten Eurowings Luftverkehr, punt 44, en Skandia en Ramstedt, punt 52).

40. Een beperking van de vrijheid van dienstverrichting kan slechts haar rechtvaardiging vinden in de bestrijding van belastingfraude en -ontwijking, wanneer zij specifiek tot doel heeft, gedragingen te verhinderen die erin bestaan, volstrekt kunstmatige constructies op te zetten die geen verband houden met de economische realiteit en bedoeld zijn om de belasting te ontwijken die normaliter verschuldigd is over winsten uit activiteiten op het nationale grondgebied (zie in die zin reeds aangehaalde arresten Cadbury Schweppes en Cadbury Schweppes Overseas, punt 55, en Test Claimants in the Thin Cap Group Litigation, punt 74).

41. In casu beoogt artikel 54 WIB 1992 gedragingen te vermijden die erin bestaan de belastinggrondslag van ingezeten belastingplichtigen te verlagen door vergoedingen te betalen voor niet-bestaande diensten met het uitsluitende doel de belasting te ontwijken die normaliter verschuldigd is over winsten uit activiteiten op het nationale grondgebied.

42. Door te bepalen dat aan niet-ingezeten dienstverrichters betaalde vergoedingen niet als beroepkosten worden aangemerkt, tenzij de belastingplichtige bewijst dat zij verband houden met werkelijke en oprechte verrichtingen en mits zij de normale grenzen niet overschrijden, maakt de in het hoofdgeding aan de orde zijnde wettelijke regeling de verwezenlijking mogelijk van de doelstelling van voorkoming van belastingfraude en -ontwijking waarvoor zij is vastgesteld.

43. In de tweede plaats moet worden vastgesteld dat de in het hoofdgeding aan de orde zijnde wettelijke regeling haar rechtvaardiging kan vinden in de noodzaak om de doeltreffendheid van de fiscale controles te waarborgen. Deze wettelijke regeling sluit immers niet volledig de aftrek als beroepskosten uit van vergoedingen die worden betaald aan dienstverrichters die krachtens de wetgeving van de lidstaat waar zij zijn gevestigd, aldaar niet aan inkomstenbelasting zijn onderworpen of voor de betrokken inkomsten aan een aanzien-lijk gunstigere belastingregeling zijn onderworpen dan die waaraan die inkomsten in België zijn onderworpen, maar biedt ingezeten belastingplichtigen de mogelijkheid om te bewijzen dat de uitgevoerde verrichtingen werkelijk en oprecht zijn en de gemaakte kosten normaal zijn.

44. Uit de rechtspraak van het Hof volgt echter dat een lidstaat ter waarborging van de doeltreffendheid van de fiscale controles, die ertoe strekken belastingfraude te bestrijden, maatregelen mag toepassen die een duidelijke en nauwkeurige controle mogelijk maken van het bedrag van de kosten die in die staat als beroepskosten mogen worden afgetrokken (zie in die zin arresten van 8 juli 1999, Baxter e.a., C-254/97, *Jurispr.* blz. I-4809, punt 18; 10 maart 2005, Laboratoires Fournier, C-39/04, *Jurispr.* blz. I-2057, punt 24, en 13 maart 2008, Commissie/Spanje, C-248/06, punt 34).

45. Wat in de derde plaats de evenwichtige verdeling van de heffingsbevoegdheid tussen de lidstaten betreft, zij eraan herinnerd dat deze rechtvaardigingsgrond kan worden aanvaard met name wanneer de betrokken regeling beoogt gedragingen te vermijden die afbreuk kunnen doen aan het recht van een lidstaat om zijn belastingbevoegdheid uit te oefenen met betrekking tot activiteiten die op zijn grondgebied plaatsvinden (zie arrest van 21 januari 2010, SGI, C-311/08, *Jurispr.* blz. I-487, punt 60 en aldaar aangehaalde rechtspraak).

46. Gedragingen zoals beschreven in punt 41 van het onderhavige arrest, kunnen een aantasting opleveren van het recht van een lidstaat om zijn belastingbevoegdheid uit te oefenen met betrekking tot activiteiten van ingezeten belastingplichtigen die op zijn grondgebied plaatsvinden, en de evenwichtige verdeling van de heffingsbevoegdheid tussen de lidstaten in gevaar brengen (zie reeds aangehaald arrest Cadbury Schweppes en Cadbury Schweppes Overseas, punt 56).

47. Bijgevolg kan de in het hoofdgeding aan de orde zijnde wettelijke regeling de evenwichtige verdeling van de heffingsbevoegdheid tussen de lidstaten vrijwaren, aangezien deze wettelijke regeling frauduleuze gedragingen zoals beschreven in punt 41 van het onderhavige arrest verhindert en de Belgische Staat aldus in staat stelt zijn belastingbevoegdheid uit te oefenen met betrekking tot op zijn grondgebied verrichte activiteiten.

48. Vastgesteld moet dus worden dat een wettelijke regeling als die welke in het hoofdgeding aan de orde is, geschikt is ter bereiking van de doelstellingen van voorkoming van belastingfraude en -ontwijking, handhaving

van de doeltreffendheid van de fiscale controles en evenwichtige verdeling van de heffingsbevoegdheid tussen de lidstaten, tussen welke doelstellingen blijkens het voorgaande in het hoofdgeding een nauw verband bestaat.

49. Niettemin dient te worden nagegaan of deze wettelijke regeling niet verder gaat dan nodig is om deze doelstellingen te bereiken.

50. Dienaangaande blijkt uit de rechtspraak van het Hof dat ervan kan worden uitgegaan dat een wettelijke regeling niet verder gaat dan hetgeen nodig is om misbruik te voorkomen, wanneer zij zich voor de vraag of een transactie een uitsluitend voor belastingdoeleinden opgezette volkomen kunstmatige constructie is, baseert op een onderzoek van objectieve en verifieerbare elementen en zij de belastingplichtige in elk geval waarin het bestaan van een dergelijke constructie niet kan worden uitgesloten, in staat stelt om zonder buitensporige administratieve moeite bewijs aan te dragen met betrekking tot de eventuele commerciële redenen waarom deze transactie heeft plaatsgevonden (zie in die zin reeds aangehaald arrest Test Claimants in the Thin Cap Group Litigation, punt 82).

51. Voorts wettigen noch de fiscale motieven noch de omstandigheid dat dezelfde verrichtingen hadden kunnen worden uitgevoerd door dienstverrichters die zijn gevestigd op het grondgebied van de lidstaat waar de belastingplichtige is gevestigd, als zodanig de conclusie dat de betrokken verrichtingen niet werkelijk en oprecht zijn (zie in die zin reeds aangehaald arrest Cadbury Schweppes en Cadbury Schweppes Overseas, punt 69).

52. Voorts heeft het Hof reeds geoordeeld dat wanneer de betrokken transactie afwijkt van hetgeen de betrokken vennootschappen in omstandigheden van volledige mededinging zouden zijn overeengekomen, de fiscale correctiemaatregel, opdat deze niet als onevenredig wordt aangemerkt, dient te worden beperkt tot de fractie van de verrichting die verder gaat dan hetgeen in dergelijke omstandigheden zou zijn overeengekomen (zie in die zin reeds aangehaald arrest SGI, punt 72).

53. Voor zover aan de in de punten 50 tot en met 52 van het onderhavige arrest vermelde voorwaarden is voldaan, lijkt de noodzaak te bewijzen dat de verrichtingen werkelijk en oprecht zijn en de gemaakte kosten normaal zijn, derhalve als zodanig niet verder te gaan dan nodig om de nagestreefde doelstellingen te bereiken.

54. Zoals in punt 25 van het onderhavige arrest is verklaard, kan de bijzondere regel echter worden toegepast wanneer vergoedingen worden betaald aan dienstverrichters die krachtens de wetgeving van de lidstaat waar zij zijn gevestigd, aldaar niet aan inkomstenbelasting zijn onderworpen of voor de betrokken inkomsten aan een aanzienlijk gunstigere belastingregeling zijn onderworpen dan die waaraan die inkomsten in België zijn onderworpen.

55. Zoals de advocaat-generaal in punt 71 van zijn conclusie heeft opgemerkt, verplicht de bijzondere regel de Belgische belastingplichtige in deze omstandigheden om systematisch de echtheid en oprechtheid van alle prestaties en het normale karakter van alle daarop betrekking hebbende bezoldigingen aan te tonen, zonder dat de administratie zelfs maar een begin van bewijs van belastingfraude of -ontwijking moet verschaffen.

56. Deze bijzondere regel kan immers worden toegepast zonder enig objectief en door derden controleerbaar criterium dat als aanwijzing kan dienen voor het bestaan van een volstrekt kunstmatige constructie die geen verband houdt met de economische realiteit, die bedoeld is om de belasting te ontwijken die normaliter verschuldigd is over winsten uit activiteiten op het nationale grondgebied, aangezien enkel rekening wordt gehouden met de hoogte van de belasting waaraan de dienstverrichter is onderworpen in de lidstaat waar hij is gevestigd.

57. Vastgesteld moet echter worden dat, zoals in punt 27 van het onderhavige arrest is opgemerkt, een dergelijke regel het niet mogelijk maakt om vooraf en met voldoende nauwkeurigheid de werkingssfeer ervan vast te stellen en onzekerheid laat bestaan omtrent de toepasbaarheid ervan.

58. Een dergelijke regel voldoet bijgevolg niet aan de vereisten van de rechtszekerheid, die verlangt dat rechtsregels duidelijk en nauwkeurig zijn en de gevolgen ervan voorzienbaar zijn, met name wanneer zij nadelige gevolgen kunnen hebben voor particulieren en ondernemingen (zie in die zin arresten van 7 juni 2005, VEMW e.a., C-17/03, *Jurispr.* blz. I-4983, punt 80, en 16 februari 2012, Costa en Cifone, C-72/10 en C-77/10, nog niet gepubliceerd in de *Jurisprudentie*, punt 74).

59. Een regel die niet voldoet aan de vereisten van het rechtszekerheidsbeginsel, kan niet worden geacht evenredig te zijn aan de nagestreefde doelstellingen.

60. Gelet op een en ander dient op de prejudiciële vraag te worden geantwoord, dat artikel 49 EG aldus moet worden uitgelegd dat het zich verzet tegen een regeling van een lidstaat als die welke in het hoofdgeding aan de orde is, krachtens welke vergoedingen voor prestaties of diensten die door een ingezeten belastingplichtige worden betaald aan een niet-ingezeten vennootschap, niet als aftrekbare beroepskosten worden aangemerkt wanneer deze vennootschap in de lidstaat waar zij is gevestigd niet aan inkomstenbelasting is onderworpen of voor de betrokken inkomsten aan een aanzienlijk gunstigere belastingregeling is onderworpen dan die waaraan die inkomsten in de eerste lidstaat zijn onderworpen, tenzij de belastingplichtige bewijst dat deze vergoedingen verband houden met werkelijke en oprechte verrichtingen en mits zij de normale grenzen niet over-schrijden, terwijl volgens de algemene regel deze vergoedingen als beroepskosten aftrekbaar zijn indien zij noodzakelijk zijn om de

belastbare inkomsten te verkrijgen of te behouden en de belastingplichtige de echtheid en het bedrag van deze vergoedingen aantoont.

Kosten

61. …

HET HOF (Eerste kamer)

verklaart voor recht:

Artikel 49 EG moet aldus worden uitgelegd dat het zich verzet tegen een regeling van een lidstaat als die welke in het hoofdgeding aan de orde is, krachtens welke vergoedingen voor prestaties of diensten die door een ingezeten belastingplichtige worden betaald aan een niet-ingezeten vennootschap, niet als aftrekbare beroepskosten worden aangemerkt wanneer deze vennootschap in de lidstaat waar zij is gevestigd niet aan inkomstenbelasting is onderworpen of voor de betrokken inkomsten aan een aanzienlijk gunstigere belastingregeling is onderworpen dan die waaraan die inkomsten in de eerste lidstaat zijn onderworpen, tenzij de belastingplichtige bewijst dat deze vergoedingen verband houden met werkelijke en oprechte verrichtingen en mits zij de normale grenzen niet overschrijden, terwijl volgens de algemene regel deze vergoedingen als beroepskosten aftrekbaar zijn indien zij noodzakelijk zijn om de belastbare inkomsten te verkrijgen of te behouden en de belastingplichtige de echmeid en het bedrag van deze vergoedingen aantoont.

HvJ EU 12 juli 2012, zaak C-269/09 (Europese Commissie v. Koninkrijk Spanje)

Eerste kamer: *A. Tizzano, kamerpresident, M. Safjan, M. Ilešič, E. Levits en M. Berger (rapporteur), rechters*
Advocaat-generaal: *J. Mazák*

CoJ: that Spanish rules on transfer of residence of individuals abroad constitute a restriction on the EU free movement provisions

The case deals with the compatibility of the Spanish rules on transfer abroad of the taxpayer's residence with the provisions on the freedom of movement for persons under the EC Treaty (now TFEU) and the EEA Agreement.

Under Spanish legislation, taxpayers who transfer their residence abroad must include, in the tax base for the last year in which they were treated as resident taxpayers, any income not yet charged to tax. Those persons are accordingly required to pay the tax at the time when they transfer their residence whereas taxpayers who retain their residence in Spanish territory are not under such an obligation.

According to the CoJ, rules that preclude or deter a national of a Member State from leaving his country of origin in order to exercise his right to freedom of movement constitute an obstacle to that freedom. In the case of the Spanish rules at stake, although they do not forbid a taxpayer resident in Spain to exercise his right to freedom of movement, they are capable of having a deterrent influence on taxpayers wishing to settle in another Member State. The CoJ admitted that the Spanish legislation concerns only the taxation of income which has already been realised; accordingly, the person liable for the tax debt is not subject to an additional tax at the time of transferring his residence. He is merely deprived of an advantage inherent in the deferral of the tax debt. The CoJ pointed out, however, that the withdrawal of that advantage constitutes a clear disadvantage in terms of cash flow. Referring, inter alia, to *Metallgesellschaft* (C-397/98 and C-410/98) and *Rewe Zentralfinanz* (C-347/04), the Court reminded that the exclusion of a cash flow advantage in a cross-border situation where it is available in an equivalent domestic situation is a restriction on the relevant freedoms.

Hence, the different treatment at issue places persons who transfer their residence abroad at a financial disadvantage which obstructs the fundamental freedoms set out in Articles 18, 39 and 43 EC (now Articles 21, 45, 49 TFEU).

The CoJ then went on to analyse the possible justifications for the restrictions, namely, the effective recovery of tax debts, the balanced allocation between the Member States of powers of taxation and the need to preserve the coherence of the tax system. As regards the justification relating to the need to ensure effective recovery of the tax debt, the CoJ considered the measure at issue as disproportionate to achieving that aim having regard to the existence of other less restrictive mechanisms for the recovery of the related tax debt. This is due to the existence of other appropriate instruments by which such recovery of the tax may be ensured such as Council Directive 76/308/EEC on mutual assistance for the recovery of claims relating to certain levies, duties, taxes and other measures, Council Directive 77/799/EEC concerning mutual assistance by the competent authorities of the Member States in the field of direct taxation and taxation of insurance premiums, and Council Directive 2008/55/EC on mutual assistance for the recovery of claims relating to certain levies, duties, taxes and other measures.

As regards the purported justification relating to the preservation of the balanced allocation between the Member States of powers of taxation, the Court also rejected such justification. In the CoJ's view, the measure at stake does not concern the determination of the tax debt (e.g. on unrealized capital gains) at the time of the transfer of residence but rather the immediate recovery of tax debt with regard to income already realized. In that regard, Spain – contrary to the situation at issue, for example, in *National Grid Indus* (C-371/10) – does not, on the transfer of a taxpayer's residence to another Member State, lose the power to exercise its powers of taxation in relation to activities already carried out in its territory and accordingly, need not to give up its right to determine the amount of corresponding taxation.

Insofar as concerns the justification by reference to the need to preserve the coherence of the national tax system, the argument brought forward by Spain was, notably, that the legislation at stake was vital to ensure that coherence, given that the option of deferring payment of the tax corresponding to income which has already been received is granted on the basis of the guarantee of payment which is constituted, for the tax authorities, by the fact that the taxpayer resides in Spain and that he is, consequently, subject to the direct and effective authority of those authorities. The disappearance of that relationship of direct and effective authority justified the loss of the tax advantage consisting of the option to defer payment of the tax. Also in this case, the CoJ rejected this justification, essentially due to the fact that no direct link was established in the national legislation at issue between, on one hand, the tax advantage represented by the possibility of charging income to a number of tax periods and, on the other, the offsetting of that advantage by some kind of tax charge.

As regards the proportionality of the justifications, even if the justification grounds above were to be accepted, the CoJ considered that the measure would in any case go beyond what is necessary for the purpose of achieving these objectives. The Court relied in that regard on the same arguments referred to when dealing with the justification based on the need to ensure effective recovery of tax – i.e. EU Directives providing for less restrictive mechanisms – considering them equally applicable in the case of the remaining justifications.

Finally, the CoJ dealt briefly with the possible breach of the provisions of the EEA Agreement. It considered that, due to the fact that the Directives mentioned above are not applicable in the case of EEA countries, and since Spain submitted that it had not concluded any bilateral tax treaty with either Norway, Iceland or Liechtenstein providing for mutual assistance in respect of the levying or recovery of taxes, the justification concerning the need to ensure effective recovery of the tax debt could be accepted. Consequently, it concluded that the Spanish rules do not infringe the EEA Agreement.

from: Loyens & Loeff, EU Tax Alert

HET HOF (Eerste kamer)

verklaart:

1. Door in artikel 14, lid 3, van Ley 35/2006 del Impuesto sobre la Renta de las Personas Físicas y de Modificación parcial de las leyes de los Impuestos sobre Sociedades, sobre la Renta de no residentes y sobre el Patrimonio (wet 35/ 2006 betreffende de inkomstenbelasting van natuurlijke personen en tot gedeeltelijke wijziging van de wetten betreffende de vennootschapsbelasting, de belasting van niet-ingezetenen en de vermogensbelasting) van 28 november 2006 een bepaling op te nemen en te handhaven op grond waarvan belastingplichtigen die hun woonplaats naar een andere lidstaat overbrengen, verplicht zijn alle nog niet toegerekende inkomsten mee te rekenen in de belastinggrondslag van het laatste belastingjaar waarin zij als ingezeten belastingplichtigen zijn beschouwd, is het Koninkrijk Spanje de krachtens de artikelen 18 EG, 39 EG en 43 EG op hem rustende verplichtingen niet nagekomen.

2. Het beroep wordt verworpen voor het overige.

3. Het Koninkrijk Spanje wordt verwezen in drie vierde van alle kosten. De Europese Commissie wordt verwezen in het overige vierde.

4. De Bondsrepubliek Duitsland, het Koninkrijk der Nederlanden en de Portugese Republiek dragen hun eigen kosten.

HvJ EU 12 juli 2012, zaak C-384/11 (Tate & Lyle Investments Ltd v. Belgische Staat)

Vijfde kamer: *M. Safjan, kamerpresident, E. Levits (rapporteur) en J. J. Kasel, rechters*

Advocaat-generaal: *P. Mengozzi*

CoJ: that Belgian dividend tax regime relating to shareholdings below 10% is in breach of the free movement of capital

The decision regards the compatibility with the free movement of capital, of the dividend withholding tax withheld upon the partial demerger of a Belgian subsidiary where a non-resident shareholder holds less than 10% of the shares. Tate & Lyle Investments Ltd, a company resident in the UK, held 5% of the shares in the Belgian company, Tate & Lyle Europe NV. Upon the partial demerger of the latter, 10% withholding tax was withheld on the dividends thus deemed distributed to Tate & Lyle Investments Ltd.

Belgian tax law provides that Belgian shareholders who hold less than 10% of the capital are entitled to a credit of the dividend withholding tax and any excess is refunded. If the acquisition value of the participation is greater than EUR 1.2 million (now increased to EUR 2.5 million), the Belgian shareholder is also entitled to the participation exemption for the dividend received. Shareholders resident in another Member State who hold the same participation are, however, not entitled to either compensatory measure.

The COJ held that, as the Belgian tax law only provides a mechanism to reduce the tax impact for shareholders resident in Belgium with a participation of less than 10% and with an acquisition value of at least EUR 1.2 million (EUR 2.5 million), it could discourage companies from other Member States from investing in Belgium. It therefore constitutes a *prima facie* infringement of the free movement of capital. If, however, the Belgian State relies on the double tax treaty, on the basis that it mitigates the negative impact of the Belgian tax rules, the national court will have to determine whether or not the consequences of the limitation of the free movement of capital are indeed neutralised by the double tax treaty in question.

from: Loyens & Loeff, EU Tax Alert

HET HOF (Vijfde kamer)

verklaart voor recht:

Artikel 63 VWEU moet aldus worden uitgelegd dat het zich verzet tegen een wettelijke regeling van een lidstaat zoals die welke in het hoofdgeding aan de orde is, volgens welke aan een bronheffing zijn onderworpen dividenden die door een ingezeten vennootschap worden uitgekeerd aan ingezeten en niet-ingezeten ontvangende vennootschappen die een participatie van minder dan 10% maar met een aanschaffingswaarde van minimaal 1,2 miljoen EUR aanhouden in het kapitaal van deze uitkerende vennootschap, terwijl alleen voor ingezeten ontvangende vennootschappen wordt voorzien in een mechanisme ter vermindering van opeenvolgende belastingheffingen. Beroept een lidstaat zich op een verdrag ter voorkoming van dubbele belasting dat hij heeft gesloten met een andere lidstaat, dan staat het aan de nationale rechter om vast te stellen of in het bij hem aanhangige geding rekening moet worden gehouden met dit verdrag en, in voorkomend geval, na te gaan of met dit verdrag de gevolgen van de beperking van het vrije kapitaalverkeer kunnen worden geneutraliseerd.

HvJ EU 19 juli 2012, zaak C-31/11 (Marianne Scheunemann v. Finanzamt Bremerhaven)

Tweede kamer: *J. N. Cunha Rodrigues, kamerpresident, U. Lõhmus (rapporteur), A. Rosas, A. Ó Caoimh en A. Arabadjiev, rechters*

Advocaat-generaal: *V. Trstenjak*

CoJ: that the free movement of capital does not apply to inheritance of major shareholdings in third-country companies

The case concerns the question whether it is the free movement of capital (Article 63 TFEU) or the freedom of establishment (Article 49 TFEU) that applies to the calculation of inheritance tax on a shareholding in a capital company established in a third country.

In this case, Ms Scheunemann, who was resident in Germany, was the sole heir of her father, also resident in Germany, who died in February 2007. The inheritance included a shareholding owned by her father as a 100% shareholder in a capital company with its registered office in Canada. The shares formed private assets. Ms Scheunemann's inheritance was made subject to unlimited German inheritance tax for its full value. Had she inherited (more than 25% of the) shares in a German capital company, she would have been granted a tax-free amount of EUR 225,000 and a reduction of the taxable value of the shares of 35%. Ms Scheunemann claimed that the denial of these tax advantages in case of the inheritance of a shareholding in a third-country company was a forbidden difference in treatment. The German lower court dismissed the claim, as it considered that only the freedom of establishment applied, which does not have effect with regard to (non-EU) third countries. The German Federal Finance Court had doubts on this, as the CoJ had considered previously in a number of cases that the treatment for tax purposes of inheritances affected the movement of capital and as such, fell within Article 63 TFEU. When analysing which Treaty freedom was applicable the CoJ stated, referring to the *Haribo* and *Salinen* cases (Joined Cases C-436/08 and C-437/08), that the aim of the underlying national legis-lation must be taken into consideration. The aim of the measure at issue is to make a provision for the tax treatment of inheritances.

In this regard, the CoJ pointed out that in line with previous case law, for example, *Eckelkamp* (C-11/07), *Arens-Sikken* (C-43/07) *Busley and Cibrian* (C-35/08) and *Missionswerk* (C-25/10), the tax treatment of inheritances, in general, falls under the scope of the free movement of capital. However, if the national legislation is intended to apply only to shareholdings which enable their holders to exert a definite influence over a company's decisions and determine its activities, it will fall under the freedom of establishment. On the other hand, national legislation which applies to shareholdings acquired solely with the intention of making a financial investment falls exclusively within the scope of the free movement of capital. The CoJ accepted that the shareholding threshold of 25% specified by the German legislation at issue was sufficiently high to enable the shareholder to influence the management and control of the company. In addition, other features of the German legislation, such as the provision which rendered the tax advantages at issue retroactively inapplicable in cases where the heir disposed of the shareholding within five years of its acquisition, confirmed that such legislation was intended to encourage the heir to get involved in the management of the company on a lasting basis instead of making a mere financial investment. In light of this, the CoJ held that the German rules at issue primarily affect the freedom of establishment and should only be examined in the light of that freedom. This was re-affirmed by the concrete facts of the case, as Ms Scheunemann had inherited 100% of the shares in the Canadian company, which undoubtedly enabled her to have definite influence over the company's matters. Because the freedom of establishment is not applicable in relation to third countries and the main proceedings concerned a shareholding in a Canadian company, the CoJ ruled that such situation is not covered by the provisions on the freedom of establishment.

from: Loyens & Loeff, EU Tax Alert

HET HOF (Tweede kamer)

verklaart voor recht:

Wettelijke bepalingen van een lidstaat zoals die aan de orde in het hoofdgeding, die voor de berekening van de successierechten de toepassing van bepaalde belastingvoordelen op een nalatenschap in de vorm van een deelneming in een kapitaalvennootschap die in een derde staat is gevestigd uitsluit, terwijl die voordelen wel worden toegekend op de nalatenschap van een dergelijke deelneming wanneer de vennootschap in een lidstaat gevestigd is, raken overwegend de uitoefening van de vrijheid van vestiging in de zin van de artikelen 49 VWEU en volgende, aangezien de houder van de deelneming daardoor een duidelijke invloed op de besluitvorming van de onderneming kan uitoefenen en de activiteiten ervan kan bepalen. Die artikelen vinden geen toepassing in een situatie betreffende de deelneming in een vennootschap die in een derde staat gevestigd is.

HvJ EU 19 juli 2012, zaak C-48/11 (Veronsaajien oikeudenvalvontayksikkö v. A Oy)

Derde kamer: *K. Lenaerts, kamerpresident, J. Malenovský, R. Silva de Lapuerta, G. Arestis (rapporteur) en D. Šváby, rechters*
Advocaat-generaal: *J. Mazák*

1. Het verzoek om een prejudiciële beslissing betreft de uitlegging van de artikelen 31 en 40 van de Overeenkomst betreffende de Europese Economische Ruimte van 2 mei 1992 (*PB* 1994, L 1, blz. 3; hierna: 'EER-Overeenkomst').

2. Dit verzoek is ingediend in het kader van een geding tussen de Veronsaajien oikeudenvalvontayksikkö, te weten de Finse belastingdienst, en A Oy (hierna: 'A'), een Finse vennootschap, over een aandelenruil.

Toepasselijke bepalingen

EER-Overeenkomst

3. Artikel 6 van de EER-Overeenkomst luidt:

'Onverminderd de toekomstige ontwikkelingen van de jurisprudentie, worden de bepalingen van deze Overeenkomst, voor zover zij in essentie gelijk zijn aan de overeenkomstige regels van het Verdrag tot oprichting van de Europese Economische Gemeenschap en het Verdrag tot oprichting van de Europese Gemeenschap voor Kolen en Staal en de ter uitvoering van die Verdragen aangenomen besluiten, wat de tenuitvoerlegging en toepassing betreft, uitgelegd overeenkomstig de desbetreffende uitspraken van het Hof van Justitie van de Europese Gemeenschappen daterende van vóór de ondertekening van deze Overeenkomst.'

4. Artikel 31 van deze Overeenkomst luidt:

'1. In het kader van de bepalingen van deze Overeenkomst zijn er geen beperkingen van de vrijheid van vestiging voor onderdanen van een lidstaat van de [Europese Gemeenschap (EG)] of een [staat van de Europese Vrijhandelsassociatie (EVA)] op het grondgebied van een andere staat bij de Overeenkomst. Dit geldt eveneens voor de oprichting van agentschappen, filialen of dochterondernemingen door de onderdanen van een lidstaat van de [Europese Gemeenschap (EG)] of een EVA-staat die op het grondgebied van een van deze staten zijn gevestigd.

De vrijheid van vestiging omvat, behoudens de bepalingen van hoofdstuk 4, de toegang tot werkzaamheden anders dan in loondienst en de uitoefening daarvan alsmede de oprichting en het beheer van ondernemingen, en met name van vennootschappen in de zin van artikel 34, tweede alinea, overeenkomstig de bepalingen welke door de wetgeving van het land van vestiging voor de eigen onderdanen zijn vastgesteld.

2. De bijlagen VIII tot en met XI bevatten specifieke bepalingen inzake het recht van vestiging.'

5. Artikel 40 van deze Overeenkomst luidt:

'In het kader van de bepalingen van deze Overeenkomst zijn er tussen de overeenkomstsluitende partijen geen beperkingen van het verkeer van kapitaal toebehorende aan personen die woonachtig of gevestigd zijn in de lidstaten van de [Europese Gemeenschap] of de EVA-staten en is er geen discriminerende behandeling op grond van de nationaliteit of van de vestigingsplaats van partijen of op grond van het gebied waar het kapitaal wordt belegd. Bijlage XII bevat de bepalingen die nodig zijn voor de tenuitvoerlegging van dit artikel.'

Unierecht

6. Artikel 2, sub e, van richtlijn 2009/133/EG van de Raad van 19 oktober 2009 betreffende de gemeenschappelijke fiscale regeling voor fusies, splitsingen, gedeeltelijke splitsingen, inbreng van activa en aandelenruil met betrekking tot vennootschappen uit verschillende lidstaten en voor de verplaatsing van de statutaire zetel van een SE of een SCE van een lidstaat naar een andere lidstaat (*PB* L 310, blz. 34) definieert aandelenruil als volgt:

'[...] rechtshandeling waarbij een vennootschap in het maatschappelijk kapitaal van een andere vennootschap een deelneming verkrijgt waardoor zij een meerderheid van stemmen in die vennootschap krijgt, of waardoor zij, indien zij reeds over een meerderheid beschikt, haar deelneming vergroot, tegen uitgifte aan de deelgerechtigden van laatstgenoemde vennootschap, in ruil voor hun bewijzen van deelgerechtigdheid, van bewijzen van deelgerechtigdheid in het maatschappelijk kapitaal van eerstgenoemde vennootschap, eventueel met een bijbetaling in geld welke niet meer mag bedragen dan 10% van de nominale waarde, of bij gebreke van een nominale waarde, van de fractiewaarde van de in het kader van deze ruil uitgegeven bewijzen'.

Fins recht

7. §§ 52 en 52f, eerste en tweede alinea, van Laki elinkeinotulon verottamisesta (360/1968) [wet 360/1968 betreffende belastingheffing op inkomsten uit een bedrijfsactiviteit; hierna: 'wet inzake de vennootschapsbelasting'] bepalen:

'§ 52

§§ 52a-52f zijn van toepassing op de fusie, splitsing, bedrijfsoverdracht en aandelenruil van binnenlandse naamloze vennootschappen. §§ 52a-52e van deze wet zijn ook van toepassing op de fusie, splitsing, bedrijfsoverdracht en aandelenruil van de andere in § 3 van de wet inzake inkomstenbelasting bedoelde vennootschappen. De bepalingen inzake naamloze vennootschappen, aandelen, kapitaal en aandeelhouders zijn daartoe van toepassing op de andere vennootschappen, hun aandelen, hun aandelenkapitaal dat overeenkomt met hun kapitaal en hun aandeelhouders of leden. De bepalingen inzake fusies zijn ook van toepassing op fusies van nationale economische groepen. De bepalingen inzake naamloze vennootschappen, aandelen en aandeelhouders zijn daartoe van toepassing op de aandelen van de groepen, hun aandeelhouders en de groepen zelf.

§§ 52a-52f van de wet zijn, binnen de hierna aangegeven grenzen, eveneens van toepassing wanneer de fusie, splitsing, bedrijfsoverdracht of aandelenruil betrekking heeft op vennootschappen in de zin van artikel 3, sub a, van richtlijn 90/434/EEG van de Raad [van 23 juli 1990] betreffende de gemeenschappelijke fiscale regeling voor fusies, splitsingen, gedeeltelijke splitsingen, inbreng van activa en aandelenruil met betrekking tot vennootschappen uit verschillende lidstaten en voor de verplaatsing van de statutaire zetel van een SE of een SCE van een lidstaat naar een andere lidstaat die onderworpen zijn aan de vennootschapsbelasting. Een vennootschap van een lidstaat is een vennootschap die volgens de wetgeving van een lidstaat wordt geacht in die lidstaat te zijn gevestigd en die niet volgens een tussen de lidstaat van de Unie en een derde staat gesloten verdrag inzake dubbele belastingheffing wordt geacht buiten de Unie te zijn gevestigd.

[...]

§ 52f

Aandelenruil is een regeling waarbij een naamloze vennootschap een deel van de aandelen in een andere naamloze vennootschap verwerft waardoor de aandelen die zij bezit meer dan de helft van alle stemrechten die verbonden zijn aan de door de andere vennootschap uitgegeven aandelen vertegenwoordigen, of, indien zij reeds een meerderheid van de stemrechten bezit, nog meer aandelen in deze vennootschap verwerft en als tegenprestatie aan de aandeelhouders van de andere vennootschap nieuw uitgegeven aandelen of in haar bezit zijnde aandelen uitreikt. De tegenprestatie kan ook bestaan uit een betaling in geld, welke niet meer mag bedragen dan 10 % van de nominale waarde van de als tegenprestatie uitgereikte aandelen of, bij gebreke van een nominale waarde, het met de aandelen overeenstemmende deel van het gestorte kapitaal.

Aandelenruil wordt fiscaal niet beschouwd als een overdracht. Als aanschaffingskosten van de door de ruil verkregen aandelen worden beschouwd het niet afgeschreven deel bij de belastingheffing van de overgedragen aandelen. Voor zover als tegenprestatie geld is ontvangen, wordt de ruil aangemerkt als een overdracht van aandelen.'

Hoofdgeding en prejudiciële vraag

8. A bezit 4 093 van de in totaal 20 743 aandelen van C Oy (hierna: 'C'), een vennootschap naar Fins recht, dat wil zeggen een deelneming van ongeveer 19,7 %. De andere eigenares van C, met een deelneming van ongeveer 80,3 % in deze onderneming, is B AS (hierna: 'B'), een Noorse vennootschap. Het doel van de in het hoofdgeding aan de orde zijnde transactie was een aandelenruil in de zin van § 52f van de wet inzake de vennootschapsbelasting, waarbij A haar aandelen in C heeft overgedragen aan B, in ruil voor door B nieuw uitgegeven aandelen ten belope van ongeveer 6 % van haar kapitaal. Door deze transactie zou B dus 100 % van het kapitaal van C in handen hebben.

9. A had de keskusverolautakunta (centrale belastingcommissie) gevraagd of § 52f, volgens welke een aandelenruil onder bepaalde voorwaarden niet wordt beschouwd als een belastbare overdracht, van toepassing was op de in het hoofdgeding aan de orde zijnde aandelenruil.

10. Deze commissie heeft in haar voorafgaande beschikking nr. 55/2008 van 1 oktober 2008 verklaard dat de in § 52f van de wet inzake de vennootschapsbelasting genoemde beginselen van toepassing waren op de tussen A en B overwogen aandelenruil. Volgens deze beschikking zijn de uit § 52f van de wet inzake de vennootschapsbelasting voortvloeiende beginselen in casu van toepassing, zodat deze ruil bij de fiscale behandeling van A niet als een overdracht van aandelen kan worden beschouwd.

11. De Veronsaajien oikeudenvalvontayksikkö heeft bij de Korkein hallinto-oikeus (hoogste bestuursrechter) beroep ingesteld tot nietigverklaring van de voorafgaande beschikking van de centrale belastingcommissie.

12. De Korkein hallinto-oikeus heeft de behandeling van de zaak geschorst en het Hof de volgende prejudiciële vraag gesteld:

'Dient een aandelenruil waarbij een Finse vennootschap aan een Noorse vennootschap (met de rechtsvorm van een aksjeselskap [NV]) aandelen in een vennootschap die haar eigendom is, overdraagt en als tegenprestatie door de Noorse vennootschap uitgegeven aandelen ontvangt, gelet op de artikelen 31 en 40 van de EER-Overeenkomst, op dezelfde wijze fiscaal neutraal behandeld te worden als wanneer de aandelenruil binnenlandse vennootschappen of in de lidstaten van de Europese Unie gevestigde vennootschappen zou betreffen?'

Beantwoording van de prejudiciële vraag

13. Vooraf zij opgemerkt dat de verwijzende rechter erop wijst dat richtlijn 2009/133 in nationaal recht is omgezet bij de wet inzake de vennootschapsbelasting.

14. Artikel 1 van richtlijn 2009/133 bepaalt dat deze richtlijn uitsluitend van toepassing is op een aandelenruil waarbij vennootschappen zijn betrokken die op het grondgebied van twee of meer lidstaten zijn gevestigd. Aangezien een van de vennootschappen die deelnemen aan de in het hoofdgeding aan de orde zijnde aandelenruil niet in een lidstaat is gevestigd, te weten de vennootschap B, die in Noorwegen is gevestigd, valt deze ruil niet binnen de werkingssfeer van richtlijn 2009/133. Derhalve dient de prejudiciële vraag van de verwijzende rechter te worden beantwoord door de nationale wettelijke belastingregeling te toetsen aan de EER-Overeenkomst.

15. Een van de belangrijkste doelstellingen van de EER-Overeenkomst is een zo volledig mogelijke verwezenlijking van het vrije verkeer van goederen, personen, diensten en kapitaal in de gehele Europese Economische Ruimte (EER), zodat de op het grondgebied van de Unie verwezenlijkte interne markt wordt uitgebreid naar de EVA-staten. In deze optiek beogen meerdere bepalingen van deze overeenkomst een zo uniform mogelijke uitlegging ervan te waarborgen in de gehele EER (zie advies 1/92 van 10 april 1992, *Jurispr.* blz. I-2821). Het staat aan het Hof om er in dit kader over te waken dat de regels van de EER-Overeenkomst, die in wezen gelijk zijn aan die van het VWEU, uniform worden uitgelegd in de lidstaten (arresten van 19 november 2009, Commissie/Italië, C-540/07, *Jurispr.* blz. I-10983, punt 65, en 28 oktober 2010, Établissements Rimbaud, C-72/09, nog niet gepubliceerd in de *Jurisprudentie*, punt 20).

16. Voorts is het vaste rechtspraak dat de lidstaten, hoewel de directe belastingen tot hun bevoegdheid behoren, niettemin verplicht zijn deze bevoegdheid in overeenstemming met het Unierecht uit te oefenen (zie met name arresten van 7 september 2004, Manninen, C-319/02, *Jurispr.* blz. I-7477, punt 19; 6 maart 2007, Meilicke e.a., C-292/04, *Jurispr.* blz. I-1835, punt 19; 24 mei 2007, Holböck, C-157/05, *Jurispr.* blz. I-4051, punt 21, en 11 oktober 2007, ELISA, C-451/05, *Jurispr.* blz. I-8251, punt 68). Deze bevoegdheid staat hun ook niet toe maatregelen toe te passen die in strijd zijn met de door overeenkomstige bepalingen van de EER-Overeenkomst gewaarborgde vrijheden van verkeer (zie reeds aangehaald arrest Établissements Rimbaud, punt 23).

17. Met betrekking tot de vrijheid waaraan de in het hoofdgeding aan de orde zijnde wettelijke regeling moet worden getoetst, blijkt uit vaste rechtspraak dat om te bepalen of een nationale wettelijke regeling valt onder de regels inzake de vrijheid van vestiging dan wel onder de regels inzake het vrije kapitaalverkeer, rekening moet worden gehouden met het voorwerp van de betrokken wettelijke regeling (beschikking van 10 mei 2007, Lasertec, C-492/04, *Jurispr.* blz. I-3775, punt 19 en aldaar aangehaalde rechtspraak).

18. Zo vallen de nationale bepalingen die betrekking hebben op het bezit van een belang waardoor een beslissende invloed op de besluiten van de betrokken vennootschap kan worden uitgeoefend en de activiteiten ervan kunnen worden bepaald, binnen de materiële werkingssfeer van de bepalingen van het VWEU inzake de vrijheid van vestiging (zie reeds aangehaalde beschikking Lasertec, punt 20 en aldaar aangehaalde rechtspraak).

19. Uit de formulering van § 52f van de wet inzake de vennootschapsbelasting blijkt duidelijk dat de betrokken aandelenruil slechts dan niet als een belastbare overdracht wordt aangemerkt, indien de verwervende vennootschap aandelen van de andere vennootschap bezit of verwerft die haar recht geven op meer dan de helft van de stemrechten in deze andere vennootschap. Dergelijke nationale bepalingen, die aldus van toepassing zijn op transacties die de zeggenschap of de verwerving van de zeggenschap over een vennootschap tot gevolg hebben, vallen onder de vrijheid van vestiging.

20. De prejudiciële vraag dient dus alleen in het licht van artikel 31 van de EER-Overeenkomst te worden beantwoord.

21. Dienaangaande heeft het Hof reeds geoordeeld dat de voorschriften van artikel 31 van de EER-Overeenkomst die beperkingen van de vrijheid van vestiging verbieden, gelijk zijn aan die van artikel 49 VWEU (zie arresten van 23 februari 2006, Keller Holding, C-471/04, *Jurispr.* blz. I-2107, punt 49, en 23 oktober 2008, Krankenheim Ruhesitz am Wannsee-Seniorenheimstatt, C-157/07, *Jurispr.* blz. I-8061, punt 24).

22. Voorts zij opgemerkt dat artikel 6 van de EER-Overeenkomst bepaalt dat de bepalingen van deze Overeenkomst, onverminderd de toekomstige ontwikkelingen van de jurisprudentie, voor zover zij in essentie gelijk zijn aan de overeenkomstige regels van de Unieverdragen, wat de tenuitvoerlegging en toepassing betreft, worden uitgelegd overeenkomstig de desbetreffende op het tijdstip van ondertekening van deze Overeenkomst bestaande uitspraken van het Hof.

23. Aldus brengt de vrijheid van vestiging voor de vennootschappen die in overeenstemming met de wetgeving van een lidstaat of een derde land dat partij is bij de EER-Overeenkomst zijn opgericht en die hun statutaire zetel, hun hoofdbestuur of hun hoofdvestiging binnen de Unie of een derde land dat partij is bij de EER-Overeenkomst hebben, het recht mee om in andere lidstaten of andere derde landen die partij zijn bij de EER-Overeenkomst hun bedrijfsactiviteit uit te oefenen door middel van een dochteronderneming, een filiaal of een agentschap (zie in die zin reeds aangehaald arrest Krankenheim Ruhesitz am Wannsee-Seniorenheimstatt, punt 28 en aldaar aangehaalde rechtspraak).

24. Voorts heeft het Hof benadrukt dat het begrip 'vestiging' in de zin van het VWEU zeer ruim is en inhoudt dat een burger van de Unie duurzaam kan deelnemen aan het economische leven van een andere lidstaat dan zijn staat van herkomst, daar voordeel uit kan halen en op die wijze de economische en sociale vervlechting in de Unie op het gebied van niet in loondienst verrichte werkzaamheden kan bevorderen (zie reeds aangehaald arrest ELISA, punt 63). De vrijheid van vestiging beoogt dus het voordeel van de nationale behandeling in de lidstaat van ontvangst van de dochtermaatschappij te garanderen, door elke, zelfs minieme discriminatie op grond van de plaats van de zetel van de moedermaatschappij te verbieden (zie arrest van 14 december 2006, Denkavit Internationaal en Denkavit France, C-170/05, *Jurispr.* blz. I-11949, punt 22).

25. Het is vaste rechtspraak dat als dergelijke beperkingen moeten worden beschouwd alle maatregelen die de uitoefening van deze vrijheid verbieden, belemmeren of minder aantrekkelijk maken (zie reeds aangehaald arrest Krankenheim Ruhesitz am Wannsee-Seniorenheimstatt, punt 30).

26. Overeenkomstig de in het hoofdgeding aan de orde zijnde nationale wettelijke regeling wordt een aandelenruil tussen vennootschappen bij de overdragende vennootschap met zetel in Finland slechts fiscaal neutraal behandeld indien ook de zetel van de verwervende vennootschap in Finland of een lidstaat van de Unie is gevestigd en voorts de aandelenruil ten gevolge heeft dat de verwervende vennootschap een meerderheidsbelang verwerft in de verworven vennootschap. Indien niet aan deze voorwaarden is voldaan, met name wanneer zoals in de in het hoofdgeding aan de orde zijnde situatie de zetel van de verwervende vennootschap is gevestigd in een derde land dat partij is bij de EER-Overeenkomst, wordt de aandelenruil fiscaal behandeld als een belastbare overdracht van aandelen.

27. Het aldus geconstateerde verschil in behandeling wordt niet verklaard door een objectief situatieverschil. De fiscale behandeling van een aandelenruil waaraan een nationale vennootschap wordt onderworpen, wordt in een situatie als die welke in het hoofdgeding aan de orde is, immers uitsluitend bepaald door de plaats van de zetel van de verwervende vennootschap. Artikel 31 van de EER-Overeenkomst verbiedt echter elke discriminatie op grond van de plaats van de zetel van een vennootschap (zie in die zin arrest van 26 juni 2008, Burda, C-284/06, *Jurispr.* blz. I-4571, punt 77 en aldaar aangehaalde rechtspraak).

28. Voorts dient te worden benadrukt dat, anders dan de Finse regering stelt, de toepassing van artikel 31 van de EER-Overeenkomst op een regeling als die welke in het hoofdgeding aan de orde is, niet leidt tot uitbreiding van de werkingssfeer van richtlijn 2009/133 tot vennootschappen die zijn gevestigd in een derde land dat partij is bij de EER-Overeenkomst. Krachtens het in artikel 31 van de EER-Overeenkomst neergelegde non-discriminatiebeginsel moet een lidstaat immers de aan een aandelenruil tussen nationale vennootschappen voorbehouden fiscale behandeling toepassen op een aandelenruil waarbij ook een vennootschap is betrokken die is gevestigd in een derde land dat partij is bij de EER-Overeenkomst.

29. Vastgesteld zij dat de in het hoofdgeding aan de orde zijnde fiscale regeling een belemmering van het in artikel 31 van de EER-Overeenkomst neergelegde recht oplevert.

30. Uit de rechtspraak van het Hof blijkt dat een beperking van de vrijheid van vestiging slechts toelaatbaar is wanneer zij gerechtvaardigd is uit hoofde van dwingende redenen van algemeen belang. Daarenboven moet in een dergelijk geval de beperking geschikt zijn om het aldus nagestreefde doel te verwezenlijken en mag zij niet verder gaan dan nodig is voor het bereiken van dat doel (zie reeds aangehaald arrest Krankenheim Ruhesitz am Wannsee-Seniorenheimstatt, punt 40).

31. De verwijzende rechter werpt de vraag op of een dergelijke beperking gerechtvaardigd is om dwingende redenen van algemeen belang die verband houden met de noodzaak om belastingfraude te bestrijden en de noodzaak om de doeltreffendheid van de fiscale controles te waarborgen.

32. De omstandigheid alleen dat in het kader van een aandelenruil de verwervende vennootschap haar zetel in een derde land dat partij is bij de EER-Overeenkomst heeft, is echter niet voldoende om uit te gaan van een algemeen vermoeden van belastingfraude en kan geen rechtvaardigingsgrond zijn voor een maatregel die afbreuk doet aan de uitoefening van een bij de EER-Overeenkomst beschermde fundamentele vrijheid (zie in die zin arresten van 26 september 2000, Commissie/ België, C-478/98, *Jurispr.* blz. I-7587, punt 45; 21 november 2002, X en Y, C-436/00, *Jurispr.* blz. I-10829, punt 62; 4 maart 2004, Commissie/Frankrijk, C-334/02, *Jurispr.* blz. I-2229, punt 27, en 29 november 2011, National Grid Indus, C-371/10, nog niet gepubliceerd in de *Jurisprudentie*, punt 84).

33. Met betrekking tot de noodzaak om de doeltreffendheid van de fiscale controles te waarborgen, heeft het Hof geoordeeld dat niet op voorhand kan worden uitgesloten dat de belastingplichtige in staat is relevante bewijsstukken over te leggen aan de hand waarvan de belastingautoriteiten van de lidstaat van heffing duidelijk en nauwkeurig kunnen controleren of hij niet probeert de betaling van de belastingen te vermijden of te omzeilen (arrest van 18 december 2007, A, C-101/05, *Jurispr.* blz. I-11531, punt 59 en aldaar aangehaalde rechtspraak).

34. Deze rechtspraak, die betrekking heeft op beperkingen van de uitoefening van de vrijheden van verkeer binnen de Unie, kan evenwel niet integraal worden getransponeerd naar de door de EER-Overeenkomst gewaarborgde vrijheden, aangezien de uitoefening van deze vrijheden in een andere juridische context valt (zie in die zin reeds aangehaalde arresten A, punt 60, en Établissements Rimbaud, punt 40).

35. Dienaangaande zij erop gewezen dat een kader voor samenwerking tussen de bevoegde autoriteiten van de lidstaten als dat waarin is voorzien door richtlijn 77/799/EEG van de Raad van 19 december 1977 betreffende de wederzijdse bijstand van de bevoegde autoriteiten van de lidstaten op het gebied van de directe belastingen (*PB* L 336, blz. 15) en richtlijn 2011/16/EU van de Raad van 15 februari 2011 betreffende de administratieve samenwerking op het gebied van de belastingen en tot intrekking van richtlijn 77/799/EEG (*PB* L 64, blz. 1), tussen deze autoriteiten en de bevoegde autoriteiten van een derde staat niet bestaat wanneer deze staat geen enkele verplichting tot wederzijdse bijstand is aangegaan (zie in die zin reeds aangehaald arrest Établissements Rimbaud, punt 41).

36. In het bijzonder, wat de staten die partij zijn bij de EER-Overeenkomst betreft, mag een lidstaat wanneer ingevolge zijn regeling een belastingvoordeel afhankelijk is van de vervulling van voorwaarden waarvan de naleving slechts kan worden gecontroleerd door het verkrijgen van inlichtingen van de bevoegde autoriteiten van een derde staat die partij is bij de EER-Overeenkomst, in beginsel dit voordeel weigeren wanneer, met name wegens het ontbreken van een uit een overeenkomst of verdrag voortvloeiende verplichting voor deze derde staat om inlichtingen te verstrekken, het onmogelijk blijkt om deze inlichtingen van laatstgenoemde staat te verkrijgen (zie reeds aangehaald arrest Établissements Rimbaud, punt 44).

37. Opgemerkt zij dat er tussen de Republiek Finland en het Koninkrijk Noorwegen een verdrag inzake wederzijdse administratieve bijstand in belastingzaken bestaat, namelijk verdrag 37/1991, dat op 7 december 1989 te Kopenhagen is ondertekend. Ook al staat het aan de verwijzende rechter om te beoordelen of dit verdrag voldoende regelingen inzake uitwisseling van informatie bevat om de Finse autoriteiten in staat te stellen om na te gaan en te controleren of is voldaan aan de in de nationale wettelijke regeling gestelde voorwaarden voor de toepassing van de regeling van fiscale neutraliteit op een aandelenruil als in het hoofdgeding aan de orde is, vastgesteld moet worden dat de Finse regering ter terechtzitting zelf heeft verklaard dat dit verdrag voorziet in een even doeltreffende uitwisseling van informatie tussen nationale autoriteiten als die waarin de richtlijnen 77/799 en 2011/16 voorzien.

38. Bijgevolg kan de betrokken lidstaat zich niet baseren op de noodzaak om de doeltreffendheid van de fiscale controles te waarborgen ter rechtvaardiging van het in punt 27 van het onderhavige arrest geconstateerde verschil in behandeling (zie in die zin reeds aangehaald arrest ELISA, punten 98-101).

39. Gelet op een en ander moet op de prejudiciële vraag worden geantwoord dat artikel 31 van de EER-Overeenkomst zich verzet tegen een wettelijke regeling van een lidstaat die een aandelenruil tussen een op het grondgebied van deze lidstaat gevestigde vennootschap en een vennootschap die is gevestigd op het grondgebied van een derde land dat partij is bij deze Overeenkomst, gelijkstelt met een belastbare overdracht van aandelen, terwijl een dergelijke transactie fiscaal neutraal zou zijn indien hierbij uitsluitend nationale vennootschappen of in andere lidstaten gevestigde vennootschappen waren betrokken, voor zover er tussen deze lidstaat en dit derde land een verdrag inzake wederzijdse administratieve bijstand in belastingzaken bestaat dat voorziet in een even doeltreffende uitwisseling van informatie tussen nationale autoriteiten als die waarin is voorzien in de richtlijnen 77/799 en 2011/16, hetgeen de verwijzende rechter dient na te gaan.

Kosten

40. …

HET HOF (Derde kamer)

verklaart voor recht:

Artikel 31 van de Overeenkomst betreffende de Europese Economische Ruimte van 2 mei 1992 verzet zich tegen een wettelijke regeling van een lidstaat die een aandelenruil tussen een op het grondgebied van deze lidstaat gevestigde vennootschap en een vennootschap die is gevestigd op het grondgebied van een derde land dat partij is bij deze Overeenkomst, gelijkstelt met een belastbare overdracht van aandelen, terwijl een dergelijke transactie fiscaal neutraal zou zijn indien hierbij uitsluitend nationale vennootschappen of in andere lidstaten gevestigde vennootschappen waren betrokken, voor zover er tussen deze lidstaat en dit derde land een verdrag

inzake wederzijdse administratieve bijstand in belastingzaken bestaat dat voorziet in een even doeltreffende uitwisseling van informatie tussen nationale autoriteiten als die waarin is voorzien in richtlijn 77/799/EEG van de Raad van 19 december 1977 betreffende de wederzijdse bijstand van de bevoegde autoriteiten van de lidstaten op het gebied van de directe belastingen en richtlijn 2011/16/EU van de Raad van 15 februari 2011 betreffende de administratieve samenwerking op het gebied van de belastingen en tot intrekking van richtlijn 77/799, hetgeen de verwijzende rechter dient na te gaan.

HvJ EU 6 september 2012, zaak C-38/10 (Europese Commissie v. Portugese Republiek)

Vierde kamer: *J.-C. Bonichot, kamerpresident, K. Schiemann (rapporteur), L. Bay Larsen, C. Toader en E. Jarašiūnas, rechters*
Advocaat-generaal: *P. Mengozzi*

1. De Europese Commissie verzoekt het Hof vast te stellen dat de Portugese Republiek, door de vaststelling en handhaving van de artikelen 76 A, 76 B en 76 C van de Código do Imposto sobre o Rendimento das Pessoas Colectivas (wetboek inzake vennootschapsbelasting; hierna: 'CIRC'), volgens welke in geval van verplaatsing, door een Portugese vennootschap, van haar statutaire zetel en feitelijke bestuurszetel naar een andere lidstaat of stopzetting van de activiteiten van een vaste inrichting in Portugal of overbrenging van haar activa vanuit Portugal naar een andere lidstaat:

- alle latente meerwaarden in de betrokken activa, doch niet de latente meerwaarden die zijn ontstaan uit zuiver nationale transacties, worden betrokken in de belastinggrondslag van het belastingjaar waarin het belastbare feit plaatsvindt;
- de vennoten van een vennootschap die haar statutaire zetel en feitelijke bestuurszetel buiten het Portugese grondgebied verplaatst, worden belast over het verschil tussen de nettoactiefwaarde van de vennootschap (berekend op datum van de verplaatsing tegen marktwaarde) en de aankoopprijs van de overeenkomende deelbewijzen, de verplichtingen niet is nagekomen die op haar rusten krachtens artikel 49 VWEU en artikel 31 van de Overeenkomst betreffende de Europese Economische Ruimte van 2 mei 1992 (*PB* 1994, L 1, blz. 3; hierna: 'EER-Overeenkomst').

Toepasselijke bepalingen

2. Bij Decreto-Lei (wetsdecreet) nr. 159/2009 van 13 juli 2009 (*Diário da República* I, serie A, nr. 133, van 13 juli 2009) zijn de in casu relevante artikelen van de CIRC hernummerd. Volgens vaste rechtspraak van het Hof moet het bestaan van de niet-nakoming worden beoordeeld naar de situatie van de lidstaat zoals die bestond aan het einde van de in het met redenen omklede advies gestelde termijn en kan het Hof met daarna opgetreden wijzigingen geen rekening houden. Dat wetsdecreet is op 1 januari 2010 in werking getreden, terwijl de door de Commissie gestelde termijn op 1 februari 2009 is verstreken. In het kader van het onderhavige geding zal dus geen rekening worden gehouden met de wijzigingen die voortvloeien uit de inwerkingtreding van wetsdecreet nr. 159/2009.

3. De artikelen 76 A, 76B en 76 C CIRC luidden als volgt:

'Artikel 76 A. Verplaatsing van woonplaats
1. Voor de vaststelling van de belastbare winst van het belastingjaar waarin de activiteit wordt stopgezet van een entiteit waarvan de op het Portugese grondgebied gelegen statutaire zetel of feitelijke bestuurszetel buiten dit grondgebied worden verplaatst, daaronder begrepen een Europese vennootschap of een Europese coöperatieve vennootschap, vormt het verschil tussen de voor de belastingwetgeving relevante marktwaarde en boekwaarde van haar activa op de datum van stopzetting van de activiteit winst of verlies.
2. Voorgaand lid geldt niet voor activa die daadwerkelijk bestemd voor vaste inrichting van dezelfde entiteit blijven en tot het ontstaan van haar belastbare winst bijdragen, indien voor deze activa mutatis mutandis is voldaan aan de voorwaarden van artikel 68, lid 3.
3. Artikel 68, lid 4, geldt mutatis mutandis voor de vaststelling van de belastbare winst van de vaste inrichting.
4. In het in lid 2 bedoelde geval is enig fiscaal verlies dat dateert van voor de stopzetting van de activiteit, aftrekbaar van de belastbare winst die kan worden toegerekend aan de vaste inrichting van de niet-ingezeten entiteit, volgens de regels en onder de voorwaarden bepaald in artikel 15.
5. De in de leden 2, 3 en 4 vervatte bijzondere regeling geldt niet voor de in artikel 67, lid 10, CIRC bedoelde gevallen.

Artikel 76 B. Stopzetting van de activiteit van de vaste inrichting
Lid 1 van het voorgaande artikel geldt mutatis mutandis voor de vaststelling van de belastbare winst die kan worden toegerekend aan de op het Portugese grondgebied gevestigde vaste inrichting van een niet-ingezeten vennootschap:
a. bij stopzetting van haar activiteit op het Portugese grondgebied;
b. bij overbrenging van de voor de vaste inrichting bestemde activa buiten het Portugese grondgebied, ongeacht de materiële of juridische oorzaak.

Artikel 76 C. Regeling voor de vennoten

1. Voor het belastingjaar waarin de statutaire en feitelijke bestuurszetel buiten het Portugese grondgebied worden verplaatst, wordt voor de belasting van de vennoten rekening gehouden met het verschil tussen de nettoactiefwaarde op deze datum en de aanschaffingsprijs van de overeenkomende deelbewijzen, waarbij artikel 75, leden 2 en 4, mutatis mutandis worden toegepast.
2. Voor de toepassing van het voorgaande lid worden de activa gewaardeerd tegen marktwaarde.
3. Lid 1 is niet automatisch van toepassing op de verplaatsing van de zetel van een Europese vennootschap of een Europese coöperatieve vennootschap.'

4. Artikel 43, lid 1, CIRC bepaalde dat '[a]ls gerealiseerde meerwaarde of waardevermindering wordt aangemerkt winst die wordt geboekt of verlies dat wordt geleden op een vast activum bij overdracht onder bezwarende titel, ongeacht de oorzaak, alsmede als gevolg van een schadegeval of de duurzame bestemming van deze vermogensbestanddelen voor andere doeleinden dan de uitgeoefende activiteit'.

5. Artikel 43, lid 2, van dit wetboek bepaalde dat een meerwaarde of waardevermindering overeenstemt met 'het verschil tussen het bedrag van tegeldemaking, verminderd met de erop van toepassing zijnde lasten, en het bedrag van aankoop, verminderd met de geboekte wederopnemingen en afschrijvingen'.

6. Ingevolge artikel 43, lid 3, CIRC stemde het bedrag van tegeldemaking bij overdracht onder bezwarende titel van een activum overeen met het bedrag van de tegenprestatie en ingeval goederen duurzaam werden bestemd voor andere doeleinden dan de uitgeoefende activiteit, stemde het bedrag van tegeldemaking overeen met de marktwaarde.

Precontentieuze procedure

7. Van oordeel dat, gelet op de indertijd beschikbare informatie, de Portugese Republiek de krachtens artikel 43 EG op haar rustende verplichtingen niet nakwam door op grond van artikel 76 A, 76 B en 76 C CIRC latente meerwaarden onmiddellijk te belasten in geval van verplaatsing van de statutaire en feitelijke bestuurszetel van een Portugese vennootschap naar een andere lidstaat of in geval van overbrenging van activa van een op het Portugese grondgebied gevestigde vaste inrichting naar een andere lidstaat, heeft de Commissie op 29 februari 2008 een aanmaningsbrief aan deze lidstaat toegezonden, met verzoek overeenkomstig artikel 226 EG opmerkingen te maken.

8. In haar antwoord van 10 juli 2008 heeft de Portugese Republiek het standpunt van de Commissie betwist.

9. Op 1 december 2008 heeft de Commissie een met redenen omkleed advies uitgebracht, waarin zij aanvoerde dat de Portugese Republiek de krachtens artikel 43 EG en artikel 31 EER-Overeenkomst op haar rustende verplichtingen niet was nagekomen door de artikelen 76 A, 76 B en 76C CIRC vast te stellen en te handhaven, en de Portugese Republiek verzocht om binnen een termijn van twee maanden vanaf ontvangst van dat advies de maatregelen te nemen die noodzakelijk zijn om haar verplichtingen na te komen.

10. Aangezien de Portugese Republiek in haar antwoord van 6 april 2009 heeft volgehouden dat het standpunt van de Commissie volgens haar onjuist was, heeft de Commissie het onderhavige beroep ingesteld.

Procesverloop voor het Hof

11. Bij beschikking van de president van het Hof van 28 juni 2010 zijn het Koninkrijk Denemarken, de Bondsrepubliek Duitsland, het Koninkrijk Spanje, de Franse Republiek, het Koninkrijk der Nederlanden, de Republiek Finland, het Koninkrijk Zweden en het Verenigd Koninkrijk van Groot-Brittannië en Noord-Ierland toegelaten tot interventie aan de zijde van de Portugese Republiek.

12. Naar aanleiding van het arrest van 29 november 2011, National Grid Indus, (C-371/10, nog niet gepubliceerd in de *Jurisprudentie*), is krachtens artikel 54 bis van het Reglement voor de procesvoering van het Hof alle intervenienten verzocht schriftelijk te antwoorden op de vraag welke consequenties dat arrest heeft voor de onderhavige zaak.

13. Het Koninkrijk Denemarken en de Portugese Republiek hebben hun antwoord aan de griffie van het Hof meegedeeld op 21 respectievelijk 27 maart 2012. De Bondsrepubliek Duitsland, het Koninkrijk der Nederlanden en het Verenigd Koninkrijk van Groot-Brittannië en Noord-Ierland hebben hun antwoord aan de griffie van het Hof meegedeeld op 29 maart 2012. Het Koninkrijk Spanje, de Franse Republiek, het Koninkrijk Zweden en de Commissie hebben hun antwoord aan de griffie van het Hof meegedeeld op 30 maart 2012.

Ontvankelijkheid van het beroep

14. De Portugese regering werpt in haar schrifturen weliswaar geen exceptie van niet-ontvankelijkheid van het onderhavige beroep op, maar het Hof kan, zoals de advocaat-generaal in de punten 11 tot en met 13 van zijn conclusie heeft opgemerkt, ambtshalve onderzoeken of is voldaan aan de voorwaarden van artikel 256 VWEU voor instelling van een niet-nakomingsberoep.

15. Het voorwerp van het geding wordt bepaald door de door de Commissie aan de lidstaat gezonden aanmaningsbrief en het daaropvolgende door deze instelling uitgebrachte met redenen omklede advies, en kan daarna derhalve niet meer worden verruimd. Bijgevolg moeten het met redenen omklede advies en het beroep van de Commissie op dezelfde grieven berusten als de aanmaningsbrief waarmee de precontentieuze procedure wordt ingeleid (zie in die zin arresten van 10 september 2009, Commissie/Portugal, C-457/07, *Jurispr.* blz. I-8091, punt 55, en 14 oktober 2010, Commissie/Oostenrijk, C-535/07, *Jurispr.* blz. I-9483, punt 41).

16. Indien dat niet het geval is, kan een dergelijke onregelmatigheid niet worden geacht te zijn gedekt door het feit dat de verwerende lidstaat opmerkingen heeft gemaakt over het met redenen omklede advies (zie arrest Commissie/Oostenrijk, reeds aangehaald, punt 41 en aldaar aangehaalde rechtspraak). Volgens vaste rechtspraak vormt de precontentieuze procedure immers een wezenlijke waarborg niet enkel ter bescherming van de rechten van de betrokken lidstaat, maar ook om te verzekeren dat in de eventuele procedure in rechte het voorwerp van het geding duidelijk is omschreven (zie met name arresten van 9 november 1999, Commissie/Italië, C-365/97, *Jurispr.* blz. I-7773, punt 35, en 10 april 2003, Commissie/ Portugal, C-392/99, *Jurispr.* blz. I-3373, punt 133).

17. In casu staat vast, zoals de Commissie ter terechtzitting overigens heeft erkend, dat in de aan de Portugese Republiek op 29 februari 2008 toegezonden aanmaningsbrief evenwel geen schending van artikel 31 van de EER-Overeenkomst werd gesteld.

18. Het beroep moet dus niet-ontvankelijk worden verklaard voor zover het schending van deze bepaling betreft.

19. Bovendien heeft de Commissie niet voldoende nauwkeurig toegelicht in welk opzicht artikel 76 C CIRC, volgens hetwelk de vennoten onmiddellijk worden belast over de latente meerwaarden in deelnemingen in vennootschappen bij verplaatsing van hun statutaire en feitelijke bestuurszetel naar een andere lidstaat, een belemmering van de vrijheid van vestiging van de betrokken vennootschappen kan opleveren.

20. Derhalve dient de tweede grief van de Commissie niet-ontvankelijk te worden verklaard.

Het beroep

21. Vooraf zij vastgesteld dat de Commissie niet betwist dat de lidstaten het recht hebben op hun respectieve grondgebied ontstane meerwaarden te belasten.

22. In wezen verwijt zij de Portugese Republiek het bij de litigieuze bepalingen in het leven geroepen verschil in fiscale behandeling van latente meerwaarden ingeval een vennootschap haar activiteiten naar een andere lidstaat verplaatst enerzijds, en ingeval een vennootschap haar activiteiten binnen Portugal verplaatst anderzijds. Wanneer een vennootschap haar recht op vrije vestiging uitoefent en activiteiten vanuit Portugal naar een andere lidstaat verplaatst, kan dit volgens de Commissie niet ertoe leiden dat vroeger belasting wordt geheven of een hogere belasting wordt geheven dan die welke zou gelden voor een vennootschap die haar activiteiten verplaatst, doch op het Portugese grondgebied blijft. De litigieuze bepalingen kunnen dus de vrijheid van vestiging belemmeren en zijn in strijd met artikel 49 VWEU.

23. Zoals de advocaat-generaal in de punten 26 en 49 tot en met 54 van zijn conclusie heeft opgemerkt, staat in dit verband vast, gelet op met name het arrest National Grid Indus, reeds aangehaald, dat de vrijheid van vestiging toepasselijk is op de verplaatsing van de activiteiten van een vennootschap vanuit Portugal naar een andere lidstaat, los van de vraag of de betrokken vennootschap haar statutaire zetel en feitelijke bestuurszetel buiten het Portugese grondgebied verplaatst of de activa van een op het Portugese grondgebied gevestigde vaste inrichting naar een andere lidstaat overbrengt.

24. Artikel 49 VWEU gebiedt alle beperkingen van de vrijheid van vestiging af te schaffen. Deze vrijheid brengt voor de vennootschappen die in overeenstemming met de wetgeving van een lidstaat zijn opgericht en die hun statutaire zetel, hun hoofdbestuur of hun hoofdvestiging binnen de Europese Gemeenschap hebben, het recht mee om in de betrokken lidstaat hun bedrijfsactiviteit uit te oefenen door middel van een dochteronderneming, een filiaal of een agentschap (zie arresten van 23 oktober 2008, Krankenheim Ruhesitz am Wannsee-Seniorenheimstatt, C-157/07, *Jurispr.* blz. I-8061, punt 28, en 25 februari 2010, X Holding, C-337/08, *Jurispr.* blz. I-1215, punt 17).

25. Hoewel de bepalingen van het VWEU inzake de vrijheid van vestiging volgens de bewoordingen ervan het voordeel van de nationale behandeling in de lidstaat van ontvangst beogen te garanderen, verbieden zij ook de staat van oorsprong de vestiging in een andere lidstaat van een van zijn staatsburgers of van een naar zijn recht opgerichte vennootschap te bemoeilijken (arrest National Grid Indus, reeds aangehaald, punt 35 en aldaar aangehaalde rechtspraak).

26. Het is voorts vaste rechtspraak dat als beperkingen van de vrijheid van vestiging moeten worden beschouwd alle maatregelen die de uitoefening van deze vrijheid verbieden, belemmeren of minder aantrekkelijk maken (arrest National Grid Indus, reeds aangehaald, punt 36 en aldaar aangehaalde rechtspraak).

27. Derhalve dient te worden vastgesteld, zoals de Commissie in haar eerste grief heeft aangevoerd, dat de artikelen 76 A en 76 B CIRC de vrijheid van vestiging belemmeren aangezien ingeval een Portugese vennootschap haar

statutaire zetel en feitelijke bestuurszetel naar een andere lidstaat verplaatst en ingeval de activa van een op het Portugese grondgebied gevestigde vaste inrichting van een niet-ingezeten vennootschap geheel of ten dele naar een andere lidstaat worden overgebracht, deze vennootschap financieel wordt benadeeld vergeleken met een soortgelijke vennootschap die haar activiteiten op het Portugese grondgebied behoudt.

28. Ingevolge deze bepalingen wordt een Portugese vennootschap die haar statutaire zetel en feitelijke bestuurszetel buiten het Portugese grondgebied verplaatst, immers belast over de latente meerwaarden. Dat is echter niet het geval wanneer deze vennootschap haar zetel op het Portugese grondgebied behoudt, aangezien zij enkel over de gerealiseerde meerwaarden wordt belast. Voorts wordt ingevolge deze bepalingen ook belasting over de latente meerwaarden geheven ingeval de activa van een op het Portugese grondgebied gevestigde vaste inrichting van een niet-ingezeten vennootschap geheel of ten dele naar een andere lidstaat worden overgebracht, terwijl de overbrenging van activa op het Portugese grondgebied niet tot belasting leidt. Dit verschil in behandeling kan een vennootschap ontmoedigen om haar activiteiten van het Portugese grondgebied over te brengen naar een andere lidstaat (zie in die zin arrest van 6 september 2012, DI. VI. Finanziaria di Diego della Valle & C., C-380/11, nog niet gepubliceerd in de *Jurisprudentie*, punt 36).

29. Het aldus geconstateerde verschil in behandeling wordt niet verklaard door een objectief situatieverschil. Zoals de advocaat-generaal in de punten 55, 94 tot en met 99 en 111 van zijn conclusie zakelijk weergegeven heeft opgemerkt, zijn uit het oogpunt van de regeling van een lidstaat die de op zijn grondgebied aangegroeide meerwaarden wil belasten, de situatie van een vennootschap die haar statutaire zetel en feitelijke bestuurszetel naar een andere lidstaat verplaatst, en de situatie van een vennootschap die de activa van een Portugese vaste inrichting geheel of ten dele naar een andere lidstaat overbrengt, immers vergelijkbaar met die van een vennootschap die deze transacties uitsluitend op het nationale grondgebied verricht, voor zover het de belasting betreft van meerwaarden in activa die in eerstbedoelde lidstaat zijn aangegroeid vóór deze transacties (zie in die zin arrest DI. VI. Finanziaria di Diego della Valle & C., reeds aangehaald, punt 37).

30. Voor zover ingevolge artikel 76 B, sub a, CIRC belasting wordt geheven ingeval stopzetting van de activiteit op het Portugese grondgebied niet het gevolg is van overbrenging van alle activiteiten van de Portugese vaste inrichting naar een andere lidstaat, maar van stopzetting door de belastingplichtige vennootschap van de betrokken economische activiteit, dient gelet op artikel 43 CIRC te worden vastgesteld dat geen verschil in behandeling bestaat tussen een onder artikel 49 VWEU vallende situatie en een zuiver binnenlandse situatie. Zoals de Portugese Republiek heeft opgemerkt, wordt ingevolge dat artikel 43 CIRC een Portugese vennootschap immers belast over de latente meerwaarden in de activa die niet meer bestemd zijn voor de economische activiteit van deze vennootschap. In zoverre bestaat er dus geen beperking van de vrijheid van vestiging.

31. Met betrekking tot het bestaan en de evenredigheid van een eventuele rechtvaardiging voor de hier vastgestelde beperking van de vrijheid van vestiging, dient eraan te worden herinnerd dat het Hof in het arrest National Grid Indus, reeds aangehaald, punt 86, heeft geoordeeld dat artikel 49 VWEU zich verzet tegen een regeling van een lidstaat die de onmiddellijke invordering voorschrijft van de heffing over de latente meerwaarden in vermogensbestanddelen van een vennootschap die haar feitelijke bestuurszetel naar een andere lidstaat verplaatst, op het moment zelf van deze verplaatsing.

32. Zoals blijkt uit punt 73 van het arrest National Grid Indus, reeds aangehaald, zou een nationale regeling die de vennootschap die haar feitelijke bestuurszetel naar een andere lidstaat verplaatst, de keuze biedt tussen, enerzijds, de onmiddellijke betaling van het bedrag van de heffing en, anderzijds, de uitgestelde betaling van het bedrag van deze heffing, in voorkomend geval inclusief rente overeenkomstig de toepasselijke nationale regeling, een maatregel vormen die minder zou ingrijpen in de vrijheid van vestiging dan de maatregelen die in het hoofdgeding aan de orde zijn.

33. In dit verband dient te worden vastgesteld dat de Portugese Republiek in haar schriftelijk antwoord op de in punt 12 van het onderhavige arrest vermelde vraag van het Hof heeft erkend dat, mocht het Hof vaststellen dat haar wettelijke regeling de uitoefening van de vrijheid van vestiging daadwerkelijk beperkt, zij in haar nationale wettelijke regeling vennootschappen die hun zetel naar een andere lidstaat willen verplaatsen, de mogelijkheid zal moeten bieden om het bedrag van de heffing over de op het Portugese grondgebied aangegroeide meerwaarden niet onmiddellijk te moeten betalen.

34. Anders dan de Portugese Republiek ter terechtzitting heeft verklaard, geldt dezelfde conclusie als in punt 31 van het onderhavige arrest bovendien voor de belasting over de latente meerwaarden in de activa van een op het Portugese grondgebied gevestigde vaste inrichting die naar een andere lidstaat worden overgebracht. De opmerking in punt 57 van het arrest National Grid Indus, reeds aangehaald, dat '[d]e activa van een vennootschap [...] rechtstreeks bestemd [zijn] voor economische activiteiten die winst moeten opleveren', waarop de Portugese Republiek zich beroept, was geen onderdeel van het onderzoek van de restrictieve werking van de in die zaak relevante nationale regeling, maar van de evenredigheid ervan, in de mate waarin geen rekening wordt gehouden met waardeverminderingen die dateren van na de verplaatsing van de feitelijke bestuurszetel van een vennootschap naar een andere lidstaat. Zoals de advocaat-generaal in punt 102 van zijn conclusie heeft opgemerkt, kan uit deze

overweging dus niet worden geconcludeerd dat het einde van de bestemming van de activa van een vaste inrichting voor een economische activiteit in een lidstaat en de overbrenging van deze activa naar een andere lidstaat als gevolg van stopzetting van de activiteit van deze vaste inrichting in eerstbedoelde lidstaat vergelijkbare situaties zijn.

35. Gelet op al deze overwegingen dient te worden vastgesteld dat de eerste grief van de Commissie, voor zover die schending van artikel 49 VWEU betreft, gegrond is voor zover het gaat om de verplaatsing, door een Portugese vennootschap, van haar statutaire zetel en feitelijke bestuurszetel naar een andere lidstaat of de overbrenging, door een niet in Portugal ingezeten vennootschap, van het geheel of een deel van de activa van een Portugese vaste inrichting vanuit Portugal naar een andere lidstaat, en dient het beroep te worden verworpen voor het overige.

Kosten

36. …

HET HOF (Vierde kamer)

verklaart:

1. **Door de vaststelling en handhaving van de artikelen 76 A en 76 B van de Código do Imposto sobre o Rendimento das Pessoas Colectivas (wetboek inzake vennootschapsbelasting), volgens welke in geval van verplaatsing, door een Portugese vennootschap, van haar statutaire zetel en feitelijke bestuurszetel naar een andere lidstaat of in geval van overbrenging, door een niet in Portugal ingezeten vennootschap, van het geheel of een deel van de activa van een Portugese vaste inrichting vanuit Portugal naar een andere lidstaat de latente meerwaarden in de betrokken activa, doch niet de latente meerwaarden die zijn ontstaan uit zuiver nationale transacties, onmiddellijk worden belast, is de Portugese Republiek de krachtens artikel 49 VWEU op haar rustende verplichtingen niet nagekomen.**
2. **Het beroep wordt verworpen voor het overige.**
3. **De Portugese Republiek wordt verwezen in de kosten.**

HvJ EU 6 september 2012, zaak C-18/11 (The Commissioners for Her Majesty's Revenue & Customs v. Philips Electronics UK Ltd)

Vierde kamer: *J.-C. Bonichot (rapporteur), kamerpresident, A. Prechal, K. Schiemann, L. Bay Larsen en E. Jarašiūnas, rechters*

Advocaat-generaal: *J. Kokott*

1. Het verzoek om een prejudiciële beslissing betreft de uitlegging van de artikelen 43 EG en 48 EG.

2. Dit verzoek is ingediend in het kader van een geding tussen Philips Electronics UK Ltd (hierna: 'Philips Electronics UK') en de Commissioners for Her Majesty's Revenue & Customs over de toepassing van de wetgeving betreffende de groepsaftrek voor bepaalde vennootschappen die lid zijn van een consortium.

Toepasselijke nationale bepalingen

3. Section 402 van de Income and Corporation Taxes Act 1988 (wet inkomsten- en vennootschapsbelasting; hierna: 'ICTA') bepaalt, in de versie die van toepassing is op het hoofdgeding:

'1. Onder de voorwaarden van dit hoofdstuk en van section 492(8) kan de aftrek voor bedrijfsverliezen en voor andere van de vennootschapsbelasting aftrekbare bedragen, in de gevallen genoemd in de subsections (2) en (3) van deze section, door een vennootschap (‚de overdragende vennootschap') op verzoek van een andere vennootschap (‚de verzoekende vennootschap') worden overgedragen aan de verzoekende vennootschap in de vorm van een vermindering van de vennootschapsbelasting, de zogenoemde ‚groepsaftrek'.
[...]
3. Groepsaftrek is eveneens mogelijk indien er sprake is van een overdragende en een verzoekende vennootschap, waarbij de ene vennootschap lid is van een groep en de andere in handen is van een consortium, en waarbij een derde vennootschap zowel deel uitmaakt van de groep als van het consortium. Een verzoek op grond van deze subsection wordt een ‚consortiumverzoek' genoemd.
3A. Groepsaftrek is uitsluitend mogelijk als de overdragende en de verzoekende vennootschap beide aan de volgende voorwaarde voldoen.
3B. De vennootschap is gevestigd in het Verenigd Koninkrijk of drijft in het Verenigd Koninkrijk handel door middel van een vaste inrichting.
[...]
6. Een betaling voor een groepsaftrek:
a. wordt bij geen van beide vennootschappen in aanmerking genomen voor de berekening van winst of verlies voor de heffing van de vennootschapsbelasting, en
b. wordt in het kader van de Corporation Tax Acts niet aangemerkt als een uitdeling of een inkomenslast;
in deze subsection verwijst de uitdrukking ‚betaling voor groepsaftrek' naar een betaling van de verzoekende vennootschap aan de overdragende vennootschap overeenkomstig een tussen hen gesloten overeenkomst inzake een via de groepsaftrek overgedragen bedrag, waarbij de betaling niet hoger ligt dan dat bedrag.'

4. Section 403D van de ICTA bepaalt:
'1. Bij de vaststelling van de verliezen en andere bedragen die volgens dit hoofdstuk een niet-ingezeten vennootschap in een bepaald boekjaar door middel van groepsaftrek kan overdragen, kunnen enkel de verliezen en andere bedragen in aanmerking worden genomen die:
a. kunnen worden toegerekend aan activiteiten van die vennootschap, voor zover de ter zake verkregen inkomsten en behaalde transactiewinsten in aanmerking zijn genomen (of zouden zijn genomen, indien er inkomsten en winsten waren geweest) bij de berekening van de voor de vennootschapsbelasting belastbare winst van de vennootschap voor dat boekjaar;
b. niet kunnen worden toegerekend aan activiteiten van de vennootschap die in het betrokken boekjaar zijn vrijgesteld van de vennootschapsbelasting op grond van een regeling ter voorkoming van dubbele belasting, en
c. geen enkel gedeelte van:
i. het verlies of van andere bedragen, of
ii. van enig bedrag dat bij de berekening ervan is meegeteld,
overeenkomt met, of is vertegenwoordigd in, een bedrag dat voor een buitenlandse belasting (in welk boekjaar ook) aftrekbaar is van of anderszins verrekenbaar met buiten het Verenigd Koninkrijk behaalde winst van de vennootschap of van een andere persoon.
[...]
3. In deze section worden onder ‚buiten het Verenigd Koninkrijk behaalde winst', ongeacht de persoon waarop zij betrekking heeft, bedragen verstaan die:

a. in het kader van een buitenlandse belasting worden beschouwd als winst, inkomsten of transactiewinst ter zake waarvan die persoon (na aftrek) deze belasting is verschuldigd, en

b. niet overeenkomen met, en niet zijn vertegenwoordigd in, de totale winst (van deze of van een andere persoon) voor een bepaalde boekhoudkundige periode,

of bedragen die worden meegeteld bij de berekening van deze bedragen. [...]

6. Voor zover het recht van enig grondgebied buiten het Verenigd Koninkrijk [van Groot-Brittannië en Noord-Ierland] de aftrekbaarheid van een bedrag voor de toepassing van een buitenlandse belasting doet afhangen van de vraag of dit bedrag in het Verenigd Koninkrijk fiscaal aftrekbaar is, wordt het in deze section niet in aanmerking genomen.

[...]'

5. Section 406(2) van de ICTA bepaalt:

'Onder de voorwaarden van de hiernavolgende leden 3 en 4 kan een lid van een groep elk verzoek om consortiumaftrek indienen dat een schakelvennootschap kan indienen (ongeacht een eventueel ontbreken van winst) voor bedrijfsverliezen en voor andere aftrekbare bedragen voor een boekjaar van een lid van een consortium; wanneer het de verzoekende vennootschap is die deel uitmaakt van de groep, wordt het relevante breukdeel in de zin van section 403C vastgesteld alsof de schakelvennootschap de verzoekende vennootschap was.'

Hoofdgeding en prejudiciële vragen

6. Philips Electronics UK is een vennootschap met fiscale woonplaats in het Verenigd Koninkrijk. Zij maakt deel uit van de Philips Group, waarvan de uiteindelijke moedermaatschappij in Nederland is gevestigd. Deze moedermaatschappij heeft samen met een Zuid-Koreaanse groep, LG Electronics, een joint venture opgericht. De joint venture beschikt over een dochtermaatschappij in Nederland, LG Philips Displays Netherlands BV (hierna: 'LG.PD Netherlands'), die een vaste inrichting in het Verenigd Koninkrijk heeft.

7. Philips Electronics UK heeft geprobeerd een deel van de verliezen die in de boekjaren 2001 tot en met 2004 door de vaste inrichting van LG.PD Netherlands in het Verenigd Koninkrijk zijn geleden, met haar eigen winst te verrekenen.

8. Haar verzoek is door de belastingautoriteiten van het Verenigd Koninkrijk afgewezen onder meer op grond dat de verliezen van LG.PD Netherlands met haar in Nederland behaalde winsten verrekend konden worden. Onder meer deze grond is voor het First-tier Tax Tribunal (Tax Chamber) bestreden.

9. Het First-tier Tax Tribunal (Tax Chamber) heeft Philips Electronics UK in het gelijk gesteld. De belastingautoriteiten van het Verenigd Koninkrijk hebben daarop hoger beroep ingesteld bij het Upper Tribunal (Tax and Chancery Chamber).

10. Daarop heeft het Upper Tribunal (Tax and Chancery Chamber) besloten de behandeling van de zaak te schorsen en het Hof te verzoeken om een prejudiciële beslissing over de volgende vragen:

'1. Wordt de vrijheid van een onderdaan van een lidstaat om zich in het Verenigd Koninkrijk te vestigen, zoals neergelegd in artikel 49 VWEU (voorheen artikel 43 EG), beperkt indien een lidstaat (zoals het Verenigd Koninkrijk) in zijn belastinggrondslag de winst en het verlies betrekt van een vennootschap die in een andere lidstaat (zoals Nederland) is gevestigd en daar eveneens haar fiscale woonplaats heeft, voor zover de winst toerekenbaar is aan activiteiten die de in Nederland gevestigde vennootschap in het Verenigd Koninkrijk uitoefent via een vaste inrichting in het Verenigd Koninkrijk, indien het Verenigd Koninkrijk niet toestaat dat deze vaste inrichting in het Verenigd Koninkrijk van een buiten het Verenigd Koninkrijk gevestigde vennootschap haar in het Verenigd Koninkrijk ontstane verliezen overdraagt aan een in het Verenigd Koninkrijk gevestigde vennootschap door middel van de groepsaftrek, wanneer een deel van deze verliezen of een bedrag dat in aanmerking wordt genomen bij de berekening ervan, overeenkomt met, of is vertegenwoordigd in, een bedrag dat voor een buitenlandse belasting (in welk boekjaar ook) aftrekbaar is van of anderszins verrekenbaar is met buiten het Verenigd Koninkrijk behaalde winst van de vennootschap of van een andere persoon', met andere woorden indien het Verenigd Koninkrijk de overdracht van in het Verenigd Koninkrijk geleden verliezen in het geval van een vaste inrichting in het Verenigd Koninkrijk enkel toestaat wanneer op het tijdstip van het verzoek duidelijk is dat er in een andere staat dan het Verenigd Koninkrijk (daaronder begrepen in een andere lidstaat, zoals Nederland) nooit een aftrek of verrekening kan plaatsvinden, waarbij het niet volstaat dat van de in het buitenland toegestane aftrek in feite geen gebruik is gemaakt, en in omstandigheden waarin geen overeenkomstige voorwaarde geldt voor de overdracht van in het Verenigd Koninkrijk geleden verliezen door een in het Verenigd Koninkrijk gevestigde vennootschap?

2. Zo ja, kan deze beperking dan worden gerechtvaardigd:

a. louter op basis van de noodzaak een dubbele verrekening van verliezen te voorkomen, of

b. louter op basis van de noodzaak de evenwichtige verdeling van de heffingsbevoegdheden tussen de lidstaten te handhaven, of

c. op basis van de noodzaak de evenwichtige verdeling van de heffingsbevoegdheden tussen de lidstaten te handhaven, in samenhang met de noodzaak een dubbele verrekening van verliezen te voorkomen?

3. Zo ja, staat de beperking dan in een evenredige verhouding met de aangehaalde rechtvaardigingsgrond(en)?

4. Indien een beperking van de rechten van de in Nederland gevestigde vennootschap niet is gerechtvaardigd of niet in een evenredige verhouding met enige rechtvaardigingsgrond staat, dient het Verenigd Koninkrijk dan op grond van het Unierecht aan de in het Verenigd Koninkrijk gevestigde vennootschap een correctiemiddel toe te kennen, zoals het recht om een met haar winst verrekenbare groepsaftrek te vragen?'

Beantwoording van de prejudiciële vragen

De eerste vraag

11. Met zijn eerste vraag wenst de verwijzende rechter in wezen te vernemen of artikel 43 EG aldus moet worden uitgelegd dat een nationale regeling die voor overdracht via groepsaftrek van verliezen die zijn geleden door een in die lidstaat gelegen vaste inrichting van een niet-ingezeten vennootschap aan een ingezeten vennootschap, de voorwaarde stelt dat het niet mogelijk is deze verliezen met een buitenlandse belasting te verrekenen, terwijl voor de overdracht van verliezen die een ingezeten vennootschap in die lidstaat heeft geleden, een overeenkomstige voorwaarde niet geldt, een beperking vormt van de vrijheid van een niet-ingezeten vennootschap om zich in een andere lidstaat te vestigen.

12. De vrijheid van vestiging, die artikel 43 EG aan de onderdanen van de Unie toekent en die voor hen de toegang tot en de uitoefening van werkzaamheden anders dan in loondienst omvat alsmede de oprichting en het bestuur van ondernemingen onder dezelfde voorwaarden als in de wetgeving van het land van vestiging voor de eigen onderdanen zijn vastgesteld, brengt overeenkomstig artikel 48 EG voor de vennootschappen die in overeenstemming met de wetgeving van een lidstaat zijn opgericht en die hun statutaire zetel, hun hoofdbestuur of hun hoofdvestiging binnen de Europese Unie hebben, het recht mee om in de betrokken lidstaat hun bedrijfsactiviteit uit te oefenen door middel van een dochtermaatschappij, een filiaal of een agentschap (arresten van 21 september 1999, Saint-Gobain ZN, C-307/97, *Jurispr.* blz. I-6161, punt 35, en 13 december 2005, Marks & Spencer, C-446/03, *Jurispr.* blz. I-10837, punt 30).

13. Artikel 43, eerste alinea, tweede volzin, EG biedt marktdeelnemers uitdrukkelijk de mogelijkheid om vrijelijk de rechtsvorm te kiezen die bij de uitoefening van hun werkzaamheden in een andere lidstaat past, zodat deze vrije keuze in de lidstaat van ontvangst niet mag worden beperkt door discriminerende fiscale bepalingen (arrest van 28 januari 1986, Commissie/Frankrijk, 270/83, *Jurispr.* blz. 273, punt 22).

14. De vrijheid om de rechtsvorm te kiezen die bij de uitoefening van werkzaamheden in een andere lidstaat past, heeft aldus met name tot doel, vennootschappen die in een lidstaat zijn gevestigd de mogelijkheid te bieden een filiaal te openen in een andere lidstaat om er hun werkzaamheden uit te oefenen onder dezelfde voorwaarden als die welke gelden voor dochterondernemingen (arrest van 23 februari 2006, CLT-UFA, C-253/03, *Jurispr.* blz. I-1831, punt 15).

15. In dat verband stelt een regeling als aan de orde in het hoofdgeding voor de overdracht via groepsaftrek van verliezen die zijn geleden door een in die lidstaat gelegen vaste inrichting van een niet-ingezeten vennootschap aan een ingezeten vennootschap bepaalde voorwaarden, terwijl voor de overdracht van verliezen die een ingezeten vennootschap in die lidstaat heeft geleden, een overeenkomstige voorwaarde niet geldt.

16. Door een dergelijke ongelijke behandeling wordt het voor in andere lidstaten gevestigde vennootschappen minder aantrekkelijk de vrijheid van vestiging door middel van een vaste inrichting uit te oefenen. Daaruit volgt dat een nationale regeling als in het hoofdgeding aan de orde een beperking vormt op de vrijheid om de rechtsvorm te kiezen die bij de uitoefening van werkzaamheden in een andere lidstaat past.

17. Om verenigbaar te zijn met de bepalingen van het EG-Verdrag betreffende de vrijheid van vestiging moet een dergelijk verschil in behandeling betrekking hebben op situaties die niet objectief vergelijkbaar zijn, of worden gerechtvaardigd door een dwingende reden van algemeen belang (zie in die zin arrest van 12 december 2006, Test Claimants in the FII Group Litigation, C-446/04, *Jurispr.* blz. I-11753, punt 167). De vergelijkbaarheid van een communautaire situatie met een interne situatie moet worden onderzocht op basis van het door de betrokken nationale bepalingen nagestreefde doel (arrest van 25 februari 2010, X Holding, C-337/08, *Jurispr.* blz. I-1215, punt 22).

18. Het Verenigd Koninkrijk stelt dat de situatie van een niet-ingezeten vennootschap met enkel een vaste inrichting op het nationale grondgebied, die slechts belast wordt over de op dat grondgebied behaalde winst die aan die vaste inrichting kan worden toegerekend, niet vergelijkbaar is met die van een ingezeten vennootschap, die overigens een dochtermaatschappij kan zijn van een niet-ingezeten moedermaatschappij, en waarvan het totale inkomen wordt belast.

19. Deze analyse kan echter niet worden aanvaard. De situatie van een niet-ingezeten vennootschap met enkel een vaste inrichting op het nationale grondgebied is namelijk, gelet op het doel van een belastingregime als in het

hoofdgeding aan de orde, objectief vergelijkbaar met die van een ingezeten vennootschap, voor zover het gaat om de mogelijkheid om in het Verenigd Koninkrijk geleden verliezen via groepsaftrek aan een andere groepsmaatschappij over te dragen.

20. Op de eerste vraag dient mitsdien te worden geantwoord dat artikel 43 EG aldus moet worden uitgelegd dat een nationale regeling die voor overdracht via groepsaftrek van verliezen die zijn geleden door een in die lidstaat gelegen vaste inrichting van een niet-ingezeten vennootschap aan een ingezeten vennootschap, de voorwaarde stelt dat het niet mogelijk is deze verliezen met een buitenlandse belasting te verrekenen, terwijl voor de overdracht van verliezen die een ingezeten vennootschap in die lidstaat heeft geleden, een overeenkomstige voorwaarde niet geldt, een beperking vormt van de vrijheid van een niet-ingezeten vennootschap om zich in een andere lidstaat te vestigen.

De tweede vraag

21. Met zijn tweede vraag wenst de verwijzende rechter in wezen te vernemen of een beperking van de vrijheid van een niet-ingezeten vennootschap om zich in een andere lidstaat te vestigen, zoals in het hoofdgeding aan de orde, kan worden gerechtvaardigd door dwingende redenen van algemeen belang ontleend aan het voorkomen van dubbele verliesverrekening, het handhaven van een evenwichtige verdeling van de heffingsbevoegdheid tussen de lidstaten of een combinatie van deze twee gronden.

22. Volgens vaste rechtspraak kan een beperking van de vrijheid van vestiging toelaatbaar zijn wanneer zij gerechtvaardigd is uit hoofde van dwingende redenen van algemeen belang. Daarenboven moet in een dergelijk geval de beperking geschikt zijn om het aldus nagestreefde doel te verwezenlijken en mag zij niet verder gaan dan voor het bereiken van dat doel noodzakelijk is (arrest Marks & Spencer, reeds aangehaald, punt 35).

23. In de eerste plaats is onverkorte handhaving van de verdeling van de heffingsbevoegdheid tussen de lidstaten een door het Hof erkend legitiem doel (zie onder meer arrest van 29 november 2011, National Grid Indus, C-371/10, nog niet gepubliceerd in de *Jurisprudentie*, punt 45).

24. Zoals het Hof heeft opgemerkt strekt dat doel er met name toe de symmetrie tussen het recht op belastingheffing over de winst en de mogelijkheid tot aftrek van de verliezen veilig te stellen (zie arrest van 15 mei 2008, Lidl Belgium, C-414/06, *Jurispr.* blz. I-3601, punt 33).

25. In een situatie als in het hoofdgeding aan de orde wordt echter de heffingsbevoegdheid van de lidstaat van ontvangst, op het grondgebied waarvan de verlieslijdende economische activiteit van de vaste inrichting wordt uitgeoefend, geenszins geraakt door de mogelijkheid dat de verliezen die zijn geleden door een op zijn grondgebied gelegen vaste inrichting via groepsaftrek worden overgedragen aan een ingezeten vennootschap.

26. Deze situatie moet worden onderscheiden van de situatie waarin de mogelijkheid aan de orde is om verliezen in aanmerking te nemen die zijn geleden in een andere lidstaat en die uit dien hoofde onder de heffingsbevoegdheid van die lidstaat vallen, en waarin de symmetrie tussen het recht op belastingheffing over de winst en de mogelijkheid tot aftrek van de verliezen niet is veiliggesteld. In een situatie als in het hoofdgeding aan de orde, waarin de overdracht van verliezen die zijn geleden door een op het grondgebied van een lidstaat gelegen vaste inrichting aan een ingezeten vennootschap in geding is, wordt de heffingsbevoegdheid van de betrokken lidstaat voor de eventuele winst uit de activiteit van de vaste inrichting op zijn grondgebied immers niet geraakt.

27. Daaruit volgt dat de lidstaat van ontvangst, op het grondgebied waarvan de verlieslijdende economische activiteit van de vaste inrichting wordt uitgeoefend, zich in een situatie als in het hoofdgeding aan de orde niet kan beroepen op de handhaving van een evenwichtige verdeling van de heffingsbevoegdheid tussen de lidstaten als rechtvaardigingsgrond voor een nationale regeling die voor de overdracht via groepsaftrek van verliezen die zijn geleden door een in die lidstaat gelegen vaste inrichting van een niet-ingezeten vennootschap aan een ingezeten vennootschap de voorwaarde stelt dat het niet mogelijk is deze verliezen met een buitenlandse belasting te verrekenen, terwijl voor de overdracht van verliezen die een ingezeten vennootschap in die lidstaat heeft geleden, een overeenkomstige voorwaarde niet geldt.

28. In de tweede plaats kan de nationale regeling van de lidstaat van ontvangst, zelfs als het voorkomen van dubbele verliesverrekening als zelfstandige rechtvaardigingsgrond kon worden ingeroepen, daardoor in een geval als in het hoofdgeding aan de orde hoe dan ook niet worden gerechtvaardigd.

29. In het hoofdgeding gaat het namelijk om de vraag of de lidstaat van ontvangst bepaalde voorwaarden kan stellen voor de overdracht via groepsaftrek van verliezen die zijn geleden door een in die lidstaat gelegen vaste inrichting van een niet-ingezeten vennootschap aan een ingezeten vennootschap, terwijl voor de overdracht van verliezen die een ingezeten vennootschap in die lidstaat heeft geleden, een overeenkomstige voorwaarde niet geldt.

30. In een dergelijk geval wordt de heffingsbevoegdheid van de lidstaat waarin de vaste inrichting is gelegen, niet geraakt door het risico dat deze verliezen zowel in de lidstaat van ontvangst, waarin de vaste inrichting is gelegen,

als in de lidstaat waarin zich de zetel van de niet-ingezeten vennootschap bevindt, in aanmerking worden genomen.

31. Zoals de advocaat-generaal in de punten 49 en volgende van haar conclusie opmerkt, vallen de verliezen die door de vaste inrichting van LG.PD Netherlands in het Verenigd Koninkrijk zijn overgedragen aan Philips Electronics UK, een in het Verenigd Koninkrijk gevestigde vennootschap, hoe dan ook onder de heffingsbevoegdheid van het Verenigd Koninkrijk. Aan deze heffingsbevoegdheid wordt geenszins afgedaan doordat de overgedragen verliezen in voorkomend geval ook in Nederland kunnen worden verrekend.

32. Derhalve kan in omstandigheden als in het hoofdgeding aan de orde de lidstaat waarin de vaste inrichting is gelegen het voorkomen van dubbele verliesverrekening als zodanig niet aangrijpen om de verrekening van verliezen uit te sluiten op grond dat deze eveneens kunnen worden verrekend in de lidstaat waarin zich de zetel van de niet-ingezeten vennootschap bevindt.

33. De lidstaat van ontvangst, op het grondgebied waarvan de vaste inrichting is gelegen, kan zijn regeling in een situatie als in het hoofdgeding aan de orde dus hoe dan ook niet rechtvaardigen met een zelfstandig beroep op het risico van dubbele verliesverrekening.

34. Om de redenen die in de punten 23 tot en met 33 van dit arrest zijn genoemd, geldt hetzelfde voor een combinatie van het handhaven van de evenwichtige verdeling van de heffingsbevoegdheid tussen de lidstaten en het voorkomen van dubbele verliesrekening.

35. Uit het voorgaande volgt dat op de tweede vraag dient te worden geantwoord dat een beperking van de vrijheid van een niet-ingezeten vennootschap om zich in een andere lidstaat te vestigen, zoals in het hoofdgeding aan de orde, niet kan worden gerechtvaardigd door dwingende redenen van algemeen belang ontleend aan het voorkomen van dubbele verliesverrekening, het handhaven van een evenwichtige verdeling van de heffingsbevoegdheid tussen de lidstaten of een combinatie van deze twee gronden.

De derde vraag

36. Gelet op het antwoord op de tweede vraag hoeft de derde vraag niet te worden beantwoord.

De vierde vraag

37. Met zijn vierde vraag wenst de verwijzende rechter in wezen te vernemen welke gevolgen hij aan het antwoord op de tweede vraag dient te verbinden.

38. Het is vaste rechtspraak dat elke bevoegde nationale rechter bij wie een zaak is aangebracht, als orgaan van een lidstaat ingevolge het in artikel 10 EG neergelegde samenwerkingsbeginsel verplicht is om het rechtstreeks toepasselijke recht van de Unie integraal toe te passen en de door dit recht aan particulieren toegekende rechten te beschermen door elke eventueel strijdige bepaling van de nationale wet buiten toepassing te laten, ongeacht of deze van vroegere of latere datum is dan de regel van het recht van de Unie (zie in die zin onder meer arresten van 9 maart 1978, Simmenthal, 106/77, *Jurispr.* blz. 629, punten 16 en 21, en 19 juni 1990, Factortame e.a., C-213/89, *Jurispr.* blz. I-2433, punt 19).

39. In het onderhavige geval is niet van belang dat het niet de belastingplichtige is, een in het Verenigd Koninkrijk gevestigde vennootschap, waarvan de vrijheid van vestiging ongerechtvaardigd wordt beperkt, maar de niet-ingezeten vennootschap met een vaste inrichting in het Verenigd Koninkrijk. Om effect te hebben, moet de vrijheid van vestiging in een situatie als in het hoofdgeding aan de orde de belastingplichtige eveneens de mogelijkheid bieden te profiteren van een groepsaftrek die met zijn winsten kan worden verrekend.

40. Op de vierde vraag dient mitsdien te worden geantwoord dat de nationale rechter in een situatie als in het hoofdgeding aan de orde elke bepaling van de nationale wet die strijdig is met artikel 43 EG buiten toepassing moet laten.

Kosten

41. …

HET HOF (Vierde kamer)

verklaart voor recht:

1. **Artikel 43 EG moet aldus worden uitgelegd dat een nationale regeling die voor de overdracht via groepsaftrek van verliezen die zijn geleden door een in die lidstaat gelegen vaste inrichting van een niet-ingezeten vennootschap aan een ingezeten vennootschap, de voorwaarde stelt dat het niet mogelijk is deze verliezen met een buitenlandse belasting te verrekenen, terwijl voor de overdracht van verliezen die een ingezeten vennootschap**

in die lidstaat heeft geleden, een overeenkomstige voorwaarde niet geldt, een beperking vormt van de vrijheid van een niet-ingezeten vennootschap om zich in een andere lidstaat te vestigen.

2. Een beperking van de vrijheid van een niet-ingezeten vennootschap om zich in een andere lidstaat te vestigen, zoals in het hoofdgeding aan de orde, kan niet worden gerechtvaardigd door dwingende redenen van algemeen belang ontleend aan het voorkomen van dubbele verliesverrekening, het handhaven van een evenwichtige verdeling van de heffingsbevoegdheid tussen de lidstaten of een combinatie van deze twee gronden.

3. In een situatie als in het hoofdgeding aan de orde moet de nationale rechter elke bepaling van de nationale wet die strijdig is met artikel 43 EG buiten toepassing laten.

HvJ EU 6 september 2012, zaak C-380/11 (DI. VI. Finanziaria di Diego della Valle & C. SapA v. Administration des contributions en matière d'impôts)

Vierde kamer: *J.-C. Bonichot, kamerpresident, A. Prechal, K. Schiemann, L. Bay Larsen en C. Toader (rapporteur), rechters*

Advocaat-generaal: *J. Kokott*

1. Het verzoek om een prejudiciële beslissing betreft de uitlegging van artikel 49 VWEU.

2. Dit verzoek is ingediend in het kader van een geding tussen DI. VI. Finanziaria di Diego della Valle & C. SapA (hierna: 'DIVI'), een vennootschap naar Italiaans recht waarvan de statutaire zetel zich in Italië bevindt, en de Luxemburgse belastingadministratie, betreffende het feit dat de aan DA. DV. Family Holding Sàrl (hierna: 'DADV') toegekende vermindering van de vermogensbelasting is ingetrokken omdat laatstbedoelde onderneming haar zetel naar een andere lidstaat dan het Groothertogdom Luxemburg had verplaatst.

Toepasselijke Luxemburgse bepalingen

3. De wet van 16 oktober 1934 betreffende de vermogensbelasting, zoals gewijzigd bij de wet van 21 december 2001 houdende hervorming van bepaalde voorschriften op het gebied van de directe en de indirecte belastingen (Mémorial A 2001, 157, blz. 3312; hierna: 'LIF'), regelt de directe belasting op het vermogen.

4. Uit deze wet vloeit voort dat de collectieve organisaties aan deze directe belasting zijn onderworpen.

5. § 8a van deze wet voorziet voor de in § 1, lid 1, nr. 2, LIF bedoelde belastingplichtigen, waartoe ook de collectieve organisaties behoren, in de mogelijkheid om een vermindering van de vermogensbelasting te genieten, en stelt de voorwaarden hiervoor vast.

6. § 8a LIF luidt als volgt:

'1. De in § 1, lid 1, nr. 2, bedoelde belastingplichtigen die zich ertoe verbinden om in hun balans, ten laste van de winst van een bepaald inkomstenjaar, een reserve aan te leggen die bestemd is om gedurende de vijf daaropvolgende inkomstenjaren te worden gehandhaafd, genieten een vermindering van de voor dat inkomstenjaar verschuldigde vermogensbelasting, indien zij daartoe samen met hun aangifte in de inkomstenbelasting een verzoek indienen. Deze vermindering bedraagt een vijfde van de aangelegde reserve, maar is begrensd tot het bedrag van de belasting over de inkomsten van collectieve organisaties, vermeerderd met de bijdrage aan het tewerkstellingsfonds, verschuldigd vóór eventuele verrekeningen met betrekking tot datzelfde inkomstenjaar. De reserve moet worden aangelegd bij de bestemming van het resultaat van het boekjaar, en ten laatste bij het afsluiten van het boekjaar volgend op het boekjaar waarvoor het recht op vermindering is ontstaan.

[...]

3. Indien de reserve vóór het verstrijken van de vijfjarige periode voor andere doeleinden dan opneming in het kapitaal wordt gebruikt, wordt de vermogensbelasting die de belastingplichtige voor het inkomstenjaar in kwestie verschuldigd is, verhoogd met een vijfde van het gebruikte bedrag van de reserve.

[...]

Bij fusie of overname kan de overnemende onderneming of een andere onderneming van de groep de op de balans van de verdwenen onderneming ingeschreven reserve aanhouden, teneinde aan de voorwaarde van de vijfjarige inbezithouding te voldoen.'

7. Het Luxemburgse recht voorziet in artikel 172 van de wet betreffende de inkomstenbelastingen (*Mémorial* A 1967, 79, blz. 1228; hierna: 'LIR'), zoals gewijzigd, dat naar artikel 169 van diezelfde wet verwijst, in de mogelijkheid voor ingezeten vennootschappen om hun maatschappelijke zetel te verplaatsen en in de fiscale gevolgen van een dergelijke zetelverplaatsing.

8. Artikel 172 LIR luidt als volgt:

'1. Wanneer een ingezeten collectieve organisatie haar statutaire zetel en haar centrale administratie naar het buitenland verplaatst en daardoor geen ingezeten belastingplichtige meer is, is artikel 169 van toepassing. De geschatte verkoopwaarde van alle actief- en passiefbestanddelen van de balans op het tijdstip van de zetelverplaatsing [moet] in aanmerking worden genomen als netto-liquidatieopbrengst.

[...]'

9. Artikel 169 LIR bepaalt:

'1. Ontbonden collectieve organisaties zijn belasting verschuldigd over de tijdens hun liquidatie gemaakte nettowinst. [...]

5. De bij de ontbinding geïnvesteerde netto-activa zijn gelijk aan de netto-activa ten tijde van de sluiting het aan deze ontbinding voorafgaande boekjaar, zoals vastgesteld voor de berekening van de belasting over de inkomsten van collectieve organisaties. Indien de heffing niet op die grondslag heeft plaatsgevonden, wordt hij door de belastingadministratie ambtshalve vastgesteld. De geïnvesteerde netto-activa moeten worden verminderd met de winst van het vorige boekjaar die na de sluiting van het boekjaar is uitgekeerd.
[...]'

Feiten van het hoofdgeding en prejudiciële vraag

10. DADV is een naar Luxemburgs recht opgerichte vennootschap. Haar maatschappelijke zetel bevond zich tot op 12 oktober 2006 in Luxemburg. Op die dag heeft zij haar zetel verplaatst naar Italië.

11. Voor het jaar 2004 is de door DADV verschuldigde vermogensbelasting verminderd met 50 965 EUR, te weten de vermogensbelasting die deze onderneming vanwege haar belastinggrondslag van 10 193 000 EUR verschuldigd was. De niet-uitkeerbare reserve die krachtens § 8a, lid 1, LIF ten laste van de winst van het inkomstenjaar 2004 was aangelegd, bedroeg 254 825 EUR.

12. Uit de belastingaangifte van DADV voor het inkomstenjaar 2005 blijkt dat deze onderneming een belastinggrondslag van 9 364 604 EUR heeft aangegeven, hetgeen aanleiding gaf tot een vermogensbelasting van 46 820 EUR. Om van de betaling van dit bedrag te worden vrijgesteld, heeft zij een niet-uitkeerbare reserve van 234 100 EUR aangelegd.

13. Voor het jaar 2006 heeft DADV een belastinggrondslag van 249 987 EUR aangegeven, hetgeen leidde tot een vermogensbelasting van 1 245 EUR.

14. In december 2006 is DIVI door overname gefuseerd met DADV.

15. Als rechtsopvolgster van DADV heeft DIVI, voor de periode waarin DADV Luxemburgs belastingplichtige was, krachtens § 8a LIF verzocht om vermindering van de vermogensbelasting die DADV voor de jaren 2005 en 2006 verschuldigd was.

16. De belastingadministratie heeft geweigerd om dit verzoek in te willigen, op grond dat niet aan de in § 8a LIF neergelegde voorwaarden was voldaan.

17. Bijgevolg heeft het belastingkantoor op 15 juli 2009 ten aanzien van DADV een aanslag in de vermogensbelasting gevestigd voor elk van de betrokken jaren. In de eerste aanslag, die betrekking had op het inkomstenjaar 2005, heeft de belastingadministratie de belastinggrondslag van deze onderneming op 1 januari 2005 geraamd op 9 364 000 EUR en derhalve het bedrag van de verschuldigde vermogensbelasting vastgelegd op 46 820 EUR.

18. In de tweede aanslag, die het inkomstenjaar 2006 betrof, heeft deze administratie de belastinggrondslag op 1 januari 2006 vastgesteld op 9 131 000 EUR en het bedrag van de verschuldigde vermogensbelasting op 45 655 EUR.

19. In die laatste aanslag was het belastingkantoor bovendien van oordeel dat DADV de krachtens § 8a LIF ten laste van de winst van het inkomstenjaar 2004 aangelegde reserve voortijdig had uitgekeerd. Bijgevolg heeft dit kantoor DADV verplicht tot betaling van 50 965 EUR, zijnde de vermindering van de vermogensbelasting die deze onderneming met betrekking tot het inkomstenjaar 2004 had genoten.

20. Bij op 9 oktober 2009 ingediend bezwaar heeft DIVI om herziening of nietigverklaring van deze twee aanslagen verzocht, met het betoog dat haar overeenkomstig § 8a LIF een belastingvermindering had moeten worden toegekend, aangezien zij – zoals in dit voorschrift bepaald – een niet-uitkeerbare reserve had aangelegd.

21. Aangezien de belastingadministratie niet had geantwoord op dit bezwaar, heeft DIVI op 15 oktober 2009 bij het Tribunal administratif een beroep tot herziening of nietigverklaring van deze aanslagen ingesteld.

22. Voor deze rechterlijke instantie heeft DIVI aangevoerd dat het belastingkantoor § 8a LIF onjuist had toegepast. Zij heeft betoogd dat DADV op haar balans een bijzondere reserve voor de vermogensbelasting had aangelegd die overeenstemde met het vijfvoud van de voor de jaren 2004, 2005 en 2006 verschuldigde belasting. Ook nadat zij haar maatschappelijke zetel naar Italië had verplaatst, heeft DADV deze reserve op haar balans aangehouden. Na de fusie werd de reserve nog steeds behouden als deel van de fusiereserve. Op 31 december 2008 was zij terug te vinden op de maatschappelijke rekeningen van de overnemende onderneming.

23. De belastingadministratie heeft in dit verband voor de verwijzende rechter verklaard dat de gevraagde belastingvermindering niet was geweigerd omdat de reserve voortijdig was uitgekeerd in de zin van § 8a, lid 3, LIF, maar wel omdat de belastingplichtige die op grond van § 8a LIF om een vermindering van de vermogensbelasting verzoekt, in Luxemburg moet zijn gevestigd wanneer hij deze reserve aanlegt en er ook gevestigd moet blijven zolang de reserve wordt aangehouden, dus gedurende de vijf volgende inkomstenjaren. In casu was DADV echter niet gedurende de volledige vijfjarige periode waarin de reserve werd aangehouden aan de vermogensbelasting onderworpen, zoals § 8a, lid 1, LIF nochtans vereist.

24. Volgens de verwijzende rechter zijn de betrokken aanslagen gevestigd omdat het vereiste dat de betrokken onderneming tijdens de volledige in § 8a LIF bedoelde periode aan de Luxemburgse vermogensbelasting onderworpen blijft, niet was nageleefd.

25. DIVI betoogt evenwel dat de uitlegging die het belastingkantoor aan § 8a LIF geeft, in strijd is met het Unierecht, in casu met de vrijheid van vestiging.

26. De verwijzende rechter merkt op dat § 8a LIF, en met name de regel dat de vermindering van de vermogensbelasting enkel kan worden toegekend indien de reserve gedurende de vijf volgende inkomstenjaren op de balans blijft ingeschreven, noodzakelijkerwijs inhoudt dat een onderneming die om deze vermindering verzoekt tijdens deze periode aan de vermogensbelasting onderworpen moet blijven. Een dergelijk voorschrift kan het voor ingezeten ondernemingen dus minder aantrekkelijk maken zich in een andere lidstaat dan het Groothertogdom Luxemburg te vestigen.

27. Daarop heeft het Tribunal administratif de behandeling van de zaak geschorst en het Hof de volgende prejudiciële vraag gesteld:

'Moet artikel 49 van het Verdrag betreffende de werking van de Europese Unie aldus worden uitgelegd dat het zich verzet tegen een bepaling zoals § 8a LIF, waarvan het eerste lid bepaalt dat een vermindering van de vermogensbelasting slechts kan worden verleend indien de belastingplichtige gedurende de vijf volgende inkomstenjaren aan de Luxemburgse vermogensbelasting onderworpen blijft?'

Beantwoording van de prejudiciële vraag

Toepasselijkheid van de Verdragsbepalingen inzake de vrijheid van vestiging

28. In het hoofdgeding staat vast dat DADV in Luxemburg is opgericht en later haar maatschappelijke zetel van Luxemburg naar Italië heeft verplaatst. De verwijzende rechter zet uiteen dat DADV ten gevolge van deze zetelverplaatsing niet langer voldeed aan het vereiste dat zij gedurende de volledige in § 8a LIF bedoelde periode aan de Luxemburgse vermogensbelasting onderworpen was, en dat haar om die reden de in het hoofdgeding aan de orde zijnde aanslagen zijn opgelegd.

29. Bijgevolg moet worden opgemerkt dat de regeling die in het hoofdgeding aan de orde is, louter de fiscale gevolgen bepaalt van het feit dat een vennootschap die naar nationaal recht is opgericht niet langer aan de Luxemburgse vermogensbelasting onderworpen is, met name omdat zij haar zetel naar een andere lidstaat heeft verplaatst (zie in die zin arrest van 29 november 2011, National Grid Indus, C-371/10, nog niet gepubliceerd in de *Jurisprudentie*, punt 31).

30. Hieruit volgt dat DADV, die – als vennootschap die in overeenstemming met de regelgeving van een lidstaat is opgericht en die haar maatschappelijke zetel binnen de Europese Unie heeft – ingevolge artikel 54 VWEU het voordeel van de Verdragsbepalingen inzake de vrijheid van vestiging geniet, zich op de rechten die zij aan artikel 49 VWEU ontleent kan beroepen om de rechtmatigheid te betwisten van het feit dat haar vanwege de verplaatsing van haar zetel naar een andere lidstaat een fiscaal voordeel is ontnomen waarop zij aanspraak kon maken voor de periode waarin zij haar maatschappelijke zetel in Luxemburg had en zij ten gevolge daarvan aan de vermogensbelasting onderworpen was in die lidstaat.

31. Hieruit vloeit voort dat de bepalingen van het VWEU inzake de vrijheid van vestiging van toepassing zijn op een situatie als die in het hoofdgeding.

Bestaan van een beperking van de vrijheid van vestiging

32. Artikel 49 VWEU bepaalt dat beperkingen van de vrijheid van vestiging moeten worden opgeheven. Hoewel de Verdragsbepalingen inzake de vrijheid van vestiging volgens de bewoordingen ervan het voordeel van de nationale behandeling in de lidstaat van ontvangst beogen te garanderen, verbieden zij de lidstaat van oorsprong ook om de vestiging van een van zijn burgers of van een naar zijn recht opgerichte vennootschap in een andere lidstaat te bemoeilijken (zie reeds aangehaald arrest National Grid Indus, punt 35 en aldaar aangehaalde rechtspraak).

33. Het is eveneens vaste rechtspraak dat alle maatregelen die de uitoefening van de vrijheid van vestiging verbieden, belemmeren of minder aantrekkelijk maken, als beperkingen van deze vrijheid moeten worden beschouwd (zie arresten van 5 oktober 2004, CaixaBank France, C-442/02, *Jurispr.* blz. I-8961, punt 11; 6 december 2007, Columbus Container Services, C-298/05, *Jurispr.* blz. I-10451, punt 34; 23 oktober 2008, Krankenheim Ruhesitz am Wannsee-Seniorenheimstatt, C-157/07, *Jurispr.* blz. I-8061, punt 30, en 15 april 2010, CIBA, C-96/08, *Jurispr.* blz. I-2911, punt 19).

34. Vastgesteld moet worden, dat in het hoofdgeding een vennootschap naar Luxemburgs recht die haar maatschappelijke zetel van Luxemburg naar een andere staat verplaatst, gedurende de vijf jaren volgend op het inkomstenjaar waarin haar een vermindering van de vermogensbelasting is toegekend zoals die welke aan de orde is in

het hoofdgeding, ongunstiger wordt behandeld dan een vergelijkbare vennootschap die wel in Luxemburg gevestigd blijft.

35. Krachtens de in het hoofdgeding aan de orde zijnde nationale regeling wordt het voordeel van de belastingvermindering immers onmiddellijk ingetrokken wanneer de maatschappelijke zetel van een vennootschap naar Luxemburgs recht gedurende de voormelde periode naar een andere lidstaat dan het Groothertogdom Luxemburg wordt verplaatst, terwijl een dergelijke intrekking niet plaatsvindt wanneer een dergelijke vennootschap haar zetel op het Luxemburgse grondgebied behoudt. Bij vennootschappen die hun maatschappelijke zetel in de betrokken lidstaat behouden, wordt het voordeel van de vermindering van de vermogensbelasting slechts ingetrokken indien de in § 8a, lid 3, LIF bepaalde reserve vóór het verstrijken van de vijfjarige periode wordt aangewend voor andere doeleinden dan opneming in het kapitaal van de vennootschap.

36. Dit verschil in behandeling, dat uit de in het hoofdgeding aan de orde zijnde regeling inzake de vermindering van de vermogensbelasting voortvloeit en dat negatieve gevolgen kan hebben voor het vermogen van ondernemingen die hun maatschappelijke zetel van Luxemburg naar een andere staat willen verplaatsen, ontmoedigt de vennootschappen naar Luxemburgs recht om hun zetel naar een andere lidstaat te verplaatsen tijdens de periode van vijf jaar na het inkomstenjaar waarin hun een vermindering van de vermogensbelasting is toegekend (zie in die zin arresten van 11 maart 2004, de Lasteyrie du Saillant, C-9/02, *Jurispr.* blz. I-2409, punt 46; 7 september 2006, N, C-470/04, *Jurispr.* blz. I-7409, punt 35, en 6 september 2012, Commissie/Portugal, C-38/10, nog niet gepubliceerd in de *Jurisprudentie*, punt 28).

37. Anders dan de Luxemburgse regering betoogt, is het aldus geconstateerde verschil in behandeling niet te verklaren door een objectief verschil tussen de situaties. Vanuit het oogpunt van een wettelijke regeling van een lidstaat ter vermindering van de belasting over het op het grondgebied van deze staat gegenereerde vermogen, is de situatie van een naar het recht van genoemde lidstaat opgerichte vennootschap die haar zetel naar een andere lidstaat verplaatst immers vergelijkbaar met die van een eveneens naar het recht van de eerste lidstaat opgerichte vennootschap die haar zetel in die lidstaat behoudt, voor zover het gaat om de vermindering van de belasting over het vermogen dat in de eerste lidstaat vóór de verplaatsing van de maatschappelijke zetel is gegenereerd (zie in die zin reeds aangehaalde arresten National Grid Indus, punt 38, en Commissie/Portugal, punt 29).

38. De Luxemburgse regering heeft aanvankelijk betoogd dat het verlies van het voordeel van § 8a LIF, en met name het feit dat DIVI deze vermindering van de vermogensbelasting met terugwerkende kracht verliest, niet het gevolg is van het feit dat de zetel van DADV naar een andere staat dan het Groothertogdom Luxemburg is verplaatst, maar wel van het feit dat de twee in lid 1 en lid 3 van § 8a LIF neergelegde voorwaarden, volgens welke de reserve op de balans van de onderneming moet worden aangehouden gedurende vijf jaar na de aanleg ervan en niet voor andere doeleinden mag worden gebruikt, niet waren nageleefd.

39. Dit betoog kan niet worden aanvaard. Dat de betrokken onderneming het voordeel van de vermindering van de vermogensbelasting heeft verloren, zoals in het hoofdgeding het geval is, komt niet voort uit het feit dat zij de reserve vóór het verstrijken van de vijfjarige periode voor andere dan de in § 8a, lid 3, LIF bepaalde doeleinden heeft aangewend. Uit de aan het Hof overgelegde stukken blijkt immers dat DADV, en later DIVI, de in § 8a, lid 1, LIF bepaalde reserve op hun balans hebben aangehouden. Hieruit volgt dat het verlies van het in § 8a LIF bepaalde voordeel het gevolg is van het feit dat DADV niet aan de Luxemburgse vermogensbelasting onderworpen is gebleven tijdens de in § 8a, lid 1, LIF bedoelde periode van vijf jaar na de aanleg van de reserve, zoals de Luxemburgse regering later ook heeft erkend. Indien DADV haar maatschappelijke zetel in Luxemburg zou hebben behouden, zou zij dit fiscale voordeel hebben blijven genieten.

40. Derhalve vormt het feit dat vennootschappen naar Luxemburgs recht die hun maatschappelijke zetel naar een andere lidstaat verplaatsen, in het kader van de in het hoofdgeding aan de orde zijnde nationale bepalingen anders worden behandeld dan vennootschappen naar Luxemburgs recht die hun maatschappelijke zetel in Luxemburg behouden, een in beginsel door de bepalingen van het VWEU verboden beperking van de vrijheid van vestiging.

Rechtvaardiging van de beperking van de vrijheid van vestiging

41. Uit vaste rechtspraak volgt dat een beperking van de vrijheid van vestiging slechts kan worden toegestaan indien zij gerechtvaardigd is uit hoofde van dwingende vereisten van algemeen belang. Daarenboven moet de beperking in een dergelijk geval geschikt zijn om het nagestreefde doel te verwezenlijken en mag zij niet verder gaan dan nodig is om dat doel te bereiken (zie reeds aangehaald arrest National Grid Indus, punt 42 en aldaar aangehaalde rechtspraak).

42. Volgens de Luxemburgse regering is de beperking van de vrijheid van vestiging gerechtvaardigd door de doelstelling om overeenkomstig het territorialiteitsbeginsel een evenwichtige verdeling van de heffingsbevoegdheid tussen de lidstaten te verzekeren.

43. Dienaangaande zij eraan herinnerd dat het behoud van de verdeling van de heffingsbevoegdheid tussen de lidstaten een door het Hof erkend legitiem doel is (zie reeds aangehaald arrest National Grid Indus, punt 45 en aldaar aangehaalde rechtspraak).

44. In omstandigheden als die van het hoofdgeding kan de vastgestelde beperking van de vrijheid van vestiging echter niet worden gerechtvaardigd door het vereiste van een evenwichtige verdeling van de heffingsbevoegdheid tussen de lidstaten.

45. In dit verband dient met de Europese Commissie te worden opgemerkt dat de intrekking van de aan een onderneming toegekende vermindering van de vermogensbelasting en het opleggen van de onmiddellijke betaling wanneer deze onderneming haar maatschappelijke zetel naar een andere lidstaat dan het Groothertogdom Luxemburg verplaatst, geen garantie vormen voor de heffingsbevoegdheid van laatstbedoelde staat of voor de evenwichtige verdeling van de heffingsbevoegdheid tussen de betrokken lidstaten. Uit de aard van het mechanisme van intrekking van een voordeel volgt immers dat de lidstaat er vooraf mee had ingestemd dat voordeel toe te kennen en bijgevolg de door ingezetenen verschuldigde vermogensbelasting te verminderen indien de in § 8a LIF neergelegde voorwaarden waren vervuld.

46. De beperking waarover het in het hoofdgeding gaat, kan evenmin worden gerechtvaardigd door de noodzaak de samenhang van het nationale belastingstelsel te verzekeren, welk beginsel door het Hof als een dwingend vereiste van algemeen belang is erkend (zie in die zin arresten van 28 januari 1992, Bachmann, C-204/90, *Jurispr.* blz. I-249, punt 28, en Commissie/België, C-300/90, *Jurispr.* blz. I-305, punt 21).

47. Een beroep op deze rechtvaardigingsgrond kan namelijk slechts slagen indien wordt bewezen dat er een rechtstreeks verband bestaat tussen het betrokken fiscale voordeel en de opheffing van dat voordeel door een bepaalde belastingheffing (zie arrest van 29 maart 2007, Rewe Zentralfinanz, C-347/04, *Jurispr.* blz. I-2647, punt 62 en aldaar aangehaalde rechtspraak). Van een dergelijk rechtstreeks verband is met name geen sprake wanneer het om afzonderlijke belastingheffingen gaat of om de fiscale behandeling van verschillende belastingplichtigen (zie in die zin arresten van 18 september 2003, Bosal, C-168/01, *Jurispr.* blz. I-9409, punt 30, en 1 december 2011, Commissie/Hongarije, C-253/09, nog niet gepubliceerd in de *Jurisprudentie*, punt 77).

48. Uit het onderzoek van de in het hoofdgeding aan de orde zijnde nationale wettelijke regeling blijkt echter dat er geen rechtstreeks verband bestaat tussen enerzijds het toekennen van een vermindering van de vermogensbelasting aan een onderneming die de in § 8, lid 1, LIF bepaalde voorwaarden vervult, en anderzijds de door deze regelgeving nagestreefde doelstelling, te weten het compenseren van dit fiscale voordeel met aanvullende inkomsten op het gebied van de belasting van collectiviteiten en van de bedrijfsbelasting over de exploitatiewinst gedurende de jaren waarin de in § 8a, lid 1, LIF bedoelde reserve wordt aangehouden.

49. Bijgevolg kan de door het voornoemde lid van de LIF teweeggebrachte belemmering van de vrijheid van vestiging, zoals de Commissie benadrukt, niet worden gerechtvaardigd door dergelijke ver in de toekomst liggende en onzekere belastingheffingen.

50. Wat het hoofddoel van de in § 8a LIF neergelegde fiscale regeling betreft, zoals dit in de voorbereidende werkzaamheden van deze bepaling is geformuleerd, namelijk de nationale belastinginkomsten verhogen, zij in herinnering geroepen dat overeenkomstig vaste rechtspraak het nastreven van belastinginkomsten niet kan worden beschouwd als een dwingend vereiste van algemeen belang dat kan worden aangevoerd ter rechtvaardiging van een maatregel die in beginsel in strijd is met een fundamentele vrijheid (zie arresten van 16 juli 1998, ICI, C-264/96, *Jurispr.* blz. I-4695, punt 28, en 8 maart 2001, Metallgesellschaft e.a., C-397/98 en C-410/98, *Jurispr.* blz. I-1727, punt 59).

51. Uit voorafgaande analyse volgt dat de nationale bepaling die aan de orde is in het hoofdgeding niet is gerechtvaardigd door dwingende vereisten van algemeen belang.

52. Derhalve moet op de gestelde vraag worden geantwoord dat artikel 49 VWEU aldus moet worden uitgelegd dat het zich in omstandigheden als die van het hoofdgeding verzet tegen een regeling van een lidstaat krachtens welke een belastingplichtige de vermindering van de vermogensbelasting slechts kan genieten indien hij gedurende de vijf volgende inkomstenjaren onderworpen blijft aan deze belasting.

Kosten

53. …

HET HOF (Vierde kamer)

verklaart voor recht:

Atikel 49 VWEU moet aldus worden uitgelegd dat het zich in omstandigheden als die van het hoofdgeding verzet tegen een regeling van een lidstaat krachtens welke een belastingplichtige de vermindering van de

vermogensbelasting slechts kan genieten indien hij gedurende de vijf volgende inkomstenjaren onderworpen blijft aan deze belasting.

CE Cour de Justice 19 september 2012, zaak C-540/11 (Daniel Levy, Carine Sebbag contre État belge)

Zesde kamer: *U. Lõhmus (rapporteur), kamerpresident, A. Rosas et A. Ó Caoimh, rechters*

Advocaat-generaal: *P. Mengozzi*

CoJ

The case concerns the well-known issue of the double taxation of French dividends received by Belgian individual shareholders. The factual and legal circumstances are identical to the cases Kerckhaert-Morres (C-513/04) and Damseaux (C-128/08).

The Belgium-France double tax convention ('DTC') dates from 1964. According to that convention, Belgium has the full right to tax French dividends and France has the right to levy a withholding tax. The convention provides for the elimination of the resulting double taxation by the foreign tax credit ('FTC') and refers in this respect to the Belgian domestic legislation. Due to later amendments of that domestic legislation, that double taxation is no longer eliminated for individual shareholders. The reference for a preliminary ruling in Levy has regard to the compatibility of those amendments with the free movement of capital (Art. 56 EC), read in conjunction with the principle of loyal cooperation (Art. 10 EC), the procedure to step back from the acquis with regard to third countries (Art. '57 (3)' EC) and the obligation for the Member States to enter into negotiations with a view to eliminating double taxation (Art. 293 EC).

The CoJ held that Art. 57 (3) EC does not exist and that the corresponding Art. 64 (3) TFEU is not applicable to the case. With regard to Arts. 56 and 293 EC, the CoJ held that the findings in Damseaux are transposable to the present case. The CoJ repeated that it is for each Member State to organise its system for taxing distributed profits and, in that context, to define the tax base and the tax rate which apply to the shareholder receiving them. As a consequence, juridical double taxation is possible where the two Member States choose to exercise their tax competence and to subject those dividends to taxation in the hands of the shareholder. Disadvantages which could arise from the parallel exercise of tax competences by different Member States, to the extent that such an exercise is not discriminatory, do not constitute restrictions prohibited by the EC Treaty. In the absence of any unifying or harmonising Community measures, Member States retain the power to define, by treaty or unilaterally, the criteria for allocating their powers of taxation, particularly with a view to eliminating double taxation. It is for the Member States to take the measures necessary to prevent situations of double taxation by applying, in particular, the criteria followed in international tax practice. Whilst abolition of double taxation within the European Community is one of the objectives of the Treaty, it must nonetheless be noted that, apart from the Convention of 23 July 1990 on the elimination of double taxation in connection with the adjustment of profits of associated enterprises, the Member States have not concluded any multilateral convention to that effect under Article 293 EC. Therefore, the CoJ concluded in Damseaux that the legislation at issue is not contrary to the free movement of capital.

Regarding Art. 10 EC, the CoJ held that this principle contains a general obligation for Member States, the precise tenor of which in each particular case depends on the provisions of the treaty or the rules which emerge from its general framework. The CoJ repeated that Art. 293 EC does not contain a legal rule directly applicable as such. Although the abolition of double taxation within the Community is thus included among the objectives of the Treaty, it is clear from the wording of Art. 293 EC that it cannot itself confer on individuals any rights on which they might be able to rely before their national courts. As a consequence, the CoJ concluded that Art. 10 cannot be interpreted as creating an independent obligation for the Member States, going beyond the obligations arising from the free movement of capital and the duty to enter into negotiations to eliminate double taxation (Art. 293 EC).

from: Kluwer

Par ces motifs,

LA COUR (sixième chambre)

dit pour droit:

Dans la mesure où le droit communautaire, tel qu'applicable à la date des faits en cause dans l'affaire au principal, ne prescrit pas de critères généraux pour la répartition des compétences entre les États Membres s'agissant de l'élimination des doubles impositions à l'intérieur de la Communauté européenne, l'article 56 CE, lu en combinaison avec les articles 10 CE et 293 CE, doit être interprété en ce sens qu'il ne s'oppose pas à une situation dans laquelle l'État Membre, qui s'est engagé, par une convention bilatérale préventive de la double impo-

sition à établir un mécanisme tendant à éliminer une telle imposition des dividendes, supprime ensuite ce mécanisme par une modification législative ayant pour effet de réintroduire une double imposition.

HvJ EU 18 oktober 2012, zaak C-498/10 (X NV v. Staatssecretaris van Financiën)

Eerste kamer: *A. Tizzano, waarnemend voor de president van de Eerste kamer, A. Borg Barthet, E. Levits (rapporteur), J. J. Kasel en M. Safjan, rechters*

Advocaat-generaal: *J. Kokott*

1. Het verzoek om een prejudiciële beslissing betreft de uitlegging van artikel 56 VWEU.

2. Dit verzoek is ingediend in het kader van een geding tussen X NV (hierna: 'X'), een betaaldvoetbalorganisatie die in Nederland is gevestigd, en de Staatssecretaris van Financiën over de bronheffing die wordt ingehouden op de vergoeding die aan een in een andere lidstaat gevestigde dienstverrichter wordt betaald.

Toepasselijke bepalingen

Nederlands recht

3. Artikel 1 van de Wet op de loonbelasting 1964 (hierna: 'Wet LB 1964') bepaalt het volgende:

'Onder de naam ‚loonbelasting' wordt van werknemers of hun inhoudingsplichtige, van artiesten, van beroepssporters, van buitenlandse gezelschappen en van bij of krachtens deze wet aan te wijzen natuurlijke personen een directe belasting geheven.'

4. Tot 1 januari 2007 voorzag artikel 5b, leden 1 en 3, van de Wet LB 1964 in het volgende:

'1. Voor de toepassing van deze wet en de daarop berustende bepalingen wordt verstaan onder buitenlands gezelschap: een groep van hoofdzakelijk niet in Nederland wonende natuurlijke personen of gevestigde rechtspersonen waarbij de leden van de groep individueel of gezamenlijk ingevolge een overeenkomst van korte duur, dan wel kortstondig krachtens een andere grond, als artiest in Nederland optreden of als beroep een tak van sport in Nederland beoefenen. [...]
3. Ingeval een lid van een buitenlands gezelschap optreedt of als beroep een tak van sport beoefent in het kader van een dienstbetrekking tot een inhoudingsplichtige die niet in Nederland is gevestigd, vindt de heffing van loonbelasting plaats ingevolge de regelingen zoals die gelden voor het buitenlandse gezelschap.'

5. Vanaf 1 januari 2007 luidt dit artikel:

'Voor de toepassing van deze wet en de daarop berustende bepalingen wordt verstaan onder buitenlands gezelschap: een groep van hoofdzakelijk niet in Nederland wonende natuurlijke personen of gevestigde lichamen waarbij de leden van de groep individueel of gezamenlijk ingevolge een overeenkomst van korte duur als artiest in Nederland optreden of als beroep een tak van sport in Nederland beoefenen, tenzij:
[...]
2. volgens bij ministeriële regeling te stellen regels aannemelijk wordt gemaakt dat het gezelschap hoofdzakelijk bestaat uit leden die inwoner zijn dan wel gevestigd zijn in een land waarmee de Staat der Nederlanden een verdrag ter voorkoming van dubbele belasting heeft gesloten of inwoner zijn van dan wel gevestigd zijn in Nederland of op de Nederlandse Antillen of Aruba.'

6. Artikel 8a, lid 1, van de Wet LB 1964 voorziet in het volgende:

'Ten aanzien van een artiest, beroepssporter of buitenlands gezelschap is inhoudingsplichtige, indien het optreden of de sportbeoefening is gebaseerd op een overeenkomst van korte duur:
a. voor zover de gage wordt ontvangen van degene met wie het optreden of de sportbeoefening is overeengekomen: degene met wie het optreden of de sportbeoefening is overeengekomen;
b. voor zover de gage wordt ontvangen van een derde: deze derde.'

7. Artikel 35g van de Wet LB 1964 bepaalt:

'1. Ten aanzien van een buitenlands gezelschap wordt de belasting geheven naar de gage.
2. Gage is al hetgeen het buitenlandse gezelschap ontvangt ter zake van het optreden of de sportbeoefening in Nederland. Tot de gage behoren kostenvergoedingen alsmede aanspraken om na verloop van tijd of onder een voorwaarde een of meer uitkeringen of verstrekkingen te ontvangen.
3. Tot de gage behoren niet:
a. vergoedingen en verstrekkingen ter zake van consumpties en maaltijden [...];
b. vergoedingen die strekken tot bestrijding van reis- en verblijfkosten – andere dan kosten van eigen vervoer – ter behoorlijke vervulling van het optreden of de sportbeoefening, mits het gezelschap de bewijsstukken aan de inhoudingsplichtige doet toekomen en deze de bewijsstukken administreert en voor controle beschikbaar houdt;

c. verstrekkingen die strekken tot voorkoming van reis- en verblijfkosten ter behoorlijke vervulling van het optreden dan wel de sportbeoefening;
[...]
4. Tot de gage behoort mede niet hetgeen blijkens een beschikking van de inspecteur als een niet tot de gage behorende vergoeding kan worden aangemerkt (kostenvergoedingsbeschikking). De kostenvergoedingsbeschikking wordt op verzoek door de inspecteur verstrekt en is vatbaar voor bezwaar. Het verzoek wordt voor het optreden of de sportbeoefening gedaan door het gezelschap of de inhoudingsplichtige, dan wel uiterlijk een maand na het optreden of de sportbeoefening door de inhoudingsplichtige. [...]'

8. Artikel 35h, lid 1, van de Wet LB 1964 bepaalt dat de verschuldigde belasting 20 % van de gage bedraagt.

Overeenkomst tussen het Koninkrijk der Nederlanden en het Verenigd Koninkrijk van Groot-Brittannië en Noord-Ierland

9. Artikel 17 van de overeenkomst tot het vermijden van dubbele belasting en tot het voorkomen van het ontgaan van belasting met betrekking tot belastingen naar het inkomen en het vermogen, op 7 november 1980 gesloten tussen het Koninkrijk der Nederlanden en het Verenigd Koninkrijk van Groot-Brittannië en Noord-Ierland (hierna: 'overeenkomst tot het vermijden van dubbele belastingen'), voorziet in het volgende:

'1. Niettegenstaande de bepalingen van de artikelen 14 en 15, mogen voordelen of inkomsten, verkregen door een inwoner van een van de Staten als artiest [...] of als sportbeoefenaar, uit zijn persoonlijke werkzaamheden als zodanig die worden verricht in de andere Staat, worden belast in die andere Staat.
2. Indien voordelen of inkomsten ter zake van persoonlijke werkzaamheden die door een artiest of een sportbeoefenaar in die hoedanigheid worden verricht, niet aan die artiest of sportbeoefenaar zelf toekomen, maar aan een andere persoon, mogen die voordelen of inkomsten, niettegenstaande de bepalingen van de artikelen 7, 14 en 15 worden belast in de Staat waar de werkzaamheden van de artiest of sportbeoefenaar worden verricht.'

10. Artikel 22, lid 1, van deze overeenkomst luidt:

'Met inachtneming van de bepalingen van de wetgeving van het Verenigd Koninkrijk die betrekking hebben op de verrekening van belasting die in een gebied buiten het Verenigd Koninkrijk verschuldigd is, met belasting van het Verenigd Koninkrijk (welke bepalingen het algemene beginsel van het hiernavolgende niet mogen aantasten):
a. mag Nederlandse belasting die krachtens de wetgeving van Nederland en in overeenstemming met de bepalingen van deze Overeenkomst, hetzij rechtstreeks, hetzij door inhouding, verschuldigd is over uit Nederlandse bronnen verkregen voordelen, inkomsten of belastbare vermogenswinst (met uitzondering, in het geval van dividend, van belasting die verschuldigd is over de winst waaruit het dividend wordt betaald) worden verrekend met belasting van het Verenigd Koninkrijk berekend over dezelfde voordelen, inkomsten of belastbare vermogenswinsten als die waarover de Nederlandse belasting is berekend;
[...]'

Hoofdgeding en prejudiciële vragen

11. X is in juli 2002 en maart 2004 met twee in het Verenigd Koninkrijk gevestigde betaaldvoetbalorganisaties overeengekomen een vriendschappelijke wedstrijd te spelen. Deze wedstrijden hebben in augustus 2002 respectievelijk augustus 2004 in Nederland plaatsgevonden.

12. X heeft deze organisaties in verband met voormelde wedstrijden 133 000 EUR respectievelijk 50 000 EUR betaald. Deze bedragen zijn door genoemde organisaties niet doorbetaald aan hun spelers.

13. Daar X geen loonbelasting op deze bedragen heeft ingehouden en afgedragen, is haar een naheffingsaanslag in de loonbelasting opgelegd van 26 050 EUR respectievelijk 9 450 EUR, zijnde 20 % van deze bedragen, na aftrek van bepaalde kosten.

14. De Rechtbank te 's-Gravenhage, waar X beroep in eerste aanleg heeft ingesteld tegen de beslissingen ter zake van deze naheffingsaanslagen, heeft genoemde beslissingen en naheffingsaanslagen vernietigd.

15. Op het hoger beroep van de Staatssecretaris van Financiën heeft het Gerechtshof te 's-Gravenhage bij arrest van 1 december 2008 de uitspraken van de Rechtbank te 's-Gravenhage vernietigd.

16. Van oordeel dat de Nederlandse regeling een beperking in de zin van artikel 56 VWEU vormde die niet kon worden gerechtvaardigd, heeft X tegen het arrest van het Gerechtshof te 's-Gravenhage beroep in cassatie ingesteld bij de Hoge Raad der Nederlanden.

17. In die omstandigheden heeft de Hoge Raad der Nederlanden de behandeling van de zaak geschorst en het Hof verzocht om een prejudiciële beslissing over de volgende vragen:

'1. Moet artikel 56 VWEU aldus worden uitgelegd dat sprake is van een beperking van het vrije verkeer van diensten als de ontvanger van een dienst, verricht door een in een andere lidstaat gevestigde dienstverrichter, is gehouden op grond van de wetgeving van de lidstaat waar de dienstontvanger is gevestigd en waar de dienst wordt verricht, over de voor deze dienst verschuldigde vergoeding belasting in te houden, terwijl deze inhoudingsplicht niet aan de orde is indien het een dienstverrichter betreft die in dezelfde lidstaat als de dienstontvanger is gevestigd?

2. a. Indien het antwoord op de voorgaande vraag meebrengt dat een regeling die voorziet in een heffing van een dienstontvanger tot een belemmering van het vrije verkeer van diensten leidt, kan een dergelijke belemmering dan worden gerechtvaardigd door de behoefte om de heffing en invordering van een belasting te waarborgen van buitenlandse gezelschappen die kortstondig in Nederland verblijven en moeilijk controleerbaar zijn, met als gevolg een problematische uitvoering van de aan Nederland toegewezen heffingsbevoegdheid?

b. Is in dat geval nog van belang dat de regeling in een later stadium voor situaties als de onderhavige is gewijzigd, in die zin dat eenzijdig van heffing wordt afgezien, omdat de uitvoering ervan niet eenvoudig en efficiënt toepasbaar leek?

3. Gaat de regeling verder dan noodzakelijk gelet op de mogelijkheden die met name richtlijn 76/308/EEG [van de Raad van 15 maart 1976 betreffende de wederzijdse bijstand inzake de invordering van schuldvorderingen die voortvloeien uit bepaalde bijdragen, rechten en belastingen, alsmede uit andere maatregelen (*PB* L 73, blz. 18), zoals gewijzigd bij richtlijn 2001/44/EG van de Raad van 15 juni 2001 (*PB* L 175, blz. 17; hierna: ‚richtlijn 76/308'),] biedt voor de wederzijdse bijstand bij de invordering van belastingen?

4. Is voor de beantwoording van de voorgaande vragen van belang of de belasting, die over de vergoeding is verschuldigd in de lidstaat waar de dienstontvanger is gevestigd, kan worden verrekend met belasting die in die andere lidstaat over die vergoeding verschuldigd is?'

Beantwoording van de prejudiciële vragen

18. Om te beginnen moet eraan worden herinnerd dat volgens vaste rechtspraak de directe belastingen weliswaar tot de bevoegdheid van de lidstaten behoren, maar dat deze niettemin verplicht zijn deze bevoegdheid in overeenstemming met het recht van de Unie uit te oefenen (zie met name arresten van 12 december 2006, Test Claimants in Class IV of the ACT Group Litigation, C-374/04, *Jurispr.* blz. I-11673, punt 36; 8 november 2007, Amurta, C-379/05, *Jurispr.* blz. I-9569, punt 16, en 18 juni 2009, Aberdeen Property Fininvest Alpha, C-303/07, *Jurispr.* blz. I-5145, punt 24).

Eerste vraag

19. Met zijn eerste vraag wenst de verwijzende rechter in wezen te vernemen of artikel 56 VWEU aldus moet worden uitgelegd dat de verplichting die krachtens de regeling van een lidstaat wordt opgelegd aan de dienstontvanger om over de vergoeding voor de in een andere lidstaat gevestigde dienstverrichter bronbelasting in te houden, terwijl een dergelijke verplichting niet aan de orde is bij vergoedingen voor dienstverrichters die in de betrokken lidstaat zijn gevestigd, een beperking van de vrijheid van dienstverrichting in de zin van deze bepaling vormt.

20. Opgemerkt moet worden dat artikel 56 VWEU zich verzet tegen de toepassing van elke nationale regeling die ertoe leidt dat het verrichten van diensten tussen lidstaten moeilijker wordt dan het verrichten van diensten binnen één enkele lidstaat (zie met name arrest van 11 juni 2009, X en Passenheim-van Schoot, C-155/08 en C-157/08, *Jurispr.* blz. I-5093, punt 32 en aldaar aangehaalde rechtspraak).

21. Volgens de rechtspraak van het Hof verlangt artikel 56 VWEU immers de afschaffing van elke beperking van de vrijheid van dienstverrichting die wordt opgelegd op grond dat de dienstverrichter is gevestigd in een andere lidstaat dan die waar de dienst wordt verricht (zie arresten van 3 oktober 2006, FKP Scorpio Konzertproduktionen, C-290/04, *Jurispr.* blz. I-9461, punt 31, en 15 februari 2007, Centro Equestre da Lezíria Grande, C-345/04, *Jurispr.* blz. I-1425, punt 20).

22. Als beperkingen op de vrijheid van dienstverrichting moeten worden beschouwd, nationale maatregelen die het gebruik van die vrijheid verbieden, belemmeren of minder aantrekkelijk maken (zie onder meer arresten van 4 december 2008, Jobra, C-330/07, *Jurispr.* blz. I-9099, punt 19, en 22 december 2010, Tankreederei I, C-287/10, *Jurispr.* blz. I-14233, punt 15).

23. Voorts kent artikel 56 VWEU volgens vaste rechtspraak niet enkel rechten toe aan de dienstverrichter zelf, maar evenzeer aan de ontvanger van deze diensten (zie arrest van 26 oktober 1999, Eurowings Luftverkehr, C-294/97, *Jurispr.* blz. I-7447, punt 34; arrest FKP Scorpio Konzertproduktionen, reeds aangehaald, punt 32, en arrest van 1 juli 2010, Dijkman en Dijkman-Lavaleije, C-233/09, *Jurispr.* blz. I-6649, punt 24).

24. Het Koninkrijk der Nederlanden verplicht dienstontvangers die een beroep doen op niet-ingezeten dienstverrichters op het gebied van de sport, om een bronheffing tegen een tarief van minstens 20 % in te houden op de vergoedingen die zij aan niet-ingezeten dienstverrichters betalen. In het geval van een ingezeten dienstverrichter is de dienstontvanger niet daartoe gehouden.

25. De regeringen die bij het Hof opmerkingen hebben ingediend, stellen in dat verband onder verwijzing naar het arrest van 22 december 2008, Truck Center (C-282/07, *Jurispr.* blz. I-10767), dat het verschil in behandeling tussen de vergoedingen die aan ingezeten dienstverrichters worden betaald en die welke aan niet-ingezeten dienstverrichters worden betaald, wordt verklaard door de toepassing van twee verschillende heffingstechnieken op belastingplichtigen die zich in verschillende situaties bevinden. De vergoeding die aan een in Nederland gevestigde dienstverrichter wordt betaald is weliswaar niet aan een bronheffing onderworpen, maar deze dienstverrichter wordt zelf direct belast uit hoofde van de Nederlandse vennootschapsbelasting of, in voorkomend geval, de inkomstenbelasting. De noodzaak om verschillende heffingstechnieken toe te passen wordt verklaard door de positie van het Koninkrijk der Nederlanden, die anders is wanneer het ingezeten dienstverrichters betreft, die direct onder de controle van de Nederlandse belastingdienst vallen, en wanneer het niet-ingezeten dienstverrichters betreft, ten aanzien waarvan deze lidstaat als bronstaat van de inkomsten fungeert en om die reden niet eenvoudigweg belastingschulden bij de belastingplichtige kan vaststellen en innen, maar afhankelijk is van de belastingautoriteiten van de lidstaat van vestiging van de dienstverrichter.

26. Het is juist dat het Hof reeds heeft toegestaan dat op ontvangers van inkomsten uit kapitaal verschillende heffingstechnieken worden toegepast naargelang zij al of niet ingezetene zijn, waarbij dit verschil in behandeling situaties betrof die objectief niet vergelijkbaar waren (arrest Truck Center, reeds aangehaald, punt 41). Daar dit verschil in behandeling bovendien niet noodzakelijkerwijs een voordeel opleverde voor de ingezeten ontvangers, heeft het Hof geoordeeld dat dit geen beperking van de vrijheid van vestiging vormde (arrest Truck Center, reeds aangehaald, punten 49 en 50).

27. Zoals de advocaat-generaal evenwel in punt 32 van haar conclusie heeft opgemerkt, zijn de dienstverrichter en de dienstontvanger twee onderscheiden rechtssubjecten, die ieder hun eigen belang hebben en die zich ieder op de vrijheid van dienstverrichting kunnen beroepen wanneer hun rechten worden aangetast.

28. Vastgesteld moet worden dat, los van de effecten van de inhouding van een bronheffing voor de fiscale situatie van de niet-ingezeten dienstverrichters, de verplichting om tot een dergelijke inhouding over te gaan, omdat zij een aanvullende administratieve last en de daarmee samenhangende aansprakelijkheidsrisico's met zich meebrengt, de grensoverschrijdende diensten minder aantrekkelijk kan maken voor de ingezeten dienstontvangers dan de diensten die door ingezeten dienstverrichters worden verricht en genoemde dienstontvangers ervan zal afschrikken om op niet-ingezeten dienstverrichters een beroep te doen.

29. Aan deze conclusie wordt niet afgedaan door het betoog van de Nederlandse regering dat de invloed van de aanvullende administratieve last voor de dienstontvanger verwaarloosbaar is, daar waar deze reeds andere bronheffingen moet inhouden en de ingehouden bedragen aan de belastingdienst moet afdragen, en dat deze gecompenseerd wordt door een verlichting van de administratieve lasten voor de niet-ingezeten dienstverrichter, die geen belastingaangifte in Nederland hoeft te doen boven op zijn administratieve verplichtingen ten opzichte van de belastingdienst van de lidstaat waarin hij is gevestigd.

30. Dienaangaande kan worden volstaan met eraan te herinneren dat het VWEU zelfs een geringe of een minder belangrijke beperking van een fundamentele vrijheid verbiedt (zie in die zin arresten van 15 februari 2000, Commissie/ Frankrijk, C-34/98, *Jurispr.* blz. I-995, punt 49; 11 maart 2004, de Lasteyrie du Saillant, C-9/02, *Jurispr.* blz. I-2409, punt 43, en 14 december 2006, Denkavit Internationaal en Denkavit France, C-170/05, *Jurispr.* blz. I-11949, punt 50, en arrest Dijkman en Dijkman-Lavaleije, reeds aangehaald, punt 42).

31. Voorts kan volgens de rechtspraak van het Hof een ongunstige fiscale behandeling die indruist tegen een fundamentele vrijheid, niet met het recht van de Unie verenigbaar worden geacht omdat er andere voordelen bestaan, al aangenomen dat er dergelijke voordelen zijn (zie in die zin arrest van 6 juni 2000, Verkooijen, C-35/98, *Jurispr.* blz. I-4071, punt 61, en reeds aangehaalde arresten Amurta, punt 75, en Dijkman en Dijkman-Lavaleije, punt 41).

32. Bijgevolg moet worden vastgesteld dat de verplichting voor de dienstontvanger om een bronheffing in te houden op de vergoedingen die aan niet-ingezeten dienstverrichters zijn betaald, terwijl een dergelijke bronheffing niet wordt toegepast op de vergoedingen voor ingezeten dienstverrichters, een beperking van de vrijheid van dienstverrichting vormt, omdat zij een aanvullende administratieve last en de daarmee samenhangende aansprakelijkheidsrisico's met zich meebrengt.

33. Zoals de advocaat-generaal heeft opgemerkt in punt 39 van haar conclusie, doet deze vaststelling niet af aan het antwoord op de vraag, die overigens geen voorwerp is van het onderhavige verzoek om een prejudiciële beslissing, of een bronheffing zoals die aan de orde in het hoofdgeding ook een beperking van de vrijheid van dienstverrichting oplevert in het geval dat zij ertoe leidt dat de diensten die door een niet-ingezeten dienstverrichter zijn verricht, aan een hogere fiscale last zijn onderworpen dan die welke drukt op een dienst die door een ingezeten dienstverrichter wordt verricht. Aangezien een dergelijke inhouding een weerslag kan hebben op de kosten van de dienstverrichting in kwestie, kan zij afschrikkend werken voor zowel de niet-ingezeten dienstverrichter, om die dienst te verrichten, als de dienstontvanger, om op die dienstverrichter een beroep te doen.

34. Gelet op een en ander moet op de eerste vraag worden geantwoord dat artikel 56 VWEU aldus moet worden uitgelegd dat de verplichting die krachtens een regeling van een lidstaat wordt opgelegd aan de dienstontvanger om over de vergoedingen voor in een andere lidstaat gevestigde dienstverrichters bronbelasting in te houden, terwijl een dergelijke verplichting niet aan de orde is bij de vergoedingen voor dienstverrichters die in de betrokken lidstaat zijn gevestigd, een beperking van de vrijheid van dienstverrichting in de zin van die bepaling vormt, omdat zij een aanvullende administratieve last en de daarmee samenhangende aansprakelijkheidsrisico's met zich meebrengt.

Tweede en derde vraag

35. Met zijn tweede en zijn derde vraag, die tezamen moeten worden onderzocht, wenst de verwijzende rechter in wezen te vernemen of de beperking van de vrijheid van dienstverrichting die uit de nationale regeling voortvloeit, zoals die in het hoofdgeding, kan worden gerechtvaardigd door de behoefte om de doelmatige invordering van belastingen te verzekeren en of zijniet verder gaat dan ter bereiking van die doelstelling noodzakelijk is, zelfs gelet op de door richtlijn 76/308 geboden mogelijkheden tot wederzijdse bijstand bij de invordering van belastingen. Deze rechter vraagt zich voorts af of rekening moet worden gehouden met de omstandigheid dat genoemde nationale regeling is gewijzigd, nu het Koninkrijk der Nederlanden heeft afgezien van de bronheffing die in het hoofdgeding aan de orde is.

36. Volgens vaste rechtspraak is een beperking van de vrijheid van dienstverrichting slechts aanvaardbaar indien zij wordt gerechtvaardigd door dwingende vereisten van algemeen belang. In dat geval is tevens vereist dat de toepassing van de betrokken maatregel geschikt is om de verwezenlijking van het nagestreefde doel te verzekeren en niet verder gaat dan ter bereiking van dat doel noodzakelijk is (arrest Tankreederei I, reeds aangehaald, punt 19 en aldaar aangehaalde rechtspraak).

37. Ook is het vaste rechtspraak dat de enkele omstandigheid dat een lidstaat een ander stelsel van bescherming heeft gekozen dan een andere lidstaat, niet uitsluit dat de betrokken maatregelen noodzakelijk en evenredig zijn (zie arrest van 14 oktober 2004, Omega, C-36/02, *Jurispr.* blz. I-9609, punt 38), nu deze enkel dienen te worden getoetst aan de door de nationale autoriteiten van de betrokken lidstaat nagestreefde doelstellingen en aan het niveau van bescherming dat zij willen verzekeren (zie in die zin arresten van 21 september 1999, Läärä e.a., C-124/97, *Jurispr.* blz. I-6067, punt 36; 21 oktober 1999, Zenatti, C-67/98, *Jurispr.* blz. I-7289, punt 34, en 11 september 2003, Anomar e.a., C-6/01, *Jurispr.* blz. I-8621, punt 80).

38. Hieruit volgt naar analogie dat wanneer een lidstaat later afziet van de toepassing van een maatregel, daaraan geen voorlopige oordelen kunnen worden ontleend over de geschiktheid van de maatregel om het nagestreefde doel te bereiken of over de evenredigheid ervan, nu deze alleen aan de hand van de nagestreefde doelstelling dienen te worden beoordeeld.

39. Het Hof heeft reeds geoordeeld dat de noodzaak om voor een doelmatige invordering van belastingen te zorgen een dwingend vereiste van algemeen belang is, die een beperking van de vrijheid van dienstverrichting kan rechtvaardigen. De bronheffingprocedure en de daartoe als garantie dienende aansprakelijkheidsregeling vormen volgens het Hof immers een wettig en passend middel voor de fiscale behandeling van de inkomsten van een buiten de heffingsstaat gevestigde persoon en ter voorkoming dat over de betrokken inkomsten geen belasting wordt betaald in de woonstaat en evenmin in de staat waar de diensten zijn verricht (arrest FKP Scorpio Konzertproduktionen, reeds aangehaald, punt 36).

40. De regeringen die bij het Hof opmerkingen hebben ingediend, betogen dat een dergelijke rechtvaardiging ook moet worden aanvaard voor de wetgeving die in het hoofdgeding aan de orde is.

41. De Nederlandse regering licht in het bijzonder toe dat de bronheffing die in het hoofdgeding aan de orde is, is ingevoerd nadat de belastingdienst had vastgesteld dat het stelsel gebaseerd op de individueel aan iedere niet-ingezeten dienstverrichter toegezonden belastingaanslagen inefficiënt was gebleken door de problemen en de administratieve last van een dergelijk stelsel voor zowel de niet-ingezeten dienstverrichters als de belastingdienst. Volgens de Nederlandse regering kan met de bronheffing die wordt toegepast op de vergoedingen voor sportclubs, waarvan de relevante kosten worden afgetrokken, het inkomen van de spelers eenvoudiger en doeltreffender worden belast, zowel vanuit het oogpunt van deze laatsten als vanuit het oogpunt van de belastingdienst.

42. Dienaangaande moet worden vastgesteld dat wanneer het om dienstverrichters gaat die slechts bij gelegenheid in een andere lidstaat dan die waarin zij zijn gevestigd hun diensten verrichten en daar slechts kort verblijven, een bronheffing een geschikt middel is ter verzekering van een doelmatige invordering van de verschuldigde belasting.

43. Nagegaan moet nog worden of deze maatregel niet verder gaat dan noodzakelijk is ter verzekering van een doelmatige invordering van de verschuldigde belasting, met name gelet op de mogelijkheden die richtlijn 76/308 op het gebied van wederzijdse bijstand bij de invordering van belastingen biedt.

44. Richtlijn 76/308 stelt gemeenschappelijke regels voor de wederzijdse bijstand vast, teneinde de invordering te verzekeren van schuldvorderingen die verband houden met bepaalde bijdragen, rechten en belastingen (arrest van 14 januari 2010, Kyrian, C-233/08, *Jurispr.* blz. I-177, punt 34). Krachtens de bepalingen van deze richtlijn kan een lidstaat een andere lidstaat verzoeken om bijstand bij de invordering van de inkomstenbelasting die een in laatstbedoelde lidstaat wonende belastingplichtige verschuldigd is (zie arrest van 9 november 2006, Turpeinen, C-520/04, *Jurispr.* blz. I-10685, punt 37).

45. Uit de eerste drie overwegingen van de considerans van richtlijn 76/308 volgt dat deze beoogt de hindernissen voor de instelling of de werking van de gemeenschappelijke markt op te heffen, die een gevolg zijn van de geografisch beperkte werkingssfeer van de nationale bepalingen op het gebied van de invordering.

46. Richtlijn 76/308 voorziet dan ook in bijstandsmaatregelen in de vorm van de verstrekking van inlichtingen die van nut zijn voor de invordering en de notificatie van akten aan de geadresseerde ervan, alsook in de vorm van de invordering van schuldvorderingen waarvoor een executoriale titel bestaat.

47. De uitbreiding bij richtlijn 2001/44 van de werkingssfeer van richtlijn 76/308 tot onder meer schuldvorderingen uit inkomstenbelasting heeft tot doel, zoals volgt uit de punten 1 tot en met 3 van de considerans van eerstbedoelde richtlijn, om de 'fiscale neutraliteit van de interne markt' te verzekeren en om de financiële belangen van de lidstaten te beschermen in het licht van de toenemende belastingfraude (zie arrest van 29 april 2004, Commissie/Raad, C-338/01, *Jurispr.* blz. I-4829, punt 68). Ofschoon richtlijn 2001/44 een zekere onderlinge aanpassing van de nationale fiscale bepalingen tot stand brengt door de lidstaten te verplichten de schuldvorderingen uit andere lidstaten als nationale schuldvorderingen te behandelen (arrest Commissie/Raad, reeds aangehaald, punt 75), is zij niet bedoeld, zoals de advocaat-generaal in punt 53 van haar conclusie heeft opgemerkt, om in de plaats van de bronheffing als heffingstechniek te treden.

48. In de onderhavige zaak moet worden vastgesteld dat met het afzien van de bronheffing en het beroep op de mogelijkheden van onderlinge bijstand zeker de beperking van de vrijheid van dienstverrichting voor de dienstontvanger als gevolg van de in het hoofdgeding aan de orde zijnde nationale regeling zou kunnen worden opgeheven.

49. Met dit afzien zouden echter niet noodzakelijkerwijs alle formaliteiten ten laste van de dienstontvanger worden opgeheven. Zoals enkele regeringen die bij het Hof opmerkingen hebben ingediend uiteenzetten, kan de belastingdienst op basis van de bronheffing wetenschap krijgen van het feit dat aanleiding geeft tot belasting die de niet-ingezeten dienstverrichter verschuldigd is. Zonder een dergelijke inhouding zou de belastingdienst van de betrokken lidstaat zeer waarschijnlijk de op zijn grondgebied gevestigde dienstontvanger moeten verplichten om aangifte van de door de niet-ingezeten dienstverrichter geleverde dienst te doen.

50. Het afzien van de bronheffing zou overigens leiden tot de noodzaak om de belasting van de niet-ingezeten dienstverrichter te heffen, hetgeen, zoals de advocaat-generaal in punt 58 van haar conclusie heeft opgemerkt, een aanzienlijke last zou kunnen betekenen voor deze dienstverrichter, die zijn belastingaangifte in een vreemde taal moet doen en wegwijs moet raken in het belastingstelsel van een andere lidstaat dan die waarin hij gevestigd is. De niet-ingezeten dienstverrichter zou er daardoor van kunnen worden afgeschrikt om de dienst in de betrokken lidstaat te verrichten en het zou voor de dienstontvanger uiteindelijk zelfs nog moeilijker kunnen blijken om een beroep te doen op dienstverlening uit een andere lidstaat dan die waarin hij gevestigd is.

51. Een dergelijke directe heffing van de belasting van de niet-ingezeten dienstverrichter zou bovendien een aanzienlijke administratieve last met zich meebrengen voor de belastingdienst waaronder de dienstontvanger valt, gezien het grote aantal slechts eenmalig verrichte diensten.

52. In het licht van de voorafgaande overwegingen moet worden vastgesteld dat, zoals de advocaat-generaal in punt 59 van haar conclusie heeft opgemerkt, de directe belastingheffing van de niet-ingezeten dienstverrichter niet noodzakelijkerwijs een minder vergaande maatregel dan de bronheffing zou zijn.

53. Gelet op een en ander moet op de tweede en de derde vraag worden geantwoord dat de beperking van de vrijheid van dienstverrichting als gevolg van de nationale regeling, zoals die aan de orde in het hoofdgeding, voor zover zij voortvloeit uit de verplichting om een bronheffing in te houden – omdat zij een aanvullende administratieve last en de daarmee samenhangende aansprakelijkheidsrisico's met zich meebrengt –, kan worden gerechtvaardigd door de behoefte om de doelmatige invordering van belastingen te verzekeren en niet verder gaat dan ter bereiking van die doelstelling noodzakelijk is, zelfs gelet op de door richtlijn 76/308 geboden mogelijkheden tot wederzijdse bijstand bij de invordering van belastingen. Aan het feit dat later is afgezien van de bronheffing die voorwerp van het hoofdgeding is, kunnen geen voorlopige oordelen worden ontleend over de geschiktheid van de maatregel om het nagestreefde doel te bereiken of over de evenredigheid ervan, nu deze alleen aan de hand van de nagestreefde doelstelling dienen te worden beoordeeld.

Vierde vraag

54. Met zijn vierde vraag wenst de verwijzende rechter te vernemen of voor de beoordeling of de verplichting voor de dienstontvanger om een bronheffing in te houden een door artikel 56 VWEU verboden beperking van de vrijheid van dienstverrichting vormt – omdat zij een aanvullende administratieve last en de daarmee samenhangende aansprakelijkheidsrisico's met zich meebrengt –, van belang is of de niet-ingezeten dienstverrichter de in Nederland ingehouden belasting kan verrekenen met de belasting die hij moet betalen in de lidstaat waarin hij gevestigd is.

55. Zoals is opgemerkt in punt 28 van het onderhavige arrest kan de verplichting om tot een dergelijke inhouding over te gaan, de grensoverschrijdende diensten voor de ingezeten dienstontvangers minder aantrekkelijk maken dan de diensten die door ingezeten dienstverrichters worden verricht en genoemde dienstontvangers ervan afschrikken om op niet-ingezeten dienstverrichters een beroep te doen, los van de effecten van de inhouding voor de fiscale situatie van de niet-ingezeten dienstverrichters.

56. Bijgevolg is de fiscale behandeling van de dienstverrichter in de lidstaat waarin hij gevestigd is, irrelevant voor de beoordeling of de verplichting voor de dienstontvanger om genoemde bronheffing in te houden een door artikel 56 VWEU verboden beperking van de vrijheid van dienstverrichting vormt.

57. Derhalve moet op de vierde vraag worden geantwoord dat voor de beoordeling of de verplichting voor de dienstontvanger om een bronheffing in te houden een door artikel 56 VWEU verboden beperking van de vrijheid van dienstverrichting vormt – omdat zij een aanvullende administratieve last en de daarmee samenhangende aansprakelijkheidsrisico's met zich meebrengt –, niet relevant is of de niet-ingezeten dienstverrichter de in Nederland ingehouden belasting kan verrekenen met de belasting die hij moet betalen in de lidstaat waarin hij gevestigd is.

Kosten

58. ...

HET HOF (Eerste kamer)

verklaart voor recht:

1. Artikel 56 VWEU moet aldus worden uitgelegd dat de verplichting die krachtens een regeling van een lidstaat wordt opgelegd aan de dienstontvanger om over de vergoedingen voor in een andere lidstaat gevestigde dienstverrichters bronbelasting in te houden, terwijl een dergelijke verplichting niet aan de orde is bij de vergoedingen voor dienstverrichters die in de betrokken lidstaat zijn gevestigd, een beperking van de vrijheid van dienstverrichting in de zin van die bepaling vormt, omdat zij een aanvullende administratieve last en de daarmee samenhangende aansprakelijkheidsrisico's met zich meebrengt.

2. De beperking van de vrijheid van dienstverrichting als gevolg van de nationale regeling, zoals die aan de orde in het hoofdgeding, voor zover zij voortvloeit uit de verplichting om een bronheffing in te houden – omdat zij een aanvullende administratieve last en de daarmee samenhangende aansprakelijkheidsrisico's met zich meebrengt –, kan worden gerechtvaardigd door de behoefte om de doelatige invordering van belastingen te verzekeren en gaat niet verder dan ter bereiking van die doelstelling noodzakelijk is, zelfs gelet op de mogelijkheden tot wederzijdse bijstand bij de invordering van belastingen die worden geboden door richtlijn 76/308/EEG van de Raad van 15 maart 1976 betreffende de wederzijdse bijstand inzake de invordering van schuldvorderingen die voortvloeien uit bepaalde bijdragen, rechten en belastingen, alsmede uit andere maatregelen, zoals gewijzigd bij richtlijn 2001/44/EG van de Raad van 15 juni 2001. Aan het feit dat later is afgezien van de bronheffing die voorwerp van het hoofdgeding is, kunnen geen voorlopige oordelen worden ontleend over de geschikmeid van de maatregel om het nagestreefde doel te bereiken of over de evenredigheid ervan, nu deze alleen aan de hand van de nagestreefde doelstelling dienen te worden beoordeeld.

3. Voor de beoordeling of de verplichting voor de dienstontvanger om een bronheffing in te houden een door artikel 56 VWEU verboden beperking van de vrijheid van dienstverrichting vormt – omdat zij een aanvullende administratieve last en de daarmee samenhangende aansprakelijkheidsrisico's met zich meebrengt –, is niet relevant of de niet-ingezeten dienstverrichter de in Nederland ingehouden belasting kan verrekenen met de belasting die hij moet betalen in de lidstaat waarin hij gevestigd is.

HvJ EU 18 oktober 2012, zaak C-603/10 (Pelati d.o.o. v. Republika Slovenija)

Vijfde kamer: *E. Levits, waarnemend voor de president van de Vijfde kamer, J. J. Kasel (rapporteur) en M. Safjan, rechters*
Advocaat-generaal: *P. Cruz Villalón*

1. Het onderhavige verzoek om een prejudiciële beslissing betreft de uitlegging van artikel 11, lid 1, sub a, van richtlijn 90/434/EEG van de Raad van 23 juli 1990 betreffende de gemeenschappelijke fiscale regeling voor fusies, splitsingen, inbreng van activa en aandelenruil met betrekking tot vennootschappen uit verschillende lidstaten (*PB* L 225, blz. 1).

2. Dit verzoek is ingediend in het kader van een geding tussen Pelati d.o.o. (hierna: 'Pelati') en de Republiek Slovenië over de afwijzing door de Sloveense belastingdienst van een verzoek om toekenning van belastingvoordelen bij de splitsing van een onderneming.

Toepasselijke bepalingen

Unierecht

3. Artikel 11, lid 1, sub a, van richtlijn 90/434, dat is opgenomen in titel V van deze richtlijn, met het opschrift 'Slotbepalingen', in de op het hoofdgeding toepasselijke versie, luidt:

> 'De lidstaten kunnen weigeren de bepalingen van de titels II, III en IV geheel of gedeeltelijk toe te passen of het voordeel ervan tenietdoen indien blijkt dat de fusie, splitsing, inbreng van activa of aandelenruil
> a. als hoofddoel of een der hoofddoelen belastingfraude of -ontwijking heeft; het feit dat een van de in artikel 1 bedoelde rechtshandelingen niet plaatsvindt op grond van zakelijke overwegingen, zoals herstructurering of rationalisering van de activiteiten van de bij de transactie betrokken vennootschappen, kan doen veronderstellen dat die transactie als hoofddoel of een van de hoofddoelen belastingfraude of -ontwijking heeft'.

Nationale regeling

4. Volgens artikel 47 van de Zakon o davku od dohodkov pravnih oseb (*Uradni list* RS nr. 17/05, wet op de vennootschapsbelasting; hierna: 'ZDDPO-1') worden 'de in de artikelen 41 tot en met 47 [van deze wet] bedoelde rechten [...] aan de inbrengende vennootschap, aan de ontvangende vennootschap en aan de deelgerechtigde van de inbrengende vennootschap toegekend op basis van toestemming van de belastingdienst, die wordt verleend wanneer is voldaan aan de voorwaarden van deze artikelen 41 tot en met 47'.

5. De fiscale procedure bij fusies of splitsingen van vennootschappen is vastgelegd in de Zakon o dav?nem postopku (*Uradni list* RS nr. 25/05, wet op de fiscale procedure; hierna: 'ZDavP-1').

6. Krachtens artikel 345, lid 2, ZDavP-1 dient de belastingplichtige de belastingaangifte uiterlijk 60 dagen na de inschrijving van de splitsing in het handelsregister van de bevoegde rechterlijke instantie in bij de belastingdienst.

7. Artikel 363 ZDavP-1 bepaalt:

> '1. De in artikel 47 ZDDPO-1 bedoelde toestemming moet voor elke afzonderlijke transactie worden gegeven.
> 2. Het verzoek om toestemming wordt ten minste 30 dagen vóór het geplande tijdstip van de transactie als bedoeld in artikel 41 ZDDPO-1 ingediend door de inbrengende vennootschap [...] of de ontvangende vennootschap [...].
> [...]
> 5. Uiterlijk 30 dagen na ontvangst van het verzoek beslist de belastingdienst op het verzoek om toestemming [...]'

8. Het vereiste van voorafgaande toestemming van de belastingdienst als bedoeld in artikel 47 ZDDPO-1, juncto artikel 363 ZDavP-1, is afgeschaft met de inwerkingtreding op 1 januari 2007 van een nieuwe versie van de wet op de vennootschapsbelasting en van de wet op de fiscale procedure (*Uradni list* RS nr. 117/06), die een vereenvoudigde kennisgevingsprocedure heeft ingevoerd, waarbij niet-naleving door de belastingplichtige van de procedurele voorwaarden niet meer automatisch ertoe leidt dat de bij richtlijn 90/434 toegekende rechten vervallen.

Hoofdgeding en prejudiciële vraag

9. Bij notariële akte van 30 juni 2005 heeft Pelati een splitsingsplan aangenomen dat voorzag in de overdracht van een deel van haar onderneming aan een nieuwe vennootschap. Op 27 september 2005 heeft Pelati bij de voor het handelsregister bevoegde rechterlijke instantie een verzoek ingediend tot inschrijving van de wijzigingen in haar statuten. Deze wijzigingen zijn ingeschreven bij beschikking van 12 oktober 2005. Op

21 oktober 2005 heeft Pelati verzocht om toekenning van belastingvoordelen bij de aldus tot stand gekomen splitsing.

10. De belastingdienst heeft vastgesteld dat de omzetting van de vennootschap was verricht bij de inschrijving van de statutaire wijzigingen in het handelsregister. Derhalve heeft hij het verzoek van Pelati afgewezen op grond dat het niet was ingediend binnen de in artikel 363 ZDavP-1 bepaalde termijn, namelijk ten minste 30 dagen vóór de uitvoering van de voorgenomen omzetting.

11. Pelati heeft bezwaar ingediend tegen deze afwijzingsbeslissing op grond dat de belastingdienst zelfs niet had onderzocht of was voldaan aan de materiële voorwaarden om in aanmerking te komen voor de belastingvoordelen van de ZDDPO-1. Dit bezwaar is eveneens afgewezen op grond dat de termijn van 30 dagen dwingend is, zodat het verzoek van Pelati niet-ontvankelijk was doordat het te laat was ingediend.

12. Pelati heeft bij de Upravno sodiš?e Republike Slovenije (administratief gerechtshof van de Republiek Slovenië) beroep tot nietigverklaring van deze beslissing ingesteld . Zij betoogt dat het verval van recht dat haar is tegengeworpen als sanctie voor niet-inachtneming van de bij artikel 363, lid 2, ZDavP-1 bepaalde termijn van 30 dagen in strijd is met richtlijn 90/434. Voorts hangt inachtneming van deze termijn niet volledig van de belastingplichtige vennootschap af, aangezien de datum waarop deze termijn verstrijkt, wordt bepaald door de datum waarop de bevoegde rechterlijke instantie de statutenwijziging in het handelsregister inschrijft.

13. De verwijzende rechter benadrukt allereerst dat de ZDDPO-1 richtlijn 90/434 in Sloveens recht omzet. Vervolgens stelt hij vast dat het verzoek om toekenning van belastingvoordelen krachtens artikel 363, lid 2, ZDavP-1 weliswaar ten minste 30 dagen vóór de voorgenomen transactie moet worden ingediend, maar dat deze wet niet bepaalt op welke tijdstip deze transactie wordt geacht te zijn verricht. In dit verband herinnert hij eraan dat de belastingdienst zich baseert op artikel 533 van de zakon o gospodarskih družbah (*Uradni list* RS nr. 30/1993, wet op de handelsvennootschappen, in de op de feiten toepasselijke versie), krachtens hetwelk de bevoegde rechterlijke instantie de splitsing en de oprichting van de nieuwe vennootschap tegelijkertijd in het handelregister inschrijft. De verwijzende rechter leidt hieruit af dat de datum van de transactie overeenkomt met de datum van de inschrijving van de statutenwijziging in dit register. Ten slotte is de verwijzende rechter van oordeel dat richtlijn 90/434 geen enkele grondslag biedt om een belastingplichtige vennootschap belastingvoordelen te weigeren zonder dat is onderzocht of zij voldoet aan de voorwaarden voor toekenning van deze voordelen.

14. In deze context heeft de Upravno sodiš?e Republike Slovenije de behandeling van de zaak geschorst en het Hof de volgende prejudiciële vraag gesteld:

> 'Moet artikel 11 van richtlijn [90/434] aldus worden uitgelegd dat het in de weg staat aan een nationale regeling op grond waarvan de Republiek Slovenië als lidstaat het belastingvoordeel voor een handelsvennootschap die een splitsing wil uitvoeren (afsplitsing van een deel van de vennootschap en oprichting van een nieuwe vennootschap) afhankelijk stelt van de tijdige indiening van het verzoek om toestemming om – indien is voldaan aan de daarvoor gestelde voorwaarden – in aanmerking te komen voor de belastingvoordelen die voortvloeien uit de splitsing, en op grond waarvan de belastingplichtige wegens het verstrijken van de termijn automatisch de in de nationale wettelijke regeling voorziene belastingvoordelen verliest?'

Beantwoording van de prejudiciële vraag

Voorafgaande opmerkingen

15. Vooraf zij eraan herinnerd dat het Hof krachtens artikel 267 VWEU bevoegd is bij wijze van prejudiciële beslissing uitspraak te doen over onder meer de uitlegging van de Verdragen en de handelingen van de instellingen van de Europese Unie.

16. Vaststaat dat het hoofdgeding betrekking heeft op een bepaling van nationaal recht die in een zuiver interne situatie van toepassing is.

17. Blijkens de verwijzingsbeslissing heeft de Sloveense wetgever bij de omzetting van richtlijn 90/434 in de nationale rechtsorde echter beslist om de bij deze richtlijn voorziene fiscale behandeling ook op zuiver interne situaties toe te passen, zodat nationale en grensoverschrijdende herstructureringen onderworpen zijn aan dezelfde fiscale regeling.

18. Volgens de rechtspraak van het Hof heeft de Unie, wanneer een nationale wettelijke regeling zich voor haar oplossingen voor zuiver interne situaties conformeert aan de in het Unierecht gekozen oplossingen, teneinde inzonderheid discriminaties ten nadele van nationale staatsburgers of eventuele distorsies van de mededinging te voorkomen, er stellig belang bij dat ter vermijding van uiteenlopende uitleggingen in de toekomst de uit het Unierecht overgenomen bepalingen of begrippen op eenvormige wijze worden uitgelegd, ongeacht de omstandigheden waarin zij toepassing moeten vinden (zie arresten van 17 juli 1997, Leur-Bloem, C-28/95, *Jurispr.* blz. I-4161, punt 32; 15 januari 2002, Andersen og Jensen, C-43/00, *Jurispr.* blz. I-379, punt 18, en 20 mei 2010, Modehuis A. Zwijnenburg, C-352/08, *Jurispr.* blz. I-4303, punt 33).

19. Daaraan moet worden toegevoegd dat het uitsluitend aan de nationale rechter staat, de precieze strekking van die verwijzing naar het Unierecht te beoordelen, en het Hof enkel bevoegd is om de bepalingen van dat recht te onderzoeken (zie reeds aangehaalde arresten Leur-Bloem, punt 33, en Modehuis A. Zwijnenburg, punt 34).

20. Hieruit volgt dat het Hof bevoegd is om richtlijn 90/434 uit te leggen, ook al regelt zij de in het hoofdgeding aan de orde zijnde situatie niet rechtstreeks, en derhalve om te antwoorden op de vraag van de verwijzende rechter.

Ten gronde

21. Met zijn vraag wenst de verwijzende rechter in wezen te vernemen of artikel 11, lid 1, sub a, van richtlijn 90/434 aldus moet worden uitgelegd dat het zich verzet tegen een nationale regeling zoals die welke aan de orde is in het hoofdgeding, die voor de toekenning van de belastingvoordelen bij een splitsing als voorwaarde stekt dat het verzoek betreffende deze transactie wordt ingediend binnen een bepaalde termijn, waarvan de belastingplichtige het aanvangspunt niet kent en na afloop waarvan deze belastingplichtige het recht op deze belastingvoordelen verliest zonder dat is onderzocht of hij voldoet aan de voorwaarden voor toekenning van deze voordelen.

22. Zoals is vastgesteld door zowel verzoekster in het hoofdgeding als de Sloveense regering en de Europese Commissie, die bij het Hof schriftelijke opmerkingen hebben ingediend, bevat richtlijn 90/434 geen bepalingen betreffende de procedurevoorschriften die de lidstaten moeten naleven om de in deze richtlijn bedoelde belastingvoordelen toe te kennen.

23. Volgens vaste rechtspraak van het Hof zijn, bij gebreke van een Unieregeling ter zake, de procedurevoorschriften ter verzekering van de bescherming van de rechten die de justitiabelen aan het Unierecht ontlenen op grond van het beginsel van procedurele autonomie van de lidstaten, een aangelegenheid van de rechtsorde van elke lidstaat, met dien verstande evenwel dat zij niet ongunstiger mogen zijn dan die welke voor soortgelijke nationale situaties gelden (gelijkwaardigheidsbeginsel) en de uitoefening van de door het Unierecht verleende rechten in de praktijk niet onmogelijk of uiterst moeilijk mogen maken (doeltreffendheidsbeginsel) (zie met name arresten van 19 september 2006, i-21 Germany en Arcor, C-392/04 en C-422/04, *Jurispr.* blz. I-8559, punt 57, en 30 juni 2011, Meilicke e.a., C-262/09, nog niet gepubliceerd in de *Jurisprudentie*, punt 55).

24. Wat het gelijkwaardigheidsbeginsel betreft, zij opgemerkt dat het Hof in casu over geen enkele aanwijzing beschikt op grond waarvan de overeenstemming van een regeling als die in het hoofdgeding met dit beginsel kan worden betwijfeld.

25. Daarentegen moet worden nagegaan of deze regeling voldoet aan de eisen van het doeltreffendheidsbeginsel, waarvan moet worden aangenomen dat het is aangetast wanneer blijkt dat het onmogelijk of uiterst moeilijk is om de aan de rechtsorde van de Unie ontleende rechten uit te oefenen.

26. Wat de bij richtlijn 90/434 toegekende rechten betreft, zij eraan herinnerd dat de bij deze richtlijn ingevoerde gemeenschappelijke fiscale regeling, die verschillende belastingvoordelen behelst, zonder onderscheid van toepassing is op elke fusie, splitsing, inbreng van activa en aandelenruil, ongeacht om welke redenen deze plaatsvindt en of deze van financiële, economische of zuiver fiscale aard is (zie reeds aangehaalde arresten Leur-Bloem, punt 36, en Modehuis A. Zwijnenburg, punt 41).

27. De lidstaten kunnen slechts bij uitzondering en in bijzondere omstandigheden op grond van artikel 11, lid 1, sub a, van richtlijn 90/434 weigeren deze richtlijn geheel of gedeeltelijk toe te passen of het voordeel ervan tenietdoen (arrest van 5 juli 2007, Kofoed, C-321/05, *Jurispr.* blz. I-5795, punt 37, en reeds aangehaald arrest Modehuis A. Zwijnenburg, punt 45), namelijk wanneer de voorgenomen herstructurering als hoofddoel of een der hoofddoelen belastingfraude of -ontwijking heeft.

28. In casu blijkt uit het aan het Hof overgelegde dossier dat de belastingplichtige overeenkomstig artikel 47 ZDDPO-1, juncto artikel 363, lid 2, ZDavP-1, zijn verzoek om toekenning van de in richtlijn 90/434 bedoelde belastingvoordelen, op straffe van verval van de bij deze richtlijn toegekende rechten, ten minste 30 dagen vóór de voorgenomen herstructurering moet indienen.

29. Derhalve dient te worden nagegaan of deze termijn van 30 dagen voldoet aan de eisen van het doeltreffendheidsbeginsel met betrekking tot zowel de duur als het aanvangspunt ervan.

30. Met betrekking tot de duur van de termijn heeft het Hof in het kader van de analyse van het beginsel van effectieve rechterlijke bescherming van de door het Unierecht aan de justitiabelen verleende rechten reeds geoordeeld dat het met het Unierecht verenigbaar is dat in het belang van de rechtszekerheid, waarin zowel de betrokken belastingplichtige als de betrokken belastingdienst bescherming vindt, redelijke beroepstermijnen worden vastgesteld die gelden op straffe van verval van recht. Dergelijke termijnen kunnen de uitoefening van de door het Unierecht verleende rechten in de praktijk immers niet onmogelijk of uiterst moeilijk maken (arresten van 10 juli 1997, Palmisani, C-261/95, *Jurispr.* blz. I-4025, punt 28, en 17 november 1998, Aprile, C-228/96, *Jurispr.* blz. I-7141, punt 19). In dit verband heeft het Hof eveneens geoordeeld dat een termijn van zestig dagen voor het instellen van een vordering op zich geen aanleiding geeft tot kritiek (arresten van 14 december 1995, Peterbroeck, C-312/93,

Jurispr. blz. I-4599, punt 16, en 6 oktober 2009, Asturcom Telecomunicaciones, C-40/08, *Jurispr.* blz. I-9579, punt 43).

31. Voorts heeft het Hof geoordeeld dat deze rechtspraak ook toepasselijk is waar het gaat om de beoordeling van de regels voor terugbetaling van onverschuldigd geïnde nationale heffingen (reeds aangehaald arrest Meilicke e.a., punten 55-58). Derhalve moet hetzelfde gelden waar het gaat om de beoordeling van de naleving van het doeltreffendheidsbeginsel met betrekking tot de vaststelling van een termijn voor de indiening van een verzoek om toekenning van belastingvoordelen.

32. Bijgevolg blijkt niet dat een nationale regeling op grond waarvan de in richtlijn 90/434 bedoelde belastingvoordelen slechts worden toegekend indien het desbetreffende verzoek ten minste 30 dagen vóór de voorgenomen herstructurering wordt ingediend, de uitoefening van de rechten die de belastingplichtige aan het Unierecht ontleent, in de praktijk onmogelijk of uiterst moeilijk kan maken.

33. Ook al is een vervaltermijn zoals die welke aan de orde is in het hoofdgeding, op zich dus niet in strijd met het doeltreffendheidsbeginsel, het valt niet uit te sluiten dat in de bijzondere omstandigheden van de aan de verwijzende rechter voorgelegde zaak de regels voor de toepassing van deze termijn schending van dit beginsel kunnen opleveren.

34. Wat het aanvangspunt van de in artikel 363, lid 2, ZDavP-1 bedoelde termijn van 30 dagen betreft, blijkt immers uit de verwijzingsbeslissing dat voor deze termijn wordt afgeteld vanaf de dag waarop de herstructurering heeft plaatsgevonden, met dien verstande dat de herstructurering wordt geacht te hebben plaatsgevonden op de datum van inschrijving van deze transactie in het handelsregister door de bevoegde rechterlijke instantie.

35. Bijgevolg hangt in een dergelijke situatie de periode waarin de termijn van 30 dagen loopt, niet van de belastingplichtige af, aangezien laatstgenoemde noch het aanvangspunt van deze termijn noch het einde ervan, namelijk de datum waarop de voorgenomen herstructurering in het handelsregister zal worden ingeschreven, nauwkeurig kan kennen.

36. De door richtlijn 90/434 nagestreefde doelstellingen moeten in het nationale recht worden verwezenlijkt met inachtneming van de vereisten van rechtszekerheid. Te dien einde zijn de lidstaten verplicht, een termijnregeling in te voeren die voldoende nauwkeurig, duidelijk en voorzienbaar is dat een particulier zijn rechten en plichten kan kennen [zie naar analogie arrest van 28 januari 2010, Uniplex (UK), C-406/08, *Jurispr.* blz. I-817, punt 39 en aldaar aangehaalde rechtspraak]. Het staat aan de nationale rechter om na te gaan of aan deze vereisten is voldaan.

37. Gelet op een en ander dient op de prejudiciële vraag te worden geantwoord dat artikel 11, lid 1, sub a, van richtlijn 90/434 aldus moet worden uitgelegd dat het zich niet verzet tegen een nationale regeling zoals die welke aan de orde is in het hoofdgeding, die voor de toekenning van de belastingvoordelen bij een splitsing overeenkomstig deze richtlijn als voorwaarde stelt dat het verzoek betreffende deze transactie wordt ingediend binnen een bepaalde termijn. Het staat echter aan de verwijzende rechter om na te gaan of de regels voor de toepassing van deze termijn, in het bijzonder de bepaling van het aanvangspunt ervan, voldoende nauwkeurig, duidelijk en voorzienbaar zijn dat een belastingplichtige zijn rechten kan kennen, en ervoor te zorgen dat deze belastingplichtige aanspraak kan maken op de in deze richtlijn bedoelde belastingvoordelen.

Kosten

38. …

HET HOF (Vijfde kamer)

verklaart voor recht:

Artikel 11, lid 1, sub a, van richtlijn 90/434/EEG van de Raad van 23 juli 1990 betreffende de gemeenschappelijke fiscale regeling voor fusies, splitsingen, inbreng van activa en aandelenruil met betrekking tot vennootschappen uit verschillende lidstaten moet aldus worden uitgelegd dat het zich niet verzet tegen een nationale regeling zoals die welke aan de orde is in het hoofdgeding, die voor de toekenning van de belastingvoordelen bij een splitsing overeenkomstig deze richtlijn als voorwaarde stelt dat het verzoek betreffende deze transactie wordt ingediend binnen een bepaalde termijn. Het staat echter aan de verwijzende rechter om na te gaan of de regels voor de toepassing van deze termijn, in het bijzonder de bepaling van het aanvangspunt ervan, voldoende nauwkeurig, duidelijk en voorzienbaar zijn dat een belastingplichtige zijn rechten kan kennen, en ervoor te zorgen dat deze belastingplichtige aanspraak kan maken op de in deze richtlijn bedoelde belastingvoordelen.

HvJ EU 18 oktober 2012, zaak C-371/11 (Punch Graphix Prepress Belgium NV v. Belgische Staat)

Zevende kamer: *J. Malenovský, waarnemend voor de president van de Zevende kamer, T. von Danwitz (rapporteur) en D. Šváby, rechters*

Advocaat-generaal: *E. Sharpston*

1. Het verzoek om een prejudiciële beslissing betreft de uitlegging van artikel 4, lid 1, van richtlijn 90/435/EEG van de Raad van 23 juli 1990 betreffende de gemeenschappelijke fiscale regeling voor moedermaatschappijen en dochterondernemingen uit verschillende lidstaten (*PB* L 225, blz. 6), zoals gewijzigd bij richtlijn 2006/98/EG van de Raad van 20 november 2006 (*PB* L 363, blz. 129; hierna: 'richtlijn 90/435').

2. Dit verzoek is ingediend in het kader van een geding tussen Punch Graphix Prepress Belgium NV (hierna: 'Punch Graphix') en de Belgische Staat over de belasting van de winst die Punch Graphix heeft gemaakt bij een fusie door overneming waarbij Strobbe Graphics NV (hierna: 'Strobbe Graphics'), later Punch Graphix, de vennootschappen Advantra Belgium NV (hierna: 'Advantra Belgium') en Strobbe NV (hierna: 'Strobbe') heeft overgenomen.

Toepasselijke bepalingen Unieregeling Richtlijn 90/435

3. In de eerste, de derde en de vierde overweging van de considerans van richtlijn 90/435 wordt verklaard:

'Overwegende dat hergroeperingen van vennootschappen uit verschillende lidstaten noodzakelijk kunnen zijn teneinde in de Gemeenschap soortgelijke voorwaarden te scheppen als op een binnenlandse markt en daardoor de instelling en de goede werking van de gemeenschappelijke markt te verzekeren; dat deze transacties niet moeten worden belemmerd door uit de fiscale voorschriften der lidstaten voortvloeiende bijzondere beperkingen, nadelen of distorsies; [...]

[...]

Overwegende dat de huidige fiscale voorschriften voor de betrekkingen tussen moedermaatschappijen en dochterondernemingen uit verschillende lidstaten van land tot land aanzienlijke verschillen vertonen en in het algemeen minder gunstig zijn dan de voorschriften voor de betrekkingen tussen moedermaatschappijen en dochterondernemingen van dezelfde lidstaat; dat de samenwerking tussen vennootschappen van verschillende lidstaten hierdoor benadeeld wordt ten opzichte van de samenwerking tussen vennootschappen van dezelfde lidstaat; dat deze benadeling moet worden opgeheven door invoering van een gemeenschappelijke regeling en dat hergroeperingen van vennootschappen op communautair niveau aldus vergemakkelijkt moeten worden;

Overwegende dat, wanneer een moedermaatschappij als deelgerechtigde van haar dochteronderneming uitgekeerde winst ontvangt, de lidstaat van de moedermaatschappij

– zich moet onthouden van het belasten van deze winst, of
– die winst moet belasten, maar in dat geval de moedermaatschappij moet toestaan het gedeelte van de belasting van de dochteronderneming dat op deze winst betrekking heeft van haar eigen belasting af te trekken'.

4. Artikel 4, lid 1, van deze richtlijn luidt:

'Wanneer een moedermaatschappij of haar vaste inrichting, op grond van de deelgerechtigdheid van de moedermaatschappij in haar dochteronderneming, uitgekeerde winst ontvangt, anders dan bij de liquidatie van de dochteronderneming, moeten de lidstaat van de moedermaatschappij en de lidstaat van haar vaste inrichting:

– ofwel zich onthouden van het belasten van deze winst;
– ofwel de winst belasten, maar in dat geval de moedermaatschappij en de vaste inrichting toestaan van de verschuldigde belasting af te trekken het gedeelte van de belasting dat betrekking heeft op die winst en betaald is door de dochteronderneming en enigerlei kleindochteronderneming, op voorwaarde dat bij iedere schakel een vennootschap en haar kleindochteronderneming aan de in de artikelen 2 en 3 gestelde eisen voldoen, tot het bedrag van de overeenstemmende verschuldigde belasting.'

5. Richtlijn 90/435 is vervangen door richtlijn 2011/96/EU van de Raad van 30 november 2011 betreffende de gemeenschappelijke fiscale regeling voor moedermaatschappijen en dochterondernemingen uit verschillende lidstaten (*PB* L 345, blz. 8).

Richtlijn 90/434/EEG

6. In de eerste overweging van de considerans van richtlijn 90/434/EEG van de Raad van 23 juli 1990 betreffende de gemeenschappelijke fiscale regeling voor fusies, splitsingen, gedeeltelijke splitsingen, inbreng van activa en

aandelenruil met betrekking tot vennootschappen uit verschillende lidstaten en voor de verplaatsing van de statutaire zetel van een SE of een SCE van een lidstaat naar een andere lidstaat (*PB* L 225, blz. 1), zoals gewijzigd bij richtlijn 2006/98 (hierna: 'richtlijn 90/434'), wordt verklaard:

'Overwegende dat fusies, splitsingen, inbreng van activa en aandelenruil, betrekking hebbende op vennootschappen uit verschillende lidstaten noodzakelijk kunnen zijn teneinde in de Gemeenschap soortgelijke voorwaarden te scheppen als op een binnenlandse markt en daardoor de instelling en de goede werking van de gemeenschappelijke markt te verzekeren; dat deze transacties niet moeten worden belemmerd door uit de fiscale voorschriften der lidstaten voortvloeiende bijzondere beperkingen, nadelen of distorsies; [...]'

7. Artikel 1, sub a, van deze richtlijn bepaalt:

'Elke lidstaat past de in deze richtlijn opgenomen bepalingen toe op:
a. fusies, splitsingen, gedeeltelijke splitsingen, inbreng van activa en aandelenruil waarbij vennootschappen van twee of meer lidstaten betrokken zijn'.

8. Artikel 2 van richtlijn 90/434 bepaalt:

'Voor de toepassing van deze richtlijn wordt verstaan onder
a. fusie: de rechtshandeling waarbij [...]
– de activa en passiva van het vermogen van een vennootschap als gevolg en op het tijdstip van haar ontbinding zonder liquidatie in haar geheel op de vennootschap overgaan die alle bewijzen van deelgerechtigdheid in het maatschappelijk kapitaal bezit'.

9. Richtlijn 90/434 werd vervangen door richtlijn 2009/133/EG van de Raad van 19 oktober 2009 betreffende de gemeenschappelijke fiscale regeling voor fusies, splitsingen, gedeeltelijke splitsingen, inbreng van activa en aandelenruil met betrekking tot vennootschappen uit verschillende lidstaten en voor de verplaatsing van de statutaire zetel van een SE of een SCE van een lidstaat naar een andere lidstaat (*PB* L 310, blz. 34).

Belgische regeling

10. Artikel 671 van het Wetboek van vennootschappen luidt:

'Fusie door overneming is de rechtshandeling waarbij het gehele vermogen van één of meer vennootschappen, zowel de rechten als de verplichtingen, als gevolg van ontbinding zonder vereffening op een andere vennootschap overgaat tegen uitreiking van aandelen in de verkrijgende vennootschap aan de vennoten van de ontbonden vennootschap of vennootschappen, eventueel met een opleg in geld die niet meer mag bedragen dan een tiende van de nominale waarde of, bij gebreke van een nominale waarde, van de fractiewaarde van de uitgereikte aandelen.'

11. De artikelen 208 tot en met 210 van het Wetboek van de inkomstenbelastingen 1992 (hierna: 'WIB 92') bepalen:

'*Artikel 208*
Vennootschappen in vereffening blijven aan de vennootschapsbelasting onderworpen [...].
Hun winst bevat mede de meerwaarden die worden verwezenlijkt of vastgesteld naar aanleiding van de verdeling van hun vermogen.

Artikel 209
Wanneer het maatschappelijk vermogen van een vennootschap wordt verdeeld ten gevolge van ontbinding of om enige andere reden, wordt als een uitgekeerd dividend aangemerkt het positieve verschil tussen de uitkeringen in geld, in effecten of in enige andere vorm, en de gerevaloriseerde waarde van het gestorte kapitaal.
[...]

Artikel 210
§ 1 De artikelen 208 en 209 zijn mede van toepassing: 1° bij fusie door overneming, bij fusie door oprichting van een nieuwe vennootschap, bij splitsing door overneming, bij splitsing door oprichting van nieuwe vennootschappen, bij gemengde splitsing of bij met fusie door overneming gelijkgestelde verrichting;
[...]
§ 2 In de in § 1 vermelde gevallen, wordt de werkelijke waarde van het maatschappelijk vermogen op de datum waarop de bedoelde verrichtingen hebben plaatsgevonden, gelijkgesteld met een bij verdeling van maatschappelijk vermogen uitgekeerde som.
[...]'

Hoofdgeding en prejudiciële vraag

12. In de loop van 2001 werd een geruisloze fusie doorgevoerd tussen Advantra Belgium, Strobbe en Strobbe Graphics, met maatschappelijke zetel in België. Strobbe Graphics was voordien 100 %-aandeelhouder van de twee andere vennootschappen. Het ging dan ook om een fusie door overneming in de zin van artikel 671 van het Wet-

boek van vennootschappen, waarbij Advantra Belgium en Strobbe werden ontbonden zonder vereffening en hun hele vermogen werd overgedragen aan Strobbe Graphics, later Punch Graphix.

13. Als overnemende vennootschap realiseerde Punch Graphix een fusiemeerwaarde van 10 669 985,69 EUR. Van dat bedrag kwam 95 % of 10 136 486,41 EUR in principe in aanmerking om als 'definitief belaste inkomsten' van de belastbare winst te worden afgetrokken. De belastinggrondslag van Punch Graphix voor aanslagjaar 2002 bedroeg evenwel slechts 8 206 489,70 EUR, zodat het verschil voor 2002 niet in aftrek kon worden gebracht.

14. In haar aangifte voor aanslagjaar 2003 heeft Punch Graphix geen aanspraak gemaakt op aftrek van over te dragen aftrek van 'definitief belaste inkomsten'.

15. Op 19 oktober 2007 heeft Punch Graphix een verzoek tot ambtshalve ontheffing wegens dubbele belasting ingediend. Zijwas immers van mening dat de beperking van de aftrek van 'definitief belaste inkomsten' tot het bedrag van het positieve resultaat van het jaar waarin de fusiemeerwaarde is gerealiseerd, in strijd was met artikel 4, lid 1, van richtlijn 90/435. Zij verzocht om de niet-toegepaste aftrek van 'definitief belaste inkomsten' voor 911 426,85 EUR aan te wenden voor boekjaar 2002 (aanslagjaar 2003).

16. Dat verzoek tot ambtshalve ontheffing werd bij beslissing van 8 mei 2008 door de belastingadministratie afgewezen.

17. Bij verzoekschrift van 5 augustus 2008 heeft Punch Graphix de zaak voor de Rechtbank van eerste aanleg te Brugge aanhangig gemaakt.

18. Bij vonnis van 28 oktober 2009 heeft de Rechtbank van eerste aanleg te Brugge de vordering afgewezen. Deze Rechtbank heeft weliswaar de stelling van Punch Graphix gevolgd dat de Belgische regeling van 'definitief belaste inkomsten' in principe in strijd is met artikel 4, lid 1, van richtlijn 90/435 doordat het niet mogelijk is het bedrag van de niet-toegepaste aftrek van 'definitief belaste inkomsten' over te dragen naar latere boekjaren, maar zij heeft de vordering van Punch Graphix afgewezen op grond dat de betrokken fusiemeerwaarde onder de uitzondering van dat artikel viel aangezien het ging om een geval van 'liquidatie' van dochterondernemingen.

19. Punch Graphix heeft tegen dat vonnis hoger beroep ingesteld bij het Hof van Beroep te Gent.

20. Volgens de verwijzende rechter erkent de belastingadministratie dat de Belgische regeling van aftrek van 'definitief belaste inkomsten' in strijd is met artikel 4, lid 1, van richtlijn 90/435 voor zover geen overdracht naar latere boekjaren mogelijk is van het bedrag van de aftrek van 'definitief belaste inkomsten' die niet kon worden toegepast omdat de belastbare winst niet toereikend was. Hij stelt bovendien vast dat de discussie tussen partijen gaat over de vraag of de betrokken fusie moet worden beschouwd als een 'liquidatie' in de zin van artikel 4, lid 1, van richtlijn 90/435.

21. De verwijzende rechter is van oordeel dat de kernvraag in casu is te weten of de nationale belastingoverheid voor de invulling van de werkingssfeer van artikel 4, lid 1, van richtlijn 90/435, meer bepaald van de uitzonderingssituatie waarin deze bepaling voorziet, een beroep kan doen op een internrechtelijke bepaling, meer bepaald een gelijkstellingsbepaling (dus eigenlijk een fictiebepaling), waardoor een eigen invulling wordt gegeven aan een bepaling van Unierecht. Door de gelijkstelling, krachtens de artikelen 208 en 210 WIB 92, van een fusie door overneming met een vereffening van een dochteronderneming wordt in de Belgische regeling deze transactie immers onttrokken aan de toepassing van de regel van artikel 4, lid 1, van richtlijn 90/435.

22. Daarop heeft het Hof van Beroep te Gent de behandeling van de zaak geschorst en het Hof de volgende prejudiciële vraag gesteld:

> 'Kan de nationale belastingoverheid de toepassing van artikel 4, lid 1, van [richtlijn 90/435] uitsluiten op grond van de bepaling in dat artikel dat het niet toepasselijk is in het geval van liquidatie van de dochteronderneming, door een beroep te doen op een internrechtelijke bepaling (hier artikel 210 WIB 92) die een fusie door overneming waarbij in werkelijkheid geen liquidatie van de dochteronderneming plaatsvindt, gelijkstelt met een fusie waarbij wel een liquidatie van de dochteronderneming plaatsvindt?'

Ontvankelijkheid van het verzoek om een prejudiciële beslissing

23. De Duitse regering betwist dat de prejudiciële verwijzing ontvankelijk is op grond dat de transactie in het hoofdgeding een zuiver interne situatie betreft waarbij alleen Belgische vennootschappen waren betrokken, en dus niet valt onder de regeling van richtlijn 90/435, die alleen geldt voor vormen van samenwerking tussen vennootschappen uit verschillende lidstaten.

24. Volgens deze regering kan de prejudiciële verwijzing evenmin ontvankelijk worden verklaard op basis van de rechtspraak van het Hof inzake verwijzingen, krachtens het nationale recht, naar de bepalingen van Unierecht voor binnenlandse situaties. De verwijzende rechter maakt immers geen gewag van een verwijzing in het Belgische recht naar richtlijn 90/435 en bovendien strekt richtlijn 90/435 niet ertoe de fiscale gevolgen van een fusie te regelen aangezien voor deze gevolgen uitsluitend de regeling van richtlijn 90/434 geldt. Derhalve kan de regel van arti-

kel 4, lid 1, van richtlijn 90/435 niet via een verwijzing krachtens het nationale recht worden verruimd tot een situatie die niet onder deze bepaling valt maar in het recht van de Unie door richtlijn 90/434 wordt geregeld.

25. Weliswaar staat vast dat het in het hoofdgeding gaat om een nationaalrechtelijke bepaling die van toepassing is in een zuiver nationale context, terwijl richtlijn 90/435 ziet op winstuitkeringen die vennootschappen van een lidstaat ontvangen van hun dochterondernemingen uit andere lidstaten (zie arrest van 12 februari 2009, Cobelfret, C-138/07, *Jurispr.* blz. I-731, punt 20).

26. Toch blijkt uit de verwijzingsbeslissing in de eerste plaats dat beide partijen uitgaan van de premisse dat het Belgische nationale recht wat de regeling van 'definitief belaste inkomsten' betreft verwijst naar richtlijn 90/435, hetgeen bovendien door de Belgische regering in haar bij het Hof ingediende schriftelijke opmerkingen is bevestigd. Bovendien is in de rechtspraak van het Hof, laatstelijk in de beschikking van 4 juni 2009, KBC Bank en Beleggen, Risicokapitaal, Beheer (C-439/07 en C-499/07, *Jurispr.* blz. I-4409, punten 58 en 59), reeds erkend dat in het Belgische recht naar richtlijn 90/435 wordt verwezen en dat een verzoek om een prejudiciële beslissing op grond van deze verwijzing ontvankelijk is.

27. In de tweede plaats is het vaste rechtspraak dat, wanneer een nationale wettelijke regeling zich voor haar oplossingen voor zuiver interne situaties conformeert aan de in het Unierecht gekozen oplossingen, het in het kader van de door artikel 267 VWEU beoogde bevoegdheidsverdeling tussen de nationale rechter en het Hof uitsluitend aan de nationale rechter staat om de precieze strekking van die verwijzing naar het gemeenschapsrecht te beoordelen, en het Hof enkel bevoegd is om de bepalingen van het Unierecht te onderzoeken (beschikking KBC Bank en Beleggen, Risicokapitaal, Beheer, reeds aangehaald, punt 59 en aldaar aangehaalde rechtspraak).

28. Derhalve kan niet worden getwijfeld aan de ontvankelijkheid van het verzoek om een prejudiciële beslissing op grond van de veronderstelling dat artikel 4, lid 1, van richtlijn 90/435 ratione materiae niet ziet op een situatie als in het hoofdgeding die in beginsel uitsluitend door richtlijn 90/434 wordt geregeld.

29. Uit het voorgaande volgt dat de prejudiciële vraag moet worden beantwoord.

Beantwoording van de prejudiciële vraag

30. Met zijn vraag wenst de verwijzende rechter in wezen te vernemen of het begrip 'liquidatie' in artikel 4, lid 1, van richtlijn 90/435 aldus moet worden uitgelegd dat de ontbinding van een vennootschap in het kader van een fusie door overneming als een liquidatie in deze zin moet worden aangemerkt.

31. Deze vraag moet worden gezien tegen de achtergrond van de Belgische wetgeving, waarin een dergelijke transactie wordt gelijkgesteld met de vereffening van een dochteronderneming. Volgens de Belgische Staat is de algemene regel van artikel 4, lid 1, van richtlijn 90/435, namelijk de verplichting om economische dubbele belasting over winstuitkeringen te voorkomen, dus niet van toepassing gelet op de uitzondering betreffende winst die wordt uitgekeerd 'bij de liquidatie' van de dochteronderneming.

32. Voor de beantwoording van deze vraag dient te worden vastgesteld dat richtlijn 90/435 het begrip 'liquidatie' niet definieert.

33. In artikel 2, sub a, derde streepje, van richtlijn 90/434 wordt een 'fusie' gedefinieerd als een 'rechtshandeling waarbij de activa en passiva van het vermogen van een vennootschap als gevolg en op het tijdstip van haar ontbinding zonder liquidatie in haar geheel op de vennootschap overgaan die alle bewijzen van deelgerechtigdheid in het maatschappelijk kapitaal bezit'.

34. Weliswaar komt deze definitie van het begrip 'fusie' voor in richtlijn 90/434 en niet in richtlijn 90/435. Toch belet dit niet dat met deze definitie rekening wordt gehouden bij de uitlegging van het begrip 'liquidatie' in de zin van artikel 4, lid 1, van richtlijn 90/435.

35. Het voorstel voor richtlijn 90/435 werd immers dezelfde dag als het voorstel voor richtlijn 90/434 aan de Europese Commissie voorgelegd en deze twee richtlijnen werden op dezelfde dag door de Raad van de Europese Unie vastgesteld en moesten voorts tegelijk worden omgezet in nationaal recht. Bovendien hebben deze richtlijnen, inhoudelijk gezien, als gemeenschappelijke doelstelling dat zij ertoe strekken, zoals blijkt uit de eerste overweging van de considerans ervan, de uit de fiscale voorschriften van de lidstaten voortvloeiende bijzondere beperkingen, nadelen of distorsies af te schaffen voor de in deze richtlijnen bedoelde transacties, te weten, wat richtlijn 90/435 betreft, de samenwerking tussen moedermaatschappijen en dochterondernemingen uit verschillende lidstaten en, wat richtlijn 90/434 betreft, de fusies, splitsingen en inbreng van activa met betrekking tot vennootschappen uit verschillende lidstaten. Derhalve vormen deze richtlijnen, die verschillende vormen van transnationale samenwerking tussen vennootschappen regelen, volgens de opzet van de wetgever één geheel doordat zij elkaar aanvullen.

36. De in artikel 2, sub a, derde streepje, van richtlijn 90/434 voorkomende definitie van het begrip 'fusie' is dus ook relevant voor de uitlegging van het begrip 'liquidatie' in de zin van artikel 4, lid 1, van richtlijn 90/435, zodat de

ontbinding van een vennootschap in het kader van een fusie door overneming niet kan worden beschouwd als een 'liquidatie' in de zin van deze laatste bepaling.

37. Gelet op een en ander dient op de prejudiciële vraag te worden geantwoord dat het begrip 'liquidatie' in artikel 4, lid 1, van richtlijn 90/435 aldus moet worden uitgelegd dat de ontbinding van een vennootschap in het kader van een fusie door overneming niet als een liquidatie in deze zin kan worden beschouwd.

Kosten

38. …

HET HOF (Zevende kamer)

verklaart voor recht:

Het begrip 'liquidatie' in artikel 4, lid 1, van richtlijn 90/435/EEG van de Raad van 23 juli 1990 betreffende de gemeenschappelijke fiscale regeling voor moedermaatschappijen en dochterondernemingen uit verschillende lidstaten, zoals gewijzigd bij richtlijn 2006/98/EG van de Raad van 20 november 2006, moet aldus worden uitgelegd dat de ontbinding van een vennootschap in het kader van een fusie door overneming niet als een liquidatie in deze zin kan worden beschouwd.

HvJ EU 25 oktober 2012, zaak C-387/11 (Europese Commissie v. Koninkrijk België)

Eerste kamer: *A. Tizzano, waarnemend voor de president van de Eerste kamer, A. Borg Barthet, E. Levits (rapporteur), J. J. Kasel en M. Berger, rechters*

Advocaat-generaal: *P. Mengozzi*

1. De Europese Commissie verzoekt het Hof vast te stellen dat het Koninkrijk België de verplichtingen niet is nagekomen die op hem rusten krachtens de artikelen 49 VWEU en 63 VWEU alsook de artikelen 31 en 40 van de Overeenkomst betreffende de Europese Economische Ruimte van 2 mei 1992 (*PB* 1994, L 1, blz. 3; hierna: 'EER-Overeenkomst'), door regels inzake de belasting op inkomsten uit kapitaal en roerende goederen te handhaven die verschillen naargelang deze inkomsten worden verkregen door Belgische beleggingsvennootschappen of door buitenlandse beleggingsvennootschappen.

Toepasselijke bepalingen van Belgisch recht

2. Artikel 1 van het Wetboek van de inkomstenbelastingen 1992 (hierna: 'WIB 1992') bepaalt:

'§ 1. Als inkomstenbelastingen worden geheven:

1° een belasting op het totale inkomen van rijksinwoners, personenbelasting geheten;

2° een belasting op het totale inkomen van binnenlandse vennootschappen, vennootschapsbelasting geheten;

3° een belasting op inkomsten van andere Belgische rechtspersonen dan vennootschappen, rechtspersonenbelasting geheten;

4° een belasting op inkomsten van niet-inwoners, belasting van niet-inwoners geheten.

§ 2. De belastingen worden geheven door middel van voorheffingen, binnen de grenzen en onder de voorwaarden als bepaald in titel VI, hoofdstuk I.'

Belastingregeling voor in België gevestigde beleggingsvennootschappen

3. Blijkens artikel 179 WIB 1992 zijn binnenlandse vennootschappen, te weten vennootschappen die hun hoofdkantoor, hun voornaamste inrichting of hun zetel van bestuur of beheer in België hebben, aan de vennootschapsbelasting onderworpen.

4. Aldus preciseert artikel 185, § 1, WIB 1992 dat deze vennootschappen belastbaar zijn op het totale bedrag van de winst, uitgekeerde dividenden inbegrepen.

5. Artikel 185 bis, § 1, WIB 1992 bepaalt evenwel dat beleggingsvennootschappen '[...] slechts belastbaar [zijn] op het totaal van de ontvangen abnormale of goedgunstige voordelen en van de niet als beroepskosten aftrekbare uitgaven en kosten andere dan waardeverminderingen en minderwaarden op aandelen, onverminderd evenwel het feit dat zij de in artikel 219 bedoelde bijzondere bijdrage verschuldigd zijn'.

6. In dit opzicht bepaalt artikel 219 WIB 1992 dat een afzonderlijke aanslag met name wordt gevestigd op de kosten van de vennootschap, te weten commissies, makelaarslonen, handels- of andere restorno's die niet worden verantwoord door individuele fiches en een samenvattende opgave, alsmede op de verdoken meerwinsten, namelijk de door de fiscus vastgestelde meerwinsten die niet begrepen zijn in het boekhoudkundig resultaat van de vennootschap.

7. Overeenkomstig de artikelen 249 en 261 WIB 1992 wordt de vennootschapsbelasting bij wijze van voorheffing geheven over inkomsten uit kapitaal en roerende goederen van rijksinwoners, binnenlandse vennootschappen alsmede aan de belasting van niet-inwoners onderworpen belastingplichtigen die in België een inrichting hebben.

8. Bij artikel 269 WIB 1992 is de aanslagvoet van de roerende voorheffing vastgesteld op 15 % voor inkomsten uit kapitaal en roerende goederen en op 25 % voor dividenden.

9. Artikel 276 WIB 1992 luidt:

'De in artikel 1 vermelde belastingen worden naar de mate als hierna is bepaald gekweten door verrekening van de onroerende, de roerende en de bedrijfsvoorheffing, het forfaitair gedeelte van buitenlandse belasting en het belastingkrediet.'

10. Artikel 279 WIB 1992 preciseert:

'Als roerende voorheffing wordt verrekend het bedrag van de roerende voorheffing vastgesteld overeenkomstig artikel 269.'

11. Artikel 304, § 2, tweede alinea, WIB 1992 bepaalt:

'Bij binnenlandse vennootschappen wordt het eventuele overschot van de in artikel 279 vermelde roerende voorheffing [...] verrekend met de afzonderlijke aanslagen gevestigd ingevolge de artikelen 219 en 219 bis en wordt het saldo teruggegeven indien het ten minste 2,50 EUR bedraagt.'

Belastingregeling voor niet in België gevestigde beleggingsvennootschappen

12. Overeenkomstig de artikelen 227 en 228 WIB 1992 zijn buitenlandse vennootschappen, alsook verenigingen, instellingen of lichamen zonder rechtspersoonlijkheid die zijn opgericht in een rechtsvorm die vergelijkbaar is met de rechtsvorm van een vennootschap naar Belgisch recht en die hun hoofdkantoor, hun voornaamste inrichting of hun zetel van bestuur of beheer niet in België hebben, onderworpen aan de belasting van niet-inwoners die uitsluitend wordt geheven van in België behaalde of verkregen inkomsten die aan de belasting zijn onderworpen.

13. Deze bepalingen zijn van toepassing op niet-ingezeten vennootschappen die een inrichting op het Belgische grondgebied hebben.

14. Volgens artikel 294 WIB 1992 wordt de roerende voorheffing verrekend met de belasting van niet-inwoners.

15. Wat niet-ingezeten vennootschappen zonder inrichting op het Belgische grondgebied betreft, bepaalt artikel 248 WIB 1992 dat de belasting betreffende de niet in de artikelen 232 tot en met 234 WIB 1992 vermelde inkomsten gelijk is aan de verschillende voorheffingen en aan de in artikel 301 WIB 1992 vermelde bijzondere aanslag.

Precontentieuze procedure en procesverloop voor het Hof

16. Aangezien de Commissie van oordeel was dat de regels inzake de belasting op inkomsten uit kapitaal en roerende goederen die worden verkregen door niet-ingezeten beleggingsvennootschappen zonder vaste inrichting op het Belgische grondgebied, minder gunstig zijn dan de regels inzake de belasting op inkomsten van in België gevestigde beleggingsvennootschappen, heeft zij de Belgische autoriteiten op 17 oktober 2008 een aanmaningsbrief doen toekomen, waarin zij erop wees dat deze wettelijke regeling niet verenigbaar is met de artikelen 49 VWEU, 54 VWEU en 63 VWEU.

17. Daar de Belgische autoriteiten geen gevolg gaven aan deze brief, heeft de Commissie het Koninkrijk België op 4 juni 2010 een met redenen omkleed advies gezonden waarin zij deze lidstaat gelastte om binnen een termijn van twee maanden na de ontvangst van dit advies aan de door deze artikelen opgelegde verplichtingen te voldoen.

18. De Commissie kon echter geen genoegen nemen met het antwoord dat de Belgische autoriteiten haar op 17 september 2010 hebben gegeven, en heeft besloten het onderhavige beroep in te stellen.

19. Bij beschikking van de president van het Hof van 9 januari 2012 is het Verenigd Koninkrijk van Groot-Brittannië en Noord-Ierland toegelaten tot interventie aan de zijde van het Koninkrijk België.

Beroep

Bestaan van beperkingen op bepalingen van het VWEU

Argumenten van partijen

20. De Commissie betoogt dat het verschil tussen de belasting van ingezeten beleggingsvennootschappen en niet-ingezeten beleggingsvennootschappen die geen vaste inrichting op het Belgische grondgebied hebben, tot een verschil in behandeling van deze twee soorten vennootschappen leidt dat schending van de artikelen 49 VWEU en 63 VWEU oplevert.

21. Hoewel de inkomsten van deze twee categorieën vennootschappen op dezelfde wijze aan de roerende voorheffing zijn onderworpen, genieten ingezeten vennootschappen namelijk een gunstigere regeling.

22. Enerzijds voorziet artikel 185 bis WIB 1992 in een vrijstelling van dat soort inkomsten en kunnen ingezeten vennootschappen op grond van dit artikel slechts in bepaalde, in artikel 219 WIB 1992 genoemde uitzonderlijke gevallen worden belast en enkel aan de in hetzelfde artikel bedoelde bijzondere bijdrage worden onderworpen.

23. Anderzijds wordt bij artikel 304 WIB 1992 een regeling ingesteld waardoor de aan de bron voldane roerende voorheffing wordt gecompenseerd. Op grond van § 2, tweede alinea, van dit artikel is het namelijk mogelijk om het eventuele overschot van deze voorheffing te verrekenen met de krachtens artikel 219 WIB 1992 geheven afzonderlijke aanslagen, en zelfs om teruggave van het saldo te verkrijgen voor zover het ten minste 2,50 EUR bedraagt.

24. Volgens de Commissie vormt dit verschil in behandeling een belemmering van het vrije verkeer van kapitaal en een beperking van de vrijheid van vestiging. Door uitsluitend ingezeten vennootschappen de mogelijkheid te bieden de roerende voorheffing met de verschuldigde belasting te verrekenen en de inkomsten van deze vennootschappen uit kapitaal en roerende goederen vrij te stellen, maakt de nationale wettelijke regeling het voor niet-

ingezeten beleggingsvennootschappen zonder vaste inrichting in België minder aantrekkelijk om in Belgische vennootschappen te investeren.

25. Het Koninkrijk België erkent dat ingezeten vennootschappen en niet-ingezeten vennootschappen die geen vaste inrichting in België hebben, fiscaal verschillend worden behandeld, maar benadrukt dat een dergelijk verschil in behandeling gerechtvaardigd is omdat de situaties, rechtens en feitelijk, waarin deze twee categorieën vennootschappen zich bevinden objectief verschillend zijn.

26. Ten eerste zijn ingezeten vennootschappen onderworpen aan de vennootschapsbelasting overeenkomstig de artikelen 185, 185 bis en 219 WIB 1992. Wat niet-ingezeten vennootschappen zonder vaste inrichting in België betreft, maakt de Commissie in haar verzoekschrift geen onderscheid op basis van de belastingregeling waaraan zij in hun staat van vestiging zijn onderworpen. Indien niet-ingezeten vennootschappen gevestigd zijn in staten die hun inkomsten niet belasten of hun winsten vrijstellen van belasting, bevinden zij zich immers niet in een situatie die vergelijkbaar is met die van ingezeten vennootschappen.

27. Ten tweede heeft de Commissie niet vermeld dat ingezeten vennootschappen of niet-ingezeten vennootschappen die een vaste inrichting in België hebben, de betaalde roerende voorheffing slechts onder bepaalde voorwaarden en binnen bepaalde grenzen, die met name in de artikelen 281 en 282 WIB 1992 zijn vastgesteld, kunnen verrekenen met de verschuldigde vennootschapsbelasting of belasting van niet-inwoners, of in voorkomend geval teruggave ervan kunnen verkrijgen.

28. Ten derde onderstreept het Koninkrijk België dat instellingen voor collectieve beleggingen naar Belgisch recht geen eigen rechtspersoonlijkheid hebben en als zodanig niet aan de vennootschapsbelasting zijn onderworpen. Bijgevolg is de roerende voorheffing op de aan de deze instellingen toegewezen inkomsten uit kapitaal en roerende goederen een definitieve heffing, net als bij niet-ingezeten vennootschappen die geen vaste inrichting in België hebben.

29. Indien, ten vierde, zou blijken dat de inkomsten van dergelijke niet-ingezeten vennootschappen dubbel belast zijn, is dit het gevolg van het gebrek aan harmonisering van de belastingregelingen van de lidstaten, aangezien algemeen wordt aangenomen dat de staat van vestiging in beginsel verplicht is om een dergelijke dubbele belasting te neutraliseren.

30. Ten vijfde moet rekening gehouden worden met het feit dat beleggingsvennootschappen als financiële tussenpersonen optreden voor rekening van investeerders. Indien de situaties van de houders van deelbewijzen werden onderzocht, zouden ongetwijfeld complexe verschillen aan het licht komen.

31. Ten zesde wordt de belasting ten aanzien van ingezeten vennootschappen op een andere wijze geheven dan ten aanzien van niet-ingezeten vennootschappen. Bij ingezeten vennootschappen wordt de belasting geheven door een aanslag vast te stellen, terwijl de belasting bij niet-ingezeten vennootschappen bij wijze van voorheffingen wordt geheven.

32. Ten zevende zullen niet-ingezeten beleggingsvennootschappen die in het buitenland actief zijn in het collectieve beheer van activa, niet noodzakelijkerwijs dezelfde handelingen verrichten als ingezeten beleggingsvennootschappen, zoals bijvoorbeeld het verhandelen, in België, van deelbewijzen zonder een openbaar beroep op het spaarwezen te doen.

Beoordeling door het Hof

– Toepasselijkheid van de artikelen 49 VWEU en 63 VWEU

33. Om te beginnen moet met betrekking tot de stelling van de Commissie dat het Koninkrijk België zowel artikel 49 VWEU als artikel 63 VWEU heeft geschonden, eraan worden herinnerd dat voor het antwoord op de vraag of een nationale wettelijke regeling onder de ene of de andere fundamentele vrijheid valt, rekening moet worden gehouden met het voorwerp van de wettelijke regeling in kwestie (zie met name arresten van 24 mei 2007, Holböck, C-157/05, *Jurispr.* blz. I-4051, punt 22; 26 maart 2009, Commissie/Italië, C-326/07, *Jurispr.* blz. I-2291, punt 33; 11 november 2010, Commissie/ Portugal, C-543/08, *Jurispr.* blz. I-11241, punt 40, en 10 november 2011, Commissie/Portugal, C-212/09, nog niet gepubliceerd in de *Jurisprudentie*, punt 41).

34. Het Hof heeft in dit opzicht reeds geoordeeld dat een nationale wettelijke regeling die alleen van toepassing is op deelnemingen waarmee een duidelijke invloed op de besluiten van een vennootschap kan worden uitgeoefend en waarmee de activiteiten ervan kunnen worden bepaald, onder de verdragsbepalingen inzake de vrijheid van vestiging valt (zie arresten van 12 december 2006, Test Claimants in the FII Group Litigation, C-446/04, *Jurispr.* blz. I-11753, punt 37, en 21 oktober 2010, Idryma Typou, C-81/09, *Jurispr.* blz. I-10161, punt 47). Nationale bepalingen die van toepassing zijn op deelnemingen waartoe enkel wordt besloten om geld te beleggen, zonder dat het de bedoeling is invloed op het bestuur van en de zeggenschap over de onderneming uit te oefenen, moeten daarentegen uitsluitend aan het beginsel van het vrije verkeer van kapitaal worden getoetst (arrest van 15 september 2011, Accor, C-310/09, nog niet gepubliceerd in de *Jurisprudentie*, punt 32 en aldaar aangehaalde rechtspraak).

35. Vastgesteld moet worden dat het in dit beroep wegens niet-nakoming niet uitgesloten is dat de nationale bepalingen in kwestie zowel de vrijheid van vestiging als het vrije verkeer van kapitaal ongunstig kunnen beïnvloeden. Bijgevolg moeten deze bepalingen worden getoetst aan de artikelen 49 VWEU en 63 VWEU.

– Niet-nakoming van de uit artikel 63, lid 1, VWEU voortvloeiende verplichtingen

36. Volgens vaste rechtspraak van het Hof behoren de directe belastingen weliswaar tot de bevoegdheid van de lidstaten, maar moeten zij deze bevoegdheid uitoefenen in overeenstemming met het Unierecht (zie met name arresten van 12 december 2006, Test Claimants in Class IV of the ACT Group Litigation, C-374/04, *Jurispr*. blz. I-11673, punt 36; 8 november 2007, Amurta, C-379/05, *Jurispr*. blz. I-9569, punt 16; 19 november 2009, Commissie/Italië, C-540/07, *Jurispr*. blz. I-10983, punt 28; 3 juni 2010, Commissie/Spanje, C-487/08, *Jurispr*. blz. I-4843, punt 37, en 20 oktober 2011, Commissie/Duitsland, C-284/09, nog niet gepubliceerd in de *Jurisprudentie*, punt 44).

37. Het staat met name aan elke lidstaat om met eerbiediging van het Unierecht zijn stelsel van belasting van uitgekeerde winst te organiseren en in dat kader de belastinggrondslag en het belastingtarief voor de ontvangende aandeelhouder te bepalen (zie met name reeds aangehaalde arresten Test Claimants in Class IV of the ACT Group Litigation, punt 50, en Test Claimants in the FII Group Litigation, punt 47; arresten van 20 mei 2008, Orange European Smallcap Fund, C-194/06, *Jurispr*. blz. I-3747, punt 30, en 16 juli 2009, Damseaux, C-128/08, *Jurispr*. blz. I-6823, punt 25, alsook arrest Commissie/Duitsland, reeds aangehaald, punt 45).

38. In casu staat vast dat roerende voorheffing krachtens de Belgische wettelijke regeling zowel wordt geheven over dividenden en intresten die een in België gevestigde vennootschap heeft uitgekeerd aan in deze lidstaat gevestigde beleggingsvennootschappen als over die welke zij heeft uitbetaald aan beleggingsvennootschappen met hoofdkantoor in een andere lidstaat. Dividenden en intresten die worden uitgekeerd aan in België gevestigde beleggingsvennootschappen zijn als inkomsten uit kapitaal en roerende goederen evenwel vrijgesteld van vennootschapsbelasting overeenkomstig artikel 185 bis WIB 1992. Daarenboven biedt artikel 304, § 2, tweede alinea, WIB 1992 deze beleggingsvennootschappen de mogelijkheid om de roerende voorheffing te verrekenen met de vennootschapsbelasting die zij verschuldigd zijn, en zelfs om teruggave te verkrijgen van het verschil tussen het bedrag van de aan de bron ingehouden voorheffing en de werkelijk verschuldigde belasting, voor zover dit verschil ten minste 2,50 EUR bedraagt. Overeenkomstig artikel 304, § 2, vijfde alinea, WIB 1992 geldt dit ook voor niet in België gevestigde beleggingsvennootschappen die overeenkomstig artikel 233 WIB 1992 aan de belasting van niet-inwoners zijn onderworpen, te weten vennootschappen die een vaste inrichting in België hebben. Hieruit volgt dat ingezeten beleggingsvennootschappen mogelijkerwijs niet de belastingdruk hoeven te dragen die voortvloeit uit de roerende voorheffing op inkomsten uit kapitaal en roerende goederen die zij van Belgische vennootschappen hebben ontvangen.

39. Hoewel het recht van ingezeten beleggingsvennootschappen op vrijstelling en verrekening aan bepaalde voorwaarden en grenzen is verbonden, met name die welke in de artikelen 281 en 282 WIB 1992 zijn vastgesteld, blijft het een feit dat deze mogelijkheid niet wordt geboden aan niet-ingezeten beleggingsvennootschappen die geen vaste inrichting in België hebben, zodat de roerende voorheffing die wordt ingehouden op inkomsten uit kapitaal en roerende goederen die deze vennootschappen ontvangen van Belgische vennootschappen waarin zij hebben geïnvesteerd, overeenkomstig artikel 248 WIB 1992 een definitieve belasting is.

40. Bijgevolg moet worden vastgesteld dat de Belgische belastingregeling inkomsten uit kapitaal en roerende goederen die worden verkregen door niet-ingezeten beleggingsvennootschappen zonder Belgische vaste inrichting, minder gunstig behandelt dan die welke worden verkregen door ingezeten beleggingsvennootschappen of door niet-ingezeten beleggingsvennootschappen met een vaste inrichting in België.

41. Het Koninkrijk België betoogt evenwel dat een ingezeten beleggingsvennootschap zich in een andere situatie bevindt wat de aan de orde zijnde belastingregeling betreft dan een niet-ingezeten beleggingsvennootschap die geen vaste inrichting in deze lidstaat heeft.

42. In deze samenhang zij eraan herinnerd dat overeenkomstig artikel 65, lid 1, sub a, VWEU '[h]et bepaalde in artikel 63 [VWEU] niets afdoet aan het recht van de lidstaten [...] de ter zake dienende bepalingen van hun belastingwetgeving toe te passen die onderscheid maken tussen belastingplichtigen die niet in dezelfde situatie verkeren met betrekking tot hun vestigingsplaats of de plaats waar hun kapitaal is belegd'.

43. Deze bepaling moet, als afwijking van het grondbeginsel van het vrije verkeer van kapitaal, strikt worden uitgelegd. Bijgevolg mag zij niet aldus worden uitgelegd dat elke belastingwetgeving die een onderscheid maakt tussen belastingplichtigen naargelang van hun vestigingsplaats of van de lidstaat waar zij hun kapitaal beleggen, automatisch verenigbaar is met het Verdrag (zie arresten van 11 september 2008, Eckelkamp e.a., C-11/07, *Jurispr*. blz. I-6845, punt 57; 22 april 2010, Mattner, C-510/08, *Jurispr*. blz. I-3553, punt 32; 10 februari 2011, Haribo Lakritzen Hans Riegel en Österreichische Salinen, C-436/08 en C-437/08, nog niet gepubliceerd in de *Jurisprudentie*, punt 56, en 10 mei 2012, Santander Asset Management SGIIC e.a., C-338/11–C-347/11, nog niet gepubliceerd in de *Jurisprudentie*, punt 21).

44. De in deze bepaling bedoelde afwijking wordt immers zelf beperkt door artikel 65, lid 3, VWEU, dat bepaalt dat de in lid 1 van dit artikel bedoelde nationale maatregelen 'geen middel tot willekeurige discriminatie mogen vormen, noch een verkapte beperking van het vrije kapitaalverkeer en betalingsverkeer als omschreven in artikel 63'.

45. Bijgevolg moet een onderscheid worden gemaakt tussen de door artikel 65, lid 1, sub a, VWEU toegestane verschillen in behandeling en de door lid 3 van ditzelfde artikel verboden discriminaties. Uit de rechtspraak volgt dat een nationale belastingregeling slechts verenigbaar met de verdragsbepalingen betreffende het vrije verkeer van kapitaal kan worden geacht, indien het verschil in behandeling betrekking heeft op situaties die niet objectief vergelijkbaar zijn, of wordt gerechtvaardigd door een dwingende reden van algemeen belang (zie arresten van 6 juni 2000, Verkooijen, C-35/98, *Jurispr.* blz. I-4071, punt 43; 7 september 2004, Manninen, C-319/02, *Jurispr.* blz. I-7477, punt 29, en 1 december 2011, Commissie/ België, C-250/08, nog niet gepubliceerd in de *Jurisprudentie*, punt 51, alsook arrest Santander Asset Management SGIIC e.a., reeds aangehaald, punt 23).

46. In dit verband voert het Koninkrijk België verschillende argumenten aan waaruit zou blijken dat ingezeten beleggingsvennootschappen en niet-ingezeten beleggingsvennootschappen zonder een vaste inrichting in België zich niet in dezelfde situatie bevinden.

47. In de eerste plaats staat vast dat de belastingregeling in kwestie beoogt te vermijden dat de inkomsten van de beleggingsvennootschappen te zwaar worden belast, gelet op het feit dat zij optreden als tussenpersoon tussen de vennootschappen waarin zij investeren en de houders van deelbewijzen van deze beleggingsvennootschappen.

48. Het Hof heeft reeds geoordeeld dat ingezeten ontvangende vennootschappen zich met betrekking tot maatregelen die een lidstaat heeft getroffen om opeenvolgende belastingheffingen over of economische dubbele belasting van door een ingezeten vennootschap uitgekeerde opbrengsten te voorkomen of te verminderen, niet nood-zakelijkerwijs in een situatie bevinden die vergelijkbaar is met die van in een andere lidstaat gevestigde ontvangende vennootschappen (arrest Commissie/Duitsland, reeds aangehaald, punt 55 en aldaar aangehaalde rechtspraak).

49. Zodra een lidstaat niet alleen ingezeten vennootschappen, maar ook niet-ingezeten vennootschappen unilateraal of door het sluiten van overeenkomsten aan de inkomstenbelasting onderwerpt voor de inkomsten die zij van een ingezeten vennootschap ontvangen, benadert de situatie van deze niet-ingezeten vennootschappen echter die van de ingezeten vennootschappen (arrest Commissie/Duitsland, reeds aangehaald, punt 56 en aldaar aangehaalde rechtspraak).

50. Het enkele feit dat deze staat zijn heffingsbevoegdheid uitoefent, brengt immers, los van enige belasting in een andere lidstaat, een risico van opeenvolgende belastingheffingen of economische dubbele belasting mee. In een dergelijk geval moet de staat van vestiging van de uitkerende vennootschap erop toezien dat niet-ingezeten vennootschappen in het kader van de in zijn nationale recht vervatte regeling ter voorkoming of vermindering van opeenvolgende belastingheffingen of economische dubbele belasting op dezelfde wijze worden behandeld als ingezeten vennootschappen, zodat zij niet geconfronteerd worden met een door artikel 63 VWEU in beginsel verboden beperking van het vrije verkeer van kapitaal (zie reeds aangehaalde arresten Test Claimants in Class IV of the ACT Group Litigation, punt 70; Amurta, punt 39; van 19 november 2009, Commissie/Italië, punt 53; Commissie/Spanje, punt 52, en Commissie/Duitsland, punt 57).

51. In casu moet worden vastgesteld dat het Koninkrijk België ervoor heeft gekozen om zijn belastingbevoegdheid uit te oefenen met betrekking tot inkomsten die worden verkregen door in andere lidstaten gevestigde beleggingsvennootschappen. Ten aanzien van het risico dat inkomsten uit kapitaal en roerende goederen aan opeenvolgende belastingheffingen worden onderworpen, bevinden niet-ingezeten vennootschappen die deze inkomsten ontvangen zich bijgevolg in een situatie die vergelijkbaar is met die van ingezeten vennootschappen, zodat niet-ingezeten vennootschappen die inkomsten verkrijgen niet anders mogen worden behandeld dan ingezeten vennootschappen die inkomsten verkrijgen (zie in die zin reeds aangehaalde arresten Commissie/Spanje, punt 53, en Commissie/Duitsland, punt 58).

52. Aan deze vaststelling wordt niet afgedaan door het argument van het Koninkrijk België dat niet-ingezeten beleggingsvennootschappen die inkomsten uit kapitaal en roerende goederen van Belgische vennootschappen hebben verkregen, overeenkomstig artikel 219 WIB 1992 niet zwaarder worden belast dan ingezeten beleggingsvennootschappen.

53. Enerzijds moet met betrekking tot de belastingdruk die ontstaat ten gevolge van de betaling van de in artikel 219 WIB 1992 bedoelde bijzondere aanslag waaraan uitsluitend ingezeten beleggingsvennootschappen zijn onderworpen, namelijk in herinnering worden gebracht dat andere voordelen overeenkomstig vaste rechtspraak van het Hof er niet voor kunnen zorgen dat een ongunstige fiscale behandeling die indruist tegen een fundamentele vrijheid, verenigbaar is met het Unierecht, als deze andere voordelen al bestaan (arrest Commissie/Duitsland, reeds aangehaald, punt 71 en aldaar aangehaalde rechtspraak).

54. Het Koninkrijk België kan dit argument dus niet aanvoeren als een onderscheidingscriterium ter rechtvaardiging van een verschil in behandeling tussen ingezeten beleggingsvennootschappen en niet-ingezeten beleggingsvennootschappen.

55. Anderzijds moet inzake de verdragsregelingen tot voorkoming van dubbele belasting ten eerste worden opgemerkt dat de toepassing van de verrekeningsmethode het mogelijk moet maken om de in België geheven inkomstenbelasting volledig te verrekenen met de belasting die verschuldigd is in de lidstaat van vestiging van de beleggingsvennootschap die de inkomsten verkrijgt, zodat de hogere belastingdruk die ontstaat wanneer de door deze vennootschap uit kapitaal en roerende goederen verkregen inkomsten uiteindelijk zwaarder worden belast dan de inkomsten die zijn uitgekeerd aan in België gevestigde vennootschappen, niet langer is toe te rekenen aan het Koninkrijk België, maar aan de lidstaat van vestiging van de ontvangende vennootschap die zijn belastingbevoegdheid heeft uitgeoefend (zie in die zin reeds aangehaalde arresten Commissie/Spanje, punt 60, en Commissie/Duitsland, punt 67).

56. Ten tweede moet worden gepreciseerd dat de keuze om de uit België afkomstige inkomsten in de andere lidstaat te belasten of de mate waarin zij worden belast, geen zaak van het Koninkrijk België is, maar wordt bepaald in de door de andere lidstaat vastgestelde belastingregels (reeds aangehaalde arresten Commissie/Spanje, punt 64, en Commissie/ Duitsland, punt 69).

57. Bijgevolg kan het Koninkrijk België niet met recht stellen dat het verschil in behandeling dat voortvloeit uit de nationale belastingregeling of de verdragen ter voorkoming van dubbele belasting waardoor het tarief van de ingehouden roerende voorheffing wordt verlaagd, steeds kan worden gecompenseerd doordat de in België betaalde belasting ingevolge de dubbelbelastingverdragen wordt verrekend met de belasting die in de andere lidstaat is verschuldigd (zie arrest van 19 november 2009, Commissie/Italië, reeds aangehaald, punt 39, arrest Commissie/Spanje, reeds aangehaald, punt 64, en arrest Commissie/Duitsland, reeds aangehaald punt 70).

58. In de tweede plaats wijst het Koninkrijk België erop dat de Commissie met betrekking tot de belastingregeling in kwestie een onjuiste vergelijkingsbasis gebruikt. Allereerst is de situatie waarin niet-ingezeten beleggingsvennootschappen zich wegens hun bijzondere aard bevinden vergelijkbaar met die van Belgische instellingen voor collectieve beleggingen, maar niet met die van ingezeten beleggingsvennootschappen. Voorts oefenen ingezeten beleggingsvennootschappen en niet-ingezeten beleggingsvennootschappen niet dezelfde activiteiten uit. Ten slotte moet rekening worden gehouden met de belastingregeling voor houders van deelbewijzen van ingezeten beleggingsvennootschappen en van niet-ingezeten beleggingsvennootschappen die geen vaste inrichting in België hebben.

59. Wat ten eerste het argument betreft dat de situatie van niet-ingezeten beleggingsvennootschappen vergelijkbaar is met die van Belgische instellingen voor collectieve beleggingen, zij opgemerkt dat enkel niet-ingezeten beleggingsvennootschappen rechtspersoonlijkheid hebben. Het Koninkrijk België kan dus niet met succes stellen dat de situatie van niet-ingezeten beleggingsvennootschappen moet worden vergeleken met die van instellingen voor collectieve beleggingen, op de enkele grond dat de Belgische belastingregeling deze twee categorieën belastingplichtigen, die trouwens niet dezelfde rechtsvorm hebben, op identieke wijze behandelt.

60. Voorts moet worden beklemtoond dat het betoog van deze lidstaat gebaseerd is op de premisse dat niet-ingezeten beleggingsvennootschappen in hun staat van vestiging van belasting zijn vrijgesteld.

61. Uit de Belgische regeling blijkt echter dat onroerende voorheffing op de inkomsten van de ontvangende vennootschap wordt ingehouden, ongeacht of deze al dan niet van vennootschapsbelasting is vrijgesteld. Bijgevolg kan uit de omstandigheid dat Belgische instellingen voor collectieve beleggingen transparante fiscale entiteiten zijn die als zodanig niet aan de vennootschapsbelasting zijn onderworpen, niet worden afgeleid dat de situatie van niet-ingezeten beleggingsvennootschappen niet vergelijkbaar is met die van ingezeten beleggingsvennootschappen.

62. Ten tweede moet met betrekking tot de activiteiten van ingezeten en die van niet-ingezeten beleggingsvennootschappen worden vastgesteld dat het betoog van het Koninkrijk België niet zozeer ertoe strekt de intrinsieke verschillen tussen deze activiteiten onder de aandacht te brengen maar veeleer beoogt te wijzen op het feit dat deze activiteiten in verschillende lidstaten worden uitgeoefend.

63. Deze lidstaat gaat in dit opzicht ervan uit dat niet-ingezeten beleggingsvennootschappen zich uitsluitend richten tot houders van deelbewijzen die niet in België wonen of gevestigd zijn.

64. Evenwel kan niet worden uitgesloten dat een niet-ingezeten beleggingsvennootschap haar diensten aanbiedt aan ingezeten investeerders, zodat zij uiteindelijk dezelfde activiteiten uitoefent als een ingezeten beleggingsvennootschap.

65. Ten derde moet inzake het argument dat rekening moet worden gehouden met de belastingregeling voor houders van deelbewijzen, in herinnering worden gebracht dat wanneer een nationale belastingregeling een onderscheidingscriterium vaststelt voor de belasting van uitgekeerde inkomsten, bij de beoordeling van de verge-

lijkbaarheid van de situaties rekening moet worden gehouden met dit criterium (zie in die zin arrest Santander Asset Management SGIIC e.a., reeds aangehaald, punt 28).

66. In casu bepaalt artikel 185 bis WIB 1992 evenwel dat enkel ingezeten beleggingsvennootschappen het voordeel genieten uitsluitend te worden belast op het totaal van de ontvangen abnormale of goedgunstige voordelen en de niet als beroepskosten aftrekbare uitgaven. Daartegenover staat dat de roerende voorheffing overeenkomstig de artikelen 248 en 304, § 2, tweede alinea, WIB 1992 slechts ten aanzien van niet-ingezeten vennootschappen een definitieve belasting vormt.

67. Gelet op het door deze regeling vastgestelde onderscheidingscriterium, dat uitsluitend is gebaseerd op de vestigingsplaats van de beleggingsvennootschap, dient de beoordeling of de situaties vergelijkbaar zijn, op basis waarvan kan worden vastgesteld of deze regeling discriminerend is, louter op het niveau van de beleggingsvennootschap te worden uitgevoerd (zie in die zin arrest Santander Asset Management SGIIC e.a., reeds aangehaald, punt 39).

68. Rekening houdend met de voorgaande overwegingen moet dan ook worden vastgesteld dat het uit de Belgische belastingregeling voortvloeiende verschil in behandeling van inkomsten naargelang die worden uitgekeerd aan ingezeten dan wel aan niet-ingezeten beleggingsvennootschappen, in andere lidstaten gevestigde vennootschappen kan ontmoedigen om in België te investeren en tevens het bijeenbrengen van kapitaal door ingezeten vennootschappen bij in andere lidstaten gevestigde vennootschappen kan belemmeren.

69. Bijgevolg vormt die wettelijke regeling een in beginsel door artikel 63, lid 1, VWEU verboden beperking van het vrije verkeer van kapitaal.

Rechtvaardigingsgronden voor de beperkingen

– Argumenten van partijen

70. Het Koninkrijk België voert twee redenen aan ter rechtvaardiging van de uit de litigieuze nationale regeling voortvloeiende beperking van het vrije verkeer van kapitaal.

71. In de eerste plaats kan, teneinde de evenwichtige verdeling van de heffingsbevoegdheden tussen de lidstaten te vrijwaren, van het Koninkrijk België niet worden verlangd dat het niet-ingezeten vennootschappen zonder vaste inrichting op zijn grondgebied toestaat de op hun inkomsten ingehouden voorheffing te verrekenen. Een dergelijk vereiste zou immers betekenen dat deze lidstaat verplicht wordt om ervan af te zien belasting te heffen over inkomsten die op zijn grondgebied zijn verkregen.

72. In de tweede plaats wordt het feit dat niet-ingezeten vennootschappen de ingehouden roerende voorheffing slechts in beperkte mate kunnen verrekenen, volgens het Koninkrijk België gerechtvaardigd door redenen die verband houden met de doeltreffendheid van de belastingcontroles. Aangezien de beleggingsvennootschappen de wettelijke debiteurs zijn van de roerende voorheffing op de dividenden die zij aan de houders van deelbewijzen uitkeren, kan de Belgische belastingdienst deze houders van deelbewijzen niet aan een controle onderwerpen aangezien zij niet in België wonen of gevestigd zijn.

73. De Commissie stelt dat het verschil in behandeling tussen ingezeten beleggingsvennootschappen en niet-ingezeten beleggingsvennootschappen zonder een vaste inrichting in België niet kan worden gerechtvaardigd door de redenen die het Koninkrijk België aanvoert.

– Beoordeling door het Hof

74. Volgens vaste rechtspraak kunnen nationale maatregelen die het vrije verkeer van kapitaal belemmeren met name gerechtvaardigd worden door dwingende redenen van algemeen belang, voor zover er geen Unierechtelijke harmonisatiemaatregelen bestaan die de ter bescherming van deze belangen noodzakelijke maatregelen voorschrijven enerzijds, en op voorwaarde dat zij geschikt zijn om de verwezenlijking van het gestelde doel te waarborgen en niet verder gaan dan nodig is om dit doel te bereiken anderzijds (zie met name arresten van 23 oktober 2007, Commissie/Duitsland, C-112/05, *Jurispr.* blz. I-8995, punten 72 en 73, en 1 juli 2010, Dijkman en Dijkman-Lavaleije, C-233/09, *Jurispr.* blz. I-6649, punt 49, alsook reeds aangehaald arrest van 20 oktober 2011, Commissie/Duitsland, punt 74).

75. Wat ten eerste de aangevoerde noodzaak betreft om een evenwichtige verdeling van de heffingsbevoegdheid tussen de lidstaten te waarborgen, zij eraan herinnerd dat een dergelijke rechtvaardigingsgrond met name kan worden aanvaard wanneer de nationale belastingregeling ertoe strekt gedragingen te voorkomen die afbreuk kunnen doen aan het recht van een lidstaat om zijn belastingbevoegdheid uit te oefenen met betrekking tot activiteiten die op zijn grondgebied plaatsvinden (zie arresten van 29 maart 2007, Rewe Zentralfinanz, C-347/04, *Jurispr.* blz. I-2647, punt 42, en 18 juli 2007, Oy AA, C-231/05, *Jurispr.* blz. I-6373, punt 54; arrest Amurta, reeds aangehaald, punt 58; arrest van 18 juni 2009, Aberdeen Property Fininvest Alpha, C-303/07, *Jurispr.* blz. I-5145, punt 66, en arrest van 20 oktober 2011, Commissie/Duitsland, reeds aangehaald, punt 77).

76. Uit de rechtspraak van het Hof blijkt echter tevens dat een lidstaat die ervoor heeft gekozen om geen belasting te heffen over dit soort inkomsten van op zijn grondgebied gevestigde ontvangende vennootschappen, geen beroep kan doen op de noodzaak om een evenwichtige verdeling van de heffingsbevoegdheid tussen de lidstaten te waarborgen ter rechtvaardiging van het feit dat hij belasting heft van ontvangende vennootschappen die in een andere lidstaat zijn gevestigd (reeds aangehaalde arresten Amurta, punt 59; Aberdeen Property Fininvest Alpha, punt 67, en van 20 oktober 2011, Commissie/Duitsland, punt 78).

77. Vaststaat dat de uit de roerende voorheffing voortvloeiende belastingdruk op inkomsten van ingezeten beleggingsvennootschappen uit kapitaal en roerende goederen wordt gecompenseerd.

78. Stellig heeft het Hof reeds geoordeeld dat indien van de lidstaat waarin de uitkerende vennootschap is gevestigd, de garantie werd geëist dat aan een niet-ingezeten aandeelhouder uitgekeerde winst niet wordt getroffen door opeenvolgende belastingheffingen of door een dubbele economische belasting, hetzij doordat deze winst bij de uitkerende vennootschap wordt vrijgesteld van belasting, hetzij doordat aan die aandeelhouder een belastingvoordeel wordt gegeven ter hoogte van de door de uitkerende vennootschap over die winst betaalde belasting, dit de facto zou betekenen dat deze staat moet afzien van zijn recht om belasting te heffen over inkomsten die door een economische activiteit op zijn grondgebied worden gegenereerd (zie reeds aangehaald arrest Test Claimants in Class IV of the ACT Group Litigation, punt 59; arrest van 17 september 2009, Glaxo Wellcome, C-182/08, *Jurispr.* blz. I-8591, punt 83, en reeds aangehaald arrest van 20 oktober 2011, Commissie/Duitsland, punt 80).

79. Indien inkomsten uit kapitaal en roerende goederen die worden verkregen door in een andere lidstaat gevestigde vennootschappen zonder vaste inrichting in België, werden vrijgesteld en deze vennootschappen de roerende voorheffing die door het Koninkrijk België aan de bron wordt ingehouden, mochten verrekenen, zou dit in casu evenwel niet de facto impliceren dat deze lidstaat moet afzien van zijn recht om belasting te heffen over inkomsten die door een economische activiteit op zijn grondgebied worden gegenereerd. De door ingezeten vennootschappen verkregen inkomsten zijn immers reeds belast als winst van de uitkerende vennootschappen.

80. Ten tweede heeft het Hof weliswaar erkend dat de noodzaak om de doeltreffendheid van de fiscale controles te waarborgen, een dwingende reden van algemeen belang vormt die een beperking van de uitoefening van de verdragsrechtelijk gewaarborgde fundamentele vrijheden kan rechtvaardigen (zie arrest Dijkman en Dijkman-Laveleije, reeds aangehaald, punt 58), maar een dergelijk doel kan in casu niet met succes worden aangevoerd ter rechtvaardiging van de beperking in kwestie.

81. Het staat namelijk vast dat de inkomsten die niet-ingezeten beleggingsvennootschappen van Belgische vennootschappen hebben ontvangen, hoe dan ook niet in aanmerking komen voor de vrijstelling van inkomsten uit kapitaal en roerende goederen en dat deze vennootschappen evenmin aanspraak kunnen maken op verrekening of teruggaaf van de roerende voorheffing, ongeacht de waarborgen die zij op het gebied van de belastingcontrole kunnen bieden.

82. Bijgevolg moet worden vastgesteld dat de door het Koninkrijk België aangevoerde redenen de uit de litigieuze wettelijke regeling voortvloeiende beperking van het vrije verkeer van kapitaal niet kunnen rechtvaardigen.

83. Uit een en ander volgt dat het Koninkrijk België de krachtens artikel 63 VWEU op hem rustende verplichtingen niet is nagekomen door regels inzake de belasting op inkomsten uit kapitaal en roerende goederen te handhaven die verschillen naargelang deze inkomsten worden verkregen door ingezeten beleggingsvennootschappen of door niet-ingezeten beleggingsvennootschappen die geen vaste inrichting in België hebben.

– Niet-nakoming van de uit artikel 49 VWEU voortvloeiende verplichtingen

84. Met betrekking tot het verzoek van de Commissie om vast te stellen dat het Koninkrijk België de krachtens artikel 49 VWEU op hem rustende verplichtingen niet is nagekomen, behoeft slechts te worden opgemerkt dat de overwegingen in de vorige punten ook gelden wanneer een beleggingsvennootschap inkomsten heeft verkregen uit een deelneming op grond waarvan zij een bepaalde invloed uitoefent op de besluiten van de vennootschap waarin zij heeft geïnvesteerd en die haar de mogelijkheid biedt de activiteiten ervan te bepalen.

85. Het in punt 40 van dit arrest vastgestelde verschil in behandeling kan immers een ontradend effect hebben op potentiële investeerders die via een in het buitenland gevestigde beleggingsvennootschap willen investeren in Belgische vennootschappen om een zekere invloed te hebben op de besluiten van deze vennootschappen en de activiteiten ervan te bepalen.

86. Bijgevolg vormt het in de litigieuze wettelijke regeling gemaakte verschil in behandeling een door artikel 49 VWEU verboden beperking van de vrijheid van vestiging die niet kan worden gerechtvaardigd door de redenen die in de punten 74 tot en met 81 van het onderhavige arrest zijn uiteengezet.

87. Uit een en ander volgt dat het Koninkrijk België de krachtens artikel 49 VWEU op hem rustende verplichtingen niet is nagekomen door regels inzake de belasting op inkomsten uit kapitaal en roerende goederen te handhaven die verschillen naargelang de inkomsten worden verkregen door ingezeten beleggingsvennootschappen of door niet-ingezeten beleggingsvennootschappen die geen vaste inrichting in België hebben.

Schending van de EER-Overeenkomst

88. Aangezien de bepalingen van de artikelen 31 en 40 van de EER-Overeenkomst dezelfde juridische strekking hebben als de in wezen identieke bepalingen van de artikelen 49 VWEU en 63 VWEU (zie arresten van 11 juni 2009, Commissie/ Nederland, C-521/07, *Jurispr.* blz. I-4873, punt 33, en 28 oktober 2010, Établissements Rimbaud, C-72/09, *Jurispr.* blz. I-10659, punt 22), zijn alle voorgaande overwegingen in omstandigheden als die van het onderhavige beroep van overeenkomstige toepassing op de artikelen 31 en 40 van deze Overeenkomst.

Werking in de tijd van het arrest

89. Voor het geval dat het Hof het beroep van de Commissie zou toewijzen heeft het Koninkrijk België verzocht om de werking van het arrest in de tijd te beperken 'zodat het alle eventuele wijzigingen doeltreffend ten uitvoer kan leggen'. Deze beperking in de tijd van de werking van het arrest wordt volgens het Koninkrijk België gerechtvaardigd door het feit dat het te goeder trouw heeft gehandeld bij de vaststelling van de nationale bepalingen waarvan in de loop van 2007 is vastgesteld dat zij beperkingen zijn enerzijds, en door het gevaar dat het arrest van het Hof ernstige moeilijkheden kan doen ontstaan anderzijds.

90. Zelfs gesteld dat arresten die krachtens artikel 258 VWEU worden gewezen, dezelfde werking hebben als die welke krachtens artikel 267 VWEU worden gewezen en dat het derhalve uit overwegingen van rechtszekerheid – ten uitzonderlijke titel – noodzakelijk kan zijn de werking van die arresten te beperken in de tijd wanneer is voldaan aan de voorwaarden die de rechtspraak van het Hof in het kader van artikel 267 VWEU heeft gesteld (zie in die zin arresten van 7 juni 2007, Commissie/Griekenland, C-178/05, *Jurispr.* blz. I-4185, punt 67; 15 december 2009, Commissie/Italië, C-239/06, *Jurispr.* blz. I-11913, punt 59, Commissie/Finland, C-284/05, *Jurispr.* blz. I-11705, punt 58, en Commissie/Italië, C-387/05, *Jurispr.* blz. I-11831, punt 59, en 29 september 2011, Commissie/Ierland, C-82/10, punt 63), moet hoe dan ook worden vastgesteld dat deze voorwaarden in casu niet zijn vervuld.

91. In het onderhavige geval kan worden volstaan met de vaststelling dat de Belgische regering de sommen die de Belgische autoriteiten op grond van de litigieuze wettelijke regeling ten onrechte hebben geïnd, weliswaar bij benadering heeft berekend, maar geenszins heeft aangetoond dat er een gevaar bestaat op zware economische onrust, terwijl dit een wezenlijke voorwaarde is om de werking van de arresten van het Hof in de tijd te beperken.

92. Bijgevolg kan dit verzoek niet worden ingewilligd.

Kosten

93. …

HET HOF (Eerste kamer)

verklaart:

1. **Door regels inzake de belasting op inkomsten uit kapitaal en roerende goederen te handhaven die verschillen naargelang deze inkomsten worden verkregen door ingezeten beleggingsvennootschappen of door niet-ingezeten beleggingsvennootschappen die geen vaste inrichting in België hebben, is het Koninkrijk België de verplichtingen niet nagekomen die op hem rusten krachtens de artikelen 49 VWEU en 63 VWEU alsook de artikelen 31 en 40 van de Overeenkomst betreffende de Europese Economische Ruimte van 2 mei 1992.**
2. **Het Koninkrijk België wordt verwezen in de kosten.**
3. **Het Verenigd Koninkrijk van Groot-Brittannië en Noord-Ierland draagt zijn eigen kosten.**

HvJ EU 8 november 2012, zaak C-342/10 (Europese Commissie v. Republiek Finland)

Vierde kamer: *L. Bay Larsen, waarnemend voor de president van de Vierde kamer, J.-C. Bonichot, C. Toader, A. Prechal (rapporteur) en E. Jarašiūnas, rechters*

Advocaat-generaal: *E. Sharpston*

1. De Europese Commissie verzoekt het Hof vast te stellen dat de Republiek Finland, door een regeling in te voeren en te handhaven volgens welke dividenduitkeringen aan niet-ingezeten pensioenfondsen discriminerend worden belast, de verplichtingen niet is nagekomen die krachtens artikel 63 VWEU en artikel 40 van de Overeenkomst betreffende de Europese Economische Ruimte van 2 mei 1992 (*PB* 1994, L 1, blz. 3; hierna: 'EER-overeenkomst') op haar rusten.

2. Bij beschikking van de president van het Hof van 22 november 2010 zijn het Koninkrijk Denemarken, de Franse Republiek, het Koninkrijk der Nederlanden, het Koninkrijk Zweden en het Verenigd Koninkrijk van Groot-Brittannië en Noord-Ierland toegelaten tot interventie aan de zijde van de Republiek Finland.

Toepasselijke bepalingen van Fins recht

3. Voor dividenduitkeringen aan ingezeten pensioenfondsen geldt krachtens § 6a van Laki elinkeinotulon verottamisesta (360/1968) (wet nr. 360/1968 betreffende de belasting op inkomsten uit een bedrijfsactiviteit; hierna: 'EVL'), gelezen in samenhang met § 124, lid 2, van Tuloverolaki (1535/1992) (wet nr. 1535/1992 op de inkomstenbelasting van 30 december 1992), in beginsel een reëel belastingtarief van 19,5 %.

4. § 7 EVL bepaalt:

'De kosten en verliezen die zijn ontstaan voor het verwerven of in stand houden van inkomsten uit een bedrijfsactiviteit zijn fiscaal aftrekbaar.'

5. § 8, eerste alinea, EVL luidt:

'Aftrekbare kosten in de zin van § 7 zijn onder meer:

[...]

10. wettelijke toevoegingen aan wiskundige voorzieningen door verzekeringsmaatschappijen, verenigingen van verzekeraars, verzekeringsfondsen en andere vergelijkbare verzekeringsinstellingen, alsook de aan de hand van verzekeringstechnische parameters berekende bedragen die noodzakelijk zijn ter dekking van pensioenverplichtingen en andere vergelijkbare verplichtingen van pensioenfondsen en andere, daaraan gelijkgestelde pensioenorganen [...]'

6. Over dividenduitkeringen uit Finse bron aan niet-ingezeten pensioenfondsen wordt belasting geheven overeenkomstig Lähdeverolaki (627/1978) (wet nr. 627/1978 op de inkomstenbelasting van beperkt belastingplichtigen).

7. Uit hoofde van §§ 3 en 7, eerste alinea, punt 3, van deze wet wordt over dividenduitkeringen uit Finse bron aan een niet-ingezeten pensioenfonds 19,5 % belasting ingehouden aan de bron, uitgezonderd, onder meer, gevallen waarop richtlijn 90/435/EEG van de Raad van 23 juli 1990 betreffende de gemeenschappelijke fiscale regeling voor moedermaatschappijen en dochterondernemingen uit verschillende lidstaten (*PB* L 225, blz. 6) van toepassing is. Dat tarief varieert tussen 15 % en 0 % indien een verdrag ter voorkoming van dubbele belasting van toepassing is. De Republiek Finland heeft dergelijke verdragen gesloten met alle lidstaten van de Europese Unie en de Europese Economische Ruimte (EER), met uitzondering van de Republiek Cyprus en het Vorstendom Liechtenstein.

De precontentieuze procedure

8. Van mening dat de Finse regeling voor dividendbelasting discriminerend is jegens niet-ingezeten pensioenfondsen en derhalve in strijd met artikel 63 VWEU en artikel 40 van de EER-overeenkomst, heeft de Commissie de Republiek Finland op 19 juli 2007 een aanmaningsbrief gestuurd, waarop deze bij schrijven van 19 september 2007 heeft geantwoord.

9. Op 23 september 2008 heeft de Commissie de lidstaat een aanvullende aanmaningsbrief gestuurd, waarop deze lidstaat bij schrijven van 20 november 2008 heeft geantwoord.

10. Op 26 juni 2009 heeft de Commissie een met redenen omkleed advies uitgebracht, waarop de Republiek Finland op 25 augustus 2009 heeft geantwoord.

11. Daar zij met de toelichtingen van de lidstaat geen genoegen kon nemen, heeft de Commissie beslist om het onderhavige beroep in te stellen.

Verzoek tot heropening van de mondelinge behandeling

12. Bij akte, neergelegd ter griffie van het Hof op 3 september 2012, heeft de Republiek Finland het Hof krachtens artikel 61 van het Reglement voor de procesvoering van het Hof verzocht, de heropening van de mondelinge behandeling te bevelen. Volgens deze lidstaat bevat de conclusie van de advocaat-generaal meerdere inhoudelijke onjuistheden over de Finse regeling die in dit beroep wegens niet-nakoming aan de orde is.

13. Volgens de rechtspraak kan het Hof de mondelinge behandeling ambtshalve, op voorstel van de advocaat-generaal dan wel op verzoek van partijen, heropenen indien het van oordeel is dat het onvoldoende is ingelicht of dat de zaak moet worden beslecht op basis van een argument waarover tussen partijen geen discussie heeft plaatsgevonden (zie onder meer arrest van 16 december 2008, Cartesio, C-210/06, *Jurispr.* blz. I-9641, punt 46).

14. De Finse regeling die in het onderhavige beroep wegens niet-nakoming aan de orde is, is echter door partijen voor het Hof uitvoerig besproken, zowel tijdens de schriftelijke procedure als ter terechtzitting. In die omstandigheden is het Hof van oordeel dat het over alle noodzakelijke gegevens beschikt om uitspraak te doen in het aanhangige beroep.

15. Bovendien is niet aangevoerd dat de onderhavige zaak moet worden beslecht op basis van een argument waarover voor het Hof geen discussie heeft plaatsgevonden.

16. Derhalve dient, de advocaat-generaal gehoord, het verzoek tot heropening van de mondelinge behandeling te worden afgewezen.

Het beroep

Ontvankelijkheid

17. Onder verwijzing naar het arrest van het Hof van 26 april 2007, Commissie/Finland (C-195/04, *Jurispr.* blz. I-3351) betoogt de Republiek Finland dat de wezenlijke elementen, feitelijk en rechtens, waarop het beroep is gebaseerd, coherent en begrijpelijk moeten worden weergegeven in de tekst van het verzoekschrift zelf. Dat is in casu niet het geval, daar het precieze voorwerp van het verzoekschrift niet uit de tekst ervan kan worden opgemaakt.

18. Niettemin neemt de lidstaat in zijn verweerschrift aan dat het beroep betrekking heeft op fiscale discriminatie als gevolg van het feit dat nationale pensioenfondsen de in §§ 7 en 8, eerste alinea, punt 10, EVL bedoelde bedragen, te weten de pensioenverplichtingen, van de gedistribueerde winst kunnen aftrekken, terwijl het pensioenfondsen die gevestigd zijn in andere lidstaten of in landen van de Europese Economische Ruimte die aan de Europese Vrijhandelsassociatie (EVA) deelnemen, verboden is deze bedragen af te trekken van de winst die aan hun beleggingen in Finland kan worden toegerekend.

19. Uit het verzoekschrift of uit de memories van de Commissie blijkt niet dat het beroep een ander voorwerp heeft dan door de Republiek Finland is beschreven.

20. Inderdaad stelt de Commissie subsidiair dat het brutobedrag aan dividend dat niet-ingezeten pensioenfondsen hebben ontvangen, aan de bron wordt belast en dat deze fondsen zelfs de kosten waarvan niet kan worden betwist dat zij rechtstreeks verband houden met de betrokken inkomsten, in Finland niet kunnen aftrekken.

21. Zoals de Republiek Finland door de Commissie onweersproken opmerkt, betreft het beroep geen andere dan de in §§ 7 en 8, eerste alinea, punt 10, EVL bedoelde aftrek in verband met de pensioenverplichtingen.

22. In die omstandigheden kan de stelling van de Republiek Finland dat het voorwerp van het geding niet voldoende nauwkeurig is bepaald, niet worden aanvaard.

23. Hieruit volgt dat het beroep ontvankelijk is.

Ten gronde

24. De Commissie erkent dat haar beroep enkel betrekking heeft op pensioenfondsen die zijn gevestigd in de lidstaten van de Unie of in de lidstaten van de EVA waarmee de Republiek Finland een verdrag inzake de uitwisseling van inlichtingen heeft gesloten. Zij voert aan dat de omstandigheid dat de Republiek Finland ingezeten pensioenfondsen in feite vrijstelt van dividendbelasting, terwijl niet-ingezeten pensioenfondsen over dezelfde dividenden wel worden belast, een beperking van het vrij verkeer van kapitaal vormt.

25. De Commissie wijst erop dat ingezeten pensioenfondsen weliswaar onderworpen zijn aan een belasting van 19,5 % over de door hen ontvangen dividenden, maar dat zij de bedragen die aan de voorzieningen worden toegevoegd om aan hun pensioenverplichtingen te kunnen voldoen krachtens §§ 7 en 8, eerste alinea, punt 10, EVL mogen aftrekken, hetgeen er in feite op neerkomt dat deze dividenden zijn vrijgesteld van belasting.

26. Daarentegen wordt over dividenduitkeringen aan niet-ingezeten pensioenfondsen een belasting van 15 % of minder geheven, overeenkomstig de verdragen ter voorkoming van dubbele belasting, of een belasting van 19,5 %, overeenkomstig de nationale belastingwet, zonder dat de Republiek Finland deze fondsen de mogelijkheid biedt dezelfde aan de voorzieningen toegevoegde bedragen af te trekken, hoewel de wetgeving van die lidstaat deze bedragen beschouwt als kosten die rechtstreeks verband houden met de litigieuze inkomsten.

27. De Republiek Finland en interveniënten betwisten dat niet-ingezeten pensioenfondsen worden gediscrimineerd, en aldus artikel 63 VWEU en artikel 40 EER-overeenkomst worden geschonden, in wezen op grond dat het verschil in belasting van dividenduitkeringen aan ingezeten en niet-ingezeten pensioenfondsen is te herleiden tot situaties die niet objectief vergelijkbaar zijn.

28. In dat verband moet eraan worden herinnerd dat de maatregelen die ingevolge artikel 63, lid 1, VWEU verboden zijn op grond dat zij het kapitaalverkeer beperken, volgens vaste rechtspraak mede de maatregelen omvatten die niet-ingezetenen ervan doen afzien, in een lidstaat investeringen te doen, of ingezetenen van deze lidstaat ontmoedigen in andere staten investeringen te doen (zie arresten van 10 februari 2011, Haribo Lakritzen Hans Riegel en Österreichische Salinen, C-436/08 en C-437/08, nog niet gepubliceerd in de *Jurisprudentie*, punt 50, en 6 oktober 2011, Commissie/Portugal, C-493/09, nog niet gepubliceerd in de *Jurisprudentie*, punt 28).

29. Wat de nationale regeling in kwestie betreft, stelt de Commissie dat de mogelijkheid voor uitsluitend ingezeten pensioenfondsen om krachtens §§ 7 en 8, eerste alinea, punt 10, EVL de bedragen af te trekken die zij aan de voorzieningen toevoegen om aan pensioenverplichtingen te voldoen, impliceert dat voor deze vennootschappen een bijzondere belastinggrondslag wordt toegepast, waardoor enkel deze ingezeten pensioenfondsen de facto zijn vrijgesteld van de belasting. In de praktijk worden immers alle door deze pensioenfondsen gegenereerde inkomsten uit de aard der zaak voor dit doel bestemd.

30. De Republiek Finland betwist niet de stellingen van de Commissie, die overigens door concrete voorbeelden worden geschraagd, dat ingezeten pensioenfondsen vrijwel geen belastbare inkomsten genereren. Zij betwijfelt echter of deze situatie te wijten is aan de mogelijkheid die deze pensioenfondsen hebben om krachtens §§ 7 en 8, eerste alinea, punt 10, EVL de bedragen af te trekken die zij aan de voorzieningen toevoegen om aan hun pensioenverplichtingen te voldoen.

31. Ter terechtzitting daarover ondervraagd, heeft de Republiek Finland echter niet kunnen aantonen dat deze situatie van vrijwel ontbreken van belastbaar inkomen bij ingezeten pensioenfondsen anders te verklaren is dan door de aftrekbaarheid van deze voorzieningen. Met name blijkt niet dat 'allerlei andere aftrekmogelijkheden' die verband houden met hun activiteit, waarnaar de Republiek Finland zonder nadere precisering heeft verwezen, op zichzelf kunnen volstaan om deze situatie te verklaren.

32. Terwijl dividenduitkeringen aan ingezeten pensioenfondsen derhalve in de praktijk door de litigieuze bepalingen van nationaal recht zijn vrijgesteld of vrijwel zijn vrijgesteld van inkomstenbelasting, worden dividenduitkeringen aan niet-ingezeten pensioenfondsen daarentegen uit hoofde van deze nationale regeling belast tegen een tarief van 19,5 %, of tegen een tarief van 15 % of minder uit hoofde van de verdragen ter voorkoming van dubbele belasting die de Republiek Finland heeft gesloten.

33. Een dergelijke ongunstige behandeling van dividenden die worden uitgekeerd aan niet-ingezeten pensioenfondsen in vergelijking met de behandeling van dividenden die worden uitgekeerd aan ingezeten pensioenfondsen, kan in een andere lidstaat dan de Republiek Finland gevestigde vennootschappen ervan doen afzien in de Republiek Finland te investeren en vormt dus een beperking van het vrije kapitaalverkeer die in beginsel verboden is door artikel 63 VWEU (zie arrest van 8 november 2007, Amurta, C-379/05, *Jurispr.* blz. I-9569, punt 28).

34. Anders dan de Franse Republiek en het Verenigd Koninkrijk suggereren, kan niet worden aangenomen dat deze ongunstige behandeling wordt geneutraliseerd door de verdragen ter voorkoming van dubbele belasting die de Republiek Finland heeft gesloten. Daartoe is immers noodzakelijk dat de gevolgen van het uit de nationale wettelijke regeling voortvloeiende verschil in behandeling door toepassing van een dergelijk verdrag worden gecompenseerd (arrest van 20 oktober 2011, Commissie/Duitsland, C-284/09, nog niet gepubliceerd in de *Jurisprudentie*, punt 63 en aldaar aangehaalde rechtspraak). Zoals blijkt uit de toelichting die de Republiek Finland ter terechtzitting heeft gegeven, heeft zij slechts drie verdragen gesloten waarin het tarief voor de dividendbelasting 0 % bedraagt; in het merendeel van de andere verdragen bedraagt het tarief 15 %.

35. Een dergelijke ongunstige behandeling kan slechts verenigbaar zijn met de bepalingen van het VWEU betreffende het vrije verkeer van kapitaal, indien zij betrekking heeft op situaties die niet objectief vergelijkbaar zijn, of wordt gerechtvaardigd door een dwingende reden van algemeen belang (zie met name arresten van 12 december 2006, Test Claimants in the FII Group Litigation, C-446/04, *Jurispr.* blz. I-11753, punt 167, en 18 december 2007, Grønfeldt, C-436/06, *Jurispr.* blz. I-12357, punt 16).

36. Met betrekking tot de vraag of de situaties in geding objectief vergelijkbaar zijn, moet eraan worden herinnerd dat de vergelijkbaarheid van een grensoverschrijdende situatie met een interne situatie moet worden onderzocht op basis van het door de betrokken nationale bepalingen nagestreefde doel (zie arresten van 25 februari

2010, X Holding, C-337/08, *Jurispr*. blz. I-1215, punt 22, en 6 september 2012, Philips Electronics UK, C-18/11, nog niet gepubliceerd in de *Jurisprudentie*, punt 17).

37. Bovendien verkeren ingezetenen en niet-ingezetenen van een lidstaat met betrekking tot uitgaven als beroepskosten die rechtstreeks verband houden met een activiteit waardoor in deze lidstaat belastbare inkomsten zijn verworven, volgens vaste rechtspraak in een vergelijkbare situatie, zodat een regeling van deze staat die bij de belastingheffing aan niet-ingezetenen geen aftrek van dergelijke uitgaven toestaat terwijl de regeling deze aftrek wel toestaat aan ingezetenen, in het nadeel kan werken van hoofdzakelijk staatsburgers van andere lidstaten en dus indirecte discriminatie op grond van nationaliteit in het leven roept (arrest van 31 maart 2011, Schröder, C-450/09, nog niet gepubliceerd in de *Jurisprudentie*, punt 40 en aldaar aangehaalde rechtspraak).

38. Volgens de Republiek Finland, op dit punt ondersteund door interveniënten, is dat in casu niet het geval, aangezien de in §§ 7 en 8, eerste alinea, punt 10, EVL neergelegde aftrek van pensioenverplichtingen, geen betrekking heeft op uitgaven die rechtstreeks verband houden met een activiteit die in Finland belastbare inkomsten heeft gegenereerd.

39. De Republiek Finland geeft aan dat deze aftrek is verbonden met de aard van de activiteit van pensioenverzekeringsorganen, die eerst inkomsten ontvangen en pas in een later stadium uitgaven hoeven te doen. De technische voorziening waarop de bepaling ziet, komt overeen met de kapitaalwaarde van de uitkeringen bij intreden van het overeenkomstig de lopende overeenkomsten verzekerde voorval alsmede met de verschuldigde bedragen voor reeds ingetreden verzekerde voorvallen, dat wil zeggen de reserves die de verzekeringsorganen hebben gevormd voor de uitkering van toekomstige pensioenen. Volgens de lidstaat is de technische voorziening vastgesteld aan de hand van de toepasselijke nationale voorschriften. Elke toevoeging aan deze technische voorziening tijdens een boekjaar is aftrekbaar en elke onttrekking aan de voorziening wordt beschouwd als een belastbare inkomstenpost.

40. Daaruit volgt volgens de Republiek Finland dat een toevoeging aan een voorziening voor pensioenen een uitgave is die verband houdt met de activiteit als geheel van een pensioenfonds, zodat er geen rechtstreeks verband in de zin van de rechtspraak van het Hof is met het dividend dat het pensioenfonds ontvangt.

41. In dat verband kan worden volstaan met de vaststelling dat de nationale wetgever in de litigieuze nationale regeling en met name in §§ 7 en 8, eerste alinea, punt 10, EVL uitdrukkelijk bedragen die worden toegevoegd aan een voorziening om aan pensioenverplichtingen te voldoen, gelijkstelt aan 'kosten [...] die zijn ontstaan voor het verwerven of in stand houden van inkomsten uit een bedrijfsactiviteit'. Hij schept aldus een rechtstreeks verband tussen deze bedragen en de activiteit van pensioenverzekeringsorganen die een belastbaar inkomen genereren en koppelt ze zelf onlosmakelijk aan elkaar.

42. Dit rechtstreekse verband tussen uitgave en belastbaar inkomen vloeit voort uit de techniek van gelijkstelling die de Finse wetgever heeft gekozen in plaats van andere mogelijke technieken, zoals een belastingvrijstelling in eigenlijke zin, om rekening te houden met de bijzondere doelstelling van pensioenfondsen, te weten kapitaal opbouwen door beleggingen die een inkomen opleveren in de vorm van met name dividend, om te kunnen voldoen aan hun toekomstige pensioenverplichtingen uit verzekeringsovereenkomsten.

43. Daar deze bijzondere doelstelling eveneens geldt voor niet-ingezeten pensioenfondsen die dezelfde activiteit uitoefenen, bevinden deze zich in een situatie die objectief vergelijkbaar is met ingezeten pensioenfondsen waar het gaat om dividend uit Finse bron.

44. Overigens kan, anders dan het Koninkrijk Denemarken, het Koninkrijk der Nederlanden en het Koninkrijk Zweden aanvoeren, niet worden aanvaard dat ingezeten en niet-ingezeten pensioenfondsen zich in een verschillende situatie bevinden op de enkele grond dat over dividenduitkeringen aan niet-ingezeten pensioenfondsen een bronbelasting wordt geheven. De litigieuze nationale regeling schrijft namelijk niet louter voor dat deze belasting op een verschillende manier wordt geïnd naargelang van de plaats waar de ontvanger van de dividenden uit nationale bron verblijft, maar bepaalt in werkelijkheid dat deze dividenden enkel bij niet-ingezeten pensioenfondsen worden belast (zie naar analogie arrest van 10 mei 2012, Santander Asset Management SGIIC e.a., C-338/11–C-347/11, nog niet gepubliceerd in de *Jurisprudentie*, punt 43).

45. Met betrekking tot de vraag of de litigieuze nationale regeling wordt gerechtvaardigd door een dwingende reden van algemeen belang, beroept de Republiek Finland, ondersteund door het Koninkrijk Denemarken, de Franse Republiek, het Koninkrijk der Nederlanden en het Koninkrijk Zweden, zich op het territorialiteitsbeginsel, dat volgens haar een dergelijke dwingende reden vormt en waaruit volgt dat bij de vaststelling van de belastinggrondslag van niet-ingezeten belastingplichtigen enkel winsten en verliezen uit activiteiten in de lidstaat in aanmerking worden genomen.

46. Dat argument komt in wezen overeen met het argument dat in punt 38 van dit arrest is weergegeven, dat ingezeten en niet-ingezeten pensioenfondsen zich niet in een situatie bevinden die objectief vergelijkbaar is, aangezien de aftrek van pensioenverplichtingen geen betrekking heeft op uitgaven die rechtstreeks verband houden

met een activiteit waarmee een niet-ingezeten pensioenfonds een belastbaar inkomen in Finland heeft gegenereerd.

47. Om de in de punten 41 tot en met 44 van het onderhavige arrest genoemde redenen kan dit argument niet worden aanvaard.

48. De Republiek Finland voert eveneens aan dat het verschil in behandeling tussen ingezeten en niet-ingezeten pensioenfondsen gerechtvaardigd wordt door de noodzaak om de samenhang van het belastingstelsel te waarborgen. Zij merkt op dat aandelen niet enkel dividend opleveren, maar ook in waarde kunnen stijgen. In de praktijk betaalt een niet-ingezeten pensioenfonds in Finland geen belasting over de waardestijging van aandelen die het houdt in Finse, aan de beurs genoteerde vennootschappen. Het is logisch dat het fonds niet de mogelijkheid heeft van een deel van de opbrengst van die aandelen, namelijk het dividend, kosten af te trekken die betrekking hebben op de aandelen als geheel.

49. Een beroep op deze rechtvaardigingsgrond kan slechts slagen indien wordt bewezen dat er een rechtstreeks verband bestaat tussen het betrokken fiscale voordeel en de opheffing van dat voordeel door een bepaalde belastingheffing (zie met name arrest van 6 september 2012, DI. VI. Finanziaria di Diego della Valle & C., C-380/11, nog niet gepubliceerd in de *Jurisprudentie*, punt 47 en aldaar aangehaalde rechtspraak).

50. Zoals de Commissie door de Republiek Finland onweersproken opmerkt, worden waardestijgingen, alsmede dividenden, bij ingezeten pensioenfondsen aan de reserves toegevoegd en worden zij niet of in zeer beperkte mate in de heffing van de inkomstenbelasting betrokken. In die omstandigheden toont de Republiek Finland niet aan dat het aan ingezeten pensioenfondsen toegekende belastingvoordeel wordt gecompenseerd door een bepaalde belastingheffing, waardoor wordt gerechtvaardigd dat dividenduitkeringen aan niet-ingezeten pensioenfondsen worden belast.

51. Het Koninkrijk der Nederlanden voert bovendien aan dat het verschil in behandeling wordt gerechtvaardigd door de noodzaak de samenhang van het belastingstelsel te verzekeren, aangezien tegenover de mogelijkheid om pensioenverplichtingen af te trekken staat dat onttrekkingen aan de voorzieningen worden belast.

52. In dat verband kan worden volstaan met de vaststelling dat de enkele verwijzing naar een eventuele latere belasting van de uitkeringen van de pensioenfondsen aan de begunstigden niet impliceert dat een rechtstreeks verband in de zin van de in punt 49 aangehaalde rechtspraak rechtens genoegzaam is aangetoond (zie in die zin arrest Commissie/Portugal, reeds aangehaald, punt 37).

53. Wat de door de Commissie gestelde aantasting van artikel 40 van de EER-overeenkomst door de litigieuze regeling betreft, dient te worden opgemerkt dat alle voorgaande overwegingen in omstandigheden als die van het onderhavige beroep naar analogie toepasbaar zijn op dat artikel 40, aangezien de bepalingen ervan dezelfde juridische strekking hebben als de in wezen identieke bepalingen van artikel 63 VWEU (zie arrest van 1 december 2011, Commissie/België, C-250/08, nog niet gepubliceerd in de *Jurisprudentie*, punt 83 en aldaar aangehaalde rechtspraak).

54. Dientengevolge dient te worden vastgesteld dat de Republiek Finland, door een regeling in te voeren en te handhaven volgens welke dividenduitkeringen aan niet-ingezeten pensioenfondsen discriminerend worden belast, de verplichtingen niet is nagekomen die krachtens artikel 63 VWEU en artikel 40 van de EER-overeenkomst op haar rusten.

Kosten

55. …

56. …

HET HOF (Vierde kamer)

verklaart:

1. Door een regeling in te voeren en te handhaven volgens welke dividenduitkeringen aan niet-ingezeten pensioenfondsen discriminerend worden belast, is de Republiek Finland de verplichtingen niet nagekomen die krachtens artikel 63 VWEU en artikel 40 van de Overeenkomst betreffende de Europese Economische Ruimte van 2 mei 1992 op haar rusten.

2. De Republiek Finland draagt haar eigen kosten alsook die van de Europese Commissie.

3. Het Koninkrijk Denemarken, de Franse Republiek, het Koninkrijk der Nederlanden, het Koninkrijk Zweden en het Verenigd Koninkrijk van Groot-Brittannië en Noord-Ierland dragen hun eigen kosten.

HvJ EU 13 november 2012, zaak C-35/11 (Test Claimants in the FII Group Litigation v. Commissioners of Inland Revenue, The Commissioners for Her Majesty's Revenue & Customs)

Grote kamer: *V. Skouris, president, K. Lenaerts (rapporteur), vicepresident, A. Tizzano, L. Bay Larsen, T. von Danwitz, A. Rosas, kamerpresidenten, U. Lõhmus, E. Levits, A. Ó Caoimh, J.-C. Bonichot en A. Arabadjiev, rechters*

Advocaat-generaal: *N. Jääskinen*

1. Het verzoek om een prejudiciële beslissing betreft de uitlegging van de artikelen 49 VWEU en 63 VWEU.

2. Dit verzoek is ingediend in het kader van de toepassing van het arrest van 12 december 2006, Test Claimants in the FII Group Litigation (C-446/04, *Jurispr.* blz. I-11753), en strekt tot verduidelijking van meerdere punten van dat arrest.

Toepasselijke bepalingen van het Verenigd Koninkrijk

3. Krachtens de belastingwetgeving van het Verenigd Koninkrijk wordt in die staat vennootschapsbelasting geheven over de in een boekjaar gemaakte winst van elke in die lidstaat gevestigde vennootschap en van elke vennootschap die er niet is gevestigd maar er via een filiaal of agentschap handelsactiviteiten uitoefent.

4. Sedert 1973 past het Verenigd Koninkrijk van Groot-Brittannië en Noord-Ierland een stelsel van 'gedeeltelijke toerekening' toe, volgens hetwelk, teneinde economische dubbele belasting te vermijden, wanneer een aldaar gevestigde vennootschap winst uitkeert, een deel van de door die vennootschap betaalde vennootschapsbelasting wordt toegerekend aan haar aandeelhouders. Tot 6 april 1999 was dit stelsel gebaseerd op de vervroegde betaling van de vennootschapsbelasting door de uitkerende vennootschap en op een belastingkrediet voor de aandeelhouders aan wie dividenden werden uitgekeerd, met voor de in het Verenigd Koninkrijk gevestigde ontvangende vennootschappen een vrijstelling van de vennootschapsbelasting voor dividenden die zij ontvingen van eveneens in die lidstaat gevestigde vennootschappen.

Vervroegde betaling van de vennootschapsbelasting

5. Krachtens de ten tijde van de feiten van het hoofdgeding geldende versie van Section 14 van de wet van 1988 inzake de inkomstenbelasting en de vennootschapsbelasting (Income and Corporation Taxes Act 1988; hierna: 'ICTA') moest een in het Verenigd Koninkrijk gevestigde vennootschap die dividenden uitkeerde aan haar aandeelhouders, een voorheffing op de vennootschapsbelasting ('advance corporation tax'; hierna: 'ACT') betalen, berekend over het bedrag of de waarde van de gedane uitkering.

6. Een vennootschap mocht de ACT die zij uit hoofde van een uitkering in een bepaald boekjaar had betaald, binnen bepaalde grenzen verrekenen met het bedrag dat zij voor dat boekjaar verschuldigd was als algemene vennootschapsbelasting ('mainstream corporation tax'). Volstond de belastingschuld van een vennootschap uit hoofde van de vennootschapsbelasting niet om de gehele ACT te verrekenen, dan kon het ACT-overschot worden overgedragen naar een vorig of later boekjaar, dan wel aan de dochterondernemingen van deze vennootschap die het konden verrekenen met het bedrag dat zij zelf als vennootschapsbelasting verschuldigd waren. De dochterondernemingen waaraan het ACT-overschot kon worden overgedragen, moesten in het Verenigd Koninkrijk zijn gevestigd.

7. Een groep vennootschappen met maatschappelijke zetel in deze lidstaat kon ook opteren voor belastingheffing naar het groepsinkomen, waardoor de vennootschappen van die groep de betaling van de ACT konden uitstellen totdat de moedermaatschappij van de groep dividend had uitgekeerd.

De situatie van ingezeten aandeelhouders die dividenden van ingezeten vennootschappen ontvangen

8. Section 208 ICTA bepaalt dat een ingezeten vennootschap van het Verenigd Koninkrijk die dividenden ontving van een eveneens in die lidstaat gevestigde vennootschap, over die dividenden geen vennootschapsbelasting verschuldigd is.

9. Krachtens Section 231, lid 1, ICTA geeft elke aan de ACT onderworpen uitkering van dividenden door een ingezeten vennootschap aan een andere ingezeten vennootschap voor deze laatste vennootschap bovendien aanleiding tot een belastingkrediet ter grootte van het gedeelte van de ACT dat door de eerste vennootschap is betaald.

10. Naar luid van Section 238, lid 1, ICTA vormen het ontvangen dividend en het belastingkrediet voor de ontvangende vennootschap samen het 'nettobeleggingsinkomen' ('franked investment income' of 'FII').

11. Een in het Verenigd Koninkrijk gevestigde vennootschap die van een andere ingezeten vennootschap dividenden heeft ontvangen waarvan de uitkering tot een belastingkrediet heeft geleid, kon de door die andere vennoot-

schap betaalde ACT overnemen en aftrekken van de ACT die zij zelf moet betalen wanneer zij aan haar eigen aandeelhouders dividenden uitkeert, zodat zij slechts de extra ACT betaalde.

De situatie van ingezeten aandeelhouders die dividenden van niet-ingezeten vennootschappen ontvangen

12. Wanneer een in het Verenigd Koninkrijk gevestigde vennootschap dividenden ontvangt van een niet-ingezeten vennootschap, is zij over die dividenden vennootschapsbelasting verschuldigd.

13. In dat geval heeft de vennootschap die deze dividenden ontvangt, geen recht op een belastingkrediet en worden de ontvangen dividenden werden niet aangemerkt als nettobeleggingsinkomen. Krachtens de Sections 788 en 790 ICTA heeft zij evenwel recht op aftrek voor de belasting die de uitkerende vennootschap heeft betaald in haar staat van vestiging, welke aftrek werd verleend krachtens de wetgeving van het Verenigd Koninkrijk dan wel krachtens een met die andere staat gesloten overeenkomst tot het vermijden van dubbele belasting.

14. De nationale wettelijke regeling maakt het aldus mogelijk om de vennootschapsbelasting die is verschuldigd door een ingezeten vennootschap die dividenden ontvangt, te verminderen met de bronbelasting op die dividenden die zijn uitgekeerd door een niet-ingezeten vennootschap. Oefent de ontvangende ingezeten vennootschap rechtstreeks of indirect zeggenschap uit of is zij een dochteronderneming van een vennootschap die rechtstreeks of indirect zeggenschap uitoefende op 10 % of meer van de stemrechten in de uitkerende vennootschap, dan geldt de aftrek ook voor de onderliggende buitenlandse vennootschapsbelasting over de winst waaruit de dividenden zijn betaald. Die in het buitenland betaalde belasting kan slechts worden afgetrokken ten belope van het bedrag dat in het Verenigd Koninkrijk als vennootschapsbelasting over het betrokken inkomen verschuldigd was.

15. Soortgelijke bepalingen gelden krachtens de door het Verenigd Koninkrijk gesloten overeenkomsten tot het vermijden van dubbele belasting.

16. Wanneer een ingezeten vennootschap dividenden uitkeert aan haar eigen aandeelhouders, is zij ACT verschuldigd.

17. Met betrekking tot de mogelijkheid om de bij een dergelijke uitkering betaalde ACT te verrekenen met het bedrag dat de ingezeten vennootschap verschuldigd is als vennootschapsbelasting, kan het feit dat een dergelijke ingezeten vennootschap dividenden ontvangt van een niet-ingezeten vennootschap, aanleiding geven tot een ACT-overschot, met name doordat de uitkering van dividenden door een niet-ingezeten vennootschap, zoals in punt 13 van dit arrest is opgemerkt, geen aanleiding geeft tot een belastingkrediet dat kan worden afgetrokken van de ACT die de ingezeten vennootschap moet betalen wanneer zij dividenden uitkeert aan haar eigen aandeelhouders.

De regeling inzake het dividend uit buitenlands inkomen

18. Sedert 1 juli 1994 kan een ingezeten vennootschap die dividenden ontvangt van een niet-ingezeten vennootschap, ervoor kiezen dat een dividend dat zij aan haar eigen aandeelhouders uitkeert, wordt aangemerkt als 'dividend uit buitenlands inkomen' ('foreign income dividend'; hierna: 'FID'). Over de FID is ACT verschuldigd, maar, voor zover de FID het niveau van de ontvangen buitenlandse dividenden bereikt, kan de ingezeten vennootschap om terugbetaling van de te veel betaalde ACT verzoeken.

19. Terwijl ACT moet worden betaald binnen veertien dagen na het trimester waarin het dividend is uitgekeerd, kan het ACT-overschot slechts worden terugbetaald wanneer de ingezeten vennootschap de algemene vennootschapsbelasting verschuldigd wordt, namelijk negen maanden na het einde van het boekjaar.

20. De ACT-regeling, met inbegrip van de FID-regeling, is afgeschaft voor dividenden die zijn uitgekeerd na 6 april 1999.

Aan het geding ten grondslag liggende feiten en prejudiciële vragen

21. De High Court of Justice of England and Wales, Chancery Division, wenst verduidelijking, ten eerste, over punt 56 en over punt 1 van het dictum van het arrest Test Claimants in the FII Group Litigation, reeds aangehaald. In de punten 48 tot en met 53, 57 en 60 van dat arrest heeft het Hof geoordeeld dat een nationale wettelijke regeling volgens welke de vrijstellingsmethode geldt voor binnenlandse dividenden en de verrekeningsmethode voor buitenlandse dividenden, niet in strijd is met de artikelen 49 VWEU en 63 VWEU voor zover het belastingtarief voor buitenlandse dividenden niet hoger is dan het belastingtarief voor binnenlandse dividenden en het belastingkrediet ten minste gelijk is aan het bedrag dat is betaald in de lidstaat van de uitkerende vennootschap, tot beloop van het bedrag van de belasting in de lidstaat van de ontvangende vennootschap.

22. Verzoeksters in het hoofdgeding hadden voor het Hof opgemerkt, zoals blijkt uit punt 54 van het arrest Test Claimants in the FII Group Litigation, dat 'krachtens de in het Verenigd Koninkrijk geldende wettelijke regeling bij de uitkering van binnenlandse dividenden de ontvangende vennootschap daarover geen vennootschapsbelasting verschuldigd is, ongeacht de belasting die de uitkerende vennootschap heeft betaald, dus ook wanneer deze laatste wegens de aan haar verleende aftrek geen belasting verschuldigd is of vennootschapsbelasting betaalt tegen

een lager tarief dan het nominale tarief dat in het Verenigd Koninkrijk van toepassing is'. In dit verband heeft het Hof in de punten 55 en 56 van dat arrest vastgesteld:

'55. De regering van het Verenigd Koninkrijk heeft dit niet betwist. Zij stelt evenwel dat de toepassing van verschillende belastingniveaus op de uitkerende en de ontvangende vennootschap slechts plaatsvindt onder eerder uitzonderlijke omstandigheden, waarvan in het hoofdgeding geen sprake is.

56. Dienaangaande staat het aan de verwijzende rechter om na te gaan of het belastingtarief wel degelijk hetzelfde is, en of de verschillende belastingniveaus slechts in bepaalde gevallen bestaan wegens een wijziging van de belastinggrondslag doordat bepaalde uitzonderlijke aftrekken zijn toegepast.'

23. Na het arrest Test Claimants in the FII Group Litigation, hebben verzoeksters in het hoofdgeding voor de High Court of Justice of England and Wales, Chancery Division, deskundigenverslagen overgelegd tot bewijs dat in de meeste gevallen het daadwerkelijke belastingniveau voor winst van ingezeten vennootschappen lager was dan het nominale belastingtarief en dat deze situatie dus niet als uitzonderlijk kon worden beschouwd.

24. Verweerders in het hoofdgeding hebben de door verzoeksters overgelegde bewijzen van het daadwerkelijke belastingniveau voor ingezeten vennootschappen niet betwist. Zij waren daarentegen van mening dat de controle die de nationale rechter krachtens punt 56 van het arrest Test Claimants in the FII Group Litigation moet uitvoeren, niet de daadwerkelijke belastingniveaus betreft. Aangezien het Verenigd Koninkrijk in zijn schriftelijke opmerkingen voor het Hof had verwezen naar de aftrek waarin de nationale wettelijke regeling voorziet voor kleine ondernemingen, hebben verweerders betoogd dat de verwijzende rechter uitsluitend moest onderzoeken of de verschillen in de nominale belastingtarieven die gelden voor ingezeten uitkerende vennootschappen en ingezeten ontvangende vennootschappen, enkel in uitzonderlijke omstandigheden bestaan.

25. De verwijzende rechter acht het zijn taak na te gaan aan welk daadwerkelijk belastingniveau de door ingezeten vennootschappen uitgekeerde winst is onderworpen, maar naar zijn oordeel is het niettemin noodzakelijk het Hof daarover te ondervragen.

26. De verwijzende rechter wenst verduidelijking, ten tweede, over de punten 2 en 4 van het dictum van het arrest Test Claimants in the FII Group Litigation. Hij vraagt of deze punten enkel gelden wanneer een in het Verenigd Koninkrijk gevestigde vennootschap rechtstreeks dividenden van een niet-ingezeten dochteronderneming ontvangt die de vennootschapsbelasting over de aan de dividenden ten grondslag liggende winst heeft betaald in haar lidstaat van vestiging, dan wel ook wanneer de niet-ingezeten dochteronderneming zelf geen – of uiterst weinig – belasting heeft betaald en de dividenden zijn uitgekeerd uit winst die dividenden omvat die in een lidstaat gevestigde kleindochteronderneming heeft uitgekeerd uit winst waarover in die Staat vennootschapsbelasting is betaald.

27. In dit verband verklaart de verwijzende rechter dat de niet-ingezeten dochteronderneming in haar lidstaat van vestiging zeer vaak geen belasting betaalt over de winst waaruit de dividenden aan haar ingezeten moedermaatschappij worden uitgekeerd. Dat is hoofdzakelijk het gevolg van het feit dat internationale groepen op veralgemeende wijze gebruik maken van tussenholdings die zeer weinig of nauwelijks belasting over hun winst betalen. De Staten waarin deze holdings zijn gevestigd, verlenen ter voorkoming van dubbele belasting vaak een aftrek voor het bedrag van belasting die over de uitgekeerde winst is voldaan.

28. De verwijzende rechter wenst, ten derde, te vernemen of punt 2 van het dictum van het arrest Test Claimants in the FII Group Litigation, alleen geldt ingeval de ingezeten vennootschap die dividenden ontvangt van een niet-ingezeten vennootschap, zelf de ACT betaalt, dan wel of dat punt van het dictum van dat arrest ook geldt ingeval deze ingezeten vennootschap heeft gekozen voor de regeling van de belastingheffing naar het groepsinkomen. Volgens deze regeling wordt de ACT betaald door een ingezeten vennootschap die een hogere plaats in de groepshiërarchie inneemt. De verwijzende rechter wenst ook te vernemen of in dit laatste geval, waarover het Hof zich niet heeft uitgesproken overeenkomstig hetgeen is uiteengezet in punt 10 van het arrest Test Claimants in the FII Group Litigation, sprake is van schending van het recht van de Unie zodat ingevolge de beginselen die het Hof heeft uiteengezet in zijn arrest van 9 november 1983, San Giorgio (199/82, *Jurispr.* blz. 3595), recht op terugbetaling ontstaat voor de hiërarchisch hogere onderneming die de ACT daadwerkelijk heeft betaald.

29. Volgens verweerders in het hoofdgeding is de in casu door deze vennootschap betaalde ACT evenwel rechtmatig ingevorderd zodat deze vennootschap enkel vergoeding voor haar verlies kan vorderen wanneer is voldaan aan de voorwaarden die het Hof heeft uiteengezet in zijn arrest van 5 maart 1996, Brasserie du pêcheur en Factortame (C-46/93 en C-48/93, *Jurispr.* blz. I-1029).

30. Ten vierde herinnert de verwijzende rechter eraan dat de eerste prejudiciële vraag in het arrest Test Claimants in the FII Group Litigation enkel zag op dividenden die werden ontvangen van ingezeten vennootschappen van andere lidstaten. Bij de hervatting van het geding voor de High Court of Justice of England and Wales, Chancery Division, hebben verzoeksters in het hoofdgeding evenwel aangevoerd dat de in het Verenigd Koninkrijk geldende regeling gelet op de evolutie van de rechtspraak van het Hof ook in strijd was met artikel 63 VWEU voor zover die regeling gold voor dividenden die werden ontvangen van in derde landen gevestigde dochterondernemingen. Vol-

gens de verzoeksters is artikel 63 VWEU van toepassing aangezien de wettelijke regeling van het Verenigd Koninkrijk geldt ongeacht de omvang van de participatie die de betrokkene bezit in de uitkerende vennootschap die in een derde land is gevestigd.

31. Volgens verweerders is artikel 63 VWEU echter niet van toepassing wanneer de in een lidstaat gevestigde vennootschap een zodanige invloed op de beslissingen van een in een derde land gevestigde vennootschap uitoefent dat zij in staat is de activiteiten ervan te bepalen. Volgens de verwijzende rechter vindt de stelling van verzoeksters in het hoofdgeding steun in de arresten van 24 mei 2007, Holböck (C-157/05, *Jurispr.* blz. I-4051); 18 december 2007, A (C-101/05, *Jurispr.* blz. I-11531), en 17 september 2009, Glaxo Wellcome (C-182/08, *Jurispr.* blz. I-8591).

32. De verwijzende rechter wenst verduidelijking, ten vijfde, over punt 3 van het dictum van het arrest Test Claimants in the FII Group Litigation, betreffende de in punt 6 van het onderhavige arrest genoemde ACT-regeling, waardoor een in het Verenigd Koninkrijk gevestigde moedermaatschappij een ACT-overschot aan haar ingezeten dochterondernemingen kan overdragen zodat de ACT kan worden verrekend met de door deze dochterondernemingen verschuldigde vennootschapsbelasting. Verzoeksters in het hoofdgeding hadden aangevoerd dat deze wettelijke regeling in strijd was met artikel 49 VWEU voor zover deze mogelijkheid enkel bestond voor in het Verenigd Koninkrijk gevestigde dochterondernemingen. Volgens hen had het Verenigd Koninkrijk, toen het voor deze regeling opteerde, de plicht om te voorzien in een soortgelijke ontheffing zoals terugbetaling van de ACT, die verrekenbaar was met de vennootschapsbelasting die is betaald door in de Europese Unie gevestigde dochterondernemingen.

33. In punt 115 van zijn arrest Test Claimants in the FII Group Litigation is het Hof het onderzoek van deze problematiek begonnen met de opmerking dat '[...] voor het Hof enkel een discussie heeft plaatsgevonden betreffende het feit dat het een ingezeten vennootschap niet mogelijk is een ACT-overschot over te dragen aan niet-ingezeten dochterondernemingen opdat deze dit kunnen verrekenen met de vennootschapsbelasting die zij in het Verenigd Koninkrijk verschuldigd zijn voor de in die lidstaat uitgevoerde activiteiten'.

34. Het antwoord in punt 139 en in punt 3 van het dictum van dat arrest ziet dus niet op het geval waarin de niet-ingezeten vennootschap enkel in de lidstaat waarin zij is gevestigd aan de vennootschapsbelasting onderworpen was. De verwijzende rechter wenst dus te vernemen of het antwoord in punt 3 van het dictum van het arrest Test Claimants in the FII Group Litigation anders luidt wanneer de niet-ingezeten dochterondernemingen waaraan een ACT-overschot niet kan worden overgedragen, niet in de lidstaat van de moedermaatschappij worden belast.

35. Daarom heeft de High Court of Justice of England and Wales, Chancery Division, de behandeling van de zaak geschorst en het Hof de volgende prejudiciële vragen gesteld:

'1. Hebben de woorden ‚belastingtarief' en ‚verschillende belastingniveaus' in punt 56 van het [arrest Test Claimants in the FII Group Litigation]:
a. louter betrekking op wettelijke of nominale belastingtarieven, of
b. zowel betrekking op het effectieve tarief van de betaalde belasting als op het wettelijke of nominale belastingtarief, of
c. een andere betekenis en, zo ja, welke?
2. Maakt het enig verschil voor het antwoord van het Hof op de tweede en de vierde prejudiciële vraag in het [arrest Test Claimants in the FII Group Litigation] indien:
a. de niet-ingezeten vennootschap die het dividend aan de ingezeten vennootschap uitkeert, geen (of slechts een gedeelte van de) buitenlandse vennootschapsbelasting heeft betaald, maar het dividend wel afkomstig is van winst die zelf dividenden omvat die zijn uitgekeerd door haar directe of indirecte in een lidstaat gevestigde dochteronderneming en die afkomstig zijn van winst waarover in die lidstaat reeds belasting is voldaan, en/of
b. de [ACT] niet wordt voldaan door de ingezeten vennootschap die het dividend van een niet-ingezeten vennootschap ontvangt, maar door haar directe of indirecte ingezeten moederonderneming bij de latere uitkering van de winst van de ontvangende vennootschap die direct of indirect het dividend omvat?
3. Heeft de vennootschap die de ACT heeft betaald, in omstandigheden als omschreven in de [tweede vraag, sub b] recht op terugbetaling van de onrechtmatig geheven belasting ([arrest] San Giorgio [reeds aangehaald]) of enkel recht op schadevergoeding ([arrest] Brasserie du P?cheur en Factortame [reeds aangehaald])?
4. Wanneer de betrokken nationale wetgeving niet enkel van toepassing is op situaties waarin de moedermaatschappij een beslissende invloed uitoefent op de vennootschap die het dividend uitkeert, kan een ingezeten vennootschap zich dan beroepen op artikel 63 VWEU met betrekking tot dividenden ontvangen van een in een derde land gevestigde dochteronderneming waarop zij een beslissende invloed uitoefent?
5. Geldt het antwoord van het Hof op de derde prejudiciële vraag in [de zaak die heeft geleid tot het arrest Test Claimants in the FII Group Litigation] ook wanneer de niet-ingezeten dochterondernemingen waaraan geen bedrag kon worden overgedragen, niet aan belasting zijn onderworpen in de lidstaat waarin de moederonderneming is gevestigd?'

Beantwoording van de prejudiciële vragen

Eerste vraag

36. Met zijn eerste vraag wenst de verwijzende rechter in wezen te vernemen of de artikelen 49 VWEU en 63 VWEU aldus moeten worden uitgelegd dat zij zich verzetten tegen een wettelijke regeling van een lidstaat volgens welke de vrijstellingsmethode voor binnenlandse dividenden en de verrekeningsmethode voor buitenlandse dividenden geldt wanneer in deze lidstaat het effectieve belastingniveau voor vennootschapswinst doorgaans lager is dan het nominale belastingtarief.

37. Met betrekking tot een belastingregel zoals die welke in het hoofdgeding aan de orde is, die ertoe strekt economische dubbele belasting van winstuitkeringen te voorkomen, is de situatie van een vennootschap-aandeelhouder die buitenlandse dividenden ontvangt, vergelijkbaar met die van een vennootschap-aandeelhouder die binnenlandse dividenden ontvangt, voor zover de winst in beide gevallen in beginsel opeenvolgende keren kan worden belast (arrest Test Claimants in the FII Group Litigation, reeds aangehaald, punt 62, en arrest van 10 februari 2011, Haribo Lakritzen Hans Riegel en Österreichische Salinen, C-436/08 en C-437/08, *Jurispr*. blz. I-305, punt 59).

38. Derhalve is een lidstaat waarin een regeling ter voorkoming van economische dubbele belasting geldt voor dividenden die aan ingezeten vennootschappen worden uitgekeerd door andere ingezeten vennootschappen, op grond van de artikelen 49 VWEU en 63 VWEU ertoe verplicht, dividenden die aan ingezeten vennootschappen worden uitgekeerd door niet-ingezeten vennootschappen, op evenwaardige wijze te behandelen (zie reeds aangehaald arresten Test Claimants in the FII Group Litigation, punt 72, en Haribo Lakritzen Hans Riegel en Österreichische Salinen, punt 60).

39. Voorts heeft het Hof geoordeeld dat een lidstaat in beginsel vrij is om opeenvolgende belastingheffingen over door een ingezeten vennootschap ontvangen dividenden te vermijden door te kiezen voor de vrijstellingsmethode wanneer de dividenden worden uitgekeerd door een ingezeten vennootschap, en voor de verrekeningsmethode wanneer zij worden uitgekeerd door een niet-ingezeten vennootschap. Beide methoden zijn immers gelijkwaardig op voorwaarde evenwel dat het belastingtarief voor buitenlandse dividenden niet hoger is dan het tarief voor binnenlandse dividenden en het belastingkrediet ten minste gelijk is aan het bedrag dat is betaald in de lidstaat van de uitkerende vennootschap, tot beloop van het bedrag van de belasting in de lidstaat van de ontvangende vennootschap (zie arrest Test Claimants in the FII Group Litigation, reeds aangehaald, punten 48 en 57; arrest Haribo Lakritzen Hans Riegel en Österreichische Salinen, reeds aangehaald, punt 86; arrest van 15 september 2011, Accor, C-310/09, nog niet gepubliceerd in de *Jurisprudentie*, punt 88, en beschikking van 23 april 2008, Test Claimants in the CFC and Dividend Group Litigation, C-201/05, *Jurispr*. blz. I-2875, punt 39).

40. Aangezien het recht van de Unie in de huidige stand niet voorziet in algemene criteria voor de verdeling van de bevoegdheden tussen de lidstaten voor de afschaffing van dubbele belasting binnen de Unie (arresten van 14 november 2006, Kerckhaert en Morres, C-513/04, *Jurispr*. blz. I-10967, punt 22, en 8 december 2011, Banco Bilbao Vizcaya Argentaria, C-157/10, nog niet gepubliceerd in de *Jurisprudentie*, punt 31 en aldaar aangehaalde rechtspraak), blijft elke lidstaat vrij om zijn regeling inzake de belastingheffing over winstuitkeringen te organiseren voor zover evenwel deze regeling geen bij het VWEU verboden discriminaties bevat. De verplichting voor de lidstaat waar de ontvangende vennootschap is gevestigd, om buitenlandse dividenden van vennootschapsbelasting vrij te stellen zou evenwel afbreuk doen aan de bevoegdheid van de betrokken lidstaat om met eerbiediging van het non-discriminatiebeginsel de aldus uitgekeerde winst te belasten tegen het in zijn wetgeving bepaalde tarief.

41. Zoals blijkt uit punt 54 van het arrest Test Claimants in the FII Group Litigation, hebben verzoeksters in het hoofdgeding de gelijkwaardigheid van de vrijstellings- en de verrekeningsmethode betwist op grond dat krachtens de in het Verenigd Koninkrijk geldende wettelijke regeling bij de uitkering van binnenlandse dividenden de ontvangende vennootschap daarover geen vennootschapsbelasting verschuldigd is, ongeacht de belasting die de uitkerende vennootschap heeft betaald, dus ook wanneer laatstgenoemde vennootschap wegens de aan haar verleende aftrek geen belasting verschuldigd is of vennootschapsbelasting betaalt tegen een lager tarief dan het nominale tarief dat in het Verenigd Koninkrijk van toepassing is.

42. Daarop heeft het Hof in punt 56 van zijn arrest Test Claimants in the FII Group Litigation de verwijzende rechter verzocht na te gaan of het belastingtarief wel degelijk hetzelfde is, en of de belastingniveaus slechts in bepaalde gevallen verschillen wegens een wijziging van de belastinggrondslag doordat bepaalde uitzonderlijke aftrekken zijn toegepast.

43. Er dient immers te worden aangenomen dat het belastingtarief voor buitenlandse dividenden hoger zal zijn dan het belastingtarief dat geldt voor binnenlandse dividenden in de zin van de in punt 39 van het onderhavige arrest aangehaalde rechtspraak en dat de gelijkwaardigheid van de vrijstellingsmethode en de verrekeningsmethode dus in de volgende omstandigheden op de helling komt te staan.

44. Ten eerste resulteert wanneer het nominale belastingtarief voor de ingezeten vennootschap die dividenden uitkeert, lager is dan het nominale belastingtarief voor de ingezeten vennootschap die deze dividenden ontvangt,

de belastingvrijstelling voor binnenlandse dividenden voor laatstgenoemde vennootschap in minder belasting over de uitgekeerde winst dan wanneer de verrekeningsmethode wordt toegepast voor buitenlandse dividenden die dezelfde ingezeten vennootschap ontvangt doch van een niet-ingezeten vennootschap die eveneens weinig belasting over haar winst betaalt omdat het nominale belastingtarief lager is.

45. Bij toepassing van de vrijstellingsmethode wordt over de uitkering van binnenlandse winst immers belasting geheven tegen het lagere nominale belastingtarief dat geldt voor de uitkerende vennootschap, terwijl bij toepassing van de verrekeningsmethode voor buitenlandse dividenden over de uitgekeerde winst belasting wordt geheven tegen het hogere nominale belastingtarief dat geldt voor de ontvangende vennootschap.

46. Ten tweede wordt de gelijkwaardigheid van de belastingvrijstelling voor door een ingezeten vennootschap uitgekeerde dividenden en toepassing van een verrekeningsmethode voor door een niet-ingezeten vennootschap uitgekeerde dividenden waarbij, zoals het geval is in de in het hoofdgeding aan de orde zijnde regeling, rekening wordt gehouden met het effectieve belastingniveau voor de winst in de lidstaat van herkomst, eveneens doorbroken wanneer de winst van de ingezeten vennootschap, die de dividenden uitkeert, in de lidstaat van vestiging aan een lager effectief belastingniveau is onderworpen dan het aldaar geldende nominale belastingtarief.

47. Door de belastingvrijstelling voor binnenlandse dividenden komt immers geen fiscale last te rusten op de ingezeten vennootschap die deze dividenden ontvangt, ongeacht het effectieve belastingniveau voor de winst waaruit de dividenden zijn uitgekeerd. Toepassing van de verrekeningsmethode op buitenlandse dividenden doet daarentegen een extra fiscale last voor de ingezeten ontvangende vennootschap ontstaan wanneer het effectieve belastingniveau voor de winst van de uitkerende vennootschap lager is dan het nominale belastingtarief dat geldt voor de winst van de ingezeten ontvangende vennootschap.

48. Anders dan de vrijstellingsmethode maakt de verrekeningsmethode het dus niet mogelijk om het voordeel van de vooraf aan de uitkerende vennootschap toegekende verminderingen in de vennootschapsbelasting over te dragen aan de vennootschap-aandeelhouder.

49. Het onderzoek dat het Hof in punt 56 van zijn arrest Test Claimants in the FII Group Litigation de verwijzende rechter heeft verzocht uit te voeren, betreft dus zowel de toepasselijke nominale belastingtarieven als de effectieve belastingniveaus. Het 'belastingtarief', waarnaar wordt verwezen in dat punt 56, doelt immers op het nominale belastingtarief en de 'verschillende belastingniveaus [...] wegens een wijziging van de belastinggrondslag' zien op de effectieve belastingniveaus. Doordat met name aftrekken de belastinggrondslag verlagen, kan het effectieve belastingniveau onder het nominale belastingtarief komen te liggen.

50. Met betrekking tot een eventueel verschil tussen het nominale belastingtarief en het effectieve belastingniveau dat geldt voor de ingezeten vennootschap die dividenden uitkeert, blijkt uit punt 56 van het arrest Test Claimants in the FII Group Litigation weliswaar dat de gelijkwaardigheid van de vrijstellingsmethode en de verrekeningsmethode niet meteen wordt doorbroken zodra uitzonderlijke gevallen bestaan waarin binnenlandse dividenden zijn vrijgesteld, hoewel de winst waaruit deze dividenden zijn uitgekeerd, niet geheel was onderworpen aan een effectief belastingniveau dat overeenstemt met het nominale belastingtarief. Het Hof heeft niettemin gepreciseerd dat het de taak van de nationale rechter is om uit te maken of het verschil tussen het effectieve belastingniveau en het nominale belastingtarief uitzonderlijk is.

51. Blijkens zijn beslissing heeft de verwijzende rechter het onderzoek waarom het Hof hem had verzocht in punt 56 van het arrest Test Claimants in the FII Group Litigation, uitgevoerd en is hij aldus tot de vaststelling gekomen dat in het hoofdgeding hetzelfde nominale belastingtarief geldt zowel voor de winst van de uitkerende ingezeten vennootschap als voor de winst van de ontvangende ingezeten vennootschap. Uit de verwijzingsbeslissing blijkt echter dat de in punt 46 van het onderhavige arrest bedoelde omstandigheid zich voordoet, en niet uitzonderlijk. Volgens de verwijzende rechter is het effectieve belastingniveau voor de winst van ingezeten vennootschappen in het Verenigd Koninkrijk immers meestal lager dan het nominale belastingniveau.

52. Bijgevolg waarborgt toepassing van de verrekeningsmethode op buitenlandse dividenden, zoals is voorzien in de in het hoofdgeding aan de orde zijnde regeling, niet dat de fiscale behandeling gelijkwaardig is aan de fiscale behandeling met toepassing van de vrijstellingsmethode voor binnenlandse dividenden.

53. Aangezien met betrekking tot een belastingregel als die in het hoofdgeding die ertoe strekt economische dubbele belasting over winstuitkeringen te voorkomen, de situatie van een vennootschap-aandeelhouder die buitenlandse dividenden ontvangt, vergelijkbaar is met die van een vennootschap-aandeelhouder die binnenlandse dividenden ontvangt, voor zover de winst in beide gevallen in beginsel opeenvolgende keren kan worden belast (zie reeds aangehaalde arresten Test Claimants in the FII Group Litigation, punt 62, en Haribo Lakritzen Hans Riegel en Österreichische Salinen, punt 59), is het verschil in fiscale behandeling tussen beide categorieën van dividenden niet gerechtvaardigd door een relevant situatieverschil.

54. Derhalve vormt een regeling als die in het hoofdgeding een bij de artikelen 49 VWEU en 63 VWEU in beginsel verboden beperking van de vrijheid van vestiging en van het vrije verkeer van kapitaal.

55. Volgens vaste rechtspraak is een dergelijke beperking slechts toelaatbaar wanneer zij gerechtvaardigd is uit hoofde van een dwingende reden van algemeen belang. Daarenboven moet in een dergelijk geval de beperking geschikt zijn om het aldus nagestreefde doel te verwezenlijken en mag zij niet verder gaan dan voor het bereiken van dat doel noodzakelijk is (zie arresten van 29 november 2011, National Grid Indus, C-371/10, nog niet gepubliceerd in de *Jurisprudentie*, punt 42, en 1 december 2011, Commissie/België, C-250/08, nog niet gepubliceerd in de *Jurisprudentie*, punt 51).

56. In dat verband heeft de regering van het Verenigd Koninkrijk in de zaak die heeft geleid tot het arrest Test Claimants in the FII Group Litigation, gesteld dat de in het hoofdgeding aan de orde zijnde regeling objectief gerechtvaardigd was door de noodzaak de samenhang van het nationale belastingstelsel te verzekeren.

57. Het Hof heeft reeds erkend dat de noodzaak om de samenhang van een nationaal belastingstelsel te bewaren een beperking van de uitoefening van de door het Verdrag gewaarborgde vrijheden van verkeer kan rechtvaardigen (arresten van 28 januari 1992, Bachmann, C-204/90, *Jurispr.* blz. I-249, punt 21; 7 september 2004, Manninen, C-319/02, *Jurispr.* blz.; I-7477, punt 42; 23 oktober 2008, Krankenheim Ruhesitz am Wannsee-Seniorenheimstatt, C-157/07, *Jurispr.* blz. I-8061, punt 43, en arrest Commissie/België, reeds aangehaald, punt 70).

58. Volgens vaste rechtspraak moet evenwel een rechtstreeks verband bestaan tussen het betrokken fiscale voordeel en de verrekening van dat voordeel door een bepaalde belastingheffing (arrest Commissie/België, reeds aangehaald, punt 71 en aldaar aangehaalde rechtspraak), waarbij of dit verband rechtstreeks is moet worden beoordeeld aan de hand van het doel van de betrokken regeling (arresten van 27 november 2008, Papillon, C-418/07, *Jurispr.* blz. I-8947, punt 44, en 18 juni 2009, Aberdeen Property Fininvest Alpha, C-303/07, *Jurispr.* blz. I-5145, punt 72).

59. Gelet op de doelstelling die met de in het hoofdgeding aan de orde zijnde regeling wordt nagestreefd, bestaat er een rechtstreeks verband tussen het verleende belastingvoordeel, te weten het belastingkrediet in het geval van buitenlandse dividenden en de belastingvrijstelling voor binnenlandse dividenden, enerzijds, en de belasting die reeds is geheven over de winstuitkering.

60. Aangaande de vraag of de beperking evenredig is, moet worden opgemerkt dat hoewel toepassing van de verrekeningsmethode voor buitenlandse dividenden en van de vrijstellingsmethode voor binnenlandse dividenden kan worden gerechtvaardigd om economische dubbele belasting over winstuitkeringen te voorkomen, evenwel niet noodzakelijk rekening hoeft te worden gehouden, om de samenhang van dit belastingstelsel te bewaren, met het effectieve belastingniveau dat voor de winstuitkeringen geldt voor de berekening van het belastingvoordeel met het oog op de toepassing van de verrekeningmethode, enerzijds, en alleen met het nominale belastingtarief dat geldt voor de winstuitkeringen met het oog op de toepassing van de vrijstellingsmethode, anderzijds.

61. De belastingvrijstelling die een ingezeten vennootschap geniet wanneer zij binnenlandse dividenden ontvangt, geldt immers ongeacht het effectieve belastingniveau voor de winst waaruit deze dividenden zijn uitgekeerd. Voor zover met deze vrijstelling wordt beoogd economische dubbele belasting over winstuitkeringen te voorkomen, berust zij op de veronderstelling dat over deze winst tegen het nominale belastingtarief wordt geheven bij de uitkerende vennootschap. De belastingvrijstelling heeft veel weg van een belastingkrediet dat wordt berekend op basis van dat nominale belastingtarief.

62. Teneinde de samenhang van het betrokken belastingstelsel te verzekeren is een nationale regeling die ook bij de toepassing van de verrekeningsmethode rekening houdt met met name het nominale belastingtarief voor de winst waaruit de dividenden worden uitgekeerd, geschikt om economische dubbele belasting over winstuitkeringen te voorkomen en om de interne samenhang van het belastingstelsel te waarborgen en tegelijk doet zij minder afbreuk aan de vrijheid van vestiging en het vrije verkeer van kapitaal.

63. In punt 99 van zijn arrest Haribo Lakritzen Hans Riegel en Österreichische Salinen, reeds aangehaald, heeft het Hof allereerst eraan herinnerd dat het een lidstaat in de regel vrij staat om opeenvolgende belastingheffingen over door een ingezeten vennootschap ontvangen dividenden te vermijden door te kiezen voor de vrijstellingsmethode voor binnenlandse dividenden en voor de verrekeningsmethode voor buitenlandse dividenden, en vervolgens vastgesteld dat de betrokken nationale regeling voor de berekening van het bedrag van het belastingkrediet bij de toepassing van de verrekeningsmethode rekening hield met het nominale belastingtarief dat gold in de lidstaat van vestiging van de uitkerende vennootschap.

64. Bij de toepassing van de verrekeningsmethode kan de berekening van een belastingkrediet op basis van het nominale belastingtarief dat geldt voor de winst waaruit de dividenden worden uitgekeerd, weliswaar nog leiden tot een minder gunstige fiscale behandeling van buitenlandse dividenden, die het gevolg is van met name het bestaan van verschillende regels inzake de bepaling van de belastinggrondslag in de vennootschapsbelasting in de lidstaten. Toch moet worden aangenomen dat een dergelijke ongunstige behandeling, in voorkomend geval, het gevolg is van de parallelle uitoefening, door verschillende lidstaten, van hun belastingbevoegdheid, hetgeen verenigbaar is met het Verdrag (zie in die zin arrest Kerckhaert en Morres, reeds aangehaald, punt 20, en arrest van 15 april 2010, CIBA, C-96/08, *Jurispr.* blz. I-2911, punt 25).

65. Gelet op het voorgaande dient op de eerste vraag te worden geantwoord dat de artikelen 49 VWEU en 63 VWEU aldus moeten worden uitgelegd dat zij zich verzetten tegen een wettelijke regeling van een lidstaat volgens welke voor binnenlandse dividenden de vrijstellingsmethode en voor buitenlandse dividenden de verrekeningsmethode geldt indien is aangetoond dat, ten eerste, het belastingkrediet dat de ontvangende vennootschap is verleend bij de toepassing van de verrekeningsmethode, gelijk is aan het bedrag van de belasting dat daadwerkelijk is betaald over de winst waaruit de dividenden zijn uitgekeerd, en ten tweede, het effectieve belastingniveau voor de vennootschapswinst in de betrokken lidstaat doorgaans lager is dan het voorziene nominale belastingtarief.

Tweede vraag

66. Met zijn tweede vraag wenst de verwijzende rechter in wezen te vernemen of de antwoorden die het Hof op de tweede en de vierde vraag in het arrest Test Claimants in the FII Group Litigation heeft gegeven, ook gelden wanneer, ten eerste, de buitenlandse vennootschapsbelasting die is geheven over de winst waaruit de dividenden zijn uitgekeerd, niet of niet geheel is betaald door de niet-ingezeten vennootschap die deze dividenden aan de ingezeten vennootschap uitbetaalt, maar door een in een lidstaat gevestigde vennootschap die een rechtstreekse of indirecte dochteronderneming van eerstbedoelde vennootschap is, en, ten tweede, de ACT niet is betaald door de ingezeten vennootschap die de dividenden van een niet-ingezeten vennootschap ontvangt, maar door haar ingezeten moedermaatschappij in het kader van de regeling van belastingheffing naar het groepsinkomen.

67. In zijn arrest Test Claimants in the FII Group Litigation heeft het Hof op de tweede en de vierde vraag geantwoord dat de artikelen 49 VWEU en 63 VWEU in de weg staan aan:

– een wettelijke regeling van een lidstaat die een ingezeten vennootschap die dividenden ontvangt van een andere ingezeten vennootschap, toestaat van de door haar verschuldigde voorheffing op de vennootschapsbelasting de door die andere vennootschap betaalde voorheffing op die belasting af te trekken, terwijl in het geval van een ingezeten vennootschap die dividenden ontvangt van een niet-ingezeten vennootschap die aftrek niet is toegestaan met betrekking tot de door deze laatste vennootschap in haar staat van vestiging betaalde belasting over de uitgekeerde winst;

– een wettelijke regeling van een lidstaat die, terwijl zij ingezeten vennootschappen die aan hun aandeelhouders dividenden uitkeren die voortvloeien uit door hen ontvangen binnenlandse dividenden, vrijstelt van de voorheffing op de vennootschapsbelasting, ingezeten vennootschappen die aan hun aandeelhouders dividenden uitkeren die voortvloeien uit door hen ontvangen buitenlandse dividenden, de mogelijkheid biedt te opteren voor een regeling op grond waarvan zij de betaalde voorheffing op de vennootschapsbelasting kunnen recupereren, maar die vennootschappen verplicht die voorheffing te betalen en vervolgens terugbetaling daarvan te vorderen, en niet voorziet in een belastingkrediet voor hun aandeelhouders, die dat wel zouden hebben gekregen in geval van een uitkering door een ingezeten vennootschap op grond van binnenlandse dividenden.

68. In de eerste plaats zij eraan herinnerd dat krachtens de in het hoofdgeding aan de orde zijnde regeling een ingezeten vennootschap die dividenden uitkeert buiten de regeling van de belastingheffing naar het groepsinkomen, de ACT moest betalen, een soort van vervroegde betaling van de vennootschapsbelasting. Vervolgens stegen de uitgekeerde dividenden in de groepshiërarchie als vrijgesteld beleggingsinkomen, in die zin dat een belastingkrediet voor het bedrag van de betaalde ACT aan de dividenden werd gekoppeld. Het belastingkrediet werd verrekend met de verplichting van de hiërarchisch hogere vennootschappen van de groep om de ACT te betalen bij een latere uitkering van dividenden aan hun onmiddellijke moedermaatschappij of aan externe aandeelhouders. Wanneer een dividend buiten de regeling van de belastingheffing naar het groepsinkomen werd betaald, was de ACT dus voor rekening van de hiërarchisch laagste van de in het Verenigd Koninkrijk gevestigde vennootschappen.

69. Volgens de regering van het Verenigd Koninkrijk strijdt het niet met de artikelen 49 VWEU en 63 VWEU dat de vennootschapsbelasting die is geheven over de winst waaruit buitenlandse dividenden worden uitgekeerd, niet aftrekbaar is van de ACT die de in het Verenigd Koninkrijk gevestigde moedermaatschappij verschuldigd is wanneer de in een andere lidstaat gevestigde dochteronderneming die de dividenden aan de in het Verenigd Koninkrijk gevestigde moedermaatschappij heeft uitgekeerd, zelf de vennootschapsbelasting over de winstuitkering niet – of niet geheel – heeft betaald, maar die belasting is betaald door een rechtstreekse of indirecte dochteronderneming van eerstgenoemde dochteronderneming die ook in een lidstaat is gevestigd. Deze regering is van mening dat wanneer de niet-ingezeten vennootschap die dividenden uitkeert aan haar in het Verenigd Koninkrijk gevestigde moedermaatschappij, niet zelf de vennootschapsbelasting over de winstuitkeringen heeft betaald, de grensoverschrijdende dividenden niet opeenvolgende keren worden belast, hetgeen een ontheffing zou rechtvaardigen.

70. Met dit argument kan niet worden ingestemd.

71. De situatie van een ingezeten vennootschap die buitenlandse dividenden ontvangt, is uit het oogpunt van de met de betrokken regeling nagestreefde doelstelling om economische dubbele belasting te voorkomen immers vergelijkbaar met die van een ingezeten vennootschap die binnenlandse dividenden ontvangt. Gelet op deze doelstelling blijkt uit de antwoorden op de tweede en de vierde vraag van het arrest Test Claimants in the FII Group Litigation dat de artikelen 49 VWEU en 63 VWEU in de weg staan aan een wettelijke regeling van een lidstaat die,

uitsluitend voor buitenlandse dividenden, geen rekening houdt met de vennootschapsbelasting die reeds is betaald over de winstuitkering.

72. Zoals uit punt 62 van het onderhavige arrest blijkt, is de verplichting die bij een nationale regeling als die in het hoofdgeding aan een ingezeten vennootschap wordt opgelegd om de ACT te betalen bij een winstuitkering in de vorm van buitenlandse dividenden, namelijk slechts gerechtvaardigd voor zover deze vervroegde belasting wordt geheven voor het bedrag dat moet dienen ter compensatie van het lagere nominale belastingtarief dat geldt voor de winst waaruit de buitenlandse dividenden worden uitgekeerd, ten opzichte van het nominale belastingtarief dat geldt voor de winst van de ingezeten vennootschap.

73. In dat opzicht is het van weinig belang dat de niet-ingezeten vennootschap die dividenden aan haar ingezeten moedermaatschappij uitkeert, zelf aan de vennootschapsbelasting is onderworpen voor zover evenwel vennootschapsbelasting over de winstuitkering is geheven.

74. Aan de antwoorden op de tweede en de vierde vraag in de zaak die heeft geleid tot het arrest Test Claimants in the FII Group Litigation, wordt dus niet afgedaan door de vaststelling dat de buitenlandse vennootschapsbelasting die is geheven over de winst waaruit de dividenden zijn uitgekeerd, niet of niet geheel is betaald door de niet-ingezeten vennootschap die deze dividenden aan de ingezeten vennootschap heeft uitgekeerd, maar door een in een lidstaat gevestigde vennootschap die een rechtstreekse of indirecte dochteronderneming van eerstbedoelde vennootschap is.

75. In de tweede plaats zij met betrekking tot de regeling van belastingheffing naar het groepsinkomen als die welke in het hoofdgeding aan de orde is, eraan herinnerd dat voor dividenden die in het kader van deze regeling zijn uitgekeerd door een ingezeten vennootschap, geen verplichtingen in verband met de ACT gelden en deze dividenden niet werden beschouwd als een voor de ontvangende ingezeten vennootschap vrijgesteld beleggingsinkomen.

76. Dit betekende dat wanneer de dividenden naar hiërarchisch hogere vennootschappen van de groep werden overgedragen zonder verplichting tot betaling van de ACT, de hiërarchisch hoogste ingezeten moedermaatschappij die de dividenden uitkeerde aan externe aandeelhouders, geen belastingkrediet kon verrekenen met haar verplichting om de ACT te betalen en bijgevolg de ACT over deze dividenden moest voldoen. De bepalingen van de ACT-regeling stonden de hiërarchisch hoogste moedermaatschappij evenwel toe een eventueel ACT-overschot, over te dragen aan haar ingezeten dochterondernemingen en te verrekenen met de totale fiscale last van de groep (zie arrest van 8 maart 2001, Metallgesellschaft e.a., C-397/98 en C-410/98, *Jurispr.* blz. I-1727, punten 21-25).

77. Volgens de regering van het Verenigd Koninkrijk is de nationale regeling betreffende de belastingheffing naar het groepsinkomen verenigbaar met de artikelen 49 VWEU en 63 VWEU aangezien de ingezeten vennootschap die dividenden van een niet-ingezeten vennootschap ontvangt, van de ACT is vrijgesteld. Wanneer deze ingezeten vennootschap helemaal geen ACT verschuldigd is, leidt de regeling niet tot economische dubbele belasting.

78. In dit verband dient te worden vastgesteld dat de regeling van belastingheffing naar het groepsinkomen tot gevolg heeft dat betaling van de ACT – de vervroegde vennootschapsbelasting – hoger in de groepshiërarchie wordt overgedragen. In een dergelijke regeling is het met name de verplichting voor de ingezeten moedermaatschappij van de groep om de ACT te betalen op het ogenblik dat dividenden aan externe aandeelhouders worden uitgekeerd, die het gevaar inhoudt van een economische dubbele belasting voor het gedeelte van de uitgekeerde winst dat overeenkomt met buitenlandse dividenden.

79. De betaling van de ACT over de winst die overeenkomt met buitenlandse dividenden door de hiërarchisch hoogste ingezeten moedermaatschappij van de groep heeft, zoals verzoeksters in het hoofdgeding en de Commissie benadrukken, immers tot gevolg dat de winstuitkering een tweede maal wordt belast in de vennootschapsbelasting. Deze belasting is niet verrekenbaar met de fiscale verplichting van de niet-ingezeten dochteronderneming die deze winst uitkeert. In een zuiver binnenlandse context is het overschot aan door de ingezeten moedermaatschappij betaalde ACT daarentegen overdraagbaar en verrekenbaar met de vennootschapsbelasting die de ingezeten dochterondernemingen van de groep verschuldigd zijn.

80. Gelet op de met de betrokken regeling nagestreefde doelstelling van voorkoming van economische dubbele belasting moet worden aangenomen dat de artikelen 49 VWEU en 63 VWEU eveneens in de weg staan aan een regeling als die in het hoofdgeding, voor zover in het kader van de regeling van belastingheffing naar het groepsinkomen voor de buitenlandse dividenden geen rekening wordt gehouden met reeds over de winstuitkering betaalde vennootschapsbelasting.

81. De antwoorden op de tweede en de vierde vraag in de zaak die heeft geleid tot het arrest Test Claimants in the FII Group Litigation, zijn bijgevolg dezelfde wanneer de ACT niet is betaald door de ingezeten vennootschap die de dividenden van een niet-ingezeten vennootschap ontvangt, maar door de ingezeten moedermaatschappij in het kader van de regeling van belastingheffing naar het groepsinkomen.

82. Derhalve dient op de tweede vraag te worden geantwoord dat de antwoorden die het Hof op de tweede en de vierde vraag heeft gegeven in de zaak die heeft geleid tot het arrest Test Claimants in the FII Group Litigation, eveneens gelden wanneer:

– de buitenlandse vennootschapsbelasting die is geheven over de winst waaruit de dividenden zijn uitgekeerd, niet of niet geheel is betaald door de niet-ingezeten vennootschap die deze dividenden aan de ingezeten vennootschap uitkeert, maar door een in een lidstaat gevestigde vennootschap die een rechtstreekse of indirecte dochteronderneming van eerstbedoelde vennootschap is;

– de ACT niet is betaald door de ingezeten vennootschap die de dividenden van een niet-ingezeten vennootschap ontvangt, maar door haar ingezeten moedermaatschappij in het kader van de regeling van belastingheffing naar het groepsinkomen.

Derde vraag

83. Met zijn derde vraag wenst de verwijzende rechter in wezen te vernemen of het recht van de Unie aldus moet worden uitgelegd dat een moedermaatschappij die in het kader van de belastingheffing over het groepsinkomen in strijd met de regels van het Unierecht de ACT moest betalen over het gedeelte van haar winst uit buitenlandse dividenden, een vordering tot terugbetaling van de ten onrechte geheven belasting kan instellen dan wel of zij alleen een schadevordering kan indienen.

84. Dienaangaande zij eraan herinnerd dat het recht op terugbetaling van heffingen die een lidstaat in strijd met het recht van de Unie heeft geïnd, het gevolg en het complement is van de rechten die de justitiabelen ontlenen aan de bepalingen van het recht van de Unie die dergelijke heffingen verbieden. De lidstaat is dus in beginsel ertoe verplicht om in strijd met het recht van de Unie toegepaste heffingen terug te betalen (arrest van 6 september 2011, Lady & Kid e.a., C-398/09, nog niet gepubliceerd in de *Jurisprudentie*, punt 17 en aldaar aangehaalde rechtspraak).

85. Uit het antwoord op de tweede vraag blijkt dat een nationale regeling als die in het hoofdgeding, waarmee wordt beoogd economische dubbele belasting over winstuitkeringen te voorkomen, evenwel onverenigbaar met het recht van de Unie is voor zover in het kader van de regeling van belastingheffing naar het groepsinkomen voor de uit andere staten afkomstige dividenden geen rekening wordt gehouden met de vennootschapsbelasting die reeds is betaald over de winst waaruit deze dividenden zijn uitgekeerd.

86. Zoals blijkt uit de punten 62 en 72 van het onderhavige arrest, is de verplichting voor een ingezeten vennootschap om de ACT te betalen bij de uitkering van winst uit buitenlandse dividenden slechts gerechtvaardigd voor zover deze vervroegde belasting overeenkomt met het bedrag dat moet dienen ter compensatie van het lagere nominale belastingtarief dat geldt voor de winst uit buitenlandse dividenden, ten opzichte van het nominale belastingtarief dat geldt voor de winst van de ingezeten vennootschap.

87. Derhalve dient op de derde vraag te worden geantwoord dat het recht van de Unie aldus moet worden uitgelegd dat een in een lidstaat gevestigde moedermaatschappij die in het kader van de regeling van belastingheffing naar het groepsinkomen als die in het hoofdgeding, in strijd met de regels van het Unierecht de ACT moest betalen over het gedeelte van de winst uit buitenlandse dividenden, een vordering kan instellen tot terugbetaling van deze ten onrechte geheven belasting voor zover deze belasting meer bedraagt dan het extra bedrag aan vennootschapsbelasting dat de betrokken lidstaat kon heffen ter compensatie van het lagere nominale belastingtarief dat geldt voor de winst waaruit de buitenlandse dividenden zijn uitgekeerd, ten opzichte van het nominale belastingtarief dat geldt voor de winst van de ingezeten moedermaatschappij.

Vierde vraag

88. Met zijn vierde vraag wenst de verwijzende rechter in wezen te vernemen of het recht van de Unie aldus moet worden uitgelegd dat een in een lidstaat gevestigde vennootschap die een participatie in een in een derde land gevestigde vennootschap aanhoudt waardoor zij een zodanige invloed op de besluiten van laatstbedoelde vennootschap kan uitoefenen dat zij de activiteiten ervan kan bepalen, zich kan beroepen op artikel 63 VWEU teneinde te betwisten dat een wettelijke regeling van deze lidstaat inzake de fiscale behandeling van buitenlandse dividenden die niet uitsluitend geldt in situaties waarin de moedermaatschappij beslissende invloed op de uitkerende vennootschap uitoefent, verenigbaar is met het recht van de Unie.

89. De fiscale behandeling van dividenden kan zowel onder artikel 49 VWEU betreffende de vrijheid van vestiging als onder artikel 63 VWEU betreffende het vrije verkeer van kapitaal vallen (reeds aangehaalde arresten Haribo Lakritzen Hans Riegel en Österreichische Salinen, punt 33, en Accor, punt 30).

90. Met betrekking tot de vraag of een nationale wettelijke regeling onder de ene of de andere vrijheid van verkeer valt, blijkt uit ondertussen vaste rechtspraak dat rekening dient te worden gehouden met het voorwerp van de wettelijke regeling in kwestie (arresten van 12 september 2006, Cadbury Schweppes en Cadbury Schweppes Overseas, C-196/04, *Jurispr.* blz. I-7995, punten 31-33; 12 december 2006, Test Claimants in Class IV of the ACT Group Litigation, C-374/04, *Jurispr.* blz. I-11673, punten 37 en 38; 13 maart 2007, Test Claimants in the Thin Cap

Group Litigation, C-524/04, *Jurispr.* blz. I-2107, punten 26-34, en reeds aangehaalde arresten Haribo Lakritzen Hans Riegel en Österreichische Salinen, punt 34, en Accor, punt 31).

91. Een nationale wettelijke regeling die alleen van toepassing is op participaties waarmee een zodanige invloed op de besluiten van een vennootschap kan worden uitgeoefend dat de activiteiten ervan kunnen worden bepaald, valt onder artikel 49 VWEU inzake de vrijheid van vestiging (zie arrest Test Claimants in the FII Group Litigation, reeds aangehaald, punt 37; arrest van 21 oktober 2010, Idryma Typou, C-81/09, *Jurispr.* blz. I-10161, punt 47; arrest Accor, reeds aangehaald, punt 32, en arrest van 19 juli 2012, Scheunemann, C-31/11, nog niet gepubliceerd in de *Jurisprudentie*, punt 23).

92. Nationale bepalingen die van toepassing zijn op participaties die enkel als belegging worden genomen zonder dat het de bedoeling is invloed op het bestuur en de zeggenschap van de onderneming uit te oefenen, moeten daarentegen uitsluitend aan het beginsel van het vrije verkeer van kapitaal worden getoetst (reeds aangehaalde arresten Haribo Lakritzen Hans Riegel en Österreichische Salinen, punt 35; Accor, punt 32, en Scheunemann, punt 23).

93. De nationale regeling die in het hoofdgeding aan de orde is, is niet alleen van toepassing op dividenden die een ingezeten vennootschap ontvangt op basis van een participatie waarmee een zodanige invloed op de besluiten van de uitkerende vennootschap kan worden uitgeoefend dat de activiteiten ervan kunnen worden bepaald, maar ook op dividenden die worden ontvangen op basis van een participatie waarmee die invloed niet kan worden uitgeoefend. Voor zover de nationale wettelijke regeling ziet op dividenden die uit een lidstaat afkomstig zijn, maakt het voorwerp van deze wettelijke regeling het dus niet mogelijk uit te maken of zij overwegend onder artikel 49 VWEU dan wel onder artikel 63 VWEU valt.

94. In een dergelijk geval houdt het Hof rekening met de feitelijke gegevens van het concrete geval om uit te maken of de situatie waarop het hoofdgeding betrekking heeft, onder de ene of de andere van deze bepalingen valt (zie in die zin arrest Test Claimants in the FII Group Litigation, reeds aangehaald, punten 37 en 38; arresten van 26 juni 2008, Burda, C-284/06, *Jurispr.* blz. I-4571, punten 71 en 72, en 21 januari 2010, SGI, C-311/08, *Jurispr.* blz. I-487, punten 33-37).

95. In punt 37 van zijn arrest Test Claimants in the FII Group Litigation heeft het Hof dus vastgesteld dat de zaken die in het geding voor de verwijzende rechter als 'testcases' waren gekozen, betrekking hadden op in het Verenigd Koninkrijk gevestigde vennootschappen die dividenden ontvingen van niet-ingezeten vennootschappen die zij voor 100 % controleerden. Daar het ging om een participatie die de houder een zodanige invloed op de besluiten van de vennootschap verleent dat hij de activiteiten ervan kan bepalen, heeft het Hof geoordeeld dat op deze 'testcases' de verdragsbepalingen inzake de vrijheid van vestiging van toepassing waren.

96. In een context als die van het hoofdgeding, dat ziet op de fiscale behandeling van uit een derde land afkomstige dividenden, dient evenwel te worden aangenomen dat uit het onderzoek van het voorwerp van een nationale wettelijke regeling kan worden opgemaakt of de fiscale behandeling van uit een derde land afkomstige dividenden onder de verdragsbepalingen inzake het vrije verkeer van kapitaal valt.

97. Aangezien het hoofdstuk van het Verdrag inzake de vrijheid van vestiging geen enkele bepaling bevat op grond waarvan de werkingssfeer van de voorschriften ervan kan worden verruimd tot situaties betreffende de vestiging van een vennootschap van een lidstaat in een derde land of van een vennootschap van een derde land in een lidstaat (zie arrest Holböck, reeds aangehaald, punt 28; arrest van 3 oktober 2006, Fidium Finanz, C-452/04, *Jurispr.* blz. I-9521, punt 25; arrest Scheunemann, reeds aangehaald, punt 33; beschikking van 10 mei 2007, A en B, C-102/05, *Jurispr.* blz. I-3871, punt 29, en beschikking Test Claimants in the CFC and Dividend Group Litigation, reeds aangehaald, punt 88), kan een wettelijke regeling inzake de fiscale behandeling van uit een derde land afkomstige dividenden immers niet onder artikel 49 VWEU vallen.

98. Wanneer het voorwerp van een dergelijke nationale wettelijke regeling aangeeft dat zij enkel van toepassing is op participaties waarmee een zodanige invloed op de besluiten van de betrokken vennootschap kan worden uitgeoefend dat de activiteiten ervan kunnen worden bepaald, kan noch op artikel 49 VWEU noch op artikel 63 VWEU een beroep worden gedaan (arrest Test Claimants in the Thin Cap Group Litigation, reeds aangehaald, punten 33, 34, 101 en 102; beschikking van 10 mei 2007, Lasertec, C-492/04, *Jurispr.* blz. I-3775, punten 22 en 27; zie eveneens beschikking A en B, reeds aangehaald, punten 4 en 25-28).

99. Een nationale wettelijke regeling betreffende de fiscale behandeling van uit een derde land afkomstige dividenden die niet uitsluitend van toepassing is op situaties waarin de moedermaatschappij een beslissende invloed op de uitkerende vennootschap uitoefent, moet daarentegen aan artikel 63 VWEU worden getoetst. Een in een lidstaat gevestigde vennootschap kan dus ongeacht de omvang van de participatie die zij aanhoudt in de in een derde land gevestigde uitkerende vennootschap, zich op deze bepaling beroepen om de wettigheid van een dergelijke regeling te betwisten (zie in die zin arrest A, reeds aangehaald, punten 11 en 27).

100. Aangezien het Verdrag de vrijheid van vestiging niet verruimt tot derde landen, moet worden vermeden dat de uitlegging van artikel 63, lid 1, VWEU, wat de betrekkingen met derde landen betreft, marktdeelnemers die bui-

ten de territoriale werkingssfeer van de vrijheid van vestiging vallen, de kans geeft daaruit profijt te halen. Dat gevaar bestaat niet in een situatie als die in het hoofdgeding. De betrokken wettelijke regeling van de lidstaat ziet immers niet op de voorwaarden waaronder een vennootschap van die lidstaat in een derde land toegang tot de markt krijgt, of een vennootschap van een derde land in die lidstaat toegang tot de markt krijgt. Deze regeling betreft enkel de fiscale behandeling van dividenden die voortvloeien uit investeringen die de dividendontvanger in een in een derde land gevestigde vennootschap heeft gedaan.

101. Bovendien leidt het betoog van de regering van het Verenigd Koninkrijk alsmede van de Duitse, de Franse en de Nederlandse regering dat de vraag welke vrijheid van toepassing is op de fiscale behandeling van uit een derde land afkomstige dividenden, niet alleen afhangt van het voorwerp van de in het hoofdgeding aan de orde zijnde nationale wettelijke regeling, maar ook van de bijzondere omstandigheden van het hoofdgeding, tot met artikel 64, lid 1, VWEU onverenigbare gevolgen.

102. Uit deze bepaling volgt immers dat kapitaalbewegingen in verband met een vestiging of directe investeringen in beginsel vallen onder artikel 63 VWEU, inzake het vrije verkeer van kapitaal. Deze begrippen zien op een vorm van participatie in een onderneming door aandeelhouderschap dat de mogelijkheid biedt om daadwerkelijk deel te hebben in het bestuur van of de zeggenschap over deze onderneming (zie reeds aangehaalde arresten Glaxo Wellcome, punt 40, en Idryma Typou, punt 48).

103. Volgens de rechtspraak omvatten de beperkingen van het kapitaalverkeer in verband met directe investeringen of een vestiging in de zin van artikel 64, lid 1, VWEU niet enkel nationale maatregelen waarvan de toepassing op het kapitaalverkeer naar of uit derde landen investeringen of de vestiging beperken, maar ook maatregelen die de uitkering van daaruit voortvloeiende dividenden beperken (reeds aangehaalde arresten Test Claimants in the FII Group Litigation, punt 183, en Holböck, punt 36).

104. Gelet op het voorgaande dient op de vierde vraag te worden geantwoord dat het recht van de Unie aldus moet worden uitgelegd dat een in een lidstaat gevestigde vennootschap die een participatie in een in een derde land gevestigde vennootschap bezit waarmee zij een zodanige invloed op de besluiten van deze vennootschap kan uitoefenen dat zij de activiteiten ervan kan bepalen, zich op artikel 63 VWEU kan beroepen om te betwisten dat een wettelijke regeling van deze lidstaat betreffende de fiscale behandeling van uit dat derde land afkomstige dividenden die niet uitsluitend van toepassing is op situaties waarin de moedermaatschappij een beslissende invloed op de uitkerende vennootschap uitoefent, verenigbaar is met deze bepaling.

Vijfde vraag

105. Met zijn vijfde vraag wenst de verwijzende rechter in wezen te vernemen of het antwoord dat het Hof op de derde vraag heeft gegeven in de zaak die heeft geleid tot het arrest Test Claimants in the FII Group Litigation, eveneens geldt wanneer de in andere lidstaten gevestigde dochterondernemingen waaraan de ACT niet is kunnen worden overgedragen, niet in de lidstaat van de moedermaatschappij worden belast.

106. In zijn arrest Test Claimants in the FII Group Litigation heeft het Hof in antwoord op de derde vraag van de verwijzende rechter voor recht verklaard dat artikel 49 VWEU in de weg staat aan een wettelijke regeling van een lidstaat op grond waarvan een ingezeten vennootschap het bedrag van de ACT die niet kan worden verrekend met de vennootschapsbelasting die zij verschuldigd is voor het betrokken boekjaar of voor eerdere of latere boekjaren, kan overdragen aan ingezeten dochterondernemingen opdat deze dit kunnen verrekenen met de door hen verschuldigde vennootschapsbelasting, maar die een ingezeten vennootschap belet dat bedrag over te dragen aan niet-ingezeten dochterondernemingen wanneer zij in die lidstaat belasting moeten betalen over de winst die zij aldaar hebben gemaakt.

107. Verzoeksters in het hoofdgeding stellen dat dit antwoord van het Hof eveneens geldt wanneer de winst van niet-ingezeten dochterondernemingen waaraan het ACT-overschot niet kan worden overgedragen, niet wordt belast in de lidstaat van de moedermaatschappij, maar in andere lidstaten. Volgens hen is het in strijd met de door de betrokken nationale wettelijke regeling nagestreefde doelstellingen om de overdracht van het ACT-overschot te beperken tot dochterondernemingen die in het Verenigd Koninkrijk worden belast. De in het hoofdgeding aan de orde zijnde nationale regeling had moeten voorzien in de mogelijkheid om de door de moedermaatschappij betaalde ACT toe te rekenen op de buitenlandse vennootschapsbelasting die de uitkerende dochteronderneming betaalt, en terugbetaling van het ACT-overschot mogelijk moeten maken om opeenvolgende belastingheffingen van de groepsvennootschappen te voorkomen.

108. In dit verband moet, zoals de Commissie benadrukt, een onderscheid worden gemaakt tussen de ACT die de betrokken lidstaat onrechtmatig in strijd met de door het Verdrag gewaarborgde vrijheden heeft geheven, en de ACT die, zoals blijkt uit de punten 62 en 72 van het onderhavige arrest, van een ingezeten vennootschap die buitenlandse dividenden heeft ontvangen, rechtmatig kon worden geheven omdat het bedrag overeenstemde met de extra vennootschapsbelasting die verschuldigd was ter compensatie van het lagere nominale belastingtarief dat geldt voor de winst waaruit de buitenlandse dividenden zijn uitgekeerd, ten opzichte van het nominale belastingtarief dat geldt voor de winst van de ingezeten vennootschap.

109. Uit het antwoord op de derde vraag in de onderhavige zaak blijkt dat de onrechtmatig geheven ACT moet worden terugbetaald.

110. Wat daarentegen de ACT betreft die overeenkomt met de extra vennootschapsbelasting die de betrokken lidstaat met recht kon heffen, zij eraan herinnerd dat de ACT een vervroegde betaling van vennootschapsbelasting in het Verenigd Koninkrijk vormt. Het recht om het ACT-overschot over te dragen aan dochterondernemingen waarborgt dat een groep van in het Verenigd Koninkrijk belaste vennootschappen – louter wegens het bestaan van de ACT-regeling – niet meer belastingen betaalt dan de globale belastingschuld die in het Verenigd Koninkrijk is ontstaan. Bij uitbreiding van dit recht tot niet-ingezeten vennootschappen die niet in het Verenigd Koninkrijk belastbaar zijn, hetgeen zou leiden tot terugbetaling van het ACT-overschot, zou het Verenigd Koninkrijk de facto het recht verliezen om meer belasting te heffen over buitenlandse dividenden die worden uitgekeerd uit winst waarvoor het nominale belastingtarief lager is dan in het Verenigd Koninkrijk en zou de evenwichtige verdeling van de heffingsbevoegdheid tussen de lidstaten dus in gevaar komen (zie in die zin arrest van 30 juni 2011, Meilicke e.a., C-262/09, nog niet gepubliceerd in de *Jurisprudentie*, punt 33 en aldaar aangehaalde rechtspraak).

111. Op de vijfde vraag dient dus te worden geantwoord dat het antwoord dat het Hof heeft gegeven op de derde vraag in de zaak die heeft geleid tot het arrest Test Claimants in the FII Group Litigation, niet geldt wanneer de in andere lidstaten gevestigde dochterondernemingen waaraan de ACT niet is kunnen worden overgedragen, in de lidstaat van de moedermaatschappij niet worden belast.

Kosten

112. ...

HET HOF (Grote kamer)

verklaart voor recht:

1. De artikelen 49 VWEU en 63 VWEU moeten aldus worden uitgelegd dat zij zich verzetten tegen een wettelijke regeling van een lidstaat volgens welke voor binnenlandse dividenden de vrijstellingsmethode en voor buitenlandse dividenden de verrekeningsmethode geldt indien is aangetoond dat, ten eerste, het belastingkrediet dat de ontvangende vennootschap is verleend bij de toepassing van de verrekeningsmethode, gelijk is aan het bedrag van de belasting dat daadwerkelijk is betaald over de winst waaruit de dividenden zijn uitgekeerd, en ten tweede, het effectieve belastingniveau voor de vennootschapswinst in de betrokken lidstaat doorgaans lager is dan het voorziene nominale belastingtarief.

2. De antwoorden die het Hof op de tweede en de vierde vraag heeft gegeven in de zaak die heeft geleid tot het arrest van 12 december 2006, Test Claimants in the FII Group Litigation (C-446/04), gelden eveneens wanneer:

– de buitenlandse vennootschapsbelasting die is geheven over de winst waaruit de dividenden zijn uitgekeerd, niet of niet geheel is betaald door de niet-ingezeten vennootschap die deze dividenden aan de ingezeten vennootschap uitkeert, maar door een in een lidstaat gevestigde vennootschap die een rechtstreekse of indirecte dochteronderneming van eerstbedoelde vennootschap is;

– de vervroegde vennootschapsbelasting niet is betaald door de ingezeten vennootschap die de dividenden van een niet-ingezeten vennootschap ontvangt, maar door haar ingezeten moedermaatschappij in het kader van de regeling van belastingheffing naar het groepsinkomen.

3. Het recht van de Unie moet aldus worden uitgelegd dat een in een lidstaat gevestigde moedermaatschappij die in het kader van de regeling van belastingheffing naar het groepsinkomen als die in het hoofdgeding, in strijd met de regels van het Unierecht de vervroegde vennootschapsbelasting moest betalen over het gedeelte van de winst uit buitenlandse dividenden, een vordering kan instellen tot terugbetaling van deze ten onrechte geheven belasting voor zover deze belasting meer bedraagt dan het extra bedrag aan vennootschapsbelasting dat de betrokken lidstaat kon heffen ter compensatie van het lagere nominale belastingtarief dat geldt voor de winst waaruit de buitenlandse dividenden zijn uitgekeerd, ten opzichte van het nominale belastingtarief dat geldt voor de winst van de ingezeten moedermaatschappij.

4. Het recht van de Unie moet aldus worden uitgelegd dat een in een lidstaat gevestigde vennootschap die een participatie in een in een derde land gevestigde vennootschap bezit waarmee zij een zodanige invloed op de besluiten van deze vennootschap kan uitoefenen dat zij de activiteiten ervan kan bepalen, zich op artikel 63 VWEU kan beroepen om te betwisten dat een wettelijke regeling van deze lidstaat betreffende de fiscale behandeling van uit dat derde land afkomstige dividenden die niet uitsluitend van toepassing is op situaties waarin de moedermaatschappij een beslissende invloed op de uitkerende vennootschap uitoefent, verenigbaar is met deze bepaling.

5. Het antwoord dat het Hof heeft gegeven op de derde vraag in de zaak die heeft geleid tot het arrest Test Claimants in the FII Group Litigation, reeds aangehaald, geldt niet wanneer de in andere lidstaten gevestigde dochterondernemingen waaraan de vervroegde vennootschapsbelasting niet is kunnen worden overgedragen, in de lidstaat van de moedermaatschappij niet worden belast.

CE Cour de Justice, le 22 novembre 2012, affaire C-600/10 (Commission européenne contre République fédérale d'Allemagne)

Quatrième chambre: *L. Bay Larsen, waarnemend voor de president van de Vierde kamer J.-C. Bonichot, C. Toader, A. Prechal (rapporteur) en E. Jarašiūnas, rechters*

Avocat général: *E. Sharpston*

CoJ: infringement case against Germany regarding taxation of foreign pension funds

The case deals with the taxation of dividend distributions and interest payments to non-resident pension funds under German law.

Dividend distributions and interest payments made by German companies to a German pension fund are taxed at the level of the German pension fund on a net basis, whereas said distributions and payments are subject to withholding tax on a gross basis when paid to a non-resident pension fund without the possibility to deduct any business expenses directly related to the dividend or interest income received by the non-resident pension fund.

Considering such different taxation, the Commission brought an infringement action against Germany based on an alleged breach of the free movement of capital (Article 63 TFEU), which had, eventually, been referred to the CoJ. The CoJ considered that prohibited restrictions include measures of a Member State that are likely to discourage non-residents from making investments in such Member State, such as a different taxation of dividends in the case of resident and non-resident pension funds. The COJ observed that the situations of non-resident and resident pension funds must be objectively comparable in order for a restriction to exist. In that respect, the CoJ pointed out that, in line with settled case law with respect to business expenses directly linked to an activity which has generated taxable income in a Member State, residents and non-residents are in a comparable situation. The CoJ however held that the Commission had failed to prove sufficiently, amongst others, that i. the business expenses (such as bank fees) were directly linked to any dividend or interest income received by a non-resident pension fund and that ii. the German legislation was as such in breach of EU law.

The CoJ therefore dismissed the claim of the Commission by concluding that it had not succeeded in establishing that Germany treated non-resident pension funds less favourably than resident pension funds when denying non-resident pension funds a deduction of business expenses directly related to any dividend or interest income received by them.

from: Loyens & Loeff, EU Tax Alert

Par ces motifs,

LA COUR (quatrième chambre)

déclare et arrête:

1. **Le recours est rejeté.**

2. **La Commission européenne supporte ses propres dépens ainsi que ceux exposés par la République fédérale d'Allemagne.**

3. **La République française, le Royaume des Pays-Bas, la République de Finlande, le Royaume de Suède et le Royaume-Uni de Grande-Bretagne et d'Irlande du Nord supportent leurs propres dépens.**

HvJ EU 19 december 2012, zaak C-207/11 (3D I Srl v. Agenzia delle Entrate – Ufficio di Cremona)

Eerste kamer: *A. Tizzano, kamerpresident, M. Ilešič (rapporteur), E. Levits, J. J. Kasel en M. Safjan, rechters*
Advocaat-generaal: *N. Jääskinen*

1. Het verzoek om een prejudiciële beslissing betreft de uitlegging van de artikelen 2, 4 en 8, leden 1 en 2, van richtlijn 90/ 434/EEG van de Raad van 23 juli 1990 betreffende de gemeenschappelijke fiscale regeling voor fusies, splitsingen, inbreng van activa en aandelenruil met betrekking tot vennootschappen uit verschillende lidstaten (*PB* L 225, blz. 1).

2. Dit verzoek is ingediend in het kader van een geding tussen 3D I Srl (hierna: '3D I'), voorheen 3D FIN Srl, en het Agenzia delle Entrate – Ufficio di Cremona (hierna: 'Agenzia delle Entrate'), betreffende de weigering van deze laatste om de vervangende belasting ('imposta sostitutiva') die voornoemde onderneming had voldaan in het kader van een intracommunautaire inbreng van één van haar takken van bedrijvigheid, terug te betalen.

Toepasselijke bepalingen

Wettelijke regeling van de Unie

3. De eerste tot en met de zesde overweging van de considerans van richtlijn 90/434 luiden als volgt:

'Overwegende dat fusies, splitsingen, inbreng van activa en aandelenruil, betrekking hebbende op vennootschappen uit verschillende lidstaten [...] niet moeten worden belemmerd door uit de fiscale voorschriften der lidstaten voortvloeiende bijzondere beperkingen, nadelen of distorsies; dat er bijgevolg voor deze transacties concurrentieneutrale belastingvoorschriften tot stand moeten komen om de ondernemingen in staat te stellen zich aan te passen aan de eisen van de gemeenschappelijke markt, hun productiviteit te vergroten en hun concurrentiepositie op de internationale markt te versterken;

Overwegende dat bepalingen van fiscale aard deze transacties thans benadelen ten opzichte van transacties met betrekking tot vennootschappen van een zelfde lidstaat; dat deze benadeling moet worden opgeheven;

Overwegende dat dit doel niet kan worden bereikt door de in de lidstaten geldende nationale regelingen uit te breiden tot de gehele Gemeenschap, omdat de verschillen tussen deze regelingen distorsies kunnen veroorzaken; dat daarom uitsluitend een gemeenschappelijke fiscale regeling een bevredigende oplossing kan bieden;

Overwegende dat de gemeenschappelijke fiscale regeling moet voorkomen dat wegens fusies, splitsingen, inbreng van activa of aandelenruil belasting wordt geheven, met dien verstande dat de financiële belangen van de Staat van de inbrengende of verworven vennootschap moeten worden veiliggesteld;

Overwegende dat, wat fusies, splitsingen en inbreng van activa betreft, deze transacties normaliter tot resultaat hebben dat de inbrengende vennootschap wordt omgezet in een vaste inrichting van de ontvangende vennootschap of dat de activa gaan behoren tot een vaste inrichting van laatstgenoemde vennootschap;

Overwegende dat toepassing van het systeem van uitstel van belastingheffing over de meerwaarde der ingebrachte goederen welke tot die vaste inrichting blijven behoren tot het tijdstip dat deze metterdaad wordt gerealiseerd, de mogelijkheid biedt belastingheffing ter zake van de betreffende boekwinsten te voorkomen en dat daardoor tevens de latere heffing door het land van de inbrengende vennootschap op het moment van realisatie van deze winsten gewaarborgd blijft.'

4. Artikel 2 van die richtlijn, dat deel uitmaakt van titel I, 'Algemene bepalingen', luidt:

'Voor de toepassing van deze richtlijn wordt verstaan onder:

[...]

c. inbreng van activa: de rechtshandeling waarbij een vennootschap, zonder ontbonden te worden, haar gehele dan wel een of meer takken van haar bedrijvigheid inbrengt in een andere vennootschap, tegen verkrijging van bewijzen van deelgerechtigdheid in het maatschappelijk kapitaal van de vennootschap welke de inbreng ontvangt;

d. aandelenruil: de rechtshandeling waarbij een vennootschap in het maatschappelijk kapitaal van een andere vennootschap een deelneming verkrijgt waardoor zij een meerderheid van stemmen in die vennootschap krijgt, en wel door aan de deelgerechtigden van de andere vennootschap, in ruil voor hun effecten, bewijzen van deelgerechtigdheid in het maatschappelijk kapitaal van de eerste vennootschap uit te reiken, eventueel met een bijbetaling in geld
welke niet meer mag bedragen dan 10 % van de nominale waarde of, bij gebreke van een nominale waarde, van de fractiewaarde van de bewijzen die worden geruild;

e. inbrengende vennootschap: de vennootschap die [...] haar gehele dan wel een of meer takken van haar bedrijvigheid inbrengt;
f. ontvangende vennootschap: de vennootschap die [...] alle of een of meer takken van bedrijvigheid van de inbrengende vennootschap ontvangt;
[...]'

5. Titel II van richtlijn 90/434, die uit de artikelen 4 tot en met 8 bestaat, bevat de '[r]egels voor fusies, splitsingen en aandelenruil'. Artikel 4 bepaalt:

'1. Fusies of splitsingen leiden niet tot enigerlei belastingheffing over de meerwaarden die bepaald worden door het verschil tussen de werkelijke waarde van de overgedragen activa en passiva en hun fiscale waarde.

Wordt verstaan onder:

– fiscale waarde: de waarde welke voor de toepassing van de belastingen op inkomen, winst of vermogenswinst de basis zou hebben gevormd voor de berekening van een winst of een verlies bij de inbrengende vennootschap, indien deze activa en passiva zouden zijn verkocht ten tijde van, maar onafhankelijk van, de fusie of splitsing;

– overgedragen activa en passiva: de activa en passiva van de inbrengende vennootschap welke als gevolg van de fusie of splitsing metterdaad gaan behoren tot de vaste inrichting van de ontvangende vennootschap in de lidstaat van de inbrengende vennootschap en bijdragen tot de totstandkoming van de resultaten die in aanmerking worden genomen voor de belastinggrondslag.

2. De lidstaten onderwerpen de toepassing van lid 1 aan de voorwaarde dat de ontvangende vennootschap verdere afschrijvingen alsook meerwaarden en waardeverminderingen betreffende deze overgedragen activa en passiva berekent met toepassing van dezelfde regels als de inbrengende vennootschap had kunnen toepassen indien de fusie of splitsing niet zou hebben plaatsgevonden.

3. Indien de wetgeving van de lidstaat van de inbrengende vennootschap aan de ontvangende vennootschap toestaat verdere afschrijvingen alsook meerwaarden en waardeverminderingen betreffende de overgedragen activa en passiva te berekenen onder voorwaarden welke afwijken van die van lid 2, is lid 1 niet van toepassing op die activa en passiva waarvoor de ontvangende vennootschap van deze mogelijkheid gebruik heeft gemaakt.'

6. Artikel 8, leden 1 en 2, van de richtlijn luidt:

'1. Toekenning bij een fusie, een splitsing of een aandelenruil, van bewijzen van deelgerechtigdheid in het maatschappelijk kapitaal van de ontvangende of de verwervende vennootschap aan een deelgerechtigde van de inbrengende of verworven vennootschap in ruil voor bewijzen van deelgerechtigdheid in het maatschappelijk kapitaal van deze laatste vennootschap, mag op zich niet leiden tot enigerlei belastingheffing op het inkomen, de winst of de meerwaarden van deze deelgerechtigde.

2. De lidstaten stellen de toepassing van lid 1 afhankelijk van de voorwaarde dat de deelgerechtigde aan de in ruil ontvangen bewijzen geen hogere fiscale waarde toekent dan de waarde die de geruilde bewijzen onmiddellijk vóór de fusie, de splitsing of de aandelenruil hadden.

De toepassing van lid 1 belet de lidstaten niet de winst die voortvloeit uit de latere verkoop van de ontvangen bewijzen op dezelfde wijze te belasten als de winst uit de verkoop van de bewijzen die vóór de verwerving bestonden.

Onder ‚fiscale waarde' wordt verstaan de waarde die als grondslag zou dienen voor de eventuele berekening van een winst of een verlies die onder de toepassing vallen van een belasting op het inkomen, de winst of de meerwaarden van de deelgerechtigde van de vennootschap.'

7. Titel III van richtlijn 90/434 betreft de '[r]egels voor de inbreng van activa'. Krachtens artikel 9 van deze richtlijn, dat het enige artikel van titel III is, zijn de artikelen 4 tot en met 6 van de richtlijn van toepassing op die inbreng.

Italiaanse wettelijke regeling

8. Richtlijn 90/434 is in Italiaans recht omgezet bij decreto legislativo n. 544, del 30 dicembre 1992, recante attuazione della normativa comunitaria relativa al regime fiscale comune da applicare alle fusioni, alle scissioni, ai conferimenti d'attivo ed agli altri scambi di azioni concernenti società di Stati membri diversi (wetgevend besluit nr. 544 van 30 december 1992 houdende maatregelen ter uitvoering van de richtlijnen van de Gemeenschap betreffende de fiscale behandeling van fusies, splitsingen, inbreng van activa en aandelenruil, GURI nr. 9 van 13 januari 1993, blz. 8; hierna: 'decreto legislativo nr. 544/ 1992').

9. Artikel 1 van decreto legislativo nr. 544/1992 bepaalt het volgende:

'De bepalingen van dit decreto zijn van toepassing op:
[...]
c. de inbreng van activiteiten of activiteitengroepen die één enkele tak van bedrijvigheid betreffen, van de ene naar de andere van de onder a bedoelde entiteiten[, te weten vennootschappen op aandelen, commandi-

taire vennootschappen op aandelen, vennootschappen met beperkte aansprakelijkheid, coöperatieve vennootschappen, op het nationale grondgebied gevestigde publieke of particuliere ondernemingen die uitsluitend of voornamelijk tot doel hebben commerciële activiteiten uit te oefenen en alle soortgelijke ondernemingen die in een andere lidstaat van de Europese Unie zijn gevestigd], die in verschillende lidstaten van de Unie gevestigd zijn, op voorwaarde dat één van beide op het grondgebied van de Staat is gevestigd.'

10. Artikel 2, lid 2, van decreto legislativo nr. 544/1992 luidt als volgt:

'Geen van de onder c genoemde inbrengen wordt beschouwd als de realisatie van een meerwaarde of een waardevermindering, maar de laatste fiscale waarde die aan de ingebrachte bedrijvigheid of tak van bedrijvigheid is toegekend vormt de fiscale waarde van de ontvangen deelneming. Het verschil tussen de waarde van de ontvangen aandelen en de laatste waarde van de ingebrachte activa zoals bepaald voor de inkomstenbelasting, maakt geen deel uit van de belastbare inkomsten van de inbrengende onderneming of vennootschap zolang het niet wordt gerealiseerd of aan de deelgerechtigden wordt uitgekeerd. Indien de ontvangen deelnemingen op de balans staan voor een hogere waarde dan de boekwaarde van de ingebrachte bedrijvigheid, wordt het verschil onder een daartoe geëigende post opgenomen en zal het in geval van uitkering tot de belastbare inkomsten behoren [...]'.

11. Voorts gold ten tijde van de in het hoofdgeding aan de orde zijnde inbreng decreto legislativo n. 358, dell'8 ottobre 1997, recante riordino delle imposte sui redditi applicabili alle operazioni di cessione e conferimento di aziende, fusione, scissione e permuta di partecipazioni (wetgevend besluit nr. 358 van 8 oktober 1997 houdende bepalingen betreffende de reorganisatie van de inkomstenbelasting die geldt voor de overdracht en inbreng van vennootschappen, fusie, splitsing en ruil van deelnemingen, GURI nr. 249 van 24 oktober 1997, blz. 4; hierna: 'decreto legislativo nr. 358/1997').

12. Artikel 1, leden 1 en 2, van decreto legislativo nr. 358/1997 luidt:

'1. Over de meerwaarde die wordt gerealiseerd bij de overdracht van activiteiten die ten minste drie jaar zijn aangehouden en die wordt vastgesteld in overeenstemming met de criteria van artikel 54 van de geconsolideerde versie van de wet op de inkomstenbelasting [...], kan in plaats van de inkomstenbelasting een belasting worden geheven tegen een tarief van 19 %. [...]

2. Om toepassing van de vervangende belasting wordt verzocht in de aangifte in de inkomstenbelasting voor het belastingtijdvak waarin de meerwaarde is gerealiseerd [...]'

13. Artikel 4, leden 1 en 2, van decreto legislativo nr. 358/1997 bepaalt:

'1. Wanneer de in artikel 87, lid 1, sub a en b, van de geconsolideerde versie van de wet op de inkomstenbelasting bedoelde entiteiten bedrijvigheden inbrengen die ten minste drie jaar zijn aangehouden [...] vormt dit geen realisatie van een meerwaarde of van een waardevermindering. De inbrengende vennootschap moet de ontvangen deelnemingen echter waarderen op de laatste fiscale waarde die aan de ingebrachte bedrijvigheid is toegekend en de ontvangende vennootschap treedt, wat de activa en de passiva van deze bedrijvigheid betreft, in de plaats van de inbrengende vennootschap; daartoe vermeldt de inbrengende vennootschap in een ad-hocoverzicht, dat zij bij haar belastingaangifte voegt, de op de balans uiteengezette gegevens en de fiscaal toegekende waarden.

2. In plaats van voor de toepassing van lid 1, kunnen de in die bepaling genoemde entiteiten in de akte van inbreng kiezen voor de toepassing van de geconsolideerde versie van de wet op de inkomstenbelasting [...] en van artikel 1 van het onderhavige decreto. Die keuze kan eveneens worden uitgeoefend met betrekking tot de in artikel 1 van [decreto legislativo nr. 544/1992] bedoelde inbreng.'

14. De decreti legislativi nr. 544/1992 en nr. 358/1997 zijn met ingang van 1 januari 2004 vervangen in het kader van een hervorming van het nationale belastingstelsel. Bij die hervorming is de regeling van fiscale neutraliteit bij grensoverschrijdende inbreng van activa identiek geworden aan deze voor nationale inbrengen, en is de in artikel 4, lid 1, van decreto legislativo nr. 358/1997 neergelegde voorwaarde dat de onderneming minstens drie jaar is aangehouden, geschrapt. Derhalve is ook de mogelijkheid om te kiezen voor de vervangende belasting van 19 % geschrapt.

Hoofdgeding en prejudiciële vraag

15. 3D I is een kapitaalvennootschap met zetel te Crema (Italië). Op 12 oktober 2000 heeft zij een tak van haar bedrijvigheid, die zich eveneens in Italië bevond, ingebracht bij een in het Groothertogdom Luxemburg gevestigde onderneming. Ten gevolge van die operatie is de ingebrachte activiteit omgevormd tot een in Italië gevestigde vaste inrichting van die Luxemburgse onderneming. In ruil daarvoor heeft 3D I een deelneming, meer bepaald aandelen, in die onderneming verworven. Op de balans van 3D I zijn die aandelen opgenomen tegen een hogere waarde dan de fiscale waarde van de ingebrachte bedrijvigheid.

16. Op 9 mei 2001 heeft 3D I geopteerd voor de in de artikelen 1, lid 1, en 4, lid 2, van decreto legislativo nr.

358/1997 bepaalde mogelijkheid om voor die operatie de vervangende belasting van 19 % te voldoen. Daarmee heeft zij afstand gedaan van haar recht om een beroep te doen op de in artikel 2, lid 2, van decreto legislativo nr. 544/1992 bedoelde fiscaal neutrale regeling. 3D I heeft derhalve de verschuldigde vervangende belasting, die 5 732 298 000 ITL oftewel 2 960 484,85 EUR bedroeg, betaald. Nadat 3D I die belasting had voldaan, zijn de meerwaarden die ten gevolge van de inbreng op boekhoudkundig vlak waren vastgesteld, vrijgesteld van verdere belasting, aangezien het verschil tussen de fiscale waarde van de ingebrachte tak van bedrijvigheid en de waarde die was toegekend aan de in ruil voor die inbreng ontvangen deelbewijzen, voortaan ook vanuit fiscaal oogpunt was erkend (de fiscale waarde van deze deelbewijzen werd aangepast aan de boekwaarde ervan).

17. Nadat zij kennis had gekregen van met name het arrest X en Y van het Hof van 21 november 2002 (C-436/00, *Jurispr.* blz. I-10829) heeft 3D I de belastingadministratie op 8 januari 2004 verzocht om de door haar voldane vervangende belasting terug te storten. Ter ondersteuning van dat verzoek betoogde zij dat artikel 2, lid 2, van decreto legislativo nr. 544/ 1992 onverenigbaar was met richtlijn 90/434, aangezien het de fiscaal neutrale behandeling van de inbreng afhankelijk stelde van voorwaarden waarin die richtlijn niet voorziet. Met name de voorwaarde dat het waardeverschil op een niet-uitkeerbare reserve wordt geblokkeerd, heeft er volgens haar in de praktijk voor gezorgd dat de betrokken ondernemingen kozen voor de vervangende belasting, omdat de derde mogelijkheid waarin het nationale recht voorzag, namelijk over het waardeverschil de normale belasting van 33 % betalen, nog ongunstiger was dan de twee andere opties. 3D I voerde aan dat zij ten onrechte ervan was uitgegaan dat de in artikel 2, lid 2, van decreto legislativo nr. 544/1992 neergelegde voorwaarden rechtmatig waren en dat zij vanwege die vergissing voor de vervangende belasting en niet voor de fiscaal neutrale regeling had gekozen.

18. Nadat het Agenzia delle Entrate dit verzoek om teruggave stilzwijgend had afgewezen, heeft 3D I op 13 april 2004 beroep ingesteld bij de Commissione tributaria provinciale di Cremona. Bij beslissing van 11 oktober 2006 heeft laatstgenoemde instantie dit beroep verworpen, met name op grond dat 3D I vrijwillig voor de regeling van de vervangende belasting had gekozen en het voordeel had genoten van een regeling die het waardeverschil fiscaal tegen een veel gunstiger tarief erkende dan het tarief dat zij in het geval van realisatie van de meerwaarde had moeten betalen.

19. Op 5 maart 2007 heeft 3D I tegen die uitspraak hoger beroep ingesteld bij de Commissione tributaria regionale di Milano. Die rechterlijke instantie is van oordeel dat artikel 2, lid 2, van decreto legislativo nr. 544/1992, voor zover het bepaalt dat na een intracommunautaire inbreng op de balans van de inbrengende vennootschap een reserve moet worden opgenomen die voorlopig van belasting is vrijgesteld en dat de eventueel uit die inbreng voortvloeiende meerwaarden worden belast indien dat niet wordt gedaan, in strijd is met richtlijn 90/434 en met de vaste rechtspraak van het Hof, volgens welke maatregelen die in de weg staan aan het vrije kapitaalverkeer en aan de vrijheid van vestiging verboden zijn. Om een dergelijke onverenigbaarheid met het Unierecht te vermijden, dienen de lidstaten de belastingheffing over de meerwaarden uit te stellen tot het tijdstip waarop deze meerwaarden daadwerkelijk worden gerealiseerd, en mogen zij aan dit uitstel geen voorwaarden verbinden die de voornoemde fundamentele vrijheden onredelijk beperken.

20. In die omstandigheden heeft de verwijzende rechter de behandeling van de zaak geschorst en het Hof verzocht om een prejudiciële beslissing over de volgende vraag:

> 'Staan de artikelen 2, 4 en 8, leden 1 en 2, van richtlijn [90/434] in de weg aan een regeling van een lidstaat, zoals de Italiaanse regeling in artikel 2, lid 2, van decreto legislativo [nr. 544/1992], volgens welke een aandeleninbreng of een aandelenruil bij de inbrengende vennootschap leidt tot de heffing van belasting over de meerwaarde van de overdracht, bestaande in het verschil tussen de oorspronkelijke kosten van verkrijging van de overgedragen aandelen of effecten en hun normale waarde, tenzij de inbrengende vennootschap op haar eigen fiscale balans een speciale reserve opneemt overeenkomend met de bij de inbreng vastgestelde meerwaarde, in een geval zoals in het hoofdgeding aan de orde is?'

Beantwoording van de prejudiciële vraag

21. Met zijn vraag wenst de verwijzende rechter in wezen te vernemen of de artikelen 2, 4 en 8, leden 1 en 2, van richtlijn 90/434 aldus moeten worden uitgelegd dat zij er zich, in een situatie als die welke aan de orde is in het hoofdgeding, tegen verzetten dat een inbrengende vennootschap bij een inbreng van activa of een aandelenruil belastingen moet betalen over de uit die inbreng voortvloeiende meerwaarde, tenzij zij op haar balans een reserve opneemt die met de bij die inbreng vastgestelde meerwaarde overeenstemt.

22. Vaststaat evenwel dat het hoofdgeding uitsluitend betrekking heeft op een inbreng van activa in de zin van artikel 2, sub c, van deze richtlijn, en niet op een aandelenruil in de zin van artikel 2, sub d. Bijgevolg dient de gestelde vraag slechts te worden beantwoord voor zover zij de inbreng van activa betreft.

23. Bovendien moet in het onderhavige geval worden vastgesteld dat uit artikel 9 van richtlijn 90/434 blijkt dat artikel 8 ervan niet behoort tot de regels die van toepassing worden verklaard op de inbreng van activa. Laatstgenoemd artikel bepaalt dat de toekenning bij een fusie, een splitsing of een aandelenruil, van bewijzen van deelgerechtigdheid in het maatschappelijk kapitaal van de ontvangende of de verwervende vennootschap aan een

deelgerechtigde van de inbrengende of verworven vennootschap in ruil voor bewijzen van deelgerechtigdheid in het maatschappelijk kapitaal van deze laatste vennootschap, op zich niet mag leiden tot enigerlei belastingheffing op het inkomen, de winst of de meerwaarden van deze deelgerechtigde. Dit artikel is niet van toepassing bij een inbreng van activa, aangezien de bewijzen van deelgerechtigdheid in het maatschappelijk kapitaal van de ontvangende vennootschap in een dergelijk geval niet aan een deelgerechtigde van de inbrengende vennootschap maar aan die vennootschap zelf worden overhandigd.

24. Derhalve moet de gestelde vraag in het licht van de artikelen 2, 4 en 9 van richtlijn 90/434 worden onderzocht.

25. Meer in het bijzonder bepaalt artikel 4, lid 1, van deze richtlijn, gelezen in samenhang met artikel 9 ervan, dat de inbreng van activa niet leidt tot enigerlei belastingheffing over de meerwaarden die voortvloeien uit het verschil tussen de werkelijke waarde van de overgedragen activa en passiva en hun fiscale waarde. Deze bepaling preciseert dat de fiscale waarde de waarde is die voor de toepassing van de belastingen op inkomen, winst of vermogenswinst de basis zou hebben gevormd voor de berekening van een winst of een verlies bij de inbrengende vennootschap, indien deze activa en passiva zouden zijn verkocht ten tijde van – maar onafhankelijk van – de inbreng van activa. Onder overgedragen activa en passiva moeten in het kader van een inbreng van activa worden verstaan de takken van bedrijvigheid van de inbrengende vennootschap die als gevolg van de inbreng metterdaad gaan behoren tot de vaste inrichting van de ontvangende vennootschap in de lidstaat van de inbrengende vennootschap, of die zelf die inrichting worden, en die bijdragen tot de totstandkoming van de resultaten die in aanmerking worden genomen voor de belastinggrondslag.

26. Zoals uit de eerste en de vierde overweging van de considerans van richtlijn 90/434 volgt, beoogt die richtlijn door middel van dit vereiste van fiscale neutraliteit ten aanzien van de ontvangende en de inbrengende vennootschap te garanderen dat een inbreng met betrekking tot vennootschappen uit verschillende lidstaten niet wordt belemmerd door bijzondere beperkingen, nadelen of distorsies die uit de fiscale voorschriften van de lidstaten voortvloeien, en wel met het doel ondernemingen in staat te stellen zich aan te passen aan de eisen van de gemeenschappelijke markt, hun productiviteit te vergroten en hun concurrentiepositie op de internationale markt te versterken (zie in die zin arresten van 17 juli 1997, Leur-Bloem, C-28/95, *Jurispr.* blz. I-4161, punt 45; 11 december 2008, A.T., C-285/07, *Jurispr.* blz. I-9329, punt 21, en 20 mei 2010, Modehuis A. Zwijnenburg, C-352/08, *Jurispr.* blz. I-4303, punt 38).

27. Dit vereiste van fiscale neutraliteit is evenwel niet onvoorwaardelijk. Volgens artikel 4, lid 2, van richtlijn 90/434, gelezen in samenhang met artikel 9 van die richtlijn, onderwerpen de lidstaten de toepassing van het eerste lid van artikel 4 immers aan de voorwaarde dat de ontvangende vennootschap verdere afschrijvingen alsook meerwaarden en waardeverminderingen betreffende deze overgedragen activa en passiva berekent met toepassing van dezelfde regels als de inbrengende vennootschap had kunnen toepassen indien de inbreng niet zou hebben plaatsgevonden. Artikel 4, lid 3, van die richtlijn preciseert dat indien de wetgeving van de lidstaat van de inbrengende vennootschap aan de ontvangende vennootschap toestaat deze afschrijvingen, meerwaarden en waardeverminderingen te berekenen onder voorwaarden die van die van het tweede lid van voornoemd artikel 4 afwijken, het eerste lid van dat artikel niet van toepassing is op die activa en passiva waarvoor de ontvangende vennootschap van deze mogelijkheid gebruik heeft gemaakt.

28. Dat de ontvangende vennootschap de overgedragen activa en passiva op dezelfde manier moet blijven waarderen voor de berekening van de verdere afschrijvingen en meerwaarden of waardeverminderingen op deze bestanddelen, heeft, zoals de Europese Commissie heeft aangegeven, tot doel te voorkomen dat die neutraliteit aanleiding geeft tot een definitieve vrijstelling, waarin richtlijn 90/434 niet voorziet. Uit de vierde en de zesde overweging van de considerans van die richtlijn volgt immers dat die richtlijn een regeling instelt waarbij de heffing van belasting over meerwaarden op ingebrachte goederen slechts wordt uitgesteld, waarbij dus enerzijds wordt vermeden dat de inbreng van de bedrijvigheid zelf aanleiding geeft tot belastingheffing en anderzijds de financiële belangen van de staat van de inbrengende vennootschap worden veiliggesteld doordat wordt gewaarborgd dat deze meerwaarden worden belast op het tijdstip waarop zij daadwerkelijk worden gerealiseerd (zie in die zin arrest van 5 juli 2007, Kofoed, C-321/05, *Jurispr.* blz. I-5795, punt 32, en reeds aangehaalde arresten A.T., punt 28, en Modehuis A. Zwijnenburg, punt 39).

29. Richtlijn 90/434 definieert dus weliswaar onder welke voorwaarden de ontvangende vennootschap uitstel kan genieten van de belastingheffing over de meerwaarden op de ingebrachte activiteit, maar stelt niet vast onder welke voorwaarden de inbrengende vennootschap uitstel kan krijgen van de belastingheffing over de meerwaarden op de in ruil voor de inbreng ontvangen bewijzen van deelgerechtigdheid in het maatschappelijk kapitaal van de ontvangende vennootschap, en bepaalt met name niet welke waarde de inbrengende vennootschap aan die bewijzen moet toekennen.

30. Anders dan 3D I lijkt te suggereren, volgt hieruit niet dat richtlijn 90/434 de lidstaten verbiedt om dergelijke voorwaarden te stellen, maar wel, zoals de advocaat-generaal in de punten 42 en 49 van zijn conclusie heeft opgemerkt, dat zij hun een zekere ruimte laat om te beslissen of zij de fiscale neutraliteit die de inbrengende vennoot-

schap geniet afhankelijk willen stellen van voorwaarden betreffende de waardering van de in ruil ontvangen bewijzen, zoals de continuïteit van de fiscale waarden, voor zover die voorwaarden er niet toe leiden dat de overdracht van die bewijzen in het kader van de inbreng van activa zelf aanleiding geeft tot het heffen van belasting over de meerwaarden op die bewijzen.

31. Zoals de advocaat-generaal in punt 43 van zijn conclusie heeft uiteengezet, vindt die vaststelling steun in de ontstaansgeschiedenis van richtlijn 90/434 en in het feit dat de Commissie in haar laatste voorstel voor een richtlijn van de Raad tot wijziging van richtlijn 90/434 [COM(2003) 613 def.], dat van 17 oktober 2003 dateert, net als in haar voorstel voor een richtlijn van de Raad betreffende de gemeenschappelijke fiscale regeling voor fusies, splitsingen en inbreng van activa met betrekking tot vennootschappen uit verschillende lidstaten (*PB* 1969, C 39, blz. 1), heeft voorgesteld een bepaling op te nemen inzake de waarde die moet worden toegekend aan de in ruil voor de inbreng van de tak van bedrijvigheid ontvangen bewijzen van deelgerechtigdheid. Met die bepaling, volgens welke aan deze bewijzen de waarde wordt toegekend die de ingebrachte tak van bedrijvigheid onmiddellijk vóór de inbreng werkelijk had, wilde de Commissie de dubbele belastingheffing vermijden die op het tijdstip van de realisatie van de meerwaarden kan plaatsvinden indien de ontvangende vennootschap de ingebrachte tak van bedrijvigheid in overeenstemming met de voorwaarde van artikel 4, lid 2, van richtlijn 90/434 heeft gewaardeerd en de inbrengende vennootschap aan de door haar ontvangen bewijzen de waarde heeft toegekend die de ingebrachte tak van bedrijvigheid had onmiddellijk vóór de operatie. De wetgever van de Unie heeft dat voorstel echter niet aanvaard.

32. Wat de in het hoofdgeding aan de orde zijnde situatie betreft, volgt uit de verwijzingsbeslissing – en is door zowel de Italiaanse regering als de Commissie opgemerkt – dat de nationale wettelijke regeling het voor 3D I mogelijk maakte om aan de in ruil voor de inbreng ontvangen bewijzen de waarde toe te kennen die de ingebrachte tak van bedrijvigheid vóór de operatie had, en om er aldus voor te zorgen dat de heffing van belasting over de op deze bewijzen vastgestelde meerwaarden werd uitgesteld, onder een voorwaarde die, zoals in de voorgaande punten van dit arrest is vastgesteld, in de huidige stand van het Unierecht verenigbaar is met dit recht.

33. Derhalve kan de omstandigheid dat de nationale wettelijke regeling aan de inbrengende vennootschap eveneens de mogelijkheid biedt om aan deze bewijzen een hogere waarde toe te kennen dan die welke de ingebrachte tak van bedrijvigheid vóór de operatie had, en aldus met name ook de bij de inbreng vastgestelde meerwaarde in deze waarde op te nemen, maar aan die mogelijkheid de voorwaarde verbindt dat zij op haar balans een reserve opneemt die met de aldus vastgestelde meerwaarde overeenstemt, niet onverenigbaar met richtlijn 90/434 worden geacht.

34. De Italiaanse regering en de Commissie hebben tevens uiteengezet dat de in het hoofdgeding aan de orde zijnde voorwaarde zonder meer beantwoordt aan de boekhoudkundige vereisten die noodzakelijkerwijs voortvloeien uit de waardering van de deelnemingen en dat het in het kader van de ten tijde van de in het hoofdgeding aan de orde zijnde feiten geldende nationale belastingregeling noodzakelijk was om die reserve te belasten wanneer zij aan de deelgerechtigden van de inbrengende vennootschap werd uitgekeerd, aangezien die regeling – die bij die uitkering een belastingkrediet aan die deelgerechtigden toekende – de Italiaanse Schatkist rechtstreeks zou hebben benadeeld en aan die deelgerechtigden, en indirect ook aan de inbrengende vennootschap, een ongerechtvaardigd voordeel zou hebben toegekend.

35. Gelet op een en ander moet op de gestelde vraag worden geantwoord dat de artikelen 2, 4 en 9 van richtlijn 90/434 aldus moeten worden uitgelegd dat zij er zich in een situatie als die welke aan de orde is in het hoofdgeding niet tegen verzetten dat een vennootschap die activa inbrengt, belastingen moet betalen over de uit die inbreng voortvloeiende meerwaarde, tenzij zij op haar balans een reserve opneemt die met de bij die inbreng vastgestelde meerwaarde overeenstemt.

Kosten

36. …

HET HOF (Eerste kamer)

verklaart voor recht:

De artikelen 2, 4 en 9 van richtlijn 90/434/EEG van de Raad van 23 juli 1990 betreffende de gemeenschappelijke fiscale regeling voor fusies, splitsingen, inbreng van activa en aandelenruil met betrekking tot vennootschappen uit verschillende lidstaten moeten aldus worden uitgelegd dat zij er zich in een situatie als die welke aan de orde is in het hoofdgeding niet tegen verzetten dat een vennootschap die activa inbrengt, belastingen moet betalen over de uit die inbreng voortvloeiende meerwaarde, tenzij zij op haar balans een reserve opneemt die met de bij die inbreng vastgestelde meerwaarde overeenstemt.

HvJ EU 31 januari 2013, zaak C-301/11 (Europese Commissie v. Koninkrijk der Nederlanden)

Zevende kamer: *G. Arestis (rapporteur), kamerpresident, A. Arabadjiev en J. L. da Cruz Vilaça, rechters*
Advocaat-generaal: *J. Kokott*

1. De Europese Commissie verzoekt het Hof vast te stellen dat het Koninkrijk der Nederlanden de krachtens artikel 49 VWEU op hem rustende verplichtingen niet is nagekomen door een nationale regeling goed te keuren en in stand te laten die voorziet in de belastingheffing over niet-gerealiseerde meerwaarden bij de overbrenging van een onderneming of bij de verplaatsing van de maatschappelijke zetel of de plaats van de werkelijke zetel naar een andere lidstaat.

Toepasselijke bepalingen

2. Artikel 3.60 van de Wet inkomstenbelasting 2001, 'Overbrenging vermogensbestanddelen naar het buitenland', bepaalt het volgende:

'Indien bestanddelen van het vermogen van een in Nederland gedreven onderneming of zelfstandig gedeelte van een onderneming, waaruit de belastingplichtige winst geniet, worden overgebracht naar een buiten Nederland gedreven onderneming waaruit de belastingplichtige winst geniet en de belastingplichtige gelijktijdig of daarna ophoudt binnenlands belastingplichtige te zijn, worden die bestanddelen op het tijdstip onmiddellijk voorafgaande aan het ophouden van de binnenlandse belastingplicht en voor zover zij nog behoren tot het vermogen van de onderneming, geacht te zijn vervreemd tegen de waarde in het economische verkeer.'

3. Artikel 3.61 van de Wet inkomstenbelasting 2001, 'Eindafrekening', luidt als volgt:

'Voordelen uit een onderneming die niet reeds uit anderen hoofde in aanmerking zijn genomen, worden gerekend tot de winst van het kalenderjaar waarin de belastingplichtige ophoudt in Nederland uit de onderneming winst te genieten. In dat geval worden de goederen voor de toepassing van de desinvesteringsbijtelling geacht aan de onderneming te zijn onttrokken.'

4. Artikel 15c uit Afdeling 2.10, 'Eindafrekening', van de Wet op de vennootschapsbelasting 1969 is als volgt verwoord:

'1. Indien een belastingplichtige voor de toepassing van deze wet of een verdrag ter voorkoming van dubbele belasting dan wel de Belastingregeling voor het Koninkrijk, de Belastingregeling voor het land Nederland niet meer wordt aangemerkt als inwoner van Nederland, worden de bestanddelen van zijn vermogen waarvan de voordelen dientengevolge niet meer begrepen worden in de belastbare winst, op het tijdstip onmiddellijk voorafgaande aan het ophouden van het hiervoor bedoelde inwonerschap geacht te zijn vervreemd tegen de waarde in het economische verkeer.
2. Het eerste lid is van overeenkomstige toepassing met betrekking tot de vermogensbestanddelen die bij een fiscale eenheid afkomstig zijn van een dochtermaatschappij indien zich ten aanzien van die dochtermaatschappij een omstandigheid voordoet als bedoeld in het eerste lid.'

5. Artikel 15d van de Wet op de vennootschapsbelasting 1969 bepaalt:

'Voordelen die niet reeds uit anderen hoofde in aanmerking zijn genomen, worden gerekend tot de winst van het jaar waarin de belastingplichtige ophoudt in Nederland belastbare winst te genieten. In dat geval worden de bestanddelen van zijn vermogen voor de toepassing van de desinvesteringsbijtelling geacht te zijn vervreemd tegen de waarde in het economische verkeer.'

Precontentieuze procedure

6. Op 23 september 2008 heeft de Commissie het Koninkrijk der Nederlanden een aanmaning gezonden, waarin zij deze lidstaat wees op de mogelijke onverenigbaarheid met artikel 49 VWEU van sommige bepalingen van de Nederlandse belastingwetgeving ter zake van de heffing over niet-gerealiseerde meerwaarden bij de overbrenging van een onderneming of bij de verplaatsing van de maatschappelijke zetel of de plaats van de werkelijke zetel van een vennootschap naar een andere lidstaat.

7. Bij brief van 22 januari 2009 heeft het Koninkrijk der Nederlanden op deze aanmaning geantwoord dat het de litigieuze wetgeving met artikel 49 VWEU verenigbaar achtte.

8. Op 22 maart 2010 heeft de Commissie het Koninkrijk der Nederlanden een met redenen omkleed advies gezonden.

9. In antwoord op dit met redenen omkleed advies heeft het Koninkrijk der Nederlanden de Commissie op 15 juli 2010 een brief gezonden, waarin het met name verklaarde dat het de mening van de Commissie niet deelde.

10. De Commissie was door dat antwoord niet overtuigd, waarop zij heeft besloten het onderhavige beroep in te stellen.

Procesverloop voor het Hof

11. Bij beschikking van 23 november 2011 heeft de president van het Hof de Bondsrepubliek Duitsland, het Koninkrijk Spanje en de Portugese Republiek toegelaten tot interventie aan de zijde van het Koninkrijk der Nederlanden.

Het beroep

12. De Commissie is van mening dat de heffing door het Koninkrijk der Nederlanden van een onmiddellijke belasting over de latente meerwaarden bij overbrenging van een onderneming naar een andere lidstaat, wanneer de persoon die de onderneming drijft ophoudt belastingplichtig te zijn in Nederland of bij verplaatsing van de maatschappelijke zetel of de plaats van de werkelijke zetel van een vennootschap naar een andere lidstaat, een belemmering van de vrijheid van vestiging in de zin van artikel 49 VWEU vormt.

13. De Commissie betwist niet het recht van de lidstaten om meerwaarden te belasten die werden verworven in de periode waarin de belastingplichtige, als ingezetene, onderworpen was aan belastingheffing op zijn wereldwijde inkomen.

14. Zij merkt evenwel op dat de artikelen 3.60 en 3.61 van de Wet inkomstenbelasting 2001 tot gevolg hebben dat wanneer de onderneming gevoerd door de natuurlijke persoon naar een andere lidstaat wordt overgebracht en die natuurlijke persoon ophoudt belastingplichtig te zijn in Nederland, de niet-gerealiseerde meerwaarden worden belast, terwijl een onderneming die niet naar een andere lidstaat wordt overgebracht, op deze niet-gerealiseerde meerwaarden niet wordt belast. De onderneming die in Nederland actief blijft, ziet haar meerwaarden enkel belast wanneer deze worden gerealiseerd. Diezelfde conclusie dringt zich op ten aanzien van de regelgeving inzake de vennootschapsbelasting voorzien in de artikelen 15c en 15d van de Wet op de vennootschapsbelasting 1969.

15. Na de uitspraak van het arrest van 29 november 2011, National Grid Indus (C-371/10, nog niet gepubliceerd in de *Jurisprudentie*), heeft het Koninkrijk der Nederlanden in haar dupliek niet betwist dat de in geding zijnde nationale regelgeving onevenredig was en aangegeven dat het de nodige wetswijziging zal doorvoeren om zich naar het recht van de Unie te voegen in de zin zoals voorgesteld in bedoeld arrest.

16. Ter herinnering, het Hof heeft in dit arrest voor recht verklaard dat artikel 49 VWEU aldus moet worden uitgelegd dat:

– het zich niet verzet tegen een regeling van een lidstaat krachtens welke het bedrag van de heffing over de latente meerwaarden in vermogensbestanddelen van een vennootschap definitief wordt vastgesteld – zonder eventuele later optredende waardeverminderingen of meerwaarden in aanmerking te nemen – op het moment waarop de vennootschap, wegens de verplaatsing van haar feitelijke bestuurszetel naar een andere lidstaat, ophoudt in de eerste lidstaat belastbare winst te genieten; het is in dat verband onverschillig dat de belaste latente meerwaarden betrekking hebben op valutawinsten die in de lidstaat van ontvangst niet tot uitdrukking kunnen komen, gelet op het daar geldende belastingregime;

– het zich verzet tegen een regeling van een lidstaat die de onmiddellijke invordering voorschrijft van de heffing over de latente meerwaarden in vermogensbestanddelen van een vennootschap die haar feitelijke bestuurszetel naar een andere lidstaat verplaatst, op het moment zelf van genoemde verplaatsing.

17. Het Koninkrijk der Nederlanden geeft in dat verband aan dat aangezien er geen inhoudelijk verschil was tussen de Nederlandse regelgeving die voorwerp is van het onderhavige beroep en die welke aan de orde was in de zaak die heeft geleid tot het reeds aangehaalde arrest National Grid Indus, de consequenties die het Hof aan dit arrest verbindt, ook gelden voor de onderhavige zaak.

18. Het Koninkrijk der Nederlanden erkent dus dat het zijn nationale regelgeving over de oplegging van een eindafrekeningsheffing zal moeten wijzigen op het punt van de invordering van de heffing bij de overbrenging van een onderneming of bij de verplaatsing van de maatschappelijke zetel of de plaats van de werkelijke zetel naar een andere lidstaat. Het geeft aan zo snel mogelijk tot deze wijziging te willen overgaan.

19. Om te beginnen moet worden opgemerkt dat het Koninkrijk der Nederlanden daarmee de beweerde niet-nakoming niet bestrijdt.

20. Vervolgens moet eraan worden herinnerd dat volgens vaste rechtspraak het bestaan van een niet-nakoming moet worden beoordeeld op basis van de situatie waarin de lidstaat zich bevond aan het einde van de in het met redenen omkleed advies gestelde termijn, en het Hof met sedertdien opgetreden wijzigingen geen rekening kan

houden (zie met name arresten van 27 september 2007, Commissie/Spanje, C-465/06, punt 8, en 28 februari 2012, Commissie/Frankrijk, C-119/11, punt 35).

21. Hieruit volgt dat het Koninkrijk der Nederlanden bij het verstrijken van de in het met redenen omkleed advies gestelde termijn niet de nodige maatregelen had getroffen om de krachtens artikel 49 VWEU op hem rustende verplichtingen na te komen.

22. In deze omstandigheden moet het beroep van de Commissie gegrond worden geacht.

23. Bijgevolg moet worden vastgesteld dat het Koninkrijk der Nederlanden de krachtens artikel 49 VWEU op hem rustende verplichtingen niet is nagekomen door een nationale regeling goed te keuren en in stand te laten die voorziet in de belastingheffing over niet-gerealiseerde meerwaarden bij de overbrenging van een onderneming of bij de verplaatsing van de maatschappelijke zetel of de plaats van de werkelijke zetel naar een andere lidstaat.

Kosten

24. …

25. …

HET HOF (Zevende kamer)

verklaart:

1. Door een nationale regeling goed te keuren en in stand te laten die voorziet in de belastingheffing over niet-gerealiseerde meerwaarden bij de overbrenging van een onderneming of bij de verplaatsing van de maatschappelijke zetel of de plaats van de werkelijke zetel naar een andere lidstaat, is het Koninkrijk der Nederlanden de krachtens artikel 49 VWEU op hem rustende verplichtingen niet nagekomen.

2. Het Koninkrijk der Nederlanden wordt verwezen in de kosten.

3. De Bondsrepubliek Duitsland, het Koninkrijk Spanje en de Portugese Republiek zullen hun eigen kosten dragen.

HvJ EU 21 februari 2013, zaak C-123/11 (A Oy)

Vierde kamer: *L. Bay Larsen, waarnemend voor de president van de Vierde kamer, J.-C. Bonichot (rapporteur), C. Toader, A. Prechal en E. Jarašiūnas, rechters*
Advocaat-generaal: *J. Kokott*

1. Het verzoek om een prejudiciële beslissing betreft de uitlegging van de artikelen 49 VWEU en 54 VWEU.

2. Dit verzoek is ingediend in het kader van een geding dat A Oy (hierna: 'A'), een vennootschap naar Fins recht, heeft aangespannen tegen de beslissing van de keskusverolautakunta (centrale belastingcommissie) waarbij A niet wordt toegestaan om in het kader van een fusie met een Zweedse dochteronderneming het verlies van deze dochter fiscaal af te trekken.

Toepasselijke bepalingen

Internationaal recht

3. Artikel 7, lid 1, van het Verdrag van de Noordse Staten tot het vermijden van dubbele belasting naar het inkomen en het vermogen, gesloten te Helsinki op 23 september 1996 (SopS 26/1997) bepaalt:

'Winst van een onderneming van een verdragsluitende Staat is slechts in die Staat belastbaar, tenzij de onderneming in de andere verdragsluitende Staat haar bedrijf uitoefent met behulp van een aldaar gevestigde vaste inrichting. Indien de onderneming aldus haar bedrijf uitoefent, mag de winst van de onderneming in de andere Staat worden belast, maar slechts in zoverre als zij aan die vaste inrichting kan worden toegerekend.'

Fins recht

4. De nadere regeling voor fusies/overnemingen van vennootschappen is vervat in wet 360/1968 op de belasting op inkomsten uit bedrijfsactiviteiten [Laki elinkeinotulon verottamisesta (360/1968)], tot omzetting van richtlijn 2009/133/EG van de Raad van 19 oktober 2009 betreffende de gemeenschappelijke fiscale regeling voor fusies, splitsingen, gedeeltelijke splitsingen, inbreng van activa en aandelenruil met betrekking tot vennootschappen uit verschillende lidstaten en voor de verplaatsing van de statutaire zetel van een SE of een SCE van een lidstaat naar een andere lidstaat (*PB* L 310, blz. 34).

5. In § 52 a, punt 2, van deze wet wordt het begrip 'fusie' gedefinieerd als volgt:

'Onder fusie wordt verstaan de handeling waarbij:
[...]
2. de activa en de passiva van het vermogen van de overgenomen vennootschap als gevolg van ontbinding zonder liquidate in hun geheel overgaan op de overnemende vennootschap die alle aandelen in het kapitaal van de overgenomen vennootschap bezit of op een naamloze vennootschap die deze vennootschap geheel in handen heeft.'

6. In wet 1535/1992 op de inkomstenbelastingen [tuloverolaki (1535/1992)] van 30 december 1992 (hierna: 'inkomstenbelastingenwet') is de fiscale regeling voor de vennootschapsverliezen uitgewerkt.

7. In § 117 van deze wet is bepaald dat het verlies uit bedrijfsactiviteiten wordt afgetrokken van bedrijfsinkomen van de volgende jaren.

8. § 119, leden 1 en 2, van deze wet preciseren:

'Een tijdens een belastingjaar geleden verlies uit bedrijfs- en landbouwactiviteiten wordt gedurende de daarop volgende tien belastingjaren in aftrek gebracht op het resultaat uit bedrijfs- en landbouwactiviteiten voor zover inkomsten zijn gegenereerd [...]

Onder ,verlies uit bedrijfsactiviteiten' wordt verstaan een verlies bepaald overeenkomstig [wet 360/1968 op de belasting op inkomsten uit bedrijfsactiviteiten] [...]'.

9. § 123, lid 2, van deze wet bepaalt onder welke voorwaarden de overnemende vennootschap het verlies van de overgenomen vennootschap fiscaal kan overnemen.

'Bij een fusie van vennootschappen [...] heeft de overnemende vennootschap het recht het verlies van de overgenomen [...] vennootschap in aftrek te brengen van haar belastbare inkomsten, zoals geregeld in de §§ 119 en 120, voor zover de overnemende vennootschap, haar aandeelhouders of vennoten, dan wel de vennootschap en haar aandeelhouders of vennoten tezamen vanaf het begin van het verliesjaar meer dan de helft van de aandelen in de overgenomen [...] vennootschap in bezit hadden.'

Hoofdgeding en prejudiciële vragen

10. A is een Finse onderneming die gespecialiseerd is in de meubelhandel. A bezit in Zweden een 100 % dochteronderneming (hierna: 'B') die in Zweden een soortgelijke activiteit uitoefent in drie gehuurde winkelruimten. A zelf heeft in Zweden geen andere dochterondernemingen of filialen.

11. Toen B op haar handelsactiviteiten verlies leed, heeft zij haar drie verkooppunten gesloten, één in december 2007 en de overige twee in maart 2008. B was niet voornemens om haar handelsactiviteiten in Zweden voort te zetten, maar voor twee van haar winkelruimten bleef B gebonden aan langlopende huurcontracten. Tussen 2001 en 2007 liep haar verlies op tot 44,8 miljoen SEK.

12. Nadat B haar activiteiten had stopgezet, heeft A een fusie met deze dochter overwogen. Deze transactie zou economisch verantwoord zijn en het met name mogelijk maken om de huurcontracten van B aan A over te dragen. Bovendien zou de procedure transparant en gemakkelijk uitvoerbaar zijn, hetgeen de groepsstructuur zou vereenvoudigen.

13. Na deze transactie zouden alle resterende activa, passiva en verplichtingen van B overgaan op A en zou de moedermaatschappij niet langer in Zweden over een dochteronderneming of vaste inrichting beschikken.

14. A heeft de keskusverolautakunta verzocht om een prealabele uitspraak betreffende de vraag of zij na afronding van deze transactie het verlies van B zou kunnen aftrekken overeenkomstig § 123, lid 2, van de inkomstenbelastingenwet.

15. Bij prealabele uitspraak van 25 maart 2009 heeft de keskusverolautakunta negatief geantwoord op grond dat het verlies van B overeenkomstig de Zweedse belastingwetgeving was vastgesteld. Dat verlies kan dus niet binnen de werkingssfeer van § 119 van de inkomstenbelastingenwet vallen.

16. A heeft deze uitspraak aangevochten voor de Korkein hallinto-oikeus (administratief hooggerechtshof) door zich te beroepen op met name de vrijheid van vestiging.

17. De verwijzende rechter stelt vast dat een ingezeten vennootschap, wanneer zij een Finse vennootschap overneemt, het verlies van de overgenomen vennootschap fiscaal kan aftrekken onder de voorwaarden van §§ 119 en 123 van de inkomstenbelastingenwet, op voorwaarde dat de transactie niet uitsluitend is verricht om een fiscaal voordeel te verkrijgen.

18. Deze rechter benadrukt dat de Finse wet evenwel niet preciseert onder welke voorwaarden een verliesaftrek mogelijk is wanneer de overgenomen vennootschap in een andere lidstaat is gelegen.

19. Deze rechter vraagt zich dus af of de Finse wetgeving een beperking van de vrijheid van vestiging bevat en, zo ja, of deze beperking kan worden gerechtvaardigd om de door de Finse autoriteiten aangevoerde redenen van algemeen belang, die verband houden met de noodzaak voor de lidstaten om een evenwichtige verdeling van hun heffingsbevoegdheid te behouden en zich in te dekken tegen het gevaar van dubbele verliesverrekening en van belastingontwijking.

20. Daarop heeft de Korkein hallinto-oikeus de behandeling van de zaak geschorst en het Hof de volgende vragen gesteld:

> '1. Vereisen de artikelen 49 VWEU en 54 VWEU dat een overnemende vennootschap de verliezen van een in een andere lidstaat gevestigde, met haar gefuseerde vennootschap uit aldaar verrichte activiteiten in de jaren voorafgaand aan de fusie, fiscaal kan aftrekken, wanneer de overnemende vennootschap geen vaste inrichting behoudt in de vestigingsstaat van de overgenomen vennootschap en de overnemende vennootschap volgens de nationale wetgeving de verliezen van de overgenomen vennootschap alleen in aftrek mag brengen indien de overgenomen vennootschap een ingezeten vennootschap is of de verliezen zijn geleden door een in deze lidstaat gelegen vaste inrichting?
>
> 2. Zo ja, zijn de artikelen 49 VWEU en 54 VWEU van invloed op de vraag of het bedrag van het aftrekbare verlies moet worden berekend overeenkomstig de belastingwetgeving van de vestigingsstaat van de overnemende vennootschap dan wel of als aftrekbare verliezen moeten worden beschouwd de overeenkomstig het recht van de vestigingsstaat van de overgenomen vennootschap vastgestelde verliezen?'

Eerste vraag

21. Met zijn eerste vraag wenst de verwijzende rechter in wezen te vernemen of de artikelen 49 VWEU en 54 VWEU zich verzetten tegen een wettelijke regeling van een lidstaat volgens welke een ingezeten moedermaatschappij na een fusie met een op het grondgebied van een andere lidstaat gevestigde dochteronderneming het verlies dat deze dochteronderneming heeft geleden in aan de fusie voorafgaande belastingjaren, niet van haar belastbaar inkomen kan aftrekken terwijl deze aftrek volgens deze nationale wettelijke regeling wel mogelijk is bij een fusie met een ingezeten dochteronderneming.

22. Vooraf dient te worden vastgesteld dat richtlijn 2009/133 de overname van eventuele verliezen van de overgenomen vennootschap in een dergelijke situatie niet regelt.

23. Bovendien hebben de Duitse, de Finse, de Italiaanse regering en de regering van het Verenigd Koninkrijk aangevoerd dat de vrijheid van vestiging niet van toepassing is op de situatie die in het hoofdgeding aan de orde is, aangezien de overgenomen vennootschap haar bedrijfsactiviteiten vóór de fusie heeft stopgezet en deze herstructurering in feite was ingegeven door fiscale overwegingen daar een belastingvoordeel werd beoogd, bestaande in de aftrek van het verlies van de overgenomen dochteronderneming van het belastbaar inkomen van de overnemende moedermaatschappij.

24. Dienaangaande zij allereerst eraan herinnerd dat grensoverschrijdende fusies, evenals overige herstructureringen van vennootschappen, beantwoorden aan de behoeften aan samenwerking en reorganisatie van vennootschappen die in verschillende lidstaten zijn gevestigd. Zij vormen bijzondere wijzen van uitoefening van de vrijheid van vestiging, die belangrijk zijn voor de goede werking van de interne markt, en behoren dus tot de economische activiteiten waarvoor de lidstaten de in artikel 49 VWEU bedoelde vrijheid van vestiging moeten eerbiedigen (arrest van 13 december 2005, SEVIC Systems, C-411/03, *Jurispr.* blz. I-10805, punt 19).

25. Vervolgens dient te worden vastgesteld dat in de omstandigheden in het hoofdgeding A met de oprichting van een dochteronderneming B in Zweden gebruik heeft gemaakt van haar recht op vrije vestiging, zodat de artikelen 49 VWEU en 54 VWEU van toepassing zijn.

26. Ten slotte kan het feit dat een fusie uitsluitend door fiscale overwegingen is ingegeven en dat de betrokken vennootschappen op deze wijze in feite proberen op onaanvaardbare wijze hun nationale wetgeving te omzeilen, op zich alleen niet volstaan om deze bepalingen buiten toepassing te laten.

27. De vraag of deze artikelen van toepassing zijn, staat immers los van de vraag of een lidstaat maatregelen kan treffen om te verhinderen dat sommige van zijn onderdanen, door gebruik te maken van de door het Verdrag geboden mogelijkheden, trachten zich op onaanvaardbare wijze aan hun nationale wetgeving te onttrekken (zie in die zin arrest van 9 maart 1999, Centros, C-212/97, *Jurispr.* blz. I-1459, punt 18).

28. Gelet op al deze elementen moet worden aangenomen dat de vrijheid van vestiging op een situatie als die in het hoofdgeding van toepassing is.

Belemmering van de vrijheid van vestiging

29. Aangezien de vrijheid van vestiging in het hoofdgeding van toepassing is, moet worden verwijzen naar vaste rechtspraak volgens welke de directe belastingen weliswaar tot de bevoegdheid van de lidstaten behoren maar zij niettemin verplicht zijn, deze bevoegdheid met eerbiediging van het Unierecht uit te oefenen (zie met name arrest van 13 december 2005, Marks & Spencer, C-446/03, *Jurispr.* blz. I-10837, punt 29 en aldaar aangehaalde rechtspraak).

30. De vrijheid van vestiging, die in artikel 49 VWEU aan de Unieonderdanen wordt toegekend, brengt overeenkomstig artikel 54 VWEU voor de vennootschappen die in overeenstemming met de wetgeving van een lidstaat zijn opgericht en die hun statutaire zetel, hun hoofdbestuur of hun hoofdvestiging binnen de Unie hebben, het recht mee om in de betrokken lidstaat hun bedrijfsactiviteit uit te oefenen door middel van een dochteronderneming, een filiaal of een agentschap (zie met name arresten van 21 september 1999, Saint-Gobain ZN, C-307/97, *Jurispr.* blz. I-6161, punt 35, en 25 februari 2010, X Holding, C-337/08, *Jurispr.* blz. I-1215, punt 17).

31. De mogelijkheid waarover een ingezeten moedermaatschappij naar Fins recht beschikt om het verlies van een ingezeten dochteronderneming te verrekenen in geval van een fusie van deze twee vennootschappen, vormt voor de moedermaatschappij een belastingvoordeel.

32. Wanneer dat voordeel wegvalt in de verhouding tussen een ingezeten moedermaatschappij en haar in een andere lidstaat gevestigde dochteronderneming, kan dit de vestiging in laatstgenoemde staat minder aantrekkelijk maken en dus de moedermaatschappij ervan afhouden aldaar dochterondernemingen op te richten.

33. Een dergelijk verschil in behandeling is slechts verenigbaar met de bepalingen van het VWEU inzake de vrijheid van vestiging op voorwaarde dat het betrekking heeft op situaties die niet objectief vergelijkbaar zijn, of wordt gerechtvaardigd door een dwingende reden van algemeen belang (zie naar analogie arrest van 12 december 2006, Test Claimants in the FII Group Litigation, C-446/04, *Jurispr.* blz. I-11753, punt 167). In dit verband volgt uit de rechtspraak van het Hof dat de vergelijkbaarheid van een grensoverschrijdende situatie met een nationale situatie moet worden onderzocht op basis van het door de betrokken nationale bepalingen nagestreefde doel (zie naar analogie arrest van 18 juli 2007, Oy AA, C-231/05, *Jurispr.* blz. I-6373, punten 36-38).

34. Hoewel de woonplaats van de belastingplichtigen in het belastingrecht een rechtvaardigingsgrond kan zijn voor een verschil in behandeling tussen ingezeten en niet-ingezeten belastingplichtigen, is dit niet de regel. Wanneer de lidstaat van vestiging in alle gevallen een andere behandeling zou mogen toepassen alleen omdat de zetel

van een vennootschap in een andere lidstaat is gevestigd, zou daarmee aan artikel 49 VWEU elke inhoud worden ontnomen (arrest Marks & Spencer, reeds aangehaald, punt 37).

35. Uit het oogpunt van de doelstelling van de in het hoofdgeding aan de orde zijnde wettelijke belastingregeling, die de moedermaatschappij een belastingvoordeel beoogt toe te kennen, bestaande in de fiscale aftrekbaarheid van het verlies van de dochteronderneming, is de situatie van een ingezeten moedermaatschappij die met haar ingezeten dochteronderneming wil fuseren en daarbij de mogelijkheid wil hebben om het verlies van haar dochter fiscaal af te trekken, objectief vergelijkbaar met de situatie van een ingezeten moedermaatschappij die met een niet-ingezeten dochteronderneming wil fuseren.

36. De Duitse regering en de regering van het Verenigd Koninkrijk voeren echter aan dat de weigering van de fiscale verliesaftrek geen beperking van de vrijheid van vestiging vormt aangezien – zoals blijkt uit de vaststellingen van de verwijzende rechter in punt 17 van het onderhavige arrest – de aftrek van het belastbaar inkomen van het verlies van de overgenomen vennootschap in dezelfde omstandigheden ook zou zijn geweigerd wanneer de fusie zou zijn aangegaan met een ingezeten dochteronderneming, op grond dat de transactie uitsluitend met het oog op een belastingvoordeel was voltrokken.

37. Het is echter uitsluitend de taak van de nationale rechter om te oordelen of dat in het hoofdgeding het geval is. Zo ja, dan kan A zich namelijk niet beroepen op een verschil in behandeling tussen ingezeten en niet-ingezeten vennootschappen.

38. Doordat in de verwijzingsbeslissing geen bijkomende nadere gegevens te vinden zijn, moet het Hof zich in elk geval ook uitspreken over de vraag of, mocht de weigering van de verliesaftrek op een andere grond berusten, het verschil in behandeling ten aanzien van niet-ingezeten vennootschappen gerechtvaardigd is om een dwingende reden van algemeen belang.

39. Daartoe moet worden nagegaan of dat verschil in behandeling geschikt is om de nagestreefde doelstelling te verwezenlijken en niet verder gaat dan noodzakelijk is voor de verwezenlijking van dat doel (zie in die zin arrest Marks & Spencer, reeds aangehaald, punt 35).

Rechtvaardiging van de belemmering

40. De regeringen die opmerkingen bij het Hof hebben ingediend, zijn van mening dat het in het hoofdgeding aan de orde zijnde verschil in behandeling gerechtvaardigd is door de noodzaak om de verdeling van de heffingsbevoegdheid tussen de lidstaten te handhaven en het gevaar van dubbele verliesverrekening en van belastingontwijking tegen te gaan.

41. Ten eerste kan de noodzaak om een verdeling van de heffingsbevoegdheid tussen de lidstaten te handhaven als rechtvaardigingsgrond voor een verschil in behandeling worden aanvaard wanneer de onderzochte regeling ertoe strekt gedragingen te voorkomen die afbreuk kunnen doen aan het recht van een lidstaat om zijn belastingbevoegdheid uit te oefenen met betrekking tot activiteiten die op zijn grondgebied plaatsvinden (zie in die zin arrest van 29 maart 2007, Rewe Zentralfinanz, C-347/04, *Jurispr.* blz. I-2647, punt 42, en arrest Oy AA, reeds aangehaald, punt 54).

42. De handhaving van de verdeling van de heffingsbevoegdheid tussen de lidstaten kan het dus noodzakelijk maken, op de bedrijfsactiviteiten van de in een van deze lidstaten gevestigde vennootschappen zowel ter zake van winst als ter zake van verlies uitsluitend de fiscale regels van die lidstaat toe te passen (arrest Marks & Spencer, reeds aangehaald, punt 45).

43. Indien een vennootschap de mogelijkheid zou worden geboden, te opteren voor verrekening van haar verlies in de lidstaat waar ze gevestigd is dan wel in een andere lidstaat, zou een evenwichtige verdeling van de heffingsbevoegdheid tussen de lidstaten immers groot gevaar lopen (zie arrest Oy AA, reeds aangehaald, punt 55), aangezien de belastinggrondslag in beide staten zou worden gewijzigd ten belope van het bedrag van het overgedragen verlies.

44. Ten tweede doet het gevaar van dubbele verliesverrekening zich daadwerkelijk voor wanneer bij een fusie als die in het hoofdgeding de in een andere lidstaat gevestigde moedermaatschappij de mogelijkheid heeft om het verlies van de overgenomen dochteronderneming van haar belastbaar inkomen af te trekken. Dat gevaar verdwijnt wanneer deze mogelijkheid in een regel wordt uitgesloten (zie in die zin arrest Marks & Spencer, reeds aangehaald, punten 47 en 48).

45. Wat ten derde het gevaar van belastingontwijking betreft, houdt de mogelijkheid om bij een fusie het verlies van een niet-ingezeten dochteronderneming over te dragen aan een ingezeten vennootschap, het gevaar in dat deze vorm van herstructurering binnen een vennootschapsgroep zo wordt georganiseerd dat het verlies wordt verrekend in de lidstaten waar het belastingtarief het hoogst is en waar de fiscale waarde van een verlies dus het grootst is (zie in die zin arrest Marks & Spencer, reeds aangehaald, punt 49).

46. Gelet op deze rechtvaardigingsgronden, in hun onderling verband beschouwd, moet worden aangenomen dat een wettelijke regeling van een lidstaat volgens welke een in deze lidstaat gevestigde moedermaatschappij bij een fusie als die in het hoofdgeding, niet de mogelijkheid heeft om het verlies van de in een andere lidstaat gevestigde overgenomen dochteronderneming van haar belastbaar inkomen af te trekken, rechtmatige doelstellingen nastreeft, die verenigbaar met het Verdrag zijn en verband houden met dwingende redenen van algemeen belang, en bovendien geschikt is om de verwezenlijking van deze doelstellingen te waarborgen (zie in die zin met name arrest Marks & Spencer, reeds aangehaald, punt 51).

47. Niettemin moet nog worden onderzocht of een dergelijke wettelijke regeling verder gaat dan noodzakelijk is om de nagestreefde doelstellingen te bereiken (zie in die zin met name arrest Marks & Spencer, reeds aangehaald, punt 53).

48. Met betrekking tot de evenredigheid van de belemmering van de vrijheid van vestiging zij opgemerkt dat het feit dat de moedermaatschappij de mogelijkheid krijgt om bij een grensoverschrijdende fusie het verlies van haar niet-ingezeten dochteronderneming te verrekenen, a priori niet tot gevolg heeft dat de moedermaatschappij van jaar tot jaar vrij kan kiezen welke belastingregeling op het verlies van haar dochteronderneming van toepassing is.

49. Bovendien blijkt uit de rechtspraak van het Hof dat een beperkende maatregel als die in het hoofdgeding verder gaat dan nodig is voor het bereiken van de belangrijkste nagestreefde doelstellingen in een situatie waarin de niet-ingezeten dochteronderneming de in haar vestigingsstaat bestaande mogelijkheden tot verliesverrekening heeft uitgeput (zie in die zin arrest Marks & Spencer, reeds aangehaald, punt 55). Het staat aan de moedermaatschappij om aan te tonen dat dit het geval is (zie in die zin arrest Marks & Spencer, reeds aangehaald, punt 56).

50. In het hoofdgeding blijkt uit de gegevens van het aan het Hof overgelegde dossier weliswaar dat naar Zweeds recht de mogelijkheid bestaat om bij de berekening van de belastbare grondslag het verlies van een belastingplichtige in daaropvolgende belastingjaren in aanmerking te nemen.

51. A heeft evenwel aangevoerd dat na afronding van de fusie B zal worden vereffend en zij in Zweden geen dochteronderneming of vaste inrichting meer zal hebben. Geen van beide vennootschappen blijkt dus de mogelijkheid te hebben om in Zweden na de fusie het verlies dat B in deze lidstaat vóór de fusie heeft geleden, te verrekenen.

52. Toch kunnen deze specifieke omstandigheden op zich alleen niet aantonen dat er geen enkele mogelijkheid bestaat tot verrekening van het verlies dat de dochteronderneming in haar lidstaat van vestiging heeft geleden.

53. Zo zijn verschillende lidstaten die in de procedure hebben geïntervenieerd, daarentegen van mening dat het mogelijk blijft het verlies van B in Zweden te verrekenen. De Duitse regering voert aan dat dit verlies kan worden afgetrokken van de – weliswaar geringe – inkomsten die B in Zweden blijft ontvangen. Daarenboven is deze vennootschap nog steeds partij bij huurovereenkomsten die kunnen worden overgedragen. De Franse regering betoogt bovendien dat het naar Zweeds recht voor vennootschappen mogelijk is verliezen op vorige belastingjaren of bij de belasting van meerwaarden op activa en passiva van de overgenomen vennootschap te verrekenen. Volgens de Italiaanse regering heeft Zweden het recht de overgedragen goederen te schatten en de aldus geboekte winst bij de overgenomen vennootschap te belasten.

54. Het staat derhalve aan de nationale rechter om te bepalen of A daadwerkelijk heeft bewezen dat B alle mogelijkheden tot verrekening van het in Zweden geleden verlies heeft uitgeput.

55. Mocht de verwijzende rechter tot de conclusie komen dat dit bewijs is geleverd, dan is het in strijd met de artikelen 49 VWEU en 54 VWEU om A de mogelijkheid te ontzeggen het verlies van haar niet-ingezeten dochteronderneming in het kader van de in het hoofdgeding aan de orde zijnde fusie af te trekken van haar belastbaar inkomen in haar lidstaat van vestiging.

56. Gelet op het voorgaande dient op de eerste vraag te worden geantwoord dat de artikelen 49 VWEU en 54 VWEU zich in de omstandigheden van het hoofdgeding niet verzetten tegen een nationale wettelijke regeling volgens welke het voor een moedermaatschappij die fuseert met een in een andere lidstaat gevestigde dochteronderneming die haar activiteit heft stopgezet, niet mogelijk is om het verlies dat deze dochteronderneming in belastingjaren vóór de fusie heeft geleden, van haar belastbaar inkomen af te trekken, terwijl deze aftrekmogelijkheid volgens deze nationale wettelijke regeling wel bestaat wanneer de fusie met een ingezeten dochteronderneming wordt aangegaan. Een dergelijke nationale wettelijke regeling is niettemin onverenigbaar met het recht van de Unie wanneer de moedermaatschappij de mogelijkheid wordt ontzegd om aan te tonen dat haar niet-ingezeten dochteronderneming alle mogelijkheden tot verrekening van dat verlies heeft uitgeput, en dat zijzelf noch een derde dat verlies in haar lidstaat van vestiging kan verrekenen in toekomstige belastingjaren.

Tweede vraag

57. Met zijn tweede prejudiciële vraag verzoekt de verwijzende rechter het Hof te preciseren of, ingeval de toepassing van het Unierecht de moedermaatschappij toestaat het verlies van haar niet-ingezeten dochteronderneming bij een fusie als die in het hoofdgeding te verrekenen, dat verlies moet worden bepaald volgens de regels

van het recht van de lidstaat van vestiging van de moedermaatschappij dan wel volgens de regels van het recht van de vestigingstaat van de dochteronderneming.

58. Allereerst dient te worden vastgesteld dat bij de huidige stand van het Unierecht de vrijheid van vestiging in beginsel niet impliceert dat het verlies van de door de moedermaatschappij overgenomen dochteronderneming volgens een bepaalde wet wordt berekend bij een transactie als die in het hoofdgeding.

59. Het recht van de Unie staat daarentegen eraan in de weg dat deze berekeningsmethode een belemmering van de vrijheid van vestiging kan opleveren. Daaruit volgt dat deze verliesberekening in de regel niet mag leiden tot een verschil in behandeling, vergeleken met de berekening die, in hetzelfde geval, zou worden gemaakt voor de overname van het verlies van een ingezeten dochteronderneming.

60. Deze kwestie kan evenwel niet op abstracte en hypothetische wijze worden benaderd, maar moet in voorkomend geval van geval tot geval worden onderzocht.

61. Derhalve dient op de tweede vraag te worden geantwoord dat de regels voor de berekening van het verlies van de niet-ingezeten dochteronderneming met het oog op overname van dat verlies door de ingezeten moedermaatschappij bij een transactie als die in het hoofdgeding, niet mogen leiden tot een ongelijke behandeling, vergeleken met de berekeningsregels die van toepassing zouden zijn wanneer deze fusie met een ingezeten dochteronderneming zou zijn aangegaan.

Kosten

62. …

HET HOF (Vierde kamer)

verklaart voor recht:

1. De artikelen 49 VWEU en 54 VWEU verzetten zich in de omstandigheden van het hoofdgeding niet tegen een nationale wettelijke regeling volgens welke het voor een moedermaatschappij die fuseert met een in een andere lidstaat gevestigde dochteronderneming die haar activiteit heeft stopgezet, niet mogelijk is om het verlies dat deze dochteronderneming in de belastingjaren vóór de fusie heeft geleden, van haar belastbaar inkomen af te trekken, terwijl deze aftrekmogelijkheid volgens deze nationale wettelijke regeling wel bestaat wanneer de fusie met een ingezeten dochteronderneming wordt aangegaan. Een dergelijke nationale wettelijke regeling is niettemin onverenigbaar met het recht van de Unie wanneer de moedermaatschappij de mogelijkheid wordt ontzegd om aan te tonen dat haar niet-ingezeten dochteronderneming alle mogelijkheden tot verrekening van dat verlies heeft uitgeput, en dat zijzelf noch een derde dat verlies in haar lidstaat van vestiging kan verrekenen in toekomstige belastingjaren.

2. De regels voor de berekening van het verlies van de niet-ingezeten dochteronderneming met het oog op overname van dat verlies door de ingezeten moedermaatschappij bij een transactie als die in het hoofdgeding, mogen niet leiden tot een ongelijke behandeling, vergeleken met de berekeningsregels die van toepassing zouden zijn wanneer deze fusie met een ingezeten dochteronderneming zou zijn aangegaan.

HvJ EU 28 februari 2013, zaak C-168/11 (Manfred Beker, Christa Beker v. Finanzamt Heilbronn)

Tweede kamer: *A. Rosas (rapporteur), waarnemend voor de president van de Tweede kamer, U. Lõhmus, A. Ó Caoimh, A. Arabadjiev en C. G. Fernlund, rechters*

Advocaat-generaal: *P. Mengozzi*

1. Het verzoek om een prejudiciële beslissing betreft de uitlegging van artikel 63 VWEU.

2. Dit verzoek is ingediend in het kader van een geding tussen Manfred en Christina Beker enerzijds en het Finanzamt Heilbronn anderzijds over de berekening, in het kader van de toepassing van bilaterale verdragen ter voorkoming van dubbele belasting, van de buitenlandse bronbelasting die maximaal kan worden verrekend met de volgens het tarief verschuldigde belasting over het aan een onbeperkte belastingplicht onderworpen inkomen.

Toepasselijke bepalingen

De verdragen ter voorkoming van dubbele belasting

3. De vraag of de Bondsrepubliek Duitsland belasting mag heffen over inkomen uit buitenlandse bron, en zo ja, of daarbij rekening moet worden gehouden met de buitenlandse bronbelasting, wordt, voor zover in het hoofdgeding van belang, beheerst door de verdragen ter voorkoming van dubbele belasting tussen de Bondsrepubliek Duitsland en de Franse Republiek (verdrag van 21 juli 1959, zoals gewijzigd), het Groothertogdom Luxemburg (verdrag van 23 augustus 1958, zoals gewijzigd), het Koninkrijk der Nederlanden (verdrag van 16 juni 1959), de Zwitserse Bondsstaat (verdrag van 11 augustus 1971), de Verenigde Staten van Amerika (verdrag van 29 augustus 1989, zoals gewijzigd) en Japan (verdrag van 22 april 1966).

4. Wanneer een in Duitsland onbeperkt belastingplichtige voor de inkomstenbelasting in een andere staat inkomsten uit vermogen verkrijgt, houdt deze laatste staat uit hoofde van deze verdragen ter voorkoming van dubbele belasting aan de bron belasting in. De overeenkomstig deze verdragen geheven bronbelasting kan worden verrekend met de in Duitsland verschuldigde inkomstenbelasting. Met betrekking tot de wijze van verrekening verwijzen de verdragen die de Bondsrepubliek Duitsland heeft gesloten met de Franse Republiek, de Zwitserse Bondsstaat, de Verenigde Staten van Amerika en Japan naar het Duitse belastingrecht.

Duits recht

5. Krachtens § 1 van het Einkommensteuergesetz (Duitse wet op de inkomstenbelasting), in de versie van het Jahressteuergesetz 2007 (belastingwet 2007) van 13 december 2006 (*BGBl.* 2006, blz. 2878; hierna: 'EStG'), die van toepassing is op het belastingjaar 2007, zijn natuurlijke personen met woonplaats in Duitsland onbeperkt belastingplichtig in die lidstaat.

6. § 2 EStG bepaalt:

> '1. Aan de inkomstenbelasting zijn onderworpen:
> [...]
> 5. inkomsten uit vermogen;
> [...]
> die de belastingplichtige verkrijgt tijdens zijn onbeperkte inkomstenbelastingplicht of als binnenlands inkomen tijdens zijn beperkte inkomstenbelastingplicht. Tot welke categorie de inkomsten behoren, wordt overeenkomstig de §§ 13 tot en met 24 bepaald.
> 2. Inkomsten zijn:
> 1. winst uit land- en bosbouw, handel, nijverheid en ambacht, en uit eigen bedrijf (§§ 4 tot en met 7k);
> 2. bij andere bronnen, het positieve saldo dat overblijft nadat de beroepskosten van de opbrengsten zijn afgetrokken (§§ 8 tot en met 9a).
> 3. De som van de inkomsten, verminderd met de evenredige aftrekpost voor gepensioneerde ouderen, de aftrekpost voor alleenstaande ouders en de in § 13, lid 3, bedoelde korting, vormt het totaalbedrag aan inkomsten.
> 4. Het totaalbedrag aan inkomsten, verminderd met de bijzondere uitgaven en buitengewone lasten, vormt het inkomen.
> 5. Het inkomen, verminderd met de in § 32, lid 6, bedoelde vrijgestelde bedragen en de andere aftrekposten, vormt het belastbaar inkomen; dat vormt de heffingsgrondslag voor de toepassing van het tarief van de inkomstenbelasting. Als andere wetten aanknopen bij het begrip belastbaar inkomen, moeten voor de toepassing daarvan in alle in § 32 bedoelde gevallen de vrijgestelde bedragen overeenkomstig § 32, lid 6, op het inkomen in mindering worden gebracht [...]'

7. § 34c, lid 1, EStG luidt:

'In geval van onbeperkt belastingplichtigen van wie over de buitenlandse inkomsten in de bronstaat belastingen zijn geheven die overeenkomen met de Duitse inkomstenbelasting, wordt de in het buitenland vastgestelde, betaalde en met een heffingskorting verminderde belasting verrekend met de Duitse inkomstenbelasting over de in die staat genoten inkomsten. De Duitse belasting over die buitenlandse inkomsten wordt berekend door de overeenkomstig de §§ 32a, 32b, 32c, 34 en 34b verschuldigde Duitse inkomstenbelasting over het belastbare inkomen, met inbegrip van de buitenlandse inkomsten, op te splitsen naar evenredigheid van deze buitenlandse inkomsten en de som van alle inkomsten. Bij de berekening van de inkomsten uit buitenlandse bron wordt geen rekening gehouden met de inkomsten die in de bronstaat krachtens het nationale recht niet worden belast. [...] Buitenlandse belastingen kunnen slechts worden verrekend voor zover ze drukken op inkomsten die zijn verkregen tijdens het belastingtijdvak.'

8. § 34c, lid 2, EStG bepaalt:

'In plaats van verrekening (lid 1) wordt de buitenlandse belasting op verzoek bij de berekening van de inkomsten daarop in mindering gebracht, voor zover zij drukt op inkomsten uit buitenlandse bron die niet van belasting zijn vrijgesteld.'

Aan het hoofdgeding ten grondslag liggende feiten en prejudiciële vraag

9. Verzoekers in het hoofdgeding zijn, als echtgenoten, in Duitsland gezamenlijk voor de inkomstenbelasting aangeslagen over hun gehele wereldinkomen. In het litigieuze belastingjaar 2007 hebben zij naast hun inkomsten uit Duitse bron kapitaalopbrengsten verkregen uit minderheidsparticipaties in uiteenlopende kapitaalvennootschappen die zijn gevestigd in andere lidstaten, te weten de Franse Republiek, het Groothertogdom Luxemburg en het Koninkrijk der Nederlanden, of in derde landen, te weten de Zwitserse Bondsstaat, de Verenigde Staten van Amerika en Japan. Uit hoofde van die participaties hebben verzoekers dividenden ontvangen ten belope van 24 111,29 EUR. Over deze dividenden is in de verschillende bronstaten in totaal 2 853,02 EUR buitenlandse belasting betaald.

10. Uit hoofde van de verdragen ter voorkoming van dubbele belasting tussen de Bondsrepubliek Duitsland en de bronstaten van deze dividenden staat het die lidstaat vrij, als woonstaat van de verzoekers in het hoofdgeding, een belasting te heffen over dividenden uit buitenlandse bron. Om juridische dubbele belasting te voorkomen, wordt de in het buitenland ingehouden bronbelasting verrekend met de volgens het tarief verschuldigde belasting tot ten hoogste het beloop van de Duitse belasting die op de betrokken inkomsten drukt.

11. § 34c, lid 1, tweede volzin, EStG (hierna: 'litigieuze regeling') bepaalt dat een bepaald maximum van de in het buitenland ingehouden bronbelasting kan worden verrekend met de volgens het tarief verschuldigde inkomstenbelasting die de belastingplichtige dient te betalen over het aan een onbeperkte belastingplicht onderworpen inkomen. Dit maximaal te verrekenen bedrag wordt berekend door het bedrag van de volgens het tarief verschuldigde belasting te vermenigvuldigen met de verhouding tussen de buitenlandse inkomsten en de som van alle inkomsten. Bij deze som wordt echter geen rekening gehouden met de bijzondere uitgaven en buitengewone lasten als kosten in de privésfeer of kosten ingevolge de persoonlijke situatie, terwijl deze uitgaven wel in aanmerking worden genomen bij de berekening van de volgens het tarief verschuldigde inkomstenbelasting.

12. Het bedrag aan Duitse inkomstenbelasting dat drukt op de buitenlandse inkomsten (maximaal te verrekenen buitenlandse belasting) wordt volgens de litigieuze regeling berekend door de volgens tarief verschuldigde inkomstenbelasting te vermenigvuldigen met de verhouding (breuk) tussen de buitenlandse inkomsten en de som van alle inkomsten van de belastingplichtige:

"PLAATJE" INVOEGEN

13. In casu heeft het Finanzamt Heilbronn de maximaal te verrekenen bronbelasting berekend op 1 282 EUR en dit bedrag verrekend met de inkomstenbelasting die verzoekers in het hoofdgeding volgens tarief verschuldigd waren.

14. Verzoekers in het hoofdgeding hebben voor het Finanzgericht Baden-Württemberg wijziging van hun belastingaanslag en verlaging van hun inkomstenbelasting over het litigieuze belastingjaar met 1 200 EUR gevorderd, op grond dat de Duitse autoriteiten hun berekening van het maximaal te verrekenen bedrag hebben gebaseerd op de som van de inkomsten zonder de algemene aftrekposten voor bijzondere uitgaven en buitengewone lasten als kosten in de privésfeer of kosten ingevolge de persoonlijke of gezinssituatie daarop in mindering te brengen.

15. Aangezien hun beroep tegen deze belastingaanslag was verworpen, hebben verzoekers in het hoofdgeding beroep in 'Revision' ingesteld bij het Bundesfinanzhof.

16. Aangezien het Bundesfinanzhof twijfelde of de methode voor de berekening van het maximaal te verrekenen bedrag in de litigieuze regeling verenigbaar is met het recht van de Unie, heeft het de behandeling van de zaak geschorst en het Hof de volgende prejudiciële vraag gesteld:

'Staat artikel [63 VWEU] in de weg aan de regeling van een lidstaat, op grond waarvan de buitenlandse belasting – in overeenstemming met bilaterale verdragen ter voorkoming van dubbele belasting – in het geval van onbeperkt belastingplichtigen van wie de buitenlandse inkomsten in de bronstaat worden onderworpen aan een met de binnenlandse inkomstenbelasting overeenstemmende belasting, aldus met de binnenlandse inkomstenbelasting op de inkomsten uit die staat wordt verrekend, dat de binnenlandse inkomstenbelasting berekend over het belastbare inkomen – met inbegrip van het buitenlandse aandeel – wordt opgesplitst naar evenredigheid van deze buitenlandse inkomsten en de som van de inkomsten, en dus zonder rekening te houden met bijzondere uitgaven en buitengewone lasten als kosten in de privésfeer of kosten ingevolge de persoonlijke of gezinssituatie?'

Beantwoording van de prejudiciële vraag

17. Met zijn vraag wenst de verwijzende rechter in wezen te vernemen of artikel 63 VWEU aldus moet worden uitgelegd dat het in de weg staat aan een regeling van een lidstaat, op grond waarvan de buitenlandse belasting – in het kader van een stelsel ter voorkoming van dubbele belasting – in het geval van onbeperkt belastingplichtigen van wie de buitenlandse inkomsten in de bronstaat worden onderworpen aan een met de door die lidstaat geheven inkomstenbelasting overeenstemmende belasting, aldus met de inkomstenbelasting in die lidstaat wordt verrekend, dat de verschuldigde inkomstenbelasting over het in die lidstaat belastbare inkomen – met inbegrip van de buitenlandse inkomsten – wordt vermenigvuldigd met de verhouding tussen deze buitenlandse inkomsten en de som van alle inkomsten, zonder bij deze som rekening te houden met bijzondere uitgaven en buitengewone lasten als kosten in de privésfeer of kosten ingevolge de persoonlijke of gezinssituatie.

Inleidende opmerking

18. Verzoekers in het hoofdgeding wijzen erop dat de verwijzingsbeslissing afwijkt van het voorwerp van hun vordering, die strekte tot verrekening van de in het buitenland ingehouden bronbelasting met de Duitse inkomstenbelasting voor zover deze hoger is doordat inkomsten uit buitenlandse bron in aanmerking zijn genomen. De verwijzingsbeslissing neemt niet hun gehele klacht over in die zin dat zij niet ziet op de vrijgestelde bedragen en tariefkortingen van de eerste belastingschijf waarvan alle belastingplichtigen profiteren, maar enkel op de 'bijzondere uitgaven en buitengewone lasten als kosten in de privésfeer of kosten ingevolge de persoonlijke of gezinssituatie'. Als het Hof enkel de voorgelegde prejudiciële vraag bevestigend zou beantwoorden en de procedure werd voortgezet binnen dat beperkte kader, zou de berekening van het aandeel van de buitenlandse inkomsten geen betrekking hebben op de som van de inkomsten, conform de benadering van het Finanzamt Heilbronn, maar op het berekende belastbaar inkomen.

19. Dienaangaande volstaat het eraan te herinneren dat er volgens vaste rechtspraak een vermoeden van relevantie rust op de vragen betreffende de uitlegging van het Unierecht die de nationale rechter heeft gesteld binnen het onder zijn eigen verantwoordelijkheid geschetste wettelijke en feitelijke kader, ten aanzien waarvan het niet aan het Hof is de juistheid te onderzoeken. Het Hof kan slechts weigeren uitspraak te doen over een vraag van een nationale rechter, wanneer duidelijk blijkt dat de gevraagde uitlegging van het Unierecht geen enkel verband houdt met een reëel geschil of met het voorwerp van het hoofdgeding, wanneer het vraagstuk van hypothetische aard is, of wanneer het Hof niet beschikt over de gegevens, feitelijk en rechtens, die noodzakelijk zijn om een nuttig antwoord te geven op de gestelde vragen (zie met name arresten van 22 juni 2010, Melki en Abdeli, C-188/10 en C-189/10, *Jurispr.* blz. I-5667, punt 27, en 28 februari 2012, Inter-Environnement Wallonie en Terre wallonne, C-41/11, nog niet gepubliceerd in de *Jurisprudentie*, punt 35).

20. In casu vallen de vragen van de verwijzende rechter niet kennelijk in een van deze categorieën. Integendeel, zoals blijkt uit punt 20 van de conclusie van de advocaat-generaal geeft de verwijzende rechter aan het einde van zijn verwijzingsbeslissing aan dat de vordering die verzoekers aan hem hebben voorgelegd, uitdrukkelijk beperkt is tot het verschil met het bedrag dat resulteert indien de fiscaal aftrekbare kosten in de privésfeer in mindering worden gebracht bij de berekening van het maximaal te verrekenen bedrag, en dat hij krachtens de nationale procedurevoorschriften niet buiten het voorwerp van het geding kan treden.

21. Onder die omstandigheden behoeft de prejudiciële vraag niet opnieuw te worden geformuleerd.

De vrijheid in geding

22. De betrokkenen die opmerkingen bij het Hof hebben ingediend, zijn het erover eens dat het vrij verkeer van kapitaal, neergelegd in artikel 63 VWEU, de vrijheid is die in het hoofdgeding aan de orde is.

23. In dit verband zij eraan herinnerd dat de fiscale behandeling van dividenden zowel onder artikel 49 VWEU, betreffende de vrijheid van vestiging, als onder artikel 63 VWEU, betreffende het vrij verkeer van kapitaal, kan vallen (arresten van 10 februari 2011, Haribo Lakritzen Hans Riegel en Österreichische Salinen, C-436/08 en C-437/08, *Jurispr.* blz. I-305, punt 33, en 13 november 2012, Test Claimants in the FII Group Litigation, C-35/11, nog niet gepubliceerd in de *Jurisprudentie*, punt 89).

24. Met betrekking tot de vraag of een nationale wettelijke regeling onder de ene of de andere vrijheid van verkeer valt, blijkt uit vaste rechtspraak dat rekening dient te worden gehouden met het voorwerp van de wettelijke regeling in kwestie (arrest Test Claimants in the FII Group Litigation, reeds aangehaald, punt 90 en aldaar aangehaalde rechtspraak).

25. Een nationale wettelijke regeling die alleen van toepassing is op participaties waarmee een zodanige invloed op de besluiten van een vennootschap kan worden uitgeoefend dat de activiteiten ervan kunnen worden bepaald, valt onder artikel 49 VWEU inzake de vrijheid van vestiging (arrest Test Claimants in the FII Group Litigation, punt 91 en aldaar aangehaalde rechtspraak).

26. Nationale bepalingen die van toepassing zijn op participaties die enkel als belegging worden genomen zonder dat het de bedoeling is invloed op het bestuur en de zeggenschap van de onderneming uit te oefenen, moeten daarentegen uitsluitend aan het beginsel van het vrije verkeer van kapitaal worden getoetst (arrest Test Claimants in the FII Group Litigation, punt 92 en aldaar aangehaalde rechtspraak).

27. In casu is de litigieuze regeling van toepassing ongeacht de omvang van de participatie die in een vennootschap wordt aangehouden. Voor zover deze regeling ziet op dividenden die uit een lidstaat afkomstig zijn, maakt het voorwerp van deze regeling het dus niet mogelijk uit te maken of zij overwegend onder artikel 49 VWEU dan wel onder artikel 63 VWEU valt (zie in die zin arrest Test Claimants in the FII Group Litigation, punt 93).

28. In een dergelijk geval houdt het Hof rekening met de feitelijke gegevens van het concrete geval om uit te maken of de situatie waarop het hoofdgeding betrekking heeft, onder de ene of de andere van deze bepalingen valt (arrest Test Claimants in the FII Group Litigation, punt 94 en aldaar aangehaalde rechtspraak).

29. In casu moet worden vastgesteld dat het hoofdgeding betrekking heeft op de belasting in Duitsland van dividenden die zijn ontvangen door natuurlijke personen met woonplaats in die lidstaat, afkomstig van participaties in kapitaalvennootschappen met een zetel in een andere lidstaat of in een derde staat, die een aandeel van 10 % in het kapitaal van deze vennootschappen niet overstijgen. Participaties van een dergelijke omvang bieden niet de mogelijkheid om een zodanige invloed op de besluiten van de betrokken vennootschappen uit te oefenen dat de activiteiten ervan kunnen worden bepaald.

30. Het Hof heeft tevens geoordeeld dat een nationale regeling betreffende de fiscale behandeling van uit een derde land afkomstige dividenden die niet uitsluitend van toepassing is op situaties waarin de moedermaatschappij een beslissende invloed op de uitkerende vennootschap uitoefent, aan artikel 63 VWEU moet worden getoetst (arrest Test Claimants in the FII Group Litigation, punt 99).

31. Uit het voorgaande volgt dat een regeling als de litigieuze regeling enkel moet worden onderzocht in het licht van het vrij verkeer van kapitaal, dat is neergelegd in artikel 63 VWEU en waarop de vraag van de verwijzende rechter betrekking heeft.

Bestaan van een beperking van het vrij verkeer van kapitaal

32. Volgens vaste rechtspraak blijven de lidstaten bij gebreke van unificatie- of harmonisatiemaatregelen door de Europese Unie bevoegd om de criteria voor de belasting van inkomsten en vermogen vast te stellen teneinde, in voorkomend geval door het sluiten van een overeenkomst, dubbele belastingen te voorkomen. Daarbij staat het de lidstaten vrij om in het kader van bilaterale verdragen ter voorkoming van dubbele belasting de aanknopingsfactoren ter verdeling van de heffingsbevoegdheid vast te stellen (zie met name arresten van 21 september 1999, Saint-Gobain ZN, C-307/97, *Jurispr.* blz. I-6161, punt 57; 12 december 2002, De Groot, C-385/00, *Jurispr.* blz. I-11819, punt 93; 19 januari 2006, Bouanich, C-265/04, *Jurispr.* blz. I-923, punt 49, en 16 oktober 2008, Renneberg, C-527/06, *Jurispr.* blz. I-7735, punt 48).

33. Deze verdeling van de heffingsbevoegdheid betekent echter niet dat de lidstaten maatregelen mogen treffen die in strijd zijn met de door het VWEU gewaarborgde vrijheden van verkeer (arrest Renneberg, reeds aangehaald, punt 50).

34. Bij de uitoefening van de in bilaterale verdragen ter voorkoming van dubbele belasting aldus verdeelde heffingsbevoegdheid dienen de lidstaten zich te houden aan de regels van Unierecht (zie de aangehaalde arresten De Groot, punt 94, en Renneberg, punt 51).

35. Uit vaste rechtspraak van het Hof volgt eveneens dat de maatregelen die ingevolge artikel 63, lid 1, VWEU verboden zijn op grond dat zij het kapitaalverkeer beperken, mede de maatregelen omvatten die niet-ingezetenen ervan doen afzien om in een lidstaat investeringen te doen, of ingezetenen van deze lidstaat ontmoedigen in andere staten investeringen te doen (arresten van 25 januari 2007, Festersen, C-370/05, *Jurispr.* blz. I-1129, punt 24, en 18 december 2007, A, C-101/05, *Jurispr.* blz. I-11531, punt 40; arrest Haribo Lakritzen Hans Riegel en Österreichische Salinen, reeds aangehaald, punt 50).

36. In casu moet worden vastgesteld dat de methode voor de berekening van de maximaal te verrekenen buitenlandse bronbelasting die in de litigieuze regeling is neergelegd, niet ten volle rekening houdt met de uitgaven in de privésfeer en de kosten ingevolge de persoonlijke en gezinssituatie van de belastingplichtige.

37. De hoogte van dit maximaal te verrekenen bedrag wordt namelijk, overeenkomstig de litigieuze regeling, berekend aan de hand van een formule waarin de volgens het tarief verschuldigde inkomstenbelasting (de belasting die de belastingplichtige had moeten betalen als hij zijn gehele inkomen in Duitsland had gevormd) wordt vermenigvuldigd met een breuk waarvan de teller wordt gevormd door de buitenlandse inkomsten en de noemer door de som van alle inkomsten.

38. Het totale belastbare inkomen op basis waarvan de inkomstenbelasting volgens het tarief wordt berekend, die het eerste deel van de formule vormt, wordt berekend door alle aftrekposten die de Duitse regeling toestaat, onder meer de uitgaven in de privésfeer en ingevolge de persoonlijke en gezinssituatie van de belastingplichtige, op de som van alle inkomsten in mindering te brengen, ongeacht waar deze inkomsten zijn verkregen. Op de som van alle inkomsten in de noemer van de breuk in het tweede deel van de formule worden deze uitgaven echter niet in mindering gebracht.

39. In dat verband moet er vooraf op worden gewezen dat het gebruik van de som van alle inkomsten in plaats van het belastbare inkomen in de noemer van de breuk in het tweede deel van de formule, ertoe leidt dat het maximaal te verrekenen bedrag waarvan de belastingplichtige kan profiteren, lager uitvalt.

40. Zoals de advocaat-generaal in de punten 34 en 35 van zijn conclusie heeft opgemerkt, lijkt de achtergrond van de litigieuze regeling te zijn dat de ingezeten belastingplichtige volledig profiteert van de aftrekposten ingevolge de persoonlijke of gezinssituatie indien al zijn inkomsten in Duitsland zijn genoten, terwijl dat niet het geval is als een deel van zijn inkomsten in het buitenland is genoten.

41. Op vergelijkbare wijze als in het aangehaalde arrest De Groot worden bij een regeling van een lidstaat als de litigieuze regeling de aftrekposten voor bijzondere uitgaven en buitengewone lasten als uitgaven in de privésfeer of kosten ingevolge de persoonlijke of gezinssituatie weliswaar in aanmerking genomen om de fictieve belasting over het gehele inkomen van belastingplichtigen te berekenen, maar een dergelijke regeling leidt er in de praktijk toe dat ingezeten belastingplichtigen die een deel van hun inkomsten in het buitenland hebben genoten, slechts dat deel van de aftrekposten voor bijzondere uitgaven en buitengewone lasten wordt toegekend dat overeenkomt met het aandeel van hun inkomsten die zij in hun woonstaat hebben genoten.

42. De woonstaat neemt bij de berekening van de inkomstenbelasting van dergelijke belastingplichtingen dus een deel van deze aftrekposten niet in aanmerking.

43. Onder meer uit punt 90 van het arrest De Groot blijkt dat het in beginsel de woonstaat is die de belastingplichtige alle aan zijn persoonlijke en gezinssituatie verbonden fiscale voordelen moet toekennen, omdat deze staat de persoonlijke draagkracht van de belastingplichtige het best kan beoordelen, aangezien hij daar het centrum van zijn persoonlijke en vermogensrechtelijke belangen heeft.

44. Uit dit arrest blijkt eveneens dat de verplichting om de persoonlijke en gezinssituatie in aanmerking te nemen, slechts op de staat van herkomst van de inkomsten rust wanneer de belastingplichtige zijn belastbaar inkomen geheel of nagenoeg geheel aldaar ontvangt en in de woonstaat geen inkomen van betekenis verwerft, zodat deze laatste hem niet de voordelen kan toekennen die uit de inaanmerkingneming van zijn persoonlijke en gezinssituatie voortvloeien (zie in die zin arrest de Groot, reeds aangehaald, punt 89).

45. De beginselen die in dit arrest zijn neergelegd, lijken volledig toepasbaar in deze zaak, hoewel dat arrest betrekking heeft op het vrij verkeer van werknemers en de feiten in het hoofdgeding van die zaak op bepaalde punten afwijken van de situatie van verzoekers in het hoofdgeding.

46. Het is van belang er, met de advocaat-generaal in punt 44 van zijn conclusie, op te wijzen dat in dat verband niet relevant is dat de regeling die in het arrest De Groot aan de orde was, gebruikmaakte van de vrijstellingsmethode om dubbele belasting te voorkomen, en niet van de verrekeningsmethode, zoals de litigieuze regeling.

47. Het Hof had zich in zijn onderzoek van die zaak voornamelijk gericht op de formule die in de betrokken regeling werd toegepast voor de berekening van de vrijstelling die de ingezeten belastingplichtige moest worden toegekend voor inkomsten die hij had genoten en die waren belast in de verschillende lidstaten waar hij had gewerkt, en op het concrete gevolg van die formule. Dat was namelijk, net als in het hoofdgeding van de onderhavige zaak, dat de belastingplichtige slechts profijt had van de aftrekposten in verband met zijn persoonlijke en gezinssituatie naar evenredigheid van zijn in de woonstaat genoten inkomsten (zie in die zin arrest De Groot, reeds aangehaald, punt 91).

48. Daarnaast is de methode om dubbele belasting te voorkomen die werd gebruikt in de regeling die in dat arrest aan de orde was, een variant van de vrijstellingsmethode, die zo is opgezet dat zij in de praktijk overeenkomt met de verrekeningsmethode (zie in die zin arrest De Groot, punten 21-23).

49. Tot slot faalt het argument van de Duitse regering dat de litigieuze regeling in wezen niet in strijd is met het vrij verkeer van kapitaal, aangezien de aftrekposten in verband met de persoonlijke en gezinssituatie in hun geheel in aanmerking zijn genomen bij de berekening van de volgens het tarief verschuldigde inkomstenbelasting, die het eerste deel van de formule voor de berekening van de maximaal te verrekenen bronbelasting vormt.

50. Ook in de regeling die in het arrest De Groot aan de orde was, werden immers aftrekposten in verband met de persoonlijke en gezinssituatie van de belastingplichtige in aanmerking genomen bij de berekening van de fictieve belasting over zijn inkomsten die het eerste deel vormde van de formule in deze regeling voor de berekening van de vrijstelling die aan de belastingplichtige wordt toegekend. Op soortgelijke wijze als in de litigieuze regeling leidde de toepassing van de breuk in het tweede deel van de formule er echter toe dat de belastingplichtige enkel naar evenredigheid van de inkomsten die hij in zijn woonstaat had verkregen, profijt had van de aftrekposten in verband met de persoonlijke en gezinssituatie.

51. Gelet op bovenstaande overwegingen zijn belastingplichtigen met woonplaats in een lidstaat die een deel van hun inkomsten in het buitenland hebben verkregen, in een situatie als in het hoofdgeding in het nadeel vergeleken met belastingplichtigen die hun gehele inkomen in de woonstaat hebben verkregen en derhalve profijt hebben van de volledige aftrekposten voor bijzondere uitgaven en buitengewone lasten als kosten in de privésfeer of kosten in verband met de persoonlijke en gezinssituatie.

52. Door een dergelijk verschil in behandeling kunnen onbeperkt belastingplichtigen in een lidstaat dus worden ontmoedigd hun kapitaal te beleggen in vennootschappen die zijn gevestigd in een andere lidstaat of een derde staat.

53. Daaruit volgt dat een regeling van een lidstaat als de litigieuze regeling een beperking van het vrij verkeer van kapitaal in de zin van artikel 63 VWEU vormt.

Rechtvaardiging van de beperking van het vrije verkeer van kapitaal

54. Om de beperking van het vrij verkeer van kapitaal te rechtvaardigen beroept de Duitse regering zich subsidiair op handhaving van de verdeling van de heffingsbevoegdheid tussen de lidstaten.

55. Voor de toepassing van de verrekening van de in het buitenland ingehouden belasting impliceert dit beginsel dat kosten slechts in mindering kunnen worden gebracht als zij rechtstreeks gekoppeld zijn aan belastingopbrengsten die, uit hoofde van de verdeling van bevoegdheden tussen staten die is overeengekomen in de verdragen ter voorkoming van dubbele belasting, onder de heffingsbevoegdheid van een lidstaat vallen. De woonstaat is dus niet gehouden de nadelen te compenseren die de belastingplichtige lijdt doordat de bronstaat bij de belastingheffing over diens buitenlandse inkomen zijn persoonlijke situatie niet in aanmerking neemt.

56. Hoewel de handhaving van de verdeling van de heffingsbevoegdheid tussen lidstaten een dwingende reden van algemeen belang kan vormen waarmee een beperking van een recht op vrij verkeer binnen de Unie kan worden gerechtvaardigd, is die rechtvaardigingsgrond door het Hof van de hand gewezen in het arrest De Groot, waarin een regeling aan de orde was die vergelijkbaar is met de litigieuze regeling. Zoals de advocaat-generaal in punt 51 van zijn conclusie heeft opgemerkt, blijkt uit de punten 98 tot en met 101 van dat arrest dat deze rechtvaardigingsgrond niet kan worden ingeroepen door de woonstaat van een belastingplichtige om zich te onttrekken aan de verantwoordelijkheid – die in beginsel op de woonstaat rust – om de met de persoonlijke en gezinssituatie verbonden aftrekposten toe te kennen die de belastingplichtige toekomen, tenzij de staten waarin een deel van de inkomsten zijn genoten, vrijwillig of uit hoofde van specifieke internationale verdragen op hun beurt die aftrekposten toekennen.

57. Hoe dan ook kan de noodzaak om een evenwichtige verdeling van de heffingsbevoegdheid tussen de lidstaten te waarborgen met name als rechtvaardigingsgrond worden aanvaard wanneer de betrokken regeling ertoe strekt gedragingen te voorkomen die afbreuk kunnen doen aan het recht van een lidstaat om zijn belastingbevoegdheid uit te oefenen met betrekking tot activiteiten die op zijn grondgebied plaatsvinden (zie in die zin arresten van 29 maart 2007, Rewe Zentralfinanz, C-347/04, *Jurispr.* blz. I-2647, punt 42; 18 juli 2007, Oy AA, C-231/05, *Jurispr.* blz. I-6373, punt 54, en 21 januari 2010, SGI, C-311/08, *Jurispr.* blz. I-487, punt 60).

58. In casu zou echter geen afbreuk worden gedaan aan dat recht indien de Bondsrepubliek Duitsland verzoekers in het hoofdgeding de met de persoonlijke en gezinssituatie verbonden aftrekposten volledig zou toekennen. Deze lidstaat staat in dat geval niet een deel van zijn heffingsbevoegdheid aan andere lidstaten af. De belasting over het Duitse aandeel in de inkomsten van verzoekers zou niet lager zijn uitgevallen dan wanneer dat het enige inkomen van de betrokkenen was geweest en zij geen buitenlands inkomsten hadden genoten.

59. In dat verband moet erop worden gewezen dat de aftrekposten in verband met de persoonlijke en gezinssituatie volgens de Duitse regering in wezen niet in verband staan tot een bepaald deel van de inkomsten, zodat zij drukken op het wereldinkomen en bijgevolg gelijkmatig moeten worden aangerekend op het gehele inkomen van de belastingplichtige, zowel binnenlands als buitenlands, met als gevolg dat zij slechts in aanmerking hoeven te worden genomen in verhouding tot het aandeel van de inkomsten uit Duitse bron in het totale inkomen.

60. Uit de rechtspraak die in punt 44 van dit arrest is aangehaald, blijkt echter dat deze aftrekposten in beginsel geheel door de woonstaat in aanmerking moeten worden genomen. Zoals de advocaat-generaal in punt 54 van zijn conclusie opmerkt, volgt daaruit dat zij in beginsel geheel moeten worden toegerekend aan dat deel van het inkomen dat in die staat is verkregen.

61. Tot slot moet nog worden benadrukt dat de Duitse regeling de belastingplichtige de mogelijkheid biedt te kiezen voor een andere methode dan verrekening van de buitenlandse bronbelasting met de Duitse belasting, namelijk aftrek van de buitenlandse belasting van de belastinggrondslag.

62. Zelfs als een dergelijk stelsel verenigbaar was met het recht van de Unie, blijkt niettemin uit de rechtspraak dat een nationale regeling die de vrijheid van vestiging beperkt, nog steeds in strijd met het recht van de Unie kan zijn, ook al is de toepassing daarvan facultatief (zie in die zin arrest van 12 december 2006, Test Claimants in the FII Group Litigation, C-446/ 04, *Jurispr.* blz. I-11753, punt 162, en 18 maart 2010, Gielen, C-440/08, *Jurispr.* blz. I-2323, punt 53). Een keuzerecht waardoor een situatie eventueel verenigbaar wordt met het recht van de Unie, neemt echter de onrechtmatigheid niet weg van een stelsel als dat van de litigieuze regeling, die een heffingsmethode kent die niet met dat recht te rijmen valt. Dat geldt te meer in een geval waarin de met het Unierecht onverenigbare methode de methode is die automatisch wordt toegepast wanneer de belastingplichtige geen keuze doet, zoals in casu.

63. Gelet op het bovenstaande moet op de vraag worden geantwoord dat artikel 63 VWEU aldus moet worden uitgelegd dat het in de weg staat aan een regeling van een lidstaat, op grond waarvan de buitenlandse belasting – in het kader van een stelsel ter voorkoming van dubbele belasting – in het geval van onbeperkt belastingplichtigen van wie de buitenlandse inkomsten in de bronstaat worden onderworpen aan een met de door die lidstaat geheven inkomstenbelasting overeenstemmende belasting, aldus met de inkomstenbelasting in die lidstaat wordt verrekend, dat de verschuldigde inkomstenbelasting over het in die lidstaat belastbare inkomen – met inbegrip van de buitenlandse inkomsten – wordt vermenigvuldigd met de verhouding tussen deze buitenlandse inkomsten en de som van de inkomsten, zonder bij deze som rekening te houden met bijzondere uitgaven en buitengewone lasten als kosten in de privésfeer of kosten ingevolge de persoonlijke of gezinssituatie.

Kosten

64. …

HET HOF (Tweede kamer)

verklaart voor recht:

Artikel 63 VWEU moet aldus worden uitgelegd dat het in de weg staat aan een regeling van een lidstaat, op grond waarvan de buitenlandse belasting – in het kader van een stelsel ter voorkoming van dubbele belasting – in het geval van onbeperkt belastingplichtigen van wie de buitenlandse inkomsten in de bronstaat worden onderworpen aan een met de door die lidstaat geheven inkomstenbelasting overeenstemmende belasting, aldus met de inkomstenbelasting in die lidstaat wordt verrekend, dat de verschuldigde inkomstenbelasting over het in die lidstaat belastbare inkomen – met inbegrip van de buitenlandse inkomsten – wordt vermenigvuldigd met de verhouding tussen deze buitenlandse inkomsten en de som van de inkomsten, zonder bij deze som rekening te houden met bijzondere uitgaven en buitengewone lasten als kosten in de privésfeer of kosten ingevolge de persoonlijke of gezinssituatie.

HvJ EU 28 februari 2013, zaak C-425/11 (Katja Ettwein v. Finanzamt Konstanz)

Derde kamer: *R. Silva de Lapuerta, waarnemend voor de president van de Derde kamer, K. Lenaerts, E. Juhász (rapporteur), T. von Danwitz en D. Šváby, rechters*

Advocaat-generaal *N. Jääskinen*

CoJ: that the refusal of the German 'splitting method' to frontier workers violates the EC-Switzerland Agreement on the free movement of persons

The case regards the free movement of (self-employed) persons under the Agreement concluded between the European Community and its Member States, on the one hand, and Switzerland, on the other ('EC-Switzerland Agreement').

The underlying case concerns Mrs Ettwein and her husband, both of whom are German nationals and pursue a self-employed professional activity in Germany. Mrs and Mr Ettwein moved their place of residence to Switzerland on 1 August 2007. They continued to pursue their professional activity in Germany earning almost all their income in Germany. In their 2008 personal income tax return, they applied, as they had done in the previous years, for joint taxation under the splitting method.

The German tax authorities rejected this on the ground that the splitting method was not applicable to Mrs and Mr Ettwein, as their residence was neither in Germany, nor in one of the Member States of the European Union, nor in a State which is a party to the European Economic Area ('EEA'). Mrs and Mr Ettwein challenged the rejection before the Finance Court of Baden Württemberg which referred a question for a preliminary ruling to the CoJ on the interpretation of the relevant provisions of the EC-Switzerland Agreement.

Advocate General Jääskinen delivered his Opinion in this case on 18 October 2012, concluding that Mrs and Mr Ettwein, as they pursue a self-employed activity in the Member State of which they are nationals, do not derive rights from the provisions of the EC-Switzerland Agreement (for details see EU Tax Alert edition no. 110, November 2012).

The CoJ did not follow the Opinion of the Advocate General insofar as it concluded that the situation of Mrs and Mr Ettwein does fall within the scope of the EC-Switzerland Agreement. It rejected the argument of the German Government and the Commission that the EC-Switzerland Agreement applies solely where there is discrimination on grounds of nationality, that is, where nationals of one contracting party are treated unequally in the territory of the other contracting party compared to its own nationals. The CoJ referred to the *Bergström* case (C-257/10), in which it was clarified that under certain circumstances and in accordance with the provisions applicable, nationals of a contracting party may also claim rights under the EC-Switzerland Agreement against their own country.

Thereafter, the CoJ stated that Mrs and Mr Ettwein qualify as 'self-employed frontier workers' under the terms of the EC-Switzerland Agreement. It pointed out that the concept of 'self-employed frontier worker' differs from the concept of 'self-employed person' and therefore, the condition under the latter concept according to which a national of a contracting party should establish himself in the territory of the other contracting party in order to pursue self-employed activity there does not apply to self-employed frontier workers. The difference is reinforced by the fact that self-employed frontier workers, unlike self-employed persons, are not required to obtain a residence permit in order to pursue a self-employed activity. Further, it is of relevance that the Agreement grants the right of residence regardless of the pursuit of an economic activity. According to the CoJ, it is frontier workers who in particular must be able to benefit fully from that right of residence, while maintaining their economic activity in their country of origin.

As self-employed frontier workers, Mrs and Mr Ettwein are entitled, according to the provisions of the EC-Switzerland Agreement, to equal treatment in the host country, i.e. Germany, also as regards tax concessions. The CoJ then ruled on whether such conclusion was affected by Article 21(2) of the Agreement. The latter provides that no provision of the Agreement may be interpreted in such a way as to prevent the contracting parties from distinguishing, when applying the relevant provisions of their fiscal legislation, between taxpayers whose situations are not comparable, especially as regards their place of residence. The CoJ emphasised that this provision allows a different treatment of residents and non-residents only in the case when they are not comparable. The CoJ ruled that based on the *Schumacker* case (C-279/93) and the *Asscher* case (C-107/94), the situation of Mrs and Mr Ettwein was comparable to the situation of a German resident person pursuing a self-employed activity in Germany, as they both earned almost all their income in Germany and had elected for unlimited tax liability in Germany while their personal and family circumstances could not be taken into account in their State of residence, as they did not receive income there.

Consequently, the CoJ ruled that the EC-Switzerland Agreement precludes legislation of a Member State which refuses the benefit of joint taxation with the use of the 'splitting' method to spouses who are nationals of that State and subject to income tax in that State on their entire taxable income, on the sole ground that their residence is situated in the territory of the Swiss Confederation.

from: Loyens & Loeff, EU Tax Alert

HET HOF (Derde kamer)

verklaart voor recht:

Artikel 1, sub a, van de Overeenkomst tussen de Europese Gemeenschap en haar lidstaten, enerzijds, en de Zwitserse Bondsstaat, anderzijds, over het vrije verkeer van personen, ondertekend te Luxemburg op 21 juni 1999, alsmede de artikelen 9, lid 2, 13, lid 1, en 15, lid 2, van bijlage I bij deze Overeenkomst moeten aldus worden uitgelegd dat zij zich verzetten tegen een regeling van een lidstaat volgens welke het voordeel van gezamenlijke aanslag met toepassing van de in deze regeling voorziene 'splitting'-methode wordt ontzegd aan echtgenoten die onderdanen van deze staat zijn en in diezelfde staat in de inkomstenbelasting onbeperkt belastingplichtig zijn, enkel op grond dat hun woonplaats op het grondgebied van de Zwitserse Bondsstaat is gelegen.

HvJ EU 28 februari 2013, zaak C-544/11 (Helga Petersen, Peter Petersen v. Finanzamt Ludwigshafen)

Eerste kamer: *A. Tizzano, kamerpresident, M. Berger, A. Borg Barthet, E. Levits (rapporteur) en J. J. Kasel, rechters*
Advocaat-generaal: *N. Jääskinen*

Samenvatting arrest

De Deen Peter Petersen woont al jarenlang met zijn vrouw en dochter in Duitsland. Hij is in dienst van een Deense werkgever en verricht in 2003 ontwikkelingswerkzaamheden in Benin. De inkomsten zijn niet onderworpen aan de Deense IB-heffing. De Duitse fiscus belast de inkomsten wel met Duitse IB. Petersen beroept zich echter een vrijstelling die geldt voor vergelijkbare inkomsten, indien er sprake is van een dienstbetrekking met een in Duitsland gevestigde werkgever. De Duitse rechter heeft een prejudiciële vraag in deze zaak gesteld.

Het Hof van Justitie EU oordeelt dat het in strijd is met het EU-recht dat Duitsland de inkomsten uit ontwikkelingswerk vrijstelt als er sprake is van een dienstbetrekking met een Duitse werkgever, maar met IB belast als er sprake is van een Deense werkgever. Volgens het Hof van Justitie EU vormt de Duitse regeling een verboden beperking van het vrije verkeer van werknemers.

Beschikbaar gesteld door Kluwer

HET HOF (Eerste kamer)

verklaart voor recht:

Artikel 45 VWEU moet aldus worden uitgelegd dat het zich verzet tegen een nationale wettelijke regeling van een lidstaat volgens welke degene die in deze lidstaat verblijft en daar onbeperkt belastingplichtig is, geen inkomstenbelasting hoeft te betalen over de inkomsten die hij als werknemer verwerft indien zijn werkgever in de voornoemde lidstaat is gevestigd, maar wel inkomstenbelasting over die inkomsten dient te betalen indien zijn werkgever in een andere lidstaat is gevestigd.

CE Cour de Justice 25 april 2013, zaak C-64/11 (Commission européenne contre Royaume d'Espagne)

Tweede kamer: *R. Silva de Lapuerta, kamerpresident, G. Arestis, J.-C. Bonichot (rapporteur), A. Arabadjiev en J. L. da Cruz Vilaça, rechters*

Advocaat-generaal: *J. Kokott*

CoJ - Spanish rules on exit taxes upon change of corporate residence or transfer of assets of a permanent establishment in breach of the freedom of establishment

The case deals with the compatibility of the Spanish rules which trigger immediate taxation of unrealized capital gains upon the change of corporate residence or the transfer (total or partial) of the assets allocated to a permanent establishment (PE) to another Member State with the freedom of establishment provided in Article 49 TFEU.

The CoJ started by recalling that the difference in treatment between cross-border situations and pure internal situations – which do not trigger any immediate taxation of unrealized capital gains – constitutes a restriction to the freedom of establishment.

As regards possible justifications, the CoJ recalled that the purpose of the legislation at stake is to tax the capital gains arising within the scope of the tax jurisdiction of the Member State of origin. In that regard, the purpose of such taxation is to preserve the allocation of taxing rights of that Member State.

However, in terms of the proportionality of the measure, the CoJ referred to the existence of less restrictive measures than the immediate taxation of the unrealized capital gains. In particular, the CoJ referred to the existence of mechanisms for cooperation and assistance between the authorities of the Member States Council Directive (2008/55/EC of 26 May 2008 on mutual assistance for the recovery of claims relating to certain levies, duties, taxes and other measures) which are sufficient to allow the option for the deferral of the payment.

Therefore, the CoJ concluded that the Spanish exit tax provisions which imply the immediate taxation of unrealized capital gains upon the change of corporate residence or upon the transfer of the PE assets to another Member State are in breach of the freedom of establishment.

from: Loyens & Loeff, EU Tax Alert

Par ces motifs,

LA COUR (deuxième chambre)

déclare et arrête:

1. **En adoptant l'article 17, paragraphe 1, sous a) et c), de la version codifiée de la loi relative à l'impôt sur les sociétés approuvée par le décret royal législatif 4/2004 du 5 mars 2004 (Real Decreto Legislativo 4/2004 por el que se aprueba el Texto Refundido de la Ley del Impuesto sobre Sociedades), en vertu duquel, en cas de transfert, vers un autre État membre, de la résidence d'une société établie en Espagne et des actifs d'un établissement stable situés en Espagne, les plus-values non réalisées sont intégrées dans l'assiette imposable de l'exercice fiscal, tandis que ces plus-values n'ont aucune conséquence fiscale immédiate si ces opérations ont lieu sur le territoire espagnol, le Royaume d'Espagne a manqué aux obligations qui lui incombent en vertu de l'article 49 TFUE.**
2. **Le recours est rejeté pour le surplus.**
3. **Le Royaume d'Espagne est condamné aux dépens.**
4. **La République fédérale d'Allemagne, la République française, la République italienne, le Royaume des Pays-Bas, la République portugaise, la République de Finlande, le Royaume de Suède ainsi que le Royaume-Uni de Grande- Bretagne et d'Irlande du Nord supportent leurs propres dépens.**

HvJ EU 6 juni 2013, zaak C-383/10 (Europese Commissie v. Koninkrijk België)

Vijfde kamer: *A. Borg Barthet, waarnemend voor de president van de Vijfde kamer, J. J. Kasel en M. Berger (rapporteur), rechters*

Advocaat-generaal: *P. Cruz Villalón*

1. De Europese Commissie verzoekt het Hof vast te stellen dat het Koninkrijk België, door de invoering en instandhouding van een regeling waarbij door niet-ingezeten banken betaalde interesten discriminatoir worden belast als gevolg van de toepassing van een belastingvrijstelling die uitsluitend geldt voor door Belgische banken betaalde interesten, de verplichtingen niet is nagekomen die op hem rusten krachtens de artikelen 56 VWEU en 63 VWEU en de artikelen 36 en 40 van de Overeenkomst betreffende de Europese Economische Ruimte van 2 mei 1992 (*PB* 1994, L 1, blz. 3; hierna: 'EER-Overeenkomst').

Belgisch recht

2. Artikel 21, 5°, van het Wetboek van de inkomstenbelastingen 1992 (hierna: 'WIB 1992'), zoals van toepassing in aanslagjaar 2010 (inkomstenjaar 2009), bepaalt:

'De inkomsten van roerende goederen en kapitalen omvatten niet:

[...]

5° de eerste schijf van 1 730 EUR (basisbedrag 1 250 EUR) per jaar van de inkomsten uit spaardeposito's die zonder overeengekomen vaste termijn of opzeggingstermijn zijn ontvangen door de in België gevestigde kredietinstellingen die vallen onder de wet van 22 maart 1993 op het statuut van en het toezicht op de kredietinstellingen, met dien verstande dat:

– deze deposito's bovendien moeten voldoen aan de vereisten die de Koning stelt op advies van de Commissie voor het Bank-, Financie- en Assurantiewezen [...] wat betreft de munt waarin deze deposito's luiden en de voorwaarden en de wijze van terugneming en opneming, evenals wat betreft de structuur en het niveau en de wijze van berekening van de vergoeding ervan;

– als opzeggingstermijn in de zin van deze bepaling niet worden beschouwd de termijnen die slechts een waarborg zijn die de depositaris voor zich heeft bedongen'.

3. Artikel 313 WIB 1992 bevat het beginsel van de bevrijdende roerende voorheffing:

'De aan de personenbelasting onderworpen belastingplichtigen zijn er niet toe gehouden in hun jaarlijkse aangifte in de voormelde belasting de inkomsten van roerende goederen en kapitalen [...] te vermelden waarvoor een roerende voorheffing is gekweten [...]'

4. Het Koninklijk Besluit van 27 augustus 1993 tot uitvoering van het Wetboek van de inkomstenbelastingen 1992, zoals gewijzigd bij Koninklijk Besluit van 7 december 2008 (*Belgisch Staatsblad* van 22 december 2008, blz. 67513), bepaalt aan welke criteria de in artikel 21, 5°, WIB 1992 bedoelde spaardeposito's bovendien moeten voldoen om voor toepassing van dat artikel in aanmerking te komen.

Precontentieuze procedure

5. Bij brief van 19 oktober 2006 heeft de Commissie de Belgische autoriteiten herinnerd aan de verplichtingen die voortvloeien uit de artikelen 49 EG en 56 EG (thans de artikelen 56 VWEU en 63 VWEU), en uit de artikelen 36 en 40 van de EER-Overeenkomst, alsmede aan de noodzaak om deze verplichtingen na te komen.

6. Bij brief van 27 februari 2007 hebben de Belgische autoriteiten op deze aanmaningsbrief geantwoord dat de door de Commissie gevolgde redenering wat artikel 63 VWEU betreft berustte op een ongegronde veronderstelling en wat artikel 56 VWEU betreft op een miskenning van het doel dat wordt nagestreefd met de litigieuze maatregel, die bij uitbreiding tot bij buitenlandse banken aangehouden spaardeposito's zou leiden tot – overigens voor de betrokken belastingplichtigen nadelige – verschillen in toepassing naargelang van de lidstaat of de staat die partij is bij de toepassing van richtlijn 2003/48/EG van de Raad van 3 juni 2003 betreffende belastingheffing op inkomsten uit spaargelden in de vorm van rentebetaling (*PB* L 157, blz. 38), waar het spaardeposito wordt aangehouden.

7. In het met redenen omklede advies, dat op 26 juni 2009 aan de Belgische autoriteiten is toegezonden, heeft de Commissie het Koninkrijk België verweten, door de invoering en instandhouding van een regeling waarbij door niet-ingezeten banken betaalde interesten discriminatoir worden belast als gevolg van de toepassing van een belastingvrijstelling die uitsluitend geldt voor door Belgische banken betaalde interesten, de verplichtingen niet na te komen die op deze lidstaat rusten krachtens de artikelen 49 EG en 56 EG en de artikelen 36 en 40 EER-Over-

eenkomst. In dat advies was een termijn van twee maanden gesteld om te voldoen aan de bepalingen van het VWEU en de EER-Overeenkomst.

8. Bij brief van 28 september 2009 hebben de Belgische autoriteiten op het met redenen omklede advies met name geantwoord dat de litigieuze maatregel gerechtvaardigd was door de noodzaak om de doeltreffendheid van de fiscale controles te waarborgen en om de kleine spaarders te beschermen.

9. Aangezien de Commissie met dit antwoord geen genoegen kon nemen, heeft zij op 26 juli 2010 het onderhavige beroep wegens niet-nakoming ingesteld.

Het beroep

Argumenten van partijen

10. Vooraf benadrukt de Commissie in haar verzoekschrift dat de directe belastingen geen uitsluitende bevoegdheid van de lidstaten vormen, maar dat deze bevoegdheid impliciet en noodzakelijk is vervat in de in artikel 4, lid 2, sub a, VWEU bedoelde bevoegdheid ter zake van de interne markt en wordt beschouwd als een tussen de Europese Unie en de lidstaten gedeelde bevoegdheid. Deze uitlegging vindt steun in de rechtspraak van het Hof, volgens welke de directe belastingen behoren tot de bevoegdheid van de lidstaten, die deze bevoegdheid in overeenstemming met het recht van de Unie moeten uitoefenen. Ter onderbouwing van haar standpunt verwijst de Commissie naar het arrest van 24 mei 2007, Holböck (C-157/ 05, *Jurispr.* blz. I-4051, punt 21).

11. Aangaande de vraag of de betrokken nationale bepalingen binnen de werkingssfeer van artikel 56 VWEU of van artikel 63 VWEU vallen, is de Commissie onder verwijzing naar punt 43 van het arrest van 3 oktober 2006, Fidium Finanz (C-452/04, *Jurispr.* blz. I-9521), van mening dat de verweten niet-nakoming, gezien de gevolgen van deze bepalingen, moet worden onderzocht uit het oogpunt van zowel de vrijheid van dienstverrichting als het vrije verkeer van kapitaal.

12. Wat in de eerste plaats de vrijheid van dienstverrichting aangaat, stelt de Commissie, na nogmaals te hebben gewezen op de doelstelling en de personele werkingssfeer van de artikelen 56 VWEU en volgende, dat de betrokken Belgische wettelijke regeling in strijd is met deze bepalingen doordat Belgische ingezetenen als gevolg van deze regeling ervan worden afgehouden voor het beheer van spaarrekeningen een beroep te doen op de dienstverlening van banken die zijn gevestigd in andere lidstaten van de Unie en in de staten die partij bij de EER-Overeenkomst zijn. De Commissie preciseert dat de door laatstbedoelde banken betaalde interesten nooit kunnen worden vrijgesteld louter op grond dat de bank die de interesten verschuldigd is, niet in België is gevestigd, ook al zou deze bank bereid zijn te voldoen aan alle andere voorwaarden van de betrokken Belgische wettelijke regeling.

13. Het argument dat daarover nooit enige klacht is ingediend door de financiële sector en meer bepaald door in het buitenland gevestigde kredietinstellingen, schiet volgens de Commissie zijn doel voorbij omdat het beroep tot vaststelling van een niet-nakoming een objectief beroep is waarvoor dus niet als voorwaarde geldt dat een klacht is ingediend. Bovendien stelt deze instelling, die benadrukt dat de vrijheid van dienstverrichting niet alleen het recht om diensten te verrichten maar ook het recht om diensten te betrekken inhoudt, dat de betrokken maatregel niet alleen in het buitenland gevestigde banken ervan afhoudt hun diensten aan Belgische ingezetenen aan te bieden, maar ook Belgische ingezetenen ontmoedigt om van de diensten van deze banken gebruik te maken, en bijgevolg een beperking van deze fundamentele vrijheid oplevert.

14. De Commissie is bovendien van mening dat een dergelijke beperking niet kan worden gerechtvaardigd door een van de argumenten die het Koninkrijk België aandraagt, en in elk geval in strijd met het evenredigheidsbeginsel is.

15. Aangaande – ten eerste – het argument dat deze beperking een rechtvaardiging zou vinden in de dwingende reden van algemeen belang die verband houdt met de noodzaak om de doeltreffendheid van de fiscale controles te waarborgen, erkent de Commissie dat in bepaalde omstandigheden een controle zeer moeilijk kan zijn en dat de noodzaak om belastingontwijking en misbruik te voorkomen een beperking van een vrijheid van verkeer kan rechtvaardigen. Onder verwijzing naar, enerzijds, haar mededeling van 10 december 2007 aan de Raad, het Europees Parlement en het Europees Economisch en Sociaal Comité, met als titel 'Antimisbruikmaatregelen op het gebied van de directe belastingen – toepassing in de EU en ten aanzien van derde landen' [COM(2007) 785 definitief], en, anderzijds, het arrest van 12 december 2002, Lankhorst-Hohorst (C-324/00, *Jurispr.* blz. I-11779, punt 37), voert de Commissie aan dat hoewel de Belgische wettelijke regeling fraude voorkomt doordat de vrijstelling is uitgesloten voor door buitenlandse banken betaalde interesten, zij ook de rechtmatige uitoefening van de vrijheid van dienstverrichting belemmert. Deze maatregel gaat bijgevolg kennelijk verder dan wat noodzakelijk is om de doelstelling ervan te bereiken. Overigens merkt de Commissie op dat, doordat het Koninkrijk België voortaan aan de bij richtlijn 2003/48 ingevoerde regeling voor informatie-uitwisseling deelneemt, het juist mogelijk is het frauderisico aanzienlijk in te dijken.

16. Aangaande – ten tweede – de rechtvaardiging dat de betrokken maatregel een sociaaleconomische maatregel vormt voor zover daarmee het voorzorgssparen onder de 'kleine belastingplichtigen' wordt aangemoedigd, is de

Commissie van mening dat de belastingvrijstelling voor door niet in België gevestigde banken betaalde interesten niet indruist tegen deze doelstelling en dat dankzij een dergelijke maatregel de belastingplichtigen integendeel kunnen kiezen uit een ruimer assortiment spaarproducten, hetgeen hen zelfs ertoe aanzet meer te sparen.

17. De Commissie is voorts van mening dat het argument van het Koninkrijk België dat het weinig waarschijnlijk lijkt dat de groep belastingplichtigen waarop de betrokken nationale maatregel doelt, geïnteresseerd is in het plaatsen van spaargeld in buitenlandse banken en buitenlandse kredietinstellingen een dergelijke clientèle proberen aan te trekken, louter speculatief is en dus geen rechtvaardigingsgrond voor een dergelijke beperking van een fundamentele vrijheid biedt.

18. Aangaande – ten derde – de rechtvaardiging in verband met de verschillen die bestaan in de beschermingsniveaus van consumenten ingeval voor een bank een faillissement dreigt, met als voorbeeld de moeilijke situatie van de Belgische spaarders die klant waren bij de Luxemburgse dochteronderneming van een IJslandse bank, stelt de Commissie dat de waarborgen voor en de bescherming van spaarders in geval van een faillissement van een bank in de Unie zijn geharmoniseerd, met name bij richtlijn 94/19/EG van het Europees Parlement en de Raad van 30 mei 1994 inzake de depositogarantiestelsels (*PB* L 135, blz. 5), waarbij de bedragen van het garantiestelsel zijn opgetrokken bij richtlijn 2009/ 14/EG van het Europees Parlement en de Raad van 11 maart 2009 (*PB* L 68, blz. 3). Voorts hebben de Belgische autoriteiten niet verduidelijkt wat de aard en de inhoud zijn van de beschermingsniveaus waarin naar verluidt verschillen bestaan. Volgens de Commissie mag de nationale wettelijke regeling in geen geval de consumenten beïnvloeden door de financiële instrumenten van buiten België gevestigde banken ongunstiger te behandelen.

19. Aangaande – ten vierde – het argument dat Belgische spaarders niet naar behoren worden geïnformeerd doordat een buiten het Belgische grondgebied gevestigde bank niet noodzakelijk een van de in België gesproken talen gebruikt, betoogt de Commissie dat alleen de consument moet beslissen in welke taal hij informatie over de opening van een spaarrekening wil ontvangen. De Commissie benadrukt in dit verband dat het Koninkrijk België drie officiële talen heeft, die alle ook in de naburige lidstaten worden gebruikt.

20. Wat in de tweede plaats het vrije verkeer van kapitaal aangaat, stelt de Commissie, die eraan herinnert dat door ingezetenen bij buitenlandse financiële instellingen uitgevoerde verrichtingen in rekeningen-courant en depositorekeningen staan vermeld onder punt VI.B van de nomenclatuur die als bijlage is gehecht bij richtlijn 88/361/EEG van de Raad van 24 juni 1988 voor de uitvoering van artikel [63 VWEU] (*PB* L 178, blz. 5), en dus onder het begrip kapitaalverkeer vallen, dat de betrokken wettelijke regeling tot gevolg heeft dat grensoverschrijdende kapitaaltransferts minder aantrekkelijk worden doordat Belgische ingezetenen wordt ontraden een depositorekening bij een niet in België gevestigde bank te openen of om hun spaargeld bij een dergelijke bankinstelling aan te houden. Deze maatregel vormt derhalve een beperking van het vrije verkeer van kapitaal in de zin van artikel 63 VWEU.

21. Bovendien is de Commissie van mening dat geen van de door het Koninkrijk België aangevoerde rechtvaardigingsgronden slaagt.

22. Om te beginnen kan deze beperking, aldus de Commissie, immers niet worden gerechtvaardigd uit hoofde van de in artikel 65 VWEU bedoelde gronden daar de situaties van Belgische ingezetenen die de interesten op hun spaardeposito's bij in België gevestigde banken dan wel bij niet in deze lidstaat gevestigde banken ontvangen en aangeven, objectief vergelijkbaar zijn. Een verschil in behandeling vormt bijgevolg een willekeurige discriminatie in de zin van dat artikel.

23. Vervolgens is de Commissie met betrekking tot het argument van het Koninkrijk België dat het gevaar bestaat dat een deel van de niet in België gevestigde banken met klanten die ingezetenen van deze lidstaat zijn, niet geneigd is om een financieel product aan te bieden dat voldoet aan de voorwaarden van de nationale wettelijke regeling, met als gevolg dat discriminatie ontstaat tussen Belgische ingezetenen met deposito's buiten België naargelang hun bank ervoor kiest te voldoen aan de Belgische wettelijke regeling, van mening dat deze mogelijke discriminatie niet uit de betrokken wettelijke regeling voortspruit, maar het gevolg is van de keuze die de marktdeelnemers maken. Het staat dus aan de Belgische ingezetenen om wel of niet voor een bank te kiezen die hun een financieel product aanbiedt dat voor de Belgische vrijstellingsregeling in aanmerking komt.

24. Aangaande een eventuele niet-nakoming door een buiten België gevestigde bank, die niet zou voldoen aan de voorwaarden van de betrokken Belgische wettelijke regeling voor toepassing van de vrijstelling, voert de Commissie aan dat de Belgische autoriteiten daaruit de gevolgen kunnen trekken en met name deze vrijstelling voor een dergelijke bank kunnen afschaffen.

25. Ten slotte betoogt de Commissie met betrekking tot het argument van het Koninkrijk België dat de betrokken wettelijke regeling onder de uitzondering van artikel 64, lid 1, VWEU valt omdat de Belgische vrijstellingsregeling voor spaardeposito's reeds bestond op 31 december 1993, ononderbroken van de Belgische rechtsorde deel heeft uitgemaakt en sinds die datum niet wezenlijk is gewijzigd, dat zij niet tegen de betrokken wettelijke regeling is opgekomen ten aanzien van in een derde land gevestigde banken, behalve die welke zijn gevestigd in een van de

landen van de Europese Economische Ruimte die lid zijn van de Europese Vrijhandels-associatie (EVA), maar die onder artikel 40 EER-Overeenkomst vallen.

26. Het Koninkrijk België benadrukt onder verwijzing naar het arrest van 18 december 2007, A (C-101/05, *Jurispr.* blz. I-11531, punten 48 en 49), dat de toepasselijkheid van artikel 64, lid 1, VWEU het mogelijk maakt ten aanzien van derde landen de op 31 december 1993 bestaande beperkingen van het kapitaalverkeer te handhaven. De vrijstellingsregeling voor Belgische spaardeposito's, die op die datum reeds bestond, is sindsdien ononderbroken deel van de nationale rechtsorde blijven uitmaken en is sinds die datum niet wezenlijk gewijzigd.

27. Met betrekking tot het vrije kapitaalverkeer betwist het Koninkrijk België met een beroep op artikel 65, lid 1, sub a, VWEU het feit dat Belgische belastingplichtigen die geld in een spaardeposito beleggen, zich uit het oogpunt van de betrokken vrijstelling in dezelfde situatie bevinden met betrekking tot de plaats waar hun kapitaal wordt belegd, naargelang hun deposito zich binnen of buiten België bevindt.

28. In dit verband preciseert deze lidstaat dat voor houders van een spaardeposito in België de nationale belastingvrijstelling aan de bron en dus op het niveau van de Belgische financiële instellingen gebeurt. Zo was voor aanslagjaar 2010 de eerste schijf van inkomsten uit een spaardeposito, zijnde een bedrag van 1 730 EUR, niet aan de roerende voorheffing onderworpen. Deze eerste schijf werd namelijk niet beschouwd als inkomsten van roerende goederen of kapitalen en diende dus niet in de jaarlijkse belastingaangifte te worden opgenomen. Het deel van de inkomsten van een spaardeposito dat meer bedroeg, was daarentegen aan de roerende voorheffing onderworpen, maar diende evenmin in de jaarlijkse belastingaangifte te worden vermeld. Deze maatregel vormt een regeling van zogenoemde 'bevrijdende' roerende voorheffing. Volgens het Koninkrijk België heeft de Belgische belastingadministratie bijgevolg in de regel geen kennis van het bestaan van spaardeposito's in België die natuurlijke personen, ingezetenen van België, aanhouden.

29. Voor belastingplichtigen die een spaardeposito in een andere lidstaat aanhouden, preciseert het Koninkrijk België dat de inkomsten van een dergelijk deposito daarentegen door de belastingplichtige moeten worden aangegeven en dat voortaan de bij richtlijn 2003/48 ingevoerde regeling van informatie-uitwisseling op deze inkomsten van toepassing is. Wanneer deze belastingplichtigen tegelijk in België een spaardeposito aanhouden en in hun jaarlijkse aangifte op de betrokken vrijstelling aanspraak hebben gemaakt voor een bedrag van 1 730 EUR aan inkomsten uit buitenlandse spaardeposito's, is het voor de Belgische fiscus, aldus deze lidstaat, onmogelijk na te gaan of deze belastingplichtigen niet ten onrechte een dubbele belastingvrijstelling hebben genoten, namelijk een eerste maal voor de inkomsten uit een spaardeposito in België, via de regeling van de bevrijdende roerende voorheffing en dus op anonieme wijze, en een tweede maal voor de inkomsten uit een spaardeposito in een andere lidstaat, bij de vaststelling van de belasting van natuurlijke personen.

30. Het Koninkrijk België voert tevens aan dat mocht het beslissen de gestelde belemmering weg te nemen door de betrokken vrijstelling af te schaffen voor de inkomsten uit spaardeposito's in België, deze inkomsten minder gunstig zouden worden behandeld dan de inkomsten van buitenlandse spaardeposito's. In dat geval zou voor eerstgenoemde deposito's de belasting door de Belgische financiële instellingen op het tijdstip van ontvangst van de inkomsten bij de bron worden geheven in de vorm van een bevrijdende roerende voorheffing, terwijl voor laatstgenoemde deposito's de Belgische belasting, via de aangifte die wordt ingediend het jaar na verkrijging van de inkomsten, worden geheven in de vorm van een inkohiering die gemiddeld twee jaar na ontvangst van de inkomsten gebeurt. Belgische belastingplichtigen die inkomsten uit een buitenlands spaardeposito ontvangen, zouden dus een cashflowvoordeel genieten in vergelijking met dezelfde belastingplichtigen die in België een spaardeposito aanhouden. De Belgische regering is dus van mening dat de regeling tot voorkoming van een dubbele vrijstelling voor inkomsten uit spaardeposito's noch willekeurige discriminatie noch een verkapte beperking van het vrije kapitaalverkeer oplevert en dat er geen regeling bestaat die in hogere mate evenredig is dan de thans geldende regeling teneinde de doelstelling van voorkoming van een onterechte dubbele vrijstelling te bereiken.

31. Met betrekking tot de vrijheid van dienstverrichting voert het Koninkrijk België allereerst aan dat teneinde na te gaan of is voldaan aan de voorwaarden van de betrokken wettelijke regeling, ongeacht welke beperkingen de Belgische belastingadministratie aan de buitenlandse kredietinstellingen stellen, het noodzakelijk is dat bankgegevens op verzoek en daadwerkelijk worden uitgewisseld. Ook al is er, volgens het Koninkrijk België, de laatste jaren grote voortuitgang geboekt op het gebied van de uitwisseling van dergelijke informatie, deze lidstaat is van mening dat richtlijn 77/799/EEG van de Raad van 19 december 1977 betreffende de wederzijdse bijstand van de bevoegde autoriteiten van de lidstaten op het gebied van de directe belastingen (*PB* L 336, blz. 15), inzonderheid artikel 8, daartoe niet het geschikte instrument is. Het probleem schuilt echter niet alleen in een mogelijk verzuim van de andere lidstaten om informatie door te geven, maar ook in de onmogelijkheid om de informatie betreffende Belgische en buitenlandse spaardeposito's na te trekken en dus een onterechte dubbele vrijstelling te voorkomen.

32. Vervolgens stelt het Koninkrijk België, onder verwijzing naar met name het arrest van 11 juni 2009, X en Passenheim-van Schoot (C-155/08 en C-157/08, *Jurispr.* blz. I-5093), dat de betrokken maatregel gerechtvaardigd is door de noodzaak om de doeltreffendheid van de fiscale controles te waarborgen.

33. In dit verband betoogt deze lidstaat dat de belastingplichtige niet aansprakelijk voor fraude in de roerende voorheffing kan worden gehouden daar de roerende voorheffing enkel door de Belgische financiële instelling is verschuldigd. Ingeval bij een Belgische financiële instelling niet is voldaan aan een van de voorwaarden voor de vrijstelling, moet deze financiële instelling de Belgische schatkist de niet bij de bron geheven roerende voorheffing betalen. Aangezien de identiteit van de ontvanger van de interesten niet op de aangifte in de roerende voorheffing door de Belgische financiële instelling moet worden vermeld, kan de Belgische fiscus haar niet ertoe verplichten de identiteit van deze ontvanger vrij te geven. Bovendien kan de betrokken Belgische financiële instelling zich niet op haar klant verhalen om de roerende voorheffing terug te vorderen, daar de heffing van deze voorheffing een wettelijke verplichting is die uitsluitend op de Belgische financiële instellingen rust. Mocht de vrijstelling daarentegen worden uitgebreid tot de inkomsten uit buitenlandse spaardeposito's, dan zou de belastingplichtige zelf worden belast en zou hij niet kunnen ageren tegen de buitenlandse financiële instelling die een van de voorwaarden voor de vrijstelling niet heeft nageleefd. Het is immers weinig waarschijnlijk dat deze instelling, die jegens de Belgische fiscus geen enkele fiscale verplichting heeft, haar klant een vorm van garantie voor de Belgische belastingvrijstelling zou verstrekken, zodat moet worden erkend dat de belastingplichtige aldus geen burgerrechtelijk verhaal op de buitenlandse financiële instelling zou kunnen nemen.

34. Volgens de Belgische regering kan een wettelijke belastingregeling die gerechtvaardigd wordt door de noodzaak om de doeltreffendheid van de fiscale controles te waarborgen, derhalve worden beschouwd als een evenredige aantasting van het vrije kapitaalverkeer, ook al is deze wettelijke regeling niet tegen louter kunstmatige constructies gericht.

35. Ten slotte betoogt het Koninkrijk België dat de betrokken Belgische belastingregeling in geen geval verder gaat dan noodzakelijk is om de doelstelling ervan te bereiken, die erin bestaat te voorkomen dat deze vrijstelling ten onrechte wordt verleend.

36. De Commissie benadrukt in repliek wat het vrije kapitaalverkeer betreft dat zij niet tegen de Belgische wettelijke regeling opkomt wat de financiële instellingen betreft die zijn gevestigd in landen die geen partij bij de EER-Overeenkomst zijn, zodat de opmerkingen van het Koninkrijk België betreffende het beding in artikel 64, lid 1, VWEU grondslag missen, noch tegen de Belgische regeling van bevrijdende voorheffing die geldt voor de inkomsten uit kapitalen die het vrijgestelde bedrag overschrijden.

37. Bovendien stelt deze instelling dat het betoog van het Koninkrijk België betreffende het risico van een dubbele vrijstelling niet relevant is aangezien dat risico ook, en met nog grotere gevolgen, bestaat in een zuiver binnenlandse context aangezien het volstaat, gelet op de anonimiteit die spaarders genieten, de spaartegoeden over twee of meerdere banken te verdelen om twee- of meermaals voor een vrijstelling voor interesten in aanmerking te komen. Het Koninkrijk België kan dus geen rechtvaardiging voor grensoverschrijdende discriminatie aanvoeren wanneer het nalaat datzelfde frauderisico op nationaal niveau te bestrijden.

38. Aangaande de vrijheid van dienstverrichting en de rechtvaardiging die verband houdt met de noodzaak om de doeltreffendheid van de fiscale controles te waarborgen, betwist de Commissie dat de verwijzing naar het arrest X en Passenheim-van Schoot, reeds aangehaald, in casu relevant is. Voorts is deze instelling van mening dat richtlijn 77/799 een afdoend instrument vormt waarmee kan worden nagegaan of buitenlandse banken de voorwaarden van de Belgische wettelijke regeling voor toekenning van de betrokken vrijstelling naleven. Bijgevolg handhaaft de Commissie integraal het petitum van haar verzoekschrift.

Beoordeling door het Hof

Vrijheid van dienstverrichting

39. Met deze grief voert de Commissie in de eerste plaats aan dat het Koninkrijk België de krachtens artikel 56 VWEU op hem rustende verplichtingen niet is nagekomen.

40. Vooraf moet eraan worden herinnerd dat volgens vaste rechtspraak van het Hof de directe belastingen weliswaar tot de bevoegdheid van de lidstaten behoren, maar dat deze niettemin verplicht zijn deze bevoegdheid in overeenstemming met het recht van de Unie uit te oefenen (zie arrest van 19 juli 2012, A, C-48/11, nog niet gepubliceerd in de *Jurisprudentie*, punt 16 en aldaar aangehaalde rechtspraak).

41. Tevens zij benadrukt dat bankdiensten diensten in de zin van artikel 57 VWEU zijn en dat artikel 56 VWEU in de weg staat aan de toepassing van een nationale regeling die de mogelijkheid voor een dienstverrichter om daadwerkelijk van de vrijheid van dienstverrichting gebruik te maken, zonder objectieve rechtvaardiging beperkt (zie in die zin arrest van 30 januari 2007, Commissie/Denemarken, C-150/04, *Jurispr.* blz. I-1163, punt 37 en aldaar aangehaalde rechtspraak).

42. In de optiek van de eenheidsmarkt en om de verwezenlijking van de doelstellingen daarvan mogelijk te maken, verzet artikel 56 VWEU zich tegen de toepassing van een nationale regeling die ertoe leidt dat het verrichten van diensten tussen lidstaten moeilijker wordt dan het verrichten van diensten binnen één enkele lidstaat (zie arrest Commissie/Denemarken, reeds aangehaald, punt 38).

43. Verder blijkt uit vaste rechtspraak van het Hof dat artikel 56 VWEU met name in de weg staat aan een nationale regeling die ertoe leidt dat de werkzaamheden van een dienstverrichter die in een andere lidstaat is gevestigd en aldaar rechtmatig soortgelijke diensten verricht, worden verboden of meer belemmerd (zie arrest van 5 juli 2007, Commissie/België, C-522/ 04, *Jurispr.* blz. I-5701, punt 38).

44. In casu dient te worden opgemerkt dat de in casu aan de orde zijnde wetgeving een belastingregeling voor interesten uit een spaardeposito invoert die verschilt naargelang de interesten worden betaald door een bank die wel of niet in België is gevestigd. Dat verschil in behandeling vindt, volgens de Belgische regering, zijn verklaring in met name de onmogelijkheid om in beide gevallen dezelfde regeling toe te passen teneinde een dubbele vrijstelling te voorkomen wanneer de belastingplichtige tegelijk in België en in een andere lidstaat een spaardeposito aanhoudt.

45. Dus dient te worden nagegaan of deze wettelijke regeling belemmeringen van de vrijheid van dienstverrichting oplevert en of, in voorkomend geval, deze belemmeringen kunnen worden gerechtvaardigd door de gronden waarop de Belgische regering zich beroept.

46. In dit verband zij vastgesteld dat de Belgische regering in haar verweerschrift het bestaan van een belemmering van deze vrijheid niet ontkent.

47. Voorts zij opgemerkt dat de betrokken Belgische wettelijke regeling tot gevolg heeft dat Belgische ingezetenen worden ontmoedigd om gebruik te maken van de diensten van een in een in andere lidstaat gevestigde bank en om een spaarrekening bij een niet in België gevestigde bank te openen of aan te houden, aangezien de door deze bank betaalde interesten niet in aanmerking kunnen komen voor de betrokken belastingvrijstelling wanneer deze banken niet op het Belgische grondgebied zijn gevestigd. Bovendien kan deze regeling houders van een spaarrekening bij een in België gevestigde bank, die dus deze vrijstelling genieten, ervan afhouden hun rekening over te brengen naar een in een andere lidstaat gevestigde bank.

48. Derhalve moet worden vastgesteld dat de betrokken regeling een door artikel 56, lid 1, VWEU in beginsel verboden belemmering van de vrijheid van dienstverrichting oplevert.

49. Uit vaste rechtspraak volgt dat nationale maatregelen die de uitoefening van de door het Verdrag gewaarborgde fundamentele vrijheden kunnen belemmeren of minder aantrekkelijk kunnen maken, niettemin toelaatbaar kunnen zijn indien zij een doel van algemeen belang nastreven, geschikt zijn om de verwezenlijking daarvan te waarborgen en niet verder gaan dan noodzakelijk is om het nagestreefde doel te bereiken (zie met name arrest van 12 juli 2012, Commissie/ Spanje, C-269/09, nog niet gepubliceerd in de *Jurisprudentie*, punt 62 en aldaar aangehaalde rechtspraak).

50. Dus dient te worden onderzocht of de vastgestelde belemmering kan worden gerechtvaardigd door het enige doel van algemeen belang waarop het Koninkrijk België zich uitdrukkelijk beroept, namelijk de noodzaak om de doeltreffendheid van de fiscale controles te waarborgen.

51. Aangaande deze rechtvaardiging dient vooraf te worden vastgesteld dat het Hof reeds heeft geoordeeld dat de noodzaak om de doeltreffendheid van de fiscale controles te waarborgen een beperking van de fundamentele vrijheden kan rechtvaardigen (zie in die zin met name arrest X en Passenheim-van Schoot, reeds aangehaald, punt 45).

52. Met betrekking tot de onmogelijkheid om gebruik te maken van de instrumenten van de Unie inzake wederzijdse bijstand die met name wordt gewaarborgd door richtlijn 77/799, dient te worden vastgesteld dat de mechanismen voor wederzijdse bijstand tussen de autoriteiten van de lidstaten voldoende zijn om een lidstaat in staat te stellen om de waarheidsgetrouwheid van de aangiften van de belastingplichtigen betreffende hun in een andere lidstaat gerealiseerde inkomsten te controleren (zie in die zin arrest van 29 november 2010, Nationale Grid Indus, C-371/10, nog niet gepubliceerd in de *Jurisprudentie*, punt 78, en arrest Commissie/Spanje, reeds aangehaald, punt 68).

53. Evenwel valt niet uit te sluiten dat voornoemd samenwerkingsinstrument in de praktijk niet altijd op bevredigende wijze en feilloos functioneert. Toch kunnen de lidstaten zich niet beroepen op eventuele moeilijkheden bij de inzameling van de noodzakelijke inlichtingen of op eventuele tekortkomingen in de samenwerking tussen hun belastingdiensten ter rechtvaardiging van de beperking van de door het Verdrag gewaarborgde vrijheden (zie in die zin arrest van 4 maart 2004, Commissie/Frankrijk, C-334/02, *Jurispr.* blz. I-2229, punt 33, en arrest Commissie/ Spanje, reeds aangehaald, punt 72).

54. Niets belet de betrokken belastingautoriteiten immers, van de belastingplichtige de bewijzen te verlangen die zij noodzakelijk achten voor de correcte vaststelling van de betrokken belastingen, en in voorkomend geval de gevraagde vrijstelling te weigeren wanneer deze bewijzen niet worden geleverd (zie met name arrest van 11 oktober 2007, ELISA, C-451/05, *Jurispr.* blz. I-8251, punt 95 en aldaar aangehaalde rechtspraak).

55. In deze context stelt de Belgische regering dat het Hof in het arrest X en Passenheim-van Schoot, reeds aangehaald, de rechtvaardigingsgrond in verband met de ontoereikende doeltreffendheid van dat samenwerkingsinstrument heeft aanvaard.

56. Dienaangaande zij opgemerkt dat het Hof in dat arrest heeft geoordeeld dat de toepassing van een verlengde navorderingstermijn ingeval het vermoeden bestaat dat in een andere lidstaat aangehouden belastbare tegoeden worden verzwegen, was gerechtvaardigd door de doelstelling om de doeltreffendheid van de fiscale controles te waarborgen en belastingfraude te bestrijden.

57. In casu zou de Belgische belastingadministratie voor door de belastingplichtige aangegeven inkomsten echter geen moeilijkheden moeten ondervinden om de met betrekking tot deze uit een andere lidstaat afkomstige inkomsten noodzakelijke inlichtingen te verkrijgen.

58. Zoals de Belgische regering in haar verweerschrift opmerkt, bestaat bovendien voor door de belastingplichtige aan te geven inkomsten uit buitenlandse spaarrekeningen ook een regeling voor informatie-uitwisseling op grond van richtlijn 2003/48.

59. Derhalve beschikt de Belgische belastingadministratie over een wettelijk instrument, waarvan de doeltreffendheid niet ter discussie staat, om informatie over het bestaan van buitenlande roerende inkomsten te verkrijgen en is zij dus in staat deze inkomsten te belasten.

60. Uit het voorgaande volgt dat de rechtvaardiging die verband houdt met de ontoereikendheid van de samenwerkingsinstrumenten op het niveau van de Unie, niet kan worden aanvaard.

61. Aangaande het risico van een dubbele vrijstelling en dus, impliciet, de rechtvaardiging van de betrokken wettelijke regeling door de doelstelling van bestrijding van belastingfraude en -ontwijking, zij eraan herinnerd dat het Hof deze doelstelling als rechtmatig heeft erkend (zie in die zin met name arrest van 7 april 2011, Commissie/Portugal, C-20/09, *Jurispr.* blz. I-2637, punt 60 en aldaar aangehaalde rechtspraak).

62. Zoals de Commissie terecht heeft opgemerkt, bestaat dat risico eveneens ingeval een belastingplichtige twee of meer spaarrekeningen bij een in België gevestigde bank en dus in een zuiver binnenlandse context aanhoudt. Aangezien de belastingplichtigen voor interesten uit een Belgische spaarrekening anonimiteit genieten, volstaat het dat de belastingplichtige, wil hij meermaals voor de litigieuze vrijstelling in aanmerking komen, zijn spaargeld bij verschillende banken plaatst. Het risico van fraude of misbruik, waarop de Belgische regering zich beroept, is dus inherent aan de nationale vrijstellingsregeling en niet afhankelijk van het bestaan van een grensoverschrijdende factor.

63. Zelfs al zou de betrokken nationale regeling geschikt zijn om de verwezenlijking te waarborgen van de doelstelling die erin bestaat de doeltreffendheid van de fiscale controles waarborgen en met name belastingfraude en -ontwijking te bestrijden, dient bovendien te worden vastgesteld dat deze regeling verder gaat dan noodzakelijk is om de nagestreefde doelstelling te bereiken.

64. Volgens vaste rechtspraak kan de bestrijding van belastingfraude immers slechts als rechtvaardigingsgrond worden aanvaard indien zij is gericht tegen zuiver kunstmatige constructies die tot doel hebben de belastingwet te omzeilen, wat elk algemeen vermoeden van fraude uitsluit. Een algemeen vermoeden van belastingfraude of -ontwijking volstaat dus niet als rechtvaardigingsgrond voor een fiscale maatregel die afbreuk doet aan de door het Verdrag nagestreefde doelstellingen (zie in die zin arrest van 28 oktober 2010, Établissements Rimbaud, C-72/09, *Jurispr.* blz. I-10659, punt 34 en aldaar aangehaalde rechtspraak). In casu voorkomt de betrokken nationale regeling evenwel niet alleen belastingfraude en -ontwijking, maar zij verhindert ook de rechtmatige uitoefening van de vrijheid van dienstverrichting wanneer de belastingplichtigen aantonen dat zij niet ernaar streven, fraude te plegen.

65. Hieruit volgt dat de Belgische regering minder beperkende maatregelen had kunnen nemen om het doel van bestrijding van belastingfraude te bereiken.

66. Dat de betrokken wettelijke regeling gerechtvaardigd is door de noodzaak om belastingfraude en -ontwijking te voorkomen in het kader van de waarborging van de doeltreffendheid van de fiscale controles, kan dus niet worden aanvaard.

67. Aangaande – ten slotte – de rechtvaardiging dat wanneer een belastingplichtige voor een spaarrekening bij een buiten België gevestigde bank ten onrechte een vrijstelling heeft genoten, hij de voorheffing moet betalen zonder mogelijkheid van civielrechtelijk verhaal op de buitenlandse bank, kan worden volstaan met de vaststelling dat de Belgische regering niet heeft aangetoond in welk opzicht haar streven naar een billijke verdeling van de civielrechtelijke aansprakelijkheid over de belastingplichtigen en de betrokken banken een rechtvaardiging zou kunnen zijn voor de toepassing van een maatregel als die in casu, waarmee wordt beoogd de doeltreffendheid van de fiscale controles te waarborgen.

68. Derhalve kan deze rechtvaardigingsgrond voor de bestreden wettelijke regeling niet worden aanvaard.

69. Hieruit volgt dat de beperking van de vrijheid van dienstverrichting als gevolg van de toepassing van de bestreden nationale regeling, volgens welke uitsluitend door een in België gevestigde bank betaalde interesten een belastingvrijstelling genieten met uitzondering van de interesten betaald door een in een andere lidstaat gevestigde bankinstelling, niet kan worden gerechtvaardigd door de doelstellingen die het Koninkrijk België aanvoert, en evenmin aan het evenredigheidsvereiste voldoet.

70. In de tweede plaats stelt de Commissie dat het Koninkrijk België als gevolg van de bestreden Belgische regeling tevens de verplichtingen niet nakomt die op hem rusten krachtens artikel 36 EER-Overeenkomst, betreffende de vrijheid van dienstverrichting.

71. Deze bepaling van de EER-Overeenkomst is analoog aan die van artikel 56 VWEU, zodat de overwegingen in de punten 40 tot en met 69 van het onderhavige arrest betreffende dat artikel in beginsel ook gelden voor het overeenkomstige artikel van de EER-Overeenkomst.

72. Evenwel dient te worden vastgesteld dat de Belgische regering enkel met betrekking tot artikel 56 VWEU een rechtvaardigingsgrond aanvoert. Aangezien deze regering geen specifieke rechtvaardigingsgrond met betrekking tot artikel 36 EER-Overeenkomst aanvoert, moet bijgevolg worden aangenomen dat ook artikel 36 EER-Overeenkomst zich verzet tegen de bestreden nationale regeling.

Vrij verkeer van kapitaal

73. De Commissie verzoekt het Hof bovendien vast te stellen dat het Koninkrijk België de uit artikel 63 VWEU en artikel 40 EER-Overeenkomst voortvloeiende verplichtingen niet is nagekomen.

74. Aangezien de bepalingen van het Verdrag en van de EER-Overeenkomst betreffende de vrijheid van dienstverrichting zich verzetten tegen de litigieuze regeling, behoeft deze regeling niet afzonderlijk aan artikel 63 VWEU en artikel 40 van de EER-Overeenkomst inzake het vrije verkeer van kapitaal te worden getoetst (zie naar analogie arrest Commissie/België, reeds aangehaald, punt 79).

75. Bijgevolg dient te worden vastgesteld dat het Koninkrijk België, door de invoering en instandhouding van een regeling waarbij door niet-ingezeten banken betaalde interesten discriminatoir worden belast als gevolg van de toepassing van een belastingvrijstelling die uitsluitend geldt voor door ingezeten banken betaalde interesten, de krachtens artikel 56 VWEU en artikel 36 EER-Overeenkomst op hem rustende verplichtingen niet is nagekomen.

Kosten

76. …

HET HOF (Vijfde kamer)

verklaart:

1. **Door de invoering en instandhouding van een regeling waarbij door niet-ingezeten banken betaalde interesten discriminatoir worden belast als gevolg van de toepassing van een belastingvrijstelling die uitsluitend geldt voor door ingezeten banken betaalde interesten, is het Koninkrijk België de verplichtingen niet nagekomen die op hem rusten krachtens artikel 56 VWEU en artikel 36 van het Verdrag betreffende de Europese Economische Ruimte van 2 mei 1992.**

2. **Het Koninkrijk België wordt verwezen in de kosten.**

HvJ EU 4 juli 2013, zaak C-350/11 (Argenta Spaarbank NV v. Belgische Staat)

Eerste kamer: *A. Tizzano, kamerpresident, M. Ilešič, E. Levits (rapporteur), J. J. Kasel en M. Safjan, rechters*

Advocaat-Generaal: *P. Mengozzi*

1. Het verzoek om een prejudiciële beslissing betreft de uitlegging van artikel 49 VWEU.

2. Dit verzoek is ingediend in het kader van een geding tussen Argenta Spaarbank NV (hierna: 'Argenta') en de Belgische Staat over de berekening van de aftrek voor risicokapitaal voor aanslagjaar 2008.

Toepasselijke bepalingen

Belgisch recht

3. De aftrek voor risicokapitaal werd in de inkomstenbelasting ingevoerd bij wet van 22 juni 2005 tot invoering van een belastingaftrek voor risicokapitaal (*Belgisch Staatsblad* van 30 juni 2005, blz. 30077). Deze aftrek is geregeld in de artikelen 205 bis tot en met 205 nonies en 236 van het Wetboek van de inkomstenbelastingen 1992 (hierna: 'WIB 1992').

4. Volgens de memorie van toelichting heeft deze wet met name tot doel het verschil in fiscale behandeling tussen de financiering van vennootschappen met vreemd vermogen, waarvan de vergoeding fiscaal volledig aftrekbaar is, en de financiering van vennootschappen met eigen vermogen (risicokapitaal), waarvan de vergoeding volledig werd belast, te verminderen en de solvabiliteitsratio van vennootschappen te verhogen, waarbij de aftrek voor risicokapitaal werd ingevoerd in het kader van de algemene doelstelling om het concurrentievermogen van de Belgische economie te verbeteren.

5. De aftrek voor risicokapitaal, ook de 'notionele interestaftrek' genoemd, is een techniek waarbij van de belastbare grondslag in de vennootschapsbelasting een bepaald percentage van het eigen vermogen van de betrokken vennootschap wordt afgetrokken.

6. Ingevolge artikel 205 quater, § 1, WIB 1992 is de aftrek voor risicokapitaal gelijk aan het bedrag van het risicokapitaal, bepaald volgens artikel 205 ter WIB 1992, vermenigvuldigd met een tarief dat is bepaald in de volgende paragrafen van dat artikel 205 quater.

7. Artikel 205 ter, § 1, eerste alinea, WIB 1992 bepaalt dat voor de bepaling van de aftrek voor risicokapitaal voor een bepaald belastbaar tijdperk het in aanmerking te nemen risicokapitaal, onder voorbehoud van de bepalingen van de §§ 2 tot 7 van dat artikel 205 ter, overeenstemt met het bedrag van het eigen vermogen van de vennootschap aan het eind van het voorgaande belastbare tijdperk, dat is bepaald overeenkomstig de wetgeving betreffende de boekhouding en de jaarrekening, voor het bedrag dat voorkomt op de balans. Deze §§ 2 tot 7 bepalen in welke gevallen het eigen vermogen moet worden gecorrigeerd om als basis te dienen voor de berekening van het bedrag van de aftrek voor risicokapitaal.

8. Meer bepaald wordt overeenkomstig artikel 205 ter, § 2, WIB 1992 het risicokapitaal, bepaald volgens artikel 205 ter, § 1, WIB 1992, verminderd met de nettowaarde van de activa van de vaste inrichtingen waarvan de inkomsten in België zijn vrijgesteld krachtens een verdrag tot het vermijden van dubbele belasting.

9. Ingevolge artikel 205 quinquies WIB 1992 wordt, indien er voor een belastbaar tijdperk geen of onvoldoende winst is om de aftrek voor risicokapitaal in mindering te kunnen brengen, de voor dat belastbaar tijdperk niet verleende vrijstelling achtereenvolgens overgedragen op de winst van de zeven volgende belastbare tijdperken.

Overeenkomst tussen het Koninkrijk België en het Koninkrijk der Nederlanden tot het vermijden van dubbele belasting

10. Artikel 7, leden 1 tot en met 3, van de Overeenkomst van 5 juni 2001 tussen het Koninkrijk België en het Koninkrijk der Nederlanden tot het vermijden van dubbele belasting en tot het voorkomen van het ontgaan van belasting inzake belastingen naar het inkomen en naar het vermogen (*Belgisch Staatsblad* van 20 december 2002, blz. 57533; hierna: 'Belgisch-Nederlands verdrag') bepaalt:

> '1. Winst van een onderneming van een verdragsluitende staat is slechts in die staat belastbaar, tenzij de onderneming in de andere verdragsluitende staat haar bedrijf uitoefent met behulp van een aldaar gevestigde vaste inrichting. Indien de onderneming aldus haar bedrijf uitoefent, mag de winst van de onderneming in de andere staat worden belast, maar slechts in zoverre als zij aan die vaste inrichting kan worden toegerekend.
> 2. Onder voorbehoud van de bepalingen van paragraaf 3 wordt, indien een onderneming van een verdragsluitende staat in de andere verdragsluitende staat haar bedrijf uitoefent met behulp van een aldaar gevestigde vaste inrichting, in elke verdragsluitende staat aan die vaste inrichting de winst toegerekend die zij geacht zou kunnen worden te behalen indien zij een onafhankelijke onderneming zou zijn, die dezelfde of soortgelijke

werkzaamheden zou uitoefenen onder dezelfde of soortgelijke omstandigheden en die geheel onafhankelijk zou handelen met de onderneming waarvan zij een vaste inrichting is.

3. Bij het bepalen van de winst van een vaste inrichting worden in aftrek toegelaten kosten, daaronder begrepen kosten van leiding en algemene beheerskosten, die ten behoeve van de vaste inrichting zijn gemaakt, hetzij in de staat waar de vaste inrichting is gevestigd, hetzij elders.'

11 Artikel 23, lid 1, van het Belgisch-Nederlands verdrag luidt:

'In België wordt dubbele belasting op de volgende wijze vermeden:

a. Indien een inwoner van België inkomsten verkrijgt, andere dan dividenden, interest of royalty's als zijn bedoeld in artikel 12, paragraaf 5, of bestanddelen van een vermogen bezit die ingevolge de bepalingen van dit verdrag, in Nederland zijn belast, stelt België deze inkomsten of deze bestanddelen van vermogen vrij van belasting, maar om het bedrag van de belasting op het overige inkomen of vermogen van die inwoner te berekenen mag België het belastingtarief toepassen dat van toepassing zou zijn indien die inkomsten of die bestanddelen van het vermogen niet waren vrijgesteld.

[...]'

Hoofdgeding en prejudiciële vraag

12. Argenta is een in België ingezeten vennootschap die in deze lidstaat aan de vennootschapsbelasting is onderworpen. Zij heeft een vaste inrichting in Nederland waarvan de inkomsten krachtens het Belgisch-Nederlands verdrag in België zijn vrijgesteld.

13. Voor aanslagjaar 2008 heeft Argenta krachtens de artikelen 205 bis tot en met 205 nonies WIB 1992 verzocht om de aftrek voor risicokapitaal.

14. Op 19 november 2008 is jegens Argenta de aanslag in de vennootschapsbelasting voor dat aanslagjaar vastgesteld. Bij de berekening van deze aanslag heeft de Belgische belastingadministratie overeenkomstig artikel 205 ter, § 2, WIB 1992 de nettowaarde van de activa van de vaste inrichting van Argenta in Nederland niet in aanmerking genomen voor de bepaling van het bedrag van het eigen vermogen dat dient als berekeningsbasis voor de aftrek voor risicokapitaal.

15. Op 7 september 2009 heeft deze belastingadministratie het bezwaar dat Argenta op 20 mei 2009 tegen deze aanslag had gemaakt, afgewezen.

16. Op 4 december 2009 heeft Argenta bij de verwijzende rechter beroep tegen deze beslissing ingesteld op grond dat artikel 205 ter, § 2, WIB 1992 naar haar mening een belemmering van de in artikel 49 VWEU vervatte vrijheid van vestiging vormt doordat investeringen in een vaste inrichting in een lidstaat waarmee het Koninkrijk België een dubbelbelastingverdrag heeft gesloten, geen recht geven op de aftrek voor risicokapitaal, terwijl investeringen in een in België gelegen vaste inrichting wel recht op deze aftrek geven.

17. Daarop heeft de verwijzende rechter de behandeling van de zaak geschorst en het Hof de volgende prejudiciële vraag gesteld:

'Verzet artikel [49 VWEU] zich tegen een nationale belastingregeling op grond waarvan een in België onbeperkt belastingplichtige vennootschap bij de berekening van haar belastbare winst geen aftrek voor risicokapitaal kan toepassen ten belope van het positieve verschil tussen enerzijds de nettoboekwaarde van de activabestanddelen van de inrichtingen die de belastingplichtige aanhoudt in een andere lidstaat van de EU en anderzijds het totaal van de passivabestanddelen die op deze inrichtingen aanrekenbaar zijn, terwijl zij wel aftrek voor risicokapitaal kan toepassen indien dit positieve verschil kan worden toegerekend aan een in België gelegen vaste inrichting?'

Beantwoording van de prejudiciële vraag

18. Met zijn vraag wenst de verwijzende rechter te vernemen of artikel 49 VWEU aldus moet worden uitgelegd dat het zich verzet tegen een nationale regeling volgens welke voor de berekening van een aftrek waarop een in een lidstaat onbeperkt belastingplichtige vennootschap aanspraak kan maken, de nettowaarde van de activa van een in een andere lidstaat gelegen vaste inrichting niet in aanmerking wordt genomen wanneer de winst van deze vaste inrichting krachtens een overeenkomst tot het vermijden van dubbele belasting niet in eerstbedoelde lidstaat belastbaar is, terwijl de activa die verbonden zijn met een vaste inrichting op het grondgebied van eerstbedoelde lidstaat, daartoe wel in aanmerking worden genomen.

19. Volgens vaste rechtspraak brengt de vrijheid van vestiging die in artikel 49 VWEU aan de burgers van de Unie wordt toegekend, en die voor hen de toegang tot en de uitoefening van werkzaamheden anders dan in loondienst omvat alsmede de oprichting en het bestuur van ondernemingen onder dezelfde voorwaarden als in de wetgeving van het land van vestiging voor de eigen staatsburgers zijn vastgesteld, overeenkomstig artikel 54 VWEU voor de vennootschappen die naar het recht van een lidstaat zijn opgericht en die hun statutaire zetel, hun hoofdbestuur of hun hoofdvestiging binnen de Europese Unie hebben, het recht mee om in de betrokken lidstaat hun bedrijfsac-

tiviteit uit te oefenen door middel van een dochteronderneming, een filiaal of een agentschap (zie arrest van 15 september 2011, Accor, C-310/09, nog niet gepubliceerd in de *Jurisprudentie*, punt 39 en aldaar aangehaalde rechtspraak).

20. Hoewel de bepalingen van het VWEU inzake de vrijheid van vestiging volgens de bewoordingen ervan het voordeel van de nationale behandeling in de lidstaat van ontvangst beogen te garanderen, verbieden zij ook de staat van oorsprong de vestiging in een andere lidstaat van een van zijn staatsburgers of van een naar zijn recht opgerichte vennootschap te bemoeilijken (arrest Accor, reeds aangehaald, punt 40 en aldaar aangehaalde rechtspraak).

21. Deze beginselen gelden ook wanneer een vennootschap met zetel in een lidstaat haar activiteiten in een andere lidstaat verricht via een vaste inrichting (zie arrest van 15 mei 2008, Lidl Belgium, C-414/06, *Jurispr.* blz. I-3601, punt 20).

22. In het hoofdgeding staat vast dat de betrokken regeling bij de berekening van de aftrek voor risicokapitaal een verschil in behandeling invoert tussen de activa van een vaste inrichting die is gelegen in een andere lidstaat dan het Koninkrijk België en waarvan de inkomsten niet in België belastbaar zijn, en de activa van een in laatstbedoelde lidstaat gelegen vaste inrichting.

23. De activa die verbonden zijn met een vaste inrichting die is gelegen in een andere lidstaat dan het Koninkrijk België en waarvan de inkomsten niet in België belastbaar zijn, worden immers niet in aanmerking genomen voor de berekening van het bedrag van het risicokapitaal dat dient als berekeningsbasis voor de in het hoofdgeding aan de orde zijnde aftrek, terwijl de activa die verbonden zijn met een in België gelegen vaste inrichting, daartoe wel in aanmerking worden genomen.

24. Zoals de advocaat-generaal in punt 33 van zijn conclusie heeft opgemerkt, ontstaat voor een in België aan de vennootschapsbelasting onderworpen vennootschap een belastingvoordeel wanneer de activa van een vaste inrichting in aanmerking worden genomen voor de berekening van de aftrek voor risicokapitaal, want als gevolg daarvan vermindert het effectieve belastingtarief in de vennootschapsbelasting die deze vennootschap in deze lidstaat moet betalen.

25. Dat belastingvoordeel wordt evenwel geweigerd wanneer de vaste inrichting van de in België ingezeten vennootschap in een andere lidstaat is gelegen en haar inkomsten zijn vrijgesteld krachtens een overeenkomst tot het vermijden van dubbele belasting tussen het Koninkrijk België en die andere lidstaat.

26. In dat verband stelt de Belgische regering dat het verschil in behandeling dat voortvloeit uit de in het hoofdgeding aan de orde zijnde regeling, evenwel geen beperking van de vrijheid van vestiging vormt aangezien dat verschil in behandeling geen nadelige gevolgen inhoudt voor de vennootschap die een vaste inrichting aanhoudt in een andere lidstaat dan het Koninkrijk België en dergelijke nadelige gevolgen, mochten die worden vastgesteld, bovendien het gevolg zijn van de parallelle uitoefening door verschillende lidstaten van hun fiscale bevoegdheid.

27. Deze regering is dus van mening dat ook al worden de activa van de in een andere lidstaat dan het Koninkrijk België gelegen vaste inrichting in aanmerking genomen, het fiscale resultaat van de ingezeten hoofdvennootschap niet zou kunnen worden verlicht. Volgens deze regering wordt voor een buitenlandse vaste inrichting waarvan de inkomsten niet krachtens een dubbelbelastingverdrag zijn vrijgesteld, de aftrek voor risicokapitaal afzonderlijk berekend op basis van de aan de vaste inrichting toerekenbare activa en bij voorrang toegepast op de winst van die vaste inrichting. Daaruit concludeert de Belgische regering bij analogie dat zo de activa van een vaste inrichting die is gelegen in een andere lidstaat dan het Koninkrijk België en waarvan de inkomsten krachtens een verdrag zijn vrijgesteld, in aanmerking dienden te worden genomen, de aftrek voor risicokapitaal zou moeten worden toegepast op de aan deze inrichting toerekenbare winst. Die winst wordt echter niet in België belast.

28. Argenta en de Commissie betwisten deze uitlegging van het Belgische recht en voeren aan dat voor buitenlandse vaste inrichtingen waarvan de inkomsten niet in België van belasting zijn vrijgesteld, de aftrek voor risicokapitaal wordt berekend op basis van de wereldwijde inkomsten en toegepast op het geheel van de belastbare inkomsten van de betrokken vennootschap.

29. Volgens vaste rechtspraak is het Hof, wanneer het overeenkomstig artikel 267 VWEU een door een rechterlijke instantie van een lidstaat gestelde prejudiciële vraag beantwoordt, niet bevoegd om het nationale recht van deze lidstaat uit te leggen, daar dit de taak is van de nationale rechter (zie met name arresten van 12 oktober 1993, Vanacker en Lesage, C-37/92, *Jurispr.* blz. I-4947, punt 7; 14 februari 2008, Gysen, C-449/06, *Jurispr.* blz. I-553, punt 17, en 17 januari 2013, Zakaria, C-23/ 12, nog niet gepubliceerd in de *Jurisprudentie*, punt 29).

30. Evenwel zij vastgesteld dat de Belgische regering ter terechtzitting heeft erkend dat ook al zou de aftrek voor risicokapitaal afzonderlijk worden berekend op basis van de activa van de vaste inrichting en bij voorrang worden toegepast op de winst ervan, een eventueel overschot zou worden afgetrokken van de winst van de hoofdvennootschap. Uit het betoog van deze regering volgt dus niet dat de ingezeten hoofdvennootschap voor de vermindering van haar belastbare grondslag niet in aanmerking zou kunnen komen voor de aftrek voor risicokapitaal berekend

met inaanmerkingneming van de activa van de vaste inrichting die in een andere lidstaat dan het Koninkrijk België is gelegen.

31. Zoals de advocaat-generaal in punt 40 van zijn conclusie heeft opgemerkt, is de Belgische regering bovendien niet opgekomen tegen de stelling van Argenta dat een Belgische vennootschap met eigen vermogen in aanmerking kan komen voor de aftrek voor risicokapitaal ook al maakt alleen haar buitenlandse vaste inrichting, die zelf niet met eigen vermogen is gefinancierd, winst die overeenkomstig de Belgische regeling uiteindelijk aan deze vennootschap wordt toegerekend voor de berekening van deze aftrek.

32. Bijgevolg is het voor een vennootschap die een vaste inrichting aanhoudt in een andere lidstaat dan het Koninkrijk België, nadelig dat zij voor de vermindering van haar belastbare grondslag niet in aanmerking kan komen voor de aftrek voor risicokapitaal berekend met inaanmerkingneming van de activa van deze vaste inrichting.

33. Anders dan de Belgische regering aanvoert, is deze nadelige behandeling niet het gevolg van het feit dat de lidstaat waarin de vaste inrichting is gelegen, geen aftrek voor risicokapitaal kent, maar uitsluitend het gevolg van de keuze die in de Belgische regeling is gemaakt om de activa van deze vaste inrichting niet in aanmerking te nemen. Deze nadelige behandeling kan dus niet het gevolg zijn van de parallelle uitoefening door verschillende lidstaten van hun fiscale bevoegdheid.

34. Deze nadelige behandeling kan een Belgische vennootschap ervan afhouden haar activiteiten uit te oefenen via een vaste inrichting in een andere lidstaat dan het Koninkrijk België en vormt bijgevolg een beperking die in beginsel is verboden door de Verdragsbepalingen inzake de vrijheid van vestiging.

35. Volgens de rechtspraak van het Hof is een beperking van de vrijheid van vestiging slechts aanvaardbaar indien zij wordt gerechtvaardigd door dwingende redenen van algemeen belang. Daarenboven moet in een dergelijk geval de beperking geschikt zijn om het aldus nagestreefde doel te verwezenlijken en mag zij niet verder gaan dan nodig is voor het bereiken van dat doel (zie arrest Lidl Belgium, reeds aangehaald, punt 27 en aldaar aangehaalde rechtspraak).

36. In deze context beroept de Belgische regering zich op redenen die verband houden met de noodzaak om de samenhang van het belastingstelsel te verzekeren en de noodzaak om de evenwichtige verdeling van de heffingsbevoegdheid tussen de lidstaten te handhaven, in hun samenhang beschouwd.

37. Ten eerste is de regeling van aftrek voor risicokapitaal perfect symmetrisch en bestaat er een rechtstreeks, persoonlijk en feitelijk verband tussen het belastingvoordeel, berekend op basis van de activa, en de belasting over de met deze activa behaalde winst.

38. Dat verband is te vergelijken met dat tussen de aftrekbare rente op een lening voor de aanschaf van activa en de met deze activa behaalde belastbare winst, daar de wet tot invoering van de in het hoofdgeding aan de orde zijnde aftrek tot doel heeft, aldus de toelichting erbij, eigen kapitaal en geleend kapitaal fiscaal gelijk te behandelen. Hoewel de aftrek voor risicokapitaal op forfaitaire wijze wordt berekend op basis van het eigen kapitaal van de vennootschap, en niet naar verhouding van haar belastbare winst, wordt ervan uitgegaan dat het bedrag van de aftrek de interesten weergeeft die de vennootschap zou hebben betaald wanneer zij geld had geleend om de met eigen kapitaal aangeschafte activa te vormen.

39. Ten tweede stelt de Belgische regering dat, doordat geen rekening wordt gehouden met de activa van een vaste inrichting die is gelegen in een andere lidstaat dan het Koninkrijk België en waarvan de winst niet in België belastbaar is, deze lidstaat zijn fiscale bevoegdheid uitoefent op basis van het territorialiteitsbeginsel en overeenkomstig de verdeling van de heffingsbevoegdheid zoals die voortvloeit uit het Belgisch-Nederlands verdrag.

40. De mogelijkheid om de boekhoudkundige of buitenboekhoudkundige lasten in verband met de activa en passiva die met een vaste inrichting zijn verbonden in mindering te brengen en om een aftrek voor die activa of passiva toe te kennen, komt toe aan de lidstaat die volgens het dubbelbelastingverdrag het recht heeft belasting over de winst van de vaste inrichting te heffen. Deze verdeling, zoals ingevoerd bij het Belgisch-Nederlands verdrag, is bovendien in overeenstemming met de door de Organisatie voor Economische Samenwerking en Ontwikkeling (OESO) opgestelde modelovereenkomst inzake belastingen naar het inkomen en naar het vermogen.

41. Aangaande de eerste door de Belgische regering aangevoerde rechtvaardigingsgrond zij eraan herinnerd dat het Hof reeds heeft aanvaard dat de noodzaak om de samenhang van een belastingstelsel te verzekeren een beperking van de uitoefening van de door het Verdrag gewaarborgde vrijheden van verkeer kan rechtvaardigen (arresten van 28 januari 1992, Bachmann, C-204/90, *Jurispr.* blz. I-249, punt 28; 7 september 2004, Manninen, C-319/02, *Jurispr.* blz. I-7477, punt 42; 23 februari 2006, Keller Holding, C-471/04, *Jurispr.* blz. I-2107, punt 40, en 27 november 2008, Papillon, C-418/07, *Jurispr.* blz. I-8947, punt 43).

42. Volgens vaste rechtspraak kan evenwel slechts op een dergelijke rechtvaardigingsgrond een beroep worden gedaan wanneer wordt aangetoond dat er een rechtstreeks verband bestaat tussen het betrokken belastingvoordeel en de compensatie van dat voordeel door een bepaalde belastingheffing (reeds aangehaalde arresten

Manninen, punt 42, en Keller Holding, punt 40), waarbij de vraag of het verband rechtstreeks is, aan de hand van het doel van de betrokken regeling moet worden beoordeeld (arrest Manninen, reeds aangehaald, punt 43; arrest van 28 februari 2008, Deutsche Shell, C-293/ 06, *Jurispr.* blz. I-1129, punt 39, en arrest Papillon, reeds aangehaald, punt 44).

43. Zoals in punt 24 van het onderhavige arrest is uiteengezet, bestaat het in het hoofdgeding aan de orde zijnde belastingvoordeel in de mogelijkheid om voor de berekening van de aftrek voor risicokapitaal de met een vaste inrichting verbonden activa in aanmerking te nemen.

44. Dat voordeel, waardoor het effectieve belastingtarief in de vennootschapsbelasting waaraan de hoofdvennootschap is onderworpen vermindert, wordt in het hoofdgeding echter door geen enkele specifieke heffing gecompenseerd.

45. Dat voordeel wordt weliswaar slechts toegekend wanneer de door de vaste inrichting behaalde winst in België belastbaar is.

46. Toch bestaat er geen rechtstreeks verband, in de zin van de in punt 42 van het onderhavige arrest vermelde rechtspraak, tussen het voordeel dat wordt berekend met inaanmerkingneming van de activa en de belasting over de met deze activa behaalde opbrengst.

47. Volgens de in het hoofdgeding aan de orde zijnde regeling is immers enkel vereist dat de inkomsten die eventueel door deze vaste inrichting zijn behaald, in België belastbaar zijn, maar voor de toekenning van het betrokken voordeel geldt niet als voorwaarde dat daadwerkelijk inkomsten zijn behaald of belast. De betrokken regeling laat derhalve een situatie toe waarin, wanneer de inkomsten van een vaste inrichting in België belastbaar zijn maar deze inrichting geen inkomsten voortbrengt, haar activa in aanmerking worden genomen voor de berekening van de aftrek voor de vennootschap waarmee zij verbonden is.

48. Bovendien bepaalt artikel 205 quinquies WIB 1992 dat indien er voor een belastbaar tijdperk geen of onvoldoende winst is om de aftrek voor risicokapitaal in mindering te kunnen brengen, de voor dat belastbaar tijdperk niet-verleende vrijstelling achtereenvolgens kan worden overgedragen op de winst van de zeven volgende belastbare tijdperken.

49. Bijgevolg kan de weigering om de activa in aanmerking te nemen van een vaste inrichting die in een andere lidstaat dan het Koninkrijk België is gelegen en waarvan de inkomsten in België van belasting zijn vrijgesteld krachtens een dubbelbelastingverdrag, niet worden gerechtvaardigd om redenen die verband houden met de noodzaak om de samenhang van het nationale belastingstelsel te verzekeren.

50. Aangaande de tweede door de Belgische regering aangevoerde rechtvaardigingsgrond zij eraan herinnerd dat het behoud van de verdeling van de heffingsbevoegdheid tussen de lidstaten een door het Hof erkende rechtmatige doelstelling vormt (zie in die zin arresten van 13 december 2005, Marks & Spencer, C-446/03, *Jurispr.* blz. I-10837, punt 45; 7 september 2006, N, C-470/04, *Jurispr.* blz. I-7409, punt 42, en 18 juli 2007, Oy AA, C-231/05, *Jurispr.* blz. I-6373, punt 51, en arrest Lidl Belgium, reeds aangehaald, punt 31). Bovendien volgt uit vaste rechtspraak dat de lidstaten bij gebreke van Unierechtelijke unificatie- of harmonisatiemaatregelen bevoegd blijven om, door het sluiten van overeenkomsten of unilateraal, de criteria voor de verdeling van hun belastingbevoegdheid vast te stellen teneinde onder meer dubbele belasting af te schaffen (arresten van 19 november 2009, Commissie/Italië, C-540/07, *Jurispr.* blz. I-10983, punt 29, en 29 november 2011, National Grid Indus, C-371/10, nog niet gepubliceerd in de *Jurisprudentie*, punt 45).

51. Het gegeven dat een lidstaat in een met een andere lidstaat afgesloten dubbelbelastingverdrag is overeengekomen dat de winst van een in die andere lidstaat gelegen vaste inrichting uitsluitend in laatstbedoelde lidstaat belastbaar is en eerstbedoelde lidstaat bijgevolg voor de winst van die vaste inrichting niet heffingsbevoegd is, kan evenwel niet systematisch rechtvaardigen dat een op het grondgebied van eerstbedoelde lidstaat gevestigde vennootschap waarmee die vaste inrichting is verbonden, enig voordeel wordt geweigerd.

52. Een dergelijke weigering zou erop neerkomen dat een verschil in behandeling wordt gerechtvaardigd louter op grond dat een in een lidstaat gelegen vennootschap grensoverschrijdende economische activiteiten heeft ontwikkeld die niet meteen tot doel hebben, belastinginkomsten voor deze lidstaat voort te brengen (zie in die zin arrest Marks & Spencer, reeds aangehaald, punt 40, en arrest van 29 maart 2007, Rewe Zentralfinanz, C-347/04, *Jurispr.* blz. I-2647, punt 43).

53. Daarentegen volgt uit de rechtspraak dat de noodzaak om de evenwichtige verdeling van de heffingsbevoegdheid tussen de lidstaten te vrijwaren, als rechtvaardigingsgrond met name kan worden aanvaard wanneer de betrokken regeling ertoe strekt gedragingen te voorkomen die afbreuk kunnen doen aan het recht van een lidstaat om zijn belastingbevoegdheid uit te oefenen met betrekking tot activiteiten die op zijn grondgebied plaatsvinden (zie arrest Oy AA, reeds aangehaald, punt 54; arresten van 8 november 2007, Amurta, C-379/05, *Jurispr.* blz. I-9569, punt 58; 18 juni 2009, Aberdeen Property Fininvest Alpha, C-303/07, *Jurispr.* blz. I-5145, punt 66; 20 oktober 2011, Commissie/Duitsland, C-284/09, nog niet gepubliceerd in de *Jurisprudentie*, punt 77, en 10 mei 2012, Santander Asset Management SGIIC e.a., C-338/11–C-347/11, nog niet gepubliceerd in de *Jurisprudentie*, punt 47).

54. Zo heeft het Hof geoordeeld dat deze doelstelling met name ertoe strekt de symmetrie te handhaven tussen het recht de winst te belasten en de mogelijkheid het verlies van een vaste inrichting af te trekken, aangezien wanneer zou worden aanvaard dat het verlies van een niet-ingezeten vaste inrichting aftrekbaar is van het inkomen van de hoofdvennootschap, dit ertoe zou leiden dat de hoofdvennootschap vrij kan kiezen in welke lidstaat zij dat verlies in mindering brengt (zie in die zin reeds aangehaalde arresten Oy AA, punt 56, en Lidl Belgium, punt 34).

55. Zoals de advocaat-generaal in punt 63 van zijn conclusie heeft opgemerkt, wordt door toekenning van het in het hoofdgeding aan de orde zijnde belastingvoordeel echter geenszins afbreuk gedaan aan het recht van de lidstaat waarin de vennootschap is gelegen waarvan de vaste inrichting afhangt, noch aan het recht van de lidstaat waarin de vaste inrichting is gelegen om de op zijn grondgebied uitgeoefende activiteiten te belasten, en worden als gevolg daarvan de normaliter in een van deze lidstaten belastbare inkomsten niet naar de andere lidstaat verplaatst.

56. Aangaande, ten slotte, het argument van de Belgische regering dat de belastingaftrek van interesten over leningen die zijn aangegaan om de activa van een vaste inrichting te vormen, enerzijds, en het aan een vaste inrichting toegekende eigen kapitaal, anderzijds, gelijklopend moeten worden behandeld, zij opgemerkt dat deze regering zelf erkent dat de aftrek voor risicokapitaal forfaitair wordt berekend op basis van het eigen kapitaal van de betrokken vennootschap en niet naar verhouding van de met haar activa behaalde belastbare winst.

57. Deze regering kan derhalve niet stellen dat het Belgisch-Nederlands verdrag en inzonderheid de bepalingen ervan betreffende de vaststelling van de winst van een vaste inrichting en de inaanmerkingneming daartoe van de uitgaven die zijn gedaan voor de door deze inrichting nagestreefde doelen, zich ertegen verzetten dat voor de berekening van de aftrek voor risicokapitaal de activa van een vaste inrichting waarvan de inkomsten niet in België belastbaar zijn krachtens een dubbelbelastingverdrag, in aanmerking worden genomen.

58. Bijgevolg kan de beperking die door de in het hoofdgeding aan de orde zijnde regeling is ingevoerd, niet worden gerechtvaardigd door redenen die verband houden met de noodzaak om de evenwichtige verdeling van de heffingsbevoegdheid tussen de lidstaten te waarborgen.

59. Gelet op een en ander dient op de prejudiciële vraag te worden geantwoord dat artikel 49 VWEU aldus moet worden uitgelegd dat het zich verzet tegen een nationale regeling volgens welke voor de berekening van een aftrek waarop een in een lidstaat onbeperkt belastingplichtige vennootschap aanspraak kan maken, de nettowaarde van de activa van een in een andere lidstaat gelegen vaste inrichting niet in aanmerking wordt genomen wanneer de winst van deze vaste inrichting krachtens een overeenkomst tot het vermijden van dubbele belasting niet in eerstbedoelde lidstaat belastbaar is, terwijl de activa die verbonden zijn met een vaste inrichting op het grondgebied van eerstbedoelde lidstaat, daartoe wel in aanmerking worden genomen.

Kosten

60. ...

HET HOF (Eerste kamer)

verklaart voor recht:

Artikel 49 VWEU moet aldus worden uitgelegd dat het zich verzet tegen een nationale regeling volgens welke voor de berekening van een aftrek waarop een in een lidstaat onbeperkt belastingplichtige vennootschap aanspraak kan maken, de nettowaarde van de activa van een in een andere lidstaat gelegen vaste inrichting niet in aanmerking wordt genomen wanneer de winst van deze vaste inrichting krachtens een overeenkomst tot het vermijden van dubbele belasting niet in eerstbedoelde lidstaat belastbaar is, terwijl de activa die verbonden zijn met een vaste inrichting op het grondgebied van eerstbedoelde lidstaat, daartoe wel in aanmerking worden genomen.

HvJ EU 18 juli 2013, zaak C-261/11 (Europese Commissie v. Koninkrijk Denemarken)

Derde kamer: *M. Ilešič, kamerpresident, E. Jarašiūnas, A. Ó Caoimh, C. Toader en C. G. Fernlund (rapporteur), rechters*

Advocaat-generaal: *J. Kokott*

Samenvatting arrest

On 18 July 2013, the ECJ issued its judgment in case Commission v Denmark (C-261/11) concerning the Danish exit tax rules applicable on cross-border transfers of assets within a company. According to Danish tax law, transfers of assets within Denmark do not trigger taxation while assets transferred outside Denmark (and therefore, are no longer subject to Danish tax law), are treated as sale-triggering taxation as those assets had been sold in the year of the transfer.

The ECJ started by considering that the difference in treatment between domestic transfers and transfers to another Member State make it less attractive for a Danish company to transfer its assets to another Member State. Therefore, it considered that the legislation at stake constitutes a breach of the freedom of establishment as provided in Article 49 TFEU and Article 31 EEA.

As regards possible justifications, the ECJ rejected the arguments that the Danish measures could be justified by the need to preserve the coherence of the tax system or the balanced allocation of the powers to tax.

Therefore, it confirmed that the Danish legislation, by providing a difference in treatment between transfers of assets between Member States and domestic transfers of assets, is in breach of the freedom of establishment as provided in articles 49 TFEU and 31 EEA.

Bovenstaande samenvatting (uit EU Tax Alert) werd beschikbaar gesteld door Loyens & Loeff.

Par ces motifs,

LA COUR (troisième chambre)

déclare et arrête:

1. En adoptant et en maintenant en vigueur l'article 8, paragraphe 4, de la loi sur l'imposition des sociétés par actions e.a. (lovbekendtgørelse nr. 1376 om indkomstbeskatning af aktieselskaber m.v.), du 7 décembre 2010, relative à l'imposition immédiate des revenus des sociétés par actions et, partant, un régime fiscal qui prévoit la taxation immédiate des plus-values latentes afférentes à un transfert d'actifs, réalisé par une société établie au Danemark, vers un autre État membre de l'Union européenne ou vers un État tiers partie à l'accord sur l'Espace économique européen, du 2 mai 1992, le Royaume de Danemark a manqué aux obligations qui lui incombent en vertu des articles 49 TFUE et 31 de cet accord.

2. Le Royaume de Danemark est condamné aux dépens.

3. La République fédérale d'Allemagne, le Royaume d'Espagne, le Royaume des Pays-Bas, la République portugaise, la République de Finlande et le Royaume de Suède supportent leurs propres dépens.

HvJ EU 18 juli 2013, zaak C-6/12 (P Oy)

Vijfde kamer: *T. von Danwitz, kamerpresident, A. Rosas, E. Juhász (rapporteur), D. Šváby en C. Vajda, rechters*

Advocaat-Generaal: *E. Sharpston*

1. Het verzoek om een prejudiciële beslissing betreft de uitlegging van de relevante Unierechtelijke bepalingen inzake staatssteun.

2. Dit verzoek is ingediend in het kader van een geding tussen P Oy (hierna: 'P') en de nationale autoriteiten die bevoegd zijn voor vennootschapsbelasting, over de weigering van die autoriteiten, P toe te staan haar verliezen over het boekjaar te verrekenen – wat op grond van de toepasselijke nationale regeling in beginsel mogelijk is – of die verliezen over te dragen naar volgende boekjaren.

Toepasselijke bepalingen

Unierecht

3. Verordening (EG) nr. 659/1999 van de Raad van 22 maart 1999 tot vaststelling van nadere bepalingen voor de toepassing van artikel [108 VWEU] (*PB* L 83, blz. 1), bepaalt in artikel 1, 'Definities':

'Voor de toepassing van deze verordening gelden de volgende definities:
[...]
b. 'bestaande steun':
i. onverminderd de artikelen 144 en 172 van de akte [inzake de toetredingsvoorwaarden voor de Republiek Oostenrijk, de Republiek Finland en het Koninkrijk Zweden en de aanpassing van de Verdragen waarop de Europese Unie is gegrond (*PB* 1994, C 241, blz. 21, en *PB* 1995, L 1, blz. 1, hierna: 'toetredingsakte')], alle steun die voor de inwerkingtreding van het Verdrag in de respectieve lidstaat bestond, dat wil zeggen steunregelingen en individuele steun die vóór de inwerkingtreding van het Verdrag tot uitvoering zijn gebracht en die na de inwerkingtreding nog steeds van toepassing zijn;
[...]'

Fins recht

4. Wet nr. 1535/1992 van 30 december 1992 op de inkomstenbelasting (Tuloverolaki, hierna: 'TVL') bepaalt in § 117, 'Verliezen en verliesverrekening':

'De vastgestelde verliezen worden verrekend met de inkomsten van volgende boekjaren overeenkomstig de in dit deel vastgestelde regels.
De verliezen worden verrekend in de volgorde waarin zij zijn ontstaan.'

5. § 119 van die wet, 'Verliezen uit bedrijfsuitoefening of landbouwactiviteit', luidt:

'De verliezen over het boekjaar uit bedrijfsuitoefening of landbouwactiviteit worden verrekend met de inkomsten uit de bedrijfsuitoefening of landbouwactiviteit gedurende de daaropvolgende tien jaren, al naargelang de inkomsten ontstaan.
Onder verliezen uit bedrijfsuitoefening wordt begrepen het bedrag van de verliezen zoals berekend overeenkomstig de laki elinkeinotulon verottamisesta (wet op de beroepsinkomstenbelasting), [...]'

6. 122 van die wet, 'Gevolgen van een verandering van eigenaar voor de verliesverrekening', bepaalt in de eerste alinea dat de verliezen van een vennootschap niet worden verrekend indien tijdens het verliesjaar of daarna meer dan de helft van de deelbewijzen of aandelen van eigenaar is veranderd op grond van een andere verwerving dan erfopvolging of legaat of meer dan de helft van de leden van die vennootschap is vervangen.

7. In § 122, derde alinea, TVL is bepaald dat onverminderd de eerste alinea het belastingkantoor dat de heffing oplegt in bijzondere omstandigheden, wanneer het voor de voortzetting van de activiteiten van de vennootschap noodzakelijk is, op verzoek verliesverrekening kan toestaan.

8. Ter verduidelijking van § 122, derde alinea, TVL en om de administratieve praktijken op elkaar af te stemmen, heeft de Finse belastingdirectie op 14 februari 1996 instructie nr. 634/348/96 gepubliceerd, waarvan de relevante bepalingen hierna worden weergegeven.

'2. Machtigingsprocedure voor afwijkingen

2.1. Voorwaarden voor machtiging
Overeenkomstig § 122 TVL kan een [vennootschap] wanneer het voor de voortzetting van haar activiteiten noodzakelijk is, op verzoek worden gemachtigd om de vastgestelde verliezen te verrekenen.

Als bijzondere omstandigheden kunnen met name worden aanvaard:
- overdracht verbonden aan generatieopvolging;
- verkoop van een onderneming aan werknemers;
- aankoop van een lege niet-operationele vennootschap;
- wijziging van aandeelhouders binnen een concern;
- wijziging van aandeelhouders in samenhang met een sanering;
- bijzondere werkgelegenheidseffecten, en
- wijziging van aandeelhouders van een beursgenoteerde vennootschap.

2.1.1. Bijzondere voorwaarden
Het doel van de bepalingen van § 122 TVL is te voorkomen dat verlieslatende vennootschappen handelswaar worden. Wanneer een verandering van eigenaar van een onderneming de genoemde kenmerken niet heeft, kan verliesverrekening worden toegestaan.
[…]

2.1.2. Voortzetting van de activiteiten
Verliesverrekening kan worden toegestaan wanneer zij noodzakelijk is voor de voortzetting van de activiteiten van de [vennootschap]. Als absolute voorwaarde kan worden gesteld dat de [vennootschap] haar activiteiten voortzet nadat zij van eigenaar is veranderd. Wanneer de [vennootschap] in de praktijk haar activiteiten heeft stopgezet en haar waarde in hoofdzaak wordt bepaald door de vastgestelde verliezen, wordt geen afwijking toegestaan.'

9. Circulaire nr. 2/1999, die de Finse belastingdirectie op 17 februari 1999 heeft gepubliceerd, vermeldt daarnaast als bijzondere omstandigheid uitbreiding van de activiteiten door buy-out.

Hoofdgeding en prejudiciële vragen

10. Blijkens de aan het Hof overgelegde stukken heeft P, een in 1998 opgerichte vennootschap, op 3 september 2008 de bevoegde belastingadministratie overeenkomstig § 122, derde alinea, TVL toestemming gevraagd om haar verliezen over de boekjaren 1998 tot en met 2004 te verrekenen, ofschoon zij in augustus 2004 van eigenaar was veranderd. De onderneming heeft haar bedrijfsactiviteiten voortgezet na die eigendomsoverdracht, alsook na latere wijzigingen van eigenaar. De bevoegde belastingadministratie heeft dat verzoek op 24 oktober 2008 afgewezen op grond dat P geen bijzondere omstandigheden had aangevoerd die konden rechtvaardigen dat machtiging moest worden verleend ondanks de eigendomsoverdrachten die zich hadden voorgedaan.

11. Bij beslissing van 2 december 2009 heeft de Helsingin hallinto-oikeus (bestuursrechter Helsinki) het beroep van P verworpen om dezelfde redenen als de bevoegde belastingadministratie. P heeft tegen die beslissing hoger beroep ingesteld bij de Korkein hallinto-oikeus, die zich in wezen afvraagt of de Unierechtelijke bepalingen inzake staatssteun, en in het bijzonder het criterium van selectiviteit zoals uitgelegd uit het oogpunt van de beoordelingsbevoegdheid waarover de belastingadministratie in casu beschikt, zich verzetten tegen een besluit op grond waarvan een vennootschap haar verliezen mag verrekenen ondanks een verandering van eigenaar, wanneer die maatregel niet bij de Europese Commissie is aangemeld overeenkomstig artikel 108, lid 3, VWEU.

12. Volgens de verwijzende rechter moet, om te beoordelen of een maatregel selectief is, worden onderzocht of deze maatregel binnen het kader van een bepaalde rechtsregeling een voordeel verschaft aan bepaalde ondernemingen ten opzichte van andere ondernemingen, die zich in een feitelijk en juridisch vergelijkbare situatie bevinden. De vaststelling van het referentiekader daarvoor is des te belangrijker bij belastingmaatregelen, daar het bestaan van een voordeel slechts ten opzichte van een 'normale' belasting kan worden vastgesteld.

13. De verwijzende rechter merkt op dat dit referentiekader op twee manieren kan worden vastgesteld. De eerste mogelijkheid houdt in dat de in de §§ 117 en 119 TVL neergelegde algemene regel voor overdracht van verliezen dat kader vormt. Volgens die regel kan een toegestane afwijking in geval van eigendomsoverdracht voor de begunstigde vennootschap niet leiden tot een gunstiger situatie dan die van de algemene regel. Krachtens de tweede mogelijkheid wordt het referentiekader gevormd door de regel van § 122, eerste alinea, TVL, op grond waarvan verliezen niet kunnen worden verrekend na eigendomsoverdracht. Ten opzichte van dat referentiekader verleent de afwijkende regel van § 122, derde alinea, TVL de belastingadministratie een beoordelingsbevoegdheid die de begunstigde onderneming in een voordeliger positie zou kunnen plaatsen dan een onderneming waaraan geen recht op aftrek werd verleend in de machtigingsprocedure.

14. De verwijzende rechter merkt voorts op dat volgens vaste rechtspraak van het Hof overheidsmaatregelen die tussen ondernemingen differentiëren, en derhalve a priori selectieve maatregelen zijn, kunnen worden gerechtvaardigd wanneer deze differentiatie het gevolg is van de aard en de opzet van het stelsel waarvan zij deel uitmaken. Hij merkt in dat verband op dat het door de regeling in het hoofdgeding ingevoerde belastingstelsel ertoe strekt te voorkomen dat de verliezen van ondernemingen handelswaar worden of worden misbruikt. Dat risico hangt vooral samen met inactieve ondernemingen met verliezen, waarvan andere ondernemingen op verschillende manieren zouden kunnen proberen in bezit te komen om die verliezen te verrekenen met hun eigen win-

sten. De beoordelingsbevoegdheid waarover de belastingadministratie in casu beschikt, kan worden gezien in het kader van dat belastingstelsel als een geheel, waarvan het doel is om verliesverrekening toe te staan in alle gevallen waarin wordt vastgesteld dat geen risico op misbruik bestaat.

15. Gelet op die overwegingen heeft de Korkein hallinto-oikeus de behandeling van de zaak geschorst en het Hof verzocht om een prejudiciële beslissing over de volgende vragen:

'1. Dient de voorwaarde van selectiviteit van artikel 107, lid 1, VWEU in een goedkeuringsprocedure als die van § 122, derde alinea, van de [TVL] aldus te worden uitgelegd dat zij in de weg staat aan de verlening van het recht op aftrek bij een aandeelhouderswisseling indien de procedure van artikel 108, lid 3, laatste volzin, VWEU niet in acht is genomen?
2. Dient bij de uitlegging van de voorwaarde van selectiviteit, met name wat de vaststelling van de referentiegroep betreft, belang te worden gehecht aan de in de §§ 117 en 119 van de [TVL] tot uitdrukking gebrachte hoofdregel, volgens welke een vennootschap de vastgestelde verliezen in mindering kan brengen, of dient bij de uitlegging van de voorwaarde van selectiviteit belang te worden gehecht aan de bepalingen betreffende wisselingen in het aandeelhouderschap?
3. Kan, gesteld dat in beginsel is voldaan aan de voorwaarde van selectiviteit van artikel 107 VWEU, een regeling als die van § 122, derde alinea, van de [TVL] gerechtvaardigd zijn omdat het gaat om een voorziening die inherent is aan het belastingstelsel, die bijvoorbeeld noodzakelijk is om belastingontwijking te verhinderen?
4. Welk belang moet, bij de beoordeling of er een rechtvaardigingsgrond aanwezig is en of er sprake is van een voorziening die inherent is aan het belastingstelsel, worden toegekend aan de omvang van de discretionaire bevoegdheid van de autoriteiten? Moet aan de voorziening die inherent is aan het belastingstelsel, de eis worden gesteld dat de rechtstoepasser daarbij over geen enkele discretionaire bevoegdheid beschikt en dat de voorwaarden voor toepassing van de afwijking nauwkeurig zijn vastgelegd in de wetgeving?'

Beantwoording van de prejudiciële vragen

Tweede tot en met vierde vraag

16. Met zijn tweede tot en met vierde vraag, die samen en als eerste moeten worden onderzocht, wenst de verwijzende rechter in wezen te vernemen of een belastingregeling zoals die welke voortvloeit uit § 122, eerste en derde alinea, TVL de voorwaarde van selectiviteit – een bestanddeel van het begrip 'steunmaatregelen van de staten' in de zin van artikel 107, lid 1, VWEU – vervult, en zo ja, of de uitzondering in de derde alinea van dat artikel wordt gerechtvaardigd door de omstandigheid dat zij inherent is aan het belastingstelsel. De verwijzende rechter wenst voorts van het Hof te vernemen welk belang moet worden gehecht aan de omvang van de beoordelingsbevoegdheid van de bevoegde autoriteiten wanneer zij die regeling toepassen.

17. Voorafgaand zij eraan herinnerd dat artikel 107, lid 1, VWEU in beginsel steunmaatregelen verbiedt die '[…] bepaalde ondernemingen of bepaalde producties [begunstigen]', dat wil zeggen selectieve steunmaatregelen.

18. Een maatregel waarbij de overheid aan bepaalde ondernemingen een gunstige fiscale behandeling verleent die, hoewel in dat kader geen staatsmiddelen worden overgedragen, de financiële situatie van de begunstigden verbetert ten opzichte van de andere belastingplichtigen, is derhalve als een steunmaatregel van de staat in de zin van artikel 107, lid 1, VWEU aan te merken. Voordelen die voortvloeien uit een algemene maatregel die zonder onderscheid van toepassing is op alle marktdeelnemers vormen daarentegen geen steunmaatregelen van de staat in de zin van artikel 107 VWEU (arrest van 15 november 2011, Commissie en Spanje/Government of Gibraltar en Verenigd Koninkrijk, C-106/09 P en C-107/09 P, nog niet gepubliceerd in de *Jurisprudentie*, punten 72 en 73 en aldaar aangehaalde rechtspraak).

19. Volgens de rechtspraak van het Hof veronderstelt de kwalificatie van een nationale belastingmaatregel als 'selectief' in de eerste plaats dat wordt bepaald en onderzocht welke algemene of 'normale' belastingregeling geldt in de betrokken lidstaat. Vervolgens moet ten opzichte van die algemene of 'normale' belastingregeling worden beoordeeld en vastgesteld of het door de betrokken belastingmaatregel verschafte voordeel eventueel selectief is door te bewijzen dat die maatregel van voornoemde algemene regeling afwijkt, voor zover zij differentiaties invoert tussen marktdeelnemers die zich, gelet op het doel van het belastingstelsel van die lidstaat, in een feitelijk en juridisch vergelijkbare situatie bevinden (zie arrest van 8 september 2011, Paint Graphos e.a., C-78/08–C-80/08, *Jurispr.* blz. I-7611, punt 49 en aldaar aangehaalde rechtspraak).

20. In dat verband zij opgemerkt dat die kwalificatie niet enkel kennis veronderstelt van de inhoud van de relevante rechtsregels, maar ook vereist dat de draagwijdte daarvan wordt onderzocht op basis van de bestuurlijke praktijk en de rechtspraak en de gegevens over de persoonlijke werkingssfeer van die regels.

21. Aangezien de verwijzende rechter geen van deze gegevens heeft verstrekt, kan het Hof geen standpunt innemen over deze kwalificatie.

22. Volgens de rechtspraak van het Hof voldoet een maatregel niet aan de voorwaarde van selectiviteit indien hij, hoewel de begunstigde erdoor wordt bevoordeeld, gerechtvaardigd wordt door de aard of de opzet van het stelsel

waarvan hij deel uitmaakt (arrest van 8 november 2001, Adria-Wien Pipeline en Wietersdorfer & Peggauer Zementwerke, C-143/99, *Jurispr.* blz. I-8365, punt 42 en aldaar aangehaalde rechtspraak). Een maatregel die een uitzondering op de toepassing van het algemene belastingstelsel vormt, kan dus gerechtvaardigd zijn wanneer de betrokken lidstaat kan aantonen dat deze maatregel rechtstreeks uit de basis- of hoofdbeginselen van zijn belastingstelsel voortvloeit (zie arrest Paint Graphos e.a., reeds aangehaald, punt 65 en aldaar aangehaalde rechtspraak).

23. In dat verband moet worden opgemerkt dat het bestaan van een machtigingssysteem op zich een dergelijke rechtvaardiging niet uitsluit.

24. Rechtvaardiging is immers mogelijk wanneer de beoordelingsbevoegdheid van de bevoegde autoriteit in het kader van een machtigingsprocedure enkel inhoudt dat zij de voorwaarden die zijn opgesteld met het oog op een identificeerbaar fiscaal doel toetst en de criteria die deze autoriteit moet toepassen inherent zijn aan het belastingstelsel.

25. Wat de bevoegdheid van de bevoegde autoriteit betreft, kan volgens de rechtspraak van het Hof een discretionaire bevoegdheid op grond waarvan die autoriteit de begunstigden kan kiezen of de voorwaarden kan bepalen waaronder de maatregel wordt toegekend, niet als algemeen worden aangemerkt (zie in die zin arrest van 29 juni 1999, DM Transport, C-256/97, *Jurispr.* blz. I-3913, punt 27 en aldaar aangehaalde rechtspraak).

26. De toepassing van een machtigingssysteem zoals dat in het hoofdgeding, op grond waarvan verliezen naar volgende belastingjaren mogen worden overgedragen, kan dus in beginsel niet als selectief worden beschouwd indien de bevoegde autoriteiten, wanneer zij beslissen welk gevolg aan een verzoek om machtiging wordt gegeven, slechts beschikken over een beoordelingsbevoegdheid die is afgebakend door objectieve criteria die niet vreemd zijn aan het door de betrokken regeling ingestelde belastingstelsel, zoals de doelstelling handel in verliezen te voorkomen.

27. Indien de bevoegde autoriteiten daarentegen beschikken over een ruime beoordelingsbevoegdheid om de begunstigden te kiezen en de voorwaarden te bepalen waaronder de maatregel wordt toegekend op basis van criteria die vreemd zijn aan het belastingstelsel, zoals het behoud van de werkgelegenheid, moet de uitoefening van die bevoegdheid worden beschouwd als begunstiging van 'bepaalde ondernemingen of bepaalde producties' ten opzichte van andere, die zich, gelet op de nagestreefde doelstelling, in een feitelijk en juridisch vergelijkbare situatie bevinden (zie in die zin arrest Commissie en Spanje/Government of Gibraltar en Verenigd Koninkrijk, reeds aangehaald, punt 75).

28. In dat verband blijkt uit de verwijzingsbeslissing dat de Finse belastingdirectie een in punt 8 van het onderhavige arrest vermelde instructie heeft uitgevaardigd, waarin als 'bijzondere omstandigheid' om een afwijking van het verbod op verliesverrekening toe te staan onder andere bijzondere werkgelegenheidseffecten worden vermeld.

29. In dat verband zij eraan herinnerd dat het Hof heeft geoordeeld dat een beleid van regionale ontwikkeling of sociale cohesie op zich niet volstaat om een in het kader van dit beleid vastgestelde maatregel als gerechtvaardigd door de aard en de opzet van het nationale belastingstelsel aan te merken (zie in die zin arrest van 6 september 2006, Portugal/Commissie, C-88/03, *Jurispr.* blz. I-7115, punt 82).

30. Hoewel in dat verband uit de verwijzingsbeslissing blijkt dat bovenvermelde instructie juridisch niet bindend is, moet worden opgemerkt dat als de bevoegde autoriteit de begunstigden van de verliesverrekening zou kunnen bepalen op basis van criteria die vreemd zijn aan het belastingstelsel, zoals het behoud van werkgelegenheid, een dergelijke uitoefening van die bevoegdheid moet worden aangemerkt als begunstiging van 'bepaalde ondernemingen of bepaalde producties' ten opzichte van andere, die zich, gelet op de nagestreefde doelstelling, in een feitelijk en juridisch vergelijkbare situatie bevinden.

31. Het Hof beschikt echter niet over voldoende gegevens om te beoordelen of de mogelijk selectieve belastingregeling in het hoofdgeding gerechtvaardigd is.

32. In die omstandigheden moet op de tweede tot en met de vierde vraag worden geantwoord dat een belastingregeling zoals die in het hoofdgeding de voorwaarde van selectiviteit – een bestanddeel van het begrip 'steunmaatregelen van de staten' in de zin van artikel 107, lid 1, VWEU – kan vervullen indien wordt vastgesteld dat het referentiestelsel, te weten het 'normale' stelsel, wordt gevormd door het verbod op verliesverrekening in geval van verandering van eigenaar in de zin van § 122, eerste alinea, TVL, waarop het in de derde alinea van dat artikel neergelegde machtigingssysteem een uitzondering vormt. Een dergelijke regeling kan worden gerechtvaardigd door de aard of de algemene opzet van het stelsel waarvan het deel uitmaakt, voor zover daarbij wordt uitgesloten dat de bevoegde nationale autoriteit bij de machtiging tot afwijking van het verbod op verliesverrekening een discretionaire bevoegdheid heeft op grond waarvan zij haar machtigingsbeslissingen kan baseren op criteria die vreemd zijn aan dat belastingstelsel. Het Hof beschikt echter niet over voldoende gegevens om definitief uitspraak te doen over die kwalificaties.

33. Voor het overige zij eraan herinnerd dat selectiviteit slechts een van de bestanddelen van met de interne markt onverenigbare staatssteun is. Bij gebreke van informatie dienaangaande onderzoekt het Hof evenmin de andere bestanddelen.

Eerste vraag

34. Met zijn eerste vraag wenst de verwijzende rechter in wezen te vernemen of het in artikel 108, lid 3, VWEU neergelegde verbod op uitvoering van voorgenomen steunmaatregelen zich verzet tegen de toepassing van de belastingregeling van § 122, eerste en derde alinea, TVL.

35. Wat betreft de controle of de lidstaten de hun krachtens de artikelen 107 VWEU en 108 VWEU opgelegde verplichtingen naleven, zij herinnerd aan het verband tussen het laatstbedoelde artikel en de bevoegdheden en verantwoordelijkheden waarmee dat artikel de Commissie enerzijds en de lidstaten anderzijds belast.

36. Artikel 108 VWEU stelt verschillende procedures in al naargelang de steunmaatregelen reeds bestaan of nieuw zijn. Terwijl nieuwe steunmaatregelen overeenkomstig artikel 108, lid 3, VWEU vooraf bij de Commissie moeten worden aangemeld en niet tot uitvoering kunnen worden gebracht voordat de procedure tot een eindbeslissing heeft geleid, kunnen bestaande steunmaatregelen overeenkomstig artikel 108, lid 1, VWEU regelmatig tot uitvoering worden gebracht zolang de Commissie deze niet onverenigbaar met de interne markt heeft verklaard (arrest van 29 november 2012, Kremikovtzi, C-262/11, nog niet gepubliceerd in de *Jurisprudentie*, punt 49 en aldaar aangehaalde rechtspraak).

37. In het kader van dit controlestelsel hebben de Commissie en de nationale rechter verschillende verantwoordelijkheden en bevoegdheden (arrest van 9 augustus 1994, Namur-Les assurances du crédit, C-44/93, *Jurispr.* blz. I-3829, punt 14).

38. Bij deze rechter kunnen gedingen aanhangig worden gemaakt waarin deze zich genoodzaakt ziet het begrip steunmaatregel in de zin van artikel 107, lid 1, VWEU uit te leggen en toe te passen, in het bijzonder teneinde vast te stellen of een overheidsmaatregel die zonder inachtneming van de voorafgaande controleprocedure van artikel 108, lid 3, VWEU is getroffen, daaraan al dan niet had moeten worden onderworpen. Hij is daarentegen niet bevoegd om uitspraak te doen over de verenigbaarheid van staatssteun met de interne markt (arrest van 18 juli 2007, Lucchini, C-119/05, *Jurispr.* blz. I-6199, punten 50 en 51 en aldaar aangehaalde rechtspraak).

39. Terwijl de Commissie moet onderzoeken of de voorgenomen steunmaatregel verenigbaar is met de interne markt, zelfs wanneer de lidstaat het in artikel 108, lid 3, laatste volzin, VWEU neergelegde verbod op uitvoering van de steunmaatregelen schendt, dient de nationale rechter in een dergelijke situatie slechts, hangende de eindbeslissing van de Commissie, de rechten van de justitiabelen te beschermen tegen een eventuele schending van dat verbod door de nationale autoriteiten (zie in die zin arrest van 12 februari 2008, CELF en ministre de la Culture et de la Communication, C-199/06, *Jurispr.* blz. I-496, punt 38 en aldaar aangehaalde rechtspraak).

40. Met betrekking tot bestaande steunmaatregelen is de Commissie ingevolge artikel 108, lid 1, VWEU, bevoegd deze tezamen met de lidstaten aan een voortdurend onderzoek te onderwerpen. Dat onderzoek kan ertoe leiden dat de Commissie aan de betrokken lidstaat dienstige maatregelen voorstelt die voor de geleidelijke ontwikkeling of de werking van de gemeenschappelijk markt vereist zijn, en in voorkomend geval, beslist om een steunmaatregel die zij onverenigbaar acht met de interne markt in te trekken of te wijzigen.

41. Deze steunmaatregelen moeten rechtmatig worden geacht zolang de Commissie niet heeft vastgesteld dat zij onverenigbaar zijn met de interne markt (arrest van 18 november 2010, NDSHT/Commissie, C-322/09 P, *Jurispr.* blz. I-11911, punt 52 en aldaar aangehaalde rechtspraak). In dergelijke omstandigheden verleent artikel 108, lid 3, VWEU de nationale rechter niet de bevoegdheid om de uitvoering van een bestaande steunmaatregel te verbieden.

42. Krachtens artikel 1, sub b-i, van verordening nr. 659/1999 wordt, onverminderd de artikelen 144 en 172 van de toetredingsakte onder 'bestaande steun' verstaan alle steun die vóór de inwerkingtreding van het Verdrag in de respectieve lidstaat bestond, dat wil zeggen steunregelingen en individuele steun die vóór die inwerkingtreding tot uitvoering zijn gebracht en die na die inwerkingtreding nog steeds van toepassing zijn.

43. Volgens de informatie in de aan het Hof overgelegde stukken, en zoals door de Finse regering en de Commissie is opgemerkt, is de regeling van § 122, eerste en derde alinea, TVL ingevoerd vóór de inwerkingtreding – op 1 januari 1994 – van de Overeenkomst betreffende de Europese Economische Ruimte van 2 mei 1992 (*PB* 1994, L 1, blz. 3), en is zij sinds die datum nog steeds van toepassing. De Republiek Finland is op 1 januari 1995 tot de Europese Unie toegetreden.

44. Voorts zijn, zoals de Commissie heeft opgemerkt, de in de artikelen 144 en 172 van de toetredingsakte neergelegde omstandigheden, waarin artikel 1, sub b-i, van verordening nr. 659/1999 betreffende de definitie van het begrip 'bestaande steun' niet van toepassing zou zijn, niet relevant in de onderhavige zaak.

45. In herinnering zij gebracht dat de wijziging van de toepassingsvoorwaarden voor een steunregeling er in bepaalde omstandigheden toe kan leiden dat een dergelijke regeling als nieuwe steun wordt gekwalificeerd.

46. Het staat aan de verwijzende rechter om na te gaan of de toepassingsvoorwaarden voor de regeling in het hoofdgeding niet zijn gewijzigd.

47. Indien hij vaststelt dat door eventuele wijzigingen de omvang van de regeling is uitgebreid, kan het nodig zijn de steun als nieuw aan te merken, zodat de aanmeldingsprocedure van artikel 108, lid 3, VWEU moet worden gevolgd.

48. Bijgevolg moet op de eerste vraag worden geantwoord dat artikel 108, lid 3, VWEU zich er niet tegen verzet dat een belastingregeling zoals die van § 122, eerste en derde alinea, TVL, indien zij wordt gekwalificeerd als 'steunmaatregelen van de staten', in de lidstaat die deze belastingregeling heeft ingevoerd van toepassing blijft op grond dat het 'bestaande' steun betreft, onverminderd de in dat artikel 108, lid 3, VWEU neergelegde bevoegdheid van de Commissie.

Kosten

49. …

HET HOF (Vijfde kamer)

verklaart voor recht:

1. Een belastingregeling zoals die in het hoofdgeding kan de voorwaarde van selectiviteit – een bestanddeel van het begrip 'steunmaatregelen van de staten' in de zin van artikel 107, lid 1, VWEU – vervullen indien wordt vastgesteld dat het referentiestelsel, te weten het 'normale' stelsel, wordt gevormd door het verbod op verliesverrekening in geval van verandering van eigenaar in de zin van § 122, eerste alinea, van wet nr. 1535/1992 van 30 december 1992 op de inkomstenbelasting (Tuloverolaki) waarop het in de derde alinea van dat artikel neergelegde machtigingssysteem een uitzondering vormt. Een dergelijke regeling kan worden gerechtvaardigd door de aard of de algemene opzet van het stelsel waarvan het deel uitmaakt, voor zover daarbij wordt uitgesloten dat de bevoegde nationale autoriteit bij de machtiging tot afwijking van het verbod op verliesverrekening een discretionaire bevoegdheid heeft op grond waarvan zij haar machtigingsbeslissingen kan baseren op criteria die vreemd zijn aan dat belastingstelsel. Het Hof beschikt echter niet over voldoende gegevens om definitief uitspraak te doen over die kwalificaties.

2. Artikel 108, lid 3, VWEU verzet zich er niet tegen dat een belastingregeling zoals die van § 122, eerste en derde alinea, van wet nr. 1535/1992, indien zij wordt gekwalificeerd als 'steunmaatregelen van de staten', in de lidstaat die deze belastingregeling heeft ingevoerd van toepassing blijft op grond dat het 'bestaande' steun betreft, onverminderd de in dat artikel 108, lid 3, VWEU neergelegde bevoegdheid van de Europese Commissie.

HvJ EU 3 oktober 2013, zaak C-282/12 (Itelcar – Automóveis de Aluguer Lda v. Fazenda Pública)

Vierde kamer: *L. Bay Larsen, kamerpresident, K. Lenaerts, vice-president van het Hof, waarnemend rechter van de Vierde kamer, J. Malenovský, U. Lõhmus (rapporteur) en M. Safjan, rechters*

Advocaat-Generaal: *N. Wahl*

1. Het verzoek om een prejudiciële beslissing betreft de uitlegging van de artikelen 56 EG en 58 EG.

2. Dit verzoek is ingediend in het kader van een geding tussen Itelcar – Automóveis de Aluguer Lda (hierna: 'Itelcar') en de Fazenda Pública (Schatkist) betreffende de gedeeltelijke niet-aftrekbaarheid van rente die Itelcar heeft betaald aan de Amerikaanse vennootschap GE Capital Fleet Services International Holding, Inc. (hierna: 'GE Capital') als tegenprestatie voor de haar door deze vennootschap verstrekte kredieten.

Toepasselijke bepalingen van Portugees recht

3. Het wetboek vennootschapsbelasting (Código do Imposto sobre o Rendimento das Pessoas Colectivas), in de versie die is vastgesteld bij wetsdecreet nr. 198/2001 van 3 juli 2001, zoals gewijzigd bij wet nr. 60-A/2005 van 30 december 2005 (hierna: 'CIRC'), bevat een artikel 61 ('Onderkapitalisatie'), dat luidt als volgt:

> '1. Ingeval de schuldenlast van een belastingplichtige jegens een niet op Portugees grondgebied of in een andere lidstaat van de Unie gevestigde entiteit waarmee een bijzondere relatie bestaat in de zin van artikel 58, lid 4, na de nodige aanpassingen te hoog blijkt te zijn, is de rente op het deel van de schuld dat als te hoog wordt beschouwd, niet aftrekbaar met het oog op de vaststelling van de belastbare winst.
> 2. Met het bestaan van een bijzondere relatie wordt de situatie gelijkgesteld waarin de belastingplichtige schulden is aangegaan jegens een niet op Portugees grondgebied of in een andere lidstaat van de Unie gevestigde derde en één van de in artikel 58, lid 4, bedoelde entiteiten een waarborg of een zekerheid heeft gesteld.
> 3. Er is sprake van een te hoge schuldenlast wanneer het bedrag aan schulden jegens de in de leden 1 en 2 bedoelde entiteiten op een bepaald tijdstip in het aanslagjaar meer beloopt dan het dubbele van de waarde van de deelneming van de betrokken entiteit in het eigen vermogen van de belastingplichtige.
> 4. Bij de berekening van de schuldenlast wordt rekening gehouden met alle kredieten die zijn verleend door de entiteit waarmee een bijzondere relatie bestaat, ongeacht de vorm ervan – in geld dan wel in natura – of de overeengekomen tegenprestatie. Daartoe behoren ook kredieten die zijn verleend in het kader van handeltransacties, wanneer sinds de datum van opeisbaarheid daarvan meer dan zes maanden zijn verstreken.
> 5. Bij de berekening van het eigen vermogen wordt het geplaatste en gestorte maatschappelijk kapitaal opgeteld bij de andere overeenkomstig de toepasselijke boekhoudregelgeving als zodanig aangemerkte posten, met uitzondering van die welke potentiële of latente waardevermeerderingen of –verminderingen betreffen, in het bijzonder wanneer die resulteren uit krachtens de belastingwetgeving verboden herwaarderingen of de toepassing van de equity-methode.
> 6. Tenzij schulden zijn aangegaan jegens een entiteit die is gevestigd in een land, een gebied of een regio met een duidelijk gunstiger belastingregeling, dat/die in de bij besluit van de minister van Staat en Financiën goedgekeurde lijst is opgenomen, is lid 1 bij overschrijding van de in lid 3 bedoelde coëfficiënt niet van toepassing, mits de belastingplichtige aantoont, gelet op de aard van zijn activiteiten, de sector waarin hij actief is, zijn omzet en andere relevante criteria en rekening houdend met een risicoprofiel voor de verrichting waarbij abstractie wordt gemaakt van de betrokkenheid van de entiteiten waarmee een bijzondere relatie bestaat, dat hij een krediet van hetzelfde bedrag tegen vergelijkbare voorwaarden ook van een onafhankelijke entiteit had kunnen verkrijgen.
> 7. Het in lid 6 bedoelde bewijs moet het in artikel 121 vermelde belastingdossier omvatten.'

4. Artikel 58, lid 4, CIRC, waarnaar de leden 1 en 2 van artikel 61 daarvan verwijzen, luidt:

> 'Er is sprake van een bijzondere relatie tussen twee entiteiten wanneer één daarvan rechtstreeks of indirect een aanmerkelijke invloed kan uitoefenen op de bestuursbesluiten van de andere, hetgeen met name wordt geacht vast te staan tussen:
> a. een entiteit en haar aandeelhouders of hun echtgenoten, ascendenten of descendenten die rechtstreeks of indirect ten minste 10% van het kapitaal of de stemrechten bezitten;
> b. entiteiten waarin dezelfde aandeelhouders, hun echtgenoten, ascendenten of descendenten rechtstreeks of indirect ten minste 10% van het kapitaal of van de stemrechten bezitten;
> c. een entiteit en de leden van haar vennootschapsorganen of enig orgaan belast met het bestuur, het management, de dagelijkse leiding of het toezicht, en hun echtgenoten, ascendenten en descendenten;
> d. entiteiten waarbij de meerderheid van de leden van de vennootschapsorganen of van de leden van enig orgaan belast met het bestuur, het management, de dagelijkse leiding of het toezicht, dezelfde personen zijn

dan wel, wanneer het andere personen zijn, er tussen hen onderlinge banden bestaan door huwelijk, geregistreerd partnerschap of verwantschap in rechte lijn;

e. entiteiten die onderling verbonden zijn door overeenkomsten die voorzien in ondergeschiktheid of pariteit dan wel door een andere overeenkomst met gelijkwaardige werking;

f. ondernemingen die zich in een zeggenschapsverhouding bevinden, zoals die is omschreven in de regelgeving houdende de verplichting tot opstelling van een geconsolideerde jaarrekening;

g. entiteiten waartussen wegens onderlinge commerciële, financiële, beroepsmatige of juridische relaties, die rechtstreeks of indirect tot stand zijn gekomen of worden aangewend, een verhouding van feitelijke afhankelijkheid bestaat bij de uitoefening van de betrokken activiteit, met name wanneer zich een van de volgende situaties voordoet:

1. een van beide kan haar activiteit in wezen slechts uitoefenen indien de andere haar industriële- of intellectuele-eigendomsrechten of knowhow in dit verband overdraagt;

2. een van beide is wezenlijk afhankelijk van de andere voor de levering van grondstoffen of de toegang tot netwerken voor de verkoop van producten, goederen of diensten;

3. een wezenlijk deel van de activiteit van een van beide kan enkel samen met de andere worden uitgevoerd of hangt van de beslissingen van de andere af;

4. het recht om de prijzen of voorwaarden met een gelijkwaardige economische werking vast te stellen voor goederen of diensten die door een van beide worden verhandeld, geleverd of verworven, komt krachtens een rechtshandeling aan de andere toe;

5. een van beide kan op grond van de voorschriften en voorwaarden tot regeling van hun commerciële of juridische betrekkingen de bestuursbesluiten van de andere laten afhangen van feiten of omstandigheden die vreemd zijn aan hun eigenlijke commerciële of beroepsmatige relatie;

h. een ingezeten entiteit of een niet-ingezeten entiteit met een vaste inrichting op Portugees grondgebied en een aan een duidelijk gunstiger belastingregeling onderworpen entiteit die is gevestigd in een land, een gebied of een regio dat/die is opgenomen in de bij besluit van de minister van Staat en Financiën goedgekeurde lijst.'

Hoofdgeding en prejudiciële vraag

5. Itelcar is een Portugese vennootschap waarvan de economische activiteit met name bestaat in de verhuur van lichte motorrijtuigen. Tot 2005 was haar maatschappelijk kapitaal volledig in handen van General Electric International (Benelux) BV, een Belgische vennootschap waarvan meer dan 10% van het kapitaal in handen is van GE Capital. Sinds 2006 is 99,98% van het kapitaal van Itelcar in handen van de voornoemde Belgische vennootschap en 0,02% in handen van GE Capital.

6. Op 23 juli 2001 is tussen Itelcar en GE Capital een kredietovereenkomst met een looptijd van tien jaar ingegaan waarbij een doorlopend krediet aan Itelcar werd verleend, tegen vergoeding van rente tegen het Euribortarief verhoogd met een 'spread' van 0,5%.

7. Concreet heeft Itelcar in het kader van die overeenkomst in 2004 122 072 179,97 EUR, in 2005 131 772 249,75 EUR, in 2006 212 113 789,46 EUR en in 2007 272 113 789,46 EUR aan krediet opgenomen.

8. Itelcar heeft zich tot de directeur-generaal van de dienst belastingen gewend, teneinde aan te tonen dat zij voor elk van de jaren van 2004 tot en met 2007 een krediet van hetzelfde bedrag als het haar door GE Capital verstrekte krediet tegen vergelijkbare voorwaarden ook van een onafhankelijke entiteit had kunnen verkrijgen en dat de met GE Capital overeengekomen rentespread in overeenstemming was met het zakelijkheidsbeginsel.

9. Bij berichten van 5 december 2008 en 8 januari 2009 is Itelcar in kennis gesteld van de eindverslagen van de belastinginspectie waarin op grond van artikel 61 CIRC voor de jaren 2004 tot en met 2007 correcties waren doorgevoerd in de belastinggrondslag van die vennootschap. Volgens die verslagen was er sprake van een te hoge schuldenlast in de zin van artikel 61, lid 3, CIRC en waren de door Itelcar overgelegde bewijzen ontoereikend om lid 6 van dat artikel te kunnen toepassen.

10. In 2009 heeft Itelcar twee bezwaarprocedures ingeleid tegen die correcties. Nadat haar bezwaren waren afgewezen, heeft zij beroep ingesteld bij het Tribunal Administrativo e Fiscal de Sintra. Dat beroep is ten dele verworpen op grond dat de in casu toegepaste bepalingen van nationaal recht geen schending opleverden van het in artikel 56 EG erkende vrije kapitaalverkeer.

11. Itelcar heeft tegen het vonnis van het Tribunal Administrativo e Fiscal de Sintra hoger beroep ingesteld bij de verwijzende rechter, die van oordeel is dat de uitkomst van het bij hem aanhangige geding afhangt van de vraag of de toepasselijke bepalingen van de CIRC verenigbaar zijn met het Unierecht.

12. Daarop heeft het Tribunal Central Administrativo Sul de behandeling van de zaak geschorst en het Hof de volgende prejudiciële vraag gesteld:

'Verzetten de artikelen 63 VWEU en 65 VWEU (voorheen de artikelen 56 EG en 58 EG) zich tegen een wettelijke regeling van een lidstaat als artikel 61 CIRC [...], volgens welke ingeval een in Portugal ingezeten belastingplichtige een schuld is aangegaan jegens een in een derde land gevestigde entiteit waarmee een bijzondere relatie bestaat in de zin van artikel 58, lid 4, CIRC, de rente fiscaal niet als kosten aftrekbaar is voor het gedeelte dat betrekking heeft op de te hoge schuldenlast in de zin van artikel 61, lid 3, CIRC, wanneer de op het nationale grondgebied gevestigde belastingplichtige deze rente heeft betaald tegen dezelfde voorwaarden als voor rente die zou zijn betaald door een in Portugal gevestigde belastingplichtige die een te hoge schuldenlast heeft jegens een in Portugal gevestigde entiteit waarmee een bijzondere relatie bestaat?'

Beantwoording van de prejudiciële vraag

13. Met zijn vraag wenst de verwijzende rechter in wezen te vernemen of artikel 56 EG aldus moet worden uitgelegd dat het zich verzet tegen een regeling van een lidstaat volgens welke de rente op het als te hoog beschouwde deel van een schuld met het oog op de bepaling van de belastbare winst niet als kosten aftrekbaar is wanneer zij door een ingezeten belastingplichtige is betaald aan een in een derde land gevestigde kredietgever waarmee een bijzondere relatie bestaat, terwijl een dergelijke rente wél aftrekbaar is wanneer zij is betaald aan een ingezeten kredietgever waarmee de kredietnemer een bijzondere relatie heeft.

Toepasselijke vrijheid

14. Aangaande de toepasselijkheid van artikel 56 EG op de feiten van het hoofdgeding zij van meet af aan vastgesteld dat door niet-ingezetenen aan ingezetenen verstrekte financiële leningen en kredieten kapitaalbewegingen in de zin van die bepaling vormen, zoals overigens blijkt uit rubriek VIII van de nomenclatuur in bijlage I bij richtlijn 88/361/EEG van de Raad van 24 juni 1988 voor de uitvoering van artikel 67 van het Verdrag [artikel ingetrokken bij het Verdrag van Amsterdam] (*PB* L 178, blz. 5) en uit de verklarende aantekeningen in die bijlage (zie in die zin arrest van 3 oktober 2006, Fidium Finanz, C-452/04, *Jurispr.* blz. I-9521, punten 41 en 42).

15. De Portugese regering stelt echter dat de in het hoofdgeding aan de orde zijnde regeling gebaseerd is op het bestaan van een 'bijzondere relatie', doordat de kredietgever rechtstreeks of indirect een aanmerkelijke invloed kan uitoefenen op de bestuurs- en financieringsbesluiten van de kredietnemer. Volgens haar heeft het Hof dergelijke regelingen uitsluitend onderzocht in het licht van de vrijheid van vestiging, die niet van toepassing is op transacties die, zoals in casu, worden verricht met een in een derde land gevestigde entiteit.

16. Dienaangaande heeft het Hof met betrekking tot een nationale wettelijke regeling inzake de fiscale behandeling van uit een derde land afkomstige dividenden geoordeeld dat reeds uit het onderzoek van het voorwerp van die wettelijke regeling kan worden opgemaakt of de fiscale behandeling in kwestie onder de bepalingen van het EG-Verdrag inzake het vrije verkeer van kapitaal valt. Een dergelijke wettelijke regeling kan namelijk niet onder artikel 43 EG vallen, aangezien het hoofdstuk van het Verdrag inzake de vrijheid van vestiging geen enkele bepaling bevat op grond waarvan de werkingssfeer van de voorschriften ervan kan worden verruimd tot situaties betreffende de vestiging van een vennootschap van een lidstaat in een derde land of van een vennootschap van een derde land in een lidstaat (zie arrest van 13 november 2012, Test Claimants in the FII Group Litigation, C-35/11, nog niet gepubliceerd in de *Jurisprudentie*, punten 96 en 97 en aldaar aangehaalde rechtspraak).

17. Het Hof heeft voorts geoordeeld dat wanneer een dergelijke nationale wettelijke regeling blijkens het voorwerp ervan enkel van toepassing is op participaties waarmee een zodanige invloed op de besluiten van de betrokken vennootschap kan worden uitgeoefend dat de activiteiten ervan kunnen worden bepaald, noch artikel 43 EG noch artikel 56 EG met succes kan worden aangevoerd (arrest Test Claimants in the FII Group Litigation, reeds aangehaald, punt 98).

18. Een nationale regeling betreffende de fiscale behandeling van uit een derde land afkomstige dividenden die niet uitsluitend van toepassing is op situaties waarin de moedermaatschappij een beslissende invloed uitoefent op de uitkerende vennootschap, moet daarentegen aan artikel 56 EG worden getoetst. Een in een lidstaat gevestigde vennootschap kan zich dus op deze bepaling beroepen om de wettigheid van een dergelijke regeling te betwisten, ongeacht de omvang van de participatie die zij in de in een derde land gevestigde uitkerende vennootschap aanhoudt (arrest Test Claimants in the FII Group Litigation, reeds aangehaald, punt 99, en arrest van 28 februari 2013, Beker, C-168/11, nog niet gepubliceerd in de *Jurisprudentie*, punt 30).

19. Bovenstaande overwegingen zijn van toepassing op een nationale regeling als die in het hoofdgeding, die ziet op de fiscale behandeling van rente die door een ingezeten vennootschap is betaald aan een in een derde land gevestigde kredietverstrekker waarmee zij een bijzondere relatie heeft. Een dergelijke regeling zou namelijk noch onder artikel 43 EG noch onder artikel 56 EG vallen indien zij uitsluitend zag op situaties waarin een dergelijke kredietverstrekker in de ingezeten kredietnemer een participatie heeft op grond waarvan hij op die kredietnemer een beslissende invloed kan uitoefenen.

20. Wat de regeling in het hoofdgeding betreft, moet er met Itelcar en de Europese Commissie op worden gewezen dat het begrip 'bijzondere relatie', zoals omschreven in artikel 58, lid 4, CIRC, niet alleen betrekking heeft op

situaties waarin de in een derde land gevestigde kredietgever op grond van zijn participatie in het kapitaal van de ingezeten kredietnemer op deze laatste een beslissende invloed uitoefent in de zin van de hierboven aangehaalde rechtspraak van het Hof. Met name de in lid 4, sub g, van dat artikel opgesomde situaties, die tussen de betrokken vennootschappen bestaande commerciële, financiële, beroepsmatige of juridische relaties betreffen, impliceren niet noodzakelijkerwijs dat de kredietgever een participatie aanhoudt in het kapitaal van de kredietnemer.

21. Ter terechtzitting heeft de Portugese regering in antwoord op een vraag van het Hof echter te kennen gegeven dat die regeling uitsluitend van toepassing is op situaties waarin de kredietverstrekker rechtstreeks of indirect een participatie aanhoudt in het kapitaal van de kredietnemer.

22. Gesteld al dat de in het hoofdgeding aan de orde zijnde regeling enkel geldt voor situaties waarin een relatie bestaat tussen een kredietnemer en een kredietgever die ten minste 10% van het kapitaal of van de stemrechten in de kredietnemer bezit, of tussen vennootschappen waarin dezelfde personen een dergelijke participatie houden, zoals bedoeld in artikel 58, lid 4, sub a en b, CIRC, zij echter vastgesteld dat een participatie van een dergelijke omvang niet noodzakelijkerwijs impliceert dat de houder daarvan een beslissende invloed uitoefent op de besluiten van de vennootschap waarvan hij aandeelhouder is (zie in die zin arresten van 13 april 2000, Baars, C-251/98, *Jurispr.* blz. I-2787, punt 20, en 12 december 2006, Test Claimants in the FII Group Litigation, C-446/04, *Jurispr.* blz. I-11753, punt 58).

23. Bijgevolg kan een ingezeten vennootschap, ongeacht of een in een derde land gevestigde kredietgever een participatie in haar kapitaal houdt en los van de omvang daarvan, zich ter betwisting van de wettigheid van een dergelijke nationale regeling beroepen op de verdragsbepalingen betreffende het vrije verkeer van kapitaal (zie naar analogie arrest van 13 november 2012, Test Claimants in the FII Group Litigation, reeds aangehaald, punt 104).

24. Voorts bestaat bij de uitlegging van die bepalingen in het licht van de betrekkingen met derde landen in casu geen gevaar dat de in die landen gevestigde kredietgevers, die buiten de territoriale werkingssfeer van de vrijheid van vestiging vallen, profijt kunnen halen uit die vrijheid. Anders dan de Portugese regering ter terechtzitting heeft betoogd, ziet een nationale regeling als de in het hoofdgeding aan de orde zijnde immers niet op de voorwaarden waaronder dergelijke vennootschappen in de betrokken lidstaat toegang tot de markt krijgen, maar betreft zij enkel de fiscale behandeling van de rente op een als te hoog beschouwde schuld die door een ingezeten vennootschap is aangegaan bij een in een derde land gevestigde vennootschap waarmee zij een bijzondere relatie heeft in de zin van artikel 58, lid 4, CIRC (zie naar analogie arrest van 13 november 2012, Test Claimants in the FII Group Litigation, reeds aangehaald, punt 100).

25. Daaruit volgt dat een regeling als de in het hoofdgeding aan de orde zijnde uitsluitend moet worden onderzocht in het licht van het in artikel 56 EG erkende vrije verkeer van kapitaal.

Bestaan van een beperking en eventuele rechtvaardigingsgronden

26. Volgens vaste rechtspraak zijn de lidstaten, hoewel de directe belastingen tot hun bevoegdheid horen, verplicht deze bevoegdheid in overeenstemming met het recht van de Unie uit te oefenen (arrest van 10 mei 2012, Santander Asset Management SGIIC e.a., C-338/11–C-347/11, nog niet gepubliceerd in de *Jurisprudentie*, punt 14 en aldaar aangehaalde rechtspraak).

27. Eveneens volgens vaste rechtspraak omvatten de maatregelen die ingevolge artikel 56, lid 1, EG verboden zijn op grond dat zij het kapitaalverkeer beperken, mede de maatregelen die niet-ingezetenen ervan doen afzien, in een lidstaat investeringen te doen, of ingezetenen van deze lidstaat ontmoedigen in andere staten investeringen te doen (arrest van 25 januari 2007, Festersen, C-370/05, *Jurispr.* blz. I-1129, punt 24, en arrest Santander Asset Management SGIIC e.a., reeds aangehaald, punt 15).

28. In het onderhavige geval blijkt uit artikel 61, lid 1, CIRC dat wanneer de schuld van een ingezeten vennootschap jegens een in een derde land gevestigde vennootschap waarmee een bijzondere relatie in de zin van artikel 58, lid 4, CIRC bestaat, als te hoog in de zin van lid 3 van voornoemd artikel 61 wordt beschouwd, de rente op het te hoge deel van de schuld niet aftrekbaar is met het oog op de bepaling van de belastbare winst van de ingezeten vennootschap.

29. Uit artikel 61, lid 1, CIRC blijkt echter ook dat die rente wél aftrekbaar is wanneer de kredietgever op het Portugese grondgebied of in een andere lidstaat is gevestigd.

30. De Portugese regering erkent dat de in het hoofdgeding aan de orde zijnde situatie, ingeval het Hof zou oordelen dat die onder het vrije verkeer van kapitaal valt, meebrengt dat een ingezeten vennootschap die een schuld boven een bepaald bedrag aangaat jegens een in een derde land gevestigde vennootschap fiscaal minder gunstig wordt behandeld dan een ingezeten vennootschap die een dergelijke schuld aangaat jegens een op het nationale grondgebied of in een andere lidstaat gevestigde vennootschap.

31. Een dergelijke nadelige behandeling kan een ingezeten vennootschap ervan doen afzien een als te hoog beschouwde schuld aan te gaan jegens een in een derde land gevestigde vennootschap waarmee zij een bijzondere

relatie heeft in de zin van de in het hoofdgeding aan de orde zijnde regeling, en vormt dus een in beginsel bij artikel 56 EG verboden beperking van het vrije verkeer van kapitaal.

32. Volgens vaste rechtspraak is een dergelijke beperking toelaatbaar wanneer zij wordt gerechtvaardigd door een dwingende reden van algemeen belang. Daarenboven moet de beperking in een dergelijk geval geschikt zijn om het nagestreefde doel te verwezenlijken en mag zij niet verder gaan dan nodig is om dat doel te bereiken (zie arrest van 13 november 2012, Test Claimants in the FII Group Litigation, reeds aangehaald, punt 55 en aldaar aangehaalde rechtspraak).

33. Volgens de Portugese regering beoogt de in het hoofdgeding aan de orde zijnde regeling belastingfraude en –ontwijking te bestrijden door toepassing van de praktijk van 'onderkapitalisatie' te verhinderen, die tot erosie van de belastinggrondslag voor de vennootschapsbelasting in Portugal leidt, doordat aftrekbare rente in plaats van niet-aftrekbare winst wordt betaald. Bij deze praktijk worden belastbare inkomsten willekeurig overgeheveld van deze lidstaat naar een derde land, zodat de winst van een vennootschap niet wordt belast in de staat waar hij is behaald.

34. Dienaangaande zij eraan herinnerd dat een nationale maatregel die het vrije kapitaalverkeer beperkt, volgens vaste rechtspraak gerechtvaardigd kan zijn wanneer hij specifiek ziet op volstrekt kunstmatige constructies die geen verband houden met de economische realiteit en alleen bedoeld zijn om de belasting te ontwijken die normaliter verschuldigd is over winsten uit activiteiten op het nationale grondgebied (zie in die zin arresten van 13 maart 2007, Test Claimants in the Thin Cap Group Litigation, C-524/04, *Jurispr.* blz. I-2107, punten 72 en 74, en 17 september 2009, Glaxo Wellcome, C-182/08, *Jurispr.* blz. I-8591, punt 89).

35. Door te bepalen dat bepaalde rentebedragen die door een ingezeten vennootschap zijn betaald aan een in een derde land gevestigde vennootschap waarmee een bijzondere relatie bestaat, niet aftrekbaar zijn met het oog op de bepaling van de belastbare winst van de ingezeten vennootschap, kan een regeling als de in het hoofdgeding aan de orde zijnde praktijken tegengaan die geen ander doel hebben dan het ontduiken van de belasting die normaliter verschuldigd is over winst uit activiteiten op het nationale grondgebied. Hieruit volgt dat een dergelijke regeling geschikt is om het doel, belastingfraude en –ontwijking te bestrijden, te verwezenlijken (zie naar analogie arrest Test Claimants in the Thin Cap Group Litigation, reeds aangehaald, punt 77).

36. Desalniettemin dient te worden nagegaan of deze regeling niet verder gaat dan nodig is om dat doel te bereiken.

37. In dit verband blijkt uit de rechtspraak van het Hof dat een nationale regeling niet verder gaat dan nodig is om belastingfraude en -ontwijking te voorkomen, wanneer zij zich voor de vraag of een transactie een uitsluitend voor belastingdoeleinden opgezette, volstrekt kunstmatige constructie is, baseert op een onderzoek van objectieve en verifieerbare factoren en zij de belastingplichtige in elk geval waarin het bestaan van een dergelijke constructie niet kan worden uitgesloten, in staat stelt om zonder buitensporige administratieve moeite bewijs aan te dragen met betrekking tot de eventuele commerciële redenen waarom de transactie heeft plaatsgevonden (zie in die zin arrest Test Claimants in the Thin Cap Group Litigation, reeds aangehaald, punt 82, en arrest van 5 juli 2012, SIAT, C-318/10, nog niet gepubliceerd in de *Jurisprudentie*, punt 50).

38. Voorts heeft het Hof reeds geoordeeld dat wanneer de betrokken transactie afwijkt van hetgeen de betrokken vennootschappen in omstandigheden van volledige mededinging zouden zijn overeengekomen, de fiscale correctiemaatregel, opdat deze niet als onevenredig wordt aangemerkt, dient te worden beperkt tot het deel van de verrichting dat verder gaat dan hetgeen in dergelijke omstandigheden zou zijn overeengekomen (zie in die zin reeds aangehaalde arresten Test Claimants in the Thin Cap Group Litigation, punt 83, en SIAT, punt 52).

39. Het is juist dat in het onderhavige geval artikel 61, lid 6, CIRC bepaalt dat de ingezeten vennootschap die een als te hoog beschouwde schuld is aangegaan jegens een in een derde land gevestigde vennootschap waarmee zij een bijzondere relatie heeft, mag bewijzen – voor zover laatstbedoelde vennootschap niet is gevestigd in een land, een gebied of een regio met een duidelijk gunstiger belastingregeling – dat een krediet van hetzelfde bedrag haar tegen vergelijkbare voorwaarden ook door een onafhankelijke entiteit zou zijn verleend. Voorts is overeenkomstig artikel 61, lid 1, CIRC alleen de rente op het deel van de schuld dat als te hoog wordt beschouwd, niet aftrekbaar.

40. Toch gaat een regeling als die in het hoofdgeding verder dan nodig is om het daarmee beoogde doel te bereiken.

41. Uit punt 20 van het onderhavige arrest blijkt namelijk dat het begrip 'bijzondere relatie', zoals omschreven in artikel 58, lid 4, CIRC, situaties omvat waarin de in een derde land gevestigde kredietgever niet noodzakelijkerwijs een participatie aanhoudt in het kapitaal van de ingezeten kredietnemer. Bij gebreke van een dergelijke participatie leidt de in artikel 61, lid 3, CIRC vastgestelde wijze van berekening van de te hoge schuldenlast ertoe dat elke tussen de kredietgever en de kredietnemer bestaande schuld als te hoog moet worden aangemerkt.

42. Vastgesteld zij dat de in het hoofdgeding aan de orde zijnde regeling in de in het vorige punt beschreven omstandigheden ook verrichtingen treft waaraan ontegensprekelijk een economische realiteit ten grondslag ligt. Voor zover die regeling onder dergelijke omstandigheden ervan uitgaat dat de belastinggrondslag voor de ven-

nootschapsbelasting die door de ingezeten kredietnemer is verschuldigd, wordt uitgehold, gaat zij verder dan nodig is om het gestelde doel te bereiken.

43. Voorts zij erop gewezen dat hoewel de in het hoofdgeding aan de orde zijnde regeling volgens de verklaringen van de Portugese regering, zoals geresumeerd in punt 21 van het onderhavige arrest, enkel toepassing vindt op situaties waarin de kredietgever rechtstreeks of indirect een participatie aanhoudt in het kapitaal van de kredietnemer, zodat de in punt 41 van het onderhavige arrest aangehaalde omstandigheid zich niet voordoet, het een feit blijft dat een dergelijke beperking van de werkingssfeer van die regeling niet blijkt uit de bewoordingen ervan, die integendeel lijken te suggereren dat zij eveneens ziet op bijzondere relaties waarbij er van een dergelijke participatie geen sprake is.

44. In die omstandigheden kan uit de betrokken regeling niet vooraf met voldoende nauwkeurigheid worden afgeleid wat de werkingssfeer ervan is. Zij voldoet bijgevolg niet aan de vereisten van de rechtszekerheid, die verlangt dat rechtsregels duidelijk en nauwkeurig zijn en de gevolgen ervan voorzienbaar zijn, met name wanneer zij nadelige gevolgen kunnen hebben voor particulieren en ondernemingen. Een regel die niet voldoet aan de vereisten van het rechtszekerheidsbeginsel, kan niet worden geacht evenredig te zijn aan de nagestreefde doelen (zie arrest SIAT, reeds aangehaald, punten 58 en 59).

45. Gelet op het voorgaande moet op de gestelde vraag worden geantwoord dat artikel 56 EG aldus moet worden uitgelegd dat het zich verzet tegen een regeling van een lidstaat volgens welke de rente op het als te hoog beschouwde deel van een schuld met het oog op de bepaling van de belastbare winst niet als kosten aftrekbaar is wanneer zij door een ingezeten belastingplichtige is betaald aan een in een derde land gevestigde kredietgever waarmee een bijzondere relatie bestaat, terwijl een dergelijke rente wél aftrekbaar is wanneer zij is betaald aan een ingezeten kredietgever waarmee de kredietnemer een bijzondere relatie heeft, voor zover die regeling ook ingeval de in een derde land gevestigde kredietgever geen participatie in het kapitaal van de ingezeten kredietnemer houdt, ervan uitgaat dat de volledige schuld van die kredietnemer past in een constructie ter ontwijking van de normaliter verschuldigde belasting of voor zover uit die regeling niet vooraf met voldoende nauwkeurigheid kan worden afgeleid wat de werkingssfeer ervan is.

Kosten

46. ...

HET HOF (Vierde kamer)

verklaart voor recht:

Artikel 56 EG moet aldus worden uitgelegd dat het zich verzet tegen een regeling van een lidstaat volgens welke de rente op het als te hoog beschouwde deel van een schuld met het oog op de bepaling van de belastbare winst niet als kosten aftrekbaar is wanneer zij door een ingezeten belastingplichtige is betaald aan een in een derde land gevestigde kredietgever waarmee een bijzondere relatie bestaat, terwijl een dergelijke rente wél aftrekbaar is wanneer zij is betaald aan een ingezeten kredietgever waarmee de kredietnemer een bijzondere relatie heeft, voor zover die regeling ook ingeval de in een derde land gevestigde kredietgever geen participatie in het kapitaal van de ingezeten kredietnemer houdt, ervan uitgaat dat de volledige schuld van die kredietnemer past in een constructie ter ontwijking van de normaliter verschuldigde belasting of voor zover uit die regeling niet vooraf met voldoende nauwkeurigheid kan worden afgeleid wat de werkingssfeer ervan is.

HVJ EU 17 oktober 2013, zaak C-181/12 (Yvon Welte v. Finanzamt Velbert)

Derde kamer: *M. Ilešič, kamerpresident, C. G. Fernlund, A. Ó Caoimh (rapporteur), C. Toader en E. Jarašiūnas, rechters*
Advocaat-Generaal: *P. Mengozzi*

Samenvatting arrest

German inheritance (and gift) tax personal allowances vary by degree of kinship between €500,000 (spouses) and €20,000 (unrelated persons). However, the allowance drops to €2,000 regardless of kinship in all cases where both testator (donor) and heir (beneficiary) are not resident in Germany. A Swiss-resident widower has protested against this distinction in respect of his inheritance of a German property from his deceased Swiss-resident wife.

The ECJ has now held that capital transfers by gift or inheritance fall under the freedom of capital movement – as in Mattner, C-510/08 judgment of April 22, 2010, a case involving a gift of a German property from a Dutch-resident mother to her Dutch-resident daughter – notwithstanding the real estate object of the transfer. The restriction of the personal allowance to a purely nominal amount for transfers between Swiss residents was therefore in breach of the TFEU unless it could be justified by overriding considerations. The German government sought to justify this breach with the contention that residents and non-residents were not in comparable positions. In particular, it was for the state of residence to grant personal reliefs on the basis of a person's overall position. The Court, though, rejected this argument, partly because the German legislation treated the two groups identically in all other respects (valuation, rates and class of kinship) and partly because the higher allowances were only excluded where both parties to the transaction were non-residents. There was no justification for a difference in treatment between transfers between non-residents and transfers between a resident and a non-resident. The Court also rejected the other part of the argument that the higher personal allowance available to residents compensated for the tax on their inheritance of other assets. Rather, there was no link between the two aspects, as the personal allowances were unaffected by relative amounts. Finally, the government argued that the curtailment of the personal allowance for non-residents was necessary in the public interest due to the difficulties for German authorities in verifying Swiss death certificates. This argument was also rejected, the Court pointing out that the same difficulty would arise with any foreign death certificate and that the authorities were clearly able to surmount this in the event of a German-resident heir.

Bovenstaande samenvatting werd beschikbaar gesteld door PwC.

HET HOF VAN JUSTITIE (Derde kamer)

verklaart voor recht:

De artikelen 56 EG en 58 EG moeten aldus worden uitgelegd dat zij in de weg staan aan een regeling van een lidstaat inzake de berekening van de erfbelasting volgens welke de belastingvrije som bij vererving van een onroerende zaak die op het grondgebied van deze staat is gelegen, lager is wanneer de erflater en de verkrijger van de nalatenschap, zoals in het hoofdgeding, ten tijde van het openvallen van de nalatenschap in een derde land, zoals de Zwitserse Bondsstaat, woonden dan die welke zou zijn toegepast wanneer ten minste één van hen op datzelfde tijdstip in voormelde lidstaat had gewoond.

HvJ EU 22 oktober 2013, zaak C-276/12 (Jiří Sabou v. Finanční ředitelství pro hlavní město Prahu)

Grote kamer: *V. Skouris, president, K. Lenaerts, vicepresident, A. Tizzano, R. Silva de Lapuerta, M. Ilešič, M. Safjan en C. G. Fernlund (rapporteur), kamerpresidenten, J. Malenovský, E. Levits, A. Ó Caoimh, J.-C. Bonichot, D. Šváby, M. Berger, A. Prechal en E. Jarašiūnas, rechters*

Advocaat-Generaal: *J. Kokott*

Samenvatting arrest

On 22 October 2013, the CJEU issued its judgment in Sabou (C-276/12) regarding the interpretation of Council Directive 77/799/EEC concerning mutual assistance by the competent authorities of the Member States in the field of direct taxation (Mutual Assistance Directive). In the case at hand, a Czech football player, Mr. Sabou, claimed to have incurred expenses in several Member States. The Czech tax authorities (CTA) sent requests to these States on the basis of the Mutual Assistance Directive (hereafter: 'Directive') in order to verify the aforementioned expenses.

The CTA issued a tax assessment which was challenged by Mr. Sabou, claiming that the CTA had obtained the information illegally since he was not informed about the request for assistance and did not take part in the examination of witnesses. The national court asked the CJEU for a preliminary ruling on:

- The taxpayer's right to be informed about an information request to another Member State;
- The taxpayer's right to take part in the examination of witnesses; and
- The taxpayer's right to challenge the correctness of the information provided by other Member States.

The CJEU considered that the Directive imposes certain obligations on Member States. However, it does not confer specific rights on taxpayers. The CJEU concluded that the right of defence of the taxpayer does not impose the obligation to inform the taxpayer about the request for assistance to other Member States, or to invite him to take part in the examination of witnesses. The CJEU reasoned that the Directive does not impose any particular obligation with regard to the content or accuracy of the information conveyed. Consequently, the taxpayer may challenge the information conveyed to the tax authorities of the requesting Member State.

Bovenstaande samenvatting (uit EU Tax News) werd beschikbaar gesteld door PwC.

HET HOF (Grote kamer)

verklaart voor recht:

1. **Het Unierecht, zoals dat voortvloeit uit inzonderheid richtlijn 77/799/EEG van de Raad van 19 december 1977 betreffende de wederzijdse bijstand van de bevoegde autoriteiten van de lidstaten op het gebied van de directe belastingen en heffingen op verzekeringspremies, zoals gewijzigd bij richtlijn 2006/98/EG van de Raad van 20 november 2006, en uit het grondrecht om te worden gehoord, moet aldus worden uitgelegd dat het de belastingplichtige van een lidstaat noch het recht verleent in kennis te worden gesteld van het verzoek om bijstand dat deze Staat tot een andere lidstaat richt teneinde met name de door deze belastingplichtige in zijn aangifte in de inkomstenbelasting verstrekte informatie te controleren, noch het recht deel te nemen aan de formulering van het tot de aangezochte lidstaat gerichte verzoek, noch het recht deel te nemen aan de door laatstbedoelde lidstaat georganiseerde getuigenverhoren.**

2. **Richtlijn 77/799, zoals gewijzigd bij richtlijn 2006/98, regelt niet onder welke voorwaarden de belastingplichtige de juistheid van de door de aangezochte lidstaat toegezonden inlichtingen ter discussie kan stellen en stelt geen bijzondere vereisten in verband met de inhoud van de toegezonden inlichtingen.**

HvJ EU 7 november 2013, zaak C-322/11 (K)

Eerste kamer: *A. Tizzano, kamerpresident, A. Borg Barthet, E. Levits (rapporteur), rechters*
Advocaat-Generaal: *P. Mengozzi*

1. Het verzoek om een prejudiciële beslissing betreft de uitlegging van de artikelen 63 VWEU en 65 VWEU.

2. Dit verzoek is ingediend in het kader van een geding dat K, een in Finland in de inkomstenbelasting onbeperkt belastingplichtige, heeft aangespannen nadat de Finse belastingdienst hem de aftrek had geweigerd van het verlies uit de verkoop van een in Frankrijk gelegen onroerend goed van zijn belastbaar inkomen in Finland.

Toepasselijke bepalingen

Fins recht

3. Ingevolge § 45, lid 1, van de tuloverolaki (1992/1535) van 30 december 1992, zoals van toepassing ten tijde van de feiten in het hoofdgeding, dit is in belastingjaar 2004 (hierna: 'inkomstenbelastingenwet'), zijn winsten op de vervreemding van goederen belastbare inkomsten uit vermogen.

4. § 50 van de inkomstenbelastingenwet luidde:

'Verliezen uit de vervreemding van een goed kunnen worden afgetrokken van de winsten op de vervreemding van een goed in het belastingjaar waarin het verlies is geleden en in de drie daaropvolgende belastingjaren, en bij de vaststelling van het verlies aan vermogenswinst wordt er geen rekening mee gehouden.'

5. § 6 van de kansainvälisen kaksinkertaisen verotuksen poistamisesta annettu laki (1995/1552) (hierna: 'wet tot het vermijden van internationale dubbele belasting') bepaalt:

'In een andere Staat verkregen inkomsten waarvoor Finland in een internationaal verdrag heeft afgezien van zijn belastingprerogatieven, worden beschouwd als belastbare inkomsten van een natuurlijk persoon [...]. Het gedeelte dat overeenstemt met het gedeelte van de inkomsten dat is vrijgesteld volgens de bron en de aard van de inkomsten, wordt evenwel afgetrokken van de inkomstenbelasting van de belastingplichtige (vrijstellingsmethode met progressievoorbehoud). Bij de berekening van het in het buitenland ontvangen inkomen worden verliezen en rente in verband met de aanschaf of het behoud van het inkomen afgetrokken behoudens andersluidende bepaling. Verliezen en rente zijn evenwel niet aftrekbaar voor zover zij meer bedragen dan het bedrag aan in het buitenland ontvangen inkomsten [...]. De aftrek gebeurt naargelang de verschillende belastingen die in de toekomst worden geheven.'

6. De verwijzende rechter heeft verklaard dat inkomsten uit vermogen in Finland proportioneel worden belast. Ingevolge § 124, lid 2, van de inkomstenbelastingenwet bedroeg het belastingtarief voor inkomsten uit vermogen in 2004 29%.

Dubbelbelastingverdrag

7. Overeenkomstig artikel 6, lid 1, van de Overeenkomst tussen de regering van de Franse Republiek en de regering van de Republiek Finland tot het vermijden van dubbele belasting en het voorkomen van het ontgaan van belasting met betrekking tot belastingen naar het inkomen en naar het vermogen, ondertekend te Helsinki op 11 september 1970 (hierna: 'Frans-Finse overeenkomst') zijn inkomsten uit de vervreemding van onroerend goed belastbaar in de verdragsluitende staat waarin het onroerend goed is gelegen.

8. Artikel 13, lid 1, van de Frans-Finse Overeenkomst bepaalt dat winst uit de vervreemding van onroerend goed belastbaar is in de verdragsluitende staat waar het onroerend goed is gelegen.

9. Artikel 23 van de Frans-Finse Overeenkomst bepaalt:

'Dubbele belasting wordt op de volgende wijze voorkomen:

1. [...]
2. in Finland:

b. Andere dan de inkomsten of vermogensbestanddelen als bedoeld in de hiernavolgende alinea b zijn van de in artikel 2, lid 3, sub b, genoemde Finse belastingen vrijgesteld, wanneer die inkomsten of vermogensbestanddelen krachtens de onderhavige Overeenkomst belastbaar zijn in Frankrijk.

[...]

c. Onverminderd het sub a en b van deze Overeenkomst bepaalde, kan de Finse belasting over inkomsten die krachtens de onderhavige Overeenkomst in Finland worden belast, worden berekend aan de hand van het tarief dat overeenkomstig de Finse wettelijke regeling geldt voor het totale belastbare inkomen.'

Hoofdgeding en prejudiciële vraag

10. In 2004 heeft K een in Frankrijk gelegen onroerend goed verkocht dat hij in 2001 had aangekocht. Uit zijn aangifte blijkt dat K daarbij een verlies van 172 623 EUR heeft geleden en in Frankrijk geen inkomsten had verkregen waarvan hij dat verlies had kunnen aftrekken en in 2004 evenmin een ander goed in Frankrijk had verworven bij de verkoop waarvan hij dat verlies in mindering zou hebben kunnen brengen. In 2004 heeft K in Finland evenwel winst gemaakt op de verkoop van waardepapieren die in Finland worden belast, en hij heeft verzocht om het verlies uit de verkoop van het Franse onroerend goed te mogen compenseren met deze winst. K oefent geen beroepsactiviteit uit in verband met het onroerend goed of de waardepapieren.

11. De verovirasto (lokale belastingdienst) was van oordeel dat K niet het recht had om het verlies uit de verkoop van het in Frankrijk gelegen onroerend goed af te trekken van zijn in Finland verkregen roerende inkomsten.

12. Nadat het verzoek om aftrek dat K had ingediend bij de Lounais-Suomen verotuksen oikaisulautakunta (commissie voor herziening van belastingaanslagen van Zuid-West-Finland) was afgewezen op 13 april 2006, heeft K beroep ingesteld bij de Turun hallinto-oikeus (administratieve rechter te Turku). Nadat ook dat beroep was verworpen bij beslissing van 31 oktober 2007, heeft K cassatieberoep ingesteld bij de korkein hallinto-oikeus.

13. K stelt dat, indien zijn beroep ongegrond wordt verklaard, het geleden verlies definitief niet-aftrekbaar wordt omdat hij in Finland onbeperkt belastingplichtig is en in Frankrijk geen andere inkomsten of goederen heeft. Niet-aftrekbaarheid doet evenwel afbreuk aan de beginselen van vrijheid van vestiging en vrij kapitaalverkeer en deze afbreuk kan niet worden gerechtvaardigd aan de hand van de verdeling van de heffingsbevoegdheid tussen de lidstaten.

14. Volgens K doet de aftrek van het verlies uit de verkoop van een in Frankrijk gelegen onroerend goed van de winst op de verkoop van aandelen in Finland geen afbreuk aan de uitoefening van een parallelle belastingbevoegdheid. Uit de rechtspraak van het Hof, met name de arresten van 13 december 2005, Marks & Spencer (C-446/03, *Jurispr.* blz. I-10837, punt 40), en 29 maart 2007, Rewe Zentralfinanz (C-347/04, *Jurispr.* blz. I-2647, punt 69), vloeit voort dat het feit dat de Republiek Finland geen belasting heft over de winst uit de verkoop van een in Frankrijk gelegen onroerend goed op zich geen rechtvaardiging kan vormen voor een regel volgens welke alleen het verlies in verband met in Finland gelegen onroerende goederen aftrekbaar is.

15. Het verhinderen van een dubbele verliesaftrek kan evenmin een rechtvaardigingsgrond zijn, aangezien K in Frankrijk geen goederen bezit, geen activiteiten uitoefent en geen inkomsten heeft.

16. De verwijzende rechter merkt op dat een belastingplichtige die in Finland onbeperkt aan de belasting is onderworpen, verlies uit de verkoop van een in Finland gelegen onroerend goed in Finland kan aftrekken op de wijze die nader is bepaald in de inkomstenbelastingenwet, maar in Finland geen verlies uit de verkoop van een in Frankrijk gelegen onroerend goed kan aftrekken. De verwijzende rechter preciseert dat in een soortgelijke zaak als die in het hoofdgeding is geoordeeld dat niet wordt aanvaard dat verlies uit de verkoop van een in een andere lidstaat gelegen onroerend goed wordt afgetrokken van de in Finland belastbare inkomsten, maar in deze zaak werd uitspraak gedaan vóór de arresten van het Hof van 15 mei 2008, Lidl Belgium (C-414/06, *Jurispr.* blz. I-3601), en 23 oktober 2008, Krankenheim Ruhesitz am Wannsee-Seniorenheimstatt (C-157/07, *Jurispr.* blz. I-8061).

17. Bovendien, aldus de verwijzende rechter, verschilt de onderhavige zaak van de zaken die hebben geleid tot voornoemde arresten Lidl Belgium en Krankenheim Ruhesitz am Wannsee-Seniorenheimstatt, doordat het door K geleden verlies geen verband houdt met een beroepsactiviteit die wordt uitgeoefend via een in een andere lidstaat gelegen vaste inrichting. Een activiteit die in een dergelijke context wordt uitgeoefend, is immers in beginsel duurzaam, zodat redelijkerwijze kan worden verwacht dat zij op termijn inkomsten voortbrengt waarvan het verlies nogmaals kan worden afgetrokken. In een dergelijk geval staat bijgevolg niet vast dat het verlies definitief is en bestaat het gevaar van dubbele aftrek van het verlies. Wanneer een belastingplichtige daarentegen geen bron van inkomsten in een andere lidstaat meer heeft waarvan hij een verlies kan aftrekken, ligt dit met betrekking tot de vraag of het verlies definitief is, anders ook al is het eveneens volgens de Franse belastingregeling mogelijk om het verlies uit de verkoop van een goed af te trekken van de inkomsten van de daaropvolgende jaren. In een situatie als die in het hoofdgeding, waarin geen beroepsactiviteiten worden uitgeoefend, kan immers niet worden aangenomen dat de belastingplichtige naderhand in de lidstaat waar het goed is gelegen inkomsten zal hebben waarvan hij het verlies nogmaals kan aftrekken.

18. Daarop heeft de Korkein hallinto-oikeus de behandeling van de zaak geschorst en het Hof de volgende prejudiciële vraag gesteld:

> 'Moeten de artikelen [56 EG] en [58 EG] aldus worden uitgelegd dat zij in de weg staan aan een nationale regeling volgens welke een in Finland onbeperkt belastingplichtige het verlies dat hij bij de vervreemding van een in Frankrijk gelegen onroerend goed heeft geleden, niet kan aftrekken van de in Finland behaalde en belastbare vermogenswinst bij de vervreemding van aandelen, terwijl een in Finland onbeperkt belastingplichtige het bij de overdracht van een in Finland gelegen vergelijkbaar onroerend goed geleden verlies onder bepaalde voorwaarden wel van zijn vermogenswinst kan aftrekken?'

Beantwoording van de prejudiciële vraag

19. Met zijn vraag wenst de verwijzende rechter in wezen te vernemen of de artikelen 63 VWEU en 65 VWEU zich verzetten tegen een belastingregeling van een lidstaat als die in het hoofdgeding, volgens welke het een belastingplichtige die ingezetene van deze lidstaat is en aldaar onbeperkt belastingplichtig is, niet is toegestaan het verlies uit de verkoop van een in een andere lidstaat gelegen onroerend goed af te trekken van de in eerstbedoelde lidstaat belastbare roerende inkomsten, terwijl deze aftrekmogelijkheid onder bepaalde voorwaarden wel zou bestaan indien het onroerend goed in eerstbedoelde lidstaat zou zijn gelegen.

Bestaan van een beperking

20. Volgens vaste rechtspraak heeft, aangezien het VWEU geen definitie bevat van het begrip 'kapitaalverkeer' in de zin van artikel 63, lid 1, VWEU, de nomenclatuur in bijlage I bij richtlijn 88/361/EEG van de Raad van 24 juni 1988 voor de uitvoering van artikel 67 van het Verdrag [artikel ingetrokken bij het Verdrag van Amsterdam (*PB* L 178, blz. 5)] een indicatieve waarde, ook al is deze richtlijn vastgesteld op basis van de artikelen 69 en 70, lid 1, EEG-Verdrag (nadien de artikelen 69 EG en 70, lid 1, EG, ingetrokken bij het Verdrag van Amsterdam), waarbij de nomenclatuur die zij bevat, zoals in de derde alinea van de inleiding van die bijlage te kennen wordt gegeven, het begrip 'kapitaalverkeer' geenszins beperkt (zie met name arresten van 14 september 2006, Centro di Musicologia Walter Stauffer, C-386/04, *Jurispr.* blz. I-8203, punt 22 en aldaar aangehaalde rechtspraak; 12 februari 2009, Block, C-67/08, *Jurispr.* blz. I-833, punt 19, en 15 oktober 2009, Busley en Cibrian Fernandez, C-35/08, *Jurispr.* blz. I-9807, punt 17).

21. Tot de kapitaalbewegingen vermeld in bijlage I bij richtlijn 88/361 behoren, onder categorie II, getiteld 'Beleggingen in onroerende goederen', beleggingen door ingezetenen in onroerende goederen in het buitenland.

22. Aangaande het bestaan van beperkingen van het kapitaalverkeer in de zin van artikel 63, lid 1, VWEU zij eraan herinnerd dat de door deze bepaling verboden maatregelen mede de maatregelen omvatten die niet-ingezetenen ervan kunnen doen afzien, in een lidstaat investeringen te doen, of ingezetenen van bedoelde lidstaat kunnen ontmoedigen in andere Staten investeringen te doen (zie arresten van 25 januari 2007, Festersen, C-370/05, *Jurispr.* blz. I-1129, punt 24; 18 december 2007, A, C-101/05, *Jurispr.* blz. I-11531, punt 40; 22 januari 2009, STEKO Industriemontage, C-377/07, *Jurispr.* blz. I-299, punt 23, en arrest Busley en Cibrian Fernandez, reeds aangehaald, punt 20).

23. Als dergelijke beperkingen kunnen worden aangemerkt nationale maatregelen die de aankoop van een in een andere lidstaat gelegen onroerend goed kunnen verhinderen of beperken (zie in die zin arrest Busley en Fernandez, reeds aangehaald, punt 21).

24. Aangaande de in het hoofdgeding aan de orde zijnde belastingregeling zij opgemerkt dat § 50, lid 1, van de inkomstenbelastingenwet bepaalt dat ingezeten belastingplichtigen het verlies uit de verkoop van een goed, roerend dan wel onroerend, kunnen aftrekken van de winst uit de verkoop van een ander goed, roerend dan wel onroerend, gedurende het belastingjaar waarin het verlies is geleden en gedurende de drie daaropvolgende jaren.

25. Deze aftrekmogelijkheid vormt echter een belastingvoordeel dat, wanneer het gaat om een onroerend goed, slechts wordt toegekend indien het verlies is ontstaan uit de verkoop van een onroerend goed dat is gelegen op het grondgebied van de lidstaat waarvan de belastingplichtige een ingezetene is, en wordt geweigerd wanneer het onroerend goed in een andere lidstaat is gelegen.

26. Overeenkomstig § 6, lid 1, van wet 1995/1552 is in een andere lidstaat geleden verlies immers niet aftrekbaar voor zover het meer bedraagt dan de in deze lidstaat ontvangen inkomsten.

27. Bijgevolg kan een ingezeten belastingplichtige het verlies uit de verkoop van een in een andere lidstaat gelegen onroerend goed niet aftrekken van de winst uit de verkoop van in Finland belastbare waardepapieren.

28. Een ingezeten belastingplichtige die in Finland in de inkomstenbelasting onbeperkt belastingplichtig is en verlies lijdt bij de verkoop van een in een andere lidstaat gelegen onroerend goed, verkeert onder deze voorwaarden in een minder gunstige fiscale situatie dan een belastingplichtige die verlies lijdt bij de verkoop van een in Finland gelegen onroerend goed.

29. Anders dan de Finse regering stelt, vloeit de onmogelijkheid voor een ingezeten belastingplichtige van een lidstaat om verlies uit de verkoop van een in een andere lidstaat gelegen onroerend goed af te trekken van de in eerstbedoelde lidstaat belastbare winst, niet voort uit de parallelle uitoefening door twee lidstaten van hun respectieve fiscale bevoegdheid.

30. In casu zij immers vastgesteld dat de Republiek Finland ervoor heeft gekozen ingezeten belastingplichtigen toe te staan verlies uit de verkoop van een goed af te trekken van de winst op de verkoop van een ander goed en de inaanmerkingneming van dat verlies te beperken door met name niet toe te staan dat in een andere lidstaat geleden verlies wordt verrekend met in Finland belaste winst.

31. Dat verschil in behandeling naargelang van de ligging van het onroerend goed kan een belastingplichtige ontraden in een andere lidstaat in onroerend goed te investeren en vormt dus een door artikel 63 VWEU in beginsel verboden beperking van het vrije verkeer van kapitaal.

32. Evenwel dient te worden onderzocht of deze beperking van het vrije verkeer van kapitaal kan worden gerechtvaardigd uit het oogpunt van de bepalingen van het VWEU.

Rechtvaardiging van de beperking van het vrije verkeer van kapitaal

33. Overeenkomstig artikel 65, lid 1, sub a, VWEU doet artikel 63 VWEU niet af 'aan het recht van de lidstaten [...] de ter zake dienende bepalingen van hun belastingwetgeving toe te passen die onderscheid maken tussen belastingplichtigen die niet in dezelfde situatie verkeren met betrekking tot hun vestigingsplaats of de plaats waar hun kapitaal is belegd'.

34. Deze bepaling moet, als afwijking van het grondbeginsel van het vrije verkeer van kapitaal, strikt worden uitgelegd. Bijgevolg mag zij niet aldus worden uitgelegd dat elke belastingwetgeving die een onderscheid maakt tussen belastingplichtigen naargelang van hun vestigingsplaats of van de lidstaat waar zij hun kapitaal beleggen, automatisch verenigbaar is met het Verdrag (zie arresten van 11 september 2008, Eckelkamp e.a., C-11/07, *Jurispr.* blz. I-6845, punt 57; 22 april 2010, Mattner, C-510/08, *Jurispr.* blz. I-3553, punt 32, en 10 februari 2011, Haribo Lakritzen Hans Riegel en Österreichische Salinen, C-436/08 en C-437/08, *Jurispr.* blz. I-305, punt 56).

35. Deze afwijking wordt evenwel zelf beperkt door artikel 65, lid 3, VWEU, dat bepaalt dat de in lid 1 van dat artikel bedoelde nationale bepalingen 'geen middel tot willekeurige discriminatie [mogen] vormen, noch een verkapte beperking van het vrije kapitaalverkeer en betalingsverkeer als omschreven in artikel 63' (arrest Haribo Lakritzen Hans Riegel en Österreichische Salinen, reeds aangehaald, punt 57).

36. De door artikel 65, lid 1, sub a, VWEU toegestane verschillen in behandeling moeten aldus worden onderscheiden van de door lid 3 van dit artikel verboden discriminaties. Volgens de rechtspraak van het Hof kan een nationale belastingregeling als die welke in het hoofdgeding aan de orde is, slechts verenigbaar met de verdragsbepalingen betreffende het vrije kapitaalverkeer worden geacht indien het verschil in behandeling betrekking heeft op situaties die niet objectief vergelijkbaar zijn of wordt gerechtvaardigd door dwingende redenen van algemeen belang (zie arrest Haribo Lakritzen Hans Riegel en Österreichische Salinen, reeds aangehaald, punt 58 en aldaar aangehaalde rechtspraak).

37. In dit verband stellen de Finse en de Duitse regering alsmede de Europese Commissie dat de situatie van een belastingplichtige die in een andere lidstaat in onroerend goed heeft geïnvesteerd, objectief verschilt van die van een belastingplichtige die in zijn woonstaat in onroerend goed heeft geïnvesteerd.

38. Volgens de Finse regering berust de in het hoofdgeding aan de orde zijnde regeling op een symmetrische fiscale behandeling van de inkomsten en de verliezen, waarbij alleen verliezen in verband met in Finland belastbare inkomsten aftrekbaar zijn. Het druist bijgevolg niet in tegen het recht van de Unie dat ingezeten belastingplichtigen die in een andere lidstaat hebben geïnvesteerd in onroerend goed dat inkomsten genereert die overeenkomstig de verdeling van de heffingsbevoegdheid zoals vastgelegd in het dubbelbelastingverdrag uitsluitend in deze andere lidstaat belastbaar zijn, anders worden behandeld dan ingezeten belastingplichtigen die in hun woonstaat hebben geïnvesteerd in onroerend goed dat inkomsten genereert die in laatstbedoelde lidstaat belastbaar zijn.

39. De Duitse regering voert aan dat er een objectief situatieverschil bestaat tussen de eigenaar van een op het nationale grondgebied gelegen onroerend goed en de eigenaar van een in een andere lidstaat gelegen onroerend goed, aangezien eerstbedoelde eigenaar aan de nationale belasting is onderworpen terwijl laatstbedoelde eigenaar in deze andere lidstaat wordt belast daar, wanneer een dubbelbelastingverdrag bestaat, het verlies uit en de winst op de verkoop van onroerende goederen bij uitsluiting vallen onder de fiscale soevereiniteit van de lidstaat waar het verkochte goed is gelegen.

40. De Commissie merkt op dat in een geval als dat in het hoofdgeding niet kan worden verdedigd dat met betrekking tot de aftrekbaarheid van het verlies uit de verkoop van een onroerend goed Finse eigenaars van een in Frankrijk of Finland gelegen onroerend goed in een vergelijkbare situatie verkeren. Naar Frans belastingrecht bestaat het beginsel zelf van een dergelijke aftrekmogelijkheid immers niet, anders dan naar Fins belastingrecht, zodat de weigering van aftrek van de Finse Staat wordt gerechtvaardigd door dat situatieverschil.

41. Aangaande – in de eerste plaats – het betoog van de Finse en de Duitse regering dat als gevolg van de verdeling van de heffingsbevoegdheid voor onroerende inkomsten, zoals die voortvloeit uit het dubbelbelastingverdrag, een belastingplichtige die in een andere lidstaat heeft geïnvesteerd, in een andere situatie verkeert dan een belastingplichtige die in zijn woonstaat heeft geïnvesteerd, zij opgemerkt dat de lidstaten bij gebreke van unificatie- of harmonisatiemaatregelen van de Europese Unie bevoegd blijven om de criteria voor de belasting van het inkomen en het vermogen vast te stellen teneinde, eventueel door het sluiten van overeenkomsten, dubbele belastingen te vermijden (zie arresten van 3 oktober 2006, FKP Scorpio Konzertproduktionen, C-290/04, *Jurispr.* blz. I-9461, punt 54; 12 december 2006, Test Claimants in Class IV of the ACT Group Litigation, C-374/04, *Jurispr.* blz. I-11673, punt

52; 18 juli 2007, Oy AA, C-231/05, *Jurispr.* blz. I-6373, punt 52, en arrest Krankenheim Ruhesitz am Wannsee-Seniorenheimstatt, reeds aangehaald, punt 48).

42. Ingevolge artikel 6, lid 1, van de Frans-Finse overeenkomst is de lidstaat waar het onroerend goed is gelegen, bevoegd om belasting te heffen over de inkomsten die de belastingplichtige uit dat goed verwerft. Bovendien bepaalt artikel 13, lid 1, van deze overeenkomst dat de winst op de verkoop van onroerende goederen belastbaar is in de verdragsluitende staat waar dat onroerend goed is gelegen.

43. Zoals de verwijzende rechter aangeeft, kan de Republiek Finland op grond van de Frans-Finse overeenkomst echter een vrijstellingsmethode met progressievoorbehoud toepassen teneinde dubbele belasting te vermijden. Artikel 23, lid 2, sub c, van deze overeenkomst bepaalt aldus dat de Finse belasting over het in Finland belastbare inkomen krachtens deze overeenkomst kan worden berekend aan de hand van het tarief dat overeenkomstig de Finse wetgeving geldt voor het totale belastbare inkomen.

44. Uit de toelichting van de verwijzende rechter en uit de verklaringen van K en de Finse regering ter terechtzitting volgt dat hoewel het ingevolge de Frans-Finse overeenkomst is toegestaan het in Frankrijk belastbare inkomen mee te tellen bij de berekening van de belasting over het in Finland belastbare inkomen teneinde toepassing te maken van het progressievoorbehoud, deze mogelijkheid niet wordt benut voor de vermogensinkomsten, die tegen een vast tarief worden belast.

45. Deze mogelijkheid impliceert niettemin dat, aangezien de Frans-Finse overeenkomst, volgens welke het aan de lidstaat waar het onroerend goed is gelegen staat om de daaruit behaalde inkomsten te belasten, zich voor de berekening van de belasting van een belastingplichtige die ingezetene van Finland is, niet ertegen verzet dat de inkomsten betreffende een in Frankrijk gelegen goed worden meegeteld, deze keuze zich evenmin ertegen kan verzetten dat een verlies die deze belastingplichtige lijdt uit de verkoop van dat goed, wordt verrekend.

46. Bijgevolg maakt de omstandigheid dat ingevolge het Frans-Finse verdrag de heffingsbevoegdheid toekomt aan de lidstaat waar het onroerend goed is gelegen, de situatie van een dergelijke belastingplichtige niet noodzakelijk anders wat betreft de inaanmerkingneming van de inkomsten, daaronder begrepen negatieve inkomsten, in de woonstaat, in vergelijking met de situatie van een belastingplichtige die al zijn inkomsten behaalt op het grondgebied van de woonstaat.

47. Aangaande – in de tweede plaats – de door de Commissie ter sprake gebrachte omstandigheid dat in de lidstaat waar het onroerend goed is gelegen, niet het recht bestaat op aftrek van het verlies uit de verkoop van een onroerend goed, zij opgemerkt dat deze omstandigheid de situatie van een belastingplichtige ten aanzien van de wetgeving van zijn woonstaat evenmin anders maakt, aangezien – zoals is aangegeven in de punten 30 en 45 van het onderhavige arrest – de weigering om een dergelijk verlies in aanmerking te nemen het gevolg is van de keuze die de woonstaat van de belastingplichtige heeft gemaakt, en de Frans-Finse overeenkomst zich niet tegen de inaanmerkingneming van dat verlies verzet.

48. Daaruit volgt dat het verschil in behandeling, wat de aftrekmogelijkheid voor een verlies uit de verkoop van een onroerend goed betreft, niet kan worden gerechtvaardigd door een situatieverschil dat verband houdt met de ligging van dat goed.

49. Derhalve dient nog te worden nagegaan of de in het hoofdgeding aan de orde zijnde beperking kan worden gerechtvaardigd door de dwingende redenen van algemeen belang die zijn aangevoerd door de verschillende regeringen die opmerkingen bij het Hof hebben ingediend, en door de Commissie en die verband houden met de noodzaak om een evenwichtige verdeling van de heffingsbevoegdheid tussen de Republiek Finland en de Franse Republiek te waarborgen, dubbele verliesverrekening te voorkomen, belastingfraude te voorkomen en de samenhang van het Finse belastingstelsel te waarborgen.

50. Aangaande – ten eerste – de evenwichtige verdeling van de heffingsbevoegdheid tussen de lidstaten, die als rechtvaardigingsgrond is aangevoerd door alle regeringen die opmerkingen hebben ingediend alsmede door de Commissie, zij eraan herinnerd dat het Hof deze doelstelling als rechtmatig heeft erkend (zie met name arresten van 29 november 2011, National Grid Indus, C-371/10, *Jurispr.* blz. I-12273, punt 45, en 6 september 2012, Philips Electronics UK, C-18/11, nog niet gepubliceerd in de *Jurisprudentie*, punt 23), die het noodzakelijk kan maken, op de bedrijfsactiviteiten van de in een van deze lidstaten gevestigde vennootschappen zowel ter zake van winst als ter zake van verlies uitsluitend de fiscale regels van die lidstaat toe te passen (zie in die zin reeds aangehaalde arresten Marks & Spencer, punt 45, Oy AA, punt 54, en Lidl Belgium, punt 31).

51. Zoals het Hof reeds heeft benadrukt, beoogt deze doelstelling de symmetrie tussen het recht op belastingheffing over de winst en de mogelijkheid tot aftrek van de verliezen veilig te stellen (zie reeds aangehaalde arresten Lidl Belgium, punt 33, en Philips Electronics UK, punt 24), met name teneinde te vermijden dat de belastingplichtige vrijelijk kan kiezen in welke lidstaat die winsten worden opgevoerd of verliezen worden verrekend (zie in die zin reeds aangehaalde arresten Oy AA, punt 56, en Lidl Belgium, punt 34).

52. Wanneer, in het hoofdgeding, de Frans-Finse overeenkomst buiten beschouwing wordt gelaten, zou de Republiek Finland het recht hebben belasting te heffen over de winst die een ingezeten belastingplichtige van Finland behaalt uit de verkoop van een in Frankrijk gelegen onroerend goed.

53. Bij de gecombineerde toepassing van de Frans-Finse overeenkomst en de Finse belastingwetgeving heeft de Republiek Finland echter geen enkele fiscale bevoegdheid ten aanzien van de winst op de verkoop van in Frankrijk gelegen onroerende goederen, daar deze winst in Finland noch wordt belast noch anderszins in aanmerking wordt genomen.

54. Zou worden aanvaard dat het verlies uit de verkoop van een in een andere lidstaat gelegen onroerend goed aftrekbaar moet zijn in de woonstaat van de belastingplichtige, hoe de heffingsbevoegdheid bij overeenkomst tussen de lidstaten ook is verdeeld, dan zou dit ertoe leiden dat deze belastingplichtige vrijelijk kan kiezen in welke lidstaat dat verlies fiscaal het voordeligst kan worden verrekend (zie in deze zin arrest Lidl Belgium, reeds aangehaald, punt 34).

55. Zoals de advocaat-generaal in punt 40 van zijn conclusie in wezen heeft opgemerkt, maakt de weigering, onder deze omstandigheden, van aftrek van het verlies uit de verkoop van een in Frankrijk gelegen onroerend goed het mogelijk om de symmetrie veilig te stellen tussen het recht winst te belasten en de mogelijkheid verlies af te trekken. Deze maatregel draagt bovendien bij tot de verwezenlijking van het doel, een evenwichtige verdeling van de heffingsbevoegdheid tussen de lidstaten te handhaven.

56. Aangaande – ten tweede – de rechtvaardigingsgrond in verband met de noodzaak om een dubbele verliesverrekening te voorkomen, waarop de Duitse en de Zweedse regering zich beroepen, heeft het Hof erkend dat de lidstaten dit gevaar moeten kunnen verhinderen (zie reeds aangehaalde arresten Marks & Spencer, punt 47; Rewe Zentralfinanz, punt 47, en Lidl Belgium, punt 35).

57. Evenwel zij opgemerkt dat het gevaar dat een belastingplichtige hetzelfde verlies tweemaal verrekent, in omstandigheden als die in het hoofdgeding, nihil blijkt te zijn.

58. Zoals de advocaat-generaal in punt 32 van zijn conclusie heeft opgemerkt, kan een in Frankrijk geleden verlies uit de verkoop van een in deze lidstaat gelegen onroerend goed noch van het totale inkomen noch van winst op de verkoop van een ander goed worden afgetrokken.

59. Ten derde strekt de in het hoofdgeding aan de orde zijnde Finse regeling, aldus de Zweedse regering en de regering van het Verenigd Koninkrijk, ter voorkoming van het gevaar van belastingontwijking dat ontstaat als gevolg van de mogelijkheid om een door een natuurlijk persoon geleden verlies aan inkomsten tussen twee lidstaten over te dragen, waarbij deze mogelijkheid ertoe kan leiden dat dit verlies wordt overgedragen naar de lidstaat waar fiscale aftrekbaarheid van dat verlies het voordeligst is.

60. In dit verband vloeit uit de rechtspraak van het Hof voort dat de enkele omstandigheid dat een ingezeten belastingplichtige een in een andere lidstaat gelegen onroerend goed verwerft en dat vervolgens met verlies verkoopt, niet volstaat om uit te gaan van een algemeen vermoeden van belastingfraude en geen rechtvaardigingsgrond kan zijn voor een maatregel die afbreuk doet aan het gebruik van een bij het Verdrag beschermde fundamentele vrijheid (zie naar analogie arresten van 21 november 2002, X en Y, C-436/00, *Jurispr.* blz. I-10829, punt 62; 12 september 2006, Cadbury Schweppes en Cadbury Schweppes Overseas, C-196/04, *Jurispr.* blz. I-7995, punt 50; 13 maart 2007, Test Claimants in the Thin Cap Group Litigation, C-524/04, *Jurispr.* blz. I-2107, punt 73; 17 januari 2008, Lammers & Van Cleeff, C-105/07, *Jurispr.* blz. I-173, punt 27; 4 december 2008, Jobra, C-330/07, *Jurispr.* blz. I-9099, punt 37, en 5 juli 2012, SIAT, C-318/10, nog niet gepubliceerd in de *Jurisprudentie*, punt 38).

61. Een nationale maatregel die een door het Verdrag gewaarborgde vrijheid van verkeer beperkt, kan slechts een rechtvaardiging vinden in de bestrijding van belastingfraude en -ontwijking, wanneer hij specifiek tot doel heeft, gedragingen te verhinderen die erin bestaan, volstrekt kunstmatige constructies op te zetten die geen verband houden met de economische realiteit en bedoeld zijn om de belasting te ontwijken die normaliter verschuldigd is over winsten uit activiteiten op het nationale grondgebied (zie in die zin reeds aangehaalde arresten Cadbury Schweppes en Cadbury Schweppes Overseas, punt 55; Test Claimants in the Thin Cap Group Litigation, punt 74, en SIAT, punt 40).

62. Aangaande de vraag of deze rechtvaardigingsgrond in omstandigheden als die in het hoofdgeding relevant is, behoeft slechts te worden opgemerkt dat de in casu van toepassing zijnde Finse belastingregeling niet specifiek tot doel heeft te voorkomen dat aan volstrekt kunstmatige constructies een belastingvoordeel toekomt, maar in het algemeen ziet op elke situatie waarin verlies wordt geleden in verband met een in een andere lidstaat gelegen onroerend goed.

63. Bijgevolg kan de noodzaak om belastingfraude en –ontwijking te voorkomen de in het hoofdgeding aan de orde zijnde belastingregeling niet aanvaarden.

64. Ten vierde zijn de Finse en de Duitse regering van mening dat de in het hoofdgeding aan de orde zijnde Finse regeling wordt gerechtvaardigd door de noodzaak om de samenhang van het belastingstelsel te verzekeren, dat

berust op het fundamentele beginsel van de symmetrische behandeling van winst en verlies. In Finland worden inkomsten uit arbeid en inkomsten uit vermogen afzonderlijk behandeld. Inkomsten uit arbeid worden progressief belast, rekening houdend met de persoonlijke situatie van de belastingplichtige, terwijl inkomsten uit vermogen tegen één enkel tarief worden belast. Daaruit vloeit voort dat wanneer ingevolge een dubbelbelastingverdrag een andere lidstaat heffingsbevoegd is voor deze inkomsten uit vermogen, zij in Finland volledig van belasting zijn vrijgesteld en geen invloed hebben op het Finse belastingtarief of de belastbare grondslag. Er bestaat in de Finse regeling dus een direct verband tussen de niet-belasting van winst en de onmogelijkheid om verlies af te trekken.

65. Het Hof heeft reeds aanvaard dat de noodzaak om de samenhang van een nationaal belastingstelsel te bewaren een beperking van de uitoefening van de door het Verdrag gewaarborgde vrijheden van verkeer kan rechtvaardigen (arresten van 28 januari 1992, Bachmann, C-204/90, *Jurispr.* blz. I-249, punt 21; 7 september 2004, Manninen, C-319/02, *Jurispr.* blz. I-7477, punt 42; arrest Krankenheim Ruhesitz am Wannsee-Seniorenheimstatt, reeds aangehaald, punt 43; arresten van 1 december 2011, Commissie/België, C-250/08, nog niet gepubliceerd in de *Jurisprudentie*, punt 70; 1 december 2011, Commissie/Hongarije, C-253/09, nog niet gepubliceerd in de *Jurisprudentie*, punt 71, en 13 november 2012, Test Claimants in the FII Group Litigation, C-35/11, nog niet gepubliceerd in de *Jurisprudentie*, punt 57).

66. Volgens vaste rechtspraak kan een betoog op basis van een dergelijke rechtvaardigingsgrond evenwel slechts slagen wanneer wordt aangetoond dat een rechtstreeks verband bestaat tussen het betrokken belastingvoordeel en de verrekening van dat voordeel door een bepaalde belastingheffing (arrest Commissie/België, reeds aangehaald, punt 71 en aldaar aangehaalde rechtspraak), waarbij of dit verband rechtstreeks is moet worden beoordeeld aan de hand van het doel van de betrokken regeling (arresten van 27 november 2008, Papillon, C-418/07, *Jurispr.* blz. I-8947, punt 44; 18 juni 2009, Aberdeen Property Fininvest Alpha, C-303/07, *Jurispr.* blz. I-5145, punt 72, en arrest Test Claimants in the FII Group Litigation, reeds aangehaald, punt 58).

67. Zoals in de punten 52 en 53 van het onderhavige arrest eraan is herinnerd, zou de Republiek Finland, wanneer de Frans-Finse overeenkomst buiten beschouwing wordt gelaten, het recht hebben belasting te heffen over de winst die een belastingplichtige ingezetene van Finland behaalt uit de verkoop van een in Frankrijk gelegen onroerend goed. De gecombineerde toepassing van deze overeenkomst en de Finse belastingwetgeving leidt er evenwel toe dat de winst uit de verkoop van in Frankrijk gelegen onroerende goederen aan elke vorm van belasting in Finland ontsnapt, aangezien deze winst in deze lidstaat noch wordt belast, noch anderszins in aanmerking wordt genomen.

68. Aangezien een ingezetene belastingplichtige die verlies lijdt uit de verkoop van een in Frankrijk gelegen onroerend goed, dat verlies in Finland niet kan benutten, weerspiegelt de Finse regeling in deze omstandigheden een symmetrische logica (zie in die zin reeds aangehaalde arresten Krankenheim Ruhesitz am Wannsee-Seniorenheimstatt, punt 42; Commissie/België, punt 73, en Commissie/Hongarije, punt 74).

69. Gelet op het doel dat met de in het hoofdgeding aan de orde zijnde regeling wordt nagestreefd, bestaat er dus een rechtstreeks verband, voor dezelfde belastingplichtige en dezelfde belasting, tussen het verleende belastingvoordeel, zijnde de verrekening van het verlies uit een vermogensbelegging, en de heffing van belasting over de winst op deze belegging.

70. In deze context volstaan deze twee voorwaarden, in casu dezelfde belastingplichtige en dezelfde belasting, volgens het Hof om een dergelijk verband vast te stellen (zie met name arrest van 6 juni 2000, Verkooijen, C-35/98, *Jurispr.* blz. I-4071, punt 58, en reeds aangehaalde arresten Krankenheim Ruhesitz am Wannsee-Seniorenheimstatt, punt 42; Commissie/België, punt 76, en Commissie/Hongarije, punt 77).

71. Derhalve dient te worden vastgesteld dat een wettelijke regeling als die in het hoofdgeding kan worden gerechtvaardigd door dwingende redenen van algemeen belang die verband houden met de noodzaak om de evenwichtige verdeling van de heffingsbevoegdheid tussen de lidstaten te handhaven en de samenhang van het Finse belastingstelsel te waarborgen, en geschikt is om deze doelstellingen te bereiken.

72. Toch moet nog worden nagegaan of deze wettelijke regeling niet verder gaat dan noodzakelijk is om deze doelstellingen te verwezenlijken, waarvan de vereisten – zoals het Hof reeds heeft opgemerkt – elkaar kunnen overlappen (zie in die zin arrest National Grid Indus, reeds aangehaald, punt 80).

73. In dit verband vraagt de verwijzende rechter welk belang moet worden gehecht aan de omstandigheid dat het geleden verlies geen verband houdt met een via een vaste inrichting in een andere lidstaat uitgeoefende beroepsactiviteit en dat het verlies definitief kan zijn omdat de belastingplichtige in de betrokken lidstaat geen bron van inkomsten meer heeft.

74. K heeft daaromtrent voor de verwijzende rechter aangevoerd dat niet is voldaan aan de vereisten van het evenredigheidsbeginsel wanneer een verlies definitief wordt.

75. Het Hof heeft reeds geoordeeld dat een maatregel waardoor een ingezeten moedermaatschappij het verlies dat een in een andere lidstaat gevestigde dochteronderneming lijdt, niet kan aftrekken van haar belastbare winst, terwijl deze mogelijkheid wel bestaat voor het verlies dat een ingezeten dochteronderneming heeft geleden, of

waardoor in het kader van een fusie de in een lidstaat gevestigde moedermaatschappij het verlies van de in een andere lidstaat gevestigde overgenomen dochteronderneming niet van haar belastbare inkomsten kan aftrekken, kan worden gerechtvaardigd door de noodzaak om de verdeling van de heffingsbevoegdheid tussen de lidstaat te vrijwaren en het gevaar voor dubbele verliesverrekening en belastingontwijking tegen te gaan (zie in die zin arrest Marks & Spencer, reeds aangehaald, punten 44-51), en arrest van 21 februari 2013, A, C-123/11, nog niet gepubliceerd in de *Jurisprudentie*, punten 40-46), maar verder gaat dan noodzakelijk is voor het bereiken van de belangrijkste nagestreefde doelstellingen in een situatie waarin de niet-ingezeten dochteronderneming de in haar vestigingsstaat bestaande mogelijkheden tot verliesverrekening heeft uitgeput (zie in die zin reeds aangehaalde arresten Marks & Spencer, punt 55, en A, punt 49).

76. In een situatie als die in het hoofdgeding kan echter niet worden aangenomen, ongeacht de feitelijke omstandigheden waarop de verwijzende rechter heeft gewezen, dat een belastingplichtige als K de mogelijkheden tot verrekening van het verlies in de lidstaat van de ligging van het onroerend goed heeft uitgeput.

77. Aangezien in de lidstaat waar het onroerend goed is gelegen, niet is voorzien in de mogelijkheid om het verlies uit de verkoop van het onroerend goed te verrekenen, heeft die mogelijkheid immers nooit bestaan.

78. Wanneer onder deze omstandigheden zou worden aanvaard dat de woonstaat van de belastingplichtige toch moet toestaan dat onroerend verlies wordt afgetrokken van de in deze lidstaat belastbare winst, zou dit erop neerkomen dat deze lidstaat de negatieve gevolgen moet dragen die voortvloeien uit de toepassing van de belastingregeling die is vastgesteld door de lidstaat van de ligging van het onroerend goed.

79. Uit de rechtspraak van het Hof volgt dat een lidstaat niet ertoe kan worden verplicht, bij de toepassing van zijn fiscale wettelijke regeling rekening te houden met de eventueel ongunstige gevolgen voortvloeiende uit de bijzonderheden van een regeling van een andere lidstaat die van toepassing is op een onroerend goed dat op het grondgebied van die staat is gevestigd (zie naar analogie arresten van 6 december 2007, Columbus Container Services, C-298/05, *Jurispr.* blz. I-10451, punt 51; 28 februari 2008, Deutsche Shell, C-293/06, *Jurispr.* blz. I-1129, punt 42, en arrest Krankenheim Ruhesitz am Wannsee-Seniorenheimstatt, reeds aangehaald, punt 49).

80. Het vrije verkeer van kapitaal kan immers niet aldus worden begrepen dat een lidstaat verplicht is, zijn belastingregeling af te stemmen op die van een andere lidstaat, teneinde te waarborgen dat in alle situaties de belasting aldus wordt geheven dat alle verschillen als gevolg van de nationale belastingregelingen verdwijnen, aangezien de beslissingen van een belastingplichtige betreffende de belegging in het buitenland naargelang van het geval meer of minder voordelig of nadelig voor deze belastingplichtige kunnen uitvallen (zie naar analogie reeds aangehaalde arresten Deutsche Shell, punt 43, en Krankenheim Ruhesitz am Wannsee-Seniorenheimstatt, punt 50).

81. Bijgevolg dient te worden vastgesteld dat, wanneer de wettelijke regeling van de lidstaat van ligging van het onroerend goed niet voorziet in verrekening van het verlies uit de verkoop van het onroerend goed, de door de verwijzende rechter en K uiteengezette feitelijke omstandigheden geen invloed hebben op de evenredigheid van de in het hoofdgeding aan de orde zijnde beperkende maatregel.

82. Gelet op een en ander moet worden aangenomen dat de in het hoofdgeding aan de orde zijnde belastingregeling niet verder gaat dan noodzakelijk is om de ermee nagestreefde doelstellingen te verwezenlijken.

83. Op de prejudiciële vraag dient dus te worden geantwoord dat de artikelen 63 VWEU en 65 VWEU zich niet verzetten tegen een belastingregeling van een lidstaat als die welke in het hoofdgeding aan de orde is, volgens welke een belastingplichtige die ingezetene van deze lidstaat is en aldaar in de inkomstenbelasting onbeperkt belastingplichtig is, het verlies uit de verkoop van een in een andere lidstaat gelegen onroerend goed niet kan aftrekken van de in eerstbedoelde lidstaat belastbare roerende inkomsten, terwijl deze aftrekmogelijkheid onder bepaalde voorwaarden wel zou bestaan indien het onroerend goed in eerstbedoelde lidstaat zou zijn gelegen.

Kosten

84. …

HET HOF (Eerste kamer)

verklaart voor recht:

De artikelen 63 VWEU en 65 VWEU verzetten zich niet tegen een belastingregeling van een lidstaat als die welke in het hoofdgeding aan de orde is, volgens welke een belastingplichtige die ingezetene van deze lidstaat is en aldaar in de inkomstenbelasting onbeperkt belastingplichtig is, het verlies uit de verkoop van een in een andere lidstaat gelegen onroerend goed niet kan aftrekken van de in eerstbedoelde lidstaat belastbare roerende inkomsten, terwijl deze aftrekmogelijkheid onder bepaalde voorwaarden wel zou bestaan indien het onroerend goed in eerstbedoelde lidstaat zou zijn gelegen.

HvJ EU 12 december 2013, zaak C-303/12 (Guido Imfeld, Nathalie Garcet v. Belgische Staat)

Vijfde kamer: *T. von Danwitz, kamerpresident, E. Juhász, A. Rosas (rapporteur), D. Šváby en C. Vajda, rechters*

Advocaat-Generaal: *P. Cruz Villalón*

Samenvatting arrest

M. Imfeld and Mrs Garcet are married and are both residents of Belgium. For Belgian tax calculation purposes, they are assessed jointly in Belgium. M. Imfeld derives professional income from Germany. Under the Double Tax Convention ('DTC') between Belgium and Germany this income is taxable in Germany and exempt in Belgium. The issue concerns tax advantages relating to the personal situation of the taxpayer. Under Belgian law, an increased tax free allowance is granted to persons with dependents. For the computation of Belgian tax in a case of joint assessment, this tax free allowance is set off, as a priority, against the income of the spouse with the highest income. In the case submitted to the ECJ, as a consequence of this rule, the couple could not fully benefit from this tax advantage given the fact that the higher income was not taxable in Belgium.

The ECJ found that the legislation at issue, applied to the case at issue, constitutes a restriction on the freedom of establishment of M. Imfeld, since it put him and his spouse as a couple at a disadvantage compared to a couple deriving most of its income from Belgium. Nationals of Belgium are thus discouraged to exercise their freedom of establishment.

The ECJ stated that, in principle, it is for the State of residence to grant the tax advantages relating to the personal and family situation. The Member State of employment is only required to take these attributes in consideration in cases where the taxpayer derives almost all or all of his income from that Member State. The Court went on to state that the mere fact that M. Imfeld's personal and family situation was partially taken into account in Germany could not compensate for the loss of the tax advantage recorded by the couple in Belgium.

The ECJ dismissed the argument that the legislation at issue was justified by the need to safeguard the balanced distribution of the power of taxation between the Member States. The Court stated that this justification may be accepted where the system in question is designed to prevent conduct capable of jeopardising the right of a Member State to exercise its fiscal jurisdiction in relation to activities carried out in its territory. The Court found that in the present case, were the Kingdom of Belgium denied to fully grant the benefit of deductions of a personal and family nature to the applicants in the main proceedings, that right would not be jeopardised.

The Court did however state that it is open to the Member States concerned to take into consideration the tax advantages which may be granted by another Member State imposing tax, provided that, irrespective of how those Member States have allocated that obligation amongst themselves, their taxpayers are guaranteed that, as the end result, all their personal and family circumstances will be duly taken into account.

Bovenstaande samenvatting (uit EU Tax Alert) werd beschikbaar gesteld door Loyens & Loeff.

HET HOF (Vijfde kamer)

verklaart voor recht:

Artikel 49 VWEU dient aldus te worden uitgelegd dat het zich verzet tegen de toepassing van een belastingregeling van een lidstaat als die welke in het hoofdgeding aan de orde is, die tot gevolg heeft dat een echtpaar dat in die staat woont en zowel in die staat als in een andere lidstaat inkomsten verwerft, daadwerkelijk een bepaald belastingvoordeel verliest als gevolg van de wijze waarop dit voordeel wordt aangerekend, terwijl dit echtpaar dat voordeel wel zou krijgen indien de echtgenoot met de hoogste inkomsten niet zijn volledig inkomen in een andere lidstaat zou verwerven.

HvJ EU 12 december 2013, zaak C-362/12 (Test Claimants in the Franked Investment Income Group Litigation v. Commissioners of Inland Revenue, Commissioners for Her Majesty's Revenue and Customs)

Derde kamer: *M. Ilešič, kamerpresident, C. G. Fernlund (rapporteur), A. Ó Caoimh, C. Toader en E. Jarašiūnas, rechters*
Advocaat-Generaal: *M. Wathelet*

1. Het verzoek om een prejudiciële beslissing betreft de uitlegging van het doeltreffendheidsbeginsel, het rechtszekerheidsbeginsel en het vertrouwensbeginsel.

2. Dit verzoek is ingediend in het kader van een geding tussen Test Claimants in the Franked Investment Income Group Litigation (hierna: 'Test Claimants') enerzijds en de Commissioners of Inland Revenue (hierna: 'Commissioners') en de Commissioners for Her Majesty's Revenue and Customs anderzijds over de rechtsmiddelen tot teruggave van het onverschuldigd betaalde waarover de belastingbetalers beschikken, wanneer belastingen onverenig-baar met de vrijheid van vestiging en het vrije kapitaalverkeer zijn verklaard.

Toepasselijke bepalingen

3. Ten tijde van de feiten in het hoofdgeding bestonden naar Engels recht op grond van de 'common law' twee rechtsmiddelen tot teruggave van vennootschapsbelasting die in strijd met het Unierecht was geheven.

4. Het eerste rechtsmiddel, dat is erkend door het House of Lords in zijn arrest van 20 juli 1992, Woolwich Equitable Building Society/Inland Revenu Commissioners ([1993] AC 70; hierna: 'Woolwich-beroep'), bestaat in een vordering tot teruggave van onrechtmatig geheven belasting.

5. Ingevolge Section 5 van de Limitation Act 1980 (hierna: 'verjaringswet van 1980') bedraagt de verjaringstermijn voor deze vordering zes jaar te rekenen vanaf het tijdstip waarop de grond voor de vordering is ontstaan.

6. Het tweede rechtsmiddel, dat is erkend door het House of Lords in zijn arrest van 29 oktober 1998, Kleinwort Benson/Lincoln City Council ([1999] 2 AC 349; hierna: 'Kleinwort Benson-beroep'), maakt terugbetaling mogelijk wanneer betaling is verricht wegens een vergissing omtrent het recht.

7. Ingevolge Section 32 (1) (c) van de verjaringswet van 1980 bedraagt de verjaringstermijn voor dit rechtsmiddel zes jaar te rekenen vanaf de datum waarop de eiser de vergissing omtrent het recht heeft ontdekt of redelijkerwijs had kunnen ontdekken.

8. Vanaf eind de jaren 1990 werd een aantal bepalingen van de wetgeving betreffende de belasting van vennootschappen die ingezetenen van het Verenigd Koninkrijk zijn, betwist op grond dat zij niet verenigbaar met de vrijheid van vestiging en het vrije kapitaalverkeer waren.

9. Aldus werd het Hof verzocht om een prejudiciële beslissing in de zaak die heeft geleid tot het arrest van 8 maart 2001, Metallgesellschaft e.a. (C-397/98 en C-410/98, *Jurispr.* blz. I-1727). In dat arrest heeft het Hof geoordeeld dat bepaalde aspecten van de regeling inzake de voorheffing op de vennootschapsbelasting ('advance corporation tax'; hierna: 'ACT'), die in het Verenigd Koninkrijk van 1973 tot in 1999 werd toegepast, onverenigbaar met deze vrijheden waren.

10. In het kader van latere procedures in verband met dezelfde fiscale bepalingen heeft de High Court of Justice of England and Wales (Chancery Division) bij arrest van 18 juli 2003, Deutsche Morgan Grenfell/Inland Revenue Commissioners [(2003] 4 All ER 645), voor het eerst verklaard dat het Kleinwort Benson-beroep kon worden ingesteld om terugbetaling te verkrijgen van belastingen die wegens een vergissing omtrent het recht waren betaald. Tot op die datum was dat rechtsmiddel niet-ontvankelijk jegens de belastingdienst.

11. In dat arrest heeft deze rechterlijke instantie geoordeeld dat de voor dit rechtsmiddel geldende verjaringstermijn was bepaald in Section 32 (1) (c) van de verjaringswet van 1980, namelijk de termijn van zes jaar te rekenen vanaf de datum waarop de eiser de vergissing omtrent het recht heeft ontdekt of redelijkerwijs had kunnen ontdekken.

12. Op 8 september 2003 heeft de regering van het Verenigd Koninkrijk een voorstel van wet betreffende beroepen tot teruggave van wegens een vergissing omtrent het recht betaalde belastingen openbaar bekendgemaakt. Dit voorstel heeft geleid tot Section 320 van de Finance Act 2004 (financieringswet van 2004), die op 24 juni 2004 is goedgekeurd (hierna: 'Section 320').

13. Section 320 bepaalt:

'Section 32 (1) (c) van de [verjaringswet van 1980] [...] (verlengde periode voor het instellen van een vordering wegens vergissing) is niet van toepassing in geval van een vergissing omtrent het recht in onder de Commissioners [...] ressorterende belastingaangelegenheden. [...]

Deze bepaling is van toepassing op vorderingen die op of na 8 september 2003 zijn ingesteld.'

14. Bij arrest van 4 februari 2005 heeft de Court of Appeal of England and Wales het reeds aangehaalde arrest van de High Court of Justice of England and Wales (Chancery Division), Deutsche Morgan Grenfell/Inland Revenue Commissioners, vernietigd. Dat arrest van de Court of Appeal is op zijn beurt op 25 oktober 2006 vernietigd door het House of Lords, dat het arrest van de High Court heeft bevestigd in die zin dat de belastingbetaler teruggave van ten onrechte betaalde belasting kon vorderen hetzij via het Woolwich-beroep, met als rechtsgrond de onrechtmatige heffing van belasting en met een verjaringstermijn van zes jaar te rekenen vanaf de datum van betaling van de belasting, hetzij via het Kleinwort Benson-beroep, met als rechtsgrond een vergissing omtrent het recht en met een verjaringstermijn van zes jaar te rekenen vanaf de datum waarop de eiser de vergissing omtrent het recht heeft ontdekt of redelijkerwijs had kunnen ontdekken.

15. Naar aanleiding van het reeds aangehaalde arrest van het House of Lords van 25 oktober 2006 heeft de regering van het Verenigd Koninkrijk het Hof verzocht om heropening van de zaak die heeft geleid tot het arrest van 12 december 2006, Test Claimants in the FII Group Litigation (C-446/04, *Jurispr.* blz. I-11753), teneinde de werking van dat arrest in de tijd te doen beperken. Het Hof heeft dat verzoek op 6 december 2006 afgewezen.

Hoofdgeding en prejudiciële vragen

16. Het verzoek om een prejudiciële beslissing is gerezen in het kader van een collectief beroep dat door Test Claimants is ingesteld voor de rechterlijke instanties van het Verenigd Koninkrijk. Dit verzoek sluit aan bij twee vroegere verzoeken die hebben geleid tot het reeds aangehaalde arrest Test Claimants in the FII Group Litigation en het arrest van 13 november 2012, Test Claimants in the FII Group Litigation (C-35/11, nog niet gepubliceerd in de *Jurisprudentie*), betreffende een mogelijke onverenigbaarheid van de fiscale behandeling van dividenden die aan in het Verenigd Koninkrijk gevestigde moedermaatschappijen zijn uitgekeerd door niet in deze lidstaat gevestigde dochterondernemingen, met de in het VWEU verankerde fundamentele vrijheden, inzonderheid de vrijheid van vestiging van artikel 49 VWEU en het vrije verkeer van kapitaal van artikel 63 VWEU.

17. De zaken die de Supreme Court of the United Kingdom als testcases voor het onderhavige verzoek om een prejudiciële beslissing heeft gekozen, betreffen vorderingen tot teruggave van ten onrechte betaalde ACT, die zijn ingediend door leden van de vennootschapsgroep Aegis (hierna: 'Aegis'). De vorderingen strekken tot teruggave van betalingen die zijn verricht meer dan zes jaar voordat Aegis haar beroep heeft ingesteld.

18. Naar aanleiding van het reeds aangehaalde arrest Metallgesellschaft e.a. en het reeds aangehaalde arrest van de High Court of Justice of England and Wales (Chancery Division), Deutsche Morgan Grenfell/Inland Revenu Commissioners, heeft Aegis op 8 september 2003 met gebruik van het Kleinwort Benson-beroep een vordering ingediend tot teruggave van ACT die tussen 1973 en 1999 ten onrechte was betaald.

19. Ingevolge Section 32 (1) (c) van de verjaringswet van 1980 begon de voor dit beroep geldende verjaringstermijn te lopen vanaf het tijdstip waarop de vergissing omtrent het recht, waardoor de belasting ten onrechte was betaald, was ontdekt, in casu de datum van uitspraak van het reeds aangehaalde arrest Metallgesellschaft e.a. op 8 maart 2001.

20. Section 320 heeft tot gevolg gehad dat de langere verjaringstermijn van Section 32 (1) (c) van de verjaringswet van 1980 niet geldt voor procedures tot terugvordering van betalingen die zijn verricht wegens een vergissing omtrent het recht, wanneer het beroep ziet op een onder de Commissioners ressorterende belastingaangelegenheid. Deze wetsbepaling, die op 24 juni 2004 is goedgekeurd, is met terugwerkende kracht in werking getreden op 8 september 2003, zijnde de datum waarop het voorstel voor dat wetsartikel is aangekondigd en Aegis haar beroep heeft ingesteld.

21. In haar hogere voorziening voor de verwijzende rechter heeft Aegis in wezen aangevoerd dat uit het arrest van 11 juli 2002, Marks & Spencer (C-62/00, *Jurispr.* blz. I-6325), voortvloeit dat Section 320 indruist tegen het Unierechtelijke doeltreffendheidsbeginsel, rechtszekerheidsbeginsel en vertrouwensbeginsel.

22. Volgens Aegis zijn deze beginselen geschonden doordat haar wegens de bij Section 320 ingevoerde uitsluiting, zonder voorafgaande kennisgeving en met terugwerkende kracht, van de toepassing van de verjaringstermijn van het Kleinwort Benson-beroep voor beroepen die steunen op een vergissing omtrent het recht en zien op onder de Commissioners ressorterende belastingaangelegenheid, de mogelijkheid is ontzegd een beroep in te stellen dat anders binnen de termijn zou zijn ingesteld, waardoor het voor haar buitensporig moeilijk en zelfs onmogelijk wordt om de rechten die zij aan het Unierecht ontleent, uit te oefenen.

23. De Commissioners for Her Majesty's Revenue and Customs hebben in wezen gesteld dat het Unierecht enkel vereist dat een daadwerkelijk rechtsmiddel voorhanden is om de aan het Unierecht ontleende rechten te doen gelden. Aan dat vereiste is voldaan met het Woolwich-beroep. Op voorwaarde dat dit rechtsmiddel beschikbaar blijft,

is het van geen belang dat met Section 320 de langere verjaringstermijn voor een subsidiair nationaal rechtsmiddel is afgeschaft om die in overeenstemming te brengen met de verjaringstermijn die geldt voor het Woolwich-beroep.

24. Aangezien de Supreme Court of the United Kingdom twijfels heeft over de verenigbaarheid van Section 320 met het Unierecht, heeft deze rechterlijke instantie de behandeling van de zaak geschorst en het Hof de volgende prejudiciële vragen gesteld:

'1. Wanneer een belastingbetaler naar het recht van een lidstaat kan kiezen tussen twee alternatieve rechtsgronden voor een vordering tot terugbetaling van in strijd met de artikelen 49 VWEU en 63 VWEU geheven belastingen en voor een van die rechtsgronden een langere verjaringstermijn geldt, is het dan verenigbaar met het doeltreffendheidbeginsel, het rechtszekerheidsbeginsel en het vertrouwensbeginsel dat die lidstaat een wettelijke regeling uitvaardigt waarbij die langere verjaringstermijn, zonder voorafgaande kennisgeving en met terugwerkende kracht, tot op de datum van de openbare bekendmaking van het wetsvoorstel, wordt verkort?

2. Maakt het voor het antwoord op de eerste vraag enig verschil dat op het tijdstip waarop de belastingbetaler zijn vordering heeft ingesteld op basis van de rechtsgrond waarvoor een langere verjaringstermijn gold, die rechtsgrond naar nationaal recht i. pas korte tijd voordien en ii. door een lagere rechterlijke instantie was erkend en pas later door de hoogste rechterlijke instantie definitief is aanvaard?'

Beantwoording van de prejudiciële vragen

Eerste vraag

25. Met zijn eerste vraag wenst de verwijzende rechter in wezen te vernemen of, in een situatie waarin de belastingbetalers naar nationaal recht kunnen kiezen tussen twee mogelijke rechtsmiddelen om teruggave van in strijd met het Unierecht geheven belasting te vorderen, waarbij voor een van deze rechtsmiddelen een langere verjaringstermijn geldt, het doeltreffendheidsbeginsel, het rechtszekerheidsbeginsel en het vertrouwensbeginsel zich ertegen verzetten dat een nationale wetsbepaling deze verjaringstermijn zonder voorafgaande kennisgeving en met terugwerkende kracht verkort.

26. De regering van het Verenigd Koninkrijk is in dit verband van mening dat het Unierecht niet vereist dat aan het doeltreffendheidsbeginsel is voldaan voor bijkomende rechtsmiddelen die naar nationaal recht bestaan tot teruggave van te veel geheven belasting, afzonderlijk beschouwd. De uit het reeds aangehaalde arrest Marks & Spencer voortvloeiende beginselen zijn met name niet van toepassing op het hoofdgeding. De uitsluiting van de toepassing van de verjaringstermijn van het Kleinwort Benson-beroep voor beroepen die op grond van een vergissing omtrent het recht zijn ingesteld in een belastingaangelegenheid, heeft geenszins invloed gehad op de verjaringstermijn voor het Woolwich-beroep, waarvoor op zich is voldaan aan het doeltreffendheidsbeginsel en waarvan Aegis zonder onderbreking in de tijd zou hebben kunnen gebruikmaken om in strijd met het Unierecht geheven belastingen te vorderen.

27. De regering van het Verenigd Koninkrijk voegt daaraan toe dat de mogelijkheid om teruggave te vorderen van wegens een vergissing omtrent het recht geheven belastingen pas is komen vast te staan met het reeds aangehaalde arrest van het House of Lords van 25 oktober 2006, dit is nadat Aegis haar beroep had ingesteld. In een dergelijke situatie konden redelijk bedachtzame personen niet ervan uitgaan de te veel geheven belasting terug te krijgen op basis van de langere verjaringstermijn die voor het Kleinwort Benson-beroep geldt. Er is dus geen sprake van schending van het rechtszekerheidsbeginsel en het vertrouwensbeginsel.

28. De Commissie stelt daarentegen dat er een sterke gelijkenis bestaat tussen het hoofdgeding en de zaak die heeft geleid tot het reeds aangehaalde arrest Marks & Spencer. Ook al vormt het Woolwich-beroep op zich een doeltreffend rechtsmiddel, dit betekent volgens haar niet dat het Kleinwort Benson-beroep zonder voorafgaande kennisgeving en met terugwerkende kracht kan worden afgeschaft.

29. Ook al was het ten tijde van de feiten in het hoofdgeding omstreden of van het Kleinwort Benson-beroep kon worden gebruikgemaakt in belastingaangelegenheden, de belastingbetalers konden volgens de Commissie redelijkerwijs aannemen dat dit beroep in geval van een vergissing omtrent het recht algemene draagwijdte had en dus ook in belastingaangelegenheden beschikbaar was. Bijgevolg is Section 320 in strijd met het doeltreffendheidsbeginsel alsmede met het rechtszekerheidsbeginsel en het vertrouwensbeginsel. Voor eerbiediging van deze beginselen zou het noodzakelijk zijn geweest een redelijke termijn te laten tussen de openbare aankondiging van het wetsvoorstel voor Section 320 en de inwerkingtreding ervan, zodat eventuele eisende partijen hun rechten konden doen gelden.

Doeltreffendheidsbeginsel

30. Vooraf zij eraan herinnerd dat volgens vaste rechtspraak het recht op teruggave van belastingen die in een lidstaat in strijd met het Unierecht zijn geheven, het gevolg en het complement is van de rechten die de belasting-

plichtigen ontlenen aan de bepalingen van Unierecht, zoals die door het Hof zijn uitgelegd. Een lidstaat is dus in beginsel ertoe verplicht om in strijd met het Unierecht geheven belastingen terug te betalen (arrest van 19 juli 2012, Littlewoods Retail e.a., C-591/10, nog niet gepubliceerd in de *Jurisprudentie*, punt 24 en aldaar aangehaalde rechtspraak).

31. Bij gebreke van Unieregelgeving inzake teruggave van ten onrechte geheven nationale belastingen is het een aangelegenheid van de interne rechtsorde van elke lidstaat om, krachtens het beginsel van de procedurele autonomie van de lidstaten, de bevoegde rechterlijke instanties aan te wijzen en de procedureregels vast te stellen voor vorderingen die worden ingediend ter bescherming van de rechten die de belastingplichtigen aan het Unierecht ontlenen. Daarbij zijn de lidstaten evenwel gehouden in elk geval een doeltreffende bescherming van die rechten te verzekeren (zie arrest van 27 juni 2013, Agrokonsulting-04, C-93/12, nog niet gepubliceerd in de *Jurisprudentie*, punt 35 en aldaar aangehaalde rechtspraak).

32. Om die reden mogen de procedureregels voor vorderingen die worden ingediend ter bescherming van de rechten die de belastingplichtigen aan het Unierecht ontlenen, niet ongunstiger zijn dan die voor soortgelijke nationale vorderingen (gelijkwaardigheidsbeginsel), en mogen zij de uitoefening van de door de rechtsorde van de Unie verleende rechten niet in de praktijk onmogelijk of uiterst moeilijk maken (doeltreffendheidsbeginsel) (zie met name arrest van 18 maart 2010, Alassini e.a., C-317/08–C-320/08, *Jurispr.* blz. I-2213, punt 48 en aldaar aangehaalde rechtspraak, en arrest Agrokonsulting-04, reeds aangehaald, punt 36).

33. Wat laatstgenoemd beginsel betreft, is het volgens het Hof met het Unierecht verenigbaar dat in het belang van de rechtszekerheid, waarin zowel de belastingplichtige als de administratie bescherming vindt, redelijke vervaltermijnen worden vastgesteld. Dergelijke termijnen maken immers de uitoefening van de door het Unierecht verleende rechten in de praktijk niet onmogelijk of uiterst moeilijk. Om evenwel zijn taak, de waarborging van de rechtszekerheid, te vervullen, moet een verjaringstermijn van te voren zijn vastgesteld (arrest Marks & Spencer, reeds aangehaald, punten 35 en 39 en aldaar aangehaalde rechtspraak).

34. Inzake de teruggave van ten onrechte geheven nationale belastingen heeft het Hof reeds geoordeeld dat een nationale vervaltermijn van drie jaar te rekenen vanaf de dag van de betwiste betaling, redelijk lijkt (zie arresten van 17 november 1998, Aprile, C-228/96, *Jurispr.* blz. I-7141, punt 19, en 24 september 2002, Grundig Italiana, C-255/00, *Jurispr.* blz. I-8003, punt 34). Een verjaringstermijn van zes jaar, als die welke geldt voor het Woolwich-beroep, die loopt vanaf de datum van betaling van de onverschuldigde belastingen, lijkt dus op zich redelijk te zijn.

35. Het doeltreffendheidsbeginsel vormt ook geen absolute belemmering voor de terugwerkende toepassing van een nieuwe beroepstermijn die korter en, in voorkomend geval, restrictiever is voor de belastingplichtige dan de voordien geldende termijn, voor zover die toepassing betrekking heeft op de vorderingen tot teruggave van met het Unierecht strijdige nationale belastingen, die op het tijdstip van inwerkingtreding van de nieuwe termijn nog niet zijn ingesteld, maar betrekking hebben op bedragen die zijn betaald toen de oude termijn nog van toepassing was (arrest Grundig Italiana, reeds aangehaald, punt 35).

36. Aangezien de regels voor terugbetaling van onverschuldigd geheven nationale belastingen immers onder het nationale recht vallen, valt ook de vraag of die regels met terugwerkende kracht kunnen worden toegepast, onder het nationale recht, mits de eventuele terugwerkende toepassing de naleving van het doeltreffendheidsbeginsel niet in gevaar brengt (arrest Grundig Italiana, reeds aangehaald, punt 36).

37. Zoals het Hof in punt 38 van het reeds aangehaalde arrest Marks & Spencer heeft geoordeeld, verzet het doeltreffendheidsbeginsel zich weliswaar niet ertegen dat een nationale wettelijke regeling de termijn verkort waarbinnen teruggave van in strijd met het Unierecht betaalde bedragen kan worden gevorderd, maar daartoe is echter wel vereist, niet alleen dat de nieuwe termijn redelijk is, maar ook dat de nieuwe wettelijke regeling een overgangsregeling bevat in dier voege dat de justitiabelen na de vaststelling van die nieuwe regeling over een voldoende termijn beschikken om vorderingen tot teruggave waartoe zij onder de oude regeling gerechtigd waren, te kunnen indienen. Een dergelijke overgangsregeling is noodzakelijk aangezien de onmiddellijke toepassing op die vorderingen van een kortere verjaringstermijn dan de voordien geldende tot gevolg zou hebben dat aan bepaalde justitiabelen met terugwerkende kracht hun recht op teruggave wordt ontzegd of dat hun slechts een termijn wordt gelaten die te kort is om dit recht geldend te maken.

38. Daaruit volgt dat het doeltreffendheidsbeginsel zich verzet tegen een nationale wettelijke regeling die met terugwerkende kracht en zonder overgangsregeling de termijn verkort waarbinnen teruggave van in strijd met het Unierecht betaalde bedragen kan worden gevorderd (zie in die zin arrest Marks & Spencer, reeds aangehaald, punt 47).

39. Het feit dat in de zaak die heeft geleid tot het reeds aangehaalde arrest Marks & Spencer, de belastingbetaler over slechts één rechtsmiddel beschikte terwijl in casu voor hem twee rechtsmiddelen openstaan, kan, in omstandigheden als die in het bij de verwijzende rechter aanhangige geding, niet tot een ander resultaat leiden.

40. In casu dient te worden onderzocht welke rechten de belastingbetalers naar nationaal recht hadden voordat de betrokken wetswijziging werd goedgekeurd, en welke gevolgen deze wetswijziging had voor de uitoefening van het recht op teruggave dat zij aan het Unierecht ontlenen.

41. Uit het aan het Hof voorgelegde dossier blijkt dat de belastingbetalers, totdat Section 320 werd goedgekeurd, de mogelijkheid hadden om met gebruikmaking van het Kleinwort Benson-beroep een vordering op grond van een vergissing omtrent het recht in te dienen tot teruggave van ten onrechte betaalde belastingen, gedurende een periode van zes jaar te rekening vanaf de ontdekking van de vergissing die tot betaling van de belasting had geleid. Als gevolg van de goedkeuring van Section 320 is hun met terugwerkende kracht en zonder overgangsregeling deze mogelijkheid ontzegd, aangezien deze bepaling voorschrijft dat de langere termijn om een beroep wegens een vergissing omtrent het recht in te stellen niet geldt wanneer het gaat om een vergissing omtrent het recht in onder de Commissioners ressorterende belastingaangelegenheden. Hun vordering tot teruggave van het onverschuldigd betaalde kon dus enkel nog de periode van 1997 tot 1999 betreffen.

42. Hoewel het doeltreffendheidsbeginsel zich niet verzet tegen een nationale wettelijke regeling die de termijn waarbinnen teruggave van het onverschuldigd betaalde kan worden gevorderd, verkort en hoewel een verjaringstermijn van zes jaar vanaf de datum van betaling van de onverschuldigde belastingen – zoals blijkt uit punt 34 van het onderhavige arrest – op zich redelijk lijkt, is evenwel tevens vereist, overeenkomstig de in punt 37 van het onderhavige arrest in herinnering gebrachte rechtspraak, dat de nieuwe wettelijke regeling voorziet in een overgangsregeling in dier voege dat de belastingbetalers, na goedkeuring van deze regeling, over een voldoende termijn beschikken om de vorderingen tot teruggave waartoe zij onder de oude wettelijke regeling gerechtigd waren, te kunnen indienen.

43. Aan het vereiste van een overgangsregeling wordt niet voldaan door een nationale wettelijke regeling als die in het hoofdgeding, die tot gevolg heeft dat de termijn waarbinnen vorderingen tot teruggave van het onverschuldigd betaalde kunnen worden ingediend, te weten zes jaar te rekenen vanaf de ontdekking van de vergissing die tot betaling van de onverschuldigde belasting heeft geleid, wordt verkort tot een termijn van zes jaar te rekenen vanaf de datum van betaling ervan, waarbij dit gevolg onmiddellijk van toepassing is op zowel alle vorderingen die zijn ingediend na de datum van goedkeuring van deze wettelijke regeling, als de vorderingen die zijn ingediend tussen laatstbedoelde datum en een vroegere datum, in casu de datum van aankondiging van het voorstel van deze wetsbetaling, zijnde de datum van inwerkingtreding van deze wetsbepaling. Deze wettelijke regeling maakt de uitoefening van een recht op teruggave van ten onrechte betaalde belastingen dat de belastingbetalers voorheen hadden, in de praktijk onmogelijk. Bijgevolg moet worden aangenomen dat een nationale wettelijke regeling als die in het hoofdgeding onverenigbaar is met het doeltreffendheidsbeginsel.

Rechtszekerheidsbeginsel en vertrouwensbeginsel

44. Volgens vaste rechtspraak verlangt het rechtszekerheidsbeginsel, dat als tegenhanger het vertrouwensbeginsel heeft, dat een wettelijke regeling die nadelige gevolgen voor particulieren heeft, duidelijk en nauwkeurig is en dat de toepassing ervan voor de justitiabelen voorzienbaar is (zie met name arrest van 7 juni 2005, VEMW e.a., C-17/03, *Jurispr.* blz. I-4983, punt 80). Zoals in punt 33 van het onderhavige arrest is uiteengezet, moet een verjaringstermijn van te voren zijn vastgesteld om zijn taak, de waarborging van de rechtszekerheid, te vervullen.

45. Het Hof heeft tevens geoordeeld dat het vertrouwensbeginsel zich ertegen verzet dat een wijziging van de nationale wettelijke regeling een belastingplichtige met terugwerkende kracht het hem vóór die wijziging toekomende recht ontneemt, om teruggave van in strijd met het Unierecht geheven belastingen te vorderen (zie in die zin arrest Marks & Spencer, reeds aangehaald, punt 46).

46. Zoals blijkt uit punt 41 van het onderhavige arrest, hadden de belastingbetalers in casu, vóór de goedkeuring van Section 320, het recht om bij de nationale rechter het Kleinwort Benson-beroep in te stellen om teruggave van ten onrechte betaalde belastingen te vorderen en konden zij verwachten dat de vraag of hun beroep gegrond was, door deze rechter werd beslecht.

47. Als gevolg van de goedkeuring van Section 320 is hun dit recht echter met terugwerkende kracht en zonder overgangsregeling ontzegd. Deze wetsbepaling heeft dus een wijziging met negatieve gevolgen voor hun situatie tot stand gebracht, zonder dat zij zich daarop konden voorbereiden.

48. Een dergelijke wetswijziging doet bijgevolg afbreuk aan het rechtszekerheidsbeginsel en het vertrouwensbeginsel.

49. Gelet op het voorgaande dient op de prejudiciële vraag te worden geantwoord dat in een situatie waarin de belastingbetalers naar nationaal recht kunnen kiezen tussen twee mogelijke rechtsmiddelen om teruggave van in strijd met het Unierecht geheven belasting te vorderen, waarbij voor een van deze rechtsmiddelen een langere verjaringstermijn geldt, het doeltreffendheidsbeginsel, het rechtszekerheidsbeginsel en het vertrouwensbeginsel zich ertegen verzetten dat een nationale wettelijke regeling deze verjaringstermijn zonder voorafgaande kennisgeving en met terugwerkende kracht verkort.

Tweede prejudiciële vraag

50. Met zijn tweede vraag wenst de verwijzende rechter in wezen te vernemen of de omstandigheid dat, op het tijdstip waarop de belastingbetaler zijn vordering instelt, de mogelijkheid om gebruik te maken van het rechtsmiddel waarvoor de langste verjaringstermijn geldt, pas korte tijd voordien door een lagere rechterlijke instantie was erkend en pas later door de hoogste rechterlijke instantie definitief is aanvaard, enig verschil uitmaakt voor het antwoord op de eerste vraag.

51. Opgemerkt zij dat dergelijke omstandigheden niet relevant zijn. Wat van belang is, is – zoals de verwijzende rechter heeft opgemerkt – dat de belastingbetalers ten tijde van de feiten in het hoofdgeding naar nationaal recht het recht hadden om met gebruikmaking van dat rechtsmiddel teruggave van het onverschuldigd betaalde te vorderen.

52. Bijgevolg dient op de tweede vraag te worden geantwoord dat de omstandigheid dat, op het tijdstip waarop de belastingbetaler zijn vordering heeft ingesteld, de mogelijkheid om gebruik te maken van het rechtsmiddel waarvoor de langste verjaringstermijn gold, pas korte tijd voordien door een lagere rechterlijke instantie was erkend en pas later door de hoogste rechterlijke instantie definitief is aanvaard, geen verschil uitmaakt voor het antwoord op de eerste vraag.

Kosten

53. …

HET HOF (Derde kamer)

verklaart voor recht:

1. **In een situatie waarin de belastingbetalers naar nationaal recht kunnen kiezen tussen twee mogelijke rechtsmiddelen om teruggave van in strijd met het Unierecht geheven belasting te vorderen, waarbij voor een van deze rechtsmiddelen een langere verjaringstermijn geldt, verzetten het doeltreffendheidsbeginsel, het rechtszekerheidsbeginsel en het vertrouwensbeginsel zich ertegen dat een nationale wettelijke regeling deze verjaringstermijn zonder voorafgaande kennisgeving en met terugwerkende kracht verkort.**

2. **De omstandigheid dat, op het tijdstip waarop de belastingbetaler zijn vordering heeft ingesteld, de mogelijkheid om gebruik te maken van het rechtsmiddel waarvoor de langste verjaringstermijn gold, pas korte tijd voordien door een lagere rechterlijke instantie was erkend en pas later door de hoogste rechterlijke instantie definitief is aanvaard, maakt geen verschil uit voor het antwoord op de eerste vraag.**

HvJ EU 23 januari 2014, zaak C-164/12 (DMC Beteiligungsgesellschaft mbH v. Finanzamt Hamburg-Mitte)

Eerste kamer: *A. Tizzano, kamerpresident, A. Borg Barthet, E. Levits (rapporteur), M. Berger en S. Rodin, rechters*
Advocaat-Generaal: *N. Wahl*

1. Het verzoek om een prejudiciële beslissing betreft de uitlegging van artikel 49 VWEU.

2. Dit verzoek is ingediend in het kader van een geding tussen DMC Beteiligungsgesellschaft mbH, een vennootschap naar Oostenrijks recht met zetel te Wenen (Oostenrijk) en rechtsopvolgster van Schillhuber Beteiligungsgesellschaft mbH (hierna: 'S-GmbH') en van Klausnitzer Ges.mbH (hierna: 'K-GmbH'), en het Finanzamt Hamburg-Mitte (hierna: 'Finanzamt') over de bepaling van de vermogenswinst in het kader van de vaststelling van de belasting over de winst van een Duitse gewone commanditaire vennootschap voor belastingjaar 2000.

Toepasselijke bepalingen

Duits recht

3. § 6, lid 1, punt 1, derde volzin, van het Einkommensteuergesetz (wet op de inkomstenbelastingen) omschrijft de actuele waarde van een economisch goed als het bedrag dat de koper van een onderneming in haar geheel zou besteden voor dat economisch goed, afzonderlijk beschouwd, in de context van de totale waarde van die onderneming. De actuele waarde is te onderscheiden van de boekwaarde, zijnde de waarde van een activum zoals die blijkt uit de balans van een onderneming, te weten verminderd met, met name, de afschrijvingen. De boekwaarde is nooit hoger dan de actuele waarde.

4. § 20 van het Umwandlungssteuergesetz (wet inzake de belasting op herstructureringen van ondernemingen) van 11 oktober 1995 (*BGBl.* 1995 I, blz. 1250), zoals van toepassing ten tijde van de feiten in het hoofdgeding (hierna: 'UmwStG 1995'), luidde:

> '1. Wanneer een bedrijf, een bedrijfstak of een medeondernemingsparticipatie wordt ingebracht in een kapitaalvennootschap die onbeperkt belastingplichtig in de vennootschapsbelasting is [§ 1, lid 1, punt 1, van het Körperschaftsteuergesetz (wet op de vennootschapsbelasting)], en de inbrenger in ruil daarvoor nieuwe aandelen ontvangt (inbreng in natura), worden het ingebrachte bedrijfsvermogen en de nieuwe vennootschapsaandelen overeenkomstig de volgende leden gewaardeerd. [...]
> 2. De kapitaalvennootschap kan het ingebrachte bedrijfsvermogen waarderen tegen boekwaarde of tegen een hogere waarde [...].
> 3. De kapitaalvennootschap moet het ingebrachte bedrijfsvermogen tegen de actuele waarde waarderen wanneer de Bondsrepubliek Duitsland niet heffingsbevoegd is voor de winst uit de overdracht van de aandelen die aan de inbrenger zijn toegekend in ruil voor zijn inbreng in natura.
> 4. De waarde waartegen de kapitaalvennootschap het ingebrachte bedrijfsvermogen waardeert, geldt voor de inbrenger als de overdrachtsprijs en aanschaffingsprijs van de aandelen. [...]
> [...]
> 6. In de gevallen bedoeld in lid 3, geldt § 21, lid 2, derde tot en met zesde volzin, naar analogie voor het uitstel van betaling van de verschuldigde inkomsten- of vennootschapsbelasting.'

5. § 21, lid 2, derde tot en met zesde volzin, UmwStG 1995 luidde:

> 'In de gevallen bedoeld in de eerste volzin, punten 1, 2 en 4 kan de over de vermogenswinst verschuldigde inkomsten- of vennootschapsbelasting in jaarlijkse termijnen van telkens minstens één vijfde worden betaald, op voorwaarde dat zekerheid voor deze termijnbetalingen wordt gesteld. Bij uitstel van betaling is geen rente verschuldigd. Het uitstel van betaling eindigt onmiddellijk bij een aandelenoverdracht. De vijfde volzin is naar analogie van toepassing wanneer gedurende het uitstel van betaling de kapitaalvennootschap waarin de aandelen worden aangehouden, wordt ontbonden en vereffend of wanneer het kapitaal van deze vennootschap wordt verminderd of aan de aandeelhouders terugbetaald of wanneer deze vennootschap wordt geherstructureerd in de zin van deel twee of vier van deze wet.'

Overeenkomst ter vermijding van dubbele belasting

6. Artikel 1, leden 2 en 3, van de Overeenkomst tussen de Bondsrepubliek Duitsland en de Republiek Oostenrijk ter vermijding van dubbele belastingheffing op het gebied van de inkomsten- en vermogensbelastingen alsmede de bedrijfsbelastingen en grondbelasting van 4 oktober 1954 (*BGBl.* 1955 II, blz. 750; hierna: 'DBA 1954') luidde:

> '2. Een natuurlijke persoon heeft een woonplaats in de zin van deze Overeenkomst in de overeenkomstsluitende staat waarin hij een woning bezit onder omstandigheden die erop wijzen dat hij de woning zal behou-

den en gebruiken. Wanneer hij in geen enkele overeenkomstsluitende staat een woonplaats heeft, geldt als woonplaats zijn gebruikelijke verblijfsplaats.

3. Een rechtspersoon heeft een woonplaats in de zin van deze Overeenkomst op de plaats van zijn bedrijfsleiding of, wanneer hij in geen van de overeenkomstsluitende staten de plaats van zijn bedrijfsleiding heeft, de plaats van zijn zetel.'

7. Artikel 4 DBA 1954 luidde:

'1. Wanneer een persoon met woonplaats in een van de overeenkomstsluitende staten inkomsten verkrijgt als ondernemer of medeondernemer van een industriële of handelsonderneming die haar activiteiten ook op het grondgebied van de andere overeenkomstsluitende staat uitoefent, komt het recht om deze inkomsten te belasten deze andere staat alleen toe voor zover zij afkomstig zijn van een vaste inrichting op zijn grondgebied.

2. Daarbij worden aan de vaste inrichting de inkomsten toegerekend die zij als een zelfstandige onderneming door eenzelfde of een soortgelijke activiteit onder dezelfde of soortgelijke omstandigheden en onafhankelijk van de onderneming waarvan zij een vaste inrichting is, zou hebben behaald.

3. In de zin van deze overeenkomst is een ,vaste inrichting' van de industriële of handelsonderneming een inrichting waarin de activiteit van deze onderneming volledig of ten dele wordt uitgeoefend.

4. Lid 1 is van toepassing op de inkomsten die zijn behaald uit het rechtstreeks beheer en gebruik en uit de verhuur, de verpachting en elk ander gebruik van de industriële of handelsonderneming, alsmede op de inkomsten uit de vervreemding van een onderneming in haar geheel, een deelneming in deze onderneming, een deel van de onderneming of een bedrijfsactivum.'

8. Artikel 7 DBA 1954 bepaalde:

'1. Wanneer een persoon met woonplaats in een van de overeenkomstsluitende staten inkomsten behaalt uit de overdracht van een aanmerkelijke deelneming in een kapitaalvennootschap waarvan de bestuurszetel in de andere staat is gelegen, is de staat waarin zijn woonplaats is gelegen, heffingsbevoegd voor deze inkomsten.

2. Lid 1 geldt niet wanneer een persoon met woonplaats in een van de overeenkomstsluitende staten een vaste inrichting in de andere staat heeft en inkomsten uit deze vaste inrichting behaalt. In dat geval is de andere staat heffingsbevoegd voor deze inkomsten (artikel 4).'

Hoofdgeding en prejudiciële vragen

9. Tot en met 28 augustus 2001 was DMC Design for Media and Communication GmbH & Co. KG (hierna: 'DMC KG') een gewone commanditaire vennootschap met zetel te Hamburg (Duitsland). De stille vennoten van deze personenvennootschap waren toentertijd K-GmbH en S-GmbH, voorheen Hubert Schillhuber (hierna: 'HS'). De beherende vennoot was DMC Design for Media and Communication GmbH (hierna: 'DMC GmbH'), een vennootschap naar Duits recht. De aandelen van laatstgenoemde kapitaalvennootschap waren tot en met 28 november 2000 telkens voor de helft, zijnde voor een bedrag van 50 000 Duitse mark (DEM), in handen van K-GmbH en HS.

10. Op 28 november 2000 heeft HS zijn aandelen in DMC GmbH en DMC KG ingebracht in S-GmbH.

11. Bij notariële akte van 28 augustus 2001 werd het maatschappelijke kapitaal van DMC GmbH met 100 000 DEM verhoogd tot 200 000 DEM.

12. Deze kapitaalverhoging gebeurde door de inbreng in natura van de aandelen die K-GmbH en S-GmbH in DMC KG aanhielden. In ruil voor deze aandelenoverdracht hebben K-GmbH en S-GmbH aandelen in het kapitaal van DMC GmbH, zijnde de overnemende vennootschap, ontvangen. De boekwaarde van de aandelen van elk van deze inbrengende vennootschappen werd telkens op 50 000 DEM bepaald. De overdracht van de aandelen aan DMC GmbH gold met terugwerkende kracht per 1 januari 2001, zijnde de fiscale 'closing date' van 31 december 2000.

13. Aangezien alle aandelen van DMC KG aan DMC GmbH waren overgedragen, werd de gewone commanditaire vennootschap ontbonden. Het door K-GmbH en S-GmbH ingebrachte bedrijfsvermogen werd in de overnamebelans van DMC GmbH tegen boekwaarde geboekt.

14. Het Finanzamt heeft tijdens een belastingcontrole de belastbare grondslag van DMC KG voor belastingjaar 2000 moeten vaststellen.

15. Uit de vaststelling dat de stille vennoten van DMC KG, die als medeondernemers aan de winstbelasting zijn onderworpen, na de ontbinding van DMC KG geen vaste inrichting meer hadden op het Duitse grondgebied, heeft het Finanzamt geconcludeerd dat de Bondsrepubliek Duitsland overeenkomstig artikel 7 DBA 1954 niet langer heffingsbevoegd was voor de winst die K-GmbH en S-GmbH zouden halen uit de overdracht van de aandelen in DMC GmbH die zij hadden ontvangen in ruil voor de inbreng van de aandelen die zij hadden in DMC KG.

16. Derhalve heeft het Finanzamt ingevolge § 20, lid 3, UmwStG 1995 de door K-GmbH en S-GmbH in DMC GmbH ingebrachte aandelen gewaardeerd tegen de actuele waarde en niet tegen de boekwaarde ervan, waardoor de latente meerwaarden op de aandelen in DMC KG werden belast.

17. Als gevolg daarvan is voor de inbreng van K-GmbH een vermogenswinst van 194 172,70 DEM en voor de inbreng van S-GmbH een vermogenswinst van 9 051,77 DEM gebleken. Over deze vermogenswinst is telkens vennootschapsbelasting geheven voor 2000.

18. Verzoekster in het hoofdgeding heeft als rechtsopvolgster van K-GmbH en S-GmbH bij de verwijzende rechter beroep ingesteld tegen de aanslag die haar voor 2000 is opgelegd, op grond dat § 20, lid 3, UmwStG 1995 onverenigbaar is met het recht van de Unie.

19. De verwijzende rechter wijst erop dat het Finanzamt het nationale recht in casu correct heeft toegepast. DMC GmbH moest dus het door K-GmbH en S-GmbH ingebrachte bedrijfsvermogen waarderen tegen de actuele waarde ervan. Ingevolge het bepaalde in DBA 1954 is het immers de Republiek Oostenrijk, als vestigingsstaat van de inbrengende vennootschappen, die heffingsbevoegd is voor de winst uit de overdracht van de aandelen die K-GmbH en S-GmbH hebben ontvangen in ruil voor hun aandelen in DMC KG.

20. Toch betwijfelt de verwijzende rechter of de regeling van § 20, lid 3, UmwStG 1955, die ertoe leidt dat op het Duitse grondgebied aangegroeide latente meerwaarden onmiddellijk worden belast, verenigbaar is met het Unierecht, aangezien de houder van de activa niet langer in Duitsland is onderworpen aan de belasting over de winst die hij zou halen uit de latere overdracht ervan. Een dergelijke ongelijke behandeling kan in Oostenrijk gevestigde vennootschappen ontmoedigen om deelnemingen in in Duitsland gevestigde vennootschappen te nemen. Bovendien kan een dergelijke beperking niet worden gerechtvaardigd door de doelstelling van een evenwichtige verdeling van de heffingsbevoegdheid tussen de betrokken lidstaten, omdat de Bondsrepubliek Duitsland nooit heffingsbevoegd is geweest voor de aandelen die K-GmbH en S-GmbH in DMC GmbH bezaten.

21. Daarop heeft het Finanzgericht Hamburg de behandeling van de zaak geschorst en het Hof de volgende prejudiciële vragen gesteld:

> '1. Is een nationale regeling met artikel 43 EG ([thans] artikel 49 VWEU) verenigbaar, volgens welke bij inbreng van medeondernemersaandelen in een kapitaalvennootschap het ingebrachte bedrijfsvermogen tegen de actuele waarde moet worden gewaardeerd (en voor de inbrenger dus een vermogenswinst ontstaat doordat de stille reserves tot uitdrukking komen), voor zover de Bondsrepubliek Duitsland op het tijdstip van de inbreng in natura geen heffingsbevoegdheid heeft voor de winst uit de overdracht van de nieuwe vennootschapsaandelen die de inbrenger in ruil voor zijn inbreng verkrijgt?
> 2. Indien de eerste vraag ontkennend dient te worden beantwoord: is deze nationale regeling verenigbaar met artikel 43 EG [...] wanneer de inbrenger het recht wordt toegekend te verzoeken om een renteloos uitstel van betaling van de belasting die verschuldigd wordt doordat de stille reserves tot uitdrukking komen, waarbij de over de vermogenswinst verschuldigde belasting kan worden voldaan in jaarlijkse termijnen van telkens ten minste één vijfde op voorwaarde dat zekerheid is gesteld voor betaling van de termijnen?'

Beantwoording van de prejudiciële vragen

Ontvankelijkheid van de vragen

22. Het Finanzamt werpt in zijn schriftelijke opmerkingen preliminair een exceptie van niet-ontvankelijkheid van de prejudiciële vragen op.

23. Het stelt dat het beroep bij de verwijzende rechter naar Duits procesrecht niet-ontvankelijk is, zodat de prejudiciële vragen hypothetisch zijn.

24. Dienaangaande zij eraan herinnerd dat er volgens vaste rechtspraak een vermoeden van relevantie rust op de vragen betreffende de uitlegging van het Unierecht die de nationale rechter heeft gesteld binnen het onder zijn eigen verantwoordelijkheid geschetste wettelijke en feitelijke kader, ten aanzien waarvan het niet aan het Hof is de juistheid te onderzoeken. Het Hof kan slechts weigeren uitspraak te doen op een verzoek van een nationale rechter om een prejudiciële beslissing, wanneer duidelijk blijkt dat de gevraagde uitlegging van Unierecht geen verband houdt met een reëel geschil of met het voorwerp van het hoofdgeding, of wanneer het vraagstuk van hypothetische aard is of het Hof niet beschikt over de gegevens, feitelijk en rechtens, die noodzakelijk zijn om een zinvol antwoord op de gestelde vragen te geven (arrest van 8 september 2011, Paint Graphos e.a., C-78/08–C-80/08, *Jurispr.* blz. I-7611, punt 31 en aldaar aangehaalde rechtspraak).

25. Met betrekking tot de onderhavige prejudiciële verwijzing blijkt niet, anders dan het Finanzamt aanvoert, dat het probleem dat in het hoofdgeding is gerezen, hypothetisch is omdat het beroep in het hoofdgeding niet-ontvankelijk zou zijn. In zijn verwijzingsbeslissing heeft het Finanzgericht Hamburg immers speciaal vermeld dat ingeval § 20, leden 3 en 4, UmwStG 1995 onverenigbaar is met het Unierecht, het beroep automatisch ontvankelijk is.

26. Uit het voorgaande volgt dat de prejudiciële vragen ontvankelijk zijn.

Eerste vraag

27. Met zijn eerste vraag wenst de verwijzende rechter in wezen te vernemen of artikel 49 VWEU aldus moet worden uitgelegd dat het zich verzet tegen een regeling van een lidstaat volgens welke de activa die een personenvennootschap inbrengt in het kapitaal van een kapitaalvennootschap met zetel op het grondgebied van deze lidstaat, tegen de actuele waarde ervan moeten worden geboekt, waardoor de op dat grondgebied aangegroeide latente meerwaarden op deze activa belastbaar worden voordat ze zich daadwerkelijk realiseren, wanneer het voor deze staat onmogelijk is zijn heffingsbevoegdheid voor deze meerwaarden uit te oefenen op het ogenblik waarop zij zich daadwerkelijk realiseren.

De in het hoofdgeding aan de orde zijnde vrijheid

28. Ofschoon alle andere betrokkenen die bij het Hof opmerkingen hebben ingediend, het erover eens zijn, zoals de verwijzende rechter, dat de feiten in het hoofdgeding kunnen worden verbonden aan de vrijheid van vestiging, is de Europese Commissie van mening dat § 20, leden 3 en 4, UmwStG 1995 ziet op het vrije verkeer van kapitaal.

29. Volgens ondertussen vaststaande rechtspraak dient voor het antwoord op de vraag of een nationale wettelijke regeling onder de ene of de andere vrijheid van verkeer valt, rekening te worden gehouden met het voorwerp van de wettelijke regeling in kwestie (arresten van 24 mei 2007, Holböck, C-157/05, *Jurispr.* blz. I-4051, punt 22, en 17 september 2009, Glaxo Wellcome, C-182/08, *Jurispr.* blz. I-8591, punt 36).

30. Uit de rechtspraak volgt ook dat het Hof de betrokken maatregel in beginsel slechts uit het oogpunt van een van deze twee vrijheden onderzoekt indien blijkt dat in de omstandigheden van het hoofdgeding een van de vrijheden volledig ondergeschikt is aan de andere en daarmee kan worden verbonden (arrest van 3 oktober 2006, Fidium Finanz, C-452/04, *Jurispr.* blz. I-9521, punt 34, en arrest Glaxo Wellcome, reeds aangehaald, punt 37).

31. Het Hof heeft eveneens geoordeeld dat een nationale wettelijke regeling die niet uitsluitend van toepassing is op deelnemingen waarmee een zodanige invloed op de beslissingen van een vennootschap kan worden uitgeoefend dat de activiteiten ervan kunnen worden bepaald, maar die van toepassing is ongeacht de grootte van de deelneming van de aandeelhouder in een vennootschap, zowel onder artikel 49 VWEU als onder artikel 63 VWEU kan vallen (arrest van 11 november 2010, Commissie/Portugal, C-543/08, *Jurispr.* blz. I-11241, punt 43 en aldaar aangehaalde rechtspraak).

32. Met betrekking tot het voorwerp van de in het hoofdgeding aan de orde zijnde bepalingen van het UmwStG 1995 blijkt uit de verwijzingsbeslissing dat deze bepalingen beogen de fiscale belangen van de Bondsrepubliek Duitsland te vrijwaren ingeval op het Duitse grondgebied meerwaarden aangroeien, wanneer de internationale verdeling van de heffingsbevoegdheden aan deze belangen afbreuk kan doen.

33. Het gaat met name om meerwaarden op activa die worden ingebracht door investeerders die niet langer op het Duitse grondgebied aan de winstbelasting zijn onderworpen nadat deze activa van een gewone commanditaire vennootschap naar een kapitaalvennootschap zijn overgegaan.

34. In de eerste plaats vloeit daaruit voort dat de toepassing van de in het hoofdgeding aan de orde zijnde regeling op een specifiek geval niet afhangt van de grootte van de deelneming van een investeerder in de gewone commanditaire vennootschap waarvan de aandelen in een kapitaalvennootschap worden ingebracht in ruil voor vennootschapsaandelen. Zo is het ingevolge deze regeling niet vereist dat de investeerder een zodanige deelneming aanhoudt dat hij een bepaalde invloed op de beslissingen van de gewone commanditaire vennootschap en zelfs op die van de kapitaalvennootschap kan uitoefenen.

35. Wanneer de toepassing van de in het hoofdgeding aan de orde zijnde regeling zou worden beperkt tot de gevallen waarin de overgedragen aandelen in de gewone commanditaire vennootschap in handen zijn van een investeerder die een bepaalde invloed op de beslissingen van deze vennootschap heeft, zou dit in feite niet aansluiten op de doelstelling om de fiscale belangen van de Bondsrepubliek Duitsland te vrijwaren.

36. In de tweede plaats dient te worden vastgesteld dat in het hoofdgeding de verplichting voor de kapitaalvennootschap om de aandelen die zijn ingebracht in ruil voor de vennootschapsaandelen tegen de actuele waarde te waarderen, wordt gerechtvaardigd doordat de inbrengende vennootschappen op het Duitse grondgebied niet langer onbeperkt belastingplichtig zijn voor de winst die zij daaruit behalen, daar de vennootschap waarvan zij de stille vennoten waren, is ontbonden.

37. Bijgevolg grijpt de in het hoofdgeding aan de orde zijnde regeling minder in op de vestiging dan op de overdracht van activa tussen een gewone commanditaire vennootschap en een kapitaalvennootschap.

38. Uit alle voorgaande overwegingen volgt dat de in het hoofdgeding aan de orde zijnde regeling enkel aan het in artikel 63 VWEU vervatte beginsel van vrij verkeer van kapitaal moet worden getoetst.

Bestaan van een beperking van het vrije kapitaalverkeer

39. Volgens de in het hoofdgeding aan de orde zijnde regeling moeten, wanneer als gevolg van de ruil van de aandelen van een gewone commanditaire vennootschap die in handen zijn van een vennootschap die zijn fiscale domicilie niet in Duitsland heeft, voor de aandelen van een kapitaalvennootschap met zetel in Duitsland, de op het grondgebied van deze lidstaat aangegroeide latente meerwaarden op deze aandelen niet langer door deze lidstaat kunnen worden belast, deze meerwaarden tot uitdrukking worden gebracht en wordt het bedrag van de belasting over de winst uit de overdracht van de in ruil gegeven vennootschapsaandelen bepaald op het tijdstip van de inbreng van de aandelen van de gewone commanditaire vennootschap en ingevorderd volgens de nadere regeling van § 20, lid 6, en § 21, lid 2, derde tot en met zesde volzin, UmwStG 1995. Wanneer de inbrengende vennootschap daarentegen op het Duitse grondgebied belastbaar blijft, wordt de belasting over de latente meerwaarden op de activa van de gewone commanditaire vennootschap die in de in ruil overgedragen vennootschapsaandelen zijn begrepen, vastgesteld en ingevorderd op het tijdstip waarop deze meerwaarden zich daadwerkelijk realiseren, namelijk in de regel op het tijdstip van de overdracht van de betrokken vennootschapsaandelen.

40. De omstandigheid dat de latente meerwaarden aandelen betreffen die in handen zijn van een investeerder die niet langer op het Duitse grondgebied belastbaar is over de inkomsten die hij uit deze activa behaalt, brengt voor hem derhalve een liquiditeitsnadeel mee in vergelijking met investeerders die aldaar belastbaar blijven, aangezien de omzetting van aandelen van een gewone commanditaire vennootschap in aandelen van een kapitaalvennootschap in het eerste geval gepaard gaat met een onmiddellijke belasting van de meerwaarden op de betrokken aandelen terwijl in het tweede geval deze meerwaarden pas worden belast wanneer zij zich daadwerkelijk realiseren. Dat verschil in behandeling inzake de belasting van meerwaarden kan investeerders die in Duitsland geen fiscale domicilie hebben, ontmoedigen om kapitaal in te brengen in een gewone commanditaire vennootschap naar Duits recht omdat de omzetting van de aandelen van deze vennootschap in aandelen van een kapitaalvennootschap met het hierboven beschreven belastingnadeel gepaard gaat (zie in die zin arrest van 29 november 2011, National Grid Indus, C-371/10, *Jurispr.* blz. I-12273, punt 37).

41. Bijgevolg kan de in het hoofdgeding aan de orde zijnde regeling deze investeerders ontmoedigen om een deelneming aan te houden in een gewone commanditaire vennootschap naar Duits recht, aangezien zij bij een latere omzetting van hun deelnemingen in aandelen van een kapitaalvennootschap onmiddellijk de belasting moeten betalen over de winst met betrekking tot de op het Duitse grondgebied aangegroeide latente meerwaarden doordat zij als gevolg van de omzetting van hun deelneming in de toekomst niet langer op dat grondgebied aan die belasting onderworpen zijn.

42. Het aldus vastgestelde verschil in behandeling vindt geen rechtvaardiging in een objectief situatieverschil, anders dan het Finanzamt en de Duitse regering stellen. Ten aanzien van een regeling van een lidstaat die ertoe strekt de op zijn grondgebied aangegroeide meerwaarden te belasten, is de situatie van een investeerder die zijn aandelen van een gewone commanditaire vennootschap met zetel op dat grondgebied overdraagt in ruil voor aandelen van een kapitaalvennootschap die ook zijn zetel op dat grondgebied heeft, en als gevolg daarvan niet langer belastbaar is over de winst die hij uit de verkoop van deze aandelen kan behalen, immers vergelijkbaar met de situatie van een investeerder die dezelfde transactie uitvoert doch onderworpen blijft aan de belasting op de winst die hij realiseert, met betrekking tot de belasting van de meerwaarden op aandelen van een gewone commanditaire vennootschap die op het grondgebied van deze lidstaat zijn ontstaan vóór de overdracht ervan (zie in die zin arrest National Grid Indus, reeds aangehaald, punt 38).

43. Het verschil in behandeling dat op grond van de in het hoofdgeding aan de orde zijnde regeling wordt toegepast op de investeerders die in het bezit zijn van aandelen van een gewone commanditaire vennootschap die zijn omgezet in aandelen van een kapitaalvennootschap, en die als gevolg daarvan niet langer in Duitsland zijn onderworpen aan de belasting op de inkomsten die zij in deze lidstaat realiseren, in vergelijking met investeerders die onder gelijke omstandigheden aan deze belasting onderworpen blijven, vormt bijgevolg een door de bepalingen van het VWEU inzake het vrije kapitaalverkeer in beginsel verboden beperking.

Rechtvaardiging van de beperking van het vrije kapitaalverkeer

44. Volgens vaste rechtspraak is een beperking van het vrije kapitaalverkeer slechts toelaatbaar wanneer zij gerechtvaardigd is uit hoofde van dwingende redenen van algemeen belang (arresten van 13 december 2005, Marks & Spencer, C-446/03, *Jurispr.* blz. I-10837, punt 35; 12 september 2006, Cadbury Schweppes en Cadbury Schweppes Overseas, C-196/04, *Jurispr.* blz. I-7995, punt 47; 13 maart 2007, Test Claimants in the Thin Cap Group Litigation, C-524/04, *Jurispr.* blz. I-2107, punt 64, en 18 juni 2009, Aberdeen Property Fininvest Alpha, C-303/07, *Jurispr.* blz. I-5145, punt 57).

45. Volgens de verwijzende rechter beoogt de in het hoofdgeding aan de orde zijnde regeling de evenwichtige verdeling van de heffingsbevoegdheid tussen de lidstaten te verzekeren overeenkomstig het territorialiteitsbeginsel. De Bondsrepubliek Duitsland uitoefent aldus haar heffingsbevoegdheid uit voor op haar grondgebied aangegroeide meerwaarden, die als gevolg van de omzetting van de onderliggende activa in combinatie met de

toepassing van een bilateraal dubbelbelastingverdrag, niet door deze lidstaat kunnen worden belast op het tijdstip waarop zij zich daadwerkelijk realiseren.

46. Dienaangaande zij eraan herinnerd dat de handhaving van de verdeling van de heffingsbevoegdheid tussen de lidstaten een door het Hof erkend legitiem doel is (zie in die zin arrest Marks & Spencer, reeds aangehaald, punt 45; arresten van 7 september 2006, N, C-470/04, *Jurispr.* blz. I-7409, punt 42; 18 juli 2007, Oy AA, C-231/05, *Jurispr.* blz. I-6373, punt 51, en 15 mei 2008, Lidl Belgium, C-414/06, *Jurispr.* blz. I-3601, punt 31).

47. Bovendien volgt uit vaste rechtspraak dat de lidstaten bij gebreke van unificatie- of harmonisatiemaatregelen die door de Unie zijn aangenomen bevoegd blijven om, door het sluiten van overeenkomsten of unilateraal, de criteria voor de verdeling van hun heffingsbevoegdheid vast te stellen teneinde onder meer dubbele belasting af te schaffen (arrest van 19 november 2009, Commissie/Italië, C-540/07, *Jurispr.* blz. I-10983, punt 29 en aldaar aangehaalde rechtspraak, en arrest National Grid Indus, reeds aangehaald, punt 45).

48. In deze context kan de omzetting van aandelen van een gewone commanditaire vennootschap in aandelen van een kapitaalvennootschap niet betekenen dat de lidstaat waarin de zetel van deze vennootschappen is gelegen, afstand moet doen van zijn recht belasting te heffen over een op zijn grondgebied aangegroeide meerwaarde waarvoor hij vóór deze omzetting heffingsbevoegd was, op grond dat deze meerwaarde zich niet daadwerkelijk heeft gerealiseerd.

49. Zo heeft het Hof met betrekking tot de verplaatsing van de daadwerkelijke bestuurszetel van een vennootschap van een lidstaat naar een andere lidstaat geoordeeld dat eerstbedoelde lidstaat in overeenstemming met het fiscale territorialiteitsbeginsel, verbonden met een temporele component, te weten het fiscale verblijf van de belastingplichtige op het nationale grondgebied gedurende de periode waarin de latente meerwaarden zijn ontstaan, het recht heeft deze meerwaarden te belasten bij zijn vertrek naar het buitenland (zie arrest N, reeds aangehaald, punt 46). Een dergelijke maatregel strekt er immers toe om situaties te vermijden die afbreuk kunnen doen aan het recht van de lidstaat van oorsprong om zijn belastingbevoegdheid uit te oefenen met betrekking tot activiteiten die op zijn grondgebied plaatsvinden, en kan dus worden gerechtvaardigd om redenen die verband houden met het behoud van de verdeling van de heffingsbevoegdheid tussen lidstaten (zie arresten Marks & Spencer, reeds aangehaald, punt 46; Oy AA, reeds aangehaald, punt 54; arrest van 21 januari 2010, SGI, C-311/08, *Jurispr.* blz. I-487, punt 60, en arrest National Grid Indus, reeds aangehaald, punt 46).

50. Blijkens de verwijzingsbeslissing bezaten K-GmbH en S-GmbH na de inbreng van al hun aandelen van DMC KG in DMC GmbH niet langer een vaste inrichting op het Duitse grondgebied in de zin van de artikelen 4, lid 3, en 7, lid 2, DBA 1954. Aangezien K-GmbH en S-GmbH krachtens artikel 7, lid 1, DBA 1954 niet langer in Duitsland belastbaar waren over de winst die zij zouden behalen uit de latere overdracht van de aandelen in het kapitaal van DMC GmbH die zij in ruil voor hun inbreng hadden ontvangen, zijn de ingebrachte aandelen overeenkomstig § 20, leden 3 en 4, UmwStG 1995 gewaardeerd tegen de actuele waarde en is over de daarop betrekking hebbende meerwaarden belasting geheven. Ter vrijwaring van de heffingsbevoegdheid van de Bondsrepubliek Duitsland voor de inkomsten die op het grondgebied van deze lidstaat zijn ontstaan, eist de in het hoofdgeding aan de orde zijnde regeling dus dat latente meerwaarden op aandelen van een gewone commanditaire vennootschap tot uitdrukking worden gebracht wanneer deze aandelen in aandelen van een kapitaalvennootschap worden omgezet.

51. In deze context kan, ten eerste, de omstandigheid dat de in het hoofdgeding aan de orde zijnde regeling ertoe leidt dat niet-gerealiseerde meerwaarden worden belast, op zich niet afdoen aan de legitimiteit van de doelstelling die erin bestaat, de verdeling van de heffingsbevoegdheid tussen de betrokken lidstaten te vrijwaren.

52. Het Hof heeft immers geoordeeld dat een lidstaat gerechtigd is om de economische waarde die door een latente meerwaarde op zijn grondgebied wordt gegenereerd te belasten, zelfs indien de betrokken meerwaarde nog niet daadwerkelijk is gerealiseerd (arrest National Grid Indus, reeds aangehaald, punt 49).

53. Aangezien de lidstaten gerechtigd zijn belasting te heffen over meerwaarden die zijn aangegroeid gedurende de periode waarin de onderliggende activa zich op hun grondgebied bevinden, kunnen zij bovendien deze belastingheffing koppelen aan een ander belastbaar feit dan de daadwerkelijke realisatie van deze meerwaarden, teneinde de belasting van deze activa veilig te stellen (zie in die zin arrest van 18 juli 2013, Commissie/Denemarken, C-261/11, punt 37).

54. Ten tweede is het uit het oogpunt van de vrijwaring van de verdeling van de heffingsbevoegdheid tussen de lidstaten niet van doorslaggevend belang dat de op grond van § 20, leden 3 en 4, UmwStG belaste meerwaarden na de omzetting van de betrokken aandelen betrekking hebben op activa van een andere aard, te weten eerst een deelneming in een gewone commanditaire vennootschap en vervolgens een deelneming in een kapitaalvennootschap. De meerwaarden op de aandelen van de gewone commanditaire vennootschap zijn immers noodzakelijkerwijs begrepen in de aandelen van de kapitaalvennootschap die in ruil voor de inbreng van eerstbedoelde aandelen zijn overgedragen.

55. De omstandigheid dat de omzetting van de aandelen van een gewone commanditaire vennootschap in aandelen van een kapitaalvennootschap tot gevolg heeft dat inkomsten worden onttrokken aan de heffingsbevoegdheid

van de lidstaat op het grondgebied waarvan deze inkomsten zijn ontstaan, vormt op zich dus een voldoende rechtvaardiging voor een bepaling als die in het hoofdgeding, voor zover daarin wordt voorgeschreven dat het bedrag van de belasting over deze inkomsten wordt vastgesteld op het tijdstip van deze omzetting.

56. De doelstelling die erin bestaat, de verdeling van de heffingsbevoegdheid tussen de lidstaten te vrijwaren, kan een regeling als die in het hoofdgeding echter slechts rechtvaardigen met name wanneer de lidstaat op het grondgebied waarvan de inkomsten zijn ontstaan, daadwerkelijk wordt verhinderd zijn heffingsbevoegdheid voor deze inkomsten uit te oefenen.

57. In casu blijkt echter niet zonder enige twijfel uit de feiten in het hoofdgeding dat de Bondsrepubliek Duitsland daadwerkelijk elk recht verliest om de latente meerwaarden op de aandelen van een personenvennootschap te belasten zodra deze aandelen zijn geruild voor de aandelen van een kapitaalvennootschap. Het lijkt immers niet uitgesloten te zijn dat deze latente meerwaarden op de in het bedrijfsvermogen van de kapitaalvennootschap ingebrachte aandelen in aanmerking kunnen worden genomen bij de vaststelling van de vennootschapsbelasting die de ontvangende kapitaalvennootschap, in casu DMC GmbH, in Duitsland verschuldigd is, hetgeen de nationale rechter moet uitmaken.

58. Gelet op een en ander dient op de eerste vraag te worden geantwoord dat artikel 63 VWEU aldus moet worden uitgelegd dat de doelstelling die erin bestaat, de verdeling van de heffingsbevoegdheid tussen de lidstaten te vrijwaren, een rechtvaardiging kan zijn voor een regeling van een lidstaat, volgens welke de activa die een gewone commanditaire vennootschap inbrengt in een kapitaalvennootschap met zetel op het grondgebied van die lidstaat, tegen de actuele waarde moeten worden gewaardeerd, waardoor de op dat grondgebied aangegroeide latente meerwaarden op deze activa belastbaar worden voordat zij zich daadwerkelijk realiseren, wanneer deze lidstaat zich daadwerkelijk in de onmogelijkheid bevindt zijn heffingsbevoegdheid voor deze meerwaarden uit te oefenen op het tijdstip waarop zij zich daadwerkelijk realiseren, hetgeen de nationale rechter moet uitmaken.

Tweede vraag

59. Met zijn tweede vraag wenst de verwijzende rechter in wezen te vernemen of de in het hoofdgeding aan de orde zijnde regeling en de daarmee gepaard gaande beperking verder gaan dan noodzakelijk is ter verwezenlijking van de doelstelling die erin bestaat, de verdeling van de heffingsbevoegdheid tussen de lidstaten te vrijwaren, gelet op met name de wijze van invordering van de inkomstenbelasting, zoals nader uitgewerkt in de §§ 20, lid 6, en 21, lid 2, derde tot en met zesde volzin, UmwStG 1995.

60. Van meet af aan zij eraan herinnerd dat het evenredig is dat een lidstaat, teneinde de uitoefening van zijn fiscale bevoegdheid veilig te stellen, de verschuldigde belasting over de op zijn grondgebied aangegroeide latente meerwaarden bepaalt op het moment waarop zijn bevoegdheid om van de betrokken investeerder belasting te heffen, ophoudt te bestaan, in casu het moment waarop deze investeerder zijn aandelen in een gewone commanditaire vennootschap omzet in aandelen van een kapitaalvennootschap (zie in die zin arrest National Grid Indus, reeds aangehaald, punt 52).

61. Met betrekking tot de invordering van de over de latente meerwaarden verschuldigde belasting heeft het Hof geoordeeld dat de belastingplichtige de keuze moet worden gelaten tussen, enerzijds, de onmiddellijke betaling van het bedrag van de belasting over de latente meerwaarden op zijn activa, en, anderzijds, de uitgestelde betaling van het bedrag van deze belasting, in voorkomend geval inclusief rente overeenkomstig de toepasselijke nationale regeling (zie in die zin arrest National Grid Indus, reeds aangehaald, punt 73, en arrest van 6 september 2012, Commissie/Portugal, C-38/10, nog niet gepubliceerd in de *Jurisprudentie*, punten 31 en 32).

62. Aangezien het risico van niet-invordering groter wordt naarmate de tijd verstrijkt, vormt de spreiding over vijf jaarlijkse termijnen van de betaling van de belasting die verschuldigd is voordat de latente meerwaarden zich daadwerkelijk realiseren, in deze context een geschikte en evenredige maatregel ter verwezenlijking van de doelstelling die erin bestaat, de verdeling van de heffingsbevoegdheid tussen de lidstaten te vrijwaren.

63. In casu is het op grond van de gecombineerde bepalingen van de §§ 20, lid 6, en 21, lid 2, derde tot en met zesde volzin, UmwStG 1995 voor de belastingplichtige mogelijk om de betaling van de belasting over de winst uit de overdracht van zijn aandelen over vijf jaarlijkse termijnen te spreiden zonder dat rente verschuldigd is.

64. Doordat de belastingplichtige de keuze wordt geboden tussen onmiddellijk invordering of spreiding van betaling over vijf jaarlijkse termijnen, gaat de in het hoofdgeding aan de orde zijnde regeling dus niet verder dan noodzakelijk is ter verwezenlijking van het doel dat erin bestaat, de verdeling van de heffingsbevoegdheid tussen de lidstaten te vrijwaren.

65. Met betrekking tot – ten slotte – de verplichting om een bankgarantie te stellen heeft het Hof geoordeeld dat een lidstaat rekening kan houden met het risico van niet-invordering van de belasting in het kader van zijn toepasselijke nationale regelgeving inzake uitstel van betaling van belastingschulden (zie in die zin arrest National Grid Indus, reeds aangehaald, punt 74).

66. Dergelijke zekerheden hebben uit zichzelf echter een belemmerende werking daar zij de belastingplichtige het genot van het tot zekerheid verstrekte vermogen onthouden (arrest van 11 maart 2004, de Lasteyrie du Saillant, C-9/02, *Jurispr.* blz. I-2409, punt 47, en arrest N, reeds aangehaald, punt 36).

67. Bijgevolg kan een dergelijk vereiste in beginsel niet worden gesteld zonder dat het risico van niet-invordering vooraf wordt ingeschat.

68. In het bijzonder moet in het hoofdgeding bij de inschatting van dit risico rekening worden gehouden met meer bepaald het feit dat, ten eerste, de latente meerwaarden, waarover de betwiste belasting is geheven, uitsluitend één soort activa betreffen, te weten aandelen, die in handen zijn van slechts twee vennootschappen, met maatschappelijke zetel in Oostenrijk, en, ten tweede, deze aandelen worden aangehouden in een kapitaalvennootschap met maatschappelijke zetel op het Duitse grondgebied.

69. Bijgevolg moet op de tweede vraag worden geantwoord dat een regeling van een lidstaat die bepaalt dat de op zijn grondgebied aangegroeide meerwaarden onmiddellijk worden belast, niet verder gaat dan noodzakelijk is ter verwezenlijking van de doelstelling die erin bestaat, de verdeling van de heffingsbevoegdheid tussen de lidstaten te vrijwaren, voor zover de verplichting om een bankgarantie te stellen ingeval de belastingplichtige kiest voor uitstel van betaling, afhangt van het werkelijke risico van niet-invordering van de belasting.

Kosten

70. …

HET HOF (Eerste kamer)

verklaart voor recht:

1. **Artikel 63 VWEU moet aldus worden uitgelegd dat de doelstelling die erin bestaat, de verdeling van de heffingsbevoegdheid tussen de lidstaten te vrijwaren, een rechtvaardiging kan zijn voor een regeling van een lidstaat, volgens welke de activa die een gewone commanditaire vennootschap inbrengt in een kapitaalvennootschap met zetel op het grondgebied van die lidstaat, tegen de actuele waarde moeten worden gewaardeerd, waardoor de op dat grondgebied aangegroeide latente meerwaarden op deze activa belastbaar worden voordat zij zich daadwerkelijk realiseren, wanneer deze lidstaat zich daadwerkelijk in de onmogelijkheid bevindt zijn heffingsbevoegdheid voor deze meerwaarden uit te oefenen op het tijdstip waarop zij zich daadwerkelijk realiseren, hetgeen de nationale rechter moet uitmaken.**

2. **Een regeling van een lidstaat die bepaalt dat de op zijn grondgebied aangegroeide meerwaarden onmiddellijk worden belast, gaat niet verder dan noodzakelijk is ter verwezenlijking van de doelstelling die erin bestaat, de verdeling van de heffingsbevoegdheid tussen de lidstaten te vrijwaren, voor zover de verplichting om een bankgarantie te stellen ingeval de belastingplichtige kiest voor uitstel van betaling, afhangt van het werkelijke risico van niet-invordering van de belasting.**

HvJ EU 23 januari 2014, zaak C-296/12 (Europese Commissie v. Koninkrijk België)

Tiende kamer: *E. Juhász, kamerpresident, D. Šváby en C. Vajda (rapporteur), rechters*
Advocaat-Generaal: *N. Wahl*

Samenvatting arrest

The Court declared that, by introducing and maintaining a tax reduction in respect of contributions paid to a savings pension (savings account or savings insurance) in so far as that reduction is applicable only to payments to institutions or funds established in Belgium, the Kingdom of Belgium failed to fulfil its obligations under Articles 56 Treaty on the Functioning of the European Union.

As far as the reasoning of the Court is concerned, it should be noted that the coherence of the Belgian tax system, according to which there is a direct link between the deductibility of contributions to a pension and the taxation of the corresponding benefits, has again been debated. The key elements of the reasoning are outlined below (cf. para. 37-40 of the decision):

Transfer of residence

Although the Belgian tax system appears to be coherent in purely internal situations (cf. Case C 204/90 Bachmann, 1992), a transfer of residence of the person liable to tax occurring between the time of payment of contributions to the savings pension and the receipt of savings pension income could adversely affect the coherence of the Belgian rules.

Indeed, according to the Court, where a person liable to tax, having contracted for a savings pension with a financial institution established in Belgium, qualifies for a reduction of tax on the contributions to that savings pension, subsequently, before the time when payment of the savings pension income falls due, transfers his residence to another Member State, the Kingdom of Belgium loses the power to tax that income, at least where it has agreed, with the Member State to which residence of the person liable to tax is transferred, a double taxation agreement which provides that pensions and other comparable payments are taxable only in the Member State where the recipient of that income is resident.

Contributions paid to foreign financial institutions

Conversely, the fact that a savings pension is acquired from a financial institution established in a Member State other than the Kingdom of Belgium is not liable, as such, to affect adversely the coherence of the rules at issue. There is nothing to prevent the Kingdom of Belgium from exercising its power of taxation over the income derived from the savings pension paid by a financial institution established in another Member State to a person liable to tax who is still resident in Belgium when that income is paid, as a counterbalance to the payments of contributions in respect of which a tax reduction was granted.

Conclusion

Consequently, the rules at issue, which constitute a general refusal to grant a tax reduction in respect of contributions paid to a savings pension managed by a financial institution established in a Member State other than the Kingdom of Belgium, cannot be justified by the need to preserve the coherence of the tax system.

Bovenstaande samenvatting werd beschikbaar gesteld door PwC.

HET HOF (Tiende kamer)

verklaart:

1. **Door de belastingvermindering voor in het kader van pensioensparen gedane stortingen in te voeren en in stand te houden voor zover deze enkel geldt voor stortingen aan in België gevestigde instellingen en fondsen, is het Koninkrijk België de krachtens artikel 56 VWEU op hem rustende verplichtingen niet nagekomen.**
2. **Het Koninkrijk België wordt verwezen in de kosten.**

HvJ EU 5 februari 2014, zaak C-385/12 (Hervis Sport- és Divatkereskedelmi Kft. v. Nemzeti Adó- és Vámhivatal Közép-dunántúli Regionális Adó Föigazgatósága)

Grote kamer: *V. Skouris, president, K. Lenaerts, vicepresident, A. Tizzano, L. Bay Larsen, T. von Danwitz, E. Juhász, M. Safjan, J. L. da Cruz Vilaça, kamerpresidenten, A. Rosas, A. Ó Caoimh, J.-C. Bonichot (rapporteur), A. Arabadjiev, C. Toader, D. Šváby en C. Vajda, rechters*

Advocaat-Generaal: *J. Kokott*

1. Het verzoek om een prejudiciële beslissing betreft de uitlegging van de artikelen 18 VWEU, 26 VWEU, 49 VWEU, 54 VWEU tot en met 56 VWEU, 63 VWEU, 65 VWEU en 110 VWEU.

2. Dit verzoek is ingediend in het kader van een geding tussen Hervis Sport- és Divatkereskedelmi Kft. (hierna: 'Hervis') en Nemzeti Adó- és Vámhivatal Közép-dunántúli Regionális Adó Föigazgatósága (het regionaal hoofdbestuur van de belastingdienst van Közép-Dunántúil, dat ressorteert onder de nationale belasting- en douaneadministratie) over de betaling van de bijzondere belasting over de omzet van detailhandelszaken in bepaalde economische sectoren die Hongarije heeft ingevoerd voor 2010 tot 2012.

Toepasselijke bepalingen

3. In de preambule van wet nr. XCIV van 2010 inzake de bijzondere belasting die geldt voor bepalde sectoren (egyes ágazatokat terhele különadóról szóló 2010. évi XCIV. Törvény; hierna: 'wet inzake de bijzondere belasting') wordt verklaard:

'Met het oog op het herstel van het begrotingsevenwicht verleent het Parlement zijn goedkeuring aan de hierna volgende wet inzake de invoering van een bijzondere belasting voor belastingplichtigen van wie de financiële draagkracht om de overheidslasten mede te financieren groter is dan de algemene belastingdruk.'

4. Artikel 1 van deze wet, met als opschrift 'Toelichting', bepaalt:

'Voor de toepassing van deze wet wordt verstaan onder:

1. in vestigingen uitgeoefende detailhandel: overeenkomstig de uniforme nomenclatuur van economische activiteiten zoals van toepassing op 1 januari 2009, de activiteiten van sector 45.1, behalve groothandel in voertuigen en aanhangwagens, de activiteiten van de sectoren 45.32, 45.40, behalve reparatie van en groothandel in motorfietsen, en de activiteiten van de sectoren 47.1 tot en met 47.9, namelijk alle handelsactiviteiten waarvoor de afnemer ook een natuurlijk persoon kan zijn zonder een onderneming te voeren.

[...]

5. netto-omzet: in het geval van een aan de boekhoudwet onderworpen belastingplichtige, de netto-omzet uit de verkoop in de zin van de boekhoudwet; in het geval van een belastingplichtige die is onderworpen aan de vereenvoudigde belasting voor ondernemers zonder onder de boekhoudwet te vallen, de omzet [belasting over de toegevoegde waarde (btw)] niet inbegrepen in de zin van de wet betreffende de belastingregeling; in het geval van een aan de belastingwet inzake de inkomsten van particulieren onderworpen belastingplichtige, de inkomsten, btw niet inbegrepen, in de zin van de wet op de inkomstenbelastingen.

[...]

6. ondernemer: de ondernemer in de zin van de wet op de plaatselijke belastingen.'

5. Artikel 2 van de wet inzake de bijzondere belasting luidt:

'Aan de belasting zijn onderworpen:

a. de detailhandel in vestigingen,

b. telecommunicatieactiviteiten, en

c. energielevering.'

6. Artikel 3 van deze wet definieert de belastingplichtigen als volgt:

'1. De belastingplichtigen zijn de rechtspersonen, de andere organisaties in de zin van het algemeen belastingwetboek en de zelfstandigen die een aan de belasting onderworpen activiteit in de zin van artikel 2 uitoefenen.

2. Belastingplichtig zijn tevens de niet-ingezeten organisaties en particulieren, voor de in artikel 2 bedoelde aan de belasting onderworpen activiteiten, wanneer zij die activiteiten op de binnenlandse markt uitoefenen door middel van verbonden ondernemingen.'

7. Artikel 4 van deze wet bepaalt:

'1. De belastbare grondslag is de netto-omzet die de belastingplichtigen gedurende het belastingjaar halen uit de in artikel 2 bedoelde activiteiten.

2. Voor een in artikel 2, sub a, bedoelde activiteit bestaat de belastbare grondslag in de omzet van de leveringen die, in het kader van de verkoop van de aangekochte goederen, door de leverancier van de aangekochte goederen worden verricht met het oog op de detailverkoop (de fabrikant of distributeur van de goederen), en het bedrag van de inkomsten uit de door deze leverancier toegekende korting.'

8. Artikel 5 van deze wet, waarin het tarief van deze belasting wordt vastgesteld, bepaalt:

'Het belastingtarief bedraagt:

a. voor de in artikel 2, sub a, bedoelde activiteiten, 0 % voor het gedeelte van de belastbare grondslag tot 500 miljoen [Hongaarse forint (HUF)], 0,1 % voor het gedeelte dat meer dan 500 miljoen HUF maar minder dan 30 miljard HUF bedraagt, 0,4 % voor het gedeelte dat meer dan 30 miljard HUF maar minder dan 100 miljard HUF bedraagt, en 2,5 % voor het gedeelte boven 100 miljard HUF.

[...]'

9. Artikel 6 van de wet inzake de bijzondere belasting, met bepalingen ter voorkoming van dubbele belasting, luidt:

'Indien de in artikel 2, sub c, bedoelde activiteit van de belastingplichtige ook belastbaar is op grond van artikel 2, sub a en/ of b, moet de belastingplichtige voor de in artikel 2, sub a of b, bedoelde activiteit enkel het hoogste bedrag betalen van de bedragen die zijn berekend aan de hand van de tarieven van artikel 5, sub a en c, of van artikel 5, sub b en c.'

10. In artikel 7 van deze wet wordt bepaald onder welke voorwaarden deze belasting geldt voor verbonden ondernemingen:

'1. De belasting voor belastingplichtigen die een verbonden onderneming zijn in de zin van wet [nr. LXXXI van 1996] betreffende de vennootschaps- en dividendenbelasting [hierna: 'wet nr. LXXXI van 1996] wordt bepaald op basis van de totale netto-omzet uit de in artikel 2, sub a en b, bedoelde activiteiten die worden uitgeoefend door belastingplichtigen die een verbonden onderneming vormen, en dit totaalbedrag, vermenigvuldigd met het in artikel 5 bepaalde tarief, wordt onder de belastingplichtigen omgeslagen naar verhouding van hun respectieve netto-omzet uit de in artikel 2, sub a en b, bedoelde activiteiten, tot het totale netto-omzetcijfer van de in artikel 2, sub a en b, bedoelde activiteiten dat door alle verbonden belastingplichtigen is behaald.'

11. Artikel 4 van wet nr. LXXXI van 1996, waarnaar wordt verwezen in artikel 7 van de wet inzake de bijzondere belasting, definieert verbonden ondernemingen als volgt:

'Voor de toepassing van deze wet:

[...]

23. wordt een verbonden onderneming gevormd door:

a. een belastingplichtige en een onderneming waarin de belastingplichtige rechtstreeks of indirect een meerderheidsbelang bezit en daardoor een zekere invloed kan uitoefenen, overeenkomstig de bepalingen van het burgerlijk wetboek;

b. een belastingplichtige en een onderneming die rechtstreeks of indirect een meerderheidsbelang in de belastingplichtige bezit en daardoor een zekere invloed kan uitoefenen, overeenkomstig de bepalingen van het burgerlijk wetboek;

c. een belastingplichtige en om het even welke andere onderneming wanneer een derde rechtstreeks of indirect een meerderheidsbelang in beide ondernemingen bezit en daardoor een zekere invloed kan uitoefenen, overeenkomstig de bepalingen van het burgerlijk wetboek, waarbij de dichte verwanten die een meerderheidsbelang in de belastingplichtige en de andere onderneming bezitten, als derden moeten worden beschouwd;

d. een buitenlandse onderneming en haar Hongaarse vestiging, de vestigingen van de buitenlandse onderneming, en de Hongaarse vestiging van de buitenlandse onderneming en elke andere onderneming die met de buitenlandse ondernemer een van de sub a tot en met c omschreven relatie heeft;

e. een belastingplichtige en zijn buitenlandse vestiging, alsook de buitenlandse vestiging van de belastingplichtige en elke onderneming die met de belastingplichtige een van de sub a tot en met c omschreven relatie heeft.'

Hoofdgeding en prejudiciële vraag

12. Hervis exploiteert in Hongarije sportwinkels onder de naam 'Hervis Sport'. Haar rechtstreekse concurrenten zijn de winkelketens 'Décathlon', 'Intersport' en 'SPG Sporcikk'.

13. Hervis is een rechtspersoon en dochteronderneming van SPAR Österreichische Warenhandels AG (hierna: 'SPAR'). Overeenkomstig artikel 7 van de wet inzake de bijzondere belasting, met de definitie van het begrip ver-

bonden onderneming, maakt Hervis deel uit van de groep SPAR. Daardoor is Hervis een met haar eigen omzet evenredig deel verschuldigd van de bijzondere belasting die is verschuldigd door het geheel van de ondernemingen die tot deze groep behoren, op basis van hun totale omzet in Hongarije.

14. Doordat op de totale omzet van deze ondernemingsgroep een sterk progressief tarief van de bijzondere belasting wordt toegepast, leidt dit voor Hervis tot een gemiddeld belastingtarief dat aanmerkelijk hoger is dan het tarief dat zou gelden wanneer de belastbare grondslag enkel de omzet van haar eigen vestigingen zou omvatten. Volgens Hervis wordt echter op basis van laatstbedoelde belastbare grondslag berekend hoeveel belasting verschuldigd is door de Hongaarse winkelketens die haar rechtstreekse concurrenten zijn, aangezien zij voor het merendeel winkels met een franchiseovereenkomst en rechtspersonen zijn die niet tot een groep behoren.

15. Hervis heeft daaruit besloten dat een dergelijke belastingregeling in strijd is met de artikelen 18 VWEU, 49 VWEU tot en met 55 VWEU, 65 VWEU en 110 VWEU doordat aan de bijzondere belasting onderworpen rechtspersonen die, in de zin van wet nr. LXXXI van 1996, verbonden zijn met niet-ingezeten vennootschappen, zwaarder worden belast, en verboden staatssteun vormt. Nadat de belastingdienst haar bezwaar en verzoek om ontheffing van de bijzondere belasting voor 2010 had afgewezen, heeft Hervis Székesfehérvári Törvényszék (rechtbank te Székesfehérvár), rechtdoende in bestuurszaken, verzocht vast te stellen dat de bepalingen van de wet inzake de bijzondere belasting in strijd zijn met het Unierecht.

16. Daarop heeft Székesfehérvári Törvényszék de behandeling van de zaak geschorst en het Hof de volgende prejudiciële vraag gesteld:

> 'Is het verenigbaar met de [Unierechtelijke] bepalingen inzake het algemeen non-discriminatiebeginsel (artikelen 18 VWEU en 26 VWEU), het beginsel van de vrijheid van vestiging (artikel 49 VWEU), het beginsel van gelijke behandeling (artikel 54 VWEU), het beginsel van gelijkheid van de financiële deelnemingen in het kapitaal van vennootschappen in de zin van artikel 54 (artikel 55 VWEU), het beginsel van het vrij [verrichten] van diensten (artikel 56 VWEU), het beginsel van het vrije kapitaalverkeer (artikelen 63 VWEU en 65 VWEU) en het beginsel van gelijkheid inzake de heffing van belastingen op ondernemingen (artikel 110 VWEU) dat de belastingplichtigen die hun detailhandel in vestigingen uitoefenen, een specifieke belasting dienen te betalen wanneer hun nettojaaromzet hoger is dan 500 miljoen HUF?'

Ontvankelijkheid van het verzoek om een prejudiciële beslissing

17. De Hongaarse regering stelt dat het door Székesfehérvári Törvényszék ingediende verzoek om een prejudiciële beslissing onnauwkeurig is. In dat verzoek wordt immers niet toereikend en nauwkeurig uitgelegd waarom de verwijzende rechter van oordeel is dat uitlegging van de in de verwijzingsbeslissing genoemde bepalingen van het VWEU noodzakelijk is voor de beslechting van het geding.

18. De in de verwijzingsbeslissing verstrekte gegevens houden evenwel duidelijk verband met het voorwerp van het hoofdgeding en maken het dus mogelijk, zoals blijkt uit de punten 12 tot en met 15 van het onderhavige arrest, om de draagwijdte en de context van de prejudiciële vraag te bepalen. Bovendien wordt in de verwijzingsbeslissing, waarin de argumenten van verzoekster in het hoofdgeding betreffende de uitlegging van het Unierecht worden samengevat en de twijfel over de juistheid van deze uitlegging tot uitdrukking wordt gebracht, op toereikende wijze aangegeven waarom de verwijzende rechter meent dat uitlegging van het Unierecht noodzakelijk is om uitspraak te doen.

19. Derhalve is het verzoek om een prejudiciële beslissing ontvankelijk.

Beantwoording van de prejudiciële vraag

Opmerkingen vooraf

20. Aangezien in de prejudiciële vraag tegelijk wordt verwezen naar de verdragsbepalingen inzake de vrijheid van vestiging, de vrijheid van dienstverrichting en het vrije kapitaalverkeer, dient allereerst te worden uitgemaakt welke vrijheid in het hoofdgeding aan de orde is.

21. Daarbij moet volgens vaste rechtspraak rekening worden gehouden met het voorwerp van de wettelijke regeling in kwestie (arrest van 13 november 2012, Test Claimants in the FII Group Litigation, C-35/11, nog niet gepubliceerd in de *Jurisprudentie*, punt 90 en aldaar aangehaalde rechtspraak).

22. Een nationale wettelijke regeling die alleen van toepassing is op participaties waarmee een zodanige invloed op de besluiten van een vennootschap kan worden uitgeoefend dat de activiteiten ervan kunnen worden bepaald, valt onder artikel 49 VWEU inzake de vrijheid van vestiging (zie arrest Test Claimants in the FII Group Litigation, reeds aangehaald, punt 91 en aldaar aangehaalde rechtspraak).

23. Het hoofdgeding betreft het naar verluidt discriminerende tarief van de bijzondere belasting dat geldt voor 'belastingplichtigen die een verbonden onderneming zijn' in de zin van wet nr. LXXXI van 1996. In artikel 4 van

deze wet wordt dit begrip gedefinieerd op basis van het bezit van een vennootschap van een meerderheidsparticipatie die haar in staat stelt rechtstreeks of indirect een zekere invloed op een andere vennootschap uit te oefenen.

24. Aldus betreft het verzoek om een prejudiciële beslissing de uitlegging van de verdragsbepalingen inzake de vrijheid van vestiging. Bijgevolg behoeft geen uitlegging te worden gegeven van de artikelen 56 VWEU, 63 VWEU en 65 VWEU inzake de vrijheid van dienstverrichting en het vrije kapitaalverkeer.

25. Vervolgens zij eraan herinnerd dat artikel 18 VWEU slechts autonoom toepassing kan vinden in gevallen waarin het Unierecht wel geldt, maar waarvoor het Verdrag niet in bijzondere discriminatieverboden voorziet. Het non-discriminatiebeginsel op het gebied van het recht van vestiging is echter nader uitgewerkt door artikel 49 VWEU (arrest van 11 maart 2010, Attanasio Group, C-384/08, *Jurispr.* blz. I-2055, punt 37 en aldaar aangehaalde rechtspraak).

26. Bijgevolg behoeft artikel 18 VWEU noch artikel 26 VWEU nog te worden uitgelegd.

27. Aangezien niet blijkt dat de bijzondere belasting uit andere lidstaten afkomstige producten zwaarder treft dan binnenlandse producten, is ten slotte uitlegging van artikel 110 VWEU niet relevant in het hoofdgeding.

28. Uit het voorgaande volgt dat in de prejudiciële vraag aan de orde is of de artikelen 49 VWEU en 54 VWEU aldus moeten worden uitgelegd dat zij zich verzetten tegen een wettelijke regeling betreffende een belasting op het omzetcijfer als die welke in het hoofdgeding aan de orde is.

Uitlegging van de artikelen 49 VWEU en 54 VWEU

29. Met zijn vraag wenst de verwijzende rechter in wezen te vernemen of de artikelen 49 VWEU en 54 VWEU zich verzetten tegen een nationale wettelijke regeling betreffende een bijzondere belasting op het omzetcijfer als die welke in het hoofdgeding aan de orde is, wanneer deze belasting mogelijks discriminatoire gevolgen heeft jegens belastingplichtige rechtspersonen die, binnen een groep, ondernemingen zijn die in de zin van deze wetgeving verbonden zijn met een vennootschap met zetel in een andere lidstaat.

30. Volgens vaste rechtspraak verbiedt het beginsel van gelijke behandeling niet alleen zichtbare discriminatie op grond van de zetel van de vennootschappen, maar ook alle verkapte vormen van discriminatie die, door toepassing van andere onderscheidingscriteria, in feite tot hetzelfde resultaat leiden (zie naar analogie met name arresten van 14 februari 1995, Schumacker, C-279/93, *Jurispr.* blz. I-225, punt 26; 22 maart 2007, Talotta, C-383/05, *Jurispr.* blz. I-2555, punt 17, en 18 maart 2010, Gielen, C-440/08, *Jurispr.* blz. I-2323, punt 37).

31. De in het hoofdgeding aan de orde zijnde wettelijke regeling hanteert met name een onderscheidingscriterium tussen aan de bijzondere belasting onderworpen belastingplichtigen die in de zin van de toepasselijke nationale wettelijke regeling verbonden zijn met andere vennootschappen binnen een groep, en belastingplichtigen die niet tot een vennootschapsgroep behoren.

32. Dit onderscheidingscriterium roept geen rechtstreekse discriminatie in het leven aangezien de bijzondere belasting op de detailhandelszaken onder dezelfde voorwaarden wordt geheven van alle vennootschappen die deze activiteit in Hongarije uitoefenen.

33. Dit criterium heeft echter ongunstige gevolgen voor rechtspersonen die binnen een groep met andere vennootschappen zijn verbonden, in vergelijking met rechtspersonen die niet tot een dergelijke vennootschapsgroep behoren.

34. De verklaring daarvoor schuilt in de combinatie van twee kenmerken van de bijzondere belasting.

35. Ten eerste is de tariefstructuur van deze belasting sterk progressief naargelang van de omzet, met name in de hoogste belastingschijf. Zo is het tarief gelijk aan 0,1 % voor een omzet tussen 500 miljoen en 30 miljard HUF, 0,4 % voor een omzet tussen 30 en 100 miljard HUF en 2,5 % voor een omzet van meer dan 100 miljard HUF.

36. Ten tweede is deze tariefstructuur van toepassing op een belastbare grondslag die voor belastingplichtigen die tot een vennootschapsgroep behoren, wordt gevormd door de geconsolideerde omzet van alle 'verbonden' belastingplichtigen van de groep (vóór omslag van het totale belastingbedrag naar verhouding van de omzet van elke belastingplichtige), terwijl de belastbare grondslag enkel bestaat uit de omzet van de belastingplichtige afzonderlijk beschouwd voor rechtspersonen zoals zelfstandige franchisenemers. Dit betekent dat belastingplichtigen die tot een vennootschapsgroep behoren, worden belast op basis van een fictieve omzet.

37. Hervis, de Oostenrijkse regering en de Europese Commissie stellen dat de artikelen 49 VWEU en 54 VWEU zich verzetten tegen een dergelijk verschil in behandeling, dat de jure berust op het ogenschijnlijk objectieve onderscheidingscriterium van de grootte van de omzet, maar de facto dochterondernemingen van moedermaatschappijen met zetel in een andere lidstaat benadeelt, gelet op de structuur van de detailhandel op de Hongaarse markt en inzonderheid het feit dat de verkooppunten van de grootdistributie die in handen zijn van dergelijke vennootschappen, doorgaans worden geëxploiteerd door een dochteronderneming, zoals het geval is voor Hervis.

38. Opgemerkt zij dat uit het oogpunt van een belastingregel als die in het hoofdgeding, op grond waarvan over de omzet belasting wordt geheven, de situatie van een belastingplichtige die tot een vennootschapsgroep behoort, vergelijkbaar is met de situatie van een belastingplichtige die niet tot een dergelijke groep behoort. Zowel rechtspersonen die in de betrokken lidstaat in vestigingen aan detailverkoop doen en tot een vennootschapsgroep behoren, als rechtspersonen die niet tot een dergelijke groep behoren, zijn immers aan de bijzondere belasting onderworpen, en hun omzet staat los van de omzet van andere belastingplichtigen.

39. Zo vaststaat dat op de markt van de detailverkoop in vestigingen in de betrokken lidstaat de belastingplichtigen die tot een vennootschapsgroep behoren en in de hoogste schijf van de bijzondere belasting vallen, voor het merendeel in de zin van de betrokken nationale wetgeving 'verbonden' zijn met vennootschappen met zetel in een andere lidstaat, bestaat het gevaar dat de toepassing van de sterk progressieve tariefstructuur van de bijzondere belasting op een grondslag bestaande in een geconsolideerde omzet in het nadeel werkt van met name belastingplichtigen die 'verbonden' zijn met vennootschappen met zetel in een andere lidstaat.

40. Het is de taak van de verwijzende rechter om uit te maken of aan deze voorwaarde is voldaan gelet op de algehele context waarin de nationale wettelijke regeling uitwerking heeft.

41. Is dat het geval, dan doet een wettelijke regeling als die in het hoofdgeding, hoewel daarin geen formeel onderscheid wordt gemaakt naar de zetel van de vennootschappen, indirecte discriminatie ontstaan op grond van de zetel van de vennootschappen in de zin van de artikelen 49 VWEU en 54 VWEU (zie in die zin arrest Gielen, reeds aangehaald, punt 48).

42. Volgens vaste rechtspraak is een dergelijke beperking slechts toelaatbaar wanneer zij gerechtvaardigd is uit hoofde van een dwingende reden van algemeen belang. Daarenboven moet de beperking in een dergelijk geval geschikt zijn om het nagestreefde doel te verwezenlijken en mag zij niet verder gaan dan nodig is om dat doel te bereiken (arrest van 29 november 2011, National Grid Indus, C-371/10, *Jurispr*. blz. I-12273, punt 42 en aldaar aangehaalde rechtspraak).

43. In dit verband heeft de Hongaarse regering in haar schriftelijke opmerkingen noch ter terechtzitting zich beroepen op een algemeen belang dat in voorkomend geval een regeling als die in het hoofdgeding kan rechtvaardigen.

44. In elk geval zij eraan herinnerd dat ter rechtvaardiging van een dergelijke regeling niet met succes een beroep kan worden gedaan op de bescherming van de economie van het land (zie in die zin arrest van 6 juni 2000, Verkooijen, C-35/98, *Jurispr*. blz. I-4071, punten 47 en 48), of op het herstel van het begrotingsevenwicht door een toename van de belastinginkomsten (zie in die zin arrest van 21 november 2002, X en Y, C-436/00, *Jurispr*. blz. I-10829, punt 50).

45. Gelet op een en ander dient op de prejudiciële vraag te worden geantwoord dat de artikelen 49 VWEU en 54 VWEU aldus moeten worden uitgelegd dat zij zich verzetten tegen een wettelijke regeling van een lidstaat betreffende een belasting over de omzet van de detailhandel in vestigingen, waarbij de belastingplichtigen die binnen een vennootschapsgroep 'verbonden ondernemingen' in de zin van deze wettelijke regeling vormen, verplicht zijn hun omzetcijfers op te tellen met het oog op de toepassing van een sterk progressief belastingtarief en daarna het aldus verkregen bedrag aan belasting om te slaan naar verhouding van hun werkelijk omzetcijfer, wanneer – hetgeen de verwijzende rechter moet nagaan – de belastingplichtigen die tot een vennootschapsgroep behoren en in de hoogste schijf van de bijzondere belasting vallen, voor het merendeel 'verbonden' zijn met vennootschappen met zetel in een andere lidstaat.

Kosten

46. ...

HET HOF (Grote kamer)

verklaart voor recht:

De artikelen 49 VWEU en 54 VWEU moeten aldus worden uitgelegd dat zij zich verzetten tegen een wettelijke regeling van een lidstaat betreffende een belasting over de omzet van de detailhandel in vestigingen, waarbij de belastingplichtigen die binnen een vennootschapsgroep 'verbonden ondernemingen' in de zin van deze wettelijke regeling vormen, verplicht zijn hun omzetcijfers op te tellen met het oog op de toepassing van een sterk progressief belastingtarief en daarna het aldus verkregen bedrag aan belasting om te slaan naar verhouding van hun werkelijk omzetcijfer, wanneer – hetgeen de verwijzende rechter moet nagaan – de belastingplichtigen die tot een vennootschapsgroep behoren en in de hoogste schijf van de bijzondere belasting vallen, voor het merendeel 'verbonden' zijn met vennootschappen met zetel in een andere lidstaat.

HvJ EU 13 maart 2014, zaak C-375/12 (Margaretha Bouanich v. Directeur des services fiscaux de la Drôme)

Vijfde kamer: *T. von Danwitz, kamerpresident, E. Juhász, A. Rosas (rapporteur), D. Šváby en C. Vajda, rechters*

Advocaat-Generaal: *M. Wathelet*

Samenvatting arrest

The case deals with the refusal of the tax authorities to include the withholding tax paid by Ms Bouanich in Sweden in the total amount of direct taxes taken into account for the calculation of a tax cap by reference to income. The French law provided that direct taxes paid by a taxpayer may not exceed 60% of his income and subsequently (years of 2007 and 2008) 50% of the income. The conditions applicable to that cap on direct taxes include, inter alia, the right to restitution of tax levied above the set threshold.

Ms Bouanich, a tax resident in France, was a shareholder in a listed company established in Sweden. She received income from shares in that company which was subject to withholding tax in Sweden. After calculating the gross amount of income tax by applying the progressive scale to the taxable base, the tax authorities, pursuant to Article 23(1)(a)(ii) of the Franco-Swedish Agreement, set against that gross amount a tax credit equal to the amount of withholding tax to which Ms Bouanich had been subject in Sweden. In her applications for restitution of tax resulting from the application of the tax shield, Ms Bouanich had included, in the taxes to be taken into account for the application of the tax shield, the amount of the tax credits corresponding to the amount of withholding tax levied on the dividends from Sweden. That method of calculation, however, was rejected by the tax authorities, on the ground that the withholding tax was not a tax paid in France.

This case deals with a difference in treatment, as regards the application of the tax shield, between, first, a taxpayer resident in a Member State of the Union who receives dividends from a company established in that State and, second, a taxpayer resident in that Member State who is a shareholder of a company established in another Member State and receives dividends taxed in both States, the double taxation being regulated by the imputation in the Member State of residence of a tax credit of an amount corresponding to the tax paid in the State of the distributing company. The Court concluded that the difference in treatment concerns situations which are objectively comparable, since France, by first, taxing the incoming dividends received by Ms Bouanich and including those dividends in her taxable base in France for the purposes of calculating her income tax and, second, takes account of those dividends for the purposes of applying the tax cap, placed the taxpayer in the same situation as a taxpayer receiving dividends from a company established in France. Therefore, the ECJ concluded that there was a restriction to both the free movement of capital and the freedom of establishment.

The ECJ then went on to analyse whether there were possible justifications to such restriction. First, it dealt with the coherence of the tax system. The Court rejected this argument, as the tax advantage at issue in the main proceedings is not granted in correlation to a specific tax levied but is only granted if the total tax paid exceeds a certain percentage of taxpayers' income for the year. It follows that no direct link can be established between the tax advantage concerned and a particular tax levied.

The ECJ then dealt with the need to safeguard a balanced allocation of powers of taxation between the Member States. The ECJ considered that such justification cannot be accepted. In the present case, the question of allocation of powers of taxation between the French Republic and the Kingdom of Sweden was dealt with in the Franco-Swedish Agreement under which each of those States is entitled to tax dividends acquired and received on its territory. The mechanism of allocation of taxation provided for by the Franco-Swedish Agreement cannot justify the restriction resulting from the application of the legislation on the tax shield. The ECJ stressed that the restitution of tax granted under the tax shield is a tax advantage provided for by the French legislation, which limits the tax burden of taxpayers by applying a system of capping, guaranteeing the restitution of tax paid above a certain percentage. Such a tax capping mechanism does not affect the possibility of the French Republic taxing the activities carried on in its territory, nor does it restrict the possibility of that Member State taxing income acquired in another Member State.

Bovenstaande samenvatting (uit EU Tax Alert) werd beschikbaar gesteld door Loyens & Loeff.

HET HOF (Vijfde kamer)

verklaart voor recht:

De artikelen 49 VWEU, 63 VWEU en 65 VWEU moeten aldus worden uitgelegd dat zij zich verzetten tegen een wettelijke regeling van een lidstaat die bepaalt dat ingeval een inwoner van deze lidstaat als aandeelhouder van een in een andere lidstaat gevestigde vennootschap dividenden ontvangt die in beide lidstaten worden

belast en de dubbele belasting wordt vermeden door in de woonstaat een belastingkrediet toe te kennen waarvan het bedrag overeenstemt met het belastingbedrag dat is betaald in de staat van de uitkerende vennootschap, de in de laatstbedoelde staat voldane belasting niet of slechts gedeeltelijk in aanmerking wordt genomen in het kader van een stelsel ter begrenzing van de diverse directe belastingen tot een bepaald percentage van de tijdens een jaar verworven inkomsten.

HvJ EU 1 april 2014, zaak C-80/12
(Felixstowe Dock and Railway Company Ltd, Savers Health and Beauty Ltd, Walton Container Terminal Ltd, WPCS [UK] Finance Ltd, AS Watson Card Services [UK] Ltd, Hutchison Whampoa [Europe] Ltd, Kruidvat UK Ltd, Superdrug Stores plc v. The Commissioners for Her Majesty's Revenue & Customs)

Grote kamer: *V. Skouris, president, K. Lenaerts, vicepresident, M. Ilešič, L. Bay Larsen, T. von Danwitz, A. Borg Barthet, M. Safjan, kamerpresidenten, A. Rosas, J. Malenovský, E. Levits, A. Ó Caoimh, J.-C. Bonichot (rapporteur), A. Arabadjiev, D. Šváby en A. Prechal, rechters*

Advocaat-Generaal: *N. Jääskinen*

Samenvatting arrest

Under the UK consortium relief rules, losses of one company can be offset against the profits of another company where one of these companies is owned by a consortium and the other is part of the same group as one of the consortium members. This consortium member is referred to as the 'link company' (i.e. the company which is both a member of the group and of the consortium). Prior to Finance (No 3) Act 2010, it was a necessary requirement for the link company to be either UK resident or to carry on a trade in the UK through a permanent establishment.

In the Felixstowe case, Hutchison 3G UK Ltd was a loss making UK company which was owned by a consortium. One of the consortium members was Hutchison 3G UK Investments Sarl, a Luxembourg company which was a member of the same group as Felixstowe and other UK companies. These UK companies sought to set off the losses of Hutchison 3G UK Ltd against their profits, but these claims were denied by the UK tax authorities ('HMRC') on the basis that Hutchison 3G UK Investments Sarl (the link company) was not resident in the UK and did not have a permanent establishment in the UK.

At the First Tier Tribunal, a question was referred to the CJEU as to whether the former UK consortium relief legislation was compatible with the freedom of establishment. In its judgment of 1 April 2014, the CJEU ruled that the UK residence/permanent establishment condition for the link company gave rise to a difference in treatment between resident companies connected by a UK company and resident companies connected by a company in another EU Member State (without a UK permanent establishment) which constitutes a restriction of the freedom of establishment which cannot be justified.

Bovenstaande samenvatting (uit Newsalert EU Direct Tax Group) werd beschikbaar gesteld door PwC.

HET HOF (Grote kamer)

verklaart voor recht:

De artikelen 49 VWEU en 54 VWEU moeten aldus worden uitgelegd dat zij zich verzetten tegen een wettelijke regeling van een lidstaat, volgens welke een ingezeten vennootschap die tot een groep behoort, de overdracht kan krijgen van het verlies van een andere ingezeten vennootschap die van een consortium deel uitmaakt, wanneer een 'schakelvennootschap' die tegelijk tot deze groep behoort en van dat consortium deel uitmaakt, eveneens in deze lidstaat is gevestigd, ongeacht de plaats van vestiging van de vennootschappen die zelf of via tussenvennootschappen het kapitaal in handen hebben van de schakelvennootschap en de andere vennootschappen die bij de verliesoverdracht zijn betrokken, terwijl deze verliesoverdracht niet mogelijk is wanneer de schakelvennootschap in een andere lidstaat is gevestigd.

HvJ EU 10 april 2014, zaak C-190/12 (Emerging Markets Series of DFA Investment Trust Company v. Dyrektor Izby Skarbowej w Bydgoszczy)

Eerste kamer: *A. Tizzano, kamerpresident, A. Borg Barthet, E. Levits (rapporteur), M. Berger en S. Rodin, rechters*
Advocaat-Generaal: *P. Mengozzi*

1. Het verzoek om een prejudiciële beslissing betreft de uitlegging van de artikelen 49 VWEU, 63 VWEU en 65 VWEU.

2. Dit verzoek is ingediend in het kader van een geding tussen Emerging Markets Series of DFA Investment Trust Company, een beleggingsfonds met zetel in de Verenigde Staten, en de Dyrektor Izby Skarbowej w Bydgoszczy (directeur van de belastingkamer van Bydgoszcz; hierna: 'Dyrektor') over diens weigering om vast te stellen dat voor 2005 en 2006 een forfaitair bedrag aan vennootschapsbelasting, voldaan uit hoofde van de belasting over dividenden die aan verzoeker in het hoofdgeding waren uitgekeerd door op het Poolse grondgebied gevestigde kapitaalvennootschappen, teveel was betaald, en om dat bedrag te restitueren.

Toepasselijke bepalingen

Pools recht

3. Artikel 6, lid 1, van de Ustawy o podatku dochodowym od osób prawnych van 15 februari 1992 (Dz. U. nr. 54, volgnummer 654), zoals van toepassing ten tijde van de feiten in het hoofdgeding, zijnde in 2005 en 2006 (hierna: 'wet op de vennootschapsbelasting'), bepaalde:

'Van de belasting zijn vrijgesteld:
[…]
10. beleggingsfondsen die hun activiteit uitoefenen in overeenstemming met de Ustawy o funduszach inwestycyjnych van 27 mei 2004 [(Dz. U. nr. 146, volgnummer 1546; hierna:, wet op de beleggingsfondsen')].'

4. Artikel 6, lid 1, van de wet op de vennootschapsbelasting is gewijzigd bij de Ustawa – Zmiana ustawy o podatku dochodowym od osób fizycznych, ustawy o podatku dochodowym od osób prawnych oraz ustawy o zryczaátowanym podatku dochodowym od niektórych przychodów osifganych przez osoby fizyczne van 25 november 2010 (Dz. U. van 2010, nr. 226, volgnummer 1478) (wet tot wijziging van de wet op de inkomstenbelasting, de wet op de vennootschapsbelasting en de wet op de forfaitaire inkomstenbelasting voor bepaalde inkomsten van natuurlijke personen). Deze bepaling, die op 1 januari 2011 in werking is getreden, luidt:

'Van de belasting zijn vrijgesteld:
[…]
10. beleggingsfondsen die hun activiteiten uitoefenen in overeenstemming met de [wet op de beleggingsfondsen];
10a. gemeenschappelijke beleggingsfondsen met zetel in een andere lidstaat van de Europese Unie dan de Republiek Polen of in een andere staat van de Europese Economische Ruimte [EER], wanneer deze fondsen tegelijk aan de volgende voorwaarden voldoen:
a. zij zijn in hun vestigingsstaat over hun totale inkomen, ongeacht de herkomst, onderworpen aan de vennootschapsbelasting,
b. hun activiteit bestaat uitsluitend in de collectieve belegging, in effecten, instrumenten van de geldmarkt en andere vermogensrechten, van fondsen die zijn ingezameld via een openbaar of niet-openbaar beroep op het spaarwezen tot aankoop van hun beleggingseffecten,
c. voor de uitoefening van hun activiteiten beschikken zij over een vergunning die is verleend door de overheidsinstantie die bevoegd is voor het toezicht op de financiële markt in hun vestigingsstaat […],
d. hun activiteit staat onder rechtstreeks toezicht van de overheidsinstantie die bevoegd is voor het toezicht op de financiële markt in hun vestigingsstaat,
e. zij hebben een depositaris voor de bewaring van hun activa aangeduid,
f. zij worden beheerd door beheerders die voor de uitoefening van hun activiteit beschikken over een vergunning die is verleend door de overheidsinstantie die bevoegd is voor het toezicht op de financiële markt in hun vestigingsstaat.'

5. Artikel 22 van de wet op de vennootschapsbelasting luidt:

'1. De belasting op inkomsten uit dividenden en andere inkomsten uit een deelneming in de winst van rechtspersonen die in […] Polen zijn gevestigd, bedraagt 19% van de verkregen inkomsten, behoudens het bepaalde in lid 2.

2. De belasting op inkomsten als bedoeld in lid 1 van de in artikel 3, lid 2, genoemde personen bedraagt 19% van de inkomsten, tenzij anders is bepaald in een overeenkomst ter voorkoming van dubbele belasting die is gesloten met de staat waar de zetel of het centrum van het bestuur van de belastingplichtige is gelegen.'

6. Artikel 1 van de wet op de beleggingsfondsen, zoals gewijzigd, bepaalt:

'Deze wet regelt de oprichting en de activiteit van beleggingsfondsen met zetel op het grondgebied van de Republiek Polen, alsmede de activiteit van buitenlandse fondsen en van beheersmaatschappijen op het grondgebied van de Republiek Polen.'

7. Artikel 2, punten 7 en 9, van deze wet bepaalt:

'Voor de toepassing van deze wet wordt verstaan onder:
[...]
7. lidstaten: de andere lidstaten van de Europese Unie dan [de Republiek] Polen;
[...]
9. buitenlands fonds: een open beleggingsfonds of een beleggingsmaatschappij met zetel in een lidstaat, waarvan de activiteiten worden uitgeoefend in overeenstemming met de communautaire bepalingen inzake de gemeenschappelijke belegging in effecten;
[...]'

8. Artikel 3, lid 1, van deze wet luidt:

'Een beleggingsfonds is een rechtspersoon met als enige activiteit de collectieve belegging, in effecten, instrumenten van de geldmarkt en andere vermogensrechten, van fondsen die zijn ingezameld via een openbaar of niet-openbaar beroep op het spaarwezen tot aankoop van zijn beleggingseffecten.'

Overeenkomst ter voorkoming van dubbele belasting

9. Artikel 11 van de Umowy miedzy Rzfdem [Polskiej] Rzeczypospolitej Ludowej a Rzfdem Stanów Zjednoczonych Ameryki o unikniyciu podwójnego opodatkowania i zapobie?eniu uchylaniu siy od opodatkowania w zakresie podatków od dochodu (overeenkomst tussen de regering [van de Republiek Polen] en de regering van de Verenigde Staten van Amerika ter voorkoming van dubbele belasting en ter bestrijding van belastingontwijking), ondertekend te Washington op 8 oktober 1974 (Dz. U. van 1976, nr. 31, volgnummer 178; hierna: 'dubbelbelastingverdrag'), bepaalt:

'1. Dividenden die uit een overeenkomstsluitende staat afkomstig zijn en aan een verblijfhouder van de andere staat worden betaald zijn in die andere staat belastbaar.
2. De overeenkomstsluitende staat op het grondgebied waarvan de zetel van de vennootschap is gelegen, kan tevens overeenkomstig zijn wetgeving deze dividenden belasten, maar deze belasting mag niet hoger zijn dan:
a. 5% van het brutodividendbedrag, indien de ontvanger een rechtspersoon is die ten minste 10% van de stemgerechtigde aandelen in het kapitaal van de uitkerende vennootschap aanhoudt,
b. 15% van het brutodividendbedrag in alle andere gevallen.
Dit lid betreft niet de belasting van de rechtspersoon over de winst waaruit de dividenden worden uitgekeerd.
[...]'

Hoofdgeding en prejudiciële vragen

10. In december 2010 heeft verzoeker in het hoofdgeding, een beleggingsfonds met zetel op het grondgebied van de Verenigde Staten van Amerika en met als voornaamste activiteit het nemen van participaties in Poolse vennootschappen, de Poolse belastingdienst verzocht om terugbetaling van te veel betaalde forfaitaire vennootschapsbelasting die tegen het tarief van 15% was geheven over dividenden die aan hem waren uitgekeerd door deze in Polen gevestigde vennootschappen. Volgens verzoeker in het hoofdgeding had hij recht op deze terugbetaling op grond van artikel 22, lid 1, van de wet op de vennootschapsbelasting, gelezen in samenhang met artikel 11, lid 2, sub b, van het dubbelbelastingverdrag.

11. Dat verzoek is afgewezen bij beschikking van 2 mei 2011 op grond dat verzoeker in het hoofdgeding, als in de Verenigde Staten van Amerika gevestigd beleggingsfonds, niet voldeed aan de in artikel 6, lid 1, punt 10, van de wet op de vennootschapsbelasting gestelde voorwaarden.

12. Nadat deze beschikking op 6 oktober 2011 door de Dyrektor was bevestigd, heeft verzoeker in het hoofdgeding bij de verwijzende rechter beroep tot nietigverklaring ingesteld en daartoe aangevoerd dat de bepalingen van de wet op de vennootschapsbelasting discriminatie tussen in derde landen gevestigde beleggingsfondsen en in Polen gevestigde beleggingsfondsen in het leven roept.

13. De verwijzende rechter vraagt zich af of gelet op de bijzondere aard van de bij de wet op de vennootschapsbelasting toegekende belastingvrijstelling, die neerkomt op een volledige persoonlijke vrijstelling in de vennootschapsbelasting voor beleggingsfondsen die voldoen aan de vereisten van de wet op de beleggingsfondsen, en het nauwe verband tussen de bepalingen van laatstbedoelde wet en deze vrijstelling, deze bepaling van de Poolse wet niet zozeer aan het beginsel van vrijheid van kapitaalverkeer moet worden getoetst, als wel aan het beginsel van vrijheid van vestiging.

14. Voor het geval deze bepaling aan het beginsel van de vrijheid van kapitaalverkeer moet worden getoetst, vraagt de verwijzende rechter zich vervolgens af of de in het hoofdgeding aan de orde zijnde wettelijke regeling deze vrijheid op ongerechtvaardigde wijze beperkt.

15. De verwijzende rechter vraagt zich met name af of de omstandigheid dat de activiteiten en de wijze van uitoefening ervan overeenkomen, volstaat om een beleggingsfonds met zetel in Polen als vergelijkbaar te beschouwen met een beleggingsfonds met zetel in de Verenigde Staten, hoewel de Unierechtelijke vereisten inzake oprichting en werking van deze fondsen verschillen van die welke naar het recht van het derde land gelden en aldaar niet van toepassing zijn.

16. Voorts is de verwijzende rechter van mening dat een eventuele beperking kan worden gerechtvaardigd door de noodzaak de doeltreffendheid van de belastingcontroles te waarborgen wegens de persoonlijke aard van de vrijstelling, en tevens evenredig is.

17. Daarom heeft de Wojewódzki Sfd Administracyjny w Bydgoszczy de behandeling van de zaak geschorst en het Hof de volgende prejudiciële vragen gesteld:

'1. Moet artikel [63 VWEU] worden betrokken bij de beoordeling of een lidstaat nationale bepalingen mag toepassen die onderscheid maken tussen de rechtspositie van belastingplichtigen doordat zij, in het kader van een algemene persoonlijke vrijstelling, beleggingsfondsen die in een lidstaat van de [...] Unie zijn gevestigd vrijstellen van de forfaitaire vennootschapsbelasting ter zake van ontvangen dividenden, terwijl zij niet voorzien in een dergelijke vrijstelling voor een beleggingsfonds dat fiscaal in de Verenigde Staten is gevestigd?
2. Kan het verschil in behandeling van fondsen die zijn gevestigd in een derde land en die welke in een lidstaat van de Unie zijn gevestigd, waarin het nationale recht voorziet ten aanzien van de persoonlijke vrijstelling in de vennootschapsbelasting, in het licht van artikel [65, lid 1, sub a, VWEU juncto artikel 65, lid 3, VWEU] als gerechtvaardigd worden beschouwd?'

Verzoek tot heropening van de mondelinge behandeling

18. De mondelinge behandeling is op 6 november 2013 gesloten nadat de advocaat-generaal conclusie had genomen.

19. Bij brief van 6 december 2013, neergelegd ter griffie van het Hof op 9 december 2013, heeft verzoeker in het hoofdgeding, verwijzend naar artikel 83 van het Reglement voor de procesvoering van het Hof, in wezen verzocht om heropening van de mondelinge behandeling op grond dat nieuwe feiten aan het licht waren gekomen die van doorslaggevend belang voor de beslissing van het Hof konden zijn. Volgens verzoeker in het hoofdgeding heeft de belastingdienst van de Verenigde Staten hem ervan op de hoogte gebracht dat de Poolse belastingdienst een procedure tot uitwisseling van inlichtingen had gestart voor een zaak die hem betreft en die hetzelfde voorwerp als de zaak in het hoofdgeding heeft.

20. Het Hof kan krachtens artikel 83 van zijn Reglement voor de procesvoering in elke stand van het geding, de advocaat-generaal gehoord, de opening of de heropening van de mondelinge behandeling gelasten, met name wanneer het zich onvoldoende voorgelicht acht of wanneer een partij na afsluiting van deze behandeling een nieuw feit aanbrengt dat van beslissende invloed kan zijn voor de beslissing van het Hof (zie arrest van 18 juli 2013, Vodafone Omnitel e.a., C-228/12–C-232/12 en C-254/12–C-258/12, nog niet gepubliceerd in de *Jurisprudentie*, punt 26).

21. In casu is het Hof van oordeel, de advocaat-generaal gehoord, dat het over alle noodzakelijke gegevens beschikt om op de vragen van de verwijzende rechterlijke instantie te antwoorden en dat het door verzoeker in het hoofdgeding vermelde nieuwe feit niet van beslissende invloed kan zijn voor de beslissing van het Hof.

22. Bijgevolg dient het verzoek van verzoeker in het hoofdgeding tot heropening van de mondelinge behandeling te worden afgewezen.

Beantwoording van de prejudiciële vragen

Eerste vraag

23. Met zijn eerste vraag wenst de verwijzende rechter te vernemen of artikel 63 VWEU van toepassing is in een situatie als die in het hoofdgeding, waarin krachtens de wettelijke belastingregeling van een lidstaat dividenden die door in deze lidstaat gevestigde vennootschappen zijn uitgekeerd aan een in een derde land gevestigd beleg-

gingsfonds, niet in aanmerking komen voor een belastingvrijstelling, anders dan in deze lidstaat gevestigde beleggingsfondsen.

24. Alleen de Poolse regering is van mening dat deze nationale regeling niet aan de vrijheid van kapitaalverkeer, doch aan de vrijheid van vestiging of de vrijheid van dienstverrichting moet worden getoetst. Volgens deze regering heeft de in het hoofdgeding aan de orde zijnde persoonlijke vrijstelling, die geldt voor alle inkomsten van bepaalde marktdeelnemers ongeacht het soort transacties die zij hebben verricht, niet tot doel een criterium van onderscheid naar de plaats van vestiging in te voeren, maar de consument ertoe aan te sporen gebruik te maken van de diensten van beleggingsfondsen die hun activiteiten binnen een nauwkeurig afgebakend rechtskader uitoefenen. Bovendien vormen de activiteiten van beleggingsfondsen financiële bemiddelingsdiensten of beheer van een activaportefeuille, in de zin van de artikelen 49 VWEU of 56 VWEU.

25. Volgens de rechtspraak van het Hof kan de fiscale behandeling van dividenden zowel onder artikel 49 VWEU betreffende de vrijheid van vestiging als onder artikel 63 VWEU betreffende het vrije verkeer van kapitaal vallen en voor de beantwoording van de vraag of een nationale wettelijke regeling onder de ene of de andere vrijheid van verkeer valt, dient rekening te worden gehouden met het voorwerp van de wettelijke regeling in kwestie (zie in die zin arrest van 13 november 2012, Test Claimants in the FII Group Litigation, C-35/11, nog niet gepubliceerd in de *Jurisprudentie*, punten 89 en 90 en aldaar aangehaalde rechtspraak).

26. Een nationale wettelijke regeling die alleen van toepassing is op participaties waarmee een zodanige invloed op de besluiten van een vennootschap kan worden uitgeoefend dat de activiteiten ervan kunnen worden bepaald, valt met name binnen de werkingssfeer van de vrijheid van vestiging (zie arrest Test Claimants in the FII Group Litigation, reeds aangehaald, punt 91 en aldaar aangehaalde rechtspraak).

27. Wanneer met betrekking tot uit derde landen afkomstige dividenden uit het voorwerp van een dergelijke nationale wettelijke regeling blijkt dat die uitsluitend van toepassing is op participaties waarmee een zodanige invloed op de besluiten van een vennootschap kan worden uitgeoefend dat de activiteiten ervan kunnen worden bepaald, kan bijgevolg op artikel 49 VWEU noch op artikel 63 VWEU een beroep worden gedaan (zie arrest Test Claimants in the FII Group Litigation, reeds aangehaald, punt 98).

28. Nationale bepalingen die van toepassing zijn op participaties die enkel als belegging worden genomen zonder dat het de bedoeling is invloed op het bestuur en de zeggenschap van de onderneming uit te oefenen, moeten daarentegen uitsluitend aan het beginsel van het vrije verkeer van kapitaal worden getoetst (zie arrest Test Claimants in the FII Group Litigation, punt 92).

29. In een context die ziet op de fiscale behandeling van uit een derde land afkomstige dividenden, dient te worden aangenomen dat uit het onderzoek van het voorwerp van een nationale wettelijke regeling kan worden opgemaakt of de fiscale behandeling van uit een derde land afkomstige dividenden onder de bepalingen van het VWEU inzake het vrije verkeer van kapitaal valt (zie in die zin arrest Test Claimants in the FII Group Litigation, reeds aangehaald, punt 96).

30. Dienaangaande heeft het Hof gepreciseerd dat een nationale regeling betreffende de fiscale behandeling van uit een derde land afkomstige dividenden die niet uitsluitend van toepassing is op situaties waarin de moedermaatschappij een beslissende invloed op de uitkerende vennootschap uitoefent, aan artikel 63 VWEU moet worden getoetst. Een in een lidstaat gevestigde vennootschap kan dus ongeacht de omvang van de participatie die zij aanhoudt in de in een derde land gevestigde uitkerende vennootschap, zich op deze bepaling beroepen om de wettigheid van een dergelijke regeling te betwisten (zie in die zin arrest Test Claimants in the FII Group Litigation, reeds aangehaald, punt 99).

31. Evenwel dient te worden vermeden dat de uitlegging van artikel 63, lid 1, VWEU, wat de betrekkingen met derde landen betreft, marktdeelnemers die buiten de territoriale werkingssfeer van de vrijheid van vestiging vallen, de kans geeft daaruit profijt te halen (zie in die zin arrest Test Claimants in the FII Group Litigation, reeds aangehaald, punt 100).

32. Zoals de advocaat-generaal in punt 21 van zijn conclusie heeft opgemerkt, kan deze vaststelling betreffende de fiscale behandeling van dividenden die een in een derde land gevestigde vennootschap uitkeert aan een op het grondgebied van een lidstaat gevestigde persoon, echter ook worden toegepast op de situatie waarin een in een lidstaat gevestigde vennootschap dividenden uitkeert aan haar aandeelhouder die in een derde land is gevestigd, zoals in het hoofdgeding het geval is.

33. De in het hoofdgeding aan de orde zijnde vrijstelling, waarin is voorzien in artikel 6, lid 1, van de wet op de vennootschapsbelasting, maakt immers geen onderscheid naar het soort participatie die dividenden opbrengt voor het beleggingsfonds. Bovendien bestaat het gevaar dat marktdeelnemers die buiten de territoriale werkingssfeer van de vrijheid van vestiging vallen, daaruit profijt halen niet, aangezien de in het hoofdgeding aan de orde zijnde wettelijke belastingregeling ziet op de fiscale behandeling van deze dividenden en niet ertoe strekt de toegang tot de nationale markt voor uit derde landen afkomstige marktdeelnemers aan voorwaarden te onderwerpen.

34. Aan deze vaststelling wordt niet afgedaan door het betoog van met name de Poolse regering, zoals uiteengezet in punt 24 van het onderhavige arrest, aangezien, teneinde uit te maken of deze wettelijke regeling onder artikel 63 VWEU valt, noch de aard van de vrijstelling van deze wettelijke regeling noch de aard van de door het beleggingsfonds uitgeoefende activiteit dient te worden onderzocht, doch wel de vorm van de participatie van de beleggingsfondsen in de ingezeten vennootschappen.

35. Gelet op het voorgaande dient op de eerste vraag te worden geantwoord dat artikel 63 VWEU inzake de vrijheid van kapitaalverkeer van toepassing is in een situatie als die in het hoofdgeding, waarin krachtens de wettelijke belastingregeling van een lidstaat dividenden die door in deze lidstaat gevestigde vennootschappen zijn uitgekeerd aan een in een derde land gevestigd beleggingsfonds, niet in aanmerking komen voor een belastingvrijstelling, anders dan in deze lidstaat gevestigde beleggingsfondsen.

Tweede vraag

36. Met zijn tweede vraag wenst de verwijzende rechter in wezen te vernemen of de artikelen 63 VWEU en 65 VWEU aldus moeten worden uitgelegd dat zij zich verzetten tegen een wettelijke belastingregeling van een lidstaat als die in het hoofdgeding, krachtens welke dividenden die in deze lidstaat gevestigde vennootschappen uitkeren aan een in een derde land gevestigd beleggingsfonds, niet in aanmerking kunnen komen voor een belastingvrijstelling.

37. Ingevolge de wet op de vennootschapsbelasting, zoals van toepassing ten tijde van de feiten in het hoofdgeding, te weten in 2005 en 2006 en tot januari 2011, werden door een ingezeten vennootschap aan een in een derde land gevestigd beleggingsfonds uitgekeerde dividenden in beginsel aan de bron belast tegen een tarief van 19%, tenzij in een dubbelbelastingverdrag een ander tarief was vastgesteld, terwijl dergelijke dividenden vrijgesteld waren wanneer ze werden uitgekeerd aan een ingezeten beleggingsfonds, voor zover dat fonds tevens voldeed aan de door de wet op de beleggingsfondsen gestelde voorwaarden.

Bestaan van een beperking van de vrijheid van kapitaalverkeer

38. Van meet af aan zij eraan herinnerd dat de lidstaten weliswaar bevoegd zijn voor de directe belastingen, maar zij deze bevoegdheid in overeenstemming met het recht van de Unie moeten uitoefenen (arrest van 10 mei 2012, Santander Asset Management SGIIC e.a., C-338/11–C-347/11, nog niet gepubliceerd in de *Jurisprudentie*, punt 14 en aldaar aangehaalde rechtspraak).

39. Volgens vaste rechtspraak van het Hof omvatten de maatregelen die ingevolge artikel 63, lid 1, VWEU verboden zijn op grond dat zij het kapitaalverkeer beperken, mede de maatregelen die niet-ingezetenen ervan doen afzien, in een lidstaat investeringen te doen, of ingezetenen van deze lidstaat ontmoedigen in andere staten investeringen te doen (arresten van 18 december 2007, A, C-101/05, *Jurispr.* blz. I-11531, punt 40; 10 februari 2011, Haribo Lakritzen Hans Riegel en Österreichische Salinen, C-436/08 en C-437/08, *Jurispr.* blz. I-305, punt 50, en arrest Santander Asset Management SGIIC e.a., reeds aangehaald, punt 15).

40. In casu werd de belastingvrijstelling waarin is voorzien in de in het hoofdgeding aan de orde zijnde wettelijke belastingregeling, enkel toegekend aan beleggingsfondsen die hun activiteiten in overeenstemming met de wet op de beleggingsfondsen uitoefenden.

41. Uit de verwijzingsbeslissing blijkt tevens dat ingevolge de in het hoofdgeding aan de orde zijnde nationale wetgeving beleggingsfondsen slechts voor de vrijstelling in aanmerking kwamen op voorwaarde dat hun zetel op het Poolse grondgebied is gelegen. Aan niet-ingezeten beleggingsfondsen uitgekeerde dividenden konden derhalve, louter op grond van de plaats van vestiging van het beleggingsfonds, niet in aanmerking komen voor de vrijstelling van de bronheffing, ook al geldt voor deze dividenden eventueel een verlaagd belastingtarief krachtens een dubbelbelastingverdrag.

42. Een dergelijk verschil in fiscale behandeling van dividenden naargelang het gaat om ingezeten dan wel nietingezeten beleggingsfondsen, kan echter in een derde land gevestigde beleggingsfondsen ontmoedigen, participaties te nemen in in Polen gevestigde vennootschappen, en bovendien in deze lidstaat gevestigde beleggers ervan doen afzien, rechten van deelneming in niet-ingezeten beleggingsfondsen te verwerven (zie in die zin arrest Santander Asset Management SGIIC e.a., reeds aangehaald, punt 17).

43. Bijgevolg kan een nationale wettelijke regeling als die welke in het hoofdgeding aan de orde is, een in beginsel met artikel 63 VWEU strijdige beperking van het vrije verkeer van kapitaal opleveren.

44. Evenwel dient te worden onderzocht of deze beperking kan worden gerechtvaardigd op basis van de verdragsbepalingen.

Toepasselijkheid van artikel 64, lid 1, VWEU

45. Ingevolge artikel 64, lid 1, VWEU doet het bepaalde in artikel 63 VWEU geen afbreuk aan de toepassing op derde landen van beperkingen die op 31 december 1993 bestaan uit hoofde van het nationale recht of het recht

van de Unie inzake het kapitaalverkeer naar of uit derde landen in verband met directe investeringen – met inbegrip van investeringen in onroerende goederen –, vestiging, het verrichten van financiële diensten of de toelating van waardepapieren tot de kapitaalmarkten.

46. Dienaangaande hebben de Poolse en de Duitse regering in hun opmerkingen en ter terechtzitting aangevoerd dat, ten eerste, de in het hoofdgeding aan de orde zijnde nationale bepaling, die voorschrijft dat door Poolse vennootschappen aan niet-ingezeten beleggingsfondsen uitgekeerde dividenden worden belast, reeds vóór 31 december 1993 van kracht was, zonder dat de nadere regels inzake deze belasting naderhand zijn gewijzigd, en, ten tweede, aangezien deze belasting zonder onderscheid wordt geheven, dat wil zeggen ongeacht het aantal aandelen dat in de Poolse vennootschappen wordt aangehouden, de in het hoofdgeding aan de orde zijnde kapitaalbewegingen ook kunnen vallen onder het begrip 'directe investeringen', zoals nader omschreven in de rechtspraak van het Hof. In elk geval impliceert de betrokken beperking het verrichten van financiële diensten.

47. Met betrekking tot het temporele criterium van artikel 64, lid 1, VWEU volgt uit vaste rechtspraak van het Hof dat hoewel in beginsel de nationale rechter de inhoud dient te bepalen van de wetgeving die bestond op een door een Uniehandeling bepaalde datum, het aan het Hof staat om de gegevens te verschaffen voor de uitlegging van het Unierechtelijke begrip dat de basis vormt voor de toepassing van een Unierechtelijke uitzonderingsregeling op een nationale wettelijke regeling die op een bepaalde datum 'bestaat' (zie in die zin arrest van 12 december 2006, Test Claimants in the FII Group Litigation, C-446/04, *Jurispr.* blz. I-11753, punt 191).

48. In deze context heeft het Hof reeds geoordeeld dat een nationale maatregel die na een aldus bepaalde datum is vastgesteld, niet om die reden alleen automatisch van de bij de betrokken Uniehandeling ingevoerde uitzonderingsregeling is uitgesloten. De uitzondering geldt immers ook voor een bepaling die op de voornaamste punten identiek is aan de vroegere wetgeving of die alleen een belemmering voor de uitoefening van de Unierechtelijke rechten en vrijheden in de vroegere wetgeving vermindert of opheft. Daarentegen kan een wettelijke regeling die op een andere hoofdgedachte berust dan de vorige en nieuwe procedures invoert, niet worden gelijkgesteld met de wettelijke regeling die bestaat op het door de betrokken Uniehandeling bepaalde tijdstip (zie arrest van 12 december 2006, Test Claimants in the FII Group Litigation, reeds aangehaald, punt 192, en arrest van 24 mei 2007, Holböck, C-157/05, *Jurispr.* blz. I-4051, punt 41).

49. Dienaangaande blijkt uit de opmerkingen van de Commissie, zonder dat dit door de Poolse regering wordt betwist, dat de belastingvrijstelling van artikel 6, lid 1, punt 10, van de wet op de vennootschapsbelasting is ingevoerd bij een wet van 28 augustus 1997.

50. Zoals de advocaat-generaal in punt 57 van zijn conclusie heeft opgemerkt, bestond derhalve vóór 31 december 1993 geen beperking, in de zin van de verdragsbepalingen inzake het vrije verkeer van kapitaal, die na die datum zou zijn gehandhaafd.

51. Op 31 december 1993 waren dividenden die Poolse vennootschappen aan niet-ingezeten entiteiten uitkeerden, immers onderworpen aan hetzij dezelfde bronheffing als dividenden die aan in Polen gevestigde entiteiten werden uitgekeerd, hetzij een heffing tegen een verlaagd tarief krachtens een dubbelbelastingverdrag tussen de Republiek Polen en de betrokken staat. Zoals vermeld is in punt 49 van het onderhavige arrest, werd bij wet van 28 augustus 1997 voor het eerst een beperking ingevoerd, voor zover daarbij een verschil in behandeling tussen ingezeten en niet-ingezeten beleggingsfondsen is ontstaan doordat ingezeten beleggingsfondsen zijn vrijgesteld van de bronheffing en van de administratieve procedures betreffende de forfaitaire belastingheffing over de aan hen uitgekeerde dividenden.

52. Bijgevolg kan de in het hoofdgeding aan de orde zijnde nationale wetgeving niet worden beschouwd als een op 31 december 1993 bestaande beperking, want het constitutieve bestanddeel van de beperking van het vrije verkeer van kapitaal, zijnde de belastingvrijstelling van artikel 6, lid 1, punt 10, van de wet op de vennootschapsbelasting, werd later ingevoerd, waarbij is afgestapt van de hoofdgedachte van de vroegere wetgeving en een nieuwe procedure in het leven is geroepen, in de zin van de in punt 48 van het onderhavige arrest aangehaalde rechtspraak.

53. Aangezien niet is voldaan aan het temporele criterium en aan de twee criteria van artikel 64, lid 1, VWEU, zijnde het temporele en het materiële criterium, cumulatief moet zijn voldaan, is dit artikel niet van toepassing in het hoofdgeding, zonder dat hoeft te worden nagegaan of aan het materiële criterium is voldaan.

Rechtvaardiging van de beperking

54. Ingevolge artikel 65, lid 1, sub a, VWEU doet het bepaalde in artikel 63 VWEU niet af aan het recht van de lidstaten om de ter zake dienende bepalingen van hun belastingwetgeving toe te passen die onderscheid maken tussen belastingplichtigen die niet in dezelfde situatie verkeren met betrekking tot hun vestigingsplaats of de plaats waar hun kapitaal is belegd.

55. Deze bepaling moet, als uitzondering op het fundamentele beginsel van het vrije verkeer van kapitaal, strikt worden uitgelegd. Bijgevolg kan zij niet aldus worden uitgelegd dat elke belastingwetgeving die tussen belasting-

plichtigen een onderscheid maakt naargelang van hun vestigingsplaats of van de lidstaat waar zij hun kapitaal beleggen, automatisch verenigbaar is met het Verdrag (zie arresten van 11 september 2008, Eckelkamp e.a., C-11/07, *Jurispr.* blz. I-6845, punt 57; 22 april 2010, Mattner, C-510/08, *Jurispr.* blz. I-3553, punt 32, en arrest Haribo Lakritzen Hans Riegel en Österreichische Salinen, reeds aangehaald, punt 56).

56. De in deze bepaling bedoelde afwijking wordt immers zelf beperkt door artikel 65, lid 3, VWEU, dat bepaalt dat de in lid 1 daarvan bedoelde nationale maatregelen 'geen middel tot willekeurige discriminatie [mogen] vormen, noch een verkapte beperking van het vrije kapitaalverkeer en betalingsverkeer als omschreven in artikel 63' (zie arrest Haribo Lakritzen Hans Riegel en Österreichische Salinen, reeds aangehaald, punt 57).

57. De door artikel 65, lid 1, sub a, VWEU toegestane verschillen in behandeling moeten aldus worden onderscheiden van de door lid 3 van dit artikel verboden discriminaties. Volgens de rechtspraak kan een nationale belastingregeling als die in het hoofdgeding enkel verenigbaar met de verdragsbepalingen betreffende het vrije kapitaalverkeer worden geacht, indien het daarbij ingevoerde verschil in behandeling betrekking heeft op situaties die niet objectief vergelijkbaar zijn, of wordt gerechtvaardigd door een dwingende reden van algemeen belang (zie arrest Haribo Lakritzen Hans Riegel en Österreichische Salinen, reeds aangehaald, punt 58).

Objectieve vergelijkbaarheid van de situaties

58. Met betrekking tot de vergelijkbaarheid dient in de eerste plaats te worden gepreciseerd dat uit het oogpunt van een belastingregel als die in het hoofdgeding, die ertoe strekt door ingezeten vennootschappen uitgekeerde winst niet aan belasting te onderwerpen, de situatie van een ingezeten beleggingsfonds dat dividenden ontvangt, vergelijkbaar is met de situatie van een niet-ingezeten beleggingsfonds dat dividenden ontvangt, voor zover in beide gevallen de winst in beginsel economisch dubbel of opeenvolgende keren kan worden belast (zie in die zin arresten Test Claimants in the FII Group Litigation, reeds aangehaald, punt 62; Haribo Lakritzen Hans Riegel en Österreichische Salinen, reeds aangehaald, punt 113; arrest van 20 oktober 2011, Commissie/Duitsland, C-284/09, *Jurispr.* blz. I-9879, punt 56, en arrest Santander Asset Management SGIIC e.a., reeds aangehaald, punt 42 en aldaar aangehaalde rechtspraak).

59. Aangezien het gevaar voor opeenvolgende of economische dubbele belasting uitsluitend ontstaat doordat de betrokken lidstaat zijn belastingbevoegdheid uitoefent, is die lidstaat, die een belastingvrijstelling toepast voor dividenden die aan ingezeten vennootschappen worden uitgekeerd door andere ingezeten vennootschappen, op grond van artikel 63 VWEU ertoe verplicht, dividenden die aan in een derde land gevestigde vennootschappen worden uitgekeerd, op evenwaardige wijze te behandelen (zie in die zin reeds aangehaalde arresten Test Claimants in the FII Group Litigation, punt 72; Haribo Lakritzen Hans Riegel en Österreichische Salinen, punt 60, en Commissie/Duitsland, punt 57).

60. De in het hoofdgeding aan de orde zijnde nationale wettelijke regeling voorziet echter niet in een dergelijke evenwaardige behandeling. Terwijl deze nationale wettelijke regeling de economische dubbele belasting van door ingezeten beleggingsfondsen ontvangen binnenlandse dividenden voorkomt door de situatie van deelgerechtigden van dergelijke fondsen en die van individuele beleggers in overeenstemming te brengen, wordt de dubbele belasting die een niet-ingezeten beleggingsfonds dreigt te moeten voldoen wanneer het dergelijke dividenden ontvangt, immers niet voorkomen of zelfs maar verzacht.

61. In de tweede plaats zij eraan herinnerd dat enkel de criteria die in de betrokken wettelijke belastingregeling als onderscheidingscriteria zijn vastgesteld voor de belasting over winstuitkeringen, in aanmerking moeten worden genomen bij de beoordeling of de situaties waarvoor een verschil in behandeling geldt, objectief vergelijkbaar zijn (zie in die zin arrest Santander Asset Management SGIIC e.a., reeds aangehaald, punt 28).

62. In dit verband staat vast dat het enige onderscheidingscriterium waarin de in het hoofdgeding aan de orde zijnde wettelijke belastingregeling voorziet, is gelegen in de plaats van vestiging van het beleggingsfonds, aangezien uitsluitend de in Polen gevestigde beleggingsfondsen in aanmerking kunnen komen voor de vrijstelling van de bronbelasting over de dividenden die zij ontvangen. De belastingvrijstelling die ingezeten beleggingsfondsen genieten, hangt immers niet af van de voorwaarde dat hun deelgerechtigden over de winstuitkeringen worden belast.

63. Gelet op dit onderscheidingscriterium dient de beoordeling of de situaties vergelijkbaar zijn, uitsluitend op het niveau van het beleggingsinstrument te worden uitgevoerd, aangezien in de betrokken regeling geen rekening wordt gehouden met de fiscale situaties van hun deelgerechtigden (zie in die zin arrest Santander Asset Management SGIIC e.a., reeds aangehaald, punten 32, 39 en 41).

64. Bijgevolg kan niet worden ingestemd met het argument van de Duitse regering, namelijk dat de gevolgen van een beperking doorgaans kunnen worden geneutraliseerd wanneer de belegger, in zijn vestigingsstaat, de van het niet-ingezeten beleggingsfonds geheven bronbelasting met zijn persoonlijke belastingschuld kan verrekenen of aftrekken bij de vaststelling van de grondslag van de belasting waaraan hij in zijn vestigingsstaat is onderworpen.

65. In de derde plaats blijkt uit de verwijzingsbeslissing en de opmerkingen van de Poolse, de Duitse, de Spaanse, de Franse, de Italiaanse en de Finse regering alsmede van de Commissie dat de situatie van een beleggingsfonds met zetel in een derde land niet vergelijkbaar is met die van een in Polen gevestigd beleggingsfonds, waarop de wet op de beleggingsfondsen van toepassing is, en zelfs niet met de situatie van een beleggingsfonds met zetel in een andere lidstaat.

66. Het verschil tussen een beleggingsfonds met zetel in de Verenigde Staten en een beleggingsfonds met zetel in een lidstaat van de Unie schuilt in wezen meer bepaald in het feit dat laatstbedoeld fonds onderworpen is aan een eenvormige regeling betreffende de oprichting en de werking van Europese beleggingsfondsen, te weten richtlijn 85/611/EEG van de Raad van 20 december 1985 tot coördinatie van de wettelijke en bestuursrechtelijke bepalingen betreffende bepaalde instellingen voor collectieve belegging in effecten (icbe's) (*PB* L 375, blz. 3), zoals gewijzigd bij richtlijn 2004/39/EG van het Europees Parlement en de Raad van 21 april 2004 (*PB* L 145, blz. 1; hierna: 'icbe-richtlijn'), waarvan de vereisten in wezen zijn overgenomen in de wet op de beleggingsfondsen. Aangezien een beleggingsfonds slechts in aanmerking komt voor de vrijstelling van de wet op de vennootschapsbelasting mits het aan deze vereisten voldoet, bevindt een niet-ingezeten beleggingsfonds, dat niet aan de icbe-richtlijn is onderworpen, zich bijgevolg in een feitelijke en rechtssituatie die wezenlijk verschilt van die van een in een lidstaat van de Unie gevestigd beleggingsfonds.

67. De omstandigheid dat een niet-ingezeten beleggingsfonds niet valt onder de eenvormige Unieregeling die is ingevoerd bij de icbe-richtlijn met nadere regeling voor de oprichting en de werking van beleggingsfondsen binnen de Unie, zoals die is omgezet in nationaal recht bij de Poolse wet op de beleggingsfondsen, kan echter op zich niet volstaan om aan te tonen dat dit fonds in een verschillende situatie verkeert. Aangezien de icbe-richtlijn niet van toepassing is op in derde landen gevestigde beleggingsfondsen omdat zij zich buiten de werkingssfeer van het Unierecht bevinden, zou wanneer wordt verlangd dat deze fondsen op dezelfde wijze worden gereglementeerd als ingezeten beleggingsfondsen, de vrijheid van kapitaalverkeer immers tot een dode letter verworden.

68. Zoals de advocaat-generaal in de punten 37 en 38 van zijn conclusie heeft opgemerkt en zoals dit in punt 62 van het onderhavige arrest reeds is uiteengezet, is, aangezien het voornaamste criterium van de in het hoofdgeding aan de orde zijnde nationale belastingregeling steunt op de plaats van vestiging van het beleggingsfonds daar uitsluitend in Polen gevestigde beleggingsfondsen voor de belastingvrijstelling in aanmerking komen, een vergelijking tussen de regelgeving betreffende in een derde land gevestigde fondsen en de eenvormige binnen de Unie geldende regelgeving in het hoofdgeding in geen geval relevant doordat deze vergelijking geen deel uitmaakt van de in het hoofdgeding aan de orde zijnde toepasselijke regeling.

69. Gelet op het voorgaande bevinden niet-ingezeten beleggingsfondsen zich, uit het oogpunt van een wettelijke belastingregeling van een lidstaat als de wet op de vennootschapsbelasting, waarin de vestigingsplaats van het beleggingsfonds als belangrijkste onderscheidingscriterium is opgenomen op grond waarvan wordt bepaald of bronbelasting wordt geheven over dividenden die door Poolse vennootschappen aan dergelijke beleggingsfondsen worden uitgekeerd, in een situatie die objectief vergelijkbaar is met die van beleggingsfondsen met zetel op het Poolse grondgebied.

70. Nu dit vaststaat, dient nog te worden onderzocht of de beperking die voortvloeit uit een nationale regeling als die in het hoofdgeding, wordt gerechtvaardigd door dwingende redenen van algemeen belang (zie arrest Haribo Lakritzen Hans Riegel en Österreichische Salinen, reeds aangehaald, punt 63 en aldaar aangehaalde rechtspraak).

Bestaan van een dwingende reden van algemeen belang

– De noodzaak om de doeltreffendheid van de fiscale controles te waarborgen

71. Volgens vaste rechtspraak is de noodzaak om de doeltreffendheid van de fiscale controles te waarborgen, een dwingende reden van algemeen belang die een beperking van de uitoefening van de verdragsrechtelijk gewaarborgde fundamentele vrijheden kan rechtvaardigen (arrest van 6 oktober 2011, Commissie/Portugal, C-493/09, *Jurispr.* blz. I-9247, punt 42 en aldaar aangehaalde rechtspraak).

72. Zoals blijkt uit de verwijzingsbeslissing en zoals alle regeringen en ook de Commissie hebben aangevoerd in hun bij het Hof ingediende opmerkingen, is de Poolse belastingdienst, bij gebreke van een gemeenschappelijk rechtskader inzake de administratieve samenwerking met derde staten zoals binnen de Unie bestaat op grond van richtlijn 77/799/EEG van de Raad van 19 december 1977 betreffende de wederzijdse bijstand van de bevoegde autoriteiten van de lidstaten op het gebied van de directe belastingen (*PB* L 336, blz. 15), niet in staat om na te gaan of voor een niet-ingezeten beleggingsfonds is voldaan aan de specifieke voorwaarden die in de Poolse wetgeving zijn gesteld, en om de omvang en de doeltreffendheid van de op die basis verrichte controle te beoordelen ten aanzien van de bij de icbe-richtlijn binnen de Unie ingevoerde regelingen voor nauwere samenwerking.

73. Met betrekking tot het argument dat niet is voorzien in een rechtsinstrument dat de Poolse belastingdienst in staat stelt om de bewijzen en de informatie te controleren die in de Verenigde Staten gevestigde beleggings-

fondsen verstrekken om aan te tonen dat zij vergelijkbaar zijn met beleggingsfondsen die in Polen of in een andere lidstaat zijn gevestigd, dient evenwel van meet af aan te worden gepreciseerd dat de bij de icbe-richtlijn ingevoerde regeling van uitwisseling van inlichtingen tussen de lidstaten deel uitmaakt van het systeem van samenwerking dat tussen hun autoriteiten die met het verstrekken van toelatingen voor en het toezicht op beleggingsfondsen zijn belast, bestaat ter waarborging van de vervulling van hun taak, waarvan de omvang nader is omschreven in artikel 50, lid 5, van deze richtlijn.

74. Ingevolge dit artikel mogen de bevoegde autoriteiten die vertrouwelijke gegevens ontvangen, deze uitsluitend gebruiken voor de uitoefening van hun taken, ofwel om te onderzoeken of is voldaan aan de voorwaarden voor de toegang tot de werkzaamheden van icbe's of van ondernemingen die bij hun bedrijf betrokken zijn en ter vergemakkelijking van het toezicht op de voorwaarden waaronder de werkzaamheden worden uitgeoefend, de administratieve en boekhoudkundige organisatie en de interne controle, ofwel voor het opleggen van sancties, ofwel in het kader van een administratief beroep tegen een besluit van de bevoegde autoriteiten, of nog bij rechtszaken die aanhangig zijn gemaakt overeenkomstig artikel 51, lid 2, van de icbe-richtlijn.

75. Bovendien wordt in de overige bepalingen van de icbe-richtlijn betreffende deze regeling voor uitwisseling van gegevens de nadruk gelegd op de noodzaak van het behoud van het beroepsgeheim in deze context.

76. Uit artikel 50, lid 5, van de icbe-richtlijn en de algemene opzet van deze richtlijn volgt dat deze regeling voor uitwisseling van gegevens onderdeel is van het bij deze richtlijn ingevoerde toezichtsysteem. Bijgevolg ziet deze vorm van samenwerking tussen de lidstaten niet op belastingzaken, maar uitsluitend op de activiteit van beleggingsfondsen inzake icbe's.

77. De icbe-richtlijn kan de Poolse belastingdienst dus niet de bevoegdheid verlenen om een controle uit te voeren of te doen uitvoeren teneinde na te gaan of de beleggingsfondsen de krachtens de wet op de beleggingsfondsen op hen rustende verplichtingen zijn nagekomen, aangezien deze bevoegdheid is voorbehouden voor de toezichthoudende autoriteiten waaraan deze richtlijn deze bevoegdheid heeft toegekend.

78. De icbe-richtlijn kan evenmin een toezichthoudende autoriteit van een lidstaat de bevoegdheid verlenen om met de toezichthoudende autoriteit van de heffingsstaat gegevens uit te wisselen wanneer deze gegevens zijn verkregen naar aanleiding van controles die eerstbedoelde autoriteit heeft verricht bij op haar grondgebied gevestigde beleggingsfondsen teneinde de toezichthoudende autoriteit van de heffingsstaat in staat te stellen deze gegevens aan de nationale belastingdienst door te geven.

79. Uit het voorgaande volgt dat de omstandigheid dat de bij de icbe-richtlijn ingevoerde regeling voor uitwisseling van gegevens geen toepassing kan vinden op niet-ingezeten beleggingsfondsen, de in het hoofdgeding aan de orde zijnde beperking niet kan rechtvaardigen.

80. Doordat niet-ingezeten beleggingsfondsen worden uitgesloten van de belastingvrijstelling louter op grond dat zij op het grondgebied van een derde land zijn gevestigd, biedt de in het hoofdgeding aan de orde zijnde nationale belastingregeling deze belastingplichtigen bovendien niet de mogelijkheid te bewijzen dat zij voldoen aan vereisten die gelijkwaardig zijn aan die welke in de wet op de beleggingsfondsen zijn gesteld.

81. Weliswaar volgt uit de rechtspraak van het Hof dat in de verhoudingen tussen de lidstaten van de Unie niet van tevoren valt uit te sluiten dat de belastingplichtige relevante bewijsstukken kan overleggen aan de hand waarvan de belastingdienst van de heffingsstaat duidelijk en nauwkeurig kan nagaan dat hij in zijn vestigingsstaat voorwaarden vervult die gelijkwaardig zijn aan die welke naar nationaal recht gelden (zie in die zin reeds aangehaalde arresten A, punt 59, en Commissie/Portugal, punt 46).

82. Deze rechtspraak kan echter niet integraal worden getransponeerd naar het kapitaalverkeer tussen de lidstaten en derde staten, aangezien dat kapitaalverkeer in een andere juridische context valt (arrest A, reeds aangehaald, punt 60; arresten van 19 november 2009, Commissie/Italië, C-540/07, *Jurispr.* blz. I-10983, punt 69; 28 oktober 2010, Établissements Rimbaud, C-72/09, *Jurispr.* blz. I-10659, punt 40, en arrest Haribo Lakritzen Hans Riegel en Österreichische Salinen, punt 65).

83. Het bij richtlijn 77/799 ingevoerde kader voor samenwerking tussen de bevoegde autoriteiten van de lidstaten bestaat immers niet tussen deze autoriteiten en de bevoegde autoriteiten van een derde staat wanneer deze staat geen enkele verplichting tot wederzijdse bijstand is aangegaan (reeds aangehaalde arresten Commissie/Italië, punt 70; Établissements Rimbaud, punt 41, en Haribo Lakritzen Hans Riegel en Österreichische Salinen, punt 66).

84. Uit de voorgaande overwegingen volgt dat de noodzaak om de doeltreffendheid van de fiscale controles te waarborgen slechts als rechtvaardigingsgrond aanvaardbaar is wanneer de regeling van een lidstaat de toekenning van een belastingvoordeel afhankelijk stelt van de vervulling van voorwaarden waarvan de naleving slechts kan worden gecontroleerd door het verkrijgen van inlichtingen van de bevoegde autoriteiten van een derde staat, en wanneer, wegens het ontbreken van een uit een overeenkomst of verdrag voortvloeiende verplichting voor deze derde staat om inlichtingen te verstrekken, het onmogelijk blijkt om deze inlichtingen van laatstgenoemde staat te verkrijgen (zie arrest en Haribo Lakritzen Hans Riegel en Österreichische Salinen, punt 67 en aldaar aangehaalde rechtspraak).

85. Anders dan in de zaken die hebben geleid tot de in punt 82 aangehaalde arresten, waarin er voor de betrokken derde staat geen verdragsrechtelijke verplichting bestond om gegevens te verstrekken, zodat het Hof de mogelijkheid voor de belastingplichtige heeft uitgesloten om zelf de voor een juiste vaststelling van de betrokken belasting noodzakelijke bewijzen over te leggen, bestaat er in het hoofdgeding echter een regelgevend kader voor wederzijdse administratieve bijstand tussen de Republiek Polen en de Verenigde Staten van Amerika, op grond waarvan het mogelijk is gegevens uit te wisselen die voor de toepassing van de belastingwetgeving noodzakelijk blijken te zijn.

86. Dat samenwerkingskader vloeit meer bepaald voort uit artikel 23 van het dubbelbelastingverdrag en artikel 4 van het op 25 januari 1988 in Straatsburg ondertekende verdrag van de Organisatie voor Economische Samenwerking en Ontwikkeling (OESO) en de Raad van Europa inzake wederzijdse administratieve bijstand in belastingzaken.

87. Gelet op het feit dat deze verdragsrechtelijke verplichtingen tussen de Republiek Polen en de Verenigde Staten van Amerika bestaan, waarbij een gemeenschappelijk rechtskader voor samenwerking en regelingen voor uitwisseling van gegevens tussen de betrokken nationale autoriteiten worden ingevoerd, valt bijgevolg a priori niet uit te sluiten dat beleggingsfondsen die op het grondgebied van de Verenigde Staten van Amerika zijn gevestigd, verplicht kunnen zijn om relevante bewijsstukken te verstrekken op grond waarvan de Poolse belastingdienst, in samenwerking met de bevoegde autoriteiten van de Verenigde Staten van Amerika, kan nagaan of zij hun activiteiten uitoefenen onder voorwaarden die gelijkwaardig zijn aan die welke gelden voor op het grondgebied van de Unie gevestigde beleggingsfondsen.

88. Het is evenwel de taak van de verwijzende rechter om te onderzoeken of het op grond van de verdragsrechtelijke verplichtingen tussen de Republiek Polen en de Verenigde Staten van Amerika, waarbij een gemeenschappelijk rechtskader voor samenwerking en regelingen voor uitwisseling van gegevens tussen de betrokken nationale autoriteiten worden ingevoerd, voor de Poolse belastingdienst daadwerkelijk mogelijk is om in voorkomend geval de informatie die op het grondgebied van de Verenigde Staten van Amerika gevestigde beleggingsfondsen verstrekken betreffende de voorwaarden voor de oprichting en de uitoefening van hun activiteiten, te controleren teneinde vast te stellen dat zij actief zijn binnen een regelgevend kader dat gelijkwaardig is aan dat van de Unie.

– De noodzaak om de samenhang van het belastingstelsel te handhaven

89. Ter ondersteuning van het argument dat de beperking die de in het hoofdgeding aan de orde zijnde nationale belastingwetgeving met zich meebrengt, gerechtvaardigd wordt door de noodzaak om de samenhang van het belastingstelsel te handhaven, voert de Poolse regering aan dat de door deze wetgeving toegekende vrijstelling nauw samenhangt met de belasting over de uitkeringen die de beleggingsfondsen aan hun deelgerechtigden doen. De samenhang van het belastingstelsel vereist dat een daadwerkelijke uniforme belasting over de inkomsten van een bepaalde belastingplichtige wordt gewaarborgd, ongeacht in welke lidstaat deze inkomsten zijn verkregen, waarbij rekening wordt gehouden met het bedrag dat in andere lidstaten aan belasting is betaald.

90. Bovendien stelt de Duitse regering dat het begrip fiscale samenhang in situaties waarbij derde landen betrokken zijn, met name wanneer het beleggingsfondsen betreft, moet worden verruimd en de verschillende fasen van de belastingheffing in hun samenhang moeten worden beoordeeld, waarbij ervan wordt uitgegaan dat de dividenden worden uitgekeerd aan in het buitenland gevestigde deelgerechtigden.

91. Het Hof heeft reeds geoordeeld dat de noodzaak om een dergelijke samenhang te waarborgen een rechtvaardigingsgrond kan zijn voor een regeling die de fundamentele vrijheden beperkt (arrest Santander Asset Management SGIIC e.a., reeds aangehaald, punt 50 en aldaar aangehaalde rechtspraak).

92. Een beroep op een dergelijke rechtvaardigingsgrond kan volgens vaste rechtspraak evenwel alleen slagen indien wordt aangetoond dat er een rechtstreeks verband bestaat tussen het betrokken belastingvoordeel en de compensatie van dat voordeel door een bepaalde belastingheffing, waarbij de vraag of het verband rechtstreeks is, aan de hand van het doel van de betrokken regeling moet worden beoordeeld (arrest Santander Asset Management SGIIC e.a., reeds aangehaald, punt 51 en aldaar aangehaalde rechtspraak).

93. Zoals in punt 62 van het onderhavige arrest reeds is uiteengezet, hangt de vrijstelling van de bronbelasting voor de in het hoofdgeding aan de orde zijnde dividenden niet af van de voorwaarde dat de door het betrokken beleggingsfonds ontvangen dividenden door dat fonds opnieuw worden uitgekeerd en dat de belasting erover bij de deelgerechtigden van dat fonds het mogelijk maakt om de vrijstelling van de bronbelasting te compenseren.

94. Zoals de advocaat-generaal in punt 113 van zijn conclusie heeft benadrukt, berust de door de Duitse regering voorgestane ruimere uitlegging van het begrip samenhang van het belastingstelsel op de onbewezen premisse dat de deelgerechtigden van in derde landen gevestigde beleggingsfondsen zelf ook in die landen of althans buiten het nationale grondgebied gevestigd zijn. Het onderzoek naar de grond van de samenhang van het belastingstelsel vereist echter in beginsel een onderzoek aan de hand van een en hetzelfde belastingstelsel.

95. Aangezien geen rechtstreeks verband, in de zin van de in punt 92 van het onderhavige arrest aangehaalde rechtspraak, bestaat tussen de vrijstelling van de bronbelasting over binnenlandse dividenden die een ingezeten beleggingsfonds ontvangt, en de belasting over deze dividenden als inkomsten van de deelgerechtigden van dat beleggingsfonds, kan de in het hoofdgeding aan de orde zijnde nationale wetgeving bijgevolg niet worden gerechtvaardigd door de noodzaak om de samenhang van het belastingstelsel te handhaven.

– De verdeling van de heffingsbevoegdheid en het behoud van de belastingopbrengsten

96. De Duitse regering heeft zich tevens beroepen op de noodzaak om de verdeling van de heffingsbevoegdheid tussen de Republiek Polen en de Verenigde Staten van Amerika in stand te houden en om het behoud van de belastingopbrengsten te verzekeren als gronden ter rechtvaardiging van de betrokken beperking. Deze gronden dienen samen te worden onderzocht daar voor elk gelijklopende argumenten worden aangevoerd.

97. Ten eerste stelt de Duitse regering met betrekking tot de verdeling van de heffingsbevoegdheid dat de rechtspraak inzake deze rechtvaardigingsgrond enkel op situaties binnen de Unie toepassing vindt aangezien de betrokken personen bij kapitaalverkeer van en naar derde landen zich niet kunnen beroepen op de regels van de interne markt omdat een beperking van de fiscale soevereiniteit van een lidstaat langs de weg van het vrije kapitaalverkeer tot rechtstreeks gevolg zou hebben dat belastbare materie naar een derde land wordt verplaatst.

98. Volgens vaste rechtspraak van het Hof kan de noodzaak om een evenwichtige verdeling van de heffingsbevoegdheid tussen de lidstaten te waarborgen, als rechtvaardigingsgrond met name worden aanvaard wanneer de betrokken regeling ertoe strekt gedragingen te voorkomen die afbreuk kunnen doen aan het recht van een lidstaat om zijn belastingbevoegdheid uit te oefenen met betrekking tot activiteiten die op zijn grondgebied plaatsvinden (arrest Santander Asset Management SGIIC e.a., reeds aangehaald, punt 47 en aldaar aangehaalde rechtspraak).

99. Wanneer een lidstaat ervoor heeft gekozen om ingezeten beleggingsfondsen die binnenlandse dividenden ontvangen, niet te belasten, kan hij zich ter rechtvaardiging van het feit dat niet-ingezeten beleggingsfondsen die dergelijke inkomsten ontvangen wel worden belast, evenwel niet beroepen op de noodzaak om een evenwichtige verdeling van de heffingsbevoegdheid tussen de lidstaten te waarborgen (zie in die zin arrest Santander Asset Management SGIIC e.a., reeds aangehaald, punt 48 en aldaar aangehaalde rechtspraak).

100. In deze context kan niet met succes worden aangevoerd dat deze rechtspraak geen toepassing vindt op de betrekkingen tussen de lidstaten en derde landen, aangezien het ontbreken van wederkerigheid in deze betrekkingen, hetgeen de Duitse regering aanvoert, geen rechtvaardiging kan zijn voor een beperking van het kapitaalverkeer tussen de lidstaten en deze derde staten (zie in die zin arrest Haribo Lakritzen Hans Riegel en Österreichische Salinen, reeds aangehaald, punt 128).

101. Ten tweede stelt de Duitse regering met betrekking tot het behoud van de nationale belastingopbrengsten dat het vrije verkeer van kapitaal de lidstaten niet kan dwingen ten gunste van derde landen af te zien van belastingopbrengsten. De interne markt is immers gericht op het waarborgen van een efficiënte toewijzing van middelen binnen de Unie en waarborgt tegelijk de fiscale neutraliteit van deze markt. Derde landen, die geen deel uitmaken van deze markt, zijn dus tegenover de lidstaten echter niet gehouden een vergelijkbaar verlies aan belastingopbrengsten te aanvaarden.

102. In dit verband kan worden volstaan met te herinneren aan de vaste rechtspraak van het Hof dat een vermindering van belastingopbrengsten niet kan worden aangemerkt als een dwingende reden van algemeen belang die kan worden aangevoerd ter rechtvaardiging van een maatregel die in beginsel strijdig is met een fundamentele vrijheid (arrest Haribo Lakritzen Hans Riegel en Österreichische Salinen, reeds aangehaald, punt 126).

103. Deze rechtspraak geldt zowel ingeval de betrokken lidstaat ten gunste van een andere lidstaat afziet van belastingopbrengsten als ingeval ten gunste van een derde land van belastingopbrengsten wordt afgezien. Zoals de advocaat-generaal in punt 127 van zijn conclusie heeft opgemerkt, blijven de Poolse vennootschappen in ieder geval onderworpen aan winstbelasting en belet het Unierecht de betrokken lidstaat niet op langere termijn ervan af te zien dubbele belasting te voorkomen door van deze lidstaat te verlangen dat maatregelen ter afschaffing van dubbele belasting worden genomen of gehandhaafd.

104. Uit het voorgaande volgt dat de beperking die voortvloeit uit de in het hoofdgeding aan de orde zijnde nationale belastingwetgeving, niet wordt gerechtvaardigd door de noodzaak om de evenwichtige verdeling van de heffingsbevoegdheid te behouden en om de belastingopbrengsten van de betrokken lidstaat veilig te stellen.

105. Gelet op alle voorgaande overwegingen dient op de tweede vraag te worden geantwoord dat de artikelen 63 VWEU en 65 VWEU aldus moeten worden uitgelegd dat zij zich verzetten tegen een wettelijke belastingregeling van een lidstaat als die in het hoofdgeding, krachtens welke dividenden die in deze lidstaat gevestigde vennootschappen uitkeren aan een in een derde land gevestigd beleggingsfonds, niet in aanmerking kunnen komen voor een belastingvrijstelling, voor zover tussen deze lidstaat en het betrokken derde land een verdragsrechtelijke verplichting tot wederzijdse administratieve bijstand bestaat op grond waarvan de nationale belastingdienst de door het beleggingsfonds eventueel verstrekte gegevens kan controleren. Het is de taak van de verwijzende rechter om

in het hoofdgeding te onderzoeken of de door dit samenwerkingskader ingevoerde regeling voor uitwisseling van gegevens daadwerkelijk de Poolse belastingdienst in staat stelt om in voorkomend geval de informatie die op het grondgebied van de Verenigde Staten van Amerika gevestigde beleggingsfondsen verstrekken betreffende de voorwaarden voor de oprichting en de uitoefening van hun activiteiten, te controleren teneinde vast te stellen dat zij actief zijn binnen een regelgevend kader dat gelijkwaardig is aan dat van de Unie.

Werking in de tijd van het onderhavige arrest

106. In haar schriftelijke opmerkingen heeft de Poolse regering het Hof verzocht, de werking van het onderhavige arrest in de tijd te beperken mocht het vaststellen dat de artikelen 63 VWEU en 65 VWEU zich verzetten tegen de in het hoofdgeding aan de orde zijnde wettelijke belastingregeling.

107. Ter ondersteuning van haar verzoek vestigt deze regering de aandacht van het Hof op de ernstige financiële verstoringen die een arrest met deze vaststelling dreigt te veroorzaken, gezien het grote aantal gevallen waarin artikel 22, lid 1, van de wet op de vennootschapsbelasting is toegepast. Volgens de Poolse regering heeft de Republiek Polen te goeder trouw aangenomen dat de bepalingen van de wet op de vennootschapsbelasting in overeenstemming waren met het Unierecht, aangezien de Commissie deze bepalingen niet uit het oogpunt van het vrije verkeer van kapitaal met derde landen, doch uitsluitend in relatie tot de andere lidstaten van de Unie en van de EER aan de kaak heeft gesteld.

108. In dit verband zij eraan herinnerd dat volgens vaste rechtspraak van het Hof de uitlegging die het Hof krachtens de hem bij artikel 267 VWEU verleende bevoegdheid geeft aan een voorschrift van Unierecht, de betekenis en de strekking van dat voorschrift zoals het sedert het tijdstip van de inwerkingtreding ervan moet of had moeten worden verstaan en toegepast, verklaart en preciseert. Hieruit volgt dat het aldus uitgelegde voorschrift door de rechter kan en moet worden toegepast zelfs op rechtsverhoudingen die zijn ontstaan en tot stand gekomen vóór het arrest waarbij op het verzoek om uitlegging is beslist, indien voor het overige is voldaan aan de voorwaarden waaronder een geschil over de toepassing van dat voorschrift voor de bevoegde rechter kan worden gebracht (arrest Santander Asset Management SGIIC e.a., reeds aangehaald, punt 58 en aldaar aangehaalde rechtspraak).

109. Slechts in zeer uitzonderlijke gevallen kan het Hof uit hoofde van een aan de rechtsorde van de Unie inherent algemeen beginsel van rechtszekerheid besluiten om beperkingen te stellen aan de mogelijkheid voor iedere belanghebbende om met een beroep op een door het Hof uitgelegde bepaling of uitgelegd beginsel te goeder trouw tot stand gekomen rechtsbetrekkingen opnieuw in geding te brengen. Tot een dergelijke beperking kan slechts worden besloten indien is voldaan aan twee essentiële criteria, te weten de goede trouw van de belanghebbende kringen en het gevaar voor ernstige verstoringen (zie arrest Santander Asset Management SGIIC e.a., reeds aangehaald, punt 59 en aldaar aangehaalde rechtspraak).

110. Meer bepaald heeft het Hof slechts in zeer specifieke omstandigheden van deze mogelijkheid gebruikgemaakt, met name wanneer er gevaar bestond voor ernstige economische repercussies, inzonderheid gezien het grote aantal rechtsbetrekkingen dat op basis van de geldig geachte wettelijke regeling te goeder trouw tot stand was gekomen, en wanneer bleek dat particulieren en de nationale autoriteiten tot een met het Unierecht strijdig gedrag waren gebracht op grond van een objectieve, grote onzekerheid over de strekking van de bepalingen van Unierecht, tot welke onzekerheid het gedrag van andere lidstaten of van de Commissie eventueel had bijgedragen (arrest Santander Asset Management SGIIC e.a., reeds aangehaald, punt 60 en aldaar aangehaalde rechtspraak).

111. Met betrekking tot het argument van de Poolse regering in verband met de aanzienlijke gevolgen die het onderhavige arrest op de begroting van de Poolse Staat kan hebben, volgt uit vaste rechtspraak dat de financiële gevolgen die een prejudicieel arrest voor een lidstaat zou kunnen hebben, op zich niet rechtvaardigen dat de werking in de tijd van dit arrest wordt beperkt (arrest Santander Asset Management SGIIC e.a., reeds aangehaald, punt 62 en aldaar aangehaalde rechtspraak).

112. In haar schriftelijke opmerkingen noch ter terechtzitting heeft de Poolse regering gegevens verstrekt op basis waarvan de Hof kan beoordelen of voor deze lidstaat het gevaar bestaat, daadwerkelijk ernstige economische gevolgen van het onderhavige arrest te ondervinden.

113. Zonder dat hoeft te worden onderzocht of de Republiek Polen te goeder trouw heeft aangenomen dat de bepalingen van de wet op de vennootschapsbelasting in overeenstemming met het Unierecht waren, dient derhalve geen uitspraak te worden gedaan op het verzoek van deze lidstaat om de werking van het onderhavige arrest in de tijd te beperken aangezien geen elementen zijn aangedragen ter staving van zijn betoog dat het onderhavige arrest dreigt ernstige financiële verstoringen te veroorzaken mocht de werking ervan niet in de tijd worden beperkt.

Kosten

114. …

HET HOF (Eerste kamer)

verklaart voor recht:

1. Artikel 63 VWEU inzake de vrijheid van kapitaalverkeer is van toepassing in een situatie als die in het hoofdgeding, waarin krachtens de wettelijke belastingregeling van een lidstaat dividenden die door in deze lidstaat gevestigde vennootschappen zijn uitgekeerd aan een in een derde land gevestigd beleggingsfonds, niet in aanmerking komen voor een belastingvrijstelling, anders dan in deze lidstaat gevestigde beleggingsfondsen.

2. De artikelen 63 VWEU en 65 VWEU moeten aldus worden uitgelegd dat zij zich verzetten tegen een wettelijke belastingregeling van een lidstaat als die in het hoofdgeding, krachtens welke dividenden die in deze lidstaat gevestigde vennootschappen uitkeren aan een in een derde land gevestigd beleggingsfonds, niet in aanmerking kunnen komen voor een belastingvrijstelling, voor zover tussen deze lidstaat en het betrokken derde land een verdragsrechtelijke verplichting tot wederzijdse administratieve bijstand bestaat op grond waarvan de nationale belastingdienst de door het beleggingsfonds eventueel verstrekte gegevens kan controleren. Het is de taak van de verwijzende rechter om in het hoofdgeding te onderzoeken of de door dit samenwerkingskader ingevoerde regeling voor uitwisseling van gegevens daadwerkelijk de Poolse belastingdienst in staat stelt om in voorkomend geval de informatie die op het grondgebied van de Verenigde Staten van Amerika gevestigde beleggingsfondsen verstrekken betreffende de voorwaarden voor de oprichting en de uitoefening van hun activiteiten, te controleren teneinde vast te stellen dat zij actief zijn binnen een regelgevend kader dat gelijkwaardig is aan dat van de Unie.

HvJ EG 5 juni 2014, gevoegde zaken C-24/12 en C-27/12 (X BV [C-24/ 12] en TBG Limited [C-27/12] v. Staatssecretaris van Financiën)

Derde kamer: *M. Ilešič, kamerpresident, C. G. Fernlund (rapporteur), A. Ó Caoimh, C. Toader en E. Jarašiūnas, rechters*
Advocaat-generaal: *N. Jääskinen*

1. De verzoeken om een prejudiciële beslissing betreffen de vraag of de Unierechtelijke regels inzake het vrije verkeer van kapitaal, zoals artikel 56 EG, aldus moeten worden uitgelegd dat zij zich verzetten tegen een maatregel van een lidstaat waardoor het kapitaalverkeer tussen deze lidstaat en de landen en gebieden overzee (LGO) van deze lidstaat (hierna: „eigen LGO") kan worden belemmerd.

2. Deze verzoeken zijn ingediend in twee gedingen tussen X BV respectievelijk TBG Limited en de Staatssecretaris van Financiën over een in Nederland geheven belasting over dividenden die in Nederland gevestigde vennootschappen uitkeren aan hun in de Nederlandse Antillen gevestigde moedermaatschappijen, terwijl een dergelijke dividenduitkering aan een in Nederland of een andere lidstaat gevestigde vennootschap vrijgesteld is.

Toepasselijke bepalingen

Unierecht

3. De Nederlandse Antillen staan vermeld op de lijst van bijlage II bij het EG-Verdrag, met het opschrift „Landen en gebieden overzee waarop toepasselijk zijn de bepalingen van het vierde deel van het Verdrag".

4. Het vierde deel van het EG-Verdrag, met het opschrift „De associatie van de landen en gebieden overzee", omvat de artikelen 182 EG tot en met 188 EG.

5. Artikel 187 EG bepaalt:

„De Raad stelt op basis van de in het kader van de associatie van de [LGO] met de Gemeenschap bereikte resultaten en van de in dit Verdrag neergelegde beginselen met eenparigheid van stemmen de bepalingen vast betreffende de wijze van toepassing en de procedure van de associatie van de [LGO] met de Gemeenschap."

6. Krachtens artikel 187 EG heeft de Raad herhaaldelijk nauwkeurige bepalingen vastgesteld om de bijzondere associatieregeling tussen de Europese Unie en de LGO nader uit te werken en om de doeleinden van de associatie te bereiken.

7. Ten tijde van de feiten in de hoofdgedingen was de toepasselijke regeling vervat in besluit 2001/822/EG van de Raad van 27 november 2001 betreffende de associatie van de LGO met de Europese Economische Gemeenschap („LGO-besluit") (*PB* L 314, blz. 1).

8. In punt 6 van de considerans van het LGO-besluit wordt overwogen:

„De LGO zijn geen derde landen, maar maken ook geen deel uit van de interne markt; zij dienen op handelsgebied te voldoen aan de verplichtingen die ten aanzien van derde landen zijn vastgesteld, met name wat betreft oorsprongsregels, sanitaire en fytosanitaire normen en vrijwaringsmaatregelen."

9. In punt 16 van de considerans van dat besluit heet het:

„De algemene bepalingen van het Verdrag en daarvan afgeleide wetgeving zijn niet automatisch van toepassing op de LGO, tenzij uitdrukkelijk anders is bepaald. LGO-producten die in de Gemeenschap worden geïmporteerd, moeten echter aan de geldende communautaire voorschriften voldoen."

10. Artikel 47 van het LGO-besluit, met het opschrift „Lopende betalingen en kapitaalverkeer", luidt:

„1. Onverminderd het bepaalde in lid 2:

a. leggen de lidstaten en de autoriteiten van de LGO geen beperkingen op aan betalingen in vrij convertibele munt op de lopende rekening van de betalingsbalans tussen onderdanen van de Gemeenschap en de LGO;

b. leggen de lidstaten en de autoriteiten van de LGO, wat betreft transacties op de kapitaalrekening van de betalingsbalans, geen beperkingen op aan het vrije verkeer van kapitaal voor directe investeringen in vennootschappen die in overeenstemming met de wetten van het gastland of -gebied zijn opgericht en investeringen die overeenkomstig de bepalingen van dit besluit zijn verricht; ook verbinden zij zich ertoe geen beperkingen op te leggen aan de liquidatie of repatriëring van deze investeringen en alle daaruit voortvloeiende opbrengsten.

2. De Gemeenschap, de lidstaten en de LGO kunnen mutatis mutandis de in de artikelen 57, 58, 59, 60 en 301 van het Verdrag bedoelde maatregelen treffen overeenkomstig de daarin bepaalde voorwaarden. [...]"

11. Artikel 55 van het LGO-besluit, met het opschrift „Fiscale uitzonderingsclausule", bepaalt in lid 2:

„Niets in dit besluit mag worden geïnterpreteerd als een beletsel voor het treffen of doen nakomen van maatregelen ter voorkoming van belastingontduiking of belastingfraude overeenkomstig de fiscale bepalingen van overeenkomsten ter voorkoming van dubbele belastingheffing, andere belastingregelingen of de plaatselijk geldende belastingwetgeving".

Nederlands recht

12. De in het Koninkrijk der Nederlanden geldende rechtsorde is neergelegd in het Statuut voor het Koninkrijk der Nederlanden. Gedurende de in de hoofdgedingen aan de orde zijnde belastingjaren, te weten 2005 en 2006, bestond het Koninkrijk der Nederlanden uit drie entiteiten, namelijk Nederland, de Nederlandse Antillen en Aruba.

13. De fiscale verhouding tussen deze drie entiteiten is geregeld in de Belastingregeling voor het Koninkrijk (hierna: „BRK"). Binnen de grenzen van de BRK beschikt elke entiteit van het Koninkrijk der Nederlanden over eigen belastingbevoegdheden.

14. Artikel 11, leden 1 en 2, BRK, betreffende de heffing over deelnemingsdividenden, luidt:

„1. Dividend genoten door een inwoner van een van de landen en verschuldigd door een lichaam dat inwoner is van een van de andere landen, mag worden belast in eerstbedoeld land.

2. Indien in het land waarvan een lichaam dat dividend verschuldigd is, inwoner is, bij wege van inhouding een belasting van dividenden wordt geheven, laat het eerste lid zodanige belasting onverlet met dien verstande, dat het tarief 15 percent niet te boven gaat."

15. Tot 1 januari 2002 luidde artikel 11, lid 3, BRK als volgt:

„Het tarief van de in het tweede lid bedoelde belasting gaat onder nader te stellen voorwaarden ter verzekering van een juiste toepassing van dit artikel zowel naar doel als naar strekking 7,5 percent niet te boven indien het dividend wordt genoten door een lichaam waarvan het kapitaal geheel of ten dele in aandelen is verdeeld en dat inwoner is van het andere land en voor ten minste 25 percent van het nominaal gestorte kapitaal aandeelhouder is van het lichaam dat het dividend verschuldigd is. Het tarief bedraagt onder nader te stellen voorwaarden ter verzekering van een juiste toepassing van dit artikel zowel naar doel als naar strekking in het in de vorige volzin bedoelde geval echter niet meer dan 5 percent indien het dividend in het land waarvan het lichaam dat het dividend geniet inwoner is, onderworpen is aan een belasting naar de winst met een tarief van ten minste 5,5 percent".

16. Bijgevolg waren tot 1 januari 2002 deelnemingsdividenden die in Nederland werden uitgekeerd aan een in de Nederlandse Antillen gevestigde vennootschap, op grond van artikel 11, lid 3, BRK onderworpen aan een in Nederland geheven bronbelasting van 7,5 % of 5 %.

17. De Nederlandse Antillen van hun kant hieven op grond van de artikelen 8A, 8B, 14 en 14A (oud) van de Landsverordening op de winstbelasting een winstbelasting van minstens 2,4 % tot 3 % of van hoogstens 5,5 %.

18. Bovendien bestond in de Nederlandse Antillen de mogelijkheid om op grond van een Nederlands-Antilliaanse ruling (dat wil zeggen een individuele afspraak met de belastingdienst van de Nederlandse Antillen) voor de heffing van de Nederlands-Antilliaanse winstbelasting al dan niet reële kosten, en met name rente voor leningen, op de fiscale winst in mindering te brengen.

19. Afgezien van de Nederlands-Antilliaanse rulingpraktijk bedroeg de gecombineerde belastingdruk van de Nederlandse dividendbelasting en van de Nederlands-Antilliaanse winstbelasting ongeveer 10 %.

20. Met ingang van 1 januari 2002 is artikel 11, lid 3, BRK (hierna: „nieuw artikel 11, lid 3, BRK") gewijzigd als volgt:

„[...] In afwijking van de voorgaande twee volzinnen geldt met betrekking tot dividend dat wordt genoten door een lichaam dat inwoner is van de Nederlandse Antillen en verschuldigd is door een lichaam dat inwoner is van Nederland het volgende:

a. het tarief van de in het tweede lid bedoelde belasting zal 8,3 percent niet te boven gaan, indien het dividend wordt genoten door een lichaam waarvan het kapitaal geheel of ten dele in aandelen is verdeeld en dat voor ten minste 25 percent van het nominaal gestorte kapitaal aandeelhouder is van het lichaam dat het dividend verschuldigd is en mits in de Nederlandse Antillen met de in het tweede lid bedoelde belasting formeel of in feite niet zodanig rekening wordt gehouden dat de feitelijke gecombineerde belastingdruk op het dividend overeenkomstig het eerste lid enerzijds en het tweede en derde lid anderzijds lager is dan 8,3 percent;

b. een bedrag ter hoogte van de aldus afgedragen belasting zal onverwijld en zonder het stellen van aanvullende voorwaarden aan de Nederlands-Antilliaanse overheid worden overgemaakt;

[...]"

21. Bijgevolg zijn per 1 januari 2002 deelnemingsdividenden die in Nederland worden uitgekeerd aan een in de Nederlandse Antillen gevestigde vennootschap, onderworpen aan een in Nederland geheven bronbelasting van 8,3 %. De aldus geheven belasting wordt echter geheel aan de Nederlandse Antillen overgemaakt.

22. De artikelen 8A, 8B, 14 en 14A (oud) van de Landsverordening op de winstbelasting zijn per 1 januari 2002 vervallen. Hierdoor zijn deelnemingsdividenden afkomstig van in Nederland gevestigde dochterondernemingen van belasting vrijgesteld in de Nederlandse Antillen.

23. Dividenden die door in Nederland gevestigde vennootschappen worden uitgekeerd aan vennootschappen in Nederland of in een andere lidstaat, zijn krachtens de artikelen 4 en 4a van de Wet op de dividendbelasting 1965 vrijgesteld van de bronbelasting indien is voldaan aan een aantal voorwaarden.

24. Dividenden die door in Nederland gevestigde vennootschappen worden uitgekeerd aan in de Nederlandse Antillen gevestigde vennootschappen, komen evenwel niet in aanmerking voor deze vrijstelling.

Hoofdgedingen en prejudiciële vragen

25. Zaak C-24/12 betreft X BV, een in Nederland gevestigde vennootschap naar Nederlands recht waarvan alle kapitaalaandelen in handen zijn van Stichting A van aandelen X BV. De uitgegeven certificaten van aandelen worden gehouden door B NV, met zetel in de Nederlandse Antillen.

26. Op 27 juni 2005 heeft X BV aan B NV een dividend van 5 000 000 EUR uitgekeerd. Over deze dividenduitkering werd op grond van het nieuwe artikel 11, lid 3, BRK een dividendbelasting van 8,3 %, ofwel 415 000 EUR, ingehouden en voldaan.

27. X BV heeft tegen deze heffing bezwaar gemaakt en de Staatssecretaris van Financiën heeft dat bezwaar afgewezen. Daarop heeft X BV beroep tegen de afwijzing van haar bezwaar ingesteld bij de Rechtbank Haarlem, die het beroep ongegrond heeft verklaard. X BV heeft hoger beroep ingesteld bij het Gerechtshof te Amsterdam, dat de beslissing van de Rechtbank Haarlem heeft bevestigd. Daarop heeft X BV bij de verwijzende rechter cassatieberoep ingesteld tegen de uitspraak van het Gerechtshof te Amsterdam.

28. Zaak C-27/12 betreft de in Nederland gevestigde vennootschap naar Nederlands recht Hollandsche-Amerikaansche Beleggingsmaatschappij Holland-American Investment Corporation NV (hierna: „HAIC"), een 100 %-dochteronderneming van TBG Holding NV (hierna: „TBG Holding"), met zetel in de Nederlandse Antillen.

29. Op 1 september 2006 heeft HAIC aan TBG Holding een dividend van 376 369 430 EUR uitgekeerd. Over deze dividenduitkering werd op grond van het nieuwe artikel 11, lid 3, BRK een dividendbelasting van 8,3 %, ofwel 31 238 663 EUR, ingehouden en voldaan.

30. Zowel HAIC als TBG Holding heeft tegen deze heffing bezwaar gemaakt en de Staatssecretaris van Financiën heeft het bezwaar afgewezen. Daarop hebben deze vennootschappen tegen de afwijzing van hun bezwaar beroep ingesteld bij de Rechtbank Haarlem, die de beroepen heeft gevoegd en vervolgens ongegrond heeft verklaard. HAIC en TBG Holding hebben hoger beroep ingesteld bij het Gerechtshof te Amsterdam, dat de uitspraak van de Rechtbank Haarlem heeft bevestigd.

31. TBG Limited, die is gesubrogeerd in de rechten en plichten van HAIC en TBG Holding, heeft bij de verwijzende rechter cassatieberoep ingesteld tegen de uitspraak van het Gerechtshof te Amsterdam.

32. De verwijzende rechter geeft aan dat de gedingen bij het Gerechtshof te Amsterdam in wezen de vraag betroffen of een dividendbelasting als die in casu in strijd is met het in artikel 56 EG neergelegde beginsel van vrij verkeer van kapitaal. Het Gerechtshof te Amsterdam heeft geoordeeld dat artikel 56 EG niet in algemene zin van toepassing is op de LGO. Uit het LGO-besluit heeft dit Gerechtshof afgeleid dat de verhouding tussen Nederland en de Nederlandse Antillen uit het perspectief van het Unierecht te gelden heeft als een interne situatie en dus uitsluitend wordt beheerst door de BRK en de Wet op de dividendbelasting 1965.

33. De verwijzende rechter wijst erop dat artikel 56 EG alle beperkingen van het kapitaalverkeer tussen lidstaten onderling en tussen lidstaten en derde landen verbiedt. Hij merkt op dat het Hof in punt 20 van het arrest Prunus en Polonium (C-384/09, EU:C:2011:276) heeft geoordeeld dat deze bepaling, gelet op haar onbeperkte territoriale werkingssfeer, noodzakelijkerwijs van toepassing is op het kapitaalverkeer naar en uit de LGO, en in de punten 30 en 31 van dat arrest dat de LGO als derde staten de in artikel 56 EG voorziene vrijmaking van kapitaalverkeer genieten aangezien het EU-Verdrag, in de versie die gold vóór het Verdrag van Lissabon, en het EG-Verdrag geen uitdrukkelijke verwijzing naar het kapitaalverkeer tussen de lidstaten en de LGO bevatten.

34. De verwijzende rechter vraagt zich evenwel af of het arrest Prunus en Polonium (EU:C:2011:276) op de bij hem aanhangige gedingen toepasselijk is aangezien het in dat arrest niet ging om kapitaalverkeer tussen een lidstaat en zijn eigen LGO.

35. In dit verband merkt hij op dat uit dat arrest weliswaar kan worden afgeleid dat de LGO voor de toepassing van het beginsel van vrij verkeer van kapitaal in het algemeen moeten worden aangemerkt als derde staten en met

derde staten moeten worden gelijkgesteld. Volgens deze rechter kan evenwel ook worden verdedigd dat de in het EG-Verdrag vervatte vrijheden in beginsel niet van toepassing zijn op kapitaalbewegingen die zich geheel binnen het Koninkrijk der Nederlanden – waarvan Nederland en de Nederlandse Antillen deel uitmaken – afspelen.

36. Indien de betrokken kapitaalbewegingen onder het vrije verkeer van kapitaal vallen, dan rijst volgens de verwijzende rechter de vraag of het voorbehoud van artikel 57, lid 1, EG, dat een standstillclausule behelst, van toepassing is.

37. Dienaangaande wijst de verwijzende rechter erop dat uit de totstandkomingsgeschiedenis van de wet waarbij de BRK werd gewijzigd, blijkt dat de maatregel is bedoeld om de Nederlandse Antillen te ontdoen van het imago van „tax haven", waarbij tegelijk de reeds bestaande effectieve belastingdruk op deelnemingsdividenden die vanuit Nederland naar de Nederlandse Antillen worden uitgekeerd, wordt gehandhaafd.

38. Volgens de verwijzende rechter is met de wijziging van de BRK per 1 januari 2002 geen sprake van een nieuwe beperking, aangezien enkel het tarief van de dividendbelasting met ingang van die datum is verhoogd. Aldus vraagt hij zich af of om te bepalen of er sprake is van een verzwaring in de zin van de standstillclausule, uitsluitend rekening moet worden gehouden met de verhoging van de door Nederland toegepaste bronheffing in vergelijking met 31 december 1993, dan wel of mede acht moet worden geslagen op de wijziging van de Nederlands-Antilliaanse winstbelasting, in casu de door de Nederlandse Antillen verleende vrijstelling. Voor het tweede alternatief pleit dat de door Nederland geheven bronbelasting ingevolge het nieuwe artikel 11, lid 3, BRK aan de Nederlandse Antillen moet worden afgedragen en Nederland aldus feitelijk de heffing van de belasting voor de Nederlandse Antillen verzorgt.

39. Ingeval met de totale belastingdruk in Nederland en de Nederlandse Antillen rekening moet worden gehouden, vraagt de verwijzende rechter zich af of mede acht moet worden geslagen op de Nederlands-Antilliaanse rulingpraktijk. Tegen deze zienswijze pleit dat de gevolgen hiervan voor de belastingdruk per belastingplichtige wellicht verschillend zullen zijn, afhankelijk van de individuele omstandigheden van het geval.

40. Gelet op deze gegevens heeft de Hoge Raad der Nederlanden de behandeling van de zaken geschorst en het Hof de volgende, in de zaken C-24/12 en C-27/12 gelijkluidende, prejudiciële vragen gesteld:

„1. Kan voor de toepassing van artikel 56 EG (thans: artikel 63 VWEU) de eigen LGO als derde staat worden aangemerkt, in welk geval ter zake van het kapitaalverkeer tussen een lidstaat en de eigen LGO een beroep kan worden gedaan op artikel 56 EG?

2. a. Moet, indien het antwoord op vraag 1 bevestigend luidt, in het onderhavige geval, waarin per 1 januari 2002 de bronheffing op deelnemingsdividenden uitgekeerd door een in Nederland gevestigde dochtervennootschap aan haar in de Nederlandse Antillen gevestigde houdstervennootschap ten opzichte van 1993 is verhoogd van 7,5 dan wel 5 percent naar 8,3 percent, voor de beantwoording van de vraag of voor de toepassing van artikel 57, lid 1, EG (thans: artikel 64, lid 1, VWEU) sprake is van een verhoging, uitsluitend acht worden geslagen op de verhoging van de Nederlandse bronheffing of moet mede in aanmerking worden genomen dat – in samenhang met de verhoging van de Nederlandse bronheffing – vanaf 1 januari 2002 door de Nederlands-Antilliaanse overheid vrijstelling wordt verleend ter zake van deelnemingsdividenden, ontvangen van een in Nederland gevestigde dochtervennootschap, terwijl voorheen die dividenden deel uitmaakten van de naar het tarief van 2,4 – 3 dan wel 5 percent belaste winst?

b. Moeten, indien mede rekening moet worden gehouden met de door invoering van de hiervoor in 2.a bedoelde deelnemingsvrijstelling bewerkstelligde verlaging van de belasting in de Nederlandse Antillen, voorts nog in aanmerking worden genomen Nederlands-Antilliaanse regelingen in de uitvoeringssfeer – in het onderhavige geval: de Nederlands-Antilliaanse rulingpraktijk – welke mogelijk tot gevolg hadden dat vóór 1 januari 2002 – en ook reeds in 1993 – de feitelijk verschuldigde belasting ter zake van de [van een] in Nederland gevestigde dochtervennootschap ontvangen dividenden substantieel lager was dan 8,3 percent?"

41. Bij beschikking van de president van het Hof van 27 februari 2012 zijn de zaken C-24/12 en C-27/12 gevoegd voor de schriftelijke en de mondelinge behandeling alsmede voor het arrest.

Beantwoording van de prejudiciële vragen

Eerste vraag

42. Met zijn eerste vraag wenst de verwijzende rechter in wezen te vernemen of de Unierechtelijke regels inzake het vrije verkeer van kapitaal, zoals artikel 56 EG, aldus moeten worden uitgelegd dat zij zich verzetten tegen een maatregel van een lidstaat waardoor het kapitaalverkeer tussen deze lidstaat en zijn eigen LGO kan worden belemmerd.

43. Vooraf zij opgemerkt dat overeenkomstig artikel 299, lid 3, EG de LGO die zijn vermeld op de lijst die als bijlage II bij het EG-Verdrag is gehecht, het onderwerp vormen van de bijzondere associatieregeling omschreven in het vierde deel van dat Verdrag, te weten de artikelen 182 EG tot en met 188 EG. Ingevolge artikel 187 EG worden de wijze van toepassing en de procedure van deze associatie vastgesteld door de Raad.

44. De Nederlandse Antillen, die luidens de Nederlandse Grondwet een van de drie entiteiten van het Koninkrijk der Nederlanden vormen, zijn op deze lijst vermeld en hierdoor vallen zij onder de bijzondere associatieregeling omschreven in het vierde deel van het Verdrag.

45. Het bestaan van deze bijzondere regeling tussen de Unie en de LGO heeft tot gevolg dat de algemene bepalingen van het EG-Verdrag, zijnde die welke niet tot het vierde deel van dat Verdrag behoren, zonder uitdrukkelijke verwijzing niet op de LGO van toepassing zijn (arresten Leplat, C-260/90, EU:C:1992:66, punt 10; Eman en Sevinger, C-300/04, EU:C:2006:545, punt 46, en Prunus en Polonium, EU:C:2011:276, punt 29 en aldaar aangehaalde rechtspraak).

46. Aangaande dat vierde deel van het Verdrag zij vastgesteld dat hoewel daarin een aantal bepalingen zijn opgenomen betreffende zowel het vrije verkeer van goederen, zijnde de artikelen 184 EG en 185 EG, en het vrije verkeer van werknemers, zijnde artikel 186 EG, als de vrijheid van vestiging, zijnde artikel 183, punt 5, EG, dat deel geen enkele bepaling inzake het vrije verkeer van kapitaal bevat.

47. Het LGO-besluit, dat de Raad op grond van artikel 187 EG heeft genomen ter uitwerking van de associatieregeling, bepaalt in artikel 47, lid 1, welke beperkingen aan betalingen en het kapitaalverkeer verboden zijn tussen de Unie en de LGO.

48. Door te verwijzen naar de betalingsbalans en door beperkingen aan betalingen in vrij convertibele munt op de lopende rekening van de betalingsbalans en tevens beperkingen aan het verkeer van kapitaal voor investeringen in vennootschappen en betreffende transacties op de kapitaalrekening van de betalingsbalans te verbieden, heeft artikel 47, lid 1, van het LGO-besluit een bijzonder ruime draagwijdte, die nauw aansluit bij de draagwijdte van artikel 56 EG in de verhoudingen tussen de lidstaten en derde landen (zie hieromtrent en betreffende artikel 63 VWEU, arrest Prunus en Polonium, EU:C:2011:276, punten 29-31).

49. Door met name beperkingen aan de verwerving van deelnemingen in vennootschappen en aan de repatriëring van de daaruit voortvloeiende winst te verbieden, verbiedt artikel 47, lid 1, sub b, van het LGO-besluit bijgevolg, onder meer, beperkingen aan dividenduitkeringen tussen de Unie en de LGO, in lijn met het in artikel 56 EG neergelegde verbod van dergelijke maatregelen in met name de verhoudingen tussen de lidstaten en derde landen.

50. Gelet op de in punt 45 van het onderhavige arrest aangehaalde rechtspraak en gelet op het feit dat het vierde deel van het EG-Verdrag noch het LGO-besluit, met als rechtsgrondslag dat deel van het Verdrag, uitdrukkelijk verwijst naar artikel 56 EG, dient de prejudiciële vraag te worden getoetst aan dat artikel 47, lid 1, en dient te worden nagegaan of de draagwijdte van deze bepaling is gepreciseerd of afgebakend in andere regels van de bijzondere regeling waaronder de associatie EU-LGO valt.

51. Zoals met name de regering van het Verenigd Koninkrijk heeft benadrukt, werd bij de vrijmaking, voor de associatie EU-LGO, van het kapitaalverkeer bijzondere aandacht besteed aan de omstandigheid dat vele LGO worden beschouwd als belastingparadijzen. Artikel 55 van het LGO-besluit bevat dus een uitzonderingsclausule die uitdrukkelijk ziet op de voorkoming van belastingontduiking.

52. Dat artikel 55 bepaalt in lid 2 dat „[n]iets in [het LGO-besluit] mag worden geïnterpreteerd als een beletsel voor het treffen of doen nakomen van maatregelen ter voorkoming van belastingontduiking [...] overeenkomstig de fiscale bepalingen van [...] de plaatselijk geldende belastingwetgeving".

53. Een belastingmaatregel als die in de hoofdgedingen, die volgens de door de verwijzende rechter gegeven beschrijving van de totstandkoming en de doelstelling ervan bedoeld is om buitensporige kapitaalstromen naar de Nederlandse Antillen te voorkomen en om zo te strijden tegen de aantrekkingskracht van dat LGO als belastingparadijs, valt onder de hierboven aangehaalde fiscale uitzonderingsclausule en blijft bijgevolg buiten de werkingssfeer van artikel 47, lid 1, van het LGO-besluit, op voorwaarde dat daarmee deze doelstelling daadwerkelijk en evenredig wordt nagestreefd, hetgeen ter beoordeling van de verwijzende rechter staat.

54. Gelet op het bovenstaande dient op de eerste prejudiciële vraag te worden geantwoord, zonder dat behoeft te worden onderzocht in welke mate de Unierechtelijke regels betreffende de verhoudingen tussen de Unie en de LGO van toepassing zijn op een lidstaat en zijn eigen LGO, dat het recht van de Unie aldus moet worden uitgelegd dat het zich niet verzet tegen een belastingmaatregel van een lidstaat waardoor het kapitaalverkeer tussen deze lidstaat en zijn eigen LGO wordt beperkt, in zoverre daarmee de doelstelling van bestrijding van belastingontduiking daadwerkelijk en evenredig wordt nagestreefd.

Tweede vraag

55. Gezien het antwoord op de eerste vraag hoeft de tweede vraag niet te worden beantwoord.

Kosten

56. . .

Het Hof (Derde kamer)

verklaart voor recht:

Het recht van de Unie moet aldus worden uitgelegd dat het zich niet verzet tegen een belastingmaatregel van een lidstaat waardoor het kapitaalverkeer tussen deze lidstaat en zijn eigen land en gebied overzee wordt beperkt, in zoverre daarmee de doelstelling van bestrijding van belastingontduiking daadwerkelijk en evenredig wordt nagestreefd.

HvJ EG 12 juni 2014, gevoegde zaken C-39/13, C-40/13 en C-41/13 (Inspecteur van de Belastingdienst/Noord/kantoor Groningen v. SCA Group Holding BV [C-39/13], X AG, X1 Holding GmbH, X2 Holding GmbH, X3 Holding GmbH, D1 BV, D2 BV, D3 BV v. Inspecteur van de Belastingdienst Amsterdam [C-40/13], en Inspecteur van de Belastingdienst Holland-Noord/kantoor Zaandam v. MSA International Holdings BV, MSA Nederland BV [C-41/13])

Tweede kamer: *R. Silva de Lapuerta, kamerpresident, J. L. da Cruz Vilaça, G. Arestis, J.-C. Bonichot (rapporteur) en A. Arabadjiev, rechters*

Advocaat-generaal: *J. Kokott*

1. De verzoeken om een prejudiciële beslissing betreffen de artikelen 49 VWEU en 54 VWEU.

2. Deze verzoeken zijn ingediend in het kader van drie gedingen tussen, ten eerste, de Inspecteur van de Belastingdienst/ Noord/kantoor Groningen en SCA Group Holding BV (hierna: „SCA"), ten tweede, X AG (hierna: „X"), X1 Holding GmbH, X2 Holding GmbH, X3 Holding GmbH (hierna: „X3"), D1 BV (hierna: „D1"), D2 BV (hierna: „D2"), D3 BV en de Inspecteur van de Belastingdienst Amsterdam, en, ten derde, de Inspecteur van de Belastingdienst Holland-Noord/kantoor Zaandam en MSA International Holdings BV (hierna: „MSA") en MSA Nederland BV, over de vorming van fiscale eenheden.

Toepasselijke bepalingen van Nederlands recht

3. Artikel 13, lid 1, van de Wet op de vennootschapsbelasting 1969 luidt:

„Bij het bepalen van de winst blijven buiten aanmerking de voordelen uit hoofde van een deelneming, alsmede de kosten ter zake van de verwerving of de vervreemding van die deelneming (deelnemingsvrijstelling)".

4. Artikel 15 van deze wet bepaalt:

„1. Ingeval een belastingplichtige (moedermaatschappij) de juridische en economische eigendom bezit van ten minste 95 percent van de aandelen in het nominaal gestorte kapitaal van een andere belastingplichtige (dochtermaatschappij) wordt op verzoek van beide belastingplichtigen de belasting van hen geheven alsof er één belastingplichtige is, in die zin dat de werkzaamheden en het vermogen van de dochtermaatschappij deel uitmaken van de werkzaamheden en het vermogen van de moedermaatschappij. De belasting wordt geheven bij de moedermaatschappij. De belastingplichtigen tezamen worden in dat geval aangemerkt als fiscale eenheid. Van een fiscale eenheid kan meer dan één dochtermaatschappij deel uitmaken. [...]
3. Het eerste lid vindt slechts toepassing indien:
[...]
b. op het bepalen van de winst bij beide belastingplichtigen dezelfde bepalingen van toepassing zijn;
c. beide belastingplichtigen in Nederland zijn gevestigd en ingeval op een belastingplichtige de Belastingregeling voor het Koninkrijk dan wel een verdrag ter voorkoming van dubbele belasting van toepassing is, die belastingplichtige tevens volgens die regeling onderscheidenlijk dat verdrag geacht wordt in Nederland te zijn gevestigd [...];
[...]
4. Bij algemene maatregel van bestuur kunnen regels worden gegeven volgens welke belastingplichtigen bij wie voor het bepalen van de winst niet dezelfde bepalingen van toepassing zijn, in afwijking van het derde lid, onderdeel b, tezamen toch een fiscale eenheid kunnen vormen. Voorts kan, in afwijking van het derde lid, onderdeel c, een belastingplichtige die op grond van de nationale wet of op grond van de Belastingregeling voor het Koninkrijk dan wel een verdrag ter voorkoming van dubbele belasting niet in Nederland is gevestigd maar wel een onderneming drijft met behulp van een in Nederland aanwezige vaste inrichting, onder bij algemene maatregel van bestuur te stellen voorwaarden, deel uitmaken van een fiscale eenheid voor zover het heffingsrecht over de uit die onderneming genoten winst ingevolge de Belastingregeling voor het Koninkrijk dan wel een verdrag ter voorkoming van dubbele belasting aan Nederland is toegewezen indien:
a. de plaats van de werkelijke leiding van deze belastingplichtige is gelegen in de Nederlandse Antillen, Aruba, een lidstaat van de Europese Unie of een staat in de relatie waarmee een met Nederland gesloten verdrag ter voorkoming van dubbele belasting van toepassing is waarin een bepaling is opgenomen die discriminatie van vaste inrichtingen verbiedt;
b. de belastingplichtige, bedoeld in onderdeel a, een naamloze vennootschap of een besloten vennootschap met beperkte aansprakelijkheid, dan wel een daarmee naar aard en inrichting vergelijkbaar lichaam is; en

c. in het geval de belastingplichtige, bedoeld in onderdeel a, als moedermaatschappij deel uitmaakt van de fiscale eenheid – het aandelenbezit, bedoeld in het eerste lid, in de dochtermaatschappij behoort tot het vermogen van de in Nederland aanwezige vaste inrichting van deze moedermaatschappij.
[...]"

Hoofdgedingen en prejudiciële vragen

Zaken C-39/13 en C-41/13

5. SCA en MSA zijn in Nederland gevestigde vennootschappen.

6. Zij bezitten in Duitsland gevestigde vennootschappen, hetzij rechtstreeks, hetzij indirect via andere vennootschappen die ook in Duitsland zijn gevestigd.

7. Laatstbedoelde vennootschappen bezitten op hun beurt in Nederland gevestigde vennootschappen.

8. SCA en MSA alsmede hun respectieve in Nederland gevestigde dochterondernemingen hebben verzocht om als twee fiscale eenheden in de zin van artikel 15 van de Wet op de vennootschapsbelasting 1969 te worden aangemerkt.

9. De Inspecteur van de Belastingdienst/Noord/kantoor Groningen en de Inspecteur van de Belastingdienst Holland-Noord/kantoor Zaandam hebben de verzoeken afgewezen op grond dat de tussenliggende vennootschappen niet in Nederland waren gevestigd en aldaar evenmin over een vaste inrichting beschikten.

10. SCA en MSA hebben zich tot de Rechtbank Haarlem gewend, die heeft geoordeeld dat deze weigering in strijd was met de vrijheid van vestiging.

11. Daarop hebben de Inspecteur van de Belastingdienst/Noord/kantoor Groningen en de Inspecteur van de Belastingdienst Holland-Noord/kantoor Zaandam hoger beroep tegen dit vonnis ingesteld bij het Gerechtshof Amsterdam.

12. Het Gerechtshof Amsterdam heeft de behandeling van de zaken geschorst en het Hof de volgende prejudiciële vragen gesteld:

In zaak C-39/13

„1. Is sprake van een beperking van de vrijheid van vestiging in de zin van artikel 43 EG juncto artikel 48 EG, doordat aan belanghebbende de toepassing van de Nederlandse regeling van de fiscale eenheid op de werkzaamheden en het vermogen van de in Nederland gevestigde (achter)kleindochtervennootschappen Alphabet Holding, HP Holding en Alpha Holding wordt onthouden?

Is, in dat kader, in het licht van de met de Nederlandse regeling van de fiscale eenheid nagestreefde doelstellingen [...], de situatie van de (achter)kleindochtervennootschappen Alphabet Holding, HP Holding en Alpha Holding objectief vergelijkbaar [...] met (i) de situatie van in Nederland gevestigde vennootschappen die (klein)dochter zijn van een in Nederland gevestigde tussenhoudstervennootschap welke niet ervoor heeft gekozen dat zij met haar in Nederland gevestigde moedervennootschap in een fiscale eenheid is gevoegd en die derhalve als kleindochtervennootschappen evenmin als Alphabet Holding, HP Holding en Alpha Holding toegang tot de regeling van de fiscale eenheid met – uitsluitend – haar grootmoedervennootschap hebben, dan wel met (ii) de situatie van in Nederland gevestigde kleindochtervennootschappen die er tezamen met haar in Nederland gevestigde moeder/ tussenhoudstervennootschap voor hebben gekozen een fiscale eenheid met hun in Nederland gevestigde (groot) moedervennootschap te vormen en wier werkzaamheden en vermogen derhalve, anders dan die van Alphabet Holding, HP Holding en Alpha Holding, fiscaal worden geconsolideerd?

2. Maakt het bij de beantwoording van vraag 1, eerste volzin, nog verschil [...] of de betrokken binnenlandse vennootschappen worden gehouden door één tussenhoudstervennootschap (op één hoger niveau van de concernstructuur) in de andere lidstaat dan wel, zoals in casu Alphabet Holding, HP Holding en Alpha Holding, door twee (of meer) – weliswaar binnen die andere lidstaat gelegen – tussenhoudster-vennootschappen (op twee of meer hogere niveaus van de concernstructuur)?

3. Indien en voor zover vraag 1, eerste volzin, bevestigend moet worden beantwoord, kan een dergelijke beperking dan worden gerechtvaardigd door dwingende redenen van algemeen belang, meer in het bijzonder door de noodzaak tot behoud van de fiscale coherentie, daaronder begrepen de voorkoming van unilaterale en van bilaterale dubbele verliesverrekening [...]?
Maakt het in dit kader nog verschil dat in het concrete geval vaststaat dat zich het gevaar van een dubbele verliesverrekening niet voordoet [...]?

4. Indien en voor zover de derde vraag bevestigend moet worden beantwoord, is een dergelijke beperking dan aan te merken als proportioneel [...]?"

In zaak C-41/13

„1. Is sprake van een beperking van de vrijheid van vestiging in de zin van artikel 43 EG juncto artikel 48 EG, doordat aan belanghebbenden de toepassing van de Nederlandse regeling van de fiscale eenheid op de werkzaamheden en het vermogen van de in Nederland gevestigde kleindochtervennootschap/belanghebbende 2 wordt onthouden?

Is, in dat kader, in het licht van de met de Nederlandse regeling van de fiscale eenheid nagestreefde doelstellingen [...], de situatie van de kleindochtervennootschap/belanghebbende 2 objectief vergelijkbaar [...] met (i) de situatie van een in Nederland gevestigde vennootschap die dochter is van een in Nederland gevestigde tussenhoudstervennootschap welke niet ervoor heeft gekozen dat zij met haar in Nederland gevestigde moedervennootschap in een fiscale eenheid is gevoegd en die derhalve als kleindochtervennootschap evenmin als belanghebbende 2 toegang tot de regeling van de fiscale eenheid met – uitsluitend – haar grootmoedervennootschap heeft, dan wel met (ii) de situatie van een in Nederland gevestigde kleindochtervennootschap die er tezamen met haar in Nederland gevestigde moeder/tussenhoudstervennootschap voor heeft gekozen een fiscale eenheid met hun in Nederland gevestigde (groot)moedervennootschap te vormen en wier werkzaamheden en vermogen derhalve, anders dan die van belanghebbende 2, fiscaal worden geconsolideerd?

2. Maakt het bij de beantwoording van vraag 1, eerste volzin, nog verschil [...] of de betrokken buitenlandse tussenhoudstervennootschap, indien zij in Nederland niet door middel van een dochtervennootschap zou opereren, maar via een vaste inrichting, wel ervoor zou hebben kunnen kiezen om – wat het vermogen en de werkzaamheden van die Nederlandse vaste inrichting betreft – met haar in Nederland gevestigde moedervennootschap een fiscale eenheid te vormen?

3. Indien en voor zover vraag 1, eerste volzin, bevestigend moet worden beantwoord, kan een dergelijke beperking dan worden gerechtvaardigd door dwingende redenen van algemeen belang, meer in het bijzonder door de noodzaak tot behoud van de fiscale coherentie, daaronder begrepen de voorkoming van unilaterale en van bilaterale dubbele verliesverrekening [...]?

4. Indien en voor zover de derde vraag bevestigend moet worden beantwoord, is een dergelijke beperking dan aan te merken als proportioneel [...]?"

Zaak C-40/13

13. X is een in Duitsland gevestigde vennootschap en bezit rechtstreeks of indirect de vennootschappen X3, D1 en D2, die in Nederland zijn gevestigd.

14. X3, D1 en D2 hebben gezamenlijk verzocht om in een fiscale eenheid te worden opgenomen.

15. De Inspecteur van de Belastingdienst Amsterdam heeft hun verzoek afgewezen op grond dat hun gemeenschappelijke moedervennootschap, X, niet in Nederland was gevestigd en evenmin aldaar over een vaste inrichting beschikte.

16. De Rechtbank Haarlem heeft hun beroep tegen deze beslissing verworpen.

17. De vennootschappen X3, D1 en D2 hebben tegen dat vonnis hoger beroep ingesteld bij het Gerechtshof Amsterdam.

18. Het Gerechtshof Amsterdam heeft de behandeling van de zaak geschorst en het Hof de volgende prejudiciële vragen gesteld:

„1. Is sprake van een beperking van de vrijheid van vestiging in de zin van artikel 43 EG juncto artikel 48 EG, doordat aan belanghebbenden de toepassing van de Nederlandse regeling van de fiscale eenheid op de werkzaamheden en het vermogen van de in Nederland gevestigde zustervennootschappen [X3], [D1] en [D2], wordt onthouden?

Is, in dat kader, in het licht van de met de Nederlandse regeling van de fiscale eenheid nagestreefde doelstellingen [...], de situatie van [X3], [D1] en [D2] objectief vergelijkbaar [...] met (i) de situatie van in Nederland gevestigde zustervennootschappen die niet ervoor gekozen hebben dat zij met hun gemeenschappelijke in Nederland gevestigde moedervennootschap(pen) in een fiscale eenheid zijn gevoegd en die derhalve als gezamenlijke zustervennootschappen evenmin als belanghebbenden toegang tot de regeling van de fiscale eenheid hebben, dan wel met (ii) de situatie van in Nederland gevestigde zustervennootschappen die er, tezamen met hun gemeenschappelijke in Nederland gevestigde moedervennootschap(pen), voor hebben gekozen een fiscale eenheid met hun moedervennootschap(pen) te vormen en wier werkzaamheden en vermogen derhalve, anders dan die van belanghebbenden, fiscaal worden geconsolideerd?

2. Maakt het bij de beantwoording van vraag 1, eerste volzin, nog verschil [...] of de betrokken vennootschappen (i), zoals in casu [D1] en [D2], een gemeenschappelijke (rechtstreekse) moedervennootschap hebben in de andere lidstaat dan wel (ii), zoals in casu enerzijds [X3], anderzijds [D1] en [D2], verschillende (rechtstreekse) moedervennootschappen hebben in de andere lidstaat zodat pas op een hoger – weliswaar

binnen die andere lidstaat gelegen – niveau van de concernstructuur sprake is van een gemeenschappelijke (middellijke) moedervennootschap van die onderscheiden vennootschappen?

3. Indien en voor zover vraag 1, eerste volzin, bevestigend moet worden beantwoord, kan een dergelijke beperking dan worden gerechtvaardigd door dwingende redenen van algemeen belang, meer in het bijzonder door de noodzaak tot behoud van de fiscale coherentie, daaronder begrepen de voorkoming van unilaterale en van bilaterale dubbele verliesverrekening [...]?

4. Indien en voor zover de derde vraag bevestigend moet worden beantwoord, is een dergelijke beperking dan aan te merken als proportioneel [...]?"

Beantwoording van de prejudiciële vragen

Vragen in de zaken C-39/13 en C-41/13

19. Met zijn vragen, die samen dienen te worden onderzocht, wenst de verwijzende rechter in wezen te vernemen of de artikelen 49 VWEU en 54 VWEU aldus moeten worden uitgelegd dat zij zich verzetten tegen een wettelijke regeling van een lidstaat volgens welke een ingezeten moedervennootschap een fiscale eenheid met een ingezeten kleindochteronderneming kan vormen wanneer zij deze kleindochter bezit via een of meer ingezeten vennootschappen, doch niet wanneer zij deze kleindochter bezit via niet-ingezeten vennootschappen zonder vaste inrichting in deze lidstaat.

Bestaan van een beperking

20. De door artikel 49 VWEU aan de onderdanen van de Unie toegekende vrijheid van vestiging omvat voor hen de toegang tot en de uitoefening van werkzaamheden anders dan in loondienst alsmede de oprichting en het bestuur van ondernemingen onder dezelfde voorwaarden als in de wetgeving van de lidstaat van vestiging voor de eigen onderdanen zijn vastgesteld. Zij brengt ingevolge artikel 54 VWEU voor de vennootschappen die in overeenstemming met de wetgeving van een lidstaat zijn opgericht en die hun statutaire zetel, hun hoofdbestuur of hun hoofdvestiging binnen de Unie hebben, het recht mee om in de betrokken lidstaat hun bedrijfsactiviteit uit te oefenen door middel van een dochteronderneming, een filiaal of een agentschap (arrest Felixstowe Dock and Railway Company e.a., C-80/12, EU:C:2014:200, punt 17 en aldaar aangehaalde rechtspraak).

21. De mogelijkheid die het Nederlandse recht aan ingezeten moedervennootschappen en hun ingezeten dochterondernemingen biedt om te worden belast alsof er één belastingplichtige is, dat wil zeggen om aan een fiscale integratieregeling te worden onderworpen, vormt in dit opzicht voor de betrokken vennootschappen een cashflowvoordeel. Op basis van deze regeling is het met name mogelijk om de winst en het verlies van de in de fiscale eenheid opgenomen vennootschappen te consolideren op het niveau van de moedervennootschap en om intragroepstransacties fiscaal neutraal te houden (zie arrest X Holding, C-337/08, EU:C:2010:89, punt 18).

22. Naar Nederlands recht kunnen ook ingezeten moedervennootschappen die met hun kleindochterondernemingen als één belastingplichtige wensen te worden belast, de regeling van de fiscale eenheid en de daaruit voortvloeiende voordelen genieten, doch op voorwaarde dat de tussenliggende dochterondernemingen zelf ingezetenen van Nederland zijn of aldaar over een vaste inrichting beschikken.

23. Deze voorwaarde komt erop neer dat ingezeten moedervennootschappen die ingezeten kleindochterondernemingen bezitten via ingezeten tussenliggende dochterondernemingen, anders worden behandeld dan ingezeten moedervennootschappen die ingezeten kleindochterondernemingen bezitten via niet-ingezeten dochterondernemingen.

24. De in de hoofdgedingen aan de orde zijnde wettelijke regeling roept dus een verschil in behandeling in het leven op het vlak van de mogelijkheid om voor de regeling van de fiscale eenheid te kiezen, naargelang de moedervennootschap haar indirecte participaties via een in Nederland of een andere lidstaat ingezeten dochteronderneming aanhoudt (zie naar analogie arrest Papillon, C-418/07, EU:C:2008:659, punt 22).

25. Anders dan een aantal partijen stellen, is het in dit opzicht van geen belang dat zelfs in een zuiver binnenlandse situatie een moedervennootschap geen fiscale eenheid met haar kleindochterondernemingen kan vormen zonder ook de tussenliggende dochteronderneming in deze eenheid op te nemen. Hoewel een Nederlandse moedervennootschap die via een niet-ingezeten dochteronderneming Nederlandse kleindochterondernemingen bezit, in geen geval een fiscale eenheid met deze kleindochterondernemingen kan vormen, staat de mogelijkheid van fiscale integratie immers daarentegen wel open voor een Nederlandse moedervennootschap die Nederlandse kleindochterondernemingen bezit via een ingezeten dochteronderneming.

26. Een soortgelijk verschil in behandeling bestaat wanneer – zoals het geval is in zaak C-39/13 – niet ingezeten kleindochterondernemingen in geding zijn, maar ingezeten achterkleindochterondernemingen die niet in de fiscale eenheid met de ingezeten moedervennootschap kunnen worden opgenomen omdat zowel de tussenliggende dochteronderneming als de tussenliggende kleindochteronderneming in een andere lidstaat is gevestigd.

27. Doordat zij op het vlak van de belastingen grensoverschrijdende situaties ten opzichte van binnenlandse situaties benadelen, leveren de in de hoofdgedingen aan de orde zijnde bepalingen van de Wet op de vennootschapsbelasting 1969 dus een beperking op die in beginsel verboden is op grond van de bepalingen van het VWEU inzake de vrijheid van vestiging (arrest Papillon, EU:C:2008:659, punt 32).

Rechtvaardiging van de beperking

28. Een dergelijk verschil in behandeling is slechts verenigbaar met de Verdragsbepalingen inzake de vrijheid van vestiging indien het betrekking heeft op situaties die niet objectief vergelijkbaar zijn, waarbij de vergelijkbaarheid van een grensoverschrijdende situatie met een binnenlandse situatie moet worden onderzocht op basis van het door de betrokken nationale bepalingen nagestreefde doel, of wordt gerechtvaardigd door een dwingende reden van algemeen belang (zie in die zin arrest Felixstowe Dock and Railway Company e.a., EU:C:2014:200, punt 25 en aldaar aangehaalde rechtspraak).

29. Met betrekking tot de vergelijkbaarheid zij opgemerkt dat de in de hoofdgedingen aan de orde zijnde bepalingen van de Wet op de vennootschapsbelasting 1969 ertoe strekken, een groep bestaande uit een moedervennootschap met haar dochterondernemingen en kleindochterondernemingen zo veel mogelijk gelijk te stellen met een onderneming met verschillende vestigingen, door een fiscale consolidatie van de resultaten van al deze vennootschappen mogelijk te maken.

30. Die doelstelling kan zowel worden bereikt in de situatie van een in een lidstaat ingezeten moedervennootschap die ook in die lidstaat ingezeten kleindochtervennootschappen via een eveneens ingezeten dochtervennootschap houdt, als in de situatie van een in diezelfde lidstaat ingezeten moedervennootschap die daar eveneens ingezeten kleindochtervennootschappen houdt, maar via een in een andere lidstaat gevestigde dochtervennootschap (zie in die zin arrest Papillon, EU: C:2008:659, punt 29).

31. Bijgevolg zijn deze twee situaties objectief vergelijkbaar voor zover het in beide gevallen de bedoeling is voor het geheel van de moedervennootschap en de kleindochterondernemingen de voordelen van de regeling van de fiscale eenheid te verkrijgen.

32. De verwijzende rechter vraagt zich af of de beperking kan worden gerechtvaardigd door de dwingende reden van algemeen belang die verband houdt met de samenhang van het Nederlandse belastingstelsel, daaronder begrepen de voorkoming van dubbele verliesverrekening.

33. In dit verband zij eraan herinnerd dat volgens de rechtspraak van het Hof de noodzaak tot behoud van de samenhang van een belastingstelsel een beperking van de uitoefening van de door het Verdrag gewaarborgde fundamentele vrijheden kan rechtvaardigen. Een dergelijke rechtvaardiging kan echter slechts worden aanvaard indien vaststaat dat er een rechtstreeks verband bestaat tussen de toekenning van het betrokken belastingvoordeel en de compensatie van dat voordeel door een bepaalde belastingheffing (zie met name arrest Welte, C-181/12, EU:C:2013:662, punt 59 en aldaar aangehaalde rechtspraak).

34. In de zaak die heeft geleid tot het arrest Papillon (EU:C:2008:659) heeft het Hof weliswaar erkend dat in beginsel een dergelijk rechtstreeks verband bestaat tussen enerzijds de mogelijkheid van verliesoverdracht tussen de vennootschappen van een groep en anderzijds het neutraliseren van bepaalde transacties tussen deze vennootschappen, zoals voorzieningen voor dubieuze debiteuren of voor risico's, afstand van schuldvorderingen, subsidies, voorzieningen voor waardevermindering van participaties en overdracht van vaste activa. In dat arrest heeft het Hof zich gebaseerd op het feit dat de neutralisering van deze intragroepstransacties strekte tot voorkoming, binnen de belastingregeling van de in die zaak betrokken lidstaat, van dubbele verliesverrekening bij ingezeten vennootschappen die onder de fiscale integratieregeling vallen, en aldus tot behoud van de samenhang van dat belastingstelsel (arrest Papillon, EU:C:2008:659, punten 6 en 43-50).

35. Zo volgens de wettelijke regeling van de lidstaat die betrokken was in de zaak die heeft geleid tot het arrest Papillon (EU:C:2008:659), het voordeel van de fiscale integratie zou zijn toegekend in een constellatie waarin de tussenliggende vennootschap geen ingezetene was, dan zou het immers mogelijk zijn geweest om een verlies van een ingezeten kleindochteronderneming een eerste maal bij de ingezeten moedervennootschap te verrekenen als gevolg van de fiscale integratie, en een tweede maal bij de niet-ingezeten tussenliggende dochteronderneming, als gevolg van de waardevermindering die wegens datzelfde verlies kon worden geboekt op haar participaties in of haar schuldvorderingen jegens de kleindochteronderneming. Deze waardevermindering zou niet zijn geneutraliseerd aangezien de neutralisatie niet kon worden toegepast op de niet-ingezeten tussenliggende vennootschap.

36. Er bestaat evenwel een duidelijk onderscheid tussen het rechtskader van dat precedent en het rechtskader van de hoofdgedingen.

37. Artikel 13 van de Wet op de vennootschapsbelasting 1969 stelt immers als algemene regel dat een „deelnemingsvrijstelling" geldt voor kapitaalparticipaties van meer dan 5 %. Deze regel geldt voor alle fiscale eenheden daar voor de vorming van een fiscale eenheid een kapitaalparticipatie van ten minste 95 % vereist is.

38. Wegens de deelnemingsvrijstelling wordt bij de bepaling van de belastbare winst van een fiscale eenheid geen rekening gehouden met de winst of het verlies uit het bezit, de verwerving of de vervreemding van een participatie. Het is dus middels deze algemene vrijstellingsregel – en niet via bijzondere bepalingen tot neutralisatie van bepaalde transacties, zoals in de regeling waarover het ging in de zaak die heeft geleid tot het arrest Papillon – dat in het Nederlandse belastingstelsel wordt beoogd, dubbele verliesverrekening binnen een fiscale eenheid te voorkomen.

39. Zoals de Nederlandse regering ter terechtzitting heeft erkend, is de regeling van de deelnemingsvrijstelling dus zo opgevat dat een ingezeten moedervennootschap nooit een verlies uit een deelneming in een van haar dochterondernemingen kan verrekenen, ook al is deze dochteronderneming in een andere lidstaat gevestigd.

40. Er kan dus geen rechtstreeks verband worden gelegd tussen de toekenning van het belastingvoordeel als gevolg van de vorming van een fiscale eenheid en de compensatie van dat voordeel door een bepaalde belastingheffing.

41. De uit de nationale wettelijke regeling voortvloeiende beperking van de vrijheid van vestiging kan bijgevolg niet worden gerechtvaardigd door een dwingende reden van algemeen belang die verband houdt met het behoud van de samenhang van het belastingstelsel.

42. Zo de Nederlandse regering de in de hoofdgedingen aan de orde zijnde beperking had willen rechtvaardigen op grond van het gevaar voor belastingontwijking, dan kan deze rechtvaardigingsgrond volgens vaste rechtspraak overigens op zich niet volstaan als autonome rechtvaardigingsgrond voor een fiscale beperking van de vrijheid van vestiging tenzij hij verband houdt met het specifieke doel, gedragingen te verhinderen die erin bestaan volstrekt kunstmatige constructies op te zetten die geen verband houden met de economische realiteit en bedoeld zijn om de normaal verschuldigde belasting te ontwijken (zie in die zin met name arresten ICI, C-264/96, EU:C:1998:370, punt 26, en Cadbury Schweppes en Cadbury Schweppes Overseas, C-196/04, EU:C:2006:544, punt 55). Dat is echter kennelijk niet de doelstelling van deze in de regeling van de fiscale eenheid vervatte beperking.

43. Uit het voorgaande volgt dat de artikelen 49 VWEU en 54 VWEU aldus moeten worden uitgelegd dat zij zich verzetten tegen een wettelijke regeling van een lidstaat volgens welke een ingezeten moedervennootschap een fiscale eenheid met een ingezeten kleindochteronderneming kan vormen wanneer zij deze kleindochter bezit via een of meer ingezeten vennootschappen, doch niet wanneer zij deze kleindochter bezit via niet-ingezeten vennootschappen zonder vaste inrichting in deze lidstaat.

Vragen in zaak C-40/13

44. Met zijn vragen, die samen dienen te worden onderzocht, wenst de verwijzende rechter in wezen te vernemen of de artikelen 49 VWEU en 54 VWEU aldus moeten worden uitgelegd dat zij zich verzetten tegen een wettelijke regeling van een lidstaat volgens welke toepassing van de regeling van de fiscale eenheid wordt toegekend aan een ingezeten moedervennootschap met ingezeten dochterondernemingen, maar toepassing van deze regeling wordt onthouden aan ingezeten zustervennootschappen waarvan de gemeenschappelijke moedervennootschap niet in deze lidstaat is gevestigd en aldaar niet over een vaste inrichting beschikt.

Bestaan van een beperking

45. Met betrekking tot vennootschappen zij eraan herinnerd dat hun zetel in de zin van artikel 54 VWEU net als de nationaliteit van natuurlijke personen dient ter bepaling van hun binding aan de rechtsorde van een lidstaat. Zou de lidstaat van vestiging vrijelijk een andere behandeling mogen toepassen, enkel omdat de zetel van de vennootschap in een andere lidstaat is gevestigd, dan zou daarmee aan artikel 49 VWEU iedere inhoud worden ontnomen. De vrijheid van vestiging beoogt immers het voordeel van de nationale behandeling in de lidstaat van ontvangst te garanderen, door elke discriminatie op grond van de plaats van de zetel van vennootschappen te verbieden (zie arresten Test Claimants in Class IV of the ACT Group Litigation, C-374/04, EU:C:2006:773, punt 43; Denkavit Internationaal en Denkavit France, C-170/05, EU: C:2006:783, punt 22, en Burda, C-284/06, EU:C:2008:365, punt 77).

46. Een regeling van fiscale eenheid als die in het hoofdgeding vormt voor de betrokken vennootschappen een fiscaal voordeel. Doordat het verlies van de verliesgevende vennootschappen sneller wordt aangezuiverd wanneer het onmiddellijk wordt verrekend met winst van andere vennootschappen van de groep, is dit voor de vennootschapsgroep een cashflowvoordeel (arrest Marks & Spencer, EU:C:2005:763, punt 32).

47. De in het hoofdgeding aan de orde zijnde wettelijke regeling roept dus een verschil in behandeling in het leven tussen, enerzijds, moedervennootschappen met zetel in Nederland die dankzij de regeling van de fiscale eenheid bij de bepaling van hun belastbare winst met name onmiddellijk het verlies van hun verliesgevende dochterondernemingen kunnen verrekenen met de winst van hun winstgevende dochterondernemingen, en, anderzijds, moedervennootschappen die tevens dochterondernemingen in Nederland bezitten maar in een andere

lidstaat gevestigd zijn en in Nederland niet over een vaste inrichting beschikken, en die van de regeling van de fiscale eenheid en dus van het daaruit voortvloeiende cashflowvoordeel zijn uitgesloten.

48. Doordat zij op het vlak van de belastingen grensoverschrijdende situaties ten opzichte van zuiver binnenlandse situaties benadelen, leveren de in het hoofdgeding aan de orde zijnde bepalingen van de Wet op de vennootschapsbelasting 1969 dus een beperking op die in beginsel verboden is op grond van de bepalingen van het Verdrag inzake de vrijheid van vestiging (arrest Papillon, EU:C:2008:659, punt 32).

49. Aan het bestaan van deze beperking wordt niet afgedaan door de omstandigheid dat de gemeenschappelijke moedervennootschap van de te consolideren dochterondernemingen op een hoger niveau van de concernstructuur te vinden is, aangezien de tussenliggende vennootschappen, die niet in Nederland zijn gevestigd en aldaar niet over een vaste inrichting beschikken, niet zelf deel van een fiscale eenheid kunnen uitmaken, zoals blijkt uit punt 4 van het onderhavige arrest.

Rechtvaardiging van de beperking

50. Met betrekking tot de vergelijkbaarheid, in de zin van de in punt 28 van dit arrest aangehaalde rechtspraak, stelt de Duitse regering dat de Nederlandse regeling van de fiscale eenheid alle groepsresultaten beoogt te consolideren bij de moedervennootschap die de schakel vormt, zodat de situatie van een groep waarvan de moedervennootschap in Nederland gevestigd is, niet vergelijkbaar is met de situatie van een groep waarvan de moedervennootschap in een andere lidstaat gevestigd is.

51. De doelstelling van de in het hoofdgeding aan de orde zijnde regeling van de fiscale eenheid, die erin bestaat het mogelijk te maken dat vennootschappen van een zelfde groep fiscaal worden behandeld alsof zij slechts één en dezelfde belastingplichtige vormen, kan even goed worden bereikt door een groep waarvan de moedervennootschap ingezetene is als door een groep waarvan de moedervennootschap niet-ingezetene is, althans wat betreft de belasting van uitsluitend de in Nederland belastingplichtige zustervennootschappen. Zoals de advocaat-generaal in punt 86 van haar conclusie heeft opgemerkt, maakt de Wet op de vennootschapsbelasting 1969 voor een groep waarvan de moedervennootschap ingezetene is, een fiscale consolidatie van de dochterondernemingen mogelijk.

52. Het verschil in behandeling op het vlak van de mogelijkheid om zustervennootschappen fiscaal te integreren wordt dus niet gerechtvaardigd door een objectief situatieverschil.

53. Evenmin wordt dat verschil gerechtvaardigd door de door de verwijzende rechter ter sprake gebrachte dwingende reden van algemeen belang die verband houdt met het behoud van de samenhang van het belastingstelsel, daaronder begrepen de voorkoming van dubbele verliesverrekening.

54. Uit de verwijzingsbeslissing noch uit de bij het Hof ingediende opmerkingen blijkt, en evenmin is ter terechtzitting verklaard, dat met de toekenning van het voordeel van de fiscale eenheid aan zustervennootschappen enig rechtstreeks verband tussen dat belastingvoordeel en een bepaalde belastingheffing in de zin van de in de punten 34 en 35 van dit arrest aangehaalde rechtspraak zou worden verbroken.

55. Zoals het Hof in punt 42 van dit arrest eraan heeft herinnerd, kan de dwingende reden van algemeen belang die verband houdt met de voorkoming van het gevaar van belastingontwijking bovendien niet als autonome rechtvaardigingsgrond worden aangevoerd.

56. Uit het voorgaande volgt dat de artikelen 49 VWEU en 54 VWEU aldus moeten worden uitgelegd dat zij zich verzetten tegen een wettelijke regeling van een lidstaat volgens welke toepassing van de regeling van de fiscale eenheid wordt toegekend aan een ingezeten moedervennootschap met ingezeten dochterondernemingen, maar toepassing van deze regeling wordt onthouden aan ingezeten zustervennootschappen waarvan de gemeenschappelijke moedervennootschap niet in deze lidstaat is gevestigd en aldaar niet over een vaste inrichting beschikt.

Kosten

57. Ten aanzien van de partijen in de hoofdgedingen is de procedure als een aldaar gerezen incident te beschouwen, zodat de nationale rechterlijke instantie over de kosten heeft te beslissen. De door anderen wegens indiening van hun opmerkingen bij het Hof gemaakte kosten komen niet voor vergoeding in aanmerking.

Het Hof (Tweede kamer)

verklaart voor recht:

1. In de zaken C-39/13 en C-41/13 moeten de artikelen 49 VWEU en 54 VWEU aldus worden uitgelegd dat zij zich verzetten tegen een wettelijke regeling van een lidstaat volgens welke een ingezeten moedervennootschap een fiscale eenheid met een ingezeten kleindochteronderneming kan vormen wanneer zij deze kleindochter bezit via een of meer ingezeten vennootschappen, doch niet wanneer zij deze kleindochter bezit via niet-ingezeten vennootschappen zonder vaste inrichting in deze lidstaat.

2. In zaak C-40/13 moeten de artikelen 49 VWEU en 54 VWEU aldus worden uitgelegd dat zij zich verzetten tegen een wettelijke regeling van een lidstaat volgens welke toepassing van de regeling van de fiscale eenheid wordt toegekend aan een ingezeten moedervennootschap met ingezeten dochterondernemingen, maar toepassing van deze regeling wordt onthouden aan ingezeten zustervennootschappen waarvan de gemeenschappelijke moedervennootschap niet in deze lidstaat is gevestigd en aldaar niet over een vaste inrichting beschikt.

HvJ EG 19 juni 2014, zaken C-53/13 en C-80/13 (Strojírny Prostějov, a.s. [C-53/13], ACO Industries Tábor s.r.o. [C-80/13] v. Odvolací finanční ředitelství)

Eerste kamer: *A. Tizzano (rapporteur), kamerpresident, A. Borg Barthet, E. Levits, M. Berger en F. Biltgen, rechters*
Advocaat-generaal: *M. Wathelet*

Het Hof (Eerste kamer)

verklaart voor recht:

Artikel 56 VWEU verzet zich tegen een regeling als die in de hoofdgedingen, volgens welke in een lidstaat gevestigde vennootschappen die gebruikmaken van werknemers die in dienst zijn van en ter beschikking worden gesteld door uitzendbureaus die in een andere lidstaat zijn gevestigd, maar in de eerste staat activiteiten ontplooien via een vestiging aldaar, een vooruitbetaling op de door die werknemers verschuldigde inkomstenbelasting aan de bron dienen in te houden en aan de eerste staat dienen af te dragen, terwijl deze verplichting niet geldt voor in de eerste staat gevestigde vennootschappen die gebruikmaken van de diensten van aldaar gevestigde uitzendbureaus.

HvJ EG 17 juli 2014, zaak C-48/13 (Nordea Bank Danmark A/S v. Skatteministeriet)

Grote kamer: *V. Skouris, president, K. Lenaerts, vicepresident, A. Tizzano, R. Silva de Lapuerta, M. Ilešič, E. Juhász en A. Borg Barthet, kamerpresidenten, A. Rosas, J. Malenovský, J.-C. Bonichot (rapporteur), C. Vajda, S. Rodin en F. Biltgen, rechters*

Advocaat-generaal: *J. Kokott*

1. Het verzoek om een prejudiciële beslissing betreft de uitlegging van de artikelen 49 VWEU en 54 VWUE en van de artikelen 31 en 34 van de Overeenkomst betreffende de Europese Economische Ruimte van 2 mei 1992 (*PB* 1994, L 1, blz. 3; hierna: „EER-Overeenkomst"), betreffende de vrijheid van vestiging.

2. Dit verzoek is ingediend in het kader van een procedure die Nordea Bank Danmark A/S (hierna: „Nordea Bank"), vennootschap naar Deens recht, heeft ingeleid tegen de beslissingen van Skatteministeriet om verliezen die eerder in aftrek waren gebracht voor sommige van haar vaste inrichtingen in het buitenland opnieuw in haar heffingsgrondslag op te nemen (hierna ook: „inhaal" of „bijtelling").

Toepasselijke bepalingen

Internationaal recht

3. Artikel 7, lid 1, van het Verdrag van de Noordse Staten tot het vermijden van dubbele belasting naar het inkomen en het vermogen, gesloten te Helsinki op 23 september 1996 (SopS 26/1997; hierna: „Noords Verdrag") bepaalt:

> „Winst van een onderneming van een verdragsluitende staat is slechts in die staat belastbaar, tenzij de onderneming in de andere verdragsluitende staat haar bedrijf uitoefent met behulp van een aldaar gevestigde vaste inrichting. Indien de onderneming aldus haar bedrijf uitoefent, mag de winst van de onderneming in de andere staat worden belast, maar slechts in zoverre als zij aan die vaste inrichting kan worden toegerekend".

4. Krachtens artikel 25 van dat verdrag hebben de verdragsluitende staten ervoor gekozen om de dubbele belasting van de vaste inrichtingen op te heffen door middel van de zogeheten „verrekeningstechniek". Daartoe kent de staat waar de onderneming is gevestigd een vermindering toe van een bedrag dat gelijk is aan de in de bronstaat betaalde inkomstenbelasting.

Deens recht

5. Volgens de in het hoofdgeding toepasselijke Deense wetgeving verrekenden ingezeten vennootschappen om hun belastbare inkomen te bepalen doorlopend de winsten en verliezen van hun in het buitenland gevestigde vaste inrichtingen.

6. Ingeval het bedrijf van een vaste inrichting geheel of gedeeltelijk wordt overgedragen aan een derde of aan een andere vennootschap van hetzelfde concern, werd een Deense vennootschap belast rekening houdend met de meer- of minderwaarde die werd gerealiseerd op alle activa van het overgedragen bedrijf, daaronder begrepen de immateriële activa die niet in de balans zijn opgenomen.

7. Hiertoe moesten de overgedragen activa tegen hun marktwaarde worden gewaardeerd, overeenkomstig § 2 van de lov om påligningen af indkomstskat til staten (ligningsloven) (Deense wet houdende vaststelling van de staatsinkomstenbelasting; hierna: „ligningslov"), die in de op het hoofdgeding toepasselijke versie bepaalde:

> „Belastingbetalers die
> 1. worden gecontroleerd door natuurlijke personen of rechtspersonen,
> 2. rechtspersonen controleren,
> 3. verbonden zijn met een rechtspersoon,
> 4. een vaste inrichting buiten Denemarken hebben, of
> 5. niet-ingezeten natuurlijke personen of rechtspersonen met een vaste inrichting in Denemarken zijn,
> moeten bij de berekening van hun belastbaar inkomen prijzen en voorwaarden voor commerciële of economische transacties met voormelde natuurlijke personen of rechtspersonen en vaste inrichtingen (gecontroleerde transacties) toepassen in overeenstemming met wat verkregen had kunnen zijn indien de transacties hadden plaatsgevonden tussen niet-verbonden partijen".

8. De in het hoofdgeding toepasselijke versie van § 33 D, lid 5, van de ligningslov, luidde als volgt:

> „Wanneer een vaste inrichting die buiten Denemarken of op de Faeröer of Groenland is gelegen, geheel of gedeeltelijk wordt overgedragen aan een verbonden vennootschap [...] worden in aftrek gebrachte verliezen

die niet zijn gecompenseerd door winst in latere jaren, in aanmerking genomen bij de berekening van het belastbare inkomen. Dit is het geval ongeacht welke verminderingsmethode wordt gebruikt. […]"

Hoofdgeding en prejudiciële vraag

9. Nordea Bank heeft haar zetel in Denemarken.

10. Tussen 1996 en 2000 heeft zij in Finland, Zweden en Noorwegen retailbankingactiviteiten uitgeoefend via verlieslatende vaste inrichtingen, en de betrokken verliezen dus rechtmatig afgetrokken van haar belastbare inkomen in Denemarken.

11. In 2000 zijn de activiteiten van deze vaste inrichtingen geherstructureerd: hun kantoren zijn gesloten, aan hun klanten werd de mogelijkheid geboden om hun rekeningen onder identieke voorwaarden te behouden bij de dochterondernemingen van Nordea Bank in dezelfde staten, en de helft van hun personeel is aangeworven door deze dochterondernemingen of door andere lokale vennootschappen van dit concern.

12. Volgens de door partijen in het hoofdgeding niet betwiste uiteenzetting van de verwijzende rechter kwam deze transactie neer op een gedeeltelijke overdracht van activiteiten waarop het Koninkrijk Denemarken zijn heffingsbevoegdheid uitoefende, aan vennootschappen van hetzelfde concern waarop het deze bevoegdheid niet uitoefende.

13. Overeenkomstig § 33 D, lid 5, van de ligningslov, heeft Skatteministeriet de voor de overgedragen activiteiten eerder afgetrokken verliezen die niet waren gecompenseerd door winst in latere jaren, opnieuw opgenomen in de belastbare winst van Nordea Bank.

14. Van mening dat deze bijtelling strijdig was met de vrijheid van vestiging, heeft Nordea Bank bezwaar aangetekend bij Landsskatteretten (Deense nationale belastingcommissie), en is zij vervolgens tegen de verwerping van dit bezwaar opgekomen bij het éstre Landsret.

15. Daarop heeft het éstre Landsret de behandeling van de zaak geschorst en het Hof verzocht om een prejudiciële beslissing over de volgende vraag:

„Moeten artikel 49 VWEU juncto artikel 54 VWEU (voorheen artikel 43 EG juncto artikel 48 EG) en artikel 31 van de EER-Overeenkomst juncto artikel 34 van deze Overeenkomst aldus worden uitgelegd dat zij eraan in de weg staan dat een lidstaat die toestaat dat een ingezeten vennootschap verliezen van een in een andere lidstaat gelegen vaste inrichting doorlopend in aftrek brengt, over de volledige verliezen van de vaste inrichting (voor zover zij niet zijn gecompenseerd door winst in latere jaren) een naheffing oplegt aan deze vennootschap ingeval de vaste inrichting wordt gestaakt en in verband daarmee een deel van de onderneming van de inrichting wordt overgedragen aan een verbonden vennootschap die in dezelfde staat is gevestigd als de vaste inrichting, en wanneer moet worden aangenomen dat de mogelijkheden om de betrokken verliezen te verrekenen zijn uitgeput?"

Beantwoording van de prejudiciële vraag

16. Met zijn vraag wenst de verwijzende rechter in wezen te vernemen of de artikelen 49 VWEU en 54 VWEU, alsook de artikelen 31 en 34 van de EER-Overeenkomst in de weg staan aan een wettelijke regeling van een lidstaat, volgens welke ingeval een ingezeten vennootschap een in een andere lidstaat of in een andere staat die partij is bij de EER-Overeenkomst gelegen vaste inrichting overdraagt aan een niet-ingezeten vennootschap van hetzelfde concern, de voor de overgedragen inrichting eerder afgetrokken verliezen opnieuw worden opgenomen in de belastbare winst van de overdragende vennootschap.

17. De door artikel 49 VWEU aan de onderdanen van de Europese Unie toegekende vrijheid van vestiging omvat voor hen de toegang tot de uitoefening van werkzaamheden anders dan in loondienst alsmede de oprichting en het bestuur van ondernemingen onder dezelfde voorwaarden als in de wetgeving van de lidstaat van vestiging voor de eigen onderdanen zijn vastgesteld. Zij brengt overeenkomstig artikel 54 VWEU voor de vennootschappen die in overeenstemming met de wetgeving van een lidstaat zijn opgericht en die hun statutaire zetel, hun hoofdbestuur of hun hoofdvestiging binnen de Unie hebben, het recht mee om in de betrokken lidstaat hun bedrijfsactiviteit uit te oefenen door middel van een dochteronderneming, een filiaal of een agentschap (zie in die zin arresten Saint-Gobain ZN, C-307/97, EU:C:1999:438, punt 35, en Marks & Spencer, C-446/03, EU:C:2005:763, punt 30).

18. Hoewel de bepalingen van het VWEU inzake de vrijheid van vestiging het voordeel van de nationale behandeling in de lidstaat van ontvangst beogen te garanderen, verbieden zij ook de lidstaat van oorsprong de vestiging in een andere lidstaat van een naar zijn recht opgerichte vennootschap, in het bijzonder via een vaste inrichting, te bemoeilijken (zie in die zin arrest Lidl Belgium, C-414/06, EU:C:2008:278, punten 19 en 20).

19. Uit de rechtspraak van het Hof blijkt dat de vrijheid van vestiging wordt belemmerd indien een ingezeten vennootschap met een dochteronderneming of een vaste inrichting in een andere lidstaat of in een andere staat die partij is bij de EER-Overeenkomst, door een wettelijke regeling van een lidstaat vanuit fiscaal oogpunt ongunstiger

wordt behandeld dan een ingezeten vennootschap met een vaste inrichting of een dochteronderneming in laatstgenoemde lidstaat (zie in die zin met name arresten Papillon, C-418/07, EU:C:2008:659, punten 16-22, en Argenta Spaarbank, C-350/11, EU:C:2013:447, punten 20-34).

20. Opgemerkt zij dat een bepaling op grond waarvan verliezen van een vaste inrichting in een andere lidstaat of in een andere staat die partij is bij de EER-Overeenkomst in aanmerking kunnen worden genomen bij de bepaling van de winst en de berekening van het belastbare inkomen van de hoofdvennootschap, een fiscaal voordeel vormt (zie in die zin arrest Lidl Belgium, EU:C:2008:278, punt 23).

21. De in het hoofdgeding aan de orde zijnde bepalingen van § 33 D, lid 5, van de ligningslov leiden ertoe dat Deense vennootschappen met vaste inrichtingen in het buitenland een dergelijk voordeel wordt ontnomen in vergelijking met Deense vennootschappen met vaste inrichtingen in Denemarken. Zij voorzien immers in een inhaalregeling voor de voor de overgedragen buitenlandse inrichting rechtmatig afgetrokken verliezen, die niet van toepassing is bij overdracht – onder identieke voorwaarden – van in Denemarken gevestigde inrichtingen.

22. Deze nadelige behandeling kan een Deense vennootschap ervan afhouden haar activiteiten uit te oefenen via een vaste inrichting in een andere lidstaat of in een andere staat die partij is bij de EER-Overeenkomst dan het Koninkrijk Denemarken en vormt bijgevolg een beperking die in beginsel is verboden door de bepalingen van het Verdrag en van de EER-Overeenkomst, inzake de vrijheid van vestiging.

23. Uit de rechtspraak van het Hof blijkt dat een dergelijke beperking enkel kan worden aanvaard indien zij betrekking heeft op situaties die niet objectief vergelijkbaar zijn, of wordt gerechtvaardigd door een dwingende reden van algemeen belang (zie in die zin arrest Philips Electronics UK, C-18/11, EU:C:2012:532, punt 17 en aldaar aangehaalde rechtspraak).

24. Aangaande de vergelijkbaarheid van de situaties zij opgemerkt dat vaste inrichtingen in een andere lidstaat of in een andere staat die partij is bij de EER-Overeenkomst zich in beginsel niet in een situatie bevinden die vergelijkbaar is met die van ingezeten vaste inrichtingen, wat betreft de door een lidstaat vastgestelde maatregelen om de dubbele belasting op de winst van een ingezeten vennootschap te voorkomen of te beperken. Door de winst van de in Finland, Zweden en Noorwegen gelegen vaste inrichtingen aan de Deense belasting te onderwerpen, heeft het Koninkrijk Denemarken deze inrichtingen voor de aftrek van verliezen echter gelijkgesteld met ingezeten vaste inrichtingen (zie naar analogie arrest Denkavit Internationaal en Denkavit France, C-170/05, EU:C:2006:783, punten 34 en 35).

25. De beperking kan dus enkel worden gerechtvaardigd door dwingende redenen van algemeen belang. In dat geval moet de beperking echter ook geschikt zijn om het nagestreefde doel te verwezenlijken en mag zij niet verder gaan dan nodig is voor het bereiken van dat doel (zie arrest Lidl Belgium, EU:C:2008:278, punt 27 en aldaar aangehaalde rechtspraak).

26. Dienaangaande voert de Deense regering aan dat een evenwichtige verdeling van de heffingsbevoegdheid tussen de lidstaten moet worden verzekerd in verband met de preventie van belastingontwijking.

27. In herinnering dient te worden gebracht dat de lidstaten bij gebreke van Unierechtelijke unificatie- of harmonisatiemaatregelen bevoegd blijven om, door het sluiten van overeenkomsten of unilateraal, de criteria voor de verdeling van hun belastingbevoegdheid vast te stellen teneinde onder meer dubbele belasting af te schaffen, en dat het behoud van deze verdeling een door het Hof erkende rechtmatige doelstelling vormt (zie met name arrest Argenta Spaarbank, EU: C:2013:447, punt 50 en aldaar aangehaalde rechtspraak).

28. Volgens de toelichting bij de ligningslov heeft de inhaalregeling voor de voor buitenlandse vaste inrichtingen afgetrokken verliezen „tot doel om bijvoorbeeld te voorkomen dat Deense vennootschappen verliezen van een niet-ingezeten bijkantoor in aftrek brengen om dit bijkantoor vervolgens, wanneer het winst begint te maken, te verkopen aan een verbonden niet-ingezeten vennootschap, zodat de afgetrokken verliezen niet effectief opnieuw kunnen worden opgenomen in het belastbare inkomen in Denemarken".

29. De Deense wettelijke regeling beoogt dus het gevaar van belastingontwijking te voorkomen, dat er met name in bestaat dat een concern zijn activiteiten zo organiseert dat het van zijn in Denemarken belastbare inkomen de verliezen van een verlieslatende vaste inrichting in Finland, Zweden of Noorwegen aftrekt, om vervolgens, zodra deze inrichting winstgevend is geworden, de activiteiten van deze inrichting over te brengen naar een vennootschap die het controleert, maar die niet in Denemarken, maar in Finland, Zweden of Noor-wegen belastingplichtig is.

30. Zou het Koninkrijk Denemarken de aldus afgetrokken verliezen niet opnieuw kunnen opnemen in de belastbare winst van de Deense overdragende vennootschap, terwijl het de bevoegdheid om eventuele toekomstige winst te belasten, heeft verloren, dan zou een dergelijke constructie haar heffingsgrondslag kunstmatig uithollen en dus de uit het Noordse Verdrag voortvloeiende verdeling van de heffingsbevoegdheid aantasten.

31. Deze wettelijke regeling gaat echter verder dan wat nodig is om die doelstelling te verwezenlijken.

32. Dienaangaande zij eraan herinnerd dat de evenwichtige verdeling van de heffingsbevoegdheid de symmetrie tussen het recht op belastingheffing over de winst en de mogelijkheid tot aftrek van de verliezen beoogt veilig te stellen (zie arrest K, C-322/11, EU:C:2013:716, punt 51 en aldaar aangehaalde rechtspraak).

33. De noodzaak om deze symmetrie veilig te stellen, vereist dat de voor een vaste inrichting afgetrokken verliezen kunnen worden gecompenseerd door de belasting op de winsten van deze inrichting die worden gemaakt onder de fiscale bevoegdheid van de betrokken lidstaat, te weten zowel de winst gemaakt tijdens de volledige periode gedurende welke deze inrichting afhing van de ingezeten vennootschap, als de winst gemaakt op het tijdstip van de overdracht van deze inrichting.

34. Niet in geschil is dat de winst van een vaste inrichting van een ingezeten vennootschap, die wordt gemaakt vóór deze inrichting wordt overgedragen aan een niet-ingezeten vennootschap van hetzelfde concern, in Denemarken belastbaar is, ook al bepaalt artikel 25 van het Noordse Verdrag dat aan de ingezeten vennootschap een belastingkrediet wordt toegekend om het gevaar van een eventuele dubbele belasting op te heffen.

35. Bovendien stelt § 2 van de ligningslov met name een regel vast volgens welke de binnen een concern overgedragen activa tegen marktvoorwaarden worden gewaardeerd. Elke eventuele bij de overdracht gerealiseerde meerwaarde wordt vervolgens toegevoegd aan het belastbare inkomen van de Deense overdragende vennootschap.

36. Bijgevolg gaat een bepaling van een lidstaat, zoals § 33, lid 5, van de ligningslov, waarin wordt bepaald dat ingeval een ingezeten vennootschap een vaste inrichting in een andere lidstaat of in een andere staat die partij is bij de EER-Overeenkomst overdraagt aan een niet-ingezeten vennootschap van hetzelfde concern, de voor de overgedragen inrichting eerder afgetrokken verliezen worden ingehaald, verder dan nodig is ter verwezenlijking van het doel om de evenwichtige verdeling van de heffingsbevoegdheid veilig te stellen, aangezien de eerste lidstaat de door deze inrichting vóór de overdracht ervan gemaakte winst belast, met inbegrip van de winst die voortvloeit uit de bij deze overdracht gerealiseerde meerwaarde.

37. Aan die conclusie wordt niet afgedaan door de door de Deense regering aangevoerde omstandigheid dat het voor haar bij een overdracht binnen een concern moeilijk is om de marktwaarde van de in een andere lidstaat overgedragen handelszaak te verifiëren.

38. Dergelijke moeilijkheden doen zich immers niet uitsluitend voor bij grensoverschrijdende situaties, aangezien de Deense overheid noodzakelijkerwijs reeds gelijksoortige onderzoeken verricht wanneer een handelszaak wordt verkocht in het kader van de overdracht binnen een concern van een ingezeten inrichting.

39. Bovendien en in ieder geval kunnen de Deense belastingautoriteiten steeds van de overdragende vennootschap de documenten vragen die hun nodig lijken om na te gaan of de waarde van de handelszaak die in aanmerking werd genomen om de bij de overdracht van een buitenlandse inrichting gerealiseerde meerwaarde te berekenen, overeenstemt met de marktwaarde, zoals de in § 2 van de ligningslov vastgestelde regel dit voorschrijft.

40. Uit het voorgaande volgt dat de artikelen 49 VWEU en 54 VWEU, alsook de artikelen 31 en 34 van de EER-Overeenkomst in de weg staan aan een wettelijke regeling van een lidstaat, volgens welke ingeval een ingezeten vennootschap een in een andere lidstaat of in een andere staat die partij is bij de EER-Overeenkomst gelegen vaste inrichting overdraagt aan een niet-ingezeten vennootschap van hetzelfde concern, de voor de overgedragen inrichting eerder afgetrokken verliezen opnieuw worden opgenomen in de belastbare winst van de overdragende vennootschap, voor zover de eerste lidstaat zowel de door deze inrichting vóór de overdracht ervan gemaakte winst belast, als de winst die voortvloeit uit de bij deze overdracht gerealiseerde meerwaarde.

Kosten

41. Ten aanzien van de partijen in het hoofdgeding is de procedure als een aldaar gerezen incident te beschouwen, zodat de verwijzende rechter over de kosten heeft te beslissen. De door anderen wegens indiening van hun opmerkingen bij het Hof gemaakte kosten komen niet voor vergoeding in aanmerking.

Het Hof (Grote kamer)

verklaart voor recht:

De artikelen 49 VWEU en 54 VWEU, alsook de artikelen 31 en 34 van de Overeenkomst betreffende de Europese Economische Ruimte van 2 mei 1992 staan in de weg aan een wettelijke regeling van een lidstaat, volgens welke ingeval een ingezeten vennootschap een in een andere lidstaat of in een andere staat die partij is bij de Overeenkomst betreffende de Europese Economische Ruimte gelegen vaste inrichting overdraagt aan een niet-ingezeten vennootschap van hetzelfde concern, de voor de overgedragen inrichting eerder afgetrokken verliezen opnieuw worden opgenomen in de belastbare winst van de overdragende vennootschap, voor zover de eer-

ste lidstaat zowel de door deze inrichting vóór de overdracht ervan gemaakte winst belast, als de winst die voortvloeit uit de bij deze overdracht gerealiseerde meerwaarde.

HvJ EG 3 september 2014, zaak C-127/12 (Europese Commissie v. Koninkrijk Spanje)

Tweede kamer: *R. Silva de Lapuerta, kamerpresident, J. L. da Cruz Vilaça, G. Arestis, J.-C. Bonichot (rapporteur) en A. Arabadjiev, rechters*

Advocaat-generaal: *J. Kokott*

Par ces motifs,

la Cour (deuxième chambre)

déclare et arrête:

1. **En permettant d'introduire des différences dans le traitement fiscal des donations et des successions entre les ayants cause et les donataires résidant en Espagne et ceux qui n'y résident pas, entre les de cujus résidant en Espagne et ceux qui n'y résident pas et entre les donations et les aliénations similaires de biens immeubles situés sur le territoire espagnol et de ceux situés à l'étranger, le Royaume d'Espagne a manqué aux obligations qui lui incombent en vertu des articles 63 TFUE et 40 de l'accord sur l'Espace économique européen, du 2 mai 1992.**

2. **Le recours est rejeté pour le surplus.**

3. **Le Royaume d'Espagne est condamné aux dépens.**

HvJ EG 4 september 2014, zaak C-211/13 (Europese Commissie v. Bondsrepubliek Duitsland)

Derde kamer: *M. Ilešič, président de chambre, C. G. Fernlund, A. Ó Caoimh (rapporteur), C. Toader et E. Jarašiūnas, juges*

Advocaat-generaal: *P. Mengozzi*

Par ces motifs,

la Cour (troisième chambre)

déclare et arrête:

1. En adoptant et en maintenant en vigueur des dispositions législatives selon lesquelles, lors de l'application des droits de succession et de donation en ce qui concerne un immeuble situé en Allemagne, il n'est accordé qu'un abattement moins élevé si le défunt, à la date de son décès, ou le donateur, à la date à laquelle il effectue la donation, et le bénéficiaire, à la date du fait générateur de l'impôt, résidaient dans un autre État membre, alors qu'un abattement considérablement plus élevé est octroyé si l'une au moins des deux parties résidait en Allemagne auxdites dates, la République fédérale d'Allemagne a manqué aux obligations qui lui incombent en vertu de l'article 63 TFUE.

2. La République fédérale d'Allemagne est condamnée aux dépens.

3. Le Royaume d'Espagne supporte ses propres dépens.

HvJ EG 11 september 2014, zaak C-47/12 (Kronos International Inc. v. Finanzamt Leverkusen)

Eerste kamer: *A. Tizzano, kamerpresident, A. Borg Barthet, J. L. da Cruz Vilaça, E. Levits (rapporteur) en M. Berger, rechters*
Advocaat-generaal: *P. Cruz Villalón*

1. Het verzoek om een prejudiciële beslissing betreft de uitlegging van de artikelen 49 VWEU en 54 VWEU, inzake de vrijheid van vestiging, alsmede van de artikelen 63 VWEU en 65 VWEU, inzake het vrije verkeer van kapitaal.

2. Dit verzoek is ingediend in het kader van een geding tussen Kronos International Inc. (hierna: „Kronos"), een vennootschap naar het recht van de Staat Delaware (Verenigde Staten van Amerika), en het Finanzamt Leverkusen (hierna: „Finanzamt") over de verrekening met de Duitse vennootschapsbelasting, voor 1991 tot en met 2001, van de vennootschapsbelasting die in het buitenland is betaald door de dochterondernemingen van Kronos die dividenden hebben uitgekeerd.

Toepasselijke bepalingen

Duits recht

3. Voor de periode van 1991 tot en met 2000 werd in § 49, lid 1, van het Körperschaftsteuergesetz (wet op de vennootschapsbelasting; *BGBl.* 1991, I, blz. 638; hierna: „KStG 1991") met betrekking tot de heffing van vennootschapsbelasting, inclusief de verrekening, de betaling en teruggave van vennootschapsbelasting, verwezen naar de bepalingen van het Einkommensteuergesetz (wet op de inkomstenbelasting; *BGBl.* 1990, I, blz. 1898; hierna: „EStG 1990").

4. § 36, lid 2, punt 3, EStG 1990, die de regeling van zogenaamde „volledige verrekening" bevatte, luidde:

> „2. De volgende bedragen worden verrekend met de inkomstenbelasting:
> [...]
> 3. de vennootschapsbelasting van een in de vennootschapsbelasting onbeperkt belastingplichtige vennootschap of vereniging ter hoogte van 3/7 van de inkomsten in de zin van § 20, lid 1, punt 1 of 2, voor zover deze niet afkomstig zijn van dividenduitkeringen waarvoor gebruik is gemaakt van eigen vermogen in de zin van § 30, lid 2, punt 1, van de wet op de vennootschapsbelasting. Dit geldt tevens voor de inkomsten in de zin van § 20, lid 2, punt 2, sub a, die zijn verkregen uit de eerste overdracht, door de vennoot, van coupons of andere rechten; in deze gevallen bedraagt de verrekenbare vennootschapsbelasting maximaal 3/7 van het bedrag dat is uitgekeerd voor de overgedragen rechten.
> [...] De vennootschapsbelasting wordt niet verrekend:
> [...]
> f. wanneer de inkomsten niet zijn meegerekend bij de vaststelling van de heffingsgrondslag;
> [...]"

5. § 36, lid 4, EStG 1990 luidde:

> „Indien na aftrek een overschot blijkt te bestaan ten nadele van de belastingplichtige, moet hij (de belastingplichtige) dit overschot onmiddellijk betalen voor zover het overschot overeenstemt met de reeds opeisbare, doch nog niet betaalde voorheffing in de inkomstenbelasting; in de andere gevallen moet hij het overschot betalen binnen één maand na de belastingaanslag (eindbetaling). Indien na aftrek een overschot blijkt te bestaan ten gunste van de belastingplichtige, wordt dit overschot na de betekening van de belastingaanslag aan de belastingplichtige uitgekeerd".

6. Bij de overgang van de verrekeningsregeling naar de regeling van de „halvering van de inkomsten" heeft de Duitse wetgever § 36, lid 2, punt 3, EStG 1990 afgeschaft. Uit de verwijzingsbeslissing en de opmerkingen van de Duitse regering blijkt evenwel dat op grond van overgangsbepalingen de regeling van volledige verrekening nog van kracht bleef voor in 2001 ontvangen dividenden.

7. § 26, lid 7, KStG 1991, zoals van toepassing tot in 1993, en § 8b, lid 5, van diezelfde wet, zoals van toepassing vanaf 1994 (hierna: „KStG 1994"), bepaalden:

> „Indien door een buitenlandse vennootschap uitgekeerde winst krachtens een overeenkomst ter voorkoming *van dubbele belasting is vrijgesteld* van vennootschapsbelasting op voorwaarde van een minimumparticipatie, geldt de vrijstelling, ongeacht de in de overeenkomst bepaalde minimumparticipatie, vanaf ten minste 10 %".

Dubbelbelastingverdragen

8. Overeenkomstig de met het Koninkrijk Denemarken, de Franse Republiek, het Verenigd Koninkrijk en Canada gesloten dubbelbelastingverdragen moet de Bondsrepubliek Duitsland vrijstelling verlenen voor dividenden die zijn uitgekeerd voor een participatie gelijk aan of groter dan een bepaalde drempel en die belastbaar zijn in de staat van de uitkerende vennootschap.

9. Doorgaans bedroeg de participatiedrempel 10 %. In het verdrag met het Verenigd Koninkrijk bedroeg de drempel evenwel 25 %, net zoals in het verdrag met Canada voor 2000 hoewel de toepasselijke drempel voor 2001 werd verlaagd tot 10 %.

Hoofdgeding en prejudiciële vragen

10. Kronos is een holding van een groep vennootschappen. Zij is statutair gevestigd in de Verenigde Staten en haar bestuurszetel is gelegen in Duitsland, waar zij sinds 1989 met een filiaal is ingeschreven in het handelsregister. Kronos werd opgericht om als enige het bestuur waar te nemen van de Europese en Canadese dochterondernemingen van de groep. Sinds 1989 bezit zij 99,95 % van de aandelen van de Duitse vennootschap Kronos Tital GmbH, waarmee zij zoals met andere Duitse vennootschappen zeggenschaps- en winstoverdrachtovereenkomsten had gesloten.

11. In het in het hoofdgeding aan de orde zijnde tijdvak, de periode van 1991 tot en met 2001, bezat Kronos rechtstreekse participaties in de volgende vennootschappen:
- Société Industrielle du Titane (Frankrijk), een participatie tussen 92,941 % en 93,771 % tussen 1991 en 2001;
- Kronos Norge (Noorwegen), een participatie van 100 % tussen 1991 en 1998;
- Kronis UK Ltd (Verenigd Koninkrijk), een participatie van 100 % tussen 1991 en 2001;
- Kronos Europa NV (België), een participatie tussen 98,4 % en 100 % tussen 1991 en 1998;
- Kronos Denmark ApS (Denemarken), een participatie van 100 % tussen 1999 en 2001, en
- Kronos Canada Inc. (Canada), een participatie van 100 % tussen 1991 en 2001.

12. Gedurende 2000 en 2001 bezat Kronos via haar 100 %-dochteronderneming Kronos Denmark ApS (Denemarken) indirecte participaties in de vennootschappen Kronos Europa NV (België) en Kronos Norge (Noorwegen). De participaties van Kronos Denmark ApS in de Belgische en de Noorse vennootschap van de groep bedroegen 99,99 % respectievelijk 100 %.

13. Voor de vennootschapsbelasting die Kronos in Duitsland verschuldigd was voor de periode van 1991 tot en met 2001, zijn tijdens de periode van 2004 tot en met 2010 belastingaanslagen vastgesteld, in voorkomend geval met een rectificatie. Gelet op het feit dat het verlies of het overgedragen verlies bij benadering tussen 150 en 840 miljoen Duitse mark (DEM) schommelde, werd in deze aanslagen het bedrag van de vennootschapsbelasting voor 1991, wegens dividenduitkeringen, vastgesteld op 4 190 788,57 EUR en voor 1992, eveneens wegens dividenduitkeringen, op 2 050 183,81 EUR. Voor elke belastingjaar tussen 1993 en 2001 was daarentegen geen belasting verschuldigd.

14. De door buitenlandse dochterondernemingen uitgekeerde dividenden, die van belasting zijn vrijgesteld krachtens de respectievelijk toepasselijke dubbelbelastingverdragen, werden niet in aanmerking genomen voor de berekening van de heffingsgrondslag voor de belastingaanslagen en de vaststelling van het verlies.

15. In deze context heeft Kronos verzocht om verrekening, met de door haar in Duitsland verschuldigde vennootschapsbelasting, van de vennootschapsbelasting en de belasting op de inkomsten uit kapitaal die tussen 1991 en 2001 was betaald door haar dochterondernemingen en kleindochterondernemingen die zijn gevestigd in andere lidstaten (België, Frankrijk en het Verenigd Koninkrijk) en in derde staten (Canada en Noorwegen), waarbij deze verrekening in voorkomend geval moest leiden tot een teruggave van belasting.

16. Bij beslissing van 15 december 2005 heeft het Finanzamt Leverkusen geweigerd op dit verzoek in te gaan op grond dat ingevolge § 36, lid 2, punt 3, sub f, EStG 1990 juncto § 49, lid 1, KStG 1991, de verrekening van de vennootschapsbelasting over dividenden slechts mogelijk is wanneer deze dividenden zijn geboekt als belastbare inkomsten. Aangezien buitenlandse dividenden ingevolge § 26, lid 7, KStG 1991, voor 1991 tot en met 1993, en ingevolge § 8b, lid 5, KStG 1994, voor de daaropvolgende jaren, van belasting zijn vrijgesteld, konden zij bij de vaststelling van het bedrag van de belasting niet als belastbare inkomsten in aanmerking worden genomen.

17. Bij beslissing van 10 januari 2007 heeft het Finanzamt Leverkusen het bezwaar dat Kronos had gemaakt tegen de aanslag met de specificatie en de verrekening van het belastingtegoed voor de vennootschapsbelasting over 1994, ongegrond verklaard.

18. Op 7 februari 2007 heeft Kronos bij het Finanzamt Köln beroep tot nietigverklaring van deze beslissing ingesteld en tevens beroep wegens nalaten met betrekking tot de specificatie van de vennootschapsbelasting over de belastingjaren 1991 tot en met 1993 en 1995 tot en met 2001.

19. In het huidige stadium van de nationale procedure vraagt Kronos verrekening van een bedrag van 201 966 724 EUR, dat aan buitenlandse vennootschapsbelasting is voldaan. Dit bedrag bestaat uit enerzijds belasting die door de dochterondernemingen van Kronos is betaald in Frankrijk over de jaren 1991 tot en met 2001, in het Verenigd Koninkrijk over de jaren 1997 en 1999 en in Canada over de jaren 2000 en 2001, voor in het totaal 78 501 794 EUR. De vordering van Kronos betreft anderzijds de verrekening, met de dividenden die zij van haar Deense dochteronderneming in 2000 en 2001 heeft ontvangen, van de door haar Belgische en Noorse kleindochteronderneming betaalde vennootschapsbelasting, namelijk in het totaal 123 448 418 EUR, alsmede verrekening van de Deense vennootschapsbelasting voor een bedrag van 16 512 EUR.

20. Bovendien vraagt Kronos verrekening van een bedrag van 1 795 525 EUR aan belasting over de inkomsten uit kapitaal betreffende de in Frankrijk en het Verenigd Koninkrijk gevestigde dochterondernemingen indien de inkomsten uit dividenden als belastbaar mochten worden aangemerkt.

21. De verwijzende rechter heeft de behandeling van de zaak geschorst en het Hof de hiernavolgende prejudiciële vragen gesteld:

„1. Valt de uitsluiting van de verrekening van vennootschapsbelasting als gevolg van de belastingvrijstelling van dividenduitkeringen door in een derde land gevestigde kapitaalvennootschappen aan Duitse kapitaalvennootschappen, waarvoor de nationale bepalingen slechts als voorwaarde stellen dat de ontvangende vennootschap voor ten minste 10 % deelneemt in de uitkerende vennootschap, enkel onder de vrijheid van vestiging in de zin van de artikelen 49 VWEU juncto 54 VWEU of ook onder het vrij verkeer van kapitaal in de zin van de artikelen 63 VWEU tot en met 65 VWEU, wanneer de deelneming van de ontvangende kapitaalvennootschap daadwerkelijk 100 % bedraagt?

2. Moeten de bepalingen inzake de vrijheid van vestiging (thans artikel 49 VWEU) en in voorkomend geval ook die inzake het vrije verkeer van kapitaal (tot 1993 artikel 67 EEG-Verdrag/EG-Verdrag, thans de artikelen 63 VWEU tot en met 65 VWEU) aldus worden uitgelegd dat zij in de weg staan aan een regeling die, ingeval dividenden van buitenlandse dochterondernemingen van belasting zijn vrijgesteld, verrekening en teruggave van de vennootschapsbelasting over deze dividenduitkeringen ook uitsluit ingeval de moedermaatschappij verlies lijdt, terwijl voor dividenduitkeringen door binnenlandse dochterondernemingen is voorzien in een belastingvermindering in de vorm van verrekening van de vennootschapsbelasting?

3. Moeten de bepalingen inzake de vrijheid van vestiging (thans artikel 49 VWEU) en in voorkomend geval ook die inzake het vrije verkeer van kapitaal (tot 1993 artikel 67 EEG-Verdrag/EG-Verdrag, thans de artikelen 63 VWEU tot en met 65 VWEU) aldus worden uitgelegd dat zij in de weg staan aan een regeling die verrekening en teruggave uitsluit van vennootschapsbelasting over door (achter)kleindochterondernemingen uitgekeerde dividenden die in het vestigingsland van de dochteronderneming van belasting zijn vrijgesteld, (verder) zijn uitgekeerd aan de binnenlandse moedermaatschappij en in Duitsland eveneens van belasting zijn vrijgesteld, maar in zuiver binnenlandse situaties, in voorkomend geval door middel van verrekening van de vennootschapsbelasting over dividenden van de kleindochteronderneming bij de dochteronderneming en verrekening van de vennootschapsbelasting over dividenden van de dochteronderneming bij de moedermaatschappij, teruggave mogelijk maakt ingeval de moedermaatschappij verlies lijdt?

4. Voor het geval dat ook de bepalingen inzake het vrije verkeer van kapitaal van toepassing zijn, rijst – afhankelijk van het antwoord op de tweede vraag – met betrekking tot de Canadese dividenden een bijkomende vraag:

Moet het huidige artikel 64, lid 1, VWEU aldus worden opgevat dat deze bepaling toestaat dat de Bondsrepubliek Duitsland toepassing blijft geven aan de sinds 31 december 1993 inhoudelijk in wezen ongewijzigde bepalingen van nationaal recht en van dubbelbelastingverdragen, en derhalve ook de verrekening van Canadese vennootschapsbelasting over in Duitsland van belasting vrijgestelde dividenden blijft uitsluiten?"

Beantwoording van de prejudiciële vragen

Eerste vraag

Opmerkingen vooraf

22. Hoewel de verwijzende rechter bij de formulering van zijn eerste vraag enkel verwijst naar dividenden die zijn uitgekeerd door in een derde staat gevestigde vennootschappen, dient te worden vastgesteld dat blijkens de verwijzingsbeslissing de strekking van deze vraag tevens ziet op dividenden die zijn uitgekeerd door in andere lidstaten dan de Bondsrepubliek Duitsland gevestigde vennootschappen.

23. Overeenkomstig § 36, lid 2, punt 3, sub f, EStG 1990 wordt de vennootschapsbelasting niet verrekend wanneer de inkomsten niet zijn meegerekend bij de vaststelling van de heffingsgrondslag.

24. In het hoofdgeding zijn de dividenden die zijn uitgekeerd door in een andere lidstaat of een derde staat gevestigde vennootschappen, niet meegerekend bij de vaststelling van de heffingsgrondslag van de ontvangende ven-

nootschap aangezien voor deze dividenden toepassing wordt gemaakt van de vrijstellingsmethode waarin is voorzien in de door de Bondsrepubliek Duitsland gesloten dubbelbelastingverdragen.

25. Dienaangaande merkt de verwijzende rechter op dat de voor de vaststelling van het bedrag van de belasting relevante bepalingen, zoals die voortvloeien uit de dubbelbelastingverdragen en in voorkomend geval uit § 26, lid 7, KStG 1991, voor de jaren 1991 tot en met 1993, en § 8b, lid 5, KStG 1994, voor de jaren 1994 tot en met 2000, niet alleen van toepassing zijn op participaties waarmee een beslissende invloed op de besluiten van de betrokken vennootschap kan worden uitgeoefend, en dat met de invoering van een participatiedrempel van 10 % de Duitse wetgever niet doelde op een aanzienlijke participatie in de zin van een participatie waarmee een doorslaggevende invloed kan worden uitgeoefend.

26. De verwijzende rechter wijst er tevens op dat Kronos gedurende het in het hoofdgeding aan de orde zijnde tijdvak participaties van ongeveer 93 % tot 100 % bezat in de verschillende dochterondernemingen die de dividenden hebben uitgekeerd.

27. Ten slotte is het van belang op te merken dat volgens de toelichting van de verwijzende rechter de statutaire zetel van Kronos in de Verenigde Staten en haar bestuurszetel in Duitsland is gelegen en dat Kronos in Duitsland met een filiaal is ingeschreven in het handelsregister. Niet wordt betwist dat Kronos een vennootschap naar het recht van de Staat Delaware is. In dit verband preciseert de Duitse regering dat ingevolge artikel XXV, lid 5, van het Vriendschaps-, handels- en scheepvaartverdrag van 29 oktober 1954 tussen de Bondsrepubliek Duitsland en de Verenigde Staten van Amerika (*BGBl.* 1956 II, blz. 487) de naar Amerikaans recht opgerichte vennootschappen als zodanig worden erkend in Duitsland.

28. Derhalve dient de eerste vraag aldus te worden opgevat dat het Hof wordt gevraagd of de verenigbaarheid met het Unierecht van een nationale regeling als die in het hoofdgeding, volgens welke een vennootschap die ingezetene van een lidstaat is, de vennootschapsbelasting die in een andere lidstaat of in een derde staat is betaald door dividenduitkerende kapitaalvennootschappen, niet kan verrekenen omdat deze dividenden in eerstbedoelde lidstaat van belasting zijn vrijgesteld wanneer zij worden uitgekeerd voor participaties van ten minste 10 % in het kapitaal van de uitkerende vennootschap, de werkelijke participatie van de ontvangende kapitaalvennootschap in het concrete geval meer dan 90 % bedraagt en de ontvangende vennootschap is opgericht naar het recht van een derde staat, moet worden getoetst aan de artikelen 49 VWEU en 54 VWEU of veeleer aan de artikelen 63 VWEU en 65 VWEU.

In het geding zijnde vrijheid

29. Volgens vaste rechtspraak van het Hof kan de fiscale behandeling van dividenden zowel onder artikel 49 VWEU betreffende de vrijheid van vestiging als onder artikel 63 VWEU betreffende het vrije verkeer van kapitaal vallen (arresten Haribo Lakritzen Hans Riegel en Österreichische Salinen, C-436/08 en C-437/08, EU:C:2011:61, punt 33; Accor, C-310/09, EU:C:2011:581, punt 30, en Test Claimants in the FII Group Litigation, C-35/11, EU:C:2012:707, punt 89).

30. Met betrekking tot de vraag of een nationale wettelijke regeling onder de ene of de andere vrijheid van verkeer valt, blijkt uit ondertussen vaste rechtspraak dat rekening dient te worden gehouden met het voorwerp van de wettelijke regeling in kwestie (arrest Test Claimants in the FII Group Litigation, EU:C:2012:707, punt 90 en aldaar aangehaalde rechtspraak).

31. Een nationale wettelijke regeling die alleen van toepassing is op participaties waarmee een zodanige invloed op de besluiten van een vennootschap kan worden uitgeoefend dat de activiteiten ervan kunnen worden bepaald, valt onder artikel 49 VWEU inzake de vrijheid van vestiging (zie arresten Test Claimants in the FII Group Litigation, C-446/04, EU:C:2006:774, punt 37; Idryma Typou, C-81/09, EU:C:2010:622, punt 47; Accor, EU:C:2011:581, punt 32; Scheunemann, C-31/11, EU:C:2012:481, punt 23, en Test Claimants in the FII Group Litigation, EU:C:2012:707, punt 91).

32. Nationale bepalingen die van toepassing zijn op participaties die enkel als belegging worden genomen zonder dat het de bedoeling is invloed uit te oefenen op het bestuur en de zeggenschap van de onderneming, moeten daarentegen uitsluitend aan het beginsel van het vrije verkeer van kapitaal worden getoetst (arresten Haribo Lakritzen Hans Riegel en Österreichische Salinen, EU:C:2011:61, punt 35; Accor, EU:C:2011:581, punt 32; Scheunemann, EU:C:2012:481, punt 23, en Test Claimants in the FII Group Litigation, EU:C:2012:707, punt 92).

33. In het hoofdgeding vloeit uit de dubbelbelastingverdragen die de Bondsrepubliek Duitsland heeft gesloten met het Koninkrijk Denemarken, de Franse Republiek en – voor belastingjaar 2001 – met Canada, alsmede uit de gezamenlijke toepassing van § 8b, lid 5, KStG 1994 en de dubbelbelastingverdragen die de Bondsrepubliek Duitsland heeft afgesloten met het Verenigd Koninkrijk en Canada, voor het belastingjaar 2000, voort dat dividenden die in deze andere lidstaten gevestigde vennootschappen uitkeren aan in Duitsland gevestigde vennootschappen, van Duitse vennootschapsbelasting zijn vrijgesteld wanneer de participatie van de ontvangende vennootschap in de uitkerende vennootschap hoger is dan de drempel van 10 %.

34. Op grond van deze drempel kunnen investeringen die enkel als belegging worden genomen zonder dat het de bedoeling is invloed uit te oefenen op het bestuur en de zeggenschap van de onderneming, weliswaar van de werkingssfeer van de vrijstelling worden uitgesloten.

35. Toch is de vrijstelling, anders dan de Duitse regering aanvoert, niet vanwege deze drempel op zich uitsluitend van toepassing op participaties waarmee een zodanige invloed op de besluiten van een vennootschap kan worden uitgeoefend dat de activiteiten ervan kunnen worden bepaald. Het Hof heeft immers reeds geoordeeld dat een participatie van een dergelijke omvang niet noodzakelijkerwijs impliceert dat de houder ervan een beslissende invloed uitoefent op de besluiten van de vennootschap waarvan hij aandeelhouder is (zie in die zin arrest ITELCAR en Fazenda Pública, C-282/12, EU: C:2013:629, punt 22).

36. De nationale regeling die in het hoofdgeding aan de orde is, is bijgevolg niet alleen van toepassing op dividenden die een ingezeten vennootschap ontvangt voor een participatie waarmee een zodanige invloed op de besluiten van de uitkerende vennootschap kan worden uitgeoefend dat de activiteiten ervan kunnen worden bepaald, maar ook op dividenden die worden ontvangen voor een participatie waarmee die invloed niet kan worden uitgeoefend.

37. Wanneer het voorwerp van een wettelijke regeling het niet mogelijk maakt uit te maken of zij overwegend onder artikel 49 VWEU dan wel artikel 63 VWEU valt, heeft het Hof reeds geoordeeld dat voor zover de nationale wettelijke regeling ziet op uit een lidstaat afkomstige dividenden, rekening dient te worden gehouden met de feitelijke gegevens van het concrete geval om uit te maken of de situatie waarop het hoofdgeding betrekking heeft, onder artikel 49 VWEU dan wel artikel 63 VWEU valt (zie in die zin arresten Test Claimants in the FII Group Litigation, EU:C:2012:707, punten 93 en 94 en aldaar aangehaalde rechtspraak; Beker, C-168/11, EU:C:2013:117, punten 27 en 28, en Bouanich, C-375/12, EU:C:2014:138, punt 30).

38. Wat daarentegen de fiscale behandeling van uit een derde staat afkomstige dividenden betreft, heeft het Hof geoordeeld dat uit het onderzoek van het voorwerp van een nationale wettelijke regeling kan worden opgemaakt of de fiscale behandeling van dergelijke dividenden onder de bepalingen van het VWEU inzake het vrije verkeer van kapitaal valt, aangezien een wettelijke regeling inzake de fiscale behandeling van uit een derde land afkomstige dividenden niet onder artikel 49 VWEU kan vallen (zie in die zin arrest Test Claimants in the FII Group Litigation, EU:C:2012:707, punten 96 en 97).

39. Zo heeft het Hof geoordeeld dat een in een lidstaat gevestigde vennootschap die een participatie in een in een derde land gevestigde vennootschap bezit waarmee zij een zodanige invloed op de besluiten van deze vennootschap kan uitoefenen dat zij de activiteiten ervan kan bepalen, zich op artikel 63 VWEU kan beroepen om te betwisten dat een wettelijke regeling van deze lidstaat betreffende de fiscale behandeling van uit dat derde land afkomstige dividenden die niet uitsluitend van toepassing is op situaties waarin de moedermaatschappij een beslissende invloed op de uitkerende vennootschap uitoefent, verenigbaar is met deze bepaling (zie arrest Test Claimants in the FII Group Litigation, EU: C:2012:707, punt 104).

40. Wanneer de nationale wettelijke regeling betreffende de fiscale behandeling van dividenden niet uitsluitend van toepassing is op situaties waarin de moedermaatschappij een beslissende invloed op de uitkerende vennootschap uitoefent, dient bijgevolg te worden gelet op de omvang van de participatie van de ontvangende vennootschap in de uitkerende vennootschap, aangezien in dat geval op zowel artikel 49 VWEU als artikel 63 VWEU een beroep kan worden gedaan en aan de hand van de omvang van deze participatie kan worden bepaald of de betrokken situatie onder de ene dan wel de andere van de respectievelijk in deze twee Unierechtelijke bepalingen bekrachtigde vrijheden valt.

41. Aangezien gelet op de ligging van de uitkerende vennootschap in een derde staat alleen op het vrije verkeer van kapitaal een beroep kan worden gedaan teneinde op te komen tegen een nationale wettelijke regeling betreffende de fiscale behandeling van door deze vennootschap uitgekeerde dividenden, behoeft niet te worden gelet op de omvang van de participatie in de uitkerende vennootschap. Een in een lidstaat gevestigde vennootschap kan zich immers ongeacht de omvang van de participatie die zij aanhoudt in de in een derde staat gevestigde uitkerende vennootschap, beroepen op artikel 63 VWEU teneinde de wettigheid van een dergelijke regeling te betwisten (zie in die zin Test Claimants in the FII Group Litigation, EU:C:2012:707, punten 99 en 104).

42. Deze redenering vindt naar analogie tevens toepassing wanneer alleen op het vrije verkeer van kapitaal een beroep kan worden gedaan, gelet op de grenzen van de personele werkingssfeer van de vrijheid van vestiging.

43. Dat is het geval in een situatie als in het hoofdgeding, waarin de ontvangende vennootschap een naar het recht van een derde staat opgerichte vennootschap is.

44. De regels van het verdrag inzake de vrijheid van vestiging zijn immers slechts van toepassing op een onderdaan van een lidstaat van de Unie (zie in die zin arrest Ferrer Laderer, C-147/91, EU:C:1992:278, punt 9).

45. Ingevolge artikel 54 VWEU worden de vennootschappen welke in overeenstemming met de wetgeving van een lidstaat zijn opgericht en welke hun statutaire zetel, hun hoofdbestuur of hun hoofdvestiging binnen de Unie hebben, voor de toepassing van de verdragsbepalingen inzake de vrijheid van vestiging gelijkgesteld met de

natuurlijke personen die onderdaan zijn van de lidstaten (arrest National Grid Indus, C-371/10, EU:C:2011:785, punt 25).

46. Derhalve kan een vennootschap die niet in overeenstemming met de wetgeving van een lidstaat is opgericht, zich niet beroepen op de vrijheid van vestiging.

47. Aan deze overweging wordt niet afgedaan door het argument van Kronos dat een vennootschap van een derde staat fiscaal niet mag worden gediscrimineerd in vergelijking met een vennootschap naar Duits recht en zich bijgevolg moet kunnen beroepen op de in artikel 49 VWEU neergelegde vrijheid.

48. Daar het recht van de Unie geen eenduidige definitie kent van vennootschappen die aanspraak kunnen maken op het recht van vestiging op basis van één aanknopingscriterium waarmee het op een vennootschap toepasselijke nationale recht wordt bepaald, vormt de vraag of artikel 49 VWEU van toepassing is op een vennootschap die zich op het in dit artikel verankerde fundamentele recht beroept, immers een voorafgaande vraag waarop bij de huidige stand van het recht van de Unie enkel in het toepasselijke nationale recht een antwoord kan worden gevonden (zie arresten Cartesio, C-210/06, EU: C:2008:723, punt 109, en National Grid Indus, EU:C:2011:785, punt 26).

49. Een lidstaat mag dus de aanknoping omschrijven die van een vennootschap vereist is opdat deze kan worden geacht te zijn opgericht volgens het nationale recht van die lidstaat, en uit dien hoofde het recht van vestiging heeft (zie in die zin arresten Cartesio, EU:C:2008:723, punt 110, en National Grid Indus, EU:C:2011:785, punt 27).

50. Een lidstaat kan de personele werkingssfeer van het hoofdstuk van het verdrag inzake de vrijheid van vestiging, dat beoogt de vrijheid van vestiging uitsluitend voor onderdanen van de lidstaten te verzekeren, evenwel niet eenzijdig verruimen (zie in die zin beschikking Lasertec, C-492/04, EU:C:2007:273, punt 27).

51. Bijgevolg luidt de conclusie dat in een situatie als in het hoofdgeding, waarin geen beroep op de vrijheid van vestiging kan worden gedaan omdat het aanknopingspunt voor de ontvangende vennootschap is gelegen in de rechtsorde van een derde staat, een nationale regeling betreffende de fiscale behandeling van uit een andere lidstaat of een derde staat afkomstige dividenden, die niet uitsluitend van toepassing is op situaties waarin de moedermaatschappij een beslissende invloed op de uitkerende vennootschap uitoefent, aan artikel 63 VWEU moet worden getoetst.

52. Derhalve kan een vennootschap die in overeenstemming met de wetgeving van een derde staat is opgericht en ingezetene van een lidstaat is, ongeacht de omvang van de participatie die zij aanhoudt in de in een andere lidstaat of een derde land gevestigde uitkerende vennootschap, zich beroepen op deze bepaling teneinde de wettigheid van deze regeling te betwisten.

53. Opgemerkt zij nog dat het Hof heeft geoordeeld dat aangezien het verdrag de vrijheid van vestiging niet verruimt tot derde landen, moet worden vermeden dat de uitlegging van artikel 63, lid 1, VWEU, wat de betrekkingen met derde landen betreft, marktdeelnemers die buiten de territoriale werkingssfeer van de vrijheid van vestiging vallen, de kans geeft daaruit profijt te halen (arrest Test Claimants in the FII Group Litigation, EU:C:2012:707, punt 100).

54. Zoals de advocaat-generaal in punt 64 van zijn conclusie heeft opgemerkt, bestaat dat gevaar niet in een situatie als in het hoofdgeding. De Duitse regeling ziet immers niet op de voorwaarden waaronder een vennootschap van die lidstaat in een derde land toegang tot de markt krijgt, of een vennootschap van een derde land in die lidstaat toegang tot de markt krijgt. Deze regeling betreft uitsluitend de fiscale behandeling van dividenden van investeringen die de dividendontvanger heeft gedaan in een vennootschap die ingezetene is van een andere lidstaat of een derde land.

55. Gelet op een en ander dient op de eerste vraag te worden geantwoord dat de verenigbaarheid met het Unierecht van een nationale regeling als die in het hoofdgeding, volgens welke een vennootschap die ingezetene van een lidstaat is, de vennootschapsbelasting die in een andere lidstaat of in een derde staat is betaald door dividenduitkerende kapitaalvennootschappen, niet kan verrekenen omdat deze dividenden in eerstbedoelde lidstaat van belasting zijn vrijgesteld wanneer zij worden uitgekeerd voor participaties van ten minste 10 % in het kapitaal van de uitkerende vennootschap, de werkelijke participatie van de ontvangende kapitaalvennootschap in het concrete geval meer dan 90 % bedraagt en de ontvangende vennootschap is opgericht naar het recht van een derde staat, moet worden getoetst aan de artikelen 63 VWEU en 65 VWEU.

Tweede vraag

56. Met zijn tweede vraag wenst de verwijzende rechter in wezen te vernemen of artikel 49 VWEU en in voorkomend geval artikel 63 VWEU aldus moeten worden uitgelegd dat zij zich verzetten tegen toepassing van de vrijstellingsmethode voor dividenden die worden uitgekeerd door vennootschappen die ingezetene zijn van andere lidstaten of van derde staten, terwijl voor dividenden die worden uitgekeerd door vennootschappen die ingezetene van dezelfde lidstaat zijn als de ontvangende vennootschap, de verrekeningsmethode geldt en, ingeval deze ontvangende vennootschap verlies lijdt, de verrekeningsmethode ertoe leidt dat de door de ingezeten uitkerende vennootschap betaalde belasting geheel of gedeeltelijk wordt terugbetaald.

57. Gelet op het antwoord op de eerste vraag dient de tweede vraag enkel uit het oogpunt van het vrije kapitaalverkeer te worden onderzocht.

58. Kronos stelt dat, doordat de door de uitkerende vennootschap betaalde belasting wordt terugbetaald, investeren in een ingezeten vennootschap voordeliger is dan investeren in een niet-ingezeten vennootschap ingeval de ontvangende vennootschap verlies lijdt.

59. Bovendien zijn de verrekeningsmethode en de vrijstellingsmethode niet gelijkwaardig indien ook rekening wordt gehouden met het feit dat in Duitsland de dividenden worden belast wanneer zij aan de aandeelhouders verder worden uitgekeerd.

60. In dit verband dient vooraf eraan te worden herinnerd dat het uitsluitend aan de verwijzende rechter staat om het voorwerp te bepalen van de vragen die hij aan het Hof wil stellen (arrest Kersbergen-Lap en Dams-Schipper, C-154/05, EU: C:2006:449, punt 21).

61. Met zijn tweede vraag wenst de verwijzende rechter van het Hof evenwel geen verduidelijking over de gevolgen van de fiscale behandeling van door ingezeten en niet-ingezeten vennootschappen uitgekeerde dividenden voor de aandeelhouders van de ontvangende vennootschap wanneer de dividenden eventueel aan deze aandeelhouders verder worden uitgekeerd, maar wenst hij uitsluitend te vernemen wat de gevolgen van deze fiscale behandeling zijn ten aanzien van de ontvangende vennootschap.

62. Het verzoek om een prejudiciële beslissing bevat immers noch aanwijzingen waaruit blijkt dat de verwijzende rechter de situatie van de aandeelhouders van belang acht, noch informatie over de fiscale behandeling van de door de ontvangende vennootschap eventueel verder uitgekeerde dividenden, noch informatie over de gevolgen die toepassing van de vrijstellingsmethode en de verrekeningsmethode op het niveau van de ontvangende vennootschap heeft op de fiscale situatie van de aandeelhouders van deze vennootschap.

63. Bovendien heeft het Hof reeds geoordeeld dat de fiscale situatie van de houders van een deelbewijs in een investeringsinstrument niet relevant is voor de beoordeling of een nationale regeling discriminerend is wanneer het onderscheidingscriterium voor de toepasselijke fiscale behandeling dat door de betrokken nationale regeling in het leven is geroepen, niet de fiscale situatie van de houder van het deelbewijs is, maar uitsluitend het statuut – van ingezetene of niet-ingezetene – van het investeringsinstrument (zie in die zin arrest Santander Asset Management SGIIC e.a., C-338/11–C-347/11, EU:C:2012:286, punten 28 en 41).

64. Met betrekking tot de in het hoofdgeding aan de orde zijnde nationale belastingregeling moet worden geconstateerd dat het daarbij ingevoerde onderscheidingscriterium gelegen is in de inaanmerkingneming van inkomsten voor de vaststelling van de heffingsgrondslag, zodat dividenden anders worden behandeld naar de plaats van vestiging van de uitkerende vennootschap.

65. Gelet hierop moet met het oog op de beantwoording van de tweede vraag eraan worden herinnerd dat een lidstaat waarin een regeling ter voorkoming van economische dubbele belasting geldt voor dividenden die aan ingezeten vennootschappen worden uitgekeerd door andere ingezeten vennootschappen, op grond van artikel 63 VWEU ertoe verplicht is, dividenden die aan ingezeten vennootschappen worden uitgekeerd door niet-ingezeten vennootschappen, op evenwaardige wijze te behandelen (zie arresten Test Claimants in the FII Group Litigation, EU:C:2006:774, punt 72; Haribo Lakritzen Hans Riegel en Österreichische Salinen, EU:C:2011:61, punt 156, en Test Claimants in the FII Group Litigation, EU: C:2012:707, punt 38).

66. Voorts heeft het Hof geoordeeld dat een lidstaat in beginsel vrij is om opeenvolgende belastingheffingen over door een ingezeten vennootschap ontvangen dividenden te vermijden door te kiezen voor de vrijstellingsmethode wanneer de dividenden worden uitgekeerd door een ingezeten vennootschap, en voor de verrekeningsmethode wanneer zij worden uitgekeerd door een niet-ingezeten vennootschap. Beide methoden zijn immers gelijkwaardig op voorwaarde evenwel dat het belastingtarief voor buitenlandse dividenden niet hoger is dan het tarief voor binnenlandse dividenden en het belastingkrediet ten minste gelijk is aan het bedrag dat is betaald in de lidstaat van de uitkerende vennootschap, tot beloop van het bedrag van de belasting in de lidstaat van de ontvangende vennootschap (arrest Test Claimants in the FII Group Litigation, EU:C:2012:707, punt 39 en aldaar aangehaalde rechtspraak).

67. Naar analogie is een lidstaat in beginsel tevens vrij opeenvolgende belastingheffingen over door een ingezeten vennootschap ontvangen dividenden te vermijden door te kiezen voor de verrekeningsmethode wanneer de dividenden worden uitgekeerd door een ingezeten vennootschap, en voor de vrijstellingsmethode wanneer de dividenden worden uitgekeerd door een niet-ingezeten vennootschap.

68. Aangezien het recht van de Unie in de huidige stand niet voorziet in algemene criteria voor de verdeling van de bevoegdheden tussen de lidstaten voor de afschaffing van dubbele belasting binnen de Unie (arresten Kerckhaert en Morres, C-513/04, EU:C:2006:713, punt 22, en Banco Bilbao Vizcaya Argentaria, C-157/10, EU:C:2011:813, punt 31 en aldaar aangehaalde rechtspraak), blijft elke lidstaat immers vrij om zijn regeling inzake de belastingheffing over winstuitkeringen te organiseren voor zover evenwel deze regeling geen bij het verdrag verboden discriminaties bevat (arrest Test Claimants in the FII Group Litigation, EU:C:2012:707, punt 40).

69. Ongeacht het mechanisme dat wordt ingevoerd om opeenvolgende belastingheffingen of economische dubbele belasting te vermijden of te verminderen, het door het Verdrag gegarandeerde vrije verkeer staat eraan in de weg dat een lidstaat buitenlandse dividenden ongunstiger behandelt dan binnenlandse, tenzij dat verschil in behandeling betrekking heeft op situaties die niet objectief vergelijkbaar zijn, of wordt gerechtvaardigd door dwingende redenen van algemeen belang (zie in die zin arresten Lenz, C-315/02, EU:C:2004:446, punten 20-49; Manninen, C-319/02, EU:C:2004:484, punten 20-55, en Test Claimants in the FII Group Litigation, EU:C:2006:774, punt 46).

70. Zoals is opgemerkt in punt 64 van het onderhavige arrest, werden door een in Duitsland gevestigde vennootschap ontvangen dividenden, gedurende het in het hoofdgeding aan de orde zijnde tijdvak, anders behandeld naar de plaats van vestiging van de uitkerende vennootschap.

71. Dividenden die een in Duitsland gevestigde vennootschap uitkeerde, werden immers in deze lidstaat belast, waarbij de door de uitkerende vennootschap betaalde vennootschapsbelasting over de dividenduitkering gedeeltelijk werd verrekend wanneer de ontvangende vennootschap de dividenden niet verder uitkeerde, en geheel wanneer de dividenden wel verder werden uitgekeerd.

72. In een situatie als in het hoofdgeding, waarin de ontvangende vennootschap bovendien verlies leed, werd het door een ingezeten vennootschap uitgekeerde dividend meegerekend voor de vaststelling van het bedrag van de belasting van de ontvangende vennootschap, met als gevolg dat het verlies geheel of gedeeltelijk werd gecompenseerd en dus verminderde of de overdracht ervan naar een later of vorig boekjaar werd verhinderd. Wanneer de inkomsten uit door ingezeten vennootschappen uitgekeerde dividenden niet meer bedroegen dan het verlies van de ontvangende vennootschap, was deze vennootschap geen belasting verschuldigd en werd het tegoed aan belasting over de door de Duitse dochteronderneming uitgekeerde dividenden terugbetaald.

73. Dividenden die werden uitgekeerd door een in een andere lidstaat of een derde staat gevestigde vennootschap, waren in Duitsland daarentegen van belasting vrijgesteld en werden niet meegerekend voor de vaststelling van het bedrag van de belasting van de ontvangende vennootschap. Deze dividenden hadden dus geen invloed op de heffingsgrondslag en het eventueel overdraagbare verlies van de ontvangende vennootschap.

74. Aangezien de ontvangende vennootschap in Duitsland geen belasting over de ontvangen dividenden betaalde, ongeacht het tarief van de belasting waaraan de winst bij de uitkerende vennootschap was onderworpen en ongeacht het bedrag dat de uitkerende vennootschap daadwerkelijk aan belasting over die winst had betaald, was het met de vrijstellingsmethode bovendien in voorkomend geval mogelijk het voordeel van een lagere belasting in de staat van de uitkerende vennootschap te behouden.

75. Zoals blijkt uit de verwijzingsbeslissing, was de ingezeten ontvangende vennootschap daarenboven vrijgesteld van de administratieve lasten die met de verrekeningsmethode gepaard gaan.

76. Aangezien de door een niet-ingezeten vennootschap uitgekeerde dividenden niet werden meegerekend voor de vaststelling van het bedrag van de door de ontvangende vennootschap verschuldigde belasting, had de vrijstellingsmethode ten slotte tot gevolg dat in een context waarin de ontvangende vennootschap verlies leed of voor een bepaald belastingjaar vroeger geleden verlies kon doen gelden, de uitgekeerde dividenden evenmin economisch dubbel werden belast.

77. De vrijstellingsmethode en de omstandigheid dat vrijgestelde dividenden geen invloed hadden op het bedrag van het verlies van de ingezeten ontvangende vennootschap, nemen het gevaar voor dubbele belasting van deze dividenden bij de ontvangende vennootschap in de vestigingsstaat weg.

78. Bijgevolg leidt toepassing van de vrijstellingsmethode voor van een niet-ingezeten vennootschap ontvangen dividenden, uit het oogpunt van de met de betrokken regeling nagestreefde doelstelling van voorkoming van economische dubbele belasting, niet ertoe dat deze dividenden minder gunstig worden behandeld dan door een ingezeten vennootschap uitgekeerde dividenden.

79. In een situatie waarin de ontvangende vennootschap verlies lijdt, zoals in het hoofdgeding het geval was, kan terugbetaling van de door de uitkerende vennootschap betaalde belasting worden beschouwd als een cashflowvoordeel.

80. Uit de rechtspraak van het Hof blijkt weliswaar dat uitsluiting van een cashflowvoordeel in een grensoverschrijdende situatie terwijl het beschikbaar is in een vergelijkbare binnenlandse situatie, een beperking van de vrijheid van vestiging oplevert (zie naar analogie arrest Commissie/Spanje, C-269/09, EU:C:2012:439, punt 59 en aldaar aangehaalde rechtspraak).

81. In de context van het hoofdgeding vinden de weigering van terugbetaling en het aldus vastgestelde verschil in behandeling evenwel een verklaring in een objectief situatieverschil. Met betrekking tot de terugbetaling van de door de uitkerende vennootschap betaalde belasting, waar Kronos om verzoekt, bevindt een vennootschap die buitenlandse dividenden ontvangt, zich immers niet in een situatie die vergelijkbaar is met die van een vennootschap die binnenlandse dividenden ontvangt.

82. Dit situatieverschil vloeit voort uit, ten eerste, het feit dat de Bondsrepubliek Duitsland, na het sluiten van dubbelbelastingverdragen met andere lidstaten en derde staten, afstand heeft gedaan van haar heffingsbevoegdheid voor dividenden die worden uitgekeerd door in deze staten gevestigde vennootschappen.

83. Het Hof heeft reeds geoordeeld dat het in artikel 63, lid 1, VWEU vastgelegde beginsel van vrij verkeer van kapitaal niet tot gevolg kan hebben dat de lidstaten worden verplicht om verder te gaan dan een opheffing van de door de aandeelhouder over de ontvangen buitenlandse dividenden te betalen nationale inkomstenbelasting en om een bedrag terug te betalen dat zijn oorsprong vindt in het belastingstelsel van een andere lidstaat (zie naar analogie arrest Test Claimants in the FII Group Litigation, EU:C:2006:774, punt 52), omdat anders de fiscale autonomie van eerstbedoelde lidstaat zou worden beperkt door de uitoefening door de andere lidstaat van zijn heffingsbevoegdheid (zie met name arrest Meilicke e.a., C-262/09, EU:C:2011:438, punt 33 en aldaar aangehaalde rechtspraak).

84. Bovendien heeft het Hof beslist dat de hoedanigheid van lidstaat van vestiging van de ontvangende vennootschap niet de verplichting voor deze lidstaat met zich kan meebrengen om een fiscaal nadeel te compenseren dat voortvloeit uit een opeenvolgende belastingheffing die geheel plaatsvindt in de lidstaat van vestiging van de uitkerende vennootschap, wanneer eerstbedoelde lidstaat de ontvangen dividenden bij de op zijn grondgebied gevestigde beleggingsinstellingen belast noch anderszins in aanmerking neemt (arrest Orange European Smallcap Fund, C-194/06, EU:C:2008:289, punt 41).

85. In een situatie waarin de lidstaat jegens de ontvangende vennootschap zijn heffingsbevoegdheid voor binnenkomende dividenden niet uitoefent door ze te belasten noch anderszins in aanmerking te nemen, reiken zijn verplichtingen als vestigingsstaat van de ontvangende vennootschap bijgevolg niet zo ver dat hij de fiscale last als gevolg van de uitoefening van de belastingbevoegdheid van een andere lidstaat of derde staat moet compenseren.

86. Daaruit volgt dat de verplichtingen van de lidstaat van vestiging van de ontvangende vennootschap die zijn eigen heffingsbevoegdheid over deze dividenden niet uitoefent, met betrekking tot de behandeling van de door een andere lidstaat geheven belasting verschillen van de verplichtingen die op eerstbedoelde lidstaat rusten wanneer hij ervoor kiest deze dividenden te belasten en bijgevolg binnen de perken van zijn eigen belastingheffing rekening moet houden met de fiscale last die ontstaat doordat de andere lidstaat zijn heffingsbevoegdheid uitoefent.

87. Ten tweede vormt de door Kronos gevorderde terugbetaling binnen de verrekeningsmethode het logische verlengde van de inaanmerkingneming van de dividenden en de voorheen toegepaste vermindering van het overdraagbare verlies. Wanneer geen terugbetaling wordt verricht, kunnen de inaanmerkingneming van de dividenden en de vermindering van het verlies van de ontvangende vennootschap immers ertoe leiden dat deze dividenden economisch dubbel worden belast in latere belastingjaren, wanneer het resultaat van de ontvangende vennootschap positief is (zie in die zin arrest Cobelfret, C-138/07, EU:C:2009:82, punten 39 en 40, en beschikking KBC Bank en Beleggen, Risicokapitaal, Beheer, C-439/07 en C-499/07, EU:C:2009:339, punten 39 en 40).

88. Bij de vrijstellingsmethode bestaat daarentegen geen gevaar voor economische dubbele belasting van de ontvangen dividenden aangezien het verlies niet vermindert. Tegenover de omstandigheid dat geen terugbetaling wordt verricht, staat het gegeven dat de dividenden niet worden meegerekend voor de vaststelling van de heffingsgrondslag.

89. Gelet op een en ander dient op de tweede vraag te worden geantwoord dat artikel 63 VWEU aldus moet worden uitgelegd dat het zich niet verzet tegen toepassing van de vrijstellingsmethode voor dividenden die worden uitgekeerd door vennootschappen die ingezetene zijn van andere lidstaten of van derde staten, terwijl voor dividenden die worden uitgekeerd door vennootschappen die ingezetene van dezelfde lidstaat zijn als de ontvangende vennootschap, de verrekeningsmethode geldt en, ingeval deze ontvangende vennootschap verlies lijdt, de verrekeningsmethode ertoe leidt dat de door de ingezeten uitkerende vennootschap betaalde belasting geheel of gedeeltelijk wordt terugbetaald.

Derde en vierde vraag

90. Gelet op het antwoord op de tweede vraag behoeven de derde en de vierde vraag niet te worden beantwoord.

Kosten

91. ...

Het Hof (Eerste kamer)

verklaart voor recht:

1. De verenigbaarheid met het Unierecht van een nationale regeling als die in het hoofdgeding, volgens welke een vennootschap die ingezetene van een lidstaat is, de vennootschapsbelasting die in een andere lidstaat of in

een derde staat is betaald door dividenduitkerende kapitaalvennootschappen, niet kan verrekenen omdat deze dividenden in eerstbedoelde lidstaat van belasting zijn vrijgesteld wanneer zij worden uitgekeerd voor participaties van ten minste 10 % in het kapitaal van de uitkerende vennootschap, de werkelijke participatie van de ontvangende kapitaalvennootschap in het concrete geval meer dan 90 % bedraagt en de ontvangende vennootschap is opgericht naar het recht van een derde staat, moet worden getoetst aan de artikelen 63 VWEU en 65 VWEU.

2. Artikel 63 VWEU moet aldus worden uitgelegd dat het zich niet verzet tegen toepassing van de vrijstellingsmethode voor dividenden die worden uitgekeerd door vennootschappen die ingezetene zijn van andere lidstaten of van derde staten, terwijl voor dividenden die worden uitgekeerd door vennootschappen die ingezetene van dezelfde lidstaat zijn als de ontvangende vennootschap, de verrekeningsmethode geldt en, ingeval deze ontvangende vennootschap verlies lijdt, de verrekeningsmethode ertoe leidt dat de door de ingezeten uitkerende vennootschap betaalde belasting geheel of gedeeltelijk wordt terugbetaald.

HvJ EG 11 september 2014, zaak C-489/13 (Ronny Verest, Gaby Gerards v. Belgische Staat)

Zevende kamer: *J. L. da Cruz Vilaça, kamerpresident, J.-C. Bonichot (rapporteur) en A. Arabadjiev, rechters*
Advocaat-generaal: *N. Jääskinen*

Het Hof (Zevende kamer)

verklaart voor recht:

Artikel 63 VWEU moet aldus worden uitgelegd dat het zich verzet tegen een regeling van een lidstaat als die in het hoofdgeding, voor zover zou blijken dat bij de toepassing van een in een dubbelbelastingverdrag vervat progressievoorbehoud een hoger tarief in de inkomstenbelasting van toepassing kan zijn enkel doordat de methode voor vaststelling van de inkomsten van een onroerend goed ertoe leidt dat de inkomsten van in een andere lidstaat gelegen niet-verhuurd onroerend goed worden bepaald op een hoger bedrag dan de inkomsten van een in eerstbedoelde lidstaat gelegen dergelijk goed. Het is de taak van de verwijzende rechter om na te gaan of dat wel degelijk het gevolg is van de in het hoofdgeding aan de orde zijnde regeling.

HvJ EG 9 oktober 2014, zaak C-326/12 (Rita van Caster, Patrick van Caster v. Finanzamt Essen-Süd)

Eerste kamer: *A. Tizzano, kamerpresident, S. Rodin, A. Borg Barthet, E. Levits (rapporteur) en M. Berger, rechters*

Advocaat-generaal: *M. Wathelet*

Het Hof (Eerste kamer)

verklaart voor recht:

Artikel 63 VWEU moet aldus worden uitgelegd dat het zich verzet tegen een nationale wettelijke regeling als in het hoofdgeding, volgens welke de niet-nakoming door een niet-ingezeten beleggingsfonds van de verplichtingen tot mededeling en tot bekendmaking van bepaalde informatie uit hoofde van die wettelijke regeling, die zonder onderscheid voor ingezeten en niet-ingezeten fondsen gelden, tot de forfaitaire belasting van de opbrengsten van de belastingplichtige uit dat beleggingsfonds leidt, voor zover die wettelijke regeling die belastingplichtige niet de mogelijkheid biedt om gegevens of informatie te verstrekken waaruit de werkelijke hoogte van die opbrengsten kan blijken.

HvJ EG 22 oktober 2014, gevoegde zaken C-344/13 en C-367/13 (Cristiano Blanco & Pier Paolo Fabretti v. Agenzia delle Entrate – Direzione Provinciale I di Roma – Ufficio Controlli)

Derde kamer: *M. Ilešič, kamerpresident, A. Ó Caoimh, C. Toader (rapporteur), E. Jarašiūnas en C. G. Fernlund, rechters*
Advocaat-generaal: *P. Cruz Villalón*

Summary

By taxing winnings from games of chance obtained in other Member States although it exempts such winnings obtained on its territory, Italian legislation restricts the freedom to provide services.

According to the Court of Justice, that restriction is not justified by a need to prevent money laundering and compulsive gambling.

In Italy, winnings from casinos are subject to income tax. However, winnings from casinos situated in Italy are exempt from that tax, to the extent that the taxation of winnings paid out by those casinos is included in the tax on entertainment. Ultimately, for people residing in Italy, only winnings obtained in casinos situated abroad are included in the basis of assessment for income tax.

Mr Cristiano Blanco and Mr Pier Paolo Fabretti are accused by the Italian tax authorities of failing to declare various winnings obtained in casinos abroad. They claim that the tax assessments infringe the principle of non-discrimination since winnings made in Italy are exempt from tax. The Italian authorities consider, in turn, that the national legislation is aimed at preventing money laundering abroad and at limiting the flow of capital abroad (or the arrival in Italy) of capital whose origin is uncertain.

Hearing the case, the Commissione tributaria provincial di Roma (Provincial tax court of Rome, Italy) asks the Court of Justice, first whether national legislation may subject to income tax winnings from games of chance obtained in other Member States whereas those obtained in national casinos are not (existence of a restriction on the freedom to provide services) and second whether reasons of public policy, public security or public health can justify such a difference in treatment.

In today's judgment, the Court of Justice finds that by exempting from income tax only winnings from games of chance obtained in Italy, Italian legislation has established different tax arrangements depending on whether the winnings are obtained Italy or in other Member States. It notes that such a difference in tax treatment dissuades players from going to and playing games of chance in other Member States. The fact that gaming providers established in Italy are subject to the tax on entertainment does not rid the Italian legislation of its manifestly discriminatory character, since that tax is not analogous to income tax*. It follows that the Italian legislation gives rise to a discriminatory restriction on the freedom to provide services.

As regards any justification for such discrimination, the Court of Justice recalls that a discriminatory restriction can be justified only if it pursues objectives of public order, public security and public health. In the present case, the Court notes, first, that it is not justifiable for the authorities of a Member State to assume, generally and without distinction, that bodies and entities established in another Member State are engaging in criminal activity.** In addition, the general exclusion from the benefit of that exemption established by Italy goes beyond what is necessary to combat money laundering. Second, it is inconsistent for a Member State wishing to combat compulsive gambling, on one hand, to tax consumers who participate in games of chance in other Member States and, on the other hand, to exempt those same consumers if they participate in games of chance in Italy. In fact, such an exemption is likely to have the effect of encouraging consumers to participate in games of chance and is therefore not suitable for ensuring that that objective be attained. The Court of Justice concludes that such discrimination is not justified.

* See, to that effect, Case C-42/02 Lindman.
** Case C-153/08 Commission v Spain

HvJ EG 13 november 2014, zaak C-112/14 (Europese Commissie v. Verenigd Koninkrijk)

Achtste Kamer: *A. Ó Caoimh, President of the Chamber, E. Jarašiūnas (rapporteur) and C. G. Fernlund, judges*

Advocaat-generaal: *P. Mengozzi*

On those grounds,

the Court (Eighth Chamber)

hereby:

1. **Declares that, by adopting and maintaining tax legislation concerning the attribution of gains to participators in non-resident companies which provides for a difference in treatment between domestic and cross-border activities, the United Kingdom of Great Britain and Northern Ireland has failed to fulfil its obligations under Article 63 TFEU and Article 40 of the Agreement on the European Economic Area of 2 May 1992;**

2. **Orders the United Kingdom of Great Britain and Northern Ireland to pay the costs.**

HvJ EG 11 december 2014, zaak C-678/11 (Europese Commissie v. Koninkrijk Spanje)

Vijfde kamer: *T. von Danwitz, kamerpresident, C. Vajda (rapporteur), A. Rosas, E. Juhász en D. Šváby, rechters*
Advocaat-generaal: *J. Kokott*

Het Hof (Vijfde kamer)

verklaart:

1. **Het Koninkrijk Spanje heeft niet voldaan aan de krachtens artikel 56 VWEU op hem rustende verplichtingen doordat het is overgegaan tot vaststelling van artikel 46, sub c, van Real Decreto Legislativo 1/2002, por el que se aprueba el texto refundido de la Ley de Regulación de los Planes y Fondos de Pensiones (koninklijk wetgevend decreet 1/2002 tot goedkeuring van de gecodificeerde tekst van de wet betreffende de pensioenregelingen en -fondsen) van 29 november 2002 en artikel 86, lid 1, van Real Decreto Legislativo 6/2004, por el que se aprueba el texto refundido de la Ley de ordenación y supervisión de los seguros privados (koninklijk wetgevend decreet 6/2004 tot goedkeuring van de gecodificeerde tekst van de wet op de ordening van en het toezicht op particuliere verzekeringen) van 29 oktober 2004, op grond van welke bepalingen in andere lidstaten dan het Koninkrijk Spanje gevestigde pensioenfondsen die in deze lidstaat bedrijfspensioenregelingen aanbieden en verzekeringsmaatschappijen die in het kader van het vrij verrichten van diensten in Spanje actief zijn, een in deze lidstaat wonende of gevestigde fiscaal vertegenwoordiger moeten aanwijzen.**
2. **Het beroep wordt verworpen voor het overige.**
3. **De Europese Commissie, het Koninkrijk Spanje en de Franse Republiek dragen hun eigen kosten.**

HvJ EG 18 december 2014, zaak C-87/13 (Staatssecretaris van Financiën v. X)

Tweede Kamer: *T. von Danwitz, kamerpresident, C. Vajda (rapporteur), A. Rosas, E. Juhász en D. Šváby, rechters*

Advocaat-generaal: *J. Kokott*

1. Het verzoek om een prejudiciële beslissing betreft de uitlegging van de artikelen 49 VWEU en 63 VWEU.

2. Dit verzoek is ingediend in het kader van een geding tussen de Staatssecretaris van Financiën en X over de weigering van de Nederlandse belastingdienst om op de inkomsten van deze belastingplichtige bepaalde kosten in aftrek te brengen die hij had gemaakt in verband met het onderhoud van zijn woning, een in België gelegen, door de monumentenwetgeving van die lidstaat beschermd kasteel, op de grond dat dit kasteel niet wordt beschermd door de monumentenwetgeving van het Koninkrijk der Nederlanden.

Nederlands recht

3. Artikel 2.5, lid 1, van de Wet inkomstenbelasting 2001, in de versie die van toepassing is op het hoofdgeding (hierna: „Wet inkomstenbelasting"), bepaalt:

„De binnenlandse belastingplichtige die niet gedurende het gehele kalenderjaar in Nederland woont, en de buitenlandse belastingplichtige die als inwoner van een andere lidstaat van de Europese Unie[, van een van de Nederlandse eilanden Bonaire, Sint Eustatius of Saba] of van een bij ministeriële regeling aangewezen andere mogendheid waarmee Nederland een regeling ter voorkoming van dubbele belasting is overeengekomen die voorziet in de uitwisseling van inlichtingen, in de belastingheffing van die lidstaat[, van een van de Nederlandse eilanden Bonaire, Sint Eustatius of Saba] of [van die] mogendheid wordt betrokken, kunnen kiezen voor toepassing van de regels van deze wet voor binnenlandse belastingplichtigen. [...]"

4. In artikel 3.1 van deze wet wordt bepaald:

„1. Belastbaar inkomen uit werk en woning is het inkomen uit werk en woning verminderd met de te verrekenen verliezen uit werk en woning (afdeling 3.13).

2. Inkomen uit werk en woning is het gezamenlijke bedrag van:
a. de belastbare winst uit onderneming (afdeling 3.2),
b. het belastbare loon (afdeling 3.3),
c. het belastbare resultaat uit overige werkzaamheden (afdeling 3.4),
d. de belastbare periodieke uitkeringen en verstrekkingen (afdeling 3.5),
e. de belastbare inkomsten uit eigen woning (afdeling 3.6),
f. de negatieve uitgaven voor inkomensvoorzieningen (afdeling 3.8) en
g. de negatieve persoonsgebonden aftrekposten (afdeling 3.9), verminderd met:
h. de aftrek wegens geen of geringe eigenwoningschuld (afdeling 3.6a),
i. de uitgaven voor inkomensvoorzieningen (afdeling 3.7) en
j. de persoonsgebonden aftrek (hoofdstuk 6)."

5. Uit de verwijzingsbeslissing blijkt dat het belastbare inkomen uit de woning van de belastingplichtige forfaitair wordt bepaald op een percentage van de waarde van de woning.

6. In hoofdstuk 6 van de Wet inkomstenbelasting zijn met name bijzondere regels opgenomen over de aftrek van de kosten met betrekking tot een monumentenpand. De mogelijkheid van aftrek bestaat zowel voor eigen woningen als voor monumentenpanden die belastbaar inkomen uit sparen of beleggen opleveren als bedoeld in hoofdstuk 5 van de deze wet, te weten tweede woningen en beleggingspanden. Op grond van het bepaalde in artikel 6.31 van de Wet inkomstenbelasting, in samenhang met artikel 6.1, lid 2, aanhef en sub g, van die wet, kunnen uitgaven met betrekking tot een monumentenpand, voor zover zij uitstijgen boven een bepaalde drempel, onder bepaalde voorwaarden in aanmerking worden genomen als persoonsgebonden aftrekpost. Die voorwaarden hangen niet samen met de persoon of de draagkracht van de belastingplichtige. Voor gevallen waarin het monumentenpand is aan te merken als eigen woning, is met deze regeling beoogd aftrek mogelijk te maken van onderhoudskosten binnen de grenzen van het in het voorgaande punt van het onderhavige arrest genoemde forfait.

7. Artikel 6.2 van de Wet inkomstenbelasting, met het opschrift „In aanmerking nemen persoonsgebonden aftrek" luidt als volgt:

„1. De persoonsgebonden aftrek vermindert het inkomen uit werk en woning van het kalenderjaar, maar niet verder dan tot nihil.

2. Voor zover de persoonsgebonden aftrek het inkomen uit werk en woning van het kalenderjaar niet vermindert, vermindert de aftrek het belastbaar inkomen uit sparen en beleggen van het jaar, maar niet verder dan tot nihil.

3. Voor zover de persoonsgebonden aftrek het inkomen uit werk en woning en het belastbaar inkomen uit sparen en beleggen van het kalenderjaar niet vermindert, vermindert de aftrek het inkomen uit aanmerkelijk belang van het jaar, maar niet verder dan tot nihil.
4. Voor de toepassing van het eerste en het derde lid wordt het inkomen uit werk en woning en het inkomen uit aanmerkelijk belang bepaald zonder rekening te houden met te conserveren inkomen.
5. Bij een vermindering worden allereerst de uitgaven voor specifieke zorgkosten, bedoeld in artikel 6.1, tweede lid, onderdeel d, in aanmerking genomen."

8. Artikel 6 van de Monumentenwet 1988, in de versie die van toepassing is op het hoofdgeding (hierna: „Monumentenwet"), bepaalt:

„1. Onze minister houdt voor elke gemeente een register aan van de beschermde monumenten. In het register schrijft hij de monumenten in die hij heeft aangewezen, voor zover geen beroep tegen die aanwijzing is ingesteld of een beroep is afgewezen.
2. Van de inschrijving in het register zendt Onze minister aan gedeputeerde staten en aan burgemeester en wethouders telkens één afschrift.
3. Het aan burgemeester en wethouders gezonden afschrift wordt ter inzage ter secretarie van de gemeente neergelegd. Eenieder kan zich aldaar op zijn kosten afschriften doen verstrekken."

9. In artikel 7 van deze wet wordt bepaald:

„1. Indien het monument niet gelegen is binnen het grondgebied van enige gemeente, zijn artikel 3, tweede tot en met zesde lid, artikel 4 en artikel 6 niet van toepassing.
2. Alvorens Onze minister ten aanzien van een monument als bedoeld in het eerste lid een beschikking geeft, hoort hij de Raad.
3. Onze minister houdt een landelijk register aan waarin hij de door hem aangewezen monumenten, bedoeld in het eerste lid, inschrijft voor zover geen beroep tegen die aanwijzing is ingesteld of een beroep is afgewezen. Een afschrift van de inschrijving wordt gezonden aan de instantie die het betrokken gebied beheert alsmede, indien het monument is gelegen binnen het grondgebied van een provincie, aan gedeputeerde staten."

10. In artikel 3 van diezelfde wet zijn de voorwaarden voor de aanwijzing van een goed als historisch monument als volgt vastgelegd:

„1. Onze minister kan ambtshalve onroerende monumenten aanwijzen als beschermd monument.
2. Voordat Onze minister ter zake een beschikking geeft, vraagt hij advies aan burgemeester en wethouders van de gemeente waarin het monument is gelegen en, indien de monumenten zijn gelegen buiten de krachtens de Wegenverkeerswet 1994 vastgestelde bebouwde kom, tevens aan gedeputeerde staten.
3. Onze minister doet mededeling van de adviesaanvraag, bedoeld in het tweede lid, aan degenen die in de basisregistratie kadaster als eigenaar en beperkt gerechtigde staan vermeld.
4. Burgemeester en wethouders stellen de in het derde lid genoemde belanghebbenden in de gelegenheid zich te doen horen en plegen het overleg, bedoeld in artikel 2, tweede lid.
5. Burgemeester en wethouders brengen hun advies uit binnen vijf maanden na de verzending van de in het tweede lid bedoelde adviesaanvraag, gedeputeerde staten binnen vier maanden.
6. Onze minister beslist, de Raad gehoord, binnen tien maanden na de datum van de verzending van de adviesaanvraag aan burgemeester en wethouders."

11. Hoewel de Monumentenwet geen expliciete voorwaarde stelt met betrekking tot de locatie van een monument op het Nederlandse grondgebied, is de verwijzende rechter van oordeel dat deze voorwaarde noodzakelijkerwijze voortvloeit uit het algemene stelsel van deze wet, zoals dit blijkt uit de totstandkoming ervan.

Hoofdgeding en prejudiciële vragen

12. X, een Nederlands staatsburger, is in 2004 verhuisd van Nederland naar België om daar te wonen in een kasteel waarvan hij de eigenaar is.

13. Dit kasteel is in België beschermd als historisch monument. In Nederland is het daarentegen in geen van de in artikel 6 of artikel 7 van de Monumentenwet genoemde registers ingeschreven.

14. Tijdens het in het hoofdgeding aan de orde zijnde belastingjaar was X werkzaam in Nederland als directeur van een vennootschap waarvan hij enig aandeelhouder was. Hij genoot geen inkomsten uit arbeid in België.

15. Aangezien hij had gekozen voor toepassing van de regels voor in Nederland wonende belastingplichtigen, heeft hij zijn inkomsten aangegeven in die lidstaat. Op deze inkomsten heeft hij een bedrag van 18 140 EUR in aftrek gebracht als onderhouds- en afschrijvingskosten van het kasteel, dat hij in gebruik had genomen als eigen woning in de zin van de Nederlandse Wet inkomstenbelasting.

16. Aan X is vervolgens een navorderingsaanslag opgelegd met betrekking tot die aftrek, op de grond dat niet was voldaan aan de in artikel 6.31, lid 2, van de Wet inkomstenbelasting neergelegde voorwaarde dat het monument moet zijn ingeschreven in een van de registers als bedoeld in de artikelen 6 en 7 van de Monumentenwet.

17. De Rechtbank Breda, die van oordeel was dat het recht op aftrek niet kan worden beperkt tot in Nederland gelegen monumenten, heeft het beroep van X tegen deze navordering gegrond verklaard. Het Gerechtshof te 's-Hertogenbosch heeft het door de Nederlandse belastingdienst ingestelde hoger beroep verworpen. De Staatssecretaris van Financiën heeft beroep in cassatie ingesteld bij de Hoge Raad der Nederlanden.

18. Daarop heeft de Hoge Raad der Nederlanden de behandeling van de zaak geschorst en het Hof verzocht om een prejudiciële beslissing over de volgende vragen:

„1. Staat het recht van de EU, in het bijzonder de regeling over de vrijheid van vestiging en over het vrije kapitaalverkeer, eraan in de weg dat een inwoner van België die op zijn verzoek in Nederland wordt belast als ingezetene en die kosten heeft gemaakt ter zake van een door hem als eigen woning bewoond kasteel dat is gelegen in België en aldaar is aangewezen als wettelijk beschermd monument en dorpsgezicht, die kosten in Nederland voor de heffing van inkomstenbelasting niet kan aftrekken op de grond dat het kasteel niet in Nederland is geregistreerd als beschermd monument?

2. In hoeverre is hierbij van belang of de betrokkene de kosten in zijn woonland België voor de inkomstenbelasting in aftrek kan brengen op zijn huidige of toekomstige roerende inkomsten door middel van een keuze voor progressieve belastingheffing over die inkomsten?"

Prejudiciële vragen

19. Met zijn vragen, die tezamen moeten worden onderzocht, wenst de verwijzende rechterlijke instantie in wezen te vernemen of de artikelen 49 VWEU en 63 VWEU aldus moeten worden uitgelegd dat zij zich verzetten tegen een wettelijke regeling van een lidstaat die, teneinde het nationaal cultureel erfgoed te beschermen, de aftrek van de kosten van monumentenpanden enkel mogelijk maakt voor eigenaren van dergelijke panden die op zijn grondgebied zijn gelegen.

20. Om te beginnen zij opgemerkt dat, ook al kunnen zowel het vrije verkeer van kapitaal als de vrijheid van vestiging zijn aangetast, de aldus geherformuleerde vragen binnen de context van het hoofdgeding moeten worden beantwoord in het licht van de vrijheid van vestiging.

21. Elke onderdaan van een lidstaat die in het kapitaal van een in een andere lidstaat gevestigde vennootschap een deelneming houdt die hem een zodanige invloed op de besluiten van die vennootschap verleent dat hij de activiteiten ervan kan bepalen, valt immers, ongeacht zijn nationaliteit, binnen de werkingssfeer van artikel 49 VWEU (zie arrest N, C-470/04, EU:C:2006:525, punt 27).

22. Hiervan is sprake is het geval van X, die tijdens het in het hoofdgeding aan de orde zijnde belastingjaar domicilie had gekozen in België en in Nederland de zaken beheerde van de vennootschap naar Nederlands recht waarvan hij enig aandeelhouder was.

23. Volgens vaste rechtspraak staat artikel 49 VWEU in de weg aan een nationale regeling die, zelfs wanneer zij zonder onderscheid op grond van nationaliteit van toepassing is, de uitoefening van de in het VWEU gewaarborgde vrijheid van vestiging door onderdanen van de Unie kan belemmeren of minder aantrekkelijk maken (zie met name arrest Attanasio Group, C-384/08, EU:C:2010:133, punt 43 en aldaar aangehaalde rechtspraak).

24. Vastgesteld moet worden dat de in het hoofdgeding aan de orde zijnde wettelijke regeling een beperking van de vrijheid van vestiging vormt.

25. In situaties zoals die van X, die niet in Nederland woonachtig is maar die, omdat hij al zijn werkzaamheden in die lidstaat uitoefent, heeft geopteerd voor de belastingregeling voor ingezetenen, brengt deze wettelijke regeling voor belastingplichtigen die een historisch monument bewonen, immers een verschil in belastingheffing mee al naargelang hun woonplaats al dan niet op het nationale grondgebied is gelegen.

26. Dit verschil in behandeling kan belastingplichtigen die in een historisch monument wonen dat is gelegen op het grondgebied van een lidstaat, namelijk ervan weerhouden hun activiteiten in een andere lidstaat uit te oefenen.

27. Van een discriminatie in de zin van het Verdrag tussen ingezetenen en niet-ingezetenen kan evenwel slechts sprake zijn indien, ongeacht het feit dat de twee categorieën belastingplichtigen in verschillende lidstaten verblijf houden, wordt vastgesteld dat zij zich, gelet op het doel en de inhoud van de betrokken nationale bepalingen, in een vergelijkbare situatie bevinden (zie arrest Commissie/Estland, C-39/10, EU:C:2012:282, punt 51).

28. Het Hof is van oordeel dat dit in het hoofdgeding niet het geval is.

29. Het voorwerp van de in het hoofdgeding aan de orde zijnde wettelijke regeling is namelijk, zoals met name blijkt uit de toelichting bij het wetsvoorstel dat heeft geleid tot de Wet inkomstenbelasting, het behoud en de

bescherming van het cultuurhistorisch erfgoed van Nederland door middel van een speciale aftrekbaarheid van bepaalde kosten van monumentenpanden, met name die welke hun eigenaar tot woning dienen.

30. Het is bovendien met het oog op deze doelstelling dat het Koninkrijk der Nederlanden de bovengenoemde aftrekmogelijkheid heeft geopend voor belastingplichtigen die eigenaar zijn van een in Nederland gelegen monumentenpand, ook als zij in een andere lidstaat woonachtig zijn, zoals volgt uit de schriftelijke opmerkingen van de Nederlandse regering.

31. Het feit dat een belastingvoordeel waarvan het doel bestaat in de bescherming van het cultuurhistorisch erfgoed van Nederland, enkel wordt toegekend aan eigenaren van monumentenpanden die op het nationale grondgebied zijn gelegen, is derhalve inherent aan de door de nationale wetgever nagestreefde doelstelling.

32. Het hieruit voortvloeiende verschil in behandeling is dus van toepassing op categorieën van belastingplichtigen die zich niet in objectief vergelijkbare situaties bevinden.

33. Dit zou slechts anders zijn indien de belastingplichtige aantoont dat het monument waarvan hij de eigenaar is, ondanks het feit dat het is gelegen op het grondgebied van een andere lidstaat dan het Koninkrijk der Nederlanden, desalniettemin een element vormt van het Nederlands cultuurhistorisch erfgoed, en een dergelijke omstandigheid dit monument, indien het niet extraterritoriaal zou zijn, in aanmerking zou doen komen voor bescherming op grond van de Nederlandse Monumentenwet.

34. Gelet op het voorgaande dient op de gestelde vragen te worden geantwoord dat artikel 49 VWEU aldus moet worden uitgelegd dat het zich niet verzet tegen een wettelijke regeling van een lidstaat die, teneinde het nationaal cultuurhistorisch erfgoed te beschermen, de aftrek van de kosten van monumentenpanden enkel mogelijk maakt voor eigenaren van monumenten die op zijn grondgebied zijn gelegen, voor zover deze mogelijkheid openstaat voor eigenaren van monumenten die, ondanks het feit dat zij op het grondgebied van een andere lidstaat zijn gelegen, verband kunnen houden met het cultuurhistorisch erfgoed van eerstbedoelde lidstaat.

Kosten

35. Ten aanzien van de partijen in het hoofdgeding is de procedure als een aldaar gerezen incident te beschouwen, zodat de verwijzende rechterlijke instantie over de kosten heeft te beslissen. De door anderen wegens indiening van hun opmerkingen bij het Hof gemaakte kosten komen niet voor vergoeding in aanmerking.

Het Hof (Tweede kamer)

verklaart voor recht:

Artikel 49 VWEU moet aldus worden uitgelegd dat het zich niet verzet tegen een wettelijke regeling van een lidstaat die, teneinde het nationaal cultuurhistorisch erfgoed te beschermen, de aftrek van de kosten van monumentenpanden enkel mogelijk maakt voor eigenaren van monumenten die op zijn grondgebied zijn gelegen, voor zover deze mogelijkheid openstaat voor eigenaren van monumenten die, ondanks het feit dat zij op het grondgebied van een andere lidstaat zijn gelegen, verband kunnen houden met het cultuurhistorisch erfgoed van eerstbedoelde lidstaat.

HvJ EG 18 december 2014, zaak C-133/13 (Staatssecretaris van Economische Zaken & Staatssecretaris van Financiën v. Q)

Tweede Kamer: *R. Silva de Lapuerta, kamerpresident, K. Lenaerts, vicepresident van het Hof, waarnemend rechter van de Tweede kamer, J.-C. Bonichot (rapporteur), A. Arabadjiev en J. L. da Cruz Vilaça, rechters*

Advocaat-generaal: *J. Kokott*

Het Hof (Tweede kamer)

verklaart voor recht:

Artikel 63 VWEU moet aldus worden uitgelegd dat het zich niet verzet tegen een wettelijke regeling van een lidstaat als aan de orde in het hoofdgeding, krachtens welke een vrijstelling van schenkbelasting ter zake van bepaalde landgoederen die zijn beschermd omdat zij behoren tot het nationaal cultuurhistorisch erfgoed, is beperkt tot die landgoederen die op het grondgebied van die lidstaat zijn gelegen, voor zover deze vrijstelling niet is uitgesloten ten aanzien van landgoederen die, ondanks het feit dat zij op het grondgebied van een andere lidstaat zijn gelegen, verband kunnen houden met het cultuurhistorisch erfgoed van eerstbedoelde lidstaat.

HvJ EG 18 december 2014, zaak C-640/13 (Europese Commissie v. Verenigd Koninkrijk van Groot-Brittannië en Noord-Ierland)

Eerste Kamer: *A. Tizzano (Rapporteur), President of the Chamber, A. Borg Barthet, E. Levits, M. Berger, and F. Biltgen, Judges*
Advocaat-generaal: *Y. Bot*

On those grounds,

the Court (First Chamber)

hereby:

1. **Declares that by adopting a provision, such as section 107 of the Finance Act 2007, which curtailed, retroactively and without notice or transitional arrangements, the right of taxpayers to recover taxes levied in breach of EU law the United Kingdom of Great Britain and Northern Ireland has failed to comply with its obligations under Article 4(3) TEU;**
2. **Orders the United Kingdom of Great Britain and Northern Ireland to pay the costs.**

HvJ EG 3 februari 2015, zaak C-172/13 (Europese Commissie v. Verenigd Koninkrijk)

Grote kamer: *V. Skouris, president, K. Lenaerts (rapporteur), vicepresident, M. Ilešič, L. Bay Larsen en J.-C. Bonichot, kamerpresidenten, A. Rosas, E. Juhász, A. Arabadjiev, C. Toader, M. Safjan, D. Šváby, M. Berger en A. Prechal, rechters*

Advocaat-generaal: *J. Kokott*

1. Met haar beroep verzoekt de Europese Commissie het Hof vast te stellen dat het Verenigd Koninkrijk van Groot-Brittannië en Noord-Ierland zijn verplichtingen krachtens artikel 49 VWEU en artikel 31 van de Overeenkomst betreffende de Europese Economische Ruimte van 2 mei 1992 (*PB* 1994, L 1, blz. 3; hierna: „EER-Overeenkomst") niet is nagekomen, doordat het de groepsaftrek voor verliezen van niet-ingezeten vennootschappen (hierna: „grensoverschrijdende groepsaftrek") onderwerpt aan voorwaarden die het in de praktijk nagenoeg onmogelijk maken om gebruik te maken van die aftrek, en doordat het die aftrek slechts toestaat voor periodes na 1 april 2006.

Toepasselijke bepalingen van het Verenigd Koninkrijk

2. In het Verenigd Koninkrijk kunnen vennootschappen die tot eenzelfde groep behoren onderling hun winsten en hun verliezen verrekenen op grond van de regeling betreffende de groepsaftrek. Krachtens de Income and Corporation Tax Act 1988 (wet van 1988 inzake de inkomsten- en vennootschapsbelasting; hierna: „ICTA") konden verliezen van niet-ingezeten vennootschappen echter niet in aanmerking worden genomen.

3. Naar aanleiding van het arrest Marks & Spencer (C-446/03, EU:C:2005:763) is de ICTA gewijzigd bij de Finance Act 2006 (wet van 2006 op de financiën), die op 1 april 2006 in werking is getreden. Die wetswijziging had tot doel de grensoverschrijdende groepsaftrek onder bepaalde voorwaarden mogelijk te maken. Nadien zijn de betrokken voorschriften van de Finance Act 2006 vrijwel ongewijzigd overgenomen in de Corporation Tax Act 2010 (wet van 2010 inzake de vennootschapsbelasting; hierna: „CTA 2010").

4. De CTA 2010 bepaalt onder welke voorwaarden grensoverschrijdende groepsaftrek mogelijk is. Ingevolge section 118 van de CTA 2010 moet de niet-ingezeten vennootschap alle mogelijkheden om de verliezen te verrekenen tijdens het belastingjaar waarin deze zijn ontstaan en tijdens vorige belastingjaren hebben benut, terwijl section 119, leden 1 tot en met 3, van de CTA 2010 vereist dat er geen mogelijkheid is om de verliezen tijdens volgende belastingjaren te verrekenen.

5. Ingevolge section 119, lid 4, van de CTA 2010 moet de vraag of de verliezen kunnen worden verrekend tijdens volgende belastingjaren, worden beantwoord „aan de hand van de situatie vlak na het einde" van het belastingjaar waarin deze verliezen zijn geleden.

6 Op grond van de punten 14, lid 1, onder a), en 74, lid 1, onder a), van bijlage 18 bij de Finance Act 1998 (wet van 1998 op de financiën) bedraagt de normale termijn voor het aanvragen van een groepsaftrek twee jaar, te rekenen vanaf het einde van het belastingjaar waarin de verliezen zijn geleden.

7. De Supreme Court of the United Kingdom heeft in punt 33 van zijn arrest van 22 mei 2013 geoordeeld dat in het licht van de wetgeving die gold vóór 1 april 2006 – zoals uitgelegd tegen de achtergrond van het Unierecht – voor de toekenning van de grensoverschrijdende groepsaftrek moest worden onderzocht of de verzoekende vennootschap erin geslaagd was om op basis van de omstandigheden die op de datum van haar aanvraag bekend waren, aan te tonen dat er geen mogelijkheid was om de betrokken verliezen in de lidstaat van de overdragende vennootschap te verrekenen tijdens een van de belastingjaren vóór de aanvraagdatum en dat evenmin een dergelijke mogelijkheid bestond of zou bestaan in het belastingjaar waarin de aanvraag was gedaan of in een later belastingjaar.

Precontentieuze procedure en procesverloop voor het Hof

8. Op 19 juli 2007 heeft de Commissie het Verenigd Koninkrijk een aanmaningsbrief gestuurd, waarin zij betoogde dat de belastingregels die deze lidstaat na het arrest Marks & Spencer (EU:C:2005:763) heeft vastgesteld, mogelijk onverenigbaar zijn met de vrijheid van vestiging, aangezien zij berusten op een zeer strikte interpretatie van het criterium dat alle mogelijkheden moeten zijn uitgeput om de verliezen van de niet-ingezeten dochteronderneming te verrekenen in de lidstaat waar die dochteronderneming is gevestigd. Bovendien gelden deze regels pas vanaf de dag waarop de nieuwe wettelijke regeling in werking is getreden, te weten 1 april 2006.

9. Bij e-mail van 23 oktober 2007 heeft het Verenigd Koninkrijk betoogd dat zijn wettelijke regeling betreffende de grensoverschrijdende groepsaftrek strookt met de beginselen die het Hof in het arrest Marks & Spencer (EU:C:2005:763) heeft geformuleerd.

10. Op 23 september 2008 heeft de Commissie het Verenigd Koninkrijk een met redenen omkleed advies doen toekomen, waarin zij haar standpunt heeft herhaald. Het Verenigd Koninkrijk heeft zijn eigen standpunt bevestigd bij brief van 18 november 2008.

11. Op 25 november 2010 heeft de Commissie het Verenigd Koninkrijk naar aanleiding van de vaststelling van de CTA 2010 een aanvullend met redenen omkleed advies doen toekomen.

12. Aangezien de Commissie geen genoegen kon nemen met het antwoord dat het Verenigd Koninkrijk in zijn brief van 24 januari 2011 op dat met redenen omklede advies had gegeven, heeft zij het onderhavige beroep ingesteld.

13. Bij beslissing van de president van het Hof van 11 oktober 2013 zijn de Bondsrepubliek Duitsland, het Koninkrijk Spanje, het Koninkrijk der Nederlanden en de Republiek Finland toegelaten tot interventie aan de zijde van het Verenigd Koninkrijk van Groot-Brittannië en Noord-Ierland.

Beroep

Eerste grief: het Verenigd Koninkrijk heeft artikel 49 VWEU en artikel 31 van de EER-Overeenkomst geschonden, aangezien section 119, lid 4, van de CTA 2010 het voor een ingezeten moedermaatschappij nagenoeg onmogelijk maakt om een grensoverschrijdende groepsaftrek te genieten

Argumenten van partijen

14. De Commissie betoogt dat section 119, lid 4, van de CTA 2010 niet voldoet aan de vereisten die voor de betrokken lidstaat voortvloeien uit de punten 55 en 56 van het arrest Marks & Spencer (EU:C:2005:763). Het bewijs dat de verliezen van een dochteronderneming uit een andere lidstaat of uit een derde land dat partij is bij de EER-Overeenkomst in de toekomst niet zullen kunnen worden verrekend, moet volgens dat voorschrift namelijk worden geleverd „aan de hand van de situatie vlak na het einde" van het belastingjaar waarin die verliezen zijn geleden. Volgens de Commissie maakt dit voorschrift het voor een ingezeten moedermaatschappij vrijwel onmogelijk om een grensoverschrijdende groepsaftrek te genieten.

15. Section 119, lid 4, van de CTA 2010 heeft immers tot gevolg dat de grensoverschrijdende groepsaftrek slechts in twee gevallen kan worden verleend, te weten ten eerste wanneer de wettelijke regeling van de staat waar de niet-ingezeten dochteronderneming is gevestigd niet voorziet in de mogelijkheid om verliezen over te dragen naar volgende belastingjaren, en ten tweede wanneer de niet-ingezeten dochteronderneming in vereffening wordt gesteld vóór het einde van het belastingjaar waarin de verliezen zijn geleden. Grensoverschrijdende groepsaftrek is dus uitgesloten in de normale commerciële situatie, te weten wanneer na het belastingjaar waarin verlies is geleden wordt besloten de activiteiten van de niet-ingezeten dochteronderneming te staken en deze onderneming te liquideren. Die aftrek is bovendien beperkt tot de verliezen die zijn geleden in één enkel belastingjaar.

16. Volgens de Commissie is slechts voldaan aan de voorwaarden van punt 55 van het arrest Marks & Spencer (EU: C:2005:763) indien de mogelijkheid om in de vestigingsstaat van de niet-ingezeten dochteronderneming belastingaftrek te genieten wordt beoordeeld op de datum waarop het verzoek om groepsaftrek wordt ingediend in het Verenigd Koninkrijk, en dit aan de hand van de concrete feiten van het dossier en niet louter op basis van de theoretische mogelijkheid dat de verliezen van die niet-ingezeten dochter later worden verrekend, die louter voortvloeit uit het feit dat die dochter nog niet is geliquideerd.

17. Het Verenigd Koninkrijk antwoordt hierop dat de voorwaarde dat de verliezen van de niet-ingezeten dochteronderneming tijdens volgende belastingjaren niet kunnen worden verrekend in de lidstaat waar die dochter is gevestigd, moet worden beoordeeld op het einde van het belastingjaar waarin de verliezen zijn ontstaan, zoals blijkt uit punt 55 van het arrest Marks & Spencer (EU:C:2005:763).

18. Tegen de stelling dat het nagenoeg onmogelijk is om een grensoverschrijdende groepsaftrek te genieten, voert het Verenigd Koninkrijk aan dat een vennootschap haar verliezen normaal gezien kan overdragen naar een volgend belastingjaar indien zij een commerciële activiteit blijft uitoefenen. Bovendien kan de voorwaarde van artikel 119, lid 4, van de CTA 2010 volgens deze lidstaat in meer gevallen worden vervuld dan die welke de Commissie heeft genoemd. De relevante bepalingen stellen de toepassing van de grensoverschrijdende groepsaftrek niet afhankelijk van de voorwaarde dat de niet-ingezeten dochteronderneming in vereffening is gesteld vóór het einde van het belastingjaar waarin de verliezen zijn geleden. Er wordt ook rekening gehouden met het bewezen voornemen om een verlieslatende dochter te ontbinden en met het feit dat de liquidatieprocedure snel na het einde van het belastingjaar is opgestart. Het voornemen om tot liquidatie over te gaan wordt samen met alle andere relevante feiten zoals die bestaan op het einde van het belastingjaar waarin de verliezen zijn geleden, in aanmerking genomen om te bepalen of is voldaan aan het criterium dat er geen mogelijkheden zijn om de verliezen te verrekenen.

19. De interveniënten voeren aan dat het Verenigd Koninkrijk niet hoeft te voorzien in de mogelijkheid om de verliezen van niet-ingezeten dochterondernemingen te verrekenen in alle gevallen waarin deze verliezen niet

elders kunnen worden verrekend. Het vereiste dat de niet-ingezeten dochter de facto wordt geliquideerd, is bovendien niet onevenredig.

20. De Bondsrepubliek Duitsland voegt hieraan toe dat de uit het arrest Marks & Spencer (EU:C:2005:763) voortvloeiende rechtspraak opnieuw moet worden onderzocht na het arrest K (C-322/11, EU:C:2013:716).

Beoordeling door het Hof

21. De CTA 2010 bevat een regeling voor groepsaftrek op grond waarvan door een vennootschap geleden verliezen in mindering kunnen worden gebracht van de winst van andere vennootschappen van dezelfde groep. Verliezen van niet-ingezeten vennootschappen komen echter, anders dan verliezen van ingezeten vennootschappen, slechts in aanmerking voor een groepsaftrek indien zij voldoen aan de voorwaarden van sections 118 en 119 van de CTA 2010.

22. De door de CTA 2010 mogelijk gemaakte groepsaftrek vormt voor de betrokken vennootschappen een belastingvoordeel. Hij levert de groep een cashflowvoordeel op, daar hij de verlieslatende vennootschappen in staat stelt hun verliezen onmiddellijk te verrekenen met de winst van andere vennootschappen van de groep en ze aldus sneller aan te zuiveren (zie arresten Marks & Spencer, EU:C:2005:763, punt 32, en Felixstowe Dock and Railway Company e.a., C-80/12, EU:C:2014:200, punt 19).

23. Het in punt 21 hierboven vastgestelde verschil in behandeling dat voor de toekenning van het belastingvoordeel in kwestie bestaat tussen verliezen van ingezeten dochters en verliezen van niet-ingezeten dochters kan de moedermaatschappij van de groep belemmeren in de uitoefening van haar vrijheid van vestiging in de zin van artikel 49 VWEU, doordat het haar ervan weerhoudt om dochterondernemingen op te richten in andere lidstaten (zie in die zin arresten Marks & Spencer, EU:C:2005:763, punt 33; Felixstowe Dock and Railway Company e.a., EU:C:2014:200, punt 21, en Nordea Bank Danmark, C-48/13, EU:C:2014:2087, punt 22).

24. Uit de rechtspraak van het Hof blijkt evenwel dat een dergelijk verschil in behandeling kan worden gerechtvaardigd door drie dwingende redenen van algemeen belang, samen beschouwd, te weten de noodzaak een evenwichtige verdeling van de heffingsbevoegdheid tussen de lidstaten te handhaven, de noodzaak het risico op dubbele verliesverrekening te vermijden en de noodzaak het gevaar voor belastingontwijking tegen te gaan (zie in die zin arresten Marks & Spencer, EU: C:2005:763, punt 51; Oy AA, C-231/05, EU:C:2007:439, punt 51, en A, C-123/11, EU:C:2013:84, punt 46).

25. Dan blijft nog de vraag of de voorwaarden die in de CTA 2010 worden gesteld aan de grensoverschrijdende groepsaftrek evenredig zijn, met andere woorden of zij, naast het feit dat zij geschikt zijn om de in het vorige punt aangehaalde doelstellingen te bereiken, niet verder gaan dan ter bereiking van die doelstellingen noodzakelijk is.

26. In dit verband moet eraan worden herinnerd dat het Hof in punt 55 van het arrest Marks & Spencer (EU:C:2005:763), dat betrekking had op de ICTA – volgens welke verliezen van niet-ingezeten dochters nooit in aanmerking konden worden genomen in het kader van de groepsaftrek – heeft geoordeeld dat het verschil in behandeling tussen verliezen van ingezeten en verliezen van niet-ingezeten dochterondernemingen verder gaat dan nodig is ter bereiking van de nagestreefde doelstellingen in een situatie waarin enerzijds de niet-ingezeten dochter de in haar vestigingsstaat bestaande mogelijkheden van verliesverrekening heeft uitgeput voor het belastingjaar waarvoor het verzoek om een belastingaftrek is ingediend alsook voor vroegere belastingjaren, in voorkomend geval via een overdracht van het verlies aan een derde of via de verrekening ervan met de winst van de dochter in vroegere belastingjaren, en waarin anderzijds het verlies van de niet-ingezeten dochter niet in toekomstige belastingjaren in de vestigingsstaat van die dochter kan worden verrekend, hetzij door de dochter zelf, hetzij door een derde, met name ingeval de dochter aan een derde is verkocht (zie eveneens arresten Lidl Belgium, C-414/06, EU:C:2008:278, punt 47, en A, EU:C:2013:84, punt 49).

27. Zoals uit punt 56 van het arrest Marks & Spencer (EU:C:2005:763) blijkt, is het in strijd met artikel 49 VWEU om een in een lidstaat gevestigde moedermaatschappij de mogelijkheid te ontzeggen het verlies van haar niet-ingezeten dochteronderneming af te trekken van haar in deze lidstaat belastbare winst, wanneer deze moedermaatschappij ten overstaan van de belastingadministratie van deze lidstaat bewijst dat haar dochteronderneming definitieve verliezen heeft geleden in de zin van punt 55 van dat arrest.

28. Vastgesteld moet echter worden dat sections 118 en 119, leden 1 tot en met 3, van de CTA 2010 de ingezeten moedermaatschappij de mogelijkheid bieden om de verliezen van een niet-ingezeten dochter te verrekenen in de situaties die zijn bedoeld in punt 55 van het arrest Marks & Spencer (EU:C:2005:763).

29. Voorts erkent de Commissie in haar verzoekschrift zelf dat de CTA 2010 in beginsel toestaat dat een ingezeten moedermaatschappij de door een niet-ingezeten dochteronderneming geleden definitieve verliezen in de zin van punt 55 van het arrest Marks & Spencer (EU:C:2005:763) verrekent.

30. Volgens de Commissie is artikel 119, lid 4, van de CTA 2010 niettemin in strijd met artikel 49 VWEU, aangezien deze bepaling het in de praktijk voor een ingezeten moedermaatschappij nagenoeg onmogelijk maakt om een grensoverschrijdende groepsaftrek te genieten.

31. In dit verband moet in herinnering worden geroepen dat artikel 119, lid 4, van de CTA 2010 bepaalt op welk ogenblik moet worden beoordeeld of de verliezen van een niet-ingezeten dochteronderneming definitief zijn in de zin van punt 55 van het arrest Marks & Spencer (EU:C:2005:763). Dit voorschrift bepaalt namelijk dat deze beoordeling moet gebeuren „aan de hand van de situatie vlak na het einde" van het belastingjaar waarin de verliezen zijn geleden.

32. De Commissie betoogt dat dit vereiste het nagenoeg onmogelijk maakt om de groepsaftrek toe te passen voor verliezen van een niet-ingezeten dochteronderneming, aangezien het de verrekening van dergelijke verliezen door de ingezeten moedermaatschappij in de praktijk slechts in twee gevallen toestaat: ten eerste wanneer de wettelijke regeling van de lidstaat waar de betrokken dochteronderneming is gevestigd niet de mogelijkheid biedt om verliezen naar volgende belastingjaren over te dragen, en ten tweede wanneer deze dochteronderneming in vereffening wordt gesteld vóór het einde van het belastingjaar waarin de verliezen zijn geleden.

33. Evenwel moet worden vastgesteld dat het eerste door de Commissie genoemde geval niet relevant is om de evenredigheid van section 119, lid 4, van de CTA 2010 te beoordelen. Uit vaste rechtspraak volgt immers dat de definitieve aard van door een niet-ingezeten dochter geleden verliezen in de zin van punt 55 van het arrest Marks & Spencer (EU: C:2005:763) niet kan voortvloeien uit het feit dat de lidstaat waar die dochteronderneming is gevestigd de mogelijkheid uitsluit om verliezen naar volgende jaren over te dragen (zie arrest K, EU:C:2013:716, punten 75-79 en aldaar aangehaalde rechtspraak). In dat geval kan de lidstaat van de moedermaatschappij de grensoverschrijdende groepsaftrek dus weigeren zonder dat hij daarmee artikel 49 VWEU schendt.

34. Wat het tweede aangehaalde geval betreft, moet worden geconstateerd dat de Commissie geen bewijs heeft geleverd voor haar stelling dat een ingezeten moedermaatschappij krachtens section 119, lid 4, van de CTA 2010 de grensoverschrijdende groepsaftrek slechts kan genieten indien haar niet-ingezeten dochteronderneming in vereffening is gesteld vóór het einde van het belastingjaar waarin voornoemde verliezen zijn geleden.

35. Volgens section 119, lid 4, van de CTA 2010 moet de vraag of door een niet-ingezeten dochteronderneming geleden verliezen definitief zijn in de zin van punt 55 van het arrest Marks & Spencer (EU:C:2005:763) immers worden beantwoord aan de hand van de situatie „vlak na het einde" van het belastingjaar waarin de verliezen zijn geleden. Uit de tekst van deze bepaling blijkt dus dat zij in ieder geval niet vereist dat de betrokken dochteronderneming in vereffening is gesteld vóór het einde van het belastingjaar waarin de verliezen zijn geleden.

36. Voorts moet eraan worden herinnerd dat de verliezen van een niet-ingezeten dochteronderneming slechts als definitief kunnen worden bestempeld in de zin van punt 55 van het arrest Marks & Spencer (EU:C:2005:763) indien deze onderneming geen inkomsten meer heeft in de lidstaat waar zij is gevestigd. Zolang deze dochteronderneming – zelfs maar minieme – inkomsten blijft ontvangen, bestaat immers een mogelijkheid dat de geleden verliezen nog kunnen worden verrekend met toekomstige winst die wordt geboekt in de lidstaat waar deze onderneming is gevestigd (zie arrest A, EU: C:2013:84, punten 53 en 54).

37. Het Verenigd Koninkrijk heeft onder verwijzing naar een concreet voorbeeld van een ingezeten moedermaatschappij die een grensoverschrijdende groepsaftrek heeft genoten, bevestigd dat kan worden aangetoond dat de verliezen van een niet-ingezeten dochteronderneming definitief zijn in de zin van punt 55 van het arrest Marks & Spencer (EU:C:2005:763) wanneer zij vlak na het einde van het belastingjaar waarin zij verliezen heeft geleden, haar commerciële activiteiten heeft gestaakt en alle activa waarmee haar inkomsten zijn gerealiseerd heeft verkocht of heeft doen verdwijnen.

38. Bijgevolg moet de eerste grief worden afgewezen voor zover zij is gebaseerd op een schending van artikel 49 VWEU.

39. Wat het eveneens door de Commissie aangevoerde argument betreft dat section 119, lid 4, van de CTA 2010 inbreuk maakt op artikel 31 van de EER-Overeenkomst, moet worden opgemerkt dat laatstgenoemd artikel dezelfde juridische strekking heeft als het in wezen identieke artikel 49 VWEU, zodat alle voorgaande overwegingen in omstandigheden als die van het onderhavige beroep mutatis mutandis kunnen worden toegepast op dat artikel 31 (zie in die zin arrest Commissie/ Finland, C-342/10, EU:C:2012:688, punt 53 en aldaar aangehaalde rechtspraak).

40. De eerste grief moet derhalve in haar geheel worden afgewezen.

Tweede grief: het Verenigd Koninkrijk heeft 49 VWEU en artikel 31 van de EER-Overeenkomst geschonden, aangezien de wetgeving van deze lidstaat geen grensoverschrijdende groepsaftrek toestaat voor verliezen die zijn geleden vóór 1 april 2006

41. De Commissie betoogt dat verliezen die vóór 1 april 2006 zijn geleden, niet in aanmerking komen voor een grensoverschrijdende groepsaftrek, daar de bepalingen van de CTA 2010 betreffende deze aftrek uitsluitend van toepassing zijn op verliezen die zijn geleden na 1 april 2006, de dag waarop de Finance Act 2006 in werking is getreden. Deze uitsluiting is volgens haar in strijd met artikel 49 VWEU en artikel 31 van de EER-Overeenkomst.

42. In antwoord op dat betoog van de Commissie merkt het Verenigd Koninkrijk op dat de grensoverschrijdende groepsaftrek ook kan worden toegepast voor periodes vóór 1 april 2006, maar dat hij in dat geval wordt beheerst door de voorschriften van de toen geldende wetgeving, uitgelegd overeenkomstig het Unierecht na het arrest Marks & Spencer (EU: C:2005:763), zoals de Supreme Court of the United Kingdom heeft gedaan in zijn hierboven in punt 7 aangehaalde arrest van 22 mei 2013.

43. Ongeacht of de loutere verwijzing naar de uitlegging die de Supreme Court of the United Kingdom heeft gegeven aan de vóór die datum geldende nationale wettelijke regeling – volgens welke de grensoverschrijdende groepsaftrek eveneens kan worden toegepast voor verliezen die vóór deze datum zijn geleden – de nodige rechtszekerheid oplevert ten aanzien van de vraag of een grensoverschrijdende groepsaftrek kan worden genoten voor verliezen die vóór 1 april 2006 zijn geleden, moet worden vastgesteld dat de Commissie niet heeft aangetoond dat er gevallen zijn waarin de grensoverschrijdende groepsaftrek is geweigerd voor verliezen die vóór 1 april 2006 zijn geleden.

44. Derhalve dient de tweede grief te worden afgewezen.

45. Bijgevolg moet het beroep in zijn geheel worden verworpen.

Kosten

46. ..

47. ..

Het Hof (Grote kamer)

verklaart:

1. **Het beroep wordt verworpen.**

2. **De Europese Commissie wordt verwezen in de kosten.**

3. **De Bondsrepubliek Duitsland, het Koninkrijk Spanje, het Koninkrijk der Nederlanden en de Republiek Finland dragen hun eigen kosten.**

HvJ EG 24 februari 2015, zaak C-512/13 (C. G. Sopora v. Staatssecretaris van Financiën)

Grote kamer: *V. Skouris, president, K. Lenaerts, vicepresident, A. Tizzano, L. Bay Larsen en T. von Danwitz, kamerpresidenten, A. Rosas, A. Arabadjiev, C. Toader, M. Safjan, D. Šváby, M. Berger, A. Prechal en C. G. Fernlund (rapporteur), rechters*

Advocaat-generaal: *J. Kokott*

1. Het verzoek om een prejudiciële beslissing betreft de uitlegging van de regels inzake het vrije verkeer van werknemers binnen de Europese Unie.

2. Dit verzoek is ingediend in het kader van een geding tussen C. G. Sopora en de Staatssecretaris van Financiën, over de afwijzing van het verzoek van de belanghebbende tot verkrijging van de forfaitaire belastingvrijstelling van een vergoeding in verband met de dienstbetrekking die hij uitoefent in Nederland.

Toepasselijke bepalingen

3. Volgens artikel 31, lid 1, van de Wet op de loonbelasting 1964, in de versie ervan van 2012 (hierna: „Wet op de loonbelasting"), omvat het belastbare loon bepaalde aan de werknemers betaalde vergoedingen.

4. De vergoedingen kunnen evenwel krachtens artikel 31a, lid 2, onder e), van de Wet op de loonbelasting worden vrijgesteld van deze belasting wanneer zij worden toegekend ter compensatie van de extra kosten – de zogenoemde extraterritoriale kosten – die een werknemer heeft ten gevolge van het feit dat hij, gedurende een periode die de acht jaar niet overschrijdt, verblijft buiten zijn land van herkomst.

5. Het Besluit van 17 mei 1965 houdende uitvoering van de Wet op de loonbelasting 1964, zoals gewijzigd bij Besluit van 23 december 2010, preciseert de uitvoeringsvoorwaarden van deze wet die vanaf 1 januari 2012 van toepassing zijn. Het voorziet in een vrijstelling van de loonbelasting voor de „ingekomen werknemer", die in artikel 10e, lid 2, onder b), ervan wordt gedefinieerd als:

„[de] uit een ander land aangeworven [...] werknemer [...]:
1° met een specifieke deskundigheid die op de Nederlandse arbeidsmarkt niet of schaars aanwezig is; en
2° die in meer dan twee derde van de periode van 24 maanden voorafgaand aan de aanvang van de tewerkstelling in Nederland woonachtig was op een afstand van meer dan 150 kilometer van de grens van Nederland exclusief de territoriale zee van Nederland en de exclusieve economische zone van het Koninkrijk, bedoeld in artikel 1 van de Rijkswet instelling exclusieve economische zone."

6. Uit de stukken waarover het Hof beschikt, blijkt dat vergoedingen ter voorkoming van extraterritoriale kosten op gezamenlijk verzoek van de „ingekomen werknemer" en de werkgever worden vrijgesteld van belasting tot ten hoogste 30 % van de grondslag, zonder dat het bestaan van deze kosten hoeft te worden bewezen (hierna: „forfaitaire regeling"). De grondslag wordt in hoofdzaak gevormd door het aan de dienstbetrekking verbonden loon, vermeerderd met de vergoeding wegens extraterritoriale kosten. Het blijft overigens altijd mogelijk hogere werkelijke kosten aan te tonen en vrijstelling te verkrijgen voor de voornoemde vergoeding tot het bedrag van die kosten. Bovendien kan ook een in een andere lidstaat aangeworven werknemer die niet voldoet aan de voorwaarde dat hij op meer dan 150 kilometer van de Nederlandse grens woonachtig is, een belastingvrijstelling verkrijgen voor de vergoeding die overeenkomt met de door hem gemaakte extraterritoriale kosten waarvan hij het bewijs kan leveren.

Hoofdgeding en prejudiciële vragen

7. Sopora was van 1 februari 2012 tot en met 31 december 2012 in Nederland tewerkgesteld door een aan zijn in Duitsland gevestigde werkgever gelieerde vennootschap. Gedurende de periode van 24 maanden voorafgaand aan zijn tewerkstelling in Nederland was Sopora woonachtig in Duitsland op een afstand van minder dan 150 kilometer van de Nederlandse grens. Vervolgens is hij in Duitsland woonachtig gebleven, terwijl hij in Nederland een appartement huurde om daar gedurende een deel van de week te verblijven.

8. Sopora en zijn werkgever hebben de bevoegde autoriteit verzocht om toepassing van de forfaitaire regeling.

9. Bij beschikking van 11 april 2012, die bij uitspraak op een bezwaar van Sopora is bevestigd, heeft die autoriteit overwogen dat laatstgenoemde niet voldeed aan de voorwaarde dat hij in meer dan twee derde van de periode van 24 maanden voorafgaand aan zijn tewerkstelling in Nederland op een afstand van meer dan 150 kilometer van de Nederlandse grens woonachtig moest zijn geweest.

10. Sopora heeft tegen die beschikking beroep ingesteld bij de Rechtbank te Breda. Laatstgenoemde heeft dit beroep verworpen na, met name, te hebben overwogen dat het vereiste dat de werknemer op een dergelijke afstand van de Nederlandse grens woonachtig moest zijn, niet in strijd was met het Unierecht.

11. Sopora heeft tegen de beslissing van de Rechtbank te Breda cassatieberoep ingesteld bij de Hoge Raad der Nederlanden.

12. In zijn verwijzingsbeslissing vraagt de Hoge Raad zich af of de forfaitaire regeling verenigbaar is met het Unierecht.

13. Hij wijst er om te beginnen op dat de Nederlandse wetgever heeft opgemerkt dat werknemers die afkomstig zijn uit andere lidstaten, over het algemeen hogere kosten van levensonderhoud hebben dan werknemers die reeds lange tijd in Nederland wonen. Om discussies over de hoogte van deze kosten te vermijden, heeft voornoemde wetgever oorspronkelijk deze groep van werknemers in ieder geval en zonder andere bewijselementen willen laten profiteren van de forfaitaire regeling.

14. De verwijzende rechter preciseert vervolgens de redenen waarom het criterium van een afstand van meer dan 150 kilometer van de Nederlandse grens vanaf 1 januari 2012 is ingevoerd.

15. Hij wijst erop dat van de forfaitaire regeling ruimer gebruik werd gemaakt dan de bedoeling was bij de invoering daarvan en dat dit resulteerde in een concurrentieverstoring in de grensstreek, ten nadele van in Nederland wonende werknemers. De in deze lidstaat gevestigde werkgevers maakten namelijk meer gebruik van buiten die lidstaat wonende werknemers, aan wie zij vanwege de toepassing van de forfaitaire regeling een lager salaris konden uitbetalen, terwijl zij hun voor hetzelfde werk een hoger nettoloon konden garanderen. De nationale wetgever heeft aan deze situatie een einde willen maken door de toepassing van de forfaitaire regeling uit te sluiten voor werknemers waarvan mag worden verondersteld dat zij lagere, of geen, extraterritoriale kosten hebben, aangezien zij dagelijks op en neer kunnen reizen naar hun werkplek. Derhalve heeft hij het criterium ingevoerd dat is gebaseerd op een afstand van 150 kilometer hemelsbreed tussen de woonplaats van de werknemer in de lidstaat van herkomst en de Nederlandse grens. Voornoemde wetgever was van mening dat de werknemer bij een afstand van meer dan 150 kilometer niet dagelijks heen en weer naar zijn werkplek kan reizen.

16. Volgens de verwijzende rechter heeft de nationale wetgever erkend dat in het geval van werknemers die in de lidstaat van herkomst wonen op een afstand van minder dan 150 kilometer van de Nederlandse grens, de afstand die hen scheidt van hun werkplek aanzienlijk kan variëren. De wetgever was evenwel van mening dat indien rekening zou moeten worden gehouden met de afstand tussen de in Nederland gelegen werkplek en de plek waar de werknemer voorafgaand aan zijn tewerkstelling in Nederland in de lidstaat van herkomst woonde, dit zou stuiten op problemen bij de uitvoering door de belastingdienst.

17. Tot slot vraagt de verwijzende rechter zich af of het gekozen criterium leidt tot een onderscheid tussen vergelijkbare situaties en, in het geval waarin dit een belemmering van het vrije verkeer van werknemers zou vormen, of deze kan worden gerechtvaardigd.

18. Daarop heeft de Hoge Raad der Nederlanden de behandeling van de zaak geschorst en het Hof verzocht om een prejudiciële beslissing over de volgende vragen:

> „1. Is sprake van een – rechtvaardiging behoevend – indirect onderscheid naar nationaliteit dan wel een belemmering van het vrije verkeer van werknemers, indien de wettelijke regeling van een lidstaat een onbelaste kostenvergoeding wegens extraterritoriale kosten mogelijk maakt voor ingekomen werknemers, en aan de werknemer die in de periode voorafgaande aan zijn werkzaamheden in die lidstaat in het buitenland woonde op een afstand van meer dan 150 kilometer van de grens van die lidstaat zonder nader bewijs een forfaitair bepaalde onbelaste kostenvergoeding kan worden toegekend, ook indien het bedrag daarvan hoger is dan de werkelijke extraterritoriale kosten, terwijl voor de werknemer die in deze periode op een geringere afstand van die lidstaat woonde de hoogte van die onbelaste vergoeding is beperkt tot het aantoonbare werkelijke bedrag van de extraterritoriale kosten?
> 2. Indien vraag 1 bevestigend moet worden beantwoord, berust de desbetreffende Nederlandse regeling in het Uitvoeringsbesluit loonbelasting 1965 dan op dwingende redenen van algemeen belang?
> 3. Indien ook vraag 2 bevestigend moet worden beantwoord, gaat het 150-kilometercriterium in deze regeling dan verder dan noodzakelijk is om het daarmee beoogde doel te bereiken?"

Beantwoording van de prejudiciële vragen

19. Om te beginnen zij opgemerkt dat de door de verwijzende rechter gestelde vragen betrekking hebben op de verenigbaarheid met het Unierecht van een belastingvoordeel dat een lidstaat toekent aan werknemers die, alvorens een dienstbetrekking op zijn grondgebied te aanvaarden, woonachtig waren in een andere lidstaat, op een bepaalde afstand van zijn grens. Dit voordeel bestaat in de forfaitaire vrijstelling van de loonbelasting over een vergoeding wegens extraterritoriale kosten, tot ten hoogste 30 % van de grondslag, zonder dat de werknemers

hoeven aan te tonen dat zij die kosten daadwerkelijk hebben gemaakt of dat die kosten het bedrag van deze vergoeding bereiken.

20. Derhalve wenst de verwijzende rechter met zijn vragen, die samen moeten worden onderzocht, in wezen te vernemen of artikel 45 VWEU aldus moet worden gelezen dat het zich verzet tegen een nationale wettelijke regeling als in het hoofdgeding aan de orde is, waarbij een lidstaat aan werknemers die, alvorens een dienstbetrekking op zijn grondgebied te aanvaarden, woonachtig waren in een andere lidstaat, een belastingvoordeel toekent, bestaande in de forfaitaire belastingvrijstelling van een vergoeding wegens extraterritoriale kosten, op voorwaarde dat deze werknemers woonachtig waren op een afstand van meer dan 150 kilometer van zijn grens.

21. Volgens artikel 45, lid 2, VWEU houdt het vrije verkeer van werknemers de afschaffing in van elke discriminatie op grond van de nationaliteit tussen de werknemers van de lidstaten, wat de werkgelegenheid, de beloning en de overige arbeidsvoorwaarden betreft.

22. Het Hof heeft inzonderheid geoordeeld dat het beginsel van gelijke behandeling op het gebied van de beloning zou worden uitgehold, wanneer daaraan afbreuk kon worden gedaan door discriminerende nationale bepalingen inzake inkomstenbelasting (arresten Biehl, C-175/88, EU:C:1990:186, punt 12, en Schumacker, C-279/93, EU:C:1995:31, punt 23).

23. Bovendien verbieden de regels inzake gelijke behandeling volgens vaste rechtspraak niet alleen zichtbare discriminaties op grond van nationaliteit, maar ook alle verkapte vormen van discriminatie die door toepassing van andere onderscheidingscriteria in feite tot hetzelfde resultaat leiden (arresten Sotgiu, 152/73, EU:C:1974:13, punt 11, en Schumacker, EU:C:1995:31, punt 26).

24. Bijgevolg verbiedt het vrije verkeer van werknemers, ten eerste, een lidstaat om een maatregel te nemen die de op zijn grondgebied wonende werknemers begunstigt, indien deze maatregel ertoe leidt dat nationale onderdanen worden bevoordeeld en deze aldus discriminatie op grond van nationaliteit in het leven roept.

25. Ten tweede moet, gelet op de tekst van artikel 45, lid 2, VWEU – dat de afschaffing beoogt van elke discriminatie op grond van nationaliteit „tussen de werknemers van de lidstaten" – gelezen in het licht van artikel 26 VWEU, ervan uit worden gegaan dat die vrijheid ook discriminatie verbiedt tussen niet-ingezeten werknemers indien deze ertoe leidt dat de onderdanen van bepaalde lidstaten op ongerechtvaardigde wijze worden bevoordeeld ten opzichte van anderen.

26. Bovendien moet bij het onderzoek van de in het hoofdgeding aan de orde zijnde regeling rekening worden gehouden met de daarmee nagestreefde doelstelling, die erin bestaat het vrije verkeer van in andere lidstaten woonachtige werknemers die een dienstbetrekking in Nederland hebben aanvaard en die daardoor mogelijk extra kosten hebben, te vergemakkelijken door het voordeel van de forfaitaire regeling toe te kennen aan deze werknemers, en niet aan werknemers die reeds lange tijd in Nederland wonen.

27. De Nederlandse wetgever, die van mening is dat vanaf een bepaalde afstand tussen de in een andere lidstaat gelegen woonplaats van de betrokken werknemers en hun werkplek in Nederland, deze werknemers niet meer dagelijks op en neer kunnen reizen, zodat zij er in beginsel toe worden gebracht ook in Nederland te gaan wonen, en dat de hieruit voortvloeiende extra kosten voor levensonderhoud aanzienlijk zijn, heeft deze afstand bepaald op 150 kilometer van de Nederlandse grens en het plafond van het bedrag van de forfaitaire vrijstelling vastgesteld op 30 % van de grondslag.

28. Zoals opgemerkt in punt 6 van het onderhavige arrest, blijkt uit de verwijzingsbeslissing dat de forfaitaire regeling nooit in het nadeel werkt van voornoemde werknemers. Indien de werkelijk gemaakte extraterritoriale kosten het forfaitaire plafond van 30 % overschrijden, staat het hun immers vrij om, zelfs wanneer de voor toepassing van de forfaitaire regeling vastgestelde voorwaarden zijn vervuld, een belastingvrijstelling van de vergoeding wegens extraterritoriale kosten te verkrijgen, mits zij passende bewijsstukken overleggen.

29. De verwijzende rechter benadrukt ook dat de werknemers die niet voldoen aan de voorwaarde dat zij woonachtig zijn op meer dan 150 kilometer van de Nederlandse grens, krachtens de in artikel 31a, lid 2, onder e), van de Wet op de loonbelasting genoemde regel in aanmerking kunnen komen voor een vrijstelling voor werkelijk gemaakte extraterritoriale kosten, mits zij passende bewijsstukken overleggen. In die situatie is overcompensatie evenwel niet mogelijk, in tegenstelling tot situaties waarin de forfaitaire belastingvrijstelling wordt toegepast, gelet op het feit dat bij forfaitaire toekenning geen rekening wordt gehouden met het daadwerkelijke bedrag van de extraterritoriale kosten, en deze toekenning zelfs kan plaatsvinden wanneer het bedrag van deze kosten nihil is.

30. Alle niet-ingezeten werknemers, of hun woonplaats zich nu bevindt op meer dan 150 kilometer van de Nederlandse grens of op een afstand van minder dan 150 kilometer van die grens, kunnen dus profiteren van een belastingvrijstelling van de vergoeding voor werkelijke extraterritoriale kosten. De administratieve vereenvoudiging van de aangifte van deze extraterritoriale kosten die voortvloeit uit de toepassing van de forfaitaire regeling is evenwel voorbehouden aan werknemers die woonachtig zijn op meer dan 150 kilometer van die grens.

31. Voorts staat vast dat derhalve het merendeel van de Belgische werknemers alsook een deel van de Duitse, Franse en Luxemburgse werknemers en van de werknemers uit het Verenigd Koninkrijk is uitgesloten van toepassing van de forfaitaire regeling.

32. Het is inherent aan de forfaitaire wijze van toekenning van een belastingvoordeel dat wordt geacht situaties te dekken waarin de materiële voorwaarden om in aanmerking te komen voor dat voordeel onweerlegbaar zijn vervuld, dat er andere situaties bestaan waarin, om diverse redenen, die voorwaarden eveneens zijn vervuld, welke situaties overigens onder overlegging van passende bewijsstukken een recht openen op dat voordeel.

33. Hoewel het juist is dat overwegingen van administratieve aard geen afwijking door een lidstaat van de regels van Unierecht kunnen rechtvaardigen (arrest Terhoeve, C-18/95, EU:C:1999:22, punt 45), volgt uit de rechtspraak van het Hof ook dat aan de lidstaten niet de mogelijkheid kan worden ontzegd om legitieme doelstellingen na te streven met de invoering van algemene regels die door de bevoegde autoriteiten gemakkelijk kunnen worden gehandhaafd en gecontroleerd (zie arresten Commissie/Italië, C-110/05, EU:C:2009:66, punt 67; Josemans, C-137/09, EU:C:2010:774, punt 82, en Commissie/Spanje, C-400/08, EU:C:2011:172, punt 124).

34. Het enkele feit dat limieten zijn vastgesteld voor de afstand ten opzichte van de woonplaats van werknemers en de hoogte van de toegekende vrijstelling, en dat daarbij als uitgangspunt is gekozen voor respectievelijk de Nederlandse grens en de belastinggrondslag, kan derhalve, zelfs indien deze vaststelling, zoals de verwijzende rechter opmerkt, noodzakelijkwijs een zekere grofheid kent, op zichzelf geen indirecte discriminatie of belemmering van het vrij verkeer van werknemers vormen. Dit geldt a fortiori wanneer, zoals in casu, de forfaitaire regeling in het voordeel werkt van de ervoor in aanmerking komende werknemers, doordat zij het aantal administratieve stappen dat die werknemers moeten ondernemen om belastingvrijstelling te verkrijgen voor de vergoeding wegens extraterritoriale kosten, aanzienlijk vermindert.

35. Dit zou evenwel anders kunnen zijn indien deze limieten zodanig zouden zijn vastgesteld dat de forfaitaire regeling systematisch aanleiding geeft tot een duidelijke overcompensatie van de werkelijk gemaakte extraterritoriale kosten, hetgeen de verwijzende rechter dient na te gaan.

36. Gelet op het voorgaande moet op de gestelde vragen worden geantwoord dat artikel 45 VWEU aldus moet worden uitgelegd dat het zich niet verzet tegen een nationale wettelijke regeling als in het hoofdgeding, waarbij een lidstaat ten gunste van werknemers die, alvorens een dienstbetrekking op zijn grondgebied te aanvaarden, woonachtig waren in een andere lidstaat, voorziet in de toekenning van een belastingvoordeel, bestaande in de forfaitaire belastingvrijstelling van een vergoeding wegens extraterritoriale kosten tot ten hoogste 30 % van de grondslag, op voorwaarde dat deze werknemers woonachtig waren op een afstand van meer dan 150 kilometer van zijn grens, tenzij deze limieten zodanig zijn vastgesteld dat deze vrijstelling systematisch aanleiding geeft tot een duidelijke overcompensatie van de werkelijk gemaakte extraterritoriale kosten, hetgeen de verwijzende rechter dient na te gaan.

Kosten

37. Ten aanzien van de partijen in het hoofdgeding is de procedure als een aldaar gerezen incident te beschouwen, zodat de verwijzende rechterlijke instantie over de kosten heeft te beslissen. De door anderen wegens indiening van hun opmerkingen bij het Hof gemaakte kosten komen niet voor vergoeding in aanmerking.

Het Hof (Grote kamer)

verklaart voor recht:

Artikel 45 VWEU moet aldus worden uitgelegd dat het zich niet verzet tegen een nationale wettelijke regeling als in het hoofdgeding, waarbij een lidstaat ten gunste van werknemers die, alvorens een dienstbetrekking op zijn grondgebied te aanvaarden, in een andere lidstaat woonden, voorziet in de toekenning van een belastingvoordeel, bestaande in de forfaitaire belastingvrijstelling van een vergoeding wegens extraterritoriale kosten tot ten hoogste 30 % van de grondslag, op voorwaarde dat deze werknemers woonachtig waren op een afstand van meer dan 150 kilometer van zijn grens, tenzij deze limieten zodanig zijn vastgesteld dat deze vrijstelling systematisch aanleiding geeft tot een duidelijke overcompensatie van de werkelijk gemaakte extraterritoriale kosten, hetgeen de verwijzende rechter dient na te gaan.

HvJ EG 24 februari 2015, zaak C-559/13 (Finanzamt Dortmund-Unna v. Josef Grünewald)

Grote Kamer: *V. Skouris, president, K. Lenaerts, vicepresident, A. Tizzano, R. Silva de Lapuerta, M. Ilešič, A. Ó Caoimh, J.-C. Bonichot (rapporteur), kamerpresidenten, A. Arabadjiev, C. Toader, M. Safjan, D. Šváby, M. Berger, A. Prechal, E. Jarašiūnas en C. G. Fernlund, rechters*

Advocaat-generaal: *P. Mengozzi*

Het Hof (Grote kamer)

verklaart voor recht:

Artikel 63 VWEU moet aldus worden uitgelegd dat het zich verzet tegen een regeling van een lidstaat op grond waarvan een niet-ingezeten belastingplichtige van de commerciële inkomsten die hij in deze lidstaat heeft verworven uit aandelen in een vennootschap die hem door een ouder zijn overgedragen door middel van een schenking als voorschot op zijn erfdeel, de uitkeringen die hij aan die ouder als tegenprestatie voor die schenking heeft betaald, niet mag aftrekken, terwijl een ingezeten belastingplichtige volgens die regeling wel recht heeft op deze aftrek.

HvJ EG 16 april 2015, zaak C-591/13 (Europese Commissie v. Duitsland)

Derde kamer: *M. Ilešič, kamerpresident, A. Ó Caoimh, C. Toader, E. Jarašiūnas en C. G. Fernlund (rapporteur), rechters*
Advocaat-generaal: *Y. Bot*

1. De Europese Commissie verzoekt het Hof, vast te stellen dat de Bondsrepubliek Duitsland, door bepalingen vast te stellen en te handhaven volgens welke de heffing van belasting over de bij de overdracht onder bezwarende titel van bepaalde investeringsgoederen (hierna „vervangen goederen") gerealiseerde meerwaarde wordt uitgesteld, door die meerwaarde „over te dragen" op nieuw verworven of nieuw geproduceerde investeringsgoederen (hierna: „vervangende goederen"), tot aan de verkoop van laatstgenoemde goederen onder voorwaarde echter dat laatstgenoemde goederen deel uitmaken van het vermogen van een op het nationale grondgebied gelegen vaste inrichting van de belastingplichtige, terwijl een dergelijk uitstel onmogelijk is wanneer die goederen deel uitmaken van het vermogen van een vaste inrichting die de belastingplichtige in een andere lidstaat van de Europese Unie of in een staat die partij is bij de op 2 mei 1992 ondertekende Overeenkomst betreffende de Europese Economische Ruimte (*PB* 1994, L 1, blz. 3; hierna: EER-Overeenkomst) heeft, de krachtens artikel 49 VWEU en artikel 31 van de EER-Overeenkomst op haar rustende verplichtingen niet is nagekomen.

Toepasselijke bepalingen

2. § 6b, leden 1 tot en met 4, van het Einkommensteuergesetz (wet op de inkomstenbelasting; hierna: „EStG") bepaalt:

„1. Belastingplichtigen die
gronden,
gewassen samen met de grond waarop zij staan, wanneer die gewassen tot een landbouw- of bosbouwbedrijf behoren,
gebouwen of binnenschepen
verkopen, kunnen in het boekjaar waarin de verkoop heeft plaatsgevonden, een bedrag van maximaal de bij die verkoop gerealiseerde meerwaarde aftrekken van de kosten voor de aankoop of de productie van goederen als bedoeld in de tweede zin die in het boekjaar van de verkoop of in het daaraan voorafgaande boekjaar zijn aangekocht of geproduceerd. De aftrek is toegestaan voor de kosten voor de aankoop of de productie van
1. gronden,
indien de meerwaarde bij de verkoop van gronden is gerealiseerd,
2. gewassen samen met de grond waarop zij staan, wanneer die gewassen tot een landbouw- of bosbouwbedrijf behoren,
indien de meerwaarde is gerealiseerd bij de verkoop van gronden of van gewassen samen de grond waarop zij staan,
3. gebouwen,
indien de meerwaarde is gerealiseerd bij de verkoop van gronden, van gewassen samen de grond waarop zij staan, of van gebouwen, of
4. binnenschepen,
indien de meerwaarde is gerealiseerd bij de verkoop van binnenschepen.
Onder de aankoop of productie van gebouwen wordt ook verstaan de uitbreiding, vergroting of verbouwing daarvan. In dat geval kan de meerwaarde slechts worden afgetrokken van de kosten voor de uitbreiding, vergroting of renovatie van de gebouwen.
2. Als meerwaarde in de zin van lid 1, eerste zin, wordt beschouwd het verschil, na aftrek van de verkoopkosten, tussen de verkoopprijs en de boekwaarde die het verkochte bedrijfsgoed op het tijdstip van de verkoop ervan had. De boekwaarde is de waarde die volgens § 6 aan een bedrijfsgoed moet worden toegekend.
3. Indien de belastingplichtige de in lid 1 bedoelde aftrek niet heeft verricht, kan hij in de loop van het boekjaar waarin de verkoop heeft plaatsgevonden, een reserve vormen die zijn belastbare winst vermindert. De belastingplichtige kan, binnen de in lid 1, tweede tot en met vierde zin, gestelde perken, een bedrag van maximaal die reserve aftrekken van de kosten voor de aankoop of de productie van bedrijfsgoederen als bedoeld in lid 1, tweede zin, die in de vier volgende boekjaren zijn aangekocht of geproduceerd, en dit in het boekjaar waarin die bedrijfsgoederen zijn aangekocht of geproduceerd. Voor nieuwe gebouwen wordt de termijn van vier jaar op zes jaar gebracht wanneer de bouw ervan is begonnen voor het einde van het vierde boekjaar volgend op dat waarin de reserve is gevormd. De reserve moet ten belope van het afgetrokken bedrag in de winst worden opgenomen. Indien de reserve nog bestaat op het einde van het vierde boekjaar volgend op het boekjaar waarin zij is gevormd, moet zij op dat ogenblik in de winst worden opgenomen, tenzij zij kan worden afgetrokken van de kosten voor het optrekken van gebouwen, met de bouw waarvan op dat tijdstip al is

begonnen. Indien de reserve nog bestaat op het einde van het zesde boekjaar volgend op het boekjaar waarin zij is gevormd, moet zij op dat ogenblik in de winst worden opgenomen.

4. Voor de toepassing van de leden 1 en 3 moet worden voldaan aan de volgende voorwaarden:

1. de belastingplichtige moet zijn winst overeenkomstig § 4, lid 1, of § 5 bepalen,
2. de verkochte bedrijfsgoederen moeten op het tijdstip van de verkoop ten minste zes jaar ononderbroken deel hebben uitgemaakt van het vermogen van een op het nationale grondgebied gelegen vaste inrichting,
3. de aangekochte of geproduceerde bedrijfsgoederen moeten deel uitmaken van het vermogen van een op het nationale grondgebied gelegen vaste inrichting,
4. de bij de verkoop gerealiseerde meerwaarde mag niet buiten beschouwing worden gelaten bij de berekening van de op het nationale grondgebied belastbare winst, en
5. de aftrek krachtens lid 1 en de vorming en het in de winst opnemen van de reserve krachtens lid 3 moeten in de boekhouding kunnen worden getraceerd.

De aftrek krachtens de leden 1 en 3 is niet toegestaan voor de bedrijfsgoederen die deel uitmaken van een landbouw- of bosbouwbedrijf of in het kader van een zelfstandige activiteit worden gebruikt, wanneer de meerwaarde is gerealiseerd bij de verkoop van bedrijfsgoederen van een industrieel of commercieel bedrijf."

Precontentieuze procedure

3. Op 15 mei 2009 heeft de Commissie de Bondsrepubliek Duitsland een aanmaningsbrief gezonden. Bij deze brief heeft zij deze lidstaat erop gewezen dat § 6b van het EStG mogelijkerwijze onverenigbaar is met het vrije verkeer van kapitaal.

4. Bij brief van 13 juli 2009 heeft de Bondsrepubliek Duitsland meegedeeld dat zij het niet eens is met het standpunt van de Commissie, en heeft zij aangevoerd dat de litigieuze regeling niet onder het vrije verkeer van kapitaal valt, maar slechts onder de vrijheid van vestiging en dat zij daarmee verenigbaar is.

5. Op 7 mei 2010 heeft de Commissie de Bondsrepubliek Duitsland een aanvullende aanmaningsbrief gezonden, waarin zij heeft toegegeven dat deze regeling onder de vrijheid van vestiging valt, maar waarin zij na onderzoek van de argumenten van deze lidstaat heeft geoordeeld dat die regeling inbreuk maakt op artikel 49 VWEU en artikel 31 van de EER-Overeenkomst.

6. Bij brief van 7 juli 2010 is de Bondsrepubliek Duitsland opgekomen tegen het standpunt van de Commissie en heeft zij herhaald dat de betrokken regeling verenigbaar is met de vrijheid van vestiging.

7. Op 30 september 2011 heeft de Commissie de Bondsrepubliek Duitsland een met redenen omkleed advies gezonden, waarin zij haar in de aanvullende aanmaningsbrief uiteengezette standpunt heeft bevestigd en de Bondsrepubliek Duitsland heeft verzocht, aan dit met redenen omkleed advies te voldoen binnen een termijn van twee maanden te rekenen vanaf de kennisgeving ervan.

8. Nadat de Bondsrepubliek Duitsland in haar antwoord van 28 november 2011 had herhaald dat het standpunt van de Commissie onjuist is, heeft deze laatste het onderhavige beroep ingesteld.

Beroep

Ontvankelijkheid

9. De Bondsrepubliek Duitsland betwist de ontvankelijkheid van het onderhavige beroep op twee gronden betreffende, in wezen, enerzijds te late instelling van het beroep en anderzijds wijziging van het voorwerp van het beroep.

Te late instelling van het beroep

– Argumenten van partijen

10. De Bondsrepubliek Duitsland betoogt dat de Commissie niet meer het recht had om een beroep in te stellen omdat zij na afloop van de schriftelijke procedure te lang heeft gewacht om haar beroep in te stellen. De Commissie zou zich aldus schuldig hebben gemaakt aan rechtsmisbruik, omdat geen enkele objectieve reden de vastgestelde vertraging rechtvaardigde. Tijdens die periode zou de Commissie geen enkele inspanning hebben gedaan om een minnelijke oplossing te vinden voor haar geschil met deze lidstaat.

11. Bovendien zou rekening moeten worden gehouden met de algemene beginselen van rechtszekerheid en loyale samenwerking. Net zoals de lidstaten verplicht zijn met de Commissie samen te werken om een einde te maken aan een door het Hof vastgestelde niet-nakoming van het VWEU, zou de Commissie tijdens de aan de instelling van een beroep wegens niet-nakoming voorafgaande periode met de betrokken lidstaat moeten samenwerken, alternatieven moeten zoeken voor het beroep en die lidstaat in kennis moeten stellen van de voortgang van haar handelen. Het beginsel van loyale samenwerking zou niet alleen voor de lidstaten, maar ook voor de Commissie gelden.

12. De Commissie voert aan dat de in artikel 258 VWEU geformuleerde regels gelden zonder dat zij een bepaalde termijn in acht hoeft te nemen. Bovendien is deze instelling van mening dat de overwegingen voor haar keuze van het tijdstip van de instelling van het beroep wegens niet-nakoming de ontvankelijkheid van dit beroep niet kunnen aantasten.

13. Alleen de situatie waarin de betrokken lidstaat wegens de buitensporig lange duur van de precontentieuze procedure moeilijkheden ondervindt om de argumenten van de Commissie te weerleggen, zodat de rechten van de verdediging niet zijn geëerbiedigd, zou laakbaar zijn. De Bondsrepubliek Duitsland heeft echter nooit aangevoerd dat er sprake is van een dergelijke situatie, en er is ook niets dat daarop wijst.

– Beoordeling door het Hof

14. Volgens vaste rechtspraak staat het aan de Commissie om te oordelen op welk tijdstip een beroep wegens niet-nakoming wordt ingesteld. De overwegingen die de Commissie daarbij leiden, kunnen de ontvankelijkheid van dit beroep niet aantasten. De in artikel 258 VWEU geformuleerde regels moeten gelden zonder dat de Commissie een bepaalde termijn in acht hoeft te nemen, behalve wanneer een buitensporig lange duur van de precontentieuze procedure het voor de betrokken lidstaat moeilijker kan maken om de argumenten van de Commissie te weerleggen, en zodoende inbreuk wordt gemaakt op de rechten van de verdediging. Het staat aan de betrokken lidstaat om de gevolgen van een dergelijke buitensporig lange duur te bewijzen (zie in die zin arrest Commissie/Litouwen, C-350/08, EU:C:2010:642, punten 33 en 34 en aldaar aangehaalde rechtspraak).

15. Zoals de Commissie heeft aangevoerd, heeft de Bondsrepubliek Duitsland zich niet op het bestaan van een dergelijke situatie beroepen. Bijgevolg dient deze door die lidstaat aangevoerde grond voor niet-ontvankelijkheid te worden afgewezen.

Wijziging van het voorwerp van het beroep

– Argumenten van partijen

16. De Bondsrepubliek Duitsland betoogt dat het door de Commissie in haar memorie van repliek aangevoerde argument inzake de heffing van belasting over de meerwaarde van het vervangen goed wanneer het vervangende goed kan worden afgeschreven, noch tijdens de precontentieuze procedure noch in het verzoekschrift is aangevoerd. Volgens deze lidstaat moet dit als een wijziging van het voorwerp van het geschil worden beschouwd, zodat het beroep in zijn geheel niet-ontvankelijk is.

17. Ter terechtzitting heeft de Commissie daarop geantwoord dat het beroep ontvankelijk is. Uit het verzoekschrift zou duidelijk blijken dat § 6b van EStG ook geldt voor grensoverschrijdende situaties. Anders dan wordt aanvaard voor een vervangend goed dat niet kan worden afgeschreven, wordt in het geval van een vervangend goed dat wel kan worden afgeschreven, de heffing van belasting over de bij de verkoop van het vervangen goed gerealiseerde meerwaarde inderdaad slechts volledig uitgesteld tot aan de overdracht onder bezwarende titel van het vervangende goed ten belope van de afschrijvingen van een lager bedrag betreffende laatstgenoemd goed. Dit neemt echter niet weg dat in beide situaties de heffing van de belasting over de bij de verkoop van het vervangen goed gerealiseerde meerwaarde wordt uitgesteld. Die situaties verschillen slechts wat de omvang van het uitstel betreft. Voor vervangende goederen die niet kunnen worden afgeschreven, duurt dat uitstel tot aan de verkoop van die goederen, terwijl de duur van het uitstel korter kan zijn voor vervangende goederen die wel kunnen worden afgeschreven. Met betrekking tot goederen van laatstgenoemde soort kan de Bondsrepubliek Duitsland krachtens de in de Duitse regeling opgenomen regels inzake afschrijving eisen dat de belasting in termijnen wordt betaald.

– Beoordeling door het Hof

18. Vaststaat dat in het onderhavige geval noch de regelmatigheid van het met redenen omklede advies noch de regelmatigheid van de procedure die aan de kennisgeving van dat advies is voorafgegaan, wordt betwist.

19. Volgens vaste rechtspraak wordt het voorwerp van een beroep wegens niet-nakoming krachtens artikel 258 VWEU afgebakend door het met redenen omklede advies van de Commissie, zodat het beroep op dezelfde overwegingen en middelen dient te berusten als dat advies. Dit vereiste betekent echter niet dat de formulering van de grieven in het dispositief van het met redenen omklede advies en in het petitum van het verzoekschrift steeds volkomen gelijkluidend moet zijn, mits het voorwerp van het geschil zoals dat in het met redenen omklede advies is omschreven, niet is verruimd of gewijzigd. De Commissie mag met name haar aanvankelijke grieven in het verzoekschrift preciseren, op voorwaarde echter dat zij het voorwerp van het geschil niet wijzigt (zie arrest Commissie/Polen, C-281/11, EU:C:2013:855, punten 87 en 88 en aldaar aangehaalde rechtspraak).

20. In het onderhavige geval heeft de Commissie zowel in het kader van de precontentieuze procedure als voor het Hof duidelijk aangegeven dat zij de Bondsrepubliek Duitsland verwijt, door de vaststelling en de handhaving

van de regeling van § 6b van het EStG de uit artikel 49 VWEU en artikel 31 van de EER-Overeenkomst voortvloeiende verplichtingen niet te zijn nagekomen.

21. De toepassing van deze regeling heeft, zakelijk weergegeven, tot gevolg dat de inning van de belasting die verschuldigd is over de meerwaarde die is gerealiseerd bij de verkoop van vervangen goederen die deel uitmaakten van het vermogen van een op het Duitse grondgebied gelegen vaste inrichting van de belastingplichtige, wordt uitgesteld op voorwaarde dat die meerwaarde wordt geherinvesteerd in de aankoop of de productie van vervangende goederen. De belastingplichtige geniet dit fiscale voordeel echter alleen indien de vervangende goederen deel uitmaken van het vermogen van een eveneens op het Duitse grondgebied gelegen vaste inrichting. Dit voordeel wordt daarentegen geweigerd indien die goederen deel uitmaken van het vermogen van een vaste inrichting die in een andere lidstaat van de Unie of in een andere lidstaat van de Europese Economische Ruimte is gelegen. Dit verschil in behandeling levert volgens de Commissie de gestelde schending van de vrijheid van vestiging op.

22. Door in haar memorie van repliek in te gaan op het uitstel van de heffing van belasting over de gerealiseerde meerwaarde volgens de in de Duitse regeling vervatte regels inzake afschrijving met betrekking tot vervangende goederen die kunnen worden afgeschreven, heeft de Commissie slechts – in antwoord op het verwijt van de Bondsrepubliek Duitsland dat zij ten onrechte had gesteld dat de heffing van belasting over de bij verkoop van de vervangende goederen gerealiseerde meerwaarde in alle gevallen wordt uitgesteld tot aan de verkoop van de vervangende goederen – nadere toelichting en een gedetailleerde uiteenzetting verstrekt over de ter ondersteuning van haar vorderingen inzake de gestelde niet-nakoming aangevoerde argumenten, die al in algemene bewoordingen waren geformuleerd in het kader van de precontentieuze procedure en in het verzoekschrift.

23. In dit verband dient te worden beklemtoond, dat de omstandigheid dat het tijdstip waarop de bij de verkoop van het vervangen goed gerealiseerde meerwaarde wordt belast, volgens die regeling afhangt van het antwoord op de vraag of het vervangende goed kan worden afgeschreven, het voorwerp van het geschil niet wijzigt. Ongeacht of het vervangende goed kan worden afgeschreven, wordt de inning van de belasting die verschuldigd is over de bij de verkoop van het vervangen goed gerealiseerde meerwaarde immers in de twee genoemde gevallen uitgesteld, en de twee betrokken situaties verschillen slechts wat de omvang van dit uitstel betreft. Voor vervangende goederen die niet kunnen worden afgeschreven, kan dat uitstel duren tot aan de verkoop van die goederen, terwijl dat uitstel van kortere duur kan zijn voor goederen die wel kunnen worden afgeschreven. Dat voordeel wordt echter in de twee gevallen slechts verleend ingeval die meerwaarde wordt geherinvesteerd in de aankoop van vervangende goederen die deel uitmaken van een op het Duitse grondgebied gelegen vaste inrichting van de belastingplichtige.

24. Het enkele feit dat de Commissie het ter zake van het tijdstip waarop de bij de verkoop van de vervangen goederen gerealiseerde meerwaarde wordt belast, in de precontentieuze fase en in het verzoekschrift alleen heeft gehad over de verkoop van de vervangende goederen, kan dan ook niet aldus worden opgevat dat het wijst op het bestaan van een nieuw middel waaruit een beperking van de omvang van het beroep tot vervangende goederen die niet kunnen worden afgeschreven, zou voortvloeien.

25. Vaststaat dus dat de door de Commissie geformuleerde grief in de loop van de precontentieuze en de contentieuze procedure niet is gewijzigd.

26. Uit het voorgaande volgt dat het beroep van de Commissie ontvankelijk is.

Ten gronde

Argumenten van partijen

27. De Commissie betoogt dat § 6b van het EStG in strijd is met de bepalingen van het VWEU en van de EER-Overeenkomst inzake de vrijheid van vestiging.

28. Volgens de Commissie heeft de belastingplichtige volgens die § 6b het recht om de meerwaarde die is gerealiseerd bij de verkoop van bepaalde investeringsgoederen die deel uitmaken van het vermogen van een op het Duitse grondgebied gelegen vaste inrichting van de belastingplichtige, op bepaalde vervangende goederen over te dragen zonder dat zij wordt belast, op voorwaarde dat die meerwaarde wordt geherinvesteerd in de aankoop of de productie van deze vervangende goederen. Een dergelijk uitstel van de heffing van belasting over deze meerwaarde is volgens § 6b, lid 4, punt 3, van het EStG echter slechts mogelijk indien die vervangende goederen deel uitmaken van het vermogen van een op dit grondgebied gelegen vaste inrichting van de belastingplichtige. Indien die vervangende goederen deel uitmaken van het vermogen van een buiten dit grondgebied gelegen vaste inrichting, wordt de bij de verkoop van het vervangen goed gerealiseerde meerwaarde volgens de Commissie onmiddellijk belast.

29. Een marktdeelnemer zal dus rekening houden met het feit dat een herinvestering buiten het Duitse grondgebied fiscaal minder gunstig is dan een herinvestering op die grondgebied. Dit verschil in behandeling zou een op het Duitse grondgebied gevestigde vennootschap dus ervan kunnen weerhouden haar activiteiten uit te oefenen via een in een andere lidstaat van de Unie of van de EER dan de Bondsrepubliek Duitsland gelegen vaste inrichting.

30. Een dergelijk verschil in behandeling zou geen rechtvaardiging vinden in een objectief verschil in situatie. De Commissie betoogt dat indien de vaste inrichting waarin de herinvestering is verricht, in een andere lidstaat van de Unie of van de EER dan de Bondsrepubliek Duitsland is gelegen, daaruit alleen kan worden afgeleid dat de betrokken marktdeelnemer gebruik heeft gemaakt van de vrijheid van vestiging.

31. De aan de territorialiteit van de belasting ontleende rechtvaardigingen zouden geen hout snijden. In het onderhavige geval zou het gaan om meerwaarde die op het Duitse grondgebied is gerealiseerd bij de verkoop van het vervangen goed. De Bondsrepubliek Duitsland zou ontegenzeglijk het recht hebben belasting te heffen over deze meerwaarde. Dit recht zou overigens doeltreffend worden uitgeoefend door in geval van herinvestering buiten het Duitse grondgebied onmiddellijk belasting te heffen over deze meerwaarde. In deze context zou de fiscale behandeling die vaste inrichtingen op grond van de overeenkomsten tot het vermijden van dubbele belasting genieten, volstrekt irrelevant zijn.

32. Dat hieruit zou kunnen voortvloeien dat de Bondsrepubliek Duitsland de termijn voor betaling van de belasting die verschuldigd is over dergelijke meerwaarde ook moet uitstellen wanneer deze meerwaarde buiten het Duitse grondgebied wordt geherinvesteerd, zoals zij doet in geval van herinvestering op het Duitse grondgebied, zou de verdeling van de bevoegdheid inzake de heffing van belasting over deze meerwaarde onverlet laten.

33. De rechtvaardiging op grond van de noodzaak om de samenhang van het nationale belastingstelsel te bewaren, zou slechts hout snijden wanneer er een rechtstreeks verband bestaat tussen het betrokken fiscale voordeel en de compensatie van dat voordeel door bepaalde fiscale heffing. De heffing van belasting over de bij de verkoop van het vervangende goed gerealiseerde meerwaarde zou op zichzelf echter niet het tegenwicht vormen van het uitstel van de heffing van belasting over de bij de verkoop van het vervangen goed gerealiseerde meerwaarde. Dit fiscale voordeel, te weten het uitstel van de heffing van belasting over laatstbedoelde meerwaarde, zou als tegenwicht hebben de latere heffing van belasting over bij de verkoop van hetzelfde goed gerealiseerde meerwaarde en niet de heffing van belasting over de daarvan verschillende bij de verkoop van het vervangende goed gerealiseerde meerwaarde.

34. De bevordering van herstructureringen en herinvesteringen zou evenmin een legitiem doel zijn. Daarbij zou het van geen belang zijn of een dergelijk algemeen en economisch doel in een bijzonder geval een dwingende reden van algemeen belang kan vormen. De Bondsrepubliek Duitsland zou in elk geval gesteld noch aangetoond hebben dat dit doel niet kan worden bereikt zonder discriminerende behandeling van de betrokken grensoverschrijdende herinvesteringen.

35. De gebruikte juridische constructie zou ook op zichzelf geen rechtvaardiging vormen. Hetzelfde zou gelden voor de doelstelling van nationale economische ontwikkeling. Het enkele feit dat een fiscaal voordeel in een grensoverschrijdende situatie niet volgens dezelfde techniek kan worden verleend als in een zuiver interne situatie, zou geenszins rechtvaardigen dat die situaties verschillend worden behandeld.

36. Verder is de Commissie van mening dat zonder ter zake dienende rechtvaardiging van de betrokken maatregel de vraag naar de evenredigheid van die maatregel niet aan de orde is.

37. Wat de administratieve lasten voor de belastingplichtige betreft, zou het Hof in elk geval in zijn arrest National Grid Indus (C-371/10, EU:C:2011:785) hebben geoordeeld dat de belastingplichtige het recht heeft om te opteren voor onmiddellijke belastingheffing of voor uitgestelde belastingheffing. Het onmiddellijk heffen van belasting over de betrokken meerwaarde zou dus niet evenredig zijn.

38. De Bondsrepubliek Duitsland is primair van mening dat het beroep ongegrond is. Volgens haar is de situatie van een in een andere lidstaat gelegen vaste inrichting niet objectief vergelijkbaar met die van een op het Duitse grondgebied gelegen vaste inrichting. Subsidiair voert die lidstaat aan dat indien een beperking zou worden vastgesteld, deze in elk geval gerechtvaardigd is door dwingende overwegingen van algemeen belang inzake het beginsel van territorialiteit van de belasting en inzake de noodzaak om de samenhang van het nationale belastingstelsel te bewaren.

39. De Bondsrepubliek Duitsland betoogt dat het belastingstelsel waarin de betrokken regeling voorziet, niet van dien aard is dat het de belastingplichtige ervan weerhoudt, in andere lidstaten vaste inrichtingen op te zetten en zijn activiteiten via die inrichtingen uit te oefenen. Het feit van investeringsgoederen die deel uitmaken van het vermogen van een op het Duitse grondgebied gelegen vaste inrichting, niet te kunnen verkopen zonder dat de bij die gelegenheid gerealiseerde meerwaarde wordt belast, zou als zodanig geen rechtstreekse invloed hebben op de activiteiten van een in een andere lidstaat gelegen vaste inrichting.

40. § 6b van het EStG heeft tot doel, de liquide middelen van de ondernemingen te verbeteren en herstructureringen te vergemakkelijken door herinvestering in de onderneming zelf te bevorderen. Dergelijke herinvesteringen zouden noodzakelijk zijn om de productie op peil te houden door de slijtage van de productiegoederen op te vangen en de technische vooruitgang te volgen. Het afzien van het onmiddellijk heffen van belasting over de bij de verkoop van het vervangen goed gerealiseerde meerwaarde zou de betrokken onderneming in staat stellen, zich uit economisch oogpunt aan te passen aan de structurele veranderingen van de productie- en distributietechnie-

ken of aan veranderingen van regionale aard. De herinvestering van deze meerwaarde zou grote herstructureringen van ondernemingen vergemakkelijken en ook voorkomen dat over de bij de verkoop van het betrokken goed gerealiseerde meerwaarde belasting wordt geheven, welke belasting bijzonder hoog zou zijn.

41. De fiscale regeling van § 6b van het EStG zou erop neerkomen dat het vervangen goed en het vervangende goed als één enkel goed worden beschouwd wanneer deze twee productiegoederen uit economisch oogpunt inkomsten genereren op het Duitse grondgebied. Dit resultaat zou worden verkregen doordat voor fiscale doeleinden het vervangen goed wordt gelijkgesteld met het vervangende goed. De bij de verkoop van het vervangen goed gerealiseerde meerwaarde zou op de balans van de berokken onderneming worden overgedragen op het vervangende goed. Op die balans zou het vervangen goed worden geacht het bedrijfskapitaal van de betrokken onderneming nooit te hebben verlaten. Deze fictie dat het vervangen goed nog steeds aanwezig is in dit kapitaal, zou uit technisch oogpunt alleen kunnen worden aanvaard ingeval het vervangende goed deel uitmaakt van het vermogen van dezelfde belastingplichtige en dus eveneens onder de heffingsbevoegdheid van de Duitse autoriteiten valt.

42. Volgens de bepalingen van de door de Bondsrepubliek Duitsland gesloten overeenkomsten tot het vermijden van dubbele belasting zou een vaste inrichting een zelfstandige fiscale entiteit vormen. Het vervangen goed en het vervangende goed zouden zich aldus niet in handen van dezelfde belastingplichtige bevinden, maar in handen zijn van verschillende belastingplichtigen, die door verschillende lidstaten zouden worden belast. Hieruit zou volgen dat het fiscale voordeel waarin de betrokken regeling voorziet, namelijk de mogelijkheid om een aan eenzelfde belastingplichtige toebehorend investeringsgoed op een fiscaal neutrale manier te vervangen, naar de aard ervan in dergelijke omstandigheden niet kan worden toegekend. De Bondsrepubliek Duitsland zou over geen andere techniek beschikken om dit specifieke type van fiscaal voordeel juridisch of in de praktijk toe te kennen in een grensoverschrijdende situatie, daar de bedrijfsgoederen van een buiten haar grondgebied gelegen vaste inrichting niet onder haar heffingsbevoegdheid vallen.

43. De bijzondere techniek zou niet willekeurig zijn gekozen om grensoverschrijdende situaties meteen uit te sluiten. Het zou veeleer de enige techniek zijn die het mogelijk maakt om op een uit bedrijfsoogpunt en uit politiek oogpunt verdedigbare wijze een fiscaal voordeel toe te kennen voor herinvesteringen door de ondernemingen.

44. Volgens de Bondsrepubliek Duitsland wil de Commissie een speciale regeling van stimulatie van investering en herstructurering voor grensoverschrijdende situaties invoeren die niet geldt voor zuiver interne vennootschappen. Aangezien het Duitse recht niet algemeen voorziet in een dergelijke regeling voor zuiver interne situaties, zou het Unierecht, in de huidige stand ervan, niet de invoering van een bijzondere vorm van uitstel van de heffing van belasting over meerwaarde kunnen eisen. In de huidige stand van harmonisatie van het fiscale recht op het niveau zouden de lidstaten een bepaalde autonomie voor fiscale aangelegenheden genieten. Zij zouden geenszins verplicht zijn hun eigen fiscale stelsel aan te passen aan de verschillende belastingstelsels van de andere lidstaten om ervoor te zorgen dat een vennootschap die ervoor heeft gekozen zich in een bepaalde lidstaat te vestigen, in die lidstaat op dezelfde wijze wordt belast als een vennootschap die ervoor heeft gekozen zich in een andere lidstaat te vestigen. Deze autonomie in fiscale aangelegenheden zou ook impliceren dat een lidstaat de voorwaarden en het belastingniveau voor de verschillende vormen van buiten zijn grondgebied gelegen inrichtingen van nationale vennootschappen vrij kan bepalen, mits die inrichtingen niet discriminerend worden behandeld ten opzichte van vergelijkbare inrichtingen die op het nationale grondgebied zijn gelegen.

45. De fiscale regeling van § 6b van het EStG zou in elk geval worden gerechtvaardigd door de dwingende reden van algemeen belang inzake de noodzaak om de verdeling van de heffingsbevoegdheid tussen de lidstaten te handhaven. Volgens de overeenkomsten tot het vermijden van dubbele belasting heeft de Bondsrepubliek Duitsland op fiscaal gebied geen enkele bevoegdheid voor het vervangende goed en kan zij dus noch het bedrag van de afschrijvingen van dat goed bepalen noch de belasting heffen waartoe de verkoop van dat goed aanleiding zou geven. Uit technisch oogpunt zou het dus niet mogelijk zijn de regeling van § 6b van het EStG toe te passen op de vervangende goederen van een buiten het Duitse grondgebied geleden vaste inrichting. Er zou ook geen andere techniek zijn waarmee dit type van fiscaal voordeel juridisch of in de praktijk kan worden toegekend in een grensoverschrijdende situatie.

46. Deze fiscale regeling zou ook worden gerechtvaardigd door de dwingende reden van algemeen belang inzake de noodzaak om de samenhang van het nationale belastingstelsel te bewaren. Er zou een rechtstreeks verband bestaan tussen het betrokken fiscale voordeel en de compensatie van dit voordeel door een bepaalde fiscale heffing. De overdracht van de bij de verkoop van het vervangen goed gerealiseerde meerwaarde op het vervangende goed zou in de praktijk de vorm hebben van een fictie volgens welke het vervangen goed nog steeds deel uitmaakt van het bedrijfsvermogen van de betrokken onderneming. Uit economisch oogpunt zouden de bij de verkoop van het vervangen goed gerealiseerde meerwaarde en de bij de verkoop van het vervangende goed gerealiseerde meerwaarde een en dezelfde winst vormen, zodat de heffing van belasting over de bij de verkoop van het vervangende goed gerealiseerde meerwaarde onlosmakelijk verbonden is met de heffing van belasting over de bij de verkoop van het vervangen goed gerealiseerde meerwaarde. De wijze waarop belasting wordt geheven over het vervangende goed zou dus een integrerend deel van het betrokken fiscale voordeel zijn. Er zou ook een nauw ver-

band bestaan tussen de gunstige fiscale behandeling van de bij de verkoop van het vervangen goed gerealiseerde meerwaarde en de heffing van belasting over de inkomsten die op het Duitse grondgebied met behulp van het vervangende goed worden behaald.

47. Ten slotte zou deze fiscale regeling worden gerechtvaardigd door de dwingende reden van algemeen belang inzake het beleid om herinvestering in de onderneming zelf te stimuleren teneinde de productiegoederen op peil te houden of te moderniseren en de continuïteit van de onderneming en het behoud van de werkgelegenheid te garanderen. Dit doel, namelijk aanmoediging van herinvestering in de onderneming zelf om een nieuw investeringsgoed aan te kopen dat overeenkomt met het verkochte goed, zou slechts kunnen worden bereikt ingeval de heffing van belasting over dit nieuwe goed eveneens onder de bevoegdheid van de Duitse belastingautoriteiten valt.

48. Met betrekking tot de evenredigheid van de betrokken maatregel betoogt de Bondsrepubliek Duitsland primair dat ingeval er naar Unierecht geen sprake is van discriminatie of ingeval een dergelijke discriminatie wordt gerechtvaardigd door dwingende redenen van algemeen belang, niet hoeft te worden onderzocht of er geen minder belastende maatregelen bestaan.

49. Subsidiair is de Bondsrepubliek Duitsland van mening dat de maatregel van § 6b van het EStG, die alleen geldt voor vervangende goederen die deel uitmaken van het vermogen van een op het Duitse grondgebied gelegen vaste inrichting, evenredig is.

50. Volgens deze lidstaat is het moeilijk andere even geschikte maatregelen te vinden die voor alle grensoverschrijdende situaties zouden gelden. Deze eventuele maatregelen zouden niet minder belastend zijn, daar zij zowel voor de belastingadministratie als voor de belastingplichtige onredelijke administratieve rompslomp zouden meebrengen.

51. Toepassing van het betrokken uitstel van de heffing van meerwaardebelasting op grensoverschrijdende situaties zou ongewenste gevolgen hebben. De uitbreiding van dit fiscale voordeel tot die situaties zou er rechtstreeks toe kunnen leiden dat investeringsgoederen en productie-inrichtingen buiten het Duitse grondgebied worden gebracht. Volgens deze lidstaat mag echter niet worden verlangd dat door stimulering van herinvestering wordt aangezet tot verplaatsing van de productie naar het buitenland.

Beoordeling door het Hof

52. De Commissie verwijt de Bondsrepubliek Duitsland, zakelijk weergegeven, meerwaarde die wordt gerealiseerd bij de overdracht onder bezwarende titel van bepaalde investeringsgoederen die deel uitmaken van het vermogen van een op het Duitse grondgebied gelegen vaste inrichting van de belastingplichtige, in geval van herinvestering van die meerwaarde in bepaalde nieuw aangekochte of geproduceerde vervangende goederen die deel uitmaken van het vermogen van een op het grondgebied van een andere lidstaat van de Unie of van de EER gelegen vaste inrichting van de belastingplichtige, minder gunstig te behandelen dan in geval van een vergelijkbare herinvestering binnen het Duitse grondgebied.

53. De Commissie betoogt dat dit verschil in behandeling de vrijheid van vestiging kan belemmeren en inbreuk maakt op artikel 49 VWEU en artikel 31 van de EER-Overeenkomst.

– Inbreuk op de in artikel 49 VWEU geformuleerde vrijheid van vestiging

54. Volgens artikel 49 VWEU moeten de beperkingen van de vrijheid van vestiging worden opgeheven. Deze vrijheid omvat voor de vennootschappen die in overeenstemming met de wetgeving van een lidstaat zijn opgericht en hun statutaire zetel, hun hoofdbestuur of hun hoofdvestiging binnen de Unie hebben, het recht om hun bedrijfsactiviteit in andere lidstaten uit te oefenen door middel van een dochteronderneming, een filiaal of een agentschap (arrest Commissie/ Denemarken, C-261/11, EU:C:2013:480, punt 25 en aldaar aangehaalde rechtspraak).

55. Deze vrijheid geldt ook voor de verplaatsing van activiteiten van een belastingplichtige uit een lidstaat naar een andere lidstaat (zie in die zin arrest Commissie/Denemarken, C-261/11, EU:C:2013:480, punt 28).

56. Hoewel de bepalingen van het VWEU betreffende de vrijheid van vestiging volgens de bewoordingen ervan het voordeel van de nationale behandeling in de lidstaat van ontvangst beogen te garanderen, verbieden zij ook dat de lidstaat van oorsprong de vestiging van een van zijn burgers of van een naar zijn recht opgerichte vennootschap in een andere lidstaat bemoeilijkt. Alle maatregelen die het gebruik van de vrijheid van vestiging verbieden, belemmeren of minder aantrekkelijk maken, moeten als beperkingen van deze vrijheid worden beschouwd (arrest Commissie/Denemarken, C-261/11, EU:C:2013:480, punten 26 en 27 en aldaar aangehaalde rechtspraak).

57. In het onderhavige geval heeft de fiscale regeling van § 6b van het EStG tot gevolg dat het voordeel van het uitstel van de inning van de belasting die verschuldigd is over de meerwaarde die is gerealiseerd bij de overdracht onder bezwarende titel van een investeringsgoed dat deel uitmaakt van het vermogen van een op het Duitse grondgebied gelegen vaste inrichting van de belastingplichtige, afhankelijk wordt gesteld van de voorwaarde dat deze meerwaarde wordt geherinvesteerd in de aankoop van vervangende goederen die deel zullen uitmaken van

het vermogen van een op ditzelfde grondgebied gelegen inrichting. Een vergelijkbare investering voor de aankoop van vervangende goederen die deel zullen uitmaken van het vermogen van een op het grondgebied van een andere lidstaat gelegen vaste inrichting van de belastingplichtige, leidt daarentegen tot onmiddellijke heffing van belasting over die meerwaarde.

58. Vaststaat dat dit verschil in behandeling ter zake van het uitstel van de inning van de belasting die verschuldigd is over de betrokken meerwaarde een liquiditeitsnadeel kan meebrengen voor de belastingplichtige die deze meerwaarde wil herinvesteren in de aankoop van vervangende goederen voor een op het grondgebied van een andere lidstaat dan de Bondsrepubliek Duitsland gelegen vaste inrichting, ten opzichte van de belastingplichtige die een vergelijkbare herinvestering verricht in een op het Duitse grondgebied gelegen vaste inrichting.

59. Dit verschil in behandeling is op zijn minst van dien aard dat het een herinvestering buiten het Duitse grondgebied minder aantrekkelijk maakt dan een herinvestering op het Duitse grondgebied. Bijgevolg kan het, zoals de Commissie stelt, een op het Duitse grondgebied gevestigde belastingplichtige ervan weerhouden, zijn activiteiten via een op het grondgebied van een andere lidstaat dan de Bondsrepubliek Duitsland gelegen vaste inrichting uit te oefenen.

60. Een dergelijk verschil in behandeling vindt geen verklaring in een objectief verschil in situatie. Ten aanzien van een regeling van een lidstaat betreffende de heffing van belasting over op het grondgebied van die lidstaat ontstane meerwaarde is de situatie van een belastingplichtige die deze meerwaarde herinvesteert voor de aankoop van een vervangend goed voor een op het grondgebied van een andere lidstaat gelegen vaste inrichting, ter zake van de heffing van belasting over de meerwaarde die vóór die herinvestering in eerstgenoemde lidstaat is ontstaan, immers vergelijkbaar met die van een belastingplichtige die deze meerwaarde herinvesteert voor de aankoop van een vervangend goed voor een op het grondgebied van die lidstaat gelegen vaste inrichting.

61. Hieruit volgt dat de fiscale regeling van § 6b van het EStG de vrijheid van vestiging beperkt door het voordeel van het uitstel van de heffing van belasting over de meerwaarde die is gerealiseerd bij de overdracht onder bezwarende titel van een investeringsgoed dat deel uitmaakt van het vermogen van een op het Duitse grondgebied gelegen vaste inrichting, afhankelijk te stellen van de voorwaarde dat die meerwaarde wordt geherinvesteerd voor de aankoop van vervangende goederen die deel zullen uitmaken van het vermogen van een op hetzelfde grondgebied gelegen vaste inrichting van de belastingplichtige.

62. Uitgemaakt dient echter te worden of deze beperking objectief kan worden gerechtvaardigd door in het Unierecht erkende dwingende redenen van algemeen belang.

63. Volgens vaste rechtspraak kan een nationale regeling de vrijheid van vestiging slechts beperken indien die beperking is gerechtvaardigd om dwingende redenen van algemeen belang. Bovendien moet die beperking in een dergelijk geval geschikt zijn om het nagestreefde doel te verwezenlijken en mag zij niet verder gaan dan nodig is om dat doel te bereiken (zie arrest DI. VI. Finanziaria di Diego della Valle & C., C-380/11, EU:C:2012:552, punt 41 en aldaar aangehaalde rechtspraak).

64. Wat allereerst de rechtvaardiging inzake de noodzaak om de verdeling van de heffingsbevoegdheid tussen de lidstaten te handhaven, betreft, dient eraan te worden herinnerd dat enerzijds deze rechtvaardiging een door het Hof erkend legitiem doel vormt, en anderzijds uit vaste rechtspraak blijkt dat bij gebreke van door de Unie vastgestelde unificatie- of harmonisatiemaatregelen de lidstaten bevoegd blijven om, door het sluiten van overeenkomsten of unilateraal, de criteria voor de verdeling van hun heffingsbevoegdheid vast te stellen teneinde onder meer dubbele belasting af te schaffen (arrest DMC, C-164/12, EU:C:2014:20, punten 46 en 47 en aldaar aangehaalde rechtspraak).

65. In zijn arrest National Grid Indus (C-371/10, EU:C:2011:785) heeft het Hof met betrekking een nationale regeling volgens welke de verplaatsing van de feitelijke bestuurszetel van een vennootschap naar nationaal recht naar een andere lidstaat tot de onmiddellijke heffing van belasting over de latente meerwaarde in de verplaatste activa leidde, terwijl in een nationaal kader over dergelijke meerwaarde slechts belasting wordt geheven wanneer zij daadwerkelijk wordt gerealiseerd, geoordeeld dat een dergelijke verplaatsing niet betekent dat de lidstaat van oorsprong moet afzien van zijn recht om belasting te heffen over meerwaarde die vóór genoemde verplaatsing binnen van zijn fiscale bevoegdheid is ontstaan. Het Hof heeft aldus geoordeeld dat een lidstaat volgens het beginsel van territorialiteit van de belasting over de op zijn grondgebied ontstane latente meerwaarde belasting mag heffen op het tijdstip van die verplaatsing. Een dergelijke maatregel strekt er immers toe, situaties te vermijden die afbreuk kunnen doen aan het recht van de lidstaat van oorsprong om zijn belastingbevoegdheid uit te oefenen met betrekking tot activiteiten die op zijn grondgebied plaatsvinden, en kan dus gerechtvaardigd zijn om redenen die verband houden met de handhaving van de verdeling van de heffingsbevoegdheid tussen lidstaten (zie in die zin arrest National Grid Indus, C-371/10, EU:C:2011:785, punt 46 en aldaar aangehaalde rechtspraak).

66. Het Hof heeft ook geoordeeld dat het evenredig is dat een lidstaat van oorsprong, teneinde de uitoefening van zijn fiscale bevoegdheid veilig te stellen, de over de op zijn grondgebied ontstane latente meerwaarde verschuldigde belasting bepaalt op het tijdstip waarop zijn bevoegdheid om van de betrokken vennootschap belasting te

heffen, ophoudt te bestaan, in dat geval op het tijdstip van de verplaatsing van de feitelijke bestuurszetel naar een andere lidstaat (zie in die zin National Grid Indus, C-371/10, EU:C:2011:785, punt 52).

67. Daarentegen is geoordeeld dat een regeling van een lidstaat volgens welke de belasting over de latente meerwaarde die binnen de belastingbevoegdheid van die lidstaat is ontstaan, onmiddellijk moet worden geïnd wanneer de feitelijke bestuurszetel van een vennootschap buiten het grondgebied van die lidstaat wordt gebracht, onevenredig is wanneer er maatregelen bestaan die de vrijheid van vestiging minder belasten dan de onmiddellijke inning van die belasting. In dit verband heeft het Hof geoordeeld dat aan de belastingplichtige de keuze moest worden gelaten tussen, enerzijds, onmiddellijke betaling van die belasting en, anderzijds, uitgestelde betaling van het bedrag van deze belasting, in voorkomend geval inclusief rente overeenkomstig de toepasselijke nationale regeling (zie in die zin arresten National Grid Indus, C-371/10, EU:C:2011:785, punten 73 en 85, en DMC, C-164/12, EU:C:2014:20, punt 61 en aldaar aangehaalde rechtspraak).

68. In het onderhavige geval dient te worden beklemtoond dat het gaat om binnen de fiscale bevoegdheid van de Bondsrepubliek Duitsland ontstane meerwaarde die bij de verkoop van het vervangen goed is gerealiseerd. In dit verband dient erop te worden gewezen dat de Commissie niet betwist dat deze lidstaat het recht heeft belasting te heffen over deze meerwaarde.

69. Overeenkomstig de in punt 65 van het onderhavige arrest aangehaalde rechtspraak kan een herinvestering van onder de belastingbevoegdheid van de Bondsrepubliek Duitsland vallende meerwaarde voor de aankoop van vervangende goederen voor een op het grondgebied van een andere lidstaat gelegen vaste inrichting van de belastingplichtige niet betekenen dat de Bondsrepubliek Duitsland moet afzien van haar recht om over binnen van haar fiscale bevoegdheid ontstane meerwaarde belasting te heffen vóór deze meerwaarde buiten haar grondgebied wordt gebracht, op grond dat deze meerwaarde is geherinvesteerd voor de aankoop van dergelijke vervangende goederen.

70. Ook al zou de Bondsrepubliek Duitsland, wegens de herinvestering van de bij de verkoop van de vervangen goederen gerealiseerde meerwaarde voor de aankoop van een vervangend goed dat deel zal uitmaken van het vermogen van een buiten het Duitse grondgebied gelegen vaste inrichting van de belastingplichtige, geen belasting mogen heffen over de door deze vervangende goederen gegenereerde inkomsten, verliest deze lidstaat daarom nog niet het recht om belasting te heffen over de bij de verkoop van de vervangen goederen gerealiseerde meerwaarde die vóór die herinvestering binnen haar fiscale bevoegdheid op haar grondgebied is ontstaan. Dit recht wordt overigens uitgeoefend door bij een dergelijke herinvestering onmiddellijk belasting te heffen over die meerwaarde.

71. In het onderhavige geval is het in dit verband van geen enkel belang of het daarbij gaat om een latente dan wel om een gerealiseerde meerwaarde. Van belang is immers dat in het kader van vergelijkbare transacties die volledig binnen één lidstaat worden verricht, anders dan in het kader van een grensoverschrijdende transactie, niet onmiddellijk belasting wordt geheven over de betrokken meerwaarde.

72. Ofschoon de heffing van belasting over de betrokken meerwaarde naar aanleiding van de herinvestering van die meerwaarde voor de aankoop van vervangende goederen buiten het nationale grondgebied gerechtvaardigd kan zijn om redenen inzake de noodzaak om de verdeling van de heffingsbevoegdheid tussen de lidstaten te handhaven, gaat, zoals uit punt 67 van het onderhavige arrest blijkt, een nationale regeling als die in het hoofdgeding, volgens welke in alle gevallen de belasting over deze meerwaarde onmiddellijk wordt geïnd wanneer deze meerwaarde buiten het nationale grondgebied wordt geherinvesteerd, in elk geval wegens het bestaan van maatregelen die de vrijheid van vestiging minder aantasten dan onmiddellijke belastingheffing, verder dan noodzakelijk is voor de verwezenlijken van het doel inzake handhaving van de verdeling van de heffingsbevoegdheid tussen de lidstaten.

73. Het volstaat eraan te herinneren dat volgens de rechtspraak van het Hof aan de belastingplichtige de keuze dient te worden gelaten tussen enerzijds het dragen van de administratieve lasten die verband houden met het uitstel van de betrokken belastingheffing, en anderzijds de onmiddellijke betaling van die belasting. Ingeval de belastingplichtige van mening is dat die lasten niet buitensporig zijn en ervoor opteert deze te dragen, kunnen de lasten die op de belastingdienst drukken, evenmin als buitensporig worden aangemerkt (zie in die zin arrest National Grid Indus, C-371/10, EU:C:2011:785, punt 77).

74. De betrokken beperking kan vervolgens slechts worden gerechtvaardigd door de noodzaak om de samenhang van het nationale belastingstelsel te bewaren, dat het Hof als een dwingende reden van algemeen belang heeft erkend. Een argument op basis van een dergelijke rechtvaardiging kan slechts slagen indien wordt bewezen dat er een rechtstreeks verband bestaat tussen het betrokken fiscale voordeel en de opheffing van dat voordeel door een bepaalde belastingheffing (arresten Commissie/Portugal, C-345/05, EU:C:2006:685, punt 29, en Commissie/Zweden, C-104/06, EU:C:2007:40, punt 26).

75. In het onderhavige geval is er echter geen dergelijk rechtstreeks verband. Zoals de Commissie heeft opgemerkt, heeft het betrokken fiscale voordeel, te weten het uitstel van de heffing van belasting over de bij de verkoop

van het vervangen goed gerealiseerde meerwaarde, in weerwil van de voor het toekennen van dit fiscale voordeel gekozen techniek, als tegenwicht de latere heffing van belasting over de bij de verkoop van ditzelfde goed gerealiseerde meerwaarde en niet de heffing van belasting over de daarvan verschillende meerwaarde die is gerealiseerd bij de verkoop van het vervangende goed.

76. Wat ten slotte het met de betrokken nationale regeling nagestreefde doel betreft, te weten het bevorderen van investering in de onderneming zelf en van herstructurering van de onderneming om het voortbestaan ervan en het behoud van de werkgelegenheid op het Duitse grondgebied te waarborgen, en voor zover dergelijke overwegingen in bepaalde gevallen en onder bepaalde voorwaarden een aanvaardbare rechtvaardiging kunnen vormen voor een nationale regeling die een fiscaal voordeel toekent aan natuurlijke personen of rechtspersonen (zie in die zin arrest Geurts en Vogten, C-464/ 05, EU:C:2007:631, punt 26), blijkt niet dat dit doel alleen kan worden bereikt indien het vervangende goed eveneens onder de belastingbevoegdheid van de Duitse autoriteiten valt.

77. Dit doel kan worden bereikt zonder te voorzien in een verplichting tot investering op het grondgebied van de betrokken lidstaat. Dit doel wordt immers op dezelfde wijze bereikt ingeval de belastingplichtige ervoor opteert, de bij de verkoop van het vervangen goed gerealiseerde meerwaarde te herinvesteren voor de aankoop van een vervangend goed dat deel zal uitmaken van het vermogen van zijn op het grondgebied van een andere lidstaat dan de Bondsrepubliek Duitsland gelegen vaste inrichting. In weerwil van de fiscale kwalificatie van een buiten het nationale grondgebied gelegen vaste inrichting door de belastingverdragen en in weerwil van het fiscale statuut van het vervangende goed volgens die verdragen, zal het vervangende goed in elk geval een band hebben met de economische activiteit van de belastingplichtige en bijgevolg bijdragen aan het bevorderen van investering in de onderneming zelf en van herstructurering van de onderneming en aldus het voortbestaan van deze economische activiteit kunnen waarborgen (zie in die zin arrest Commissie/Portugal, C-345/05, EU:C:2006:685, punten 31-33 en 35).

78. In dit verband is de enkele omstandigheid dat in geval van herinvestering buiten het nationale grondgebied mogelijkerwijze een andere lidstaat bevoegd is om belasting te heffen over de door het vervangende goed gegenereerde inkomsten, niet ter zake dienend. In dit verband hoeft er slechts op te worden gewezen dat volgens vaste rechtspraak een zuiver economische doelstelling, zoals het streven naar verhoging van de nationale belastinginkomsten, geen dwingende reden van algemeen belang kan vormen die een beperking van een door het Verdrag gewaarborgde fundamentele vrijheid kan rechtvaardigen (zie arresten Verkooijen, C-35/98, EU:C:2000:294, punten 48 en 59, en DI. VI. Finanziaria di Diego della Valle & C., EU:C:2012:55248, punt 50).

79. In die omstandigheden dient te worden geoordeeld dat de door de Commissie geformuleerde grief inzake schending van artikel 49 VWEU gegrond is.

– Schending van artikel 31 van de EER-Overeenkomst

80. De in artikel 31 van de EER-Overeenkomst geformuleerde regels die beperkingen van de vrijheid van vestiging verbieden, zijn gelijk aan die van artikel 49 VWEU. Het Hof heeft dan ook gepreciseerd dat de regels van de EER-Overeenkomst en die van het VWEU op het betrokken gebied uniform moeten worden uitgelegd (arrest Commissie/Denemarken, C-261/11 EU:C:2013:480, punt 42 en aldaar aangehaalde rechtspraak).

81. De Unierechtspraak inzake beperkingen van de uitoefening van de vrijheden van verkeer binnen de Unie kan echter niet integraal worden getransponeerd naar de door de EER-Overeenkomst gewaarborgde vrijheden, aangezien het gebruik van laatstgenoemde vrijheden binnen een andere juridische context valt (arrest Commissie/ Denemarken, C-261/11 EU: C:2013:480, punt 44 en aldaar aangehaalde rechtspraak).

82. In het onderhavige geval heeft de Bondsrepubliek Duitsland niet aangegeven om welke redenen de overwegingen inzake de door artikel 49 VWEU verboden belemmering van de vrijheid van vestiging en het ontbreken van rechtvaardiging daarvan, niet mutatis mutandis kunnen gelden voor artikel 31 van de EER-Overeenkomst. In die omstandigheden dient te worden geoordeeld dat de door de Commissie geformuleerde grief inzake schending van artikel 31 van de EER-Overeenkomst eveneens gegrond is.

83. Gelet op een en ander dient te worden vastgesteld dat de Bondsrepubliek Duitsland, door de fiscale regeling van § 6b van het EStG vast te stellen en te handhaven, volgens welke het voordeel van het uitstel van de heffing van belasting over de meerwaarde die is gerealiseerd bij de overdracht onder bezwarende titel van een investeringsgoed dat deel uitmaakt van het vermogen van een op het Duitse grondgebied gelegen vaste inrichting van de belastingplichtige, afhankelijk wordt gesteld van de voorwaarde dat die meerwaarde wordt geherinvesteerd voor de aankoop van vervangende goederen die deel zullen uitmaken van het vermogen van een op hetzelfde grondgebied gelegen vaste inrichting van de belastingplichtige, de krachtens artikel 49 VWEU en artikel 31 van de EER-Overeenkomst op haar rustende verplichtingen niet is nagekomen.

Kosten

84. Volgens artikel 138, lid 1, van het Reglement voor de procesvoering wordt de in het ongelijk gestelde partij in de kosten verwezen, voor zover dit is gevorderd. Aangezien de Commissie veroordeling van de Bondsrepubliek Duitsland in de kosten heeft gevorderd en deze laatste met betrekking tot al haar middelen in het ongelijk is gesteld, dient de Bondsrepubliek Duitsland te worden verwezen in de kosten.

Het Hof (Derde kamer)

verklaart:

1. Door de fiscale regeling van § 6b van het Einkommensteuergesetz (wet op de inkomstenbelasting) vast te stellen en te handhaven, volgens welke het voordeel van het uitstel van de heffing van belasting over de meerwaarde die is gerealiseerd bij de overdracht onder bezwarende titel van een investeringsgoed dat deel uitmaakt van het vermogen van een op het Duitse grondgebied gelegen vaste inrichting van de belastingplichtige, afhankelijk wordt gesteld van de voorwaarde dat die meerwaarde wordt geherinvesteerd voor de aankoop van vervangende goederen die deel zullen uitmaken van het vermogen van een op hetzelfde grondgebied gelegen vaste inrichting van de belastingplichtige, is de Bondsrepubliek Duitsland de krachtens artikel 49 VWEU en artikel 31 van de Overeenkomst betreffende de Europese Economische Ruimte van 2 mei 1992 op haar rustende verplichtingen niet nagekomen.

2. De Bondsrepubliek Duitsland wordt verwezen in de kosten.

HvJ EU 21 mei 2015, zaak C-560/13 (Finanzamt Ulm v. Ingeborg Wagner-Raith)

Eerste kamer: *A. Tizzano, kamerpresident, S. Rodin, E. Levits (rapporteur), M. Berger en F. Biltgen, rechters*
Advocaat-Generaal: *P. Mengozzi*

1. Het verzoek om een prejudiciële beslissing betreft de uitlegging van artikel 64, lid 1, VWEU.

2. Dit verzoek is ingediend in het kader van een geding tussen I. Wagner-Raith, erfgename van M. Schweier, en het Finanzamt Ulm (belastingdienst van Ulm) over de belasting van kapitaalinkomsten uit deelnemingen in beleggingsfondsen die zijn gevestigd op de Kaaimaneilanden (overzees gebied van het Verenigd Koninkrijk van Groot-Brittannië en Noord-Ierland).

Toepasselijke bepalingen

Unierecht

3. Artikel 1, lid 1, van richtlijn 88/361/EEG van de Raad van 24 juni 1988 voor de uitvoering van artikel 67 van het Verdrag [artikel ingetrokken bij het Verdrag van Amsterdam] (PB L 178, blz. 5), bepaalt dat „[o]nverminderd de hierna volgende bepalingen [...] de lidstaten de beperkingen [...] met betrekking tot het kapitaalverkeer tussen ingezetenen van de lidstaten [opheffen]. Teneinde de toepassing van deze richtlijn te vergemakkelijken, worden de verschillende categorieën kapitaalverkeer ingedeeld volgens de nomenclatuur van bijlage I."

4. Tot de in bijlage I bij richtlijn 88/361 vermelde kapitaalbewegingen behoort de onder rubriek I, met als titel „Directe investeringen", opgenomen deelneming in nieuwe of bestaande ondernemingen teneinde duurzame economische betrekkingen te vestigen of te handhaven.

5. Rubriek IV van die bijlage, met als titel „Verrichtingen betreffende rechten van deelneming in instellingen voor collectieve belegging", omvat in deel A, betreffende „[t]ransacties in rechten van deelneming in instellingen voor collectieve belegging", met name de verwerving door ingezetenen van ter beurze verhandelde rechten van deelneming in buitenlandse instellingen en de verwerving door ingezetenen van niet ter beurze verhandelde rechten van deelneming in buitenlandse instellingen.

6. De „verklarende aantekeningen" in die bijlage bepalen:

> „In de zin van deze nomenclatuur worden, uitsluitend ten behoeve van deze richtlijn, verstaan onder:
>
> Directe investeringen
> Alle investeringen welke door natuurlijke personen of door commerciële, industriële of financiële ondernemingen worden verricht en welke gericht zijn op de vestiging of de handhaving van duurzame en directe betrekkingen tussen de kapitaalverschaffer enerzijds en de ondernemer of de onderneming anderzijds, voor wie de desbetreffende middelen bestemd zijn met het oog op de uitoefening van een economische activiteit. Dit begrip dient derhalve in de ruimste zin te worden opgevat.
> [...]
> Bij de in punt I.2 van de nomenclatuur genoemde ondernemingen, die de rechtsvorm hebben van een vennootschap waarvan het kapitaal in aandelen is verdeeld, is sprake van een directe investering, indien het aandelenpakket dat in het bezit is van een natuurlijke persoon, een andere onderneming of enigerlei andere houder, aan deze aandeelhouders hetzij ingevolge de bepalingen van de nationale wetgeving op de vennootschappen, hetzij uit anderen hoofde de mogelijkheid biedt daadwerkelijk deel te hebben in het bestuur van of de controle over de betrokken vennootschap.
> [...]"

Duits recht

7. § 17 van het Gesetz über den Vertrieb ausländischer Investmentanteile und über die Besteuerung der Erträge aus ausländischen Investmentanteilen (Duitse wet inzake de verkoop van aandelen in buitenlandse beleggingsfondsen en inzake de belasting van de inkomsten uit deelnemingen in buitenlandse beleggingen) van 28 juli 1969 (BGBl. 1969 I, blz. 986), in de versie die van toepassing was van 1 januari 2002 tot en met 31 december 2003 (hierna: „AuslInvestmG"), bepaalde aangaande de belasting van inkomsten uit deelnemingen in buitenlandse beleggingsfondsen:

„1. Uitkeringen op aandelen in buitenlandse beleggingsfondsen [...] behoren tot de inkomsten uit vermogen in de zin van § 20, lid 1, punt 1, van het Einkommensteuergesetz [wet op de inkomstenbelasting] [...]
[...]
3. De leden 1 en 2 zijn alleen van toepassing:
1. a. als de buitenlandse beleggingsmaatschappij haar voornemen om aandelen in buitenlandse beleggingsfondsen binnen het toepassingsgebied van deze wet door middel van een openbare aanbieding, openbare reclame of op soortgelijke wijze te verkopen, aan de autoriteit heeft gemeld [...] of
b. als aandelen in buitenlandse beleggingsfondsen die aan een Duitse beurs zijn toegelaten tot een officiële notering of tot de handel op een gereglementeerde markt, met uitzondering van de door de beurs voorgeschreven bekendmakingen, niet door middel van een openbare aanbieding, openbare reclame of op soortgelijke wijze worden verkocht (§ 1, lid 2), en als de buitenlandse beleggingsmaatschappij een vertegenwoordiger met vestigingsplaats of woonplaats binnen het toepassingsgebied van deze wet heeft benoemd die haar tegenover de belastingautoriteiten en ten overstaan van de bevoegde belastingrechters kan vertegenwoordigen, en
2. als de buitenlandse beleggingsmaatschappij aan de houders van de aandelen in buitenlandse beleggingsfondsen bij elke uitkering [...] [het bedrag van de uitkering per aandeel en bepaalde daarin opgenomen bedragen] in de Duitse taal meedeelt
[...]
en de juistheid van deze informatie op verzoek aantoont."

8. § 18 AuslInvestmG, in de versie die gold van 30 december 1993 tot en met 31 december 2000, bepaalde:

„1. Indien niet is voldaan aan de voorwaarden van § 17, behoren uitkeringen op aandelen in buitenlandse beleggingsfondsen [...] tot de inkomsten uit vermogen in de zin van § 20, lid 1, punt 1, van het Einkommensteuergesetz.
2. De in lid 1 genoemde heffingsgrondslagen dienen te worden aangetoond. Hiervoor dienende documenten moeten in de Duitse taal zijn gesteld of zijn voorzien van een Duitse vertaling. De buitenlandse beleggingsmaatschappij dient een vertegenwoordiger met vestigingsplaats of woonplaats binnen het toepassingsgebied van deze wet te benoemen die haar tegenover de belastingautoriteiten en ten overstaan van de bevoegde belastingrechters kan vertegenwoordigen.
3. Indien het bewijs niet op de juiste wijze wordt geleverd of geen vertegenwoordiger wordt benoemd, worden aan de ontvanger de uitkeringen op aandelen in buitenlandse beleggingsfondsen alsmede 90 % van het verschil tussen de eerste in het kalenderjaar vastgestelde prijs van wederinkoop en de laatste in het kalenderjaar vastgestelde prijs van wederinkoop van een aandeel in buitenlandse beleggingsfondsen toegerekend, met een minimum van 10 % van de laatste in het kalenderjaar vastgestelde prijs van wederinkoop. [...]"

9. Het Gesetz über Kapitalanlagegesellschaften (wet betreffende beleggingsmaatschappijen), in de versie die in de in het hoofdgeding aan de orde zijnde periode van toepassing was op binnenlandse beleggingsfondsen, bepaalde in wezen dat houders van deelnemingen volgens het „transparantiebeginsel" werden belast, namelijk dat zij werden behandeld alsof zij de inkomsten uit het beleggingsfonds zelf rechtstreeks hadden behaald.

Hoofdgeding en prejudiciële vragen

10. In de jaren 1997 tot en met 2003 was Schweier houdster van een depot bij LGT Bank AG (hierna: „LGT") in Liechtenstein, met daarin met name deelnemingen in beleggingsfondsen die op de Kaaimaneilanden waren gevestigd. Deze beleggingsfondsen, die niet voldeden aan de in § 17, lid 3, AuslInvestmG neergelegde verplichtingen inzake aangifte, toelating en bewijs en die geen vertegenwoordiger hadden benoemd overeenkomstig § 18, lid 2, derde volzin, AuslInvestmG, werden om die reden in Duitsland als zogenaamde „zwarte" fondsen aangemerkt, waarop § 18, lid 3, AuslInvestmG van toepassing was.

11. In 2008 heeft Schweier het Finanzamt Ulm voor het eerst meegedeeld dat zij in de betrokken jaren kapitaalinkomsten had ontvangen uit met name het depot bij LGT waarvan zij houdster was. Door middel van gecorrigeerde belastingaangiften heeft zij die inkomsten derhalve bij die belastingdienst aangegeven, na het bedrag ervan te hebben berekend aan de hand van de documenten die LGT haar ter beschikking had gesteld, en vervolgens heeft zij voor elk van de betrokken belastingjaren overeenkomstig § 18, lid 3, AuslInvestmG een forfaitair bedrag vastgesteld.

12. De betrokken belastingdienst heeft Schweiers belastingaanslagen over die belastingjaren gewijzigd en de kapitaalinkomsten uit de betrokken deelnemingen vastgesteld op 44 970,69 EUR voor 1997, 63 779,07 EUR

voor 1998, 106 826,16 EUR voor 1999, 94 999,24 EUR voor 2000, 96 055,10 EUR voor 2001, 100 157,99 EUR voor 2002 en 116 823,07 EUR voor 2003, hetgeen in totaal neerkomt op 623 611,32 EUR.

13. Schweier heeft tegen die aanvullende belasting bezwaar gemaakt op grond dat de in § 18, lid 3, AuslInvestmG bedoelde forfaitaire belasting onverenigbaar was met het beginsel van het vrije verkeer van kapitaal. Volgens haar mocht de aanvullende belasting slechts over werkelijke winst worden geheven, waarvan het bedrag moest worden geraamd. Schweier heeft verzocht om haar kapitaalinkomsten overeenkomstig § 18, lid 1, AuslInvestmG te belasten en heeft de betrokken belastingdienst de daartoe noodzakelijke documenten en berekeningen ter beschikking gesteld.

14. Nadat het Finanzamt Ulm dat bezwaar had afgewezen, heeft Schweier beroep ingesteld bij het Finanzgericht Baden-Württemberg (financiële rechtbank van Baden-Württemberg, Duitsland). Bij vonnis van 27 februari 2012 heeft die rechter dat beroep in hoofdzaak toegewezen op grond dat § 18, lid 3, AuslInvestmG in strijd was met het beginsel van het vrije verkeer van kapitaal en dienovereenkomstig heeft hij geoordeeld dat de door Schweier uit de betrokken deelnemingen werkelijk ontvangen kapitaalinkomsten voor elk van de betrokken belastingjaren lager waren dan het overeenkomstig § 18, lid 3, AuslInvestmG vastgestelde bedrag en in totaal 260 872,97 EUR bedroegen. Tegen dat vonnis heeft het Finanzamt Ulm beroep in „Revision" ingesteld bij het Bundesfinanzhof (federale financiële rechtbank).

15. In dat beroep in „Revision" voert het Finanzamt Ulm aan dat § 18, lid 3, AuslInvestmG op het hoofdgeding moet worden toegepast, aangezien die bepaling onder de standstillclausule van artikel 64, lid 1, VWEU valt. Daar de handelwijze van een beleggingsfonds onlosmakelijk verbonden is met het belasten van de beleggers die in dat fonds deelnemen, ziet § 18, lid 3, AuslInvestmG immers niet alleen op de beleggers maar ook op de beleggingsfondsen zelf en heeft het dus betrekking op het verrichten van financiële diensten in de zin van artikel 64, lid 1, VWEU. Voorts vormt een deelneming in een beleggingsfonds een directe investering.

16. Volgens de verwijzende rechter kan de in § 18, lid 3, AuslInvestmG bedoelde forfaitaire belasting Duitse beleggers ervan weerhouden in fondsen te beleggen die niet voldoen aan de vereisten van §§ 17 en 18, lid 1, AuslInvestmG, aangezien die forfaitaire belasting in het algemeen hoger is dan de belasting waaraan beleggers zijn onderworpen die deelnemen in ingezeten fondsen en die niet het bewijs leveren van hun inkomsten uit die fondsen. Daarbij komt de onmogelijkheid voor een deelnemer in een zogenaamd „zwart" fonds om het bewijs te leveren van het bedrag van de werkelijk ontvangen inkomsten en aldus aan die forfaitaire belasting te ontsnappen, terwijl het Gesetz über Kapitalanlagegesellschaften in het geval van een belegging in een ingezeten fonds niet in een dergelijke forfaitaire belasting voorziet.

17. De verwijzende rechter benadrukt dat de regel die is neergelegd in § 18, lid 3, AuslInvestmG en door het Finanzamt Ulm voor de betrokken periode op Schweier is toegepast, in wezen reeds op 31 december 1993 bestond. Die rechter voegt hieraan toe dat de beleggingsfondsen waarin Schweier deelnam, moesten worden geacht uit een derde land afkomstig te zijn, aangezien die fondsen waren opgericht op grond van de op de Kaaimaneilanden geldende toelatings- en toezichtregels en de betrokken beheermaatschappijen van de beleggingsfondsen daar gevestigd waren.

18. De verwijzende rechter betwijfelt echter of aan de materiële voorwaarden voor de toepassing van artikel 64, lid 1, VWEU is voldaan en of § 18, lid 3, AuslInvestmG betrekking heeft op het verrichten van financiële diensten of directe investeringen.

19. Daarom heeft het Bundesfinanzhof de behandeling van de zaak geschorst en het Hof de volgende prejudiciële vragen gesteld:

> „1. Verzet het vrije kapitaalverkeer van artikel [63 VWEU] zich, in geval van deelneming in fondsen uit derde landen, niet tegen een nationale regeling (hier: § 18, lid 3, AuslInvestmG) die bepaalt dat aan binnenlandse deelnemers in buitenlandse beleggingsfondsen onder bepaalde voorwaarden naast de uitkeringen fictieve inkomsten ten belope van 90 % van het verschil tussen de eerste en de laatste wederinkoopprijs van het jaar, maar ten minste 10 % van de laatste wederinkoopprijs (of van de beurs- of de marktwaarde) dienen te worden toegerekend, omdat de sinds 31 december 1993 in wezen ongewijzigde regeling in verband staat met het verrichten van financiële diensten in de zin van de standstillclausule van artikel [64, lid 1, VWEU]?
> Ingeval de eerste vraag ontkennend wordt beantwoord:
> 2. Vormt de deelneming in een dergelijk beleggingsfonds dat gevestigd is in een derde land, steeds een directe investering in de zin van artikel [64, lid 1, VWEU] of is zulks ervan afhankelijk of de deelneming volgens de nationale bepalingen van het land van vestiging van het fonds of op andere gronden aan de

belegger de mogelijkheid biedt effectief deel te nemen aan het bestuur van of de zeggenschap over het beleggingsfonds?"

Beantwoording van de prejudiciële vragen

Eerste vraag

20. Met zijn eerste vraag wenst de verwijzende rechter in wezen te vernemen of artikel 64 VWEU aldus moet worden uitgelegd dat een nationale wettelijke regeling als in het hoofdgeding, die voorziet in een forfaitaire belasting van de inkomsten van deelnemers in een niet-ingezeten beleggingsfonds wanneer dat fonds niet heeft voldaan aan bepaalde wettelijke verplichtingen, een maatregel vormt die betrekking heeft op kapitaalverkeer in verband met het verrichten van financiële diensten in de zin van dat artikel.

21. In dit verband zij eraan herinnerd dat artikel 64, lid 1, VWEU een limitatieve lijst van kapitaalbewegingen bevat die aan de toepassing van artikel 63, lid 1, VWEU kunnen worden onttrokken en, als afwijking van het grondbeginsel van het vrije verkeer van kapitaal, strikt moet worden uitgelegd (zie arrest Welte, C-181/12, EU:C:2013:662, punt 29).

22. Derhalve moet worden bepaald of de in het hoofdgeding aan de orde zijnde wettelijke regeling betrekking heeft op kapitaalverkeer en, zo ja, of dat kapitaalverkeer verband houdt met het verrichten van financiële diensten.

23. Aangezien het VWEU geen definitie van het begrip „kapitaalverkeer" bevat, heeft het Hof erkend dat de in bijlage I bij richtlijn 88/361 opgenomen nomenclatuur indicatieve waarde heeft, met dien verstande dat de lijst die zij bevat, zoals in de inleiding van deze bijlage in herinnering is gebracht, niet uitputtend is (zie in die zin met name arresten van Hilten-van der Heijden, C-513/03, EU:C:2006:131, punt 39; Missionswerk Werner Heukelbach, C-25/10, EU:C:2011:65, punt 15, en Welte, C-181/12, EU:C:2013:662, punt 20).

24. De verwerving door ingezetenen van al dan niet ter beurze verhandelde rechten van deelneming in buitenlandse instellingen behoort tot de kapitaalbewegingen die zijn vermeld in deel A, betreffende „Transacties in rechten van deelneming in instellingen voor collectieve belegging", van rubriek IV van bijlage I bij richtlijn 88/361, met als titel „Verrichtingen betreffende rechten van deelneming in instellingen voor collectieve belegging".

25. De ontvangst van dividenden van een instelling voor collectieve belegging, ook al is zij in die nomenclatuur niet uitdrukkelijk als „kapitaalbeweging" vermeld, kan worden ingedeeld onder de verwerving door ingezetenen van al dan niet ter beurze verhandelde rechten van deelneming in buitenlandse instellingen en is bijgevolg onlosmakelijk verbonden met een kapitaalbeweging (zie in die zin arrest Verkooijen, C-35/98, EU:C:2000:294, punt 29).

26. Een nationale wettelijke regeling als in het hoofdgeding, die de belasting van de inkomsten van beleggers die deelnemen in instellingen voor collectieve belegging regelt door te voorzien in verschillende wijzen van belastingheffing afhankelijk van de naleving door het betrokken niet-ingezeten beleggingsfonds van §§ 17, lid 3, en 18, lid 2, AuslInvestmG, vormt bijgevolg een maatregel die betrekking heeft op kapitaalverkeer in de zin van die nomenclatuur.

27. Derhalve moet worden vastgesteld of het kapitaalverkeer waarop een wettelijke regeling als in het hoofdgeding betrekking heeft, verband houdt met het verrichten van financiële diensten in de zin van artikel 64, lid 1, VWEU.

28. In de eerste plaats moet de stelling van met name de verwijzende rechter en de Europese Commissie worden onderzocht dat alleen maatregelen die rechtstreeks op verrichters van financiële diensten als zodanig zijn gericht en die de uitvoering van en het toezicht op hun financiële transacties alsook hun vergunning of liquidatie regelen, onder artikel 64, lid 1, VWEU kunnen vallen, wat niet het geval zou zijn voor de regels voor het belasten van de beleggers.

29. In dit verband zij allereerst herinnerd aan de afbakening tussen de bepalingen van het Verdrag inzake de vrijheid van dienstverrichting en die inzake het vrije verkeer van kapitaal.

30. Het Hof heeft reeds geoordeeld dat uit de bewoordingen van de artikelen 56 VWEU en 63 VWEU alsmede uit de plaats ervan in twee verschillende hoofdstukken van titel IV van het Verdrag blijkt dat zij weliswaar nauw met elkaar verband houden, maar verschillende situaties beogen te regelen en elk een eigen werkingssfeer hebben (zie in die zin arrest Fidium Finanz, C-452/04, EU:C:2006:631, punt 28).

31. Met betrekking tot de vraag of een nationale wettelijke regeling onder de ene of de andere van de door het Verdrag gewaarborgde fundamentele vrijheden valt, volgt uit vaste rechtspraak van het Hof dat rekening dient te worden gehouden met het voorwerp van de wettelijke regeling in kwestie (zie in die zin arresten Holböck, C-157/05, EU:C:2007:297, punt 22 en aldaar aangehaalde rechtspraak; Dijkman en Dijkman-Lavaleije, C-233/09, EU:C:2010:397, punt 26, en Test Claimants in the FII Group Litigation, C-35/11, EU:C:2012:707, punt 90).

32. Zoals de advocaat-generaal in punt 67 van zijn conclusie in wezen heeft opgemerkt, is een nationale wettelijke regeling die in hoofdzaak het verrichten van financiële diensten betreft, onderworpen aan de bepalingen van het Verdrag inzake de vrijheid van dienstverrichting, ook al kan zij kapitaalverkeer met zich brengen of verband houden met kapitaalverkeer.

33. Het Hof heeft immers reeds geoordeeld dat een nationale regeling van een lidstaat op grond waarvan voor het bedrijfsmatig verstrekken van kredieten op zijn grondgebied door een vennootschap met zetel in een derde land is vereist dat vooraf een vergunning wordt afgegeven en die derhalve tot gevolg heeft dat die vennootschap moeilijker toegang krijgt tot de financiële markt, hoofdzakelijk inbreuk maakt op de uitoefening van de vrijheid van dienstverrichting in de zin van de artikelen 56 VWEU en volgende (arrest Fidium Finanz, C-452/04, EU:C:2006:631, punten 49 en 50).

34. Nationale maatregelen waarvan het voorwerp op zijn minst in hoofdzaak kapitaalverkeer is, vallen daarentegen binnen de werkingssfeer van artikel 64, lid 1, VWEU.

35. De stelling dat alleen maatregelen die rechtstreeks betrekking hebben op verrichters van financiële diensten als zodanig en die de uitvoering van en het toezicht op hun financiële transacties alsook hun vergunning of hun liquidatie regelen, onder artikel 64, lid 1, VWEU vallen, komt bijgevolg erop neer dat afbreuk wordt gedaan aan de afbakening tussen de bepalingen van het Verdrag inzake de vrijheid van dienstverrichting en die inzake het vrije verkeer van kapitaal.

36. De uitlegging volgens welke artikel 64, lid 1, VWEU niet ziet op situaties die onder de vrijheid van dienstverrichting vallen, wordt eveneens bevestigd door het feit dat, in tegenstelling tot het hoofdstuk betreffende de vrijheid van kapitaalverkeer, het hoofdstuk betreffende de vrijheid van dienstverrichting geen enkele bepaling bevat op grond waarvan de voorschriften ervan ook gelden voor dienstverrichters uit derde landen die buiten de Europese Unie zijn gevestigd, aangezien met dit laatste hoofdstuk wordt beoogd de vrijheid van dienstverrichting te waarborgen aan onderdanen van lidstaten (arrest Fidium Finanz, C-452/04, EU:C:2006:631, punt 25).

37. Uit de artikelen 63 VWEU en 64, lid 1, VWEU volgt daarentegen dat alle beperkingen van het kapitaalverkeer in verband met het verrichten van financiële diensten tussen lidstaten en derde landen in beginsel zijn verboden, tenzij een dergelijke beperking op 31 december 1993 of, in voorkomend geval, op 31 december 1999 bestond uit hoofde van het nationale recht of het Unierecht.

38. Door de verschillen tussen de bepalingen inzake de vrijheid van dienstverrichting en de bepalingen inzake het vrije verkeer van kapitaal met betrekking tot hun respectieve territoriale en personele werkingssfeer gaat het in artikel 64, lid 1, VWEU derhalve noodzakelijkerwijs om andere situaties dan de in de artikelen 56 VWEU en volgende bedoelde situaties.

39. Vervolgens zij eraan herinnerd dat het doorslaggevende criterium voor de toepassing van artikel 64, lid 1, VWEU, zoals de advocaat-generaal in punt 74 van zijn conclusie heeft opgemerkt, betrekking heeft op het oorzakelijke verband tussen het kapitaalverkeer en het verrichten van financiële diensten en niet op de personele werkingssfeer van de litigieuze nationale maatregel of zijn verband met de verrichter, en niet de ontvanger, van dergelijke diensten. Zoals reeds in herinnering is gebracht in punt 21 van het onderhavige arrest, is de werkingssfeer van artikel 64, lid 1, VWEU immers omschreven onder verwijzing naar de categorieën kapitaalbewegingen die aan beperkingen kunnen worden onderworpen.

40. Dat een nationale maatregel op de eerste plaats betrekking heeft op de belegger en niet op de dienstverrichter, staat er derhalve niet aan in de weg dat die maatregel onder artikel 64, lid 1, VWEU valt.

41. Ten slotte volgt, anders dan de Commissie aanvoert, uit vaste rechtspraak van het Hof dat de belastingregelingen van de lidstaten onder artikel 64, lid 1, VWEU kunnen vallen (zie met name arresten Test Claimants in the FII Group Litigation, C-446/04, EU:C:2006:774, punten 174-196; Holböck, C-157/05, EU:C:2007:297, punten 37-45, en Prunus en Polonium, C-384/09, EU:C:2011:276, punten 27-37).

42. Aangaande in de tweede plaats de draagwijdte van de in artikel 64, lid 1, VWEU bedoelde afwijking zij eraan herinnerd dat met de strikte uitlegging van die afwijking wordt beoogd de nuttige werking van artikel 63 VWEU te handhaven.

43. Derhalve kan de nationale maatregel slechts onder die afwijking vallen indien hij betrekking heeft op kapitaalverkeer dat een voldoende nauwe band met het verrichten van financiële diensten heeft.

44. Zoals de advocaat-generaal in punt 74 van zijn conclusie heeft benadrukt, is slechts sprake van een voldoende nauwe band indien er een oorzakelijk verband bestaat tussen het kapitaalverkeer en het verrichten van financiële diensten.

45. Bijgevolg valt een nationale wettelijke regeling die van toepassing is op kapitaalverkeer naar of uit derde landen en een beperking van het verrichten van financiële diensten inhoudt, onder artikel 64, lid 1, VWEU (zie naar analogie van het kapitaalverkeer in verband met directe investeringen of een vestiging in de zin van artikel 64, lid 1, VWEU, arresten Test Claimants in the FII Group Litigation, C-446/04, EU:C:2006:774, punt 183, en Holböck, C-157/05, EU:C:2007:297, punt 36).

46. In casu houden de verwerving van deelnemingen in op de Kaaimaneilanden gevestigde beleggingsfondsen en de ontvangst van de daaruit voortvloeiende dividenden in dat die beleggingsfondsen ten behoeve van de betrokken belegger financiële diensten verrichten. Een dergelijke belegging onderscheidt zich van een rechtstreekse verwerving door een belegger van aandelen in vennootschappen op de markt doordat zij dankzij die diensten met name de mogelijkheid biedt om te genieten van een grotere spreiding van de activa en een betere risicospreiding.

47. Een nationale wettelijke regeling als in het hoofdgeding, die voorziet in een forfaitaire belasting, kan in combinatie met de onmogelijkheid voor de belegger om te worden belast over de door hem werkelijk ontvangen inkomsten wanneer het niet-ingezeten beleggingsfonds niet voldoet aan de in §§ 17, lid 3, en 18, lid 2, AuslInvestmG gestelde voorwaarden, ingezeten beleggers ervan weerhouden in te schrijven op rechten van deelneming in niet-ingezeten beleggingsfondsen en heeft derhalve tot gevolg dat die beleggers minder vaak gebruikmaken van de diensten van die fondsen.

48. Gelet op een en ander moet derhalve op de eerste vraag worden geantwoord dat artikel 64 VWEU aldus moet worden uitgelegd dat een nationale wettelijke regeling als in het hoofdgeding, die voorziet in een forfaitaire belasting van de inkomsten van deelnemers in een niet-ingezeten beleggingsfonds wanneer dat fonds niet heeft voldaan aan bepaalde wettelijke verplichtingen, een maatregel vormt die betrekking heeft op kapitaalverkeer in verband met het verrichten van financiële diensten in de zin van dat artikel.

Tweede vraag

49. Gelet op het antwoord op de eerste vraag behoeft de tweede vraag niet te worden beantwoord.

Kosten

50. ...

Het Hof (Eerste kamer)

verklaart voor recht:

Artikel 64 VWEU moet aldus worden uitgelegd dat een nationale wettelijke regeling als in het hoofdgeding, die voorziet in een forfaitaire belasting van de inkomsten van deelnemers in een niet-ingezeten beleggingsfonds wanneer dat fonds niet heeft voldaan aan bepaalde wettelijke verplichtingen, een maatregel vormt die betrekking heeft op kapitaalverkeer in verband met het verrichten van financiële diensten in de zin van dat artikel.

HvJ EG 21 mei 2015, zaak C-657/13 (Verder LabTec GmbH & Co. KG v. Finanzamt Hilden)

Derde kamer: *M. Ilešič, kamerpresident, A. Ó Caoimh, C. Toader, E. Jarašiūnas en C. G. Fernlund (rapporteur), rechters*
Advocaat-generaal: *N. Jääskinen*

1. Het verzoek om een prejudiciële beslissing betreft de uitlegging van artikel 49 VWEU.

2. Dit verzoek is ingediend in het kader van een geding tussen Verder LabTec GmbH & Co. KG, gevestigd in Duitsland (hierna: „Verder LabTec"), en het Finanzamt Hilden (hierna: „Finanzamt") over het heffen van belasting over de latente meerwaarde van de activa van deze vennootschap naar aanleiding van de overdracht van deze activa aan de op het Nederlandse grondgebied gevestigde vaste inrichting van die vennootschap.

Toepasselijke bepalingen

3. Uit de aan het Hof voorgelegde stukken blijkt dat de Duitse regeling inzake het heffen van belasting over latente meerwaarde van activa van een in Duitsland gevestigde vennootschap die worden overgedragen aan een buiten het nationale grondgebied gelegen vaste inrichting van deze vennootschap, aanvankelijk op de rechtspraak van het Bundesfinanzhof (federaal gerechtshof voor belastingzaken) berustte.

4. In een arrest van 16 juli 1969 had laatstgenoemde rechterlijke instantie de „theorie van de definitieve onttrekking" geformuleerd. Uit de verwijzingsbeslissing blijkt, zakelijk weergegeven, dat deze theorie uitging van het beginsel dat de Bondsrepubliek Duitsland als staat van vestiging van een vennootschap haar recht op het heffen van belasting over de op het Duitse grondgebied ontstane latente meerwaarde van de activa van deze vennootschap verloor zodra deze activa waren overgedragen aan een op het grondgebied van een andere staat geleden vaste inrichting van die vennootschap, voor zover de Bondsrepubliek Duitsland verplicht was de winsten van deze vaste inrichting van belasting vrij te stellen op grond van de overeenkomst tot het vermijden van dubbele belasting die zij had gesloten met de staat op het grondgebied waarvan die vaste inrichting was gelegen. De overdracht van activa van een in Duitsland gevestigde vennootschap aan een op het grondgebied van een andere staat gelegen vaste inrichting werd dan beschouwd als een onttrekking, die moest worden gewaardeerd volgens de zogenoemde „bedrijfswaarde" in de zin van § 4, lid 1, tweede zin, van het Einkommensteuergesetz (wet op de inkomstenbelasting; hierna: „EStG").

5. Deze rechtspraak van het Bundesfinanzhof had tot gevolg dat de activa die werden geacht aan het bedrijfsvermogen van de in Duitsland gevestigde vennootschap te zijn onttrokken, specifiek moesten worden gewaardeerd op het tijdstip van de onttrekking. Het verschil tussen deze waarde en de boekwaarde van die activa werd dan op het tijdstip van de overdracht in de balans opgenomen. Het bedrag van de aldus onthulde latente meerwaarde van die activa werd dan bij de winst van het lopende jaar van die vennootschap geteld.

6. Op basis van die rechtspraak had de Duitse belastingadministratie beslist dat dergelijke overgedragen activa op het tijdstip van de overdracht moesten worden gewaardeerd tegen de prijs bij volle mededinging, dat wil tegen de prijs die onfhankelijke derden in dezelfde of vergelijkbare situaties zouden zijn overeengekomen.

7. Die administratie had ook uit billijkheidsoverwegingen beslist de gevolgen van bovengenoemde rechtspraak te milderen en de aan een dergelijke onttrekking gerelateerde winst niet volledig te belasten, maar de betrokken vennootschap toe te staat een compensatiepost te creëren om die winst te neutraliseren. Die post moest voor aan waardeverlies onderhevige investeringsgoederen naar verhouding van de resterende gebruiksduur van de betrokken activa worden afgeschreven of uiterlijk tien jaar na de betrokken onttrekking aan de winst worden toegevoegd.

8. De situaties van onttrekking van latente meerwaarde van activa die een in Duitsland gevestigde vennootschap aan een op grondgebied van een andere staat gelegen vaste inrichting heeft overgedragen, zijn voor het eerst geregeld bij de wet van 7 december 2006 houdende fiscale maatregelen ter begeleiding van de invoering van de Europese vennootschap en houdende wijziging van andere fiscale bepalingen (*BGBl*. 2006 I, blz. 2782; hierna: „SEStEG").

9. Die wet had tot doel, enerzijds, een aantal bepalingen van fiscaal recht aan te passen aan de eisen die het Unierecht op het gebied van het belastingrecht en van het vennootschapsrecht stelt, en anderzijds, de heffingsrechten van de Bondsrepubliek Duitsland op coherente wijze te garanderen en het heffen van belasting over de latente meerwaarde ingeval de betrokken activa aan de heffingsbevoegdheid van die lidstaat werden onttrokken, mogelijk te maken.

10. Daartoe is bij het SEStEG in § 4, lid 1, van het EStG een derde zin ingevoegd volgens welke „[e]en onttrekking voor andere dan bedrijfsdoeleinden wordt gelijkgesteld met de uitsluiting of de beperking van de heffingsbevoegdheid van de Bondsrepubliek Duitsland met betrekking tot de winst uit de vervreemding of het gebruik van

activa". Uit de memorie van toelichting bij het SEStEG blijkt, dat deze bepaling tot doel had, het geldende recht te verduidelijken.

11. Bij het SEStEG is ook een § 4 g aan het EStG toegevoegd. Volgens die § wordt in de gevallen waarin activa, als gevolg van de toewijzing ervan aan een in een andere lidstaat dan de Bondsrepubliek Duitsland gelegen vaste inrichting van dezelfde belastingplichtige, overeenkomstig § 4, lid 1, derde zin, van het EStG, zoals gewijzigd, als onttrokken worden beschouwd, op verzoek van de belastingplichtige een compensatiepost gecreëerd ten bedrage van het verschil tussen de boekwaarde en de marktwaarde van de activa. Volgens lid 2, eerste zin, van deze § 4 g wordt deze post in het boekjaar waarin hij is gecreëerd en in de daaropvolgende vier boekjaren telkens voor een vijfde ervan in de winst opgenomen.

12. Verder is bij het SEStEG aan § 52 van het EStG een lid 8 b toegevoegd, volgens hetwelk § 4, lid 1, derde zin, van het EStG, zoals gewijzigd bij het SEStEG, van toepassing is vanaf het belastingjaar 2006.

13. Bij een arrest van 17 juli 2008, gewezen in een zaak betreffende het belastingjaar 1995, heeft het Bundesfinanzhof zijn eerdere, op de „theorie van de definitieve onttrekking" gebaseerde, rechtspraak laten varen. Deze rechterlijke instantie heeft enerzijds ter motivering van die omslag aangegeven, dat het EStG, in de versie die van toepassing was vóór de inwerkingtreding van het SEStEG, geen voldoende grondslag bood voor haar eerdere rechtspraak. Daarom heeft het Bundesfinanzhof geoordeeld dat de overdracht van activa van een in Duitsland gevestigde vennootschap aan een op het grondgebied van een andere staat gelegen vaste inrichting, geen onttrekking vormde

14. Anderzijds heeft deze rechterlijke instantie ter rechtvaardiging van de evolutie van haar standpunt aangegeven, dat het niet noodzakelijk was, de overdracht van activa van een in Duitsland gevestigde vennootschap aan een op het grondgebied van een andere staat gelegen vaste inrichting van die vennootschap, te beschouwen als een situatie waarin winst wordt gerealiseerd, daar het feit dat de winsten van die vaste inrichting in Duitsland van belasting zijn vrijgesteld, het latere heffen van belasting over de op het Duitse grondgebied ontstane latente meerwaarde onverlet laat.

15. Gelet op deze omslag in de rechtspraak heeft de Duitse wetgever besloten, een wet vast te stellen waarbij die regeling niet toepasselijk werd verklaard en waarbij de inhoud van § 4, lid 1, derde zin, van het EStG, zoals gewijzigd bij het SEStEG, werd gepreciseerd.

16. Bij de belastingwet voor 2010 van 8 december 2010 (*BGBl.* 2010 I, blz. 1768) heeft deze wetgever, enerzijds, in § 4, lid 1, van het EStG, zoals gewijzigd bij het SEStEG, na de derde zin een vierde zin ingevoegd, waarin het belangrijkste geval van toepassing van die § 4, lid 1, derde zin, van het EStG wordt verduidelijkt. In deze vierde zin wordt gezegd dat „[v]an een uitsluiting of beperking van de heffingsbevoegdheid met betrekking tot de winst uit vervreemding van activa […] met name [is] sprake wanneer activa die tot dan toe zijn toegerekend aan een op het nationale grondgebied gelegen vaste inrichting van de belastingplichtige, moeten worden toegerekend aan een buitenlandse vaste inrichting".

17. Verder is aan § 52, lid 8 b, van het EStG, zoals gewijzigd bij het SEStEG, een tweede en een derde zin toegevoegd, volgens welke § 4, lid 1, derde en vierde zin, van het EStG, zoals gewijzigd bij de belastingwet voor 2010, ook van toepassing is op het belastingjaar 2005.

Hoofdgeding en prejudiciële vraag

18. Verder LabTec is een in Duitsland gevestigde commanditaire vennootschap naar Duits recht. Sinds mei 2005 houdt deze vennootschap zich uitsluitend bezig met het beheer van haar octrooi-, merk- en modelrechten. Bij een overeenkomst van 25 mei 2005 heeft zij deze rechten overgedragen aan haar in Nederland gelegen vaste inrichting.

19. Naar aanleiding van een belastingcontrole heeft het Finanzamt geoordeeld dat bij de overdracht van die rechten de latente meerwaarde daarvan ten opzichte van de waarde bij volle mededinging op het tijdstip van de overdracht moest worden onthuld.

20. Het Finanzamt heeft echter geoordeeld dat die latente meerwaarde, waarvan het bedrag niet wordt betwist, niet onmiddellijk voor het volledige bedrag ervan aan belasting moest worden onderworpen. Volgens het Finanzamt mocht het bedrag daarvan om billijkheidsredenen worden geneutraliseerd door een middel van een promemoriepost van hetzelfde bedrag die over een periode van tien jaar lineair in de winst diende te worden opgenomen.

21. Op basis van de uitkomst van die controle heeft het Finanzamt op 17 augustus 2009 een aanslag betreffende de afzonderlijke en eenvormige vaststelling van belastinggrondslagen voor 2005 opgesteld. Zij heeft de winst van Verder LabTec berekend door voor dit belastingjaar aan de gemaakte winst een tiende van de in de pro-memoriepost tot uitdrukking gebrachte latente meerwaarde toe te voegen en tegelijkertijd een bedrag in mindering te brengen dat overeenkomt met de daaruit voortvloeiende verhoging van de provisie voor de verschuldigde bedrijfsbelasting.

22. Bij beslissing van 19 september 2011 heeft het Finanzamt het tegen die aanslag van 17 augustus 2009 geformuleerde bezwaar afgewezen.

23. Verder LabTec heeft tegen die beslissing beroep ingesteld bij het Finanzgericht Düsseldorf en daartoe, zakelijk weergegeven, aangevoerd dat de betrokken belastingregeling de door artikel 49 VWEU gewaarborgde vrijheid van vestiging aantastte. Zij is van mening dat de gefaseerde inning van de belasting over de latente meerwaarde van de overgedragen activa op het tijdstip van de overdracht van die activa een onevenredige maatregel is. De inning van deze belasting op het tijdstip waarop deze meerwaarde wordt gerealiseerd, zou een minder bezwarende mogelijkheid zijn.

24. Het Finanzamt vordert verwerping van dit beroep. Het is van mening dat het betrokken belastingstelsel niet in strijd is met beginselen van Unierecht en dat een eventuele aantasting van de vrijheid van vestiging gerechtvaardigd is om dwingende redenen van algemeen belang. Bovendien zou de betrokken belastingregeling evenredig zijn, aangezien de onthulde meerwaarde niet onmiddellijk voor het volledige bedrag ervan aan belasting wordt onderworpen.

25. Het Finanzgericht Düsseldorf beklemtoont dat § 4, lid 1, derde en vierde zin, van het EStG, zoals gewijzigd bij de belastingwet voor 2010, van toepassing is op het litigieuze belastingjaar, te weten het jaar 2005.

26. Deze rechterlijke instantie is van oordeel dat de nationale regeling inzake de betrokken onttrekking in strijd is met de vrijheid van vestiging. Bovendien is zij van mening dat, gelet op het arrest National Grid Indus (C-371/10, EU:C:2011:785), deze regeling niet kan worden gerechtvaardigd, daar de Bondsrepubliek Duitsland op grond van het beginsel van territorialiteit van de belastingen het recht heeft om belasting te heffen over de latente meerwaarde die in de periode vóór de overdracht van de betrokken activa aan een in een andere lidstaat gelegen vaste inrichting is ontstaan. Ook al kon worden geoordeeld dat de vaststelling van het bedrag van de latente meerwaarde op het tijdstip van de overdracht van de betrokken activa een evenredige maatregel is, de inning van de belasting over deze meerwaarde vóór deze meerwaarde is gerealiseerd, kan volgens haar geen evenredige maatregel vormen in weerwil van het feit dat de inning van die belasting over vijf of tien jaar wordt gespreid.

27. In die omstandigheden heeft het Finanzgericht Düsseldorf de behandeling van de zaak geschorst en het Hof de volgende prejudiciële vraag gesteld:

> „Is het verenigbaar met de vrijheid van vestiging van artikel 49 VWEU wanneer volgens een nationale regeling bij overdracht van activa van een binnenlandse naar een buitenlandse vaste inrichting van dezelfde onderneming sprake is van een onttrekking voor andere dan bedrijfsdoeleinden, met als gevolg dat door de onthulling van de [latente meerwaarde] winst als gevolg van die onttrekking aan het licht komt, en volgens een andere nationale regeling de mogelijkheid bestaat om deze winst gelijkmatig over vijf of tien boekjaren te spreiden?"

Beantwoording van de prejudiciële vraag

28. Verder LabTec voert aan dat de prejudiciële vraag niet-ontvankelijk is omdat het gaat om een hypothetische vraag. Volgens deze vennootschap was voor het betrokken belastingjaar, namelijk het jaar 2005, de door de verwijzende rechterlijke instantie vermelde periode van vijf of tien jaar voor de inning van de betrokken belasting niet van toepassing. Het Finanzamt en de Duitse regering zijn van mening dat de prejudiciële vraag, wat de gefaseerde inning in vijf annuïteiten betreft, een hypothetische vraag is, omdat de spreiding over een periode van vijf jaar niet van toepassing was op het belastingjaar 2005. De Europese Commissie is eveneens van mening dat de prejudiciële vraag, wat de gefaseerde inning in vijf annuïteiten betreft, een hypothetische vraag is of zou kunnen zijn. Zij stelt in dit verband dat, gelet op het feit dat de beslissing van het Finanzamt van 19 september 2011 betrekking heeft op een gefaseerde inning in tien annuïteiten, het Finanzamt deze periode mogelijkerwijze nadien niet in vijf jaar kan veranderen.

29. In dit verband dient eraan te worden herinnerd dat volgens vaste rechtspraak een vermoeden van relevantie rust op de vragen betreffende de uitlegging van het Unierecht die de nationale rechter heeft gesteld binnen het onder zijn eigen verantwoordelijkheid geschetste wettelijke en feitelijke kader, ten aanzien waarvan het niet aan het Hof is de juistheid te onderzoeken. Het Hof kan slechts weigeren uitspraak te doen op een verzoek van een nationale rechterlijke instantie wanneer duidelijk blijkt dat de gevraagde uitlegging van het Unierecht geen verband houdt met een reëel geschil of met het voorwerp van het hoofdgeding, wanneer het vraagstuk van hypothetische aard is of wanneer het Hof niet beschikt over de gegevens, feitelijk en rechtens, die noodzakelijk zijn om een zinvol antwoord te geven op de gestelde vragen (arrest Stanley International Betting en Stanleybet Malta, C-463/13, EU:C:2015:25, punt 26 en de aangehaalde rechtspraak).

30. In het onderhavige geval staat vast dat uit de verwijzingsbeslissing duidelijk blijkt dat belastingaanslag van 17 augustus 2009, waarvan de bestrijding aanleiding heeft gegeven tot de beslissing van het Finanzamt van 19 september 2011, betrekking heeft op de gefaseerde inning van de belasting in tien en niet in vijf annuïteiten. Het is dus overduidelijk dat het probleem van de gefaseerde inning van die belasting in vijf annuïteiten, hypothetisch is.

Bijgevolg moet de prejudiciële vraag, zoals de advocaat-generaal in punt 18 van zijn conclusie heeft opgemerkt, wat een dergelijke inning betreft, als niet-ontvankelijk worden beschouwd.

31. Hieruit volgt dat de gestelde vraag aldus dient te worden begrepen dat zij erop is gericht te vernemen of artikel 49 VWEU aldus moet worden uitgelegd dat het zich verzet tegen een belastingregeling van een lidstaat, zoals de in het hoofdgeding aan de orde zijnde regeling, waarin is bepaald dat, in geval van overdracht van activa van een op het grondgebied van die lidstaat gelegen vennootschap aan een op het grondgebied van een andere lidstaat gelegen vaste inrichting van die vennootschap, de op het grondgebied van eerstgenoemde lidstaat ontstane latente meerwaarde van die activa wordt onthuld, over die meerwaarde belasting wordt geheven en die belasting gefaseerd wordt geïnd in tien annuïteiten.

32. Er dient aan te worden herinnerd dat volgens artikel 49 VWEU de beperkingen van de vrijheid van vestiging moeten worden opgeheven. Deze vrijheid omvat voor de vennootschappen die in overeenstemming met de wetgeving van een lidstaat zijn opgericht en hun statutaire zetel, hun hoofdbestuur of hun hoofdvestiging binnen de Europese Unie hebben, het recht om hun activiteit in andere lidstaten uit te oefenen door middel van een dochteronderneming, een filiaal of een agentschap (arrest Commissie/Duitsland, C-591/13, EU:C:2015:230, punt 54 en de aangehaalde rechtspraak).

33. Hoewel de bepalingen van het VWEU betreffende de vrijheid van vestiging volgens de bewoordingen ervan het voordeel van de nationale behandeling in de lidstaat van ontvangst beogen te garanderen, verzetten zij zich ook ertegen dat de lidstaat van oorsprong de vestiging van een van zijn burgers of van een naar zijn wetgeving opgerichte vennootschap in een andere lidstaat belemmert (arrest Commissie/Duitsland, C-591/13, EU:C:2015:230, punt 56 en de aangehaalde rechtspraak).

34. Het is overigens vaste rechtspraak dat alle maatregelen die het gebruik van de vrijheid van vestiging verbieden, belemmeren of minder aantrekkelijk maken, als beperkingen van deze vrijheid moeten worden beschouwd arrest Commissie/Duitsland, C-591/13, EU:C:2015:230, punt 56 en de aangehaalde rechtspraak).

35. In dit verband is de vrijheid van vestiging van toepassing op de overbrenging van activiteiten van een vennootschap van het grondgebied van een lidstaat naar een andere lidstaat, ongeacht of de betrokken vennootschap haar statutaire zetel en haar daadwerkelijke leiding van dit grondgebied weghaalt dan wel of zij activa van een op dit grondgebied gelegen vaste inrichting naar een andere lidstaat overbrengt (arrest Commissie/Denemarken, C-261/11, EU:C:2013:480, punt 28 en aangehaalde rechtspraak).

36. Wat de heffing van belasting over in het kader van de belastingbevoegdheid van een lidstaat ontstane latente meerwaarde van de aan een in een andere lidstaat gelegen vaste inrichting overgedragen activa betreft in een geval waarin die eerste lidstaat naar aanleiding van die overdracht zijn recht verliest om belasting te heffen over de door die activa gegenereerde inkomsten, blijkt uit de rechtspraak van het Hof in wezen dat een belastingregeling van een lidstaat die tot gevolg heeft dat in geval van een dergelijke overdracht onmiddellijk belasting wordt geheven over die meerwaarde, terwijl daarover geen belasting wordt geheven bij een vergelijkbare overdracht binnen het nationale grondgebied, een in eerstgenoemde lidstaat gevestigde vennootschap de lust kan ontnemen haar activa van het grondgebied van die lidstaat naar een andere lidstaat over te brengen en dus een beperking van de vrijheid van vestiging vormt (zie in die zin arrest Commissie/Denemarken, C-261/11, EU:C:2013:480, punten 29-31 en aangehaalde rechtspraak).

37. In het onderhavige geval staat vast dat de in het hoofdgeding aan de orde zijnde belastingregeling tot gevolg heeft dat de latente meerwaarde van aan een in een andere lidstaat dan de Bondsrepubliek Duitsland gelegen vaste inrichting overgedragen activa naar aanleiding van die overdracht worden onthuld en dat daarover belasting wordt geheven. Een vergelijkbare overdracht binnen het nationale grondgebied zou echter niet tot een dergelijke onthulling en belastingheffing hebben geleid, daar over deze latente meerwaarde slechts belasting wordt geheven wanneer zij daadwerkelijk wordt gerealiseerd. Dit verschil in behandeling kan een liquiditeitsnadeel opleveren voor een vennootschap die activa aan een op het grondgebied van een andere lidstaat gelegen vaste inrichting wil overdragen. Dit verschil in behandeling ter zake van de onthulling van en het heffen van belasting over de betrokken meerwaarde kan een vennootschap naar Duits recht aldus de lust ontnemen haar activa naar een andere lidstaat over te brengen.

38. Een dergelijk verschil in behandeling vindt geen verklaring in een objectief verschil in situatie. Ten aanzien van een regeling van een lidstaat betreffende het heffen van belasting over op het grondgebied van die lidstaat ontstane latente meerwaarde is de situatie van een vennootschap die activa overdraagt aan een in een andere lidstaat gelegen vaste inrichting, ter zake van de heffing van belasting over de meerwaarde die vóór die overdracht in eerstgenoemde lidstaat is ontstaan, immers vergelijkbaar met die van een vennootschap die een gelijkaardige overdracht aan een op het grondgebied van die lidstaat gelegen vaste inrichting verricht (zie in die zin arrest Commissie/Duitsland, C-591/13, EU:C:2015:230, punt 60).

39. Hieruit volgt dat het verschil in behandeling dat een op het grondgebied van de Bondsrepubliek Duitsland gelegen vennootschap op grond van de in het hoofdgeding aan de orde zijnde regeling in geval van overdracht van

activa aan een van haar op het grondgebied van een andere lidstaat gelegen vaste inrichtingen ervaart, een beperking van de vrijheid van vestiging in de zin van artikel 49 VWEU vormt.

40. Uitgemaakt dient echter te worden of deze beperking objectief kan worden gerechtvaardigd door in het Unierecht erkende dwingende redenen van algemeen belang. Indien dat het geval is, mag die regeling bovendien niet verder gaan dan noodzakelijk is om dat doel te bereiken.

41. Volgens de Duitse regering kan de beperking van de vrijheid van vestiging worden gerechtvaardigd door dwingende redenen van algemeen belang in verband met de handhaving van de verdeling van de heffingsbevoegdheid tussen de lidstaten. De verwijzende rechterlijke instantie betwijfelt dit echter.

42. In dit verband dient er enerzijds aan te worden herinnerd dat de handhaving van de verdeling van de heffingsbevoegdheid tussen de lidstaten een door het Hof erkend legitiem doel vormt, en dat bij gebreke van door de Unie vastgestelde unificatie- of harmonisatiemaatregelen de lidstaten bevoegd blijven om, door het sluiten van overeenkomsten of unilateraal, de criteria voor de verdeling van hun heffingsbevoegdheid vast te stellen teneinde onder meer dubbele belasting op te heffen (arrest Commissie/Duitsland, C-591/13, EU:C:2015:230, punt 64 en de aangehaalde rechtspraak).

43. Anderzijds mag een lidstaat volgens het beginsel van territorialiteit van de belastingen in geval van overdracht van activa aan een in een andere lidstaat gelegen vaste inrichting op het tijdstip van die overdracht belasting heffen over de vóór die overdracht op zijn grondgebied ontstane latente meerwaarde. Een dergelijke maatregel strekt er toe, situaties te vermijden die afbreuk kunnen doen aan het recht van de lidstaat van oorsprong om zijn belastingbevoegdheid uit te oefenen met betrekking tot activiteiten die op zijn grondgebied hebben plaatsgevonden (zie in die zin arrest National Grid Indus, C-371/10, EU:C:2011:785, punten 45 en 46 en de aangehaalde rechtspraak).

44. De overbrenging van de in het hoofdgeding aan de orde zijnde activa van de Bondsrepubliek Duitsland naar een andere lidstaat betekent dan ook niet dat eerstgenoemde lidstaat moet afzien van zijn recht om belasting te heffen over de meerwaarde die vóór de overbrenging van die activa naar een plaats buiten zijn grondgebied binnen zijn fiscale bevoegdheid is ontstaan.

45. Daarbij komt dat, aangezien de lidstaten gerechtigd zijn belasting te heffen over meerwaarde die is ontstaan in de periode waarin de betrokken activa zich op hun grondgebied bevonden, zij voor deze belastingheffing een ander belastbaar feit kunnen kiezen dan de daadwerkelijke realisatie van deze meerwaarde, teneinde te garanderen dat over deze activa belasting wordt geheven (arrest DMC, C-164/12, EU:C:2014:20, punt 53 en de aangehaalde rechtspraak).

46. In het onderhavige geval blijkt uit de verwijzingsbeslissing dat de in het hoofdgeding aan de orde zijnde belastingregeling ziet op het geval van overdracht van activa aan een op het grondgebied van een andere lidstaat dan de Bondsrepubliek Duitsland gelegen vaste inrichting, waarvan de inkomsten in laatstgenoemde lidstaat van belasting zijn vrijgesteld.

47. Aldus beogen de onthulling van de vóór die overdracht binnen de belastingbevoegdheid van de Bondsrepubliek Duitsland ontstane latente meerwaarde van de overgedragen activa en het heffen van belasting over die meerwaarde te garanderen dat over die in het kader van de belastingbevoegdheid van die lidstaat ontstane niet-gerealiseerde meerwaarde belasting wordt geheven. Het heffen van belasting over de inkomsten die na die overdracht door die activa zijn gegenereerd, komt toe aan de andere lidstaat, op grondgebied waarvan die vaste inrichting is gelegen. Bijgevolg is een belastingregeling als die welke in het hoofdgeding aan de orde is, geschikt om de verdeling van de heffingsbevoegdheid tussen de betrokken lidstaten te handhaven.

48. Wat de evenredigheid van de in het hoofdgeding aan de orde zijnde regeling betreft, dient om te beginnen eraan te worden herinnerd dat het evenredig is dat een lidstaat, teneinde de uitoefening van zijn belastingbevoegdheid veilig te stellen, het bedrag van de belasting die over de op zijn grondgebied ontstane latente meerwaarde van naar een plaats buiten zijn grondgebied overgebrachte activa is verschuldigd, vaststelt op het moment waarop zijn bevoegdheid om over die activa belasting te heffen ophoudt te bestaan, in het onderhavige geval op het moment waarop de betrokken activa naar een plaats buiten het grondgebied van die lidstaat zijn overgebracht (zie in die zin arresten Commissie/Spanje, C-64/11, EU: C:2013:264, punt 31, en DMC, C-164/12, EU:C:2014:20, punt 60 en de aangehaalde rechtspraak).

49. Met betrekking tot de inning van een dergelijke belasting heeft het Hof geoordeeld dat aan de belastingplichtige de keuze moest worden gelaten tussen, enerzijds, onmiddellijke betaling van het bedrag van die belasting en, anderzijds, uitgestelde betaling van het bedrag van die belasting, in voorkomend geval inclusief rente overeenkomstig de toepasselijke nationale regeling (arrest Commissie/Duitsland, C-591/13, EU:C:2015:230, punt 67 en de aangehaalde rechtspraak).

50. In dit verband heeft het Hof bovendien geoordeeld dat ook rekening moet worden gehouden met het risico dat de belasting niet kan worden ingevorderd, een risico dat stijgt naarmate de tijd verstrijkt. Met dit risico kan de

betrokken lidstaat rekening houden in het kader van zijn toepasselijke nationale regeling inzake uitgestelde betaling van belastingschulden (zie in die zin arrest National Grid Indus, C-371/10, EU:C:2011:785, punt 74).

51. In het onderhavige geval rijst dus de vraag of een gefaseerde inning van het bedrag van de betrokken belasting in tien annuïteiten een evenredige maatregel is om het doel van handhaving van de verdeling van de heffingsbevoegdheid tussen de lidstaten te bereiken.

52. Dienaangaande kan worden volstaan met de vaststelling dat een gefaseerde inning van de belasting over de latente meerwaarde in vijf annuïteiten in plaats van onmiddellijke inning van het volledige bedrag, als een voor het bereiken van dat doel evenredige maatregel is beschouwd (arrest DMC, C-164/12, EU:C:2014:20, punt 64). Een gefaseerde inning van de belasting over de latente meerwaarde in tien annuïteiten, zoals die welke in het hoofdgeding aan de orde is, kan dus, zoals de advocaat-generaal in de punten 72 en 73 van zijn conclusie heeft opgemerkt, niet anders dan als een voor het bereiken van dat doel evenredige maatregel worden beschouwd.

53. Gelet op een en ander dient op de gestelde vraag te worden geantwoord dat artikel 49 VWEU aldus moet worden uitgelegd dat het zich niet verzet tegen een belastingregeling van een lidstaat, zoals de in het hoofdgeding aan de orde zijnde regeling, waarin is bepaald dat, in geval van overdracht van activa van een op het grondgebied van die lidstaat gelegen vennootschap aan een op het grondgebied van een andere lidstaat gelegen vaste inrichting van die vennootschap, de op het grondgebied van eerstgenoemde lidstaat ontstane latente meerwaarde van die activa wordt onthuld, over die meerwaarde belasting wordt geheven en die belasting gefaseerd wordt geïnd in tien annuïteiten.

Kosten

54. Ten aanzien van de partijen in het hoofdgeding is de procedure als een aldaar gerezen incident te beschouwen, zodat de verwijzende rechterlijke instantie over de kosten heeft te beslissen. De door anderen wegens indiening van hun opmerkingen bij het Hof gemaakte kosten komen niet voor vergoeding in aanmerking.

Het Hof (Derde kamer)

verklaart voor recht:

Artikel 49 VWEU aldus moet worden uitgelegd dat het zich niet verzet tegen een belastingregeling van een lidstaat, zoals de in het hoofdgeding aan de orde zijnde regeling, waarin is bepaald dat, in geval van overdracht van activa van een op het grondgebied van die lidstaat gelegen vennootschap aan een op het grondgebied van een andere lidstaat gelegen vaste inrichting van die vennootschap, de op het grondgebied van eerstgenoemde lidstaat ontstane latente meerwaarde van die activa wordt onthuld, over die meerwaarde belasting wordt geheven en die belasting gefaseerd wordt geïnd in tien annuïteiten.

HvJ EU 10 juni 2015, zaak C-686/13 (X AB v. Skatteverket)

Tweede kamer: *R. Silva de Lapuerta, kamerpresident, J.-C. Bonichot (rapporteur), A. Arabadjiev, J. L. da Cruz Vilaça en C. Lycourgos, rechters*

Advocaat-generaal: *J. Kokott*

1. Het verzoek om een prejudiciële beslissing betreft de uitlegging van de artikelen 49 VWEU en 63 VWEU.

2. Dit verzoek is ingediend in het kader van een geding tussen X AB, een vennootschap naar Zweeds recht, en het Skatteverk (belastingdienst) over de weigering van deze belastingdienst om X AB een fiscale aftrek toe te kennen wegens een valutakoersverlies dat is geleden bij de overdracht van voor bedrijfsdoeleinden gehouden aandelen in een in het Verenigd Koninkrijk gevestigde dochteronderneming.

Zweeds recht

3. § 13 van hoofdstuk 24 van de inkomstskattelag (1999:1229) (wet nr. 1229 van 1999 betreffende de inkomstenbelastingen; hierna: „IL"] bepaalt het begrip „voor bedrijfsdoeleinden gehouden aandelen" als volgt:

> „Voor bedrijfsdoeleinden gehouden aandelen zijn aandelen in een aandelenvennootschap of coöperatie indien zij voldoen aan de voorwaarden van § 14 en het bezit zijn van een rechtspersoon (onderneming die eigenaar is) zoals:
> 1. een Zweedse aandelenvennootschap of coöperatie die geen beleggingsinstelling is,
> 2. een Zweedse stichting of vereniging zonder winstoogmerk die niet onder de bepalingen inzake belastingvrijstelling in hoofdstuk 7 valt,
> 3. een Zweedse spaarbank,
> 4. een Zweedse onderlinge waarborgmaatschappij, of
> 5. een buitenlandse vennootschap die is gevestigd in een land van de Europese Economische Ruimte en overeenkomt met een van de in de punten 1 tot en met 4 hierboven bedoelde Zweedse ondernemingen."

4. § 14 van hetzelfde hoofdstuk van de IL bepaalt:

> „Het aandeel moet een afzonderlijk kapitaalactief vormen en voldoen aan de volgende voorwaarden:
> 1. Het aandeel mag niet beursgenoteerd zijn.
> 2. Het samengevoegde stemrecht, dat is verbonden aan alle aandelen die de onderneming die eigenaar is, bezit in de gecontroleerde vennootschap, komt overeen met 10 % van de stemrechten of meer van alle aandelen in die vennootschap.
> 3. Het aandeel wordt gehouden in het kader van de bedrijfsvoering van de onderneming die er eigenaar van is dan wel van een onderneming die, wat het eigendomsrechtenbezit of organisatorische omstandigheden betreft, kan worden beschouwd als ermee nauw verbonden.
> [...]"

5. Hoofdstuk 25a van de IL, betreffende met name voor bedrijfdoeleinden gehouden aandelen, bepaalt in § 5 ervan:

> „Met kapitaalwinst wordt geen rekening gehouden in een ander geval dan bedoeld in § 9. [...]
> Kapitaalverlies mag alleen worden afgetrokken indien een overeenkomstige kapitaalwinst moet worden belast. [...]"

6. § 9 onderwerpt in samenhang met § 18 van dat hoofdstuk, in afwijking van de algemene regel van § 5 van dat hoofdstuk, kapitaalwinst op voor bedrijfsdoeleinden gehouden aandelen aan de vennootschapsbelasting wanneer de overdracht aandelen in een dekmantelbedrijf betreft of misbruik vormt.

Hoofdgeding en prejudiciële vraag

7. X AB, die in Zweden is gevestigd, richtte in 2003 in het Verenigd Koninkrijk een dochteronderneming, Y Ltd, op waarvan de aandelen zijn uitgegeven in dollar van de Verenigde Staten.

8. Y Ltd kreeg tussen 2003 en 2009 kapitaalinbrengen door middel van aan X AB gereserveerde emissies. X AB droeg vervolgens aan haar eigen moedermaatschappij tweemaal aandelen in Y Ltd over. Na deze overdrachten bezat X AB ongeveer 45 % van de kapitaalaandelen en stemrechten in Y Ltd.

9. Onbetwist is dat deze aandelen „voor bedrijfsdoeleinden gehouden aandelen" in de zin van § 13 van hoofdstuk 24 van de IL zijn.

10. X AB, die de activiteiten van Y Ltd wilde stopzetten, was voornemens deze aandelen over te dragen. Daarbij dreigde evenwel een valutakoersverlies doordat X AB tussen 2003 en 2009 in Y Ltd kapitaal in contanten tegen een lagere wisselkoers dan ten tijde van de voorgenomen overdracht had ingebracht. X AB ging dus eerst na of het mogelijke verlies aftrekbaar was, maar dat stuitte op de Zweedse fiscale wetgeving volgens welke kapitaalverlies op „voor bedrijfsdoeleinden gehouden aandelen" in beginsel niet aftrekbaar is van de belastbare grondslag in de vennootschapsbelasting.

11. X AB verzocht vervolgens de Skatterättsnämnd (commissie voor fiscaalrechtelijke problemen) om een prealabel advies over de verenigbaarheid met het Unierecht van een dergelijke uitsluiting wanneer zij van toepassing is op een kapitaalverlies dat volgt uit een wisselkoersverlies op „voor bedrijfsdoeleinden gehouden aandelen" in een in een andere lidstaat van de Europese Unie gevestigde vennootschap.

12. De Skatterättsnämnd antwoordde ontkennend bij prealabel advies van 18 maart 2013 op grond dat naar Zweeds belastingrecht bij de vaststelling van de belastbare grondslag in de vennootschapsbelasting in beginsel geen rekening wordt gehouden met kapitaalwinst of -verlies op aandelen die „voor bedrijfsdoeleinden gehouden aandelen" zijn.

13. X AB kwam daartegen op bij de Högsta förvaltningsdomstol (hooggerechtshof in bestuurszaken).

14. X AB baseert haar beroep voor de verwijzende rechter in wezen op het betoog dat de Zweedse regeling haar investeringen in Y Ltd riskanter maakte dan vergelijkbare binnenlandse investeringen. Haar betoog gaat hoofdzakelijk ervan uit dat een investering in Zweedse kronen in een Zweedse aandelenvennootschap geen enkel risico liep dat equivalent was aan het wisselkoersrisico van een investering in een andere lidstaat. Het Zweedse belastingstelsel belemmert dus het vrije verkeer van kapitaal en de vrijheid van vestiging zoals het Hof oordeelde in het arrest Deutsche Shell (C-293/06, EU: C:2008:129), waarvan de oplossing op het onderhavige geval kan worden toegepast.

15. Daarop heeft de Högsta förvaltningsdomstol de behandeling van de zaak geschorst en het Hof verzocht om een prejudiciële beslissing over de volgende vraag:

> „Staan artikel 49 VWEU en artikel 63 VWEU in de weg aan een nationale wettelijke regeling volgens welke de staat van vestiging van een onderneming geen aftrek verleent voor een valutakoersverlies dat integrerend deel uitmaakt van een kapitaalverlies op deelnemingen in een in een andere lidstaat gevestigde vennootschap, wanneer de staat van vestiging van de eerste onderneming een stelsel toepast dat bij de berekening van de belastbare grondslag geen rekening houdt met kapitaalwinst of -verlies op dergelijke aandelen?"

Beantwoording van de prejudiciële vraag

Opmerkingen vooraf

16. Aangezien de prejudiciële vraag tegelijk verwijst naar de vrijheid van vestiging en het vrije verkeer van kapitaal in de zin van de artikelen 49 VWEU respectievelijk 63 VWEU, dient eerst te worden vastgesteld op welke van deze twee vrijheden een nationale wetgeving als in het hoofdgeding invloed kan hebben.

17. Dienaangaande volgt uit vaste rechtspraak van het Hof dat rekening moet worden gehouden met het voorwerp van de betrokken wetgeving (arresten Test Claimants in the FII Group Litigation, C-35/11, EU:C:2012:707, punt 90 en aldaar aangehaalde rechtspraak, alsook Hervis Sport- és Divatkereskedelmi, C-385/12, EU:C:2014:47, punt 21).

18. Een nationale wettelijke regeling die alleen van toepassing is op participaties waarmee een zodanige invloed op de besluiten van een vennootschap kan worden uitgeoefend dat de activiteiten ervan kunnen worden bepaald, valt onder artikel 49 VWEU inzake de vrijheid van vestiging (arresten Test Claimants in the FII Group Litigation, C-35/11, EU: C:2012:707, punt 91 en aldaar aangehaalde rechtspraak, alsook Hervis Sport- és Divatkereskedelmi, C-385/12, EU: C:2014:47, punt 22).

19. Nationale bepalingen die van toepassing zijn op participaties die enkel als belegging worden genomen zonder dat het de bedoeling is invloed op het bestuur en de zeggenschap van de onderneming uit te oefenen, moeten daarentegen uitsluitend aan het beginsel van het vrije verkeer van kapitaal worden getoetst (arrest Test Claimants in the FII Group Litigation, C-35/11, EU:C:2012:707, punt 92 en aldaar aangehaalde rechtspraak).

20. Wat de Zweedse wetgeving in het hoofdgeding betreft, blijkt dat de categorie „voor bedrijfsdoeleinden gehouden aandelen" niet alleen de aandelen omvat, waarvan het totale aantal stemrechten overeenkomt met 10 % of meer van het aantal stemrechten verbonden aan alle aandelen van de gecontroleerde vennootschap, maar ook de niet-beursgenoteerde aandelen zonder voorwaarde van minimumpercentage.

21. Voorts oordeelde het Hof dat een deelneming van ten minste 10 % in het kapitaal of de stemrechten in een vennootschap niet noodzakelijkerwijze impliceert dat de houder van deze deelneming een beslissende invloed uitoefent op de besluiten van de vennootschap waarvan hij aandeelhouder is (zie in die zin arresten Test Claimants in the FII Group Litigation, C-446/04, EU:C:2006:774, punt 58, en Itelcar, C-282/12, EU:C:2013:629, punt 22).

22. Bijgevolg kan aan de hand van het voorwerp van de nationale wetgeving in het hoofdgeding als zodanig niet worden bepaald of zij overwegend onder artikel 49 VWEU dan wel onder artikel 63 VWEU valt.

23. Volgens vaste rechtspraak van het Hof moet het Hof in een dergelijk geval op basis van de feiten van de zaak bepalen of de situatie in het hoofdgeding onder de ene dan wel onder de andere van deze bepalingen valt (zie in die zin arrest Test Claimants in the FII Group Litigation, C-35/11, EU:C:2012:707, punten 93 en 94 en aldaar aangehaalde rechtspraak).

24. Dienaangaande zij opgemerkt dat X AB blijkens het bij het Hof ingediende dossier 45 % van de aandelen van Y Ltd bezit zowel in kapitaal als in stemrechten. Geoordeeld is dat dergelijke grote participaties de houder ervan in beginsel een „beslissende invloed" in de zin van de in punt 18 van het onderhavige arrest in herinnering gebrachte rechtspraak op de besluiten en activiteiten van de betrokken vennootschap geven (zie naar analogie arrest SGI, C-311/08, EU:C:2010:26, punt 35).

25. Derhalve moet het verzoek om een prejudiciële beslissing worden geacht de uitlegging van de bepalingen van het VWEU inzake de vrijheid van vestiging te betreffen.

Bestaan van een beperking van de vrijheid van vestiging

26. Met zijn vraag wenst de verwijzende rechter in wezen te vernemen of artikel 49 VWEU aldus moet worden uitgelegd dat het zich verzet tegen een belastingregeling van een lidstaat volgens welke meerwaarden op voor bedrijfsdoeleinden gehouden aandelen van vennootschapsbelasting zijn vrijgesteld en als logische keerzijde waardeverliezen op dergelijke aandelen niet aftrekbaar zijn, ook al zijn de waardeverliezen het gevolg van een wisselkoersverlies.

27. Ingevolge artikel 49 VWEU moeten de beperkingen van de vrijheid van vestiging worden opgeheven. De bepalingen van het VWEU inzake de vrijheid van vestiging strekken naar de letter weliswaar tot garantie dat de nationale behandeling wordt toegepast, maar verzetten zich dus ook ertegen dat de lidstaat van oorsprong de vestiging van een van zijn staatsburgers of van een naar zijn nationaal recht opgerichte vennootschap in een andere lidstaat bemoeilijkt (arresten Marks & Spencer, C-446/03, EU:C:2005:763, punt 31; National Grid Indus, C-371/10, EU:C:2011:785, punt 35, en Bouanich, C-375/12, EU:C:2014:138, punt 57).

28. Ook moeten volgens vaste rechtspraak alle maatregelen die de uitoefening van deze vrijheid verbieden, belemmeren of minder aantrekkelijk maken, als beperkingen ervan worden beschouwd (zie arresten National Grid Indus, C-371/10, EU: C:2011:785, punt 36; DI. VI. Finanziaria di Diego della Valle & C., C-380/11, EU:C:2012:552, punt 33, en Bouanich, C-375/12, EU:C:2014:138, punt 58).

29. Het Hof oordeelde dat sprake kan zijn van dergelijke beperkende gevolgen met name wanneer een vennootschap wegens een belastingregeling ervan kan worden afgehouden, in andere lidstaten afhankelijke entiteiten, zoals een vaste inrichting, op te richten of via dergelijke entiteiten haar activiteiten uit te oefenen (arresten Marks & Spencer, C-446/03, EU: C:2005:763, punten 32 en 33; Keller Holding, C-471/04, EU:C:2006:143, punt 35, alsook Deutsche Shell, C-293/06, EU: C:2008:129, punt 29).

30. Dienaangaande zij opgemerkt dat ingevolge de Zweedse belastingwetgeving in het hoofdgeding de kapitaalwinsten op de overdracht van „voor bedrijfsdoeleinden gehouden aandelen" in de zin van de IL in beginsel niet worden opgenomen in de belastbare grondslag in de vennootschapsbelasting. Symmetrisch voorziet deze wetgeving in geen enkele aftrek van de waardeverliezen op dergelijke verrichtingen ongeacht of de vennootschappen waarvan de „voor bedrijfsdoeleinden gehouden aandelen" worden overgedragen, al dan niet in Zweden zijn gevestigd.

31. Uit een wisselkoersverlies voortvloeiende waardeverliezen op de overdracht van „voor bedrijfsdoeleinden gehouden aandelen" zijn bijgevolg niet aftrekbaar, zowel ingeval – zoals in het hoofdgeding – de aandelen worden aangehouden in een in een andere lidstaat gevestigde vennootschap als ingeval de aandelen worden aangehouden in een in Zweden gevestigde vennootschap, ongeacht of het kapitaal van de laatstbedoelde vennootschap in Zweedse kronen of in een andere naar nationaal recht aanvaarde valuta is uitgedrukt.

32. Anders dan verzoekster in het hoofdgeding stelt, worden de investeringen in „voor bedrijfsdoeleinden gehouden aandelen" in een andere lidstaat dan het Koninkrijk Zweden, wat de niet-aftrekbaarheid van een wisselkoersverlies betreft, dus niet nadeliger behandeld dan soortgelijke investeringen in Zweden.

33. Ook al zou deze niet-aftrekbaarheid een vennootschap die heeft geïnvesteerd in „voor bedrijfsdoeleinden gehouden aandelen" in een op het grondgebied van een andere lidstaat gevestigde vennootschap, kunnen benadelen wegens het wisselkoersrisico, wanneer zoals in het hoofdgeding wordt geïnvesteerd in effecten in een andere valuta dan die van de lidstaat van ontvangst, uit de fiscale bevoegdheid van de lidstaten vloeit bovendien voort dat de vrijheid voor de vennootschappen om te kiezen tussen verschillende lidstaten van vestiging geenszins inhoudt dat deze lidstaten verplicht zijn, hun belastingregeling af te stemmen op die van andere lidstaten, teneinde te waarborgen dat een vennootschap die heeft gekozen voor vestiging in een lidstaat, op nationaal niveau op dezelfde wijze wordt belast als een vennootschap die ervoor heeft gekozen zich te vestigen in een andere lidstaat,

aangezien deze keuze naargelang van het geval meer of minder voordelig of nadelig voor deze vennootschap kan uitvallen (zie in die zin arresten Deutsche Shell, C-293/06, EU:C:2008:129, punt 43, en Krankenheim Ruhesitz am Wannsee-Seniorenheimstatt, C-157/07, EU:C:2008:588, punt 50).

34. Op dezelfde wijze kunnen de bepalingen van het VWEU inzake de vrijheid van vestiging in de huidige stand van het Unierecht inzake directe belastingen niet aldus worden uitgelegd dat zij de lidstaten verplichten hun eigen belastingregeling aan te passen om rekening te houden met eventuele wisselkoersrisico's voor de vennootschappen wegens het voortbestaan van verschillende valuta's op het grondgebied van de Unie zonder vaste wisselkoers of van nationale wetgevingen die zoals in hoofdgeding aanvaarden dat het kapitaal van vennootschappen in een valuta van een derde land wordt uitgedrukt.

35. Bijgevolg kan een nationale wetgeving als in het hoofdgeding de vrijheid van vestiging niet beperken.

36. De overwegingen in het door X AB aangevoerde arrest Deutsche Shell (C-293/06, EU:C:2008:129) laten deze conclusie onverlet.

37. In dat arrest verklaarde het Hof voor recht dat de bepalingen van het VWEU inzake de vrijheid van vestiging zich ertegen verzetten dat een lidstaat een wisselkoersverlies dat een vennootschap met statutaire zetel op het grondgebied van deze lidstaat lijdt bij de repatriëring van het dotatiekapitaal dat zij heeft verschaft aan haar in een andere lidstaat gelegen vaste inrichting, uitsluit bij de vaststelling van de nationale belastbare grondslag.

38. Het Hof kwam evenwel tot deze conclusie in een andere juridische context dan die welke voortvloeit uit de toepassing van de nationale wetgeving in het hoofdgeding. Zoals de verwijzende rechter opmerkt, werden volgens de nationale wetgeving in de zaak die leidde tot het arrest Deutsche Shell (C-293/06, EU:C:2008:129), wisselkoerswinsten namelijk in de regel belast en waren wisselkoersverliezen als logische keerzijde aftrekbaar behoudens andersluidende bepaling in een dubbelbelastingverdrag.

39. Dat is in het hoofdgeding niet het geval, aangezien ingevolge de Zweedse belastingwetgeving, zoals is aangegeven in punt 30 van het onderhavige arrest, in beginsel geen rekening wordt gehouden met de resultaten van de kapitaalverrichtingen betreffende „voor bedrijfsdoeleinden gehouden aandelen", waarvoor het Koninkrijk Zweden als algemene regeling heeft gekozen zijn fiscale bevoegdheid niet uit te oefenen.

40. Derhalve kan uit de bepalingen van het VWEU inzake de vrijheid van vestiging niet worden afgeleid dat deze lidstaat zijn fiscale bevoegdheid – overigens asymmetrisch – zou moeten uitoefenen om verliezen aftrekbaar te maken bij verrichtingen waarvan de resultaten, indien zij positief waren, hoe dan ook niet zouden worden belast.

41. Mitsdien dient op de prejudiciële vraag te worden geantwoord dat artikel 49 VWEU aldus moet worden uitgelegd dat het zich niet verzet tegen een belastingregeling van een lidstaat volgens welke meerwaarden op voor bedrijfsdoeleinden gehouden aandelen in beginsel van vennootschapsbelasting zijn vrijgesteld en als logische keerzijde waardeverliezen op deze deelnemingen niet aftrekbaar zijn, ook al zijn deze waardeverliezen het gevolg van een wisselkoersverlies.

Kosten

42. ....

Het Hof (Tweede kamer)

verklaart voor recht:

Artikel 49 VWEU moet aldus worden uitgelegd dat het zich niet verzet tegen een belastingregeling van een lidstaat volgens welke meerwaarden op voor bedrijfsdoeleinden gehouden aandelen in beginsel van vennootschapsbelasting zijn vrijgesteld en als logische keerzijde waardeverliezen op deze deelnemingen niet aftrekbaar zijn, ook al zijn deze waardeverliezen het gevolg van een wisselkoersverlies.

HvJ EU 18 juni 2015, zaak C-9/14 (Staatssecretaris van Financiën v. D. G. Kieback)

Tweede kamer: *R. Silva de Lapuerta, kamerpresident, J.-C. Bonichot (rapporteur), A. Arabadjiev, J. L. da Cruz Vilaça en C. Lycourgos, rechters*

Advocaat-generaal: *E. Sharpston*

1. Het verzoek om een prejudiciële beslissing betreft de uitlegging van artikel 39 EG (thans artikel 45 VWEU).

2. Dit verzoek is ingediend in het kader van een geding tussen de Staatssecretaris van Financiën en D. G. Kieback over de weigering van de Nederlandse belastingdienst om de lasten die gedurende het tijdvak van 1 januari tot en met 31 maart 2005, waarin Kieback in Nederland werkzaam was in loondienst, werden gedragen in verband met de terugbetaling van een door een hypotheek gegarandeerde lening die was afgesloten voor de verwerving van een in Duitsland gelegen eigen woning, in aftrek te brengen op de door de betrokkene in ditzelfde tijdvak verworven inkomsten.

Toepasselijke bepalingen

3. In Nederland bepaalt artikel 2.3 van de Wet Inkomstenbelasting 2001 (hierna: „wet van 2001"):

„De inkomstenbelasting wordt geheven over het door de belastingplichtige in het kalenderjaar genoten:
a. belastbare inkomen uit werk en woning;
b. belastbare inkomen uit aanmerkelijk belang, en
c. belastbare inkomen uit sparen en beleggen."

4. Artikel 2.4 van de wet van 2001 luidt:

„1. Het belastbare inkomen uit werk en woning wordt bepaald:
a. voor binnenlandse belastingplichtigen: volgens de regels van hoofdstuk 3;
b. voor buitenlandse belastingplichtigen: volgens de regels van de afdelingen 7.2 [...]"

5. In artikel 2.5 van de wet van 2001 wordt bepaald:

„1. De binnenlandse belastingplichtige die niet gedurende het gehele kalenderjaar in Nederland woont, en de buitenlandse belastingplichtige die als inwoner van een andere lidstaat van de Europese Unie of van een bij ministeriële regeling aangewezen andere mogendheid waarmee Nederland een regeling ter voorkoming van dubbele belasting is overeengekomen die voorziet in de uitwisseling van inlichtingen, in de belastingheffing van die lidstaat of mogendheid wordt betrokken, kunnen kiezen voor toepassing van de regels van deze wet voor binnenlandse belastingplichtigen.
[...]
[...]"

6. Krachtens artikel 3.120, lid 1, van de wet van 2001 heeft een ingezetene van Nederland het recht om „negatieve inkomsten" uit een in Nederland gelegen eigen woning af te trekken.

7. Volgens artikel 7.1, onder a), van de wet van 2001 wordt de belasting geheven over het in het kalenderjaar genoten belastbare inkomen uit werk en woning in Nederland.

8. Krachtens artikel 7.2, lid 2, onder b) en f), van de wet van 2001 maken van het belastbare inkomen uit werk en woning deel uit: het belastbaar loon ter zake van het in Nederland verrichten of hebben verricht van arbeid en, in voorkomend geval, de belastbare inkomsten uit eigen woning in Nederland.

Hoofdgeding en prejudiciële vragen

9. Kieback is Duits onderdaan. In het tijdvak van 1 januari 2005 tot en met 31 maart 2005, op welke datum hij is vertrokken om een beroepsactiviteit uit te oefenen in de Verenigde Staten, was Kieback werkzaam in Nederland, doch woonachtig in Duitsland, waar hij een eigen woning bezat.

10. Indien hij zijn baan in Nederland gedurende het gehele jaar 2005 had aangehouden, dan had hij, hoewel hij niet woonachtig was in die lidstaat, de aan zijn woning verbonden „negatieve inkomsten" die voortvloeiden uit de lasten van de lening die hij was aangegaan voor de verwerving van deze woning, kunnen aftrekken van het belastbare inkomen over dat jaar uit zijn beroepsactiviteit, mits hij in dat jaar het belangrijkste deel van zijn inkomen in diezelfde lidstaat had verworven.

11. Aangezien de Nederlandse belastingdienst had vastgesteld dat Kieback in 2005 het belangrijkste deel van zijn inkomen in de Verenigde Staten had verworven, heeft hij van betrokkene belasting geheven over het in dat jaar in Nederland verworven inkomen zonder rekening te houden met de „negatieve inkomsten" uit diens woning.

12. Nadat zijn tot de belastingdienst gerichte klacht was afgewezen, heeft Kieback het geding voor de Rechtbank te Breda gebracht, die zijn verzoek toewees. Op 23 maart 2012 heeft het Gerechtshof te 's-Hertogenbosch in hoger beroep de in eerste aanleg gegeven beslissing bevestigd.

13. De Staatssecretaris van Financiën heeft beroep in cassatie ingesteld bij de verwijzende rechter, met het betoog dat, overeenkomstig de rechtspraak van het Hof, de toekenning aan een niet-ingezetene van fiscale voordelen die verband houden met de persoonlijke en gezinssituatie, op gelijke voet als aan ingezetenen, slechts geboden is indien ten minste 90 % van het wereldinkomen van de betrokkene in zijn werkstaat aan belasting is onderworpen, en dat deze norm in de deze staat moet worden getoetst op jaarbasis.

14. De verwijzende rechter vraagt zich af of, in een geval als in het hoofdgeding, voor de beantwoording van de vraag of de belastingplichtige zijn gehele of nagenoeg gehele belastbare inkomen heeft verworven in de werkstaat, niet de situatie die gedurende het gehele belastingjaar bestaat van belang is, maar slechts die gedurende de periode waarin belanghebbende in een lidstaat, in casu de Bondsrepubliek Duitsland, woont, en in een andere lidstaat, te weten het Koninkrijk der Nederlanden, werkt. Hoewel deze benadering hem het meest logisch lijkt, heeft de verwijzende rechter evenwel twijfels, gelet op Aanbeveling 94/79/EG van de Commissie van 21 december 1993 betreffende de belastingen op bepaalde inkomsten die door niet-ingezetenen verworven zijn in een andere lidstaat dan waarvan zij ingezetene zijn (*PB* 1994, L 39, blz. 22), die, volgens artikel 2, lid 2, ervan, aanknoopt bij het totale belastbare inkomen in het kalenderjaar.

15. In deze omstandigheden heeft de Hoge Raad der Nederlanden de behandeling van de zaak geschorst en het Hof verzocht om een prejudiciële beslissing over de volgende vragen:

„1. Moet artikel 39 EG aldus worden uitgelegd dat de lidstaat waar een belastingplichtige werkzaamheden in loondienst uitoefent, bij de heffing van inkomstenbelasting rekening dient te houden met de persoonlijke en gezinssituatie van de betrokkene in een geval waarin […] deze belastingplichtige slechts gedurende een deel van het belastingjaar in die lidstaat heeft gewerkt terwijl hij toen in een andere lidstaat woonde, […] hij zijn inkomen gedurende die periode geheel of nagenoeg geheel heeft verworven in die werkstaat, […] hij in de loop van het betrokken jaar is gaan wonen en werken in een andere staat, en […] hij over het gehele belastingjaar beschouwd zijn inkomen niet geheel of nagenoeg geheel in de eerstbedoelde werkstaat heeft verworven?

2. Maakt het voor het antwoord op de eerste vraag verschil of de staat waar de werknemer in de loop van het belastingjaar is gaan wonen en werken al dan niet een lidstaat van de Europese Unie is?"

Beantwoording van de prejudiciële vragen

16. Met zijn vragen, die tezamen moeten worden onderzocht, wenst de verwijzende rechter in wezen te vernemen of artikel 39, lid 2, EG aldus moet worden uitgelegd dat het zich ertegen verzet dat een lidstaat bij de heffing van inkomstenbelasting van een niet-ingezeten werknemer die zijn beroepsactiviteiten gedurende een deel van het betrokken jaar in deze lidstaat heeft uitgeoefend en deze activiteiten vervolgens in een ander land is gaan uitoefenen, weigert om aan deze werknemer, rekening houdend met diens persoonlijke en gezinsomstandigheden, een fiscaal voordeel toe te kennen, op de grond dat, hoewel hij zijn gehele of nagenoeg gehele belastbare inkomen over dit tijdvak in deze lidstaat heeft verworven, dit inkomen niet het belangrijkste deel van zijn belastbaar inkomen vormt over dat gehele jaar. Hij vraagt zich voorts af of de omstandigheid dat deze werknemer zijn beroepsactiviteiten vervolgens is gaan uitoefenen in een derde staat, niet zijnde een andere lidstaat van de Unie, van invloed kan zijn op deze uitlegging.

17. Vooraf dient te worden gepreciseerd, ten eerste, dat de verwijzende rechter deze vragen stelt in een situatie waarin vaststaat dat – anders dan in de situatie van een niet-ingezetene, zoals Kieback – een in Nederland woonachtige belastingplichtige de mogelijkheid heeft om de negatieve inkomsten uit een hem toebehorende, in Nederland gelegen, eigen woning in aanmerking te doen nemen, zelfs indien hij, na in de loop van dat jaar in een ander land te zijn gaan wonen, niet zijn gehele of nagenoeg gehele belastbare jaarinkomen heeft verworven in Nederland.

18. Het staat derhalve vast dat in casu de behandeling die krachtens het toepasselijke nationale recht ten deel valt aan niet-ingezeten werknemers, minder gunstig is dan die welke ingezeten belastingplichtigen genieten.

19. Ten tweede wordt niet betwist dat de inaanmerkingneming van de „negatieve inkomsten" uit een in de woonlidstaat van de betrokken belastingplichtige gelegen onroerend goed, zoals de advocaat-generaal opmerkt in punt 29 van haar conclusie, een fiscaal voordeel in verband met de persoonlijke situatie van de betrokkene vormt dat relevant is voor de beoordeling van diens algehele fiscale draagkracht (zie in die zin arresten Lakebrink en Peters-Lakebrink, C-182/06, EU: C:2007:452, punt 34, en Renneberg, C-527/06, EU:C:2008:566, punten 65-67).

20. Binnen deze context zij eraan herinnerd dat, wat de op grond van het betrokken nationale recht aan niet-ingezetenen ten deel vallende, minder gunstige behandeling betreft, het vrij verkeer van werknemers overeenkomstig artikel 39, lid 2, EG, de afschaffing inhoudt van elke discriminatie op grond van nationaliteit tussen de werknemers der lidstaten, wat betreft de werkgelegenheid, de beloning en de overige arbeidsvoorwaarden. Het Hof heeft

inzonderheid geoordeeld dat het beginsel van gelijke behandeling op het gebied van de beloning zou worden uitgehold, wanneer daaraan afbreuk kon worden gedaan door discriminerende nationale bepalingen inzake inkomstenbelasting (zie met name arresten Schumacker, C-279/93, EU:C:1995:31, punt 23, en Sopora, C-512/13, EU:C:2015:108, punt 22).

21. Er is evenwel slechts sprake van discriminatie wanneer verschillende regels worden toegepast op vergelijkbare situaties of wanneer dezelfde regel wordt toegepast op verschillende situaties (zie met name arresten Schumacker, C-279/ 93, EU:C:1995:31, punt 30, en Talotta, C-383/05, EU:C:2007:181, punt 18).

22. Bij directe belastingen bevinden ingezetenen en niet-ingezetenen zich in de regel niet in vergelijkbare situaties, aangezien het inkomen dat een niet-ingezetene op het grondgebied van een lidstaat verwerft, meestal slechts een deel is van zijn totale inkomen, waarvan het zwaartepunt is geconcentreerd op de plaats waar hij woont, en de persoonlijke draagkracht van de niet-ingezetene, die wordt gevormd door zijn totale inkomen en zijn persoonlijke en gezinssituatie, gemakkelijker kan worden beoordeeld op de plaats waar hij het centrum van zijn persoonlijke en vermogensrechtelijke belangen heeft. Deze plaats is in het algemeen zijn gebruikelijke woonplaats (zie met name arresten Schumacker, C-279/93, EU:C:1995:31, punten 31 en 32, en Grünewald, C-559/13, EU:C:2015:109, punt 25).

23. Bijgevolg heeft het Hof in punt 34 van het arrest Schumacker (C-279/93, EU:C:1995:31) geoordeeld dat wanneer een lidstaat een niet-ingezetene niet in aanmerking laat komen voor bepaalde belastingvoordelen die hij aan de ingezetene verleent, dat in de regel niet discriminerend is, rekening houdend met de objectieve verschillen tussen de situatie van ingezetenen en niet-ingezetenen, zowel wat de inkomstenbron als wat de persoonlijke draagkracht of de persoonlijke en gezinssituatie betreft (zie ook arrest Grünewald, C-559/13, EU:C:2015:109, punt 26).

24. Van een discriminatie in de zin van het EG-Verdrag tussen ingezetenen en niet-ingezetenen kan slechts sprake zijn indien, ongeacht het feit dat de twee categorieën belastingplichtigen in verschillende lidstaten verblijven, wordt vastgesteld dat zij zich, gelet op het doel en de inhoud van de betrokken nationale bepalingen, in een vergelijkbare situatie bevinden (zie arrest Gschwind, C-391/97, EU:C:1999:409, punt 26).

25. Dat is met name het geval wanneer een niet-ingezeten belastingplichtige geen inkomsten van betekenis in zijn woonstaat verwerft en het grootste deel van zijn belastbaar inkomen verwerft uit een in de werklidstaat uitgeoefende activiteit, zodat de woonlidstaat hem niet de voordelen kan toekennen die ontstaan wanneer met zijn persoonlijke en gezinssituatie rekening wordt gehouden (zie met name arresten Schumacker, C-279/93, EU:C:1995:31, punt 36; Lakebrink en Peters-Lakebrink, C-182/06, EU:C:2007:452, punt 30, en Renneberg, C-527/06, EU:C:2008:566, punt 61).

26. In een dergelijk geval is de discriminatie gelegen in het feit dat in de woonlidstaat noch in de werklidstaat rekening wordt gehouden met de persoonlijke en gezinssituatie van een niet-ingezetene die het grootste deel van zijn inkomen en nagenoeg zijn volledige gezinsinkomen verwerft in een andere lidstaat dan zijn woonstaat (arresten Schumacker, C-279/93, EU:C:1995:31, punt 38; Lakebrink en Peters-Lakebrink, C-182/06, EU:C:2007:452, punt 31, en Renneberg, C-527/06, EU: C:2008:566, punt 62).

27. In punt 34 van het arrest Lakebrink en Peters-Lakebrink (C-182/06, EU:C:2007:452) heeft het Hof gepreciseerd dat de in het arrest Schumacker geformuleerde rechtspraak zich uitstrekt tot alle belastingvoordelen die verband houden met de fiscale draagkracht van een niet-ingezetene en die in de woonlidstaat noch in de werklidstaat worden verleend (arrest Renneberg, C-527/06, EU:C:2008:566, punt 63).

28. Bij dergelijke fiscale voordelen, die samenhangen met de draagkracht van de betrokken belastingplichtige, volstaat de enkele omstandigheid dat een niet-ingezetene in de werkstaat inkomsten heeft verworven onder dezelfde voorwaarden als een ingezetene van die staat niet om zijn situatie objectief vergelijkbaar te maken met die van deze ingezetene. Om een dergelijke objectieve vergelijkbaarheid te kunnen vaststellen, is tevens vereist dat de woonlidstaat, vanwege het feit dat deze niet-ingezetene het belangrijkste deel van zijn inkomen in de werklidstaat heeft verworven, niet in staat is om hem de voordelen toe te kennen die voortvloeien uit de inaanmerkingneming van zijn gehele inkomen en van zijn persoonlijke en gezinssituatie.

29. Wanneer de niet-ingezetene in de loop van het jaar vertrekt om zijn beroepsactiviteit in een ander land te gaan uitoefenen, rechtvaardigt niets het standpunt dat de woonstaat enkel en alleen op grond van dat feit niet in staat zal zijn om het gehele inkomen en de persoonlijke en gezinssituatie van de betrokkene in aanmerking te nemen. Daar bovendien de betrokkene na dat vertrek achtereenvolgens of zelfs gelijktijdig in verschillende landen tewerkgesteld kan zijn geweest en het centrum van zijn persoonlijke en vermogensrechtelijke belangen in een van deze landen heeft kunnen vestigen, kan de staat waar hij zijn beroepsactiviteit vóór dit vertrek uitoefende niet worden vermoed deze situatie gemakkelijker te kunnen beoordelen dan de staat, of in voorkomend geval de staten, waar hij na dat vertrek woonachtig is.

30. Dit zou slechts anders zijn, indien zou blijken dat de betrokkene in een jaar het belangrijkste deel van zijn inkomen en nagenoeg zijn volledige gezinsinkomen heeft verworven in de werkstaat, die hij in de loop van dat

jaar heeft verlaten, aangezien deze staat dan in de beste positie zou verkeren om hem de voordelen toe te kennen die voortvloeien uit de inaanmerkingneming van zijn gehele inkomen en zijn persoonlijke en gezinssituatie.

31. Om vast te stellen of dit het geval is, dient alle informatie voorhanden te zijn die nodig is om de algehele fiscale draagkracht van een belastingplichtige te beoordelen, rekening houdend met de bron van zijn inkomen en zijn persoonlijke en gezinssituatie. Wil een dergelijke beoordeling in dit opzicht voldoende relevant zijn, dan moet de in aanmerking te nemen situatie betrekking hebben op het gehele betrokken belastingjaar, aangezien dit tijdvak in het algemeen wordt verondersteld het tijdvak te zijn dat in het merendeel van de lidstaten wordt gebruikt voor de vaststelling van de inkomstenbelasting, hetgeen overigens ook in Nederland het geval is.

32. Dit dient dus met name ook te gelden wanneer moet worden vastgesteld welk aandeel – binnen het geheel van de door de betrokkene verworven gezinsinkomsten – de inkomsten uitmaken die hij heeft verworven in de werkstaat vóórdat hij zijn beroepsactiviteit is gaan uitoefenen in een ander land.

33. Een dergelijke logica lijkt trouwens de boventoon te hebben gehad bij de vaststelling van aanbeveling 94/79, waarvan artikel 2, lid 2, bepaalt dat de lidstaten de inkomsten van niet-ingezeten natuurlijke personen niet zwaarder mogen belasten dan die van ingezetenen, wanneer de inkomsten die belastbaar zijn in de lidstaat waarvan de natuurlijke persoon niet-ingezetene is, minstens 75 % van het totale belastbare inkomen van deze persoon in het belastingjaar bedragen.

34. Hieruit volgt dat een niet-ingezeten belastingplichtige die niet zijn totale inkomen of nagenoeg het volledige gezinsinkomen dat hij in de loop van het betrokken jaar heeft genoten, in de werkstaat heeft verworven, zich niet bevindt in een situatie die vergelijkbaar is met die van ingezetenen van deze staat, opdat met het oog op de belastingheffing in die staat over zijn inkomen, rekening wordt gehouden met zijn fiscale draagkracht. De lidstaat waarin de belastingplichtige in de loop van het gehele betrokken jaar slechts een gedeelte van zijn belastbare inkomen heeft verworven, is derhalve niet gehouden om hem de voordelen toe te kennen die hij aan zijn eigen ingezetenen toekent.

35. Aan deze conclusie kan niet worden afgedaan door de omstandigheid dat de betrokkene zijn baan in een lidstaat heeft opgegeven om zijn beroepsactiviteit niet in een andere lidstaat, maar in een derde staat te gaan uitoefenen. De uitlegging van artikel 39, lid 2, EG met betrekking tot de bij deze bepaling ingevoerde verplichting om een werknemer die een beroepsactiviteit uitoefent in een andere lidstaat dan de lidstaat waar hij woont, niet discriminerend te behandelen, geldt immers voor elke lidstaat. Dit geldt in een situatie als in het hoofdgeding ook voor de lidstaat waarin de werknemer, hoewel hij woonachtig is in een andere lidstaat, zijn beroepsactiviteit heeft uitgeoefend alvorens deze in een andere staat te gaan uitoefenen, ondanks dat deze laatste geen lidstaat maar een derde staat is.

36. Gelet op het voorgaande, moet op de gestelde vragen worden geantwoord dat artikel 39, lid 2, EG aldus moet worden uitgelegd dat het zich er niet tegen verzet dat een lidstaat bij de heffing van inkomstenbelasting van een niet-ingezeten werknemer die zijn beroepsactiviteiten gedurende een deel van het jaar in deze lidstaat heeft uitgeoefend, weigert om aan deze werknemer, rekening houdend met diens persoonlijke en gezinsomstandigheden, een fiscaal voordeel toe te kennen, op de grond dat, hoewel hij zijn gehele of nagenoeg gehele belastbare inkomen over dit tijdvak in deze lidstaat heeft verworven, dit inkomen niet het belangrijkste deel van zijn belastbaar inkomen vormt over het betrokken jaar. De omstandigheid dat deze werknemer is vertrokken om zijn beroepsactiviteit te gaan uitoefenen in een derde staat, en niet in een andere lidstaat van de Unie, is niet van invloed op deze uitlegging.

Kosten

37. ...

Het Hof (Tweede kamer)

verklaart voor recht:

Artikel 39, lid 2, EG moet aldus worden uitgelegd dat het zich er niet tegen verzet dat een lidstaat bij de heffing van inkomstenbelasting van een niet-ingezeten werknemer die zijn beroepsactiviteiten gedurende een deel van het jaar in deze lidstaat heeft uitgeoefend, weigert om aan deze werknemer, rekening houdend met diens persoonlijke en gezinsomstandigheden, een fiscaal voordeel toe te kennen, op de grond dat, hoewel hij zijn gehele of nagenoeg gehele belastbare inkomen over dit tijdvak in deze lidstaat heeft verworven, dit inkomen niet het belangrijkste deel van zijn belastbaar inkomen vormt over het betrokken jaar. De omstandigheid dat deze werknemer is vertrokken om zijn beroepsactiviteit te gaan uitoefenen in een derde staat, en niet in een andere lidstaat van de Unie, is niet van invloed op deze uitlegging.

HvJ EU 2 september 2015, zaak C-386/14 (Groupe Steria SCA v. Ministère des Finances et des Comptes publics)

Tweede kamer: *R. Silva de Lapuerta, kamerpresident, K. Lenaerts (rapporteur), vicepresident van het Hof, J.-C. Bonichot, A. Arabadjiev en C. Lycourgos, rechters*

Advocaat-generaal: *J. Kokott*

1. Het verzoek om een prejudiciële beslissing betreft de uitlegging van artikel 49 VWEU.

2. Dit verzoek is ingediend in het kader van een geding tussen Groupe Steria SCA en het ministère des Finances et des Comptes publics (ministerie van Financiën en Overheidsrekeningen) over de weigering door laatstgenoemde om aan die onderneming een deel van de vennootschapsbelasting en aanvullende belastingen terug te geven, dat was voldaan voor de gesloten boekjaren 2005 tot en met 2008 en overeenkomt met de belasting van het aandeel voor kosten en lasten dat is heropgenomen in haar resultaten wegens dividenden die zij heeft ontvangen van haar in andere lidstaten dan Frankrijk gevestigde dochterondernemingen.

Toepasselijke bepalingen

Unierecht

3. Richtlijn 90/435/EEG van de Raad van 23 juli 1990 betreffende de gemeenschappelijke fiscale regeling voor moedermaatschappijen en dochterondernemingen uit verschillende lidstaten (*PB* L 225, blz. 6), zoals gewijzigd bij richtlijn 2003/123/EG van de Raad van 22 december 2003 (*PB* L 7, blz. 41), die van kracht was in de periode waarop het hoofdgeding betrekking heeft, bepaalde in artikel 4 ervan:

„1. Wanneer een moedermaatschappij of haar vaste inrichting, op grond van de deelgerechtigdheid van de moedermaatschappij in haar dochteronderneming, uitgekeerde winst ontvangt, anders dan bij de liquidatie van de dochteronderneming, moeten de lidstaat van de moedermaatschappij en de lidstaat van haar vaste inrichting:
- ofwel zich onthouden van het belasten van deze winst;
- ofwel de winst belasten, maar in dat geval de moedermaatschappij en de vaste inrichting toestaan van de verschuldigde belasting af te trekken het gedeelte van de belasting dat betrekking heeft op die winst en betaald is door de dochteronderneming en enigerlei kleindochteronderneming, [...] tot het bedrag van de overeenstemmende verschuldigde belasting.

[...]

2. Iedere lidstaat blijft evenwel bevoegd om te bepalen dat lasten die betrekking hebben op de deelneming en waardeverminderingen die voortvloeien uit de uitkering van de winst van de dochteronderneming, niet aftrekbaar zijn van de belastbare winst van de moedermaatschappij. Indien in dit geval de kosten van beheer met betrekking tot de deelneming forfaitair worden vastgesteld, mag het forfaitaire bedrag niet meer dan 5 % bedragen van de door de dochteronderneming uitgekeerde winst."

4. Artikel 9 van richtlijn 2011/96/EU van de Raad van 30 november 2011 betreffende de gemeenschappelijke fiscale regeling voor moedermaatschappijen en dochterondernemingen uit verschillende lidstaten (*PB* L 345, blz. 8) heeft richtlijn 90/435 ingetrokken.

Frans recht

5. Artikel 145, lid 1, van de code générale des impôts (algemeen belastingwetboek; hierna: „CGI") bepaalt dat de belastingregeling voor moedervennootschappen met name geldt voor de in de vennootschapsbelasting tegen het normale tarief belaste vennootschappen die een deelneming van ten minste 5 % van het kapitaal van de emitterende vennootschap aanhouden.

6. Met betrekking tot inkomsten uit deelnemingen bepaalt artikel 216 CGI:

„I. De netto-inkomsten uit deelnemingen die recht geven op toepassing van de belastingregeling voor moedervennootschappen zoals bedoeld in artikel 145, welke een moedervennootschap ontvangt in de loop van een belastingjaar, kunnen in mindering worden gebracht op haar totale nettowinst, na aftrek van een aandeel voor kosten en lasten.

Het in de eerste alinea bedoelde aandeel voor kosten en lasten is forfaitair bepaald op 5 % van de totale opbrengst uit de deelnemingen, belastingkredieten daaronder begrepen. Dat aandeel kan voor elk belastbaar tijdperk echter niet hoger zijn dan het totaalbedrag aan kosten en lasten van alle aard welke de deelnemende vennootschap tijdens hetzelfde tijdperk zijn opgekomen."

7. Met betrekking tot de fiscale-integratieregeling bepaalt artikel 223 A CGI:

„Een vennootschap kan zich opgeven als enige belastingplichtige voor de vennootschapsbelasting die is verschuldigd over het totaal van de resultaten van de groep die bestaat uit de genoemde vennootschap en de vennootschappen waarin zij tijdens het boekjaar op duurzame wijze direct of indirect via vennootschappen van de groep een deelneming van ten minste 95 % bezit […]

[…]

Alleen vennootschappen die hun toestemming hebben gegeven en waarvan de resultaten onder gemeenrechtelijke voorwaarden onderworpen zijn aan de vennootschapsbelasting kunnen deel uitmaken van de vennootschapsgroep […]"

8. Artikel 223 B van de CGI bepaalt:

„Het volledige resultaat wordt door de moederonderneming vastgesteld door optelling van de onder gemeenrechtelijke voorwaarden bepaalde resultaten van elk van de vennootschappen van de groep […]

Inzake de vaststelling van de resultaten van de vóór 1 januari 1993 geopende en vanaf 31 december 1998 gesloten boekjaren komt op het volledige resultaat het aandeel voor kosten en lasten in haar resultaten in mindering van een vennootschap in de groep naar haar deelneming in een andere vennootschap van de groep […]

[…]"

Hoofdgeding en prejudiciële vraag

9. Verzoekster in het hoofdgeding is de moedermaatschappij van een fiscaal geïntegreerde groep in de zin van artikel 223 A CGI. Als lid van die groep bezit de vennootschap Steria deelnemingen van meer dan 95 % in dochterondernemingen die zowel in Frankrijk als in andere lidstaten zijn gevestigd. Overeenkomstig artikel 216 CGI zijn de dividenden die Steria van haar in andere lidstaten gevestigde dochterondernemingen heeft ontvangen, afgetrokken van haar totale nettowinst, met uitzondering van een aandeel voor kosten en lasten dat forfaitair is bepaald op 5 % van het nettobedrag van de ontvangen dividenden (hierna: „aandeel voor kosten en lasten") dat overeenkomt met de door de moedermaatschappij gedragen kosten en lasten die verband houden met haar deelneming in de dochteronderneming die deze dividenden heeft uitgekeerd.

10. Na de vennootschapsbelasting en de aanvullende belastingen spontaan op die basis te hebben voldaan, verzocht verzoekster in het hoofdgeding voor de jaren 2005 tot en met 2008 om teruggaaf van het deel van die belastingen dat overkwam met het aandeel voor kosten en lasten. Zij heeft haar vordering gebaseerd op de onverenigbaarheid van de betrokken nationale regeling met artikel 43 EG (thans artikel 49 VWEU). In dit verband heeft zij zich beroepen op de ongelijke behandeling van door een moedermaatschappij van een fiscaal geïntegreerde groep ontvangen dividenden naargelang de dividenden afkomstig zijn van de vennootschappen zelf die lid zijn van die geïntegreerde groep, hetgeen inhoudt dat deze in Frankrijk zijn gevestigd, dan wel afkomstig zijn van in andere lidstaten gevestigde dochterondernemingen. Alleen in het eerste geval zijn de dividenden immers volledig vrijgesteld van de vennootschapsbelasting door de neutralisatie, krachtens artikel 223 B CGI, van de heropname in de winst van de moedermaatschappij van het aandeel voor kosten en lasten.

11. Nadat de belastingdienst haar verzoek afwees, heeft verzoekster in het hoofdgeding beroep ingesteld bij het tribunal administratif de Montreuil. Tegen de verwerping van dit beroep bij vonnis van 4 oktober 2012 heeft verzoekster in het hoofdgeding hoger beroep ingesteld bij de cour administrative d'appel de Versailles.

12. De verwijzende rechter brengt in herinnering dat het Hof in zijn arrest X Holding (C-337/08, EU:C:2010:89) heeft geoordeeld dat de artikelen 49 VWEU en 54 VWEU zich niet verzetten tegen de wettelijke regeling van een lidstaat die een moedervennootschap de mogelijkheid biedt om met haar ingezeten dochteronderneming een fiscale eenheid te vormen, doch niet toestaat dat een dergelijke fiscale eenheid wordt gevormd met een niet-ingezeten dochteronderneming omdat de winst van laatstgenoemde vennootschap niet is onderworpen aan de belastingwet van deze lidstaat. De verwijzende rechter is echter van oordeel dat in dit arrest niet werd onderzocht of alle voordelen die zijn voorbehouden aan tot een fiscaal geïntegreerde groep behorende vennootschappen in overeenstemming zijn met het Unierecht.

13. Daarop heeft de cour administrative d'appel de Versailles de behandeling van de zaak geschorst en het Hof verzocht om een prejudiciële beslissing over de volgende vraag:

„Moet artikel 43 EG (thans artikel 49 VWEU) betreffende de vrijheid van vestiging aldus worden uitgelegd dat het zich ertegen verzet dat de Franse fiscale-integratieregeling een moedermaatschappij in een groep de neutralisatie verleent van de heropname van het aandeel voor kosten en lasten, dat forfaitair is vastgesteld op 5 % van het nettobedrag van de van de ingezeten vennootschappen in de fiscale eenheid ontvangen dividenden, terwijl deze regeling haar een dergelijk recht weigert voor de dividenduitkeringen van haar in een andere lidstaat gevestigde dochters, die als ingezetenen objectief in aanmerking waren gekomen om daarvoor te opteren?"

Beantwoording van de prejudiciële vraag

14. Ingevolge artikel 49 VWEU moeten de beperkingen van de vrijheid van vestiging worden opgeheven. De bepalingen van het VWEU inzake de vrijheid van vestiging strekken naar de letter weliswaar tot garantie dat de nationale behandeling in de lidstaat van ontvangst wordt toegepast, maar verzetten zich dus ook ertegen dat de lidstaat van oorsprong de vestiging van een van zijn staatsburgers of van een naar zijn nationaal recht opgerichte vennootschap in een andere lidstaat belemmert (arrest X, C-686/13, EU:C:2015:375, punt 27 en aldaar aangehaalde rechtspraak).

15. Uit de rechtspraak van het Hof blijkt dat de vrijheid van vestiging wordt belemmerd indien een ingezeten vennootschap met een dochteronderneming of een vaste inrichting in een andere lidstaat door een wettelijke regeling van een lidstaat vanuit fiscaal oogpunt ongunstiger wordt behandeld dan een ingezeten vennootschap met een vaste inrichting of een dochteronderneming in laatstbedoelde lidstaat (zie arrest Nordea Bank Danmark, C-48/13, EU:C:2014:2087, punt 19 en aldaar aangehaalde rechtspraak).

16. Krachtens de in het hoofdgeding aan de orde zijnde regeling worden de dividenden die een ingezeten moedermaatschappij van een al dan niet ingezeten dochteronderneming ontvangt in mindering gebracht op de nettowinst van de moedervennootschap, met uitzondering van het aandeel voor kosten en lasten. De kosten en lasten die betrekking hebben op deelnemingen waaruit de van belasting vrijgestelde dividenden voortvloeien, worden immers beschouwd als niet-aftrekbaar van de winst van de moedermaatschappij.

17. Deze heropname van het aandeel voor kosten en lasten in de winst van de moedermaatschappij wordt echter geneutraliseerd voor moedermaatschappijen die deel uitmaken van een fiscaal geïntegreerde groep in de zin van artikel 223 A CGI, maar alleen voor de dividenden die zijn uitgekeerd door haar dochterondernemingen die deel uitmaken van die groep.

18. Aldus volgt uit een regeling van een lidstaat als deze in het hoofdgeding dat de dividenden die een tot een fiscaal geïntegreerde groep behorende ingezeten moedermaatschappij ontvangt van haar dochterondernemingen in die fiscale groep volledig worden afgetrokken van de nettowinst van die moedermaatschappij en in die lidstaat dus volledig zijn vrijgesteld van vennootschapsbelasting, terwijl de dividenden die deze moedermaatschappij ontvangt van niet tot die fiscale groep behorende dochterondernemingen slechts gedeeltelijk van die belasting zijn vrijgesteld door de heropname van het aandeel voor kosten en lasten in de winst van die moedermaatschappij.

19. Aangezien krachtens een dergelijke regeling alleen ingezeten vennootschappen deel kunnen uitmaken van een fiscaal geïntegreerde groep, is het in het hoofdgeding aan de orde zijnde belastingvoordeel voorbehouden aan dividenden van nationale oorsprong.

20. Dat een dergelijk voordeel niet toekomt aan een moedermaatschappij die een in een andere lidstaat gevestigde dochteronderneming heeft, kan het voor deze moedermaatschappij minder aantrekkelijk maken om haar vrijheid van vestiging uit te oefenen doordat zij ervan wordt afgeschrikt, in andere lidstaten dochterondernemingen op te richten.

21. Een dergelijk verschil in behandeling is slechts verenigbaar met de Verdragsbepalingen inzake de vrijheid van vestiging op voorwaarde dat het betrekking heeft op situaties die niet objectief vergelijkbaar zijn of wordt gerechtvaardigd door een dwingende reden van algemeen belang (zie arrest X Holding, C-337/08, EU:C:2010:89, punt 20).

22. De omstandigheid dat de door een moedermaatschappij ontvangen dividenden die volledige belastingvrijstelling genieten, afkomstig zijn van dochterondernemingen die deel uitmaken van de fiscaal geïntegreerde groep waartoe de betrokken moedermaatschappij eveneens behoort, komt echter niet neer op een objectief situatieverschil tussen moedermaatschappijen die het geconstateerde verschil in behandeling rechtvaardigt (zie in die zin arresten Papillon, C-418/ 07, EU:C:2008:659, punten 23-30; X Holding, C-337/08, EU:C:2010:89, punten 21-24, en SCA Group Holding e.a., C-39/13– C-41/13, EU:C:2014:1758, punten 29-31). Ten aanzien van een regeling als die in het hoofdgeding, die middels de neutralisatie van de heropname van het aandeel voor kosten en lasten in de winst van de moedermaatschappij voorziet in volledige belastingvrijstelling van ontvangen dividenden, is de situatie van tot een fiscaal geïntegreerde groep behorende vennootschappen immers vergelijkbaar met die van vennootschappen die niet tot een dergelijke groep behoren, aangezien in beide gevallen, ten eerste, de moedermaatschappij de kosten en lasten van haar deelneming in haar dochteronderneming draagt en, ten tweede, de door de dochteronderneming gerealiseerde winst waaruit de uitgekeerde dividenden resulteren in beginsel economisch dubbel of opeenvolgende keren kan worden belast (zie in die zin arresten Haribo Lakritzen Hans Riegel en Österreichische Salinen, C-436/08 en C-437/08, EU:C:2011:61, punt 113, en Santander Asset Management SGIIC e.a., C-338/11–C-347/11, EU:C:2012:286, punt 42).

23. Bijgevolg moet worden onderzocht of een verschil in behandeling als dat in het hoofdgeding wordt gerechtvaardigd door een dwingende reden van algemeen belang.

24. De Franse, de Nederlandse en de Britse regering voeren aan dat de neutralisatie van de heropname van het aandeel voor kosten en lasten onlosmakelijk samenhangt met de fiscale-integratieregeling en gerechtvaardigd wordt door de noodzaak om de verdeling van de heffingsbevoegdheid tussen de lidstaten te handhaven.

25. In dit verband zij in herinnering gebracht dat het Hof in zijn arrest X Holding (C-337/08, EU:C:2010:89, punten 18 en 43), na in herinnering te hebben gebracht dat een fiscale-integratieregeling het met name mogelijk maakt om de winst en het verlies van de in de fiscale eenheid opgenomen vennootschappen te consolideren op het niveau van de moedervennootschap en om intragroepstransacties fiscaal neutraal te houden, heeft geoordeeld dat de Verdragsbepalingen inzake de vrijheid van vestiging zich niet verzetten tegen de wettelijke regeling van een lidstaat die een moedermaatschappij de mogelijkheid biedt om met haar ingezeten dochteronderneming een fiscale eenheid te vormen, doch niet toestaat dat een dergelijke fiscale eenheid wordt gevormd met een niet-ingezeten dochteronderneming omdat de winst van laatstgenoemde vennootschap niet is onderworpen aan de belastingwet van deze lidstaat.

26. Volgens het Hof is de uitsluiting van niet-ingezeten vennootschappen uit een dergelijke regeling immers gerechtvaardigd uit hoofde van de noodzaak om de evenwichtige verdeling van de heffingsbevoegdheid tussen de lidstaten te handhaven. Aangezien de moedermaatschappij vrijelijk kan beslissen om met haar dochteronderneming een fiscale eenheid te vormen en van het ene op het andere jaar even vrijelijk kan beslissen om die fiscale eenheid op te heffen, zou zij met de mogelijkheid om een niet-ingezeten dochteronderneming in de fiscale eenheid op te nemen, de vrijheid hebben om te kiezen welke belastingregeling op de verliezen van deze dochteronderneming van toepassing is en waar deze verliezen worden verrekend (arrest X Holding, C-337/08, EU:C:2010:89, punten 31-33).

27. Uit het arrest X Holding (C-337/08, EU:C:2010:89) kan evenwel niet worden afgeleid dat elk verschil in behandeling tussen vennootschappen die tot een fiscaal geïntegreerde groep behoren en vennootschappen die niet tot een dergelijke groep behoren, verenigbaar is met artikel 49 VWEU. In dat arrest heeft het Hof de voorwaarde van ingezetenschap namelijk alleen beoordeeld als toegangsvoorwaarde voor een fiscale-integratieregeling en heeft het geoordeeld dat die voorwaarde gerechtvaardigd was omdat een dergelijke regeling het mogelijk maakt om binnen de fiscaal geïntegreerde groep verliezen over te dragen.

28. Aangaande de andere belastingvoordelen dan de overdracht van verliezen binnen de fiscaal geïntegreerde groep moet bijgevolg – zoals de advocaat-generaal in punt 34 van haar conclusie heeft opgemerkt – een afzonderlijke beoordeling worden verricht van de vraag of een lidstaat die voordelen kan voorbehouden aan vennootschappen die deel uitmaken van een fiscaal geïntegreerde groep en die voordelen dus kan uitsluiten in grensoverschrijdende situaties.

29. Een verschil in behandeling als dat in het hoofdgeding kan echter niet worden gerechtvaardigd door de noodzaak om de evenwichtige verdeling van de heffingsbevoegdheid tussen de lidstaten te handhaven. Dit verschil in behandeling heeft namelijk enkel betrekking op inkomende dividenden die ingezeten moedermaatschappijen ontvangen, zodat de fiscale soevereiniteit van slechts één lidstaat aan de orde is (zie in die zin arrest Papillon, C-418/07, EU:C:2008:659, punten 39 en 40).

30. De Franse, de Duitse en de Britse regering hebben zich eveneens beroepen op de noodzaak om de samenhang van het in het hoofdgeding aan de orde zijnde belastingstelsel te handhaven.

31. Een beroep op die rechtvaardigingsgrond kan evenwel alleen slagen indien wordt aangetoond dat er een rechtstreeks verband bestaat tussen het betrokken belastingvoordeel en de opheffing van dit voordeel door een bepaalde belastingheffing, waarbij de vraag of dat verband rechtstreeks is, moet worden beoordeeld aan de hand van het doel van de betrokken regeling (arrest Bouanich, C-375/12, EU:C:2014:138, punt 69 en aldaar aangehaalde rechtspraak).

32. In dit verband heeft de Franse regering betoogd dat het in het hoofdgeding aan de orde zijnde belastingvoordeel beantwoordt aan de doelstelling om de groep bestaande uit de moedermaatschappij en haar dochterondernemingen gelijk te stellen met één enkele onderneming met meerdere vestigingen.

33. Het is juist dat een dergelijke gelijkstelling inhoudt dat de deelneming die de aan het hoofd van een fiscaal geïntegreerde groep staande moedermaatschappij bezit in haar dochterondernemingen buiten beschouwing wordt gelaten, hetgeen betekent dat diverse intragroepstransacties vanuit fiscaal oogpunt als onbestaand worden beschouwd. Niettemin heeft het Hof in het arrest Papillon (C-418/07, EU:C:2008:659, punt 50) aanvaard dat in de fiscale-integratieregeling een rechtstreeks verband kan bestaan tussen een belastingvoordeel dat is verleend aan vennootschappen die deel uitmaken van een fiscaal geïntegreerde groep en een fiscaal nadeel dat resulteert uit een dergelijke neutralisatie van transacties binnen die groep. In de zaak die heeft geleid tot dat arrest werd de onmiddellijke verrekening door de moedermaatschappij van de door haar dochteronderneming geleden verliezen gecompenseerd doordat in de context van een fiscaal geïntegreerde groep abstractie werd gemaakt van het bestaan van een deelneming van de moedermaatschappij in de dochteronderneming, die het voor de moedermaatschappij onmogelijk maakte om een voorziening aan te leggen voor de waardevermindering van haar deelneming in de verlieslatende dochteronderneming (zie arresten Papillon, C-418/07, EU:C:2008:659, punt 48, en SCA Group Holding e.a., C-39/13–C-41/13, EU:C:2014:1758, punten 34 en 35).

34. Anders dan het geval was in de zaak die heeft geleid tot het arrest Papillon (C-418/07, EU:C:2008:659) kon echter geen enkel rechtstreeks verband in de zin van de in punt 31 van dit arrest aangehaalde rechtspraak worden vastgesteld tussen het in het hoofdgeding aan de orde zijnde belastingvoordeel en een fiscaal nadeel resulterend uit de neutralisatie van de intragroepstransacties.

35. Ook al resulteert de neutralisatie van de heropname van het aandeel voor kosten en lasten, zoals de Franse regering betoogt, uit de gelijkstelling van de uit de moedermaatschappij en haar dochterondernemingen bestaande groep met één enkele onderneming met meerdere vestigingen, resulteert die neutralisatie immers niet in enig fiscaal nadeel voor de moedermaatschappij die aan het hoofd staat van de fiscaal geïntegreerde groep, maar verleent zij haar integendeel – zoals blijkt uit de punten 17 tot en met 19 van het onderhavige arrest – het in het hoofdgeding aan de orde zijnde belastingvoordeel.

36. Bijgevolg faalt de argumentatie die is ontleend aan de noodzaak om de samenhang van het in het hoofdgeding aan de orde zijnde belastingstelsel te handhaven.

37. Tot slot hebben de Franse en de Duitse regering eveneens aangevoerd dat het in het hoofdgeding aan de orde zijnde belastingvoordeel in overeenstemming is met artikel 4, lid 2, van richtlijn 90/435, krachtens hetwelk de lidstaten bevoegd blijven te bepalen dat lasten die betrekking hebben op de deelneming van een moedermaatschappij in haar dochteronderneming niet aftrekbaar zijn van de belastbare winst van de moedermaatschappij. Artikel 216 CGI zou die bevoegdheid uitwerken.

38. Dit betoog kan evenmin worden aanvaard.

39. Uit vaste rechtspraak blijkt namelijk dat de mogelijkheid die artikel 4, lid 2, van richtlijn 90/435 aan de lidstaten biedt slechts kan worden uitgeoefend met inachtneming van de fundamentele Verdragsbepalingen, in casu artikel 49 VWEU (zie arresten Bosal, C-168/01, EU:C:2003:479, punt 26; Keller Holding, C-471/04, EU:C:2006:143, punt 45, en Test Claimants in the FII Group Litigation, C-446/04, EU:C:2006:774, punt 46).

40. Uit al het voorgaande volgt dat op de prejudiciële vraag moet worden geantwoord dat artikel 49 VWEU aldus moet worden uitgelegd dat het zich verzet tegen een wettelijke fiscale-integratieregeling van een lidstaat op grond waarvan een moedermaatschappij in een groep neutralisatie geniet van de heropname van een aandeel voor kosten en lasten dat forfaitair is vastgesteld op 5 % van het nettobedrag van de door haar van de ingezeten vennootschappen in de fiscale eenheid ontvangen dividenden, terwijl deze wettelijke regeling haar een dergelijke neutralisatie weigert voor dividenduitkeringen van haar in een andere lidstaat gevestigde dochtervennootschappen, die, zouden zij ingezetenen zijn geweest, objectief in aanmerking waren gekomen om daarvoor te opteren.

Kosten

41. ...

Het Hof (Tweede kamer)

verklaart voor recht:

Artikel 49 VWEU moet aldus worden uitgelegd dat het zich verzet tegen een wettelijke fiscale-integratieregeling van een lidstaat op grond waarvan een moedermaatschappij in een groep neutralisatie geniet van de heropname van een aandeel voor kosten en lasten dat forfaitair is vastgesteld op 5 % van het nettobedrag van de door haar van de ingezeten vennootschappen in de fiscale eenheid ontvangen dividenden, terwijl deze wettelijke regeling haar een dergelijke neutralisatie weigert voor dividenduitkeringen van haar in een andere lidstaat gevestigde dochtervennootschappen, die, zouden zij ingezetenen zijn geweest, objectief in aanmerking waren gekomen om daarvoor te opteren.

HvJ EU 17 september 2015, zaak C-589/13 (F. E. Familienprivatstiftung Eisenstadt, in tegenwoordigheid van: Unabhängiger Finanzsenat, Außenstelle Wien)

Vijfde kamer: *T. von Danwitz, kamerpresident, C. Vajda, A. Rosas (rapporteur), E. Juhász en D. Šváby, rechters*
Advocaat-generaal: *M. Wathelet*

1. Het verzoek om een prejudiciële beslissing betreft de uitlegging van artikel 56, lid 1, EG.

2. Dit verzoek is ingediend in het kader van een beroep dat door F. E. Familienprivatstiftung Eisenstadt (hierna: „Privatstiftung") is ingesteld tegen het besluit van de Unabhängige Finanzsenat, Außenstelle Wien (onafhankelijke belastingkamer, afdeling Wenen; hierna: „UFS") waarbij de Privatstiftung het recht is ontzegd om bij de berekening van een belasting waaraan de Privatstiftung in de belastingjaren 2001 en 2002 was onderworpen, rekening te houden met schenkingen aan in andere lidstaten gevestigde begunstigden.

Oostenrijks recht

3. De voor het hoofdgeding relevante Oostenrijkse regeling ziet op de belasting op Privatstiftungen in 2001 en 2002.

Belastingregeling voor Privatstiftungen vóór 2001

4. Privatstiftungen (particuliere stichtingen) zijn in 1993 door de Oostenrijkse wetgever ingesteld bij het Privatstiftungsgesetz (*BGBl.* 694/1993, wet inzake particuliere stichtingen).

5. Privatstiftungen zijn aan de vennootschapsbelasting onderworpen. Op grond van de tot eind 2000 geldende regeling waren door een Privatstiftung behaalde kapitaalopbrengsten en inkomsten uit deelnemingen echter algemeen vrijgesteld van vennootschapsbelasting op het niveau van de Privatstiftung. De belasting werd dan geheven bij de overdracht van de inkomsten van de Privatstiftung aan de verschillende begunstigden door middel van de schenkingen door de Privatstiftung. Op grond van § 27, lid 1, punt 7, van het Einkommensteuergesetz 1988 (wet op de inkomstenbelasting van 1988; hierna: „EStG 1988") werden die schenkingen bij de begunstigde aangemerkt als kapitaalopbrengsten die onderworpen zijn aan de belasting op kapitaalopbrengsten tegen een tarief van 25 %.

Belastingregeling voor Privatstiftungen in 2001 tot en met 2004

6. De belastingregeling voor Privatstiftungen is met ingang van 2001 gewijzigd bij het Budgetbegleitgesetz 2001 (begeleidende wet op de begroting van 2001, *BGBl.* I nr. 142/2000), met name door de invoering van verschillende nieuwe bepalingen in het Körperschaftsteuergesetz 1988 (wet op de vennootschapsbelasting van 1988; hierna: „KStG 1988").

7. Volgens de memorie van toelichting bij het Budgetbegleitgesetz 2001 hadden die bepalingen in hoofdzaak tot doel de algemene vrijstelling van vennootschapsbelasting die Privatstiftungen tevoren genoten, te beperken en Privatstiftungen rechtstreeks te onderwerpen aan een per soort inkomen aangeslagen belasting met een verlaagd tarief over bepaalde kapitaalopbrengsten en inkomsten uit deelnemingen van die Privatstiftungen. Die directe belasting met een verlaagd tarief is „Zwischensteuer" (voorlopige belasting; hierna: „Zwischensteuer") genoemd.

8. § 13, lid 3, KStG 1988, zoals gewijzigd bij het Budgetbegleitgesetz 2001, luidt:

„Bij Privatstiftungen die niet onder § 5, punten 6 of 7, of § 7, lid 3, vallen, worden niet bij de inkomsten of het inkomen in aanmerking genomen, maar worden overeenkomstig § 22, lid 3, afzonderlijk belast:
1. Binnen- en buitenlandse kapitaalopbrengsten uit
– deposito's en andere vorderingen bij kredietinstellingen (§ 93, lid 2, punt 3, [EStG 1988]),
– schuldtitels in de zin van § 93, lid 3, punten 1 tot en met 3, [EStG 1988], indien zij bij de uitgifte zowel in juridisch als in feitelijk opzicht worden aangeboden aan een onbepaalde kring van personen,
– schuldtitels in de zin van § 93, lid 3, punten 4 en 5, [EStG 1988], voor zover die kapitaalopbrengsten behoren tot de inkomsten uit kapitaal in de zin van § 27 [EStG 1988].
2. Inkomsten uit de verkoop van deelnemingen in de zin van § 31 [EStG 1988], voor zover lid 4 niet van toepassing is.

Kapitaalopbrengsten en inkomsten uit de verkoop van deelnemingen worden niet belast (§ 22, lid 3) voor zover in het aangiftetijdvak schenkingen zijn gedaan in de zin van § 27, lid 1, punt 7, [EStG 1988] waarop belasting op kapitaalopbrengsten is ingehouden en geen vrijstelling van de belasting op kapitaalopbrengsten bestaat op grond van een overeenkomst tot voorkoming van dubbele belasting."

9. Op grond van § 22, lid 3, KStG 1988, zoals gewijzigd bij het Budgetbegleitgesetz 2001, bedroeg de vennootschapsbelasting op de volgens § 13, lid 3, KStG 1988 belastbare kapitaalopbrengsten en inkomsten van een Privatstiftung 12,5 %.

10. § 24, lid 5, KStG 1988, zoals gewijzigd bij het Budgetbegleitgesetz 2001, luidde:

„De vennootschapsbelasting op kapitaalopbrengsten en inkomsten in de zin van § 13, leden 3 en 4, wordt bij de vaststelling van de aanslag verrekend indien aan de volgende voorwaarden is voldaan:
1. De vennootschapsbelasting is bij de indiening van de aangifte berekend en voldaan op basis van een opgelegde aanslag.
2. De Privatstiftung doet schenkingen in de zin van § 27, lid 1, punt 7, [EStG 1988], die niet tot gevolg hebben dat geen belasting wordt geheven in de zin van § 13, lid 3, laatste volzin.
3. Verrekend wordt 12,5 % van de met het oog op de inhouding van de belasting op kapitaalopbrengsten relevante grondslag van de schenkingen.
4. De Privatstiftung houdt een bijzondere rekening bij waarop de jaarlijks betaalde vennootschapsbelasting, de verrekende bedragen en het voor verrekening in aanmerking komende restbedrag doorlopend worden geboekt.
5. In geval van ontbinding van de Privatstiftung wordt het op het tijdstip van ontbinding voor verrekening in aanmerking komende bedrag in zijn totaliteit verrekend."

Bijzonderheden in verband met het stelsel van de Zwischensteuer naar Oostenrijks recht

11. In de memorie van toelichting bij het Budgetbegleitgesetz 2001, die door de verwijzende rechter wordt aangehaald, staat met betrekking tot de Zwischensteuer te lezen:

„[...] vanaf 2001 [...] [worden] [rente-inkomsten uit beleggingen of schuldvorderingen] [...] onderworpen aan een soort Zwischensteuer met een bijzonder verlaagd belastingtarief. De belasting wordt in eerste instantie geheven wanneer de inkomsten worden behaald. Indien (vervolgens) door de Privatstiftung schenkingen worden gedaan, vindt overeenkomstig de nadere wettelijke regelingen echter een verrekening plaats. Voor zover en in de omvang waarin schenkingen worden gedaan, verandert er dus niets aan de totale belastingdruk.

Met het oog op de tenuitvoerlegging van het stelsel wordt de wetgeving op twee punten gewijzigd. Ten eerste worden de bestaande vrijstellingsbepalingen van § 13, lid 2, aangepast. De tot dusver vrijgestelde inkomsten worden bij de vaststelling van de aanslag onderworpen aan een soort analytische belasting met een verlaagd tarief van 12,5 % (zie § 13, lid 3). Belastingheffing blijft achterwege voor zover in het jaar waarin rente-inkomsten worden behaald, schenkingen worden gedaan. Ten tweede voorziet § 24, lid 5, in verrekening van die verlaagde belasting; deze wordt bij de vaststelling van de aanslag in aanmerking genomen. Voorwaarde voor verrekening is ten eerste dat de verlaagde belasting op het tijdstip van indiening van de belastingaangifte reeds daadwerkelijk is betaald. Voorts dienen er schenkingen te zijn gedaan waarop belasting op kapitaalopbrengsten is ingehouden. Het te verrekenen bedrag ligt overeenkomstig het verlaagde tarief bij 12,5 % van de schenkingen. Formeel dient er een Evidenzkonto te bestaan, waaruit de ontwikkeling en de stand van de voor verrekening in aanmerking komende bedragen worden bijgehouden.

Voorbeeld: een Privatstiftung behaalt in het jaar 2001 rente-inkomsten ter hoogte van 2 miljoen ATS. De schenkingen liggen in dat jaar bij 500 000 ATS. Er wordt Zwischensteuer geheven van 12,5 % van 1,5 miljoen ATS, dat wil zeggen 187 500 ATS. In het jaar 2002 worden rente-inkomsten ter hoogte van 2,5 miljoen behaald, maar geen schenkingen gedaan. De Zwischensteuer bedraagt voor 2002 312 500 ATS. In het jaar 2003 liggen de rente-inkomsten bij 2 miljoen ATS en wordt 2,1 miljoen ATS uitgekeerd. In dat jaar is geen Zwischensteuer verschuldigd. Van de voor de jaren 2001 en 2002 verschuldigde voorlopige belasting wordt een bedrag verrekend ter hoogte van 12,5 % van 100 000 ATS, dat wil zeggen 12 500 ATS."

Hoofdgeding en prejudiciële vraag

12. De naar Oostenrijks recht opgerichte Privatstiftung behaalde in 2001 en 2002 kapitaalopbrengsten en inkomsten uit de verkoop van deelnemingen die binnen de werkingssfeer van § 13, lid 3, eerste volzin, KStG 1988, zoals gewijzigd bij het Budgetbegleitgesetz 2001, vielen. Tegelijkertijd heeft de Privatstiftung in die twee jaar schenkingen gedaan aan een in België wonende persoon en aan een in Duitsland wonende persoon.

13. De belasting op kapitaalopbrengsten tegen een tarief van 25 %, die aan de bron wordt geheven van de begunstigden van die schenkingen, is in elk van die twee jaren door de Privatstiftung geheven en aan de Oostenrijkse belastingdienst gestort.

14. Nadien hebben de twee buitenlandse begunstigden de Oostenrijkse belastingdienst op grond van de overeenkomsten tot voorkoming van dubbele belasting die tussen de Republiek Oostenrijk en hun woonstaat van kracht zijn, echter verzocht om teruggaaf van de over de schenkingen geheven belasting op kapitaalopbrengsten. De in België wonende begunstigde heeft verzoeken ingediend met betrekking tot 2001 en 2002 en heeft de volledige

teruggaaf verkregen van de Oostenrijkse belasting op kapitaalopbrengsten die aan de bron was ingehouden over de door hem ontvangen schenkingen. De in Duitsland wonende begunstigde heeft alleen voor 2001 een verzoek ingediend en heeft eveneens de teruggaaf van de desbetreffende belasting op kapitaalopbrengsten verkregen.

15. In haar aangiften in de vennootschapsbelasting voor 2001 en 2002 heeft de Privatstiftung haar kapitaalopbrengsten en verkoopinkomsten – die op grond van § 13, lid 3, eerste volzin, KStG 1988, zoals gewijzigd bij het Budgetbegleitgesetz 2001, in beginsel aan de Zwischensteuer zijn onderworpen – ondergewaardeerd door de in die jaren aan de twee voornoemde begunstigden gedane schenkingen in mindering te brengen op de heffingsgrondslag. Aangezien de waarde van die schenkingen hoger was dan de kapitaalopbrengsten en verkoopinkomsten, heeft de Privatstiftung een heffingsgrondslag van 0 EUR opgegeven, waardoor zij van belasting zou vrijgesteld zijn.

16. Het bevoegde Finanzamt (belastingdienst) heeft zich echter op het standpunt gesteld dat de aan de begunstigden gedane schenkingen niet in mindering konden worden gebracht op de op grond van § 13, lid 3, eerste volzin, KStG 1988, zoals gewijzigd bij het Budgetbegleitgesetz 2001, belastbare bedragen, aangezien de voornoemde begunstigden op grond van een overeenkomst tot voorkoming van dubbele belasting waren vrijgesteld van de belasting op kapitaalopbrengsten. Derhalve heeft het Finanzamt in 2001 en 2002 behaalde kapitaalopbrengsten en inkomsten uit deelnemingen op grond van § 22, lid 3, KStG 1988, zoals gewijzigd bij het Budgetbegleitgesetz 2001, aan de Zwischensteuer tegen een tarief van 12,5 % onderworpen.

17. De Privatstiftung heeft bij de UFS beroep ingesteld tegen de haar voor 2001 en 2002 opgelegde aanslagen in de vennootschapsbelasting.

18. Subsidiair heeft de Privatstiftung voor de UFS aangevoerd dat haar in de daarop volgende jaren op grond van § 24, lid 5, KStG 1988, zoals gewijzigd bij het Budgetbegleitgesetz 2001, een belastingkrediet moest worden toegekend voor de eerder betaalde Zwischensteuer.

19. Bij besluit van 10 juni 2010 heeft de UFS de gegrondheid bevestigd van de aan de Privatstiftung opgelegde Zwischensteuer ten belope van destijds 12,5 % van de heffingsgrondslag, zonder aftrek van de schenkingen aan de begunstigden in België en in Duitsland in 2001 en aan de begunstigde in België in 2002.

20. De UFS heeft het standpunt van het Finanzamt bevestigd en geoordeeld dat die schenkingen op grond van overeenkomsten tot voorkoming van dubbele belasting waren vrijgesteld van de belasting op kapitaalopbrengsten en derhalve niet in mindering konden worden gebracht op de grondslag van de Zwischensteuer.

21. De subsidiaire vordering van de Privatstiftung tot verkrijging a posteriori van een belastingkrediet op grond van § 24, lid 5, KStG 1988, zoals gewijzigd bij het Budgetbegleitgesetz 2001, voor de in 2001 verschuldigde Zwischensteuer uit hoofde van de vennootschapsbelasting over belastingjaar 2002, is door de UFS daarentegen gedeeltelijk toegewezen. De UFS heeft immers geoordeeld dat de schenkingen die in 2002 aan de in België wonende begunstigde waren gedaan, de Privatstiftung recht gaven op een gedeeltelijke verrekening.

22. De Privatstiftung is tegen die beslissing van de UFS opgekomen bij het Verwaltungsgerichtshof.

23. De Privatstiftung voert voor de verwijzende rechter aan dat het in strijd is met het in artikel 56 EG neergelegde vrije verkeer van kapitaal dat schenkingen waarover de begunstigden op grond van een overeenkomst tot voorkoming van dubbele belasting geen belasting op kapitaalopbrengsten hebben moeten betalen, niet in mindering kunnen worden gebracht op de grondslag van de Zwischensteuer ondanks het feit dat de UFS erkent dat soortgelijke schenkingen in de volgende jaren kunnen worden verrekend.

24. De verwijzende rechter, die reeds heeft geoordeeld dat grensoverschrijdende schenkingen door Privatstiftungen kapitaalverkeer in de zin van artikel 56 EG vormen, acht het zeer waarschijnlijk dat een Privatstiftung alleen belasten over schenkingen aan buitenlandse begunstigden maar niet over schenkingen aan nationale begunstigden, zoals het Finanzamt en de UFS in het hoofdgeding hebben gedaan, een beperking van het vrije verkeer van kapitaal vormt, aangezien die maatregel tot gevolg kan hebben dat wordt afgezien van dergelijke grensoverschrijdende constructies, terwijl volgens het beginsel van het vrije verkeer van kapitaal zelfs een geringe of minder belangrijke beperking in beginsel verboden is.

25. De verwijzende rechter merkt op dat het onderzoek of de beperking van het vrije verkeer van kapitaal door § 13, lid 3, KStG 1988, zoals gewijzigd bij het Budgetbegleitgesetz 2001, eventueel gerechtvaardigd is, wordt bemoeilijkt door het feit dat het met die uitsluiting nagestreefde doel in de voorbereidende werkzaamheden nooit is genoemd.

26. Die rechter zet in dit verband uiteen dat het stelsel van de Zwischensteuer tot doel had twee problemen in verband met de belastingregeling voor ingezeten Privatstiftungen op te lossen. Het eerste probleem hield verband met de vrijstelling van vennootschapsbelasting van kapitalisatie doordat kapitaalopbrengsten en inkomsten uit de verkoop van deelnemingen van Privatstiftungen tot eind 2000 niet werden belast. Het tweede probleem hield verband met de vrijstelling van belasting in Oostenrijk van schenkingen aan in het buitenland wonende begunstig-

den, doordat de heffingsbevoegdheid voor die schenkingen op grond van overeenkomsten tot voorkoming van dubbele belasting uitsluitend aan de woonlidstaat van de begunstigde toekwam.

27. Wanneer de Zwischensteuer moet worden betaald ook al is een schenking gedaan, dient het stelsel van de Zwischensteuer volgens de verwijzende rechter in casu ertoe de gevolgen te verlichten van het tweede van de problemen in verband met die belastingregeling, namelijk de belastingvrijstelling in Oostenrijk.

28. In dit verband merkt de verwijzende rechter op dat § 13, lid 3, laatste volzin, KStG 1988, zoals gewijzigd bij het Budgetbegleitgesetz 2001, dat probleem slechts heeft verlicht, zonder het volledig op te lossen, aangezien de Privatstiftung niet definitief wordt belast, maar haar een heffing, de Zwischensteuer, wordt opgelegd, die overeenkomstig de gewijzigde § 24, lid 5, KStG 1988 uiterlijk bij de ontbinding van de Privatstiftung wordt verrekend en volledig wordt teruggegeven. Tot de toekenning van dat belastingkrediet kan de betrokken Privatstiftung de schenkingen waarvoor de begunstigde op grond van een overeenkomst tot voorkoming van dubbele belasting is vrijgesteld van belastingen, echter niet in mindering brengen op de heffingsgrondslag.

29. De verwijzende rechter sluit niet uit dat die door de nationale belastingregeling veroorzaakte beperking afbreuk doet aan het in artikel 56 EG bedoelde vrije verkeer van kapitaal, maar is van oordeel dat de verschillen tussen de ingewikkelde belastingregeling waarover hij uitspraak moet doen en de belastingregelingen die het Hof in soortgelijke zaken reeds heeft onderzocht, te groot zijn om zonder meer van die uitlegging te kunnen uitgaan.

30. Daarom heeft het Verwaltungsgerichtshof de behandeling van de zaak geschorst en het Hof de volgende prejudiciële vraag gesteld:

> „Dient artikel 56 EG aldus te worden uitgelegd dat het zich verzet tegen een belastingregeling uit hoofde waarvan een Oostenrijkse Privatstiftung over kapitaalopbrengsten en inkomsten uit de verkoop van deelnemingen slechts dan belasting in de vorm van een ‚voorlopige belasting' ter waarborging van de binnenlandse enkelvoudige belasting is verschuldigd indien de ontvanger van schenkingen van de Privatstiftung op grond van een overeenkomst tot voorkoming van dubbele belasting is vrijgesteld van de normaliter op schenkingen geheven belasting op kapitaalopbrengsten?"

Beantwoording van de prejudiciële vraag

Opmerkingen vooraf

31. De vraag van de verwijzende rechter betreft volgens de formulering ervan de onderwerping van ingezeten Privatstiftungen aan de Zwischensteuer wanneer de begunstigde van een door een Privatstiftung gedane schenking op grond van een overeenkomst tot voorkoming van dubbele belasting in Oostenrijk van belasting is vrijgesteld. Met die vraag wenst de verwijzende rechter te vernemen of artikel 56 EG aldus moet worden uitgelegd dat het zich verzet tegen een stelsel zoals ingevoerd in het kader van de in het hoofdgeding aan de orde zijnde Zwischensteuer, die met ingang van 2001 aan Privatstiftungen wordt opgelegd.

32. Zoals blijkt uit de punten 7, 11 en 26 tot en met 28 van het onderhavige arrest worden de in het hoofdgeding aan de orde zijnde aspecten van het stelsel van de Zwischensteuer op verschillende plaatsen in de verwijzingsbeslissing behandeld. Aangezien de verwijzende rechter verklaart dat hij zijn vraag met betrekking tot dat ingewikkelde stelsel heeft gesteld, moet bij de behandeling van die vraag rekening worden gehouden met dat stelsel.

33. Gelet op die ontwikkelingen is het duidelijk dat de vragen van de verwijzende rechter in het kader van de Zwischensteuer over de kapitaalopbrengsten en inkomsten uit de verkoop van deelnemingen die een ingezeten Privatstiftung in een bepaald belastingtijdvak heeft behaald, betrekking hebben op het recht van een dergelijke Privatstiftung om het bedrag van de in hetzelfde belastingtijdvak gedane schenkingen in mindering te brengen op de heffingsgrondslag. Die aftrek is immers slechts mogelijk indien de begunstigde van de schenking in Oostenrijk belastingplichtig is. Wanneer de begunstigde van de schenking in een andere lidstaat dan de Republiek Oostenrijk woont en zich op een overeenkomst tot voorkoming van dubbele belasting beroept om te worden vrijgesteld van de Oostenrijkse belasting op kapitaalopbrengsten, wordt de Privatstiftung die aftrek daarentegen geweigerd.

34. Derhalve wenst de verwijzende rechter met zijn prejudiciële vraag in wezen te vernemen of artikel 56 EG aldus moet worden uitgelegd dat het zich verzet tegen een belastingregeling van een lidstaat als in het hoofdgeding, op grond waarvan een ingezeten Privatstiftung in het kader van de Zwischensteuer over de door haar behaalde kapitaalopbrengsten en inkomsten uit de verkoop van deelnemingen op haar heffingsgrondslag voor een bepaald belastingjaar slechts schenkingen in mindering mag brengen die zij in hetzelfde belastingjaar heeft gedaan en waarvoor de begunstigden van die schenkingen in de lidstaat van heffing van de Privatstiftung aan belasting zijn onderworpen, maar die aftrek is uitgesloten indien de begunstigde in een andere lidstaat woont en op grond van een overeenkomst tot voorkoming van dubbele belasting in de lidstaat van heffing van de Privatstiftung is vrijgesteld van de belasting die in beginsel over schenkingen wordt geheven.

Bestaan van een beperking van het vrije verkeer van kapitaal

35. Volgens vaste rechtspraak van het Hof verbiedt artikel 56, lid 1, EG op algemene wijze beperkingen van het kapitaalverkeer tussen de lidstaten (arresten Persche, C-318/07, EU:C:2009:33, punt 23, en Mattner, C-510/08, EU:C:2010:216, punt 18).

36. Bij gebreke van een begripsbepaling voor „kapitaalverkeer" in de zin van artikel 56, lid 1, EG in het EG-Verdrag, heeft het Hof een indicatieve waarde toegekend aan de nomenclatuur in bijlage I bij richtlijn 88/361/EEG van de Raad van 24 juni 1988 voor de uitvoering van artikel 67 van het Verdrag [artikel ingetrokken bij het Verdrag van Amsterdam] (*PB* L 178, blz. 5), ook al is deze vastgesteld op basis van de artikelen 69 en 70, lid 1, van het EEG-Verdrag (na wijziging, artikelen 69 en 70, lid 1, van het EG-Verdrag, ingetrokken bij het Verdrag van Amsterdam), waarbij de lijst die zij bevat, zoals blijkt uit de inleiding van deze bijlage, niet uitputtend is. Schenkingen en giften zijn ingedeeld onder rubriek XI, getiteld „Kapitaalverkeer van persoonlijke aard", van die bijlage I (arresten Persche, C-318/07, EU:C:2009:33, punt 24; Mattner, C-510/08, EU: C:2010:216, punt 19, en Commissie/Spanje, C-127/12, EU:C:2014:2130, punt 52).

37. Het Hof heeft reeds geoordeeld dat de fiscale behandeling van schenkingen, of deze nu worden gedaan in geld of in onroerende of roerende goederen, onder de bepalingen van het EG-Verdrag inzake het vrije verkeer van kapitaal valt, tenzij de constituerende elementen hiervan binnen één lidstaat zijn gelegen (zie in die zin arresten Persche, C-318/07, EU: C:2009:33, punt 27; Mattner, C-510/08, EU:C:2010:216, punt 20, en Q, C-133/13, EU:C:2014:2460, punt 18).

38. Het hoofdgeding heeft niet rechtstreeks betrekking op de fiscale behandeling van schenkingen in de zin van een verschil in behandeling van schenkingen aan ingezeten begunstigden en schenkingen aan in een andere lidstaat wonende begunstigden. Het heeft betrekking op de verschillende fiscale behandeling van ingezeten Privatstiftungen al naargelang de begunstigden van door hen gedane schenkingen die in Oostenrijk of een andere lidstaat wonen, in Oostenrijk belastingen over die schenkingen verschuldigd zijn.

39. In het hoofdgeding heeft de Privatstiftung in 2001 en 2002 schenkingen gedaan aan met name twee in een andere lidstaat dan de Republiek Oostenrijk wonende begunstigden. Het ging om betalingen zonder enige tegenprestatie van de begunstigden. Zoals de Europese Commissie terecht opmerkt, omvat het begrip „kapitaalverkeer" in de zin van artikel 56, lid 1, EG niet alleen de inbreng van het startkapitaal in de Privatstiftung door de oprichter bij de oprichting van de Privatstiftung, maar ook de latere betalingen uit dat kapitaal aan de begunstigden.

40. Een situatie als in het hoofdgeding, waarin een in Oostenrijk gevestigde Privatstiftung schenkingen doet aan twee in België respectievelijk Duitsland wonende begunstigden, valt bijgevolg voor zowel 2001 als 2002 onder het internationale kapitaalverkeer dat op grond van artikel 56, lid 1, EG is beschermd tegen iedere beperking.

41. Derhalve dient in de eerste plaats te worden onderzocht of een nationale regeling als in het hoofdgeding een beperking van het kapitaalverkeer oplevert, zoals zowel de Privatstiftung in het hoofdgeding als de Commissie in haar bij het Hof ingediende schriftelijke opmerkingen stelt.

42. In de bij § 13, lid 3, KStG 1988, zoals gewijzigd bij het Budgetbegleitgesetz 2001, ingevoerde regeling worden ingezeten Privatstiftungen verschillend behandeld wat hun recht op onmiddellijke vermindering van de Zwischensteuer betreft, al naargelang de begunstigden van de door deze Privatstiftungen in een bepaald belastingjaar gedane schenkingen aan de Oostenrijkse belasting op kapitaalopbrengsten zijn onderworpen of niet.

43. Schenkingen waarvoor een dergelijk recht op onmiddellijke vermindering of teruggaaf is uitgesloten, kunnen, zoals de Oostenrijkse regering aanvoert, weliswaar ook schenkingen aan in Oostenrijk wonende begunstigden omvatten, mits die begunstigden zijn vrijgesteld van de belasting op kapitaalopbrengsten, maar zij omvatten met name schenkingen aan niet-ingezeten begunstigden, aangezien schenkingen overeenkomstig het door de Organisatie voor Economische Samen werking en Ontwikkeling (OESO) opgestelde modelverdrag inzake de voorkoming van dubbele belasting als inkomen in de zin van artikel 21, lid 1, van dat modelverdrag worden aangemerkt en niet in Oostenrijk worden belast, maar tot de exclusieve heffingsbevoegdheid van de woonstaat van de begunstigde behoren.

44. Zoals de Commissie betoogt, wordt dat kapitaalverkeer beperkt door de regel die is neergelegd in de op het hoofdgeding van toepassing zijnde § 13, lid 3, laatste volzin, KStG 1988, zoals gewijzigd bij het Budgetbegleitgesetz 2001.

45. Aangezien schenkingen door een ingezeten Privatstiftung aan nationale begunstigden recht geven op een vermindering of zelfs een vrijstelling van de Zwischensteuer als gevolg van de aftrekbaarheid van dat soort schenkingen van de grondslag voor de berekening van die belasting, beschikt die Privatstiftung, wanneer alle andere factoren gelijk blijven, duurzaam over meer financiële middelen, die zij onmiddellijk kan gebruiken om extra schenkingen aan ingezeten begunstigden te doen dan wel kan gebruiken om extra inkomsten te behalen, waardoor zij vervolgens grotere schenkingen aan diezelfde begunstigden kan doen.

46. Bovendien kan de ongunstige fiscale behandeling ten gevolge van de toepassing van § 13, lid 3, laatste volzin, KStG 1988, zoals gewijzigd bij het Budgetbegleitgesetz 2001, in geval van schenking aan begunstigden die op grond van een overeenkomst tot voorkoming van dubbele belasting tussen de lidstaat waar zij wonen en de Republiek Oostenrijk in Oostenrijk zijn vrijgesteld van de belasting op kapitaalopbrengsten, tot een beperking op het niveau van de Privatstiftung zelf leiden.

47. Een Privatstiftung waarvan sommige begunstigden op het nationale grondgebied wonen en andere begunstigden in een andere lidstaat zijn gevestigd, zal immers ervan worden weerhouden om schenkingen aan deze laatste begunstigden te doen, aangezien de financiële middelen waarover zij in totaal beschikt om inkomsten te genereren en schenkingen aan de ingezeten begunstigden te doen, worden verminderd door de over haar inkomsten geheven Zwischensteuer, doordat zij niet in aanmerking komt voor vermindering of teruggaaf van belasting in verband met de schenkingen. Dit leidt tot een verstoring van de keuze van de Privatstiftung tussen internationale schenkingen, die fiscaal benadeeld zijn, en zuiver nationale schenkingen, die fiscaal gunstiger zijn.

48. Voorts is de oprichting van een Privatstiftung met in een andere lidstaat wonende begunstigden voor de oprichter meteen minder voordelig dan de oprichting van een Privatstiftung die alleen in Oostenrijk gevestigde begunstigden heeft, voor zover schenkingen aan in een andere lidstaat wonende begunstigden ertoe leiden dat de inkomsten van de Privatstiftung aan de Zwischensteuer tegen een tarief van 12,5 % worden onderworpen.

49. In dit verband moet worden benadrukt dat een belastingregeling kan worden geacht een verboden beperking van een fundamenteel recht te vormen, ook al is de belastingdruk niet zwaar of definitief.

50. Volgens vaste rechtspraak van het Hof verbiedt het Verdrag zelfs een geringe of een minder belangrijke beperking van een fundamentele vrijheid (zie in die zin met betrekking tot het vrije verkeer van kapitaal, arrest Dijkman en Dijkman-Lavaleije, C-233/09, EU:C:2010:397, punt 42, en met betrekking tot de vrijheid van vestiging, arresten Commissie/Frankrijk, C-34/98, EU:C:2000:84, punt 49, en de Lasteyrie du Saillant, C-9/02, EU:C:2004:138, punt 43).

51. Een liquiditeitsnadeel dat zich voordoet in een grensoverschrijdende situatie kan een beperking van de fundamentele vrijheden vormen wanneer het zich niet voordoet in een zuiver nationale situatie (zie in die zin arresten Metallgesellschaft e.a., C-397/98 en C-410/98, EU:C:2001:134, punten 44, 54 en 76; X en Y, C-436/00, EU:C:2002:704, punten 36 en 37; Rewe Zentralfinanz, C-347/04, EU:C:2007:194, punten 26-30; National Grid Indus, C-371/10, EU:C:2011:785, punten 36 en 37; DMC, C-164/12, EU:C:2014:20, punten 40-43, en Commissie/Duitsland, C-591/13, EU:C:2015:230, punten 55-61).

52. Een verschil in behandeling bij de berekening van de Zwischensteuer kan tot een liquiditeitsnadeel leiden voor de ingezeten Privatstiftung die een schenking wenst te doen aan op het grondgebied van een andere lidstaat wonende begunstigden en kan derhalve een beperking van de fundamentele vrijheden vormen indien de betrokken Privatstiftung in een zuiver nationale situatie geen dergelijk nadeel lijdt. Als gevolg van haar schenkingen in 2001 en 2002 aan in België en in Duitsland wonende begunstigden heeft de in het hoofdgeding aan de orde zijnde Privatstiftung een dergelijk liquiditeitsnadeel geleden, dat niet is weggenomen door het belastingkrediet dat de UFS heeft aanvaard en waarbij een deel van de voor 2001 verschuldigde Zwischensteuer in mindering is gebracht op de voor 2002 verschuldigde Zwischensteuer.

53. Door de toepassing van § 13, lid 3, laatste volzin, KStG 1988, zoals gewijzigd bij het Budgetbegleitgesetz 2001, wordt het vrije verkeer van kapitaal derhalve beperkt, hetgeen in beginsel is verboden krachtens artikel 56 EG.

54. In de tweede plaats dient evenwel te worden onderzocht of deze beperking van het vrije verkeer van kapitaal objectief kan worden gerechtvaardigd op basis van de bepalingen van het Verdrag.

55. In dit verband zij eraan herinnerd dat artikel 58, lid 1, onder a), EG bepaalt dat artikel 56 EG „niets [afdoet] aan het recht van de lidstaten [...] de ter zake dienende bepalingen van hun belastingwetgeving toe te passen die onderscheid maken tussen belastingplichtigen die niet in dezelfde situatie verkeren met betrekking tot hun vestigingsplaats of de plaats waar hun kapitaal is belegd".

56. Deze bepaling moet, als afwijking van het grondbeginsel van het vrije verkeer van kapitaal, strikt worden uitgelegd. Bijgevolg mag zij niet aldus worden uitgelegd dat elke belastingregeling die een onderscheid maakt tussen belastingplichtigen naargelang van hun vestigingsplaats of van de lidstaat waar zij hun kapitaal beleggen, automatisch verenigbaar is met het Verdrag (arresten Mattner, C-510/08, EU:C:2010:216, punt 32, en FIM Santander Top 25 Euro Fi, C-338/11–C-347/11, EU:C:2012:286, punt 21).

57. De in artikel 58, lid 1, onder a), EG bedoelde afwijking wordt immers zelf beperkt door lid 3 van dat artikel, dat bepaalt dat de in lid 1 van dat artikel bedoelde nationale maatregelen „geen middel tot willekeurige discriminatie [mogen] vormen, noch een verkapte beperking van het vrije kapitaalverkeer en betalingsverkeer als omschreven in artikel 56" (arresten Mattner, C-510/08, EU:C:2010:216, punt 33, en FIM Santander Top 25 Euro Fi, C-338/11–C-347/11, EU:C:2012:286, punt 22).

58. Bijgevolg moet een onderscheid worden gemaakt tussen de door artikel 58, lid 1, onder a), EG toegestane verschillen in behandeling en de door lid 3 van ditzelfde artikel verboden discriminaties. Uit de rechtspraak van het Hof volgt dat een nationale belastingregeling als in de hoofdgedingen aan de orde is, slechts verenigbaar met de verdragsbepalingen betreffende het vrije kapitaalverkeer kan worden geacht, indien het verschil in behandeling betrekking heeft op situaties die niet objectief vergelijkbaar zijn of wordt gerechtvaardigd door een dwingende reden van algemeen belang. Om gerechtvaardigd te zijn mag het verschil in behandeling tussen deze twee categorieën van schenkingen bovendien niet verder gaan dan nodig is om het door de betrokken regeling nagestreefde doel te bereiken (zie in die zin arresten Manninen, C-319/02, EU:C:2004:484, punt 29; Mattner, C-510/08, EU:C:2010:216, punt 34, en FIM Santander Top 25 Euro Fi, C-338/ 11–C-347/11, EU:C:2012:286, punt 23).

Vergelijkbaarheid van de situaties

59. De Oostenrijkse regering voert aan dat de in het hoofdgeding aan de orde zijnde regeling geen beperking van het vrije verkeer van kapitaal vormt, aangezien de situatie van een Privatstiftung die schenkingen doet aan begunstigden die in een lidstaat wonen waarmee de Republiek Oostenrijk een overeenkomst tot voorkoming van dubbele belasting heeft gesloten die is gebaseerd op het OESO-modelverdrag, niet objectief vergelijkbaar is met de situatie van een Privatstiftung die schenkingen doet aan ingezeten begunstigden.

60. In geval van schenkingen aan niet-ingezeten begunstigden is de situatie van een ingezeten Privatstiftung, die hoofdzakelijk tot de heffingsbevoegdheid van de Oostenrijkse staat behoort, volgens de Oostenrijkse regering alleen vergelijkbaar met de situatie van een ingezeten Privatstiftung in geval van schenkingen aan ingezeten begunstigden wanneer de niet-ingezeten begunstigden hoofdzakelijk door die lidstaat over die schenkingen worden belast.

61. Dat is gewoonlijk niet het geval, aangezien uit de op het OESO-model gebaseerde overeenkomsten tot voorkoming van dubbele belasting blijkt dat schenkingen aan niet-ingezeten begunstigden niet onder de heffingsbevoegdheid van de Republiek Oostenrijk vallen. Daar de situaties objectief niet vergelijkbaar zijn, hoeft de Privatstiftung in dergelijke gevallen derhalve niet te worden ontheven van de Zwischensteuer. Die ontheffing wordt toegekend in geval van schenkingen aan ingezeten begunstigden tot voorkoming van dubbele economische belasting en ter waarborging van een systematische enkelvoudige belasting op het nationale grondgebied.

62. In dit verband moet worden vastgesteld dat, anders dan de Oostenrijkse regering betoogt, dat verschil in behandeling niet te verklaren valt door een objectief verschillende situatie van de Privatstiftung.

63. Zoals de Commissie benadrukt, is het doen van schenkingen door Oostenrijkse Privatstiftungen aan ingezeten begunstigden gelet op artikel 58, lid 1, onder a), EG immers een situatie die objectief vergelijkbaar is met de situatie waarin Oostenrijkse Privatstiftungen schenkingen doen aan in een andere lidstaat wonende begunstigden. In beide gevallen gaat het om schenkingen uit het vermogen van de Privatstiftung of uit kapitaalverhogingen door gebruik te maken van dat vermogen.

64. Bovendien heeft de Republiek Oostenrijk in de met het Koninkrijk België en de Bondsrepubliek Duitsland gesloten overeenkomsten tot voorkoming van dubbele belasting, op grond waarvan ieder van de overeenkomstsluitende staten in overeenstemming met het OESO-modelverdrag het exclusieve recht heeft om belasting te heffen van de op zijn grondgebied wonende begunstigden van schenkingen, afstand gedaan van haar bevoegdheid om belasting te heffen over schenkingen aan in die twee andere lidstaat wonende personen. Derhalve kan de Republiek Oostenrijk niet aanvoeren dat de situatie van de ingezeten Privatstiftungen objectief verschillend is naargelang de begunstigden van de door die Privatstiftungen gedane schenkingen in Oostenrijk wonen en daar belastingplichtig zijn dan wel in een van die twee andere lidstaten wonen en niet onder haar heffingsbevoegdheid vallen, om Privatstiftungen die schenkingen aan deze laatste begunstigden doen, aan een bijzondere belasting te onderwerpen op grond dat die begunstigden niet onder haar heffingsbevoegdheid vallen.

65. Zelfs indien ook de begunstigden van de door die Privatstiftungen gedane schenkingen in aanmerking moesten worden genomen, moet voorts worden benadrukt dat blijkens de verwijzingsbeslissing met het stelsel van de Zwischensteuer – om de neiging van de Privatstiftungen tot kapitalisatie tegen te gaan – werd beoogd de Privatstiftung aan een per soort inkomen aangeslagen belasting te onderwerpen, waarbij aan de te innen Zwischensteuer echter slechts een tijdelijk karakter werd toegekend. Overeenkomstig haar kwalificatie als „voorlopige belasting" moest die belasting uiterlijk bij de ontbinding van de Privatstiftung volledig worden teruggegeven, aangezien zij de Privatstiftung recht gaf op een belastingkrediet ten belope van de door de Privatstiftung uit hoofde van de Zwischensteuer betaalde bedragen. De woonplaats van de begunstigde van de schenking was in dit opzicht van geen belang.

Bestaan van een dwingende reden van algemeen belang

66. Voorts moet worden onderzocht of de beperking van het kapitaalverkeer die voortvloeit uit een nationale regeling als in het hoofdgeding, objectief kan worden gerechtvaardigd door een dwingende reden van algemeen belang.

67. In de eerste plaats moet worden nagegaan of, zoals de Oostenrijkse regering betoogt, het verschil in behandeling in het hoofdgeding kan worden gerechtvaardigd door de noodzaak om de evenwichtige verdeling van de heffingsbevoegdheid tussen de lidstaten te behouden.

68. In dit verband zij eraan herinnerd dat het behoud van de verdeling van de heffingsbevoegdheid tussen de lidstaten een door het Hof erkend legitiem doel is. Voorts volgt uit vaste rechtspraak van het Hof dat de lidstaten bij gebreke van unificatie- of harmonisatiemaatregelen die door de Europese Unie zijn aangenomen, bevoegd blijven om door het sluiten van overeenkomsten of unilateraal de criteria voor de verdeling van hun heffingsbevoegdheid vast te stellen, onder meer ter vermijding van dubbele belasting (arresten DMC, C-164/12, EU:C:2014:20, punten 46 en 47; Commissie/Duitsland, C-591/ 13, EU:C:2015:230, punt 64, en Grünewald, C-559/13, EU:C:2015:109, punt 40).

69. In omstandigheden als in het hoofdgeding is deze rechtvaardigingsgrond evenwel niet aanwezig.

70. Een rechtvaardiging die verband houdt met de noodzaak om de evenwichtige verdeling van de heffingsbevoegdheid tussen de lidstaten te behouden, kan worden aanvaard wanneer de betrokken belastingregeling beoogt gedragingen te vermijden die afbreuk kunnen doen aan het recht van een lidstaat om zijn belastingbevoegdheid uit te oefenen met betrekking tot activiteiten die op zijn grondgebied plaatsvinden (zie in die zin arresten Rewe Zentralfinanz, C-347/04, EU:C:2007:194, punt 42; Oy AA, C-231/05, EU:C:2007:439, punt 54, en Aberdeen Property Fininvest Alpha, C-303/07, EU:C:2009:377, punt 66).

71. Zoals reeds is vermeld in punt 64 van het onderhavige arrest, is de verdeling van de heffingsbevoegdheid tussen de Republiek Oostenrijk en het Koninkrijk België, enerzijds, en de Bondsrepubliek Duitsland, anderzijds, in casu geregeld in de met die twee lidstaten gesloten overeenkomsten tot voorkoming van dubbele belasting, op grond waarvan ieder van de overeenkomstsluitende staten in overeenstemming met het OESO-modelverdrag het exclusieve recht heeft om belasting te heffen van de op zijn grondgebied wonende begunstigden van schenkingen. Met andere woorden, aangezien de Republiek Oostenrijk in die overeenkomsten afstand heeft gedaan van haar bevoegdheid om belasting te heffen over schenkingen aan in die twee andere lidstaten wonende personen, kan zij zich niet op de evenwichtige verdeling van de heffingsbevoegdheid tussen de lidstaten beroepen om Privatstiftungen die schenkingen aan die personen doen, aan een bijzondere belasting te onderwerpen op grond dat die personen niet onder haar heffingsbevoegdheid vallen. Deze lidstaat heeft dus vrijwillig ingestemd met de verdeling van de heffingsbevoegdheid zoals zij voortvloeit uit de bepalingen van zelf van de overeenkomsten tot voorkoming van dubbele belasting die hij heeft gesloten met het Koninkrijk België respectievelijk de Bondsrepubliek Duitsland.

72. In een situatie als in het hoofdgeding wordt de Privatstiftung belast over een schenking zonder dat een recht op aftrek van voorbelasting of teruggaaf ontstaat, indien de begunstigde van die schenking op grond van een overeenkomst tot voorkoming van dubbele belasting niet is onderworpen aan de Oostenrijkse belasting op kapitaalopbrengsten. De Oostenrijkse regering betoogt dat de beperkende gevolgen van § 13, lid 3, laatste volzin, KStG 1988, zoals gewijzigd bij het Budgetbegleitgesetz 2001, kunnen worden gerechtvaardigd door het feit dat met die bepaling wordt beoogd de enkelvoudige belasting van bepaalde door een Privatstiftung in Oostenrijk behaalde kapitaalopbrengsten en inkomsten uit deelnemingen te waarborgen.

73. In dit verband zij opgemerkt dat het Hof in verschillende zaken betreffende situaties waarin een lidstaat de onmogelijkheid om een belastingplichtige aan belasting te onderwerpen, trachtte te compenseren door een andere belastingplichtige aan belasting te onderwerpen, met name de zaken die hebben geleid tot de arresten Lankhorst-Hohorst (C-324/00, EU:C:2002:749) en Glaxo Wellcome (C-182/08, EU:C:2009:559), de middelen heeft onderzocht die waren aangevoerd ter rechtvaardiging van de uit de betrokken nationale regeling voortvloeiende beperking, in het bijzonder het argument dat die regeling ertoe strekte de enkelvoudige belasting van bepaalde inkomsten in de lidstaat te waarborgen. In geen van die zaken heeft het Hof echter een beginsel van enkelvoudige belasting als volwaardige rechtvaardiging erkend.

74. In de zaak die heeft geleid tot het arrest Argenta Spaarbank (C-350/11, EU:C:2013:447), betreffende een fiscale behandeling inzake vennootschapsbelasting en verliesverrekening, heeft het Hof in punt 51 van dat arrest voorts geoordeeld dat de omstandigheid dat de winst van een in een lidstaat gelegen vaste inrichting op grond van een overeenkomst tot voorkoming van dubbele belasting uitsluitend in die laatste lidstaat belastbaar is en de andere lidstaat die partij is bij de overeenkomst bijgevolg niet heffingsbevoegd is voor de winst van die vaste inrichting, niet systematisch kan rechtvaardigen dat een op het grondgebied van deze laatste lidstaat gevestigde vennootschap waarmee die vaste inrichting is verbonden, enig voordeel wordt geweigerd.

75. Een dergelijke weigering zou immers erop neerkomen dat een verschil in behandeling wordt gerechtvaardigd louter op grond dat een in een lidstaat gelegen vennootschap grensoverschrijdende economische activiteiten heeft ontwikkeld die niet meteen tot doel hebben, belastinginkomsten voor deze lidstaat voort te brengen (zie in die zin arrest Argenta Spaarbank, C-350/11, EU:C:2013:447, punt 52 en aldaar aangehaalde rechtspraak).

76. Op dezelfde wijze heeft het Hof geoordeeld dat het bestaan van een voordeel in de vorm van een lage belastingdruk voor een dochteronderneming die is gevestigd in een andere lidstaat dan die waar de moedervennootschap is opgericht, deze laatste lidstaat op zich niet het recht verleent om dit voordeel te compenseren door de moedervennootschap fiscaal minder gunstig te behandelen. De noodzaak om lagere belastinginkomsten te voorkomen is overigens niet een van de in artikel 46, lid 1, EG genoemde rechtvaardigingsgronden en evenmin een dwingende reden van algemeen belang die een beperking van een door het Verdrag ingevoerde vrijheid kunnen rechtvaardigen (zie in die zin arrest Cadbury Schweppes en Cadbury Schweppes Overseas, C-196/04, EU:C:2006:544, punt 49).

77. Die overwegingen zijn ook in het hoofdgeding relevant met betrekking tot de verschillende fiscale behandeling van Privatstiftungen al naargelang de begunstigden van de schenkingen in Oostenrijk over die schenkingen belastingen hebben betaald of niet.

78. In ieder geval zij met betrekking tot de in § 13, lid 3, laatste volzin, KStG 1988, zoals gewijzigd bij het Budgetbegleitgesetz 2001, bedoelde schenkingen aan buitenlandse begunstigden vastgesteld dat de van de nationale Privatstiftung geheven Zwischensteuer de enkelvoudige belasting van de in de eerste volzin van die bepaling vermelde inkomsten waarborgt.

79. Zoals in punt 28 van het onderhavige arrest is vermeld, volgt uit de verwijzingsbeslissing immers dat die belastingdruk op de Privatstiftung niet definitief is. De verwijzende rechter is van oordeel dat het in het hoofdgeding aan de orde zijnde stelsel van de Zwischensteuer, waaraan de Privatstiftung is onderworpen, het probleem dat wordt veroorzaakt door de overeenkomst tot voorkoming van dubbele belasting op het niveau van de begunstigde slechts verlicht, zonder het volledig op te lossen, aangezien de Privatstiftung niet definitief wordt belast, maar haar een heffing wordt opgelegd, die overeenkomstig § 24, lid 5, KStG 1988, zoals gewijzigd bij het Budgetbegleitgesetz 2001, uiterlijk bij de ontbinding van de Privatstiftung wordt verrekend.

80. In de tweede plaats kan het in het hoofdgeding aan de orde zijnde verschil in behandeling evenmin worden gerechtvaardigd door de noodzaak om de samenhang van de nationale belastingregeling te behouden.

81. Een beroep op een dergelijke rechtvaardigingsgrond kan volgens het Hof immers alleen slagen indien een rechtstreeks verband wordt aangetoond tussen het betrokken fiscale voordeel en de verrekening van dat voordeel door een bepaalde belastingheffing. Dat rechtstreeks verband moet in het licht van de door de betrokken regeling nagestreefde doelstelling worden aangetoond (zie in die zin arresten Papillon, C-418/07, EU:C:2008:659, punten 43 en 44; Commissie/Duitsland, C-211/13, EU:C:2014:2148, punt 55, en Grünewald, C-559/13, EU:C:2015:109, punt 47).

82. Om verschillende redenen is in casu geen sprake van een dergelijk rechtstreeks verband.

83. In de eerste plaats is van een rechtstreeks verband geen sprake wanneer het om afzonderlijke belastingheffingen gaat of om de fiscale behandeling van verschillende belastingplichtigen (zie in die zin arresten DI. VI. Finanziaria di Diego della Valle & C., C-380/11, EU:C:2012:552, punt 47, en Grünewald, EU:C:2015:109, punt 49). Dit is in casu het geval, aangezien de aftrek van het bedrag dat overeenkomt met de schenkingen die zijn gedaan door de tot voldoening van de Zwischensteuer gehouden Privatstiftung en de belasting over die schenkingen van de begunstigden van die schenkingen noodzakelijkerwijs betrekking hebben op verschillende belastingplichtigen.

84. Bovendien lijdt de Privatstiftung, zoals de Commissie heeft opgemerkt, ten gevolge van de Zwischensteuer slechts een tijdelijk fiscaal nadeel, terwijl het fiscale voordeel van de in een andere lidstaat wonende begunstigde bestaat in een blijvende vrijstelling van de Oostenrijkse belasting op kapitaalopbrengsten waarvan de omvang bovendien varieert naargelang van de betrokken overeenkomst tot voorkoming van dubbele belasting.

85. Gelet op een en ander moet op de prejudiciële vraag worden geantwoord dat artikel 56 EG aldus moet worden uitgelegd dat het zich verzet tegen een belastingregeling van een lidstaat als in het hoofdgeding, op grond waarvan een ingezeten Privatstiftung in het kader van de Zwischensteuer over de door haar behaalde kapitaalopbrengsten en inkomsten uit de verkoop van deelnemingen op haar heffingsgrondslag voor een bepaald belastingjaar slechts schenkingen in mindering mag brengen die zij in hetzelfde belastingjaar heeft gedaan en waarvoor de begunstigden van die schenkingen in de lidstaat van heffing van de Privatstiftung aan belasting zijn onderworpen, maar die aftrek is uitgesloten indien de begunstigde in een andere lidstaat woont en op grond van een overeenkomst tot voorkoming van dubbele belasting in de lidstaat van heffing van de Privatstiftung is vrijgesteld van de belasting die in beginsel over schenkingen wordt geheven.

Kosten

86. …

Het Hof (Vijfde kamer)

verklaart voor recht:

Artikel 56 EG moet aldus worden uitgelegd dat het zich verzet tegen een belastingregeling van een lidstaat als in het hoofdgeding, op grond waarvan een ingezeten Privatstiftung in het kader van de Zwischensteuer over de door haar behaalde kapitaalopbrengsten en inkomsten uit de verkoop van deelnemingen, op haar heffingsgrondslag voor een bepaald belastingjaar slechts schenkingen in mindering mag brengen die zij in hetzelfde belastingjaar heeft gedaan en waarvoor de begunstigden van die schenkingen in de lidstaat van heffing van de Privatstiftung aan belasting zijn onderworpen, maar die aftrek is uitgesloten door deze nationale belastingregeling indien de begunstigde in een andere lidstaat woont en op grond van een overeenkomst tot voorkoming van dubbele belasting in de lidstaat van heffing van de Privatstiftung is vrijgesteld van de belasting die in beginsel over schenkingen wordt geheven.

HvJ EU 17 september 2015, gevoegde zaken C-10/14, C-14/14 en C-17/14 (J. B. G. T. Miljoen (C-10/14), X (C-14/14), Société Générale SA (C-17/14) v. Staatssecretaris van Financiën)

Derde kamer: *A. Ó Caoimh (rapporteur), waarnemend president van de Derde kamer, K. Lenaerts, vicepresident van het Hof, waarnemend rechter van de Derde kamer, C. Toader, E. Jarašiūnas en C. G. Fernlund, rechters*

Advocaat-generaal: *N. Jääskinen*

1. De verzoeken om een prejudiciële beslissing betreffen de uitlegging van artikel 63 VWEU.

2. Die verzoeken zijn ingediend in het kader van gedingen tussen Miljoen, X en Société Générale SA (hierna: „Société Générale") enerzijds en de Staatssecretaris van Financiën anderzijds, over de bronheffing die door deze laatste is ingehouden op aan verzoekers in de hoofdgedingen uitgekeerde dividenden van Nederlandse oorsprong.

Toepasselijke bepalingen

Nederlands recht

Wet op de dividendbelasting

3. Artikel 1 van de Wet op de dividendbelasting 1965, in de versie van toepassing op de hoofdgedingen, bepaalt:

„1. Onder de naam ‚dividendbelasting' wordt een directe belasting geheven van degenen, die – rechtstreeks of door middel van certificaten – gerechtigd zijn tot de opbrengst van aandelen in, en winstbewijzen van en geldleningen als bedoeld in artikel 10, eerste lid, onderdeel d, van de Wet op de vennootschapsbelasting 1969 aan in Nederland gevestigde naamloze vennootschappen, besloten vennootschappen met beperkte aansprakelijkheid, open commanditaire vennootschappen en andere vennootschappen welker kapitaal geheel of ten dele in aandelen is verdeeld.

2. Voor de toepassing van deze wet worden bewijzen van deelgerechtigdheid in fondsen voor gemene rekening als bedoeld in artikel 2, derde lid, van de Wet op de vennootschapsbelasting 1969, gelijkgesteld met aandelen in vennootschappen waarvan het kapitaal geheel of ten dele in aandelen is verdeeld en worden de fondsen gelijkgesteld met vennootschappen.

[…]"

4. Ingevolge artikel 5 van de Wet op de dividendbelasting bedraagt deze belasting 15 % van de opbrengst.

5. Artikel 10, lid 1, van dezelfde wet bevat de volgende bepaling:

„Aan een in Nederland gevestigde rechtspersoon die niet aan de vennootschapsbelasting onderworpen is, wordt op zijn verzoek bij een door de inspecteur te nemen voor bezwaar vatbare beschikking teruggaaf verleend van in een kalenderjaar te zijnen laste ingehouden dividendbelasting […]"

Wet inkomstenbelasting 2001

6. De Wet inkomstenbelasting 2001, in de versie die van toepassing is op de feiten in de hoofdgedingen (hierna: „Wet IB 2001"), omschrijft het stelsel van de belasting naar de inkomsten van natuurlijke personen.

7. Artikel 2.13 van deze wet stelt het tarief voor de belasting op het belastbaar inkomen uit sparen en beleggen, dat onder de categorie valt die „box 3" wordt genoemd, op 30 %.

8. Volgens artikel 5.1 van voormelde wet wordt het „belastbaar inkomen uit sparen en beleggen" gevormd door „het voordeel uit sparen en beleggen verminderd met de persoonsgebonden aftrek".

9. Volgens artikel 5.2 van deze wet wordt het rendement uit sparen en beleggen forfaitair gesteld op 4 % van het gemiddelde van de rendementsgrondslag aan het begin van het kalenderjaar en de rendementsgrondslag aan het einde van het kalenderjaar, voor zover dat gemiddelde meer bedraagt dan het heffingvrije vermogen.

10. In artikel 5.3, lid 1, van de Wet IB 2001 wordt de „rendementsgrondslag" omschreven als „de waarde van de bezittingen verminderd met de waarde van de schulden". Artikel 5.3, lid 2, van de Wet IB 2001 omschrijft „bezittingen" als:

„a. onroerende zaken;
b. rechten die direct of indirect op onroerende zaken betrekking hebben;
c. roerende zaken die door de belastingplichtige en personen die behoren tot zijn huishouden niet voor persoonlijke doeleinden worden gebruikt of verbruikt alsmede roerende zaken die voor persoonlijke doeleinden worden gebruikt of verbruikt doch hoofdzakelijk als belegging dienen;
d. rechten op roerende zaken;

e. rechten die niet op zaken betrekking hebben, waaronder geld en
f. overige vermogensrechten, met waarde in het economische verkeer."

11. Volgens artikel 5.3, lid 3, van de Wet IB 2001 zijn „[s]chulden […] verplichtingen met waarde in het economische verkeer".

12. Artikel 5.5 van de Wet IB 2001, met het opschrift „Heffingvrij vermogen", bepaalt in lid 1 dat het heffingvrije vermogen 20 014 EUR bedraagt. In de leden 2 tot en met 4 van dat artikel wordt deze regel aangepast voor een belastingplichtige met een partner.

13. Artikel 5.19, van de Wet IB 2001, betreffende de waardering van bezittingen en schulden, bepaalt in lid 1 dat bezittingen en schulden in aanmerking worden genomen voor de waarde in het economische verkeer.

14. Artikel 7.1 van de Wet IB 2001 bevat de volgende bepaling:

„Ten aanzien van de buitenlandse belastingplichtige wordt de inkomstenbelasting geheven over het door hem in het kalenderjaar genoten:
[…]
b. belastbare inkomen uit aanmerkelijk belang in een in Nederland gevestigde vennootschap en
[…]"

15. Artikel 9.2 van de Wet IB 2001, betreffende de voorheffingen, bepaalt in lid 1 dat voor ingezeten belastingplichtigen de geheven dividendbelasting een voorheffing is. Volgens lid 8 van dat artikel wordt voor buitenlandse belastingplichtigen „als voorheffing aangewezen de geheven dividendbelasting die betrekking heeft op bestanddelen van het verzamelinkomen".

Wet op de vennootschapsbelasting

16. Volgens artikel 17, lid 3, onder a), van de Wet op de vennootschapsbelasting, in de versie die van toepassing is op de feiten in de hoofdgedingen, is het Nederlandse inkomen het gezamenlijke bedrag van de belastbare winst uit een in Nederland gedreven onderneming, zijnde het bedrag van de gezamenlijke voordelen die worden verkregen uit een onderneming die, of een gedeelte van een onderneming dat wordt gedreven met behulp van een vaste inrichting in Nederland of van een vaste vertegenwoordiger in Nederland (Nederlandse onderneming).

17. Artikel 25 van diezelfde wet bevat de volgende bepalingen:

„1. Als voorheffingen worden aangewezen de geheven dividendbelasting, uitgezonderd de belasting die op de voet van artikel 12, eerste lid, van de Wet op de dividendbelasting 1965 is geheven, en naar prijzen van kansspelen geheven kansspelbelasting, behoudens voor zover deze belastingen zijn geheven naar opbrengsten of prijzen die geen deel uitmaken van de belastbare winst of het Nederlandse inkomen van het jaar.
2. In afwijking van het eerste lid wordt dividendbelasting niet als voorheffing in aanmerking genomen indien de belastingplichtige ten laste van wie de dividendbelasting is ingehouden niet tevens de uiteindelijk gerechtigde is tot de opbrengst waarop dividendbelasting is ingehouden. Niet als uiteindelijk gerechtigde wordt beschouwd degene die in samenhang met de genoten opbrengst een tegenprestatie heeft verricht als onderdeel van een samenstel van transacties waarbij aannemelijk is dat:
a. de opbrengst geheel of gedeeltelijk direct of indirect ten goede is gekomen aan een natuurlijk persoon of rechtspersoon die in mindere mate gerechtigd is tot vermindering, teruggaaf of verrekening van dividendbelasting dan degene die de tegenprestatie heeft verricht; en
b. deze natuurlijk persoon of rechtspersoon een positie in aandelen, winstbewijzen of geldleningen als bedoeld in artikel 10, eerste lid, onderdeel d, van de Wet op de vennootschapsbelasting 1969 op directe of indirecte wijze behoudt of verkrijgt die vergelijkbaar is met zijn positie in soortgelijke aandelen, winstbewijzen of geldleningen voorafgaand aan het moment waarop het samenstel van transacties een aanvang heeft genomen.
3. Voor de toepassing van het tweede lid:
a. kan van een samenstel van transacties eveneens sprake zijn ingeval transacties zijn aangegaan op een gereglementeerde markt als bedoeld in artikel 1:1 van de Wet op het financieel toezicht of een gereglementeerde effectenbeurs die gelegen of werkzaam is in een staat die niet een lidstaat is van de Europese Unie;
b. wordt met een samenstel van transacties gelijkgesteld een transactie die betrekking heeft op de enkele verwerving van een of meer dividendbewijzen of op de vestiging van kortlopende genotsrechten op aandelen.
4. De dividendbelasting die op grond van artikel 9.2, vierde lid, van de Wet inkomstenbelasting 2001 niet als voorheffing in aanmerking wordt genomen, wordt als voorheffing aangewezen van de kredietinstelling, bedoeld in artikel 19g, derde lid, van de Wet op de loonbelasting 1964, indien die instelling een bedrag ter grootte van die dividendbelasting overmaakt naar de geblokkeerde rekening van degene bij wie die dividendbelasting niet als voorheffing in aanmerking wordt genomen. De dividendbelasting die op grond van artikel 9.2, vierde lid, van de Wet inkomstenbelasting 2001 niet als voorheffing in aanmerking wordt genomen, wordt als voorheffing aangewezen van de beheerder van de beleggingsinstelling, bedoeld in artikel 19g, derde

lid, van de Wet op de loonbelasting 1964, indien die beheerder een bedrag ter grootte van die dividendbelasting aanwendt ter verkrijging van een of meer geblokkeerde rechten van deelneming in die instelling ten behoeve van degene bij wie die dividendbelasting niet als voorheffing in aanmerking wordt genomen."

Algemene wet inzake rijksbelastingen

18. Artikel 15 van de Algemene wet inzake rijksbelastingen, in de versie van toepassing op de feiten in de hoofdgedingen, bepaalt dat de voorheffingen kunnen worden verrekend met de belasting op het verzamelinkomen. Indien deze laatste ontoereikend is om de aan de bron ingehouden dividendbelasting te verrekenen, vindt teruggaaf van dividendbelasting plaats.

Belgisch-Nederlands verdrag

19. Het Verdrag tussen het Koninkrijk der Nederlanden en het Koninkrijk België tot het vermijden van dubbele belasting en tot het voorkomen van het ontgaan van belasting inzake belastingen naar het inkomen en naar het vermogen, ondertekend te Luxemburg op 5 juni 2001 (hierna: „Belgisch-Nederlands verdrag"), bepaalt in artikel 10:

„1. Dividenden betaald door een vennootschap die inwoner is van een verdragsluitende Staat aan een inwoner van de andere verdragsluitende Staat, mogen in die andere Staat worden belast.
2. Deze dividenden mogen echter ook in de verdragsluitende Staat waarvan de vennootschap die de dividenden betaalt inwoner is, overeenkomstig de wetgeving van die Staat worden belast, maar indien de uiteindelijk gerechtigde tot de dividenden inwoner is van de andere verdragsluitende Staat, mag de aldus geheven belasting niet hoger zijn dan:
[...]
b. 15 percent van het brutobedrag van de dividenden in alle andere gevallen. [...]"

20. Artikel 23 van voormeld verdrag, met het opschrift „Wijze waarop dubbele belasting wordt vermeden", bevat in lid 1, onder b), de volgende bepaling:

„Onder voorbehoud van de bepalingen van de Belgische wetgeving betreffende de verrekening van in het buitenland betaalde belastingen met de Belgische belasting wordt, indien een inwoner van België inkomsten verkrijgt die deel uitmaken van zijn samengetelde inkomen dat aan de Belgische belasting is onderworpen en bestaan uit dividenden die niet van Belgische belasting zijn vrijgesteld ingevolge subparagraaf c hierna, uit interest of uit royalty's als zijn bedoeld in artikel 12, paragraaf 5, de op die inkomsten geheven Nederlandse belasting in mindering gebracht van de Belgische belasting op die inkomsten."

Frans-Nederlands Verdrag

21. De Overeenkomst tussen de Regering van het Koninkrijk der Nederlanden en de Regering van de Franse Republiek tot het vermijden van dubbele belasting en het voorkomen van het ontgaan van belasting met betrekking tot belastingen naar het inkomen en naar het vermogen, ondertekend te Parijs op 16 maart 1973 (hierna: „Frans-Nederlands verdrag"), bevat het volgende artikel 10:

„Dividenden betaald door een lichaam dat inwoner is van een van de Staten aan een inwoner van de andere Staat, mogen in die andere Staat worden belast.
2. Deze dividenden mogen echter in de Staat waarvan het lichaam dat de dividenden betaalt inwoner is, overeenkomstig de wetgeving van die Staat worden belast, maar de aldus geheven belasting mag niet overschrijden:
[...]
b. 15 percent van het brutobedrag van de dividenden [...]"

22. Artikel 24 van hetzelfde verdrag draagt het opschrift „Bepaling tot vermijding van dubbele belasting". Artikel 24, B, onder b), bepaalt het volgende:

„Met betrekking tot de in [artikel 10] bedoelde inkomsten, die overeenkomstig de bepalingen van [dat artikel] aan de Nederlandse belasting onderworpen zijn geweest, verleent Frankrijk aan personen die inwoner zijn van Frankrijk en die zodanige inkomsten genieten, een verrekening tot een bedrag dat gelijk is aan de Nederlandse belasting.

Deze verrekening, die het bedrag van de over de desbetreffende inkomsten in Frankrijk geheven belasting niet te boven mag gaan, vindt plaats met de in artikel 2, derde lid, letter b, bedoelde belastingen, in de grondslagen waarvan die inkomsten zijn begrepen."

Hoofdgedingen en prejudiciële vragen

Zaak C-10/14

23. J. B. G. T. Miljoen, een Nederlands onderdaan met woonplaats in België, hield aandelen in drie Nederlandse beursfondsen.

24. In het jaar 2007 zijn aan Miljoen over die aandelen dividenden voor een bedrag van 4 852 EUR uitgekeerd, waarop 15 % dividendbelasting voor een bedrag van 729 EUR is ingehouden.

25. In zijn aangiftebiljet in de inkomstenbelasting voor het jaar 2007 in Nederland heeft Miljoen aangifte gedaan naar een verzamelinkomen van nihil en heeft hij daarbij geen met de inkomstenbelasting te verrekenen dividendbelasting opgenomen.

26. De Nederlandse belastingdienst heeft een aanslag inkomstenbelasting overeenkomstig deze aangifte opgelegd. Miljoen heeft bij die dienst bezwaar gemaakt tegen die aanslagen en verzocht om teruggaaf van dividendbelasting voor een bedrag van 438 EUR, en daartoe aangevoerd dat hij als niet-ingezeten belastingplichtige een ingevolge artikel 63 VWEU verboden discriminerende behandeling had ondergaan. Dat bezwaar had geen succes, waarop de belastingdienst bedoelde aanslag heeft gehandhaafd.

27. Miljoen heeft tegen die uitspraak beroep ingesteld bij de Rechtbank te Breda, waarbij meer in het bijzonder de vraag aan de orde was of het door hem ingeroepen verschil in behandeling tussen ingezetenen en niet-ingezetenen een met de vrijheid van kapitaalverkeer strijdige belemmering in de zin van artikel 63 VWEU vormde. Die rechterlijke instantie was van oordeel dat in de bij haar aanhangige zaak van een belemmering geen sprake was, waarop Miljoen beroep in cassatie heeft ingesteld bij de Hoge Raad der Nederlanden.

Zaak C-14/14

28. X, Nederlands onderdaan met woonplaats in België, hield 2 van de 95 certificaten van aandelen in de in Nederland gevestigde vennootschap A Holding BV, wat overeenkwam met 2,1 % van het maatschappelijk kapitaal. In het jaar 2007 zijn haar voor haar deelneming dividenden voor een totaalbedrag van 107 372 EUR uitgekeerd. Op dat bedrag is 16 105,80 EUR dividendbelasting ingehouden.

29. Als Belgisch ingezetene is X in België in de personenbelasting tegen een tarief van 25 % van het nettobedrag van de dividenden aangeslagen voor een bedrag van 22 816 EUR. In het kader van die belastingheffing heeft zij echter gedeeltelijke aftrek van de in Nederland afgedragen dividendbelasting kunnen verkrijgen. Blijkens het dossier is haar uit dien hoofde een bedrag van 4 026 EUR gerestitueerd.

30. X heeft bij de Nederlandse belastingdienst tegen de inhouding van dividendbelasting bezwaar gemaakt onder aanvoering dat zij als niet-ingezeten belastingplichtige een discriminerende behandeling onderging. De belastingdienst heeft dat bezwaar bij uitspraak van 29 maart 2010 verworpen.

31. X heeft tegen bedoelde uitspraak beroepen ingesteld bij de Rechtbank te Breda. Die rechterlijke instantie heeft de beroepen deels gegrond verklaard. X en de Staatsecretaris van Financiën hebben hoger beroep ingesteld bij het Gerechtshof te 's-Hertogenbosch, dat de beslissing van de Rechtbank te Breda deels heeft bevestigd. Daarop hebben zowel X als de Staatssecretaris van Financiën beroep in cassatie ingesteld bij de Hoge Raad.

Zaak C-17/14

32. Société Générale is een in Frankrijk gevestigde vennootschap. Zij heeft in de jaren 2000 tot en met 2008 in het kader van het door haar eveneens in Frankrijk uitgeoefende effectenbedrijf aandelenpakketten van minder dan 5 % in Nederlandse beursgenoteerde ondernemingen gehouden. Aan Société Générale zijn in die jaren dividenden uitgekeerd nadat daarop door de Nederlandse belastingdienst 15 % dividendbelasting aan de bron was ingehouden.

33. Voor de jaren 2000 tot en met 2007 heeft Société Générale de in Nederland ingehouden dividendbelasting volledig kunnen verrekenen met de Franse vennootschapsbelasting.

34. Aangezien Société Générale in het jaar 2008 verliezen heeft geleden, heeft zij de in dat jaar in Nederland ingehouden dividendbelasting niet kunnen verrekenen met de Franse vennootschapsbelasting. Société Générale is van oordeel dat het volle bedrag van de in Nederland ingehouden dividendbelasting aan haar moet worden gerestitueerd, daar in die lidstaat gevestigde vennootschappen het recht hebben de in dat land betaalde dividendbelasting in mindering te brengen op de vennootschapsbelasting, terwijl dat niet mogelijk is voor niet-ingezeten aandeelhouders. Société Générale meent dan ook een discriminerende behandeling als niet-ingezeten belastingplichtige te hebben ondergaan.

35. Wat betreft het verzoek om verrekening of teruggaaf van de voor de jaren 2007 en 2008 ingehouden dividendbelasting heeft de Rechtbank te Haarlem het door verzoekster in het hoofdgeding ingestelde beroep verworpen met de overweging dat, voor het jaar 2007, de Franse belastingdienst het bedrag van de Nederlandse dividendbelasting volledig heeft verrekend met de vennootschapsbelasting, en dat Société Générale voor het jaar

2008 niet heeft aangetoond dat de Nederlandse belasting zwaarder op de dividenden heeft gedrukt dan in een interne situatie het geval zou zijn geweest. Het Gerechtshof te Amsterdam heeft eveneens geoordeeld dat de vergelijking tussen de fiscale situatie van een ingezeten belastingplichtige met die van een niet-ingezeten belastingplichtige zich enkel tot de dividendbelasting dient uit te strekken en dat niet was komen vast te staan dat Société Générale anders dan een ingezeten belastingplichtige aan de dividendbelasting was onderworpen. Daarop heeft Société Générale bij de verwijzende rechterlijke instantie beroep in cassatie tegen de uitspraak van het Gerechtshof te Amsterdam ingesteld.

Prejudiciële vragen

36. In de drie hoofdgedingen vraagt de verwijzende rechterlijke instantie zich af of de nationale wetgeving een verschil in behandeling voor de belastingheffing hanteert tussen niet-ingezeten aandeelhouders, natuurlijke personen of ondernemingen, die aan bronheffing onderworpen dividenden ontvangen, en ingezeten aandeelhouders, wier dividenden eveneens aan bronheffing zijn onderworpen maar die die heffing kunnen verrekenen met hun inkomsten- of vennootschapsbelasting, en of deze wetgeving de vrijheid van kapitaalverkeer belemmert.

37. Inzonderheid zet die rechterlijke instantie uiteen dat de dividendbelasting van ingezeten en van niet-ingezeten aandeelhouders wordt geheven tegen hetzelfde forfaitaire tarief. Voor deze laatsten vormt zij een definitieve belasting, terwijl in het geval van ingezeten aandeelhouders de dividendbelasting wordt verrekend met de inkomsten- of de vennootschapsbelasting. Om te kunnen beoordelen of de situatie van ingezetenen vergelijkbaar is met die van niet-ingezetenen is volgens bedoelde rechterlijke instantie de vraag of die verrekening in aanmerking moet worden genomen van essentieel belang.

38. De verwijzende rechterlijke instantie vraagt zich voorts af hoe de heffingsgrondslag voor de inkomstenbelasting moet worden vastgesteld voor het geval die verrekening in de beschouwing moet worden betrokken.

39. Zo het Hof mocht oordelen dat bij de vergelijking van de situatie van de ingezeten aandeelhouder met die van de niet-ingezeten aandeelhouder de inkomstenbelasting in de beschouwing moet worden betrokken, vraagt de verwijzende rechterlijke instantie zich in de eerste plaats af van welk referentietijdvak bij die vergelijking moet worden uitgegaan. Een Nederlands ingezetene wordt voor de dividendbelasting immers forfaitair belast, ook voor de jaren waarin hij geen dividend ontvangt. Die rechterlijke instantie wenst dan ook te vernemen of de Nederlandse belastingdruk moet worden beoordeeld door de belastingheffing op alle dividenden uit de Nederlandse aandelen die aan een niet-ingezetene gedurende een referentietijdvak van een jaar of meer zijn uitgekeerd in aanmerking te nemen of door afzonderlijk, voor iedere Nederlandse onderneming die dividend uitkeert, de belastingen die zijn geheven over de tijdens dat referentietijdvak uitgekeerde dividenden in de beschouwing te betrekken. In de tweede plaats vraagt de verwijzende rechterlijke instantie zich in zaak C-14/14 af of voor die vergelijking rekening moet worden gehouden met het voordeel van het heffingvrije vermogen dat ingezeten belastingplichtigen toevalt ingevolge artikel 5.5 Wet IB 2001. In de derde plaats vraagt de verwijzende rechter zich in zaak C-17/14 af of daartoe rekening moet worden gehouden met alle kosten die in economische zin verband houden met de aandelen waaruit het dividend voortvloeit of, zo nee, met een eventuele afboeking van meegekocht dividend of met een eventueel door het houden van de desbetreffende aandelen opgeroepen financieringslast.

40. Bovendien vraagt de verwijzende rechterlijke instantie zich in de zaken C-14/14 en C-17/14 af of de discriminerende behandeling als gevolg van een bronheffing kan worden geneutraliseerd door een verdrag ter vermijding van dubbele belasting, zoals aan de orde in de hoofdgedingen, op grond waarvan de belasting in de woonstaat kan worden verlaagd door verrekening met die belasting van de aan de bron ingehouden belasting, dan wel de door de niet-ingezeten belastingplichtige verschuldigde belasting niet hoger kan zijn dan die welke door de ingezeten belastingplichtige verschuldigd is.

41. Daarop heeft de Hoge Raad der Nederlanden de behandeling van de zaak geschorst en het Hof verzocht om een prejudiciële beslissing over de volgende vragen:

– in zaak C-10/14:

„1. Dient voor de toepassing van artikel 63 VWEU de vergelijking van een niet-ingezetene met een ingezetene in een geval als het onderhavige waarin op een dividenduitkering door de bronstaat dividendbelasting is ingehouden, zich mede uit te strekken tot de op de dividendinkomsten drukkende inkomstenbelasting, waarmee de dividendbelasting bij ingezetenen wordt verrekend?

2. Indien het antwoord op vraag 1 bevestigend luidt, dient bij de beoordeling of de effectieve belastingdruk voor een niet-ingezetene hoger is dan de belastingdruk voor een ingezetene, een vergelijking te worden gemaakt van de ten laste van de niet-ingezetene ingehouden Nederlandse dividendbelasting met de door een ingezetene verschuldigde Nederlandse inkomstenbelasting berekend over het forfaitaire inkomen dat in het jaar van ontvangst van de dividenden kan worden toegerekend aan het totale bezit aan beleggingsaandelen in Nederlandse vennootschappen, of noopt het recht van de Europese Unie ertoe dat een andere vergelijkingsmaatstaf in aanmerking wordt genomen?"

– in zaak C 14/14:

„1. Dient voor de toepassing van artikel 63 VWEU de vergelijking van een niet-ingezetene met een ingezetene in een geval als het onderhavige waarin op een dividenduitkering door de bronstaat dividendbelasting is ingehouden, zich mede uit te strekken tot de op de dividendinkomsten drukkende inkomstenbelasting, waarmee de dividendbelasting bij ingezetenen wordt verrekend?
2. Indien het antwoord op vraag 1 bevestigend luidt, dient bij de beoordeling of de effectieve belastingdruk voor een niet-ingezetene hoger is dan de belastingdruk voor een ingezetene, een vergelijking te worden gemaakt van de ten laste van de niet-ingezetene ingehouden Nederlandse dividendbelasting met de door een ingezetene verschuldigde Nederlandse inkomstenbelasting berekend over het forfaitaire inkomen dat in het jaar van ontvangst van de dividenden kan worden toegerekend aan het totale bezit aan beleggingsaandelen in Nederlandse vennootschappen, of noopt het recht van de Europese Unie ertoe dat een andere vergelijkingsmaatstaf in aanmerking wordt genomen? Moet bij deze vergelijking ook het voor ingezetenen geldende heffingvrije vermogen in aanmerking worden genomen, en zo ja, in hoeverre (arrest Welte, C-181/12, EU:C:2013:662)?
3. Is, indien het antwoord op vraag 1 bevestigend luidt, bij de beoordeling of een eventueel discriminerende bronheffing rechtsgeldig wordt geneutraliseerd op grond van een door de bronstaat gesloten verdrag ter voorkoming van dubbele belastingen voldoende dat i) het desbetreffende belastingverdrag voorziet in een belastingvermindering in de woonstaat door middel van verrekening van de bronheffing en dat, hoewel deze mogelijkheid niet ongeclausuleerd is, ii) in het concrete geval de door de woonstaat verleende belastingvermindering, doordat slechts het netto ontvangen dividend wordt belast, voor volledige compensatie van het discriminerende deel van de bronheffing zorgt?"

– in zaak C-17/14:

„1. Dient voor de toepassing van artikel 63 VWEU de vergelijking van een niet-ingezetene met een ingezetene in een geval waarin op een dividenduitkering door de bronstaat dividendbelasting is ingehouden zich mede uit te strekken tot de vennootschapsbelasting, waarmee de dividendbelasting bij ingezetenen wordt verrekend?
2. a. Dient, indien het antwoord op vraag 1 bevestigend luidt, bij de vergelijking rekening te worden gehouden met alle kosten die in economische zin verband houden met de aandelen waaruit het dividend voortvloeit?
b. Indien het antwoord op de vorige vraag ontkennend luidt, dient dan wel rekening te worden gehouden met een eventuele afboeking van meegekocht dividend en met een eventueel door het houden van de desbetreffende aandelen opgeroepen financieringslast?
3. Is, indien het antwoord op vraag 1 bevestigend luidt, bij de beoordeling of een eventueel discriminerende bronheffing rechtsgeldig wordt geneutraliseerd op grond van een door de bronstaat gesloten verdrag ter voorkoming van dubbele belastingen voldoende dat i) in het desbetreffende belastingverdrag ter zake een voorziening is opgenomen, en dat, hoewel deze mogelijkheid niet ongeclausuleerd is, ii) deze in het concrete geval ertoe leidt dat de Nederlandse belastingdruk voor een niet-ingezetene niet hoger is dan die voor een ingezetene? Is, in geval van een tekortschietende compensatie in het jaar waarin de dividenden worden genoten, bij de beoordeling van de neutralisatie de mogelijkheid relevant dat een tekort kan worden voortgewenteld en de verrekening in latere jaren kan worden benut?"

42. Bij beschikking van de president van het Hof van 20 april 2010 zijn de zaken C-10/14, C-14/14 en C-17/14 gevoegd voor de schriftelijke en de mondelinge behandeling en het arrest.

Beantwoording van de prejudiciële vragen

43. Met haar vragen, die samen moeten worden onderzocht, wenst de verwijzende rechterlijke instantie in hoofdzaak te vernemen of de artikelen 63 VWEU en 65 VWEU aldus moeten worden uitgelegd dat zij in de weg staan aan de wettelijke regeling van een lidstaat zoals aan de orde in de hoofdgedingen, op grond waarvan op dividenden die door een ingezeten vennootschap zowel aan ingezeten belastingplichtigen als aan niet-ingezeten belastingplichtigen worden uitgekeerd een bronheffing moet worden ingehouden, waarbij enkel voor ingezeten belastingplichtigen is voorzien in een mechanisme van aftrek of teruggaaf van die inhouding, terwijl deze voor niet-ingezeten belastingplichtigen, natuurlijke personen en vennootschappen, een definitieve belasting vormt.

Het bestaan van een belemmering voor het vrije kapitaalverkeer in de zin van artikel 63, lid 1, VWEU

44. Volgens vaste rechtspraak omvatten de maatregelen die ingevolge artikel 63, lid 1, VWEU verboden zijn omdat zij het kapitaalverkeer beperken, maatregelen die niet-ingezetenen ervan doen afzien in een lidstaat investeringen te doen, of ingezetenen van deze lidstaat ontmoedigen in andere staten investeringen te doen (arrest Santander Asset Management SGIIC e.a., C-338/11–C-347/11, EU:C:2012:286, punt 15 en aldaar aangehaalde rechtspraak).

45. Voor de vraag of een wettelijke regeling van een lidstaat zoals die in het hoofdgeding het kapitaalverkeer beperkt moet worden opgemerkt dat op grond van die regeling zowel de aan een niet-ingezeten belastingplichtige als de aan een ingezeten belastingplichtige uitgekeerde dividenden aan een bronheffing van 15 % zijn onderworpen. In het geval van de niet-ingezeten belastingplichtige die dividenden ontvangt is die heffing echter definitief, terwijl bij de ingezeten belastingplichtige die dividenden ontvangt, of het nu gaat om een natuurlijke persoon of een vennootschap, sprake is van een voorheffing op de inkomstenbelasting respectievelijk een voorheffing op de vennootschapsbelasting.

46. Met betrekking tot de dividenden die worden uitgekeerd aan een in Nederland woonachtige natuurlijke persoon volgt immers uit de gegevens in het dossier waarover het Hof beschikt dat de bronheffing een voorheffing is op de inkomstenbelasting box 3, waarvan het tarief op 30 % ligt en waarvoor de belastbare grondslag wordt gevormd door het forfaitaire rendement van 4 % van het gemiddelde van de waarde van de aandelen verminderd met de waarde van de schulden aan het begin en aan het einde van het betrokken kalenderjaar. Uit die gegevens blijkt ook dat een ingezetene restitutie van de bronheffing kan krijgen, hetzij door de voorheffing in mindering te brengen op de inkomstenbelasting, hetzij door teruggaaf van die bronheffing te verkrijgen wanneer het bedrag van de verschuldigde inkomstenbelasting lager is dan die heffing.

47. Met betrekking tot de dividenden die worden uitgekeerd aan een in Nederland gevestigde vennootschap blijkt uit bedoelde gegevens dat deze over de dividenden na aftrek van de kosten wordt belast tegen een tarief van 25,5 % voor de hoogste belastingschijf. In dat geval kan de vennootschap overeenkomstig artikel 25 van de Wet op de vennootschapsbelasting de als voorheffing ingehouden dividendbelasting verrekenen met de in Nederland verschuldigde vennootschapsbelasting. Wanneer het bedrag van deze laatste belasting ontoereikend is om het bedrag van de dividendbelasting ermee te kunnen verrekenen kan de vennootschap teruggaaf van deze laatste belasting krijgen. Wanneer daarentegen de aandeelhoudende vennootschap een niet-ingezeten vennootschap is, is de als voorheffing ingehouden dividendbelasting definitief.

48. Voor de beoordeling of een wettelijke regeling van een lidstaat zoals die in de hoofdgedingen verenigbaar is met artikel 63 VWEU, is het aan de verwijzende rechterlijke instantie, die als enige de feiten in de bij haar aanhangige zaken kan kennen, na te gaan of voor de betrokken dividenden de toepassing op verzoekers in de hoofdgedingen van de in de nationale wettelijke regeling voorziene bronheffing van 15 % ertoe leidt dat voor die verzoekers uiteindelijk in Nederland de belastingdruk zwaarder is dan voor ingezetenen voor dezelfde dividenden.

49. In dat verband vraagt de verwijzende rechterlijke instantie zich af, welke factoren zij in de beschouwing moet betrekken om de respectieve belastingdruk voor ingezetenen en niet-ingezetenen in de bronlidstaat van de dividenden te vergelijken, en zij maakt daartoe onderscheid tussen de last die rust op belastingplichtige natuurlijke personen (zaken C-10/ 14 en C-14/14) en die welke op vennootschappen rust (zaak C-17/14).

Factoren die in aanmerking moeten worden genomen om de belastingdruk voor ingezeten belastingplichtige natuurlijke personen te vergelijken met die voor niet-ingezeten belastingplichtige natuurlijke personen

50. In de zaken C-10/14 en C-14/14 vraagt de verwijzende rechterlijke instantie zich allereerst af of voor de vergelijking van de definitieve belastingdruk voor ingezeten belastingplichtigen met die voor niet-ingezeten belastingplichtigen een referentietijdvak van een jaar of langer moet worden gehanteerd. Vervolgens vraagt die rechterlijke instantie zich af of de gedurende dat tijdvak ontvangen dividenden als geheel in de beschouwing moeten worden betrokken, voor alle aandelen die de belanghebbende in Nederlandse vennootschappen houdt, of afzonderlijk per Nederlandse vennootschap die ze heeft uitgekeerd. Tot slot vraagt die rechterlijke instantie zich in zaak C-14/14 af of het heffingvrije vermogen in de beschouwing moet worden betrokken.

51. Wat in de eerste plaats de duur van het referentietijdvak voor de vergelijking van de definitieve belastingdruk voor ingezeten en voor niet-ingezeten belastingplichtige natuurlijke personen betreft moet worden vastgesteld dat voor de eersten het voor de belastingheffing in aanmerking komende tijdvak overeenkomstig artikel 5.2 van de Wet IB 2001 het kalenderjaar is. Voor de vergelijking moet dus dit tijdvak als uitgangspunt worden genomen.

52. Aangaande in de tweede plaats de inaanmerkingneming als geheel of afzonderlijk van de gedurende bedoeld tijdvak ontvangen dividenden voor de vergelijking van de definitieve belastingdruk voor ingezeten en voor niet-ingezeten belastingplichtigen, blijkt uit het aan het Hof voorgelegde dossier dat de belasting van natuurlijke personen wordt geheven op basis van een forfaitair rendement van alle aandelen in Nederlandse vennootschappen. Voor de vergelijking van bedoelde belastingdruk moeten die aandelen dan ook als geheel in de beschouwing worden betrokken.

53. Met betrekking tot de vraag, in de derde plaats, of daartoe het heffingvrije vermogen in aanmerking moet worden genomen, geldt op grond van de in zaak C-14/14 toepasselijke wetgeving dat het rendement, dat ingevolge artikel 5.2 van de Wet IB 2001 forfaitair wordt vastgesteld, slechts in de beschouwing moet worden betrokken voor zover het meer bedraagt dan het heffingvrije vermogen, dat 20 014 EUR bedraagt. In dit verband moet worden opgemerkt dat een vrijstelling, zoals in de hoofdgedingen, die een aan alle ingezeten belastingplichtigen toegekend voordeel vormt, los van hun persoonlijke situatie, geen aan de persoonlijke situatie van de

belastingplichtige gekoppeld individueel voordeel vormt. Zoals de advocaat-generaal in punt 83 van zijn conclusie opmerkt, moet met een dergelijke vrijstelling, aangezien de heffingsgrondslag voor de door ingezeten belastingplichtigen ontvangen inkomsten erdoor wordt gewijzigd, rekening worden gehouden voor de vergelijking van de definitieve belastingdruk voor ingezeten belastingplichtigen en voor niet-ingezeten belastingplichtigen.

54. Uit het voorgaande volgt dat in omstandigheden zoals in de hoofdgedingen de belastingdruk voor ingezeten en die voor niet-ingezeten belastingplichtige natuurlijke personen, voor wat betreft de belasting op inkomsten uit aandelen in Nederlandse vennootschappen, moet worden beoordeeld, over een kalenderjaar, met inaanmerkingneming van de dividenden als geheel, rekening houdend met het in de nationale wetgeving voorziene heffingvrije vermogen.

Factoren die in aanmerking moeten worden genomen om de belastingdruk voor ingezeten vennootschappen te vergelijken met die voor niet-ingezeten vennootschappen

55. In zaak C-17/14 wenst de verwijzende rechterlijke instantie voor de vergelijking van de belastingdruk voor ingezeten en voor niet-ingezeten vennootschappen te vernemen of rekening moet worden gehouden met alle kosten die in economische zin verband houden met de aandelen waaruit het dividend voortvloeit en, zo niet, of op de belastbare inkomsten in mindering moet worden gebracht hetzij het in de aankoopprijs van de aandelen meegekocht dividend hetzij de eventueel door het houden van de desbetreffende aandelen opgeroepen financieringslast.

56. Société Générale betoogt dat in geval van afdekking van een financieel risico („hedging") niet alleen de rechtstreeks aan de dividenden toerekenbare kosten in aanmerking moeten worden genomen, maar ook negatieve koers- en transactieresultaten die betrekking hebben op andere aandelenbelangen en posities dan die waaruit de dividenden voortkomen, maar daarmee wel verband houden.

57. In dit verband is het vaste rechtspraak van het Hof dat met betrekking tot uitgaven, zoals beroepskosten die rechtstreeks verband houden met een activiteit waardoor in een lidstaat belastbare inkomsten zijn verworven, ingezetenen en niet-ingezetenen van deze lidstaat in een vergelijkbare situatie verkeren, zodat een regeling van deze staat die bij de belastingheffing aan niet-ingezetenen geen aftrek van dergelijke uitgaven toestaat terwijl die regeling dit daarentegen wel toestaat aan ingezetenen, in het nadeel kan werken van hoofdzakelijk staatsburgers van andere lidstaten en dus indirecte discriminatie op grond van nationaliteit in het leven roept (arrest Schröder, C-450/09, EU:C:2011:198, punt 40 en aldaar aangehaalde rechtspraak).

58. Meer in het bijzonder is in het geval van inkomsten in de vorm van dividenden van een dergelijk verband slechts sprake indien die kosten, ook al kunnen zij in voorkomend geval rechtstreeks verband houden met een bij een waardepapiertransactie betaald bedrag, rechtstreeks samenhangen met de inning als zodanig van die inkomsten (zie in die zin arrest Commissie/Duitsland, C-600/10, EU:C:2012:737, punt 20).

59. Bijgevolg moeten kosten die rechtstreeks verband houden met de inning als zodanig van de dividenden, voor de vergelijking van de belastingdruk voor de vennootschappen in de beschouwing worden betrokken.

60. Bij de kosten die de verwijzende rechterlijke instantie in haar prejudiciële vraag in zaak C-17/14 bedoelt is van een dergelijk verband geen sprake. Met betrekking tot de aftrek van de dividenden die in de aankoopprijs van aandelen besloten liggen volgt immers uit het aan het Hof overgelegde dossier dat deze aftrek bedoeld is om de reële aankoopprijs van de aandelen te bepalen. Deze aftrek hangt dus niet samen met kosten die rechtstreeks verband houden met de inning als zodanig van de dividenden uit die aandelen. Voorts hebben de door de verwijzende rechterlijke instantie eveneens vermelde financieringskosten betrekking op het houden van aandelen op zich, zodat zij evenmin rechtstreeks verband houden met de inning als zodanig van de betrokken dividenden.

61. Uit een en ander volgt dat, zo de verwijzende rechterlijke instantie tot de conclusie mocht komen dat in de hoofdgedingen de toepassing van een bronheffing van 15 % op de dividenden van niet-ingezeten belasting-\plichtigen ertoe leidt dat op die belastingplichtigen in Nederland een zwaardere definitieve belastingdruk rust dan op ingezeten belastingplichtigen voor dezelfde dividenden, een dergelijk verschil in fiscale behandeling van belastingplichtigen op grond van hun woonplaats niet-ingezeten belastingplichtigen kan doen besluiten om niet in vennootschappen die in Nederland gevestigd zijn te investeren en dus een belemmering voor het vrije kapitaalverkeer vormt, die in beginsel ingevolge artikel 63 VWEU verboden is.

Rechtvaardiging voor de beperking van het vrije kapitaalverkeer uit hoofde van artikel 65 VWEU

62. Volgens artikel 65, lid 1, onder a), VWEU „[doet] [h]et bepaalde in artikel 63 [...] niets af aan het recht van de lidstaten [...] de ter zake dienende bepalingen van hun belastingwetgeving toe te passen die onderscheid maken tussen belastingplichtigen die niet in dezelfde situatie verkeren met betrekking tot hun vestigingsplaats of de plaats waar hun kapitaal is belegd".

63. Deze bepaling, waarmee wordt afgeweken van het fundamentele beginsel van het vrije kapitaalverkeer, moet eng worden uitgelegd. Bijgevolg kan zij niet aldus worden uitgelegd dat elke belastingwetgeving die tussen belastingplichtigen een onderscheid maakt naargelang van hun woonplaats of van de lidstaat waar zij hun kapitaal

beleggen, automatisch verenigbaar is met het VWEU. De in artikel 65, lid 1, onder a), VWEU vastgestelde afwijking wordt immers zelf beperkt door lid 3 van dat artikel, dat bepaalt dat de in lid 1 bedoelde nationale bepalingen „geen middel tot willekeurige discriminatie [mogen] vormen, noch een verkapte beperking van het vrije kapitaalverkeer en betalingsverkeer als omschreven in artikel 63 [VWEU]" (zie in die zin arrest Welte, C-181/12, EU:C:2013:662, punten 42 en 43 en aldaar aangehaalde rechtspraak).

64. Bijgevolg moet een onderscheid worden gemaakt tussen de door artikel 65, lid 1, onder a), VWEU toegestane verschillen in behandeling en de door artikel 65, lid 3, VWEU verboden discriminaties. Volgens de rechtspraak van het Hof kan een nationale belastingregeling als die in de hoofdgedingen slechts verenigbaar met de verdragsbepalingen betreffende het vrije kapitaalverkeer worden geacht indien het verschil in behandeling betrekking heeft op situaties die niet objectief vergelijkbaar zijn of wordt gerechtvaardigd door dwingende redenen van algemeen belang (zie arrest Santander Asset Management SGIIC e.a., C-338/11-C-347/11, EU:C:2012:286, punt 23 en aldaar aangehaalde rechtspraak).

Vergelijkbaarheid van de betrokken situaties

65. Om de vergelijkbaarheid van de situaties te kunnen beoordelen vraagt de verwijzende rechterlijke instantie zich af of enkel de aan de bron ingehouden dividendbelasting in aanmerking moet worden genomen of mede de inkomstenbelasting of de vennootschapsbelasting waarmee, voor ingezeten belastingplichtigen, de dividendbelasting wordt verrekend.

66. De Nederlandse en de Zweedse regering en de regering van het Verenigd Koninkrijk merken op dat voor de inkomstenbelasting of de vennootschapsbelasting de belastingheffing op dividenden van een niet-ingezetene objectief verschilt van die van ingezetenen, aangezien de ingezeten belastingplichtige over al zijn inkomsten wordt belast, terwijl een niet-ingezetene, in de bronlidstaat van de dividenden, enkel wordt belast voor de inkomsten uit in die staat uitgekeerde dividenden.

67. Dienaangaande volgt uit de rechtspraak van het Hof dat wanneer een lidstaat, unilateraal of door het sluiten van overeenkomsten, niet alleen ingezeten belastingplichtigen maar ook niet-ingezeten belastingplichtigen aan de inkomstenbelasting onderwerpt voor de dividenden die zij van een ingezeten vennootschap ontvangen, de situatie van die niet-ingezeten belastingplichtigen vergelijkbaar is met die van de ingezeten belastingplichtigen (zie in die zin arresten Denkavit Internationaal en Denkavit France, C-170/05, EU:C:2006:783, punt 35; Commissie/Italië, C-540/07, EU: C:2009:717, punt 52; Commissie/Spanje, C-487/08, EU:C:2010:310, punt 51; Commissie/Duitsland, C-284/09, EU: C:2011:670, punt 56, en beschikking Tate & Lyle Investments, C-384/11, EU:C:2012:463, punt 31).

68. Alleen al de uitoefening door deze staat van zijn heffingsbevoegdheid brengt immers, los van enige belasting in een andere lidstaat, een risico van meervoudige belastingheffing of economische dubbele belasting mee. In een dergelijk geval dient de lidstaat van vestiging van de uitkerende vennootschap ervoor te zorgen dat niet-ingezeten belastingplichtigen voor het in zijn nationale recht voorziene mechanisme ter voorkoming of vermindering van meervoudige belastingheffing of economische dubbele belasting, een behandeling ondergaan die vergelijkbaar is met die van ingezeten belastingplichtigen opdat zij niet worden geconfronteerd met een in beginsel door artikel 63 VWEU verboden beperking van het vrije kapitaalverkeer (zie in die zin beschikking Tate & Lyle Investments, C-384/11, EU:C:2012:463, punt 32 en aldaar aangehaalde rechtspraak).

69. In de hoofdgedingen moet worden vastgesteld dat het Koninkrijk der Nederlanden ervoor heeft gekozen, zijn heffingsbevoegdheid uit te oefenen op dividenden die door ingezeten vennootschappen worden uitgekeerd aan belastingplichtigen die ingezetene van andere lidstaten zijn. Niet-ingezeten belastingplichtigen die die dividenden ontvangen bevinden zich dus voor het risico van meervoudige belasting van door de ingezeten vennootschap uitgekeerde dividenden in een situatie die vergelijkbaar is met die van ingezeten belastingplichtigen (zie naar analogie arresten Commissie/Spanje, C-487/08, EU:C:2010:310, punt 53, en Commissie/Duitsland, C-284/09, EU:C:2011:670, punt 58, en beschikking Tate & Lyle Investments, C-384/11, EU:C:2012:463, punt 33).

70. Het argument dat de regeringen die opmerkingen bij het Hof hebben ingediend ontlenen aan het arrest Truck Center (C-282/07, EU:C:2008:762), dat het verschil in behandeling van ingezeten en niet-ingezeten belastingplichtigen slechts het verschil in situaties waarin die belastingplichtigen zich bevinden weergeeft aangezien de eerste belastingplichtigen de dividendbelasting kunnen verrekenen met een andere belasting, terwijl die dividendbelasting voor de tweede belastingplichtigen definitief is, moet worden verworpen. In de omstandigheden van de zaak waarin dat arrest is gewezen heeft het Hof aanvaardbaar geacht dat de ontvangers van kapitaalinkomsten aan verschillende heffingstechnieken onderworpen waren naargelang zij ingezetene of niet-ingezetene waren, daar dat verschil in behandeling situaties betrof die niet objectief vergelijkbaar waren (zie in die zin arrest Truck Center, C-282/07, EU:C:2008:762, punt 41). Daar dat verschil in behandeling bovendien niet noodzakelijkerwijs een voordeel meebracht voor ingezeten ontvangers, vormde zij volgens het Hof geen beperking van de vrijheid van vestiging (zie in die zin arrest Truck Center, C-282/07, EU:C:2008:762, punten 49 en 50).

71. Vastgesteld moet echter worden, in de eerste plaats, dat in de hoofdgedingen de beweerde beperking niet voortvloeit uit een verschil tussen de heffingstechniek voor ingezeten belastingplichtigen en die voor niet-ingeze-

ten belastingplichtigen, maar het gevolg is van een aan ingezeten belastingplichtigen toegekend voordeel dat zich niet uitstrekt tot niet-ingezeten belastingplichtigen.

72. In de tweede plaats werd in de zaak waarin het arrest Truck Center (C-282/07, EU:C:2008:762) is gewezen, de betrokken roerende voorheffing alleen geïnd op aan niet-ingezeten vennootschappen betaalde rente. In de hoofdgedingen onderwerpt de toepasselijke wetgeving zowel ingezeten belastingplichtigen als niet-ingezeten belastingplichtigen aan dezelfde wijze van heffing van dividendbelasting, te weten een bronheffing.

73. In omstandigheden zoals die in de hoofdgedingen kan het verschil in behandeling tussen ingezeten belastingplichtigen die aan de inkomstenbelasting of de vennootschapsbelasting zijn onderworpen en niet-ingezeten belastingplichtigen die een bronheffing op dividenden ondergaan, dus geen rechtvaardiging vinden in een voor de toepassing van artikel 65, lid 1, onder a), VWEU relevant verschil in situatie. Voor de toepassing van die bepaling volstaat het immers niet om alleen de dividendbelasting als zodanig in de beschouwing te betrekken, maar moet de analyse zich uitstrekken tot de algehele belasting die drukt op de inkomsten van natuurlijke personen of de winst van vennootschappen uit het houden van aandelen in in Nederland gevestigde vennootschappen.

74. Hieruit volgt dat wanneer een lidstaat dividendbelasting aan de bron inhoudt op dividenden die worden uitgekeerd door in die lidstaat gevestigde vennootschappen, bij de vergelijking van de fiscale behandeling van een niet-ingezeten belastingplichtige en die van een ingezeten belastingplichtige in aanmerking moeten worden genomen, enerzijds de door de niet-ingezeten belastingplichtige verschuldigde dividendbelasting en anderzijds de inkomstenbelasting of vennootschapsbelasting die verschuldigd is door de ingezeten belastingplichtige en waarvan de heffingsgrondslag de inkomsten uit de aandelen waarvan die dividenden afkomstig zijn omvat.

Rechtvaardiging ontleend aan de toepassing van een verdrag ter vermijding van dubbele belasting

75. Met zijn derde vraag in de zaken C-14/14 en C-17/14 wenst de verwijzende rechterlijke instantie in hoofdzaak te vernemen of de eventuele belemmering van het vrije kapitaalverkeer kan worden gerechtvaardigd doordat zij wordt geneutraliseerd door een voorschrift van de woonlidstaat van de belastingplichtige of door een door die staat en de bronlidstaat van de dividenden gesloten bilateraal verdrag ter vermijding van dubbele belasting. In zaak C-17/14 vraagt de verwijzende rechterlijke instantie voorts, ter beoordeling of de gevolgen van bedoelde belemmering worden geneutraliseerd door een dergelijk verdrag, of ingeval het nadeel voor een niet-ingezetene niet kan worden verrekend in het jaar waarin de dividenden worden genoten, de verrekening in latere jaren kan worden benut.

76. Er zij aan herinnerd dat de lidstaten bij gebreke van Unierechtelijke unificatie- of harmonisatiemaatregelen bevoegd blijven om, door het sluiten van overeenkomsten of unilateraal, de criteria voor de verdeling van hun belastingbevoegdheid vast te stellen teneinde onder meer dubbele belasting af te schaffen, en dat het behoud van deze verdeling een door het Hof erkende rechtmatige doelstelling vormt (zie onder meer arrest Nordea Bank Danmark, C-48/13, EU:C:2014:2087, punt 27 en aldaar aangehaalde rechtspraak).

77. Zoals het Hof reeds heeft geoordeeld, kan een lidstaat zich niet beroepen op het bestaan van een voordeel dat unilateraal wordt verleend door een andere lidstaat, teneinde te ontsnappen aan de ingevolge het Verdrag op hem rustende verplichtingen (arrest Amurta, C-379/05, EU:C:2007:655, punt 78).

78. Aan de andere kant valt niet uit te sluiten dat een lidstaat erin slaagt de eerbiediging van zijn uit het Verdrag voortvloeiende verplichtingen te verzekeren door met een andere lidstaat een verdrag ter voorkoming van dubbele belasting te sluiten (arresten Test Claimants in Class IV of the ACT Group Litigation, C-374/04, EU:C:2006:773, punt 71; Amurta, C-379/05, EU:C:2007:655, punt 79, en Commissie/Spanje, C-487/08, EU:C:2010:310, punt 58).

79. Daartoe is het noodzakelijk dat door de toepassing van een dergelijk verdrag de gevolgen van het uit de nationale wettelijke regeling voortvloeiende verschil in behandeling worden gecompenseerd. Het Hof heeft dan ook geoordeeld dat het verschil in behandeling tussen dividenden die worden uitgekeerd aan in andere lidstaten gevestigde vennootschappen, en dividenden die worden uitgekeerd aan ingezeten vennootschappen, pas verdwijnt wanneer de op grond van de nationale wettelijke regeling geheven bronbelasting met de in de andere lidstaat geheven belasting kan worden verrekend ten belope van het uit de nationale wettelijke regeling voortvloeiende verschil in behandeling (zie arrest Commissie/Spanje, C-487/08, EU:C:2010:310, punt 59 en aldaar aangehaalde rechtspraak).

80. Volgens de rechtspraak van het Hof moet, om het doel van neutralisatie te bereiken, de toepassing van de aftrekmethode het mogelijk maken om de door de bronlidstaat van de dividenden geheven dividendbelasting volledig in mindering te brengen op de belasting die verschuldigd is in de lidstaat waar de dividendontvangende belastingplichtige woont of gevestigd is, zodat indien die dividenden uiteindelijk zwaarder worden belast dan dividenden die worden uitgekeerd aan in de bronlidstaat wonende of gevestigde belastingplichtigen, deze zwaardere belastingdruk niet langer is toe te rekenen aan deze laatste staat, maar aan de woonstaat of vestigingsstaat van de dividendontvangende belastingplichtige die zijn belastingbevoegdheid heeft uitgeoefend (zie in die zin arrest Commissie/Spanje, C-487/08, EU: C:2010:310, punt 60).

81. Aangaande de situatie zoals die zich in zaak C-14/14 voordoet als gevolg van de toepassing van het Nederlands-Belgische verdrag staat in casu vast dat ingevolge artikel 23, lid 1, van dat verdrag de verrekening van in Nederland afgedragen belasting een aangelegenheid van de Belgische autoriteiten is en plaatsvindt naar Belgisch recht.

82. Aangezien die verrekening unilateraal wordt toegekend door het Koninkrijk België, kan het Koninkrijk der Nederlanden volgens de in punt 77 van het onderhavige arrest in herinnering gebrachte rechtspraak datzelfde verdrag niet inroepen ten betoge dat het de betrokken beperking heeft geneutraliseerd.

83. Bovendien blijkt uit de gegevens in het dossier waarover het Hof beschikt dat volgens de Belgische wetgeving de in het buitenland afgedragen belasting als kosten op de heffingsgrondslag voor de inkomstenbelasting in mindering mag worden gebracht voordat een belastingtarief van 25 % wordt toegepast op het nettobedrag van de dividenden die de in België gevestigde belastingplichtige heeft ontvangen, maar die aftrek heft de gevolgen van een eventuele belemmering van het vrije kapitaalverkeer in de bronlidstaat van de dividenden niet volledig op. In dit verband heeft X in zaak C-14/14 ter terechtzitting voor het Hof betoogd dat het bedrag van de door haar ontvangen compensatie overeenkomt met ongeveer een vierde van de dividendbelasting die zij in Nederland heeft afgedragen.

84. Bijgevolg moet worden geconstateerd dat in omstandigheden zoals die in zaak C-14/14 de beweerde belemmering van het vrije kapitaalverkeer niet kan worden geacht door de gevolgen van het Nederlands-Belgische verdrag te worden gerechtvaardigd.

85. Aangaande de situatie zoals die zich in zaak C-17/14 voordoet als gevolg van de toepassing van het Nederlands-Franse verdrag, blijkt uit het dossier waarover het Hof beschikt dat de aangevoerde belemmering geheel is geneutraliseerd door de volledige verrekening in Frankrijk van de dividendbelasting voor de belastingjaren 2000 tot en met 2007. Hieruit volgt dat de door de verwijzende rechterlijke instantie gestelde vragen enkel betrekking hebben op de fiscale behandeling van de dividendbelasting die in Nederland door Société Générale voor het jaar 2008 is afgedragen.

86. In dit verband volgt uit artikel 24, B, onder b), eerste alinea, van dat verdrag dat met betrekking tot de dividenden waarover de Nederlandse belasting is geheven, de Franse Republiek aan ingezeten belastingplichtigen die zodanige inkomsten genieten een verrekening tot een bedrag dat gelijk is aan de Nederlandse belasting verleent. Omdat de tweede alinea van voormelde bepaling voorschrijft dat die verrekening het bedrag van de over de desbetreffende inkomsten in Frankrijk geheven belasting niet te boven mag gaan, is het mogelijk dat niet het volle bedrag van de in Nederland afgedragen dividendbelasting wordt geneutraliseerd, hetgeen niet beantwoordt aan de vereisten die voortvloeien uit de in punt 79 van het onderhavige arrest aangehaalde rechtspraak van het Hof. Het is echter aan de verwijzende rechter, na te gaan of dat in de thans aan de orde zijnde zaak het geval is.

87. Uit een en ander volgt dat, in omstandigheden zoals aan de orde in zaak C-17/14 en behoudens de door de verwijzende rechterlijke instantie te verrichten verificaties, de beweerde belemmering van het vrije kapitaalverkeer niet kan worden geacht door de gevolgen van het Nederlands-Franse verdrag te worden gerechtvaardigd.

88. Wat tot slot de vraag betreft of, wanneer de in de bronlidstaat van de dividenden ingehouden dividendbelasting in de woonlidstaat van de belastingplichtige niet volledig kan worden verrekend voor het jaar waarover die dividenden zijn ontvangen, de mogelijkheid om die verrekening in volgende jaren uit te voeren de gevolgen van een belemmering kan neutraliseren, moet worden geconstateerd dat de verwijzende rechterlijke instantie in haar verzoek om een prejudiciële beslissing verklaart dat voor de feitelijke instanties niet is onderzocht of het verrekeningsrecht van Société Générale in Frankrijk voor de voor het jaar 2008 afgedragen Nederlandse belasting is voortgewenteld en kon worden benut. In die omstandigheden moet deze vraag worden aangemerkt als hypothetisch en is zij dus niet-ontvankelijk (arrest Pohotovos?, C-470/12, EU:C:2014:101, punt 27 en aldaar aangehaalde rechtspraak).

89. Voor het overige zij in herinnering gebracht dat ingeval met een verdrag ter vermijding van dubbele belasting de gevolgen van de betrokken belemmering van het vrije kapitaalverkeer niet kunnen worden geneutraliseerd, die belemmering in voorkomend geval nog kan worden gerechtvaardigd door dwingende redenen van algemeen belang (zie onder meer beschikking Tate & Lyle Investments, C-384/11, EU:C:2012:463, punt 45 en aldaar aangehaalde rechtspraak). Opgemerkt zij echter dat in de hoofdgedingen noch de verwijzende rechterlijke instantie noch de Nederlandse regering dergelijke redenen vermelden.

90. Gelet op het voorgaande moet op de gestelde vragen worden geantwoord dat de artikelen 63 VWEU en 65 VWEU aldus moeten worden uitgelegd dat zij in de weg staan aan de wettelijke regeling van een lidstaat op grond waarvan op dividenden die door een ingezeten vennootschap zowel aan ingezeten belastingplichtigen als aan niet-ingezeten belastingplichtigen worden uitgekeerd een bronheffing moet worden ingehouden, waarbij enkel voor ingezeten belastingplichtigen is voorzien in een mechanisme van aftrek of teruggaaf van die inhouding, terwijl deze voor niet-ingezeten belastingplichtigen, natuurlijke personen en vennootschappen, een definitieve belasting vormt, voor zover – het is aan de verwijzende rechterlijke instantie, dit in de hoofdgedingen te verifiëren

– de definitieve belastingdruk die in verband met die dividenden in die staat op niet-ingezeten belastingplichtigen komt te rusten zwaarder is dan die voor ingezeten belastingplichtigen. Om die belastingdruk te bepalen zal de verwijzende rechterlijke instantie in de zaken C-10/14 en C-14/14 de belastingheffing van ingezetenen met betrekking tot alle aandelen in Nederlandse vennootschappen in de loop van het kalenderjaar alsook het heffingvrije vermogen op grond van de nationale wetgeving in de beschouwing betrekken, en in zaak C-17/14 de kosten die rechtstreeks samenhangen met de inning als zodanig van de dividenden.

Ingeval een belemmering van het kapitaalverkeer komt vast te staan, kan deze worden gerechtvaardigd door de gevolgen van een bilateraal verdrag ter vermijding van dubbele belasting, gesloten tussen de woonlidstaat en de bronlidstaat van de dividenden, mits het verschil in behandeling voor de belastingheffing op dividenden tussen belastingplichtigen die ingezetene van die laatste staat zijn en belastingplichtigen die ingezetene van andere lidstaten zijn, verdwijnt. In omstandigheden als die in de zaken C-14/14 en C-17/14 kan, behoudens de door de verwijzende rechterlijk instantie te verrichten verificaties, de belemmering van het vrije kapitaalverkeer indien zij komt vast te staan niet gerechtvaardigd worden geacht.

Kosten

91. ...

Het Hof (Derde kamer)

verklaart voor recht:

De artikelen 63 VWEU en 65 VWEU moeten aldus worden uitgelegd dat zij in de weg staan aan de wettelijke regeling van een lidstaat op grond waarvan op dividenden die door een ingezeten vennootschap zowel aan ingezeten belastingplichtigen als aan niet-ingezeten belastingplichtigen worden uitgekeerd een bronheffing moet worden ingehouden, waarbij enkel voor ingezeten belastingplichtigen is voorzien in een mechanisme van aftrek of teruggaaf van die inhouding, terwijl deze voor niet-ingezeten belastingplichtigen, natuurlijke personen en vennootschappen, een definitieve belasting vormt, voor zover – het is aan de verwijzende rechterlijke instanties, dit in de hoofdgedingen te verifiëren – de definitieve belastingdruk die in verband met die dividenden in die staat op niet-ingezeten belastingplichtigen komt te rusten zwaarder is dan die voor ingezeten belastingplichtigen. Om die belastingdruk te bepalen zal de verwijzende rechterlijke instantie in de zaken C-10/14 en C-14/14 de belastingheffing van ingezetenen met betrekking tot alle aandelen in Nederlandse vennootschappen in de loop van het kalenderjaar alsook het heffingvrije vermogen op grond van de nationale wetgeving in de beschouwing moeten betrekken, en in zaak C-17/14 de kosten die rechtstreeks samenhangen met de inning als zodanig van de dividenden.

Ingeval een belemmering van het kapitaalverkeer komt vast te staan, kan deze worden gerechtvaardigd door de gevolgen van een bilateraal verdrag ter vermijding van dubbele belasting, gesloten tussen de woonlidstaat en de bronlidstaat van de dividenden, mits het verschil in behandeling voor de belastingheffing op dividenden tussen belastingplichtigen die ingezetene van die laatste staat zijn en belastingplichtigen die ingezetene van andere lidstaten zijn, verdwijnt. In omstandigheden als die in de zaken C-14/14 en C-17/14 kan, behoudens de door de verwijzende rechterlijk instantie te verrichten verificaties, de belemmering van het vrije kapitaalverkeer indien zij komt vast te staan niet gerechtvaardigd worden geacht.

HvJ EU 6 oktober 2015, zaak C-66/14 (Finanzamt Linz v. Bundesfinanzgericht, Außenstelle Linz)

Vierde kamer: *L. Bay Larsen, kamerpresident, K. Jürimäe, J. Malenovský, M. Safjan en A. Prechal (rapporteur), rechters*

Advocaat-generaal: *J. Kokott*

1. Het verzoek om een prejudiciële beslissing betreft de uitlegging van de artikelen 49 VWEU, 54 VWEU, 107 VWEU en 108, lid 3, VWEU.

2. Dit verzoek is ingediend in het kader van een geding tussen het Finanzamt Linz (belastingkantoor te Linz, hierna: „Finanzamt") en het Bundesfinanzgericht, Außenstelle Linz (voorheen de Unabhängige Finanzsenat, Außenstelle Linz), inzake de weigering van de eerste om, in een geval van groepsbelasting, een vennootschap die een deelneming verwerft in een niet-ingezeten vennootschap, de goodwill te laten afschrijven.

Toepasselijke Oostenrijkse bepalingen

3. Het Oostenrijkse recht kent in § 9 van het Körperschaftsteuergesetz (wet op de vennootschapsbelasting) van 7 juli 1988 (*BGBl.* 401/1988), zoals gewijzigd bij het Steuerreformgesetz 2005 (wet op de belastinghervorming 2005) (*BGBl.* I, 57/2004; hierna: „wet op de vennootschapsbelasting van 1988") een belastingregeling voor groepen. In het kader van deze regeling kan een vennootschap met haar dochterondernemingen en andere afhankelijke vennootschappen een groep vormen, voor zover zij ten minste 50 % van het kapitaal ervan bezit. In dat geval worden de fiscale resultaten (winst en verlies) van de vennootschappen die tot deze groep behoren bij de moedermaatschappij samengevoegd en daar belast.

4. § 9, lid 7, van de wet op de vennootschapsbelasting van 1988 bepaalt:

„[...] Bij de verwerving van een deelneming [...] door een groepslid respectievelijk de moedermaatschappij, dan wel door een vennootschap die geschikt is om onderdeel te zijn van een groep, [...] in een economisch actieve, onbeperkt belastingplichtige vennootschap [...], behalve indien deze deelneming middellijk of onmiddellijk is gekocht van een vennootschap die deel uitmaakt van de groep, dan wel middellijk of onmiddellijk van een aandeelhouder die een beslissende invloed uitoefent, dienen vanaf het moment dat deze vennootschap tot de groep behoort, bij het onmiddellijk deelnemende groepslid respectievelijk bij de moedervennootschap afschrijvingen op de goodwill op de volgende wijze te worden geboekt:

– Als goodwill geldt het met het deelnemingspercentage overeenkomende verschil tussen het handelsrechtelijke eigen vermogen van de deelnemingsvennootschap vermeerderd met de stille reserves van de niet aan waardevermindering onderhevige vaste activa en de fiscaal in aanmerking te nemen verwervingsprijs, tot maximaal 50 % van deze verwervingsprijs. De afschrijfbare goodwill moet gelijkmatig over 15 jaar worden afgetrokken.

[...]

– Indien de verwerving van de deelneming leidt tot een negatieve goodwill, moet deze worden opgenomen bij de winst [...].

– De fiscaal verrekenbare bedragen ter hoogte van een vijftiende deel verminderen of verhogen de fiscaal in aanmerking te nemen boekwaarde."

5. § 10, leden 2 en 3, van de wet op de vennootschapsbelasting van 1988, betreffende de internationale deelnemingen, bepaalt:

„2. Winstaandelen van om het even welke aard uit internationale deelnemingen zijn vrijgesteld van vennootschapsbelasting. Van een internationale deelneming is sprake wanneer onder § 7, lid 3, vallende belastingplichtigen of andere onbeperkt belastingplichtige niet-ingezeten lichamen die vergelijkbaar zijn met een ingezeten belastingplichtige die onder § 7, lid 3, valt, aantoonbaar in de vorm van kapitaalaandelen gedurende een onafgebroken periode van ten minste één jaar voor ten minste één tiende deelnemen in het kapitaal:

a. van niet-ingezeten vennootschappen die vergelijkbaar zijn met een ingezeten kapitaalvennootschap,

b. van andere niet-ingezeten vennootschappen die voldoen aan de voorwaarden [...] van artikel 2 van richtlijn 90/435/EEG van de Raad van 23 juli 1990 [betreffende de gemeenschappelijke fiscale regeling voor moedermaatschappijen en dochterondernemingen uit verschillende lidstaten] (*PB* L 225, blz. 6), in de toepasselijke versie. De bovengenoemde termijn van een jaar is niet van toepassing op aandelen die zijn verworven in verband met een kapitaalsverhoging, indien deze verhoging niet leidt tot een verhoging van het gehouden aandeel in het kapitaal.

3. Bij de vaststelling van de inkomsten worden winst, verlies en andere waardeveranderingen uit internationale deelnemingen in de zin van lid 2 niet in aanmerking genomen. Dit geldt niet voor daadwerkelijke en definitieve verliezen ten gevolge van het verdwijnen (liquidatie of faillissement) van de niet-ingezeten vennootschap. De vrijgestelde winstaandelen van om het even welke aard die zijn verkregen in de laatste vijf boek-

jaren voorafgaand aan het boekjaar waarin de liquidatieprocedure is geopend of de insolventie is ingetreden, moeten van het verlies worden afgetrokken. […] De fiscale neutraliteit van de deelneming geldt niet wanneer:

1. de belastingplichtige in de aangifte in de vennootschapsbelasting voor het jaar van de verwerving van een internationale deelneming of de vorming van een internationale deelneming door de verwerving van bijkomende aandelen verklaart dat winst, verlies en andere waardeveranderingen fiscaal moeten worden verrekend (optie van fiscale inaanmerkingneming van de deelneming)

[…]"

Feiten in het hoofdgeding en prejudiciële vragen

6. Uit de verwijzingsbeslissing blijkt dat IFN Beteiligungs GmbH (hierna: „IFN") 99,71 % bezit van de aandelen in het oprichtingskapitaal van IFN-Holding AG (hierna: „IFN-Holding"), die op haar beurt als meerderheidsaandeelhouder deelnemingen bezit in een aantal beperkt dan wel onbeperkt belastingplichtige kapitaalvennootschappen. In 2006 en 2007 bezat IFN-Holding 100 % van het kapitaal van CEE Holding GmbH (hierna: „CEE"), die in 2005 100 % had verworven van het kapitaal van HSF s.r.o. Slowakei (hierna: „HSF"), een in Slowakije gevestigde vennootschap. CEE was groepslid van een groep in de zin van § 9 van de wet op de vennootschapsbelasting van 1988 vanaf 2005, HSF vanaf 2006. Naar aanleiding van een fusie tussen IFN-Holding en CEE per 31 december 2007, werd eerstgenoemde de rechtsopvolgster onder algemene titel van laatstgenoemde, en nam zij dus ook de deelneming in HSF over.

7. In de aangiften voor de vennootschapsbelasting over 2006 tot en met 2010 heeft eerst CEE en later IFN Holding, op grond van § 9, lid 7, van de wet op de vennootschapsbelasting van 1988, telkens goodwill in verband met deze deelneming afgeschreven voor één vijftiende deel van de helft van de aankoopprijs (zijnde 5,5 miljoen EUR.). In een bijlage bij hun aangifte voor de vennootschapsbelasting wezen zij erop dat de beperking van de afschrijving op de goodwill tot deelnemingen in ingezeten vennootschappen ingevolge deze bepaling, inbreuk maakte op de vrijheid van vestiging en derhalve strijdig was met het Unierecht.

8. Als autoriteit in eerste aanleg heeft het Finanzamt deze afschrijvingen op de goodwill in de belastingaanslagen niet aanvaard, op grond dat dergelijke afschrijvingen krachtens § 9, lid 7, van de wet op de vennootschapsbelasting van 1988, alleen mogelijk zijn voor deelnemingen in onbeperkt belastingplichtige vennootschappen.

9. Naar aanleiding van de bezwaren die IFN-Holding en IFN tegen deze aanslagen hadden gemaakt, heeft de Unabhängige Finanzsenat, Außenstelle Linz bij beslissing van 16 april 2013 de beschikkingen van het Finanzamt nietig verklaard. Hij oordeelde dat de beperking van de afschrijvingen op de goodwill tot deelnemingen in onbeperkt belastingplichtige vennootschappen, ingevolge § 9, lid 7, van de wet op de vennootschapsbelasting van 1988, inbreuk maakte op de vrijheid van vestiging en niet kon worden gerechtvaardigd door enige dwingende reden van algemeen belang. Om het geval in overeenstemming te brengen met het Unierecht, moest de afschrijving van de goodwill volgens hem worden uitgebreid tot deelnemingen in vennootschappen die in een andere lidstaat zijn gevestigd.

10. In het door het Finanzamt tegen deze beslissing ingestelde beroep vraagt de verwijzende rechter zich in de eerste plaats af of de afschrijving op de goodwill als bedoeld in § 9, lid 7, van de wet op de vennootschapsbelasting van 1988, verenigbaar is met de artikelen 107 VWEU en 108, lid 3, VWEU. Hij meent dat deze afschrijving de begunstigde een voordeel biedt, maar vraagt zich af of dit voordeel moet worden beschouwd als een begunstiging van bepaalde ondernemingen of bepaalde producties.

11. In de tweede plaats vraagt de verwijzende rechter zich af of de afschrijving op de goodwill als bedoeld in § 9, lid 7, van de wet op de vennootschapsbelasting van 1988, verenigbaar is met de artikelen 49 VWEU en 54 VWEU. Hij wenst te vernemen of deze maatregel, die volgens hem een belemmering vormt van de vrijheid van vestiging, niettemin kan worden gerechtvaardigd op grond dat zij betrekking heeft op situaties die niet objectief vergelijkbaar zijn, of om een dwingende reden van algemeen belang.

12. Wat het argument van het Finanzamt betreft, dat de situatie van ingezeten vennootschappen en die van nietingezeten vennootschappen die onderdeel zijn van een groep, niet kunnen worden vergeleken omdat bij de eerste het resultaat (winst en verlies) volledig verrekenbaar is bij de moedermaatschappij, terwijl bij de tweede enkel de verliezen verrekenbaar zijn en daarenboven slechts in verhouding tot de deelneming, vraagt de verwijzende rechter zich af of de erkenning, of de weigering van erkenning, van de afschrijving op de goodwill verband houdt met dit verschil in de situatie van deze twee categorieën vennootschappen die onderdeel zijn van een groep. In een groep mag de goodwill namelijk worden afgeschreven, ongeacht of de dochtermaatschappij nu winst dan wel verlies boekt en ongeacht een eventuele verandering in de waarde van de deelneming.

13. De verwijzende rechter merkt tevens op dat de afschrijving op de goodwill ertoe leidt dat de, fiscaal bepalende, boekwaarde van de deelneming wordt verminderd en derhalve bij een latere verkoop van deze deelneming een hogere belastbare meerwaarde ontstaat. Strategische deelnemingen worden in de regel echter langdurig aangehouden. Bovendien verschaft de afschrijving op de goodwill, zelfs wanneer de deelneming wordt doorverkocht, de moedervennootschap een liquiditeitsvoordeel, zodat haar situatie bij de verwerving van een deelneming in een

ingezeten dochtermaatschappij gunstiger is dan die bij de verwerving van een deelneming in een dochtermaatschappij in een andere lidstaat.

14. Met betrekking tot het argument van het Finanzamt dat de vrijheid van vestiging niet wordt beperkt voor internationale deelnemingen waarvoor geen gebruik is gemaakt van de optie van § 10, lid 3, van de wet op de vennootschapsbelasting van 1988 om deze deelnemingen fiscaal in aanmerking te nemen, zet de verwijzende rechter uiteen dat de belastingplichtige met dit eenmalig uit te oefenen keuzerecht ervoor kan kiezen om winst en verlies bij de overdracht van de deelneming hetzij fiscaal neutraal te laten zijn, hetzij fiscaal in aanmerking te nemen. Hij merkt echter op dat zelfs wanneer ervoor is gekozen het resultaat fiscaal in aanmerking te nemen, de afschrijving op de goodwill niet wordt aanvaard voor een deelneming in een niet-ingezeten vennootschap.

15. Daarop heeft het Verwaltungsgerichtshof [hoogste bestuursrechter] de behandeling van de zaak geschorst en het Hof verzocht om een prejudiciële beslissing over de volgende vragen:

„1. Staat artikel 107 VWEU […] juncto artikel 108, lid 3, VWEU […] in de weg aan een nationale maatregel volgens welke in het kader van de belastingheffing naar het groepsinkomen de goodwill bij de verwerving van een deelneming in een ingezeten vennootschap wordt afgeschreven, waardoor de belastbare grondslag en dus de belastingdruk worden verlaagd, terwijl een dergelijke afschrijving op de goodwill bij de verwerving van een deelneming in andere gevallen van de inkomsten- en vennootschapsbelasting niet is toegestaan?

2. Staat artikel 49 VWEU […] juncto artikel 54 VWEU […] in de weg aan een wettelijke regeling van een lidstaat, volgens welke in het kader van de belastingheffing naar het groepsinkomen de goodwill bij de verwerving van een deelneming in een ingezeten vennootschap wordt afgeschreven, terwijl een dergelijke afschrijving op de goodwill bij de verwerving van een deelneming in een niet-ingezeten vennootschap niet is toegestaan?"

Beantwoording van de prejudiciële vragen

Ontvankelijkheid van de eerste vraag

16. Volgens IFN-Holding en de Europese Commissie is de eerste vraag niet ontvankelijk, omdat niet duidelijk is om welke redenen de beantwoording van deze vraag voor de verwijzende rechter noodzakelijk is bij de beslechting van het geding.

17. IFN-Holding betoogt, onder verwijzing naar het arrest P (C-6/12, EU:C:2013:525, punt 39), meer bepaald dat de nationale rechters in zaken over staatssteun enkel de rechten van de justitiabelen dienen te beschermen, hangende de eindbeslissing van de Commissie op grond van artikel 108, lid 3, VWEU. Een dergelijke situatie doet zich in casu echter niet voor, omdat geen der partijen in het hoofdgeding een vordering op basis van de artikelen 107 VWEU en volgende heeft ingediend.

18. De Commissie is op haar beurt van mening dat IFN–Holding en IFN zich in ieder geval niet voor de nationale rechter kunnen beroepen op de onrechtmatigheid van de regeling in § 9, lid 7, van de wet op de vennootschapsbelasting van 1988 in het licht van het staatssteunrecht.

19. Er zij aan herinnerd dat een verzoek van een nationale rechter om een prejudiciële beslissing slechts niet-ontvankelijk kan worden verklaard wanneer duidelijk blijkt dat de gevraagde uitlegging van het Unierecht geen verband houdt met een reëel geschil of met het voorwerp van het hoofdgeding, wanneer het vraagstuk van hypothetische aard is of wanneer het Hof niet beschikt over de gegevens, feitelijk en rechtens, die noodzakelijk zijn om een zinvol antwoord te geven op de prejudiciële vragen (zie met name arrest Belvedere Costruzioni, C-500/10, EU:C:2012:186, punt 16 en aldaar aangehaalde rechtspraak).

20. De eerste vraag heeft betrekking op de verenigbaarheid met de artikelen 107 VWEU en 108, lid 3, VWEU van een fiscale maatregel, zoals die aan de orde in het hoofdgeding, die onder bepaalde voorwaarden toestaat de goodwill af te schrijven wanneer een deelneming wordt verworven in een ingezeten vennootschap.

21. Evenwel moet worden opgemerkt dat een onderneming die een heffing verschuldigd is, zich niet aan de betaling daarvan kan onttrekken met het argument dat een fiscale maatregel ten gunste van andere ondernemingen, staatssteun vormt (zie in die zin arrest Air Liquide Industries Belgium, C-393/04 en C-41/05, EU:C:2006:403, punt 43).

22. Daarenboven bevat de verwijzingsbeslissing geen enkele aanwijzing waaruit eventueel kan worden afgeleid dat, ook al kunnen IFN en IFN-Holding geen voordeel hebben bij een eventuele inbreuk op de artikelen 107 VWEU en 108, lid 3, VWEU, de beantwoording van de eerste vraag desondanks voor verwijzende rechter noodzakelijk is bij de beslechting van het voor hem aanhangige geding.

23. In deze omstandigheden moet worden vastgesteld dat de eerste vraag duidelijk geen enkel verband houdt met het voorwerp van het hoofdgeding.

24. Bijgevolg is de eerste vraag niet-ontvankelijk.

Tweede vraag

25. Met zijn tweede vraag wenst de verwijzende rechter in wezen te vernemen of artikel 49 VWEU in de weg staat aan een wettelijke regeling van een lidstaat, zoals die aan de orde in het hoofdgeding, die in het kader van de belastingheffing van een groep een moedermaatschappij toestaat de goodwill af te schrijven tot maximaal 50 % van de prijs van de deelneming bij de verwerving van een deelneming in een ingezeten vennootschap die in een dergelijke groep wordt opgenomen, terwijl die regeling dit bij verwerving van een deelneming in een niet-ingezeten vennootschap verbiedt.

26. Hoewel de bepalingen van het VWEU inzake de vrijheid van vestiging het voordeel van de nationale behandeling in de lidstaat van ontvangst beogen te garanderen, verbieden zij ook de lidstaat van oorsprong de vestiging in een andere lidstaat van een naar zijn recht opgerichte vennootschap, in het bijzonder via een dochteronderneming, te belemmeren. Meer bepaald wordt de vrijheid van vestiging belemmerd indien een ingezeten vennootschap met een dochteronderneming in een andere lidstaat of in een andere staat die partij is bij de Overeenkomst betreffende de Europese Economische Ruimte van 2 mei 1992, door een wettelijke regeling van een lidstaat vanuit fiscaal oogpunt ongunstiger wordt behandeld dan een ingezeten vennootschap met een dochteronderneming in laatstgenoemde lidstaat (zie in die zin arrest Nordea Bank Danmark, C-48/13, EU:C:2014:2087, punten 18 en 19).

27. Opgemerkt moet worden dat een wettelijke regeling zoals die aan de orde in het hoofdgeding, een fiscaal voordeel kan verschaffen aan een moedermaatschappij die een deelneming verwerft in een ingezeten vennootschap, wanneer de goodwill van deze laatste een positieve waarde heeft. Zoals de verwijzende rechter opmerkt, verlaagt het feit dat de goodwill kan worden afgeschreven in de zin van § 9, lid 7, van de wet op de vennootschapsbelasting van 1988, de belastbare grondslag van de moedermaatschappij en dientengevolge het bedrag waarvoor zij wordt belast.

28. Door dit fiscale voordeel in dezelfde omstandigheden niet toe te kennen aan een moedermaatschappij die een deelneming verwerft in een niet-ingezeten vennootschap, heeft deze wettelijke bepaling tot gevolg dat moedermaatschappijen fiscaal verschillend worden behandeld ten nadele van diegene die een deelneming verwerven in een niet-ingezeten vennootschap.

29. Dit verschil in behandeling kan de moedermaatschappij die een deelneming verwerft in een niet-ingezeten vennootschap, belemmeren in de uitoefening van haar vrijheid van vestiging in de zin van artikel 49 VWEU, doordat het haar ervan weerhoudt om dochterondernemingen te verwerven of op te richten in andere lidstaten (zie in die zin arrest Commissie/Verenigd Koninkrijk, C-172/13, EU:C:2015:50, punt 23 en aldaar aangehaalde rechtspraak).

30. Een dergelijk verschil in behandeling kan enkel worden aanvaard indien het betrekking heeft op situaties die niet objectief vergelijkbaar zijn, of wordt gerechtvaardigd door een dwingende reden van algemeen belang (zie met name arrest Nordea Bank Danmark, C-48/13, EU:C:2014:2087, punt 23).

31. Met betrekking tot de vraag of de situaties in het geding objectief vergelijkbaar zijn, moet eraan worden herinnerd dat de vergelijkbaarheid van een grensoverschrijdende situatie met een interne situatie moet worden onderzocht op basis van het door de betrokken nationale bepalingen nagestreefde doel (arrest Commissie/Finland, C-342/10, EU:C:2012:688, punt 36 en aldaar aangehaalde rechtspraak).

32. Zoals het Verwaltungsgerichtshof in zijn verwijzingsbeslissing heeft uiteengezet, heeft de Oostenrijkse wetgever door de vaststelling van de wet op de belastinghervorming van 2005 een fiscale stimulans voor groepsvorming willen creëren, door een gelijke behandeling te waarborgen van de aankoop van een handelszaak („asset deal") en de aankoop van een deelneming in de vennootschap die de handelszaak bezit („share deal").

33. Nu krachtens een wettelijke bepaling zoals die aan de orde in het hoofdgeding, een groep kan bestaan uit zowel ingezeten als niet-ingezeten vennootschappen, zijn de situatie van een moedermaatschappij die een dergelijk groep wil vormen met een ingezeten dochteronderneming en die van een moedermaatschappij die een groep wil vormen met een niet-ingezeten dochtermaatschappij, uit het oogpunt van een belastingregeling zoals die aan de orde in het hoofdgeding, objectief vergelijkbaar voor zover beide in aanmerking willen komen voor de voordelen van deze regeling (zie in die zin arrest X Holding, C-337/08, EU:C:2010:89, punt 24).

34. Het verschil waarnaar de Republiek Oostenrijk verwijst, dat bestaat tussen de verrekening van de winsten en verliezen met de inkomsten van de moedermaatschappij van ingezeten dochterondernemingen enerzijds en die van niet-ingezeten dochterondernemingen anderzijds in het kader van groepsbelasting, doet aan deze vaststelling niet af.

35. Zoals de verwijzende rechter opmerkt, mag de moedermaatschappij op grond van een wettelijke bepaling zoals die aan de orde in het hoofdgeding, de goodwill immers afschrijven ongeacht of de vennootschap waarin een deelneming is verworven nu winst behaalt of verlies leidt.

36. In deze omstandigheden kan, zoals de advocaat-generaal in punt 40 van haar conclusie opmerkt, het al dan niet verrekenen van winst of verlies van een vennootschap waarin de deelneming is verworven, met de inkomsten

van de moedermaatschappij niet als een relevant criterium worden beschouwd voor de vergelijking van de situatie van de twee categorieën moedermaatschappijen in het licht van de doelstelling die door een wettelijke bepaling zoals die aan de orde in het hoofdgeding, wordt nagestreefd.

37. Ook het argument van de Republiek Oostenrijk dat een wettelijke regeling zoals hier aan de orde tot doel heeft de „share deal" hetzelfde te behandelen als de „asset deal", doet niet af aan de constatering in punt 33 van dit arrest. Volgens deze lidstaat zou, wanneer de moedermaatschappij de goodwill zou mogen afschrijven bij de verwerving van een deelneming in een niet-ingezeten vennootschap die wordt opgenomen in de groep, de „share deal" in een grensoverschrijdende situatie gunstiger worden behandeld dan de „asset deal".

38. Gesteld al dat dit het geval zou zijn, creëert een wettelijke bepaling zoals die aan de orde in het hoofdgeding namelijk niettemin een verschil in behandeling tussen de moedermaatschappij die een deelneming in een ingezeten vennootschap verwerft enerzijds, en een moedermaatschappij die een deelneming in een niet-ingezeten onderneming verwerft anderzijds, terwijl de twee categorieën vennootschappen in een vergelijkbare situatie verkeren in het licht van de doelstelling van deze wettelijke bepaling om, zoals blijkt uit punt 32 van dit arrest, een fiscale stimulans voor groepsvorming te creëren.

39. Een verschil in behandeling zoals aan de orde in het hoofdgeding, kan dus enkel worden gerechtvaardigd door dwingende redenen van algemeen belang. In dat geval moet het verschil in behandeling echter ook geschikt zijn om het nagestreefde doel te verwezenlijken en mag het niet verder gaan dan nodig is voor het bereiken van dat doel (zie arrest Nordea Bank Danmark, C-48/13, EU:C:2014:2087, punt 25 en aldaar aangehaalde rechtspraak).

40. De Republiek Oostenrijk meent dat het verschil in behandeling dat wordt ingesteld bij een wettelijke bepaling zoals aan de orde in het hoofdgeding, zijn rechtvaardigingsgrond vindt in het beginsel van de evenwichtige verdeling van de heffingsbevoegdheid tussen de lidstaten, aangezien zij niet bevoegd is de winsten te belasten van niet-ingezeten vennootschappen die onderdeel zijn van de groep.

41. In dat verband dient in herinnering te worden gebracht dat de lidstaten bij gebreke van Unierechtelijke unificatie- of harmonisatiemaatregelen bevoegd blijven om, door het sluiten van overeenkomsten of unilateraal, de criteria voor de verdeling van hun belastingbevoegdheid vast te stellen teneinde onder meer dubbele belasting op te heffen, en dat het behoud van deze verdeling een door het Hof erkende rechtmatige doelstelling vormt (zie arrest Nordea Bank Danmark, C-48/13, EU:C:2014:2087, punt 27 en aldaar aangehaalde rechtspraak).

42. Zoals echter al in punt 35 van dit arrest is opgemerkt, mag de moedermaatschappij op grond van een wettelijke bepaling zoals die aan de orde in het hoofdgeding, de goodwill afschrijven, ongeacht of de vennootschap waarin een deelneming is verworven nu winst behaalt of verlies leidt. Deze wettelijke bepaling heeft dus wat de toekenning van dit fiscale voordeel betreft, geen betrekking op de uitoefening van de belastingbevoegdheid ten aanzien van de winst en het verlies van de vennootschap waarin een deelneming is verworven en derhalve evenmin op de verdeling van een belastingbevoegdheid tussen de lidstaten.

43. De Republiek Oostenrijk betoogt tevens dat het verschil in behandeling dat voortvloeit uit een wettelijke bepaling zoals die aan de orde in het hoofdgeding, wordt gerechtvaardigd door de noodzaak de coherentie van het belastingstelsel te waarborgen.

44. Het Hof heeft inderdaad reeds erkend dat de noodzaak om de coherentie van een belastingstelsel te bewaren een beperking van het door het Verdrag gewaarborgde vrije verkeer kan rechtvaardigen. Een beroep op een dergelijke rechtvaardigingsgrond kan volgens het Hof evenwel alleen slagen indien er een rechtstreeks verband bestaat tussen het betrokken fiscale voordeel en de compensatie van dat voordeel door een bepaalde belastingheffing, waarbij het rechtstreekse verband op basis van de door de betrokken belastingregeling nagestreefde doelstelling moet worden beoordeeld (arrest Grünewald, C-559/13, EU:C:2015:109, punt 48 en aldaar aangehaalde rechtspraak).

45. De Republiek Oostenrijk betoogt ten eerste dat er in het kader van een wettelijke bepaling zoals die aan de orde in het hoofdgeding, een dergelijk rechtstreeks verband bestaat tussen het fiscale voordeel in de vorm van de afschrijving van de goodwill enerzijds, en de fiscale verrekening van het resultaat van de ingezeten vennootschap bij de moedermaatschappij anderzijds.

46. Een dergelijk argument kan echter niet slagen. Om dezelfde reden als die welke reeds is aangevoerd in de punten 35 en 42 van dit arrest, kan niet worden gesteld dat er een rechtstreeks verband bestaat tussen dit fiscale voordeel en de fiscale last die bestaat uit de fiscale verrekening bij de moedermaatschappij van winst die is behaald door een vennootschap waarin een deelneming is verworven, ervan uitgaande dat deze laatste onder alle omstandigheden winst behaalt en geen verlies leidt.

47. Ten tweede betoogt de Republiek Oostenrijk dat er een rechtstreeks verband in de zin van de in punt 44 van dit arrest aangehaalde rechtspraak bestaat tussen het betrokken fiscale voordeel enerzijds en de belasting van de meerwaarde bij de moedermaatschappij anderzijds, wanneer de deelneming in de ingezeten vennootschap wordt verkocht. Bij fiscale neutraliteit van de deelneming van een moedermaatschappij in een niet-ingezeten dochteron-

derneming zou deze belasting niet worden geheven, zodat het gerechtvaardigd is het belastingvoordeel dat rechtstreeks aan deze belasting is verbonden, niet toe te kennen.

48. Evenwel moet ten eerste worden opgemerkt dat het belastingvoordeel in de vorm van de afschrijving van de goodwill onmiddellijk gevolgen sorteert voor de moedermaatschappij, terwijl de belasting van de meerwaarde bij verkoop van de deelneming in de ingezeten vennootschap ver in de toekomst ligt en onzeker is, waarbij de verwijzende rechter in dat verband overigens opmerkt dat strategische deelnemingen in de regel langdurig worden aangehouden. In die omstandigheden kan het feit dat de meerwaarde uit de verkoop van de deelneming kan worden belast, derhalve geen argument betreffende de coherentie van het belastingstelsel vormen waarmee een weigering van dit belastingvoordeel aan een moedermaatschappij die een deelneming verwerft in een niet-ingezeten vennootschap die de groep wordt opgenomen, kan worden gerechtvaardigd (zie in die zin arresten Rewe Zentralfinanz, C-347/04, EU:C:2007:194, punt 67, alsmede DI. VI. Finanziaria di Diego della Valle & C., C-380/11, EU:C:2012:552, punt 49).

49. Ten tweede kan de moedermaatschappij, zoals de advocaat-generaal heeft opgemerkt in punt 61 van haar conclusie, niet op grond van het nationale recht in aanmerking komen voor de afschrijving van de goodwill, zelfs niet wanneer de moedermaatschappij overeenkomstig § 10, lid 3, punt 1, van de wet op de vennootschapsbelasting van 1988 ervoor kiest een buitenlandse deelneming fiscaal in aanmerking te laten nemen en de vervreemding van een dergelijke deelneming bijgevolg wordt belast.

50. Hieruit volgt dat een wettelijke bepaling zoals die aan de orde in het hoofdgeding, op zichzelf geen rechtstreekse band creëert tussen enerzijds het belastingvoordeel in de vorm van de afschrijving op de goodwill en anderzijds de heffing in de vorm van de belasting van de meerwaarde bij de moedermaatschappij wanneer de deelneming in haar dochteronderneming wordt verkocht, zodat een verschil in behandeling zoals dat aan de orde in het hoofdgeding, niet kan worden geacht zijn rechtvaardiging te vinden in de noodzaak om de coherentie van het belastingstelsel van de betrokken lidstaat te waarborgen (zie in die zin arrest Commissie/Spanje, C-269/09, EU:C:2012:439, punt 87).

51. Ten derde is, volgens de Republiek Oostenrijk, de weigering de bovengenoemde afschrijving te aanvaarden bij fiscaal neutrale deelnemingen in niet-ingezeten vennootschappen, gerechtvaardigd met het oog op het behoud van de coherentie in het Oostenrijkse belastingstelsel, dat de aftrek van kosten in verband met onbelaste opbrengsten verbiedt. Anders zouden deze deelnemingen namelijk dubbel worden bevoordeeld, hetgeen onverenigbaar is met dit stelsel.

52. Dit argument, dat is ontleend aan het ontbreken van belastingbevoegdheid ten aanzien van de winsten van niet-ingezeten vennootschappen, heeft echter geen betrekking op een rechtstreekse band tussen een voordeel en een heffing, maar valt in werkelijkheid samen met het argument dat is ontleend aan het in punt 40 van dit arrest genoemde beginsel van een evenwichtige verdeling van de heffingsbevoegdheid tussen de lidstaten. Het kan dus om dezelfde reden als de reden die in punt 42 van dit arrest is genoemd, niet slagen.

53. Aangezien niet uit de aan het Hof overgelegde stukken blijkt dat een verschil in behandeling zoals dat aan de orde in het hoofdgeding is gerechtvaardigd door een dwingende reden van algemeen belang, moet dit als onverenigbaar met de vrijheid van vestiging worden beschouwd.

54. Derhalve moet op de tweede vraag worden geantwoord dat artikel 49 VWEU in de weg staat aan een wettelijke regeling van een lidstaat zoals die aan de orde in het hoofdgeding, die in het kader van groepsbelasting toestaat dat een moedermaatschappij bij de verwerving van een deelneming in een ingezeten vennootschap die in een dergelijke groep wordt opgenomen, de goodwill afschrijft tot maximaal 50 % van de prijs van de deelneming, terwijl zij dit bij verwerving van een deelneming in een niet-ingezeten vennootschap verbiedt.

Kosten

55. ...

Het Hof (Vierde kamer)

verklaart voor recht:

Artikel 49 VWEU staat in de weg aan een wettelijke regeling van een lidstaat zoals die aan de orde in het hoofdgeding, die in het kader van groepsbelasting toestaat dat een moedermaatschappij bij de verwerving van een deelneming in een ingezeten vennootschap die in een dergelijke groep wordt opgenomen, de goodwill afschrijft tot maximaal 50 % van de prijs van de deelneming, terwijl zij dit bij verwerving van een deelneming in een niet-ingezeten vennootschap verbiedt.

HvJ EU 19 november 2015, zaak C-241/14 (Roman Bukovansky v. Finanzamt Lörrach)

Derde kamer: *M. Ilešič, president van de Tweede kamer, waarnemend voor de president van de Derde kamer, C. Toader en C. G Fernlund (rapporteur), rechters*

Advocaat-generaal: *P. Mengozzi*

1. Het verzoek om een prejudiciële beslissing betreft de uitlegging van de relevante bepalingen van de Overeenkomst tussen de Europese Gemeenschap en haar lidstaten, enerzijds, en de Zwitserse Bondsstaat, anderzijds, over het vrije verkeer van personen, ondertekend te Luxemburg op 21 juni 1999 (*PB* 2002, L 114, blz. 6; hierna: „Overeenkomst over het vrije verkeer van personen").

2. Dit verzoek is ingediend in het kader van een geding tussen Bukovansky, een Duits staatsburger, en het Finanzamt Lörrach over de beslissing waarbij deze laatste de inkomsten uit arbeid van Bukovansky in Duitsland heeft belast met betrekking tot het tijdvak nadat de belanghebbende zijn woonplaats had verlegd van Duitsland naar Zwitsersland.

Toepasselijke bepalingen

Recht van de Unie

3. De Europese Gemeenschap en haar lidstaten, enerzijds, en de Zwitserse Bondsstaat, anderzijds, hebben op 21 juni 1999 zeven overeenkomsten gesloten, waaronder de Overeenkomst over het vrije verkeer van personen. Deze zeven overeenkomsten werden bij besluit 2002/309/EG, Euratom van de Raad en de Commissie van 4 april 2002 (*PB* L 114, blz. 1), in naam van de Gemeenschap goedgekeurd en zijn op 1 juni 2002 in werking getreden.

4. In de preambule van de Overeenkomst over het vrije verkeer van personen verklaren de overeenkomstsluitende partijen zich „[v]astbesloten het vrije onderlinge verkeer van personen tot stand te brengen, daarbij uitgaande van de bepalingen die in de Europese Gemeenschap worden toegepast".

5. Volgens artikel 1, onder a) en d), van de Overeenkomst over het vrije verkeer van personen beoogt deze Overeenkomst met betrekking tot onderdanen van de lidstaten van de Europese Unie en van de Zwitserse Bondsstaat met name het recht op toegang en op verblijf, de toegang tot een economische activiteit in loondienst, de vestiging als zelfstandige, alsmede op voortzetting van het verblijf op het grondgebied van de overeenkomstsluitende partijen toe te kennen alsook dezelfde levensomstandigheden, arbeidsvoorwaarden en arbeidsomstandigheden toe te kennen als die welke voor de eigen onderdanen gelden.

6. Artikel 2 van deze Overeenkomst, met als opschrift „Non-discriminatie", bepaalt:

„Onderdanen van een der overeenkomstsluitende partijen die legaal verblijven op het grondgebied van een andere overeenkomstsluitende partij ondervinden bij de toepassing van deze overeenkomst en overeenkomstig het bepaalde in de bijlagen I, II en III, geen discriminatie op grond van hun nationaliteit."

7. Artikel 4 van die Overeenkomst, met als opschrift „Recht op verblijf en op toegang tot een economische activiteit", preciseert:

„Het recht op verblijf en op toegang tot een economische activiteit wordt gewaarborgd overeenkomstig het bepaalde in bijlage I."

8. Volgens artikel 15 van de Overeenkomst over het vrije verkeer van personen vormen de bijlagen en protocollen bij deze Overeenkomst daarvan een integrerend onderdeel.

9. Artikel 16 van deze Overeenkomst, met als opschrift „Verwijzing naar het gemeenschapsrecht", luidt als volgt:

„1. Om de doeleinden van de Overeenkomst te bereiken nemen de overeenkomstsluitende partijen alle maatregelen die vereist zijn om in hun betrekkingen rechten en verplichtingen toe te passen die gelijkwaardig zijn met die welke zijn vervat in de rechtsbesluiten van de Europese Gemeenschap waarnaar wordt verwezen.

2. Voor zover de toepassing van deze Overeenkomst begrippen van het gemeenschapsrecht beroert, wordt de desbetreffende jurisprudentie van het Hof van Justitie van de Europese Gemeenschappen die vóór de datum van ondertekening van de Overeenkomst tot stand is gekomen in aanmerking genomen. Jurisprudentie die na de ondertekening van de Overeenkomst tot stand komt wordt ter kennis gebracht van Zwitserland. Met het oog op de goede werking van de Overeenkomst bepaalt het Gemengd Comité op verzoek van een der overeenkomstsluitende partijen welke de implicaties van deze jurisprudentie zijn."

10. Artikel 21 van de Overeenkomst, met als opschrift „Verband met bilaterale overeenkomsten inzake dubbele belastingheffing", bepaalt in lid 1 ervan:

„Aan het bepaalde in bilaterale overeenkomsten tussen Zwitserland en de lidstaten van de Europese Gemeenschap inzake dubbele belastingheffing wordt geen afbreuk gedaan door het bepaalde in de onderhavige Overeenkomst. Het bepaalde in de onderhavige Overeenkomst heeft met name geen gevolgen voor de definitie van het begrip ,grensarbeider' volgens overeenkomsten inzake dubbele belastingheffing."

11. Artikel 7 van bijlage I bij de Overeenkomst over het vrije verkeer van personen heeft als opschrift „Grensarbeiders". Lid 1 ervan is in de volgende bewoordingen gesteld:

„Een grensarbeider in loondienst is een onderdaan van een overeenkomstsluitende partij wiens woonplaats gelegen is op het grondgebied van een overeenkomstsluitende partij, en die in loondienst werkzaam is op het grondgebied van de andere overeenkomstsluitende partij, waarbij de betrokkene in beginsel iedere dag naar zijn of haar woning terugkeert, of ten minste eenmaal per week."

12. Artikel 9 van deze bijlage, met als opschrift „Gelijke behandeling", bepaalt in de leden 1 en 2 ervan:

„1. Ten aanzien van de arbeidsvoorwaarden, met name op het gebied van bezoldiging, ontslag en herintreding en herplaatsing na een periode van werkloosheid, mogen werknemers die onderdaan zijn van een overeenkomstsluitende partij op het grondgebied van de andere overeenkomstsluitende partij niet op grond van hun nationaliteit anders worden behandeld dan nationale werknemers.
2. Werknemers in loondienst en hun in artikel 3 van deze bijlage bedoelde gezinsleden genieten op het grondgebied van de andere overeenkomstsluitende partij dezelfde fiscale en sociale voordelen als nationale werknemers en hun gezinsleden."

Verdragsrecht

13. Het Verdrag van 11 augustus 1971 tussen de Zwitserse Bondsstaat en de Bondsrepubliek Duitsland (*Bundesgesetzblatt* 1972 II, blz. 1022), zoals gewijzigd bij het protocol tot herziening van 12 maart 2002 (*Bundesgesetzblatt* 2003 II, blz. 67; hierna: „Duits-Zwitsers verdrag"), is een bilateraal verdrag dat is gesloten ter voorkoming van dubbele belastingheffingen op het gebied van inkomsten- en vermogensbelasting.

14. Artikel 14 van het Duits-Zwitsers verdrag bepaalt:

„1. In de zin van dit verdrag wordt onder ,inwoner van een overeenkomstsluitende staat' verstaan elke persoon die volgens de wetgeving van deze staat onbeperkt belastingplichtig in die staat is.
[...]
4. Wanneer een in Zwitserland wonende natuurlijke persoon niet de Zwitserse nationaliteit heeft en in de Bondsrepubliek Duitsland gedurende in totaal ten minste vijf jaar onbeperkt belastingplichtig is geweest, kan de Bondsrepubliek Duitsland, niettegenstaande de andere bepalingen van het onderhavige verdrag, de uit de Bondsrepubliek Duitsland afkomstige inkomsten en de in de Bondsrepubliek Duitsland liggende vermogensbestanddelen belasten in het jaar waarin de onbeperkte belastingplicht van de betrokkene voor het laatst is geëindigd en in de vijf daaropvolgende jaren, onverminderd de belasting van deze inkomsten of vermogensbestanddelen in Zwitserland overeenkomstig de bepalingen van dit verdrag. De Bondsrepubliek Duitsland verrekent evenwel, met analoge toepassing van de Duitse voorschriften voor de verrekening van buitenlandse belasting, de in overeenstemming met de bepalingen van het onderhavige verdrag over deze inkomsten of vermogensbestanddelen geheven Zwitserse belasting met het deel van de Duitse belasting (met uitzondering van de vennootschapsbelasting) dat krachtens deze bepaling over deze inkomsten of vermogensbestanddelen wordt geheven, bovenop de Duitse belasting die daarop kan worden geheven overeenkomstig de bepalingen van de [artikelen] 6 tot en met 22. De bepalingen van dit lid zijn niet van toepassing wanneer een natuurlijk persoon een inwoner van Zwitsersland is geworden om er arbeid in loondienst te verrichten voor een werkgever met wie hij, los van zijn dienstverband, geen beduidende rechtstreekse of indirecte economische banden bij wege van een kapitaaldeelneming dan wel op een andere manier heeft.
5. Wanneer een natuurlijk persoon slechts voor een gedeelte van het jaar wordt geacht inwoner van een overeenkomstsluitende staat in de zin van dit artikel te zijn geweest en hij voor de rest van het jaar als inwoner van de andere overeenkomstsluitende staat wordt beschouwd (wijziging van woonplaats), kan elke staat de op basis van de onbeperkte belastingplicht toegepaste belastingen enkel heffen pro rata temporis van het tijdvak waarvoor deze persoon als inwoner van die staat wordt aangemerkt.
[...]"

15. Artikel 15 van dat verdrag luidt als volgt:

„1. Onder voorbehoud van de bepalingen van de [artikelen] 15a tot en met 19 worden de door een inwoner van een overeenkomstsluitende staat uit een dienstbetrekking verkregen salarissen en soortgelijke vergoedingen enkel in deze staat belast, tenzij de werkzaamheden zijn verricht in de andere overeenkomstsluitende staat. Indien de dienstbetrekking in deze laatste staat wordt uitgeoefend, worden de daaruit verkregen vergoedingen in die staat belast.

2. Onverminderd de bepalingen van [lid] 1 worden de vergoedingen die een inwoner van een overeenkomstsluitende staat verkrijgt uit een dienstbetrekking die hij in de andere overeenkomstsluitende staat uitoefent, enkel in de eerstgenoemde staat belast indien:

a. De verkrijger niet langer in de andere staat verblijft dan gedurende een tijdvak of tijdvakken die niet meer bedragen dan in totaal 183 dagen van het betrokken kalenderjaar;

b. De vergoedingen worden betaald door een werkgever of namens een werkgever die geen ingezetene van de andere staat is;

c. De vergoedingen niet worden doorgerekend aan een permanente vestiging of een vaste inrichting die de werkgever heeft in de andere staat.

[...]

4. Onder voorbehoud van de bepalingen van [artikel] 15a wordt een natuurlijk persoon die inwoner is van een overeenkomstsluitende staat doch actief is als bestuurslid, directeur, bestuurder of gevolmachtigde van een kapitaalvennootschap die ingezetene is van de andere overeenkomstsluitende staat, in deze andere staat belast met betrekking tot de vergoedingen die hij voor deze werkzaamheden ontvangt, mits zijn activiteit niet beperkt is tot handelingen die enkel buiten die andere staat volledige effecten sorteren. Indien deze andere staat die inkomsten niet belast, worden zij belast in de staat waar de natuurlijke persoon zijn woonplaats heeft."

16. Artikel 15a van voornoemd verdrag bepaalt:

„1. Niettegenstaande de bepalingen van [artikel] 15 worden de door een grensarbeider uit een dienstbetrekking verkregen salarissen en soortgelijke vergoedingen belast in de overeenkomstsluitende staat van zijn woonplaats. Ter compensatie kan de overeenkomstsluitende staat waar de werkzaamheden worden verricht, belasting heffen op deze vergoedingen door inhouding bij de bron. Deze belasting mag niet hoger zijn dan 4,5 procent van het brutobedrag van de vergoedingen indien de woonplaats is aangetoond door een officieel attest van de bevoegde belastingautoriteiten van de overeenkomstsluitende staat waar de belastingplichtige zijn woonplaats heeft. De bepalingen van [lid] 4 van [artikel] 4 gelden onverminderd.

2. In de zin van dit verdrag wordt onder ‚inwoner van een overeenkomstsluitende staat' verstaan elke persoon die volgens de wetgeving van deze staat volledig aan de belasting in die staat is onderworpen.

Onder ‚grensarbeider' in de zin van [lid] 1 wordt verstaan elke persoon die inwoner is van een overeenkomstsluitende staat maar die werkt in de andere overeenkomstsluitende staat, van waar hij regelmatig terugkeert naar zijn woonplaats. Indien deze persoon na zijn werk niet regelmatig naar zijn woonplaats terugkeert, verliest hij de status van grensarbeider alleen indien hij, naargelang het werk dat hij verricht, voor een tewerkstelling gedurende het volledige kalenderjaar niet voor méér dan 60 werkdagen naar zijn woonplaats terugkeert.

3. Onverminderd de bepalingen van [artikel] 24 houdt de overeenkomstsluitende staat waar de grensarbeider zijn woonplaats heeft op de hierna volgende wijze rekening met de belasting die volgens de derde volzin van [lid] 1 is geheven:

a. In de Bondsrepubliek Duitsland wordt de belasting verrekend met de Duitse inkomstenbelasting die is geheven overeenkomstig de bepalingen van [lid] 36 van het Einkommensteuergesetz (wet op de inkomstenbelasting), met uitsluiting van de bepalingen van [lid] 34c van die wet. De belasting wordt eveneens in aanmerking genomen om de voorheffingen op de inkomstenbelasting vast te stellen;

[...]"

Duits recht

17. Volgens § 1, lid 1, van het Einkommensteuergesetz (wet op de inkomstenbelasting; hierna: „EStG"), zoals gewijzigd op 20 december 2007 (*Bundesgesetzblatt* 2007 I, blz. 3150), zijn natuurlijke personen die hun woonplaats of gewone verblijfplaats op het nationale grondgebied hebben, onbeperkt inkomstenbelastingplichtig.

18. § 1, lid 4, van het EStG bepaalt:

„Onder voorbehoud van de leden 2 en 3 en van § 1a zijn natuurlijke personen die noch hun woonplaats noch hun gewone verblijfplaats in Duitsland hebben, beperkt inkomstenbelastingplichtig wanneer zij nationale inkomsten in de zin van § 49 van het EStG ontvangen."

19. § 49 van het EStG, betreffende gedeeltelijk belastbare inkomsten, luidt:

„1. Voor de gedeeltelijke heffing van de inkomstenbelasting (§ 1, lid 4) worden als nationale inkomsten aangemerkt:

[...]

4. de inkomsten uit niet-zelfstandige arbeid (§ 19)

a. die wordt of is verricht in Duitsland,

[...]

c. welke inkomsten zijn ontvangen als vergoeding voor werkzaamheden als bestuurder, gevolmachtigde of lid van het management van een vennootschap waarvan het bestuur is gevestigd in Duitsland,
[…]"

Hoofdgeding en prejudiciële vraag

20. Bukovansky, die de Duitse en de Tsjechische nationaliteit bezit, heeft van 1969 tot juli 2008 in Duitsland gewoond. Van januari 1999 tot februari 2006 werkte hij in Zwitsersland, waar hij in dienst was van meerdere vennootschappen van de groep Novartis. Hij was in die periode inkomstenbelastingplichtig in de staat waar hij woonde, de Bondsrepubliek Duitsland.

21. In maart 2006 is Bukovansky door zijn Zwitserse werkgever in het kader van een herstructurering overgeplaatst naar een in Duitsland gevestigde dochteronderneming van deze groep, Novartis Pharma Productions GmbH (hierna: „W-GmbH"). Aanvankelijk zou de dienstbetrekking van Bukovansky in Duitsland twee jaar duren, maar dit is geleidelijk verlengd, tot einde 2012.

22. In augustus 2008 is Bukovansky verhuisd naar Zwitserland, hoewel hij voor W-GmbH in Duitsland bleef werken. In zijn belastingaangifte voor 2008 heeft Bukovansky zich op het standpunt gesteld dat hij na zijn vertrek naar Zwitserland, dat wil zeggen voor het tijdvak van augustus tot december 2008, volgens artikel 15 a, lid 1, van het Duits-Zwitserse verdrag met betrekking tot de inkomsten die hij als werknemer in loondienst van W-GmbH had verkregen, als zogenoemde „omgekeerde" grensarbeider in Zwitserland moest worden belast.

23. De belastingdienst van Lörrach was evenwel van mening dat de betrokken inkomsten voor de volledige duur van het belastingjaar 2008 in Duitsland dienden te worden belast. Volgens deze dienst was Bukovansky voor het tijdvak van augustus tot december 2008 volgens § 1, lid 4, en § 49, lid 1, van het EStG inkomstenbelastingplichtig in Duitsland. Bovendien moesten de inkomsten die door W-GmbH aan de betrokkene als werknemer in loondienst waren betaald, overeenkomstig artikel 4, lid 4, la van het Duits-Zwitserse verdrag in Duitsland worden belast.

24. Nadat Bukovansky bezwaar daartegen had ingediend, heeft de belastingdienst van Lörrach enerzijds het aanslagbericht houdende de op de betrokken inkomsten toegepaste heffing bevestigd en anderzijds de door Bukovansky aan de Zwitserse belastingautoriteiten vanaf augustus 2008 afgedragen inkomstenbelasting in aanmerking genomen bij de berekening van het in Duitsland belastbare inkomen.

25. In het kader van zijn beroep bij het Finanzgericht Baden-Württemberg handhaaft Bukovansky zijn betoog dat het loon dat hij voor de door hem voor W-GmbH in het tijdvak van augustus tot december 2008 verrichte werkzaamheden heeft ontvangen, in Duitsland van belasting moet worden vrijgesteld en enkel in Zwitserland kan worden belast. De belastingdienst van Lörrach heeft om de verwerping van dit beroep verzocht.

26. De verwijzende rechter wijst erop dat volgens artikel 15 a, lid 1, van het Duits-Zwitserse verdrag de Zwitserse Bondsstaat vanaf augustus 2008 moet worden aangemerkt als de staat van de woonplaats van Bukovansky die het inkomen uit arbeid van de betrokkene vanaf die maand kan belasten.

27. Aangezien Bukovansky niet de Zwitserse nationaliteit heeft, hij gedurende in totaal ten minste vijf jaar in Duitsland onbeperkt belastingplichtig is geweest en hij na zijn verhuis naar Zwitsersland nog steeds in Duitsland werkt, bepaalt artikel 4, lid 4, van dat verdrag echter ook dat de Bondsrepubliek Duitsland de betrokkene kon belasten in het jaar waarin zijn onbeperkte belastingplicht voor het laatst was geëindigd en in de vijf daaropvolgende jaren, met betrekking tot de in Duitsland betaalde inkomsten en de in deze lidstaat liggende vermogensbestanddelen, niettegenstaande de andere bepalingen van dat verdrag, waarbij de Bondsrepubliek Duitsland niettemin de over deze inkomsten geheven Zwitserse belasting verrekent met het desbetreffende deel van de Duitse belasting. Voor dit tijdvak ligt de belastingdruk die Bukovansky treft op het niveau van de belasting die op zijn Duitse inkomsten is toegepast.

28. Deze rechterlijke instantie is echter van oordeel dat de in artikel 4, lid 4, van het Duits-Zwitserse verdrag voorziene belastingheffing die op personen drukt die niet de Zwitserse nationaliteit hebben, een minder gunstige behandeling vormt dan die voor een Zwitsers onderdaan is voorbehouden. Het recht om het inkomen uit arbeid te belasten van een in Duitsland wonend Zwitsers onderdaan die zijn woonplaats in deze staat opgeeft maar aldaar nog steeds niet-zelfstandige arbeid verricht, komt volgens deze rechterlijke instantie uitsluitend toe aan Zwitsersland. Bijgevolg rijst de vraag of die verschillende behandeling verenigbaar is met het in artikel 9 van bijlage I bij de Overeenkomst over het vrije verkeer van personen vastgestelde beginsel van gelijke behandeling en met het discriminatieverbod op grond van nationaliteit waarin artikel 2 van die Overeenkomst voorziet.

29. Volgens de verwijzende rechter staat artikel 21, lid 1, van de Overeenkomst over het vrije verkeer van personen er niet aan in de weg dat de bepalingen van het Duits-Zwitserse verdrag betreffende de belastingheffing die in artikel 4, lid 4, van dat verdrag, gelezen in samenhang met artikel 15 a, lid 1, vierde volzin, ervan zijn vastgesteld, niet worden toegepast. Het is juist dat de bepalingen van dat verdrag in beginsel onverlet worden gelaten door de bepalingen van de Overeenkomst over het vrije verkeer van personen. De bepalingen van de verdragen ter voorkoming van dubbele belastingheffing kunnen zich evenwel niet verzetten tegen in het recht van de Unie opgeno-

men verbodsbepalingen op het gebied van discriminatie. Bij de toepassing van die verdragen moeten de verplichtingen worden geëerbiedigd die uit de in die Overeenkomst vastgelegde grondvrijheden voortvloeien.

30. In die omstandigheden heeft het Finanzgericht Baden-Württemberg de behandeling van de zaak geschorst en het Hof verzocht om een prejudiciële beslissing over de volgende vraag:

„Moeten de bepalingen van de Overeenkomst over het vrije verkeer van personen, in het bijzonder de preambule, de artikelen 1, 2 en 21 alsmede de artikelen 7 en 9 van bijlage I daarbij, aldus worden uitgelegd dat deze Overeenkomst eraan in de weg staat dat een van Duitsland naar Zwitserland verhuisde werknemer die niet de Zwitserse nationaliteit heeft en die sinds zijn vertrek naar Zwitserland een ,omgekeerde grensarbeider' is in de zin van artikel 15a, lid 1, van deze Overeenkomst, op grond van artikel 4, lid 4 juncto artikel 15a, lid 1, vierde volzin, van die Overeenkomst aan de Duitse belastingheffing wordt onderworpen?"

Beantwoording van de prejudiciële vraag

31. Met zijn vraag wenst de verwijzende rechter in wezen te vernemen of de beginselen van non-discriminatie en gelijke behandeling die in de artikelen 2 van de Overeenkomst over het vrije verkeer van personen en 9 van bijlage I bij deze Overeenkomst zijn neergelegd, aldus moeten worden uitgelegd dat zij zich verzetten tegen een bilateraal verdrag ter voorkoming van dubbele belastingheffing, zoals het Duits-Zwitserse verdrag, dat bepaalt dat het recht om de inkomsten uit arbeid te belasten van een Duitse belastingplichtige die niet de Zwitserse nationaliteit heeft, toekomt aan de staat waar deze inkomsten hun oorsprong vinden, te weten de Bondsrepubliek Duitsland, ofschoon de betrokkene zijn woonplaats van Duitsland naar Zwitsersland heeft overgebracht maar hij zijn plaats van tewerkstelling in de eerstgenoemde staat heeft behouden, terwijl het recht om in een soortgelijke situatie de inkomsten uit arbeid van een Zwitsers onderdaan te belasten aan de staat van zijn nieuwe woonplaats toekomt, in dit geval de Zwitserse Bondsstaat.

32. Wat de omstandigheden van de zaak in het hoofdgeding en de mogelijkerwijs toepasselijke bepalingen van de Overeenkomst over het vrije verkeer van personen betreft, moet, gelet op de bewoordingen van artikel 7, lid 1, van bijlage I bij deze Overeenkomst, worden geconstateerd dat deze bepaling van toepassing is op de situatie van Bukovansky. Deze laatste is immers onderdaan van „een overeenkomstsluitende partij", namelijk de Bondsrepubliek Duitsland, hij heeft zijn woonplaats op het grondgebied van „een overeenkomstsluitende partij", in casu de Zwitserse Bondsstaat, en hij oefent een activiteit in loondienst uit op het grondgebied „van de andere overeenkomstsluitende partij", te weten de Bondsrepubliek Duitsland.

33. In deze bepaling wordt onderscheid gemaakt tussen de woonplaats, die op het grondgebied van een overeenkomstsluitende partij is gelegen, en de plaats van uitoefening van een niet-zelfstandige activiteit, die op het grondgebied van de andere overeenkomstsluitende partij moet zijn gelegen, ongeacht de nationaliteit van de betrokkene (zie in die zin arrest Ettwein, C-425/11, EU:C:2013:121, punt 35). Volgens deze bepaling moet Bukovansky voor de toepassing van de Overeenkomst over het vrije verkeer van personen dus worden aangemerkt als een „grensarbeider in loondienst", aangezien bovendien vaststaat dat hij in beginsel dagelijks – of minstens één keer per week – van de plaats van zijn beroepsactiviteit naar zijn woonplaats terugkeert.

34. Wat de tussen de Zwitserse Bondsstaat en de lidstaten van de Unie gesloten bilaterale verdragen ter voorkoming van dubbele belastingheffing betreft, moet worden opgemerkt dat artikel 21, lid 1, van de Overeenkomst over het vrije verkeer van personen preciseert dat aan het bepaalde in deze verdragen door die Overeenkomst geen afbreuk wordt gedaan.

35. Geverifieerd moet echter worden of deze bepaling van die Overeenkomst de overeenkomstsluitende partijen toestaat om van alle bepalingen van deze Overeenkomst af te wijken.

36. Dienaangaande moet worden vastgesteld dat artikel 9 van bijlage I bij de Overeenkomst over het vrije verkeer van personen, met als opschrift „Gelijke behandeling", in lid 2 ervan een specifieke regel bevat die ertoe strekt een werknemer in loondienst en zijn gezinsleden in aanmerking te doen komen voor dezelfde fiscale en sociale voordelen als nationale werknemers en hun gezinsleden. In deze context zij eraan herinnerd dat het Hof op het gebied van belastingvoordelen reeds heeft geoordeeld dat het in deze bepaling vastgelegde beginsel van gelijke behandeling door een werknemer die onderdaan is van een overeenkomstsluitende partij en die zijn recht van vrij verkeer heeft uitgeoefend, ook tegen zijn land van oorsprong kan worden ingeroepen (zie in die zin arrest Ettwein, C 425/11, EU:C:2013:121, punt 33 en aldaar aangehaalde rechtspraak, alsook punten 42 en 43).

37. In het kader van bij het Hof ingediende verzoeken om een prejudiciële beslissing betreffende de vraag of tussen de lidstaten van de Unie gesloten verdragen ter voorkoming van dubbele belastingheffing verenigbaar moeten zijn met het beginsel van gelijke behandeling en – algemeen bezien – met de door het primaire recht van de Unie gewaarborgde vrijheden inzake verkeer, heeft het Hof geoordeeld dat het de lidstaten vrijstaat om in het kader van bilaterale verdragen tot voorkoming van dubbele belasting de aanknopingsfactoren ter verdeling van de heffingsbevoegdheid vast te stellen, maar dat zij bij de uitoefening van die aldus verdeelde heffingsbevoegdheid het voornoemde beginsel en die vrijheden moeten eerbiedigen (zie arresten Gilly, C-336/96, EU:C:1998:221, punt 30;

Renneberg, C-527/06, EU:C:2008:566, punten 48-51, en Imfeld en Garcet, C-303/12, EU:C:2013:822, punten 41 en 42).

38. Wanneer in een tussen lidstaten van de Unie gesloten verdrag ter voorkoming van dubbele belastingheffing het nationaliteitscriterium wordt gehanteerd in een bepaling die tot de verdeling van de fiscale bevoegdheid strekt, kan deze op de nationaliteit gebaseerde onderscheiding bijgevolg niet worden geacht een verboden discriminatie op te leveren (arrest Gilly, C-336/96, EU:C:1998:221, punt 30). Wat daarentegen de uitoefening van de door een dergelijke bepaling verleende fiscale bevoegdheid betreft, dient de bevoegde lidstaat deze bevoegdheid met inachtneming van het beginsel van gelijke behandeling uit te oefenen.

39. Deze rechtspraak betreffende het verband tussen het primaire recht van de Unie en de tussen de lidstaten gesloten verdragen ter voorkoming van dubbele belastingheffing moet naar analogie gelden voor het verband tussen de Overeenkomst over het vrije verkeer van personen en de verdragen ter voorkoming van dubbele belastingheffing die tussen de lidstaten en de Zwitserse Bondsstaat zijn gesloten.

40. Zoals uit de preambule, de artikelen 1, onder d), en 16, lid 2, van die Overeenkomst blijkt, beoogt deze Overeenkomst immers ten behoeve van de onderdanen van de lidstaten van de Europese Unie en die van de Zwitserse Bondsstaat het vrije verkeer van personen op het grondgebied van de overeenkomstsluitende partijen tot stand te brengen, uitgaande van de in de Unie toepasselijke bepalingen, waarvan de begrippen moeten worden uitgelegd overeenkomstig de rechtspraak van het Hof.

41. Stellig bepaalt artikel 21 van de Overeenkomst over het vrije verkeer van personen dat de bepalingen van deze Overeenkomst de tussen de lidstaten van de Unie en de Zwitserse Bondsstaat gesloten verdragen ter voorkoming van dubbele belastingheffing onverlet laten. Dit artikel mag echter geen strekking hebben die in strijd is met de beginselen die ten grondslag liggen aan de Overeenkomst waartoe het behoort (zie naar analogie arrest TNT Express Nederland, C-533/08, EU:C:2010:243, punt 51). Bedoeld artikel kan dan ook niet aldus worden opgevat dat het de lidstaten van de Unie en de Zwitserse Bondsstaat toestaat om afbreuk te doen aan de verwezenlijking van het vrije verkeer van personen door bij de uitoefening van de fiscale bevoegdheden zoals die bij de bilaterale verdragen ter voorkoming van dubbele belastingheffing zijn verdeeld, artikel 9, lid 2, van bijlage I bij deze Overeenkomst zijn nuttig effect te ontnemen.

42. Wat de zaak in het hoofdgeding betreft, staat vast dat Bukovansky, zelfs nadat hij zijn woonplaats van Duitsland naar Zwitsersland had verlegd, door de bronstaat van zijn inkomsten uit arbeid, in casu de Bondsrepubliek Duitsland, op fiscaal gebied op dezelfde wijze is behandeld als een belastingplichtige die in deze staat werkt en woont.

43. Bukovansky stelt dat hij minder gunstig is behandeld dan een Zwitsers onderdaan die – net als hij – zijn woonplaats van Duitsland naar Zwitsersland overbrengt maar in de eerstgenoemde staat blijft werken, aangezien de bevoegdheid om inkomsten uit arbeid te belasten dan toekomt aan de staat van zijn woonplaats, te weten de Zwitserse Bondsstaat, en niet – zoals in zijn geval – aan de bronstaat waar het loon is betaald, namelijk de Bondsrepubliek Duitsland.

44. In dit verband moet worden opgemerkt dat een verdrag tot voorkoming van dubbele belastingheffing, zoals het Duits-Zwitserse verdrag, tot doel heeft te vermijden dat dezelfde inkomsten in elk van de twee partijen bij dit verdrag worden belast en dat een dergelijke overeenkomst niet beoogt te garanderen dat de door de belastingplichtige in een van de verdragsluitende staten verschuldigde belasting niet hoger is dan die welke hij in de andere verdragsluitende staat zou moeten voldoen (arrest Gilly, C-336/96, EU:C:1998:221, punt 46).

45. In casu moet worden geconstateerd dat de verschillende behandeling waarmee Bukovansky stelt te zijn geconfronteerd, voortvloeit uit de verdeling van de heffingsbevoegdheid tussen de partijen bij het betrokken verdrag en het resultaat is van de bestaande verschillen tussen de belastingregelingen van deze partijen. Zoals echter in de punten 37 en 38 van het onderhavige arret is aangegeven, levert de keuze die deze partijen met betrekking tot de wijze waarop zij de heffingsbevoegdheid onderling verdelen, geen verboden discriminatie op.

46. Aangezien Bukovansky dus geen fiscaal nadeel lijdt ten opzichte van de belastingplichtigen die in Duitsland wonen, kan niet worden geoordeeld dat sprake is van een discriminatie die voortvloeit uit een ongelijke behandeling waarmee inbreuk wordt gemaakt op artikel 9, lid 2, van bijlage I bij voornoemde Overeenkomst.

47. Wat het in artikel 2 van die Overeenkomst vastgestelde beginsel van non-discriminatie betreft, moet erop worden gewezen dat dit artikel op algemene wijze elke vorm van discriminatie op grond van nationaliteit verbiedt. Aangezien artikel 9 van bijlage I bij de Overeenkomst over het vrije verkeer van personen de toepassing van dat beginsel waarborgt op het gebied van het vrije verkeer van werknemers, kan evenmin worden geoordeeld dat sprake is van een discriminatie die in strijd is met voormeld artikel 2 (zie naar analogie arrest Werner, C-112/91, EU:C:1993:27, punten 19 en 20 en aldaar aangehaalde rechtspraak).

48. Gelet op een en ander moet op de gestelde vraag worden geantwoord dat de beginselen van non-discriminatie en gelijke behandeling die in de artikelen 2 van de Overeenkomst over het vrije verkeer van personen en 9 van bijlage I bij deze Overeenkomst zijn vastgelegd, aldus moeten worden uitgelegd dat zij zich niet verzetten tegen

een bilateraal verdrag ter voorkoming van dubbele belastingheffing, zoals het Duits-Zwitserse verdrag, dat bepaalt dat de bevoegdheid om de inkomsten uit arbeid te belasten van een Duitse belastingplichtige die niet de Zwitserse nationaliteit heeft, toekomt aan de staat waar deze inkomsten hun oorsprong vinden, namelijk de Bondsrepubliek Duitsland, ook al heeft de betrokkene zijn woonplaats van Duitsland naar Zwitsersland overgebracht maar is de plaats van zijn tewerkstelling nog steeds in de eerste staat gelegen, terwijl in een soortgelijke situatie de bevoegdheid om de inkomsten uit arbeid van een Zwitsers onderdaan te belasten toekomt aan de staat van diens nieuwe woonplaats, in dat geval de Zwitserse Bondsstaat.

Kosten

49.…

Het Hof (Derde kamer)

verklaart voor recht:

De beginselen van non-discriminatie en gelijke behandeling die zijn neergelegd in artikel 2 van de Overeenkomst tussen de Europese Gemeenschap en haar lidstaten, enerzijds, en de Zwitserse Bondsstaat, anderzijds, over het vrije verkeer van personen, ondertekend te Luxemburg op 21 juni 1999, en in artikel 9 van bijlage I bij deze Overeenkomst, moeten aldus worden uitgelegd dat zij zich niet verzetten tegen een bilateraal verdrag ter voorkoming van dubbele belastingheffing, zoals het verdrag van 11 augustus 1971 tussen de Zwitserse Bondsstaat en de Bondsrepubliek Duitsland, zoals gewijzigd bij het protocol tot herziening van 12 maart 2002, dat bepaalt dat de bevoegdheid om de inkomsten uit arbeid te belasten van een Duitse belastingplichtige die niet de Zwitserse nationaliteit heeft, toekomt aan de staat waar deze inkomsten hun oorsprong vinden, namelijk de Bondsrepubliek Duitsland, ook al heeft de betrokkene zijn woonplaats van Duitsland naar Zwitsersland overgebracht maar is de plaats van zijn tewerkstelling nog steeds in de eerste staat gelegen, terwijl de bevoegdheid om de inkomsten uit arbeid van een Zwitsers onderdaan te belasten in een soortgelijke situatie toekomt aan de staat van diens nieuwe woonplaats, in dat geval de Zwitserse Bondsstaat.

HvJ EU 19 november 2015, zaak C-589/14 (Commission européenne contre Royaume de Belgique)

Sixième chambre: *A. Borg Barthet, faisant fonction de président de chambre, E. Levits (rapporteur) et S. Rodin, juges*
Avocat Général: *E. Sharpston*

1. Par sa requête, la Commission européenne demande à la Cour de constater que, en maintenant des dispositions selon lesquelles:

– en matière d'intérêts afférents aux créances non représentées par des titres, une société d'investissement établie dans un autre État membre de l'Union européenne ou dans un État tiers partie à l'accord sur l'Espace économique européen, du 2 mai 1992 (JO 1994, L 1, p. 3, ci-après l'«accord EEE»), est soumise à la perception du précompte mobilier sur ces intérêts, alors qu'une société d'investissement établie en Belgique bénéficie d'une exonération de ce précompte, et

– en matière d'intérêts afférents aux créances représentées par des titres d'origine belge, ces intérêts sont soumis à la perception du précompte mobilier lorsque les titres sont déposés ou inscrits en compte auprès d'une institution financière établie dans un autre État membre de l'Union ou dans un État tiers partie à l'accord EEE, alors que ces intérêts sont exonérés du précompte mobilier lorsque les titres sont déposés ou inscrits en compte auprès d'une institution financière établie en Belgique,

le Royaume de Belgique a manqué aux obligations qui lui incombent en vertu des articles 56 TFUE et 63 TFUE ainsi que 36 et 40 de l'accord EEE.

Le cadre juridique

L'accord EEE

2. Aux termes de l'article 36, paragraphe 1, de l'accord EEE:

«Dans le cadre du présent accord, toute restriction à la libre prestation des services à l'intérieur du territoire des parties contractantes à l'égard des ressortissants des États membres de [l'Union] et des États de l'[Association européenne de libre-échange (AELE)] établis dans un État membre de [l'Union] ou dans un État de l'AELE, autre que celui du destinataire de la prestation, est interdite.»

3. L'article 40 de l'accord EEE prévoit:

«Dans le cadre du présent accord, les restrictions entre les parties contractantes aux mouvements des capitaux appartenant à des personnes résidant dans les États membres de [l'Union] ou dans les États de l'AELE, ainsi que les discriminations de traitement fondées sur la nationalité ou la résidence des parties ou sur la localisation du placement, sont interdites. Les dispositions nécessaires à l'application du présent article figurent à l'annexe XII.»

Le droit belge

4. Dans le droit fiscal belge, en ce qui concerne les sociétés résidentes qui sont imposables sur le montant total de leurs bénéfices, la retenue à la source sur le revenu de capitaux, à savoir le précompte mobilier, constitue, en général, une avance sur l'impôt des sociétés.

5. Une dérogation existe cependant en faveur des «sociétés d'investissement», à savoir les sociétés résidentes visées par la loi du 20 juillet 2004 relative à certaines formes de gestion collective de portefeuille d'investissement ainsi que les organismes de financement de pensions visés par la loi du 27 octobre 2006 relative au contrôle des institutions de retraite professionnelle. En effet, en vertu de l'article 185 bis du code des impôts sur les revenus 1992 (ci-après le «CIR 1992»), ces sociétés résidentes ne sont pas soumises à l'impôt de droit commun, mais sont taxées sur une base forfaitaire très limitée.

6. Malgré ce traitement dérogatoire aux fins de la détermination de la base imposable, le précompte mobilier perçu à la source lors du paiement d'intérêts est remboursable, au titre de l'article 304, paragraphe 2, du CIR 1992, comme pour les sociétés imposées selon le régime de droit commun.

7. Conformément à l'article 17, paragraphe 1, du CIR 1992:

«Les revenus des capitaux et biens mobiliers sont tous les produits d'avoirs mobiliers engagés à quelque titre que ce soit, à savoir:
[...]
2° les intérêts;
[...]»

8. En principe, ces revenus sont soumis à un précompte mobilier collecté par l'entité versant ces revenus au bénéficiaire. En vertu de l'article 269, 1°, du CIR 1992, le taux du précompte mobilier applicable notamment aux intérêts était de 21 % à la date d'expiration du délai de deux mois fixé dans l'avis motivé adressé au Royaume de Belgique.

9. Sur la base d'une délégation figurant à l'article 266 du CIR 1992, l'arrêté royal d'exécution de ce code (ci-après l'«AR/CIR 1992») prévoit des exonérations du précompte mobilier.

10. L'article 107, paragraphe 2, de l'AR/CIR 1992 dispose:

«Il est renoncé totalement à la perception du précompte mobilier sur:

[...]

5° b. les revenus d'obligations, bons de caisse ou autres titres analogues faisant l'objet d'une inscription nominative chez l'émetteur et les revenus de créances et prêts non représentés par des titres, qui sont alloués ou attribués à des épargnants non-résidents par:

– l'État, les régions, les communautés, la Commission communautaire française, la Commission communautaire commune, les provinces, les agglomérations et les communes;

– les organismes ou établissements publics belges, pour autant que ces créances et prêts soient garantis par l'État, les régions ou les communautés;

– les établissements financiers visés à l'article 105, 1°, a;

– les entreprises visées à l'article 105, 1°, b ou c, qui pendant toute la durée écoulée de la convention en exécution de laquelle les revenus sont alloués ou attribués, ont satisfait aux conditions visées respectivement à l'article 105, 1°, b ou c;

[...]

6° les revenus de créances et prêts représentés par des titres revêtant la forme d'effets de commerce, alloués ou attribués, soit par l'État, les régions, les communautés, la Commission communautaire française, la Commission communautaire commune, les provinces, les agglomérations, les communes ou les autres organismes ou établissements publics belges, soit en exécution de conventions conclues avant le 1er janvier 1967, par des sociétés, associations, organismes, établissements ou institutions belges de droit privé, à des épargnants non-résidents;

[...]

10° les revenus d'obligations belges faisant l'objet d'une inscription nominative chez l'émetteur qui sont alloués ou attribués à des épargnants non-résidents par des débiteurs non visés au 5°, b.

Les dispositions de l'alinéa 1er ne sont toutefois applicables que si le bénéficiaire est:

– soit un non-résident visé à l'article 227, 1° ou 3° du [CIR 1992];

– soit un non-résident visé à l'article 227, 2° du [CIR 1992] qui, dans le pays dont il est résident, est assujetti à un impôt sur les revenus dont les dispositions du droit commun ne sont pas notablement plus avantageuses qu'en Belgique, soit dont les actions ou parts ne sont pas détenues à concurrence d'au moins la moitié par des habitants du Royaume;

– soit une société d'investissement qui a fait appel public à l'épargne.»

11. L'article 110, paragraphe 4, de l'AR/CIR 1992 prévoit une exonération du précompte mobilier pour les revenus de dépôts alloués ou attribués à certains types de non-résidents, à savoir:

«a. à des banques établies à l'étranger par des établissements financiers visés à l'article 105, 1°, a;

b. à des épargnants non-résidents par des établissements financiers visés à l'article 105, 1°, a, ainsi que par des entreprises visées à l'article 105, 1°, b ou c, qui pendant toute la durée écoulée de la convention en exécution de laquelle les revenus sont alloués ou attribués, ont satisfait aux conditions visées respectivement à l'article 105, 1°, b ou c;

[...]

d. par des sociétés de Bourse à des épargnants non-résidents».

12. En vertu de l'article 116 de l'AR/CIR 1992:

«Il est renoncé totalement à la perception du précompte mobilier sur les revenus visés aux articles 17 [...] du [CIR 1992] [...] qui sont alloués ou attribués à des sociétés d'investissement visées aux articles 114, 118, 119 quinquies et 119 decies de la loi du 4 décembre 1990 relative aux opérations financières et aux marchés financiers».

13. Les sociétés d'investissement en question sont exclusivement des sociétés belges, dès lors que les dispositions susmentionnées de cette loi du 4 décembre 1990 figurent au livre III, titre Ier, de ladite loi, intitulé «Des organismes de placement belges».

14. L'article 118, paragraphe 1, 6°, de l'AR/CIR 1992 prévoit:

«En ce qui concerne les obligations, bons de caisse ou autres titres analogues d'origine belge, il est renoncé totalement à la perception du précompte mobilier aux conditions suivantes:

[…]

6° lorsqu'il s'agit de revenus visés à l'article 116:

[…]

– le bénéficiaire des revenus doit avoir été propriétaire des titres productifs des revenus pendant toute la période à laquelle ceux-ci se rapportent;

– les titres productifs des revenus doivent, pendant toute cette même période, soit:

a. avoir fait l'objet d'une inscription nominative chez l'émetteur, lorsqu'il s'agit de titres nominatifs;

b. avoir été déposés à découvert en Belgique auprès d'une banque, d'un établissement public de crédit ou d'une caisse d'épargne soumise au contrôle de la Commission bancaire, financière et des assurances, lorsqu'il s'agit de titres au porteur;

c. avoir fait l'objet d'une inscription en compte-titres en Belgique, au nom de son propriétaire ou de son détenteur auprès d'un organisme de liquidation ou d'un teneur de comptes agréé qui est habilité à détenir de tels titres, lorsqu'il s'agit de titres dématérialisés.

[…]»

La procédure précontentieuse

15. Par suite de la réception de plusieurs plaintes, la Commission a envoyé, le 27 juin 2008, une lettre de mise en demeure au Royaume de Belgique, en l'invitant à présenter ses observations sur la possible incompatibilité avec le traité CE et l'accord EEE, premièrement, de la limitation de l'exonération du précompte mobilier aux seules sociétés d'investissement belges, deuxièmement, de la limitation de l'exonération de ce précompte uniquement aux obligations et aux autres titres analogues d'origine belge et, troisièmement, de la limitation de l'exonération dudit précompte aux seuls titres au porteur faisant l'objet d'un dépôt à découvert auprès d'une banque belge ou d'une inscription en compte-titres en Belgique.

16. Le Royaume de Belgique a répondu à cette lettre de mise en demeure par une lettre du 21 octobre 2009, enregistrée par les services de la Commission le 27 octobre suivant, en contestant la discrimination invoquée dans les premier et deuxième griefs.

17. Dans une communication du 21 septembre 2010, le Royaume de Belgique a reconnu que le troisième grief retenu dans la lettre de mise en demeure n'était pas contestable et a annoncé une modification de sa réglementation fiscale, afin de mettre un terme à la discrimination en cause dans les meilleurs délais.

18. La Commission a considéré que les explications fournies par le Royaume de Belgique lui permettaient d'abandonner le deuxième grief, relatif à l'exonération du précompte mobilier portant sur les revenus d'obligations. N'étant pas convaincue par les arguments présentés par le Royaume de Belgique au sujet du premier grief et cet État membre n'ayant pas adopté les modifications réglementaires annoncées en ce qui concerne le troisième grief, la Commission a émis, le 21 février 2013, un avis motivé, notifié le 22 février suivant, confirmant sa position, selon laquelle le Royaume de Belgique avait manqué aux obligations qui lui incombaient en vertu des articles 56 TFUE et 63 TFUE ainsi que 36 et 40 de l'accord EEE. La Commission a invité le Royaume de Belgique à prendre les mesures nécessaires pour se conformer à cet avis motivé dans un délai de deux mois à compter de la réception de celui-ci, lequel expirait le 22 avril 2013.

19. Dans une réponse du 26 avril 2013, le Royaume de Belgique a admis que les mesures nécessaires afin de se conformer audit avis motivé n'avaient pas encore été prises et a fait état d'une proposition de modification de la réglementation, visant à apporter une solution définitive aux violations du droit de l'Union constatées dans l'ordonnance Tate & Lyle Investments (C-384/11, EU:C:2012:463) ainsi que dans l'arrêt Commission/Belgique (C-387/11, EU:C:2012:670).

20. Ces engagements n'ayant pas été respectés, la Commission a introduit le présent recours.

Sur le recours

Sur le premier grief

Argumentation des parties

21. La Commission soutient que, en maintenant des dispositions réglementaires selon lesquelles une société d'investissement établie dans un État membre autre que le Royaume de Belgique ou dans un État tiers partie à l'accord EEE est soumise à la perception du précompte mobilier sur les intérêts afférents aux créances non représentées par des titres, alors qu'une société d'investissement établie en Belgique bénéficie d'une exonération de ce précompte, le Royaume de Belgique a enfreint les articles 63 TFUE et 40 de l'accord EEE.

22. En effet, en vertu de l'article 116 de l'AR/CIR 1992, une société d'investissement établie en Belgique bénéficierait d'office d'une exonération du précompte mobilier sur tous les intérêts de source belge qui lui sont versés ou attribués, alors qu'une société d'investissement similaire établie dans un autre État membre serait soumise à une taxation définitive de ces revenus mobiliers au taux de 21 %, au titre du précompte mobilier.

23. L'exonération du précompte mobilier dont pourraient bénéficier les sociétés non-résidentes au titre de l'article 107, paragraphe 2, de l'AR/CIR 1992 ou de l'article 110 de celui-ci ne serait que partielle, puisqu'elle ne porterait que sur certains types limités de revenus mobiliers, tels que les revenus d'obligations, de bons de caisse ou d'autres titres analogues, ou bien sur les revenus de dépôts en numéraires auprès de banques belges, et ne concernerait pas les intérêts de créances non représentées par des titres qui seraient taxés à titre définitif au moyen du précompte mobilier, sans qu'il existe une possibilité d'imputation ou de remboursement.

24. Cette différence de traitement, qui aboutirait à une imposition plus lourde des sociétés d'investissement étrangères, aurait pour effet de favoriser les investissements réalisés par les sociétés d'investissement de droit belge, inciterait les emprunteurs à se financer auprès des sociétés d'investissement belges et constituerait donc une restriction à la libre circulation des capitaux.

25. Ladite différence de traitement affecterait des situations comparables et ne serait justifiée par aucune raison impérieuse d'intérêt général.

26. Le Royaume de Belgique fait valoir que les situations visées par le premier grief de la Commission correspondent à des cas de figure théoriques qui se présentent rarement, voire qui ne se rencontrent jamais dans la pratique, s'agissant des revenus alloués ou attribués à des sociétés d'investissement, de surcroît établies dans un autre État membre ou dans un État tiers partie à l'accord EEE.

27. Afin de dissiper tout doute sur l'existence d'une discrimination, le Royaume de Belgique se propose de modifier sa réglementation et d'élargir la notion de «sociétés d'investissement», visée à l'article 116 de l'AR/CIR 1992, aux sociétés d'investissement de droit étranger, en limitant toutefois cet élargissement à l'Espace économique européen (EEE).

Appréciation de la Cour

28. Il convient de rappeler, à titre liminaire, que, selon une jurisprudence constante, dans le cadre d'un recours en manquement, il incombe à la Commission d'établir l'existence du manquement allégué. C'est elle qui doit apporter à la Cour les éléments nécessaires à la vérification par celle-ci de l'existence de ce manquement, sans pouvoir se fonder sur une présomption quelconque (voir, notamment, arrêts Commission/Pays-Bas, 290/87, EU:C:1989:362, point 11; Commission/Grèce, C-305/06, EU:C:2008:486, point 41; Commission/Italie, C-369/11, EU:C:2013:636, point 68, et Commission/Slovaquie, C-361/13, EU:C:2015:601, point 44).

29. En l'espèce, la Commission soutient, d'une part, que, en vertu de l'article 116 de l'AR/CIR 1992, seule une société d'investissement établie en Belgique bénéficie d'office d'une exonération du précompte mobilier sur tous les intérêts de source belge qui lui sont versés ou attribués.

30. D'autre part, cette institution fait valoir que l'exemption du précompte mobilier dont pourraient bénéficier les sociétés non-résidentes au titre de l'article 107, paragraphe 2, de l'AR/CIR 1992 ou de l'article 110 de celui-ci n'est que partielle, dès lors qu'elle ne concernerait pas les intérêts de créances non représentées par des titres, qui seraient taxés à titre définitif au moyen du précompte mobilier, sans qu'existe une possibilité d'imputation ou de remboursement.

31. Or, conformément à l'article 107, paragraphe 2, 5°, sous b), de l'AR/CIR 1992, il est renoncé totalement à la perception du précompte mobilier sur les revenus de créances et de prêts non représentés par des titres, qui sont alloués ou attribués à des épargnants non-résidents par les débiteurs énumérés à cette disposition, à savoir l'État, les régions, les communautés, la Commission communautaire française, la Commission communautaire commune, les provinces, les agglomérations et les communes, les organismes ou les établissements publics belges, pour autant que ces créances et ces prêts sont garantis par l'État, les régions ou les communautés, les établissements financiers visés à l'article 105, 1°, sous a), de l'AR/CIR 1992 et les entreprises visées à l'article 105, 1°, sous b) ou c), de celui-ci.

32. L'allégation de la Commission, reprise au point 30 du présent arrêt, étant contredite par le texte même de l'article 107, paragraphe 2, 5°, sous b), de l'AR/CIR 1992, tel qu'il est reproduit par la Commission dans sa requête, et, en l'absence d'autres précisions de la part de cette institution, notamment sur les conditions d'application de cette disposition, la Cour ne dispose pas des éléments nécessaires aux fins de la vérification de l'existence et de l'étendue du manquement reproché.

33. Partant, le premier grief de la Commission doit être écarté.

Sur le second grief

Argumentation des parties

34. La Commission soutient que, en maintenant des dispositions réglementaires selon lesquelles les intérêts afférents aux créances représentées par des titres d'origine belge sont soumis à la perception du précompte mobilier lorsque les titres sont déposés ou inscrits en compte auprès d'une institution financière établie dans un État

membre autre que le Royaume de Belgique ou dans un État tiers partie à l'accord EEE, alors que ces intérêts sont exonérés du précompte mobilier lorsque les titres sont déposés ou inscrits en compte auprès d'une institution financière établie en Belgique, le Royaume de Belgique a enfreint les articles 56 TFUE et 63 TFUE ainsi que les articles 36 et 40 de l'accord EEE.

35. En effet, les dispositions de l'article 118, paragraphe 1, 6°, troisième tiret, sous b) et c), de l'AR/CIR 1992 conduiraient à la perception du précompte mobilier en raison du seul fait que des titres d'origine belge, tels que les obligations, les bons de caisse ou les autres titres analogues, qui génèrent les intérêts, sont déposés ou inscrits auprès d'une banque qui n'est pas établie en Belgique.

36. Par conséquent, ces dispositions seraient de nature à dissuader les sociétés d'investissement bénéficiaires des intérêts à recourir aux services de banques établies dans un État membre autre que le Royaume de Belgique ou dans un État tiers partie à l'accord EEE, puisqu'un tel choix leur ferait supporter une taxation au taux de 21 %, et lesdites dispositions constitueraient, dès lors, une restriction à la libre prestation des services, au sens des articles 56 TFUE et 36 de l'accord EEE.

37. En outre, les mêmes dispositions pourraient constituer une restriction à la libre circulation des capitaux, au sens des articles 63 TFUE et 40 de l'accord EEE, dès lors qu'elles augmenteraient la charge fiscale grevant des investissements qui ne sont pas destinés à influencer les décisions de l'entité distribuant les intérêts.

38. La Commission relève que, aux fins de la détention des titres soit en dépôt à découvert, soit en inscription en compte-titres, les banques établies en Belgique et les banques établies dans un autre État membre ou dans un État tiers partie à l'accord EEE sont dans une situation objectivement comparable et ne remplissent qu'une fonction purement administrative. De surcroît, la restriction en cause ne saurait non plus, selon cette institution, être justifiée par des raisons impérieuses d'intérêt général.

39. Le Royaume de Belgique fait état d'un projet d'arr?té royal, selon lequel, d'une part, il serait proposé de supprimer l'article 118, paragraphe 1, 6°, troisième tiret, sous b), de l'AR/CIR 1992, relatif aux titres au porteur, cette mesure étant la conséquence de la disparition de ces titres en Belgique et rendant caduque la discrimination alléguée, relative aux titres au porteur déposés à découvert en Belgique. D'autre part, en ce qui concerne les cas visés à l'article 118, paragraphe 1, 6°, troisième tiret, sous c), de l'AR/CIR 1992, un élargissement aux comptes-titres ouverts dans un État membre de l'EEE serait proposé. Le Royaume de Belgique fait valoir que, lorsque ledit arrêté royal sera entré en vigueur, les cas de discrimination soulevés par la Commission auront disparu.

Appréciation de la Cour

40. Il importe de relever que l'article 56 TFUE s'oppose à l'application de toute réglementation nationale ayant pour effet de rendre la prestation de services entre les États membres plus difficile que la prestation de services purement interne à un État membre (voir, notamment, arrêts X et Passenheim-van Schoot, C-155/08 et C-157/08, EU:C:2009:368, point 32, ainsi que X, C-498/10, EU:C:2012:635, point 20).

41. En effet, conformément à la jurisprudence de la Cour, l'article 56 TFUE exige la suppression de toute restriction à la libre prestation des services imposée au motif que le prestataire est établi dans un État membre différent de celui dans lequel la prestation est fournie (voir arrêts FKP Scorpio Konzertproduktionen, C-290/04, EU:C:2006:630, point 31; Centro Equestre da Lezíria Grande, C-345/04, EU:C:2007:96, point 20, et X, C-498/10, EU:C:2012:635, point 21).

42. Constituent des restrictions à la libre prestation des services les mesures nationales qui interdisent, gênent ou rendent moins attrayant l'exercice de cette liberté (voir, notamment, arrêts Jobra, C-330/07, EU:C:2008:685, point 19; Tankreederei I, C-287/10, EU:C:2010:827, point 15, et X, C-498/10, EU:C:2012:635, point 22).

43. Selon une jurisprudence constante, l'article 56 TFUE confère des droits non seulement au prestataire de services lui-même, mais également au destinataire desdits services (arrêts Eurowings Luftverkehr, C-294/97, EU:C:1999:524, point 34; FKP Scorpio Konzertproduktionen, C-290/04, EU:C:2006:630, point 32; Dijkman et Dijkman-Lavaleije, C-233/09, EU:C:2010:397, point 24, ainsi que X, C-498/10, EU:C:2012:635, point 23).

44. En outre, il y a lieu de relever que l'article 36 de l'accord EEE est analogue à l'article 56 TFUE, de telle sorte que les considérations énoncées aux points 40 à 43 du présent arrêt s'appliquent, en principe, également à l'article 36 de l'accord EEE (voir, notamment, arrêts Commission/Belgique, C-383/10, EU:C:2013:364, point 71, et Commission/Espagne, C-678/11, EU:C:2014:2434, point 66).

45. En l'espèce, la réglementation en cause prévoit une exonération du précompte mobilier sur les intérêts perçus par les sociétés d'investissement résidentes, lorsque les titres productifs de revenus sont déposés ou inscrits en compte auprès d'une institution financière établie en Belgique. En revanche, une telle exonération n'est pas prévue lorsque les titres productifs de revenus sont déposés ou inscrits en compte auprès d'une institution financière établie dans un autre État membre ou dans un État tiers partie à l'accord EEE.

46. Cette différence de traitement est de nature à dissuader les sociétés d'investissement bénéficiaires d'intérêts à recourir aux services de banques établies dans un État membre autre que le Royaume de Belgique ou dans un État tiers partie à l'accord EEE, dès lors que la charge fiscale à laquelle sont soumis les intérêts perçus par ces sociétés d'investissement résidentes est plus élevée lorsque ces titres sont déposés ou inscrits en compte auprès d'une institution financière établie dans un tel État membre ou dans un État tiers partie à l'accord EEE.

47. Une telle réglementation constitue donc une restriction à la libre prestation des services, prohibée, en principe, par les articles 56 TFUE et 36 de l'accord EEE.

48. Le Royaume de Belgique n'a invoqué devant la Cour aucune raison impérieuse d'intérêt général qui serait susceptible de justifier, en l'espèce, cette restriction à la libre prestation des services, au sens des articles 56 TFUE et 36 de l'accord EEE.

49. Pour autant que le Royaume de Belgique fait état d'un projet d'arrêté royal ayant pour objet de rendre la réglementation en cause conforme aux articles 56 TFUE et 36 de l'accord EEE, il suffit de rappeler qu'il est de jurisprudence constante que l'existence d'un manquement doit être appréciée en fonction de la situation de l'État membre telle qu'elle se présentait au terme du délai fixé dans l'avis motivé et que les changements intervenus par la suite ne sauraient être pris en compte par la Cour (voir, notamment, arrêts Commission/Grèce, C-351/13, EU:C:2014:2150, point 20; Commission/Belgique, C-317/14, EU:C:2015:63, point 34, et Commission/France, C-485/14, EU:C:2015:506, point 30).

50. Il résulte de l'ensemble des considérations qui précèdent que le grief de la Commission relatif à la violation, par la réglementation en cause, des articles 56 TFUE et 36 de l'accord EEE doit être regardé comme fondé.

51. Les dispositions du traité FUE ainsi que de l'accord EEE relatives à la libre prestation des services s'opposant à cette réglementation, il n'est pas nécessaire d'examiner séparément ladite réglementation à la lumière des articles 63 TUE et 40 de l'accord EEE, concernant la libre circulation des capitaux (voir, en ce sens, arrêts Commission/Belgique, C-383/10, EU: C:2013:364, point 74, et Commission/Belgique, C-296/12, EU:C:2014:24, point 51).

52. Par conséquent, il y a lieu de constater que, en maintenant en vigueur des dispositions selon lesquelles les intérêts afférents aux créances représentées par des titres d'origine belge sont soumis à la perception du précompte mobilier lorsque ces titres sont déposés ou inscrits en compte auprès d'une institution financière établie dans un État membre de l'Union autre que le Royaume de Belgique ou dans un État tiers partie à l'accord EEE, alors que ces intérêts sont exonérés du précompte mobilier lorsque lesdits titres sont déposés ou inscrits en compte auprès d'une institution financière établie en Belgique, le Royaume de Belgique a manqué aux obligations qui lui incombent en vertu des articles 56 TFUE et 36 de l'accord EEE.

Sur les dépens

53. ...

Par ces motifs,

la Cour (sixième chambre)

déclare et arrête:

1. **En maintenant en vigueur des dispositions selon lesquelles les intérêts afférents aux créances représentées par des titres d'origine belge sont soumis à la perception du précompte mobilier lorsque ces titres sont déposés ou inscrits en compte auprès d'une institution financière établie dans un État membre de l'Union européenne autre que le Royaume de Belgique ou dans un État tiers partie à l'accord sur l'Espace économique européen, du 2 mai 1992, alors que ces intérêts sont exonérés du précompte mobilier lorsque lesdits titres sont déposés ou inscrits en compte auprès d'une institution financière établie en Belgique, le Royaume de Belgique a manqué aux obligations qui lui incombent en vertu des articles 56 TFUE et 36 de l'accord sur l'Espace économique européen.**

2. **Le recours est rejeté pour le surplus.**

3. **La Commission européenne et le Royaume de Belgique supportent leurs propres dépens.**

HvJ EU 17 december 2015, zaak C-388/14 (Timac Agro Deutschland GmbH v. Finanzamt Sankt Augustin)

Derde kamer: *M. Ilešič, president van de Tweede kamer, waarnemend voor de president van de Derde kamer, C. Toader, A. Rosas, E. Jarašiūnas en C. G. Fernlund (rapporteur), rechters*

Advocaat-generaal: *M. Wathelet*

1. Het verzoek om een prejudiciële beslissing betreft de uitlegging van artikel 49 VWEU.

2. Dit verzoek is ingediend in het kader van een geding tussen Timac Agro Deutschland GmbH (hierna: „Timac Agro"), een kapitaalvennootschap naar Duits recht, en het Finanzamt Sankt Augustin (belastingdienst te Sankt Augustin) over de inhaal door het Finanzamt Sankt Augustin van eerder afgetrokken verliezen van een niet-ingezeten vaste inrichting van die vennootschap uit de belastingjaren 1997 en 1998 naar aanleiding van de overdracht van die vaste inrichting aan een niet-ingezeten zustervennootschap, en de weigering van het Finanzamt Sankt Augustin om de verliezen van die vaste inrichting uit de belastingjaren vanaf 1999 in aanmerking te nemen na die overdracht.

Toepasselijke bepalingen

Duits recht

3. § 2a, lid 3, eerste tot en met vierde volzin, van het Einkommensteuergesetz (wet op de inkomstenbelasting; hierna: „EStG"), in de op de belastingjaren 1997 en 1998 toepasselijke versie, luidt:

„Indien de inkomsten uit industriële of commerciële activiteiten van een in een andere staat gelegen vaste inrichting vrijgesteld zijn van de inkomstenbelasting op grond van een overeenkomst ter vermijding van dubbele belastingheffing, dient op verzoek van de belastingplichtige het verlies dat deze inkomsten volgens de nationale fiscale bepalingen opleveren, in mindering te worden gebracht bij de berekening van het totaal van de inkomsten, voor zover de belastingplichtige dat verlies zou kunnen verrekenen of in mindering zou kunnen brengen indien de inkomsten niet waren vrijgesteld van inkomstenbelasting, en voor zover het hoger is dan de door die overeenkomst vrijgestelde positieve inkomsten van industriële of commerciële activiteiten van andere in diezelfde staat gelegen vaste inrichtingen. Voor zover het verlies niet op die wijze werd verrekend, is de aftrek van verliezen toegestaan, mits wordt voldaan aan de voorwaarden van § 10d. Indien de totale inkomsten uit industriële of commerciële activiteiten van de vaste inrichtingen in die andere staat, die door de overeenkomst zijn vrijgesteld van inkomstenbelasting, in een later aanslagjaar positief zijn, dient het uit hoofde van de eerste en de tweede volzin in mindering gebrachte verlies weer te worden meegeteld bij de berekening van de totale inkomsten over dat aanslagjaar. De derde volzin is niet van toepassing indien de belastingplichtige aantoont dat hij op grond van de bepalingen van de andere staat die op hem van toepassing zijn, in het algemeen geen verliezen in andere jaren kan aftrekken dan in het jaar waarin hij die verliezen leed."

4. § 52, lid 3, derde en vijfde volzin, EStG, zoals van toepassing in 2005, luidt:

„§ 2a, lid 3, derde, vijfde en zesde volzin, zoals gepubliceerd op 16 april 1997 (*BGBl.* I, blz. 821), blijft van toepassing voor de aanslagjaren 1999 tot en met 2008 voor zover er sprake is van een positief inkomen in de zin van § 2a, lid 3, derde volzin, of voor zover een in een andere staat gelegen vaste inrichting in de zin van § 2a, lid 4, in de bewoordingen van de vijfde volzin, wordt omgezet in een kapitaalvennootschap, wordt overgedragen of wordt gesloten. [...] § 2a, lid 4, is voor de aanslagjaren 1999 tot en met 2008 van toepassing in de volgende bewoordingen:

‚4. Indien een in een andere staat gelegen vaste inrichting

1. wordt omgezet in een kapitaalvennootschap of
2. onder bezwarende titel of om niet wordt overgedragen of
3. wordt gesloten [...], dan wordt het op grond van lid 3, eerste en tweede volzin, afgetrokken verlies weer meegerekend bij het totaalbedrag van de inkomsten tijdens het aanslagjaar waarin de omzetting, de overdracht of de sluiting plaatsvond, waarbij lid 3, derde volzin, op analoge wijze wordt toegepast, voor zover dat verlies niet werd meegerekend of nog zal worden meegerekend uit hoofde van lid 3, derde volzin.'"

Overeenkomsten ter voorkoming van dubbele belasting

5. Artikel 4, lid 1, van de Overeenkomst tussen de Bondsrepubliek Duitsland en de Republiek Oostenrijk ter voorkoming van dubbele belasting op het gebied van de inkomsten- en vermogensbelasting alsmede de bedrijfsbelasting en grondbelasting van 4 oktober 1954 (*BGBl.* 1955 II, blz. 749), zoals gewijzigd bij de overeenkomst van 8 juli 1992 (*BGBl.* 1994 II, blz. 122), bepaalt:

„Wanneer een persoon met woonplaats in één der overeenkomstsluitende staten inkomsten verkrijgt als ondernemer of medeondernemer van een industriële of handelsonderneming die haar activiteiten ook op het grondgebied van de andere overeenkomstsluitende staat verricht, komt het recht om deze inkomsten te belasten deze andere staat alleen toe voor zover zij afkomstig zijn van een vaste inrichting op zijn grondgebied."

6. Artikel 7, lid 1, van de Overeenkomst tussen de Bondsrepubliek Duitsland en de Republiek Oostenrijk ter voorkoming van dubbele belasting op het gebied van de inkomsten- en vermogensbelasting van 24 augustus 2000 (*BGBl.* 2000 II, blz. 734; hierna: „Duits-Oostenrijkse overeenkomst"), luidt:

„Winst van een onderneming van een verdragsluitende staat is alleen in die staat belastbaar, tenzij de onderneming in de andere verdragsluitende staat haar bedrijf uitoefent met behulp van een aldaar gevestigde vaste inrichting. Indien de onderneming aldus haar bedrijf uitoefent, mag de winst van de onderneming in de andere staat worden belast, maar slechts in zoverre als zij aan die vaste inrichting kan worden toegerekend."

7. Artikel 23, lid 1, eerste volzin, van de Duits-Oostenrijkse overeenkomst bepaalt:

„De belasting voor in de Bondsrepubliek Duitsland wonende personen wordt vastgesteld als volgt:
a. onder voorbehoud van onderstaand punt b) zijn inkomsten uit de Republiek Oostenrijk en in de Republiek Oostenrijk gelegen vermogensbestanddelen die uit hoofde van deze overeenkomst belastbaar zijn in de Republiek Oostenrijk, geen grondslag voor de Duitse belastingheffing."

8. Artikel 12, onder b), van het aan die overeenkomst gehechte protocol bepaalt met betrekking tot artikel 24 van die overeenkomst:

„Indien ingezetenen van de Bondsrepubliek Duitsland vanaf het boekjaar 1990 (1989/90) verliezen lijden in vaste inrichtingen in Oostenrijk, worden tot en met het boekjaar 1997 (1996/1997) ontstane verliezen in aanmerking genomen overeenkomstig § 2a, lid 3, EStG. Vanaf het boekjaar 1994 vindt de inhaal op grond van § 2a, lid 3, derde volzin, van [die wet] niet plaats. Indien het fiscale voordeel overeenkomstig die bepalingen in de Bondsrepubliek Duitsland niet kan worden toegepast omdat de beslissing reeds in kracht van gewijsde is gegaan en de procedure niet meer kan worden heropend wegens het verstrijken van de termijn voor de vaststelling van de belasting, kunnen de verliezen in de Republiek Oostenrijk in aanmerking worden genomen in de vorm van een verliesaftrek. Vanaf het boekjaar 1998 (1997/ 1998) ontstane verliezen moeten op basis van wederkerigheid in aanmerking worden genomen in de staat waarin de vaste inrichting is gevestigd. De voorgaande bepalingen gelden slechts voor zover zij niet tot gevolg hebben dat verliezen dubbel in aanmerking worden genomen."

Hoofdgeding en prejudiciële vragen

9. Agro is een kapitaalvennootschap naar Duits recht en behoort tot een Frans concern. Sedert 1997 had zij een vaste inrichting in Oostenrijk. Op 31 augustus 2005 is die vaste inrichting onder bezwarende titel overgedragen aan een in Oostenrijk gevestigde vennootschap die tot hetzelfde concern behoort als Timac Agro.

10. Destijds is de vraag gerezen hoe om te gaan met de verliezen van die niet-ingezeten vaste inrichting, aangezien die vaste inrichting tussen 1997 en 2005 over alle boekjaren, met uitzondering van 2000 en 2005, verliezen had geleden.

11. Na een belastingcontrole zijn de heffingsgrondslagen van Timac Agro over de jaren 1997 tot en met 2004 herzien. In de eerste plaats zijn de verliezen van de vaste inrichting in Oostenrijk over de jaren 1997 en 1998, die aanvankelijk waren afgetrokken van de resultaten van Timac Agro, bijgeteld bij de belastbare inkomsten van die vennootschap over het jaar 2005. In de tweede plaats is geweigerd om de verliezen van diezelfde vaste inrichting over de jaren 1999 tot en met 2004 in aanmerking te nemen bij de vaststelling van de heffingsgrondslagen van Timac Agro.

12. Timac Agro, dat deze herzieningen betwist, heeft beroep ingesteld bij het Finanzgericht Köln. Ter ondersteuning van dat beroep stelt zij dat zowel de inhaal van de verliezen van haar vaste inrichting in Oostenrijk over de jaren 1997 en 1998 als de onmogelijkheid om de verliezen van die vaste inrichting over de jaren 1999 tot en met 2004 af te trekken, in strijd is met de vrijheid van vestiging.

13. Aangaande de betrokken inhaal van verliezen is de verwijzende rechter van oordeel dat het Hof nog niet de vraag heeft beantwoord of een dergelijke inhaal na de overdracht van een niet-ingezeten vaste inrichting in overeenstemming is met het Unierecht.

14. De verwijzende rechter wijst erop dat de feiten die tot het arrest Krankenheim Ruhesitz am Wannsee-Seniorenheimstatt (C-157/07, EU:C:2008:588) hebben geleid, weliswaar deels vergelijkbaar zijn met de feiten van de bij hem aanhangige zaak, maar dat het er in dat arrest om ging de verliezen opnieuw in de heffingsgrondslag op te nemen ten belope van de winst van de niet-ingezeten vaste inrichting. In het hoofdgeding daarentegen is over-

gegaan tot inhaal van de verliezen vanwege de overdracht van de niet-ingezeten vaste inrichting, zonder dat sprake is van enig verband met eventuele winst van die vaste inrichting.

15. Indien het Hof van oordeel is dat de uit dat arrest voortvloeiende beginselen ook in een geval als in het hoofdgeding van toepassing zijn, vraagt de verwijzende rechter zich af of de door het Hof in de punten 55 en 56 van het arrest Marks & Spencer (C-446/03, EU:C:2005:763) geformuleerde beginselen inzake definitieve verliezen van toepassing zijn op de verliezen over de boekjaren 1997 en 1998, die, nu zij opnieuw in de heffingsgrondslag zijn opgenomen, in Duitsland niet meer in aanmerking worden genomen.

16. Aangaande de weigering om de verliezen van de vaste inrichting in Oostenrijk over de belastingjaren 1999 tot en met 2004 in aanmerking te nemen, wijst de verwijzende rechter erop dat de Republiek Oostenrijk op grond van de Duits-Oostenrijkse overeenkomst de exclusieve bevoegdheid had om belasting te heffen over de inkomsten van die vaste inrichting. De in die overeenkomst ter voorkoming van dubbele belasting opgenomen regeling is niet alleen van toepassing op winsten maar ook op verliezen. Derhalve kan het beroep van Timac Agro alleen slagen indien die overeenkomst in strijd is met de vrijheid van vestiging.

17. Die rechter vraagt zich voorts af of in de bij hem aanhangige zaak sprake is van definitieve verliezen in de zin van de in de punten 55 en 56 van het arrest Marks & Spencer (C-446/03, EU:C:2005:763) uiteengezette beginselen. Hij benadrukt dat voor hem tot op heden niet duidelijk is wat de criteria zijn om te bepalen in welke gevallen die beginselen van toepassing zijn.

18. Daarom heeft het Finanzgericht Köln de behandeling van de zaak geschorst en het Hof de volgende prejudiciële vragen gesteld:

> „1. Moet artikel 49 VWEU aldus worden uitgelegd dat het zich verzet tegen een regeling als die van § 52, lid 3, EStG, voor zover daarin wordt bepaald dat de bijtelling van verliezen van een buitenlandse vaste inrichting die vroeger van de heffingsgrondslag zijn afgetrokken, niet gebeurt omdat winst is geboekt maar omdat deze vaste inrichting is overgedragen aan een andere kapitaalvennootschap die tot hetzelfde concern als de verkoper behoort?
> 2. Moet artikel 49 VWEU aldus worden uitgelegd dat het zich verzet tegen een regeling als die van artikel 23, lid 1, onder a), van de Duits-Oostenrijkse overeenkomst, op basis waarvan inkomsten uit Oostenrijk worden uitgesloten van de heffingsgrondslag van de Duitse belasting indien deze inkomsten in Oostenrijk kunnen worden belast, wanneer het door een Oostenrijkse vaste inrichting van een Duitse kapitaalvennootschap geleden verlies niet meer in Oostenrijk kan worden verrekend, omdat de vaste inrichting is overgedragen aan een Oostenrijkse kapitaalvennootschap die tot hetzelfde concern behoort als de Duitse kapitaalvennootschap?"

Beantwoording van de prejudiciële vragen

Eerste vraag

19. Met zijn eerste vraag wenst de verwijzende rechter in wezen te vernemen of artikel 49 VWEU aldus moet worden uitgelegd dat het zich verzet tegen een belastingregeling van een lidstaat als in het hoofdgeding, op grond waarvan bij de overdracht door een ingezeten vennootschap van een in een andere lidstaat gevestigde vaste inrichting aan een niet-ingezeten vennootschap die tot hetzelfde concern behoort als de eerste vennootschap, de eerder afgetrokken verliezen van de overgedragen vaste inrichting opnieuw worden opgenomen in het belastbare resultaat van de overdragende vennootschap wanneer de inkomsten van die vaste inrichting op grond van een overeenkomst ter voorkoming van dubbele belasting zijn vrijgesteld van belasting in de lidstaat van vestiging van de vennootschap waarvan die vaste inrichting deel uitmaakte.

20. De vrijheid van vestiging brengt voor vennootschappen die in overeenstemming met de wetgeving van een lidstaat zijn opgericht en die hun statutaire zetel, hun hoofdbestuur of hun hoofdvestiging binnen de Europese Unie hebben, het recht mee om in de betrokken lidstaat hun bedrijfsactiviteit uit te oefenen door middel van een dochteronderneming, een filiaal of een agentschap (arrest Nordea Bank Danmark, C-48/13, EU:C:2014:2087, punt 17 en aldaar aangehaalde rechtspraak).

21. Hoewel de bepalingen van het VWEU inzake de vrijheid van vestiging het voordeel van de nationale behandeling in de lidstaat van ontvangst beogen te garanderen, verbieden zij ook de lidstaat van oorsprong de vestiging in een andere lidstaat van een naar zijn recht opgerichte vennootschap, in het bijzonder via een vaste inrichting, te bemoeilijken (arrest Nordea Bank Danmark, C-48/13, EU:C:2014:2087, punt 18 en aldaar aangehaalde rechtspraak).

22. De vrijheid van vestiging wordt belemmerd indien een ingezeten vennootschap met een dochteronderneming of een vaste inrichting in een andere lidstaat door de belastingregeling van een lidstaat vanuit fiscaal oogpunt ongunstiger wordt behandeld dan een ingezeten vennootschap met een vaste inrichting of een dochteronderneming in laatstgenoemde lidstaat (arrest Nordea Bank Danmark, C-48/13, EU:C:2014:2087, punt 19 en aldaar aangehaalde rechtspraak).

23. Het Hof heeft reeds geoordeeld dat de inaanmerkingneming van de verliezen van een niet-ingezeten vaste inrichting bij de bepaling van de winst en de berekening van het belastbare inkomen van de vennootschap waarvan die vaste inrichting deel uitmaakt, een fiscaal voordeel vormt (arrest Nordea Bank Danmark, C-48/13, EU:C:2014:2087, punt 20 en aldaar aangehaalde rechtspraak).

24. Bovendien volgt uit de rechtspraak van het Hof dat de inhaal van dergelijke verliezen die slechts gebeurt bij de overdracht van een niet-ingezeten vaste inrichting, ertoe leidt dat een vennootschap met een vaste inrichting in een andere lidstaat dan die waar zij is gevestigd, een dergelijk voordeel wordt ontnomen in vergelijking met een vennootschap met een vaste inrichting in dezelfde lidstaat en derhalve een nadelige behandeling vormt (zie in die zin arrest Nordea Bank Danmark, C-48/13, EU:C:2014:2087, punt 21).

25. Uit die rechtspraak volgt voorts dat die nadelige behandeling een ingezeten vennootschap ervan kan weerhouden haar activiteiten uit te oefenen via een vaste inrichting in een andere lidstaat dan die waar zij is gevestigd en derhalve een beperking vormt die in beginsel is verboden door de bepalingen van het Verdrag inzake de vrijheid van vestiging (zie in die zin arrest Nordea Bank Danmark, C-48/13, EU:C:2014:2087, punt 22).

26. Een dergelijke beperking kan enkel worden aanvaard indien zij betrekking heeft op situaties die niet objectief vergelijkbaar zijn, of wordt gerechtvaardigd door een dwingende reden van algemeen belang (arrest Nordea Bank Danmark, C-48/13, EU:C:2014:2087, punt 23 en aldaar aangehaalde rechtspraak).

27. Aangaande de vergelijkbaarheid van de situaties zij eraan herinnerd dat vaste inrichtingen in een andere lidstaat dan de betrokken lidstaat zich in beginsel niet in een situatie bevinden die vergelijkbaar is met die van ingezeten vaste inrichtingen, wat betreft de door die lidstaat vastgestelde maatregelen om de dubbele belasting op de winst van een ingezeten vennootschap te voorkomen of te beperken (arrest Nordea Bank Danmark, C-48/13, EU:C:2014:2087, punt 24).

28. Door de aftrek van de verliezen van een in Oostenrijk gevestigde vaste inrichting toe te staan, heeft de Bondsrepubliek Duitsland de ingezeten vennootschap waarvan die vaste inrichting deel uitmaakte, echter eenzelfde fiscaal voordeel verleend als wanneer die vaste inrichting in Duitsland zou zijn gevestigd en derhalve die vaste inrichting voor de aftrek van verliezen gelijkgesteld met een ingezeten vaste inrichting (zie in die zin arresten Krankenheim Ruhesitz am Wannsee-Seniorenheimstatt, C-157/07, EU:C:2008:588, punt 35, en Nordea Bank Danmark, C-48/13, EU:C:2014:2087, punt 24). In die omstandigheden is de situatie van een ingezeten vennootschap met een vaste inrichting in Oostenrijk bijgevolg vergelijkbaar met die van een ingezeten vennootschap met een vaste inrichting in Duitsland.

29. De beperking kan dus enkel worden gerechtvaardigd door dwingende redenen van algemeen belang. In dat geval moet de beperking ook geschikt zijn om het nagestreefde doel te verwezenlijken en mag zij niet verder gaan dan nodig is voor het verwezenlijken van dat doel (arrest Nordea Bank Danmark, C-48/13, EU:C:2014:2087, punt 25 en aldaar aangehaalde rechtspraak).

30. De Bondsrepubliek Duitsland benadrukt dat de inkomsten van een vaste inrichting in Oostenrijk, zowel de inkomsten die zijn gerealiseerd in de periode waarin de vaste inrichting deel uitmaakte van een in Duitsland gevestigde vennootschap als de inkomsten die zijn gerealiseerd op het tijdstip van de overdracht van die vaste inrichting, in Duitsland zijn vrijgesteld van belasting, aangezien de Republiek Oostenrijk op grond van de Duits-Oostenrijkse overeenkomst bevoegd is om belasting te heffen over die inkomsten.

31. Die lidstaat benadrukt dat de in het hoofdgeding aan de orde zijnde inhaal overeenkomt met het bedrag van de eerder afgetrokken verliezen. Derhalve vormt die inhaal de fiscale compensatie van het deel van de winst van de ingezeten vennootschap waarover tevoren geen belasting is geheven.

32. Bovendien wordt met de in het hoofdgeding aan de orde zijnde belastingregeling beoogd te voorkomen dat belastingplichtigen in staat zijn de inhaalregeling te ontwijken met verkoopprijzen onder de marktprijs of andere constructies en de naheffing te verhinderen.

33. De Bondsrepubliek Duitsland is van mening dat de in het hoofdgeding aan de orde zijnde belastingregeling derhalve wordt gerechtvaardigd door de dwingende reden van algemeen belang in verband met de noodzaak om zowel een evenwichtige verdeling van de heffingsbevoegdheid tussen de lidstaten te handhaven, de samenhang van de belastingregeling te waarborgen als belastingontduiking te voorkomen.

34. Aangaande – allereerst – de noodzaak om een evenwichtige verdeling van de heffingsbevoegdheid tussen de lidstaten te handhaven, zij eraan herinnerd dat het gaat om een door het Hof erkende rechtmatige doelstelling, die het noodzakelijk kan maken op de bedrijfsactiviteiten van in een van die lidstaten gevestigde vennootschappen zowel ter zake van winst als ter zake van verlies uitsluitend de fiscale regels van die lidstaat toe te passen (arrest K, C-322/11, EU:C:2013:716, punt 50 en aldaar aangehaalde rechtspraak).

35. Zoals het Hof reeds heeft benadrukt, beoogt deze doelstelling met name de symmetrie tussen het recht op belastingheffing over de winst en de mogelijkheid tot aftrek van de verliezen veilig te stellen, in het bijzonder ten-

einde te vermijden dat de belastingplichtige vrijelijk kan kiezen in welke lidstaat die winsten worden opgevoerd of verliezen worden verrekend (arrest K, C-322/11, EU:C:2013:716, punt 51 en aldaar aangehaalde rechtspraak).

36. In het hoofdgeding zou de Bondsrepubliek Duitsland zonder de toepassing van de Duits-Oostenrijkse overeenkomst het recht hebben om belasting te heffen over de inkomsten van een vaste inrichting in Oostenrijk die deel uitmaakt van een in Duitsland gevestigde vennootschap.

37. De toepassing van die overeenkomst heeft echter ertoe geleid dat de Bondsrepubliek Duitsland geen heffingsbevoegdheid heeft uitgeoefend met betrekking tot die inkomsten. Indien de Bondsrepubliek Duitsland de mogelijkheid werd ontzegd om de eerder afgetrokken verliezen van de vaste inrichting in Oostenrijk bij overdracht van die vaste inrichting opnieuw op te nemen in het belastbare resultaat van de ingezeten vennootschap, zou dat derhalve erop neerkomen dat die vennootschap vrijelijk kan kiezen in welke lidstaat die verliezen worden verrekend (zie in die zin arrest Lidl Belgium, C-414/ 06, EU:C:2008:278, punt 34).

38. De in het hoofdgeding aan de orde zijnde inhaal biedt bijgevolg de mogelijkheid om de symmetrie tussen het recht op belastingheffing over de inkomsten en de mogelijkheid tot aftrek van de verliezen veilig te stellen en derhalve om een evenwichtige verdeling van de heffingsbevoegdheid tussen de betrokken lidstaten te verzekeren.

39. Aangaande – vervolgens – de rechtvaardiging uit hoofde van de noodzaak om de samenhang van de nationale belastingregeling te bewaren, zij eraan herinnerd dat het eveneens om een door het Hof erkende rechtmatige doelstelling gaat. Een betoog op basis van die rechtvaardigingsgrond kan slechts slagen wanneer wordt aangetoond dat er een rechtstreeks verband bestaat tussen het betrokken fiscale voordeel en de verrekening van dat voordeel door een bepaalde belastingheffing, waarbij of dit verband rechtstreeks is, moet worden beoordeeld aan de hand van het doel van de betrokken regeling (arrest K, C-322/11, EU:C:2013:716, punten 65 en 66).

40. Het Hof heeft verduidelijkt dat de inhaal van eerder afgetrokken verliezen van een niet-ingezeten vaste inrichting niet los kan worden gezien van het feit dat die verliezen eerder in aanmerking zijn genomen. Zo heeft het Hof geoordeeld dat die inhaal, in het geval van een vennootschap met een vaste inrichting in een andere lidstaat dan haar lidstaat van vestiging ten aanzien waarvan de lidstaat van vestiging van die vennootschap geen heffingsbevoegdheid bezit, een symmetrische logica weerspiegelt. Er bestond dus een rechtstreeks, persoonlijk en feitelijk verband tussen de twee elementen van dat belastingmechanisme, daar die inhaal het onlosmakelijke complement was van de eerder toegestane aftrek (zie in die zin arrest Krankenheim Ruhesitz am Wannsee-Seniorenheimstatt, C-157/07, EU:C:2008:588, punt 42).

41. In het hoofdgeding kan worden volstaan met de vaststelling dat, aangezien de Bondsrepubliek Duitsland geen heffingsbevoegdheid uitoefent over de inkomsten van een vaste inrichting in Oostenrijk, de heropname van de betrokken verliezen in het belastbare resultaat van de ingezeten vennootschap waarvan die vaste inrichting deel uitmaakte, een symmetrische logica weerspiegelt en het onlosmakelijke complement is van de eerder toegestane aftrek. Derhalve is een belastingregeling als in het hoofdgeding ook gerechtvaardigd door de noodzaak om de samenhang van de Duitse belastingregeling te verzekeren.

42. Aangaande – ten slotte – de doelstelling om belastingontduiking te voorkomen, zij opgemerkt dat die doelstelling een beperking van de door het Verdrag gewaarborgde vrijheid van vestiging kan rechtvaardigen. Volgens de rechtspraak van het Hof kan een betoog op basis van die rechtvaardigingsgrond slechts slagen indien die beperking specifiek tot doel heeft gedragingen te verhinderen die erin bestaan volstrekt kunstmatige constructies op te zetten die geen verband houden met de economische realiteit en bedoeld zijn om de belasting te ontduiken die normaliter verschuldigd is over winsten uit activiteiten op het nationale grondgebied (arrest K, C-322/11, EU:C:2013:716, punt 61 en aldaar aangehaalde rechtspraak).

43. Aangaande de relevantie van die rechtvaardiging in het licht van omstandigheden als in het hoofdgeding, moet worden erkend dat het gevaar bestaat dat een concern zijn activiteiten zo organiseert dat het de verliezen van een verliesgevende vaste inrichting in Oostenrijk aftrekt van zijn belastbare inkomen in Duitsland en vervolgens, zodra die vaste inrichting winstgevend is, de activiteiten van die vaste inrichting overdraagt aan een andere vennootschap van hetzelfde concern die in een andere lidstaat aan belasting is onderworpen.

44. Doordat bij de overdracht van de vaste inrichting in Oostenrijk de aldus afgetrokken verliezen opnieuw worden opgenomen in het belastbare resultaat van de in Duitsland gevestigde overdragende vennootschap, kunnen met de betrokken belastingregeling derhalve praktijken worden voorkomen die ten doel hebben de belasting te ontduiken die normaliter verschuldigd is over winsten uit activiteiten op het Duitse grondgebied.

45. Gelet op die overwegingen moet worden vastgesteld dat een belastingregeling als in het hoofdgeding kan worden gerechtvaardigd door dwingende redenen van algemeen belang in verband met de noodzaak om een evenwichtige verdeling van de heffingsbevoegdheid tussen de Bondsrepubliek Duitsland en de Republiek Oostenrijk te handhaven, de samenhang van de Duitse belastingregeling te verzekeren en belastingontduiking te voorkomen.

46. Niettemin moet nog worden nagegaan of een dergelijke regeling niet verder gaat dan noodzakelijk is om die doelstellingen te verwezenlijken.

47. Vooraf moet eraan worden herinnerd dat de vereisten ten aanzien van de evenwichtige verdeling van de heffingsbevoegdheid en de fiscale samenhang elkaar overlappen (arrest National Grid Indus, C-371/10, EU:C:2011:785, punt 80). Bovendien zijn het garanderen van een evenwichtige verdeling van de heffingsbevoegdheid tussen de lidstaten en het voorkomen van belastingontduiking met elkaar samenhangende doelstellingen (arrest Oy AA, C-231/05, EU: C:2007:439, punt 62 en aldaar aangehaalde rechtspraak).

48. Aangaande de evenredigheid van de in het hoofdgeding aan de orde zijnde belastingregeling zij eraan herinnerd dat de evenwichtige verdeling van de heffingsbevoegdheid de symmetrie tussen het recht op belastingheffing over de winst en de mogelijkheid tot aftrek van de verliezen beoogt veilig te stellen. De noodzaak om deze symmetrie veilig te stellen, vereist dat de voor een vaste inrichting afgetrokken verliezen kunnen worden gecompenseerd door de belasting op de winsten van deze inrichting die worden gemaakt onder de fiscale bevoegdheid van de betrokken lidstaat, te weten zowel de winst gemaakt tijdens de volledige periode gedurende welke deze inrichting deel uitmaakte van de ingezeten vennootschap, als de winst gemaakt op het tijdstip van de overdracht van deze inrichting (arrest Nordea Bank Danmark, C-48/13, EU: C:2014:2087, punten 32 en 33).

49. Door een dergelijke compensatie kan bovendien de fiscale samenhang worden verzekerd, aangezien die compensatie het onlosmakelijke complement is van het feit dat de verliezen eerder in aanmerking zijn genomen (zie in die zin arrest Krankenheim Ruhesitz am Wannsee-Seniorenheimstatt, C-157/07, EU:C:2008:588, punt 54).

50. Bovendien moet worden vastgesteld dat door die compensatie ook belastingontduiking kan worden voorkomen, aangezien hierdoor het risico wordt uitgesloten van gedragingen die ten doel hebben de belasting te ontduiken die normaliter verschuldigd is in de staat van vestiging van de vennootschap waarvan de vaste inrichting deel uitmaakt.

51. In het hoofdgeding staat vast dat inkomsten van een vaste inrichting in Oostenrijk die deel uitmaakt van een in Duitsland gevestigde vennootschap, zowel de inkomsten die zijn gerealiseerd vóór de overdracht van die vaste inrichting als de inkomsten die zijn gerealiseerd op het tijdstip van die overdracht, in Duitsland vrijgesteld zijn van belasting. De eerder afgetrokken verliezen van de overgedragen vaste inrichting kunnen bijgevolg niet worden gecompenseerd door de belasting op de inkomsten van die vaste inrichting. De bijtelling van die verliezen bij het belastbare resultaat van de overdragende vennootschap is derhalve een maatregel die evenredig is met de beoogde doelstellingen, te weten de handhaving van een evenwichtige verdeling van de heffingsbevoegdheid, de noodzaak om de fiscale samenhang te verzekeren en de voorkoming van belastingontduiking.

52. Om te antwoorden op de vraag van de verwijzende rechter betreffende de in de punten 55 en 56 van het arrest Marks & Spencer (C-446/03, EU:C:2005:763) geformuleerde beginselen inzake definitieve verliezen, moet ten slotte erop worden gewezen dat de vaststelling dat de in het hoofdgeding aan de orde zijnde inhaal evenredig is, evenwel niet betekent dat de lidstaat van vestiging van de overdragende vennootschap de in die punten geformuleerde beginselen niet in acht moet nemen, aangezien die inhaal geen invloed heeft op de kwalificatie van het betrokken verlies.

53. Het is in strijd met artikel 49 VWEU om een ingezeten overdragende vennootschap de mogelijkheid te ontzeggen om de verliezen van een niet-ingezeten vaste inrichting af te trekken van haar in haar lidstaat van vestiging belastbare winst, wanneer die vennootschap bewijst dat de ingehaalde verliezen definitieve verliezen in de zin van punt 55 van het arrest Marks & Spencer zijn (C-446/03, EU:C:2005:763) (arrest Commissie/Verenigd Koninkrijk, C-172/13, EU:C:2015:50, punt 27).

54. In de eerste plaats zij eraan herinnerd dat de definitieve aard van verliezen niet kan voortvloeien uit het feit dat de lidstaat waar die vaste inrichting is gevestigd, de mogelijkheid uitsluit om verliezen naar volgende jaren over te dragen (arrest Commissie/Verenigd Koninkrijk, C-172/13, EU:C:2015:50, punt 33 en aldaar aangehaalde rechtspraak).

55. In de tweede plaats kan slechts sprake zijn van een definitief verlies indien die vaste inrichting geen inkomsten meer heeft in haar lidstaat van vestiging, aangezien zolang die vaste inrichting – zelfs maar minieme – inkomsten blijft ontvangen, een mogelijkheid bestaat dat de geleden verliezen nog kunnen worden verrekend met toekomstige winst die in die lidstaat door die vaste inrichting zelf of een derde wordt behaald (arrest Commissie/Verenigd Koninkrijk, C-172/13, EU:C:2015:50, punt 36 en aldaar aangehaalde rechtspraak).

56. De Republiek Oostenrijk heeft erop gewezen dat in Oostenrijk niet alle mogelijkheden om de in het hoofdgeding aan de orde zijnde verliezen in aanmerking te nemen, zijn uitgeput.

57. Het staat echter aan de verwijzende rechter om vast te stellen of Timac Agro de definitieve aard van de betrokken verliezen daadwerkelijk heeft aangetoond.

58. Gelet op alle voorgaande overwegingen moet op de eerste vraag worden geantwoord dat artikel 49 VWEU aldus moet worden uitgelegd dat het zich niet verzet tegen een belastingregeling van een lidstaat als in het hoofdgeding, op grond waarvan bij de overdracht door een ingezeten vennootschap van een in een andere lidstaat gevestigde vaste inrichting aan een niet-ingezeten vennootschap die tot hetzelfde concern behoort als de eerste vennootschap, de eerder afgetrokken verliezen van de overgedragen vaste inrichting opnieuw worden opgenomen

in het belastbare resultaat van de overdragende vennootschap wanneer de inkomsten van die vaste inrichting op grond van een overeenkomst ter voorkoming van dubbele belasting zijn vrijgesteld van belasting in de lidstaat van vestiging van de vennootschap waarvan die vaste inrichting deel uitmaakte.

Tweede vraag

59. Uit de verwijzingsbeslissing blijkt dat, anders dan in de belastingjaren 1997 en 1998, vanaf het belastingjaar 1999, na een wijziging van de Duitse belastingregeling, in Duitsland de verliezen van een niet-ingezeten vaste inrichting niet meer in aanmerking worden genomen wanneer de lidstaat van vestiging van die vaste inrichting exclusief bevoegd is om belasting te heffen over de resultaten van die vaste inrichting.

60. Voorts blijkt uit de verwijzingsbeslissing dat die bevoegdheid op grond van de Duits-Oostenrijkse overeenkomst aan de Republiek Oostenrijk toekomt.

61. Derhalve moet de tweede vraag van de verwijzende rechter aldus worden opgevat dat hij in wezen wenst te vernemen of artikel 49 VWEU aldus moet worden uitgelegd dat het zich verzet tegen een belastingregeling van een lidstaat als in het hoofdgeding, die bij de overdracht door een ingezeten vennootschap van een in een andere lidstaat gevestigde vaste inrichting aan een niet-ingezeten vennootschap die tot hetzelfde concern behoort als de eerste vennootschap, de ingezeten vennootschap de mogelijkheid ontzegt om de verliezen van de overgedragen vaste inrichting in aanmerking te nemen bij de vaststelling van haar heffingsgrondslag wanneer de lidstaat van vestiging van die vaste inrichting op grond van een overeenkomst ter voorkoming van dubbele belasting exclusief bevoegd is om belasting te heffen over de resultaten van die vaste inrichting.

62. In dit verband zij eraan herinnerd dat een belastingregeling op grond waarvan verliezen van een vaste inrichting op het grondgebied van de betrokken lidstaat in aanmerking kunnen worden genomen bij de bepaling van de winst en de berekening van het belastbare inkomen van een ingezeten vennootschap waarvan die vaste inrichting deel uitmaakt, een fiscaal voordeel vormt en voorts dat de weigering van dat voordeel wanneer de verliezen worden geleden door een vaste inrichting in een andere lidstaat dan die waar die vennootschap is gevestigd, een ingezeten vennootschap ervan kan weerhouden haar activiteiten uit te oefenen via een vaste inrichting in een andere lidstaat en derhalve een beperking vormt die in beginsel is verboden door de bepalingen van het Verdrag inzake de vrijheid van vestiging (zie in die zin arrest Lidl Belgium, C-414/06, EU:C:2008:278, punten 23-26).

63. Volgens de in punt 26 van het onderhavige arrest in herinnering gebrachte rechtspraak kan een dergelijke beperking enkel worden aanvaard indien zij betrekking heeft op situaties die niet objectief vergelijkbaar zijn, of wordt gerechtvaardigd door een dwingende reden van algemeen belang.

64. Aangaande de vergelijkbaarheid van de situaties bevindt een vaste inrichting in een andere lidstaat, zoals in herinnering is gebracht in punt 27 van het onderhavige arrest, zich in beginsel niet in een situatie die vergelijkbaar is met die van een ingezeten vaste inrichting, wat betreft de door een lidstaat vastgestelde maatregelen om de dubbele belasting op de winst van een ingezeten vennootschap te voorkomen of te beperken.

65. In casu moet worden vastgesteld dat, aangezien de resultaten van een vaste inrichting in Oostenrijk niet onder de fiscale bevoegdheid van de Bondsrepubliek Duitsland vallen, zodat het in Duitsland niet langer is toegestaan de verliezen van die vaste inrichting af te trekken, de situatie van een dergelijke vaste inrichting niet vergelijkbaar is met die van een vaste inrichting in Duitsland, wat betreft de door de Bondsrepubliek Duitsland vastgestelde maatregelen om de dubbele belasting op de winst van een ingezeten vennootschap te voorkomen of te beperken (zie in die zin arrest Nordea Bank Danmark, C-48/13, EU:C:2014:2087, punt 24 en aldaar aangehaalde rechtspraak).

66. Bijgevolg moet op de tweede vraag worden geantwoord dat artikel 49 VWEU aldus moet worden uitgelegd dat het zich niet verzet tegen een belastingregeling van een lidstaat als in het hoofdgeding, die bij de overdracht door een ingezeten vennootschap van een in een andere lidstaat gevestigde vaste inrichting aan een niet-ingezeten vennootschap die tot hetzelfde concern behoort als de eerste vennootschap, de ingezeten vennootschap de mogelijkheid ontzegt om verliezen van de overgedragen vaste inrichting in aanmerking te nemen bij de vaststelling van haar heffingsgrondslag wanneer de lidstaat van vestiging van die vaste inrichting op grond van een overeenkomst ter voorkoming van dubbele belasting exclusief bevoegd is om belasting te heffen over de resultaten van die vaste inrichting.

Kosten

67. ...

Het Hof (Derde kamer)

verklaart voor recht:

1. Artikel 49 VWEU moet aldus worden uitgelegd dat het zich niet verzet tegen een belastingregeling van een lidstaat als in het hoofdgeding, op grond waarvan bij de overdracht door een ingezeten vennootschap van een

in een andere lidstaat gevestigde vaste inrichting aan een niet-ingezeten vennootschap die tot hetzelfde concern behoort als de eerste vennootschap, de eerder afgetrokken verliezen van de overgedragen vaste inrichting opnieuw worden opgenomen in het belastbare resultaat van de overdragende vennootschap wanneer de inkomsten van die vaste inrichting op grond van een overeenkomst ter voorkoming van dubbele belasting zijn vrijgesteld van belasting in de lidstaat van vestiging van de vennootschap waarvan die vaste inrichting deel uitmaakte.

2. Artikel 49 VWEU moet aldus worden uitgelegd dat het zich niet verzet tegen een belastingregeling van een lidstaat als in het hoofdgeding, die bij de overdracht door een ingezeten vennootschap van een in een andere lidstaat gevestigde vaste inrichting aan een niet-ingezeten vennootschap die tot hetzelfde concern behoort als de eerste vennootschap, de ingezeten vennootschap de mogelijkheid ontzegt om verliezen van de overgedragen vaste inrichting in aanmerking te nemen bij de vaststelling van haar heffingsgrondslag wanneer de lidstaat van vestiging van die vaste inrichting op grond van een overeenkomst ter voorkoming van dubbele belasting exclusief bevoegd is om belasting te heffen over de resultaten van die vaste inrichting.

CE Cour de Justice, le 4 février 2016, affaire C-194/15 (Véronique Baudinet, Pauline Boyer, Adrien Boyer, Édouard Boyer contre Agenzia delle Entrate – Direzione Provinciale I di Torino)

Sixième chambre: *A. Arabadjiev, président de chambre, C. G. Fernlund (rapporteur) et S. Rodin, juges*

Avocat Général: *M. Wathelet*

1. La demande de décision préjudicielle porte sur l'interprétation des articles 49 TFUE, 63 TFUE et 65 TFUE.

2. Cette demande a été présentée dans le cadre d'un litige opposant Mme Baudinet et ses enfants, Pauline, Adrien et Édouard Boyer, à l'Agenzia delle Entrate – Direzione Provinciale I di Torino (administration fiscale – direction provinciale I de Turin, ci-après l'«administration fiscale») au sujet de l'imposition, en Italie, de dividendes perçus d'une société établie en France et qui ont déjà fait l'objet d'une retenue à la source dans ce dernier État membre.

Le cadre juridique

Le droit italien

3. La réglementation italienne en matière d'impôts sur les revenus est constituée du décret n° 917 du président de la République, portant approbation du texte unique sur les revenus (decreto del Presidente della Republica n. 917 – Approvazione del testo unico delle imposte sui redditi), du 22 décembre 1986 (supplément ordinaire à la GURI n° 302, du 31 décembre 1986), tel que modifié par le décret législatif n° 344, portant réforme de l'impôt sur les revenus des sociétés, conformément à l'article 4 de la loi n° 80 du 7 avril 2003 (decreto legislativo n. 344 – Riforma dell'imposizione sul reddito delle società, a norma dell'articolo 4 della legge 7 aprile 2003, n. 80), du 12 décembre 2003 (supplément ordinaire à la GURI n° 291, du 16 décembre 2003, ci-après le «TUIR»).

4. L'article 3, paragraphe 1, du TUIR prévoit:

«L'impôt s'applique au revenu global du contribuable, lequel est formé, en ce qui concerne les résidents, par tous les revenus qu'il possède après déduction des charges déductibles indiquées à l'article 10 [...]»

5. L'article 11, paragraphe 4, du TUIR dispose:

«Le montant des crédits d'impôt auxquels a droit le contribuable en vertu de l'article 165 est déduit de l'impôt net. Si ce montant est supérieur à celui de l'impôt net, le contribuable a le droit, selon son choix, de faire imputer cet excédent en déduction de l'impôt dû pour l'exercice fiscal suivant ou d'en demander le remboursement dans sa déclaration de revenus.»

6. L'article 47, paragraphe 1, du TUIR énonce:

«Sans préjudice des cas mentionnés à l'article 3, paragraphe 3, sous a), quelle que soit leur forme ou leur dénomination, les bénéfices distribués par les sociétés ou par les organismes indiqués à l'article 73 [...] font partie du revenu imposable global, à hauteur de 40 % de leur montant.»

7. L'article 59, paragraphe 1, du TUIR précise:

«Les bénéfices de la participation au capital ou au patrimoine des sociétés et des établissements visés à l'article 73 et ceux relatifs aux titres et aux instruments financiers visés à l'article 44, paragraphe 2, sous a), ainsi que les rémunérations liées aux contrats visés à l'article 109, paragraphe 9, sous b), concourent à la formation du revenu total à hauteur de 40 pour cent de leur montant, dans l'exercice au cours duquel ils sont perçus. L'article 47 s'applique, sauf dispositions contraires dans la phrase précédente.»

8. L'article 165, paragraphes 1 et 10, du TUIR dispose:

«1. Si des revenus produits à l'étranger concourent à la formation du revenu global, les impôts définitivement versés à l'étranger sur ces revenus peuvent être déduits de l'impôt net dû à hauteur de la part d'impôt correspondant au rapport entre les revenus produits à l'étranger et le revenu global [...]
[...]
10. Si le revenu d'origine étrangère concourt partiellement à la formation du revenu total, l'impôt étranger est également déduit dans la même mesure.»

La convention franco-italienne

9. La convention entre le gouvernement de la République française et le gouvernement de la République italienne en vue d'éviter les doubles impositions en matière d'impôts sur le revenu et sur la fortune et de prévenir

l'évasion et la fraude fiscales, signée à Venise le 5 octobre 1989 (ci-après la «convention franco-italienne») prévoit, à son article 10, ce qui suit:

«1. Les dividendes payés par une société qui est un résident d'un État à un résident de l'autre État sont imposables dans cet autre État.

2. Toutefois, ces dividendes sont aussi imposables dans l'État dont la société qui paie les dividendes est un résident, et selon la législation de cet État, mais si la personne qui reçoit les dividendes en est le bénéficiaire effectif, l'impôt ainsi établi ne peut excéder:

a. 5 [pour] cent du montant brut des dividendes si le bénéficiaire effectif est une société passible de l'impôt sur les sociétés qui a détenu directement ou indirectement, pendant une période d'au moins 12 mois précédant la date de la décision de distribution des dividendes, au moins 10 [pour] cent du capital de la société qui paie les dividendes;

b. 15 [pour] cent du montant brut des dividendes dans tous les autres cas.

[...]»

10. L'article 24, paragraphe 2, de la convention franco-italienne indique que, en ce qui concerne la République italienne, la double imposition est évitée de la manière suivante:

«Lorsqu'un résident d'Italie reçoit des éléments de revenu qui sont imposables en France, l'Italie, en établissant ses impôts sur le revenu visés à l'article 2 de la présente Convention, peut comprendre dans la base imposable desdits impôts ces éléments de revenu à moins que des dispositions déterminées de la présente Convention ne s'y opposent.

Dans ce cas, l'Italie doit déduire des impôts ainsi établis l'impôt sur les revenus payé en France, mais le montant de la déduction ne peut pas dépasser la quote-part d'impôt italien imputable auxdits éléments de revenu dans la proportion où ces éléments participent à la formation du revenu total.

Toutefois aucune déduction ne sera accordée dans le cas où l'élément de revenu est assujetti en Italie à l'impôt par voie de retenue à la source libératoire sur demande du bénéficiaire du revenu, conformément à la législation italienne».

Le litige au principal et la question préjudicielle

11. L'administration fiscale a émis, pour les années 2007 et 2008, une série d'avis de rectification relatifs aux revenus de dividendes provenant de participations qualifiées détenues, dans une société établie en France, sous forme d'actions, par les requérants au principal dont la résidence fiscale est située à Turin.

12. Conformément à la convention franco-italienne, cette société a appliqué à ces dividendes une retenue à la source de 15 %. Les requérants au principal ont dûment déclaré, dans la déclaration fiscale effectuée en Italie, lesdits dividendes.

13. Cependant, les requérants au principal ont déduit de l'impôt dû en Italie le montant intégral de l'impôt acquitté en France et, en conséquence, revendiquent le bénéfice d'un crédit d'impôt d'origine étrangère dont l'administration fiscale conteste la légitimité.

14. Selon cette administration, le crédit d'impôt dont peuvent bénéficier les requérants au principal est limité à la part de la retenue à la source acquittée en France qui correspond au montant des dividendes pris en considération par la réglementation fiscale italienne, à savoir 40 % du montant brut de ces dividendes.

15. Estimant que la totalité de la retenue à la source acquittée en France doit être déduite de l'impôt dû en Italie, les requérants au principal ont saisi la Commissione tributaria provinciale di Torino (commission fiscale provinciale de Turin).

16. Selon cette dernière, la réglementation italienne réserve un traitement plus favorable aux dividendes distribués par des sociétés établies en Italie qu'à ceux distribués par des sociétés établies en France, où ils sont soumis à une retenue à la source qui n'est que partiellement déductible en Italie. Il en résulterait que la réglementation italienne et la convention franco-italienne seraient susceptibles de dissuader les personnes physiques résidant en Italie et qui y sont assujetties à l'impôt sur le revenu d'investir leurs capitaux dans des sociétés établies en dehors de l'Italie.

17. La juridiction de renvoi estime dès lors qu'il n'est pas déraisonnable de considérer que la réglementation italienne en matière d'imposition des dividendes d'origine étrangère, en rendant la détention de participations dans des sociétés non-résidentes moins avantageuse que la détention de participations dans des sociétés résidentes, est susceptible de ne pas être conforme au principe de la libre circulation des capitaux.

18. Dans ces conditions, la Commissione tributaria provinciale di Torino (commission fiscale provinciale de Turin) a décidé de surseoir à statuer et de poser à la Cour la question préjudicielle suivante:

«Les articles 63 TFUE et 65 TFUE s'opposent-ils à la réglementation d'un État membre en vertu de laquelle, lorsqu'un résident de cet État, actionnaire d'une société établie dans un autre État membre, perçoit des dividendes imposés dans ces deux États, la double imposition n'est pas évitée, dans l'État de résidence, par l'attribution d'un crédit d'impôt au moins égal au montant de l'impôt versé dans l'État où siège la société qui distribue les dividendes?»

Sur la question préjudicielle

19. Conformément à l'article 99 du règlement de procédure de la Cour, lorsqu'une question posée à titre préjudiciel peut être clairement déduite de la jurisprudence, la Cour peut à tout moment, sur proposition du juge rapporteur, après avoir entendu l'avocat général, décider de statuer par voie d'ordonnance motivée.

20. Il convient de faire application de cette disposition dans la présente affaire.

Sur la liberté en cause

21. Il y a lieu de constater que, si la juridiction nationale interroge la Cour sur l'interprétation des articles 63 TFUE et 65 TFUE, la Commission européenne estime qu'il conviendrait d'examiner la présente affaire à la lumière de l'article 49 TFUE.

22. Or, selon une jurisprudence constante, en vue de fournir une réponse utile à la juridiction qui est à l'origine d'un renvoi préjudiciel, la Cour peut être amenée à prendre en considération des normes de droit de l'Union auxquelles le juge national n'a pas fait référence dans ses questions préjudicielles (ordonnance Amorim Energia, C-38/11, EU:C:2012:358, point 36 et jurisprudence citée).

23. À cet égard, il doit être rappelé que le traitement fiscal des dividendes est susceptible de relever de l'article 49 TFUE relatif à la liberté d'établissement et de l'article 63 TFUE relatif à la libre circulation des capitaux (arrêt Bouanich, C-375/12, EU:C:2014:138, point 26 et jurisprudence citée).

24. Quant à la question de savoir si une législation nationale relève de l'une ou de l'autre de ces libertés de circulation, il résulte d'une jurisprudence constante de la Cour qu'il y a lieu de prendre en considération l'objet de la législation en cause (arrêt Bouanich, C-375/12, EU:C:2014:138, point 27 et jurisprudence citée).

25. À cet égard, il a déjà été jugé par la Cour qu'une législation nationale qui a vocation à s'appliquer aux seules participations permettant d'exercer une influence certaine sur les décisions d'une société et de déterminer les activités de celle-ci relève des dispositions du traité FUE relatives à la liberté d'établissement. En revanche, des dispositions nationales qui trouvent à s'appliquer à des participations effectuées dans la seule intention de réaliser un placement financier, sans intention d'influer sur la gestion et le contrôle de l'entreprise, doivent être examinées exclusivement au regard de la libre circulation des capitaux (arrêt Bouanich, C-375/12, EU:C:2014:138, point 28 et jurisprudence citée).

26. S'agissant de l'affaire au principal, il ressort du dossier soumis à la Cour que la législation nationale en cause au principal s'applique quel que soit le montant de la participation détenue dans une société. Ainsi, l'application de cette législation ne dépend pas de l'ampleur des participations dans une société non-résidente et ne se limite pas aux situations dans lesquelles le porteur de parts peut exercer une influence certaine sur les décisions de la société concernée et en déterminer les activités.

27. Par conséquent, pour autant que cette réglementation se rapporte à des dividendes qui trouvent leur origine dans un État membre, l'objet de ladite législation ne permet pas de déterminer si celle-ci relève de manière prépondérante de l'article 49 TFUE ou de l'article 63 TFUE. Dans de telles circonstances, la Cour tient compte des éléments factuels du cas d'espèce afin de déterminer si la situation visée par le litige au principal relève de l'une ou de l'autre desdites dispositions (arrêt Bouanich, C-375/12, EU:C:2014:138, point 30 et jurisprudence citée).

28. Or, la Cour ne dispose pas d'éléments suffisants pour déterminer la nature de la participation en cause. Il ne peut donc être exclu que la législation nationale en cause au principal ait vocation à s'appliquer à des dividendes versés par une société non-résidente à des actionnaires résidents détenant une participation qui leur confère une influence certaine sur les décisions de cette société et leur permet d'en déterminer les activités. Partant, cette législation doit également être examinée au regard des dispositions du traité relatives à la liberté d'établissement.

29. Dès lors, il convient de considérer que, par sa question, la juridiction de renvoi demande en substance si les articles 49 TFUE, 63 TFUE et 65 TFUE doivent être interprétés en ce sens qu'ils s'opposent à la réglementation d'un État membre, telle que la réglementation en cause au principal, en vertu de laquelle, lorsqu'un résident de cet État membre, actionnaire d'une société établie dans un autre État membre, perçoit de cette société des dividendes imposés dans ces deux États membres, la double imposition n'est pas évitée, dans l'État membre de résidence de l'actionnaire, par l'attribution d'un crédit d'impôt au moins égal au montant de l'impôt versé dans l'État membre de la source de ces dividendes.

Sur l'existence d'une restriction aux libertés de circulation

30. Il convient de rappeler qu'il découle d'une jurisprudence constante de la Cour qu'il appartient à chaque État membre d'organiser, dans le respect du droit de l'Union, son système d'imposition des bénéfices distribués et de définir, dans ce cadre, l'assiette imposable ainsi que le taux d'imposition qui s'appliquent dans le chef de l'actionnaire bénéficiaire (arrêt Haribo Lakritzen Hans Riegel et Österreichische Salinen, C-436/08 et C-437/08, EU:C:2011:61, point 167 et jurisprudence citée).

31. Il s'ensuit, d'une part, que les dividendes distribués par une société établie dans un État membre à un actionnaire résidant dans un autre État membre sont susceptibles de faire l'objet d'une double imposition juridique lorsque les deux États membres choisissent d'exercer leur compétence fiscale et de soumettre lesdits dividendes à l'imposition dans le chef de l'actionnaire (arrêt Haribo Lakritzen Hans Riegel et Österreichische Salinen, C-436/08 et C-437/08, EU:C:2011:61, point 168 et jurisprudence citée).

32. D'autre part, les désavantages pouvant découler de l'exercice parallèle des compétences fiscales des différents États membres, dans la mesure où un tel exercice n'est pas discriminatoire, ne constituent pas des restrictions interdites par le traité (arrêt Haribo Lakritzen Hans Riegel et Österreichische Salinen, C-436/08 et C-437/08, EU:C:2011:61, point 169 et jurisprudence citée).

33. Dans ce contexte, il y a lieu de relever que conformément à la jurisprudence de la Cour, dès lors que le droit de l'Union, dans son état actuel, ne prescrit pas de critères généraux pour la répartition des compétences entre les États membres s'agissant de l'élimination de la double imposition à l'intérieur de l'Union européenne, la circonstance que tant l'État membre de la source des dividendes que l'État de résidence de l'actionnaire sont susceptibles d'imposer lesdits dividendes n'implique pas que l'État membre de résidence soit tenu, en vertu du droit de l'Union, de prévenir les désavantages qui pourraient découler de l'exercice de la compétence ainsi répartie par les deux États membres (arrêt Haribo Lakritzen Hans Riegel et Österreichische Salinen, C-436/08 et C-437/08, EU:C:2011:61, point 170 et jurisprudence citée).

34. En l'occurrence, il convient de constater que la réglementation italienne en cause ne procède à aucune distinction entre les dividendes distribués par une société établie en Italie et ceux distribués par une société établie en France. En effet, en vertu de cette réglementation, dans le cadre du calcul de l'impôt sur le revenu, l'assiette et le taux d'imposition de ces dividendes sont identiques pour l'ensemble de ces dividendes.

35. Si, dans de telles conditions, les dividendes distribués par une société établie en France sont soumis à une charge fiscale plus lourde que celle pesant sur les dividendes distribués par une société établie en Italie, ce désavantage n'est pas imputable à la législation italienne en cause au principal, mais résulte de l'exercice parallèle, par l'État membre de la source de ces dividendes et l'État membre de résidence de l'actionnaire, de leur compétence fiscale.

36. En effet, ainsi qu'il a été mentionné au point 33 de la présente ordonnance, l'État membre de résidence de l'actionnaire n'est pas tenu, en vertu du droit de l'Union, de compenser un désavantage fiscal résultant de l'exercice parallèle par cet État membre et par l'État membre de la source des dividendes de leur compétence fiscale.

37. Il résulte de l'ensemble des considérations qui précèdent qu'il convient de répondre à la question que les articles 49 TFUE, 63 TFUE et 65 TFUE doivent être interprétés en ce sens qu'ils ne s'opposent pas à la réglementation d'un État membre, telle que la réglementation en cause au principal, en vertu de laquelle, lorsqu'un résident de cet État membre, actionnaire d'une société établie dans un autre État membre, perçoit de cette société des dividendes imposés dans ces deux États membres, la double imposition n'est pas évitée, dans l'État membre de résidence de l'actionnaire, par l'attribution d'un crédit d'impôt au moins égal au montant de l'impôt versé dans l'État membre de la source de ces dividendes.

Sur les dépens

38. …

Par ces motifs,

la Cour (sixième chambre)

dit pour droit:

Les articles 49 TFUE, 63 TFUE et 65 TFUE doivent être interprétés en ce sens qu'ils ne s'opposent pas à la réglementation d'un État membre, telle que la réglementation en cause au principal, en vertu de laquelle, lorsqu'un résident de cet État membre, actionnaire d'une société établie dans un autre État membre, perçoit de cette société des dividendes imposés dans ces deux États membres, la double imposition n'est pas évitée, dans l'État membre de résidence de l'actionnaire, par l'attribution d'un crédit d'impôt au moins égal au montant de l'impôt versé dans l'État membre de la source de ces dividendes.

HvJ EU 14 april 2016, zaak C-522/14 (Sparkasse Allgäu v. Finanzamt Kempten)

Derde kamer: *L. Bay Larsen, kamerpresident, D. Šváby, J. Malenovský, M. Safjan, en M. Vilaras (rapporteur), rechters*
Advocaat-generaal: *M. Szpunar*

1. Het verzoek om een prejudiciële beslissing betreft de uitlegging van artikel 49 VWEU.

2. Dit verzoek is ingediend in het kader van een geding tussen Sparkasse Allgäu en Finanzamt Kempten (belastingkantoor te Kempten) over de weigering van deze kredietinstelling om dat belastingkantoor informatie te verstrekken over rekeningen die bij haar in Oostenrijk gevestigd onzelfstandig bijkantoor werden gehouden door personen wier fiscale woonplaats op het moment van hun overlijden Duitsland was.

Toepasselijke bepalingen

Unierecht

Richtlijn 2006/48/EG

3. Artikel 23 van richtlijn 2006/48/EG van het Europees Parlement en de Raad van 14 juni 2006 betreffende de toegang tot en de uitoefening van de werkzaamheden van kredietinstellingen (*PB* L 177, blz. 1) bepaalt:

„De lidstaten bepalen dat de werkzaamheden die in de lijst in bijlage I zijn genoemd op hun grondgebied kunnen worden uitgeoefend overeenkomstig het bepaalde in artikel 25, artikel 26, leden 1 tot en met 3, artikel 28, leden 1 en 2, en de artikelen 29 tot en met 37, zowel door middel van het vestigen van een bijkantoor als door middel van het verrichten van diensten, door iedere kredietinstelling waaraan door de bevoegde autoriteiten van een andere lidstaat vergunning is verleend en waarop door hen toezicht wordt gehouden, mits deze werkzaamheden onder de vergunning vallen."

4. Tot de in bijlage I bij richtlijn 2006/48 genoemde werkzaamheden behoort met name het „[i]n ontvangst nemen van deposito's en andere terugbetaalbare gelden".

5. Artikel 31 van die richtlijn luidt:

„De artikelen 29 en 30 laten de bevoegdheid van de lidstaat van ontvangst onverlet om passende maatregelen te treffen ter voorkoming of bestraffing van onregelmatigheden op zijn grondgebied die in strijd zijn met de wettelijke bepalingen die deze om redenen van algemeen belang heeft vastgesteld. Met name kan de lidstaat van ontvangst de in overtreding zijnde kredietinstelling beletten nieuwe transacties op zijn grondgebied aan te vangen."

Richtlijn 2011/16/EU

6. Artikel 8, lid 3 bis, van richtlijn 2011/16/EU van de Raad van 15 februari 2011 betreffende de administratieve samenwerking op het gebied van de belastingen en tot intrekking van richtlijn 77/799/EEG (*PB* L 64, blz. 1), zoals gewijzigd bij richtlijn 2014/107/EU van de Raad van 9 december 2014 (*PB* L 359, blz. 1) (hierna: „richtlijn 2011/16"), bepaalt:

„Elke lidstaat neemt de nodige maatregelen om zijn rapporterende financiële instellingen ertoe te verplichten de in de bijlagen I en II vervatte regels inzake rapportage en due diligence toe te passen en deze, overeenkomstig deel IX van bijlage I, effectief te implementeren en na te leven.

Overeenkomstig de in de bijlagen I en II vervatte toepasselijke regels inzake rapportage en due diligence verstrekt de bevoegde autoriteit van elke lidstaat binnen de in lid 6, onder b), vastgestelde termijn aan de bevoegde autoriteit van elke andere lidstaat automatisch de volgende inlichtingen met betrekking tot belastingtijdvakken vanaf 1 januari 2016 betreffende een te rapporteren rekening:

a. de naam, het adres, het fiscaal identificatienummer/de fiscale identificatienummers en, in het geval van een natuurlijke persoon, de geboortedatum en geboorteplaats van elke te rapporteren persoon die een rekeninghouder van de rekening is en, in het geval van een entiteit die een rekeninghouder is en waarvan met behulp van de regels inzake due diligence welke met de bijlagen sporen, wordt vastgesteld dat zij één of meer uiteindelijk belanghebbenden heeft die een te rapporteren persoon is, de naam, het adres en het fiscaal identificatienummer/de fiscale identificatienummers van de entiteit en de naam, het adres, het fiscaal identificatienummer/de fiscale identificatienummers en de geboortedatum en geboorteplaats van elke te rapporteren persoon;

b. het rekeningnummer (of het functionele equivalent daarvan bij het ontbreken van een rekeningnummer);

c. de naam en (eventueel) het identificatienummer van de rapporterende financiële instelling;

d. het saldo van de rekening of de waarde (in het geval van een kapitaalverzekering of lijfrenteverzekering met inbegrip van de geldswaarde of waarde bij afkoop) aan het eind van het desbetreffende kalenderjaar of een andere relevante periode waarover gerapporteerd dient te worden, of indien de rekening tijdens dat jaar of die periode werd opgeheven, de opheffing; [...]."

7. Volgens de bewoordingen van deel VIII, D, punt 1, van bijlage I bij richtlijn 2011/16, wordt onder „te rapporteren rekening" met name verstaan een financiële rekening die is geopend bij een rapporterende financiële instelling van een lidstaat en wordt aangehouden door één of meer te rapporteren personen, mits de rekening als zodanig is aangemerkt op grond van de due diligence-procedures omschreven in de delen II tot en met VII van dezelfde bijlage.

Duits recht

8. Overeenkomstig § 33, lid 1, van het Erbschaftsteuer- und Schenkungsteuergesetz (wet op de erf- en schenkbelasting; hierna: „ErbStG") is elke persoon die zich bedrijfsmatig bezighoudt met het in bewaring houden of beheren van andermans vermogen verplicht om bij het voor de erfbelasting bevoegde belastingkantoor schriftelijk opgave te doen van de activa die hij onder zich heeft en van de daartegen gerichte vorderingen die op het moment van overlijden van een erflater tot diens vermogen behoorden.

Oostenrijks recht

9. Overeenkomstig § 9, leden 1 en 7, van het Bankwesengesetz (wet op het bankwezen; hierna: „BWG") mogen bijkantoren van kredietinstellingen met zetel in andere lidstaten activiteiten verrichten op het grondgebied van Oostenrijk, waarbij zij verplicht zijn om een reeks bepalingen van het Oostenrijkse recht, waaronder § 38 BWG, na te leven.

10. § 38 BWG luidt als volgt:

„1. Kredietinstellingen, hun vennoten, de leden van hun bestuursorganen, hun werknemers alsmede andere voor dergelijke instellingen werkzame personen mogen vertrouwelijke informatie die uitsluitend op grond van de zakelijke relatie met klanten [...] aan hen is toevertrouwd of voor hen toegankelijk is gemaakt, niet openbaar maken of exploiteren [...] (bankgeheim) [...].
2. De verplichting tot eerbiediging van het bankgeheim bestaat niet
[...]
5. indien de klant uitdrukkelijk en schriftelijk met openbaarmaking van de vertrouwelijke informatie heeft ingestemd;
[...]"

11. § 101 BWG voorziet in strafrechtelijke sancties bij schending van het bankgeheim.

Hoofdgeding en prejudiciële vraag

12. Sparkasse Allgäu is een kredietinstelling in de zin van richtlijn 2006/48 die op grond van een door de Duitse autoriteiten verleende vergunning werkzaam is. Zij heeft onder meer een onzelfstandig bijkantoor in Oostenrijk.

13. Het Finanzamt Kempten heeft Sparkasse Allgäu op 25 september 2008 verzocht om voor de periode vanaf 1 januari 2001 de in § 33 ErbStG bedoelde informatie mee te delen met betrekking tot de klanten van haar Oostenrijkse bijkantoor die Duitse ingezetenen waren op het moment van hun overlijden.

14. Sparkasse Allgäu heeft tegen deze beslissing bezwaar gemaakt dat, net als haar beroep in rechte in eerste aanleg, is afgewezen. In deze omstandigheden heeft verzoekster in het hoofdgeding bij het Bundesfinanzhof beroep in „Revision" ingesteld.

15. De verwijzende rechter vraagt zich af of § 33, lid 1, ErbStG de vrijheid van vestiging beperkt, ondanks het feit dat de in deze bepaling vervatte informatieplicht op alle Duitse kredietinstellingen op dezelfde manier van toepassing is. Door deze plicht kunnen Duitse kredietinstellingen immers ontmoedigd worden om, via een bijkantoor, in Oostenrijk commerciële activiteiten te verrichten. De verwijzende rechter vraagt zich echter ook af, enerzijds, of een beperking van de vrijheid van vestiging tevens kan voortvloeien uit het gecombineerde effect van de bepalingen van het recht van de lidstaat waarin de zetel van de kredietinstelling is gevestigd, namelijk de Bondsrepubliek Duitsland, en van de bepalingen van het recht van de lidstaat waar het bijkantoor is gevestigd, namelijk de Republiek Oostenrijk, en, anderzijds, aan welke lidstaat een dergelijke beperking moet toegerekend.

16. In deze context heeft het Bundesfinanzhof de behandeling van de zaak geschorst en het Hof verzocht om een prejudiciële beslissing over de volgende vraag:

„Staat de vrijheid van vestiging (artikel 49 VWEU, voorheen artikel 43 EG) in de weg aan een regeling van een lidstaat op grond waarvan een kredietinstelling met zetel in die lidstaat verplicht is om bij overlijden van een binnenlandse erflater het ter zake van de erfbelasting bevoegde belastingkantoor ook te informeren over de vermogensbestanddelen van de erflater die in bewaring of in beheer zijn bij een onzelfstandig bijkantoor van deze kredietinstelling in een andere lidstaat, wanneer die andere lidstaat geen vergelijkbare informatieplicht kent en daar voor kredietinstellingen een strafrechtelijk gesanctioneerd bankgeheim geldt?"

Beantwoording van de prejudiciële vraag

17. Met zijn vraag wenst de verwijzende rechter in wezen te vernemen of artikel 49 VWEU aldus moet worden uitgelegd dat het zich verzet tegen een regeling van een lidstaat op grond waarvan kredietinstellingen met maatschappelijke zetel in deze lidstaat verplicht zijn om de nationale autoriteiten informatie te verstrekken over de bij hun in een andere lidstaat gevestigd onzelfstandig bijkantoor in bewaring of in beheer gegeven vermogensbestanddelen bij overlijden van de eigenaar van deze vermogensbestanddelen die ingezetene is van de eerstbedoelde lidstaat, wanneer laatstbedoelde lidstaat geen vergelijkbare informatieplicht kent en daar voor kredietinstellingen een strafrechtelijk gesanctioneerd bankgeheim geldt.

18. Vooraf dient eraan te worden herinnerd dat volgens artikel 49 VWEU beperkingen van de vrijheid van vestiging moeten worden opgeheven. Overeenkomstig deze bepaling omvat de vrijheid van vestiging voor onderdanen van een lidstaat op het grondgebied van een andere lidstaat de toegang tot en de uitoefening van werkzaamheden anders dan in loondienst, alsook de oprichting en het beheer van ondernemingen onder de voorwaarden die door de wetgeving van het land van vestiging voor de eigen onderdanen zijn vastgesteld. De opheffing van de beperkingen van de vrijheid van vestiging heeft eveneens betrekking op beperkingen betreffende de oprichting van agentschappen, filialen of dochterondernemingen door de onderdanen van een lidstaat die op het grondgebied van een andere lidstaat zijn gevestigd (zie met name arresten Commissie/Frankrijk, 270/83, EU:C:1986:37, punt 13; Royal Bank of Scotland, C-311/97, EU:C:1999:216, punt 22, en CLT-UFA, C-253/03, EU:C:2006:129, punt 13).

19. Volgens artikel 54, tweede alinea, VWEU vormen publiekrechtelijke rechtspersonen, met uitzondering van die welke geen winst beogen, eveneens vennootschappen waarop artikel 49 VWEU van toepassing is. Volgens de aanwijzingen van de verwijzende rechter is Sparkasse Allgäu een publiekrechtelijke rechtspersoon waarop artikel 49 VWEU van toepassing is.

20. Het is vaste rechtspraak dat ofschoon de bepalingen van het VWEU betreffende de vrijheid van vestiging volgens de bewoordingen ervan het voordeel van de nationale behandeling in de lidstaat van ontvangst beogen te garanderen, zij zich ook ertegen verzetten dat de lidstaat van oorsprong de vestiging van een van zijn burgers of van een naar zijn wetgeving opgerichte vennootschap in een andere lidstaat belemmert (arrest Verder LabTec, C-657/13, EU:C:2015:331, punt 33 en aldaar aangehaalde rechtspraak).

21. Ook moet eraan worden herinnerd dat uit § 33, lid 1, ErbStG voortvloeit dat elke persoon die zich bedrijfsmatig bezighoudt met het in bewaring houden of beheren van andermans vermogen, verplicht is om bij het voor de erfbelasting bevoegde belastingkantoor schriftelijk opgave te doen van de vermogensbestanddelen die hij onder zich heeft en van de daartegen gerichte vorderingen die op het moment van overlijden van een erflater tot diens vermogen behoorden.

22. Vastgesteld dient te worden dat deze bepaling in algemene bewoordingen is opgesteld en geen onderscheid maakt op basis van de plaats waar de daarin bedoelde activiteiten van in bewaring houden of beheren van andermans vermogensbestanddelen worden uitgeoefend. Bijgevolg is verzoekster in het hoofdgeding, die een rechtspersoon naar Duits recht is en haar maatschappelijke zetel in Duitsland heeft, onderworpen aan de verplichtingen die uit deze bepaling voortvloeien, niet alleen wat betreft de rekeningen die worden gehouden door haar verschillende agentschappen en bijkantoren in Duitsland maar ook wat betreft de rekeningen die zijn geopend bij haar onzelfstandig bijkantoor in Oostenrijk.

23. De verwijzende rechter vraagt zich af of de activiteit van een Duitse kredietinstelling die een bijkantoor in Oostenrijk heeft geopend, moeilijker wordt gemaakt door tegelijkertijd de in § 33, lid 1, ErbStG opgenomen informatieplicht en de verplichting tot eerbiediging van het door § 38, lid 2, en § 101 BWG beschermde bankgeheim in Oostenrijk. In dat verband stelt deze rechter dat, om deze twee verplichtingen na te leven, een kredietinstelling in de situatie van verzoekster in het hoofdgeding gedwongen is om overeenkomstig § 38, lid 2, punt 5, BWG haar klanten om toestemming te vragen wanneer zij informatie betreffende deze klanten aan de Duitse autoriteiten wil verstrekken. Het vereiste van een dergelijke toestemming kan eventueel tot gevolg hebben dat mogelijke klanten van het Oostenrijkse bijkantoor van een dergelijke instelling zich wenden tot Oostenrijkse banken of tot Oostenrijkse dochterondernemingen van Duitse banken, aangezien geen van beide aan een soortgelijke informatieplicht zijn onderworpen.

24. Hoewel inderdaad niet kan worden uitgesloten dat § 33, lid 1, ErbStG in Duitsland gevestigde kredietinstellingen kan ontmoedigen om in Oostenrijk bijkantoren te openen, aangezien zij als gevolg van de nakoming van deze verplichting in een nadelige positie worden gebracht louter doordat zij dan onderworpen zijn aan een verplichting die niet rust op de in laatstbedoelde lidstaat gevestigde kredietinstellingen, kan hieruit evenwel niet worden geconcludeerd dat het bestaan van deze verplichting kan worden aangemerkt als een beperking van de vrijheid van vestiging in de zin van artikel 49 VWEU.

25. Gelet op de toelichting van de verwijzende rechter dient immers te worden vastgesteld dat in omstandigheden als die van het hoofdgeding, de nadelige gevolgen die een verplichting als die van § 33, lid 1, ErbStG kan veroorzaken, voortvloeien uit de parallelle uitoefening door twee lidstaten van hun bevoegdheid ter zake van, enerzijds, de reglementering van de verplichtingen van banken en andere kredietinstellingen ten aanzien van hun klanten wat betreft de eerbiediging van het bankgeheim en, anderzijds, de fiscale controles (zie in die zin arresten Kerckhaert en Morres, C-513/04, EU:C:2006:713, punt 20; Columbus Container Services, C-298/05, EU:C:2007:754, punt 43, en CIBA, C-96/08, EU:C:2010:185, punt 25).

26. In het bijzonder kan naar Duits recht de eerbiediging van het bankgeheim geen voorrang hebben op het vereiste om de doeltreffendheid van de fiscale controles te verzekeren, zodat § 33, lid 1, ErbStG in de daarin bedoelde omstandigheden voorziet in een verplichting tot verstrekking van informatie aan de fiscale autoriteiten zonder toestemming van de titularis van de betrokken rekening. Het Oostenrijks recht heeft in § 38 BWG echter de omgekeerde keuze gemaakt, namelijk het bankgeheim moet in beginsel ten aanzien van iedereen, de fiscale autoriteiten inbegrepen, worden geëerbiedigd.

27. Het klopt dat een tussen de twee betrokken lidstaten gesloten bilaterale overeenkomst, net als maatregelen die op Unieniveau zijn genomen zoals de automatische en verplichte uitwisseling van inlichtingen voorzien in artikel 8, lid 3 bis, van richtlijn 2011/16, administratieve samenwerking in belastingzaken kan verzekeren en het op die manier, in omstandigheden als die in het hoofdgeding, voor de Duitse fiscale autoriteiten gemakkelijker kan maken om de informatie te verkrijgen waarop de in het hoofdgeding aan de orde zijnde maatregel betrekking heeft.

28. De verwijzende rechter wijst er echter op dat ofschoon er een overeenkomst bestaat die voorziet in de uitwisseling van inlichtingen in belastingzaken, gesloten tussen de Bondsrepubliek Duitsland en de Republiek Oostenrijk en in werking getreden op 1 maart 2012, deze overeenkomst alleen toepassing vindt op belastbare tijdperken of belastingperiodes die dateren van na 1 januari 2011, zijnde periodes waarop het verzoek van Finanzamt Kempten aan Sparkasse Allgäu geen betrekking heeft. Ook richtlijn 2011/16 is pas vastgesteld na de feiten die aanleiding hebben gegeven tot het hoofdgeding.

29. Bijgevolg moet worden vastgesteld dat, in de stand van het Unierecht op de datum van de feiten in het hoofdgeding en bij gebreke van enige harmoniseringsmaatregel ter zake van de uitwisseling van inlichtingen ten behoeve van de fiscale controles, het de lidstaten vrij stond om aan nationale kredietinstellingen wat betreft hun in het buitenland werkzame bijkantoren een verplichting als in het hoofdgeding op te leggen teneinde de doeltreffendheid van de fiscale controles te verzekeren, mits de in die bijkantoren uitgevoerde verrichtingen niet op discriminerende wijze worden behandeld in vergelijking met de verrichtingen die door hun nationale bijkantoren zijn uitgevoerd (zie in die zin arrest Columbus Container Services, C-298/05, EU:C:2007:754, punten 51 en 53, en beschikking KBC Bank en Beleggen, Risicokapitaal, Beheer, C-439/07 en C-499/07, EU:C:2009:339, punt 80).

30. Zoals in punt 22 van onderhavig arrest reeds werd opgemerkt, is § 33, lid 1, ErbStG volgens de bewoordingen ervan van toepassing op kredietinstellingen die hun maatschappelijke zetel in Duitsland hebben, met betrekking tot zowel hun in Duitsland als hun in het buitenland uitgevoerde verrichtingen.

31. Op basis van het loutere feit dat een informatieverplichting als die welke in het hoofdgeding aan de orde is, naar Oostenrijks recht niet bestaat, kan niet worden uitgesloten dat de Bondsrepubliek Duitsland geen dergelijke verplichting kan instellen. Uit de rechtspraak van het Hof blijkt immers dat de vrijheid van vestiging niet aldus kan worden begrepen dat een lidstaat verplicht is zijn belastingregeling, en meer specifiek een informatieverplichting zoals die welke in het hoofdgeding aan de orde is, af te stemmen op die van een andere lidstaat, teneinde te waarborgen dat in alle situaties ieder verschil dat voortvloeit uit de nationale regelingen verdwijnt (zie in die zin arresten Columbus Container Services, C-298/05, EU:C:2007:754, punt 51, en National Grid Indus, C-371/10, EU:C:2011:785, punt 62).

32. Gelet op een en ander moet op de prejudiciële vraag worden geantwoord dat artikel 49 VWEU aldus moet worden uitgelegd dat het zich niet verzet tegen een regeling van een lidstaat op grond waarvan kredietinstellingen met maatschappelijke zetel in deze lidstaat verplicht zijn om de nationale autoriteiten informatie te verstrekken over de bij hun in een andere lidstaat gevestigd onzelfstandig bijkantoor in bewaring of in beheer gegeven vermogensbestanddelen bij overlijden van de eigenaar van deze vermogensbestanddelen die ingezetene is van de eerstbedoelde lidstaat, wanneer laatstbedoelde lidstaat geen vergelijkbare informatieplicht kent en daar voor kredietinstellingen een strafrechtelijk gesanctioneerd bankgeheim geldt.

Kosten

33. …

Het Hof (Derde kamer)

verklaart voor recht:

Artikel 49 VWEU moet aldus worden uitgelegd dat het zich niet verzet tegen een regeling van een lidstaat op grond waarvan kredietinstellingen met maatschappelijke zetel in deze lidstaat verplicht zijn om de nationale autoriteiten informatie te verstrekken over de bij hun in een andere lidstaat gevestigd onzelfstandig bijkantoor in bewaring of in beheer gegeven vermogensbestanddelen bij overlijden van de eigenaar van deze vermogensbestanddelen die ingezetene is van de eerstbedoelde lidstaat, wanneer laatstbedoelde lidstaat geen vergelijkbare informatieplicht kent en daar voor kredietinstellingen een strafrechtelijk gesanctioneerd bankgeheim geldt.

HvJ EU 26 mei 2016, zaak C-48/15 (Belgische Staat, FOD Financiën v. NN [L] International SA, voorheen ING International SA, rechtsopvolgster van ING [L] Dynamc SA)

Tweede kamer: *M. Ilešič, kamerpresident, C. Toader, A. Rosas, A. Prechal en E. Jarašiūnas (rapporteur), rechters*
Advocaat-generaal: *M. Bobek*

1. Het verzoek om een prejudiciële beslissing betreft de uitlegging van de artikelen 2, 4, 10 en 11 van richtlijn 69/335/EEG van de Raad van 17 juli 1969 betreffende de indirecte belastingen op het bijeenbrengen van kapitaal (*PB* L 249, blz. 25), zoals gewijzigd bij richtlijn 85/303/EEG van de Raad van 10 juni 1985 (*PB* L 156, blz. 23) (hierna: „richtlijn 69/335"), van richtlijn 85/611/EEG van de Raad van 20 december 1985 tot coördinatie van de wettelijke en bestuursrechtelijke bepalingen betreffende bepaalde instellingen voor collectieve belegging in effecten (icbe's) (*PB* L 375, blz. 3), gelezen in samenhang met artikel 10 EG en artikel 293, tweede streepje, EG, alsook de artikelen 49 EG tot en met 60 EG, gelezen in samenhang met artikel 10 EG en artikel 293, tweede streepje, EG.

2. Dit verzoek is ingediend in het kader van een geding tussen enerzijds de Belgische Staat, FOD Financiën (federale overheidsdienst Financiën) en anderzijds NN (L) International SA, voorheen ING International SA, rechtsopvolgster van ING (L) Dynamic SA (hierna: „NN (L)") over een verzoek om teruggaaf van de door haar voor het belastingjaar 2006 betaalde jaarlijkse taks op de collectieve beleggingsinstellingen (hierna: „icb's"), ten bedrage van 185 739,34 EUR.

Toepasselijke bepalingen

Unierecht

3. Artikel 2, lid 1, van richtlijn 69/335, ingetrokken bij richtlijn 2008/7/EG van de Raad van 12 februari 2008 betreffende de indirecte belastingen op het bijeenbrengen van kapitaal (*PB* L 46, blz. 11) bepaalde het volgende:

> „De aan het kapitaalrecht onderworpen verrichtingen zijn uitsluitend belastbaar in de lidstaat op welks grondgebied zich de zetel van de werkelijke leiding van de kapitaalvennootschap bevindt op het ogenblik waarop deze verrichtingen plaatsvinden."

4. Artikel 4 van die richtlijn luidde als volgt:

> „1. Aan het kapitaalrecht zijn de volgende verrichtingen onderworpen:
> a. de oprichting van een kapitaalvennootschap;
> b. de omzetting van een vennootschap, vereniging of rechtspersoon, niet zijnde een kapitaalvennootschap, in een kapitaalvennootschap;
> c. de vermeerdering van het vennootschappelijk kapitaal van een kapitaalvennootschap door inbreng van zaken van welke aard ook;
> d. de vermeerdering van het vennootschappelijk vermogen van een kapitaalvennootschap door inbreng van zaken van welke aard ook, waarvoor geen rechten worden toegekend die een aandeel in het vennootschappelijk kapitaal of in het vennootschappelijk vermogen vertegenwoordigen, doch rechten van dezelfde aard als die van vennoten, zoals stemrecht, recht op een aandeel in de winst of in het liquidatie-overschot;
> e. de overbrenging, van een derde land naar een lidstaat, van de zetel van de werkelijke leiding van een vennootschap, vereniging of rechtspersoon waarvan de statutaire zetel zich in een derde land bevindt en die voor de heffing van het kapitaalrecht in deze lidstaat als kapitaalvennootschap geldt;
> f. de overbrenging, van een derde land naar een lidstaat, van de statutaire zetel van een vennootschap, vereniging of rechtspersoon waarvan de zetel van de werkelijke leiding zich in een derde land bevindt en die voor de heffing van het kapitaalrecht in deze lidstaat als kapitaalvennootschap geldt;
> g. de overbrenging, van een lidstaat naar een andere lidstaat, van de zetel van de werkelijke leiding van een vennootschap, vereniging of rechtspersoon die voor de heffing van het kapitaalrecht in de laatstbedoelde lidstaat wel, doch in de eerste lidstaat niet als kapitaalvennootschap geldt;
> h. de overbrenging, van een lidstaat naar een andere lidstaat, van de statutaire zetel van een vennootschap, vereniging of rechtspersoon waarvan de zetel van de werkelijke leiding zich in een derde land bevindt en die voor de heffing van het kapitaalrecht in de laatstbedoelde lidstaat wel, doch in de eerste lidstaat niet als kapitaalvennootschap geldt.
> 2. Voor zover zij op 1 juli 1984 tegen het tarief van 1 % werden belast, mogen de volgende verrichtingen aan het kapitaalrecht onderworpen blijven:
> a. de vermeerdering van het vennootschappelijk kapitaal van een kapitaalvennootschap door omzetting van winsten, reserves of voorzieningen;
> b. de vermeerdering van her vennootschappelijk vermogen van een kapitaalvennootschap door prestaties van een vennoot, die geen vermeerdering van het vennootschappelijk kapitaal met zich brengen, maar

beloond worden met een wijziging van de aandeelhoudersrechten of de waarde van de aandelen kunnen verhogen;

c. het afsluiten van een lening door een kapitaalvennootschap, indien de schuldeiser recht heeft op een aandeel in de winst van de vennootschap;

d. het afsluiten van een lening door een kapitaalvennootschap bij een vennoot, bij de echtgenoot of een kind van een vennoot, alsmede het afsluiten van een lening bij een derde wanneer zij wordt gegarandeerd door een vennoot, mits deze leningen dezelfde functie hebben als een vermeerdering van het vennootschappelijk kapitaal.

[…]"

5. In artikel 10 van voornoemde richtlijn was bepaald:

„Behoudens het kapitaalrecht heffen de lidstaten met betrekking tot de op het maken van winst gerichte vennootschappen, verenigingen of rechtspersonen geen enkele belasting, in welke vorm ook, ter zake van:
a. de in artikel 4 bedoelde verrichtingen;
b. de inbreng, de leningen of de prestaties, verricht binnen het kader van de in artikel 4 bedoelde verrichtingen;
c. de inschrijving of elke andere formaliteit die een op het maken van winst gerichte vennootschap, vereniging of rechtspersoon vanwege haar rechtsvorm in acht moet nemen alvorens met haar werkzaamheden te kunnen beginnen."

6. Artikel 11 van die richtlijn bepaalde het volgende:

„De lidstaten onderwerpen aan geen enkele belasting, in welke vorm ook:
a. het opmaken, de uitgifte, de toelating ter beurze, het in omloop brengen of het verhandelen van aandelen, deelbewijzen of andere soortgelijke effecten, alsmede van certificaten van deze stukken, onverschillig door wie zij worden uitgegeven;
b. leningen, met inbegrip van renten, afgesloten tegen uitgifte van obligaties of andere verhandelbare effecten, onverschillig door wie deze worden uitgegeven, en alle daarmede verband houdende formaliteiten, alsmede het opmaken, de uitgifte, de toelating ter beurze, het in omloop brengen of het verhandelen van deze obligaties of andere verhandelbare effecten."

7. De tweede tot en met vierde overweging van richtlijn 85/611, die is ingetrokken bij richtlijn 2009/65/EG van het Europees Parlement en de Raad van 13 juli 2009 tot coördinatie van de wettelijke en bestuursrechtelijke bepalingen betreffende bepaalde instellingen voor collectieve belegging in effecten (icbe's) (*PB* L 302, blz. 32), luidden als volgt:

„Overwegende dat een coördinatie van de nationale wettelijke regelingen voor [icb's] […] gewenst lijkt ten einde op gemeenschapsniveau de mededingingsverhoudingen voor deze instellingen nader tot elkaar te brengen en aldaar een doeltreffender en meer uniforme bescherming van de deelnemers te verwezenlijken; dat deze coördinatie gewenst lijkt om de verhandeling van de rechten van deelneming in een zich in een lidstaat bevindende [icb] op het grondgebied van andere lidstaten te vergemakkelijken;

Overwegende dat de verwezenlijking van deze doelstellingen de opheffing vergemakkelijkt van de beperkingen van het vrije verkeer op gemeenschapsniveau van rechten van deelneming in [icb's] en dat deze coördinatie bijdraagt tot de totstandbrenging van een Europese kapitaalmarkt;

Overwegende dat het, gelet op de hierboven bedoelde doelstellingen, wenselijk is voor de zich in de lidstaten bevindende [icb's], gemeenschappelijke minimumregels vast te stellen met betrekking tot toelating, toezicht, inrichting, werkzaamheid en door hen te publiceren informatie;

[…]"

8. In artikel 44 van richtlijn 85/611 was het volgende bepaald:

„1. Een [instelling voor collectieve belegging in effecten (icbe)] die haar rechten van deelneming in een andere lidstaat verhandelt, moet zich houden aan de in die staat geldende wettelijke en bestuursrechtelijke bepalingen die geen betrekking hebben op de gebieden waarop deze richtlijn van toepassing is.

[…]

3. De in de leden 1 en 2 bedoelde bepalingen moeten op niet-discriminerende wijze worden toegepast."

Belgisch recht

9. Het Wetboek der successierechten, zoals gewijzigd bij de programmawet van 22 december 2003 (*Belgisch Staatsblad* van 31 december 2003, blz. 62160, hierna: „Wetboek der successierechten"), omvat een boek II bis, met als titel „Jaarlijkse taks op de [icb's], op de kredietinstellingen en op de verzekeringsondernemingen" (hierna: „jaarlijkse taks op de icb's"). Deze taks, die aanvankelijk enkel van toepassing was op icb's naar Belgisch recht, is door voormelde, op 1 januari 2004 in werking getreden programmawet uitgebreid tot icb's naar buitenlands recht die hun rechten van deelneming in België verhandelen.

10. Artikel 133 ter van het Wetboek der successierechten bepaalt dat de rechter, naast de oplegging van een verbod aan bepaalde personen om gedurende drie maanden tot vijf jaar hun beroep uit te oefenen wegens een van de inbreuken bedoeld in bepaalde voorschriften van dat wetboek, bovendien de sluiting kan bevelen, eveneens voor een duur van drie maanden tot vijf jaar, van de inrichtingen van de vennootschap, groepering of onderneming waarvan de veroordeelde hoofd, lid of bediende is.

11. Artikel 161 van het Wetboek der successierechten luidt als volgt:

„Onderworpen aan een jaarlijkse taks vanaf de eerste januari volgend op hun inschrijving bij de Commissie voor het Bank-, Financie- en Assurantiewezen zijn:
1° de [icb's] die geregeld zijn bij statuten, bedoeld in artikel 108, eerste lid, 1° en 2°, van de wet van 4 december 1990 op de financiële transacties en de financiële markten;
2° de beheersvennootschappen die instaan voor het beheer van de [icb's] die geregeld zijn bij overeenkomst, bedoeld in artikel 108, eerste lid, 1° en 2°, van de wet van 4 december 1990 op de financiële transacties en de financiële markten;
3° de [icb's] naar buitenlands recht bedoeld in artikel 137 van de wet van 4 december 1990 op de financiële transacties en de financiële markten, met uitzondering van de instellingen voor belegging in schuldvorderingen;
[...]"

12. Artikel 161 bis van dat wetboek bepaalt:

„§ 1. Wat de beleggingsinstellingen bedoeld in artikel 161, 1° en 2°, betreft, is de taks verschuldigd op het totaal van de in België op 31 december van het voorafgaande jaar netto uitstaande bedragen.
Voor de toepassing van het eerste lid:
1° worden de in het buitenland voor rekening van een rijksinwoner verworven rechten van deelneming, geacht uit te staan in België;
2° is, indien de beleggingsinstelling verzuimd heeft de elementen die nuttig en noodzakelijk zijn voor de heffing van de taks aan de administratie te verstrekken en onverminderd de toepassing van artikel 162, de taks verschuldigd op de totaalwaarde van het beheerd vermogen op 31 december van het voorafgaande jaar. De Koning kan de voor de heffing van de taks nuttige en noodzakelijke elementen bepalen.
§ 2. Wat betreft de beleggingsinstellingen, bedoeld in artikel 161, 3°, is de taks verschuldigd op het totaal van de in België netto uitstaande bedragen op 31 december van het voorafgaande jaar, vanaf hun inschrijving bij de Commissie voor het Bank-, Financie- en Assurantiewezen.
Voor de toepassing van het eerste lid:
1° kunnen de rechten van deelneming die door een financiële tussenpersoon in het buitenland werden geplaatst, niet afgetrokken worden van de in België bruto uitstaande bedragen in geval van de inkoop door de tussenkomst van een financiële tussenpersoon in België;
2° is, indien de beleggingsinstelling verzuimd heeft de elementen die nuttig en noodzakelijk zijn voor de heffing van de taks aan de administratie te verstrekken en onverminderd de toepassing van artikel 162, de taks verschuldigd op het totaal van de in België bruto uitstaande bedragen op 31 december van het voorafgaande jaar. De Koning kan de voor de heffing van de taks nuttige en noodzakelijke elementen bepalen.
[...]"

13. Artikel 162 van dat wetboek, in de versie die van kracht was ten tijde van de feiten van het hoofdgeding, bepaalde:

„Op de belasting ingesteld bij artikel 161 zijn van toepassing de bepalingen van boek I betreffende het bewijs van het verzuim van aangifte van goederen, alsmede die betreffende de verjaring, de teruggave, de vervolgingen en gedingen en de correctionele straffen.
Wanneer de beleggingsinstellingen bedoeld in artikel 161, 3°, de bepalingen van dit boek overtreden, kan de rechter hen het verbod opleggen nog langer rechten van deelneming in België te plaatsen. Dit verbod wordt betekend aan de beleggingsinstelling, aan de Commissie voor het Bank-, Financie-, en Assurantiewezen en aan de instelling die door de beleggingsinstelling in België werd aangeduid om te zorgen voor de uitkeringen aan de deelnemers, de verkoop of de inkoop van de rechten van deelneming en voor de verplichte informatieverstrekking in ten minste één van de landstalen."

Hoofdgeding en prejudiciële vragen

14. NN (L), een in Luxemburg gevestigde vennootschap, heeft voor het fiscaal jaar 2006 een belastingaangifte voor de jaarlijkse taks op de icb's ingediend, die betrekking had op de in België op 31 december 2005 uitstaande nettobedragen, en zij heeft deze taks, ten bedrage van 185 739,34 EUR, binnen de wettelijke termijn betaald. Vervolgens heeft zij voor de tribunal de première instance de Bruxelles (België) de rechtmatigheid van die taks betwist op grond van richtlijn 69/335, de artikelen 56 EG tot en met 60 EG, richtlijn 85/611 en artikel 10 EG alsook, subsidiair, artikel 22 van de Overeenkomst tussen België en Luxemburg tot het vermijden van dubbele belasting en

tot regeling van sommige andere aangelegenheden inzake belastingen naar het inkomen en naar het vermogen, ondertekend te Luxemburg op 17 september 1970 (hierna: „dubbelbelastingverdrag").

15. Bij vonnis van 23 november 2011 heeft de tribunal de première instance de Bruxelles de grief inzake schending van richtlijn 69/335 afgewezen, maar de vordering van NN (L) toegewezen door de aanvaarding van de laatste, subsidiair door NN (L) geformuleerde grief inzake de schending van het dubbelbelastingverdrag.

16. De Belgische Staat, FOD Financiën, heeft tegen dat vonnis hoger beroep ingesteld bij de verwijzende rechter, en vordert de vaststelling dat de jaarlijkse taks op de icb's niet onder het dubbelbelastingverdag valt, dat de artikelen 160 en volgende van het Wetboek der successierechten verenigbaar zijn met het Unierecht en dat voornoemde taks, die rechtmatig is geheven, niet hoeft te worden terugbetaald.

17. NN (L) heeft verzocht om het bestreden vonnis te bevestigen. Subsidiair heeft zij incidenteel hoger beroep ingesteld, voor zover de rechter in eerste aanleg de grief inzake schending van richtlijn 69/335 had afgewezen en zich niet had uitgesproken over de andere grieven inzake schending van de andere bepalingen van Unierecht. In dat verband heeft NN (L) de verwijzende rechter verzocht om het Hof te verzoeken om een prejudiciële beslissing.

18. De verwijzende rechter zet uiteen dat, ongeacht de kwalificatie die aan de jaarlijkse taks op de icb's moet worden gegeven om vast te stellen of hij binnen de werkingssfeer van het dubbelbelastingverdrag valt, deze taks onderworpen blijft aan het algemene verbod van belemmeringen van de vrijheden van verkeer en niet a priori kan worden uitgesloten dat de bepalingen van richtlijn 69/335 erop toepassing vinden.

19. Daarop heeft de cour d'appel de Bruxelles de behandeling van de zaak geschorst en het Hof de volgende prejudiciële vragen gesteld:

„1. Moet richtlijn [69/335] betreffende de indirecte belastingen op het bijeenbrengen van kapitaal [...], meer bepaald de artikelen 2, 4, 10 en 11 ervan, in hun onderlinge samenhang gelezen, aldus worden uitgelegd dat zij zich verzet tegen nationaalrechtelijke bepalingen zoals de artikelen 161 en 162 van het Belgische Wetboek der successierechten, die zijn gewijzigd bij de programmawet van 22 december 2003 en verband houden met de taks op [icb's], voor zover deze taks jaarlijks wordt opgelegd aan [icb's] die in een andere lidstaat in de vorm van een kapitaalvennootschap zijn opgericht en hun rechten van deelneming in België verhandelen, op basis van het totaalbedrag van hun in België geplaatste rechten van deelneming, verminderd met het bedrag van de inkoop of terugbetaling van dergelijke inschrijvingen, met als gevolg dat de door dergelijke [icb's] in België aangetrokken bedragen aan die taks worden onderworpen zolang zij ter beschikking blijven van die [icb's]?

2. Moeten de artikelen 49 EG tot en met 55 EG en de artikelen 56 EG tot en met [60] EG, eventueel gelezen in samenhang met de artikelen 10 EG en 293, tweede streepje, EG, aldus worden uitgelegd dat zij zich ertegen verzetten dat een lidstaat het aanknopingscriterium voor het opleggen van een belasting zoals die van de artikelen 161 en volgende van het Belgische Wetboek der successierechten eenzijdig wijzigt, in die zin dat een op de woonplaats van de belastingplichtige gebaseerd persoonlijk aanknopingscriterium, dat in het internationale belastingrecht is vastgelegd, wordt vervangen door een vermeend reëel aanknopingscriterium dat niet in het internationale belastingrecht is vastgelegd, gelet op het feit dat de lidstaat in het kader van de uitoefening van zijn fiscale soevereiniteit uitsluitend ten aanzien van buitenlandse ondernemingen voorziet in een specifieke sanctie zoals die van artikel 162, [tweede] alinea, van het Belgische Wetboek der successierechten?

3. Moeten de artikelen 49 EG en 56 EG, eventueel gelezen in samenhang met de artikelen 10 EG en 293, tweede streepje, EG, aldus worden uitgelegd dat zij zich verzetten tegen een belasting als hierboven beschreven, die voor in een andere lidstaat opgerichte [icb's] een extra financiële last vormt die het verhandelen van hun rechten van deelneming in België kan belemmeren, aangezien bij die belasting geenszins rekening wordt gehouden met de belastingen die reeds in de lidstaat van oorsprong aan deze instellingen worden opgelegd?

4. Moet richtlijn [85/611] [...], eventueel gelezen in samenhang met de artikelen 10 EG en 293, tweede streepje, EG, aldus worden uitgelegd dat zij zich verzet tegen een belasting als hierboven beschreven, voor zover deze afbreuk doet aan het hoofddoel van de richtlijn, het verhandelen van rechten van deelneming in [icb's] in de Europese Unie gemakkelijker te maken?

5. Moeten de artikelen 49 EG en 56 EG aldus worden uitgelegd dat zij zich verzetten tegen administratieve lasten die voor in een andere lidstaat opgerichte [icb's] die hun rechten van deelneming in België verhandelen, voortvloeien uit de heffing van een belasting als hierboven beschreven?

6. Moeten de artikelen 49 EG en 56 EG aldus worden uitgelegd dat zij zich verzetten tegen een nationaalrechtelijke bepaling zoals artikel 162, tweede alinea, van het Belgische Wetboek der successierechten, voor zover deze bepaling voorziet in een specifieke sanctie voor [icb's] die in een andere lidstaat zijn opgericht en hun rechten van deelneming in België verhandelen, namelijk in een rechterlijk verbod om nog langer rechten van deelneming in België te plaatsen wanneer zij hun aangifte niet uiterlijk op 31 maart van elk jaar indienen of wanneer zij de hierboven beschreven taks niet betalen?"

Beantwoording van de prejudiciële vragen

Ontvankelijkheid van de vijfde vraag

20. De Belgische regering is van mening dat de vijfde vraag kennelijk irrelevant is voor de beslechting van het hoofdgeding en dat zij daarom niet-ontvankelijk is. Voorts merkt zij op dat voormelde rechterlijke instantie niet nauwkeurig aangeeft welke bepalingen van nationaal recht administratieve lasten zouden opleggen en evenmin hoe icb's naar buitenlands recht in dat verband zouden worden gediscrimineerd ten opzichte van icb's naar Belgisch recht.

21. Er zij aan herinnerd dat, aangezien op de vragen betreffende het recht van de Unie een vermoeden van relevantie rust, het Hof slechts kan weigeren op een door een nationale rechterlijke instantie gestelde prejudiciële vraag te antwoorden, wanneer duidelijk blijkt dat de gevraagde uitlegging of toetsing van de geldigheid van een Unierechtelijke bepaling geen verband houdt met een reëel geschil of met het voorwerp van het hoofdgeding, wanneer het vraagstuk van hypothetische aard is of wanneer het Hof niet beschikt over de gegevens, feitelijk en rechtens, die noodzakelijk zijn om een zinvol antwoord te geven op de gestelde vragen (zie met name arrest van 16 juni 2015, Gauweiler e.a., C-62/14, EU:C:2015:400, punt 25).

22. Wat die gegevens, feitelijk en rechtens, betreft, bepaalt artikel 94 van het Reglement voor de procesvoering van het Hof dat het verzoek om een prejudiciële beslissing met name het volgende dient te bevatten: een summier overzicht van het voorwerp van het geschil en de relevante feiten of althans ten minste een uiteenzetting van de feitelijke gegevens waarop de vragen berusten, de inhoud van de nationale bepalingen die op de zaak van toepassing kunnen zijn, en de uiteenzetting van de redenen die de verwijzende rechter ertoe hebben gebracht om zich over de uitlegging van bepaalde bepalingen van het recht van de Unie vragen te stellen, alsook het verband dat hij legt tussen die bepalingen en de op het hoofdgeding toepasselijke nationale wettelijke regeling.

23. In casu vermeldt de verwijzingsbeslissing niet welke administratieve lasten op de icb's naar buitenlands recht zouden drukken, noch de bepalingen van nationaal recht krachtens welke of op grond waarvan die lasten zouden zijn opgelegd, en evenmin de redenen waarom de verwijzende rechter zich in dat verband vragen stelt over de uitlegging van het Unierecht. In die omstandigheden beschikt het Hof niet over voldoende gegevens, feitelijk en rechtens, om een nuttig antwoord te geven op de vijfde vraag, die bijgevolg niet-ontvankelijk dient te worden verklaard.

Eerste vraag

24. Met zijn eerste vraag wenst de verwijzende rechter in wezen te vernemen of de artikelen 2, 4, 10 en 11 van richtlijn 69/ 335 aldus moeten worden uitgelegd dat zich verzetten tegen een wettelijke regeling van een lidstaat die voorziet in een jaarlijkse taks op icb's, zoals de in het hoofdgeding aan de orde zijnde taks, op grond waarvan icb's naar buitenlands recht die in die lidstaat rechten van deelneming plaatsen, aan die taks zijn onderworpen.

25. In dat verband moet worden vastgesteld dat de jaarlijkse taks op de icb's niet overeenkomt met een van de verrichtingen die krachtens artikel 4 van richtlijn 69/335 aan het kapitaalrecht zijn onderworpen, die, zoals het Hof in punt 20 van het arrest van 27 oktober 1998, Nonwoven (C-4/97, EU:C:1998:507) heeft opgemerkt, worden gekenmerkt door de overdracht van kapitaal of goederen aan een kapitaalvennootschap in de lidstaat van aanslag of resulteren in een daadwerkelijke vermeerdering van het kapitaal of vermogen van de vennootschappen, hetgeen kennelijk niet het geval is voor de „in België geplaatste nettobedragen" waarop die taks van toepassing is. Bij een dergelijke taks gaat het evenmin om een taks die verboden is door artikel 10 van richtlijn 69/335, aangezien hij enerzijds niet overeenkomt met een van de in artikel 4 van die richtlijn genoemde belastbare verrichtingen waarnaar artikel 10, onder a) en b), van de richtlijn verwees, en hij anderzijds geen verband houdt met de inschrijving of elke andere aan de uitoefening van een werkzaamheid voorafgaande formaliteit, in de zin van artikel 10, onder c), van die richtlijn. Evenmin komt die taks overeen met de verrichtingen waarover het gaat in artikel 11 van die richtlijn.

26. Bijgevolg valt de jaarlijkse taks op de icb's niet binnen de werkingssfeer van richtlijn 69/335. Zij verzet zich er dus niet tegen dat icb's naar buitenlands recht worden onderworpen aan een dergelijke taks.

27. Bijgevolg moet op de eerste vraag worden geantwoord dat de artikelen 2, 4, 10 en 11 van richtlijn 69/335 aldus moeten worden uitgelegd dat dat zij zich niet verzetten tegen een wettelijke regeling van een lidstaat die voorziet in een jaarlijkse taks op icb's, zoals de in het hoofdgeding aan de orde zijnde taks, op grond waarvan icb's naar buitenlands recht die in die lidstaat rechten van deelneming plaatsen, aan die taks zijn onderworpen.

Vierde vraag

28. Met zijn vierde vraag wenst de verwijzende rechter in wezen te vernemen of richtlijn 85/611, eventueel gelezen in samenhang met artikel 10 EG en artikel 293, tweede streepje, EG, aldus moet worden uitgelegd dat zij zich verzet tegen een wettelijke regeling van een lidstaat die voorziet in een jaarlijkse taks op icb's, zoals de in het

hoofdgeding aan de orde zijnde taks, op grond waarvan icb's naar buitenlands recht die in die lidstaat rechten van deelneming plaatsen, aan die taks zijn onderworpen.

29. De Belgische regering meent dat deze vraag niet-ontvankelijk is omdat de verwijzende rechter niet vermeldt van welke artikelen van richtlijn 85/611 om uitlegging wordt verzocht, en evenmin waarom hij zich vragen stelt over de uitlegging van die richtlijn.

30. Uit de bewoordingen van die vraag blijkt evenwel dat de verwijzende rechter zich afvraagt of richtlijn 85/611, gelezen in samenhang met artikel 10 EG en artikel 293, tweede streepje, EG, zich verzet tegen een belasting als de jaarlijkse taks op de icb's, aangezien deze afbreuk zou doen aan het hoofddoel van deze richtlijn, het verhandelen van rechten van deelneming in icbe's in de Unie gemakkelijker te maken. Die vermeldingen volstaan om het Hof in staat te stellen de verwijzende rechter de uitleggingsgegevens te verschaffen die nuttig zijn voor de beslechting van het hoofdgeding. De vraag is derhalve ontvankelijk.

31. Ten gronde blijkt uit de tweede tot en met de vierde overweging van richtlijn 85/611 dat deze richtlijn ter verzekering van de vrije verhandeling van rechten van deelneming in icbe's binnen de Unie de nationale wettelijke regelingen voor icbe's beoogde te coördineren om de mededingingsverhoudingen voor deze instellingen in de Unie nader tot elkaar te brengen en een doeltreffender en meer uniforme bescherming van de deelnemers te verzekeren. Te dien einde stelt deze richtlijn gemeenschappelijke minimumregels vast met betrekking tot toelating, toezicht, inrichting, werkzaamheid en door de icbe's te publiceren informatie (arrest van 11 september 2014, Gruslin, C-88/13, EU:C:2014:2205, punt 33).

32. Vastgesteld moet worden dat de fiscale behandeling van icbe's niet viel onder het gebied geregeld door richtlijn 85/611, die geen enkele bepaling dienaangaande bevatte. Artikel 44, lid 3, van die richtlijn verlangde echter dat de wettelijke en bestuursrechtelijke bepalingen die in een lidstaat op icbe's van toepassing waren en niet vielen onder het door de richtlijn geregelde gebied, op niet-discriminerende wijze moesten worden toegepast.

33. Hieruit volgt dat de jaarlijkse taks op de icb's niet valt binnen het door richtlijn 85/611 geregelde gebied en dat, aangezien artikel 10 EG en artikel 293, tweede streepje, EG aan die vaststelling niet kunnen afdoen, voormelde richtlijn zich evenmin ertegen verzet dat icb's naar buitenlands recht aan een dergelijke taks worden onderworpen, mits de desbetreffende bepalingen op niet-discriminerende wijze worden toegepast, hetgeen zal worden onderzocht in het kader van de tweede, de derde en de zesde vraag.

34. Bijgevolg moet op de vierde vraag worden geantwoord dat richtlijn 85/611, eventueel gelezen in samenhang met artikel 10 EG en artikel 293, tweede streepje, EG, aldus moet worden uitgelegd dat zij zich niet verzet tegen een wettelijke regeling van een lidstaat die voorziet in een jaarlijkse taks op icb's, zoals de in het hoofdgeding aan de orde zijnde taks, op grond waarvan icb's naar buitenlands recht die in die lidstaat rechten van deelneming plaatsen, aan die taks zijn onderworpen, mits deze wettelijke regeling op niet-discriminerende wijze wordt toegepast.

Tweede en derde vraag

35. De tweede en de derde vraag, die tezamen moeten worden onderzocht, beogen enerzijds de artikelen 49 EG tot en met 60 EG, eventueel gelezen in samenhang met artikel 10 EG en artikel 293, tweede streepje, EG, en anderzijds de artikelen 49 EG en 56 EG, eventueel gelezen in samenhang met artikel 10 EG en artikel 293, tweede streepje, EG. Voor de beantwoording van die vragen zijn echter alleen de artikelen 49 EG en 56 EG relevant.

36. Ten eerste houden de artikelen 50 EG tot en met 55 EG, 57 EG, 59 EG en 60 EG immers kennelijk geen verband met de vragen van de verwijzende rechter betreffende de verenigbaarheid van de jaarlijkse taks op de icb's met het vrije verrichten van diensten en het vrije verkeer van kapitaal.

37. Ten tweede is artikel 58 EG irrelevant voor de beantwoording van die vragen, aangezien bedoelde taks zonder onderscheid aan icb's naar Belgisch recht en icb's naar buitenlands recht wordt opgelegd.

38. Ten derde kan artikel 10 EG, dat voorziet in een algemene verplichting van de lidstaten, niet aldus worden uitgelegd dat het ten laste van die staten een op zichzelf staande verplichting in het leven roept, die verder gaat dan de verplichtingen die op hen kunnen rusten uit hoofde van de artikelen 49 EG, 56 EG en 293 EG. Wat laatstgenoemd artikel betreft, zij opgemerkt dat dit niet ertoe strekt, een als zodanig werkzame rechtsregel te stellen, doch enkel het kader vastlegt voor onderhandelingen die de lidstaten „voor zover nodig" met elkaar zullen voeren. Ook al is de afschaffing van dubbele belasting binnen de Unie daarmee een van de doelstellingen van het EG-Verdrag, uit de bewoordingen van die bepaling blijkt dat deze bepaling niet als zodanig aan particulieren rechten kan verlenen die voor de nationale rechter kunnen worden ingeroepen (zie in die zin beschikking van 19 september 2012, Levy en Sebbag, C-540/11, niet gepubliceerd, EU: C:2012:581, punten 26 en 27 en de aldaar aangehaalde rechtspraak).

39. Bovendien zij eraan herinnerd dat wanneer een nationale maatregel zowel verband houdt met het vrije verrichten van diensten en het vrije verkeer van kapitaal, het Hof de betrokken maatregel in beginsel slechts uit het oogpunt van een van deze twee vrijheden onderzoekt indien blijkt dat in de omstandigheden van het hoofdgeding

een van de vrijheden volledig ondergeschikt is aan de andere en daarmee kan worden verbonden (zie in die zin arresten van 3 oktober 2006, Fidium Finanz, C-452/04, EU:C:2006:631, punt 34, en 1 juli 2010, Dijkman en Dijkman-Lavaleije, C-233/09, EU:C:2010:397, punt 33).

40. Zoals de advocaat-generaal in de punten 48 en 49 van zijn conclusie heeft opgemerkt, houdt de jaarlijkse taks op de icb's, aangezien hij wordt geheven over het nettoactief van icb's naar buitenlands recht, verband met de verwerving door ingezetenen van al dan niet ter beurze verhandelde rechten van deelneming in buitenlandse instellingen. Deze verrichting behoort tot de kapitaalbewegingen die zijn vermeld in deel A, betreffende „[t]ransacties in rechten van deelneming in [icb's]", van rubriek IV van bijlage I bij richtlijn 88/361/EEG van de Raad van 24 juni 1988 voor de uitvoering van artikel 67 van het Verdrag [(artikel ingetrokken bij het Verdrag van Amsterdam)] (*PB* L 178, blz. 5), met als titel „Verrichtingen betreffende rechten van deelneming in [icb's]", waaraan het Hof indicatieve waarde heeft verleend (zie in die zin arresten van 7 juni 2012, VBV – Vorsorgekasse, C-39/11, EU:C:2012:327, punt 21, en 21 mei 2015, Wagner-Raith, C-560/13, EU: C:2015:347, punten 23 en 24). Een dergelijke taks valt dus onder het vrije verkeer van kapitaal.

41. Ofschoon ook het vrije verrichten van diensten gevolgen kan ondervinden van een belasting als de jaarlijkse taks op de icb's, aangezien deze taks gevolgen kan hebben voor de in België door icb's naar buitenlands recht aangeboden financiële diensten, is deze vrijheid in casu ondergeschikt aan het vrije verkeer van kapitaal en kan zij daaraan worden verbonden.

42. In die omstandigheden dient te worden aangenomen dat de verwijzende rechter met zijn tweede en derde vraag in wezen wenst te vernemen, of artikel 56 EG aldus moet worden uitgelegd dat het zich verzet tegen een wettelijke regeling van een lidstaat die voorziet in een jaarlijkse taks op icb's, zoals de in het hoofdgeding aan de orde zijnde taks, op grond waarvan icb's naar buitenlands recht die in die lidstaat rechten van deelneming plaatsen, aan die taks zijn onderworpen.

43. In dat verband zij eraan herinnerd dat ingevolge vaste rechtspraak van het Hof, de lidstaten hun bevoegdheid inzake directe belastingen in overeenstemming met het Unierecht en met name met de door het Verdrag gewaarborgde fundamentele vrijheden moeten uitoefenen (zie met name, arrest van 23 februari 2016, Commissie/Hongarije, C-179/14, EU:C:2016:108, punt 171 en aldaar aangehaalde rechtspraak).

44. Wat het vrije verkeer van kapitaal betreft, volgt eveneens uit vaste rechtspraak van het Hof dat de maatregelen die ingevolge artikel 56, lid 1, EG verboden zijn op grond dat zij het kapitaalverkeer beperken, mede de maatregelen omvatten die niet-ingezetenen ervan doen afzien, in een lidstaat investeringen te doen, of ingezetenen van deze lidstaat ontmoedigen in andere staten investeringen te doen (zie in die zin arrest van 10 februari 2011, Haribo Lakritzen Hans Riegel en Österreichische Salinen, C-436/08 en C-437/08, EU:C:2011:61, punt 50 en de aldaar aangehaalde rechtspraak).

45. In de onderhavige zaak betoogt NN (L), die van mening is dat het Koninkrijk België door de oplegging van de jaarlijkse taks op de icb's aan icb's naar buitenlands recht, een extraterritoriale fiscale bevoegdheid uitoefent die in strijd is met de internationale fiscale praktijk, dat die taks discriminerend is en een beperking van het vrije verkeer van kapitaal vormt, aangezien icb's naar Belgisch recht en icb's naar buitenlands recht vanuit fiscaal oogpunt identiek worden behandeld, hoewel zij zich in een situatie bevinden die niet objectief vergelijkbaar is. Enerzijds immers worden icb's naar buitenlands recht, anders dan icb's naar Belgisch recht, opgericht volgens een buitenlands recht, zijn zij niet gevestigd in België en bevinden zowel hun vermogen als de plaats waar hun kapitaal is geïnvesteerd zich in het buitenland. Anderzijds vormt voormelde taks een extra financiële last voor icb's naar buitenlands recht, die, wat icb's naar Luxemburgs recht betreft, bovenop een inschrijvingstaks komt, waardoor de rentabiliteit van de rechten van deelneming zou dalen ten nadele van alle, Belgische of buitenlandse, houders van rechten van deelneming, de inschrijving op dergelijke rechten van deelneming zou worden ontmoedigd, en bijgevolg icb's naar buitenlands recht zouden worden benadeeld ten opzichte van die naar Belgisch recht.

46. Evenwel moet worden vastgesteld dat, aangezien de jaarlijkse taks op de icb's zonder onderscheid van toepassing is op alle icb's, zowel die naar Belgisch recht als die naar buitenlands recht, het enige objectieve onderscheid in de situatie van deze twee categorieën icb's, wat hun onderwerping aan die taks betreft, bestaat in het feit dat voor icb's naar buitenlands recht de jaarlijkse taks op de icb's komt bovenop de belasting waaraan zij onderworpen kunnen zijn in hun lidstaat van vestiging.

47. Het Hof heeft echter reeds bij herhaling geoordeeld dat bij gebreke van harmonisatie op het niveau van de Unie de nadelen die uit de parallelle uitoefening van belastingbevoegdheden door verschillende lidstaten kunnen voortvloeien, geen beperkingen van de verkeersvrijheden vormen, voor zover deze uitoefening geen discriminatie oplevert (arresten van 8 december 2011, Banco Bilbao Vizcaya Argentaria, C-157/10, EU:C:2011:813, punt 38 en de aldaar aangehaalde rechtspraak, en 21 november 2013, X, C-302/12, EU:C:2013:756, punt 28), en voorts dat de lidstaten niet verplicht zijn om hun belastingstelsel aan te passen aan de verschillende belastingstelsels van de andere lidstaten om met name dubbele belasting te voorkomen (zie in die zin arrest van 12 februari 2009, Block, C-67/08, EU:C:2009:92, punt 31).

48. Hieruit volgt dat de jaarlijkse taks op de icb's niet kan worden beschouwd als een beperking van het vrije verkeer van kapitaal.

49. Bijgevolg moet op de tweede en derde vraag worden geantwoord dat artikel 56 EG aldus moet worden uitgelegd dat het zich niet verzet tegen een wettelijke regeling van een lidstaat die voorziet in een jaarlijkse taks op icb's, zoals de in het hoofdgeding aan de orde zijnde taks, op grond waarvan icb's naar buitenlands recht die in die lidstaat rechten van deelneming plaatsen, aan die taks zijn onderworpen.

Zesde vraag

50. Met zijn zesde vraag wenst de verwijzende rechter in wezen te vernemen of de artikelen 49 EG en 56 EG aldus moeten worden uitgelegd dat zij zich verzetten tegen een nationale bepaling, zoals artikel 162, tweede alinea, van het Wetboek der successierechten, waarmee een lidstaat voorziet in een specifieke sanctie voor icb's naar buitenlands recht, namelijk een rechterlijk verbod om nog langer rechten van deelneming in die lidstaat te plaatsen, wanneer zij niet voldoen aan hun verplichting om de voor de invordering van een taks op icb's benodigde jaarlijkse aangifte in te dienen, of wanneer zij deze taks niet betalen.

51. De Belgische regering betoogt dat ook deze vraag niet-ontvankelijk is. Volgens haar is het voorwerp van het hoofdgeding niet de sanctie van artikel 162, tweede alinea, van het Wetboek der successierechten, maar de terugbetaling van de jaarlijkse taks op de icb's die door NN (L) voor het belastingjaar 2006 is betaald, zodat die vraag geen enkel verband houdt met het voorwerp van het hoofdgeding en de toekomstige oplegging van een sanctie aan die vennootschap hypothetisch is.

52. Uit de verwijzingsbeslissing blijkt evenwel dat NN (L) in het kader van het hoofdgeding de rechtmatigheid betwist van de taks die haar is opgelegd, waarbij zij met name aanvoert dat de bepalingen van het Wetboek der successierechten die de jaarlijkse taks op de icb's regelen, met inbegrip van de bepalingen die voorzien in sancties, niet in overeenstemming zijn met het Unierecht. Het is dus onjuist dat de door de verwijzende rechter gestelde vraag kennelijk geen verband houdt met het voorwerp van het hoofdgeding. Wat de hypothetische aard van de sanctie betreft, kan niet worden verlangd dat een partij inbreuk maakt op het nationaal recht teneinde zich een sanctie te doen opleggen, om vervolgens voor de nationale rechter schending van het Unierecht te kunnen aanvoeren (zie in die zin arrest van 13 maart 2007, Unibet, C-432/05, EU: C:2007:163, punt 64). De zesde vraag is dus ontvankelijk.

53. Aangezien zij inhoudt dat icb's naar buitenlands recht het verbod wordt opgelegd om in België rechten van deelneming te plaatsen, moet de sanctie van artikel 162, tweede alinea, van het Wetboek der successierechten, zoals de advocaat-generaal in punt 65 van zijn conclusie heeft opgemerkt, worden getoetst aan de regels inzake het vrije verrichten van diensten.

54. De Belgische regering heeft in haar schriftelijke opmerkingen en ter terechtzitting voor het Hof gesteld dat die sanctie aansluit bij de sanctie van artikel 133 ter van het Wetboek der successierechten, waarnaar artikel 161, eerste alinea, van dat wetboek verwijst en die zowel op icb's naar Belgisch recht als op icb's naar buitenlands recht van toepassing is.

55. Anders dan die regering stelt kunnen de sanctie van artikel 133 ter van het Wetboek der successierechten en die van artikel 162, tweede alinea, van dat wetboek echter niet worden geacht gelijkwaardig te zijn, ook al kan de eerste sanctie resulteren in de sluiting van een icb met zetel in België, terwijl de tweede niet verhindert dat icb's naar buitenlands recht hun activiteiten elders kunnen uitoefenen. Om te beginnen bestraffen die sancties, zoals de Belgische regering ter terechtzitting voor het Hof heeft opgemerkt, immers niet dezelfde feiten. Vervolgens kan de eerste sanctie, in tegenstelling tot de tweede sanctie, slechts worden opgelegd na de veroordeling van bepaalde personen wegens inbreuken op het Wetboek der successierechten, terwijl de tweede sanctie kan worden opgelegd aan een icb naar buitenlands recht die de jaarlijkse aangifte niet heeft ingediend of de taks niet heeft betaald. Ten slotte is de tweede sanctie, die de eerste sanctie niet uitsluit, in tegenstelling tot de eerste sanctie, niet beperkt in de tijd.

56. Bijgevolg is de sanctieregeling van de Belgische wetgeving strenger voor icb's naar buitenlands recht dan voor icb's naar Belgisch recht die dezelfde wettelijke verplichtingen niet nakomen. Een dergelijk verschil in behandeling op basis van de vestigingsplaats kan icb's naar buitenlands recht ervan doen afzien om in België rechten van deelneming te verhandelen. Bijgevolg vormt de sanctieregeling een beperking van het vrije verrichten van diensten.

57. Ter rechtvaardiging van dat verschil in behandeling voert de Belgische regering aan dat de verboden om een beroepsactiviteit uit te oefenen of de beslissingen tot sluiting van de onderneming waarvan het personeelslid of hoofd is veroordeeld op grond van artikel 133 ter en artikel 162, eerste alinea, van het Wetboek der successierechten, moeilijk kunnen worden opgelegd aan icb's naar buitenlands recht die beroep doen op een financieel tussenpersoon om hun rechten van deelneming in België te plaatsen, omdat zij niet in dat land zijn gevestigd, en dat andere sancties, zoals financiële sancties eveneens moeilijk in het buitenland ten uitvoer kunnen worden gelegd.

58. In dit verband zij eraan herinnerd dat een beperking van de vrijheid van dienstverrichting slechts aanvaardbaar is indien zij wordt gerechtvaardigd door dwingende vereisten van algemeen belang. In dat geval is tevens vereist dat de toepassing van die beperking geschikt is om de verwezenlijking van het nagestreefde doel te verzekeren en niet verder gaat dan ter bereiking van dat doel noodzakelijk is (arrest van 18 oktober 2012, X, C-498/10, EU:C:2012:635, punt 36 en aldaar aangehaalde rechtspraak).

59. Het Hof heeft reeds geoordeeld dat de noodzaak om de doeltreffendheid van de invordering van de belasting te waarborgen een dwingende reden van algemeen belang kan zijn die een beperking van het vrije verrichten van diensten kan rechtvaardigen (arresten van 18 oktober 2012, X, C-498/10, EU:C:2012:635, punt 39, en 19 juni 2014, Strojírny Prostejov en ACO Industries Tábor, C-53/13 en C-80/13, EU:C:2014:2011, punt 46). Het heeft tevens in herinnering gebracht dat het opleggen van sancties, daaronder begrepen strafsancties, kan worden beschouwd als noodzakelijk om de daadwerkelijke naleving van een nationale regeling te waarborgen, op voorwaarde evenwel dat de aard en het bedrag van de opgelegde sanctie in elk concreet geval evenredig zijn aan de ernst van de inbreuk die de sanctie beoogt te bestraffen (arrest van 3 december 2014, De Clercq e.a., C-315/13, EU:C:2014:2408, punt 73 en aldaar aangehaalde rechtspraak).

60. In casu lijkt de mogelijkheid om een sanctie op te leggen aan icb's naar buitenlands recht die zich onttrekken aan de verplichting om een aangifte te doen en de taks te betalen, gerechtvaardigd door de noodzaak om de invordering van de jaarlijkse taks op de icb's te waarborgen, en geschikt om dat doel te bereiken.

61. De oplegging, zelfs indien dit ter beoordeling van een rechter staat, van een sanctie die erin bestaat aan die icb's het verbod op te leggen nog langer in België rechten van deelneming te plaatsen, zoals de sanctie waarin is voorzien bij artikel 162, tweede alinea, van het Wetboek der successierechten, gaat evenwel verder dan noodzakelijk is om dat doel te bereiken, aangezien die bepaling niet voorziet in de beperking van de duur van een dergelijk verbod en evenmin in de mogelijkheid om, naargelang van de ernst van de begane inbreuk, de sanctie aan te passen of andere, minder zware sancties op te leggen.

62. Derhalve dient op de zesde vraag te worden geantwoord dat artikel 49 EG aldus moet worden uitgelegd dat het zich verzet tegen een nationale bepaling, zoals artikel 162, tweede alinea, van het Wetboek der successierechten, waarmee een lidstaat voorziet in een specifieke sanctie voor icb's naar buitenlands recht, namelijk een rechterlijk verbod om nog langer rechten van deelneming in die lidstaat te plaatsen, wanneer zij niet voldoen aan hun verplichting om de voor de invordering van een taks op icb's benodigde jaarlijkse aangifte in te dienen, of wanneer zij deze taks niet betalen.

Kosten

63. …

Het Hof (Tweede kamer)

verklaart voor recht:

1. **De artikelen 2, 4, 10 en 11 van richtlijn 69/335/EEG van de Raad van 17 juli 1969 betreffende de indirecte belastingen op het bijeenbrengen van kapitaal, zoals gewijzigd bij richtlijn 85/303/EEG van de Raad van 10 juni 1985, moeten aldus worden uitgelegd dat zij zich niet verzetten tegen een wettelijke regeling van een lidstaat die voorziet in een jaarlijkse taks op collectieve beleggingsinstellingen, zoals de in het hoofdgeding aan de orde zijnde taks, op grond waarvan collectieve beleggingsinstellingen naar buitenlands recht die in die lidstaat rechten van deelneming plaatsen, aan deze taks zijn onderworpen.**

2. **Richtlijn 85/611/EEG van de Raad van 20 december 1985 tot coördinatie van de wettelijke en bestuursrechtelijke bepalingen betreffende bepaalde instellingen voor collectieve belegging in effecten (icbe's), eventueel gelezen in samenhang met artikel 10 EG en artikel 293, tweede streepje, EG, moet aldus worden uitgelegd dat zij zich niet verzet tegen een wettelijke regeling van een lidstaat die voorziet in een jaarlijkse taks op collectieve beleggingsinstellingen, zoals de in het hoofdgeding aan de orde zijnde taks, op grond waarvan collectieve beleggingsinstellingen naar buitenlands recht die in die lidstaat rechten van deelneming plaatsen, aan deze taks zijn onderworpen, mits die wettelijke regeling op niet-discriminerende wijze wordt toegepast.**

3. **Artikel 56 EG moet aldus worden uitgelegd dat het zich niet verzet tegen een wettelijke regeling van een lidstaat die voorziet in een jaarlijkse taks op collectieve beleggingsinstellingen, zoals de in het hoofdgeding aan de orde zijnde taks, op grond waarvan collectieve beleggingsinstellingen naar buitenlands recht die in die lidstaat rechten van deelneming plaatsen, aan deze taks zijn onderworpen.**

4. **Artikel 49 EG moet aldus worden uitgelegd dat het zich verzet tegen een nationale bepaling, zoals artikel 162, tweede alinea, van het Wetboek der successierechten, zoals gewijzigd bij de programmawet van 22 december 2003, waarmee een lidstaat voorziet in een specifieke sanctie voor collectieve beleggingsinstellingen naar buitenlands recht, namelijk een rechterlijk verbod om nog langer rechten van deelneming in die lid-**

staat te plaatsen, wanneer zij niet voldoen aan hun verplichting om de voor de invordering van een taks op collectieve beleggingsinstellingen benodigde jaarlijkse aangifte in te dienen, of wanneer zij deze taks niet betalen.

HvJ EU 26 mei 2016, zaak C-244/15 (Europese Commissie v. Helleense Republiek)

Zevende kamer: *C. Toader, kamerpresident, A. Rosas en E. Jarašiūnas (rapporteur), rechters*
Advocaat-generaal: *M. Wathelet*

1. De Europese Commissie verzoekt het Hof vast te stellen dat de Helleense Republiek, door een wettelijke regeling vast te stellen en te handhaven krachtens welke de hoofdwoning is vrijgesteld van erfbelasting, die discriminerend is omdat zij enkel van toepassing is op onderdanen van de Europese Unie die in Griekenland wonen, de verplichtingen niet is nagekomen die op haar rusten krachtens artikel 63 VWEU en artikel 40 van de Overeenkomst betreffende de Europese Economische Ruimte van 2 mei 1992 (*PB* 1994, L 1, blz. 3; hierna: „EER-Overeenkomst").

Toepasselijke bepalingen

2. Artikel 26 A, punt 1, van het wetboek inzake de erfbelasting, met het opschrift „Vrijstelling van de hoofdwoning", bepaalt:

> „Een woonhuis of een perceel dat bij erfenis in volle of in gezamenlijke eigendom is verkregen door de echtgenoot of het kind van de erflater, is vrijgesteld van erfbelasting voor zover de erfgenaam of de legataris of zijn echtgenoot of een van zijn minderjarige kinderen geen recht van volle eigendom, vruchtgebruik of bewoning hebben op een woonhuis of een deel van een woonhuis dat beantwoordt aan de woobehoefte van hun gezin, of een recht van volle eigendom op een stuk bouwgrond of op een aandeel in een perceel dat overeenkomt met de oppervlakte van een gebouw dat beantwoordt aan hun woonbehoefte en zich bevindt in een stad of een gemeente met een bevolking van meer dan drieduizend (3 000) inwoners. De woonbehoefte wordt geacht te zijn vervuld indien de totale oppervlakte van de bovengenoemde onroerende zaken en de andere onroerende zaken uit de nalatenschap 70 m² bedraagt, vermeerderd met 20 m² voor elk van de eerste twee kinderen en met 25 m² voor het derde en elk van de volgende kinderen waarvoor de begunstigde de zorg draagt. Grieken en de onderdanen van de lidstaten van de Europese Unie komen in aanmerking voor de vrijstelling. Degenen die voor vrijstelling in aanmerking komen, moeten permanent in Griekenland wonen."

Precontentieuze procedure

3. Naar aanleiding van een vruchteloze dialoog tussen de Commissie en de Helleense Republiek in het kader van het „EU-Pilot" mechanisme, heeft de Commissie deze lidstaat op 25 januari 2013 een ingebrekestelling gestuurd, waarin zij hem erop wees dat artikel 26 A, punt 1, van het wetboek inzake de erfbelasting eventueel onverenigbaar was met artikel 63 VWEU en artikel 40 van de EER-Overeenkomst.

4. In haar antwoord van 26 maart 2013 heeft de Helleense Republiek betoogd dat de betrokken nationale bepaling verenigbaar was met de door de Commissie genoemde artikelen.

5. Daar de Commissie met dit antwoord geen genoegen nam, heeft zij op 21 november 2013 een met redenen omkleed advies uitgebracht, waarop de Helleense Republiek op 21 maart 2014 reageerde door opnieuw te bevestigen dat deze bepaling verenigbaar was met het Unierecht en te verwijzen naar het standpunt dat zij in haar antwoord op de ingebrekestelling van de Commissie had ingenomen.

6. Daarop heeft de Commissie het onderhavige beroep ingesteld.

Beroep

Argumenten van partijen

7. De Commissie betoogt dat artikel 26 A, punt 1, van het wetboek inzake de erfbelasting in strijd is met het vrij verkeer van kapitaal als gewaarborgd in artikel 63 VWEU en artikel 40 van de EER-Overeenkomst.

8. Deze instelling wijst er allereerst op dat, volgens de litigieuze bepaling, twee afzonderlijke categorieën onderdanen van de lidstaten van de Unie of van de andere staten die partij zijn bij de EER-Overeenkomst niet in aanmerking komen voor de vrijstelling van erfbelasting in verband met de hoofdwoning, namelijk de onderdanen van de lidstaten van de Unie die niet permanent in Griekenland wonen en de onderdanen van de andere lidstaten die partij zijn bij de EER-Overeenkomst, ongeacht hun woonplaats. Dit leidt volgens de Commissie tot waardevermindering van een onroerende zaak die in Griekenland is gelegen en door erfenis is verkregen door deze onderdanen van de lidstaten van de Unie of van de andere staten die partij zijn bij de EER-Overeenkomst, omdat de betrokken erfgenamen zwaarder worden belast. Gelet op de vaste rechtspraak van het Hof, dat successies kapitaalverkeer vormen en maatregelen die leiden tot een waardevermindering van de successie van een ingezetene van een andere lidstaat dan die waarin de betrokken goederen zich bevinden, worden beschouwd als verboden belemmeringen

van het vrije verkeer van kapitaal, moet de genoemde bepaling als een dergelijke belemmering worden beschouwd.

9. Vervolgens stelt de Commissie dat de echtgenoten en kinderen van de erflater, die niet over een andere onroerende zaak beschikken, in een objectief vergelijkbare situatie verkeren, ongeacht of zij ingezetenen dan wel niet-ingezetenen zijn. Zij verwijst daarbij naar het arrest van 22 april 2010, Mattner (C-510/08, EU:C:2010:216, punt 36), waarin het Hof heeft geoordeeld dat geen enkel objectief verschil bestaat dat een ongelijke fiscale behandeling van ingezetenen en niet-ingezetenen rechtvaardigt, wanneer de hoogte van de schenkbelasting wordt berekend aan de hand van de waarde van de onroerende zaak en de familieband die tussen schenker en begiftigde bestaat, en geen van deze criteria afhankelijk is van de woonplaats van de schenker of de begiftigde. Ook is volgens de Commissie de in de betrokken Griekse regelgeving bedoelde erfbelasting gebaseerd op de waarde van de onroerende zaak die wordt vererfd, op de familieband die tussen de erflater en de erfgenamen bestaat en op het feit dat de erfgenamen al dan niet beschikken over een andere onroerende zaak, waarbij de kwestie of de betrokken zaak daadwerkelijk de hoofdwoning van de erfgenamen is of wordt, buiten beschouwing blijft.

10. Zo is de litigieuze bepaling volgens de Commissie uitsluitend gunstig voor de erfgenamen die al in Griekenland wonen, hetzij in de vererfde onroerende zaak, hetzij elders in deze lidstaat, omdat zij in het algemeen Griekse onderdanen zijn. Deze bepaling benadeelt de erfgenamen die niet in deze lidstaat wonen en die in het algemeen buitenlanders zijn of Griekse onderdanen die de in het VWEU neergelegde fundamentele vrijheden hebben uitgeoefend door in het buitenland te werken, te studeren of te wonen.

11. In antwoord op het door de Helleense Republiek aangevoerde betoog dat de situatie van ingezetenen en die van niet-ingezetenen niet vergelijkbaar zijn wat betreft de behoeften van de belanghebbenden op het gebied van woonruimte in Griekenland, stelt de Commissie dat dit betoog is gebaseerd op de onjuiste premisse dat de Griekse ingezetenen in het algemeen niet over woonruimte beschikken en de niet-ingezetenen wel.

12. Tot slot staat de Commissie met betrekking tot de door de Helleense Republiek aangevoerde rechtvaardiging van de beperking van het vrij verkeer van kapitaal op het standpunt dat de betrokken vrijstelling van erfbelasting eenvoudigweg een „algemeen voordeel" vormt, dat niet wordt gerechtvaardigd door redenen van woon- of sociaal beleid, omdat hiervoor niet als voorwaarde wordt gesteld dat de erfgenamen in het door erfenis verkregen pand wonen.

13. De Helleense Republiek betwist dat het door de Commissie uiteengezette betoog gegrond is en stelt dat de litigieuze bepaling verenigbaar is met het vrij verkeer van kapitaal.

14. Deze lidstaat stelt vooraf dat de onderdanen van de andere staten die partij zijn bij de EER-Overeenkomst niet zijn uitgesloten van de toepassing van artikel 26 A, punt 1, van het wetboek inzake de erfbelasting. Zij worden hierin niet genoemd vanwege een vergissing die door hem zal worden gerectificeerd, aangezien er geen enkele reden is om hen uit te sluiten of anders te behandelen dan de onderdanen van de lidstaten van de Unie.

15. In de eerste plaats betoogt de Helleense Republiek dat de betwiste bepaling geen beperking van het vrij verkeer van kapitaal vormt.

16. De Helleense Republiek wijst er in dat verband op dat artikel 26 A, punt 1, van het wetboek inzake de erfbelasting betrekking heeft op een zeer bijzondere wijze van afwikkeling van successies en op een zeer beperkte en specifieke vrijstelling van erfbelasting, en betoogt in wezen dat een erfenis die erfgenamen als wettelijk erfdeel hebben ontvangen, bij gebreke van de vrijheid om de erfgenamen te benoemen en dientengevolge onafhankelijk van de wil van de erflater en van de verkrijger, geen kapitaalverkeer meebrengt. Zij is namelijk van mening dat het begrip vrij verkeer van kapitaal eerder betrekking heeft op de mogelijkheid om te investeren dan op een bij wet geregelde overdracht van vermogen naar de naaste familieleden naar aanleiding van het overlijden van de erflater.

17. De Helleense Republiek betoogt in dat verband dat wanneer de wettelijke erfgenamen niet permanent in Griekenland wonen, niemand anders kan profiteren van de vrijstelling van erfbelasting, dat het Griekse belastingsysteem eenheidstarieven heeft die van toepassing zijn op zowel de nationale onderdanen als op onderdanen van de andere lidstaten, zodat er geen sprake is van enige discriminatie bij de berekening van de erfbelasting of bij de hoogte van de betrokken vrijstelling. Ook vormt de betaling van erfbelasting zonder de toepassing van de vrijstelling geen „zwaardere belasting", maar een gewone belasting, moeten de nationale onderdanen en de onderdanen van de andere lidstaten van de Unie aan dezelfde voorwaarden voldoen om voor deze vrijstelling in aanmerking te komen en kan het feit dat geen vrijstelling wordt verleend aan niet-ingezeten erfgenamen iemand er niet vanaf brengen om te investeren in een onroerende zaak die in Griekenland is gelegen.

18. In de tweede plaats benadrukt de Helleense Republiek, in het licht van artikel 65, lid 1, onder a), VWEU en de rechtspraak van het Hof op het gebied van de directe belasting en met name de arresten van 6 juni 2000, Verkooijen (C-35/ 98, EU:C:2000:294, punt 43), 7 september 2004, Manninen (C-319/02, EU:C:2004:484, punten 28 en 29), en 25 oktober 2012, Commissie/België (C-387/11, EU:C:2012:670, punt 45), dat met betrekking tot de vrijstelling van erfbelasting in verband met de onroerende zaak die als hoofdwoning wordt beschouwd, de situatie van erfgenamen die permanent in Griekenland wonen objectief gezien niet kan worden vergeleken met die van

erfgenamen die niet permanent in deze lidstaat wonen. Terwijl de ingezeten erfgenamen niet over een passende onroerende zaak in Griekenland beschikken en in deze lidstaat behoefte hebben aan woonruimte, in welke behoefte het door erfenis verkregen pand aanvullend of geheel zou kunnen voorzien, beschikken niet-ingezeten erfgenamen in de regel namelijk over een hoofdwoning in het buitenland en rekenen zij voor hun huisvesting niet op een door erfenis ontvangen pand dat in Griekenland is gelegen.

19. Volgens de Helleense Republiek houdt de Commissie met haar standpunt dat de situatie van ingezetenen en die van niet-ingezetenen vergelijkbaar zijn, geen rekening met de doelstellingen die met de betrokken vrijstelling worden nagestreefd. Deze vrijstelling heeft uitsluitend betrekking op de verkrijging door erfenis van een hoofdwoning in Griekenland door een permanent ingezetene. Degenen die niet in deze lidstaat wonen en een pand erven dat aldaar gelegen is, zouden daar gedurende beperkte periodes verblijven of het op andere wijze dan als hun woning exploiteren. Ook miskent de Commissie dat het praktisch onmogelijk is toezicht te houden op een pand dat in het buitenland is gelegen. De niet-ingezetene die een in Griekenland gelegen pand erft, bevindt zich dus in een gunstiger situatie dan een ingezetene.

20. In de derde plaats betoogt de Helleense Republiek dat de eventuele beperking van het vrij verkeer van kapitaal wordt gerechtvaardigd door dwingende redenen van algemeen belang, en van sociale en financiële aard.

21. De wetgever heeft door de bijzondere en beperkte vrijstelling van erfbelasting in verband met de hoofdwoning, bedoeld in artikel 26 A, punt 1, van het wetboek inzake de erfbelasting en toegekend in het kader van het door de staat uitgevoerde sociale beleid, de naaste familieleden van de erflater, die niet beschikken over een passende onroerende zaak in Griekenland waar zij permanent wonen op het moment dat de belastingverplichting ontstaat, willen helpen om in die lidstaat een dergelijke zaak als hoofdwoning te verkrijgen, door hun een belastingvermindering toe te kennen. Het betreft derhalve een sociaal voordeel, waarvoor men in aanmerking komt naargelang van de verbondenheid met de Griekse samenleving en de mate waarin men hierin is geïntegreerd.

22. Dit artikel 26 A, punt 1, verplicht de erfgenaam die voor de betrokken vrijstelling in aanmerking komt, niet om het door erfenis verkregen pand als hoofdwoning te gebruiken, ofschoon dat in het algemeen het geval is, aangezien, ten eerste, deze verplichting een onevenredige beperking van de vrijheid van de begunstigde zou vormen, die strijdig is met de Griekse grondwet en, ten tweede, de wetgever de voorkeur heeft gegeven aan een realistische benadering door rekening te houden met de eventuele veranderingen in de beroeps- of gezinssituatie van de erfgenaam.

23. Een eventuele beperking van het vrij verkeer van kapitaal wordt ook gerechtvaardigd door een tweede dwingende reden van algemeen belang, die beoogt de verlaging van belastingopbrengsten te voorkomen, aangezien de uitbreiding van de vrijstelling van erfbelasting voor de verkrijging van een hoofdwoning tot niet-ingezetenen onvermijdelijk zou leiden tot een dergelijke verlaging en afbreuk zou doen aan het doel waarmee deze vrijstelling is ingesteld.

24. Tot slot stelt de Helleense Republiek dat artikel 26 A, punt 1, van het wetboek inzake de erfbelasting niet verder gaat dan nodig om een evenwichtige verdeling van de heffingsbevoegdheid tussen de lidstaten te handhaven en eventuele belastingconstructies die uitsluitend tot doel hebben een ongerechtvaardigd belastingvoordeel te verkrijgen, te voorkomen.

Beoordeling door het Hof

Betrokken vrijheid

25. Er zij aan herinnerd dat, volgens vaste rechtspraak van het Hof, de belasting die wordt geheven op successies, die bestaan in een overdracht van de nalatenschap van een overledene aan een of meerdere personen, kapitaalverkeer in de zin van het VWEU vormen, tenzij alle constituerende delen binnen één lidstaat gelegen zijn (arresten van 23 februari 2006, van Hilten-van der Heijden, C-513/03, EU:C:2006:131, punt 42; 17 januari 2008, Jäger, C-256/06, EU:C:2008:20, punt 25; 17 oktober 2013, Welte, C-181/12, EU:C:2013:662, punt 20, en 3 september 2014, Commissie/Spanje, C-127/12, niet gepubliceerd, EU:C:2014:2130, punt 53 en aldaar aangehaalde rechtspraak).

26. In casu voorziet artikel 26 A, punt 1, van het wetboek inzake de erfbelasting in een vrijstelling van erfbelasting in verband met een onroerende zaak die bij erfenis is verkregen door de echtgenoot of het kind van een erflater wanneer deze Grieks zijn of onderdanen van een andere lidstaat en permanent in Griekenland wonen.

27. Deze bepaling heeft betrekking op de erfbelasting, ziet op situaties waarvan de constituerende delen niet binnen één lidstaat gelegen zijn en valt bijgevolg onder het vrij verkeer van kapitaal.

Bestaan van een beperking van het vrij verkeer van kapitaal

28. Uit vaste rechtspraak van het Hof volgt dat de maatregelen die ingevolge artikel 63 VWEU verboden zijn omdat zij het kapitaalverkeer beperken, in geval van erfenissen mede de maatregelen omvatten die leiden tot waardevermindering van de erfenis van een ingezetene van een andere lidstaat dan die op het grondgebied waar-

van de betrokken zaken zich bevinden en waar de overdracht van die zaken door vererving wordt belast (zie met name arresten van 11 december 2003, Barbier, C-364/01, EU:C:2003:665, punt 62, en 17 oktober 2013, Welte, C-181/12, EU:C:2013:662, punt 23 en aldaar aangehaalde rechtspraak).

29. De regelgeving van een lidstaat, volgens welke de toepassing van een vrijstelling van erfbelasting afhangt van de woonplaats van de erflater of de verkrijger ten tijde van het overlijden, vormt een beperking van het vrij verkeer van kapitaal, wanneer zij tot gevolg heeft dat erfenissen waarbij niet-ingezetenen zijn betrokken zwaarder worden belast dan die waarbij enkel ingezetenen zijn betrokken (zie in die zin arresten van 17 oktober 2013, Welte, C-181/12, EU:C:2013:662, punten 25 en 26, en 3 september 2014, Commissie/Spanje, C-127/12, niet gepubliceerd, EU:C:2014:2130, punt 58).

30. In het onderhavige geval biedt artikel 26 A, punt 1, van het wetboek inzake de erfbelasting vrijstelling van erfbelasting in verband met een woning of een stuk grond, tot een bepaald bedrag, aan de echtgenoot of het kind van de erflater, wanneer deze geen recht van volle eigendom, vruchtgebruik of bewoning hebben op een andere onroerende zaak die beantwoordt aan de woonbehoefte van hun gezin, onderdaan zijn van een lidstaat van de Unie en permanent in Griekenland wonen.

31. Deze bepaling leidt tot een waardevermindering van de erfenis voor de erfgenaam die aan alle vereiste voorwaarden voldoet, behalve die betreffende de verplichting om permanent in Griekenland te wonen, waardoor de betrokkene de vrijstelling van erfbelasting wordt onthouden en hij uiteindelijk zwaarder wordt belast dan een erfgenaam die permanent in Griekenland woont.

32. Hieruit volgt dat de betreffende wettelijke regeling een in beginsel bij artikel 63 VWEU verboden beperking van het vrij verkeer van kapitaal vormt.

Rechtvaardigingen van een beperking van het vrij verkeer van kapitaal

33. Met betrekking tot een eventuele rechtvaardiging van de beperking van het vrij verkeer van kapitaal op grond van artikel 65 VWEU, zij eraan herinnerd dat krachtens lid 1, onder a), van dat artikel 65 „[h]et bepaalde in artikel 63 [VWEU] niets afdoet aan het recht van de lidstaten [...] de ter zake dienende bepalingen van hun belastingwetgeving toe te passen die onderscheid maken tussen belastingplichtigen die niet in dezelfde situatie verkeren met betrekking tot hun vestigingsplaats of de plaats waar hun kapitaal is belegd".

34. Deze bepaling moet als uitzondering op het fundamentele beginsel van het vrij verkeer van kapitaal strikt worden uitgelegd. Bijgevolg kan zij niet aldus worden uitgelegd dat elke belastingwetgeving die een onderscheid maakt tussen belastingplichtigen naargelang van hun woonplaats of van de lidstaat waar zij hun kapitaal beleggen, automatisch verenigbaar is met het VWEU. Deze afwijking wordt namelijk zelf beperkt door artikel 65, lid 3, VWEU, dat bepaalt dat de in artikel 65, lid 1, van dat artikel bedoelde nationale bepalingen „geen middel tot willekeurige discriminatie [mogen] vormen, noch een verkapte beperking van het vrije kapitaalverkeer en betalingsverkeer als omschreven in artikel 63 [VWEU]". Bijgevolg moet onderscheid worden gemaakt tussen de ongelijke behandelingen die krachtens artikel 65 VWEU zijn toegestaan en willekeurige discriminatie die verboden is krachtens lid 3 van dit artikel (arrest van 3 september 2014, Commissie/Spanje, C-127/12, niet gepubliceerd, EU:C:2014:2130, punten 71-73).

35. In dit verband komt uit de rechtspraak van het Hof naar voren dat een nationale belastingregeling die, voor de berekening van de erfbelasting, een onderscheid maakt tussen ingezetenen en niet-ingezetenen slechts met de bepalingen van het VWEU betreffende het vrije verkeer van kapitaal verenigbaar kan worden geacht, indien dit verschil in behandeling betrekking heeft op niet-objectief vergelijkbare situaties of wordt gerechtvaardigd door een dwingende reden van algemeen belang. Een dergelijke nationale regeling moet geschikt zijn om de nagestreefde doelstelling te verwezenlijken en mag niet verder gaan dan nodig om deze doelstelling te bereiken (zie in die zin arresten van 17 oktober 2013, Welte, C-181/12, EU:C:2013:662, punt 44 en aldaar aangehaalde rechtspraak; 3 april 2014, Commissie/Spanje, C-428/12, niet gepubliceerd, EU:C:2014:218, punt 34, en 4 september 2014, Commissie/Duitsland, C-211/13, niet gepubliceerd, EU: C:2014:2148, punt 47). Bovendien is een nationale wettelijke regeling slechts geschikt om de verwezenlijking van het gestelde doel te verzekeren, wanneer zij de verwezenlijking ervan werkelijk coherent en systematisch nastreeft (arrest van 4 september 2014, API e.a., C-184/13 – C-187/13, C-194/13, C-195/13 en C-208/13, EU:C:2014:2147, punt 53 en aldaar aangehaalde rechtspraak).

36. Met betrekking tot, in de eerste plaats, de vergelijkbaarheid van de betrokken situaties, zij eraan herinnerd dat wanneer een nationale regeling voor de belasting van een onroerende zaak die door erfenis is verworven en is gelegen in de betrokken lidstaat, de niet-ingezeten erfgenamen en ingezeten erfgenamen op gelijke voet behandelt, zij niet zonder de vereisten van het Unierecht te schenden, deze erfgenamen in het kader van deze belasting verschillend mag behandelen wat betreft de toepassing van een vrijstelling van erfbelasting in verband met deze onroerende zaak. Door de aan deze twee categorieën van personen toevallende erfenissen gelijk te behandelen, behalve met betrekking tot de vrijstelling waarop de erfgenaam aanspraak kan maken, erkent de nationale wetgever immers dat tussen die categorieën, wat de modaliteiten en de voorwaarden voor inning van de erfbelasting

betreft, geen enkel objectief verschil in situatie bestaat dat een verschil in behandeling kan rechtvaardigen (zie in die zin arrest van 17 oktober 2013, Welte, C-181/12, EU:C:2013:662, punt 51 en aldaar aangehaalde rechtspraak).

37. In het onderhavige geval betoogt de Helleense Republiek, onder aanvoering van de in de punten 18 en 19 van dit arrest aangevoerde argumenten, dat tussen de situatie van erfgenamen die permanent in Griekenland wonen en die van erfgenamen die niet aan deze voorwaarde voldoen een objectief verschil bestaat met betrekking tot de vrijstelling van erfbelasting in verband met de hoofdwoning. Deze lidstaat geeft echter aan dat het Griekse belastingsysteem eenheidstarieven heeft die met betrekking tot de hoogte van de erfbelasting in verband met een in Griekenland gelegen pand van toepassing zijn op zowel de nationale onderdanen als onderdanen van de andere lidstaten. Slechts daar waar het de vrijstelling van erfbelasting in verband met de hoofdwoning betreft, behandelt de litigieuze regeling erfenissen met betrekking tot een erfgenaam die permanent in Griekenland woont anders dan die welke betrekking hebben op een niet-ingezetene.

38. Hieruit volgt dat de situatie van een erfgenaam die permanent in Griekenland woont en die van een niet-ingezeten erfgenaam vergelijkbaar zijn voor de toekenning van de betrokken vrijstelling van erfbelasting.

39. Bijgevolg moet dan ook, in de tweede plaats, worden onderzocht of de litigieuze regeling objectief kan worden gerechtvaardigd door een dwingende reden van algemeen belang.

40. Allereerst moet worden vastgesteld dat, in tegenstelling tot de vereisten die voortvloeien uit de in punt 35 van dit arrest aangehaalde rechtspraak, artikel 26 A, punt 1, van het wetboek inzake de erfbelasting niet geschikt is om op coherente en systematische wijze de doelstelling van algemeen sociaal belang te verwezenlijken, die is aangevoerd door de Helleense Republiek en bestaat in het voldoen in de behoeften op het gebied van woonruimte in Griekenland, aangezien voor de vrijstelling uit deze bepaling niet de verplichting geldt dat de erfgenaam zijn hoofdwoonplaats vestigt in het vererfde pand, of zelfs maar in dit pand verblijft.

41. Bij gebreke van een dergelijke verplichting snijdt het argument van de Helleense Republiek dat de erfgenamen die niet in deze lidstaat wonen, enkel gedurende beperkte periodes in het door erfenis verkregen pand zouden verblijven of dit op andere wijze dan door bewoning zouden exploiteren, geen hout. Ook het argument dat de betrokken bepaling beoogt de toekenning van deze vrijstelling te laten afhangen van de band die de erfgenaam onderhoudt met de Griekse samenleving en de mate waarin hij hierin is geïntegreerd kan niet overtuigen, aangezien een erfgenaam die niet permanent in Griekenland woont op het moment dat de nalatenschap wordt geopend en geen pand bezit, even goed een nauwe band met de Griekse samenleving kan onderhouden en in deze staat een pand uit de nalatenschap kan willen verwerven om hier zijn hoofdwoning te vestigen als een erfgenaam die in deze lidstaat woonachtig is.

42. In dat verband moet ook het betoog van de Helleense Republiek dat in de punten 19 en 22 van dit arrest is uiteengezet, worden verworpen. Er zij namelijk aan herinnerd dat de rechtvaardigingsgronden die een lidstaat kan aanvoeren, gepaard moeten gaan met deugdelijk bewijs of een onderzoek van de geschiktheid en evenredigheid van de door die lidstaat genomen beperkende maatregel, alsmede met specifieke gegevens ter onderbouwing van zijn betoog (arrest van 21 januari 2016, Commissie/Cyprus, C-515/14, EU:C:2016:30, punt 54 en aldaar aangehaalde rechtspraak). De Helleense Republiek heeft de door haar aangevoerde argumenten echter niet onderbouwd en evenmin aangetoond dat onmogelijk valt na te gaan of de niet-ingezeten erfgenaam de voorwaarden om voor de betrokken vrijstelling in aanmerking te komen, vervult.

43. Vervolgens kan, anders dan door de Helleense Republiek wordt betoogd, de litigieuze nationale regeling niet worden gerechtvaardigd door de noodzaak de vermindering van belastingopbrengsten te voorkomen, welke vermindering zich volgens deze lidstaat zou voordoen indien de vrijstelling van de betrokken erfbelasting werd uitgebreid tot niet-ingezetenen. Uit vaste rechtspraak komt namelijk naar voren dat een dergelijke noodzaak niet behoort tot de in artikel 65 VWEU genoemde doelstellingen en evenmin tot de dwingende redenen van algemeen belang die een beperking van een bij het VWEU ingevoerde vrijheid kunnen rechtvaardigen (zie met name arresten van 7 september 2004, Manninen, C-319/02, EU:C:2004:484, punt 49; 27 januari 2009, Persche, C-318/07, EU:C:2009:33, punt 46, en 10 februari 2011, Missionswerk Werner Heukelbach, C-25/10, EU:C:2011:65, punt 31).

44. Tot slot heeft de Helleense Republiek niet aangetoond dat met de uitsluiting van de niet permanent in Griekenland wonende erfgenamen van het recht op de vrijstelling uit artikel 26 A, punt 1, van het wetboek inzake de erfbelasting, uitvoering wordt gegeven aan de verdeling van de heffingsbevoegdheid tussen de lidstaten en deze noodzakelijk is ter voorkoming van misbruik.

45. Hieruit volgt dat de Helleense Republiek voor het Hof geen enkele dwingende reden van algemeen belang heeft aangevoerd die in casu een beperking van het vrij verkeer van kapitaal in de zin van artikel 63 VWEU, kan rechtvaardigen.

Inbreuk op artikel 40 van de EER-Overeenkomst

46. Met betrekking tot de door de Commissie aangevoerde schending door de litigieuze regelgeving van artikel 40 van de EER-Overeenkomst, betoogt de Helleense Republiek dat de onderdanen van de andere staten die partij zijn

bij de EER-Overeenkomst bij vergissing ontbreken in artikel 26 A, punt 1, van het wetboek inzake de erfbelasting, welke vergissing zij belooft te corrigeren.

47. In dit verband volstaat het eraan te herinneren dat, volgens vaste rechtspraak van het Hof, het bestaan van een niet-nakoming moet worden beoordeeld op basis van de situatie waarin de lidstaat zich bevond aan het einde van de in het met redenen omklede advies gestelde termijn, en het Hof met sedertdien opgetreden wijzigingen geen rekening kan houden (zie met name arresten van 4 september 2014, Commissie/Griekenland, C-351/20, niet gepubliceerd, EU:C:2014:2150, punt 20; 5 februari 2015, Commissie/België, C-317/14, EU:C:2015:63, punt 34, en 14 januari 2016, Commissie/Griekenland, C-66/15, niet gepubliceerd, EU:C:2016:5, punt 36.

48. Los van deze omissie dient te worden opgemerkt dat, aangezien de bepalingen van artikel 40 van de EER-Overeenkomst dezelfde juridische strekking hebben als de in wezen identieke bepalingen van artikel 63 VWEU, alle voorgaande overwegingen inzake het bestaan van een beperking op grond van artikel 63 VWEU in omstandigheden als die van het onderhavige beroep mutatis mutandis toepasbaar zijn op dat artikel 40 (zie naar analogie arrest van 1 december 2011, Commissie/België, C-250/08, EU:C:2011:793, punt 83 en aldaar aangehaalde rechtspraak).

49. Uit een en ander vloeit voort dat het beroep van de Commissie gegrond moet worden geacht.

50. Derhalve moet worden vastgesteld dat de Helleense Republiek, door een wettelijke regeling vast te stellen en te handhaven krachtens welke de hoofdwoning is vrijgesteld van erfbelasting, die enkel van toepassing is op onderdanen van de lidstaten van de Unie die in Griekenland wonen, de verplichtingen niet is nagekomen die op haar rusten krachtens artikel 63 VWEU en artikel 40 van de EER-Overeenkomst.

Kosten

51. ...

Het Hof (Zevende kamer)

verklaart:

1. **Door een wettelijke regeling vast te stellen en te handhaven krachtens welke de hoofdwoning is vrijgesteld van erfbelasting, die enkel van toepassing is op onderdanen van de lidstaten van de Europese Unie die in Griekenland wonen, is de Helleense Republiek de verplichtingen niet nagekomen die op haar rusten krachtens artikel 63 VWEU en artikel 40 van de Overeenkomst betreffende de Europese Economische Ruimte van 2 mei 1992.**

2. **De Helleense Republiek wordt verwezen in de kosten.**

HvJ EU 26 mei 2016, zaak C-300/15 (Charles Kohll, Sylvie Kohll-Schlesser v. Directeur de l'administration des contributions directes)

Tiende kamer: *F. Biltgen, kamerpresident, A. Borg Barthet en E. Levits (rapporteur), rechters*
Advocaat-generaal: *M. Campos Sánchez-Bordona*

1. Het verzoek om een prejudiciële beslissing betreft de uitlegging van artikel 45 VWEU.

2. Dit verzoek is ingediend in het kader van een geding tussen Charles Kohll en Sylvie Kohll-Schlesser (beiden zijn in Luxemburg woonachtige gepensioneerden) en de Directeur de l'administration des contributions directes (directeur van de dienst directe belastingen) inzake de weigering van laatstgenoemde om aan Kohll een belastingkrediet voor gepensioneerden toe te kennen over de belastingjaren 2009 tot en met 2011.

Toepasselijke bepalingen

Luxemburgs recht

3. Artikel 96, lid 1, van de loi concernant l'impôt sur le revenu (Luxemburgse wet op de inkomstenbelasting) van 4 december 1967 (*Mémorial* A 1967, blz. 1228; hierna: „LIR"), zoals gewijzigd, bepaalde in de versie die gold ten tijde van de feiten van het hoofdgeding het volgende:

„Als inkomsten uit pensioen of rente worden beschouwd:
1. ouderdomspensioenen en nabestaandenpensioenen die worden genoten krachtens een vroegere betrekking in loondienst, alsmede andere toelagen en voordelen, met inbegrip van niet-periodieke of goedgunstige voordelen uit hoofde van diezelfde betrekking;
2. lijfrenten, pensioenen of andere periodieke toelagen en bijkomende uitkeringen uit een onafhankelijk pensioenfonds, dat geheel of gedeeltelijk wordt gevoed door de bijdragen van de verzekerden, alsmede de opvoederstoelage en de renten bedoeld in artikel 96a;
[...]"

4. In artikel 139 ter van de LIR, dat in deze wet is ingevoegd bij artikel 1, punt 24, van de wet van 19 december 2008 (*Mémorial* A 2008, blz. 2622), wordt bepaald:

„1. Aan elke belastingplichtige die inkomsten geniet uit pensioen of renten in de zin van artikel 96, lid 1, punten 1 en 2, waarover Luxemburg heffingsbevoegd is, en die in het bezit is van een loonbelastingverklaring, wordt een belastingkrediet voor gepensioneerden (CIP) toegekend. Het belastingkrediet voor gepensioneerden wordt slechts één keer in aanmerking genomen voor alle aan de belastingplichtige toegekende pensioenen en renten.
2. Het belastingkrediet voor gepensioneerden wordt vastgesteld op 300 EUR per jaar. Het maandelijkse bedrag bedraagt 25 EUR. Het belastingkrediet voor gepensioneerden is beperkt tot de periode waarin de belastingplichtige inkomsten geniet uit pensioenen of renten in de zin en onder de voorwaarden [van lid 1]. Het wordt betaald door het pensioenfonds of elke andere pensioenuitkeerder, in de loop van het belastingjaar waarop het betrekking heeft, en in overeenstemming met de bij de [in lid 4] bedoelde groothertogelijke verordening te bepalen voorwaarden. Voor inkomsten die niet op zijn minst 300 EUR per jaar, respectievelijk 25 EUR per maand bedragen, wordt het belastingkrediet voor gepensioneerden niet toegekend. Het belastingkrediet voor gepensioneerden geeft de gepensioneerde uitsluitend recht op verrekening en terugbetaling in het kader van de inhouding van belasting over loon of salaris die volgens de regels door het pensioenfonds of elke andere pensioenuitkeerder op basis van een loonbelastingverklaring wordt uitgevoerd.
3. Het pensioenfonds of de pensioenschuldenaar die het belastingkrediet voor gepensioneerden of het belastingkrediet voor eenoudergezinnen heeft verstrekt, is gerechtigd om de toegekende kredieten te verrekenen met de belastinginhoudingen of om in voorkomend geval om terugbetaling van vooruitbetaalde belastingkredieten te verzoeken op de wijze zoals in de [in lid] 4 bedoelde groothertogelijke verordening bepaald.
4. De uitvoeringsbepalingen bij het onderhavige artikel kunnen bij een groothertogelijke verordening worden vastgesteld."

5. Artikel 143, lid 1, van de LIR luidt:

„Voor elke werknemer in loondienst wordt, behoudens in de uitzonderingsgevallen voorzien bij groothertogelijke verordening, een loonbelastingverklaring opgesteld met daarin de noodzakelijke gegevens voor de toepassing van het belastingtarief, die bestemd is om te worden aangevuld
a. door de belastingdienst, met de bijzondere voorschriften die in acht moeten worden genomen bij de vaststelling van de inhouding;

b. door de werkgever, met de betaalde vergoedingen, de verrichte inhoudingen en de toegekende belastingkredieten.
[...]"

6. In artikel 144 van de LIR is het volgende bepaald:

„Het bepaalde in de artikelen 136 tot en met 143 is naar analogie van toepassing op de pensioenen en lijfrenten bedoeld in de punten 1 en 2 van artikel 96, [lid 1]. De aanpassingsbepalingen worden bij groothertogelijke verordening vastgesteld."

7. Artikel 1, lid 1, van règlement grand-ducal du 19 décembre 2008 réglant les modalités d'application de l'octroi du crédit d'impôt pour pensionnés (*Mémorial* A 2008, blz. 2645; groothertogelijke verordening van 19 december 2008 houdende uitvoeringsbepalingen voor de toekenning van het belastingkrediet voor gepensioneerden) bepaalt:

„Het belastingkrediet voor gepensioneerden (CIP) wordt door de pensioenkas of enige andere pensioenuitkeerder toegekend aan de gepensioneerden die in het bezit zijn van een loonbelastingverklaring waarop het CIP is vermeld. Indien op de loonbelastingverklaring geen belastingkrediet is vermeld of indien de gepensioneerde niet in het bezit is van een loonbelastingverklaring, heeft de pensioenkas of enige andere pensioenuitkeerder niet het recht om een belastingkrediet toe te kennen.
[...]"

Verdrag tussen het Groothertogdom Luxemburg en het Koninkrijk der Nederlanden ter vermijding van dubbele belasting

8. In artikel 19 van het Verdrag tussen het Groothertogdom Luxemburg en het Koninkrijk der Nederlanden tot het vermijden van dubbele belasting en tot het voorkomen van het ontgaan van belasting met betrekking tot belastingen naar het inkomen en naar het vermogen, dat op 8 mei 1968 te Den Haag is ondertekend, is in de op de feiten van het hoofdgeding toepasselijke versie (hierna: „belastingverdrag") bepaald dat pensioenen en andere soortgelijke beloningen betaald aan een inwoner van een van de staten ter zake van een vroegere dienstbetrekking, onder voorbehoud van de bepalingen van artikel 20, eerste lid, slechts in die staat belastbaar zijn.

9. In artikel 20, lid 1, van dat verdrag is geregeld dat beloningen, daaronder begrepen pensioenen, betaald door, of uit fondsen in het leven geroepen door een van de staten, zijn staatkundige onderdelen, plaatselijke publiekrechtelijke lichamen of andere publiekrechtelijke rechtspersonen, aan een natuurlijke persoon ter zake van diensten bewezen aan die Staat, aan dat onderdeel, dat plaatselijke publiekrechtelijke lichaam of die andere publiekrechtelijke rechtspersoon in de uitoefening van overheidsfuncties, in die staat mogen worden belast.

Hoofdgeding en prejudiciële vraag

10. Kohll en zijn echtgenote Kohll-Schlesser, die beiden de Luxemburgse nationaliteit hebben, zijn in Luxemburg woonachtig. Kohll ontvangt twee pensioenen uit Nederlandse bron, die afkomstig zijn van Shell International BV respectievelijk de Sociale Verzekeringsbank. Kohll-Schlesser ontvangt van laatstgenoemde eveneens een pensioen.

11. Op 20 februari 2013 heeft Kohll bezwaar gemaakt tegen de belastingaanslagen over de jaren 2009 tot en met 2011, op grond dat de Luxemburgse belastingdienst hem niet het belastingkrediet voor gepensioneerden in artikel 139 ter van de LIR (hierna: „belastingkrediet") had toegekend.

12. Bij besluit van 23 september 2013 heeft de Directeur de l'administration des contributions directes het bezwaar van Kohll afgewezen. Het bezwaar is voor zover het betrekking had op de inkomsten in de loop van 2009 afgewezen omdat buiten de termijn bezwaar was gemaakt, zodat het niet-ontvankelijk was, en voor zover het betrekking had op de inkomsten in de loop van 2010 en 2011, op grond dat Kohll niet voor het belastingkrediet in aanmerking kwam. Voor die jaren heeft de Directeur de l'administration des contributions directes navorderingen in de inkomstenbelasting opgelegd.

13. Op 10 december 2013 hebben Kohll en Kohll-Schlesser bij de verwijzende rechter, het tribunal administratif (de bestuursrechter in eerste aanleg), tegen dit besluit van de Directeur de l'administration des contributions directes beroep ingesteld.

14. Deze rechter acht het beroep van Kohll-Schlesser, die niet in eigen naam vooraf bezwaar had gemaakt bij de Directeur de l'administration des contributions directes, niet-ontvankelijk. Het beroep van Kohll acht hij evenwel ontvankelijk. Die bestrijdt met name dat artikel 139 ter van de LIR verenigbaar is met het beginsel van het vrije verkeer van werknemers als bedoeld in artikel 45 VWEU.

15. De verwijzende rechter verduidelijkt dat het belastingkrediet wordt toegekend aan elke belastingplichtige die inkomsten uit pensioenen of rente ontvangt in de zin van artikel 96, lid 1, punten 1 en 2 van de LIR, op voorwaarde dat het Groothertogdom Luxemburg daarover heffingsbevoegd is en de belastingplichtige in het bezit is van een loonbelastingverklaring.

16. Volgens deze rechter zijn de pensioenen in het hoofdgeding weliswaar in Luxemburg aan belasting onderworpen, maar staat vast dat aan Kohll geen loonbelastingverklaring is afgegeven voor de pensioenen waarvoor hij het recht op het belastingkrediet doet gelden.

17. De verwijzende rechter wijst er in dat verband op dat artikel 139 ter van de LIR dus tot indirecte discriminatie kan leiden, aangezien die bepaling de toekenning van het belastingkrediet ervan afhankelijk stelt dat de potentiële begunstigde in het bezit is van een loonbelastingverklaring. Dit belastingkrediet wordt niet toegekend aan personen die lonen of pensioenen ontvangen waarop niet aan de bron belasting wordt ingehouden, zoals pensioenen uit het buitenland.

18. Daarop heeft het tribunal administratif de behandeling van de zaak geschorst en het Hof verzocht om een prejudiciële beslissing over de volgende vraag:

„Staat het, met name in artikel 45 VWEU neergelegde, beginsel van het vrije verkeer van werknemers in de weg aan de bepalingen van artikel 139ter, lid 1, van de LIR, voor zover die bepalingen de toekenning van het daarin bedoelde belastingkrediet voorbehouden aan personen die in het bezit zijn van een loonbelastingverklaring?"

Beantwoording van de prejudiciële vraag

19. Met zijn vraag wenst de verwijzende rechter in essentie te vernemen of artikel 45 VWEU aldus moet worden uitgelegd dat het zich verzet tegen een nationale belastingregeling zoals die in het hoofdgeding, die het voordeel van een belastingkrediet voor gepensioneerden voorbehoudt aan de belastingplichtigen die in het bezit zijn van een loonbelastingverklaring.

Aan de orde zijnde vrijheid

20. Om te beginnen moet worden onderzocht of artikel 45 VWEU, om uitlegging waarvan de verwijzende rechter verzoekt, kan worden ingeroepen in een situatie als die in het hoofdgeding, die betrekking heeft de fiscale behandeling die een lidstaat geeft aan ouderdomspensioenen die aan een inwoner van die staat worden uitgekeerd door een pensioenuitkeerder die in een andere lidstaat is gevestigd.

21. De Luxemburgse regering twijfelt er namelijk over dat deze bepaling in het hoofdgeding van toepassing is en de Europese Commissie meent dat die bepaling alleen van toepassing zou zijn wanneer Kohll vóór zijn pensionering inwoner van Luxemburg is geworden om in die lidstaat een arbeidsbetrekking te zoeken of vervullen. Artikel 45 VWEU kan immers niet op de situatie van Kohll worden toegepast indien hij in Luxemburg is gaan wonen toen hij al gepensioneerd was en niet de bedoeling had om daar een beroepswerkzaamheid uit te oefenen.

22. In dat verband is het van belang eraan te herinneren dat iedere burger van de Europese Unie die heeft gebruikgemaakt van het recht op vrij verkeer van werknemers en die een beroepswerkzaamheid in een andere lidstaat dan zijn woonstaat heeft uitgeoefend, ongeacht zijn verblijfplaats en zijn nationaliteit, binnen de werkingssfeer van artikel 45 VWEU valt (arrest van 28 februari 2013, Petersen, C-544/11, EU:C:2013:124, punt 34 en aldaar aangehaalde rechtspraak).

23. Wat in de eerste plaats het door Shell International aan Kohll uitgekeerde pensioen betreft, staat vast dat dit wordt uitgekeerd uit hoofde van een vroegere dienstbetrekking die de betrokkene heeft vervuld in een lidstaat, in dit geval Nederland, die een andere lidstaat is dan die waarvan hij onderdaan is of waar hij op de datum van de feiten in het hoofdgeding woonde.

24. Door als werknemer in loondienst in een andere lidstaat te hebben gewerkt, heeft Kohll gebruikgemaakt van het recht op vrij verkeer van werknemers in artikel 45 VWEU.

25. Het Hof heeft geoordeeld dat het feit dat een persoon geen arbeidsverhouding meer heeft, niet afdoet aan de waarborg van bepaalde met de hoedanigheid van werknemer samenhangende rechten en dat een ouderdomspensioen, waarvan de toekenning afhangt van een eerder bestaande, inmiddels beëindigde arbeidsverhouding, tot deze categorie van rechten behoort. Het recht op pensioen is immers onlosmakelijk verbonden met de objectieve hoedanigheid van werknemer (zie in die zin arrest van 15 juni 2000, Sehrer, C-302/98, EU:C:2000:322, punt 30 en aldaar aangehaalde rechtspraak).

26. De situatie van een belastingplichtige als Kohll, die een pensioen ontvangt uit hoofde van arbeid in loondienst die hij heeft verricht in een andere lidstaat dan die waarvan hij onderdaan is of waar hij de ten tijde van de feiten van het hoofdgeding woonde, onderscheidt zich dus van die van een persoon die zijn hele loopbaan heeft gewerkt in de lidstaat waarvan hij onderdaan is en die pas na zijn pensionering heeft gebruikgemaakt van zijn recht om in een andere lidstaat te verblijven, die zich dus niet op de door artikel 45 VWEU gewaarborgde vrijheid kan beroepen (zie in die zin arrest van 9 november 2006, Turpeinen, C-520/04, EU:C:2006:703, punt 16).

27. Die overweging is overigens niet in tegenspraak met het arrest van 19 november 2015 (Hirvonen, C-632/13, EU: C:2015:765), waarin het Hof in punt 21 heeft geoordeeld dat een gepensioneerde die zich na een volledige

beroepsloopbaan in een lidstaat in een andere lidstaat vestigt, zich kan beroepen op het recht op vrij verkeer als burger van de Unie krachtens artikel 21 VWEU wanneer het bij artikel 45 VWEU gegarandeerde recht op vrij verkeer niet op hem van toepassing is.

28. Een onderdaan en inwoner van een lidstaat als Kohll kan zich dus op artikel 45 VWEU beroepen voor zover betrekking hebbend op het ouderdomspensioen dat wordt uitgekeerd uit hoofde van een vroegere dienstbetrekking in een andere lidstaat dan die waarvan hij onderdaan is of waarin hij ten tijde van de feiten van het hoofdgeding woonde, ongeacht of hij, na in die lidstaat te hebben gewerkt, in zijn lidstaat van herkomst is gaan wonen om daar een dienstbetrekking te zoeken of te vervullen.

29. Wat in de tweede plaats het door de Sociale Verzekeringsbank aan Kohll uitgekeerde pensioen betreft, blijkt uit de aan het Hof voorgelegde stukken dat de partijen in het hoofdgeding van mening verschillen over de rechtsgrondslag waarop dit pensioen aan de betrokkene wordt uitgekeerd en over de heffingsbevoegdheid van het Groothertogdom Luxemburg, gelet op artikel 20, lid 1, van het belastingverdrag.

30. De verwijzende rechter preciseert dat dit pensioen weliswaar wordt uitgekeerd aan eenieder die in Nederland woonachtig is geweest, ongeacht of de betrokkene daar arbeid in loondienst heeft verricht, maar meent niettemin dat dit onder artikel 19 van het belastingverdrag valt, ook al ziet die bepaling op pensioenen die ter zake van een vroegere dienstbetrekking worden uitgekeerd.

31. Het staat aan de verwijzende rechter om te bepalen op welke rechtsgrondslag dit pensioen door de Sociale Verzekeringsbank aan Kohll worden uitgekeerd en met name om na te gaan of dit pensioen, hoewel het a priori aan alle inwoners van Nederland wordt toegekend, niettemin aan – in dit geval – Kohll wordt toegekend omdat hij in Nederland arbeid in loondienst heeft verricht en of het bedrag van dit pensioen afhankelijk is zijn van hoedanigheid als werknemer in loondienst. Bij een bevestigend antwoord kan artikel 45 VWEU in het hoofdgeding worden ingeroepen, zulks om dezelfde redenen als uiteengezet in de punten 23 tot en met 28 van dit arrest.

32. Indien daarentegen zou worden vastgesteld dat noch de op de Sociale Verzekeringsbank rustende verplichting om aan Kohll een pensioen uit te keren noch de hoogte daarvan afhangen van zijn hoedanigheid als werknemer, maar het feit dat hij in Nederland woonachtig is geweest, dan kan artikel 21 VWEU, dat algemeen voorziet in het recht van iedere burger van de Unie om vrij op het grondgebied van de lidstaten te reizen en te verblijven, worden ingeroepen.

33. Aangezien bijgevolg zowel artikel 21 VWEU als artikel 45 VWEU in het hoofdgeding toepasselijk kunnen zijn, dienen deze beide bepalingen te worden uitgelegd.

34. In dat verband staat de omstandigheid dat de verwijzende rechter in zijn prejudiciële vraag alleen op artikel 45 VWEU heeft gedoeld, er niet aan in de weg dat het Hof ook artikel 21 VWEU uitlegt.

35. Volgens vaste rechtspraak kan het Hof immers, om een nuttig antwoord te geven aan de rechter die het verzoek om een prejudiciële beslissing heeft ingediend, bepalingen van Unierecht in aanmerking nemen die de nationale rechter in zijn prejudiciële vragen niet heeft vermeld (arrest van 28 februari 2013, Petersen, C-544/11, EU:C:2013:124, punt 24 en aldaar aangehaalde rechtspraak).

Of sprake is van een beperking

36. Wat in de eerste plaats artikel 45 VWEU betreft, moet eraan worden herinnerd dat hoewel de bepalingen betreffende het vrije verkeer van werknemers volgens hun bewoordingen met name het voordeel van de nationale behandeling in de staat van ontvangst beogen te garanderen, zij ook een verbod inhouden voor de lidstaat van oorsprong, het vrije aanvaarden en verrichten van werk door een van zijn onderdanen in een andere lidstaat te bemoeilijken (arrest van 28 februari 2013, Petersen, C-544/11, EU:C:2013:124, punt 36 en aldaar aangehaalde rechtspraak).

37. In de onderhavige zaak wordt het belastingkrediet volgens het nationale recht toegekend aan belastingplichtigen die inkomsten uit een in Luxemburg belastbaar ouderdomspensioen ontvangen dat ten minste 300 EUR per jaar of 25 EUR per maand bedraagt, en die in het bezit zijn van een loonbelastingverklaring.

38. Zoals de verwijzende rechter verduidelijkt, krijgt de ontvanger van een ouderdomspensioen geen loonbelastingverklaring wanneer over dit pensioen, hoewel het in Luxemburg belastbaar is, in die lidstaat geen bronbelasting wordt ingehouden, met name op grond van het feit dat de uitkeerder van dat pensioen in een andere lidstaat is gevestigd.

39. Hieruit volgt dat het belastingvoordeel in de vorm van het belastingkrediet niet wordt toegekend aan in Luxemburg woonachtige belastingplichtigen waarvan de in die lidstaat belastbare pensioenen afkomstig zijn uit een andere lidstaat.

40. Door een verschil in behandeling tussen in Luxemburg woonachtige belastingplichtigen in te voeren, afhankelijk van de lidstaat waaruit het door hen genoten en in Luxemburg belastbare pensioen afkomstig is en door te weigeren het belastingkrediet toe te kennen aan de belastingplichtigen die hun pensioen uitgekeerd krijgen door

een in een andere lidstaat gevestigde uitkeerder, kan de in het hoofdgeding aan de orde zijnde nationale wettelijke regeling werknemers ervan weerhouden om in een andere lidstaat dan het Groothertogdom Luxemburg werk te zoeken en te aanvaarden.

41. Een dergelijke wettelijke regeling vormt dus een in beginsel door artikel 56 VWEU verboden beperking van het vrije verkeer van werknemers.

42. Wat in de tweede plaats artikel 21 VWEU betreft, volgt uit vaste rechtspraak dat een nationale wettelijke regeling die bepaalde personen met de nationaliteit van het land benadeelt om de enkele reden dat zij hun recht om vrij in een andere lidstaat te reizen en te verblijven hebben uitgeoefend, een beperking vormt van de vrijheden die elke burger van de Unie op grond van artikel 21, lid 1, VWEU geniet (arrest van 26 februari 2015, Martens, C-359/13, EU:C:2015:118, punt 25 en aldaar aangehaalde rechtspraak).

43. De door het Verdrag verleende rechten inzake vrij verkeer van burgers van de Unie kunnen hun volle werking immers niet ontplooien indien een onderdaan van een lidstaat ervan kan worden weerhouden deze rechten uit te oefenen doordat zijn verblijf in een andere lidstaat wordt belemmerd door een regeling van zijn lidstaat van herkomst, die hem benadeelt wegens het enkele feit dat hij deze rechten heeft uitgeoefend (arrest van 26 februari 2015, Martens, C-359/13, EU: C:2015:118, punt 26 en aldaar aangehaalde rechtspraak).

44. Aangezien het belastingvoordeel in de vorm van het belastingkrediet in de onderhavige zaak wordt geweigerd aan een Luxemburgse belastingplichtige die zijn recht heeft uitgeoefend om vrij te reizen en te verblijven in een andere lidstaat dan de lidstaat waarvan hij onderdaan is en, wegens zijn verblijf in die andere lidstaat, een pensioen geniet dat hem wordt uitgekeerd door een in die laatste lidstaat gevestigde uitkeerder, wordt deze Luxemburgse belastingplichtige benadeeld ten opzichte van belastingplichtigen die hun recht om vrij in een andere lidstaat te reizen en te verblijven niet hebben uitgeoefend. De in het hoofdgeding aan de orde zijnde wettelijke regeling, die tot een dergelijk verschil in behandeling leidt, kan een belastingplichtige ervan weerhouden om van die vrijheid gebruik te maken en vormt derhalve een beperking van de vrijheden die in artikel 21 VWEU zijn erkend.

Of er een rechtvaardiging is

45. Dergelijke beperkingen kunnen enkel worden aanvaard indien zij betrekking hebben op situaties die niet objectief vergelijkbaar zijn, of worden gerechtvaardigd door een dwingend vereiste van algemeen belang (zie met name arrest van 17 december 2015, Timac Agro Deutschland, C-388/14, EU:C:2015:829, punt 26).

46. Met betrekking tot de vraag of de in geding zijnde situaties objectief vergelijkbaar zijn, moet eraan worden herinnerd dat de vergelijkbaarheid van een grensoverschrijdende situatie met een interne situatie moet worden onderzocht op basis van het door de betrokken nationale bepalingen nagestreefde doel (zie in die zin arresten van 25 februari 2010, X Holding, C-337/08, EU:C:2010:89, punt 22, en van 6 september 2012, Philips Electronics UK, C-18/11, EU:C:2012:532, punt 17).

47. In dat verband geeft de Luxemburgse regering te kennen dat het belastingkrediet is ingevoerd met het oog op een selectief belastingbeleid ten gunste van personen die behoren tot de sociaal meest kwetsbare lagen van de bevolking, door hen door een dergelijk belastingvoordeel een hoger beschikbaar inkomen te laten genieten.

48. Met het oog op een dergelijke doelstelling bevindt een ingezeten belastingplichtige die een ouderdomspensioen geniet dat uit een andere lidstaat afkomstig is, zich niet noodzakelijkerwijs in een andere situatie dan een ingezeten belastingplichtige die een dergelijk pensioen van een in zijn woonstaat gevestigde uitkeerder ontvangt, aangezien die belastingplichtigen beiden tot de sociaal meest kwetsbare lagen van de bevolking kunnen behoren.

49. De beperking kan dus enkel worden gerechtvaardigd door dwingende vereisten van algemeen belang. In dat geval moet de beperking echter nog geschikt zijn om het nagestreefde doel te verwezenlijken en mag zij niet verder gaan dan nodig is voor het verwezenlijken van dat doel (arrest van 17 december 2015, Timac Agro Deutschland, C-388/14, EU: C:2015:829, punt 29 en aldaar aangehaalde rechtspraak).

50. Dienaangaande geeft de Luxemburgse regering te kennen dat de regeling van het belastingkrediet gerechtvaardigd wordt door de noodzaak om de samenhang van het nationale belastingstelsel te bewaren, door te voorzien in een belastingkrediet dat doeltreffend, billijk en doenlijk kan worden verrekend en terugbetaald, zonder tot onevenredige administratieve lasten te leiden.

51. Volgens deze regering is deze regeling van het belastingkrediet de enige praktisch haalbare die niet leidt tot een buitensporig hoge administratieve belasting voor de bestuurlijke diensten, voor degenen die de betrokken inkomsten verschuldigd zijn en voor de burger. Alleen de nationale instanties die met de betaling van de pensioenen en de uitkering van de ingehouden belastingen aan de schatkist belast zijn, beschikken immers over actuele informatie op basis waarvan het belastingkrediet juist en adequaat kan worden toegekend en alleen zij kunnen dit belastingkrediet direct en doeltreffend verrekenen en aan de belastingplichtigen in kwestie terugbetalen.

52. Daarnaast is deze regeling noodzakelijk om de samenhang van het nationale belastingstelsel in zijn geheel te bewaren en is er in de Luxemburgse wettelijke regeling een verband tussen de inning van de belasting, in casu de inhouding van belastingen op de inkomsten uit pensioenen in de zin van artikel 96, lid 1, punten 1 en 2, van de LIR, en het belastingkrediet.

53. In de eerste plaats moet er ten aanzien van de overwegingen van administratieve en praktische aard waarnaar de Luxemburgse regering verwijst, aan worden herinnerd dat het Hof reeds heeft geoordeeld dat aan de lidstaten niet de mogelijkheid kan worden ontzegd om legitieme doelstellingen na te streven met de invoering van algemene regels die door de bevoegde autoriteiten gemakkelijk kunnen worden gehandhaafd en gecontroleerd (arrest van 24 februari 2015, Sopora, C-512/13, EU:C:2015:108, punt 33 en aldaar aangehaalde rechtspraak).

54. Niettemin moet erop worden gewezen dat in het hoofdgeding noch het stelsel op basis van de inhouding aan de bron noch de adequaatheid en praktische aard van de afgifte van een belastingverklaring worden bestreden, maar de absolute weigering om een belastingvoordeel toe te kennen wanner de belastingplichtige in kwestie niet in staat is om een dergelijke verklaring over te leggen, ook al voldoet hij aan de andere voorwaarden om voor dat voordeel in aanmerking te komen.

55. Het valt echter niet op voorhand uit te sluiten dat de belastingplichtige in staat is de relevante bewijsstukken over te leggen aan de hand waarvan de belastingautoriteiten van de lidstaat van heffing duidelijk en nauwkeurig kunnen controleren dat inkomsten zijn genoten uit een pensioen dat uit een andere lidstaat afkomstig is en wat de aard daarvan is (zie naar analogie arrest van 27 januari 2009, Persche, C-318/07, EU:C:2009:33, punt 53).

56. Niets belet namelijk de betrokken belastingautoriteiten om van de belastingplichtige de bewijzen te verlangen die zij noodzakelijk achten om te beoordelen of is voldaan aan de in de betrokken wettelijke regeling gestelde voorwaarden voor toekenning van genoemd voordeel, en bijgevolg of het gevraagde voordeel al dan niet moet worden toegekend (zie naar analogie arrest van 27 januari 2009, Persche, C-318/07, EU:C:2009:33, punt 54).

57. In dat verband heeft de Luxemburgse regering niets aangevoerd over de redenen die eraan in de weg zouden staan dat worden afgegaan op de inlichtingen die worden verstrekt door een belastingplichtige die verzoekt om voor het belastingkrediet in aanmerking te komen.

58. Zoals de advocaat-generaal erop heeft gewezen in punt 68 van zijn conclusie, heeft de Luxemburgse regering weliswaar vermeende administratieve lasten vermeld, maar is zij vaag gebleven over de juiste aard daarvan.

59. Hoe dan ook dient eraan te worden herinnerd dat het Hof reeds heeft geoordeeld dat praktische problemen op zich niet kunnen volstaan om de schending van een verdragsrechtelijk gewaarborgde fundamentele vrijheid te rechtvaardigen (arrest van 1 juli 2010, Dijkman en Dijkman-Lavaleije, C-233/09, EU:C:2010:397, punt 60 en aldaar aangehaalde rechtspraak).

60. In de tweede plaats kan de noodzaak om de samenhang van een belastingstelsel te bewaren weliswaar een beperking van de uitoefening van de verdragsrechtelijk gewaarborgde fundamentele vrijheden rechtvaardigen, maar wil een argument ontleend aan een dergelijke rechtvaardigingsgrond slagen, dan moet er volgens het Hof een rechtstreeks verband bestaan tussen het betrokken belastingvoordeel en de compensatie van dit voordeel door een bepaalde heffing, waarbij het rechtstreekse verband op basis van de door de betrokken belastingregeling nagestreefde doelstelling moet worden beoordeeld (zie in die zin arrest van 1 juli 2010, Dijkman en Dijkman-Lavaleije, C-233/09, EU:C:2010:397, punten 54 en 55 en aldaar aangehaalde rechtspraak).

61. In de onderhavige zaak voert de Luxemburgse regering echter niet aan dat er een rechtstreeks verband is tussen het belastingkrediet en een bepaalde fiscale heffing, aangezien de pensioenen die uit een andere lidstaat afkomstig zijn, zoals de uit Luxemburg afkomstige pensioenen, in Luxemburg belastbaar zijn, maar baseert zij zich op een verband tussen het belastingkrediet en een belastingtechniek, namelijk de inhouding aan de bron, die uitsluitend wordt toegepast op pensioenen waarvan de uitkeerder in Luxemburg is gevestigd. Het in het hoofdgeding aan de orde zijnde belastingvoordeel wordt dus niet gecompenseerd door een bepaalde heffing in de zin van de in het vorige punt van dit arrest aangehaalde rechtspraak.

62. Bijgevolg moet worden vastgesteld dat de beperkingen die voortvloeien uit de toepassing van de nationale fiscale regeling die in het hoofdgeding aan de orde is, die in beginsel door de artikelen 21 en 45 VWEU worden verboden, niet gerechtvaardigd kunnen worden op de gronden die door de Luxemburgse regering zijn aangevoerd.

63. Gelet op een en ander moet op de gestelde vraag worden geantwoord dat de artikelen 21 en 45 VWEU aldus moeten worden uitgelegd dat zij zich verzetten tegen een nationale belastingregeling zoals die in het hoofdgeding, die het voordeel van een belastingkrediet voor gepensioneerden voorbehoudt aan de belastingplichtigen die in het bezit zijn van een loonbelastingverklaring.

Kosten

64. …

Het Hof (Tiende kamer)

verklaart voor recht:

De artikelen 21 en 45 VWEU moeten aldus worden uitgelegd dat zij zich verzetten tegen een nationale belastingregeling zoals die in het hoofdgeding, die het voordeel van een belastingkrediet voor gepensioneerden voorbehoudt aan de belastingplichtigen die in het bezit zijn van een loonbelastingverklaring.

HvJ EU 2 juni 2016, zaak C-252/14 (Pensioenfonds Metaal en Techniek v. Skatteverket)

Eerste kamer: *A. Tizzano, vicepresident van het Hof, waarnemend voor de president van de Eerste kamer, F. Biltgen, E. Levits (rapporteur), M. Berger en S. Rodin, rechters*

Advocaat-generaal: *M. Szpunar*

1. Het verzoek om een prejudiciële beslissing betreft de uitlegging van artikel 63 VWEU.

2. Dit verzoek is ingediend in het kader van een geding tussen Pensioenfonds Metaal en Techniek (hierna: „PMT"), een in Nederland gevestigd pensioenfonds, en het Skatteverk (Zweedse belastingdienst) over dividendbelasting die PMT tussen 2002 en 2006 in Zweden had betaald.

Toepasselijke Zweedse bepalingen

Regeling inzake pensioenfondsen

3. § 9 van lag (1967:531) om tryggande av pensionsutfästelse m. m. [wet (1967:531) tot waarborging van pensioentoezeggingen enz.; hierna: „wet tot waarborging van pensioentoezeggingen"] definieert een pensioenfonds als een fonds dat werkgevers oprichten met als uitsluitend doel de pensioentoezeggingen ten aanzien van werknemers of hun nabestaanden te waarborgen.

4. Volgens § 12 van die wet is het pensioenfondsen formeel verboden zich ertoe te verbinden pensioenen uit te keren en betalen zij evenmin ouderdomspensioenen uit. Een pensioenfonds heeft enkel als opdracht het kapitaal te beheren dat de werkgever in het fonds stort en te waarborgen dat de pensioentoezeggingen van de werkgever kunnen worden nagekomen.

5. De verbintenissen van pensioenfondsen om de pensioentoezeggingen van de werkgevers te waarborgen zijn verbintenissen op lange termijn. § 10 a van de wet tot waarborging van pensioentoezeggingen bepaalt dat pensioenfondsen hun tegoeden met een goede risicospreiding beleggen, teneinde de belangen van de personen die van de instelling afhangen zo goed mogelijk en op prudente wijze te behartigen. De pensioenfondsen moeten beleggingsrichtsnoeren volgen die in overeenstemming zijn met de vereisten van de bepalingen en de algemene richtsnoeren van de nationale toezichthoudende autoriteit voor financiële instellingen betreffende investeringsrichtsnoeren en effectbeoordelingen van instellingen die actief zijn op het gebied van bedrijfspensioenvoorziening (Finansinspektionens föreskrifter och allmänna råd om placeringsriktlinjer och konsekvensanalys för institut som driver tjänstepensionsverksamhet, FFF 2011:16).

6. Pensioenfondsen maken deel uit van de concrete regeling waarvoor het Koninkrijk Zweden heeft gekozen om vorm te geven aan zijn ouderdomspensioenstelsel en dit te waarborgen. Pensioentoezeggingen kunnen ook worden gewaarborgd door een levensverzekering te sluiten of door boekreserves aan te houden die worden gewaarborgd door een kredietzekerheid of een borgtocht van een gemeente of de Staat.

Belasting van ingezeten pensioenfondsen

7. Rechtspersonen die onbeperkt belastingplichtig zijn in Zweden, zijn onderworpen aan de inkomstenbelasting op basis van inkomstskattelag (1999:1229) [wet (1999:1229) inzake de inkomstenbelasting; hierna: „wet inzake de inkomstenbelasting"], die onder meer betrekking heeft op kapitaalwinst, dividenden en inkomsten uit rente.

8. § 2, eerste alinea, punt 3, van hoofdstuk 7 van de wet inzake de inkomstenbelasting stelt pensioenfondsen evenwel volledig vrij van de in die wet bedoelde belasting. Deze wet verwijst in dat verband naar de bepalingen inzake belasting over de inkomsten uit kapitaal in lag (1990:661) om avkastningsskatt på pensionsmedel [wet (1990:661) inzake de rendementsbelasting op pensioenmiddelen; hierna: „wet inzake de rendementsbelasting op pensioenmiddelen"].

9. Krachtens § 2 van de wet inzake de rendementsbelasting op pensioenmiddelen betalen Zweedse pensioenfondsen en levensverzekeringsmaatschappijen belasting over de inkomsten uit kapitaal, te weten een belasting tegen een vast tarief over het lopende rendement uit pensioensparen waarvan de heffingsgrondslag overeenkomstig de §§ 3 tot en met 8 van deze wet in twee stappen wordt berekend.

10. Om te beginnen wordt de kapitaalbasis berekend, die bestaat uit de waarde van de activa van het pensioenfonds bij jaarbegin, verminderd met de schulden op die datum. Volgens de Zweedse regering kan een pensioenfonds krachtens § 11, lid 4, van de wet tot waarborging van pensioentoezeggingen enkel een lening sluiten met het oog op zijn tijdelijke liquiditeitsbehoeften en uitsluitend op voorwaarde dat het bedrag van de lening beperkt is in verhouding tot de omvang van de pensioeninstelling.

11. Vervolgens wordt het forfaitaire rendement van dat kapitaal – de heffingsgrondslag – berekend door de kapitaalbasis te vermenigvuldigen met het gemiddelde rendement op staatsobligaties in het kalenderjaar onmiddellijk vóór het belastingjaar. Krachtens § 9 van de wet inzake de rendementsbelasting op pensioenmiddelen bedraagt de belasting over de inkomsten uit kapitaal 15 % van de aldus verkregen heffingsgrondslag.

12. Deze belasting over de inkomsten uit kapitaal geldt voor Zweedse pensioenfondsen en levensverzekeringsmaatschappijen en buitenlandse levensverzekeringsmaatschappijen en instellingen voor bedrijfspensioenvoorziening met een vaste inrichting in Zweden, en strekt er volgens de verwijzende rechter toe alle vormen van pensioensparen uniform op forfaitaire wijze te belasten. Deze methode wordt gebruikt voor belasting van zowel de inkomsten uit kapitaal van individueel pensioensparen als inkomsten uit pensioenverzekeringen, kapitaalverzekeringen en andere vormen van pensioenkapitaal.

Belasting van niet-ingezeten pensioenfondsen

13. Buitenlandse rechtspersonen die dividenden ontvangen op aandelen in een Zweedse aandelenvennootschap of op aandelen in een Zweeds beleggingsfonds, betalen in Zweden een bronbelasting over de dividenden overeenkomstig de §§ 1 en 4 van kupongskattelag (1970:624) [wet (1970:624) inzake dividendbelasting; hierna: „wet inzake dividendbelasting"].

14. Krachtens § 5 van de wet inzake dividendbelasting bedraagt het tarief van de dividendbelasting 30 % van het bedrag van de uitgekeerde dividenden. In het belastingverdrag tussen het Koninkrijk Zweden en het Koninkrijk der Nederlanden is evenwel bepaald dat het belastingtarief voor tussen die twee lidstaten uitgekeerde dividenden niet meer mag bedragen dan 15 % van hun brutobedrag.

Hoofdgeding en prejudiciële vraag

15. Tussen 2002 en 2006 heeft PMT dividenden ontvangen van Zweedse aandelenvennootschappen, waarover 15 % bronbelasting is ingehouden, voor een totaalbedrag van 20 957 836 Zweedse kronen (SEK) (ongeveer 2 262 861 EUR).

16. PMT verzocht de Zweedse belastingdienst in december 2007 om terugbetaling van de door haar verschuldigde dividendbelasting op grond van onverenigbaarheid van die heffing met de Unierechtelijke regels betreffende het vrije kapitaalverkeer. PMT voerde aan dat het moest worden gelijkgesteld met een fonds dat wordt belast op basis van de wet inzake de rendementsbelasting op pensioenmiddelen en dus gunstiger moest worden belast. Het stelde dat het verschil in belasting dat voortvloeit uit de toepassing van de wet inzake de rendementsbelasting op pensioenmiddelen en de wet inzake dividendbelasting niet kon worden gerechtvaardigd.

17. De Zweedse belastingdienst heeft het verzoek van PMT afgewezen, waarna dit fonds beroep heeft ingesteld bij de Länsrätt i Dalarnas län (bestuursrechter Dalarna, Zweden), die dit beroep heeft verworpen.

18. Naar aanleiding van het door PMT ingestelde hoger beroep heeft de Kammarrätt i Sundsvall (bestuursrechter in tweede aanleg Sundsvall, Zweden) geoordeeld dat niet was aangetoond dat PMT ongunstiger was belast dan vergelijkbare Zweedse pensioenfondsen, noch dat de verschillende belastingstelsels discriminerend waren.

19. PMT heeft in zijn cassatieberoep bij de Högsta förvaltningsdomstol (hoogste bestuursrechter, Zweden) aangevoerd dat de opzet van de nationale regeling inzake de belasting van pensioenfondsen discriminerend is. De belasting over inkomsten uit kapitaal vervangt niet alleen de dividendbelasting, maar ook de belasting op kapitaalwinst bij vervreemdingen en de belasting op inkomsten uit rente, en de belasting over aan Zweedse pensioenfondsen uitgekeerde dividenden is aanzienlijk lager dan de formele heffing van de belasting over inkomsten uit kapitaal. Aangezien buitenlandse pensioenfondsen worden belast over het bruto-inkomen door een dividendbelasting die onmiddellijk bij uitkering van de dividenden wordt geheven, kunnen zij evenmin profiteren van de te verwachten gelijkstelling na verloop van tijd die met de forfaitaire methode wordt beoogd.

20. Voorts kunnen bij de berekening van de belasting over de inkomsten uit kapitaal waaraan ingezeten pensioenfondsen zijn onderworpen, schulden worden afgetrokken, terwijl dit niet mogelijk is bij de bronheffing die geldt voor niet-ingezeten pensioenfondsen die in aandelen beleggen.

21. Tot slot wordt de bronbelasting geheven bij de uitkering van de dividenden, terwijl de belasting over de inkomsten uit kapitaal eerst het jaar na de uitkering van de dividenden wordt berekend en geheven, wat een cashflownadeel meebrengt voor niet-ingezeten pensioenfondsen.

22. De Zweedse belastingdienst stelt dat het nationale belastingstelsel twee verschillende heffingstechnieken omvat en geen discriminatie inhoudt. De daadwerkelijke belasting van de aan ingezeten pensioenfondsen uitgekeerde dividenden komt overeen met de bronheffing die op basis van belastingverdragen wordt geheven over de aan niet-ingezeten pensioenfondsen uitgekeerde dividenden. De belastingregeling die geldt voor niet-ingezeten pensioenfondsen kan bovendien voordeliger zijn als gevolg van de ontwikkeling van het rendement op staatsobligaties en voorts omdat alleen wordt belast wanneer daadwerkelijk een dividend is uitgekeerd, terwijl ingezeten pensioenfondsen de belasting over de inkomsten uit kapitaal jaarlijks moeten betalen. De kosten die ingezeten

pensioenfondsen eventueel kunnen aftrekken als schulden bij de berekening van de kapitaalbasis, zijn niet gerelateerd aan de ontvangen dividenden en er bestaan geen kosten die rechtstreeks gerelateerd zijn aan dividenden op in Zweden geïnvesteerd kapitaal. Ingezeten pensioenfondsen doen maandelijks voorafbetalingen van winstbelasting bij wijze van voorschot en hebben dus geen enkel cashflowvoordeel.

23. De verwijzende rechter bevestigt dat de belastingregeling die geldt voor een pensioenfonds afhankelijk is van de hoedanigheid van ingezetene van het fonds, en dat het nominale belastingtarief in de bij hem aanhangige zaak 15 % bedraagt voor zowel de belasting over de inkomsten uit kapitaal als de dividendbelasting.

24. Die rechter verduidelijkt voorts dat de belasting over de inkomsten uit kapitaal is gebaseerd op een fictief rendement. Dat betekent dat de belasting, gelet op de wijze waarop haar heffingsgrondslag wordt berekend, in bepaalde jaren voordeliger kan zijn voor ingezeten aandeelhouders, terwijl in andere jaren het belastingresultaat voor die aandeelhouders daarentegen ongunstiger kan zijn dan het belastingresultaat van niet-ingezeten aandeelhouders. Hij benadrukt dat de belasting over de inkomsten uit kapitaal jaarlijks wordt geheven ongeacht of er dividenden worden uitgekeerd. Voorts merkt de verwijzende rechter op dat in casu werd gesteld dat de opzet van de nationale regeling inzake belasting van pensioenfondsen discriminerend is, met name omdat schulden mogen worden afgetrokken bij de berekening van de grondslag van de belasting over de inkomsten uit kapitaal, en omdat het tijdstip van de belastingheffing een cashflownadeel voor buitenlandse pensioenfondsen met zich kan brengen.

25. In die omstandigheden heeft de Högsta förvaltningsdomstol de behandeling van de zaak geschorst en het Hof verzocht om een prejudiciële beslissing over de volgende vraag:

> „Staat artikel 63 VWEU in de weg aan een nationale wettelijke regeling op grond waarvan een bronbelasting wordt ingehouden over dividenden die worden uitgekeerd door een ingezeten vennootschap, wanneer de aandeelhouder in een andere lidstaat is gevestigd, terwijl dergelijke dividenden in het geval van een ingezeten aandeelhouder zijn onderworpen aan een forfaitair bepaalde en over een fictief rendement berekende belasting die, gezien over een bepaalde tijdsduur, is bedoeld om overeen te komen met de normale belasting van alle inkomsten uit kapitaal?”

Beantwoording van de prejudiciële vraag

26. Met zijn vraag wenst de verwijzende rechter in wezen te vernemen of artikel 63 VWEU aldus moet worden uitgelegd dat het zich verzet tegen een nationale wettelijke regeling op grond waarvan over door een ingezeten vennootschap uitgekeerde dividenden een bronbelasting wordt geheven wanneer die dividenden worden uitgekeerd aan een niet-ingezeten pensioenfonds, en een forfaitair bepaalde en over een fictief rendement berekende belasting die is bedoeld om mettertijd overeen te komen met de belasting van alle inkomsten uit kapitaal volgens het gemeenrechtelijke stelsel wanneer die dividenden worden uitgekeerd aan een ingezeten pensioenfonds.

27. Volgens vaste rechtspraak omvatten de maatregelen die ingevolge artikel 63, lid 1, VWEU verboden zijn omdat zij het kapitaalverkeer beperken, maatregelen die niet-ingezetenen ervan doen afzien in een lidstaat investeringen te doen, of ingezetenen van deze lidstaat ontmoedigen in andere staten investeringen te doen (zie met name arresten van 8 november 2012, Commissie/Finland, C-342/10, EU:C:2012:688, punt 28, en van 22 november 2012, Commissie/Duitsland, C-600/10, niet gepubliceerd, EU:C:2012:737, punt 14).

28. In het bijzonder kan een ongunstige behandeling door een lidstaat van dividenden die worden uitgekeerd aan niet-ingezeten pensioenfondsen in vergelijking met de behandeling van dividenden die worden uitgekeerd aan ingezeten pensioenfondsen, in een andere dan die lidstaat gevestigde vennootschappen ervan doen afzien in eerstbedoelde lidstaat te investeren, zodat zij een beperking van het vrije kapitaalverkeer vormt die in beginsel verboden is door artikel 63 VWEU (zie arresten van 8 november 2012, Commissie/Finland, C-342/10, EU:C:2012:688, punt 33, en van 22 november 2012, Commissie/Duitsland, C-600/10, niet gepubliceerd, EU:C:2012:737, punt 15).

29. Volgens de wettelijke regeling aan de orde in het hoofdgeding bestaan er twee verschillende belastingstelsels voor de aan pensioenfondsen uitgekeerde dividenden, waarvan de toepassing afhankelijk is van hun hoedanigheid van ingezetene of niet-ingezetene van de lidstaat van de vennootschap die de dividenden uitkeert.

30. Blijkens de verwijzingsbeslissing wordt immers enkel over de dividenden die een Zweedse vennootschap uitkeert aan niet-ingezeten pensioenfondsen een bronbelasting van 30 % van hun brutobedrag geheven, waarbij dat tarief weliswaar kan worden verlaagd op basis van een verdrag ter voorkoming van dubbele belasting. Zoals de verwijzende rechter aangeeft, is over de door PMT ontvangen dividenden een bronbelasting van 15 % geheven op basis van een dergelijk verdrag tussen het Koninkrijk Zweden en het Koninkrijk der Nederlanden.

31. Over de aan ingezeten pensioenfondsen uitgekeerde dividenden wordt daarentegen niet een dergelijke bronbelasting geheven, maar een belasting over de inkomsten uit kapitaal, waarvan de heffingsgrondslag in twee stappen wordt berekend. Om te beginnen wordt de waarde bepaald van alle activa aan het begin van het belastingjaar, verminderd met de schulden op die datum. Vervolgens wordt dat nettobedrag vermenigvuldigd met het gemid-

delde rendement op staatsobligaties in het kalenderjaar onmiddellijk vóór het betrokken belastingjaar. Het resultaat daarvan is een fictief rendement, dat wordt belast tegen 15 %.

32. De twee belastingstelsels verschillen met name wat betreft de berekeningswijze van de heffingsgrondslag en de wijze waarop de belasting wordt geïnd, terwijl het nominale belastingtarief bij beide stelsels hetzelfde is.

33. Wat betreft de vraag of een wettelijke regeling van een lidstaat zoals die in het hoofdgeding het vrije verkeer van kapitaal beperkt, moet worden nagegaan of een dergelijke verschillende behandeling van de belasting van aan pensioenfondsen uitgekeerde dividenden naargelang hun hoedanigheid van ingezetene of niet-ingezetene leidt tot een ongunstige behandeling van niet-ingezeten pensioenfondsen in vergelijking met ingezeten pensioenfondsen.

34. Het is aan de verwijzende rechter, die als enige de feiten in de bij hem aanhangige zaak precies kan kennen, na te gaan of voor de betrokken dividenden de toepassing op verzoeker in het hoofdgeding van de in het bilaterale belastingverdrag voorziene bronheffing van 15 % ertoe leidt dat voor die verzoeker in Zweden de belastingdruk uiteindelijk zwaarder is dan voor ingezeten pensioenfondsen voor dezelfde dividenden (zie in die zin arrest van 17 september 2015, Miljoen e.a., C-10/ 14, C-14/14 en C-17/14, EU:C:2015:608, punt 48).

35. De Zweedse en de Duitse regering stellen in dat verband dat een dergelijke beoordeling moet zien op meerdere jaren, die overeenkomen met een economische cyclus, zodat – volgens die regeringen – kan worden aangetoond dat de belasting van die dividenden op basis van de ene dan wel de andere methode hetzelfde resultaat oplevert op het einde van een economische cyclus.

36. Derhalve moet worden bepaald of de verwijzende rechter een mogelijk ongunstige behandeling van de aan niet-ingezeten pensioenfondsen uitgekeerde dividenden moet beoordelen over een tijdvak van meerdere jaren samen, zoals deze regeringen bepleiten, of op jaarbasis, voor elk jaar van het litigieuze tijdvak, zoals de Commissie stelt.

37. De forfaitaire belastingmethode strekt er volgens de Zweedse regering weliswaar toe direct en indirect sparen uiteindelijk uniform te belasten en de belasting gelijk te trekken in de tijd, maar uit de aan het Hof overgelegde stukken blijkt dat de belasting over de inkomsten uit kapitaal, waaraan ingezeten pensioenfondsen zijn onderworpen, wordt berekend op jaarbasis. Het Hof heeft reeds geoordeeld dat het tijdvak dat in aanmerking moet worden genomen voor de vergelijking van de belastingdruk voor dividenden uitgekeerd aan ingezetenen en niet-ingezetenen, het tijdvak is dat in aanmerking wordt genomen voor de aan ingezetenen uitgekeerde dividenden (zie in die zin arrest van 17 september 2015, Miljoen e.a., C-10/ 14, C-14/14 en C-17/14, EU:C:2015:608, punt 51).

38. Voorts heeft het Hof in het kader van de vrijheid van vestiging geoordeeld dat, ook al zou de belastingregeling van een lidstaat in de meeste gevallen gunstiger uitvallen voor niet-ingezeten belastingplichtigen, dat niet wegneemt dat die regeling, wanneer zij die belastingplichtigen benadeelt, een ongelijke behandeling ten opzichte van ingezeten belastingplichtigen tot gevolg heeft en daardoor een belemmering van de vrijheid van vestiging in het leven roept (zie in die zin arresten van 14 december 2000, AMID, C-141/99, EU:C:2000:696, punt 27, en van 22 maart 2007, Talotta, C-383/ 05, EU:C:2007:181, punt 31). Evenzo heeft het Hof reeds geoordeeld dat de omstandigheid dat een nationale regeling nadelig is voor niet-ingezetenen, niet kan worden gecompenseerd door de omstandigheid dat die regeling in andere situaties niet-ingezetenen niet ongunstiger behandelt dan ingezetenen (arrest van 18 juli 2007, Lakebrink en Peters-Lakebrink, C-182/06, EU:C:2007:452, punt 23).

39. Uit een dergelijke uitlegging volgt dat een mogelijk ongunstige behandeling van de aan niet-ingezeten pensioenfondsen uitgekeerde dividenden in een belastingjaar niet kan worden gecompenseerd door een mogelijk gunstige behandeling daarvan in andere belastingjaren.

40. Hoe dan ook is in de toepasselijke wettelijke regeling, zoals de Commissie stelt zonder op dit punt door de Zweedse regering te zijn weersproken, geen mechanisme neergelegd dat kan verzekeren dat de belastingdruk voor nationale dividenden die ingezeten pensioenfondsen ontvangen op termijn gelijk is aan die voor dezelfde soort dividenden die niet-ingezeten pensioenfondsen ontvangen.

41. Bijgevolg moet het bestaan van een mogelijk ongunstige behandeling van de aan niet-ingezeten pensioenfondsen uitgekeerde dividenden worden beoordeeld over elk belastingjaar afzonderlijk.

42. Zoals de Zweedse regering zelf erkent in punt 48 van haar schriftelijke opmerkingen, is het in jaren waarin het effectieve rendement van de aandelen hoger is dan het forfaitaire rendement dat overeenkomt met het rendement op staatsobligaties – wat met name het geval is in de huidige marktomstandigheden – voordelig voor een niet-ingezeten pensioenfonds om in plaats van dividendbelasting een rendementsbelasting te betalen, net als ingezeten pensioenfondsen.

43. Deze vaststelling wordt in wezen gedeeld door de verwijzende rechter, die opmerkt dat het belastingresultaat, gelet op de berekeningswijze van de heffingsgrondslag van de belasting over de inkomsten uit kapitaal, in bepaalde jaren gunstiger kan zijn voor ingezeten aandeelhouders, terwijl het in andere jaren gunstiger is voor niet-ingezeten aandeelhouders.

44. Aangezien het verschil in behandeling dat voortvloeit uit de belastingwetgeving van een lidstaat zoals die aan de orde in het hoofdgeding wat betreft de belasting van aan ingezeten pensioenfondsen uitgekeerde dividenden en de belasting van dezelfde soort dividenden die worden uitgekeerd aan niet-ingezeten pensioenfondsen, ertoe kan leiden dat de belastingdruk voor de aan laatstgenoemde fondsen uitgekeerde dividenden hoger is dan die welke ingezeten pensioenfondsen moeten dragen, kan een dergelijk verschil in behandeling dergelijke niet-ingezeten pensioenfondsen ontmoedigen om in die lidstaat te investeren en vormt het dus een beperking van het vrije kapitaalverkeer die in beginsel wordt verboden door artikel 63 VWEU.

45. Ingevolge artikel 65, lid 1, onder a), VWEU doet het bepaalde in artikel 63 VWEU evenwel niet af aan het recht van de lidstaten om de ter zake dienende bepalingen van hun belastingwetgeving toe te passen die onderscheid maken tussen belastingplichtigen die niet in dezelfde situatie verkeren met betrekking tot hun vestigingsplaats of de plaats waar hun kapitaal is belegd.

46. Deze bepaling, waarmee wordt afgeweken van het fundamentele beginsel van het vrije kapitaalverkeer, moet eng worden uitgelegd. Bijgevolg kan zij niet aldus worden uitgelegd dat elke belastingwetgeving die tussen belastingplichtigen een onderscheid maakt naargelang van hun woonplaats of van de lidstaat waar zij hun kapitaal beleggen, automatisch verenigbaar is met het VWEU. De in artikel 65, lid 1, onder a), VWEU neergelegde afwijking wordt immers zelf beperkt door lid 3 van dat artikel, dat bepaalt dat de in lid 1 bedoelde nationale bepalingen „geen middel tot willekeurige discriminatie [mogen] vormen, noch een verkapte beperking van het vrije kapitaalverkeer en betalingsverkeer als omschreven in artikel 63" (arrest van 10 april 2014, Emerging Markets Series of DFA Investment Trust Company, C-190/12, EU:C:2014:249, punten 55 en 56 en aldaar aangehaalde rechtspraak).

47. Bijgevolg moet een onderscheid worden gemaakt tussen de door artikel 65, lid 1, onder a), VWEU toegestane verschillen in behandeling en de door lid 3 van ditzelfde artikel verboden discriminatie. Volgens de rechtspraak van het Hof kan een nationale belastingregeling als die in het hoofdgeding slechts verenigbaar met de Verdragsbepalingen betreffende het vrije kapitaalverkeer worden geacht indien het verschil in behandeling betrekking heeft op situaties die niet objectief vergelijkbaar zijn of wordt gerechtvaardigd door een dwingend vereiste van algemeen belang (zie arrest van 10 mei 2012, Santander Asset Management SGIIC e.a., C-338/11–C-347/11, EU:C:2012:286, punt 23 en aldaar aangehaalde rechtspraak).

48. In herinnering zij gebracht dat de vergelijkbaarheid van een grensoverschrijdende situatie met een interne situatie moet worden onderzocht op basis van het door de betrokken nationale bepalingen nagestreefde doel (arrest van 8 november 2012, Commissie/Finland, C-342/10, EU:C:2012:688, punt 36 en aldaar aangehaalde rechtspraak) en het voorwerp en de inhoud van die bepalingen (zie arrest van 10 mei 2012, Commissie/Estland, C-39/10, EU:C:2012:282, punt 51).

49. Alleen de criteria die in de betrokken wettelijke regeling als relevante onderscheidingscriteria zijn vastgesteld, moeten in aanmerking worden genomen bij de beoordeling of het uit een dergelijke wettelijke regeling voortvloeiende verschil in behandeling een weerspiegeling vormt van objectief verschillende situaties (arrest van 10 mei 2012, Santander Asset Management SGIIC e.a., C-338/11–C-347/11, EU:C:2012:286, punt 28).

50. In casu bevat de wettelijke regeling in het hoofdgeding, zoals is uiteengezet in punt 29 van het onderhavige arrest, een onderscheidingscriterium dat is gebaseerd op de plaats van vestiging van het pensioenfonds dat de dividenden ontvangt, doordat over de door niet-ingezeten pensioenfondsen ontvangen dividenden een bronbelasting wordt geheven en over de door ingezeten pensioenfondsen ontvangen dividenden een belasting over de inkomsten uit kapitaal.

51. Derhalve moet worden nagegaan of ingezeten pensioenfondsen en niet-ingezeten pensioenfondsen zich, gelet op de doelstelling alsook het voorwerp en de inhoud van de wettelijke regeling in het hoofdgeding, in een vergelijkbare situatie bevinden.

52. In dat verband zij benadrukt dat de belasting die ingezeten pensioenfondsen betalen, een ander voorwerp heeft dan de belasting die geldt voor niet-ingezeten pensioenfondsen. Terwijl eerstbedoelde fondsen worden belast over het geheel van hun inkomsten, die worden berekend op basis van hun activa verminderd met hun schulden, waarop een forfaitair rendement wordt toegepast, ongeacht of zij in het betrokken belastingjaar daadwerkelijk dividenden ontvangen, worden laatstbedoelde fondsen belast over de dividenden die zij in dat belastingjaar in Zweden hebben ontvangen.

53. In het kader van het ouderdomspensioenstelsel, waarvan pensioenfondsen deel uitmaken, beoogt de nationale wettelijke regeling inzake belasting van die fondsen immers een neutrale belasting in te voeren die onafhankelijk is van de conjunctuur van verschillende soorten activa en alle betrokken vormen van pensioensparen.

54. Om een dergelijk doel te bereiken, wordt over het geheel van activa van een ingezeten pensioenfonds jaarlijks een forfaitaire belasting geheven die het rendement van die activa weerspiegelt, ongeacht of uit die activa inkomsten, in het bijzonder dividenden, worden ontvangen.

55. Het Koninkrijk Zweden belast de inkomsten van ingezeten pensioenfondsen aldus in zijn hoedanigheid van staat van vestiging van die pensioenfondsen, op basis waarvan het bevoegd is het geheel van hun inkomsten te belasten.

56. Wat daarentegen de niet in Zweden gevestigde pensioenfondsen betreft, kan die lidstaat overeenkomstig het bilaterale verdrag met het Koninkrijk der Nederlanden ter voorkoming van dubbele belasting slechts de inkomsten belasten die voortvloeien uit de activa van deze fondsen die zich in Zweden bevinden. Het Koninkrijk Zweden belast de door niet-ingezeten pensioenfondsen ontvangen dividenden dus als staat van oorsprong van de dividenden.

57. Aangezien dat verdrag het Koninkrijk Zweden geen bevoegdheid toekent belasting te heffen over de activa van een niet-ingezeten pensioenfonds die zich op zijn grondgebied bevinden zoals die aan de orde in het hoofdgeding, kan het louter aanhouden van activa in Zweden daarentegen niet leiden tot belasting in die lidstaat.

58. Het Koninkrijk Zweden kan dus, gezien zijn beperkte belastingbevoegdheid wat betreft niet-ingezeten pensioenfondsen, het geheel van de activa van die pensioenfondsen niet belasten.

59. In die omstandigheden kan de doelstelling van de nationale wettelijke regeling in het hoofdgeding, die erin bestaat een neutrale belasting te heffen die onafhankelijk is van de conjunctuur van de verschillende soorten activa en alle betrokken vormen van pensioensparen en veronderstelt dat de pensioenfondsen over het geheel van hun activa worden belast, niet worden verwezenlijkt ten aanzien van niet-ingezeten pensioenfondsen.

60. Die doelstelling, die eveneens veronderstelt dat pensioenfondsen jaarlijks worden belast ongeacht de uitkering van dividenden, kan evenmin worden bereikt door de dividenden die niet-ingezeten pensioenfondsen ontvangen volgens de forfaitaire methode te belasten, door zich voor de berekening van de verschuldigde belasting te baseren op de waarde van de onderliggende activa, aangezien niet-ingezeten pensioenfondsen, zoals is uiteengezet in de punten 56 tot en met 58 van het onderhavige arrest, hoe dan ook slechts kunnen worden belast wanneer zij dividenden ontvangen.

61. Voorts veronderstelt de door de wettelijke regeling in het hoofdgeding nagestreefde belastingneutraliteit ten aanzien van de soort belegging, zoals de advocaat-generaal in wezen in de punten 32 en 33 van zijn conclusie heeft opgemerkt, dat het gehele geïnvesteerde kapitaal van de belastingplichtige wordt belast, ongeacht de samenstelling van zijn beleggingsportefeuille.

62. Een dergelijke doelstelling kan niet worden verwezenlijkt in het geval van een niet-ingezeten pensioenfonds dat in Zweden enkel wordt belast over de inkomsten die hun bron in die lidstaat hebben.

63. Bijgevolg zij vastgesteld dat een niet-ingezeten pensioenfonds, gelet op de doelstelling van de nationale wettelijke regeling alsook het voorwerp en de inhoud daarvan, zich niet in een situatie bevindt die vergelijkbaar is met die van een ingezeten pensioenfonds.

64. Afgezien daarvan moet eraan worden herinnerd dat de toepassing van twee verschillende vormen van belasting op ingezeten en niet-ingezeten pensioenfondsen in casu weliswaar wordt gerechtvaardigd door de verschillende situaties waarin die twee categorieën van belastingplichtigen zich bevinden, maar dat het Hof met betrekking tot beroepskosten die rechtstreeks verband houden met een activiteit waardoor in een lidstaat belastbare inkomsten zijn verworven, reeds heft geoordeeld dat ingezetenen en niet-ingezetenen van deze lidstaat in een vergelijkbare situatie verkeren (arrest van 17 september 2015, Miljoen e.a., C-10/14, C-14/14 en C-17/14, EU:C:2015:608, punt 57).

65. Derhalve staat het aan de verwijzende rechter om na te gaan of het bij de belastingvorm die wordt toegepast op ingezeten pensioenfondsen mogelijk is – zoals PMT lijkt te stellen – rekening te houden met eventuele beroepskosten die rechtstreeks verband houden met de ontvangst van de dividenden, door de berekening van de heffingsgrondslag van die fondsen en meer bepaald doordat hun schulden in aanmerking worden genomen bij de berekening van de kapitaalbasis. Indien dit het geval is, moeten dergelijke kosten ook in aanmerking worden genomen voor niet-ingezeten pensioenfondsen.

66. Gelet op een en ander moet op de prejudiciële vraag worden geantwoord dat artikel 63 VWEU aldus moet worden uitgelegd dat:

– het zich niet verzet tegen een nationale wettelijke regeling op grond waarvan over door een ingezeten vennootschap uitgekeerde dividenden een bronbelasting wordt geheven wanneer die dividenden worden uitgekeerd aan een niet-ingezeten pensioenfonds, en een forfaitair bepaalde en over een fictief rendement berekende belasting die is bedoeld om mettertijd overeen te komen met de belasting van alle inkomsten uit kapitaal volgens het gemeenrechtelijke stelsel wanneer die dividenden worden uitgekeerd aan een ingezeten pensioenfonds;

– het zich er evenwel tegen verzet dat begunstigde niet-ingezeten pensioenfondsen eventuele beroepskosten die rechtstreeks verband houden met de ontvangst van de dividenden niet in aanmerking kunnen nemen terwijl die kosten volgens de methode voor de berekening van de heffingsgrondslag van ingezeten pensioenfondsen wel in aanmerking worden genomen, waarbij het aan de verwijzende rechter staat dit na te gaan.

Kosten

67. …

Het Hof van Justitie (Eerste kamer)

verklaart voor recht:

Artikel 63 VWEU moet aldus worden uitgelegd dat:

– het zich niet verzet tegen een nationale wettelijke regeling op grond waarvan over door een ingezeten vennootschap uitgekeerde dividenden een bronbelasting wordt geheven wanneer die dividenden worden uitgekeerd aan een niet-ingezeten pensioenfonds, en een forfaitair bepaalde en over een fictief rendement berekende belasting die is bedoeld om mettertijd overeen te komen met de belasting van alle inkomsten uit kapitaal volgens het gemeenrechtelijke stelsel wanneer die dividenden worden uitgekeerd aan een ingezeten pensioenfonds;

– het zich er evenwel tegen verzet dat begunstigde niet-ingezeten pensioenfondsen eventuele beroepskosten die rechtstreeks verband houden met de ontvangst van de dividenden niet in aanmerking kunnen nemen terwijl die kosten volgens de methode voor de berekening van de heffingsgrondslag van ingezeten pensioenfondsen wel in aanmerking worden genomen, waarbij het aan de verwijzende rechter staat dit na te gaan.

HvJ EU 8 juni 2016, zaak C-479/14 (Sabine Hünnebeck v. Finanzamt Krefeld)

Eerste kamer: *R. Silva de Lapuerta, kamerpresident, A. Arabadjiev, J.-C. Bonichot, S. Rodin en E. Regan (rapporteur), rechters*
Advocaat-generaal: *M. Wathelet*

1. Het verzoek om een prejudiciële beslissing betreft de uitlegging van de artikelen 63, lid 1, VWEU en 65 VWEU.

2. Dit verzoek is ingediend in het kader van een geding tussen S. Hünnebeck en het Finanzamt Krefeld (belastingdienst Krefeld) over de berekening van de schenkbelasting die verschuldigd is naar aanleiding van de schenking van een in Duitsland gelegen perceel grond waarvan Hünnebeck mede-eigenaar was.

Toepasselijke bepalingen

Unierecht

3. Artikel 1 van richtlijn 88/361/EEG van de Raad van 24 juni 1988 voor de uitvoering van artikel 67 van het Verdrag [artikel ingetrokken bij het Verdrag van Amsterdam] (*PB* 1988, L 178, blz. 5) luidt:

> '1. Onverminderd de hierna volgende bepalingen heffen de lidstaten de beperkingen op met betrekking tot het kapitaalverkeer tussen ingezetenen van de lidstaten. Teneinde de toepassing van deze richtlijn te vergemakkelijken, worden de verschillende categorieën kapitaalverkeer ingedeeld volgens de nomenclatuur van bijlage I.
> 2. Overmakingen in verband met het kapitaalverkeer geschieden op dezelfde koersvoorwaarden als die welke voor betalingen in verband met het lopende verkeer gelden.'

4. Bij de in bijlage I bij deze richtlijn opgenomen kapitaalbewegingen worden in rubriek XI van deze bijlage, met als opschrift 'Kapitaalbewegingen van persoonlijke aard', met name schenkingen en giften genoemd.

Duits recht

5. Het Erbschaftsteuer- und Schenkungsteuergesetz (wet op de erf- en schenkbelasting), in de op 27 februari 1997 bekendgemaakte versie (*BGBl.* 1997 I, blz. 378), zoals laatstelijk gewijzigd bij § 11 van de wet van 7 december 2011 (*BGBl.* 2011 I, blz. 2592) (hierna: 'ErbStG'), bepaalt in § 1, met als opschrift 'Belastbare feiten':

> '1. Aan erfbelasting (of schenkbelasting) zijn onderworpen:
> 1. verkrijgingen door overlijden;
> 2. schenkingen onder levenden;
> 3. vermogensovergangen met een speciale bestemming;
> [...]
> 2. Behoudens andersluidende bepaling gelden de bepalingen van deze wet inzake verkrijgingen door overlijden eveneens voor schenkingen en vermogensovergangen met een speciale bestemming, en zijn de bepalingen inzake schenkingen ook van toepassing op vermogensovergangen met een speciale bestemming onder levenden.'

6. § 2 ErbStG, met als opschrift 'Persoonlijke belastingplicht', bepaalt:

> '1. De belastingplicht ontstaat
> 1. in de in § 1, lid 1, punten 1 tot en met 3, genoemde gevallen, voor alle overgaande vermogensbestanddelen (onbeperkte belastingplicht), wanneer de erflater ten tijde van zijn overlijden, de schenker ten tijde van de schenking of de verkrijger ten tijde van het belastbare feit (§ 9) ingezetene is. Als ingezetenen worden beschouwd:
> a. natuurlijke personen die hun woonplaats of gebruikelijke verblijfplaats in Duitsland hebben,
> b. Duitse staatsburgers die niet meer dan vijf jaar ononderbroken in het buitenland hebben verbleven, zonder een woonplaats in Duitsland te hebben.
> [...]
> 3. in alle andere gevallen, behoudens lid 3, voor de vermogensbestanddelen uit het binnenlands vermogen als bedoeld in § 121 van het Bewertungsgesetz [wet inzake de waardering van goederen; hierna: ‚BewG'] (beperkte belastingplicht).
> [...]
> 3. Op verzoek van de verkrijger wordt de overdracht van een vermogensbestanddeel dat behoort tot het binnenlands vermogen als bedoeld in § 121 van het [BewG] (lid 1, punt 3), in zijn geheel onderworpen aan de onbeperkte belastingplicht wanneer de erflater ten tijde van zijn overlijden, de schenker ten tijde van de schenking of de verkrijger ten tijde van het belastbare feit (§ 9) zijn woonplaats heeft in een lidstaat van de Europese Unie of in een staat waarop de Overeenkomst betreffende de Europese Economische Ruimte [van

2 mei 1992 (*PB* 1994, L 1, blz. 3; hierna: ,EER-Overeenkomst'] van toepassing is. In het geval dezelfde persoon binnen tien jaar voor de vermogensoverdracht en binnen tien jaar na de vermogensoverdracht meerdere overdrachten heeft gedaan, worden ook deze onderworpen aan de onbeperkte belastingplicht en overeenkomstig § 14 samengeteld. [...]'

7. § 14 ErbStG, met als opschrift 'Inaanmerkingneming van eerdere overdrachten', bepaalt in § 1:

'Ingeval eenzelfde persoon over een periode van tien jaar meerdere vermogensbestanddelen aan dezelfde verkrijger heeft overgedragen, worden deze samengevoegd door de waarde van de eerder overgedragen vermogensbestanddelen op de dag van de overdracht ervan, op te tellen bij de waarde van het als laatste overgedragen vermogensbestanddeel. De belasting die uit hoofde van de persoonlijke situatie van de verkrijger en op basis van de bepalingen die van toepassing waren op de datum van de laatste overdracht van de vermogensbestanddelen verschuldigd zou zijn geweest over de eerder overgedragen vermogensbestanddelen, wordt afgetrokken van de belasting over het totale bedrag. [...]'

8. § 15 ErbStG, met als opschrift 'Belastinggroepen', bepaalt in § 1:

'Op grond van de persoonlijke verhouding tussen de verkrijger of de begiftigde en de erflater of de schenker worden de volgende drie belastinggroepen onderscheiden:

Belastinggroep I:
1. echtgenoot en wettelijke partner,
2. kinderen en stiefkinderen,
[...]'

9. § 16, met als opschrift 'Belastingvrije sommen', luidt:

'1. Belastingvrij is, in geval van een onbeperkte belastingplicht (§ 2, lid 1, punt 1, en lid 3) de overdracht
1. aan echtgenoten en wettelijke partners voor een bedrag van 500 000 EUR;
2. aan kinderen als bedoeld in belastinggroep I, punt 2, en aan kinderen van vooroverleden kinderen als bedoeld in belastinggroep I, punt 2, voor een bedrag van 400 000 EUR;
[...]
2. In geval van een beperkte belastingplicht (§ 2, lid 1, punt 3) geldt in plaats van het bedrag van de belastingvrije som van lid 1, een belastingvrije som van 2 000 EUR.'

10. § 121 BewG, met als opschrift 'Binnenlands vermogen', bepaalt in de op 1 februari 1991 bekendgemaakte versie (*BGBl.* 1991 I, blz. 230), zoals laatstelijk gewijzigd bij § 10 van de wet van 7 december 2011 (*BGBl.* 2011 I, blz. 2592):

'Tot het binnenlandse vermogen behoren:
1. het binnenlandse vermogen in land- en bosbouw;
2. in het binnenland gelegen onroerende zaken;
[...]'

Hoofdgeding en prejudiciële vraag

11. Hünnebeck en haar twee dochters zijn Duitse staatsburgers. Zij wonen in Gloucestershire, in het Verenigd Koninkrijk. Hünnebeck woont sinds 1996 niet meer in Duitsland. Haar dochters hebben nooit in Duitsland gewoond.

12. Hünnebeck was voor de helft mede-eigenares van een perceel grond in Düsseldorf, in Duitsland. Bij notariële akte, verleden op 20 september 2011, heeft zij dit aandeel voor telkens de helft overgedragen aan haar dochters. Bepaald werd dat zij de eventuele schenkbelasting te haren laste zou nemen. Op 12 januari 2012 heeft een advocaat als vertegenwoordiger van de minderjarige Hünnebecks dochters ingestemd met de verklaringen die in de akte van 20 september 2011 waren opgenomen.

13. Bij twee aanslagen van 31 mei 2012 heeft de belastingdienst Krefeld het bedrag van de door Hünnebeck verschuldigde schenkbelasting voor elk aandeel bepaald op 146 509 EUR. Bij de berekening van deze belasting heeft deze dienst op de waarde van de overgegane zaak telkens de aan beperkt belastingplichtigen toegekende persoonlijke belastingvrije som van 2 000 EUR in mindering gebracht.

14. Hünnebeck heeft administratief bezwaar ingesteld met verzoek dat voor elk van de aan haar kinderen geschonken aandelen de persoonlijke belastingvrije som van 400 000 EUR voor onbeperkt belastingplichtigen zou worden toegepast overeenkomstig § 16, lid 1, punt 2, ErbStG. Dit bezwaar is afgewezen. Daarop heeft Hünnebeck bij het Finanzgericht Düsseldorf (belastingrechter Düsseldorf, Duitsland) beroep ingesteld teneinde deze belastingvrije som te verkrijgen. Voor deze rechterlijke instantie voert Hünnebeck aan dat zij de belastingdienst niet heeft verzocht om toepassing van de belastingvrije som van § 2, lid 3, ErbStG omdat deze bepaling, die na de schenking in werking is getreden, niet op haar van toepassing is en impliceert dat schenkingen die dateren van vóór de in het hoofdgeding aan de orde zijnde schenking in aanmerking worden genomen.

15. De belastingdienst Krefeld voert voor deze rechterlijke instantie aan dat § 2, lid 3, ErbStG volkomen gelijkheid van behandeling van onbeperkt en beperkt belastingplichtigen waarborgt.

16. De verwijzende rechter twijfelt eraan of § 16, lid 2, ErbStG, ook wanneer gelezen in samenhang met § 2, lid 3, ervan, verenigbaar is met de artikelen 63, lid 1, VWEU en 65 VWEU.

17. Deze rechter merkt op dat het Hof zich in het arrest van 22 april 2010, Mattner (C-510/08, EU:C:2010:216), reeds heeft uitgesproken over de verenigbaarheid met het Unierecht van § 16, lid 2, ErbStG, in een versie die nagenoeg identiek was aan de versie die thans in het hoofdgeding van toepassing is. Hij is van oordeel dat louter gelet op dit arrest het bij hem ingestelde beroep moet worden toegewezen aangezien het Unierecht zich verzet tegen een gezamenlijke toepassing van § 2, lid 1, punt 3, en § 16, lid 2, ErbStG, waardoor Hünnebeck en haar dochters een belastingvrije som van 2 000 EUR wordt toegekend doordat zij op het tijdstip van de in het hoofdgeding aan de orde zijnde schenking in het Verenigd Koninkrijk woonden, terwijl deze belastingvrije som bij gezamenlijke toepassing van § 2, lid 1, punt 1, onder a), § 15, lid 1, en § 16, lid 1, punt 2, ErbStG 400 000 EUR zou hebben bedragen indien de schenkster of de begiftigden op datzelfde tijdstip in Duitsland hadden gewoond.

18. De verwijzende rechter vraagt zich evenwel af of dit anders ligt nadat de Duitse wetgever naar aanleiding van het arrest van 22 april 2010, Mattner (C-510/08, EU:C:2010:216), § 2, lid 3, ErbStG heeft vastgesteld.

19. Onder verwijzing naar de arresten van 12 december 2006, Test Claimants in the FII Group Litigation (C-446/04, EU:C:2006:774, punt 162), 18 maart 2010, Gielen (C-440/08, EU:C:2010:148, punt 53), en 28 februari 2013, Beker (C-168/ 11, EU:C:2013:117, punt 62), merkt deze rechter op dat het Hof zich weliswaar nog niet op dit punt heeft uitgesproken, maar heeft geoordeeld dat een nationale regeling die op verzoek toepassing vindt, in strijd met het Unierecht kan zijn. Bijgevolg acht deze rechter het waarschijnlijk dat met de vaststelling van § 2, lid 3, ErbStG de onverenigbaarheid van § 16, lid 2, ErbStG met het Unierecht niet ongedaan kan worden gemaakt aangezien met name laatstgenoemde bepaling automatisch toepassing vindt indien de belastingplichtige geen verzoek indient.

20. De verwijzende rechter twijfelt ook aan de verenigbaarheid van de regel van § 2, lid 3, ErbStG met het Unierecht.

21. Allereerst kan de verkrijger ingevolge deze bepaling slechts verzoeken om de verhoogde belastingvrije som indien de erflater, de schenker of de verkrijger op de datum van de vermogensovergang zijn woonplaats had op het grondgebied van een lidstaat van de Europese Unie of van een staat waarop de EER-Overeenkomst van toepassing is, terwijl het Hof in zijn arrest van 17 oktober 2013, Welte (C-181/12, EU:C:2013:662), voor recht heeft verklaard dat de bepalingen van het Unierecht in de weg staan aan een regeling van een lidstaat inzake de berekening van de erfbelasting volgens welke de belastingvrije som bij vererving van een onroerende zaak die op het grondgebied van deze staat is gelegen, lager is wanneer de erflater en de verkrijger van de nalatenschap ten tijde van het openvallen van de nalatenschap in een derde land woonden dan de belastingvrije som die zou zijn toegepast wanneer ten minste één van hen op datzelfde tijdstip in die lidstaat had gewoond.

22. Voorts stelt de verwijzende rechter vast dat ingevolge § 2, lid 3, tweede volzin, ErbStG alle overdrachten die door dezelfde persoon worden gedaan gedurende tien jaar vóór en tien jaar na de betrokken vermogensoverdracht, onbeperkt worden belast doordat ze overeenkomstig § 14 ErbStG worden samengeteld. Terwijl voor de in § 2, lid 1, punt 1, ErbStG bedoelde belastingplichtigen de belastingvrije som ziet op het volledige vermogen dat door een en dezelfde persoon binnen een tijdspanne van tien jaar is overgedragen, bedraagt de voor de in § 2, lid 3, ErbStG bedoelde belastingplichtigen in aanmerking te nemen periode dus 20 jaar.

23. Daarom heeft het Finanzgericht Düsseldorf de behandeling van de zaak geschorst en het Hof verzocht om een prejudiciële beslissing over de volgende vraag:

> 'Moet artikel 63, lid 1, VWEU juncto artikel 65 VWEU aldus worden uitgelegd dat het zich ook dan verzet tegen een regeling van een lidstaat volgens welke voor de berekening van de schenkbelasting de op de belastbare grondslag in mindering te brengen belastingvrije som bij een schenking van een perceel grond dat op het grondgebied van die lidstaat is gelegen, lager is indien de schenker en de begiftigde op de datum van de schenking hun woonplaats in een andere lidstaat hadden, dan de belastingvrije som die zou zijn toegekend indien ten minste één van hen op die datum zijn woonplaats in eerstbedoelde lidstaat zou hebben gehad, wanneer volgens een andere regeling van de lidstaat op verzoek van de begiftigde de hogere belastingvrije som wordt toegepast mits alle door de schenker gedurende tien jaar vóór en tien jaar na de schenking gedane schenkingen worden meegeteld?'

Beantwoording van de prejudiciële vraag

Opmerkingen vooraf

24. In de eerste plaats zij eraan herinnerd dat de door de Duitse wetgever ingevoerde heffingsmethode waarbij voor de berekening van de schenkbelasting de belastingvrije som op de belastbare grondslag in geval van schenking van een op het grondgebied van die staat gelegen onroerend zaak lager is wanneer de schenker en de begif-

tigde op de datum van de schenking in een andere lidstaat woonden, dan de belastingvrije som die zou zijn toegepast wanneer ten minste één van hen op diezelfde datum in eerstbedoelde lidstaat had gewoond, door het Hof als een niet-gerechtvaardigde beperking van het vrije verkeer van kapitaal is aangemerkt in het arrest van 22 april 2010, Mattner (C-510/08, EU:C:2010:216), en tevens heeft geleid tot het niet-nakomingsarrest van 4 september 2014, Commissie/Duitsland (C-211/13, EU:C:2014:2148).

25. In casu staat vast dat deze heffingsmethode altijd van toepassing is in geval van schenkingen onder niet-ingezetenen, tenzij de begiftigde verzoekt om toepassing van de verhoogde belastingvrije som. Geen enkel gegeven van het dossier waarover het Hof beschikt, biedt grond voor de vaststelling dat deze belastingregeling anders moet worden bekeken in het kader van de onderhavige prejudiciële verwijzing.

26. Niettemin heeft de nationale wetgever, ook al heeft hij diezelfde heffingsmethode behouden, § 2 ErbStG gewijzigd door toevoeging van een lid 3, dat bepaalt dat in het geval van een schenking onder niet-ingezetenen de begiftigde kan verzoeken om toepassing van de verhoogde belastingvrije som die geldt wanneer bij de schenking ten minste één ingezetene betrokken is.

27. In de tweede plaats dient het voorwerp van het onderhavige verzoek om een prejudiciële beslissing te worden afgebakend.

28. Ten eerste zij opgemerkt dat de Commissie stelt dat de in het ErbStG gestelde voorwaarde dat een niet-ingezeten begiftigde slechts om toepassing van de verhoogde belastingvrije som kan verzoeken wanneer deze begiftigde of de schenker in een lidstaat van de Unie woont of in een staat waarop de EER-Overeenkomst van toepassing is, in strijd is met de rechtspraak van het Hof die volgt uit het arrest van 17 oktober 2013, Welte (C-181/12, EU:C:2013:662), aangezien een dergelijke belastingvrije som niet van toepassing is bij vermogensovergangen tussen schenkers en begiftigden die in een derde staat wonen.

29. Hoewel in de formulering van de vraag niet uitdrukkelijk wordt verwezen naar dit aspect van de betrokken nationale regeling, blijkt uit het verzoek om een prejudiciële beslissing dat de verwijzende rechter dienaangaande ook twijfels heeft over de verenigbaarheid van de nationale regeling met het Unierecht.

30. Weliswaar rust een vermoeden van relevantie op de vragen betreffende de uitlegging van het Unierecht die de nationale rechter heeft gesteld binnen het onder zijn eigen verantwoordelijkheid geschetste wettelijke en feitelijke kader, ten aanzien waarvan het niet aan het Hof is de juistheid te onderzoeken. Toch kan het Hof weigeren uitspraak te doen op een vraag van een nationale rechter wanneer de gevraagde uitlegging van het Unierecht duidelijk geen verband houdt met een reëel geschil of met het voorwerp van het hoofdgeding, wanneer het vraagstuk hypothetisch is of wanneer het Hof niet beschikt over de feitelijke en juridische gegevens die noodzakelijk zijn om een nuttig antwoord op de gestelde vragen te kunnen geven (zie in die zin arrest van 28 februari 2013, Beker, C-168/11, EU:C:2013:117, punt 19 en aldaar aangehaalde rechtspraak).

31. In casu staat vast dat Hünnebeck en haar twee dochters, begiftigden van de betrokken schenking, alle drie in het Verenigd Koninkrijk woonden op de datum van de schenking.

32. Daarom is het probleem van de vermeende onverenigbaarheid waarvan sprake in punt 28 van dit arrest, hypothetisch want het houdt geen verband met de omstandigheden van het hoofdgeding en bijgevolg hoeft het Hof in het kader van de onderhavige procedure daarover geen uitspraak te doen.

33. Ten tweede is er geen eensgezindheid over de uitlegging van de betrokken nationale regeling wat betreft de periode die in aanmerking moet worden genomen om de schenkingen samen te tellen in het in § 2, lid 3, ErbStG bedoelde geval.

34. Zo is de verwijzende rechter van oordeel dat in dat geval de belastbare grondslag waarop de toegekende belastingvrije som in mindering wordt gebracht, gelijk is aan het totaal van de schenkingen gedurende een periode van 20 jaar, terwijl deze belastbare grondslag, ingeval de schenker of de begiftigde in Duitsland wonen, gelijk is aan het totaal van de schenkingen gedurende een periode van tien jaar.

35. De Duitse regering betwist daarentegen deze uitlegging van §§ 2, lid 3, en 14 ErbStG. Volgens deze regering worden zowel in het geval van een schenking onder niet-ingezetenen als in het geval van een schenking waarbij ten minste één partij ingezetene is, alle schenkingen gedurende een periode van tien jaar vóór de laatste schenking samengeteld. Wanneer de begiftigde verzoekt om toepassing van deze bepalingen, worden daarentegen alle gedurende een periode van 20 jaar overgegane goederen onbeperkt belast.

36. In dat verband moet eraan worden herinnerd dat de verwijzende rechter bij uitsluiting bevoegd is de feiten van het bij hem aanhangige geding vast te stellen en te beoordelen, alsook om het nationale recht uit te leggen en toe te passen (zie arrest van 11 september 2008, Eckelkamp e.a., C-11/07, EU:C:2008:489, punt 32 en aldaar aangehaalde rechtspraak). Bovendien dient het Hof zijn onderzoek in beginsel te beperken tot de elementen die de verwijzende rechter hem ter beoordeling heeft voorgelegd. Wat de toepassing van de relevante nationale regeling betreft, mag het Hof zich dus enkel laten leiden door de feiten die de verwijzende rechter als vaststaand beschouwt, en kan het niet gebonden zijn door hypotheses die door een van de partijen in het hoofdgeding zijn

geformuleerd (arrest van 6 maart 2003, Kaba, C-466/00, EU:C:2003:127, punt 41). Bijgevolg is het de taak van de verwijzende rechter, en niet van het Hof, om de strekking en het gevolg, naar Duits recht, van de betrokken nationale regeling te bepalen en inzonderheid om vast te stellen welke rechtsgevolgen ontstaan voor niet-ingezeten begiftigden wanneer zij verzoeken om toepassing van de verhoogde belastingvrije som.

37. Gelet op een en ander dient te worden aangenomen dat de verwijzende rechter met zijn vraag in wezen wenst te vernemen of de artikelen 63 VWEU en 65 VWEU aldus moeten worden uitgelegd dat zij zich verzetten tegen een nationale regeling volgens welke in het geval van schenkingen onder niet-ingezetenen de schenkbelasting wordt berekend, wanneer de begiftigde geen specifiek verzoek doet, uitgaande van een lagere belastingvrije som, en wanneer deze begiftigde wel een dergelijk verzoek doet, uitgaande van een hogere belastingvrije som die geldt voor schenkingen waarbij ten minste één ingezetene betrokken is, waarbij als gevolg van de uitoefening van deze keuzemogelijkheid door de niet-ingezeten begiftigde alle schenkingen die hij van dezelfde persoon heeft ontvangen gedurende tien jaar vóór en tien jaar na deze schenking, worden samengeteld voor de berekening van de schenkbelasting over de betrokken schenking.

Bestaan van een beperking van het vrije verkeer van kapitaal

38. Volgens vaste rechtspraak verbiedt artikel 63, lid 1, VWEU op algemene wijze beperkingen van het kapitaalverkeer tussen de lidstaten (zie arrest van 17 september 2015, F. E. Familienprivatstiftung Eisenstadt, C-589/13, EU:C:2015:612, punt 35 en aldaar aangehaalde rechtspraak).

39. In casu staat vast dat de in het hoofdgeding aan de orde zijnde schenking onder artikel 63, lid 1, VWEU valt.

40. Aangaande de vraag of de betrokken regeling een beperking in de zin van deze bepaling vormt, zij eraan herinnerd dat nationale bepalingen ter vaststelling van de waarde van een onroerende zaak voor de berekening van de belastingschuld bij verkrijging door schenking, niet alleen de aankoop van in de betrokken lidstaat gelegen onroerende zaken kunnen ontmoedigen, maar ook kunnen leiden tot een waardevermindering van de schenking van een ingezetene van een andere lidstaat dan die waarin deze zaken zijn gelegen (zie arrest van 22 april 2010, Mattner, C-510/08, EU:C:2010:216, punt 25).

41. In casu blijkt uit het verzoek om een prejudiciële beslissing dat, ten eerste, de door § 2, lid 3, ErbStG ingevoerde heffingsmethode waardoor de begiftigde van een schenking onder niet-ingezetenen in aanmerking kan komen voor de verhoogde belastingvrije som die geldt wanneer ten minste één ingezetene bij de schenking betrokken is, facultatief is en, ten tweede, ingeval de niet-ingezeten begiftigde deze keuzemogelijkheid uitoefent, alle schenkingen die hij van dezelfde persoon heeft ontvangen gedurende tien jaar vóór en tien jaar na deze schenking, worden samengeteld voor de berekening van de schenkbelasting over de betrokken schenking, terwijl in geval van een schenking waarbij ten minste één ingezetene is betrokken, enkel de schenkingen die gedurende een periode van tien jaar zijn gedaan, worden samengeteld.

42. Met betrekking tot het gegeven dat deze heffingsmethode facultatief is, zij benadrukt dat, ook al zou deze methode verenigbaar met het Unierecht zijn, volgens vaste rechtspraak een nationale regeling die de vrijheden van verkeer beperkt, nog steeds in strijd met het Unierecht kan zijn, ook al is de toepassing daarvan facultatief. Een keuzerecht waardoor een situatie eventueel verenigbaar wordt met het Unierecht, neemt op zich niet de onrechtmatigheid weg van een regeling als die in het hoofdgeding, die een heffingsmethode kent die niet met dat recht te rijmen valt. Dat geldt te meer in een geval waarin de met het Unierecht onverenigbare methode de methode is die automatisch wordt toegepast wanneer de belastingplichtige geen keuze doet, zoals in casu (zie in die zin arrest van 28 februari 2013, Beker, C-168/11, EU:C:2013:117, punt 62 en aldaar aangehaalde rechtspraak).

43. Teneinde de verwijzende rechter in het onderhavige geding een nuttig antwoord te geven, moet thans worden onderzocht of een heffingsmethode als die welke is ingevoerd bij § 2, lid 3, ErbStG, verenigbaar is met de bepalingen van het VWEU inzake het vrije verkeer van kapitaal.

44. Met betrekking tot het tijdvak waarin de schenkingen worden samengeteld voor de toepassing van de verhoogde belastingvrije som, is de verhoogde belastingvrije som die voor schenkingen onder niet-ingezetenen wordt toegepast op verzoek van de begiftigden, weliswaar gelijk aan de belastingvrije som die geldt voor schenkingen waarbij ten minste één ingezetene betrokken is, maar dit neemt niet weg dat het tijdvak waarin de schenkingen worden samengeteld, verschilt naargelang het gaat om een schenking van de eerste dan wel de tweede categorie.

45. In een dergelijk geval – hetgeen de verwijzende rechter dient te bevestigen – zij vastgesteld, zonder dat uitspraak hoeft te worden gedaan over de verenigbaarheid van een methode als die van § 2, lid 3, ErbStG voor zover ingevolge deze bepaling alle vermogensovergangen van een niet-ingezetene onbeperkt worden belast, dat het feit dat het tijdvak waarin schenkingen worden samengeteld, langer is voor schenkingen onder niet-ingezetenen dan voor schenkingen waarbij ten minste één ingezetene betrokken is, in voorkomend geval ertoe kan leiden dat de belastingvrije som, voor de eerste categorie schenkingen, in mindering wordt gebracht op een belastbare grondslag die veel groter is dan voor de tweede categorie en dat op deze eerste categorie schenkingen dus een hogere

schenkbelasting wordt geheven dan voor de tweede categorie schenkingen verschuldigd zou zijn. Een dergelijke methode heeft tot gevolg dat het kapitaalverkeer wordt beperkt als gevolg van de mogelijke waardevermindering van de schenking die een dergelijke zaak omvat (zie naar analogie arrest van 22 april 2010, Mattner, C-510/08, EU:C:2010:216, punt 27).

46. Tevens zij opgemerkt dat deze situatie nog wordt verergerd als gevolg van het feit dat, anders dan voor schenkingen waarbij ten minste één ingezetene betrokken is, waarbij voor de berekening van de schenkbelasting enkel de vroegere schenkingen kunnen worden samengeteld zodat de belastingplichtige kan weten hoeveel schenkbelasting verschuldigd zal zijn, voor schenkingen onder niet-ingezetenen ook de vermogensoverdrachten gedurende tien jaar na de betrokken schenking worden meegeteld in het totaal van de vermogensoverdrachten, zodat de begiftigden in onwetendheid verkeren over het later opeisbare bedrag aan schenkbelasting. Hünnebeck verklaart dat zij juist wegens deze onvoorspelbare factor niet heeft verzocht om toepassing van de verhoogde belastingvrije som op grond van § 2, lid 3, ErbStG.

47. Vastgesteld zij dat een dergelijk gebrek aan voorspelbaarheid tot gevolg kan hebben dat niet-ingezetenen worden ontmoedigd in Duitsland gelegen zaken aan te schaffen of aan te houden, aangezien bij een latere overdracht van deze zaken aan andere niet-ingezetenen deze niet-ingezetenen langer in onzekerheid zullen verkeren over mogelijke toekomstige belastingheffingen door deze lidstaat (zie naar analogie arrest van 15 september 2011, Halley, C-132/10, EU:C:2011:586, punten 22-25).

48. In deze omstandigheden en onder voorbehoud van de door de verwijzende rechter uit te voeren verificaties met betrekking tot het tijdvak waarmee rekening wordt gehouden voor de toepassing, op verzoek van de niet-ingezeten begiftigden, van de verhoogde belastingvrije som, welke verificaties verband houden met de uitlegging en de toepassing van het Duitse recht, dient te worden vastgesteld dat gelet op het tijdvak waarin de schenkingen worden samengeteld voor de toepassing van de verhoogde belastingvrije som, de minder gunstige fiscale behandeling van schenkingen onder niet-ingezetenen in vergelijking met schenkingen waarbij ten minste één ingezetene betrokken is, een door artikel 63, lid 1, VWEU in beginsel verboden beperking van het vrije verkeer van kapitaal vormt.

49. Voorts zij vastgesteld dat dit verschil in behandeling, anders dan de Duitse regering stelt, niet kan worden beschouwd als verenigbaar met de bepalingen van het VWEU inzake het vrije verkeer van kapitaal op grond dat dit verschil ziet op niet-objectief vergelijkbare situaties. Deze regering voert inzonderheid aan dat de situatie van ingezetenen en die van niet-ingezetenen niet vergelijkbaar zijn uit het oogpunt van hun belastbare grondslag. Deze twee categorieën belastingplichtigen kunnen gelet op het territorialiteitsbeginsel niet op exact dezelfde wijze worden behandeld.

50. Dienaangaande zij eraan herinnerd dat artikel 63 VWEU, volgens artikel 65, lid 1, onder a), VWEU, 'niets afdoet aan het recht van de lidstaten [...] de ter zake dienende bepalingen van hun belastingwetgeving toe te passen die onderscheid maken tussen belastingplichtigen die niet in dezelfde situatie verkeren met betrekking tot hun vestigingsplaats of de plaats waar hun kapitaal is belegd'.

51. Deze bepaling van artikel 65 VWEU moet, als afwijking van het fundamentele beginsel van het vrije verkeer van kapitaal, strikt worden uitgelegd. Bijgevolg mag zij niet aldus worden uitgelegd dat elke belastingregeling die een onderscheid maakt tussen belastingplichtigen naargelang van hun vestigingsplaats of van de lidstaat waar zij hun kapitaal beleggen, automatisch verenigbaar is met het Verdrag (zie arrest van 17 oktober 2013, Welte, C-181/12, EU:C:2013:662, punt 42 en aldaar aangehaalde rechtspraak).

52. De in artikel 65, lid 1, onder a), VWEU vastgestelde afwijking wordt immers zelf beperkt door lid 3 van dat artikel, dat bepaalt dat de in lid 1 bedoelde nationale maatregelen 'geen middel tot willekeurige discriminatie [mogen] vormen, noch een verkapte beperking van het vrije kapitaalverkeer en betalingsverkeer als omschreven in artikel 63' (zie arrest van 17 oktober 2013, Welte, C-181/12, EU:C:2013:662, punt 43 en aldaar aangehaalde rechtspraak).

53. Derhalve moet een onderscheid worden gemaakt tussen de krachtens artikel 65, lid 1, onder a), VWEU toegestane verschillen in behandeling en de op grond van lid 3 van dit artikel verboden willekeurige discriminaties. Volgens vaste rechtspraak kan een belastingregeling van een lidstaat als die aan de orde in het hoofdgeding, die voor de berekening van de schenkbelasting inzake het tijdvak waarmee rekening wordt gehouden voor toepassing van de belastingvrije som die in mindering wordt gebracht op de belastbare grondslag voor een in deze staat gelegen onroerende zaak een onderscheid maakt naargelang de schenker of de begiftigde in deze lidstaat woont dan wel beiden in een andere lidstaat wonen, slechts verenigbaar met de verdragsbepalingen betreffende het vrije verkeer van kapitaal worden geacht, indien dat verschil in behandeling betrekking heeft op niet-objectief vergelijkbare situaties of wordt gerechtvaardigd door een dwingende reden van algemeen belang. Bovendien is het verschil in behandeling tussen deze twee categorieën van schenkingen slechts gerechtvaardigd mits het niet verder gaat dan nodig is om het door de betrokken regeling nagestreefde doel te bereiken (zie in die zin arrest van 17 oktober 2013, Welte, C-181/12, EU:C:2013:662, punt 44 en aldaar aangehaalde rechtspraak).

54. Aangaande de in het hoofdgeding aan de orde zijnde regeling wordt blijkens het aan het Hof overgelegde dossier de hoogte van de schenkbelasting over een in Duitsland gelegen onroerende zaak op voet van het ErbStG berekend op basis van zowel de waarde van deze onroerende zaak als de familieband die eventueel tussen de schenker en de begiftigde bestaat. Geen van deze twee criteria is evenwel afhankelijk van de woonplaats van de schenker of de begiftigde. Derhalve bestaat er, zoals de advocaat-generaal in punt 62 van zijn conclusie heeft opgemerkt, inzake de schenkbelasting die over de schenking van een in Duitsland gelegen onroerende zaak verschuldigd is, geen objectief verschil dat een ongelijke fiscale behandeling rechtvaardigt van respectievelijk de situatie waarin geen van de partijen bij de schenking in deze lidstaat woont en die waarin ten minste één van hen in deze lidstaat woont. Bijgevolg is de situatie van Hünnebecks dochters vergelijkbaar met die van iedere andere begiftigde die door schenking een in Duitsland gelegen onroerende zaak verkrijgt van een op het Duitse grondgebied wonende persoon met wie een familieband bestaat, en met die van iedere andere begiftigde die op dat grondgebied woont en een schenking van een niet-ingezetene ontvangt (zie naar analogie arrest van 22 april 2010, Mattner, C-510/08, EU:C:2010:216, punt 36).

55. De Duitse regeling beschouwt in beginsel zowel de begiftigde van een schenking onder niet-ingezetenen als de begiftigde van een schenking waarbij ten minste één ingezetene betrokken is, als belastingplichtigen voor de inning van de schenkbelasting over in Duitsland gelegen onroerende zaken. Slechts met betrekking tot het tijdvak waarmee rekening wordt gehouden voor de toepassing van de belastingvrije som behandelt deze regeling voor de berekening van deze belasting schenkingen onder niet-ingezetenen anders dan schenkingen waarbij ten minste één ingezetene betrokken is. Daarentegen wordt niet betwist dat de belastinggroep en het belastingtarief voor beide categorieën schenkingen volgens dezelfde regels worden bepaald (zie naar analogie arrest van 22 april 2010, Mattner, C-510/08, EU:C:2010:216, punt 37).

56. Wanneer, ter fine van de belastingheffing op een door schenking verkregen en in de betrokken lidstaat gelegen onroerende zaak, de niet-ingezeten begiftigden die deze zaak hebben verkregen van een niet-ingezeten schenker enerzijds en de niet-ingezeten of ingezeten begiftigden die een dergelijke zaak hebben verkregen van een ingezeten schenker, alsook de ingezeten begiftigden die diezelfde zaak hebben verkregen van een niet-ingezeten schenker anderzijds, volgens een nationale regeling op voet van gelijkheid worden behandeld, kunnen deze begiftigden in het kader van dezelfde belastingheffing niet verschillend worden behandeld met betrekking tot de toepassing van een belastingvrije som voor deze onroerende zaak zonder dat deze regeling de eisen van het Unierecht schendt. Door de schenkingen aan deze twee categorieën van personen gelijk te behandelen behalve met betrekking tot het tijdvak waarmee rekening wordt gehouden voor de toepassing van de belastingvrije som die de begiftigde kan genieten, heeft de nationale wetgever immers erkend dat tussen laatstgenoemden, wat de modaliteiten en de voorwaarden voor inning van de schenkbelasting betreft, geen enkel objectief verschil in situatie bestaat dat een verschil in behandeling kan rechtvaardigen (zie naar analogie arrest van 22 april 2010, Mattner, C-510/08, EU:C:2010:216, punt 38).

57. Weliswaar moet worden erkend, zoals de Duitse regering in wezen doet, dat de belastbare grondslag van een schenking aan een niet-ingezeten begiftigde, wanneer hij voor de schenkbelasting in Duitsland beperkt belastingplichtig is, in beginsel lager is dan die voor een ingezeten of niet-ingezeten begiftigde die in deze lidstaat voor deze belasting onbeperkt belastingplichtig is (zie naar analogie arrest van 17 oktober 2013, Welte, C-181/12, EU:C:2013:662, punt 52).

58. Deze omstandigheid kan evenwel niet afdoen aan de hierboven uiteengezette vaststellingen, zoals blijkt uit de rechtspraak van het Hof (zie met name arrest van 3 september 2014, Commissie/Spanje, C-127/12, niet gepubliceerd, EU: C:2014:2130, punten 77 en 78), temeer daar het tijdvak waarmee rekening wordt gehouden voor de toepassing van de belastingvrije som waarin de in het hoofdgeding aan de orde zijnde regeling voorziet, geenszins verschilt naargelang van de hoogte van de belastbare grondslag van de schenking, maar ongewijzigd blijft wat de hoogte van die grondslag ook moge zijn.

59. Aangezien het relevante tijdvak waarmee rekening wordt gehouden voor de toepassing van de belastingvrije som niet afhangt van de hoogte van de belastbare grondslag maar wordt toegekend aan de begiftigde als belastingplichtige, volgt daaruit dat de eigenschappen van de belastbare grondslag van de niet-ingezeten begiftigde van een schenking van een niet-ingezeten schenker geen omstandigheid vormen die de situatie van die begiftigde met betrekking tot dat tijdvak objectief kan doen verschillen van de situatie van de niet-ingezeten begiftigde van een schenking van een ingezeten schenker of van de situatie van de ingezeten begiftigde van een schenking van een niet-ingezeten schenker (zie naar analogie arrest van 17 oktober 2013, Welte, C-181/12, EU:C:2013:662, punt 55).

60. Bijgevolg moet worden onderzocht of de beperking van het kapitaalverkeer zoals vastgesteld in punt 48 van dit arrest, objectief kan worden gerechtvaardigd uit hoofde van een dwingende reden van algemeen belang.

Rechtvaardiging van de beperking uit hoofde van een dwingende reden van algemeen belang

61. Niet kan worden ingestemd met de argumenten die de Duitse regering aanvoert inzake het bestaan van een eventuele rechtvaardiging uit hoofde van een dwingende reden van algemeen belang voor de beperking die

bestaat in de minder gunstige behandeling van niet-ingezetenen met betrekking tot het tijdvak van samentelling van de schenkingen waarmee rekening wordt gehouden voor de toepassing van de verhoogde belastingvrije som.

62. In de eerste plaats zij aangaande de noodzaak om de samenhang van het Duitse belastingstelsel te behouden eraan herinnerd dat volgens de rechtspraak van het Hof deze rechtvaardigingsgrond inderdaad een beperking van de uitoefening van de door het Verdrag gewaarborgde fundamentele vrijheden kan rechtvaardigen. Niettemin kan deze rechtvaardigingsgrond slechts slagen indien vaststaat dat er een rechtstreeks verband bestaat tussen de toekenning van het betrokken fiscale voordeel en de compensatie van dat voordeel door een bepaalde belastingheffing (zie arrest van 22 april 2010, Mattner, C-510/08, EU:C:2010:216, punt 53 en aldaar aangehaalde rechtspraak).

63. In casu behoeft slechts te worden vastgesteld dat hoewel de Duitse regering enkel op zeer algemene wijze aanvoert dat met § 2, lid 3, ErbStG de persoonlijke belastingplicht van niet-ingezeten begiftigden 'volledig is gewijzigd' en alle voor- en nadelen als gevolg van de toepassing van deze of gene van de twee persoonlijke belastingregelingen waarvoor de niet-ingezeten begiftigde kan kiezen, 'worden gecompenseerd', zij niet aantoont in welk opzicht de samentelling van de schenkingen over een tijdvak van 20 jaar wanneer de begiftigde om de verhoogde belastingvrije som verzoekt, kan worden beschouwd als een geschikt middel om de doelstelling van behoud van de samenhang van de Duitse belastingregeling te bereiken. Dienaangaande zij opgemerkt dat het belastingvoordeel als gevolg van het feit dat voor de toepassing van de verhoogde belastingvrije som rekening wordt gehouden met een tijdvak van tien jaar vóór de schenking waarbij ten minste één Duitse ingezetene partij is, niet wordt gecompenseerd door een bepaalde heffing in de schenkbelasting (zie naar analogie arresten van 22 april 2010, Mattner, C-510/08, EU:C:2010:216, punt 54, en 17 oktober 2013, Welte, C-181/12, EU: C:2013:662, punt 60).

64. Hieruit volgt dat een beperking als die welke in punt 48 van het onderhavige arrest is vastgesteld, niet kan worden gerechtvaardigd door de noodzaak om de samenhang van het Duitse belastingstelsel te behouden.

65. In de tweede plaats zij aangaande de rechtvaardigingsgrond in verband met het territorialiteitsbeginsel en de aangevoerde noodzaak om een evenwichtige verdeling van de heffingsbevoegdheid tussen de lidstaten te verzekeren eraan herinnerd dat het Hof deze doelstelling als rechtmatig heeft erkend (zie arrest van 7 november 2013, K, C-322/11, EU: C:2013:716, punt 50 en aldaar aangehaalde rechtspraak).

66. In casu is het verschil in behandeling met betrekking tot het tijdvak waarmee rekening wordt gehouden voor de toepassing van de verhoogde belastingvrije som, het gevolg van de toepassing zonder meer van de betrokken Duitse regeling (zie in die zin arrest van 11 september 2008, Arens-Sikken, C-43/07, EU:C:2008:490, punt 41). Bovendien toont de Duitse regering niet aan dat dit verschil in behandeling noodzakelijk is om de heffingsbevoegdheid van de Bondsrepubliek Duitsland te waarborgen. Derhalve beroept de Duitse regering zich ten onrechte op deze rechtvaardigingsgrond.

67. Bijgevolg dient te worden vastgesteld dat in casu niet is aangetoond dat een beperking als die welke in punt 48 van dit arrest is vastgesteld, het mogelijk maakt de doelstellingen van algemeen belang die de Duitse regering stelt na te streven, te bereiken.

68. Gelet op alle voorgaande overwegingen dient op de prejudiciële vraag te worden geantwoord dat de artikelen 63 VWEU en 65 VWEU aldus moeten worden uitgelegd dat zij zich verzetten tegen een nationale regeling volgens welke in het geval van schenkingen onder niet-ingezetenen de schenkbelasting wordt berekend, wanneer de begiftigde geen specifiek verzoek doet, uitgaande van een verlaagde belastingvrije som. Deze artikelen verzetten zich tevens en in elk geval tegen een nationale regeling volgens welke, op verzoek van deze begiftigde, de schenkbelasting wordt berekend uitgaande van de verhoogde belastingvrije som die geldt voor schenkingen waarbij ten minste één ingezetene betrokken is, waarbij als gevolg van de uitoefening van deze keuzemogelijkheid door de niet-ingezeten begiftigde alle schenkingen die hij van dezelfde persoon heeft ontvangen gedurende tien jaar vóór en tien jaar na deze schenking, worden samengeteld voor de berekening van de schenkbelasting over de betrokken schenking.

Kosten

69. ...

Het Hof van Justitie (Eerste kamer)

verklaart voor recht:

De artikelen 63 VWEU en 65 VWEU moeten aldus worden uitgelegd dat zij zich verzetten tegen een nationale regeling volgens welke in het geval van schenkingen onder niet-ingezetenen de schenkbelasting wordt berekend, wanneer de begiftigde geen specifiek verzoek doet, uitgaande van een verlaagde belastingvrije som. Deze artikelen verzetten zich tevens en in elk geval tegen een nationale regeling volgens welke, op verzoek van deze begiftigde, de schenkbelasting wordt berekend uitgaande van de verhoogde belastingvrije som die geldt voor schenkingen waarbij ten minste één ingezetene betrokken is, waarbij als gevolg van de uitoefening van deze

keuzemogelijkheid door de niet-ingezeten begiftigde alle schenkingen die hij van dezelfde persoon heeft ontvangen gedurende tien jaar vóór en tien jaar na deze schenking, worden samengeteld voor de berekening van de schenkbelasting over de betrokken schenking.

HvJ EU 30 juni 2016, zaak C-123/15 (Max-Heinz Feilen v. Finanzamt Fulda)

Tweede kamer: *M. Ilešič, kamerpresident, C. Toader, A. Rosas, A. Prechal en E. Jarašiūnas (rapporteur), rechters*
Advocaat-generaal: *M. Wathelet*

1. Het verzoek om een prejudiciële beslissing betreft de uitlegging van artikel 63, lid 1, en artikel 65 VWEU.

2. Dit verzoek is ingediend in het kader van een geding tussen Feilen en het Finanzamt Fulda (belastingdienst Fulda, Duitsland) over de weigering van deze laatste om hem vermindering van de erfbelasting over de nalatenschap van zijn moeder toe te kennen.

Toepasselijke bepalingen

3. Artikel 1, lid 1, punt 1, van het Erbschaftsteuer- und Schenkungsteuergesetz (Duitse wet op de schenk- en erfbelasting; hierna: 'ErbStG'), in de versie ervan die van toepassing is op het belastingjaar 2007, onderwerpt verkrijgingen door overlijden aan erfbelasting.

4. § 2, lid 1, punten 1 tot en met 3, ErbStG bepaalt:

'De belastingplicht ontstaat:
1. in de in § 1, lid 1, punten 1 tot en met 3, genoemde gevallen, voor alle overgaande vermogensbestanddelen, wanneer de erflater ten tijde van zijn overlijden, [...] of de verkrijger ten tijde van het belastbare feit, ingezetene is. Als ingezetenen worden beschouwd:
a. natuurlijke personen die op het nationale grondgebied wonen of er gewoonlijk verblijven,
[...]
3. in alle andere gevallen voor de vermogensbestanddelen uit het binnenlands vermogen als bedoeld in § 121 van het Bewertungsgesetz (wet inzake de waardering van goederen). [...]'

5. § 15 ErbStG definieert de tariefgroepen en bepaalt in lid 1 ervan:

'Naargelang de persoonlijke verhouding tussen de verkrijger en de erflater of de schenker worden de volgende drie tariefgroepen onderscheiden:

Tariefgroep I:
1. echtgenoot en wettelijke partner,
2. kinderen en stiefkinderen,
3. nakomelingen van de in punt 2 bedoelde kinderen en stiefkinderen,
4. bloedverwanten in opgaande lijn, voor nalatenschappen;
[...]'

6. Met betrekking tot de vermindering van de erfbelasting bepaalt § 27 ErbStG het volgende:

'1. Wanneer personen van tariefgroep I bij versterf vermogensbestanddelen verkrijgen die in de loop van een periode van tien jaar voorafgaand aan de verkrijging ervan reeds door een persoon van deze tariefgroep zijn verkregen en waarvoor krachtens deze wet erfbelasting is geïnd, wordt de over deze vermogensbestanddelen te heffen belasting, onverminderd lid 3, als volgt verminderd:
met ...% indien het tijdsverloop tussen de twee tijdstippen van het ontstaan van de belastingschuld
50 niet meer dan 1 jaar bedraagt
45 meer dan 1 jaar, maar niet meer dan 2 jaar bedraagt
40 meer dan 2 jaar, maar niet meer dan 3 jaar bedraagt
35 meer dan 3 jaar, maar niet meer dan 4 jaar bedraagt
30 meer dan 4 jaar, maar niet meer dan 5 jaar bedraagt
25 meer dan 5 jaar, maar niet meer dan 6 jaar bedraagt
20 meer dan 6 jaar, maar niet meer dan 8 jaar bedraagt
10 meer dan 8 jaar, maar niet meer dan 10 jaar bedraagt
[...]
3. De vermindering bedoeld in lid 1 mag niet hoger zijn dan het bedrag dat voortvloeit uit de toepassing van de in lid 1 genoemde percentages op de erfbelasting die bij de verkrijging van dezelfde vermogensbestanddelen door de eerste verkrijger is betaald.'

Hoofdgeding en prejudiciële vraag

7. Feilen, die in Duitsland woont, is de enige erfgenaam van zijn moeder, die in 2007 is overleden in die lidstaat, waar haar laatste woonplaats was gelegen. De nalatenschap van de moeder bestond hoofdzakelijk uit haar aandeel

in de nalatenschap van haar dochter, die in de loop van 2004 was overleden in Oostenrijk, waar ook de moeder tot het overlijden van haar dochter woonde. Aangezien de verdeling van de nalatenschap van de dochter in Oostenrijk pas plaatsvond na het overlijden van de moeder, zijn de over deze nalatenschap verschuldigde successierechten ter hoogte van 11 961,91 EUR door Feilen betaald.

8. In de aangifte voor de erfbelasting over de nalatenschap van zijn moeder, declareerde Feilen de erfbelasting die hij in Oostenrijk had betaald als nalatenschapsschuld en verzocht hij om vermindering van de erfbelasting krachtens § 27 ErbStG. Het Finanzamt Fulda trok in de belastingaanslag van 28 oktober 2009 de in Oostenrijk betaalde erfbelasting af als schuld van de nalatenschap, maar weigerde een vermindering op de erfbelasting toe te passen.

9. Het Finanzgericht (belastingrechter, Duitsland) heeft het door Feilen tegen deze aanslag ingediende beroep afgewezen op grond dat § 27, lid 1, van het ErbStG uitging van een eerdere verkrijging uit nalatenschap die krachtens deze wet was belast. Dit was in casu echter niet het geval, omdat over de eerdere verkrijging door de moeder van de vermogensbestanddelen van haar dochter geen erfbelasting was geheven in Duitsland, omdat moeder noch dochter ten tijde van het overlijden van deze laatste, ingezetenen waren in de zin van § 2, lid 1, punt 1, ErbStG en de nalatenschap geen binnenlands vermogensbestanddeel omvatte in de zin van § 2, lid 1, punt 3, ErbStG.

10. Het Bundesfinanzhof (federaal gerechtshof voor belastingzaken, Duitsland), waarbij beroep in 'Revision' is ingesteld, vraagt zich af of § 27 ErbStG in overeenstemming is met het Unierecht.

11. Het wijst er in de eerste plaats op dat de erfenis die verzoeker in het hoofdgeding heeft ontvangen, onder de Unierechtelijke bepalingen inzake het kapitaalverkeer zou kunnen vallen. Volgens deze rechter zou de door Feilen van zijn moeder verkregen erfenis niet als een zuiver interne aangelegenheid moeten worden beschouwd, omdat het vermogen van deze laatste hoofdzakelijk bestond uit haar aandeel in de nalatenschap van haar dochter in Oostenrijk.

12. In de tweede plaats merkt de verwijzende rechter op dat de weigering om een vermindering van de erfbelasting krachtens § 27, lid 1, ErbStG toe te passen, in het licht van de rechtspraak van het Hof een beperking van het vrije kapitaalverkeer kan vormen, aangezien nalatenschappen met vermogensbestanddelen waarover buitenlandse erfbelasting is geheven daardoor in waarde verminderen. In dat verband uit hij twijfels over de vraag of, gelet op het arrest van het Hof van 12 februari 2009, Block (C-67/08, EU:C:2009:92), het bestaan van een dergelijke beperking moet worden uitgesloten.

13. Ten derde vraagt deze rechter zich af of de eventuele beperking van het vrije verkeer van kapitaal die het gevolg is van § 27, lid 1, ErbStG, wordt gerechtvaardigd krachtens het bepaalde in het VWEU.

14. Daarop heeft het Bundesfinanzhof de behandeling van de zaak geschorst en het Hof verzocht om een prejudiciële beslissing over de volgende vraag:

> 'Staat het vrije verkeer van kapitaal van artikel 63, lid 1, VWEU juncto artikel 65 VWEU in de weg aan een regeling van een lidstaat die, in het geval van een verkrijging uit nalatenschap door personen van een bepaalde tariefgroep, voorziet in een vermindering van de erfbelasting indien de nalatenschap vermogensbestanddelen omvat die in de loop van een periode van tien jaar vóór de verkrijging reeds door een persoon van die tariefgroep zijn verkregen uit een nalatenschap, en in die lidstaat erfbelasting over deze eerdere verkrijging is geheven, terwijl een vermindering van erfbelasting is uitgesloten wanneer in een andere lidstaat erfbelasting over de eerdere verkrijging is geheven?'

Beantwoording van de prejudiciële vraag

15. Met zijn vraag wenst de verwijzende rechter in wezen te vernemen of artikel 63, lid 1, en artikel 65 VWEU in de weg staan aan een regeling van een lidstaat als die aan de orde in het hoofdgeding, die in het geval van een verkrijging uit nalatenschap door personen van een bepaalde tariefgroep, voorziet in een vermindering van de erfbelasting wanneer de nalatenschap vermogensbestanddelen omvat die in de periode van tien jaar hieraan voorafgaand reeds bij versterf zijn verkregen, op voorwaarde dat bij deze laatste gelegenheid erfbelasting is geïnd in deze lidstaat.

16. Zoals door de verwijzende rechter is opgemerkt vormen successies, die hierin bestaan dat één of meerdere personen de nalatenschap van een overledene verkrijgen, volgens vaste rechtspraak van het Hof, kapitaalverkeer in de zin van artikel 63 VWEU, tenzij alle constituerende delen binnen één lidstaat gelegen zijn (zie in die zin arresten van 23 februari 2006, van Hilten-van der Heijden, C-513/03, EU:C:2006:131, punten 39-42; 17 januari 2008, Jäger, C-256/06, EU:C:2008:20, punten 24 en 25; 17 oktober 2013, Welte, C-181/12, EU:C:2013:662, punten 19 en 20, en 3 september 2014, Commissie/Spanje, C-127/12, niet gepubliceerd, EU:C:2014:2130, punten 52 en 53).

17. De nalatenschap die in het hoofdgeding aan de orde is, omvat een vermogensbestanddeel dat afkomstig is uit een eerdere successie tussen de zuster en de moeder van Feilen in Oostenrijk, alwaar dat vermogensbestanddeel toen was gelegen en zij ten tijde van het overlijden van de zuster woonden. Dit grensoverschrijdende element is de reden dat de vermindering van de erfbelasting van § 27 ErbStg niet aan Feilen is toegekend. Aangezien een derge-

lijke situatie niet als zuiver binnenlandse situatie kan worden aangemerkt, valt de in het hoofdgeding aan de orde zijnde erfenis onder het kapitaalverkeer in de zin van artikel 63, lid 1, VWEU.

18. Derhalve moet worden onderzocht of een nationale regeling zoals die aan de orde in het hoofdgeding, een beperking van het kapitaalverkeer vormt in de zin van artikel 63, lid 1, VWEU en, zo ja, of een dergelijke beperking is gerechtvaardigd.

Bestaan van een beperking van het kapitaalverkeer

19. Het Hof heeft reeds geoordeeld dat een regeling van een lidstaat, die de toepassing van een belastingvoordeel op het gebied van successies, zoals een belastingvrijstelling, laat afhangen van de woonplaats van de erflater of de begunstigde dan wel van de plaats van de goederen die deel uitmaken van de nalatenschap, een beperking vormt van het vrije verkeer van kapitaal, die krachtens artikel 63, lid 1, VWEU is verboden wanneer zij tot gevolg heeft dat successies waarbij niet-ingezetenen of in een andere lidstaat gelegen goederen zijn betrokken zwaarder worden belast dan de successies waarbij alleen ingezetenen zijn betrokken of die alleen in de lidstaat van belastingheffing gelegen goederen omvat, en derhalve leidt tot een waardevermindering van de successie (zie in die zin arresten van 17 januari 2008, Jäger, C-256/06, EU:C:2008:20, punten 30-35; 17 oktober 2013, Welte, C-181/12, EU:C:2013:662, punten 23-26; 3 september 2014, Commissie/Spanje, C-127/12, niet gepubliceerd, EU:C:2014:2130, punten 57-60, en 4 september 2014, Commissie/Duitsland, C-211/13, niet gepubliceerd, EU:C:2014:2148, punten 40-43).

20. In casu bepaalt § 27, lid 1, ErbStG, dat een vermindering van de erfbelasting wordt toegekend voor de verkrijging bij versterf van een vermogensbestanddeel door personen die in tariefgroep I vallen, indien dit vermogensbestanddeel in de tien jaar voorafgaand aan deze verkrijging reeds door een persoon van dezelfde tariefgroep is verkregen en ter zake van deze verkrijging in Duitsland erfbelasting is geïnd. Daar een dergelijke belasting, krachtens § 2 ErbStG, wordt geïnd wanneer de erflater ten tijde van het overlijden of de verkrijger ten tijde van het belastbare feit hun woon- of verblijfplaats op het nationaal grondgebied hebben of de overgaande vermogensbestanddelen bestaan uit een 'binnenlands vermogen', wordt voor de toekenning van de vermindering van de erfbelasting verondersteld dat de betreffende vermogensbestanddelen zich ten tijde van de eerdere successie in Duitsland bevonden of, indien zij in het buitenland waren gelegen, ten minste een der partijen bij deze successie ingezetene was van Duitsland.

21. Volgens deze regeling is de toekenning van de vermindering van erfbelasting afhankelijk van de plaats van de vermogensbestanddelen in de successie ten tijde van de eerdere successie en van de woonplaats van de erflater of van de begunstigde ten tijde van deze eerdere successie. Zij heeft tot gevolg dat een successie die vermogensbestanddelen omvat die in een andere lidstaat waren gelegen ten tijde van een eerdere successie en waarbij geen der partijen ingezetene was van Duitsland, zwaarder wordt belast dan een successie die alleen vermogensbestanddelen omvat die ten tijde van een eerdere successie in Duitsland waren gelegen, of vermogensbestanddelen die in een andere lidstaat waren gelegen ten tijde van een eerdere successie waarbij ten minste een der partijen ingezetene was van Duitsland. Deze regeling leidt derhalve, zoals door de verwijzende rechter is opgemerkt, tot een waardevermindering van de successie.

22. Hieruit volgt dat een nationale wettelijke bepaling als die welke in het hoofdgeding aan de orde is, een beperking van het kapitaalverkeer in de zin van artikel 63, lid 1, VWEU vormt.

23. Daar de verwijzende rechter twijfels heeft geuit over de vraag of het arrest van 12 februari 2009, Block (C-67/08, EU:C:2009:92) afbreuk doet aan deze conclusie, moet worden vastgesteld dat, anders dan in de situatie die in dat arrest werd onderzocht, de zaak in het hoofdgeding geen betrekking heeft op een dubbele belasting van de onderdelen van een successie door twee lidstaten, maar op de fiscale behandeling van een successie door een lidstaat, die verschilt naargelang deze successie al dan geen vermogensbestanddeel omvat waarover deze lidstaat ten tijde van een eerdere successie al eerder belasting heeft geheven.

Rechtvaardiging van een beperking van het kapitaalverkeer

24. Met betrekking tot een eventuele rechtvaardiging op grond van artikel 65 VWEU, zij eraan herinnerd dat volgens lid 1, onder a), van dat artikel, artikel 63 VWEU 'niets [afdoet] aan het recht van de lidstaten [om] de ter zake dienende bepalingen van hun belastingwetgeving toe te passen die onderscheid maken tussen belastingplichtigen die niet in dezelfde situatie verkeren met betrekking tot hun vestigingsplaats of de plaats waar hun kapitaal is belegd.'

25. Deze bepaling in artikel 65 VWEU moet, als uitzondering op het fundamentele beginsel van het vrije verkeer van kapitaal, strikt worden uitgelegd. Bijgevolg kan zij niet aldus worden uitgelegd dat elke belastingwetgeving die tussen belastingplichtigen een onderscheid maakt naargelang van de plaats waar zij zijn gevestigd of van de lidstaat waar zij hun kapitaal beleggen, automatisch verenigbaar is met het VWEU. De in artikel 65, lid 1, onder a), VWEU bepaalde afwijking wordt immers zelf beperkt door lid 3 van dat artikel, dat bepaalt dat de in lid 1 bedoel-

de nationale bepalingen 'geen middel tot willekeurige discriminatie [mogen] vormen, noch een verkapte beperking van het vrije kapitaalverkeer en betalingsverkeer als omschreven in artikel 63 [VWEU]' (arrest van 4 september 2014, Commissie/Duitsland, C-211/13, niet gepubliceerd, EU:C:2014:2148, punt 46 en aldaar aangehaalde rechtspraak).

26. Bijgevolg moet onderscheid worden gemaakt tussen de door artikel 65, lid 1, onder a), VWEU toegestane verschillen in behandeling en de krachtens artikel 65, lid 3, VWEU verboden discriminaties. In dat verband komt uit de rechtspraak van het Hof naar voren dat, opdat een nationale belastingregeling die met het oog op de berekening van de erf- of schenkbelasting een onderscheid maakt tussen ingezetenen en niet-ingezetenen, of tussen de zaken die op het nationaal grondgebied dan wel buiten dit grondgebied zijn gelegen, verenigbaar met de verdragsbepalingen betreffende het vrije kapitaalverkeer kan worden geacht, het verschil in behandeling betrekking moet hebben op situaties die niet objectief vergelijkbaar zijn, of moet worden gerechtvaardigd door dwingende redenen van algemeen belang (arrest van 3 september 2014, Commissie/Spanje, C-127/12, niet gepubliceerd, EU:C:2014:2130, punt 73 en aldaar aangehaalde rechtspraak).

27. Met betrekking tot de vergelijkbaarheid van de betrokken situaties staat vast dat de regeling die in het hoofdgeding aan de orde is, ter zake van de erfbelasting, degenen die binnen tariefgroep I vallen en op het nationale grondgebied wonen en bij versterf vermogen verkrijgen dat goederen omvat die in de periode van tien jaar voorafgaand aan de successie al onderwerp zijn geweest van een successie waarvan de begunstigden binnen dezelfde tariefgroep vielen, ongeacht de ligging van deze goederen of de woonplaats van partijen hierbij ten tijde van de eerdere successie, hetzelfde behandelt. Deze regeling behandelt deze personen alleen verschillend voor de toepassing van de vermindering van erfbelasting van §27, lid 1, ErbStG, naargelang de betreffende zaken zich al dan niet op het nationaal grondgebied bevonden ten tijde van de eerdere successie en naargelang partijen bij deze successie al dan niet op dit grondgebied woonden (zie naar analogie arrest van 17 oktober 2013, Welte, C-181/12, EU:C:2013:662, punt 51 en aldaar aangehaalde rechtspraak).

28. Hieruit volgt dat het verschil in behandeling dat wordt gemaakt door de regeling die aan de orde is in het hoofdgeding, betrekking heeft op situaties die objectief vergelijkbaar zijn.

29. Derhalve moet worden onderzocht of een dergelijke regeling objectief kan worden gerechtvaardigd door een dwingende reden van algemeen belang, zoals de door de verwijzende rechter vermelde en door de Duitse regering aangevoerde noodzaak, de samenhang van het belastingstelsel te handhaven.

30. In dat verband zij eraan herinnerd dat het Hof reeds heeft erkend dat de noodzaak om de samenhang van een belastingstelsel te handhaven een beperking van het door het Verdrag gewaarborgde vrije verkeer kan rechtvaardigen. Een beroep op een dergelijke rechtvaardigingsgrond kan echter alleen worden aanvaard indien vaststaat dat er een rechtstreeks verband bestaat tussen de toekenning van het betrokken fiscale voordeel en de compensatie van dat voordeel door een bepaalde belastingheffing, welk rechtstreeks verband moet worden getoetst in het licht van de door de betrokken belastingregeling nagestreefde doelstelling (arresten van 17 oktober 2013, Welte, C-181/12, EU:C:2013:662, punt 59, en 7 november 2013, K, C-322/11, EU:C:2013:716, punten 65 en 66 en aldaar aangehaalde rechtspraak).

31. In het onderhavige geval is de verwijzende rechter van oordeel dat het voordeel uit de vermindering van de erfbelasting als bedoeld in § 27, lid 1, ErbStG rechtstreeks verband houdt met het feit dat over de eerdere verkrijging van hetzelfde vermogen krachtens het erfrecht al erfbelasting is geïnd. Deze rechter heeft toegelicht dat deze bepaling tot doel heeft om, in het geval hetzelfde vermogensbestanddeel binnen een termijn van tien jaar meermalen wordt overgedragen tussen personen uit dezelfde tariefgroep I, de erfbelasting in verband met dit vermogen met een maximum van 50 % te verlagen, aangezien dit is belast bij de eerdere verkrijger.

32. Deze beoordeling wordt in wezen gedeeld door de Duitse regering, die nader verklaart dat § 27 ErbStG is gebaseerd op het idee dat vermogensbestanddelen onder naaste familieleden van de ene generatie op de volgende worden overgedragen en een nieuwe belasting van hetzelfde vermogen, wanneer dit in een recent verleden al is belast, in zekere zin strijdig is met de redelijkheid en billijkheid. Dit artikel is dus bedoeld om te voorkomen dat hetzelfde vermogen in korte tijd deels dubbel wordt belast, door af te zien van de inning van een deel van de erfbelasting wanneer deze belasting in Duitsland ter gelegenheid van een eerdere successie binnen de in dit artikel bepaalde termijnen is geïnd. Het niet-toekennen van deze belastingvermindering in het geval van een eerdere verkrijging die uitsluitend in het buitenland is belast, houdt objectief verband met het feit dat de Bondsrepubliek Duitsland niet in staat is geweest deze verkrijging te belasten en de bijbehorende belastingopbrengsten te innen.

33. In het licht van deze gegevens blijkt dat de opzet van dit belastingvoordeel, die inhoudt dat enkel degenen die bij versterf vermogen verkrijgen waarover in Duitsland bij een eerdere successie erfbelasting is geheven, in aanmerking komen voor de vermindering van deze belasting, een symmetrische logica weerspiegelt (zie arresten van 1 december 2011, Commissie/België, C-250/08, EU:C:2011:793, punt 73, en Commissie/Hongarije, C-253/09, EU:C:2011:795, punt 74). Deze logica zou worden doorbroken indien dit belastingvoordeel ook zou worden toegekend aan personen die een vermogensbestanddeel erven waarover in deze lidstaat niet eerder erfbelasting is geheven.

34. Derhalve is er bij deze vrijstellingsregeling voor de erfbelasting dus sprake van een rechtstreeks verband tussen het belastingvoordeel en de eerdere heffing.

35. Het Hof heeft in zaken die buiten het gebied van de belasting van successies vallen inderdaad geoordeeld dat er geen sprake is van een rechtstreeks verband wanneer het meer bepaald om afzonderlijke belastingheffingen gaat of om de fiscale behandeling van verschillende belastingplichtigen (zie in die zin arresten van 18 september 2003, Bosal, C-168/01, EU:C:2003:479, punt 30, en 24 februari 2015, Grünewald, C-559/13, EU:C:2015:109, punt 49).

36. In een bijzondere situatie als die welke in § 27 ErbStG is bedoeld, kan de voorwaarde dat het dezelfde belastingplichtige betreft echter niet van toepassing zijn, aangezien degene die de erfbelasting bij de eerdere successie heeft voldaan, noodzakelijkerwijs is overleden.

37. Bovendien beoogt § 27 ErbStG, zoals uit de punten 31 en 32 van dit arrest naar voren komt, de vermindering van de belastingdruk op een successie die een vermogensbestanddeel omvat dat tussen naaste familieleden is overgedragen en waarover eerder al belasting is geheven, door gedeeltelijk te voorkomen dat dit vermogensbestanddeel in Duitsland in een korte periode dubbel wordt belast. In het licht van deze doelstelling bestaat, zoals de advocaat-generaal in punt 71 van zijn conclusie heeft opgemerkt, een rechtstreeks verband tussen de vermindering van de erfbelasting waarin dat artikel voorziet en de eerdere heffing van erfbelasting, omdat dit belastingvoordeel en deze eerdere heffing betrekking hebben op dezelfde belasting, hetzelfde vermogen en de nauwe verwanten van eenzelfde familie.

38. Bijgevolg moet worden vastgesteld dat de noodzaak, de samenhang van het belastingstelsel te waarborgen, de beperking van het kapitaalverkeer ten gevolge van een nationale regeling zoals die aan de orde in het hoofdgeding, kan rechtvaardigen.

39. Wel moet een dergelijke beperking, wil zij zijn gerechtvaardigd, geschikt en evenredig zijn in het licht van de nagestreefde doelstelling (zie in die zin arresten van 1 december 2011, Commissie/België, C-250/08, EU:C:2011:793, punt 78, en Commissie/Hongarije, C-253/09, EU:C:2011:795, punt 79).

40. In dat verband moet worden vastgesteld dat een vermindering van de erfbelasting die wordt berekend door de toepassing van percentages naargelang van de periode die is verstreken tussen de twee tijdstippen waarop de belastingplicht is ontstaan en die is onderworpen aan de voorwaarde dat over het vermogensbestanddeel in Duitsland in de periode van tien jaar hieraan voorafgaand al een dergelijke belasting is geheven, geschikt lijkt ter bereiking van de door § 27 ErbStG nagestreefde doelstelling, zoals beschreven in punt 37 van dit arrest. Deze vermindering is bovendien evenredig in het licht van deze doelstelling, aangezien de Bondsrepubliek Duitsland ten aanzien van de eerdere successie niet heffingsbevoegd was. In deze omstandigheden lijkt het beperken van het recht op deze vermindering tot situaties waarin dit vermogensbestanddeel in Duitsland is belast, evenredig in het licht van die doelstelling (zie in die zin arrest van 1 december 2011, Commissie/Hongarije, C-253/09, EU:C:2011:795, punten 80 en 81).

41. Hieruit volgt dat de beperking van kapitaalverkeer die het gevolg is van een nationale regeling zoals die aan de orde in het hoofdgeding, wordt gerechtvaardigd door de noodzaak, de samenhang van het belastingstelsel te handhaven.

42. Dientengevolge moet op de gestelde vraag worden geantwoord dat artikel 63, lid 1, en artikel 65 VWEU niet in de weg staan aan een regeling van een lidstaat als die welke aan de orde is in het hoofdgeding, die in het geval van een verkrijging uit nalatenschap door personen van een bepaalde tariefgroep voorziet in een vermindering van de erfbelasting, wanneer de nalatenschap vermogensbestanddelen omvat die in de periode van tien jaar hieraan voorafgaand reeds bij versterf zijn verkregen, op voorwaarde dat bij deze laatste gelegenheid erfbelasting is geïnd in deze lidstaat.

Kosten

43. …

Het Hof (Tweede kamer)

verklaart voor recht:

Artikel 63, lid 1, en artikel 65 VWEU staan niet in de weg aan een regeling van een lidstaat als die welke aan de orde is in het hoofdgeding, die in het geval van een verkrijging uit nalatenschap door personen van een bepaalde tariefgroep voorziet in een vermindering van de erfbelasting, wanneer de nalatenschap vermogensbestanddelen omvat die in de periode van tien jaar hieraan voorafgaand reeds bij versterf zijn verkregen, op voorwaarde dat bij deze laatste gelegenheid erfbelasting is geïnd in deze lidstaat.

HvJ EU 30 juni 2016, zaak C-176/15 (Guy Riskin, Geneviève Timmermans v. Belgische Staat)

Zesde kamer: *A. Arabadjiev, kamerpresident, C. G. Fernlund (rapporteur) en S. Rodin, rechters*
Advocaat-generaal: *J. Kokott*

1. Het verzoek om een prejudiciële beslissing betreft de uitlegging van de artikelen 63 VWEU en 65 VWEU, gelezen in samenhang met artikel 4 VEU.

2. Dit verzoek is ingediend in het kader van een geding tussen G. Riskin en G. Timmermans, enerzijds, en de Belgische Staat, anderzijds, over de belasting die in België is geheven over dividenden die zijn ontvangen van een in Polen gevestigde vennootschap en waarover in laatstgenoemde lidstaat bronbelasting is ingehouden.

Toepasselijke bepalingen

Belgisch recht

3. Artikel 5 van het wetboek van de inkomstenbelastingen 1992 (hierna: 'WIB 92') bepaalt:

'Rijksinwoners zijn aan de personenbelasting onderworpen op grond van al hun in dit Wetboek als belastbaar vermelde inkomsten, zelfs indien sommige daarvan in het buitenland gehaald of verkregen zijn.'

4. Artikel 6 WIB 92 luidt als volgt:

'Het belastbare inkomen wordt gevormd door het totale netto-inkomen, verminderd met de aftrekbare bestedingen.

Het totale netto-inkomen is de som van de netto-inkomens van de volgende categorieën:
1° inkomen van onroerende goederen;
2° inkomen van roerende goederen en kapitalen;
3° beroepsinkomen;
4° divers inkomen.'

5. Artikel 17, lid 1, van dit wetboek bepaalt:

'Inkomsten uit roerende goederen en kapitalen zijn alle opbrengsten van roerend vermogen aangewend uit welken hoofde ook, namelijk:
1° dividenden;
[…]'

6. Artikel 285 van dat wetboek luidt als volgt:

'Met betrekking tot inkomsten van roerende goederen en kapitalen […] wordt met de belasting een forfaitair gedeelte van buitenlandse belasting verrekend voor zover die inkomsten in het buitenland werden onderworpen aan een gelijkaardige belasting als de personenbelasting, de vennootschapsbelasting of de belasting van niet-inwoners, en voor zover de desbetreffende goederen en kapitalen voor het uitoefenen van de beroepswerkzaamheid in België worden gebruikt.
[…]'

7. Artikel 286 van datzelfde wetboek, zoals van toepassing in het in het hoofdgeding aan de orde zijnde belastingjaar, bepaalt:

'Het forfaitair gedeelte van buitenlandse belasting bedraagt vijftien vijfentachtigsten van het netto-inkomen vóór aftrek van de roerende voorheffing en, in voorkomend geval, van de woonstaatheffing.
[…]'

De Overeenkomst tussen België en Polen tot het vermijden van dubbele belasting

8. De Overeenkomst tussen het Koninkrijk België en de Republiek Polen tot het vermijden van dubbele belasting en tot het voorkomen van het ontduiken en het ontgaan van belasting inzake belastingen naar het inkomen en naar het vermogen, en met het Protocol, ondertekend te Warschau op 20 augustus 2001 (hierna: 'dubbelbelastingverdrag België-Polen'), bepaalt in artikel 10:

'1. Dividenden betaald door een vennootschap die inwoner is van een overeenkomstsluitende Staat aan een inwoner van de andere overeenkomstsluitende Staat, mogen in die andere Staat worden belast.
2. Deze dividenden mogen echter ook in de overeenkomstsluitende Staat waarvan de vennootschap die de dividenden betaalt inwoner is overeenkomstig de wetgeving van die Staat worden belast, maar indien de uit-

eindelijk gerechtigde tot de dividenden inwoner is van de andere overeenkomstsluitende Staat, mag de aldus geheven belasting niet hoger zijn dan:

a. 5 percent van het brutobedrag van de dividenden indien de uiteindelijk gerechtigde een vennootschap is (niet zijnde een personenvennootschap) die:

– onmiddellijk ten minste 25 percent bezit van het kapitaal van de vennootschap die de dividenden betaalt, of

– onmiddellijk ten minste 10 percent bezit van het kapitaal van de vennootschap die de dividenden betaalt, indien het aandelenbezit een beleggingswaarde heeft die ten minste 500 000 EUR bedraagt of de tegenwaarde daarvan in een andere munt;

b. 15 percent van het brutobedrag van de dividenden in alle andere gevallen.

Deze paragraaf laat onverlet de belastingheffing van de vennootschap ter zake van de winst waaruit de dividenden worden betaald.

3. De uitdrukking ‚dividenden', zoals gebezigd in dit artikel, betekent inkomsten uit aandelen, winstaandelen of winstbewijzen, mijnaandelen, oprichtersaandelen of andere rechten op een aandeel in de winst, met uitzondering van schuldvorderingen, alsmede inkomsten – zelfs indien zij worden toegekend in de vorm van interest – die volgens de fiscale wetgeving van de Staat waarvan de vennootschap-schuldenaar inwoner is op dezelfde wijze als inkomsten uit aandelen in de belastingheffing worden betrokken.

[...]'

9. Artikel 23, lid 1, onder b), van het dubbelbelastingverdrag België-Polen bepaalt:

'1. In België wordt dubbele belasting op de volgende wijze vermeden:

[...]

b. Onder voorbehoud van de bepalingen van de Belgische wetgeving betreffende de verrekening van in het buitenland betaalde belastingen met de Belgische belasting wordt, indien een inwoner van België inkomsten verkrijgt die deel uitmaken van zijn samengetelde inkomen dat aan de Belgische belasting is onderworpen en bestaan uit dividenden die niet van Belgische belasting zijn vrijgesteld ingevolge subparagraaf c) hierna, uit interest of uit royalty's, de op die inkomsten geheven Poolse belasting in mindering gebracht van de Belgische belasting op die inkomsten.'

Hoofdgeding en prejudiciële vragen

10. Riskin en Timmermans, die in België wonen, bezitten een participatie in een in Polen gevestigde vennootschap. In 2009 hebben zij voor dit aandelenbezit dividenden ontvangen, waarover in Polen 15 % bronbelasting is ingehouden.

11. In de loop van 2012 heeft de inspectiedienst van de Belgische belastingadministratie Riskin en Timmermans een aanslag tot wijziging van hun aangifte in de personenbelasting voor aanslagjaar 2010 toegezonden. De belastingadministratie was van mening dat, overeenkomstig artikel 10 van het dubbelbelastingverdrag België-Polen en de artikelen 5, 6 en 17, lid 1, WIB 92, de van de in Polen gevestigde vennootschap ontvangen dividenden in België belastbaar waren tegen een tarief van 25 %.

12. Riskin en Timmermans hebben deze wijzigingsaanslag betwist op grond dat, overeenkomstig artikel 23 van het dubbelbelastingverdrag België-Polen, de in Polen voldane belasting moest worden verrekend met de in België verschuldigde belasting.

13. Daarop heeft de belastingadministratie gerepliceerd dat volgens artikel 23 van dat verdrag de Poolse belasting met de Belgische belasting wordt verrekend onder voorbehoud van toepassing van het Belgische recht, namelijk artikel 285 WIB 92, dat deze verrekening enkel toestaat voor zover de goederen en kapitalen waaruit de betrokken dividenden zijn verkregen, voor het uitoefenen van een beroepswerkzaamheid in België worden gebruikt. Van oordeel dat dit in casu niet het geval was, heeft de Belgische belastingadministratie geweigerd de Poolse bronbelasting te verrekenen met de Belgische belasting en bijgevolg hun bezwaar afgewezen.

14. Riskin en Timmermans hebben bij de verwijzende rechter beroep tegen deze beslissing van de belastingadministratie ingesteld en daartoe aangevoerd dat, anders dan het dubbelbelastingverdrag België-Polen, andere verdragen tot het vermijden van dubbele belasting die België heeft gesloten met een aantal derde landen die geen lid van de Europese Unie zijn, geen verwijzing naar het Belgische recht bevatten en dus verrekening van de in deze derde landen betaalde belasting met de Belgische belasting toestaan zonder dat rekening wordt gehouden met de naar Belgisch recht geldende voorwaarden. Volgens hen kan niet rechtsgeldig worden aanvaard dat België een derde land een fiscale behandeling kan toekennen die gunstiger is dan de fiscale behandeling die voor de lidstaten geldt.

15. Binnen deze context heeft de tribunal de première instance de Liège (rechtbank van eerste aanleg Luik, België) de behandeling van de zaak geschorst en het Hof verzocht om een beslissing over de volgende prejudiciële vragen:

'1. Is het voorschrift van artikel 285 WIB 92, waarbij de dubbele belasting van buitenlandse dividenden die een in België woonachtige natuurlijke persoon ontvangt, stilzwijgend wordt bekrachtigd, verenigbaar met de beginselen van Unierecht die zijn neergelegd in artikel 63 VWEU juncto artikel 4 VEU, voor zover België op grond daarvan beleggingen in derde landen (Verenigde Staten) naar eigen goeddunken gunstiger kan behandelen dan beleggingen in lidstaten van de Europese Unie (Polen), al naargelang van de bepalingen van Belgisch recht waarnaar de door België gesloten overeenkomst tot het vermijden van dubbele belasting verwijst, dat wil zeggen naargelang die overeenkomst verwijst naar artikel 285, dat de voorwaarden voor verrekening vastlegt, of naar artikel 286, dat gewoon het verrekenbare forfaitair gedeelte van de buitenlandse belasting vaststelt?

2. Is artikel 285 WIB 92 in strijd met de artikelen 49 VWEU, 56 VWEU en 58 VWEU, voor zover het de verrekening van de buitenlandse belasting met de Belgische belasting afhankelijk stelt van de voorwaarde dat het kapitaal en de goederen waaruit de inkomsten worden verkregen, in België worden gebruikt voor het uitoefenen van de beroepswerkzaamheid?'

Beantwoording van de prejudiciële vragen

Ontvankelijkheid van de tweede vraag

16. De Belgische regering is van mening dat de tweede prejudiciële vraag, betreffende de mogelijkheid om de buitenlandse belasting te verrekenen met de Belgische belasting op voorwaarde dat de goederen en kapitalen waaruit de inkomsten zijn verkregen, in België worden gebruikt voor het uitoefenen van de beroepswerkzaamheid, niet-ontvankelijk is aangezien het eventuele antwoord op deze vraag geen verschil maakt voor de uitkomst van het bij de verwijzende rechter aanhangige geding.

17. In dat verband zij eraan herinnerd dat, volgens vaste rechtspraak van het Hof, er een vermoeden van relevantie rust op vragen betreffende de uitlegging van het Unierecht die de nationale rechter heeft gesteld binnen het onder zijn eigen verantwoordelijkheid geschetste feitelijke en wettelijke kader, ten aanzien waarvan het niet aan het Hof is de juistheid ervan te onderzoeken. Het Hof kan slechts weigeren uitspraak te doen op een verzoek van een nationale rechter wanneer duidelijk blijkt dat de gevraagde uitlegging van het Unierecht geen verband houdt met een reëel geschil of met het voorwerp van het hoofdgeding, wanneer het vraagstuk van hypothetische aard is of wanneer het Hof niet beschikt over de gegevens, feitelijk en rechtens, die noodzakelijk zijn om een zinvol antwoord te geven op de gestelde vragen (arrest van 21 mei 2015, Verder LabTec, C-657/13, EU:C:2015:331, punt 29 en aldaar aangehaalde rechtspraak).

18. In casu blijkt uit het aan het Hof overgelegde dossier duidelijk dat de goederen of kapitalen waaruit de betrokken dividenden zijn verkregen, in België noch op het grondgebied van een andere lidstaat worden gebruikt voor het uitoefenen van een beroepswerkzaamheid. Derhalve moet de tweede prejudiciële vraag worden aangemerkt als hypothetisch en is zij dus niet-ontvankelijk.

Eerste vraag

19. Vooraf zij opgemerkt dat niet wordt gesteld dat het vermeende verschil in behandeling dividenden van een in Polen gevestigde vennootschap en dividenden van een in België gevestigde vennootschap betreft. Integendeel, dat verschil in behandeling betreft, zo wordt betoogd, dividenden van een in Polen gevestigde vennootschap en dividenden van een in een derde land gevestigde vennootschap.

20. Het staat immers vast dat, anders dan het dubbelbelastingverdrag België-Polen, dat voor de voorwaarden voor verrekening van de Poolse bronbelasting met de in België verschuldigde belasting verwijst naar de bepalingen van Belgisch recht, andere verdragen tot het vermijden van dubbele belasting die het Koninkrijk België met een aantal derde landen heeft gesloten, geen dergelijke verwijzing bevatten en dus toestaan dat de in deze derde landen ingehouden bronbelasting wordt verrekend met de in België verschuldigde belasting zonder dat rekening wordt gehouden met de naar Belgisch recht geldende voorwaarden.

21. In het hoofdgeding heeft de verwijzing naar het Belgische recht tot gevolg dat de in Polen bij de bron ingehouden dividendbelasting niet kan worden verrekend met de in België verschuldigde belasting omdat niet is voldaan aan de in artikel 285 WIB 92 gestelde voorwaarde – namelijk dat de goederen en kapitalen waaruit de betrokken dividenden zijn verkregen, worden gebruikt voor het uitoefenen van een beroepswerkzaamheid in België –, terwijl deze verrekening wel mogelijk zou zijn, zonder dat deze voorwaarde van gebruik voor het uitoefenen van een beroepswerkzaamheid hoeft te zijn vervuld, indien de dividenden afkomstig waren van een derde land waarmee het Koninkrijk België een verdrag tot het vermijden van dubbele belasting heeft gesloten waarin het recht op deze verrekening onvoorwaardelijk wordt toegekend.

22. Met zijn eerste vraag wenst de verwijzende rechter dus in wezen te vernemen of de verdragsbepalingen inzake het vrije verkeer van kapitaal, gelezen in samenhang met artikel 4 VEU, aldus moeten worden uitgelegd dat zij zich ertegen verzetten dat een lidstaat, in een situatie als in het hoofdgeding, het voordeel van een gunstige behandeling die voor een ingezeten aandeelhouder voortvloeit uit een bilateraal belastingverdrag tot het vermijden van dubbele belasting dat deze lidstaat met een derde land heeft gesloten, dat erin bestaat dat de in het derde land ingehouden bronbelasting onvoorwaardelijk wordt verrekend met de belasting die verschuldigd is in deze

lidstaat, zijnde de woonstaat van de aandeelhouder, niet uitbreidt tot een ingezeten aandeelhouder die dividenden ontvangt uit een lidstaat waarmee diezelfde lidstaat, zijnde de woonstaat van de aandeelhouder, een bilateraal belastingverdrag tot het vermijden van dubbele belasting heeft gesloten, volgens hetwelk een dergelijke verrekening slechts mogelijk is mits is voldaan aan naar nationaal recht geldende bijkomende voorwaarden.

23. Volgens vaste rechtspraak van het Hof omvatten de maatregelen die ingevolge artikel 63, lid 1, VWEU verboden zijn omdat zij het kapitaalverkeer beperken, maatregelen die niet-ingezetenen ervan doen afzien in een lidstaat investeringen te doen, of ingezetenen van deze lidstaat ontmoedigen in andere staten investeringen te doen (zie arrest van 17 september 2015, Miljoen e.a., C-10/14, C-14/14 en C-17/14, EU:C:2015:608, punt 44 en aldaar aangehaalde rechtspraak).

24. In casu is niet in geding dat de situatie van Belgische inwoners, zoals Riskin en Timmermans, die dividenden ontvangen uit andere lidstaten, zoals de Republiek Polen, en die moeten voldoen aan de voorwaarde van artikel 285 WIB 92 willen zij in aanmerking komen voor de verrekening van de bronbelasting met de Belgische belasting, minder gunstig is dan de situatie van Belgische inwoners die dividenden ontvangen uit een derde land waarmee het Koninkrijk België een bilateraal verdrag tot het vermijden van dubbele belasting heeft gesloten waarin het recht op deze verrekening onvoorwaardelijk wordt toegekend.

25. Een dergelijke nadelige behandeling kan Belgische inwoners ontmoedigen om te investeren in de lidstaten waarmee het Koninkrijk België geen bilateraal verdrag met een onvoorwaardelijk recht op verrekening van de bronbelasting met de Belgische belasting heeft gesloten, en vormt dus een door artikel 63, lid 1, VWEU in beginsel verboden beperking van het vrije verkeer van kapitaal.

26. Volgens artikel 65, lid 1, onder a), VWEU '[doet] [h]et bepaalde in artikel 63 [VWEU] [evenwel] niets af aan het recht van de lidstaten [...] de ter zake dienende bepalingen van hun belastingwetgeving toe te passen die onderscheid maken tussen belastingplichtigen die niet in dezelfde situatie verkeren met betrekking tot hun vestigingsplaats of de plaats waar hun kapitaal is belegd'.

27. Deze afwijking, die strikt moet worden uitgelegd, wordt op haar beurt beperkt door artikel 65, lid 3, VWEU, dat bepaalt dat de in lid 1 van dit artikel bedoelde nationale bepalingen 'geen middel tot willekeurige discriminatie [mogen] vormen, noch een verkapte beperking van het vrije kapitaalverkeer en betalingsverkeer als omschreven in artikel 63 [VWEU]' (arrest van 13 maart 2014, Bouanich, C-375/12, EU:C:2014:138, punt 62 en aldaar aangehaalde rechtspraak).

28. Bijgevolg moet een onderscheid worden gemaakt tussen de krachtens artikel 65, lid 1, onder a), VWEU toegestane ongelijke behandelingen en de op grond van lid 3 van dit artikel verboden discriminaties. Volgens de rechtspraak van het Hof kan een nationale belastingregeling die een onderscheid tussen de belastingplichtigen maakt naargelang de plaats waar hun kapitaal is belegd, slechts verenigbaar met de verdragsbepalingen betreffende het vrije kapitaalverkeer worden geacht indien dat verschil in behandeling betrekking heeft op situaties die niet objectief vergelijkbaar zijn of wordt gerechtvaardigd door een dwingende reden van algemeen belang (arrest van 13 maart 2014, Bouanich, C-375/12, EU:C:2014:138, punt 63 en aldaar aangehaalde rechtspraak).

29. Dienaangaande zij eraan herinnerd dat het aan de lidstaten staat om, met eerbiediging van het Unierecht, hun stelsel van belasting van uitgekeerde winst te organiseren en in dat kader de belastinggrondslag en het belastingtarief te bepalen voor de ontvangende aandeelhouder, en dat de lidstaten bij gebreke van door de Unie vastgestelde unificatie- of harmonisatiemaatregelen bevoegd blijven om, eenzijdig of door het sluiten van een verdrag, de criteria voor de verdeling van hun heffingsbevoegdheid vast te stellen (zie in die zin arrest van 20 mei 2008, Orange European Smallcap Fund, C-194/ 06, EU:C:2008:289, punt 48).

30. Waar deze situatie discrepanties tussen de belastingwetgevingen van de verschillende lidstaten teweegbrengt, kan er voor een lidstaat bijgevolg aanleiding zijn om te besluiten, eenzijdig of door sluiting van een verdrag, dividenden uit de verschillende staten gedifferentieerd te behandelen teneinde rekening te houden met deze discrepanties (zie in die zin arrest van 20 mei 2008, Orange European Smallcap Fund, C-194/06, EU:C:2008:289, punt 49).

31. Met betrekking tot bilaterale belastingverdragen volgt uit de rechtspraak van het Hof dat de werkingssfeer van een dergelijk verdrag beperkt is tot de daarin vermelde natuurlijke of rechtspersonen. Ook de daarin voorziene voordelen maken integrerend deel uit van het geheel van de verdragsregels en dragen bij tot het algehele evenwicht van de wederzijdse verhoudingen tussen de twee verdragsluitende Staten (zie in die zin arresten van 5 juli 2005, D., C-376/03, EU:C:2005:424, punten 54 en 61-62, en 20 mei 2008, Orange European Smallcap Fund, C-194/06, EU:C:2008:289, punten 50-51). Opgemerkt zij, zoals de advocaat-generaal in punt 43 van haar conclusie heeft gedaan, dat deze situatie zich op dezelfde wijze voordoet bij dubbelbelastingverdragen die met de lidstaten werden gesloten als bij die welke met derde landen werden gesloten.

32. Met betrekking tot het hoofdgeding zij opgemerkt dat het voordeel van onvoorwaardelijke verrekening wordt toegekend in situaties waarin het Koninkrijk België zich, bij wege van een bilateraal belastingverdrag tot het vermijden van dubbele belasting die het heeft gesloten met bepaalde derde landen die over dividenden een bronbe-

lasting heffen, ertoe heeft verbonden Belgische inwoners toe te staan deze bronbelasting te verrekenen met de in België verschuldigde belasting.

33. Bijgevolg is de werkingssfeer van een dergelijk verdrag beperkt tot Belgische inwoners die dividenden ontvangen uit een dergelijk derde land dat over deze dividenden een bronbelasting heeft ingehouden. Het feit dat het betrokken voordeel enkel wordt toegekend aan Belgische inwoners die binnen de werkingssfeer van dat verdrag vallen, kan niet worden beschouwd als een voordeel dat kan worden losgekoppeld van de overige bepalingen van dat verdrag, aangezien – zoals in punt 31 van dit arrest is uiteengezet – dat voordeel integrerend deel uitmaakt van de verdragsregels en bijdraagt tot het algehele evenwicht van de wederzijdse verhoudingen tussen de twee verdragsluitende Staten.

34. In deze omstandigheden bevinden Belgische inwoners als die in het hoofdgeding die dividenden ontvangen uit andere lidstaten, zoals de Republiek Polen, en die moeten voldoen aan de voorwaarde van artikel 285 WIB 92 willen zij in aanmerking komen voor de verrekening van de bronbelasting met de Belgische belasting, zich niet in een situatie die objectief vergelijkbaar is met die van Belgische inwoners die dividenden ontvangen uit een derde land waarmee het Koninkrijk België een bilateraal verdrag tot het vermijden van dubbele belasting heeft gesloten waarin het recht op deze verrekening onvoorwaardelijk wordt toegekend.

35. Hieruit volgt dat een nadelige behandeling als die in het hoofdgeding, geen door de verdragsbepalingen inzake het vrije verkeer van kapitaal verboden belemmering vormt.

36. Tot slot hoeft met betrekking tot het in artikel 4 VEU vastgestelde beginsel van loyale samenwerking slechts eraan te worden herinnerd dat dit artikel niet aldus kan worden uitgelegd dat het voor de lidstaten een zelfstandige verplichting doet ontstaan die verder gaat dan de verplichtingen die op hen kunnen rusten krachtens de artikelen 63 VWEU en 65 VWEU (zie in die zin beschikking van 19 september 2012, Levy en Sebbag, C-540/11, niet gepubliceerd, EU:C:2012:581, punten 27-29).

37. Gelet op een en ander dient op de eerste vraag te worden geantwoord dat de artikelen 63 VWEU en 65 VWEU, gelezen in samenhang met artikel 4 VEU, aldus moeten worden uitgelegd dat zij zich niet ertegen verzetten dat een lidstaat, in een situatie als in het hoofdgeding, het voordeel van een gunstige behandeling die voor een ingezeten aandeelhouder voortvloeit uit een bilateraal belastingverdrag tot het vermijden van dubbele belasting dat deze lidstaat met een derde land heeft gesloten, dat erin bestaat dat de in het derde land ingehouden bronbelasting onvoorwaardelijk wordt verrekend met de belasting die verschuldigd is in deze lidstaat, zijnde de woonstaat van de aandeelhouder, niet uitbreidt tot een ingezeten aandeelhouder die dividenden ontvangt uit een lidstaat waarmee diezelfde lidstaat, zijnde de woonstaat van de aandeelhouder, een bilateraal belastingverdrag tot het vermijden van dubbele belasting heeft gesloten, volgens hetwelk een dergelijke verrekening slechts mogelijk is mits is voldaan aan naar nationaal recht geldende bijkomende voorwaarden.

Kosten

38. ...

Het Hof (Zesde kamer)

verklaart voor recht:

De artikelen 63 VWEU en 65 VWEU, gelezen in samenhang met artikel 4 VEU, moeten aldus worden uitgelegd dat zij zich niet ertegen verzetten dat een lidstaat, in een situatie als in het hoofdgeding, het voordeel van een gunstige behandeling die voor een ingezeten aandeelhouder voortvloeit uit een bilateraal belastingverdrag tot het vermijden van dubbele belasting dat deze lidstaat met een derde land heeft gesloten, dat erin bestaat dat de in het derde land ingehouden bronbelasting onvoorwaardelijk wordt verrekend met de belasting die verschuldigd is in deze lidstaat, zijnde de woonstaat van de aandeelhouder, niet uitbreidt tot een ingezeten aandeelhouder die dividenden ontvangt uit een lidstaat waarmee diezelfde lidstaat, zijnde de woonstaat van de aandeelhouder, een bilateraal belastingverdrag tot het vermijden van dubbele belasting heeft gesloten, volgens hetwelk een dergelijke verrekening slechts mogelijk is mits is voldaan aan naar nationaal recht geldende bijkomende voorwaarden.

HvJ EU 13 juli 2016, zaak C-18/15 (Brisal – Auto Estradas do Litoral SA, KBC Finance Ireland v. Fazenda Pública)

Vijfde kamer: *J. L. da Cruz Vilaça, kamerpresident, F. Biltgen (rapporteur), A. Borg Barthet, E. Levits en M. Berger, rechters*
Advocaat-generaal: *J. Kokott*

1. Het verzoek om een prejudiciële beslissing betreft de uitlegging van artikel 56 VWEU.

2. Dit verzoek is ingediend in het kader van een geding tussen Brisal – Auto Estradas do Litoral SA (hierna: 'Brisal'), gevestigd in Portugal, en KBC Finance Ireland (hierna: 'KBC'), een bankinstelling met zetel in Ierland, enerzijds, en Fazenda Pública (Schatkist, Portugal), anderzijds, over de berekening van de vennootschapsbelasting (hierna: 'IRC') over door KBC ontvangen rente en de bronheffing in deze vennootschapsbelasting.

Toepasselijke bepalingen

Portugees recht

3. Overeenkomstig artikel 4, lid 2, van de Código do Imposto sobre o Rendimento das Pessoas Colectivas (wetboek van vennootschapsbelasting), goedgekeurd bij Decreto-Lei n° 442-B/88 (wetsdecreet nr. 442-B/88) van 30 november 1988 (*Diário da República* I, reeks I-A, nr. 277, van 30 november 1988), in de versie die voortvloeit uit Decreto-Lei n° 211/2005 (wetsdecreet nr. 211/2005) van 7 december 2005 (*Diário da República* I, reeks I-A, nr. 234, van 7 december 2005) (hierna: 'CIRC'), zijn rechtspersonen en andere entiteiten die hun zetel noch hun daadwerkelijk bestuur op het Portugese grondgebied hebben, uitsluitend voor de op dit grondgebied verkregen inkomsten aan de IRC onderworpen. Onder deze inkomsten valt, ingevolge artikel 4, lid 3, onder c), CIRC, rente betaald door schuldenaars die op het Portugese grondgebied wonen of daar hun zetel of daadwerkelijk bestuur hebben, of waarvan de betaling toerekenbaar is aan een in die Staat gevestigde vaste inrichting.

4. Bij ontstentenis van een verdrag ter vermijding van dubbele belasting worden dergelijke inkomsten overeenkomstig artikel 80, lid 2, onder c), CIRC in beginsel belast tegen het tarief van 20 % en bestaat de belastbare grondslag uit de in Portugal verkregen bruto-inkomsten. Ingevolge artikel 88, lid 1, onder c), artikel 88, lid 3, onder b), en artikel 88, lid 5, CIRC wordt de IRC geheven door een bronheffing die definitief is.

5. De inkomsten bestaande uit door ingezeten financiële instellingen ontvangen rente worden overeenkomstig artikel 80, lid 1, CIRC belast tegen het tarief van 25 %. Daarentegen bestaat de belastbare grondslag uitsluitend uit het nettobedrag aan ontvangen rente. Bovendien wordt, overeenkomstig artikel 90, lid 1, onder a), CIRC de IRC van deze financiële instellingen niet door een bronheffing geheven.

Verdrag ter vermijding van dubbele belasting gesloten tussen de Portugese Republiek en Ierland

6. Artikel 11 van de Convenção entre a República Portuguesa e a Irlanda para Evitar a Dupla Tributação e Prevenir a Evasão Fiscal en Matéria de Impostos sobre o Rendimento (verdrag tussen de Portugese Republiek en Ierland ter vermijding van dubbele belasting en ter voorkoming van belastingontwijking op het gebied van de inkomstenbelasting), gesloten te Dublin op 1 juni 1993 (*Diário da República* I, reeks I-A, nr. 144, van 24 juni 1994, blz. 3310), bepaalt:

> '1 – De in een verdragsluitende Staat ontvangen rente die is betaald aan een ingezetene van een andere verdragsluitende Staat, kan in die andere Staat worden belast.
> 2 – Deze rente kan bijgevolg ook worden belast in de verdragsluitende Staat waaruit ze afkomstig is en overeenkomstig de wetgeving van deze Staat, maar indien de ontvanger van de rente ook de daadwerkelijke begunstigde is, zal de aldus gevestigde belasting niet meer bedragen dan 15 % van het brutobedrag van deze rente.
> De bevoegde autoriteiten van de verdragsluitende Staten zullen in gemeen overleg bepalen op welke wijze deze grens zal worden toegepast.
> [...]'

Feiten van het hoofdgeding en prejudiciële vragen

7. Op 30 september 2004 heeft Brisal een extern financieringscontract, onder de naam Loan, Bond and Guarantee Facilities, ten bedrage van 262 726 055 EUR gesloten ter waarborging van de ontwikkeling van alle activiteiten in verband met een voorheen met de Portugese Staat gesloten concessie-overeenkomst. Dit extern financieringscontract werd aangegaan met een consortium van banken waarvan slechts enkele ingezetenen van Portugal waren.

8. Op 29 maart 2005 is dit consortium via een cessie-overeenkomst uitgebreid tot andere financiële instellingen, waaronder KBC.

9. Met betrekking tot het deel van het contract dat KBC aangaat, heeft Brisal een bedrag van 59 386 EUR aan bronheffing in de IRC ingehouden en aan de Portugese Staat afgedragen. Dit bedrag was berekend op basis van de rente die aan KBC verschuldigd was voor de periode van september 2005 tot september 2007, zijnde een bedrag van 350 806,07 EUR.

10. Op 28 september 2007 hebben Brisal en KBC bij de bevoegde belastingdienst bezwaar tegen deze heffing gemaakt wegens strijdigheid met artikel 56 VWEU.

11. Nadat dit bezwaar was afgewezen, hebben Brisal en KBC zich gewend tot de Tribunal Administrativo e Fiscal de Sintra (bestuurs- en belastingrechter Sintra, Portugal), die hen eveneens in het ongelijk heeft gesteld. Deze rechter was van oordeel dat uit het arrest van 22 december 2008, Truck Center (C-282/07, EU:C:2008:762), volgde dat het feit dat in een nationale wetgeving een verschil in behandeling bestaat tussen ingezeten en niet-ingezeten vennootschappen wat betreft de verplichting tot inhouding van een bronheffing in de inkomstenbelasting, op zich geen schending van het beginsel van vrijheid van dienstverrichting opleverde, aangezien deze twee categorieën van vennootschappen zich niet in een objectief vergelijkbare situatie bevinden. Bovendien heeft deze rechter daaraan toegevoegd dat het Hof reeds een door de Europese Commissie tegen de Portugese Republiek ingesteld beroep wegens niet-nakoming had verworpen, waarbij dit beroep was gesteund op dezelfde gronden als die welke Brisal en KBC in het hoofdgeding aanvoeren.

12. Ter onderbouwing van het hoger beroep dat Brisal en KBC hebben ingesteld bij de Supremo Tribunal Administrativo (hoogste bestuursrechter, Portugal), betogen zij dat over de door niet-ingezeten financiële instellingen in Portugal verkregen rente een bronbelasting wordt ingehouden tegen een bevrijdend tarief van 20 %, of tegen een lager tarief ingeval een dubbelbelastingverdrag van toepassing is, dat wordt toegepast op de bruto-inkomsten, terwijl de door ingezeten financiële instellingen verkregen rente, waarover geen bronbelasting wordt ingehouden, tegen het tarief van 25 % wordt belast over de nettowaarde ervan. Op niet-ingezeten financiële instellingen rust dus een zwaardere fiscale last dan op ingezeten financiële instellingen, hetgeen in strijd is met de vrijheid van dienstverrichting en het vrije kapitaalverkeer, zoals gewaarborgd door artikel 56 VWEU respectievelijk artikel 63 VWEU.

13. De Supremo Tribunal Administrativo merkt op dat het in het hoofdgeding gaat om de vrijheid van dienstverrichting en dat de beperkende gevolgen voor het vrije kapitaalverkeer en het vrije betalingsverkeer slechts het rechtstreekse en natuurlijke gevolg zijn van eventuele beperkingen van de vrijheid van dienstverrichting. Dus hoeft slechts te worden nagegaan of artikel 80, lid 2, onder c), CIRC in overeenstemming is met artikel 56 VWEU, zoals door het Hof uitgelegd in met name zijn arresten van 12 juni 2003, Gerritse (C-234/01, EU:C:2003:340), 3 oktober 2006, FKP Scorpio Konzertproduktionen (C-290/04, EU:C:2006:630), en 15 februari 2007, Centro Equestre da Lezíria Grande (C-345/04, EU:C:2007:96).

14. Naar het oordeel van deze rechterlijke instantie dient voor de beslechting van het onderhavige geding niet te worden verwezen naar het arrest van 22 december 2008, Truck Center (C-282/07, EU:C:2008:762), maar veeleer naar het arrest van 12 juni 2003, Gerritse (C-234/01, EU:C:2003:340). Hoewel kan worden aangenomen dat de aan laatstgenoemd arrest ten grondslag liggende logica gelijkenissen vertoont met de logica die in het hoofdgeding wordt gevolgd, heeft het Hof zich nog niet uitdrukkelijk uitgesproken over de belasting van grensoverschrijdende rentebetalingen waarbij financiële instellingen zijn betrokken.

15. Dus blijft in het midden of ingezeten en niet-ingezeten financiële instellingen zich in een vergelijkbare situatie bevinden en of bij de betrokken heffing voor beide categorieën rekening moet worden gehouden met de financieringskosten van de kredietverstrekkingen of met de kosten die rechtstreeks verbonden zijn met de uitgeoefende economische activiteit, alsmede – zo dat het geval is – op basis van welk verschil kan worden besloten dat niet-ingezeten instellingen zich de facto in een minder gunstige situatie bevinden dan ingezeten instellingen. Voor deze problematiek is evenmin een oplossing gevonden in het arrest van 17 juni 2010, Commissie/Portugal (C-105/08, EU:C:2010:345).

16. Daarom heeft de Supremo Tribunal Administrativo (hoogste bestuursrechter, Portugal) de behandeling van de zaak geschorst en het Hof verzocht om een prejudiciële beslissing over de volgende vragen:

'1. Verzet artikel 56 VWEU zich tegen een nationale belastingregeling volgens welke financiële instellingen die geen ingezetenen van Portugal zijn, zijn onderworpen aan inkomstenbelasting over op het grondgebied van deze lidstaat vervallen rente die tegen het definitieve tarief van 20 % (of minder indien aldus is bepaald in een belastingverdrag) als bronheffing wordt geheven over de bruto-inkomsten zonder dat de rechtstreeks met de uitoefening van de financiële activiteit verbonden bedrijfskosten kunnen worden afgetrokken, terwijl de door ingezeten financiële instellingen ontvangen rente wordt betrokken in het totale belastbare inkomen waarbij eventuele met de uitoefening van de activiteit verbonden kosten worden afgetrokken bij de vaststelling van de winst met het oog op de heffing van de [IRC], zodat het algemene tarief van 25 % wordt toegepast op de uit rente verkregen netto-inkomsten?

2. Verzet artikel 56 VWEU zich ook dan tegen deze regeling wanneer blijkt dat de belastinggrondslag van ingezeten financiële instellingen, na aftrek van de financieringskosten die verband houden met de rente-

inkomsten of van kosten die economisch rechtstreeks verband houden met deze inkomsten, zwaarder wordt of kan worden belast in vergelijking met de heffing van de bronbelasting over de bruto-inkomsten van niet-ingezeten financiële instellingen?

3. Kunnen daartoe de met de kredietverstrekkingen verbonden financieringskosten of de kosten die economisch rechtstreeks verband houden met de rente-inkomsten worden bewezen aan de hand van informatie afkomstig van de EURIBOR (Euro Interbank Offered Rate) en de LIBOR (London Interbank Offered Rate), zijnde het gemiddelde rentetarief voor interbancaire financieringen dat banken bij de uitoefening van hun activiteiten toepassen?'

Beantwoording van de prejudiciële vragen

17. Vooraf zij vastgesteld dat, aangezien de feiten van het hoofdgeding dateren van vóór 1 december 2009, dus vóór de inwerkingtreding van het VWEU, de door de verwijzende rechter gevraagde uitlegging moet worden geacht betrekking te hebben op artikel 49 EG en niet artikel 56 VWEU.

18. Met zijn vragen, die samen dienen te worden onderzocht, wenst de verwijzende rechter in wezen te vernemen, ten eerste, of artikel 49 EG aldus moet worden uitgelegd dat het zich verzet tegen een nationale wettelijke regeling als die in het hoofdgeding, volgens welke niet-ingezeten financiële instellingen via een bronheffing worden belast over de in het binnenland verkregen rente-inkomsten zonder dat de bedrijfskosten aftrekbaar zijn, terwijl ingezeten financiële instellingen niet aan die bronheffing zijn onderworpen en de rechtstreeks met de uitgeoefende financiële activiteit verbonden bedrijfskosten kunnen aftrekken, en, ten tweede, hoe die kosten moeten worden bepaald.

19. Voor de beantwoording van die vragen moet eerst worden onderzocht of artikel 49 EG zich verzet tegen een nationale wettelijke regeling volgens welke een bronbelasting wordt geheven over de door niet-ingezeten financiële instellingen verkregen vergoeding, terwijl de aan ingezeten financiële instellingen betaalde vergoeding niet aan deze bronheffing is onderworpen. Vervolgens dient te worden uitgemaakt of de omstandigheid dat niet-ingezeten financiële instellingen, anders dan ingezeten financiële instellingen, hun rechtstreeks met de betrokken financiële activiteit verbonden bedrijfskosten niet kunnen aftrekken, een beperking in de zin van deze bepaling oplevert en, zo ja, of deze beperking kan worden gerechtvaardigd. Ten slotte dient te worden verduidelijkt of gemiddelde rentetarieven als die bedoeld in het verzoek om een prejudiciële beslissing, kunnen worden beschouwd als rechtstreeks met de betrokken financiële activiteit verbonden bedrijfskosten.

20. Aangaande het eerste aspect blijkt uit het verzoek om een prejudiciële beslissing dat de verwijzende rechter zelf van mening is dat het in het hoofdgeding aan de orde zijnde verschil in behandeling niet zozeer het gevolg is van de toepassing van twee verschillende heffingstechnieken maar veeleer van de weigering om niet-ingezetenen financiële instellingen de mogelijkheid tot aftrek van de bedrijfskosten toe te staan terwijl ingezeten financiële instellingen wel die aftrekmogelijkheid hebben. Voor het overige bevat het aan het Hof overgelegde dossier geen verdere informatie met betrekking tot dit eerste aspect van het prejudiciële verzoek.

21. Daarom behoeft slechts eraan te worden herinnerd, zoals de advocaat-generaal in punt 22 van haar conclusie heeft gedaan, dat uit de rechtspraak van het Hof blijkt dat de toepassing van de bronbelasting als heffingstechniek voor niet-ingezeten dienstverrichters terwijl ingezeten dienstverrichters niet aan die bronbelasting zijn onderworpen, weliswaar een beperking van de vrijheid van dienstverrichting vormt, maar kan worden gerechtvaardigd uit hoofde van dwingende redenen van algemeen belang, zoals de noodzaak om een doelmatige invordering van de belastingen te waarborgen (zie in die zin arresten van 3 oktober 2006, FKP Scorpio Konzertproduktionen, C-290/04, EU:C:2006:630, punt 35, en 18 oktober 2012, X, C-498/10, EU:C:2012:635, punt 39).

22. Derhalve dient artikel 49 EG aldus te worden uitgelegd dat het zich niet verzet tegen een nationale wettelijke regeling als die in het hoofdgeding, op grond waarvan een bronbelasting wordt ingehouden op de vergoeding van niet-ingezeten financiële instellingen in de lidstaat waarin de diensten zijn verricht, terwijl de vergoeding die is betaald aan financiële instellingen die ingezetenen van die lidstaat zijn, niet aan deze bronbelasting is onderworpen, op voorwaarde dat de toepassing van de bronheffing op niet-ingezeten financiële instellingen gerechtvaardigd is uit hoofde van een dwingende reden van algemeen belang en niet verder gaat dan noodzakelijk is om de nagestreefde doelstelling te bereiken.

23. Aangaande het tweede aspect van het verzoek om een prejudiciële beslissing zij eraan herinnerd dat het Hof met betrekking tot de inaanmerkingneming van de rechtstreeks met de uitgeoefende activiteit verbonden bedrijfskosten reeds heeft geoordeeld dat ingezeten en niet-ingezeten dienstverrichters in een vergelijkbare situatie verkeren (zie in die zin arresten van 12 juni 2003, Gerritse, C-234/01, EU:C:2003:340, punt 27; 6 juli 2006, Conijn, C-346/04, EU:C:2006:445, punt 20, en 15 februari 2007, Centro Equestre da Lezíria Grande, C-345/04, EU:C:2007:96, punt 23).

24. Daaruit heeft het Hof afgeleid dat artikel 49 EG zich verzet tegen een nationale wettelijke belastingregeling, waarin als algemene regel van niet-ingezetenen belasting wordt geheven op basis van de bruto-inkomsten zonder aftrek van de bedrijfskosten, terwijl ingezetenen worden belast over hun netto-inkomsten na aftrek van die kosten

(arresten van 12 juni 2003, Gerritse, C-234/01, EU:C:2003:340, punten 29 en 55; 3 oktober 2006, FKP Scorpio Konzertproduktionen, C-290/04, EU:C:2006:630, punt 42, en 15 februari 2007, Centro Equestre da Lezíria Grande, C-345/04, EU:C:2007:96, punt 23).

25. Gelet op met name het door de Portugese Republiek aangevoerde argument dat door financiële instellingen verrichte diensten uit het oogpunt van de in artikel 49 EG neergelegde vrijheid van dienstverrichting in beginsel anders moeten worden behandeld dan dienstverrichtingen in andere bedrijfssectoren omdat onmogelijk enig kenmerkend verband kan worden gelegd tussen de gedragen kosten en de verkregen rente-inkomsten, vraagt de verwijzende rechter zich in casu af of de in het vorige punt aangehaalde rechtspraak kan worden toegepast op het hoofdgeding.

26. Dienaangaande zij gepreciseerd dat het Hof geen onderscheid naar de verschillende categorieën diensten heeft gemaakt. Bovendien ziet artikel 49 EG, gelezen in samenhang met artikel 50 EG, zonder onderscheid op alle categorieën diensten die in deze laatste bepaling zijn opgesomd. Enkel artikel 51, lid 2, EG bepaalt dat de liberalisatie van de door banken verrichte diensten waarmede kapitaalverplaatsingen gepaard gaan, moet worden verwezenlijkt in overeenstemming met de liberalisatie van het kapitaalverkeer. Niets in de bepalingen van het EG-verdrag inzake het vrije kapitaalverkeer biedt steun voor de stelling dat bankdiensten anders moeten worden behandeld dan andere diensten omdat onmogelijk enig kenmerkend verband kan worden gelegd tussen de gedragen kosten en de verkregen rente-inkomsten.

27. Bijgevolg kunnen door financiële instellingen verrichte diensten uit het oogpunt van de in artikel 49 EG neergelegde vrijheid van dienstverrichting in beginsel niet anders worden behandeld dan dienstverrichtingen in andere bedrijfssectoren.

28. Daaruit volgt dat een nationale wettelijke regeling als die in het hoofdgeding, volgens welke niet-ingezeten financiële instellingen worden belast over de in de betrokken lidstaat verkregen rente-inkomsten zonder mogelijkheid tot aftrek van de rechtstreeks met de betrokken activiteit verbonden bedrijfskosten, terwijl ingezeten financiële instellingen wel voor deze aftrek in aanmerking komen, een krachtens artikel 49 EG in beginsel verboden beperking van de vrijheid van dienstverrichting vormt.

29. Volgens vaste rechtspraak van het Hof is een beperking van de vrijheid van dienstverrichting evenwel aanvaardbaar indien zij wordt gerechtvaardigd uit hoofde van dwingende redenen van algemeen belang. In dat geval is tevens vereist dat de toepassing van deze beperking geschikt is om de verwezenlijking van het nagestreefde doel te verzekeren en niet verder gaat dan noodzakelijk is om dat doel te bereiken (arrest van 18 oktober 2012, X, C-498/10, EU:C:2012:635, punt 36).

30. Derhalve dient te worden nagegaan of voor de in het hoofdgeding aan de orde zijnde beperking een rechtsgeldige rechtvaardiging kan worden gevonden in de in casu aangevoerde redenen.

31. Blijkens de verwijzingsbeslissing houdt de voor de verwijzende rechter aangevoerde rechtvaardiging verband met de toepassing, op niet-ingezeten financiële instellingen, van een voordeliger belastingtarief dan het tarief dat geldt voor ingezeten financiële instellingen.

32. Het Hof heeft evenwel herhaaldelijk geoordeeld dat een ongunstige fiscale behandeling die indruist tegen een fundamentele vrijheid, niet met het recht van de Unie verenigbaar kan worden geacht omdat er eventueel andere voordelen bestaan (zie in die zin arresten van 1 juli 2010, Dijkman en Dijkman-Lavaleije, C-233/09, EU:C:2010:397, punt 41, en 18 oktober 2012, X, C-498/10, EU:C:2012:635, punt 31).

33. Hieruit volgt dat een beperking van de vrijheid van dienstverrichting als die in het hoofdgeding niet kan worden gerechtvaardigd door de omstandigheid dat voor niet-ingezeten financiële instellingen een minder hoog belastingtarief geldt dan voor ingezeten financiële instellingen.

34. Voorts heeft de Portugese Republiek in de procedure voor het Hof aangevoerd dat de in het hoofdgeding aan de orde zijnde regeling tegelijk wordt gerechtvaardigd door de noodzaak om de evenwichtige verdeling van de heffingsbevoegdheid tussen de lidstaten te behouden, door het streven om dubbele aftrek van de betrokken bedrijfskosten te vermijden en door de noodzaak een doelmatige invordering van de belasting te waarborgen.

35. Aangaande – ten eerste – de evenwichtige verdeling van de heffingsbevoegdheid tussen de lidstaten dient eraan te worden herinnerd dat de handhaving van de verdeling van de heffingsbevoegdheid tussen de lidstaten weliswaar een door het Hof erkend legitiem doel vormt, en dat bij gebreke van door de Europese Unie vastgestelde unificatie- of harmonisatiemaatregelen de lidstaten bevoegd blijven om, door het sluiten van overeenkomsten of unilateraal, de criteria voor de verdeling van hun heffingsbevoegdheid vast te stellen teneinde dubbele belasting op te heffen (arrest van 21 mei 2015, Verder LabTec, C-657/13, EU:C:2015:331, punt 42).

36. Evenwel blijkt eveneens uit de rechtspraak van het Hof dat wanneer de lidstaten in het kader van bilaterale verdragen ter vermijding van dubbele belasting de aanknopingsfactoren ter verdeling van de heffingsbevoegdheid vaststellen, zij het gelijkheidsbeginsel en de door het primaire Unierecht gewaarborgde vrijheden van verkeer moeten eerbiedigen (zie in die zin arrest van 19 november 2015, Bukovansky, C-241/14, EU:C:2015:766, punt 37).

37. Zoals de advocaat-generaal in de punten 59 tot en met 62 van haar conclusie heeft opgemerkt, valt in casu niet in te zien waarom de verdeling van de heffingsbevoegdheid zou vereisen dat niet-ingezeten financiële instellingen op het gebied van de aftrek van de bedrijfskosten die rechtstreeks verbonden zijn met hun in die lidstaat belastbare inkomsten, minder gunstig worden behandeld dan ingezeten financiële instellingen.

38. Aangaande – ten tweede – het streven om dubbele aftrek van de bedrijfskosten te vermijden, dat in verband kan worden gebracht met de bestrijding van belastingfraude, behoeft slechts te worden opgemerkt dat de Portugese Republiek, door zonder verdere precisering te wijzen op het eventuele gevaar dat de bedrijfskosten een tweede maal kunnen worden afgetrokken in de lidstaat van vestiging van de dienstverrichter, het Hof niet in staat stelt de strekking van dat argument te beoordelen, temeer nu niet wordt aangetoond dat de uitvoering van de bepalingen van richtlijn 77/799/EEG van de Raad van 19 december 1977 betreffende de wederzijdse bijstand van de bevoegde autoriteiten van de lidstaten op het gebied van de directe belastingen en heffingen op verzekeringspremies (*PB* 1997, L 336, blz. 15), zoals gewijzigd bij richtlijn 2001/106/ EG van de Raad van 16 november 2004 (*PB* 2004, L 359, blz. 30), die ten tijde van de feiten in het hoofdgeding van kracht was, niet zou hebben volstaan om dit gevaar af te wenden (zie in die zin arrest van 24 februari 2015, Grünewald, C-559/13, EU:C:2015:109, punt 52).

39. Aangaande – ten derde – de noodzaak om een doelmatige invordering van de belastingen te waarborgen zij eraan herinnerd dat het Hof weliswaar heeft geoordeeld dat deze doelstelling een dwingende reden van algemeen belang is, die een beperking van de vrijheid van dienstverrichting kan rechtvaardigen (zie met name arresten van 3 oktober 2006, FKP Scorpio Konzertproduktionen, C-290/04, EU:C:2006:630, punten 35 en 36, en 18 oktober 2012, X, C-498/10, EU:C:2012:635, punt 39), maar in dat geval is tevens vereist dat de toepassing van deze beperking geschikt is om de verwezenlijking van het nagestreefde doel te verzekeren en niet verder gaat dan noodzakelijk is om dat doel te bereiken (arrest van 18 oktober 2012, X, C-498/10, EU:C:2012:635, punt 36).

40. Vastgesteld zij dat een beperking als die in het hoofdgeding evenwel niet noodzakelijk is om een doelmatige invordering van de IRC te verzekeren.

41. Zoals de advocaat-generaal in de punten 70 tot en met 72 van haar conclusie heeft opgemerkt, dient allereerst te worden benadrukt dat het door de Portugese Republiek aangevoerde argument dat met de toekenning aan beperkt belastingplichtigen van de mogelijkheid tot aftrek van de bedrijfskosten die rechtstreeks verbonden zijn met de op het grondgebied van die lidstaat verrichte diensten, een administratieve last voor de nationale belastingautoriteiten gepaard zou gaan, mutatis mutandis immers ook opgaat voor onbeperkt belastingplichtigen.

42. Vervolgens bestaat de extra administratieve last die eventueel op de dienstontvanger rust wanneer hij rekening moet houden met de bedrijfskosten die de dienstverrichter wenst af te trekken, enkel in een systeem waarin die aftrek moet gebeuren voordat bronbelasting wordt ingehouden, en dus kan die last worden vermeden wanneer het de dienstverrichter is toegestaan zijn recht op aftrek rechtstreeks bij de administratie te doen gelden zodra de IRC is geheven. In een dergelijk geval wordt het recht op aftrek concreet omgezet in een terugbetaling van een deel van de bronheffing.

43. Ten slotte staat het aan de dienstverrichter om te beslissen of hij het opportuun acht middelen te investeren in het opstellen en vertalen van documenten die moeten aantonen dat de bedrijfskosten die hij wenst af te trekken, reëel zijn en hoeveel zij effectief bedragen.

44. Aangaande het derde aspect van het verzoek om een prejudiciële beslissing, zijnde de vraag op welke wijze de bedrijfskosten die rechtstreeks verbonden zijn met de rente-inkomsten uit een financieringscontract als dat in het hoofdgeding, moeten worden bepaald, zij eraan herinnerd dat het Hof heeft geoordeeld dat voor zover een lidstaat voor ingezetenen de mogelijkheid toestaat om dergelijke kosten af te trekken, hij in beginsel niet mag uitsluiten dat deze kosten bij niet-ingezetenen in aanmerking worden genomen (arrest van 15 februari 2007, Centro Equestre da Lezíria Grande, C-345/04, EU:C:2007:96, punt 23).

45. Daaruit volgt dat niet-ingezetenen, wat de inaanmerkingneming van deze kosten betreft, in beginsel op dezelfde wijze moeten worden behandeld als ingezetenen en kosten van dezelfde aard als die welke ingezetenen kunnen aftrekken, moeten kunnen aftrekken.

46. Bovendien blijkt uit de rechtspraak van het Hof dat onder bedrijfskosten die rechtstreeks verbonden zijn met de inkomsten die zijn verkregen in de lidstaat van uitoefening van de activiteit, moet worden verstaan de wegens deze activiteit gemaakte kosten, die dus voor de uitoefening van deze activiteit noodzakelijk zijn (zie in die zin arrest van 24 februari 2015, Grünewald, C-559/13, EU:C:2015:109, punt 30 en aldaar aangehaalde rechtspraak).

47. Aangaande de in het hoofdgeding aan de orde zijnde dienst, te weten een kredietverstrekking, zij vastgesteld dat de verrichting van deze dienst noodzakelijkerwijs leidt tot bedrijfskosten, zoals reiskosten, verblijfskosten en kosten voor juridisch of fiscaal advies, en relatief gemakkelijk kan worden aangetoond dat deze kosten rechtstreeks verbonden zijn met de betrokken financiering en hoeveel zij daadwerkelijk bedragen. Aangezien beperkt belastingplichtigen dezelfde behandeling moeten kunnen krijgen als onbeperkt belastingplichtigen, moet hun met betrekking tot deze kosten dezelfde aftrekmogelijkheid worden toegestaan, ook al gelden voor hen dezelfde vereisten met name inzake de bewijslast.

48. Daaraan dient te worden toegevoegd dat de uitoefening van deze activiteit ook gepaard gaat met financieringskosten, die in beginsel moeten worden geacht noodzakelijk te zijn voor de uitoefening van deze activiteit, maar waarvan het rechtstreekse verband met een bepaalde kredietverstrekking of het daadwerkelijke bedrag moeilijker te bewijzen kunnen zijn. Zoals de advocaat-generaal in punt 39 van haar conclusie heeft opgemerkt, geldt diezelfde overweging voor het aandeel in de algemene kosten van de financiële instelling dat kan worden beschouwd als noodzakelijk voor een bepaalde kredietverstrekking.

49. Toch is het een lidstaat op grond van de loutere omstandigheid dat het moeilijker is dit bewijs te leveren, niet toegestaan niet-ingezetenen, beperkt belastingplichtigen, op absolute wijze een aftrek te weigeren waarvoor ingezetenen, onbeperkt belastingplichtigen, wel in aanmerking komen, aangezien niet op voorhand uit te sluiten valt dat een niet-ingezetene in staat is de relevante bewijsstukken over te leggen aan de hand waarvan de belastingautoriteiten van de lidstaat van heffing duidelijk en nauwkeurig kunnen controleren dat de bedrijfskosten die hij wenst af te trekken, reëel zijn en om welke soort kosten het gaat (zie naar analogie arresten van 27 januari 2009, Persche, C-318/07, EU:C:2009:33, punt 53, en 26 mei 2016, Kohll en Kohll-Schlesser, C-300/15, EU:C:2016:361, punt 55).

50. Niets belet namelijk de betrokken belastingautoriteiten om van de niet-ingezetene de bewijzen te verlangen die zij noodzakelijk achten om te beoordelen of is voldaan aan de in de betrokken wettelijke regeling gestelde voorwaarden voor aftrekbaarheid van de kosten, en bijgevolg of de gevraagde aftrek al dan niet moet worden toegestaan (zie naar analogie arresten van 27 januari 2009, Persche, C-318/07, EU:C:2009:33, punt 54, en 26 mei 2016, Kohll en Kohll-Schlesser, C-300/15, EU:C:2016:361, punt 56).

51. Binnen deze context dient te worden vastgesteld dat de Portugese regering geenszins heeft toegelicht wat zich ertegen zou kunnen verzetten dat de nationale belastingautoriteiten rekening houden met de door niet-ingezeten financiële instellingen overgelegde bewijsstukken.

52. Het staat aan de verwijzende rechter, bij wie het hoofdgeding aanhangig is en die verantwoordelijk is voor de te geven rechterlijke beslissing, om in het kader van dit geding na te gaan welke van de door KBC opgevoerde kosten kunnen worden beschouwd als bedrijfskosten die rechtstreeks verbonden zijn met de betrokken financiële activiteit, in de zin van de nationale wetgeving, alsmede welk aandeel in de algemene kosten kan worden beschouwd als rechtstreeks verbonden met die activiteit (zie naar analogie arrest van 15 februari 2007, Centro Equestre da Lezíria Grande, C-345/04, EU:C:2007:96, punt 26).

53. In dit verband zij daaraan toegevoegd dat, tenzij ingezeten financiële instellingen overeenkomstig de nationale wetgeving de gemaakte financieringskosten kunnen berekenen aan de hand van de rentetarieven waarover de verwijzende rechter het heeft in zijn derde prejudiciële vraag, deze rechter in een situatie als in het hoofdgeding niet met deze tarieven rekening kan houden.

54. Deze tarieven zijn immers slechts gemiddelde tarieven die gelden voor interbancaire financieringen en stemmen niet overeen met de daadwerkelijk gemaakte financieringskosten. Zoals blijkt uit het aan het Hof overgelegde dossier, werd het in het hoofdgeding verstrekte krediet niet uitsluitend gefinancierd met middelen die zijn opgenomen bij de moedervennootschap van KBC en andere banken, maar ook met middelen die afkomstig zijn van deposito's van klanten van KBC.

55. Gelet op alle voorgaande overwegingen moeten de prejudiciële vragen derhalve worden beantwoord als volgt:

– artikel 49 EG verzet zich niet tegen een nationale wettelijke regeling op grond waarvan een bronbelasting wordt ingehouden op de vergoeding van niet-ingezeten financiële instellingen in de lidstaat waarin de diensten zijn verricht, terwijl de vergoeding die is betaald aan financiële instellingen die ingezetenen van die lidstaat zijn, niet aan deze bronbelasting is onderworpen, op voorwaarde dat de toepassing van de bronheffing op niet-ingezeten financiële instellingen gerechtvaardigd is uit hoofde van een dwingende reden van algemeen belang en niet verder gaat dan noodzakelijk is om de nagestreefde doelstelling te bereiken;

– artikel 49 EG verzet zich tegen een nationale wettelijke regeling als die in het hoofdgeding, volgens welke niet-ingezeten financiële instellingen in de regel worden belast over de in de betrokken lidstaat verkregen renteinkomsten zonder mogelijkheid tot aftrek van de rechtstreeks met de betrokken activiteit verbonden bedrijfskosten, terwijl ingezeten financiële instellingen wel voor deze aftrek in aanmerking komen;

– het staat aan de nationale rechter om op basis van zijn nationaal recht te beoordelen welke bedrijfskosten kunnen worden geacht rechtstreeks verbonden te zijn met de betrokken activiteit.

Kosten

56. ...

Het Hof (Vijfde kamer)

verklaart voor recht:

Artikel 49 EG verzet zich niet tegen een nationale wettelijke regeling op grond waarvan een bronbelasting wordt ingehouden op de vergoeding van niet-ingezeten financiële instellingen in de lidstaat waarin de diensten zijn verricht, terwijl de vergoeding die is betaald aan financiële instellingen die ingezetenen van die lidstaat zijn, niet aan deze bronbelasting is onderworpen, op voorwaarde dat de toepassing van de bronheffing op niet-ingezeten financiële instellingen gerechtvaardigd is uit hoofde van een dwingende reden van algemeen belang en niet verder gaat dan noodzakelijk is om de nagestreefde doelstelling te bereiken.

Artikel 49 EG verzet zich tegen een nationale wettelijke regeling als die in het hoofdgeding, volgens welke niet-ingezeten financiële instellingen in de regel worden belast over de in de betrokken lidstaat verkregen rente-inkomsten zonder mogelijkheid tot aftrek van de rechtstreeks met de betrokken activiteit verbonden bedrijfskosten, terwijl ingezeten financiële instellingen wel voor deze aftrek in aanmerking komen.

Het staat aan de nationale rechter om op basis van zijn nationaal recht te beoordelen welke bedrijfskosten kunnen worden geacht rechtstreeks verbonden te zijn met de betrokken activiteit.

HvJ EU 21 september 2016, zaak C-478/15 (Peter Radgen, Lilian Radgen v. Finanzamt Ettlingen)

Zesde kamer: *A. Arabadjiev, kamerpresident, C. G. Fernlund (rapporteur) en E. Regan, rechters*

Advocaat-generaal: *M. Wathelet*

1. Het verzoek om een prejudiciële beslissing betreft de uitlegging van de Overeenkomst tussen de Europese Gemeenschap en haar lidstaten, enerzijds, en de Zwitserse Bondsstaat, anderzijds, over het vrije verkeer van personen, ondertekend te Luxemburg op 21 juni 1999 (*PB* 2002, L 114, blz. 6; hierna: 'Overeenkomst over het vrije verkeer van personen').

2. Dit verzoek is ingediend in het kader van een geding tussen enerzijds Peter Radgen en zijn echtgenote Lilian Radgen (hierna samen: 'echtpaar Radgen'), Duitse staatsburgers en ingezetenen, en anderzijds het Finanzamt Ettlingen (belastingdienst Ettlingen, Duitsland; hierna: 'belastingdienst') over de weigering van deze dienst om voor de van de inkomstenbelasting vrijgestelde inkomsten over belastingjaar 2009 rekening te houden met de inkomsten die Peter Radgen heeft ontvangen voor een onderwijsactiviteit die hij als nevenberoep heeft uitgeoefend in dienst van een in Zwitserland gevestigde publiekrechtelijke instelling.

Toepasselijke bepalingen

Unierecht

3. De Europese Gemeenschap en haar lidstaten, enerzijds, en de Zwitserse Bondsstaat, anderzijds, hebben op 21 juni 1999 zeven overeenkomsten gesloten, waaronder de Overeenkomst over het vrije verkeer van personen. Deze overeenkomsten werden bij besluit 2002/309/EG, Euratom van de Raad en, wat betreft de overeenkomst inzake Wetenschappelpke en Technologische samenwerking, van de Commissie van 4 april 2002 betreffende de sluiting van zeven overeenkomsten met de Zwitserse Bondsstaat (*PB* 2002, L 114, blz. 1) in naam van de Gemeenschap goedgekeurd en zij zijn op 1 juni 2002 in werking getreden.

4. In de preambule van de Overeenkomst over het vrije verkeer van personen verklaren de overeenkomstsluitende partijen zich vastbesloten om het vrije onderlinge verkeer van personen tot stand te brengen, daarbij uitgaande van de bepalingen die in de Europese Gemeenschap worden toegepast'.

5. Artikel 1 van deze Overeenkomst bepaalt:

'Deze Overeenkomst beoogt met betrekking tot onderdanen van de lidstaten van de Europese Gemeenschap en van Zwitserland het volgende:

a. het toekennen van het recht op toegang tot het grondgebied van de overeenkomstsluitende partijen en op het verblijf, de toegang tot een economische activiteit in loondienst, de vestiging als zelfstandige, alsmede op voortzetting van het verblijf op dit grondgebied;

[...]

d. het toekennen van dezelfde levensomstandigheden, arbeidsvoorwaarden en arbeidsomstandigheden als die welke voor de eigen onderdanen gelden.'

6. Artikel 2 van deze Overeenkomst, met als opschrift 'Non-discriminatie', luidt:

'Onderdanen van een der overeenkomstsluitende partijen die legaal verblijven op het grondgebied van een andere overeenkomstsluitende partij ondervinden bij de toepassing van deze overeenkomst en overeenkomstig het bepaalde in de bijlagen I, II en III, geen discriminatie op grond van hun nationaliteit.'

7. Artikel 4 van diezelfde Overeenkomst, met als opschrift 'Recht op verblijf en op toegang tot een economische activiteit', luidt:

'Het recht op verblijf en op toegang tot een economische activiteit wordt gewaarborgd [...] overeenkomstig het bepaalde in bijlage I.'

8. Artikel 11, lid 1, van de Overeenkomst over het vrije verkeer van personen, met als opschrift 'Behandeling van beroep', verleent de personen op wie deze Overeenkomst van toepassing is, het recht bij de bevoegde autoriteiten beroep aan te tekenen met betrekking tot de toepassing van de bepalingen ervan.

9. Volgens artikel 15 van de Overeenkomst over het vrije verkeer van personen vormen de bijlagen en protocollen bij deze Overeenkomst daarvan een integrerend onderdeel.

10. Artikel 16 van deze Overeenkomst, met als opschrift 'Verwijzing naar het Gemeenschapsrecht', bepaalt in lid 2:

'Voor zover de toepassing van deze Overeenkomst begrippen van het Gemeenschapsrecht beroert, wordt de desbetreffende jurisprudentie van het Hof van Justitie van de Europese Gemeenschappen die vóór de datum van ondertekening van de Overeenkomst tot stand is gekomen in aanmerking genomen. Jurisprudentie die na de ondertekening van de Overeenkomst tot stand komt wordt ter kennis gebracht van Zwitserland. Met het oog op de goede werking van de Overeenkomst bepaalt het Gemengd Comité op verzoek van een der overeenkomstsluitende partijen welke de implicaties van deze jurisprudentie zijn.'

11. Artikel 21 van deze Overeenkomst, met als opschrift 'Verband met bilaterale overeenkomsten inzake dubbele belastingheffing', bepaalt:

'1. Aan het bepaalde in bilaterale overeenkomsten tussen Zwitserland en de lidstaten van de Europese Gemeenschap inzake dubbele belastingheffing wordt geen afbreuk gedaan door het bepaalde in de onderhavige Overeenkomst. Het bepaalde in de onderhavige Overeenkomst heeft met name geen gevolgen voor de definitie van het begrip ,grensarbeider' volgens overeenkomsten inzake dubbele belastingheffing.

2. Geen van de bepalingen van deze Overeenkomst kan worden geïnterpreteerd als een beletsel voor de overeenkomstsluitende partijen om bij de toepassing van de desbetreffende bepalingen van hun fiscale wetgeving onderscheid te maken tussen belastingplichtigen die zich in verschillende situaties bevinden, met name wat hun woonplaats betreft.

[...]'

12. Bijlage I bij diezelfde Overeenkomst is gewijd aan het vrije verkeer van personen en hoofdstuk II van deze bijlage bevat de bepalingen betreffende de werknemers in loondienst.

13. Artikel 6 van deze bijlage, met als opschrift 'Regels betreffende het verblijf', bepaalt in lid 1 dat '[a]an werknemers in loondienst die onderdaan zijn van een overeenkomstsluitende partij (hierna: ,werknemers' genoemd) en die gedurende ten minste één jaar werkzaam zijn bij een werkgever in het ontvangende land, [...] een verblijfsvergunning [wordt] verstrekt met een geldigheidsduur van ten minste vijf jaar vanaf de datum van afgifte. [...]' Lid 2 van dat artikel betreft de verblijfsvergunning die wordt uitgereikt aan werknemers die minder dan één jaar werkzaam zijn geweest. De leden 3 tot en met 7 van dat artikel bevatten procedurevoorschriften betreffende het recht op verblijf van de werknemers.

14. Ingevolge artikel 7, lid 1, van diezelfde bijlage is '[e]en grensarbeider [...] een onderdaan van een overeenkomstsluitende partij wiens woonplaats gelegen is op het grondgebied van een overeenkomstsluitende partij, en die in loondienst werkzaam is op het grondgebied van de andere overeenkomstsluitende partij, waarbij de betrokkene in beginsel iedere dag naar zijn of haar woning terugkeert, of ten minste eenmaal per week'.

15. Artikel 9 van bijlage I bij de Overeenkomst over het vrije verkeer van personen, met als opschrift 'Gelijke behandeling', bepaalt in de leden 1 en 2:

'1. Ten aanzien van de arbeidsvoorwaarden, met name op het gebied van bezoldiging, ontslag en herintreding en herplaatsing na een periode van werkloosheid, mogen werknemers die onderdaan zijn van een overeenkomstsluitende partij op het grondgebied van de andere overeenkomstsluitende partij niet op grond van hun nationaliteit anders worden behandeld dan nationale werknemers.

2. Werknemers in loondienst en hun in artikel 3 van deze bijlage bedoelde gezinsleden genieten op het grondgebied van de andere overeenkomstsluitende partij dezelfde fiscale en sociale voordelen als nationale werknemers en hun gezinsleden.'

16. Hoofdstuk III van bijlage I bij deze Overeenkomst, met als opschrift 'Zelfstandigen', bevat bepalingen betreffende de onderdanen van een overeenkomstsluitende partij die anders dan in loondienst een activiteit uitoefenen.

Duits recht

17. Overeenkomstig § 1, lid 1, van het Einkommensteuergesetz (wet op de inkomstenbelasting, *BGBl.* 2002 I, blz. 4212), zoals gewijzigd bij de jaarlijkse financieringswet van 19 december 2008 betreffende aanslagjaar 2009 (*BGBl.* 2009 I, blz. 2794) (hierna: 'EStG'), zijn natuurlijke personen met woonplaats of gewoonlijke verblijfplaats op het Duitse grondgebied, onbeperkt belastingplichtig in de inkomstenbelasting.

18. § 3, punt 26, EStG bepaalt dat inkomsten uit een bijkomende beroepsactiviteit als trainer, leerkracht, opvoeder, verzorger of vergelijkbare activiteiten die als nevenberoep worden uitgeoefend in dienst of in opdracht van een publiekrechtelijke rechtspersoon die is gevestigd in een lidstaat van de Europese Unie of in een Staat die partij is bij de Overeenkomst betreffende de Europese Economische Ruimte van 2 mei 1992 (*PB* 1994, L 1, blz. 3; hierna: 'EER-Overeenkomst'), van belasting zijn vrijgesteld tot een maximumbedrag van 2 100 EUR per jaar.

Hoofdgeding en prejudiciële vraag

19. Uit het aan het Hof overgelegde dossier blijkt dat Peter en Lilian Radgen Duitse staatsburgers zijn en in Duitsland wonen. Dit echtpaar wordt in de inkomstenbelasting in deze lidstaat gezamenlijk belast. Uit dat dossier blijkt voorts dat Peter Radgen in deze lidstaat onbeperkt belastingplichtig is in de inkomstenbelasting.

20. In 2009 heeft Peter Radgen als nevenberoep een onderwijsactiviteit uitgeoefend in een publiekrechtelijke instelling in Zwitserland. Deze onderwijsactiviteit was geregeld in een arbeidsovereenkomst tussen Peter Radgen en deze instelling. Om zijn colleges te geven verplaatste Peter Radgen zich naar Zürich (Zwitserland) en vervolgens keerde hij naar Duitsland terug. Voor die activiteit heeft hij 4 095 Zwitserse Frank (CHF) (ongeveer 2 702 EUR) ontvangen. Het echtpaar Radgen was van mening dat deze vergoeding was vrijgesteld ingevolge § 3, punt 26, EStG.

21. In zijn aanslag over de inkomsten voor 2009 heeft de belastingdienst over dat bedrag inkomstenbelasting geheven, na van het voor die belasting verschuldigde bedrag de door de Zwitserse belastingdienst ingehouden bronbelasting of 121,44 EUR te hebben afgetrokken.

22. Het echtpaar Radgen heeft bezwaar tegen deze aanslag gemaakt. De belastingdienst heeft dat bezwaar ongegrond verklaard omdat de weigering om de vrijstelling van § 3, punt 26, EStG toe te passen geen inbreuk op de Overeenkomst over het vrije verkeer van personen oplevert.

23. Het echtpaar Radgen heeft beroep ingesteld bij de verwijzende rechter, het Finanzgericht Badem-Württemberg (belastingrechter van de deelstaat Badem-Württemberg, Duitsland). De verwijzende rechter, die Peter Radgen beschouwt als een werknemer die een grensarbeider is in de zin van artikel 7, lid 1, van bijlage I bij de Overeenkomst over het vrije verkeer van personen, vraagt zich af of de in het arrest van 18 december 2007, Jundt (C-281/06, EU:C:2007:816), geformuleerde beginselen ook in het kader van deze Overeenkomst kunnen worden toegepast.

24. In dit verband benadrukt deze rechter dat het naar Duits belastingrecht geen verschil maakt of de activiteit waarvoor de vrijstelling wordt gevraagd, wordt uitgeoefend door een zelfstandige dan wel een werknemer. Bovendien is deze rechter van oordeel dat ook al is het arrest van 18 december 2007, Jundt (C-281/06, EU:C:2007:816), uitgesproken na de ondertekening van deze Overeenkomst, in dat arrest enkel de stand van het recht van vóór de ondertekening van deze Overeenkomst wordt verduidelijkt.

25. Tegen deze achtergrond heeft het Finanzgericht Baden-Württemberg de behandeling van de zaak geschorst en het Hof verzocht om een prejudiciële beslissing over de volgende vraag:

> 'Moeten de bepalingen van de Overeenkomst over het vrije verkeer van personen, inzonderheid de preambule, de artikelen 1, 2, 4, 11, 16 en 21 alsmede de artikelen 7, 9 en 15 van bijlage I, aldus worden uitgelegd dat zij zich verzetten tegen een regeling van een lidstaat volgens welke een in deze lidstaat onbeperkt belastingplichtige de aftrek van een belastingvrije som voor een onderwijsactiviteit die hij als nevenberoep uitoefent, wordt geweigerd omdat deze activiteit niet wordt uitgeoefend in dienst of in opdracht van een publiekrechtelijke rechtspersoon die is gevestigd in een lidstaat van de Unie of in een Staat die partij is bij de EER-Overeenkomst, doch in dienst of in opdracht van een in de Zwitserse Bondsstaat gevestigde publiekrechtelijke rechtspersoon?'

Beantwoording van de prejudiciële vraag

Ontvankelijkheid

26. In de eerste plaats stellen de Duitse regering en de Europese Commissie dat de uitlegging van artikel 11 van de Overeenkomst over het vrije verkeer van personen betreffende de behandeling van beroep en de uitlegging van artikel 15 van bijlage I bij deze Overeenkomst betreffende de zelfstandige niet relevant zijn voor de beslechting van het bij de verwijzende rechter aanhangige geding.

27. Volgens vaste rechtspraak van het Hof rust een vermoeden van relevantie op de vragen betreffende de uitlegging van het Unierecht die de nationale rechter heeft gesteld binnen het onder zijn eigen verantwoordelijkheid geschetste wettelijke en feitelijke kader, ten aanzien waarvan het niet aan het Hof is de juistheid te onderzoeken. Het Hof kan slechts weigeren uitspraak te doen op een verzoek van een nationale rechter wanneer duidelijk blijkt dat de gevraagde uitlegging van het Unierecht geen verband houdt met een reëel geschil of met het voorwerp van het hoofdgeding, wanneer het vraagstuk van hypothetische aard is of wanneer het Hof niet beschikt over de gegevens, feitelijk en rechtens, die noodzakelijk zijn om een zinvol antwoord te geven op de gestelde vragen (arrest van 7 april 2016, KA Finanz, C-483/14, EU:C:2016:205, punt 41 en aldaar aangehaalde rechtspraak).

28. In casu volgt uit artikel 11 van de Overeenkomst over het vrije verkeer van personen dat dit artikel de personen op wie deze Overeenkomst van toepassing is, het recht waarborgt om bij de bevoegde autoriteiten beroep aan te tekenen met betrekking tot de toepassing van de bepalingen van deze Overeenkomst. Uit het aan het Hof overgelegde dossier blijkt evenwel niet dat het echtpaar Radgen dat recht is geweigerd.

29. Bovendien staat vast dat de door P. Radgen in Zwitserland uitgeoefende activiteit een activiteit in loondienst is. Aangezien artikel 15 van bijlage I bij de Overeenkomst over het vrije verkeer van personen van toepassing is op zelfstandigen, dat wil zeggen personen die een activiteit anders dan in loondienst uitoefenen, valt P. Radgen niet binnen de werkingssfeer van dat artikel.

30. Bijgevolg blijkt duidelijk dat de uitlegging van artikel 11 van de Overeenkomst over het vrije verkeer van personen en de uitlegging van artikel 15 van bijlage I bij deze Overeenkomst niet relevant zijn voor de beslechting van het bij de verwijzende rechter aanhangige geding. Bijgevolg is de prejudiciële vraag niet-ontvankelijk voor zover zij de uitlegging van deze bepalingen betreft.

31. In de tweede plaats is de Duitse regering van mening dat P. Radgen niet kan worden aangemerkt als een 'grensarbeider' in de zin van artikel 7 van bijlage I bij de Overeenkomst over het vrije verkeer van personen. Deze regering stelt daarentegen niet dat P. Radgen voor de uitoefening van de betrokken activiteit in loondienst geen gebruik heeft gemaakt van zijn recht op vrij verkeer.

32. Zoals blijkt uit punt 27 van dit arrest, is het de verantwoordelijkheid van de nationale rechter om het feitelijke en wettelijke kader van het bij hem aanhangig gemaakte geding te schetsen. Daar de verwijzende rechter P. Radgen ondubbelzinnig heeft aangemerkt als een 'grensarbeider' in de zin van artikel 7 van bijlage I bij deze Overeenkomst, dient het Hof uit te gaan van de premisse dat P. Radgen die hoedanigheid bezit.

33. Aangezien vaststaat dat P. Radgen van zijn recht op vrij verkeer gebruik heeft gemaakt om een activiteit in loondienst uit te oefenen op het grondgebied van een andere overeenkomstsluitende partij bij de Overeenkomst over het vrije verkeer van personen, met name de Zwitserse Bondsstaat, blijkt de gevraagde uitlegging van de bepalingen van deze Overeenkomst betreffende de gelijke behandeling van werknemers in geen geval hypothetisch te zijn, zodat de prejudiciële vraag ontvankelijk is, voor zover zij deze uitlegging betreft.

34. De Overeenkomst over het vrije verkeer van personen maakt immers in slechts één artikel, in casu artikel 7 van bijlage I ervan, een onderscheid voor grensarbeiders, en dit met een bijzonder oogmerk, namelijk – zoals voortvloeit uit dat artikel 7 juncto artikel 6 van deze bijlage – om inzake het recht op verblijf voor hen gunstigere voorwaarden vast te stellen in vergelijking met de voorwaarden die gelden voor andere werknemers die binnen de werkingssfeer van deze Overeenkomst vallen (zie in die zin arrest van 22 december 2008, Stamm en Hauser, C-13/08, EU:C:2008:774, punt 39).

Ten gronde

35. Met zijn vraag wenst de verwijzende rechter in wezen te vernemen of de bepalingen van de Overeenkomst over het vrije verkeer van personen betreffende de gelijke behandeling van werknemers aldus moeten worden uitgelegd dat zij zich verzetten tegen een wettelijke regeling van een lidstaat als die in het hoofdgeding, volgens welke een in de inkomstenbelasting onbeperkt belastingplichtige ingezeten onderdaan die van zijn recht op vrij verkeer gebruik heeft gemaakt om in dienst van een in Zwitserland gevestigde publiekrechtelijke rechtspersoon als nevenberoep een onderwijsactiviteit in loondienst uit te oefenen, de vrijstelling van belasting voor de uit deze activiteit in loondienst verkregen inkomsten wordt geweigerd, hoewel deze vrijstelling zou worden toegekend indien deze activiteit zou zijn uitgeoefend in dienst van een publiekrechtelijke rechtspersoon die gevestigd is in deze lidstaat, een andere lidstaat of een andere Staat die partij is bij de EER-Overeenkomst.

36. Zoals uit de preambule, artikel 1 en artikel 16, lid 2, van de Overeenkomst over het vrije verkeer van personen blijkt, beoogt deze Overeenkomst ten behoeve van de onderdanen van de Unie en die van de Zwitserse Bondsstaat het vrije verkeer van personen op het grondgebied van de overeenkomstsluitende partijen tot stand te brengen, uitgaande van de in de Unie toepasselijke bepalingen, waarvan de begrippen moeten worden uitgelegd overeenkomstig de rechtspraak van het Hof (arrest van 19 november 2015, Bukovansky, C-241/14, EU:C:2015:766, punt 40).

37. Dienaangaande zij opgemerkt dat deze doelstelling, krachtens artikel 1, onder a) en d), van deze Overeenkomst, het doel omvat om deze onderdanen onder meer een recht op toegang, verblijf, toegang tot een economische activiteit in loondienst alsmede dezelfde levensomstandigheden, arbeidsvoorwaarden en arbeidsomstandigheden toe te kennen.

38. Zo waarborgt artikel 4 van de Overeenkomst over het vrije verkeer van personen het recht op toegang tot een economische activiteit overeenkomstig de bepalingen van bijlage I bij deze Overeenkomst, waarbij hoofdstuk II van deze bijlage bepalingen betreffende het vrije verkeer en inzonderheid de gelijke behandeling van werknemers bevat.

39. In deze context zij eraan herinnerd dat artikel 9 van bijlage I van de Overeenkomst over het vrije verkeer van personen, met als opschrift 'Gelijke behandeling', de toepassing van het in artikel 2 van deze Overeenkomst vastgelegde beginsel van non-discriminatie waarborgt op het gebied van het vrije verkeer van werknemers (arrest van 19 november 2015, Bukovansky, C-241/14, EU:C:2015:766, punt 47).

40. Dat artikel 9 bevat in lid 2 een specifieke regel die ertoe strekt een werknemer in loondienst en zijn gezinsleden in aanmerking te doen komen voor dezelfde fiscale en sociale voordelen als nationale werknemers en hun gezinsleden. Op het gebied van belastingvoordelen heeft het Hof reeds geoordeeld dat het in deze bepaling vastgelegde beginsel van gelijke behandeling door een werknemer die onderdaan is van een overeenkomstsluitende

partij en die zijn recht op vrij verkeer heeft uitgeoefend, tegen zijn land van oorsprong kan worden ingeroepen (arrest van 19 november 2015, Bukovansky, C-241/14, EU:C:2015:766, punt 36 en aldaar aangehaalde rechtspraak).

41. In het hoofdgeding staat vast, zoals in punt 33 van dit arrest is aangegeven, dat P. Radgen van zijn recht op vrij verkeer gebruik heeft gemaakt door een activiteit in loondienst uit te oefenen op het grondgebied van de Zwitserse Bondsstaat. Bijgevolg valt hij binnen de werkingssfeer van hoofdstuk II van bijlage I bij de Overeenkomst over het vrije verkeer van personen en kan hij zich jegens zijn land van oorsprong beroepen op artikel 9 van hoofdstuk II van deze bijlage.

42. Derhalve dient te worden nagegaan of P. Radgen een fiscaal nadeel heeft ondervonden in vergelijking met andere ingezeten Duitse onderdanen die een activiteit in loondienst uitoefenen welke vergelijkbaar is met de zijne, en die anders dan hem deze activiteit uitoefenen in dienst van een publiekrechtelijke rechtspersoon die gevestigd is op het nationale grondgebied, in een andere lidstaat van de Unie of in een andere Staat die partij is bij de EER-Overeenkomst.

43. In casu behoeft slechts te worden vastgesteld dat de in het hoofdgeding aan de orde zijnde nationale wettelijke regeling, volgens welke Duitse ingezeten belastingplichtigen die als nevenberoep een onderwijsactiviteit uitoefenen in dienst van een in Zwitserland gevestigde publiekrechtelijke rechtspersoon, de vrijstelling van de inkomstenbelasting voor de uit deze activiteit in loondienst verkregen inkomsten wordt geweigerd, hoewel deze vrijstelling zou worden toegekend indien deze activiteit zou worden uitgeoefend in dienst van een publiekrechtelijke rechtspersoon die is gevestigd op het nationale grondgebied, in een andere lidstaat van de Unie of in een andere Staat die partij is bij de EER-Overeenkomst, tussen Duitse ingezeten belastingplichtigen een verschil in fiscale behandeling in het leven roept naargelang de herkomst van hun inkomsten.

44. Dit verschil in behandeling kan Duitse ingezeten belastingplichtigen ervan afhouden hun recht op vrij verkeer uit te oefenen door een onderwijsactiviteit in loondienst uit te oefenen op het Zwitserse grondgebied terwijl zij in hun woonstaat blijven wonen, en vormt bijgevolg een ongelijke behandeling die in beginsel in strijd is met artikel 9, lid 2, van bijlage I bij de Overeenkomst over het vrije verkeer van personen.

45. Niettemin dient ook rekening te worden gehouden met, ten eerste, artikel 21, lid 2, van deze Overeenkomst, op grond waarvan op fiscaal vlak onderscheid kan worden gemaakt tussen belastingplichtigen die zich niet in een vergelijkbare situatie bevinden, met name wat hun woonplaats betreft.

46. Ten tweede volgt uit vaste rechtspraak van het Hof betreffende de door het Verdrag gewaarborgde vrijheid van verkeer dat, wanneer belastingplichtigen zich in een vergelijkbare situatie bevinden, een verschil in behandeling nog gerechtvaardigd kan zijn om dwingende redenen van algemeen belang. In dat geval moet dat verschil bovendien geschikt zijn om het nagestreefde doel te verwezenlijken en mag het niet verder gaan dan nodig is voor het bereiken van dat doel (zie onder meer arresten van 31 maart 1993, Kraus, C-19/92, EU:C:1993:125, punt 32 en aldaar aangehaalde rechtspraak, en 16 maart 2010, Olympique Lyonnais, C-325/08, EU:C:2010:143, punt 38 en aldaar aangehaalde rechtspraak).

47. Aangezien het gelijkheidsbeginsel een begrip van Unierecht vormt (arrest van 6 oktober 2011, Graf en Engel, C-506/10, EU:C:2011:643, punt 26), dient teneinde te bepalen of eventueel sprake is van een ongelijke behandeling in het kader van de Overeenkomst over het vrije verkeer van personen, – zoals volgt uit punt 36 van het onderhavige arrest – naar analogie te worden verwezen naar de beginselen die zijn ontwikkeld in de rechtspraak van het Hof waarnaar in het vorige punt van het onderhavige arrest is verwezen.

48. In casu dient te worden vastgesteld dat niet wordt aangevoerd dat Duitse ingezeten belastingplichtigen die als nevenberoep een onderwijsactiviteit in loondienst uitoefenen op het Zwitserse grondgebied, zich wat de inkomstenbelasting betreft niet bevinden in een situatie die vergelijkbaar is met die van Duitse ingezeten belastingplichtigen aan wie de in het hoofdgeding aan de orde zijnde vrijstelling wordt toegekend.

49. De ongelijke behandeling kan dus enkel worden gerechtvaardigd om dwingende redenen van algemeen belang. In dat geval moet deze ongelijke behandeling bovendien geschikt zijn om het nagestreefde doel te verwezenlijken en mag zij niet verder gaan dan nodig is voor het bereiken van dat doel.

50. Dienaangaande zij opgemerkt dat het Hof in zijn arrest van 18 december 2007, Jundt (C-281/06, EU:C:2007:816), met betrekking tot natuurlijke personen die van hun vrijheid van verkeer gebruik hadden gemaakt door als nevenberoep een zelfstandige onderwijsactiviteit uit te oefenen bij een in een andere lidstaat gevestigde universiteit terwijl zij in hun woonstaat bleven wonen, heeft onderzocht of het verboden verschil in behandeling, tussen deze personen en zij die een dergelijke activiteit op het nationale grondgebied uitoefenen, zoals dat voortvloeide uit § 3, punt 26, EStG, kon worden gerechtvaardigd om dwingende redenen van algemeen belang.

51. Het Hof heeft in de punten 63 en 64 van het arrest van 18 december 2007, Jundt (C-281/06, EU:C:2007:816), geoordeeld dat een dergelijk verschil in behandeling niet kon worden gerechtvaardigd om de dwingende reden van algemeen belang die verband houdt met de bevordering van onderwijs, onderzoek en ontwikkeling, aangezien een dergelijk verschil inbreuk maakt op de vrijheid van leraren die deze beroepsactiviteit als nevenberoep

uitoefenen, om binnen de Unie de plaats te kiezen waar zij hun diensten wensen te verrichten, zonder dat was aangetoond dat het ter bereiking van het aangevoerde doel van bevordering van het onderwijs noodzakelijk was om de betrokken belastingvrijstelling voor te behouden aan belastingplichtigen die een soortgelijke activiteit uitoefenen aan op het nationale grondgebied gevestigde universiteiten.

52. Ook een rechtvaardiging op grond van een dwingende reden van algemeen belang die verband houdt met de noodzaak om de samenhang van het Duitse belastingstelsel te waarborgen, heeft het Hof in de punten 69 tot en met 71 van dat arrest van de hand gewezen omdat uit het oogpunt van het belastingstelsel geen rechtstreeks verband bestond tussen de belastingvrijstelling voor de door nationale universiteiten uitgekeerde vergoedingen voor beroepsonkosten en een compensatie van dit voordeel door een bepaalde fiscale heffing.

53. Ten slotte heeft het Hof in de punten 83 tot en met 88 van dat arrest gepreciseerd dat de in § 3, punt 26, EStG voorziene belastingvrijstelling geen maatregel is die betrekking heeft op de inhoud van het onderwijs of op de opzet van het onderwijsstelsel, doch een fiscale maatregel van algemene aard die een belastingvoordeel verleent wanneer een particulier zich bezighoudt met activiteiten die de gemeenschap ten goede komen. Bovendien moeten de lidstaten bij de uitoefening van de bevoegdheid en de verantwoordelijkheid waarover zij voor de opzet van hun onderwijsstelsel beschikken, in ieder geval de verdragsbepalingen inzake de vrijheid van verkeer eerbiedigen. Bijgevolg is een nationale wettelijke regeling, ook al houdt zij verband met de opzet van het onderwijsstelsel, onverenigbaar met het Verdrag voor zover leraren die deze activiteit als nevenberoep uitoefenen, worden belemmerd in hun keuze van de plaats waar zij hun diensten verrichten.

54. Deze overwegingen kunnen worden toegepast op een situatie als in het hoofdgeding. Het feit dat de betrokken activiteit wordt uitgeoefend als zelfstandige, zoals in de zaak die heeft geleid tot het arrest van 18 december 2007, Jundt (C-281/06, EU:C:2007:816), of in loondienst, zoals in casu, is immers niet van doorslaggevend belang. De betrokken belastingwetgeving, in casu § 3, punt 26, EStG, kan daarentegen zowel in het ene als in het andere geval ingezeten belastingplichtigen die een onderwijsactiviteit als nevenberoep uitoefenen, belemmeren in hun keuze van de plaats waar zij deze activiteit uitoefenen.

55. Deze overwegingen zijn ook in overeenstemming met het doel van de Overeenkomst over het vrije verkeer van personen, dat – aldus de preambule ervan – erin bestaat voor de onderdanen van de Unie en van de Zwitserse Bondsstaat het vrije verkeer van personen op het grondgebied van de overeenkomstsluitende partijen tot stand te brengen, uitgaande van de bepalingen die in de Unie worden toegepast.

56. Een nationale belastingwetgeving als die in het hoofdgeding, volgens welke ingezeten belastingplichtigen die van hun recht op vrij verkeer gebruik hebben gemaakt door als nevenberoep een onderwijsactiviteit in loondienst uit te oefenen in dienst van een op het Zwitserse grondgebied gevestigde rechtspersoon, een vrijstelling wordt geweigerd wegens de plaats waar zij deze activiteit uitoefenen, roept bijgevolg een ongerechtvaardigde ongelijke behandeling in het leven en is bijgevolg in strijd met artikel 9, lid 2, van bijlage I bij de Overeenkomst over het vrije verkeer van personen.

57. Gelet op een en ander dient op de prejudiciële vraag te worden geantwoord dat de bepalingen van de Overeenkomst over het vrije verkeer van personen betreffende de gelijke behandeling van werknemers aldus moeten worden uitgelegd dat zij zich verzetten tegen een wettelijke regeling van een lidstaat als die in het hoofdgeding, volgens welke een in de inkomstenbelasting onbeperkt belastingplichtige ingezeten onderdaan die van zijn recht op vrij verkeer gebruik heeft gemaakt om in dienst van een in Zwitserland gevestigde publiekrechtelijke rechtspersoon als nevenberoep een onderwijsactiviteit in loondienst uit te oefenen, de vrijstelling van belasting voor de uit deze activiteit in loondienst verkregen inkomsten wordt geweigerd, hoewel deze vrijstelling zou worden toegekend indien deze activiteit zou worden uitgeoefend in dienst van een publiekrechtelijke rechtspersoon die gevestigd is in deze lidstaat, een andere lidstaat van de Unie of een andere Staat die partij is bij de EER-Overeenkomst.

Kosten

58. ...

Het Hof (Zesde kamer)

verklaart voor recht:

De bepalingen van de Overeenkomst tussen de Europese Gemeenschap en haar lidstaten, enerzijds, en de Zwitserse Bondsstaat, anderzijds, over het vrije verkeer van personen, ondertekend te Luxemburg op 21 juni 1999, betreffende de gelijke behandeling van werknemers moeten aldus worden uitgelegd dat zij zich verzetten tegen een wettelijke regeling van een lidstaat als die in het hoofdgeding, volgens welke een in de inkomstenbelasting onbeperkt belastingplichtige ingezeten onderdaan die van zijn recht op vrij verkeer gebruik heeft gemaakt om in dienst van een in Zwitserland gevestigde publiekrechtelijke rechtspersoon als nevenberoep een onderwijsactiviteit in loondienst uit te oefenen, de vrijstelling van belasting voor de uit deze activiteit in loon-

dienst verkregen inkomsten wordt geweigerd, hoewel deze vrijstelling zou worden toegekend indien deze activiteit zou worden uitgeoefend in dienst van een publiekrechtelijke rechtspersoon die gevestigd is in deze lidstaat, een andere lidstaat van de Europese Unie of een andere Staat die partij is bij de Overeenkomst betreffende de Europese Economische Ruimte van 2 mei 1992.

HvJ 24 november 2016, zaak C-464/14 (SECIL – Companhia Geral de Cal e Cimento SA v. Fazenda Pública)

Vijfde kamer: *J. L. da Cruz Vilaça, kamerpresident, M. Berger, A. Borg Barthet, E. Levits (rapporteur) en F. Biltgen, rechters*
Advocaat-generaal: *M. Wathelet*

1. Het verzoek om een prejudiciële beslissing betreft de uitlegging van de artikelen 63 en 64 VWEU, de artikelen 31, 34 en 89 van de Euro-mediterrane overeenkomst waarbij een associatie tot stand wordt gebracht tussen de Europese Gemeenschap en haar lidstaten, enerzijds, en de Republiek Tunesië, anderzijds, ondertekend te Brussel op 17 juli 1995 en goedgekeurd namens de Europese Gemeenschap en de Europese Gemeenschap voor Kolen en Staal bij besluit 98/238/EG, EGKS van de Raad en de Commissie van 26 januari 1998 (*PB* 1998, L 97, blz. 1; hierna: 'overeenkomst EG-Tunesië'), alsmede van de artikelen 31, 33 en 85 van de Europees-mediterrane overeenkomst waarbij een associatie tot stand wordt gebracht tussen de Europese Gemeenschap en haar lidstaten, enerzijds, en de Republiek Libanon, anderzijds, ondertekend te Luxemburg op 17 juni 2002 en goedgekeurd namens de Europese Gemeenschap bij besluit 2006/356/EG van de Raad van 14 februari 2006 (*PB* 2006, L 143, blz. 1; hierna: 'overeenkomst EG-Libanon').

2. Dat verzoek is ingediend in het kader van een geding tussen SECIL – Companhia Geral de Cal e Cimento SA (hierna: 'SECIL') en de Fazenda Pública (schatkist, Portugal) over de fiscale behandeling, in belastingjaar 2009, van dividenden die aan SECIL zijn uitgekeerd door twee vennootschappen met zetel in Tunesië respectievelijk Libanon.

Toepasselijke bepalingen

Overeenkomst EG-Tunesië

3. Artikel 31 van de overeenkomst EG-Tunesië, dat deel uitmaakt van titel III, 'Recht van vestiging en diensten', luidt als volgt:

> '1. De partijen komen overeen de toepassingssfeer van de overeenkomst uit te breiden met het recht van vestiging van vennootschappen van een partij op het grondgebied van de andere partij en de liberalisering van de dienstverlening door vennootschappen van een partij aan ontvangers van diensten in een andere partij.
> 2. De Associatieraad doet de nodige aanbevelingen voor de uitvoering van de in lid 1 vermelde doelstelling.
> Bij het opstellen van deze aanbevelingen houdt de Associatieraad rekening met de opgedane ervaring bij de wederzijdse toekenning van de meestbegunstigingsbehandeling en met de respectieve verplichtingen van de partijen overeenkomstig de aan de overeenkomst tot oprichting van de WTO gehechte Algemene Overeenkomst inzake de handel in diensten, hierna GATS te noemen, met name artikel V.
> 3. De Associatieraad verricht op zijn laatst vijf jaar na de inwerkingtreding van deze overeenkomst een eerste onderzoek naar de verwezenlijking van deze doelstelling.'

4. Artikel 34 van deze overeenkomst, dat zich bevindt in hoofdstuk I, 'Betalings- en kapitaalverkeer', van titel IV, 'Betalingen, kapitaal, concurrentie en andere economische bepalingen', bepaalt:

> '1. Met betrekking tot de verrichtingen op de kapitaalrekening van de betalingsbalans garanderen vanaf de inwerkingtreding van deze overeenkomst de Gemeenschap en Tunesië het vrije verkeer van kapitaal met betrekking tot directe investeringen in Tunesië in vennootschappen die in overeenstemming met de van kracht zijnde wetten zijn opgericht, alsook de liquidatie of de repatriëring van die investeringen en van alle opbrengsten daarvan.
> 2. De partijen raadplegen elkaar met het oog op de vergemakkelijking van het kapitaalverkeer tussen de Gemeenschap en Tunesië en de volledige liberalisering ervan wanneer aan de voorwaarden is voldaan.'

5. Artikel 89 van diezelfde overeenkomst, onder titel VIII, 'Institutionele, algemene en slotbepalingen', bepaalt:

> 'Geen enkele bepaling van de overeenkomst heeft tot gevolg:
> – de uitbreiding van de door een partij toegekende voordelen op fiscaal gebied in enige internationale overeenkomst of regeling waardoor deze partij gebonden is;
> – het verhinderen van de vaststelling of toepassing door een partij van enige maatregel die gericht is op het voorkomen van fraude of belastingontduiking;
> – dat er afbreuk wordt gedaan aan het recht van een partij om de ter zake doende bepalingen van haar fiscale wetgeving toe te passen op belastingplichtigen die zich niet in dezelfde situatie bevinden ten aanzien van hun woonplaats.'

Overeenkomst EG-Libanon

6. Artikel 31 van de overeenkomst EG-Libanon, dat zich bevindt in hoofdstuk I, 'Betalings- en kapitaalverkeer', van titel IV, 'Betalingen, kapitaal, concurrentie en andere economische bepalingen', bepaalt:

'Binnen het kader van de bepalingen van deze overeenkomst en met inachtneming van de bepalingen van de artikelen 33 en 34, zijn er geen beperkingen tussen de Gemeenschap enerzijds en Libanon anderzijds op kapitaalverkeer en is er geen discriminatie op basis van nationaliteit of woonplaats of plaats waar dergelijk kapitaal wordt geïnvesteerd.'

7. Artikel 33 van deze overeenkomst, dat deel uitmaakt van datzelfde hoofdstuk, luidt:

'1. Met inachtneming van andere bepalingen in deze overeenkomst en andere internationale verplichtingen van de Gemeenschap en Libanon, doen de bepalingen van de artikelen 31 en 32 geen afbreuk aan de toepassing van enige beperking tussen beide partijen op de datum van inwerkingtreding van deze overeenkomst, met betrekking tot het kapitaalverkeer tussen beide partijen waarbij directe investeringen worden verricht, onder andere in onroerend goed, vestiging, verrichting van financiële diensten of toelating van effecten tot de kapitaalmarkten.
2. Een en ander is echter niet van toepassing op de overdracht naar het buitenland van investeringen in Libanon door onderdanen van de Gemeenschap of in de Gemeenschap door Libanese onderdanen, alsmede van alle opbrengsten daarvan.'

8. Artikel 85 van diezelfde overeenkomst, onder titel VIII, 'Institutionele, algemene en slotbepalingen', bepaalt:

'Ten aanzien van directe belastingen heeft geen der bepalingen van de overeenkomst tot gevolg dat:
a. de door een partij toegekende voordelen op fiscaal gebied in enige internationale overeenkomst of regeling waardoor deze partij gebonden is, worden uitgebreid;
b. de vaststelling of toepassing door een der partijen van enige maatregel die gericht is op het voorkomen van fraude of belastingontduiking, wordt verhinderd;
c. afbreuk wordt gedaan aan het recht van een partij de ter zake doende bepalingen van haar fiscale wetgeving toe te passen op belastingplichtigen die zich niet in eenzelfde situatie bevinden, met name ten aanzien van hun woonplaats.'

Portugees recht

9. Artikel 46 van de Código do Imposto sobre o Rendimento das Pessoas Coletivas (wetboek inzake de vennootschapsbelasting), goedgekeurd bij Decreto-Lei n. 442-B/88 (wetsdecreet nr. 442-B/88) van 30 november 1988 (*Diário da República* I, serie I-A, nr. 277, van 30 november 1988), zoals van toepassing in 2009 (hierna: 'CIRC'), met als opschrift 'Voorkoming van economische dubbele belasting over winstuitkeringen', bepaalde:

'1. In de heffingsgrondslag begrepen inkomsten uit winstuitkering worden in mindering gebracht op de belastbare winst van handelsvennootschappen of burgerlijke vennootschappen met een handelsdoel, coöperatieve vennootschappen en staatsondernemingen, waarvan de zetel of het daadwerkelijke bestuur op Portugees grondgebied is gevestigd, indien aan de volgende voorwaarden is voldaan:
a. de uitkerende vennootschap heeft haar zetel of daadwerkelijk bestuur op dit grondgebied en is onderworpen aan en niet vrijgesteld van de vennootschapsbelasting of is onderworpen aan de in artikel 7 bedoelde belasting;
b. de ontvangende entiteit valt niet onder de fiscale transparantieregeling van artikel 6;
c. de ontvangende entiteit bezit een rechtstreekse deelneming in het maatschappelijk kapitaal van de uitkerende vennootschap van ten minste 10 % of met een aankoopwaarde van ten minste 20 miljoen EUR en heeft deze deelneming gedurende het jaar voorafgaande aan de terbeschikkingstelling van de winst onafgebroken aangehouden of, bij een kortere duur, houdt haar zolang aan als nodig is om die duur te voltooien.
[...]
5. Lid 1 is ook van toepassing op entiteiten die op Portugees grondgebied zijn gevestigd en, onder de daarin gestelde voorwaarden, deelnemen in het maatschappelijk kapitaal van een in een andere lidstaat van de Europese Unie gevestigde entiteit, wanneer beide entiteiten voldoen aan de voorwaarden van artikel 2 van richtlijn 90/435/EEG [van de Raad] van 23 juli 1990 [betreffende de gemeenschappelijke fiscale regeling voor moedermaatschappijen en dochterondernemingen uit verschillende lidstaten (*PB* 1990, L 225, blz. 6)].
[...]
8. De in lid 1 bedoelde aftrek bedraagt slechts 50 % van de in de belastbare winst begrepen inkomsten bestaande uit:
a. winstuitkeringen, wanneer aan geen van de voorwaarden onder b) en c) van datzelfde lid is voldaan, alsmede inkomsten verkregen uit een winstdeelnemingsovereenkomst, in beide gevallen voor zover is voldaan aan de voorwaarde van lid 1, onder a);
b. winstuitkeringen door een in een andere lidstaat van de Europese Unie gevestigde entiteit, wanneer die entiteit voldoet aan de voorwaarden van artikel 2 van [richtlijn 90/435], en aan geen van de voorwaarden van lid 1, onder c), is voldaan.
9. Indien niet langer is voldaan aan de in lid 1 gestelde voorwaarde inzake de minimumparticipatie vóór het verstrijken van de daarin gestelde termijn van één jaar, wordt de aftrek gecorrigeerd overeenkomstig het

vorige lid of tenietgedaan, onverminderd de inaanmerkingneming van een eventueel belastingkrediet voor internationale dubbele belasting, overeenkomstig artikel 85, respectievelijk.

[…]

11. De in lid 1 bedoelde aftrek wordt verminderd met 50 % wanneer de inkomsten afkomstig zijn uit niet daadwerkelijk belaste winst, tenzij de ontvanger een vennootschap voor het beheer van kapitaaldeelnemingen is.

12. Voor de toepassing van lid 5 en lid 8, onder b), moet de belastingplichtige bewijzen dat de entiteit waarin kapitaal wordt aangehouden, en – in het geval van lid 6 – de ontvangende entiteit voldoen aan de in artikel 2 van [richtlijn 90/435] bedoelde voorwaarden, door middel van een verklaring die is bevestigd en geattesteerd door de bevoegde belastingdienst van de vestigingsstaat van de Europese Unie.'

10. Aangaande de uit een overeenkomst tussen de Portugese Staat en de betrokken entiteit voortvloeiende belastingvoordelen voor investeringen, bepaalde het Estatuto dos Benefícios Fiscais (regeling inzake belastingvoordelen), zoals van toepassing in 2009 (hierna: 'EBF'), in artikel 41, lid 5, onder b):

'5. Aan de in het vorige lid bedoelde promotoren van investeringsprojecten kunnen de volgende belastingvoordelen worden toegekend:

[…]

b. opheffing van economische dubbele belasting onder de in artikel 46 CIRC gestelde voorwaarden gedurende de looptijd van de overeenkomst, voor investeringen bestaande in de oprichting of verwerving van buitenlandse vennootschappen.'

11. Artikel 42 EBF bepaalde:

'1. De aftrek bedoeld in artikel 46, lid 1, CIRC is van toepassing op winstuitkeringen aan ingezeten vennootschappen door in Afrikaanse landen met het Portugees als officiële taal en in Oost-Timor gevestigde verbonden vennootschappen, wanneer is voldaan aan de volgende voorwaarden:

a. de ontvangende vennootschap is onderworpen aan en niet vrijgesteld van de vennootschapsbelasting en de verbonden vennootschap is onderworpen aan en niet vrijgesteld van een met de vennootschapsbelasting vergelijkbare belasting op inkomsten;

b. de ontvangende entiteit bezit gedurende ten minste twee jaar een rechtstreekse deelneming van ten minste 25 % in het kapitaal van de verbonden vennootschap;

c. de winstuitkeringen zijn afkomstig uit winsten van de verbonden vennootschap die tegen een tarief van ten minste 10 % zijn belast en niet voortvloeien uit activiteiten die passieve inkomsten genereren, te weten royalty's, meerwaarden van en andere inkomsten uit effecten, inkomsten uit onroerend goed dat buiten de vestigingsstaat van de vennootschap is gelegen, inkomsten uit verzekeringsactiviteiten die hoofdzakelijk voortkomen uit verzekeringen voor buiten de vestigingsstaat van de vennootschap gelegen goederen of voor buiten die staat wonende personen, en inkomsten uit banktransacties die niet rechtstreeks zijn gericht op de markt van dat grondgebied.

2. Voor de toepassing van het vorige lid moet de aan de [vennootschapsbelasting] onderworpen belastingplichtige die de aandelen aanhoudt, beschikken over bewijzen dat is voldaan aan de voorwaarden voor de aftrek.'

Overeenkomst Portugal-Tunesië

12. De op 24 februari 1999 te Lissabon tussen de Portugese Republiek en de Republiek Tunesië gesloten overeenkomst tot het voorkomen van dubbele belasting met betrekking tot belastingen naar het inkomen (hierna: 'overeenkomst Portugal-Tunesië') bepaalt in artikel 10:

'1. Dividenden betaald door een ingezeten vennootschap van een overeenkomstsluitende Staat aan een ingezetene van de andere overeenkomstsluitende Staat, zijn in die andere Staat belastbaar.

2. Deze dividenden mogen evenwel ook in de overeenkomstsluitende Staat waarvan de uitkerende vennootschap ingezetene is, overeenkomstig de wetgeving van deze Staat, worden belast, met dien verstande dat indien de ontvanger van de dividenden de daadwerkelijke begunstigde ervan is, die belasting niet meer mag bedragen dan 15 % van het brutobedrag van de dividenden. De bevoegde autoriteiten van de overeenkomstsluitende Staten zullen in gemeen overleg bepalen op welke wijze deze grenzen zullen worden toegepast. Deze paragraaf laat onverlet de belastingheffing van de vennootschap ter zake van de winst waaruit de dividenden worden betaald.'

13. Artikel 22, lid 1, van de overeenkomst Portugal-Tunesië luidt:

'Wanneer een ingezetene van een overeenkomstsluitende Staat inkomsten ontvangt die volgens deze overeenkomst mogen worden belast in de andere overeenkomstsluitende Staat, trekt eerstbedoelde Staat het bedrag aan in die andere Staat betaalde inkomstenbelasting af van de inkomstenbelasting van deze ingezetene. De aftrek kan echter niet meer bedragen dan het gedeelte van de inkomstenbelasting, berekend vóór die aftrek, dat kan worden toegerekend aan het inkomen dat in de andere Staat mag worden belast.'

14. Artikel 25 van deze overeenkomst betreft de uitwisseling van inlichtingen en bepaalt met name dat de bevoegde autoriteiten van de overeenkomstsluitende Staten de inlichtingen uitwisselen die nodig zijn om uitvoering te geven aan de bepalingen van deze overeenkomst en van de nationale wetgeving van de overeenkomstsluitende Staten inzake de in de deze overeenkomst bedoelde belastingen, waaronder de vennootschapsbelasting (hierna: 'IRC').

Hoofdgeding en prejudiciële vragen

15. SECIL is een naamloze vennootschap die cement produceert. Haar zetel is gevestigd in Portugal en in deze lidstaat is zij onderworpen aan de regeling van groepsbelasting.

16. In januari 2000 heeft SECIL een deelneming verworven in het maatschappelijk kapitaal van Société des Ciments de Gabès SA (hierna: 'Ciments de Gabès'), met zetel in Tunesië. In 2009 bezat SECIL 52 923 aandelen van deze vennootschap, of 98,72 % van haar maatschappelijk kapitaal.

17. In mei 2002 heeft SECIL een deelneming verworven in het maatschappelijk kapitaal van Ciments de Sibline SAL, met zetel in Libanon. In 2009 bezat SECIL 51,05 % van het maatschappelijk kapitaal van deze vennootschap, opgesplitst in een rechtstreekse deelneming van 28,64 % en een indirecte deelneming van 22,41 %.

18. In 2009 heeft SECIL voor een bedrag van 6 288 683,39 EUR aan dividenden ontvangen van Ciments de Gabès en voor een bedrag van 2 022 478,12 EUR aan dividenden van Ciments de Sibline. SECIL heeft deze bedragen opgevoerd in de vennootschapsbelasting over 2009. Over de aldus ontvangen dividenden is in Portugal belasting geheven, zonder dat toepassing werd gemaakt van een regeling tot voorkoming of vermindering van economische dubbele belasting.

19. Op 29 mei 2012 heeft SECIL bij de Director de Finanças de Setúbal (directeur van de belastingdienst van Setúbal, Portugal) bezwaar gemaakt in verband met de door haar voorgestelde berekening van de IRC voor belastingjaar 2009, op grond dat de belasting die was geheven over de door Ciments de Gabès en Ciments de Sibline uitgekeerde dividenden onrechtmatig was aangezien de Portugese regeling, door de toepassing van de regels tot het voorkomen van economische dubbele belasting uit te sluiten, de overeenkomst EG-Tunesië en de overeenkomst EG-Libanon alsmede het VWEU schond.

20. Dat bezwaar is afgewezen bij besluit van 10 oktober 2012.

21. Tegen deze afwijzing heeft SECIL beroep ingesteld bij de Tribunal Tributário de Lisboa (belastingrechter Lissabon, Portugal), waarbij zij in wezen aanvoerde dat de weigering om op de door Ciments de Gabès en Ciments de Sibline uitgekeerde dividenden de in belastingjaar 2009 in Portugal geldende regeling tot het voorkomen van economische dubbele belasting toe te passen, in strijd was met de overeenkomst EG-Tunesië en de overeenkomst EG-Libanon alsmede met de artikelen 49 en 63 VWEU.

22. Tegen deze achtergrond heeft de Tribunal Tributário de Lisboa de behandeling van de zaak geschorst en het Hof verzocht om een beslissing over de volgende prejudiciële vragen:

'1. Vormt artikel 31 van de overeenkomst [EG-Tunesië] een duidelijk, nauwkeurig, onvoorwaardelijk en dus rechtstreeks toepasselijk voorschrift, met als gevolg dat het recht van vestiging op het onderhavige geval van toepassing is?

2. Zo ja, heeft het in deze bepaling vervatte recht van vestiging, zoals verzoekster stelt, tot gevolg dat de regeling van integrale aftrek van artikel 46, lid 1, CIRC moet worden toegepast op de dividenden die zij van haar dochteronderneming in Tunesië heeft ontvangen, omdat er anders sprake is van een schending van dat recht?

3. Is artikel 34 van de overeenkomst [EG-Tunesië] een duidelijk, nauwkeurig, onvoorwaardelijk en dus rechtstreeks toepasselijk voorschrift, met als gevolg dat het vrije verkeer van kapitaal op het onderhavige geval van toepassing is en dat de investering van verzoekster daaronder valt?

4. Zo ja, heeft de in deze bepaling neergelegde vrijheid van kapitaalverkeer, zoals verzoekster stelt, tot gevolg dat de regeling van integrale aftrek van artikel 46, lid 1, CIRC moet worden toegepast op de dividenden die zij van haar dochteronderneming in Tunesië heeft ontvangen?

5. Impliceert het bepaalde in artikel 89 van de overeenkomst [EG-Tunesië] dat de hierboven gestelde vragen bevestigend moeten worden beantwoord?

6. Is een restrictieve behandeling van de door [Ciments de Gabès] uitgekeerde dividenden gerechtvaardigd, gelet op het feit dat het samenwerkingskader van richtlijn 77/799/EEG van de Raad van 19 december 1977 betreffende de wederzijdse bijstand van de bevoegde autoriteiten van de lidstaten op het gebied van de directe belastingen [*PB* 1977, L 336, blz. 15] niet de Republiek Tunesië omvat?

7. Vormen de artikelen 31 en 33, lid 2, van de overeenkomst [EG-Libanon], in hun onderlinge samenhang gelezen, een duidelijk, nauwkeurig, onvoorwaardelijk en dus rechtstreeks toepasselijk voorschrift, met als gevolg dat het vrije verkeer van kapitaal op het onderhavige geval van toepassing is?

8. Zo ja, heeft toepassing van het in deze bepalingen voorziene vrije kapitaalverkeer dan het door verzoekster gestelde gevolg dat de regeling van integrale aftrek van artikel 46, lid 1, CIRC moet worden toegepast op de dividenden die zij van haar dochteronderneming in Libanon heeft ontvangen?
9. Impliceert het bepaalde in artikel 85 van de overeenkomst [EG-Libanon] dat de hierboven gestelde vragen bevestigend moeten worden beantwoord?
10. Is een restrictieve behandeling van de door [Ciments de Sibline] uitgekeerde dividenden gerechtvaardigd, gelet op het feit dat het samenwerkingskader van [richtlijn 77/799] niet de Republiek Libanon omvat?
11. Is artikel 56 EG [(thans) artikel 63 VWEU] in casu van toepassing en zo ja, heeft de in deze bepaling neergelegde vrijheid van kapitaalverkeer tot gevolg dat de regeling van integrale aftrek van artikel 46, lid 1, CIRC of, subsidiair, de regeling van gedeeltelijke aftrek van lid 8 van dat artikel, moet worden toegepast op de dividenden die in het belastingjaar 2009 door [Ciments de Gabès] en [Ciments de Sibline] aan verzoekster zijn uitgekeerd?
12. Gesteld dat de vrijheid van kapitaalverkeer in casu van toepassing is, wordt het niet toepassen van de in de toenmalige Portugese wet opgenomen regelingen tot voorkoming of vermindering van economische dubbele belasting op de betrokken dividenden dan gerechtvaardigd door het feit dat het samenwerkingskader van [richtlijn 77/799] niet de Republiek Tunesië en de Republiek Libanon omvat?
13. Verzet de standstillclausule van artikel 57, lid 1, EG (thans artikel 64 VWEU) zich tegen toepassing van de vrijheid van kapitaalverkeer, met de door verzoekster gewenste gevolgen?
14. Moet de standstillclausule van artikel 57, lid 1, EG (thans artikel 64 VWEU) niet worden toegepast omdat inmiddels de regeling van artikel 41, lid 5, onder b), EBF inzake belastingvoordelen voor op overeenkomsten gebaseerde investeringen en de regeling van artikel 42 EBF inzake dividenden afkomstig uit Afrikaanse landen met het Portugees als officiële taal en Oost-Timor zijn ingevoerd?'

Beantwoording van de prejudiciële vragen

Opmerkingen vooraf

23. Met zijn vragen wenst de verwijzende rechter in wezen te vernemen of de bepalingen van het VWEU inzake het vrije kapitaalverkeer alsmede de bepalingen van de overeenkomsten EG-Tunesië en EG-Libanon aldus moeten worden uitgelegd dat zij zich verzetten tegen de in Portugal toegepaste fiscale behandeling van dividenden die aan een in deze lidstaat gevestigde vennootschap worden uitgekeerd door vennootschappen die zijn gevestigd in een derde land, te weten de Republiek Tunesië respectievelijk de Republiek Libanon.

24. Aangaande het kapitaalverkeer tussen de lidstaten en derde landen heeft het Hof geoordeeld dat in artikel 63, lid 1, VWEU een duidelijk en onvoorwaardelijk verbod wordt geformuleerd, dat geen enkele uitvoeringsmaatregel vereist en particulieren rechten toekent waarop zij zich in rechte kunnen beroepen (arresten van 14 december 1995, Sanz de Lera e.a., C-163/94, C-165/94 en C-250/94, EU:C:1995:451, punten 41 en 47, en 18 december 2007, A, C-101/05, EU:C:2007:804, punt 21). Deze bepaling kan dus, in samenhang met de artikelen 64 en 65 VWEU, voor de nationale rechter worden ingeroepen en tot gevolg hebben dat de daarmee strijdige nationale bepalingen buiten toepassing worden gelaten, ongeacht om welke categorie van kapitaalverkeer het gaat (arrest van 18 december 2007, A, C-101/05, EU:C:2007:804, punt 27, en beschikking van 4 juni 2009, KBC Bank en Beleggen, Risicokapitaal, Beheer, C-439/07 en C-499/07, EU:C:2009:339, punt 66 en aldaar aangehaalde rechtspraak).

25. Bijgevolg dienen in de eerste plaats de artikelen 63 en 65 VWEU te worden uitgelegd, teneinde allereerst te bepalen of een situatie als in het hoofdgeding onder het vrije kapitaalverkeer valt en of de vennootschap die de betrokken dividenden heeft ontvangen, zich op artikel 63 VWEU kan beroepen om op te komen tegen de fiscale behandeling van de dividenden die zij van de in Tunesië en Libanon gevestigde vennootschappen heeft ontvangen. Is dat het geval, dan dient vervolgens te worden nagegaan of de behandeling van de aan de ontvangende vennootschap uitgekeerde dividenden een beperking in de zin van artikel 63 VWEU vormt, en in voorkomend geval dient daarna te worden beoordeeld of deze beperking desnoods kan worden gerechtvaardigd.

26. Derhalve moeten in eerste instantie de elfde en de twaalfde vraag van de verwijzende rechter worden onderzocht.

27. Ingeval de artikelen 63 en 65 VWEU aldus moeten worden uitgelegd dat zij zich verzetten tegen een fiscale behandeling als die welke in Portugal wordt toegepast op dividenden uit Tunesië en Libanon, dient in de tweede plaats te worden nagegaan of deze lidstaat zich kan beroepen op de afwijking van artikel 64, lid 1, VWEU en dienen dus de dertiende en de veertiende vraag betreffende de uitlegging van artikel 64 VWEU te worden onderzocht. In dit verband moet in het bijzonder worden onderzocht of het feit dat de Portugese Republiek de overeenkomsten EG-Tunesië en EG-Libanon heeft gesloten, gevolgen kon hebben voor de bij artikel 64, lid 1, VWEU aan deze lidstaat verleende mogelijkheid.

28. In de derde plaats dienen, ingeval op basis van de uitlegging van artikel 64 VWEU wordt vastgesteld dat het feit dat de Portugese Republiek de overeenkomsten EG-Tunesië en EG-Libanon heeft gesloten, gevolgen kon hebben voor de bij artikel 64, lid 1, VWEU aan deze lidstaat verleende mogelijkheid, de eerste tot en met de tiende

vraag betreffende de uitlegging van de bepalingen van de overeenkomsten EG-Tunesië en EG-Libanon te worden onderzocht teneinde te bepalen of deze overeenkomsten in het hoofdgeding kunnen worden ingeroepen.

29. In de vierde plaats dient in antwoord op de vragen die bij de verwijzende rechter rijzen, te worden verduidelijkt welke gevolgen de uitlegging van de artikelen 63 tot en met 65 VWEU alsmede van de overeenkomsten EG-Tunesië en EG-Libanon heeft voor het hoofdgeding.

Uitlegging van de artikelen 63 en 65 VWEU

30. Met zijn elfde en twaalfde vraag, die samen moeten worden onderzocht, wenst de verwijzende rechter in wezen te vernemen of een situatie als in het hoofdgeding onder artikel 63 VWEU valt en, zo ja, of de artikelen 63 en 65 VWEU aldus moeten worden uitgelegd dat zij zich verzetten tegen een nationale wettelijke regeling als in het hoofdgeding, volgens welke een vennootschap die ingezetene is van de betrokken lidstaat, dividenden die haar zijn uitgekeerd door een vennootschap die ingezetene is van diezelfde lidstaat, kan aftrekken van haar belastinggrondslag, terwijl deze aftrek niet mogelijk is voor dividenden die zijn uitgekeerd door een vennootschap die ingezetene is van een derde land.

Toepasselijkheid van artikel 63 VWEU

31. Volgens de rechtspraak van het Hof kan de fiscale behandeling van dividenden zowel onder artikel 49 VWEU betreffende de vrijheid van vestiging als onder artikel 63 VWEU betreffende het vrije verkeer van kapitaal vallen. Voor de beantwoording van de vraag of een nationale wettelijke regeling onder de ene of de andere vrijheid van verkeer valt, dient rekening te worden gehouden met het voorwerp van de wettelijke regeling in kwestie (zie in die zin arresten van 13 november 2012, Test Claimants in the FII Group Litigation, C-35/11, EU:C:2012:707, punten 89 en 90 en aldaar aangehaalde rechtspraak, en 10 april 2014, Emerging Markets Series of DFA Investment Trust Company, C-190/12, EU:C:2014:249, punt 25).

32. Een nationale wettelijke regeling die alleen van toepassing is op participaties waarmee een zodanige invloed op de besluiten van een vennootschap kan worden uitgeoefend dat de activiteiten ervan kunnen worden bepaald, valt onder artikel 49 VWEU inzake de vrijheid van vestiging (arrest van 13 november 2012, Test Claimants in the FII Group Litigation, C-35/11, EU:C:2012:707, punt 91 en aldaar aangehaalde rechtspraak).

33. Nationale bepalingen die van toepassing zijn op participaties die enkel als belegging worden genomen zonder dat het de bedoeling is invloed op het bestuur van en de zeggenschap over de onderneming uit te oefenen, moeten daarentegen uitsluitend aan het beginsel van het vrije verkeer van kapitaal worden getoetst (arrest van 13 november 2012, Test Claimants in the FII Group Litigation, C-35/11, EU:C:2012:707, punt 92).

34. Het Hof heeft geoordeeld dat in een context die ziet op de fiscale behandeling van uit een derde land afkomstige dividenden, uit het onderzoek van het voorwerp van een nationale wettelijke regeling kan worden opgemaakt of de fiscale behandeling van dergelijke dividenden onder de bepalingen van het Verdrag inzake het vrije verkeer van kapitaal valt (zie in die zin arrest van 10 april 2014, Emerging Market Series of DFA Investment Trust Company, C-190/12, EU:C:2014:249, punt 29 en aldaar aangehaalde rechtspraak).

35. Dienaangaande heeft het Hof gepreciseerd dat een nationale wettelijke regeling betreffende de fiscale behandeling van dividenden die niet uitsluitend van toepassing is op situaties waarin de moedermaatschappij een beslissende invloed op de uitkerende vennootschap uitoefent, aan artikel 63 VWEU moet worden getoetst. Een in een lidstaat gevestigde vennootschap kan dus ongeacht de omvang van de participatie die zij aanhoudt in de in een derde land gevestigde uitkerende vennootschap, zich op deze bepaling beroepen om de wettigheid van een dergelijke wettelijke regeling te betwisten (zie in die zin arrest van 10 april 2014, Emerging Market Series of DFA Investment Trust Company, C-190/12, EU: C:2014:249, punt 30 en aldaar aangehaalde rechtspraak).

36. In casu zijn vennootschappen waarvan de zetel of het daadwerkelijke bestuur op het Portugese grondgebied is gevestigd, krachtens artikel 46 CIRC gerechtigd dividenden in mindering te brengen op hun belastinggrondslag wanneer deze dividenden zijn uitgekeerd door vennootschappen waarvan de zetel of het daadwerkelijke bestuur op dat grondgebied is gevestigd en die bovendien zijn onderworpen aan en niet vrijgesteld van de vennootschapsbelasting.

37. Ingevolge artikel 46, lid 1, CIRC is deze aftrek volledig, wanneer de ontvangende entiteit niet onder de fiscale transparantieregeling van artikel 6 van dat wetboek valt en een rechtstreekse deelneming in het maatschappelijk kapitaal van de uitkerende vennootschap bezit van ten minste 10 % of met een aankoopwaarde van ten minste 20 miljoen EUR, waarbij deze deelneming gedurende het jaar voorafgaande aan de terbeschikkingstelling van de winst onafgebroken moet zijn aangehouden of, bij een kortere duur, zolang als nodig is om die duur te voltooien.

38. Wanneer niet is voldaan aan de voorwaarden van artikel 46, lid 1, CIRC inzake de fiscale transparantie en de omvang van de participatie in het maatschappelijk kapitaal van de uitkerende vennootschap, heeft de ontvangende vennootschap krachtens artikel 46, lid 8, CIRC recht op een aftrek van 50 % van de in de belastbare winst opgenomen inkomsten.

39. Deze regeling, die niet voorziet in enige minimumgrens voor de participaties in de uitkerende vennootschap wat de gedeeltelijke aftrek betreft en een minimumgrens van 10 % van het maatschappelijk kapitaal van de uitkerende vennootschap of een aankoopwaarde van 20 miljoen EUR vaststelt wat de volledige aftrek betreft, geldt zowel voor dividenden die een ingezeten vennootschap ontvangt wegens een participatie die een zodanige invloed op de besluitvorming van de uitkerende vennootschap verleent dat de activiteiten ervan kunnen worden bepaald, als voor dividenden die worden ontvangen wegens een participatie die geen zodanige invloed verleent.

40. Aangaande meer specifiek de voorwaarden voor de volledige aftrek heeft het Hof geoordeeld dat op grond van een minimumgrens van 10 % investeringen die enkel als belegging worden genomen zonder dat het de bedoeling is invloed uit te oefenen op het bestuur van en de zeggenschap over de onderneming, weliswaar van de werkingssfeer van het belastingvoordeel kunnen worden uitgesloten, maar de aftrek is niet vanwege deze minimumgrens op zich uitsluitend van toepassing op participaties waarmee een zodanige invloed op de besluiten van een vennootschap kan worden uitgeoefend dat de activiteiten ervan kunnen worden bepaald (arrest van 11 september 2014, Kronos International, C-47/12, EU:C:2014:2200, punten 34 en 35). Het Hof heeft immers geoordeeld dat een participatie van een dergelijke omvang niet noodzakelijkerwijs impliceert dat de houder ervan een beslissende invloed uitoefent op de besluiten van de vennootschap waarvan hij aandeelhouder is (zie in die zin arresten van 3 oktober 2013, Itelcar, C-282/12, EU:C:2013:629, punt 22, en 11 september 2014, Kronos International, C-47/12, EU:C:2014:2200, punt 35).

41. Aangezien de in het hoofdgeding aan de orde zijnde wettelijke regeling niet ertoe strekt uitsluitend van toepassing te zijn op situaties waarin de ontvangende vennootschap een beslissende invloed op de uitkerende vennootschap uitoefent, moet worden geoordeeld dat een situatie als in het hoofdgeding onder artikel 63 VWEU inzake het vrije kapitaalverkeer valt.

42. Tevens zij opgemerkt dat aangezien het Verdrag de vrijheid van vestiging niet verruimt tot derde landen, moet worden vermeden dat de uitlegging van artikel 63, lid 1, VWEU, wat de betrekkingen met deze staten betreft, marktdeelnemers die buiten de territoriale werkingssfeer van de vrijheid van vestiging vallen, de kans geeft daaruit profijt te halen (arresten van 11 september 2014, Kronos International, C-47/12, EU:C:2014:2200, punt 53 en aldaar aangehaalde rechtspraak, en 10 april 2014, Emerging Markets Series of DFA Investment Trust Company, C-190/12, EU:C:2014:249, punt 31).

43. Van dat gevaar is evenwel geen sprake in een situatie als in het hoofdgeding, aangezien de betrokken regeling niet ziet op de voorwaarden waaronder een ingezeten vennootschap van Portugal toegang heeft tot de markt van een derde land, of een vennootschap van een derde land toegang heeft tot de markt van een lidstaat, doch uitsluitend op de fiscale behandeling van dividenden uit investeringen die de ontvanger heeft gedaan in de uitkerende vennootschap.

44. Bijgevolg kan, in een situatie als in het hoofdgeding, een in Portugal gevestigde vennootschap die dividenden ontvangt van een vennootschap die is gevestigd in Tunesië respectievelijk Libanon, zich beroepen op artikel 63 VWEU om op te komen tegen de fiscale behandeling van deze dividenden in die lidstaat, die steunt op een regeling die niet ertoe strekt uitsluitend van toepassing te zijn op situaties waarin de ontvangende vennootschap beslissende invloed op de uitkerende vennootschap uitoefent.

Bestaan van een beperking van het vrije verkeer van kapitaal

45. Volgens vaste rechtspraak omvatten de maatregelen die ingevolge artikel 63, lid 1, VWEU verboden zijn op grond dat zij het kapitaalverkeer beperken, mede de maatregelen die niet-ingezetenen ervan doen afzien in een lidstaat investeringen te doen, of ingezetenen van deze lidstaat ontmoedigen in andere staten investeringen te doen (arrest van 10 februari 2011, Haribo Lakritzen Hans Riegel en Österreichische Salinen, C-436/08 en C-437/08, EU:C:2011:61, punt 50 en aldaar aangehaalde rechtspraak).

46. Aangaande de vraag of een nationale wettelijke regeling als in het hoofdgeding een beperking van het kapitaalverkeer vormt, zij opgemerkt, zoals in de punten 36 tot en met 38 van dit arrest is gepreciseerd, dat wanneer een vennootschap waarvan de zetel of het daadwerkelijke bestuur op het Portugese grondgebied is gevestigd, dividenden ontvangt van een vennootschap waarvan de zetel of het daadwerkelijke bestuur op datzelfde grondgebied is gevestigd, en wanneer de uitkerende vennootschap bovendien is onderworpen aan en niet vrijgesteld van de vennootschapsbelasting, de ontvangende vennootschap deze dividenden in mindering kan brengen op haar belastinggrondslag. Het gaat om een volledige dan wel gedeeltelijke aftrek, naargelang wel of niet is voldaan aan de voorwaarden van artikel 46, lid 1, onder b) en c), CIRC. Bovendien wordt de in dit artikel 46, lid 1, CIRC bedoelde aftrek ingevolge artikel 46, lid 11, ervan verminderd tot 50 % wanneer de inkomsten afkomstig zijn uit niet daadwerkelijk belaste winst.

47. Vennootschappen waarvan de zetel of het daadwerkelijke bestuur gevestigd is op het Portugese grondgebied en die dividenden ontvangen van vennootschappen waarvan de zetel of het daadwerkelijke bestuur is gevestigd in een derde land, zoals de Republiek Tunesië of de Republiek Libanon, zijn daarentegen voor de ontvangen dividenden tegen het wettelijke tarief aan de IRC onderworpen.

48. De economische dubbele belasting van door een ingezeten vennootschap ontvangen dividenden wordt aldus voorkomen of verminderd wanneer de uitkerende vennootschap in Portugal is gevestigd, terwijl dat niet het geval is wanneer deze vennootschap is gevestigd in een derde land, zoals de Republiek Tunesië of de Republiek Libanon.

49. Dienaangaande staat vast dat de overeenkomst Portugal-Tunesië geen dergelijke ongunstige behandeling kan voorkomen. Deze overeenkomst strekt immers enkel ertoe de gevolgen van de dubbele belasting te verzachten voor de ingezeten vennootschap die dividenden ontvangt, met betrekking tot de in de vestigingsstaat van de uitkerende vennootschap ingehouden dividendbelasting. Deze overeenkomst voorziet niet in een regeling tot het voorkomen van economische dubbele belasting van dividenden die voor de ontvangende vennootschap voortvloeit uit het feit dat de uitkerende vennootschap wordt belast over de winst waaruit de dividenden worden betaald. Tussen de Portugese Republiek en de Republiek Libanon werd daarentegen geen overeenkomst tot het voorkomen van dubbele belasting gesloten.

50. Dat verschil in behandeling kan ingezeten vennootschappen van Portugal ervan doen afzien, hun kapitaal te beleggen in vennootschappen die zijn gevestigd in een derde land, zoals de Republiek Tunesië of de Republiek Libanon. Aangezien inkomsten uit kapitaal die afkomstig zijn uit een derde land, fiscaal minder gunstig worden behandeld dan dividenden die worden uitgekeerd door een in Portugal gevestigde vennootschap, zijn aandelen in een vennootschap die in een derde land is gevestigd, immers minder aantrekkelijk voor in Portugal gevestigde investeerders dan aandelen in een vennootschap met zetel in die lidstaat (zie in die zin arresten van 12 december 2006, Test Claimants in the FII Group Litigation, C-446/04, EU:C:2006:774, punt 64, en 10 februari 2011, Haribo Lakritzen Hans Riegel en Österreichische Salinen, C-436/08 en C-437/ 08, EU:C:2011:61, punt 80).

51. Een regeling als in het hoofdgeding, volgens welke een vennootschap die ingezetene van een lidstaat is, dividenden volledig of gedeeltelijk van haar belastinggrondslag kan aftrekken, wanneer deze dividenden worden uitgekeerd door een vennootschap die ingezetene van diezelfde lidstaat is, terwijl die aftrek niet mogelijk is wanneer de uitkerende vennootschap ingezetene van een derde land is, vormt een door artikel 63 VWEU in beginsel verboden beperking van het kapitaalverkeer tussen de lidstaten en derde landen.

Bestaan van een rechtvaardigingsgrond

52. Volgens artikel 65, lid 1, onder a), VWEU doet het bepaalde in artikel 63 VWEU evenwel niet af aan het recht van de lidstaten om de ter zake dienende bepalingen van hun belastingwetgeving toe te passen die onderscheid maken tussen belastingplichtigen die niet in dezelfde situatie verkeren met betrekking tot hun vestigingsplaats of de plaats waar hun kapitaal is belegd.

53. Deze bepaling moet, als afwijking van het fundamentele beginsel van het vrije verkeer van kapitaal, strikt worden uitgelegd. Bijgevolg kan zij niet aldus worden uitgelegd dat elke belastingregeling die tussen belastingplichtigen een onderscheid maakt naargelang van hun vestigingsplaats of van de staat waar zij hun kapitaal beleggen, automatisch verenigbaar is met het Verdrag. De in artikel 65, lid 1, onder a), VWEU bedoelde afwijking wordt immers zelf beperkt door artikel 65, lid 3, VWEU, dat bepaalt dat de in artikel 65, lid 1, VWEU bedoelde nationale bepalingen 'geen middel tot willekeurige discriminatie [mogen] vormen, noch een verkapte beperking van het vrije kapitaalverkeer en betalingsverkeer als omschreven in artikel 63 [VWEU]' (arrest van 10 april 2014, Emerging Markets Series of DFA Investment Trust Company, C-190/12, EU:C:2014:249, punten 55 en 56 en aldaar aangehaalde rechtspraak).

54. Bijgevolg moet een onderscheid worden gemaakt tussen de door artikel 65, lid 1, onder a), VWEU toegestane verschillen in behandeling en de door artikel 65, lid 3, VWEU verboden discriminaties. Volgens de rechtspraak van het Hof kan een nationale wettelijke belastingregeling als in het hoofdgeding slechts verenigbaar met de Verdragsbepalingen betreffende het vrije kapitaalverkeer worden geacht indien het verschil in behandeling betrekking heeft op situaties die niet objectief vergelijkbaar zijn of wordt gerechtvaardigd door een dwingende reden van algemeen belang (arrest van 10 mei 2012, Santander Asset Management SGIIC e.a., C-338/11–C-347/11, EU:C:2012:286, punt 23 en aldaar aangehaalde rechtspraak).

55. Uit vaste rechtspraak volgt dat de situatie van een vennootschap-aandeelhouder die uit een derde land afkomstige dividenden ontvangt, uit het oogpunt van een belastingregel als in het hoofdgeding, die ertoe strekt de economische dubbele belasting over winstuitkeringen te voorkomen of te verminderen, vergelijkbaar is met de situatie van een vennootschap-aandeelhouder die binnenlandse dividenden ontvangt, voor zover de winst in beide gevallen in beginsel opeenvolgende keren kan worden belast (zie in die zin arrest van 10 februari 2011, Haribo Lakritzen Hans Riegel en Österreichische Salinen, C-436/08 en C-437/08, EU:C:2011:61, punt 84 en aldaar aangehaalde rechtspraak).

56. De beperking kan dus enkel worden gerechtvaardigd door dwingende redenen van algemeen belang. In dat geval moet de beperking ook geschikt zijn om het nagestreefde doel te verwezenlijken en mag zij niet verder gaan dan nodig is voor het verwezenlijken van dat doel (arrest van 17 december 2015, Timac Agro Deutschland, C-388/14, EU:C:2015:829, punt 29 en aldaar aangehaalde rechtspraak).

57. De Portugese en de Zweedse regering stellen dat een dergelijke beperking wordt gerechtvaardigd door de noodzaak om de doeltreffendheid van de fiscale controles te verzekeren en om belastingfraude te voorkomen. De mogelijkheden waarover de Portugese belastingautoriteiten beschikken om de inlichtingen te verkrijgen die noodzakelijk zijn om zich ervan te vergewissen dat is voldaan aan de voorwaarden voor het betrokken belastingvoordeel, zijn immers beperkt doordat tussen de Portugese Republiek enerzijds en de Republiek Tunesië of de Republiek Libanon anderzijds geen kader voor administratieve samenwerking bestaat dat te vergelijken is met het kader dat onder de lidstaten is ingevoerd door richtlijn 77/799, die ten tijde van de feiten in het hoofdgeding van kracht was. Het beding omtrent de uitwisseling van inlichtingen dat in de overeenkomst Portugal-Tunesië is opgenomen, is niet dwingend en tussen de Portugese Republiek en de Republiek Libanon is geen dergelijke overeenkomst gesloten.

58. Volgens de rechtspraak vormt zowel de bestrijding van belastingfraude (zie met name arrest van 11 oktober 2007, ELISA, C-451/05, EU:C:2007:594, punt 81) als de noodzaak om de doeltreffendheid van de fiscale controles te waarborgen (zie met name arresten van 18 december 2007, A, C-101/05, EU:C:2007:804, punt 55, en 5 juli 2012, SIAT, C-318/10, EU: C:2012:415, punt 36 en aldaar aangehaalde rechtspraak) een dwingende reden van algemeen belang die een beperking van de uitoefening van de door het Verdrag gewaarborgde vrijheden van verkeer kan rechtvaardigen.

59. Aangaande – in de eerste plaats – de argumenten in verband met de noodzaak om belastingfraude te voorkomen, blijkt uit de rechtspraak dat een nationale maatregel die het vrije kapitaalverkeer beperkt, door deze dwingende reden van algemeen belang gerechtvaardigd kan zijn wanneer hij specifiek ziet op volstrekt kunstmatige constructies die geen verband houden met de economische realiteit en alleen bedoeld zijn om de belasting te ontwijken die normaliter verschuldigd is over winsten uit activiteiten op het nationale grondgebied of om in verband met die winsten een belastingvoordeel te verkrijgen (zie in die zin arresten van 17 september 2009, Glaxo Wellcome, C-182/08, EU:C:2009:559, punt 89, en 3 oktober 2013, C-282/12, Itelcar, EU:C:2013:629, punt 34 en aldaar aangehaalde rechtspraak).

60. De omstandigheid alleen dat de uitkerende vennootschap in een derde land is gevestigd, is in deze context niet voldoende om uit te gaan van een algemeen vermoeden van belastingfraude en kan geen rechtvaardigingsgrond zijn voor een maatregel die afbreuk doet aan de uitoefening van een door het Verdrag gewaarborgde vrijheid (zie naar analogie arrest van 19 juli 2012, A, C-48/11, EU:C:2012:485, punt 32 en aldaar aangehaalde rechtspraak).

61. In casu sluit de in het hoofdgeding aan de orde zijnde wettelijke belastingregeling op algemene wijze uit dat de economische dubbele dividendbelasting kan worden voorkomen of verminderd wanneer de dividenden worden uitgekeerd door een in een derde land gevestigde vennootschap, zonder dat specifiek wordt beoogd gedragingen te voorkomen die erop zijn gericht volkomen kunstmatige constructies op te zetten die geen verband houden met de economische realiteit en bedoeld zijn om de normaliter verschuldigde belasting te ontwijken of een belastingvoordeel te verkrijgen.

62. Derhalve kan de beperking van het vrije kapitaalverkeer niet worden gerechtvaardigd door redenen die verband houden met de noodzaak om fraude en belastingontduiking te voorkomen.

63. Aangaande – in de tweede plaats – de noodzaak om de doeltreffendheid van de fiscale controles te waarborgen, zij opgemerkt dat het kapitaalverkeer tussen de lidstaten en derde landen in een andere juridische context valt dan de context die binnen de Unie geldt, en dat het kader voor samenwerking tussen de bevoegde autoriteiten van de lidstaten dat is ingevoerd bij richtlijn 77/799, zoals gewijzigd bij richtlijn 2006/98/EG van de Raad van 20 november 2006 (*PB* 2006, L 363, blz. 129), die ten tijde van de feiten in het hoofdgeding van kracht was, en bij richtlijn 2011/16/EU van de Raad van 15 februari 2011 betreffende de administratieve samenwerking op het gebied van de belastingen en tot intrekking van richtlijn 77/799 (*PB* 2011, L 64, blz. 1), niet bestaat tussen de lidstaten en de bevoegde autoriteiten van een derde land wanneer dat derde land geen enkele verplichting tot wederzijdse bijstand is aangegaan (arrest van 10 februari 2011, Haribo Lakritzen Hans Riegel en Österreichische Salinen, C-436/08 en C-437/08, EU:C:2011:61, punten 65 en 66).

64. Uit vaste rechtspraak van het Hof volgt dat wanneer de regeling van een lidstaat voor de toepassing van een gunstigere belastingregeling vereist dat voldaan is aan voorwaarden waarvan de naleving slechts kan worden gecontroleerd door het verkrijgen van inlichtingen van de bevoegde autoriteiten van een derde land, die lidstaat bijgevolg de toekenning van dit voordeel in beginsel mag weigeren wanneer, met name wegens het ontbreken van een uit een overeenkomst of verdrag voortvloeiende verplichting voor dit derde land om inlichtingen te verstrekken, het onmogelijk blijkt om deze inlichtingen van dit derde land te verkrijgen (arrest van 17 oktober 2013, Welte, C-181/12, EU:C:2013:662, punt 63 en aldaar aangehaalde rechtspraak).

65. In casu volgt uit artikel 46, lid 1, onder a), CIRC dat wanneer zowel de uitkerende als de ontvangende vennootschap ingezetene van Portugal is, de dividenden volledig kunnen worden afgetrokken van de belastinggrondslag wanneer de uitkerende vennootschap aan de vennootschapsbelasting of de in artikel 7 CIRC bedoelde belasting is onderworpen. Ingevolge artikel 46, lid 8, CIRC moet voor toekenning van de gedeeltelijke aftrek eveneens zijn vol-

daan aan de voorwaarde dat de uitkerende vennootschap aan de belasting is onderworpen, wanneer niet is voldaan aan de voorwaarden van artikel 46, lid 1, onder b) en c), CIRC, die de ontvangende vennootschap moet vervullen.

66. Derhalve kan worden geoordeeld dat toekenning van de volledige of gedeeltelijke aftrek, zoals voorzien in lid 1 respectievelijk lid 8 van artikel 46 CIRC, afhangt van de voorwaarde dat de uitkerende vennootschap aan de belasting is onderworpen, waarbij de belastingautoriteiten in staat moeten zijn te controleren of aan deze voorwaarde is voldaan.

67. De overeenkomst Portugal-Tunesië bepaalt in artikel 25, met als opschrift 'Uitwisseling van inlichtingen', met name dat de bevoegde autoriteiten van de overeenkomstsluitende Staten de inlichtingen uitwisselen die nodig zijn om uitvoering te geven aan de bepalingen van deze overeenkomst en van de nationale wetgeving van de overeenkomstsluitende Staten inzake de in de deze overeenkomst bedoelde belastingen, waaronder de IRC.

68. Het staat aan de verwijzende rechter om te onderzoeken of de uit de overeenkomst Portugal-Tunesië voortvloeiende verplichtingen het voor de Portugese autoriteiten mogelijk kunnen maken de inlichtingen van de Republiek Tunesië te verkrijgen die hen in staat stellen na te gaan of is voldaan aan de voorwaarde dat de uitkerende vennootschap aan de belasting is onderworpen. Is dat het geval, dan kan de beperking als gevolg van de weigering van volledige of gedeeltelijke aftrek, zoals voorzien in lid 1 respectievelijk lid 8 van artikel 46 CIRC, niet worden gerechtvaardigd door de noodzaak om de doeltreffendheid van de fiscale controles te waarborgen.

69. Aangezien – zoals de verwijzende rechter heeft gepreciseerd – geen enkele overeenkomst inzake wederzijdse bijstand is gesloten tussen de Portugese Republiek en de Republiek Libanon, kan de weigering van volledige of gedeeltelijke aftrek, zoals voorzien in lid 1 respectievelijk lid 8 van artikel 46 CIRC, worden gerechtvaardigd door de noodzaak om de doeltreffendheid van de fiscale controles te waarborgen indien het onmogelijk blijkt om van de Republiek Libanon de inlichtingen te verkrijgen die de autoriteiten in staat moeten stellen om na te gaan of is voldaan aan de voorwaarde dat de uitkerende vennootschap aan de belasting is onderworpen.

70. Niettemin dient ook te worden opgemerkt dat ingevolge artikel 46, lid 11, CIRC de in lid 1 van dit artikel 46 bedoelde aftrek wordt verminderd tot 50 % wanneer de inkomsten afkomstig zijn uit niet daadwerkelijk belaste winst, tenzij de ontvanger een vennootschap voor het beheer van kapitaaldeelnemingen is.

71. Het staat aan de verwijzende rechter, die als enige bevoegd is om het nationale recht uit te leggen, om na te gaan of deze bepaling kan worden toegepast in situaties waarin niet kan worden gecontroleerd of de uitkerende vennootschap in haar vestigingsstaat aan de belasting is onderworpen. Zo ja, dan kan de dwingende reden van algemeen belang die verband houdt met de noodzaak om de doeltreffendheid van de fiscale controles te waarborgen, niet dienen ter rechtvaardiging van de beperking als gevolg van de weigering van de in artikel 46, lid 11, CIRC voorziene gedeeltelijke aftrek voor dividenden die uit Tunesië of Libanon afkomstig zijn.

72. Gelet op alle voorgaande overwegingen moet op de elfde en de twaalfde vraag worden geantwoord dat de artikelen 63 en 65 VWEU aldus moeten worden uitgelegd dat:

– een in Portugal gevestigde vennootschap die dividenden ontvangt van een vennootschap die is gevestigd in Tunesië respectievelijk Libanon, zich kan beroepen op artikel 63 VWEU om op te komen tegen de fiscale behandeling van deze dividenden in die lidstaat, die steunt op een regeling die niet ertoe strekt uitsluitend van toepassing te zijn op situaties waarin de ontvangende vennootschap beslissende invloed op de uitkerende vennootschap uitoefent;

– een regeling als in het hoofdgeding, volgens welke een vennootschap die ingezetene van een lidstaat is, dividenden volledig of gedeeltelijk kan aftrekken van haar belastinggrondslag, wanneer deze dividenden worden uitgekeerd door een vennootschap die ingezetene van diezelfde lidstaat is, terwijl die aftrek niet mogelijk is wanneer de uitkerende vennootschap ingezetene van een derde land is, een door artikel 63 VWEU in beginsel verboden beperking van het kapitaalverkeer tussen de lidstaten en derde landen vormt;

– de weigering van volledige of gedeeltelijke aftrek van de ontvangen dividenden van de belastinggrondslag op grond van artikel 46, leden 1 en 8, CIRC kan worden gerechtvaardigd door dwingende redenen van algemeen belang die verband houden met de noodzaak om de doeltreffendheid van de fiscale controles te waarborgen, wanneer het voor de belastingautoriteiten van de lidstaat waarvan de ontvangende vennootschap ingezetene is, onmogelijk blijkt te zijn om van het derde land waarvan de uitkerende vennootschap ingezetene is, de inlichtingen te verkrijgen die hen in staat stellen na te gaan of is voldaan aan de voorwaarde dat de uitkerende vennootschap aan de belasting is onderworpen;

– de weigering van gedeeltelijke aftrek krachtens artikel 46, lid 11, CIRC kan niet worden gerechtvaardigd door dwingende redenen van algemeen belang die verband houden met de noodzaak om de doeltreffendheid van de fiscale controles te waarborgen, wanneer deze bepaling kan worden toegepast in situaties waarin niet kan worden nagegaan of de uitkerende vennootschap in de staat waarvan zij ingezetene is, aan de belasting is onderworpen, hetgeen de verwijzende rechter moet uitmaken.

Uitlegging van artikel 64 VWEU

73. Met zijn dertiende en veertiende vraag, die samen dienen te worden onderzocht, wenst de verwijzende rechter in wezen te vernemen of artikel 64, lid 1, VWEU aldus moet worden uitgelegd dat de in het hoofdgeding aan de orde zijnde regeling, voor zover zij een door artikel 63 VWEU in beginsel verboden beperking van het kapitaalverkeer vormt, is toegestaan als beperking die bestond op 31 december 1993, in de zin van artikel 64, lid 1, VWEU.

74. Ingevolge artikel 64, lid 1, VWEU doet het bepaalde in artikel 63 VWEU geen afbreuk aan de toepassing op derde landen van beperkingen die op 31 december 1993 bestaan uit hoofde van het nationale recht of het recht van de Unie inzake het kapitaalverkeer naar of uit derde landen in verband met directe investeringen – met inbegrip van investeringen in onroerende goederen –, vestiging, het verrichten van financiële diensten of de toelating van waardepapieren tot de kapitaalmarkten.

75. Ofschoon het Verdrag geen definitie bevat van het begrip 'directe investeringen', is dit begrip gedefinieerd in de nomenclatuur van het kapitaalverkeer die is opgenomen in bijlage I bij richtlijn 88/361/EEG van de Raad van 24 juni 1988 voor de uitvoering van artikel 67 van het Verdrag [artikel ingetrokken bij het Verdrag van Amsterdam] (*PB* 1988, L 178, blz. 5). Blijkens de lijst van 'directe investeringen' in de eerste rubriek van deze nomenclatuur en de verklarende aantekeningen daarbij, betreft dit begrip alle investeringen welke door natuurlijke of rechtspersonen worden verricht en welke gericht zijn op de vestiging of de handhaving van duurzame en directe betrekkingen tussen de kapitaalverschaffer en de onderneming waarvoor de desbetreffende middelen bestemd zijn met het oog op de uitoefening van een economische activiteit (arrest van 24 mei 2007, Holböck, C-157/05, EU:C:2007:297, punten 33 en 34 en aldaar aangehaalde rechtspraak).

76. Wat de deelnemingen in nieuwe of bestaande ondernemingen in de vorm van aandelenvennootschappen betreft, veronderstelt, zoals de in het vorige punt van dit arrest bedoelde verklarende aantekeningen bevestigen, het doel om duurzame economische betrekkingen te vestigen of te handhaven dat de aandelen een aandeelhouder, hetzij ingevolge de bepalingen van de nationale wetgeving op de aandelenvennootschappen, hetzij uit anderen hoofde de mogelijkheid bieden daadwerkelijk deel te hebben in het bestuur van of de zeggenschap over de betrokken vennootschap (arrest van 24 mei 2007, Holböck, C-157/05, EU:C:2007:297, punt 35 en aldaar aangehaalde rechtspraak).

77. Volgens de rechtspraak omvatten de beperkingen van het kapitaalverkeer in verband met directe investeringen of een vestiging in de zin van artikel 64, lid 1, VWEU niet enkel nationale maatregelen waarvan de toepassing op het kapitaalverkeer naar of uit derde landen investeringen of de vestiging beperken, maar ook maatregelen die de uitkering van daaruit voortvloeiende dividenden beperken (arrest van 13 november 2012, Test Claimants in the FII Group Litigation, C-35/ 11, EU:C:2012:707, punt 103 en aldaar aangehaalde rechtspraak).

78. Daaruit volgt dat een beperking van het kapitaalverkeer, zoals een minder voordelige fiscale behandeling van buitenlandse dividenden, onder artikel 64, lid 1, VWEU valt voor zover zij verband houdt met deelnemingen die worden genomen teneinde duurzame en directe economische betrekkingen te vestigen of te handhaven tussen de aandeelhouder en de betrokken vennootschap en die de aandeelhouder de mogelijkheid bieden daadwerkelijk deel te hebben in het bestuur van of de zeggenschap over de betrokken vennootschap (arresten van 12 december 2006, Test Claimants in the FII Group Litigation, C-446/04, EU:C:2006:774, punt 185, en 24 mei 2007, Holböck, C-157/05, EU:C:2007:297, punt 37).

79. In casu betreft het hoofdgeding ten eerste de fiscale behandeling van de door Ciments de Gabès uitgekeerde dividenden die verband houden met deelnemingen tot het beloop van 98,72 % van het maatschappelijk kapitaal van de uitkerende vennootschap. Een dergelijke deelneming kan de aandeelhouder de mogelijkheid bieden daadwerkelijk deel te hebben in het bestuur van of de zeggenschap over de uitkerende vennootschap en kan dus worden aangemerkt als een directe investering.

80. Het hoofdgeding betreft ten tweede de fiscale behandeling van de dividenden die zijn uitgekeerd door Ciments de Sibline, waarin de ontvangende vennootschap rechtstreeks 28,64 % van het maatschappelijk kapitaal bezit. Ook een dergelijke deelneming kan, onder voorbehoud van verificatie door de verwijzende rechter, de aandeelhouder de mogelijkheid bieden daadwerkelijk deel te hebben in het bestuur van of de zeggenschap over de uitkerende vennootschap en zou dus kunnen worden aangemerkt als een directe investering.

81. Uit de rechtspraak volgt dat het begrip 'op 31 december 1993 bestaande beperking' veronderstelt dat het rechtskader waarin de betrokken beperking is opgenomen, sinds die datum ononderbroken deel heeft uitgemaakt van de rechtsorde van de betrokken lidstaat. Zou dit anders zijn, dan zou een lidstaat immers op enig tijdstip opnieuw beperkingen van het kapitaalverkeer naar of uit derde landen kunnen invoeren die op 31 december 1993 in de nationale rechtsorde bestonden, doch niet zijn gehandhaafd (arrest van 18 december 2007, A, C-101/05, EU:C:2007:804, punt 48).

82. Tevens volgt uit de rechtspraak dat hoewel in beginsel de nationale rechter de inhoud dient te bepalen van de wettelijke regeling die bestond op een door een Uniehandeling bepaalde datum, het aan het Hof staat om de gegevens te verschaffen voor de uitlegging van het Unierechtelijke begrip dat de basis vormt voor de toepassing van

een Unierechtelijke uitzonderingsregeling op een nationale wettelijke regeling die op een bepaalde datum 'bestaat' (zie in die zin arresten van 12 december 2006, Test Claimants in the FII Group Litigation, C-446/04, EU:C:2006:774, punt 191, en 10 april 2014, Emerging Markets Series of DFA Investment Trust Company, C-190/12, EU:C:2014:249, punt 47).

83. In deze context wenst de verwijzende rechter meer specifiek met zijn veertiende vraag te vernemen welke gevolgen dienen te worden verbonden aan de invoering, na 31 december 1993, van de regeling van artikel 41, lid 5, onder b), EBF inzake belastingvoordelen voor op overeenkomsten gebaseerde investeringen en van de regeling van artikel 42 EBF inzake dividenden afkomstig uit Afrikaanse landen met het Portugees als officiële taal en Oost-Timor.

84. Voor zover met de vaststelling van deze twee regelingen het rechtskader inzake de fiscale behandeling van dividenden uit Tunesië en Libanon niet is gewijzigd, neemt de vaststelling ervan niet weg dat de uitsluiting van dividenden die worden uitgekeerd door in deze derde landen gevestigde vennootschappen, van de mogelijkheid van volledige of gedeeltelijke aftrek van de belasting, moet worden aangemerkt als een bestaande beperking (zie in die zin arrest van 18 december 2007, A, C-101/05, EU:C:2007:804, punt 51).

85. Niettemin dient te worden onderzocht welke gevolgen de sluiting van de overeenkomsten EG-Tunesië en EG-Libanon heeft voor de bij artikel 64, lid 1, VWEU aan de Portugese Republiek verleende mogelijkheid.

86. Artikel 64, lid 1, VWEU bevat voor een lidstaat de mogelijkheid om in de betrekkingen met derde landen de beperkingen van het kapitaalverkeer te blijven toepassen die binnen de materiële werkingssfeer van deze bepalingen vallen, zelfs indien zij in strijd zijn met het in artikel 63, lid 1, VWEU neergelegde beginsel van het vrije verkeer van kapitaal, mits die beperkingen reeds bestonden op 31 december 1993 (arresten van 12 december 2006, Test Claimants in the FII Group Litigation, C-446/04, EU:C:2006:774, punt 187, en 24 mei 2007, Holböck, C-157/05, EU:C:2007:297, punt 39).

87. Een lidstaat verzaakt aan die mogelijkheid door de bepalingen die aan de betrokken beperking ten grondslag lagen, in te trekken. Artikel 64, lid 1, VWEU ziet immers niet op de bepalingen die, hoewel zij op de voornaamste punten identiek zijn aan een op 31 december 1993 bestaande wettelijke regeling, opnieuw een belemmering van het vrije verkeer van kapitaal hebben ingevoerd die na intrekking van de vroegere wettelijke regeling niet meer bestond (zie in die zin arrest van 18 december 2007, A, C-101/05, EU:C:2007:804, punt 49).

88. Een lidstaat verzaakt tevens aan die mogelijkheid door bepalingen vast te stellen die de hoofdgedachte waarop de vroegere wettelijke regeling berustte, te veranderen. Dienaangaande volgt uit de rechtspraak dat bij de beoordeling van de mogelijkheid waarover een lidstaat beschikt om zich te beroepen op artikel 64, lid 1, VWEU, de formele aspecten van de handeling die een beperking uitmaakt, ondergeschikt zijn aan de inhoudelijke aspecten van die beperking. Een nationale maatregel die na 31 december 1993 is vastgesteld, is immers niet om die reden alleen automatisch van de bij artikel 64, lid 1, VWEU ingevoerde uitzonderingsregeling uitgesloten. Deze regeling geldt immers ook voor bepalingen die op de voornaamste punten identiek zijn aan de vroegere wettelijke regeling of die daarin enkel een belemmering voor de uitoefening van de communautaire rechten en vrijheden in de vroegere wettelijke regeling verminderen of opheffen, doch bepalingen die op een andere hoofdgedachte dan de vorige berusten en nieuwe procedures invoeren, zijn daarvan uitgesloten (zie in die zin arresten van 12 december 2006, Test Claimants in the FII Group Litigation, C-446/04, EU:C:2006:774, punt 192, en 24 mei 2007, Holböck, C-157/05, EU:C:2007:297, punt 41).

89. Gelet op deze omstandigheden dient te worden geoordeeld dat een lidstaat eveneens aan de bij artikel 64, lid 1, VWEU geboden mogelijkheid verzaakt door, zonder de bestaande regeling formeel in te trekken of te wijzigen, een internationale overeenkomst zoals een associatieovereenkomst te sluiten, waarin, in een bepaling met rechtstreekse werking, een in dat artikel 64, lid 1, bedoelde categorie van kapitaalverkeer wordt vrijgemaakt. Deze wijziging van het rechtskader moet, wat de gevolgen voor de mogelijkheid om zich te beroepen op artikel 64, lid 1, VWEU betreft, bijgevolg worden gelijkgesteld met de invoering van een nieuwe wettelijke regeling die steunt op een andere hoofdgedachte dan de bestaande wettelijke regeling.

90. De bij een internationale overeenkomst ingevoerde vrijmaking van het kapitaalverkeer zou immers een dode letter zijn indien in situaties waarin deze overeenkomst zich verzet tegen een regeling van een lidstaat, deze lidstaat deze regeling zou kunnen blijven toepassen krachtens artikel 64, lid 1, VWEU.

91. Derhalve dienen de overeenkomsten EG-Tunesië en EG-Libanon te worden uitgelegd teneinde te bepalen of deze overeenkomsten, in bepalingen met rechtstreekse werking, de directe investeringen waarover het gaat in het hoofdgeding, vrijmaken.

92. Gelet op alle voorgaande overwegingen moet op de dertiende en de veertiende vraag worden geantwoord dat artikel 64, lid 1, VWEU aldus moet worden uitgelegd dat:

– voor zover met de vaststelling van de in artikel 41, lid 5, onder b), EBF neergelegde regeling inzake belastingvoordelen voor op overeenkomsten gebaseerde investeringen en van de in artikel 42 EBF neergelegde regeling inzake dividenden uit Afrikaanse landen met Portugees als officiële taal en Oost-Timor het rechtskader inzake de behandeling van dividenden uit Tunesië en Libanon niet is gewijzigd, de vaststelling van deze regelingen niet wegneemt dat de uitsluiting van dividenden die worden uitgekeerd door in deze derde landen gevestigde vennootschappen van de mogelijkheid van volledige of gedeeltelijke aftrek, moet worden aangemerkt als een bestaande beperking;

– een lidstaat aan de bij artikel 64, lid 1, VWEU geboden mogelijkheid verzaakt door, zonder de bestaande regeling formeel in te trekken of te wijzigen, een internationale overeenkomst zoals een associatieovereenkomst te sluiten, waarin, in een bepaling met rechtstreekse werking, een in dat artikel 64, lid 1, bedoelde categorie van kapitaalverkeer wordt vrijgemaakt; deze wijziging van het rechtskader moet bijgevolg worden gelijkgesteld, wat de gevolgen voor de mogelijkheid om zich te beroepen op artikel 64, lid 1, VWEU betreft, met de invoering van een nieuwe regeling die steunt op een andere hoofdgedachte dan de bestaande regeling.

Uitlegging van de overeenkomsten EG-Tunesië en EG-Libanon

93. Met zijn eerste tot en met tiende vraag wenst de verwijzende rechter in wezen te vernemen of de bepalingen van de overeenkomsten EG-Tunesië en EG-Libanon aldus moeten worden uitgelegd dat zij zich verzetten tegen een nationale regeling als in het hoofdgeding, volgens welke een vennootschap die ingezetene van Portugal is, dividenden die zij ontvangt van een vennootschap die ingezetene van die lidstaat is, kan aftrekken van haar belastinggrondslag, terwijl die aftrek niet mogelijk is voor dividenden die worden uitgekeerd door een vennootschap die ingezetene is van Tunesië of Libanon.

94. Vooraf zij eraan herinnerd dat volgens vaste rechtspraak een internationale overeenkomst niet enkel moet worden uitgelegd aan de hand van de bewoordingen waarin ze is opgesteld, maar evenzeer in het licht van haar doelstellingen. Artikel 31 van het Verdrag van Wenen inzake het verdragenrecht van 23 mei 1969 (Recueil des Traités des Nations Unies, deel 1155, blz. 331) preciseert dienaangaande dat een verdrag te goeder trouw moet worden uitgelegd overeenkomstig de gewone betekenis van de termen van het verdrag in hun context en in het licht van het voorwerp en het doel van het verdrag (zie in die zin met name arrest van 25 februari 2010, Brita, C-386/08, EU:C:2010:91, punten 42 en 43 en aldaar aangehaalde rechtspraak).

95. Aangaande de vraag of de bepalingen van een overeenkomst rechtstreeks toepasselijk zijn in de rechtsorde van de partijen, heeft het Hof geoordeeld dat wanneer deze vraag niet in deze overeenkomst is geregeld, het Hof deze vraag op dezelfde wijze dient te beslechten als andere uitleggingsvragen in verband met de toepassing van overeenkomsten in de Unie (arrest van 14 december 2006, Gattoussi, C-97/05, EU:C:2006:780, punt 24 en aldaar aangehaalde rechtspraak). Dat geldt voor zowel de overeenkomst EG-Tunesië als de overeenkomst EG-Libanon.

96. Volgens vaste rechtspraak moet een bepaling van een door de Unie met derde staten gesloten overeenkomst worden geacht rechtstreeks toepasselijk te zijn, wanneer deze overeenkomst, gelet op haar bewoordingen en op het doel en de aard ervan, een duidelijke en nauwkeurig omschreven verplichting behelst voor de uitvoering of werking waarvan geen verdere handeling vereist is (zie in die zin met name arresten van 27 september 2001, Gloszczuk, C-63/99, EU:C:2001:488, punt 30; 8 mei 2003, Wählergruppe Gemeinsam, C-171/01, EU:C:2003:260, punt 54; 12 april 2005, Simutenkov, C-265/03, EU:C:2005:213, punt 21, en 14 december 2006, Gattoussi, C-97/05, EU:C:2006:780, punt 25).

Overeenkomst EG-Tunesië

– Relevante bepalingen (eerste en derde vraag)

97. Met zijn eerste en derde vraag wenst de verwijzende rechter in wezen te vernemen of de artikelen 31 en 34 van de overeenkomst EG-Tunesië rechtstreeks toepasselijk zijn en, zo ja, of de situatie in het hoofdgeding onder deze bepalingen valt.

98. Voor zover – zoals in punt 91 van dit arrest is uiteengezet – de uitlegging van de overeenkomst EG-Tunesië het mogelijk moet maken te bepalen of deze overeenkomst, in bepalingen met rechtstreekse werking, de directe investeringen waarover het in het hoofdgeding gaat vrijmaakt, behoeft niet te worden geantwoord op de eerste vraag van de verwijzende rechter betreffende artikel 31 van deze overeenkomst, dat ziet op het recht van vestiging en de diensten.

99. Met betrekking tot artikel 34 van de overeenkomst EG-Tunesië zij vastgesteld dat lid 1 van dit artikel in duidelijke, nauwkeurige en onvoorwaardelijke bewoordingen de Gemeenschap en de Republiek Tunesië ertoe verplicht om met betrekking tot de verrichtingen op de kapitaalrekening van de betalingsbalans vanaf de datum van inwerkingtreding van deze overeenkomst het vrije verkeer van kapitaal te garanderen met betrekking tot directe investeringen in Tunesië in vennootschappen die in overeenstemming met de van kracht zijnde wetten zijn opgericht, alsook de liquidatie of de repatriëring van die investeringen en alle opbrengsten daarvan.

100. Dit voorschrift legt een nauwkeurig omschreven resultaatsverplichting op en kan door een justitiabele voor de nationale rechter worden ingeroepen ter ondersteuning van een verzoek om de bepalingen die een belemmering van het vrije kapitaalverkeer opleveren, buiten toepassing te laten of om de regeling waarvan niet-toepassing

een belemmering van het vrije kapitaalverkeer oplevert, jegens hem toe te passen, zonder dat daarvoor nadere uitvoeringsmaatregelen vereist zijn (zie naar analogie arresten van 27 september 2001, Kondova, C-235/99, EU:C:2001:489, punt 34, en 27 september 2001, Barkoci en Malik, C-257/99, EU:C:2001:491, punt 34).

101. Aan de vaststelling dat het in artikel 34, lid 1, van de overeenkomst EG-Tunesië neergelegde beginsel van vrij verkeer van kapitaal met betrekking tot directe investeringen in Tunesië rechtstreeks de situatie van particulieren kan regelen, wordt niet afgedaan door artikel 34, lid 2, van deze overeenkomst.

102. Artikel 34, lid 2, van deze overeenkomst, dat bepaalt dat de partijen elkaar raadplegen met het oog op de vergemakkelijking van het kapitaalverkeer tussen de Gemeenschap en de Republiek Tunesië en de volledige liberalisering ervan wanneer aan de voorwaarden is voldaan, moet immers aldus worden uitgelegd dat het betrekking heeft op een latere liberalisering van het kapitaalverkeer waarop artikel 34, lid 1, van diezelfde overeenkomst niet ziet.

103. Bovendien wordt deze vaststelling dat artikel 34, lid 1, van de overeenkomst EG-Tunesië rechtstreeks toepasselijk is, niet weerlegd door het voorwerp en de doelstelling van deze overeenkomst. Het is immers van belang te benadrukken dat deze overeenkomst volgens artikel 1, lid 1, een samenwerking tot stand brengt tussen de Gemeenschap en haar lidstaten, enerzijds, en de Republiek Tunesië, anderzijds. De doelstelling van de overeenkomst EG-Tunesië, die – zoals blijkt uit artikel 1, lid 2, ervan – met name erin bestaat de voorwaarden vast te leggen voor de geleidelijke liberalisering van het kapitaalverkeer, biedt steun voor de uitlegging dat het in artikel 34, lid 1, ervan bedoelde kapitaalverkeer vanaf de inwerkingtreding van deze overeenkomst wordt geliberaliseerd en het andere kapitaalverkeer geleidelijk wordt geliberaliseerd, overeenkomstig artikel 34, lid 2, van deze overeenkomst.

104. Derhalve dient te worden geoordeeld dat artikel 34, lid 1, van de overeenkomst EG-Tunesië rechtstreeks toepasselijk is en door een particulier voor een rechterlijke instantie kan worden ingeroepen.

105. Bijgevolg dient te worden nagegaan of een situatie als in het hoofdgeding onder artikel 34, lid 1, van de overeenkomst EG-Tunesië valt.

106. Dienaangaande zij vastgesteld dat artikel 34, lid 1, van de overeenkomst EG-Tunesië volgens de bewoordingen ervan betrekking heeft op de verrichtingen op de kapitaalrekening van de betalingsbalans en ziet op directe investeringen in Tunesië in vennootschappen die in overeenstemming met de van kracht zijnde wetten zijn opgericht, alsook de liquidatie of de repatriëring van die investeringen en van alle opbrengsten daarvan.

107. Wanneer een vennootschap die ingezetene van Portugal is, dividenden ontvangt van een vennootschap die ingezetene is van Tunesië, omdat zij een deelneming van 98,72 % aanhoudt in het maatschappelijk kapitaal van de uitkerende vennootschap, valt deze situatie binnen de werkingssfeer van deze bepaling. Zoals in punt 79 van dit arrest is vastgesteld, kan een dergelijke deelneming immers worden beschouwd als een directe investering en ziet het begrip 'repatriëring van de opbrengsten ervan' op de ontvangst van dividenden uit die deelneming.

108. Bijgevolg dient te worden geoordeeld dat een situatie als in het hoofdgeding onder artikel 34, lid 1, van de overeenkomst EG-Tunesië valt.

109. Gelet op de voorgaande overwegingen dient op de derde vraag te worden geantwoord dat artikel 34, lid 1, van de overeenkomst EG-Tunesië aldus moet worden uitgelegd dat het rechtstreeks toepasselijk is en kan worden ingeroepen in een situatie als in het hoofdgeding, waarin een vennootschap die ingezetene van Portugal is, dividenden van een vennootschap die ingezetene van Tunesië is, ontvangt wegens de directe investering die zij in de uitkerende vennootschap heeft gedaan, teneinde op te komen tegen de fiscale behandeling van die dividenden in Portugal.

110. Gelet op wat in punt 98 van dit arrest is uiteengezet, behoeft de tweede vraag niet te worden beantwoord.

– Draagwijdte van artikel 34, lid 1, van de overeenkomst EG-Tunesië (vierde tot en met zesde vraag)

111. Met zijn vierde tot en met zesde vraag, die samen moeten worden onderzocht, wenst de verwijzende rechter in wezen te vernemen of artikel 34, lid 1, van de overeenkomst EG-Tunesië, gelezen in samenhang met artikel 89 ervan, aldus moet worden uitgelegd dat het zich verzet tegen een regeling als in het hoofdgeding, volgens welke een vennootschap die ingezetene van een lidstaat is, dividenden volledig of gedeeltelijk kan aftrekken van haar belastinggrondslag wanneer deze dividenden worden uitgekeerd door een vennootschap die ingezetene van dezelfde lidstaat is, terwijl die aftrek niet mogelijk is wanneer de uitkerende vennootschap ingezetene van Tunesië is.

112. Zoals in punt 48 van dit arrest is vastgesteld, wordt krachtens de in het hoofdgeding aan de orde zijnde regeling de economische dubbele belasting over door een ingezeten vennootschap ontvangen dividenden voorkomen of verminderd wanneer de uitkerende vennootschap in Portugal is gevestigd, terwijl dat niet het geval is wanneer de uitkerende vennootschap in Tunesië is gevestigd.

113. Dat verschil in behandeling kan ingezeten vennootschappen van Portugal ontmoedigen om rechtstreeks te investeren in in Tunesië gevestigde vennootschappen. Aangezien inkomsten uit kapitaal die afkomstig zijn uit dat

derde land, fiscaal minder gunstig worden behandeld dan dividenden die worden uitgekeerd door een in Portugal gevestigde vennootschap, zijn aandelen in een vennootschap die in Tunesië is gevestigd, immers minder aantrekkelijk voor in Portugal gevestigde investeerders dan aandelen in een vennootschap met zetel in die lidstaat (zie naar analogie arresten van 12 december 2006, Test Claimants in the FII Group Litigation, C-446/04, EU:C:2006:774, punt 64, en 10 februari 2011, Haribo Lakritzen Hans Riegel en Österreichische Salinen, C-436/08 en C-437/08, EU:C:2011:61, punt 80).

114. Een dergelijke nadelige behandeling vormt dus een door artikel 34, lid 1, van de overeenkomst EG-Tunesië in beginsel verboden beperking van het kapitaalverkeer met betrekking tot directe investeringen en inzonderheid de repatriëring van de opbrengst van deze investeringen.

115. Tevens dient te worden nagegaan of, zoals de verwijzende rechter met zijn vijfde vraag in wezen wenst te vernemen, de werking van artikel 34, lid 1, van deze overeenkomst in een situatie in het hoofdgeding wordt beperkt door artikel 89 ervan.

116. Allereerst is het met betrekking tot artikel 89, eerste streepje, van de overeenkomst EG-Tunesië, volgens hetwelk geen enkele bepaling van deze overeenkomst tot gevolg heeft dat de door een partij toegekende voordelen op fiscaal gebied in enige internationale overeenkomst of regeling waardoor deze partij is gebonden, worden uitgebreid, voldoende op te merken dat het verbod op de in de vorige punten van dit arrest vastgestelde beperking voortvloeit uit de overeenkomst EG-Tunesië zelf en niet uit de uitbreiding van de in een andere overeenkomst of regeling geboden voordelen. Zoals de advocaat-generaal in punt 87 van zijn conclusie heeft opgemerkt, beoogt SECIL bovendien niet een door de Portugese Republiek in een andere internationale overeenkomst of regeling toegekend voordeel te verkrijgen.

117. Vervolgens dient met betrekking tot artikel 89, tweede streepje, van de overeenkomst EG-Tunesië, volgens hetwelk de overeenkomst niet tot gevolg heeft dat de vaststelling of toepassing door een partij van enige maatregel die is gericht op het voorkomen van fraude of belastingontduiking wordt verhinderd, te worden geoordeeld dat artikel 34, lid 1, van de overeenkomst EG-Tunesië slechts zijn nuttige werking kan behouden indien artikel 89, tweede streepje, ervan aldus wordt uitgelegd dat de onder deze bepaling vallende maatregelen specifiek gericht zijn op het voorkomen van fraude of belastingontduiking.

118. Zoals in punt 61 van dit arrest is gepreciseerd, sluit de in het hoofdgeding aan de orde zijnde belastingregeling op algemene wijze uit dat een belastingvoordeel kan worden verkregen doordat de economische dubbele dividendbelasting wordt voorkomen of verminderd, wanneer de dividenden worden uitgekeerd door een met name in Tunesië gevestigde vennootschap, zonder dat specifiek wordt beoogd gedragingen te voorkomen die erop zijn gericht volkomen kunstmatige constructies op te zetten die geen verband houden met de economische realiteit en bedoeld zijn om de normaliter verschuldigde belasting te ontwijken of een belastingvoordeel te verkrijgen.

119. Aangezien de in het hoofdgeding aan de orde zijnde regeling geen maatregel is tot het voorkomen van fraude of belastingontduiking, hetgeen de verwijzende rechter dient te verifiëren, valt de in het hoofdgeding aan de orde zijnde situatie niet onder het in artikel 89, tweede streepje, van de overeenkomst EG-Tunesië bedoelde geval.

120. Ten slotte bepaalt artikel 89, derde streepje, van de overeenkomst EG-Tunesië dat deze overeenkomst niet tot gevolg heeft dat afbreuk wordt gedaan aan het recht van een partij om de ter zake doende bepalingen van haar fiscale wetgeving toe te passen op belastingplichtigen die zich niet in dezelfde situatie bevinden ten aanzien van hun woonplaats. Dienaangaande behoeft slechts te worden opgemerkt dat de in het hoofdgeding aan de orde zijnde regeling geen onderscheid maakt naar de woonplaats van de belastingplichtige, zijnde de ontvangende vennootschap, maar wel naar de plaats van vestiging van de uitkerende vennootschap en dus naar de plaats waar het kapitaal van de belastingplichtige is belegd. Bijgevolg valt de in het hoofdgeding aan de orde zijnde situatie evenmin onder het in artikel 89, derde streepje, van de overeenkomst EG-Tunesië bedoelde geval.

121. Derhalve dient op de vijfde vraag te worden geantwoord dat de werking van artikel 34, lid 1, van de overeenkomst EG-Tunesië in een situatie als in het hoofdgeding niet wordt beperkt door artikel 89 ervan.

122. Met zijn zesde vraag wenst de verwijzende rechter in wezen te vernemen of de restrictieve behandeling van de betrokken dividenden niettemin kan worden gerechtvaardigd door de noodzaak om de doeltreffendheid van de fiscale controles te waarborgen, met name gelet op het feit dat tussen de Portugese Republiek en de Republiek Tunesië geen kader voor administratieve samenwerking bestaat dat te vergelijken is met het kader dat tussen de lidstaten is ingevoerd bij richtlijn 77/799, die ten tijde van de feiten in het hoofdgeding van kracht was.

123. Teneinde te beslissen of een dwingende reden van algemeen belang die verband houdt met de noodzaak de doeltreffendheid van de fiscale controles te waarborgen, ter rechtvaardiging kan dienen voor een beperking van het vrije kapitaalverkeer, dat is gewaarborgd door artikel 34, lid 1, van de overeenkomst EG-Tunesië, dient deze overeenkomst volgens de in punt 94 van dit arrest in herinnering gebrachte rechtspraak te worden geanalyseerd in het licht van de doelstelling en de context ervan.

124. Ingevolge artikel 1 beoogt de overeenkomst EG-Tunesië, die een associatie tot stand brengt tussen de Gemeenschap en haar lidstaten enerzijds en de Republiek Tunesië anderzijds, de betrekkingen tussen de partijen

te versterken, de voorwaarden vast te leggen voor de geleidelijke liberalisering van het goederen-, diensten- en kapitaalverkeer, alsmede de handel en de evenwichtige sociale en economische betrekkingen tussen de partijen te bevorderen.

125. Deze overeenkomst beoogt noch de oprichting van een interne markt, te vergelijken met die welke is ingesteld bij het VWEU, noch – anders dan de Overeenkomst betreffende de Europese Economische Ruimte van 2 mei 1992 (*PB* 1994, L 1, blz. 3; hierna: 'EER-Overeenkomst') – een zo volledig mogelijke verwezenlijking van het vrije verkeer van goederen, personen, diensten en kapitaal, zodat de op het grondgebied van de Unie verwezenlijkte interne markt wordt uitgebreid tot de Staten die partij zijn bij deze overeenkomst (zie in die zin arrest van 23 september 2003, Ospelt en Schlössle Weissenberg, C-452/01, EU:C:2003:493, punt 29).

126. Aangezien de noodzaak om de doeltreffendheid van de fiscale controles te waarborgen is aanvaard als een dwingende reden van algemeen belang die een beperking van de door het VWEU en de EER-Overeenkomst gewaarborgde vrijheden kan rechtvaardigen, moet een dergelijke rechtvaardiging a fortiori in het kader van de overeenkomst EG-Tunesië worden aanvaard.

127. Zoals de advocaat-generaal in punt 125 van zijn conclusie heeft opgemerkt, lijkt het immers uitgesloten, gelet op de doelstelling en de context van de overeenkomst EG-Tunesië, dat de partijen bij deze overeenkomst het kapitaalverkeer tussen de Unie en Tunesië volledig hebben willen vrijmaken, terwijl beperkingen kunnen worden opgelegd zowel in de betrekkingen tussen de lidstaten als in de betrekkingen tussen de lidstaten van de Unie en de andere Staten die partij zijn bij de EER-Overeenkomst.

128. In deze omstandigheden kan de analyse in de punten 63 tot en met 68 en in de punten 70 en 71 van dit arrest worden toegepast op de analyse die is verricht bij de beoordeling van de rechtvaardiging voor de beperking in artikel 34, lid 1, van de overeenkomst EG-Tunesië, aangezien deze overeenkomst de Republiek Tunesië niet de verplichting oplegt inlichtingen te verschaffen aan de Portugese autoriteiten.

129. Derhalve dient artikel 34, lid 1, van de overeenkomst EG-Tunesië aldus te worden uitgelegd dat:

– een regeling als in het hoofdgeding, volgens welke een vennootschap die ingezetene van een lidstaat is, dividenden volledig of gedeeltelijk kan aftrekken van haar belastinggrondslag, wanneer deze dividenden worden uitgekeerd door een vennootschap die ingezetene van diezelfde lidstaat is, terwijl die aftrek niet mogelijk is wanneer de uitkerende vennootschap ingezetene van Tunesië is, een beperking van het vrije kapitaalverkeer vormt, die met betrekking tot directe investeringen en inzonderheid de repatriëring van de opbrengst van deze investeringen in beginsel is verboden door artikel 34, lid 1, van de overeenkomst EG-Tunesië;

– de werking van deze bepaling in een situatie als in het hoofdgeding niet wordt beperkt door artikel 89 van de overeenkomst EG-Tunesië;

– de weigering van volledige of gedeeltelijke aftrek van de ontvangen dividenden van de belastinggrondslag van de ontvangende vennootschap op grond van artikel 46, leden 1 en 8, CIRC kan worden gerechtvaardigd door dwingende redenen van algemeen belang die verband houden met de noodzaak om de doeltreffendheid van de fiscale controles te waarborgen, wanneer het voor de belastingautoriteiten van de lidstaat waarvan de ontvangende vennootschap ingezetene is, onmogelijk blijkt te zijn om van de Republiek Tunesië, zijnde de Staat waarvan de uitkerende vennootschap ingezetene is, de inlichtingen te verkrijgen die hen in staat stellen na te gaan of is voldaan aan de voorwaarde dat de uitkerende vennootschap aan de belasting is onderworpen;

– de weigering van een dergelijke gedeeltelijke aftrek krachtens artikel 46, lid 11, CIRC niet kan worden gerechtvaardigd door dwingende redenen van algemeen belang die verband houden met de noodzaak om de doeltreffendheid van de fiscale controles te waarborgen, wanneer deze bepaling kan worden toegepast in situaties waarin niet kan worden nagegaan of de uitkerende vennootschap in Tunesië, zijnde de Staat waarvan de uitkerende vennootschap ingezetene is, aan de belasting is onderworpen, hetgeen de verwijzende rechter moet uitmaken.

Overeenkomst EG-Libanon

– Rechtstreekse werking van artikel 31 van de overeenkomst EG-Libanon (zevende vraag)

130. Met zijn zevende vraag wenst de verwijzende rechter in wezen te vernemen of artikel 31 van de overeenkomst EG-Libanon rechtstreeks toepasselijk is en gelet op artikel 33 ervan in het hoofdgeding kan worden ingeroepen.

131. Dienaangaande zij vastgesteld dat artikel 31 van de overeenkomst EG-Libanon, doordat is bepaald dat in het kader van de bepalingen van deze overeenkomst en met inachtneming van de bepalingen van de artikelen 33 en 34 er tussen de Gemeenschap enerzijds en de Republiek Libanon anderzijds geen beperkingen op het kapitaalverkeer zijn en geen discriminatie is op basis van nationaliteit of woonplaats van hun onderdanen of plaats waar dergelijk kapitaal wordt geïnvesteerd, in duidelijke en onvoorwaardelijke bewoordingen een nauwkeurig omschreven resultaatsverplichting oplegt die door een justitiabele voor de rechterlijke instanties kan worden ingeroepen ter ondersteuning van een verzoek om de bepalingen die de beperking of discriminatie opleveren, buiten toepassing te laten of om de regeling waarvan niet-toepassing de beperking of de discriminatie oplevert, jegens hem toe te

passen, zonder dat daarvoor nadere uitvoeringsmaatregelen vereist zijn (zie naar analogie arresten van 27 september 2001, Kondova, C-235/99, EU:C:2001:489, punt 34, en 27 september 2001, Barkoci en Malik, C-257/99, EU:C:2001:491, punt 34).

132. De omvang van de uit artikel 31 van de overeenkomst EG-Libanon voortvloeiende verplichting wordt weliswaar beperkt door de standstillclausule in artikel 33, lid 1, ervan. Deze uitzondering kan evenwel niet eraan in de weg staan dat artikel 31 particulieren rechten toekent waarop zij zich in rechte kunnen beroepen (zie naar analogie arrest van 18 december 2007, A, C-101/05, EU:C:2007:804, punt 26).

133. Aan de vaststelling dat artikel 31 van de overeenkomst EG-Libanon rechtstreeks toepasselijk is, wordt niet afgedaan door het voorwerp en de doelstelling van deze overeenkomst. Het is immers van belang te benadrukken dat de overeenkomst EG-Libanon volgens artikel 1, lid 1, een samenwerking tot stand brengt tussen de Gemeenschap en haar lidstaten, enerzijds, en de Republiek Libanon, anderzijds. De doelstelling van deze overeenkomst, die – zoals blijkt uit artikel 1, lid 2, ervan – met name erin bestaat de voorwaarden vast te leggen voor de geleidelijke liberalisering van het kapitaalverkeer, biedt steun voor de uitlegging dat het kapitaalverkeer dat niet binnen de werkingssfeer valt van de in artikel 33, lid 1, ervan opgenomen standstillclausule, wordt vrijgemaakt vanaf de inwerkingtreding van diezelfde overeenkomst.

134. Aangaande de mogelijkheid om zich te beroepen op artikel 31 van de overeenkomst EG-Libanon in een situatie als in het hoofdgeding, dient weliswaar te worden opgemerkt dat artikel 31 van deze overeenkomst, overeenkomstig artikel 33, lid 1, ervan geen afbreuk doet aan de toepassing van enige beperking tussen de Gemeenschap en de Republiek Libanon op de datum van inwerkingtreding van deze overeenkomst met betrekking tot het kapitaalverkeer tussen beide partijen waarbij directe investeringen worden verricht, onder andere in onroerend goed, vestiging, verrichting van financiële diensten of toelating van effecten tot de kapitaalmarkten.

135. De omvang van de in artikel 33, lid 1, van de overeenkomst EG-Libanon opgenomen standstillclausule wordt evenwel beperkt door artikel 33, lid 2, ervan, dat bepaalt dat geen afbreuk wordt gedaan aan de overdracht naar het buitenland van investeringen in Libanon door onderdanen van de Gemeenschap of in de Gemeenschap door Libanese onderdanen, alsmede van alle opbrengsten daarvan.

136. Aangezien het in het hoofdgeding gaat om de fiscale behandeling van dividenden uit directe investeringen die een ingezetene van Portugal heeft gedaan in Libanon, valt deze situatie onder het in artikel 33, lid 2, van de overeenkomst EG-Libanon bedoelde geval. Bijgevolg verzet artikel 33, lid 1, van deze overeenkomst zich niet ertegen dat artikel 31 ervan in casu wordt ingeroepen.

137. Gelet op de voorgaande overwegingen moet op de zevende vraag worden geantwoord dat artikel 31 van de overeenkomst EG-Libanon aldus moet worden uitgelegd dat:
- het rechtstreeks toepasselijk is;
- een situatie als in het hoofdgeding, waarin het gaat om de fiscale behandeling van dividenden uit directe investeringen die een ingezetene van Portugal heeft gedaan in Libanon, onder het in artikel 33, lid 2, van deze overeenkomst bedoelde geval valt; bijgevolg verzet artikel 33, lid 1, van deze overeenkomst zich niet ertegen dat artikel 31 ervan in casu wordt ingeroepen.

– Draagwijdte van artikel 31 van de overeenkomst EG-Libanon (achtste tot en met tiende vraag)

138. Met zijn achtste tot en met tiende vraag, die samen moeten worden onderzocht, wenst de verwijzende rechter in wezen te vernemen of artikel 31 van de overeenkomst EG-Libanon, gelezen in samenhang met artikel 85 ervan, aldus moet worden uitgelegd dat het zich verzet tegen een regeling als in het hoofdgeding, volgens welke een vennootschap die ingezetene van een lidstaat is, dividenden volledig of gedeeltelijk kan aftrekken van haar belastinggrondslag wanneer deze dividenden worden uitgekeerd door een vennootschap die van diezelfde lidstaat ingezetene is, terwijl die aftrek niet mogelijk is wanneer de uitkerende vennootschap ingezetene van Libanon is.

139. Zoals in punt 48 van dit arrest is vastgesteld, wordt krachtens de in het hoofdgeding aan de orde zijnde regeling de economische dubbele belasting over door een ingezeten vennootschap ontvangen dividenden voorkomen of verminderd wanneer de uitkerende vennootschap in Portugal is gevestigd, terwijl dat niet het geval is wanneer de uitkerende vennootschap in Libanon is gevestigd.

140. Dat verschil in behandeling op grond van de plaats waar het kapitaal is belegd, kan ingezeten vennootschappen van Portugal ontmoedigen om te investeren in in Libanon gevestigde vennootschappen. Aangezien inkomsten uit kapitaal die afkomstig zijn uit dat derde land, fiscaal minder gunstig worden behandeld dan dividenden die worden uitgekeerd door een in Portugal gevestigde vennootschap, zijn aandelen in een vennootschap die in Libanon is gevestigd, immers minder aantrekkelijk voor in Portugal gevestigde investeerders dan aandelen in een vennootschap met zetel in die lidstaat (zie naar analogie arresten van 12 december 2006, Test Claimants in the FII Group Litigation, C-446/04, EU:C:2006:774, punt 64, en 10 februari 2011, Haribo Lakritzen Hans Riegel en Österreichische Salinen, C-436/08 en C-437/08, EU:C:2011:61, punt 80).

141. Uit vaste rechtspraak volgt dat de situatie van een vennootschap-aandeelhouder die uit een derde land afkomstige dividenden ontvangt, uit het oogpunt van een belastingregel als in het hoofdgeding, die ertoe strekt de economische dubbele belasting over winstuitkeringen te voorkomen of te verminderen, vergelijkbaar is met de situatie van een vennootschap-aandeelhouder die binnenlandse dividenden ontvangt, voor zover de winst in beide gevallen in beginsel opeenvolgende keren kan worden belast (zie in die zin arresten van 12 december 2006, Test Claimants in the FII Group Litigation, C-446/04, EU:C:2006:774, punt 62, en 10 februari 2011, Haribo Lakritzen Hans Riegel en Österreichische Salinen, C-436/08 en C-437/08, EU:C:2011:61, punt 84).

142. Bijgevolg is een dergelijke nadelige behandeling in beginsel verboden door artikel 31 van de overeenkomst EG-Libanon.

143. Tevens dient te worden nagegaan of, zoals de verwijzende rechter met zijn negende vraag in wezen wenst te vernemen, de werking van artikel 31 van deze overeenkomst in een situatie als in het hoofdgeding wordt beperkt door artikel 85 ervan.

144. Allereerst is het met betrekking tot artikel 85, onder a), van de overeenkomst EG-Libanon, volgens hetwelk met betrekking tot de directe belastingen geen enkele bepaling van deze overeenkomst tot gevolg heeft dat de door een partij toegekende voordelen op fiscaal gebied in enige internationale overeenkomst of regeling waardoor deze partij is gebonden, worden uitgebreid, voldoende op te merken dat het verbod op de in de vorige punten van dit arrest vastgestelde beperking voortvloeit uit de overeenkomst EG-Libanon zelf en niet uit de uitbreiding van de in een andere overeenkomst of regeling geboden voordelen. Zoals de advocaat-generaal in punt 87 van zijn conclusie heeft opgemerkt, beoogt SECIL bovendien niet een door de Portugese Republiek in een andere internationale overeenkomst of regeling toegekend voordeel te verkrijgen.

145. Vervolgens dient met betrekking tot artikel 85, onder b), van de overeenkomst EG-Libanon, volgens hetwelk de overeenkomst niet tot gevolg heeft dat de vaststelling of toepassing door een partij van enige maatregel die is gericht op het voorkomen van fraude of belastingontduiking wordt verhinderd, te worden geoordeeld dat artikel 31 van deze overeenkomst slechts zijn nuttige werking kan behouden indien artikel 85, onder b), ervan aldus wordt uitgelegd dat de onder deze bepaling vallende maatregelen specifiek gericht zijn op het voorkomen van fraude of belastingontduiking.

146. Zoals in punt 61 van dit arrest is gepreciseerd, sluit de in het hoofdgeding aan de orde zijnde belastingregeling op algemene wijze uit dat een belastingvoordeel kan worden verkregen doordat de economische dubbele dividendbelasting wordt voorkomen of verminderd, wanneer de dividenden worden uitgekeerd door een met name in Libanon gevestigde vennootschap, zonder dat specifiek wordt beoogd gedragingen te voorkomen die erop zijn gericht volkomen kunstmatige constructies op te zetten die geen verband houden met de economische realiteit en bedoeld zijn om de normaliter verschuldigde belasting te ontwijken of een belastingvoordeel te verkrijgen.

147. Aangezien de in het hoofdgeding aan de orde zijnde regeling geen maatregel is tot het voorkomen van fraude of belastingontduiking, hetgeen de verwijzende rechter dient te verifiëren, valt de in het hoofdgeding aan de orde zijnde situatie niet onder het in artikel 85, onder b), van de overeenkomst EG-Libanon bedoelde geval.

148. Ten slotte bepaalt artikel 85, onder c), van de overeenkomst EG-Libanon dat deze overeenkomst niet tot gevolg heeft dat afbreuk wordt gedaan aan het recht van een partij om de ter zake doende bepalingen van haar fiscale wetgeving toe te passen op belastingplichtigen die zich niet in dezelfde situatie bevinden met name ten aanzien van hun woonplaats. Zoals is opgemerkt in punt 120 van dit arrest, maakt de in het hoofdgeding aan de orde zijnde regeling geen onderscheid naar de woonplaats van de belastingplichtige, zijnde de ontvangende vennootschap.

149. Bovendien moet weliswaar worden erkend dat als gevolg van het gebruik van de uitdrukking 'met name' in artikel 85, onder c), van de overeenkomst EG-Libanon een onderscheid op grond van andere factoren, zoals de plaats waar het kapitaal van de belastingplichtige is belegd, onder deze bepaling kan vallen. Deze bepaling moet evenwel worden gelezen in samenhang met artikel 31 van de overeenkomst EG-Libanon, dat een verbod inhoudt op discriminatie met name op basis van de plaats waar het kapitaal wordt geïnvesteerd. Derhalve moet een onderscheid worden gemaakt tussen de verschillen in behandeling die op grond van artikel 85, onder c), van de overeenkomst EG-Libanon zijn toegestaan, en gevallen van discriminatie die niet onder dat artikel 85, onder c), vallen en op grond van artikel 31 van deze overeenkomst zijn verboden.

150. In punt 55 van dit arrest is gepreciseerd dat de situatie van een vennootschap-aandeelhouder die uit een derde land afkomstige dividenden ontvangt, uit het oogpunt van een belastingregel als in het hoofdgeding, die ertoe strekt de economische dubbele belasting over winstuitkeringen te voorkomen of te verminderen, vergelijkbaar is met de situatie van een vennootschap-aandeelhouder die binnenlandse dividenden ontvangt, voor zover de winst in beide gevallen in beginsel opeenvolgende keren kan worden belast.

151. Bijgevolg valt de in het hoofdgeding aan de orde zijnde situatie evenmin onder het in artikel 85, onder c), van de overeenkomst EG-Libanon bedoelde geval.

152. Derhalve dient op de negende vraag te worden geantwoord dat de werking van artikel 31 van de overeenkomst EG-Libanon in een situatie als in het hoofdgeding niet wordt beperkt door artikel 85 ervan.

153. Met zijn tiende vraag wenst de verwijzende rechter in wezen te vernemen of de restrictieve behandeling van de betrokken dividenden niettemin kan worden gerechtvaardigd door de noodzaak om de doeltreffendheid van de fiscale controles te waarborgen, met name gelet op het feit dat tussen de Portugese Republiek en de Republiek Libanon geen kader voor administratieve samenwerking bestaat dat te vergelijken is met het kader dat tussen de lidstaten is ingevoerd bij richtlijn 77/799, die ten tijde van de feiten in het hoofdgeding van kracht was.

154. Dienaangaande zij opgemerkt dat de overwegingen in de punten 123 tot en met 127 van dit arrest kunnen worden toegepast op het onderzoek van de overeenkomst EG-Libanon, aangezien deze overeenkomst, zoals blijkt uit artikel 1 ervan, doelstellingen nastreeft die analoog zijn met de door de overeenkomst EG-Tunesië nagestreefde doelstellingen.

155. Aangezien de overeenkomst EG-Libanon de Republiek Libanon bovendien niet de verplichting oplegt om inlichtingen te verstrekken aan de Portugese autoriteiten, kunnen de overwegingen in de punten 69 tot en met 71 van dit arrest worden toegepast op de beoordeling van de rechtvaardiging voor de beperking in artikel 31 van de overeenkomst EG-Libanon.

156. Derhalve luidt de slotsom dat artikel 31 van de overeenkomst EG-Libanon aldus moet worden uitgelegd dat:

– een regeling als in het hoofdgeding, volgens welke een vennootschap die ingezetene van een lidstaat is, dividenden volledig of gedeeltelijk kan aftrekken van haar belastinggrondslag wanneer deze dividenden worden uitgekeerd door een vennootschap die ingezetene van diezelfde lidstaat is, terwijl die aftrek niet mogelijk is wanneer de uitkerende vennootschap ingezetene van Libanon is, een beperking van het vrije kapitaalverkeer vormt, die in beginsel is verboden door artikel 31 van deze overeenkomst;

– de werking van deze bepaling in een situatie als in het hoofdgeding niet wordt beperkt door artikel 85 van deze overeenkomst;

– de weigering van volledige of gedeeltelijke aftrek van de ontvangen dividenden van de belastinggrondslag van de ontvangende vennootschap op grond van artikel 46, leden 1 en 8, CIRC kan worden gerechtvaardigd door dwingende redenen van algemeen belang die verband houden met de noodzaak om de doeltreffendheid van de fiscale controles te waarborgen, wanneer het voor de belastingautoriteiten van de lidstaat waarvan de ontvangende vennootschap ingezetene is, onmogelijk blijkt te zijn om van de Republiek Libanon, zijnde de Staat waarvan de uitkerende vennootschap ingezetene is, de inlichtingen te verkrijgen die hen in staat stellen na te gaan of is voldaan aan de voorwaarde dat de uitkerende vennootschap aan de belasting is onderworpen;

– de weigering van een dergelijke gedeeltelijke aftrek krachtens artikel 46, lid 11, CIRC niet kan worden gerechtvaardigd door dwingende redenen van algemeen belang die verband houden met de noodzaak om de doeltreffendheid van de fiscale controles te waarborgen, wanneer deze bepaling kan worden toegepast in situaties waarin niet kan worden nagegaan of de uitkerende vennootschap in Libanon, zijnde de Staat waarvan deze vennootschap ingezetene is, aan de belasting onderworpen is, hetgeen de verwijzende rechter moet uitmaken.

Gevolgen van de uitlegging van de artikelen 63 tot en met 65 VWEU en van de overeenkomsten EG-Tunesië en EG-Libanon voor het hoofdgeding

157. Uit het antwoord op de elfde en de twaalfde vraag volgt dat de weigering van volledige of gedeeltelijke aftrek van de ontvangen dividenden van de belastinggrondslag van de ontvangende vennootschap op grond van artikel 46, leden 1 en 8, CIRC kan worden gerechtvaardigd door dwingende redenen van algemeen belang die verband houden met de noodzaak om de doeltreffendheid van de fiscale controles te waarborgen, wanneer het voor de belastingautoriteiten van de lidstaat waarvan de ontvangende vennootschap ingezetene is, onmogelijk blijkt te zijn om van het derde land waarvan de uitkerende vennootschap ingezetene is, de inlichtingen te verkrijgen die hen in staat stellen na te gaan of is voldaan aan de voorwaarde dat de uitkerende vennootschap aan de belasting is onderworpen.

158. Wanneer het met name krachtens de overeenkomst Portugal-Tunesië voor de autoriteiten van de lidstaat waarvan de ontvangende vennootschap ingezetene is, mogelijk is om van de Republiek Tunesië, zijnde de Staat waarvan de uitkerende vennootschap ingezetene is, de inlichtingen te verkrijgen die hen in staat stellen na te gaan of is voldaan aan de voorwaarde dat de uitkerende vennootschap aan de belasting is onderworpen, kunnen dergelijke dwingende redenen van algemeen belang derhalve een door artikel 63 VWEU in beginsel verboden beperking niet rechtvaardigen.

159. In deze situatie kan de Portugese Republiek zich evenmin beroepen op artikel 64, lid 1, VWEU, aangezien de overeenkomst EG-Tunesië, waarvan artikel 34, lid 1, rechtstreeks toepasselijk is, zich eveneens verzet tegen een regeling als in het hoofdgeding, volgens welke een vennootschap die ingezetene van een lidstaat is, dividenden volledig of gedeeltelijk kan aftrekken van haar belastinggrondslag wanneer deze dividenden worden uitgekeerd door een vennootschap die ingezetene van diezelfde lidstaat is, terwijl die aftrek niet mogelijk is wanneer de uitkerende vennootschap ingezetene van Tunesië is. Deze regeling vormt immers een door artikel 34, lid 1, van de

overeenkomst EG-Tunesië in beginsel verboden beperking van het kapitaalverkeer met betrekking tot directe investeringen en inzonderheid de repatriëring van de opbrengst van deze investeringen. Deze beperking is niet gerechtvaardigd wanneer het voor de Portugese belastingautoriteiten mogelijk is om van de Republiek Tunesië, zijnde de Staat waarvan de uitkerende vennootschap ingezetene is, de inlichtingen te verkrijgen die hen in staat stellen na te gaan of is voldaan aan de voorwaarde dat de uitkerende vennootschap aan de belasting is onderworpen.

160. De wijziging van het rechtskader als gevolg van de invoering van een dergelijke bepaling in de overeenkomst EG-Tunesië moet immers worden gelijkgesteld, wat de gevolgen voor de mogelijkheid om zich te beroepen op artikel 64, lid 1, VWEU betreft, met de invoering van nieuwe wetgeving die steunt op een andere hoofdgedachte dan de bestaande wetgeving.

161. Uit het antwoord op de eerste tot en met tiende vraag alsmede op de elfde en de twaalfde vraag volgt tevens dat de artikelen 63 en 65 VWEU alsmede artikel 34, lid 1, van de overeenkomst EG-Tunesië en artikel 31 van de overeenkomst EG-Libanon zich verzetten tegen een weigering van gedeeltelijke aftrek van de ontvangen dividenden van de belastinggrondslag van de ontvangende vennootschap op grond van artikel 46, lid 11, CIRC, wanneer deze bepaling kan worden toegepast in een situatie waarin niet kan worden nagegaan of de uitkerende vennootschap aan de belasting is onderworpen in Tunesië en in Libanon, zijnde de Staten waarvan deze vennootschappen ingezetene zijn, hetgeen de verwijzende rechter dient na te gaan.

162. Aldus kan de Portugese Republiek om de redenen die zijn uiteengezet in de punten 87 tot en met 90 en, mutatis mutandis, in punt 160 van dit arrest, zich evenmin beroepen op artikel 64, lid 1, VWEU teneinde de regeling waaruit de voornoemde beperking voortvloeit, te blijven toepassen.

163. Dienaangaande volgt uit de rechtspraak dat artikel 63 VWEU een lidstaat waarin een regeling tot het voorkomen van economische dubbele belasting geldt voor dividenden die aan ingezeten vennootschappen worden uitgekeerd door andere ingezeten vennootschappen, ertoe verplicht dividenden die aan ingezeten vennootschappen worden uitgekeerd door niet-ingezeten vennootschappen, op evenwaardige wijze te behandelen (zie arresten van 10 februari 2011, Haribo Lakritzen Hans Riegel en Österreichische Salinen, C-436/08 en C-437/08, EU:C:2011:61, punt 60, en 13 november 2012, Test Claimants in the FII Group Litigation, C-35/11, EU:C:2012:707, punt 38).

164. Voorts volgt uit de rechtspraak dat het recht op terugbetaling van belastingen die door een lidstaat in strijd met het Unierecht zijn geïnd, het gevolg en het complement is van de rechten die de justitiabelen ontlenen aan de bepalingen van het Unierecht, zoals deze door het Hof zijn uitgelegd, zodat de lidstaat in beginsel verplicht is de in strijd met het Unierecht geïnde belastingen terug te betalen (zie arrest van 15 september 2011, Accor, C-310/09, EU:C:2011:581, punt 71 en aldaar aangehaalde rechtspraak).

165. De enige uitzondering op het recht op teruggaaf van in strijd met het Unierecht geïnde belastingen betreft het geval waarin een ten onrechte geïnde belasting door de belastingplichtige rechtstreeks op een andere persoon is afgewenteld (zie arresten van 6 september 2011, Lady & Kid e.a., C-398/09, EU:C:2011:540, punt 18, en 15 september 2011, Accor, C-310/09, EU:C:2011:581, punten 72 en 74).

166. Bovendien heeft het Hof geoordeeld dat wanneer een lidstaat in strijd met het Unierecht belasting heeft geïnd, de justitiabelen niet alleen recht hebben op terugbetaling van de ten onrechte geïnde belasting, maar ook van de aan die staat betaalde of door deze ingehouden bedragen die rechtstreeks verband houden met die belasting (zie arrest van 15 oktober 2014, Nicula, C-331/13, EU:C:2014:2285, punt 28 en aldaar aangehaalde rechtspraak).

167. Bijgevolg zijn de Portugese autoriteiten verplicht de in strijd met de artikelen 63 en 65 VWEU, artikel 34 van de overeenkomst EG-Tunesië en artikel 31 van de overeenkomst EG-Libanon geïnde bedragen, met rente, terug te betalen.

168. Deze bedragen komen overeen met het verschil tussen het door SECIL betaalde bedrag en het bedrag dat deze vennootschap zou hebben moeten betalen krachtens artikel 46, lid 1, artikel 46, lid 8, en artikel 46, lid 11, CIRC wanneer, in omstandigheden als in het hoofdgeding, de door Ciments de Gabès en Ciments de Sibline uitgekeerde dividenden zouden zijn beschouwd als door een in Portugal gevestigde vennootschap uitgekeerde dividenden.

169. Derhalve dient op de vraag van de verwijzende rechter welke gevolgen de uitlegging van de artikelen 63 tot en met 65 VWEU en van de overeenkomsten EG-Tunesië en EG-Libanon heeft voor het hoofdgeding, te worden geantwoord dat:

– wanneer het voor de autoriteiten van de lidstaat waarvan de ontvangende vennootschap ingezetene is, mogelijk is om van de Republiek Tunesië, zijnde de Staat waarvan de uitkerende vennootschap ingezetene is, de inlichtingen te verkrijgen die hen in staat stellen na te gaan of is voldaan aan de voorwaarde dat de uitkerende vennootschap aan de belasting is onderworpen, de artikelen 63 en 65 VWEU alsmede artikel 34, lid 1, van de overeenkomst EG-Tunesië zich verzetten tegen de weigering van volledige of gedeeltelijke aftrek van de ontvangen dividenden van de belastinggrondslag van de ontvangende vennootschap krachtens artikel 46, lid 1, of artikel 46, lid 8, CIRC, zonder dat de Portugese Republiek zich dienaangaande kan beroepen op artikel 64, lid 1, VWEU;

– de artikelen 63 en 65 VWEU alsmede artikel 34, lid 1, van de overeenkomst EG-Tunesië en artikel 31 van de overeenkomst EG-Libanon zich verzetten tegen de weigering van gedeeltelijke aftrek van de ontvangen dividenden van de belastinggrondslag van de ontvangende vennootschap op grond van artikel 46, lid 11, CIRC, wanneer deze bepaling kan worden toegepast in een situatie waarin niet kan worden nagegaan of de uitkerende vennootschap aan de belasting is onderworpen in Tunesië en in Libanon, zijnde de Staten waarvan deze vennootschappen ingezetene zijn, hetgeen de verwijzende rechter dient na te gaan, zonder dat de Portugese Republiek zich dienaangaande kan beroepen op artikel 64, lid 1, VWEU;

– de in strijd met het Unierecht geïnde bedragen met rente aan de belastingplichtige moeten worden terugbetaald.

Kosten

170. …

Het Hof (Vijfde kamer)

verklaart voor recht:

1. **De artikelen 63 en 65 VWEU moeten aldus worden uitgelegd dat:**

– een in Portugal gevestigde vennootschap die dividenden ontvangt van een vennootschap die is gevestigd in Tunesië respectievelijk Libanon, zich kan beroepen op artikel 63 VWEU om op te komen tegen de fiscale behandeling van deze dividenden in die lidstaat, die steunt op een regeling die niet ertoe strekt uitsluitend van toepassing te zijn op situaties waarin de ontvangende vennootschap beslissende invloed op de uitkerende vennootschap uitoefent;

– een regeling als in het hoofdgeding, volgens welke een vennootschap die ingezetene van een lidstaat is, dividenden volledig of gedeeltelijk kan aftrekken van haar belastinggrondslag, wanneer deze dividenden worden uitgekeerd door een vennootschap die ingezetene van diezelfde lidstaat is, terwijl die aftrek niet mogelijk is wanneer de uitkerende vennootschap ingezetene van een derde land is, een door artikel 63 VWEU in beginsel verboden beperking van het kapitaalverkeer tussen de lidstaten en derde landen vormt;

– de weigering van volledige of gedeeltelijke aftrek van de ontvangen dividenden van de belastinggrondslag op grond van artikel 46, leden 1 en 8, van de Código do Imposto sobre o Rendimento das Pessoas Coletivas (wetboek inzake de vennootschapsbelasting), zoals van toepassing in 2009, kan worden gerechtvaardigd door dwingende redenen van algemeen belang die verband houden met de noodzaak om de doeltreffendheid van de fiscale controles te waarborgen, wanneer het voor de belastingautoriteiten van de lidstaat waarvan de ontvangende vennootschap ingezetene is, onmogelijk blijkt te zijn om van het derde land waarvan de uitkerende vennootschap ingezetene is, de inlichtingen te verkrijgen die hen in staat stellen na te gaan of is voldaan aan de voorwaarde dat de uitkerende vennootschap aan de belasting is onderworpen;

– de weigering van gedeeltelijke aftrek krachtens artikel 46, lid 11, van het wetboek inzake de vennootschapsbelasting, in de genoemde toepasselijke versie, niet kan worden gerechtvaardigd door dwingende redenen van algemeen belang die verband houden met de noodzaak om de doeltreffendheid van de fiscale controles te waarborgen, wanneer deze bepaling kan worden toegepast in situaties waarin niet kan worden nagegaan of de uitkerende vennootschap in de staat waarvan zij ingezetene is, aan de belasting is onderworpen, hetgeen de verwijzende rechter moet uitmaken.

2. **Artikel 64, lid 1, VWEU moet aldus worden uitgelegd dat:**

– voor zover met de vaststelling van de in artikel 41, lid 5, onder b), van het Estatuto dos Benefícios Fiscais (regeling inzake belastingvoordelen), zoals van toepassing in 2009, neergelegde regeling inzake belastingvoordelen voor op overeenkomsten gebaseerde investeringen en van de in artikel 42 van dit statuut neergelegde regeling inzake dividenden uit Afrikaanse landen met Portugees als officiële taal en Oost-Timor het rechtskader inzake de behandeling van dividenden uit Tunesië en Libanon niet is gewijzigd, de vaststelling van deze regelingen niet wegneemt dat de uitsluiting van dividenden die worden uitgekeerd door in deze derde landen gevestigde vennootschappen van de mogelijkheid van volledige of gedeeltelijke aftrek, moet worden aangemerkt als een bestaande beperking;

– een lidstaat aan de bij artikel 64, lid 1, VWEU geboden mogelijkheid verzaakt door, zonder de bestaande regeling formeel in te trekken of te wijzigen, een internationale overeenkomst zoals een associatieovereenkomst te sluiten, waarin, in een bepaling met rechtstreekse werking, een in dat artikel 64, lid 1, bedoelde categorie van kapitaalverkeer wordt vrijgemaakt; een dergelijke wijziging van het rechtskader moet, wat de gevolgen voor de mogelijkheid om zich te beroepen op artikel 64, lid 1, VWEU betreft, bijgevolg worden gelijkgesteld met de invoering van een nieuwe regeling die steunt op een andere hoofdgedachte dan de bestaande regeling.

3. Artikel 34, lid 1, van de Euro-mediterrane overeenkomst waarbij een associatie tot stand wordt gebracht tussen de Europese Gemeenschap en haar lidstaten, enerzijds, en de Republiek Tunesië, anderzijds, ondertekend te Brussel op 17 juli 1995 en namens de Europese Gemeenschap en de Europese Gemeenschap voor Kolen en Staal goedgekeurd bij besluit 98/238/EG, EGKS van de Raad en de Commissie van 26 januari 1998, moet aldus worden uitgelegd dat:

– het rechtstreeks toepasselijk is en kan worden ingeroepen in een situatie als in het hoofdgeding, waarin een vennootschap die ingezetene van Portugal is, dividenden van een vennootschap die ingezetene van Tunesië is, ontvangt wegens de directe investering die zij in de uitkerende vennootschap heeft gedaan, teneinde op te komen tegen de fiscale behandeling van die dividenden in Portugal;

– een regeling als in het hoofdgeding, volgens welke een vennootschap die ingezetene van een lidstaat is, dividenden volledig of gedeeltelijk kan aftrekken van haar belastinggrondslag, wanneer deze dividenden worden uitgekeerd door een vennootschap die ingezetene van diezelfde lidstaat is, terwijl die aftrek niet mogelijk is wanneer de uitkerende vennootschap ingezetene van Tunesië is, een beperking van het vrije kapitaalverkeer vormt, die met betrekking tot directe investeringen en inzonderheid de repatriëring van de opbrengst van deze investeringen in beginsel is verboden door artikel 34, lid 1, van deze overeenkomst;

– de werking van deze bepaling in een situatie als in het hoofdgeding niet wordt beperkt door artikel 89 van deze overeenkomst;

– de weigering van volledige of gedeeltelijke aftrek van de ontvangen dividenden van de belastinggrondslag van de ontvangende vennootschap op grond van artikel 46, leden 1 en 8, van het wetboek inzake de vennootschapsbelasting, zoals van toepassing in 2009, kan worden gerechtvaardigd door dwingende redenen van algemeen belang die verband houden met de noodzaak om de doeltreffendheid van de fiscale controles te waarborgen, wanneer het voor de belastingautoriteiten van de lidstaat waarvan de ontvangende vennootschap ingezetene is, onmogelijk blijkt te zijn om van de Republiek Tunesië, zijnde de Staat waarvan de uitkerende vennootschap ingezetene is, de inlichtingen te verkrijgen die hen in staat stellen na te gaan of is voldaan aan de voorwaarde dat de uitkerende vennootschap aan de belasting is onderworpen;

– de weigering van een dergelijke gedeeltelijke aftrek krachtens artikel 46, lid 11, van het wetboek inzake de vennootschapsbelasting, in de genoemde toepasselijke versie, niet kan worden gerechtvaardigd door dwingende redenen van algemeen belang die verband houden met de noodzaak om de doeltreffendheid van de fiscale controles te waarborgen, wanneer deze bepaling kan worden toegepast in situaties waarin niet kan worden nagegaan of de uitkerende vennootschap in Tunesië, zijnde de Staat waarvan deze vennootschap ingezetene is, aan de belasting is onderworpen, hetgeen de verwijzende rechter moet uitmaken.

4. Artikel 31 van de Europees-mediterrane overeenkomst waarbij een associatie tot stand wordt gebracht tussen de Europese Gemeenschap en haar lidstaten, enerzijds, en de Republiek Libanon, anderzijds, ondertekend te Luxemburg op 17 juni 2002 en namens de Europese Gemeenschap goedgekeurd bij besluit 2006/356/EG van de Raad van 14 februari 2006, moet aldus worden uitgelegd dat:

– het rechtstreeks toepasselijk is;

– een situatie als in het hoofdgeding, waarin het gaat om de fiscale behandeling van dividenden uit directe investeringen die een ingezetene van Portugal heeft gedaan in Libanon, onder het in artikel 33, lid 2, van deze overeenkomst bedoelde geval valt; bijgevolg verzet artikel 33, lid 1, van deze overeenkomst zich niet ertegen dat artikel 31 ervan in casu wordt ingeroepen;

– een regeling als in het hoofdgeding, volgens welke een vennootschap die ingezetene van een lidstaat is, dividenden volledig of gedeeltelijk kan aftrekken van haar belastinggrondslag, wanneer deze dividenden worden uitgekeerd door een vennootschap die van diezelfde lidstaat ingezetene is, terwijl die aftrek niet mogelijk is wanneer de uitkerende vennootschap ingezetene van Libanon is, een beperking van het vrije kapitaalverkeer vormt, die in beginsel is verboden door artikel 31 van de Europees-mediterrane overeenkomst waarbij een associatie tot stand wordt gebracht tussen de Europese Gemeenschap en haar lidstaten, enerzijds, en de Republiek Libanon, anderzijds;

– de werking van deze bepaling in een situatie als in het hoofdgeding niet wordt beperkt door artikel 85 van deze overeenkomst;

– de weigering van volledige of gedeeltelijke aftrek van de ontvangen dividenden van de belastinggrondslag van de ontvangende vennootschap op grond van artikel 46, leden 1 en 8, van het wetboek inzake de vennootschapsbelasting, zoals van toepassing in 2009, kan worden gerechtvaardigd door dwingende redenen van algemeen belang die verband houden met de noodzaak om de doeltreffendheid van de fiscale controles te waarborgen, wanneer het voor de belastingautoriteiten van de lidstaat waarvan de ontvangende vennootschap ingezetene is, onmogelijk blijkt te zijn om van de Republiek Libanon, zijnde de Staat waarvan de uitkerende vennootschap ingezetene is, de inlichtingen te verkrijgen die hen in staat stellen na te gaan of is voldaan aan de voorwaarde dat de uitkerende vennootschap aan de belasting is onderworpen;

– de weigering van een dergelijke gedeeltelijke aftrek krachtens artikel 46, lid 11, van het wetboek inzake de vennootschapsbelasting, in de genoemde toepasselijke versie, niet kan worden gerechtvaardigd door dwingende redenen van algemeen belang die verband houden met de noodzaak om de doeltreffendheid van de fiscale controles te waarborgen, wanneer deze bepaling kan worden toegepast in situaties waarin niet kan

worden nagegaan of de uitkerende vennootschap in Libanon, zijnde de Staat waarvan deze vennootschap ingezetene is, aan de belasting is onderworpen, hetgeen de verwijzende rechter moet uitmaken.

5. Aangaande de gevolgen voor het hoofdgeding van de uitlegging van de artikelen 63 tot en met 65 VWEU alsmede van de Euro-mediterrane overeenkomst waarbij een associatie tot stand wordt gebracht tussen de Europese Gemeenschap en haar lidstaten, enerzijds, en de Republiek Tunesië, anderzijds, en de Europees-mediterrane overeenkomst waarbij een associatie tot stand wordt gebracht tussen de Europese Gemeenschap en haar lidstaten, enerzijds, en de Republiek Libanon, anderzijds:

– wanneer het voor de autoriteiten van de lidstaat waarvan de ontvangende vennootschap ingezetene is, mogelijk is om van de Republiek Tunesië, zijnde de Staat waarvan de uitkerende vennootschap ingezetene is, de inlichtingen te verkrijgen die hen in staat stellen na te gaan of is voldaan aan de voorwaarde dat de uitkerende vennootschap aan de belasting is onderworpen, verzetten de artikelen 63 en 65 VWEU alsmede artikel 34, lid 1, van de Euro-mediterrane overeenkomst waarbij een associatie tot stand wordt gebracht tussen de Europese Gemeenschap en haar lidstaten, enerzijds, en de Republiek Tunesië, anderzijds, zich tegen de weigering van volledige of gedeeltelijke aftrek van de ontvangen dividenden van de belastinggrondslag van de ontvangende vennootschap krachtens artikel 46, lid 1, of artikel 46, lid 8, van het wetboek inzake de vennootschapsbelasting, zoals van toepassing in 2009, zonder dat de Portugese Republiek zich dienaangaande kan beroepen op artikel 64, lid 1, VWEU;

– de artikelen 63 en 65 VWEU alsmede artikel 34, lid 1, van de Euro-mediterrane overeenkomst waarbij een associatie tot stand wordt gebracht tussen de Europese Gemeenschap en haar lidstaten, enerzijds, en de Republiek Tunesië, anderzijds, en artikel 31 van de Europees-mediterrane overeenkomst waarbij een associatie tot stand wordt gebracht tussen de Europese Gemeenschap en haar lidstaten, enerzijds, en de Republiek Libanon, anderzijds, verzetten zich tegen de weigering van gedeeltelijke aftrek van de ontvangen dividenden van de belastinggrondslag van de ontvangende vennootschap op grond van artikel 46, lid 11, van het wetboek inzake de vennootschapsbelasting, in de genoemde toepasselijke versie, wanneer deze bepaling kan worden toegepast in een situatie waarin niet kan worden nagegaan of de uitkerende vennootschappen aan de belasting zijn onderworpen in Tunesië en in Libanon, zijnde de Staten waarvan deze vennootschappen ingezetene zijn, hetgeen de verwijzende rechter dient na te gaan, zonder dat de Portugese Republiek zich dienaangaande kan beroepen op artikel 64, lid 1, VWEU;

– de in strijd met het Unierecht geïnde bedragen moeten met rente aan de belastingplichtige worden terugbetaald.

HvJ EU 21 december 2016, zaak C-503/14 (Europese Commissie v. Portugese Republiek)

Vierde kamer: *T. von Danwitz, kamerpresident, E. Levits, C. Vajda (rapporteur), K. Jürimäe en C. Lycourgos, rechters*

Advocaat-generaal: *M. Wathelet*

1. Met haar beroep verzoekt de Europese Commissie het Hof om vast te stellen dat de Portugese Republiek niet heeft voldaan aan de verplichtingen die op haar rusten krachtens de artikelen 21, 45 en 49 VWEU en de artikelen 28 en 31 van de Overeenkomst betreffende de Europese Economische Ruimte van 2 mei 1992 (*PB* 1994, L 1, blz. 3; hierna: 'EER-Overeenkomst') door de artikelen 10 en 38 van de Código do Imposto sobre o Rendimento das Pessoas Singulares (Portugese wet inkomstenbelasting natuurlijke personen; hierna: 'CIRS') aan te nemen en te handhaven, op grond waarvan een belastingplichtige die ofwel aandelen ruilt en zijn woonplaats naar andere lidstaat dan de Portugese Republiek verlegt, ofwel activa en passiva die verbonden zijn met een op individuele basis uitgeoefende activiteit, overdraagt in ruil voor aandelen in een niet-ingezeten vennootschap, in het eerste geval alle nog niet toegerekende inkomsten uit de betrokken transactie dient op te nemen in de belastinggrondslag van het laatste belastingjaar waarin hij nog als ingezeten belastingplichtige wordt beschouwd, en in het tweede geval niet in aanmerking komt voor belastinguitstel met betrekking tot de betrokken transactie.

I – Toepasselijke bepalingen

A – EER-Overeenkomst

2. Artikel 28 van de EER-Overeenkomst luidt:

'1. Tussen de lidstaten van de EG en de EVA-Staten wordt vrij verkeer van werknemers tot stand gebracht.
2. Dit houdt de afschaffing in van elke discriminatie op grond van nationaliteit tussen de werknemers van de lidstaten van de EG en de EVA-staten, wat betreft de werkgelegenheid, de beloning en de overige arbeidsvoorwaarden.
3. Het houdt behoudens de uit hoofde van openbare orde, openbare veiligheid en volksgezondheid gerechtvaardigde beperkingen het recht in om:
 a. in te gaan op een feitelijk aanbod tot tewerkstelling;
 b. zich te dien einde vrij te verplaatsen binnen het grondgebied van de lidstaten van de EG en de EVA-staten;
 c. op het grondgebied van een lidstaat van de EG of een EVA-staat te verblijven teneinde daar een beroep uit te oefenen overeenkomstig de wettelijke en bestuursrechtelijke bepalingen welke voor de tewerkstelling van nationale werknemers gelden;
 d. op het grondgebied van een lidstaat van de EG of een EVA-staat verblijf te houden, na er een betrekking te hebben vervuld.
4. De bepalingen van dit artikel zijn niet van toepassing op de betrekkingen in overheidsdienst.
5. Bijlage V bevat specifieke bepalingen inzake het vrije verkeer van werknemers.'

3. Artikel 31 van de EER-overeenkomst bepaalt:

'1. In het kader van de bepalingen van deze Overeenkomst zijn er geen beperkingen van de vrijheid van vestiging voor onderdanen van een lidstaat van de EG of een EVA-staat op het grondgebied van een andere staat bij de Overeenkomst. Dit geldt eveneens voor de oprichting van agentschappen, filialen of dochterondernemingen door de onderdanen van een lidstaat van de EG of een EVA-staat die op het grondgebied van een van deze staten zijn gevestigd.
De vrijheid van vestiging omvat, behoudens de bepalingen van hoofdstuk 4, de toegang tot werkzaamheden anders dan in loondienst en de uitoefening daarvan alsmede de oprichting en het beheer van ondernemingen, en met name van vennootschappen in de zin van artikel 34, tweede alinea, overeenkomstig de bepalingen welke door de wetgeving van het land van vestiging voor de eigen onderdanen zijn vastgesteld.
2. De bijlagen VIII tot en met XI bevatten specifieke bepalingen inzake het recht van vestiging.'

B – Portugees recht

4. Artikel 10 van de CIRS, 'Meerwaarde', bepaalt:

'1. De meerwaarde wordt gevormd door de winst, niet zijnde inkomsten uit bedrijf, beroep, kapitaal of onroerend goed, die resulteert uit:
 a. de overdracht onder bezwarende titel van zakelijke rechten op onroerende zaken en het bestemmen van goederen uit het privévermogen voor bedrijfs- en beroepsactiviteiten die op individuele basis door de eigenaar ervan worden uitgeoefend;

b. de overdracht onder bezwarende titel van aandelen – de terugbetaling van en de afschrijving op aandelen met vermindering van kapitaal daaronder begrepen – en van andere effecten, alsmede de waarde die aan de aandeelhouders wordt toegekend na verdeling, die wordt beschouwd als meerwaarde in de zin van artikel 81 van de Código do Imposto sobre o Rendimento das pessoas Colectivas [Portugees wetboek vennootschapsbelasting];

[…]

3. De winst wordt geacht te zijn behaald op het moment waarop de in het eerste lid bedoelde handelingen worden verricht […]

[…]

4. De aan de inkomstenbelasting van natuurlijke personen onderworpen winst wordt gevormd:

a. door het verschil tussen de verkoop- en de aankoopwaarde, in de gevallen bedoeld onder a), b), en c), van lid 1, eventueel verminderd met het deel dat als inkomsten uit kapitaal wordt beschouwd;

[…]

8. Indien bij een aandelenruil onder de in de artikelen 73, lid 5, en 77, lid 2, van het wetboek vennootschapsbelasting bedoelde voorwaarden bewijzen van deelgerechtigdheid in het maatschappelijk kapitaal van de verkrijgende vennootschap worden toegekend aan de aandeelhouders van de verkregen vennootschap, leidt dit niet tot belastingheffing voor zover die aandeelhouders aan de nieuw verworven aandelen dezelfde fiscale waarde blijven toerekenen als aan de oude aandelen. Die waarde wordt bepaald overeenkomstig de bepalingen van deze wet, onverminderd de belasting die wordt geheven over de eventueel aan de aandeelhouders uitgekeerde geldbedragen.

9. Met betrekking tot het in het voorgaande lid bedoelde geval geldt bovendien het volgende:

a. wanneer de aandeelhouder de hoedanigheid van Portugees ingezetene verliest, moet voor de belastingheffing over het jaar waarin hij het Portugese grondgebied heeft verlaten, als meerwaarde worden meegerekend het bedrag dat ingevolge lid 8 ten tijde van de aandelenruil niet is belast en dat gelijk is aan het verschil tussen de werkelijke waarde van de ontvangen aandelen en de aanschafwaarde van de oude aandelen, zoals bepaald overeenkomstig de bepalingen van deze wet;

b. de bepalingen van artikel 73, lid 10, van het wetboek vennootschapsbelasting zijn van overeenkomstige toepassing.

10. De bepalingen van de leden 8 en 9 zijn van overeenkomstige toepassing op de toekenning van aandelen in het geval van een fusie of splitsing als geregeld in artikel 74 van het wetboek vennootschapsbelasting.

[…]'

5. Artikel 38 van de CIRS, 'Inbreng van vermogen ten behoeve van de vorming van het maatschappelijk kapitaal', luidt:

'1. Er behoeft geen belastbaar resultaat op grond van de vorming van het maatschappelijk kapitaal te worden bepaald in het geval dat een natuurlijke persoon alle met de uitoefening van een bedrijfs- of beroepsactiviteit verbonden activa en passiva overdraagt in ruil voor aandelen in een vennootschap, mits aan alle hierna genoemde voorwaarden is voldaan:

a. de entiteit waaraan het vermogen wordt overgedragen, is een vennootschap die haar statutaire en werkelijke zetel op het Portugese grondgebied heeft;

b. de natuurlijke persoon die de overdracht verricht, bezit ten minste 50 % van het kapitaal van de vennootschap, en de door de vennootschap uitgeoefende activiteit is in essentie identiek aan de activiteit die op individuele basis werd uitgeoefend;

c. de overgedragen activa en passiva worden voor die overdracht in aanmerking genomen tegen de waarden die vermeld staan in de boekhouding of de administratie van de natuurlijke persoon, dat wil zeggen de waarden die voortvloeien uit de toepassing van de bepalingen van dit wetboek of uit de overeenkomstig fiscale bepalingen verrichte herberekeningen;

d. de in ruil voor de overdracht ontvangen aandelen worden met het oog op de belasting van de bij hun latere vervreemding gerealiseerde winsten of verliezen gewaardeerd tegen de nettowaarde van de overgedragen activa en passiva, vastgesteld overeenkomstig het voorgaande punt;

e. de onder a) bedoelde vennootschap legt een verklaring af waarbij zij zich ertoe verplicht de bepalingen van artikel 77 van het wetboek vennootschapsbelasting te eerbiedigen; deze verklaring moet worden gevoegd bij de periodieke inkomstenverklaring van de natuurlijke persoon betreffende het boekjaar van de overdracht.

2. De in het vorige lid opgenomen bepalingen zijn niet van toepassing indien tot het overgedragen vermogen goederen behoren waarvoor de belastingheffing over de winst is uitgesteld in de zin van artikel 10, lid 3, onder b).

3. De winst die wordt behaald door de vervreemding onder bezwarende titel, uit welken hoofde ook, van de aandelen die in ruil voor de in lid 1 bedoelde overdracht zijn ontvangen, wordt gedurende een periode van vijf jaar na die overdracht gekwalificeerd als inkomsten uit bedrijf of beroep en beschouwd als netto-inkomen van categorie B. Gedurende die periode kan geen enkele transactie worden verricht met betrekking tot de aandelen waarvoor het neutraliteitsregime geldt, omdat anders de winst wordt geacht op het moment van die transactie te zijn gerealiseerd en moet worden verhoogd met 15 % voor elk jaar of gedeelte van een jaar dat is

verstreken sinds de inbreng van vermogen ten behoeve van de vorming van het maatschappelijk kapitaal is vastgesteld, waarbij deze winst moet worden opgeteld bij het inkomen over het jaar waarin die transacties zijn vastgesteld.'

6. Artikel 77, lid 1, van het wetboek vennootschapsbelasting luidt:

'Wanneer de regeling van artikel 38, lid 1, van de [CIRS] van toepassing is, dienen de overdragen activa en passiva in de boekhouding van de ontvangende vennootschap te worden ingeschreven tegen de in genoemd lid 1, onder c), bedoelde waarden, en dient het belastbare resultaat van die vennootschap als volgt te worden bepaald:

a. de resultaten met betrekking tot de goederen die behoren tot het overdragen vermogen worden berekend alsof die overdracht niet heeft plaatsgevonden;

b. wederopnemingen en afschrijvingen met betrekking tot vaste activa worden verricht overeenkomstig de regeling die werd toegepast bij de bepaling van het belastbare resultaat van de natuurlijke persoon;

c. de overgedragen reserves vallen voor de toepassing van de belasting onder de regeling aan de hand waarvan het belastbare resultaat van de natuurlijke persoon werd bepaald.'

II – Precontentieuze procedure

7. Op 17 oktober 2008 heeft de Commissie de Portugese Republiek een aanmaningsbrief gezonden, waarin zij zich op het standpunt stelde dat deze lidstaat de krachtens de artikelen 18, 39 en 43 EG – thans de artikelen 21, 45 onderscheidenlijk 49 VWEU – en de artikelen 28 en 31 van de EER-Overeenkomst op hem rustende verplichtingen niet was nagekomen door belasting te heffen over de latente meerwaarde in geval van een aandelenruil wanneer de betrokken natuurlijke persoon zijn woonplaats verlegt naar een andere lidstaat, en in geval van de overdracht aan een vennootschap van aan de uitoefening van een bedrijfs- of beroepsactiviteit door een natuurlijke persoon verbonden passiva en activa wanneer die vennootschap haar statutaire of werkelijke zetel in een ander land heeft.

8. De Portugese Republiek heeft die aanmaningsbrief bij brief van 15 mei 2009 beantwoord en daarbij te kennen gegeven dat zij het niet met het standpunt van de Commissie eens was.

9. Van mening dat dit antwoord niet overtuigend was, heeft de Commissie op 3 november 2009 een met redenen omkleed advies uitgebracht waarin zij oordeelt dat de Portugese Republiek de op haar rustende verplichtingen niet is nagekomen, door de artikelen 10 en 38 van de CIRS aan te nemen en te handhaven, op grond waarvan een belastingplichtige die zijn woonplaats naar ander land verlegt dan wel activa en passiva die verbonden zijn met een op individuele basis uitgeoefende activiteit, overdraagt in ruil voor aandelen in een vennootschap die haar statutaire of werkelijke zetel op het grondgebied van een ander land heeft, alle nog niet toegerekende inkomsten dient op te nemen in de belastinggrondslag van het laatste belastingjaar waarin hij nog als ingezeten belastingplichtige wordt beschouwd. De Commissie heeft deze lidstaat tevens verzocht de nodige maatregelen te nemen om aan dit met redenen omklede advies te voldoen binnen een termijn van twee maanden na ontvangst ervan.

10. In haar antwoord op dat met redenen omklede advies heeft de Portugese Republiek zich op het standpunt gesteld dat de grieven van de Commissie ongegrond zijn.

11. Op 28 oktober 2011 heeft de Commissie de lidstaat een aanvullende aanmaningsbrief gezonden, waarin zij verwees naar de actuele versie van artikel 10, lid 9, onder a), van de CIRS, en daarbij opmerkte dat het door haar in de aanmaningsbrief en het met redenen omkleed advies tot uitdrukking gebrachte standpunt ongewijzigd bleef. De Commissie heeft tevens het door haar in de aanmaningsbrief en het met redenen omklede advies ingenomen standpunt over artikel 38 van de CIRS gehandhaafd.

12. Naar aanleiding van het antwoord van de Portugese Republiek op die aanvullende aanmaningsbrief, waarin deze lidstaat bij zijn standpunt bleef dat de grieven van de Commissie ongegrond waren, heeft de Commissie op 22 november 2012 een aanvullend met redenen omkleed advies aan die lidstaat toegezonden. Daarin heeft de Commissie haar grief herhaald dat de artikelen 10 en 38 CIRS in strijd zijn met de artikelen 21, 45 en 49 VWEU en met de artikelen 28 en 31 van de EER-Overeenkomst, en heeft zij de Portugese Republiek verzocht om binnen twee maanden aan dat aanvullende met redenen omklede advies te voldoen.

13. Aangezien de Portugese Republiek in haar antwoord van 23 januari 2013 heeft volgehouden dat zij het standpunt van de Commissie onjuist achtte, heeft de Commissie het onderhavige beroep ingesteld.

III – Beroep

A – Beweerde onduidelijkheid en onnauwkeurigheid in de afbakening van het voorwerp van het geschil

1. Argumenten van partijen

14. Zonder formeel een exceptie van niet-ontvankelijkheid op te werpen betoogt de Portugese Republiek dat de wijzigingen die de Commissie in het petitum van het verzoekschrift heeft aangebracht ten opzichte van de bevindingen in het met redenen omklede advies en het aanvullende met redenen omklede advies, verder gaan dan een

eenvoudige verduidelijking, en het aanvankelijke voorwerp van het geschil, zoals dit uit die adviezen naar voren komt, substantieel wijzigen. Volgens deze lidstaat stroken de grieven zoals geformuleerd in die met redenen omklede adviezen namelijk niet met de bewoordingen van de artikelen 10 en 38 van de CIRS. De Commissie heeft zich echter op die bepalingen gebaseerd, zodat niet valt in te zien dat sprake kan zijn van een geval van niet-nakoming.

15. De Commissie benadrukt dat zij het petitum van haar verzoekschrift ten opzichte van haar bevindingen in het aanvullende met redenen omklede advies op ondergeschikte punten heeft gewijzigd om daarin de aanvullende informatie die de Portugese Republiek tijdens de administratieve procedure en met name in haar antwoord op het aanvullende met redenen omklede advies heeft verstrekt, tot uitdrukking te brengen. De Commissie is van mening dat deze wijzigingen de inhoud en strekking van de tegen deze lidstaat aangevoerde grieven geheel onveranderd laten en dat de rechten van de verdediging van die lidstaat volkomen zijn geëerbiedigd.

2. Beoordeling door het Hof

16. Er zij aan herinnerd dat het voorwerp van een krachtens artikel 258 VWEU ingesteld beroep volgens vaste rechtspraak van het Hof weliswaar wordt afgebakend door de precontentieuze procedure waarin deze bepaling voorziet, zodat het met redenen omklede advies en het beroep op dezelfde grieven moeten berusten, maar dit vereiste betekent niet dat de formulering hiervan steeds volkomen gelijkluidend moet zijn, zolang het voorwerp van het geschil niet is verruimd of gewijzigd. De Commissie mag haar aanvankelijke grieven in het verzoekschrift dus preciseren, op voorwaarde echter dat zij het voorwerp van het geding niet wijzigt (zie arrest van 21 januari 2016, Commissie/Cyprus, C-515/14, EU:C:2016:30, punten 12 en 13 en aldaar aangehaalde rechtspraak).

17. In dit geval heeft de Commissie zowel tijdens de precontentieuze procedure als bij het Hof duidelijk aangegeven dat zij de Portugese Republiek verwijt niet te hebben voldaan aan de verplichtingen die voortvloeien uit de artikelen 21, 45 en 49 VWEU en de artikelen 28 en 31 van de EER-Overeenkomst door de artikelen 10 en 38 van de CIRS aan te nemen en te handhaven.

18. Uit lezing van het dispositief van het met redenen omklede advies en het aanvullende met redenen omklede advies in samenhang met de artikelen 10 en 38 van de CIRS kon de Portugese Republiek verder afleiden welke in de betrokken artikelen bedoelde situaties de Commissie in die met redenen omklede adviezen op het oog had, en welke in genoemde bepalingen aan die situaties verbonden rechtsgevolgen de Commissie in strijd achtte met het recht van de Unie.

19. Daaruit volgt dat de Commissie het voorwerp van het beroep, zoals dit is afgebakend door de precontentieuze procedure, noch heeft verruimd, noch heeft gewijzigd.

20. Gelet hierop kan het argument van de Portugese Republiek dat is ontleend aan de onduidelijkheid en onnauwkeurigheid in de afbakening van het voorwerp van het geschil, niet afdoen aan de ontvankelijkheid van het beroep, zodat het moet worden verworpen.

B – Ten gronde

21. De Commissie stelt dat de Portugese Republiek niet heeft voldaan aan de verplichtingen die op haar rusten krachtens de artikelen 21, 45 en 49 VWEU en de artikelen 28 en 31 van de EER-Overeenkomst, door artikel 10 van de CIRS aan te nemen en te handhaven, op grond waarvan een belastingplichtige die aandelen ruilt en zijn woonplaats naar andere lidstaat of naar een ander land van de Europese Economische Ruimte (EER) verlegt, alle nog niet toegerekende inkomsten uit de betrokken transactie dient op te nemen in de belastinggrondslag van het laatste belastingjaar waarin hij nog als ingezeten belastingplichtige wordt beschouwd.

22. Voorts stelt de Commissie dat deze lidstaat niet heeft voldaan aan de verplichtingen die op haar rusten krachtens artikel 49 VWEU en artikel 31 van de EER-Overeenkomst, door artikel 38 van de CIRS aan te nemen en te handhaven, op grond waarvan een belastingplichtige die activa en passiva die verbonden zijn met een op individuele basis uitgeoefende activiteit, overdraagt in ruil voor aandelen in een vennootschap die haar statutaire of werkelijke zetel heeft op het grondgebied van een andere lidstaat of een ander land van de EER, niet in aanmerking komt voor belastinguitstel met betrekking tot de betrokken transactie.

23. Deze grieven moeten afzonderlijk worden beoordeeld.

1. Uit een aandelenruil resulterende meerwaarde

a. Argumenten van partijen

24. De Commissie voert aan dat belastingplichtigen die het Portugees grondgebied verlaten, op grond van artikel 10 van de CIRS wat betreft de belasting over de meerwaarde die resulteert uit een aandelenruil een ongunstigere fiscale behandeling krijgen dan belastingplichtigen die in Portugal blijven wonen. Een aandeelhouder of vennoot wordt de belasting over de betrokken meerwaarde, die gelijk is aan het verschil tussen de werkelijke waarde van de ontvangen aandelen en de aanschafwaarde van de oude aandelen, namelijk verschuldigd louter doordat hij bui-

ten Portugal gaat wonen. Blijft deze aandeelhouder of vennoot daarentegen in Portugal wonen, dan is de waarde van de ontvangen aandelen gelijk aan die van de ingebrachte aandelen. Ingeval de aandeelhouder of vennoot in Portugal blijft wonen, wordt hij dus pas belast wanneer de ontvangen aandelen definitief worden vervreemd, behalve voor zover er nog een bijbetaling in contanten plaatsvindt.

25. De Commissie is van opvatting dat het uitstel van belasting over de meerwaarde uit een aandelenruil een voordeel oplevert voor op het Portugese grondgebied woonachtige belastingplichtigen, waardoor een verschil in behandeling ontstaat tussen die belastingplichtigen en de belastingplichtigen die besluiten om hun woonplaats naar een andere lidstaat of een ander land van de EER te verleggen, hetgeen niet verenigbaar is met de artikelen 21, 45 en 49 VWEU en de artikelen 28 en 31 van de EER-Overeenkomst.

26. De Commissie baseert zich daarbij op de in dit geval volgens haar toepasselijke arresten van 11 maart 2004, de Lasteyrie du Saillant (C-9/02, EU:C:2004:138), en van 7 september 2006, N (C-470/04, EU:C:2006:525), die betrekking hebben op de exitheffing bij natuurlijke personen. Daarentegen kan het arrest van 29 november 2011, National Grid Indus (C-371/10, EU:C:2011:785), waarin het Hof voor het eerst heeft aanvaard dat nationale wetgeving inzake exitheffingen kan worden gerechtvaardigd door de doelstelling om een evenwichtige verdeling van de heffingsbevoegdheid tussen de lidstaten te verzekeren, volgens de Commissie in dit geval niet van toepassing zijn omdat dit arrest enkel ziet op de belastingheffing bij rechtspersonen.

27. De Commissie erkent weliswaar de legitimiteit van de door de Portugese wetgever nagestreefde doelstelling om de doeltreffendheid van het belastingstelsel te verzekeren, maar is van mening dat de betrokken nationale bepaling niet evenredig is, aangezien in het Unierecht en meer in het bijzonder in de richtlijnen 2011/16/EU van de Raad van 15 februari 2011 betreffende de administratieve samenwerking op het gebied van de belastingen en tot intrekking van Richtlijn 77/799/ EEG (*PB* 2011, L 64, blz. 1) en 2010/24/EU van de Raad van 16 maart 2010 betreffende de wederzijdse bijstand inzake de invordering van schuldvorderingen die voortvloeien uit belastingen, rechten en andere maatregelen (*PB* 2010, L 84, blz. 1), al is voorzien in informatie-uitwisseling tussen de bevoegde autoriteiten van de lidstaten en wederzijdse bijstand bij de invordering van belastingen, waardoor deze doelstelling kan worden verwezenlijkt zonder dat toevlucht wordt genomen tot beperkingen van de fundamentele vrijheden die zijn verankerd in het VWEU.

28. Verder zou de Portugese Republiek de belastingplichtige die het Portugese grondgebied verlaat bijvoorbeeld kunnen verzoeken om haar op gezette tijden informatie te verstrekken over de ontvangen aandelen om te kunnen nagaan of hij die aandelen nog steeds in zijn bezit heeft. Er zou dan pas belasting worden geheven over de meerwaarde op het moment waarop de belastingplichtige die het Portugese grondgebied heeft verlaten, de ontvangen aandelen heeft vervreemd.

29. De Portugese Republiek is van opvatting dat artikel 10 van de CIRS geen inbreuk maakt op de artikelen 21, 45 en 49 VWEU of de artikelen 28 en 31 van de EER-Overeenkomst. De zeer specifieke situatie waarop de betrokken bepaling uit de CIRS betrekking heeft, betreft immers de beëindiging van het belastinguitstel voor meerwaarde die in het kader van een eerdere aandelenruil daadwerkelijk is behaald, als gevolg van het feit dat de belastingplichtige zijn woonplaats naar het buitenland heeft verlegd. Derhalve is het arrest van 11 maart 2004, de Lasteyrie du Saillant (C-9/02, EU:C:2004:138), dat betrekking heeft op de belastingheffing over nog niet gerealiseerde waardevermeerderingen ingeval een belastingplichtige zijn fiscale woonplaats verplaatst naar een andere lidstaat, in dit geval niet van toepassing.

30. Volgens de Portugese Republiek wordt een eventuele uit artikel 10 van de CIRS voortvloeiende beperking van het vrije verkeer om te beginnen gerechtvaardigd door de doelstelling om overeenkomstig het fiscale territorialiteitsbeginsel een evenwichtige verdeling van de heffingsbevoegdheid tussen de lidstaten te verzekeren, welke doelstelling door het Hof is erkend in de zaak die heeft geleid tot het arrest van 29 november 2011, National Grid Indus (C-371/10, EU:C:2011:785, punt 45). De Portugese Republiek benadrukt dat, op grond van de gecombineerde toepassing van de nationale wetgeving en de door haarzelf met alle lidstaten afgesloten dubbelbelastingverdragen, de bevoegdheid om belasting te heffen over de meerwaarde die resulteert uit een aandelenruil in beginsel uitsluitend toekomt aan de lidstaat waarin de belastingplichtige die de aandelen vervreemdt, woonachtig is, te weten in dit geval de Portugese Republiek. De Portugese Republiek is dus van mening dat aanvaarding van een verplichting om dergelijke meerwaarde niet te belasten ingeval de belastingplichtige zijn woonplaats verlegt naar het buitenland, zou betekenen dat zij haar recht om daarover belasting te heffen definitief verliest, waardoor afbreuk zou worden gedaan aan haar recht om haar belastingbevoegdheid uit te oefenen met betrekking tot activiteiten die op haar grondgebied plaatsvinden (zie in die zin arresten van 29 maart 2007, Rewe Zentralfinanz, C-347/04, EU:C:2007:194, punt 42, en van 8 november 2007, Amurta, C-379/05, EU:C:2007:655, punt 58).

31. De Portugese Republiek voert vervolgens argumenten aan die verband houden met de samenhang van het belastingstelsel. Volgens deze lidstaat bestaat er in dit geval een rechtstreeks verband tussen een belastingvoordeel en de opheffing van een dergelijk voordeel door een concrete fiscale heffing, aangezien de doelstelling van de betrokken bepaling erin bestaat om te verhinderen dat het fiscale voordeel dat is toegekend aan de belastingplichtige in de vorm van een uitstel van belastingheffing over de gerealiseerde meerwaarde, de daadwerkelijke belas-

tingheffing over diezelfde meerwaarde op het Portugese grondgebied in een later stadium onmogelijk maakt. Het is immers wezenlijk voor de goede werking van de regeling inzake het belastinguitstel voor bepaalde activa dat wanneer op een bepaald moment een fiscaal voordeel wordt verleend, deze activa op een later moment daadwerkelijk in de belastingheffing worden betrokken.

32. De Portugese Republiek voert als rechtvaardigingsgrond ten slotte de noodzaak aan om de doeltreffendheid van de fiscale controles te verzekeren en belastingontduiking en -ontwijking tegen te gaan.

33. De Bondsrepubliek Duitsland is van opvatting dat de eventuele uit artikel 10 van de CIRS voortvloeiende beperking van het vrije verkeer gerechtvaardigd is aangezien dit artikel ertoe strekt op het Portugese grondgebied gerealiseerde winst te belasten voordat de Portugese Republiek haar heffingsbevoegdheid verliest. Volgens de Bondsrepubliek Duitsland zijn de beginselen die het Hof heeft ontwikkeld in het arrest van 29 november 2011, National Grid Indus (C-371/10, EU:C:2011:785, punt 45), geldig ongeacht of het gaat om een regeling inzake exitheffing bij natuurlijke personen of bij rechtspersonen.

b. Beoordeling door het Hof

34. De in artikel 10 van de CIRS vervatte fiscale regeling dient eerst te worden getoetst aan de artikelen 21, 45 en 49 VWEU en vervolgens aan de artikelen 28 en 31 van de EER-Overeenkomst.

i. Grieven inzake schending van de artikelen 21, 45 en 49 VWEU

35. Volgens de rechtspraak van het Hof vindt artikel 21 VWEU, dat het recht van iedere burger van de Unie om vrij op het grondgebied van de lidstaten te reizen en te verblijven op algemene wijze formuleert, in artikel 45 VWEU een bijzondere uitdrukking voor het vrije verkeer van werknemers, en in artikel 49 VWEU voor de vrijheid van vestiging (zie in die zin arrest van 12 juli 2012, Commissie/Spanje, C-269/09, EU:C:2012:439, punt 49 en aldaar aangehaalde rechtspraak).

36. Derhalve moet de betrokken belastingregeling allereerst worden getoetst aan de artikelen 45 en 49 VWEU, en vervolgens aan artikel 21 VWEU voor zover het personen betreft die zich van de ene lidstaat naar een andere lidstaat verplaatsen met het doel zich aldaar te vestigen om redenen die geen verband houden met de uitoefening van een economische activiteit.

– Bestaan van beperkingen van de artikelen 45 en 49 VWEU

37. De verdragsbepalingen inzake het vrije verkeer van personen beogen het de burgers van de Unie gemakkelijker te maken, om het even welk beroep uit te oefenen op het gehele grondgebied van de Unie, en staan in de weg aan regelingen die deze burgers zouden kunnen benadelen wanneer zij op het grondgebied van een andere lidstaat een economische activiteit willen uitoefenen (zie arrest van 12 juli 2012, Commissie/Spanje, C-269/09, EU:C:2012:439, punt 51 en aldaar aangehaalde rechtspraak).

38. Hoewel deze bepalingen volgens de bewoordingen ervan het recht op behandeling als eigen staatsburger in de lidstaat van ontvangst beogen te garanderen, hebben staatsburgers van de lidstaten in dit verband met name het recht, dat zij rechtstreeks aan het Verdrag ontlenen, om hun land van herkomst te verlaten om naar een andere lidstaat te gaan en aldaar een economische activiteit uit te oefenen (zie arrest van 12 juli 2012, Commissie/Spanje, C-269/09, EU:C:2012:439, punt 52 en aldaar aangehaalde rechtspraak).

39. Bepalingen die een staatsburger van een lidstaat beletten of ervan weerhouden om zijn staat van herkomst te verlaten om hetzij zijn recht van vrij verkeer hetzij zijn recht van vrijheid van vestiging uit te oefenen, leveren derhalve belemmeringen van deze vrijheid op, zelfs wanneer zij onafhankelijk van de nationaliteit van de betrokken werknemers van toepassing zijn (zie in die zin arresten van 27 september 1988, Daily Mail and General Trust, 81/87, EU:C:1988:456, punt 16, en van 12 juli 2012, Commissie/Spanje, C-269/09, EU:C:2012:439, punt 53 en aldaar aangehaalde rechtspraak).

40. Het is eveneens vaste rechtspraak dat als beperkingen van het vrije personenverkeer en de vrijheid van vestiging moeten worden beschouwd alle maatregelen die de uitoefening van die vrijheid verbieden, belemmeren of minder aantrekkelijk maken (zie arrest van 12 juli 2012, Commissie/Spanje, C-269/09, EU:C:2012:439, punt 54 en aldaar aangehaalde rechtspraak).

41. In dit geval bepaalt artikel 10, lid 8, van de CIRS dat indien bij een aandelenruil bewijzen van deelgerechtigdheid in het maatschappelijk kapitaal van de verkrijgende vennootschap worden toegekend aan de aandeelhouders van de verkregen vennootschap, dit niet leidt tot belastingheffing voor zover die aandeelhouders aan de nieuw verworven aandelen dezelfde fiscale waarde blijven toerekenen als aan de oude aandelen, onverminderd de belasting die wordt geheven over de eventueel aan de aandeelhouders uitgekeerde geldbedragen. Zoals de Portugese Republiek ter terechtzitting heeft bevestigd, wordt de belasting over de uit die ruil resulterende meerwaarde bij de belastingplichtige pas geïnd indien en zodra de bij deze ruil ontvangen aandelen definitief worden vervreemd.

42. In afwijking van deze regel verlangt artikel 10, lid 9, onder a), van de CIRS van belastingplichtigen die hun woonplaats verleggen naar een ander land dan de Portugese Republiek dat zij het bedrag dat op grond van artikel 10, lid 8, van de CIRS niet is belast ten tijde van de aandelenruil, opnemen in het belastbaar inkomen van het kalenderjaar waarin deze woonplaatswijziging heeft plaatsgevonden.

43. Terwijl belastingplichtigen die op het Portugese grondgebied blijven wonen in aanmerking komen voor belastinguitstel voor de uit de aandelenruil resulterende meerwaarde totdat de bij de ruil ontvangen aandelen in een later stadium worden vervreemd, zijn de belastingplichtigen die het Portugese grondgebied verlaten als gevolg van dat vertrek dus verplicht om onmiddellijk belasting te betalen over de uit die ruil resulterende meerwaarde.

44. Dit verschil in behandeling wat betreft het moment waarop de betrokken meerwaarde wordt belast, vormt voor de belastingplichtige die het Portugese grondgebied wenst te verlaten, een cashflownadeel waarmee een belastingplichtige die op dat grondgebied blijft wonen, zich niet geconfronteerd ziet. Waar immers voor eerstgenoemde op de enkele grond van een dergelijke verplaatsing een belastingschuld ontstaat over meerwaarde die nog niet is gerealiseerd en waarover hij bijgevolg niet beschikt, zijn voor laatstgenoemde de waardevermeerderingen enkel belastbaar wanneer en voor zover zij daadwerkelijk zijn gerealiseerd (zie naar analogie arrest van 11 maart 2004, de Lasteyrie du Saillant, C-9/02, EU:C:2004:138, punt 46).

45. In dit verband volgt uit de rechtspraak van het Hof dat de uitsluiting van een cashflowvoordeel in een grensoverschrijdende situatie terwijl het beschikbaar is in een vergelijkbare binnenlandse situatie, een beperking van het vrije verkeer van werknemers en de vrijheid van vestiging oplevert (zie in die zin arrest van 12 juli 2012, Commissie/ Spanje, C-269/09, EU:C:2012:439, punten 59 en 61).

46. Uit de dossierstukken blijkt niet dat dit verschil in behandeling kan worden verklaard door een objectief verschil tussen de situaties, en de Portugese Republiek heeft bij het Hof ook in het geheel niet betoogd dat dit het geval is. Vanuit het oogpunt van de wetgeving van een lidstaat die de op zijn grondgebied aangegroeide meerwaarde wil belasten, is de situatie van een persoon die zijn woonplaats van die lidstaat naar een andere lidstaat verlegt immers vergelijkbaar met die van een persoon die in eerstgenoemde lidstaat blijft wonen, voor zover het de belasting betreft van de meerwaarde over de activa die in de eerstgenoemde lidstaat is aangegroeid vóór de verandering van woonplaats (zie naar analogie arrest van 29 november 2011, National Grid Indus, C-371/10, EU:C:2011:785, punt 38).

47. Daaruit volgt dat het verschil in de behandeling die een belastingplichtige die buiten het Portugese grondgebied gaat wonen, op het gebied van de belastingheffing over de uit een aandelenruil resulterende meerwaarde op grond van artikel 10, lid 9, onder a), van de CIRS krijgt in vergelijking met een belastingplichtige die op dat grondgebied blijft wonen, een beperking oplevert van het vrije verkeer van werknemers en de vrijheid van vestiging in de zin van de artikelen 45 en 49 VWEU.

– Rechtvaardiging van de beperkingen van de in de artikelen 45 en 49 VWEU vervatte vrijheden

48. Beoordeeld dient te worden of de uit artikel 10, lid 9, onder a), van de CIRS voortvloeiende beperking van de in de artikelen 45 en 49 VWEU vervatte vrijheden gerechtvaardigd is uit hoofde van dwingende vereisten van algemeen belang. Daarenboven moet in een dergelijk geval de beperking geschikt zijn om het nagestreefde doel te verwezenlijken en mag zij niet verder gaan dan nodig is voor het bereiken van dat doel (zie onder meer arresten van 18 januari 2007, Commissie/Zweden, C-104/06, EU: C:2007:40, punt 25, en van 29 november 2011, National Grid Indus, C-371/10, EU:C:2011:785, punt 42).

49. In dit verband zij eraan herinnerd dat het aan de lidstaat is om aan te tonen dat zijn regelgeving beantwoordt aan een doelstelling van algemeen belang en dat deze regelgeving met het evenredigheidsbeginsel in overeenstemming is (zie in die zin arrest van 13 september 2007, Commissie/Italië, C-260/04, EU:C:2007:508, punt 33 en aldaar aangehaalde rechtspraak).

50. De Portugese Republiek voert rechtvaardigingsgronden aan die in de eerste plaats zijn ontleend aan de noodzaak om overeenkomstig het fiscale territorialiteitsbeginsel een evenwichtige verdeling van de heffingsbevoegdheid tussen de lidstaten te verzekeren, in de tweede plaats aan de noodzaak om de samenhang van het belastingstelsel te verzekeren, en in de derde plaats aan de noodzaak om de doeltreffendheid van de fiscale controles te waarborgen en belastingontduiking en -ontwijking tegen te gaan.

51. Wat in de eerste plaats de rechtvaardigingsgrond betreft inzake de noodzaak om een evenwichtige verdeling van de heffingsbevoegdheid tussen de lidstaten te verzekeren, dient eraan te worden herinnerd dat deze rechtvaardigingsgrond een door het Hof erkend legitiem doel vormt, en dat verder uit vaste rechtspraak blijkt dat bij gebreke van door de Unie vastgestelde unificatie- of harmonisatiemaatregelen de lidstaten bevoegd blijven om, door het sluiten van overeenkomsten of unilateraal, de criteria voor de verdeling van hun heffingsbevoegdheid vast te stellen teneinde onder meer dubbele belasting af te schaffen (arrest van 16 april 2015, Commissie/Duitsland, C-591/13, EU:C:2015:230, punt 64 en aldaar aangehaalde rechtspraak).

52. De Commissie betoogt evenwel dat de Portugese Republiek zich niet kan beroepen op het arrest van 29 november 2011, National Grid Indus (C-371/10, EU:C:2011:785) om zodoende de beperking van de fundamentele vrijheden te rechtvaardigen uit hoofde van de noodzaak om een evenwichtige verdeling van de heffingsbevoegdheid tussen de lidstaten te verzekeren, aangezien dat arrest betrekking heeft op de belastingheffing over de latente meerwaarde bij vennootschappen en niet bij natuurlijke personen. Zij is integendeel van mening dat in dit geval de arresten van 11 maart 2004, de Lasteyrie du Saillant (C-9/02, EU:C:2004:138), en van 7 september 2006, N (C-470/04, EU:C:2006:525), van belang zijn. Deze arresten hebben betrekking op de belastingheffing over meerwaarde bij natuurlijke personen ingeval zij hun woonplaats verleggen van het grondgebied van de ene lidstaat naar het grondgebied van een andere lidstaat.

53. Weliswaar is het arrest van 29 november 2011, National Grid Indus (C-371/10, EU:C:2011:785), gewezen in het kader van de belastingheffing over meerwaarde bij vennootschappen, maar dat laat onverlet dat het Hof de in dat arrest ontwikkelde beginselen vervolgens ook heeft toegepast in het kader van de belastingheffing over meerwaarde bij natuurlijke personen (zie arresten van 12 juli 2012, Commissie/Spanje, C-269/09, EU:C:2012:439, punten 75-78, en van 16 april 2015, Commissie/Duitsland, C-591/13, EU:C:2015:230, punten 65-67).

54. In dit verband is niet van belang dat in die twee arresten sprake was van gerealiseerde meerwaarde en niet, zoals in dit geval, van latente meerwaarde. Waar het immers om gaat is dat in het kader van vergelijkbare transacties die volledig binnen één lidstaat worden verricht, anders dan in het kader van een grensoverschrijdende transactie, niet onmiddellijk belasting wordt geheven over de betrokken meerwaarde (zie in die zin arrest van 16 april 2015, Commissie/Duitsland, C-591/13, EU:C:2015:230, punt 71).

55. Voor zover de Commissie overigens vraagtekens plaatst bij de legitimiteit van de doelstelling om ten aanzien van de exitheffing over de latente meerwaarde bij natuurlijke personen een evenwichtige verdeling van de heffingsbevoegdheid tussen de lidstaten te verzekeren, op grond dat de eventuele waardeverminderingen na de verhuizing naar een andere lidstaat niet van de meerwaarde kunnen worden afgetrokken in die andere lidstaat, volstaat het eraan te herinneren dat het Hof al heeft geoordeeld dat de eventuele niet-inaanmerkingneming van waardeverminderingen door de lidstaat van ontvangst, de lidstaat van oorsprong er geenszins toe verplicht om op het moment van de definitieve vervreemding van de nieuwe aandelen over te gaan tot een herbeoordeling van een belastingschuld die definitief is vastgesteld op het moment waarop de belastingplichtige, wegens de verlegging van zijn woonplaats, is opgehouden in de lidstaat van oorsprong aan belasting onderworpen te zijn (zie naar analogie arrest van 29 november 2011, National Grid Indus, C-371/10, EU:C:2011:785, punt 61).

56. Er bestaat dus geen objectieve reden om met het oog op de rechtvaardigingsgrond inzake de doelstelling om tussen de lidstaten een evenwichtige verdeling van de heffingsbevoegdheid te verzekeren, een onderscheid te maken tussen de exitheffing over de latente meerwaarde bij natuurlijke personen en bij rechtspersonen.

57. Vervolgens dient erop te worden gewezen dat artikel 10, lid 9, onder a), van de CIRS geschikt is om de verdeling van de heffingsbevoegdheid tussen de betrokken lidstaten te handhaven. De eindafrekeningsheffing die op het moment van de woonplaatswijziging wordt opgelegd, strekt er immers toe om in de lidstaat van oorsprong de niet-gerealiseerde meerwaarde die binnen het kader van de fiscale bevoegdheid van die lidstaat vóór die woonplaatswijziging is aangegroeid, aan winstbelasting te onderwerpen. De meerwaarde die is gerealiseerd na die verplaatsing, wordt uitsluitend belast in de lidstaat van ontvangst waarin deze is aangegroeid, zodat een dubbele belasting daarvan wordt voorkomen (zie naar analogie arrest van 29 november 2011, National Grid Indus, C-371/10, EU:C:2011:785, punt 48).

58. Wat betreft de vraag of die bepaling, die erin voorziet dat de uit een aandelenruil resulterende meerwaarde onmiddellijk wordt belast op het moment waarop de belastingplichtige zijn woonplaats verlegt van het Portugese grondgebied naar een ander land, niet verder gaat dan noodzakelijk is ter bereiking van de doelstelling van een verdeling van de heffingsbevoegdheid, dient eraan te worden herinnerd dat het Hof in het arrest van 29 november 2011, National Grid Indus (C-371/10, EU:C:2011:785, punt 52), al heeft geoordeeld dat een regeling van een lidstaat die voorschrijft dat de heffing over de latente meerwaarde van vermogensbestanddelen van een vennootschap die haar feitelijke bestuurszetel naar een andere lidstaat verplaatst, op het moment van genoemde verplaatsing onmiddellijk wordt ingevorderd, onevenredig is, omdat er maatregelen kunnen worden getroffen die minder ingrijpend zijn voor de vrijheid van vestiging dan de onmiddellijke invordering van die heffing (zie in die zin arresten van 29 november 2011, National Grid Indus, C-371/ 10, EU:C:2011:785, punten 73 en 85, en van 16 april 2015, Commissie/Duitsland, C-591/13, EU:C:2015:230, punt 67 en aldaar aangehaalde rechtspraak).

59. In dit verband heeft het Hof overwogen dat een nationale regeling die de vennootschap die haar feitelijke bestuurszetel naar een andere lidstaat verplaatst, de keuze biedt tussen, enerzijds, de onmiddellijke betaling van het bedrag van de heffing, en, anderzijds, de uitgestelde betaling van het bedrag van genoemde heffing, in voorkomend geval inclusief rente overeenkomstig de toepasselijke nationale regeling, een maatregel zou vormen die minder ingrijpt in de vrijheid van vestiging dan de onmiddellijke invordering van die heffing (zie arresten van 29 november 2011, National Grid Indus, C-371/ 10, EU:C:2011:785, punten 73 en 85, en van 16 april 2015, Commissie/Duitsland, C-591/13, EU:C:2015:230, punt 67 en aldaar aangehaalde rechtspraak). Voorts heeft het Hof geor-

deeld dat het de betrokken lidstaat is toegestaan om mede rekening te houden met het risico van niet-invordering van de heffing, dat stijgt naarmate de tijd verstrijkt. Met dit risico kan door de betrokken lidstaat rekening worden gehouden in het kader van de toepasselijke nationale regelgeving inzake uitgestelde betaling van belastingschulden, door maatregelen als het stellen van een bankgarantie (zie in die zin arrest van 29 november 2011, National Grid Indus, C-371/10, EU:C:2011:785, punt 74).

60. Gezien de in de vorige twee punten aangehaalde rechtspraak dient te worden vastgesteld dat artikel 10, lid 9, onder a), van de CIRS verder gaat dan noodzakelijk is ter bereiking van de doelstelling in verband met de noodzaak om de verdeling van de heffingsbevoegdheid tussen de lidstaten te handhaven, aangezien de relevante nationaalrechtelijke bepalingen de belastingplichtige die zijn woonplaats verlegt van het Portugese grondgebied naar een andere lidstaat, niet de keuze bieden tussen enerzijds de onmiddellijke betaling van het bedrag van de heffing over de uit een aandelenruil resulterende meerwaarde en anderzijds de uitgestelde betaling van dat bedrag, die voor de belastingplichtige noodzakelijkerwijs gepaard gaat met een administratieve last in verband met de monitoring van de overgedragen activa en met het stellen van een bankgarantie (zie naar analogie arrest van 29 november 2011, National Grid Indus, C-371/10, EU:C:2011:785, punten 73 en 74).

61. Daaruit volgt dat de noodzaak om de verdeling van de heffingsbevoegdheid tussen de lidstaten te handhaven geen rechtvaardiging vormt van de uit artikel 10, lid 9, onder a), van de CIRS voortvloeiende beperking van de in de artikelen 45 en 49 VWEU vervatte vrijheden.

62. Wat in de tweede plaats de rechtvaardigingsgrond betreft die is ontleend aan de noodzaak om de samenhang van het nationale belastingstelsel te bewaren, dient eraan te worden herinnerd dat het Hof deze noodzaak heeft erkend als dwingend vereiste van algemeen belang. Het Hof heeft daarbij geoordeeld dat een argument op basis van een dergelijke rechtvaardiging slechts kan slagen indien wordt bewezen dat er een rechtstreeks verband bestaat tussen het betrokken fiscale voordeel en de opheffing van dat voordeel door een bepaalde belastingheffing (zie in die zin arrest van 16 april 2015, Commissie/Duitsland, C-591/13, EU:C:2015:230, punt 74 en aldaar aangehaalde rechtspraak).

63. In dit geval betoogt de Portugese Republiek dat de betrokken nationale bepaling noodzakelijk is om deze samenhang te waarborgen, gegeven het feit dat het in de vorm van belastinguitstel toegekende fiscale voordeel eindigt wanneer latere belastingheffing onmogelijk wordt doordat de begunstigde belastingplichtige zijn hoedanigheid van Portugees ingezetene verliest. Volgens deze lidstaat is het voor de goede werking van de regeling inzake belastinguitstel nodig dat, ten aanzien van een en dezelfde belastingplichtige en belastingheffing, de toekenning van een fiscaal voordeel in de vorm van belastinguitstel wordt gevolgd door de daadwerkelijke heffing van belasting over de meerwaarde op een later moment.

64. Dienaangaande moet worden geconstateerd dat de Portugese Republiek niet heeft aangetoond dat er een rechtstreeks verband bestaat tussen het in artikel 10, lid 8, van de CIRS vervatte fiscale voordeel en de opheffing van dat voordeel door een bepaalde belastingheffing. Waar immers het overeenkomstig artikel 10, lid 8, van de CIRS toegekende fiscale voordeel in een grensoverschrijdende situatie als bedoeld in artikel 10, lid 9, onder a), van de CIRS wordt opgeheven door een belastingheffing – want het verschuldigde bedrag aan belasting wordt verplicht ingevorderd op het moment waarop de belastingplichtige het Portugese grondgebied verlaat –, ligt dit anders bij een zuiver interne situatie zoals bedoeld in artikel 10, lid 8, van de CIRS. Uit het onderzoek van deze bepaling blijkt immers dat de belasting over de uit een aandelenruil resulterende meerwaarde pas wordt ingevorderd wanneer de bij die ruil ontvangen aandelen eventueel definitief worden vervreemd. Zoals de advocaat-generaal in punt 60 van zijn conclusie heeft opgemerkt, kan een belastingplichtige die op het Portugese grondgebied blijft wonen, zich, zolang hij de ontvangen aandelen niet vervreemdt, blijven beroepen op het in artikel 10, lid 8, van de CIRS toegekende fiscale voordeel, en is het dus onzeker of er in de toekomst ooit belasting van hem zal worden geïnd. Dat betekent dat het gestelde verband tussen het belastingvoordeel voor de belastingplichtige en de heffing van belasting bij hem niet zeker is (zie naar analogie arrest van 26 oktober 2006, Commissie/Portugal, C-345/05, EU: C:2006:685, punt 27).

65. Bijgevolg moet het argument van de Portugese Republiek dat de betrokken bepaling objectief gerechtvaardigd wordt door de noodzaak om de samenhang van het nationale belastingstelsel te bewaren, worden verworpen.

66. Wat in de derde plaatst de rechtvaardigingsgrond betreft die is ontleend aan de doeltreffendheid van de fiscale controles en het tegengaan van belastingontduiking en -ontwijking, dient te worden geconstateerd dat de Portugese Republiek zich in haar verweerschrift ertoe heeft beperkt deze rechtvaardigingsgrond te noemen, maar deze verder niet heeft uitgewerkt.

67. Daaruit volgt dat deze rechtvaardigingsgrond niet kan worden aanvaard.

68. Gelet hierop moet worden vastgesteld dat artikel 10, lid 9, onder a), van de CIRS een door de artikelen 45 en 49 VWEU verboden beperking vormt, en dat de grief van de Commissie dat de betrokken lidstaat de krachtens deze artikelen van het VWEU op hem rustende verplichtingen niet is nagekomen, gegrond is.

– Grief inzake schending van artikel 21 VWEU

69. Wat betreft burgers van de Unie die zich binnen de Unie wensen te verplaatsen om redenen die geen verband houden met de uitoefening van een economische activiteit, moet ten aanzien van de grief inzake schending van artikel 21 VWEU dezelfde conclusie worden getrokken aangezien deze grief op dezelfde gronden berust (zie in die zin arrest van 12 juli 2012, Commissie/Spanje, C-269/09, EU:C:2012:439, punt 91).

ii. Bestaan van een beperking van de artikelen 28 en 31 van de EER-Overeenkomst

70. Vooraf zij opgemerkt dat de artikelen 28 en 31 van de EER-Overeenkomst overeenstemmen met het bepaalde in de artikelen 45 en 49 VWEU (zie arrest van 12 juli 2012, Commissie/Spanje, C-269/09, EU:C:2012:439, punt 95).

71. De Unierechtspraak inzake beperkingen van de uitoefening van de vrijheden van verkeer binnen de Unie kan inderdaad niet integraal worden getransponeerd naar de door de EER-Overeenkomst gewaarborgde vrijheden, aangezien het gebruik van laatstgenoemde vrijheden binnen een andere juridische context valt (arrest van 16 april 2015, Commissie/Duitsland, C-591/13, EU:C:2015:230, punt 81 en aldaar aangehaalde rechtspraak).

72. In dit geval heeft de Portugese Republiek echter geen redenen aangedragen waarom de overwegingen ter zake van het ontbreken van een rechtvaardigingsgrond voor de beperkingen van de uitoefening van de door het Verdrag gewaarborgde vrijheden van verkeer – waarop de constateringen in de punten 61, 65 en 66 van dit arrest berusten – niet op gelijke wijze zouden kunnen gelden voor de door de EER-Overeenkomst gewaarborgde vrijheden.

73. Gelet hierop moet worden vastgesteld dat artikel 10, lid 9, onder a), van de CIRS een door de artikelen 28 en 31 van de EER-Overeenkomst verboden beperking vormt, en dat de grief van de Commissie dat de betrokken lidstaat de krachtens deze artikelen van de EER-Overeenkomst op hem rustende verplichtingen niet is nagekomen, gegrond is.

2. Overdracht aan een vennootschap van het gehele vermogen dat met een op individuele basis uitgeoefende activiteit is verbonden

a. Argumenten van partijen

74. De Commissie stelt dat artikel 38 van de CIRS de overdracht door een natuurlijke persoon van activa en passiva aan een vennootschap in ruil voor aandelen, fiscaal verschillend behandelt al naargelang de overdracht plaatsvindt aan een vennootschap die haar statutaire en werkelijke zetel op het Portugese grondgebied heeft of aan een vennootschap die haar statutaire of werkelijke zetel buiten dit grondgebied heeft. In het eerste geval wordt namelijk pas belasting geheven over de meerwaarde op het moment waarop deze activa en passiva worden vervreemd door de ontvangende vennootschap, mits tevens aan andere voorwaarden is voldaan. In het tweede geval wordt de meerwaarde daarentegen onmiddellijk belast. De Commissie is van mening dat de Portugese Republiek dezelfde regel moet hanteren ongeacht of de vennootschap waaraan de activa en passiva zijn overgedragen haar statutaire en werkelijke zetel al dan niet op het Portugese grondgebied heeft.

75. De Commissie stelt zich daarom op het standpunt dat artikel 38 van de CIRS in strijd is met artikel 49 VWEU en artikel 31 van de EER-Overeenkomst, en, om de redenen zoals uiteengezet in het kader van haar grief inzake artikel 10 van de CIRS, verder gaat dan noodzakelijk is om de doeltreffendheid van het belastingstelsel te waarborgen. Zo kan de Portugese Republiek zich bijvoorbeeld regelmatig met een verzoek om informatie overeenkomstig richtlijn 2011/16 wenden tot de bevoegde autoriteiten van de lidstaat waar zich de statutaire of werkelijke zetel bevindt van de vennootschap waaraan de activa en passiva zijn overgedragen, teneinde na te gaan of die rechtspersoon de betrokken activa en passiva nog steeds bezit. Pas wanneer wordt vastgesteld dat deze vennootschap de overgedragen activa en passiva heeft vervreemd, dient de betrokken meerwaarde volgens de Commissie te worden belast. De Commissie verwijst verder naar richtlijn 2010/24, die ook van belang is in situaties waarin de belasting over de meerwaarde niet is voldaan.

76. De Portugese Republiek betoogt dat artikel 38 van de CIRS voorziet in belastinguitstel voor de meerwaarde die verband houdt met de oprichting van vennootschappen of met een meerderheidsbelang in al bestaande vennootschappen en die resulteert uit de inbreng van het gehele met de uitoefening van een bedrijfs- of beroepsactiviteit door een natuurlijk persoon verbonden vermogen. Het doel van deze bepaling is om mogelijk te maken dat de rechtsvorm waaronder een economische activiteit wordt uitgeoefend, wordt gewijzigd zonder dat de uit de vermogensinbreng resulterende meerwaarde op het moment van die inbreng wordt belast. Doordat belastinguitstel wordt verleend tot het moment waarop de overgedragen vermogensbestanddelen in een later stadium worden vervreemd – mits de ontvangende vennootschap met betrekking tot de overgedragen vermogensbestanddelen voldoet aan bepaalde boekhoudkundige eisen –, kan het beginsel van economische continuïteit op zodanige wijze worden geëerbiedigd dat de belastingheffing over de desbetreffende inkomsten is verzekerd. De voorwaarde inzake de statutaire of werkelijke zetel van de ontvangende vennootschap is noodzakelijk om, bij gebreke van harmonisatiemaatregelen, ervoor te zorgen dat het beginsel van economische continuïteit wordt geëerbiedigd en de

overgedragen activa en passiva in een later stadium worden belast, aangezien de belastingbevoegdheid met betrekking tot de heffing bij een vennootschap die haar statutaire of werkelijke zetel buiten het Portugese grondgebied heeft, niet meer toekomt aan de Portugese Republiek, maar aan het land op het grondgebied waarvan die vennootschap haar statutaire of werkelijke zetel heeft.

77. De betrokken maatregel is dus in overeenstemming met het fiscale territorialiteitsbeginsel en wordt gerechtvaardigd door de noodzaak om een evenwichtige verdeling van de heffingsbevoegdheid tussen de lidstaten te verzekeren.

b. Beoordeling door het Hof

78. De in artikel 38 van de CIRS vervatte fiscale regeling dient eerst te worden getoetst aan artikel 49 VWEU en vervolgens aan artikel 31 van de EER-overeenkomst.

i. Grief inzake schending van artikel 49 VWEU

79. Vooraf dient de rechtspraak van het Hof in herinnering te worden gebracht dat elke onderdaan van een lidstaat die in het kapitaal van een in een andere lidstaat gevestigde vennootschap een deelneming houdt die hem een zodanige invloed op de besluiten van die vennootschap verleent dat hij de activiteiten ervan kan bepalen, ongeacht zijn nationaliteit binnen de werkingssfeer van artikel 49 VWEU valt (zie arrest van 18 december 2014, X, C-87/13, EU:C:2014:2459, punt 21 en aldaar aangehaalde rechtspraak).

80. In dit geval moet worden geconstateerd dat een natuurlijke persoon die zijn gehele met de uitoefening van een bedrijfs- of beroepsactiviteit verbonden vermogen aan een vennootschap overdraagt, op grond van artikel 38, lid 1, onder b), van de CIRS slechts in aanmerking komt voor het in die bepaling bedoelde belastinguitstel indien hij ten minste 50 % van het kapitaal van die vennootschap bezit.

81. Bijgevolg valt artikel 38, lid 1, van de CIRS onder de vrijheid van vestiging.

82. Die bepaling voorziet erin dat in het geval dat een natuurlijke persoon alle met de uitoefening van een bedrijfs- of beroepsactiviteit verbonden activa en passiva overdraagt in ruil voor aandelen in een vennootschap, er geen belastbaar resultaat wegens de vorming van het maatschappelijk kapitaal behoeft te worden bepaald indien aan de in artikel 38, lid 1, onder a) tot en met e), van de CIRS genoemde voorwaarden is voldaan. Artikel 38, lid 1, onder a), van de CIRS vereist dat de entiteit waaraan het betrokken vermogen wordt overgedragen, een vennootschap is die haar statutaire en werkelijke zetel op het Portugese grondgebied heeft. Zoals de Portugese Republiek ter terechtzitting heeft bevestigd, wordt in een dergelijk geval de belasting bij de ontvangende vennootschap ingevorderd op het moment waarop de betrokken vermogensbestanddelen in een later stadium worden vervreemd. Heeft de ontvangende vennootschap haar statutaire en werkelijke zetel daarentegen niet op het Portugese grondgebied, dan is de overdragende natuurlijke persoon uitgesloten van het in artikel 38, lid 1, van de CIRS bedoelde fiscale voordeel, zodat hij de belasting over de meerwaarde onmiddellijk verschuldigd wordt.

83. Daaruit volgt dat in het geval van natuurlijke personen die het gehele desbetreffende vermogen overdragen aan een vennootschap die haar statutaire en werkelijke zetel op het Portugese grondgebied heeft, de belasting over de meerwaarde door de ontvangende vennootschap moet worden voldaan op het moment waarop die vermogensbestanddelen in een later stadium worden vervreemd, terwijl natuurlijke personen die dat gehele vermogen overdragen aan een vennootschap die haar statutaire of werkelijke zetel heeft op het grondgebied van een ander land dan de Portugese Republiek, de belasting over de meerwaarde verschuldigd worden op het moment van deze overdracht.

84. Vastgesteld dient te worden dat een dergelijke fiscale regeling voor een belastingplichtige die het gehele betrokken vermogen overdraagt aan een vennootschap die haar statutaire of werkelijke zetel buiten het Portugese grondgebied heeft, een cashflownadeel met zich brengt waarmee een belastingplichtige die dat vermogen overdraagt aan een vennootschap die haar statutaire en werkelijke zetel op het Portugese grondgebied heeft, zich niet geconfronteerd ziet. Deze regeling vormt dus een beperking van de uitoefening van het recht van vestiging in de zin van de in de punten 37 tot en met 40 van dit arrest aangehaalde rechtspraak.

85. Verder blijkt niet uit de dossierstukken dat dit verschil kan worden verklaard door een objectief verschil tussen deze situaties, en de Portugese Republiek heeft bij het Hof overigens ook geenszins betoogd dat dit het geval is.

86. Wat ten eerste de doelstelling betreft om een evenwichtige verdeling van de heffingsbevoegdheid tussen de lidstaten te verzekeren dient, gelet op hetgeen is overwogen in punt 59 van dit arrest, te worden geconstateerd dat artikel 38, lid 1, onder a), van de CIRS verder gaat dan noodzakelijk is ter bereiking van het nagestreefde doel aangezien er maatregelen bestaan die minder ingrijpen in de vrijheid van vestiging dan een onmiddellijke belastingheffing.

88. Gelet hierop kan de uit artikel 38, lid 1, onder a), van de CIRS voortvloeiende beperking van de vrijheid van vestiging niet worden gerechtvaardigd door de noodzaak om de verdeling van de heffingsbevoegdheid tussen de lidstaten te handhaven.

89. Wat ten tweede de rechtvaardigingsgrond betreft die is ontleend aan de noodzaak om de economische continuïteit te waarborgen, voert de Portugese Republiek de noodzaak aan om het belastinguitstel afhankelijk te stellen van bepaalde boekhoudkundige eisen waaraan de ontvangende vennootschap met betrekking tot de overgedragen vermogensbestanddelen moet voldoen. Volgens deze lidstaat kan de naleving van deze eisen bij gebreke van harmoniseringsmaatregelen niet worden verzekerd bij vennootschappen die hun statutaire of werkelijke zetel op het grondgebied van een ander land hebben, aangezien de bevoegdheid ten aanzien van die vennootschappen niet toekomt aan de Portugese Republiek, maar aan het land waar de zetel zich bevindt.

90. In dit verband verdient opmerking dat de eis dat een ontvangende vennootschap haar statutaire en werkelijke zetel op het Portugese grondgebied heeft, er dus uiteindelijk toe strekt te waarborgen dat Portugal de betrokken meerwaarde daadwerkelijk kan belasten. Zoals is opgemerkt in de punten 87 en 88 van dit arrest, kan deze doelstelling evenwel geen verschil in behandeling van natuurlijke personen rechtvaardigen al naargelang zij het gehele betrokken vermogen overdragen aan een vennootschap die haar statutaire en werkelijke zetel heeft op het grondgebied van de Portugese Republiek of aan een vennootschap die haar statutaire of werkelijke zetel op het grondgebied van een ander land heeft, aangezien die doelstelling kan worden bereikt zonder dat het nodig is een onderscheid te maken tussen een zuiver interne situatie en een grensoverschrijdende situatie. Om de in die punten aangegeven redenen is de uit artikel 38, lid 1, onder a), van de CIRS voortvloeiende beperking van de vrijheid van vestiging dus onevenredig in verhouding tot die doelstelling.

91. Gelet hierop moet worden vastgesteld dat artikel 38, lid 1, onder a), van de CIRS een door artikel 49 VWEU verboden beperking vormt, en dat de grief van de Commissie dat de betrokken lidstaat de krachtens dit artikel van het VWEU op hem rustende verplichtingen niet is nagekomen, gegrond is.

ii. Grief inzake schending van artikel 31 van de EER-Overeenkomst

92. De Portugese Republiek heeft geen redenen aangedragen waarom de overwegingen in verband met het ontbreken van een rechtvaardigingsgrond voor de beperkingen van de uitoefening van de door het Verdrag gewaarborgde vrijheid van vestiging – waarop de constateringen in de punten 87 tot en met 90 van dit arrest berusten – niet op gelijke wijze zouden kunnen gelden voor de door de EER-Overeenkomst gewaarborgde vrijheid van vestiging.

93. Gelet hierop moet worden vastgesteld dat artikel 38, lid 1, onder a), van de CIRS een door artikel 31 van de EER-Overeenkomst verboden beperking vormt, en dat de grief van de Commissie dat de betrokken lidstaat de krachtens dit artikel van de EER-Overeenkomst op hem rustende verplichtingen niet is nagekomen, gegrond is.

94. Gelet op een en ander moet worden vastgesteld dat de Portugese Republiek:

– de verplichtingen die op haar rusten krachtens de artikelen 21, 45 en 49 VWEU en de artikelen 28 en 31 van de EER-Overeenkomst niet is nagekomen door artikel 10, lid 9, onder a), van de CIRS aan te nemen en te handhaven, op grond waarvan in geval van een belastingplichtige die de hoedanigheid van Portugees ingezetene verliest, voor de belastingheffing over het jaar waarin hij het Portugese grondgebied heeft verlaten, als meerwaarde moet worden meegerekend het bedrag dat ingevolge artikel 10, lid 8, van die wet ten tijde van de aandelenruil niet is belast, en

– de verplichtingen die op haar rusten krachtens artikel 49 VWEU en artikel 31 van de EER-Overeenkomst niet is nagekomen door artikel 38, lid 1, onder a), van de genoemde wet aan te nemen en te handhaven, op grond waarvan het in die bepaling vervatte belastinguitstel is voorbehouden aan natuurlijke personen die het gehele vermogen dat met een op individuele basis uitgeoefende bedrijfs- of beroepsactiviteit is verbonden, overdragen aan een vennootschap die haar statutaire en werkelijke zetel op het Portugese grondgebied heeft.

Kosten

95. …

96. …

97. …

Het Hof (Vierde kamer)

verklaart:

1. De Portugese Republiek is de verplichtingen die op haar rusten krachtens de artikelen 21, 45 en 49 VWEU en de artikelen 28 en 31 van de Overeenkomst betreffende de Europese Economische Ruimte van 2 mei 1992 niet nagekomen door artikel 10, lid 9, onder a), van de Código do Imposto sobre o Rendimento das Pessoas Singulares (Portugese wet inkomstenbelasting natuurlijke personen) aan te nemen en te handhaven, op grond waarvan in geval van een belastingplichtige die de hoedanigheid van Portugees ingezetene verliest, voor de belastingheffing over het jaar waarin hij het Portugese grondgebied heeft verlaten, als meerwaarde moet wor-

den meegerekend het bedrag dat ingevolge artikel 10, lid 8, van die wet ten tijde van de aandelenruil niet is belast.

2. De Portugese Republiek is de verplichtingen die op haar rusten krachtens artikel 49 VWEU en artikel 31 van de Overeenkomst betreffende de Europese Economische Ruimte niet nagekomen door artikel 38, lid 1, onder a), van de genoemde wet aan te nemen en te handhaven, op grond waarvan het in die bepaling vervatte belastinguitstel is voorbehouden aan natuurlijke personen die het gehele vermogen dat met een op individuele basis uitgeoefende bedrijfs- of beroepsactiviteit is verbonden, overdragen aan een vennootschap die haar statutaire en werkelijke zetel op het Portugese grondgebied heeft.

3. De Portugese Republiek draagt naast haar eigen kosten ook die van de Europese Commissie.

4. De Bondsrepubliek Duitsland draagt haar eigen kosten.

MPHvJ EU 21 december 2016, zaak C-593/14 (Masco Denmark ApS, Damixa ApS v. Skatteministeriet)

Vierde kamer: *T. von Danwitz, kamerpresident, E. Juhász, C. Vajda (rapporteur), K. Jürimäe en C. Lycourgos, rechters*
Advocaat-generaal: *J. Kokott*

1. Het verzoek om een prejudiciële beslissing betreft de uitlegging van de artikelen 49 en 54 VWEU.

2. Dit verzoek is ingediend in het kader van een geding tussen Masco Denmark ApS en Damixa ApS, enerzijds, en Skatteministeriet (ministerie van Financiën, Denemarken), anderzijds, over de beslissing van de nationale belastingautoriteiten om in de belastbare winst van een in Denemarken gevestigde kredietverstrekkende moedermaatschappij de rente op te nemen die is betaald door een in Duitsland gevestigde kredietnemende dochtermaatschappij en uit hoofde van de Duitse wetgeving inzake onderkapitalisatie niet kan worden afgetrokken van de belastbare winst van die dochtermaatschappij.

Toepasselijke bepalingen

Deens recht

3. Krachtens § 4, onder e), van de Lov om Indkomst- og Formueskat til Staten (wet inkomenstenbelasting) is een Deense vennootschap in beginsel belasting verschuldigd over inkomsten uit rente.

4. Krachtens § 6, onder e), van deze wet genieten Deense vennootschappen een algemeen recht van aftrek van rentelasten.

5. Volgens § 11 van de Lov om indkomstbeskatning af aktieselskaber m.v. (wet op de vennootschapsbelasting; hierna: 'SEL') is het recht van vennootschappen op aftrek van rentelasten echter beperkt in geval van onderkapitalisatie. §11, lid 1, zoals van toepassing ten tijde van de boekjaren die in het hoofdgeding aan de orde zijn, bepaalde:

> 'Indien een vennootschap of groep
> 1. valt onder § 1, lid 1, punten 1 tot en met 2 a, 2 d tot en met g, en 3 a tot en met 5 b [dat wil zeggen voor de belastingheffing in Denemarken gevestigd is];
> 2. een schuld heeft bij een rechtspersoon in de zin van § 2, lid 1, van de [lov om påligningen af indkomstskat til staten ou ligningsloven (wet tot vaststelling van de heffingsgrondslag)] [dat wil zeggen een schuld aan de vennoten of vennootschappen van dezelfde groep; hierna: 'gecontroleerde schuld'] en
> 3. de ratio schuld-eigen vermogen van deze vennootschap of groep aan het einde van het belastingjaar hoger is dan 4:1,
>
> kunnen de rentelasten en koersverliezen voor het meerdere van de gecontroleerde schuld niet worden afgetrokken. [...] Leningen van derden waarvoor de controlerende vennoten of de vennootschappen van dezelfde groep direct of indirect zekerheid hebben gesteld, worden beschouwd als gecontroleerde schuld. De aftrekbeperking is niet van toepassing indien de vennootschap of de groep aantoont dat gelijkwaardige financieringsvoorwaarden tussen onafhankelijke partijen kunnen worden verkregen. De aftrek is enkel uitgesloten indien de gecontroleerde schuld meer dan 10 miljoen [Deense kroon (DKK) (ongeveer 1 344 528 EUR)] bedraagt. De aftrek is enkel uitgesloten voor dat deel van de gecontroleerde schuld dat in eigen vermogen moet worden omgezet om te bewerkstelligen dat de ratio schuld-eigen vermogen aan het einde van het belastingjaar 4:1 bedraagt.'

6. De onderkapitalisatieregeling is ingevoerd bij wet nr. 432 van 26 juni 1998, krachtens welke zij alleen van toepassing was indien de schuldeiser voor de belastingheffing niet in Denemarken gevestigd was. Bij wet nr. 221 van 31 maart 2004 (hierna: 'wet tot wijziging van de SEL') zijn de bepalingen van § 11 van de SEL gewijzigd in die zin dat de regeling sindsdien ook van toepassing is in situaties waarin zowel de schuldenaar als de schuldeiser voor de belastingheffing in Denemarken gevestigd is.

7. Bij die gelegenheid is § 11, lid 6, van de SEL ingevoegd. Deze bepaling luidt als volgt:

> 'Rente-inkomsten en koerswinsten worden niet meegerekend bij de vaststelling van het belastbaar inkomen van de belastingplichtige [belastingplichtige vennootschappen en belastingplichtige vaste inrichtingen van buitenlandse vennootschappen] wanneer de debiteur krachtens lid 1 geen recht heeft op aftrek voor het overeenkomstige bedrag [...].'

8. Uit de voorbereidende werkzaamheden van de wet tot wijziging van de SEL blijkt dat, '[n]u het bereik van de aftrekbeperking is uitgebreid tot Deense vennootschappen, wordt voorgesteld in Denemarken belastingplichtige vennootschappen als tegenwicht daarvoor vrij te stellen van belasting over de rente die kredietnemers volgens de nieuwe regeling niet mogen aftrekken, op dezelfde wijze als Denemarken vennootschappen in andere EU-lidstaten over die rente niet belast'.

Duits recht

9. De in de belastingjaren 2005 en 2006 geldende Duitse onderkapitalisatieregeling is te vinden in § 8a van het Körperschaftsteuergesetz (wet op de vennootschapsbelasting). Volgens deze bepaling is sprake van onderkapitalisatie van een vennootschap wanneer haar schuld meer dan anderhalf keer zo hoog is als het eigen vermogen. In dat geval mogen geen rentelasten worden afgetrokken, tenzij de vennootschap aantoont dat de leningen onder gelijkwaardige voorwaarden van derden konden worden verkregen.

Hoofdgeding en prejudiciële vraag

10. Damixa is een Deense onderneming die kranen vervaardigt en verkoopt. In de loop van de belastingjaren 2005 en 2006, toen zij een dochteronderneming van Masco Denmark was, was zij actief op de Duitse markt via haar in Duitsland gevestigde volle dochteronderneming Damixa Armaturen.

11. Na een aantal jaren waarin zij aanzienlijk verlies leed, is Damixa Armaturen in de belastingjaren 2005 en 2006 in financiële moeilijkheden gekomen. Op 31 december 2005 bedroeg haar tekort in totaal 28 miljoen EUR, wat resulteerde in een negatief eigen vermogen van 22,8 miljoen EUR. Op 31 december 2006 bedroeg het tekort van deze dochteronderneming in totaal 30,9 miljoen EUR en beliep het negatief eigen vermogen 25,8 miljoen EUR.

12. Het verlies van Damixa Armaturen werd hoofdzakelijk gefinancierd door leningen verstrekt door Damixa. De schuld van Damixa Armaturen aan Damixa bedroeg aan het einde van de belastingjaren 2005 en 2006 respectievelijk 24,8 miljoen EUR en 27,7 miljoen EUR.

13. Damixa heeft de leningen verstrekt tegen de discontovoet plus 0,5 %. In de belastingjaren 2005 en 2006 werd derhalve rente ten belope van 3 935 980 DKK (ongeveer 529 203 EUR) respectievelijk 5 648 765 DKK (ongeveer 759 492 EUR) aangerekend.

14. Damixa Armaturen heeft de betrokken rente niet afgetrokken van haar fiscaal resultaat in Duitsland, daar deze rentelasten krachtens de Duitse regeling tot beperking van de renteaftrek bij onderkapitalisatie niet-aftrekbare dividendbetalingen vormden.

15. In haar belastingaangifte heeft Damixa deze inkomsten uit rente niet onder de belastbare resultaten vermeld, daar de Deense regeling inzake belasting op renteopbrengsten haars inziens in strijd was met het Unierecht.

16. Bij besluit van 1 april 2008 hebben de Deense belastingautoriteiten overwogen dat de renteopbrengsten uit de leningen die Damixa in 2005 en 2006 aan Damixa Armaturen had verstrekt, moesten worden opgenomen onder de belastbare winst van Damixa.

17. Dit besluit is betwist bij de Landsskatteret (hoogste bestuurlijke instantie voor fiscale aangelegenheden, Denemarken), die het bezwaar bij beslissing van 16 december 2011 heeft verworpen.

18. Op 15 maart 2012 hebben Masco Denmark en Damixa bij de Ret i Odense (rechter in eerste aanleg Odense, Denemarken) beroep ingesteld tegen deze afwijzing. Vervolgens hebben zij tegen het vonnis van deze rechter tot verwerping van dat beroep hogere voorziening ingesteld bij de Vestre Landsret (regionale rechter voor het Westen van Denemarken).

19. Voor de verwijzende rechter hebben Masco Denmark en Damixa aangevoerd dat de litigieuze Deense regeling in strijd is met artikel 49 VWEU, gelezen in samenhang met artikel 54 VWEU, omdat zij niet verenigbaar is met de vrijheid van vestiging en deze onverenigbaarheid niet gerechtvaardigd is. In dat verband hebben zij uiteengezet dat de vrijstelling in § 11, lid 6, van de SEL enkel van toepassing is als de kredietnemende dochteronderneming in Denemarken is gevestigd.

20. Dit standpunt wordt bestreden door het ministerie van Financiën, dat stelt dat de regeling die in het hoofdgeding aan de orde is, verenigbaar is met de bepalingen van het Unierecht. Volgens dit ministerie is het de toepassing van de Duitse belastingregeling die ertoe heeft geleid dat Damixa Armaturen de rentelasten niet heeft kunnen aftrekken van haar fiscaal resultaat. Daarnaast meent het dat het fiscaal nadeel dat in het hoofdgeding aan de orde is, het gevolg is van de omstandigheid dat het Koninkrijk Denemarken en de Bondsrepubliek Duitsland hun heffingsbevoegdheden parallel hebben uitgeoefend.

21. Daarop heeft de Vestre Landsret de behandeling van de zaak geschorst en het Hof de volgende prejudiciële vraag gesteld.

> 'Staat artikel 43 EG juncto artikel 48 EG (thans de artikelen 49 en 54 VWEU) eraan in de weg dat een lidstaat een ingezeten vennootschap geen belastingvrijstelling voor rente-inkomsten toestaat, wanneer een in een andere lidstaat gevestigde verbonden onderneming binnen dezelfde groep de overeenkomstige rentelasten als gevolg van de regeling (als in casu) in de relevante lidstaat inzake beperking van renteaftrek bij onderkapitalisatie niet mag aftrekken, terwijl de lidstaat een ingezeten vennootschap een belastingvrijstelling voor rente-inkomsten wel toestaat ingeval een verbonden onderneming binnen dezelfde groep in dezelfde lidstaat

de overeenkomstige rentelasten niet mag aftrekken als gevolg van de nationale regeling (als in casu) inzake de beperking van renteaftrek bij onderkapitalisatie?'

Beantwoording van de prejudiciële vraag

22. Met zijn vraag wenst de verwijzende rechter, zakelijk weergegeven, te vernemen of artikel 49 VWEU, gelezen in samenhang met artikel 54 VWEU, aldus moet worden uitgelegd dat het zich verzet tegen een wettelijke regeling van een lidstaat, zoals in het hoofdgeding aan de orde, die een ingezeten vennootschap belastingvrijstelling toekent voor de door een ingezeten dochteronderneming betaalde rente voor zover deze dochteronderneming de overeenkomstige rentelasten niet heeft kunnen aftrekken als gevolg van de regeling die het recht op aftrek van betaalde rente in geval van onderkapitalisatie beperkt, maar die vrijstelling uitsluit indien de dochteronderneming in een andere lidstaat is gevestigd.

23. Er zij aan herinnerd dat de vrijheid van vestiging, die in artikel 49 VWEU aan de Unieonderdanen wordt toegekend, overeenkomstig artikel 54 VWEU voor de vennootschappen die in overeenstemming met de wetgeving van een lidstaat zijn opgericht en die hun statutaire zetel, hun hoofdbestuur of hun hoofdvestiging binnen de Unie hebben, het recht meebrengt om in een andere lidstaat hun bedrijfsactiviteit uit te oefenen door middel van een dochteronderneming, een filiaal of een agentschap (zie in die zin arrest van 21 februari 2013, A, C-123/11, EU:C:2013:84, punt 30 en aldaar aangehaalde rechtspraak).

24. Hoewel de bepalingen van het VWEU inzake de vrijheid van vestiging het voordeel van de nationale behandeling in de lidstaat van ontvangst beogen te garanderen, verbieden zij ook dat de lidstaat van oorsprong de vestiging in een andere lidstaat van een naar zijn recht opgerichte vennootschap, in het bijzonder via een dochteronderneming, belemmert (zie in die zin arrest van 17 december 2015, Timac Agro Deutschland, C-388/14, EU:C:2015:829, punt 21 en aldaar aangehaalde rechtspraak).

25. De vrijheid van vestiging wordt belemmerd indien een ingezeten vennootschap met een dochteronderneming in een andere lidstaat door de belastingregeling van de lidstaat van vestiging vanuit fiscaal oogpunt ongunstiger wordt behandeld dan een ingezeten vennootschap met een dochteronderneming in dezelfde lidstaat (zie in die zin arrest van 17 december 2015, Timac Agro Deutschland, C-388/14, EU:C:2015:829, punt 22 en aldaar aangehaalde rechtspraak).

26. In casu moet worden vastgesteld dat een belastingvrijstelling zoals in het hoofdgeding aan de orde, die door de nationale wettelijke regeling wordt toegekend aan een ingezeten vennootschap voor de door een ingezeten dochteronderneming betaalde rente voor zover deze dochteronderneming de overeenkomstige rentelasten niet heeft kunnen aftrekken als gevolg van de nationale regeling die het recht op aftrek van betaalde rente beperkt in geval van onderkapitalisatie, een belastingvoordeel vormt.

27. Wanneer een ingezeten moedervennootschap niet voor dit voordeel in aanmerking komt met betrekking tot rente die haar wordt betaald door een dochteronderneming die is gevestigd in een andere lidstaat voor zover die rente uit hoofde van de wetgeving van die lidstaat inzake onderkapitalisatie niet kan worden afgetrokken van de belastbare winst van deze dochteronderneming, kan het voor de moedervennootschap minder aantrekkelijk worden om haar vrijheid van vestiging uit te oefenen doordat zij ervan wordt weerhouden dochterondernemingen in andere lidstaten op te richten.

28. Een dergelijk verschil in behandeling – dat in het hoofdgeding enkel volgt uit de Deense regels – is slechts toelaatbaar indien het betrekking heeft op situaties die niet objectief vergelijkbaar zijn of als het wordt gerechtvaardigd door een dwingende reden van algemeen belang (arrest van 6 oktober 2015, Finanzamt Linz, C-66/14, EU:C:2015:661, punt 30 en aldaar aangehaalde rechtspraak).

29. In de eerste plaats moet worden bepaald of de betrokken situaties objectief vergelijkbaar zijn. Daartoe moet eraan worden herinnerd dat de vergelijkbaarheid van een grensoverschrijdende situatie met een interne situatie moet worden onderzocht op basis van het door de betrokken nationale bepalingen nagestreefde doel (arrest van 6 oktober 2015, Finanzamt Linz, C-66/14, EU:C:2015:661, punt 31 en aldaar aangehaalde rechtspraak).

30. Uit de voorbereidende werkzaamheden van de wet tot wijziging van de SEL, die in punt 8 van dit arrest zijn aangehaald, blijkt dat de belastingvrijstelling die in het hoofdgeding aan de orde is, is ingevoerd om te voorkomen dat in Denemarken gevestigde moedermaatschappijen worden belast voor rente die zij ontvangen van dochterondernemingen uit hoofde van leningen die zij aan hen hebben verstrekt, terwijl deze dochterondernemingen de overeenkomstige rentelasten niet of slechts gedeeltelijk kunnen aftrekken als gevolg van de regeling die het recht op aftrek van betaalde rente in geval van onderkapitalisatie beperkt.

31. Dientengevolge moet worden vastgesteld dat de situatie van een ingezeten moedermaatschappij die een lening heeft verstrekt aan een ingezeten dochteronderneming waarop de regeling voor onderkapitalisatie van toepassing is, in het licht van deze doelstelling objectief vergelijkbaar is met de situatie van een ingezeten moedermaatschappij die een lening heeft verstrekt aan een niet-ingezeten dochteronderneming waarop een dergelijke regeling van toepassing is in de lidstaat waar zij voor de belastingheffing gevestigd is. In beide situaties is het

immers mogelijk dat de rente-inkomsten van de moedermaatschappij economisch dubbel worden belast of opeenvolgend worden belast, wat met de regeling die in het hoofdgeding aan de orde is, moet worden voorkomen.

32. In de tweede plaats moet worden onderzocht of een dergelijk verschil in behandeling wordt gerechtvaardigd door een dwingende reden van algemeen belang.

33. Een dergelijk verschil is slechts gerechtvaardigd wanneer het geschikt is om de nagestreefde doelstelling te verwezenlijken en niet verder gaat dan noodzakelijk is voor de verwezenlijking van dat doel (arrest van 25 februari 2010, X Holding, C-337/08, EU:C:2010:89, punt 26 en aldaar aangehaalde rechtspraak).

34. Het Koninkrijk Denemarken stelt dat het verschil in behandeling in het hoofdgeding wordt gerechtvaardigd door de noodzaak om de evenwichtige verdeling van de heffingsbevoegdheid tussen de lidstaten te behouden en door het voorkomen van belastingontwijking.

35. De noodzaak om een evenwichtige verdeling van de heffingsbevoegdheid tussen de lidstaten te handhaven kan als rechtvaardigingsgrond voor een verschil in behandeling worden aanvaard wanneer de onderzochte regeling ertoe strekt gedragingen te voorkomen die afbreuk kunnen doen aan het recht van een lidstaat om zijn belastingbevoegdheid uit te oefenen met betrekking tot activiteiten die op zijn grondgebied plaatsvinden (arrest van 21 februari 2013, A, C-123/11, EU: C:2013:84, punt 41 en aldaar aangehaalde rechtspraak).

36. Zo kan het met het oog op de handhaving van de verdeling van de heffingsbevoegdheid tussen de lidstaten noodzakelijk zijn op de bedrijfsactiviteiten van de in een van deze lidstaten gevestigde vennootschappen zowel ter zake van winst als ter zake van verlies uitsluitend de fiscale regels van die lidstaat toe te passen (arrest van 21 februari 2013, A, C-123/ 11, EU:C:2013:84, punt 42 en aldaar aangehaalde rechtspraak).

37. Indien een vennootschap de mogelijkheid zou worden geboden te opteren voor verrekening van haar verlies in de lidstaat waar zij gevestigd is dan wel in een andere lidstaat, zou een evenwichtige verdeling van de heffingsbevoegdheid tussen de lidstaten immers groot gevaar lopen, aangezien de belastinggrondslag in beide staten zou worden gewijzigd ten belope van het bedrag van de overgedragen verliezen (arrest van 21 februari 2013, A, C-123/11, EU:C:2013:84, punt 43).

38. In casu moet worden vastgesteld dat een regeling van een lidstaat als in het hoofdgeding aan de orde, die enkel door een ingezeten dochteronderneming betaalde rente vrijstelt, ertoe kan dienen een evenwichtige verdeling van de heffingsbevoegdheid tussen de betrokken lidstaten te handhaven. Als een ingezeten vennootschap die een lening heeft verstrekt aan een in een andere lidstaat gevestigde dochteronderneming, wordt vrijgesteld van de belasting voor het gehele bedrag aan rente dat door deze dochteronderneming is betaald en dat deze dochteronderneming als gevolg van de regeling inzake onderkapitalisatie van die andere lidstaat niet heeft kunnen aftrekken, hangt het immers – naargelang de keuze van de met elkaar verbonden vennootschappen – van de regels voor onderkapitalisatie die in de lidstaat van vestiging van de dochterondernemingen gelden af of de lidstaat waar de moedermaatschappij is gevestigd, moet afzien van zijn recht om belasting te heffen over de door de moedermaatschappij ontvangen rente, wat met de nationale regeling die in het hoofdgeding aan de orde is, moet worden vermeden.

39. Niettemin gaat een wettelijke regeling als in het hoofdgeding aan de orde verder dan nodig is om dat doel te bereiken.

40. Het is stellig zo dat de vrijheid van vestiging niet aldus kan worden begrepen dat een lidstaat verplicht is zijn belastingregeling af te stemmen op die van een andere lidstaat teneinde te waarborgen dat in alle situaties de belasting aldus wordt geheven dat alle verschillen als gevolg van de nationale belastingregelingen verdwijnen, aangezien de beslissingen van een vennootschap betreffende de oprichting van een commerciële structuur in het buitenland naargelang van het geval meer of minder voordelig of nadelig voor deze vennootschap kunnen uitvallen (arrest van 23 oktober 2008, Krankenheim Ruhesitz am Wannsee-Seniorenheimstatt, C-157/07, EU:C:2008:588, punt 50 en aldaar aangehaalde rechtspraak).

41. Zo mag artikel 49 VWEU, gelezen in samenhang met artikel 54 VWEU, in een context als in het hoofdgeding niet tot gevolg hebben dat de lidstaat van vestiging van een moedermaatschappij die een lening heeft verstrekt aan een in een andere lidstaat gevestigde dochteronderneming, wordt verplicht verder te gaan dan deze moedermaatschappij vrij te stellen voor het bedrag aan rentelasten dat door de dochteronderneming niet zou kunnen worden afgetrokken als de regels inzake onderkapitalisatie van de eerste lidstaat werden toegepast. Deze artikelen mogen dus niet tot gevolg hebben dat de lidstaat van vestiging van deze moedermaatschappij verplicht wordt om haar vrij te stellen voor een hoger bedrag dat zijn oorsprong vindt in het belastingstelsel van een andere lidstaat, omdat anders de fiscale autonomie van de eerste lidstaat zou worden beperkt door de uitoefening, door de andere lidstaat, van zijn bevoegdheid tot belastingheffing (zie naar analogie arrest van 30 juni 2011, Meilicke e.a., C-262/09, EU:C:2011:438, punt 33 en aldaar aangehaalde rechtspraak).

42. Niettemin moet worden onderstreept dat een lidstaat die een stelsel ter voorkoming of vermindering van opeenvolgende belastingheffingen of dubbele economische belasting van door ingezeten vennootschappen aan ingezetenen uitgekeerd dividend kent, door niet-ingezeten vennootschappen aan ingezetenen uitgekeerd divi-

dend op soortgelijke wijze moet behandelen (arrest van 30 juni 2011, Meilicke e.a., C-262/09, EU:C:2011:438, punt 29 en aldaar aangehaalde rechtspraak).

43. In een context als in het hoofdgeding, die betrekking heeft op een moedermaatschappij in een lidstaat waarvan de dochteronderneming is gevestigd in een andere lidstaat met strengere regels voor onderkapitalisatie, zou geen afbreuk worden gedaan aan de evenwichtige verdeling van de heffingsbevoegdheid en zou de vrijheid van vestiging minder worden beperkt dan onder de regeling die in het hoofdgeding aan de orde is indien de lidstaat van vestiging van de moedermaatschappij haar belastingvrijstelling zou verlenen voor de door de dochteronderneming betaalde rente tot het bedrag dat zij krachtens de in de lidstaat van vestiging van de moedermaatschappij geldende regels voor onderkapitalisatie niet zou kunnen aftrekken (zie naar analogie arresten van 12 december 2006, Test Claimants in the FII Group Litigation, C-446/04, EU:C:2006:774, punt 52, en 30 juni 2011, Meilicke e.a., C-262/09, EU:C:2011:438, punt 32).

44. Met betrekking tot de doelstelling van het voorkomen van belastingontwijking moet worden opgemerkt dat een betoog op basis van die rechtvaardigingsgrond slechts kan slagen indien een maatregel specifiek tot doel heeft te verhinderen dat volstrekt kunstmatige constructies worden opgezet die geen verband houden met de economische realiteit en bedoeld zijn om de belasting te ontduiken die normaliter verschuldigd is over winsten uit activiteiten op het nationale grondgebied (zie in die zin arrest van 17 december 2015, Timac Agro Deutschland, C-388/14, EU:C:2015:829, punt 42 en aldaar aangehaalde rechtspraak).

45. In dat verband moet worden vastgesteld dat de in het hoofdgeding omstreden wettelijke regeling niet specifiek tot doel heeft volstrekt kunstmatige constructies die bedoeld zijn om de Deense belastingwetgeving te omzeilen, van een belastingvoordeel uit te sluiten, maar in het algemeen elke ingezeten vennootschap van de kring van begunstigden uitsluit die, om welke reden dan ook, een lening heeft verstrekt aan een ondergekapitaliseerde dochteronderneming gevestigd in een andere lidstaat (zie naar analogie arrest van 12 december 2002, Lankhorst-Hohorst, C-324/00, EU:C:2002:749, punt 37 en aldaar aangehaalde rechtspraak).

46. Voorts lijkt uit het dossier waarover het Hof beschikt, naar voren te komen dat de door Damixa verstrekte leningen tot doel hadden een wezenlijk deel van de verliezen van Damixa Armaturen te dekken, dat in de betrokken periode in grote financiële problemen verkeerde, en dus niet a priori de kenmerken vertoonden van een volstrekt kunstmatige constructie die alleen is opgezet voor belastingdoeleinden.

47. Onder deze omstandigheden moet op de gestelde vraag worden geantwoord dat artikel 49 VWEU, gelezen in samenhang met artikel 54 VWEU, aldus moet worden uitgelegd dat het zich verzet tegen een wettelijke regeling van een lidstaat, zoals in het hoofdgeding aan de orde, die een ingezeten vennootschap een belastingvrijstelling toekent voor de door een ingezeten dochteronderneming betaalde rente voor zover deze dochteronderneming de overeenkomstige rentelasten niet heeft kunnen aftrekken als gevolg van de regeling die het recht op aftrek van betaalde rente in geval van onderkapitalisatie beperkt, maar de vrijstelling die zou volgen uit de toepassing van zijn eigen wettelijke regeling inzake onderkapitalisatie uitsluit indien de dochteronderneming is gevestigd in een andere lidstaat.

Kosten

48. …

Het Hof (Vierde kamer)

verklaart voor recht:

Artikel 49 VWEU, gelezen in samenhang met artikel 54 VWEU, moet aldus worden uitgelegd dat het zich verzet tegen een wettelijke regeling van een lidstaat, zoals in het hoofdgeding aan de orde, die een ingezeten vennootschap een belastingvrijstelling toekent voor de door een ingezeten dochteronderneming betaalde rente voor zover deze dochteronderneming de overeenkomstige rentelasten niet heeft kunnen aftrekken als gevolg van de regeling die het recht op aftrek van betaalde rente in geval van onderkapitalisatie beperkt, maar de vrijstelling die zou volgen uit de toepassing van zijn eigen wettelijke regeling inzake onderkapitalisatie uitsluit indien de dochteronderneming is gevestigd in een andere lidstaat.

HvJ EU 21 december 2016, gevoegde zaken C-20/15 P en C-21/15 P (Europese Commissie v. World Duty Free Group SA [C-20/15 P], Banco Santander SA [C-21/15 P], Santusa Holding SL [C-21/15 P])

Grote kamer: *K. Lenaerts, president, A. Tizzano, vicepresident, R. Silva de Lapuerta, T. von Danwitz, J. L. da Cruz Vilaça, E. Juhász, A. Prechal (rapporteur), kamerpresidenten, A. Borg Barthet, J. Malenovský, E. Jarašiūnas, F. Biltgen, K. Jürimäe en C. Lycourgos, rechters*

Advocaat-Generaal: *M. Wathelet*

1. Met haar hogere voorziening in zaak C-20/15 P verzoekt de Europese Commissie om vernietiging van het arrest van het Gerecht van de Europese Unie van 7 november 2014, Autogrill España/Commissie (T-219/10, EU:T:2014:939; hierna: „bestreden arrest Autogrill España/Commissie"), houdende nietigverklaring van artikel 1, lid 1, en artikel 4 van beschikking 2011/5/EG van de Commissie van 28 oktober 2009 inzake de belastingafschrijving van de financiële goodwill voor de verwerving van deelnemingen in buitenlandse ondernemingen C 45/07 (ex NN 51/07, ex CP 9/07) die door Spanje is toegepast (PB 2011, L 7, blz. 48; hierna: „litigieuze beschikking").

2. Met haar hogere voorziening in zaak C-21/15 P verzoekt de Commissie om vernietiging van het arrest van het Gerecht van 7 november 2014, Banco Santander en Santusa/Commissie (T-399/11, EU:T:2014:938; hierna: „bestreden arrest Banco Santander en Santusa/Commissie"), houdende nietigverklaring van artikel 1, lid 1, en artikel 4 van besluit 2011/282/EU van de Commissie van 12 januari 2011 inzake de fiscale afschrijving van financiële goodwill voor de verwerving van deelnemingen in buitenlandse ondernemingen C 45/07 (ex NN 51/07, ex CP 9/07) die door Spanje is toegepast (PB 2011, L 135, blz. 1; hierna: „litigieus besluit").

Voorgeschiedenis van de gedingen

3. De voorgeschiedenis van de gedingen zoals die uit de bestreden arresten blijkt, kan worden samengevat als volgt.

4. Op 10 oktober 2007 heeft de Commissie, na verschillende schriftelijke vragen van leden van het Europees Parlement in 2005 en 2006 en een klacht van een particuliere marktdeelnemer die zij had ontvangen in 2007, besloten de formele onderzoeksprocedure in te leiden met betrekking tot de regeling die is vervat in artikel 12, lid 5, ingevoegd in de Spaanse wet op de vennootschapsbelasting bij Ley 24/2001, de Medidas Fiscales, Administrativas y del Orden Social (wet 24/2001 houdende vaststelling van fiscale, bestuursrechtelijke en sociale maatregelen) van 27 december 2001 (BOE nr. 313 van 31 december 2001, blz. 50493), en overgenomen in Real Decreto Legislativo 4/2004, por el que se aprueba el texto refundido de la Ley del Impuesto sobre Sociedades (koninklijk besluit met kracht van wet 4/2004 houdende goedkeuring van de herziene tekst van de wet op de vennootschapsbelasting) van 5 maart 2004 (BOE nr. 61 van 11 maart 2004, blz. 10951) (hierna: „omstreden maatregel").

5. De omstreden maatregel bepaalt dat een in Spanje belastingplichtige onderneming die een deelneming verwerft in een „buitenlandse onderneming", de goodwill die daaruit voortvloeit – die in haar boekhouding moet worden opgenomen als een afzonderlijk immaterieel actief – door afschrijving in mindering kan brengen op de heffingsgrondslag van de door haar verschuldigde vennootschapsbelasting, voor zover die deelneming ten minste 5 % bedraagt en gedurende een ononderbroken periode van ten minste één jaar in haar bezit blijft. De omstreden maatregel preciseert dat een onderneming, om als „buitenlandse onderneming" te worden gekwalificeerd, onderworpen moet zijn aan eenzelfde belasting als die welke in Spanje geldt en haar inkomsten hoofdzakelijk uit bedrijfsactiviteiten in het buitenland moet halen.

6. In de punten 10 tot en met 13 van het bestreden arrest Autogrill España/Commissie, die overeenkomen met de punten 15 tot en met 18 van het bestreden arrest Banco Santander en Santusa/Commissie, zet het Gerecht het volgende uiteen:

> „10. Blijkens de [litigieuze] beschikking wordt in het Spaanse recht onder een bedrijfscombinatie een operatie verstaan waarbij een of meer ondernemingen, op het moment waarop zij worden ontbonden zonder in liquidatie te zijn gegaan, al hun activa en passiva overdragen aan een andere reeds bestaande onderneming of aan een onderneming die zij vormen, in ruil voor de uitgifte aan hun aandeelhouders van effecten die het kapitaal van die andere onderneming vertegenwoordigen (overweging 23 van de [litigieuze] beschikking[, overeenkomend met overweging 32 van het litigieuze besluit]).
>
> 11. Een verwerving van een deelneming wordt in de [litigieuze] beschikking omschreven als een operatie waarbij een onderneming aandelen in het kapitaal van een andere onderneming verwerft, zonder daarbij de

meerderheid of de controle van de stemrechten van de doelonderneming te verwerven (overweging 23 van de [litigieuze] beschikking[, overeenkomend met overweging 32 van het litigieuze besluit]).
12. Voorts vermeldt de [litigieuze] beschikking dat de financiële goodwill overeenkomstig de kwestieuze maatregel wordt bepaald door de marktwaarde van de materiële en immateriële activa van de doelonderneming van de voor de deelneming betaalde koopprijs af te trekken. Tevens wordt uiteengezet dat het begrip 'financiële goodwill', zoals bedoeld in de kwestieuze maatregel, op het gebied van de verwerving van deelnemingen een begrip introduceert dat gewoonlijk bij de overdracht van activa of bij transacties op het gebied van bedrijfscombinaties wordt gebruikt (overweging 20 van de [litigieuze] beschikking[, gelijkluidend aan overweging 29 van het litigieuze besluit]).
13. Ten slotte moet erop worden gewezen dat een in Spanje belastingplichtige onderneming die een deelneming verwerft in een eveneens in Spanje gevestigde onderneming, naar Spaans belastingrecht de goodwill uit die verwerving niet afzonderlijk kan boeken voor fiscale doeleinden. Volgens datzelfde recht kan goodwill [alleen] worden afgeschreven na een bedrijfscombinatie (overweging 19 van de bestreden beschikking[, gelijkluidend aan overweging 28 van het litigieuze besluit])."

7. Bij de litigieuze beschikking heeft de Commissie de procedure afgesloten wat de verwerving van deelnemingen binnen de Europese Unie betreft.

8. In artikel 1, lid 1, van die beschikking heeft de Commissie verklaard dat de bij de omstreden maatregel ingevoerde regeling (hierna: „omstreden regeling"), waarbij aan ondernemingen die belastingplichtig zijn in Spanje een belastingvoordeel wordt toegekend dat erin bestaat dat zij de uit de verwerving van deelnemingen in buitenlandse ondernemingen resulterende goodwill kunnen afschrijven, onverenigbaar is met de gemeenschappelijke markt, voor zover zij betrekking heeft op de verwerving van deelnemingen in ondernemingen die binnen de Unie gevestigd zijn. In artikel 4 van die beschikking heeft zij het Koninkrijk Spanje gelast de uit hoofde van die regeling verleende steun terug te vorderen.

9. De Commissie heeft de procedure evenwel niet afgesloten wat de verwerving van deelnemingen buiten de Unie betreft, aangezien de Spaanse autoriteiten hadden toegezegd nieuwe gegevens te verschaffen over de hinderpalen voor grensoverschrijdende fusies buiten de Unie.

10. In het litigieuze besluit heeft de Commissie verklaard dat de omstreden regeling, waarbij aan ondernemingen die belastingplichtig zijn in Spanje een belastingvoordeel wordt toegekend dat erin bestaat dat zij de uit de verwerving van deelnemingen in buitenlandse ondernemingen resulterende goodwill kunnen afschrijven, onverenigbaar is met de interne markt, voor zover zij betrekking heeft op de verwerving van deelnemingen in ondernemingen die buiten de Unie gevestigd zijn (artikel 1, lid 1, van dat besluit). Zij heeft het Koninkrijk Spanje gelast de uit hoofde van die regeling verleende steun terug te vorderen (artikel 4 van dat besluit).

Procedures bij het Gerecht en bestreden arresten

11. Bij verzoekschrift, neergelegd ter griffie van het Gerecht op 14 mei 2010, heeft Autogrill España SA, thans World Duty Free Group SA (hierna: „WDFG"), beroep ingesteld tot nietigverklaring van artikel 1, lid 1, en artikel 4 van de litigieuze beschikking.

12. Ter ondersteuning van haar beroep, voor zover dat gericht is tegen artikel 1, lid 1, van die beschikking, heeft WDFG vier middelen aangevoerd, die betrekking hebben op: 1) de onjuiste toepassing van het recht door de Commissie wat de selectiviteitsvoorwaarde betreft; 2) het niet-selectieve karakter van de omstreden maatregel, aangezien de daarbij ingevoerde differentiatie voortvloeit uit de aard of de opzet van het stelsel waarvan hij deel uitmaakt; 3) het feit dat die maatregel geen voordeel verschaft aan de ondernemingen waarop de omstreden regeling van toepassing is, en 4) de gebrekkige motivering van die beschikking, zowel wat de selectiviteitsvoorwaarde als wat de voorwaarde inzake het bestaan van een voordeel betreft.

13. Bij verzoekschrift, neergelegd ter griffie van het Gerecht op 29 juli 2011, hebben Banco Santander SA en Santusa Holding SL (hierna: „Banco Santander en Santusa") beroep ingesteld tot nietigverklaring van artikel 1, lid 1, en artikel 4 van het litigieuze besluit.

14. Ter ondersteuning van hun beroep, voor zover dat gericht is tegen artikel 1, lid 1, van dat besluit, hebben Banco Santander en Santusa vijf middelen aangevoerd, die betrekking hebben op: 1) de onjuiste toepassing van het recht door de Commissie wat de selectiviteitsvoorwaarde betreft; 2) de onjuiste bepaling van het referentiestelsel; 3) het niet-selectieve karakter van de omstreden maatregel, aangezien de daarbij ingevoerde differentiatie voortvloeit uit de aard of de opzet van het stelsel waarvan hij deel uitmaakt; 4) het feit dat die maatregel geen voordeel verschaft aan de ondernemingen waarop de omstreden regeling van toepassing is, en 5) de gebrekkige

motivering van dat besluit, zowel wat de selectiviteitsvoorwaarde als wat de voorwaarde inzake het bestaan van een voordeel betreft.

15. Bij de bestreden arresten heeft het Gerecht op in wezen identieke gronden het eerste middel in beide beroepen – dat ziet op de onjuiste toepassing van artikel 107, lid 1, VWEU wat de selectiviteitsvoorwaarde betreft – aanvaard, en heeft het artikel 1, lid 1, en artikel 4 van de litigieuze beschikking en het litigieuze besluit (hierna samen: „litigieuze besluiten") bijgevolg nietig verklaard zonder de overige middelen nog te onderzoeken.

Conclusies van partijen en procedures bij het Hof

16. De Commissie verzoekt het Hof:
- de bestreden arresten te vernietigen;
- de zaken terug te verwijzen naar het Gerecht, en
- de beslissing over de kosten aan te houden.

17. WDFG, in zaak C-20/15 P, en Banco Santander en Santusa, in zaak C-21/15 P, verzoeken het Hof de hogere voorzieningen af te wijzen, de bestreden arresten te bevestigen en de Commissie te verwijzen in de kosten.

18. De Bondsrepubliek Duitsland, Ierland en het Koninkrijk Spanje zijn bij beslissingen van de president van het Hof van 19 mei 2015 toegelaten tot interventie aan de zijde van WDFG in zaak C-20/15 P, en aan die van Banco Santander en Santusa in zaak C-21/15 P.

19. De verzoeken van Telefónica SA en Iberdrola SA tot interventie aan de zijde van WDFG in zaak C-20/15 P, en aan die van Banco Santander en Santusa in zaak C-21/15 P, zijn bij beschikkingen van de president van het Hof van 6 oktober 2015 daarentegen afgewezen.

Hogere voorzieningen

20. Ter ondersteuning van haar hogere voorzieningen voert de Commissie één en hetzelfde middel aan, dat uiteenvalt in twee onderdelen en gebaseerd is op een onjuiste rechtsopvatting van het Gerecht bij de uitlegging van de selectiviteitsvoorwaarde van artikel 107, lid 1, VWEU.

Eerste onderdeel van het enige middel

Argumenten van partijen

21. Met het eerste onderdeel van haar enige middel stelt de Commissie dat het Gerecht blijk heeft gegeven van een onjuiste rechtsopvatting door van haar te verlangen dat zij een groep ondernemingen met eigen kenmerken aanwijst om het selectieve karakter van een maatregel aan te tonen.

22. De Commissie betoogt dat zij in de litigieuze besluiten de in de vaste rechtspraak van het Hof erkende methode voor onderzoek naar selectiviteit in belastingzaken nauwgezet heeft gevolgd. Zo heeft zij aangetoond dat de omstreden maatregel een afwijking vormt van het referentiestelsel, aangezien hij voor in Spanje belastingplichtige ondernemingen die deelnemingen van ten minste 5 % verwerven in ondernemingen die in het buitenland zijn gevestigd, voorziet in een fiscale behandeling die zich onderscheidt van de behandeling die van toepassing is op in Spanje belastingplichtige ondernemingen die soortgelijke deelnemingen verwerven in ondernemingen die in Spanje gevestigd zijn, ofschoon die twee groepen ondernemingen, gelet op doel van het Spaanse algemene stelsel van vennootschapsbelasting, in vergelijkbare situaties verkeren.

23. Volgens haar heeft het Gerecht, door haar de aanvullende verplichting op te leggen, aan te tonen dat de omstreden maatregel bepaalde ondernemingen begunstigt die kunnen worden geïdentificeerd aan de hand van specifieke kenmerken die andere ondernemingen niet hebben – dat wil zeggen aan de hand van eigen en vooraf bepaalbare kenmerken –, blijk gegeven van een onjuiste rechtsopvatting, aangezien het aldus een strengere opvatting van de selectiviteitsvoorwaarde hanteert dan die welke het Hof huldigt.

24. De Commissie stelt in het bijzonder dat, anders dan het Gerecht heeft geoordeeld in de punten 57 en 58 van het bestreden arrest Autogrill España/Commissie en de punten 61 en 62 van het bestreden arrest Banco Santander en Santusa/Commissie, ook maatregelen waarvan de toepassing losstaat van de aard van de activiteiten van de begunstigde en die voorzien in een belastingvoordeel voor bepaalde investeringen zonder een minimuminvestering te eisen, als selectief kunnen worden aangemerkt.

25. In die context heeft het Gerecht uit het arrest van 8 november 2001, Adria-Wien Pipeline en Wietersdorfer & Peggauer Zementwerke (C-143/99, EU:C:2001:598), ten onrechte afgeleid dat een nationale maatregel waarvan de toepassing losstaat van de aard van de ondernemingsactiviteit, a priori niet selectief is. De verklaring in punt 36

van dat arrest, volgens welke „nationale maatregelen als die welke in de hoofdgedingen aan de orde zijn, geen steunmaatregelen [...] zijn indien zij van toepassing zijn op alle ondernemingen op het nationale grondgebied, ongeacht de aard van hun activiteiten", moet namelijk aldus worden opgevat dat het niet-selectieve karakter voortvloeit uit het feit dat de nationale maatregel zonder onderscheid geldt voor alle ondernemingen in de lidstaat in kwestie.

26. De Commissie stelt dat het Gerecht nogmaals blijk heeft gegeven van een onjuiste rechtsopvatting waar het in de punten 59 tot en met 62 van het bestreden arrest Autogrill España/Commissie en in de punten 63 tot en met 66 van het bestreden arrest Banco Santander en Santusa/Commissie heeft geoordeeld dat een maatregel als de omstreden maatregel niet selectief is aangezien hij verband houdt met de verwerving van specifieke economische goederen, namelijk deelnemingen in buitenlandse ondernemingen, en in beginsel geen enkele groep ondernemingen van die maatregel is uitgesloten.

27. Het Gerecht heeft zich in dit verband ten onrechte gebaseerd op het arrest van 19 september 2000, Duitsland/Commissie (C-156/98, EU:C:2000:467). Uit de punten 22 en 23 daarvan volgt immers dat de Commissie in de zaak die tot dat arrest heeft geleid, de maatregel in kwestie als selectief had aangemerkt ten aanzien van een aantal in een beperkt geografisch gebied gevestigde ondernemingen waarin particuliere investeerders de winst uit de verkoop van economische goederen hadden herbelegd, en niet met betrekking tot die investeerders zelf, ten aanzien van wie zij het standpunt had ingenomen dat die maatregel geen steun vormde.

28. Voorts verwijt de Commissie het Gerecht dat het in de punten 66 tot en met 68 van het bestreden arrest Autogrill España/Commissie en in de punten 70 tot en met 72 van het bestreden arrest Banco Santander en Santusa/Commissie heeft geoordeeld dat het tegen de rechtspraak van het Hof indruist om een nationale belastingmaatregel waarvan de toekenning afhankelijk wordt gesteld van bepaalde voorwaarden, als selectief aan te merken hoewel de begunstigde ondernemingen geen eigen kenmerken delen op basis waarvan zij kunnen worden onderscheiden van andere ondernemingen, behalve dan het feit dat zij kunnen voldoen aan de voorwaarden voor toekenning van de maatregel.

29. Volgens de Commissie is dat oordeel van het Gerecht gebaseerd op een onjuiste analyse van de betrokken rechtspraak.

30. Betreffende het arrest van 15 november 2011, Commissie en Spanje/Government of Gibraltar en Verenigd Koninkrijk (C-106/09 P en C-107/09 P, EU:C:2011:732), betoogt de Commissie dat dat arrest blijkens de punten 90 en 91 een bijzondere situatie betreft waarin het Hof de referentiebelastingregeling zelf, en niet eventuele daarvan afwijkende maatregelen, als selectief heeft aangemerkt omdat die regeling als zodanig de „offshorevennootschappen" bevoordeelde. De verwijzing in dat arrest naar de „specifieke eigenschappen" van een groep ondernemingen moet dus worden begrepen als een verwijzing naar de kenmerken op grond waarvan die ondernemingen een belastingvoordeel genoten in de context van een referentiestelsel dat naar zijn aard selectief was, en kan niet worden gebruikt buiten die bijzondere situatie.

31. Wat punt 42 van het arrest van 29 maart 2012, 3M Italia (C-417/10, EU:C:2012:184), betreft, stelt de Commissie dat het Gerecht is voorbijgegaan aan de tweede zin van dat punt, die uitdrukking geeft aan het in vaste rechtspraak van het Hof erkende beginsel dat een maatregel selectief is wanneer hij „bepaalde ondernemingen of bepaalde producties" kan begunstigen ten opzichte van andere die zich, gelet op het met die regeling nagestreefde doel, in een feitelijk en rechtens vergelijkbare situatie bevinden.

32. WDFG alsook Banco Santander en Santusa wijzen er om te beginnen op dat de Commissie in de litigieuze besluiten niet heeft gesteld dat de omstreden maatregel feitelijk selectief was, zodat in de onderhavige hogere voorzieningen de op de bestreden arresten geuite kritiek slechts hoeft te worden onderzocht voor zover het Gerecht heeft geoordeeld dat de gronden die door de Commissie in de litigieuze besluiten zijn aangevoerd, geen steun bieden voor de conclusie dat die maatregel rechtens selectief was.

33. Volgens hen volgt uit het arrest van 8 november 2001, Adria-Wien Pipeline en Wietersdorfer & Peggauer Zementwerke (C-143/99, EU:C:2001:598), dat een maatregel waarvan alle ondernemingen kunnen profiteren, niet als selectief kan worden aangemerkt. Anders dan de Commissie stelt, kan uit dat arrest daarentegen niet worden afgeleid dat een nationale maatregel niet selectief is wanneer hij zonder uitzondering geldt voor alle ondernemingen in de lidstaat, aangezien op basis van een dergelijke stelling nagenoeg alle fiscale bepalingen als selectief moeten worden aangemerkt.

34. WDFG alsmede Banco Santander en Santusa betwisten ook de bewering van de Commissie dat nationale belastingmaatregelen reeds herhaaldelijk zijn aangemerkt als selectieve maatregelen ook al bepaalden zij geen drempelbedrag voor investeringen en stond de toepassing ervan los van de aard van de door de begunstigde uitgeoefende activiteiten. Hoe dan ook kan de omstreden maatregel niet worden aangemerkt als een maatregel die

prima facie en de jure selectief is alleen maar omdat hij een belastingvoordeel verleent aan ondernemingen die dat voordeel wensen te verkrijgen, ongeacht de groep waartoe zij behoren.

35. Het Gerecht heeft zich terecht gebaseerd op het arrest van 19 september 2000, Duitsland/Commissie (C-156/98, EU:C:2000:467), aangezien de Commissie in de beschikking waarop dat arrest betrekking heeft, uitdrukkelijk had erkend dat de nationale maatregel niet selectief was ten aanzien van de betrokken investeerders, wat door het Hof is bevestigd.

36. In haar beschikkingspraktijk heeft de Commissie overigens al dikwijls het selectieve karakter van belastingmaatregelen uitgesloten op basis van datzelfde criterium, namelijk het criterium dat algemene maatregelen die zonder onderscheid van toepassing zijn op alle ondernemingen en waarvoor alle belastingplichtigen in aanmerking komen, niet selectief zijn.

37. De toepassing van dat criterium leidt overigens niet tot de vaststelling dat de door de Commissie vermelde maatregelen ter zake van de aankoop van bepaalde activa niet selectief zijn. Die maatregelen kunnen als selectief worden aangemerkt als wordt aangetoond dat zij feitelijk slechts ten goede komen aan bepaalde ondernemingen, met uitsluiting van andere. Hoe dan ook is hun selectieve karakter niet het gevolg van de aard van de verworven activa, maar van het feit dat kan worden aangenomen dat de betrokken kopers een bijzondere groep vormen.

38. Aangaande het arrest van 15 juli 2004, Spanje/Commissie (C-501/00, EU:C:2004:438), zijn WDFG en Banco Santander en Santusa van mening dat het Gerecht op goede gronden heeft geoordeeld dat de maatregel aan de orde in de zaak die heeft geleid tot dat arrest verschilt van die welke in het onderhavige geval in geding is, aangezien eerstbedoelde maatregel ertoe strekte een voordeel toe te kennen aan een afzonderlijke en bepaalbare groep ondernemingen, namelijk exportbedrijven.

39. Voorts blijkt duidelijk uit het arrest van 15 november 2011, Commissie en Spanje/Government of Gibraltar en Verenigd Koninkrijk (C-106/09 P en C-107/09 P, EU:C:2011:732), in het bijzonder uit punt 104, dat een maatregel slechts als selectief kan worden aangemerkt indien hij ten goede komt aan een groep van ondernemingen die „specifieke eigenschappen" delen. Uit dat arrest volgt ook dat de vaststelling van een afwijking ten opzichte van een algemene regeling geen doel op zich is. Slechts het concrete effect van de maatregel is van belang, namelijk het feit of hij al dan niet een voordeel verschaft aan bepaalde ondernemingen of bepaalde producties.

40. WDFG alsook Banco Santander en Santusa betogen dat de door de Commissie verdedigde uitlegging van het arrest van 29 maart 2012, 3M Italia (C-417/10, EU:C:2012:184), evenmin kan worden gevolgd. In dat arrest heeft het Hof geen definitie van een referentiestelsel en een afwijking daarvan bevestigd. Voorts kan uit dat arrest niet worden afgeleid dat een maatregel selectief is omdat de ondernemingen die voldoen aan de voorwaarden ervoor een afzonderlijke groep vormen.

41. Ten slotte heeft het Gerecht terecht geoordeeld dat een maatregel niet kan worden aangemerkt als selectief in de zin van artikel 107 VWEU wanneer toekenning ervan afhangt van een gedraging die op het eerste gezicht door iedere onderneming kan worden verricht, los van de sector waarin zij bedrijvig is. Dat volgt uit de conclusie in het arrest van 19 september 2000, Duitsland/Commissie (C-156/98, EU:C:2000:467), dat een nationale maatregel niet selectief is ten aanzien van de investeerders.

42. Het Koninkrijk Spanje stelt dat het arrest van 8 november 2001, Adria-Wien Pipeline en Wietersdorfer & Peggauer Zementwerke (C-143/99, EU:C:2001:598), het standpunt bevestigt dat door de Spaanse autoriteiten is ingenomen in de administratieve procedure bij de Commissie, namelijk dat een economisch voordeel slechts kan worden aangemerkt als steun wanneer het „bepaalde ondernemingen of bepaalde producties" kan begunstigen in de zin van artikel 107, lid 1, VWEU.

43. In die administratieve procedure hebben de Spaanse autoriteiten aangetoond dat de omstreden maatregel openstaat voor alle ondernemingen, aangezien hij is toegepast op ondernemingen in zeer uiteenlopende sectoren, wat dus de in de bestreden arresten uiteengezette analyse bevestigt alsook het feit dat de Commissie in de litigieuze besluiten niet had aangetoond dat het om een selectieve maatregel ging.

44. Ierland stelt dat het Gerecht, anders dan de Commissie betoogt, uit de arresten van het Hof van 8 november 2001, Adria-Wien Pipeline en Wietersdorfer & Peggauer Zementwerke (C-143/99, EU:C:2001:598), en van het Gerecht van 6 maart 2002, Diputación Foral de Álava e.a./Commissie (T-92/00 en T-103/00, EU:T:2002:61), en 9 september 2009, Diputación Foral de Álava e.a./Commissie (T-227/01–T-229/01, T-265/01, T-266/01 en T-270/01, EU:T:2009:315), niet heeft geconcludeerd dat alleen maatregelen selectief waren waarvan de toepassing samenhing met de aard van de bedrijfsactiviteit of afhankelijk was gesteld van een minimumbedrag, maar heeft geoordeeld dat het selectieve karakter van een maatregel waarvan alle fiscaal in Spanje gevestigde ondernemingen

konden profiteren die een deelneming van ten minste 5 % in een buitenlandse onderneming verwierven, ongeacht de aard van hun activiteiten en de geïnvesteerde bedragen, niet kon worden vastgesteld.

45. Het Gerecht heeft voor zijn oordeel dat fiscale differentiatie slechts als steun kan worden aangemerkt indien, op basis van specifieke eigenschappen, een bijzondere groep van ondernemingen kan worden aangewezen die daarvoor in aanmerking komen, terecht steun gezocht in het arrest van 15 november 2011, Commissie en Spanje/Government of Gibraltar en Verenigd Koninkrijk (C-106/09 P en C-107/09 P, EU:C:2011:732). De selectiviteitsvoorwaarde van artikel 107, lid 1, VWEU moet in alle zaken waarin vermeende steunmaatregelen van fiscale aard in geding zijn, overigens op dezelfde manier worden omschreven. Bijgevolg kan het in punt 104 van dat arrest uitdrukkelijk erkende beginsel niet worden beperkt tot een situatie waarin een belastingregeling in haar geheel selectief is.

46. Ierland stelt dat maatregelen als de omstreden maatregel, die op het eerste gezicht geen enkele onderneming of specifieke economische sector van de kring van begunstigden uitsluiten, niet kunnen worden aangemerkt als selectieve maatregelen. De Commissie is overigens al meermaals op die grond tot de bevinding gekomen dat bepaalde nationale maatregelen niet selectief waren.

47. De Bondsrepubliek Duitsland betoogt dat op basis van alleen een afwijking van of een uitzondering op het door de Commissie bepaalde referentiestelsel – zo het bestaan daarvan al wordt aangetoond – nog niet kan worden aangenomen dat de omstreden maatregel „bepaalde ondernemingen of bepaalde producties" begunstigt in de zin van artikel 107, lid 1, VWEU.

48. Integendeel, daaruit volgt enkel dat die maatregel vergelijkbaar is met een subsidie. Bijgevolg dient, nadat is onderzocht of de maatregel een afwijking vormt, overeenkomstig de rechtspraak – in het bijzonder het arrest van 15 november 2011, Commissie en Spanje/Government of Gibraltar en Verenigd Koninkrijk (C-106/09 P en C-107/09 P, EU:C:2011:732) – en zoals het Gerecht in de bestreden arresten terecht heeft geoordeeld, vervolgens te worden geverifieerd of het bij de groep belastingplichtigen die een belastingvoordeel geniet, gaat om voldoende specifieke ondernemingen of producties in de zin van artikel 107, lid 1, VWEU.

49. Uit de rechtspraak van het Hof blijkt dat de groep ondernemingen die een belastingvoordeel ontvangt, voldoende specifiek is wanneer de Commissie heeft kunnen aantonen dat het betrokken voordeel uitsluitend ten goede komt aan ondernemingen van één enkele economische sector die bepaalde transacties verrichten (arrest van 15 december 2005, Unicredito Italiano, C-148/04, EU:C:2005:774), ondernemingen met een bepaalde rechtsvorm (arrest van 10 januari 2006, Cassa di Risparmio di Firenze e.a., C-222/04, EU:C:2006:8), ondernemingen van een bepaalde grootte (arrest van 13 februari 2003, Spanje/Commissie, C-409/00, EU:C:2003:92) of ondernemingen die hun statutaire zetel buiten het grondgebied van de regio hebben (arrest van 17 november 2009, Presidente del Consiglio dei Ministri, C-169/08, EU:C:2009:709).

50. De Bondsrepubliek Duitsland roept in herinnering dat het Hof reeds heeft erkend dat een belastingvoordeel ten behoeve van belastingplichtigen die bepaalde economische goederen verkopen en de daarbij geboekte winst bij aankoop van andere economische goederen kunnen aftrekken, hun een voordeel verleent dat een algemene maatregel is die zonder onderscheid van toepassing is op alle marktdeelnemers, en niet kan worden aangemerkt als staatssteun (arrest van 19 september 2000, Duitsland/Commissie, C-156/98, EU:C:2000:467, punt 22).

51. A fortiori mag een belastingmaatregel als de omstreden maatregel, waarvan de toepassing algemeen gekoppeld is aan een bepaalde soort vennootschapsrechtelijke transacties, in casu de verwerving van deelnemingen, die losstaan van het maatschappelijk doel en de bedrijfsactiviteiten, niet als selectief worden beschouwd.

52. De lidstaten die in de onderhavige zaken hebben geïntervenieerd, stellen ten slotte dat het institutionele evenwicht binnen de Unie ernstig zou worden verstoord indien de voorwaarde inzake het selectieve karakter van de nationale maatregel om hem als een steunmaatregel in de zin van artikel 107, lid 1, VWEU te kunnen aanmerken, zou moeten worden opgevat in de ruime zin die de Commissie in haar hogere voorzieningen verdedigt. Als een dergelijke reikwijdte zou worden toegekend aan de selectiviteitsvoorwaarde, zou de Commissie uit hoofde van haar bevoegdheden op het gebied van staatssteun namelijk toezicht kunnen uitoefenen op bijna alle maatregelen inzake directe belastingen, terwijl de wetgevingsbevoegdheid voor die belastingen in beginsel aan de lidstaten toekomt.

Beoordeling door het Hof

53. Vooraf moet in herinnering worden gebracht dat een nationale maatregel volgens vaste rechtspraak van het Hof pas kan worden aangemerkt als een nationale „steunmaatregel van de staat" in de zin van artikel 107, lid 1, VWEU wanneer is voldaan aan alle hierna genoemde voorwaarden. In de eerste plaats moet het gaan om een maatregel van de staat of met staatsmiddelen bekostigd. In de tweede plaats moet die maatregel het handelsver-

keer tussen de lidstaten ongunstig kunnen beïnvloeden. In de derde plaats moet de maatregel de begunstigde een voordeel verschaffen. In de vierde plaats moet de maatregel de mededinging vervalsen of dreigen te vervalsen (zie met name arrest van 16 juli 2015, BVVG, C-39/14, EU:C:2015:470, punt 24).

54. Aangaande de voorwaarde inzake het selectieve karakter van het voordeel, die beslissend is voor het begrip „staatssteun" in de zin van artikel 107, lid 1, VWEU, blijkt uit eveneens vaste rechtspraak van het Hof dat bij de beoordeling van die voorwaarde moet worden bepaald of de betrokken nationale maatregel binnen het kader van een bepaalde rechtsregeling „bepaalde ondernemingen of bepaalde producties" kan begunstigen ten opzichte van andere die zich, gelet op de doelstelling van die regeling, in een feitelijk en juridisch vergelijkbare situatie bevinden en dus een verschillende behandeling krijgen die in wezen discriminerend is (zie met name arresten van 28 juli 2011, Mediaset/Commissie, C-403/10 P, niet gepubliceerd, EU:C:2011:533, punt 36; 15 november 2011, Commissie en Spanje/Government of Gibraltar en Verenigd Koninkrijk, C-106/09 P en C-107/09 P, EU:C:2011:732, punten 75 en 101; 14 januari 2015, Eventech, C-518/13, EU:C:2015:9, punten 53-55, en 4 juni 2015, Commissie/MOL, C-15/14 P, EU:C:2015:362, punt 59).

55. Voorts dient de Commissie, wanneer de betrokken maatregel bedoeld is als een steunregeling en niet als een individuele steunmaatregel, aan te tonen dat die maatregel, hoewel hij een voordeel van algemene strekking toekent, dit voordeel enkel voor bepaalde ondernemingen of bepaalde sectoren schept (zie in die zin met name arrest van 30 juni 2016, België/Commissie, C-270/15 P, EU:C:2016:489, punten 49 en 50).

56. Betreffende in het bijzonder een nationale maatregel tot toekenning van een belastingvoordeel moet in herinnering worden geroepen dat een dergelijke maatregel die, hoewel in dat kader geen staatsmiddelen worden overgedragen, de situatie van de begunstigden verbetert ten opzichte van de andere belastingplichtigen, de begunstigden een selectief voordeel kan verschaffen en bijgevolg een steunmaatregel van de staat is in de zin van artikel 107, lid 1, VWEU. Een belastingvoordeel dat voortvloeit uit een algemene maatregel die zonder onderscheid van toepassing is op alle marktdeelnemers vormt daarentegen geen steunmaatregel in de zin van die bepaling (zie in die zin met name arrest van 18 juli 2013, P, C-6/12, EU:C:2013:525, punt 18).

57. In die context kan de Commissie een nationale belastingmaatregel pas aanmerken als „selectief" nadat zij ten eerste heeft bepaald welke algemene of „normale" belastingregeling geldt in de betrokken lidstaat, en ten tweede heeft aangetoond dat de betrokken belastingmaatregel afwijkt van de gewone regeling, voor zover hij differentiaties invoert tussen marktdeelnemers die zich, gelet op het doel van de gewone regeling, in een feitelijk en juridisch vergelijkbare situatie bevinden (zie in die zin met name arrest van 8 september 2011, Paint Graphos e.a., C-78/08–C-80/08, EU:C:2011:550, punt 49).

58. Het begrip „staatssteun" strekt zich echter niet uit tot maatregelen die differentiëren tussen ondernemingen welke zich, gelet op het doel van de betrokken rechtsregeling, in een feitelijk en juridisch vergelijkbare situatie bevinden, en die bijgevolg a priori selectief zijn, wanneer de lidstaat in kwestie kan aantonen dat die differentiatie gerechtvaardigd is aangezien zij voortvloeit uit de aard of de opzet van het stelsel waarvan de maatregelen een onderdeel vormen (zie in die zin met name arresten van 29 april 2004, Nederland/Commissie, C-159/01, EU:C:2004:246, punten 42 en 43; 8 september 2011, Paint Graphos e.a., C-78/08–C-80/08, EU:C:2011:550, punten 64 en 65, en 29 maart 2012, 3M Italia, C-417/10, EU:C:2012:184, punt 40).

59. Voorts moet erop worden gewezen dat het feit dat alleen belastingplichtigen die voldoen aan de voorwaarden voor toepassing van een maatregel, voor deze maatregel in aanmerking komen, op zich nog niet meebrengt dat het een selectieve maatregel betreft (arrest van 29 maart 2012, 3M Italia, C-417/10, EU:C:2012:184, punt 42).

60. Uit het voorgaande volgt dat het relevante criterium om vast te stellen of de betrokken maatregel selectief is, erin bestaat na te gaan of hij tussen ondernemers die zich ten aanzien van het doel van de betrokken algemene belastingregeling in een feitelijk en juridisch vergelijkbare situatie bevinden, een verschil maakt dat niet wordt gerechtvaardigd door de aard en de opzet van die regeling (zie in die zin arrest van 4 juni 2015, Commissie/MOL, C-15/14 P, EU:C:2015:362, punt 61).

61. In het licht van die overwegingen moet worden onderzocht of het Gerecht in het onderhavige geval artikel 107, lid 1, VWEU, zoals die bepaling wordt uitgelegd door het Hof, heeft geschonden waar het heeft geoordeeld dat de Commissie in de litigieuze besluiten niet rechtens genoegzaam had aangetoond dat de omstreden maatregel een selectief voordeel verschafte aan „bepaalde ondernemingen of bepaalde producties".

62. In casu bestaat het door de omstreden maatregel verleende belastingvoordeel in een verlaging van de heffingsgrondslag van de vennootschapsbelasting in de vorm van de afschrijving van de goodwill die resulteert uit de verwerving van deelnemingen van ten minste 5 % door ondernemingen met fiscale vestigingsplaats in Spanje in ondernemingen met fiscale vestigingsplaats buiten die lidstaat. Aangezien die maatregel ten goede kan komen aan de gehele groep van ondernemingen die dergelijke transacties verrichten, kan het daarbij om een steunregeling

gaan. Bijgevolg diende de Commissie aan te tonen dat die maatregel, hoewel hij een voordeel van algemene strekking toekent, dat voordeel enkel voor bepaalde ondernemingen of bepaalde sectoren schept.

63. In dat verband heeft het Gerecht in punt 50 van het bestreden arrest Autogrill España/Commissie en in punt 54 van het bestreden arrest Banco Santander en Santusa/Commissie uiteengezet dat de Commissie zich voor het bewijs dat de omstreden maatregel selectief was, in de litigieuze besluiten hoofdzakelijk had gebaseerd op het feit dat die maatregel een afwijking vormde ten opzichte van een referentiestelsel, aangezien hij ertoe leidde dat in Spanje belastingplichtige ondernemingen die deelnemingen verwierven in ondernemingen met zetel in het buitenland fiscaal anders werden behandeld dan in Spanje belastingplichtige ondernemingen die dergelijke deelnemingen verwierven in ondernemingen die op het nationale grondgebied waren gevestigd, hoewel die beide groepen ondernemingen zich in vergelijkbare situaties bevonden, gelet op het doel van dat referentiestelsel, namelijk het Spaanse algemene stelsel van vennootschapsbelasting en, meer in het bijzonder, de in dat belastingstelsel vervatte voorschriften inzake de fiscale behandeling van financiële goodwill.

64. Het Gerecht heeft in punt 51 van het bestreden arrest Autogrill España/Commissie en in punt 55 van het bestreden arrest Banco Santander en Santusa/Commissie geoordeeld dat de Commissie bijgevolg de onderzoeksmethode had toegepast die naar voren komt uit de rechtspraak van het Hof en het Gerecht die is aangehaald in de punten 29 tot en met 33 van het eerste arrest en de punten 33 tot en met 37 van het tweede arrest, en die in wezen overeenkomt met de in de punten 53 tot en met 60 van het onderhavige arrest geciteerde rechtspraak van het Hof.

65. In de punten 44, 45, 52 en 53 van het bestreden arrest Autogrill España/Commissie en de punten 48, 49, 56 en 57 van het bestreden arrest Banco Santander en Santusa/Commissie heeft het Gerecht geoordeeld dat een afwijking van of een uitzondering op het door de Commissie bepaalde referentiestelsel – gesteld dat het bestaan daarvan wordt bewezen – als zodanig nog niet aantoonde dat de omstreden maatregel „bepaalde ondernemingen of bepaalde producties" in de zin van artikel 107, lid 1, VWEU begunstigde, aangezien die maatregel a priori openstond voor alle ondernemingen en niet bedoeld was voor een bijzondere groep van ondernemingen, die als enige door die maatregel werden bevoordeeld, maar voor een groep economische handelingen.

66. Die redenering is echter gebaseerd op een onjuiste toepassing van de selectiviteitsvoorwaarde van artikel 107, lid 1, VWEU, zoals die in het onderhavige arrest is beschreven.

67. Zoals blijkt uit de punten 53 tot en met 60 van dit arrest, is voor een nationale maatregel die een belastingvoordeel van algemene strekking toekent, zoals bij de omstreden maatregel het geval is, de selectiviteitsvoorwaarde namelijk vervuld wanneer de Commissie kan aantonen dat de maatregel afwijkt van de algemene of „normale" belastingregeling die in de betrokken lidstaat van toepassing is, en door zijn concrete gevolgen marktdeelnemers verschillend behandelt, hoewel de marktdeelnemers die het belastingvoordeel genieten en die welke het niet ontvangen zich, gelet op het doel van die belastingregeling van de betrokken lidstaat, in een feitelijk en juridisch vergelijkbare situatie bevinden.

68. Uit de bestreden arresten blijkt dat de Commissie zich in de litigieuze besluiten, om aan te tonen dat de omstreden maatregel selectief was, heeft gebaseerd op de ongelijke behandeling tussen op het nationale grondgebied gevestigde ondernemingen waartoe die maatregel leidde. Op grond van die maatregel kwamen immers alleen op het nationale grondgebied gevestigde ondernemingen die deelnemingen van ten minste 5 % in buitenlandse ondernemingen verwierven, onder bepaalde voorwaarden in aanmerking voor het belastingvoordeel in kwestie, terwijl op het nationale grondgebied gevestigde ondernemingen die dergelijke deelnemingen verwierven in in Spanje belastingplichtige ondernemingen dat voordeel niet konden genieten, ofschoon zij zich volgens de Commissie in een vergelijkbare situatie bevonden, gelet op het doel van het Spaanse algemene belastingstelsel.

69. Het Gerecht heeft geoordeeld dat de omstreden maatregel geen selectieve maatregel was, maar een algemene maatregel in de zin van de in punt 56 van het onderhavige arrest aangehaalde rechtspraak, aangezien hij niet bedoeld was voor een bijzondere groep ondernemingen of producties, de toepassing ervan losstond van de aard van de bedrijfsactiviteit en hij a priori of potentieel openstond voor alle ondernemingen die deelnemingen van ten minste 5 % in buitenlandse ondernemingen wilden verwerven en ze gedurende een ononderbroken periode van ten minste één jaar in hun bezit hielden. Hiermee heeft het Gerecht blijk gegeven van een onjuiste rechtsopvatting.

70. Zo heeft het Gerecht in de punten 41, 45, 67 en 68 van het bestreden arrest Autogrill España/Commissie en de punten 45, 49, 71 en 72 van het bestreden arrest Banco Santander en Santusa/Commissie geoordeeld dat, wil voor een maatregel die a priori openstaat voor alle ondernemingen voldaan zijn aan de voorwaarde inzake selectiviteit van een nationale maatregel – die een noodzakelijke voorwaarde is voor de vaststelling dat er sprake is van staatssteun –, in alle gevallen een bijzondere groep van ondernemingen moet worden aangewezen die als enige

door de betrokken maatregel worden bevoordeeld en die kunnen worden onderscheiden op basis van specifieke en gemeenschappelijke eigen kenmerken.

71. Een dergelijk aanvullend vereiste, een bijzondere groep ondernemingen te bepalen, dat wordt opgelegd naast de onderzoeksmethode voor selectiviteit op het gebied van belastingen die naar voren komt uit de vaste rechtspraak van het Hof en er in wezen in bestaat te onderzoeken of bepaalde marktdeelnemers worden gediscrimineerd doordat zij worden uitgesloten van een belastingvoordeel dat resulteert uit een maatregel die afwijkt van de algemene belastingregeling, kan echter niet worden afgeleid uit de rechtspraak van het Hof en, in het bijzonder, uit het arrest van 15 november 2011, Commissie en Spanje/Government of Gibraltar en Verenigd Koninkrijk (C-106/09 P en C-107/09 P, EU:C:2011:732).

72. Het is juist dat het Hof in punt 104 van dat arrest van 15 november 2011, Commissie en Spanje/Government of Gibraltar en Verenigd Koninkrijk (C-106/09 P en C-107/09 P, EU:C:2011:732), heeft geoordeeld dat de door een belastingstelsel in aanmerking genomen criteria die de heffingsgrondslag opleveren, enkel kunnen worden geacht selectieve voordelen te verschaffen indien deze criteria de begunstigde ondernemingen op basis van hun specifieke eigenschappen als bevoorrechte categorie aanduiden, waardoor dat stelsel als begunstiging van „bepaalde" ondernemingen of „bepaalde" producties in de zin van artikel 107, lid 1, VWEU kan worden gekwalificeerd.

73. Die overweging van het arrest van 15 november 2011, Commissie en Spanje/Government of Gibraltar en Verenigd Koninkrijk (C-106/09 P en C-107/09 P, EU:C:2011:732), moet evenwel worden gelezen in samenhang met het in de punten 87 tot en met 108 daarvan vervatte geheel van overwegingen waartoe zij behoort.

74. Uit het samenstel van die overwegingen blijkt dat de maatregel die in dat arrest aan de orde was, niet de vorm aannam van een van een algemene belastingregeling afwijkend belastingvoordeel, maar dat het ging om de toepassing van een „algemene" belastingregeling die gebaseerd was op criteria die, op zichzelf beschouwd, eveneens algemeen waren. Anders dan het Gerecht, oordeelde het Hof dat de aard van die regeling niet in de weg stond aan de vaststelling dat de betrokken maatregel selectief was, aangezien de selectiviteitsvoorwaarde een ruimere draagwijdte heeft en zich namelijk ook uitstrekt tot maatregelen die, door hun gevolgen, bepaalde ondernemingen – in het concrete geval „offshoreondernemingen" – begunstigen op grond van specifieke eigenschappen die kenmerkend zijn voor die ondernemingen. Die maatregel leidde derhalve tot een feitelijke discriminatie tussen ondernemingen die zich in een vergelijkbare situatie bevonden, gelet op het doel van die regeling, dat erin bestond een algemene belastingregeling in te voeren die gold voor alle in Gibraltar gevestigde ondernemingen.

75. Zoals is uiteengezet in punt 63 van het onderhavige arrest, heeft de Commissie zich in de litigieuze besluiten ten bewijze van de selectiviteit van de omstreden maatregel daarentegen hoofdzakelijk gebaseerd op het feit dat die maatregel tot een ongelijke behandeling leidt, aangezien hij een belastingvoordeel verschaft aan bepaalde op het nationale grondgebied gevestigde ondernemingen en niet aan andere, waarop het algemene belastingstelsel van toepassing blijft waarvan de omstreden maatregel afwijkt.

76. Hoewel uit het arrest van 15 november 2011, Commissie en Spanje/Government of Gibraltar en Verenigd Koninkrijk (C-106/09 P en C-107/09 P, EU:C:2011:732), dus volgt dat het selectieve karakter van een belastingmaatregel ook kan komen vast te staan wanneer hij geen afwijking vormt ten opzichte van de algemene belastingregeling, maar er een integrerend deel van is, behoort ook dat arrest tot de in punt 57 van het onderhavige arrest aangehaalde vaste rechtspraak van het Hof volgens welke het selectieve karakter van een van een algemene belastingregeling afwijkende maatregel reeds komt vast te staan wanneer wordt aangetoond dat bepaalde ondernemers erdoor worden begunstigd en anderen niet, hoewel zij zich allen in een objectief vergelijkbare situatie bevinden, gelet op het doel van de algemene belastingregeling.

77. Ofschoon een belastingmaatregel ook selectief kan zijn zonder dat hij afwijkt van een algemene belastingregeling, is het feit dat die maatregel een dergelijk afwijkend karakter heeft immers volstrekt relevant ten bewijze van zijn selectiviteit wanneer hij ertoe leidt dat een onderscheid wordt gemaakt tussen twee groepen ondernemers die a priori een verschillende behandeling krijgen, namelijk de groep die onder de afwijkende maatregel valt en die waarop de algemene belastingregeling van toepassing blijft, hoewel beide groepen zich in een vergelijkbare situatie bevinden, gelet op het doel van die regeling.

78. Anders dan het Gerecht in de bestreden arresten heeft geoordeeld, kan ten bewijze van de selectieve aard van een dergelijke maatregel evenmin worden verlangd dat de Commissie bepaalde specifieke eigen kenmerken noemt die de ondernemingen die het belastingvoordeel genieten, gemeen hebben en op basis waarvan zij kunnen worden onderscheiden van de ondernemingen die ervan zijn uitgesloten.

79. Het enige dat voor dat bewijs van belang is, is immers dat de maatregel, los van zijn vorm of de gebruikte regelgevingstechniek, tot gevolg heeft dat de begunstigde ondernemingen in een betere positie komen te verkeren

dan andere, hoewel al die ondernemingen zich, gelet op het doel van de betrokken belastingregeling, in een feitelijk en juridisch vergelijkbare situatie bevinden.

80. Voorts volstaat volgens vaste rechtspraak van het Hof het feit dat een erg groot aantal ondernemingen aanspraak kan maken op een nationale maatregel of dat die ondernemingen tot verschillende sectoren behoren, niet om het selectieve karakter van die maatregel in twijfel te trekken en dus om te beletten dat hij als staatssteun wordt aangemerkt (zie met name arresten van 13 februari 2003, Spanje/Commissie, C-409/00, EU:C:2003:92, punt 48, en 8 september 2011, Commissie/Nederland, C-279/08 P, EU:C:2011:551, punt 50).

81. In tegenstelling tot het oordeel van het Gerecht in de punten 53 tot en met 58 van het bestreden arrest Autogrill España/Commissie en de punten 57 tot en met 62 van het bestreden arrest Banco Santander en Santusa/ Commissie, wordt aan de mogelijk selectieve aard van de omstreden maatregel dus niet afgedaan door het feit dat het verkrijgen van het in het kader van die maatregel verleende belastingvoordeel afhankelijk wordt gesteld van de noodzakelijke voorwaarde dat een economische transactie, met name een handeling „van zuiver financiële aard" wordt verricht, waarvoor geen minimaal te investeren bedrag is vastgesteld en die losstaat van de aard van de activiteiten die door de begunstigde ondernemingen worden verricht.

82. Anders dan het Gerecht heeft geoordeeld in punt 57 van het bestreden arrest Autogrill España/Commissie en punt 61 van het bestreden arrest Banco Santander en Santusa/Commissie, kan in die context uit punt 36 van het arrest van 8 november 2001, Adria-Wien Pipeline en Wietersdorfer & Peggauer Zementwerke (C-143/99, EU:C:2001:598) – volgens hetwelk maatregelen niet selectief zijn wanneer zij gelden voor alle ondernemingen die op het nationale grondgebied zijn gevestigd, „ongeacht de aard van hun activiteiten" –, niet worden afgeleid dat een maatregel waarvan de toepassing losstaat van de aard van de ondernemingsactiviteit, a priori niet selectief is.

83. Uit de lezing van de volledige motivering van dat arrest van 8 november 2001, Adria-Wien Pipeline en Wietersdorfer & Peggauer Zementwerke (C-143/99, EU:C:2001:598), blijkt immers dat het Hof in dat punt 36, gelezen in het licht van punt 35 van datzelfde arrest, van oordeel was dat nationale maatregelen als die waarop die zaak betrekking had, niet selectief zijn wanneer zij zonder onderscheid van toepassing zijn op alle ondernemingen in de betrokken lidstaat, en dus algemene maatregelen uitmaken in de zin van de in punt 56 van het onderhavige arrest aangehaalde rechtspraak.

84. Ook moet erop worden gewezen dat de verwijzing die het Hof in punt 36 van het arrest van 8 november 2001, Adria-Wien Pipeline en Wietersdorfer & Peggauer Zementwerke (C-143/99, EU:C:2001:598), maakt naar de aard van de activiteiten van de ondernemingen die door de nationale maatregelen worden begunstigd, valt te verklaren door de bewoordingen van de tweede vraag die door de verwijzende rechter is gesteld in de zaak die tot dat arrest heeft geleid. Dat wordt bevestigd door het feit dat die verwijzing ontbreekt in latere arresten van het Hof waarin van dat beginsel gewag wordt gemaakt (zie met name arresten van 15 november 2011, Commissie en Spanje/ Government of Gibraltar en Verenigd Koninkrijk, C-106/09 P en C-107/09 P, EU:C:2011:732, punt 73, en 29 maart 2012, 3M Italia, C-417/10, EU:C:2012:184, punt 39).

85. Verder is het juist, zoals het Gerecht heeft uiteengezet in punt 66 van het bestreden arrest Autogrill España/ Commissie en punt 70 van het bestreden arrest Banco Santander en Santusa/Commissie, dat het Hof in punt 42 van het arrest van 29 maart 2012, 3M Italia (C-417/10, EU:C:2012:184), heeft geoordeeld dat het feit dat alleen belastingplichtigen die voldeden aan de voorwaarden voor het verkrijgen van de in die zaak aan de orde zijnde maatregel, in aanmerking kwamen voor die maatregel, op zich nog niet meebracht dat het een selectieve maatregel betrof. Het Hof heeft in datzelfde punt 42 evenwel uitdrukkelijk gepreciseerd dat die niet-selectieve aard voortvloeide uit de vaststelling dat personen die er niet voor in aanmerking kwamen zich niet in een situatie bevonden die feitelijk en juridisch vergelijkbaar was met die van de belastingplichtigen die er wél aanspraak op konden maken, gelet op het door de nationale wetgever nagestreefde doel.

86. Derhalve kan het selectieve karakter van fiscale steun het gevolg zijn van een voorwaarde voor toepassing of verkrijging van die steun indien die voorwaarde ertoe leidt dat een onderscheid wordt gemaakt tussen ondernemingen die zich, gelet op het doel van de betrokken belastingregeling, nochtans in een vergelijkbare feitelijke en juridische situatie bevinden, en indien zij bijgevolg de van die steun uitgesloten ondernemingen discrimineert.

87. Verder kan het door het Gerecht in de bestreden arresten benadrukte feit dat het belastingvoordeel dat met de omstreden maatregel wordt verschaft, kan worden verkregen zonder dat een bepaalde minimuminvestering wordt verlangd, en dat die maatregel dus niet feitelijk is voorbehouden aan ondernemingen die beschikken over toereikende financiële middelen, niet beletten dat de maatregel in kwestie mogelijk als selectief wordt aangemerkt op andere gronden, zoals het feit dat op het nationale grondgebied gevestigde ondernemingen die deelnemingen verwerven in ondernemingen met fiscale vestigingsplaats in Spanje, dat voordeel niet kunnen ontvangen.

88. In dat verband heeft het Hof reeds geoordeeld dat een belastingmaatregel die enkel ten goede kwam aan ondernemingen die de door die maatregel beoogde transacties verrichtten en niet aan ondernemingen binnen dezelfde sector die de betrokken transacties niet verrichtten, selectief kon zijn zonder dat behoefde te worden onderzocht of die maatregel vooral ten goede kwam aan grote ondernemingen (zie in die zin arrest van 15 december 2005, Unicredito Italiano, C-148/04, EU:C:2005:774, punten 47-50).

89. Anders dan het Gerecht heeft overwogen in de punten 59 tot en met 62 van het bestreden arrest Autogrill España/Commissie en de punten 63 tot en met 66 van het bestreden arrest Banco Santander en Santusa/Commissie, bevat het arrest van 19 september 2000, Duitsland/Commissie (C-156/98, EU:C:2000:467), geen andersluidende aanwijzingen met betrekking tot het onderzoek van de voorwaarde inzake selectiviteit van een belastingmaatregel.

90. Uit de punten 22 en 23 van het arrest van 19 september 2000, Duitsland/Commissie (C-156/98, EU:C:2000:467), blijkt immers dat de Commissie de maatregel die aan de orde was in de daaraan ten grondslag liggende zaak als selectief had aangemerkt ten aanzien van bepaalde in een beperkt geografisch gebied gevestigde ondernemingen waarin particuliere investeerders de winst uit de verkoop van economische goederen hadden herbelegd, en niet met betrekking tot die investeerders zelf, ten aanzien van wie zij het standpunt had ingenomen dat die maatregel geen steun vormde, aangezien hij als algemene maatregel zonder onderscheid ten goede kwam aan alle marktdeelnemers. Deze beoordeling werd overigens niet betwist voor het Hof, dat daarover dan ook geen uitspraak hoefde te doen.

91. Hoe dan ook, de situatie van die particuliere investeerders kan niet op één lijn worden gesteld met die van op het nationale grondgebied gevestigde ondernemingen die in aanmerking komen voor de omstreden maatregel.

92. In de litigieuze besluiten heeft de Commissie de omstreden maatregel namelijk als selectief aangemerkt op grond van het feit dat het belastingvoordeel dat daarbij werd verleend niet zonder onderscheid ten goede kwam aan alle marktdeelnemers die zich, gelet op het doel van het Spaanse algemene belastingstelsel, objectief in een vergelijkbare situatie bevonden, aangezien in Spanje gevestigde ondernemingen die soortgelijke deelnemingen verwierven in ondernemingen met fiscale vestigingsplaats in Spanje dat voordeel niet konden genieten. De Commissie heeft zich vervolgens op het standpunt gesteld dat de door het Koninkrijk Spanje aangevoerde rechtvaardigingsgrond voor dat verschil in behandeling tussen de marktdeelnemers, namelijk de aard of de algemene opzet van het stelsel waarvan die maatregel deel uitmaakt, niet kon worden aanvaard.

93. Uit het voorgaande volgt dat het Gerecht blijk heeft gegeven van een onjuiste rechtsopvatting waar het de litigieuze besluiten gedeeltelijk nietig heeft verklaard op grond dat de Commissie geen bepaalde groep van ondernemingen had aangewezen die door de belastingmaatregel in kwestie werden begunstigd, zonder dat het daarbij is nagegaan of de Commissie, bij toepassing van de onderzoeksmethode als bedoeld in de punten 29 tot en met 33 van het bestreden arrest Autogrill España/Commissie en de punten 33 tot en met 37 van het bestreden arrest Banco Santander en Santusa/Commissie, aan de hand waarvan de voorwaarde inzake het selectieve karakter van de omstreden maatregel moet worden onderzocht, concreet had gecontroleerd of en aangetoond dat die maatregel discriminerend was.

94. Bij dat onderzoek moet zonder twijfel uiterste nauwkeurigheid aan de dag worden gelegd en het moet voldoende worden gemotiveerd met het oog op een volledige rechterlijke toetsing, met name met betrekking tot de vraag of de situatie van de marktdeelnemers die door de maatregel worden begunstigd vergelijkbaar is met de situatie van de marktdeelnemers die ervan zijn uitgesloten, en, in voorkomend geval, met betrekking tot de vraag of de door de betrokken lidstaat aangevoerde rechtvaardigingsgrond voor een ongelijke behandeling kan worden aanvaard. Het valt evenwel niet te ontkennen dat het Gerecht van zijn kant blijk heeft gegeven van een onjuiste rechtsopvatting door geen dergelijke toetsing te verrichten en door in de bestreden arresten te oordelen dat de onderzoeksmethode die in de litigieuze besluiten door de Commissie was toegepast, was gebaseerd op een onjuiste uitlegging van de in artikel 107, lid 1, VWEU gestelde selectiviteitsvoorwaarde voor zover in dat kader geen bijzondere groep van ondernemingen was vastgesteld die als enige door de betrokken belastingmaatregel werden begunstigd.

95. Het eerste onderdeel van het enige middel van de Commissie is derhalve gegrond.

Tweede onderdeel van het enige middel

Argumenten van partijen

96. Met het tweede onderdeel van haar enige middel stelt de Commissie dat het Gerecht blijk heeft gegeven van een onjuiste rechtsopvatting bij de toepassing van de rechtspraak over exportsteun en een kunstmatig onderscheid heeft gemaakt tussen steun voor de uitvoer van goederen en steun voor de uitvoer van kapitaal.

97. Wat ten eerste de rechtspraak over exportsteun betreft die in de litigieuze besluiten is aangehaald, met name de arresten van 10 december 1969, Commissie/Frankrijk (6/69 en 11/69, niet gepubliceerd, EU:C:1969:68); 7 juni 1988, Griekenland/Commissie (57/86, EU:C:1988:284), en 15 juli 2004, Spanje/Commissie (C-501/00, EU:C:2004:438), stelt de Commissie dat het Gerecht blijk heeft gegeven van een onjuiste rechtsopvatting waar het in de punten 69 tot en met 76 van het bestreden arrest Autogrill España/Commissie en de punten 73 tot en met 80 van het bestreden arrest Banco Santander en Santusa/Commissie heeft overwogen dat die rechtspraak niet ziet op de voorwaarde inzake selectiviteit van een nationale maatregel, maar alleen op de voorwaarde inzake de ongunstige beïnvloeding van de mededinging en van het handelsverkeer.

98. Uit de in het vorige punt aangehaalde rechtspraak blijkt volgens de Commissie dat naar het oordeel van het Hof de betrokken belastingmaatregelen selectief waren omdat zij voorbehouden waren aan ondernemingen die transacties, zoals investeringen, verrichtten in het buitenland, terwijl ondernemingen die soortgelijke transacties verrichtten in eigen land ervan waren uitgesloten. Daaruit volgt, aldus de Commissie, dat maatregelen die grensoverschrijdende transacties bevoordelen, selectief zijn wanneer zij dezelfde transacties die in eigen land worden verricht, uitsluiten.

99. Ten tweede stelt de Commissie dat het Gerecht in de punten 79 tot en met 81 van het bestreden arrest Autogrill España/Commissie en de punten 83 tot en met 85 van het bestreden arrest Banco Santander en Santusa/Commissie een gekunsteld onderscheid heeft gemaakt tussen steun voor de uitvoer van goederen en steun voor de uitvoer van kapitaal voor zover het heeft overwogen dat blijkens de rechtspraak over exportsteun die in de litigieuze besluiten is aangehaald, in het bijzonder de arresten van 10 december 1969, Commissie/Frankrijk (6/69 en 11/69, niet gepubliceerd, EU:C:1969:68); 7 juni 1988, Griekenland/Commissie (57/86, EU:C:1988:284), en 15 juli 2004, Spanje/Commissie (C-501/00, EU:C:2004:438), „de groep begunstigde ondernemingen op basis waarvan kon worden besloten dat de [omstreden] maatregel selectief was, de groep van exporterende ondernemingen [was]". Die groep bestaat uit ondernemingen die kunnen worden onderscheiden op basis van gemeenschappelijke kenmerken die verband houden met hun exportactiviteit.

100. Volgens de Commissie vormen de ondernemingen waarvoor de omstreden maatregel bedoeld is, een afzonderlijke groep ondernemingen, namelijk die van de kapitaalexporterende ondernemingen, aangezien zij specifieke kenmerken gemeen hebben die verband houden met hun activiteiten op het gebied van de uitvoer van kapitaal.

101. Naar haar mening bestaat er uit het oogpunt van de selectiviteitsvoorwaarde geen enkel onderscheid tussen de uitvoer van goederen en de uitvoer van kapitaal, en is de omstreden maatregel dus net zo goed selectief als de maatregelen waarop de in de litigieuze besluiten aangehaalde rechtspraak over exportsteun betrekking had.

102. Volgens de Commissie bestaat er evenmin een afzonderlijke groep uitvoerende ondernemingen naast die van ondernemingen die grensoverschrijdende transacties verrichten. Alle ondernemingen in een lidstaat kunnen grensoverschrijdende handelingen verrichten en dus in aanmerking komen voor een steunregeling bij uitvoer. Volgens haar kan een nationale maatregel een selectief karakter krijgen wegens het voordeel dat aan de begunstigde van de maatregel wordt toegekend omdat hij goederen, diensten of kapitaal exporteert, en niet wegens het feit dat de betrokken ondernemingen tot een vermeende exportsector behoren.

103. Bijgevolg was het Gerecht, net als het Hof in het arrest van 15 juli 2004, Spanje/Commissie (C-501/00, EU:C:2004:438), dat een situatie betreft die vergelijkbaar is met die van het onderhavige geval, tot de bevinding moeten komen dat de Commissie terecht had vastgesteld dat de omstreden maatregel selectief was aangezien hij was voorbehouden aan bepaalde ondernemingen, namelijk ondernemingen die zich bezighielden met de export van kapitaal.

104. Ten slotte miskent de benadering van het Gerecht de rol en het doel van de staatssteunregels vanuit het oogpunt van de bescherming van de interne markt. Die regels moeten met name voorkomen dat de lidstaten economische voordelen toekennen die specifiek verband houden met de uitvoer van goederen of kapitaal. De specifieke begunstiging van de uitvoer van kapitaal kan de interne markt op dezelfde wijze verstoren als de specifieke begunstiging van de uitvoer van goederen.

105. WDFG alsook Banco Santander en Santusa stellen dat het Gerecht op goede gronden heeft geoordeeld dat de arresten van het Hof die in de litigieuze besluiten zijn aangehaald, geen betrekking hadden op de selectiviteitsvoorwaarde, maar op de voorwaarde inzake ongunstige beïnvloeding van het handelsverkeer.

106. Voorts heeft het Gerecht terecht overwogen dat het Hof in de in de litigieuze besluiten aangehaalde rechtspraak over exportsteun, met name de arresten van 10 december 1969, Commissie/Frankrijk (6/69 en 11/69, niet gepubliceerd, EU:C:1969:68); 7 juni 1988, Griekenland/Commissie (57/86, EU:C:1988:284), en 15 juli 2004, Spanje/Commissie (C-501/00, EU:C:2004:438), van oordeel was dat de betrokken maatregelen selectief waren, hoofdzakelijk omdat de begunstigde ondernemingen gemeenschappelijke kenmerken hadden op basis waarvan

zij konden worden beschouwd als behorend tot een specifieke sector van de economie, namelijk de exportsector en meer bepaald de sector van de goederenexport. De maatregelen aan de orde in de zaken die tot die arresten hebben geleid kwamen ten goede aan ondernemingen waarvoor kenmerkend was dat zij een min of meer aanzienlijk deel van hun goederen of diensten exporteerden.

107. WDFG alsook Banco Santander en Santusa betogen dat de omstreden maatregel ook niet als selectief kan worden aangemerkt op grond dat hij van toepassing is op de groep van zogenoemde „kapitaaluitvoerende" ondernemingen.

108. Een dergelijke groep bestaat niet en is door de Commissie niet aangevoerd in de litigieuze besluiten of voor het Gerecht. Dat argument is niet ontvankelijk in hogere voorziening, aangezien het een feitelijke kwestie betreft die bovendien tardief is opgeworpen. Het is overigens in tegenspraak met het hoofdbetoog van de Commissie, volgens hetwelk zij, ten bewijze dat een maatregel selectief is, niet gehouden is een groep ondernemingen aan te wijzen waarvoor die maatregel bedoeld is.

109. Volgens WDFG alsook Banco Santander en Santusa kan de selectieve aard van een nationale maatregel hoe dan ook niet worden gezocht in kenmerken als het bedrijfskapitaal of het investeringsvermogen van de onderneming, aangezien die kenmerken noodzakelijk eigen zijn aan alle ondernemingen.

110. Verder verzetten de regels inzake het vrije verkeer van kapitaal zich niet tegen een maatregel als de omstreden maatregel. Als die maatregel een verschillende en met name gunstiger behandeling van verwervingen van deelnemingen in buitenlandse ondernemingen met zich brengt, gaat het hoogstens om een omgekeerde discriminatie, die verenigbaar is met de fundamentele vrijheden.

111. Het Koninkrijk Spanje blijft op het standpunt staan dat het in de administratieve procedure bij de Commissie reeds innam, namelijk dat er geen economische activiteit is die bestaat in de uitvoer van kapitaal. De omstreden maatregel begunstigt niet bepaalde ondernemingen of producties aangezien hij geen betrekking heeft op het op de markt aanbieden van goederen of diensten.

112. Ierland betoogt dat de door de Commissie in de litigieuze besluiten aangevoerde arresten maatregelen betroffen die een gemakkelijk bepaalbare groep ondernemingen of producties begunstigden, namelijk de exportsector. Er bestaat daarentegen geen uniforme groep van ondernemingen die „kapitaal uitvoeren", aangezien iedere onderneming die iets koopt in het buitenland „kapitaal uitvoert".

113. Volgens de Bondsrepubliek Duitsland moet het subsidiaire betoog van de Commissie dat de omstreden maatregel vergelijkbaar is met een steunmaatregel voor de export van goederen en dus ook gericht is op de voldoende afgebakende groep van exporterende ondernemingen, worden beschouwd als een aanvullende motivering achteraf van de litigieuze besluiten. Zij meent dat dit argument niet-ontvankelijk moet worden verklaard in hogere voorziening.

114. Volgens diezelfde lidstaat onderscheidt de groep exporterende ondernemingen die aan de orde is in de rechtspraak die door de Commissie in de litigieuze besluiten is aangehaald zich van andere ondernemingen door gemeenschappelijke kenmerken die verband houden met hun exportactiviteiten, welke in voorkomend geval gepaard gingen met specifieke investeringen.

Beoordeling door het Hof

115. Betreffende de rechtspraak over exportsteun die in de litigieuze besluiten is aangevoerd, met name de arresten van 10 december 1969, Commissie/Frankrijk (6/69 en 11/69, niet gepubliceerd, EU:C:1969:68); 7 juni 1988, Griekenland/Commissie (57/86, EU:C:1988:284), en 15 juli 2004, Spanje/Commissie (C-501/00, EU:C:2004:438), moet worden vastgesteld dat, zoals de advocaat-generaal in wezen heeft uiteengezet in de punten 126 tot en met 130 van zijn conclusie, het Gerecht blijk heeft gegeven van een onjuiste rechtsopvatting waar het in de punten 69 tot en met 76 van het bestreden arrest Autogrill España/Commissie en de punten 73 tot en met 80 van het bestreden arrest Banco Santander en Santusa/Commissie heeft geoordeeld dat die rechtspraak geen betrekking had op de voorwaarde inzake selectiviteit van een nationale maatregel maar alleen op de voorwaarde inzake ongunstige beïnvloeding van de mededinging en van het handelsverkeer.

116. In punt 20 van het arrest van 10 december 1969, Commissie/Frankrijk (6/69 en 11/69, niet gepubliceerd, EU:C:1969:68), en punt 8 van het arrest van 7 juni 1988, Griekenland/Commissie (57/86, EU:C:1988:284), heeft het Hof immers, wanneer het vaststelt dat sprake is van staatssteun, noodzakelijkerwijs geoordeeld dat was voldaan aan alle voorwaarden die dienaangaande worden gesteld in artikel 107, lid 1, VWEU, waaronder de selectiviteitsvoorwaarde. Ook heeft het Hof zich in punt 120 van het arrest van 15 juli 2004, Spanje/Commissie (C-501/00, EU:C:2004:438), onder verwijzing naar met name de beide voornoemde arresten, uitdrukkelijk uitgesproken over

de selectieve aard van de onderzochte nationale maatregel aangezien het heeft geoordeeld dat de selectiviteit van die maatregel in het concrete geval eruit voortvloeide dat het daarbij verleende belastingvoordeel enkel ten goede kwam aan ondernemingen die exporteerden en bepaalde investeringen deden in het buitenland.

117. Het Gerecht heeft nogmaals blijk gegeven van een onjuiste rechtsopvatting waar het in de punten 77 tot en met 82 van het bestreden arrest Autogrill España/Commissie en de punten 81 tot en met 86 van het bestreden arrest Banco Santander en Santusa/Commissie heeft geoordeeld dat de in de litigieuze besluiten aangevoerde rechtspraak over exportsteun aldus moet worden begrepen dat de groep begunstigde ondernemingen ten aanzien waarvan moet worden nagegaan of steunregelingen bij uitvoer selectief zijn, de groep van „exporterende ondernemingen" is, die te omschrijven is als een weliswaar bijzonder grote, maar toch specifieke groep van ondernemingen die kunnen worden onderscheiden op basis van specifieke en gemeenschappelijke kenmerken die verband houden met hun exportactiviteit.

118. Zoals de advocaat-generaal in wezen heeft uiteengezet in de punten 133 tot en met 136 van zijn conclusie, kan die rechtspraak namelijk niet aldus worden opgevat dat het selectieve karakter van een nationale maatregel noodzakelijkerwijs voortvloeit uit het feit dat die maatregel enkel ten goede komt aan ondernemingen die goederen of diensten uitvoeren, ook al kan dat de facto het geval zijn geweest bij de bijzondere belastingmaatregelen die in de betrokken arresten aan de orde waren.

119. Integendeel, gelet op de beginselen die zijn erkend in de in de punten 53 tot en met 60 van het onderhavige arrest aangehaalde vaste rechtspraak van het Hof en die onverkort gelden voor fiscale steunmaatregelen bij uitvoer, kan een maatregel als de omstreden maatregel, die de export beoogt te stimuleren, worden aangemerkt als selectief als hij ondernemingen die grensoverschrijdende transacties verrichten – met name investeringen –, begunstigt ten nadele van andere ondernemingen die zich, gelet op het doel van de betrokken belastingregeling, in een feitelijk en juridisch vergelijkbare situatie bevinden, en soortgelijke transacties verrichten op het nationale grondgebied.

120. Bijgevolg is ook het tweede onderdeel van het enige middel gegrond.

121. Aangezien de twee onderdelen van het enige middel van de Commissie gegrond zijn, moeten de bestreden arresten worden vernietigd.

Beroepen bij het Gerecht

122. Overeenkomstig artikel 61, eerste alinea, van het Statuut van het Hof van Justitie van de Europese Unie kan het Hof in geval van vernietiging van de beslissing van het Gerecht de zaak zelf afdoen wanneer deze in staat van wijzen is.

123. Dat is in casu niet het geval, aangezien het Gerecht de beide beroepen tot nietigverklaring heeft toegewezen zonder dat het drie van de vier in elk daarvan aangevoerde middelen heeft onderzocht – middelen die overigens slechts gedeeltelijk overeenkomen –, en zonder dat het bij het onderzoek van het eerste middel in die beroepen is nagegaan of de ondernemingen die niet voldeden aan de voorwaarden voor verkrijging van het bij de omstreden maatregel verleende belastingvoordeel zich, gelet op het doel van het betrokken belastingstelsel, in een juridische en feitelijke situatie bevonden die vergelijkbaar was met die van de ondernemingen die door die maatregel werden begunstigd. Bovendien moeten bij het onderzoek van die middelen mogelijkerwijs feiten worden beoordeeld. De zaken dienen dus te worden terugverwezen naar het Gerecht.

Kosten

124. ...

125. ...

Het Hof (Grote kamer)

verklaart:

1. De arresten van het Gerecht van de Europese Unie van 7 november 2014, Autogrill España/Commissie (T-219/10, EU:T:2014:939), en 7 november 2014, Banco Santander en Santusa/Commissie (T-399/11, EU:T:2014:938), worden vernietigd.

2. De zaken worden terugverwezen naar het Gerecht van de Europese Unie.

3 De beslissing omtrent de kosten wordt aangehouden.

4. De Bondsrepubliek Duitsland, Ierland en het Koninkrijk Spanje dragen hun eigen kosten.

HvJ EU 21 december 2016, gevoegde zaken C-164/15 P en C-165/15 P (Europese Commissie v. Aer Lingus Ltd en Ryanair Designated Activity Company)

Derde kamer: *L. Bay Larsen, kamerpresident, M. Vilaras (rapporteur), J. Malenovský, M. Safjan en D. Šváby, rechters*

Advocaat-generaal: *P. Mengozzi*

Uittreksel

Beoordeling door het Hof

(...)

93. Met betrekking tot, meer bepaald, onrechtmatige steun in de vorm van een belastingvoordeel blijkt ook uit de rechtspraak van het Hof dat de terugvordering van de steun impliceert dat de transacties die de begunstigden van de steun in kwestie daadwerkelijk hebben verricht, onderworpen worden aan de fiscale behandeling die zonder de onrechtmatige steun van toepassing zou zijn geweest (zie in die zin arrest van 15 december 2005, Unicredito Italiano, C-148/04, EU:C:2005:774, punt 119).

94. In casu bestaat het belastingvoordeel uit de vliegbelasting volgens het litigieuze besluit in de toepassing van verschillende tarieven tijdens de betrokken periode, die tot gevolg zouden hebben gehad dat luchtvaartmaatschappijen in Ierland die een tarief van 2 EUR moesten betalen, een voordeel hadden ten opzichte van de andere maatschappijen die in dezelfde periode een bedrag van 10 EUR per passagier moesten afdragen. Aer Lingus en Ryanair hebben evenwel niet aangetoond dat dit besluit onrechtmatig is voor zover daarbij is vastgesteld dat sprake is van staatssteun in de zin van artikel 107, lid 1, VWEU.

95. Derhalve moet, gelet op de overwegingen in de punten 89 tot en met 93 van dit arrest, worden vastgesteld dat voor de teruggaaf van het voordeel dat door de steunmaatregel is ontstaan, zoals geïdentificeerd door het litigieuze besluit, vereist is dat de Ierse belastingautoriteiten van de begunstigden van het lagere tarief het verschil terugvorderen tussen het bedrag van de vliegbelasting dat zonder onrechtmatige steun betaald had moeten worden voor elk van de betrokken vluchten – te weten de vliegbelasting tegen het hogere tarief – en het daadwerkelijk betaalde bedrag – te weten het bedrag berekend op basis van het lagere tarief.

96. Derhalve moet voor de restitutie van de steun in casu een bedrag van 8 EUR per passagier voor elk van de betrokken vluchten worden teruggevorderd, zoals de Commissie in artikel 4 van het litigieuze besluit heeft vastgesteld.

97. Anders dan het Gerecht heeft overwogen, kunnen de overwegingen in de punten 104 tot en met 123 van het arrest Aer Lingus en in de punten 120 tot en met 149 van het arrest Ryanair een andere slotsom niet dragen.

98. Voor zover de luchtvaartmaatschappijen krachtens de toepasselijke Ierse wettelijke regeling de vliegbelasting zelf verschuldigd zijn, is het in de omstandigheden van de onderhavige zaken van weinig belang dat deze belasting in de Ierse wet als accijns is gekwalificeerd. Om diezelfde reden is de vraag of de vliegbelasting uit technisch oogpunt als directe of indirecte belasting moet worden opgevat, niet relevant.

99. In verband met de terugvordering van de steun is het begrip „economische doorberekening", genoemd in punt 91 van het arrest Aer Lingus en in punt 123 van het arrest Ryanair, eveneens niet relevant. Het Gerecht heeft in dat verband aangegeven dat voor de beoordeling van de economische doorberekening moest worden bepaald in hoeverre de luchtvaartmaatschappijen het economische voordeel uit de toepassing van het lagere tarief van 2 EUR per passagier op de betrokken vluchten daadwerkelijk zelf hebben gehouden.

100. Zoals volgt uit de punten 92 en 93 van het onderhavige arrest, impliceert de terugvordering van deze steun dat het directe voordeel dat deze steun heeft opgeleverd aan de begunstigde wordt teruggegeven en niet het economische profijt dat de begunstigde eventueel heeft gerealiseerd door de exploitatie van dat voordeel. Er hoeft dus niet te worden onderzocht of en in hoeverre deze maatschappijen het directe economisch voordeel dat uit de toepassing van het lagere tarief volgt, daadwerkelijk hebben benut.

101. De overwegingen van het Gerecht in de punten 92 tot en met 105 van het arrest Aer Lingus en in de punten 124 tot en met 136 van het arrest Ryanair getuigen van dezelfde verwarring tussen het directe voordeel dat het lagere tarief van de vliegbelasting heeft opgeleverd en het profijt dat de begunstigden van de steun van dit voordeel konden of hadden kunnen trekken.

102. Anders dan het Gerecht heeft overwogen in punt 105 van het arrest Aer Lingus en punt 136 van het arrest Ryanair, bestond het voordeel dat de Commissie in het litigieuze besluit heeft geïdentificeerd namelijk niet daarin dat de luchtvaartmaatschappijen die aan dit tarief waren onderworpen „competitievere prijzen konden bieden". Dat voordeel bestond er eenvoudigweg in dat deze maatschappijen een lagere vliegbelasting betaalden dan zij hadden moeten betalen als hun vluchten onder het hogere tarief vielen. De vraag of zij dankzij dat voordeel competitievere prijzen voor hun tickets konden bieden dan wel of zij dat voordeel op een andere manier hebben geëxploiteerd, betreft de raming van het eventuele profijt dat zij hebben kunnen realiseren door de exploitatie van het toegekende voordeel, en deze raming is niet relevant voor de terugvordering van de steun.

HvJ EU 9 februari 2017, zaak C-283/15 (X v. Staatssecretaris van Financiën)

Eerste kamer: *R. Silva de Lapuerta, kamerpresident, E. Regan, J.-C. Bonichot (rapporteur), C. G. Fernlund en S. Rodin, rechters*
Advocaat-generaal: *M. Wathelet*

1. Het verzoek om een prejudiciële beslissing betreft de uitlegging van 'de bepalingen over het vrije verkeer in het VWEU'.

2. Dat verzoek is ingediend in het kader van een geschil tussen X en de Staatssecretaris van Financiën, over de weigering van de Nederlandse belastingdienst om X aftrek van de negatieve inkomsten uit een eigen woning in Spanje toe te staan.

Toepasselijke bepalingen

3. Artikel 2.3 van de Wet inkomstenbelasting 2001 (hierna: 'wet van 2001') bepaalt:

'De inkomstenbelasting wordt geheven over het door de belastingplichtige in het kalenderjaar genoten:
a. belastbare inkomen uit werk en woning;
b. belastbare inkomen uit aanmerkelijk belang, en
c. belastbare inkomen uit sparen en beleggen.'

4. Artikel 2.4 van de wet van 2001 luidt:

'1. Het belastbare inkomen uit werk en woning wordt bepaald:
a. voor binnenlandse belastingplichtigen: volgens de regels van hoofdstuk 3;
b. voor buitenlandse belastingplichtigen: volgens de regels van de afdeling 7.2.
[...]'

5. Artikel 2.5 van de wet van 2001 bevat de volgende bepaling:

'1. De binnenlandse belastingplichtige die niet gedurende het gehele kalenderjaar in Nederland woont, en de buitenlandse belastingplichtige die als inwoner van een andere lidstaat van de Europese Unie of van een bij ministeriële regeling aangewezen andere mogendheid waarmee Nederland een regeling ter voorkoming van dubbele belasting is overeengekomen die voorziet in de uitwisseling van inlichtingen, in de belastingheffing van die lidstaat of mogendheid wordt betrokken, kunnen kiezen voor toepassing van de regels van deze wet voor binnenlandse belastingplichtigen. [...]
[...]'

6. Krachtens artikel 3.120, lid 1, van de wet van 2001 heeft een ingezetene van Nederland het recht om 'negatieve inkomsten' uit een in Nederland gelegen eigen woning af te trekken.

7. Volgens artikel 7.1, onder a, van de wet van 2001 wordt de belasting geheven over het in het kalenderjaar genoten belastbare inkomen uit werk en woning in Nederland.

8. Artikel 7.2, lid 2, onder b en f, van de wet van 2001 bepaalt dat van het belastbare inkomen uit werk en woning deel uitmaken het belastbaar loon ter zake van het in Nederland verrichten of hebben verricht van arbeid en, in voorkomend geval, de belastbare inkomsten uit eigen woning in Nederland.

Hoofdgeding en prejudiciële vragen

9. In Nederland is krachtens de wet van 2001 door particulieren inkomstenbelasting verschuldigd over inkomen uit werk, maar ook over inkomen 'uit woning'. Wanneer die woning een eigen woning is, levert zij in een percentage van de waarde berekende belastingvoordelen op. De aftrekbare kosten, zoals rente en kosten in verband met voor de verwerving van de woning aangegane schulden, worden op die voordelen in mindering gebracht. Wanneer het bedrag van de kosten hoger is dan dat van de voordelen, heeft de belastingplichtige zogenoemde negatieve inkomsten.

10. Dat was voor X het geval in 2007 voor zijn in Spanje gelegen woning.

11. In datzelfde belastingjaar bestonden de arbeidsinkomsten van X in bedragen die hem zijn uitgekeerd door twee vennootschappen waarin hij meerderheidsbelangen had en waarvan de ene in Nederland en de andere in Zwitserland was gevestigd. Het inkomen uit Nederlandse bron vormde 60 % van zijn bruto-inkomen en het Zwitserse inkomen 40 % daarvan. In Spanje heeft belanghebbende geen inkomen verworven, noch in het jaar 2007 noch in de vier volgende jaren, na afloop waarvan X heeft opgehouden Spaans ingezetene te zijn.

12. Overeenkomstig het toepasselijke bilaterale belastingverdrag zijn de Zwitserse inkomsten in Zwitserland en de Nederlandse inkomsten in Nederland belast.

13. Voor zijn belastingen in deze laatste lidstaat heeft X aanvankelijk geopteerd voor de in artikel 2.5 van de wet van 2001 voorziene gelijkstelling met een binnenlandse belastingplichtige, waardoor hij in Nederland onbeperkt belastingplichtig werd. De Nederlandse belastingdienst heeft daarbij de negatieve inkomsten uit de eigen woning in Spanje in aanmerking genomen.

14. Het totaalbedrag van de aldus berekende belasting was hoger dan de belasting die X verschuldigd zou zijn geweest indien hij niet had geopteerd voor gelijkstelling met een binnenlandse belastingplichtige – hetgeen tot gevolg zou hebben gehad dat hij in Zwitserland zou zijn belast voor de in die staat verworven inkomsten, ter hoogte van 40 % van zijn totale inkomsten – en indien hij bovendien de negatieve inkomsten uit zijn eigen woning in Spanje volledig had kunnen aftrekken.

15. X heeft de belastingaanslag voor de Nederlandse rechterlijke instanties bestreden met het betoog dat de bepalingen van Unierecht betreffende het vrije verkeer aldus moeten worden uitgelegd dat buitenlandse belastingplichtigen op grond daarvan recht hebben op aftrek van negatieve inkomsten uit eigen woning, zonder dat daarvoor hoeft te worden geopteerd voor gelijkstelling met binnenlandse belastingplichtigen, en heeft voor het geval dat standpunt mocht worden aanvaard zijn beroep op de keuzeregeling ingetrokken.

16. Na door de rechtbank Haarlem (Nederland) en door het gerechtshof Amsterdam (Nederland) in het ongelijk te zijn gesteld, heeft X beroep in cassatie ingesteld bij de Hoge Raad der Nederlanden.

17. De verwijzende rechterlijke instantie twijfelt over de juiste interpretatie van de rechtspraak voortvloeiend uit het arrest van 14 februari 1995, Schumacker (C-279/93, EU:C:1995:31), gelet op het feit dat X, anders dan in de feitelijke situatie in de zaak waarin dat arrest is gewezen, zijn gezinsinkomen niet geheel of vrijwel uitsluitend verwerft in één andere lidstaat dan zijn woonstaat die dat inkomen in de belastingheffing kan betrekken en daarbij rekening zou kunnen houden met zijn persoonlijke en gezinssituatie. De situatie van X wordt gekenmerkt doordat hij op de datum die voor de berekening van zijn inkomstenbelasting in aanmerking moet worden genomen ingezetene was van Spanje, waar hij geen inkomen had, en zijn inkomen ten dele, voor 60 %, in Nederland, en ten dele, voor 40 %, in Zwitserland ontving.

18. Volgens de verwijzende rechterlijke instantie zouden de arresten van 14 september 1999, Gschwind (C-391/97, EU:C:1999:409); 12 december 2002, De Groot (C-385/00, EU:C:2002:750), en 10 mei 2012, Commissie/Estland (C-39/10, EU:C:2012:282), aldus kunnen worden begrepen dat de werkstaat steeds met de persoonlijke en gezinssituatie rekening moet houden indien dit in de woonstaat niet mogelijk is. Dat is het geval in het hoofdgeding, daar X in het betrokken belastingjaar in Spanje geen inkomen had.

19. Daarop heeft de Hoge Raad de behandeling van de zaak geschorst en het Hof de volgende prejudiciële vragen gesteld:

> '1. Moeten de bepalingen over het vrije verkeer in het VWEU aldus worden uitgelegd, dat zij in de weg staan aan een nationale regeling op grond waarvan een burger van de Unie die in Spanje woont en wiens arbeidsinkomsten voor ongeveer 60 percent door Nederland worden belast en voor ongeveer 40 percent door Zwitserland, zijn negatieve inkomsten uit de in Spanje gelegen persoonlijk gebruikte eigen woning niet in mindering mag brengen op zijn door Nederland belaste arbeidsinkomsten, ook niet indien hij in de woonstaat Spanje een zodanig laag inkomen geniet dat voormelde negatieve inkomsten in het desbetreffende jaar niet tot een belastingvermindering in de woonstaat kunnen leiden?
> 2. a. Indien vraag 1 bevestigend wordt beantwoord, moet iedere lidstaat waar de burger van de Unie een deel van zijn inkomsten verwerft dan rekening houden met het volledige bedrag van voormelde negatieve inkomsten? Of geldt die verplichting slechts voor één van de betrokken werkstaten, en zo ja welke? Of moet ieder van de werkstaten (niet zijnde de woonstaat) aftrek toestaan van een deel van die negatieve inkomsten? Hoe moet in het laatste geval dit in aftrek komende deel worden bepaald?
> b. Is in dit verband beslissend in welke lidstaat de arbeid feitelijk wordt verricht, of is beslissend welke lidstaat bevoegd is de daarmee verworven inkomsten te belasten?
> 3. Luidt het antwoord op de onder 2 geformuleerde vragen anders indien één van de staten waar de burger van de Unie zijn inkomsten verwerft [de Zwitserse Bondsstaat] is, [die] geen lidstaat is van de Europese Unie en evenmin deel uitmaakt van de Europese Economische Ruimte?
> 4. In hoeverre is het in dit verband van belang of de wetgeving van het woonland van de belastingplichtige (in dit geval Spanje) een mogelijkheid kent tot aftrek van hypotheekrente voor de eigen woning van de belastingplichtige, en een mogelijkheid tot verrekening van daaruit in het desbetreffende jaar voortvloeiende fiscale verliezen met eventuele inkomsten uit dat land in latere jaren?'

Beantwoording van de prejudiciële vragen

Toepasselijke vrijheid van verkeer

20. Om te beginnen moet worden opgemerkt dat de verwijzende rechterlijke instantie niet vermeldt, aan welke vrijheid van verkeer een nationale wettelijke regeling als die in het hoofdgeding zou moeten worden getoetst.

21. Uit de stukken in het aan het Hof overgelegde dossier blijkt echter dat X via meerderheidsbelangen de activiteit evan de in Nederland en in Zwitserland gevestigde vennootschappen controleert en stuurt en dat hij op de winst daaruit de negatieve inkomsten uit zijn eigen woning in Spanje in mindering wenst te brengen.

22. Volgens vaste rechtspraak is de vrijheid die toepasselijk is op een onderdaan van een lidstaat, ongeacht zijn nationaliteit, die in het kapitaal van een in een andere lidstaat gevestigde vennootschap een deelneming houdt die hem een zodanige invloed op de besluiten van die vennootschap verleent dat hij de activiteiten ervan kan bepalen, de vrijheid van vestiging (arrest van 18 december 2014, X, C-87/13, EU:C:2014:2459, punt 21).

23. De in het hoofdgeding aan de orde zijnde nationale wetgeving moet dus aan de bepalingen van artikel 49 VWEU worden getoetst.

Eerste vraag

24. Met haar eerste vraag wenst de verwijzende rechterlijke instantie in hoofdzaak te vernemen of artikel 49 VWEU aldus moet worden uitgelegd dat het eraan in de weg staat dat een lidstaat waarvan de belastingwetgeving de aftrek van negatieve inkomsten uit een woning toestaat, het voordeel van die aftrek aan een niet-ingezetene zelfstandige weigert wanneer deze op het grondgebied van die lidstaat 60 % van zijn totale inkomen ontvangt en op het grondgebied van de lidstaat waar zijn woning is gelegen geen inkomen ontvangt op grond waarvan hij een gelijkwaardig recht op aftrek geldend kan maken.

25. Om die vraag te beantwoorden moet allereerst in herinnering worden gebracht dat de nationale belastingregels het recht van de Unie, inzonderheid de door de Verdragen gewaarborgde vrijheden, waaronder de in artikel 49 VWEU neergelegde vrijheid van vestiging, moeten eerbiedigen (zie naar analogie arrest van 10 mei 2012, Commissie/Estland, C-39/ 10, EU:C:2012:282, punt 47).

26. De inaanmerkingneming van negatieve inkomsten uit een onroerend goed dat is gelegen op het grondgebied van de lidstaat waar een belastingplichtige domicilie heeft gekozen, vormt een fiscaal voordeel in verband met de persoonlijke situatie van de betrokkene dat relevant is voor de beoordeling van diens algehele fiscale draagkracht (zie in die zin arrest van 18 juni 2015, Kieback, C-9/14, EU:C:2015:406, punt 19 en aldaar aangehaalde rechtspraak).

27. De wetgeving van een lidstaat die niet-ingezeten belastingplichtigen de aan ingezeten belastingplichtigen geboden mogelijkheid ontzegt, dergelijke negatieve inkomsten in aftrek te brengen, behandelt eerstbedoelde belastingplichtigen dus minder gunstig vergeleken met laatstbedoelde belastingplichtigen.

28. Onderzocht moet dan ook worden of het door de wetgeving in het hoofdgeding gehanteerde criterium van ingezetenschap discriminatie oplevert.

29. Dienaangaande zij in herinnering gebracht dat van discriminatie slechts sprake kan zijn wanneer op vergelijkbare situaties verschillende regels of op verschillende situaties dezelfde regels worden toegepast (zie onder meer arresten van 14 februari 1995, Schumacker, C-279/93, EU:C:1995:31, punt 30, en 18 juni 2015, Kieback, C-9/14, EU:C:2015:406, punt 21).

30. Voor de directe belastingen bevinden ingezetenen en niet-ingezetenen zich in de regel niet in vergelijkbare situaties, aangezien het inkomen dat een niet-ingezetene op het grondgebied van een lidstaat verwerft, meestal slechts een deel is van zijn totale inkomen, waarvan het zwaartepunt zich bevindt op de plaats waar hij woont, en de persoonlijke draagkracht van de niet-ingezetene, die wordt gevormd door zijn totale inkomen en zijn persoonlijke en gezinssituatie, het gemakkelijkst kan worden beoordeeld op de plaats waar hij het centrum van zijn persoonlijke en vermogensrechtelijke belangen heeft, welke plaats in het algemeen zijn gebruikelijke woonplaats is (zie onder meer arresten van 14 februari 1995, Schumacker, C-279/93, EU:C:1995:31, punten 31 en 32, en 18 juni 2015, Kieback, C-9/14, EU:C:2015:406, punt 22).

31. Zo heeft het Hof in punt 34 van het arrest van 14 februari 1995, Schumacker (C-279/93, EU:C:1995:31), geoordeeld dat wanneer een lidstaat een niet-ingezetene bepaalde belastingvoordelen die hij aan ingezetenen toekent, ontzegt, in de regel geen sprake is van discriminatie gezien de objectieve verschillen tussen de situatie van ingezetenen en die van niet-ingezetenen, zowel wat de bron van inkomsten betreft als met betrekking tot de persoonlijke draagkracht of de persoonlijke en gezinssituatie (zie ook arrest van 18 juni 2015, Kieback, C-9/14, EU:C:2015:406, punt 23).

32. Van discriminatie in de zin van het VWEU tussen ingezetenen en niet-ingezetenen kan slechts sprake zijn indien, ook al zijn zij woonachtig in verschillende lidstaten, komt vast te staan dat de twee categorieën belasting-

plichtigen zich, gelet op doel en inhoud van de betrokken nationale bepalingen, in een vergelijkbare situatie bevinden (zie arrest van 14 september 1999, Gschwind, C-391/97, EU:C:1999:409, punt 26).

33. Dat is met name het geval wanneer een niet-ingezeten belastingplichtige geen inkomsten van betekenis op het grondgebied van de woonlidstaat verwerft en het grootste deel van zijn belastbaar inkomen verwerft uit een in een andere lidstaat uitgeoefende activiteit, zodat de woonlidstaat hem niet de voordelen kan toekennen waarop aanspraak ontstaat wanneer met zijn persoonlijke en gezinssituatie rekening wordt gehouden (zie onder meer arresten van 14 februari 1995, Schumacker, C-279/93, EU:C:1995:31, punt 36; 16 oktober 2008, Renneberg, C-527/06, EU:C:2008:566, punt 61, en 18 juni 2015, Kieback, C-9/14, EU:C:2015:406, punt 25).

34. In een dergelijk geval is de discriminatie gelegen in het feit dat met de persoonlijke en gezinssituatie van een niet-ingezetene die het grootste deel van zijn inkomen en nagenoeg zijn volledige gezinsinkomen verwerft in een andere lidstaat dan zijn woonstaat, in de woonlidstaat noch in de werklidstaat rekening wordt gehouden (arresten van 14 februari 1995, Schumacker, C-279/93, EU:C:1995:31, punt 38; 18 juli 2007, Lakebrink en Peters-Lakebrink, C-182/06, EU:C:2007:452, punt 31, en 18 juni 2015, Kieback, C-9/14, EU:C:2015:406, punt 26).

35. In punt 34 van het arrest van 18 juli 2007, Lakebrink en Peters-Lakebrink (C-182/06, EU:C:2007:452), heeft het Hof gepreciseerd dat de in de punten 27 tot en met 32 van het onderhavige arrest geformuleerde rechtspraak zich uitstrekt tot alle belastingvoordelen die verband houden met de fiscale draagkracht van een niet-ingezetene en die in de woonlidstaat noch in de werklidstaat van een werknemer worden verleend (arrest van 18 juni 2015, Kieback, C-9/14, EU:C:2015:406, punt 27).

36. Die toepasselijkheid is in de context van de vrijheid van vestiging overdraagbaar op belastingvoordelen die verband houden met de draagkracht die niet in de woonlidstaat en evenmin in de werklidstaat van een zelfstandige kunnen worden toegekend (zie voor de toepasselijkheid van de rechtspraak voortvloeiend uit het arrest van 14 februari 1995, Schumacker, C-279/93, EU:C:1995:31, die aanvankelijk betrekking had op het gebied van het vrije verkeer van werknemers, op de vrijheid van vestiging, arresten van 11 augustus 1995, Wielockx, C-80/94, EU:C:1995:271; 27 juni 1996, Asscher, C-107/94, EU:C:1996:251, en 28 februari 2013, Ettwein, C-425/11, EU:C:2013:121).

37. Zo is, met betrekking tot dergelijke belastingvoordelen aan de hand waarvan, afhankelijk van de regels van de betrokken nationale wetgeving, de draagkracht van de betrokken belastingplichtige moet worden bepaald – zoals de in het hoofdgeding aan de orde zijnde regels op grond waarvan een fictief inkomen uit eigen woning geldt en op grond waarvan tegelijkertijd de eraan verbonden lasten mogen worden afgetrokken –, de enkele omstandigheid dat een niet-ingezetene op het grondgebied van de werklidstaat inkomen heeft ontvangen in min of meer gelijke omstandigheden als ingezetenen van die staat, ontoereikend om zijn situatie objectief vergelijkbaar met die van laatstgenoemden te maken.

38. Om een dergelijke objectieve vergelijkbaarheid te kunnen vaststellen is tevens vereist dat de woonlidstaat, vanwege het feit dat deze niet-ingezetene het belangrijkste deel van zijn inkomen elders dan op het grondgebied van die staat heeft verworven, niet in staat is om hem de voordelen toe te kennen waarop aanspraak ontstaat wanneer zijn gehele inkomen en zijn persoonlijke en gezinssituatie in aanmerking worden genomen (zie naar analogie arrest van 18 juni 2015, Kieback, C-9/ 14, EU:C:2015:406, punt 28).

39. Wanneer de niet-ingezetene op het grondgebied van een lidstaat waar hij een deel van zijn werkzaamheden verricht, 60 % van het totaal van zijn wereldinkomen ontvangt, rechtvaardigt niets de constatering dat de woonlidstaat op die enkele grond geen rekening zal kunnen houden met al zijn inkomen en zijn persoonlijke en gezinssituatie. Dat zou slechts anders zijn indien mocht blijken dat de belanghebbende op het grondgebied van de woonlidstaat geen enkel inkomen heeft ontvangen of een zodanig gering inkomen dat die staat hem niet de voordelen kan toekennen waarop aanspraak ontstaat wanneer al zijn inkomen en zijn persoonlijke en gezinssituatie in de beschouwing worden betrokken.

40. Dat is kennelijk het geval met X, die blijkens de stukken in het bij het Hof ingediende dossier in de loop van het in het hoofdgeding aan de orde zijnde belastingjaar op het grondgebied van zijn woonlidstaat, te weten het Koninkrijk Spanje, geen inkomen had.

41. Aangezien X zijn persoonlijke en gezinssituatie niet in aanmerking kan doen nemen door die lidstaat en evenmin door de lidstaat op het grondgebied waarvan hij 60 % van het totaal van zijn arbeidsinkomsten ontvangt, te weten het Koninkrijk der Nederlanden, moet worden vastgesteld dat sprake is van discriminatie in zijn nadeel in de zin van de rechtspraak vermeld in de punten 27 tot en met 32 van het onderhavige arrest.

42. Aan deze conclusie kan niet worden afgedaan door de omstandigheid dat X voor het overige de rest van zijn inkomen in hetzelfde jaar op het grondgebied van een andere staat dan het Koninkrijk der Nederlanden en het Koninkrijk Spanje heeft ontvangen. Zoals de advocaat-generaal in de punten 47 tot en met 53 van zijn conclusie heeft opgemerkt, is het feit dat een belastingplichtige het grootste deel van zijn inkomen niet op het grondgebied van een, maar van meerdere andere staten dan dat van zijn woonplaats ontvangt, niet van invloed op de toepassing van de uit het arrest van 14 februari 1995, Schumacker (C-279/93, EU:C:1995:31), voortvloeiende beginselen.

Het beslissende criterium blijft immers dat een lidstaat de persoonlijke en gezinssituatie van een belastingplichtige voor de belastingheffing niet in aanmerking kan nemen wegens gebrek aan voldoende belastbaar inkomen, terwijl met die situatie elders wel rekening kan worden gehouden omdat de belanghebbende daar voldoende inkomen ontvangt.

43. Gelet op al het voorgaande moet op de eerste vraag worden geantwoord dat artikel 49 VWEU aldus moet worden uitgelegd dat het eraan in de weg staat dat een lidstaat waarvan de belastingwetgeving de aftrek van negatieve inkomsten uit een woning toestaat, het voordeel van die aftrek aan een niet-ingezeten zelfstandige weigert wanneer deze op het grondgebied van die lidstaat 60 % van zijn totale inkomen ontvangt en op het grondgebied van de lidstaat waar zijn woning is gelegen geen inkomen ontvangt op grond waarvan hij een gelijkwaardig recht op aftrek geldend kan maken.

Tweede vraag

44. Met haar tweede vraag wenst de verwijzende rechterlijke instantie in hoofdzaak te vernemen of het uit het antwoord op de eerste vraag voortvloeiende verbod enkel geldt voor de lidstaat op het grondgebied waarvan 60 % van het totaal van het inkomen wordt ontvangen, of dat het wordt gedeeld met iedere andere lidstaat op het grondgebied waarvan de niet-ingezeten belastingplichtige belastbaar inkomen ontvangt op grond waarvan hij er een overeenkomstig recht op aftrek geldend kan maken, en volgens welke verdeelsleutel. Zij wenst tevens te vernemen of het begrip 'werklidstaat' verwijst naar een lidstaat op het grondgebied waarvan feitelijk arbeid wordt verricht, of naar een lidstaat die bevoegd is, inkomen uit arbeid te belasten.

45. Voor de beantwoording van het tweede onderdeel van de tweede vraag kan worden volstaan met eraan te herinneren dat de doelstelling die de basis vormt van de rechtspraak zoals die in het kader van het antwoord op de eerste vraag in herinnering is gebracht, erin bestaat dat rekening wordt gehouden met de persoonlijke en gezinssituatie van de belastingplichtige door middel van een belastingvoordeel, dat wil zeggen belastingvermindering. Het begrip 'werklidstaat' zoals bedoeld in het onderhavige arrest kan dan ook niet anders worden begrepen dan als een lidstaat die bevoegd is om alle of een deel van het arbeidsinkomen van een belastingplichtige te belasten, ongeacht waar de arbeid waarmee dat inkomen wordt verworven feitelijk wordt verricht.

46. Voor de beantwoording van het eerste onderdeel van de tweede vraag, betreffende de verdeling over meerdere werklidstaten van de last die verbonden is aan het in aanmerking nemen van de persoonlijke en gezinssituatie van de belastingplichtige, moet de vaste rechtspraak van het Hof op het gebied van de verdeling door de lidstaten van hun heffingsbevoegdheid in de beschouwing worden betrokken (zie onder meer arrest van 12 december 2002, De Groot, C-385/ 00, EU:C:2002:750, punt 93 en aldaar aangehaalde rechtspraak).

47. Hieruit volgt inzonderheid dat de vrijheid van de lidstaten om – bij gebreke van unificatie- of harmonisatiemaatregelen door het recht van de Unie – de uitoefening van hun belastingbevoegdheden onderling te verdelen, onder meer om cumulatie van belastingvoordelen te vermijden, moet worden verzoend met de noodzaak, de belastingplichtigen van de betrokken lidstaten te waarborgen dat hun gehele persoonlijke en gezinssituatie uiteindelijk volledig en naar behoren in aanmerking wordt genomen, ongeacht de wijze waarop de betrokken lidstaten deze verplichting onderling hebben verdeeld. Bij gebreke van die verzoening zou de vrije verdeling van de heffingsbevoegdheid over de lidstaten tot ongelijkheden in behandeling tussen de betrokken belastingplichtigen kunnen leiden die niet het gevolg zouden zijn van dispariteiten tussen de nationale belastingwetgevingen en zich dus niet zouden verdragen met de vrijheid van vestiging (zie in die zin arrest van 12 december 2013, Imfeld en Garcet, C-303/12, EU:C:2013:822, punten 70 en 77).

48. Ingeval een zelfstandige zijn belastbaar inkomen ontvangt op het grondgebied van meerdere lidstaten, niet zijnde zijn woonlidstaat, kan die verzoening slechts worden bereikt wanneer hem wordt toegestaan zijn recht op aftrek van negatieve inkomsten bij elk van de werklidstaten die dat belastingvoordeel toekennen geldend te maken naar verhouding van het aandeel van zijn inkomen op het grondgebied van elke lidstaat, waarbij het aan hem is om de bevoegde nationale instanties alle gegevens over zijn wereldinkomen te verschaffen aan de hand waarvan dat prorata kan worden bepaald.

49. Op de tweede vraag moet dan ook worden geantwoord dat het uit het antwoord op de eerste vraag voortvloeiende verbod geldt voor elke werklidstaat op het grondgebied waarvan een zelfstandige inkomen ontvangt op grond waarvan hij er een overeenkomstig recht op aftrek geldend kan maken, naar verhouding van het aandeel van dat inkomen dat de zelfstandige op het grondgebied van elk van de werklidstaten ontvangt. Daarbij is een 'werklidstaat' iedere lidstaat die heffingsbevoegdheid heeft voor arbeidsinkomen dat door een niet-ingezetene op zijn grondgebied wordt ontvangen, ongeacht op welke plaats feitelijk arbeid wordt verricht.

Derde vraag

50. Met haar derde vraag wenst de verwijzende rechterlijke instantie in hoofdzaak te vernemen of de omstandigheid dat de betrokken niet-ingezeten belastingplichtige een deel van zijn belastbaar inkomen niet op het grond-

gebied van een lidstaat ontvangt maar op dat van een derde staat, van invloed is op het antwoord op de tweede vraag.

51. Dienaangaande zij in herinnering gebracht dat de uitlegging die aan de bepalingen van het VWEU betreffende de vrijheid van vestiging moet worden gegeven met het oog op de eruit voortvloeiende verplichting om een zelfstandige die een beroepsactiviteit op het grondgebied van een andere lidstaat dan dat van zijn woonlidstaat uitoefent niet discriminerend te behandelen, geldt voor elke lidstaat. Dit geldt in een situatie als in het hoofdgeding ook voor een lidstaat op het grondgebied waarvan een zelfstandige die woonachtig is op het grondgebied van een andere lidstaat, een deel van zijn arbeid heeft verricht terwijl hij de rest van zijn arbeid heeft verricht op het grondgebied van een derde staat, ook al is deze laatste geen lidstaat, maar een derde staat (zie naar analogie arrest van 18 juni 2015, Kieback, C-9/14, EU:C:2015:406, punt 35).

52. Op de derde vraag moet dus worden geantwoord dat de omstandigheid dat de betrokken niet-ingezeten belastingplichtige een deel van zijn belastbaar inkomen niet op het grondgebied van een lidstaat ontvangt maar op dat van een derde staat, niet van invloed is op het antwoord op de tweede vraag.

Vierde vraag

53. Met haar vierde vraag wenst de verwijzende rechterlijke instantie te vernemen of het antwoord op de voorgaande vragen anders luidt indien op grond van de nationale wetgeving van de woonlidstaat van de zelfstandige deze laatste voor de in die lidstaat verschuldigde belasting de hypotheekrente over zijn eigen woning in mindering mag brengen en de ermee verband houdende fiscale verliezen mag verrekenen met het inkomen in meerdere toekomstige belastingjaren.

54. Blijkens de stukken in het aan het Hof overgelegde dossier, die op dit punt zijn bevestigd door de mondelinge opmerkingen van X ter terechtzitting, heeft deze laatste noch in 2007 noch in latere belastingjaren inkomen in Spanje ontvangen. Aangezien X dus op het grondgebied van zijn woonlidstaat in die jaren geen belastbaar inkomen had, heeft hij hoe dan ook bij de Spaanse belastingdienst geen recht op aftrek geldend kunnen maken om zijn persoonlijke en gezinssituatie in aanmerking te doen nemen.

55. De vierde vraag is dan ook hypothetisch en bijgevolg niet-ontvankelijk (zie arrest van 29 januari 2013, Radu, C-396/11, EU:C:2013:39, punt 24).

Kosten

56. …

Het Hof (Eerste kamer)

verklaart voor recht:

1. Artikel 49 VWEU moet aldus worden uitgelegd dat het eraan in de weg staat dat een lidstaat waarvan de belastingwetgeving de aftrek van negatieve inkomsten uit een woning toestaat, het voordeel van die aftrek aan een niet-ingezeten zelfstandige weigert wanneer deze op het grondgebied van die lidstaat 60 % van zijn totale inkomen ontvangt en op het grondgebied van de lidstaat waar zijn woning is gelegen geen inkomen ontvangt op grond waarvan hij een gelijkwaardig recht op aftrek geldend kan maken.

2. Het uit het antwoord op de eerste vraag voortvloeiende verbod geldt voor elke werklidstaat op het grondgebied waarvan een zelfstandige inkomen ontvangt op grond waarvan hij er een overeenkomstig recht op aftrek geldend kan maken, naar verhouding van het aandeel van dat inkomen dat de zelfstandige op het grondgebied van elk van de werklidstaten ontvangt. Daarbij is een 'werklidstaat' iedere lidstaat die heffingsbevoegdheid heeft voor arbeidsinkomen dat door een niet-ingezetene op zijn grondgebied wordt ontvangen, ongeacht op welke plaats feitelijk arbeid wordt verricht.

3. De omstandigheid dat de betrokken niet-ingezeten belastingplichtige een deel van zijn belastbaar inkomen niet op het grondgebied van een lidstaat ontvangt maar op dat van een derde staat, is niet van invloed op het antwoord op de tweede vraag.

HvJ EU 15 februari 2017, zaak C-317/15 (X v. Staatssecretaris van Financiën)

Negende kamer: *C. Vajda (rapporteur), waarnemend voor de kamerpresident, K. Jürimäe en C. Lycourgos, rechters*
Advocaat-generaal: *P. Mengozzi*

1. Het verzoek om een prejudiciële beslissing betreft de uitlegging van artikel 64, lid 1, VWEU.

2. Dit verzoek is ingediend in het kader van een geding tussen X, natuurlijke persoon, en de Staatssecretaris van Financiën (Nederland) over een navorderingsaanslag in de inkomstenbelasting en premie volksverzekeringen over de jaren 1998 tot en met 2006.

Toepasselijke bepalingen

Unierecht

3. Artikel 1, lid 1, van richtlijn 88/361/EEG van de Raad van 24 juni 1988 voor de uitvoering van artikel 67 van het Verdrag [artikel ingetrokken bij het Verdrag van Amsterdam] (*PB* 1988, L 178, blz. 5) bepaalt:

> 'Onverminderd de hierna volgende bepalingen heffen de lidstaten de beperkingen op met betrekking tot het kapitaalverkeer tussen ingezetenen van de lidstaten. Teneinde de toepassing van deze richtlijn te vergemakkelijken, worden de verschillende categorieën kapitaalverkeer ingedeeld volgens de nomenclatuur van bijlage I.'

4. Onder het in bijlage I bij richtlijn 88/361 genoemde kapitaalverkeer worden in rubriek VI ervan vermeld: '[v]errichtingen in rekeningen-courant en depositorekeningen bij financiële instellingen', waartoe met name '[d]oor ingezetenen bij buitenlandse financiële instellingen uitgevoerde verrichtingen' behoren.

Nederlands recht

5. Artikel 16 van de Algemene wet inzake rijksbelastingen (hierna: 'AWR') bepaalt:

> '1. Indien enig feit grond oplevert voor het vermoeden dat een aanslag ten onrechte achterwege is gelaten of tot een te laag bedrag is vastgesteld, [...] kan de inspecteur de te weinig geheven belasting [...] navorderen.
> [...]
> [...]
> 3. De bevoegdheid tot het vaststellen van een navorderingsaanslag vervalt door verloop van vijf jaren na het tijdstip waarop de belastingschuld is ontstaan. [...]
> 4. Indien te weinig belasting is geheven over een bestanddeel van het voorwerp van enige belasting dat in het buitenland wordt gehouden of is opgekomen, vervalt, in afwijking in zoverre van het derde lid, eerste volzin, de bevoegdheid tot navorderen door verloop van twaalf jaren na het tijdstip waarop de belastingschuld is ontstaan.'

Hoofdgeding en prejudiciële vragen

6. In mei 2002 is een klacht ingediend wegens overtreding van de Wet toezicht effectenverkeer. Vervolgens is een strafrechtelijk onderzoek ingeleid in het kader waarvan X meerdere malen is verhoord.

7. Bij brief van 13 januari 2009 heeft X aan de Nederlandse belastingdienst gegevens verstrekt over een rekening die hij tot begin 2004 onder een codenaam bij een bank in Zwitserland had aangehouden, en over een rekening die hij sinds begin 2004 bij een bank in Luxemburg aanhield, welke rekeningen hij niet had vermeld in zijn belastingaangiften van de jaren voorafgaand aan die brief.

8. Op 27 juli 2010 zijn de onderzoeksresultaten door de Officier van Justitie (Nederland) aan de Belastingdienst verstrekt. Op 30 november 2010 zijn navorderingsaanslagen opgelegd voor de jaren 1998 tot en met 2006.

9. X heeft tegen deze navorderingsaanslagen beroep ingesteld bij de rechtbank Breda (Nederland). Bij uitspraak van 12 september 2012 heeft deze rechter geoordeeld dat de navorderingsaanslagen over de jaren tot en met 2004, die waren opgelegd onder toepassing van de verlengde navorderingstermijn van artikel 16, lid 4, AWR, niet waren opgelegd met de vereiste voortvarendheid in de zin van het arrest van 11 juni 2009, X en Passenheim-van Schoot (C-155/08 en C-157/08, EU:C:2009:368). Die rechtbank oordeelde evenwel dat op grond van de standstillbepaling van artikel 64, lid 1, VWEU de vrijheid van kapitaalverkeer – en dus de uit dat arrest voortgekomen rechtspraak – niet van toepassing was voor zover werd nagevorderd ter zake van de Zwitserse bankrekening. Op deze gronden heeft de rechtbank Breda de navorderingsaanslagen over de jaren tot en met 2003, behoudens een correctie ter zake van de verdeling van het inkomen over belanghebbende en zijn echtgenote, gehandhaafd en de

navorderingsaanslag over 2004 verminderd met de belasting die betrekking had op de Luxemburgse bankrekening.

10. De Belastinginspecteur heeft bij het gerechtshof 's-Hertogenbosch (Nederland) hoger beroep ingesteld tegen de uitspraak van de rechtbank Breda voor zover deze de navorderingsaanslag over 2004 betrof, en bestreden dat niet de vereiste voortvarendheid was betracht. X heeft bij het gerechtshof 's-Hertogenbosch incidenteel hoger beroep ingesteld tegen die uitspraak voor zover deze betrekking had op de navorderingsaanslagen die waren opgelegd voor alle voor de rechtbank Breda in geschil zijnde jaren en heeft in dat kader bestreden dat de standstill-bepaling van artikel 64, lid 1, VWEU meebrengt dat de vrijheid van kapitaalverkeer niet van toepassing is ten aanzien van zijn Zwitserse bankrekening.

11. Het gerechtshof 's-Hertogenbosch heeft het door de Belastinginspecteur ingestelde hoger beroep ongegrond verklaard. Wat het incidentele hoger beroep van X betreft, dit heeft het gerechtshof niet-ontvankelijk verklaard voor zover het betrekking had op de beslissingen inzake de navorderingsaanslagen over de jaren tot en met 2003, over 2005 en over 2006, doch het heeft dit gegrond verklaard voor zover het betrekking had op de beslissing inzake de navorderingsaanslag over 2004. Daartoe heeft het gerechtshof overwogen dat de navordering ter zake van de Zwitserse bankrekening geheel valt binnen de werking van de rechtspraak die is voortgekomen uit het arrest van 11 juni 2009, X en Passenheim-van Schoot (C-155/08 en C-157/08, EU:C:2009:368). Volgens het gerechtshof was artikel 64, lid 1, VWEU niet van toepassing op het hoofdgeding omdat de in artikel 16, lid 4, AWR bedoelde maatregel een generieke regeling behelst die kan worden toegepast op situaties die niets van doen hebben met directe investeringen, het verrichten van financiële diensten of de toelating van waardepapieren tot de kapitaalmarkten, welke de expliciet in artikel 64, lid 1, VWEU genoemde categorieën zijn.

12. X en de Staatssecretaris van Financiën hebben bij de Hoge Raad der Nederlanden beroep in cassatie ingesteld tegen de uitspraak van het gerechtshof 's-Hertogenbosch. De Staatssecretaris van Financiën betoogt dat het gerechtshof 's-Hertogenbosch ten onrechte heeft geoordeeld dat artikel 64, lid 1, VWEU geen maatregelen omvat als de navorderingsaanslag die met toepassing van de navorderingstermijn van artikel 16, lid 4, AWR is opgelegd over de inkomsten op de Zwitserse bankrekening over 2004.

13. De Hoge Raad brengt in de eerste plaats twijfels tot uiting over de vraag of de materiële werkingssfeer van artikel 64, lid 1, VWEU wordt afgebakend door het object van de desbetreffende nationale regelgeving dan wel door de transactie die door deze nationale regelgeving wordt beperkt. In dit verband merkt de Hoge Raad ten eerste op dat de verwijzing naar de 'toepassing' van beperkingen in artikel 64, lid 1, VWEU een argument voor laatstgenoemde uitlegging lijkt te zijn. Voorts meent de Hoge Raad dat de eerste uitlegging ertoe zou kunnen leiden dat deze bepaling het grootste deel van haar nuttig effect verliest. Ten tweede merkt de Hoge Raad op dat in het arrest van 14 december 1995, Sanz de Lera e.a. (C-163/94, C-165/94 en C-250/94, EU:C:1995:451), een argument voor eerstgenoemde uitlegging zou kunnen worden gevonden. In dat arrest heeft het Hof zijns inziens geoordeeld dat een regeling die algemeen van toepassing is op elke uitvoer van geldstukken, bankbiljetten of cheques aan toonder, daaronder begrepen uitvoer die geen verband houdt met directe investeringen in derde landen, vestiging, het verrichten van financiële diensten of de toelating van waardepapieren tot kapitaalmarkten, niet onder artikel 73 C, lid 1, van het EG-Verdrag (thans artikel 64, lid 1, VWEU) valt.

14. In de tweede plaats brengt de Hoge Raad er twijfels over tot uiting of artikel 64, lid 1, VWEU in die zin moet worden uitgelegd dat het slechts ziet op het nationale recht, toepasselijk op de verrichter van financiële diensten, dat de voorwaarden of de wijze van dienstverlening regelt. In dat verband merkt de Hoge Raad enerzijds op dat in de op het tijdstip van de verwijzingsbeslissing aanhangige zaak, waarin nadien het arrest van 21 mei 2015, Wagner-Raith (C-560/13, EU:C:2015:347), is gewezen, de verwijzende rechter en de Europese Commissie een dergelijke uitlegging hadden bepleit. Anderzijds meent de Hoge Raad dat tegen deze uitlegging kan worden ingebracht dat de bewoordingen van artikel 64, lid 1, VWEU hiervoor geen enkel aanknopingspunt bevatten en dat de daadwerkelijke betekenis van deze bepaling daardoor zeer beperkt zou zijn.

15. In de derde plaats, ten slotte, vraagt de Hoge Raad zich af of de toepassing van artikel 16, lid 4, AWR in verband met de door X bij een bank in Zwitserland aangehouden rekening, is begrepen in de woorden 'beperkingen [...] inzake het kapitaalverkeer naar of uit derde landen in verband met [...] het verrichten van financiële diensten' in artikel 64, lid 1, VWEU. De Hoge Raad merkt in dit verband op dat het weliswaar mogelijk is om het aanhouden van een effectenrekening als een financiële dienst te kwalificeren in het licht van het arrest van 11 juni 2009, X en Passenheim-van Schoot (C-155/08 en C-157/08, EU:C:2009:368), maar dat dit arrest de uitlegging van de artikelen 49 en 56 EG (thans de artikelen 56 en 63 VWEU) betreft en dat niet buiten redelijke twijfel staat dat artikel 64, lid 1, VWEU op dezelfde wijze moet worden uitgelegd.

16. Daarop heeft de Hoge Raad de behandeling van de zaak geschorst en het Hof verzocht om een prejudiciële beslissing over de volgende vragen:

'1. Strekt de in artikel 64, lid 1, VWEU neergelegde eerbiediging van de toepassing op derde landen van beperkingen zich ook uit tot de toepassing van beperkingen die bestaan uit hoofde van een nationale regeling als de onderhavige verlengde navorderingstermijn, welke regeling ook kan worden toegepast in situaties die niets van doen hebben met directe investeringen, het verrichten van financiële diensten of de toelating van waardepapieren tot de kapitaalmarkten?

2. Ziet de in artikel 64, lid 1, VWEU neergelegde eerbiediging van de toepassing van beperkingen inzake het kapitaalverkeer in verband met het verrichten van financiële diensten ook op beperkingen die zich, zoals de onderhavige verlengde navorderingstermijn, niet richten tot de verlener van de diensten en die evenmin de voorwaarden of de wijze van de dienstverlening regelen?

3. Moet tot ,het kapitaalverkeer in verband met het verrichten van financiële diensten' in de zin van artikel 64, lid 1, VWEU ook worden gerekend een geval als het onderhavige waarin een inwoner van een lidstaat een (effecten)rekening heeft geopend bij een bankinstelling buiten de Unie, en maakt het daarbij uit of, en zo ja in hoeverre deze bankinstelling in dit kader werkzaamheden verricht ten behoeve van de rekeninghouder?'

Beantwoording van de prejudiciële vragen

Opmerkingen vooraf

17. De prejudiciële vragen betreffen de uitlegging van artikel 64, lid 1, VWEU, waarin is bepaald dat artikel 63 VWEU geen afbreuk doet aan de toepassing op derde landen van beperkingen die op 31 december 1993 bestaan uit hoofde van het nationale recht of het recht van de Unie inzake het kapitaalverkeer naar of uit derde landen in verband met directe investeringen – met inbegrip van investeringen in onroerende goederen –, vestiging, het verrichten van financiële diensten of de toelating van waardepapieren tot de kapitaalmarkten.

18. Ten eerste zij opgemerkt dat deze vragen uitgaan van de veronderstelling dat de regeling die in het hoofdgeding aan de orde is, waarin een verlengde navorderingstermijn is vastgelegd, een beperking van het kapitaalverkeer vormt in de zin van artikel 63 VWEU.

19. Ten tweede blijkt uit de verwijzingsbeslissing dat deze regeling op 8 juni 1991 in werking is getreden. Zij was dus van toepassing vóór 31 december 1993 als bepaald in artikel 64, lid 1, VWEU en voldoet derhalve aan het tijdscriterium in deze bepaling.

Eerste vraag

20. Met zijn eerste vraag wenst de verwijzende rechter in wezen te vernemen of artikel 64, lid 1, VWEU aldus moet worden uitgelegd dat het van toepassing is op een nationale regeling die het in deze bepaling bedoelde kapitaalverkeer beperkt, zoals de verlengde navorderingstermijn die in het hoofdgeding aan de orde is, wanneer deze beperking tevens van toepassing is op situaties die niets van doen hebben met directe investeringen, vestiging, het verrichten van financiële diensten of de toelating van waardepapieren tot de kapitaalmarkten.

21. In dit verband moet in de eerste plaats worden opgemerkt dat uit de bewoordingen van artikel 64, lid 1, VWEU blijkt dat deze bepaling voorziet in een afwijking van het in artikel 63, lid 1, VWEU geformuleerde verbod, ten gunste van de 'toepassing' van beperkingen die op 31 december 1993 bestaan uit hoofde van het nationale recht inzake het kapitaalverkeer in verband met directe investeringen, vestiging, het verrichten van financiële diensten of de toelating van waardepapieren tot de kapitaalmarkten. De toepasbaarheid van artikel 64, lid 1, VWEU is dus niet afhankelijk van het voorwerp van de nationale regeling die dergelijke beperkingen bevat, maar van het effect ervan. Die bepaling is van toepassing voor zover deze nationale regeling een beperking stelt aan het kapitaalverkeer in verband met directe investeringen, vestigingen, het verrichten van financiële diensten of de toelating van waardepapieren tot de markten. Daaruit volgt dat het feit dat die regeling tevens toepassing kan vinden in andere situaties niet in de weg staat aan de toepasbaarheid van artikel 64, lid 1, VWEU in de omstandigheden waarop dat artikel ziet.

22. In de tweede plaats is voor deze uitlegging steun te vinden in de rechtspraak van het Hof. Daarin is immers overwogen dat een beperking van het kapitaalverkeer, zoals een minder voordelige fiscale behandeling van buitenlandse dividenden, onder artikel 64, lid 1, VWEU valt voor zover zij verband houdt met deelnemingen die worden genomen teneinde duurzame en directe economische betrekkingen te vestigen of te handhaven tussen de aandeelhouder en de betrokken vennootschap en die de aandeelhouder de mogelijkheid bieden daadwerkelijk deel te hebben in het bestuur van of de zeggenschap over de betrokken vennootschap (arrest van 24 november 2016, SECIL, C-464/14, EU:C:2016:896, punt 78 en aldaar aangehaalde rechtspraak). Ook is een beperking volgens het Hof aan te merken als een onder artikel 64, lid 1, VWEU vallende beperking van het kapitaalverkeer in verband met directe investeringen, voor zover zij betrekking heeft op alle investeringen die door natuurlijke personen of rechtspersonen worden verricht en gericht zijn op de vestiging of de handhaving van duurzame en directe betrekkingen tussen de kapitaalverschaffer en de onderneming waarvoor de desbetreffende middelen bestemd zijn met het oog op de uitoefening van een economische activiteit (zie in die zin arrest van 20 mei 2008, Orange European Smallcap Fund, C-194/06, EU:C:2008:289, punt 102). Blijkens deze arresten, en met name de uitdrukking 'voor zover' daarin, is de werkingssfeer van artikel 64, lid 1, VWEU niet afhankelijk van het specifieke voorwerp van een nationale beperking, maar van het effect ervan op het in dit artikel bedoelde kapitaalverkeer.

23. Aan deze uitlegging van artikel 64, lid 1, VWEU wordt niet afgedaan door het arrest van 14 december 1995, Sanz de Lera e.a. (C-163/94, C-165/94 en C-250/94, EU:C:1995:451), dat is aangehaald door de verwijzende rechter. Weliswaar heeft het Hof, na in punt 33 van dat arrest te hebben gepreciseerd dat de materiële uitvoer van betaalmiddelen op zich niet kan worden beschouwd als kapitaalverkeer, in de punten 35 en 36 van dat arrest vastgesteld dat een nationale regeling die algemeen van toepassing is op elke uitvoer van geldstukken, bankbiljetten of cheques aan toonder, daaronder begrepen uitvoer die geen verband houdt met directe investeringen in derde landen – met inbegrip van investeringen in onroerende goederen –, vestiging, het verrichten van financiële diensten of de toelating van waardepapieren tot de kapitaalmarkten, niet onder artikel 73 C, lid 1, van het EG-Verdrag (thans artikel 64, lid 1, VWEU) viel, doch in punt 37 van dat arrest heeft het Hof overwogen dat de lidstaten het recht hebben om de aard en de realiteit van de betrokken transacties of overmakingen te verifiëren, teneinde te controleren of die transfers niet worden gebruikt voor kapitaalverkeer waarop de bij artikel 73 C, lid 1, van het EG-Verdrag toegestane beperkingen juist betrekking hebben. Uit het arrest van 14 december 1995, Sanz de Lera e.a. (C-163/94, C-165/94 en C-250/94, EU:C:1995:451), vloeit voort dat de lidstaten zich op artikel 64, lid 1, VWEU kunnen beroepen voor zover de nationale regeling van toepassing is op in die bepaling bedoeld kapitaalverkeer.

24. In de derde plaats moet worden vastgesteld dat een uitlegging volgens welke artikel 64, lid 1, VWEU alleen toepassing vindt in het geval waarin de betrokken nationale regeling uitsluitend betrekking heeft op het in deze bepaling bedoelde kapitaalverkeer, zou indruisen tegen de nuttige werking ervan. Zoals de Nederlandse regering in haar bij het Hof ingediende opmerkingen heeft gesteld, zou een dergelijke uitlegging immers tot gevolg hebben dat alle lidstaten gedwongen waren hun nationale wettelijke regeling vóór 1 januari 1994 te herzien om deze heel precies aan te passen aan het bereik van artikel 64, lid 1, VWEU, indien zij gebruik willen maken van de toestemming om de in die bepaling bedoelde beperkingen toe te passen.

25. Bijgevolg moet op de eerste vraag worden geantwoord dat artikel 64, lid 1, VWEU aldus moet worden uitgelegd dat het van toepassing is op een nationale regeling die een beperking stelt aan het in die bepaling bedoelde kapitaalverkeer, zoals de verlengde navorderingstermijn die in het hoofdgeding aan de orde is, zelfs wanneer deze beperking tevens van toepassing is in situaties die niets van doen hebben met directe investeringen, vestiging, het verrichten van financiële diensten of de toelating van waardepapieren tot de kapitaalmarkten.

Derde vraag

26. Met zijn derde vraag, die vóór de tweede vraag moet worden behandeld, wenst de verwijzende rechter in wezen te vernemen of het openen van een effectenrekening door een ingezetene van een lidstaat bij een bankinstelling buiten de Unie, zoals die in het hoofdgeding, onder het begrip kapitaalverkeer in verband met het verrichten van financiële diensten in de zin van artikel 64, lid 1, VWEU valt.

27. In dit verband moet in de eerste plaats worden opgemerkt dat het Hof, bij gebreke van een definitie in het VWEU van het begrip 'kapitaalverkeer', heeft erkend dat de in bijlage I bij richtlijn 88/361 opgenomen nomenclatuur indicatieve waarde heeft, met dien verstande dat de lijst die zij bevat, zoals in de inleiding van deze bijlage in herinnering is gebracht, niet uitputtend is (arrest van 21 mei 2015, Wagner-Raith, C-560/13, EU:C:2015:347, punt 23 en aldaar aangehaalde rechtspraak). Zoals de Commissie in haar bij het Hof ingediende opmerkingen heeft gesteld, vermeldt deze bijlage, in rubriek VI, '[v]errichtingen in rekeningen-courant en depositorekeningen bij financiële instellingen', waartoe met name '[d] oor ingezetenen bij buitenlandse financiële instellingen uitgevoerde verrichtingen' behoren. Het openen van een effectenrekening bij een bankinstelling als aan de orde in het hoofdgeding, valt derhalve onder het begrip 'kapitaalverkeer'.

28. In de tweede plaats heeft het Hof geoordeeld dat de nationale maatregel slechts onder de in artikel 64, lid 1, VWEU bedoelde afwijking kan vallen, indien deze betrekking heeft op kapitaalverkeer dat een voldoende nauwe band met het verrichten van financiële diensten heeft, wat vereist dat er een oorzakelijk verband bestaat tussen het kapitaalverkeer en het verrichten van financiële diensten (zie in die zin arrest van 21 mei 2015, Wagner-Raith, C-560/13, EU:C:2015:347, punten 43 en 44).

29. In dit verband moet worden vastgesteld dat de kapitaalbewegingen die het gevolg zijn van het openen van een effectenrekening bij een bankinstelling, het verrichten van financiële diensten impliceren. Ten eerste staat immers vast dat deze bankinstelling voor de houder van die rekening diensten voor het beheer van deze rekening verricht, die als het verrichten van financiële diensten moeten worden aangemerkt.

30. Ten tweede bestaat er een oorzakelijk verband tussen de betrokken kapitaalbewegingen en het verrichten van financiële diensten, daar de houder zijn kapitaal op een effectenrekening plaatst vanwege het feit dat voor hem, als tegenprestatie, door de bankinstelling beheerdiensten worden verricht. Bijgevolg bestaat er in een situatie als aan de orde in het hoofdgeding een voldoende nauwe band tussen het kapitaalverkeer en het verrichten van financiële diensten.

31. Daaruit volgt dat op de derde vraag moet worden geantwoord dat het openen van een effectenrekening door een ingezetene van een lidstaat bij een bankinstelling buiten de Unie, zoals aan de orde in het hoofdgeding, onder

het begrip 'kapitaalverkeer in verband met het verrichten van financiële diensten' in de zin van artikel 64, lid 1, VWEU valt.

Tweede vraag

32. Met zijn tweede vraag wenst de verwijzende rechter te vernemen of de mogelijkheid die artikel 64, lid 1, VWEU de lidstaten biedt om beperkingen toe te passen inzake het kapitaalverkeer in verband met het verrichten van financiële diensten, ook geldt voor beperkingen die, zoals de in het hoofdgeding aan de orde zijnde verlengde navorderingstermijn, zich niet richten tot de verlener van de diensten en evenmin de voorwaarden of de wijze van dienstverlening regelen.

33. In dit verband moet worden vastgesteld dat het doorslaggevende criterium voor de toepassing van artikel 64, lid 1, VWEU betrekking heeft op het oorzakelijke verband tussen het kapitaalverkeer en het verrichten van financiële diensten en niet op de personele werkingssfeer van de litigieuze nationale maatregel of het verband daarvan met de verrichter, en niet met de ontvanger, van dergelijke diensten. De werkingssfeer van dat artikel is immers omschreven onder verwijzing naar de categorieën kapitaalbewegingen die aan beperkingen kunnen worden onderworpen (arrest van 21 mei 2015, Wagner-Raith, C-560/13, EU:C:2015:347, punt 39).

34. Dat een nationale maatregel in de eerste plaats betrekking heeft op de belegger en niet op de dienstverrichter, staat er derhalve niet aan in de weg dat die maatregel onder artikel 64, lid 1, VWEU valt (arrest van 21 mei 2015, Wagner-Raith, C-560/13, EU:C:2015:347, punt 40). Ook de omstandigheid dat een nationale maatregel niet de voorwaarden of de wijze van het verrichten van een financiële dienst regelt, staat er niet aan in de weg dat deze maatregel onder die bepaling valt.

35. Daaruit volgt dat op de tweede vraag moet worden geantwoord dat de mogelijkheid die artikel 64, lid 1, VWEU de lidstaten biedt om beperkingen toe te passen op het kapitaalverkeer in verband met het verrichten van financiële diensten, ook geldt voor beperkingen zoals de in het hoofdgeding aan de orde zijnde verlengde navorderingstermijn, die zich niet richten tot de dienstverrichter en evenmin de voorwaarden of de wijze van dienstverlening regelen.

Kosten

36. …

Het Hof (Negende kamer)

verklaart voor recht:

1. **Artikel 64, lid 1, VWEU moet in die zin worden uitgelegd dat het van toepassing is op een nationale regeling die een beperking stelt aan het in die bepaling bedoelde kapitaalverkeer, zoals de verlengde navorderingstermijn die in het hoofdgeding aan de orde is, zelfs wanneer deze beperking tevens van toepassing is in situaties die niets van doen hebben met directe investeringen, vestiging, het verrichten van financiële diensten of de toelating van waardepapieren tot de kapitaalmarkten.**

2. **Het openen van een effectenrekening door een ingezetene van een lidstaat bij een bankinstelling buiten de Europese Unie, zoals aan de orde in het hoofdgeding, valt onder het begrip 'kapitaalverkeer in verband met het verrichten van financiële diensten' in de zin van artikel 64, lid 1, VWEU.**

3. **De mogelijkheid die artikel 64, lid 1, VWEU de lidstaten biedt om beperkingen toe te passen op het kapitaalverkeer in verband met het verrichten van financiële diensten, geldt ook voor beperkingen zoals de in het hoofdgeding aan de orde zijnde verlengde navorderingstermijn, die zich niet richten tot de dienstverrichter en evenmin de voorwaarden of de wijze van dienstverlening regelen.**

HvJ EU 8 maart 2017, zaak C-448/15 (Belgische Staat v. Wereldhave Belgium Comm. VA, Wereldhave International NV, Wereldhave NV)

Vijfde kamer: *J. L. da Cruz Vilaça, kamerpresident, M. Berger, A. Borg Barthet, E. Levits (rapporteur) en F. Biltgen, rechters*
Advocaat-generaal: *M. Campos Sánchez-Bordona*

1. Het verzoek om een prejudiciële beslissing betreft de uitlegging van richtlijn 90/435/EEG van de Raad van 23 juli 1990 betreffende de gemeenschappelijke fiscale regeling voor moedermaatschappijen en dochterondernemingen uit verschillende lidstaten (*PB* 1990, L 225, blz. 6) en de artikelen 43 en 56 EG.

2. Dit verzoek is ingediend in het kader van een geding tussen de Belgische Staat, enerzijds, en Wereldhave Belgium Comm. VA, Wereldhave International NV en Wereldhave NV, anderzijds, over de roerende voorheffing op de door Wereldhave Belgium aan Wereldhave International en Wereldhave betaalde dividenden voor de aanslagjaren 1999 en 2000.

Toepasselijke bepalingen

Unierecht

3. De derde overweging van richtlijn 90/435 luidde:

'Overwegende dat de huidige fiscale voorschriften voor de betrekkingen tussen moedermaatschappijen en dochterondernemingen uit verschillende lidstaten van land tot land aanzienlijke verschillen vertonen en in het algemeen minder gunstig zijn dan de voorschriften voor de betrekkingen tussen moedermaatschappijen en dochterondernemingen van dezelfde lidstaat; dat de samenwerking tussen vennootschappen van verschillende lidstaten hierdoor benadeeld wordt ten opzichte van de samenwerking tussen vennootschappen van dezelfde lidstaat; dat deze benadeling moet worden opgeheven door invoering van een gemeenschappelijke regeling en dat hergroeperingen van vennootschappen op communautair niveau aldus vergemakkelijkt moeten worden'.

4. Artikel 1, lid 1, van die richtlijn luidde:

'Elke lidstaat past deze richtlijn toe:
– op uitkeringen van winst die door vennootschappen van deze staat zijn ontvangen van hun dochterondernemingen uit andere lidstaten;
– op winst die door vennootschappen van deze staat is uitgekeerd aan vennootschappen van andere lidstaten, waarvan zij dochteronderneming zijn.'

5. Artikel 2 van richtlijn 90/435 bepaalde:

'Voor de toepassing van deze richtlijn wordt onder de term ‚vennootschap van een lidstaat' verstaan iedere vennootschap:
a. die een van de in de bijlage genoemde rechtsvormen heeft;
b. die volgens de fiscale wetgeving van een lidstaat wordt beschouwd in deze staat haar fiscale woonplaats te hebben en die, volgens een met een derde staat gesloten verdrag op het gebied van dubbele belastingheffing, niet wordt beschouwd als fiscaal buiten de Gemeenschap te zijn gevestigd;
c. die bovendien, zonder keuzemogelijkheid en zonder ervan te zijn vrijgesteld, onderworpen is aan een van de volgende belastingen:
– ‚vennootschapsbelasting'/‚impôt des sociétés' in België,
[...]
– ‚vennootschapsbelasting' in Nederland;
[...]
– of aan enige andere belasting die in de plaats zou treden van een van bovengenoemde belastingen.'

6. Artikel 3 van richtlijn 90/435 luidde:

'1. Voor de toepassing van deze richtlijn:
a. wordt de hoedanigheid van moedermaatschappij ten minste toegekend aan iedere vennootschap van een lidstaat die voldoet aan de voorwaarden van artikel 2 en die een deelneming van ten minste 25 % bezit in het kapitaal van een vennootschap van een andere lidstaat die aan dezelfde voorwaarden voldoet;
b. wordt verstaan onder dochteronderneming, de vennootschap in het kapitaal waarvan de onder a) bedoelde deelneming wordt gehouden.
2. In afwijking van lid 1 staat het de lidstaten vrij om:

– bij wege van bilaterale overeenkomst het criterium ‚deelneming in het kapitaal' te vervangen door het criterium ‚bezit van stemrechten',

– deze richtlijn niet toe te passen op de vennootschappen van deze lidstaat die niet gedurende een ononderbroken periode van ten minste twee jaren een deelneming behouden welke recht geeft op de hoedanigheid van moedermaatschappij of op de maatschappijen waarin een vennootschap van een andere lidstaat niet gedurende een ononderbroken periode van ten minste twee jaren een dergelijke deelneming behoudt.'

7. Artikel 5, lid 1, van die richtlijn bepaalde dat de door een dochteronderneming aan de moedermaatschappij uitgekeerde winst, althans wanneer laatstgenoemde een minimumdeelneming van 25 % bezat in het kapitaal van de dochteronderneming, van bronbelasting werd vrijgesteld.

8. In de bijlage bij die richtlijn, met als opschrift 'Lijst van de in artikel 2, onder a), bedoelde vennootschappen', werden in de punten a) en j) de volgende vennootschapsvormen opgesomd:

'a. De vennootschappen naar Belgisch recht, geheten ‚naamloze vennootschap'/‚société anonyme', ‚commanditaire vennootschap op aandelen'/‚société en commandite par actions', ‚besloten vennootschap met beperkte aansprakelijkheid'/‚société privée à responsabilité limitée', alsmede de publiekrechtelijke lichamen die privaatrechtelijk werkzaam zijn.

[...]

j. De vennootschappen naar Nederlands recht, geheten ‚naamloze vennootschap', ‚besloten vennootschap met beperkte aansprakelijkheid';'

9. Richtlijn 90/435 is ingetrokken bij richtlijn 2011/96/EU van de Raad van 30 november 2011 betreffende de gemeenschappelijke fiscale regeling voor moedermaatschappijen en dochterondernemingen uit verschillende lidstaten (*PB* 2011, L 345, blz. 8), die op 18 januari 2012 in werking is getreden. Gelet op het tijdstip waarop de feiten in het hoofdgeding hebben plaatsgevonden, is richtlijn 90/435 niettemin de richtlijn die ratione temporis van toepassing is.

Belgisch recht

10. Artikel 266 van het Wetboek van de inkomstenbelastingen 1992, in de op het hoofdgeding toepasselijke versie (hierna: 'WIB 1992'), bepaalt:

'De Koning kan, onder de voorwaarden en binnen de grenzen die Hij bepaalt, geheel of ten dele afzien van de inning van de roerende voorheffing op inkomsten van roerende goederen en kapitalen en van diverse inkomsten, indien het verkrijgers betreft van wie de identiteit kan worden vastgesteld of [...] collectieve beleggingsinstellingen naar buitenlands recht die een onverdeeld vermogen zijn dat wordt beheerd door een beheersvennootschap voor rekening van deelnemers, wanneer hun aandelen in België niet openbaar worden uitgegeven en niet in België worden verhandeld of effecten aan toonder en gedematerialiseerde effecten waarvan de inkomsten begrepen zijn in één van de volgende categorieën:

1° inkomsten van vóór 1 december 1962 uitgegeven effecten die wettelijk van mobiliënbelasting of van zakelijke belastingen zijn vrijgesteld of aan belastingen zijn onderworpen tegen een aanslagvoet van minder dan 15 [%];

2° inkomsten uit certificaten van Belgische instellingen voor collectieve belegging;

3° uitgiftepremies met betrekking tot obligaties, kasbons of andere effecten van leningen uitgegeven vanaf 1 december 1962.

In geen geval kan hij afzien van de inning van de roerende voorheffing op inkomsten:

1° van door effecten vertegenwoordigde leningen waarvan de interest wordt gekapitaliseerd, [...]

2° van effecten die geen aanleiding geven tot een periodieke uitbetaling van interest en die worden uitgegeven [...] met een disconto dat overeenstemt met de tot op de vervaldag van het effect gekapitaliseerde interest, [...]

[...]

Het tweede lid is niet van toepassing op effecten voortgekomen uit de splitsing van lineaire obligaties uitgegeven door de Belgische Staat.'

11. Artikel 106, § 5, van het Koninklijk besluit van 27 augustus 1993 tot uitvoering van het Wetboek van de inkomstenbelastingen 1992 (*Belgisch Staatsblad*, 13 september 1993, blz. 20096), in de op het hoofdgeding toepasselijke versie (hierna: 'KB/WIB 1992'), luidt:

'Van de inning van de roerende voorheffing wordt volledig afgezien met betrekking tot dividenden waarvan de schuldenaar een Belgische dochteronderneming is en waarvan de verkrijger een moedermaatschappij is van een andere lidstaat van de Europese Economische Gemeenschap.

De verzaking is evenwel niet van toepassing indien het aandelenbezit van de moedermaatschappij uit hoofde waarvan de dividenden worden betaald niet een deelneming vertegenwoordigt van ten minste 25 % in het kapitaal van de dochteronderneming en die minimumdeelneming van 25 % niet gedurende een ononderbroken periode van ten minste één jaar wordt of werd behouden.

Voor de toepassing van het eerste en het tweede lid verstaat men onder dochteronderneming en moedermaatschappij de dochterondernemingen en moedermaatschappijen zoals ze zijn omschreven in [richtlijn 90/435]'.

Hoofdgeding en prejudiciële vragen

12. Wereldhave Belgium, een commanditaire vennootschap op aandelen naar Belgisch recht, is voor 35 % respectievelijk 44 % in handen van Wereldhave International en Wereldhave, in Nederland gevestigde naamloze vennootschappen naar Nederlands recht. Wereldhave heeft het volledige kapitaal van Wereldhave International in handen.

13. Wereldhave Belgium heeft aan Wereldhave International en Wereldhave dividenden uitgekeerd ten belope van 10 965 197,63 EUR in 1999 en 11 075 733,50 EUR in 2000.

14. Voor ieder aanslagjaar hebben Wereldhave International en Wereldhave bezwaarschriften ingediend waarbij zij verzochten om vrijstelling van de roerende voorheffing op de dividenden op grond van richtlijn 90/435 en artikel 106, § 5, KB/WIB 1992, waarbij die richtlijn in Belgisch recht is omgezet, aangezien zij van mening waren dat zij als 'moedermaatschappijen' in de zin van die richtlijn moesten worden aangemerkt.

15. Toen een beslissing van de Belgische autoriteiten na verloop van zes maanden na de datum van ontvangst van die bezwaarschriften uitbleef, hebben Wereldhave Belgium, Wereldhave International en Wereldhave beroepen ingesteld bij de rechtbank van eerste aanleg Brussel (België).

16. Bij twee beslissingen van 20 november 2012 heeft de rechtbank van eerste aanleg Brussel voor recht verklaard dat er op grond van richtlijn 90/435 en artikel 106, § 5, KB/WIB 1992 geen roerende voorheffing was verschuldigd op de in 1999 en 2000 betaalbaar gestelde dividenden.

17. De Belgische Staat heeft tegen die beslissingen bij de verwijzende rechter hoger beroep ingesteld, met name op grond dat de verkrijgers van de dividenden fiscale beleggingsinstellingen (hierna: 'fbi's') naar Nederlands recht zijn, die in Nederland in de vennootschapsbelasting aan een nultarief zijn onderworpen, en geen vrijstelling van de roerende voorheffing als bedoeld in artikel 106, § 5, KB/WIB 1992 en artikel 5 van richtlijn 90/435 kunnen genieten, aangezien zij niet voldoen aan het onderworpenheidsvereiste van artikel 2, onder c), van die richtlijn en artikel 106, § 5, KB/WIB 1992.

18. De Belgische Staat is van mening dat de woorden 'zonder keuzemogelijkheid en zonder ervan te zijn vrijgesteld, onderworpen [zijn]' in de zin van artikel 2, onder c), van richtlijn 90/435 het vereiste van een zogenaamde 'subjectieve én objectieve' onderworpenheid impliceren. Vennootschappen die in de vennootschapsbelasting aan een nultarief zijn onderworpen, vallen derhalve niet onder die richtlijn.

19. Wereldhave Belgium, Wereldhave International en Wereldhave betogen daarentegen dat fbi's als naamloze vennootschappen in Nederland in beginsel zijn onderworpen aan de Wet op de vennootschapsbelasting 1969 (hierna:'Wet Vpb'), overeenkomstig artikel 1 Wet Vpb. Volgens hen volstaat die onderworpenheid om in aanmerking te komen voor de vrijstelling van de roerende voorheffing op grond van artikel 266 WIB 1992, artikel 106, § 5, KB/WIB 1992 en artikel 5 van richtlijn 90/435. Een fbi komt weliswaar in aanmerking voor het nultarief in de vennootschapsbelasting mits zij haar winst integraal aan haar aandeelhouders uitkeert overeenkomstig artikel 28 Wet Vpb en artikel 9 van het besluit van 29 april 1970 houdende vaststelling van het besluit beleggingsinstellingen. Volgens verweersters in het hoofdgeding vergt het onderworpenheidsvereiste echter geen effectieve belastingheffing en is het mogelijk dat die onderworpenheid enkel subjectief is.

20. Met een beroep op met name de beschikking van 12 juli 2012, Tate & Lyle Investments (C-384/11, niet gepubliceerd, EU:C:2012:463), stellen verweersters in het hoofdgeding dat indien richtlijn 90/435 niet van toepassing is op dividenden van Belgische oorsprong die door een Belgische vennootschap aan haar Nederlandse aandeelhouders worden uitgekeerd, de artikelen 43 en 56 EG zich verzetten tegen een wettelijke regel volgens welke aan een bronheffing, ongeacht het tarief, zijn onderworpen dividenden die door een ingezeten vennootschap worden uitgekeerd aan ingezeten en niet-ingezeten vennootschappen, terwijl voor ingezeten ontvangende vennootschappen wordt voorzien in een mechanisme ter vermindering van de opeenvolgende belastingheffingen.

21. Het hof van beroep Brussel heeft de behandeling van de zaak geschorst en het Hof de volgende prejudiciële vragen gesteld:

> '1. Dient [richtlijn 90/435] zo te worden geïnterpreteerd dat deze richtlijn zich verzet tegen een nationale norm die niet verzaakt aan de Belgische roerende voorheffing op dividenduitkeringen door een Belgische dochtervennootschap aan een in Nederland gevestigde moedermaatschappij die voldoet aan de voorwaarde van de minimumdeelname en het bezit ervan, doordat de Nederlandse moedermaatschappij een fiscale beleggingsinstelling is die haar winsten integraal dient uit te keren aan haar aandeelhouders en onder deze voorwaarde van het nultarief in de vennootschapsbelasting kan genieten?
> 2. Indien het antwoord op de eerste vraag negatief is, dienen de artikelen [43 en 56 EG] zo te worden geïnterpreteerd dat deze bepalingen zich verzetten tegen een nationale norm die niet verzaakt aan de Belgische roe-

rende voorheffing op dividenduitkeringen door een Belgische dochtervennootschap aan een in Nederland gevestigde moedermaatschappij die voldoet aan de voorwaarde van de minimumdeelname en het bezit ervan, doordat de Nederlandse moedermaatschappij een fiscale beleggingsinstelling is die haar winsten integraal dient uit te keren aan haar aandeelhouders en onder deze voorwaarde van het nultarief in de vennootschapsbelasting kan genieten?'

Beantwoording van de prejudiciële vragen

Eerste vraag

22. Met zijn eerste vraag wenst de verwijzende rechter in wezen te vernemen of richtlijn 90/435 aldus moet worden uitgelegd dat artikel 5, lid 1, ervan zich verzet tegen de regeling van een lidstaat op grond waarvan roerende voorheffing wordt geheven op dividenden die door een in die lidstaat gevestigde dochteronderneming worden uitgekeerd aan een in een andere lidstaat gevestigde fbi die in de vennootschapsbelasting aan een nultarief is onderworpen mits zij haar winst integraal aan haar aandeelhouders uitkeert.

23. Vooraf moet worden vastgesteld of een vennootschap die, zoals de in het hoofdgeding aan de orde zijnde fbi's, in de vennootschapsbelasting aan een nultarief is onderworpen mits zij haar winst integraal aan haar aandeelhouders uitkeert, kan worden aangemerkt als een 'vennootschap van een lidstaat' in de zin van artikel 2 van richtlijn 90/435, zodat dividenduitkeringen aan die vennootschap binnen de werkingssfeer van die richtlijn vallen.

24. Volgens vaste rechtspraak moet daartoe niet alleen met de bewoordingen van die bepaling, maar ook met de doelstellingen en de systematiek van die richtlijn rekening worden gehouden (zie in die zin arresten van 3 april 2008, Banque Fédérative du Crédit Mutuel, C-27/07, EU:C:2008:195, punt 22, en 1 oktober 2009, Gaz de France – Berliner Investissement, C-247/08, EU:C:2009:600, punt 26).

25. Zoals met name uit de derde overweging ervan blijkt, beoogt richtlijn 90/435 door de invoering van een gemeenschappelijke fiscale regeling iedere benadeling van de samenwerking tussen vennootschappen uit verschillende lidstaten ten opzichte van de samenwerking tussen vennootschappen van dezelfde lidstaat op te heffen en aldus de hergroepering van vennootschappen op het niveau van de Europese Unie te vergemakkelijken. Die richtlijn beoogt aldus de fiscale neutraliteit van de winstuitkering door een in een lidstaat gelegen dochteronderneming aan haar in een andere lidstaat gevestigde moedervennootschap te verzekeren (arrest van 1 oktober 2009, Gaz de France – Berliner Investissement, C-247/08, EU:C:2009:600, punt 27 en aldaar aangehaalde rechtspraak).

26. Blijkens artikel 1 van richtlijn 90/435 ziet deze richtlijn op winstuitkeringen die vennootschappen van een lidstaat ontvangen van hun dochterondernemingen met zetel in andere lidstaten.

27. Artikel 2 van richtlijn 90/435 bepaalt aan welke cumulatieve voorwaarden een vennootschap moet voldoen om als een vennootschap van een lidstaat in de zin van die richtlijn te worden aangemerkt en bakent aldus de personele werkingssfeer van die richtlijn af (zie in die zin arrest van 1 oktober 2009, Gaz de France – Berliner Investissement, C-247/08, EU: C:2009:600, punt 29).

28. Dat de dividenduitkerende vennootschap en de dividendontvangende vennootschappen voldoen aan de in artikel 2, onder a) en b), van die richtlijn gestelde voorwaarden inzake de rechtsvorm en de fiscale woonplaats van de vennootschappen, lijkt door partijen in het hoofdgeding niet in twijfel te zijn getrokken voor de verwijzende rechter en is evenmin betwist voor het Hof.

29. Partijen in het hoofdgeding zijn het echter erover oneens of in de situatie in het hoofdgeding is voldaan aan de – in artikel 2, onder c), van dezelfde richtlijn gestelde – derde voorwaarde, volgens welke de betrokken vennootschap bovendien, zonder keuzemogelijkheid en zonder ervan te zijn vrijgesteld, onderworpen is aan een van de in die bepaling opgesomde belastingen, waaronder de 'vennootschapsbelasting' in Nederland, of aan enige andere belasting die in de plaats zou treden van een van die belastingen.

30. Derhalve moet worden nagegaan of aan die voorwaarde is voldaan, wanneer de betrokken vennootschap in een dergelijke belasting aan het nultarief is onderworpen mits zij haar winst integraal aan haar aandeelhouders uitkeert.

31. Artikel 2, onder c), van richtlijn 90/435 vermeldt een positief kwalificatiecriterium, namelijk onderworpen zijn aan de betrokken belasting, en een negatief criterium, namelijk niet vrijgesteld zijn van die belasting en geen keuzemogelijkheid hebben.

32. De vermelding van die twee criteria – een positief en een negatief criterium – leidt tot de overweging dat de in artikel 2, onder c), van die richtlijn gestelde voorwaarde niet alleen vereist dat een vennootschap binnen de werkingssfeer van de betrokken belasting valt, maar dat zij ook ertoe strekt situaties uit te sluiten waarin de mogelijkheid bestaat dat de vennootschap weliswaar aan die belasting is onderworpen, maar die belasting niet daadwerkelijk hoeft te betalen.

33. Ook al is een vennootschap die aan het nultarief van een belasting is onderworpen mits zij haar winst integraal aan haar aandeelhouders uitkeert, formeel niet van die belasting vrijgesteld, in werkelijkheid bevindt zij zich

in de situatie waarvan de uitsluiting wordt beoogd met artikel 2, onder c), van richtlijn 90/435, namelijk de situatie waarin zij die belasting niet hoeft te betalen.

34. De opname in een nationale regeling van een bepaling volgens welke een bepaalde categorie vennootschappen in bepaalde omstandigheden in aanmerking komt voor het nultarief van een belasting, komt – zoals de advocaat-generaal in de punten 43 en 44 van zijn conclusie heeft opgemerkt – immers erop neer dat die vennootschappen niet aan die belasting worden onderworpen (zie ook arrest van 20 mei 2008, Orange European Smallcap Fund, C-194/06, EU:C:2008:289, punten 33 en 34).

35. Die uitlegging is in overeenstemming met de opzet van richtlijn 90/435 en het met die richtlijn nagestreefde doel de belastingneutraliteit van de uitkering van winst door een in een lidstaat gevestigde dochteronderneming aan haar in een andere lidstaat gevestigde moedermaatschappij te verzekeren door de dubbele belastingheffing over die winst op te heffen.

36. Die richtlijn heeft immers tot doel de dubbele belasting van door dochterondernemingen aan hun moedermaatschappijen uitgekeerde winst te voorkomen (zie met name arresten van 3 april 2008, Banque Fédérative du Crédit Mutuel, C-27/07, EU:C:2008:195, punt 27; 22 december 2008, Les Vergers du Vieux Tauves, C-48/07, EU:C:2008:758, punt 37, en 1 oktober 2009, Gaz de France – Berliner Investissement, C-247/08, EU:C:2009:600, punt 57) door middel van de mechanismen waarin artikel 4, lid 1, en artikel 5, lid 1, van richtlijn 90/435 voorzien.

37. Zo bepaalt artikel 4, lid 1, van richtlijn 90/435 dat wanneer een moedermaatschappij als deelgerechtigde van haar dochteronderneming uitgekeerde winst ontvangt, de lidstaat van de moedermaatschappij ofwel zich onthoudt van het belasten van deze winst, ofwel deze moedermaatschappij toestaat dat gedeelte van de belasting van de dochteronderneming dat op deze winst betrekking heeft, van haar eigen belasting af te trekken en, in voorkomend geval, het bedrag dat door de lidstaat waar de dochteronderneming gevestigd is, aan de bron is ingehouden, zulks binnen de grenzen van het bedrag van de overeenstemmende nationale belasting (arresten van 12 december 2006, Test Claimants in the FII Group Litigation, C-446/04, EU:C:2006:774, punt 102, en 3 april 2008, Banque Fédérative du Crédit Mutuel, C-27/07, EU:C:2008:195, punt 25).

38. Voorts bepaalt artikel 5, lid 1, van richtlijn 90/435 dat de door een dochteronderneming aan de moedervennootschap uitgekeerde winst van bronbelasting wordt vrijgesteld in de lidstaat van de dochteronderneming, althans wanneer de moedervennootschap een minimumdeelneming van 25 % bezit in het kapitaal van de dochteronderneming (arrest van 3 april 2008, Banque Fédérative du Crédit Mutuel, C-27/07, EU:C:2008:195, punt 26 en aldaar aangehaalde rechtspraak).

39. De mechanismen van die richtlijn zijn derhalve bedoeld voor situaties waarin, zonder de toepassing van die mechanismen, de uitoefening door de lidstaten van hun heffingsbevoegdheid ertoe zou kunnen leiden dat de door een dochteronderneming aan haar moedermaatschappij uitgekeerde winst dubbel wordt belast.

40. Wanneer een moedermaatschappij, zoals de in het hoofdgeding aan de orde zijnde fbi's, krachtens de regeling van haar lidstaat van vestiging over al haar winst tegen een nultarief wordt belast mits zij die winst integraal aan haar aandeelhouders uitkeert, is het risico uitgesloten dat die moedermaatschappij dubbel wordt belast over de door haar dochteronderneming aan haar uitgekeerde winst.

41. Gelet op alle voorgaande overwegingen moet een vennootschap die, zoals de in het hoofdgeding aan de orde zijnde fbi's, in de vennootschapsbelasting aan een nultarief is onderworpen mits zij haar winst integraal aan haar aandeelhouders uitkeert, derhalve worden geacht niet te voldoen aan de voorwaarde van artikel 2, onder c), van richtlijn 90/435 en dus niet onder het begrip 'vennootschap van een lidstaat' in de zin van die richtlijn te vallen.

42. Dividenduitkeringen door een in een lidstaat gevestigde dochteronderneming aan een dergelijke in een andere lidstaat gevestigde vennootschap vallen bijgevolg niet onder die richtlijn.

43. Derhalve moet op de eerste vraag worden geantwoord dat richtlijn 90/435 aldus moet worden uitgelegd dat artikel 5, lid 1, ervan zich niet verzet tegen de regeling van een lidstaat op grond waarvan roerende voorheffing wordt geheven op dividenden die door een in die lidstaat gevestigde dochteronderneming worden uitgekeerd aan een in een andere lidstaat gevestigde fbi die in de vennootschapsbelasting aan een nultarief is onderworpen mits zij haar winst integraal aan haar aandeelhouders uitkeert, aangezien een dergelijke instelling geen 'vennootschap van een lidstaat' in de zin van die richtlijn is.

Tweede vraag

44. Met zijn tweede vraag wenst de verwijzende rechter in wezen te vernemen of de artikelen 43 en 56 EG aldus moeten worden uitgelegd dat zij zich verzetten tegen de regeling van een lidstaat op grond waarvan roerende voorheffing wordt geheven op dividenden die door een in die lidstaat gevestigde dochteronderneming worden uitgekeerd aan een in een andere lidstaat gevestigde fbi die in de vennootschapsbelasting aan een nultarief is onderworpen mits zij haar winst integraal aan haar aandeelhouders uitkeert.

45. Volgens vaste rechtspraak is het, in het kader van de bij artikel 267 VWEU ingevoerde samenwerking tussen het Hof en de nationale rechterlijke instanties, wegens het vereiste om tot een voor de nationale rechter nuttige uitlegging van het Unierecht te komen, noodzakelijk dat deze rechter een omschrijving geeft van het feitelijke en juridische kader waarin de gestelde vragen moeten worden geplaatst, of althans de feiten uiteenzet waarop die vragen zijn gebaseerd. Het Hof is immers uitsluitend bevoegd om zich op basis van het feitenrelaas van de nationale rechter over de uitlegging van een tekst van de Unie uit te spreken (beschikking van 3 september 2015, Vivium, C-250/15, niet gepubliceerd, EU:C:2015:569, punt 8 en aldaar aangehaalde rechtspraak).

46. Die vereisten met betrekking tot de inhoud van een verzoek om een prejudiciële beslissing staan uitdrukkelijk vermeld in artikel 94 van het Reglement voor de procesvoering van het Hof en de verwijzende rechter wordt in het kader van de door artikel 267 VWEU ingestelde samenwerking geacht deze te kennen en nauwgezet na te leven (arrest van 10 november 2016, Private Equity Insurance Group, C-156/15, EU:C:2016:851, punt 61 en aldaar aangehaalde rechtspraak).

47. Zo moet de verwijzende rechter de inhoud vermelden van de nationale bepalingen die op de zaak van toepassing kunnen zijn alsook de precieze redenen die hem ertoe hebben gebracht om zich over de uitlegging van bepalingen van het Unierecht vragen te stellen en het noodzakelijk te achten om prejudiciële vragen aan het Hof te stellen. Het Hof heeft reeds geoordeeld dat het onontbeerlijk is dat de nationale rechter een minimum aan uitleg geeft over de redenen voor de keuze van de bepalingen van het Unierecht waarvan hij om uitlegging verzoekt en over het verband tussen die bepalingen en de nationale wettelijke regeling die van toepassing is op het bij hem aanhangige geding (zie in die zin arrest van 10 maart 2016, Safe Interenvíos, C-235/14, EU:C:2016:154, punt 115; beschikking van 12 mei 2016, Security Service e.a., C-692/15–C-694/ 15, EU:C:2016:344, punt 20, en arrest van 10 november 2016, Private Equity Insurance Group, C-156/15, EU:C:2016:851, punt 62).

48. De in verzoeken om een prejudiciële beslissing verstrekte gegevens dienen niet enkel om het Hof in staat te stellen een nuttig antwoord te geven op de vragen van de verwijzende rechter, maar ook om de regeringen van de lidstaten en de andere belanghebbende partijen de mogelijkheid te bieden opmerkingen in te dienen overeenkomstig artikel 23 van het Statuut van het Hof van Justitie van de Europese Unie (arrest van 10 november 2016, Private Equity Insurance Group, C-156/ 15, EU:C:2016:851, punt 63 en aldaar aangehaalde rechtspraak). Het Hof dient erop toe te zien dat deze mogelijkheid gewaarborgd blijft, in aanmerking genomen dat ingevolge deze bepaling alleen de verwijzingsbeslissingen ter kennis van de belanghebbenden worden gebracht (beschikking van 29 november 2016, Jacob en Lennertz, C-345/16, niet gepubliceerd, EU:C:2016:911, punt 17 en aldaar aangehaalde rechtspraak).

49. Wat de op het hoofdgeding toepasselijke nationale bepalingen betreft, geeft de verwijzende rechter in casu alleen de tekst van artikel 266 WIB 1992 en artikel 106, § 5, KB/WIB 1992 weer. Volgens deze laatste bepaling, die uitvoering geeft aan artikel 266 WIB 1992, wordt van de inning van de roerende voorheffing op dividenden afgezien wanneer de schuldenaar een in België gevestigde dochteronderneming is en de verkrijger van de dividenden een in een andere lidstaat gevestigde moedermaatschappij is. De verwijzende rechter vermeldt echter niet de inhoud van de bepalingen die van toepassing zijn op dividenduitkeringen aan in België gevestigde moedermaatschappijen.

50. De verwijzende rechter verwijst weliswaar naar de beschikking van 12 juli 2012, Tate & Lyle Investments (C-384/11, niet gepubliceerd, EU:C:2012:463), maar hij verduidelijkt niet of op het hoofdgeding dezelfde nationale bepalingen van toepassing zijn als die welke aan de orde waren in de zaak die tot die beschikking heeft geleid. Bovendien lijkt uit de opmerkingen van verweersters in het hoofdgeding en de Belgische regering te volgen dat de dividenduitkeringen aan de in België gevestigde beleggingsvennootschappen zijn onderworpen aan een belastingregeling die afwijkt van de gemeenrechtelijke bepalingen, die aan de orde waren in de zaak die tot de beschikking van 12 juli 2012, Tate & Lyle Investments (C-384/11, niet gepubliceerd, EU:C:2012:463), heeft geleid. Het verzoek om een prejudiciële beslissing bevat geen nadere gegevens over de inhoud van de nationale bepalingen die van toepassing zijn op de dividenduitkeringen aan de in België gevestigde beleggingsvennootschappen.

51. Bij ontbreken van nadere gegevens over de nationale bepalingen die van toepassing zijn op dividenduitkeringen aan in België gevestigde vennootschappen die vergelijkbaar zijn met de in het hoofdgeding aan de orde zijnde ontvangende vennootschappen, kan het Hof niet vaststellen of de dividenduitkeringen aan de in het hoofdgeding aan de orde zijnde ontvangende vennootschappen ongunstiger worden behandeld dan dividenduitkeringen aan vergelijkbare ontvangende vennootschappen die in België zijn gevestigd. Derhalve kan het Hof niet vaststellen of de artikelen 43 en 56 EG aldus moeten worden uitgelegd dat zij zich verzetten tegen de regeling van een lidstaat op grond waarvan roerende voorheffing wordt geheven op dividenden die door een in die lidstaat gevestigde dochteronderneming worden uitgekeerd aan een in een andere lidstaat gevestigde fbi die in de vennootschapsbelasting aan een nultarief is onderworpen mits zij haar winst integraal aan haar aandeelhouders uitkeert.

52. Bijgevolg is de tweede vraag niet-ontvankelijk.

Kosten

53.…

Het Hof (Vijfde kamer)

verklaart voor recht:

Richtlijn 90/435/EEG van de Raad van 23 juli 1990 betreffende de gemeenschappelijke fiscale regeling voor moedermaatschappijen en dochterondernemingen uit verschillende lidstaten moet aldus worden uitgelegd dat artikel 5, lid 1, ervan zich niet verzet tegen de regeling van een lidstaat op grond waarvan roerende voorheffing wordt geheven op dividenden die door een in die lidstaat gevestigde dochteronderneming worden uitgekeerd aan een in een andere lidstaat gevestigde fiscale beleggingsinstelling die in de vennootschapsbelasting aan een nultarief is onderworpen mits zij haar winst integraal aan haar aandeelhouders uitkeert, aangezien een dergelijke instelling geen 'vennootschap van een lidstaat' in de zin van die richtlijn is.

HvJ EU 8 maart 2017, zaak C-14/16 (Euro Park Service v. Ministre des Finances et des Comptes publics)

Eerste kamer: *R. Silva de Lapuerta, kamerpresident, E. Regan, J.-C. Bonichot, C. G. Fernlund (rapporteur) en S. Rodin, rechters*

Advocaat-generaal: *M. Wathelet*

1. Het verzoek om een prejudiciële beslissing betreft de uitlegging van artikel 49 VWEU en artikel 11 van richtlijn 90/434/EEG van de Raad van 23 juli 1990 betreffende de gemeenschappelijke fiscale regeling voor fusies, splitsingen, inbreng van activa en aandelenruil met betrekking tot vennootschappen uit verschillende lidstaten (*PB* 1990, L 225, blz. 1).

2. Dat verzoek is ingediend in het kader van een geding tussen Euro Park Service (hierna: „Euro Park"), rechtsopvolgster van de SCI Cairnbulg Nanteuil (hierna: „Cairnbulg"), en de Ministre des Finances et des Comptes publics (Franse belastingdienst; hierna: „belastingdienst"), over de weigering van deze laatste, Cairnbulg belastinguitstel te verlenen voor de meerwaarden uit de activa van die vennootschap bij een fusie door overname van deze laatste door een in een andere lidstaat gevestigde vennootschap, op grond dat de fuserende vennootschappen geen voorafgaande toestemming aan de belastingdienst hadden gevraagd.

Toepasselijke bepalingen

Recht van de Unie

3. Volgens haar eerste overweging heeft richtlijn 90/434 tot doel te waarborgen dat herstructureringen van bedrijven in verschillende lidstaten, zoals fusies, splitsingen, inbreng van activa en aandelenruil, niet worden belemmerd door uit de fiscale voorschriften van de lidstaten voortvloeiende bijzondere beperkingen, nadelen of distorsies.

4. Daartoe voert de richtlijn een regeling in volgens welke die transacties op zich niet tot belastingheffing mogen leiden. De eventuele meerwaarde die bij die transacties ontstaat, kan in beginsel worden belast, maar uitsluitend op het moment waarop die meerwaarde wordt gerealiseerd.

5. De eerste vier overwegingen en de negende overweging van de richtlijn luiden als volgt:

„Overwegende dat fusies, splitsingen, inbreng van activa en aandelenruil, betrekking hebbende op vennootschappen uit verschillende lidstaten, noodzakelijk kunnen zijn teneinde in de Gemeenschap soortgelijke voorwaarden te scheppen als op een binnenlandse markt en daardoor de instelling en de goede werking van de gemeenschappelijke markt te verzekeren; dat deze transacties niet moeten worden belemmerd door uit de fiscale voorschriften der lidstaten voortvloeiende bijzondere beperkingen, nadelen of distorsies; dat er bijgevolg voor deze transacties concurrentieneutrale belastingvoorschriften tot stand moeten komen om de ondernemingen in staat te stellen zich aan te passen aan de eisen van de gemeenschappelijke markt, hun productiviteit te vergroten en hun concurrentiepositie op de internationale markt te versterken;

Overwegende dat bepalingen van fiscale aard deze transacties thans benadelen ten opzichte van transacties met betrekking tot vennootschappen van een zelfde lidstaat; dat deze benadeling moet worden opgeheven;

Overwegende dat dit doel niet kan worden bereikt door de in de lidstaten geldende nationale regelingen uit te breiden tot de gehele Gemeenschap, omdat de verschillen tussen deze regelingen distorsies kunnen veroorzaken; dat daarom uitsluitend een gemeenschappelijke fiscale regeling een bevredigende oplossing kan bieden;

Overwegende dat de gemeenschappelijke fiscale regeling moet voorkomen dat wegens fusies, splitsingen, inbreng van activa of aandelenruil belasting wordt geheven, met dien verstande dat de financiële belangen van de Staat van de inbrengende of verworven vennootschap moeten worden veiliggesteld;

[...]

Overwegende dat de lidstaten het voordeel dat voortvloeit uit de toepassing van de bepalingen van de richtlijn moeten kunnen weigeren indien de fusie, splitsing, inbreng van activa of aandelenruil belastingfraude of -ontwijking tot doel heeft [...]"

6. Artikel 4, lid 1, van genoemde richtlijn bepaalt:

„Fusies of splitsingen leiden niet tot enigerlei belastingheffing over de meerwaarden die bepaald worden door het verschil tussen de werkelijke waarde van de overgedragen activa en passiva en hun fiscale waarde. [...]"

7. Artikel 11, lid 1, onder a), van deze richtlijn luidt als volgt:

„De lidstaten kunnen weigeren de bepalingen van de titels II, III en IV geheel of gedeeltelijk toe te passen of het voordeel ervan tenietdoen indien blijkt dat de fusie, splitsing, inbreng van activa of aandelenruil

a. als hoofddoel of een der hoofddoelen belastingfraude of -ontwijking heeft; het feit dat een van de in artikel 1 bedoelde rechtshandelingen niet plaatsvindt op grond van zakelijke overwegingen, zoals herstructurering of rationalisering van de activiteiten van de bij de transactie betrokken vennootschappen, kan doen veronderstellen dat die transactie als hoofddoel of een van de hoofddoelen belastingfraude of -ontwijking heeft".

Frans recht

8. De ten tijde van de feiten in het hoofdgeding in Frankrijk geldende relevante bepalingen van de code général des impôts (belastingwetboek; hierna: „CGI") zijn de volgende.

9. Artikel 210 A CGI bepaalt:

„1. Over de netto meerwaarden en de winsten die zijn behaald over alle activa die bij een fusie zijn ingebracht wordt geen vennootschapsbelasting geheven.
[...]
3. Voorwaarde voor de toepassing van deze bepalingen is dat de overnemende vennootschap zich in de fusieakte verplicht tot eerbiediging van de volgende voorschriften:
[...]
b. zij treedt in de plaats van de overgenomen vennootschap voor de heropname van de winsten waarvoor de laatste belastinguitstel had gekregen;
c. zij gaat bij de berekening van de meerwaarden die later bij de overdracht van de bij haar ingebrachte niet-afschrijfbare onroerende activa wordt behaald uit van de waarde waarvoor zij vanuit fiscaal oogpunt waren opgenomen in de boeken van de opgenomen vennootschap;
d. zij neemt de meerwaarden die zijn behaald bij de inbreng van af te schrijven goederen opnieuw op in haar belastbare winst [...]".

10. Artikel 210 B, lid 3, van dit wetboek preciseert:

„[...] De goedkeuring wordt verleend indien, gelet op de onderdelen die worden ingebracht,
a. de transactie wordt gerechtvaardigd door zakelijke overwegingen die tot uiting komen in de vorm van een door de begunstigde vennootschap uitgeoefende zelfstandige activiteit, de verbetering van structuren of een samenwerking tussen de partijen;
b. belastingfraude of -ontwijking niet het hoofddoel of een van de hoofddoelen van de transactie is;
c. door de wijze waarop de transactie plaatsvindt, kan worden verzekerd dat de meerwaarden waarvoor belastinguitstel wordt verleend in de toekomst worden belast."

11. Volgens de verwijzende rechter geeft artikel 210 C CGI in het interne recht uitvoering aan richtlijn 90/434. Dat artikel bevat de volgende bepalingen:

„1. Het bepaalde in de artikelen 210 A en 210 B is van toepassing op transacties waaraan uitsluitend wordt deelgenomen door rechtspersonen of organismen die zijn onderworpen aan de vennootschapsbelasting.
2. Deze bepalingen zijn slechts van toepassing op de inbreng door Franse rechtspersonen in buitenlandse rechtspersonen indien voor deze inbreng voorafgaandelijk goedkeuring is verleend onder de voorwaarden van lid 3 van artikel 210 B."

Hoofdgeding en prejudiciële vragen

12. Op 26 november 2004 is Cairnbulg, vennootschap naar Frans recht, zonder vereffening ontbonden door en ten gunste van haar enig aandeelhouder, Euro Park, vennootschap naar Luxemburgs recht. Bij die gelegenheid heeft Cairnbulg in haar op 25 januari 2005 ingediende aangifte vennootschapsbelasting over het op 26 november 2004 afgesloten boekjaar gebruikgemaakt van de bijzondere fusieregeling van de artikelen 210 A en volgende, CGI. Bijgevolg heeft zij de netto meerwaarden en de winst uit de activa die zij in Euro Park Service had ingebracht niet opgenomen in haar aangifte voor de vennootschapsbelasting.

13. Bij notariële akte van 19 april 2005 is de inbreng van Cairnbulg gewaardeerd op haar netto boekhoudkundige waarde, te weten 9 387 700 EUR. Euro Park heeft die inbreng diezelfde dag voor 15 776 600 EUR overgedragen aan de vennootschap SCI IBC Ferrier, welk bedrag overeenkwam met de marktwaarde die de inbreng op 26 november 2004 vertegenwoordigde.

14. Naar aanleiding van een controle heeft de belastingdienst twijfels geuit of gebruik had mogen worden gemaakt van de bijzondere fusieregeling, in de eerste plaats omdat Cairnbulg de door artikel 210 C CGI voorgeschreven ministeriële goedkeuring niet had gevraagd en in de tweede plaats omdat die goedkeuring hoe dan ook niet zou zijn verleend omdat de betrokken transactie niet kon worden gerechtvaardigd door zakelijke overwegingen, maar belastingfraude of belastingontwijking nastreefde. Daarop zijn aan Euro Park, rechtsopvolgster van Cairnbulg, aanvullende belasting en een aanvullende bijdrage aan de belasting opgelegd, vermeerderd met de geldboetes die volgens de CGI worden opgelegd in geval van opzettelijke inbreuk.

15. Euro Park heeft het Tribunal administratif de Paris (bestuursrechter Parijs, Frankrijk) verzocht haar vrij te stellen van deze belastingen en geldboetes. Het verzoek van Euro Park is afgewezen, waarop deze zich heeft gewend tot de Cour d'appel de Paris (rechter in tweede aanleg Parijs, Frankrijk). Deze laatste instantie heeft de afwijzing bevestigd.

16. Euro Park heeft daarop beroep ingesteld bij de Conseil d'État (raad van state, Frankrijk) met het betoog dat artikel 210 C, lid 2, CGI, door enkel inbreng in niet-ingezeten rechtspersonen, met uitsluiting van inbreng in ingezeten vennootschappen, aan een procedure van voorafgaande goedkeuring te onderwerpen, een ongerechtvaardigde beperking op artikel 49 VWEU en daarmee op het beginsel van vrije vestiging vormt.

17. In deze context heeft de Conseil d'État besloten de behandeling van de zaak te schorsen en het Hof de volgende prejudiciële vragen voor te leggen:

„1. Wanneer een nationale wettelijke regeling van een lidstaat in het nationale recht gebruikmaakt van de mogelijkheid van artikel 11, lid 1, van richtlijn [90/434], bestaat er dan in het licht van het primaire recht van de Unie ruimte voor toezicht op de handelingen die zijn vastgesteld ter uitvoering van deze mogelijkheid?
2. Indien de eerste vraag bevestigend wordt beantwoord, moet dan artikel 49 VWEU aldus worden uitgelegd dat het in de weg staat aan een nationale wettelijke regeling die, met het doel belastingfraude of -ontwijking te bestrijden, voor het gebruik van de gemeenschappelijke fiscale regeling voor fusies en gelijkgestelde transacties alleen ten aanzien van de inbreng in buitenlandse rechtspersonen de voorwaarde stelt dat vooraf goedkeuring is verstrekt, en niet ten aanzien van de inbreng in binnenlandse rechtspersonen?"

Beantwoording van de prejudiciële vragen

Eerste vraag

18. Met haar eerste vraag wenst de verwijzende rechterlijke instantie in hoofdzaak te vernemen of op grond van het recht van de Unie een nationale wettelijke regeling als die in het hoofdgeding aan het primaire recht mag worden getoetst, ingeval die wettelijke regeling is vastgesteld om in intern recht uitvoering te geven aan de in artikel 11, lid 1, onder a), van richtlijn 90/434 geboden mogelijkheid.

19. Volgens vaste rechtspraak van het Hof moet een nationale regeling inzake een materie die op het niveau van de Europese Unie uitputtend is geharmoniseerd, aan de bepalingen van die harmonisatieregeling worden getoetst en niet aan die van het primaire recht (arrest van 12 november 2015, Visnapuu, C-198/14, EU:C:2015:751, punt 40 en aldaar aangehaalde rechtspraak).

20. Vastgesteld moet dus worden of artikel 11, lid 1, onder a), van richtlijn 90/434 een dergelijke harmonisatie aanbrengt.

21. In het onderhavige geval kan worden volstaan met vast te stellen dat dat blijkens de bewoordingen van die bepaling duidelijk niet het geval is.

22. Zo blijkt allereerst uit die bewoordingen dat de lidstaten op grond van bedoelde bepaling slechts kunnen weigeren de bepalingen van de richtlijn geheel of gedeeltelijk toe te passen of het voordeel ervan kunnen tenietdoen, indien een onder het toepassingsgebied van de bepaling vallende transactie, zoals een fusie waarbij vennootschappen van verschillende lidstaten betrokken zijn (grensoverschrijdende fusie) als hoofddoel of een der hoofddoelen belastingfraude of belastingontwijking heeft (zie in die zin arrest van 17 juli 1997, Leur-Bloem, C-28/95, EU:C:1997:369, punt 38).

23. Voorts mogen de lidstaten in het kader van deze voorbehouden bevoegdheid op grond van datzelfde artikel bepalen dat er sprake is van een vermoeden van belastingfraude of belastingontwijking wanneer de fusie niet plaatsvindt op grond van zakelijke overwegingen (zie in die zin arrest van 17 juli 1997, Leur-Bloem, C-28/95, EU:C:1997:369, punt 39).

24. Wat tot slot de gebruikmaking van die mogelijkheid en de toepassing van dat vermoeden betreft volgt uit de rechtspraak van het Hof dat bij gebreke van nadere bepalingen van Unierecht dienaangaande de lidstaten met inachtneming van het evenredigheidsbeginsel de voor de toepassing van artikel 11, lid 1, onder a), van richtlijn 90/434 noodzakelijke nadere bepalingen dienen vast te stellen (zie in die zin arrest van 17 juli 1997, Leur-Bloem, C-28/95, EU:C:1997:369, punt 43).

25. In die omstandigheden moet worden vastgesteld dat die bepaling, wat de bestrijding van belastingfraude en belastingontwijking betreft, niet tot doel heeft een uitputtende harmonisatie op Unieschaal tot stand te brengen.

26. Bijgevolg moet op de eerste vraag worden geantwoord dat aangezien artikel 11, lid 1, onder a), van richtlijn 90/434 geen uitputtende harmonisatie tot stand brengt, op grond van het Unierecht een nationale wettelijke regeling als die in het hoofdgeding mag worden getoetst aan het primaire recht ingeval die wettelijke regeling is vastgesteld om van de door die bepaling geboden mogelijkheid gebruik te maken in intern recht.

Tweede vraag

27. Met haar tweede vraag wenst de verwijzende rechterlijke instantie in hoofdzaak te vernemen of artikel 49 VWEU aldus moet worden uitgelegd dat het in de weg staat aan een nationale wettelijke regeling zoals die in het hoofdgeding, die in het geval van een grensoverschrijdende fusie de toekenning van de op een dergelijke transactie krachtens richtlijn 90/434 toepasselijke belastingvoordelen, in casu belastinguitstel voor de meerwaarden uit de inbreng in een vennootschap die in een andere lidstaat is gevestigd door een Franse vennootschap, onderwerpt aan een procedure van voorafgaande toestemming in het kader waarvan de belastingplichtige voor het verkrijgen van die toestemming moet aantonen dat de betrokken transactie haar rechtvaardiging vindt in zakelijke overwegingen, dat zij niet als hoofddoel of een van de hoofddoelen belastingfraude of belastingontwijking heeft en dat door de wijze waarop de transactie plaatsvindt kan worden verzekerd dat de meerwaarden waarvoor belastinguitstel wordt verleend in de toekomst worden belast, terwijl in het geval van een interne fusie bedoeld uitstel wordt verleend zonder dat de belastingplichtige aan een dergelijke procedure is onderworpen.

28. Dienaangaande heeft het Hof reeds gepreciseerd dat een grensoverschrijdende fusie een bijzondere wijze van uitoefening van de vrijheid van vestiging vormt, die belangrijk is voor de goede werking van de interne markt, en dus behoort tot de economische activiteiten waarvoor de lidstaten die vrijheid moeten eerbiedigen (zie in die zin arrest van 13 december 2005, SEVIC Systems, C 411/03, EU:C:2005:762, punt 19).

29. Om te verhinderen dat die bijzondere wijze van uitoefening van de vrijheid van vestiging wordt belemmerd door uit de fiscale voorschriften van de lidstaten voortvloeiende bijzondere beperkingen, nadelen of distorsies, legt richtlijn 90/434, zoals blijkt uit de eerste tot en met de vijfde overweging ervan, een gemeenschappelijke fiscale regeling vast die voorziet in fiscale voordelen zoals belastinguitstel voor de meerwaarden uit de bij een dergelijke transactie ingebrachte goederen.

30. In dat verband heeft het Hof reeds verklaard dat de lidstaten die fiscale voordelen moeten toekennen voor de onder de richtlijn vallende transacties, tenzij deze als hoofddoel of een der hoofddoelen belastingfraude of belastingontwijking in de zin van artikel 11, lid 1, onder a), van die richtlijn hebben (arrest van 11 december 2008, A.T., C-285/07, EU:C:2008:705, punt 30).

31. Aangezien de verwijzende rechterlijke instantie en de Franse regering te kennen hebben gegeven dat de aan de orde zijnde wettelijke regeling ertoe strekt, in intern recht uitvoering te geven aan richtlijn 90/434, meer in het bijzonder artikel 11, lid 1, onder a), ervan, moet dus om te beginnen worden uitgemaakt of de vaststelling van een nationale wettelijke regeling als die in het hoofdgeding kan worden gebaseerd op die bepaling en, in verband daarmee, of die richtlijn al dan niet aan een dergelijke wettelijke regeling in de weg staat.

Artikel 11, lid 1, onder a), van richtlijn 90/434

32. Krachtens de in het hoofdgeding aan de orde zijnde wettelijke regeling is de belastingplichtige die in aanmerking wenst te komen voor belastinguitstel voor de meerwaarden uit inbreng van goederen in een vennootschap die in een andere lidstaat gevestigd is door een Franse vennootschap, onderworpen aan een voorafgaande procedure in het kader waarvan hij moet aantonen dat aan drie voorwaarden is voldaan, te weten dat i) de inbreng plaatsvindt op grond van zakelijke overwegingen, ii) zij niet als hoofddoel of een van de hoofddoelen belastingfraude of belastingontwijking heeft en iii) door de wijze waarop de transactie plaatsvindt wordt verzekerd dat de meerwaarden waarvoor belastinguitstel wordt verleend in de toekomst kunnen worden belast.

33. Daarmee rijst de vraag of artikel 11, lid 1, onder a), van richtlijn 90/434 aan de vaststelling van een dergelijke wettelijke regeling in de weg staat.

– Bestaan van een voorafgaande procedure

34. Wat het bestaan van een voorafgaande procedure betreft zij in herinnering gebracht dat richtlijn 90/434 geen procedurele eisen stelt die de lidstaten in acht moeten nemen met het oog op de toekenning van de in die richtlijn neergelegde belastingvoordelen.

35. Zo die richtlijn de lidstaten al toestaat een dergelijk vereiste te formuleren, is het in de wettelijke regeling die in het hoofdgeding aan de orde is neergelegde vereiste niet verenigbaar met diezelfde richtlijn.

36. Bij ontbreken van Unievoorschriften ter zake is het krachtens het beginsel van procedurele autonomie van de lidstaten een zaak van de rechtsorde van elke lidstaat om de procedures vast te leggen die de bescherming van de rechten die de belastingplichtige aan het Unierecht ontleent moeten waarborgen, op voorwaarde evenwel dat die procedures niet ongunstiger zijn dan die welke voor soortgelijke interne situaties gelden (gelijkwaardigheidsbeginsel) en de uitoefening van de door het Unierecht verleende rechten niet in de praktijk onmogelijk of uiterst moeilijk maken (doeltreffendheidsbeginsel) (arrest van 18 oktober 2012, Pelati, C-603/10, EU:C:2012:639, punt 23 en aldaar aangehaalde rechtspraak).

37. Aangaande dit laatste beginsel zij in herinnering gebracht dat bij de beoordeling van de vraag of een nationaal procedurevoorschrift de uitoefening van door de rechtsorde van de Unie aan particulieren verleende rechten in de

praktijk onmogelijk of uiterst moeilijk maakt, in voorkomend geval rekening moet worden gehouden met de beginselen die aan het betrokken nationale rechtsplegingssysteem ten grondslag liggen, zoals het rechtszekerheidsbeginsel (zie in die zin arresten van 27 juni 2013, Agrokonsulting, C-93/12, EU:C:2013:432, punt 48, en van 6 oktober 2015, Târşia, C-69/14, EU:C:2015:662, punt 36).

38. In dit verband heeft het Hof reeds gepreciseerd dat de rechtszekerheid in het bijzonder een dwingend vereiste is in het geval van een regeling van de Unie die financiële consequenties kan hebben, aangezien de belanghebbenden de omvang van hun verplichtingen nauwkeurig moeten kunnen kennen (zie in die zin arresten van 21 februari 2006, Halifax e.a., C-255/02, EU:C:2006:121, punt 72, en van 9 juli 2015, Cabinet Medical Veterinar Dr. Tomoiag? Andrei, C-144/14, EU:C:2015:452, punt 34.

39. Wat het gelijkwaardigheidsbeginsel betreft heeft de Franse regering in het onderhavige geval ter terechtzitting te kennen gegeven dat de in de wettelijke regeling die in het hoofdgeding aan de orde is neergelegde voorafgaande procedure in beginsel alleen geldt voor grensoverschrijdende fusies. Het Hof beschikt echter niet over de noodzakelijke gegevens over de voor interne fusies geldende procedure om te kunnen beoordelen of eerstbedoelde transacties minder gunstig worden behandeld dan de laatste. Het is aan de verwijzende rechterlijke instantie om door vergelijking van de procedures zoals die gelden voor respectievelijk grensoverschrijdende fusies en interne fusies na te gaan of die wettelijke regeling met dat beginsel strookt.

40. Aangaande het doeltreffendheidsbeginsel vereist eerbiediging van het rechtszekerheidsvereiste dat de procedurele voorschriften ter uitvoering van richtlijn 90/434, inzonderheid van artikel 11, lid 1, onder a), ervan, voldoende nauwkeurig, duidelijk en voorzienbaar zijn opdat de belastingplichtige met nauwkeurigheid zijn rechten kent om te waarborgen dat hij de belastingvoordelen uit hoofde van die richtlijn zal kunnen genieten en ze in voorkomend geval voor de nationale rechter zal kunnen inroepen (zie in die zin arresten van 28 februari 1991, Commissie/Duitsland, C-131/88, EU:C:1991:87, punt 6; van 10 maart 2009, Heinrich, C-345/06, EU:C:2009:140, punten 44 en 45; van 15 juli 2010, Commissie/Verenigd Koninkrijk, C-582/08, EU:C:2010:429, punten 49 en 50, en van 18 oktober 2012, Pelati, C-603/10, EU:C:2012:639, punt 36 en aldaar aangehaalde rechtspraak).

41. In de onderhavige zaak moet worden opgemerkt dat de wettelijke regeling in het hoofdgeding niet de toepassingsmodaliteiten van de betrokken voorafgaande procedure preciseert. Ter terechtzitting heeft de Franse regering bevestigd dat dat inderdaad het geval is en, onder verwijzing naar de door de belastingdienst toegepaste praktijk, die modaliteiten nader toegelicht. In dat verband heeft die regering te kennen gegeven dat ook al gelden volgens die wettelijke regeling drie voorwaarden voor de verkrijging van de voorafgaande goedkeuring, volgens de door de belastingdienst gevolgde praktijk die goedkeuring reeds wordt verleend indien voldaan is aan de voorwaarde dat de transactie op zakelijke overwegingen berust. Bovendien preciseert die regering dat volgens diezelfde praktijk met de procedure van voorafgaande goedkeuring de transactie van de grensoverschrijdende fusie niet wordt opgeschort. Die transactie kan dus, onder de voorwaarde dat een verzoek om goedkeuring is ingediend vóór de totstandkoming ervan, worden verricht voordat de belastingdienst ermee heeft ingestemd.

42. Zoals de advocaat-generaal in dit verband in de punten 30 tot en met 34 en 57 van zijn conclusie heeft opgemerkt, moet worden geconstateerd dat de bepalingen van de wettelijke regeling in het hoofdgeding niet stroken met de door de belastingdienst gevolgde praktijk, waardoor onzekerheid ontstaat over de toepassingsmodaliteiten van artikel 11, lid 1, onder a), van richtlijn 90/434. Daardoor zijn die modaliteiten niet voldoende nauwkeurig, duidelijk en voorzienbaar opdat de belastingplichtige met nauwkeurigheid zijn rechten kan kennen, te meer daar op zijn minst enkele ervan naar goeddunken van de belastingdienst kunnen worden gewijzigd.

43. Voor het overige heeft de Franse regering ter terechtzitting aangegeven dat een weigering altijd met redenen wordt omkleed, maar met de precisering dat wanneer de belastingdienst na het verstrijken van een termijn van vier maanden een verzoek niet heeft beantwoord, dat neerkomt op een stilzwijgend besluit tot afwijzing, dat in een dergelijk geval slechts op verzoek van de belastingplichtige met redenen wordt omkleed.

44. Vastgesteld moet worden dat hiermee evenmin aan het rechtszekerheidsvereiste wordt voldaan.

45 . Opdat de belastingplichtige de rechten en de verplichtingen die hij aan richtlijn 90/434 ontleent nauwkeurig kan beoordelen en dienovereenkomstig zijn voorzieningen kan treffen (zie in die zin arresten van 10 maart 2009, Heinrich, C-345/06, EU:C:2009:140, punten 44 en 45, en van 15 juli 2010, Commissie/Verenigd Koninkrijk, C-582/08, EU:C:2010:429, punten 49 en 50), moet een besluit van de belastingdienst waarbij de belastingplichtige een belastingvoordeel uit hoofde van die richtlijn wordt geweigerd altijd met redenen zijn omkleed opdat deze laatste de gegrondheid van de redenen waarom de belastingdienst hem het in die richtlijn neergelegde voordeel niet heeft toegekend kan verifiëren en in voorkomend geval zijn recht voor de bevoegde rechterlijke instanties kan inroepen.

46. In die omstandigheden moet worden vastgesteld dat de in het hoofdgeding aan de orde zijnde proceduremodaliteiten niet voldoen aan het rechtszekerheidsvereiste en, bijgevolg, dat die wettelijke regeling het doeltreffendheidsbeginsel niet eerbiedigt.

– Voorwaarden om in aanmerking te komen voor de belastingvoordelen waarin richtlijn 90/434 voorziet

47. Met betrekking tot de in bedoelde wettelijke regeling neergelegde voorwaarden heeft het Hof herhaaldelijk geoordeeld dat de bij richtlijn 90/434 ingevoerde gemeenschappelijke fiscale regeling, die verschillende fiscale voordelen behelst, zonder onderscheid van toepassing is op alle onder het toepassingsgebied van die richtlijn vallende transacties, ongeacht op welke overwegingen zij berusten en of zij van financiële, economische of zuiver fiscale aard zijn (arrest van 20 mei 2010, Modehuis A. Zwijnenburg, C-352/08, EU:C:2010:282, punt 41 en aldaar aangehaalde rechtspraak).

48. Het Hof heeft er ook op gewezen dat de lidstaten slechts bij uitzondering en in bijzondere omstandigheden op grond van artikel 11, lid 1, onder a), van die richtlijn kunnen weigeren de richtlijn geheel of gedeeltelijk toe te passen of het voordeel ervan kunnen tenietdoen (arrest van 20 mei 2010, Modehuis A. Zwijnenburg, C-352/08, EU:C:2010:282, punt 45 en aldaar aangehaalde rechtspraak).

49. Aangezien met die bepaling wordt afgeweken van de algemene regel van richtlijn 90/434, op grond waarvan de belastingplichtige in aanmerking komt voor de gemeenschappelijke fiscale regeling die voor de onder het toepassingsgebied van die richtlijn vallende transacties geldt, moet bedoelde bepaling restrictief worden uitgelegd (zie in die zin arrest van 20 mei 2010, Modehuis A. Zwijnenburg, C-352/08, EU:C:2010:282, punt 46).

50. In de onderhavige zaak moet om te beginnen worden opgemerkt dat waar richtlijn 90/434 de belastingplichtige in beginsel aanspraak verleent op belastinguitstel voor meerwaarden uit ingebrachte goederen met de bepaling dat dat voordeel slechts onder één voorwaarde mag worden geweigerd, te weten enkel wanneer de voorgenomen transactie als hoofddoel of een der hoofddoelen belastingfraude of belastingontwijking heeft (zie in die zin arrest 17 juli 1997, Leur-Bloem, C-28/95, EU:C:1997:369, punt 45), de wettelijke regeling in het hoofdgeding toekenning van dat voordeel algemeen weigert tenzij de belastingplichtige eerst aan de in die wettelijke regeling gestelde formele en materiele eisen voldoet.

51. In de tweede plaats verbindt die wettelijke regeling aan de toekenning van bedoeld voordeel de drie in punt 32 van het onderhavige arrest uiteengezette voorwaarden, waardoor zij, zoals de advocaat-generaal in de punten 34 tot en met 36 van zijn conclusie opmerkt, de in de punten 22 en 23 van het onderhavige arrest vermelde voorbehouden bevoegdheid van de lidstaten een ruimere werkingssfeer verleent dan voorzien in artikel 11, lid 1, onder a), van richtlijn 90/434.

52. In de derde plaats kan, zoals de advocaat-generaal in punt 36 van zijn conclusie opmerkt, en anders dan de Franse regering aanvoert, de derde voorwaarde waarin de wettelijke regeling in het hoofdgeding voorziet, te weten dat door de wijze waarop de transactie plaatsvindt, wordt verzekerd dat de meerwaarden waarvoor belastinguitstel wordt verleend in de toekomst kunnen worden belast – een voorwaarde die in richtlijn 90/434 overigens niet wordt vermeld – geen rechtvaardiging vinden in het doel belastingfraude of belastingontwijking te bestrijden, daar dat doel al uitdrukkelijk wordt gedekt door de tweede voorwaarde waarin die wettelijke regeling voorziet.

53. Aangaande in de vierde plaats het in artikel 11, lid 1, onder a), van richtlijn 90/434 bedoelde vermoeden van belastingfraude en -ontwijking moet in herinnering worden gebracht dat de lidstaten op grond van die bepaling slechts een vermoeden van belastingfraude of -ontwijking mogen hanteren wanneer de voorgenomen transactie er uitsluitend toe strekt een belastingvoordeel te behalen en dus niet plaatsvindt op grond van zakelijke overwegingen (zie in die zin arresten van 17 juli 1997, Leur-Bloem, C-28/95, EU:C:1997:369, punt 45, en van 10 november 2011, Foggia – Sociedade Gestora de Participações Sociais, C-126/10, EU:C:2011:718, punt 36)

54. In de vijfde plaats volgt uit de rechtspraak van het Hof dat de lidstaten bij de uitvoering van artikel 11, lid 1, onder a), van richtlijn 90/434 geen algemeen vermoeden van belastingfraude of belastingontwijking mogen hanteren.

55. Zo heeft het Hof in dit verband reeds verklaard dat de bevoegde nationale autoriteiten bij het onderzoek of de voorgenomen transactie een dergelijk doel nastreeft, niet ermee kunnen volstaan, vooraf vastgestelde algemene criteria toe te passen, maar in elk concreet geval de betreffende transactie in haar geheel moeten onderzoeken. De vaststelling van een regel van algemene strekking die bepaalde soorten van transacties automatisch van het belastingvoordeel uitsluit, zonder dat rekening wordt gehouden met de vraag of er daadwerkelijk sprake is van belastingontwijking of belastingfraude, gaat namelijk verder dan ter voorkoming van zulke fraude of ontwijking noodzakelijk is en doet af aan de door die richtlijn nagestreefde doelstelling (arrest van 10 november 2011, Foggia – Sociedade Gestora de Participações Sociais, C-126/10, EU:C:2011:718, punt 37)

56. Aangezien de wettelijke regeling in het hoofdgeding het voordeel van belastinguitstel voor meerwaarden krachtens richtlijn 90/434 slechts stelselmatig en onvoorwaardelijk toekent op voorwaarde dat de belastingplichtige aantoont dat de betrokken transactie is ingegeven door zakelijke overwegingen en niet als hoofddoel of een van de hoofddoelen belastingfraude of belastingontwijking heeft, zonder dat de belastingdienst ook maar een begin van bewijs hoeft te leveren dat geen sprake is van zakelijke overwegingen of dat er aanwijzingen bestaan

voor belastingfraude of belastingontwijking, hanteert die wettelijke regeling een algemeen vermoeden van belastingfraude of belastingontwijking.

57. Gelet op het voorgaande moet worden vastgesteld dat artikel 11, lid 1, onder a), van richtlijn 90/434 aldus moet worden uitgelegd dat het in de weg staat aan de vaststelling van een nationale wettelijke regeling als die in het hoofdgeding.

Artikel 49 VWEU

58. Overeenkomstig vaste rechtspraak moeten op grond van artikel 49 VWEU beperkingen van de vrijheid van vestiging worden afgeschaft. Hoewel de bepalingen van het VWEU betreffende de vrijheid van vestiging volgens de bewoordingen ervan het voordeel van de behandeling als eigen onderdaan in de lidstaat van ontvangst beogen te waarborgen, verzetten zij zich ook ertegen dat de lidstaat van oorsprong de vestiging van een van zijn onderdanen of van een naar zijn wetgeving opgerichte vennootschap in een andere lidstaat belemmert (arrest van 29 november 2011, National Grid Indus, C-371/10, EU:C:2011:785, punt 35 en aldaar aangehaalde rechtspraak).

59. Alle maatregelen die het gebruik van de vrijheid van vestiging verbieden, belemmeren of minder aantrekkelijk maken, moeten als beperkingen van die vrijheid worden beschouwd (arrest van 29 november 2011, National Grid Indus, C-371/10, EU:C:2011:785, punt 36 en aldaar aangehaalde rechtspraak).

60. Vastgesteld moet worden dat in het hoofdgeding enkel in geval van grensoverschrijdende fusies de toekenning van het voordeel van belastinguitstel voor meerwaarden uit goederen die in een vennootschap die in een andere lidstaat gevestigd is worden ingebracht door een Franse vennootschap, aan de betrokken wettelijke vereisten is onderworpen.

61. Zoals de Franse regering toegeeft, behandelt die wettelijke regeling grensoverschrijdende fusies anders dan interne fusies.

62. Dat verschil in behandeling kan de belanghebbenden doen besluiten, geen gebruik te maken van hun vrijheid van vestiging, en vormt dan ook een belemmering voor die vrijheid.

63 Een dergelijke belemmering is slechts toelaatbaar indien zij objectief kan worden gerechtvaardigd door dwingende redenen van algemeen belang die door het Unierecht worden erkend. In dat geval is bovendien vereist dat zij niet verder gaat dan voor de bereiking van dat doel noodzakelijk is (arrest van 29 november 2011, National Grid Indus, C-371/10, EU:C:2011:785, punt 42 en aldaar aangehaalde rechtspraak).

64. Volgens de Franse regering vindt de belemmering in het hoofdgeding haar rechtvaardiging in een dwingende reden van algemeen belang in verband met de bestrijding van belastingfraude en belastingontwijking en het behoud van de evenwichtige verdeling van de heffingsbevoegdheid over de lidstaten.

65. Dienaangaande heeft het Hof reeds geoordeeld dat zowel de bestrijding van belastingfraude en belastingontwijking als het behoud van de evenwichtige verdeling van de heffingsbevoegdheid over de lidstaten dwingende redenen van algemeen belang vormen die een belemmering van de door het Verdrag gewaarborgde vrijheden van verkeer kunnen rechtvaardigen (arrest van 5 juli 2012, SIAT, C-318/10, EU:C:2012:415, punten 36 en 37 en aldaar aangehaalde rechtspraak).

66. Dit laatste doel wordt echter, zoals de advocaat-generaal in punt 39 van zijn conclusie opmerkt, reeds gewaarborgd door richtlijn 90/434 zelf.

67. Zoals blijkt uit de rechtspraak van het Hof, volgt uit de vierde en de zesde overweging van die richtlijn immers dat deze laatste een regeling instelt waarbij de heffing van belasting over meerwaarden uit ingebrachte goederen slechts wordt uitgesteld, waarbij dus enerzijds wordt vermeden dat de inbreng van bedrijvigheid zelf aanleiding geeft tot belastingheffing en anderzijds de financiële belangen van de staat van de inbrengende vennootschap worden veiliggesteld doordat wordt gewaarborgd dat deze meerwaarden worden belast op het tijdstip waarop zij daadwerkelijk worden gerealiseerd (arrest van 19 december 2012, 3D I, C-207/11, EU:C:2012:818, punt 28).

68. In het hoofdgeding kan genoemd doel dus geen rechtvaardiging vormen voor een belemmering van de vrijheid van vestiging.

69. Wat de dwingende reden van algemeen belang in verband met de bestrijding van belastingfraude of belastingontwijking betreft volstaat het vast te stellen, zoals de advocaat-generaal in de punten 72 en 73 van zijn conclusie heeft gedaan, dat die doelstelling dezelfde draagwijdte heeft wanneer zij wordt ingeroepen ingevolge het bepaalde in artikel 11, lid 1, onder a), van richtlijn 90/434 of als rechtvaardiging van een uitzondering op het primaire recht. De overwegingen in de punten 54 tot en met 56 van het onderhavige arrest, aangaande de evenredigheid van de wettelijke regeling in het hoofdgeding die betrekking hebben op die bepaling, gelden dus ook voor de beoordeling of die wettelijke regeling evenredig is vanuit het oogpunt van de vrijheid van vestiging. Hieruit volgt dat een wettelijke regeling als die in het hoofdgeding, die een algemeen vermoeden van belastingfraude of belastingontwijking hanteert, verder gaat dan ter bereiking van genoemd doel noodzakelijk is en een belemmering van die vrijheid dus niet kan rechtvaardigen.

70. Gelet op al het voorgaande moet op de tweede vraag worden geantwoord dat artikel 49 VWEU en artikel 11, lid 1, onder a), van richtlijn 90/434 aldus moeten worden uitgelegd dat zij in de weg staan aan een nationale wettelijke regeling zoals die in het hoofdgeding, die in het geval van een grensoverschrijdende fusie de toekenning van de op een dergelijke transactie krachtens die richtlijn toepasselijke belastingvoordelen, in casu belastinguitstel voor de meerwaarden uit de inbreng in een vennootschap die in een andere lidstaat is gevestigd door een Franse vennootschap, onderwerpt aan een procedure van voorafgaande toestemming in het kader waarvan de belastingplichtige voor het verkrijgen van die toestemming moet aantonen dat de betrokken transactie haar rechtvaardiging vindt in zakelijke overwegingen, dat zij niet als hoofddoel of een van de hoofddoelen belastingfraude of belastingontwijking heeft en dat door de wijze waarop de transactie plaatsvindt wordt verzekerd dat de meerwaarden waarvoor belastinguitstel wordt verleend in de toekomst kunnen worden belast, terwijl in het geval van een interne fusie bedoeld uitstel wordt verleend zonder dat de belastingplichtige aan een dergelijke procedure is onderworpen.

Kosten

71. ...

Het Hof (Eerste kamer)

verklaart voor recht:

1. Aangezien artikel 11, lid 1, onder a), van richtlijn 90/434/EEG van de Raad van 23 juli 1990 betreffende de gemeenschappelijke fiscale regeling voor fusies, splitsingen, inbreng van activa en aandelenruil met betrekking tot vennootschappen uit verschillende lidstaten, geen uitputtende harmonisatie tot stand brengt, mag op grond van het Unierecht een nationale wettelijke regeling als die in het hoofdgeding worden getoetst aan het primaire recht ingeval die wettelijke regeling is vastgesteld om van de door die bepaling geboden mogelijkheid gebruik te maken in intern recht.

2. Artikel 49 VWEU en artikel 11, lid 1, onder a), van richtlijn 90/434 moeten aldus worden uitgelegd dat zij in de weg staan aan een nationale wettelijke regeling zoals die in het hoofdgeding, die in het geval van een grensoverschrijdende fusie de toekenning van de op een dergelijke transactie krachtens die richtlijn toepasselijke belastingvoordelen, in casu belastinguitstel voor de meerwaarden uit de inbreng in een vennootschap die in een andere lidstaat is gevestigd door een Franse vennootschap, onderwerpt aan een procedure van voorafgaande toestemming in het kader waarvan de belastingplichtige voor het verkrijgen van die toestemming moet aantonen dat de betrokken transactie haar rechtvaardiging vindt in zakelijke overwegingen, dat zij niet als hoofddoel of een van de hoofddoelen belastingfraude of belastingontwijking heeft en dat door de wijze waarop de transactie plaatsvindt, wordt verzekerd dat de meerwaarden waarvoor belastinguitstel wordt verleend in de toekomst kunnen worden belast, terwijl in het geval van een interne fusie bedoeld uitstel wordt verleend zonder dat de belastingplichtige aan een dergelijke procedure is onderworpen.

CE Cour de Justice, le 4 mai 2017, affaire C-98/16 (Commission européenne contre République hellénique)

Septième chambre: A. Prechal, président de chambre, A. Rosas (rapporteur) et E. Jarasiunas, juges
Avocat Général: J. Kokott

1. Par sa requête, la Commission européenne demande à la Cour de constater que, en adoptant et en maintenant en vigueur une législation qui prévoit un taux préférentiel des droits de succession pour les legs effectués en faveur d'organismes sans but lucratif qui sont établis dans d'autres États membres de l'Union européenne ou de l'Espace économique européen (EEE) sous réserve de réciprocité, la République hellénique a manqué aux obligations qui lui incombent en vertu de l'article 63 TFUE et de l'article 40 de l'accord sur l'Espace économique européen, du 2 mai 1992 (*JO* 1994, L 1, p. 3, ci-après l'« accord EEE »).

Le cadre juridique

2. L'article 25, paragraphe 3, du code grec des droits de succession prévoit :

« Les acquisitions sont soumises à une imposition distincte, conformément aux dispositions du paragraphe 5 de l'article 29, dès lors que les bénéficiaires sont :
[…]
b. les personnes morales sans but lucratif, qui existent ou sont légalement constituées en Grèce, ainsi que les personnes morales étrangères similaires sous réserve de réciprocité et les biens visés à l'article 96 de la loi d'urgence nº 2039/1939 (FEK A' 455), dès lors qu'ils poursuivent de manière avérée des buts d'intérêt national ou religieux ou, plus largement, des buts philanthropiques ou éducatifs ou artistiques ou d'intérêt général au sens de l'article 1er de la loi d'urgence nº 2039/1939. »

3. L'article 29, paragraphe 5, de ce code dispose :

« Les fonds acquis à cause de décès par les personnes définies au paragraphe 3 de l'article 25 sont soumis à une taxe calculée séparément par application d'un taux de 0,5 %. Les autres biens acquis par ces personnes sont soumis à une taxe calculée séparément par application d'un taux de 0,5 %. »

La procédure précontentieuse

4. Le 24 octobre 2012, à la suite d'échanges infructueux intervenus dans le cadre du système « EU Pilot », la Commission a adressé une lettre de mise en demeure à la République hellénique, par laquelle elle attirait son attention sur une éventuelle incompatibilité de l'article 25, paragraphe 3, sous b), et de l'article 29, paragraphe 5, du code des droits de succession (ci-après les « dispositions litigieuses ») avec l'article 63 TFUE et l'article 40 de l'accord EEE, en ce qui concerne le traitement fiscal des legs en faveur d'organismes sans but lucratif.

5. Par deux courriers du 4 février et du 1er octobre 2013, la République hellénique a fait valoir que les dispositions litigieuses étaient compatibles avec les articles visés par la Commission.

6. N'étant pas satisfaite de cette réponse, la Commission a émis, le 21 novembre 2013, un avis motivé auquel la République hellénique a répondu par une lettre du 21 mars 2014. Dans cette lettre, la République hellénique réaffirmait la compatibilité des dispositions litigieuses avec le droit de l'Union et indiquait que celles-ci ne seraient pas modifiées.

7. C'est dans ces conditions que la Commission a décidé d'introduire le présent recours.

Sur le recours

Argumentation des parties

8. La Commission fait valoir que les dispositions litigieuses vont à l'encontre du principe de libre circulation des capitaux, tel que garanti à l'article 63 TFUE et à l'article 40 de l'accord EEE.

9. Elle fait observer, tout d'abord, que les dispositions litigieuses ont pour effet de taxer plus lourdement les legs lorsque le bénéficiaire est une personne morale sans but lucratif ayant son siège dans un État membre de l'Union ou de l'EEE, autre que la République hellénique, qui ne réserve pas le même traitement fiscal aux personnes morales sans but lucratif établies en Grèce. La valeur des biens légués à une telle personne morale serait, de ce fait, réduite, ce qui constituerait une restriction injustifiée à la libre circulation des capitaux.

10. La Commission se réfère à l'arrêt du 22 avril 2010, Mattner (C-510/08, EU:C:2010:216, point 26), dans lequel la Cour a jugé que, en ce qui concerne les donations, les mesures interdites par l'article 63, paragraphe 1, TFUE, en tant qu'elles constituent des restrictions aux mouvements de capitaux, comprennent celles qui ont pour effet de

diminuer la valeur de la donation d'un résident d'un État membre autre que celui sur le territoire duquel se trouvent les biens concernés et qui impose la donation de ceux-ci.

11. Cette institution déduit par analogie de cet arrêt que la diminution de la valeur des legs effectués en faveur des personnes morales sans but lucratif établies dans un État membre de l'Union ou de l'EEE qui ne réserve pas le même traitement fiscal aux personnes morales sans but lucratif établies en Grèce, en conséquence du taux d'imposition plus élevé appliqué à des tels legs, revêt le même caractère restrictif.

12. En outre, la Commission souligne que l'application à certains mouvements transfrontaliers de capitaux d'un taux d'imposition plus élevé que celui appliqué aux mouvements de capitaux à l'intérieur de la Grèce rend les premiers moins attractifs que les seconds, dissuadant ainsi les résidents grecs de désigner comme légataires des personnes morales sans but lucratif établies dans d'autres États membres de l'Union ou de l'EEE. À cet égard, la Commission renvoie à l'arrêt du 10 février 2011, Missionswerk Werner Heukelbach (C-25/10, EU:C:2011:65, point 37), dans lequel la Cour a jugé que l'article 63 TFUE s'oppose à la législation d'un État membre qui réserve la possibilité de bénéficier du taux réduit des droits de succession aux organismes sans but lucratif ayant leur siège d'opération dans cet État membre ou dans l'État membre dans lequel le de cujus résidait effectivement ou avait son lieu de travail au moment de son décès, ou dans lequel il a antérieurement effectivement résidé ou eu son lieu de travail.

13. Ensuite, en ce qui concerne l'argument avancé par la République hellénique concernant la non-comparabilité des situations, la Commission souligne que celle-ci n'explique pas pour quelle raison la situation des organismes sans but lucratif établis en Grèce ne serait pas comparable à celle des organismes ayant les mêmes caractéristiques établis dans un autre État membre de l'Union ou de l'EEE.

14. En réponse aux arguments avancés par la République hellénique pour justifier le maintien de la condition de réciprocité, la Commission rappelle que, ainsi qu'il ressort d'une jurisprudence bien établie de la Cour, l'application du droit de l'Union n'est pas subordonnée au principe de réciprocité (voir, en ce sens, arrêt du 28 janvier 1986, Commission/France, 270/83, EU: C:1986:37, point 26). Au contraire, dans l'application du droit de l'Union, il conviendrait de mettre l'accent sur l'égalité entre non-ressortissants et ressortissants. Par conséquent, il ne serait pas possible de faire dépendre le respect du droit de l'Union par un État membre du respect que les autres États membres accordent à ce même droit.

15. Enfin, concernant les justifications invoquées par la République hellénique, la Commission fait valoir que, ainsi qu'il ressort d'une jurisprudence constante de la Cour, la prévention de la perte de recettes fiscales ne constitue pas un motif impérieux d'intérêt général. Plus précisément, s'agissant des organismes caritatifs, il résulterait de l'arrêt du 10 février 2011, Missionswerk Werner Heukelbach (C-25/10, EU:C:2011:65, point 30), qu'un État membre ne saurait réserver le bénéfice d'avantages fiscaux aux seuls organismes qui sont établis sur son territoire au motif que les activités exercées par ceux-ci sont susceptibles de le décharger de certaines de ses responsabilités.

16. La République hellénique s'oppose à l'argumentation développée par la Commission et conclut à la compatibilité des dispositions litigieuses avec la libre circulation des capitaux.

17. En premier lieu, cet État membre estime que l'allégation de la Commission selon laquelle l'application d'un taux supérieur à certaines personnes morales étrangères à but non lucratif rendrait les mouvements transfrontaliers de capitaux moins attractifs n'est pas démontrée. Il ne serait, en effet, pas acquis que la volonté du testateur puisse être influencée par le taux auquel sera imposé le legs, ni que ce taux soit un paramètre essentiel pour choisir le légataire, ce dernier demeurant libre, en tout état de cause, d'accepter ou de refuser un legs qui lui est destiné.

18. Par ailleurs, la République hellénique fait valoir que, la fiscalité directe relevant de la compétence des États membres, le choix d'appliquer un régime plus ou moins favorable à certaines catégories de personnes morales, en raison du rôle particulier qu'elles jouent dans la société, relève uniquement de l'appréciation de ceux-ci.

19. La République hellénique souligne que la jurisprudence issue de l'arrêt du 22 avril 2010, Mattner (C-510/08, EU: C:2010:216), à laquelle fait référence la Commission, n'est pas transposable au cas d'espèce, les dispositions relatives à la taxation des legs n'ayant pas le même fondement que les dispositions relatives à l'imposition des donations. Le régime favorable réservé aux personnes morales à but non lucratif s'expliquerait, en effet, par le rôle particulier qu'elles jouent dans la société grecque et qui revêtirait une importance cruciale, compte tenu de l'état actuel de l'économie qui contraint l'État à réduire les ressources publiques disponibles pour la politique sociale.

20. C'est également à la lumière de ce contexte que devrait être analysée la condition de réciprocité prévue par les dispositions litigieuses. La suppression d'une telle condition aurait pour effet de favoriser les organismes établis dans des États membres qui ne prévoient pas des avantages fiscaux similaires à ceux en cause en l'espèce et ferait supporter à la République hellénique la charge des conséquences défavorables de l'application de la libre circulation des capitaux.

21. En deuxième lieu, la République hellénique soutient que la situation des organismes à but non lucratif établis en Grèce n'est pas comparable à celle des organismes à but non lucratif établis dans un autre État membre, en raison du rôle que les premiers jouent dans la société grecque ainsi que du profit que cette dernière tire des dispositions litigieuses.

22. Par conséquent, les États membres seraient en droit, d'une part, d'exiger qu'un lien suffisamment étroit existe entre les organismes à but non lucratif et les activités qu'ils exercent aux fins de l'octroi de certains avantages fiscaux et, d'autre part, de décider quels sont les intérêts de la collectivité qu'ils veulent promouvoir en octroyant de tels avantages fiscaux à ces organismes.

23. En troisième lieu, la République hellénique fait valoir que la restriction à la libre circulation des capitaux, à la supposer établie, serait justifiée par une raison impérieuse d'intérêt général, en l'occurrence la nécessité de prévenir une réduction des recettes fiscales qu'entraînerait la modification des dispositions litigieuses.

24. À cet égard, cet État membre estime qu'il conviendrait de réviser, à la lumière des évolutions économiques défavorables qui affectent l'ensemble de l'Union, la jurisprudence de la Cour selon laquelle la nécessité de prévenir la réduction de recettes fiscales ne figure ni parmi les objectifs énoncés à l'article 65 TFUE ni parmi les raisons impérieuses d'intérêt général.

25. En conclusion, la République hellénique soutient que les dispositions litigieuses ne vont pas au-delà de ce qui est nécessaire pour atteindre les objectifs de la mesure en cause.

Appréciation de la Cour

Sur la liberté concernée

26. Selon une jurisprudence constante de la Cour, les successions, qui consistent en une transmission à une ou plusieurs personnes du patrimoine laissé par une personne décédée, constituent des mouvements de capitaux au sens de l'article 63 TFUE, à l'exception des cas où leurs éléments constitutifs se cantonnent à l'intérieur d'un seul État membre (arrêts du 10 février 2011, Missionswerk Werner Heukelbach, C-25/10, EU:C:2011:65, point 16, et du 26 mai 2016, Commission/Grèce, C-244/15, EU:C:2016:359, point 25 ainsi que jurisprudence citée).

27. En l'occurrence, les dispositions litigieuses concernent le taux d'imposition des dons effectués par voie de testament et acquis par le bénéficiaire en raison du décès du de cujus. Ces dispositions prévoient qu'un taux préférentiel est automatiquement appliqué aux legs effectués en faveur d'organismes sans but lucratif qui existent ou ont été légalement constitués en Grèce. En revanche, l'application d'un tel taux préférentiel aux legs effectués en faveur de personnes morales établies dans d'autres États membres de l'Union ou de l'EEE est subordonnée à la condition qu'il existe, dans la législation de ces États membres, une disposition de loi prévoyant un allègement des droits de succession équivalent.

28. Ainsi, les dispositions litigieuses, qui sont relatives à l'impôt sur les successions et portent sur des situations dont les éléments constitutifs ne se cantonnent pas tous à l'intérieur d'un seul État membre, relèvent de la libre circulation des capitaux.

Sur l'existence d'une restriction à la libre circulation des capitaux

29. L'article 63, paragraphe 1, TFUE interdit de façon générale les restrictions aux mouvements de capitaux entre les États membres.

30. Il ressort d'une jurisprudence constante de la Cour que, en cas de succession, les mesures interdites par l'articles 63, paragraphe 1, TFUE, en tant que restrictions à la libre circulation des capitaux, comprennent celles qui ont pour effet de diminuer la valeur de la succession d'un résident d'un État membre autre que celui sur le territoire duquel se trouvent les biens concernés et qui impose la transmission de ceux-ci par voie de succession (arrêts du 22 avril 2010, Mattner, C-510/08, EU:C:2010:216, point 26, et du 26 mai 2016, Commission/Grèce, C-244/15, EU:C:2016:359, point 28 ainsi que jurisprudence citée).

31. À cet égard, la Cour a déjà jugé que la réglementation d'un État membre qui fait dépendre l'application d'un taux réduit du lieu de résidence du défunt ou du bénéficiaire au moment du décès, lorsqu'elle aboutit à ce que les successions impliquant des non-résidents soient soumises à une charge fiscale plus lourde que celle n'impliquant que des résidents, constitue une restriction à la libre circulation des capitaux (voir, en ce sens, arrêts du 17 octobre 2013, Welte, C-181/12, EU: C:2013:662, points 25 et 26 ; du 3 septembre 2014, Commission/Espagne, C-127/12, non publié, EU:C:2014:2130, point 58, ainsi que du 26 mai 2016, Commission/Grèce, C-244/15, EU:C:2016:359, point 29).

32. Or, en l'espèce, les dispositions litigieuses prévoient que le traitement fiscal des legs effectués en faveur de certaines personnes morales sans but lucratif établies en Grèce est plus favorable que celui des legs en faveur d'entités similaires établies dans d'autres États membres de l'Union ou de l'EEE. En effet, un taux préférentiel de 0,5 % est automatiquement appliqué aux personnes morales sans but lucratif qui existent ou ont été légalement

constituées en Grèce, tandis que ce même taux ne peut s'appliquer à des personnes morales établies dans d'autres États membres de l'Union ou de l'EEE que si la condition de réciprocité est remplie. Il est constant que, dans le cas où cette condition de réciprocité n'est pas remplie, le taux applicable varie de 20 à 40 %, en fonction de la valeur du bien imposable.

33. Cette imposition plus lourde a pour effet de réduire la valeur des biens légués aux personnes morales étrangères sans but lucratif établies dans des États membres de l'Union ou de l'EEE dont la législation nationale ne prévoirait pas un allègement des droits de succession équivalent.

34. En outre, ainsi que la Commission l'a relevé, l'application d'un taux d'imposition plus élevé à certains mouvements de capitaux transfrontaliers par rapport à celui appliqué aux mouvements de capitaux à l'intérieur de la Grèce est de nature à rendre les premiers moins attrayants que les seconds, en dissuadant les résidents grecs de désigner comme légataires des personnes établies dans des États membres de l'Union ou de l'EEE qui ne satisfont pas à la condition de réciprocité.

35. Il s'ensuit que les dispositions litigieuses constituent une restriction à la libre circulation des capitaux au sens de l'article 63, paragraphe 1, TFUE.

Sur l'existence d'une justification

36. À titre liminaire, il convient de rappeler que, conformément à l'article 65, paragraphe 1, sous a), TFUE, « l'article 63 [TFUE] ne porte pas atteinte au droit qu'ont les États membres [...] d'appliquer les dispositions pertinentes de leur législation fiscale qui établissent une distinction entre les contribuables qui ne se trouvent pas dans la même situation en ce qui concerne leur résidence ou le lieu où leurs capitaux sont investis ». La dérogation prévue à l'article 65, paragraphe 1, sous a), TFUE est néanmoins encadrée par l'article 65, paragraphe 3, TFUE, lequel prévoit que les dispositions nationales ne doivent constituer ni un moyen de discrimination arbitraire ni une restriction déguisée à la libre circulation des capitaux et des paiements telle que définie à l'article 63 TFUE.

37. Il y a donc lieu de distinguer les traitements inégaux permis au titre de l'article 65, paragraphe 1, sous a), TFUE des discriminations arbitraires interdites en vertu de l'article 65, paragraphe 3, TFUE. Il ressort, à cet égard, de la jurisprudence de la Cour que, pour qu'une réglementation fiscale nationale, qui, aux fins du calcul des droits de succession, opère une différence de traitement entre les résidents et les non-résidents puisse être considérée comme compatible avec les dispositions du traité FUE relatives à la libre circulation des capitaux, il est nécessaire que cette différence de traitement concerne des situations qui ne sont pas objectivement comparables ou qu'elle soit justifiée par une raison impérieuse d'intérêt général. Une telle réglementation doit être propre à garantir la réalisation de l'objectif poursuivi et ne pas aller au-delà de ce qui est nécessaire pour qu'il soit atteint (voir, en ce sens, arrêt du 26 mai 2016, Commission/Grèce, C-244/15, EU: C:2016:359, points 34 et 35 ainsi que jurisprudence citée).

38. En l'espèce, en premier lieu, il convient de constater que, contrairement à ce que soutient la République hellénique, la différence de traitement qui découle des dispositions litigieuses ne saurait être justifiée par le motif qu'elle se rapporte à des situations qui sont objectivement différentes.

39. En effet, ainsi que le relève la Commission, les dispositions litigieuses concernent les même types de mouvements de capitaux ainsi que les mêmes types d'organismes. Par ailleurs, il ressort de ces dispositions que le régime fiscal des legs appréhende de la même manière les organismes sans but lucratif établis en Grèce et ceux établis dans un autre État membre de l'Union ou de l'EEE. Ce n'est que dans le cas où il n'existe pas, dans la législation de ce dernier État, un avantage fiscal similaire à celui prévu par lesdites dispositions que la législation grecque opère une différence de traitement.

40. Par conséquent, dès lors que la législation nationale met sur le même plan, aux fins de l'imposition d'un legs acquis par succession, les organismes sans but lucratif établis en Grèce et ceux établis dans un autre État membre de l'Union ou de l'EEE, elle ne peut, sans enfreindre les exigences du droit de l'Union, traiter différemment ces derniers, dans le cadre de cette même imposition, en ce qui concerne l'octroi du traitement préférentiel. En traitant de manière identique, sauf en ce qui concerne le montant du taux applicable, les legs effectués au profit de ces deux catégories d'organisme sans but lucratif, le législateur national a admis, en effet, qu'il n'existait entre ces dernières aucune différence de situation objective de nature à justifier une différence de traitement (voir, par analogie, arrêt du 17 octobre 2013, Welte, C-181/12, EU:C:2013:662, point 51 et jurisprudence citée).

41. Il s'ensuit que la situation d'un organisme sans but lucratif établi dans un État membre de l'Union ou de l'EEE autre que la République hellénique et celle des organismes sans but lucratif qui existent ou ont été légalement constitués en Grèce sont comparables aux fins de l'application du taux préférentiel pour les legs effectués en faveur de ceux-ci.

42. Cette conclusion ne saurait être remise en cause par le fait que les organismes établis en Grèce jouent, dans la société grecque, un rôle particulier et qui revêt une importance cruciale compte tenu de l'état actuel de l'économie de cet État membre.

43. En effet, la Cour a déjà jugé que, s'il est légitime pour un État membre d'exiger, aux fins de l'octroi de certains avantages fiscaux, qu'un lien suffisamment étroit existe entre les organismes qu'il reconnaît comme poursuivant certains de ses objectifs d'intérêt général et les activités qu'ils exercent, celui-ci ne saurait toutefois réserver le bénéfice de tels avantages aux seuls organismes établis sur son territoire et dont les activités sont susceptibles de le décharger de certaines de ses responsabilités (arrêts du 27 janvier 2009, Persche, C-318/07, EU:C:2009:33, point 44, et du 10 février 2011 Missionswerk Werner Heukelbach, C-25/10, EU:C:2011:65, point 30).

44. En particulier, l'éventualité pour un État membre d'être déchargé de certaines de ses responsabilités ne suffit pas à elle seule pour permettre à celui-ci d'introduire une différence de traitement entre les organismes reconnus d'intérêt général nationaux et ceux établis dans un autre État membre (voir, en ce sens, arrêts du 27 janvier 2009, Persche, C-318/07, EU: C:2009:33, point 46, et du 10 février 2011 Missionswerk Werner Heukelbach, C-25/10, EU:C:2011:65, point 31).

45. En second lieu, il convient d'examiner si la différence de traitement découlant des dispositions litigieuses peut être objectivement justifiée par une raison impérieuse d'intérêt général.

46. La République hellénique fait valoir, en substance, que la perte des recettes publiques résultant du traitement fiscal préférentiel réservé aux organismes sans but lucratif établis en Grèce est intégralement compensée par le rôle que jouent ces organismes dans la société grecque. En revanche, si le traitement fiscal préféren-tiel était étendu aux personnes morales sans but lucratif établies dans des États membres de l'Union ou de l'EEE qui n'accordent pas un traitement fiscal similaire aux personnes morales grecques, cela réduirait de façon injustifiée les recettes du budget de l'État. La République hellénique estime donc que, compte tenu notamment de la situation économique actuelle de la Grèce, le maintien de la clause de réciprocité est justifié par la nécessité de prévenir la réduction des recettes fiscales.

47. Toutefois, il ressort d'une jurisprudence constante de la Cour que la nécessité de prévenir la réduction de recettes fiscales ne figure ni parmi les objectifs énoncés à l'article 65 TFUE ni parmi les raisons impérieuses d'intérêt général susceptibles de justifier une restriction à une liberté instituée par le traité (arrêts du 7 septembre 2004, Manninen, C-319/02, EU: C:2004:484, point 49 ; du 27 janvier 2009, Persche, C-318/07, EU:C:2009:33, point 46, et du 10 février 2011 Missionswerk Werner Heukelbach, C-25/10, EU:C:2011:65, point 31). Il en va d'ailleurs de même s'agissant de la sauvegarde de l'intérêt de l'économie nationale (voir, en ce sens, arrêt du 21 décembre 2016, AGET Iraklis, C-201/15, EU:C:2016:972, point 72 et jurisprudence citée).

48. Il s'ensuit que la République hellénique n'a invoqué aucune raison impérieuse d'intérêt général susceptible de justifier, en l'espèce, une restriction à la libre circulation des capitaux, au sens de l'article 63 TFUE.

Sur le manquement à l'article 40 de l'accord EEE

49. Dans la mesure où les stipulations de l'article 40 de l'accord EEE revêtent la même portée juridique que les dispositions, identiques en substance, de l'article 63 TFUE, l'ensemble des considérations qui précèdent, relatives à l'existence d'une restriction à la libre circulation des capitaux, au sens de l'article 63 TFUE, est, dans les circonstances du présent recours, transposable mutatis mutandis audit article 40 (voir, par analogie, arrêt du 1er décembre 2011, Commission/Belgique, C-250/08, EU:C:2011:793, point 83 et jurisprudence citée).

50. Il s'ensuit que le recours introduit par la Commission est fondé.

51. Dans ces conditions, il y a lieu de constater que, en adoptant et en maintenant en vigueur une législation qui prévoit un taux préférentiel des droits de succession pour les legs effectués en faveur d'organismes sans but lucratif qui sont établis dans d'autres États membres de l'Union ou de l'EEE sous réserve de réciprocité, la République hellénique a manqué aux obligations qui lui incombent en vertu de l'article 63 TFUE et de l'article 40 de l'accord EEE.

Sur les dépens

52. …

Par ces motifs,

la Cour (septième chambre)

déclare et arrête:

1. **En adoptant et en maintenant en vigueur une législation qui prévoit un taux préférentiel des droits de succession pour les legs effectués en faveur d'organismes sans but lucratif qui sont établis dans d'autres États membres de l'Union européenne ou de l'Espace économique européen sous réserve de réciprocité, la République hellénique a manqué aux obligations qui lui incombent en vertu de l'article 63 TFUE et de l'article 40 de l'accord sur l'Espace économique européen, du 2 mai 1992.**

2. **La République hellénique est condamnée aux dépens.**

HvJ EU 10 mei 2017, zaak C-690/15 (Wenceslas de Lobkowicz v. Ministère des Finances et des Comptes publics)

Grote kamer: *K. Lenaerts, president, A. Tizzano, vicepresident, R. Silva de Lapuerta, M. Ilešić, L. Bay Larsen, M. Berger en A. Prechal, kamerpresidenten, C. Toader, M. Safjan, D. Šváby, E. Jarasiunas, C. G. Fernlund en F. Biltgen (rapporteur), rechters*

Advocaat-generaal: P. Mengozzi

1. Het verzoek om een prejudiciële beslissing betreft de uitlegging van het Unierecht teneinde te vernemen of er een beginsel bestaat dat slechts één wettelijke regeling van toepassing is, in navolging van het beginsel dat is geformuleerd in verordening (EEG) nr. 1408/71 van de Raad van 14 juni 1971, betreffende de toepassing van de socialezekerheidsregelingen op werknemers en zelfstandigen, alsmede op hun gezinsleden die zich binnen de Gemeenschap verplaatsen, in de versie zoals gewijzigd en bijgewerkt bij verordening (EG) nr. 118/97 van de Raad van 2 december1996 (PB 1997, L 28, blz. 1), zoals gewijzigd bij verordening (EG) nr. 307/1999 van de Raad van 8 februari 1999 (PB 1999, L 38, blz. 1) (hierna: „verordening nr. 1408/71"), en vervolgens in verordening (EG) nr. 883/2004 van het Europees Parlement en de Raad van 29 april 2004, betreffende de coördinatie van de socialezekerheidsstelsels (PB 2004, L 166, blz. 1 en rectificatie PB 2004, L 200, blz. 1), zoals door het Hof uitgelegd in het arrest van 26 februari 2015, de Ruyter (C-623/13, EU:C:2015:123).

2. Dit verzoek is ingediend in het kader van een geding tussen Wenceslas de Lobkowicz, gepensioneerd ambtenaar van de Europese Commissie, en het Ministère des Finances et des Comptes publics (ministerie van Financiën en Overheidsuitgaven, Frankrijk) over zijn verplichting om voor de jaren 2008 tot en met 2011 sociale bijdragen en heffingen te betalen over in Frankrijk genoten inkomsten uit onroerend goed.

Toepasselijke bepalingen

Unierecht

3. Artikel 12 van protocol (nr. 7) betreffende de voorrechten en immuniteiten van de Europese Unie (PB 2010, C 83, blz. 266; hierna: „protocol"), luidt:

> „Onder de voorwaarden en volgens de procedure welke door het Europees Parlement en de Raad volgens de gewone wetgevingsprocedure bij verordeningen en na raadpleging van de betrokken instellingen worden vastgesteld, worden de ambtenaren en overige personeelsleden van de Unie onderworpen aan een belasting ten bate van de Unie op de door haar betaalde salarissen, lonen en emolumenten.
>
> Zij zijn vrijgesteld van nationale belastingen op de door de Unie betaalde salarissen, lonen en emolumenten."

4. Artikel 13 van dat protocol bepaalt: „De ambtenaren en overige personeelsleden van de Unie, die zich uitsluitend uit hoofde van de uitoefening van hun ambt in dienst van de Unie vestigen op het grondgebied van een andere lidstaat dan de staat van de fiscale woonplaats, welke zij bezitten op het ogenblik van hun indiensttreding bij de Unie, worden voor de toepassing van de inkomsten-, vermogens- en successiebelastingen, alsmede van de tussen de lidstaten van de Unie gesloten overeenkomsten ter voorkoming van dubbele belasting, zowel in de staat waar zij zich gevestigd hebben als in de staat van de fiscale woonplaats, geacht hun woonplaats te hebben behouden in de laatstgenoemde staat [...]."

5. Artikel 14 van dat protocol luidt: „Het Europees Parlement en de Raad stellen volgens de gewone wetgevingsprocedure bij verordeningen en na raadpleging van de betrokken instellingen de regeling vast inzake de sociale voorzieningen, welke op de ambtenaren en overige personeelsleden van de Unie van toepassing zijn".

6. Het Statuut van de ambtenaren van de Europese Unie (hierna: „Statuut") en de regeling welke van toepassing is op de andere personeelsleden van de Unie zijn vastgesteld bij verordening (EEG, Euratom, EGKS) nr. 259/68 van de Raad van 29 februari 1968, tot vaststelling van het Statuut van de ambtenaren van de Europese Gemeenschappen en de regeling welke van toepassing is op de andere personeelsleden van deze Gemeenschappen, alsmede van bijzondere maatregelen welke tijdelijk op de ambtenaren van de Commissie van toepassing zijn (PB 1968, L 56, blz. 1), zoals gewijzigd bij verordening (EG, Euratom) nr. 1324/2008 van de Raad van 18 december 2008 (PB 2008, L 345, blz. 17).

7. Artikel 79 van het Statuut bepaalt:

„1. Volgens een door de instellingen [van de Unie] in onderlinge overeenstemming en na advies van het comité voor het Statuut vastgestelde regeling zijn de kosten in geval van ziekte van de ambtenaar [...] tot ten hoogste 80 % gedekt. [...]

[...]

Een derde deel van de voor deze dekking noodzakelijke bijdrage komt ten laste van de ambtenaar; dit deel mag ten hoogste 2 % van zijn basissalaris bedragen.

[...]"

8. Artikel 73 van het Statuut luidt:

„1. Volgens een door de instellingen [van de Unie] in onderlinge overeenstemming en na advies van het comité voor het Statuut vastgestelde regeling is de ambtenaar met ingang van de dag zijner indiensttreding verzekerd tegen uit beroepsziekten en ongevallen voortvloeiende risico's. Voor de dekking van het risico van ongevallen buiten de dienst is hij verplicht ten hoogste 0,1 % van zijn basissalaris bij te dragen.

[...]".

9. Artikel 83 van het Statuut bepaalt:

„1. De uitkeringen krachtens de pensioenregeling komen ten laste van de begroting [van de Unie]. De lidstaten waarborgen gezamenlijk de uitbetaling van deze uitkeringen volgens de verdeelsleutel voor de financiering van deze uitgaven.

[...]

2. De ambtenaren dragen voor een derde bij in de financiering van de pensioenregeling. Deze bijdrage wordt vastgesteld op 10,9 % van het basissalaris waarbij geen rekening wordt gehouden met de aanpassingscoëfficiënten bedoeld in artikel 64. Zij wordt maandelijks op het salaris ingehouden. [...]

[...]"

10. Het in artikel 83, lid 2, voorziene bijdragepercentage wordt jaarlijks aangepast. Zo is het op 1 juli van de jaren 2009 tot en met 2011, waar het in het hoofdgeding om gaat, respectievelijk vastgesteld op 11,3 %, 11,6 % en 11 %.

11. Volgens artikel 2, lid 1, van verordening nr. 1408/71 is deze verordening „van toepassing op werknemers of zelfstandigen en op studenten op wie de wetgeving van een of meer lidstaten van toepassing is of geweest is, en die onderdanen van een der lidstaten, dan wel op het grondgebied van een der lidstaten wonende staatlozen of vluchtelingen zijn, alsmede op hun gezinsleden en op hun nagelaten betrekkingen".

12. Artikel 13, lid 1, van die verordening bepaalt dat „degenen op wie deze verordening van toepassing is, slechts aan de wetgeving van één enkele lidstaat onderworpen zijn. De toe te passen wetgeving wordt overeenkomstig de bepalingen van deze titel vastgesteld".

13. Verordening nr. 1408/71 is met ingang van 1 mei 2010, de datum waarop verordening nr. 883/2004 van kracht werd, ingetrokken. De bewoordingen van de artikelen 2, lid 1, en 13, lid 1, van verordening nr. 1408/71 zijn echter in wezen gelijk aan die van de artikelen 2, lid 1, respectievelijk 11, lid 1, van verordening nr. 883/2004.

Frans recht

14. Op grond van artikel 136-6 van de code de la sécurité sociale (wetboek sociale zekerheid), in de op de feiten van het hoofdgeding toepasselijke versies, zijn natuurlijke personen die hun fiscale woonplaats in Frankrijk hebben in de zin van artikel 4 B van de code général des impôts (algemeen belastingwetboek), op grond van artikel 1600-0 C van de code général des impôts, een van de bepalingen van die code die is gewijd is aan „de algemene sociale bijdrage, die wordt geheven ten behoeve van het kinderbijslagfonds, het ouderdomssolidariteitsfonds en de verplichte ziektekostenverzekeringsstelsels" (contribution sociale généralisée; hierna: „CSG"), onderworpen aan een bijdrage over inkomsten uit vermogen, berekend op basis van het nettobedrag dat in aanmerking wordt genomen voor de vaststelling van de inkomstenbelasting, waaronder inkomsten uit onroerend goed vallen.

15. Volgens artikel 1600-0 F van de code général des impôts, in de op de feiten van het hoofdgeding toepasselijke versie, zijn die personen overeenkomstig artikel L. 245-14 van de code de la sécurité daarnaast onderworpen aan een „sociale heffing", waarvan het percentage krachtens artikel L. 245-16 van de code de la sécurité voor de betrokken jaren was vastgesteld op 2 % over die inkomsten. Daarnaast betalen zij volgens de code de

l'action sociale et des familles (wetboek maatschappelijk welzijn en gezin) een aanvullende bijdrage over die inkomsten, en wel één van 0,3 % overeenkomstig artikel L. 14-10-4 daarvan en één van 1,1 % overeenkomstig artikel L.262-24 van die code.

Feiten van het hoofdgeding en prejudiciële vraag

16. De Lobkowicz, Frans onderdaan, is van 1979 tot zijn pensionering op 1 januari 2016 als ambtenaar in dienst geweest van de Commissie. Als zodanig is hij aangesloten bij het gemeenschappelijk stelsel van sociale zekerheid van de instellingen van de Unie.

17. Ingevolge artikel 13 van het protocol is hij fiscaal ingezetene van Frankrijk. Hij geniet daar inkomsten uit onroerend goed, welke voor de jaren 2008 tot en met 2011 onderworpen zijn geweest aan de CSG, aan de bijdrage ter vereffening van de sociale schuld (contribution pour le remboursement de la dette sociale; hierna: „CRDS"), aan de sociale heffing van 2 % en aan de bij die heffing komende bijdragen van 0,3 % en 1,1 %.

18. Na de weigering van de belastingdienst om zijn verzoek om vrijstelling van betaling van bovengenoemde bijdragen en heffingen in te willigen, heeft hij beroep ingesteld bij de tribunal administratif de Rouen (bestuursrechter in eerste aanleg Rouen, Frankrijk) met het verzoek om hem daarvan vrij te stellen.

19. Bij een vonnis van 13 december 2013 heeft deze tribunal de zaak afgedaan zonder beslissing ter zake van de belastingverlichting die in de loop van het geding was toegekend voor alle bij de CRDS komende bijdragen die De Lobkowicz voor de in geding zijnde jaren had moeten betalen, en het beroep verworpen voor het overige.

20. Verzoeker heeft hoger beroep tegen dit vonnis ingesteld bij de cour administrative d'appel de Douai (bestuursrechter in tweede aanleg Douai, Frankrijk). Hij verzoekt die rechter primair om hem vrij te stellen van de nog in geding zijnde sociale heffingen.

21. De verwijzende rechter merkt allereerst op dat de betrokken bijdragen en heffingen belastingen in de zin van het nationale recht vormen, zodat de omstandigheid dat De Lobkowicz of zijn gezinsleden geen enkele rechtstreekse tegenprestatie in verband daarmee krijgen dus geen invloed heeft op de gegrondheid ervan.

22. Vervolgens zet hij uiteen dat uit het arrest van het Hof van 26 februari 2015, de Ruyter (C-623/13, EU:C:2015:123), blijkt dat fiscale heffingen over inkomsten uit vermogen die een rechtstreeks en relevante samenhang vertonen met sommige van de takken van sociale zekerheid zoals genoemd in artikel 4 van verordening nr. 1408/71, namelijk de CSG, de sociale heffing van 2 % en de aanvullende bijdrage van 0,3 %, binnen de werkingssfeer van die verordening vallen. Om dezelfde redenen als die welke het Hof in dat arrest heeft aanvaard, is de verwijzende rechter van oordeel dat de aanvullende bijdrage van 1,1 % ook moet worden geacht binnen de werkingssfeer van die verordening te vallen.

23. Hij herinnert er echter aan dat het Hof in punt 41 van zijn arrest van 3 oktober 2000, Ferlini (C-411/98, EU:C:2000:530), reeds heeft geoordeeld dat ambtenaren van de Unie en hun gezinsleden, die verplicht zijn aangesloten bij het gemeenschappelijk stelsel van sociale zekerheid van de instellingen van de Unie, niet kunnen worden aangemerkt als werknemers in de zin van verordening nr. 1408/71. Het in artikel 13 van die verordening neergelegde beginsel dat slechts één wettelijke regeling van toepassing is, is dus niet van toepassing op hen.

24. Ten slotte preciseert de verwijzende rechter dat ambtenaren weliswaar de hoedanigheid van werknemer in de zin van artikel 45 VWEU hebben, doch dat dit artikel geen algemeen criterium bevat voor de verdeling van bevoegdheden tussen de lidstaten en de instellingen van de Unie voor wat betreft de financiering van de uitkeringen van sociale zekerheid of de bijzondere uitkeringen waarvoor geen bijdrage wordt betaald. Op grond hiervan zou er in navolging van De Lobkowicz van kunnen worden uitgegaan dat zijn verplichting tot betaling van de betrokken bijdragen en heffingen moet worden aangemerkt als „discriminatie" in de zin van dat artikel.

25. Daar de cour administrative d'appel de Douai van oordeel is dat er echter twijfel blijft bestaan over de vraag of de verplichting van De Lobkowicz om de betrokken bijdragen en heffingen te betalen in overeenstemming is met het Unierecht, heeft zij de behandeling van de zaak geschorst en het Hof de volgende prejudiciële vraag voorgelegd:

> „Verzet een beginsel van het Unierecht zich ertegen dat een ambtenaar van de Europese Commissie wordt onderworpen aan een algemene sociale bijdrage, aan de sociale heffing en aan de bij die heffing komende bijdragen, tegen het percentage van 0,3 % en 1,1 %, over de in een lidstaat van de Europese Unie genoten inkomsten uit onroerend goed?"

Beantwoording van de prejudiciële vraag

Ontvankelijkheid

26. De Franse regering stelt primair dat het verzoek om een prejudiciële beslissing niet-ontvankelijk is, omdat de noodzakelijke feitelijke gegevens daarin niet genoegzaam zijn uiteengezet om het Hof in staat te stellen een nuttig antwoord op de gestelde vraag te geven. De verwijzende rechter heeft immers een vraag in verband met artikel 45 VWEU gesteld, zonder aan te geven welke nationaliteit verzoeker in het hoofdgeding heeft noch of hij gebruik heeft gemaakt van zijn recht op vrij verkeer met het oog op de uitoefening van een beroepsactiviteit.

27. In dit verband zij eraan herinnerd dat het Hof een verzoek van een nationale rechter slechts kan afwijzen, wanneer duidelijk blijkt dat de gevraagde uitlegging van het Unierecht geen verband houdt met een reëel geschil of met het voorwerp van het hoofdgeding, wanneer het vraagstuk van hypothetische aard is of wanneer het Hof niet beschikt over de feitelijke en juridische gegevens die noodzakelijk zijn om een zinvol antwoord te geven op de gestelde vragen (zie met name arresten van 22 juni 2010, Melki en Abdeli, C-188/10 en C-189/10, EU:C:2010:363, punt 27 en aldaar aangehaalde rechtspraak, en 18 april 2013, Mulders, C-548/11, EU:C:2013:249, punt 27).

28. Wegens het vereiste om tot een voor de nationale rechter nuttige uitlegging van het Unierecht te komen, is het immers noodzakelijk dat, zoals wordt beklemtoond in artikel 94 van het Reglement voor de procesvoering van het Hof, deze rechter een omschrijving geeft van het feitelijke en juridische kader waarin de gestelde vragen moeten worden geplaatst, of althans de feiten uiteenzet waarop die vragen zijn gebaseerd (arresten van 11 maart 2010, Attanasio Group, C-384/08, EU:C:2010:133, punt 32, en 5 december 2013, Zentralbetriebsrat der gemeinnützigen Salzburger Landeskliniken, C-514/12, EU:C:2013:799, punt 17).

29. In casu moet worden opgemerkt dat de vraag van de verwijzende rechter zonder enige twijfel betrekking heeft op de uitlegging van het Unierecht. Beklemtoond zij dat die vraag, anders dan de Franse regering stelt, niet uitdrukkelijk betrekking heeft op artikel 45 VWEU, maar algemeen verwijst naar het bestaan van een „beginsel van het Unierecht", dat zich ertegen zou verzetten dat een ambtenaar van de Unie verplicht is om sociale heffingen en bijdragen te betalen, zoals die welke in het hoofdgeding aan de orde zijn, over inkomsten uit onroerend goed die hij in de lidstaat van zijn fiscale woonplaats heeft ontvangen.

30. Daarnaast bevat de verwijzingsbeslissing een uiteenzetting van het voorwerp van het hoofdgeding, hetgeen blijkt uit de punten 17 tot en met 20 van dit arrest waarin de vaststellingen van de verwijzende rechter zijn overgenomen. De verwijzende rechter herinnert voorts aan de inhoud van de relevante nationale bepalingen en geeft aan waarom hij twijfel heeft over de uitlegging van het Unierecht, door te verwijzen naar de rechtspraak van het Hof ter zake en met name naar het arrest van 26 februari 2015, de Ruyter (C-623/13, EU:C:2015:123).

31. Derhalve moet worden vastgesteld dat de verwijzingsbeslissing de feitelijke en juridische gegevens bevat om het Hof in staat te stellen de verwijzende rechter een zinvol antwoord te geven.

32. Derhalve is het verzoek om een prejudiciële beslissing ontvankelijk.

Ten gronde

33. Met zijn vraag wenst de verwijzende rechter in wezen te vernemen of het beginsel dat slechts één wettelijke regeling op het gebied van de sociale zekerheid van toepassing is, zoals dat eerst in verordening nr. 1408/71 en vervolgens in verordening nr. 883/2004 is neergelegd en nader is uitgewerkt in het arrest van 26 februari 2015, de Ruyter (C-623/13, EU:C:2015:123), aldus moet worden uitgelegd dat het zich verzet tegen een nationale wettelijke regeling, zoals die welke in het hoofdgeding aan de orde is, die bepaalt dat de inkomsten uit onroerend goed die in een lidstaat zijn ontvangen door een ambtenaar van de Unie die in die lidstaat zijn fiscale woonplaats heeft, worden onderworpen aan sociale bijdragen en heffingen die dienen ter financiering van het socialezekerheidsstelsel van die lidstaat.

34. Ten eerste zij eraan herinnerd dat de lidstaten weliswaar bevoegd blijven om hun stelsels van sociale zekerheid in te richten, doch dat zij bij de uitoefening van deze bevoegdheid het Unierecht moeten eerbiedigen (arresten van 1 april 2008, Regering van de Franse Gemeenschap en Waalse regering, C-212/06, EU:C:2008:178, punt 43; 21 januari 2016, Commissie/Cyprus, C-515/14, EU:C:2016:30, punt 38, en 6 oktober 2016, Adrien e.a., C-466/15, EU:C:2016:749, punt 22).

35. Ten tweede zij eraan herinnerd dat een ambtenaar van de Unie, als onderdaan van een lidstaat die op het grondgebied van een andere dan zijn lidstaat van herkomst werkt, de hoedanigheid van migrerend werkne-

mer in de zin van artikel 45 VWEU kan hebben, doch dat dit niet wegneemt dat, aangezien ambtenaren van de Unie niet onder een nationale wettelijke regeling op het gebied van de sociale zekerheid vallen, zoals die welke wordt bedoeld in artikel 2, lid 1, van verordening nr. 1408/71 en in dezelfde bepaling van verordening nr. 883/2004, die de personele werkingssfeer van die verordeningen omschrijven, zij niet kunnen worden aangemerkt als werknemers in de zin van die verordeningen. In die context vallen zij evenmin onder artikel 48 VWEU, dat de Raad heeft opgedragen om een stelsel van sociale zekerheid in te voeren dat de werknemers in staat stelt om de hindernissen uit de weg te ruimen die voor hen kunnen voortvloeien uit de nationale voorschriften inzake sociale zekerheid. De Raad heeft dit gedaan door eerst verordening nr. 1408/71 en vervolgens verordening nr. 883/2004 vast te stellen (zie in die zin arresten van 3 oktober 2000, Ferlini, C-411/98, EU:C:2000:530, punten 41 en 42, en 16 december 2004, My, C-293/03, EU:C:2004:821, punten 34-37).

36. Ambtenaren van de Unie zijn immers aangesloten bij het gemeenschappelijk stelsel van sociale zekerheid van de instellingen van de Unie, dat overeenkomstig artikel 14 van het protocol door het Europees Parlement en de Raad volgens de gewone wetgevingsprocedure bij verordeningen en na raadpleging van de instellingen wordt vastgesteld.

37. Dat stelsel van sociale voorzieningen is ingevoerd bij het Statuut, waarvan titel V, „Financiële en sociale bepalingen voor de ambtenaar", en meer bepaald de hoofdstukken 2 en 3 van die titel, betreffende de sociale zekerheid en de pensioenen, de regels voor de ambtenaren van de Unie geven.

38. De rechtspositie van ambtenaren van de Unie behoort dus, wat hun verplichtingen op het gebied van de sociale zekerheid betreft, tot de werkingssfeer van het Unierecht en wel op grond van hun arbeidsverhouding met de Unie (zie in die zin arrest van 13 juli 1983, Forcheri, 152/82, EU:C:1983:205, punt 9).

39. De op de lidstaten rustende verplichting om bij de uitoefening van hun bevoegdheid om hun socialezekerheidsstelsels in te richten het recht van de Unie te eerbiedigen, zoals in herinnering gebracht in punt 34 van dit arrest, strekt zich dus uit tot de regels die de arbeidsverhouding tussen een ambtenaar van de Unie en de Unie regelen, namelijk de daarop betrekking hebbende bepalingen van het protocol en die van het Statuut.

40. Zoals de advocaat-generaal in punt 72 van zijn conclusie heeft opgemerkt, heeft het protocol in de eerste plaats dezelfde juridische waarde als de Verdragen [advies 2/13 (Toetreding van de Unie tot het EVRM), van 18 december 2014, EU:C:2014:2454, punt 161].

41. Naar analogie van artikel 12 van het protocol, dat voor ambtenaren van de Unie een uniforme belasting aan de Unie invoert voor de door haar betaalde salarissen, lonen en emolumenten, en dus bepaalt dat deze bedragen zijn vrijgesteld van nationale belastingen, moet artikel 14 van dat protocol, aangezien het de instellingen van de Unie de bevoegdheid verleent om het stelsel van sociale zekerheid van hun ambtenaren vast te stellen, aldus worden opgevat dat het daarmee de verplichting om ambtenaren van de Unie aan te sluiten bij een nationaal stelsel van sociale zekerheid en de verplichting, voor die ambtenaren, om bij te dragen aan de financiering van dat stelsel, aan de bevoegdheid van die lidstaten onttrekt.

42. In de tweede plaats heeft het Statuut, aangezien het is vastgesteld bij verordening nr. 259/68, alle kenmerken opgenoemd in artikel 288 VWEU, volgens de bewoordingen waarvan een verordening een algemene strekking heeft, verbindend is in al haar onderdelen en rechtstreeks toepasselijk is in elke lidstaat. Daaruit volgt dat de lidstaten eveneens het Statuut moeten eerbiedigen (zie in die zin arresten van 20 oktober 1981, Commissie/België, 137/80, EU:C:1981:237, punten 7 en 8; 7 mei 1987, Commissie/België, 186/85, EU:C:1987:208, punt 21; 4 december 2003, Kristiansen, C-92/02, EU:C:2003:652, punt 32, en 4 februari 2015, Melchior, C-647/13, EU:C:2015:54, punt 22).

43. In dit verband moet worden opgemerkt dat uit artikel 72, lid 1, van het Statuut blijkt dat een deel van de bijdrage die nodig is om de ziektekosten te dekken, ten laste van de aangeslotene komt, maar dat dit deel ten hoogste 2 % van zijn basissalaris mag bedragen. Artikel 73, lid 1, van het Statuut bepaalt dat de ambtenaar met ingang van de dag van zijn indiensttreding verzekerd is tegen uit beroepsziekten en ongevallen voortvloeiende risico's, en dat hij voor de dekking van het risico van ongevallen buiten de dienst verplicht is ten hoogste 0,1 % van zijn basissalaris bij te dragen. Voorts volgt uit artikel 83, lid 2, van het Statuut dat de ambtenaren voor een derde bijdragen aan de financiering van de pensioenregeling en dat deze bijdrage wordt vastgesteld op een bepaald percentage van het basissalaris.

44. Uit het voorgaande volgt dat de Unie, met uitsluiting van de lidstaten, als enige bevoegd is om te bepalen welke regels op de ambtenaren van toepassing zijn voor wat hun verplichtingen op het gebied van de sociale zekerheid betreft.

45. Zoals de advocaat-generaal in punt 76 van zijn conclusie heeft opgemerkt, hebben artikel 14 van het protocol en de statutaire bepalingen op het gebied van de sociale zekerheid van de ambtenaren van de Unie een functie die vergelijkbaar is met die welke artikel 13 van verordening nr. 1408/71 en artikel 11 van verordening nr. 883/2004 hebben, en die met name bestaat in het verbieden dat de ambtenaren van de Unie verplicht moeten bijdragen aan de verschillende regelingen op dat gebied.

46. Een nationale regeling zoals die welke in het hoofdgeding aan de orde is, die de inkomsten van een ambtenaar van de Unie belast met sociale bijdragen en heffingen die specifiek bedoeld zijn voor de financiering van het socialezekerheidsstelsel van de betrokken lidstaat, miskent de uitsluitende bevoegdheid die de Unie ontleent aan zowel artikel 14 van het protocol als aan de relevante bepalingen van het Statuut, met name die welke de verplichte bijdragen van de ambtenaren van de Unie aan de financiering van een socialezekerheidsregeling vaststellen.

47. Bovendien houdt een dergelijke regeling het gevaar in dat ambtenaren van de Unie op ongelijke wijze worden behandeld waardoor de uitoefening van een beroepsactiviteit binnen een instelling van de Unie wordt ontmoedigd, aangezien bepaalde ambtenaren gedwongen zullen worden om niet alleen bij te dragen aan het gemeenschappelijk stelsel van sociale zekerheid van de instellingen van de Unie, maar eveneens aan een nationale socialezekerheidsregeling.

48. De voorgaande analyse wordt niet in geding gebracht door de stellingen van de Franse regering dat de in het hoofdgeding aan de orde zijnde sociale bijdragen en heffingen worden aangemerkt als „belastingen", die niet over de inkomsten uit arbeid maar over de inkomsten uit onroerend goed worden geheven, en niet leiden tot een rechtstreekse tegenprestatie of een voordeel in termen van voorzieningen van sociale zekerheid. Zoals blijkt uit de aanwijzingen van de verwijzende rechter, neemt dit immers niet weg dat die heffingen en bijdragen in elk geval rechtstreeks en specifiek zijn bedoeld voor de financiering van onderdelen van het Franse socialezekerheidsstelsel. Een ambtenaar van de Unie, zoals De Lobkowicz, kan daar derhalve niet aan worden onderworpen, aangezien zijn financiële verplichtingen op het gebied van de sociale zekerheid uitsluitend worden geregeld door het protocol en door het Statuut, en daarmee onttrokken zijn aan de bevoegdheid van de lidstaten (zie naar analogie voor wat betreft verordening nr. 1408/71, arrest van 26 februari 2015, de Ruyter, C-623/13, EU:C:2015:123, punten 31 23, 26, 28 en 29).

49. Gelet op de voorgaande overwegingen, moet op de prejudiciële vraag worden geantwoord dat artikel 14 van het protocol en de bepalingen van het Statuut betreffende het gemeenschappelijk stelsel van sociale zekerheid van de instellingen van de Unie, aldus moeten worden uitgelegd dat zij zich verzetten tegen een nationale wettelijke regeling, zoals die welke in het hoofdgeding aan de orde is, op grond waarvan de inkomsten uit onroerend goed die in een lidstaat zijn ontvangen door een ambtenaar van de Unie die in die lidstaat zijn fiscale woonplaats heeft, worden onderworpen aan sociale bijdragen en heffingen die bestemd zijn voor de financiering van het socialezekerheidsstelsel van die lidstaat.

Kosten

50. ...

Het Hof (Grote kamer)

verklaart voor recht:

Artikel 14 van protocol (nr. 7) betreffende de voorrechten en immuniteiten van de Europese Unie, gehecht aan het VEU, het VWEU en het EGA-Verdrag, en de bepalingen van het Statuut van de ambtenaren van de Europese Unie betreffende het gemeenschappelijk stelsel van sociale zekerheid van de instellingen van de Unie, moeten aldus worden uitgelegd dat zij zich verzetten tegen een nationale wettelijke regeling, zoals die welke in het hoofdgeding aan de orde is, op grond waarvan de inkomsten uit onroerend goed die in een lidstaat zijn ontvangen door een ambtenaar van de Europese Unie die in die lidstaat zijn fiscale woonplaats heeft, worden onderworpen aan sociale bijdragen en heffingen die bestemd zijn voor de financiering van het socialezekerheidsstelsel van die lidstaat.

HvJ EU 16 mei 2017, zaak C-682/15 (Berlioz Investment Fund SA v. Directeur de l'administration des contributions directes)

Grote kamer: *K. Lenaerts, president, A. Tizzano, vicepresident, M. Ilešič, L. Bay Larsen, T. von Danwitz, M. Berger en A. Prechal, kamerpresidenten, A. Arabadjiev, C. Toader, M. Safjan, D. Sváby, E. Jarasiunas, C. G. Fernlund (rapporteur), C. Vajda en S. Rodin, rechters*

Advocaat-generaal: *M. Wathelet*

1. Het verzoek om een prejudiciële beslissing betreft de uitlegging van artikel 1, lid 1, en artikel 5 van richtlijn 2011/16/EU van de Raad van 15 februari 2011 betreffende de administratieve samenwerking op het gebied van de belastingen en tot intrekking van richtlijn 77/799/EEG (PB 2011, L 64, blz. 1, met rectificatie in PB 2013, L 162, blz. 15), alsmede van artikel 47 van het Handvest van de grondrechten van de Europese Unie (hierna: „Handvest").

2. Dit verzoek is ingediend in het kader van een geding tussen Berlioz Investment Fund SA (hierna: „Berlioz") en de directeur de l'administration des contributions directes (directeur van de dienst voor directe belastingen, Luxemburg) over een sanctie die laatstgenoemde aan Berlioz heeft opgelegd omdat zij had geweigerd te antwoorden op een verzoek om inlichtingen in het kader van een uitwisseling van inlichtingen met de Franse belastingdienst.

Toepasselijke bepalingen

Unierecht

Handvest

3. Artikel 47 van het Handvest bepaalt onder het opschrift „Recht op een doeltreffende voorziening in rechte en op een onpartijdig gerecht":

> „Eenieder wiens door het recht van de Unie gewaarborgde rechten en vrijheden zijn geschonden, heeft recht op een doeltreffende voorziening in rechte, met inachtneming van de in dit artikel gestelde voorwaarden.
>
> Eenieder heeft recht op een eerlijke en openbare behandeling van zijn zaak, binnen een redelijke termijn, door een onafhankelijk en onpartijdig gerecht dat vooraf bij wet is ingesteld. Eenieder heeft de mogelijkheid zich te laten adviseren, verdedigen en vertegenwoordigen.
>
> [...]"

Richtlijn 2011/16

4 De overwegingen 1, 2, 6 tot en met 9 en 19 van richtlijn 2011/16 luiden als volgt:

> „1. [...] De mobiliteit van de belastingplichtigen, het aantal grensoverschrijdende transacties en de internationalisering van de financiële instrumenten hebben een hoge vlucht genomen, waardoor het voor de lidstaten steeds moeilijker wordt de juiste belastinggrondslag te bepalen. Dit belemmert de goede werking van de belastingstelsels en leidt tot dubbele heffing, hetgeen op zich al aanzet tot belastingfraude en belastingontwijking [...]
>
> 2. [...] Teneinde de negatieve gevolgen van deze ontwikkeling tot staan te brengen, is het absoluut zaak een nieuwe administratieve samenwerking tussen de belastingdiensten van de lidstaten op te zetten. Er is behoefte aan instrumenten die voor alle lidstaten in dezelfde regels, rechten en verplichtingen voorzien en aldus onderling vertrouwen kunnen wekken.
>
> [...]
>
> 6. [...] In dit verband wordt deze nieuwe richtlijn geacht het passende instrument voor een doeltreffende administratieve samenwerking te zijn.
>
> 7. Deze richtlijn bouwt voort op de verwezenlijkingen van richtlijn 77/799/EEG [van de Raad van 19 december 1977 betreffende de wederzijdse bijstand van de bevoegde autoriteiten van de lidstaten op het gebied van de directe belastingen (PB 1977, L 336, blz. 15)], maar voorziet waar nodig in duidelijker en preciezer voorschriften voor de administratieve samenwerking tussen de lidstaten, teneinde de werkingssfeer van deze samenwerking te verruimen, meer bepaald wat de uitwisseling van inlichtingen betreft. [...]
>
> 8. [...] Er dient [...] te worden voorzien in directere contacten, om de samenwerking efficiënter en sneller te doen verlopen. [...]

9. De lidstaten moeten op verzoek van een andere lidstaat inlichtingen uitwisselen over welbepaalde zaken en het onderzoek verrichten dat noodzakelijk is om dergelijke inlichtingen te kunnen verkrijgen. Doel van het criterium ‚verwacht belang' is te voorzien in een zo ruim mogelijke uitwisseling van inlichtingen op belastinggebied en tegelijkertijd te verduidelijken dat de lidstaten niet vrijelijk fishing expedities kunnen verrichten of om inlichtingen kunnen verzoeken die waarschijnlijk niet relevant zijn voor de belastingaangelegenheden van een bepaalde belastingplichtige. Hoewel artikel 20 van deze richtlijn procedurele vereisten bevat, moeten deze bepalingen ruim worden geïnterpreteerd om de effectieve uitwisseling van inlichtingen niet te belemmeren.
[...]
19. De gevallen waarin een aangezochte lidstaat het verstrekken van inlichtingen kan weigeren, moeten duidelijk omschreven en beperkt worden, rekening gehouden met bepaalde particuliere belangen die bescherming behoeven, alsook met het algemeen belang."

5. In artikel 1, lid 1, van richtlijn 2011/16 is het volgende bepaald:

„Deze richtlijn legt de voorschriften en procedures vast voor de onderlinge samenwerking van de lidstaten met het oog op de uitwisseling van inlichtingen die naar verwachting van belang zijn voor de administratie en de handhaving van de nationale wetgeving van de lidstaten met betrekking tot de in artikel 2 bedoelde belastingen."

6. Artikel 5 van deze richtlijn voorziet in het volgende:

„Op verzoek van de verzoekende autoriteit, deelt de aangezochte autoriteit alle in artikel 1, lid 1, bedoelde inlichtingen die deze in haar bezit heeft of naar aanleiding van een administratief onderzoek verkrijgt, aan de verzoekende autoriteit mee."

7. Artikel 16, lid 1, van genoemde richtlijn is als volgt verwoord:

„De inlichtingen die de lidstaten elkaar krachtens deze richtlijn in enigerlei vorm verstrekken, vallen onder de geheimhoudingsplicht en genieten de bescherming waarin het nationale recht van de ontvangende lidstaat met betrekking tot soortgelijke inlichtingen voorziet. [...]
[...]"

8. In artikel 17 van diezelfde richtlijn, „Beperkingen", is het volgende opgenomen:

„1. De in artikel 5 bedoelde inlichtingen worden door de aangezochte autoriteit aan de verzoekende autoriteit van een andere lidstaat verstrekt, op voorwaarde dat de verzoekende autoriteit de inlichtingen eerst heeft trachten te verkrijgen uit alle gebruikelijke bronnen die zij in de gegeven omstandigheden kon aanspreken zonder dat het bereiken van de beoogde doelstellingen in het gedrang dreigde te komen.
2. De aangezochte lidstaat is op grond van deze richtlijn niet verplicht onderzoek in te stellen of inlichtingen te verstrekken, indien zijn wetgeving hem niet toestaat voor eigen doeleinden het onderzoek in te stellen of de gevraagde inlichtingen te verzamelen.
3. De bevoegde autoriteit van de aangezochte lidstaat kan weigeren inlichtingen te verstrekken, indien de verzoekende lidstaat, op juridische gronden, soortgelijke inlichtingen niet kan verstrekken.
4. Het verstrekken van inlichtingen kan worden geweigerd indien dit zou leiden tot de openbaarmaking van een handels-, bedrijfs-, nijverheids- of beroepsgeheim of een fabrieks- of handelswerkwijze, of indien het inlichtingen betreft waarvan de onthulling in strijd zou zijn met de openbare orde.
5. De aangezochte autoriteit deelt de verzoekende autoriteit mee op welke gronden zij het verzoek om inlichtingen afwijst."

9. Artikel 18 van richtlijn 2011/16, „Verplichtingen", luidt:

„1. De lidstaat die door een andere lidstaat overeenkomstig deze richtlijn om inlichtingen wordt verzocht, wendt de middelen aan waarover hij beschikt om de gevraagde inlichtingen te verzamelen, zelfs indien hij de inlichtingen niet voor eigen belastingdoeleinden nodig heeft. Die verplichting geldt onverminderd de leden 2, 3 en 4 van artikel 17, die, wanneer er een beroep op wordt gedaan, in geen geval zo kunnen worden uitgelegd dat een lidstaat kan weigeren inlichtingen te verstrekken uitsluitend omdat hij geen binnenlands belang bij deze inlichtingen heeft.
2. In geen geval worden de leden 2 en 4 van artikel 17 zo uitgelegd dat een aangezochte autoriteit kan weigeren inlichtingen te verstrekken, uitsluitend op grond dat deze berusten bij een bank, een andere financiële instelling, een gevolmachtigde of een persoon die als vertegenwoordiger of trustee optreedt, of dat zij betrekking hebben op eigendomsbelangen in een persoon.
[...]"

10. Artikel 20, lid 1, van richtlijn 2011/16 voorziet erin dat voor de verzoeken om inlichtingen of administratieve onderzoeken op grond van artikel 5 van die richtlijn voor zover mogelijk gebruik zal worden gemaakt van een door de Commissie vast te stellen formulier. Lid 2 van dit artikel 20 is als volgt verwoord:

„Het in lid 1 bedoelde standaardformulier bevat ten minste de volgende door de verzoekende autoriteit te verstrekken informatie:
a. de identiteit van de persoon naar wie het onderzoek of de controle is ingesteld;
b. het fiscale doel waarvoor de informatie wordt opgevraagd.

De verzoekende autoriteit kan namen en adressen van personen die worden verondersteld in het bezit te zijn van de verlangde informatie, alsook andere elementen die het verzamelen van de informatie door de aangezochte autoriteit vereenvoudigen, doorgeven, voor zover deze bekend zijn en deze praktijk aansluit bij internationale ontwikkelingen."

11. In lid 1, onder c), van artikel 22 van richtlijn 2011/16 is het volgende opgenomen:

„De lidstaten nemen alle maatregelen die noodzakelijk zijn om:
[...]
c. de goede werking van de bij deze richtlijn ingestelde regelingen voor administratieve samenwerking te garanderen."

Luxemburgs recht

Wet van 29 maart 2013

12. Richtlijn 2011/16 is in Luxemburgs recht omgezet bij de loi du 29 mars 2013 portant transposition de la directive 2011/16 et portant 1) modification de la loi générale des impôts, 2) abrogation de la loi modifiée du 15 mars 1979 concernant l'assistance administrative internationale en matière d'impôts directs [wet van 29 maart 2013 tot omzetting van richtlijn 2011/16 en tot 1) wijziging van de algemene belastingwet, 2) intrekking van de wet van 15 maart 1979 inzake internationale administratieve bijstand op het gebied van de directe belastingen, zoals gewijzigd, Mémorial A 2013, blz. 756; hierna: „wet van 29 maart 2013"].

13. Artikel 6 van de wet van 29 maart 2013 bepaalt het volgende:

„Op verzoek van de verzoekende autoriteit deelt de aangezochte Luxemburgse autoriteit haar alle inlichtingen mee welke naar verwachting van belang zijn voor de administratie en de handhaving van de binnenlandse wetgeving van de verzoekende lidstaat betreffende de in artikel 1 bedoelde belastingen, die deze in haar bezit heeft of naar aanleiding van een administratief onderzoek verkrijgt."

14. Artikel 8, lid 1, van de wet van 29 maart 2013 luidt:

„De aangezochte Luxemburgse autoriteit gaat zo spoedig mogelijk, doch uiterlijk zes maanden na de datum van ontvangst van het verzoek, over tot het verstrekken van de in artikel 6 bedoelde inlichtingen. Indien de aangezochte Luxemburgse autoriteit evenwel de inlichtingen al in haar bezit heeft, verstrekt zij deze binnen twee maanden na deze datum."

Wet van 25 november 2014

15. De loi du 25 novembre 2014 prévoyant la procédure applicable à l'échange de renseignements sur demande en matière fiscale et modifiant la loi du 31 mars 2010 portant approbation des conventions fiscales et prévoyant la procédure y applicable en matière d'échange de renseignements sur demande (wet van 25 november 2014 tot vaststelling van de procedure inzake de uitwisseling van inlichtingen op verzoek op belastinggebied en tot wijziging van de wet van 31 maart 2010 houdende goedkeuring van belastingverdragen en tot vaststelling van de hierop van toepassing zijnde procedure inzake de uitwisseling van inlichtingen op verzoek, Mémorial A 2014, blz. 4170; hierna: „wet van 25 november 2014"), bevat de navolgende bepalingen.

16. Artikel 1, lid 1, van de wet van 25 november 2014 luidt:

„Deze wet is vanaf de inwerkingtreding ervan van toepassing op de verzoeken om uitwisseling van inlichtingen op belastinggebied die uitgaan van de bevoegde instantie van een verzoekende staat krachtens:
[...]
4. de [wet van 29 maart 2013] betreffende de administratieve samenwerking op het gebied van de belastingen;
[...]"

17. Artikel 2 van de wet van 25 november 2014 voorziet in het volgende:

„1. De belastingdiensten zijn gemachtigd, inlichtingen van welke aard ook van de bezitter van deze inlichtingen te vorderen indien die nodig zijn voor de toepassing van de uitwisseling van inlichtingen zoals bepaald door de verdragen en de wetten.

2. De bezitter van deze inlichtingen is verplicht de gevraagde inlichtingen volledig, nauwkeurig en ongewijzigd te verstrekken binnen de termijn van één maand vanaf de kennisgeving van de beslissing waarbij de gevraagde inlichtingen worden gevorderd. Deze verplichting omvat de toezending van de ongewijzigde stukken waarop de inlichtingen zijn gebaseerd.

[...]"

18. Artikel 3 van de wet van 25 november 2014 is als volgt verwoord:

„1. De bevoegde belastingdienst controleert of het verzoek om uitwisseling van inlichtingen aan de vormvoorschriften voldoet. Het verzoek om uitwisseling van inlichtingen voldoet aan de vormvoorschriften wanneer daarin melding wordt gemaakt van de rechtsgrondslag en de bevoegde instantie waarvan het verzoek uitgaat, alsmede van de andere gegevens voorzien in de verdragen en wetten.

[...]

3. Indien de bevoegde belastingdienst niet in het bezit is van de gevraagde inlichtingen, geeft de directeur van de bevoegde belastingdienst of zijn gemachtigde bij aangetekende brief kennis aan de bezitter van de inlichtingen van zijn beslissing om de gevraagde inlichtingen te vorderen. Kennisgeving van de beslissing aan de bezitter van de gevraagde inlichtingen geldt als kennisgeving aan elke andere daarin bedoelde persoon.

4. Het verzoek om uitwisseling van inlichtingen mag niet openbaar worden gemaakt. Het bevel tot het verstrekken van inlichtingen bevat enkel de gegevens die voor de bezitter van de inlichtingen absoluut noodzakelijk zijn om de gevraagde inlichtingen te identificeren.

[...]"

19. Artikel 5, lid 1, van de wet van 25 november 2014 bepaalt het volgende:

„Indien de gevraagde inlichtingen niet worden verstrekt binnen de termijn van één maand vanaf de kennisgeving van het bevel tot het verstrekken van de gevraagde inlichtingen, kan de bezitter van de inlichtingen een administratieve fiscale geldboete van ten hoogste 250 000 EUR worden opgelegd. Het bedrag van de geldboete wordt bepaald door de directeur van de belastingdienst of zijn gemachtigde."

20. Artikel 6 van de wet van 25 november 2014 luidt:

„1. Tegen het verzoek om uitwisseling van inlichtingen en het bevel tot het verstrekken van inlichtingen, zoals bedoeld in artikel 3, leden 1 en 3, is geen beroep mogelijk.

2. Tegen de in artikel 5 bedoelde beslissingen kan de bezitter van de inlichtingen beroep tot herziening instellen bij de tribunal administratif (bestuursrechter) binnen de termijn van één maand vanaf de kennisgeving van de beslissing aan de bezitter van de gevraagde inlichtingen. Het beroep heeft schorsende werking. [...]

Tegen de beslissingen van de tribunal administratif kan hoger beroep worden ingesteld bij de Cour administrative (hoogste bestuursrechter). Het hoger beroep moet worden ingesteld binnen een termijn van twee weken na betekening van het vonnis door de griffie. [...] De Cour administrative doet uitspraak binnen een termijn van één maand na de betekening van de memorie van antwoord, dan wel binnen een termijn van één maand na het verstrijken van de termijn voor de indiening van deze memorie."

Hoofdgeding en prejudiciële vragen

21. Berlioz is een naamloze vennootschap naar Luxemburgs recht die dividenden heeft ontvangen die met vrijstelling van bronheffing aan haar waren uitgekeerd door haar dochteronderneming, de vereenvoudigde aandelenvennootschap naar Frans recht Cofima.

22. Op 3 december 2014 heeft de Franse belastingdienst, die twijfelde of bij de door Cofima genoten vrijstelling was voldaan aan de voorwaarden in het Franse recht, aan de Luxemburgse belastingdienst een verzoek om inlichtingen betreffende Berlioz op grond van met name richtlijn 2011/16 toegezonden.

23. Na dit verzoek heeft de directeur de l'administration des contributions directes op 16 maart 2015 een besluit vastgesteld, waarin hij heeft aangegeven dat de Franse belastingautoriteiten de fiscale positie van Cofima aan het onderzoeken waren en inlichtingen nodig hadden om een beslissing te kunnen nemen over de toepassing van de bronheffing op de dividenden die door Cofima aan Berlioz waren uitgekeerd. In dat besluit heeft hij Berlioz op grond van artikel 2, lid 2, van de wet van 25 november 2014 gelast om hem een bepaald aantal inlichtingen te verstrekken en haar in het bijzonder gevraagd:

– gedocumenteerd aan te geven of de vennootschap in Luxemburg over een werkelijke bestuurszetel beschikt en welke de voornaamste kenmerken daarvan zijn, namelijk beschrijving van deze zetel, oppervlakte van haar kantoorruimte, computerapparatuur en ander materiaal dat haar toebehoorde, het afschrift van de huurovereenkomst voor de kantoorruimte en het domicilie;

– een lijst te verstrekken van haar werknemers, met hun functie binnen de vennootschap, en op te geven welke werknemers zijn verbonden aan haar maatschappelijke zetel;

– aan te geven of zij in Luxemburg arbeidskrachten inhuurt;

– aan te geven of er een overeenkomst bestaat tussen Berlioz en Cofima en, zo ja, een afschrift van deze overeenkomst te verstrekken;

– gedocumenteerd aan te geven welke deelnemingen zij in andere vennootschappen aanhoudt en hoe deze deelnemingen zijn gefinancierd;

– de naam en het adres van haar aandeelhouders op te geven, met het bedrag van de aandelen van elke aandeelhouder en het participatiepercentage van elke aandeelhouder, en

– aan te geven voor welk bedrag de aandelen in Cofima op de actiefzijde van de balans van Berlioz waren geboekt vóór de algemene vergadering van Cofima op 7 maart 2012, en een historisch overzicht te geven van de boekwaarde van de aandelen in Cofima bij de inbreng op 5 december 2002, bij de inbreng op 31 oktober 2003 en bij de aankoop op 2 oktober 2007.

24. Op 21 april 2015 heeft Berlioz aangegeven dat zij aan het bevel van 16 maart 2015 gevolg gaf, behalve voor zover het de naam en het adres van de aandeelhouders van de vennootschap, het bedrag van de aandelen van elk van hen en het participatiepercentage van elke aandeelhouder betrof, op grond dat deze gegevens naar verwachting niet van belang waren, in de zin van richtlijn 2011/16, voor de beoordeling of de door haar dochteronderneming verrichte dividenduitkeringen onderworpen waren aan de bronheffing, waarop de controle van de Franse belastingdienst zich richtte.

25. Bij besluit van 18 mei 2015 heeft de directeur de l'administration des contributions directes op grond van artikel 5, lid 1, van de wet van 25 november 2014 een administratieve boete van 250 000 EUR aan Berlioz opgelegd wegens haar weigering om deze inlichtingen te verstrekken.

26. Op 18 juni 2015 heeft Berlioz bij de tribunal administratif (bestuursrechter, Luxemburg) beroep tot nietigverklaring van het sanctiebesluit van de directeur de l'administration des contributions directes ingesteld, met het verzoek te onderzoeken of het bevel van 16 maart 2015 gegrond was.

27. Bij uitspraak van 13 augustus 2015 heeft de tribunal administratif het primaire beroep tot herziening ten dele gegrond verklaard en de geldboete verlaagd tot 150 000 EUR, maar het beroep verworpen voor het overige, waarbij het heeft verklaard dat geen uitspraak behoefde te worden gedaan op het subsidiaire beroep tot nietigverklaring.

28. Bij verzoekschrift van 31 augustus 2015 heeft Berlioz bij de Cour administrative (hoogste bestuursrechter, Luxemburg) hoger beroep ingesteld. Berlioz stelt dat de op artikel 6, lid 1, van de wet van 25 november 2014 gebaseerde weigering van de tribunal administratif om de gegrondheid van het bevel van 16 maart 2015 te onderzoeken, een inbreuk vormt op haar recht op een doeltreffende voorziening in rechte zoals gewaarborgd door artikel 6, lid 1, van het Europees Verdrag tot bescherming van de rechten van de mens en de fundamentele vrijheden, dat op 4 november 1950 te Rome is ondertekend (hierna: „EVRM").

29. De Cour administrative was van oordeel dat mogelijk rekening moest worden gehouden met artikel 47 van het Handvest, dat een afspiegeling is van het in artikel 6, lid 1, van het EVRM bedoelde recht. Hij heeft de partijen in het hoofdgeding verzocht om hun opmerkingen dienaangaande in te dienen.

30. Deze rechter vraagt zich af of een justitiabele als Berlioz het recht op een doeltreffende voorziening in rechte geniet wanneer hij niet kan laten toetsen, al was het maar door het opwerpen van een exceptie, of het bevel dat aan de aan hem opgelegde sanctie ten grondslag ligt, geldig is. Meer bepaald heeft hij vragen over het begrip „verwacht belang" van de gevraagde inlichtingen als bedoeld in artikel 1, lid 1, van richtlijn 2011/16 en over de omvang van de toetsing die de belastingautoriteiten en de rechterlijke autoriteiten van de aangezochte staat in dat verband moeten verrichten zonder aan de doelstelling van deze richtlijn afbreuk te doen.

31. Daarop heeft de Cour administrative de behandeling van de zaak geschorst en het Hof verzocht om een prejudiciële beslissing over de volgende vragen:

„1. Brengt een lidstaat het Unierecht ten uitvoer en wordt daardoor het Handvest overeenkomstig artikel 51, lid 1, ervan van toepassing in een situatie als in casu wanneer hij een justitiabele een administratieve geldboete oplegt als sanctie wegens niet-nakoming van diens verplichtingen tot medewerking die voortvloeien uit een bevel tot het verstrekken van inlichtingen dat de bevoegde nationale autoriteit van die lidstaat heeft uitgevaardigd op basis van internrechtelijke procedureregels die daartoe zijn vastgesteld in het kader van de uitvoering, door deze lidstaat als aangezochte staat, van een verzoek om inlichtingen van een andere lidstaat op grond van met name de bepalingen van richtlijn 2011/16 met betrekking tot de uitwisseling van inlichtingen op verzoek?

2. Zo komt vast te staan dat het Handvest in casu van toepassing is, kan een justitiabele zich dan beroepen op artikel 47 van het Handvest wanneer naar zijn mening de jegens hem vastgestelde administratieve geldboete ertoe strekt hem te verplichten inlichtingen te verstrekken in het kader van de uitvoering, door de bevoegde autoriteit van de aangezochte lidstaat waarvan hij een ingezetene is, van een verzoek om inlichtingen van een andere lidstaat waarvan het fiscale doeleinde geenszins wordt verantwoord zodat in casu een wettig doeleinde ontbreekt, en waarmee wordt beoogd inlichtingen te verkrijgen die naar verwachting niet van belang zijn voor de betrokken belastingheffing?

3. Zo komt vast te staan dat het Handvest in casu van toepassing is, vereist het in artikel 47 van het Handvest neergelegde recht op een doeltreffende voorziening in rechte en op toegang tot een onpartijdig gerecht, zonder dat ingevolge artikel 52, lid 1, van het Handvest beperkingen kunnen worden gesteld, dan dat de bevoegde nationale rechter volledige rechtsmacht heeft en dus de bevoegdheid om minstens via een exceptie de geldigheid te toetsen van een bevel tot het verstrekken van inlichtingen dat de bevoegde autoriteit van een lidstaat heeft uitgevaardigd ter uitvoering van een met name krachtens richtlijn 2011/16 door de bevoegde autoriteit van een andere lidstaat gedaan verzoek om uitwisseling van inlichtingen, in het kader van een beroep dat de derde-bezitter van de inlichtingen, zijnde de adressaat van dat bevel tot het verstrekken van inlichtingen, heeft ingesteld tegen een beslissing tot vaststelling van een administratieve geldboete wegens niet-nakoming, door deze rechtszoekende, van zijn verplichting tot medewerking in het kader van de uitvoering van dat verzoek?

4. Zo komt vast te staan dat het Handvest in casu van toepassing is, moeten [artikel] 1, lid 1, en [artikel] 5 van richtlijn 2011/16, gelet op enerzijds de parallellie met het uit het [door de Organisatie voor Economische Samenwerking en Ontwikkeling (OESO) opgestelde] model van belastingverdrag inzake inkomen en vermogen voortvloeiende criterium dat de gevraagde inlichtingen naar verwachting van belang zijn, en anderzijds het in artikel 4 VEU neergelegde beginsel van loyale samenwerking, in samenhang met de doelstelling van richtlijn 2011/16, dan aldus worden uitgelegd dat het criterium dat de door een lidstaat aan een andere lidstaat gevraagde inlichtingen naar verwachting van belang zijn voor de bedoelde belastingheffing en de daarin opgegeven fiscale doelstelling, een voorwaarde vormt waaraan het verzoek om inlichtingen moet voldoen opdat voor de bevoegde autoriteit van de aangezochte staat de verplichting ontstaat om aan dat verzoek gevolg te geven en opdat een jegens een derde-bezitter uitgevaardigd bevel tot het verstrekken van inlichtingen gerechtvaardigd is?

5. Zo komt vast te staan dat het Handvest in casu van toepassing is, moeten [artikel] 1, lid 1, en [artikel] 5 van richtlijn 2011/16 alsmede [artikel] 47 van het Handvest dan aldus worden uitgelegd dat zij zich verzetten tegen een wettelijke bepaling van een lidstaat waarbij de toetsing, door de bevoegde nationale autoriteit als autoriteit van de aangezochte staat, van de geldigheid van een verzoek om inlichtingen op algemene wijze wordt beperkt tot een toetsing van de formele regelmatigheid, en dat zij de nationale rechter verplichten om in het kader van een bij hem ingesteld beroep in rechte zoals in de derde vraag hierboven omschreven, na te gaan of aan de voorwaarde dat de gevraagde inlichtingen naar verwachting van belang zijn, is voldaan op alle punten die betrekking hebben op het verband dat bestaat met de betrokken belastingheffing, het aangevoerde fiscale doeleinde en de eerbiediging van artikel 17 van richtlijn 2011/16?

6. Zo komt vast te staan dat het Handvest in casu van toepassing is, verzet artikel 47, [tweede alinea], van het Handvest zich dan tegen een wettelijke bepaling van een lidstaat volgens welke het niet mogelijk is om het door de bevoegde autoriteit van een andere lidstaat gedane verzoek om inlichtingen aan de bevoegde nationale rechter van de aangezochte lidstaat voor te leggen in het kader van een bij hem ingesteld beroep in rechte zoals in de derde vraag hierboven omschreven, en vereist artikel 47, [tweede alinea], van het Handvest dat dit document aan de bevoegde nationale rechter wordt overgelegd en de derde-bezitter daartoe toegang wordt verleend, of dat dit document aan de nationale rechter wordt overgelegd zonder dat de derde-bezitter toegang krijgt wegens de vertrouwelijkheid van dat document onder de voorwaarde dat alle moeilijkheden die de derde-bezitter ondervindt als gevolg van een beperking van zijn rechten toereikend worden gecompenseerd door de voor de bevoegde nationale rechter gevolgde procedure?"

Beantwoording van de prejudiciële vragen

Eerste vraag

32. Met zijn eerste vraag wenst de verwijzende rechter in essentie te vernemen of artikel 51, lid 1, van het Handvest aldus moet worden uitgelegd dat een lidstaat het Unierecht in de zin van die bepaling ten uitvoer brengt, en het Handvest dus van toepassing is, wanneer hij in zijn wetgeving voorziet in een geldboete voor een justitiabele die weigert inlichtingen te verstrekken in het kader van een uitwisseling van inlichtingen tussen belastingautoriteiten op grond van met name de bepalingen van richtlijn 2011/16.

33. Volgens artikel 51, lid 1, van het Handvest zijn de bepalingen hiervan uitsluitend tot de lidstaten gericht wanneer zij het Unierecht ten uitvoer brengen. Bijgevolg moet worden nagegaan of een nationale maatregel die in een dergelijke sanctie voorziet, kan worden beschouwd als het ten uitvoer brengen van het Unierecht.

34. In dat verband moet erop worden gewezen dat richtlijn 2011/16 de lidstaten bepaalde verplichtingen oplegt. Meer bepaald voorziet artikel 5 van die richtlijn erin dat de aangezochte autoriteit bepaalde inlichtingen aan de verzoekende autoriteit verstrekt.

35. Bovendien volgt uit artikel 18 van richtlijn 2011/16, „Verplichtingen", dat de aangezochte lidstaat de middelen aanwendt waarover hij beschikt om de gevraagde inlichtingen te verzamelen.

36. Voorts volgt uit artikel 22, lid 1, onder c), van richtlijn 2011/16 dat de lidstaten alle maatregelen moeten nemen die noodzakelijk zijn om de goede werking van de bij deze richtlijn ingestelde regelingen voor administratieve samenwerking te garanderen.

37. Onder verwijzing naar de bestaande regelingen voor de verzameling van gegevens in het nationale recht, verplicht richtlijn 2011/16 de lidstaten dus om alle maatregelen te nemen die noodzakelijk zijn om de gevraagde inlichtingen te verkrijgen, om zo aan hun verplichtingen op het gebied van de uitwisseling van inlichtingen te voldoen.

38. Vastgesteld moet worden dat die maatregelen, willen zij het nuttig effect van die richtlijn kunnen waarborgen, regelingen moeten omvatten, zoals de in het hoofdgeding in geding zijnde geldboete, die de justitiabele er voldoende toe aanzetten om op de verzoeken van de belastingautoriteiten te antwoorden, zodat de aangezochte autoriteit haar verplichtingen ten opzichte van de verzoekende autoriteit kan nakomen.

39. De omstandigheid dat richtlijn 2011/16 niet uitdrukkelijk voorziet in de toepassing van sanctiemaatregelen, staat niet in de weg aan het oordeel dat deze onderdeel zijn van de uitvoering van deze richtlijn en derhalve binnen de werkingssfeer van de Unierecht vallen. Het begrip „middelen om de inlichtingen te verzamelen" in de zin van artikel 18 van genoemde richtlijn en het begrip „maatregelen die noodzakelijk zijn om de goede werking van de regelingen voor administratieve samenwerking te garanderen" in de zin van artikel 22, lid 1, van diezelfde richtlijn zijn van dien aard dat zij dergelijke maatregelen omvatten.

40. In die omstandigheden is het van geen belang dat de nationale bepaling die als grondslag dient voor een sanctiemaatregel als die welke aan Berlioz is opgelegd, niet ter omzetting van richtlijn 2011/16 is vastgesteld, aangezien met de toepassing van deze nationale bepaling de toepassing van genoemde richtlijn wordt beoogd (zie in die zin arrest van 26 februari 2013, Åkerberg Fransson, C-617/10, EU:C:2013:105, punt 28).

41. Een nationale wettelijke regeling als die in het hoofdgeding, die voorziet in een sanctiemaatregel voor het niet antwoorden op een verzoek van de nationale belastingdienst op grond waarvan laatstgenoemde kan voldoen aan de in richtlijn 2011/16 opgenomen verplichtingen, moet derhalve worden beschouwd als een maatregel ter uitvoering van deze richtlijn.

42. Bijgevolg moet op de eerste vraag worden geantwoord dat artikel 51, lid 1, van het Handvest aldus moet worden uitgelegd dat een lidstaat het Unierecht in de zin van die bepaling ten uitvoer brengt, en het Handvest dus van toepassing is, wanneer hij in zijn wetgeving voorziet in een geldboete voor een justitiabele die weigert inlichtingen te verstrekken in het kader van een uitwisseling tussen belastingautoriteiten op grond van met name de bepalingen van richtlijn 2011/16.

Tweede vraag

43. Met zijn tweede vraag wenst de verwijzende rechter in essentie te vernemen of artikel 47 van het Handvest aldus moet worden uitgelegd dat een justitiabele die een geldboete is opgelegd wegens de niet-naleving van een bestuursbesluit waarbij hem werd gelast inlichtingen te verstrekken in het kader van een uitwisseling van inlichtingen tussen nationale belastingautoriteiten op grond van richtlijn 2011/16, het recht heeft om tegen de wettigheid van dat besluit op te komen.

Bestaan van een beroepsrecht op grond van artikel 47 van het Handvest

44. Volgens artikel 47 van het Handvest, met het opschrift „Recht op een doeltreffende voorziening in rechte en op een onpartijdig gerecht", heeft eenieder wiens door het recht van de Unie gewaarborgde rechten en vrijheden zijn geschonden, recht op een doeltreffende voorziening in rechte. Dit recht gaat gepaard met de in artikel 19, lid 1, tweede alinea, VEU vervatte verplichting voor de lidstaten om in de nodige rechtsmiddelen te voorzien om daadwerkelijke rechterlijke bescherming op de onder het Unierecht vallende gebieden te verzekeren.

45. Meerdere regeringen hebben betoogd dat een „door het recht van de Unie gewaarborgd recht" in de zin van artikel 47 van het Handvest in een geval als dat in het hoofdgeding ontbreekt, aangezien richtlijn 2011/16 particulieren geen rechten toekent. Volgens deze regeringen ziet deze richtlijn, zoals richtlijn 77/799 die het Hof heeft onderzocht in het arrest van 22 oktober 2013, Sabou (C-276/12, EU:C:2013:678), uitsluitend op de uitwisseling van inlichtingen tussen belastingautoriteiten en verleent zij alleen aan die laatsten rechten. Bijgevolg kan een justitiabele als Berlioz er op grond van artikel 47 van het Handvest geen aanspraak op maken dat hij recht op een doeltreffende voorziening in rechte heeft.

46. In dat verband heeft het Hof in de punten 30 tot en met 36 van genoemd arrest geoordeeld dat richtlijn 77/799, die tot doel heeft om de samenwerking tussen de belastingdiensten van de lidstaat te regelen, de overdracht van informatie tussen de bevoegde autoriteiten coördineert, waarbij aan de lidstaten een aantal verplichtingen wordt opgelegd, maar de belastingplichtige geen specifieke rechten verleent wat zijn deelname aan de procedure voor de uitwisseling van inlichtingen tussen deze autoriteiten betreft. Met name voorziet deze richtlijn niet in een verplichting voor die autoriteiten om de belastingplichtige te horen.

47. Wat richtlijn 2011/16 betreft, volgt uit overweging 7 daarvan dat zij voortbouwt op de verwezenlijkingen van richtlijn 77/799, door waar nodig te voorzien in duidelijker en preciezer voorschriften voor de administratieve samenwerking tussen de lidstaten, teneinde de werkingssfeer van deze samenwerking te verruimen. Vastgesteld moet worden dat richtlijn 2011/16 daarmee een doel nastreeft dat analoog is aan dat van richtlijn 77/799, waarvoor zij in de plaats is gekomen.

48. Die omstandigheid betekent echter niet dat een justitiabele die zich in de positie van Berlioz bevindt, zijn zaak niet overeenkomstig artikel 47 van het Handvest voor een gerecht kan verdedigen in het kader van de toepassing van richtlijn 2011/16.

49. Uit vaste rechtspraak van het Hof volgt namelijk dat de in de rechtsorde van de Unie gewaarborgde grondrechten toepassing kunnen vinden in alle situaties die door het Unierecht worden beheerst en dat wanneer het Unierecht toepasselijk is, dit impliceert dat de door het Handvest gewaarborgde grondrechten toepassing vinden (zie in die zin arresten van 26 februari 2013, Åkerberg Fransson, C-617/10, EU:C:2013:105, punten 19-21, en van 26 september 2013, Texdata Software, C-418/11, EU:C:2013:588, punten 72 en 73).

50. In de onderhavige zaak heeft het hoofdgeding betrekking op een maatregel waarbij aan een justitiabele een sanctie is opgelegd wegens de niet-naleving van een besluit waarbij hij is gelast om aan de aangezochte autoriteit inlichtingen te verstrekken, zodat laatstgenoemde gevolg kan geven aan een door de verzoekende autoriteit geformuleerd verzoek op grond van met name richtlijn 2011/16. Zoals volgt uit het antwoord op de eerste vraag, is die sanctiemaatregel gebaseerd op een nationale bepaling waarbij het Unierecht ten uitvoer wordt gebracht in de zin van artikel 51, lid 1, van het Handvest, zodat de bepalingen van dat laatste, en meer bepaald artikel 47 daarvan, in de omstandigheden van het hoofdgeding toepassing vinden (zie in die zin arrest van 26 september 2013, Texdata Software, C-418/11, EU:C:2013:588, punten 74-77).

51. Wat meer bepaald het vereiste van een door het recht van de Unie gewaarborgd recht in de zin van artikel 47 van het Handvest betreft, moet in herinnering worden gebracht dat uit vaste rechtspraak volgt dat de bescherming tegen ingrepen van het openbaar gezag in de privésfeer van een natuurlijke of rechtspersoon die willekeurig of onredelijk zouden zijn, een algemeen beginsel van het Unierecht vormt (arresten van 21 september 1989, Hoechst/Commissie, 46/87 en 227/88, EU:C:1989:337, punt 19, en van 22 oktober 2002, Roquette Frères, C-94/00, EU:C:2002:603, punt 27, alsmede beschikking van 17 november 2005, Minoan Lines/Commissie, C-121/04 P, niet gepubliceerd, EU:C:2005:695, punt 30).

52. Deze bescherming kan door een justitiabele als Berlioz worden ingeroepen tegen een voor hem bezwarende handeling, zoals het bevel en de sanctiemaatregel die in het hoofdgeding aan de orde zijn, zodat een dergelijke justitiabele aanspraak kan maken op een door het recht van de Unie gewaarborgd recht in de zin van artikel 47 van het Handvest, en daarmee dus recht op een doeltreffende voorziening in rechte heeft.

Voorwerp van het beroepsrecht

53. Bij een sanctiemaatregel moet worden nagegaan of een recht van beroep tegen die maatregel, zoals is voorzien in de regelgeving die in het hoofdgeding aan de orde is, voldoende is om de justitiabele in staat te stellen zijn aan artikel 47 van het Handvest ontleende rechten uit te oefenen, of dat dit artikel vereist dat hij bij die gelegenheid ook tegen de wettigheid van het aan de sanctiemaatregel ten grondslag liggende bevel kan opkomen.

54. Wat dat aangaat, moet eraan worden herinnerd dat het recht op effectieve rechterlijke bescherming een algemeen beginsel van het recht van de Unie is, dat thans tot uitdrukking komt in artikel 47 van het Handvest. Dat artikel 47 geeft in het Unierecht uitvoering aan de bescherming die wordt verleend door artikel 6, lid 1, en artikel 13 EVRM. Bijgevolg dient enkel naar deze eerste bepaling verwezen te worden (zie in die zin arrest van 6 november 2012, Otis e.a., C-199/11, EU:C:2012:684, punten 46 en 47).

55. Artikel 47, tweede alinea, van het Handvest bepaalt dat eenieder er recht op heeft dat zijn zaak door een onafhankelijk en onpartijdig gerecht wordt behandeld. De eerbiediging van dit recht veronderstelt dat het besluit van een bestuursorgaan dat niet zelf aan de voorwaarden van onafhankelijkheid en onpartijdigheid voldoet, later wordt onderworpen aan toezicht door een rechterlijk orgaan, dat onder meer bevoegd moet zijn om op alle relevante vragen in te gaan.

56. Zoals de advocaat-generaal heeft opgemerkt in punt 80 van zijn conclusie, moet de nationale rechter bij wie een beroep aanhangig is tegen de aan de justitiabele opgelegde administratieve geldboete wegens niet-naleving van het bevel, de wettigheid van dat laatste kunnen onderzoeken om aan de vereisten van artikel 47 van het Handvest te voldoen.

57. De Commissie geeft te kennen dat wanneer zou worden aanvaard dat de justitiabele een recht van beroep tegen een dergelijk bevel heeft, hem meer procedurele rechten zouden worden verleend dan een belastingplichtige. Volgens haar volgt uit punt 40 van het arrest van 22 oktober 2013, Sabou (C-276/12, EU:C:2013:678), dat het aan de belastingplichtige gerichte inlichtingenverzoek, dat deel uitmaakt van de onderzoeksfase waarin inlichtingen worden vergaard, slechts een voorbereidingshandeling op de eindbeslissing is, zodat daar niet tegen kan worden opgekomen.

58. De omstandigheden van de zaak die aan het hoofdgeding ten grondslag ligt, dienen evenwel te worden onderscheiden van die in de zaak die heeft geleid tot het arrest van 22 oktober 2013, Sabou (C-276/12, EU:C:2013:678). Die zaak betrof inlichtingenverzoeken die door de belastingdienst van een lidstaat waren toegezonden aan de belastingdienst van een andere lidstaat en meer bepaald de vraag of de belastingplichtige naar wie in de verzoekende staat een belastingonderzoek was ingesteld, recht had op deelname aan de procedure betreffende die verzoeken. Aan de betrokken justitiabele was evenwel geen inlichtingenverzoek toegezonden, anders dan het geval is bij Berlioz in het hoofdgeding. In de zaak die tot dat arrest heeft geleid, diende het Hof zich dus uit te spreken over het bestaan van een recht voor de belastingplichtige die voorwerp van inlichtingenverzoeken tussen nationale belastingdiensten was, om in het kader van die procedure te worden gehoord, en niet, zoals in casu, het bestaan van een beroepsrecht ten gunste van een justitiabele van de aangezochte lidstaat tegen een aan die justitiabele opgelegde sanctiemaatregel wegens niet-naleving van een bevel dat de aangezochte autoriteit tot hem had gericht na een aan die autoriteit gericht inlichtingenverzoek van de verzoekende autoriteit.

59. Bijgevolg moet op de tweede vraag worden geantwoord dat artikel 47 van het Handvest aldus moet worden uitgelegd dat een justitiabele die een geldboete is opgelegd wegens de niet-naleving van een bestuursbesluit waarbij hem werd gelast inlichtingen te verstrekken in het kader van een uitwisseling van inlichtingen tussen nationale belastingautoriteiten op grond van richtlijn 2011/16, het recht heeft om tegen de wettigheid van dat besluit op te komen.

Vierde vraag

60. Met zijn vierde vraag, die vóór de derde vraag moet worden onderzocht, wenst de verwijzende rechter in essentie te vernemen of artikel 1, lid 1, en artikel 5 van richtlijn 2011/16 aldus moeten worden uitgelegd dat het „verwachte belang" van de door een lidstaat aan een andere lidstaat gevraagde inlichtingen een voorwaarde is waaraan het inlichtingenverzoek moet voldoen om de verplichting van de aangezochte lidstaat om daaraan gevolg te geven te doen ingaan en tegelijk ook een voorwaarde voor de wettigheid van het door die lidstaat aan een justitiabele gerichte bevel is.

61. Krachtens artikel 1, lid 1, van richtlijn 2011/16, betreffende de doelstelling van die richtlijn, werken de lidstaten samen met het oog op de uitwisseling van inlichtingen die „naar verwachting van belang" zijn voor de verzoekende administratie, gelet op de fiscale regelgeving van de lidstaat waaronder die administratie valt.

62. Artikel 5 van richtlijn 2011/16 verwijst naar die inlichtingen, door erin te voorzien dat de aangezochte autoriteit de in artikel 1, lid 1, bedoelde inlichtingen die zij in haar bezit heeft of naar aanleiding van een administratief onderzoek verkrijgt, op haar verzoek aan de verzoekende autoriteit verstrekt. Dit artikel 5 legt de aangezochte autoriteit dus een verplichting op.

63. Uit de bewoordingen van die bepalingen volgt dat de uitdrukking „naar verwachting van belang" duidt op de kwalitatieve eigenschappen die de gevraagde inlichtingen moeten hebben. De volgens artikel 5 van richtlijn 2011/16 op de aangezochte autoriteit rustende verplichting om met de verzoekende autoriteit samen te werken, strekt zich niet uit tot de verstrekking van inlichtingen die deze kwalitatieve eigenschappen niet hebben.

64. De kwalitatieve eigenschap dat de gevraagde inlichtingen „naar verwachting van belang" zijn, is een voorwaarde voor het daarop betrekking hebbende verzoek.

65. Bepaald moet nog worden door wie en hoe die kwalitatieve eigenschap wordt beoordeeld en of de justitiabele tot wie de aangezochte autoriteit zich wendt voor het verkrijgen van de door de verzoekende autoriteit gevraagde inlichtingen, zich erop kan beroepen dat zij die kwalitatieve eigenschap niet hebben.

66. In dat verband moet worden afgegaan op de bewoordingen van overweging 9 van richtlijn 2011/16 dat het zogenoemde criterium van het „verwachte belang" tot doel heeft om in een zo ruim mogelijke uitwisseling van inlichtingen op belastinggebied te voorzien en tegelijkertijd te verduidelijken dat de lidstaten niet vrijelijk fishing expeditions kunnen verrichten of om inlichtingen kunnen verzoeken die waarschijnlijk niet relevant zijn voor de fiscale positie van een bepaalde belastingplichtige.

67. Zoals meerdere regeringen en de Commissie hebben betoogd, is het begrip „naar verwachting van belang" een afspiegeling van het begrip dat in artikel 26 van het model-belastingverdrag van de OESO wordt gebruikt, zowel wegens de gelijkenissen tussen de gebruikte concepten als wegens de verwijzing naar de OESO-verdragen in de toelichting bij voorstel voor een richtlijn van de Raad COM(2009) 29 definitief van 2 februari 2009 betreffende de administratieve samenwerking op het gebied van de belastingen, dat tot de vaststelling van richtlijn 2011/16 heeft geleid. Volgens het commentaar op dat artikel dat op 17 juli 2012 door de Raad van de OESO is vastgesteld, staat het de verdragsluitende staten niet vrij om „fishing expeditions" te ondernemen of inlichtingen op te vragen, waarvan het niet aannemelijk is dat deze relevant zijn voor de belastingaangelegenheden van een bepaalde belastingplichtige. Er moet juist een redelijke mogelijkheid bestaan dat de gevraagde inlichtingen relevant zullen blijken te zijn.

68. Het doel van het begrip „verwacht belang" zoals dat uit overweging 9 van richtlijn 2011/16 volgt, is dus om het de verzoekende autoriteit mogelijk te maken om alle inlichtingen te verkrijgen die hem voor zijn onderzoek gerechtvaardigd voorkomen, echter zonder dat hij kennelijk buiten het kader van dat onderzoek mag treden of de aangezochte autoriteit een buitensporig zware last mag opleggen.

69. Van belang is namelijk dat de verzoekende autoriteit in het kader van haar onderzoek kan bepalen welke inlichtingen zij nodig meent te hebben ten behoeve van haar nationale recht, zulks overeenkomstig overweging 1 van richtlijn 2011/16, om zo het bedrag van de te innen belastingen en inhoudingen correct te kunnen vaststellen.

70. Het staat bijgevolg aan die autoriteit, die meester is over het aan het inlichtingenverzoek ten grondslag liggende onderzoek, om, afhankelijk van de omstandigheden van de zaak, te beoordelen of de gevraagde inlichtingen naar verwachting van belang zijn voor dat onderzoek, gezien het verloop van de procedure en, overeenkomstig artikel 17, lid 1, van richtlijn 2011/16, de gebruikelijke informatiebronnen die zij heeft kunnen aanspreken.

71. Hoewel de verzoekende autoriteit op dat punt een beoordelingsmarge heeft, kan zij echter niet om inlichtingen verzoeken die in het geheel niet relevant zijn voor het betrokken onderzoek.

72. Een dergelijk verzoek zou immers niet in overeenstemming zijn met de artikelen 1 en 5 van richtlijn 2011/16.

73. Wat de justitiabele betreft volgt uit het antwoord op de tweede vraag dat hij moet worden geacht het recht te hebben om voor een rechter aan te voeren dat het inlichtingenverzoek niet met artikel 5 van richtlijn 2011/16 in overeenstemming is en dat het daaruit voortkomende bevel onwettig is, wanneer de aangezochte

autoriteit zich in voorkomend geval niettemin tot hem zou wenden met een bevel ter verkrijging van de gevraagde inlichtingen.

74. Bijgevolg moet op de vierde vraag worden geantwoord dat artikel 1, lid 1, en artikel 5 van richtlijn 2011/16 aldus moeten worden uitgelegd dat het „verwachte belang" van de door een lidstaat aan een andere lidstaat gevraagde inlichtingen een voorwaarde is waaraan het inlichtingenverzoek moet voldoen om de verplichting van de aangezochte lidstaat om daaraan gevolg te geven te doen ingaan en tegelijk ook een voorwaarde is voor de wettigheid van het door die lidstaat aan een justitiabele gerichte bevel en van de sanctiemaatregel die hem wegens niet-naleving van dat besluit wordt opgelegd.

Derde en vijfde vraag

75. Met zijn derde en vijfde vraag, die tezamen moeten worden onderzocht, wenst de verwijzende rechter in essentie te vernemen of artikel 47 van het Handvest aldus moet worden uitgelegd dat de nationale rechter in het kader van een beroep van een justitiabele tegen een sanctiemaatregel die hem door de aangezochte autoriteit is opgelegd wegens de niet-naleving van een bevel dat ten aanzien van hem is vastgesteld na een inlichtingenverzoek van de verzoekende autoriteit op grond van richtlijn 2011/16, volledige rechtsmacht heeft om de wettigheid van dat bevel te toetsen. Hij vraagt voorts of artikel 1, lid 1, en artikel 5 van richtlijn 2011/16 en artikel 47 van het Handvest aldus moeten worden uitgelegd dat zij zich ertegen verzetten dat het onderzoek van de geldigheid van een inlichtingenverzoek van de verzoekende autoriteit door de aangezochte autoriteit wordt beperkt tot de vraag of de vormvoorschriften in acht zijn genomen en dat zij de nationale rechter er in het kader van een dergelijk beroep toe verplichten om na te gaan of in alle opzichten is voldaan aan de voorwaarde inzake het verwachte belang, daaronder begrepen in het licht van artikel 17 van richtlijn 2011/16.

76. Wat in de eerste plaats de toetsing door de aangezochte autoriteit betreft, is in de punten 70 en 71 van het onderhavige arrest benadrukt dat de verzoekende autoriteit over een beoordelingsmarge beschikt wanneer zij nagaat of de aan de aangezochte autoriteit gevraagde inlichtingen naar verwachting van belang zijn, zodat de omvang van de door die laatste verrichte toetsing daartoe is beperkt.

77. Gelet op de regeling van de samenwerking tussen de belastingautoriteiten die bij richtlijn 2011/16 is opgezet, die op regels berust die vertrouwen tussen de lidstaten moeten wekken zodat snel en doeltreffend kan worden samengewerkt, zoals volgt uit de overwegingen 2, 6 en 8 van richtlijn 2011/16, moet de aangezochte autoriteit in beginsel immers vertrouwen hebben in de verzoekende autoriteit en ervan uitgaan dat het aan haar voorgelegde inlichtingenverzoek tegelijk in overeenstemming is met het nationale recht van de verzoekende autoriteit en noodzakelijk is voor haar onderzoek. De aangezochte autoriteit beschikt in de regel niet over een grondige kennis van het feitelijk en juridisch kader in de verzoekende staat en van haar kan niet worden verlangd dat zij over die kennis beschikt (zie in die zin arrest van 13 april 2000, W.N., C-420/98, EU:C:2000:209, punt 18). Hoe dan ook kan de aangezochte autoriteit haar eigen beoordeling van het eventuele nut van de gevraagde inlichtingen niet in de plaats stellen van die van de verzoekende autoriteit.

78. Dit in aanmerking nemend, dient de aangezochte autoriteit niettemin na te gaan of de gevraagde inlichtingen niet van elk verwacht belang voor het door de verzoekende autoriteit verrichte onderzoek zijn ontdaan.

79. Zoals volgt uit overweging 9 van richtlijn 2011/16, moet namelijk op artikel 20, lid 2, daarvan worden afgegaan, waarin de voor die toetsing relevante factoren zijn vermeld. Daartoe behoren ten eerste de inlichtingen die de verzoekende autoriteit moet verstrekken, namelijk de identiteit van de persoon naar wie het onderzoek of de controle is ingesteld en het fiscale doel waarvoor de informatie wordt opgevraagd, en ten tweede, waar relevant, de gegevens van personen die worden verondersteld in het bezit te zijn van de verlangde informatie en andere inlichtingen die het verzamelen van de informatie door de aangezochte autoriteit vereenvoudigen.

80. Om de aangezochte autoriteit in staat te stellen om het in de punten 78 en 79 van dit arrest vermelde onderzoek te verrichten, moet de verzoekende autoriteit toereikend motiveren waarvoor de gevraagde inlichtingen in het kader van de fiscale procedure tegen de in het inlichtingenverzoek aangeduide belastingplichtige dienen.

81. Indien nodig, kan de aangezochte autoriteit, met het oog op dat onderzoek, de verzoekende autoriteit op grond van de bij richtlijn 2011/16 ingevoerde administratieve samenwerking op het gebied van de belastingen om aanvullende inlichtingen verzoeken om vanuit zijn oogpunt uit te sluiten dat het bij de gevraagde inlichtingen niet kennelijk aan een verwacht belang ontbreekt, beoordeeld aan de hand van de factoren bedoeld in de punten 78 en 79 van het onderhavige arrest.

82. De door de aangezochte autoriteit verrichte toetsing beperkt zich dus niet tot een beknopte en formele verificatie van de regelmatigheid van het inlichtingenverzoek aan de hand van genoemde factoren. Daarmee moet deze autoriteit zich er juist van kunnen vergewissen dat het bij de gevraagde inlichtingen niet aan een verwacht belang ontbreekt, gelet op de identiteit van de belastingplichtige in kwestie en die van de derde van wie eventueel inlichtingen worden gevraagd en op dat wat voor het belastingonderzoek in kwestie noodzakelijk is.

83. In de tweede plaats kan de toetsing door de rechter bij wie door een justitiabele beroep is ingesteld tegen een sanctie die hem is opgelegd bij een door de aangezochte autoriteit gegeven bevel naar aanleiding van een inlichtingenverzoek van de verzoekende autoriteit, niet alleen betrekking hebben op de evenredigheid van die sanctie en, waar nodig, leiden tot herziening daarvan, deze kan ook betrekking hebben op de wettigheid van dat bevel, zoals volgt uit het antwoord op de tweede vraag.

84. In dat verband vereist de doeltreffendheid van de door artikel 47 van het Handvest gewaarborgde rechterlijke toetsing dat de door de verzoekende autoriteit verstrekte motivering de nationale rechter in staat stelt om de wettigheid van het inlichtingenverzoek te toetsen (zie in die zin arresten van 4 juni 2013, ZZ, C-300/11, EU:C:2013:363, punt 53, en van 23 oktober 2014, Unitrading, C-437/13, EU:C:2014:2318, punt 20).

85. Gelet op hetgeen in de punten 70 en 71 van het onderhavige arrest is uiteengezet over de beoordelingsmarge waarover de verzoekende autoriteit beschikt, moet worden geoordeeld dat voor de toetsing door de rechter dezelfde grenzen als voor de toetsing door de aangezochte autoriteit gelden.

86. Derhalve dient de rechter enkel na te gaan of het bevel berust op een voldoende met redenen omkleed verzoek van de verzoekende autoriteit betreffende inlichtingen waarbij het niet kennelijk aan een verwacht belang ontbreekt, gelet op de belastingplichtige in kwestie en de derde van wie eventueel inlichtingen worden gevraagd en op het nagestreefde fiscale doel.

87. De verwijzende rechter wenst tevens te vernemen of de toetsing door de rechter mede betrekking moet hebben op de naleving van het bepaalde in artikel 17 van richtlijn 2011/16, waarin grenzen worden gesteld aan de toezending van de gevraagde inlichtingen door de autoriteit van een lidstaat.

88. In dat verband moet erop worden gewezen dat deze bepalingen, waarvan sommige in aanmerking zouden kunnen worden genomen om te bepalen of het aan de justitiabele gerichte inlichtingenverzoek wettig is, geen rol spelen bij de toetsing of deze inlichtingen waarschijnlijk van belang zijn. Zoals volgt uit het verzoek om een prejudiciële beslissing en de schriftelijke en mondelinge opmerkingen van Berlioz is haar weigering om bepaalde van de gevraagde inlichtingen te verstrekken er uitsluitend op gegrond dat deze inlichtingen naar verwachting niet van belang zijn, en niet een „grens" in de zin van artikel 17 van richtlijn 2011/16 die wordt ingeroepen.

89. Bijgevolg moet op de derde en de vijfde vraag worden geantwoord dat artikel 1, lid 1, en artikel 5 van richtlijn 2011/16 aldus moeten worden uitgelegd dat de toetsing door de aangezochte autoriteit bij wie de verzoekende autoriteit een inlichtingenverzoek op grond van die richtlijn heeft ingediend, zich niet beperkt tot de vraag of de vormvoorschriften in acht zijn genomen, maar die aangezochte autoriteit in staat moet stellen om zich ervan te vergwissen dat het bij de gevraagde inlichtingen niet aan een verwacht belang ontbreekt, gelet op de identiteit van de belastingplichtige in kwestie en van de derde van wie eventueel inlichtingen worden gevraagd en op dat wat voor het belastingonderzoek in kwestie noodzakelijk is. Diezelfde bepalingen van richtlijn 2011/16 en artikel 47 van het Handvest moeten aldus worden uitgelegd dat de nationale rechter in het kader van een beroep van een justitiabele tegen een sanctiemaatregel die hem door de aangezochte autoriteit is opgelegd wegens de niet-naleving van een bevel dat zij heeft vastgesteld na een inlichtingenverzoek van de verzoekende autoriteit op grond van richtlijn 2011/16, niet alleen bevoegd is om de opgelegde sanctie te herzien maar ook om de wettigheid van dat bevel te toetsen. Bij de voorwaarde van de wettigheid van dat bevel op het punt van het verwachte belang van de gevraagde inlichtingen, beperkt de rechterlijke toetsing zich tot de vraag of een dergelijk belang niet kennelijk ontbreekt.

Zesde vraag

90. Met zijn zesde vraag wenst de verwijzende rechter in essentie te vernemen of artikel 47, tweede alinea, van het Handvest aldus moet worden uitgelegd dat de rechter van de aangezochte lidstaat in het kader van de uitoefening van zijn rechterlijk toezicht toegang moet hebben tot het inlichtingenverzoek dat door de verzoekende lidstaat aan de aangezochte lidstaat is gericht en of dit document ook moet worden meegedeeld aan de betrokken justitiabele in die laatste lidstaat, zodat zijn zaak eerlijk kan worden behandeld, of dat dit hem kan worden geweigerd om redenen van vertrouwelijkheid.

91. In dat verband moet erop worden gewezen dat het onderzoek naar het eventuele kennelijke ontbreken van een verwacht belang van de gevraagde inlichtingen aan de hand van dat document moet worden verricht.

92. Om de rechter van de aangezochte lidstaat in staat te stellen om zijn rechterlijk toezicht uit te oefenen, is het dus van belang dat hij toegang heeft tot het inlichtingenverzoek dat door de verzoekende lidstaat aan de aangezochte lidstaat is toegezonden. Indien nodig kan deze rechter in dat verband de aangezochte autoriteit verzoeken om de aanvullende inlichtingen te verstrekken die zij eventueel van de verzoekende autoriteit heeft verkregen en die noodzakelijk zijn om vanuit zijn oogpunt uit te sluiten dat het bij de gevraagde inlichtingen kennelijk aan een verwacht belang ontbreekt.

93. Wat het bestaan van een recht van toegang van de justitiabele tot het inlichtingenverzoek betreft, moet er rekening mee worden gehouden dat dit document volgens artikel 16 van richtlijn 2011/16 geheim is.

94. Deze geheime aard wordt verklaard door de vertrouwelijkheid die de verzoekende autoriteit normaliter in het stadium van de inlichtingenvergaring moet betrachten en die zij van de aangezochte autoriteit mag verwachten, om geen afbreuk te doen aan de doelmatigheid van haar onderzoek.

95. In het kader van een onderzoek kan de geheime aard van het inlichtingenverzoek derhalve tegen elke persoon worden ingeroepen.

96. In het kader van een beroep in rechte moet eraan worden herinnerd dat het beginsel van „equality of arms", dat een logisch uitvloeisel is van het begrip eerlijk proces, inhoudt dat elke partij een redelijke mogelijkheid moet worden geboden om haar zaak, daaronder begrepen haar bewijzen, onder zodanige omstandigheden voor te dragen dat zij tegenover de tegenpartij niet wezenlijk wordt benadeeld (arrest van 6 november 2012, Otis e.a., C-199/11, EU:C:2012:684, punt 71).

97. Het Hof heeft tevens geoordeeld dat het bestaan van schending van de rechten van de verdediging, daaronder begrepen het recht op toegang tot het dossier, moet worden beoordeeld aan de hand van de specifieke omstandigheden van het geval, met name de aard van de betrokken handeling, de context van de vaststelling ervan en de rechtsregels die de betrokken materie beheersen (zie arresten van 18 juli 2013, Commissie e.a./ Kadi, C-584/10 P, C-593/10 P en C-595/10 P, EU:C:2013:518, punt 102, en van 10 september 2013, G. en R., C-383/13 PPU, EU:C:2013:533, punten 32 en 34).

98. In het licht van die overwegingen moet worden nagegaan of een justitiabele als Berlioz, die van mening is dat de van hem bij bevel gevraagde inlichtingen naar verwachting van geen belang zijn, toegang moet hebben tot het inlichtingenverzoek dat door de verzoekende autoriteit aan de aangezochte autoriteit is toegezonden, om zijn zaak in volle omvang voor de rechter te kunnen brengen.

99. In dat verband volgt uit het antwoord op de derde en de vijfde vraag dat het voor de vaststelling van de onwettigheid van een bevel op basis van een inlichtingenverzoek en de strafmaat van de sanctie die wegens niet-naleving van dat bevel is opgelegd, noodzakelijk maar ook voldoende is dat wordt aangetoond dat het bij de gevraagde inlichtingen niet kennelijk aan een verwacht belang voor het verrichte onderzoek ontbreekt, gelet op de identiteit van de belastingplichtige in kwestie en het fiscale doel waarvoor de inlichtingen worden opgevraagd.

100. Met het oog daarop hoeft de justitiabele in kwestie, teneinde zijn zaak op het punt van de voorwaarde van het verwachte belang eerlijk te laten behandelen, geen toegang te hebben tot het inlichtingenverzoek in zijn geheel. Het volstaat dat hij toegang heeft tot de minimuminformatie die in artikel 20, lid 2, van richtlijn 2011/16 is vermeld, namelijk de identiteit van de belastingplichtige in kwestie en het fiscale doel waarvoor de informatie wordt opgevraagd. Indien de rechter van de aangezochte lidstaat evenwel van oordeel is dat die minimuminformatie in dat opzicht niet volstaat en hij de aangezochte autoriteit verzoekt om aanvullende inlichtingen te verstrekken in de zin van punt 92 van het onderhavige arrest, is deze rechter verplicht om die aanvullende inlichtingen aan de betrokken justitiabele te verstrekken, daarbij naar behoren rekening houdend met de eventuele vertrouwelijkheid van bepaalde van die gegevens.

101. Bijgevolg moet op de zesde vraag worden geantwoord dat artikel 47, tweede alinea, van het Handvest aldus moet worden uitgelegd dat de rechter van de aangezochte lidstaat in het kader van de uitoefening van zijn rechterlijk toezicht toegang moet hebben tot het inlichtingenverzoek dat door de verzoekende lidstaat aan de aangezochte lidstaat is gericht. De betrokken justitiabele beschikt daarentegen niet over een recht van toegang tot dit inlichtingenverzoek in zijn geheel, dat overeenkomstig artikel 16 van richtlijn 2011/16 een geheim document blijft. Om zijn zaak op het punt van het verwachte belang van de gevraagde inlichtingen in volle omvang te laten behandelen, volstaat het in beginsel dat hij over de in artikel 20, lid 2, van die richtlijn bedoelde inlichtingen beschikt.

Kosten

102. …

Het Hof (Grote kamer)

verklaart voor recht:

1. **Artikel 51, lid 1, van het Handvest van de grondrechten van de Europese Unie moet aldus worden uitgelegd dat een lidstaat het Unierecht in de zin van die bepaling ten uitvoer brengt, en het Handvest van de grondrechten van de Europese Unie dus van toepassing is, wanneer hij in zijn wetgeving voorziet in een geldboete voor een justitiabele die weigert inlichtingen te verstrekken in het kader van een uitwisseling tussen belastingautoriteiten op grond van met name de bepalingen van richtlijn 2011/16/EU van de Raad van 15 februari 2011 betreffende de administratieve samenwerking op het gebied van de belastingen en tot intrekking van richtlijn 77/799/EEG.**
2. **Artikel 47 van het Handvest van de grondrechten van de Europese Unie moet aldus worden uitgelegd dat een justitiabele die een geldboete is opgelegd wegens de niet-naleving van een bestuursbesluit waarbij hem werd gelast inlichtingen te verstrekken in het kader van een uitwisseling van inlichtingen tussen nationale belastingautoriteiten op grond van richtlijn 2011/16, het recht heeft om tegen de wettigheid van dat besluit op te komen.**
3. **Artikel 1, lid 1, en artikel 5 van richtlijn 2011/16 moeten aldus worden uitgelegd dat het „verwachte belang" van de door een lidstaat aan een andere lidstaat gevraagde inlichtingen een voorwaarde is waaraan het inlichtingenverzoek moet voldoen om de verplichting van de aangezochte lidstaat om daaraan gevolg te geven te doen ingaan en tegelijk ook een voorwaarde is voor de wettigheid van het door die lidstaat aan een justitiabele gerichte bevel en van de sanctiemaatregel die hem wegens niet-naleving van dat besluit wordt opgelegd.**
4. **Artikel 1, lid 1, en artikel 5 van richtlijn 2011/16 moeten aldus worden uitgelegd dat de toetsing door de aangezochte autoriteit bij wie de verzoekende autoriteit een inlichtingenverzoek op grond van die richtlijn heeft ingediend, zich niet beperkt tot de vraag of de vormvoorschriften in acht zijn genomen, maar die aangezochte autoriteit in staat moet stellen om zich ervan te vergwissen dat het bij de gevraagde inlichtingen niet aan een verwacht belang ontbreekt, gelet op de identiteit van de belastingplichtige in kwestie en van de derde van wie eventueel inlichtingen worden gevraagd en op dat wat voor het belastingonderzoek in kwestie noodzakelijk is. Diezelfde bepalingen van richtlijn 2011/16 en artikel 47 van het Handvest van de grondrechten van de Europese Unie moeten aldus worden uitgelegd dat de nationale rechter in het kader van een beroep van een justitiabele tegen een sanctiemaatregel die hem door de aangezochte autoriteit is opgelegd wegens de niet-naleving van een bevel dat zij heeft vastgesteld na een inlichtingenverzoek van de verzoekende autoriteit op grond van richtlijn 2011/16, niet alleen bevoegd is om de opgelegde sanctie te herzien maar ook om de wettigheid van dat bevel te toetsen. Bij de voorwaarde van de wettigheid van dat bevel op het punt van het verwachte belang van de gevraagde inlichtingen, beperkt de rechterlijke toetsing zich tot de vraag of een dergelijk belang niet kennelijk ontbreekt.**
5. **Artikel 47, tweede alinea, van het Handvest van de grondrechten van de Europese Unie moet aldus worden uitgelegd dat de rechter van de aangezochte lidstaat in het kader van de uitoefening van zijn rechterlijk toezicht toegang moet hebben tot het inlichtingenverzoek dat door de verzoekende lidstaat aan de aangezochte lidstaat is gericht. De betrokken justitiabele beschikt daarentegen niet over een recht van toegang tot dit inlichtingenverzoek in zijn geheel, dat overeenkomstig artikel 16 van richtlijn 2011/16 een geheim document blijft. Om zijn zaak op het punt van het verwachte belang van de gevraagde inlichtingen in volle omvang te laten behandelen, volstaat het in beginsel dat hij over de in artikel 20, lid 2, van die richtlijn bedoelde inlichtingen beschikt.**

HvJ EU 17 mei 2017, zaak C-68/15 (X v. Ministerraad)

Eerste kamer: *R. Silva de Lapuerta, kamerpresident, E. Regan, J.-C. Bonichot, A. Arabadjiev en C. G. Fernlund (rapporteur), rechters*

Advocaat-generaal: *J. Kokott*

1. Het verzoek om een prejudiciële beslissing betreft de uitlegging van artikel 49 VWEU en van artikel 4, lid 3, en artikel 5 van richtlijn 2011/96/EU van de Raad van 30 november 2011 betreffende de gemeenschappelijke fiscale regeling voor moedermaatschappijen en dochterondernemingen uit verschillende lidstaten (*PB* 2011, L 345, blz. 8; hierna: 'moeder-dochterrichtlijn').

2. Dit verzoek is ingediend in het kader van een geding tussen X en de Ministerraad (België), betreffende een beroep tot vernietiging van de nationaalrechtelijke bepalingen houdende instelling van een 'fairness tax', te weten een van de vennootschapsbelasting en de belasting van niet-inwoners onderscheiden belasting die zowel ingezeten als niet-ingezeten vennootschappen moeten betalen wanneer zij dividenden uitkeren die niet in hun uiteindelijke fiscale resultaat zijn opgenomen omdat zij gebruikmaken van bepaalde belastingvoordelen waarin de nationale belastingregeling voorziet.

Toepasselijke bepalingen

Unierecht

3. Volgens overweging 3 van de moeder-dochterrichtlijn strekt deze richtlijn ertoe dividenden en andere winstuitkeringen van dochterondernemingen aan hun moedermaatschappijen vrij te stellen van bronbelasting en dubbele belasting over die inkomsten op het niveau van de moedermaatschappij uit te sluiten.

4. De overwegingen 7 en 9 van deze richtlijn luiden:

> '7. Wanneer een moedermaatschappij als deelgerechtigde van haar dochteronderneming uitgekeerde winst ontvangt, moet de lidstaat van de moedermaatschappij zich onthouden van het belasten van deze winst, of die winst wel belasten, maar de moedermaatschappij dan toestaan het gedeelte van de belasting van de dochteronderneming dat op deze winst betrekking heeft, van haar eigen belasting af te trekken.
> [...]
> 9. De betaling van uitkeringen van winst aan, en de ontvangst ervan door een vaste inrichting van een moedermaatschappij moet op dezelfde wijze worden behandeld als betalingen tussen een dochteronderneming en een moedermaatschappij. [...]'

5. In artikel 4, leden 1 en 3, van deze richtlijn wordt bepaald:

> '1. Wanneer een moedermaatschappij of haar vaste inrichting, op grond van de deelgerechtigdheid van de moedermaatschappij in haar dochteronderneming, uitgekeerde winst ontvangt, anders dan bij de liquidatie van de dochteronderneming, moeten de lidstaat van de moedermaatschappij en de lidstaat van haar vaste inrichting:
> a. ofwel zich onthouden van het belasten van deze winst;
> b. ofwel de winst belasten, maar in dat geval de moedermaatschappij en de vaste inrichting toestaan van de verschuldigde belasting af te trekken het gedeelte van de belasting dat betrekking heeft op die winst en betaald is door de dochteronderneming en enigerlei kleindochteronderneming, op voorwaarde dat bij iedere schakel een vennootschap en haar kleindochteronderneming onder de in artikel 2 vastgestelde definities vallen en aan de in de artikel 3 gestelde eisen voldoen, tot het bedrag van de overeenstemmende verschuldigde belasting.
> [...]
> 3. Iedere lidstaat blijft bevoegd om te bepalen dat lasten die betrekking hebben op de deelneming en waardeverminderingen die voortvloeien uit de uitkering van de winst van de dochteronderneming, niet aftrekbaar zijn van de belastbare winst van de moedermaatschappij.
> Indien in dit geval de kosten van beheer met betrekking tot de deelneming forfaitair worden vastgesteld, mag het forfaitaire bedrag niet meer dan 5 % bedragen van de door de dochteronderneming uitgekeerde winst.'

6. Artikel 5 van de moeder-dochterrichtlijn luidt:

> 'De door een dochteronderneming aan de moedermaatschappij uitgekeerde winst wordt vrijgesteld van bronbelasting.'

Belgisch recht

7. Bij de wet van 30 juli 2013 houdende diverse bepalingen (*Belgisch Staatsblad*, 1 augustus 2013) is het wetboek van de inkomstenbelastingen 1992 gewijzigd (hierna: 'WIB 92'). Hoofdstuk 15 van deze wet van 30 juli 2013 bevat een afdeling 2, waarvan de eerste onderafdeling het opschrift 'Fairness Tax' draagt. Deze onderafdeling omvat de artikelen 43 tot en met 51 van die wet, waarbij de artikelen 198, 207, 218, 219 ter, 233, 246, 275 en 463 bis WIB 92 worden gewijzigd.

8. Artikel 198, § 1, 1°, WIB 92 luidt:

'Als beroepskosten worden niet aangemerkt:

1° de vennootschapsbelasting, met inbegrip van de ingevolge artikel 219 bis tot 219 quater verschuldigde afzonderlijke aanslagen, de in mindering van de vennootschapsbelasting gestorte sommen, en de roerende voorheffing die de schuldenaar van het inkomen met miskenning van artikel 261 tot ontlasting van de verkrijger heeft gedragen, doch met uitzondering van de ingevolge artikel 219 verschuldigde afzonderlijke aanslag'.

9. Artikel 207, tweede lid, van dit wetboek bepaalt:

'Geen van deze aftrekken noch compensatie met het verlies van het belastbare tijdperk mag worden verricht op het gedeelte van het resultaat dat voortkomt van abnormale of goedgunstige voordelen vermeld in artikel 79, noch op verkregen financiële voordelen of voordelen van alle aard vermeld in artikel 53, 24°, noch op de grondslag van de bijzondere afzonderlijke aanslag op niet-verantwoorde kosten of voordelen van alle aard ingevolge artikel 219, noch op het gedeelte van de winst dat bestemd is voor de uitgaven bedoeld in artikel 198, § 1, 9° en 12°, noch op het gedeelte van de winst uit de niet-naleving van artikel 194 quater, § 2, vierde lid, en de toepassing van artikel 194 quater, § 4, noch op de meerwaarden bedoeld in artikel 217, 3°, noch op de dividenden als bedoeld in artikel 219 ter.'

10. Artikel 218, eerste lid, WIB 92 luidt als volgt:

'De belasting berekend overeenkomstig de artikelen 215 tot 217 en de afzonderlijke aanslag bedoeld in artikel 219 ter worden eventueel vermeerderd zoals vermeld in de artikelen 157 tot 168, ingeval geen of ontoereikende voorafbetalingen zijn gedaan.

In afwijking van de artikelen 160 en 165, vinden de beperking van de vermeerdering tot 90 pct en de verhoging van de berekeningsgrondslag tot 106 pct van de Rijksbelasting evenwel geen toepassing.'

11. Artikel 219 ter van hetzelfde wetboek luidt:

'§ 1. Voor het belastbare tijdperk waarvoor dividenden worden uitgekeerd in de zin van artikel 18, eerste lid, 1° tot 2° bis, wordt een afzonderlijke aanslag gevestigd die berekend wordt overeenkomstig de bepalingen van de hierna volgende paragrafen.

Deze afzonderlijke aanslag staat los van, en komt in voorkomend geval bovenop de andere aanslag of aanslagen die overeenkomstig andere bepalingen van dit Wetboek of in voorkomend geval in uitvoering van bijzondere wetsbepalingen verschuldigd zijn.

§ 2. De grondslag van deze afzonderlijke aanslag wordt gevormd door het positieve verschil tussen enerzijds de voor het belastbare tijdperk bruto uitgekeerde dividenden, en anderzijds het uiteindelijk fiscaal resultaat dat daadwerkelijk onderworpen wordt aan het tarief van de vennootschapsbelasting zoals bedoeld in de artikelen 215 en 216.

§ 3. De aldus vastgestelde belastbare grondslag wordt verminderd met het gedeelte van de uitgekeerde dividenden dat afkomstig is van voorheen, en uiterlijk voor het aanslagjaar 2014, belaste reserves. De opname van voorheen belaste reserves wordt voor de toepassing van deze vermindering bij voorrang aangerekend op de laatst aangelegde reserves.

Voor het aanslagjaar 2014 kunnen de voor datzelfde aanslagjaar uitgekeerde dividenden nooit geacht worden afkomstig te zijn van de voor datzelfde aanslagjaar belaste reserves.

§ 4. Het bekomen saldo wordt daarna beperkt overeenkomstig een percentage dat de verhouding uitdrukt tussen,

– enerzijds, in de teller, de voor het belastbare tijdperk werkelijk toegepaste aftrek van overgedragen verliezen en de voor hetzelfde belastbare tijdperk werkelijk toegepaste aftrek voor risicokapitaal, en,

– anderzijds, in de noemer, het fiscaal resultaat van het belastbaar tijdperk exclusief de vrijgestelde waardeverminderingen, voorzieningen en meerwaarden.

§ 5. De overeenkomstig de vorige paragrafen vastgestelde grondslag kan op geen enkele andere manier worden beperkt of verminderd.

§ 6. De afzonderlijke aanslag is gelijk aan 5 pct. van de aldus berekende grondslag.

§ 7. Vennootschappen die op grond van artikel 15 van het Wetboek van vennootschappen als kleine vennootschappen worden aangemerkt voor het aanslagjaar dat verbonden is aan het belastbare tijdperk waarvoor de dividenden worden uitgekeerd, zijn niet aan de voormelde aanslag onderworpen.'

12. Artikel 233, derde lid, WIB 92 bepaalt:

'Bovendien wordt een afzonderlijke aanslag gevestigd volgens de regels bepaald in artikel 219 ter. Wat de Belgische inrichtingen betreft, wordt voor de toepassing van deze regeling onder ‚uitgekeerde dividenden' verstaan, het gedeelte van de bruto door de vennootschap uitgekeerde dividenden, dat verhoudingsgewijs overeenstemt met het positieve aandeel van het boekhoudkundig resultaat van de Belgische inrichting in het globaal boekhoudkundig resultaat van de vennootschap.'

13. Artikel 246, eerste lid, 3°, van hetzelfde wetboek luidt als volgt:

'onverminderd de toepassing van artikel 218, wordt de afzonderlijke aanslag vermeld in artikel 233, derde lid, berekend tegen 5 pct.'.

14. Artikel 463 bis, § 1, 1°, van het wetboek luidt:

'Als aanvullende crisisbijdrage worden uitsluitend in het voordeel van de Staat, 3 opcentiemen gevestigd:
1° op de vennootschapsbelasting, op de rechtspersonenbelasting voor rechtspersonen vermeld in artikel 220, 2° en 3°, en, voor de in artikel 227, 2° en 3°, beoogde belastingplichtigen met uitzondering van de vreemde Staten en hun staatkundige onderdelen en plaatselijke gemeenschappen, op de belasting van niet-inwoners met inbegrip van de afzonderlijke aanslagen vermeld in de artikelen 219 bis, 219 ter en 246, eerste lid, 2° en 3°; de aanvullende crisisbijdragen worden berekend op die belastingen vastgesteld:
– vóór verrekening van de voorafbetalingen vermeld in de artikelen 218, 226 en 246, eerste lid, 1°, en tweede lid, van de voorheffingen, van het forfaitair gedeelte van buitenlandse belasting en van het belastingkrediet vermeld in de artikelen 277 tot 296;
– vóór toepassing van de vermeerdering ingeval geen of ontoereikende voorafbetalingen als vermeld in het eerste streepje zijn gedaan'.

15. Artikel 275[7], vierde lid, WIB 92 bepaalt:

'De Koning kan het in het derde lid bepaalde percentage bij een besluit vastgesteld na overleg in de Ministerraad, verhogen voor de in dit artikel bedoelde werkgevers die, hetzij als kleine vennootschappen worden aangemerkt op grond van artikel 15 van het Wetboek van vennootschappen, hetzij natuurlijke personen zijn die mutatis mutandis beantwoorden aan de criteria voorzien in dit artikel 15. De Koning zal bij de Wetgevende Kamers, onmiddellijk indien ze in zitting zijn, zo niet bij de opening van de eerstvolgende zitting, een ontwerp van wet indienen tot bekrachtiging van de ter uitvoering van dit lid genomen besluiten.'

16. Artikel 51 van de wet van 30 juli 2013 houdende diverse bepalingen luidt:

'De artikelen 43 tot 49 treden in werking met ingang van het aanslagjaar 2014.
Elke wijziging die vanaf 28 juni 2013 aangebracht werd of wordt aan de afsluitdatum van het boekjaar blijft zonder uitwerking voor de toepassing van de maatregelen in deze onderafdeling.
Artikel 50 is van toepassing op de bezoldigingen die worden betaald of toegekend vanaf 1 januari 2014.'

Hoofdgeding en prejudiciële vragen

17. X heeft bij het Grondwettelijk Hof (België) een beroep tot vernietiging van de nationaalrechtelijke bepalingen houdende invoering van de 'fairness tax' ingesteld.

18. De verwijzende rechter zet uiteen dat de 'fairness tax' een van de vennootschapsbelasting en de belasting van niet-inwoners onderscheiden heffing is, die wordt geregeld door de artikelen 43 tot en met 51 van de wet van 30 juli 2013 houdende diverse bepalingen. Zij is van toepassing indien in hetzelfde belastbare tijdperk dividenden worden uitgekeerd en het fiscale resultaat van de onderneming geheel of gedeeltelijk wordt verminderd doordat gebruikgemaakt wordt van de verschillende aftrekmogelijkheden waarin de nationale belastingregeling voorziet.

19. X betoogt in het kader van haar beroep tot vernietiging van de genoemde artikelen 43 tot en met 51 ten eerste dat de 'fairness tax' een beperking van de vrijheid van vestiging vormt, in die zin dat zij de mogelijkheid voor niet-ingezeten vennootschappen beperkt om vrij te kiezen onder welke rechtsvorm zij hun economische activiteiten in België uitoefenen.

20. Een niet-ingezeten vennootschap die in België een economische activiteit verricht door middel van een dochteronderneming, is volgens haar immers slechts indirect aan de 'fairness tax' onderworpen indien deze dochteronderneming uit haar winst een dividend uitkeert aan haar niet-ingezeten moedermaatschappij, en dit ongeacht of deze laatste ook zelf een dividend uitkeert.

21. Wanneer een niet-ingezeten vennootschap daarentegen in België een economische activiteit verricht door middel van een vaste inrichting, is zij aan de 'fairness tax' onderworpen wanneer zij zelf dividenden uitkeert, ongeacht of de winst van de vaste inrichting naar die vennootschap is gevloeid dan wel werd gereserveerd of geherinvesteerd in België. In dat geval is het mogelijk dat de betrokken vennootschap, enkel omdat zij een vaste inrichting in België bezit, ook belasting moet betalen over winst die zij buiten België heeft gerealiseerd.

22. Voorts levert de 'fairness tax' volgens X ook een op nationaliteit gebaseerde discriminatie op tussen enerzijds niet-ingezeten vennootschappen die in België een economische activiteit verrichten door middel van een vaste inrichting, en anderzijds ingezeten vennootschappen, aangezien niet-ingezeten vennootschappen ook aan deze belasting kunnen worden onderworpen indien de volledige winst van hun Belgische vaste inrichting werd gereserveerd of geherinvesteerd in België, terwijl dit niet het geval is bij ingezeten vennootschappen die hun volledige winst in die lidstaat reserveren of herinvesteren.

23. De Ministerraad is van mening dat het aangevoerde verschil in behandeling voortvloeit uit de specifieke kenmerken van een vaste inrichting, die namelijk – anders dan een dochteronderneming – zelf geen dividenden kan uitkeren.

24. Wat het gestelde verschil in behandeling betreft tussen enerzijds niet-ingezeten vennootschappen die in België een economische activiteit verrichten door middel van een vaste inrichting, en anderzijds ingezeten vennootschappen, merkt de Ministerraad op dat de betrokken wettelijke regeling – ter voorkoming van discriminatie – bepaalt dat een fictief dividend moet worden berekend met het oog op de vaststelling van de belastbare grondslag van de 'fairness tax' van de niet-ingezeten vennootschap. Deze regeling roept dus geen verschil in behandeling in het leven, maar is aangepast aan de omstandigheden.

25. X voert ten tweede aan dat de 'fairness tax' moet worden aangemerkt als een bronbelasting, aangezien zij wordt geheven over de winst die de dochteronderneming aan haar moedermaatschappij uitkeert, en dat zij derhalve in strijd is met artikel 5 van de moeder-dochterrichtlijn, volgens hetwelk de door een dochteronderneming aan haar moedermaatschappij uitgekeerde winst moet worden vrijgesteld van bronbelasting.

26. De Ministerraad stelt zich op het standpunt dat de 'fairness tax' geen verdoken bronbelasting is maar een afzonderlijke heffing die wordt berekend op basis van de uitgekeerde dividenden die zich niet in het belastbare resultaat van de dochteronderneming bevinden omdat gebruikgemaakt is van de aftrek voor risicokapitaal en/of van vroegere verliezen.

27. Ten derde betoogt X dat de regeling van de 'fairness tax' ertoe kan leiden dat binnen de werkingssfeer van de moeder-dochterrichtlijn vallende winst voor méér dan 5 % – het in artikel 4, lid 3, van die richtlijn bepaalde plafond – wordt onderworpen aan belastingheffing.

28. Zij voert aan dat de vrijstelling van 95 % van de winst enkel geldt indien de ontvangen winst onmiddellijk in het desbetreffende jaar wordt uitgekeerd. Indien deze winst echter in een later jaar wordt uitgekeerd, wordt een groter deel dan 5 % ervan onderworpen aan de 'fairness tax', aangezien de proportionaliteitsfactor enkel rekening houdt met de winst van het desbetreffende jaar en de daarop toegepaste aftrek voor risicokapitaal en/of van overgedragen verliezen in dat jaar.

29. Volgens de Ministerraad is het een beleidskeuze van de moedermaatschappij om al dan niet winst uit te keren. Voor eenzelfde moedermaatschappij verschilt de 'fairness tax' dus van belastingjaar tot belastingjaar, naargelang van het bedrag aan uitgekeerde dividenden, de vraag of gebruikgemaakt is van een aftrek voor risicokapitaal, en de omvang van het fiscale resultaat. De regeling heeft dus niet tot gevolg dat een groter deel dan 5 % van de dividenden aan de belasting wordt onderworpen.

30. In deze omstandigheden heeft het Grondwettelijk Hof de behandeling van de zaak geschorst en het Hof verzocht om een prejudiciële beslissing over de volgende vragen:

'1. Moet artikel 49 [VWEU] aldus worden geïnterpreteerd dat het zich verzet tegen een nationale regeling waarbij:

a. vennootschappen gevestigd in een andere lidstaat met een Belgische vaste inrichting, onderworpen zijn aan een belasting wanneer zij beslissen tot een uitkering van winsten die niet in het uiteindelijk belastbaar resultaat van de vennootschap zijn opgenomen, ongeacht of er winst van de Belgische vaste inrichting naar het hoofdhuis is gevloeid, terwijl vennootschappen gevestigd in een andere lidstaat met een Belgische dochteronderneming niet onderworpen zijn aan een dergelijke belasting wanneer zij beslissen tot een uitkering van winsten die niet in het uiteindelijk belastbaar resultaat van de vennootschap zijn opgenomen, ongeacht of de dochteronderneming al dan niet een dividend heeft uitgekeerd;

b. vennootschappen gevestigd in een andere lidstaat met een Belgische vaste inrichting, bij een volledige reservering van de Belgische winst, onderworpen zijn aan een belasting wanneer zij beslissen tot een uitkering van winsten die niet in het uiteindelijk belastbaar resultaat van de vennootschap zijn opgenomen, terwijl Belgische vennootschappen bij een volledige reservering van de winst niet aan een dergelijke belasting zijn onderworpen?

2. Moet artikel 5[…] van de [moeder-dochterrichtlijn] aldus worden geïnterpreteerd dat er sprake is van een bronbelasting wanneer een bepaling van nationaal recht voorschrijft dat bij een winstuitkering van een dochteronderneming aan de moedermaatschappij een belasting wordt opgelegd doordat in hetzelfde belastbare tijdperk dividenden worden uitgekeerd en het fiscale resultaat geheel of gedeeltelijk wordt verminderd met de aftrek voor risicokapitaal en/of overgedragen fiscale verliezen, terwijl de winst op basis van de nationale

wetgeving niet belastbaar zou zijn wanneer zij bij de dochteronderneming bleef en niet aan de moedermaatschappij werd uitgekeerd?

3. Moet artikel 4, lid 3, van de [moeder-dochterrichtlijn] aldus worden geïnterpreteerd dat het zich verzet tegen een nationale regeling waarbij een belasting wordt geheven op de uitkering van dividenden, indien die regeling tot gevolg heeft dat indien een vennootschap een ontvangen dividend in een later jaar uitkeert dan het jaar waarin ze het zelf heeft ontvangen, ze belast wordt op een deel van het dividend dat de drempel bepaald in het vermelde artikel 4, lid 3, van de richtlijn overschrijdt, terwijl dat niet het geval is wanneer die vennootschap een dividend opnieuw uitkeert in het jaar waarin ze het ontvangt?'

Beantwoording van de prejudiciële vragen

31. Om te beginnen zij opgemerkt dat de verwijzende rechter met zijn vragen wenst te vernemen of een belastingregeling van een lidstaat als die welke in het hoofdgeding aan de orde is, die van toepassing is in een situatie waarin een vennootschap – ongeacht of het gaat om een ingezeten vennootschap, met inbegrip van de ingezeten dochteronderneming van een niet-ingezeten vennootschap, dan wel om een niet-ingezeten vennootschap die in die lidstaat actief is door middel van een vaste inrichting – door gebruik te maken van bepaalde belastingvoordelen waarin de belastingwetgeving van die lidstaat voorziet, een winstbedrag uitkeert dat hoger is dan haar uiteindelijke fiscale resultaat in die lidstaat, verenigbaar is met het Unierecht.

32. Uit het bij het Hof ingediende dossier blijkt dat de litigieuze belastingregeling tot doel heeft om belasting te heffen over de onder de fiscale bevoegdheid van de betrokken lidstaat vallende inkomsten die – doordat gebruikgemaakt is van de voornoemde belastingvoordelen – zijn uitgekeerd zonder dat daarover in die lidstaat vennootschapsbelasting (wat ingezeten vennootschappen betreft) of belasting van niet-inwoners (wat niet-ingezeten vennootschappen betreft) is betaald.

33. Tevens blijkt uit dat dossier dat bij de in het hoofdgeding aan de orde zijnde belastingregeling een van de vennootschapsbelasting en de belasting van niet-inwoners onderscheiden heffing met een tarief van 5,15 % is ingevoerd. De grondslag van deze heffing wordt gevormd door het positieve verschil tussen enerzijds de voor het belastbare tijdvak uitgekeerde brutodividenden en anderzijds het uiteindelijke fiscale resultaat dat daadwerkelijk onderworpen is aan het gewone tarief van de vennootschapsbelasting. De aldus vastgestelde belastbare grondslag wordt verminderd met het gedeelte van de uitgekeerde dividenden dat afkomstig is van voorheen – en uiterlijk voor het aanslagjaar 2014 – belaste reserves. Het verkregen saldo wordt daarna beperkt door toepassing van een coëfficiënt die in de vorm van een breukgetal de verhouding uitdrukt tussen – in de teller – de voor het belastbare tijdperk toegepaste aftrek voor risicokapitaal en/of van overgedragen verliezen, en – in de noemer – het fiscale resultaat van het belastbare tijdperk.

34. Met het oog op de berekening van de belastbare grondslag van niet-ingezeten vennootschappen voorziet dezelfde belastingregeling in de bepaling van een 'fictief dividend'. In dat geval wordt onder 'uitgekeerde dividenden' het gedeelte van de door de niet-ingezeten vennootschap uitgekeerde dividenden verstaan dat overeenkomt met het positieve aandeel van het boekhoudkundige resultaat van de Belgische vaste inrichting in het totale boekhoudkundige resultaat van deze vennootschap.

Eerste vraag

35. Met het oog op het onderzoek van deze vraag, zoals deze is gesteld, zij vooraf eraan herinnerd dat de zetel van een vennootschap – net als de nationaliteit van een natuurlijke persoon – dient om haar binding aan de rechtsorde van een staat te bepalen (zie onder meer arresten van 28 januari 1986, Commissie/Frankrijk, 270/83, EU:C:1986:37, punt 18, en 14 december 2000, AMID, C-141/99, EU:C:2000:696, punt 20).

36. Hieruit volgt dat het bij de toepassing van een nationale belastingregeling als die van het hoofdgeding op enerzijds een ingezeten dochteronderneming van een niet-ingezeten vennootschap en anderzijds een ingezeten vaste inrichting van een dergelijke vennootschap gaat om de fiscale behandeling van een ingezeten respectievelijk niet-ingezeten vennootschap.

37. In casu staat evenwel vast dat de litigieuze Belgische belastingregeling ingezeten vennootschappen – met inbegrip van ingezeten dochterondernemingen van niet-ingezeten vennootschappen – op dezelfde manier behandelt als niet-ingezeten vennootschappen. Al deze vennootschappen zijn immers aan de 'fairness tax' onderworpen wanneer zij dividenden uitkeren in de omstandigheden die in de punten 31 en 32 hierboven zijn omschreven.

38. Bijgevolg moet de gestelde vraag in die zin worden opgevat dat de verwijzende rechter hiermee wenst te vernemen of de vrijheid van vestiging aldus moet worden uitgelegd dat zij zich verzet tegen een belastingregeling van een lidstaat als die welke in het hoofdgeding aan de orde is, volgens welke zowel niet-ingezeten vennootschappen die in die lidstaat een economische activiteit verrichten door middel van een vaste inrichting, als ingezeten vennootschappen – met inbegrip van ingezeten dochterondernemingen van niet-ingezeten vennootschappen – onderworpen zijn aan een belasting als de 'fairness tax' wanneer zij dividenden uitkeren die niet in hun uiteinde-

lijke fiscale resultaat zijn opgenomen omdat zij hebben gebruikgemaakt van bepaalde belastingvoordelen waarin de nationale belastingwetgeving voorziet.

39. De door artikel 49 VWEU aan de onderdanen van de Europese Unie toegekende vrijheid van vestiging omvat voor hen de toegang tot werkzaamheden anders dan in loondienst en de uitoefening daarvan alsmede de oprichting en het bestuur van ondernemingen onder dezelfde voorwaarden als in de wetgeving van de lidstaat van vestiging voor de eigen onderdanen zijn vastgesteld. Overeenkomstig artikel 54 VWEU brengt zij voor de vennootschappen die in overeenstemming met de wetgeving van een lidstaat zijn opgericht en die hun statutaire zetel, hun hoofdbestuur of hun hoofdvestiging binnen de Unie hebben, het recht mee om in de betrokken lidstaat hun bedrijfsactiviteit uit te oefenen door middel van een dochteronderneming, een filiaal of een agentschap (arrest van 17 juli 2014, Nordea Bank Danmark, C-48/13, EU:C:2014:2087, punt 17 en aldaar aangehaalde rechtspraak).

40. Wat de behandeling in de lidstaat van ontvangst betreft, volgt uit de rechtspraak van het Hof dat artikel 49, eerste alinea, tweede volzin, VWEU aan de marktdeelnemers uitdrukkelijk de mogelijkheid biedt om vrijelijk de rechtsvorm te kiezen die bij de uitoefening van hun werkzaamheden in een andere lidstaat past, en dat die vrije keuze dus niet mag worden beperkt door discriminerende fiscale bepalingen (beschikking van 4 juni 2009, KBC Bank en Beleggen, Risicokapitaal, Beheer, C-439/07 en C-499/07, EU:C:2009:339, punt 77 en aldaar aangehaalde rechtspraak).

41. Met betrekking tot de fiscale bepalingen volgt uit de rechtspraak van het Hof dat elke lidstaat zelf zijn eigen fiscale stelsel inzake de belasting van winsten mag inrichten, voor zover hij daarbij het Unierecht in acht neemt en voor zover deze winsten onder de fiscale bevoegdheid van de betrokken lidstaat vallen. De lidstaat van ontvangst kan dus vrijelijk het belastbare feit, de belastbare grondslag en het belastingtarief vaststellen die van toepassing zijn op de verschillende vestigingsvormen van de vennootschappen die actief zijn in die lidstaat, op voorwaarde dat hij niet-ingezeten vennootschappen niet discrimineert ten opzichte van vergelijkbare nationale vestigingen (zie in die zin arresten van 12 december 2006, Test Claimants in the FII Group Litigation, C-446/04, EU:C:2006:774, punt 47, en 26 juni 2008, Burda, C-284/06, EU:C:2008:365, punt 86 en aldaar aangehaalde rechtspraak).

42. Van discriminatie kan slechts sprake zijn indien verschillende regels worden toegepast op vergelijkbare situaties of dezelfde regels op verschillende situaties (arresten van 14 februari 1995, Schumacker, C-279/93, EU:C:1995:31, punt 30, en 1 december 2011, Commissie/Hongarije, C-253/09, EU:C:2011:795, punt 50 en aldaar aangehaalde rechtspraak).

43. In casu staat vast dat een niet-ingezeten vennootschap die in België een economische activiteit verricht door middel van een vaste inrichting, en een ingezeten vennootschap, daaronder begrepen een dochteronderneming van een niet-ingezeten vennootschap, in beginsel dezelfde fiscale behandeling genieten, aangezien zij beide onderworpen zijn aan de 'fairness tax' wanneer zij dividenden uitkeren die – omdat zij hebben gebruikgemaakt van bepaalde belastingvoordelen waarin de nationale belastingregeling voorziet – niet in hun uiteindelijke belastbare resultaat zijn opgenomen.

44. Voor zover uit het aan het Hof overgelegde dossier blijkt dat een niet-ingezeten vennootschap die in België een economische activiteit verricht door middel van een vaste inrichting – anders dan een ingezeten vennootschap, waarvan het wereldwijde inkomen onderworpen is aan de vennootschapsbelasting – in die lidstaat slechts belasting verschuldigd is over de winst die deze vaste inrichting genereert, zou de situatie er evenwel anders kunnen uitzien – en zou de in casu aan de orde zijnde regeling dus een beperking van de vrijheid van vestiging kunnen vormen – indien de wijze waarop de belastbare grondslag van de 'fairness tax' wordt vastgesteld de facto met zich meebrengt dat deze niet-ingezeten vennootschap ongunstiger wordt behandeld dan een ingezeten vennootschap.

45. Volgens de Belgische regering bepaalt de in het hoofdgeding aan de orde zijnde belastingregeling dat bij dergelijke niet-ingezeten vennootschappen een fictief dividend wordt berekend met het oog op de vaststelling van de belastbare grondslag van de 'fairness tax', zodat in deze regeling rekening wordt gehouden met dit verschil in berekeningswijze van de belastbare grondslag. Daardoor wordt volgens haar discriminatie voorkomen.

46. X en de Europese Commissie stellen zich daarentegen op het standpunt dat de gehanteerde berekeningswijze ertoe kan leiden dat niet-ingezeten vennootschappen zwaarder worden belast. In dit verband voert X aan dat deze berekeningswijze in bepaalde situaties tot gevolg heeft dat die niet-ingezeten vennootschappen ook 'fairness tax' moeten betalen over niet door Belgische vaste inrichtingen gegenereerde winsten. Voorts wijst de Commissie erop dat ingezeten vennootschappen, daaronder begrepen ingezeten dochterondernemingen van niet-ingezeten vennootschappen, slechts aan de 'fairness tax' onderworpen zijn wanneer zij daadwerkelijk dividenden uitkeren, terwijl niet-ingezeten vennootschappen die in de betrokken lidstaat een economische activiteit verrichten door middel van een vaste inrichting, aan deze belasting zijn onderworpen wanneer zij dividenden uitkeren, ook al maken de winsten van deze vaste inrichting geen deel uit van de door deze niet-ingezeten vennootschap uitgekeerde dividenden.

47. In casu staat het aan de verwijzende rechter, die bij uitsluiting bevoegd is om het nationale recht uit te leggen, om – rekening houdend met alle elementen van de in het hoofdgeding aan de orde zijnde belastingregeling en met

de nationale belastingwetgeving in haar geheel – na te gaan of de berekeningswijze van de belastbare grondslag ervoor zorgt dat niet-ingezeten vennootschappen die in België actief zijn door middel van een vaste inrichting, in geen enkele situatie fiscaal minder gunstig worden behandeld dan ingezeten vennootschappen (zie in die zin arrest van 17 september 2015, Miljoen e.a., C-10/14, C-14/14 en C-17/14, EU:C:2015:608, punt 48).

48. In het kader van dat onderzoek zal de verwijzende rechter er rekening mee moeten houden dat de in het hoofdgeding aan de orde zijnde wettelijke regeling tot doel heeft om onder de Belgische fiscale bevoegdheid vallende winsten te belasten die zijn uitgekeerd maar ten aanzien waarvan België zijn fiscale bevoegdheid niet heeft uitgeoefend omdat gebruikgemaakt is van bepaalde belastingvoordelen waarin de nationale belastingwetgeving voorziet. Wanneer de berekeningswijze van de belastbare grondslag van een niet-ingezeten vennootschap ertoe leidt dat deze vennootschap de belasting ook dient te betalen ter zake van winst die niet onder de fiscale bevoegdheid van die lidstaat valt, wordt die niet-ingezeten vennootschap dus ongunstiger behandeld dan een ingezeten vennootschap.

49. Indien uit dit onderzoek blijkt dat sprake is van een dergelijke behandeling, moet worden aangenomen dat een belastingregeling als die welke in het hoofdgeding aan de orde is, een beperking van de vrijheid van vestiging oplevert.

50. Een dergelijke beperking kan enkel worden aanvaard indien zij betrekking heeft op situaties die niet objectief vergelijkbaar zijn of indien zij wordt gerechtvaardigd door dwingende redenen van algemeen belang (zie arrest van 17 juli 2014, Nordea Bank Danmark, C-48/13, EU:C:2014:2087, punt 23 en aldaar aangehaalde rechtspraak).

51. In herinnering zij gebracht dat bij het onderzoek of een grensoverschrijdende situatie vergelijkbaar is met een interne situatie, rekening moet worden gehouden met de doelstelling van de betrokken nationale belastingregeling (zie in die zin arresten van 8 november 2012, Commissie/Finland, C-342/10, EU:C:2012:688, punt 36, en 2 juni 2016, Pensioenfonds Metaal en Techniek, C-252/14, EU:C:2016:402, punt 48).

52. In het licht van een belastingregeling van de lidstaat van ontvangst die beoogt te voorkomen dat de in deze staat gemaakte winsten worden uitgekeerd terwijl de belastingplichtige er geen belastingen over heeft betaald omdat hij heeft gebruikgemaakt van bepaalde belastingvoordelen waarin de nationale belastingwetgeving voorziet, is de situatie van een niet-ingezeten belastingplichtige die in deze lidstaat een economische activiteit verricht door middel van een vaste inrichting, vergelijkbaar met die van een ingezeten belastingplichtige. In beide gevallen heeft die belastingregeling immers tot doel de betrokken lidstaat in staat te stellen zijn heffingsbevoegdheid uit te oefenen met betrekking tot de winsten die onder zijn fiscale bevoegdheid vallen (zie in die zin arresten van 14 november 2006, Kerckhaert en Morres, C-513/04, EU: C:2006:713, punt 19, en 3 september 2014, Commissie/Spanje, C-127/12, niet gepubliceerd, EU:C:2014:2130, punten 77 en 78).

53. In het licht van de in het hoofdgeding aan de orde zijnde wettelijke regeling is de situatie van een niet-ingezeten vennootschap die in België een economische activiteit verricht door middel van een vaste inrichting, dus vergelijkbaar met die van een ingezeten vennootschap, daaronder begrepen een ingezeten dochteronderneming van een niet-ingezeten vennootschap.

54. De beperking kan dus enkel worden gerechtvaardigd door dwingende redenen van algemeen belang. In dat geval moet de beperking bovendien geschikt zijn om het nagestreefde doel te verwezenlijken en mag zij niet verder gaan dan nodig is voor de verwezenlijking van dat doel (arrest van 17 juli 2014, Nordea Bank Danmark, C-48/13, EU:C:2014:2087, punt 25 en aldaar aangehaalde rechtspraak).

55. De Belgische regering heeft betoogd dat een eventuele beperking van de in het geding zijnde vrijheid wordt gerechtvaardigd door twee redenen van algemeen belang, te weten de doelstelling een evenwichtige verdeling van de heffingsbevoegdheid tussen de lidstaten te garanderen en de doelstelling misbruik te bestrijden.

56. In dit verband hoeft enkel te worden geconstateerd dat deze twee doelstellingen weliswaar dwingende redenen van algemeen belang vormen die een beperking van de uitoefening van de door het Verdrag gewaarborgde vrijheden van verkeer kunnen rechtvaardigen (zie arrest van 5 juli 2012, SIAT, C-318/10, EU:C:2012:415, punten 36 en 37 en aldaar aangehaalde rechtspraak), maar dat de in het hoofdgeding aan de orde zijnde wettelijke regeling niet geschikt is om de verwezenlijking van die doelstellingen te garanderen, zodat zij – in een geval als dat van het hoofdgeding – een eventuele beperking van de vrijheid van vestiging niet kunnen rechtvaardigen.

57. In de eerste plaats strekt de in het hoofdgeding aan de orde zijnde belastingregeling er immers toe belasting te heffen over de onder de Belgische fiscale bevoegdheid vallende winsten die zijn uitgekeerd zonder door die lidstaat te zijn belast, zodat zij geenszins beoogt de heffingsbevoegdheid tussen het Koninkrijk België en een andere lidstaat te verdelen.

58. In de tweede plaats heeft zij tot doel de effecten te beperken van de toepassing van de belastingvoordelen waarin de nationale belastingregeling voorziet, zodat zij er op zich niet toe strekt misbruik te vermijden.

59. Voorts kan een eventuele beperking van de vrijheid van vestiging evenmin worden gerechtvaardigd met het argument dat de litigieuze regeling in bepaalde situaties tot gevolg kan hebben dat een niet-ingezeten vennoot-

schap die in België een economische activiteit verricht door middel van een vaste inrichting, fiscaal gunstiger wordt behandeld dan een ingezeten vennootschap.

60. De omstandigheid dat een nationale belastingregeling niet-ingezeten vennootschappen benadeelt, kan immers niet worden gecompenseerd door het feit dat zij in andere situaties kan leiden tot een gunstige behandeling van dergelijke vennootschappen (zie in die zin arrest van 2 juni 2016, Pensioenfonds Metaal en Techniek, C-252/14, EU:C:2016:402, punten 38 en 39).

61. Gelet op een en ander moet op de eerste vraag worden geantwoord dat de vrijheid van vestiging aldus moet worden uitgelegd dat zij zich niet verzet tegen een belastingregeling van een lidstaat als die welke in het hoofdgeding aan de orde is, volgens welke zowel niet-ingezeten vennootschappen die in die lidstaat een economische activiteit verrichten door middel van een vaste inrichting, als ingezeten vennootschappen – daaronder begrepen ingezeten dochterondernemingen van niet-ingezeten vennootschappen – aan een belasting als de 'fairness tax' onderworpen zijn wanneer zij dividenden uitkeren die niet in hun uiteindelijke belastbare resultaat zijn opgenomen omdat zij hebben gebruikgemaakt van bepaalde belastingvoordelen waarin de nationale belastingwetgeving voorziet. Dit geldt evenwel enkel indien de wijze waarop de belastbare grondslag van deze belasting wordt bepaald in de praktijk niet tot gevolg heeft dat niet-ingezeten vennootschappen ongunstiger worden behandeld dan ingezeten vennootschappen. Het staat aan de verwijzende rechter om na te gaan of dit het geval is.

Tweede vraag

62. Met zijn tweede vraag wenst de verwijzende rechter in wezen te vernemen of artikel 5 van de moeder-dochterrichtlijn aldus moet worden uitgelegd dat het zich verzet tegen een belastingregeling van een lidstaat als die welke in het hoofdgeding aan de orde is, waarbij een belasting als de 'fairness tax' wordt ingevoerd waaraan zowel niet-ingezeten vennootschappen die in die lidstaat een economische activiteit verrichten door middel van een vaste inrichting, als ingezeten vennootschappen – daaronder begrepen ingezeten dochterondernemingen van niet-ingezeten vennootschappen – onderworpen zijn wanneer zij dividenden uitkeren die niet in hun uiteindelijke belastbare resultaat zijn opgenomen omdat zij hebben gebruikgemaakt van bepaalde belastingvoordelen waarin de nationale belastingwetgeving voorziet.

63. Uit vaste rechtspraak van het Hof vloeit voort dat een belasting slechts als een bronbelasting in de zin van artikel 5 van de moeder-dochterrichtlijn kan worden aangemerkt indien aan drie cumulatieve criteria is voldaan. Ten eerste moet de belasting worden ingehouden in de staat waar de dividenden worden uitgekeerd en moet het belastbare feit ervan bestaan in de uitkering van dividenden of van elke andere opbrengst van de waardepapieren, ten tweede moet de grondslag van de belasting de opbrengst van de waardepapieren zijn, en ten derde moet de belastingplichtige de houder van die waardepapieren zijn (zie naar analogie arrest van 24 juni 2010, P. Ferrero e C. en General Beverage Europe, C-338/08 en C-339/08, EU:C:2010:364, punt 26 en aldaar aangehaalde rechtspraak).

64. Met partijen in het hoofdgeding moet worden vastgesteld dat een belasting als de in het hoofdgeding aan de orde zijnde 'fairness tax' aan de eerste twee voorwaarden voldoet. Het belastbare feit van deze belasting is immers de uitkering van dividenden en de grondslag ervan wordt berekend op basis van het uitgekeerde bedrag.

65. Aan de derde voorwaarde is echter niet voldaan. De belastingplichtige van een belasting als de 'fairness tax' is immers niet de houder van de waardepapieren, maar de uitkerende vennootschap.

66. Aan die conclusie wordt niet afgedaan door het betoog van X en de Commissie dat in casu voorrang moet worden gegeven aan een benadering die gebaseerd is op economische beoordelingen. In dit verband kan ermee worden volstaan in herinnering te brengen dat het Hof een dergelijke benadering reeds van de hand heeft gewezen in het arrest van 26 juni 2008, Burda (C-284/06, EU:C:2008:365, punten 58-62).

67. Aangezien niet voldaan is aan de derde voorwaarde om te kunnen spreken van een bronbelasting in de zin van artikel 5 van de moeder-dochterrichtlijn, kan een belasting als die welke in het hoofdgeding aan de orde is geen bronbelasting vormen in de zin van die bepaling.

68. Derhalve moet op de tweede vraag worden geantwoord dat artikel 5 van de moeder-dochterrichtlijn aldus moet worden uitgelegd dat het zich niet verzet tegen een belastingregeling van een lidstaat als die welke in het hoofdgeding aan de orde is, waarbij een belasting als de 'fairness tax' wordt ingevoerd waaraan zowel niet-ingezeten vennootschappen die in die lidstaat een economische activiteit verrichten door middel van een vaste inrichting, als ingezeten vennootschappen – daaronder begrepen ingezeten dochterondernemingen van niet-ingezeten vennootschappen – onderworpen zijn wanneer zij dividenden uitkeren die niet in hun uiteindelijke belastbare resultaat zijn opgenomen omdat zij hebben gebruikgemaakt van bepaalde belastingvoordelen waarin de nationale belastingwetgeving voorziet.

Derde vraag

69. Met zijn derde vraag wenst de verwijzende rechter in wezen te vernemen of artikel 4, lid 1, onder a), van de moeder-dochterrichtlijn, gelezen in samenhang met lid 3 van dat artikel, aldus moet worden uitgelegd dat het zich

verzet tegen een nationale belastingregeling als die welke in het hoofdgeding aan de orde is, voor zover deze regeling in een geval waarin een moedermaatschappij de van haar dochteronderneming ontvangen winsten pas uitkeert na het jaar waarin zij deze heeft ontvangen, tot gevolg heeft dat die winsten voor een groter gedeelte worden belast dan het in die bepaling vastgestelde plafond van 5 %.

70. Uit overweging 3 van de moeder-dochterrichtlijn blijkt dat deze richtlijn dubbele belasting over winstuitkeringen door dochterondernemingen aan hun moedermaatschappijen op het niveau van de moedermaatschappij beoogt uit te sluiten.

71. Daartoe laat artikel 4, lid 1, van de moeder-dochterrichtlijn de lidstaten de keuze tussen twee stelsels, te weten een stelsel van vrijstelling en een stelsel van verrekening (zie in die zin arrest van 12 december 2006, Test Claimants in the FII Group Litigation, C-446/04, EU:C:2006:774, punt 44). Overeenkomstig de overwegingen 7 en 9 van die richtlijn preciseert die bepaling immers dat wanneer een moedermaatschappij of haar vaste inrichting op grond van de deelgerechtigdheid van de moedermaatschappij in haar dochteronderneming uitgekeerde winst ontvangt buiten het geval waarin de dochteronderneming wordt geliquideerd, de lidstaat van de moedermaatschappij en de lidstaat van haar vaste inrichting zich ofwel moeten onthouden van het belasten van die winst, ofwel de winst moeten belasten maar in dat geval de moedermaatschappij en de vaste inrichting de mogelijkheid moeten bieden om van de verschuldigde belasting het gedeelte van de belasting af te trekken dat betrekking heeft op die winst en betaald is door de dochteronderneming of enigerlei kleindochteronderneming.

72. Artikel 4, lid 3, van de moeder-dochterrichtlijn bepaalt evenwel dat iedere lidstaat bevoegd blijft om te bepalen dat lasten die betrekking hebben op de deelneming en waardeverminderingen die voortvloeien uit de uitkering van de winst van de dochteronderneming, niet kunnen worden afgetrokken van de belastbare winst van de moedermaatschappij. Nog volgens die bepaling mogen de aan de deelneming verbonden beheerskosten, indien zij in het bedoelde geval forfaitair worden vastgesteld, niet meer dan 5 % van de door de dochteronderneming uitgekeerde winst bedragen.

73. Artikel 4 van de moeder-dochterrichtlijn beoogt dus te vermijden dat de winsten die aan een ingezeten moedermaatschappij worden uitgekeerd door een niet-ingezeten dochteronderneming, eerst worden belast op het niveau van de dochteronderneming in haar vestigingsstaat en daarna nog eens op het niveau van de moedermaatschappij in de vestigingsstaat van deze laatste.

74. In casu volgt uit de verwijzingsbeslissing dat het Koninkrijk België bij de uitvoering van de moeder-dochterrichtlijn heeft gekozen voor het vrijstellingsstelsel. Bovendien heeft deze lidstaat gebruikgemaakt van de in artikel 4, lid 3, van deze richtlijn geboden mogelijkheid. De winsten van niet-ingezeten dochterondernemingen van Belgische moedermaatschappijen worden dus ten belope van 95 % vrijgesteld.

75. Voorts staat vast dat de 'fairness tax' in het geval waarin een niet-ingezeten dochteronderneming aan een ingezeten moedermaatschappij winst heeft uitgekeerd die pas na het jaar van de ontvangst daarvan door die moedermaatschappij wordt uitgekeerd, tot gevolg heeft dat deze winst voor een groter gedeelte dan het in artikel 4, lid 3, vastgestelde plafond van 5 % wordt belast, en dus aanleiding geeft tot een dubbele belasting over die winst.

76. Vervolgens rijst de vraag of een dergelijke dubbele heffing in strijd is met de moeder-dochterrichtlijn.

77. De Belgische en de Franse regering stellen zich op het standpunt dat een dooruitdeling van winst door een moedermaatschappij aan haar aandeelhouders niet binnen de werkingssfeer van artikel 4, lid 1, onder a), van de moeder-dochterrichtlijn valt. Deze bepaling is volgens hen immers enkel van toepassing wanneer een moedermaatschappij winsten ontvangt die door haar dochteronderneming zijn uitgekeerd.

78. Een dergelijke uitlegging, die niet voortvloeit uit de bewoordingen van die bepaling, noch uit de context of de doelstellingen ervan, kan niet worden aanvaard.

79. In de eerste plaats houdt artikel 4, lid 1, onder a), van de moeder-dochterrichtlijn, dat voorschrijft dat de lidstaat van de moedermaatschappij en de lidstaat van de vaste inrichting 'zich onthouden van het belasten van deze winst', voor de lidstaten een verbod in om de winst die een dochteronderneming aan haar moedermaatschappij uitkeert, te belasten bij de moedermaatschappij of haar vaste inrichting, zonder evenwel een onderscheid te maken naargelang het belastbare feit van de aan de moedermaatschappij opgelegde belasting de ontvangst van die winst dan wel de uitkering ervan is.

80. In de tweede plaats beoogt de moeder-dochterrichtlijn, zoals in de punten 70 en 71 hierboven reeds is vermeld, dubbele belasting over winst die door een dochteronderneming aan haar moedermaatschappij is uitgekeerd, op het niveau van de moedermaatschappij uit te sluiten. Indien de lidstaat van de moedermaatschappij die winst op het niveau van deze maatschappij evenwel belast bij dooruitdeling en deze belastingheffing de facto tot gevolg heeft dat die winst wordt belast voor een groter gedeelte dan 5 % – het in artikel 4, lid 3, van die richtlijn vastgestelde plafond – vindt op het niveau van de moedermaatschappij een door de richtlijn verboden dubbele belastingheffing plaats.

81. Zoals de advocaat-generaal in punt 54 van haar conclusie in wezen heeft opgemerkt, wordt aan deze vaststelling niet afgedaan door punt 105 van het arrest van 12 december 2006, Test Claimants in the FII Group Litigation (C-446/04, EU: C:2006:774), aangezien het Hof zich in dat punt enkel heeft uitgesproken over de verenigbaarheid met de moeder-dochterrichtlijn van bepaalde regels voor de berekening van het bedrag van de voorheffing op de vennootschapsbelasting in geval van dooruitdeling door een ingezeten moedermaatschappij van dividenden die zij van een niet-ingezeten dochteronderneming heeft ontvangen, en niet over de verenigbaarheid met die richtlijn van de heffing van deze belasting in een dergelijk geval.

82. Bijgevolg moet op de derde vraag worden geantwoord dat artikel 4, lid 1, onder a), van de moeder-dochterrichtlijn, gelezen in samenhang met lid 3 van dat artikel, aldus moet worden uitgelegd dat het zich verzet tegen een nationale belastingregeling als die welke in het hoofdgeding aan de orde is, voor zover deze regeling in een geval waarin een moedermaatschappij de van haar dochteronderneming ontvangen winsten pas uitkeert na het jaar waarin zij deze heeft ontvangen, tot gevolg heeft dat die winsten voor een groter gedeelte worden belast dan het in die bepaling vastgestelde plafond van 5 %.

Kosten

83. ...

Het Hof (Eerste kamer)

verklaart voor recht:

1. De vrijheid van vestiging moet aldus worden uitgelegd dat zij zich niet verzet tegen een belastingregeling van een lidstaat als die welke in het hoofdgeding aan de orde is, volgens welke zowel niet-ingezeten vennootschappen die in die lidstaat een economische activiteit verrichten door middel van een vaste inrichting, als ingezeten vennootschappen – daaronder begrepen ingezeten dochterondernemingen van niet-ingezeten vennootschappen – aan een belasting als de 'fairness tax' onderworpen zijn wanneer zij dividenden uitkeren die niet in hun uiteindelijke belastbare resultaat zijn opgenomen omdat zij hebben gebruikgemaakt van bepaalde belastingvoordelen waarin de nationale belastingwetgeving voorziet. Dit geldt evenwel enkel indien de wijze waarop de belastbare grondslag van deze belasting wordt bepaald in de praktijk niet tot gevolg heeft dat niet-ingezeten vennootschappen ongunstiger worden behandeld dan ingezeten vennootschappen. Het staat aan de verwijzende rechter om na te gaan of dit het geval is.

2. Artikel 5 van richtlijn 2011/96/EU van de Raad van 30 november 2011 betreffende de gemeenschappelijke fiscale regeling voor moedermaatschappijen en dochterondernemingen uit verschillende lidstaten moet aldus worden uitgelegd dat het zich niet verzet tegen een belastingregeling van een lidstaat als die welke in het hoofdgeding aan de orde is, waarbij een belasting als de 'fairness tax' wordt ingevoerd waaraan zowel niet-ingezeten vennootschappen die in die lidstaat een economische activiteit verrichten door middel van een vaste inrichting, als ingezeten vennootschappen – daaronder begrepen ingezeten dochterondernemingen van niet-ingezeten vennootschappen – onder worpen zijn wanneer zij dividenden uitkeren die niet in hun uiteindelijke belastbare resultaat zijn opgenomen omdat zij hebben gebruikgemaakt van bepaalde belastingvoordelen waarin de nationale belastingwetgeving voorziet.

3. Artikel 4, lid 1, onder a), van richtlijn 2011/96, gelezen in samenhang met lid 3 van dat artikel, moet aldus worden uitgelegd dat het zich verzet tegen een nationale belastingregeling als die welke in het hoofdgeding aan de orde is, voor zover deze regeling in een geval waarin een moedermaatschappij de van haar dochteronderneming ontvangen winsten pas uitkeert na het jaar waarin zij deze heeft ontvangen, tot gevolg heeft dat die winsten voor een groter gedeelte worden belast dan het in die bepaling vastgestelde plafond van 5 %.

HvJ EU 17 mei 2017, zaak C-365/16 (Association française des entreprises privées (AFEP), Axa SA, Compagnie générale des établissements Michelin SCA, Danone SA, ENGIE SA, voorheen GDF Suez, Eutelsat Communications SA, LVMH Moët Hennessy-Louis Vuitton SE, Orange SA, Sanofi SA, Suez Environnement Company SA, Technip SA, Total SA, Vivendi SA, Eurazeo SA, Safran SA, Scor SE, Unibail-Rodamco SE, Zodiac Aerospace SA v. Ministre des Finances et des Comptes publics)

Eerste kamer: *R. Silva de Lapuerta, kamerpresident, E. Regan, J.-C. Bonichot, A. Arabadjiev en C. G. Fernlund (rapporteur), rechters*

Advocaat-generaal: *E. Tanchev*

1. Het verzoek om een prejudiciële beslissing betreft de uitlegging van artikel 4, lid 1, onder a), en artikel 5 van richtlijn 2011/96/EU van de Raad van 30 november 2011 betreffende de gemeenschappelijke fiscale regeling voor moedermaatschappijen en dochterondernemingen uit verschillende lidstaten (PB 2011, L 345, blz. 8), zoals gewijzigd bij richtlijn 2014/86/EU van de Raad van 8 juli 2014 (PB 2014, L 219, blz. 40) (hierna: „moeder-dochterrichtlijn").

2. Dit verzoek is ingediend in het kader van een geding tussen, enerzijds, Association française des entreprises privées (AFEP) en 17 vennootschappen (hierna: „AFEP e.a.") en, anderzijds, de ministre des Finances et des Comptes publics (minister van Financiën en Overheidsrekeningen, Frankrijk) over een beroep tot nietigverklaring van een bestuursrechtelijke doctrine betreffende de extra heffing in de vennootschapsbelasting waaraan een ingezeten moedermaatschappij kan worden onderworpen bij de uitkering van winst, met inbegrip van de winst die zij ontving van haar niet-ingezeten dochterondernemingen.

Toepasselijke bepalingen

Unierecht

3. Volgens overweging 3 van de moeder-dochterrichtlijn strekt deze richtlijn ertoe dividenden en andere winstuitkeringen van dochterondernemingen aan hun moedermaatschappijen vrij te stellen van bronbelasting en dubbele belastingheffing van zulke inkomsten op het niveau van de moedermaatschappij te elimineren.

4. In de overwegingen 7 en 9 van die richtlijn staat te lezen:

„7. Wanneer een moedermaatschappij als deelgerechtigde van haar dochteronderneming uitgekeerde winst ontvangt, moet de lidstaat van de moedermaatschappij zich onthouden van het belasten van deze winst, of die winst wel belasten, maar de moedermaatschappij dan toestaan het gedeelte van de belasting van de dochteronderneming dat op deze winst betrekking heeft, van haar eigen belasting af te trekken.
[...]
9. De betaling van uitkeringen van winst aan, en de ontvangst ervan door een vaste inrichting van een moedermaatschappij moet op dezelfde wijze worden behandeld als betalingen tussen een dochteronderneming en een moedermaatschappij. Een en ander dient ook de situatie te omvatten waarin moedermaatschappij en dochteronderneming in dezelfde lidstaat zijn gevestigd, maar de vaste inrichting zich in een andere lidstaat bevindt. Anderzijds blijkt dat situaties waarin de vaste inrichting en de dochteronderneming in dezelfde lidstaat zijn gelegen, onverminderd de beginselen van het Verdrag, door de betrokken lidstaat kunnen worden behandeld op basis van zijn nationale wetgeving."

5. Artikel 4, leden 1 en 3, van die richtlijn, luidt:

„1. Wanneer een moedermaatschappij of haar vaste inrichting, op grond van de deelgerechtigdheid van de moedermaatschappij in haar dochteronderneming, uitgekeerde winst ontvangt, anders dan bij de liquidatie van de dochteronderneming, moeten de lidstaat van de moedermaatschappij en de lidstaat van haar vaste inrichting:

a. ofwel zich onthouden van het belasten van deze winst voor zover die winst niet aftrekbaar is bij de dochteronderneming van de moedermaatschappij, en deze winst belasten voor zover die winst aftrekbaar is bij de dochteronderneming van de moedermaatschappij;

b. ofwel de winst belasten, maar in dat geval de moedermaatschappij en de vaste inrichting toestaan van de verschuldigde belasting af te trekken het gedeelte van de belasting dat betrekking heeft op die winst en betaald is door de dochteronderneming en enigerlei kleindochteronderneming, op voorwaarde dat bij iedere schakel een vennootschap en haar kleindochteronderneming onder de in artikel 2 vastgestelde definities vallen en aan de in de artikel 3 gestelde eisen voldoen, tot het bedrag van de overeenstemmende verschuldigde belasting.

[…]

3. Iedere lidstaat blijft bevoegd om te bepalen dat lasten die betrekking hebben op de deelneming en waardeverminderingen die voortvloeien uit de uitkering van de winst van de dochteronderneming, niet aftrekbaar zijn van de belastbare winst van de moedermaatschappij.

Indien in dit geval de kosten van beheer met betrekking tot de deelneming forfaitair worden vastgesteld, mag het forfaitaire bedrag niet meer dan 5 % bedragen van de door de dochteronderneming uitgekeerde winst."

6. Artikel 5 van de moeder-dochterrichtlijn bepaalt:

„De door een dochteronderneming aan de moedermaatschappij uitgekeerde winst wordt vrijgesteld van bronbelasting."

Frans recht

7. Uit het aan het Hof overgelegde dossier blijkt dat de Franse Republiek, wat de fiscale behandeling van de binnen de werkingssfeer van de moeder-dochterrichtlijn vallende winst betreft, heeft gekozen voor een stelsel waarbij deze wordt vrijgesteld, behoudens de belasting van een deel van de kosten en de lasten, forfaitair vastgesteld op 5 %, dat overeenkomt met de door de moedermaatschappij gedragen kosten en lasten in verband met haar deelneming in de dochteronderneming die deze winst heeft uitgekeerd. De genoemde winst is dus ten belope van 95 % vrijgesteld.

8. Artikel 235 ter ZCA van de code général des impôts (algemeen belastingwetboek; hierna: „CGI") bepaalt:

„I. Franse of buitenlandse vennootschappen of entiteiten die in Frankrijk aan de vennootschapsbelasting zijn onderworpen, met uitsluiting van de collectieve beleggingsinstellingen die zijn vermeld in II van artikel L. 214-1 van de code monétaire et financier (monetair en financieel wetboek) en degene die voldoen aan de definitie van kleine, middelgrote en micro-ondernemingen in bijlage I bij verordening (EU) nr. 651/2014 van de Commissie van 17 juni 2014 waarbij bepaalde categorieën steun op grond van de artikelen 107 en 108 van het Verdrag met de interne markt verenigbaar worden verklaard, worden onderworpen aan een extra heffing in deze belasting over het bedrag dat zij uitkeren in de zin van de artikelen 109 tot en met 117 van dit wetboek.

De heffing bedraagt 3 % van de uitgekeerde bedragen […]

[…]"

Hoofdgeding en prejudiciële vragen

9. AFEP e.a. hebben bij de Conseil d'État (hoogste bestuursrechter, Frankrijk) een beroep ingesteld tot nietigverklaring van de bestuursrechtelijke doctrine, met name van lid 70 van instructie BOI-IS-AUT-30-20160302 [Bulletin officiel des finances publiques-impôts (publicatieblad van openbare financiën en belastingen) van 2 maart 2016], betreffende de bij artikel 235 ter ZCA van de CGI opgelegde extra heffing in de vennootschapsbelasting over uitgekeerde bedragen (hierna: „extra heffing").

10. Tot staving van dit beroep hebben AFEP e.a. op grond van artikel 61-1 van de Constitution (Franse grondwet) een prioritaire grondwettigheidsvraag opgeworpen. Zij betogen eveneens dat de extra heffing, primair, in strijd is met artikel 4, lid 1, van de moeder-dochterrichtlijn, en, subsidiair, met artikel 5 van die richtlijn.

11. De ministre des Finances et des Comptes publics voert aan dat de door AFEP e.a. aangevoerde middelen niet gegrond zijn.

12. De verwijzende rechter is van oordeel dat de uitlegging van de betrokken bepalingen van Unierecht bepalend is voor zijn beslissing over de verwijzing van de prioritaire grondwettigheidsvraag naar de Conseil constitutionnel (grondwettelijk hof, Frankrijk). Ten eerste verduidelijkt hij dat de extra heffing in de vennootschapsbelasting wordt geheven van de vennootschappen of entiteiten die inkomsten hebben verkregen uit deelnemingen in hun dochterondernemingen op het ogenblik waarop zij deze inkomsten wederuitkeren. Bovendien zijn de wijze van invordering van de extra heffing en de wijze waarop daartegen bezwaar kan worden gemaakt identiek aan die in de vennootschapsbelasting.

13. Het belastbare feit van de extra heffing verschilt echter van het belastbare feit in de vennootschapsbelasting aangezien de heffing niet wordt toegepast bij het verkrijgen van de dividenden maar op het tijdstip waarop zij worden wederuitgekeerd door de ontvangende vennootschap.

14. Hij wijst er tevens op dat de belastbare grondslag van de extra heffing, waarin onder meer de winstuitkeringen uit gereserveerde winst zijn opgenomen, verschilt van de belastbare grondslag in de vennootschapsbelasting. Bijgevolg doet de vraag of de extra heffing een met artikel 4, lid 1, onder a), van de moeder-dochterrichtlijn strijdige winstbelasting vormt, volgens de verwijzende rechter een ernstige moeilijkheid rijzen.

15. Ten tweede wijst de verwijzende rechter erop dat – rekening houdend met het feit dat die extra heffing als belastbaar feit de dividenduitkering heeft, de belastbare grondslag het bedrag aan uitgekeerde dividenden is, de belastingplichtige de uitkerende vennootschap is en de aandeelhouder geen belastingkrediet geniet – de extra heffing niet de kenmerken van een bronbelasting lijkt te vertonen gelet op de criteria die door het Hof zijn geformuleerd in zijn arrest van 26 juni 2008, Burda (C-284/06, EU:C:2008:365). Gelet op het arrest van 4 oktober 2001, Athinaïki Zythopoiïa (C-294/99, EU:C:2001:505), stelt de verwijzende rechter zich echter de vraag of de extra heffing, indien zij geen door artikel 4, lid 1, onder a), van die richtlijn verboden belasting vormt, kan worden beschouwd als een „bronbelasting", waarvan winstuitkeringen moeten worden vrijgesteld krachtens artikel 5 van die richtlijn.

16. Daarom heeft de Conseil d'État de behandeling van de zaak geschorst en het Hof de volgende prejudiciële vragen gesteld:

„1. Verzet artikel 4 van de moeder-dochterrichtlijn, inzonderheid lid 1, onder a), ervan, zich tegen een heffing als die welke is opgelegd door artikel 235 ter ZCA van de Code général des impôts, die wordt toegepast naar aanleiding van de winstuitkering door een in Frankrijk aan de vennootschapsbelasting onderworpen vennootschap en waarvan de belastbare grondslag bestaat uit de bedragen aan uitgekeerde winst?

2. Indien de eerste vraag ontkennend dient te worden beantwoord, moet een heffing als die welke is opgelegd door artikel 235 ter ZCA van de CGI, dan worden beschouwd als een 'bronbelasting', waarvan de door een dochteronderneming uitgekeerde winst is vrijgesteld op grond van artikel 5 van die richtlijn?"

Verzoek om opening van de mondelinge behandeling

17. Bij brief van 31 maart 2017 heeft de Franse regering verzocht om de mondelinge behandeling te openen, in wezen omdat geen standpunten waren uitgewisseld over de toepassing in het hoofdgeding van de in de conclusie van advocaat-generaal Kokott in de zaak X (C-68/15, EU:C:2016:886) voorgestelde oplossingen.

18. In dat verband bepaalt artikel 83 van het Reglement voor de procesvoering van het Hof dat het Hof in elke stand van het geding, de advocaat-generaal gehoord, de opening of de heropening van de mondelinge behandeling kan gelasten, onder meer wanneer het zich onvoldoende voorgelicht acht of wanneer een partij na afsluiting van deze behandeling een nieuw feit aanbrengt dat van beslissende invloed kan zijn voor de beslissing van het Hof, of wanneer een zaak moet worden beslecht op grond van een argument waarover de partijen hun standpunten niet voldoende hebben kunnen uitwisselen.

19. In casu is het Hof, de advocaat-generaal gehoord, van oordeel dat het beschikt over alle gegevens die nodig zijn om uitspraak te doen in de zaak. Bijgevolg hoeft de opening van de mondelinge behandeling niet te worden gelast.

Beantwoording van de prejudiciële vragen

Eerste vraag

20. Met zijn eerste vraag wenst de verwijzende rechter in wezen te vernemen of artikel 4, lid 1, onder a), van de moeder-dochterrichtlijn aldus moet worden uitgelegd dat die bepaling zich verzet tegen een fiscale maatregel van de lidstaat van een moedermaatschappij als in het hoofdgeding, waarbij wordt voorzien in de inning van een belasting bij de dividenduitkering door de moedermaatschappij waarvan de belastbare grondslag bestaat uit de bedragen van de uitgekeerde dividenden, met inbegrip van die welke afkomstig zijn van de niet-ingezeten dochterondernemingen van de moedermaatschappij.

21. Uit overweging 3 van de moeder-dochterrichtlijn blijkt dat die richtlijn ertoe strekt dubbele belastingheffing van winstuitkeringen van dochterondernemingen aan hun moedermaatschappijen op het niveau van de moedermaatschappij te elimineren.

22. Daartoe laat artikel 4, lid 1, van de moeder-dochterrichtlijn de lidstaten de keuze tussen twee stelsels, namelijk een stelsel van vrijstelling en een stelsel van verrekening. In overeenstemming met de overwegingen 7 en 9 van deze richtlijn preciseert deze bepaling immers dat wanneer een moedermaatschappij of haar vaste inrichting, op grond van de deelgerechtigdheid van de moedermaatschappij in haar dochteronderneming, uitgekeerde winst ontvangt, anders dan bij de liquidatie van de dochteronderneming, de lidstaat van de moedermaatschappij en de lidstaat van haar vaste inrichting zich ofwel moeten onthouden van het belasten van deze winst voor zover deze door de dochteronderneming niet kan worden afgetrokken en die winst moeten belasten voor zover deze door de dochteronderneming kan worden afgetrokken, ofwel de winst moeten belasten, maar in dat geval de moedermaatschappij en de vaste inrichting moeten toestaan om van de verschuldigde belasting het gedeelte van de belasting af te trekken dat betrekking heeft op die winst en betaald is door de dochteronderneming en enigerlei kleindochteronderneming (arrest van vandaag, X, C-68/15, punt 71 en aldaar aangehaalde rechtspraak).

23. Lid 3 van dat artikel 4 bepaalt evenwel dat de lidstaten bevoegd blijven om te bepalen dat lasten die betrekking hebben op de deelneming en waardeverminderingen die voortvloeien uit de uitkering van de winst van de dochteronderneming, niet aftrekbaar zijn van de belastbare winst van de moedermaatschappij. Uit deze bepaling blijkt tevens dat indien in dit geval de kosten van beheer met betrekking tot de deelneming forfaitair worden vastgesteld, het bedrag niet meer dan 5 % mag bedragen van de door de dochteronderneming uitgekeerde winst.

24. Artikel 4 van deze richtlijn beoogt dus te vermijden dat de door een niet-ingezeten dochteronderneming aan een ingezeten moedermaatschappij uitgekeerde winst eerst wordt belast bij de dochterneming in haar staat van vestiging en vervolgens nog eens bij de moedermaatschappij in haar staat van vestiging.

25. In casu dient enerzijds te worden verduidelijkt dat, zoals is vermeld in punt 7 van het onderhavige arrest, de Franse Republiek ervoor heeft gekozen om de winst die afkomstig is van een niet-ingezeten dochteronderneming van een ingezeten moedermaatschappij ten bedrage van 95 % vrij te stellen.

26. Anderzijds dient te worden opgemerkt dat, voor zover de belastbare grondslag van de extra heffing in de vennootschapsbelasting bestaat uit door een moedermaatschappij uitgekeerde dividenden, deze belastbare grondslag ook winst kan bevatten die afkomstig is van dochterondernemingen van deze moedermaatschappijen die in andere lidstaten zijn gevestigd, waardoor op deze winst een belasting wordt geheven die hoger is dan de in artikel 4, lid 3, van de moeder-dochterrichtlijn bepaalde drempel van 5 %.

27. Bijgevolg rijst de vraag of een dergelijke belasting van die winst in strijd is met de moeder-dochterrichtlijn.

28. Volgens de Franse en de Belgische regering valt de door een moedermaatschappij aan haar aandeelhouders wederuitgekeerde winst niet binnen de werkingssfeer van artikel 4, lid 1, onder a), van de moeder-dochterrichtlijn, omdat deze bepaling uitsluitend van toepassing is wanneer een moedermaatschappij winst ontvangt die door haar dochteronderneming is uitgekeerd.

29. Een dergelijke uitlegging kan niet worden aanvaard.

30. Zoals blijkt uit het arrest van vandaag, X, (C-68/15, punt 78), dient te worden vastgesteld dat deze uitlegging niet voortvloeit uit de bewoordingen van die bepaling, noch uit de context of de doelstellingen ervan.

31. In de punten 79 en 80 van dat arrest X heeft het Hof verduidelijkt dat deze bepaling, door voor te schrijven dat de lidstaat van de moedermaatschappij en de lidstaat van de vaste vestiging „zich onthouden van het belasten van deze winst", de lidstaten verbiedt om de winst die een dochteronderneming aan haar moedermaatschappij uitkeert te belasten bij de moedermaatschappij of haar vaste inrichting, zonder onderscheid te maken naargelang het belastbaar feit van de aan de moedermaatschappij opgelegde belasting de ontvangst van die winst dan wel de wederuitkering ervan is.

32. Gelet op het feit dat de moeder-dochterrichtlijn overeenkomstig overweging 3 ervan ertoe strekt dubbele belastingheffing over winstuitkeringen door dochterondernemingen aan hun moedermaatschappijen op het niveau van de moedermaatschappij te elimineren, zou een belasting bij wederuitkering van deze winst door de lidstaat van de moedermaatschappij op het niveau van deze maatschappij, waardoor deze winst zou worden onderworpen aan een belasting die het in artikel 4, lid 3, van die richtlijn bepaalde maximum van 5 % overschrijdt, voorts resulteren in een met die richtlijn strijdige dubbele belastingheffing op het niveau van de moedermaatschappij.

33. In deze context dient bovendien te worden opgemerkt dat het van weinig belang is of de nationale belastingmaatregel al dan niet wordt aangemerkt als vennootschapsbelasting. In dat verband kan worden volstaan

met de vaststelling dat er voor de toepassing van artikel 4, lid 1, onder a), van de moeder-dochterrichtlijn geen sprake hoeft te zijn van een specifieke belasting. Volgens deze bepaling moet de lidstaat van de moedermaatschappij zich er immers van onthouden om de door haar niet-ingezeten dochteronderneming uitgekeerde winst te belasten. Die bepaling beoogt aldus te vermijden dat de lidstaten fiscale maatregelen nemen die resulteren in een dubbele belasting van die winst voor de moedermaatschappijen.

34. Aan deze vaststelling wordt niet afgedaan door punt 105 van het arrest van 12 december 2006, Test Claimants in the FII Group Litigation (C-446/04, EU:C:2006:774), aangezien het Hof zich in dat punt uitsluitend heeft uitgesproken over de verenigbaarheid met de moeder-dochterrichtlijn van bepaalde methoden voor de berekening van het bedrag van de vooruitbetaling van de vennootschapsbelasting wanneer een ingezeten moedermaatschappij dividenden wederuitkeert die zij heeft ontvangen van een niet-ingezeten dochteronderneming, en niet over de verenigbaarheid met die richtlijn van de inning, in een dergelijk geval, van die belasting.

35. Gelet op het voorgaande, moet op de eerste vraag worden geantwoord dat artikel 4, lid 1, onder a), van de moeder-dochterrichtlijn aldus moet worden uitgelegd dat het zich verzet tegen een fiscale maatregel van de lidstaat van een moedermaatschappij als in het hoofdgeding, waarbij wordt voorzien in de inning van een belasting bij de dividenduitkering door de moedermaatschappij waarvan de belastbare grondslag bestaat uit de bedragen van de uitgekeerde dividenden, met inbegrip van die welke afkomstig zijn van de niet-ingezeten dochterondernemingen van de moedermaatschappij.

Tweede vraag

36. Gelet op het antwoord op de eerste vraag behoeft de tweede vraag niet te worden beantwoord.

Kosten

37. …

Het Hof (Eerste kamer)

verklaart voor recht:

Artikel 4, lid 1, onder a), van richtlijn 2011/96/EU van de Raad van 30 november 2011 betreffende de gemeenschappelijke fiscale regeling voor moedermaatschappijen en dochterondernemingen uit verschillende lidstaten, zoals gewijzigd bij richtlijn 2014/86/EU van de Raad van 8 juli 2014, moet aldus worden uitgelegd dat het zich verzet tegen een fiscale maatregel van de lidstaat van een moedermaatschappij als in het hoofdgeding, waarbij wordt voorzien in de inning van een belasting bij de dividenduitkering door de moedermaatschappij waarvan de belastbare grondslag bestaat uit de bedragen van de uitgekeerde dividenden, met inbegrip van die welke afkomstig zijn van de niet-ingezeten dochterondernemingen van de moedermaatschappij.

HvJ EU 8 juni 2017, zaak C-580/15 (Maria Eugenia Van der Weegen, Miguel Juan Van der Weegen, Anna Pot, als rechtsopvolgers van Johannes Van der Weegen, overleden, Anna Pot v. Belgische Staat)

Vijfde kamer: *J. L. da Cruz Vilaça, kamerpresident, K. Lenaerts, president van het Hof, waarnemend rechter van de Vijfde kamer, M. Berger (rapporteur), A. Borg Barthet en F. Biltgen, rechters*

Advocaat-generaal: *N. Wahl*

1. Het verzoek om een prejudiciële beslissing betreft de uitlegging van de artikelen 56 en 63 VWEU alsmede de artikelen 36 en 40 van de Overeenkomst betreffende de Europese Economische Ruimte van 2 mei 1992 (*PB* 1994, L 1, blz. 3; hierna: „EER-Overeenkomst").

2. Dit verzoek is ingediend in het kader van een geding tussen Maria Eugenia Van der Weegen, Miguel Juan Van der Weegen, Anna Pot, als rechtsopvolgers van Johannes Van der Weegen, en Anna Pot, enerzijds, en de Belgische Staat, anderzijds, over de weigering van het voordeel van een belastingvrijstelling voor de vergoeding van een spaardeposito in een andere lidstaat dan het Koninkrijk België.

Belgisch recht

3. Artikel 21 van het Wetboek van de inkomstenbelastingen 1992 (hierna: „WIB 1992"), zoals van toepassing in aanslagjaar 2010 (inkomstenjaar 2009), bepaalde:

„De inkomsten van roerende goederen en kapitalen omvatten niet:
[...]
5° de eerste schijf van 1 730 EUR (basisbedrag 1 250 EUR) per jaar van de inkomsten uit spaardeposito's die zonder overeengekomen vaste termijn of opzeggingstermijn zijn ontvangen door de in België gevestigde kredietinstellingen die vallen onder de Wet van 22 maart 1993 op het statuut van en het toezicht op de kredietinstellingen, met dien verstande dat:
– deze deposito's bovendien moeten voldoen aan de vereisten die de Koning stelt op advies van de Commissie voor het Bank-, Financie- en Assurantiewezen [...] wat betreft de munt waarin deze deposito's luiden en de voorwaarden en de wijze van terugneming en opneming, evenals wat betreft de structuur en het niveau en de wijze van berekening van de vergoeding ervan;
[...]"

4. In zijn arrest van 6 juni 2013, Commissie/België (C-383/10, EU:C:2013:364), heeft het Hof geoordeeld dat die bepaling in strijd was met artikel 56 VWEU en artikel 36 van de EER-Overeenkomst.

5. Artikel 21, 5°, WIB 1992 is bij artikel 170 van de Wet van 25 april 2014 houdende diverse bepalingen (*Belgisch Staatsblad*, 7 mei 2014, blz. 36946; hierna: „wet van 25 april 2014") als volgt gewijzigd:

„De inkomsten van roerende goederen en kapitalen omvatten niet:
[...]
5° de eerste schijf van 1 250 EUR (niet-geïndexeerd bedrag) per jaar van de inkomsten uit spaardeposito's die zonder overeengekomen vaste termijn of opzeggingstermijn zijn ontvangen door de in artikel 56, § 2, 2°, 2a bedoelde kredietinstellingen, met dien verstande dat:
– deze deposito's bovendien moeten voldoen aan de vereisten die de Koning stelt op advies van de Nationale Bank van België en de Autoriteit voor Financiële Diensten en Markten, ieder wat zijn bevoegdheden betreft, wat de munt betreft waarin deze deposito's luiden en de voorwaarden en wijze van terugneming en opneming, evenals wat de structuur, het niveau en de wijze van berekening van de vergoeding ervan betreft, of, voor de deposito's die zijn ontvangen door kredietinstellingen die in een andere lidstaat van de Europese Economische Ruimte zijn gevestigd, deze deposito's aan analoge vereisten moeten voldoen zoals vastgesteld door de gelijkwaardige bevoegde overheidsinstanties van de andere lidstaat;
[...]"

6. In de memorie van toelichting bij de wijziging van artikel 21, 5°, WIB 1992 staat te lezen:

„Dat de voorwaarden ‚analoog' moeten zijn, wil om te beginnen zeggen dat de spaarboekjes aan dezelfde voorwaarden onderworpen moeten zijn als de basisvoorwaarden die in artikel 21, 5°, WIB 92 vermeld zijn; en dat ze bovendien voldoen aan de in de betrokken lidstaat van overheidswege gestelde vereisten inzake de munt waarin de deposito's luiden, en inzake de voorwaarden en wijze van terugneming, en opneming, evenals wat betreft de structuur, het niveau en de wijze van berekening van de vergoeding ervan. Deze laatste vereisten moeten gelijkwaardig zijn aan de in België geldende vereisten. Dit wil zeggen, dat ze – zonder identiek te zijn – van vergelijkbare strekking moeten zijn. [...]"

7. Het Koninklijk besluit van 27 augustus 1993 tot uitvoering van het Wetboek van de inkomstenbelastingen 1992 (*Belgisch Staatsblad*, 13 september 1993, blz. 20096), zoals gewijzigd bij het koninklijk besluit van 7 december 2008 (*Belgisch Staatsblad*, 22 december 2008, blz. 67513) (hierna: „KB/WIB 1992"), bepaalt aan welke criteria de in artikel 21, 5°, WIB 1992 bedoelde spaardeposito's bovendien moeten voldoen om voor toepassing van dat artikel in aanmerking te komen.

8. Artikel 2 KB/WIB 1992 bepaalt:

„Om voor de toepassing van artikel 21, 5°, van het [WIB 1992] in aanmerking te komen, moeten de in dat artikel vermelde spaardeposito's aan de volgende vereisten voldoen:
1° de spaardeposito's moeten in euro zijn uitgedrukt;
2° van de spaardeposito's kunnen, rechtstreeks of via een zichtrekening, slechts opvragingen worden gedaan voor volgende verrichtingen:
a. terugbetaling in specie;
b. transfer of overschrijving, niet krachtens een doorlopende opdracht uitgevoerd, naar een rekening op naam van de titularis van het spaardeposito;
c. transfer naar een spaardeposito bij dezelfde instelling, op naam van de echtgeno(o)t(e) of van een familielid tot en met de tweede graad van de titularis van het spaardeposito;
[...]
3° de opvragingsvoorwaarden dienen te voorzien in de mogelijkheid voor de instelling-depositaris de opvragingen afhankelijk te stellen van een opzeggingstermijn van 5 kalenderdagen wanneer zij 1 250 EUR overtreffen en ze te beperken tot 2 500 EUR per halve maand;
4° a. de vergoeding van de spaardeposito's bestaat verplicht maar ook uitsluitend uit:
– een basisrente; en
– een getrouwheidspremie;
b. de basisrente en de getrouwheidspremie worden berekend tegen een rentevoet uitgedrukt op jaarbasis.

De deposito's brengen een basisrente op ten laatste vanaf de kalenderdag die volgt op de kalenderdag van de storting en brengen geen rente meer op vanaf de kalenderdag van de opvraging. Stortingen en opvragingen op dezelfde kalenderdag worden gecompenseerd voor de berekening van de basisrente en de getrouwheidspremie.

De verworven basisrente wordt eens per kalenderjaar gestort op het deposito om, in afwijking van het tweede lid, een basisrente op te brengen vanaf 1 januari van het jaar.

Aan de titularis van een spaardeposito mag geen debetrente worden gevraagd.

De getrouwheidspremie wordt toegekend voor de deposito's die gedurende twaalf opeenvolgende maanden op dezelfde rekening ingeschreven blijven.

In geval van overdracht van een spaardeposito naar een ander spaardeposito geopend op naam van dezelfde titularis bij dezelfde instelling, anders dan krachtens een doorlopende opdracht uitgevoerd, blijft de premieverwervingsperiode voor het eerste spaardeposito verworven, op voorwaarde dat het bedrag van de overdracht minimaal 500 euro bedraagt en de betrokken titularis tijdens hetzelfde kalenderjaar nog geen drie soortgelijke overdrachten vanop hetzelfde spaardeposito heeft uitgevoerd. [...]

c. de basisrentevoet die een instelling voor de ontvangen spaardeposito's toekent, mag het hoogste van de volgende twee percentages niet overschrijden:
– 3 pct.;
– het percentage voor basisherfinancieringstransacties van de Europese Centrale Bank dat van toepassing is op de tiende van de maand die het lopende kalendersemester voorafgaat.

Elke stijging van de basisrentevoet wordt gedurende een periode van minstens drie maanden behouden, behalve bij een daling van het percentage voor basisherfinancieringstransacties van de Europese Centrale Bank.

De aangeboden rentevoet van de getrouwheidspremie mag, onverminderd het bepaalde onder littera e) hierna,
– niet hoger liggen dan 50 pct. van de maximale basisrentevoet waarvan sprake in het eerste lid. Indien dit percentage niet gelijk is aan een veelvoud van een tiende percent, wordt de maximale rentevoet van de getrouwheidspremie op het lagere tiende percent afgerond;
– niet lager liggen dan 25 pct. van de aangeboden basisrentevoet. Indien dit percentage niet gelijk is aan een veelvoud van een tiende percent, wordt de minimale rentevoet van de getrouwheidspremie afgerond op het lagere tiende percent;

d. per spaardeposito is, op hetzelfde ogenblik, slechts één basisrentevoet van toepassing;

e. de getrouwheidspremie die op een bepaald ogenblik wordt toegekend, is dezelfde voor nieuwe stortingen en voor spaartegoeden waarvoor een nieuwe getrouwheidsperiode begint te lopen. Onverminderd de toepassing van de bepaling onder 4°, b), zevende lid, blijft de getrouwheidspremie die van toepassing is op het ogenblik van de storting of bij het begin van een nieuwe getrouwheidsperiode, van toepassing voor de volledige getrouwheidsperiode;

5° de instelling-depositaris gaat na of de in artikel 21, 5°, WIB 92, voorziene grens is bereikt telkens de basisrente en de getrouwheidspremie in rekening worden gebracht en neemt daarbij alle bedragen in aanmerking die tijdens de belastbare periode werden toegekend."

9. De administratie heeft in dit verband Circulaire AAFisc nr. 22/2014 (nr. Ci.RH.231/633.479) van 12 juni 2014 vastgesteld, waarvan titel 2, „Vereisten waaraan de buitenlandse spaardeposito's die worden bedoeld door de vrijstelling moeten voldoen", als volgt luidt:

„4. Overeenkomstig art. 21, 5°, WIB 92 [...] moeten de buitenlandse spaardeposito's voldoen aan de vereisten zoals vastgesteld door de wetgever (of een uitvoerende overheidsinstantie die bevoegd is voor de toepassing van de fiscale wetgeving) en die het voorwerp zijn geweest van een voorafgaand advies van instanties die gelijkwaardig zijn aan de Nationale Bank van België en de Autoriteit voor Financiële Diensten en Markten.
5. Bovendien moeten die vereisten analoog zijn aan de vereisten zoals gedefinieerd in art. 2 KB/WIB 92 met betrekking tot:
- de munt waarin ze zijn uitgedrukt;
- de voorwaarden en de wijze van terugneming en opneming;
- en de structuur, het niveau en de berekeningswijze van hun vergoeding.

Voor een detail van die vereisten wordt verwezen naar dat art. 2 KB/WIB 92 [...]"

Hoofdgeding en prejudiciële vraag

10. Johannes Van der Weegen en Pot beschikten wat de aanslagjaren 2010 tot en met 2013 betreft over vijf spaarrekeningen bij in een andere lidstaat dan het Koninkrijk België gevestigde financiële instellingen. Zij hebben aanspraak gemaakt op de belastingvrijstelling van artikel 21, 5°, WIB 1992, zoals gewijzigd bij de wet van 25 april 2014.

11. Omdat geen enkele van die instellingen kon aantonen dat de bij hen aangehouden spaarrekeningen aan gelijkaardige voorwaarden voldeden als die welke geldig waren voor de Belgische gereglementeerde spaardeposito's, met name wat de basisrente en de getrouwheidspremie betreft, hebben de Belgische belastingautoriteiten geweigerd om een belastingvrijstelling toe te kennen voor de inkomsten uit die spaardeposito's.

12. Johannes Van der Weegen en Pot zijn tegen die beslissing opgekomen bij de verwijzende rechter, die zich afvraagt of artikel 21, 5°, WIB 1992, zoals gewijzigd bij de wet van 25 april 2014, verenigbaar is met het Unierecht.

13. De rechtbank van eerste aanleg West-Vlaanderen, afdeling Brugge (België) heeft de behandeling van de zaak geschorst en het Hof de volgende prejudiciële vraag gesteld:

„Schendt artikel 21, 5°, WIB 1992, zoals het is gewijzigd door artikel 170 Wet van 25 april 2014 houdende diverse bepalingen, de bepalingen van artikelen 56 en 63 VWEU alsmede de artikelen 36 en 40 van de EER-Overeenkomst aangezien de kwestieuze bepaling, hoewel ze zonder onderscheid geldt voor binnen- en buitenlandse dienstverrichters, vereist dat voldaan wordt aan voorwaarden die analoog zijn aan deze opgenomen in artikel 2 KB/WIB 1992 die de facto eigen zijn aan de Belgische markt en buitenlandse dienstverrichters bijgevolg ernstig belemmert hun diensten aan te bieden binnen België?"

14. Uit de gegevens van het dossier waarover het Hof beschikt, blijkt dat Johannes Van der Weegen op 20 januari 2016 is overleden. Maria Eugenia Van der Weegen, Miguel Juan Van der Weegen en Pot zijn in zijn rechten gesteld.

Beantwoording van de prejudiciële vraag

Opmerkingen vooraf

15. In het arrest van 6 juni 2013, Commissie/België (C-383/10, EU:C:2013:364), heeft het Hof vastgesteld dat het Koninkrijk België, door de invoering en instandhouding van een regeling waarbij door niet-ingezeten banken betaalde interesten discriminatoir worden belast als gevolg van de toepassing van een belastingvrijstelling die uitsluitend voor door ingezeten banken betaalde interesten geldt, de krachtens artikel 56 VWEU en artikel 36 van de EER-Overeenkomst op hem rustende verplichtingen niet is nagekomen.

16. Naar aanleiding van dat arrest is die regeling aldus gewijzigd dat de belastingvrijstelling thans ook voor door niet-ingezeten banken betaalde interesten geldt.

17. Volgens het bij de wet van 25 april 2014 gewijzigde WIB 1992 kunnen deposanten slechts in aanmerking komen voor een dergelijke vrijstelling indien de betrokken spaardepositoregeling voldoet aan bepaalde wettelijke vereisten, zoals in euro uitgedrukte spaardeposito's, een beperking van de terugnemingen en opnemingen, alsook een wijze van berekening van de vergoeding waarbij deze bestaat uit een basisrente en een getrouwheidspremie.

18 Het WIB 1992 bepaalt dat deposito's die zijn ontvangen door kredietinstellingen die in een andere lidstaat van de Europese Economische Ruimte zijn gevestigd, aan analoge vereisten moeten voldoen zoals vastgesteld door de bevoegde overheidsinstanties van die andere lidstaat.

19. Volgens de memorie van toelichting bij de wet van 25 april 2014 moeten „de voorwaarden ‚analoog' [...] zijn, [dat wil zeggen] dat de spaarboekjes aan dezelfde voorwaarden onderworpen moeten zijn als de basisvoorwaarden die in artikel 21, 5°, WIB 92 vermeld zijn".

20. Ter terechtzitting voor het Hof heeft de Belgische regering verklaard dat die tekst aldus moet worden begrepen dat de voorwaarden waaraan moet worden voldaan door spaardeposito's die worden aangehouden bij in een andere lidstaat dan België gevestigde banken, niet identiek hoeven te zijn aan die waaraan moet worden voldaan door spaardeposito's die worden aangehouden bij in België gevestigde banken, maar dat het volstaat dat die voorwaarden analoog zijn.

21. Los van deze kwestie staat vast dat een spaardeposito bij een in België gevestigde bank of een in het buitenland gevestigde bank in ieder geval slechts de betrokken belastingvrijstelling kan genieten, indien het met name aan twee voorwaarden voldoet.

22. In de eerste plaats moet die spaarrekening worden onderworpen aan bepaalde beperkingen met betrekking tot de voorwaarden en wijze van terugneming en opneming van die rekening en in de tweede plaats moet de vergoeding van die rekening uit een basisrente en een getrouwheidspremie bestaan.

23. De vraag van de verwijzende rechter moet in het licht van deze vaststellingen worden beantwoord.

Beantwoording van de prejudiciële vraag

24. Met zijn vraag wenst de verwijzende rechter in wezen te vernemen of de artikelen 56 en 63 VWEU alsmede de artikelen 36 en 40 van de EER-Overeenkomst aldus moeten worden uitgelegd dat zij zich verzetten tegen een nationale belastingvrijstellingsregeling als die van artikel 21, 5°, WIB 1992, zoals gewijzigd bij de wet van 25 april 2014, die weliswaar zonder onderscheid geldt voor inkomsten uit spaardeposito's bij aanbieders van bankdiensten die in België zijn gevestigd of in een andere lidstaat van de EER, maar die is voorbehouden aan inkomsten uit spaardeposito's bij banken die voldoen aan voorwaarden die de facto eigen zijn aan de nationale markt.

25. Voor de beantwoording van deze vraag moet in de eerste plaats worden vastgesteld dat een dergelijke nationale regeling onder de twee door de verwijzende rechter vermelde fundamentele vrijheden kan vallen, maar dat dit niet wegneemt dat de eventuele beperkende gevolgen van die regeling voor het vrije verkeer van kapitaal slechts het onvermijdelijke gevolg zijn van de eventuele beperkingen van de vrijheid van dienstverrichting. Wanneer een nationale maatregel tegelijkertijd op meerdere fundamentele vrijheden betrekking heeft, onderzoekt het Hof de maatregel in beginsel slechts uit het oogpunt van één van deze vrijheden, indien uit de omstandigheden van de zaak blijkt dat de andere vrijheden volledig ondergeschikt zijn aan die ene en daarmee kunnen worden verbonden (zie naar analogie arresten van 8 september 2009, Liga Portuguesa de Futebol Profissional en Bwin International, C-42/07, EU:C:2009:519, punt 47, en 11 maart 2010, Attanasio Group, C-384/08, EU:C:2010:133, punt 40, en beschikking van 28 september 2016, Durante, C-438/15, niet gepubliceerd, EU:C:2016:728, punt 14).

26. Bijgevolg moet de betrokken belastingvrijstellingsregeling uitsluitend in het licht van artikel 56 VWEU en artikel 36 van de EER-Overeenkomst worden onderzocht.

27. Voorts moet worden vastgesteld dat bankdiensten diensten in de zin van artikel 57 VWEU zijn. Artikel 56 VWEU verzet zich tegen de toepassing van elke nationale regeling die een dienstverrichter zonder objectieve rechtvaardiging belemmert in de mogelijkheid de vrijheid van dienstverrichting daadwerkelijk uit te oefenen (zie in die zin arrest van 14 januari 2016, Commissie/Griekenland, C-66/15, niet gepubliceerd, EU:C:2016:5, punt 22 en aldaar aangehaalde rechtspraak).

28. In casu wordt bij de in het hoofdgeding aan de orde zijnde wettelijke regeling voorzien in een belastingregeling die zonder onderscheid geldt voor vergoedingen van een spaardeposito die worden betaald door in België gevestigde banken en vergoedingen van een spaardeposito die worden betaald door in een andere lidstaat gevestigde banken.

29. Niettemin kan zelfs een nationale wettelijke regeling die – ongeacht de plaats waar de dienstverrichter is gevestigd – zonder onderscheid geldt voor alle diensten, een beperking van de vrijheid van dienstverrichting vormen, wanneer op grond van die regeling een voordeel wordt voorbehouden aan gebruikers van diensten die voldoen aan bepaalde voorwaarden die de facto eigen zijn aan de nationale markt en dat voordeel derhalve wordt ontzegd aan gebruikers van andere in wezen soortgelijke diensten die niet voldoen aan de in die wettelijke regeling gestelde bijzondere voorwaarden. Een dergelijke wettelijke regeling tast immers de situatie van de gebruikers van de diensten als zodanig aan en kan hen dus ervan weerhouden de diensten van bepaalde dienstverrichters te gebruiken wanneer de door die dienstverrichters aangeboden diensten niet voldoen aan de in die wettelijke regeling gestelde voorwaarden, en kan bijgevolg de toegang tot de markt aan voorwaarden onderwerpen (zie in die zin arresten van 10 mei 1995, Alpine Investments, C-384/93, EU:C:1995:126, punten 26-28 en 35-38, en 10 november 2011, Commissie/Portugal, C-212/09, EU:C:2011:717, punten 65 en aldaar aangehaalde rechtspraak).

30. Bijgevolg moet in de eerste plaats worden nagegaan of de in het hoofdgeding aan de orde zijnde wettelijke regeling, hoewel zij zonder onderscheid van toepassing is, de vrijheid van dienstverrichting belemmert.

31. In dit verband moet worden opgemerkt dat, zoals is vermeld in Circulaire AAFisc nr. 22/2014, de deposito's moeten voldoen aan de in artikel 2 KB/WIB 1992 gestelde vereisten. In het bijzonder moeten opvragingen van deposito's worden beperkt om deposito's te onderscheiden van een rekening-courant en moet de vergoeding van de spaardeposito's verplicht en uitsluitend bestaan uit een basisrente en een getrouwheidspremie.

32. Voorts blijkt uit de door de betrokkenen ter terechtzitting voor het Hof verstrekte toelichting dat in andere lidstaten van de EER dan het Koninkrijk België geen regeling inzake spaardeposito's bestaat die voldoet aan de in artikel 2 KB/WIB 1992 gestelde voorwaarden, met name aan de voorwaarden inzake de vergoeding van de spaardeposito's. Die wijze van vergoeding lijkt een bijzonder kenmerk van de Belgische bankenmarkt te vormen.

33. Derhalve heeft de betrokken nationale regeling, hoewel zij zonder onderscheid geldt voor vergoedingen van spaarrekeningen die zijn geopend bij in België en in andere lidstaten van de EER gevestigde kredietinstellingen, tot gevolg dat Belgische ingezetenen de facto ervan worden weerhouden om gebruik te maken van de diensten van in die andere lidstaten gevestigde banken en om bij deze laatste banken spaarrekeningen te openen en aan te houden, aangezien de door deze banken betaalde interesten niet in aanmerking kunnen komen voor de betrokken belastingvrijstelling, met name doordat de vergoeding van de spaarrekeningen niet bestaat uit een basisrente en een getrouwheidspremie.

34. Voorts kan die regeling houders van een spaarrekening bij een in België gevestigde bank die voldoet aan de voorwaarden voor vrijstelling, ervan weerhouden hun spaartegoeden over te brengen naar een in een andere lidstaat gevestigde bank die geen rekeningen aanbiedt die aan deze voorwaarden voldoen.

35. Derhalve kan die regeling een in beginsel krachtens artikel 56, eerste alinea, VWEU verboden belemmering van de vrijheid van dienstverrichting vormen, doordat zij de toegang van in andere lidstaten gevestigde dienstverrichters tot de Belgische bankenmarkt aan voorwaarden onderwerpt, hetgeen de verwijzende rechter dient na te gaan, met name ten aanzien van de in punt 29 van het onderhavige arrest genoemde elementen.

36. In de tweede plaats moet worden nagegaan of die belemmering kan worden gerechtvaardigd door de redenen die de Belgische regering aanvoert.

37. Nationale maatregelen die de uitoefening van de door het Verdrag gewaarborgde fundamentele vrijheden kunnen belemmeren of minder aantrekkelijk kunnen maken, kunnen niettemin toelaatbaar zijn indien zij een doel van algemeen belang nastreven, geschikt zijn om de verwezenlijking daarvan te waarborgen en niet verder gaan dan noodzakelijk is om het nagestreefde doel te verwezenlijken (zie met name arrest van 6 juni 2013, Commissie/België, C-383/10, EU:C:2013:364, punt 49 en aldaar aangehaalde rechtspraak).

38. De Belgische regering betoogt dat de betrokken regeling bijdraagt tot de bescherming van de consument. Zij benadrukt dat het daartoe noodzakelijk is dat Belgische ingezetenen over bestendige, beschermde, stabiele, voldoende en risicoloze spaartegoeden beschikken om hun grote of onvoorziene uitgaven te kunnen dekken.

39. In dit verband heeft het Hof geoordeeld dat de bescherming van de consument een van de dwingende redenen van algemeen belang is die een beperking van de vrijheid van dienstverrichting kunnen rechtvaardigen (zie met name arrest van 23 januari 2014, Commissie/België, C-296/12, EU:C:2014:24, punt 47).

40. Derhalve staat het aan de verwijzende rechter om na te gaan of de betrokken wettelijke regeling aan een dergelijke dwingende reden van algemeen belang beantwoordt.

41. Voorts dient die rechter zich ervan te vergewissen dat de betrokken belastingregeling, in de veronderstelling dat daarmee daadwerkelijk een dergelijke doelstelling wordt nagestreefd, niet verder gaat dan noodzakelijk is ter verwezenlijking van die doelstelling en in overeenstemming met het evenredigheidsbeginsel is.

42. Ook al zou de betrokken regeling aan een reden van algemeen belang beantwoorden, doordat die regeling de facto de vrijstelling ontzegt aan alle inkomsten van de spaarrekeningen die beschikbaar zijn op de interne markt – met uitzondering van inkomsten van rekeningen die worden aangehouden bij in België gevestigde banken –, zij kan immers spaarrekeningen uitsluiten die zijn geopend bij bankinstellingen, met name bij andere dan Belgische bankinstellingen, die de verwezenlijking mogelijk maken van dezelfde doelstelling als die van die regeling, namelijk de bescherming van de consument. In het bijzonder kan uit geen van de voor het Hof aangevoerde argumenten worden afgeleid dat de toepassing van de in artikel 2 KB/WIB 1992 gestelde voorwaarden inzake de vergoeding van de deposito's noodzakelijk is voor de verwezenlijking van deze doelstelling.

43. Bijgevolg kan de bescherming van de consument niet worden aangevoerd ter rechtvaardiging van de betrokken belemmering van de vrijheid van dienstverrichting.

44. Artikel 36 van de EER-Overeenkomst is vergelijkbaar met artikel 56 VWEU, zodat de in de punten 27 tot en met 43 van het onderhavige arrest uiteengezette overwegingen inzake dit laatste artikel ook voor dat artikel 36 gelden.

45. Uit alle voorgaande overwegingen volgt dat op de prejudiciële vraag moet worden geantwoord dat artikel 56 VWEU en artikel 36 van de EER-Overeenkomst aldus moeten worden uitgelegd dat zij zich verzetten tegen een

nationale wettelijke regeling als in het hoofdgeding, waarbij wordt voorzien in een nationale belastingvrijstellingsregeling, voor zover deze laatste regeling – hoewel zij zonder onderscheid geldt voor inkomsten uit spaardeposito's bij aanbieders van bankdiensten die in België zijn gevestigd of in een andere lidstaat van de EER – de toegang van in andere lidstaten gevestigde dienstverrichters tot de Belgische bankenmarkt aan voorwaarden onderwerpt, hetgeen de verwijzende rechter dient na te gaan.

Kosten

46. ...

Het Hof (Vijfde kamer)

verklaart voor recht:

Artikel 56 VWEU en artikel 36 van de Overeenkomst betreffende de Europese Economische Ruimte van 2 mei 1992 moeten aldus worden uitgelegd dat zij zich verzetten tegen een nationale wettelijke regeling als in het hoofdgeding, waarbij wordt voorzien in een nationale belastingvrijstellingsregeling, voor zover deze laatste regeling – hoewel zij zonder onderscheid geldt voor inkomsten uit spaardeposito's bij aanbieders van bankdiensten die in België zijn gevestigd of in een andere lidstaat van de Europese Economische Ruimte – de toegang van in andere lidstaten gevestigde dienstverrichters tot de Belgische bankenmarkt aan voorwaarden onderwerpt, hetgeen de verwijzende rechter dient na te gaan.

HvJ EU 13 juni 2017, zaak C-591/15 (The Queen, op verzoek van The Gibraltar Betting and Gaming Association Limited, v. Commissioners for Her Majesty's Revenue and Customs, Her Majesty's Treasury)

Grote Kamer: *K. Lenaerts, president, A. Tizzano, vicepresident, M. Ilešič (rapporteur), L. Bay Larsen en T. von Danwitz, kamerpresidenten, J. Malenovský, J.-C. Bonichot, A. Arabadjiev, C. Toader, C. Vajda, S. Rodin, F. Biltgen en K. Jürimäe, rechters*

Advocaat-generaal: *M. Szpunar*

1. Het verzoek om een prejudiciële beslissing betreft de uitlegging van artikel 56 en artikel 355, punt 3, VWEU.

2. Dit verzoek is ingediend in het kader van een geding tussen The Gibraltar Betting and Gaming Association Limited (hierna: „GBGA") enerzijds en de Commissioners for Her Majesty's Revenue and Customs (belastingdienst, Verenigd Koninkrijk) en Her Majesty's Treasury (ministerie van Financiën, Verenigd Koninkrijk) anderzijds over de rechtmatigheid van een regeling inzake kansspelbelasting.

Toepasselijke bepalingen

Internationaal recht

3. Hoofdstuk XI van het Handvest van de Verenigde Naties, ondertekend te San Francisco op 26 juni 1945, met als opschrift „Verklaring betreffende niet-zelfbesturende gebieden", bevat artikel 73, waarin is bepaald:

> „Leden van de Verenigde Naties die verantwoordelijkheid dragen of aanvaarden voor het bestuur van gebieden waarvan de bevolking nog geen volledig zelfbestuur heeft verworven, erkennen het beginsel dat de belangen van de inwoners van deze gebieden op de eerste plaats komen, en aanvaarden, als een heilige opdracht, de verplichting binnen het in dit Handvest vastgelegde stelsel van internationale vrede en veiligheid, het welzijn van de inwoners van deze gebieden naar beste krachten te bevorderen en, te dien einde:
> […]
> e. met inachtneming van de door overwegingen van veiligheid en door constitutionele overwegingen opgelegde beperkingen, regelmatig aan de Secretaris-Generaal, ter informatie, statistische en andere gegevens van technische aard te doen toekomen, die betrekking hebben op de economische en sociale omstandigheden, alsmede op het onderwijs in de gebieden waarvoor zij onderscheidenlijk verantwoordelijkheid dragen en welke niet behoren tot de gebieden waarop de hoofdstukken XII en XIII van toepassing zijn."

Status van Gibraltar

4. Gibraltar werd in het kader van de verdragen tot beëindiging van de Spaanse Successieoorlog, bij het Verdrag van Utrecht van 13 juli 1713 tussen de Spaanse koning en de koningin van Groot-Brittannië, door eerstgenoemde afgestaan aan de Britse Kroon. Artikel X, laatste volzin, van dat verdrag preciseert dat de Britse Kroon, indien zij ooit het voornemen zou hebben om de eigendom van de stad Gibraltar weg te geven, te verkopen of anderszins daarvan afstand te doen, gehouden zou zijn aan de Spaanse Kroon voorrang te geven boven ieder andere belanghebbende.

5. Gibraltar is een Britse kroonkolonie. Het maakt geen deel uit van het Verenigd Koninkrijk.

6. Gibraltar wordt bestuurd overeenkomstig de Gibraltar Constitution Order 2006 (verordening houdende de grondwet van Gibraltar van 2006), die op 1 januari 2007 in werking is getreden. Krachtens die verordening wordt de uitvoerende macht er uitgeoefend door een door de koningin benoemde gouverneur en, voor bepaalde interne bevoegdheden, door Her Majesty's Government of Gibraltar (hierna: „regering van Gibraltar"). De wetgevende macht is in handen van de koningin en het parlement van Gibraltar, waarvan de leden om de vier jaar worden verkozen door de Gibraltarese kiezers. In Gibraltar zijn eigen rechterlijke instanties ingesteld. Tegen de arresten van de hoogste rechterlijke instantie van Gibraltar kan beroep worden ingesteld bij de Judicial Committee of the Privy Council (rechter in laatste aanleg voor overzeese gebieden, direct van de Britse Kroon afhankelijke gebieden en bepaalde landen van het Gemenebest, Verenigd Koninkrijk).

7. In het internationale recht staat Gibraltar op de lijst van de niet-zelfbesturende gebieden in de zin van artikel 73 van het Handvest van de Verenigde Naties.

8. Volgens het recht van de Unie is Gibraltar een van de Europese grondgebieden waarvan de buitenlandse betrekkingen door een lidstaat worden behartigd in de zin van artikel 355, punt 3, VWEU en waarop de Verdragsbepalingen van toepassing zijn. De Akte betreffende de toetredingsvoorwaarden van het Koninkrijk Denemarken, Ierland en het Verenigd Koninkrijk van Groot-Brittannië en Noord-Ierland, en betreffende de aanpassing der Ver-

dragen (*PB* 1972, L 73, blz. 14; hierna: „Toetredingsakte van 1972") bepaalt echter dat bepaalde delen van het Verdrag niet van toepassing zijn op Gibraltar.

9. Artikel 28 van de Toetredingsakte van 1972 bepaalt:

„De besluiten van de instellingen van de Gemeenschap die betrekking hebben op de producten van bijlage II van het EEG-Verdrag en op de producten die bij invoer in de Gemeenschap aan een bijzondere regeling zijn onderworpen als gevolg van de tenuitvoerlegging van het gemeenschappelijk landbouwbeleid, alsmede de besluiten inzake de harmonisatie van de wetgevingen van de lidstaten betreffende de omzetbelasting zijn niet van toepassing op Gibraltar, tenzij de Raad op voorstel van de Commissie met eenparigheid van stemmen anders besluit."

10. Krachtens artikel 29 van de Toetredingsakte van 1972 juncto deel I, punt 4, van bijlage I daarbij behoort Gibraltar niet tot het douanegebied van de Unie.

Recht van het Verenigd Koninkrijk

11. Het Verenigd Koninkrijk kent zeven soorten kansspelbelasting. De belastingregeling die is ingevoerd bij de hoofdstukken 1 tot en met 4 van deel 3 van de Finance Act 2014 (begrotingswet 2014; hierna: „FA 2014") en de bijlagen 27 tot en met 29 bij die wet, betreft de drie belastingen die in het hoofdgeding aan de orde zijn, namelijk de algemene belasting op weddenschappen (met uitzondering van spread-betting), de belasting op totalisatorweddenschappen en de belasting op kansspelen op afstand, en stelt volgens de verwijzende rechter voor deze belastingen een heffing in op basis van de „plaats van verbruik".

12. De verwijzende rechter vermeldt in zijn verwijzingsbeslissing ter illustratie de bepalingen betreffende de belasting op kansspelen op afstand, die zijn neergelegd in hoofdstuk 3 van deel 3 van de FA 2014.

13. In Section 154 van de FA 2014 worden „kansspelen op afstand" omschreven als het spelen van een kansspel door middel van internet, telefoon, televisie, radio of enige andere elektronische dan wel andere technologie die communicatie mogelijk maakt.

14. Section 155, lid 1, van de FA 2014 bepaalt dat een belasting genaamd „belasting op kansspelen op afstand" wordt geheven over de „deelname door een belastingplichtige aan kansspelen op afstand die wordt beheerst door een overeenkomst tussen die belastingplichtige en een ander persoon (kansspelaanbieder)".

15. Onder „belastingplichtige" zoals gedefinieerd in Section 155, lid 2, van de FA 2014 wordt onder meer „elke persoon in het Verenigd Koninkrijk (‚UK person')" begrepen. In Section 186, lid 1, van de FA 2014 wordt „een persoon in het Verenigd Koninkrijk (‚UK person')" omschreven als een „natuurlijke persoon die gewoonlijk in het Verenigd Koninkrijk woonachtig is" of een „rechtspersoon die in het Verenigd Koninkrijk is opgericht".

16. Volgens Section 155, punt 3, van de FA 2014 bedraagt het tarief van de belasting op kansspelen op afstand 15 % van de „winst van de kansspelaanbieder" op kansspelen op afstand in een boekjaar.

17. Overeenkomstig Section 157 van de FA 2014 wordt de „winst van de kansspelaanbieder" voor gewone spelen berekend door het totaal te nemen van de spelinzetten die met betrekking tot gewone spelen aan de aanbieder gedurende het boekjaar zijn betaald en daarvan de uitgaven af te trekken die de aanbieder in dit tijdvak heeft gemaakt voor de in het kader van die spelen uitbetaalde winsten.

Hoofdgeding en prejudiciële vragen

18. De GBGA is een beroepsvereniging waarvan de leden hoofdzakelijk in Gibraltar gevestigde kansspelexploitanten zijn die kansspeldiensten op afstand aanbieden aan klanten in het Verenigd Koninkrijk en elders.

19. Op 17 juli 2014 is in het Verenigd Koninkrijk een belastingregeling in werking getreden betreffende bepaalde kansspelbelastingen die was ingevoerd bij de FA 2014 en aangevuld door mededelingen en richtsnoeren van de belastingdienst (hierna: „nieuwe belastingregeling").

20. De GBGA heeft bij de verwijzende rechter een beroep ingesteld om de rechtmatigheid van de nieuwe belastingregeling in het licht van het Unierecht te toetsen. Zij voert in dit verband aan dat de belastingen die op grond van deze regeling verschuldigd zijn, extraterritoriale belastingen zijn, de vrijheid van dienstverrichting belemmeren en buiten het Verenigd Koninkrijk gevestigde dienstverrichters discrimineren. Dergelijke belastingen kunnen bovendien niet worden gerechtvaardigd door de – in wezen economische – doelstellingen die het Verenigd Koninkrijk aanvoert. De nieuwe belastingregeling is dus onverenigbaar met artikel 56 VWEU.

21. De verwijzende rechter verduidelijkt in dit verband dat in het Verenigd Koninkrijk gevestigde aanbieders van kansspeldiensten op afstand op grond van de belastingregeling voor kansspelen op afstand die gold vóór de inwerkingtreding van de nieuwe belastingregeling, een belasting van 15 % over hun brutowinst betaalden, ongeacht de woonplaats van hun klanten. Die belasting was gebaseerd op het beginsel van de „plaats van levering". In Gibraltar of elders buiten het Verenigd Koninkrijk gevestigde aanbieders van kansspeldiensten op afstand betaalden in het

Verenigd Koninkrijk geen belasting over dergelijke kansspeldiensten die werden verstrekt aan personen in het Verenigd Koninkrijk.

22. Deze rechter zet uiteen dat een van de voornaamste doelstellingen van de nieuwe belastingregeling, die is gebaseerd op het beginsel van de „plaats van verbruik", is om de belasting van kansspelen aldus aan te passen dat aanbieders die dergelijke spelen aan klanten in het Verenigd Koninkrijk aanbieden, ongeacht hun plaats van vestiging aan de schatkist van het Verenigd Koninkrijk een belasting over dergelijke diensten afdragen ten belope van 15 % van de winst van die aanbieders in de zin van de FA 2014 in het relevante boekjaar.

23. Volgens de verwijzende rechter zullen die nieuwe belastingen, in het bijzonder de belasting op kansspelen op afstand waarnaar hij in zijn beslissing verwijst en die zonder onderscheid van toepassing is op alle marktdeelnemers die hun kansspeldiensten op afstand aanbieden aan in het Verenigd Koninkrijk woonachtige personen, tot gevolg hebben dat in Gibraltar gevestigde aanbieders van dergelijke spelen, zoals de leden van de GBGA, hun diensten niet meer op de kansspelmarkt van het Verenigd Koninkrijk kunnen aanbieden zonder in die lidstaat belasting te betalen.

24. Gelet op die overwegingen moet volgens de verwijzende rechter worden verduidelijkt wat de constitutionele status van Gibraltar binnen het Unierecht is en meer bepaald of marktdeelnemers zoals de leden van de GBGA die in Gibraltar zijn gevestigd, zich op het Unierecht kunnen beroepen ten aanzien van de door het Verenigd Koninkrijk vastgestelde regeling waarbij een nieuwe belastingregeling wordt vastgesteld, en indien dit het geval is, of een dergelijke regeling in strijd is met de vereisten van artikel 56 VWEU.

25. In die omstandigheden heeft de High Court of Justice of England and Wales, Queen's Bench Division (Administrative Court) [rechter in eerste aanleg (Engeland en Wales), afdeling van de Queen's Bench (bestuursrechter), Verenigd Koninkrijk] de behandeling van de zaak geschorst en het Hof verzocht om een prejudiciële beslissing over de volgende vragen:

„1. Voor de toepassing van artikel 56 VWEU en in het licht van de constitutionele verhouding tussen Gibraltar en het Verenigd Koninkrijk:

a. moeten Gibraltar en het Verenigd Koninkrijk voor de toepassing van het recht van de [...] Unie worden beschouwd als delen van één lidstaat, zodat artikel 56 VWEU niet van toepassing is, tenzij voor zover het van toepassing kan zijn op een interne maatregel, of

b. heeft Gibraltar, gelet op artikel 355, punt 3, VWEU, binnen de [...] Unie de constitutionele status van een ten aanzien van het Verenigd Koninkrijk autonoom grondgebied, zodat de verstrekking van diensten tussen Gibraltar en het Verenigd Koninkrijk in het kader van artikel 56 VWEU moet worden beschouwd als handelsverkeer binnen de Unie, of

c. moet Gibraltar worden beschouwd als een derde land of gebied, zodat het Unierecht enkel geldt voor de handel tussen beide in gevallen waarin het Unierecht gevolgen heeft tussen een lidstaat en een derde staat, of

d. moet de constitutionele verhouding tussen Gibraltar en het Verenigd Koninkrijk nog anders worden gekwalificeerd met het oog op artikel 56 VWEU?

2. Vormen nationale belastingmaatregelen met kenmerken zoals die van de nieuwe belastingregeling een beperking van het recht op vrije dienstverrichting in de zin van artikel 56 VWEU?

3. Indien de vorige vraag bevestigend moet worden beantwoord, zijn de doelstellingen die volgens de verwijzende rechter met de binnenlandse maatregelen (zoals de nieuwe belastingregeling) worden nagestreefd, legitieme doelstellingen die een rechtvaardiging kunnen vormen voor de beperking van het recht op vrije dienstverrichting van artikel 56 VWEU?"

Beantwoording van de prejudiciële vragen

Eerste vraag

26. Met zijn eerste vraag wenst de verwijzende rechter in wezen te vernemen of artikel 355, punt 3, VWEU juncto artikel 56 VWEU aldus moet worden uitgelegd dat de verstrekking van diensten door in Gibraltar gevestigde exploitanten aan in het Verenigd Koninkrijk woonachtige personen voor het Unierecht een situatie betreft waarvan alle aspecten zich binnen één lidstaat afspelen.

27. Om deze vraag te beantwoorden moet om te beginnen in herinnering worden gebracht dat het Unierecht op de lidstaten van toepassing is krachtens artikel 52, lid 1, VEU. Volgens artikel 52, lid 2, VEU wordt het territoriale toepassingsgebied van de Verdragen omschreven in artikel 355 VWEU.

28. Artikel 355, punt 3, VWEU bepaalt dat de bepalingen van de Verdragen van toepassing zijn op de Europese grondgebieden welker buitenlandse betrekkingen door een lidstaat worden behartigd.

29. In dit verband moet worden opgemerkt dat Gibraltar een Europees grondgebied is waarvan de buitenlandse betrekkingen door een lidstaat, namelijk het Verenigd Koninkrijk, worden behartigd en dat het Unierecht op dat gebied van toepassing is krachtens artikel 355, punt 3, VWEU (zie in die zin arresten van 23 september 2003,

Commissie/Verenigd Koninkrijk, C-30/01, EU:C:2003:489, punt 47, en 12 september 2006, Spanje/Verenigd Koninkrijk, C-145/04, EU:C:2006:543, punt 19).

30. In afwijking van artikel 355, punt 3, VWEU zijn krachtens de Toetredingsakte van 1972 Uniehandelingen in bepaalde domeinen van het Unierecht niet van toepassing op Gibraltar. Deze uitsluiting is ingevoerd wegens de bijzondere rechtspositie en met name de status van vrijhaven van dit gebied (zie in dit verband arrest van 21 juli 2005, Commissie/Verenigd Koninkrijk, C-349/03, EU:C:2005:488, punt 41). De vrijheid van dienstverrichting zoals neergelegd in artikel 56 VWEU behoort evenwel niet tot de uitgesloten domeinen.

31. Bijgevolg is artikel 56 VWEU van toepassing op Gibraltar krachtens artikel 355, punt 3, VWEU.

32. Voorts zij in herinnering gebracht dat artikel 56 VWEU beperkingen op het vrij verrichten van diensten binnen de Unie verbiedt ten aanzien van de onderdanen van lidstaten die in een andere lidstaat zijn gevestigd dan die, waarin degene is gevestigd te wiens behoeve de dienst wordt verricht.

33. Volgens vaste rechtspraak zijn de bepalingen van het VWEU inzake de vrijheid van dienstverrichting echter niet van toepassing op een situatie waarvan alle aspecten zich binnen één lidstaat afspelen (arrest van 15 november 2016, Ullens de Schooten, C-268/15, EU:C:2016:874, punt 47 en aldaar aangehaalde rechtspraak).

34. In deze context moet worden onderzocht of het verstrekken van diensten door in Gibraltar gevestigde exploitanten aan in het Verenigd Koninkrijk woonachtige personen voor het Unierecht een situatie betreft waarvan alle aspecten zich binnen één lidstaat afspelen.

35. Dienaangaande heeft het Hof reeds vastgesteld, zoals alle betrokkenen hebben opgemerkt, dat Gibraltar geen deel uitmaakt van het Verenigd Koninkrijk (zie in die zin arresten van 23 september 2003, Commissie/Verenigd Koninkrijk, C-30/01, EU:C:2003:489, punt 47, en 12 september 2006, Spanje/Verenigd Koninkrijk, C-145/04, EU:C:2006:543, punt 15).

36. Die omstandigheid kan evenwel niet beslissend zijn om te bepalen of twee grondgebieden als één lidstaat moeten worden beschouwd met het oog op de toepasselijkheid van de bepalingen betreffende de fundamentele vrijheden. Het Hof heeft immers in punt 54 van het arrest van 8 november 2005, Jersey Produce Marketing Organisation (C-293/02, EU:C:2005:664), reeds geoordeeld dat de Kanaaleilanden (waartoe het Baljuwschap Jersey behoort), Man en het Verenigd Koninkrijk voor de toepassing van de artikelen 23, 25, 28 en 29 EG als één lidstaat moeten worden beschouwd, ondanks dat die eilanden geen deel uitmaken van het Verenigd Koninkrijk.

37. Om tot die conclusie te komen heeft het Hof eerst in herinnering gebracht dat het Verenigd Koninkrijk de buitenlandse betrekkingen van het Baljuwschap Jersey behartigt, en zich vervolgens met name gebaseerd op de omstandigheid dat volgens artikel 1, lid 1, van Protocol nr. 3 betreffende de Kanaaleilanden en het eiland Man, gehecht aan de Toetredingsakte van 1972, de Unieregeling inzake douaneaangelegenheden en kwantitatieve beperkingen op de Kanaaleilanden en Man „onder dezelfde voorwaarden van toepassing is als die welke voor het Verenigd Koninkrijk gelden", en op het ontbreken van andere aspecten van de status van die eilanden op grond waarvan kan worden aangenomen dat de betrekkingen tussen die eilanden en het Verenigd Koninkrijk vergelijkbaar zijn met die welke tussen lidstaten bestaan (zie in die zin arrest van 8 november 2005, Jersey Produce Marketing Organisation, C-293/02, EU:C:2005:664, punten 43, 45 en 46).

38. Wat in de eerste plaats de voorwaarden betreft waaronder artikel 56 VWEU van toepassing is op Gibraltar, bepaalt artikel 355, punt 3, VWEU niet dat artikel 56 van toepassing is op Gibraltar „onder dezelfde voorwaarden als die welke voor het Verenigd Koninkrijk gelden".

39. Evenwel moet eraan worden herinnerd dat artikel 355, punt 3, VWEU de toepasselijkheid van de bepalingen van het Unierecht uitbreidt tot het grondgebied van Gibraltar, met uitzondering van de uitdrukkelijk in de Toetredingsakte van 1972 neergelegde uitsluitingen, die echter geen betrekking hebben op de vrijheid van dienstverrichting.

40. Bovendien is de door de regering van Gibraltar aangevoerde omstandigheid dat artikel 56 VWEU op Gibraltar van toepassing is op grond van artikel 355, punt 3, VWEU en op het Verenigd Koninkrijk op grond van artikel 52, lid 1, VEU in dit verband niet relevant. In een analoge context heeft het Hof immers geoordeeld dat de Kanaaleilanden, Man en het Verenigd Koninkrijk als één lidstaat moeten worden beschouwd voor de toepassing van de Unieregeling inzake douaneaangelegenheden en kwantitatieve beperkingen, ondanks het feit dat die regeling op die eilanden van toepassing is op grond van artikel 1, lid 1, van Protocol nr. 3, gehecht aan de Toetredingsakte van 1972, en op het Verenigd Koninkrijk op grond van artikel 52, lid 1, VEU (arrest van 8 november 2005, Jersey Produce Marketing Organisation, C-293/02, EU:C:2005:664, punt 54).

41. In de tweede plaats zijn er geen andere factoren op grond waarvan kan worden aangenomen dat de betrekkingen tussen Gibraltar en het Verenigd Koninkrijk voor de toepassing van artikel 56 VWEU vergelijkbaar zijn met die welke tussen twee lidstaten bestaan.

42. De handel tussen Gibraltar en het Verenigd Koninkrijk gelijkstellen met die tussen lidstaten zou integendeel een ontkenning inhouden van de in artikel 355, punt 3, VWEU erkende band tussen dat grondgebied en die lid-

staat. In dit verband staat het vast, zoals de advocaat-generaal in punt 37 van zijn conclusie heeft opgemerkt, dat de verplichtingen krachtens de Verdragen ten aanzien van de andere lidstaten wat betreft de toepassing en uitvoering van het Unierecht op het grondgebied van Gibraltar zijn aangegaan door het Verenigd Koninkrijk (zie in dat verband arresten van 23 september 2003, Commissie/Verenigd Koninkrijk, C-30/01, EU:C:2003:489, punten 1 en 47, en 21 juli 2005, Commissie/Verenigd Koninkrijk, C-349/03, EU:C:2005:488, punt 56).

43. Bijgevolg is het verstrekken van diensten door in Gibraltar gevestigde exploitanten aan in het Verenigd Koninkrijk woonachtige personen voor het Unierecht een situatie waarvan alle aspecten zich binnen één lidstaat afspelen.

44. Aan die uitlegging wordt niet afgedaan door het argument van de regering van Gibraltar dat aldus afbreuk wordt gedaan aan de in artikel 26 VWEU neergelegde doelstelling om de werking van de interne markt te verzekeren en aan de doelstelling om Gibraltar in die markt te integreren, die volgens die regering door artikel 355, punt 3, VWEU wordt nagestreefd.

45. Dienaangaande zij opgemerkt dat de interne markt volgens de bewoordingen van artikel 26, lid 2, VWEU een ruimte omvat zonder binnengrenzen waarin het vrije verkeer van goederen, personen, diensten en kapitaal is gewaarborgd volgens de bepalingen van de Verdragen, waarbij artikel 56 VWEU een dergelijke bepaling is voor de vrijheid van dienstverrichting.

46. Zoals uiteengezet in de punten 32 en 33 van het onderhavige arrest is voor de toepasselijkheid van artikel 56 VWEU een grensoverschrijdend aspect nodig.

47. Voor het overige leidt de in punt 43 van het onderhavige arrest geformuleerde uitlegging er niet toe dat, zoals de regering van Gibraltar stelt, artikel 56 VWEU niet langer van toepassing is op het grondgebied van Gibraltar. Die bepaling blijft immers ten volle van toepassing op dat gebied onder dezelfde voorwaarden – met inbegrip van het vereiste van een grensoverschrijdend aspect – als die welke gelden voor elk ander gebied van de Unie waarop het van toepassing is.

48. Overwegingen inzake de status van Gibraltar in het nationale constitutionele recht of het internationale recht doen evenmin af aan die uitlegging.

49. Wat in de eerste plaats de status van Gibraltar volgens het nationale constitutionele recht betreft, voert de regering van Gibraltar onder verwijzing naar het arrest van 10 oktober 1978, Hansen & Balle (148/77, EU:C:1978:173), aan dat de status van dat grondgebied in het Unierecht met name moet worden bepaald door zijn status in het nationale recht.

50. In dat verband zij opgemerkt dat de vaststelling van het Hof in punt 10 van dat arrest, namelijk dat de status van de Franse overzeese departementen in eerste instantie wordt bepaald door verwijzing naar de Franse grondwet, volgens welke deze departementen integrerend deel van de Franse Republiek vormen, in haar context moet worden beschouwd, aangezien zij betrekking heeft op de uitlegging van artikel 227, lid 1, EEG-Verdrag, waarin was bepaald dat dat Verdrag van toepassing was op de gehele „Franse Republiek" (zie in dat verband arrest van 10 oktober 1978, Hansen & Balle, 148/77, EU:C:1978:173, punt 9). Met die precisering wenste het Hof dus enkel te erkennen dat die departementen deel uitmaken van die lidstaat en dat het Unierecht na het verstrijken van de in artikel 227, lid 2, neergelegde termijn van twee jaar van rechtswege van toepassing was ten aanzien van deze gebieden als integrerend deel van die lidstaat (zie in dat verband arrest van 10 oktober 1978, Hansen & Balle, 148/77, EU:C:1978:173, punt 10).

51. Zoals blijkt uit punt 31 van het onderhavige arrest, is het Unierecht op Gibraltar van toepassing op grond van artikel 355, punt 3, VWEU en niet omdat Gibraltar deel van het Verenigd Koninkrijk zou zijn.

52. Wat in de tweede plaats de status van Gibraltar in het internationale recht betreft, staat Gibraltar op de lijst van de niet-zelfbesturende gebieden in de zin van artikel 73 van het Handvest van de Verenigde Naties.

53. Dienaangaande betoogt de regering van Gibraltar dat het aannemen van een uitlegging zoals die in punt 43 van het onderhavige arrest afbreuk doet aan de status van dat grondgebied in het internationale recht en met name indruist tegen resolutie 2625 (XXV) van 24 oktober 1972, vastgesteld door de Algemene Vergadering van de Verenigde Naties, op grond waarvan het grondgebied van een kolonie een gescheiden en afzonderlijke status moet hebben ten opzichte van die van het grondgebied van de staat die haar beheert.

54. De betrokken uitlegging van artikel 355, punt 3, VWEU juncto artikel 56 VWEU heeft echter geen enkele invloed op de status van het grondgebied van Gibraltar in het internationale recht, aangezien zij enkel verduidelijkt dat, voor zover het Unierecht van toepassing is ten aanzien van dat grondgebied als Europees grondgebied waarvan een lidstaat, te weten het Verenigd Koninkrijk, de buitenlandse betrekkingen behartigt, het verrichten van diensten door in Gibraltar gevestigde exploitanten aan in het Verenigd Koninkrijk woonachtige personen voor het Unierecht een situatie betreft waarvan alle aspecten zich binnen één lidstaat afspelen. Die uitlegging kan niet in die zin worden begrepen dat zij de gescheiden en afzonderlijke status van Gibraltar ondermijnt.

55. Daar moet in dit verband aan worden toegevoegd dat de verwijzende rechter enkel heeft aangegeven dat de nieuwe belastingregeling in het hoofdgeding zonder onderscheid van toepassing is op onderdanen van de betrokken lidstaat en onderdanen van andere lidstaten, zonder andere concrete gegevens te vermelden op grond waarvan een band kan worden vastgesteld tussen het voorwerp van het hoofdgeding en artikel 56 VWEU, zoals wordt vereist door artikel 94 van het Reglement voor de procesvoering van het Hof (zie in dat verband arrest van 15 november 2016, Ullens de Schooten, C-268/15, EU:C:2016:874, punt 55).

56. Gelet op een en ander moet op de eerste vraag worden geantwoord dat artikel 355, punt 3, VWEU juncto artikel 56 VWEU aldus moet worden uitgelegd dat de verstrekking van diensten door in Gibraltar gevestigde exploitanten aan in het Verenigd Koninkrijk woonachtige personen voor het Unierecht een situatie betreft waarvan alle aspecten zich binnen één lidstaat afspelen.

Tweede en derde vraag

57. Gelet op het antwoord op de eerste vraag hoeven de tweede en de derde vraag niet te worden beantwoord.

Kosten

58. …

Het Hof (Grote kamer)

verklaart voor recht:

Artikel 355, punt 3, VWEU juncto artikel 56 VWEU moet aldus worden uitgelegd dat de verstrekking van diensten door in Gibraltar gevestigde exploitanten aan in het Verenigd Koninkrijk woonachtige personen voor het Unierecht een situatie betreft waarvan alle aspecten zich binnen één lidstaat afspelen.

HvJ EU 22 juni 2017, zaal C-20/16 (Wolfram Bechtel, Marie-Laure Bechtel v. Finanzamt Offenburg)

Tiende kamer: *M. Berger, kamerpresident, E. Levits (rapporteur) en F. Biltgen, rechters*

Advocaat-generaal: *M. Campos Sánchez-Bordona*

1. Het verzoek om een prejudiciële beslissing betreft de uitlegging van artikel 45 VWEU.

2. Dit verzoek is ingediend in het kader van een geschil tussen enerzijds Wolfram Bechtel en Marie-Laure Bechtel en anderzijds het Finanzamt Offenburg (belastingdienst Offenburg, Duitsland) over de inaanmerkingneming van door M.-L. Bechtel in Frankrijk betaalde pensioen- en ziektekostenverzekeringspremies bij de vaststelling van hun belastbare inkomen en het op hun belastbare inkomen toepasselijke bijzondere belastingtarief over de jaren 2005 en 2006.

Toepasselijke bepalingen

Duits recht

3. Volgens § 1 van het Einkommensteuergesetz (wet op de inkomstenbelasting) van 2002, zoals deze gold ten tijde van het hoofdgeding (hierna: „EStG 2002"), zijn natuurlijke personen die hun woonplaats of gewone verblijfplaats op het nationale grondgebied hebben, onbeperkt belastingplichtig voor de inkomstenbelasting.

4. § 2 van deze wet, die betrekking heeft op de omvang van de belasting en de begripsbepalingen, luidt:

„1. Aan de inkomstenbelasting zijn onderworpen:

[…]

4. inkomsten [*Einkünfte*] uit dienstbetrekking

[…]

2. Inkomsten [*Einkünfte*] zijn

[…]

2. bij andere inkomstencategorieën, het positieve saldo dat overblijft nadat de beroepskosten van de opbrengsten zijn afgetrokken (§§ 8 tot en met 9a).

3. De som van de inkomsten [*Einkünfte*], verminderd met de evenredige aftrek voor gepensioneerde ouderen, de fiscale aftrek voor alleenstaande ouders en de in § 13, lid 3, bedoelde korting, vormt het totaalbedrag aan inkomsten [*Gesamtbetrag der Einkünfte*].

4. Het totaalbedrag aan inkomsten, verminderd met de bijzondere uitgaven en buitengewone lasten, vormt het inkomen [*Einkommen*].

5. Het inkomen [*Einkommen*], verminderd met de in § 32, lid 6, bedoelde vrijgestelde forfaitaire bedragen en de andere aftrekposten, vormt het belastbaar inkomen [*das zu versteuernde Einkommen*]; dit vormt de heffingsgrondslag voor de toepassing van het tarief van de inkomstenbelasting. […]"

5. § 9 van de EStG 2002, „Beroepskosten", bepaalt:

"1. Beroepskosten zijn uitgaven voor de verwerving, de veiligstelling en het behoud van de opbrengsten. Zij moeten worden afgetrokken binnen de inkomstencategorie waarbinnen zij zijn ontstaan. Beroepskosten zijn tevens:

[…]

3. bijdragen aan beroepsorganisaties en andere beroepsverenigingen waarvan het doel niet bestaat in een commerciële handelsactiviteit,

[…]"

6. In § 10 van de EStG 2002, „Bijzondere uitgaven", bepaalt in lid 1, punt 1, dat de in die bepaling genoemde kosten bijzondere uitgaven zijn wanneer deze geen exploitatiekosten of beroepskosten zijn. § 10, lid 1, punten 2 en 3, van de EStG 2002 bevat een opsomming van de kosten die bijzondere uitgaven vormen en luidt als volgt:

„2. a. bijdragen aan wettelijke pensioenverzekeringen of aan het pensioenfonds voor landbouwers dan wel aan pensioeninstellingen voor vrije beroepen die prestaties leveren die vergelijkbaar zijn met die van de wettelijke pensioenverzekeringen;

b. bijdragen van de belastingplichtige voor de opbouw van een pensioen met kapitaaldekking wanneer het contract enkel voorziet in de betaling van een maandelijkse lijfrente tijdens het leven van de belastingplichtige vanaf de leeftijd van 60 jaar, of in de aanvullende verzekering voor arbeidsongeschiktheid (arbeidsongeschiktheidspensioen), gedeeltelijke arbeidsongeschiktheid (pensioen voor gedeeltelijke arbeidsongeschiktheid) of voor nabestaanden (nabestaandenpensioen); […]

Voornoemde rechten zijn niet overerfbaar of overdraagbaar, kunnen niet worden verpand, verkocht of gekapitaliseerd, en kunnen voorts geen recht op schadevergoeding geven.

Aan de bijdragen onder a) en b) worden toegevoegd het belastingvrije [...] werkgeversdeel voor de wettelijke pensioenverzekering en hiermee gelijkgestelde belastingvrije uitkeringen van de werkgever.
3. a. bijdragen voor werkeloosheidsverzekeringen en invaliditeits- of arbeidsongeschiktheidsverzekeringen die niet onder punt 2, eerste zin, onder b), vallen, ziektekosten-, zorg-, ongeval- en aansprakelijkheidsverzekeringen alsmede risicoverzekeringen die enkel voorzien in een prestatie bij overlijden;
[...]"

7. § 10, lid 2, van de EStG 2002 bepaalt:

„De aftrek van de in lid 1, punten 2 en 3, bedoelde bedragen (uitgaven voor sociale voorzieningen) is onderworpen aan de voorwaarde dat zij niet in rechtstreeks economisch verband staan met belastingvrije opbrengsten,
[...]"

8. § 10, lid 3, van de EStG 2002 voorziet erin dat uitgaven voor sociale voorzieningen als bedoeld in § 10, lid 1, punt 2, tweede zin, van die wet tot een plafond van 20 000 EUR in aanmerkingen worden genomen; dit plafond wordt vermenigvuldigd met twee in geval van gezamenlijke belastingheffing bij echtgenoten.

9. § 32a van de EStG 2002, „Belastingtarief", luidt als volgt:

„1. De inkomstenbelasting overeenkomstig het belastingtarief wordt berekend op basis van het belastbaar inkomen [*das zuversteuernde Einkommen*]. Deze bedraagt, behoudens de §§ 32b, 34, 34b en 34c, in EUR voor belastbare inkomens:

1. tot en met 7 664 EUR (belastingvrije voet): 0;
2. van 7 665 EUR tot en met 12 739 EUR: (883,74 × y + 1 500) × y;
3. van 12 740 EUR tot en met 52 151 EUR: (228,74 × z + 2 397) × z + 989;
4. vanaf 52 152 EUR: 0,42 × x – 7 914.

‚y' is één duizendste van het gedeelte van het afgeronde belastbare inkomen boven 7 664 EUR. ‚z' is één duizendste van het gedeelte van het afgeronde belastbare inkomen boven 12 739 EUR. ‚x' is het afgeronde belastbare inkomen. Het hieruit resulterende bedrag aan belasting wordt afgerond op de dichtstbijzijnde euro."

10. In § 32b van de EStG 2002, „Progressievoorbehoud", heet het:

„1. Indien een onbeperkt belastingplichtige tijdelijk of gedurende de volledige heffingsperiode [...]:
[...]
3. inkomsten [*Einkünfte*] die zijn vrijgesteld van belasting overeenkomstig een verdrag tot voorkoming van dubbele belasting of een andere overeenkomst tussen staten, waarbij het voorbehoud is gemaakt dat die inkomsten in aanmerking worden genomen bij de berekening van de inkomstenbelasting, of inkomsten die op grond van § 1, lid 3, of § 1a dan wel § 50, lid 5, tweede zin, punt 2, niet zijn onderworpen aan de Duitse inkomstenbelasting, wanneer het saldo van deze inkomsten positief is, heeft ontvangen, dan wordt op het belastbaar inkomen [*das zuversteuernde Einkommen*] overeenkomstig § 32a, lid 1, een bijzonder belastingtarief toegepast.
[...]
2. Het bijzondere belastingtarief van lid 1 is het belastingtarief dat wordt verkregen door bij de berekening van de inkomstenbelasting het belastbare inkomen [*das zuversteuernde Einkommen*] in de zin van § 32a, lid 1, te verhogen of verlagen
[...]
2. in de gevallen als bedoeld in lid 1, punten 2 en 3, met de daar genoemde inkomsten [*Einkünfte*], waarbij met de daarin opgenomen buitengewone inkomsten voor één vijfde rekening moet worden gehouden.
[...]"

Het verdrag tussen Frankrijk en Duitsland

11. Het verdrag tussen de Franse Republiek en de Bondsrepubliek Duitsland van 21 juli 1959 tot voorkoming van dubbele belasting en tot vaststelling van regels inzake wederzijdse juridische en administratieve bijstand (*BGBl.* II 1961, blz. 397), zoals gewijzigd bij de protocollen van 9 juni 1969 (*BGBl.* II 1970, blz. 717), 28 september 1989 (*BGBl.* II 1990, blz. 770) en 20 september 2001 (*BGBl.* II 2002, blz. 2370) (hierna: „verdrag tussen Frankrijk en Duitsland") bepaalt in artikel 14, lid 1:

„Salarissen, lonen en soortgelijke beloningen, alsmede ouderdomspensioenen die door een van de staten, een deelstaat of een publiekrechtelijke rechtspersoon van deze staat of deelstaat aan een in een andere staat woonachtige natuurlijke persoon worden betaald ter zake van huidige of vroegere administratieve of militaire diensten, zijn slechts belastbaar in de eerste staat. [...]".

12. Artikel 20, lid 1, van het verdrag tussen Frankrijk en Duitsland luidt als volgt:

„Met betrekking tot ingezetenen van de Bondsrepubliek Duitsland wordt dubbele belasting op de volgende wijze voorkomen:

a. onder voorbehoud van de bepalingen onder b) en c) worden de uit Frankrijk afkomstige inkomsten en de in Frankrijk gelegen vermogensbestanddelen die overeenkomstig dit verdrag in Frankrijk aan belastingheffing zijn onderworpen, niet opgenomen in de heffingsgrondslag voor de Duitse belasting. Deze bepaling beperkt niet het recht van de Bondsrepubliek Duitsland om bij de bepaling van het belastingtarief rekening te houden met de inkomsten en vermogensbestanddelen die op deze wijze van belasting zijn vrijgesteld.

[...]"

Hoofdgeding en prejudiciële vragen

13. Verzoekers in het hoofdgeding zijn gehuwd en verbleven in de jaren 2005 en 2006 in Duitsland, waar zij gezamenlijk voor de inkomstenbelasting zijn aangeslagen.

14. Wolfram Bechtel ontving tijdens de jaren 2005 en 2006 inkomsten in verband met een aanstelling als ambtenaar in de Duitse openbare dienst, terwijl Marie-Laure Bechtel, die de Franse nationaliteit heeft, werkzaam was als ambtenaar bij de Franse belastingdienst en in dat kader in 2005 en 2006 een brutoloon van 22 342 EUR onderscheidenlijk 24 397 EUR had ontvangen.

15. Volgens de loonstroken van verzoekster in het hoofdgeding werd haar brutoloon met de volgende posten verminderd: bronbelasting, premie voor burgerlijk pensioen, premie voor burgerlijk pensioen op de maandelijkse brutovergoeding wegens expertise, premie voor de aanvullende ziektekostenverzekering van belastingambtenaren, premies voor aanvullende invaliditeitsverzekering en de nabestaandenverzekering van belastingambtenaren, werknemerspremie voor de ziektekostenverzekering en premie voor het aanvullend pensioen voor de openbare dienst.

16. De belastingdienst Offenburg heeft het brutoloon dat verzoekster in het hoofdgeding over de jaren 2005 en 2006 heeft ontvangen, uitgesloten van de heffingsgrondslag van verzoekers in het hoofdgeding, op grond dat sprake is van inkomsten die op basis van het verdrag tussen Frankrijk en Duitsland van belasting zijn vrijgesteld.

17. Dit brutoloon is echter wel, verminderd met de post „burgerlijk pensioen" en „burgerlijk pensioen op de maandelijkse brutovergoeding wegens expertise", in aanmerking genomen bij de berekening van het bijzondere belastingtarief dat overeenkomstig het progressievoorbehoud als bedoeld in § 32b, lid 1, punt 3, van de EStG 2002 op het belastbaar inkomen van verzoekers in het hoofdgeding toepasselijk is.

18. Verzoekers in het hoofdgeding hebben hiertegen beroep ingesteld bij het Finanzgericht Baden-Württemberg (rechter in belastingzaken van Baden-Württemberg, Duitsland), omdat zij van mening zijn dat de op het loon van M.-L. Bechtel ingehouden premies moeten worden afgetrokken het bedrag aan loon dat de basis vormt voor de berekening in het kader van het progressievoorbehoud. Nadat dit beroep bij arrest van 31 juli 2013 was verworpen, hebben zij beroep tot „Revision" ingesteld bij het Bundesfinanzhof (federale rechter in belastingzaken, Duitsland).

19. Deze rechter merkt op dat de inkomsten van M.-L. Bechtel uit haar werk in Frankrijk op grond van artikel 14, lid 1, en artikel 20, lid 1, onder a), van het verdrag tussen Frankrijk en Duitsland moeten worden uitgesloten van de grondslag voor de belastingheffing over het Duitse inkomen van verzoekers in het hoofdgeding. Tussen partijen in het hoofdgeding staat echter vast dat die inkomsten op grond van § 32b, lid 1, punt 3, van de EStG 2002 in aanmerking moeten worden genomen bij de berekening van een bijzonder belastingtarief zoals van toepassing op het belastbaar inkomen van verzoekers in het hoofdgeding.

20. Volgens de verwijzende rechter vallen de uitgaven voor sociale voorzieningen die zijn begrepen in het brutoloon van verzoekster in het hoofdgeding, volgens de toepasselijke Duitse wetgeving materieel niet onder het begrip „beroepskosten" in de zin van § 9 van de EStG 2002.

21. Daarentegen kunnen premies voor de aanvullende ziektekostenverzekering van belastingambtenaren, voor de aanvullende invaliditeitsverzekering en de nabestaandenverzekering van belastingambtenaren, voor het aanvullend pensioen voor de openbare dienst en de werknemerspremie voor de ziektekostenverzekering vallen onder het begrip „bijzondere uitgaven", want deze uitgaven voor sociale voorzieningen beantwoorden aan de situaties als bedoeld in § 10, lid 1, punt 2, onder a), of § 10, lid 1, punt 3), onder a), van de EStG 2002.

22. § 10, lid 2, punt 1, van de EStG 2002 stelt de aftrek van uitgaven als bijzondere uitgaven echter afhankelijk van de voorwaarde dat deze niet in rechtstreeks economisch verband staan met vrijgestelde opbrengsten. Aangezien het loon van verzoekster in het hoofdgeding in Duitsland is vrijgesteld van belastingen, is van een dergelijk rechtstreeks economisch verband sprake en is de aftrek van de uitgaven voor sociale voorzieningen als bijzondere uitgaven niet mogelijk, ongeacht of voor de jaren 2005 en 2006 het in § 10, lid 3, van de EStG 2002 bepaalde plafond voor de aftrek van bijzondere uitgaven reeds zonder de uitgaven voor sociale voorzieningen van verzoekster in het hoofdgeding is bereikt, hetgeen uit de bestreden besluiten niet duidelijk wordt.

23. De premies voor sociale voorzieningen van verzoekster in het hoofdgeding kunnen evenmin worden afgetrokken in het kader van de vaststelling van het bijzondere belastingtarief dat op grond van § 32b van de EStG 2002 van toepassing is op het belastbare inkomen van verzoekers in het hoofdgeding. In § 32b, lid 2, punt 2, van de EStG 2002 wordt enkel rekening gehouden met inkomsten [*Einkünfte*]. In het stadium van de vaststelling van de inkomsten [Einkünfte] kunnen de bijzondere uitgaven niet worden afgetrokken.

24. De verwijzende rechter heeft twijfels of het verbod op aftrek van de uitgaven voor sociale voorzieningen als bijzondere uitgaven verenigbaar is met het Unierecht. Volgens deze rechter kan de weigering om de ingezeten belastingplichtige het recht te verlenen om het bedrag van de in een andere lidstaat betaalde socialezekerheidspremies in Duitsland af te trekken van de heffingsgrondslag, dan wel om de in een andere lidstaat betaalde socialezekerheidspremies af te trekken van de in Duitsland verschuldigde belasting, deze belastingplichtige ervan weerhouden om zijn recht van vrij verkeer van werknemers uit te oefenen, en daarmee een beperking van deze fundamentele vrijheid vormen.

25. Daarop heeft het Bundesfinanzhof de behandeling van de zaak geschorst en het Hof verzocht om een prejudiciële beslissing over de volgende vragen:

„1. Verzet artikel 39 EG (thans artikel 45 VWEU) zich tegen een bepaling van Duits recht die bepaalt dat premies die door een in Duitsland wonende en in Franse overheidsdienst werkzame werknemer zijn betaald voor de Franse pensioen- en ziektekostenverzekering, anders dan vergelijkbare premies die een in Duitsland werkzame werknemer heeft betaald voor de Duitse sociale verzekering, de heffingsgrondslag voor de inkomstenbelasting niet verminderen, wanneer het arbeidsloon volgens de overeenkomst ter vermijding van dubbele belasting tussen Duitsland en Frankrijk in Duitsland niet mag worden belast en enkel het op overige inkomsten toe te passen belastingtarief verhoogt?

2. Moet vraag 1 ook bevestigend worden beantwoord wanneer de betrokken verzekeringspremies in het kader van de belastingheffing over het arbeidsloon door de Franse Staat – hetzij ten belope van het reële bedrag ervan, hetzij forfaitair –

a. in aftrek zijn gebracht, of

b. weliswaar in aftrek hadden mogen worden gebracht maar, aangezien er geen verzoek om aftrek is ingediend, niet in aanmerking zijn genomen?"

Beantwoording van de prejudiciële vragen

26. Met zijn vragen, die gezamenlijk moeten worden onderzocht, wenst de verwijzende rechter in essentie te vernemen of artikel 45 VWEU aldus moet worden uitgelegd dat dit artikel zich verzet tegen regelgeving in een lidstaat zoals die in het hoofdgeding, op grond waarvan een in die lidstaat wonende en in de overheidsdienst van een andere lidstaat werkzame belastingplichtige de pensioen- en ziektekostenverzekeringspremies die zijn ingehouden op zijn in de werklidstaat ontvangen loon – anders dan vergelijkbare socialezekerheidspremies die zijn betaald in zijn woonlidstaat – niet kan aftrekken van de heffingsgrondslag voor de inkomstenbelasting in zijn woonlidstaat, wanneer het loon op grond van het verdrag ter voorkoming van dubbele belasting tussen de beide lidstaten niet mag worden belast in de woonlidstaat van de werknemer en enkel het op overige inkomsten toe te passen belastingtarief verhoogt.

27. De verwijzende rechter vraagt zich ook af welke betekenis moet worden toegekend aan de omstandigheid dat de betrokken verzekeringspremies, ten belope van het reële bedrag ervan of forfaitair, in het kader van de belastingheffing over het loon door de werklidstaat fiscaal zijn afgetrokken, of hadden kunnen worden afgetrokken, maar niet zijn afgetrokken omdat hiertoe geen verzoek was gedaan.

Toepasselijk beginsel van vrij verkeer

28. Vooraf moet worden beoordeeld of op artikel 45 VWEU, waarvan de verwijzende rechter om uitlegging verzoekt, een beroep kan worden gedaan in een situatie, zoals die in het hoofdgeding, waarin aan de orde is welke fiscale regeling een lidstaat toepast op inkomsten die een ingezetene van die lidstaat heeft ontvangen in verband met een functie in de overheidsdienst van een andere lidstaat, en met name op de in de werklidstaat op die inkomsten ingehouden pensioen- en ziektekostenpremies.

29. Verzoekers in het hoofdgeding betogen namelijk dat de situatie in het hoofdgeding moet worden beoordeeld in het licht van artikel 18, eerste alinea, VWEU, aangezien zij geen werknemers of zelfstandigen zijn.

30. In dit verband dient er om te beginnen aan te worden herinnerd dat artikel 18 VWEU, dat een algemeen verbod van discriminatie op grond van nationaliteit bevat, volgens vaste rechtspraak slechts autonoom toepassing kan vinden in situaties waarin het Unierecht geldt, maar waarvoor het Verdrag niet in bijzondere discriminatieverboden voorziet (zie met name arresten van 12 mei 1998, Gilly, C-336/96, EU:C:1998:221, punt 37; van 26 november 2002, Oteiza Olazabal, C-100/ 01, EU:C:2002:712, punt 25; van 15 september 2011, Schulz-Delzers en Schulz, C-240/10, EU:C:2011:591, punt 29, en van 25 oktober 2012, Prete, C-367/11, EU:C:2012:668, punt 18).

31. Op het gebied van het vrije verkeer van werknemers is het non-discriminatiebeginsel ten uitvoer gelegd door artikel 45 VWEU (zie met name arresten van 12 mei 1998, Gilly, C-336/96, EU:C:1998:221, punt 38; van 10 september 2009, Commissie/Duitsland, C-269/07, EU:C:2009:527, punten 98 en 99; van 15 september 2011, Schulz-Delzers en Schulz, C-240/10, EU:C:2011:591, punt 29, en van 25 oktober 2012, Prete, C-367/11, EU:C:2012:668, punt 19).

32. Volgens vaste rechtspraak valt iedere ingezetene van de Unie die gebruik heeft gemaakt van het recht op vrij verkeer van werknemers en die in een andere lidstaat dan zijn woonstaat een beroepswerkzaamheid heeft uitgeoefend, ongeacht zijn woonplaats en zijn nationaliteit, binnen de werkingssfeer van artikel 45 VWEU (arresten van 12 december 2002, De Groot, C-385/00, EU:C:2002:750, punt 76; van 2 oktober 2003, Van Lent, C-232/01, EU:C:2003:535, punt 14; van 13 november 2003, Schilling en Fleck-Schilling, C-209/01, EU:C:2003:610, punt 23, en van 16 februari 2006, Öberg, C-185/04, EU:C:2006:107, punt 11).

33. Wat betreft de vraag of verzoekster in het hoofdgeding, die werkzaam is in de openbare dienst van een lidstaat maar woonachtig is in een andere lidstaat, onder het begrip „werknemer" in de zin van artikel 45 VWEU valt, dient erop te worden gewezen dat de juridische aard van de arbeidsverhouding niet bepalend is voor de toepassing van artikel 45 VWEU, en dat het in dit opzicht irrelevant is of een werknemer is aangesteld als ambtenaar en of zijn arbeidsverhouding niet van privaatrechtelijke, maar van publiekrechtelijke aard is (zie arrest van 26 april 2007, Alevizos, C-392/05, EU:C:2007:251, punt 68 en aldaar aangehaalde rechtspraak).

34. Artikel 45, lid 4, VWEU voorziet er weliswaar in dat artikel 45, leden 1 tot en met 3, VWEU, waarin het fundamentele beginsel van het vrije verkeer van werknemers en de afschaffing van elke discriminatie op grond van de nationaliteit tussen de werknemers van de lidstaten zijn verankerd, niet van toepassing is op betrekkingen in overheidsdienst, maar gelet op het fundamentele karakter – in het systeem van het Verdrag – van het beginsel van vrij verkeer van werknemers binnen de Unie, mag aan de in deze bepaling toegestane afwijkingen geen draagwijdte worden toegekend die verder zou gaan dat het doel waarvoor deze uitzondering is opgenomen (arresten van 12 februari 1974, Sotgiu, 152/73, EU:C:1974:13, punt 4, en van 26 april 2007, Alevizos, C-392/05, EU:C:2007:251, punt 69).

35. Dit doel bestaat erin de lidstaten de mogelijkheid te geven om de toelating van buitenlandse onderdanen tot bepaalde werkzaamheden in overheidsdienst te beperken (arrest van 12 februari 1974, Sotgiu, 152/73, EU:C:1974:13, punt 4) die bij de ambtenaar een bijzondere band van solidariteit ten opzichte van de staat en een wederkerigheid van rechten en plichten veronderstellen, die de grondslag vormen van de nationaliteitsverhouding (zie arrest van 17 december 1980, Commissie/ België, 149/79, EU:C:1980:297, punt 10). Artikel 45, lid 4, VWEU kan daarentegen niet tot gevolg hebben dat een werknemer die eenmaal tot de overheidsdienst van een lidstaat is toegelaten, de toepassing wordt ontzegd van de leden 1 tot en met 3 van artikel 45 VWEU (arrest van 26 april 2007, Alevizos, C-392/05, EU:C:2007:251, punt 70 en aldaar aangehaalde rechtspraak).

36. Bijgevolg valt verzoekster in het hoofdgeding onder het begrip „werknemer" in de zin van artikel 45 VWEU en heeft haar functie in de overheidsdienst van een lidstaat niet tot gevolg dat zij geen beroep kan doen op de rechten en de bescherming die zij op grond van dat artikel geniet.

Bestaan van een beperking van artikel 45 VWEU

37. Volgens vaste rechtspraak beogen alle bepalingen van het VWEU inzake het vrije verkeer van personen het de EU-burgers gemakkelijker te maken om het even welk beroep uit te oefenen op het gehele grondgebied van de EU en staan zij in de weg aan maatregelen die deze burgers minder gunstig behandelen wanneer zij op het grondgebied van een andere lidstaat een economische activiteit willen uitoefenen (zie met name arresten van 13 november 2003, Schilling en Fleck-Schilling, C-209/01, EU:C:2003:610, punt 24; van 21 februari 2006, Ritter-Coulais, C-152/03, EU:C:2006:123, punt 33; van 18 juli 2007, Lakebrink en Peters-Lakebrink, C-182/06, EU:C:2007:452, punt 17, en van 16 oktober 2008, Renneberg, C-527/06, EU:C:2008:566, punt 43).

38. De in het voorgaande punt van dit arrest weergegeven uitspraak betreft maatregelen die nadelig zouden kunnen zijn voor ingezetenen van de Unie die een beroepswerkzaamheid uitoefenen in een andere lidstaat dan hun woonlidstaat, hetgeen in het bijzonder het geval is voor ingezetenen van de Unie die in een bepaalde lidstaat een economische activiteit willen blijven uitoefenen nadat zij hun woonplaats naar een andere lidstaat hebben verplaatst (arrest van 16 oktober 2008, Renneberg, C-527/06, EU:C:2008:566, punt 44).

39. Artikel 45 VWEU verzet zich onder meer tegen maatregelen die weliswaar ongeacht nationaliteit van toepassing zijn, maar naar hun aard migrerende werknemers meer kunnen treffen dan nationale werknemers en dus in het bijzonder eerstgenoemden dreigen te benadelen (zie in deze zin arresten van 5 december 2013, Zentralbetriebsrat der gemeinnützigen Salzburger Landeskliniken, C-514/12, EU:C:2013:799, punt 26 en aldaar aangehaalde rechtspraak, en van 2 maart 2017, Eschenbrenner, C-496/15, EU:C:2017:152, punt 36).

40. Uit de verwijzingsbeslissing blijkt dat verzoekers in het hoofdgeding in Duitsland, waar zij wonen, gezamenlijk zijn aangeslagen voor de inkomstenbelasting. Het door verzoekster in het hoofdgeding ontvangen loon voor

haar werk in de Franse openbare dienst, is op grond van artikel 14, lid 1, en artikel 20, lid 1, van het verdrag tussen Frankrijk en Duitsland niet opgenomen in de heffingsgrondslag van verzoekers in het hoofdgeding. Dit loon is op grond van artikel 20, lid 1, van dat verdrag echter wel in aanmerking genomen bij de vaststelling van het overeenkomstig § 32b van de EStG 2002 berekende bijzondere belastingtarief dat van toepassing is op het belastbaar inkomen van verzoekers in het hoofdgeding.

41. Uit de verwijzingsbeslissing blijkt tevens dat bepaalde premies voor aanvullende pensioen- en ziektekostenverzekeringen in Frankrijk zijn ingehouden op het loon van verzoekster in het hoofdgeding. Deze premies konden niet als bijzondere uitgaven worden afgetrokken van het totale bedrag aan inkomsten van verzoekers in het hoofdgeding. Volgens de verwijzende rechter vallen deze premies materieel namelijk weliswaar onder de situaties als bedoeld in § 10, lid 1, punten 2 en 3, van de EStG 2002, maar konden zij bij de berekening van het belastbaar inkomen van verzoekers in het hoofdgeding niet worden afgetrokken aangezien die premies in rechtstreeks economisch verband stonden met vrijgestelde opbrengsten, daar het loon van verzoekster in het hoofdgeding in Duitsland niet aan belasting was onderworpen.

42. Bij de vaststelling van het bijzondere belastingtarief dat op grond van § 32b van de EStG 2002 van toepassing is op het belastbaar inkomen van verzoekers in het hoofdgeding, is het loon van verzoekster in het hoofdgeding in aanmerking genomen, waarbij de premies voor de aanvullende pensioen- en ziektekostenverzekeringen niet konden worden afgetrokken. Volgens § 32b, lid 2, van de EStG 2002 berust de berekening van het bijzondere belastingtarief namelijk op de verhoging van het belastbaar inkomen [*das zu versteuernde Einkommen*] met vrijgestelde inkomsten [*Einkünfte*]. De premies voor de aanvullende pensioenen ziektekostenverzekeringen konden niet worden afgetrokken bij de berekening van het belastbaar inkomen van verzoekers in het hoofdgeding, aangezien die premies niet voldeden aan de voorwaarde van § 10, lid 2, van de EStG 2002, en verder was de aftrek van deze premies niet mogelijk in het stadium van de berekening van de inkomsten [*Einkünfte*], die in § 2, lid 2, punt 2, van de EStG 2002 zijn gedefinieerd als het positieve saldo dat overblijft nadat de beroepskosten van de opbrengsten zijn afgetrokken.

43. De mogelijkheid om de premies voor de aanvullende pensioen- en ziektekostenverzekeringen als bijzondere uitgaven bij de berekening van het belastbaar inkomen van de belastingplichtige af te trekken, vormt een belastingvoordeel, aangezien hiermee het belastbaar inkomen en het daarop toepasselijke belastingtarief kan worden verlaagd.

44. De voorwaarde van § 10, lid 2, van de EStG 2002 dat de uitgaven voor sociale voorzieningen niet in rechtstreeks economisch verband staan met belastingvrije opbrengsten, leidt ertoe dat dit voordeel niet wordt toegekend in situaties zoals die in het hoofdgeding, waarin een ingezeten belastingplichtige loon ontvangt in een andere lidstaat dan zijn woonlidstaat en dit loon van belasting is vrijgesteld in zijn woonlidstaat, maar wel in aanmerking wordt genomen bij de berekening van het belastingtarief dat van toepassing is op de overige inkomsten van die belastingplichtige.

45. Juist is dat, zoals de Duitse regering opmerkt, de voorwaarde inzake het ontbreken van een rechtstreeks economisch verband met vrijgestelde opbrengsten niet alleen van toepassing kan zijn op grensoverschrijdende situaties, maar ook op zuiver interne situaties.

46. Evenwel heeft de Duits regering, in antwoord op het verzoek om voorbeelden van nationale inkomsten en uitgaven die onder § 10, lid 2, van de EStG 2002 vallen, gewezen op pensioenpremies die verschuldigd zijn in verband met vergoedingen bij ziekte, invaliditeit en thuishulp, pensioen- en ziektekostenpremies op toeslagen wegens werken op zondag, feestdagen en 's nachts, en ziektekosten- en pensioenpremies bij kapitaaluitkeringen door een werkgever die in Duitsland zijn vrijgesteld van belasting.

47. Dit soort vergoedingen, toeslagen en prestaties zijn echter niet vergelijkbaar met de lonen en salarissen die voor het verrichte werk worden betaald aan werknemers in de privésector of arbeidscontractanten in de publieke sector die, anders dan Duitse ambtenaren, sociale premies moeten betalen. Uit het dossier en de procedure bij het Hof blijkt dat ingezeten werknemers in de privésector en arbeidscontractanten in de publieke sector die loon en salaris uit Duitse bron ontvangen waarop premies voor sociale voorzieningen worden ingehouden die vergelijkbaar zijn met die in het hoofdgeding, deze premies van hun belastbare inkomen kunnen aftrekken.

48. Geconstateerd dient dus te worden dat de voorwaarde inzake het ontbreken van een rechtstreeks economisch verband met vrijgestelde opbrengsten weliswaar zonder onderscheid van toepassing is, maar dat die voorwaarde ingezeten belastingplichtigen die in hun woonlidstaat vrijgesteld loon ontvangen uit een andere lidstaat, meer kan treffen.

49. De weigering van de aftrek van de in Frankrijk ingehouden premies voor aanvullende pensioen- en ziektekostenverzekeringen zoals die in het hoofdgeding, leidt ertoe dat het belastbaar inkomen van de belastingplichtigen, zoals verzoekers in het hoofdgeding, hoger wordt, en verder dat het bijzondere belastingtarief wordt berekend op basis van dat verhoogde belastbare inkomen, zonder dat voor dit tarief een correctie plaatsvindt door deze pre-

mies op een andere manier in aanmerking te nemen. Dit was niet het geval geweest indien verzoekster in het hoofdgeding haar loon in Duitsland in plaats van Frankrijk had ontvangen.

50. Deze nadelige behandeling kan ingezeten werknemers ontmoedigen om in een andere lidstaat dan hun woonlidstaat werk te zoeken, te aanvaarden of te blijven verrichten.

51. Nationale wetgeving zoals die in het hoofdgeding, waarbij de aftrek van uitgaven voor sociale voorzieningen afhankelijk is gesteld van de voorwaarde dat deze niet in rechtstreeks economisch verband staan met vrijgestelde opbrengsten, vormt in een situatie zoals die in het hoofdgeding derhalve een beperking van het vrije verkeer van werknemers die in beginsel op grond van artikel 45 VWEU verboden is.

Bestaan van een rechtvaardiging

52. Een dergelijke beperking kan slechts worden aanvaard indien deze betrekking heeft op situaties die niet objectief vergelijkbaar zijn, of wordt gerechtvaardigd door een dwingende reden van algemeen belang (zie met name arresten van 17 december 2015, Timac Agro Deutschland, C-388/14, EU:C:2015:829, punt 26, en van 26 mei 2016, Kohll en Kohll-Schlesser, C-300/15, EU:C:2016:361, punt 45).

53. Wat betreft de vraag of de betrokken situaties objectief vergelijkbaar zijn, dient eraan te worden herinnerd dat de vergelijkbaarheid van een grensoverschrijdende situatie met een interne situatie moet worden onderzocht op basis van het door de betrokken nationale bepalingen nagestreefde doel (zie in deze zin arresten van 25 februari 2010, X Holding, C-337/ 08, EU:C:2010:89, punt 22; van 6 september 2012, Philips Electronics UK, C-18/11, EU:C:2012:532, punt 17, en van 26 mei 2016, Kohll en Kohll-Schlesser, C-300/15, EU:C:2016:361, punt 46).

54. In dit geval betoogt de Duitse regering dat een zuiver nationale situatie waarin Duitsland heffingsbevoegd is voor het loon van een belastingplichtige, niet objectief vergelijkbaar is met een grensoverschrijdende situatie zoals die in het hoofdgeding, waarin de Bondsrepubliek Duitsland op grond van het verdrag tussen Frankrijk en Duitsland geen heffingsbevoegdheid heeft voor het betrokken loon, ook al is verzoekster in het hoofdgeding onbeperkt belastingplichtig in die lidstaat.

55. In dit verband zij eraan herinnerd dat het volgens vaste rechtspraak van het Hof in beginsel aan de woonlidstaat is om alle aan de persoonlijke en de gezinssituatie verbonden fiscale voordelen aan de belastingplichtige toe te kennen, omdat deze lidstaat, uitzonderingen daargelaten, de persoonlijke draagkracht van de belastingplichtige het best kan beoordelen, aangezien hij daar het centrum van zijn persoonlijke en vermogensrechtelijke belangen heeft (zie onder meer arresten van 14 februari 1995, Schumacker, C-279/93, EU:C:1995:31, punt 32; van 16 mei 2000, Zurstrassen, C-87/99, EU:C:2000:251, punt 21; van 28 februari 2013, Beker en Beker, C-168/11, EU:C:2013:117, punt 43, en van 12 december 2013, Imfeld en Garcet, C-303/12, EU:C:2013:822, punt 43).

56. De verplichting om de persoonlijke en gezinssituatie in aanmerking te nemen, komt slechts op de werklidstaat te rusten wanneer de belastingplichtige zijn belastbaar inkomen geheel of nagenoeg geheel daar verdient en in de woonlidstaat geen inkomen van betekenis verwerft, zodat deze laatste hem niet de voordelen kan toekennen die uit het in aanmerking nemen van zijn persoonlijke en gezinssituatie voortvloeien (zie onder meer arresten van 14 februari 1995, Schumacker, C-279/93, EU:C:1995:31, punt 36; van 14 september 1999, Gschwind, C-391/97, EU:C:1999:409, punt 27; van 16 mei 2000, Zurstrassen, C-87/99, EU:C:2000:251, punten 21-23; van 12 december 2002, De Groot, C-385/00, EU:C:2002:750, punt 89, en van 12 december 2013, Imfeld en Garcet, C-303/12, EU:C:2013:822, punt 44).

57. Een ingezeten belastingplichtige die inkomsten ontvangt in een andere lidstaat dan zijn woonlidstaat bevindt zich namelijk wat betreft de voordelen voortvloeiend uit het in aanmerking nemen van zijn persoonlijke of gezinssituatie, niet in een situatie die vergelijkbaar is met de situatie van een ingezeten belastingplichtige die inkomsten ontvangt in zijn woonlidstaat, met name wanneer de woonlidstaat van de eerste belastingplichtige niet in staat is om hem deze voordelen toe te kennen vanwege het ontbreken van inkomsten van betekenis in die lidstaat.

58. Dat is hier echter niet het geval. Vanwege de gezamenlijke belastingheffing bij verzoekers in het hoofdgeding zou de woonlidstaat, zelfs ingeval verzoekster in het hoofdgeding in die lidstaat niet over inkomsten van betekenis zou beschikken, in staat zijn om haar de voordelen voortvloeiend uit het in aanmerking nemen van haar persoonlijke en gezinssituatie toe te kennen, zoals de aftrek van de premies in het hoofdgeding.

59. Verzoekster in het hoofdgeding bevindt zich dus in een situatie die vergelijkbaar is met die van een ingezeten belastingplichtige die zijn inkomsten in zijn woonlidstaat verwerft.

60. De beperking kan dus enkel worden gerechtvaardigd om dwingende redenen van algemeen belang. Bovendien moet in een dergelijk geval de beperking geschikt zijn om het nagestreefde doel te verwezenlijken en mag zij niet verder gaan dan nodig is voor het bereiken van dat doel (arresten van 17 december 2015, Timac Agro Deutschland, C-388/14, EU:C:2015:829, punt 29 en aldaar aangehaalde rechtspraak, en van 26 mei 2016, Kohll en Kohll-Schlesser, C-300/15, EU:C:2016:361, punt 49).

61. In dit verband betoogt de Duitse regering dat de weigering van de aftrek als bijzondere uitgaven bij vrijgestelde inkomsten gerechtvaardigd is om dwingende redenen van algemeen belang die verband houden met een evenwichtige verdeling van de heffingsbevoegdheid tussen de Bondsrepubliek Duitsland en de Franse Republiek en de samenhang van het nationale belastingstelsel.

62. De Duitse regering wijst erop dat de heffingsbevoegdheid voor inkomsten die zijn betaald door de Franse staat, op grond van artikel 14, lid 1, eerste zin, van het verdrag tussen Frankrijk en Duitsland is toegewezen aan de Franse Republiek, en dat afbreuk zou worden gedaan aan de daarmee overeengekomen verdeling van de heffingsbevoegdheid indien de Bondsrepubliek Duitsland zou worden gedwongen om met de socialezekerheidspremies van verzoekster in het hoofdgeding integraal rekening te houden als bijzondere uitgaven, zonder zich daarbij te baseren op het totale wereldinkomen.

63. Verder zou § 10, lid 2, punt 1, van de EStG 2002, indien op grond hiervan voor de berekening van het belastbare inkomen in Duitsland rekening zou kunnen worden gehouden met de in Frankrijk betaalde socialezekerheidspremies, in die zin in strijd zijn met het beginsel van de samenhang van belastingstelsels dat verzoekster in het hoofdgeding de uitgaven voor sociale voorzieningen zou kunnen aftrekken in het kader van de gezamenlijke belastingheffing met haar echtgenoot, ondanks het feit dat de in Frankrijk betaalde vrijgestelde inkomsten niet in aanmerking worden genomen bij de berekening van de heffingsgrondslag. Voor het in het kader van het progressievoorbehoud bij de echtgenoten verhoogde belastingtarief zou een correctie plaatsvinden door middel van de aftrek van de uitgaven bij de berekening van het belastbaar inkomen. Het voordeel dat voortvloeit uit de aftrek van de verzekeringspremies staat verder in rechtstreeks verband met de belastingheffing over de betrokken inkomsten, en in dit geval ontvangt verzoekster in het hoofdgeding weliswaar niet het theoretische voordeel van de aftrek van die verzekeringspremies, maar geniet zij wel het voordeel dat haar Franse inkomsten in Duitsland niet worden belast.

64. In de eerste plaats dient te worden opgemerkt dat de handhaving van de verdeling van de heffingsbevoegdheid tussen lidstaten inderdaad een dwingende reden van algemeen belang kan vormen waarmee een beperking van een recht op vrij verkeer binnen de Unie kan worden gerechtvaardigd (arresten van 28 februari 2013, Beker en Beker, C-168/11, EU:C:2013:117, punt 56, en van 12 december 2013, Imfeld en Garcet, C-303/12, EU:C:2013:822, punt 68).

65. Deze rechtvaardigingsgrond kan met name worden aanvaard wanneer de betrokken belastingregeling ertoe strekt gedragingen te voorkomen die afbreuk kunnen doen aan het recht van een lidstaat om zijn belastingbevoegdheid uit te oefenen met betrekking tot activiteiten die op zijn grondgebied plaatsvinden (zie in deze zin arresten van 29 maart 2007, Rewe Zentralfinanz, C-347/04, EU:C:2007:194, punt 42; van 18 juli 2007, Oy AA, C-231/05, EU:C:2007:439, punt 54; van 21 januari 2010, SGI, C-311/08, EU:C:2010:26, punt 60; van 28 februari 2013, Beker en Beker, C-168/11, EU:C:2013:117, punt 57, en van 12 december 2013, Imfeld en Garcet, C-303/12, EU:C:2013:822, punt 75).

66. Het staat de lidstaten volgens vaste rechtspraak weliswaar vrij om in het kader van bilaterale verdragen ter voorkoming van dubbele belasting de aanknopingsfactoren ter verdeling van de heffingsbevoegdheid vast te stellen, maar deze verdeling betekent niet dat zij maatregelen mogen treffen die in strijd zijn met de door het Verdrag gewaarborgde vrijheden van verkeer. Bij de uitoefening van de in bilaterale verdragen ter voorkoming van dubbele belasting verdeelde heffingsbevoegdheid dienen de lidstaten zich immers te houden aan de regels van Unierecht (zie in deze zin arresten van 12 december 2002, De Groot, C-385/00, EU:C:2002:750, punten 93 en 94; van 19 januari 2006, Bouanich, C-265/04, EU:C:2006:51, punten 49 en 50, van 12 december 2013, Imfeld en Garcet, C-303/12, EU:C:2013:822, punten 41 en 42).

67. In dit geval is de kwestie van de verdeling van de heffingsbevoegdheid tussen de Franse Republiek en de Bondsrepubliek Duitsland geregeld in het verdrag tussen Frankrijk en Duitsland. Volgens dit verdrag zijn om te beginnen salarissen, lonen en soortgelijke beloningen die door een van de staten, een deelstaat of een publiekrechtelijke rechtspersoon van deze staat of deelstaat aan een in een andere staat woonachtige natuurlijke persoon worden betaald ter zake van huidige of vroegere administratieve of militaire diensten, slechts belastbaar in de eerste staat. Verder bepaalt dit verdrag dat de uit Frankrijk afkomstige, door ingezetenen van de Bondsrepubliek Duitsland ontvangen inkomsten die overeenkomstig dit verdrag in Frankrijk aan belastingheffing zijn onderworpen, niet worden opgenomen in de heffingsgrondslag voor de Duitse belasting, zonder dat hiermee het recht van de Bondsrepubliek Duitsland wordt beperkt om bij de bepaling van het belastingtarief rekening te houden met de inkomsten die op deze wijze van belasting zijn vrijgesteld. Ten slotte voorziet dit verdrag niet in de verplichting voor de bronlidstaat van de inkomsten om de persoonlijke en de gezinssituatie van belastingplichtigen die hun economische activiteiten in deze lidstaat uitoefenen maar in een andere lidstaat wonen, geheel in aanmerking te nemen.

68. De Bondsrepubliek Duitsland heeft dus vrijwillig de verdeling van de heffingsbevoegdheid zoals deze onmiddellijk voortvloeit uit de bepalingen van het verdrag tussen Frankrijk en Duitsland aanvaard door af te zien van het recht om belasting te heffen over loon zoals het door verzoekster in het hoofdgeding ontvangene, zonder dat zij bij

verdrag is ontheven van de verplichting om de persoonlijke en gezinssituatie van de op haar grondgebied wonende belastingplichtigen die hun economische activiteiten in Frankrijk uitoefenen, geheel in aanmerking te nemen.

69. Dit mechanisme voor de verdeling van de heffingsbevoegdheid kan niet worden aangevoerd ter rechtvaardiging van de weigering om de ingezeten belastingplichtige de voordelen toe te kennen die voortvloeien uit het in aanmerking nemen van zijn persoonlijke en gezinssituatie.

70. Indien de Bondsrepubliek de aftrek zou toestaan van ziektekosten- en pensioenpremies zoals die in het hoofdgeding, zou dat geen afbreuk doen aan de verdeling van de heffingsbevoegdheid zoals die is overeengekomen in het verdrag tussen Frankrijk en Duitsland. Door de aftrek van deze premies toe te staan zou de Bondsrepubliek Duitsland niet ten gunste van andere lidstaten afstand doen van een deel van haar fiscale bevoegdheid en zou ook geen afbreuk worden gedaan aan haar bevoegdheid om de op haar grondgebied uitgeoefende activiteiten te belasten.

71. Verder heeft het Hof reeds geoordeeld dat een rechtvaardigingsgrond ontleend aan een evenwichtige verdeling van de heffingsbevoegdheid niet door de woonlidstaat van een belastingplichtige kan worden aangevoerd om te ontkomen aan de verantwoordelijkheid – die in beginsel op de woonlidstaat rust – om de met de persoonlijke en gezinssituatie verbonden aftrekposten toe te kennen die de belastingplichtige toekomen, tenzij deze staat bij verdrag ontheven is van de verplichting om de persoonlijke en gezinssituatie van de op zijn grondgebied wonende belastingplichtigen die hun economische activiteit gedeeltelijk in een andere lidstaat uitoefenen, geheel in aanmerking te nemen, of constateert dat een of meer werklidstaten, zelfs buiten enig verdrag om, over de door hen belaste inkomsten voordelen verlenen die verband houden met de persoonlijke en gezinssituatie van belastingplichtigen die niet op het grondgebied van deze staten wonen, maar aldaar belastbare inkomsten verwerven (zie in deze zin arresten van 12 december 2002, De Groot, C-385/00, EU:C:2002:750, punten 99 en 100; van 28 februari 2013, Beker en Beker, C-168/11, EU:C:2013:117, punt 56, en van 12 december 2013, Imfeld en Garcet, C-303/12, EU:C:2013:822, punt 69).

72. Zoals is opgemerkt in de punten 67 en 68 van dit arrest, is de Bondsrepubliek Duitsland bij het verdrag tussen Frankrijk en Duitsland niet ontheven van haar verplichting om de persoonlijke en gezinssituatie van de op haar grondgebied wonende belastingplichtigen geheel in aanmerking te nemen.

73. Wat betreft de eventuele mogelijkheid dat de werklidstaat eenzijdig heeft besloten rekening te houden met de persoonlijke en gezinssituatie van verzoekster in het hoofdgeding door haar de fiscale aftrek van de in het hoofdgeding aan de orde zijnde verzekeringspremies toe te staan, moet erop worden gewezen dat het verzoek om een prejudiciële beslissing geen aanwijzingen bevat om te bepalen of dit is gebeurd of zelfs mogelijk zou zijn.

74. In ieder geval wordt in de in het hoofdgeding aan de orde zijnde belastingregeling geen onderling verband gelegd tussen de belastingvoordelen die worden toegekend aan de ingezetenen van de betrokken lidstaat, en de belastingvoordelen die zij kunnen krijgen in hun werklidstaat (zie naar analogie arrest van 12 december 2013, Imfeld en Garcet, C-303/12, EU:C:2013:822, punt 73).

75. In de tweede plaats kan de noodzaak om de samenhang van een belastingstelsel te bewaren als dwingende reden van algemeen belang weliswaar een beperking van de uitoefening van de verdragsrechtelijk gewaarborgde fundamentele vrijheden rechtvaardigen, maar wil een argument ontleend aan een dergelijke rechtvaardigingsgrond slagen, dan moet er volgens het Hof een rechtstreeks verband bestaan tussen het betrokken belastingvoordeel en de compensatie van dit voordeel door een welbepaalde heffing, waarbij het rechtstreekse verband in het licht van de door de betrokken belastingregeling nagestreefde doelstelling moet worden beoordeeld (zie in deze zin arresten van 1 juli 2010, Dijkman en Dijkman-Lavaleije, C-233/09, EU:C:2010:397, punten 54 en 55 en aldaar aangehaalde rechtspraak, en van 26 mei 2016, Kohll en KohllSchlesser, C-300/15, EU:C:2016:361, punt 60).

76. In dit geval strekt het betoog van de Duitse regering ertoe aan te tonen dat met het niet toestaan van de aftrek van bijzondere uitgaven wordt beoogd te waarborgen dat voor het in het kader van het progressievoorbehoud bij echtgenoten verhoogde belastingtarief geen correctie plaatsvindt door middel van een verlaging van het belastbare inkomen. Verder wil de Duitse regering met haar betoog aantonen dat het voordeel dat voortvloeit uit de aftrek van de premies wordt gecompenseerd door de belastingheffing over de inkomsten die in rechtstreeks verband staan met die premies.

77. Er dient op te worden gewezen dat er tussen de vrijstellingsmethode met progressievoorbehoud – waarbij de woonlidstaat de in een andere lidstaat ontvangen inkomsten niet belast maar met deze inkomsten wel rekening houdt bij de vaststelling van het op het belastbare inkomen toepasselijke belastingtarief – en de weigering om rekening te houden met premies die in rechtstreeks verband staan met de vrijgestelde inkomsten, geen rechtstreeks verband bestaat in de zin van de in punt 75 van dit arrest bedoelde rechtspraak. De effectiviteit van de progressiviteit van de inkomstenbelasting in de woonlidstaat, waarin het doel van de methode van vrijstelling met progressievoorbehoud bestaat, is immers niet afhankelijk van de mogelijkheid om het in aanmerking nemen van de persoonlijke en gezinssituatie van de belastingplichtige te beperken tot uitgaven die verbonden zijn met in die

lidstaat belaste inkomsten (zie naar analogie arrest van 12 december 2002, De Groot, C-385/00, EU:C:2002:750, punt 109).

78. Aangezien de Bondsrepubliek Duitsland er in het verdrag tussen Frankrijk en Duitsland mee heeft ingestemd dat de in Frankrijk ontvangen inkomsten uitsluitend in die lidstaat worden belast, kan zij verder ook niet met vrucht betogen dat het nadeel dat voortvloeit uit de weigering om aftrek van premies zoals die in het hoofdgeding toe te staan, wordt gecompenseerd door het feit dat die inkomsten in Duitsland niet worden belast. Dit betoog zou er in feite op neerkomen dat de verdeling van de heffingsbevoegdheid waarmee de Bondsrepubliek Duitsland in het verdrag tussen Frankrijk en Duitsland vrijwillig heeft ingestemd, ter discussie wordt gesteld.

79. De weigering om de ingezeten belastingplichtige de voordelen toe te kennen die voortvloeien uit het in aanmerking nemen van zijn persoonlijke en gezinssituatie door het toestaan van de aftrek als bijzondere uitgaven van de premies voor aanvullende pensioen- en ziektekostenverzekeringen zoals die in het hoofdgeding, kan dus niet worden gerechtvaardigd om redenen die verband houden met een evenwichtige verdeling van de heffingsbevoegdheid en het behoud van de fiscale samenhang.

80. Gelet op een en ander dient op de gestelde vragen te worden geantwoord dat artikel 45 VWEU aldus moet worden uitgelegd dat dit artikel zich verzet tegen regelgeving in een lidstaat zoals die in het hoofdgeding, op grond waarvan een in die lidstaat wonende en in de overheidsdienst van een andere lidstaat werkzame belastingplichtige de pensioen- en ziektekostenverzekeringspremies die zijn ingehouden op zijn in de werklidstaat ontvangen loon – anders dan vergelijkbare socialezekerheidspremies die zijn betaald in zijn woonlidstaat – niet kan aftrekken van de heffingsgrondslag voor de inkomstenbelasting in zijn woonlidstaat, wanneer het loon op grond van het verdrag ter voorkoming van dubbele belasting tussen de beide lidstaten niet mag worden belast in de woonlidstaat van de werknemer en enkel het op overige inkomsten toe te passen belastingtarief verhoogt.

Kosten

81. ...

Het Hof (Tiende kamer)

verklaart voor recht:

Artikel 45 VWEU moet aldus worden uitgelegd dat dit artikel zich verzet tegen regelgeving in een lidstaat zoals die in het hoofdgeding, op grond waarvan een in die lidstaat wonende en in de overheidsdienst van een andere lidstaat werkzame belastingplichtige de pensioen- en ziektekostenverzekeringspremies die zijn ingehouden op zijn in de werklidstaat ontvangen loon – anders dan vergelijkbare socialezekerheidspremies die zijn betaald in zijn woonlidstaat – niet kan aftrekken van de heffingsgrondslag voor de inkomstenbelasting in zijn woonlidstaat, wanneer het loon op grond van het verdrag ter voorkoming van dubbele belasting tussen de beide lidstaten niet mag worden belast in de woonlidstaat van de werknemer en enkel het op overige inkomsten toe te passen belastingtarief verhoogt.

HvJ EU 7 september 2017, zaak C-6/16 (Eqiom SAS, Enka SA v. Ministre des Finances et des Comptes publics)

Zesde kamer: *E. Regan, kamerpresident, A. Arabadjiev en C. G. Fernlund (rapporteur), rechters*

Advocaat-generaal: *J. Kokott*

1. Het verzoek om een prejudiciële beslissing betreft de uitlegging van de artikelen 49 en 63 VWEU alsmede van artikel 1, lid 2, van richtlijn 90/435/EEG van de Raad van 23 juli 1990 betreffende de gemeenschappelijke fiscale regeling voor moedermaatschappijen en dochterondernemingen uit verschillende lidstaten (*PB* 1990, L 225, blz. 6), zoals gewijzigd bij richtlijn 2003/123/EG van de Raad van 22 december 2003 (*PB* 2004, L 7, blz. 41) (hierna: „moeder-dochterrichtlijn").

2. Dit verzoek is ingediend in het kader van een geding tussen Eqiom SAS, voorheen Holcim France SAS, rechtsopvolgster van de vennootschap Euro Stockage, en Enka SA enerzijds en de Franse belastingdienst anderzijds over diens weigering om de dividenden die Euro Stockage aan Enka, de moedermaatschappij van Euro Stockage, heeft uitgekeerd, vrij te stellen van bronbelasting.

Toepasselijke bepalingen

Unierecht

3. De derde en de vijfde overweging van de moeder-dochterrichtlijn luiden als volgt:

„Overwegende dat de huidige fiscale voorschriften voor de betrekkingen tussen moedermaatschappijen en dochterondernemingen uit verschillende lidstaten van land tot land aanzienlijke verschillen vertonen en in het algemeen minder gunstig zijn dan de voorschriften voor de betrekkingen tussen moedermaatschappijen en dochterondernemingen van dezelfde lidstaat; dat de samenwerking tussen vennootschappen van verschillende lidstaten hierdoor benadeeld wordt ten opzichte van de samenwerking tussen vennootschappen van dezelfde lidstaat; dat deze benadeling moet worden opgeheven door invoering van een gemeenschappelijke regeling en dat hergroeperingen van vennootschappen op communautair niveau aldus vergemakkelijkt moeten worden;

[...]

Overwegende dat voorts de winst, die een dochteronderneming aan haar moedermaatschappij uitkeert, behoudens in enkele speciale gevallen, van inhouding van een belasting aan de bron moet worden vrijgesteld teneinde de belastingneutraliteit te verzekeren; [...]"

4. Artikel 1 van deze richtlijn bepaalt:

„1. Elke lidstaat past deze richtlijn toe:

op uitkeringen van winst die door vennootschappen van deze Staat zijn ontvangen van hun dochterondernemingen uit andere lidstaten;

op winst die door vennootschappen van deze Staat is uitgekeerd aan vennootschappen van andere lidstaten, waarvan zij dochteronderneming zijn,

[...]

2. Deze richtlijn vormt geen beletsel voor de toepassing van nationale of verdragsrechtelijke voorschriften [die noodzakelijk zijn] ter bestrijding van fraude en misbruiken."

5. Artikel 5, lid 1, van deze richtlijn luidt:

„De door een dochteronderneming aan de moedermaatschappij uitgekeerde winst wordt vrijgesteld van bronbelasting."

Frans recht

6. De code général des impôts (algemeen belastingwetboek), zoals van toepassing ten tijde van de feiten in het hoofdgeding (hierna: „CGI"), bepaalt in artikel 119 bis, lid 2, eerste alinea:

„Over de in de artikelen 108 tot en met 117 bis bedoelde opbrengsten wordt een bronbelasting geheven tegen het in artikel 187-1 bepaalde tarief wanneer zij ten goede komen aan personen die hun fiscale woonplaats of zetel niet in Frankrijk hebben. Bij decreet worden de nadere regels en voorwaarden voor toepassing van deze bepaling vastgelegd."

7. Artikel 119 ter CGI bepaalt:

„1. De in artikel 119 bis, lid 2, bedoelde bronbelasting geldt niet voor dividenden die aan een rechtspersoon die voldoet aan de in lid 2 van dit artikel opgesomde voorwaarden, zijn uitgekeerd door een vennootschap of instelling die tegen het normale tarief aan de vennootschapsbelasting is onderworpen.
2. Om voor de in lid 1 bedoelde vrijstelling in aanmerking te komen, moet de rechtspersoon jegens de schuldenaar of de betaler van deze inkomsten aantonen dat hij de daadwerkelijke begunstigde van de dividenden is en aan de volgende voorwaarden voldoet:

a. zijn daadwerkelijke bestuurszetel is gelegen in een lidstaat van de Europese Gemeenschap zonder dat hij krachtens een dubbelbelastingverdrag met een derde staat wordt beschouwd als een rechtspersoon met fiscale woonplaats buiten de Gemeenschap;

b. hij neemt een van de vormen aan die zijn opgesomd in een lijst die wordt vastgesteld bij besluit van de minister van Economie overeenkomstig de bijlage bij de [moeder-dochterrichtlijn];

c. hij bezit rechtstreeks en ononderbroken gedurende ten minste twee jaar ten minste 25 % van het kapitaal van de uitkerende rechtspersoon of hij verbindt zich ertoe deze deelneming ononderbroken gedurende ten minste twee jaar aan te houden en hij duidt, zoals inzake de belasting over de toegevoegde waarde een vertegenwoordiger aan die verantwoordelijk is voor betaling van de in lid 1 bedoelde bronbelasting ingeval van niet-nakoming van deze verbintenis;

Het in de vorige alinea bepaalde participatiepercentage wordt verlaagd tot 20 % voor dividenden die zijn uitgekeerd tussen 1 januari 2005 en 31 december 2006, tot 15 % voor dividenden die zijn uitgekeerd tussen 1 januari 2007 en 31 december 2008 en tot 10 % voor dividenden die worden uitgekeerd vanaf 1 januari 2009;

d. hij is in de lidstaat van vestiging van zijn daadwerkelijke bestuurszetel aan de vennootschapsbelasting van die lidstaat onderworpen, zonder keuzemogelijkheid en zonder ervan te zijn vrijgesteld.

[...]

2. bis. bepalingen van lid 1 zijn van toepassing op dividenden die worden uitgekeerd aan vaste inrichtingen van rechtspersonen die voldoen aan de in lid 2 gestelde voorwaarden, wanneer deze vaste inrichtingen zijn gelegen in Frankrijk of in een andere lidstaat van de Europese Gemeenschap.
3. De bepalingen van lid 1 zijn niet van toepassing wanneer de dividenden worden uitgekeerd aan een rechtspersoon die direct of indirect wordt gecontroleerd door één of meerdere personen gevestigd in staten die geen lid van de Gemeenschap zijn, tenzij die rechtspersoon aantoont dat de keten van deelnemingen niet als voornaamste doel of als een van haar voornaamste doelen heeft om voordeel te halen uit de bepalingen van lid 1.
[...]"

Hoofdgeding en prejudiciële vragen

8. Eqiom, voorheen Holcim France, rechtsopvolgster van Euro Stockage, een vennootschap naar Frans recht, is een 100 %-dochteronderneming van de vennootschap naar Luxemburgs recht, Enka. Enka is zelf voor meer dan 99 % in handen van Waverley Star Investments Ltd, een vennootschap naar Cypriotisch recht, die op haar beurt volledig wordt gecontroleerd door Campsores Holding SA, een vennootschap naar Zwitsers recht.

9. Euro Stockage heeft in de loop van 2005 en 2006 dividenden uitgekeerd aan haar moedermaatschappij, Enka. Na afloop van een audit bij eerstgenoemde vennootschap heeft de Franse belastingdienst deze vennootschap onderworpen aan de bronbelasting van artikel 119 bis, lid 2, CGI.

10. Beide vennootschappen hebben daarop verzocht om krachtens artikel 119 ter van dat wetboek te worden vrijgesteld van de bronbelasting. De belastingdienst heeft hun verzoek evenwel afgewezen op grond van artikel 119 ter, lid 3, van dat wetboek, dat bepaalt dat die vrijstelling niet van toepassing is wanneer de dividenden worden uitgekeerd aan een rechtspersoon die direct of indirect wordt gecontroleerd door een of meerdere personen gevestigd in staten die geen lid van de Europese Unie zijn, tenzij die rechtspersoon aantoont dat de keten van deelnemingen niet als voornaamste doel of als een van de voornaamste doelen heeft om voordeel te halen uit de vrijstelling.

11. Deze vennootschappen hebben bij de Tribunal administratif de Montreuil (bestuursrechter in eerste aanleg Montreuil, Frankrijk) beroep ingesteld tot ontheffing van de betrokken bronbelasting. Nadat hun beroepen bij vonnis van 28 april 2011 waren verworpen, hebben zij hoger beroep ingesteld bij de Cour administrative d'appel de Versailles (bestuursrechter in tweede aanleg Versailles, Frankrijk), die de verwerping van de beroepen heeft bevestigd.

12. Daarop hebben diezelfde vennootschappen hogere voorziening bij de Conseil d'État (hoogste bestuursrechter, Frankrijk) ingesteld en ter ondersteuning aangevoerd dat de betrokken wettelijke belastingregeling onverenigbaar is met het primaire Unierecht en met de moeder-dochterrichtlijn.

13. Tegen deze achtergrond heeft de Conseil d'État de behandeling van de zaak geschorst en het Hof verzocht om een prejudiciële beslissing over de volgende vragen:

„1. Als een nationale regeling van een lidstaat in het nationaal recht gebruikmaakt van de mogelijkheid voorzien in artikel 1, lid 2, van [de moeder-dochterrichtlijn], kunnen dan de handelingen of overeenkomsten ter uitvoering van die mogelijkheid worden getoetst aan het primaire Unierecht?
2. Moeten de bepalingen van artikel 1, lid 2, van [de moeder-dochterrichtlijn], die de lidstaten een ruime beoordelingsmarge geven om te bepalen welke voorschriften [noodzakelijk zijn] ‚ter bestrijding van fraude en misbruiken', aldus worden uitgelegd dat zij eraan in de weg staan dat een lidstaat een mechanisme instelt dat ertoe strekt het voordeel van de vrijstelling niet te verlenen voor dividenden die worden uitgekeerd aan een rechtspersoon die direct of indirect wordt gecontroleerd door personen die zijn gevestigd in landen die geen leden van de Unie zijn, behalve indien die rechtspersoon aantoont dat de keten van deelnemingen niet als voornaamste of als een van haar voornaamste doelen heeft om voordeel te halen uit de vrijstelling?
3. a. Als de verenigbaarheid met het Unierecht van het voornoemde ‚anti-misbruik'-mechanisme ook moet worden getoetst aan de bepalingen van het Verdrag, moet daarbij ook rekening worden gehouden met het voorwerp van de betrokken wetgeving, in het licht van de bepalingen van artikel 43 [EG], thans artikel 49 [VWEU], wanneer de vennootschap die in aanmerking komt voor de uitkering van de dividenden, als resultaat van de keten van deelnemingen die als een van haar voornaamste doelstellingen het voordeel van de vrijstelling heeft, direct of indirect wordt gecontroleerd door een of meerdere personen die zijn gevestigd in derde landen, en die zich dus niet kunnen beroepen op de vrijheid van vestiging?
b. Als voornoemde vraag ontkennend wordt beantwoord, moet dan de verenigbaarheid worden onderzocht in het licht van artikel 56 [EG], thans artikel 63 [VWEU]?
4. Moeten voornoemde bepalingen aldus worden uitgelegd dat zij in de weg staan aan een nationale regeling die de dividenden die een vennootschap van een lidstaat uitkeert aan een vennootschap die is gevestigd in een andere lidstaat, uitsluit van de vrijstelling van de bronbelasting, wanneer die dividenden worden uitgekeerd aan een rechtspersoon die direct of indirect wordt gecontroleerd door een of meerdere personen die zijn gevestigd in landen die geen leden van de Unie zijn, tenzij die rechtspersoon aantoont dat die keten van deelnemingen niet als voornaamste of als een van haar voornaamste doelen heeft om voordeel te halen uit de vrijstelling?"

Beantwoording van de prejudiciële vragen

14. Met zijn vragen, die samen dienen te worden onderzocht, wenst de verwijzende rechter in wezen te vernemen of artikel 1, lid 2, van de moeder-dochterrichtlijn alsmede artikel 49 of artikel 63 VWEU aldus moeten worden uitgelegd dat zij zich verzetten tegen een nationale wettelijke belastingregeling als die in het hoofdgeding, volgens welke als voorwaarde voor het belastingvoordeel van artikel 5, lid 1, van deze richtlijn – namelijk vrijstelling van bronbelasting voor winstuitkeringen van een ingezeten dochteronderneming aan een niet-ingezeten moedermaatschappij wanneer deze moedermaatschappij direct of indirect wordt gecontroleerd door een of meer ingezetenen van een derde staat – geldt dat deze moedermaatschappij aantoont dat de keten van deelnemingen niet als voornaamste doel of als een van haar voornaamste doelen heeft, voordeel te halen uit deze vrijstelling.

Toepasselijkheid van de Verdragsbepalingen

15. Aangezien de prejudiciële vragen betrekking hebben op zowel de bepalingen van de moeder-dochterrichtlijn als de Verdragsbepalingen en een nationale maatregel inzake een materie die op het niveau van de Unie uitputtend is geharmoniseerd, volgens vaste rechtspraak aan de bepalingen van die harmonisatiemaatregel moet worden getoetst en niet aan die van het primaire recht (arrest van 8 maart 2017, Euro Park Service, C-14/16, EU:C:2017:177, punt 19 en aldaar aangehaalde rechtspraak), dient vooraf te worden uitgemaakt of artikel 1, lid 2, van de moeder-dochterrichtlijn een dergelijke harmonisatie tot stand brengt.

16. Blijkens de bewoordingen van die bepaling is dit duidelijk niet het geval.

17. Artikel 1, lid 2, van de moeder-dochterrichtlijn beperkt zich immers ertoe de lidstaten de bevoegdheid te laten de nationale of verdragsrechtelijke voorschriften toe te passen die noodzakelijk zijn ter bestrijding van fraude en misbruik. Bijgevolg kunnen dergelijke bepalingen worden getoetst aan het primaire Unierecht.

18. Uit het voorgaande volgt dat een nationale wettelijke regeling als die in het hoofdgeding, die is vastgesteld om uitvoering te geven aan artikel 1, lid 2, van de moeder-dochterrichtlijn, niet alleen aan de bepalingen van die richtlijn kan worden getoetst, maar ook aan de toepasselijke bepalingen van het primaire recht.

Artikel 1, lid 2, van de moeder-dochterrichtlijn

19. Vooraf zij verduidelijkt dat niet wordt betwist dat de bij het hoofdgeding betrokken vennootschappen onder de moeder-dochterrichtlijn vallen en evenmin dat de betrokken winstuitkeringen binnen de werkingssfeer van artikel 5, lid 1, ervan vallen.

20. Zoals uit de derde overweging ervan blijkt, beoogt de moeder-dochterrichtlijn door de invoering van een gemeenschappelijke fiscale regeling iedere benadeling van de samenwerking tussen vennootschappen uit ver-

schillende lidstaten ten opzichte van de samenwerking tussen vennootschappen van dezelfde lidstaat op te heffen en aldus de hergroepering van vennootschappen op het niveau van de Unie te vergemakkelijken. Deze richtlijn beoogt aldus de fiscale neutraliteit van de winstuitkering door een in een lidstaat gelegen dochteronderneming aan haar in een andere lidstaat gevestigde moedermaatschappij te verzekeren (arrest van 8 maart 2017, Wereldhave Belgium e.a., C-448/15, EU:C:2017:180, punt 25 en aldaar aangehaalde rechtspraak).

21. Daartoe wordt in de vijfde overweging van deze richtlijn verklaard dat, teneinde de belastingneutraliteit te verzekeren, de winst die een dochteronderneming aan haar moedermaatschappij uitkeert, van inhouding van een belasting aan de bron moet worden vrijgesteld.

22. Op die grondslag formuleert artikel 5, lid 1, van diezelfde richtlijn het beginsel van een verbod van bronbelasting op de door een in een lidstaat gevestigde dochteronderneming aan haar in een andere lidstaat gevestigde moedermaatschappij uitgekeerde winst ter voorkoming van dubbele belasting (zie in die zin arresten van 17 oktober 1996, Denkavit e.a., C-283/94, C-291/94 en C-292/94, EU:C:1996:387, punt 22, en 25 september 2003, Océ van der Grinten, C-58/01, EU:C:2003:495, punt 83).

23. Door de lidstaten te verbieden een bronbelasting in te houden op de winstuitkeringen van een ingezeten dochteronderneming aan haar niet-ingezeten moedermaatschappij, beperkt artikel 5, lid 1, van de moederdochterrichtlijn de bevoegdheid van de lidstaten tot het belasten van de winsten die door op hun grondgebied gevestigde vennootschappen worden uitgekeerd aan vennootschappen die in een andere lidstaat zijn gevestigd (zie in die zin arrest van 1 oktober 2009, Gaz de France – Berliner Investissement, C-247/08, EU:C:2009:600, punt 38).

24. Derhalve kunnen de lidstaten niet eenzijdig beperkende maatregelen vaststellen en het recht op de in dat artikel 5, lid 1, voorziene vrijstelling van bronbelasting aan verschillende voorwaarden koppelen (zie in die zin beschikking van 4 juni 2009, KBC Bank en Beleggen, Risicokapitaal, Beheer, C-439/07 en C-499/07, EU:C:2009:339, punt 38 en aldaar aangehaalde rechtspraak).

25. Artikel 1, lid 2, van de moeder-dochterrichtlijn bepaalt evenwel dat deze richtlijn geen beletsel vormt voor de toepassing van nationale of verdragsrechtelijke voorschriften ter bestrijding van fraude en misbruiken.

26. Zoals de advocaat-generaal in de punten 24 en 25 van haar conclusie heeft opgemerkt, moet artikel 1, lid 2, van de moeder-dochterrichtlijn, hoewel daarin uitdrukking wordt gegeven aan het algemene beginsel van Unierecht dat niemand zich met misbruik of frauduleus kan beroepen op de door het rechtsstelsel van de Unie geboden rechten, als afwijking van de bij deze richtlijn ingevoerde belastingregels strikt worden uitgelegd (zie in die zin arrest van 25 september 2003, Océ van der Grinten, C-58/01, EU:C:2003:495, punt 86).

27. Van de bij artikel 1, lid 2, van de moeder-dochterrichtlijn aan de lidstaten geboden bevoegdheid om ter zake toepassing te maken van de nationale of verdragsrechtelijke voorschriften ter bestrijding van fraude en misbruik kan dus geen uitlegging worden gegeven die verder gaat dan de tekst zelf van die bepaling (zie in die zin arrest van 25 september 2003, Océ van der Grinten, C-58/01, EU:C:2003:495, punt 86).

28. Dienaangaande zij opgemerkt dat uit de bewoordingen van die bepaling blijkt dat enkel de toepassing is toegestaan van de nationale of verdragsrechtelijke voorschriften die daartoe „noodzakelijk" zijn.

29. Alsdan rijst de vraag of een nationale wettelijke belastingregeling als die in het hoofdgeding voldoet aan dit noodzakelijkheidsvereiste.

30. In dit verband zij eraan herinnerd dat een nationale wettelijke regeling slechts beoogt fraude en misbruik te voorkomen wanneer zij specifiek tot doel heeft, gedragingen te verhinderen die erin bestaan, volstrekt kunstmatige constructies op te zetten die geen verband houden met de economische realiteit en bedoeld zijn om ten onrechte een belastingvoordeel te verkrijgen (zie in die zin arresten van 12 september 2006, Cadbury Schweppes en Cadbury Schweppes Overseas, C-196/04, EU:C:2006:544, punt 55, en 5 juli 2012, SIAT, C-318/10, EU:C:2012:415, punt 40).

31. Bijgevolg kan een algemeen vermoeden van fraude en misbruik geen rechtvaardiging vormen voor een belastingmaatregel die afbreuk doet aan de doelstellingen van een richtlijn of afdoet aan de uitoefening van een door het Verdrag gewaarborgde fundamentele vrijheid (arresten van 26 september 2000, Commissie/België, C-478/98, EU:C:2000:497, punt 45 en aldaar aangehaalde rechtspraak, en 5 juli 2012, SIAT, C-318/10, EU:C:2012:415, punt 38).

32. Bij het onderzoek of met een transactie fraude en misbruik wordt nagestreefd, kunnen de bevoegde nationale autoriteiten niet ermee volstaan, vooraf vastgestelde algemene criteria toe te passen, maar zij moeten in elk concreet geval de betreffende transactie in haar geheel onderzoeken. De vaststelling van een belastingregel van algemene strekking die bepaalde categorieën van belastingplichtigen automatisch van het belastingvoordeel uitsluit, zonder dat de belastingdienst gehouden is zij het maar een begin van bewijs of aanwijzingen van fraude en misbruik over te leggen, gaat verder dan ter voorkoming van fraude en misbruik noodzakelijk is (zie in die zin arrest van 8 maart 2017, Euro Park Service, C-14/16, EU: C:2017:177, punten 55 en 56).

33. In casu dient te worden vastgesteld dat de in het hoofdgeding aan de orde zijnde wettelijke regeling niet tot specifiek doel heeft, volstrekt kunstmatige constructies waarmee wordt beoogd ten onrechte dat voordeel te verkrijgen, uit te sluiten van een belastingvoordeel, maar in het algemeen ziet op elke situatie waarin een moedermaatschappij die direct of indirect wordt gecontroleerd door ingezetenen van een derde staat, haar zetel om welke reden ook buiten Frankrijk heeft.

34. Zoals de advocaat-generaal in de punten 27 en 28 van haar conclusie heeft opgemerkt, impliceert alleen al de omstandigheid dat een in de Unie gevestigde vennootschap direct of indirect wordt gecontroleerd door ingezetenen van een derde staat, evenwel niet dat sprake is van een volstrekt kunstmatige constructie die geen verband houdt met de economische realiteit en die uitsluitend is opgezet om ten onrechte een belastingvoordeel te verkrijgen.

35. Bovendien zij gepreciseerd dat een dergelijke vennootschap hoe dan ook is onderworpen aan de belastingwetgeving van haar lidstaat van vestiging (zie in die zin arrest van 12 december 2002, Lankhorst-Hohorst, C-324/00, EU:C:2002:749, punt 37 en aldaar aangehaalde rechtspraak).

36. Door als voorwaarde voor de vrijstelling van bronbelasting over winstuitkeringen van een ingezeten dochteronderneming aan haar niet-ingezeten moedermaatschappij te stellen dat deze moedermaatschappij aantoont dat de keten van deelnemingen niet als voornaamste doel of als een van haar voornaamste doelen heeft, voordeel uit deze vrijstelling te halen, zonder dat de belastingdienst gehouden is zij het maar een begin van bewijs van fraude en misbruik te leveren, voert de in het hoofdgeding aan de orde zijnde wettelijke regeling bijgevolg een algemeen vermoeden van fraude en misbruik in en doet zij af aan het met de moeder-dochterrichtlijn nagestreefde doel om dubbele belasting over van een dochteronderneming aan haar moedermaatschappij te vermijden.winstuitkeringen

37. Aan deze uitlegging wordt niet afgedaan door de omstandigheid dat de betrokken moedermaatschappij direct of indirect wordt gecontroleerd door een of meerdere ingezetenen van een derde staat. Dienaangaande behoeft slechts te worden opgemerkt dat uit geen enkele bepaling van de moeder-dochterrichtlijn blijkt dat de herkomst van de aandeelhouders van de in de Unie gevestigde vennootschappen van enig belang is voor het recht van deze vennootschappen om aanspraak te maken op de bij deze richtlijn geboden belastingvoordelen.

38. Gelet op al het voorgaande dient te worden vastgesteld dat artikel 1, lid 2, van de moeder-dochterrichtlijn aldus moet worden uitgelegd dat het zich verzet tegen een nationale wettelijke belastingregeling als die in het hoofdgeding, volgens welke als voorwaarde voor het belastingvoordeel van artikel 5, lid 1, van deze richtlijn – namelijk vrijstelling van bronbelasting voor winstuitkeringen van een ingezeten dochteronderneming aan een niet-ingezeten moedermaatschappij wanneer deze moedermaatschappij direct of indirect wordt gecontroleerd door een of meer ingezetenen van een derde staat – geldt dat deze moedermaatschappij aantoont dat de keten van deelnemingen niet als voornaamste doel of als een van haar voornaamste doelen heeft, voordeel te halen uit deze vrijstelling.

Toepasselijke vrijheid

39. Uit de rechtspraak van het Hof blijkt dat de fiscale behandeling van dividenden zowel onder de vrijheid van vestiging als onder het vrije verkeer van kapitaal kan vallen (arrest van 15 september 2011, Accor, C-310/09, EU:C:2011:581, punt 30 en aldaar aangehaalde rechtspraak).

40. Voor de beantwoording van de vraag of een nationale wettelijke regeling onder de ene of de andere vrijheid van verkeer valt, dient rekening te worden gehouden met het voorwerp van de wettelijke regeling in kwestie (arrest van 15 september 2011, Accor, C-310/09, EU:C:2011:581, punt 31 en aldaar aangehaalde rechtspraak).

41. In dit verband heeft het Hof reeds geoordeeld dat een nationale wettelijke regeling die alleen van toepassing is op deelnemingen waarmee een bepalende invloed op de besluiten van een vennootschap kan worden uitgeoefend en de activiteiten ervan kunnen worden bepaald, onder de Verdragsbepalingen inzake de vrijheid van vestiging valt. Nationale bepalingen die van toepassing zijn op participaties die enkel als belegging worden genomen zonder dat het de bedoeling is invloed op het bestuur en de zeggenschap van de onderneming uit te oefenen, moeten daarentegen uitsluitend aan het beginsel van het vrije verkeer van kapitaal worden getoetst (arrest van 15 september 2011, Accor, C-310/09, EU:C:2011:581, punt 32 en aldaar aangehaalde rechtspraak).

42. In casu blijkt uit de verwijzingsbeslissing dat de in het hoofdgeding aan de orde zijnde wettelijke belastingregeling in 2005 en 2006 van toepassing was op moedermaatschappijen die minstens 20 % van het kapitaal van hun dochterondernemingen in handen hadden. Die beslissing bevat daarentegen geen gegevens over het voorwerp van die wettelijke regeling.

43. Zoals de advocaat-generaal in punt 42 van haar conclusie heeft verklaard, impliceert een dergelijke deelneming niet noodzakelijk dat de houdster ervan een bepalende invloed op de besluiten van de uitkerende vennootschap uitoefent (zie in die zin arrest van 13 april 2000, Baars, C-251/98, EU:C:2000:205, punt 20).

44. In die omstandigheden dient rekening te worden gehouden met de feitelijke gegevens van het concrete geval teneinde uit te maken of de situatie waarop het hoofdgeding betrekking heeft, onder de ene of de andere van deze vrijheden van verkeer valt (zie in die zin arrest van 13 november 2012, Test Claimants in the FII Group Litigation, C-35/11, EU:C:2012:707, punten 93 en 94).

45. Wat de feitelijke gegevens van het hoofdgeding betreft, blijkt uit het aan het Hof overgelegde dossier dat Enka ten tijde van de feiten het volledige kapitaal van haar Franse dochteronderneming, Euro Stockage, in handen had.

46. Derhalve dient te worden vastgesteld dat een dergelijke deelneming eerstbedoelde vennootschap een bepalende invloed op de besluiten van laatstbedoelde vennootschap verleende, waardoor zij de activiteiten ervan kon bepalen. Bijgevolg moeten de op deze deelnemingen toepasselijke nationale bepalingen worden getoetst aan de vrijheid van vestiging.

47. In deze context zij gepreciseerd dat, anders dan de Franse regering aanvoert, de omstandigheid dat een moedermaatschappij die ingezetene is van een andere lidstaat dan de Franse Republiek, direct of indirect wordt gecontroleerd door een of meerdere ingezetenen van een derde staat, deze vennootschap niet het recht ontneemt om zich op deze vrijheid te beroepen.

48. Het Hof heeft immers reeds voor recht verklaard dat uit geen enkele Unierechtelijke bepaling volgt dat de herkomst van de aandeelhouders – natuurlijke dan wel rechtspersonen – van in de Unie gevestigde vennootschappen een invloed heeft op dit recht, aangezien de hoedanigheid van vennootschap van de Unie ingevolge artikel 54 VWEU gebaseerd is op de plaats van de maatschappelijke zetel en de rechtsorde waarin de vennootschap is opgericht, en niet op de nationaliteit van haar aandeelhouders (arrest van 1 april 2014, Felixstowe Dock and Railway Company e.a., C-80/12, EU:C:2014:200, punt 40).

49. In het hoofdgeding staat vast dat de betrokken moedermaatschappij een in de Unie gevestigde vennootschap is. Bijgevolg kan deze vennootschap zich op de vrijheid van vestiging beroepen.

50. Deze vaststelling kan niet worden weerlegd door de overwegingen in de punten 99 en 100 van het arrest van 13 maart 2007, Test Claimants in the Thin Cap Group Litigation (C-524/04, EU:C:2007:161), aangezien – anders dan in de situatie waarover het ging in de zaak die heeft geleid tot dat arrest – in het hoofdgeding de moedermaatschappij de zeggenschapsrelatie over haar dochteronderneming heeft.

51. Gelet op het voorgaande dienen de prejudiciële vragen te worden beantwoord tegen de achtergrond van de vrijheid van vestiging.

Vrijheid van vestiging

52. De door artikel 49 VWEU aan de onderdanen van de Unie toegekende vrijheid van vestiging omvat voor hen de toegang tot werkzaamheden anders dan in loondienst en de uitoefening daarvan alsmede de oprichting en het bestuur van ondernemingen onder dezelfde voorwaarden als in de wetgeving van de lidstaat van vestiging voor de eigen onderdanen zijn vastgesteld. Zij brengt overeenkomstig artikel 54 VWEU voor de vennootschappen die in overeenstemming met de wetgeving van een lidstaat zijn opgericht en die hun statutaire zetel, hun hoofdbestuur of hun hoofdvestiging binnen de Unie hebben, het recht mee om in de betrokken lidstaat hun bedrijfsactiviteit uit te oefenen door middel van een dochteronderneming, een filiaal of een agentschap (arrest van 17 juli 2014, Nordea Bank Danmark, C-48/13, EU:C:2014:2087, punt 17 en aldaar aangehaalde rechtspraak).

53. Aangaande de behandeling in de lidstaat van ontvangst blijkt uit de rechtspraak van het Hof dat artikel 49, eerste alinea, tweede volzin, VWEU de marktdeelnemers uitdrukkelijk de mogelijkheid biedt om vrij de rechtsvorm te kiezen die bij de uitoefening van hun werkzaamheden in een andere lidstaat past, zodat deze vrije keuze niet mag worden beperkt door discriminerende fiscale bepalingen (arrest van 17 mei 2017, X, C-68/15, EU:C:2017:379, punt 40 en aldaar aangehaalde rechtspraak).

54. Bovendien moeten alle maatregelen die het gebruik van de vrijheid van vestiging verbieden, belemmeren of minder aantrekkelijk maken, als beperkingen van deze vrijheid worden beschouwd (arrest van 8 maart 2017, Euro Park Service, C-14/16, EU:C:2017:177, punt 59 en aldaar aangehaalde rechtspraak).

55. Uit het aan het Hof overgelegde dossier blijkt dat enkel wanneer een ingezeten dochteronderneming winst uitkeert aan een niet-ingezeten moedermaatschappij die direct of indirect wordt gecontroleerd door een of meerdere ingezetenen van een derde staat, als voorwaarde voor de vrijstelling van bronbelasting geldt dat deze moedermaatschappij aantoont dat de keten van deelnemingen niet als voornaamste doel of als een van haar voornaamste doelen heeft, voordeel uit deze vrijstelling te halen. Wanneer een dergelijke dochteronderneming winst uitkeert aan een ingezeten moedermaatschappij die ook direct of indirect wordt gecontroleerd door een of meerdere ingezetenen van een derde staat, kan deze ingezeten moedermaatschappij daarentegen voor deze vrijstelling in aanmerking komen zonder dat deze voorwaarde voor haar geldt.

56. Een dergelijk verschil in behandeling kan een niet-ingezeten moedermaatschappij ervan afhouden in Frankrijk een activiteit uit te oefenen via een in deze lidstaat gevestigde dochteronderneming en vormt dus een belemmering van de vrijheid van vestiging.

57. Deze belemmering kan enkel worden aanvaard indien zij betrekking heeft op situaties die niet objectief vergelijkbaar zijn, of wordt gerechtvaardigd door dwingende redenen van algemeen belang die door het Unierecht zijn erkend. In dat geval moet de belemmering ook geschikt zijn om het nagestreefde doel te verwezenlijken en mag zij niet verder gaan dan nodig is voor het verwezenlijken van dat doel (arrest van 17 december 2015, Timac Agro Deutschland, C-388/14, EU:C:2015:829, punten 26 en 29 en aldaar aangehaalde rechtspraak).

58. Aangaande de vergelijkbaarheid van de situatie van een ingezeten vennootschap en de situatie van een niet-ingezeten vennootschap die dividenden van een ingezeten dochteronderneming ontvangen, zij gepreciseerd dat de vrijstelling van bronbelasting voor winstuitkeringen van een dochteronderneming aan haar moedermaatschappij – zoals is uiteengezet in punt 22 van het onderhavige arrest – beoogt dubbele belasting of opeenvolgende belasting over die winst te voorkomen.

59. Weliswaar heeft het Hof met betrekking tot maatregelen die een lidstaat heeft getroffen om opeenvolgende belasting of dubbele belasting over door een ingezeten vennootschap uitgekeerde winst te voorkomen of te verminderen, geoordeeld dat de situatie van ingezeten dividend ontvangende aandeelhouders niet noodzakelijk vergelijkbaar is met die van dividend ontvangende aandeelhouders die ingezetenen zijn van een andere lidstaat, maar het Hof heeft ook gepreciseerd dat, zodra een lidstaat niet alleen ingezeten aandeelhouders maar ook niet-ingezeten aandeelhouders voor het dividend dat zij van een ingezeten vennootschap ontvangen, aan zijn heffingsbevoegdheid onderwerpt, de situatie van deze niet-ingezeten aandeelhouders die van de ingezeten aandeelhouders benadert (arrest van 14 december 2006, Denkavit Internationaal en Denkavit France, C-170/05, EU:C:2006:783, punten 34 en 35 en aldaar aangehaalde rechtspraak).

60. In het hoofdgeding dient te worden geoordeeld, aangezien de Franse Republiek ervoor heeft gekozen haar heffingsbevoegdheid uit te oefenen over winstuitkeringen door een ingezeten dochteronderneming aan haar niet-ingezeten moedermaatschappij, dat de situatie van deze niet-ingezeten moedermaatschappij vergelijkbaar is met die van een ingezeten moedermaatschappij.

61. Met betrekking tot de rechtvaardiging voor en de evenredigheid van de belemmering voert de Franse Republiek aan dat deze belemmering wordt gerechtvaardigd zowel door de doelstelling van bestrijding van belastingfraude en -ontwijking als door de doelstelling van behoud van een evenwichtige verdeling van de heffingsbevoegdheid tussen de lidstaten.

62. Deze lidstaat voert met name aan dat de in het hoofdgeding aan de orde zijnde nationale wettelijke regeling beoogt „treaty shopping" te voorkomen, waarbij constructies worden opgezet die in een derde staat gevestigde vennootschappen gebruiken om te ontsnappen aan de toepassing van het tarief van de bronbelasting over binnenlandse dividenden zoals dat is bepaald naar Frans recht of in het verdrag tussen de derde staat en de Franse Republiek teneinde via de in de moeder-dochterrichtlijn voorziene vrijstelling van bronbelasting tussen lidstaten onder een lager belastingtarief te vallen zoals dat is bepaald in het verdrag tussen een andere lidstaat en diezelfde derde staat.

63. In dit verband zij opgemerkt dat het voorkomen van belastingfraude en -ontwijking en het behoud van een evenwichtige verdeling van de heffingsbevoegdheid tussen de lidstaten met elkaar samenhangende doelstellingen zijn (arrest van 17 december 2015, Timac Agro Deutschland, C-388/14, EU:C:2015:829, punt 47 en aldaar aangehaalde rechtspraak) en voorts dat deze doelstellingen, omdat zij dwingende redenen van algemeen belang vormen, een belemmering van de uitoefening van de door het Verdrag gewaarborgde vrijheden van verkeer kunnen rechtvaardigen (arrest van 8 maart 2017, Euro Park Service, C-14/16, EU:C:2017:177, punt 65 en aldaar aangehaalde rechtspraak).

64. Niettemin dient te worden vastgesteld dat de doelstelling van bestrijding van belastingfraude en -ontwijking dezelfde draagwijdte heeft, ongeacht of ze wordt aangevoerd krachtens artikel 1, lid 2, van de moederdochterrichtlijn dan wel als rechtvaardiging voor een belemmering van het primaire recht. De in de punten 30 tot en met 36 van dit arrest uiteengezette overwegingen gelden dus evenzeer met betrekking tot die vrijheid.

65. De door de Franse Republiek in het hoofdgeding aangevoerde doelstelling van bestrijding van belastingfraude en -ontwijking kan derhalve een belemmering van de vrijheid van vestiging niet rechtvaardigen.

66. Gelet op al het voorgaande dient op de prejudiciële vragen te worden geantwoord dat artikel 1, lid 2, van de moeder-dochterrichtlijn alsmede artikel 49 VWEU aldus moeten worden uitgelegd dat zij zich verzetten tegen een nationale wettelijke belastingregeling als die in het hoofdgeding, volgens welke als voorwaarde voor het belastingvoordeel van artikel 5, lid 1, van deze richtlijn – namelijk vrijstelling van bronbelasting voor winstuitkeringen van een ingezeten dochteronderneming aan een niet-ingezeten moedermaatschappij wanneer deze moedermaatschappij direct of indirect wordt gecontroleerd door een of meer ingezetenen van een derde staat – geldt dat deze

moedermaatschappij aantoont dat de keten van deelnemingen niet als voornaamste doel of als een van haar voornaamste doelen heeft, voordeel te halen uit deze vrijstelling.

Kosten

67. …

Het Hof (Zesde kamer)

verklaart voor recht:

Artikel 1, lid 2, van richtlijn 90/435/EEG van de Raad van 23 juli 1990 betreffende de gemeenschappelijke fiscale regeling voor moedermaatschappijen en dochterondernemingen uit verschillende lidstaten, zoals gewijzigd bij richtlijn 2003/123/EG van de Raad van 22 december 2003, alsmede artikel 49 VWEU moeten aldus worden uitgelegd dat zij zich verzetten tegen een nationale wettelijke belastingregeling als die in het hoofdgeding, volgens welke als voorwaarde voor het belastingvoordeel van artikel 5, lid 1, van deze richtlijn – namelijk vrijstelling van bronbelasting voor winstuitkeringen van een ingezeten dochteronderneming aan een niet-ingezeten moedermaatschappij wanneer deze moedermaatschappij direct of indirect wordt gecontroleerd door een of meer ingezetenen van een derde staat – geldt dat deze moedermaatschappij aantoont dat de keten van deelnemingen niet als voornaamste doel of als een van haar voornaamste doelen heeft, voordeel te halen uit deze vrijstelling.

HvJ EU 12 september 2017, zaak C-648/15 (Republiek Oostenrijk v. Bondsrepubliek Duitsland)

Grote kamer: *K. Lenaerts, president, A. Tizzano, vicepresident, R. Silva de Lapuerta, T. von Danwitz en J. L. da Cruz Vilaça, kamerpresidenten, J. Malenovský, E. Levits, J.-C. Bonichot (rapporteur), A. Arabadjiev, C. Toader, C. G. Fernlund, C. Vajda, S. Rodin, F. Biltgen en K. Jürimäe, rechters*

Advocaat-generaal: *P. Mengozzi*

1. Met haar verzoekschrift vraagt de Republiek Oostenrijk het Hof uitspraak te doen in het geschil tussen haar en de Bondsrepubliek Duitsland over de uitlegging van artikel 11, lid 2, van het Abkommen zwischen der Republik Österreich und der Bundesrepublik Deutschland zur Vermeidung der Doppelbesteuerung auf dem Gebiet der Steuern vom Einkommen und vom Vermögen (overeenkomst tussen de Republiek Oostenrijk en de Bondsrepubliek Duitsland tot voorkoming van dubbele belasting naar het inkomen en het vermogen) van 24 augustus 2000 (*BGBl.* III, 182/2002; hierna: „Oostenrijks-Duitse overeenkomst") met betrekking tot de belastingheffing over rente uit effecten (*Genussscheine*) die zijn uitgegeven door een in de Bondsrepubliek Duitsland gevestigde vennootschap en worden gehouden door een in de Republiek Oostenrijk gevestigde vennootschap.

Toepasselijke bepalingen

Verdrag van Wenen

2. Artikel 31, lid 1, van het Verdrag van Wenen inzake het verdragenrecht van 23 mei 1969 (*Recueil des traités des Nations unies*, deel 1155, blz. 331; hierna: „Verdrag van Wenen") luidt:

> „Een verdrag moet te goeder trouw worden uitgelegd overeenkomstig de gewone betekenis van de termen van het verdrag in hun context en in het licht van voorwerp en doel van het verdrag."

Oostenrijks-Duitse overeenkomst

3. Artikel 3, lid 2, van de Oostenrijks-Duitse overeenkomst luidt:

> „Voor de toepassing van de [Oostenrijks-Duitse overeenkomst] door een overeenkomstsluitende staat heeft iedere uitdrukking die daarin niet wordt gedefinieerd, tenzij de context een andere uitlegging eist, de betekenis die het recht van die staat aangaande de belastingen waarvoor de overeenkomst geldt, op dat moment daaraan toekent; elke betekenis onder de toepasselijke belastingwetgeving van die staat heeft voorrang op de betekenis welke die uitdrukking heeft onder de andere wetten van die staat."

4. Krachtens artikel 11, lid 1, van deze overeenkomst worden inkomsten in de vorm van rente belast in de staat waar de ontvanger zijn woonplaats heeft of is gevestigd. Die behandeling verschilt van de behandeling waarin artikel 10 van die overeenkomst voorziet voor dividendinkomsten, die in beginsel worden belast in de staat waaruit zij afkomstig zijn.

5. Artikel 11, lid 2, van deze overeenkomst luidt:

> „Inkomsten uit hoofde van rechten of schuldvorderingen met winstdeelneming, met inbegrip van de inkomsten ontvangen door een stille vennoot uit hoofde van zijn deelname als stille vennoot of de inkomsten uit participatieleningen en winstdelende obligaties, kunnen echter ook in de overeenkomstsluitende staat waaruit deze afkomstig zijn, overeenkomstig het recht van die staat worden belast."

6. Om te voorkomen dat deze inkomsten dubbel worden belast, hebben de twee overeenkomstsluitende staten gekozen voor de zogenoemde „verrekeningsmethode", zoals omschreven in artikel 23 van de Oostenrijks-Duitse overeenkomst, volgens welke de staat waar de ontvanger van de rente zijn woonplaats heeft of is gevestigd, het bedrag van de reeds door de bronstaat geheven belasting moet verrekenen met het bedrag van de over de inkomsten van die ontvanger te heffen belasting.

7. Artikel 25, lid 1, van de Oostenrijks-Duitse overeenkomst bepaalt dat eenieder die zich benadeeld acht door een met die overeenkomst strijdige belasting, een procedure van onderling overleg tussen de bevoegde autoriteiten van de overeenkomstsluitende staten kan starten.

8. Artikel 25, lid 5, van die overeenkomst luidt:

> „Bij moeilijkheden of twijfel omtrent de uitlegging of toepassing van deze overeenkomst die door de bevoegde autoriteiten niet door middel van een overeenkomstig de vorige leden van dit artikel en binnen een termijn van drie jaar na de aanvang van die procedure ingeleide procedure van onderling overleg kunnen worden opgelost, zijn de overeenkomstsluitende staten verplicht, op verzoek van de in lid 1 bedoelde persoon, het

geschil aan het Hof [van Justitie van de Europese Unie] voor te leggen in het kader van een arbitrageprocedure krachtens artikel [273 VWEU]."

9. Artikel 30 van de Oostenrijks-Duitse overeenkomst bepaalt dat het protocol bij die overeenkomst integraal deel uitmaakt van die overeenkomst.

10. Volgens punt 16 van dat protocol hebben de bepalingen van de Oostenrijks-Duitse overeenkomst, die zijn afgestemd op de overeenkomstige bepalingen van het door de Organisatie voor Economische Samenwerking en Ontwikkeling (OESO) opgestelde modelbelastingverdrag ter zake van inkomen en vermogen, in het algemeen dezelfde betekenis als wordt uiteengezet in de toelichting bij de artikelen van dat modelverdrag. In hetzelfde punt wordt bovendien erop gewezen dat die toelichting een middel voor de uitlegging – in de zin van het Verdrag van Wenen – van de Oostenrijks-Duitse overeenkomst vormt.

Aan het geschil ten grondslag liggende feiten

11. Tussen 1996 en 1998 heeft Bank Austria AG, een vennootschap die in de Republiek Oostenrijk is gevestigd en in die lidstaat onbeperkt belastingplichtig is, effecten gekocht van Westdeutsche Landesbank Girozentrale Düsseldorf und Münster, thans Landesbank NRW, die in de Bondsrepubliek Duitsland is gevestigd.

12. Volgens de Republiek Oostenrijk, die op dit punt niet wordt tegengesproken door de Bondsrepubliek Duitsland, kunnen de emissievoorwaarden van die effecten als volgt worden samengevat:

– er bestaat recht op een jaarlijkse uitkering die overeenkomt met een vast percentage van de nominale waarde;

– indien door de jaarlijkse betaling een boekverlies kan ontstaan, wordt het bedrag van deze betaling dienovereenkomstig verlaagd;

– de effecten geven gedurende hun looptijd echter recht op uitbetaling van achterstallige bedragen in de daaropvolgende jaren, voor zover hierdoor geen boekverlies ontstaat;

– de uitbetaling van rente en de betaling van de achterstallige bedragen hebben voorrang op de toevoeging aan de reserves en betalingen aan zekerheidsstellers;

– de terugbetaling van het aan de emittent als tegenprestatie voor de effecten verstrekte kapitaal geschiedt tegen de nominale waarde van deze effecten;

– ingeval het eindresultaat een verlies te zien geeft, wordt het bedrag van de terugbetalingsvordering echter dienovereenkomstig verlaagd. Ook in dat geval wordt het verschil met de nominale waarde van het effect in de daaropvolgende jaren aangevuld, voor zover daardoor geen boekverlies ontstaat;

– de effecten geven geen recht op een aandeel in de liquidatieopbrengst van de uitgevende vennootschap, en

– de uitgevende vennootschap heeft een recht tot ontbinding indien de effecten fiscaal niet meer aftrekbaar zijn.

13. Weliswaar wordt niet betwist dat de inkomsten uit de betrokken effecten geen dividenden in de zin van artikel 10 van de Oostenrijks-Duitse overeenkomst maar rente in de zin van artikel 11 van die overeenkomst vormen, maar de Republiek Oostenrijk en de Bondsrepubliek Duitsland zijn het oneens over de vraag of die rente onder artikel 11, lid 1, dan wel onder artikel 11, lid 2, van die overeenkomst valt. Meer in het bijzonder is de Republiek Oostenrijk van mening dat de betrokken effecten geen recht geven op deelneming in de winst in de zin van artikel 11, lid 2, van diezelfde overeenkomst, terwijl de Bondsrepubliek Duitsland het tegendeel beweert.

14. Dat verschil in de juridische kwalificatie van de door Bank Austria ontvangen rente heeft die twee staten ertoe gebracht aanspraak te maken op het exclusieve recht tot belastingheffing over die rente, hetgeen voor die vennootschap heeft geresulteerd in een dubbele belastingheffing voor de belastingjaren tussen 2003 en 2009.

15. Overeenkomstig artikel 25, lid 1, van de Oostenrijks-Duitse overeenkomst heeft Bank Austria bij de Oostenrijkse autoriteiten een verzoek tot inleiding van een procedure van onderling overleg ingediend. Die procedure is door de Republiek Oostenrijk gestart, maar eind 2011 op een mislukking uitgelopen.

16. Bank Austria heeft toen de Republiek Oostenrijk verzocht om het geschil overeenkomstig artikel 25, lid 5, van de Oostenrijks-Duitse overeenkomst aan het Hof voor te leggen.

Conclusies van partijen

17. De Republiek Oostenrijk verzoekt het Hof:

– voor recht te verklaren dat de betrokken effecten niet als schuldvorderingen met winstdeelneming in de zin van artikel 11, lid 2, van de Oostenrijks-Duitse overeenkomst moeten worden aangemerkt en dat het exclusieve recht tot belastingheffing over de rente uit die effecten bijgevolg toekomt aan de Republiek Oostenrijk, als staat waar de uiteindelijke gerechtigde zijn woonplaats heeft;

– voor recht te verklaren dat de Bondsrepubliek Duitsland zich derhalve moet onthouden van het heffen van belasting over die rente en de daarover reeds geheven belasting moet terugbetalen, en

– de Bondsrepubliek Duitsland te verwijzen in de kosten.

18. De Bondsrepubliek Duitsland verzoekt het Hof:

– voor recht te verklaren dat de betrokken effecten als schuldvorderingen met winstdeelneming in de zin van artikel 11, lid 2, van de Oostenrijks-Duitse overeenkomst moeten worden aangemerkt en dat het exclusieve recht tot belastingheffing over de rente uit die effecten bijgevolg toekomt aan de Bondsrepubliek Duitsland, als staat waaruit die inkomsten afkomstig zijn;

– voor recht te verklaren dat de Republiek Oostenrijk derhalve de dubbele belastingheffing over die rente moet voorkomen en de daarover reeds geheven belasting moet terugbetalen, en

– de Republiek Oostenrijk te verwijzen in de kosten.

Verzoek tot beslechting van het geschil

Bevoegdheid van het Hof

19. De zaak is bij het Hof aanhangig gemaakt op grond van artikel 273 VWEU, krachtens hetwelk het Hof „uitspraak [kan] doen in elk geschil tussen lidstaten dat met de materie van de Verdragen verband houdt, indien dit geschil hem krachtens een compromis wordt voorgelegd".

20. De bevoegdheid van het Hof is in die bepaling in de eerste plaats afhankelijk gesteld van het bestaan van een geschil tussen lidstaten, waarover in casu geen twijfel bestaat.

21. De Republiek Oostenrijk en de Bondsrepubliek Duitsland maken immers beide aanspraak op het exclusieve recht tot belastingheffing over inkomsten van belastingjaren waarin die twee staten deel uitmaakten van de Europese Unie. Die dubbele aanspraak heeft voor de belastingplichtige geresulteerd in een dubbele belastingheffing, die strijdig is met de doelstellingen van de Oostenrijks-Duitse overeenkomst, waarmee de staten die partij zijn bij die overeenkomst precies dubbele belasting wilden voorkomen. Aangezien de in die overeenkomst neergelegde procedure van onderling overleg geen resultaat heeft opgeleverd, kan alleen maar worden vastgesteld dat er sprake is van een geschil tussen lidstaten in de zin van artikel 273 VWEU.

22. De bevoegdheid van het Hof is in de tweede plaats afhankelijk gesteld van de voorwaarde dat het hem voorgelegde geschil verband houdt met de materie van de Verdragen.

23. Zoals de advocaat-generaal in punt 43 van zijn conclusie heeft opgemerkt, volgt uit een vergelijking van de verschillende taalversies van artikel 273 VWEU dat het begrip „verband" moet worden opgevat als een band, en niet als een volkomen overeenstemming.

24. Die uitlegging wordt bevestigd door een vergelijking met de in artikel 259 VWEU opgenomen mogelijkheid voor een lidstaat om tegen een andere lidstaat beroep wegens niet-nakoming in te stellen, indien hij van mening is dat deze laatste een van de krachtens de Verdragen zelf op hem rustende verplichtingen niet is nagekomen.

25. Derhalve is aan de in artikel 273 VWEU gestelde voorwaarde van het bestaan van een verband voldaan indien vaststaat dat er een objectief identificeerbare band bestaat tussen het aan het Hof voorgelegde geschil en de materie van de Verdragen.

26. Dat is in casu duidelijk het geval, gelet op de gunstige gevolgen van de vermindering van dubbele belasting voor de werking van de interne markt, waarvan de totstandbrenging overeenkomstig artikel 3, lid 3, VEU en artikel 26 VWEU door de Unie wordt nagestreefd. Zoals de Europese Commissie in wezen heeft opgemerkt in haar mededeling aan het Europees Parlement, de Raad en het Europees Economisch en Sociaal Comité van 11 november 2011, met als titel „Dubbele belasting op de interne markt" [COM(2011) 712 definitief], heeft de sluiting door twee lidstaten van een overeenkomst tot voorkoming van dubbele belasting immers tot doel en tot gevolg dat bepaalde gevolgen van de ongecoördineerde uitoefening van hun belastingbevoegdheid – die van nature het gebruik van de in het VWEU neergelegde vrijheden van verkeer minder aantrekkelijk kan maken of kan beperken of ontmoedigen – ongedaan worden gemaakt of beperkt.

27. Ten slotte is het Hof slechts bevoegd uitspraak te doen op een verzoek krachtens artikel 273 VWEU indien dat verzoek bij het Hof krachtens een compromis wordt ingediend.

28. Het is waar dat het onderhavige verzoek niet krachtens een speciaal voor de beslechting van het onderhavige geschil overeengekomen arbitragebeding is ingediend, maar wel krachtens een algemene bepaling van de Oostenrijks-Duitse overeenkomst, namelijk artikel 25, lid 5, van die overeenkomst, dat dateert van vóór het ontstaan van dit geschil en waarbij de overeenkomstsluitende staten zich ertoe verbonden hebben alle eventuele moeilijkheden omtrent de uitlegging of toepassing van die overeenkomst die niet door middel van een minnelijke schikking zijn opgelost, aan het Hof voor te leggen.

29. Gelet op het doel van artikel 273 VWEU, namelijk de lidstaten een middel verschaffen om hun geschillen die met de materie van de Verdragen verband houden, te beslechten in het kader van het rechterlijke systeem van de Unie, verzet evenwel niets zich ertegen dat de partijen vóór het ontstaan van een eventueel geschil een akkoord sluiten over de verwijzing naar het Hof in de gevallen die zijn vermeld in een bepaling als artikel 25, lid 5, van de

Oostenrijks-Duitse overeenkomst (zie in die zin arrest van 27 november 2012, Pringle, C-370/12, EU:C:2012:756, punt 172).

30. Bijgevolg is het Hof bevoegd uitspraak te doen in het onderhavige geschil.

Ten gronde

31. Het geschil betreft de vraag of het begrip „schuldvorderingen met winstdeelneming" in artikel 11, lid 2, van de Oostenrijks-Duitse overeenkomst aldus moet worden uitgelegd dat het effecten als in casu aan de orde omvat.

32. In dit verband moet worden opgemerkt dat de in casu aan de orde zijnde effecten als een bijzondere soort obligaties kunnen worden beschouwd. Uit de emissievoorwaarden van die effecten volgt immers dat de vergoeding van die effecten bestaat uit rente tegen een vast percentage gebaseerd op de nominale waarde van die effecten. Het bijzondere aan die effecten is echter in wezen dat de uitbetaling van de rente wordt beperkt of zelfs opgeschort indien de uitgevende vennootschap door die uitbetaling het boekjaar met verlies zou afsluiten, waarna de achterstallige bedragen alsnog worden uitbetaald wanneer die vennootschap weer winst maakt, op voorwaarde dat die betaling van de achterstallige bedragen niet tot verliezen leidt.

33. Voor de beslechting van het geschil moet bijgevolg worden onderzocht of de wijze van vergoeding van die effecten als „winstdeelneming" in de zin van artikel 11, lid 2, van de Oostenrijks-Duitse overeenkomst kan worden aangemerkt. Dat begrip wordt in die overeenkomst niet gedefinieerd.

34. In dit verband baseert de Bondsrepubliek Duitsland zich op de uitlegging die is gegeven in haar nationale recht, met name in een arrest van het Bundesfinanzhof (hoogste federale rechter in belastingzaken, Duitsland) van 26 augustus 2010, volgens hetwelk de vergoeding van de betrokken effecten deelneming in de winst meebrengt.

35. Het is juist dat artikel 3, lid 2, van de Oostenrijks-Duitse overeenkomst een uitleggingsregel bevat volgens welke aan een niet in die overeenkomst gedefinieerde uitdrukking de betekenis moet worden gegeven die het belastingrecht van de staat die de overeenkomst toepast, daaraan toekent.

36. Die regel voor de uitlegging door één enkele staat op een bepaald moment kan evenwel niet worden aangemerkt als een regel om interpretatieverschillen tussen de twee overeenkomstsluitende staten op te lossen.

37. Er anders over oordelen, zou overigens ieder nuttig effect ontnemen aan de bepalingen van artikel 25, lid 5, van de Oostenrijks-Duitse overeenkomst. De in dat artikel voorziene procedure van onderling overleg en het in dat artikel vervatte beding tot toekenning van bevoegdheid aan het Hof zouden weinig zin hebben indien het de bedoeling van de overeenkomstsluitende staten was geweest dat die overeenkomst alleen aan de hand van de nationale wetgevingen van die staten zou worden uitgelegd, ook al leiden die wetgevingen – zoals in casu – tot een volkomen tegengestelde uitkomst.

38. Derhalve moet het begrip „schuldvorderingen met winstdeelneming" in de zin van de Oostenrijks-Duitse overeenkomst volgens internationaalrechtelijke methoden worden uitgelegd.

39. In dit verband moet eraan worden herinnerd dat uit de bepalingen van het Verdrag van Wenen, waarbij zowel de Republiek Oostenrijk als de Bondsrepubliek Duitsland partij is, volgt dat een verdrag te goeder trouw moet worden uitgelegd overeenkomstig de gewone betekenis van de termen van het verdrag in hun context en in het licht van voorwerp en doel van het verdrag, rekening houdend met iedere ter zake dienende regel van het volkenrecht die op de betrekkingen tussen de partijen bij dat verdrag kan worden toegepast (zie in die zin arrest van 25 februari 2010, Brita, C-386/08, EU:C:2010:91, punt 43).

40. Om te beginnen moet met betrekking tot de gewone betekenis van het begrip „winstdeelneming" worden vastgesteld dat zowel in de omgangstaal als in de meest aanvaarde standaarden voor jaarrekeningen wordt verwezen naar een betekenis die in beginsel het recht impliceert om te delen in het positieve jaarresultaat van een onderneming. Dat is meestal het geval voor een aandeelhouder, maar ook met name voor een werknemer wiens arbeidsovereenkomst voorziet in een premie bestaande in een gedeelte van de door de werkgever behaalde winst.

41. Bovendien wordt de uitdrukking „winstdeelneming" gewoonlijk geassocieerd met de veranderlijkheid en de onvoorspelbaarheid die inherent zijn aan het jaarresultaat van risicovolle economische activiteiten. Bijgevolg houdt deelneming in de winst van een boekjaar in het algemeen het recht in om een bedrag te ontvangen dat aan het begin van het boekjaar nog niet bekend is, dat van boekjaar tot boekjaar kan vari°ren en overigens gelijk kan zijn aan nul.

42. De uitdrukking „schuldvorderingen met winstdeelneming" heeft derhalve betrekking op financiële producten waarvan de vergoeding ten minste gedeeltelijk varieert naargelang van de omvang van de jaarwinst van de debiteur.

43. Die uitlegging wordt bevestigd door een analyse aan de hand van de context en door de analyse van het doel van de bepalingen waarin het in het onderhavige geschil centraal staande begrip „schuldvorderingen met winstdeelneming" voorkomt.

44. Wat aldus de context betreft, moet worden opgemerkt dat dit begrip in artikel 11, lid 2, van de Oostenrijks-Duitse overeenkomst wordt gevolgd door een opsomming – ter illustratie van dat begrip – van drie soorten financiële instrumenten die, zoals de advocaat-generaal heeft opgemerkt in de punten 94 tot en met 97 van zijn conclusie, als gemeenschappelijk kenmerk hebben dat de vergoeding ervan wordt geacht te variëren naargelang van de jaarwinst van de emittent.

45. Dit is het geval voor „winstdelende obligaties", die in het algemeen worden gedefinieerd als obligaties die, behalve een vaste rente, recht op een aandeel in de winst van de emittent geven.

46. Evenzo worden „participatieleningen" in beginsel gekenmerkt door een basisrente die vast of variabel kan zijn en wordt aangevuld met een rente die in correlatie staat met de omvang van de winst van de debiteur.

47. De „stille vennoot", in welke vorm dan ook, heeft per definitie aanspraak op een aandeel in de winst van de vennootschap waarvan hij aandeelhouder is, zoals overigens onweersproken is betoogd door de Republiek Oostenrijk.

48. Wat ten slotte het doel betreft van de bepalingen waarin de uitdrukking „schuldvorderingen met winstdeelneming" wordt gebruikt, zij erop gewezen dat artikel 11, lid 2, van de Oostenrijks-Duitse overeenkomst een afwijking vormt van het in artikel 11, lid 1, van die overeenkomst neergelegde beginsel van de verdeling van de belastingbevoegdheid tussen de overeenkomstsluitende staten, volgens hetwelk rente in beginsel alleen wordt belast in de staat waar de ontvanger van de rente is gevestigd of zijn woonplaats heeft. Op grond van deze afwijkende bepaling kan de rente over een schuldvordering met winstdeelneming „ook" door de staat waaruit zij afkomstig is, worden belast. Derhalve staat het aan de staat waar de ontvanger van die rente is gevestigd of zijn woonplaats heeft, om de dubbele belasting ongedaan te maken door de reeds aan de bron geheven belasting te verrekenen met de andere door de houder van de schuldvordering verschuldigde belastingen.

49. Gelet op die algemene opzet en het doel van de Oostenrijks-Duitse overeenkomst, namelijk juridische dubbele belasting in grensoverschrijdende situaties tussen de twee overeenkomstsluitende staten zo veel mogelijk voorkomen, moet de voorwaarde om af te wijken van de overeengekomen verdeling van de fiscale bevoegdheden, namelijk het bestaan van winstdeelneming, strikt worden uitgelegd, zoals in de punten 40 tot en met 42 van het onderhavige arrest is gebeurd.

50. Een ruime uitlegging van de uitdrukking „winstdeelneming" in artikel 11, lid 2, van de Oostenrijks-Duitse overeenkomst zou immers de werkingssfeer kunnen beperken van artikel 11, lid 1, van die overeenkomst, dat voorziet in een strikte verdeling van de bevoegdheid tot belastingheffing over rente om alle dubbele belasting te voorkomen, terwijl de toepassing van dat artikel 11, lid 2, tot dubbele belasting leidt, waarvan de nadelige gevolgen voor de goede werking van de interne markt slechts worden beperkt door de in artikel 23, lid 1, onder b), en lid 2, onder b), van die overeenkomst opgenomen verrekeningsregel.

51. In casu staat vast dat de betrokken effecten recht geven op een jaarlijkse uitkering die overeenkomt met een vast percentage van hun (eveneens vaste) nominale waarde. Dat percentage en die nominale waarde worden vooraf, ten tijde van de inschrijving op deze effecten, bepaald.

52. Het is waar dat het bijzondere aan de vergoeding van die effecten bovendien is dat de uitkering ervan wordt beperkt of opgeschort indien de uitgevende vennootschap door die vergoeding het boekjaar met verlies zou afsluiten, waarna die uitkering alsnog wordt verricht in latere boekjaren die met winst worden afgesloten, op voorwaarde dat de betaling van de achterstallige bedragen niet tot verliezen leidt. De betaling van die achterstallige bedragen komt dus boven op de betaling van de rente die normalerwijs is verschuldigd over die latere boekjaren.

53. Dat bijzondere kenmerk houdt evenwel alleen in dat aan de jaarlijkse uitkering van rente de voorwaarde is verbonden dat in hetzelfde boekjaar voldoende boekhoudkundige winst wordt gemaakt. Het houdt niet in dat de betrokken effecten niet alleen recht geven op jaarlijkse rente maar ook op een aandeel in die winst.

54. Gelet op alle voorgaande overwegingen moet het begrip „schuldvorderingen met winstdeelneming" in artikel 11, lid 2, van de Oostenrijks-Duitse overeenkomst aldus worden uitgelegd dat het geen effecten als in casu aan de orde omvat.

55. Met het antwoord van het Hof op de vraag om uitlegging van artikel 11, lid 2, van de Oostenrijks-Duitse overeenkomst is voldoende ingegaan op de wederzijdse verzoeken van de Republiek Oostenrijk en de Bondsrepubliek Duitsland om de heffingsbevoegdheid met betrekking tot de inkomsten uit de betrokken effecten niet langer uit te oefenen.

56. De wederzijdse verzoeken van de Republiek Oostenrijk en de Bondsrepubliek Duitsland om de terugbetaling te gelasten van de ten onrechte geheven belasting, moeten in geen geval worden ingewilligd.

57. Het Hof beschikt immers niet over de nodige gegevens om ter zake een standpunt te kunnen bepalen, met name met betrekking tot mogelijke overlappingen met procedures die eventueel aanhangig zijn bij de rechterlijke instanties van een van de staten.

58. Het staat derhalve aan de Republiek Oostenrijk en de Bondsrepubliek Duitsland om in loyale samenwerking de consequenties te trekken uit het onderhavige arrest.

Kosten

59. …

60. …

Het Hof (Grote kamer)

verklaart voor recht:

1. Het begrip „schuldvorderingen met winstdeelneming" in artikel 11, lid 2, van het Abkommen zwischen der Republik Österreich und der Bundesrepublik Deutschland zur Vermeidung der Doppelbesteuerung auf dem Gebiet der Steuern vom Einkommen und vom Vermögen (overeenkomst tussen de Republiek Oostenrijk en de Bondsrepubliek Duitsland tot voorkoming van dubbele belasting naar het inkomen en het vermogen) van 24 augustus 2000 moet aldus worden uitgelegd dat het geen effecten als in casu aan de orde omvat.

2. De Bondsrepubliek Duitsland wordt verwezen in de kosten.

HvJ EU 14 september 2017, zaak C-628/15 (The Trustees of the BT Pension Scheme v. Commissioners for Her Majesty's Revenue and Customs)

Tweede kamer: *M. Ilešič, kamerpresident, A. Prechal, A. Rosas (rapporteur), C. Toader en E. Jarašiūnas, rechters*

Advocaat-generaal: *M. Wathelet*

1. Het verzoek om een prejudiciële beslissing betreft de uitlegging van de artikelen 49 en 63 VWEU.

2. Dit verzoek is ingediend in het kader van een geding tussen The Trustees of the BT Pension Scheme (hierna: „Trustees") en de Commissioners for Her Majesty's Revenue and Customs (belasting- en douanedienst, Verenigd Koninkrijk) (hierna: „Commissioners"), over de weigering om een recht op een belastingkrediet toe te kennen aan een pensioenfonds – waarvan de beleggingsinkomsten niet onderworpen zijn aan belasting – op grond van de ontvangst, door dat fonds, van buitenlandse dividendinkomsten van een vennootschap die fiscaal gevestigd is in het Verenigd Koninkrijk.

Toepasselijke bepalingen

Voorheffing op de vennootschapsbelasting (advance corporation tax) en recht op een belastingkrediet

3. Blijkens de verwijzingsbeslissing paste het Verenigd Koninkrijk van Groot-Brittannië en Noord-Ierland gedurende de periode waarop het hoofdgeding betrekking heeft in zijn belastingstelsel de zogenoemde „gedeeltelijke toerekening" toe, volgens welke, teneinde economische dubbele belasting te vermijden, wanneer een ingezeten vennootschap winst uitkeerde, een deel van de door die vennootschap betaalde vennootschapsbelasting werd toegerekend aan haar aandeelhouders.

4. Krachtens dit stelsel van gedeeltelijke toerekening moest een in het Verenigd Koninkrijk gevestigde vennootschap overeenkomstig artikel 14 van de Income and Corporation Taxes Act 1988 (wet van 1988 inzake de inkomstenbelasting en de vennootschapsbelasting; hierna: „ICTA"), wanneer zij dividenden uitkeerde aan haar aandeelhouders, een voorheffing op de vennootschapsbelasting (*advance corporation tax*; hierna: „ACT") betalen, berekend over het bedrag of de waarde van de gedane uitkering.

5. Een dergelijke uitkerende vennootschap mocht de ACT die zij uit hoofde van een uitkering in een bepaald boekjaar had betaald, verrekenen met het bedrag dat zij verschuldigd was als algemene vennootschapsbelasting (*mainstream corporation tax*), of kon, in voorkomend geval, de betaalde ACT overdragen naar een vorig of later boekjaar dan wel aan in het Verenigd Koninkrijk gevestigde dochterondernemingen van deze vennootschap, die het konden verrekenen met het bedrag dat zij zelf als vennootschapsbelasting verschuldigd waren.

6. De betaling van ACT door de dividenduitkerende vennootschap ging vergezeld van een belastingkrediet voor de ontvangende aandeelhouder.

7. Derhalve was een in het Verenigd Koninkrijk gevestigde aandeelhouder overeenkomstig artikel 20 ICTA onderworpen aan de inkomstenbelasting over de door een in diezelfde lidstaat gevestigde vennootschap uitgekeerde dividenden, voor zover deze niet specifiek van betaling van die belasting waren uitgesloten.

8. Wanneer de door een in het Verenigd Koninkrijk gevestigde vennootschap uitgekeerde dividenden waren onderworpen aan de ACT, had de in diezelfde staat gevestigde, ontvangende aandeelhouder krachtens artikel 231, lid 1, ICTA recht op een belastingkrediet dat gelijk was aan het bedrag van de door de uitkerende vennootschap betaalde ACT.

9. Volgens artikel 231, lid 3, ICTA kon dat belastingkrediet worden afgetrokken van het door de aandeelhouder als inkomstenbelasting over het dividend verschuldigde bedrag, of kon die aandeelhouder, wanneer het bedrag van een dergelijk belastingkrediet het door de aandeelhouder verschuldigde bedrag aan inkomstenbelasting overschreed, de belastingdienst verzoeken om betaling in contanten van een bedrag ter grootte van dat belastingkrediet.

Regeling buitenlandse dividendinkomsten (foreign income dividend)

10. Vóór 1 juli 1994 werden, wanneer een in het Verenigd Koninkrijk gevestigde vennootschap dividenden ontving van een buiten die staat gevestigde vennootschap, de aldus ontvangen dividenden niet aangemerkt als vrijgestelde beleggingsinkomsten en had de vennootschap die de dividenden ontving geen recht op een belastingkrediet voor deze dividenden. Krachtens de sections 788 en 790 ICTA had zij, als daar reden toe was, recht op aftrek met betrekking tot de belasting die de uitkerende vennootschap in haar staat van vestiging had betaald, welke aftrek werd verleend krachtens de wetgeving van het Verenigd Koninkrijk dan wel krachtens een met die andere staat gesloten overeenkomst tot het vermijden van dubbele belasting.

11. Overeenkomstig het in punt 4 van het onderhavige arrest uiteengezette beginsel moest een in het Verenigd Koninkrijk gevestigde vennootschap die dividenden ontving van een niet-ingezeten vennootschap, wanneer zij dividenden uitkeerde aan haar eigen aandeelhouders, over het bedrag van die uitkering ACT betalen.

12. De door vennootschappen die aanzienlijke buitenlandse dividendinkomsten ontvingen verschuldigde vennootschapsbelasting was evenwel vaak ontoereikend om het bedrag van de door die vennootschappen betaalde ACT te dekken. Wanneer de ACT die was verschuldigd door een vennootschap die dividenden uitkeerde aan haar aandeelhouders meer bedroeg dan de vennootschapsbelasting die door de uitkerende vennootschap verschuldigd was, en wanneer deze ACT niet kon worden overgedragen naar vorige of latere boekjaren van de uitkerende vennootschap, noch naar dochtermaatschappijen daarvan, kon er voor die vennootschap een „overschot" aan ACT ontstaan, dat voor die vennootschap tot een onherstelbare financiële last kon leiden.

13. Om dergelijke vennootschappen in staat te stellen de gevolgen van een ACT-overschot te verzachten, werd bij de sections 246A tot en met 246Y ICTA met ingang van 1 juli 1994 een regeling inzake buitenlandse dividendinkomsten (*foreign income dividend*) (hierna: „BDI") ingevoerd. Krachtens die regeling kon een in het Verenigd Koninkrijk gevestigde vennootschap ervoor kiezen om aan haar aandeelhouders een als BDI aangemerkt dividend uit te keren, waarover ACT was verschuldigd maar dat die vennootschap in staat stelde om, voor zover het als BDI aangemerkte dividend overeenkwam met de ontvangen buitenlandse inkomsten, te verzoeken om teruggaaf van de te veel betaalde ACT (hierna: „BDI-regeling").

Ontvangst van als BDI aangemerkte dividenden door een niet aan belasting over haar beleggingsinkomsten onderworpen pensioenfonds

14. Volgens section 246C ICTA had een aandeelhouder die een als BDI aangemerkt dividend ontving geen recht op een belastingkrediet voor een dergelijk dividend. Dit artikel bepaalde namelijk: „Section 231 is niet van toepassing wanneer de betrokken uitkering buitenlandse dividendinkomsten vormt."

15. Section 246D ICTA bepaalde evenwel dat de belastingplichtige aandeelhouders wanneer zij een als BDI aangemerkt dividend ontvingen werden behandeld alsof zij inkomsten hadden ontvangen die in het betrokken belastingjaar reeds waren belast tegen een lager tarief (20 %). Voor deze aandeelhouders was het effect van toepassing van deze bepaling volgens de verwijzende rechter hetzelfde als wanneer zij een belastingkrediet hadden ontvangen op grond van section 231 ICTA.

16. Section 246D ICTA was daarentegen niet van toepassing op aandeelhouders die niet onderworpen waren aan inkomstenbelasting over die dividenden.

17. Gedurende de in het hoofdgeding aan de orde zijnde periode was een „erkende vrijgestelde pensioenregeling" (*exempt approved scheme*) overeenkomstig section 592, lid 2, ICTA vrijgesteld van inkomstenbelasting over dividenden, ongeacht deze van binnenlandse of buitenlandse oorsprong waren.

18. Gelet op section 246C ICTA kon een niet aan inkomstenbelasting over dividenden onderworpen aandeelhouder, wanneer hij dividenden ontving die werden aangemerkt als BDI, geen recht doen gelden op een belastingkrediet op grond van section 231, lid 1, ICTA, noch, a fortiori, de belastingdienst verzoeken om betaling van een bedrag in contanten ter grootte van een eventueel zijn inkomstenbelastingschuld overschrijdend belastingkrediet.

19. Het ACT-stelsel en de BDI-regeling werden ingetrokken voor de na 6 april 1999 gedane dividenduitkeringen.

Hoofdgeding en prejudiciële vragen

20. BT Pension Scheme is een op vaste uitkeringen gebaseerd pensioenfonds waarvan de leden (voormalige) werknemers zijn van British Telecommunications plc. Het wordt beheerd door de Trustees, die de relevante belastbare entiteit vormen, waarbij BT Pension Scheme de daadwerkelijk begunstigde is van de activa.

21. BT Pension Scheme is in het Verenigd Koninkrijk vrijgesteld van inkomstenbelasting over zijn beleggingen. Gedurende de in het hoofdgeding aan de orde zijnde periode bestonden de beleggingen van BT Pension Scheme voor ongeveer 70 tot 75 % (beoordeeld naar de marktwaarde) uit aandelen in vennootschappen. Sommige van die deelnemingen waren beleggingen in vennootschappen die in het Verenigd Koninkrijk waren gevestigd, andere waren beleggingen in vennootschappen die in andere lidstaten van de Europese Unie of in derde landen waren gevestigd. Het overgrote deel (ongeveer 97 %) van de aandelenportefeuille van BT Pension Scheme bestond uit aandelen in grote beursgenoteerde vennootschappen in het Verenigd Koninkrijk en daarbuiten. Aangezien BT Pension Scheme met de vennootschappen waarin het belegde louter een aandeelhoudersrelatie had, bezat het in de regel minder dan 2 % van het aandelenkapitaal van deze vennootschappen en in elk geval telkens minder dan 5 %.

22. De beleggingsportefeuille van BT Pension Scheme omvatte aandelen van in het Verenigd Koninkrijk gevestigde vennootschappen die hadden gekozen voor toepassing van de BDI-regeling om hun aandeelhouders dividenden uit te keren, die buitenlandse inkomsten vormden. Aldus heeft BT Pension Scheme, als aandeelhouder van deze vennootschappen, dividenden ontvangen die als BDI werden aangemerkt. Hoewel de Trustees op grond van section 246C ICTA geen recht hadden op belastingkredieten voor deze dividenden, hadden zij daarentegen wel

recht op dergelijke kredieten voor de dividenden die – buiten de BDI-regeling om – waren ontvangen van in het Verenigd Koninkrijk gevestigde vennootschappen.

23. De Trustees, die van mening waren dat de niet-toekenning van het belastingkrediet voor als BDI aangemerkte dividenden onverenigbaar was met het Unierecht, hebben bij de First tier tribunal (Tax Chamber) (belastingrechter in eerste aanleg, Verenigd Koninkrijk) tegen de Commissioners een rechtsvordering ingesteld tot verkrijging van een belastingkrediet voor de als BDI aangemerkte dividenden die zij in de betrokken periode hadden ontvangen. Aangezien hun vordering door de First tier tribunal (Tax Chamber) werd toegewezen en deze toewijzing in beroep werd bevestigd bij uitspraak van de Upper Tribunal (Tax and Chancery Chamber) (belastingrechter in tweede aanleg, Verenigd Koninkrijk), hebben de Commissioners tegen laatstgenoemde uitspraak hoger beroep ingesteld bij de Court of Appeal (England and Wales) (Civil Division) (rechter in tweede aanleg in burgerlijke zaken, Engeland en Wales, Verenigd Koninkrijk).

24. In de verwijzingsbeslissing zet de Court of Appeal (England and Wales) (Civil Division) uiteen dat het hoofdgeding enkel betrekking heeft op de belastingjaren 1997 en 1998, aangezien de vorderingen van de Trustees voor het overige op grond van nationaal recht zijn verjaard. De verwijzende rechter is van oordeel dat de beantwoording van de vraag of de Trustees recht hebben op belastingkredieten, uitlegging van het Unierecht, met name inzake de werkingssfeer van artikel 63 VWEU, noodzakelijk maakt.

25. Hij herinnert er in dit verband aan dat het Hof in het arrest van 12 december 2006, Test Claimants in the FII Group Litigation (C-446/04, EU:C:2006:774), in dit verband met name heeft geoordeeld dat artikel 63 VWEU zich verzet tegen bepaalde aspecten van de wettelijke regeling van het Verenigd Koninkrijk inzake de BDI-regeling. Hij vraagt zich evenwel af of deze bepaling in de omstandigheden van het hoofdgeding rechten toekent aan aandeelhouders zoals de Trustees.

26. De verwijzende rechter is van oordeel dat, tenzij de Trustees rechtstreeks rechten kunnen ontlenen aan artikel 63 VWEU, de nationale wettelijke regeling niet gebiedt de toepassing van section 246C ICTA op hun situatie uit te sluiten. Voor zover de Trustees het recht op een belastingkrediet rechtstreeks aan het Unierecht kunnen ontlenen, vraagt de verwijzende rechter zich af welke rechtsmiddelen krachtens het nationale recht ter beschikking moeten staan om, in voorkomend geval, te voorzien in teruggaaf daarvan.

27. In die omstandigheden heeft de Court of Appeal (England and Wales) (Civil Division) de behandeling van de zaak geschorst en het Hof verzocht om een prejudiciële beslissing over de volgende vragen:

"1. Gelet op het antwoord dat het Hof in zijn arrest van 12 december 2006, Test Claimants in the FII Group Litigation (C-446/04, EU:C:2006:774), heeft gegeven op de vierde prejudiciële vraag in die zaak, namelijk dat de artikelen 43 en 56 EG (thans de artikelen 49 en 63 VWEU) in de weg stonden aan een wettelijke regeling van een lidstaat die ingezeten vennootschappen die aan hun aandeelhouders dividenden uitkeren die voortvloeien uit door hen ontvangen buitenlandse dividendinkomsten, de mogelijkheid biedt te opteren voor een regeling op grond waarvan zij de betaalde voorheffing op de vennootschapsbelasting kunnen recupereren, maar die vennootschappen om te beginnen verplicht die voorheffing te betalen en vervolgens teruggaaf daarvan te vorderen, en voorts niet voorziet in een belastingkrediet voor hun aandeelhouders, die dat wel zouden hebben gekregen in geval van een uitkering door een ingezeten vennootschap op basis van binnenlandse dividendinkomsten: kunnen deze aandeelhouders zelf rechten ontlenen aan het Unierecht (hetzij aan artikel 63 VWEU, hetzij aan andere bepalingen) in het geval waarin zij dividenden ontvangen die ingevolge de keuze van de uitkerende vennootschap onder de voornoemde regeling vallen, in het bijzonder wanneer de aandeelhouder in dezelfde lidstaat woont als waar deze uitkerende vennootschap is gevestigd?

2. Indien de in de eerste vraag bedoelde aandeelhouder zelf geen rechten kan ontlenen aan artikel 63 VWEU, kan hij zich dan beroepen op schending van de rechten die artikel 49 VWEU of artikel 63 VWEU toekent aan de onderneming die het dividend uitkeert?

3. Indien op de eerste of de tweede vraag wordt geantwoord dat de aandeelhouder rechten kan ontlenen aan het Unierecht of zich op het Unierecht kan beroepen, stelt het Unierecht dan bepaalde eisen aan de rechtsmiddelen die de aandeelhouder krachtens het nationale recht ter beschikking moeten worden gesteld?

4. Maakt het voor de beantwoording van de vorige vragen enig verschil uit dat:

a. de aandeelhouder in de lidstaat geen inkomstenbelasting verschuldigd is over ontvangen dividenden, met als gevolg dat ingeval een ingezeten onderneming hem buiten het kader van de hierboven bedoelde regeling dividenden uitkeert, het belastingkrediet waarop hij aanspraak kan maken krachtens het nationale recht, hem door de lidstaat mogelijkerwijs moet worden uitbetaald;

b. de nationale rechter van oordeel is dat de inbreuk die de betrokken nationale wettelijke regeling op het Unierecht maakt niet voldoende gekwalificeerd is om die lidstaat te verplichten om, overeenkomstig de in het arrest van 5 maart 1996, Brasserie du pêcheur en Factortame (C-46/93 en C-48/93, EU:C:1996:79), ontwikkelde beginselen, de schade te vergoeden die de dividenduitkerende vennootschap heeft geleden, of

c. slechts in bepaalde gevallen, de vennootschap die onder de hierboven bedoelde regeling dividenden uitkeert het bedrag van die uitkering aan al zijn aandeelhouders kan hebben verhoogd door het bedrag dat een vrijgestelde aandeelhouder zou hebben ontvangen bij een buiten het kader van die regeling vallende dividenduitkering contant uit te betalen?"

Beantwoording van de prejudiciële vragen

Eerste vraag

28. Met zijn eerste vraag wenst de verwijzende rechter in wezen te vernemen of, met name gelet op het arrest van 12 december 2006, Test Claimants in the FII Group Litigation (C-446/04, EU:C:2006:774), de artikelen 49 en 63 VWEU aldus moeten worden uitgelegd dat zij rechten toekennen aan een aandeelhouder die als BDI aangemerkte dividenden ontvangt en die in dezelfde lidstaat is gevestigd als de vennootschap die deze dividenden uitkeert.

29. Vooraf zij opgemerkt dat uit de verwijzingsbeslissing blijkt dat BT Pension Scheme tijdens de in het hoofdgeding aan de orde zijnde periode minder dan 5 % van het aandelenkapitaal bezat van de vennootschappen waarin het had geïnvesteerd, en met deze vennootschappen louter een aandeelhoudersrelatie had.

30. Uit vaste rechtspraak van het Hof volgt dat een verwerving van effecten op de kapitaalmarkt die enkel tot doel heeft te beleggen, zonder de intentie om invloed op het bestuur van en de zeggenschap over de onderneming uit te oefenen, in beginsel valt binnen de werkingssfeer van artikel 63 VWEU en niet binnen die van artikel 49 VWEU, aangezien laatstgenoemde bepaling enkel van toepassing is op participaties waarmee een zodanige invloed op de besluiten van een vennootschap kan worden uitgeoefend dat de activiteiten ervan kunnen worden bepaald (zie in die zin arrest van 13 november 2012, Test Claimants in the FII Group Litigation, C-35/11, EU:C:2012:707, punten 91 en 92 en aldaar aangehaalde rechtspraak).

31. Aangezien in casu de deelnemingen in de vennootschappen waarin het had belegd BT Pension Scheme niet in staat stelden een dergelijke invloed uit te oefenen, dient de vraag van de verwijzende rechter uitsluitend te worden onderzocht in het licht van artikel 63 VWEU.

32. Met betrekking tot de aldus gepreciseerde vraag – namelijk of artikel 63, lid 1, VWEU, in omstandigheden als in het hoofdgeding, rechten toekent aan een aandeelhouder die als BDI aangemerkte dividenden ontvangt – zij eraan herinnerd dat volgens vaste rechtspraak van het Hof artikel 63 VWEU op algemene wijze beperkingen van het kapitaalverkeer tussen de lidstaten en tussen de lidstaten en derde landen verbiedt (zie in die zin arrest van 28 september 2006, Commissie/Nederland, C-282/04 en C-283/04, EU:C:2006:608, punt 18 en aldaar aangehaalde rechtspraak).

33. Wat inzonderheid de in het hoofdgeding aan de orde zijnde nationale regeling betreft, heeft het Hof, in punt 173 van het arrest van 12 december 2006, Test Claimants in the FII Group Litigation (C-446/04, EU:C:2006:774), reeds voor recht verklaard dat artikel 63 VWEU in de weg staat aan een wettelijke regeling van een lidstaat die, terwijl zij ingezeten vennootschappen die aan hun aandeelhouders dividenden uitkeren die hun oorsprong vinden in door hen ontvangen binnenlandse dividendinkomsten, vrijstelt van de ACT, ingezeten vennootschappen die aan hun aandeelhouders dividenden uitkeren die hun oorsprong vinden in buitenlandse dividendinkomsten, de mogelijkheid biedt te opteren voor een regeling op grond waarvan zij de betaalde ACT kunnen recupereren, maar niet voorziet in een belastingkrediet voor hun aandeelhouders, die dat wel zouden hebben gekregen in geval van een uitkering door een ingezeten vennootschap op basis van binnenlandse dividendinkomsten.

34. Zo oordeelde het Hof met name dat aangezien het belastingstelsel van het Verenigd Koninkrijk, met inbegrip van de BDI-regeling, de dividendontvangende aandeelhouders het recht op een belastingkrediet ontzegde wanneer die dividenden afkomstig waren uit winsten van buitenlandse oorsprong van een ingezeten vennootschap, doch niet wanneer deze dividenden afkomstig waren uit winsten van binnenlandse oorsprong van een ingezeten vennootschap, dit stelsel een beperking van het vrije verkeer van kapitaal invoerde in de zin van artikel 63 VWEU.

35. In casu hebben de Trustees als BDI aangemerkte dividenden ontvangen, zonder dat zij evenwel recht hadden op een belastingkrediet voor deze dividenden.

36. Een dergelijke ontzegging van een belastingkrediet aan aandeelhouders die niet onderworpen zijn aan inkomstenbelasting over dividenden, zoals de Trustees, kan deze aandeelhouders ervan afbrengen te beleggen in het kapitaal van in het Verenigd Koninkrijk gevestigde vennootschappen die dividenden ontvangen van buiten het Verenigd Koninkrijk gevestigde vennootschappen, en hen ertoe brengen in plaats daarvan te beleggen in in het Verenigd Koninkrijk gevestigde vennootschappen die dividenden ontvangen van andere vennootschappen die in diezelfde staat zijn gevestigd (zie naar analogie arrest van 12 december 2006, Test Claimants in the FII Group Litigation (C-446/04, EU:C:2006:774, punt 166).

37. Hieruit volgt dat de situatie van de Trustees wordt behandeld op de wijze als bedoeld in punt 173 van het arrest van 12 december 2006, Test Claimants in the FII Group Litigation (C-446/04, EU:C:2006:774), tegen welke behandeling artikel 63 VWEU zich verzet. Derhalve kunnen zij zich op dit artikel beroepen teneinde een nationale bepaling als section 246C ICTA, die hen een belastingkrediet ontzegt, opzij te zetten.

38. Voor de verwijzende rechter en voor het Hof hebben de Commissioners respectievelijk de regering van het Verenigd Koninkrijk evenwel aangevoerd dat de Trustees de toepassing van section 246C ICTA niet met een beroep op artikel 63 VWEU kunnen uitsluiten, aangezien hun beleggingen in het kapitaal van in het Verenigd Koninkrijk gevestigde, aan de BDI-regeling onderworpen, vennootschappen, geen kapitaalverkeer tussen de lidstaten met zich meebrengt, in de zin van de in bijlage I bij richtlijn 88/361/EEG van de Raad van 24 juni 1988 voor de uitvoering van artikel 67 [VWEU] (PB 1988, L 178, blz. 5) opgenomen nomenclatuur, die is opgesteld als leidraad voor de uitlegging van dit artikel.

39. In dit verband zij eraan herinnerd dat volgens de rechtspraak van het Hof een nationale regeling die zonder onderscheid van toepassing is op onderdanen van alle lidstaten, in het algemeen slechts onder de in het VWEU neergelegde bepalingen inzake de fundamentele vrijheden kan vallen voor zover zij van toepassing is op situaties die een verband vertonen met het verkeer tussen de lidstaten (zie in die zin arrest van 5 maart 2002, Reisch e.a., C-515/99, C-519/99–C-524/99 en C-526/99–C-540/99, EU:C:2002:135, punt 24).

40. De bepalingen van het VWEU inzake het vrij verkeer van kapitaal zijn immers niet van toepassing op situaties die in alle opzichten geheel in de interne sfeer van één lidstaat liggen (arrest van 20 maart 2014, Caixa d'Estalvis i Pensions de Barcelona, C-139/12, EU:C:2014:174, punt 42).

41. Het lijkt er evenwel niet op dat de in het hoofdgeding aan de orde zijnde wettelijke regeling enkel betrekking heeft op situaties die geen enkel verband vertonen met het verkeer tussen de lidstaten, of dat de relevante elementen die kenmerkend zijn voor het hoofdgeding uitsluitend in de interne sfeer van het Verenigd Koninkrijk liggen.

42. Integendeel: de ongunstige fiscale behandeling van bepaalde aandeelhouders die als BDI aangemerkte dividenden ontvangen, te weten de ontzegging van het in section 246C ICTA voorziene belastingkrediet, is juist het gevolg van het feit dat deze dividenden afkomstig zijn uit winsten die de uitkerende vennootschap heeft ontvangen van een niet in het Verenigd Koninkrijk gevestigde vennootschap, terwijl in het geval van dividenden die hun oorsprong vinden in winsten die zijn ontvangen van een in het Verenigd Koninkrijk gevestigde vennootschap de aandeelhouders, bij overigens gelijkblijvende omstandigheden, wel recht op een dergelijk belastingkrediet hebben.

43. De regering van het Verenigd Koninkrijk betoogt dat een dergelijke beperking in elk geval geoorloofd is, aangezien zij wordt gerechtvaardigd door de noodzaak om de samenhang van het nationale belastingstelsel te bewaren. In dit verband volstaat het evenwel op te merken dat met name uit punt 163 van het arrest 12 december 2006, Test Claimants in the FII Group Litigation (C-446/04, EU:C:2006:774), volgt dat de in dat arrest vastgestelde beperking op artikel 63 VWEU volgens het Hof niet kon worden gerechtvaardigd door de noodzaak om de samenhang van het betrokken belastingstelsel te bewaren. Zoals de advocaat-generaal in punt 66 van zijn conclusie heeft opgemerkt, zijn de door die regering in de onderhavige procedure aangevoerde argumenten in wezen identiek aan die welke reeds door het Hof waren afgewezen in het kader van laatstgenoemde zaak. Bijgevolg kunnen zij de in punt 36 van het onderhavige arrest vastgestelde beperking van artikel 63 VWEU in casu niet rechtvaardigen.

44. In deze omstandigheden moet op de eerste vraag worden geantwoord dat artikel 63 VWEU aldus moet worden uitgelegd dat het in omstandigheden als in het hoofdgeding rechten toekent aan een aandeelhouder die als BDI aangemerkte dividenden ontvangt.

Tweede vraag

45. Gelet op het antwoord op de eerste vraag, behoeft de tweede vraag niet te worden beantwoord.

Derde vraag

46. Met zijn derde vraag wenst de verwijzende rechter in wezen te vernemen of, en zo ja, in hoeverre, het Unierecht vereist dat het nationale recht van een lidstaat voorziet in rechtsmiddelen voor aandeelhouders die, in een situatie als in het hoofdgeding, als BDI aangemerkte dividenden hebben ontvangen zonder evenwel een belastingkrediet voor die dividenden te hebben ontvangen, teneinde hen in staat te stellen de hun krachtens artikel 63 VWEU toegekende rechten uit te oefenen.

47. Om te beginnen zij opgemerkt dat de lidstaten onder meer krachtens het in artikel 4, lid 3, eerste alinea, VEU genoemde beginsel van loyale samenwerking, op hun respectieve grondgebied de toepassing en de eerbiediging van het recht van de Unie dienen te verzekeren en dat zij ingevolge artikel 4, lid 3, tweede alinea, VEU alle algemene en bijzondere maatregelen dienen te treffen die geschikt zijn om de nakoming van de uit de Verdragen of uit de handelingen van de instellingen van de Unie voortvloeiende verplichtingen te verzekeren. Bovendien verplicht artikel 19, lid 1, tweede alinea, VEU de lidstaten te voorzien in de nodige rechtsmiddelen om daadwerkelijke rechtsbescherming op de onder het recht van de Unie vallende gebieden te verzekeren.

48. Zoals volgt uit het antwoord op de eerste vraag hebben, in omstandigheden als in het hoofdgeding, aandeelhouders die als BDI aangemerkte dividenden ontvangen er op grond van artikel 63 VWEU recht op dat die dividen-

den fiscaal op dezelfde wijze worden behandeld als dividenden die afkomstig zijn uit winsten die de in het Verenigd Koninkrijk gevestigde uitkerende vennootschap van een eveneens aldaar gevestigde vennootschap heeft ontvangen.

49. Volgens vaste rechtspraak van het Hof kunnen de bepalingen van artikel 63 VWEU voor de nationale rechter worden ingeroepen en tot gevolg hebben, dat de daarmee strijdige nationale bepalingen buiten toepassing worden gelaten (zie in die zin arresten van 14 december 1995, Sanz de Lera e.a., C-163/94, C-165/94 en C-250/94, EU:C:1995:451, punt 48, en 18 december 2007, A, C-101/05, EU:C:2007:804, punt 27).

50. Ook is het vaste rechtspraak dat het recht op teruggaaf van belastingen die door een lidstaat in strijd met het recht van de Unie zijn geïnd, het gevolg en het complement is van de rechten die de justitiabelen ontlenen aan de bepalingen van Unierecht die dergelijke belastingen verbieden, zoals uitgelegd door het Hof. De lidstaat is dus in beginsel verplicht, in strijd met het Unierecht toegepaste heffingen terug te betalen (zie in die zin arresten van 9 november 1983, San Giorgio, 199/82, EU:C:1983:318, punt 12; 14 januari 1997, Comateb e.a., C-192/95–C-218/95, EU:C:1997:12, punt 20, en 6 september 2011, Lady & Kid e.a., C-398/09, EU:C:2011:540, punt 17).

51. De regering van het Verenigd Koninkrijk stelt dat in casu een dergelijk recht op teruggaaf van ten onrechte geïnde belastingen niet bestaat, gelet op het feit dat de Trustees, aangezien zij niet onderworpen zijn aan inkomstenbelasting over dividenden, geen belasting hebben betaald over de dividenden waarop de gevraagde belastingkredieten betrekking hebben.

52. Er zij evenwel aan herinnerd dat het recht op teruggaaf, in de zin van de in punt 50 van het onderhavige arrest vermelde rechtspraak, niet alleen betrekking heeft op bedragen die aan de lidstaat zijn betaald uit hoofde van ten onrechte geheven belastingen, maar ook op alle geheven bedragen waarvan de teruggaaf onmisbaar is voor het herstel van het door de bepalingen van het VWEU gewaarborgde vrije verkeer (zie naar analogie arresten van 8 maart 2001, Metallgesellschaft e.a., C-397/98 en C-410/98, EU:C:2001:134, punt 87; 12 december 2006, Test Claimants in the FII Group Litigation, C-446/04, EU:C:2006:774, punt 205, en 19 juli 2012, Littlewoods Retail e.a., C-591/10, EU:C:2012:478, punt 25), met inbegrip derhalve van de bedragen die aan de justitiabele verschuldigd zijn uit hoofde van een belastingkrediet dat hem ontzegd is krachtens de nationale wettelijke regeling waartegen het Unierecht zich verzet.

53. Aldus hebben, in omstandigheden als in het hoofdgeding, niet aan inkomstenbelasting over dividenden onderworpen aandeelhouders, zoals de Trustees, die als BDI aangemerkte dividenden hebben ontvangen zonder evenwel recht te hebben op een belastingkrediet voor die dividenden, recht op betaling van het belastingkrediet dat hun ten onrechte op grond van een met artikel 63 VWEU onverenigbare nationale wettelijke regeling is ontzegd.

54. Vervolgens zij eraan herinnerd dat volgens vaste rechtspraak van het Hof zowel de administratieve autoriteiten als de nationale rechters die in het kader van hun respectieve bevoegdheden belast zijn met de toepassing van de bepalingen van het Unierecht, zorg moeten dragen voor de volle werking van die bepalingen en daarbij zo nodig, op eigen gezag, elke strijdige nationale bepaling buiten toepassing moeten laten zonder dat zij eerst de intrekking hiervan bij wet of enige andere constitutionele procedure hoeven te vragen of af te wachten (zie, met betrekking tot administratieve autoriteiten, arresten van 22 juni 1989, Costanzo, 103/88, EU:C:1989:256, punt 31, en 29 april 1999, Ciola, C-224/97, EU:C:1999:212, punten 26 en 30, en, met betrekking tot rechterlijke instanties, arresten van 9 maart 1978, Simmenthal, 106/77, EU:C:1978:49, punt 24, en 5 juli 2016, Ognyanov, C-614/14, EU:C:2016:514, punt 34).

55. Verder verhindert deze verplichting de nationale bevoegde rechterlijke instanties niet om, wanneer naar nationaal recht verschillende wegen kunnen worden bewandeld, zijn keuze te bepalen op de middelen welke geëigend zijn de door het Unierecht verleende individuele rechten te waarborgen (zie in die zin arresten van 22 oktober 1998, IN. CO. GE.'90 e.a., C-10/97–C-22/97, EU:C:1998:498, punt 21, en 19 juli 2012, Littlewoods Retail e.a., C-591/10, EU:C:2012:478, punt 33).

56. Hieruit volgt dat in het kader van een rechtsvordering die door niet-belastingplichtige aandeelhouders die als BDI aangemerkte dividenden hebben ontvangen is ingesteld ter verkrijging van het bedrag van het belastingkrediet dat hen ten onrechte door de in het hoofdgeding aan de orde zijnde nationale wettelijke regeling is ontzegd, de nationale rechter in beginsel bevoegd is om de bepalingen van die nationale wettelijke regeling die aan de met artikel 63 VWEU strijdige behandeling ten grondslag liggen, buiten toepassing te laten, teneinde de volle werking van het Unierecht te waarborgen.

57. Wat, ten slotte, de procedureregels van een dergelijke rechtsvordering betreft, is het niet aan het Hof om de vorderingen die de Trustees bij de verwijzende rechter hebben ingesteld, juridisch te kwalificeren, aangezien het aan hen is om onder toezicht van de verwijzende rechter de aard en de grondslag van hun vordering nader te preciseren. Uit de rechtspraak van het Hof volgt evenwel dat de justitiabelen over een doeltreffend rechtsmiddel moeten beschikken om betaling te kunnen verkrijgen van een belastingkrediet dat hen ten onrechte is ontzegd (zie

naar analogie arrest van 12 december 2006, Test Claimants in the FII Group Litigation (C-446/04, EU:C:2006:774, punten 201 en 220).

58. Hoewel het bij gebreke van een Unieregeling inzake de betaling van belastingkredieten die de rechthebbenden ten onrechte zijn ontzegd, een aangelegenheid van het nationale recht van elke lidstaat is om de procesregels te geven voor rechtsvorderingen die ertoe strekken de rechten te beschermen die de justitiabelen aan het Unierecht ontlenen, mogen die regels, overeenkomstig het gelijkwaardigheidsbeginsel, niet ongunstiger zijn dan die welke voor soortgelijke nationale vorderingen gelden (zie in die zin arresten van 16 december 1976, Rewe-Zentralfinanz en Rewe-Zentral, 33/76, EU:C:1976:188, punt 5; 8 maart 2001, Metallgesellschaft e.a., C-397/98 en C-410/98, EU:C:2001:134, punt 85; 12 december 2006, Test Claimants in the FII Group Litigation, C-446/04, EU:C:2006:774, punt 203, en 6 oktober 2015, Târºia, C-69/14, EU:C:2015:662, punten 26 en 27).

59. Bovendien zijn de lidstaten op grond van het doeltreffendheidsbeginsel gehouden in elk geval een doeltreffende bescherming van de door het Unierecht toegekende rechten te verzekeren en, in het bijzonder, te waarborgen dat het in artikel 47, lid 1, van het Handvest van de grondrechten van de Europese Unie vastgelegde recht op een doeltreffende voorziening in rechte en op toegang tot een onpartijdig gerecht wordt geëerbiedigd (zie in die zin arresten van 15 september 2016, Star Storage e.a., C-439/14 en C-488/14, EU:C:2016:688, punt 46; 8 november 2016, Lesoochranárske zoskupenie VLK, C-243/15, EU:C:2016:838, punt 65, en 16 mei 2017, Berlioz Investment Fund, C-682/15, EU:C:2017:373, punt 44).

60. In casu is het met name aan de verwijzende rechter om, ten eerste, ervoor te zorgen dat niet aan inkomstenbelasting over dividenden onderworpen aandeelhouders – zoals de Trustees – die als BDI aangemerkte dividendinkomsten hebben ontvangen die hun oorsprong vinden in dividenden van buitenlandse oorsprong, beschikken over een rechtsmiddel dat de betaling kan waarborgen van het ten onrechte aan de rechthebbenden ontzegde belastingkrediet voor die dividenden, en dit volgens procedureregels die niet minder gunstig zijn dan die welke gelden voor een rechtsvordering die strekt tot betaling van een dergelijk belastingkrediet of van een soortgelijk belastingvoordeel in een situatie waarin de belastingdienst de rechthebbenden bij een uitkering van dividenden die hun oorsprong vinden in dividenden die zijn ontvangen van een in het Verenigd Koninkrijk gevestigde vennootschap ten onrechte dit belastingkrediet of belastingvoordeel heeft ontzegd. Ten tweede dient die rechter zich ervan te vergewissen dat met dat rechtsmiddel de bescherming van de door artikel 63 VWEU aan dergelijke aandeelhouders toegekende rechten doeltreffend kan worden gewaarborgd.

61. Bijgevolg moet op de derde vraag worden geantwoord dat het Unierecht vereist dat het nationale recht van een lidstaat voorziet in rechtsmiddelen voor aandeelhouders die, in een situatie als in het hoofdgeding, als BDI aangemerkte dividenden hebben ontvangen zonder evenwel een belastingkrediet voor die dividenden te hebben ontvangen, teneinde hen in staat te stellen de hun door artikel 63 VWEU toegekende rechten uit te oefenen. In dit verband dient de nationale bevoegde rechter ervoor te zorgen dat niet aan inkomstenbelasting over dividenden onderworpen aandeelhouders – zoals de Trustees – die als BDI aangemerkte dividendinkomsten hebben ontvangen die hun oorsprong vinden in dividenden van buitenlandse oorsprong, beschikken over een rechtsmiddel dat, ten eerste, de betaling kan waarborgen van het ten onrechte aan de rechthebbenden ontzegde belastingkrediet voor die dividenden, en dit volgens procedureregels die niet minder gunstig zijn dan die welke gelden voor een rechtsvordering die strekt tot betaling van een dergelijk belastingkrediet of van een soortgelijk belastingvoordeel in een situatie waarin de belastingdienst de rechthebbenden bij een uitkering van dividenden die hun oorsprong vinden in dividenden die zijn ontvangen van een in het Verenigd Koninkrijk gevestigde vennootschap ten onrechte dit belastingkrediet of belastingvoordeel heeft ontzegd, en, ten tweede, de bescherming van de door artikel 63 VWEU aan dergelijke aandeelhouders toegekende rechten doeltreffend kan waarborgen.

Vierde vraag, onder a)

62. Met zijn vierde vraag, onder a), wenst de verwijzende rechter in wezen te vernemen wat de eventuele gevolgen zijn voor de beantwoording van de eerste drie prejudiciële vragen, van het feit dat de Trustees in Verenigd Koninkrijk niet onderworpen zijn aan inkomstenbelasting over de door hen ontvangen dividenden.

63. In dit verband zij eraan herinnerd dat de schending van artikel 63 VWEU, zoals deze door het Hof in punt 173 *van het arrest* van 12 december 2006, Test Claimants in the FII Group Litigation (C-446/04, EU:C:2006:774) is vastgesteld, met name is gelegen in het feit dat de door aandeelhouders zoals de Trustees ontvangen dividenden verschillend worden behandeld afhankelijk van de vraag of het gaat om als BDI aangemerkte dividenden van buitenlandse oorsprong, dan wel om niet als BDI aangemerkte dividenden van binnenlandse oorsprong.

64. Zoals de advocaat-generaal in punt 88 van zijn conclusie heeft opgemerkt, is het, aangezien artikel 63 VWEU enkel vereist dat het verschil in fiscale behandeling tussen deze twee categorieën van dividenden die door aandeelhouders zoals de Trustees worden ontvangen, wordt opgeheven, niet relevant of de aandeelhouder die als BDI aangemerkte dividenden heeft ontvangen al dan niet is onderworpen aan inkomstenbelasting over die dividenden.

65. Derhalve moet op de vierde vraag, onder a), worden geantwoord dat de omstandigheid dat de Trustees niet onderworpen zijn aan inkomstenbelasting over de door hen ontvangen dividenden, de antwoorden op de eerste drie door de verwijzende rechter gestelde vragen niet kan wijzigen.

Vierde vraag, onder b)

66. Met zijn vierde vraag, onder b), vraagt de verwijzende rechter zich af wat de eventuele gevolgen zijn voor de beantwoording van de eerste drie prejudiciële vragen, van de omstandigheid dat de betrokken schending van het Unierecht, volgens hem, niet voldoende gekwalificeerd is om, overeenkomstig de in het arrest van 5 maart 1996, Brasserie du pêcheur en Factortame (C-46/93 en C-48/93, EU:C:1996:79), geformuleerde beginselen, te leiden tot niet-contractuele aansprakelijkheid van de lidstaat ten opzichte van de vennootschap die als BDI aangemerkte dividenden uitkeert.

67. In casu volgt uit de verwijzingsbeslissing dat de vordering uit niet-contractuele aansprakelijkheid wegens schendingen van artikel 63 VWEU tegen het Verenigd Koninkrijk is ingesteld door de dividenduitkerende vennootschappen, en niet door de Trustees.

68. In dit verband moet worden vastgesteld dat, zoals de advocaat-generaal in punt 91 van zijn conclusie heeft opgemerkt, de door artikel 63 VWEU aan de betrokken aandeelhouders toegekende rechten, hoe dan ook los staan van die welke zijn toegekend aan de dividenduitkerende vennootschappen.

69. In deze omstandigheden moet op de vierde vraag, onder b), worden geantwoord dat, zelfs al is de in het hoofdgeding aan de orde zijnde schending van het Unierecht volgens de verwijzende rechter niet voldoende gekwalificeerd om, overeenkomstig de in het arrest van 5 maart 1996, Brasserie du pêcheur en Factortame (C-46/93 en C-48/93, EU:C:1996:79), geformuleerde beginselen, te leiden tot niet-contractuele aansprakelijkheid van de betrokken lidstaat ten opzichte van de vennootschap die als BDI aangemerkte dividenden uitkeert, deze omstandigheid de antwoorden op de eerste drie prejudiciële vragen niet kan wijzigen.

Vierde vraag, onder c)

70. Met zijn vierde vraag, onder c), vraagt de verwijzende rechter zich af wat de eventuele gevolgen zijn voor de beantwoording van de eerste drie prejudiciële vragen, van de omstandigheid dat het in sommige gevallen mogelijk is dat de aandeelhouder die als BDI aangemerkte dividenden ontvangt, een hoger bedrag aan dividend heeft ontvangen van de uitkerende vennootschap, ter compensatie van het feit dat hem geen belastingkrediet werd toegekend.

71. In punt 207 van het arrest van 12 december 2006, Test Claimants in the FII Group Litigation (C-446/04, EU:C:2006:774), heeft het Hof inderdaad met name vastgesteld dat ingezeten vennootschappen die voor de BDI-regeling hebben gekozen, op basis van het Unierecht geen schade kunnen aanvoeren die zij stellen te hebben geleden als gevolg van het feit dat zij zich verplicht zagen het bedrag van hun dividenden te verhogen ter compensatie van het verlies van het belastingkrediet door hun aandeelhouders, aangezien dergelijke verhogingen van de dividendbedragen berusten op door die uitkerende vennootschappen genomen besluiten, en voor hen geen onvermijdelijk gevolg zijn van de weigering van het Verenigd Koninkrijk om die aandeelhouders evenwaardig te behandelen als de aandeelhouders aan wie een bedrag wordt uitgekeerd dat is gebaseerd op dividenden van binnenlandse oorsprong.

72. Desalniettemin vloeien de situatie van aandeelhouders die als BBO aangemerkte dividenden hebben ontvangen, en de omstandigheid dat zij voor deze dividenden geen belastingkrediet hebben ontvangen niet voort uit een eventueel besluit van deze aandeelhouders, maar uit de in het Verenigd Koninkrijk in het relevante belastingjaar geldende wettelijke regeling.

73. Hieruit volgt dat, anders dan het Verenigd Koninkrijk heeft gesteld, de omstandigheid dat een vennootschap die als BDI aangemerkte dividenden uitkeert, het bedrag van het aan die aandeelhouders betaalde dividend al dan niet heeft verhoogd, niet kan leiden tot een „dubbele compensatie" voor de Trustees.

74. Verder kan een eventuele verhoging van het bedrag van de als BDI aangemerkte dividenden die door een in het Verenigd Koninkrijk gevestigde vennootschap worden uitgekeerd, teneinde te compenseren dat aan de aandeelhouder die deze dividenden ontvangt geen belastingkrediet wordt toegekend, niet leiden tot een dubbele compensatie voor de aan die aandeelhouder verschuldigde belastingkredieten, aangezien die uitkering van dividenden door die vennootschap niet kan worden gelijkgesteld met de toekenning van een belastingkrediet door de belastingdienst. Een dergelijke winstuitkering door een vennootschap aan haar aandeelhouder vormt slechts een *handeling tussen de vennootschap en haar* aandeelhouder, die de rechten en verplichtingen van de belastingdienst jegens die aandeelhouder niet kan aantasten.

75. In deze omstandigheden moet op de vierde vraag, onder c), worden geantwoord dat de omstandigheid dat een in het Verenigd Koninkrijk gevestigde vennootschap een verhoogd bedrag aan als BDI aangemerkte dividen-

den heeft uitgekeerd ter compensatie van het feit dat aan de ontvangende aandeelhouder geen belastingkrediet wordt toegekend, de antwoorden op de eerste drie door de verwijzende rechter gestelde vragen niet kan wijzigen.

76. Gelet op het voorgaande, moet op de vierde vraag worden geantwoord dat noch de omstandigheid dat de Trustees niet onderworpen zijn aan inkomstenbelasting over de door hen ontvangen dividenden, noch de omstandigheid dat de betrokken schending van het Unierecht niet voldoende gekwalificeerd is om, overeenkomstig de in het arrest van 5 maart 1996, Brasserie du pêcheur en Factortame (C-46/93 en C-48/93, EU:C:1996:79), geformuleerde beginselen, te leiden tot niet-contractuele aansprakelijkheid van de betrokken lidstaat ten opzichte van de vennootschap die als BDI aangemerkte dividenden uitkeert, noch de omstandigheid dat een in het Verenigd Koninkrijk gevestigde vennootschap een verhoogd bedrag aan als BDI aangemerkte dividenden heeft uitgekeerd ter compensatie van het feit dat aan de ontvangende aandeelhouder geen belastingkrediet wordt toegekend, de antwoorden op de andere vragen van de verwijzende rechter kan wijzigen.

Kosten

77. …

Het Hof (Tweede kamer)

verklaart voor recht:

1. Artikel 63 VWEU moet aldus moet worden uitgelegd dat het in omstandigheden als in het hoofdgeding rechten toekent aan een aandeelhouder die als „buitenlandse dividendinkomsten" (*foreign income dividend*) aangemerkte dividenden ontvangt.

2. Het Unierecht vereist dat het nationale recht van een lidstaat voorziet in rechtsmiddelen voor aandeelhouders die, in een situatie als in het hoofdgeding, als „buitenlandse dividendinkomsten" aangemerkte dividenden hebben ontvangen zonder evenwel een belastingkrediet voor die dividenden te hebben ontvangen, teneinde hen in staat te stellen de hun krachtens artikel 63 VWEU toegekende rechten uit te oefenen. In dit verband dient de nationale bevoegde rechter ervoor te zorgen dat niet aan inkomstenbelasting over dividenden onderworpen aandeelhouders – zoals de Trustees of the BT Pension Scheme – die als „buitenlandse dividendinkomsten" aangemerkte dividendinkomsten hebben ontvangen die hun oorsprong vinden in dividenden van buitenlandse oorsprong, beschikken over een rechtsmiddel dat, ten eerste, de betaling kan waarborgen van het ten onrechte aan de rechthebbenden ontzegde belastingkrediet voor die dividenden, en dit volgens procedureregels die niet minder gunstig zijn dan die welke gelden voor een rechtsvordering die strekt tot betaling van een belastingkrediet of van een soortgelijk belastingvoordeel in een situatie waarin de belastingdienst de rechthebbenden bij een uitkering van dividenden die hun oorsprong vinden in dividenden die zijn ontvangen van een in het Verenigd Koninkrijk gevestigde vennootschap ten onrechte dit belastingkrediet of belastingvoordeel heeft ontzegd, en, ten tweede, de bescherming van de door artikel 63 VWEU aan dergelijke aandeelhouders toegekende rechten doeltreffend kan waarborgen.

3. Noch de omstandigheid dat de Trustees of the BT Pension Scheme niet onderworpen zijn aan inkomstenbelasting over de door hen ontvangen dividenden, noch de omstandigheid dat de betrokken schending van het Unierecht volgens de verwijzende rechter niet voldoende gekwalificeerd is om, overeenkomstig de in het arrest van 5 maart 1996, Brasserie du pêcheur en Factortame (C-46/93 en C-48/93, EU:C:1996:79), geformuleerde beginselen, te leiden tot niet-contractuele aansprakelijkheid van de betrokken lidstaat ten opzichte van de vennootschap die als „buitenlandse dividendinkomsten" aangemerkte dividenden uitkeert, noch de omstandigheid dat een in het Verenigd Koninkrijk gevestigde vennootschap een verhoogd bedrag aan als „buitenlandse dividendinkomsten" aangemerkte dividenden heeft uitgekeerd ter compensatie van het feit dat aan de ontvangende aandeelhouder geen belastingkrediet wordt toegekend, kan de antwoorden op de andere vragen van de verwijzende rechter wijzigen.

HvJ EU 14 september 2017, zaak C-646/15 (Trustees of the Panayi Accumulation & Maintenance Settlements v. Commissioners for Her Majesty's Revenue and Customs)

Eerste kamer: *R. Silva de Lapuerta, kamerpresident, E. Regan, J.-C. Bonichot, C. G. Fernlund (rapporteur) en S. Rodin, rechters*
Advocaat-generaal: *J. Kokott*

1. Het verzoek om een prejudiciële beslissing betreft de uitlegging van de artikelen 49, 54, 56 en 63 VWEU.

2. Dit verzoek is ingediend in het kader van een geding tussen de Trustees of the P Panayi Accumulation & Maintenance Settlements (hierna: „Panayi trustees") en de Commissioners for Her Majesty's Revenue and Customs (hierna: „belastingdienst") over de heffing van belasting over latente meerwaarden in trustgoederen naar aanleiding van de overbrenging van de woonplaats van de trustees naar een andere lidstaat dan de lidstaat van oorsprong.

Toepasselijke bepalingen van het Verenigd Koninkrijk

Trusts

3. Uit het aan het Hof overgelegde dossier blijkt dat in de common law-landen de term trust in beginsel een driehoeksoperatie inhoudt, waarbij de oprichter van de trust goederen overdraagt aan de trustee, opdat hij deze goederen overeenkomstig de trustoprichtingsakte beheert ten bate van een derde, de begunstigde. Trusts die worden opgericht ten bate van welbepaalde personen, worden soms settlements genoemd.

4. Een trust heeft als kenmerk dat de eigendom van de goederen die de trust vormen, wordt opgesplitst in de juridische eigendom en de economische eigendom, die toebehoort aan de trustee respectievelijk de begunstigde.

5. Hoewel een trust door de wet is erkend en rechtsgevolgen heeft, bezit hij geen eigen rechtspersoonlijkheid en moet hij handelen via zijn trustee. De goederen die de trust vormen, behoren dus niet tot het vermogen van de trustee. De trustee moet deze goederen beheren als een afzonderlijk vermogen, dat te onderscheiden is van zijn eigen vermogen. De wezenlijke verplichting van de trustee bestaat erin zich te houden aan de voorwaarden en verplichtingen die zijn vastgelegd in de oprichtingsakte en meer in het algemeen in het recht.

Meerwaardebelasting

6. De Taxation of Chargeable Gains Act 1992 (wet van 1992 op de meerwaardebelasting), zoals van toepassing ten tijde van de feiten in het hoofdgeding (hierna: „TCGA"), bepaalt in Section 2, lid 1, dat een persoon belasting verschuldigd is over een meerwaarde die hij realiseert in een belastingjaar waarin hij ten dele of gewoonlijk in het Verenigd Koninkrijk verblijft.

7. Ingevolge Section 69 TCGA worden trustees beschouwd als „een afzonderlijk en permanent orgaan van personen", te onderscheiden van de personen die mogelijk op enig tijdstip de trustees zijn. Diezelfde section bepaalt voorts dat „dit orgaan wordt beschouwd als woonachtig of gewoonlijk verblijvend in het Verenigd Koninkrijk, tenzij het algemene beheer van de trusts gewoonlijk buiten het Verenigd Koninkrijk wordt waargenomen en de trustees of de meerderheid van hen niet in het Verenigd Koninkrijk wonen of gewoonlijk verblijven".

8. Section 80, leden 1 tot en met 4, TCGA bepaalt:

„Trustees die niet langer in het Verenigd Koninkrijk wonen

1. Deze Section is van toepassing wanneer de trustees van de trust op enig tijdstip (‚de relevante datum') niet langer in het Verenigd Koninkrijk wonen of gewoonlijk verblijven.

2. Voor de toepassing van deze wet worden de trustees geacht:

a. bepaalde welomschreven vermogensbestanddelen onmiddellijk voor de relevante datum te hebben vervreemd en

b. onmiddellijk te hebben ingekocht tegen de marktwaarde op die datum.

3. Onder voorbehoud van het bepaalde in de leden 4 en 5, vormen alle vermogensbestanddelen die onmiddellijk voor de relevante datum tot de trust behoren [...] de in lid 2, onder a), bedoelde welomschreven vermogensbestanddelen.

4. Indien onmiddellijk na de relevante datum

a. de trustees in het Verenigd Koninkrijk een handelsactiviteit uitoefenen via een filiaal of een agentschap en

b. de vermogensbestanddelen in het Verenigd Koninkrijk zijn gelegen en hetzij voor de handelsactiviteit worden gebruikt hetzij voor het filiaal of het agentschap worden gebruikt of gehouden, vormen de onder b) bedoelde vermogensbestanddelen geen in lid 2, onder a), bedoelde welomschreven vermogensbestanddelen."

9. Uit het verzoek om een prejudiciële beslissing blijkt dat overeenkomstig Section 87 TCGA de meerwaarden die zijn gerealiseerd door trustees die niet in het Verenigd Koninkrijk wonen of gewoonlijk verblijven, aan de begunstigden worden toegerekend voor zover de trustees aan de begunstigden uit het vermogen betalingen verrichten. Die Section bepaalt dat de door een niet-ingezeten trustee gerealiseerde meerwaarde wordt berekend alsof deze trustee in het Verenigd Koninkrijk woonde. Het geheel van gerealiseerde meerwaarden wordt dan toegerekend aan de begunstigden die uit het vermogen betalingen van de trustees ontvangen. Betalingen uit het vermogen worden ruim opgevat, zodat de meeste uit de trust ontvangen prestaties daaronder vallen. Begunstigden die in het Verenigd Koninkrijk wonen of verblijven, zijn meerwaardebelasting verschuldigd over de aan hen toegerekende meerwaarden waarvoor uit het vermogen betalingen zijn verricht.

10. Bovendien bepaalt Section 91 TCGA dat de belasting wordt verhoogd wanneer een tijdsverloop bestaat tussen de realisatie van de meerwaarden door de trustees en de ontvangst van de betalingen uit het vermogen door de begunstigde.

Hoofdgeding en prejudiciële vragen

11. De vier trusts waarover het in het hoofdgeding gaat, zijn in 1992 opgericht door Panico Panayi (hierna: „Panayi trusts"), een Cypriotisch staatsburger, ten bate van zijn kinderen en andere gezinsleden. Aan die trusts heeft hij 40 % van de aandelen in Cambos Entreprises Limited, de moedermaatschappij van de door hem opgerichte ondernemingen, overgedragen.

12. Uit de oprichtingsakten van deze trusts volgt dat P. Panayi noch zijn echtgenote zolang hij leeft, begunstigde is. Niettemin behoudt Panayi het recht om, in de hoedanigheid van „protector", nieuwe trustees of bijkomende trustees te benoemen. De begunstigden van die trusts hebben dat recht daarentegen niet.

13. Ten tijde van de oprichting van de Panayi trusts woonden Panayi, zijn echtgenote en hun kinderen allen in het Verenigd Koninkrijk. Aanvankelijk waren de trustees Panayi zelf en KSL Trustees Limited, een in het Verenigd Koninkrijk gevestigde „trust company". In 2003 werd ook de echtgenote van Panayi benoemd tot trustee.

14. Begin 2004 besloot het echtpaar Panayi om het Verenigd Koninkrijk te verlaten en voorgoed naar Cyprus terug te keren. Voordat zij verhuisden, hebben zij beiden op 19 augustus 2004 ontslag genomen als trustee. Ter vervanging heeft Panayi diezelfde dag drie nieuwe trustees benoemd, die allen in Cyprus wonen. KSL Trustees Limited, een in het Verenigd Koninkrijk gevestigde vennootschap, is echter trustee gebleven tot en met 14 december 2005. Bijgevolg verbleef het merendeel van de trustees van de Panayi trusts op 19 augustus 2004 niet langer in het Verenigd Koninkrijk.

15. Op 19 december 2005 hebben de Panayi trustees hun aandelen die in de Panayi trusts waren ingebracht, verkocht en de opbrengst van deze verkoop herbelegd. Op 31 januari 2006 hebben deze trustees hun belastingaangifte ingediend en daarin voor elke Panayi trust de belastingschuld voor belastingjaar 2004/2005 zelf bepaald. In een begeleidende brief werd aan de belastingdienst toelichting verschaft over de wissel in Panayi trustees en de latere aandelenverkoop door deze trustees.

16. Omdat in deze aangiften de belastingschuld uit hoofde van Section 80 TCGA niet op initiatief van de belastingplichtige zelf werd bepaald, heeft de belastingdienst een onderzoek geopend. In september 2010 heeft de belastingdienst jegens de trustees een beslissing genomen waarin de belasting werd herberekend op grond dat uit hoofde van die bepaling een belastingschuld was ontstaan. Zo was deze dienst van oordeel dat het belastbare feit de benoeming van de nieuwe trustees op 19 augustus 2004 was, aangezien het merendeel van de Panayi trustees op die datum niet langer in het Verenigd Koninkrijk woonde en het beheer van de Panayi trusts dus werd geacht in de loop van belastingjaar 2004/2005 te zijn overgebracht naar Cyprus. De datum waarop deze belasting verschuldigd was, werd dus bepaald op 31 januari 2006.

17. De Panayi trustees hebben bij de First-tier Tribunal (Tax Chamber) (rechter in eerste aanleg, belastingzaken, Verenigd Koninkrijk) beroep ingesteld en daarbij betwist dat de exitheffing en de onmiddellijke invordering ervan, zoals voorzien in Section 80 TCGA, verenigbaar zijn met de fundamentele vrijheden van verkeer van het Unierecht.

18. De belastingdienst is daarentegen van mening dat, gelet op de rechtsaard van de trust naar het recht van Engeland en Wales, in casu geen van de vrijheden van verkeer toepassing vindt. In de veronderstelling dat een van deze vrijheden zou worden geacht toepassing te vinden, dan erkent de belastingdienst dat de onmiddellijke invordering van de exitheffing op het eerste gezicht een beperking vormt, doch gerechtvaardigd is en evenredig is.

19. De verwijzende rechter verklaart dat indien de trustees in het Verenigd Koninkrijk waren gebleven, de verkoop op 19 december 2005 van de aandelen die in handen van de trusts waren, het belastbare feit voor de meerwaardebelasting erover zou zijn geweest. Dan zou deze belasting op 31 januari 2007 verschuldigd zijn geweest.

20. Deze rechter wijst erop dat het Hof van Justitie in zaken betreffende de exitheffing nog niet heeft moeten ingaan op de vraag of een trust, de trustoprichter, de trustees of de begunstigden zich kunnen beroepen op een van de fundamentele vrijheden van verkeer. In de veronderstelling dat een van deze vrijheden toepassing vindt, vraagt deze rechter zich af of een belemmering kan worden gerechtvaardigd door de dwingende reden van algemeen

belang die verband houdt met het behoud van de evenwichtige verdeling van de heffingsbevoegdheid tussen de lidstaten en, in voorkomend geval, of deze belemmering evenredig is.

21. Tegen deze achtergrond heeft de First-tier Tribunal (Tax Chamber) de behandeling van de zaak geschorst en het Hof verzocht om een prejudiciële beslissing over de volgende vragen:

„1. Handelt een lidstaat in overeenstemming met de vrijheid van vestiging, de vrijheid van kapitaalverkeer of de vrijheid van dienstverrichting wanneer hij een wettelijke regeling zoals Section 80 [TCGA] uitvaardigt en handhaaft, volgens welke belasting wordt geheven over de niet-gerealiseerde meerwaarden van de vermogensbestanddelen van een trust wanneer de trustees van deze trust op een bepaald tijdstip niet langer hun woonplaats of gebruikelijke verblijfplaats in de lidstaat hebben?
2. In de veronderstelling dat een dergelijke heffing de uitoefening van de betrokken vrijheid belemmert, kan deze belastingheffing dan worden gerechtvaardigd uit hoofde van de evenwichtige verdeling van de heffingsbevoegdheden en is deze belastingheffing dan evenredig wanneer volgens de wettelijke regeling de trustees niet de keuzemogelijkheid hebben om de heffing uit te stellen of om in termijnen te betalen en evenmin rekening wordt gehouden met eventuele latere waardeverminderingen van de vermogensbestanddelen van de trust?

Inzonderheid worden de volgende prejudiciële vragen voorgelegd:
3. Vinden een of meer fundamentele vrijheden toepassing wanneer een lidstaat belasting heft over de niet-gerealiseerde meerwaarden van vermogensbestanddelen van een trust op het tijdstip waarop de meerderheid van de trustees niet langer hun woonplaats of gebruikelijke verblijfplaats in die lidstaat hebben?
4. Is een beperking van de betrokken vrijheid als gevolg van deze exitheffing gerechtvaardigd door de noodzaak om een evenwichtige verdeling van de heffingsbevoegdheden te handhaven wanneer het mogelijk was om alsnog belasting te heffen over de gerealiseerde meerwaarde, doch enkel indien zich in de toekomst bepaalde specifieke omstandigheden voordoen?
5. Moet de evenredigheid worden beoordeeld aan de hand van de feiten van het concrete geval? Is de beperking als gevolg van een dergelijke belastingheffing met name evenredig wanneer
a. volgens de wettelijke regeling niet de keuzemogelijkheid bestaat om betaling van de belasting uit te stellen of om in termijnen te betalen, of geen rekening kan worden gehouden met eventuele latere waardeverminderingen van de vermogensbestanddelen van de trust na de exit,
b. doch in de specifieke omstandigheden van de litigieuze belastingheffing de vermogensbestanddelen zijn verkocht voordat de belasting betaalbaar was en de betrokken vermogensbestanddelen niet in waarde zijn verminderd tussen de datum waarop de trust is verplaatst en de datum van de verkoop?"

Beantwoording van de prejudiciële vragen

22. Met zijn vragen, die samen dienen te worden onderzocht, wenst de verwijzende rechter in wezen te vernemen of de bepalingen van het VWEU inzake de vrijheid van vestiging zich in omstandigheden als in het hoofdgeding, waarin de trustees naar nationaal recht worden behandeld als een afzonderlijk en permanent orgaan van personen dat te onderscheiden is van de personen die mogelijk op enig ogenblik de trustees zijn, verzetten tegen een wettelijke regeling van een lidstaat als in het hoofdgeding, volgens welke latente meerwaarden in de trustgoederen worden belast wanneer het merendeel van de trustees hun woonplaats naar een andere lidstaat overbrengen, zonder mogelijkheid van uitgestelde invordering van de aldus verschuldigde belasting.

23. Met het oog op de beantwoording van de prejudiciële vragen moet allereerst worden nagegaan of trusts als in het hoofdgeding onder de vrijheid van vestiging vallen en, in voorkomend geval, of deze vrijheid van toepassing is op een situatie als in het hoofdgeding.

Toepassing van de vrijheid van vestiging op trusts

24. Ingevolge artikel 49 VWEU moeten beperkingen van de vrijheid van vestiging voor onderdanen van een lidstaat op het grondgebied van een andere lidstaat worden opgeheven. Volgens artikel 54, eerste alinea, VWEU worden de vennootschappen die in overeenstemming met de wetgeving van een lidstaat zijn opgericht en die hun statutaire zetel, hun hoofdbestuur of hun hoofdvestiging binnen de Unie hebben, voor de toepassing van de bepalingen van het VWEU inzake de vrijheid van vestiging gelijkgesteld met natuurlijke personen die staatsburger zijn van de lidstaten.

25. Overeenkomstig artikel 54, tweede alinea, VWEU wordt onder vennootschappen verstaan maatschappijen naar burgerlijk recht of handelsrecht, de coöperatieve verenigingen of vennootschappen daaronder begrepen, en de overige rechtspersonen naar publiek- of privaatrecht, met uitzondering van vennootschappen welke geen winst beogen.

26. Dienaangaande zij vastgesteld dat de vrijheid van vestiging, die een van de grondslagen van het Unierecht vormt (arrest van 24 mei 2011, Commissie/België, C-47/08, EU:C:2011:334, punt 77 en aldaar aangehaalde recht-

spraak) en bijdraagt tot de verwezenlijking van de interne markt (zie in die zin arrest van 13 december 2005, SEVIC Systems, C-411/03, EU:C:2005:762, punt 19), een zeer ruime draagwijdte heeft.

27. Uit de rechtspraak van het Hof volgt derhalve dat, ten eerste, afwijkingen van deze vrijheid strikt moeten worden uitgelegd (zie in die zin arresten van 21 juni 1974, Reyners, 2/74, EU:C:1974:68, punten 43-55, en 1 februari 2017, Commissie/Hongarije, C-392/15, EU:C:2017:73, punt 106 en aldaar aangehaalde rechtspraak), ten tweede, hoewel de bepalingen van het Verdrag inzake de vrijheid van vestiging het voordeel van de nationale behandeling in de lidstaat van ontvangst beogen te garanderen, zij zich ook ertegen verzetten dat de lidstaat van oorsprong de vestiging van een van zijn burgers of van een naar zijn wetgeving opgerichte vennootschap in een andere lidstaat belemmert (arresten van 27 september 1988, Daily Mail and General Trust, 81/87, EU:C:1988:456, punt 16, en 21 mei 2015, Verder LabTec, C-657/13, EU:C:2015:331, punt 33 en aldaar aangehaalde rechtspraak), en ten derde het begrip „vestiging" in de zin van het Verdrag zeer ruim is en de mogelijkheid voor een onderdaan van de Unie inhoudt om duurzaam deel te nemen aan het economische leven van een andere lidstaat dan zijn staat van oorsprong en daaruit voordeel te halen, waardoor op die wijze de economische en sociale vervlechting in de Unie wordt bevorderd (zie in die zin arrest van 30 november 1995, Gebhard, C-55/94, EU:C:1995:411, punt 25).

28. In casu staat vast dat de in het hoofdgeding aan de orde zijn de trusts zijn opgericht naar het recht van het Verenigd Koninkrijk en bovendien dat zij volgens dit recht niet worden beschouwd als maatschappijen naar burgerlijk of handelsrecht, coöperatieve verenigingen of vennootschappen daaronder begrepen. Derhalve moet worden nagegaan of deze trusts kunnen vallen onder het begrip „overige rechtspersonen" naar publiek of privaat recht die winst beogen, in de zin van artikel 54, tweede alinea, VWEU.

29. Zoals de advocaat-generaal in de punten 33 en 34 van haar conclusie in wezen heeft uiteengezet, ziet dit begrip „overige rechtspersonen" op een eenheid die naar nationaal recht rechten en plichten bezit die haar toestaan als zodanig aan het rechtsverkeer deel te nemen hoewel zij geen bijzondere rechtsvorm aanneemt, en die winst beoogt.

30. In casu blijkt uit het aan het Hof overgelegde dossier, in de eerste plaats, dat naar het betrokken nationale recht de in trust gehouden goederen een afzonderlijk vermogen vormen, dat te onderscheiden is van het persoonlijke vermogen van de trustees, die het recht en de plicht hebben om die goederen te beheren en erover te beschikken overeenkomstig de voorwaarden van de trustoprichtingsakte en de bepalingen van nationaal recht.

31. In de tweede plaats worden de trustees, zoals is uiteengezet in de punten 7 en 8 van het onderhavige arrest, ingevolge Section 69 TCGA naar nationaal recht beschouwd als een afzonderlijk en permanent orgaan van personen, te onderscheiden van de personen die mogelijk op enig tijdstip de trustees zijn. Diezelfde Section bepaalt tevens dat dit orgaan wordt beschouwd als woonachtig of gewoonlijk verblijvend in het Verenigd Koninkrijk, tenzij het algemene beheer van de trusts gewoonlijk buiten het Verenigd Koninkrijk wordt waargenomen en de trustees of de meerderheid van hen niet in het Verenigd Koninkrijk wonen of gewoonlijk verblijven. Voorts worden de trustees van een trust, wanneer zij niet langer in het Verenigd Koninkrijk wonen of gewoonlijk verblijven, overeenkomstig Section 80 TCGA geacht onmiddellijk voor die datum de vermogensbestanddelen van de trust te hebben vervreemd en onmiddellijk opnieuw te hebben ingekocht tegen de marktwaarde.

32. Derhalve blijkt dat, met het oog op de toepassing van de in het hoofdgeding aan de orde zijnde wettelijke regeling, het geheel van de trustees, als een eenheid en niet individueel beschouwd, ingevolge die wettelijke regeling wordt geacht de belasting over de latente meerwaarden in de trustgoederen verschuldigd te zijn wanneer de trust wordt geacht zijn bestuurszetel te hebben verplaatst naar een andere lidstaat dan het Verenigd Koninkrijk. Er is sprake van een dergelijke verplaatsing wanneer het merendeel van de trustees niet langer in het Verenigd Koninkrijk wonen. De activiteit van de trustees in verband met de eigendom en het beheer van de trustgoederen is dus intrinsiek verbonden met de trust zelf en vormt dus een ondeelbaar geheel met de trust. Derhalve moet een dergelijke trust worden beschouwd als een eenheid die naar nationaal recht rechten en plichten bezit die hem toestaan als zodanig aan het rechtsverkeer deel te nemen.

33. Aangaande de vraag of de in het hoofdgeding aan de orde zijnde trusts winst beogen, behoeft slechts te worden vastgesteld dat uit het aan het Hof overgelegde dossier blijkt dat deze trusts geen caritatief of sociaal doel hebben en zijn opgericht opdat de door de trustgoederen voortgebrachte winst ten goede komt van de begunstigden.

34. Hieruit volgt dat een eenheid als een trust die naar nationaal recht rechten en plichten bezit die hem toestaan als zodanig aan het rechtsverkeer deel te nemen en die daadwerkelijk een economische activiteit uitoefent, zich kan beroepen op de vrijheid van vestiging.

35. Alsdan rijst de vraag of deze vrijheid van toepassing is in een situatie als in het hoofdgeding, waarin de overbrenging van de woonplaats van de trustees naar een andere lidstaat dan het Verenigd Koninkrijk, het belastbare feit vormt voor de heffing van meerwaardebelasting over de in trust gehouden goederen.

Toepasselijkheid van de vrijheid van vestiging

36. Het Hof heeft reeds geoordeeld dat een naar het recht van een lidstaat opgerichte vennootschap die haar feitelijke bestuurszetel naar een andere lidstaat verplaatst, zonder dat deze verplaatsing haar hoedanigheid van vennootschap naar het recht van de eerste lidstaat aantast, zich op de vrijheid van vestiging kan beroepen om de rechtmatigheid van een door de eerste lidstaat aan haar opgelegde heffing bij deze zetelverplaatsing aan de orde te stellen (arrest van 29 november 2011, National Grid Indus, C-371/10, EU:C:2011:785, punt 33).

37. In het hoofdgeding dient in de eerste plaats te worden vastgesteld dat aangezien de trustees het recht en de plicht hebben de trustgoederen te beheren en het belastbare feit voor de heffing van belasting over de meerwaarden in de trustgoederen de overbrenging van de woonplaats van deze trustees buiten het Verenigd Koninkrijk is, deze woonplaatsoverbrenging naar nationaal recht tevens de verplaatsing van de bestuurszetel van deze trust met zich meebrengt.

38. In de tweede plaats blijkt uit het aan het Hof overgelegde dossier dat de betrokken verplaatsing van de bestuurszetel naar het betrokken nationaal recht niet blijkt enige invloed te hebben op de hoedanigheid van trust van de in het hoofdgeding betrokken trusts.

39. Derhalve geldt de rechtspraak van het Hof betreffende de heffing van belasting over meerwaarden in vennootschapsgoederen naar aanleiding van de verplaatsing van de feitelijke bestuurszetel naar een andere lidstaat, eveneens ingeval een lidstaat belasting heft over de meerwaarden in trustgoederen naar aanleiding van de verplaatsing van de bestuurszetel van de trust naar een andere lidstaat. De vrijheid van vestiging is derhalve van toepassing op een situatie als in het hoofdgeding.

40. Bijgevolg moet worden uitgemaakt of een wettelijke regeling van een lidstaat als in het hoofdgeding, volgens welke ingeval van verplaatsing van de bestuurszetel van een trust naar een andere lidstaat naar aanleiding van deze verplaatsing belasting wordt geheven over de meerwaarden in de trustgoederen en de meerwaardebelasting onmiddellijk wordt ingevorderd, een belemmering van deze vrijheid oplevert.

Bestaan van een belemmering van de vrijheid van vestiging

41. Volgens vaste rechtspraak verlangt artikel 49 VWEU dat beperkingen van de vrijheid van vestiging worden opgeheven. Deze vrijheid omvat voor de vennootschappen die in overeenstemming met de wetgeving van een lidstaat zijn opgericht en hun statutaire zetel, hun hoofdbestuur of hun hoofdvestiging binnen de Unie hebben, het recht om hun activiteit in andere lidstaten uit te oefenen door middel van een dochteronderneming, een filiaal of een agentschap (arrest van 21 mei 2015, Verder LabTec, C-657/13, EU:C:2015:331, punt 32 en aldaar aangehaalde rechtspraak).

42. Zoals in punt 27 van het onderhavige arrest in herinnering is gebracht, beogen de bepalingen van het VWEU inzake de vrijheid van vestiging weliswaar het voordeel van de nationale behandeling in de lidstaat van ontvangst te garanderen, maar zij verzetten zich ook ertegen dat de lidstaat van oorsprong de vestiging van een van zijn burgers of van een naar zijn nationaal recht opgerichte vennootschap in een andere lidstaat belemmert.

43. Alle maatregelen die het gebruik van de vrijheid van vestiging verbieden, belemmeren of minder aantrekkelijk maken, moeten als beperkingen van deze vrijheid worden beschouwd (arrest van 21 mei 2015, Verder LabTec, C-657/13, EU:C:2015:331, punt 34 en aldaar aangehaalde rechtspraak).

44. In casu blijkt uit het aan het Hof overgelegde dossier dat enkel in geval van verplaatsing van de bestuurszetel van een trust naar een andere lidstaat dan het Verenigd Koninkrijk ingevolge de in het hoofdgeding aan de orde zijnde nationale wettelijke regeling naar aanleiding van deze zetelverplaatsing belasting wordt geheven over de latente meerwaarden in de trustgoederen en deze meerwaardebelasting onmiddellijk wordt ingevorderd. Dat is daarentegen niet het geval bij een zetelverplaatsing in het binnenland.

45. Hieruit volgt dat, zoals de regering van het Verenigd Koninkrijk erkent, de betrokken latente meerwaarden door het Verenigd Koninkrijk niet zouden zijn belast indien de nieuw benoemde trustees in deze lidstaat hadden gewoond.

46. Derhalve dient te worden vastgesteld dat de in het hoofdgeding aan de orde zijnde nationale wettelijke regeling een verschil in behandeling inhoudt tussen een trust die zijn bestuurszetel in het Verenigd Koninkrijk behoudt, en een trust waarvan de bestuurszetel wordt verplaatst naar een andere lidstaat als gevolg van het feit dat de woonplaats van de nieuwe trustees in deze andere lidstaat is gelegen.

47. Dat verschil in behandeling kan de trustees, beheerders van de trust, ervan afhouden om de bestuurszetel van de trust te verplaatsen naar een andere lidstaat en bovendien de oprichter van de trust, voor zover de trustoprichtingsakte hem dat toestaat, ontmoedigen om nieuwe trustees te benoemen die niet-ingezeten zijn. Dat verschil in behandeling vormt dus een belemmering van de vrijheid van vestiging.

48. Deze belemmering kan enkel worden aanvaard indien zij betrekking heeft op situaties die niet objectief vergelijkbaar zijn, of wordt gerechtvaardigd door dwingende redenen van algemeen belang die door het Unierecht

zijn erkend. In dat geval moet de belemmering ook geschikt zijn om het nagestreefde doel te verwezenlijken en mag zij niet verder gaan dan nodig is voor het verwezenlijken van dat doel (arrest van 17 december 2015, Timac Agro Deutschland, C-388/14, EU:C:2015:829, punten 26 en 29 en aldaar aangehaalde rechtspraak).

49. Allereerst behoeft met betrekking tot de situatievergelijkbaarheid slechts te worden vastgesteld dat uit het oogpunt van de wettelijke regeling van een lidstaat die op zijn grondgebied ontstane meerwaarden wenst te belasten, de situatie van een trust wiens bestuurszetel wordt verplaatst naar een andere lidstaat, wat betreft de belasting over meerwaarden in de trustgoederen die in de eerste lidstaat zijn ontstaan vóór die zetelverplaatsing, vergelijkbaar is met de situatie van een trust die zijn bestuurszetel in deze eerste lidstaat behoudt (zie in die zin arrest van 29 november 2011, National Grid Indus, C-371/ 10, EU:C:2011:785, punt 38).

50. Vervolgens wordt, aldus het Verenigd Koninkrijk, een dergelijke belemmering gerechtvaardigd door de reden van algemeen belang die verband houdt met het behoud van de evenwichtige verdeling van de heffingsbevoegdheid tussen de lidstaten.

51. In dit verband zij eraan herinnerd dat het behoud van de verdeling van de heffingsbevoegdheid tussen de lidstaten een door het Hof erkend legitiem doel is. Bovendien blijven de lidstaten bij gebreke van unificatie- of harmonisatiemaatregelen die door de Unie zijn aangenomen, bevoegd om, door het sluiten van overeenkomsten of unilateraal, de criteria voor de verdeling van hun heffingsbevoegdheid vast te stellen ter vermijding van dubbele belasting (arrest van 21 mei 2015, Verder LabTec, C-657/13, EU:C:2015:331, punt 42 en aldaar aangehaalde rechtspraak).

52. In casu vloeit uit de rechtspraak van het Hof voort dat de verplaatsing van de bestuurszetel van een trust van een lidstaat naar een andere lidstaat niet kan betekenen dat de lidstaat van oorsprong moet afzien van zijn recht om een meerwaarde te belasten die vóór deze zetelverplaatsing in het kader van zijn fiscale bevoegdheid is ontstaan. In dit verband heeft het Hof geoordeeld dat een lidstaat ingevolge het fiscale territorialiteitsbeginsel, verbonden met een temporele component, te weten de fiscale woonplaats van de belastingplichtige op het nationale grondgebied gedurende de periode waarin de latente meerwaarden zijn ontstaan, deze meerwaarden mag belasten op het moment van vertrek van de betrokken belastingplichtige. Een dergelijke maatregel strekt ertoe, situaties te vermijden die afbreuk kunnen doen aan het recht van de lidstaat van oorsprong om zijn belastingbevoegdheid uit te oefenen met betrekking tot activiteiten die op zijn grondgebied plaatsvinden, en kan dus gerechtvaardigd zijn om redenen die verband houden met het behoud van de verdeling van de heffingsbevoegdheid tussen de lidstaten (arrest van 29 november 2011, National Grid Indus, C-371/10, EU:C:2011:785, punt 46).

53. Het Hof heeft evenwel gepreciseerd dat de doelstelling die erin bestaat de verdeling van de heffingsbevoegdheid tussen de lidstaten te behouden, een nationale maatregel als die in het hoofdgeding slechts kan rechtvaardigen wanneer de lidstaat op het grondgebied waarvan de inkomsten zijn ontstaan, daadwerkelijk wordt verhinderd zijn heffingsbevoegdheid voor deze inkomsten uit te oefenen (arrest van 23 januari 2014, DMC, C-164/12, EU:C:2014:20, punt 56).

54. In het hoofdgeding voeren de Panayi trustees aan dat, zelfs wanneer de betrokken meerwaarden niet onmiddellijk naar aanleiding van de verplaatsing van de bestuurszetel van de betrokken trusts zouden worden belast, het Verenigd Koninkrijk niet zou zijn verhinderd deze meerwaarden in de goederen van de Panayi trusts te belasten, aangezien meerwaarden die worden gerealiseerd door niet-ingezeten trustees en aan ingezeten begunstigden worden toegerekend in de vorm van betalingen uit het vermogen, overeenkomstig Section 87 TCGA bij deze begunstigden kunnen worden belast.

55. Zoals de advocaat-generaal in punt 50 van haar conclusie heeft opgemerkt, kan een nationale wettelijke regeling als in het hoofdgeding, voor zover de heffingsbevoegdheid die de betrokken lidstaat behoudt geheel en al afhankelijk is van de discretionaire bevoegdheid van de trustees en de begunstigden, niet worden beschouwd als een toereikende grondslag opdat deze lidstaat zijn heffingsbevoegdheid behoudt met betrekking tot de op zijn grondgebied ontstane meerwaarden.

56. Derhalve dient te worden vastgesteld dat een wettelijke regeling van een lidstaat volgens welke in een situatie als in het hoofdgeding de latente meerwaarden in de trustgoederen worden belast naar aanleiding van de verplaatsing van de bestuurszetel van deze trust naar een andere lidstaat, ook al bestaat voor deze eerste lidstaat de mogelijkheid een eventuele heffingsbevoegdheid met betrekking tot deze meerwaarden te behouden, geschikt is om het behoud van de verdeling van de heffingsbevoegdheid tussen de lidstaten te waarborgen, aangezien deze eerste lidstaat naar aanleiding van deze zetelverplaatsing zijn heffingsbevoegdheid voor deze meerwaarden verliest.

57. Wat ten slotte de evenredigheid van de betrokken maatregel betreft, blijkt uit de rechtspraak van het Hof dat het in beginsel evenredig is dat de lidstaat van oorsprong, teneinde de uitoefening van zijn heffingsbevoegdheid veilig te stellen, de verschuldigde belasting over de op zijn grondgebied ontstane latente meerwaarden bepaalt op het moment waarop zijn heffingsbevoegdheid voor deze meerwaarden ophoudt te bestaan, in casu op het moment van de verplaatsing van de bestuurszetel van de trust naar een andere lidstaat (arrest van 29 november

2011, National Grid Indus, C-371/10, EU:C:2011:785, punt 52). Voorts vormt een wettelijke regeling van een lidstaat volgens welke een trust die zijn bestuurszetel naar een andere lidstaat verplaatst, kan kiezen tussen onmiddellijke of uitgestelde invordering van het bedrag van de meerwaardebelasting, in voorkomend geval inclusief rente overeenkomstig de toepasselijke nationale wettelijke regeling, een maatregel die de vrijheid van vestiging minder ingrijpend aantast dan onmiddellijke invordering van de verschuldigde belasting (zie in die zin arrest van 21 mei 2015, Verder LabTec, C-657/13, EU:C:2015:331, punt 49 en aldaar aangehaalde rechtspraak).

58. Bovendien zij in deze context gepreciseerd dat uitgestelde invordering de lidstaat van oorsprong niet ertoe kan verplichten, rekening te houden met eventuele waardeverminderingen die zijn ontstaan na de verplaatsing van de bestuurszetel van een trust naar een andere lidstaat (zie in die zin arrest van 29 november 2011, National Grid Indus, C-371/ 10, EU:C:2011:785, punt 61).

59. Uit het aan het Hof overgelegde dossier blijkt dat de in het hoofdgeding aan de orde zijnde wettelijke regeling evenwel enkel voorziet in onmiddellijke invordering van de betrokken belasting. Bijgevolg gaat deze wettelijke regeling verder dan noodzakelijk is ter verwezenlijking van de doelstelling van behoud van de verdeling van de heffingsbevoegdheid tussen de lidstaten en vormt zij dus een niet-gerechtvaardigde belemmering van de vrijheid van vestiging.

60. Aan dit oordeel kan niet worden afgedaan door het gegeven dat, in de omstandigheden van het hoofdgeding, de meerwaarden zijn gerealiseerd na vaststelling van het belastingbedrag maar vóór de belasting verschuldigd werd, aangezien de onevenredigheid van de in het hoofdgeding aan de orde zijnde wettelijke regeling voortvloeit uit het feit dat zij niet voorziet in de mogelijkheid voor de belastingplichtige om het tijdstip van invordering van de verschuldigde belasting uit te stellen.

61. Gelet op een en ander dient op de prejudiciële vragen te worden geantwoord dat de bepalingen van het VWEU inzake de vrijheid van vestiging zich in omstandigheden als in het hoofdgeding, waarin de trustees naar nationaal recht worden behandeld als een afzonderlijk en permanent orgaan van personen dat te onderscheiden is van de personen die mogelijk op enig ogenblik de trustees zijn, verzetten tegen een wettelijke regeling van een lidstaat als in het hoofdgeding, volgens welke latente meerwaarden in de trustgoederen worden belast wanneer het merendeel van de trustees hun woonplaats naar een andere lidstaat overbrengen, zonder mogelijkheid van uitgestelde invordering van de aldus verschuldigde belasting.

Kosten

62. ...

Het Hof (Eerste kamer)

verklaart voor recht:

De bepalingen van het VWEU inzake de vrijheid van vestiging verzetten zich in omstandigheden als in het hoofdgeding, waarin de trustees naar nationaal recht worden behandeld als een afzonderlijk en permanent orgaan van personen dat te onderscheiden is van de personen die mogelijk op enig ogenblik de trustees zijn, tegen een wettelijke regeling van een lidstaat als in het hoofdgeding, volgens welke latente meerwaarden in de trustgoederen worden belast wanneer het merendeel van de trustees hun woonplaats naar een andere lidstaat overbrengen, zonder mogelijkheid van uitgestelde invordering van de aldus verschuldigde belasting.

HvJ EU 12 oktober 2017, zaak C-192/16 (Stephen Fisher, Anne Fisher, Peter Fisher v. Commissioners for Her Majesty's Revenue & Customs)

Tweede kamer: *M. Ilešič (rapporteur), kamerpresident, A. Rosas, C. Toader, A. Prechal en E. Jarašiūnas, rechters*

Advocaat-generaal: *M. Szpunar*

1. Het verzoek om een prejudiciële beslissing betreft de uitlegging van artikel 355, punt 3, VWEU en de artikelen 49 en 63 VWEU.

2. Dat verzoek is ingediend in het kader van een geschil tussen Stephen Fisher, Anne Fisher en Peter Fisher enerzijds en de Commissioners for Her Majesty's Revenue & Customs (belasting- en douanedienst van het Verenigd Koninkrijk) anderzijds, over de belasting waarin eerstgenoemden door de belasting- en douanedienst zijn aangeslagen voor de jaren 2000 tot en met 2008.

Toepasselijke bepalingen

Internationaal recht

3. Hoofdstuk XI van het Handvest van de Verenigde Naties, ondertekend te San Francisco op 26 juni 1945, met als opschrift „Verklaring betreffende niet-zelfbesturende gebieden", bevat artikel 73, waarin is bepaald:

> „Leden van de Verenigde Naties die verantwoordelijkheid dragen of aanvaarden voor het bestuur van gebieden waarvan de bevolking nog geen volledig zelfbestuur heeft verworven, erkennen het beginsel dat de belangen van de inwoners van deze gebieden op de eerste plaats komen, en aanvaarden, als een heilige opdracht, de verplichting binnen het in dit Handvest vastgelegde stelsel van internationale vrede en veiligheid, het welzijn van de inwoners van deze gebieden naar beste krachten te bevorderen […]."

De status van Gibraltar

4. Gibraltar is een Britse kroonkolonie. Het maakt geen deel uit van het Verenigd Koninkrijk.

5. In het internationale recht staat Gibraltar op de lijst van de niet-zelfbesturende gebieden in de zin van artikel 73 van het Handvest van de Verenigde Naties.

6. Volgens het recht van de Unie is Gibraltar een van de Europese grondgebieden waarvan de buitenlandse betrekkingen door een lidstaat worden behartigd in de zin van artikel 355, punt 3, VWEU en waarop de Verdragsbepalingen van toepassing zijn. De Akte betreffende de toetredingsvoorwaarden van het Koninkrijk Denemarken, Ierland en het Verenigd Koninkrijk van Groot-Brittannië en Noord-Ierland, en betreffende de aanpassing der Verdragen (*PB* 1972, L 73, blz. 14; hierna: „Toetredingsakte van 1972"), bepaalt echter dat bepaalde delen van het Verdrag niet van toepassing zijn op Gibraltar.

7. Artikel 28 van de Toetredingsakte van 1972 bepaalt:

> „De besluiten van de instellingen van de Gemeenschap die betrekking hebben op de producten van bijlage II van het EEG-Verdrag en op de producten die bij invoer in de Gemeenschap aan een bijzondere regeling zijn onderworpen als gevolg van de tenuitvoerlegging van het gemeenschappelijk landbouwbeleid, alsmede de besluiten inzake de harmonisatie van de wetgevingen van de lidstaten betreffende de omzetbelasting zijn niet van toepassing op Gibraltar, tenzij de Raad op voorstel van de Commissie met eenparigheid van stemmen anders besluit."

8. Krachtens artikel 29 van de Toetredingsakte van 1972 juncto deel I, punt 4, van bijlage I daarbij behoort Gibraltar niet tot het douanegebied van de Unie.

Hoofdgeding en prejudiciële vragen

9. Ten tijde van de feiten in het hoofdgeding verbleven de echtgenoten Stephen en Anne Fisher in het Verenigd Koninkrijk, waar zij hun gewone verblijfplaats hadden, met hun twee kinderen Peter en Dianne Fisher. P. Fisher woont sinds juli 2004 niet meer in het Verenigd Koninkrijk. S. Fisher en P. Fisher zijn Brits onderdaan, terwijl A. Fisher de Ierse nationaliteit heeft.

10. Sinds 1998 bezat de familie Fisher alle aandelen in Stan James (Abingdon) Limited (hierna: „SJA"), gevestigd in het Verenigd Koninkrijk. Die onderneming was actief op het gebied van weddenschappen tegen notering („bookmaking") en had zich sinds 1999 toegespitst op de exploitatie van wedkantoren, het telefonisch aannemen van weddenschappen („telebetting") en het verstrekken van noteringen aan zelfstandige bookmakers. Zij had ook een

filiaal in Gibraltar met zes werknemers, waar weddenschappen uit Duitsland, Spanje en Ierland werden aangenomen.

11. In de loop van het jaar 1999 is aan de in het Verenigd Koninkrijk gevestigde bookmakers op grond van de Betting and Gaming Duties Act 1981 (wet van 1981 inzake belastingen op weddenschappen en kansspelen) gevraagd, belasting te berekenen over de weddenschappen die zij aannamen. Die belasting werd gefinancierd door middel van een aan de klant in rekening gebrachte toeslag van 9 % op de inzet. Een klant in het Verenigd Koninkrijk kon weddenschappen afsluiten bij een bookmaker in het buitenland, en in dat geval was bovengenoemde belasting niet verschuldigd. Bookmakers in het buitenland mochten geen reclame maken in het Verenigd Koninkrijk of middelen delen met een entiteit in het Verenigd Koninkrijk voor het aannemen van weddenschappen.

12. Vanaf juli 1999 is SJA weddenschappen van in het Verenigd Koninkrijk gevestigde klanten gaan aannemen via haar filiaal in Gibraltar. Op 29 februari 2000 heeft SJA haar activiteiten inzake telebetting, met inbegrip van haar filiaal in Gibraltar, overgedragen aan een in Gibraltar gevestigde vennootschap naar het recht van Gibraltar, Stan James Gibraltar Limited (hierna: „SJG"), waarvan alle aandelen in handen waren van de familie Fisher.

13. S. Fisher, P. Fisher en A. Fisher zijn bij de litigieuze belastingaanslagen over de jaren 2000 tot en met 2008 in het Verenigd Koninkrijk voor de inkomstenbelasting aangeslagen over de bedrijfswinst van SJG. Die aanslagen waren vastgesteld krachtens section 739 van de Income and Corporation Taxes Act 1988 (wet van 1988 op de inkomsten- en vennootschapsbelasting), die ertoe strekt belastingontwijking tegen te gaan waarbij particulieren activa overdragen waardoor de inkomsten naar een buiten het Verenigd Koninkrijk gevestigd persoon vloeien. Wanneer deze bepalingen van toepassing zijn, moet de overdrager belasting betalen over de inkomsten van de persoon buiten het Verenigd Koninkrijk, ongeacht of hij deze inkomsten heeft ontvangen, voor zover hij de mogelijkheid had deze te genieten en hij in het Verenigd Koninkrijk verbleef.

14. De First-tier Tribunal (Tax Chamber) [rechter in eerste aanleg (afdeling belastingzaken), Verenigd Koninkrijk] was van oordeel dat bedoelde bepalingen in het onderhavige geval van toepassing waren en dat geen van de door verzoekers aan het nationale recht ontleende verweren kon slagen. Verzoekers hebben echter aangevoerd dat volgens de in het arrest van 12 september 2006, Cadbury Schweppes en Cadbury Schweppes Overseas (C-196/04, EU:C:2006:544), uitgesproken beginselen iedere onderwerping aan inkomstenbelasting in omstandigheden als de onderhavige een onrechtmatige beperking van hun recht op vrijheid van vestiging van artikel 49 VWEU en/of hun recht op vrij verkeer van kapitaal van artikel 63 VWEU meebrengt.

15. De rechter in eerste aanleg heeft geoordeeld dat S. en P. Fisher artikel 49 VWEU en/of artikel 63 VWEU niet konden inroepen omdat SJG in Gibraltar was gevestigd en de overdracht had plaatsgevonden tussen dit laatste grondgebied en het Verenigd Koninkrijk, zodat de aan de orde zijnde situatie geen grensoverschrijdende situatie vormde waarop het Unierecht van toepassing zou zijn geweest. A. Fisher kon die bepalingen wel inroepen omdat zij Iers onderdaan was en zij dus niet aan de litigieuze belasting kon worden onderworpen. Zowel S. en P. Fisher als de belasting- en douanedienst zijn in hoger beroep gegaan van de beslissing van de rechter in eerste aanleg.

16. In het hoger beroep heeft de verwijzende rechterlijke instantie geoordeeld dat de oplossing van de aan de orde zijnde vragen, voor wat betreft de uitoefening van de vrijheid van vestiging en het vrije verkeer van kapitaal door Britse onderdanen tussen Gibraltar en het Verenigd Koninkrijk, inzonderheid afhangt van status van Gibraltar volgens het recht van de Unie en van de positie van Gibraltar ten aanzien van het Verenigd Koninkrijk volgens dat recht, meer in het bijzonder de artikelen 49 en 63 VWEU, gelezen in samenhang met artikel 355, punt 3, VWEU. Zij preciseert dat zij het Hof geen vragen stelt over de verenigbaarheid van een wettelijke regeling als die van het Verenigd Koninkrijk die in het hoofdgeding aan de orde is met het recht van de Unie, daar zij zich in staat acht in het hoofdgeding te beslissen wanneer de gestelde vragen zullen zijn beantwoord.

17. Daarop heeft de Upper Tribunal (Tax and Chancery Chamber) de behandeling van de zaak geschorst en het Hof de volgende prejudiciële vragen gesteld.

„1. Voor de toepassing van artikel 49 VWEU (vrijheid van vestiging) en in het licht van de constitutionele verhouding tussen Gibraltar en het Verenigd Koninkrijk:

a. moeten Gibraltar en het Verenigd Koninkrijk worden beschouwd als delen van één lidstaat [...] voor de toepassing van het Unierecht en heeft dat in voorkomend geval tot gevolg dat artikel 49 VWEU niet van toepassing is tussen het Verenigd Koninkrijk en Gibraltar, tenzij voor zover het van toepassing kan zijn op een interne maatregel, of [...] voor de toepassing van artikel 49 VWEU afzonderlijk, zodat dit artikel niet van toepassing is, tenzij voor zover het van toepassing kan zijn op een interne maatregel? Of

b. heeft Gibraltar, gelet op artikel 355, punt 3, VWEU, binnen de Europese Unie de constitutionele status van een ten aanzien van het Verenigd Koninkrijk autonoom grondgebied, zodat [...] de uitoefening van de vrijheid van vestiging tussen Gibraltar en het Verenigd Koninkrijk moet worden beschouwd als handel binnen de Unie in de zin van artikel 49 VWEU, of artikel 49 VWEU van toepassing is op beperkingen van de uitoefening van de vrijheid van vestiging door onderdanen van het Verenigd Koninkrijk in Gibraltar (als een afzonderlijke entiteit)? Of

c. moet Gibraltar worden beschouwd als een derde land of gebied, zodat het Unierecht enkel geldt voor transacties tussen beide in gevallen waarin het Unierecht gevolgen heeft tussen een lidstaat en een derde staat? Of

d. moet de constitutionele verhouding tussen Gibraltar en het Verenigd Koninkrijk nog anders worden gekwalificeerd met het oog op artikel 49 VWEU?

2. Verschilt het antwoord op bovenstaande vragen wanneer zij worden onderzocht in het licht van artikel 63 VWEU (en dus het vrije verkeer van kapitaal) in plaats van artikel 49 VWEU, en zo ja, in welke zin?"

Beantwoording van de prejudiciële vragen

18. Volgens artikel 99 van zijn Reglement voor de procesvoering kan het Hof, wanneer het antwoord op een prejudiciële vraag duidelijk uit de rechtspraak kan worden afgeleid, te allen tijde op voorstel van de rechterrapporteur, de advocaat-generaal gehoord, beslissen om bij met redenen omklede beschikking uitspraak te doen.

19. Deze bepaling dient te worden toegepast in de onderhavige zaak.

20. Met haar vragen, die samen moeten worden behandeld, wenst de verwijzende rechterlijke instantie in hoofdzaak te vernemen of artikel 355, punt 3, VWEU, gelezen in samenhang met artikel 49 VWEU of artikel 63 VWEU, aldus moet worden uitgelegd dat de uitoefening van de vrijheid van vestiging of van het vrij verkeer van kapitaal door Britse onderdanen tussen het Verenigd Koninkrijk en Gibraltar voor het Unierecht een situatie betreft waarvan alle aspecten zich binnen één lidstaat afspelen.

21. Al aanstonds moet worden opgemerkt dat de verwijzende rechterlijke instantie, die, gelet op de bijzonderheden van de zaak, zowel de noodzaak van een prejudiciële beslissing voor het wijzen van zijn vonnis als de relevantie van de vragen die hij aan het Hof voorlegt dient te beoordelen (arrest van 27 juni 2017, Congregación de Escuelas Pías Provincia Betania, C-74/16, EU:C:2017:496, punt 24 en aldaar aangehaalde rechtspraak), het Hof niet de vraag voorlegt of met het recht van de Unie verenigbaar is een wettelijke regeling als die van het Verenigd Koninkrijk in het hoofdgeding, op basis waarvan de litigieuze belastingaanslagen zijn vastgesteld, noch de vraag of in omstandigheden als in het hoofdgeding factoren die een aanknopingspunt met bepalingen van Unierecht zoals de artikelen 49 en 63 VWEU vormen, op het onderhavige geval van toepassing zijn. Het is aan de die rechterlijke instantie om een en ander te verifiëren.

22. Zij vraagt enkel om opheldering over de verhouding tussen het Verenigd Koninkrijk en Gibraltar, gelet op het recht van de Unie, om vast te stellen of die twee grondgebieden voor de artikelen 49 en 63 VWEU als één lidstaat moeten worden beschouwd.

23. In die omstandigheden moet erop worden gewezen dat het Hof in punt 56 van het arrest van 13 juni 2017, The Gibraltar Betting and Gaming Association (C-591/15, EU:C:2017:449), reeds heeft geoordeeld dat artikel 355, punt 3, VWEU, gelezen in samenhang met artikel 56 VWEU, aldus moet worden uitgelegd dat de verstrekking van diensten door in Gibraltar gevestigde exploitanten aan in het Verenigd Koninkrijk woonachtige personen voor het Unierecht een situatie betreft waarvan alle aspecten zich binnen één lidstaat afspelen.

24. In dat verband moet in de eerste plaats worden opgemerkt dat hoewel de verwijzende rechterlijke instantie in haar verwijzingsbeslissing de artikelen 49 en 63 VWEU en artikel 355, punt 3, VWEU vermeldt, uit die beslissing lijkt te volgen dat de feiten in het hoofdgeding zich hebben voorgedaan in de loop van de jaren 2000 tot en met 2008 en dus dateren van voor de inwerkingtreding van het Verdrag van Lissabon. Hoe dan ook stemt de inhoud van die bepalingen overeen met die van de artikelen 43 en 56 EG en van artikel 299, lid 4, EG, die voor de inwerkingtreding van dat Verdrag van toepassing waren.

25. In de tweede plaats is het vaste rechtspraak dat zowel artikel 56 VWEU, betreffende het vrij verrichten van diensten, als de artikelen 49 en 63 VWEU, betreffende respectievelijk de vrijheid van vestiging en het vrij verkeer van kapitaal, geen toepassing vinden in een situatie waarvan alle aspecten zich binnen één lidstaat afspelen (zie in die zin arresten van 15 november 2016, Ullens de Schooten, C-268/15, EU:C:2016:874, punt 47 en aldaar aangehaalde rechtspraak, en van 13 juni 2017, The Gibraltar Betting and Gaming Association, C-591/15, EU:C:2017:449, punt 33).

26. In de derde plaats zijn de artikelen 49 en 63 VWEU, net als artikel 56 VWEU, dat aan de orde was in het arrest van 13 juni 2017, The Gibraltar Betting and Gaming Association (C-591/15, EU:C:2017:449), op het grondgebied van Gibraltar van toepassing krachtens artikel 355, punt 3, VWEU. De in de Toetredingsakte van 1972 voorziene uitsluitingen van het grondgebied van Gibraltar van de toepasselijkheid van de handelingen van de Unie op bepaalde rechtsgebieden, gelden immers niet voor de vrijheid van vestiging en evenmin voor het vrij verkeer van kapitaal, neergelegd in genoemde artikelen 49 en 63 VWEU.

27. In die omstandigheden kan aan artikel 355, punt 3, VWEU, gelezen in samenhang met de artikelen 49 en 63 VWEU, geen andere uitlegging worden gegeven dan de uitlegging die het Hof aan artikel 355, punt 3, VWEU, gelezen in samenhang met artikel 56 VWEU, heeft gegeven in het arrest van 13 juni 2017, The Gibraltar Betting and Gaming Association (C-591/15, EU:C:2017:449).

28. In dat verband heeft het Hof in punt 36 van voormeld arrest gepreciseerd dat de omstandigheid dat Gibraltar geen deel uitmaakt van het Verenigd Koninkrijk, niet beslissend kan zijn om te bepalen of die twee grondgebieden moeten worden gelijkgesteld met één lidstaat met het oog op de toepasselijkheid van de bepalingen betreffende de fundamentele vrijheden.

29. Daartoe heeft het Hof om te beginnen onderzocht onder welke voorwaarden artikel 56 VWEU op het grondgebied van Gibraltar van toepassing is, waarna het in punt 39 van hetzelfde arrest heeft geconcludeerd dat aangezien artikel 355, punt 3, VWEU de toepasselijkheid van de bepalingen van het Unierecht uitbreidt tot het grondgebied van Gibraltar, met uitzondering van de uitsluitingen die irrelevant zijn voor het vrij verrichten van diensten, dat artikel 56 op genoemd grondgebied van toepassing is onder dezelfde voorwaarden als in het Verenigd Koninkrijk.

30. Hetzelfde moet gelden voor de artikelen 49 en 63 VWEU, die krachtens artikel 355, punt 3, VWEU, zoals in punt 26 van de onderhavige beschikking is opgemerkt, in volle omvang van toepassing zijn op het grondgebied van Gibraltar. Daarbij is irrelevant de omstandigheid dat de artikelen 49 en 63 VWEU voor het Verenigd Koninkrijk als lidstaat gelden en voor Gibraltar als een Europees grondgebied waarvan de buitenlandse betrekkingen door een lidstaat worden behartigd in de zin van artikel 355, punt 3, VWEU (zie naar analogie arrest van 13 juni 2017, The Gibraltar Betting and Gaming Association, C-591/15, EU:C:2017:449, punt 40 en aldaar aangehaalde rechtspraak).

31. Voorts heeft het Hof erop gewezen dat er geen andere factoren zijn op grond waarvan de verhouding tussen Gibraltar en het Verenigd Koninkrijk voor de toepassing van artikel 56 VWEU kan worden beschouwd als vergelijkbaar met die tussen twee lidstaten, waarbij het heeft gepreciseerd dat wanneer het handelsverkeer tussen Gibraltar en het Verenigd Koninkrijk werd gelijkgesteld met het handelsverkeer tussen twee lidstaten, dat juist zou neerkomen op ontkenning van de in artikel 355, punt 3, VWEU erkende band tussen dat grondgebied en die lidstaat (zie in die zin arrest van 13 juni 2017, The Gibraltar Betting and Gaming Association, C-591/15, EU:C:2017:449, punten 41 en 42). Hetzelfde moet worden geoordeeld met betrekking tot de artikelen 49 en 63 VWEU.

32. Uit het voorgaande volgt dat artikel 355, punt 3, VWEU, gelezen in samenhang met artikel 49 VWEU of artikel 63 VWEU, aldus moet worden uitgelegd dat de uitoefening van de vrijheid van vestiging of van het vrij verkeer van kapitaal door Britse onderdanen tussen het Verenigd Koninkrijk en Gibraltar voor het Unierecht een situatie betreft waarvan alle aspecten zich binnen één lidstaat afspelen.

33. Aan deze uitlegging wordt niet afgedaan door de argumenten van de regering van Gibraltar dat dit een aantasting zou meebrengen van het met artikel 26 VWEU beoogde doel, de werking van de interne markt te waarborgen, en van het – volgens die regering met artikel 355, punt 3, VWEU nagestreefde – doel, Gibraltar in die markt op te nemen.

34. Volgens de bewoordingen zelf van artikel 26, lid 2, VWEU omvat de interne markt een ruimte zonder binnengrenzen waarin het vrije verkeer van goederen, personen, diensten en kapitaal is gewaarborgd volgens de bepalingen van de Verdragen, waarbij de artikelen 49 en 63 VWEU dergelijke bepalingen bevatten voor de vrijheid van vestiging en het vrij verkeer van kapitaal. Zoals in punt 25 van de onderhavige beschikking in herinnering is gebracht, is voor toepasselijkheid van artikel 49 VWEU of van artikel 63 VWEU op een bepaalde situatie vereist dat er een grensoverschrijdend aspect is.

35. Bedoelde uitlegging brengt voor het overige niet mee dat de artikelen 49 en 63 VWEU niet langer van toepassing zijn op het grondgebied van Gibraltar. Die bepalingen blijven immers krachtens artikel 355, punt 3, VWEU ten volle van toepassing op dat gebied onder dezelfde voorwaarden – met inbegrip van het vereiste van een grensoverschrijdend aspect – als die welke gelden voor elk ander gebied van de Unie waarop zij van toepassing zijn (zie naar analogie arrest van 13 juni 2017, The Gibraltar Betting and Gaming Association, C-591/15, EU:C:2017:449, punt 47).

36. De overwegingen betreffende de status van Gibraltar naar nationaal constitutioneel recht of in het internationale recht doen evenmin af aan bedoelde uitlegging, zoals het Hof reeds in hoofdzaak heeft gepreciseerd in de punten 49 tot en met 55 van zijn arrest van 13 juni 2017, The Gibraltar Betting and Gaming Association (C-591/15,EU:C:2017:449).

37. Aangaande inzonderheid de aan het internationale recht ontleende argumenten heeft het Hof eraan herinnerd dat vaststaat dat Gibraltar op de lijst van de niet-zelfbesturende gebieden in de zin van artikel 73 van het Handvest van de Verenigde Naties staat. De in artikel 32 van de onderhavige beschikking verstrekte uitlegging van artikel 355, punt 3, VWEU, gelezen in samenhang met artikel 49 VWEU of artikel 63 VWEU, heeft geen enkele invloed op de status van het grondgebied van Gibraltar in het internationale recht en kan niet in die zin worden begrepen dat zij de gescheiden en afzonderlijke status van Gibraltar ondermijnt (zie naar analogie arrest van 13 juni 2017, The Gibraltar Betting and Gaming Association, C-591/15, EU:C:2017:449, punten 52 en 54).

38. Gelet op bovenstaande overwegingen moet op de gestelde vragen worden geantwoord dat artikel 355, punt 3, VWEU, gelezen in samenhang met artikel 49 VWEU of artikel 63 VWEU, aldus moet worden uitgelegd dat de uitoefening van de vrijheid van vestiging of van het vrij verkeer van kapitaal door Britse onderdanen tussen het Verenigd Koninkrijk en Gibraltar, voor het Unierecht een situatie betreft waarvan alle aspecten zich binnen één lidstaat afspelen.

Kosten

39. …

Het Hof (Tweede kamer)

verklaart voor recht:

Artikel 355, punt 3, VWEU, gelezen in samenhang met artikel 49 VWEU of artikel 63 VWEU, moet aldus worden uitgelegd dat de uitoefening van de vrijheid van vestiging of van het vrij verkeer van kapitaal door Britse onderdanen tussen het Verenigd Koninkrijk en Gibraltar, voor het Unierecht een situatie betreft waarvan alle aspecten zich binnen één lidstaat afspelen.

HvJ EU 26 oktober 2017, zaak C-39/16 (Argenta Spaarbank NV v. Belgische Staat)

Vijfde kamer: *J. L. da Cruz Vilaça, kamerpresident, A. Tizzano (rapporteur), vicepresident van het Hof, E. Levits, A. Borg Barthet en M. Berger, rechters*

Advocaat-generaal: *J. Kokott*

1. Het verzoek om een prejudiciële beslissing betreft de uitlegging van artikel 1, lid 2, en artikel 4, lid 2, van richtlijn 90/435/EEG van de Raad van 23 juli 1990 betreffende de gemeenschappelijke fiscale regeling voor moedermaatschappijen en dochterondernemingen uit verschillende lidstaten (*PB* 1990, L 225, blz. 6).

2. Dit verzoek is ingediend in het kader van een geding tussen Argenta Spaarbank NV en de Belgische Staat, betreffende de rechtmatigheid van aanslagen in de vennootschapsbelasting die aan Argenta Spaarbank zijn opgelegd voor de aanslagjaren 2000 en 2001.

Toepasselijke bepalingen

Unierecht

3. In de derde overweging van richtlijn 90/435 staat te lezen:

„Overwegende dat de huidige fiscale voorschriften voor de betrekkingen tussen moedermaatschappijen en dochterondernemingen uit verschillende lidstaten van land tot land aanzienlijke verschillen vertonen en in het algemeen minder gunstig zijn dan de voorschriften voor de betrekkingen tussen moedermaatschappijen en dochterondernemingen van dezelfde lidstaat; dat de samenwerking tussen vennootschappen van verschillende lidstaten hierdoor benadeeld wordt ten opzichte van de samenwerking tussen vennootschappen van dezelfde lidstaat; dat deze benadeling moet worden opgeheven door invoering van een gemeenschappelijke regeling en dat hergroeperingen van vennootschappen op [het] niveau [van de Unie] aldus vergemakkelijkt moeten worden".

4. Artikel 1 van deze richtlijn luidt:

„1. Elke lidstaat past deze richtlijn toe:
– op uitkeringen van winst die door vennootschappen van deze staat zijn ontvangen van hun dochterondernemingen uit andere lidstaten;
– op winst die door vennootschappen van deze staat is uitgekeerd aan vennootschappen van andere lidstaten, waarvan zij dochteronderneming zijn.
2. Deze richtlijn vormt geen beletsel voor de toepassing van nationale of verdragsrechtelijke voorschriften ter bestrijding van fraude en misbruiken."

5. Artikel 3 van de richtlijn bepaalt:

„1. Voor de toepassing van deze richtlijn:
a. wordt de hoedanigheid van moedermaatschappij ten minste toegekend aan iedere vennootschap van een lidstaat die voldoet aan de voorwaarden van artikel 2 en die een deelneming van ten minste 25 % bezit in het kapitaal van een vennootschap van een andere lidstaat die aan dezelfde voorwaarden voldoet;
b. wordt verstaan onder dochteronderneming, de vennootschap in het kapitaal waarvan de onder a) bedoelde deelneming wordt gehouden.
2. In afwijking van lid 1 staat het de lidstaten vrij om
– bij wege van bilaterale overeenkomst het criterium ‚deelneming in het kapitaal' te vervangen door het criterium ‚bezit van stemrechten',
– deze richtlijn niet toe te passen op de vennootschappen van deze lidstaat die niet gedurende een ononderbroken periode van ten minste twee jaren een deelneming behouden welke recht geeft op de hoedanigheid van moedermaatschappij of op de maatschappijen waarin een vennootschap van een andere lidstaat niet gedurende een ononderbroken periode van ten minste twee jaren een dergelijke deelneming behoudt."

6. Artikel 4, leden 1 en 2, van dezelfde richtlijn luidt als volgt:

„1. Wanneer een moedermaatschappij als deelgerechtigde van haar dochteronderneming uitgekeerde winst ontvangt, anders dan bij de liquidatie van de dochteronderneming, moet de lidstaat van de moedermaatschappij:
– ofwel zich onthouden van het belasten van deze winst;
– ofwel de winst belasten, maar in dat geval de moedermaatschappij toestaan dat gedeelte van de belasting van de dochteronderneming dat op deze winst betrekking heeft van haar eigen belasting af te trekken en, in voorkomend geval, het bedrag dat, ingevolge de uitzonderingsbepalingen van artikel 5, door de lidstaat

waar de dochteronderneming gevestigd is aan de bron is ingehouden, zulks binnen de grenzen van het bedrag van de overeenstemmende nationale belasting.

2. Iedere lidstaat blijft evenwel bevoegd om te bepalen dat lasten die betrekking hebben op de deelneming en waardeverminderingen die voortvloeien uit de uitkering van de winst van de dochteronderneming, niet aftrekbaar zijn van de belastbare winst van de moedermaatschappij. Indien in dit geval de kosten van beheer met betrekking tot de deelneming forfaitair worden vastgesteld, mag het forfaitaire bedrag niet meer dan 5 % bedragen van de door de dochteronderneming uitgekeerde winst."

Belgisch recht

7. Richtlijn 90/435 is in Belgisch recht omgezet bij wet van 23 oktober 1991 (*Belgisch Staatsblad* van 15 november 1991, blz. 25619). Daarbij is de toenmalige regeling inzake definitief belaste inkomsten (hierna: „DBI-stelsel") gewijzigd.

8. Toen in 1992 de regelgeving op het gebied van de inkomstenbelastingen werd gecodificeerd, zijn de relevante bepalingen betreffende het DBI-stelsel samengebracht in de artikelen 202, 204 en 205 van het Wetboek van de inkomstenbelastingen 1992, dat is gecoördineerd bij koninklijk besluit van 10 april 1992 en bekrachtigd bij wet van 12 juni 1992 (bijvoegsel bij het *Belgisch Staatsblad* van 30 juli 1992; hierna: „WIB 92"), zoals ten uitvoer gelegd bij het koninklijk besluit van 27 augustus 1993 tot uitvoering van het Wetboek van de inkomstenbelastingen 1992 (*Belgisch Staatsblad* van 13 september 1993, blz. 20096).

9. Volgens deze bepalingen kan een vennootschap 95 % van de dividenden die zij van haar dochterondernemingen in de zin van richtlijn 90/435 heeft ontvangen, van haar resultaat aftrekken als definitief belaste inkomsten (hierna: „DBI-aftrek").

10. Kort gezegd werkt het DBI-stelsel als volgt. Eerst moet het door de dochteronderneming uitgekeerde dividend worden opgenomen in de belastinggrondslag van de moedermaatschappij. Vervolgens wordt dit dividend in mindering gebracht van deze belastinggrondslag, doch enkel voor zover er voor het betrokken belastbare tijdperk een positief winstsaldo overblijft na aftrek van de andere vrijgestelde winsten.

11. In deze context is bij de wet van 20 december 1995 houdende fiscale, financiële en diverse bepalingen (*Belgisch Staatsblad* van 23 december 1995, blz. 34578) een artikel 198, 10°, ingevoegd in het WIB 92. Dat bepaalt, in de op het hoofdgeding toepasselijke versie:

„Als beroepskosten worden niet aangemerkt:

[...]

10° onverminderd de toepassing van artikel 55 [WIB 92], de interest, tot een bedrag gelijk aan dat van de krachtens de artikelen 202 tot 204 [WIB 92] aftrekbare dividenden verkregen uit aandelen door een vennootschap welke die aandelen, op het ogenblik van hun overdracht, niet gedurende een ononderbroken periode van minstens een jaar heeft behouden;

Het [vorige] lid [...] is evenwel niet van toepassing op de aandelen in verbonden vennootschap of in vennootschappen waarmee een deelnemingsverhouding bestaat, zelfs al hebben die aandelen de aard van geldbeleggingen, noch op de andere aandelen die onder de financiële vaste activa zijn opgenomen."

12. Artikel 202 WIB 92 luidt, in de versie die van toepassing is op het hoofdgeding, als volgt:

„§ 1. Van de winst van het belastbare tijdperk worden mede afgetrokken, in zover zij erin voorkomen:

1° dividenden met uitzondering van inkomsten die zijn verkregen naar aanleiding van de afstand aan een vennootschap van haar eigen aandelen of naar aanleiding van de gehele of gedeeltelijke verdeling van het vermogen van een vennootschap;

[...]

§ 2. De in § 1, 1° en 2°, vermelde inkomsten zijn slechts aftrekbaar in zoverre op de datum van toekenning of betaalbaarstelling van deze inkomsten, de vennootschap die de inkomsten verkrijgt in het kapitaal van de vennootschap die ze uitkeert, een deelneming bezit van ten minste 5 pct. of met een aanschaffingswaarde van ten minste [50 miljoen Belgische frank (BEF) (ongeveer 1 240 000 EUR)].

Deze voorwaarde is evenwel niet van toepassing op de inkomsten:

1° die worden verkregen door kredietinstellingen vermeld in artikel 56, § 1;

[...]"

13. Artikel 204 WIB 92 bepaalt, in de op het hoofdgeding toepasselijke versie:

„De ingevolge artikel 202, § 1, 1°, 3° en 4°, aftrekbare inkomsten worden geacht in de winst van het belastbare tijdperk voor te komen tot 95 pct. van het geïnde of verkregen bedrag eventueel vermeerderd met de roerende voorheffing of de fictieve roerende voorheffing of, met betrekking tot in artikel 202, § 1, 4° en 5°, vermelde inkomsten verminderd met de aan de verkoper toegekende interest ingeval de effecten in het belastbare tijdperk zijn verworven."

14. Artikel 106, lid 5, van het koninklijk besluit van 27 augustus 1993 tot uitvoering van het Wetboek van de inkomstenbelastingen 1992 luidt, in de op het hoofdgeding toepasselijke versie:

„Van de inning van de roerende voorheffing wordt volledig afgezien met betrekking tot dividenden waarvan de schuldenaar een Belgische dochteronderneming is en waarvan de verkrijger een moedermaatschappij is van een andere lidstaat van de Europese Economische Gemeenschap.

De verzaking is evenwel niet van toepassing indien het aandelenbezit van de moedermaatschappij uit hoofde waarvan de dividenden worden betaald niet een deelneming vertegenwoordigt van ten minste 25 % in het kapitaal van de dochteronderneming en die minimumdeelneming van 25 % niet gedurende een ononderbroken periode van ten minste één jaar wordt of werd behouden.

Voor de toepassing van het eerste en het tweede lid verstaat men onder dochteronderneming en moedermaatschappij de dochterondernemingen en moedermaatschappijen zoals ze zijn omschreven in [richtlijn 90/435]."

Hoofdgeding en prejudiciële vragen

15. Argenta Spaarbank is een erkende kredietinstelling naar Belgisch recht. Tijdens de boekjaren 1999 en 2000 (aanslagjaren 2000 en 2001) heeft zij dividenden ontvangen uit deelnemingen in Belgische ondernemingen en ondernemingen uit andere lidstaten van de Europese Unie. Op het ogenblik waarop de dividenden werden uitgekeerd, bezat zij bepaalde van deze deelnemingen minder dan één jaar en andere reeds meer dan één jaar.

16. Krachtens de artikelen 202 en 204 WIB 92, in de op het hoofdgeding toepasselijke versie, genoot Argenta Spaarbank als moedermaatschappij de DBI-aftrek ten belope van 95 % van deze dividenden.

17. Bovendien heeft zij, gelet op haar status van kredietinstelling, tijdens de betrokken boekjaren interesten betaald ten belope van 11 702 186 712 BEF (ongeveer 290 090 000 EUR), respectievelijk 13 322 033 492 BEF (ongeveer 330 245 000 EUR), die op de resultatenrekening van die onderneming zijn opgenomen onder de post „rentekosten en soortgelijke kosten".

18. Zoals uit de verwijzingsbeslissing blijkt, werden die interesten niet betaald voor leningen die waren afgesloten om deelnemingen in het kapitaal van een dochteronderneming te verwerven. Zij hadden daarentegen betrekking op de spaarrekeningen, zichtrekeningen, termijnrekeningen en andere beleggingsproducten die Argenta Spaarbank als kredietinstelling voor haar klanten aanhield en hadden aldus kunnen worden afgetrokken als beroepskosten.

19. Artikel 198, 10°, WIB 92 bepaalt echter dat de interesten niet aftrekbaar zijn tot een bedrag gelijk aan dat van de krachtens de artikelen 202 tot 204 WIB 92 aftrekbare dividenden verkregen uit aandelen door een moedermaatschappij welke die aandelen, op het ogenblik van hun overdracht, niet gedurende een ononderbroken periode van minstens één jaar heeft behouden, en dit ongeacht of er een causaal verband bestaat tussen die interesten en de dividenden waarvoor is gebruikgemaakt van DBI-aftrek.

20. Argenta Spaarbank heeft in het boekjaar 1999 (aanslagjaar 2000) 3 059 292 BEF (ongeveer 75 838 EUR) en in het boekjaar 2000 (aanslagjaar 2001) 11 960 419 BEF (ongeveer 296 490 EUR) aan dividenden ontvangen uit deelnemingen die zij op het ogenblik van de dividenduitkering minder dan één jaar in bezit had.

21. Om die reden heeft de belastingdienst ten aanzien van Argenta Spaarbank op grond van artikel 198, 10°, WIB 92 twee rectificatieaanslagen gevestigd voor de aanslagjaren 2000 en 2001, waarbij interesten ten bedrage van 75 837,87 EUR, respectievelijk 296 491,04 EUR werden toegevoegd aan de „verworpen uitgaven", zodat zij niet konden worden afgetrokken van de belastbare winst van die moedermaatschappij.

22. Bij beslissing van 4 mei 2004 heeft de gewestelijke directeur van het Nationaal Controlecentrum I van de administratie voor de ondernemings- en inkomensfiscaliteit (België) de bezwaren afgewezen die Argenta Spaarbank tegen die aanslagen had gemaakt.

23. Op 3 augustus 2004 is Argenta Spaarbank bij de verwijzende rechter – te weten de rechtbank van eerste aanleg Antwerpen (België) – tegen die beslissing opgekomen. Zij heeft in dit verband verzocht om nietigverklaring van de betrokken aanslagen en heeft tot staving van dat verzoek met name aangevoerd dat artikel 198, 10°, WIB 92 onverenigbaar is met artikel 4, lid 2, van richtlijn 90/435, aangezien deze laatste bepaling de lidstaten enkel toestaat om interesten niet-aftrekbaar te verklaren die in causaal verband staan met de dividenden waarvoor de DBI-aftrek is toegepast.

24. In deze omstandigheden heeft de rechtbank van eerste aanleg Antwerpen de behandeling van de zaak geschorst en het Hof verzocht om een prejudiciële beslissing over de volgende vragen:

„1. Schendt artikel 198, 10°, [WIB 92], zoals van toepassing voor de aanslagjaren 2000 en 2001, artikel 4, lid 2, van [richtlijn 90/435], in zoverre het bepaalt dat intresten niet als beroepskosten worden aangemerkt tot een bedrag gelijk aan dat van de volgens artikelen 202 tot 204 [WIB 92] vrijstelbare dividenden verkregen uit aandelen die op het ogenblik van hun overdracht niet gedurende een ononderbroken periode van minstens één jaar werden behouden, waarbij er geen onderscheid wordt gemaakt al naargelang voormelde intrestlasten betrekking hebben op de (financiering van de) deelneming waaruit de vrijstelbare dividenden werden verkregen of niet?

2. Maakt artikel 198, 10°, [WIB 92], zoals van toepassing voor de aanslagjaren 2000 en 2001, een bepaling ter bestrijding van fraude en misbruiken uit in de zin van artikel 1, lid 2, van [richtlijn 90/435], en indien dit [het] geval is, gaat artikel 198, 10°, [WIB 92] dan verder dan noodzakelijk is om dergelijke fraude of misbruiken te bestrijden, in zoverre het bepaalt dat intresten niet als beroepskosten worden aangemerkt tot een bedrag gelijk aan dat van de volgens artikelen 202 tot 204 [WIB 92] vrijstelbare dividenden verkregen uit aandelen die op het ogenblik van hun overdracht niet gedurende een ononderbroken periode van minstens één jaar werden behouden, waarbij er geen onderscheid wordt gemaakt al naargelang voormelde intrestlasten betrekking hebben op de (financiering van de) deelneming waaruit de vrijstelbare dividenden werden verkregen of niet?"

Beantwoording van de prejudiciële vragen

Ontvankelijkheid

25. De Belgische regering voert aan dat het onderhavige verzoek om een prejudiciële beslissing niet-ontvankelijk is. Tot staving van haar middel van niet-ontvankelijkheid herinnert zij eraan dat artikel 198, 10°, WIB 92 de Belgische belastingautoriteiten toestaat om alle interesten die een moedermaatschappij tijdens het betrokken belastbare tijdperk heeft betaald, als niet-aftrekbare lasten aan te merken tot een bedrag gelijk aan dat van de dividenden die zijn verkregen uit deelnemingen in het kapitaal van een dochteronderneming die nog geen jaar werden aangehouden en waarvoor de DBI-aftrek geldt.

26. In deze omstandigheden erkent deze regering dat dit artikel gelijkenis vertoont met artikel 4, lid 2, van richtlijn 90/435, voor zover het een middel biedt om op te treden tegen het misbruik dat erin bestaat een lening af te sluiten teneinde de belastinggrondslag van de moedermaatschappij te eroderen, meer bepaald doordat aftrekbare interesten worden gegenereerd door deelnemingen in dochterondernemingen te verwerven die – eveneens aftrekbare – dividenden opleveren.

27. Aangezien artikel 198, 10°, WIB 92 echter als indirect gevolg heeft dat de aftrek van dividenden uit kortetermijndeelnemingen op grond van de artikelen 202 tot en met 204 WIB 92 wordt geneutraliseerd, moet dit artikel volgens haar worden geacht onder artikel 3, lid 2, van richtlijn 90/435 te vallen, dat de lidstaten de mogelijkheid biedt om het bij deze richtlijn ingevoerde stelsel voor de aftrek van winsten niet toe te passen op vennootschappen „die niet gedurende [...] ten minste twee jaren een deelneming behouden welke recht geeft op de hoedanigheid van moedermaatschappij". Volgens deze regering houdt deze bepaling in dat de lidstaten zich in het daarin bedoelde geval niet naar richtlijn 90/435 hoeven te voegen. Bijgevolg mogen zij er niet alleen voor opteren de in artikel 4, lid 1, van deze richtlijn bedoelde voordelen niet toe te kennen, maar is het hun ook toegestaan om lasten als niet-aftrekbaar aan te merken in een mate en onder voorwaarden die afwijken van hetgeen daaromtrent in artikel 4, lid 2, van deze richtlijn is bepaald en tevens om gebruik te maken van een bepaling ter bestrijding van fraude en misbruiken – in de zin van artikel 1, lid 2, van de richtlijn – die verder gaat dan nodig is om die fraude en misbruiken te bestrijden.

28. In zoverre heeft artikel 198, 10°, WIB 92 volgens de Belgische regering betrekking op een situatie die buiten de werkingssfeer van richtlijn 90/435 valt.

29. Dienaangaande moet worden opgemerkt dat het de lidstaten volgens artikel 3, lid 2, tweede streepje, van richtlijn 90/435, in afwijking van lid 1 van dat artikel, „vrijstaat" om deze richtlijn „niet toe te passen" op de vennootschappen van deze lidstaat die niet gedurende een ononderbroken periode van ten minste twee jaren een deelneming behouden welke recht geeft op de hoedanigheid van moedermaatschappij of op de maatschappijen waarin een vennootschap van een andere lidstaat niet gedurende een ononderbroken periode van ten minste twee jaren een dergelijke deelneming behoudt.

30. Deze bepaling roept, luidens de bewoordingen ervan, geen algemene uitzondering op de toepassing van richtlijn 90/435 in het leven, maar voorziet louter in een mogelijkheid voor de lidstaten, die in nationaal recht kan worden omgezet door de lidstaten die dit wensen. In dit verband moet in herinnering worden gebracht dat de bepalingen van een richtlijn volgens vaste rechtspraak van het Hof moeten worden uitgevoerd met een onbetwistbare dwingende kracht en met de specificiteit, nauwkeurigheid en duidelijkheid die nodig zijn om te voldoen aan het vereiste van rechtszekerheid (zie arrest van 15 oktober 2015, Commissie/Duitsland, C-137/14, EU:C:2015:683, punt 51 en aldaar aangehaalde rechtspraak).

31. Wat dat punt betreft, moet worden vastgesteld dat de verwijzende rechter het stelsel van het WIB 92, en in het bijzonder artikel 198, 10°, WIB 92, anders uitlegt dan de Belgische regering voor het Hof heeft gedaan.

32. Die rechter merkt namelijk op dat de Belgische wetgever richtlijn 90/435 aanvankelijk aldus in het nationale recht had omgezet dat zij in haar geheel van toepassing was op nationale moedermaatschappijen, zonder uitdruk-

kelijk te voorzien in een periode waarvoor een vennootschap de aandelen minimaal moest aanhouden teneinde te kunnen worden aangemerkt als moedermaatschappij van de dochteronderneming waarin de deelneming werd aangehouden en teneinde de door deze aandelen gegenereerde dividenden te kunnen aftrekken.

33. Aldus heeft het Koninkrijk België, volgens de verwijzende rechter, bij de vaststelling van het WIB 92 geen gebruik gemaakt van de door artikel 3, lid 2, tweede streepje, eerste onderdeel, van richtlijn 90/435 aan de lidstaten verleende mogelijkheid.

34. Hij is daarentegen, op basis van een gedetailleerde analyse van de voorbereidende werkzaamheden, het voorwerp en het doel van artikel 198, 10°, WIB 92, van oordeel dat deze bepaling artikel 4, lid 2, van richtlijn 90/435 ten uitvoer legt in het Belgisch recht, aangezien zij beoogt te beletten dat nationale moedermaatschappijen een dubbele belastingaftrek kunnen genieten door middels aftrekbare externe financiering aandelen van dochterondernemingen te verwerven die – evenzeer aftrekbare – dividenden opleveren.

35. De reden waarom in artikel 198, 10°, WIB 92 geen verband wordt vereist tussen de verwerving van dergelijke aandelen en de financiering van die transactie, ligt dus niet hierin dat de Belgische wetgever de aftrek van dividenden uit kortetermijndeelnemingen wilde neutraliseren op grond van de bij artikel 3, lid 2, tweede streepje, eerste onderdeel, van richtlijn 90/435 verleende machtiging, maar wel dat hij een oplossing wilde vinden voor de praktische moeilijkheden die de belastingdienst concreet ondervond bij het onderzoek of er een verband bestond tussen de financiering van een transactie en het verworven goed, in het kader van de tenuitvoerlegging van de in artikel 4, lid 2, van deze richtlijn bedoelde uitzonderingsregel.

36. Op basis van deze uitlegging van artikel 198, 10°, WIB 92 achtte de verwijzende rechter het, met het oog op de beslechting van het bij hem aanhangige geding, noodzakelijk om het onderhavige verzoek om een prejudiciële beslissing in te dienen.

37. Volgens vaste rechtspraak van het Hof is het in het kader van de in artikel 267 VWEU geregelde samenwerking tussen het Hof en de nationale rechterlijke instanties uitsluitend een zaak van de nationale rechter aan wie het geschil is voorgelegd en die de verantwoordelijkheid voor de te geven rechterlijke beslissing draagt, om – gelet op de bijzonderheden van het geval – zowel de noodzaak van een prejudiciële beslissing voor het wijzen van zijn vonnis te beoordelen als de relevantie van de vragen die hij aan het Hof voorlegt (arresten van 22 december 2008, Les Vergers du Vieux Tauves, C-48/07, EU:C:2008:758, punt 16, en 21 december 2016, Vervloet e.a., C-76/15, EU:C:2016:975, punt 56 en aldaar aangehaalde rechtspraak).

38. Voorts moet worden gepreciseerd dat het niet aan het Hof staat om zich in het kader van een prejudiciële verwijzing uit te spreken over de uitlegging van de nationale bepalingen en te beoordelen of de verwijzende rechter deze correct uitlegt. In het kader van de bevoegdheidsverdeling tussen de communautaire en de nationale rechterlijke instanties moet het Hof immers uitgaan van de in de verwijzingsbeslissing omschreven feitelijke en juridische context waarin de prejudiciële vragen moeten worden geplaatst (arrest van 23 april 2009, Angelidaki e.a., C-378/07–C-380/07, EU:C:2009:250, punt 48 en aldaar aangehaalde rechtspraak).

39. Uit het voorgaande volgt dat voor het onderzoek van de door de Belgische regering opgeworpen exceptie van niet-ontvankelijkheid enkel acht moet worden geslagen op de door de verwijzende rechter aan artikel 198, 10°, WIB 92 gegeven uitlegging, zoals deze in wezen in de punten 32 tot en met 35 van het onderhavige arrest in herinnering is gebracht.

40. Gelet op deze uitlegging en op de in punt 30 hierboven in herinnering geroepen rechtspraak moet worden geoordeeld dat een bepaling als artikel 198, 10°, WIB 92 binnen de werkingssfeer van richtlijn 90/435 valt, aangezien de inhoud ervan niet aldus kan worden opgevat dat hij onder de in artikel 3, lid 2, tweede streepje, eerste onderdeel, van deze richtlijn bedoelde facultatieve uitzondering kan vallen, noch direct, noch – a fortiori – indirect, zoals de Belgische regering betoogt.

41. Derhalve dient het onderhavige verzoek om een prejudiciële beslissing ontvankelijk te worden verklaard.

Ten gronde

Eerste vraag

42. Met zijn eerste vraag wenst de verwijzende rechter in wezen te vernemen of artikel 4, lid 2, van richtlijn 90/435 zich verzet tegen een bepaling van nationaal recht als artikel 198, 10°, WIB 92, op grond waarvan de interesten die een moedermaatschappij in het kader van een lening heeft betaald niet aftrekbaar zijn van haar belastbare winst tot een bedrag gelijk aan dat van de – reeds fiscaal aftrekbare – dividenden die zij ontvangt uit deelnemingen in het kapitaal van dochterondernemingen die zij minder dan één jaar in bezit heeft, hoewel deze interesten geen betrekking hebben op de financiering van deze deelnemingen.

43. Om een nuttig antwoord op deze vraag te kunnen geven, moet volgens vaste rechtspraak van het Hof niet alleen rekening worden gehouden met de bewoordingen van artikel 4, lid 2, van richtlijn 90/435, maar ook met de doelstellingen en de systematiek van deze richtlijn (zie in die zin arresten van 3 april 2008, Banque Fédérative du

Crédit Mutuel, C-27/07, EU:C:2008:195, punt 22; 1 oktober 2009, Gaz de France – Berliner Investissement, C-247/08, EU:C:2009:600, punt 26, en 8 maart 2017, Wereldhave Belgium e.a., C-448/15, EU:C:2017:180, punt 24).

44. Om te beginnen moet worden geconstateerd dat artikel 4, lid 2, van richtlijn 90/435 duidelijk en ondubbelzinnig is geformuleerd, in die zin dat deze bepaling de lidstaten uitsluitend toestaat om te bepalen dat de loutere „lasten die betrekking hebben op de deelneming" van de moedermaatschappij in het kapitaal van een dochteronderneming niet mogen worden afgetrokken van de belastbare winst van die moedermaatschappij.

45. Uit de bewoordingen van die bepaling blijkt dus dat zij de lidstaten niet toestaat om met betrekking tot alle interesten van door een moedermaatschappij afgesloten leningen de aftrekbaarheid uit te sluiten tot een bedrag gelijk aan dat van de inkomsten die worden gegenereerd door haar deelnemingen in dochterondernemingen.

46. Een dergelijke letterlijke uitlegging vindt steun in de opzet en het doel van richtlijn 90/435.

47. In dit verband moet in herinnering worden geroepen dat richtlijn 90/435, zoals in de derde overweging ervan te lezen staat, door de invoering van een gemeenschappelijke fiscale regeling iedere benadeling van de samenwerking tussen vennootschappen uit verschillende lidstaten ten opzichte van de samenwerking tussen vennootschappen van dezelfde lidstaat beoogt op te heffen en aldus de hergroepering van vennootschappen op het niveau van de Europese Unie beoogt te vergemakkelijken. Deze richtlijn beoogt aldus de fiscale neutraliteit van de winstuitkering door een in een lidstaat gelegen dochteronderneming aan haar in een andere lidstaat gevestigde moedermaatschappij te verzekeren (arresten van 1 oktober 2009, Gaz de France – Berliner Investissement, C-247/08, EU:C:2009:600, punt 27, en 8 maart 2017, Wereldhave Belgium e. a., C-448/15, EU:C:2017:180, punt 25).

48. Deze richtlijn heeft dus tot doel om door middel van de mechanismen waarin artikel 4, lid 1, en artikel 5, lid 1, ervan voorzien, te voorkomen dat winst die dochterondernemingen aan hun moedermaatschappijen uitkeren dubbel wordt belast, door te vermijden dat de uitgekeerde winst een eerste keer wordt belast bij de dochteronderneming en een tweede keer bij de moedermaatschappij (zie in die zin arresten van 3 april 2008, Banque Fédérative du Crédit Mutuel, C-27/07, EU:C:2008:195, punt 27; 12 februari 2009, Cobelfret, C-138/07, EU:C:2009:82, punt 29; 1 oktober 2009, Gaz de France – Berliner Investissement, C-247/08, EU:C:2009:600, punt 57, en 8 maart 2017, Wereldhave Belgium e.a., C-448/15, EU:C:2017:180, punt 36).

49. In het bijzonder bepaalt artikel 4, lid 1, van richtlijn 90/435 dat wanneer een moedermaatschappij als deelgerechtigde van haar dochteronderneming uitgekeerde winst ontvangt, de lidstaat van de moedermaatschappij ofwel zich onthoudt van het belasten van deze winst, ofwel deze moedermaatschappij toestaat het gedeelte van de belasting van de dochteronderneming dat op deze winst betrekking heeft, van haar eigen belasting af te trekken en, in voorkomend geval, het bedrag dat door de lidstaat waar de dochteronderneming gevestigd is aan de bron is ingehouden, zulks binnen de grenzen van het bedrag van de overeenstemmende nationale belasting (arresten van 12 december 2006, Test Claimants in the FII Group Litigation, C-446/04, EU:C:2006:774, punt 102; 3 april 2008, Banque Fédérative du Crédit Mutuel, C-27/07, EU:C:2008:195, punt 25, en 8 maart 2017, Wereldhave Belgium e.a., C-448/15, EU:C:2017:180, punt 37).

50. Artikel 4, lid 2, van richtlijn 90/435 biedt de lidstaten dus bij wijze van uitzondering de mogelijkheid om te bepalen dat lasten die betrekking hebben op de deelneming en waardeverminderingen die voortvloeien uit de uitkering van de winst van de dochteronderneming, niet aftrekbaar zijn van de belastbare winst van de moedermaatschappij.

51. In deze context moet worden benadrukt dat deze bepaling strikt moet worden uitgelegd en dat er dus, zoals ook uit vaste rechtspraak van het Hof volgt, geen uitlegging aan mag worden gegeven die verder gaat dan de bewoordingen ervan (zie in die zin arresten van 17 oktober 1996, Denkavit e.a., C-283/94, C-291/94 en C-292/94, EU:C:1996:387, punt 27, en 25 september 2003, Océ van der Grinten, C-58/01, EU:C:2003:495, punt 86).

52. Voorts moet worden geconstateerd dat de in artikel 4, lid 2, van richtlijn 90/435 neergelegde regel de in lid 1 van dit artikel neergelegde regel zijn nuttige werking zou ontnemen indien de eerstbedoelde regel aldus moest worden uitgelegd dat hij de lidstaten de mogelijkheid biedt om met betrekking tot alle interestlasten van leningen te bepalen dat zij niet van de belastbare winst van een moedermaatschappij kunnen worden afgetrokken tot een bedrag gelijk aan dat van de vrijgestelde dividenden die deze moedermaatschappij ontvangt uit deelnemingen in het kapitaal van een dochteronderneming, zonder dat de niet-aftrekbaarheid wordt beperkt tot de interestlasten die betrekking hebben op de financiering van deze deelneming waaruit de dividenden voortvloeien. Een dergelijke lezing zou immers erop neerkomen dat de lidstaten wordt toegestaan om het belastbare inkomen van een moedermaatschappij indirect te verhogen, waardoor wordt afgedaan aan de fiscale neutraliteit van de dividenduitkering die een in een lidstaat gevestigde dochteronderneming heeft verricht ten gunste van haar in een andere lidstaat gevestigde moedermaatschappij.

53. Tot slot is de in de punten 44 en 45 hierboven bedoelde letterlijke uitlegging van de in artikel 4, lid 2, van richtlijn 90/435 neergelegde regel de enige die verenigbaar is met de specifieke doelstelling die deze bepaling in het kader van de systematiek van richtlijn 90/435 nastreeft.

54. De door deze bepaling aan de lidstaten geboden mogelijkheid heeft immers tot doel te vermijden dat een moedermaatschappij een dubbel fiscaal voordeel geniet in die zin dat de winsten worden vrijgesteld krachtens artikel 4, lid 1, eerste streepje, van richtlijn 90/435 én er een belastingvermindering wordt genoten doordat de waardeverminderingen van de deelnemingen die voortvloeien uit de uitkering van die winst worden afgetrokken als lasten (zie in die zin arrest van 22 december 2008, Les Vergers du Vieux Tauves, C-48/07, EU:C:2008:758, punt 42).

55. Vanuit dit oogpunt moet artikel 4, lid 2, van richtlijn 90/435 noodzakelijkerwijs aldus worden uitgelegd dat de lidstaten op grond daarvan enkel mogen verhinderen dat een moedermaatschappij het in het vorige punt bedoelde dubbele fiscale voordeel geniet. Indien de lidstaten werd toegestaan te bepalen dat moedermaatschappijen interesten die geen verband houden met de verwerving van de deelnemingen die tot de uitkering van de voornoemde vrijgestelde winst hebben geleid, niet in mindering mogen brengen, dan zou kennelijk verder worden gegaan dan nodig is om die doelstelling te bereiken.

56. Hieruit volgt dat een nationale bepaling als artikel 198, 10°, WIB 92, die op algemene en automatische wijze uitsluit dat de interesten in verband met een door een moedermaatschappij aangegane lening fiscaal als lasten of beroepskosten kunnen worden afgetrokken tot een bedrag gelijk aan dat van de – reeds fiscaal aftrekbare – dividenden die door een deelneming van die moedermaatschappij in het kapitaal van een dochteronderneming zijn gegenereerd, ook al houdt de betaling van die interesten geen verband met de financiering van de verwerving van een dergelijke deelneming, geen correcte tenuitvoerlegging vormt van de in artikel 4, lid 2, van richtlijn 90/435 opgenomen regel.

57. Gelet op een en ander moet op de eerste vraag worden geantwoord dat artikel 4, lid 2, van richtlijn 90/435 aldus moet worden uitgelegd dat het zich verzet tegen een nationale bepaling als artikel 198, 10°, WIB 92, op grond waarvan de interesten die een moedermaatschappij in het kader van een lening heeft betaald niet kunnen worden afgetrokken van haar belastbare winst tot een bedrag gelijk aan dat van de – reeds fiscaal aftrekbare – dividenden die zij ontvangt uit deelnemingen in het kapitaal van dochterondernemingen die zij minder dan één jaar in bezit heeft, hoewel deze interesten geen betrekking hebben op de financiering van deze deelnemingen.

Tweede vraag

58. Met zijn tweede vraag wenst de verwijzende rechter in wezen te vernemen of artikel 1, lid 2, van richtlijn 90/435 aldus moet worden uitgelegd dat het de lidstaten toestaat een nationale bepaling als artikel 198, 10°, WIB 92 toe te passen.

59. In dit verband zij eraan herinnerd dat artikel 1, lid 2, van richtlijn 90/435 bepaalt dat deze richtlijn geen beletsel vormt voor de toepassing van nationale of verdragsrechtelijke voorschriften ter bestrijding van fraude en misbruiken.

60. Zoals de advocaat-generaal in punt 51 van haar conclusie heeft opgemerkt, geeft artikel 1, lid 2, van richtlijn 90/435 uitdrukking aan het algemene beginsel van Unierecht dat rechtsmisbruik verboden is (arrest van 5 juli 2007, Kofoed, C-321/05, EU:C:2007:408, punt 38), welk beginsel impliceert dat justitiabelen zich in geval van fraude of misbruik niet op het Unierecht kunnen beroepen (zie met name arresten van 21 februari 2006, Halifax e.a., C-255/02, EU:C:2006:121, punt 69, en 28 juli 2016, Kratzer, C-423/15, EU:C:2016:604, punt 37).

61. Het is van belang om erop te wijzen dat artikel 1, lid 2, van richtlijn 90/435, zoals ook de advocaat-generaal in punt 52 van haar conclusie heeft beklemtoond, een beginselbepaling vormt, waarvan de inhoud op specifieke wijze is overgenomen in andere voorschriften van deze richtlijn, en met name in artikel 4, lid 2, ervan, dat immers precies beoogt misbruik door moedermaatschappijen te bestrijden dat voortvloeit uit een dubbele fiscale aftrek (zie naar analogie arrest van 17 oktober 1996, Denkavit e.a., C-283/94, C-291/94 en C-292/94, EU:C:1996:387, punt 31).

62. Uit het antwoord op de eerste vraag vloeit voort dat artikel 4, lid 2, van richtlijn 90/435 zich verzet tegen een nationale bepaling als artikel 198, 10°, WIB 92, voor zover zij verder gaat dan de maatregelen die de wetgever van de Unie passend heeft geacht ter bestrijding van het misbruik dat inhoudt dat moedermaatschappijen over de mogelijkheid zouden beschikken om een dubbele fiscale aftrek te verrichten.

63. Gelet op een en ander moet op de tweede vraag worden geantwoord dat artikel 1, lid 2, van richtlijn 90/435 aldus moet worden uitgelegd dat het de lidstaten niet toestaat om een nationale bepaling als artikel 198, 10°, WIB 92 toe te passen voor zover deze bepaling verder gaat dan nodig is om fraude en misbruiken te bestrijden.

Kosten

64. …

Het Hof (Vijfde kamer)

verklaart voor recht:

1. **Artikel 4, lid 2, van richtlijn 90/435/EEG van de Raad van 23 juli 1990 betreffende de gemeenschappelijke fiscale regeling voor moedermaatschappijen en dochterondernemingen uit verschillende lidstaten moet aldus worden uitgelegd dat het zich verzet tegen een nationale bepaling als artikel 198, 10°, van het Wetboek van de inkomstenbelastingen 1992, dat is gecoördineerd bij koninklijk besluit van 10 april 1992 en bekrachtigd bij wet van 12 juni 1992, op grond waarvan de interesten die een moedermaatschappij in het kader van een lening heeft betaald niet kunnen worden afgetrokken van haar belastbare winst tot een bedrag gelijk aan dat van de – reeds fiscaal aftrekbare – dividenden die zij ontvangt uit deelnemingen in het kapitaal van dochterondernemingen die zij minder dan één jaar in bezit heeft, hoewel deze interesten geen betrekking hebben op de financiering van deze deelnemingen.**

2. **Artikel 1, lid 2, van richtlijn 90/435 moet aldus worden uitgelegd dat het de lidstaten niet toestaat om een nationale bepaling als artikel 198, 10°, van het Wetboek van de inkomstenbelastingen 1992, dat is gecoördineerd bij koninklijk besluit van 10 april 1992 en bekrachtigd bij wet van 12 juni 1992, toe te passen voor zover deze bepaling verder gaat dan nodig is om fraude en misbruiken te bestrijden.**

HvJ EU 23 november 2017, zaak C-292/16 (A Oy)

Eerste kamer: *R. Silva de Lapuerta, kamerpresident, C. G. Fernlund (rapporteur), J.-C. Bonichot, A. Arabadjiev en E. Regan, rechters*
Advocaat-generaal: *J. Kokott*

1. Het verzoek om een prejudiciële beslissing betreft de uitlegging van artikel 49 VWEU en van artikel 10, lid 2, van richtlijn 90/434/EEG van de Raad van 23 juli 1990 betreffende de gemeenschappelijke fiscale regeling voor fusies, splitsingen, inbreng van activa en aandelenruil met betrekking tot vennootschappen uit verschillende lidstaten (*PB* 1990, L 225, blz. 1; hierna: „fusierichtlijn").

2. Dit verzoek is ingediend in het kader van een procedure die is ingeleid voor de Helsingin hallinto-oikeus (bestuursrechter Helsinki, Finland) door A Oy, een vennootschap naar Fins recht, over de onmiddellijke heffing van belasting op de meerwaarden van een niet-ingezeten vaste inrichting van die vennootschap, die tevoorschijn zijn gekomen bij gelegenheid van de overdracht van die inrichting aan een eveneens niet-ingezeten vennootschap in het kader van een inbreng van activa, en de invordering van de verschuldigde belasting als waren het inkomsten in het belastingjaar waarin die rechtshandeling heeft plaatsgevonden.

Toepasselijke bepalingen

Unierecht

3. Artikel 2, onder c), van de fusierichtlijn luidt

„Voor de toepassing van deze richtlijn wordt verstaan onder
[...]
c. inbreng van activa: de rechtshandeling waarbij een vennootschap, zonder ontbonden te worden, haar gehele dan wel een of meer takken van haar bedrijvigheid inbrengt in een andere vennootschap, tegen verkrijging van bewijzen van deelgerechtigdheid in het maatschappelijk kapitaal van de vennootschap welke de inbreng ontvangt;
[...]"

4. Artikel 10, lid 2, van deze richtlijn bepaalt:

„[...] [D]e lidstaat van de inbrengende vennootschap [heeft], indien hij fiscaal een stelsel van wereldwinst toepast, het recht om een belasting te heffen op de winsten of meerwaarden van de vaste inrichting die bij fusie, splitsing of inbreng van activa tevoorschijn komen, op voorwaarde dat deze lidstaat de aftrek toestaat van de belasting die zonder de bepalingen van deze richtlijn zou zijn geheven op deze winsten of meerwaarden in de lidstaat waar deze vaste inrichting is gevestigd, en op voorwaarde dat hij deze aftrek op dezelfde wijze en voor hetzelfde bedrag toestaat als hij zou hebben gedaan indien deze belasting werkelijk was vastgesteld en betaald."

Fins recht

5. Krachtens § 9, lid 1, eerste alinea, van de tuloverolaki (wet op de inkomstenbelasting) zijn natuurlijke of rechtspersonen, binnenlandse personenvennootschappen of binnenlandse nalatenschappen die in een belastingjaar in Finland zijn gevestigd, verplicht inkomstenbelasting te betalen over hun binnen- en buitenlandse inkomen (onbeperkte belastingplicht).

6. De fusierichtlijn is in Fins recht omgezet bij de laki elinkeinotulon verottamisesta annetun lain muuttamisesta (1733/1995) [wet houdende wijziging van de wet inzake de fiscale behandeling van inkomsten uit zakelijke activiteiten (1733/1995)] van 29 december 1995, die op 1 januari 1996 in werking is getreden.

7. § 52 e, derde alinea, van de elinkeinotulon verottamisesta annettu laki (wet inzake de fiscale behandeling van inkomsten uit zakelijke activiteiten), zoals gewijzigd (hierna: „EVL"), bepaalt het volgende:

„Wanneer de ingebrachte vermogensbestanddelen en schulden van een zich in een andere lidstaat van de Europese Unie bevindende vaste inrichting aan een binnenlandse vennootschap worden toegerekend, worden de waarschijnlijk realiseerbare winst uit vervreemding van deze vermogensbestanddelen en de op de inkomsten van de vaste inrichting bij de belastingheffing in aftrek gebrachte reserves of voorzieningen gerekend tot de belastbare inkomsten van de inbrengende vennootschap. Van de belasting die in Finland over deze inkomsten moet worden betaald, wordt de belasting afgetrokken die zonder de in § 52 genoemde bepalingen van de [fusierichtlijn] in de staat van de vaste inrichting over die inkomsten zou zijn afgedragen."

8. Uit de toelichting bij het wetsontwerp dat tot de vaststelling van de wet houdende wijziging van de wet inzake de fiscale behandeling van inkomsten uit zakelijke activiteiten heeft geleid, blijkt dat § 52 e, derde alinea, van de EVL, die de afwijking in artikel 10, lid 2, van de fusierichtlijn omzet in Fins recht, betrekking heeft op gevallen waarin de activa van een niet-ingezeten vaste inrichting, als gevolg van hun overdracht aan een eveneens niet-ingezeten vennootschap, niet langer onder de fiscale soevereiniteit van Finland vallen. In die gevallen wordt de reële waarde van de activa die overgaan, evenals de eerder bij de belastingheffing in Finland op de inkomsten van de vaste inrichting in aftrek gebrachte reserves of voorzieningen, in het belastingjaar waarin de rechtshandeling heeft plaatsgevonden, tot het belastbaar inkomen van die vaste inrichting gerekend. De aan Finland verschuldigde belasting op de te realiseren inkomsten wordt in aftrek gebracht op de belasting die op diezelfde inkomsten zou worden geheven in de lidstaat van bedoelde vaste inrichting indien die richtlijn niet van toepassing zou zijn.

Hoofdgeding en prejudiciële vragen

9. A heeft in de loop van 2006 in het kader van een inbreng van activa een in Oostenrijk gelegen vaste inrichting overgedragen aan een Oostenrijkse vennootschap en als tegenprestatie daarvoor aandelen in laatstgenoemde vennootschap ontvangen. Overeenkomstig § 52 e, derde alinea, van de EVL is A belast over de bij die rechtshandeling tevoorschijn gekomen meerwaarden voor het belastingjaar 2006. Deze belasting is ingevorderd als waren het inkomsten in datzelfde belastingjaar.

10. A heeft bij de Verotuksen oikaisulautakunta (commissie voor herziening van belastingaanslagen, Finland) verzocht om rectificatie. Omdat dit verzoek is afgewezen, heeft A zich gewend tot de Helsingin hallintooikeus. Daar heeft zij aangevoerd dat de wetgeving die in het hoofdgeding aan de orde was, de vrijheid van vestiging beperkte, aangezien de belasting in een gelijkwaardige binnenlandse situatie pas zou zijn geheven op het moment waarop de meerwaarden werden gerealiseerd, namelijk bij de vervreemding van de ingebrachte activa.

11. De verwijzende rechter zet uiteen dat § 52 e, derde alinea, van de EVL volgens de Veronsaajien oikeudenvalvontayksikkö (eenheid voor het toezicht op de rechten van rechthebbenden van belastingen, Finland) niet kan worden geacht in strijd te zijn met de regels en beginselen van het Unierecht, aangezien die bepaling tot doel had om artikel 10, lid 2, van de fusierichtlijn in Fins recht om te zetten.

12. Deze rechter merkt niettemin op dat die laatste bepaling weliswaar toestaat dat in een situatie als die in het hoofdgeding belasting op de meerwaarden wordt geheven, maar dat daarin niet nader is bepaald op welk moment die belasting moet worden geheven.

13. Genoemde rechter vraagt zich dus af of de wetgeving die in het hoofdgeding aan de orde is, een beperking van de vrijheid van vestiging vormt, omdat die voorziet in belasting op de meerwaarden in het kader van het belastingjaar waarin de inbreng van activa plaatsvindt, terwijl de belasting in een gelijkwaardige binnenlandse situatie pas wordt geheven op het moment waarop de opbrengsten worden gerealiseerd, dat wil zeggen bij de vervreemding van de ingebrachte activa. Indien dat het geval is vraagt hij of die wetgeving kan worden gerechtvaardigd door een dwingende reden van algemeen belang, gelegen in de verdeling van de heffingsbevoegdheid tussen de lidstaten en, zo ja, of die wetgeving evenredig is aan dat doel.

14. In die omstandigheden heeft de Helsingin hallinto-oikeus de behandeling van de zaak geschorst en het Hof verzocht om een prejudiciële beslissing over de volgende vragen:

„1. Staat artikel 49 VWEU in de weg aan een Finse regeling volgens welke, in een geval waarin een binnenlandse vennootschap activa van een in een andere lidstaat gelegen vaste inrichting door middel van inbreng van een bedrijf aan een in die staat gevestigde vennootschap vervreemdt en daarvoor als tegenprestatie nieuwe aandelen verkrijgt, de overdracht van de activa direct in het jaar van overdracht wordt belast, terwijl in een overeenkomstige binnenlandse situatie de heffing pas plaatsvindt op het tijdstip van realisatie?

2. Is er sprake van directe of indirecte discriminatie wanneer Finland onmiddellijk in het jaar van overdracht van het bedrijf belasting heft, voordat de winst is gerealiseerd, terwijl dat bij binnenlandse transacties pas geschiedt op het moment dat de winst wordt gerealiseerd?

3. Indien de eerste en de tweede vraag bevestigend worden beantwoord, kan deze beperking van de vrijheid van vestiging dan worden gerechtvaardigd met een beroep op bijvoorbeeld een dwingende reden van algemeen belang of de bescherming van de nationale fiscale bevoegdheid? Is deze verboden beperking in overeenstemming met het evenredigheidsbeginsel?"

Beantwoording van de prejudiciële vragen

15. Met zijn prejudiciële vragen, die tezamen moeten worden onderzocht, wenst de verwijzende rechter in essentie te vernemen of artikel 49 VWEU aldus moet worden uitgelegd dat het zich verzet tegen een nationale wettelijke regeling als die in het hoofdgeding, die in geval van de overdracht door een ingezeten vennootschap van een niet-ingezeten vaste inrichting aan een eveneens niet-ingezeten vennootschap in het kader van een inbreng van activa voorziet in de onmiddellijke heffing van belasting op de meerwaarden die bij die rechtshandeling tevoorschijn zijn gekomen en de uitgestelde invordering van de verschuldigde belasting niet toestaat, terwijl dergelijke

meerwaarden in een gelijkwaardige binnenlandse situatie pas worden belast bij de vervreemding van de ingebrachte activa.

16. Allereerst moet erop worden gewezen dat vaststaat dat de rechtshandeling in het hoofdgeding, waarbij A een niet-ingezeten inrichting heeft overgedragen aan een eveneens niet-ingezeten vennootschap, een inbreng van activa in de zin van artikel 2, onder c), van de fusierichtlijn vormt. Daarnaast wordt niet bestreden dat de belasting op de meerwaarden van die vaste inrichting die bij die rechtshandeling tevoorschijn zijn gekomen, onder artikel 10, lid 2, van die richtlijn valt.

17. Uit artikel 10, lid 2, van de fusierichtlijn volgt dat, indien tot de bij een fusie, een splitsing of een inbreng van activa ingebrachte goederen een vaste inrichting van de inbrengende vennootschap behoort welke is gelegen in een andere lidstaat dan die waaronder de bedoelde vennootschap ressorteert, de lidstaat van de inbrengende vennootschap, indien hij fiscaal een stelsel van wereldwinst toepast, het recht heeft om een belasting te heffen op de winsten of meerwaarden van die vaste inrichting die bij die rechtshandeling tevoorschijn komen, op voorwaarde dat deze lidstaat de aftrek toestaat van de belasting die zonder de bepalingen van deze richtlijn zou zijn geheven op deze winsten of meerwaarden in de lidstaat waar deze vaste inrichting is gevestigd, en op voorwaarde dat hij deze aftrek op dezelfde wijze en voor hetzelfde bedrag toestaat als hij zou hebben gedaan indien deze belasting werkelijk was vastgesteld en betaald.

18. Deze bepaling staat de lidstaat van de inbrengende vennootschap dus toe belasting te heffen op de winsten of meerwaarden die het resultaat van een fusie, een splitsing of een inbreng van activa zijn, mits die lidstaat de in die bepaling opgenomen voorwaarden in acht neemt.

19. In de onderhavige zaak blijkt uit de aan het Hof ter beschikking staande stukken dat in de in het hoofdgeding aan de orde zijnde wetgeving is bepaald dat op de meerwaarden van een niet-ingezeten vaste inrichting van een ingezeten vennootschap belasting wordt geheven wanneer die vaste inrichting aan een eveneens niet-ingezeten vennootschap wordt overgedragen in het kader van een inbreng van activa. De verschuldigde belasting wordt afgetrokken van de belasting die zonder de bepalingen van de fusierichtlijn zou zijn geheven in de lidstaat waarin deze vaste inrichting is gevestigd. Voorts wordt deze belasting ingevorderd als waren het inkomsten in het belastingjaar waarin een dergelijke rechtshandeling plaatsvindt.

20. Door te bepalen dat op dergelijke meerwaarden belasting wordt geheven en tegelijk aftrek toe te staan van de belasting die zonder de bepalingen van die richtlijn zou zijn geheven in de lidstaat waarin de vaste inrichting zich bevindt, geeft die wetgeving slechts uitvoering aan de mogelijkheid die de lidstaten in artikel 10, lid 2, van die richtlijn wordt geboden.

21. Noch dit artikel 10, lid 2, noch enige andere bepaling van de fusierichtlijn bevat echter voorschriften over het moment waarop de invordering van de verschuldigde belasting moet plaatsvinden.

22. Het staat bijgevolg aan de lidstaten om, met inachtneming van het Unierecht, in dergelijke voorschriften te voorzien.

23. Wat dat betreft, volgt uit de rechtspraak van het Hof dat rechtshandelingen die onder de fusierichtlijn vallen, een bijzondere wijze van uitoefening van de vrijheid van vestiging vormen, die belangrijk is voor de goede werking van de interne markt, en dus economische activiteiten zijn waarvoor de lidstaten die vrijheid moeten eerbiedigen (zie in die zin arrest van 8 maart 2017, Euro Park Service, C-14/16, EU:C:2017:177, punt 28 en aldaar aangehaalde rechtspraak).

24. Overeenkomstig vaste rechtspraak van het Hof moeten op grond van artikel 49 VWEU beperkingen van de vrijheid van vestiging worden afgeschaft. Hoewel de bepalingen van het VWEU betreffende de vrijheid van vestiging volgens de bewoordingen ervan het voordeel van de behandeling als eigen onderdaan in de lidstaat van ontvangst beogen te waarborgen, verzetten zij zich ook ertegen dat de lidstaat van oorsprong de vestiging van een van zijn onderdanen of van een naar zijn wetgeving opgerichte vennootschap in een andere lidstaat belemmert (arrest van 8 maart 2017, Euro Park Service, C-14/16, EU:C:2017:177, punt 58 en aldaar aangehaalde rechtspraak).

25. Alle maatregelen die het gebruik van de vrijheid van vestiging verbieden, belemmeren of minder aantrekkelijk maken, moeten als beperkingen van deze vrijheid worden beschouwd (arrest van 8 maart 2017, Euro Park Service, C-14/16, EU:C:2017:177, punt 59 en aldaar aangehaalde rechtspraak).

26. In de onderhavige zaak volgt uit de aan het Hof ter beschikking staande stukken dat de in het hoofdgeding aan de orde zijnde wetgeving alleen wanneer een ingezeten vennootschap een niet-ingezeten vaste inrichting aan een eveneens niet-ingezeten vennootschap overdraagt in het kader van een inbreng van activa, voorziet in onmiddellijke belastingheffing over de meerwaarden en in de invordering van de verschuldigde belasting als waren het inkomsten in het belastingjaar waarin die rechtshandeling plaatsvindt.

27. Een dergelijk verschil in behandeling kan de in Finland gevestigde vennootschappen ervan afhouden in een andere lidstaat een economische activiteit uit te oefenen via een in deze lidstaat gevestigde vaste inrichting en vormt dus een belemmering van de vrijheid van vestiging.

28. Een dergelijke belemmering kan enkel worden aanvaard indien zij betrekking heeft op situaties die niet objectief vergelijkbaar zijn, of kan worden gerechtvaardigd door dwingende redenen van algemeen belang die door het Unierecht zijn erkend. In dat geval moet de beperking bovendien geschikt zijn om het aldus nagestreefde doel te verwezenlijken en mag ze niet verder gaan dan nodig is voor het bereiken van dat doel (arrest van 29 november 2011, National Grid Indus, C-371/10, EU:C:2011:785, punt 42 en aldaar aangehaalde rechtspraak).

29. Wat de vergelijkbaarheid van de betrokken situaties betreft, moet worden vastgesteld dat ten aanzien van de wetgeving van een lidstaat betreffende het heffen van belasting over meerwaarden die in het kader van zijn belastingbevoegdheid zijn ontstaan, de situatie van een vennootschap die in het kader van een inbreng van activa een niet-ingezeten vaste inrichting aan een eveneens niet-ingezeten vennootschap overdraagt, ter zake van de heffing van belasting op de meerwaarden van die vaste inrichting die in het kader van de belastingbevoegdheid van die lidstaat zijn ontstaan vóór die inbreng, vergelijkbaar is met die van een ingezeten vennootschap die in het kader van een inbreng van activa een vaste inrichting aan een andere ingezeten vennootschap overdraagt (zie in die zin arrest van 21 mei 2015, Verder LabTec, C-657/13, EU: C:2015:331, punt 38 en aldaar aangehaalde rechtspraak).

30. Wat betreft de vraag of de belemmering kan worden gerechtvaardigd om in het Unierecht erkende dwingende redenen van algemeen belang, moet eraan worden herinnerd dat de rechtvaardiging gelegen in de handhaving van de verdeling van de heffingsbevoegdheid tussen de lidstaten een door het Hof erkend legitiem doel vormt, en dat de lidstaten bij gebreke van door de Unie vastgestelde unificatie- of harmonisatiemaatregelen bevoegd blijven om, door het sluiten van overeenkomsten of unilateraal, de criteria voor de verdeling van hun belastingbevoegdheid vast te stellen teneinde onder meer dubbele belasting op te heffen (arrest van 21 mei 2015, Verder LabTec, C-657/13, EU:C:2015:331, punt 42 en aldaar aangehaalde rechtspraak).

31. Anderzijds mag een lidstaat volgens het beginsel van territorialiteit van de belastingen in geval van overdracht van een niet-ingezeten vaste inrichting aan een niet-ingezeten vennootschap uit hoofde van een inbreng van activa, op het tijdstip van die inbreng belasting heffen over de in het kader van zijn belastingbevoegdheid ontstane meerwaarden vóór die inbreng. Een dergelijke maatregel strekt ertoe, situaties te vermijden die afbreuk kunnen doen aan het recht van die lidstaat om zijn belastingbevoegdheid uit te oefenen met betrekking tot activiteiten die in het kader van die bevoegdheid hebben plaatsgevonden (zie in die zin arrest van 21 mei 2015, Verder LabTec, C-657/13, EU:C:2015:331, punt 43 en aldaar aangehaalde rechtspraak).

32. De overdracht van een niet-ingezeten vaste inrichting van een ingezeten vennootschap aan een niet-ingezeten vennootschap uit hoofde van een inbreng van activa kan dus niet betekenen dat de betrokken lidstaat moet afzien van zijn recht om belasting te heffen over de meerwaarden die vóór die inbreng binnen zijn fiscale bevoegdheid zijn ontstaan (zie in die zin arrest van 21 mei 2015, Verder LabTec, C-657/13, EU:C:2015:331, punt 44).

33. Aangezien in casu de overdracht van een niet-ingezeten inrichting aan een eveneens niet-ingezeten vennootschap in het kader van een inbreng van activa tot gevolg heeft dat elke band met die inrichting voor Finland verloren gaat en dus zijn bevoegdheid om de meerwaarden in verband met de activa van die vaste inrichting na die rechtshandeling te belasten, moet immers worden geoordeeld dat een nationale wettelijke regeling als die in het hoofdgeding geschikt is om de handhaving van de verdeling van de heffingsbevoegdheid tussen de lidstaten te waarborgen.

34. Wat de evenredigheid van de in het hoofdgeding aan de orde zijnde wetgeving betreft, volgt uit de rechtspraak van het Hof in de eerste plaats dat het met het evenredigheidsbeginsel in overeenstemming is dat de lidstaat van de inbrengende vennootschap, teneinde de uitoefening van zijn belastingbevoegdheid veilig te stellen, het bedrag van de belasting in verband met de meerwaarden die in het kader van zijn belastingbevoegdheid zijn ontstaan, vaststelt op het moment waarop zijn fiscale bevoegdheid ten aanzien van de betrokken activa ophoudt te bestaan, in casu op het moment van de inbreng in kwestie (zie in die zin arrest van 21 mei 2015, Verder LabTec, C-657/13, EU:C:2015:331, punt 48 en aldaar aangehaalde rechtspraak).

35. In de tweede plaats is geoordeeld dat de wetgeving van een lidstaat die de belastingplichtige de keuze laat tussen, enerzijds, de onmiddellijke betaling van het bedrag van de belasting, hetgeen tot een liquiditeitsnadeel zou leiden maar hem zou vrijstellen van latere administratieve lasten, en, anderzijds, de uitgestelde betaling van dit bedrag, in voorkomend geval inclusief rente overeenkomstig de toepasselijke nationale wetgeving, hetgeen voor de belastingplichtige noodzakelijkerwijs gepaard gaat met een administratieve last in verband met de monitoring van de ingebrachte activa, een maatregel vormt die, als maatregel die geschikt is om de evenwichtige verdeling van de heffingsbevoegdheid tussen de lidstaten te waarborgen, minder ingrijpt in de vrijheid van vestiging dan de onmiddellijke invordering van de verschuldigde belasting (zie in die zin arrest van 29 november 2011, National Grid Indus, C-371/10, EU:C:2011:785, punt 73).

36. Wat de administratieve last betreft, heeft het Hof gepreciseerd dat de belastingplichtige de keuze dient te worden gelaten tussen enerzijds het dragen van de administratieve lasten die verband houden met de uitgestelde betaling van de betrokken belasting, en anderzijds de onmiddellijke betaling van die belasting. Ingeval de belastingplichtige van mening is dat die lasten niet buitensporig zijn en ervoor opteert deze te dragen, kunnen de lasten

die op de belastingdienst drukken, evenmin als buitensporig worden aangemerkt (zie in die zin arrest van 16 april 2015, Commissie/Duitsland, C-591/13, EU:C:2015:230, punt 73 en aldaar aangehaalde rechtspraak).

37. Aangezien de in het hoofdgeding aan de orde zijnde wetgeving een ingezeten vennootschap die in het kader van een inbreng van activa een niet-ingezeten vaste inrichting aan een eveneens niet-ingezeten vennootschap overdraagt, niet de keuze laat tussen de onmiddellijke betaling van het bedrag van de belasting over de meerwaarden van die vaste inrichting en de uitgestelde betaling van dat bedrag, volgt uit het bovenstaande dat die wetgeving verder gaat dan voor het bereiken van de doelstelling van de handhaving van de verdeling van de heffingsbevoegdheid tussen de lidstaten noodzakelijk is.

38. Aan dit oordeel kan niet worden afgedaan door het gegeven dat die wetgeving overeenkomstig artikel 10, lid 2, van de fusierichtlijn de aftrek toestaat van de belasting die zonder de bepalingen van deze richtlijn zou zijn geheven op deze winsten of meerwaarden in de lidstaat waar deze vaste inrichting is gelegen, aangezien de onevenredigheid van bedoelde wetgeving niet afhangt van het bedrag van de verschuldigde belasting maar voortvloeit uit het feit dat zij niet voorziet in de mogelijkheid voor de belastingplichtige om het tijdstip van invordering daarvan uit te stellen (zie in die zin arrest van 14 september 2017, Trustees of the P Panayi Accumulation & Maintenance Settlements, C-646/15, EU:C:2017:682, punt 60).

39. Wat betreft de rechtvaardiging gelegen in de noodzaak een doelmatige invordering van de belasting te waarborgen, die door de Duitse en de Zweedse regering is aangevoerd, moet erop worden gewezen dat het Hof weliswaar reeds heeft erkend dat die een dwingende reden van algemeen belang kan zijn, die een beperking van de uitoefening van de door het VWEU gewaarborgde vrijheden van verkeer kan rechtvaardigen (zie in die zin arrest van 19 juni 2014, Strojírny Prost jov en ACO Industries Tábor, C-53/13 en C-80/13, EU:C:2014:2011, punt 46 en aldaar aangehaalde rechtspraak), maar dat de in het hoofdgeding aan de orde zijnde wetgeving niet geschikt is om die te verwezenlijken, zodat die doelstelling in een geval als dat in het hoofdgeding een eventuele belemmering van de vrijheid van vestiging niet kan rechtvaardigen. Zoals de Commissie heeft opgemerkt, is het feit dat een lidstaat een ingezeten inbrengende vennootschap de mogelijkheid biedt om voor uitgestelde betaling van de belasting te kiezen, niet van invloed op de mogelijkheid voor die lidstaat om die vennootschap om de voor de belastinginvordering noodzakelijke inlichtingen te verzoeken of om ook daadwerkelijk tot die invordering over te gaan (zie naar analogie arrest van 19 juni 2014, Strojírny Prost jov en ACO Industries Tábor, C-53/13 en C-80/13, EU:C:2014:2011, punten 49-53).

40. Gelet op een en ander moet op de gestelde vragen worden geantwoord dat artikel 49 VWEU aldus moet worden uitgelegd dat het zich verzet tegen een nationale wettelijke regeling als die in het hoofdgeding, die in geval van de overdracht door een ingezeten vennootschap van een niet-ingezeten vaste inrichting aan een eveneens niet-ingezeten vennootschap in het kader van een inbreng van activa voorziet in de onmiddellijke heffing van belasting op de meerwaarden die bij die rechtshandeling tevoorschijn zijn gekomen en de uitgestelde invordering van de verschuldigde belasting niet toestaat, terwijl dergelijke meerwaarden in een gelijkwaardige binnenlandse situatie pas worden belast bij de vervreemding van de ingebrachte activa, aangezien die wettelijke regeling de uitgestelde invordering van een dergelijke belasting niet toestaat.

Kosten

41. ...

Het Hof (Eerste kamer)

verklaart voor recht:

Artikel 49 VWEU moet aldus worden uitgelegd dat het zich verzet tegen een nationale wettelijke regeling als die in het hoofdgeding, die in geval van de overdracht door een ingezeten vennootschap van een niet-ingezeten vaste inrichting aan een eveneens niet-ingezeten vennootschap in het kader van een inbreng van activa voorziet in de onmiddellijke heffing van belasting op de meerwaarden die bij die rechtshandeling tevoorschijn zijn gekomen en de uitgestelde invordering van de verschuldigde belasting niet toestaat, terwijl dergelijke meerwaarden in een gelijkwaardige binnenlandse situatie pas worden belast bij de vervreemding van de ingebrachte activa, aangezien die wettelijke regeling de uitgestelde invordering van een dergelijke belasting niet toestaat.

HvJ EU 20 december 2017, gevoegde zaken C-504/16 en C-613/16 (Deister Holding AG, voorheen Traxx Investments NV [C-504/16], Juhler Holding A/S [C-613/16] v. Bundeszentralamt für Steuern)

Zesde kamer: *C. G. Fernlund (rapporteur), kamerpresident, J.-C. Bonichot en E. Regan, rechters*

Advocaat-generaal: *M. Campos Sánchez-Bordona*

1. De verzoeken om een prejudiciële beslissing betreffen de uitlegging van artikel 49 VWEU alsmede van artikel 1, lid 2, en artikel 5 van richtlijn 90/435/EEG van de Raad van 23 juli 1990 betreffende de gemeenschappelijke fiscale regeling voor moedermaatschappijen en dochterondernemingen uit verschillende lidstaten (*PB* 1990, L 225, blz. 6), zoals gewijzigd bij richtlijn 2006/98/EG van de Raad van 20 november 2006 (*PB* 2006, L 363, blz. 129) (hierna: „moeder-dochterrichtlijn").

2. Deze verzoeken zijn ingediend in het kader van gedingen tussen Deister Holding AG, voorheen Traxx Investments NV (hierna: „Traxx") (zaak (C-504/16), en Juhler Holding A/S (zaak (C-613/16), enerzijds, en het Bundeszentralamt für Steuern (federale belastingdienst, Duitsland), anderzijds, over de weigering van laatstgenoemde om de dividenden die verzoeksters van hun Duitse dochterondernemingen hebben ontvangen, vrij te stellen van bronbelasting.

Toepasselijke bepalingen

Unierecht

3. De derde en vijfde overweging van de moeder-dochterrichtlijn luiden als volgt:

„Overwegende dat de huidige fiscale voorschriften voor de betrekkingen tussen moedermaatschappijen en dochterondernemingen uit verschillende lidstaten van land tot land aanzienlijke verschillen vertonen en in het algemeen minder gunstig zijn dan de voorschriften voor de betrekkingen tussen moedermaatschappijen en dochterondernemingen van dezelfde lidstaat; dat de samenwerking tussen vennootschappen van verschillende lidstaten hierdoor benadeeld wordt ten opzichte van de samenwerking tussen vennootschappen van dezelfde lidstaat; dat deze benadeling moet worden opgeheven door invoering van een gemeenschappelijke regeling en dat hergroeperingen van vennootschappen op communautair niveau aldus vergemakkelijkt moeten worden;

[...]

Overwegende dat voorts de winst, die een dochteronderneming aan haar moedermaatschappij uitkeert, behoudens in enkele speciale gevallen, van inhouding van een belasting aan de bron moet worden vrijgesteld teneinde de belastingneutraliteit te verzekeren [...]".

4. Artikel 1 van deze richtlijn bepaalt het volgende:

„1. Elke lidstaat past deze richtlijn toe:

– op uitkeringen van winst die door vennootschappen van deze Staat zijn ontvangen van hun dochterondernemingen uit andere lidstaten;

– op winst die door vennootschappen van deze Staat is uitgekeerd aan vennootschappen van andere lidstaten, waarvan zij dochteronderneming zijn.

[...]

2. Deze richtlijn vormt geen beletsel voor de toepassing van nationale of verdragsrechtelijke voorschriften ter bestrijding van fraude en misbruiken."

5. Artikel 2 van die richtlijn bepaalt het volgende:

„Voor de toepassing van deze richtlijn wordt onder de term ‚vennootschap van een lidstaat' verstaan iedere vennootschap:

a. die een van de in de bijlage genoemde rechtsvormen heeft;

b. die volgens de fiscale wetgeving van een lidstaat wordt beschouwd in deze Staat haar fiscale woonplaats te hebben en die, volgens een met een derde Staat gesloten verdrag op het gebied van dubbele belastingheffing, niet wordt beschouwd als fiscaal buiten de Gemeenschap te zijn gevestigd;

c. die bovendien, zonder keuzemogelijkheid en zonder ervan te zijn vrijgesteld, onderworpen is aan een van de volgende belastingen;

[...]

– selskabsskat in Denemarken,

– Koerperschaftsteuer in Duitsland,

[...]

– ‚vennootschapsbelasting' in Nederland,

[...]"

6. Artikel 3 van dezelfde richtlijn luidt als volgt:

„Voor de toepassing van deze richtlijn:
a. wordt de hoedanigheid van moedermaatschappij ten minste toegekend aan iedere vennootschap van een lidstaat die voldoet aan de voorwaarden van artikel 2 en die een deelneming van ten minste 20 % bezit in het kapitaal van een vennootschap van een andere lidstaat die aan dezelfde voorwaarden voldoet. Die hoedanigheid wordt onder dezelfde voorwaarden toegekend aan een vennootschap van een lidstaat die een deelneming van ten minste 20 % bezit in het kapitaal van een vennootschap van diezelfde lidstaat welke geheel of gedeeltelijk wordt gehouden door een in een andere lidstaat gelegen vaste inrichting van eerstgenoemde vennootschap.
Vanaf 1 januari 2007 bedraagt de deelneming [ten minste] 15 %. Vanaf 1 januari 2009 bedraagt de deelneming ten minste 10 %.
b. wordt verstaan onder dochteronderneming, de vennootschap in het kapitaal waarvan de onder a) bedoelde deelneming wordt gehouden.
2. In afwijking van lid 1 staat het de lidstaten vrij om
– bij wege van bilaterale overeenkomst het criterium deelneming in het kapitaal te vervangen door het criterium bezit van stemrechten,
– deze richtlijn niet toe te passen op de vennootschappen van deze lidstaat die niet gedurende een ononderbroken periode van ten minste twee jaren een deelneming behouden welke recht geeft op de hoedanigheid van moedermaatschappij of op de maatschappijen waarin een vennootschap van een andere lidstaat niet gedurende een ononderbroken periode van ten minste twee jaren een dergelijke deelneming behoudt."

7. Artikel 5, lid 1, van de moeder-dochterrichtlijn luidt als volgt:

„De door een dochteronderneming aan de moedermaatschappij uitgekeerde winst wordt vrijgesteld van bronbelasting."

8. De bijlage bij deze richtlijn vermeldt onder het opschrift „Lijst van de in artikel 2, [lid 1,] onder a), bedoelde vennootschappen" het volgende:

„a. De vennootschappen opgericht overeenkomstig verordening (EG) nr. 2157/2001 van de Raad van 8 oktober 2001 betreffende het statuut van de Europese vennootschap (SE) [(*PB* 2001, L 294, blz. 1)], richtlijn 2001/86/EG van de Raad van 8 oktober 2001 tot aanvulling van het statuut van de Europese vennootschap met betrekking tot de rol van de werknemers [(*PB* 2001, L 294, blz. 22)] en de coöperatieve vennootschappen opgericht overeenkomstig verordening (EG) nr. 1435/2003 van de Raad van 22 juli 2003 betreffende het statuut voor een Europese Coöperatieve Vennootschap (SCE) [(*PB* 2003, L 207, blz. 1)] en richtlijn 2003/72/EG van de Raad van 22 juli 2003 tot aanvulling van het statuut van een Europese coöperatieve vennootschap met betrekking tot de rol van de werknemers [(*PB* 2003, L 207, blz. 25)];
[...]
e. De vennootschappen naar Deense recht, geheten ‚aktieselskab' en ‚anpartsselskab', alsmede de overige overeenkomstig de wet op de vennootschapsbelasting belastingplichtige ondernemingen, voor zover hun belastbare inkomsten worden berekend en belast volgens de algemene fiscaalrechtelijke regels van toepassing op ‚aktieselskaber';
f. De vennootschappen naar Duits recht, geheten ‚Aktiengesellschaft', ‚Kommanditgesellschaft auf Aktien', ‚Gesellschaft mit beschränkter Haftung', ‚Versicherungsverein auf Gegenseitigkeit', ‚Erwerbsund Wirtschaftsgenossenschaft', ‚Betriebe gewerblicher Art von juristischen Personen des öffentlichen Rechts', alsmede andere vennootschappen die zijn opgericht naar Duits recht en die onder de Duitse vennootschapsbelasting vallen;
[...]
s. De vennootschappen naar Nederlands recht, geheten ‚naamloze vennootschap', ‚besloten vennootschap met beperkte aansprakelijkheid', ‚open commanditaire vennootschap', ‚coöperatie', ‚onderlinge waarborgmaatschappij', ‚fonds voor gemene rekening', ‚vereniging op coöperatieve grondslag', en ‚vereniging welke op onderlinge grondslag als verzekeraar of kredietinstelling optreedt', alsmede andere vennootschappen die zijn opgericht naar Nederlands recht en die onder de Nederlandse vennootschapsbelasting vallen;
[...]"

Duits recht

9. De Einkommensteuergesetz (Duitse wet op de inkomstenbelasting; hierna: „EStG"), in de ten tijde van de feiten van de hoofdgedingen toepasselijke versie, bepaalt in § 36 het volgende:

„1. Tenzij anders bepaald in de onderhavige wet moet de inkomstenbelasting worden voldaan aan het einde van het belastingtijdvak.
2. Worden verrekend met de inkomstenbelasting:

1. de betaalde voorheffingen op de inkomstenbelasting voor het belastingtijdvak (artikel 37);
2. de door inhouding geheven inkomstenbelasting, voor zover zij wordt geheven over de inkomsten die in aanmerking worden genomen voor de vaststelling van de belasting of over de inkomsten waarmee overeenkomstig § 3, punt 40, van de onderhavige wet of § 8b, lid 1 en lid 6, tweede alinea, van het Körperschaftssteuergesetz (Duitse wet op de vennootschapsbelasting) geen rekening wordt gehouden bij de berekening van het inkomen en voor zover teruggaaf niet is gevraagd of niet is verricht. De door inhouding geheven inkomstenbelasting wordt niet verrekend indien het in § 45a, lid 2 of lid 3, bedoelde attest niet is overgelegd. In de in § 8b, lid 6, tweede alinea, van de wet op de vennootschapsbelasting bedoelde gevallen vindt de verrekening plaats door de loutere overlegging van het aan de schuldeiser van de inkomsten uit vermogen afgegeven attest als bedoeld in § 45a, lid 2 of lid 3.
3. De in lid 2, punt 2, bedoelde belastingbedragen worden afgerond op de naaste gehele euro. Wat de aan de bron ingehouden belastingen betreft, wordt het totaal van de bedragen van één enkele inhouding afgerond.
4. Indien na aftrek een overschot ten nadele van de belastingplichtige blijkt te bestaan, moet deze laatste (de schuldenaar) dit overschot onmiddellijk betalen voor zover het overeenstemt met de reeds opeisbare, doch nog niet betaalde voorheffing op de inkomstenbelasting; in de andere gevallen moet hij het overschot betalen binnen één maand na de belastingaanslag (eindbetaling). Indien na aftrek een overschot ten gunste van de belastingplichtige blijkt te bestaan, wordt dit overschot na de betekening van de belastingaanslag aan de belastingplichtige uitgekeerd. […]"

10. § 43, lid 1, eerste alinea, punt 1, EStG bepaalt het volgende:

„Voor de volgende categorieën van binnenlandse inkomsten uit vermogen en de in punt 6, punt 7, onder a), punten 8 tot en met 12, alsmede in de tweede volzin bedoelde gevallen van buitenlandse inkomsten uit vermogen wordt de belasting door inhouding geheven:
1. inkomsten uit vermogen in de zin van § 20, lid 1, punten 1 en 2. Dit punt is mutatis mutandis van toepassing op inkomsten uit vermogen in de zin van § 20, lid 2, eerste volzin, punt 2, onder a), en punt 2, tweede volzin;
[…]"

11. Overeenkomstig § 43b, lid 1, EStG wordt op verzoek van de belastingplichtige geen belasting op inkomsten uit vermogen geheven over inkomsten uit vermogen in de zin van § 20, lid 1, punt 1, EStG die een moedermaatschappij die haar zetel noch haar hoofdkantoor op het nationale grondgebied heeft, ten gevolge van de winstuitkering door een dochteronderneming heeft ontvangen.

12. Volgens § 43b, lid 2, eerste alinea, EStG wordt onder „moedermaatschappij" in de zin van lid 1 van die § 43b verstaan, een vennootschap die aan alle in bijlage 2 bij de onderhavige wet vastgestelde voorwaarden voldoet en die overeenkomstig artikel 3, lid 1, onder a), van richtlijn [90/435], zoals gewijzigd bij richtlijn [2006/98], op het tijdstip waarop de belasting op inkomsten uit vermogen overeenkomstig § 44, lid 1, tweede alinea, EStG verschuldigd wordt, kan aantonen dat zij een directe deelneming van minstens 15 % in het kapitaal van de dochteronderneming bezit.

13. § 43b, lid 2, vierde alinea, EStG bepaalt dat daarenboven moet worden aangetoond dat de deelneming gedurende twaalf maanden ononderbroken is aangehouden.

14. § 50d, lid 3, EStG bepaalt het volgende:

„Een buitenlandse vennootschap heeft geen recht op een volledige of gedeeltelijke aftrek uit hoofde van lid 1 of lid 2 indien deelnemingen in die vennootschap worden gehouden door personen die geen recht op teruggaaf of vrijstelling zouden hebben indien zij de inkomsten rechtstreeks zouden ontvangen, en
1. er geen economische of andere relevante redenen bestaan die de tussenplaatsing van de buitenlandse vennootschap rechtvaardigen, of
2. de buitenlandse vennootschap niet meer dan 10 % van haar totale bruto-inkomsten in het betreffende boekjaar uit haar eigen economische activiteit verwerft, of
3. de buitenlandse vennootschap niet met een voor haar bedrijfsdoelstelling passend ingerichte bedrijfsvoering aan het algemene economische verkeer deelneemt.

Bepalend is uitsluitend de situatie van de buitenlandse vennootschap; organisatorische, economische of andere relevante kenmerken van de aan de buitenlandse vennootschap gelieerde ondernemingen [artikel 1, lid 2, van de Auûensteuergesetz (Duitse wet inzake belastingheffing in situaties die aanknopingspunten met het buitenland bevatten)] blijven buiten beschouwing. Er is geen sprake van een eigen economische activiteit indien de buitenlandse vennootschap haar bruto-inkomsten verwerft met het beheren van activa of haar kernactiviteiten aan derden overdraagt. […]"

15. § 42, van de Abgabenordnung (algemene belastingwet) luidt als volgt:

„1. De belastingwet mag niet worden omzeild door misbruik te maken van constructies waarin de wetgeving voorziet. Indien aan de voorwaarden van een fiscale bepaling ter bestrijding van belastingontwijking is voldaan, worden de rechtsgevolgen ervan bij die bepaling vastgesteld. In de andere gevallen waarin sprake is van misbruik in de zin van lid 2 wordt de belasting op dezelfde wijze verschuldigd als in het geval van een bij de economische handelingen passende juridische constructie.

2. Er is sprake van misbruik wanneer wordt gekozen voor een inadequate juridische constructie die de belastingplichtige of een derde in vergelijking met een adequate juridische constructie een belastingvoordeel oplevert waarin de wet niet voorziet. Dit voorschrift is niet van toepassing indien de belastingplichtige aantoont dat de keuze van de constructie berust op niet-fiscale redenen die in het licht van de algehele situatie in aanmerking moeten worden genomen."

Hoofdgedingen en prejudiciële vragen

16. Blijkens de verwijzingsbeslissing in zaak C-504/16 is Deister Holding de rechtsopvolgster onder algemene titel van Traxx, die haar zetel in Nederland had. De activiteit van laatstgenoemde vennootschap bestond er hoofdzakelijk in deelnemingen in een aantal, in verschillende staten gevestigde vennootschappen te houden en voor de financiering van die vennootschappen te zorgen, onder andere door leningen aan vennootschappen van de betrokken groep te verstrekken.

17. Traxx bezat sinds 2005 een deelneming van minstens 26,5 % in Deister electronik GmbH, een vennootschap naar Duits recht. Vanaf maart 2007 huurde Traxx een kantoor in Nederland waar zij in 2007 en 2008 twee medewerkers tewerkstelde. De enige aandeelhouder van Traxx, de heer Stobbe, woonde in Duitsland.

18. Op 19 november 2007 keerde Deister electronik dividenden uit aan Traxx, waarover de eerstbedoelde vennootschap de belasting op inkomsten uit vermogen en de aanvullende solidariteitsheffing had ingehouden en de overeenkomstige bedragen aan de belastingdienst had afgedragen. Op 16 mei 2008 verzocht Traxx om die uitkering van dividenden vrij te stellen van die belasting en aanvullende heffing.

19. Nadat de belastingdienst had besloten om dat verzoek af te wijzen en het tegen dat besluit ingediende bezwaar had verworpen, stelde Deister Holding, in haar hoedanigheid van rechtsopvolgster van Traxx, tegen die besluiten beroep in bij het Finanzgericht Köln (belastingrechter in eerste aanleg Keulen, Duitsland) op grond van de onverenigbaarheid van de in het hoofdgeding aan de orde zijnde wettelijke regeling met de vrijheid van vestiging en de moeder-dochterrichtlijn.

20. Blijkens de verwijzingsbeslissing in zaak C-613/16 is Juhler Holding een in Denemarken gevestigde houdstermaatschappij. Het aandelenkapitaal van Juhler Holding is volledig in handen van Juhler Services Limited, een vennootschap naar Cypriotisch recht. De enige aandeelhouder van laatstgenoemde vennootschap is een in Singapore wonende natuurlijke persoon.

21. Juhler Holding bezit deelnemingen in meer dan 25 dochterondernemingen die ten dele in Denemarken zijn gevestigd, de lidstaat waar ook Juhler Holding is gevestigd. Het betrokken concern verricht diensten op het gebied van personeelsvoorziening, die voor een derde in deze lidstaat worden verleend. Juhler Holding bezit sinds 2003 alle aandelen in het kapitaal van temp-team Personal GmbH, een in Duitsland gevestigde vennootschap.

22. Uit deze beslissing blijkt eveneens dat Juhler Holding voorts onroerende activa in portefeuille heeft, het financiële toezicht binnen het concern uitoefent om de rentekosten ervan te drukken, toezicht houdt en controle uitoefent op de resultaten van haar dochterondernemingen en over een telefoonaansluiting en een e-mailadres beschikt. Op de website van het concern wordt zij als een van de contactpersonen vermeld. Zij beschikt daarentegen niet over eigen kantoren. Zo nodig maakt zij gebruik van de kantoren, de voorzieningen en het personeel van andere vennootschappen van het concern. Ten slotte is de directeur van Juhler Holding ook lid van de directie van verschillende vennootschappen van hetzelfde concern.

23. In 2011 ontving Juhler Holding dividenden van temp-team Personal. Aangezien de bronbelasting en de aanvullende solidariteitsheffing over die dividenden waren voldaan, verzocht de eerstgenoemde vennootschap om teruggaaf van de afgedragen bedragen. Nadat de belastingdienst had besloten om dat verzoek af te wijzen en het tegen dat besluit ingediende bezwaar had verworpen, stelde Juhler Holding tegen deze besluiten beroep in bij het Finanzgericht Köln op grond van de onverenigbaarheid van de wettelijke regeling in het hoofdgeding met de vrijheid van vestiging en de moeder-dochterrichtlijn.

24. Wat de in de twee hoofdgedingen toepasselijke wettelijke regeling betreft, maakt de verwijzende rechter in de eerste plaats duidelijk dat, anders dan de belastingdienst stelt, § 50d, lid 3, EStG, zoals gewijzigd bij het Jahressteuergesetz (jaarlijkse belastingwet) 2007 van 13 december 2006 (*BGBl.* 2006 I, blz. 2878) van toepassing is. Mocht deze bepaling, ongeacht § 42 van de Abgabenordnung, waarin het gaat om de bestrijding van misbruik in nationale situaties, onverenigbaar zijn met het Unierecht, dan moet daarenboven de in de hoofdgedingen aan de orde zijnde bronbelasting worden teruggegeven.

25. Die rechter zet in de tweede plaats uiteen dat de door een Duitse dochteronderneming aan haar niet-ingezeten moedermaatschappij uitgekeerde dividenden volgens het nationale recht op verzoek van de belastingplichtige

worden vrijgesteld van de inkomstenbelasting of worden onderworpen aan de bronbelasting, die op verzoek van de belastingplichtige kan worden teruggegeven.

26. Overeenkomstig § 50d, lid 3, EStG is het recht op vrijstelling of teruggaaf echter uitgesloten wanneer de aandeelhouders van de niet-ingezeten moedermaatschappij geen recht op vrijstelling of teruggaaf zouden hebben indien zij die dividenden rechtstreeks zouden ontvangen en voorts aan één van de drie volgende voorwaarden is voldaan, te weten dat er geen economische redenen of andere relevante redenen zijn die de tussenplaatsing van de niet-ingezeten moedermaatschappij rechtvaardigen, dat de niet-ingezeten moedermaatschappij niet meer dan 10 % van haar totale bruto-inkomsten in het betreffende boekjaar uit haar eigen economische activiteit verwerft (wat onder meer niet het geval is met bruto-inkomsten verworven met het beheren van activa) of dat de niet-ingezeten moedermaatschappij niet met een voor haar bedrijfsdoelstelling passend ingerichte bedrijfsvoering aan het algemene economische verkeer deelneemt.

27. Dezelfde rechter preciseert dat deze wettelijke regeling bij de beoordeling of de niet-ingezeten moedermaatschappij een eigen economische activiteit uitoefent alleen rekening houdt met de situatie van de niet-ingezeten moedermaatschappij. De organisatorische, economische of andere relevante kenmerken van de aan die vennootschap gelieerde ondernemingen worden buiten beschouwing gelaten. Er wordt dus geen rekening gehouden met de structuur en de strategie van het concern waarvan een dergelijke vennootschap deel uitmaakt. Situaties waarbij – in dat concern – de deelnemingen ingevolge een werkelijke strategie van het betrokken concern permanent worden ondergebracht in een niet-ingezeten moeder-/houdstermaatschappij, zouden derhalve binnen de werkingssfeer van § 50d, lid 3, EStG vallen.

28. In het geval van een ingezeten moeder-/houdstermaatschappij die nauwelijks actief is, zou een permanente tussenplaatsing daarentegen voor een dergelijke vennootschap voldoende zijn om verrekening of teruggaaf van de belasting te verkrijgen.

29. Voorts zou het actieve beheer van een leasing-, verhuur-, investeringsen financieringsbedrijf of van een houdstermaatschappij in het geval van een niet-ingezeten moedermaatschappij net zomin als het zuiver passieve beheer van activa worden beschouwd als een eigen economische activiteit in de zin van § 50d, lid 3, EStG.

30. Volgens de verwijzende rechter wordt vrijstelling of teruggaaf van de belasting al ontzegd indien de niet-ingezeten moedermaatschappij slechts aan één van de in § 50d, lid 3, EStG vastgestelde voorwaarden voldoet. In dat geval zou de Duitse wetgever vermoeden – zonder dat het mogelijk is om dat vermoeden te weerleggen – dat er sprake is van een frauduleuze constructie.

31. Deze rechter vraagt zich af of de nationale wettelijke regeling verenigbaar is met de verkeersvrijheden en de moeder dochterrichtlijn. In dit verband is hij van oordeel dat de twee hoofdgedingen betrekking hebben op de vrijheid van vestiging, aangezien de betrokken moedermaatschappijen een deelneming bezitten die hun een bepalende invloed op de besluiten van hun Duitse dochteronderneming verleent.

32. Die rechter is van oordeel dat § 50d, lid 3, EStG een belemmering van de vrijheid van vestiging vormt en betwijfelt of de strijd tegen de belastingontwijking als reden van algemeen belang deze belemmering kan rechtvaardigen aangezien dit artikel van toepassing is op een niet-ingezeten vennootschap die niet resulteert uit een volstrekt kunstmatige constructie die geen verband houdt met de economische realiteit en daarenboven een onweerlegbaar vermoeden van misbruik of fraude in het leven roept.

33. Wat de moeder-dochterrichtlijn betreft, benadrukt de verwijzende rechter dat de verschillende taalversies van artikel 1, lid 2, van deze richtlijn niet eensluidend zijn daar de tekst van dit artikel in de Duitse taalversie – in tegenstelling tot de andere taalversies ervan, zoals de Spaanse, de Engelse, de Franse en de Italiaanse taalversie –, niet het woord „noodzakelijk" bevat. De verwijzende rechter is van oordeel dat het begrip „misbruiken" in de zin van artikel 1, lid 2, van de moeder-dochterrichtlijn ongeacht dit verschil hoe dan ook moet worden uitgelegd overeenkomstig het primaire Unierecht.

34. Daarop heeft het Finanzgericht Köln de behandeling van de zaak geschorst en het Hof verzocht om een prejudiciële beslissing over de volgende vragen:

„1. Verzet artikel 49 VWEU juncto artikel 54 VWEU zich tegen een nationale fiscale bepaling zoals die welke in de hoofdgedingen aan de orde is, die een buitenlandse moedermaatschappij, wier enige aandeelhouder in het binnenland woonachtig is (zaak C-504/16) [een buitenlandse moedermaatschappij die binnen een in haar staat van vestiging ingezeten en aldaar actief concern permanent wordt afgezonderd als houdstermaatschappij (zaak C-613/16)], vrijstelling van bronbelasting op inkomsten uit vermogen over uitgekeerde winsten ontzegt, indien daarin een deelneming wordt gehouden door personen die geen recht op teruggaaf of ontheffing zouden hebben wanneer zij die inkomsten direct zouden verwerven en

– er geen economische of andere relevante redenen zijn om een buitenlandse moedermaatschappij tussen te plaatsen, of

– de buitenlandse moedermaatschappij in het betreffende boekjaar niet meer dan 10 % van haar totale bruto-inkomsten met eigen economische activiteiten verwerft (wat onder meer niet het geval is met bruto-inkomsten verworven met het beheren van activa), of

– de buitenlandse moedermaatschappij niet aan het algemene economische verkeer deelneemt met bij haar bedrijfsdoelstelling passende zakelijke activiteiten,

terwijl aan in het binnenland gevestigde moedermaatschappijen vrijstelling van de bronbelasting op inkomsten uit vermogen wordt toegekend zonder dat de bovengenoemde voorwaarden daarbij bepalend zijn?

2. Verzet artikel 5, lid 1, juncto artikel 1, lid 2, van richtlijn 90/435/EEG zich tegen een nationale fiscale bepaling zoals die welke in de hoofdgedingen aan de orde is, die een buitenlandse moedermaatschappij, wier enig aandeelhouder in het binnenland woonachtig is (zaak C-504/16) [een buitenlandse moedermaatschappij die binnen een in haar staat van vestiging ingezeten en aldaar actief concern permanent wordt afgezonderd als houdstermaatschappij (zaak C-613/16)], vrijstelling van bronbelasting op inkomsten uit vermogen over uitgekeerde winsten ontzegt, indien daarin een deelneming wordt gehouden door personen die geen recht op teruggaaf of vrijstelling zouden hebben wanneer zij die inkomsten direct zouden verwerven en

– er geen economische of andere relevante redenen zijn om een buitenlandse moedermaatschappij in te schakelen, of

– de buitenlandse moedermaatschappij in het betreffende boekjaar niet meer dan 10 % van haar totale bruto-inkomsten met eigen economische activiteiten verwerft (wat onder meer niet het geval is met bruto-inkomsten verworven met het beheren van activa), of

– de buitenlandse moedermaatschappij niet aan het algemene economisch verkeer deelneemt met bij haar bedrijfsdoelstelling passende zakelijke activiteiten,

terwijl aan in het binnenland gevestigde moedermaatschappijen vrijstelling van de bronbelasting op inkomsten uit vermogen wordt toegekend zonder dat de bovengenoemde voorwaarden daarbij bepalend zijn?"

35. Bij beschikking van de president van het Hof van 6 april 2017 zijn de zaken C-504/16 en C-613/16 voor de mondelinge behandeling en het arrest gevoegd.

Beantwoording van de prejudiciële vragen

Ontvankelijkheid

36. De Duitse regering voert aan dat de prejudiciële vragen in deze twee zaken, voor zover zij betrekking hebben op § 50d, lid 3, EStG in zijn geheel, verder gaan dan wat nodig is om de bij de verwijzende rechter aanhangige gedingen te beslechten.

37. Wat zaak C-504/16 betreft, stelt deze regering dat alleen de vraag moet worden beantwoord of de vrijheid van vestiging en artikel 1, lid 2, van de moeder-dochterrichtlijn juncto artikel 5, lid 1, van deze richtlijn in de weg staan „aan een nationale fiscale bepaling die een buitenlandse moedermaatschappij, wier enige aandeelhouder in het binnenland woonachtig is, anders dan ingezeten moedermaatschappijen, vrijstelling van belasting op inkomsten uit vermogen over uitkeringen van dividenden ontzegt omdat de eigen economische activiteit van de buitenlandse moedermaatschappij slechts bestaat in het louter houden van deelnemingen en er voorts geen economische redenen of andere relevante redenen zijn die de tussenplaatsing tussen de binnenlandse vennoot en de binnenlandse dochteronderneming rechtvaardigen".

38. Wat zaak C-613/16 betreft, dient volgens die regering alleen de vraag te worden beantwoord of de vrijheid van vestiging en artikel 1, lid 2, van de moeder-dochterrichtlijn juncto artikel 5, lid 1, van deze richtlijn in de weg staan „aan een nationale fiscale bepaling die een buitenlandse moedermaatschappij, die binnen een in haar staat van vestiging ingezeten en aldaar actief concern permanent wordt afgezonderd als houdstermaatschappij, anders dan het geval is voor ingezeten moedermaatschappijen, vrijstelling van belasting op inkomsten uit vermogen over uitkeringen van dividenden ontzegt omdat de eigen economische activiteit van die buitenlandse moedermaatschappij slechts bestaat in het louter houden van deelnemingen en zij daarnaast geen eigen kantoren noch personeel heeft".

39. Volgens vaste rechtspraak is de in artikel 267 VWEU neergelegde procedure een instrument van samenwerking tussen het Hof en de nationale rechterlijke instanties, waarmee het Hof de nationale rechterlijke instanties de uitleggingsgegevens met betrekking tot het Unierecht verschaft die deze voor de beslechting van de hun voorgelegde geschillen nodig hebben (arrest van 8 december 2016, Eurosaneamientos e.a., C-532/15 en C-538/15, EU:C:2016:932, punt 26 en aldaar aangehaalde rechtspraak).

40. In het kader van die samenwerking staat het uitsluitend aan de nationale rechter aan wie het geschil is voorgelegd en die de verantwoordelijkheid draagt voor de te geven rechterlijke beslissing, om – gelet op de bijzonderheden van de zaak – zowel de noodzaak van een prejudiciële beslissing voor het wijzen van zijn vonnis te beoordelen als de relevantie van de vragen die hij het Hof voorlegt. Wanneer de vragen dus betrekking hebben op de uit-

legging van Unierecht, is het Hof derhalve in beginsel verplicht daarop te antwoorden (arrest van 8 december 2016, Eurosaneamientos e.a., C-532/15 en C-538/15, EU:C:2016:932, punt 27 en aldaar aangehaalde rechtspraak).

41. Hieruit vloeit voort dat er een vermoeden van relevantie rust op de vragen inzake de uitlegging van het Unierecht die de nationale rechter heeft gesteld binnen het onder zijn eigen verantwoordelijkheid geschetste wettelijke en feitelijke kader, ten aanzien waarvan het niet aan het Hof is de juistheid te onderzoeken. Het Hof kan een verzoek van een nationale rechter enkel afwijzen wanneer de gevraagde uitlegging van het Unierecht kennelijk op generlei wijze verband houdt met een reëel geschil of met het voorwerp van de hoofdgedingen, wanneer het vraagstuk van hypothetische aard is en voorts wanneer het Hof niet beschikt over de gegevens, feitelijk en rechtens, die noodzakelijk zijn om een zinvol antwoord te geven op de gestelde vragen (arrest van 8 december 2016, Eurosaneamientos e.a., C-532/15 en C-538/15, EU:C:2016:932, punt 28 en aldaar aangehaalde rechtspraak).

42. In dit verband moet worden vastgesteld dat de verwijzende rechter in elk hoofdgeding omstandig heeft uitgelegd waarom volgens hem de vraag naar de verenigbaarheid van het geheel van de bepalingen van § 50d, lid 3, EStG moet worden beantwoord om in de voor hem aanhangige gedingen uitspraak te kunnen doen. De prejudiciële vragen zijn dus van belang voor de beslechting van die geschillen.

43. De door het Finanzgericht Köln gestelde vragen dienen dus te worden beantwoord.

Ten gronde

44. Met zijn vragen, die samen moeten worden onderzocht, wenst de verwijzende rechter in wezen te vernemen of artikel 1, lid 2, van de moeder-dochterrichtlijn juncto artikel 5, lid 1, van deze richtlijn alsmede artikel 49 VWEU aldus moeten worden uitgelegd dat zij in de weg staan aan een wettelijke belastingregeling van een lidstaat als die in de hoofdgedingen, die een niet-ingezeten moedermaatschappij, wanneer een deelneming in deze moedermaatschappij wordt gehouden door personen die geen recht op teruggaaf of vrijstelling van de bronbelasting zouden hebben indien zij de dividenden van een ingezeten dochteronderneming rechtstreeks zouden ontvangen, vrijstelling van de belasting over inkomsten uit vermogen over uitkeringen van dividenden ontzegt indien aan een van de voorwaarden van die wettelijke regeling is voldaan.

Toepasselijkheid van de VWEU-bepalingen

45. Aangezien de prejudiciële vragen betrekking hebben op zowel bepalingen van de moeder-dochterrichtlijn als bepalingen van het VWEU en een nationale maatregel inzake een materie die op het niveau van de Europese Unie uitputtend is geharmoniseerd, volgens vaste rechtspraak aan de bepalingen van die harmonisatiemaatregel moet worden getoetst en niet aan die van het primaire recht, moet worden gepreciseerd dat het Hof heeft geoordeeld dat artikel 1, lid 2, van deze richtlijn een dergelijke harmonisatie niet tot stand brengt (zie in die zin arrest van 7 september 2017, Eqiom en Enka, C-6/16, EU:C:2017:641, punten 15-17).

46. Hieruit volgt dat een wettelijke regeling als die in de hoofdgedingen niet alleen aan de bepalingen van die richtlijn kan worden getoetst, maar ook aan de relevante bepalingen van het primaire recht.

Artikel 1, lid 2, van de moeder-dochterrichtlijn juncto artikel 5 van deze richtlijn

47. Om te beginnen moet worden gepreciseerd dat partijen het er in casu over eens zijn dat de in de twee hoofdgedingen betrokken vennootschappen onder de moeder-dochterrichtlijn vallen en dat de door Deister electronik aan Traxx uitgekeerde dividenden en de door temp-team Personal aan Juhler Holding uitgekeerde dividenden binnen de werkingssfeer van artikel 5, lid 1, van deze richtlijn vallen.

48. Zoals uit de derde overweging ervan blijkt, beoogt de moeder-dochterrichtlijn door de invoering van een gemeenschappelijke fiscale regeling iedere benadeling van de samenwerking tussen vennootschappen uit verschillende lidstaten ten opzichte van de samenwerking tussen vennootschappen van dezelfde lidstaat op te heffen en aldus de hergroepering van vennootschappen op het niveau van de Unie te vergemakkelijken. Deze richtlijn beoogt aldus de fiscale neutraliteit van de winstuitkering door een in een lidstaat gelegen onderneming aan haar in een andere lidstaat gevestigde moedermaatschappij te verzekeren (arrest van 8 maart 2017, Wereldhave Belgium e.a., C-448/15, EU:C:2017:180, punt 25 en aldaar aangehaalde rechtspraak).

49. Daartoe wordt in de vijfde overweging van die richtlijn verklaard dat de winst die een dochteronderneming aan haar moedermaatschappij uitkeert, van inhouding van een belasting aan de bron moet worden vrijgesteld teneinde de belastingneutraliteit te verzekeren.

50. Op die grondslag formuleert artikel 5, lid 1, van diezelfde richtlijn het beginsel van een verbod van bronbelasting op de door een in een lidstaat gevestigde dochteronderneming aan haar in een andere lidstaat gevestigde moedermaatschappij uitgekeerde winst ter voorkoming van dubbele belasting (arrest van 7 september 2017, Eqiom en Enka, C-6/16, EU:C:2017:641, punt 22 en aldaar aangehaalde rechtspraak).

51. Door de lidstaten te verbieden een bronbelasting in te houden op de winstuitkeringen van een ingezeten dochteronderneming aan haar niet-ingezeten moedermaatschappij, beperkt dit artikel van de moeder-dochter-

richtlijn de bevoegdheid van de lidstaten tot het belasten van de winsten die door op hun grondgebied gevestigde vennootschappen worden uitgekeerd aan vennootschappen die in een andere lidstaat zijn gevestigd (arrest van 7 september 2017, Eqiom en Enka, C-6/16, EU:C:2017:641, punt 23 en aldaar aangehaalde rechtspraak).

52. Gelet op het feit dat de moeder-dochterrichtlijn beoogt de fiscale regeling van grensoverschrijdende samenwerkingsverbanden binnen de Unie te versoepelen, kunnen de lidstaten niet eenzijdig beperkende maatregelen vaststellen en het recht op vrijstelling van bronbelasting uit hoofde van artikel 5, lid 1, aan verschillende voorwaarden koppelen (zie in die zin arresten van 17 oktober 1996, Denkavit e.a., C-283/94, C-291//94 en C-292/94, EU:C:1996:387, punt 26, en 7 september 2017, Eqiom en Enka, C-6/16, EU:C:2017:641, punt 24 en aldaar aangehaalde rechtspraak).

53. Door de lidstaten de mogelijkheid te bieden nationale of verdragsrechtelijke voorschriften ter bestrijding van fraude en misbruik toe te passen, voorziet artikel 1, lid 2, van de moeder-dochterrichtlijn evenwel in een uitzondering op de belastingvoorschriften van deze richtlijn.

54. Aangaande dit artikel 1, lid 2, zij opgemerkt dat de verwijzende rechter heeft vermeld dat de verschillende taalversies van deze bepaling niet eensluidend zijn omdat in de Duitse taalversie van dat artikel 1, lid 2, anders dan onder meer in de Spaanse, de Engelse, de Franse of de Italiaanse taalversie, het woord „noodzakelijk" niet wordt gebruikt.

55. Dienaangaande moet worden vastgesteld dat het voor de uitlegging van artikel 1, lid 2, van de moederdochterrichtlijn niet ter zake doet dat het woord „noodzakelijk" niet uitdrukkelijk in de Duitse taalversie van deze bepaling wordt vermeld. De lidstaten kunnen immers hoe dan ook slechts mits inachtneming van de algemene beginselen van het Unierecht, en meer in het bijzonder het evenredigheidsbeginsel, gebruikmaken van de mogelijkheid die dit artikel hun biedt (zie naar analogie arrest van 17 juli 1997, Leur-Bloem, C-28/95, EU:C:1997:369, punten 38 en 43).

56. De eerbiediging van dat beginsel vereist dat de maatregelen van de lidstaten ter voorkoming van fraude en misbruik geschikt zijn om dat doel te verwezenlijken en niet verder gaan dan nodig is om dat doel te bereiken (zie in die zin arresten van 18 november 1987, Maizena e.a., 137/85, EU:C:1987:493, punt 15, en 30 juni 2011, Meilicke e.a., C-262/09, EU:C:2011:438, punt 42 en aldaar aangehaalde rechtspraak).

57. Hieruit volgt dat de krachtens artikel 1, lid 2, van de moeder-dochterrichtlijn aan de lidstaten geboden mogelijkheid, niettegenstaande het vermelde verschil tussen de taalversies, alleen betrekking heeft op de daartoe noodzakelijke nationale voorschriften of verdragsvoorschriften.

58. Deze uitlegging wordt tevens bevestigd door het doel van deze richtlijn die, zoals uit de punten 48 en 52 van dit arrest blijkt, de hergroepering van vennootschappen op het niveau van de Unie beoogt te vergemakkelijken door de fiscale regeling van grensoverschrijdende samenwerkingsverbanden binnen de Unie te versoepelen.

59. Wat de maatregelen ter voorkoming van fraude en misbruik in de zin van artikel 1, lid 2, van de moederdochterrichtlijn betreft, moet worden opgemerkt dat bedoelde bepaling restrictief moet worden uitgelegd, aangezien met die bepaling wordt afgeweken van de algemene regel van deze richtlijn, op grond waarvan de belastingplichtige in aanmerking komt voor de gemeenschappelijke fiscale regeling die voor onder die richtlijn vallende moedermaatschappijen en dochterondernemingen geldt (zie in die zin arresten van 24 juni 2010, P. Ferrero en General Beverage Europe, C-338/08 en C-339/08, EU:C:2010:364, punt 45, en 8 maart 2017, Euro Park Service, C-14/16, EU:C:2017:177, punt 49 en aldaar aangehaalde rechtspraak).

60. Het Hof heeft gepreciseerd dat een nationale wettelijke regeling slechts beoogt fraude en misbruik te voorkomen wanneer zij specifiek tot doel heeft gedragingen te verhinderen die erin bestaan volstrekt kunstmatige constructies op te zetten die geen verband houden met de economische realiteit en bedoeld zijn om ten onrechte een belastingvoordeel te verkrijgen (arrest van 7 september 2017, Eqiom en Enka, C-6/16, EU:C:2017:641, punt 30 en aldaar aangehaalde rechtspraak).

61. Bijgevolg kan een algemeen vermoeden van fraude en misbruik geen rechtvaardiging vormen voor een belastingmaatregel die afbreuk doet aan de doelstellingen van een richtlijn of afdoet aan de uitoefening van een door het Verdrag gewaarborgde fundamentele vrijheid (arrest van 7 september 2017, Eqiom en Enka, C-6/16, EU:C:2017:641, punt 31 en aldaar aangehaalde rechtspraak).

62. Bij het onderzoek of met een transactie fraude en misbruik wordt nagestreefd, kunnen de bevoegde nationale autoriteiten niet ermee volstaan vooraf vastgestelde algemene criteria toe te passen, maar zij moeten in elk concreet geval de betreffende transactie in haar geheel onderzoeken. De vaststelling van een belastingregel van algemene strekking die bepaalde categorieën van belastingplichtigen automatisch van het belastingvoordeel uitsluit, zonder dat de belastingdienst gehouden is zij het maar een begin van bewijs of aanwijzingen van fraude en misbruik over te leggen, gaat verder dan ter voorkoming van fraude en misbruik noodzakelijk is (arrest van 7 september 2017, Eqiom en Enka, C-6/16, EU:C:2017:641, punt 32 en aldaar aangehaalde rechtspraak).

63. Aangaande de in de hoofdgedingen aan de orde zijnde wettelijke regeling komt uit de stukken waarover het Hof beschikt naar voren dat wanneer een deelneming in een niet-ingezeten moedermaatschappij wordt gehouden door personen die geen recht op vrijstelling van bronbelasting zouden hebben indien zij de dividenden van een in Duitsland gevestigde dochteronderneming rechtstreeks zouden ontvangen, deze wettelijke regeling het belastingvoordeel in de vorm van de bij artikel 5, lid 1, van de moeder-dochterrichtlijn vastgestelde vrijstelling van bronbelasting slechts toekent indien aan geen van de drie voorwaarden van dezelfde wettelijke regeling is voldaan, te weten dat er geen economische redenen of andere relevante redenen zijn die de tussenplaatsing van de niet-ingezeten moedermaatschappij rechtvaardigen, dat de niet-ingezeten moedermaatschappij niet meer dan 10 % van haar totale bruto-inkomsten in het betreffende boekjaar uit haar eigen economische activiteit verwerft of dat de niet-ingezeten moedermaatschappij niet met een voor haar bedrijfsdoelstelling passend ingerichte bedrijfsvoering aan het algemene economische verkeer deelneemt, waarbij de organisatorische, economische of andere relevante kenmerken van de aan de niet-ingezetene moedermaatschappij gelieerde ondernemingen buiten beschouwing blijven. Voorts is er geen sprake van een eigen economische activiteit wanneer de niet-ingezeten moedermaatschappij haar bruto-inkomsten verwerft met het beheren van activa of haar kernactiviteiten aan derden overdraagt.

64. Dienaangaande moet in de eerste plaats worden vastgesteld dat de in de hoofdgedingen aan de orde zijnde wettelijke regeling niet specifiek tot doel heeft volstrekt kunstmatige constructies die bedoeld zijn om ten onrechte een belastingvoordeel te verkrijgen niet in aanmerking te laten komen voor het belastingvoordeel, maar in het algemeen ziet op alle situaties waarin een deelneming in een moedermaatschappij wordt gehouden door personen die geen recht op een dergelijke vrijstelling zouden hebben indien zij de dividenden rechtstreeks zouden ontvangen.

65. De loutere omstandigheid dat dergelijke deelnemingen worden gehouden door dergelijke personen impliceert op zich evenwel niet dat sprake is van een volstrekt kunstmatige constructie die geen verband houdt met de economische realiteit en uitsluitend is opgezet om ten onrechte een belastingvoordeel te genieten.

66. In dit verband zij gepreciseerd dat uit geen enkele bepaling van de moeder-dochterrichtlijn volgt dat de fiscale behandeling van personen die een deelneming bezitten in moedermaatschappijen die in de Unie zijn gevestigd of de herkomst van deze personen enige invloed zou hebben op het recht van deze vennootschappen om aanspraak te maken op de belastingvoordelen waarin deze richtlijn voorziet.

67. Bovendien zij opgemerkt dat een niet-ingezeten moedermaatschappij hoe dan ook is onderworpen aan de belastingwetgeving van haar lidstaat van vestiging (arrest van 7 september 2017, Eqiom en Enka, C-6/16, EU:C:2017:641, punt 35 en aldaar aangehaalde rechtspraak).

68. In de tweede plaats kent de in de hoofdgedingen aan de orde zijnde wettelijke regeling de bij artikel 5, lid 1, van de moeder-dochterrichtlijn vastgestelde vrijstelling van bronbelasting slechts toe indien aan geen van de drie voorwaarden van die wettelijke regeling, die in punt 63 van het onderhavige arrest zijn vermeld, is voldaan.

69. Dienaangaande moet ten eerste worden vastgesteld dat die wettelijke regeling, door de toekenning van die vrijstelling afhankelijk te stellen van een dergelijke voorwaarde zonder dat de belastingdienst een begin van bewijs van het ontbreken van economische redenen of aanwijzingen van fraude en misbruik dient over te leggen, zoals uit punt 62 van dit arrest blijkt, een algemeen vermoeden van fraude of misbruik in het leven roept en daardoor afbreuk doet aan het doel van de moeder-dochterrichtlijn, in het bijzonder aan artikel 5, lid 1, van deze richtlijn, te weten voorkomen dat de door een ingezeten dochteronderneming aan haar nietingezeten moedermaatschappij uitgekeerde dividenden dubbel worden belast door de lidstaat waar deze dochteronderneming is gevestigd om samenwerkingsverbanden en hergroeperingen van vennootschappen op het niveau van de Unie te vergemakkelijken.

70. Ten tweede voert diezelfde wettelijke regeling daarenboven een onweerlegbaar vermoeden van fraude of misbruik in doordat zij de niet-ingezeten moedermaatschappij, in het geval dat aan een van de drie door haar vastgestelde voorwaarden is voldaan, niet de mogelijkheid biedt om bewijzen aan te dragen waaruit het bestaan van economische redenen blijkt.

71. Ten derde kunnen die voorwaarden, ongeacht of zij afzonderlijk dan wel samen worden beschouwd, op zich niet impliceren dat sprake is van fraude of misbruik.

72. De moeder-dochterrichtlijn bevat namelijk geen enkel vereiste met betrekking tot de aard van de economische activiteit van de vennootschappen die binnen haar werkingssfeer vallen of met betrekking tot de hoogte van de inkomsten uit de eigen economische activiteit van deze vennootschappen.

73. De omstandigheid dat de economische activiteit van de niet-ingezeten moedermaatschappij bestaat in het beheren van de activa van haar dochterondernemingen of dat die moedermaatschappij uitsluitend uit dat beheer inkomsten verwerft, impliceert op zich echter niet dat sprake is van een volstrekt kunstmatige constructie die geen verband houdt met de economische realiteit. Dienaangaande doet het feit dat het beheer van activa niet wordt aangemerkt als een economische activiteit in het kader van de belasting over de toegevoegde waarde niet

ter zake, aangezien de in de hoofdgedingen aan de orde zijnde belasting en de belasting over de toegevoegde waarde tot onderscheiden rechtsregelingen met verschillende doelstellingen behoren.

74. In tegenstelling tot wat de in de hoofdgedingen aan de orde zijnde wettelijke regeling bepaalt, moeten voor de vaststelling van een dergelijke constructie per geval alle aspecten van de betrokken situatie worden onderzocht, zoals de organisatorische, economische en andere relevante kenmerken van het concern waarvan de betrokken moedermaatschappij deel uitmaakt alsmede de structuur en de strategie van dat concern.

75. Gelet op een en ander moet worden vastgesteld dat artikel 1, lid 2, van de moeder-dochterrichtlijn juncto artikel 5, lid 1, van deze richtlijn aldus moet worden uitgelegd dat het in de weg staat aan een nationale wettelijke belastingregeling als die in de hoofdgedingen.

Toepasselijke vrijheid

76. Uit de rechtspraak van het Hof blijkt dat de fiscale behandeling van dividenden zowel onder de vrijheid van vestiging als onder het vrije verkeer van kapitaal kan vallen (arrest van 7 september 2017, Eqiom en Enka, C-6/16, EU:C:2017:641, punt 39 en aldaar aangehaalde rechtspraak).

77. Voor de beantwoording van de vraag of een nationale wettelijke regeling onder de ene of de andere vrijheid van verkeer valt, dient rekening te worden gehouden met het voorwerp van de wettelijke regeling in kwestie (arrest van 7 september 2017, Eqiom en Enka, C-6/16, EU:C:2017:641, punt 40 en aldaar aangehaalde rechtspraak).

78. In dit verband heeft het Hof reeds geoordeeld dat een nationale wettelijke regeling die alleen van toepassing is op deelnemingen waarmee een bepalende invloed op de besluiten van een vennootschap kan worden uitgeoefend en de activiteiten ervan kunnen worden bepaald, onder de Verdragsbepalingen inzake de vrijheid van vestiging valt. Nationale bepalingen die van toepassing zijn op participaties die enkel als belegging worden genomen zonder dat het de bedoeling is invloed op het bestuur en de zeggenschap van de onderneming uit te oefenen, moeten daarentegen uitsluitend aan het beginsel van het vrije verkeer van kapitaal worden getoetst (arrest van 7 september 2017, Eqiom en Enka, C-6/16, EU:C:2017:641, punt 41 en aldaar aangehaalde rechtspraak).

79. In casu blijkt uit de verwijzingsbeslissing dat de in de hoofdgedingen aan de orde zijnde wettelijke belastingregeling van toepassing was op moedermaatschappijen die minstens 15 % van het kapitaal van hun dochterondernemingen in handen hadden. Die beslissing bevat daarentegen geen gegevens over het voorwerp van die wettelijke regeling.

80. Een dergelijke deelneming impliceert niet noodzakelijkerwijs dat de vennootschap die haar houdt een bepalende invloed uitoefent op de besluiten van de vennootschap die de dividenden uitkeert (zie in die zin arrest van 7 september 2017, Eqiom en Enka, C-6/16, EU:C:2017:641, punt 43 en aldaar aangehaalde rechtspraak).

81. In die omstandigheden moet rekening worden gehouden met de feitelijke gegevens van het concrete geval om uit te maken of de situatie waarop de hoofdgedingen betrekking hebben, onder de ene of de andere van deze vrijheden van verkeer valt (arrest van 7 september 2017, Eqiom en Enka, C-6/16, EU:C:2017:641, punt 44 en aldaar aangehaalde rechtspraak).

82. Met betrekking tot, in de eerste plaats, zaak C-504/16 blijkt uit de stukken waarover het Hof beschikt dat Traxx ten tijde van de feiten van het hoofdgeding een deelneming van minstens 26,5 % in Deister electronik bezat. In casu zijn partijen het erover eens dat een dergelijke deelneming eerstbedoelde vennootschap een bepalende invloed op de besluiten van laatstbedoelde vennootschap verleende, waardoor zij de activiteiten ervan kon bepalen. Bijgevolg moet de in het hoofdgeding aan de orde zijnde nationale wettelijke regeling worden getoetst aan de vrijheid van vestiging.

83. Met betrekking tot, in de tweede plaats, zaak C-613/16 blijkt uit de stukken waarover het Hof beschikt dat Juhler Holding ten tijde van de feiten van het hoofdgeding alle aandelen in het kapitaal van temp-team Personal in handen had. Derhalve moet worden vastgesteld dat een dergelijke deelneming eerstbedoelde vennootschap een bepalende invloed op de besluiten van laatstbedoelde vennootschap verleende, waardoor zij de activiteiten ervan kon bepalen. Bijgevolg moet de op die deelnemingen toepasselijke nationale wettelijke regeling ook in die zaak worden getoetst aan de vrijheid van vestiging.

84. In die context moet duidelijk worden gemaakt dat de herkomst van de aandeelhouders van de in de hoofdgedingen betrokken vennootschappen geen invloed heeft op het recht van deze vennootschappen om zich op de vrijheid van vestiging te beroepen. Dienaangaande blijkt uit de rechtspraak van het Hof dat uit geen enkele Unierechtelijke bepaling volgt dat de herkomst van de aandeelhouders – natuurlijke dan wel rechtspersonen – van in de Unie gevestigde vennootschappen een invloed heeft op het recht van deze vennootschappen om zich op deze vrijheid te beroepen (zie in die zin arrest van 7 september 2017, Eqiom en Enka, C-6/16, EU:C:2017:641, punt 48 en aldaar aangehaalde rechtspraak). In de hoofdgedingen staat vast dat de betrokken moedermaatschappijen in de Unie gevestigde vennootschappen zijn. Deze vennootschappen kunnen zich dus op die vrijheid beroepen.

85. Hieruit volgt dat de prejudiciële vragen moeten worden beantwoord tegen de achtergrond van de vrijheid van vestiging.

Vrijheid van vestiging

86. De door artikel 49 VWEU aan de onderdanen van de Unie toegekende vrijheid van vestiging omvat voor hen de toegang tot werkzaamheden anders dan in loondienst en de uitoefening daarvan alsmede de oprichting en het bestuur van ondernemingen onder dezelfde voorwaarden als in de wetgeving van de lidstaat van vestiging voor de eigen onderdanen zijn vastgesteld. Zij brengt overeenkomstig artikel 54 VWEU voor de vennootschappen die in overeenstemming met de wetgeving van een lidstaat zijn opgericht en die hun statutaire zetel, hun hoofdbestuur of hun hoofdvestiging binnen de Unie hebben, het recht mee om in de betrokken lidstaat hun bedrijfsactiviteit uit te oefenen door middel van een dochteronderneming, een filiaal of een agentschap (arrest van 7 september 2017, Eqiom en Enka, C-6/16, EU:C:2017:641, punt 52 en aldaar aangehaalde rechtspraak).

87. Aangaande de behandeling in de lidstaat van ontvangst blijkt uit de rechtspraak van het Hof dat artikel 49, eerste alinea, tweede volzin, VWEU de marktdeelnemers uitdrukkelijk de mogelijkheid biedt om vrij de rechtsvorm te kiezen die bij de uitoefening van hun werkzaamheden in een andere lidstaat past, zodat deze vrije keuze niet mag worden beperkt door discriminerende fiscale bepalingen (arrest van 7 september 2017, Eqiom en Enka, C-6/16, EU:C:2017:641, punt 53 en aldaar aangehaalde rechtspraak).

88. Bovendien moeten alle maatregelen die het gebruik van de vrijheid van vestiging verbieden, belemmeren of minder aantrekkelijk maken, als beperkingen van deze vrijheid worden beschouwd (arrest van 7 september 2017, Eqiom en Enka, C-6/16, EU:C:2017:641, punt 54 en aldaar aangehaalde rechtspraak).

89. In casu blijkt uit de stukken waarover het Hof beschikt dat de toekenning van de in artikel 5, lid 1, van de moeder-dochterrichtlijn vastgestelde vrijstelling van bronbelasting alleen in het geval dat een ingezeten dochteronderneming winst uitkeert aan een niet-ingezeten moedermaatschappij afhankelijk wordt gesteld van het vereiste van de in de hoofdgedingen aan de orde zijnde wettelijke regeling.

90. Zoals de verwijzende rechter heeft opgemerkt, kan dat verschil in behandeling een niet-ingezeten moedermaatschappij ervan afhouden in Duitsland een economische activiteit via een in deze lidstaat gevestigde dochteronderneming uit te oefenen en vormt dus een belemmering van de vrijheid van vestiging.

91. Deze belemmering kan enkel worden aanvaard indien zij betrekking heeft op situaties die niet objectief vergelijkbaar zijn, of wordt gerechtvaardigd door dwingende redenen van algemeen belang die door het Unierecht zijn erkend. In dat geval moet de belemmering ook geschikt zijn om het nagestreefde doel te verwezenlijken en mag zij niet verder gaan dan nodig is voor het verwezenlijken van dat doel (arrest van 7 september 2017, Eqiom en Enka, C-6/16, EU:C:2017:641, punt 57 en aldaar aangehaalde rechtspraak).

92. Aangaande de vergelijkbaarheid van de situatie van een ingezeten vennootschap en die van een niet-ingezeten vennootschap die dividenden van een ingezeten dochteronderneming ontvangen, zij gepreciseerd dat de vrijstelling van bronbelasting voor winstuitkeringen van een dochteronderneming aan haar moedermaatschappij – zoals is uiteengezet in punt 50 van het onderhavige arrest – beoogt dubbele belasting over die winst te voorkomen.

93. Weliswaar heeft het Hof met betrekking tot maatregelen die een lidstaat heeft getroffen om opeenvolgende belasting of dubbele belasting over door een ingezeten vennootschap uitgekeerde winst te voorkomen of te verminderen, geoordeeld dat de situatie van ingezeten dividend ontvangende aandeelhouders niet noodzakelijkerwijs vergelijkbaar is met die van dividend ontvangende aandeelhouders die ingezetenen zijn van een andere lidstaat, maar het Hof heeft ook gepreciseerd dat, zodra een lidstaat niet alleen ingezeten aandeelhouders maar ook niet-ingezeten aandeelhouders voor het dividend dat zij van een ingezeten vennootschap ontvangen, aan zijn heffingsbevoegdheid onderwerpt, de situatie van deze niet-ingezeten aandeelhouders die van de ingezeten aandeelhouders benadert (arrest van 7 september 2017, Eqiom en Enka, C-6/16, EU:C:2017:641, punt 59 en aldaar aangehaalde rechtspraak).

94. Gelet op het feit dat de Bondsrepubliek Duitsland ervoor heeft gekozen haar heffingsbevoegdheid uit te oefenen over winstuitkeringen door een ingezeten dochteronderneming aan haar niet-ingezeten moedermaatschappij bevinden de niet-ingezeten moedermaatschappijen in de hoofdgedingen zich ten aanzien van deze winstuitkering in een situatie die vergelijkbaar is met die van een ingezeten moedermaatschappij.

95. Met betrekking tot de rechtvaardiging voor en de evenredigheid van de belemmering voert de Bondsrepubliek Duitsland aan dat deze belemmering wordt gerechtvaardigd zowel door de doelstelling van bestrijding van belastingfraude en -ontwijking als door de doelstelling van behoud van een evenwichtige verdeling van de heffingsbevoegdheid tussen de lidstaten.

96. In dit verband zij opgemerkt dat het voorkomen van belastingfraude en -ontwijking en het behoud van een evenwichtige verdeling van de heffingsbevoegdheid tussen de lidstaten met elkaar samenhangende doelstellingen zijn en voorts dat deze doelstellingen, omdat zij dwingende redenen van algemeen belang vormen, een belemme-

ring van de uitoefening van de door het Verdrag gewaarborgde vrijheden van verkeer kunnen rechtvaardigen (arrest van 7 september 2017, Eqiom en Enka, C-6/16, EU:C:2017:641, punt 63 en aldaar aangehaalde rechtspraak).

97. Niettemin moet worden vastgesteld dat de doelstelling van bestrijding van belastingfraude en -ontwijking dezelfde draagwijdte heeft, ongeacht of ze wordt aangevoerd krachtens artikel 1, lid 2, van de moeder-dochterrichtlijn dan wel als rechtvaardiging voor een belemmering van het primaire recht (arrest van 7 september 2017, Eqiom en Enka, C-6/16, EU:C:2017:641, punt 64). De in de punten 60 tot en met 74 van dit arrest uiteengezette overwegingen gelden dus evenzeer met betrekking tot die vrijheid.

98. Aangaande de evenwichtige verdeling van de heffingsbevoegdheid tussen de lidstaten moet daarenboven worden gepreciseerd dat die kwestie in de moeder-dochterrichtlijn wordt geregeld door de lidstaten te verbieden een bronbelasting te heffen over de winst die een ingezeten dochteronderneming aan haar niet-ingezeten moedermaatschappij uitkeert.

99. In casu kunnen de doelstelling van bestrijding van belastingfraude en -ontwijking en die van behoud van een evenwichtige verdeling van de heffingsbevoegdheid tussen de lidstaten een belemmering van de vrijheid van vestiging niet rechtvaardigen.

100. Gelet op al het voorgaande dient op de prejudiciële vragen te worden geantwoord dat artikel 1, lid 2, van de moeder-dochterrichtlijn juncto artikel 5, lid 1, van deze richtlijn alsmede artikel 49 VWEU aldus moeten worden uitgelegd dat zij in de weg staan aan een wettelijke belastingregeling van een lidstaat als die in de hoofdgedingen, die een niet-ingezeten moedermaatschappij, wanneer een deelneming in deze moedermaatschappij wordt gehouden door personen die geen recht op teruggaaf of vrijstelling van bronbelasting zouden hebben indien zij de dividenden van een ingezeten dochteronderneming rechtstreeks zouden ontvangen, vrijstelling van belasting op inkomsten uit vermogen over uitkeringen van dividenden ontzegt in het geval dat aan een van de voorwaarden van die wettelijke regeling is voldaan.

Kosten

101. ...

Het Hof (Zesde kamer)

verklaart voor recht:

Artikel 1, lid 2, van richtlijn 90/435/EEG van de Raad van 23 juli 1990 betreffende de gemeenschappelijke fiscale regeling voor moedermaatschappijen en dochterondernemingen uit verschillende lidstaten zoals gewijzigd bij richtlijn 2006/98/EG van de Raad van 20 november 2006 juncto artikel 5, lid 1, van deze richtlijn alsmede artikel 49 VWEU moeten aldus worden uitgelegd dat zij in de weg staan aan een wettelijke belastingregeling van een lidstaat als die in de hoofdgedingen, die een niet-ingezeten moedermaatschappij, wanneer een deelneming in deze moedermaatschappij wordt gehouden door personen die geen recht op teruggaaf of vrijstelling van bronbelasting zouden hebben indien zij de dividenden van een ingezeten dochteronderneming rechtstreeks zouden ontvangen, vrijstelling van belasting op inkomsten uit vermogen over uitkeringen van dividenden ontzegt in het geval dat aan één van de voorwaarden van die wettelijke regeling is voldaan.

HvJ EU, 22 februari 2018, zaak C-125/17 (Luigi Bisignani contre Agenzia delle Entrate – Direzione Provinciale 1 di Roma)

Neuvième chambre : *C. Vajda (rapporteur), président de chambre, E. Juhász et C. Lycourgos, juges*

Avocat Général : *E. Tanchev*

1. La demande de décision préjudicielle porte sur l'interprétation des articles 64 et 65 TFUE ainsi que de la directive 2011//16/UE du Conseil, du 15 février 2011, relative à la coopération administrative dans le domaine fiscal et abrogeant la directive 77/799/CEE (*JO* 2011, L 64, p. 1).

2. Cette demande a été présentée dans le cadre d'un litige opposant M. Luigi Bisignani à l'Agenzia delle Entrate – Direzione Provinciale 1 di Roma (administration fiscale – direction provinciale 1 de Rome, Italie) (ci-après l'« administration fiscale ») au sujet d'une amende que lui a infligée cette dernière pour avoir omis de déclarer un transfert de fonds vers un État tiers.

Le cadre juridique

Le droit de l'Union

3. L'article 94 du règlement de procédure de la Cour dispose :

> « Outre le texte des questions posées à la Cour à titre préjudiciel, la demande de décision préjudicielle contient :
>
> […]
>
> c. l'exposé des raisons qui ont conduit la juridiction de renvoi à s'interroger sur l'interprétation ou la validité de certaines dispositions du droit de l'Union, ainsi que le lien qu'elle établit entre ces dispositions et la législation nationale applicable au litige au principal. »

Le droit italien

4. L'article 4 du décret-loi n° 167/1990, du 28 juin 1990, modifié par la loi n° 227/1990, du 4 août 1990 (ci-après le « décret-loi n° 167/1990 »), intitulé « Déclaration annuelle relative aux investissements et aux actifs », dans sa version applicable au litige au principal, énonçait, à son paragraphe 2:

> « La déclaration de revenus doit également indiquer le montant des transferts effectués depuis, vers et à l'étranger qui, au cours de l'année, ont concerné les investissements à l'étranger ainsi que les actifs étrangers de nature financière. Cette obligation s'applique même dans le cas où le contribuable ne détient aucun investissement ou actif financier à la fin de la période d'imposition. »

5. Sous l'intitulé « Sanctions », l'article 5 de ce décret-loi, dans sa version applicable au litige au principal, disposait, à son paragraphe 5 :

> « La violation de l'obligation de déclaration prévue à l'article 4, paragraphe 2, est passible d'une amende comprise entre 5 et 25 pour cent du montant des sommes non déclarées. »

6. L'article 9, paragraphe 1, sous c) et d), de la legge n. 97 – Disposizioni per l'adempimento degli obblighi derivanti dall'appartenenza dell'Italia all'Unione europea – Legge europea 2013 (loi n° 97, portant dispositions pour l'exécution des obligations résultant de l'appartenance à l'Union européenne – Loi européenne 2013), du 6 août 2013 (GURI n° 194, du 20 août 2013, ci-après la « loi n° 97/2013 »), a abrogé l'obligation de déclaration des transferts de fonds visée à l'article 4, paragraphe 2, du décret-loi n° 167/1990.

Le litige au principal et la question préjudicielle

7. Il ressort de la décision de renvoi que, à la suite d'un contrôle fiscal, l'administration fiscale a infligé à M. Bisignani, par un avis qui lui a été notifié le 16 mai 2000, une amende pour avoir transféré un montant de 10 milliards de lires italiennes (ITL) (environ 5 164 569 euros) vers l'État de la Cité du Vatican sans remplir le formulaire « RW », consacré à la déclaration de transfert de fonds à destination ou en provenance de l'étranger, joint à la déclaration des revenus, tel que prévu à l'article 4, paragraphe 2, du décret-loi n° 167/1990. Le montant de cette amende s'élevait à 2 milliards et demi de ITL (environ 1 291 142 euros) et correspondait à 25 % du montant transféré, en application de l'article 5, paragraphe 5, de ce décret-loi.

8. M. Bisignani a été débouté de ses recours contre l'imposition de ladite amende introduits devant trois instances juridictionnelles, dont, en dernier lieu, la Corte suprema di cassazione (Cour de cassation, Italie), celle-ci ayant prononcé son arrêt le 11 décembre 2012, lequel fut publié le 23 octobre 2013.

9. Le 6 août 2013, antérieurement à cette publication, la loi n° 97/2013 a été adoptée, dont l'article 9, paragraphe 1, sous c) et d), a abrogé l'obligation de remplir le formulaire « RW » en cas de transfert de fonds en dehors de l'Italie.

10. Le 2 octobre 2013, M. Bisignani a signalé cette abrogation à l'administration fiscale et a demandé l'adoption d'une décision d'annulation de l'amende faisant l'objet du litige alors pendant devant la Corte suprema di cassazione (Cour de cassation). Cette administration n'a pas donné suite à cette demande et a, le 6 février 2014, déclenché la procédure de recouvrement de cette amende.

11. Par la suite, M. Bisignani a introduit devant l'administration fiscale, puis devant la juridiction de renvoi, un recours contre l'injonction de paiement de ladite amende émise par Equitalia Sud SpA, l'agence italienne chargée du recouvrement des impôts, en faisant valoir le non-respect du principe du favor rei, dans la mesure où la Corte suprema di cassazione (Cour de cassation) n'aurait pas pris en considération, afin de statuer sur le recours intenté devant elle, la réglementation introduite par la loi n° 97/2013.

12. L'administration fiscale demande, quant à elle, à la juridiction de renvoi de prononcer une décision de disparition de l'objet du litige en raison de la proposition de cette administration d'annuler l'amende infligée à M. Bisignani. Elle estime que, dès lors que la Corte suprema di cassazione (Cour de cassation) n'avait pas encore publié son arrêt à la date d'adoption de la loi n° 97/2013, cette amende n'était pas devenue définitive et pouvait donc être annulée en application du principe du favor rei.

13. La juridiction de renvoi considère que la présentation d'une simple proposition d'annulation de ladite amende ne suffit pas à fonder une demande de disparition de l'objet du litige et que, par ailleurs, il se peut que cette même amende soit devenue définitive à la suite de l'arrêt de la Corte suprema di cassazione (Cour de cassation). Par conséquent, elle sollicite l'interprétation du droit de l'Union afin de savoir si ce dernier s'oppose aux dispositions pertinentes de la loi n° 97/2013.

14. C'est dans ces conditions que la Commissione tributaria provinciale di Roma (commission fiscale provinciale de Rome, Italie) a décidé de surseoir à statuer et de poser à la Cour la question préjudicielle suivante :

> « L'article 64 [TFUE], lu en combinaison avec l'article 63 qui le précède et l'article 65 qui le suit, ainsi que la directive [2011/16], en ce qu'ils permettent respectivement aux législations nationales de maintenir les restrictions existant le 31 décembre 1993 aux mouvements de capitaux à destination ou en provenance de pays tiers pour éviter des pertes de recettes potentielles pour les États membres et réunir des éléments prouvant le caractère irrégulier ou illégal des opérations qui paraissent être contraires ou constituer une infraction à la législation fiscale, en établissant, sur la base des principes de subsidiarité et de proportionnalité visés à l'article 5 [TUE], une distinction entre les contribuables qui ne se trouvent pas dans la même situation en ce qui concerne leur résidence ou le lieu oø leurs capitaux sont investis, s'opposent-ils à une réglementation nationale qui, en application de l'article 9, paragraphe [1, sous c) et d)], de la [loi n° 97/2013], tout au moins selon l'interprétation proposée par les deux parties, aurait abrogé de manière définitive (plutôt que reformulé) les éléments constitutifs de l'infraction fiscale prévus et punis par les articles 4 et 5 du décret-loi [n° 167/1990], et ce sans établir de distinction entre les différents cas de circulation des capitaux entre États membres de l'Union et entre ces derniers et des pays ou territoires à fiscalité privilégiée ? »

15. Par ordonnance du président de la Cour du 25 avril 2017, Bisignani (C-125/17, non publiée, EU:C:2017:325), la demande de la juridiction de renvoi tendant à soumettre la présente affaire à la procédure accélérée, prévue à l'article 105, paragraphe 1, du règlement de procédure, a été rejetée.

Sur la question préjudicielle

16. En vertu de l'article 99 de son règlement de procédure, lorsque la réponse à une question posée à titre préjudiciel peut être clairement déduite de la jurisprudence ou lorsque la réponse à une telle question ne laisse place à aucun doute raisonnable, la Cour peut, à tout moment, sur proposition du juge rapporteur, l'avocat général entendu, décider de statuer par voie d'ordonnance motivée. Elle peut également statuer par voie d'ordonnance motivée, conformément à l'article 53, paragraphe 2, du règlement de procédure, lorsqu'une demande est manifestement irrecevable.

17. Il y a lieu de faire application de ces dispositions dans le cadre de la présente affaire.

18. Par sa question préjudicielle, la juridiction de renvoi cherche, en substance, à savoir si l'article 64, paragraphe 1, et l'article 65, paragraphe 1, sous a), TFUE ainsi que la directive 2011/16 doivent être interprétés en ce sens qu'ils s'opposent à une législation nationale, telle que celle en cause au principal, qui abroge de manière définitive l'infraction consistant, notamment, à ne pas déclarer les transferts de fonds vers l'étranger.

19. Il ressort des éléments du dossier dont dispose la Cour, en particulier des observations du gouvernement italien, que la loi no 97/2013 a abrogé l'obligation de déclaration de transfert de fonds vers l'étranger issue de l'article 4, paragraphe 2, du décret-loi no 167/1990.

20. À titre liminaire, il convient de souligner que la réponse à cette question n'est pertinente pour résoudre le litige au principal que dans la mesure où la législation nationale abrogeant ladite obligation s'applique à ce litige. Il appartient donc à la juridiction de renvoi, seule compétente pour interpréter le droit national, de vérifier d'abord si l'arrêt de la Corte suprema di cassazione (Cour de cassation), prononcé le 11 décembre 2012 et publié le 23 octobre 2013, a acquis l'autorité de la chose jugée à la date de l'entrée en vigueur de cette législation, excluant, partant, l'application de ladite législation au litige au principal.

21. Dans le cas où cette législation nationale s'appliquerait au litige au principal, il y a lieu de rappeler, premièrement, que, selon l'article 64, paragraphe 1, TFUE, l'article 63 TFUE ne porte pas atteinte à l'application, aux pays tiers, des restrictions existant le 31 décembre 1993 en vertu du droit national en ce qui concerne les mouvements de capitaux à destination ou en provenance de pays tiers lorsqu'ils impliquent des investissements directs, y compris les investissements immobiliers, l'établissement, la prestation de services financiers ou l'admission de titres sur les marchés des capitaux.

22. À cet égard, il convient de relever que l'article 64, paragraphe 1, TFUE consacre une simple faculté pour un État membre de continuer d'appliquer, dans les relations avec les États tiers, les restrictions aux mouvements de capitaux qui relèvent du champ d'application matériel de cette disposition, même si elles sont contraires au principe de la libre circulation des capitaux énoncé à l'article 63, paragraphe 1, TFUE, à condition qu'elles existassent déjà le 31 décembre 1993 (voir, en ce sens, arrêt du 24 novembre 2016, SECIL, C-464/14, EU:C:2016:896, point 86). En revanche, cette disposition ne prévoit aucunement une obligation pour un État membre de continuer d'appliquer de telles restrictions.

23. Sans qu'il soit nécessaire d'examiner si une obligation, telle que l'obligation de déclaration visée à l'article 4, paragraphe 2, du décret-loi no 167/1990, était justifiée au regard de l'article 64, paragraphe 1, TFUE, il convient de constater que son abrogation ne constitue pas une restriction au sens de cette dernière disposition.

24. Il s'ensuit que l'article 64, paragraphe 1, TFUE doit être interprété en ce sens qu'il ne s'oppose pas à une législation nationale, telle que celle en cause au principal, qui abroge de manière définitive l'obligation de déclarer les transferts de fonds vers l'étranger.

25. Deuxièmement, l'article 65, paragraphe 1, sous a), TFUE prévoit que l'article 63 TFUE ne porte pas atteinte au droit qu'ont les États membres d'appliquer les dispositions pertinentes de leur législation fiscale qui établissent une distinction entre les contribuables qui ne se trouvent pas dans la même situation en ce qui concerne leur résidence ou le lieu oø leurs capitaux sont investis.

26. À cet égard, il y a lieu de relever que la question préjudicielle porte sur la conformité avec cette disposition d'une législation nationale en ce qu'elle a abrogé une restriction à la libre circulation des capitaux. Une telle législation, dans la mesure où elle ne contient pas de restrictions à la libre circulation des capitaux, ne relève pas du champ d'application de l'article 65, paragraphe 1, sous a), TFUE.

27. Partant, cette disposition doit être interprétée en ce sens qu'elle ne s'oppose pas à une législation nationale, telle que celle en cause au principal, qui abroge de manière définitive l'obligation de déclarer les transferts de fonds vers l'étranger.

28. Troisièmement, s'agissant de la directive 2011/16, il importe de rappeler que, selon une jurisprudence constante, la procédure instituée à l'article 267 TFUE est un instrument de coopération entre la Cour et les juridictions nationales, grâce auquel la première fournit aux secondes les éléments d'interprétation du droit de l'Union qui leur sont nécessaires pour la solution du litige qu'elles sont appelées à trancher (voir, notamment, arrêt du 5 juillet 2016, Ognyanov, C-614/14, EU: C:2016:514, point 16 et jurisprudence citée).

29. La nécessité de parvenir à une interprétation du droit de l'Union qui soit utile pour le juge national exige que celui-ci respecte scrupuleusement les exigences concernant le contenu d'une demande de décision préjudicielle et figurant de manière explicite à l'article 94 du règlement de procédure, dont la juridiction de renvoi est censée avoir connaissance. Ainsi, il est indispensable, comme l'énonce l'article 94, sous c), du règlement de procédure, que la décision de renvoi elle-même contienne l'exposé des raisons qui ont conduit la juridiction de renvoi à s'interroger sur l'interprétation ou la validité de certaines dispositions du droit de l'Union, ainsi que le lien qu'elle établit entre ces dispositions et la législation nationale applicable au litige au principal (arrêt du 26 juillet 2017, Persidera, C-112/16, EU:C:2017:597, points 27 et 28 ainsi que jurisprudence citée).

30. Par ailleurs, ces exigences sont également reflétées dans les recommandations de la Cour de justice de l'Union européenne à l'attention des juridictions nationales, relatives à l'introduction de procédures préjudicielles (*JO* 2016, C 439, p. 1) (arrêt du 9 novembre 2017, Maio Marques da Rosa, C-306/16, EU:C:2017:844, point 55 et jurisprudence citée).

31. En l'occurrence, il convient de relever que la demande de décision préjudicielle ne comporte aucune explication quant à la pertinence de l'interprétation des dispositions de la directive 2011/16 pour la résolution du litige au principal.

32. Partant, la question posée est manifestement irrecevable dans la mesure oø elle porte sur l'interprétation de la directive 2011/16.

33. Eu égard à l'ensemble des considérations qui précèdent, il y a lieu de répondre à la question préjudicielle que l'article 64, paragraphe 1, et l'article 65, paragraphe 1, sous a), TFUE doivent être interprétés en ce sens qu'ils ne s'opposent pas à une législation nationale, telle que celle en cause au principal, qui abroge de manière définitive l'infraction consistant à ne pas déclarer les transferts de fonds vers l'étranger.

Sur les dépens

34. …

Par ces motifs,

La Cour (neuvième chambre)

dit pour droit :

L'article 64, paragraphe 1, et l'article 65, paragraphe 1, sous a), TFUE doivent être interprétés en ce sens qu'ils ne s'opposent pas à une législation nationale, telle que celle en cause au principal, qui abroge de manière définitive l'infraction consistant à ne pas déclarer les transferts de fonds vers l'étranger.

HvJ EU 22 februari 2018, gevoegde zaken C-398/16 en C-399/16 (X BV (C-398/16), X NV (C-399/16) v. Staatssecretaris van Financiën)

Eerste kamer: *R. Silva de Lapuerta, kamerpresident, C. G. Fernlund, J.-C. Bonichot (rapporteur), A. Arabadjiev en S. Rodin, rechters*

Advocaat-generaal: *M. Campos Sánchez-Bordona*

1. De verzoeken om een prejudiciële beslissing betreffen de uitlegging van de artikelen 49 en 54 VWEU.

2. Deze verzoeken zijn ingediend in het kader van twee gedingen tussen X BV respectievelijk X NV en de Staatssecretaris van Financiën (hierna: „belastingdienst") over de mogelijkheid van fiscale aftrek van rente die ter zake van een geldlening is betaald in het geval van X BV en van een valutaverlies in het geval van X NV.

Nederlands recht

3. Artikel 10a van de Wet op de vennootschapsbelasting 1969 (hierna: „Wet op de vennootschapsbelasting") is als volgt verwoord:

„[…]
2. Bij het bepalen van de winst komen […] niet in aftrek renten – kosten en valutaresultaten daaronder begrepen – ter zake van geldleningen rechtens dan wel in feite direct of indirect verschuldigd aan een verbonden lichaam of een verbonden natuurlijk persoon, voor zover de geldlening verband houdt met één van de volgende rechtshandelingen:
a. […]
b. een verwerving van – daaronder begrepen storting op – aandelen, winstbewijzen, bewijzen van deelgerechtigdheid of lidmaatschapsrechten in of schuldvorderingen die bij de schuldenaar feitelijk functioneren als eigen vermogen in de zin van artikel 10, eerste lid, onderdeel d, op een verbonden lichaam, behoudens voor zover een wijziging wordt aangebracht in het uiteindelijke belang dan wel de uiteindelijke zeggenschap in dat lichaam;
3. Het tweede lid vindt geen toepassing indien de belastingplichtige aannemelijk maakt dat:
a. aan de geldlening en de daarmee verband houdende rechtshandeling in overwegende mate zakelijke overwegingen ten grondslag liggen; of
b. over de rente bij degene aan wie de rente rechtens dan wel in feite direct of indirect is verschuldigd, per saldo een belasting naar de winst of het inkomen wordt geheven welke naar Nederlandse maatstaven redelijk is en dat er geen sprake is van verrekening van verliezen of van andersoortige aanspraken uit jaren voorafgaande aan het jaar waarin de geldlening is opgenomen waardoor over de rente per saldo geen heffing naar bedoelde redelijke maatstaven is verschuldigd, behoudens ingeval aannemelijk is dat de geldlening is aangegaan met het oog op het verrekenen van verliezen of andersoortige aanspraken welke in het jaar zelf zijn ontstaan dan wel op korte termijn zullen ontstaan."

4. Artikel 13, lid 1, van de Wet op de vennootschapsbelasting bepaalt het volgende:

"Bij het bepalen van de winst blijven buiten aanmerking de voordelen uit hoofde van een deelneming, alsmede de kosten ter zake van de verwerving of de vervreemding van die deelneming (deelnemingsvrijstelling)."

5. Artikel 13d van deze wet luidt:

„1. De deelnemingsvrijstelling vindt geen toepassing ten aanzien van een verlies op een deelneming dat tot uitdrukking komt nadat het lichaam waarin de belastingplichtige deelneemt is ontbonden (liquidatieverlies).
2. Het liquidatieverlies wordt gesteld op het bedrag waarmede het door de belastingplichtige voor de deelneming opgeofferde bedrag het totaal van de liquidatie-uitkeringen overtreft. […]"

6. Artikel 15 van genoemde wet is als volgt verwoord:

„1. Ingeval een belastingplichtige (moedermaatschappij) de juridische en economische eigendom bezit van ten minste 95 per cent van de aandelen in het nominaal gestorte kapitaal van een andere belastingplichtige (dochtermaatschappij) wordt op verzoek van beide belastingplichtigen de belasting van hen geheven alsof er één belastingplichtige is, in die zin dat de werkzaamheden en het vermogen van de dochtermaatschappij deel uitmaken van de werkzaamheden en het vermogen van de moedermaatschappij. De belasting wordt geheven bij de moedermaatschappij. De belastingplichtigen tezamen worden in dat geval aangemerkt als fiscale eenheid. Van een fiscale eenheid kan meer dan één dochtermaatschappij deel uitmaken.
2. Onder een bezit als bedoeld in het eerste lid wordt mede verstaan een middellijk bezit van aandelen, mits deze onmiddellijk worden gehouden door één of meer belastingplichtigen die van de fiscale eenheid deel uitmaken.

3. Het eerste lid vindt slechts toepassing indien: [...]
   c. beide belastingplichtigen in Nederland zijn gevestigd [...]."

Hoofdgedingen en prejudiciële vragen

Zaak C-398/16

7. X BV, een vennootschap naar Nederlands recht, is onderdeel van een Zweeds concern, waartoe ook een Italiaanse vennootschap behoort. Om door derden gehouden aandelen in deze laatste vennootschap te verwerven, heeft X BV een andere Italiaanse vennootschap opgericht, waarin zij een kapitaal van 237 312 000 EUR heeft gestort. Deze storting is gefinancierd met een lening van een Zweedse groepsvennootschap aan X BV. X BV was de kredietverstrekkende vennootschap in 2004 een bedrag van 6 503 261 EUR aan rente ter zake van de lening verschuldigd. Deze rente is door X BV in de aangifte voor de vennootschapsbelasting voor het jaar 2004 in aftrek gebracht. De belastingdienst was evenwel van oordeel dat artikel 10a, lid 2, onder b), van de Wet op de vennootschapsbelasting aan deze aftrek in de weg stond en heeft een navorderingsaanslag opgelegd. X BV verzoekt thans om vernietiging daarvan voor de Nederlandse rechterlijke instanties.

8. In het kader van het beroep in rechte dat zij tegen deze navorderingsaanslag heeft ingesteld, heeft X BV betoogd dat zij die rente over de lening in aftrek had kunnen brengen indien zij een fiscale eenheid met haar Italiaanse dochtervennootschap had mogen vormen. Aangezien die mogelijkheid in het Nederlandse recht is voorbehouden aan ingezeten vennootschappen, meent X BV dat zij, in strijd met de artikelen 49 en 54 VWEU, in de uitoefening van haar vrijheid van vestiging wordt belemmerd.

9. De Hoge Raad der Nederlanden, waaraan het geschil is voorgelegd in het kader van een beroep in cassatie, heeft de behandeling van de zaak geschorst en het Hof verzocht om een prejudiciële beslissing over de volgende vraag:

> "Moeten de artikelen [...] 49 en 54 VWEU aldus worden uitgelegd dat zij in de weg staan aan een nationale regeling op grond waarvan een in een lidstaat gevestigde moedervennootschap met betrekking tot een geldlening die verband houdt met een kapitaalstorting in een dochtervennootschap in een andere lidstaat, geen aftrek van rente is toegestaan, terwijl die aftrek wel zou kunnen worden genoten indien die dochtervennootschap zou zijn opgenomen in een fiscale eenheid – met de kenmerken als die van de Nederlandse fiscale eenheid – met die moedervennootschap omdat alsdan door de consolidatie geen verband met een zodanige kapitaalstorting is waar te nemen?"

Zaak C-399/16

10. X NV, een vennootschap naar Nederlands recht, houdt middellijk een in het Verenigd Koninkrijk gevestigde dochtervennootschap. In haar aangifte voor de vennootschapsbelasting voor de belastingjaren 2008 en 2009 heeft X NV het verlies dat zij op haar deelneming had geleden ten gevolge van schommelingen van de wisselkoers, als kosten in mindering gebracht op haar resultaat. De belastingdienst heeft die aftrek geweigerd op grond van artikel 13, lid 1, van de Wet op de vennootschapsbelasting. Volgens die bepaling blijven bij het bepalen van de winst de voordelen en verliezen uit hoofde van een deelneming buiten aanmerking.

11. X NV is tegen de haar opgelegde navorderingsaanslag voor de jaren 2008 en 2009 opgekomen met het betoog dat zij haar negatief valutaresultaat op haar resultaat in aftrek had kunnen brengen indien zij een fiscale eenheid met haar dochtervennootschap had mogen vormen. Aangezien die mogelijkheid in het Nederlandse recht is voorbehouden aan ingezeten vennootschappen, meent X BV dat zij, in strijd met de artikelen 49 en 54 VWEU, in de uitoefening van haar vrijheid van vestiging wordt belemmerd.

12. De Hoge Raad der Nederlanden, waaraan het geschil is voorgelegd in het kader van een beroep in cassatie, heeft de behandeling van de zaak geschorst en het Hof verzocht om een prejudiciële beslissing over de volgende vragen:

> „1. Moeten de artikelen [...] 49 en 54 VWEU aldus worden uitgelegd dat zij in de weg staan aan een nationale regeling op grond waarvan een in een lidstaat gevestigde moedervennootschap geen valutaverlies in aanmerking kan nemen met betrekking tot het bedrag dat zij heeft geïnvesteerd in een dochtervennootschap die in een andere lidstaat is gevestigd, terwijl zij dit wel zou kunnen indien die dochtervennootschap zou zijn opgenomen in een fiscale eenheid – met de kenmerken als die van de Nederlandse fiscale eenheid – met die in eerstgenoemde lidstaat gevestigde moedervennootschap, dit als gevolg van de consolidatie binnen de fiscale eenheid?
>
> 2. Indien het antwoord op de eerste vraag bevestigend luidt, kan of moet dan voor de vaststelling van het in aanmerking te nemen valutaverlies ervan worden uitgegaan dat ook (een of meer van) de door de betrokken moedervennootschap middellijk, via [de in de eerste vraag bedoelde] dochtervennootschap, gehouden en in de Europese Unie gevestigde directe en indirecte dochtervennootschappen zouden zijn opgenomen in de fiscale eenheid?

3. Indien het antwoord op de eerste vraag bevestigend luidt, moet dan slechts rekening worden gehouden met valutaverliezen die bij opname in de fiscale eenheid van de moedervennootschap tot uitdrukking zouden zijn gekomen in de jaren waarop het geschil betrekking heeft, of moeten ook de valutaresultaten die in eerdere jaren tot uitdrukking zouden zijn gekomen, in aanmerking worden genomen?"

13. Bij beschikking van de president van het Hof van 9 augustus 2016 zijn de zaken C-398/16 en C-399/16 gevoegd voor de schriftelijke en de mondelinge behandeling en het arrest.

Verzoek om heropening van de mondelinge behandeling

14. Nadat de advocaat-generaal op 25 oktober 2017 conclusie had genomen, heeft X NV bij een op 16 november 2017 ter griffie van het Hof neergelegde akte verzocht om heropening van de mondelinge behandeling in zaak C-399/16. Ter ondersteuning van dat verzoek heeft die vennootschap in essentie aangevoerd dat die conclusie berust op een onjuiste uitlegging van de in geding zijnde regels van Nederlands belastingrecht.

15. Bij akte, neergelegd ter griffie van het Hof op 2 januari 2018, heeft X BV verzocht om ook in zaak C-398/16 de heropening van de mondelinge behandeling te gelasten.

16. Krachtens artikel 83 van het Reglement voor de procesvoering kan het Hof in elke stand van het geding, de advocaat-generaal gehoord, de heropening van de mondelinge behandeling gelasten, onder meer wanneer het zich onvoldoende voorgelicht acht, of wanneer een zaak moet worden beslecht op basis van een argument waarover de partijen of de in artikel 23 van het Statuut van het Hof van Justitie van de Europese Unie bedoelde belanghebbenden hun standpunten niet voldoende hebben kunnen uitwisselen (arrest Nordzucker, C-148/14, EU:C:2015:287, punt 24).

17. In de onderhavige zaken acht het Hof zich, de advocaat-generaal gehoord, voldoende voorgelicht om uitspraak te doen en is het van oordeel dat de zaken C-398/16 en C-399/16 niet hoeven te worden beslecht op basis van argumenten waarover de standpunten niet zijn uitgewisseld. Bijgevolg hoeft naar het oordeel van het Hof geen heropening van de mondelinge behandeling te worden gelast.

Beantwoording van de prejudiciële vragen

Opmerkingen vooraf

18. Ingevolge artikel 49 VWEU moeten beperkingen van de vrijheid van vestiging voor onderdanen van een lidstaat op het grondgebied van een andere lidstaat worden opgeheven. Deze vrijheid omvat voor de vennootschappen die in overeenstemming met de wetgeving van een lidstaat zijn opgericht en hun statutaire zetel, hun hoofdbestuur of hun hoofdvestiging binnen de Unie hebben – die door artikel 54 VWEU op gelijke voet als de onderdanen van de lidstaten worden geplaatst voor de uitoefening van de vrijheid van vestiging – het recht om hun activiteit in andere lidstaten uit te oefenen door middel van een dochteronderneming, een filiaal of een agentschap (zie in die zin arresten van 21 mei 2015, Verder LabTec, C-657/13, EU:C:2015:331, punt 32, en van 2 september 2015, Groupe Steria, C-386/14, EU:C:2015:524, punt 14).

19. Hoewel de bepalingen betreffende de vrijheid van vestiging volgens de bewoordingen ervan het voordeel van de nationale behandeling in de lidstaat van ontvangst beogen te waarborgen, verbieden zij de lidstaat van oorsprong ook, de vestiging in een andere lidstaat van een van zijn onderdanen of van een naar zijn nationale regeling opgerichte vennootschap te bemoeilijken.

20. Een uit de wetgeving van een lidstaat voortvloeiend verschil in behandeling ten nadele van vennootschappen die hun vrijheid van vestiging uitoefenen, vormt echter geen belemmering van die vrijheid indien dat verschil betrekking heeft op situaties die objectief niet vergelijkbaar zijn of indien het door dwingende redenen van algemeen belang wordt gerechtvaardigd en evenredig is aan dat doel (zie in die zin arresten van 12 december 2006, Test Claimants in the FII Group Litigation, C-446/04, EU:C:2006:774, punt 167, en van 25 februari 2010, X Holding, C-337/08, EU:C:2010:89, punt 20).

21. Het Hof heeft zich in het arrest van 25 februari 2010, X Holding (C-337/08, EU:C:2010:89), reeds dienen uit te spreken over de verenigbaarheid met het Unierecht van de belastingwetgeving van een lidstaat, zoals de Nederlandse belastingwetgeving, die aan ingezeten moedervennootschappen en hun ingezeten dochtervennootschappen de mogelijk heid voorbehoudt om voor een fiscale-integratieregeling in aanmerking te komen, dat wil zeggen om te worden belast alsof zij één enkele fiscale entiteit vormen. Een dergelijke regeling is voor de betrokken vennootschappen een voordeel, aangezien zij op grond van die regeling onder meer de winsten en de verliezen van de in de fiscale eenheid opgenomen vennootschappen op het niveau van de moedervennootschap mogen consolideren en de transacties die binnen die eenheid worden verricht, fiscaal neutraal kunnen houden.

22. In punt 19 van dat arrest heeft het Hof geoordeeld dat wanneer een moedervennootschap met een in een andere lidstaat gevestigde dochteronderneming van dit voordeel wordt uitgesloten, het voor de moedervennootschap minder aantrekkelijk kan worden om haar vrijheid van vestiging uit te oefenen doordat zij ervan wordt afgeschrikt, dochterondernemingen in andere lidstaten op te richten.

23. Niettemin heeft het Hof in punt 43 van datzelfde arrest beslist dat dat verschil in behandeling gerechtvaardigd was uit hoofde van de noodzaak om de verdeling van de heffingsbevoegdheid tussen de lidstaten te behouden en dat de daaruit resulterende beperking van de vrijheid van vestiging evenredig was aan dat doel.

24. Uit het arrest van 25 februari 2010, X Holding (C-337/08, EU:C:2010:89), kan daarom nog niet worden afgeleid dat elk verschil in behandeling tussen vennootschappen die tot een fiscaal geïntegreerde groep behoren en vennootschappen die niet tot een dergelijke groep behoren, verenigbaar is met artikel 49 VWEU. Wat de andere belastingvoordelen dan de overdracht van verliezen binnen een fiscaal geïntegreerde groep betreft, moet bijgevolg afzonderlijk worden beoordeeld of een lidstaat die voordelen kan voorbehouden aan vennootschappen die deel uitmaken van een fiscaal geïntegreerde groep en die voordelen derhalve kan uitsluiten in grensoverschrijdende situaties (zie in die zin arrest van 2 september 2015, Groupe Steria, C-386/14, EU:C:2015:524, punten 27 en 28).

25. In elk van de hoofdgedingen stellen de verzoekende vennootschappen, die niet-ingezeten dochtervennootschappen bezitten, dat hun om die reden andere belastingvoordelen dan de overdracht van verliezen binnen de fiscaal geïntegreerde groep worden onthouden, die de Nederlandse wet op ongerechtvaardigde wijze voorbehoudt aan fiscale eenheden. De verwijzende rechterlijke instantie wenst in essentie te vernemen of artikel 49 VWEU aldus moet worden uitgelegd dat het zich tegen deze verschillen in behandeling verzet.

Vraag in zaak C-398/16

26. Met zijn vraag wenst de verwijzende rechter in essentie te vernemen of de artikelen 49 en 54 VWEU aldus moeten worden uitgelegd dat zij in de weg staan aan een nationale regeling als die in het hoofdgeding, op grond waarvan een in een lidstaat gevestigde moedervennootschap met betrekking tot een geldlening die bij een verbonden vennootschap wordt aangegaan met het oog op de financiering van een kapitaalstorting in een dochtervennootschap die in een andere lidstaat is gevestigd, geen aftrek van rente wordt toegestaan terwijl, indien die dochtervennootschap in dezelfde lidstaat zou zijn gevestigd, de moedervennootschap die aftrek wel zou kunnen genieten door met de dochtervennootschap een fiscaal geïntegreerde eenheid te vormen.

Verschil in behandeling

27. Krachtens artikel 10a, lid 2, onder b), van de Wet op de vennootschapsbelasting kunnen renten ter zake van geldleningen die bij een verbonden lichaam zijn aangegaan, niet in aftrek op de belastbare winst komen, voor zover de geldlening verband houdt met een kapitaalstorting, onder meer in de vorm van een verwerving van aandelen, in een verbonden lichaam. Ingevolge artikel 10a, lid 3, onder a), van die wet is dit echter anders indien de belastingplichtige aannemelijk maakt dat aan de schuld en de daarmee verband houdende rechtshandeling in overwegende mate zakelijke overwegingen ten grondslag liggen.

28. Voorts mag een groep ingezeten vennootschappen op grond van artikel 15 van genoemde wet een fiscale eenheid vormen. Zoals volgt uit punt 21 van dit arrest, worden de vennootschappen die voor die regeling kiezen gezamenlijk belast, waarbij de belasting bij de moedervennootschap wordt geheven. Binnen de fiscale eenheid worden onderlinge deelnemingsverhoudingen, zoals de storting van kapitaal door een moedervennootschap in haar dochtervennootschap, door de consolidatie fiscaal non-existent.

29. Aangezien de kapitaalstorting volgens de verwijzende rechterlijke instantie niet wordt waargenomen in een fiscale eenheid, is artikel 10a, lid 2, onder b), van de Wet op de vennootschapsbelasting niet van toepassing op een lichaam dat een lening aan een verbonden lichaam verstrekt met het oog op een kapitaalstorting in de vorm van de verwerving van aandelen in haar dochtervennootschap, waarmee zij een fiscale eenheid vormt. In dat geval heeft de vennootschap dus de mogelijkheid om de rente ter zake van haar lening in aftrek te brengen op haar fiscale winst, zonder dat aan de voorwaarden in lid 3 van datzelfde artikel hoeft te worden voldaan.

30. Aangezien een fiscale eenheid volgens artikel 15, lid 3, van de Wet op de vennootschapsbelasting alleen kan worden gevormd tussen in Nederland gevestigde belastingplichtigen, is er een verschil in behandeling tussen, enerzijds, een Nederlandse moedervennootschap die haar eveneens Nederlandse dochtervennootschap financiert met een bij een verbonden vennootschap aangegane lening en die niet kan worden geconfronteerd met beperkingen ten aanzien van de aftrek van rente ter zake van die lening door toepassing van artikel 10a van die wet en, anderzijds, een Nederlandse moedermaatschappij die haar buitenlandse dochtervennootschap op gelijke wijze een financiering verstrekt, maar die de renteaftrek op grond van diezelfde bepalingen kan worden geweigerd.

31. In deze zaak heeft X BV de verwerving van aandelen van haar Italiaanse dochtervennootschap gefinancierd met een lening die haar was verstrekt door een Zweedse vennootschap die tot dezelfde groep behoorde. De belastingdienst heeft X BV op basis van artikel 10a, lid 2, onder b), van de Wet op de vennootschapsbelasting niet toegestaan om de rente ter zake van die lening af te trekken, omdat zij niet aannemelijk had gemaakt dat het gebruik van die geldlening zakelijk gezien nut had. X BV geeft te kennen dat zij gunstiger zou zijn behandeld indien haar dochtervennootschap een ingezeten vennootschap zou zijn geweest, aangezien zij dan met haar een fiscale eenheid had kunnen vormen en de rente over die lening dus onbeperkt in aftrek had kunnen brengen op haar resultaat.

32. Dat verschil in behandeling kan het voor de moedervennootschap minder aantrekkelijk maken om haar vrijheid van vestiging uit te oefenen door dochterondernemingen op te richten in andere lidstaten. Om met de verdragsbepalingen verenigbaar zijn, moet dit verschil betrekking hebben op situaties die objectief niet vergelijkbaar zijn of door een dwingende reden van algemeen belang gerechtvaardigd zijn, zoals blijkt uit punt 20 van dit arrest.

Vergelijkbaarheid van de situaties

33. De vergelijkbaarheid van de grensoverschrijdende en de binnenlandse situaties moet met inachtneming van het doel en de inhoud van de betrokken nationale bepalingen worden onderzocht (zie in die zin arrest van 18 december 2014, X, C-87/13, EU:C:2014:2459, punt 27).

34. In deze zaak vloeit het verschil in behandeling voort uit de gecombineerde toepassing van artikel 10a, lid 2, onder b), en artikel 15 van de Wet op de vennootschapsbelasting. Deze bepalingen hebben niet hetzelfde doel. Waar artikel 10a, lid 2, onder b), van die wet uitholling van de Nederlandse belastinggrondslag door kunstmatig opgezette financiële constructies binnen de groep moet voorkomen, kunnen op grond van artikel 15 van die wet de winsten en verliezen van de in de fiscale eenheid opgenomen vennootschappen op het niveau van de moedervennootschap worden geconsolideerd en de groepsinterne transacties fiscaal neutraal worden gehouden. Volgens de verwijzende rechter is een van de gevolgen van de regeling van de fiscale eenheid dat het verband tussen de lening en de kapitaalstorting, die voor de toepassing van artikel 10a, lid 2, onder b), van diezelfde wet bepalend is, als gevolg van de consolidatie niet meer wordt waargenomen.

35. In artikel 10a, lid 2, onder b), van de Wet op de vennootschapsbelasting zelf wordt echter geen onderscheid gemaakt naar gelang de groep grensoverschrijdend is of niet. Bijgevolg moet de vergelijkbaarheid van de situaties uitsluitend aan de hand van het doel van artikel 15 van die wet worden beoordeeld, rekening houdend met het door de verwijzende rechterlijke instantie vermelde gevolg van de consolidatie.

36. Het Hof heeft in punt 24 van het arrest van 25 februari 2010, X Holding (C-337/08, EU:C:2010:89), reeds ten aanzien van de Nederlandse regeling van de fiscale eenheid geoordeeld dat de situatie van een ingezeten moedervennootschap die met een ingezeten dochteronderneming een dergelijk eenheid wil vormen, uit het oogpunt van de doelstelling van de belastingregeling objectief vergelijkbaar is met de situatie van een ingezeten moedervennootschap die met een niet-ingezeten dochteronderneming een fiscale eenheid wil vormen.

37. Daaruit volgt dat de grensoverschrijdende en de binnenlandse situatie uit het oogpunt van de gecombineerde toepassing van de in het hoofdgeding aan de orde zijnde bepalingen vergelijkbaar zijn en dat er dus een verschil in behandeling is. Mogelijk kan dit verschil echter worden gerechtvaardigd door dwingende redenen van algemeen belang.

Rechtvaardiging

38. De Nederlandse regering en de verwijzende rechterlijke instantie voeren in dat verband meerdere redenen aan ter rechtvaardiging van het in punt 30 van dit arrest omschreven verschil in behandeling.

39. In de eerste plaats moet worden beoordeeld of een dergelijk verschil in behandeling kan worden gerechtvaardigd door de noodzaak om de verdeling van de heffingsbevoegdheid tussen de lidstaten te behouden. Zoals volgt uit punt 23 van het onderhavige arrest, heeft het Hof in het arrest van 25 februari 2010, X Holding (C-337/08, EU:C:2010:89), geoordeeld dat de consolidatie van de winsten en verliezen van de in de fiscale eenheid opgenomen vennootschappen op het niveau van de moedervennootschap een voordeel inhoudt dat op goede gronden is voorbehouden aan ingezeten vennootschappen gelet op de noodzaak de verdeling van de heffingsbevoegdheid tussen de lidstaten te behouden.

40. Het voordeel waar X BV in deze zaak aanspraak op wil maken, mag echter niet worden verward met het voordeel dat met de consolidatie binnen de fiscale eenheid samenhangt. Het hoofdgeding heeft betrekking op de mogelijkheid om rentelasten, en niet de aan de fiscale eenheid inherente compensatie van de kosten en baten in het algemeen, in aftrek te brengen. Die mogelijkheid van renteaftrek wordt echter verre van voorbehouden aan de fiscale eenheden. Naar Nederlands recht mag elke vennootschap daartoe overgaan en wordt daaraan alleen in de specifieke constellatie en onder de voorwaarden genoemd in artikel 10a, lid 2, onder b), van de Wet op de vennootschapsbelasting een beperking gesteld. De moedervennootschap die met haar dochteronderneming een fiscale eenheid vormt, verkrijgt dus niet een aan de belastingregeling van de fiscale eenheid specifiek verbonden voordeel wanneer zij die beperking ontgaat.

41. Dat geldt temeer wanneer in aanmerking wordt genomen dat de toepassing van artikel 10a, lid 2, onder b), van de Wet op de vennootschapsbelasting niet lijkt af te hangen van de plaats waar de belasting over de inkomsten uit de betaalde rente wordt geheven en dus van de vraag welke lidstaat voordeel uit die belastingheffing haalt, een aspect ten aanzien waarvan de Nederlandse regering overigens geen aanwijzingen heeft gegeven.

42. Het aan de orde zijnde verschil in behandeling kan bijgevolg niet worden gerechtvaardigd door de noodzaak om de verdeling van de heffingsbevoegdheid tussen de lidstaten te behouden.

43. In de tweede plaats werpt de verwijzende rechterlijke instantie de vraag op of die rechtvaardiging kan worden gevonden in de noodzaak om de samenhang van het Nederlandse belastingstelsel te verzekeren. Het Hof aanvaardt dat een zodanige rechtvaardiging een dwingende reden van algemeen belang vormt, op voorwaarde dat wordt aangetoond dat er een rechtstreeks verband bestaat tussen het betrokken belastingvoordeel en de opheffing van dit voordeel door een bepaalde belastingheffing, waarbij de vraag of dat verband rechtstreeks is, moet worden beoordeeld aan de hand van het doel van de betrokken regeling (arrest van 2 september 2015, Groupe Steria, C-386/14, EU:C:2015:524, punt 31 en aldaar aangehaalde rechtspraak).

44. De Nederlandse regering stelt echter zelfs niet dat een dergelijk verband bestaat. Zij voert slechts in het algemeen aan dat de regeling van de fiscale eenheid een coherent geheel van vooren nadelen vormt. In elk geval vermeldt die regering niets specifieks waaruit kan worden opgemaakt dat de samenhang van de regeling van de fiscale eenheid in gevaar zou komen indien de rente ter zake van een lening voor de financiering van de verwerving van aandelen in een niet-ingezeten dochtervennootschap in aftrek zou mogen worden gebracht.

45. Het in punt 30 van dit arrest bedoelde verschil in behandeling wordt dus niet gerechtvaardigd door de noodzaak de samenhang van het Nederlandse belastingstelsel te verzekeren.

46. In de derde plaats wordt dit verschil in behandeling volgens de Nederlandse regering gerechtvaardigd door de doelstelling van de bestrijding van belastingontwijking en fraude en is het bedoeld om te verhinderen dat volstrekt kunstmatige constructies worden opgezet die geen verband houden met de economische realiteit en erop zijn gericht om belasting te ontwijken die normaliter verschuldigd is over de winsten uit activiteiten op het nationale grondgebied.

47. Uit de rechtspraak van het Hof, en meer bepaald punt 26 van het arrest van 16 juli 1998, ICI (C-264/96, EU:C:1998:370), en punt 51 van het arrest van 12 september 2006, Cadbury Schweppes en Cadbury Schweppes Overseas (C-196/04, EU: C:2006:544), volgt dat een dergelijk doel op fiscaal gebied een dwingende reden van algemeen belang kan vormen.

48. Dit is onmiskenbaar het doel dat met artikel 10a, lid 2, onder b), van de Wet op de vennootschapsbelasting wordt nagestreefd. Zoals de verwijzende rechterlijke instantie uiteenzet, gaat erom te voorkomen dat eigen vermogen van de groep op kunstmatige wijze bij een Nederlands lichaam van die groep wordt gepresenteerd als vreemd vermogen en dat de rente ter zake van die lening in aftrek kan worden gebracht op het in Nederland belastbare resultaat. Het doel van het verbod van renteaftrek ter zake van groepsinterne leningen wordt uitdrukkelijk bevestigd door de regel dat renten ter zake van een geldlening volgens lid 3, onder a), van dat artikel alleen in aftrek mogen worden gebracht wanneer aan de groepsinterne transactie zakelijke overwegingen ten grondslag liggen.

49. Een beperking van de vrijheid van vestiging kan echter slechts door de strijd tegen misbruik worden gerechtvaardigd, wanneer die beperking specifiek tot doel heeft dat misbruik te verhinderen (zie in die zin arrest van 12 september 2006, Cadbury Schweppes en Cadbury Schweppes Overseas, C-196/04, EU:C:2006:544, punt 55). De Nederlandse regering tracht echter niet eens aan te tonen dat dit de achterliggende bedoeling van het in punt 30 van dit arrest bedoelde verschil in behandeling is. Dat kan overigens ook niet het geval zijn, aangezien het verschil in behandeling niet alleen uit artikel 10a, lid 2, onder b), van de Wet op de vennootschapsbelasting voortvloeit, maar uit de gecombineerde toepassing van dat artikel en artikel 15 van die wet, betreffende de fiscale eenheid, dat een ander doel heeft, zoals volgt uit punt 34 van het onderhavige arrest.

50. Zoals voorts de advocaat-generaal heeft opgemerkt in punt 82 van zijn conclusie, kan dit verschil in behandeling niet objectief worden gerechtvaardigd door het voorkomen van misbruik. Wanneer een moedervennootschap de verwerving van aandelen in een dochtervennootschap financiert met een lening die bij een andere verbonden vennootschap wordt aangegaan, is het risico dat die lening geen verband houdt met de economische realiteit en slechts bedoeld is om kunstmatig een aftrekbare last te creëren, niet minder groot wanneer de moedervennootschap en haar dochtervennootschap beide ingezetene zijn van dezelfde lidstaat en tezamen een fiscale eenheid vormen dan wanneer de dochtervennootschap in een andere lidstaat is gevestigd en het haar dus niet is toegestaan om met de moedermaatschappij een fiscale eenheid te vormen.

51. Uit het voorgaande volgt dat op de in zaak C-398/16 gestelde vraag moet worden geantwoord dat de artikelen 49 en 54 VWEU aldus moeten worden uitgelegd dat zij in de weg staan aan een nationale regeling als die in het hoofdgeding, op grond waarvan een in een lidstaat gevestigde moedervennootschap met betrekking tot een geldlening die bij een verbonden vennootschap wordt aangegaan met het oog op de financiering van een kapitaalstorting in een dochtervennootschap die in een andere lidstaat is gevestigd, geen aftrek van rente wordt toegestaan terwijl, indien die dochtervennootschap in dezelfde lidstaat zou zijn gevestigd, de moedervennootschap die aftrek wel zou kunnen genieten door met de dochtervennootschap een fiscaal geïntegreerde eenheid te vormen.

Vragen in zaak C-399/16

Eerste vraag

52. Met zijn eerste vraag wenst de verwijzende rechterlijke instantie in essentie te vernemen of de artikelen 49 en 54 VWEU aldus moeten worden uitgelegd dat zij in de weg staan aan een nationale regeling als die in het hoofdgeding, op grond waarvan een in een lidstaat gevestigde moedervennootschap geen waardeverliezen als gevolg van wisselkoersschommelingen op het bedrag van haar deelneming in een in een andere lidstaat gevestigde dochtervennootschap op haar winst in mindering mag brengen, wanneer diezelfde regeling niet symmetrisch daaraan voorziet in belastingheffing over de meerwaarden die uit die schommelingen resulteren.

53. Ingevolge artikel 13, lid 1, van de Wet op de vennootschapsbelasting blijven bij het bepalen van de winst buiten aanmerking de voordelen uit hoofde van een deelneming, alsmede de kosten ter zake van de verwerving of de vervreemding van die deelneming.

54. Deze regel – de zogenoemde „deelnemingsvrijstelling" – heeft onder meer tot gevolg dat zowel de waardestijgingen als de waardedalingen van een deelneming die voortvloeien uit het koersverloop van een vreemde munteenheid waarin de waarde van die deelneming is uitgedrukt, bij het bepalen van de winst buiten aanmerking blijven.

55. Dat is de reden waarom X NV het koersverlies dat zij heeft geleden op het bedrag dat zij als aandeelhouder in haar in het Verenigd Koninkrijk gevestigde dochtervennootschap heeft geïnvesteerd, niet op haar belastbare winst in mindering kan brengen. Volgens de toelichtingen van de verwijzende rechterlijke instantie zou zij dat wel kunnen in het kader van een fiscale eenheid, als gevolg van de consolidatie, indien haar dochtervennootschap in Nederland zou zijn gevestigd. X NV stelt dat zij daardoor het slachtoffer is van discriminatie die een belemmering van de vrijheid van vestiging oplevert.

56. Dergelijke situaties zijn echter niet objectief vergelijkbaar. Een Nederlandse vennootschap kan namelijk geen koersverliezen op haar deelneming in een ingezeten vennootschap lijden, behalve in het zeer bijzondere geval dat die deelneming is uitgedrukt in een andere munteenheid dan die waarin het resultaat van die vennootschap is uitgedrukt.

57. Zelfs in dat geval kan het bestaan van een verschil in behandeling worden betwist. Zoals volgt uit punt 21 van dit arrest, zijn de onderlinge deelnemingsverhoudingen binnen de fiscale eenheid fiscaal neutraal. Bijgevolg kan de waardevermindering van de deelneming van de moedervennootschap in haar ingezeten dochtervennootschap waarmee zij een fiscale eenheid vormt, niet in mindering worden gebracht op het resultaat van de eenheid, ongeacht of die waardevermindering voortvloeit uit een wisselkoersschommeling of een andere oorzaak heeft.

58. Tot slot, en hoe dan ook, heeft het Hof geoordeeld dat uit de bepalingen van het VWEU inzake de vrijheid van vestiging niet kan worden afgeleid dat deze lidstaat zijn fiscale bevoegdheid asymmetrisch zou moeten uitoefenen om verliezen aftrekbaar te maken bij verrichtingen waarvan de resultaten, indien zij positief waren, hoe dan ook niet zouden worden belast (arrest van 10 juni 2015, X, C-686/13, EU:C:2015:375, punten 40 en 41).

59. Het nadeel dat een Nederlandse vennootschap ondervindt als gevolg van de onmogelijkheid om de wisselkoersverliezen die zij eventueel heeft geleden op haar deelneming in een niet-ingezeten dochtervennootschap in mindering te brengen, is immers niet te scheiden van het daar tegenover staande voordeel dat wisselkoerswinsten niet worden belast. Zoals de verwijzende rechterlijke instantie opmerkt, is de „deelnemingsvrijstelling" a priori noch voordelig noch nadelig. Zij kan dus niet ten grondslag liggen aan een verschil in behandeling dat nadelig uitwerkt voor de Nederlandse vennootschappen die een dochtervennootschap in een andere lidstaat hebben, zodat zij ook geen beperking van de vrijheid van vestiging kan vormen.

60. Bijgevolg moet op de eerste vraag in zaak C-399/16 worden geantwoord dat de artikelen 49 en 54 VWEU aldus moeten worden uitgelegd dat zij niet in de weg staan aan een nationale regeling als die in het hoofdgeding, op grond waarvan een in een lidstaat gevestigde moedervennootschap geen waardeverliezen als gevolg van wisselkoersschommelingen op het bedrag van haar deelneming in een in een andere lidstaat gevestigde dochtervennootschap op haar winst in mindering mag brengen, wanneer diezelfde regeling niet symmetrisch daaraan voorziet in belastingheffing over de meerwaarden die uit die schommelingen resulteren.

Tweede en derde vraag

61. Gelet op het antwoord op de eerste vraag, behoeven de tweede en de derde vraag in zaak C-399/19 niet te worden beantwoord.

Kosten

62. …

Het Hof (Eerste kamer)

verklaart voor recht:

1. **De artikelen 49 en 54 VWEU moeten aldus worden uitgelegd dat zij in de weg staan aan een nationale regeling als die in het hoofdgeding, op grond waarvan een in een lidstaat gevestigde moedervennootschap met betrekking tot een geldlening die bij een verbonden vennootschap is aangegaan met het oog op de financiering van een kapitaalstorting in een dochtervennootschap die in een andere lidstaat is gevestigd, geen aftrek van rente is toegestaan terwijl, indien die dochtervennootschap in dezelfde lidstaat zou zijn gevestigd, de moedervennootschap die aftrek wel zou kunnen genieten door met de dochtervennootschap een fiscaal geïntegreerde eenheid te vormen.**

2. **De artikelen 49 en 54 VWEU moeten aldus worden uitgelegd dat zij niet in de weg staan aan een nationale regeling als die in het hoofdgeding, op grond waarvan een in een lidstaat gevestigde moedervennootschap geen waardeverliezen als gevolg van wisselkoersschommelingen op het bedrag van haar deelneming in een in een andere lidstaat gevestigde dochtervennootschap op haar winst in mindering mag brengen, wanneer diezelfde regeling niet symmetrisch daaraan voorziet in belastingheffing over de meerwaarden die uit die schommelingen resulteren.**

HvJ EU 15 maart 2018, zaak C-355/16 (Christian Picart v. Ministre des Finances et des Comptes publics)

Eerste kamer: *R. Silva de Lapuerta, kamerpresident, C. G. Fernlund (rapporteur), J.-C. Bonichot, A. Arabadjiev en S. Rodin, rechters*
Advocaat-generaal: *P. Mengozzi*

1. Het verzoek om een prejudiciële beslissing betreft de uitlegging van de Overeenkomst tussen de Europese Gemeenschap en haar lidstaten, enerzijds, en de Zwitserse Bondsstaat, anderzijds, over het vrije verkeer van personen, ondertekend te Luxemburg op 21 juni 1999 (*PB* 2002, L 114, blz. 6; hierna: „OVP").

2. Dit verzoek is ingediend in het kader van een geding tussen Christian Picart en de ministre des Finances et des Comptes publics (minister van Financiën en Begroting, Frankrijk) over de beslissing waarbij de Franse belastingdienst, ten eerste, het bedrag heeft geherwaardeerd van de latente meerwaarde in de aanmerkelijke deelnemingen die Picart bezat in het kapitaal van in Frankrijk gevestigde vennootschappen en waarvan hij bij de overbrenging van zijn woonplaats van zijn staat van herkomst naar Zwitserland aangifte had gedaan, en, ten tweede, Picart aanvullende aanslagen in de inkomstenbelasting en aanvullende sociale bijdragen, samen met geldboeten, heeft opgelegd.

Toepasselijke bepalingen

OVP

3. De Europese Gemeenschap en haar lidstaten, enerzijds, en de Zwitserse Bondsstaat, anderzijds, hebben op 21 juni 1999 zeven overeenkomsten gesloten, waaronder de OVP. Deze zeven overeenkomsten werden bij besluit 2002/309/EG, Euratom van de Raad en de Commissie van 4 april 2002 (*PB* 2002, L 114, blz. 1) in naam van de Gemeenschap goedgekeurd en zijn op 1 juni 2002 in werking getreden.

4. Artikel 16, lid 2, OVP luidt:

„Voor zover de toepassing van deze overeenkomst begrippen van het Gemeenschapsrecht beroert, wordt de desbetreffende jurisprudentie van het Hof van Justitie van de Europese Gemeenschappen die vóór de datum van ondertekening van de overeenkomst tot stand is gekomen in aanmerking genomen. Jurisprudentie die na de ondertekening van de overeenkomst tot stand komt wordt ter kennis gebracht van Zwitserland. Met het oog op de goede werking van de overeenkomst bepaalt het Gemengd Comité op verzoek van een der overeenkomstsluitende partijen welke de implicaties van deze jurisprudentie zijn."

5. Hoofdstuk III van bijlage I bij de OVP is gewijd aan de zelfstandigen. Artikel 12 ervan, met als opschrift "Regels betreffende het verblijf", luidt:

„1. Aan onderdanen van een overeenkomstsluitende partij die zich op het grondgebied van een andere overeenkomstsluitende partij wensen te vestigen teneinde anders dan in loondienst een activiteit uit te oefenen (hierna ‚zelfstandigen' genoemd), wordt een verblijfsvergunning verleend met een geldigheidsduur van ten minste vijf jaar, te rekenen vanaf de datum van afgifte, mits zij bij de bevoegde nationale autoriteiten kunnen aantonen dat zij zich met dat doel hebben gevestigd of wensen te vestigen.
2. De verblijfsvergunning wordt automatisch verlengd voor een periode van ten minste vijf jaar, mits de zelfstandige bij de bevoegde nationale autoriteiten kan aantonen dat hij of zij een economische activiteit anders dan in loondienst uitoefent.
[…]"

6. Artikel 13 van deze bijlage, met als opschrift „Zelfstandige grensarbeiders", bepaalt in lid 1:
„Een zelfstandige grensarbeider is een onderdaan van een overeenkomstsluitende partij wiens woonplaats gelegen is op het grondgebied van de ene overeenkomstsluitende partij, en die als zelfstandige een activiteit uitoefent op het grondgebied van de andere overeenkomstsluitende partij, waarbij de betrokkene in beginsel iedere dag naar zijn of haar woning terugkeert, of ten minste eenmaal per week."

Franse wetgeving

7. In artikel 167 bis van de code général des impôts (algemeen belastingwetboek), zoals van toepassing ten tijde van de feiten in het hoofdgeding (hierna: „CGI"), was bepaald:

„I. – 1. Belastingplichtigen die in de loop van de laatste tien jaar gedurende minstens zes jaar in Frankrijk hun fiscale woonplaats hebben gehad, zijn op de datum waarop zij hun woonplaats van Frankrijk naar het buitenland verplaatsen, belasting verschuldigd over de vastgestelde meerwaarden van de vennootschapsrechten als bedoeld in artikel 150-0 A die zij onder de voorwaarden van artikel 164 B, onder f), bezaten. […]

II. – 1. De betaling van de belasting over de vastgestelde meerwaarde kan worden uitgesteld tot op het tijdstip waarop de betrokken vennootschapsrechten worden overgedragen, teruggekocht, terugbetaald of nietig verklaard.

De betaling kan worden uitgesteld op voorwaarde dat de belastingplichtige aangifte doet van het bedrag van de overeenkomstig sub I vastgestelde meerwaarde, om uitstel verzoekt, een in Frankrijk gevestigde vertegenwoordiger aanwijst die gemachtigd is de mededelingen in ontvangst te nemen inzake de heffingsgrondslag, de inning en geschillen ter zake van de belasting, en vóór zijn vertrek aan de rekenplichtige die belast is met de inning een zekerheid stelt om de inning van de belastingschuld te waarborgen.

[…]

2. De belastingplichtigen die overeenkomstig dit artikel uitstel van betaling genieten, zijn gehouden de in punt 1 van artikel 170 vastgestelde aangifte te doen. Op deze aangifte wordt het totale bedrag vermeld van de belastingen waarvoor de betaling is uitgesteld. Bij de aangifte wordt een overzicht gevoegd, gesteld op een door de administratie verstrekt formulier, dat het bedrag van de belasting vermeldt voor de effecten waarvoor het uitstel van betaling nog niet is vervallen, en in voorkomend geval, de aard en de datum van de gebeurtenis waardoor het uitstel komt te vervallen.

[…]

De door de belastingplichtige in het buitenland betaalde belasting over aldaar daadwerkelijk gerealiseerde meerwaarden kan worden verrekend met de in Frankrijk vastgestelde inkomstenbelasting, op voorwaarde dat zij daarmee vergelijkbaar is.

4. De belasting waarvan de betaling is uitgesteld, wordt onmiddellijk opeisbaar indien de aangifte en het overzicht als bedoeld in punt 2 niet worden overgelegd of bepaalde gegevens die daarin moeten voorkomen, ontbreken."

Hoofdgeding en prejudiciële vragen

8. Picart heeft in de loop van 2002 zijn woonplaats van Frankrijk naar Zwitserland overgebracht. Op datum van die overbrenging bezat hij aanmerkelijke deelnemingen in het maatschappelijk kapitaal van verschillende Franse vennootschappen.

9. Bij de overbrenging van zijn woonplaats heeft Picart overeenkomstig artikel 167 bis CGI aangifte gedaan van een latente meerwaarde in die deelnemingen en heeft hij – teneinde uitstel van betaling van de daarover verschuldigde belasting te verkrijgen – een fiscaal vertegenwoordiger in Frankrijk aangewezen en een bankwaarborg verstrekt als garantie voor de voldoening van de vordering van de Franse schatkist.

10. In 2005 heeft Picart de betrokken effecten overgedragen, waardoor een einde kwam aan het uitstel van betaling van die belasting. Na een onderzoek van zijn persoonlijke fiscale situatie heeft de Franse belastingdienst het bedrag van de aangegeven meerwaarde geherwaardeerd en Picart aanvullende aanslagen in de inkomstenbelasting en aanvullende sociale bijdragen, samen met geldboeten, opgelegd.

11. Picart heeft bezwaar gemaakt, met verzoek om ontheffing van deze aanvullende aanslagen en bijdragen en deze geldboeten. Nadat de belastingdienst dit bezwaar had afgewezen, heeft Picart zich gewend tot de tribunal administratif de Montreuil (bestuursrechter in eerste aanleg Montreuil, Frankrijk) en ter ondersteuning van zijn beroep heeft hij – tevergeefs – aangevoerd dat artikel 167 bis CGI onverenigbaar met de OVP was aangezien de door deze overeenkomst gewaarborgde vrijheid van vestiging hem de mogelijkheid bood zich in Zwitserland te vestigen en aldaar een economische activiteit als zelfstandige uit te oefenen, bestaande in het beheer van zijn verschillende directe of indirecte deelnemingen in verschillende vennootschappen waarover hij in Frankrijk de zeggenschap had. Nadat dit betoog ook in hoger beroep was afgewezen door de cour administrative d'appel de Versailles (bestuursrechter in tweede aanleg Versailles, Frankrijk), heeft Picart cassatieberoep ingesteld bij de Conseil d'État (hoogste bestuursrechter, Frankrijk).

12. De verwijzende rechter vraagt zich in wezen af of het recht om zich als zelfstandige te vestigen, in de zin van de OVP, dezelfde strekking heeft als de vrijheid van vestiging die door artikel 49 VWEU wordt gewaarborgd voor onderdanen van de lidstaten van de Unie, en, indien dat het geval is, bij de toepassing ervan rekening moet worden gehouden met de rechtspraak die voortvloeit uit het arrest van 7 september 2006, N (C-470/04, EU:C:2006:525), dat na de datum van ondertekening van deze overeenkomst is gewezen.

13. Daarom heeft de Conseil d'État de behandeling van de zaak geschorst en het Hof verzocht om een prejudiciële beslissing over de volgende vragen:

„1. Kan het recht om zich als zelfstandige te vestigen, zoals dit is omschreven in de artikelen 1 en 4 [OVP] en artikel 12 van bijlage I daarbij, gelijkwaardig worden geacht aan de door artikel [49 VWEU] gewaarborgde vrijheid van vestiging van personen die werkzaamheden anders dan in loondienst uitoefenen?

2. Moet in dit geval, gelet op artikel 16 [OVP], het arrest [van 7 september 2006, N (C-470/04, EU:C:2006:525)] – dat dateert van na deze overeenkomst – worden toegepast in een situatie waarin een onderdaan van een lidstaat die zijn woonplaats naar Zwitserland heeft verplaatst, louter de deelnemingen

aanhoudt die hij bezit in vennootschappen die naar het recht van die lidstaat zijn opgericht, en die hem de mogelijkheid bieden om de beslissingen van die vennootschappen in zekere mate te beïnvloeden en de activiteiten ervan te bepalen, zonder dat hij voornemens is in Zwitserland een andere activiteit als zelfstandige uit te oefenen dan die welke hij uitoefende in de lidstaat waarvan hij onderdaan was, en die erin bestond deze deelnemingen te beheren?

3. Moet dit recht, ingeval het niet gelijkwaardig is aan de vrijheid van vestiging, worden uitgelegd op dezelfde manier als waarop het Hof van Justitie van de Europese Unie de vrijheid van vestiging heeft uitgelegd in zijn arrest [van 7 september 2006, N (C-470/04, EU:C:2006:525)]?"

Beantwoording van de prejudiciële vragen

14. Met zijn vragen, die samen moeten worden onderzocht, wenst de verwijzende rechter te vernemen of de bepalingen van de OVP in een situatie als die in het hoofdgeding aldus moeten worden uitgelegd dat zij zich verzetten tegen een wettelijke regeling van een overeenkomstsluitende Staat als die in het hoofdgeding, volgens welke, wanneer een natuurlijke persoon zijn woonplaats van die Staat naar een andere overeenkomstsluitende Staat overbrengt terwijl hij zijn economische activiteit in eerstbedoelde Staat blijft uitoefenen, naar aanleiding van deze woonplaatsoverbrenging onmiddellijk belasting wordt geheven over de latente meerwaarden in aanmerkelijke deelnemingen die deze persoon aanhoudt in het kapitaal van onder het recht van eerstbedoelde Staat vallende vennootschappen, en uitstel van invordering van de verschuldigde belasting slechts mogelijk is mits zekerheden worden gesteld die voldoende zijn ter waarborging van de invordering van die belasting, terwijl een persoon die ook dergelijke deelnemingen aanhoudt maar zijn woonplaats op het grondgebied van eerstbedoelde Staat behoudt, pas op het tijdstip van overdracht van deze deelnemingen wordt belast.

15. Picart voert aan dat de activiteit bestaande in het beheer, vanuit Zwitserland, van zijn deelnemingen in in Frankrijk gevestigde vennootschappen valt onder het recht om zich als zelfstandige te vestigen, in de zin van de OVP, en dat hij dit recht ook ten aanzien van zijn staat van herkomst moet kunnen doen gelden.

16. Dienaangaande heeft het Hof reeds voor recht verklaard dat onderdanen van een overeenkomstsluitende partij, in bepaalde omstandigheden en naargelang van de toepasselijke bepalingen, aan de OVP ontleende rechten kunnen doen gelden niet alleen jegens het land waar zij een vrijheid van verkeer uitoefenen, maar ook jegens hun eigen land (arrest van 28 februari 2013, Ettwein, C-425/11, EU:C:2013:121, punt 33).

17. Derhalve moet allereerst worden onderzocht of een situatie als die van Picart binnen de werkingssfeer ratione personae van het begrip „zelfstandigen" in de zin van de OVP valt en, in voorkomend geval, of deze overeenkomst bepalingen bevat die Picart jegens zijn staat van herkomst kan doen gelden.

18. Opgemerkt zij dat hoofdstuk III van bijlage I bij de OVP, dat is gewijd aan de zelfstandigen, de artikelen 12 en 13 bevat, die deze werkingssfeer afbakenen.

19. Ingevolge artikel 12, lid 1, van deze bijlage I wordt een onderdaan van een overeenkomstsluitende partij die zich op het grondgebied van een andere overeenkomstsluitende partij wenst te vestigen teneinde anders dan in loondienst een activiteit uit te oefenen, beschouwd als een zelfstandige.

20. In artikel 13, lid 1, van deze bijlage gaat het over zelfstandige grensarbeiders, te weten onderdanen van een overeenkomstsluitende partij wier woonplaats gelegen is op het grondgebied van een overeenkomstsluitende partij en die als zelfstandige een activiteit uitoefenen op het grondgebied van de andere overeenkomstsluitende partij, waarbij de betrokkenen in beginsel iedere dag of ten minste eenmaal per week naar hun woning terugkeren.

21. In het hoofdgeding zij evenwel vastgesteld, zonder dat in het kader van de onderhavige prejudiciële verwijzing behoeft te worden uitgemaakt of het beheer van deelnemingen als in het hoofdgeding een activiteit anders dan in loondienst vormt in de zin van artikel 12, lid 1, of artikel 13, lid 1, van diezelfde bijlage, dat de situatie van Picart onder geen van beide bepalingen valt.

22. In de eerste plaats is, zoals blijkt uit de bewoordingen van artikel 12, lid 1, van bijlage I bij de OVP, het recht van vestiging in de zin van deze bepaling immers voorbehouden aan onderdanen – natuurlijke personen – van een overeenkomstsluitende partij die zich op het grondgebied van een andere overeenkomstsluitende partij wensen te vestigen teneinde op dat grondgebied anders dan in loondienst een activiteit uit te oefenen.

23. Deze bepaling is dus slechts van toepassing indien de betrokkene zijn activiteit anders dan in loondienst uitoefent op het grondgebied van een andere overeenkomstsluitende partij dan die waarvan hij een onderdaan is.

24. In het hoofdgeding blijkt uit het aan het Hof overgelegde dossier dat Picart, een Frans onderdaan, niet voornemens is zijn economische activiteit op het grondgebied van de Zwitserse Bondsstaat uit te oefenen, maar op het grondgebied van zijn staat van herkomst een activiteit wenst te blijven uitoefenen. Derhalve valt de situatie van Picart niet binnen de werkingssfeer van artikel 12, lid 1, van bijlage I bij de OVP.

25. In de tweede plaats vloeit uit de bewoordingen van artikel 13, lid 1, van bijlage I bij de OVP voort dat de situatie van een onderdaan van een overeenkomstsluitende partij wiens woonplaats gelegen is op het grondgebied van

een overeenkomstsluitende partij en die anders dan in loondienst een activiteit uitoefent op het grondgebied van de andere overeenkomstsluitende partij, waarbij hij in beginsel iedere dag of ten minste eenmaal per week naar zijn woning terugkeert, binnen de werkingssfeer van deze bepaling valt.

26. Aangaande die bepaling heeft het Hof in zijn arrest van 28 februari 2013, Ettwein (C-425/11, EU:C:2013:121, punten 34 en 35), geoordeeld dat een zelfstandigenechtpaar dat zijn woonplaats van zijn staat van herkomst naar Zwitserland had overgebracht, daarbij zijn activiteit in deze staat van herkomst bleef uitoefenen en dagelijks terugkeerde van de plaats van zijn beroepsactiviteit naar zijn woonplaats, onder deze bepaling viel.

27. In casu blijkt uit het aan het Hof overgelegde dossier dat Picart, anders dan dit zelfstandigenechtpaar, op het grondgebied van zijn woonstaat blijft, te weten de Zwitserse Bondsstaat, van waaruit hij zijn economische activiteit in zijn staat van herkomst wenst uit te oefenen, en anders dan artikel 13, lid 1, van bijlage I bij de OVP bepaalt, niet dagelijks of ten minste eenmaal per week het traject van de plaats van zijn economische activiteit naar zijn woonplaats aflegt. Een situatie als die van Picart kan dus niet vergelijkbaar worden geacht met die welke heeft geleid tot het arrest van 28 februari 2013, Ettwein (C-425/11, EU:C:2013:121). Bijgevolg valt een situatie als die van Picart niet binnen de werkingssfeer van deze bepaling.

28. Daaruit volgt dat een situatie als die van Picart niet binnen de werkingssfeer ratione personae van het begrip „zelfstandigen" in de zin van de OVP valt en hij zich dus niet op deze overeenkomst kan beroepen.

29. Ten slotte behoeft aangaande de uitlegging van artikel 43 EG (thans artikel 49 VWEU) zoals die volgt uit het arrest van 7 september 2006, N (C-470/04, EU:C:2006:525), slechts in herinnering te worden gebracht dat aangezien de Zwitserse Bondsstaat niet is toegetreden tot de interne markt van de Unie, de van de Unierechtelijke bepalingen inzake deze markt gegeven uitlegging niet automatisch kan worden getransponeerd op de uitlegging van de OVP, behoudens uitdrukkelijke bepalingen in die zin in deze overeenkomst zelf (zie in die zin arresten van 12 november 2009, Grimme, C-351/08, EU: C:2009:697, punt 29; 11 februari 2010, Fokus Invest, C-541/08, EU:C:2010:74, punt 28, en 15 juli 2010, Hengartner en Gasser, C-70/09, EU:C:2010:430, punt 42).

30. De OVP bevat evenwel geen dergelijke uitdrukkelijke bepalingen.

31. Bovendien heeft de uitlegging die het Hof van artikel 43 EG (thans artikel 49 VWEU) heeft gegeven in zijn arrest van 7 september 2006, N (C-470/04, EU:C:2006:525), des te minder invloed op de voorgaande overwegingen daar – zoals blijkt uit de punten 63 en volgende van de conclusie van de advocaat-generaal – de bewoordingen noch de strekking van dit artikel vergelijkbaar zijn met die van de toepasselijke bepalingen van de OVP.

32. Gelet op een en ander dient op de prejudiciële vragen te worden geantwoord dat de bepalingen van de OVP, aangezien een situatie als die in het hoofdgeding niet valt binnen de werkingssfeer ratione personae van het begrip „zelfstandigen" in de zin van deze overeenkomst, aldus moeten worden uitgelegd dat zij zich niet verzetten tegen een wettelijke regeling van een overeenkomstsluitende Staat als die in het hoofdgeding, volgens welke, wanneer een natuurlijke persoon zijn woonplaats van die Staat naar een andere overeenkomstsluitende Staat overbrengt terwijl hij zijn economische activiteit in eerstbedoelde Staat blijft uitoefenen zonder dagelijks of ten minste eenmaal per week het traject van de plaats van zijn economische activiteit naar zijn woonplaats af te leggen, naar aanleiding van deze woonplaatsoverbrenging onmiddellijk belasting wordt geheven over de latente meerwaarden in aanmerkelijke deelnemingen die deze persoon aanhoudt in het kapitaal van onder het recht van eerstbedoelde Staat vallende vennootschappen, en uitstel van invordering van de verschuldigde belasting slechts mogelijk is mits zekerheden worden gesteld die voldoende zijn ter waarborging van de invordering van die belasting, terwijl een persoon die ook dergelijke deelnemingen aanhoudt maar zijn woonplaats op het grondgebied van eerstbedoelde Staat behoudt, pas op het tijdstip van overdracht van deze deelnemingen wordt belast.

Kosten

33. …

Het Hof (Eerste kamer)

verklaart voor recht:

Aangezien een situatie als die in het hoofdgeding niet valt binnen de werkingssfeer ratione personae van het begrip „zelfstandigen" in de zin van de Overeenkomst tussen de Europese Gemeenschap en haar lidstaten, enerzijds, en de Zwitserse Bondsstaat, anderzijds, over het vrije verkeer van personen, ondertekend te Luxemburg op 21 juni 1999, moeten de bepalingen van deze overeenkomst aldus worden uitgelegd dat zij zich niet verzetten tegen een wettelijke regeling van een overeenkomstsluitende Staat als die in het hoofdgeding, volgens welke, wanneer een natuurlijke persoon zijn woonplaats van die Staat naar een andere overeenkomstsluitende Staat overbrengt terwijl hij zijn economische activiteit in eerstbedoelde Staat blijft uitoefenen zonder dagelijks of ten minste eenmaal per week het traject van de plaats van zijn economische activiteit naar zijn woonplaats af te leggen, naar aanleiding van deze woonplaatsoverbrenging onmiddellijk belasting wordt gehe-

ven over de latente meerwaarden in aanmerkelijke deelnemingen die deze persoon aanhoudt in het kapitaal van onder het recht van eerstbedoelde Staat vallende vennootschappen, en uitstel van invordering van de verschuldigde belasting slechts mogelijk is mits zekerheden worden gesteld die voldoende zijn ter waarborging van de invordering van die belasting, terwijl een persoon die ook dergelijke deelnemingen aanhoudt maar zijn woonplaats op het grondgebied van eerstbedoelde Staat behoudt, pas op het tijdstip van overdracht van deze deelnemingen wordt belast.

HvJ 22 maart 2018, gevoegde zaken C-327/16 en C-421/16 (Marc Jacob v. Ministre des Finances et des Comptes publics [C-327/16] en Ministre des Finances en des Comptes publics v. Marc Lassus [C-421/16])

Eerste kamer: *R. Silva de Lapuerta, kamerpresident, K. Lenaerts, president van het Hof, waarnemend rechter van de Eerste kamer, C. G. Fernlund (rapporteur), A. Arabadjiev en E. Regan, rechters*

Advocaat-generaal: *M. Wathelet*

1. De verzoeken om een prejudiciële beslissing betreffen de uitlegging van artikel 8 van richtlijn 90/434/EEG van de Raad van 23 juli 1990 betreffende de gemeenschappelijke fiscale regeling voor fusies, splitsingen, inbreng van activa en aandelenruil met betrekking tot vennootschappen uit verschillende lidstaten (*PB* 1990, L 225, blz. 1), zoals gewijzigd bij de Akte betreffende de toetredingsvoorwaarden van het Koninkrijk Noorwegen, de Republiek Oostenrijk, de Republiek Finland en het Koninkrijk Zweden (*PB* 1994, C 241, blz. 21), aangepast bij besluit 95/1/EG, Euratom, EGKS van de Raad van de Europese Unie van 1 januari 1995 (*PB* 1995, L 1, blz. 1) (hierna: „fusierichtlijn"), alsmede van artikel 49 VWEU.

2. Deze verzoeken zijn ingediend in het kader van gedingen tussen Marc Jacob en de ministre des Finances et des Comptes publics (hierna: „belastingdienst") en de belastingdienst en Marc Lassus over beslissingen van de belastingdienst om over de meerwaarden uit een effectenruil belasting te heffen naar aanleiding van de latere overdracht van de ontvangen effecten.

Toepasselijke bepalingen

Unierecht

3. In de eerste, vierde en achtste overweging van de fusierichtlijn wordt verklaard:

„Overwegende dat fusies, splitsingen, inbreng van activa en aandelenruil, betrekking hebbende op vennootschappen uit verschillende lidstaten noodzakelijk kunnen zijn teneinde in de Gemeenschap soortgelijke voorwaarden te scheppen als op een binnenlandse markt en daardoor de instelling en de goede werking van de gemeenschappelijke markt te verzekeren; dat deze transacties niet moeten worden belemmerd door uit de fiscale voorschriften der lidstaten voortvloeiende bijzondere beperkingen, nadelen of distorsies; dat er bijgevolg voor deze transacties concurrentieneutrale belastingvoorschriften tot stand moeten komen om de ondernemingen in staat te stellen zich aan te passen aan de eisen van de gemeenschappelijke markt, hun productiviteit te vergroten en hun concurrentiepositie op de internationale markt te versterken;
[…]
Overwegende dat de gemeenschappelijke fiscale regeling moet voorkomen dat wegens fusies, splitsingen, inbreng van activa of aandelenruil belasting wordt geheven, met dien verstande dat de financiële belangen van de staat van de inbrengende of verworven vennootschap moeten worden veiliggesteld;
[…]
Overwegende dat toekenning van aandelen van de ontvangende of verwervende vennootschap aan de vennoten van de inbrengende vennootschap op zichzelf niet mag leiden tot enigerlei belastingheffing bij die vennoten".

4. Artikel 1 van deze richtlijn bepaalt dat „[e]lke lidstaat […] op fusies, splitsingen, inbreng van activa en aandelenruil waarbij vennootschappen van twee of meer lidstaten zijn betrokken, de in deze richtlijn opgenomen bepalingen [toepast]".

5. Artikel 2 van de fusierichtlijn bepaalt:

„Voor de toepassing van deze richtlijn wordt verstaan onder
[…]
d. aandelenruil: de rechtshandeling waarbij een vennootschap in het maatschappelijk kapitaal van een andere vennootschap een deelneming verkrijgt waardoor zij een meerderheid van stemmen in die vennootschap krijgt, en wel door aan de deelgerechtigden van de andere vennootschap, in ruil voor hun effecten, bewijzen van deelgerechtigdheid in het maatschappelijk kapitaal van de eerste vennootschap uit te reiken, eventueel met een bijbetaling in geld welke niet meer mag bedragen dan 10 % van de nominale waarde of, bij gebreke van een nominale waarde, van de fractiewaarde van de bewijzen die worden geruild;

[...]
g. verworven vennootschap: de vennootschap waarin een andere vennootschap een deelneming verwerft door middel van een effectenruil;
h. verwervende vennootschap: de vennootschap die een deelneming verwerft door middel van een effectenruil;
[...]"

6. Artikel 3 van de fusierichtlijn luidt:

„Voor de toepassing van deze richtlijn wordt onder ,vennootschap van een lidstaat' verstaan iedere vennootschap:
a. die een van de in de bijlage genoemde rechtsvormen heeft;
b. die volgens de fiscale wetgeving van een lidstaat wordt geacht fiscaal in die staat te zijn gevestigd en die volgens een met een derde staat gesloten verdrag inzake dubbele belastingheffing niet wordt geacht fiscaal buiten de Gemeenschap te zijn gevestigd;
c. die bovendien, zonder mogelijkheid van keuze en zonder ervan te zijn vrijgesteld, onderworpen is aan een van de volgende belastingen:
[...]
– ,impôt sur les sociétés' in Frankrijk;
[...]
– ,impôt sur le revenu des collectivités' in Luxemburg;
[...]
of aan enige andere belasting die in de plaats zou komen van een der bovengenoemde belastingen."

7. Artikel 8, leden 1 en 2, van de fusierichtlijn luidt:

„1. Toekenning bij een fusie, een splitsing of een aandelenruil, van bewijzen van deelgerechtigdheid in het maatschappelijk kapitaal van de ontvangende of de verwervende vennootschap aan een deelgerechtigde van de inbrengende of verworven vennootschap in ruil voor bewijzen van deelgerechtigdheid in het maatschappelijk kapitaal van deze laatste vennootschap, mag op zich niet leiden tot enigerlei belastingheffing op het inkomen, de winst of de meerwaarden van deze deelgerechtigde.
2. De lidstaten stellen de toepassing van lid 1 afhankelijk van de voorwaarde dat de deelgerechtigde aan de in ruil ontvangen bewijzen geen hogere fiscale waarde toekent dan de waarde die de geruilde bewijzen onmiddellijk vóór de fusie, de splitsing of de aandelenruil hadden.

De toepassing van lid 1 belet de lidstaten niet de winst die voortvloeit uit de latere verkoop van de ontvangen bewijzen op dezelfde wijze te belasten als de winst uit de verkoop van de bewijzen die vóór de verwerving bestonden.
[...]"

Verdragsrecht

8. Artikel 18 van de Overeenkomst tussen Frankrijk en België, ondertekend te Brussel op 10 maart 1964, tot voorkoming van dubbele belasting en tot regeling van wederzijdse administratieve en juridische bijstand inzake inkomstenbelastingen bepaalt het volgende:

„Voor zover de vorenstaande artikelen van deze Overeenkomst niet anders luiden, zijn de inkomsten van de verblijfhouders van één van beide verdragsluitende Staten slechts in deze Staat belastbaar."

9. Artikel 13, leden 3 en 4, van de Overeenkomst tussen de regering van de Franse Republiek en de regering van het Verenigd Koninkrijk van Groot-Brittannië en Noord-Ierland, ondertekend te Londen op 22 mei 1968, tot voorkoming van dubbele belasting en belastingontduiking met betrekking tot de inkomstenbelasting (hierna: „Frans-Britse belastingovereenkomst") bepaalt het volgende:

„3. Winst uit de vervreemding van alle andere goederen dan die bedoeld in de leden 1 en 2 is enkel belastbaar in de overeenkomstsluitende staat waarvan de vervreemder inwoner is.
4. Niettegenstaande de bepalingen van lid 3 is de winst die een natuurlijke persoon die inwoner is van een overeenkomstsluitende staat, alleen of met verbonden personen, direct of indirect, heeft gerealiseerd bij de vervreemding van meer dan 25 procent van de aandelen die worden aangehouden in een vennootschap die ingezetene is van de andere overeenkomstsluitende staat, belastbaar in die andere staat. De bepalingen van dit lid zijn slechts van toepassing als:
a. de natuurlijke persoon de nationaliteit van de andere overeenkomstsluitende staat heeft zonder de nationaliteit van de eerste overeenkomstsluitende staat te hebben; en

b. de natuurlijke persoon gedurende een tijdvak tijdens de vijf jaar onmiddellijk vóór de vervreemding van de aandelen een inwoner van de andere overeenkomstsluitende staat is geweest.

De bepalingen van het onderhavige lid zijn eveneens van toepassing op de winst uit de vervreemding van andere deelbewijzen van deze vennootschap die voor de belasting op meerwaarden krachtens de wetgeving van die andere overeenkomstsluitende staat aan dezelfde regeling zijn onderworpen als de winst uit de vervreemding van aandelen."

Frans recht

10. Artikel 92 B, lid II, punt 1, van de code général des impôts (algemeen belastingwetboek; hierna: „CGI") bepaalt, in de versie die van toepassing was op de meerwaarden waarover de heffing van belasting op 1 januari 2000 was uitgesteld, het volgende:

„Vanaf 1 januari 1992 of vanaf 1 januari 1991 voor de inbreng van effecten in een vennootschap die aan de vennootschapsbelasting is onderworpen, kan de belasting over de meerwaarde gerealiseerd bij een effectenruil als gevolg van een openbaar bod, een fusie, een splitsing, een overname van een gemeenschappelijk investeringsfonds door een investeringsvennootschap met variabel kapitaal, die overeenkomstig de geldende wetgeving is gerealiseerd, of bij een inbreng van effecten in een vennootschap die aan de vennootschapsbelasting is onderworpen, worden uitgesteld tot het tijdstip waarop de overdracht of de terugkoop van de bij de ruil ontvangen effecten plaatsvindt [...]".

11. In artikel 160, leden I en I ter, CGI, in de versie die van toepassing was ten tijde van de feiten in de hoofdgedingen, is het volgende bepaald:

„I. [...] De belastingheffing over de aldus gerealiseerde meerwaarde is enkel onderworpen aan de voorwaarde dat de directe of indirecte rechten van de vervreemder of zijn echtgenoot, hun bloedverwanten in opgaande lijn en hun bloedverwanten in neerdalende lijn in de bedrijfswinst, op een moment tijdens de vijf laatste jaar samen meer bedroegen dan 25 % van die winst. Wanneer evenwel sprake is van een overdracht aan een van de in deze alinea bedoelde personen, wordt de meerwaarde vrijgesteld als deze vennootschapsrechten niet of slechts gedeeltelijk binnen vijf jaar aan een derde worden doorverkocht. Anders wordt de meerwaarde belast op naam van de eerste vervreemder in het jaar van de wederverkoop van de rechten aan de derde.
[...]
Minderwaarden die in een bepaald jaar worden geleden, kunnen uitsluitend worden verrekend met meerwaarden van dezelfde aard die in hetzelfde jaar of in de volgende vijf jaar worden gerealiseerd.
[...]
I ter. [...] 4. De belastingheffing over de vanaf 1 januari 1991 gerealiseerde meerwaarde, in geval van ruil van vennootschapsrechten als gevolg van een fusie, een splitsing, een inbreng van effecten in een vennootschap die aan de vennootschapsbelasting is onderworpen, kan onder de voorwaarden van punt II van artikel 92 B worden uitgesteld [...]".

12. Op grond van artikel 164 B, lid I, onder f), CGI, in de versie die in 1999 van toepassing was, worden „de in artikel 160 vermelde meerwaarden die voortvloeien uit de overdracht van rechten in vennootschappen die hun zetel in Frankrijk hebben" als inkomsten van Franse oorsprong beschouwd.

13. Artikel 244 bis B CGI, in de versie die op de datum van de overdracht van de effecten in 1999 van toepassing was, bepaalt het volgende:

„De opbrengsten van de in artikel 160 vermelde overdrachten van de vennootschapsrechten die worden gerealiseerd door natuurlijke personen die hun fiscale woonplaats niet in Frankrijk hebben in de zin van artikel 4 B, of door rechtspersonen of organen in welke vorm ook die hun maatschappelijke zetel buiten Frankrijk hebben, worden bepaald en belast volgens de in artikel 160 bepaalde modaliteiten."

Hoofdgedingen en prejudiciële vragen

Zaak C-327/16

14. Op 23 december 1996 heeft Jacob, een Frans fiscaal ingezetene, effecten die hij in een vennootschap naar Frans recht aanhield, ingebracht in een andere vennootschap naar Frans recht in ruil voor effecten van laatstbedoelde vennootschap. Overeenkomstig de destijds geldende belastingwetgeving werd de heffing van belasting over de bij deze effectenruil gerealiseerde meerwaarde uitgesteld.

15. Op 1 oktober 2004 heeft Jacob zijn fiscale woonplaats van Frankrijk naar België overgebracht.

16. Op 21 december 2007 heeft Jacob alle bij de betrokken effectenruil ontvangen effecten overgedragen. Na die overdracht werd de meerwaarde waarover de belastingheffing was uitgesteld, belast over het jaar 2007, vermeerderd met vertragingsrente en verhoogd met 10 %.

17. Bij vonnis van 8 juni 2012 heeft de tribunal administratif de Montreuil (bestuursrechter in eerste aanleg Montreuil, Frankrijk) ontheffing voor deze aanvullende aanslag in de inkomstenbelasting verleend. Op 28 mei 2015 heeft de cour administrative d'appel de Versailles (bestuursrechter in tweede aanleg Versailles, Frankrijk) dat vonnis vernietigd en alle aanslagen waarvoor Jacob ontheffing was verleend, opnieuw opgelegd.

18. Op 1 oktober 2015 heeft Jacob cassatieberoep bij de Conseil d'État (hoogste bestuursrechter, Frankrijk) ingesteld op grond dat de in het hoofdgeding aan de orde zijnde nationale wettelijke regeling tot omzetting van artikel 8 van de fusierichtlijn in Frans recht ingaat tegen de met dit artikel 8 nagestreefde doelstellingen. Jacob stelt namelijk dat ingevolge dat artikel 8 het belastbare feit voor belastingheffing over een meerwaarde ligt in de latere overdracht van de ontvangen effecten en niet in de effectenruil zelf, die slechts een tussengevoegde, fiscaal neutrale transactie is.

19. De verwijzende rechter verklaart in wezen dat de uitlegging van de betrokken nationale wetgeving afhangt van de uitlegging van artikel 8 van de fusierichtlijn.

20. In deze context heeft de Conseil d'État de behandeling van de zaak geschorst en het Hof verzocht om een prejudiciële beslissing over de volgende vragen:

> „1. Moet artikel 8 van [de fusierichtlijn] aldus worden uitgelegd dat het, als een effectenruil binnen de werkingssfeer van de [fusierichtlijn] valt, in de weg staat aan een mechanisme van belastinguitstel dat erin voorziet dat, in afwijking van de regel dat het belastbare feit van een meerwaardebelasting zich tijdens het jaar van de realisatie ervan voordoet, een meerwaarde uit een ruil wordt vastgesteld en het bedrag ervan wordt bepaald naar aanleiding van de effectenruil en wordt belast in het jaar waarin de gebeurtenis plaatsvindt die een einde aan het uitstel van belasting maakt, welke met name de overdracht van de bij de ruil ontvangen effecten kan zijn?
> 2. Moet artikel 8 van [de fusierichtlijn] aldus worden uitgelegd dat het, als een effectenruil binnen de werkingssfeer van de [fusierichtlijn] valt, eraan in de weg staat dat de meerwaarde uit een effectenruil, indien zij belastbaar is, door de lidstaat van de woonplaats van de belastingplichtige op het tijdstip van de ruil wordt belast, terwijl de belastingplichtige op de datum van de overdracht van de bij die ruil ontvangen effecten – waarop de meerwaarde uit de ruil daadwerkelijk wordt belast – zijn fiscale woonplaats naar een andere lidstaat heeft overgebracht?"

Zaak C-421/16

21. Lassus, die sinds 1997 een Brits fiscaal ingezetene is, heeft op 7 december 1999 effecten die hij bezat in een vennootschap naar Frans recht, ingebracht in een vennootschap naar Luxemburgs recht in ruil voor effecten van laatstbedoelde vennootschap. Daarbij is een meerwaarde vastgesteld waarvoor overeenkomstig de destijds geldende wettelijke regeling uitstel van belastingheffing is verleend.

22. Uit het dossier waarover het Hof beschikt, blijkt dat Lassus na deze effectenruil andere effecten van deze vennootschap naar Luxemburgs recht heeft verworven. In december 2002 heeft Lassus 45 % van de effecten die hij in deze vennootschap bezat, overgedragen.

23. De belastingdienst, die van mening was dat de door Lassus bij de effectenruil ontvangen effecten voor 45 % waren overgedragen, heeft het daarmee overeenstemmende deel van de meerwaarde waarover de belastingheffing was uitgesteld, zoals die meerwaarde voor 1999 was vastgesteld, belast. Dientengevolge heeft de belastingdienst Lassus aanvullende aanslagen in de inkomstenbelasting over 2002 opgelegd.

24. Lassus heeft deze aanvullende belastingaanslagen betwist bij de tribunal administratif de Paris (bestuursrechter in eerste aanleg Parijs, Frankrijk), die zijn vordering heeft afgewezen. In hoger beroep heeft de cour administrative d'appel de Paris (bestuursrechter in tweede aanleg Parijs, Frankrijk) de beslissing van deze eerste rechter vernietigd en Lassus bijgevolg ontheffing voor die aanslagen verleend. De belastingdienst heeft daarop cassatieberoep tegen laatstbedoelde beslissing ingesteld bij de Conseil d'État.

25. De verwijzende rechter verklaart dat de meerwaarde die Lassus, een Brits fiscaal ingezetene, bij de effectenruil in 1999 had gerealiseerd, volgens de in het hoofdgeding aan de orde zijnde wettelijke regeling en artikel 13, lid 4, onder a) en b), van de Frans-Britse belastingovereenkomst, in Frankrijk kon worden belast.

26. Bovendien is deze rechter van mening dat de betrokken nationale wettelijke regeling enkel tot gevolg heeft dat, in afwijking van de regel dat het belastbare feit van een meerwaardebelasting zich tijdens het jaar

van de realisatie van de meerwaarde voordoet, het is toegestaan de meerwaarde uit een effectenruil vast te stellen tijdens het jaar waarin deze transactie heeft plaatsgevonden, en deze meerwaarde te belasten over het jaar waarin de gebeurtenis plaatsvindt die een einde aan het belastinguitstel maakt, te weten het jaar van de overdracht van de bij de ruil ontvangen effecten.

27. In deze context heeft de omstandigheid dat de meerwaarde uit de latere overdracht van de bij de ruil ontvangen effecten belastbaar is in een andere lidstaat dan de Franse Republiek, volgens deze rechter geen invloed op de bevoegdheid van laatstbedoelde lidstaat om belasting te heffen over de meerwaarde uit de betrokken effectenruil.

28. Lassus stelt deze uitlegging echter ter discussie. Hij voert primair aan dat het bij de nationale wettelijke regeling ingevoerde mechanisme van belastinguitstel onverenigbaar is met de bepalingen van artikel 8 van de fusierichtlijn. Volgens hem is ingevolge dit artikel de latere overdracht van de bij de ruil ontvangen effecten het belastbare feit en niet de effectenruil, die een tussengevoegde, fiscaal neutrale transactie is. Bovendien betoogt hij dat de Franse Republiek in casu, op de datum van de overdracht van de bij de ruil ontvangen effecten, niet langer bevoegd was om de betrokken meerwaarde te belasten, aangezien de overdracht onder de fiscale bevoegdheid van het Verenigd Koninkrijk viel.

29. Ingeval de overdracht in Frankrijk belastbaar zou zijn en aangezien het ingezeten belastingplichtigen op grond van de nationale wettelijke regeling is toegestaan de minderwaarde uit de overdracht te verrekenen met de meerwaarden van dezelfde aard, vormt de weigering van de belastingdienst om de minderwaarde die voortvloeide uit de overdracht van de effecten in 2002, te verrekenen met de uit de effectenruil ontstane meerwaarde, waarover de belastingheffing was uitgesteld, bovendien een belemmering van de vrijheid van vestiging.

30. In deze context heeft de Conseil d'État de behandeling van de zaak geschorst en het Hof verzocht om een prejudiciële beslissing over de volgende vragen:

„1. Moeten de [...] bepalingen van artikel 8 van [de fusierichtlijn] aldus worden uitgelegd dat zij, als een effectenruil binnen de werkingssfeer van de [fusierichtlijn] valt, in de weg staan aan een mechanisme van belastinguitstel dat erin voorziet dat, in afwijking van de regel dat het belastbare feit van een meerwaardebelasting zich tijdens het jaar van de realisatie ervan voordoet, een meerwaarde uit een ruil wordt vastgesteld en het bedrag ervan wordt bepaald naar aanleiding van de effectenruil en wordt belast in het jaar waarin de gebeurtenis plaatsvindt die een einde aan het uitstel van belasting maakt, welke met name de overdracht van de op het moment van de ruil ontvangen effecten kan zijn?

2. Gesteld dat zij belastbaar is, kan een meerwaarde uit een effectenruil worden belast door de staat die op het moment van de ruil heffingsbevoegd was, ook al valt de overdracht van de bij die ruil ontvangen effecten onder de heffingsbevoegdheid van een andere lidstaat?

3. Indien de vorige vragen aldus worden beantwoord dat [de fusierichtlijn] niet eraan in de weg staat dat de meerwaarde uit een effectenruil wordt belast op het moment van de latere overdracht van de bij de ruil verkregen effecten, ook wanneer beide transacties niet onder de heffingsbevoegdheid van dezelfde lidstaat vallen, kan de lidstaat waar de belasting over de meerwaarde uit de ruil is uitgesteld, de meerwaarde waarvoor de belasting is uitgesteld, belasten op het moment van deze overdracht, onder voorbehoud van de bepalingen van het toepasselijke bilaterale belastingverdrag, zonder rekening te houden met het resultaat van de overdracht wanneer dat resultaat een minderwaarde is? Die vraag wordt gesteld zowel in het licht van de [fusierichtlijn] als in het licht van de vrijheid van vestiging, zoals gewaarborgd door artikel 43 EG-Verdrag, huidig artikel 49 VWEU, aangezien een belastingplichtige die zijn fiscale woonplaats in Frankrijk heeft op het moment van de ruil en op het moment van de overdracht, onder de in punt 4 van deze beslissing uiteengezette voorwaarden in aanmerking kan komen voor de verrekening van een minderwaarde uit de overdracht.

4. Indien de derde vraag aldus wordt beantwoord dat rekening dient te worden gehouden met de minderwaarde uit de overdracht van de bij de ruil verkregen effecten, moet de lidstaat waar de meerwaarde uit de ruil is gerealiseerd, de minderwaarde uit de overdracht met de meerwaarde verrekenen of moet hij, wanneer hij niet heffingsbevoegd is voor de overdracht, afzien van het belasten van de meerwaarde uit de ruil?

5. Indien de vierde vraag aldus wordt beantwoord dat de minderwaarde uit de overdracht moet worden verrekend met de meerwaarde uit de ruil, welke aankoopprijs van de overgedragen effecten moet dan worden gebruikt om de minderwaarde uit de overdracht te berekenen? Moet met name als eenheidsprijs voor de aankoop van de overgedragen effecten de totale waarde van de bij de ruil ontvangen vennootschapseffecten worden gehanteerd, zoals die is vermeld op de aangifte van de meerwaarde, gedeeld door het aantal van deze bij de ruil ontvangen effecten, of moet een gewogen gemiddelde aankoopprijs worden

gebruikt, rekening houdend met de transacties na de ruil, zoals andere aankopen of kosteloze uitkeringen van effecten van dezelfde vennootschap?"

31. Bij beslissing van de president van het Hof van 10 november 2017 zijn de zaken C-327/16 en C-421/16 gevoegd voor de mondelinge behandeling en voor het arrest.

Beantwoording van de prejudiciële vragen

Ontvankelijkheid

32. Zoals de advocaat-generaal in punt 46 van zijn conclusie erop heeft gewezen, blijkt uit artikel 1 van de fusierichtlijn dat deze richtlijn van toepassing is op grensoverschrijdende fusies, splitsingen, inbreng van activa en aandelenruil waarbij vennootschappen uit twee of meer verschillende lidstaten zijn betrokken. De aan het hoofdgeding in zaak C-327/16 ten grondslag liggende feiten betreffen evenwel een effectenruil waarbij twee vennootschappen zijn betrokken die gevestigd zijn in een en dezelfde lidstaat, in casu Frankrijk.

33. Dienaangaande zij eraan herinnerd dat het Hof verzoeken om een prejudiciële beslissing ontvankelijk heeft verklaard in gevallen waarin de feiten van het hoofdgeding weliswaar niet binnen de directe werkingssfeer van het Unierecht vielen, maar de bepalingen van dat recht van toepassing waren op grond van de nationale wettelijke regeling, waarin ten aanzien van situaties waarvan alle aspecten zich binnen één lidstaat afspeelden, was gekozen voor dezelfde aanpak als in het Unierecht (arrest van 15 november 2016, Ullens de Schooten, C-268/15, EU:C:2016:874, punt 53 en aldaar aangehaalde rechtspraak).

34. In dergelijke gevallen heeft de Unie er immers stellig belang bij dat ter vermijding van uiteenlopende uitleggingen in de toekomst de overgenomen bepalingen of begrippen van Unierecht op uniforme wijze worden uitgelegd, ongeacht de omstandigheden waaronder zij toepassing moeten vinden (arrest van 14 maart 2013, Allianz Hungária Biztosító e.a., C-32/11, EU:C:2013:160, punt 20 en aldaar aangehaalde rechtspraak).

35. In casu zij ten eerste opgemerkt dat de prejudiciële vragen de uitlegging van bepalingen van het Unierecht betreffen, namelijk bepalingen van de fusierichtlijn.

36. Ten tweede heeft de verwijzende rechter in antwoord op een verzoek om toelichting van het Hof van 21 juli 2016 verduidelijkt dat de in het hoofdgeding aan de orde zijnde wettelijke regeling, die is vastgesteld tot omzetting van de fusierichtlijn, onder dezelfde voorwaarden van toepassing is op een effectenruil, ongeacht of het gaat om een zuiver binnenlandse dan wel een grensoverschrijdende effectenruil, wanneer de belastingplichtige die houder is van de effecten op de datum van de ruil zijn fiscale woonplaats in Frankrijk heeft.

37. Aangezien in de betrokken nationale wettelijke regeling ten aanzien van situaties waarin het gaat om een zuiver binnenlandse effectenruil is gekozen voor dezelfde aanpak als in de fusierichtlijn, dienen de vragen van de verwijzende rechter in zaak C-327/16 ontvankelijk te worden verklaard.

38. In zaak C-421/16 meent de Oostenrijkse regering in wezen dat een situatie waarin de deelgerechtigde van de verworven vennootschap zijn fiscale woonplaats heeft in een andere lidstaat dan de lidstaat van de verworven vennootschap of die van de verwervende vennootschap, niet binnen de werkingssfeer van de fusierichtlijn valt. In het hoofdgeding had Lassus ten tijde van de betrokken effectenruil zijn fiscale woonplaats in het Verenigd Koninkrijk, terwijl de verworven vennootschap en de verwervende vennootschap in Frankrijk respectievelijk Luxemburg waren gevestigd.

39. Dienaangaande zij opgemerkt dat een dergelijke beperking van de werkingssfeer van de fusierichtlijn in geen enkele bepaling ervan is vastgelegd.

40. Zoals is uiteengezet in punt 32 van het onderhavige arrest, vindt de fusierichtlijn immers toepassing wanneer een effectenruil in de zin van artikel 2 van deze richtlijn plaatsvindt tussen twee of meer vennootschappen uit verschillende lidstaten die voldoen aan de in artikel 3 van de fusierichtlijn gestelde voorwaarden.

41. Het feit dat de houder van de betrokken effecten zijn fiscale woonplaats heeft in een andere lidstaat dan de lidstaten van de bij de effectenruil betrokken vennootschappen, is bijgevolg van geen belang voor de afbakening van de werkingssfeer van de fusierichtlijn.

42. In casu staat vast dat bij de in het hoofdgeding aan de orde zijnde transactie twee vennootschappen uit twee verschillende lidstaten waren betrokken en dat de betrokken vennootschappen bovendien voldeden aan de voorwaarden van artikel 3 van deze richtlijn.

43. Gelet daarop kan niet worden geoordeeld dat de fusierichtlijn slechts toepassing vindt ingeval de deelgerechtigde van de verworven vennootschap zijn fiscale woonplaats heeft in dezelfde lidstaat als de lidstaat van

de verworven vennootschap of die van de verwervende vennootschap. Derhalve dient te worden geantwoord op de vragen die de verwijzende rechter in zaak C-421/16 heeft gesteld.

Ten gronde

Eerste vragen

44. Met zijn eerste vraag in zaak C-327/16 en in zaak C-421/16 wenst de verwijzende rechter in wezen te vernemen of artikel 8 van de fusierichtlijn aldus moet worden uitgelegd dat het zich verzet tegen een wettelijke regeling van een lidstaat volgens welke de meerwaarde uit een effectenruil wordt vastgesteld naar aanleiding van die transactie, maar de belastingheffing erover wordt uitgesteld tot het jaar waarin de gebeurtenis plaatsvindt die een einde maakt aan dat belastinguitstel, in casu de overdracht van de bij de ruil ontvangen effecten.

45. Vooraf zij vastgesteld dat in geen van beide zaken wordt gesteld dat de betrokken belastingplichtigen aan de bij de ruil ontvangen effecten een hogere fiscale waarde hebben toegekend dan de waarde die de geruilde effecten onmiddellijk vóór de betrokken ruil hadden. Derhalve is artikel 8, lid 1, van de fusierichtlijn van toepassing op de betrokken ruiltransacties.

46. Ingevolge deze bepaling mag, indien bij een aandelenruil bewijzen van deelgerechtigdheid in het maatschappelijk kapitaal van de ontvangende of de verwervende vennootschap worden toegekend aan een deelgerechtigde van de inbrengende of verworven vennootschap, in ruil voor bewijzen van deelgerechtigdheid in het maatschappelijk kapitaal van deze laatste vennootschap, dit op zich niet leiden tot enigerlei belastingheffing over het inkomen, de winst of de vermogenswinst van deze deelgerechtigde.

47. Met dit gebod van fiscale neutraliteit ten aanzien van een dergelijke deelgerechtigde beoogt de fusierichtlijn, zoals volgt uit de eerste en de vierde overweging ervan, te garanderen dat een effectenruil die betrekking heeft op vennootschappen uit verschillende lidstaten, niet wordt belemmerd door uit de fiscale voorschriften van de lidstaten voortvloeiende bijzondere beperkingen, nadelen of distorsies (arrest van 11 december 2008, A.T., C-285/07, EU:C:2008:705, punt 21).

48. Niettemin zij eraan herinnerd dat de fusierichtlijn volgens de vierde overweging ervan de financiële belangen van de Staat van de inbrengende of verworven vennootschap wil veiligstellen. Een van die financiële belangen is de bevoegdheid om belasting te heffen over de meerwaarde uit de effecten die bestonden vóór de effectenruil.

49. Zo bepaalt artikel 8, lid 2, tweede alinea, van de fusierichtlijn dat de toepassing van lid 1 van dit artikel de lidstaten niet belet de winst die voortvloeit uit de latere verkoop van de ontvangen bewijzen op dezelfde wijze te belasten als de winst uit de verkoop van de bewijzen die vóór de verwerving bestonden (zie in die zin arrest van 11 december 2008, A.T., C-285/07, EU:C:2008:705, punt 35).

50. Hoewel artikel 8, lid 1, van de fusierichtlijn, door te bepalen dat een effectenruil op zich niet mag leiden tot belastingheffing over de meerwaarde uit die ruil, de fiscale neutraliteit van die transactie verzekert, is het blijkbaar evenwel niet de bedoeling dat deze fiscale neutraliteit een dergelijke meerwaarde onttrekt aan belastingheffing door de lidstaten die voor die meerwaarde heffingsbevoegd zijn, maar zij verbiedt enkel dat deze ruil wordt aangeduid als het belastbare feit.

51. Daarentegen bevat artikel 8 noch enig ander artikel van de fusierichtlijn bepalingen betreffende de fiscale maatregelen die geschikt zijn om dat artikel 8 ten uitvoer te leggen.

52. De lidstaten beschikken dus over een zekere handelingsvrijheid om, met inachtneming van het Unierecht, dit artikel ten uitvoer te leggen (zie in die zin arresten van 5 juli 2007, Kofoed, C-321/05, EU:C:2007:408, punten 41-43, en 23 november 2017, A, C-292/16, EU:C:2017:888, punt 22).

53. De maatregel waarin de in de hoofdgedingen aan de orde zijnde wettelijke regeling voorziet, bestaat erin dat in eerste instantie de meerwaarde uit de effectenruil wordt vastgesteld naar aanleiding van die transactie en in tweede instantie de belastingheffing over die meerwaarde wordt uitgesteld tot de datum van de latere overdracht van de bij de ruil ontvangen effecten.

54. Met een dergelijke maatregel, doordat het belastbare feit voor belastingheffing over deze meerwaarde wordt uitgesteld tot het jaar waarin de gebeurtenis plaatsvindt die een einde maakt aan dat belastinguitstel, te weten de overdracht van de bij de ruil ontvangen effecten, wordt – zoals de advocaat-generaal in de punten 59 en 60 van zijn conclusie heeft opgemerkt – gewaarborgd dat de effectenruil op zich niet tot enigerlei belastingheffing over deze meerwaarde leidt. Met deze maatregel wordt bijgevolg het beginsel van fiscale neutraliteit in de zin van artikel 8, lid 1, van de fusierichtlijn geëerbiedigd.

55. Aan deze conclusie kan niet worden afgedaan door de loutere omstandigheid dat de meerwaarde uit de effectenruil wordt vastgesteld naar aanleiding van die transactie. Dienaangaande zij gepreciseerd dat deze vaststelling niets meer is dan een techniek om de lidstaat die voor de vóór de ruil bestaande effecten heffingsbevoegd is maar krachtens artikel 8, lid 1, van de fusierichtlijn werd belet zijn heffingsbevoegdheid naar aanleiding van de effectenruil uit te oefenen, in staat te stellen zijn heffingsbevoegdheid te behouden en naderhand, te weten op de datum van overdracht van de bij de ruil ontvangen effecten, uit te oefenen overeenkomstig artikel 8, lid 2, tweede alinea, van deze richtlijn.

56. Derhalve dient op de eerste vraag in zaak C-327/16 en in zaak C-421/16 te worden geantwoord dat artikel 8 van de fusierichtlijn aldus moet worden uitgelegd dat het zich niet verzet tegen een wettelijke regeling van een lidstaat volgens welke de meerwaarde uit een onder deze richtlijn vallende effectenruil wordt vastgesteld naar aanleiding van die transactie, maar de belastingheffing erover wordt uitgesteld tot het jaar waarin de gebeurtenis plaatsvindt die een einde maakt aan dat belastinguitstel, in casu de overdracht van de bij de ruil ontvangen effecten.

Tweede vragen

57. Met zijn tweede vraag in zaak C-327/16 en in zaak C-421/16 wenst de verwijzende rechter in wezen te vernemen of artikel 8 van de fusierichtlijn aldus moet worden uitgelegd dat het zich verzet tegen een wettelijke regeling van een lidstaat volgens welke over de meerwaarde uit een effectenruil waarvoor uitstel van belastingheffing is verleend, belasting wordt geheven bij de latere overdracht van de bij de ruil ontvangen effecten, ook al valt deze overdracht niet binnen de heffingsbevoegdheid van deze lidstaat.

58. Zoals blijkt uit de punten 49 en 50 van het onderhavige arrest, vloeit uit artikel 8, lid 2, tweede alinea, van de fusierichtlijn voort dat het vereiste van fiscale neutraliteit bij een effectenruil krachtens lid 1 van dat artikel 8 de lidstaten niet belet de meerwaarde uit de latere overdracht van de bij de ruil ontvangen effecten op dezelfde wijze te belasten als de meerwaarde uit de overdracht van de effecten die vóór de verwerving bestonden.

59. Artikel 8, lid 2, tweede alinea, erkent dus het recht van de lidstaten die heffingsbevoegd zijn voor de meerwaarde uit de effectenruil maar krachtens lid 1 van dat artikel 8 waren belet hun heffingsbevoegdheid uit te oefenen op het tijdstip van deze ruil, om deze bevoegdheid uit te oefenen op de datum van de overdracht van de bij de ruil verkregen effecten.

60. Zoals de advocaat-generaal in punt 68 van zijn conclusie heeft vermeld, harmoniseert de fusierichtlijn evenwel niet de criteria voor de verdeling van de heffingsbevoegdheid tussen de lidstaten. Deze richtlijn regelt dus niet de toekenning van de heffingsbevoegdheid voor een dergelijke meerwaarde.

61. Bij gebreke van harmonisatiemaatregelen die door de Unie zijn aangenomen, blijven de lidstaten bevoegd om, door het sluiten van overeenkomsten of unilateraal, met eerbiediging van het Unierecht de criteria voor de verdeling van hun heffingsbevoegdheid vast te stellen ter vermijding van dubbele belasting (zie naar analogie arrest van 29 november 2011, National Grid Indus, C-371/10, EU:C:2011:785, punten 45 en 46 en aldaar aangehaalde rechtspraak).

62. In casu is de verwijzende rechter van oordeel dat de meerwaarden uit de betrokken effectenruilen ingevolge het nationale recht en het verdragsrecht binnen de heffingsbevoegdheid van de Franse Republiek vallen.

63. Derhalve belet de fusierichtlijn, aangezien zij – zoals blijkt uit punt 56 van het onderhavige arrest – zich niet ertegen verzet dat de heffing van belasting over de meerwaarde uit de effectenruil wordt uitgesteld tot de latere overdracht van de bij de ruil ontvangen effecten, de betrokken lidstaat niet om deze meerwaarde te belasten naar aanleiding van deze overdracht.

64. De omstandigheid dat de overdracht van de bij de ruil ontvangen effecten valt binnen de heffingsbevoegdheid van een andere lidstaat dan de lidstaat die heffingsbevoegd is voor de meerwaarde uit de effectenruil, kan op zich – zoals blijkt uit de punten 69 tot en met 71 van de conclusie van de advocaat-generaal – laatstbedoelde lidstaat niet het recht ontnemen om zijn heffingsbevoegdheid uit te oefenen voor een meerwaarde die is ontstaan binnen zijn fiscale bevoegdheid.

65. Deze vaststelling is tevens in overeenstemming met het fiscale territorialiteitsbeginsel, verbonden een temporele component, zoals het Hof dit heeft erkend en volgens hetwelk een lidstaat het recht heeft de binnen zijn fiscale bevoegdheid ontstane meerwaarde te belasten, met het oog op het behoud van de verdeling van de heffingsbevoegdheid tussen de lidstaten (zie in die zin arrest van 29 november 2011, National Grid Indus, C-371/10, EU:C:2011:785, punten 45 en 46 en aldaar aangehaalde rechtspraak).

66. Derhalve dient op de tweede vraag in zaak C-327/16 en in zaak C-421/16 te worden geantwoord dat artikel 8 van de fusierichtlijn aldus moet worden uitgelegd dat het zich niet verzet tegen een wettelijke regeling van een lidstaat volgens welke over de meerwaarde uit een effectenruil waarvoor uitstel van belastingheffing is verleend, belasting wordt geheven bij de latere overdracht van de bij de ruil ontvangen effecten, ook al valt deze overdracht niet binnen de heffingsbevoegdheid van deze lidstaat.

Derde tot en met vijfde vraag in zaak C-421/16

67. Vooraf zij opgemerkt dat uit het dossier waarover het Hof beschikt, blijkt dat Lassus op de datum van de in het hoofdgeding aan de orde zijnde effectenruil zijn fiscale woonplaats in het Verenigd Koninkrijk had. Ingevolge de Frans-Britse belastingovereenkomst werd hij evenwel gelijkgesteld met een belastingplichtige effectenhouder die ingezetene van Frankrijk is, zodat de meerwaarde uit deze effectenruil binnen de heffingsbevoegdheid van deze lidstaat viel.

68. Uit dit dossier blijkt voorts dat overeenkomstig de betrokken wettelijke regeling minderwaarden die in een bepaald jaar worden geleden, kunnen worden verrekend met meerwaarden van dezelfde aard die in hetzelfde jaar of in de volgende vijf jaar worden gerealiseerd. In het hoofdgeding staat vast dat de betrokken minderwaarde binnen die termijn van vijf jaar is geleden.

69. Ter terechtzitting heeft de Franse regering verduidelijkt dat verrekening van een eventuele minderwaarde die is geleden bij de latere overdracht van de bij de ruil ontvangen effecten, met de meerwaarde waarvoor uitstel van belastingheffing is verleend, niet is toegestaan in een situatie waarin op het tijdstip van deze overdracht de belastingplichtige effectenhouder zijn fiscale woonplaats niet in Frankrijk heeft.

70. Met de derde tot en met de vijfde vraag in zaak C-421/16, die samen moeten worden onderzocht, wenst de verwijzende rechter dus in wezen te vernemen of de fusierichtlijn en artikel 49 VWEU aldus moeten worden uitgelegd dat zij zich verzetten tegen een wettelijke regeling van een lidstaat volgens welke, ingeval de latere overdracht van de bij de ruil ontvangen effecten niet binnen de heffingsbevoegdheid van deze lidstaat valt, naar aanleiding van deze overdracht belasting wordt geheven over de meerwaarde waarvoor uitstel van belastingheffing is verleend, zonder dat rekening wordt gehouden met een eventuele minderwaarde die bij deze overdracht is geleden, terwijl met een dergelijke minderwaarde wel rekening wordt gehouden wanneer de belastingplichtige effectenhouder zijn fiscale woonplaats in die lidstaat heeft op de datum van deze overdracht. Bovendien wenst de verwijzende rechter in voorkomend geval te vernemen op welke wijze deze minderwaarde moet worden verrekend en berekend.

71. Rechtshandelingen die onder de fusierichtlijn vallen, vormen een bijzondere wijze van uitoefening van de vrijheid van vestiging, die belangrijk is voor de goede werking van de interne markt, en zijn dus economische activiteiten waarvoor de lidstaten die vrijheid moeten eerbiedigen (arrest van 23 november 2017, A, C-292/16, EU:C:2017:888, punt 23 en aldaar aangehaalde rechtspraak).

72. Zoals de advocaat-generaal in de punten 78, 100 en 101 van zijn conclusie heeft opgemerkt, regelt de fusierichtlijn evenwel noch de mogelijke verrekening van een eventuele minderwaarde die is geleden bij de latere overdracht van de bij de ruil ontvangen effecten, noch de wijze waarop die minderwaarde moet worden verrekend en berekend. Deze verrekening is derhalve zaak van het nationale recht van de lidstaat van herkomst, die daarbij het Unierecht en in casu inzonderheid artikel 49 VWEU moet eerbiedigen.

73. Bijgevolg dienen deze vragen uitsluitend tegen de achtergrond van artikel 49 VWEU te worden onderzocht.

74. In deze context zij eraan herinnerd dat alle maatregelen die de uitoefening van de vrijheid van vestiging verbieden, belemmeren of minder aantrekkelijk maken, als beperkingen van deze vrijheid in de zin van artikel 49 VWEU moeten worden beschouwd (arrest van 23 november 2017, A, C-292/16, EU:C:2017:888, punt 25 en aldaar aangehaalde rechtspraak).

75. In casu zij opgemerkt dat Lassus op het tijdstip van de latere overdracht van de bij de ruil ontvangen effecten een niet-ingezeten belastingplichtige effectenhouder was, zodat hij een eventuele minderwaarde die hij bij deze overdracht had geleden, niet kon verrekenen met de uit de ruil ontstane meerwaarde waarvoor uitstel van belastingheffing was verleend, terwijl hij wel gerechtigd op verrekening zou zijn geweest indien hij een ingezeten belastingplichtige effectenhouder was geweest.

76. Een dergelijk verschil in behandeling, naargelang de belastingplichtige effectenhouder op het tijdstip van de overdracht van de bij de ruil ontvangen effecten zijn fiscale woonplaats al dan niet in de betrokken lidstaat heeft, kan voor niet-ingezeten belastingplichtige effectenhouders de onder de fusierichtlijn vallende herstruc-

tureringen van vennootschappen belemmeren of minder aantrekkelijk maken, en vormt dus een belemmering van de vrijheid van vestiging.

77. Deze belemmering kan enkel worden aanvaard indien zij betrekking heeft op situaties die niet objectief vergelijkbaar zijn, of kan worden gerechtvaardigd door dwingende redenen van algemeen belang die door het Unierecht zijn erkend. Daarenboven moet in een dergelijk geval de beperking geschikt zijn om het nagestreefde doel te verwezenlijken en mag zij niet verder gaan dan nodig is om dat doel te bereiken (arrest van 23 november 2017, A, C-292/16, EU:C:2017:888, punt 28 en aldaar aangehaalde rechtspraak).

78. Aangaande de vergelijkbaarheid van de betrokken situaties zij opgemerkt dat de in het hoofdgeding aan de orde zijnde wettelijke regeling ertoe strekt, belasting te heffen over een meerwaarde uit een effectenruil die is ontstaan op het tijdstip waarop Lassus was gelijkgesteld met een belastingplichtige die zijn fiscale woonplaats in Frankrijk heeft. Uit het oogpunt van deze belastingheffing, die is uitgesteld tot de latere overdracht van de bij de ruil ontvangen effecten, is de situatie van een belastingplichtige effectenhouder die op het tijdstip van de overdracht niet-ingezetene was, zoals Lassus, objectief vergelijkbaar met de situatie van een belastingplichtige effectenhouder die op het tijdstip van diezelfde overdracht ingezetene was.

79. Aangaande de vraag of de betrokken belemmering kan worden gerechtvaardigd uit hoofde van dwingende redenen van algemeen belang die door het Unierecht zijn erkend, is de Franse regering van mening dat deze belemmering een rechtvaardiging kan vinden in de dwingende reden van algemeen belang die verband houdt met de verdeling van de heffingsbevoegdheid tussen de lidstaten.

80. Dienaangaande zij vastgesteld dat de handhaving van de verdeling van de heffingsbevoegdheid tussen de lidstaten een door het Hof erkend doel is (zie in die zin arrest van 29 november 2011, National Grid Indus, C-371/10, EU:C:2011:785, punt 45).

81. In omstandigheden als in het hoofdgeding kan deze doelstelling, zoals de advocaat-generaal in punt 93 van zijn conclusie heeft vastgesteld, deze belemmering evenwel niet rechtvaardigen, omdat enkel de heffingsbevoegdheid van de Franse Republiek aan de orde is.

82. In deze context is het van belang te benadrukken dat de omstandigheden in het hoofdgeding verschillen van die in de zaken die hebben geleid tot de rechtspraak van het Hof inzake de exitheffing over meerwaarden, zoals het arrest van 29 november 2011, National Grid Indus (C-371/10, EU:C:2011:785). De zaak die tot dat arrest heeft geleid, betrof immers het uitstel van invordering van belasting, te weten een belastingschuld die definitief was vastgesteld op de datum waarop de belastingplichtige, wegens de verplaatsing van zijn woonplaats, niet langer in de lidstaat van oorsprong belastingplichtig was, en niet – zoals in het hoofdgeding – een uitstel van belastingheffing. Het is in die omstandigheden dat het Hof in punt 61 van het arrest van 29 november 2011, National Grid Indus (C-371/10, EU:C:2011:785), heeft geoordeeld dat de eventuele niet-inaanmerkingneming van waardeverminderingen door de lidstaat van ontvangst de lidstaat van oorsprong geenszins ertoe verplicht om op het moment van de definitieve overdracht van de nieuwe deelbewijzen over te gaan tot een herbeoordeling van een belastingschuld die definitief is vastgesteld op het moment waarop de belastingplichtige, wegens de verplaatsing van zijn woonplaats, is opgehouden in de lidstaat van oorsprong aan belasting onderworpen te zijn.

83. Het in het hoofdgeding aan de orde zijnde uitstel van belastingheffing over de meerwaarde tot de latere overdracht van de bij de ruil ontvangen effecten heeft tot gevolg dat deze meerwaarde, hoewel zij is vastgesteld bij de effectenruil, pas wordt belast op de datum van deze latere overdracht. Dit impliceert dat de betrokken lidstaat zijn heffingsbevoegdheid voor deze meerwaarde uitoefent op het tijdstip waarop de betrokken minderwaarde wordt geleden. De inaanmerkingneming van een eventuele minderwaarde vormt – zoals de Europese Commissie heeft opgemerkt – dus logischerwijze een verplichting voor deze lidstaat, die zijn heffingsbevoegdheid wil uitoefenen voor diezelfde meerwaarde die daadwerkelijk belastbaar is geworden op de datum van deze overdracht.

84. Derhalve verzet artikel 49 VWEU zich tegen een wettelijke regeling van een lidstaat volgens welke, ingeval de latere overdracht van de bij de ruil ontvangen effecten niet binnen de heffingsbevoegdheid van deze lidstaat valt, naar aanleiding van deze overdracht belasting wordt geheven over de meerwaarde waarvoor uitstel van belastingheffing is verleend, zonder dat rekening wordt gehouden met een eventuele minderwaarde die bij deze overdracht is geleden, terwijl met een dergelijke minderwaarde wel rekening wordt gehouden wanneer de belastingplichtige effectenhouder zijn fiscale woonplaats in die lidstaat heeft op de datum van deze overdracht.

85. Wat de nadere regels voor verrekening en berekening van de in het hoofdgeding aan de orde zijnde minderwaarde betreft, staat het aan de lidstaten, aangezien – zoals blijkt uit punt 72 van het onderhavige arrest –

het Unierecht geen dergelijke nadere regels bevat, om met eerbiediging van het Unierecht en in casu inzonderheid van artikel 49 VWEU deze nadere regels vast te stellen.

86. Gelet op voorgaande overwegingen dient op de derde tot en met de vijfde vraag in zaak C-421/16 te worden geantwoord dat artikel 49 VWEU aldus moet worden uitgelegd dat het zich verzet tegen een wettelijke regeling van een lidstaat volgens welke, ingeval de latere overdracht van de bij de ruil ontvangen effecten niet binnen de heffingsbevoegdheid van deze lidstaat valt, naar aanleiding van deze overdracht belasting wordt geheven over de meerwaarde waarvoor uitstel van belastingheffing is verleend, zonder dat rekening wordt gehouden met een eventuele minderwaarde die bij deze overdracht is geleden, terwijl met een dergelijke minderwaarde wel rekening wordt gehouden wanneer de belastingplichtige effectenhouder zijn fiscale woonplaats in die lidstaat heeft op de datum van deze overdracht. Het staat aan de lidstaten om, met eerbiediging van het Unierecht en in casu inzonderheid van de vrijheid van vestiging, de nadere regels voor verrekening en berekening van deze minderwaarde vast te stellen.

Kosten

87. ...

Het Hof (Eerste kamer)

verklaart voor recht:

1. Artikel 8 van richtlijn 90/434/EEG van de Raad van 23 juli 1990 betreffende de gemeenschappelijke regeling voor fusies, splitsingen, inbreng van activa en aandelenruil met betrekking tot vennootschappen uit verschillende lidstaten, zoals gewijzigd bij de Akte betreffende de toetredingsvoorwaarden van het Koninkrijk Noorwegen, de Republiek Oostenrijk, de Republiek Finland en het Koninkrijk Zweden, aangepast bij besluit 95/1/EG, Euratom, EGKS van de Raad van de Europese Unie van 1 januari 1995, moet aldus worden uitgelegd dat het zich niet verzet tegen een wettelijke regeling van een lidstaat volgens welke de meerwaarde uit een onder deze richtlijn vallende effectenruil wordt vastgesteld naar aanleiding van die transactie, maar de belastingheffing erover wordt uitgesteld tot het jaar waarin de gebeurtenis plaatsvindt die een einde maakt aan dat belastinguitstel, in casu de overdracht van de bij de ruil ontvangen effecten.

2. Artikel 8 van richtlijn 90/434, zoals gewijzigd bij de Akte betreffende de toetredingsvoorwaarden van het Koninkrijk Noorwegen, de Republiek Oostenrijk, de Republiek Finland en het Koninkrijk Zweden, aangepast bij besluit 95/1, moet aldus worden uitgelegd dat het zich niet verzet tegen een wettelijke regeling van een lidstaat volgens welke over de meerwaarde uit een effectenruil waarvoor uitstel van belastingheffing is verleend, belasting wordt geheven bij de latere overdracht van de bij de ruil ontvangen effecten, ook al valt deze overdracht niet binnen de heffingsbevoegdheid van deze lidstaat.

3. Artikel 49 VWEU moet aldus worden uitgelegd dat het zich verzet tegen een wettelijke regeling van een lidstaat volgens welke, ingeval de latere overdracht van de bij de ruil ontvangen effecten niet binnen de heffingsbevoegdheid van deze lidstaat valt, naar aanleiding van deze overdracht belasting wordt geheven over de meerwaarde waarvoor uitstel van belastingheffing is verleend, zonder dat rekening wordt gehouden met een eventuele minderwaarde die bij deze overdracht is geleden, terwijl met een dergelijke minderwaarde wel rekening wordt gehouden wanneer de belastingplichtige effectenhouder zijn fiscale woonplaats in die lidstaat heeft op de datum van deze overdracht. Het staat aan de lidstaten om, met eerbiediging van het Unierecht en in casu inzonderheid van de vrijheid van vestiging, de nadere regels voor verrekening en berekening van deze minderwaarde vast te stellen.

HvJ EU 12 april 2018, zaak C-110/17 (Europese Commissie v. Koninkrijk België)

Zesde kamer: *C. G. Fernlund, kamerpresident, J.-C. Bonichot (rapporteur) en A. Arabadjiev, rechters*
Advocaat-generaal: *E. Sharpston*

1. De Europese Commissie verzoekt het Hof vast te stellen dat het Koninkrijk België zijn verplichtingen krachtens artikel 63 VWEU en artikel 40 van de Overeenkomst betreffende de Europese Economische Ruimte van 2 mei 1992 (PB 1994, L 1, blz. 3; hierna: „EER-Overeenkomst") niet is nagekomen, doordat het bepalingen heeft gehandhaafd volgens welke voor de raming van de inkomsten uit onroerende goederen die niet worden verhuurd, dan wel worden verhuurd aan ofwel natuurlijke personen die de betrokken goederen niet voor hun beroep gebruiken, ofwel rechtspersonen die deze goederen ter beschikking stellen van natuurlijke personen voor particuliere doeleinden, de belastbare grondslag wordt berekend op basis van de kadastrale waarde voor de onroerende goederen die op het nationale grondgebied zijn gelegen, en op basis van de reële huurwaarde voor die welke in het buitenland zijn gelegen.

Toepasselijke bepalingen

Unierecht

2. Artikel 40 van de EER-Overeenkomst luidt:

„In het kader van de bepalingen van deze Overeenkomst zijn er tussen de overeenkomstsluitende partijen geen beperkingen van het verkeer van kapitaal toebehorende aan personen die woonachtig of gevestigd zijn in de lidstaten van de [Europese Gemeenschap (EG)] of de [staten van de Europese Vrijhandelsassociatie (EVA)] en is er geen discriminerende behandeling op grond van de nationaliteit of van de vestigingsplaats van partijen of op grond van het gebied waar het kapitaal wordt belegd. Bijlage XII bevat de bepalingen die nodig zijn voor de tenuitvoerlegging van dit artikel."

Belgisch recht

3. Artikel 7 van het Wetboek van de inkomstenbelastingen 1992 (hierna: „WIB 92") bepaalt:

„§ 1 Inkomsten van onroerende goederen zijn:

1. voor niet-verhuurde onroerende goederen

a. voor in België gelegen goederen

– het kadastraal inkomen wanneer het gaat om ongebouwde onroerende goederen, materieel en outillage die van nature of door hun bestemming onroerend zijn, of de in artikel 12, § 3, vermelde woning;

– het kadastraal inkomen verhoogd met 40 [procent (%)] wanneer het andere goederen betreft;

b. voor in het buitenland gelegen goederen: de huurwaarde;

2. voor verhuurde onroerende goederen

a. voor in België gelegen goederen verhuurd aan een natuurlijke persoon die ze noch geheel, noch gedeeltelijk gebruikt voor het uitoefenen van zijn beroepswerkzaamheid:

– het kadastraal inkomen wanneer het gaat om ongebouwde onroerende goederen, materieel en outillage die van nature of door hun bestemming onroerend zijn;

– het kadastraal inkomen verhoogd met 40 [%] wanneer het andere goederen betreft;

[...]

b bis. het kadastraal inkomen verhoogd met 40 [%] wanneer het gaat om gebouwde onroerende goederen verhuurd aan een rechtspersoon die geen vennootschap is, met het oog op het ter beschikking stellen ervan:

– aan een natuurlijke persoon om uitsluitend als woning te worden gebruikt

[...]

d. het totale bedrag van de huurprijs en de huurvoordelen wanneer het in het buitenland gelegen onroerende goederen betreft

[...]"

4. In artikel 12, § 3, van dit wetboek is bepaald:

„Onverminderd de heffing van de onroerende voorheffing is vrijgesteld het kadastraal inkomen van de woning die de belastingplichtige betrekt en waarvan hij eigenaar [...] is
[...]
Wanneer de belastingplichtige een woning betrekt die gelegen is in een lidstaat van de [EER] en er de eigenaar [...] van is, is de vrijstelling waarin deze paragraaf voorziet van toepassing op de huurwaarde van deze woning [...]"

5. Artikel 13 van voornoemd wetboek bepaalt:

„Met betrekking tot de huurwaarde, de huurprijs en de huurvoordelen van onroerende goederen wordt onder netto-inkomen verstaan het brutobedrag van de inkomsten, uit hoofde van onderhouds- en herstellingskosten verminderd met:
– 40 [%] voor gebouwde onroerende goederen, alsmede voor materieel en de outillage, die van nature of door hun bestemming onroerend zijn [...];
– 10 [%] voor ongebouwde onroerende goederen."

6. In artikel 155 van dat wetboek is bepaald:

„Inkomsten die krachtens internationale overeenkomsten ter voorkoming van dubbele belasting zijn vrijgesteld, komen in aanmerking voor het bepalen van de belasting, maar deze wordt verminderd naar de verhouding tussen de inkomsten die zijn vrijgesteld en het geheel van de inkomsten.
[...]"

7. Artikel 156 WIB 92 bepaalt:

„Tot de helft wordt verminderd het deel van de belasting dat evenredig overeenstemt:
1. met inkomsten van in het buitenland gelegen onroerende goederen;
[...]"

8. Artikel 251 van dit wetboek luidt:

„De onroerende voorheffing is verschuldigd door de eigenaar, bezitter, erfpachter, opstalhouder of vruchtgebruiker van de belastbare goederen, volgens de regels bepaald door de Koning."

9. Artikel 471 WIB 92 bepaalt:

„§ 1. Er wordt een kadastraal inkomen vastgesteld voor alle gebouwde of ongebouwde onroerende goederen, alsmede voor het materieel en de outillage die onroerend zijn van nature of door hun bestemming.
§ 2. Onder kadastraal inkomen wordt verstaan het gemiddeld normaal netto-inkomen van één jaar.
[...]"

10. In de administratieve commentaar op het WIB 92 staat te lezen:

„13/7
Vooraleer tot 60 % of 90 % van hun bedrag te worden omgerekend, moeten de sub 13/6, 1° bedoelde huurwaarde alsmede de sub 13/6, 2° bedoelde huurprijs en huurvoordelen in elk geval worden verminderd met de buitenlandse belastingen die werkelijk de inkomsten van de onroerende goederen in kwestie hebben bezwaard (met uitzondering van de buitenlandse belasting op het totale inkomen, forfaitair bepaald op grond van een vermoed inkomen van die onroerende goederen).
13/8
De huurwaarde vertegenwoordigt de gemiddelde jaarlijkse brutohuur die men, in geval van verhuring, gedurende het belastbaar tijdperk, volgens de gebruiken van het land en de ligging van de goederen, had kunnen verkrijgen, in de vorm zowel van een eigenlijke huurprijs als van door de huurder [...] gedragen lasten [...].

Tot staving van de door hem aangegeven huurwaarde moet de eigenaar, op verzoek van de aanslagambtenaar, alle nodig geachte verantwoordingsstukken en inzonderheid de akten van verwerving van de goederen, de aangiften van successierechten, de bescheiden van de grondbelastingen en de personele belastingen overleggen. Voor de controle van het bedoelde bedrag kunnen eventueel opzoekingen worden gedaan bij de bevoegde ontvangers van de successierechten.
[...]"

11. Het nummer 13/8 van de administratieve commentaar op het WIB 92 is door de circulaire AAFisc nr. 22/2016 (nr. Ci.704.681) van 29 juni 2016 in volgende zin aangevuld:

„Het door een buitenlandse overheid vastgestelde of uitdrukkelijk goedgekeurde fictieve inkomen voor dat onroerend goed kan als huurwaarde in aanmerking worden genomen. Deze waarde geldt niet als een verplichting, maar is een mogelijkheid waarvan de belastingplichtige in het kader van zijn onroerende inkomsten gebruik kan maken. In dat geval geldt het document waaruit die waarde blijkt (aanslagbiljet, bescheiden van grondbelasting, ...) als verantwoordingsstuk.

Deze waarde kan inzonderheid zijn:

– een voor dat goed geschatte brutohuur die daar in aanmerking wordt genomen voor de vestiging van een belasting;

– een forfaitair geraamde brutohuur die daar in aanmerking wordt genomen voor de vestiging van een belasting (vb. een brutohuurwaarde die op basis van referentiepercelen werd vastgesteld, ...);

– het belastbaar inkomen voor dat onroerend goed dat daar in aanmerking wordt genomen voor de berekening van een inkomstenbelasting.

Het is mogelijk dat het op dat verantwoordingsstuk vermelde bedrag werd verminderd (bijvoorbeeld met kosten, vrijstellingen of verminderingen die op basis van de in het buitenland geldende reglementering van het brutobedrag in mindering werden gebracht). In voorkomend geval moet, voor de vaststelling van de huurwaarde, het op het verantwoordingsstuk vermelde bedrag worden verhoogd met die kosten, vrijstellingen of verminderingen, zodat voor de vaststelling van de huurwaarde het brutobedrag in aanmerking wordt genomen."

Precontentieuze procedure

12. Bij aanmaningsbrief van 7 november 2007 heeft de Commissie een mogelijke onverenigbaarheid vastgesteld tussen de Belgische fiscale bepalingen inzake inkomsten van in het buitenland gelegen onroerende goederen (hierna: „litigieuze regeling") en de verplichtingen uit artikel 63 VWEU en artikel 40 van de EER-Overeenkomst. Die onverenigbaarheid zou voortvloeien uit de verschillende methoden om de belastbare inkomsten van onroerende goederen vast te stellen naargelang een onroerend goed in België dan wel in een andere staat gelegen is. In het kader van de inkomstenbelasting van Belgische ingezetenen worden de onroerende inkomsten in dit laatste geval minder gunstig behandeld dan inkomsten uit in België gelegen onroerende goederen. Dit verschil in behandeling zou het vrije verkeer van kapitaal kunnen beperken. Bij brief van 17 maart 2008 heeft het Koninkrijk België deze beweringen betwist.

13. Bij aanvullende aanmaningsbrief van 26 juni 2009 heeft de Commissie gesteld dat de geformuleerde grieven zowel de inkomsten van gebouwde onroerende goederen als die van niet-gebouwde onroerende goederen betroffen. Bij brief van 16 november 2009 heeft het Koninkrijk België zijn oorspronkelijke standpunt bevestigd.

14. Op 26 maart 2012 heeft de Commissie een met redenen omkleed advies uitgebracht. Bij brief van 9 oktober 2012 heeft het Koninkrijk België aangegeven dat het instemde met het standpunt van de Commissie en zich ertoe verbonden een wetsontwerp op te stellen om een einde te maken aan de inbreuk.

15. De Commissie heeft de inbreukprocedure geschorst aangezien het Hof op 3 september 2013 is verzocht om een prejudiciële beslissing over de fiscale behandeling in België van een in Frankrijk gelegen onroerend goed, wat heeft geleid tot het arrest van 11 september 2014, Verest en Gerards (C-489/13, EU:C:2014:2210).

16. In punt 34 van dat arrest heeft het Hof geoordeeld dat artikel 63 VWEU aldus moest worden uitgelegd dat het zich verzet tegen een regeling van een lidstaat betreffende de inkomstenbelasting van ingezetenen van deze staat, voor zover zou blijken dat bij de toepassing van een in een dubbelbelastingverdrag vervat progressievoorbehoud een hoger tarief in de inkomstenbelasting van toepassing kan zijn enkel doordat de methode voor vaststelling van de inkomsten van een onroerend goed ertoe leidt dat de inkomsten van een in een andere lidstaat gelegen niet-verhuurd onroerend goed worden bepaald op een hoger bedrag dan de inkomsten van een in eerstbedoelde lidstaat gelegen dergelijk goed. Voorts heeft het Hof de beslissing of dat het gevolg was van de regeling in kwestie aan de nationale rechter overgelaten.

17. Gelet op dat arrest heeft de Commissie besloten om de inbreukprocedure voort te zetten bij het Hof door de instelling van het onderhavige beroep.

Beroep

Argumenten van partijen

18. De Commissie stelt dat het Koninkrijk België artikel 63 VWEU en artikel 40 van de EER-Overeenkomst heeft geschonden doordat het bij de berekening van de inkomstenbelasting toepassing heeft gemaakt van de

artikelen 7 en 13 WIB 92, gelezen in samenhang met de nummers 13/7 en 13/8 van de administratieve commentaar op het WIB 92, volgens welke de inkomsten uit onroerende goederen die niet worden verhuurd, dan wel worden verhuurd aan ofwel natuurlijke personen die de betrokken goederen niet voor hun beroep gebruiken, ofwel rechtspersonen die deze goederen ter beschikking stellen van natuurlijke personen voor particuliere doeleinden, worden berekend op een forfaitaire basis voor de goederen die in België zijn gelegen en op basis van de reële huurwaarde of de werkelijke huur voor die welke in een andere lidstaat van de Unie of de EER zijn gelegen.

19. De forfaitaire basis bestaat uit de kadastrale waarde van de onroerende goederen verminderd met de kosten voor onderhoud en herstellingen die op forfaitaire wijze worden geraamd. Zij is enkel van toepassing op in België gelegen onroerende goederen, ongeacht of deze verhuurd zijn.

20. Wat onroerende goederen betreft die zijn gelegen in een andere lidstaat van de Unie of de EER, moet een onderscheid worden gemaakt tussen verhuurde en niet-verhuurde onroerende goederen. Terwijl het belastbare bedrag in het eerste geval wordt berekend op basis van de ontvangen huur, is de berekening in het tweede geval gebaseerd op het bedrag van de reële huurwaarde van het onroerend goed. In beide gevallen wordt de aldus verkregen waarde verminderd met de belastingen die zijn betaald aan de staat op het grondgebied waarvan het onroerend goed gelegen is, alsmede met de kosten voor onderhoud en herstellingen die forfaitair worden geraamd.

21. Bij ontstentenis van een overeenkomst tot het vermijden van dubbele belasting tussen het Koninkrijk België en de staat op het grondgebied waarvan het onroerend goed is gelegen, worden de inkomsten uit dit goed in België belast, waarbij een abattement van 50 % van toepassing is. Wanneer wel een dergelijke overeenkomst bestaat, worden die inkomsten – hoewel zij in België van belastingen zijn vrijgesteld – in aanmerking genomen bij de vaststelling van het belastingtarief dat van toepassing is op de niet-vrijgestelde inkomsten.

22. In dit verband betoogt de Commissie dat de kadastrale waarde van een in België gelegen onroerend goed ondanks de indexatie ervan en de vermeerderingen en aanpassingen die sinds 1997 van toepassing zijn, nog steeds minder bedraagt dan de reële huurwaarde van dit goed en de werkelijke huur.

23. Dit resulteert in een verschil in behandeling ten nadele van Belgische ingezeten die eigenaar zijn van onroerende goederen die gelegen zijn in andere lidstaten van de Unie of de EER dan België, hetgeen die personen ervan kan weerhouden hun kapitaal te investeren in dergelijke onroerende goederen en het vrije verkeer van kapitaal kan belemmeren.

24. Bovendien is de Commissie van mening dat het arrest van 11 september 2014, Verest en Gerards (C-489/13, EU:C:2014:2210) bevestigt dat wanneer bij toepassing van een overeenkomst tot het vermijden van dubbele belasting de vrijgestelde inkomsten op grond van een progressievoorbehoud in aanmerking worden genomen voor de bepaling van het tarief van de inkomstenbelasting dat van toepassing is op niet-vrijgestelde inkomsten, dit op zichzelf een nadeel kan vormen voor de belastingplichtige voor zover het leidt tot een hoger belastingtarief dan indien het onroerend goed in België gelegen was.

25. Ten slotte stelt de Commissie dat de Belgische autoriteiten in antwoord op de aanmaningsbrieven hebben aangevoerd dat de officiële interpretatie van de fiscale wetgeving was versoepeld bij circulaire AAFisc nr. 22/2016, door toe te staan dat rekening wordt gehouden met de waarde die is vastgesteld door de autoriteiten van de andere staat waar het onroerend goed van een Belgische ingezetene is gelegen, in plaats van de reële huurwaarde. Die versoepeling betreft evenwel enkel niet-verhuurde goederen, is niet juridisch verbindend voor de Belgische belastingadministratie en is opgenomen in een circulaire, die een lagere rechtskracht heeft dan het WIB 92. Bovendien zijn de huurwaarden die door buitenlandse autoriteiten zijn berekend voor de vaststelling van hun belastingen niet altijd lager dan de op de vastgoedmarkt gehanteerde reële huurprijzen.

26. Het Koninkrijk België betwist niet dat verschillende methoden worden gehanteerd om inkomsten van onroerende goederen vast te stellen naargelang deze goederen wel of niet in België gelegen zijn. Het betoogt evenwel dat uit het arrest van 11 september 2014, Verest en Gerards (C-489/13, EU:C:2014:2210, punt 20) blijkt dat mits de vrijheden van verkeer worden geëerbiedigd, de inkomsten van onroerende goederen mogen worden vastgesteld aan de hand van verschillende methoden. Dit is het geval voor de Belgische regeling die niet noodzakelijk resulteert in een hogere belastingheffing voor Belgische ingezetenen die een in een andere staat gelegen onroerend goed bezitten.

27. In dit verband voert het Koninkrijk België aan dat de kadastrale waarde van een in België gelegen onroerend goed – net als de huurwaarde van een in een andere staat gelegen onroerend goed – gebaseerd is

op een raming van de huur die zou kunnen worden verkregen, waarbij rekening wordt gehouden met variabele gegevens zoals de ouderdom van het goed en de huurprijzen op de lokale huurmarkt. Afhankelijk van die gegevens is het verschil tussen de kadastrale waarde en de reële huurwaarde groter dan wel kleiner.

28. Volgens het Koninkrijk België is het juist dat de raming op basis van de kadastrale waarde lang geleden plaatsvond en daardoor in het algemeen beduidend lager dan de reële huurwaarde is. De kadastrale waarde wordt evenwel elk jaar geïndexeerd op basis van de evolutie van de index van de consumentenprijzen en verhoogd met 40 %.

29. Overigens impliceert een verschil tussen de kadastrale waarde en de reële huurwaarde van een in België gelegen onroerend goed niet noodzakelijk een verschil tussen de kadastrale waarde van een in België gelegen onroerend goed en de reële huurwaarde van een vergelijkbaar onroerend goed dat in een andere staat is gelegen. In dit verband betoogt het Koninkrijk België dat de vastgoedprijzen in de lidstaten van de Unie en de EER aanzienlijk kunnen variëren. In bepaalde lidstaten kunnen de huurprijzen lager liggen dan die welke gangbaar zijn in België.

30. Wat meer bepaald goederen betreft die in België zijn vrijgesteld van belastingen op grond van een overeenkomst tot het vermijden van dubbele belasting, betoogt het Koninkrijk België dat, aangezien het belastingtarief dat van toepassing is op in België belastbare inkomsten per schijf progressief is, het in aanmerking nemen van onroerende buitenlandse inkomsten op grond van een progressievoorbehoud niet noodzakelijk invloed heeft op het belastingtarief dat van toepassing is op de andere inkomsten die in België belastbaar zijn. Dit is enkel het geval indien een eventuele overschatting tot gevolg heeft dat het marginale inkomen van de belastingplichtige in een hogere belastingschijf valt. Zoals voortvloeit uit het arrest van 11 september 2014, Verest en Gerards (C-489/13, EU:C:2014:2210, punt 23) moet de nationale rechter die bevoegd is om na te gaan of eventueel sprake is van een hogere belasting, een beoordeling per individueel geval verrichten.

31. Wanneer buitenlandse onroerende inkomsten in aanmerking worden genomen om het belastingtarief te bepalen dat van toepassing is op in België belastbare inkomsten, moet bovendien een onderscheid worden gemaakt tussen verhuurde en niet-verhuurde onroerende goederen.

32. Wat niet-verhuurde goederen betreft, kunnen de Belgische belastingplichtigen op basis van circulaire AAFisc nr. 22/2016 in hun belastingaangifte de „bruto-huurwaarde" vermelden die is vastgesteld door de belastingdiensten van de staat op het grondgebied waarvan hun onroerend goed gelegen is. Bijgevolg wekt deze circulaire gewettigde verwachtingen bij de belastingplichtigen, hetgeen het hof van beroep Antwerpen (België) op 2 juni 2015 in de zaak Verest en Gerards tegen de Belgische Staat heeft erkend.

33. Voor zover bepaalde lidstaten van de Unie of de EER de inkomsten van niet-verhuurde onroerende goederen niet ramen, staat het aan de belastingplichtige om de huurwaarde van deze goederen te schatten. Naargelang de levensstandaard en de gangbare huurprijzen in die staten, ligt dit geschatte bedrag evenwel niet noodzakelijk hoger dan de kadastrale waarde van een vergelijkbaar onroerend goed dat in België is gelegen.

34. Wat verhuurde onroerende goederen betreft, zij kunnen, wanneer zij gelegen zijn in een andere lidstaat van de Unie of de EER dan het Koninkrijk België, enkel zwaarder worden belast indien is voldaan aan drie voorwaarden, te weten, ten eerste dat de huur en huurvoordelen meer bedragen dan de kadastrale waarde van een vergelijkbaar onroerend goed dat in België is gelegen, ten tweede dat de Belgische belastingplichtige andere in België belastbare inkomsten heeft, en ten derde dat het in aanmerking nemen van het onroerende inkomen resulteert in de overgang naar een hogere belastingschijf.

35. Bovendien komt de kadastrale waarde van in België gelegen onroerende goederen dichter in de buurt van het bedrag van de inkomsten van onroerende goederen die gelegen zijn in een andere staat dan het Koninkrijk België, doordat van deze inkomsten de buitenlandse belastingen worden afgetrokken alsook de kosten voor onderhoud en herstellingen ten belope van 40 %. Wat deze kosten betreft, geeft het Koninkrijk België evenwel toe dat een identiek kostenforfait wordt afgetrokken van de kadastrale waarde van in België gelegen onroerende goederen.

36. Daarnaast voert het Koninkrijk België aan dat de onroerende inkomsten van in België gelegen onroerende goederen deel uitmaken van het algemene belastbare inkomen van natuurlijke personen, en dat zij voordien aan onroerende voorheffing – een afzonderlijke belasting op onroerende goederen – zijn onderworpen. Daaruit volgt dat terwijl in het geval van in een andere staat gelegen onroerende goederen de inkomsten ervan slechts in aanmerking worden genomen om het belastingtarief te bepalen dat van toepassing is op de in België belastbare inkomsten, de inkomsten van in België gelegen onroerende goederen

niet enkel het toepasselijke belastingtarief bepalen maar bovendien dubbel worden belast. Algemeen gesteld worden Belgische ingezetenen met onroerend goed in België dus zwaarder belast dan Belgische ingezetenen met onroerende goed in andere lidstaten van de Unie of de EER.

Beoordeling door het Hof

Opmerkingen vooraf

37. Met haar beroep verwijt de Commissie het Koninkrijk België dat het afbreuk heeft gedaan aan het vrije verkeer van kapitaal waarin artikel 63 VWEU en artikel 40 van de EER-Overeenkomst voorzien, doordat Belgische ingezetenen met onroerend goed in een andere lidstaat van de Unie of de EER dan het Koninkrijk België fiscaal ongunstig worden behandeld.

38. Voor zover het Koninkrijk België zich beroept op de circulaire AAFisc nr. 22/2016 die, volgens deze lidstaat, beoogt de litigieuze regeling in overeenstemming te brengen met artikel 63 VWEU en artikel 40 van de EER-Overeenkomst, volstaat het eraan te herinneren dat volgens vaste rechtspraak het bestaan van een inbreuk moet worden beoordeeld op basis van de litigieuze situatie aan het einde van de in het met redenen omklede advies gestelde termijn, en dat het Hof geen rekening kan houden met sindsdien opgetreden wijzigingen (arrest van 29 oktober 2015, Commissie/België, C-589/14, niet gepubliceerd, EU:C:2015:736, punt 49).

39. Die termijn is blijkens het aan het Hof overgelegde dossier verstreken op 26 maart 2012, zodat geen rekening moet worden gehouden met het betoog van het Koninkrijk België betreffende de circulaire van 29 juni 2016.

Bestaan van een beperking van het vrije kapitaalverkeer

40. Het zij herinnerd dat de maatregelen die ingevolge artikel 63, lid 1, VWEU verboden zijn op grond dat zij het kapitaalverkeer beperken, mede de maatregelen omvatten die ingezetenen van een lidstaat kunnen ontmoedigen in een andere lidstaat in onroerend goed investeringen te doen (arrest van 11 september 2014, Verest en Gerards, C-489/13, EU:C:2014:2210, punt 21 en aldaar aangehaalde rechtspraak).

41. In casu bepalen de artikelen 7 en 13 van het WIB 92, gelezen in samenhang met de nummers 13/7 en 13/8 van de administratieve commentaar op het WIB 92, dat de inkomsten uit onroerende goederen die niet worden verhuurd, dan wel worden verhuurd aan ofwel natuurlijke personen die de betrokken goederen niet voor hun beroep gebruiken, ofwel rechtspersonen die deze goederen ter beschikking stellen van natuurlijke personen voor particuliere doeleinden, forfaitair worden bepaald voor in België gelegen goederen en op basis van de reële huurwaarde of werkelijke huur voor die welke in een andere staat zijn gelegen.

42. Voor in België gelegen onroerende goederen wordt de kadastrale waarde als forfaitaire grondslag gehanteerd. Deze kadastrale waarde is op 1 januari 1975 vastgesteld op basis van een raming van de normale netto-huurwaarde, die is bepaald aan de hand van de huur die op deze datum had kunnen worden verkregen indien de goederen werden verhuurd.

43. Daarnaast staat vast dat op de kadastrale waarde van een in België gelegen onroerend goed sinds 1991 een verhogingscoëfficient wordt toegepast waarvan de waarde jaarlijks evolueert naar gelang van het indexcijfer van de consumptieprijzen. Bovendien wordt de kadastrale waarde van gebouwde onroerende goederen sinds 1994 verhoogd met een coëfficiënt die in 1995 25 % bedroeg en sinds 1997 is vastgesteld op 40 %.

44. De reële huurwaarde van een onroerend goed komt overeen met de gemiddelde jaarlijkse brutohuur die, in geval van verhuring van dit goed, had kunnen worden verkregen. Zij wordt gebruikt om de inkomsten vast te stellen uit niet-verhuurde onroerende goederen die zijn gelegen in een andere staat dan het Koninkrijk België.

45. Het Koninkrijk België betwist niet dat de kadastrale waarde van een in België gelegen onroerend goed minder bedraagt dan de werkelijke huur van dit goed of de reële huurwaarde ervan. In dit verband blijkt uit het beroep van de Commissie dat de algemene evolutie van de vastgoedprijzen sinds 1975 in alle Belgische regio's een stijgende trend vertoonde, met een overeenkomstige toename van de huurprijzen tot gevolg, en dat de indexering en de verhoging van de kadastrale waarde van in België gelegen onroerende goederen niet volstonden om deze waarde dichter te brengen bij de huur die op de Belgische huurmarkt kan worden verkregen.

46. Dit verschil tussen de kadastrale waarde en de reële huurwaarde van een in België gelegen onroerend goed betekent uiteraard niet noodzakelijk, zoals het Koninkrijk België terecht heeft opgemerkt, dat het inkomen van een in een andere staat dan het Koninkrijk België gelegen onroerend goed meer bedraagt dan de kadastrale waarde van een vergelijkbaar onroerend goed dat in België is gelegen. Het is immers niet uitgesloten dat de huurprijzen die gangbaar zijn in een andere lidstaat van de Unie of de EER veel lager zijn dan die welke in België worden toegepast.

47. Zoals blijkt uit de punten 42 tot en met 44 van dit arrest wordt het door de Belgische belastingdiensten vastgestelde inkomen van een in België of elders gelegen onroerend goed evenwel uiteindelijk berekend op basis van de huur die een onroerend goed kan opleveren, hetgeen het Koninkrijk België overigens bevestigt in zijn bij het Hof ingediende opmerkingen.

48. Bijgevolg moet om te beoordelen of de verschillende waardering van het onroerend inkomen – naargelang het goed is gelegen in België dan wel in een andere lidstaat van de Unie of de EER – leidt tot een verschil in behandeling, een vergelijking worden gemaakt tussen de kadastrale waarde, de huurwaarde en de huur die daadwerkelijk kan worden verkregen op de huurmarkt.

49. In dit verband blijkt uit de overwegingen in de punten 41 tot en met 45 van dit arrest dat de kadastrale waarde van een in België gelegen onroerend goed minder bedraagt dan de huur die kan worden verkregen op de Belgische huurmarkt, en voorts dat de reële huurwaarde van een onroerend goed in beginsel overeenkomt met de gemiddelde jaarlijkse brutohuur die, in geval van verhuring van dit goed, kan worden verkregen. Hieruit volgt dat de verschillende waardering van de inkomsten van onroerende goederen afhankelijk van de staat op het grondgebied waarvan die onroerende goederen gelegen zijn, tot gevolg heeft dat het inkomen van een in een andere lidstaat van de Unie of de EER dan het Koninkrijk België gelegen onroerend goed wordt overschat in vergelijking met het inkomen van een in België gelegen onroerend goed.

50. Voorts, zoals de Commissie betoogt, resulteert – gelet op de grootte van die overschatting – de vermindering van de reële huurwaarde van een in een andere lidstaat van de Unie of EER dan het Koninkrijk België gelegen onroerend goed met het bedrag van de belastingen die in die eerste staat worden geheven op het onroerend inkomen van dit goed, niet in een beslissende verkleining van het verschil tussen de huurwaarde en de kadastrale waarde.

51. Voor zover het Koninkrijk België zijn belastingbevoegdheid uitoefent met betrekking tot de onroerende inkomsten van verhuurde en niet-verhuurde goederen die gelegen zijn in een andere lidstaat van de Unie of de EER dan het Koninkrijk België, heeft de overschatting van de inkomsten van dergelijke goederen tot gevolg dat een hogere belastinggrondslag wordt toegepast dan wanneer voor de bepaling van die inkomsten een bedrag zou zijn gehanteerd dat vergelijkbaar is met de kadastrale waarde, zoals is voorzien in de litigieuze regeling met betrekking tot in België gelegen goederen.

52. Wanneer er een overeenkomst tot het vermijden van dubbele belasting bestaat die voorziet in een progressievoorbehoud, wordt het inkomen van een in een andere staat gelegen onroerend goed niet belast in België. Met dat inkomen wordt evenwel rekening gehouden teneinde de progressieregel toe te passen bij de berekening van het bedrag van de belasting over de overige in België belastbare inkomsten van de belastingplichtige (zie in die zin arrest van 11 september 2014, Verest en Gerards, C-489/13, EU:C:2014:2210, punten 29 en 30). In dat geval kan de overschatting van het inkomen van goederen die gelegen zijn in een andere lidstaat van de Unie of de EER dan het Koninkrijk België ertoe leiden dat een hoger belastingtarief wordt toegepast, zoals het Koninkrijk België toegeeft in zijn bij het Hof ingediende opmerkingen.

53. In het licht van het voorgaande moet worden vastgesteld dat de litigieuze regeling, die bepaalt dat de inkomsten betreffende onroerende goederen die niet worden verhuurd, dan wel worden verhuurd aan ofwel natuurlijke personen die de betrokken goederen niet voor hun beroep gebruiken, ofwel rechtspersonen die deze goederen ter beschikking stellen van natuurlijke personen voor particuliere doeleinden, worden berekend op een forfaitaire basis voor de goederen die in België gelegen zijn en op basis van de reële huurwaarde voor die welke in een andere staat gelegen zijn, leidt tot een verschil in behandeling dat Belgische ingezetenen kan ontmoedigen om in vastgoed te investeren in andere lidstaten van de Unie of de EER dan het Koninkrijk België.

54. Hieruit volgt dat de betrokken regeling een in beginsel bij artikel 63 VWEU verboden beperking van het vrije kapitaalverkeer vormt.

Rechtvaardiging voor de beperking van het vrije kapitaalverkeer uit hoofde van artikel 65 VWEU

55. Volgens vaste rechtspraak moet een onderscheid worden gemaakt tussen de door artikel 65, lid 1, onder a), VWEU toegestane verschillen in behandeling en de door artikel 65, lid 3, VWEU verboden discriminaties. Een nationale belastingwetgeving als de litigieuze regeling kan enkel worden geacht verenigbaar te zijn met de bepalingen van het VWEU betreffende het vrije kapitaalverkeer, indien dat verschil in behandeling betrekking heeft op situaties die niet objectief vergelijkbaar zijn, of wordt gerechtvaardigd door een dwingende reden van algemeen belang (zie in die zin arresten van 3 september 2014, Commissie/Spanje, C-127/12, niet gepubliceerd, EU:C:2014:2130, punt 73; 11 september 2014, Verest en Gerards, C-489/13, EU:C:2014:2210, punt 28, en 17 september 2015, Miljoen e.a., C-10/14, C-14/14 en C-17/14, EU:C:2015:608, punt 64).

56. In dit verband stelt het Koninkrijk België dat krachtens overeenkomsten tot het vermijden van dubbele belasting die het heeft gesloten met de meeste lidstaten van de Unie of de EER de inkomsten van op het grondgebied van die staten gelegen onroerende goederen in België niet worden belast in het kader van de personenbelasting, terwijl de inkomsten uit in België gelegen onroerende goederen deel uitmaken van de belastbare grondslag voor de berekening van de belastingen in België. Daarom kan van schending van artikel 63 VWEU slechts sprake zijn indien het bedrag dat in België daadwerkelijk is verschuldigd uit hoofde van de algemene inkomstenbelasting van natuurlijke personen die er hun woonplaats hebben, hoger is voor de eigenaar van een onroerend goed dat gelegen is in een andere lidstaat van de Unie of de EER.

57. Dit betoog moet worden afgewezen.

58. Zoals het Koninkrijk België in zijn verweerschrift opmerkt, worden de inkomsten die zijn vrijgesteld krachtens een overeenkomst tot het vermijden van dubbele belasting, op grond van artikel 155 WIB 92 in aanmerking genomen om het belastingtarief te bepalen dat van toepassing is op de in België belastbare inkomsten.

59. Een dergelijke vrijstelling met „progressievoorbehoud" heeft tot doel te voorkomen dat in België de belastbare inkomsten van een belastingplichtige die eigenaar is van een onroerend goed in een andere staat, tegen een lager tarief worden belast dan het tarief dat geldt voor de inkomsten van een belastingplichtige die eigenaar is van een vergelijkbaar goed in België (zie in die zin arrest van 11 september 2014, Verest en Gerards, C-489/13, EU:C:2014:2210, punt 31).

60. Uit het oogpunt van deze doelstelling is de situatie van een belastingplichtige die een onroerend goed in België heeft aangekocht, vergelijkbaar met de situatie van een belastingplichtige die een dergelijk goed in een andere lidstaat van de Unie of de EER heeft aangekocht (zie in die zin arrest van 11 september 2014, Verest en Gerards, C-489/13, EU:C:2014:2210, punt 32).

61. Deze vaststelling geldt ook indien er geen overeenkomst tot het vermijden van dubbele belasting bestaat. In dit geval is de doelstelling van de litigieuze regeling om een belasting te heffen over de inkomsten uit onroerende goederen waarvan Belgische ingezetenen eigenaar zijn, zonder onderscheid van toepassing op de inkomsten van in België dan wel in een andere staat gelegen onroerende goederen. In beide gevallen zijn die inkomsten begrepen in de belastbare grondslag voor de inkomstenbelasting.

62. Wat voorts de vraag betreft of het verschil in behandeling tussen Belgische belastingplichtigen naargelang zij een onroerend goed bezitten in België dan wel in een andere lidstaat van de Unie of de EER, kan worden gerechtvaardigd om dwingende redenen van algemeen belang, zij vastgesteld dat het Koninkrijk België voor het Hof geen enkele dwingende reden van algemeen belang heeft aangevoerd die de beperking op het vrije kapitaalverkeer in de zin van artikel 63 VWEU in casu kan rechtvaardigen.

Inbreuk op artikel 40 van de EER-Overeenkomst

63. Aangezien de bepalingen van artikel 40 van de EER-Overeenkomst dezelfde juridische strekking hebben als de in wezen identieke bepalingen van artikel 63 VWEU, zijn alle voorgaande overwegingen inzake het bestaan van een beperking van het vrije kapitaalverkeer in de zin van artikel 63 VWEU in omstandigheden als die van het onderhavige beroep mutatis mutandis toepasbaar op dat artikel 40 (arrest van 4 mei 2017, Commissie/Griekenland, C-98/16, niet gepubliceerd, EU:C:2017:346, punt 49).

64. Gelet op alle voorgaande overwegingen moet het beroep van de Commissie gegrond worden verklaard.

65. Derhalve dient te worden vastgesteld dat het Koninkrijk België zijn verplichtingen krachtens artikel 63 VWEU en artikel 40 van de EER-Overeenkomst niet is nagekomen, doordat het bepalingen heeft gehandhaafd volgens welke, voor de raming van de inkomsten betreffende onroerende goederen die niet worden

verhuurd, dan wel worden verhuurd aan ofwel natuurlijke personen die de betrokken goederen niet voor hun beroep gebruiken, ofwel rechtspersonen die deze goederen ter beschikking stellen van natuurlijke personen voor particuliere doeleinden, de belastbare grondslag wordt berekend op basis van de kadastrale waarde voor de onroerende goederen die op het nationale grondgebied zijn gelegen, en op basis van de reële huurwaarde voor die welke in het buitenland zijn gelegen.

Kosten

66. ...

Het Hof (Zesde kamer)

verklaart:

1. Het Koninkrijk België is zijn verplichtingen krachtens artikel 63 VWEU en artikel 40 van de Overeenkomst betreffende de Europese Economische Ruimte van 2 mei 1992 niet nagekomen, doordat het bepalingen heeft gehandhaafd volgens welke, voor de raming van de inkomsten betreffende onroerende goederen die niet worden verhuurd, dan wel worden verhuurd aan ofwel natuurlijke personen die de betrokken goederen niet voor hun beroep gebruiken, ofwel rechtspersonen die deze goederen ter beschikking stellen van natuurlijke personen voor particuliere doeleinden, de belastbare grondslag wordt berekend op basis van de kadastrale waarde voor de onroerende goederen die op het nationale grondgebied zijn gelegen, en op basis van de reële huurwaarde voor die welke in het buitenland zijn gelegen.

2. Het Koninkrijk België wordt verwezen in de kosten.

HvJ EU 31 mei 2018, zaak C-382/16 (Hornbach-Baumarkt AG v. Finanzamt Landau)

Tweede kamer: *M. Ilešič, kamerpresident, A. Rosas (rapporteur), C. Toader, A. Prechal en E. Jarašiūnas, rechters*

Advocaat-generaal: *M. Bobek*

1. Het verzoek om een prejudiciële beslissing betreft de uitlegging van artikel 43 EG (thans artikel 49 VWEU) juncto artikel 48 EG (thans artikel 54 VWEU).

2. Dit verzoek is ingediend in het kader van een geding tussen Hornbach-Baumarkt AG en het Finanzamt Landau (belastingdienst Landau, Duitsland; hierna: „belastingdienst") over de vaststelling door de belastingdienst van de vennootschapsbelasting over 2003 en van het basisbedrag voor de berekening van de vennootschapsbelasting.

Toepasselijke bepalingen

3. Het Gesetz über die Besteuerung bei Auslandsbeziehungen (wet inzake belastingheffing in situaties die aanknopingspunten met het buitenland bevatten; hierna: „Außensteuergesetz"), zoals gewijzigd bij het Gesetz zum Abbau von Steuervergünstigungen und Ausnahmeregelungen (wet tot beperking van belastingvoordelen en uitzonderingsregelingen) van 16 mei 2003 (BGBl. 2003 I, blz. 660; hierna: „AStG"), bepaalt in artikel 1, met als opschrift „Correctie van het inkomen", het volgende:

> „1. Wanneer de inkomsten die een belastingplichtige verkrijgt uit commerciële relaties met een verbonden persoon, verminderen omdat hij in het kader van dergelijke commerciële relaties in het buitenland voorwaarden overeenkomt die afwijken van de voorwaarden die zouden zijn overeengekomen door onafhankelijke derden onder dezelfde of vergelijkbare omstandigheden, moeten zijn inkomsten onverminderd andere bepalingen worden vastgesteld alsof zij waren verkregen onder tussen onafhankelijke derden overeengekomen voorwaarden.
> 2. een persoon wordt als een met de belastingplichtige verbonden persoon beschouwd wanneer:
> 1. de persoon rechtstreeks of indirect een belang aanhoudt dat overeenkomt met ten minste een kwart van het kapitaal van de belastingplichtige (aanmerkelijk belang) of rechtstreeks of indirect een overheersende invloed op de belastingplichtige kan uitoefenen, dan wel omgekeerd wanneer de belastingplichtige een aanmerkelijk belang heeft in het kapitaal van die persoon of rechtstreeks of indirect een overheersende invloed op hem kan uitoefenen, of
> 2. een derde een aanmerkelijk belang in het kapitaal van die persoon of van de belastingplichtige aanhoudt, of rechtstreeks of indirect een overheersende invloed op een van beiden kan uitoefenen, of
> 3. de persoon of de belastingplichtige in verband met de onderhandelingen over de voorwaarden van een commerciële relatie op de belastingplichtige of de persoon een invloed kan uitoefenen die is ontstaan buiten de commerciële relatie om, of wanneer een van beiden een eigen belang heeft bij de verwerving van inkomsten door de ander.
> 3. Als overeenkomstig § 162 van de Abgabeordnung (belastingwet) moet worden overgegaan tot een schatting van de in lid 1 vermelde inkomsten, is het referentiepunt voor deze schatting bij gebreke van een ander passend referentiepunt de opbrengst uit het in de onderneming geïnvesteerde kapitaal of de onder normale omstandigheden uit ervaring en gewoonte te verwachten winstmarge.
> 4. Een commerciële relatie in de zin van de leden 1 en 2 bestaat uit iedere relatie die aan de inkomsten ten grondslag ligt en onder het verbintenissenrecht valt, die niet in de statuten is overeengekomen en die bij de belastingplichtige of een met hem verbonden persoon onderdeel uitmaakt van een activiteit waarop § 13, § 15, § 18 of § 21 van het Einkommensteuergesetz (wet op de inkomstenbelasting) van toepassing is of in geval van een niet-ingezeten verbonden persoon van toepassing zou zijn als de activiteit werd uitgeoefend in Duitsland."

Hoofdgeding en prejudiciële vraag

4. Hornbach-Baumarkt AG is een naamloze vennootschap, met het hoofdkantoor in Duitsland, die bouwmarkten exploiteert in die lidstaat en in andere lidstaten.

5. In 2003 had Hornbach-Baumarkt AG indirect via haar dochteronderneming Hornbach International GmbH en de Nederlandse dochter daarvan, Hornbach Holding BV, een 100 %-belang in twee

vennootschappen die hun hoofdkantoor in Nederland hebben, Hornbach Real Estate Groningen BV en Hornbach Real Estate Wateringen BV (hierna: „buitenlandse concernondernemingen").

6. De buitenlandse concernondernemingen hadden een negatief eigen vermogen en hadden voor respectievelijk de voortzetting van hun activiteiten en de financiering van de voorgenomen bouw van een bouwmarkt met tuincentrum bankleningen nodig ter hoogte van 10 057 000 EUR voor Hornbach Real Estate Groningen BV en 14 800 000 EUR voor Hornbach Real Estate Wateringen BV.

7. De bank die voor de financiering van die vennootschappen zorgde had voor de kredietverstrekking als voorwaarde gesteld dat Hornbach-Baumarkt AG schriftelijke garantieverklaringen zou verstrekken.

8. Op 25 september 2002 heeft Hornbach-Baumarkt AG deze schriftelijke verklaringen verstrekt, zonder hiervoor een vergoeding te vragen.

9. In die schriftelijke verklaringen heeft Hornbach-Baumarkt AG zich jegens de kredietverstrekkende bank ertoe verbonden haar belang in Hornbach Holding BV niet af te stoten of te wijzigen en bovendien ervoor te zorgen dat Hornbach Holding BV haar belang in de buitenlandse concernondernemingen evenmin zou afstoten of wijzigen zonder de bank ten minste drie weken voor enige overdracht of wijziging daarvan schriftelijk kennisgeving te doen.

10. Bovendien heeft Hornbach-Baumarkt AG zich onherroepelijk en onvoorwaardelijk ertoe verbonden de buitenlandse concernondernemingen in die mate van financiële middelen te voorzien dat zij in staat waren al hun verbintenissen na te komen. Zo moest zij, indien nodig, aan die ondernemingen de financiële middelen ter beschikking stellen waarmee zij aan hun verplichtingen jegens de kredietverstrekkende bank konden voldoen. Hornbach-Baumarkt AG moest er daarnaast voor zorgen dat die financiële middelen werden gebruikt voor de betalingsverplichtingen jegens de bank.

11. Omdat de belastingdienst van mening was dat onafhankelijke derden onder dezelfde of vergelijkbare omstandigheden een vergoeding voor de aldus verleende garanties zouden zijn overeengekomen, is er besloten dat de inkomsten van Hornbach-Baumarkt AG overeenkomstig § 1, leden 1 en 4, van het AStG moesten worden verhoogd met een bedrag overeenkomend met het veronderstelde bedrag van de vergoeding voor de verleende garanties en is de vennootschapsbelasting en de vaststelling van het basisbedrag voor de berekening van de vennootschapsbelasting van deze onderneming gewijzigd voor 2003. De belastingdienst heeft bijgevolg correcties op de hoogte van de belastbare inkomsten toegepast van 15 253 EUR en 22 447 EUR als gevolg van de verleende garanties aan respectievelijk Hornbach Real Estate Groningen BV en Hornbach Real Estate Wateringen BV.

12. Nadat de belastingdienst de bezwaren tegen de besluiten waarbij tot die correcties is overgegaan ongegrond had verklaard, heeft Hornbach-Baumarkt AG tegen die besluiten een beroep ingesteld bij het Finanzgericht Rheinland-Pfalz (belastingrechter van de deelstaat Rijnland-Palts, Duitsland).

13. In het kader van dit beroep heeft Hornbach-Baumarkt AG aangevoerd dat § 1 AStG leidt tot de ongelijke behandeling van gevallen waarbij binnenlandse en buitenlandse transacties zijn betrokken, aangezien in een geval waarbij zuiver binnenlandse transacties zijn betrokken de hoogte van de inkomsten niet wordt gecorrigeerd om rekening te houden met de hoogte van de veronderstelde vergoeding van de aan de dochterondernemingen verleende garanties.

14. In dit verband heeft zij met name aangevoerd dat uit het arrest van 21 januari 2010, SGI (C-311/08, EU:C:2010:26), dat betrekking heeft op een bepaling in de Belgische belastingregeling die vergelijkbaar is met § 1 AStG, blijkt dat die laatste bepaling moet worden beschouwd als een beperking van de vrijheid van vestiging die niet gerechtvaardigd is, omdat zij onevenredig is. In tegenstelling tot de eisen die voortvloeien uit dat arrest, bevat § 1 AStG namelijk geen bepaling uit hoofde waarvan commerciële redenen kunnen worden aangevoerd ter rechtvaardiging van een tussen derden ongebruikelijke transactie. In casu rechtvaardigen commerciële redenen volgens Hornbach-Baumarkt AG dat niet is voorzien in een vergoeding voor de schriftelijke garantieverklaringen in het hoofdgeding. Het ging om ondersteunende maatregelen, zodat de buitenlandse concernondernemingen geen eigen vermogen hoefden te verstrekken.

15. De belastingdienst heeft geantwoord dat hoewel § 1 AStG geen eigen regeling bevat inzake de bewijsvoering omtrent eventuele commerciële redenen waarom een transactie is overeengekomen, de belastingplichtige evenwel de mogelijkheid heeft om de redelijkheid van de gedane transactie te bewijzen.

16. Volgens de verwijzende rechter was de belastingdienst terecht van mening dat de tussen Hornbach-Baumarkt AG en de buitenlandse concernondernemingen overeengekomen voorwaarden afweken van de voorwaarden die zouden zijn overeengekomen door onafhankelijke derden onder dezelfde of vergelijkbare

omstandigheden. Onafhankelijke handelspartners zouden immers wel een vergoeding overeen zijn gekomen voor het verstrekken van een schriftelijke garantieverklaring, wegens het daaraan verbonden aansprakelijkheidsrisico. Aan de materiële voorwaarden die in § 1, lid 1, AStG juncto het derde geval in § 1, lid 2, punt 1, AStG worden gesteld voor correctie van de inkomsten van Hornbach-Baumarkt AG is bijgevolg voldaan, aldus de verwijzende rechter.

17. De verwijzende rechter wenst niettemin te vernemen of een regeling zoals in het hoofdgeding verenigbaar is met de vrijheid van vestiging.

18. In dit verband merkt deze rechter op dat volgens § 1, lid 1, AStG op de inkomsten van een in de betrokken lidstaat woonachtige belastingplichtige die zijn verminderd omdat hij voorwaarden is overeengekomen die ongebruikelijk zijn tussen derden, slechts een dergelijke correctie wordt toegepast als de verbonden persoon in een andere lidstaat is gevestigd. Is die verbonden persoon daarentegen een dochteronderneming van de belastingplichtige die is gevestigd in de lidstaat van woonplaats van die belastingplichtige, dan worden de inkomsten niet gecorrigeerd, noch uit hoofde van § 1, lid 1, AStG, noch uit hoofde van welke nationale regeling dan ook.

19. Hieruit volgt dat als een belastingplichtige die woonachtig is in de betrokken lidstaat een belang aanhoudt in een vennootschap die in een andere lidstaat is gevestigd, deze belastingplichtige minder gunstig wordt behandeld dan wanneer hij dat belang in een ingezeten vennootschap zou aanhouden. De verwijzende rechter gaat er bijgevolg van uit dat § 1, lid 1, AStG een beperking van de vrijheid van vestiging van de ingezeten belastingplichtige inhoudt, hetgeen verboden is bij artikel 43 EG (thans artikel 49 VWEU).

20. In dit verband zou uit het arrest van 21 januari 2010, SGI (C-311/08, EU:C:2010:26), blijken dat een regeling van een lidstaat waarbij een verschil in fiscale behandeling wordt ingesteld tussen ingezeten vennootschappen afhankelijk van de vraag of de ondernemingen waaraan zij abnormale en goedgunstige voordelen hebben toegekend en waarmee zij zich ineen situatie van wederzijdse afhankelijkheid bevinden al dan niet in die lidstaat zijn gevestigd, in beginsel een beperking van de vrijheid van vestiging vormt, maar legitieme doelstellingen nastreeft die verband houden met de noodzaak om de evenwichtige verdeling van de heffingsbevoegdheid tussen de lidstaten te bewaren en met de noodzaak om belastingontwijking te voorkomen.

21. De verwijzende rechter vraagt zich evenwel af of een regeling zoals § 1, lid 1, AStG zich met het evenredigheidsbeginsel verdraagt.

22. In dit verband merkt die rechter op dat overeenkomstig punt 71 van het arrest van 21 januari 2010, SGI (C-311/08, EU:C:2010:26), de eerbiediging van het evenredigheidbeginsel vereist dat in de gevallen waarin niet kan worden uitgesloten dat een transactie niet overeenkomt met hetgeen zou zijn overeengekomen onder marktvoorwaarden, de belastingplichtige de mogelijkheid heeft om zonder buitensporige administratieve moeite bewijs aan te dragen met betrekking tot de eventuele commerciële redenen waarom die transactie heeft plaatsgevonden.

23. De verwijzende rechter wenst te vernemen of de commerciële redenen die kunnen worden ingeroepen ter rechtvaardiging van het sluiten van een transactie onder omstandigheden die niet gebruikelijk zijn tussen derden, betrekking kunnen hebben op het belang van Hornbach-Baumarkt AG in de buitenlandse concernondernemingen, met name in situaties waarin de dochteronderneming geld leent bij een bank om haar kapitaal te verhogen. De moedervennootschap zou namelijk een eigen economisch belang hebben bij het commerciële succes van haar dochteronderneming, en zij zou bovendien indien nodig een verantwoordelijkheid dragen voor de financiering van de dochteronderneming.

24. Die rechter merkt op dat in het Duitse recht de belastingplichtige weliswaar over de mogelijkheid beschikt om de redenen aan te voeren waarom de met de buitenlandse onderneming overeengekomen voorwaarden overeenkomen met die welke zouden zijn overeengekomen door onafhankelijke derden onder dezelfde of vergelijkbare omstandigheden en om hiervoor bewijs te leveren, maar dat in § 1, lid 1, AStG niet in de mogelijkheid is voorzien dat de belastingplichtige de commerciële redenen aanvoert die het sluiten van een transactie rechtvaardigen in omstandigheden die niet gebruikelijk zijn tussen derden, wanneer die redenen berusten op de situatie van wederzijdse afhankelijkheid waarin de betrokken personen zich bevinden.

25. Naar het oordeel van de verwijzende rechter is het bijgevolg noodzakelijk te verduidelijken of een bepaling als § 1, lid 1, AStG juncto het derde geval in § 1, lid 2, punt 1, AStG voldoet aan de Unierechtelijke vereisten in verband met de mogelijkheid om commerciële redenen aan te voeren waarom personen die zich

in een situatie van wederzijdse afhankelijkheid bevinden een transactie hebben gesloten in omstandigheden die niet gebruikelijk zijn tussen derden.

26. Daarom heeft het Finanzgericht Rheinland-Pfalz de behandeling van de zaak geschorst en het Hof verzocht om een prejudiciële beslissing over de volgende vraag:

> „Verzet artikel 49 VWEU [(voorheen artikel 43 EG)] juncto artikel 54 VWEU [(voorheen artikel 48 EG)] zich tegen een regeling van een lidstaat volgens welke de inkomsten van een ingezeten belastingplichtige uit de handelsrelaties met een in een andere lidstaat gevestigde vennootschap waarin hij rechtstreeks of indirect een deelneming van ten minste 25 % bezit en waarmee hij voorwaarden is overeengekomen die afwijken van de voorwaarden die onafhankelijke derden zouden zijn overeengekomen onder dezelfde of vergelijkbare omstandigheden, moeten worden vastgesteld alsof zij waren verkregen onder tussen onafhankelijke derden overeengekomen voorwaarden, wanneer een dergelijke correctie niet wordt toegepast voor inkomsten uit handelsrelaties met een ingezeten vennootschap en in deze regeling niet is voorzien in de mogelijkheid voor de ingezeten belastingplichtige om te bewijzen dat de voorwaarden zijn overeengekomen om commerciële redenen die voortvloeien uit zijn aandeelhoudersband met de in de andere lidstaat gevestigde vennootschap?"

Beantwoording van de prejudiciële vraag

27. Met zijn vraag wenst de verwijzende rechter in wezen te vernemen of artikel 43 EG (thans artikel 49 VWEU) juncto artikel 48 EG (thans artikel 54 VWEU) aldus moet worden uitgelegd dat het in de weg staat aan een nationale regeling als in het hoofdgeding, volgens welke de inkomsten van een in een lidstaat gevestigde vennootschap die aan een in een andere lidstaat gevestigde vennootschap waarmee zij zich in een situatie van wederzijdse afhankelijkheid bevindt, voordelen heeft verleend onder voorwaarden die afwijken van de voorwaarden die van elkaar onafhankelijke derden zouden zijn overeengekomen onder dezelfde of vergelijkbare omstandigheden, moeten worden berekend zoals zij zouden zijn verkregen indien de tussen dergelijke derden overeengekomen voorwaarden van toepassing waren geweest, en gecorrigeerd, ofschoon er geen correctie van het belastbare inkomen plaatsvindt wanneer die voordelen door een ingezeten vennootschap zijn verleend aan een andere ingezeten vennootschap waarmee zij zich in een situatie van wederzijdse afhankelijkheid bevindt, en die regeling de ingezeten belastingplichtige voorts niet de mogelijkheid biedt om aan te tonen dat de voorwaarden zijn overeengekomen om commerciële redenen die voortvloeien uit de aandeelhoudersband met de niet-ingezeten vennootschap.

28. Volgens vaste rechtspraak van het Hof valt een nationale wettelijke regeling die alleen van toepassing is op deelnemingen waarmee een zodanige invloed op de besluiten van een vennootschap kan worden uitgeoefend dat de activiteiten van die vennootschap kunnen worden bepaald, onder de vrijheid van vestiging (arresten van 13 november 2012, Test Claimants in the FII Group Litigation, C-35/11, EU:C:2012:707, punt 91; 5 februari 2014, Hervis Sport- és Divatkereskedelmi, C-385/12, EU:C:2014:47, punt 22, en 10 juni 2015, X, C-686/13, EU:C:2015:375, punt 18).

29. Het derde geval in § 1, lid 2, punt 1, AStG ziet op de situatie waarin een ingezeten belastingplichtige een belang aanhoudt van ten minste 25 % van het kapitaal van een onderneming die is gevestigd in een andere lidstaat dan de lidstaat van zijn woonplaats, namelijk een belang dat de belastingplichtige in staat stelt een bepalende invloed uit te oefenen op de betrokken onderneming.

30. Zoals de verwijzende rechter heeft opgemerkt, hield Hornbach-Baumarkt AG in het hoofdgeding indirect een belang aan van 100 % van het kapitaal van de buitenlandse concernondernemingen en kon zij dus een bepalende invloed uitoefenen op de besluiten en activiteiten van die ondernemingen.

31. De nationale regeling die aan de orde is in het hoofdgeding moet dus worden getoetst aan de bepalingen van het EG-Verdrag inzake de vrijheid van vestiging.

32. Volgens vaste rechtspraak verbieden de bepalingen van het Verdrag met betrekking tot de vrijheid van vestiging dat de lidstaat van oorsprong de vestiging in een andere lidstaat van een naar zijn recht opgerichte vennootschap, in het bijzonder via een dochteronderneming, belemmert. De vrijheid van vestiging wordt belemmerd indien volgens de belastingregeling van een lidstaat een ingezeten vennootschap met een dochteronderneming in een andere lidstaat vanuit fiscaal oogpunt ongunstiger wordt behandeld dan een ingezeten vennootschap met een dochteronderneming in eerstgenoemde lidstaat (arrest van 21 december 2016, Masco Denmark en Damixa, C-593/14, EU:C:2016:984, punten 24 en 25).

33. In casu moet worden vastgesteld, zoals de verwijzende rechter opmerkt, dat op grond van § 1, lid 1, AStG de inkomsten van een belastingplichtige slechts worden gecorrigeerd als het gaat om zakelijke banden van

die belastingplichtige met het buitenland. De inkomsten van een ingezeten belastingplichtige – verminderd vanwege het feit dat hij met een met hem verbonden persoon tussen derden ongebruikelijke voorwaarden is overeengekomen – worden dus slechts gecorrigeerd als die persoon buiten het nationale grondgebied is gevestigd. Is de verbonden persoon daarentegen een op het nationale grondgebied gevestigde dochteronderneming van de belastingplichtige, dan wordt noch op grond van § 1, lid 1, AStG, noch op grond van een andere nationale regeling een correctie van de inkomsten toegepast.

34. Hieruit volgt dat een moederonderneming die is gevestigd in de betrokken lidstaat en die een belang aanhoudt in een in een andere lidstaat gevestigde onderneming, minder gunstig wordt behandeld dan wanneer zij een belang in een ingezeten vennootschap zou aanhouden.

35. Volgens de rechtspraak van het Hof kan een dergelijk verschil in fiscale behandeling tussen belastingplichtigen op grond van de plaats van de zetel van de vennootschappen waarmee de tussen derden ongebruikelijke voorwaarden zijn overeengekomen, een beperking van de vrijheid van vestiging in de zin van artikel 43 EG opleveren. De belastingplichtige zou immers kunnen afzien van de verkrijging, de oprichting of het behoud van een dochteronderneming in een andere lidstaat dan die van zijn woonplaats, dan wel van de verkrijging of het behoud van een aanmerkelijk belang in een in die andere lidstaat gevestigde vennootschap, gelet op de belastingdruk die in een grensoverschrijdende situatie rust op de toekenning van tussen derden ongebruikelijke voorwaarden (zie in die zin arrest van 21 januari 2010, SGI, C-311/08, EU:C:2010:26, punt 44).

36. Volgens vaste rechtspraak van het Hof kan een fiscale maatregel die de in artikel 43 EG neergelegde vrijheid van vestiging kan belemmeren enkel worden aanvaard indien die maatregel betrekking heeft op situaties die niet objectief vergelijkbaar zijn, of kan worden gerechtvaardigd door dwingende redenen van algemeen belang die door het Unierecht zijn erkend. In dat geval moet de beperking bovendien geschikt zijn om het nagestreefde doel te verwezenlijken en mag zij niet verder gaan dan nodig is voor het bereiken van dat doel (zie in die zin arresten van 29 november 2011, National Grid Indus, C-371/10, EU:C:2011:785, punt 42; 17 december 2015, Timac Agro Deutschland, C-388/14, EU:C:2015:829, punten 26 en 29; 21 december 2016, Masco Denmark en Damixa, C-593/14, EU:C:2016:984, punt 28, en 23 november 2017, A, C-292/16, EU:C:2017:888, punt 28).

37. Uit de nationale regeling die aan de orde is in het hoofdgeding volgt dat een ingezeten vennootschap een heffing moet betalen wanneer zij aan een niet-ingezeten vennootschap waarmee zij banden onderhoudt voordelen toekent onder voorwaarden die geen marktvoorwaarden zijn, waardoor de belastbare inkomsten van de ingezeten vennootschap in de betrokken lidstaat kunnen verminderen.

38. Volgens de Duitse regering verschilt de fiscale situatie van een ingezeten moedervennootschap afhankelijk van de vraag of zij zakelijke banden onderhoudt met een niet-ingezeten dan wel een ingezeten dochteronderneming, daar de Bondsrepubliek Duitsland niet de bevoegdheid heeft om belasting te heffen over de inkomsten van in andere lidstaten gevestigde dochterondernemingen.

39. Die regering betoogt dat de omstandigheid dat de inkomsten die een moedervennootschap aan haar zakelijke banden ontleent niet worden gecorrigeerd in een zuiver interne situatie, wordt gerechtvaardigd door het feit dat het door de moedervennootschap kosteloos verleende voordeel de inkomsten van de dochteronderneming verhoogt en dat de Bondsrepubliek Duitsland belasting heft over zowel de inkomsten van de moedervennootschap als de winsten van de op Duits grondgebied gevestigde dochteronderneming. Dit is anders voor de in Nederland gevestigde dochterondernemingen van Hornbach-Baumarkt AG, aangezien de Bondsrepubliek Duitsland over de winsten van die dochterondernemingen geen belasting kan heffen.

40. Vastgesteld moet worden dat deze argumenten geen betrekking hebben op de vraag naar de vergelijkbaarheid van situaties, maar zien op rechtvaardigingen op grond van het territorialiteitsbeginsel, uit hoofde waarvan de lidstaten het recht hebben om belasting te heffen over de inkomsten die op hun grondgebied zijn verworven, of op rechtvaardigingen die verband houden met de noodzaak de verdeling van de heffingsbevoegdheid tussen de lidstaten te behouden, hetgeen een door het Hof erkend legitiem doel vormt (zie in die zin arresten van 17 juli 2014, Nordea Bank Danmark, C-48/13, EU:C:2014:2087, punt 27, en 23 november 2017, A, C-292/16, EU:C:2017:888, punt 30).

41. In dit verband moet worden opgemerkt dat zowel de Duitse regering als de Zweedse regering aanvoert dat een regeling zoals in het hoofdgeding wordt gerechtvaardigd door de dwingende reden van algemeen belang die verband houdt met het behoud van de evenwichtige verdeling van de heffingsbevoegdheid tussen de lidstaten, en dat beide regeringen zich in dit verband beroepen op het arrest van 21 januari 2010, SGI (C-311/08, EU:C:2010:26, punt 69).

42. De Zweedse regering benadrukt bovendien dat de regels van het Duitse recht die uitvoering geven aan het zakelijkheidsbeginsel een natuurlijk gevolg zijn van het territorialiteitsbeginsel en nodig zijn om ervoor te zorgen dat zowel dat beginsel als de evenwichtige verdeling van de heffingsbevoegdheid kan worden behouden.

43. Volgens vaste rechtspraak kan de noodzaak om een evenwichtige verdeling van de heffingsbevoegdheid tussen de lidstaten te vrijwaren een verschil in behandeling rechtvaardigen wanneer de onderzochte regeling ertoe strekt gedragingen te voorkomen die afbreuk kunnen doen aan het recht van een lidstaat om zijn belastingbevoegdheid uit te oefenen met betrekking tot activiteiten die op zijn grondgebied plaatsvinden (arresten van 29 maart 2007, Rewe Zentralfinanz, C-347/04, EU:C:2007:194, punt 42; 18 juli 2007, Oy AA, C-231/05, EU:C:2007:439, punt 54; 21 februari 2013, A, C-123/11, EU:C:2013:84, punt 41, en 21 december 2016, Masco Denmark en Damixa, C-593/14, EU:C:2016:984, punt 35).

44. Het Hof heeft overwogen dat indien het ingezeten vennootschappen van een lidstaat zou worden toegestaan om hun winsten in de vorm van abnormale of goedgunstige voordelen over te dragen aan in andere lidstaten gevestigde vennootschappen waarmee zij zich in een situatie van wederzijdse afhankelijkheid bevinden, de evenwichtige verdeling van de heffingsbevoegdheid tussen de lidstaten in gevaar zou kunnen worden gebracht, alsmede dat met een regeling van een lidstaat volgens welke over dergelijke voordelen belasting wordt geheven bij de ingezeten vennootschap die deze voordelen aan een in een andere lidstaat gevestigde vennootschap heeft verleend, de eerstgenoemde lidstaat zijn belastingbevoegdheid kan uitoefenen met betrekking tot de activiteiten die plaatsvinden op zijn grondgebied. Het Hof heeft tevens geoordeeld dat een dergelijke nationale regeling rechtmatige doelstellingen nastreeft die verenigbaar zijn met het Verdrag en die dwingende redenen van algemeen belang opleveren, en dat deze regeling geschikt moet worden geacht om die doelstellingen te verwezenlijken (zie in die zin arrest van 21 januari 2010, SGI, C-311/08, EU:C:2010:26, punten 63, 64 en 69).

45. Dit geldt ook voor de in het hoofdgeding aan de orde zijnde nationale regeling, aangezien een ingezeten vennootschap door het verlenen van voordelen aan een in een andere lidstaat gevestigde vennootschap waarmee zij zich in een situatie van wederzijdse afhankelijkheid bevindt, onder voorwaarden die geen marktvoorwaarden zijn, winsten in de vorm van voordelen zou kunnen overdragen aan de niet-ingezeten dochteronderneming, waardoor de evenwichtige verdeling van de heffingsbevoegdheid tussen de lidstaten in gevaar kan worden gebracht.

46. Door bij de in de betrokken lidstaat gevestigde vennootschap belasting te heffen op basis van het veronderstelde bedrag van de vergoeding voor het voordeel dat kosteloos is verleend aan een in een andere lidstaat gevestigde vennootschap waarmee zij zich in een situatie van wederzijdse afhankelijkheid bevindt, teneinde rekening te houden met het bedrag dat de moedervennootschap als winst zou hebben moeten aangeven indien de transactie marktconform was gesloten, staat de in het hoofdgeding aan de orde zijnde regeling de eerstgenoemde lidstaat toe zijn fiscale bevoegdheid uit te oefenen met betrekking tot de activiteiten die op zijn grondgebied plaatsvinden.

47. Er moet dus worden geoordeeld dat een nationale regeling als in het hoofdgeding, die ertoe strekt te verhinderen dat in de betrokken lidstaat behaalde winsten zonder te worden belast aan de heffingsbevoegdheid van die lidstaat worden onttrokken door middel van niet marktconforme transacties, geschikt is om het behoud van de verdeling van de heffingsbevoegdheid tussen de lidstaten te waarborgen.

48. Ten slotte moet worden nagegaan of een dergelijke nationale regeling niet verder gaat dan ter bereiking van het nagestreefde doel noodzakelijk is.

49. In dit verband heeft het Hof geoordeeld dat een nationale wettelijke regeling die zich ter beantwoording van de vraag of een transactie een kunstmatige constructie is die voor belastingdoeleinden is opgezet, op een onderzoek van objectieve en verifieerbare elementen baseert, moet worden geacht niet verder te gaan dan hetgeen nodig is voor het bereiken van de doelstellingen inzake de noodzaak om een evenwichtige verdeling van de heffingsbevoegdheid tussen de lidstaten te handhaven en de noodzaak om belastingontwijking te voorkomen, wanneer, in de eerste plaats, in elk geval waarin er een vermoeden bestaat dat de transactie afwijkt van hetgeen de betrokken vennootschappen in omstandigheden van volledige mededinging zouden zijn overeengekomen, de belastingplichtige in staat wordt gesteld om zonder buitensporige administratieve moeite bewijs aan te dragen met betrekking tot de eventuele commerciële redenen waarom de transactie heeft plaatsgevonden. In de tweede plaats dient de fiscale correctiemaatregel in voorkomend geval te worden beperkt tot de fractie van de verrichting die verder gaat dan hetgeen de betrokken vennootschappen onder marktvoorwaarden zouden zijn overeengekomen (arrest van 21 januari 2010, SGI, C-311/08, EU:C:2010:26, punten 71 en 72).

50. Wat allereerst de berekening van de hoogte van de correctie van de inkomsten van de betrokken belastingplichtige betreft, moet worden opgemerkt dat dit bij het Hof geen voorwerp van discussie is geweest tussen Hornbach-Baumarkt AG en de belastingdienst. Evenwel zij opgemerkt dat de Duitse regering heeft betoogd – zonder op dit punt te zijn tegengesproken – dat de door de Duitse belastingdienst in situaties als in het hoofdgeding verrichte correcties zijn beperkt tot de fractie van de verrichting die verder gaat dan hetgeen zou zijn overeengekomen wanneer de betrokken ondernemingen zich niet in een situatie van wederzijdse afhankelijkheid zouden bevinden.

51. Wat vervolgens de mogelijkheid betreft waarover de belastingplichtige moet beschikken om bewijs aan te dragen met betrekking tot de eventuele commerciële redenen ter rechtvaardiging van het sluiten van transacties onder tussen derden ongebruikelijke voorwaarden, gaat de vraag van de verwijzende rechter er vooral over of de commerciële redenen zakelijke redenen kunnen omvatten die voortvloeien uit de enkele omstandigheid dat de in de betrokken lidstaat gevestigde moedervennootschap en haar in een andere lidstaat gevestigde dochterondernemingen zich in een situatie van wederzijdse afhankelijkheid bevinden.

52. Volgens de Duitse regering moet het begrip „commerciële redenen" in de zin van punt 71 van het arrest van 21 januari 2010, SGI (C-311/08, EU:C:2010:26), worden uitgelegd tegen de achtergrond van het beginsel van vrije mededinging, dat naar zijn aard uitsluit dat zakelijke redenen worden aanvaard die hun oorsprong vinden in de aandeelhoudersband. Om de evenredigheid van een regeling als in het hoofdgeding te beoordelen moet bovendien een onderscheid worden gemaakt tussen enerzijds de mogelijkheid om de redenen aan te voeren waarom concernondernemingen elkaar kosteloos voordelen hebben verleend en anderzijds het onderzoek naar de gegrondheid van die redenen. Hornbach-Baumarkt AG heeft de mogelijkheid gehad om de gronden voor haar besluit toe te lichten, maar heeft niet kunnen aantonen dat er sprake was van zakelijke redenen, aldus de Duitse regering.

53. In onderhavige zaak blijkt uit de verwijzingsbeslissing dat de buitenlandse concernondernemingen een negatief eigen vermogen hadden en dat de kredietverstrekkende bank het voor de voortzetting en de ontwikkeling van de activiteiten van die ondernemingen benodigde kredieten had verstrekt op voorwaarde dat Hornbach-Baumarkt AG een schriftelijke garantieverklaring verstrekte.

54. Wanneer de ontwikkeling van de activiteiten van een dochteronderneming afhangt van de inbreng van extra kapitaal, omdat zij niet over voldoende eigen geld beschikt, kan het onder tussen derden ongebruikelijke voorwaarden ter beschikking stellen van geld door de moedervennootschap worden gerechtvaardigd om commerciële redenen.

55. Verder moet worden opgemerkt dat in deze zaak geen risico op belastingontwijking is aangevoerd. De Duitse regering heeft geen gewag gemaakt van een zuiver kunstmatige constructie in de zin van de rechtspraak van het Hof, en ook niet van het feit dat verzoekster in het hoofdgeding haar belastbare winst in Duitsland wil verlagen.

56. In deze omstandigheden is er mogelijkerwijs sprake van commerciële redenen die zien op de aandeelhoudersband van Hornbach-Baumarkt AG met de buitenlandse concernondernemingen en die rechtvaardigen dat de in het hoofdgeding aan de orde zijnde transactie is gesloten onder voorwaarden die afwijken van de tussen derden gebruikelijke voorwaarden. Aangezien de voortzetting of de uitbreiding van de activiteiten van die buitenlandse concernondernemingen, bij gebreke van voldoende eigen geld, namelijk afhing van een kapitaalinbreng, zou het kosteloos verstrekken van schriftelijke garantieverklaringen – zelfs al zouden van elkaar onafhankelijke ondernemingen voor dergelijke garanties een tegenprestatie zijn overeengekomen – kunnen worden verklaard door het eigen zakelijke belang van Hornbach-Baumarkt AG bij het commerciële succes van de buitenlandse concernondernemingen, in welk succes zij een aandeel heeft door de verdeling van de winst, alsook door de omstandigheid dat verzoekster in het hoofdgeding als aandeelhoudster een bepaalde verantwoordelijkheid heeft voor de financiering van die ondernemingen.

57. In casu dient de verwijzende rechter na te gaan of Hornbach-Baumarkt AG in staat is geweest om zonder buitensporige administratieve moeite bewijs aan te dragen met betrekking tot de eventuele commerciële redenen voor het sluiten van de in het hoofdgeding aan de orde zijnde transacties, zonder daarbij uit te sluiten dat in dit verband rekening kan worden gehouden met zakelijke redenen die voortvloeien uit haar aandeelhoudersband met de niet-ingezeten vennootschap.

58. Bijgevolg moet worden geoordeeld dat een regeling als in het hoofdgeding niet verder gaat dan nodig is om het met die regeling nagestreefde doel te bereiken, als de instanties die belast zijn met de toepassing van die regeling de ingezeten belastingplichtige de mogelijkheid bieden om aan te tonen dat de voorwaarden zijn

overeengekomen om commerciële redenen die kunnen voortvloeien uit zijn aandeelhoudersband met de niet-ingezeten vennootschap, hetgeen door de verwijzende rechter moet worden beoordeeld.

59. Gelet op een en ander dient op de voorgelegde vraag te worden geantwoord dat artikel 43 EG juncto artikel 48 EG aldus moet worden uitgelegd dat het in beginsel niet in de weg staat aan een nationale regeling als in het hoofdgeding, volgens welke de inkomsten van een in een lidstaat gevestigde vennootschap die aan een in een andere lidstaat gevestigde vennootschap waarmee zij zich in een situatie van wederzijdse afhankelijkheid bevindt, voordelen heeft verleend onder voorwaarden die afwijken van de voorwaarden die van elkaar onafhankelijke derden zouden zijn overeengekomen onder dezelfde of vergelijkbare omstandigheden, moeten worden berekend zoals zij zouden zijn verkregen indien de tussen dergelijke derden overeengekomen voorwaarden van toepassing waren geweest, en gecorrigeerd, ofschoon er geen correctie van het belastbare inkomen plaatsvindt wanneer die voordelen door een ingezeten vennootschap zijn verleend aan een andere ingezeten vennootschap waarmee zij zich in een situatie van wederzijdse afhankelijkheid bevindt. Het staat echter aan de nationale rechter om na te gaan of de in het hoofdgeding aan de orde zijnde regeling de ingezeten belastingplichtige de mogelijkheid biedt om aan te tonen dat de voorwaarden zijn overeengekomen om commerciële redenen die voortvloeien uit zijn aandeelhoudersband met de niet-ingezeten vennootschap.

Kosten

60. ...

Het Hof (Tweede kamer)

verklaart voor recht:

Artikel 43 EG (thans artikel 49 VWEU) juncto artikel 48 EG (thans artikel 54 VWEU) moet aldus worden uitgelegd dat het in beginsel niet in de weg staat aan een nationale regeling als in het hoofdgeding, volgens welke de inkomsten van een in een lidstaat gevestigde vennootschap die aan een in een andere lidstaat gevestigde vennootschap waarmee zij zich in een situatie van wederzijdse afhankelijkheid bevindt, voordelen heeft verleend onder voorwaarden die afwijken van de voorwaarden die van elkaar onafhankelijke derden zouden zijn overeengekomen onder dezelfde of vergelijkbare omstandigheden, moeten worden berekend zoals zij zouden zijn verkregen indien de tussen dergelijke derden overeengekomen voorwaarden van toepassing waren geweest, en gecorrigeerd, ofschoon er geen correctie van het belastbare inkomen plaatsvindt wanneer die voordelen door een ingezeten vennootschap zijn verleend aan een andere ingezeten vennootschap waarmee zij zich in een situatie van wederzijdse afhankelijkheid bevindt. Het staat echter aan de nationale rechter om na te gaan of de in het hoofdgeding aan de orde zijnde regeling de ingezeten belastingplichtige de mogelijkheid biedt om aan te tonen dat de voorwaarden zijn overeengekomen om commerciële redenen die voortvloeien uit zijn aandeelhoudersband met de niet-ingezeten vennootschap.

HvJ EU 12 juni 2018, zaak C-650/16 A/S Bevola, Jens W. Trock ApS v. Skatteministeriet

Grote kamer: *K. Lenaerts, president, A. Tizzano, vicepresident, M. Ilešič, L. Bay Larsen, A. Rosas en J. Malenovský, kamerpresidenten, J.-C. Bonichot (rapporteur), M. Safjan, D. Šváby, A. Prechal, C. Lycourgos, M. Vilaras en E. Regan, rechters*

Advocaat-generaal: *M. Campos Sánchez-Bordona*

1. Het verzoek om een prejudiciële beslissing betreft de uitlegging van artikel 49 VWEU.

2. Dit verzoek is ingediend in het kader van een geding tussen de vennootschappen naar Deens recht A/S Bevola en Jens W. Trock ApS, enerzijds, en het Skatteministerium (ministerie van Financiën, Denemarken), anderzijds, over de weigering van de Deense autoriteiten om Bevola te machtigen het door haar Fins filiaal gelezen verlies van haar belastbaar inkomen af te trekken.

Deens recht

3. § 8, lid 2, van de selskabsskattelov (wet betreffende de vennootschapsbelasting), zoals gewijzigd bij wet nr. 426 van 6 juni 2005 (hierna: „wet betreffende de vennootschapsbelasting") bepaalt:

„Onverminderd § 31 A omvat het belastbare inkomen geen inkomsten en uitgaven die verband houden met een vaste inrichting of een onroerende zaak in een andere staat, op de Faeröer of in Groenland. [...]"

4. § 31 van die wet bepaalt:

„1. Tot een groep behorende vennootschappen, verenigingen en andere entiteiten [...] worden gezamenlijk belast (nationale gezamenlijke aanslag). Onder ‚tot een groep behorende vennootschappen, verenigingen en andere entiteiten' worden vennootschappen, verenigingen en andere entiteiten verstaan die op een bepaald tijdstip in het belastingjaar tot dezelfde groep behoren (zie § 31 C). Voor toepassing van de leden 2 tot en met 7 worden onroerende zaken gelijkgesteld met vaste inrichtingen. Onder ‚uiteindelijke moedermaatschappij' wordt verstaan een vennootschap die moedermaatschappij is zonder dochteronderneming te zijn (zie § 31 C).
2. Vennootschappen die gezamenlijk worden belast, dienen een gezamenlijke belastingaangifte in, waarbij zij de som aangeven van het belastbaar inkomen van elke individuele vennootschap waarvoor de gezamenlijke aanslag geldt, berekend volgens de algemene regels van de belastingwetgeving met toepassing van de uitzonderingen die van toepassing zijn op vennootschappen waarvoor de gezamenlijke aanslag geldt. Verlies geleden door een vaste inrichting mag alleen worden verrekend met het inkomen van andere vennootschappen indien dit verlies volgens de regels van de plaats waar de vennootschap is gevestigd (een andere staat, de Faeröer of Groenland) niet mag worden opgevoerd in de belastingaangifte van de vennootschap in die andere staat, de Faeröer of Groenland, of indien krachtens § 31 A is geopteerd voor de internationale gezamenlijke aanslag. Het gezamenlijk te belasten inkomen wordt berekend nadat voor elke individuele vennootschap het verlies uit vorige belastingjaren dat naar latere belastingjaren kon worden overgedragen, is verrekend. Indien het gezamenlijk te belasten inkomen positief is, wordt de winst evenredig verdeeld over de winstgevende vennootschappen. Indien het gezamenlijk te belasten inkomen voor een bepaald belastingjaar negatief is, wordt het verlies evenredig verdeeld over de verlieslatende vennootschappen en binnen de betrokken vennootschap overdragen naar het volgende belastingjaar, waarin het dan kan worden verrekend. Verlies dat in een vennootschap is geleden voordat het stelsel van de gezamenlijke aanslag van toepassing was, kan alleen met winst van diezelfde vennootschap worden verrekend. In het kader van de voorwaartse verliesverrekening wordt het oudste verlies eerst verrekend. Op vroegere belastingjaren betrekking hebbend verlies van een vennootschap kan slechts worden verrekend met winst van een andere vennootschap indien het is geleden in een belastingjaar waarvoor de betrokken vennootschappen gezamenlijk werden belast en indien deze vennootschappen nadien ook nog steeds onder het stelsel van de gezamenlijke aanslag zijn belast.
[...]
4. In het kader van de nationale gezamenlijke aanslag wordt de uiteindelijke moedermaatschappij die hieraan deelneemt, aangewezen als beheervennootschap voor de gezamenlijke aanslag. Indien de uiteindelijke moedermaatschappij in Denemarken niet belastbaar is, maar dit wel het geval is met een aantal tot dezelfde groep behorende vennootschappen die horizontaal met elkaar zijn verbonden, wordt een van deze vennootschappen die deelnemen aan het stelsel van de gezamenlijke aanslag, aangewezen

als de beheervennootschap. [...] De beheervennootschap betaalt de gezamenlijke belasting op het inkomen. [...]

5. Alle gezamenlijk belaste vennootschappen berekenen hun belastbaar inkomen over dezelfde periode als de beheervennootschap, ongeacht wanneer volgens de bepalingen van het vennootschapsrecht hun boekjaar valt (zie § 10, lid 5).

[...]

7. Bij de vaststelling van het belastbaar inkomen kan een vennootschap die deelneemt aan het stelsel van gezamenlijke aanslag, ervoor kiezen, geen rekening te houden met het verlies, het uit vorige belastingjaren overgedragen verlies daaronder begrepen. Het is mogelijk, geen rekening te houden met het verlies dat overeenkomt met het belastbaar inkomen van een in Denemarken gevestigde en aan het stelsel van gezamenlijke aanslag deelnemende vaste inrichting of dochteronderneming, indien het inkomen van de vaste inrichting of van de dochteronderneming, naargelang van het geval, wordt meegeteld bij de vaststelling van het inkomen in het buitenland. Dit geldt slechts indien de door de betrokken staat toegestane aftrek van de Deense belasting overeenkomt met de aftrekmethode waarin § 33 van de belastingwet voorziet. Het buiten beschouwing gelaten bedrag zal wordt overgedragen naar volgende belastingjaren overeenkomstig de regels van § 15 van de belastingwet. Indien het buiten beschouwing gelaten bedrag lager ligt dan het gezamenlijke verlies, wordt het evenredig verdeeld over de afzonderlijke verlieslatende vennootschappen."

5. In § 31 A, lid 1, van de wet betreffende de vennootschapsbelasting wordt bepaald:

„De uiteindelijke moedermaatschappij kan ervoor kiezen dat de gezamenlijke belasting van de tot de groep behorende vennootschappen, verenigingen en andere entiteiten die deelnemen aan het in § 31 bedoelde stelsel van de gezamenlijke aanslag, ook zal gelden voor alle tot de groep behorende buitenlandse vennootschappen, verenigingen en andere entiteiten waarin geen van de deelnemers persoonlijk aansprakelijk is voor de nakoming van de verplichtingen van de vennootschap en die de winst uitkeren naar rato van het kapitaal dat de deelnemer heeft ingebracht (internationale gezamenlijke aanslag). De keuze geldt ook voor alle in het buitenland gelegen vaste inrichtingen en onroerende zaken van de Deense en buitenlandse vennootschappen, verenigingen en andere entiteiten die onder de gezamenlijke aanslag vallen. De bepalingen van § 31 betreffende de nationale gezamenlijke aanslag zijn mutatis mutandis van toepassing op de internationale gezamenlijke aanslag, zij het met de in de leden 2 tot en met 14 vermelde toevoegingen en uitzonderingen. [...]"

6. § 31 A, lid 3, van deze wet luidt als volgt:

„De keuze voor de internationale gezamenlijke aanslag bindt de moedermaatschappij voor een periode van tien jaar, onverminderd het bepaalde in de zesde en de zevende volzin. [...] De uiteindelijke moedermaatschappij mag ervoor kiezen uit het stelsel van de gezamenlijke aanslag te stappen, maar dit geeft aanleiding tot een volledige re-integratie in het belastbaar inkomen (zie lid 11)."

Hoofdgeding en prejudiciële vraag

7. Bevola heeft haar zetel in Denemarken. Zij biedt producten voor de bouw van vrachtwagens, aanhangwagens en trailers aan die in de groothandelssector worden gebruikt. Zij is de dochter- en kleindochteronderneming van Deense vennootschappen die zelf onder de zeggenschap staan van Jens W. Trock, de moedermaatschappij van de groep, die haar zetel eveneens in Denemarken heeft.

8. Het Finse filiaal van Bevola is in 2009 gesloten. Volgens Bevola is het door haar filiaal geleden van verlies van ongeveer 2,8 miljoen Deense kronen (DKK) (ongeveer 375 000 EUR) in Finland niet afgetrokken en kan het sinds de sluiting van dit filiaal in Finland ook niet worden afgetrokken.

9. In die omstandigheden heeft Bevola verzocht, dit verlies te mogen aftrekken van haar belastbaar inkomen in Denemarken voor het belastingjaar 2009.

10. De belastingadministratie heeft dit verzoek afgewezen op grond dat volgens § 8, lid 2, van de wet betreffende de vennootschapsbelasting de inkomsten en uitgaven die aan een in het buitenland gelegen vaste inrichting of onroerende zaak moeten worden toegerekend, slechts onder het belastbaar inkomen kunnen worden opgenomen indien de vennootschap krachtens § 31 A van deze wet heeft gekozen voor het stelsel van internationale gezamenlijke aanslag.

11. Deze afwijzing door de belastingadministratie is door de Landsskatteret (nationale commissie van beroep in belastingzaken, Denemarken) bevestigd bij een beslissing van 20 januari 2014, waartegen Bevola en Jens W. Trock zijn opgekomen bij de Østre Landsret (rechter in tweede aanleg voor het Oosten van

Denemarken). Zij voeren aan dat Bevola dit verlies had kunnen aftrekken indien het was geleden door een Deens filiaal, en dat dit verschil in behandeling een beperking van de vrijheid van vestiging in de zin van artikel 49 VWEU vormt. Deze beperking zou verder gaan dan nodig is voor een evenwichtige verdeling van de heffingsbevoegdheid tussen de lidstaten in een geval als dat van Bevola, waarin het verlies van haar Fins filiaal nergens kan worden verrekend. Volgens hen kan op de situatie van Bevola mutatis mutandis de oplossing worden toegepast waarvoor het Hof heeft gekozen in zijn arrest van 13 december 2005, Marks & Spencer (C-446/03, EU:C:2005:763), waarin het Hof heeft geoordeeld dat het in strijd met het Unierecht is, een ingezeten moedermaatschappij niet toe te staan het verlies van haar niet-ingezeten dochteronderneming af te trekken ingeval die dochteronderneming in het land waar zij is gevestigd, haar mogelijkheden tot verliesverrekening heeft uitgeput.

12. De verwijzende rechterlijke instantie vraagt zich af of dit precedent ter zake dienend is, met name gelet op de naar nationaal recht bestaande mogelijkheid om te kiezen voor een stelsel van „internationale gezamenlijke aanslag", waarin een dergelijke aftrek mogelijk is.

13. In die omstandigheden heeft de Østre Landsret de behandeling van de zaak geschorst en het Hof de volgende prejudiciële vraag gesteld:

> „Staat artikel 49 VWEU in de weg aan een nationale belastingregeling als die welke in het hoofdgeding aan de orde is, op grond waarvan verlies van nationale filialen in mindering kan worden gebracht, terwijl dit niet mogelijk is voor verlies van filialen in andere lidstaten, ook niet in omstandigheden die vergelijkbaar zijn met die welke het Hof heeft uitgezet in de punten 55 en 56 van zijn arrest [van 13 december 2005, Marks & Spencer (C-446/03, EU:C:2005:763)], tenzij de groep heeft geopteerd voor een internationale gezamenlijke aanslag onder de in het hoofdgeding beschreven voorwaarden?"

Beantwoording van de prejudiciële vraag

14. Met haar vraag wenst de verwijzende rechterlijke instantie in wezen te vernemen of artikel 49 VWEU in die zin moet worden uitgelegd dat het in de weg staat aan een wettelijke regeling van een lidstaat volgens welke een ingezeten vennootschap het verlies dat haar in een andere lidstaat gelegen vaste inrichting heeft geleden, niet van haar belastbare winst mag aftrekken, zelfs niet wanneer dat verlies definitief niet meer in die andere lidstaat kan worden verrekend, tenzij die ingezeten vennootschap heeft gekozen voor een stelsel van internationale gezamenlijke aanslag zoals het stelsel dat in het hoofdgeding aan de orde is.

Opmerkingen vooraf

15. De vrijheid van vestiging, die staatsburgers van de Europese Unie op grond van artikel 49 VWEU genieten, brengt krachtens artikel 54 VWEU voor de vennootschappen die in overeenstemming met de wetgeving van een lidstaat zijn opgericht en hun statutaire zetel, hun hoofdbestuur of hun hoofdvestiging binnen de Unie hebben, het recht mee om in een andere lidstaat hun bedrijfsactiviteit uit te oefenen door middel van een dochteronderneming, een filiaal of een agentschap.

16. Hoewel de bepalingen van het Unierecht betreffende de vrijheid van vestiging volgens de bewoordingen ervan het voordeel van de behandeling als eigen staatsburgers in de lidstaat van ontvangst beogen te waarborgen, verzetten zij zich ertegen dat de lidstaat van oorsprong de vestiging van een van zijn staatsburgers of van een naar zijn wetgeving opgerichte vennootschap in een andere lidstaat belemmert (arrest van 23 november 2017, A, C-292/16, EU:C:2017:888, punt 24).

17. Deze overwegingen gelden ook wanneer een vennootschap met zetel in een lidstaat haar activiteiten in een andere lidstaat verricht via een vaste inrichting (arrest van 15 mei 2008, Lidl Belgium, C-414/06, EU:C:2008:278, punt 20).

18. Zoals het Hof al heeft geoordeeld, vormt een bepaling op grond waarvan verlies van een vaste inrichting in aanmerking kan worden genomen voor het bepalen van de belastbare winst van de vennootschap waartoe deze inrichting behoort, een belastingvoordeel (zie in die zin arrest van 15 mei 2008, Lidl Belgium, C-414/06, EU:C:2008:278, punt 23).

19. Het toekennen van een dergelijk voordeel wanneer het verlies afkomstig is van een in de lidstaat van de ingezeten vennootschap gelegen vaste inrichting, maar niet wanneer dit verlies afkomstig is van een in een andere lidstaat dan die van de ingezeten vennootschap gelegen vaste inrichting, heeft tot gevolg dat de fiscale situatie van een ingezeten vennootschap met een vaste inrichting in een andere lidstaat minder gunstig is dan het geval zou zijn geweest indien die vaste inrichting in dezelfde lidstaat lag. Dit verschil in fiscale behandeling zou een ingezeten vennootschap ervan kunnen weerhouden haar activiteiten uit te oefenen via

een vaste inrichting in een andere lidstaat (zie in die zin arrest van 15 mei 2008, Lidl Belgium, C-414/06, EU:C:2008:278, punten 24 en 25).

20. Een uit de belastingwetgeving van een lidstaat voortvloeiend verschil in behandeling ten nadele van vennootschappen die gebruikmaken van hun vrijheid van vestiging, vormt echter geen belemmering van die vrijheid indien dat verschil betrekking heeft op situaties die objectief niet vergelijkbaar zijn, of indien het door een dwingende reden van algemeen belang wordt gerechtvaardigd en evenredig is aan dat doel (zie in die zin arrest van 25 februari 2010, X Holding, C-337/08, EU:C:2010:89, punt 20).

Ongelijke behandeling

21. Volgens § 8, lid 2, van de wet betreffende de vennootschapsbelasting omvat het belastbare inkomen niet de inkomsten en uitgaven die zijn toe te rekenen aan een in het buitenland, op de Faeröer of in Groenland gelegen vaste inrichting of onroerende zaak, onder voorbehoud van wat in § 31 A van deze wet is bepaald. Volgens deze § 31 A kan de uiteindelijke moedermaatschappij kiezen voor het stelsel van internationale gezamenlijke aanslag, te weten beslissen dat alle ingezeten en niet-ingezeten vennootschappen van de groep, daaronder begrepen de al dan niet in Denemarken gelegen vaste inrichtingen en onroerende zaken van die vennootschappen, in Denemarken zullen worden belast.

22, In de eerste plaats dient te worden onderzocht of deze § 8, lid 2, een verschil in behandeling tussen de Deense vennootschappen met een in Denemarken gelegen vaste inrichting en de Deense vennootschappen met een in een andere lidstaat gelegen vaste inrichting in het leven roept.

23. In dit verband dient erop te worden gewezen dat deze § 8, lid 2, zowel de inkomsten als de uitgaven die aan de in een ander land gelegen vaste inrichtingen van Deense vennootschappen zijn toe te rekenen, van het belastbare inkomen van deze Deense vennootschappen uitsluit. Het feit dat het Koninkrijk Denemarken ervan afziet zijn heffingsbevoegdheid uit te oefenen over de in het buitenland gelegen vaste inrichtingen van Deense vennootschappen, is echter niet noodzakelijk nadelig voor deze vennootschappen en kan zelfs een belastingvoordeel opleveren, namelijk ingeval het inkomen van de vaste inrichting aldaar tegen een lager tarief wordt belast dan in Denemarken.

24. Volgens de verwijzende rechterlijke instantie ligt dit echter anders in een situatie als die van Bevola, waarin het verlies van de niet-ingezeten vaste inrichting niet kon worden afgetrokken en niet meer kan worden afgetrokken in de lidstaat waarin deze is gelegen, omdat deze vaste inrichting haar activiteiten heeft beëindigd. De bepalingen van § 8, lid 2, van de wet betreffende de vennootschapsbelasting beletten de Deense vennootschap immers in dat geval het door deze niet-ingezeten vaste inrichting geleden verlies af te trekken, terwijl die vennootschap deze aftrek zou kunnen verrichten indien haar vaste inrichting in Denemarken was gelegen. In die omstandigheden wordt de Deense vennootschap met een vaste inrichting in een andere lidstaat nadeliger behandeld dan een Deense vennootschap met een dergelijke vaste inrichting in Denemarken.

25. In de tweede plaats dient te worden nagegaan of aan de vaststelling van dit verschil in behandeling kan worden afgedaan door het feit dat § 31 A van de wet betreffende de vennootschapsbelasting de Deense vennootschappen met dochterondernemingen, filialen of onroerende zaken in andere lidstaten de mogelijkheid biedt, te kiezen voor het stelsel van internationale gezamenlijke aanslag.

26. In het kader van dit facultatieve stelsel kan een Deense vennootschap het verlies dat haar in een andere lidstaat gelegen vaste inrichting heeft geleden, net als het verlies dat haar in Denemarken gelegen vaste inrichtingen hebben geleden, van haar belastbare inkomen in Denemarken aftrekken.

27. Om het voordeel van de internationale gezamenlijke aanslag te genieten moet echter zijn voldaan aan twee voorwaarden, die een zware last vormen. Enerzijds is vereist dat het volledige inkomen van de groep, ongeacht of het afkomstig is van in Denemarken dan wel van in een ander land gelegen vennootschappen, vaste inrichtingen of onroerende zaken, in die lidstaat aan de vennootschapsbelasting wordt onderworpen. Anderzijds bepaalt § 31 A van de wet betreffende de vennootschapsbelasting dat de gemaakte keuze in beginsel geldt voor ten minste tien jaar.

28. Uit een en ander volgt dat de wet betreffende de vennootschapsbelasting een verschil in behandeling tussen de Deense vennootschappen met een in Denemarken gelegen vaste inrichting en de Deense vennootschappen met een in een andere lidstaat gelegen vaste inrichting in het leven roept.

29. Dat verschil in behandeling kan het voor een Deense vennootschap minder aantrekkelijk maken, van haar vrijheid van vestiging gebruik te maken door vaste inrichtingen op te zetten in andere lidstaten.

Nagegaan dient echter te worden of dit verschil in behandeling betrekking heeft op situaties die objectief niet vergelijkbaar zijn, zoals in punt 20 van het onderhavige arrest in herinnering is gebracht.

Vergelijkbaarheid van de situaties

30. De Deense, de Duitse en de Oostenrijkse regering betogen dat een in een andere lidstaat gelegen filiaal van een Deense vennootschap niet in een situatie verkeert die objectief vergelijkbaar is met die van een Deens filiaal van een dergelijke vennootschap, aangezien dat filiaal niet onder de heffingsbevoegdheid van het Koninkrijk Denemarken valt. In zijn arresten van 17 juli 2014, Nordea Bank Danmark (C-48/13, EU:C:2014:2087), en 17 december 2015, Timac Agro Deutschland (C-388/14, EU:C:2015:829), zou het Hof hebben geoordeeld dat een vaste inrichting die is gelegen in een andere lidstaat dan die van de zetel van de vennootschap waartoe zij behoort, slechts in dezelfde situatie verkeert als een in de lidstaat van de zetel gelegen vaste inrichting, indien laatstgenoemde staat ook niet-ingezeten vaste inrichtingen aan zijn belastingwetgeving onderwerpt en dus belastingen heft over het inkomen van deze vaste inrichting.

31. De Europese Commissie is het weliswaar eens met deze lezing van de arresten van 17 juli 2014, Nordea Bank Danmark (C-48/13, EU:C:2014:2087), en 17 december 2015, Timac Agro Deutschland (C-388/14, EU:C:2015:829), maar is van mening dat deze in tegenspraak zijn met de eerdere rechtspraak van het Hof, waarin geen belang werd gehecht aan het verschil in behandeling. Volgens haar mag bij de analyse van de vergelijkbaarheid van de grensoverschrijdende situatie met de binnenlandse situatie geen rekening worden gehouden met het verschil in behandeling. Anders zouden twee situaties als niet-vergelijkbaar worden aangemerkt om de enkele reden dat een lidstaat heeft besloten ze verschillend te behandelen.

32. In dit verband dient eraan te worden herinnerd dat volgens de rechtspraak van het Hof bij het onderzoek van de vergelijkbaarheid van een grensoverschrijdende situatie met een binnenlandse situatie, rekening moet worden gehouden met het door de betrokken nationale bepalingen nagestreefde doel (arresten van 18 juli 2007, Oy AA, C-231/05, EU:C:2007:439, punt 38; 25 februari 2010, X Holding, C-337/08, EU:C:2010:89, punt 22, en 12 juni 2014, SCA Group Holding e.a., C-39/13–C-41/13, EU:C:2014:1758, punt 28).

33. Anders dan de Commissie betoogt, blijkt uit de arresten van 17 juli 2014, Nordea Bank Danmark (C-48/13, EU:C:2014:2087), en 17 december 2015, Timac Agro Deutschland (C-388/14, EU:C:2015:829), niet dat het Hof is afgestapt van deze methode van beoordeling van de vergelijkbaarheid van de situaties, die het overigens uitdrukkelijk heeft toegepast in latere arresten (arresten van 21 december 2016, Masco Denmark en Daxima, C-593/14, EU:C:2016:984, punt 29; 22 juni 2017, Bechtel, C-20/16, EU:C:2017:488, punt 53, en 22 februari 2018, X en X, C-398/16 en C-399/16, EU:C:2018:110, punt 33).

34. In de arresten van 17 juli 2014, Nordea Bank Danmark (C-48/13, EU:C:2014:2087), en 17 december 2015, Timac Agro Deutschland (C-388/14, EU:C:2015:829), heeft het Hof alleen geoordeeld dat het zich niet over het doel van de betrokken nationale bepalingen diende te buigen wanneer deze bepalingen vaste inrichtingen in het buitenland en op het nationale grondgebied gelegen vaste inrichtingen uit belastingoogpunt op dezelfde wijze behandelen. Wanneer de wetgever van een lidstaat deze twee categorieën vaste inrichtingen op dezelfde wijze behandelt ter zake van het heffen van belasting over de door deze gemaakte winst, aanvaardt hij immers dat er ter zake van de wijze van en de voorwaarden voor het heffen van die belasting tussen die inrichtingen geen objectief verschil in situatie bestaat dat een verschil in behandeling kan rechtvaardigen (zie in die zin arrest van 28 januari 1986, Commissie/Frankrijk, 270/83, EU:C:1986:37, punt 20).

35. De arresten van 17 juli 2014, Nordea Bank Danmark (C-48/13, EU:C:2014:2087), en 17 december 2015, Timac Agro Deutschland (C-388/14, EU:C:2015:829), mogen echter niet in die zin worden begrepen dat wanneer de nationale belastingwetgeving twee situaties op verschillende wijze behandelt, deze situaties niet als vergelijkbaar kunnen worden aangemerkt. Het Hof heeft immers geoordeeld dat de toepassing van een verschillende belastingregeling op een ingezeten vennootschap naargelang deze een ingezeten vaste inrichting dan wel een niet-ingezeten vaste inrichting bezit, geen geldig criterium ter beoordeling van de objectieve vergelijkbaarheid van de situaties kan vormen (zie in die zin arrest van 22 januari 2009, STEKO Industriemontage, C-377/07, EU:C:2009:29, punt 33). Indien een lidstaat in alle gevallen een verschillende behandeling zou mogen toepassen om de enkele reden dat de vaste inrichting van een ingezeten vennootschap in een andere lidstaat is gelegen, zou daarmee aan artikel 49 VWEU elke inhoud worden ontnomen (zie in die zin arrest van 25 februari 2010, X Holding, C-337/08, EU:C:2010:89, punt 23). Bijgevolg dient overeenkomstig de in de punten 32 en 33 van het onderhavige arrest aangehaalde rechtspraak bij de beoordeling van de vergelijkbaarheid van de situaties rekening te worden gehouden met het doel van de betrokken nationale bepalingen.

36. In het onderhavige geval kunnen volgens § 8, lid 2, van de wet betreffende de vennootschapsbelasting de inkomsten en uitgaven die aan een in een andere lidstaat gelegen vaste inrichting moeten worden toegerekend, slechts onder het belastbare inkomen van een Deense vennootschap worden opgenomen indien de betrokken vennootschap krachtens § 31 A van deze wet heeft gekozen voor het stelsel van internationale gezamenlijke aanslag. Deze wettelijke regeling beoogt dubbele belastingheffing over de winst en de keerzijde daarvan, namelijk dubbele aftrek van het verlies van Deense vennootschappen met dergelijke vaste inrichtingen, te voorkomen. Het is dus de situatie van deze vennootschappen die moet worden vergeleken met die van de Deense vennootschappen met vaste inrichtingen in Denemarken.

37. Het Hof heeft dienaangaande geoordeeld dat, ter zake van de door een lidstaat vastgestelde maatregelen om dubbele belastingheffing over de winst van een ingezeten vennootschap te voorkomen of te beperken, vennootschappen met een vaste inrichting in een andere lidstaat in beginsel niet in een situatie verkeren die vergelijkbaar is met die van vennootschappen met een ingezeten vaste inrichting (zie in die zin arresten van 17 juli 2014, Nordea Bank Danmark, C-48/13, EU:C:2014:2087, punt 24, en 17 december 2015, Timac Agro Deutschland, C-388/14, EU:C:2015:829, punt 27).

38. Ter zake van het verlies dat moet worden toegerekend aan een niet-ingezeten vaste inrichting die haar activiteiten heeft beëindigd en waarvan het verlies niet kon en niet meer kan worden afgetrokken van haar belastbare winst in de lidstaat waar zij haar activiteiten uitoefende, is de situatie van een ingezeten vennootschap met een dergelijke vaste inrichting echter niet verschillend van die van een ingezeten vennootschap met een ingezeten vaste inrichting, ten aanzien van het voorkomen van dubbele aftrek van het verlies.

39. Ten slotte dient te worden beklemtoond dat de betrokken nationale bepalingen, die zijn vastgesteld om dubbele belastingheffing over de winst en dubbele aftrek van het verlies van een niet-ingezeten vaste inrichting te voorkomen, meer algemeen erop zijn gericht ervoor te zorgen dat de belasting die een vennootschap met een dergelijke vaste inrichting moet betalen, is afgestemd op haar financiële draagkracht. Welnu, de financiële draagkracht van een vennootschap met een niet-ingezeten vaste inrichting die een definitief verlies heeft geleden, wordt op dezelfde wijze aangetast als die van een vennootschap met een ingezeten vaste inrichting die verlies heeft geleden. De twee situaties zijn dus ook wat dit betreft objectief vergelijkbaar, zoals de advocaat-generaal in punt 59 van zijn conclusie heeft uiteengezet.

40. Uit een en ander blijkt dat het in het hoofdgeding aan de orde zijn verschil in behandeling betrekking heeft op situaties die objectief vergelijkbaar zijn.

Rechtvaardiging van de beperking

41. Het Koninkrijk Denemarken betoogt dat het verschil in behandeling in de eerste plaats kan worden gerechtvaardigd door de handhaving van een evenwichtige verdeling van de heffingsbevoegdheid tussen de lidstaten.

42. In dit verband zij eraan herinnerd dat de handhaving van de verdeling van de heffingsbevoegdheid tussen de lidstaten het noodzakelijk kan maken, op de bedrijfsactiviteiten van de in een van deze staten gevestigde vennootschappen zowel ter zake van winst als ter zake van verlies uitsluitend de belastingregels van die staat toe te passen (arrest van 25 februari 2010, X Holding, C-337/08, EU:C:2010:89, punt 28).

43. In het onderhavige geval zou, indien het Koninkrijk Denemarken de ingezeten vennootschappen de mogelijkheid zou bieden het verlies van hun in andere lidstaten gevestigde vaste inrichtingen hetzij in Denemarken hetzij in de lidstaat waar de vaste inrichting is gelegen, af te trekken, zelfs wanneer deze vennootschappen niet voor het stelsel van internationale gezamenlijke aanslag hebben gekozen, deze mogelijkheid de evenwichtige verdeling van de heffingsbevoegdheid tussen de lidstaten aanzienlijk aantasten, aangezien dan naargelang van de keuze van de vennootschap de belastinggrondslag in een lidstaat wordt verhoogd en in een andere lidstaat wordt verlaagd (zie in die zin arrest van 25 februari 2010, X Holding, C-337/08, EU:C:2010:89, punt 29 en aldaar aangehaalde rechtspraak).

44. In de tweede plaats rechtvaardigt de Deense regering het in het hoofdgeding aan de orde zijnde verschil in behandeling door de noodzaak van waarborging van de samenhang van het belastingstelsel.

45. In dat verband heeft het Hof al erkend dat de noodzaak om de samenhang van een belastingstelsel te handhaven een beperking van het door het VWEU gewaarborgde vrije verkeer kan rechtvaardigen. Een beroep op een dergelijke rechtvaardigingsgrond kan echter alleen worden aanvaard indien vaststaat dat er een rechtstreeks verband bestaat tussen het betrokken belastingvoordeel en de compensatie van dat voordeel door een bepaalde belastingheffing, welk rechtstreeks verband moet worden beoordeeld tegen de

achtergrond van de door de betrokken regeling nagestreefde doelstelling (arrest van 30 juni 2016, Max-Heinz Feilen, C-123/15, EU:C:2016:496, punt 30 en aldaar aangehaalde rechtspraak).

46. In het onderhavige geval bestaat het betrokken belastingvoordeel in de mogelijkheid voor een ingezeten vennootschap met een ingezeten vaste inrichting om het verlies van die vaste inrichting van haar belastbaar inkomen af te trekken. Volgens § 8, lid 2, van de wet betreffende de vennootschapsbelasting genieten de vennootschappen met een vaste inrichting in een andere lidstaat dit voordeel slechts wanneer zij krachtens § 31 A van deze wet hebben gekozen voor het stelsel van internationale gezamenlijke aanslag.

47. De rechtstreekse tegenhanger van dit belastingvoordeel is dat de eventuele winst van de ingezeten vaste inrichting wordt opgenomen onder het belastbare inkomen van de ingezeten vennootschap. Omgekeerd is volgens § 8, lid 2, van die wet de winst van de in een andere lidstaat gelegen vaste inrichting van de vennootschapsbelasting vrijgesteld, tenzij de vennootschap waartoe deze vaste inrichting behoort krachtens § 31 A van deze wet heeft gekozen voor het stelsel van internationale gezamenlijke aanslag.

48. De tekst zelf van § 8, lid 2, van de wet betreffende de vennootschapsbelasting legt dus een rechtstreeks verband tussen het betrokken belastingvoordeel en de compensatie daarvan door een bepaalde belastingheffing.

49. Dit rechtstreekse verband is noodzakelijk gelet op het doel van de in het hoofdgeding aan de orde zijnde nationale bepalingen, namelijk, zoals in punt 39 van het onderhavige arrest is uiteengezet, ervoor te zorgen dat de belasting die een vennootschap met een niet-ingezeten vaste inrichting moet betalen, is afgestemd op de financiële draagkracht van die vennootschap.

50. Indien een vennootschap met een vaste inrichting in een andere lidstaat het verlies van deze vaste inrichting van haar winst zou mogen aftrekken zonder te worden belast op de winst van die vaste inrichting, zou de financiële draagkracht van die vennootschap immers stelselmatig worden ondergewaardeerd.

51. De handhaving van de samenhang van het belastingstelsel vormt dus een overtuigende rechtvaardiging voor het betrokken verschil in behandeling.

52. Overigens kan ook het voorkomen van dubbele verliesverrekening, ook al voert de Deense regering dit niet uitdrukkelijk aan, een belemmering van de vrijheid van vestiging als die welke in de onderhavige zaak aan de orde is, rechtvaardigen (zie in die zin arrest van 3 februari 2015, Commissie/Verenigd Koninkrijk, C-172/13, EU:C:2015:50, punt 24).

53. De in het hoofdgeding aan de orde zijnde wettelijke regeling kan dus worden gerechtvaardigd door dwingende redenen van algemeen belang in verband met zowel de evenwichtige verdeling van de heffingsbevoegdheid tussen de lidstaten als de samenhang van het Deense belastingstelsel en de noodzaak om dubbele verliesverrekening te voorkomen.

54. Niettemin dient nog te worden nagegaan of deze wettelijke regeling niet verder gaat dan nodig is om deze doelstellingen te bereiken.

Evenredigheid

55. Zoals in de punten 26 en 27 van het onderhavige arrest is opgemerkt, kan een Deense vennootschap met een niet-ingezeten vaste inrichting het aan deze vaste inrichting toe te rekenen verlies slechts aftrekken indien zij gebruikmaakt van het stelsel van internationale gezamenlijke aanslag en daarbij de aan dit stelsel verbonden voorwaarden in acht neemt.

56. In dit verband dient te worden beklemtoond dat indien een ingezeten vennootschap de contouren van deze gezamenlijke aanslag vrijelijk zou mogen bepalen, zij naar eigen believen zou kunnen bepalen dat die gezamenlijke aanslag alleen geldt voor haar niet-ingezeten vaste inrichtingen die verlies maken dat van haar belastbare inkomen in Denemarken zou kunnen worden afgetrokken, en niet voor haar vaste inrichtingen die winst maken en in voorkomend geval in hun eigen lidstaat onder een belastingtarief vallen dat gunstiger is dan het belastingtarief in Denemarken. Ook indien de ingezeten vennootschap de contouren van de gezamenlijke aanslag van jaar tot jaar zou mogen veranderen, zou dit erop neerkomen dat zij vrijelijk zou kunnen kiezen in welke lidstaat het verlies van de betrokken vaste inrichting wordt verrekend (zie in die zin arrest van 25 februari 2010, X Holding, C-337/08, EU:C:2010:89, punten 31 en 32). Dergelijke mogelijkheden zouden zowel de evenwichtige verdeling van de heffingsbevoegdheid tussen de lidstaten als de door de Deense belastingregeling nagestreefde symmetrie tussen het recht om belasting te heffen over de winst en de mogelijkheid van aftrek van het verlies in gevaar brengen.

57. Zonder dat algemeen uitspraak hoeft te worden gedaan over de evenredigheid van de in punt 27 van het onderhavige arrest in herinnering gebrachte voorwaarden van de internationale gezamenlijke aanslag met de in de punten 41 tot en met 53 van dit arrest bedoelde doelstellingen, dient er echter aan te worden herinnerd dat de verwijzende rechterlijke instantie in het onderhavige geval wenst te vernemen of het in het hoofdgeding aan de orde zijnde verschil in behandeling noodzakelijk is in het bijzondere geval waarin het verlies van de niet-ingezeten vaste inrichting definitief is.

58. Wanneer er geen enkele mogelijkheid meer is om het verlies van de niet-ingezeten vaste inrichting af te trekken in de lidstaat waar deze zich bevindt, bestaat het risico van dubbele verliesverrekening namelijk niet.

59. In een dergelijk geval gaat een wettelijke regeling als die welke in het hoofdgeding aan de orde is, verder dan noodzakelijk is om de in de punten 41 tot en met 53 van het onderhavige arrest bedoelde doelstellingen te bereiken. Het afstemmen van de belastingheffing op de financiële draagkracht van de vennootschap wordt immers beter gewaarborgd indien de vennootschap met een vaste inrichting een andere lidstaat in dit specifieke geval het aan die vaste inrichting toe te rekenen definitieve verlies van haar belastbare inkomen mag aftrekken.

60. Om de samenhang van het Deense belastingstelsel, voor de handhaving waarvan de betrokken wettelijke regeling met name is vastgesteld, niet in gevaar te brengen kan de aftrek van een dergelijk verlies slechts worden toegestaan op voorwaarde dat de ingezeten vennootschap het bewijs levert dat het verlies dat zij van haar winst wil aftrekken, definitief is (zie in die zin arresten van 13 december 2005, Marks & Spencer, C-446/03, EU:C:2005:763, punt 56, en 3 februari 2015, Commissie/Verenigd Koninkrijk, C-172/13, EU:C:2015:50, punt 27).

61. Daartoe moet zij aantonen dat het betrokken verlies voldoet aan de eisen die het Hof heeft geformuleerd in punt 55 van zijn arrest van 13 december 2005, Marks & Spencer (C-446/03, EU:C:2005:763), waarnaar de verwijzende rechterlijke instantie in haar prejudiciële vraag terecht verwijst.

62. In punt 55 van dat arrest heeft het Hof geoordeeld dat de uit een wettelijke regeling van een lidstaat voortvloeiende beperking van de vrijheid van vestiging onevenredig is in een situatie waarin, enerzijds, de niet-ingezeten dochteronderneming de in haar vestigingsstaat bestaande mogelijkheden van verliesverrekening heeft uitgeput voor het belastingjaar waarvoor het verzoek om een belastingaftrek is ingediend, alsmede voor de eerdere belastingjaren, en anderzijds, er geen mogelijkheid bestaat dat hetzij de dochteronderneming zelf, hetzij een derde, met name ingeval de dochteronderneming aan een derde is verkocht, het verlies in toekomstige belastingjaren in de vestigingsstaat kan verrekenen.

63. De eis dat het verlies definitief is in de zin van punt 55 van het arrest van 13 december 2005, Marks & Spencer (C-446/03, EU:C:2005:763), is nader uitgewerkt in punt 36 van het arrest van 3 februari 2015, Commissie/Verenigd Koninkrijk (C-172/13, EU:C:2015:50). Hieruit blijkt dat het door een niet-ingezeten dochteronderneming geleden verlies slechts als definitief kan worden beschouwd indien deze onderneming geen inkomsten meer heeft in de lidstaat waar zij is gevestigd. Zolang deze dochteronderneming – zelfs maar minieme – inkomsten blijft ontvangen, bestaat er immers een mogelijkheid dat het geleden verlies nog kan worden verrekend met toekomstige winst die wordt geboekt in de lidstaat waar deze onderneming is gevestigd.

64. Uit deze rechtspraak, die mutatis mutandis van toepassing is op het door niet-ingezeten vaste inrichtingen geleden verlies, blijkt dat het aan een niet-ingezeten vaste inrichting toe te rekenen verlies definitief wordt wanneer, enerzijds, de vennootschap waartoe deze vaste inrichting behoort, alle mogelijkheden van aftrek van dit verlies heeft uitgeput die haar worden geboden door het recht van de lidstaat waar deze vaste inrichting is gelegen, en anderzijds, zij van deze vaste inrichting geen inkomsten meer ontvangt, zodat er geen enkele mogelijkheid meer bestaat om dit verlies in die lidstaat te verrekenen.

65. Het staat aan de nationale rechter, uit te maken of in het geval van het Finse filiaal van Bevola aan deze voorwaarden is voldaan.

66. Gelet op een en ander dient op de gestelde vraag te worden geantwoord dat artikel 49 VWEU in die zin moet worden uitgelegd dat het in de weg staat aan een wettelijke regeling van een lidstaat volgens welke een ingezeten vennootschap die niet voor een stelsel van internationale gezamenlijke aanslag als het in het hoofdgeding aan de orde zijnde stelsel heeft gekozen, het verlies dat een in een andere lidstaat gelegen vaste inrichting heeft geleden, niet van haar belastbare winst kan aftrekken wanneer deze vennootschap, enerzijds, alle mogelijkheden van aftrek van dit verlies heeft uitgeput die haar worden geboden door het recht van de lidstaat waar deze vaste inrichting is gelegen en, anderzijds, van deze vaste inrichting geen inkomsten meer

ontvangt, zodat er geen enkele mogelijkheid meer bestaat om dit verlies in die lidstaat te verrekenen, hetgeen de nationale rechterlijke instantie dient na te gaan.

Kosten

67. ...

Het Hof (Grote kamer)

verklaart voor recht:

Artikel 49 VWEU moet in die zin moet worden uitgelegd dat het in de weg staat aan een wettelijke regeling van een lidstaat volgens welke een ingezeten vennootschap die niet voor een stelsel van internationale gezamenlijke aanslag als het in het hoofdgeding aan de orde zijnde stelsel heeft gekozen, het verlies dat een in een andere lidstaat gelegen vaste inrichting heeft geleden, niet van haar belastbare winst kan aftrekken wanneer deze vennootschap, enerzijds, alle mogelijkheden van aftrek van dit verlies heeft uitgeput die haar worden geboden door het recht van de lidstaat waar deze vaste inrichting is gelegen en, anderzijds, van deze vaste inrichting geen inkomsten meer ontvangt, zodat er geen enkele mogelijkheid meer bestaat om dit verlies in die lidstaat te verrekenen, hetgeen de nationale rechterlijke instantie dient na te gaan.

HvJ EU 14 juni 2018, zaak C-440/17 (GS v. Bundeszentralamt für Steuern)

Sixième chambre : *C. G. Fernlund (rapporteur), président de chambre, J.-C. Bonichot et A. Arabadjiev, juges*

Avocat Général : *M. Campos Sánchez-Bordona*

ORDONNANCE

1. La demande de décision préjudicielle porte sur l'interprétation de l'article 49 TFUE et de l'article 1er, paragraphe 2, de la directive 2011/96/UE du Conseil, du 30 novembre 2011, concernant le régime fiscal commun applicable aux sociétés mères et filiales d'États membres différents (JO 2011, L 345, p. 8), telle que modifiée par la directive 2013/13/UE du Conseil, du 13 mai 2013 (JO 2013, L 141, p. 30) (ci-après la « directive 2011/96 »).

2. Cette demande a été présentée dans le cadre d'un litige opposant GS, ayant son siège aux Pays-Bas, au Bundeszentralamt für Steuern (Office central fédéral des impôts, Allemagne) au sujet du refus de ce dernier d'exonérer de retenue à la source les dividendes perçus par GS de sa filiale allemande.

Le cadre juridique

Le droit de l'Union

3. Les considérants 1, 3 à 6 et 8 de la directive 2011/96 énoncent :

« 1.La [directive 90/435/CEE du Conseil, du 23 juillet 1990, concernant le régime fiscal commun applicable aux sociétés mères et filiales d'États membres différents (JO 1990, L 225, p. 6)] a été modifiée à plusieurs reprises et de façon substantielle [...]. Étant donné que des modifications supplémentaires doivent être apportées, il convient, dans un souci de clarté, de procéder à la refonte de ladite directive.
[...]
3. L'objectif de la présente directive est d'exonérer de retenue à la source les dividendes et autres bénéfices distribués par des filiales à leur société mère, et d'éliminer la double imposition de ces revenus au niveau de la société mère.
4. Les regroupements de sociétés d'États membres différents peuvent être nécessaires pour créer dans l'Union des conditions analogues à celles d'un marché intérieur et pour assurer ainsi le bon fonctionnement d'un tel marché intérieur. Ces opérations ne devraient pas être entravées par des restrictions, des désavantages ou des distorsions découlant en particulier des dispositions fiscales des États membres. Il importe, par conséquent, de prévoir pour ces regroupements des règles fiscales neutres au regard de la concurrence afin de permettre aux entreprises de s'adapter aux exigences du marché intérieur, d'accroître leur productivité et de renforcer leur position concurrentielle sur le plan international.
5. Les regroupements en question peuvent aboutir à la création de groupes de sociétés mères et filiales.
6. Avant l'entrée en vigueur de la [directive 90/435], les dispositions fiscales régissant les relations entre sociétés mères et filiales d'États membres différents variaient sensiblement d'un État membre à l'autre et étaient, en général, moins favorables que celles applicables aux relations entre sociétés mères et filiales d'un même État membre. La coopération entre sociétés d'États membres différents était, de ce fait, pénalisée par rapport à la coopération entre sociétés d'un même État membre. Il convenait d'éliminer cette pénalisation par l'instauration d'un régime commun et de faciliter ainsi les regroupements de sociétés à l'échelle de l'Union.
[...]
8. Il convient par ailleurs, pour assurer la neutralité fiscale, d'exempter de retenue à la source les bénéfices qu'une société filiale distribue à sa société mère. »

4. L'article 1er de cette directive prévoit :

« 1.Chaque État membre applique la présente directive :
a. aux distributions de bénéfices reçus par des sociétés de cet État membre et provenant de leurs filiales d'autres États membres ;
b. aux distributions de bénéfices effectuées par des sociétés de cet État membre à des sociétés d'autres États membres dont elles sont les filiales ;
[...]

2. La présente directive ne fait pas obstacle à l'application de dispositions nationales ou conventionnelles [nécessaires] afin d'éviter les fraudes et abus. »

5. L'article 2, sous a), de ladite directive dispose :

« Aux fins de l'application de la présente directive, on entend par :
a. "société d'un État membre" : toute société :
i. qui revêt une des formes énumérées à l'annexe I, partie A ;
ii. qui, selon la législation fiscale d'un État membre, est considérée comme ayant dans cet État membre son domicile fiscal et qui, aux termes d'une convention en matière de double imposition conclue avec un État tiers, n'est pas considérée comme ayant son domicile fiscal hors de l'Union ;
iii. qui, en outre, est assujettie, sans possibilité d'option et sans en être exonérée, à l'un des impôts énumérés à l'annexe I, partie B, ou à tout autre impôt qui viendrait se substituer à l'un de ces impôts. »

6. Aux termes de l'article 3, paragraphe 1, de cette même directive :

« Aux fins de l'application de la présente directive :
a. la qualité de société mère est reconnue :
i. au moins à une société d'un État membre qui remplit les conditions énoncées à l'article 2 et qui détient, dans le capital d'une société d'un autre État membre remplissant les mêmes conditions, une participation minimale de 10 % ;
ii. dans les mêmes conditions, à une société d'un État membre qui détient une participation d'au moins 10 % dans le capital d'une société du même État membre, participation détenue en tout ou en partie par un établissement stable de la première société situé dans un autre État membre.
b. "société filiale" : une société dont le capital comprend la participation visée au point a). »

7. L'article 5 de la directive 2011/96 est libellé comme suit :

« Les bénéfices distribués par une filiale à sa société mère sont exonérés de retenue à la source. »

8. La partie A, intitulée « Liste des sociétés visées à l'article 2, point a) i) », de l'annexe I, de cette directive mentionne :

« [...]
f. les sociétés de droit allemand dénommées "Aktiengesellschaft", "Kommanditgesellschaft auf Aktien", "Gesellschaft mit beschränkterHaftung", "Versicherungsverein auf Gegenseitigkeit", "Erwerbs- und Wirtschaftsgenossenschaft", "Betriebe gewerblicher Art von juristischen Personen des öffentlichen Rechts", ainsi que les autres sociétés constituées conformément au droit allemand et assujetties à l'impôt sur les sociétés en Allemagne ;
[...]
s. les sociétés de droit néerlandais dénommées "naamloze vennootschap", "besloten vennootschap met beperkte aansprakelijkheid", "open commanditaire vennootschap", "coöperatie", "onderlinge waarborgmaatschappij", "fonds voor gemene rekening", "vereniging op coöperatieve grondslag" et "vereniging welke op onderlinge grondslag als verzekeraar of kredietinstelling optreedt", ainsi que les autres sociétés constituées conformément au droit néerlandais et assujetties à l'impôt sur les sociétés aux Pays-Bas ;
[...] »

9. La partie B, intitulée « Liste des impôts visés à l'article 2, point a) iii) », de l'annexe I, de ladite directive vise les impôts suivants :

« [...]
– Körperschaftssteuer en Allemagne,
[...]
– Vennootschapsbelasting aux Pays-Bas,
[...] »

Le droit allemand

10. L'Einkommensteuergesetz (loi relative à l'impôt sur le revenu), dans sa version résultant du Gesetz zur Umsetzung der Beitreibungsrichtlinie sowie zur Änderung steuerlicher Vorschriften (loi transposant la directive sur le recouvrement et modifiant les dispositions sur la fiscalité), du 7 décembre 2011 (BGBl. 2011 I, p. 2592, ci-après l'« EStG 2012 »), applicable à compter du 1er janvier 2012, prévoit, à son article 43b, paragraphe 1, que, à la demande du contribuable, l'impôt sur les revenus de capitaux n'est pas prélevé sur les revenus de capitaux, au sens de l'article 20, paragraphe 1, point 1, de l'EStG 2012, perçus par une société mère dont

ni le siège ni la direction ne se situent sur le territoire national et provenant de la distribution de dividendes d'une filiale.

11. Selon l'article 43b, paragraphe 2, premier alinéa, de l'EStG 2012, une « société mère », au sens du paragraphe 1 de cet article, est une société qui remplit les conditions énoncées à l'annexe 2 de l'EStG 2012 et qui, conformément à l'article 3, paragraphe 1, sous a), de la directive 2011/96, au moment de la naissance de l'impôt sur les revenus de capitaux, conformément à l'article 44, paragraphe 1, deuxième alinéa, de l'EStG 2012, peut démontrer qu'elle détient dans le capital de la filiale une participation directe de 10 % au moins.

12. L'article 43b, paragraphe 2, quatrième alinéa, de l'EStG 2012 prévoit qu'il doit en outre être démontré que la participation a été conservée de manière ininterrompue pendant douze mois.

13. Aux termes de l'article 50d, paragraphe 1, deuxième alinéa, de l'EStG 2012, dans le cas où les revenus soumis à la retenue à la source de l'impôt sur les revenus de capitaux, susceptibles d'être exonérés en vertu de l'article 43b de l'EStG 2012, le contribuable peut bénéficier du remboursement de cette retenue à la source.

14. L'article 50d, paragraphe 3, de l'EStG 2012 dispose :

> « Une société étrangère n'a pas droit à une exemption totale ou partielle en vertu des paragraphes 1 ou 2 lorsque des participations dans cette société sont détenues par des personnes qui n'auraient pas droit au remboursement ou à l'exemption si elles percevaient les revenus directement et que la société étrangère n'a pas généré ses recettes brutes de l'exercice concerné à partir de sa propre activité économique, et qu'en outre,
>
> 1. l'interposition de la société étrangère est dépourvue de justification par des raisons économiques ou d'autres raisons importantes ou
> 2. la société mère étrangère ne participe pas à l'activité économique générale avec une entreprise organisée de manière adéquate compte tenu de son objet social.
>
> Seule la situation de la société étrangère est déterminante ; les caractéristiques organisationnelles, économiques ou autres caractéristiques importantes des entreprises qui ont des liens avec la société étrangère [article 1er, paragraphe 2, de l'Außensteuergesetz (loi relative aux relations fiscales avec l'étranger)] ne sont pas prises en compte. Il n'existe pas d'activité économique propre lorsque la société étrangère tire ses recettes brutes de la gestion d'actifs ou délègue ses activités économiques essentielles à des tiers. La charge de la preuve de l'existence de raisons économiques ou d'autres raisons importantes au sens du premier alinéa, point 1, ainsi que de l'entreprise au sens du premier alinéa, point 2, incombe à la société étrangère. [...] »

Le litige au principal et les questions préjudicielles

15. GS est une société de capitaux qui a son siège aux Pays-Bas. Elle est détenue par une société de droit allemand.

16. Depuis l'année 2006 jusqu'au 7 novembre 2013, GS a détenu une participation dans le capital social d'une société de droit allemand, en dernier lieu une participation à hauteur de plus de 90 %. Outre sa participation dans sa filiale allemande, GS détient également des participations dans plusieurs sociétés établies dans différents États.

17. Au cours de l'année 2013, GS a exercé trois activités, à savoir une activité de société holding administrative et financière, une activité de financement au profit des sociétés du groupe établies en dehors du territoire allemand, consistant à leur octroyer des prêts à des conditions identiques à celles accordées à des tiers et à investir les surplus de trésorerie du groupe sur le marché des capitaux, ainsi qu'une activité de négoce en son propre nom et pour son propre compte, dans le cadre de laquelle elle achetait des matières premières auprès de tiers en dehors de l'Union européenne, pour les revendre ensuite avec une marge bénéficiaire à des sociétés *du groupe. Aux fins de* l'exercice de ses activités, GS louait deux bureaux disposant d'équipements techniques et employait trois salariés.

18. Au cours de cette même année 2013, GS a perçu des dividendes de sa filiale allemande. Ces dividendes ayant été soumis à la retenue à la source ainsi qu'au supplément de solidarité prévus par la législation fiscale allemande, GS en a demandé le remboursement sur la base de l'article 43b de l'EStG 2012. L'administration fiscale ayant rejeté tant cette demande que la réclamation introduite par GS contre cette décision de rejet, cette société a introduit un recours devant la juridiction de renvoi, le Finanzgericht Köln (tribunal des finances Cologne, Allemagne), en invoquant l'incompatibilité de l'article 50d, paragraphe 3, de l'EStG 2012 avec la liberté d'établissement et la directive 2011/96.

19. La juridiction de renvoi expose que, en l'occurrence, l'article 50d, paragraphe 3, de l'EStG 2012 est applicable, ratione temporis, à l'affaire dont elle est saisie. Elle précise que cette disposition vise à atténuer la présomption d'abus pesant sur la société mère non-résidente qui demande le remboursement de l'impôt perçu à la source en Allemagne à laquelle aboutissait la version précédente de ladite disposition, telle qu'elle résultait du Jahressteuergesetz 2007 (loi fiscale annuelle de 2007), du 13 décembre 2006 (BGBl. 2006 I, p. 2878, ci-après l'« article 50d, paragraphe 3, de l'EStG dans sa version antérieure »).

20. En effet, en vertu de l'article 50d, paragraphe 3, de l'EStG dans sa version antérieure, le droit à l'exemption ou au remboursement aurait été exclu lorsque, d'une part, les actionnaires de la société mère non-résidente n'auraient eux-mêmes pas eu droit à l'exemption ou au remboursement s'ils avaient perçu ces dividendes directement et que, d'autre part, l'une des trois conditions prévues par cette disposition avait été remplie, à savoir l'absence de raisons économiques ou d'autres raisons importantes justifiant l'interposition de cette société mère, ou l'absence de recettes brutes générées par ladite société mère au moyen d'une activité économique propre à concurrence d'au moins 10 %, ou l'absence d'une entreprise organisée adéquate compte tenu de son objet social, pour participer à l'activité économique générale.

21. En revanche, aux termes de l'article 50d, paragraphe 3, de l'EStG 2012, il ne serait plus suffisant, pour permettre à l'administration fiscale de refuser à une société mère non-résidente le bénéfice d'un remboursement ou d'une exemption de la retenue à la source, que l'une des trois dernières conditions visées au point précédent soit remplie. Le droit à l'exemption ou au remboursement ne serait plus exclu que lorsque, d'une part, des participations dans la société mère non-résidente sont détenues par des personnes qui ne pourraient elles-mêmes prétendre à l'exemption ou au remboursement et que cette société n'a pas généré ses recettes brutes de l'exercice concerné par sa propre activité économique, et que, d'autre part, soit il n'existe pas de raisons économiques ou d'autres raisons importantes justifiant l'interposition de la société mère non-résidente, soit cette société mère ne participe pas à l'activité économique générale avec une entreprise organisée de manière adéquate compte tenu de son objet social.

22. La juridiction de renvoi précise que, pour apprécier si la société mère non-résidente exerce une activité économique propre, il est uniquement tenu compte de la situation de cette société. Ainsi, les caractéristiques organisationnelles, économiques ou les autres caractéristiques importantes des entreprises qui ont des liens avec ladite société ne sont pas prises en considération. En outre, si une telle société mère tire ses recettes brutes de la gestion d'actifs ou transfère ses principales activités à des tiers, elle n'est pas considérée comme exerçant une activité économique propre. Qui plus est, il lui incomberait de démontrer l'existence de raisons économiques ou d'autres raisons importantes justifiant son interposition dans la structure du groupe.

23. En revanche, dans le cas d'une société mère holding résidente, les montages abusifs seraient visés par l'article 42 du code des impôts allemand. En vertu de cette disposition, l'existence d'une interposition durable serait suffisante pour qu'une telle société se voie accorder l'imputation ou le remboursement de l'impôt concerné.

24. La juridiction de renvoi considère que ce traitement fiscal différent, en ce qu'il a pour effet de soumettre une société mère non-résidente à une imposition plus lourde, est de nature à dissuader une telle société de créer, d'acquérir ou de conserver une filiale en Allemagne et, partant, constitue une entrave à la liberté d'établissement, au sens de l'article 49 TFUE. En outre, cette juridiction doute que la raison d'intérêt général liée à la lutte contre les abus et l'évasion fiscale puisse justifier une telle entrave, dès lors que, d'une part, l'article 50d, paragraphe 3, de l'EStG 2012, conduit à ce que tombe dans son champ d'application une société mère non-résidente qui ne constitue pas un montage purement artificiel, dépourvu de toute réalité économique, et que, d'autre part, cette disposition établit une présomption irréfragable d'abus.

25. Par ailleurs, la juridiction de renvoi doute que l'article 50d, paragraphe 3, de l'EStG 2012 soit compatible avec l'article 1er, paragraphe 2, de la directive 2011/96. S'agissant de cette dernière disposition, cette juridiction indique qu'il existe une divergence entre les différentes versions linguistiques de celle-ci, en ce que son libellé dans sa version en langue allemande, contrairement à d'autres versions linguistiques, telles que celles en langues anglaise, française, italienne ou espagnole, ne contiendrait pas le mot « nécessaire ». Ladite juridiction estime que, nonobstant cette divergence, la notion d'« abus », au sens de l'article 1er, paragraphe 2, de la directive 2011/96, doit, en tout état de cause, être interprétée au regard du droit primaire de l'Union.

26. C'est dans ces conditions que le *Finanzgericht Köln* (tribunal des finances de Cologne) a décidé de surseoir à statuer et de poser à la Cour les questions préjudicielles suivantes :

> « 1. L'article 49 TFUE, lu conjointement avec l'article 54 TFUE, s'oppose-t-il à une disposition fiscale nationale, telle que celle en cause au principal, qui refuse l'exonération des versements de dividendes de

l'impôt sur les revenus du capital à une société mère non-résidente dont le seul associé est une société de capitaux ayant son siège sur le territoire national, lorsque des participations dans cette société mère sont détenues par des personnes qui n'auraient pas droit au remboursement ou à l'exemption si elles percevaient les revenus directement et que la société mère non-résidente n'a pas généré ses recettes brutes de l'exercice concerné avec sa propre activité économique, et lorsque, en outre,

– il n'existe pas de raisons économiques ou d'autres raisons importantes justifiant l'interposition de la société non-résidente ou

– la société mère non-résidente ne participe pas à l'activité économique générale avec une entreprise organisée de manière adéquate compte tenu de son objet social,

alors que l'exonération de l'impôt est accordée aux sociétés mères établies sur le territoire national sans égard aux conditions ci-avant ?

2. L'article 1er, paragraphe 2, de la directive 2011/96 doit-il être interprété en ce sens qu'il s'oppose à ce qu'un État membre adopte une disposition qui refuse l'exonération des versements de dividendes de l'impôt sur les revenus du capital à une société mère non-résidente dont le seul associé est une société de capitaux ayant son siège sur le territoire national,

lorsque des participations dans cette société sont détenues par des personnes qui n'auraient pas droit au remboursement ou à l'exemption si elles percevaient les revenus directement et que la société mère non-résidente n'a pas généré ses recettes brutes de l'exercice concerné avec sa propre activité économique, et lorsque, en outre,

– il n'existe pas de raisons économiques ou d'autres raisons importantes justifiant l'interposition de la société non-résidente ou

– la société mère non-résidente ne participe pas à l'activité économique générale avec une entreprise organisée de manière adéquate compte tenu de son objet social ? »

Sur les questions préjudicielles

27. En vertu de l'article 99 de son règlement de procédure, lorsqu'une réponse à une question posée à titre préjudiciel peut être clairement déduite de la jurisprudence ou lorsque la réponse à la question posée ne laisse place à aucun doute raisonnable, la Cour peut, à tout moment, sur proposition du juge rapporteur, l'avocat général entendu, décider de statuer par voie d'ordonnance motivée.

28. Il y a lieu de faire application de cette disposition dans le cadre de la présente affaire.

29. Par ses questions, qu'il convient d'examiner ensemble, la juridiction de renvoi demande, en substance, si l'article 1er, paragraphe 2, de la directive 2011/96 et l'article 49 TFUE doivent être interprétés en ce sens qu'ils s'opposent à une législation fiscale d'un État membre, telle que celle en cause au principal, qui frappe d'une retenue à la source des dividendes octroyés par une filiale résidente à sa société mère non-résidente, mais qui exclut le droit pour cette dernière d'obtenir le remboursement ou l'exemption d'une telle retenue à la source, dès lors que, d'une part, des participations dans cette société mère sont détenues par des personnes qui n'auraient pas droit à un tel remboursement ou à une telle exemption si elles avaient perçu directement des dividendes provenant d'une telle filiale et que ladite société mère n'a pas généré ses recettes brutes de l'exercice concerné au moyen de sa propre activité économique, et que, d'autre part, l'une des deux conditions fixées par cette législation est remplie, à savoir, soit il n'existe pas de raisons économiques ou d'autres raisons importantes justifiant l'interposition de cette même société mère, soit cette dernière ne participe pas à l'activité économique générale avec une entreprise organisée de manière adéquate compte tenu de son objet social, sans qu'il soit tenu compte des caractéristiques organisationnelles, économiques ou des autres caractéristiques importantes des entreprises qui ont des liens avec la société mère en question.

30. Il convient de préciser d'emblée que, ainsi qu'il ressort de son considérant 1, la directive 2011/96, qui a abrogé et remplacé la directive 90/435, constitue une refonte de cette seconde directive. Les dispositions pertinentes en cause au principal de la directive 2011/96 revêtant une portée en substance identique à celles de la directive 90/435, la jurisprudence de la Cour relative à la seconde de ces directives est également applicable à la première de ces directives.

31. En ce qui concerne les questions posées, celles-ci visent tant des dispositions de la directive 2011/96 que celles du traité FUE. Conformément à une jurisprudence constante de la Cour, toute mesure nationale dans un domaine qui a fait l'objet d'une harmonisation exhaustive à l'échelle de l'Union européenne doit être appréciée au regard des dispositions de cette mesure d'harmonisation, et non pas de celles du droit primaire. Or, il ressort de l'article 1er, paragraphe 2, de cette directive que celle-ci n'opère pas une telle harmonisation (voir, en ce sens, arrêt du 20 décembre 2017, Deister Holding et Juhler Holding, C-504/16 et C-613/16, EU:C:2017:1009, point 45).

32. Il s'ensuit qu'une législation telle que celle en cause au principal peut être appréciée au regard non seulement des dispositions de ladite directive, mais également des dispositions pertinentes du droit primaire.

Sur la compatibilité d'une législation, telle que celle en cause au principal, avec l'article 1er, paragraphe 2, de la directive 2011/96

33. À titre liminaire, il y a lieu de préciser que, en l'occurrence, il ressort du dossier dont dispose la Cour, d'une part, que les sociétés en cause au principal relèvent de l'article 2, sous a), de la directive 2011/96 et, d'autre part, que la condition d'une participation minimale de 10 % de la société mère dans le capitale de sa filiale, posée par l'article 3, paragraphe 1, de cette directive, est également remplie.

34. La directive 2011/96, ainsi qu'il découle de ses considérants 3 à 6, vise à faciliter, par l'instauration de règles fiscales neutres, les regroupements de sociétés à l'échelle de l'Union. Cette directive tend ainsi à assurer la neutralité, sur le plan fiscal, de la distribution de dividendes ou d'autres bénéfices par une filiale établie dans un État membre à sa société mère établie dans un autre État membre et, ainsi, à éliminer la double imposition des revenus distribués par des filiales à leur société mère au niveau de cette société mère.

35. À cette fin, le considérant 8 de ladite directive énonce qu'il convient, pour assurer la neutralité fiscale, d'exempter de retenue à la source les bénéfices qu'une société filiale distribue à sa société mère.

36. Sur ce fondement, afin d'éviter la double imposition, l'article 5 de la directive 2011/96 pose le principe de l'interdiction de retenue à la source sur les bénéfices distribués par une filiale établie dans un État membre à sa société mère établie dans un autre État membre.

37. Il s'ensuit que les États membres ne sauraient, dès lors, instaurer unilatéralement des mesures restrictives et subordonner le droit de bénéficier à l'exonération de retenue à la source au titre de l'article 5 de la directive 2011/96 à différentes conditions (voir, en ce sens, arrêt du 20 décembre 2017, Deister Holding et Juhler Holding, C-504/16 et C-613/16, EU:C:2017:1009, point 52 et jurisprudence citée).

38. Toutefois, l'article 1er, paragraphe 2, de la directive 2011/96, en donnant la possibilité aux États membres d'appliquer des dispositions nationales ou conventionnelles afin d'éviter les fraudes et abus, établit une dérogation aux règles fiscales prévues par cette directive (arrêt du 20 décembre 2017, Deister Holding et Juhler Holding, C-504/16 et C-613/16, EU:C:2017:1009, point 53).

39. S'agissant de l'article 1er, paragraphe 2, de la directive 2011/96, il convient de relever que la juridiction de renvoi a évoqué l'existence d'une divergence entre les différentes versions linguistiques de celui-ci, en ce que la version en langue allemande de cet article, à la différence, entre autres, des versions en langues anglaise, française, italienne ou espagnole, n'emploie pas le mot « nécessaire ».

40. À cet égard, il découle de la jurisprudence de la Cour que, nonobstant l'existence de la divergence linguistique évoquée, les États membres doivent exercer la possibilité que leur confère cet article dans le respect des principes généraux du droit de l'Union et, plus particulièrement, du principe de proportionnalité (voir, en ce sens, arrêt du 20 décembre 2017, Deister Holding et Juhler Holding, C-504/16 et C-613/16, EU:C:2017:1009, point 55 et jurisprudence citée).

41. Or, le respect de ce principe requiert que les mesures prévues par les États membres, visant à éviter les fraudes et les abus, doivent être propres à réaliser cet objectif et ne doivent pas aller au-delà de ce qui est nécessaire pour l'atteindre (voir, en ce sens, arrêt du 20 décembre 2017, Deister Holding et Juhler Holding, C-504/16 et C-613/16, EU:C:2017:1009, point 56 et jurisprudence citée).

42. Il résulte également de cette jurisprudence que, dès lors que l'article 1er, paragraphe 2, de la directive 2011/96 constitue une dérogation à la règle générale posée par cette directive, à savoir le bénéfice du régime fiscal commun applicable aux sociétés mères et aux filiales relevant du champ d'application de cette directive, il y a lieu de l'interpréter de manière restrictive (arrêt du 20 décembre 2017, Deister Holding et Juhler Holding, C-504/16 et C-613/16, EU:C:2017:1009, point 59 et jurisprudence citée).

43. À cet égard, la Cour a précisé que, pour qu'une législation nationale puisse être considérée comme visant à éviter les fraudes et les abus, son but spécifique doit être de faire obstacle à des comportements consistant à créer des montages purement artificiels, dépourvus de réalité économique, dont le but est de bénéficier indûment d'un avantage fiscal (arrêt du 20 décembre 2017, Deister Holding et Juhler Holding, C-504/16 et C-613/16, EU:C:2017:1009, point 60 et jurisprudence citée).

44. Ainsi, une présomption générale de fraude et d'abus ne saurait justifier ni une mesure fiscale qui porte atteinte aux objectifs d'une directive ni une mesure fiscale portant atteinte à l'exercice d'une liberté fonda-

mentale garantie par le traité (arrêt du 20 décembre 2017, Deister Holding et Juhler Holding, C-504/16 et C-613/16, EU:C:2017:1009, point 61 et jurisprudence citée).

45. Pour vérifier si une opération poursuit un objectif de fraude et d'abus, les autorités nationales compétentes ne sauraient se contenter d'appliquer des critères généraux prédéterminés, mais doivent procéder à un examen individuel de l'ensemble de l'opération concernée. L'institution d'une mesure fiscale revêtant une portée générale excluant automatiquement certaines catégories de contribuables de l'avantage fiscal, sans que l'administration fiscale soit tenue de fournir ne serait-ce qu'un commencement de preuve ou d'indice de fraude et d'abus, irait au-delà de ce qui est nécessaire pour éviter les fraudes et les abus (arrêt du 20 décembre 2017, Deister Holding et Juhler Holding, C-504/16 et C-613/16, EU:C:2017:1009, point 62 et jurisprudence citée).

46. S'agissant de l'article 50d, paragraphe 3, de l'EStG 2012, il ressort du dossier dont dispose la Cour que, dans le cas où les participations dans une société mère non-résidente sont détenues par des personnes qui n'auraient pas droit à l'exemption de retenue à la source ou au remboursement d'une telle retenue si elles avaient perçu directement les dividendes provenant d'une filiale établie en Allemagne et que cette société mère n'a pas généré ses recettes brutes de l'exercice concerné au moyen de sa propre activité économique, l'octroi du bénéfice de l'avantage fiscal que représente l'exonération de retenue à la source, prévue à l'article 5, de la directive 2011/96, est soumis à l'exigence qu'aucune des deux conditions prévues par l'article 50d, paragraphe 3, de l'EStG 2012 ne soit remplie, à savoir que des raisons économiques ou d'autres raisons importantes justifiant l'interposition de la société mère non-résidente fassent défaut ou que la société mère non-résidente ne participe pas à l'activité économique générale avec une entreprise organisée de manière adéquate compte tenu de son objet social, sans qu'il soit tenu compte des caractéristiques organisationnelles, économiques ou des autres caractéristiques importantes des entreprises qui ont des liens avec cette société mère non-résidente. En outre, une société mère non-résidente qui tire ses recettes brutes de la gestion d'actifs ou transfère ses principales activités à des tiers n'est pas considérée comme exerçant une activité économique propre.

47. À cet égard, il y a lieu de constater, premièrement, que l'article 50d, paragraphe 3, de l'EStG 2012 n'a pas pour objet spécifique d'exclure du bénéfice d'un avantage fiscal les montages purement artificiels dont le but serait de bénéficier indûment de cet avantage, mais vise, de manière générale, des situations dans lesquelles, d'une part, des participations dans une société mère non-résidente sont détenues par des personnes qui n'auraient pas droit à une telle exonération si elles avaient perçu les dividendes directement et, d'autre part, cette société mère n'a pas généré ses recettes brutes de l'exercice concerné au moyen de sa propre activité économique.

48. Or, en premier lieu, la seule circonstance que les participations dans une société mère non-résidente soient détenues par de telles personnes n'implique pas, par elle-même, l'existence d'un montage purement artificiel, dépourvu de réalité économique, créé uniquement dans le but de bénéficier indûment d'un avantage fiscal (arrêt du 20 décembre 2017, Deister Holding et Juhler Holding, C-504/16 et C-613/16, EU:C:2017:1009, point 65).

49. Dans ce contexte, il convient de relever qu'il ne découle d'aucune disposition de la directive 2011/96 que le traitement fiscal réservé aux personnes détenant des participations dans des sociétés mères résidant dans l'Union ou que l'origine de ces personnes aient une quelconque incidence sur le droit de ces société de se prévaloir des avantages prévus par cette directive.

50. Par ailleurs, il y a lieu de préciser que la société mère non-résidente est, en tout état de cause, soumise à la législation fiscale de l'État membre sur le territoire duquel elle est établie (arrêt du 20 décembre 2017, Deister Holding et Juhler Holding, C-504/16 et C-613/16, EU:C:2017:1009, point 67 et jurisprudence citée).

51. En second lieu, la seule circonstance qu'une société n'ait été constituée dans un État membre qu'en vue de s'établir dans un second État membre pour exercer l'essentiel, voire l'ensemble, de ses activités économiques par l'intermédiaire d'une filiale, n'est pas non plus, en elle-même, constitutive d'un abus (voir, en ce sens, arrêt du 30 septembre 2003, Inspire Art, C-167/01, EU:C:2003:512, points 95 et 96).

52. Ainsi, le fait qu'une société établie dans un État membre n'exerce aucune activité dans l'État membre où elle a été constituée et exerce uniquement ou principalement ses activités dans un autre État membre, par l'intermédiaire d'une filiale, ne suffit pas à démontrer l'existence d'un comportement abusif et frauduleux permettant à ce dernier État de dénier à cette société non-résidente le bénéfice des avantages fiscaux prévus par la directive 2011/96.

53. Par ailleurs, cette directive ne contient aucune exigence quant à la nature de l'activité économique des sociétés relevant de son champ d'application ou au montant des recettes provenant de l'activité économique

propre de celles-ci (voir, en ce sens, arrêt du 20 décembre 2017, Deister Holding et Juhler Holding, C-504/16 et C-613/16, EU:C:2017:1009, point 72).

54. Il s'ensuit que la circonstance que l'activité économique de la société mère non-résidente consiste en la gestion d'actifs de ses filiales ou que les revenus de cette société mère ne proviennent que de cette gestion ne saurait, par elle-même, impliquer l'existence d'un montage purement artificiel, dépourvu de toute réalité économique. Dans ce contexte, contrairement à ce que soutient le gouvernement allemand, le fait que la gestion d'actifs ne soit pas considérée comme constituant une activité économique dans le cadre de la taxe sur la valeur ajoutée est dépourvu d'importance, dès lors que l'impôt en cause au principal et ladite taxe relèvent de cadres juridiques distincts poursuivant chacun des objectifs différents (voir, en ce sens, arrêt du 20 décembre 2017, Deister Holding et Juhler Holding, C-504/16 et C-613/16, EU:C:2017:1009, point 73).

55. Deuxièmement, en subordonnant l'octroi du bénéfice de l'exonération de retenue à la source prévu à l'article 5 de la directive 2011/96 à l'exigence qu'aucune des deux conditions visées à l'article 50d, paragraphe 3, de l'EStG 2012, mentionnées au point 46 de la présente ordonnance, ne soit remplie, sans que l'administration fiscale soit tenue de fournir un commencement de preuve de l'absence de motifs économiques ou d'indices de fraude ou d'abus, cet article instaure, ainsi qu'il ressort du point 45 de la présente ordonnance, une présomption générale de fraude et d'abus et porte ainsi atteinte à l'objectif poursuivi par cette directive et, en particulier à son article 5, à savoir, ainsi qu'il a été exposé aux points 34 à 36 de la présente ordonnance, l'élimination de la double imposition des bénéfices distribués par une filiale à sa société mère au niveau de cette société mère, en vue de faciliter des regroupements de sociétés à l'échelle de l'Union (voir, en ce sens, arrêt du 20 décembre 2017, Deister Holding et Juhler Holding, C-504/16 et C-613/16, EU:C:2017:1009, point 69).

56. Troisièmement, l'article 50d, paragraphe 3, de l'EStG 2012 instaure de surcroît une présomption irréfragable de fraude ou d'abus, dans la mesure où il ne laisse à la société mère non-résidente – dans le cas où les participations dans cette société sont détenues par des personnes qui n'auraient pas droit à l'exemption de retenue à la source ou au remboursement d'une telle retenue si elles avaient perçu directement les dividendes provenant d'une filiale résidente et que les revenus de ladite société mère provenaient de la gestion d'actifs et que, en outre, l'une des deux conditions prévues à cet article est remplie – aucune possibilité de fournir des éléments de preuve démontrant l'absence d'un montage purement artificiel, dépourvu de réalité économique, créé uniquement dans le but de bénéficier indûment d'un avantage fiscal.

57. Quatrièmement, le régime établi par l'article 50d, paragraphe 3, de l'EStG 2012 contrevient au principe selon lequel la constatation d'un montage purement artificiel exige qu'il soit procédé, au cas par cas, à un examen global de la situation concernée. Contrairement à ce que prévoit cette disposition, un tel examen doit tenir compte des éléments tels que les caractéristiques organisationnelles, économiques et les autres caractéristiques importantes du groupe de sociétés auquel appartient la société mère concernée ainsi que les structures et les stratégies de ce groupe (voir, en ce sens, arrêt du 20 décembre 2017, Deister Holding et Juhler Holding, C-504/16 et C-613/16, EU:C:2017:1009, point 74).

58. Eu égard aux considérations qui précèdent, il y a lieu de constater que l'article 1er, paragraphe 2, de la directive 2011/96 doit être interprété en ce sens qu'il s'oppose à une législation telle que celle en cause au principal.

Sur la liberté applicable

59. Conformément à une jurisprudence constante de la Cour, la question du traitement fiscal de dividendes peut relever aussi bien de la liberté d'établissement que de la libre circulation des capitaux (arrêt du 20 décembre 2017, Deister Holding et Juhler Holding, C-504/16 et C-613/16, EU:C:2017:1009, point 76 et jurisprudence citée).

60. Quant à la question de savoir si une législation nationale relève de l'une ou de l'autre des libertés de circulation, il y a lieu de prendre en considération l'objet de la législation en cause (arrêt du 20 décembre 2017, Deister Holding et Juhler Holding, C-504/16 et C-613/16, EU:C:2017:1009, point 77 et jurisprudence citée).

61. À cet égard, la Cour a déjà considéré qu'une législation nationale qui a vocation à ne s'appliquer qu'aux participations permettant d'exercer une influence certaine sur les décisions d'une société et de déterminer les activités de celle-ci relève des dispositions du traité relatives à la liberté d'établissement. En revanche, des dispositions nationales qui trouvent à s'appliquer à des participations effectuées dans la seule intention de réaliser un placement financier sans intention d'influer sur la gestion et le contrôle de l'entreprise doivent être

examinées exclusivement au regard de la libre circulation des capitaux (arrêt du 20 décembre 2017, Deister Holding et Juhler Holding, C-504/16 et C-613/16, EU:C:2017:1009, point 78 et jurisprudence citée).

62. En l'occurrence, il ressort de la décision de renvoi que la législation fiscale en cause au principal était applicable aux sociétés qui détenaient au moins 10 % du capital de leurs filiales. En revanche, cette décision ne contient pas d'informations relatives à l'objet de cette législation.

63. Une participation à une telle hauteur n'implique pas nécessairement que la société qui la détient exerce une influence certaine sur les décisions de la société distribuant les dividendes (voir, par analogie, arrêt du 20 décembre 2017, Deister Holding et Juhler Holding, C-504/16 et C-613/16, EU:C:2017:1009, point 80 et jurisprudence citée).

64. Dans ces circonstances, il y a lieu de tenir compte des éléments factuels du cas d'espèce, afin de déterminer si la situation visée par le litige au principal relève de l'une ou de l'autre de ces libertés de circulation (arrêt du 20 décembre 2017, Deister Holding et Juhler Holding, C-504/16 et C-613/16, EU:C:2017:1009, point 81 et jurisprudence citée).

65. En l'occurrence, il ressort du dossier dont dispose la Cour que GS détenait, à la date des faits en cause dans l'affaire au principal, une participation supérieure à 90 % dans sa filiale allemande. Une telle participation conférait à cette première société une influence certaine sur les décisions de la seconde, lui permettant d'en déterminer les activités. Il s'ensuit que la législation en cause au principal doit être examinée au regard de la liberté d'établissement.

66. Dans ce contexte, il y a lieu de préciser que l'origine des actionnaires de GS n'a pas d'incidence sur le droit de cette société de se prévaloir de la liberté d'établissement, car il ne résulte d'aucune disposition du droit de l'Union que l'origine des actionnaires, personnes physiques ou morales, des sociétés résidant dans l'Union ait une incidence sur le droit de ces sociétés de se prévaloir de cette liberté (voir, par analogie, arrêt du 20 décembre 2017, Deister Holding et Juhler Holding, C-504/16 et C-613/16, EU:C:2017:1009, point 84 et jurisprudence citée).

67. Dès lors que dans l'affaire en cause au principal, il est constant que GS est une société établie dans l'Union, elle peut se prévaloir de ladite liberté.

Sur la compatibilité d'une législation, telle que celle en cause au principal, avec liberté d'établissement

68. La liberté d'établissement, que l'article 49 TFUE reconnaît aux ressortissants de l'Union, comporte pour eux l'accès aux activités non salariées et l'exercice de celles-ci ainsi que la constitution et la gestion d'entreprises dans les mêmes conditions que celles définies par la législation de l'État membre d'établissement pour ses propres ressortissants. Elle comprend, conformément à l'article 54 TFUE, pour les sociétés constituées en conformité avec la législation d'un État membre et ayant leur siège statutaire, leur administration centrale ou leur principal établissement à l'intérieur de l'Union, le droit d'exercer leur activité dans l'État membre concerné par l'intermédiaire d'une filiale, d'une succursale ou d'une agence (arrêt du 20 décembre 2017, Deister Holding et Juhler Holding, C-504/16 et C-613/16, EU:C:2017:1009, point 86 et jurisprudence citée).

69. S'agissant du traitement dans l'État membre d'accueil, il ressort de la jurisprudence de la Cour que l'article 49, premier alinéa, deuxième phrase, TFUE laissant expressément aux opérateurs économiques la possibilité de choisir librement la forme juridique appropriée pour l'exercice de leurs activités dans un autre État membre, ce libre choix ne doit pas être limité par des dispositions fiscales discriminatoires (arrêt du 20 décembre 2017, Deister Holding et Juhler Holding, C-504/16 et C-613/16, EU:C:2017:1009, point 87 et jurisprudence citée).

70. Par ailleurs, doivent être considérées comme des restrictions à la liberté d'établissement toutes les mesures qui interdisent, gênent ou rendent moins attrayant l'exercice de cette liberté (arrêt du 20 décembre 2017, Deister Holding et Juhler Holding, C-504/16 et C-613/16, EU:C:2017:1009, point 88 et jurisprudence citée).

71. En l'occurrence, il ressort du dossier dont dispose la Cour que c'est uniquement dans le cas où une filiale résidente distribue des bénéfices à une société mère non-résidente que l'exonération de la retenue à la source est subordonnée aux exigences prévues à l'article 50d, paragraphe 3, de l'EStG 2012.

72. Cette différence de traitement est, ainsi que l'a relevé la juridiction de renvoi, susceptible de dissuader une société mère non-résidente d'exercer, en Allemagne, une activité économique par l'intermédiaire d'une filiale établie dans cet État membre et constitue, dès lors, une entrave à la liberté d'établissement.

73. Cette entrave ne saurait être admise que si elle concerne des situations qui ne sont pas objectivement comparables ou si elle est justifiée par des raisons impérieuses d'intérêt général reconnues par le droit de l'Union. Encore faut-il, dans cette dernière hypothèse, que l'entrave soit propre à garantir la réalisation de l'objectif qu'elle poursuit et qu'elle n'aille pas au-delà de ce qui est nécessaire pour atteindre cet objectif (arrêt du 20 décembre 2017, Deister Holding et Juhler Holding, C-504/16 et C-613/16, EU:C:2017:1009, point 91 et jurisprudence citée).

74. S'agissant du caractère comparable de la situation d'une société résidente et de celle d'une société non-résidente qui perçoivent des dividendes d'une filiale résidente, il importe de préciser que l'exonération de retenue à la source des bénéfices distribués par une filiale à sa société mère vise, ainsi qu'il a été mentionné au point 55 de la présente ordonnance, à éviter une double imposition de ces bénéfices au niveau de cette société mère.

75. Si la Cour a considéré, à l'égard des mesures prévues par un État membre afin de prévenir ou d'atténuer l'imposition en chaîne ou la double imposition de bénéfices distribués par une société résidente, que les actionnaires bénéficiaires résidents ne se trouvent pas nécessairement dans une situation comparable à celle des actionnaires bénéficiaires résidents d'un autre État membre, elle a également précisé que, dès lors qu'un État membre exerce sa compétence fiscale non seulement sur le revenu des actionnaires résidents, mais également sur celui des actionnaires non-résidents, pour les dividendes qu'ils perçoivent d'une société résidente, la situation de ces actionnaires non-résidents se rapproche de celle des actionnaires résidents (arrêt du 20 décembre 2017, Deister Holding et Juhler Holding, C-504/16 et C-613/16, EU:C:2017:1009, point 93 et jurisprudence citée).

76. Dans l'affaire au principal, dès lors que la République fédérale d'Allemagne a choisi d'exercer sa compétence fiscale sur les bénéfices distribués par la filiale résidente à la société mère non-résidente, il y a lieu de considérer que cette société mère non-résidente, en ce qui concerne ces dividendes, se trouve dans une situation comparable à celle d'une société mère résidente (voir, par analogie, arrêt du 20 décembre 2017, Deister Holding et Juhler Holding, C-504/16 et C-613/16, EU:C:2017:1009, point 94).

77. En ce qui concerne la justification et la proportionnalité de l'entrave, la République fédérale d'Allemagne fait valoir que cette dernière est justifiée par l'objectif visant à lutter contre la fraude et l'évasion fiscales.

78. À cet égard, il convient de relever que l'objectif visant à lutter contre la fraude et l'évasion fiscales constitue une raison d'impérieuse d'intérêt général, susceptible de justifier une entrave à l'exercice des libertés de circulation garanties par le traité (voir, en ce sens, arrêt du 20 décembre 2017, Deister Holding et Juhler Holding, C-504/16 et C-613/16, EU:C:2017:1009, point 96 et jurisprudence citée).

79. Toutefois, cette justification, qu'elle soit invoquée en application de l'article 1er, paragraphe 2, de la directive 2011/96 ou comme une justification d'une entrave au droit primaire, a la même portée (arrêt du 20 décembre 2017, Deister Holding et Juhler Holding, C-504/16 et C-613/16, EU:C:2017:1009, point 97 et jurisprudence citée). Dès lors, les considérations mentionnées aux points 43 à 57 de la présente ordonnance s'appliquent également en ce qui concerne cette liberté.

80. Partant, l'objectif visant à lutter contre la fraude et l'évasion fiscales ne saurait, en l'occurrence, justifier une entrave à la liberté d'établissement.

81. Eu égard à l'ensemble des considérations qui précèdent, il convient de répondre aux questions posées que l'article 1er, paragraphe 2, de la directive 2011/96 et l'article 49 TFUE doivent être interprétés en ce sens qu'ils s'opposent à une législation fiscale d'un État membre, telle que celle en cause au principal, qui frappe d'une retenue à la source des dividendes octroyés par une filiale résidente à sa société mère non-résidente, mais qui exclut le droit pour cette dernière d'obtenir le remboursement ou l'exemption d'une telle retenue à la source, dès lors que, d'une part, des participations dans cette société mère sont détenues par des personnes qui n'auraient pas droit à un tel remboursement ou à une telle exemption si elles avaient perçu directement des dividendes provenant d'une telle filiale et que ladite société mère n'a pas généré ses recettes brutes de l'exercice concerné au moyen de sa propre activité économique et que, d'autre part, l'une des deux conditions fixées par cette législation est remplie, à savoir, soit il n'existe pas de raisons économiques ou d'autres raisons importantes justifiant l'interposition de cette même société mère, soit cette dernière ne participe pas à l'activité économique générale avec une entreprise organisée de manière adéquate compte tenu de son objet social, sans *qu'il soit tenu compte des* caractéristiques organisationnelles, économiques ou des autres caractéristiques importantes des entreprises qui ont des liens avec la société mère en question.

Sur les dépens

82. …

Par ces motifs,

la Cour (sixième chambre)

dit pour droit :

L'article 1er, paragraphe 2, de la directive 2011/96/UE du Conseil, du 30 novembre 2011, concernant le régime fiscal commun applicable aux sociétés mères et filiales d'États membres différents, telle que modifiée par la directive 2013/13/UE du Conseil, du 13 mai 2013, et l'article 49 TFUE doivent être interprétés en ce sens qu'ils s'opposent à une législation fiscale d'un État membre, telle que celle en cause au principal, qui frappe d'une retenue à la source des dividendes octroyés par une filiale résidente à sa société mère non-résidente, mais qui exclut le droit pour cette dernière d'obtenir le remboursement ou l'exemption d'une telle retenue à la source, dès lors que, d'une part, des participations dans cette société mère sont détenues par des personnes qui n'auraient pas droit à un tel remboursement ou à une telle exemption si elles avaient perçu directement des dividendes provenant d'une telle filiale et que ladite société mère n'a pas généré ses recettes brutes de l'exercice concerné au moyen de sa propre activité économique et que, d'autre part, l'une des deux conditions fixées par cette législation est remplie, à savoir, soit il n'existe pas de raisons économiques ou d'autres raisons importantes justifiant l'interposition de cette même société mère, soit cette dernière ne participe pas à l'activité économique générale avec une entreprise organisée de manière adéquate compte tenu de son objet social, sans qu'il soit tenu compte des caractéristiques organisationnelles, économiques ou des autres caractéristiques importantes des entreprises qui ont des liens avec la société mère en question.

HvJ EU 21 juni 2018, zaak C-480/16 (Fidelity Funds, Fidelity Investment Funds, Fidelity Institutional Funds v. Skatteministerium)

Vijfde kamer: *J. L. da Cruz Vilaça, kamerpresident, E. Levits (rapporteur), A. Borg Barthet, M. Berger en F. Biltgen, rechters*

Advocaat-generaal: *P. Mengozzi*

1. Het verzoek om een prejudiciële beslissing betreft de uitlegging van de artikelen 56 en 63 VWEU.

2. Dit verzoek is ingediend in het kader van de gedingen tussen enerzijds Fidelity Funds, Fidelity Investment Funds en Fidelity Institutional Funds, en anderzijds het Skatteministerium (ministerie van Belastingen, Denemarken), betreffende verzoeken tot terugbetaling van bronbelasting die is geheven over dividenden die tussen 2000 en 2009 aan de genoemde vennootschappen zijn uitgekeerd door vennootschappen die zijn gevestigd in Denemarken.

Toepasselijke bepalingen

Unierecht

3. Richtlijn 85/611/EEG van de Raad van 20 december 1985 tot coördinatie van de wettelijke en bestuursrechtelijke bepalingen betreffende bepaalde instellingen voor collectieve belegging in effecten (icbe's) (PB 1985, L 375, blz. 3) had volgens de vierde overweging ervan tot doel voor de in de lidstaten gevestigde instellingen voor collectieve belegging in effecten (icbe's) gemeenschappelijke minimumregels vast te stellen met betrekking tot toelating, toezicht, inrichting, werkzaamheid en door hen te publiceren informatie. Richtlijn 85/611 is herhaaldelijk gewijzigd voordat zij met ingang van 1 juli 2011 werd ingetrokken bij richtlijn 2009/65/EG van het Europees Parlement en de Raad van 13 juli 2009 tot coördinatie van de wettelijke en bestuursrechtelijke bepalingen betreffende bepaalde instellingen voor collectieve belegging in effecten (icbe's) (PB 2009, L 302, blz. 32), waarbij de icbe-richtlijn is herschikt.

Deens recht

4. Volgens § 1, punt 5a, van de lov om indkomstbeskatning af aktieselskaber m.v. (wet betreffende de vennootschapsbelasting) zijn icbe's die hun fiscale woonplaats hebben in Denemarken, aldaar belastingplichtig. § 1, punt 6, van deze wet ziet op de heffing van belasting bij fondsen die in Denemarken zijn gevestigd en die onder § 16 C van de lov om påligningen af indkomstskat til staten (wet betreffende de vaststelling van de door de Staat geheven inkomstenbelasting; hierna: „ligningslov") vallen.

5. § 2, lid 1, onder c), van de wet betreffende de vennootschapsbelasting bepaalt dat icbe's en andere beleggingsfondsen die niet hun fiscale woonplaats hebben in Denemarken, belasting verschuldigd zijn over dividenden die hun worden uitgekeerd door vennootschappen die in Denemarken zijn gevestigd. Deze beperkte belastingplicht strekt zich enkel uit tot inkomsten van Deense oorsprong.

6. Krachtens § 65, lid 1, van de kildeskattelov (wet betreffende de bronbelasting) moet bij elk besluit van een in Denemarken gevestigde vennootschap om dividend uit te keren een bepaald percentage van de totale uitkering als bronbelasting worden ingehouden, tenzij anders is bepaald. Het percentage van de bronbelasting bedroeg 25 % in 2000 en 28 % in de periode tussen 2001 en 2009.

7. Volgens de Deense regeling wordt het percentage van de bronbelasting gereduceerd tot 15 % wanneer de autoriteiten van de staat waar de betrokken icbe is gevestigd, gehouden zijn inlichtingen uit te wisselen met de Deense autoriteiten op grond van een dubbelbelastingverdrag, een andere internationale overeenkomst of een administratieve regeling inzake bijstand in belastingzaken. Voor belastingplichtigen die in de Europese Unie zijn gevestigd, mag de eindheffing volgens de bovengenoemde bepaling in de praktijk niet meer bedragen dan 15 %. Bovendien kan de belasting ook nog worden beperkt op grond van belastingovereenkomsten tussen het Koninkrijk Denemarken en de staat waar de betrokken icbe is gevestigd.

8. De wet betreffende de bronbelasting is van toepassing op icbe's die in Denemarken zijn gevestigd. Deze icbe's zijn dan ook in beginsel onderworpen aan de bedoelde regeling inzake de heffing van belasting over dividenden. Blijkens § 65, lid 8, van de wet betreffende de bronbelasting kan de minister van Belastingen evenwel regels vaststellen op grond waarvan geen belasting wordt ingehouden op dividenduitkeringen aan fondsen die onder § 16 C van de ligningslov vallen (hierna: „§ 16 C-fondsen").

9. Bij de vaststelling van het besluit betreffende de bronbelasting heeft de minister van Belastingen van deze mogelijkheid gebruikgemaakt om § 16 C-fondsen volledig vrij te stellen van bronbelasting. Volgens § 38 van dat besluit kan elke icbe namelijk een vrijstellingscertificaat ontvangen en van de heffing van bronbelasting over dividenden worden vrijgesteld op voorwaarde dat zij ten eerste een instelling is die onder § 1, [lid 1,] punt 6, van de wet betreffende de vennootschapsbelasting valt, dat wil zeggen in Denemarken is gevestigd, en ten tweede de status van § 16 C-fonds heeft. Een in Denemarken gevestigde icbe die niet voldoet aan de voorwaarden van § 16 C van de ligningslov, is niet vrijgesteld van de bronbelasting over dividenden.

10. In § 16 C van de ligningslov wordt omschreven wat moet worden verstaan onder een § 16 C-fonds.

11. Zo kon een icbe volgens de regeling die tot 1 juni 2005 van kracht was, alleen als § 16 C-fonds worden aangemerkt indien zij een minimumuitkering uitbetaalde. De minimumuitkering vormt de grondslag voor de heffing van belasting over de inkomsten van het betrokken fonds bij zijn deelnemers.

12. De regels voor de vaststelling van de minimumuitkering zijn nader bepaald in § 16 C, leden 2 tot en met 6, van de ligningslov. Volgens § 16 C, lid 2, van deze wet is de minimumuitkering de som van de inkomsten en nettobedragen van het desbetreffende boekjaar, na aftrek van verliezen en uitgaven. § 16 C, lid 3, van de ligningslov bepaalt dat bij deze berekening een lange reeks nader opgesomde inkomsten in aanmerking wordt genomen, waaronder rente-inkomsten, dividenden uit aandelen, opbrengsten uit vorderingen en financiële overeenkomsten alsook winst door de vervreemding van aandelen. Volgens § 16 C, leden 4 en 5, van de ligningslov kunnen § 16 C-fondsen fiscaal relevante verliezen en administratieve uitgaven aftrekken.

13. Sinds de vaststelling van wet nr. 407 van 1 juni 2005, en met ingang van deze datum, hoeven beleggingsfondsen niet langer daadwerkelijk een minimumuitkering aan de deelnemers te betalen om de status van § 16 C-fonds te genieten. Om deze status te verkrijgen, moet de icbe evenwel nog altijd een minimumuitkering vaststellen, waarover haar deelnemers belasting moeten betalen in de vorm van bronbelasting die door de betrokken instelling wordt ingehouden.

Hoofdgedingen en prejudiciële vraag

14. Verzoeksters in de hoofdgedingen zijn icbe's in de zin van richtlijn 85/611 die respectievelijk hun zetel hebben in het Verenigd Koninkrijk en Luxemburg. Hun beleggingen in vennootschappen die in Denemarken zijn gevestigd, zijn portfolio-investeringen en bedragen niet meer dan 10 % van het aandelenkapitaal. De door verzoeksters in de hoofdgedingen aangeboden producten zijn toegankelijk voor cliënten die in Denemarken zijn gevestigd, maar maken niet het voorwerp uit van een actieve marketing in deze lidstaat. Voorts hebben verzoeksters in de hoofdgedingen bij de Deense belastingautoriteiten geen aanvraag ingediend om de status van § 16 C-fonds te genieten, noch hun statuten aangepast aan de regels die tot het belastingjaar 2005 golden voor dergelijke fondsen.

15. Verzoeksters in de hoofdgedingen hebben bij de nationale rechter vorderingen ingesteld tot terugbetaling van bronbelasting die is geheven over dividenden die zij tussen 2000 en 2009 hebben ontvangen van vennootschappen die in Denemarken zijn gevestigd. Daarbij hebben zij aangevoerd dat in Denemarken gevestigde icbe's, anders dan icbe's die niet in deze lidstaat zijn gevestigd, kunnen worden vrijgesteld van bronbelasting. Op grond van de nationale belastingregeling hangt de vrijstelling namelijk af van twee voorwaarden, te weten dat de betrokken icbe in Denemarken is gevestigd en dat zij haar inkomsten vaststelt en aangeeft overeenkomstig de Deense belastingregeling. Niet-ingezeten icbe's kunnen per definitie niet voldoen aan de eerste van deze voorwaarden en kunnen onmogelijk, althans bijzonder moeilijk, voldoen aan de tweede voorwaarde, temeer daar zij geenszins worden gestimuleerd om hieraan te voldoen, omdat zij wegens de eerste voorwaarde toch niet kunnen worden vrijgesteld van bronbelasting.

16. Verzoeksters in de hoofdgedingen stellen zich dan ook op het standpunt dat zij recht hebben op de terugbetaling van de geheven bronbelasting, ook al voldoen zij niet aan de tweede voorwaarde inzake de verplichting om een minimumuitkering vast te stellen en aan te geven overeenkomstig de Deense regeling.

17. De minister van Belastingen erkent dat de Deense regeling tot gevolg heeft dat in Denemarken gevestigde icbe's en in andere lidstaten gevestigde icbe's in bepaalde gevallen fiscaal verschillend worden behandeld met betrekking tot dividenden die zij ontvangen van vennootschappen die in Denemarken zijn gevestigd. Hij is evenwel van mening dat deze beperking wordt gerechtvaardigd door de noodzaak de samenhang van het belastingstelsel te behouden en door de noodzaak te zorgen voor een evenwichtige verdeling van de heffingsbevoegdheid tussen de lidstaten.

18. In dit verband zijn partijen in de hoofdgedingen het erover eens dat deze verschillende fiscale behandeling een beperking van het vrij verkeer vormt. Verzoeksters in de hoofdgedingen betogen echter dat deze beperking niet kan worden gerechtvaardigd door de redenen die worden aangevoerd door de minister van Belastingen, en dat de Deense regeling hoe dan ook verder gaat dan nodig is om de heffing van belasting in Denemarken te garanderen.

19. In deze omstandigheden heeft de Østre Landsret de behandeling van de zaak geschorst en het Hof verzocht om een prejudiciële beslissing over de volgende vraag:

> „Is een fiscale regeling als die welke in de hoofdgedingen aan de orde is, op grond waarvan bronbelasting wordt ingehouden op dividenden die door Deense vennootschappen worden uitgekeerd aan buitenlandse icbe's die onder [richtlijn 85/611] vallen, in strijd met artikel 56 EG (thans artikel 63 VWEU) inzake het vrije verkeer van kapitaal of met artikel 49 EG (thans artikel 56 VWEU) inzake het vrij verrichten van diensten, wanneer vergelijkbare Deense icbe's van de bronbelasting kunnen worden vrijgesteld, ofwel omdat zij daadwerkelijk aan hun deelnemers een minimumuitkering betalen waarop bronbelasting wordt ingehouden, ofwel omdat zij technisch gezien een minimumuitkering vaststellen waarop ten laste van hun deelnemers bronbelasting wordt ingehouden?"

Verzoek tot heropening van de mondelinge behandeling

20. Naar aanleiding van de conclusie van de advocaat-generaal hebben verzoeksters in de hoofdgedingen bij akte, neergelegd ter griffie van het Hof op 18 januari 2018, verzocht om heropening van de mondelinge behandeling overeenkomstig artikel 83 van het Reglement voor de procesvoering van het Hof.

21. Ter ondersteuning van hun verzoek voeren verzoeksters in de hoofdgedingen in essentie aan dat de conclusie van de advocaat-generaal berust op een onjuist begrip van de omvang en de aard van de vereisten van § 16 C van de ligningslov. Voorts is de verwijzing van de advocaat-generaal naar de omstandigheid dat minimumuitkeringen zijn uitbetaald door bepaalde niet in Denemarken gevestigde icbe's, feitelijk onjuist, en zijn omtrent de omstandigheden betreffende dergelijke icbe's geen standpunten uitgewisseld voor het Hof.

22. In dit verband zij eraan herinnerd dat de advocaat-generaal op grond van artikel 252, tweede alinea, VWEU tot taak heeft, in het openbaar en in volkomen onpartijdigheid en onafhankelijkheid met redenen omklede conclusies te nemen aangaande zaken waarin zulks overeenkomstig het Statuut van het Hof van Justitie van de Europese Unie is vereist. Het Hof is niet gebonden door de conclusie van de advocaat-generaal, noch door de motivering op grond waarvan hij tot die conclusie komt (arrest van 22 juni 2017, Federatie Nederlandse Vakvereniging e.a., C-126/16, EU:C:2017:489, punt 31 en aldaar aangehaalde rechtspraak).

23. Tevens zij in deze context eraan herinnerd dat het Statuut van het Hof van Justitie van de Europese Unie en het Reglement voor de procesvoering van het Hof belanghebbenden niet de mogelijkheid bieden om opmerkingen in te dienen in antwoord op de conclusie van de advocaat-generaal (arrest van 25 oktober 2017, Polbud – Wykonawstwo, C-106/16, EU:C:2017:804, punt 23 en aldaar aangehaalde rechtspraak). Het feit dat een belanghebbende het oneens is met de conclusie van de advocaat-generaal, kan als zodanig geen grond opleveren voor de heropening van de mondelinge behandeling, ongeacht welke kwesties de advocaat-generaal in zijn conclusie heeft onderzocht (arresten van 25 oktober 2017, Polbud – Wykonawstwo, C-106/16, EU:C:2017:804, punt 24, en 29 november 2017, King, C-214/16, EU:C:2017:914, punt 27 en aldaar aangehaalde rechtspraak).

24. Met hun argumenten over de omvang en de aard van de vereisten van § 16 C van de ligningslov proberen verzoeksters in de hoofdgedingen een antwoord te bieden op de conclusie van de advocaat-generaal, waarbij zij opkomen tegen de beschrijving van de regeling die in Denemarken van kracht is sinds de wijziging in 2005, zoals deze beschrijving naar voren komt uit het verzoek om een prejudiciële beslissing, uit het dossier waarover het Hof beschikt en uit de ter terechtzitting verstrekte inlichtingen. Uit de in het vorige punt aangehaalde rechtspraak volgt dat in de teksten betreffende de procesvoering voor het Hof niet is voorzien in de mogelijkheid om dergelijke opmerkingen in te dienen.

25. Volgens artikel 83 van het Reglement voor de procesvoering kan het Hof evenwel in elke stand van het geding, de advocaat-generaal gehoord, de heropening van de mondelinge behandeling gelasten, onder meer wanneer het zich onvoldoende voorgelicht acht, wanneer een partij na afsluiting van deze behandeling een nieuw feit aanbrengt dat van beslissende invloed kan zijn op de beslissing van het Hof, of wanneer een zaak moet worden beslecht op grond van een argument waarover de partijen of de in artikel 23 van het Statuut van het Hof van Justitie van de Europese Unie bedoelde belanghebbenden hun standpunten niet voldoende hebben kunnen uitwisselen.

26. In casu is het Hof, de advocaat-generaal gehoord, van oordeel dat het beschikt over alle gegevens die noodzakelijk zijn om te antwoorden op de vraag van de verwijzende rechter, en dat voor het Hof in voldoende mate standpunten zijn uitgewisseld over alle voor de beslechting van de onderhavige zaak relevante argumenten, met name over de vraag of een niet in Denemarken gevestigde instelling overeenkomstig de Deense regeling een minimumuitkering kan vaststellen en de hoedanigheid van § 16 C-fonds kan verkrijgen.

27. Gelet op het voorgaande hoeft de heropening van de mondelinge behandeling niet te worden gelast.

Beantwoording van de prejudiciële vraag

28. Met zijn vraag wenst de verwijzende rechter in essentie te vernemen of de artikelen 56 en 63 VWEU aldus moeten worden uitgelegd dat zij in de weg staan aan een regeling van een lidstaat zoals de regeling die in de hoofdgedingen aan de orde is, op grond waarvan bronbelasting wordt ingehouden op dividenden die door een in die lidstaat gevestigde vennootschap worden uitgekeerd aan een niet-ingezeten icbe, terwijl dividenden die worden uitgekeerd aan een in diezelfde lidstaat gevestigde icbe, zijn vrijgesteld van bronbelasting mits de betrokken instelling een minimumuitkering uitbetaalt aan haar deelnemers of technisch gezien een minimumuitkering vaststelt en over deze reële of fictieve minimumuitkering belasting inhoudt ten laste van haar deelnemers.

29. Zoals blijkt uit de door de verwijzende rechter gegeven beschrijving van de nationale regeling die in de hoofdgedingen aan de orde is, kan een icbe enkel een vrijstelling van bronbelasting genieten indien zij in Denemarken is gevestigd en de status van § 16 C-fonds heeft.

30. Om deze status te verkrijgen, moet een icbe voldoen aan de voorwaarden van § 16 C van de ligningslov en met name, overeenkomstig de regeling die van kracht was vóór 1 juni 2005, zich ertoe verbinden een minimumuitkering uit te betalen en daarover bronbelasting in te houden ten laste van haar deelnemers. Sinds die datum is niet langer vereist dat een minimumuitkering wordt uitbetaald aan de deelnemers, maar kan de betrokken icbe die status genieten indien zij een minimumuitkering vaststelt waarover bij haar deelnemers belasting wordt geheven doordat zij bronbelasting inhoudt. In Denemarken gevestigde icbe's die niet de status van § 16 C-fonds hebben verkregen, zijn onderworpen aan bronbelasting over dividenden die worden uitgekeerd door vennootschappen die in die lidstaat zijn gevestigd.

31. Uit het dossier blijkt en voor het Hof is niet betwist dat tijdens de in de hoofdgedingen aan de orde zijnde periode enkel in Denemarken gevestigde icbe's konden worden vrijgesteld van bronbelasting. Uit de verklaringen van de Deense regering en van partijen in de hoofdgedingen volgt dat een niet in Denemarken gevestigde icbe weliswaar in beginsel kan voldoen aan de in § 16 C van de ligningslov gestelde voorwaarden, maar niet in aanmerking komt voor de vrijstelling van bronbelasting over dividenden die worden uitgekeerd door ingezeten vennootschappen, omdat zij een niet in die lidstaat gevestigde instelling is.

In het geding zijnde vrijheid

32. Aangezien de prejudiciële vraag is gesteld uit het oogpunt van zowel artikel 56 VWEU als artikel 63 VWEU, dient vooraf te worden uitgemaakt of – en in voorkomend geval in hoeverre – een nationale regeling als die welke in de hoofdgedingen aan de orde is, de uitoefening van de vrijheid van dienstverrichting en het vrij verkeer van kapitaal ongunstig kan beïnvloeden.

33. In dit verband volgt uit vaste rechtspraak dat daarbij rekening moet worden gehouden met het voorwerp van de wettelijke regeling in kwestie (arresten van 13 november 2012, Test Claimants in the FII Group Litigation, C-35/11, EU:C:2012:707, punt 90 en aldaar aangehaalde rechtspraak, en 5 februari 2014, Hervis Sport- és Divatkereskedelmi, C-385/12, EU:C:2014:47, punt 21 en aldaar aangehaalde rechtspraak).

34. De hoofdgedingen hebben betrekking op het verzoek tot terugbetaling van bronbelasting die is geheven over de dividenden die verzoeksters in de hoofdgedingen tussen 2000 en 2009 hebben ontvangen van vennootschappen die zijn gevestigd in Denemarken, en op de verenigbaarheid met het Unierecht van een nationale regeling waarbij de mogelijkheid om vrijstelling van bronbelasting te genieten is voorbehouden aan icbe's die zijn gevestigd in Denemarken en die voldoen aan de voorwaarden van § 16 C van de ligningslov.

35. Het voorwerp van de in de hoofdgedingen aan de orde zijnde nationale regeling is dus de fiscale behandeling van dividenden die door icbe's worden ontvangen.

36. Derhalve dient te worden vastgesteld dat de situatie die in de hoofdgedingen aan de orde is, onder het vrij verkeer van kapitaal valt.

37. Gesteld dat de in de hoofdgedingen aan de orde zijnde wettelijke regeling de werkzaamheden van een icbe die is gevestigd in een andere lidstaat dan het Koninkrijk Denemarken – waar zij rechtmatig soortgelijke diensten verricht – verbiedt, belemmert of minder aantrekkelijk maakt, vloeien deze gevolgen bovendien onvermijdelijk voort uit de fiscale behandeling van de dividenden die worden uitgekeerd aan die niet in Denemarken gevestigde icbe, en rechtvaardigen zij niet dat die regeling afzonderlijk wordt getoetst aan de vrijheid van dienstverrichting (zie in die zin arrest van 17 september 2009, Glaxo Wellcome, C-182/08, EU:C:2009:559, punt 51 en aldaar aangehaalde rechtspraak). Deze vrijheid is in casu immers ondergeschikt aan het vrij verkeer van kapitaal en kan daarmee worden verbonden [arrest van 26 mei 2016, NN (L) International, C-48/15, EU:C:2016:356, punt 41].

38. Voorts blijkt uit de door de verwijzende rechter verstrekte gegevens dat de beleggingen in Denemarken van verzoeksters in de hoofdgedingen portfolio-investeringen zijn en nooit meer dan 10 % van het aandelenkapitaal van een in Denemarken gevestigde vennootschap hebben bedragen. Vast staat dat de vrijheid van vestiging niet in het geding is bij de prejudiciële vraag.

39. Deze vraag dient dan ook te worden beantwoord uit het oogpunt van artikel 63 VWEU.

Bestaan van een beperking van het vrij verkeer van kapitaal

40. Volgens vaste rechtspraak strekken de maatregelen die krachtens artikel 63, lid 1, VWEU verboden zijn omdat zij het kapitaalverkeer beperken, zich uit tot maatregelen die niet-ingezetenen ervan kunnen doen afzien in een lidstaat investeringen te doen, of die ingezetenen van deze lidstaat kunnen ontmoedigen in andere staten investeringen te doen (arrest van 10 mei 2012, Santander Asset Management SGIIC e.a., C-338/11–C-347/11, EU:C:2012:286, punt 15 en aldaar aangehaalde rechtspraak).

41. In casu worden in Denemarken gevestigde icbe's en in een andere lidstaat gevestigde icbe's op grond van de in de hoofdgedingen aan de orde zijnde regeling onderworpen aan een verschillende behandeling ten aanzien van dividenden die zij ontvangen van vennootschappen die zijn gevestigd in Denemarken.

42. Over dividenden die aan niet-ingezeten icbe's worden uitgekeerd door vennootschappen die zijn gevestigd in Denemarken, wordt namelijk bronbelasting geheven. In Denemarken gevestigde icbe's kunnen daarentegen voor deze dividenden worden vrijgesteld van bronbelasting mits zij voldoen aan de voorwaarden van § 16 C van de ligningslov.

43. De in de hoofdgedingen aan de orde zijnde nationale regeling leidt tot een ongunstige behandeling van dividenden die worden uitgekeerd aan niet-ingezeten icbe's, doordat op grond van die regeling bronbelasting wordt ingehouden op die dividenden en de mogelijkheid om vrijstelling van bronbelasting te genieten is voorbehouden aan ingezeten icbe's.

44. Een dergelijke ongunstige behandeling kan niet-ingezeten icbe's ervan doen afzien te beleggen in vennootschappen die zijn gevestigd in Denemarken, en kan daarnaast in Denemarken gevestigde beleggers ervan doen afzien aandelen in dergelijke instellingen te verwerven (arrest van 10 mei 2012, Santander Asset Management SGIIC e.a., C-338/11–C-347/11, EU:C:2012:286, punt 17).

45. De nationale wettelijke regeling die in de hoofdgedingen aan de orde is, vormt dan ook een in beginsel door artikel 63 VWEU verboden beperking van het vrij verkeer van kapitaal.

Bestaan van een rechtvaardiging

46. Volgens artikel 65, lid 1, onder a), VWEU doet artikel 63 VWEU evenwel niet af aan het recht van de lidstaten om de ter zake dienende bepalingen van hun belastingwetgeving toe te passen die onderscheid maken tussen belastingplichtigen die niet in dezelfde situatie verkeren met betrekking tot hun vestigingsplaats of de plaats waar hun kapitaal is belegd.

47. Deze bepaling is een uitzondering op het fundamentele beginsel van het vrij verkeer van kapitaal en moet daarom strikt worden uitgelegd. Zij kan dan ook niet aldus worden uitgelegd dat elke wettelijke belastingregeling waarbij tussen belastingplichtigen onderscheid wordt gemaakt naargelang van hun woonplaats of van de staat waar zij hun kapitaal beleggen, automatisch verenigbaar is met het VWEU. De afwijking waarin artikel 65, lid 1, onder a), VWEU voorziet, wordt immers zelf beperkt door artikel 65, lid 3, VWEU, dat bepaalt dat de in lid 1 van dit artikel bedoelde nationale bepalingen „geen middel tot willekeurige discriminatie [mogen] vormen, noch een verkapte beperking van het vrije kapitaalverkeer en betalingsverkeer als omschreven in artikel 63 [VWEU]" (arrest van 10 april 2014, Emerging Markets Series of DFA Investment Trust Company, C-190/12, EU:C:2014:249, punten 55 en 56 en aldaar aangehaalde rechtspraak).

48. Derhalve moet een onderscheid worden gemaakt tussen de door artikel 65, lid 1, onder a), VWEU toegestane verschillen in behandeling en de door artikel 65, lid 3, VWEU verboden gevallen van discriminatie. Volgens de rechtspraak van het Hof kan een nationale wettelijke belastingregeling als die welke in de hoofdgedingen aan de orde is, alleen verenigbaar met de Verdragsbepalingen inzake het vrij verkeer van kapitaal worden geacht indien het verschil in behandeling situaties betreft die niet objectief vergelijkbaar zijn, of indien dat verschil wordt gerechtvaardigd door een dwingende reden van algemeen belang (arrest van 10 mei 2012, Santander Asset Management SGIIC e.a., C-338/11–C-347/11, EU:C:2012:286, punt 23 en aldaar aangehaalde rechtspraak).

49. Bijgevolg dient te worden onderzocht of het feit dat de mogelijkheid om vrijstelling van bronbelasting te verkrijgen is voorbehouden aan icbe's die zijn gevestigd in Denemarken, wordt gerechtvaardigd doordat in Denemarken gevestigde icbe's en niet-ingezeten icbe's zich in een objectief verschillende situatie bevinden.

50. In dit verband volgt uit de rechtspraak van het Hof om te beginnen dat de vergelijkbaarheid van een grensoverschrijdende situatie met een interne situatie moet worden onderzocht op basis van het doel dat wordt nagestreefd met de in het geding zijnde nationale bepalingen, alsook van het voorwerp en de inhoud van die bepalingen (arrest van 2 juni 2016, Pensioenfonds Metaal en Techniek, C-252/14, EU:C:2016:402, punt 48 en aldaar aangehaalde rechtspraak).

51. Daarbij komt dat alleen de criteria die in de betreffende wettelijke regeling als relevante onderscheidingscriteria zijn vastgesteld, in aanmerking moeten worden genomen om te beoordelen of het uit een dergelijke regeling voortvloeiende verschil in behandeling een weerspiegeling van objectief verschillende situaties vormt (arresten van 10 mei 2012, Santander Asset Management SGIIC e.a., C-338/11–C-347/11, EU:C:2012:286, punt 28, en 2 juni 2016, Pensioenfonds Metaal en Techniek, C-252/14, EU:C:2016:402, punt 49).

52. Zoals blijkt uit de opmerkingen van de Deense regering, heeft de in de hoofdgedingen aan de orde zijnde regeling tot doel ervoor te zorgen dat de belastingdruk voor particulieren die door tussenkomst van een icbe beleggen in vennootschappen die zijn gevestigd in Denemarken, even hoog is als de belastingdruk voor particulieren die rechtstreeks beleggen in dergelijke vennootschappen. Deze regeling voorkomt dus een dubbele economische belasting, waarvan sprake zou zijn indien over dividenden belasting werd geheven bij zowel de betrokken icbe als haar deelnemers. Daarnaast heeft die regeling volgens de Deense regering tot doel te waarborgen dat dividenden die worden uitgekeerd door vennootschappen die zijn gevestigd in Denemarken, niet aan de heffingsbevoegdheid van het Koninkrijk Denemarken ontsnappen doordat zij zijn vrijgesteld bij de icbe's, en ervoor te zorgen dat zij één keer daadwerkelijk aan die heffingsbevoegdheid worden onderworpen.

53. Wat de eerste door de Deense regering vermelde doelstelling betreft, volgt uit de rechtspraak van het Hof dat ingezeten ontvangende vennootschappen zich met betrekking tot maatregelen die een lidstaat heeft getroffen om opeenvolgende belastingheffingen over of economische dubbele belasting van door een ingezeten vennootschap uitgekeerde opbrengsten te voorkomen of te verminderen, niet noodzakelijk bevinden in een situatie die vergelijkbaar is met die van ontvangende vennootschappen die zijn gevestigd in een andere lidstaat (arrest van 25 oktober 2012, Commissie/België, C-387/11, EU:C:2012:670, punt 48 en aldaar aangehaalde rechtspraak).

54. Zodra een lidstaat – eenzijdig of bij verdrag – niet alleen ingezeten maar ook niet-ingezeten vennootschappen aan de inkomstenbelasting onderwerpt voor de inkomsten die zij van een ingezeten vennootschap ontvangen, benadert de situatie van die niet-ingezeten vennootschappen evenwel die van de ingezeten vennootschappen (zie in die zin arrest van 25 oktober 2012, Commissie/België, C-387/11, EU:C:2012:670, punt 49 en aldaar aangehaalde rechtspraak).

55. Het is namelijk uitsluitend doordat die staat zijn fiscale bevoegdheid uitoefent, dat – los van enige heffing van belasting in een andere lidstaat – het risico op opeenvolgende belastingheffingen of op een economische dubbele belasting ontstaat. In een dergelijk geval moet de staat van vestiging van de uitkerende vennootschap erop toezien dat niet-ingezeten vennootschappen in het kader van de in zijn nationale recht vervatte regeling ter voorkoming of vermindering van opeenvolgende belastingheffingen of economische dubbele belasting op dezelfde wijze worden behandeld als ingezeten vennootschappen, opdat niet-ingezeten ontvangende vennootschappen niet worden geconfronteerd met een in beginsel door artikel 63 VWEU verboden beperking van het vrij verkeer van kapitaal (zie in die zin arrest van 25 oktober 2012, Commissie/België, C-387/11, EU:C:2012:670, punt 50 en aldaar aangehaalde rechtspraak).

56. Aangezien het Koninkrijk Denemarken ervoor gekozen heeft zijn fiscale bevoegdheid uit te oefenen ten aanzien van inkomsten van niet-ingezeten icbe's, bevinden deze icbe's zich – wat betreft het risico op

dubbele economische belasting van dividenden die worden uitgekeerd door in Denemarken gevestigde vennootschappen – in een situatie die vergelijkbaar is met die van icbe's die in Denemarken zijn gevestigd (arresten van 20 oktober 2011, Commissie/Duitsland, C-284/09, EU:C:2011:670, punt 58, en10 mei 2012, Santander Asset Management SGIIC e.a., C-338/11–C-347/11, EU:C:2012:286, punt 42).

57. De tweede door de Deense regering vermelde doelstelling bestaat in wezen in de wens niet af te zien van elke heffing van belasting over dividenden die worden uitgekeerd door in Denemarken gevestigde vennootschappen, maar over deze dividenden pas belasting te heffen bij de deelnemers van de icbe's. Aan deze doelstelling wordt uitvoering gegeven doordat bepaald is dat een in Denemarken gevestigde icbe de status van § 16 C-fonds en dus de vrijstelling van bronbelasting alleen geniet indien zij ten laste van haar deelnemers bronbelasting inhoudt op de daadwerkelijk aan hen uitbetaalde minimumuitkering of – sinds de wijzigingen in 2005 – op de minimumuitkering die is vastgesteld overeenkomstig § 16 C van de ligningslov.

58. Het Koninkrijk Denemarken kan daarentegen een niet-ingezeten icbe niet onderwerpen aan een dergelijke verplichting om ten gunste van deze lidstaat bronbelasting in te houden op dividenden die door die icbe worden uitgekeerd. Een dergelijke icbe valt enkel onder de heffingsbevoegdheid van het Koninkrijk Denemarken omdat zij dividenden heeft ontvangen uit die lidstaat, en in beginsel niet wat betreft dividenden die door haar zijn uitgekeerd.

59. Gelet op het doel, het voorwerp en de inhoud van de in de hoofdgedingen aan de orde zijnde regeling mag dit onderscheid – dat overigens verband houdt met het verschil tussen een in Denemarken gevestigde en een niet aldaar gevestigde instelling – evenwel niet beslissend worden geacht.

60. Hoewel de in de hoofdgedingen aan de orde zijnde regeling ertoe strekt het niveau waarop belasting wordt geheven, te verplaatsen van het beleggingsvehikel naar de aandeelhouder daarvan, moeten namelijk in beginsel de materiële voorwaarden voor de bevoegdheid om belasting te heffen over de inkomsten van de aandeelhouders beslissend worden geacht, en niet de wijze waarop belasting wordt geheven.

61. Een niet-ingezeten icbe kan deelnemers hebben van wie de fiscale woonplaats zich in Denemarken bevindt en ten aanzien van wier inkomsten deze lidstaat zijn heffingsbevoegdheid kan uitoefenen. Vanuit dit oogpunt bevindt een niet-ingezeten icbe zich in een situatie die objectief vergelijkbaar is met die van een in Denemarken gevestigde icbe.

62. Het staat vast dat het Koninkrijk Denemarken bij niet-ingezeten deelnemers geen belasting kan heffen over dividenden die worden uitgekeerd door niet-ingezeten icbe's. Dat zulks niet mogelijk is, strookt evenwel met de logica van de verplaatsing van het niveau waarop belasting wordt geheven, van het vehikel naar de aandeelhouder.

63. Derhalve dient te worden vastgesteld dat het feit dat de mogelijkheid om vrijstelling van bronbelasting te verkrijgen is voorbehouden aan ingezeten icbe's, niet wordt gerechtvaardigd door een objectief verschil tussen de situatie van die icbe's en de situatie van icbe's die zijn gevestigd in een andere lidstaat dan het Koninkrijk Denemarken.

64. Een dergelijke beperking is enkel aanvaardbaar indien zij wordt gerechtvaardigd door dwingende redenen van algemeen belang, geschikt is om de verwezenlijking van het nagestreefde doel te waarborgen en niet verder gaat dan nodig is om dit doel te bereiken (arrest van 24 november 2016, SECIL, C-464/14, EU:C:2016:896, punt 56).

65. Volgens de regeringen die opmerkingen hebben ingediend bij het Hof, wordt de in de hoofdgedingen aan de orde zijnde beperking van het vrij verkeer van kapitaal gerechtvaardigd door de noodzaak de samenhang van het Deense belastingstelsel te behouden. De Deense en de Nederlandse regering zijn daarnaast van mening dat deze beperking wordt gerechtvaardigd door de noodzaak de evenwichtige verdeling van de heffingsbevoegdheid tussen de lidstaten te waarborgen.

66. In de eerste plaats dient te worden onderzocht of het feit dat een lidstaat de mogelijkheid om te worden vrijgesteld van bronbelasting over dividenden die worden uitgekeerd door ingezeten vennootschappen, voorbehoudt aan ingezeten icbe's, kan worden gerechtvaardigd door de noodzaak ervoor te zorgen dat de evenwichtige verdeling van de heffingsbevoegdheid tussen de lidstaten wordt gehandhaafd.

67. De Deense en de Nederlandse regering voeren in dit verband aan dat indien het Koninkrijk Denemarken werd verplicht om een vrijstelling van bronbelasting te verlenen voor dividenden die worden uitgekeerd aan niet-ingezeten icbe's, zonder dat het belasting kan heffen wanneer de dividenden worden uitgekeerd aan de deelnemers, de staat waaruit deze dividenden afkomstig zijn, feitelijk zou worden gedwongen ervan af te zien zijn fiscale bevoegdheid uit te oefenen ten aanzien van de op zijn grondgebied gegenereerde inkomsten.

68. Dat de dividenden worden belast en dat niet-ingezeten icbe's niet in aanmerking komen voor de vrijstelling die aan de orde is in de hoofdgedingen, maakt het volgens die regeringen mogelijk te zorgen voor een evenwichtige verdeling van de heffingsbevoegdheid en gaat niet verder dan nodig is, aangezien het Koninkrijk Denemarken slechts één keer belasting heft over dividenden die worden uitgekeerd aan niet-ingezeten icbe's, en het niet mogelijk is pas belasting te heffen wanneer deze instellingen de dividenden op hun beurt uitkeren.

69. In dit verband zij eraan herinnerd dat de handhaving van de verdeling van de heffingsbevoegdheid tussen de lidstaten zonder twijfel een dwingende reden van algemeen belang kan vormen die kan rechtvaardigen dat de gebruikmaking van een verkeersvrijheid binnen de Europese Unie wordt beperkt (arrest van 12 december 2013, Imfeld en Garcet, C-303/12, EU:C:2013:822, punt 68 en aldaar aangehaalde rechtspraak).

70. Deze rechtvaardigingsgrond kan met name worden aanvaard wanneer de regeling in kwestie ertoe strekt gedragingen te voorkomen die afbreuk kunnen doen aan het recht van een lidstaat om zijn fiscale bevoegdheid uit te oefenen met betrekking tot activiteiten die plaatsvinden op zijn grondgebied (arrest van 10 mei 2012, Santander Asset Management SGIIC e.a., C-338/11–C-347/11, EU:C:2012:286, punt 47 en aldaar aangehaalde rechtspraak).

71. Het Hof heeft evenwel reeds geoordeeld dat een lidstaat die – zoals het geval is in de hoofdgedingen – ervoor heeft gekozen om geen belasting te heffen bij ingezeten icbe's die dividenden van nationale oorsprong ontvangen, zich ter rechtvaardiging van het feit dat wel belasting wordt geheven bij niet-ingezeten icbe's die dergelijke inkomsten ontvangen, niet kan beroepen op de noodzaak om te zorgen voor een evenwichtige verdeling van de heffingsbevoegdheid tussen de lidstaten (arrest van 10 mei 2012, Santander Asset Management SGIIC e.a., C-338/11–C-347/11, EU:C:2012:286, punt 48 en aldaar aangehaalde rechtspraak).

72. Daarbij komt dat de dividenden die aan niet-ingezeten icbe's worden uitgekeerd door vennootschappen die zijn gevestigd in Denemarken, aldaar reeds zijn belast als winsten van de uitkerende vennootschap.

73. Dat over de dividenden pas belasting wordt geheven bij de aandeelhouders van ingezeten icbe's, kan de in de hoofdgedingen aan de orde zijnde beperking niet rechtvaardigen.

74. Zoals in punt 61 van dit arrest is opgemerkt, beschikt het Koninkrijk Denemarken namelijk over de heffingsbevoegdheid ten aanzien van de ingezeten deelnemers van niet-ingezeten icbe's.

75. Daarnaast voorkomt een lidstaat geen gedragingen die afbreuk kunnen doen aan het recht om zijn fiscale bevoegdheid uit te oefenen met betrekking tot activiteiten die plaatsvinden op zijn grondgebied, maar compenseert hij juist het uit de evenwichtige verdeling van de heffingsbevoegdheid tussen de lidstaten voortvloeiende gebrek aan heffingsbevoegdheid, wanneer hij bronbelasting inhoudt op dividenden die worden uitgekeerd aan niet-ingezeten icbe's, omdat het niet mogelijk is belasting in te houden op alle uitkeringen die worden uitbetaald door deze instellingen.

76. Naar de noodzaak om die verdeling te handhaven kan dan ook niet worden verwezen om de in de hoofdgedingen aan de orde zijnde beperking van het vrij verkeer van kapitaal te rechtvaardigen.

77. In de tweede plaats dient te worden nagegaan of de beperking die voortvloeit uit de toepassing van de in de hoofdgedingen aan de orde zijnde belastingregeling, kan worden gerechtvaardigd door de noodzaak de samenhang van het Deense belastingstelsel te behouden, zoals wordt aangevoerd door de regeringen die opmerkingen hebben ingediend bij het Hof.

78. Volgens deze regeringen bestaat er namelijk een rechtstreeks verband tussen de vrijstelling van bronbelasting over dividenden die worden uitgekeerd aan ingezeten icbe's, en de verplichting van deze icbe's om bronbelasting in te houden op de dividenden die zij op hun beurt uitkeren aan hun deelnemers.

79. In dit verband zij eraan herinnerd dat het Hof reeds heeft geoordeeld dat de noodzaak om de samenhang van een belastingstelsel te behouden een rechtvaardigingsgrond kan vormen voor een regeling waardoor de fundamentele vrijheden kunnen worden beperkt (arrest van 10 mei 2012, Santander Asset Management SGIIC e.a., C-338/11–C-347/11, EU:C:2012:286, punt 50 en aldaar aangehaalde rechtspraak).

80. Een op een dergelijke rechtvaardigingsgrond gebaseerd argument kan volgens vaste rechtspraak evenwel alleen slagen indien wordt aangetoond dat er een rechtstreeks verband bestaat tussen het belastingvoordeel in kwestie en de compensatie van dit voordeel door een bepaalde belastingheffing, waarbij uit het oogpunt van het doel van de betreffende regeling moet worden beoordeeld of het verband rechtstreeks is (arrest van 10 mei 2012, Santander Asset Management SGIIC e.a., C-338/11–C-347/11, EU:C:2012:286, punt 51 en aldaar aangehaalde rechtspraak).

81. Zoals in de punten 29 tot en met 31 van het onderhavige arrest is opgemerkt, kan een icbe worden vrijgesteld van bronbelasting over dividenden die worden uitgekeerd door een in Denemarken gevestigde vennootschap, mits zij zowel zelf in Denemarken is gevestigd als een minimumuitkering uitbetaalt of vaststelt waarop bronbelasting wordt ingehouden.

82. Zoals de advocaat-generaal in punt 72 van zijn conclusie heeft opgemerkt, maakt de in de hoofdgedingen aan de orde zijnde nationale regeling de vrijstelling van bronbelasting voor icbe's die zijn gevestigd in Denemarken, afhankelijk van de voorwaarde dat zij – daadwerkelijk of fictief – een minimumuitkering uitbetalen aan hun deelnemers, die voorheffing verschuldigd zijn die in hun naam wordt ingehouden door die instellingen. Het voordeel dat aldus in de vorm van een vrijstelling van bronbelasting wordt verschaft aan icbe's die zijn gevestigd in Denemarken, wordt in beginsel gecompenseerd doordat de dividenden, na dooruitdeling ervan door de betrokken instelling, worden belast bij de deelnemers van deze instelling.

83. Nagegaan moet nog worden of het feit dat de mogelijkheid om te worden vrijgesteld van bronbelasting is voorbehouden aan icbe's die zijn gevestigd in Denemarken, niet verder gaat dan nodig is om de samenhang van het in de hoofdgedingen aan de orde zijnde belastingstelsel te waarborgen.

84. Zoals de advocaat-generaal in punt 80 van zijn conclusie heeft opgemerkt, zou de interne samenhang van dit stelsel ook kunnen worden behouden indien icbe's die zijn gevestigd in een andere lidstaat dan het Koninkrijk Denemarken en die voldoen aan de voorwaarden van § 16 C van de ligningslov, in aanmerking kwamen voor de vrijstelling van bronbelasting, mits de Deense belastingautoriteiten zich, met de volledige medewerking van de betrokken instellingen, ervan vergewissen dat deze instellingen een belasting betalen die gelijk is aan die welke in Denemarken gevestigde § 16 C-fondsen als voorheffing moeten inhouden op de overeenkomstig de genoemde bepaling berekende minimumuitkering. Indien dergelijke icbe's alsdan deze vrijstelling konden genieten, zou sprake zijn van een maatregel die minder beperkend is dan de huidige regeling.

85. Voorts leidt de weigering om het voordeel van de vrijstelling van bronbelasting toe te kennen aan icbe's die zijn gevestigd in een andere lidstaat dan het Koninkrijk Denemarken en die voldoen aan de voorwaarden van § 16 C van de ligningslov, tot opeenvolgende belastingheffingen over dividenden die zij uitkeren aan hun in Denemarken gevestigde deelnemers, wat juist ingaat tegen de doelstelling die wordt nagestreefd met de nationale regeling.

86. Derhalve moet worden vastgesteld dat de beperking die voortvloeit uit de toepassing van de in de hoofdgedingen aan de orde zijnde belastingregeling, niet kan worden gerechtvaardigd door de noodzaak de samenhang van het belastingstelsel te behouden.

87. Gelet op een en ander dient op de prejudiciële vraag te worden geantwoord dat artikel 63 VWEU aldus moet worden uitgelegd dat het in de weg staat aan een regeling van een lidstaat zoals de regeling die in de hoofdgedingen aan de orde is, op grond waarvan bronbelasting wordt ingehouden op dividenden die door een in de betrokken lidstaat gevestigde vennootschap worden uitgekeerd aan een niet-ingezeten icbe, terwijl dividenden die worden uitgekeerd aan een in die lidstaat gevestigde icbe, zijn vrijgesteld van bronbelasting mits de betrokken instelling een minimumuitkering uitbetaalt aan haar deelnemers of technisch gezien een minimumuitkering vaststelt en over deze reële of fictieve minimumuitkering belasting inhoudt ten laste van haar deelnemers.

Kosten

88. ...

Het Hof (Vijfde kamer)

verklaart voor recht:

Artikel 63 VWEU moet aldus worden uitgelegd dat het in de weg staat aan een regeling van een lidstaat zoals de regeling die in de hoofdgedingen aan de orde is, op grond waarvan bronbelasting wordt ingehouden op dividenden die door een in de betrokken lidstaat gevestigde vennootschap worden uitgekeerd aan een niet-ingezeten instelling voor collectieve belegging in effecten (icbe), terwijl dividenden die worden uitgekeerd aan een in die lidstaat gevestigde icbe, zijn vrijgesteld van bronbelasting mits de betrokken instelling een minimumuitkering uitbetaalt aan haar deelnemers of technisch gezien een minimumuitkering vaststelt en over deze reële of fictieve minimumuitkering belasting inhoudt ten laste van haar deelnemers.

HvJ EU 28 juni 2018, zaak C-203/16 P (Dirk Andres v. Europese Commissie)

Tweede kamer: *M. Ilešič, kamerpresident, A. Rosas, C. Toader, A. Prechal en E. Jarašiūnas (rapporteur), rechters*

Advocaat-generaal: *N. Wahl*

1. Met zijn hogere voorziening verzoekt Dirk Andres, in zijn hoedanigheid van curator in het faillissement van Heitkamp BauHolding GmbH (hierna: „HBH"), primair om vernietiging van het arrest van het Gerecht van de Europese Unie van 4 februari 2016, Heitkamp BauHolding/Commissie (T-287/11, EU:T:2016:60; hierna: „bestreden arrest"), voor zover het Gerecht daarbij het beroep van HBH strekkende tot nietigverklaring van besluit 2011/527/EU van de Commissie van 26 januari 2011 betreffende de steunmaatregel van Duitsland C 7/10 (ex CP 250/09 en NN 5/10) „KStG, Sanierungsklausel" (*PB* 2011, L 235, blz. 26; hierna: „litigieuze besluit") ongegrond heeft verklaard, alsook om nietigverklaring van dit besluit.

2. Met haar incidentele hogere voorziening verzoekt de Europese Commissie om vernietiging van het bestreden arrest voor zover het Gerecht daarbij de door haar opgeworpen exceptie van niet-ontvankelijkheid van dat beroep heeft afgewezen, en bijgevolg om niet-ontvankelijkverklaring van het beroep in eerste aanleg.

Voorgeschiedenis van het geding en litigieus besluit

3. De voorgeschiedenis van het geding en het litigieuze besluit, zoals deze in de punten 1 tot en met 35 van het bestreden arrest zijn weergegeven, kunnen worden samengevat als volgt.

Duits recht

4. In Duitsland kunnen op grond van § 10d (2) van het Einkommensteuergesetz (wet inkomstenbelasting; hierna: „EStG") de in de loop van een belastingjaar gemaakte verliezen worden overgedragen op latere belastingjaren, waarbij deze verliezen dus kunnen worden afgetrokken van de belastbare inkomsten van de volgende jaren (hierna: „regel van overdracht van de verliezen"). Op grond van § 8 (1) van het Körperschaftsteuergesetz (wet vennootschapsbelasting; hierna: „KStG") geldt de regel van overdracht van de verliezen voor ondernemingen die aan de vennootschapsbelasting zijn onderworpen.

5. Deze mogelijkheid om verliezen over te dragen leidde ertoe dat er – uitsluitend voor belastingdoeleinden – vennootschappen werden overgenomen die al elke bedrijfsactiviteit hadden stopgezet maar nog verliezen hadden die konden worden overgedragen. Om dergelijke constructies, die als oneerlijk werden beschouwd, tegen te gaan heeft de Duitse wetgever in 1997 in het KStG § 8 (4) ingevoerd waardoor de mogelijkheid om verliezen over te dragen werd beperkt tot ondernemingen die juridisch en economisch identiek waren aan de ondernemingen die de verliezen hadden gemaakt.

6. § 8 (4) KStG is met ingang van 1 januari 2008 ingetrokken bij het Unternehmensteuerreformgesetz (wet hervorming ondernemingsbelasting). Deze wet heeft in het KStG een nieuw § 8c (1) ingevoegd (hierna: „regel van het laten vervallen van de verliezen"), dat de mogelijkheid om verliezen over te dragen beperkt of zelfs uitsluit ingeval van verwerving van minimaal 25 % van de aandelen van een vennootschap (hierna: „schadelijke deelneming"). Hierin is bepaald, ten eerste, dat indien binnen een periode van vijf jaar na de overdracht meer dan 25 %, maar maximaal 50 % van het maatschappelijk kapitaal of van de lidmaatschaps-, deelnemings- of stemrechten in een vennootschap wordt overgedragen, de onbenutte verliezen evenredig met de procentuele wijziging van de samenstelling van de aandeelhoudersvervallen en, ten tweede, dat indien meer dan 50 % van het maatschappelijk kapitaal of van de lidmaatschaps-, deelnemings- of stemrechten in een vennootschap aan een overnemer wordt overgedragen, de onbenutte verliezen niet meer aftrekbaar zijn.

7. De regel van het laten vervallen van de verliezen voorzag in geen enkele uitzondering. De belastingautoriteiten konden echter, in geval van een schadelijke deelneming ter sanering van een onderneming in moeilijkheden, naar billijkheid een belastingvrijstelling toekennen op grond van een decreet van het Bundesministerium der Finanzen (federaal ministerie van Financiën, Duitsland) van 27 maart 2003.

8. In juni 2009 is bij het Bürgerentlastungsgesetz Krankenversicherung (wet vermindering van de op de burger drukkende lasten inzake ziektekostenverzekering) in § 8c KStG een lid (1a) ingevoegd (hierna: „saneringsclausule" of „litigieuze maatregel"). Volgens deze nieuwe bepaling kan een entiteit zelfs ingeval van een schadelijke deelneming in de zin van § 8c (1) KStG verliezen overdragen wanneer de volgende voorwaarden zijn vervuld: de aandelen worden verworven met het oog op sanering van de vennootschap; ten tijde van de

verwerving is deze vennootschap insolvent of torst zij een te zware schuldenlast, of dreigt zij insolvent te worden of een te zware schuldenlast te torsen; de essentiële bedrijfsstructuren worden behouden, wat in wezen impliceert dat banen behouden blijven of dat een wezenlijke inbreng van bedrijfskapitaal wordt gedaan of schulden worden kwijtgescholden die nog kunnen worden geïnd; binnen vijf jaar na de verwerving van de deelneming vindt geen overschakeling naar een andere sector plaats, en ten tijde van de verwerving van de deelneming had de onderneming haar bedrijfsactiviteiten niet stopgezet.

9. De litigieuze maatregel is op 10 juli 2009 in werking getreden met terugwerkende kracht tot 1 januari 2008, te weten de datum van inwerkingtreding van de regel van het laten vervallen van de verliezen.

Litigieus besluit

10. De Commissie heeft in artikel 1 van het litigieuze besluit vastgesteld dat „[d]e op grond van § 8c (1a) [KStG] toegekende staatssteunregeling die [de Bondsrepubliek Duitsland] [...] onrechtmatig heeft verleend, onverenigbaar [is] met de interne markt".

11. Bij de kwalificatie van de saneringsclausule als staatssteun in de zin van artikel 107, lid 1, VWEU heeft die instelling met name geoordeeld dat deze clausule een uitzondering invoerde op de in § 8c (1) KStG bepaalde regel van het laten vervallen van de onbenutte verliezen van vennootschappen waarvan de samenstelling van de aandeelhouders was veranderd, en dat die clausule dus een selectief voordeel kon verlenen aan de ondernemingen die voldeden aan de voorwaarden om daarvoor in aanmerking te komen. Volgens de Commissie werd dit selectief voordeel niet gerechtvaardigd door de aard of de algemene opzet van het belastingstelsel, aangezien de litigieuze maatregel bedoeld was om de uit de economische en financiële crisis voortvloeiende problemen aan te pakken en dit doel buiten het belastingstelsel ligt. De Commissie heeft in de artikelen 2 en 3 van dat besluit niettemin verklaard dat bepaalde in het kader van die regeling verleende individuele steun verenigbaar was met de interne markt, mits aan bepaalde voorwaarden was voldaan.

12. In artikel 4 van het litigieuze besluit heeft de Commissie de Bondsrepubliek Duitsland gelast de onverenigbare steun die in het kader van de in artikel 1 van dat besluit bedoelde steunregeling was verleend, terug te vorderen van de begunstigden. Overeenkomstig artikel 6 van dat besluit diende deze lidstaat de Commissie onder meer een lijst van die begunstigden te verstrekken.

Aan het geding ten grondslag liggende feiten

13. HBH is een vennootschap die sinds 2008 insolvent dreigde te worden. Op 20 februari 2009 heeft de moedermaatschappij van HBH de aandelen van HBH overgenomen met het oog op het fuseren van de twee vennootschappen, zodat HBH gesaneerd kon worden. Ten tijde van deze overname voldeed HBH aan de voorwaarden voor toepassing van de saneringsclausule. Dit werd bevestigd in een door het Finanzamt Herne (belastingdienst Herne, Duitsland) op 11 november 2009 verstrekte bindende inlichting (hierna: „bindende inlichting"). Bovendien heeft HBH op 29 april 2010 van de belastingdienst Herne een vooruitbetalingsaanslag in de vennootschapsbelasting voor het belastingjaar 2009 ontvangen waarin rekening werd gehouden met de op grond van die clausule overgedragen verliezen.

14. Bij brief van 24 februari 2010 heeft de Commissie de Bondsrepubliek Duitsland in kennis gesteld van haar besluit om de formele onderzoeksprocedure van artikel 108, lid 2, VWEU in te leiden met betrekking tot de litigieuze maatregel. Het federale ministerie van Financiën heeft de Duitse belastingdienst bij brief van 30 april 2010 gelast die maatregel niet meer toe te passen.

15. Op 27 december 2010 is de vooruitbetalingsaanslag van 29 april 2010 vervangen door een nieuwe vooruitbetalingsaanslag in de vennootschapsbelasting voor het belastingjaar 2009 waarin de saneringsclausule niet werd toegepast. In januari 2011 heeft HBH onder meer vooruitbetalingsaanslagen in de vennootschapsbelasting voor de daaropvolgende belastingjaren ontvangen waarin die clausule evenmin werd toegepast. Op 1 april 2011 heeft HBH een aanslag in de vennootschapsbelasting voor het belastingjaar 2009 ontvangen. Aangezien § 8c (1a) KStG niet werd toegepast, heeft HBH de op 31 december 2008 bestaande verliezen niet kunnen overdragen.

16. Op 19 april 2011 heeft de belastingdienst Herne de bindende inlichting ingetrokken.

17. Op 22 juli 2011 heeft de Bondsrepubliek Duitsland de Commissie een lijst verstrekt van de ondernemingen die het voordeel van de litigieuze maatregel hadden genoten. Deze lidstaat heeft de Commissie tevens een lijst verstrekt van de ondernemingen waarvoor bindende inlichtingen betreffende de toepassing van de saneringsclausule waren ingetrokken, waarin ook HBH vermeld stond.

Procedure bij het Gerecht en bestreden arrest

18. Bij verzoekschrift, neergelegd ter griffie van het Gerecht op 6 juni 2011, heeft HBH beroep tot nietigverklaring van het litigieuze besluit ingesteld.

19. Bij afzonderlijke akte, neergelegd ter griffie van het Gerecht op 16 september 2011, heeft de Commissie krachtens artikel 114 van het Reglement voor de procesvoering van het Gerecht van 2 mei 1991 een exceptie van niet-ontvankelijkheid opgeworpen.

20. Op 29 augustus 2011 heeft de Bondsrepubliek Duitsland verzocht om in de procedure te mogen interveniëren aan de zijde van HBH. Dit verzoek is bij beschikking van de president van de Tweede kamer van het Gerecht van 5 oktober 2011 ingewilligd.

21. Bij beschikking van het Gerecht van 21 mei 2014 is de exceptie van niet-ontvankelijkheid overeenkomstig artikel 114, lid 4, van voormeld Reglement bij de zaak ten gronde gevoegd.

22. Ter ondersteuning van haar beroep heeft HBH twee middelen aangevoerd, het eerste ontleend aan de omstandigheid dat de litigieuze maatregel niet a priori selectief is, en het tweede aan de omstandigheid dat deze maatregel wordt gerechtvaardigd door de aard en de opzet van het belastingstelsel.

23. In het bestreden arrest heeft het Gerecht enerzijds de exceptie van niet-ontvankelijkheid afgewezen op grond dat HBH rechtstreeks en individueel werd geraakt door het litigieuze besluit omdat zij in wezen al van vóór de vaststelling van het besluit om de formele onderzoeksprocedure in te leiden, een door de Duitse belastingautoriteiten gecertificeerd verworven recht op een belastingbesparing had, en zij bovendien procesbelang had. Anderzijds heeft het Gerecht het beroep van HBH ongegrond verklaard.

Conclusies van partijen en procedure bij het Hof

24. Met haar hogere voorziening verzoekt HBH het Hof:
- punten 2 en 3 van het dictum van het bestreden arrest te vernietigen en het litigieuze besluit nietig te verklaren;
- subsidiair, punten 2 en 3 van het dictum van het bestreden arrest te vernietigen en de zaak terug te verwijzen naar het Gerecht;
- de Commissie te verwijzen in de kosten.

25. De Commissie verzoekt het Hof de hogere voorziening af te wijzen en HBH te verwijzen in de kosten.

26. Met haar incidentele hogere voorziening verzoekt de Commissie het Hof:
- punt 1 van het dictum van het bestreden arrest te vernietigen;
- het beroep in eerste aanleg niet-ontvankelijk te verklaren;
- de hogere voorziening af te wijzen;
- punt 3 van het dictum van het bestreden arrest te vernietigen, voor zover de Commissie daarbij wordt verwezen in een derde van haar eigen kosten;
- HBH te verwijzen in de kosten van de procedure bij het Hof en de procedure bij het Gerecht.

27. HBH verzoekt het Hof de incidentele hogere voorziening af te wijzen en de Commissie te verwijzen in de kosten daarvan.

28. De Bondsrepubliek Duitsland heeft ter terechtzitting mondeling opmerkingen gemaakt waaruit blijkt dat zij de conclusies van HBH tot afwijzing van de incidentele hogere voorziening, tot vernietiging van het bestreden arrest voor zover het beroep in eerste aanleg daarbij ongegrond is verklaard, en tot nietigverklaring van het litigieuze besluit, ondersteunt.

Incidentele hogere voorziening

29. Aangezien de incidentele hogere voorziening betrekking heeft op de ontvankelijkheid van het beroep in eerste aanleg – welke vraag voorafgaat aan de vragen betreffende de grond van de zaak die in de principale hogere voorziening worden opgeworpen – dient zij als eerste te worden onderzocht.

Argumenten van partijen

30. Volgens de Commissie heeft het Gerecht in de punten 50 tot en met 79 van het bestreden arrest blijk gegeven van een onjuiste rechtsopvatting bij zijn uitlegging van het begrip „individuele geraaktheid" in de zin van artikel 263, vierde alinea, VWEU.

31. In de eerste plaats betoogt de Commissie onder verwijzing naar de arresten van 19 oktober 2000, Italië en Sardegna Lines/Commissie (C-15/98 en C-105/99, EU:C:2000:570), en 9 juni 2011, Comitato „Venezia vuole vivere" e.a./Commissie (C-71/09 P, C-73/09 P en C-76/09 P, EU:C:2011:368), dat het relevante criterium om te bepalen of een verzoeker individueel wordt geraakt door een besluit van de Commissie waarbij een steunregeling onverenigbaar met de interne markt wordt verklaard, de vraag is of die verzoeker een daadwerkelijke dan wel potentiële begunstigde is van uit hoofde van die regeling toegekende steun. Volgens de Commissie worden enkel daadwerkelijke begunstigden door een dergelijk besluit individueel geraakt.

32. Volgens de Commissie heeft het Gerecht zijn beslissing in de punten 62, 70 en 74 van het bestreden arrest echter niet gebaseerd op die rechtspraak maar op arresten die voor de onderhavige zaak niet relevant zijn. Er is in casu immers sprake van geen enkele van de omstandigheden op basis waarvan in de zaken die hebben geleid tot de arresten van 17 januari 1985, Piraiki-Patraiki e.a./Commissie (11/82, EU:C:1985:18), 22 juni 2006, België en Forum 187/Commissie (C-182/03 en C-217/03, EU:C:2006:416), 17 september 2009, Commissie/ Koninklijke FrieslandCampina (C-519/07 P, EU:C:2009:556), 27 februari 2014, Stichting Woonpunt e.a./ Commissie (C-132/12 P, EU:C:2014:100), en 27 februari 2014, Stichting Woonlinie e.a./Commissie (C-133/12 P, EU:C:2014:105) – waarop het Gerecht zich in de voormelde punten beroept – kon worden geoordeeld dat de rekwiranten individueel werden geraakt.

33. In tegenstelling tot wat het Gerecht in de punten 63 en 74 van het bestreden arrest heeft aangegeven, hangt de beoordeling van de ontvankelijkheid van het beroep in eerste aanleg volgens de Commissie dus niet af van de „feitelijke en juridische situatie" van HBH of van het bestaan van een „verworven recht", maar uitsluitend van de vraag of HBH uit hoofde van de betrokken steunregeling al dan niet daadwerkelijk steun heeft ontvangen. De punten 75 en 76 van het bestreden arrest geven eveneens blijk van een onjuiste opvatting aangezien uit het arrest van 9 juni 2011, Comitato „Venezia vuole vivere" e.a./Commissie (C-71/09 P, C-73/09 P en C-76/09 P, EU:C:2011:368), waarop het Gerecht zich in punt 76 heeft gebaseerd, alleen kan worden afgeleid dat het voor de beoordeling van de individuele geraaktheid weinig uitmaakt of het besluit van de Commissie al dan niet een bevel tot terugvordering van de daadwerkelijk toegekende steun bevat.

34. In de tweede plaats merkt de Commissie op dat het element dat voor het Gerecht in zijn analyse van de „feitelijke en juridische situatie" van HBH doorslaggevend is om te constateren dat deze laatste door het litigieuze besluit individueel wordt geraakt, het bestaan van een „verworven recht" is, zoals aangegeven in punt 74 van het bestreden arrest. Indien dit „verworven recht" als een verworven recht in de zin van het Unierecht moet worden begrepen, dan heeft het Gerecht echter blijk gegeven van een onjuiste rechtsopvatting. Volgens de Commissie kan een dergelijk recht immers slechts worden erkend wanneer het beginsel van bescherming van het gewettigd vertrouwen kan worden ingeroepen en is deze bescherming volgens de rechtspraak van het Hof in beginsel uitgesloten met betrekking tot steun die in strijd met de bij artikel 108, lid 3, VWEU opgelegde aanmeldingsverplichting is toegekend.

35. Op basis van diezelfde overweging betoogt de Commissie in de derde plaats dat, indien het Gerecht met „verworven recht" een verworven recht in de zin van het nationale recht heeft bedoeld, het eveneens blijk heeft gegeven van een onjuiste rechtsopvatting, aangezien het krachtens het nationale recht aanspraak maken op een verworven recht in de omstandigheden van de onderhavige zaak immers evenzeer indruist tegen de rechtspraak volgens welke voor steun die in strijd met artikel 108, lid 3, VWEU is toegekend, geen dergelijk recht kan worden ingeroepen.

36. De Commissie stelt dat punt 1 van het dictum van het bestreden arrest bijgevolg moet worden vernietigd en dat het beroep in eerste aanleg niet-ontvankelijk moet worden verklaard omdat HBH geen daadwerkelijke begunstigde van de betrokken steunregeling is.

37. Volgens HBH en de Duitse Bondsrepubliek is de incidentele hogere voorziening ongegrond.

Beoordeling door het Hof

38. Volgens artikel 263, vierde alinea, VWEU, kan iedere natuurlijke of rechtspersoon onder de in de eerste en tweede alinea van dit artikel vastgestelde voorwaarden beroep instellen tegen handelingen die tot hem gericht zijn of die hem rechtstreeks en individueel raken, alsmede tegen regelgevingshandelingen die hem rechtstreeks raken en die geen uitvoeringsmaatregelen met zich meebrengen.

39. In casu staat enerzijds vast dat het litigieuze besluit, zoals het Gerecht in punt 57 van het bestreden arrest heeft uiteengezet, alleen tot de Bondsrepubliek Duitsland is gericht. Anderzijds blijkt uit de punten 58 tot en met 79 van dat arrest dat het Gerecht op grond van het feit dat HBH door dat besluit rechtstreeks en individu-

eel werd geraakt – en dus op grond van de tweede hypothese van die bepaling – heeft geoordeeld dat zij procesbevoegdheid had.

40. De Commissie voert in het eerste deel van haar enige middel in wezen aan dat het Gerecht in de punten 62, 63, 70 en 74 tot en met 77 van het bestreden arrest blijk heeft gegeven van een onjuiste rechtsopvatting waar het die voorwaarde voor de ontvankelijkheid van het beroep van HBH beoordeelt aan de hand van de feitelijke en juridische situatie waarin deze zich bevindt, terwijl het enige relevante criterium de vraag is of zij daadwerkelijk dan wel potentieel begunstigde van de betrokken steunregeling was.

41. Volgens vaste rechtspraak van het Hof kunnen andere personen dan de adressaten van een besluit enkel stellen dat zij door dit besluit individueel worden geraakt indien het hen raakt uit hoofde van bepaalde bijzondere hoedanigheden of van een feitelijke situatie die hen ten opzichte van ieder ander karakteriseert en derhalve individualiseert op soortgelijke wijze als de adressaat (arresten van 15 juli 1963, Plaumann/Commissie, 25/62, EU:C:1963:17, blz. 231, en 27 februari 2014, Stichting Woonpunt e.a./Commissie, C-132/12 P, EU:C:2014:100, punt 57).

42. De omstandigheid dat het aantal of zelfs de identiteit van de rechtssubjecten op wie een maatregel van toepassing is, meer of minder nauwkeurig kan worden bepaald, impliceert niet dat deze subjecten moeten worden geacht individueel door deze maatregel te worden geraakt, wanneer deze toepasselijkheid wordt bepaald op grond van een door de betrokken handeling omschreven objectieve feitelijke of rechtssituatie (arresten van 16 maart 1978, Unicme e.a./Raad, 123/77, EU:C:1978:73, punt 16, en 19 december 2013, Telefónica/Commissie, C-274/12 P, EU:C:2013:852, punt 47 en aldaar aangehaalde rechtspraak).

43. Zo heeft het Hof gepreciseerd dat een onderneming in beginsel niet kan opkomen tegen een besluit van de Commissie houdende verbod van een sectoriële steunregeling, wanneer dit beluit haar enkel betreft vanwege het feit dat zij tot de bedoelde sector behoort en wegens haar hoedanigheid van potentieel begunstigde van die regeling. Een dergelijk besluit vormt ten opzichte van een dergelijke onderneming immers een maatregel van algemene strekking, die op objectief bepaalde situaties van toepassing is en rechtsgevolgen heeft voor een algemeen en in abstracto omschreven categorie van personen (arresten van 19 oktober 2000, Italië en Sardegna Lines/Commissie, C-15/98 en C-105/99, EU:C:2000:570, punt 33 en aldaar aangehaalde rechtspraak, en 19 december 2013, Telefónica/Commissie, C-274/12 P, EU:C:2013:852, punt 49).

44. Wanneer het besluit daarentegen een groep personen raakt die op het tijdstip waarop deze handeling werd vastgesteld waren geïdentificeerd of konden worden geïdentificeerd op basis van specifieke kenmerken van de leden van deze groep, kunnen deze personen door deze handeling individueel zijn geraakt voor zover zij deel uitmaken van een beperkte kring van marktdeelnemers (arresten van 13 maart 2008, Commissie/Infront WM, C-125/06 P, EU:C:2008:159, punt 71 en aldaar aangehaalde rechtspraak, en 27 februari 2014, Stichting Woonpunt e.a./Commissie, C-132/12 P, EU:C:2014:100, punt 59).

45. Aldus worden de daadwerkelijk begunstigden van uit hoofde van een steunregeling toegekende individuele steun waarvan de Commissie de terugvordering heeft gelast, daardoor individueel geraakt in de zin van artikel 263, vierde alinea, VWEU (zie in die zin arrest van 19 oktober 2000, Italië en Sardegna Lines/Commissie, C-15/98 en C-105/99, EU:C:2000:570, punten 34 en 35; zie ook arrest van 9 juni 2011, Comitato „Venezia vuole vivere" e.a./Commissie, C-71/09 P, C-73/09 P en C-76/09 P, EU:C:2011:368, punt 53).

46. Het is juist dat, zoals de Commissie aanvoert, uit deze rechtspraak voortvloeit dat, ten eerste, het Hof erkent dat daadwerkelijke begunstigden van individuele steun die is toegekend uit hoofde van een met de interne markt onverenigbare steunregeling, individueel worden geraakt door een besluit van de Commissie waarbij die regeling onverenigbaar met de interne markt wordt verklaard en waarbij de terugvordering van die steun wordt gelast en, ten tweede, een verzoeker volgens het Hof niet kan worden geacht individueel te worden geraakt louter en alleen omdat hij potentieel begunstigde van die regeling is. Anders dan de Commissie beweert, kan hieruit echter niet worden afgeleid dat het enige relevante criterium om te beoordelen of een verzoeker door een besluit van de Commissie waarbij een steunregeling onverenigbaar met de interne markt wordt verklaard, individueel wordt geraakt in de zin van artikel 263, vierde alinea, VWEU, de vraag is of hij een daadwerkelijke dan wel een potentiële begunstigde is van krachtens deze regeling toegekende steun.

47. Zoals ook de advocaat-generaal in de punten 57, 59, 67 en 68 van zijn conclusie in wezen heeft opgemerkt, vormt de in de punten 43 en 45 van het onderhavige arrest aangehaalde rechtspraak, die in de specifieke context van staatssteun is ontwikkeld, immers slechts een specifieke uitdrukking van het – in het arrest van 15 juli 1963, Plaumann/Commissie (25/62, EU:C:1963:17), geformuleerde – relevante juridische criterium om de individuele geraaktheid in de zin van artikel 263, vierde alinea, VWEU te beoordelen. Volgens dit arrest wordt een verzoeker individueel geraakt door een tot een andere persoon gericht besluit indien dit besluit

hem betreft uit hoofde van zekere bijzondere hoedanigheden of van een feitelijke situatie, welke hem ten opzichte van ieder ander karakteriseert (zie ook, op het gebied van staatssteun, arresten van 19 oktober 2000, Italië en Sardegna Lines/Commissie, C-15/98 en C-105/99, EU:C:2000:570, punt 32, en 9 juni 2011, Comitato „Venezia vuole vivere" e.a./Commissie, C-71/09 P, C-73/09 P en C-76/09 P, EU:C:2011:368, punt 52, alsook, op andere gebieden, arresten van 17 januari 1985, Piraiki-Patraiki e.a./Commissie, 11/82, EU:C:1985:18, punten 11, 19 en 31, en 13 maart 2018, European Union Copper Task Force/Commissie, C-384/16 P, EU:C:2018:176, punt 93).

48. Of een verzoeker al dan niet behoort tot de categorie van daadwerkelijke of potentiële begunstigden van uit hoofde van een steunregeling toegekende individuele steun die bij besluit van de Commissie onverenigbaar met de interne markt is verklaard, kan dus in elk geval niet doorslaggevend zijn om te bepalen of die verzoeker door dat besluit individueel wordt geraakt wanneer hoe dan ook vaststaat dat het besluit hem overigens betreft uit hoofde van zekere bijzondere hoedanigheden of van een feitelijke situatie die hem ten opzichte van ieder ander karakteriseert.

49. Uit het voorgaande volgt dat het Gerecht geen blijk heeft gegeven van een onjuiste rechtsopvatting door eerst, in de punten 60 tot en met 62 van het bestreden arrest, de in de punten 41 tot en met 44 van dit arrest uiteengezette rechtspraak in herinnering te roepen en daarna in punt 63 van dat arrest zich tot taak te stellen „[na te gaan] of [HBH], gelet op de feitelijke en juridische situatie waarin hij zich bevindt, moet worden geacht door het bestreden besluit individueel te worden geraakt".

50. Daaruit volgt bovendien dat het Gerecht evenmin blijk heeft gegeven van een onjuiste rechtsopvatting waar het zich in de punten 62, 70 en 74 van het bestreden arrest ter ondersteuning van zijn analyse heeft gebaseerd op de in punt 32 van onderhavig arrest vermelde arresten, aangezien in al deze arresten toepassing wordt gemaakt van het in het arrest van 15 juli 1963, Plaumann/Commissie (25/62, EU:C:1963:17), geformuleerde criterium van individuele geraaktheid in omstandigheden waarin het, zoals in casu, niet relevant bleek om gebruik te maken van de specifieke uitdrukking van die rechtspraak waarbij een onderscheid wordt gemaakt tussen daadwerkelijke en potentiële begunstigden van individuele steun die wordt toegekend uit hoofde van een met de interne markt onverenigbaar verklaarde steunregeling.

51. Zo ook heeft het Gerecht geen blijk gegeven van een onjuiste rechtsopvatting waar het in de punten 75 en 76 van het bestreden arrest de Commissie niet heeft gevolgd in haar betoog dat alleen de daadwerkelijke toekenning van een met staatsmiddelen bekostigd voordeel de individuele geraaktheid van HBH kan schragen, en zich hiervoor heeft gebaseerd op het arrest van 9 juni 2011, Comitato „Venezia vuole vivere" e.a./Commissie (C-71/09 P, C-73/09 P en C-76/09 P, EU:C:2011:368). Zoals in punt 47 van het onderhavige arrest reeds is geconstateerd, is het relevante criterium om te bepalen of een verzoeker door een besluit van de Commissie waarbij een steunregeling onverenigbaar met de interne markt wordt verklaard, individueel wordt geraakt in de zin van artikel 263, vierde alinea, VWEU, immers de vraag of dat besluit hem betreft uit hoofde van zekere bijzondere hoedanigheden of van een feitelijke situatie die hem ten opzichte van ieder ander karakteriseert, hetgeen het Gerecht trouwens in punt 76 van het bestreden arrest terecht in herinnering heeft gebracht.

52. Aangezien het eerste deel van het enige middel van de incidentele hogere voorziening dus ongegrond is, moet het worden verworpen.

53. Wat het tweede en het derde deel van dit enige middel betreft, zij eraan herinnerd dat de Commissie het Gerecht hiermee verwijt in punt 74 van het bestreden arrest blijk te hebben gegeven van een onjuiste rechtsopvatting door te oordelen dat HBH individueel werd geraakt omdat deze onderneming krachtens de litigieuze maatregel een „verworven recht" op steun had.

54. In dit verband moet erop worden gewezen dat het Gerecht in het desbetreffende punt 74 met name heeft aangegeven dat „in de onderhavige zaak, [...] is vastgesteld dat [HBH] als gevolg van de specifieke kenmerken van de Duitse belastingwetgeving een door de Duitse belastingautoriteiten gecertificeerd verworven recht op een belastingbesparing had [...]. Door deze omstandigheid verschilt [HBH] immers van andere marktdeelnemers die slechts als potentiële begunstigden van de litigieuze maatregel worden geraakt", waarbij het dienaangaande heeft verwezen naar punt 68 van het bestreden arrest.

55. In punt 68 heeft het Gerecht geconstateerd dat de in de punten 66 en 67 van dat arrest vermelde omstandigheden die de feitelijke en juridische situatie van HBH karakteriseerden in de zin van het arrest van 15 juli 1963, Plaumann/Commissie (25/62, EU:C:1963:17), door de Duitse belastingdienst waren gecertificeerd door middel van inzonderheid de bindende inlichting. Deze omstandigheden betroffen enerzijds het feit dat HBH, vóórdat de Commissie de formele onderzoeksprocedure opende, krachtens de Duitse regeling het recht had om haar verliezen over te dragen aangezien de voorwaarden van de saneringsclausule waren vervuld, en

anderzijds het feit dat HBH in 2009 belastbare winst had gemaakt waarvan zij de op grond van de saneringsclausule overgedragen verliezen zou hebben afgetrokken.

56. Het Gerecht heeft daaruit in punt 69 van het bestreden arrest afgeleid dat „[...] het volgens de Duitse regeling zeker [was] dat [HBH] aan het einde van het belastingjaar 2009 een belastingbesparing had gerealiseerd, waarvan zij de omvang overigens nauwkeurig kon bepalen. Aangezien de Duitse autoriteiten ter zake van de toepassing van de litigieuze maatregel over geen enkele beoordelingsmarge beschikten, was die belastingbesparing [...] immers slechts een kwestie van tijd overeenkomstig de toepassingsvoorwaarden van de belastingregeling". Het Gerecht heeft in datzelfde punt 69 geconstateerd dat HBH dus „een door de Duitse autoriteiten vóór de vaststelling van het inleidingsbesluit en vervolgens het [litigieuze] besluit gecertificeerd verworven recht [had] op die belastingbesparing, die zonder die besluiten een concrete vorm zou hebben aangenomen door de vaststelling van een belastingaanslag waarin de overdracht van de verliezen en de dienovereenkomstige opvoering daarvan op de balans zouden worden toegestaan" en dat „[z]ij [...] daardoor door de Duitse belastingautoriteiten en door de Commissie gemakkelijk [kon] worden geïdentificeerd".

57. Op basis daarvan is het Gerecht in punt 70 van het bestreden arrest tot de slotsom gekomen dat HBH „niet alleen [kan] worden aangemerkt als een onderneming die door het [litigieuze] besluit wordt geraakt omdat zij tot de betrokken sector behoort en een potentiële begunstigde is, maar [dat] moet worden geoordeeld dat zij deel uitmaakt van een gesloten kring van marktdeelnemers die op het tijdstip van de vaststelling van het [litigieuze] besluit waren geïdentificeerd of ten minste gemakkelijk konden worden geïdentificeerd in de zin van het arrest [van 15 juli 1963, Plaumann/Commissie (25/62, EU:C:1963:17)]".

58. Uit de relevante passages van het bestreden arrest, in hun onderlinge samenhang gelezen, blijkt dan ook dat het Gerecht in punt 74 van dat arrest de woorden „verworven recht" louter heeft gebruikt om beknopt te verwijzen naar de specifieke feitelijke en juridische situatie van HBH op basis waarvan deze kon worden geacht door het litigieuze besluit individueel te worden geraakt in de zin van het arrest van 15 juli 1963, Plaumann/Commissie (25/62, EU:C:1963:17).

59. Aangezien het tweede en het derde deel van het enige middel van de incidentele hogere voorziening dus op een onjuiste lezing van het bestreden arrest berusten, moeten zij ongegrond worden verklaard en moet de incidentele hogere voorziening bijgevolg in haar geheel worden afgewezen.

Principale hogere voorziening

60. Ter ondersteuning van haar hogere voorziening voert HBH twee middelen aan: ten eerste schending van de op het Gerecht rustende motiveringsplicht en ten tweede schending van artikel 107 VWEU. Het tweede middel dient eerst te worden onderzocht.

Argumenten van partijen

61. Met haar tweede middel betoogt HBH in de eerste plaats dat het Gerecht artikel 107 VWEU heeft geschonden doordat het de stelling van de Commissie volgens welke de regel van het laten vervallen van de verliezen in casu het relevante referentiekader vormt, heeft aanvaard en het dit referentiekader aldus onjuist heeft afgebakend. Volgens HBH heeft het Gerecht in de punten 103 en 106 van het bestreden arrest aanvankelijk correct bepaald welke de algemene belastingregeling is, te weten de regel van overdracht van de verliezen. Voor het onderzoek van de selectiviteitsvoorwaarde heeft het Gerecht echter de in § 8c (1) KStG bepaalde regel van het laten vervallen van de verliezen – te weten de uitzondering op die algemene regeling – gehanteerd als zijnde de relevante algemene of normale belastingregeling. Het heeft daarvoor ten onrechte niet de regel van overdracht van de verliezen in aanmerking genomen. Door aldus een uitzondering op de algemene belastingregeling als „referentiekader" aan te merken, heeft het Gerecht blijk gegeven van een onjuiste rechtsopvatting of, in ieder geval, de hem overgelegde bewijselementen dan wel het nationale recht onjuist opgevat.

62. Volgens HBH heeft het Gerecht eveneens blijk gegeven van een onjuiste rechtsopvatting waar het, om de algemene of normale belastingregeling te bepalen, uitgegaan is van een synthese van de basisregel en de uitzondering, te meer daar de regels waarvan het Gerecht in punt 104 van het bestreden arrest een amalgaam heeft gemaakt, niet tot hetzelfde normatieve niveau behoren, aangezien de regel van overdracht van de verliezen uitdrukking geeft aan het grondwettelijk beginsel van belastingheffing naar draagkracht.

63. Uit de punten 104 en 107 van het bestreden arrest blijkt volgens HBH bovendien ook dat het Gerecht bij de afbakening van het referentiekader de eerste en de tweede fase van het onderzoek van de selectiviteitsvoorwaarde heeft „samengevoegd" en zodoende de rechtspraak onjuist heeft toegepast.

64. In de tweede plaats betoogt HBH dat het Gerecht artikel 107 VWEU heeft geschonden bij het onderzoek van het a priori selectief karakter van de litigieuze maatregel. Om te beginnen heeft het Gerecht blijk gegeven van een onjuiste rechtsopvatting door te oordelen dat de feitelijke en juridische situatie van sanering behoevende ondernemingen en die van gezonde ondernemingen, vergelijkbaar zijn. In het bijzonder volstaat de – met elke fiscale bepaling nagestreefde – doelstelling om fiscale inkomsten te genereren niet om de situaties van de betrokken marktdeelnemers als vergelijkbaar te kunnen beschouwen.

65. Voorts is de saneringsclausule volgens HBH wel degelijk een algemene maatregel. Punt 141 van het bestreden arrest druist in tegen de rechtspraak volgens welke het enige relevante criterium om te beoordelen of een maatregel algemeen is, de vraag betreft of deze maatregel wordt toegepast ongeacht de aard of het voorwerp van de activiteit van de onderneming dan wel of voor de toepassing ervan vereist is dat de onderneming haar activiteit aanpast.

66. In de derde plaats betoogt HBH dat het Gerecht artikel 107 VWEU heeft geschonden door de rechtvaardiging van de saneringsclausule af te wijzen. Het heeft in de punten 158 tot en met 160 en 164 tot en met 166 van het bestreden arrest ten onrechte geconstateerd dat die clausule tot doel heeft de sanering van de ondernemingen in moeilijkheden te bevorderen en onjuist geoordeeld dat dit doel buiten het belastingstelsel ligt. Ook heeft het Gerecht in de punten 166 tot en met 170 van dat arrest ten onrechte de aan het beginsel van belastingheffing naar draagkracht ontleende rechtvaardiging afgewezen.

67. HBH voert overigens aan dat het tweede middel van haar hogere voorziening wel degelijk ontvankelijk is, aangezien daarin enkel rechtsvragen worden opgeworpen. Dat middel heeft namelijk geen betrekking op de beoordeling van feiten, maar op de criteria die onjuist zijn toegepast om het referentiekader af te bakenen en op de juridische kwalificatie die het Gerecht aan de feiten heeft gegeven, hetgeen in het kader van een hogere voorziening onder de toetsingsbevoegdheid van het Hof valt.

68. De Commissie voert primair aan dat dit tweede middel niet-ontvankelijk is. Het eerste en het derde deel ervan hebben volgens haar betrekking op de vaststelling van het nationale recht en dus op feitenkwesties. In elk geval berust dat eerste deel, waarmee HBH het Gerecht verwijt bij de afbakening van het referentiekader rekening te hebben gehouden met een regeling die alleen voor een bepaalde groep ondernemingen geldt, op een onjuiste lezing van de punten 103 tot en met 109 van het bestreden arrest. Uit die punten blijkt dat het Gerecht louter het voor alle ondernemingen geldende recht heeft aangeduid, aangezien de economische identiteit en continuïteit de beslissende criteria zijn voor de vraag of verliezen kunnen worden overgedragen, hetgeen feitenkwesties zijn.

69. Het tweede deel van het tweede middel is volgens de Commissie evenmin ontvankelijk. Ten eerste betreffen de vergelijkbaarheid van de situaties van de markdeelnemers en de aanduiding van de relevante doelstelling in dit verband feitenkwesties. Ten tweede heeft het Gerecht blijk gegeven van een onjuiste rechtsopvatting door het betoog van HBH inzake de kwalificatie van de litigieuze maatregel als algemene maatregel ontvankelijk te verklaren, aangezien dit niet als een uitwerking van het eerste deel van het eerste middel had mogen worden beschouwd.

70. Subsidiair is het tweede middel volgens de Commissie ongegrond. In de eerste plaats vindt de stelling van HBH over de afbakening van het referentiekader, noch in de betrokken Duitse wet noch in de bij het Gerecht ingediende stukken steun. De Duitse wetgever heeft trouwens zelf de regel van het laten vervallen van de verliezen als de nieuwe basisregel aangeduid. Het Gerecht heeft dus rechtmatig vastgesteld dat sinds de invoering van § 8c (1) KStG de afschaffing van de overdracht van verliezen bij een schadelijke deelneming de nieuwe basisregel is in het Duitse fiscale recht.

71. In de tweede plaats is het betoog van HBH dat de situaties van de betrokken marktdeelnemers zogezegd niet vergelijkbaar zijn, volgens de Commissie het gevolg van een onjuist begrip van het bestreden arrest. Enerzijds is er vanuit het oogpunt van de veranderde economische identiteit geen verschil tussen ondernemingen die een sanering nodig hebben en ondernemingen die er geen nodig hebben.

72. Anderzijds is de saneringsclausule geen algemene maatregel, maar wel degelijk een selectieve maatregel. In dit verband kan het arrest van 7 november 2014, Autogrill España/Commissie (T-219/10, EU:T:2014:939), de stelling van HBH niet dienstig staven.

73. In de derde plaats heeft het Gerecht volgens de Commissie, in het kader van zijn soevereine beoordeling van de feiten, terecht vastgesteld dat de saneringsclausule tot doel heeft ondernemingen in moeilijkheden te helpen. Het daaraan ontleende argument dat deze clausule tot doel heeft overmatige belasting te vermijden, faalt in elk geval, aangezien het Gerecht in de punten 167 tot en met 173 van het bestreden arrest heeft geconstateerd dat, ook al wordt die doelstelling in aanmerking aangenomen, die clausule daardoor niet wordt

gerechtvaardigd. Bovendien heeft het Gerecht ook op goede gronden de argumenten inzake het Duitse grondwettelijke recht en de schijnwinsten van de hand gewezen.

74. De Duitse Bondsrepubliek betoogt dat het Gerecht, net als de Commissie, bij het vaststellen van het referentiekader blijk heeft gegeven van een onjuiste rechtsopvatting. Onder verwijzing naar de arresten van 15 november 2011, Commissie en Spanje/Government of Gibraltar en Verenigd Koninkrijk (C-106/09 P en C-107/09 P, EU:C:2011:732), en 21 december 2016, Commissie/World Duty Free Group e.a. (C-20/15 P en C-21/15 P, EU:C:2016:981), geeft deze lidstaat aan dat om een maatregel als „selectief" aan te merken, de Commissie allereerst dient te bepalen welke de normale belastingregeling is die in de betrokken lidstaat geldt, en vervolgens dient aan te tonen dat de onderzochte maatregel differentieert tussen ondernemingen die zich, gelet op het door die regeling nagestreefde doel, in een vergelijkbare feitelijke en juridische situatie bevinden. Een uitsluitend op de regelgevingstechniek gebaseerde benadering is daartoe niet mogelijk.

75. De benadering van de Commissie is volgens de Duitse Bondsrepubliek in casu echter uitsluitend op de regelgevingstechniek gebaseerd, en het Gerecht heeft blijk gegeven van een onjuiste rechtsopvatting door die benadering – hoewel deze in strijd is met de rechtspraak van het Hof – niet ter discussie te stellen. Het Gerecht heeft de inhoud en de draagwijdte van de relevante fiscale bepalingen in het bestreden arrest dus wel juist bepaald, maar er een onjuiste juridische kwalificatie aan gegeven.

Beoordeling door het Hof

76. Met het eerste deel van haar tweede middel betoogt HBH, hierin ondersteund door de Duitse Bondsrepubliek, in wezen dat het Gerecht in de punten 103 tot en met 107 van het bestreden arrest het voor het onderzoek van het selectieve karakter van de litigieuze maatregel af te bakenen referentiekader onjuist heeft vastgesteld.

77. Daar de Commissie de ontvankelijkheid van dit eerste deel betwist op grond dat het betrekking heeft op feitenkwesties, dient in herinnering te worden gebracht dat de beoordeling van de feiten en de bewijzen weliswaar geen rechtsvraag oplevert die als zodanig vatbaar is om in het kader van een hogere voorziening door het Hof te worden getoetst, behoudens in het geval van een onjuiste opvatting van deze feiten en bewijzen, maar dat het Hof, wanneer het Gerecht de feiten heeft vastgesteld of beoordeeld, krachtens artikel 256 VWEU bevoegd is om toezicht uit te oefenen op de wijze waarop het Gerecht de feiten juridisch heeft gekwalificeerd en op de rechtsgevolgen die het daaraan heeft verbonden (arresten van 3 april 2014, Frankrijk/Commissie, C-559/12 P, EU:C:2014:217, punt 78 en aldaar aangehaalde rechtspraak, en 20 december 2017, Comunidad Autónoma del País Vasco e.a./Commissie, C-66/16 P tot C-69/16 P, EU:C:2017:999, punt 97).

78. Bijgevolg is het Hof in hogere voorziening met betrekking tot het onderzoek van de vaststellingen van het Gerecht betreffende de nationale wetgeving, welke op het gebied van staatssteun feitelijke beoordelingen vormen, enkel bevoegd om te onderzoeken of die nationale wetgeving onjuist is opgevat (zie in die zin arresten van 3 april 2014, Frankrijk/Commissie, C-559/12 P, EU:C:2014:217, punt 79 en aldaar aangehaalde rechtspraak, en 20 december 2017, Comunidad Autónoma del País Vasco e.a./Commissie, C-66/16 P tot C-69/16 P, EU:C:2017:999, punt 98). Het onderzoek in hogere voorziening van de juridische kwalificatie die het Gerecht in het licht van een bepaling van Unierecht aan dat nationale recht heeft gegeven, welke een rechtsvraag vormt, valt daarentegen wel onder de bevoegdheid van het Hof (zie in die zin arresten van 3 april 2014, Frankrijk/Commissie, C-559/12 P, EU:C:2014:217, punt 83, en 21 december 2016, Commissie/Hansestadt Lübeck, C-524/14 P, EU:C:2016:971, punten 61 tot en met 63).

79. In casu staat vast dat HBH met het voormelde eerste deel niet de inhoud of de draagwijdte betwist die het Gerecht aan het nationale recht heeft gegeven, maar wel het feit dat het Gerecht, net als de Commissie in het bestreden besluit, de regel van het laten vervallen van de verliezen als „referentiekader" heeft aangemerkt.

80. Het begrip „referentiekader" betreft echter de eerste fase van het onderzoek van de voorwaarde inzake de selectiviteit van het voordeel, welke voorwaarde zelf volgens de rechtspraak van het Hof beslissend is voor het begrip „staatssteun" in de zin van artikel 107, lid 1, VWEU (arresten van 15 november 2011, Commissie en Spanje/Government of Gibraltar en Verenigd Koninkrijk, C-106/09 P en C-107/09 P, EU:C:2011:732, punt 74 en aldaar aangehaalde rechtspraak, en 21 december 2016, Commissie/World Duty Free Group e.a., C-20/15 P en C-21/15 P, EU:C:2016:981, punt 54).

81. Aangezien het betoog van HBH er dus toe strekt de juridische kwalificatie die het Gerecht aan de feiten heeft gegeven, ter discussie te stellen, is het eerste deel van het tweede middel van de hogere voorziening ontvankelijk.

82. Wat de grond van zaak betreft, moet in herinnering worden geroepen dat volgens vaste rechtspraak van het Hof, een nationale maatregel pas kan worden aangemerkt als een nationale „steunmaatregel van de staat" in de zin van artikel 107, lid 1, VWEU wanneer is voldaan aan alle hierna genoemde voorwaarden. In de eerste plaats moet het gaan om een maatregel van de staat of met staatsmiddelen bekostigd. In de tweede plaats moet die maatregel het handelsverkeer tussen de lidstaten ongunstig kunnen beïnvloeden. In de derde plaats moet de maatregel de begunstigde een selectief voordeel verschaffen. In de vierde plaats moet de maatregel de mededinging vervalsen of dreigen te vervalsen (arresten van 10 juni 2010, Fallimento Traghetti del Mediterraneo, C-140/09, EU:C:2010:335, punt 31 en aldaar aangehaalde rechtspraak, en 21 december 2016, Commissie/World Duty Free Group e.a., C-20/15 P en C-21/15 P, EU:C:2016:981, punt 53).

83. Wat de voorwaarde van de selectiviteit van het voordeel betreft, blijkt uit eveneens vaste rechtspraak van het Hof dat bij de beoordeling van deze voorwaarde moet worden uitgemaakt of de betrokken nationale maatregel binnen het kader van een bepaalde rechtsregeling „bepaalde ondernemingen of bepaalde producties" kan begunstigen ten opzichte van andere die zich, gelet op de doelstelling van die regeling, in een feitelijk en juridisch vergelijkbare situatie bevinden en dus een verschillende behandeling krijgen die in wezen discriminerend is (arrest van 21 december 2016, Commissie/World Duty Free Group e.a., C-20/15 P en C-21/15 P, EU:C:2016:981, punt 54 en aldaar aangehaalde rechtspraak).

84. Verder dient de Commissie, wanneer de betrokken maatregel als een steunregeling en niet als een individuele steunmaatregel bedoeld is, aan te tonen dat die maatregel, hoewel hij voorziet in een voordeel van algemene strekking, dit voordeel alleen aan bepaalde ondernemingen of bepaalde sectoren verleent (arrest van 21 december 2016, Commissie/World Duty Free Group e.a., C-20/15 P en C-21/15 P, EU:C:2016:981, punt 55 en aldaar aangehaalde rechtspraak).

85. Wat met name een nationale maatregel tot toekenning van een belastingvoordeel betreft, moet in herinnering worden geroepen dat een dergelijke maatregel die, hoewel in dat kader geen staatsmiddelen worden overgedragen, de situatie van de begunstigden verbetert ten opzichte van de andere belastingplichtigen, de begunstigden een selectief voordeel kan verschaffen en bijgevolg een steunmaatregel van de staat is in de zin van artikel 107, lid 1, VWEU. Een belastingvoordeel dat voortvloeit uit een algemene maatregel die zonder onderscheid van toepassing is op alle marktdeelnemers, vormt daarentegen geen steunmaatregel in de zin van die bepaling (zie in die zin arrest van 15 november 2011, Commissie en Spanje/Government of Gibraltar en Verenigd Koninkrijk, C-106/09 P en C-107/09 P, EU:C:2011:732, punten 72 en 73 en aldaar aangehaalde rechtspraak; zie ook arrest van 21 december 2016, Commissie/World Duty Free Group e.a., C-20/15 P en C-21/15 P, EU:C:2016:981, punt 56).

86. In die context kan de Commissie een nationale belastingmaatregel pas als „selectief" aanmerken nadat zij in een eerste fase heeft bepaald welke algemene of „normale" belastingregeling in de betrokken lidstaat van toepassing is, en in een tweede fase heeft aangetoond dat de betrokken belastingmaatregel afwijkt van de gewone regeling, voor zover hij differentiaties invoert tussen marktdeelnemers die zich, gelet op het doel van de gewone regeling, in een feitelijk en juridisch vergelijkbare situatie bevinden (arrest van 21 december 2016, Commissie/World Duty Free Group e.a., C-20/15 P en C-21/15 P, EU:C:2016:981, punt 57 en aldaar aangehaalde rechtspraak).

87. Het begrip „staatssteun" strekt zich evenwel niet uit tot maatregelen die differentiëren tussen ondernemingen die zich, gelet op het doel van de betrokken rechtsregeling, in een feitelijk en juridisch vergelijkbare situatie bevinden, en welke maatregelen bijgevolg op het eerste gezicht selectief zijn, wanneer de betrokken lidstaat in een derde fase kan aantonen dat die differentiatie gerechtvaardigd is aangezien deze voortvloeit uit de aard of de opzet van het stelsel waarvan de maatregelen een onderdeel vormen (zie in die zin arrest van 6 september 2006, Portugal/Commissie, C-88/03, EU:C:2006:511, punt 52; zie ook arrest van 21 december 2016, Commissie/World Duty Free Group e.a., C-20/15 P en C-21/15 P, EU:C:2016:981, punt 58 en aldaar aangehaalde rechtspraak).

88. Het onderzoek van de selectiviteitsvoorwaarde impliceert dus in beginsel dat allereerst het referentiekader waarvan de desbetreffende maatregel deel uitmaakt, wordt afgebakend. Deze afbakening is nog belangrijker bij fiscale maatregelen, daar het bestaan zelf van een voordeel slechts ten opzichte van een zogenoemde „normale" belasting kan worden vastgesteld (zie in die zin arresten van 6 september 2006, Portugal/Commissie, C-88/03, EU:C:2006:511, punt 56, en 21 december 2016, Commissie/Hansestadt Lübeck, C-524/14 P, EU:C:2016:971, punt 55).

89. De afbakening van de groep ondernemingen die zich in een vergelijkbare feitelijke en juridische situatie bevinden, is dus afhankelijk van de voorafgaande vaststelling van de rechtsregeling waarvan de doelstelling het oogpunt vormt van waaruit in voorkomend geval moet worden onderzocht in hoeverre de feitelijke en

juridische situatie van de door de betrokken maatregel begunstigde ondernemingen vergelijkbaar is met die waarin de niet-begunstigde ondernemingen verkeren (arrest van 21 december 2016, Commissie/Hansestadt Lübeck, C-524/14 P, EU:C:2016:971, punt 60).

90. Niettemin hangt de kwalificatie van een belastingstelsel als „selectief" niet af van het feit dat dit stelsel aldus is ontworpen dat de ondernemingen die eventueel een selectief voordeel genieten, in de regel aan dezelfde fiscale lasten als de andere ondernemingen zijn onderworpen maar voor uitzonderingsbepalingen in aanmerking komen, zodat het fiscaal voordeel kan worden geïdentificeerd als het verschil tussen de normale fiscale last en de last die eerstgenoemde ondernemingen treft (arrest van 15 november 2011, Commissie en Spanje/Government of Gibraltar en Verenigd Koninkrijk, C-106/09 P en C-107/09 P, EU:C:2011:732, punt 91).

91. Een dergelijke opvatting van het selectiviteitscriterium zou immers inhouden dat een belastingregeling enkel als „selectief" kan worden aangemerkt indien deze volgens een welbepaalde regelgevingstechniek is vastgesteld, hetgeen zou meebrengen dat nationale fiscale bepalingen reeds daarom aan elk toezicht op het gebied van staatssteun ontsnappen omdat zij via een andere regelgevingstechniek tot stand zijn gebracht, ook al sorteren zij rechtens en/of feitelijk, door diverse fiscale bepalingen aan te passen en te combineren, dezelfde effecten. Die opvatting zou dan ook indruisen tegen de vaste rechtspraak volgens welke artikel 107, lid 1, VWEU geen onderscheid maakt naar de redenen of doeleinden van de maatregelen van de staten, maar op hun gevolgen ziet, onafhankelijk dus van de gebruikte technieken (zie in die zin arrest van 15 november 2011, Commissie en Spanje/Government of Gibraltar en Verenigd Koninkrijk, C-106/09 P en C-107/09 P, EU:C:2011:732, punten 87, 92 en 93 en aldaar aangehaalde rechtspraak).

92. Net als de keuze voor een welbepaalde regelgevingstechniek volgens die rechtspraak er dus niet toe kan leiden dat nationale fiscale bepalingen daardoor meteen aan het in het VWEU vastgestelde toezicht op het gebied van staatssteun ontsnappen, is de keuze van de gebruikte regelgevingstechniek evenmin toereikend om het voor het onderzoek van de selectiviteitsvoorwaarde relevante referentiekader af te bakenen, aangezien anders kennelijk meer belang wordt gehecht aan de vorm van de overheidsmaatregelen dan aan de gevolgen ervan. Zoals ook de advocaat-generaal in punt 108 van zijn conclusie in wezen heeft opgemerkt, kan de gebruikte regelgevingstechniek dus geen beslissende factor zijn bij de vaststelling van het referentiekader.

93. Daarbij zij evenwel aangetekend dat uit diezelfde rechtspraak ook volgt dat, ofschoon de gebruikte regelgevingstechniek niet doorslaggevend is om te bepalen of een belastingmaatregel selectief is, zodat die maatregel ook selectief kan zijn zonder dat hij afwijkt van een algemene belastingregeling, het feit dat deze maatregel wegens het gebruik van die regelgevingstechniek een dergelijk afwijkend karakter heeft, relevant is ten bewijze van zijn selectiviteit wanneer hij ertoe leidt dat een onderscheid wordt gemaakt tussen twee groepen ondernemers die a priori een verschillende behandeling krijgen, namelijk de groep die onder de afwijkende maatregel valt en die waarop de algemene belastingregeling van toepassing blijft, hoewel beide groepen zich in een vergelijkbare situatie bevinden, gelet op het doel van die regeling (zie in die zin arrest van 21 december 2016, Commissie/World Duty Free Group e.a., C-20/15 P en C-21/15 P, EU:C:2016:981, punt 77).

94. Verder zij eraan herinnerd dat het feit dat alleen belastingplichtigen die voldoen aan de voorwaarden voor toepassing van een maatregel, voor deze maatregel in aanmerking komen, op zich nog niet meebrengt dat het een selectieve maatregel betreft (arresten van 29 maart 2012, 3M Italia, C-417/10, EU:C:2012:184, punt 42, en 21 december 2016, Commissie/World Duty Free Group e.a., C-20/15 P en C-21/15 P, EU:C:2016:981, punt 59).

95. Het is in het licht van deze overwegingen dat moet worden onderzocht of het Gerecht in de onderhavige zaak, zoals HBH en de Bondsrepubliek Duitsland betogen, artikel 107, lid 1, VWEU – zoals uitgelegd door het Hof – heeft geschonden door te oordelen dat de Commissie geen fout heeft gemaakt waar zij heeft bepaald dat het relevante referentiekader om uit te maken of de litigieuze maatregel selectief was, enkel bestond uit de regel van het laten vervallen van de verliezen.

96. In dit verband moet erop worden gewezen dat het Gerecht er in punt 103 van het bestreden arrest aan heeft herinnerd dat „de Commissie in het [litigieuze] besluit [...] de regel van het laten vervallen van de verliezen heeft aangemerkt als de algemene regel ten aanzien waarvan diende te worden onderzocht of ondernemingen die zich in een vergelijkbare feitelijke en juridische situatie bevonden, verschillend werden behandeld, terwijl [HBH] zich beroept op de meer algemene regel van overdracht van de verliezen, die voor elke belastingheffing geldt".

97. Het Gerecht heeft in punt 104 van dat arrest eveneens in herinnering geroepen dat „de regel van overdracht van de verliezen een mogelijkheid is waarvan alle vennootschappen in het kader van de vennootschapsbelasting gebruik kunnen maken" en dat „de regel van het laten vervallen van de verliezen die mogelijkheid beperkt in het geval van het verwerven van een deelneming van minimaal 25 % van het kapitaal

en die mogelijkheid afschaft in het geval van het verwerven van een deelneming van meer dan 50 % van het kapitaal", waarna het heeft geconstateerd dat „[d]eze laatste regel dus stelselmatig van toepassing [is] in alle gevallen waarin de samenstelling van de aandeelhouders ten belope van minimaal 25 % van het kapitaal verandert, zonder dat een onderscheid wordt gemaakt naargelang van de aard of de kenmerken van de betrokken ondernemingen".

98. Het Gerecht heeft in punt 105 van dat arrest daaraan toegevoegd dat „de saneringsclausule [bovendien is] geformuleerd in de vorm van een uitzondering op de regel van het laten vervallen van de verliezen, en [...] slechts van toepassing [is] op welomschreven situaties die onder laatstgenoemde regel vallen".

99. Het Gerecht heeft in punt 106 van datzelfde arrest daaruit afgeleid dat „[v]ast staat [...] dat de regel van het laten vervallen van de verliezen, net als de regel van overdracht van de verliezen, deel uitmaakt van het wettelijke kader van de litigieuze maatregel", dat „[m]et andere woorden, het relevante wettelijke kader in het onderhavige geval [bestaat] uit de algemene regel van overdracht van de verliezen, zoals die is beperkt door de regel van het laten vervallen van de verliezen, en [dat] het juist in dat kader [is] dat dient te worden nagegaan of de litigieuze maatregel differentieert tussen marktdeelnemers die zich in een vergelijkbare feitelijke en juridische situatie bevinden in de zin van de [...] rechtspraak".

100. Op basis daarvan is het Gerecht in punt 107 van het bestreden arrest tot de conclusie gekomen dat „de Commissie geen fout [had] gemaakt door weliswaar het bestaan van een meer algemene regel, namelijk de regel van overdracht van de verliezen, vast te stellen, maar tegelijkertijd aan te tonen dat het wettelijke referentiekader voor de beoordeling of de litigieuze maatregel selectief is, bestond uit de regel van het laten vervallen van de verliezen".

101. Zoals door HBH en de Bondsrepubliek Duitsland wordt aangevoerd, heeft deze redenering het Gerecht ertoe gebracht om ten onrechte alleen de regel van het laten vervallen van de verliezen als referentiekader in de zin van de rechtspraak betreffende artikel 107, lid 1, VWEU, aan te merken, en de regel van overdracht van de verliezen van dit kader uit te sluiten.

102. Uit deze redenering blijkt immers dat hoewel het Gerecht heeft geconstateerd dat er een algemene belastingregel bestaat die voor alle aan de vennootschapsbelasting onderworpen ondernemingen geldt, te weten de regel van overdracht van de verliezen, het niettemin heeft geoordeeld dat de Commissie geen fout had gemaakt door te bepalen dat het relevante referentiekader om vast te stellen of de litigieuze maatregel selectief was, uitsluitend uit de regel van het laten vervallen van de verliezen bestond, ofschoon vaststond dat laatstgenoemde regel zelf een uitzondering vormde op de regel van overdracht van de verliezen en terwijl uit het onderzoek van de inhoud van deze bepalingen in hun geheel had moeten kunnen worden afgeleid dat de saneringsclausule ertoe strekte een onder de algemene regel van overdracht van de verliezen vallende situatie te regelen.

103. Zoals ook de advocaat-generaal in punt 109 van zijn conclusie in wezen heeft opgemerkt, volgt uit de in de punten 90 tot en met 93 van dit arrest in herinnering gebrachte rechtspraak van het Hof echter dat de selectiviteit van een belastingmaatregel niet juist kan worden beoordeeld aan de hand van een referentiekader dat bestaat uit enkele bepalingen die kunstmatig uit een ruimer rechtskader zijn gelicht. Doordat het Gerecht de algemene regel van overdracht van de verliezen heeft uitgesloten van het in casu relevante referentiekader, heeft het dit kader dan ook kennelijk te restrictief afgebakend.

104. Voor zover het Gerecht tot die slotsom is gekomen op basis van het feit dat de litigieuze maatregel als een uitzondering op de regel van het laten vervallen van de verliezen was verwoord, zij eraan herinnerd dat, zoals in punt 92 van het onderhavige arrest reeds is uiteengezet, de gebruikte regelgevingstechniek geen beslissende factor kan zijn bij de vaststelling van het referentiekader.

105. Voorts kan in casu geen enkel nuttig argument ter ondersteuning van het bestreden arrest worden gehaald uit het arrest van 18 juli 2013, P (C-6/12, EU:C:2013:525), aangezien het Hof zich daarin niet heeft uitgesproken over de vraag waaruit het referentiekader in de hem voorgelegde zaak bestond.

106. Uit al het voorgaande volgt dat het eerste deel van het tweede middel van HBH gegrond is, zonder dat in dit verband het tweede onderdeel van het ter ondersteuning van dit middel aangevoerde betoog hoeft te worden onderzocht. Ook moet erop worden gewezen dat het op basis van zijn rechtens onjuiste beoordeling is – volgens welke de Commissie geen fout had gemaakt door te bepalen dat het in casu relevante referentiekader om te toetsen of de litigieuze maatregel selectief was, alleen bestond uit de regel van het laten vervallen van de verliezen – dat het Gerecht het overige door HBH aangevoerde betoog heeft geanalyseerd, waarmee deze laatste beoogde aan te tonen dat de litigieuze maatregel, ten eerste, niet a priori selectief was en, ten tweede, werd gerechtvaardigd door de aard en de opzet van het belastingstelsel.

107. Zoals uit de in de punten 83 en 86 tot en met 89 van het onderhavige arrest in herinnering gebrachte rechtspraak volgt, tast een fout in de vaststelling van het referentiekader aan de hand waarvan moet worden beoordeeld of een maatregel selectief is, noodzakelijkerwijze de geldigheid van het gehele onderzoek van de selectiviteitsvoorwaarde aan. In die omstandigheden moet de hogere voorziening worden toegewezen en moeten de punten 2 en 3 van het dictum van het bestreden arrest worden vernietigd, zonder dat het tweede en het derde deel van het tweede middel van de hogere voorziening of het eerste middel ervan hoeven te worden onderzocht.

Beroep voor het Gerecht

108. Ingevolge artikel 61, eerste alinea, van het Statuut van het Hof van Justitie van de Europese Unie kan het Hof in geval van vernietiging van de beslissing van het Gerecht de zaak zelf afdoen wanneer deze in staat van wijzen is.

109. Dat is in casu het geval. In dit verband kan worden volstaan met de opmerking dat uit de in de punten 82 tot en met 107 van dit arrest uiteengezette gronden volgt dat het eerste deel van het eerste middel van het beroep van HBH voor het Gerecht, voor zover HBH daarmee beoogt aan te tonen dat de Commissie het relevante referentiekader om te beoordelen of de litigieuze maatregel selectief is, onjuist heeft vastgesteld door te bepalen dat dit kader alleen bestaat uit de regel van het laten vervallen van de verliezen, gegrond is. Aangezien de Commissie het selectieve karakter van de litigieuze maatregel dus aan de hand van een onjuist vastgesteld referentiekader heeft beoordeeld, dient het litigieuze besluit nietig te worden verklaard.

Kosten

110. ...

111. ...

112. ...

113. ...

114. ...

Het Hof (Tweede kamer)

verklaart:

1. De incidentele hogere voorziening wordt afgewezen.

2. Punten 2 en 3 van het dictum van het arrest van het Gerecht van de Europese Unie van 4 februari 2016, Heitkamp BauHolding/Commissie (T-287/11, EU:T:2016:60), worden vernietigd.

3. Besluit 2011/527/EU van de Commissie van 26 januari 2011 betreffende de steunmaatregel van Duitsland C 7/10 (ex CP 250/09 en NN 5/10) „KStG, Sanierungsklausel", wordt nietig verklaard.

4. De Europese Commissie wordt, behalve in haar eigen kosten, verwezen in de kosten van Dirk Andres, in zijn hoedanigheid van curator in het faillissement van Heitkamp BauHolding GmbH, betreffende zowel de procedure in eerste aanleg als de procedure in hogere voorziening.

5. De Bondsrepubliek Duitsland draagt haar eigen kosten van de procedure in hogere voorziening.

HvJ EU 4 juli 2018, zaak C-28/17 (NN A/S v. Skatteministeriet)

Eerste kamer: *R. Silva de Lapuerta, kamerpresident, C. G. Fernlund, J.-C. Bonichot (rapporteur), A. Arabadjiev en S. Rodin, rechters*

Advocaat-generaal: *M. Campos Sánchez-Bordona*

1. Het verzoek om een prejudiciële beslissing betreft de uitlegging van artikel 49 VWEU.

2. Dit verzoek is ingediend in het kader van een geding tussen NN A/S, een vennootschap naar Deens recht, en het Skatteministerium (ministerie van Financiën, Denemarken) over de weigering van dit laatste om die vennootschap toe te staan de door het Deense filiaal van haar Zweedse dochteronderneming geleden verliezen af te trekken van haar belastbare inkomsten.

Toepasselijke bepalingen

Internationaal recht

3. Artikel 7, lid 1, van het Verdrag van de Noordse Staten tot het vermijden van dubbele belasting naar het inkomen en het vermogen, gesloten te Helsinki op 23 september 1996 (BKI nr. 92 van 25 juni 1997; hierna: „Noords Verdrag"), luidt:

> „Winst van een onderneming van een verdragsluitende staat is slechts in die staat belastbaar, tenzij de onderneming in de andere verdragsluitende staat haar bedrijf uitoefent met behulp van een aldaar gevestigde vaste inrichting. Indien de onderneming aldus haar bedrijf uitoefent, mag de winst van de onderneming in de andere staat worden belast, maar slechts in zoverre als zij aan die vaste inrichting kan worden toegerekend."

4. Krachtens artikel 25 van het Noordse Verdrag hebben de verdragsluitende staten ervoor gekozen om de dubbele belasting van de vaste inrichtingen op te heffen door middel van de zogeheten „verrekeningstechniek". Daartoe kent de staat waar de onderneming is gevestigd een vermindering toe van een bedrag dat gelijk is aan de in de bronstaat betaalde inkomstenbelasting.

Deens recht

5. Op grond van § 31, lid 1, van de selskabsskattelov (wet op de vennootschapsbelasting) worden Deense vennootschappen die deel uitmaken van een concern verplicht als concern belast. De gezamenlijke belasting wordt voldaan door de uiteindelijke moedermaatschappij (of topholding) indien zij belastingplichtig is in Denemarken of, indien dit niet het geval is, door een ingezeten vennootschap van het concern, de zogenoemde „beheervennootschap".

6. De nationale concernbelasting is gebaseerd op het beginsel van territoriale belasting in Denemarken. Krachtens dat beginsel worden de resultaten van de dochterondernemingen en de vaste inrichtingen van het concern die buiten Denemarken zijn gevestigd, niet opgenomen in het resultaat van het concern dat in Denemarken wordt belast, tenzij dit laatste heeft geopteerd voor internationale concernbelasting op grond van § 31 A van de wet op de vennootschapsbelasting. Alle vennootschappen en vaste inrichtingen van het concern die in Denemarken zijn gevestigd, vallen daarentegen binnen de werkingssfeer van de concernbelasting.

7. Binnen deze werkingssfeer vallen ook de in Denemarken gevestigde vaste inrichtingen van vennootschappen van het concern met zetel in het buitenland. In dat geval gelden voor de verrekening van door het Deense filiaal van een vennootschap met zetel in een andere lidstaat geleden verliezen met het gezamenlijke fiscale resultaat van het concern echter bijzondere regels, die zijn vastgesteld in § 31, lid 2, tweede volzin, van de wet op de vennootschapsbelasting, die bepaalt:

> „Verliezen van een vaste inrichting kunnen slechts met de inkomsten van andere vennootschappen worden verrekend indien de regels van de vreemde staat [...] waar de vennootschap is gevestigd, bepalen dat verliezen niet kunnen worden verrekend bij de berekening van de inkomsten van de vennootschap in de vreemde staat [...], of indien is geopteerd voor internationale concernbelasting op grond van § 31 A [...]".

8. Uit de door de verwijzende rechter aangehaalde toelichting bij de wet op de vennootschapsbelasting blijkt dat deze bepaling tot doel heeft te voorkomen dat fiscale verliezen in grensoverschrijdende situaties meer dan een keer worden verrekend.

9. § 5 G van de ligningslov (wet tot vaststelling van de heffingsgrondslag) luidt:

„De belastingplichtige die valt onder § 1 van de kildeskattelov [(wet op de bronbelasting)], § 1 van de wet op de vennootschapsbelasting of § 1 van de fondsbeskatningslov [(wet op de fondsbelasting)] kan geen aanspraak maken op aftrek voor uitgaven die volgens buitenlandse belastingregels kunnen worden afgetrokken van inkomsten die niet bij de berekening van Deense belasting in aanmerking worden genomen. Dit geldt ook indien de aftrek voor uitgaven volgens buitenlandse belastingregels kan worden afgetrokken van de voor concernvennootschappen en dergelijke berekende inkomsten [zie § 3 B van de skattekontrollov (wet belastingtoezicht)], wanneer de inkomsten niet in de berekening van de Deense belasting worden opgenomen".

Hoofdgeding en prejudiciële vragen

10. NN is de topholding van een Deens concern dat met name twee Zweedse dochterondernemingen heeft, Sverige 1 AB en Sverige 2 AB, die elk eigenaar zijn van een filiaal in Denemarken, namelijk filiaal C respectievelijk filiaal B. Deze twee filialen zijn tot één enkel filiaal A gefuseerd door de overdracht van filiaal B aan de vennootschap Sverige 1 AB.

11. In Zweden heeft het concern ervoor geopteerd om de transactie fiscaal te behandelen als een herstructurering van activiteiten, welke transactie volgens de verwijzende rechter belastingvrij is in die lidstaat. Bijgevolg kon de door filiaal B opgebouwde goodwill die aan filiaal A is overgedragen, niet worden afgeschreven in Zweden.

12. In Denemarken is de fusie daarentegen belast als een overdracht van activa tegen de marktwaarde, zodat filiaal A de kosten voor de verwerving van de door filiaal B opgebouwde goodwill kon afschrijven en dientengevolge over het boekjaar 2008 een negatief resultaat kon boeken.

13. De Deense belastingdienst heeft voor dat boekjaar echter de door NN gevraagde verrekening van de verliezen van filiaal A met de geïntegreerde totale inkomsten van het concern geweigerd. Die belastingdienst heeft zich gebaseerd op het feit dat § 31, lid 2, tweede volzin, van de wet op de vennootschapsbelasting zich hiertegen verzette, aangezien die verliezen konden worden verrekend met het belastbare resultaat in Zweden van de Zweedse vennootschap die eigenaar is van het filiaal.

14. Tegen deze weigering, die is bevestigd door de Landsskatteret (hoogste bestuurlijke instantie voor fiscale aangelegenheden, Denemarken), is door NN beroep ingesteld bij de Østre Landsret (rechter in tweede aanleg voor het Oosten van Denemarken).

15. Die rechter heeft de behandeling van de zaak geschorst en het Hof de volgende prejudiciële vragen gesteld:

„1. Welke factoren moeten in de beschouwing worden betrokken bij de beoordeling of voor ingezeten vennootschappen in een situatie als de onderhavige voor de verrekening van verliezen een voor filialen van niet-ingezeten vennootschappen geldende ‚overeenkomstige voorwaarde' in de zin van [het arrest van 6 september 2012, Philips Electronics UK (C-18/11, EU:C:2012:532, punt 20)] geldt?

2. Indien ervan wordt uitgegaan dat de Deense belastingregels geen verschil in behandeling inhouden als aan de orde in de zaak Philips [Electronics UK], vormt een verbod op verrekening als hier beschreven – in een geval waarin de verliezen van de vaste inrichting van de niet-ingezeten vennootschap mede onder de heffingsbevoegdheid van het land van ontvangst vallen – op zich een beperking van het recht van vrije vestiging in de zin van artikel 49 VWEU, dat gerechtvaardigd moet zijn op grond van een dwingende reden van algemeen belang?

3. Zo ja, kan een dergelijke beperking dan haar rechtvaardiging vinden in het doel, dubbele aftrek van verliezen te verhinderen, het streven naar evenwichtige verdeling van de heffingsbevoegdheid over de lidstaten of een combinatie van beide?

4. Zo ja, is een dergelijke beperking evenredig?"

Beantwoording van de prejudiciële vragen

16. Met zijn vragen wenst de verwijzende rechter in wezen te vernemen of artikel 49 VWEU aldus moet worden uitgelegd dat het zich verzet tegen een nationale wettelijke regeling inzake concernbelasting op grond waarvan de ingezeten vennootschappen van een concern de verliezen van een ingezeten vaste inrichting van een niet-ingezeten dochteronderneming van het concern slechts mogen aftrekken van hun geïntegreerde resultaat indien de regels die van toepassing zijn in de lidstaat waar die dochteronderneming is gevestigd, niet toestaan dat die verliezen worden afgetrokken van het belastbare resultaat van deze laatste.

Opmerkingen vooraf

17. De vrijheid van vestiging, die artikel 49 VWEU aan de onderdanen van de Europese Unie toekent, houdt volgens artikel 54 VWEU voor de vennootschappen welke in overeenstemming met de wetgeving van een lidstaat zijn opgericht en welke hun statutaire zetel, hun hoofdbestuur of hun hoofdvestiging binnen de Unie hebben, het recht in om hun activiteiten in andere lidstaten uit te oefenen door middel van een dochteronderneming, een filiaal of een agentschap.

18. De wettelijke regeling van een lidstaat vormt slechts een belemmering van de vrijheid van vestiging van vennootschappen, indien die regeling leidt tot een verschil in behandeling ten nadele van de vennootschappen die gebruikmaken van die vrijheid, het verschil in behandeling betrekking heeft op situaties die objectief vergelijkbaar zijn en dit verschil in behandeling niet wordt gerechtvaardigd door een dwingende reden van algemeen belang of niet evenredig is aan deze doelstelling (zie in die zin arrest van 25 februari 2010, X Holding, C-337/08, EU:C:2010:89, punt 20).

Verschil in behandeling

19. Ingevolge § 31, lid 1, van de wet op de vennootschapsbelasting worden de ingezeten vennootschappen van hetzelfde concern als concern belast. Volgens de verklaringen van de verwijzende rechter geldt die nationale concernbelasting in beginsel ook voor Deense vaste inrichtingen van buitenlandse vennootschappen die tot het concern behoren.

20. Krachtens § 31, lid 2, tweede volzin, van de wet op de vennootschapsbelasting mag een verlies dat is geleden door een in Denemarken gevestigde vaste inrichting van een niet-ingezeten vennootschap die tot het concern behoort, evenwel slechts worden verrekend met de inkomsten van het concern die belastbaar zijn in Denemarken, indien dat verlies niet in aanmerking kan worden genomen bij de berekening van de belastbare inkomsten van de niet-ingezeten vennootschap krachtens de wetgeving van de staat waar zij is gevestigd. Volgens dezelfde bepaling kan die voorwaarde niet worden tegengeworpen in het geval – waarop de prejudiciële vragen geen betrekking hebben – dat het concern heeft geopteerd voor internationale concernbelasting.

21. De partijen in het hoofdgeding verschillen van mening over de vraag of de in § 31, lid 2, tweede volzin, van de wet op de vennootschapsbelasting neergelegde regel een verschil in behandeling creëert dat nadelig is voor de uitoefening van de vrijheid van vestiging.

22. Volgens de Deense regering moet die vraag ontkennend worden beantwoord, zoals volgt uit een lezing a contrario van het arrest van 6 september 2012, Philips Electronics UK (C-18/11, EU:C:2012:532).

23. In dit verband vroeg de verwijzende rechter zich in de zaak die tot dat arrest heeft geleid af, of bepalingen van Brits recht die voor overdracht via groepsaftrek van verliezen die werden geleden door een ingezeten vaste inrichting van een niet-ingezeten vennootschap aan een ingezeten vennootschap, een voorwaarde stelden die vergelijkbaar was met de in § 31, lid 2, tweede volzin, van de wet op de vennootschapsbelasting gestelde voorwaarde, verenigbaar waren met de vrijheid van vestiging.

24. In dat arrest heeft het Hof geoordeeld dat een dergelijke voorwaarde in strijd was met de vrijheid van vestiging, aangezien de overdracht van door een ingezeten vennootschap geleden verliezen aan een andere ingezeten vennootschap van hetzelfde concern niet aan een overeenkomstige voorwaarde was onderworpen.

25. De Deense regering benadrukt dat de Deense wetgeving integendeel een overeenkomstige voorwaarde stelt voor ingezeten vennootschappen. § 5 G van de wet tot vaststelling van de heffingsgrondslag bepaalt namelijk dat vennootschappen geen aanspraak kunnen maken op aftrek voor uitgaven die volgens de belastingregeling van een andere staat reeds kunnen worden afgetrokken van de in die staat belastbare inkomsten. Derhalve sluit deze paragraaf uit dat met het resultaat van een concern dat belastbaar is in Denemarken de verliezen van de ingezeten dochteronderneming van een niet-ingezeten vennootschap van het concern kunnen worden verrekend, wanneer die verliezen kunnen worden verrekend volgens het recht van de lidstaat waar de niet-ingezeten vennootschap is gevestigd.

26. Bijgevolg is de Deense regering van mening dat het nationale recht niet voorziet in een verschil in behandeling tussen een vaste inrichting en een dochteronderneming van dezelfde aard als het verschil in behandeling dat het Hof in het arrest van 6 september 2012, Philips Electronics UK (C-18/11, EU:C:2012:532), in strijd met de vrijheid van vestiging heeft verklaard.

27. Verzoekster in het hoofdgeding wijst evenwel erop dat § 31, lid 2, tweede volzin, van de wet op de vennootschapsbelasting een verschil in behandeling van een andere aard bevat.

28. NN legt namelijk uit dat de verliezen van een in Denemarken gevestigde vaste inrichting van een eveneens ingezeten vennootschap van het concern zonder beperking kunnen worden afgetrokken van de belastbare inkomsten van het concern in Denemarken. In het hoofdgeding benadrukt NN dat, indien de Deense vaste inrichting eigendom was geweest van een van haar Deense dochterondernemingen, haar verliezen in ieder geval hadden kunnen worden verrekend met het resultaat van het concern.

29. In dit verband moet worden vastgesteld dat uit de in het hoofdgeding aan de orde zijnde belastingwetgeving daadwerkelijk een verschil in behandeling voortvloeit. Een Deens concern dat in Denemarken een vaste inrichting bezit via een niet-ingezeten dochteronderneming, wordt krachtens § 31, lid 2, tweede volzin, van de wet op de vennootschapsbelasting namelijk minder gunstig behandeld dan een concern waarvan alle vennootschappen in Denemarken zijn gevestigd.

30 Dat verschil in behandeling kan het minder aantrekkelijk maken om de vrijheid van vestiging uit te oefenen door dochterondernemingen op te richten in andere lidstaten. Het is echter slechts onverenigbaar met het Verdrag indien het betrekking heeft op objectief vergelijkbare situaties.

Vergelijkbaarheid van de situaties

31. Volgens de rechtspraak van het Hof moet bij het onderzoek van de vergelijkbaarheid van een grensoverschrijdende situatie met een binnenlandse situatie, rekening worden gehouden met het door de betrokken nationale bepalingen nagestreefde doel (arresten van 25 februari 2010, X Holding, C-337/08, EU:C:2010:89, punt 22; 12 juni 2014, SCA Group Holding e.a., C-39/13–C-41/13, EU:C:2014:1758, punt 28; 22 juni 2017, Bechtel, C-20/16, EU:C:2017:488, punt 53, en 12 juni 2018, Bevola en Jens W. Trock, C-650/16, EU:C:2018:424, punt 32).

32. In casu blijkt zowel uit de bewoordingen van § 31, lid 2, tweede volzin, van de wet op de vennootschapsbelasting als uit de verklaringen van de Deense regering met betrekking tot deze bepaling dat deze bepaling tot doel heeft dubbele aftrek van verliezen te voorkomen.

33. In verband met de door een lidstaat vastgestelde maatregelen om dubbele belastingheffing over de winst van een ingezeten vennootschap te voorkomen of te beperken, heeft het Hof geoordeeld dat vennootschappen met een vaste inrichting in een andere lidstaat in beginsel niet in een situatie verkeren die vergelijkbaar is met die van vennootschappen met een ingezeten vaste inrichting (arrest van 12 juni 2018, Bevola en Jens W. Trock, C-650/16, EU:C:2018:424, punt 37).

34. Met betrekking tot de maatregelen ter voorkoming van dubbele aftrek van verliezen moet derhalve naar analogie worden aangenomen dat een concern waarvan de niet-ingezeten dochteronderneming een ingezeten inrichting bezit, evenmin in een situatie verkeert die vergelijkbaar is met die van een concern waarvan de dochteronderneming en de inrichting van deze laatste eveneens ingezeten zijn.

35. Evenwel moet de situatie worden onderscheiden waarin er geen mogelijkheid meer bestaat tot aftrek van de verliezen van de niet-ingezeten dochteronderneming die zijn toe te rekenen aan de vaste inrichting die ingezeten is, in de lidstaat waar de dochteronderneming is gevestigd. In dat geval verkeert het concern waarvan de dochteronderneming in een andere lidstaat is gevestigd, namelijk niet in een andere situatie dan het zuiver nationale concern ten aanzien van het doel dubbele aftrek van zijn verliezen te voorkomen. De financiële draagkracht van de twee concerns wordt dan op dezelfde wijze aangetast door de verliezen van hun ingezeten vaste inrichting (zie in die zin arrest van 12 juni 2018, Bevola en Jens W. Trock, C-650/16, EU:C:2018:424, punt 38).

36. Het is juist dat § 31, lid 2, tweede volzin, van de wet op de vennootschapsbelasting het verschil in behandeling uitsluit „indien de regels van de vreemde staat [...] waar de vennootschap is gevestigd, bepalen dat verliezen niet kunnen worden verrekend", door in dat geval toe te staan dat de verliezen van de ingezeten vaste inrichting van de niet-ingezeten dochteronderneming worden verrekend met de inkomsten van het concern.

37. Evenwel kan niet worden uitgesloten dat een dergelijke aftrek, ook al is die toegestaan volgens de regeling van de vreemde staat, in de praktijk onmogelijk is, met name wanneer de niet-ingezeten dochteronderneming al haar activiteiten definitief heeft stopgezet.

38. Derhalve kan het in punt 29 van het onderhavige arrest vermelde verschil in behandeling, ten minste in dat geval, betrekking hebben op objectief vergelijkbare situaties.

Rechtvaardiging en evenredigheid

39. De verwijzende rechter wenst te vernemen of dat verschil in behandeling kan worden gerechtvaardigd door het doel een evenwichtige verdeling van de heffingsbevoegdheid over de lidstaten te verzekeren of door het doel dubbele aftrek van verliezen te voorkomen.

40. In dit verband moet worden opgemerkt dat de eerstgenoemde grond geen relevante rechtvaardiging vormt. Indien het aan de vaste inrichting toerekenbare verlies tegelijkertijd van het belastbare resultaat van het concern in de lidstaat waar die vaste inrichting is gevestigd en van het in de andere lidstaat belastbare resultaat van de niet-ingezeten dochteronderneming van dit concern kon worden afgetrokken, zou deze mogelijkheid van dubbele aftrek namelijk geen van de twee betrokken staten bevoordelen ten koste van de andere. Derhalve zou de evenwichtige verdeling van de heffingsbevoegdheid tussen deze staten hierdoor niet worden aangetast. Het ontbreken van een regel zoals die van § 31, lid 2, tweede volzin, van de wet op de vennootschapsbelasting zou alleen een verlies van belastinginkomsten voor een van beide staten tot gevolg hebben.

41. De tweede rechtvaardiging, die is ontleend aan het voorkomen van dubbele aftrek van verliezen, wordt door de Deense regering op de voorgrond gesteld.

42. In dit verband heeft het Hof reeds geoordeeld dat de lidstaten het gevaar voor dubbele verliesverrekening moeten kunnen verhinderen (arresten van 13 december 2005, Marks & Spencer, C-446/03, EU:C:2005:763, punt 47, en 15 mei 2008, Lidl Belgium, C-414/06, EU:C:2008:278, punt 35).

43. Het is juist dat in een situatie waarin de inkomsten van een vaste inrichting door twee lidstaten worden belast, het gerechtvaardigd lijkt dat de uitgaven van deze inrichting onder beide belastingstelsels overeenkomstig de nationale voorschriften kunnen worden afgetrokken van die inkomsten.

44. Het bestaan van een dergelijke situatie kan evenwel niet eenvoudig worden afgeleid uit de omstandigheid dat twee lidstaten tegelijk hun heffingsbevoegdheid uitoefenen over het resultaat van dezelfde vaste inrichting, zoals in het hoofdgeding het geval is met het Koninkrijk Denemarken en het Koninkrijk Zweden.

45. De belastingverdragen tussen lidstaten die precies bedoeld zijn om dubbele belasting te voorkomen, mogen namelijk niet buiten beschouwing worden gelaten. Zoals blijkt uit zowel de schriftelijke opmerkingen van de Europese Commissie als de antwoorden van de vertegenwoordiger van NN op de ter terechtzitting gestelde vragen, zijn de betrekkingen tussen het Koninkrijk Denemarken en het Koninkrijk Zweden in dit verband geregeld in het Noordse Verdrag.

46. Indien een in Zweden gevestigde persoon inkomsten ontvangt die belastbaar zijn in een andere verdragsluitende staat, staat het Koninkrijk Zweden op grond van artikel 25 van dit laatste verdrag de aftrek van inkomstenbelasting toe voor een bedrag dat gelijk is aan de in de andere staat betaalde inkomstenbelasting.

47. Gelet op dat mechanisme brengt de parallelle uitoefening van de heffingsbevoegdheden van het Koninkrijk Denemarken en het Koninkrijk Zweden voor de Zweedse vennootschap met een vaste inrichting in Denemarken niet de verplichting met zich mee om tweemaal belasting over haar inkomsten te betalen. De door het Deense concern waartoe de Zweedse vennootschap behoort verlangde mogelijkheid om de verliezen van een dergelijke inrichting tweemaal af te trekken, namelijk onder beide nationale belastingstelsels, lijkt bijgevolg niet gerechtvaardigd.

48. § 31, lid 2, tweede volzin, van de wet op de vennootschapsbelasting heeft precies tot doel te voorkomen dat het concern in kwestie hetzelfde verlies tweemaal benut. Bij ontbreken van een dergelijke bepaling zou de grensoverschrijdende situatie, zoals de advocaat-generaal in punt 75 van zijn conclusie heeft opgemerkt, een ongerechtvaardigd voordeel verschaffen ten opzichte van de vergelijkbare nationale situatie, waarin dubbele aftrek onmogelijk is. Het door de nationale wettelijke regeling gecreëerde verschil in behandeling lijkt derhalve gerechtvaardigd.

49. Zoals in herinnering is gebracht in punt 18 van het onderhavige arrest, moet dat verschil in behandeling bovendien evenredig zijn aan de doelstelling ervan.

50. Een regel, zoals deze neergelegd in § 31, lid 2, tweede volzin, van de wet op de vennootschapsbelasting, gaat verder dan hetgeen noodzakelijk is om te voorkomen dat een verlies tweemaal wordt afgetrokken, indien hij tot gevolg heeft dat een concern elke mogelijkheid wordt ontnomen om het verlies van een ingezeten filiaal af te trekken in een grensoverschrijdende situatie als die van het hoofdgeding.

51. Volgens de verwijzende rechter kan dit het geval zijn in het hoofdgeding.

52. Aangezien het verlies dat is geleden door de vaste inrichting in Denemarken van de Zweedse dochteronderneming van NN, in beginsel kan worden afgetrokken van het in Zweden belastbare resultaat van die dochteronderneming, kan het volgens de in § 31, lid 2, tweede volzin, van de wet op de vennootschapsbelasting neergelegde regel namelijk niet worden afgetrokken van het in Denemarken belastbare resultaat van het concern.

53. In het hoofdgeding is het verlies evenwel het gevolg van de fusie van twee Deense filialen van het concern en van het feit dat het concern – zoals toegestaan door het Zweedse recht – ervoor heeft gekozen dat deze fusie in Zweden fiscaal zou worden behandeld als een herstructurering van activiteiten, die in Zweden niet belastbaar is. Dit heeft tot gevolg dat het in de praktijk onmogelijk is om het verlies te verrekenen met het resultaat van de Zweedse dochteronderneming.

54. In een dergelijk geval zijn de in het hoofdgeding aan de orde zijnde nationale bepalingen – die volgens de verwijzende rechter tot gevolg hebben dat het Deense concern elke daadwerkelijke mogelijkheid wordt ontnomen om het verlies van de ingezeten vaste inrichting van zijn niet-ingezeten dochteronderneming af te trekken – in strijd met het evenredigheidsbeginsel.

55. Dat beginsel zou daarentegen zijn nageleefd indien het verlies van de ingezeten vaste inrichting van de niet-ingezeten dochteronderneming van het Deense concern – in afwijking van de in § 31, lid 2, tweede volzin, van de wet op de vennootschapsbelasting neergelegde regel – kon worden verrekend met het resultaat van dit concern, op voorwaarde dat dit concern aantoont dat het verlies daadwerkelijk niet kan worden verrekend met het resultaat van zijn dochteronderneming in de andere lidstaat.

56. Het staat aan de verwijzende rechter om na te gaan of dit in het hoofdgeding het geval is met betrekking tot het Deense filiaal van de Zweedse dochteronderneming van NN.

57. Derhalve moet aan de verwijzende rechter worden geantwoord dat artikel 49 VWEU aldus moet worden uitgelegd dat het zich in beginsel niet verzet tegen een nationale wettelijke regeling als die welke in het hoofdgeding aan de orde is, op grond waarvan de ingezeten vennootschappen van een concern de verliezen van een ingezeten vaste inrichting van een niet-ingezeten dochteronderneming van dit concern slechts mogen aftrekken van hun geïntegreerde resultaat indien de regels die van toepassing zijn in de lidstaat waar die dochteronderneming is gevestigd, niet toestaan dat die verliezen worden afgetrokken van het resultaat van deze laatste, wanneer die wettelijke regeling wordt toegepast in samenhang met een verdrag tot het vermijden van dubbele belasting op grond waarvan in die lidstaat de aftrek is toegestaan van de door de dochteronderneming verschuldigde inkomstenbelasting voor een bedrag dat gelijk is aan de inkomstenbelasting die in de lidstaat op het grondgebied waarvan die vaste inrichting is gelegen, is betaald uit hoofde van de activiteiten van deze laatste. Artikel 49 VWEU moet echter aldus worden uitgelegd dat het zich tegen een dergelijke wettelijke regeling verzet indien de toepassing van deze regeling tot gevolg heeft dat dit concern elke daadwerkelijke mogelijkheid wordt ontnomen om de voornoemde verliezen af te trekken van zijn geïntegreerde resultaat, terwijl het onmogelijk is om diezelfde verliezen te verrekenen met het resultaat van de voornoemde dochteronderneming in de lidstaat op het grondgebied waarvan deze dochteronderneming is gevestigd. De verwijzende rechter dient na te gaan of dit laatste het geval is.

Kosten

58. …

Het Hof (Eerste kamer)

verklaart voor recht:

Artikel 49 VWEU moet aldus worden uitgelegd dat het zich in beginsel niet verzet tegen een nationale wettelijke regeling als die welke in het hoofdgeding aan de orde is, op grond waarvan de ingezeten vennootschappen van een concern de verliezen van een ingezeten vaste inrichting van een niet-ingezeten dochteronderneming van dit concern slechts mogen aftrekken van hun geïntegreerde resultaat indien de regels die van toepassing zijn in de lidstaat waar die dochteronderneming is gevestigd, niet toestaan dat die verliezen worden afgetrokken van het resultaat van deze laatste, wanneer die wettelijke regeling wordt toegepast in samenhang met een verdrag tot het vermijden van dubbele belasting op grond waarvan in die lidstaat de aftrek is toegestaan van de door de dochteronderneming verschuldigde inkomstenbelasting voor een bedrag dat gelijk is aan de inkomstenbelasting die in de lidstaat op het grondgebied waarvan die vaste inrichting is gelegen, is betaald uit hoofde van de activiteiten van deze laatste. Artikel 49 VWEU moet echter aldus worden uitgelegd dat het zich tegen een dergelijke wettelijke regeling verzet indien de toepas-

sing van deze regeling tot gevolg heeft dat dit concern elke daadwerkelijke mogelijkheid wordt ontnomen om de voornoemde verliezen af te trekken van zijn geïntegreerde resultaat, terwijl het onmogelijk is om diezelfde verliezen te verrekenen met het resultaat van de voornoemde dochteronderneming in de lidstaat op het grondgebied waarvan deze dochteronderneming is gevestigd. De verwijzende rechter dient na te gaan of dit laatste het geval is.

HvJ EU 25 juli 2018, zaak C-553/16 („TTL" EOOD v. Direktor na Direktsia „Obzhalvane i danachno-osiguritelna praktika" – Sofia)

Zevende kamer: *A. Rosas (rapporteur), kamerpresident, A. Prechal en E. Jarašiūnas, rechters*

Advocaat-generaal: *M. Wathelet*

1. Het verzoek om een prejudiciële beslissing betreft de uitlegging van de artikelen 49, 54 en 63, alsmede van artikel 65, leden 1 en 3, VWEU, artikel 5, lid 4, en artikel 12, onder b), VEU.

2. Dit verzoek is ingediend in het kader van een geding tussen „TTL" EOOD en de Direktor na Direktsia „Obzhalvane i danachno-osiguritelna praktika" – Sofia (directeur van de directie „Betwistingen en tenuitvoerlegging in belasting- en socialezekerheidszaken" van Sofia, Bulgarije) (hierna: „verwerende belastingdienst in het hoofdgeding") over de betaling, door TTL, van niet-terugvorderbare vertragingsrente wegens niet-nakoming van haar verplichting om bronbelasting in te houden op grensoverschrijdende inkomstenbetalingen ten gunste van niet-verbonden vennootschappen die in een andere lidstaat dan de Republiek Bulgarije zijn gevestigd.

Toepasselijke bepalingen

Unierecht

3. Artikel 5, lid 4, eerste alinea, VEU luidt:

„Krachtens het evenredigheidsbeginsel gaan de inhoud en de vorm van het optreden van de Unie niet verder dan wat nodig is om de doelstellingen van de Verdragen te verwezenlijken."

4. Artikel 12, onder b), VEU bepaalt:

„De nationale parlementen dragen actief bij tot de goede werking van de Unie:

[...]

b. door erop toe te zien dat het beginsel van subsidiariteit wordt geëerbiedigd overeenkomstig de procedures bedoeld in het Protocol betreffende de toepassing van de beginselen van subsidiariteit en evenredigheid".

Bulgaars recht

5. Volgens artikel 195, lid 1, van de Zakon za korporativnoto podohodno oblagane (wet op de vennootschapsbelasting) (DV nr. 105 van 22 december 2006), in de versie die van toepassing was ten tijde van de feiten van het hoofdgeding, zijn de inkomsten van niet-ingezeten rechtspersonen uit binnenlandse bronnen, op voorwaarde dat zij niet zijn verkregen via een vaste inrichting op het Bulgaarse grondgebied, onderworpen aan een bronbelasting waarmee de belastingschuld definitief wordt voldaan. Overeenkomstig artikel 195, lid 2, van deze wet wordt de in lid 1 bedoelde bronbelasting ingehouden door de Bulgaarse rechtspersonen die de inkomsten aan niet-ingezeten rechtspersonen uitkeren. Overeenkomstig artikel 200 van deze wet bedraagt deze bronbelasting 10 %.

6. Artikel 202, lid 2, van de wet op de vennootschapsbelasting bepaalt dat wie de overeenkomstig artikel 195 van deze wet aan de bronbelasting onderworpen inkomsten uitkeert, verplicht is om de ingehouden belasting door te storten binnen een termijn van drie maanden vanaf het begin van de maand die volgt op die waarin de inkomsten zijn uitgekeerd.

7. De Danachno-osiguritelen protsesualen kodeks (wetboek van rechtsvordering in belasting- en socialezekerheidszaken) van 1 januari 2006 (DV nr. 105 van 29 december 2005; hierna: „wetboek fiscaal procesrecht"), in de versie die van toepassing was ten tijde van de feiten van het hoofdgeding, bepaalt in artikel 18, met als opschrift „Aansprakelijkheid van personen die belastingen of sociale heffingen moeten inhouden en doorstorten":

„1. Een persoon die wettelijk verplicht is verplichte belastingen of sociale heffingen in te houden en door te storten en deze verplichting niet nakomt, is samen met de schuldenaar van de niet-ingehouden belastingen of sociale heffingen hoofdelijk aansprakelijk.

2. Indien de in lid 1 bedoelde persoon de verplichte belastingen of sociale heffingen heeft ingehouden doch niet heeft doorgestort, is hij deze verplichte belastingen of sociale heffingen verschuldigd, maar vervalt de aansprakelijkheid van de schuldenaar."

8. Artikel 175, leden 1 en 2, van het wetboek fiscaal procesrecht bepaalt:

„1. Op verplichtingen jegens de overheid die niet zijn betaald binnen de wettelijk bepaalde termijnen, dient rente te worden betaald tegen de in de betrokken wet vastgestelde percentages.
2. Rente dient ook te worden betaald:
1. voor overheidsvorderingen die niet correct zijn terugbetaald of verrekend, met inbegrip van alle betalingen die zijn ontvangen op basis van een verzoek om teruggaaf overeenkomstig de wetgeving inzake fiscale en sociale heffingen;
2. op een voorschot dat niet is betaald binnen de wettelijke termijn, op 31 december van het desbetreffende jaar;
3. op de verplichting van niet-ingezetenen tot betaling van bronbelasting, vanaf het verstrijken van de naar Bulgaars recht geldende termijn voor de betaling ervan tot op de datum waarop de niet-ingezetene het bewijs levert dat is voldaan aan de voorwaarden voor de toepassing van een door de Republiek Bulgarije gesloten verdrag ter voorkoming van dubbele belasting, ook in die gevallen waar volgens het verdrag de belasting niet of slechts in mindere mate moet worden betaald".

9. Het wetboek fiscaal procesrecht voorziet in de artikelen 135 tot en met 142 in een specifieke procedure voor de toepassing van belastingvrijstellingen die zijn toegekend in een verdrag ter voorkoming van dubbele belasting.

10. Volgens deze procedure worden de belastingvrijstellingen toegepast nadat is bewezen dat is voldaan aan de voorwaarden voor toepassing van het verdrag ter voorkoming van dubbele belasting.

11. Daartoe moet overeenkomstig artikel 136 van het wetboek fiscaal procesrecht de niet-ingezetene met name bewijzen dat, wanneer de belastingschuld voor aan bronbelasting op Bulgaars grondgebied onderworpen inkomsten is ontstaan, zijn fiscale woonplaats was gelegen in de andere staat, in de zin van het toepasselijke verdrag ter voorkoming van dubbele belasting, hij over inkomsten van Bulgaarse bron beschikte en op het Bulgaarse grondgebied niet beschikte over een vaste inrichting of een vast activiteitencentrum waaraan de betrokken inkomsten daadwerkelijk zijn verbonden.

12. Volgens artikel 139 van het wetboek fiscaal procesrecht moet de niet-ingezetene, zodra de aan de bronbelasting onderworpen jaarlijkse inkomsten 100 000 Bulgaarse lev (BGN) (ongeveer 51 000 EUR) of meer bedragen, aan de Teritorialna direktia na Nationalna agentsia za prihodite (regionaal bestuur van het nationaal agentschap voor overheidsinkomsten) van de plaats van vestiging van de vennootschap die de inkomsten heeft uitbetaald, overeenkomstig de nadere regels van de artikelen 139 tot en met 141 van dat wetboek het bewijs overleggen dat is voldaan aan de voorwaarden voor toepassing van het verdrag ter voorkoming van dubbele belasting. Overeenkomstig artikel 139 van dat wetboek moet het bewijs dat is voldaan aan de voorwaarden voor toepassing van dat verdrag, worden overgelegd samen met het verzoek om toepassing van dat verdrag.

13. Op grond van artikel 142 van het wetboek fiscaal procesrecht, met als opschrift „Bijzonder geval", moet, wanneer de aan de bronbelasting onderworpen jaarlijkse inkomsten minder dan 100 000 BGN bedragen, evenwel de persoon die de inkomsten heeft betaald, aantonen dat is voldaan aan de voorwaarden voor toepassing van het toepasselijke verdrag ter voorkoming van dubbele belasting. In dat geval verklaart de persoon die de inkomsten heeft uitgekeerd, dat is voldaan aan de voorwaarden voor toepassing van het toepasselijke verdrag ter voorkoming van dubbele belasting.

Hoofdgeding en prejudiciële vragen

14. Van 2007 tot 2010 heeft de in Bulgarije ingeschreven en gevestigde vennootschap TTL met de vennootschappen GATX Dutch Holding, gevestigd in Nederland, VTG Austria GmbH, gevestigd in Oostenrijk, en GATX Reil Poland sp. z o.o., gevestigd in Polen (hierna gezamenlijk: „drie niet-ingezeten vennootschappen"), overeenkomsten gesloten voor de huur van ketelwagens en hun daarvoor huurgeld betaald. Deze vennootschappen zijn niet met TTL verbonden.

15. Blijkens de schriftelijke opmerkingen van de Bulgaarse regering bedroegen de inkomsten uit Bulgaarse bron die de vennootschappen GATX Dutch Holding en GATX Reil Poland voor elk jaar van de periode van 2007 tot 2010 hebben ontvangen, minder dan 100 000 BGN terwijl de vennootschap VTG Austria inkomsten voor een hoger bedrag heeft ontvangen.

16. Aangezien TTL was mening was dat deze inkomsten vielen onder de verdragen ter voorkoming van dubbele belasting tussen de Republiek Bulgarije en elk van de betrokken lidstaten, te weten het Koninkrijk der Nederlanden, de Republiek Oostenrijk en de Republiek Polen, heeft deze vennootschap geen bronbelasting ingehouden.

17. De drie niet-ingezeten vennootschappen hebben niet verzocht om een beslissing over de toepasselijkheid van de relevante verdragen ter voorkoming van dubbele belasting, maar zij hebben aan TTL de bewijzen overgelegd dat was voldaan aan de voorwaarden voor toepassing van deze verdragen. Aangezien deze bewijzen aan TTL pas zijn overgelegd één tot vier jaar nadat de inkomsten zijn uitbetaald, namelijk op 21 maart 2011 wat de Poolse vennootschap betreft, op 28 maart 2011 wat de Oostenrijkse vennootschap betreft en op 24 augustus 2011 wat de Nederlandse vennootschap betreft, heeft TTL kunnen verklaren dat was voldaan aan de voorwaarden voor toepassing van de verdragen ter voorkoming van dubbele belasting.

18. Bij TTL is een belastingcontrole verricht, waartoe bij beslissing van 26 mei 2011 opdracht was gegeven, betreffende de periode van 1 januari 2007 tot en met 31 december 2010, teneinde na te gaan of mogelijkerwijs schulden als bedoeld in artikel 195 van de wet op de vennootschapsbelasting bestonden.

19. De Teritorialna direktia na Natsionalna agentsia za prihodite – Sofia (regionaal bestuur van het nationaal agentschap voor overheidsinkomsten te Sofia, Bulgarije) heeft op 22 oktober 2013 een navorderingsaanslag vastgesteld, die op 30 oktober daaropvolgend aan TTL is betekend.

20. In deze aanslag wordt het bestaan vastgesteld van een belastingschuld op grond van artikel 195 van de wet op de vennootschapsbelasting voor belastingjaar 2010, te vermeerderen met rente. In deze aanslag wordt ook erop gewezen dat voor de drie niet-ingezeten vennootschappen is voldaan aan de voorwaarden voor toepassing van de verdragen ter voorkoming van dubbele belasting, GATX Dutch Holding en VTG Austria geen belasting in Bulgarije verschuldigd zijn en overeenkomstig artikel 12 van het verdrag ter voorkoming van dubbele belasting tussen de Republiek Bulgarije en de Republiek Polen over de door TTL aan GATX Reil Poland voor de huur van de ketelwagens betaalde inkomsten bronbelasting had moeten worden ingehouden tegen het tarief van slechts 5 %, hetgeen overeenkomt met 2 231,11 BGN (ongeveer 1 140 EUR).

21. Deze aanslag meldt tevens dat rente wegens niet-betaling van de bronbelasting verschuldigd is op grond van artikel 175, lid 2, punt 3, van het wetboek fiscaal procesrecht, voor de periode vanaf de datum van het verstrijken van de termijn voor betaling van de bronbelasting krachtens artikel 195 van de wet op de vennootschapsbelasting tot de datum waarop de drie niet-ingezeten vennootschappen hebben aangetoond dat was voldaan aan de voorwaarden voor toepassing van de verdragen ter voorkoming van dubbele belasting tussen de Republiek Bulgarije en elk van de betrokken lidstaten.

22. In diezelfde navorderingsaanslag werd het bedrag aan rente bepaald op een totaal van 71 473,42 BGN (ongeveer 36 500 EUR). Ook al was naderhand aangetoond dat de belasting niet verschuldigd was, deze rente werd niet terugbetaald.

23. TTL heeft tegen de navorderingsaanslag beroep ingesteld bij de Administrativen sad Sofia-grad (bestuursrechter in eerste aanleg Sofia, Bulgarije) en dit beroep werd verworpen bij arrest van 3 december 2014.

24. TTL heeft tegen dat arrest hogere voorziening ingesteld bij de verwijzende rechter, de Varhoven administrativen sad (hoogste bestuursrechter, Bulgarije).

25. Deze rechter merkt op dat ingevolge artikel 175, lid 2, punt 3, van het wetboek fiscaal procesrecht een ingezeten vennootschap die aan bronbelasting onderworpen inkomsten uitbetaalt, rente moet betalen wanneer de in een andere lidstaat gevestigde vennootschap die deze inkomsten ontvangt, niet heeft bewezen dat is voldaan aan de voorwaarden voor de toepassing van het verdrag ter voorkoming van dubbele belasting tussen de Republiek Bulgarije en de lidstaat waar haar zetel is gevestigd, ook wanneer deze niet-ingezeten vennootschap volgens dat verdrag in Bulgarije geen belasting verschuldigd is of wanneer het bedrag ervan lager is dan het bedrag dat normaal gesproken verschuldigd zou zijn overeenkomstig het Bulgaarse recht. De verwijzende rechter merkt eveneens op dat deze rente wordt geheven voor de periode tussen het verstrijken van de termijn voor betaling van de inkomstenbelasting en de datum waarop de niet-ingezeten vennootschap die de inkomsten ontvangt, bewijst dat is voldaan aan de voorwaarden voor de toepassing van het verdrag ter voorkoming van dubbele belasting, en dat deze rente niet-terugvorderbaar is, ook al is de betaling van inkomsten van Bulgaarse oorsprong volgens dat verdrag in Bulgarije vrijgesteld van bronbelasting.

26. Deze rechter vraagt zich af of een dergelijke bepaling en de fiscale praktijk die uit deze bepaling is gegroeid, een met het Unierecht onverenigbare beperking opleveren, gelet op met name de bepalingen van

het VWEU inzake de vrijheid van vestiging (artikelen 49 en 54) en het vrije verkeer van kapitaal (artikel 63 en artikel 65, leden 1 en 3) in de Europese Unie.

27. Bovendien is deze rechter van oordeel dat het feit dat de vennootschap die de aan de bronbelasting onderworpen inkomsten uitkeert, rente moet betalen over de belasting die de in een andere lidstaat gevestigde vennootschap niet verschuldigd is, niet in overeenstemming te brengen is met het accessoire karakter van de renteschuld. Volgens deze rechter bestaat er naar Bulgaars recht geen enkele andere bepaling volgens welke bij niet-nakoming van de wettelijke verplichting om het bestaan van een recht te bewijzen, bij een andere persoon rente wordt geheven over een belasting die niet dient te worden betaald.

28. Deze rechter vraagt zich dan ook af of artikel 5, lid 4, en artikel 12, onder b), VEU alsmede het daarin neergelegde evenredigheidsbeginsel in de weg staan aan een nationale bepaling als artikel 175, lid 2, punt 3, van het wetboek fiscaal procesrecht.

29. In deze context heeft de Varhoven administrativen sad de behandeling van de zaak geschorst en het Hof verzocht om een prejudiciële beslissing over de volgende vragen:

„1. Is een nationale wettelijke bepaling als artikel 175, lid 2, punt 3, [van het wetboek fiscaal procesrecht], op grond waarvan een ingezeten vennootschap die aan bronbelasting onderworpen inkomsten uitbetaalt, verplicht is rente te betalen voor de periode vanaf het verstrijken van de termijn voor de betaling van de belasting op de inkomsten tot op de datum waarop de in een andere lidstaat gevestigde niet-ingezetene het bewijs levert dat is voldaan aan de voorwaarden voor de toepassing van een verdrag ter voorkoming van dubbele belasting met de Republiek Bulgarije, ook wanneer overeenkomstig dat verdrag de belasting niet of in geringere mate moet worden betaald, verenigbaar met artikel 5, lid 4, en artikel 12, onder b), VEU?

2. Zijn een wettelijke bepaling als artikel 175, lid 2, punt 3, [van het wetboek fiscaal procesrecht] en een praktijk van de belastingdienst, volgens welke van de vennootschap die aan bronbelasting onderworpen inkomsten uitbetaalt, rente kan worden geheven voor de periode vanaf het verstrijken van de termijn voor de betaling van de belasting op de inkomsten tot op de datum waarop de in een andere lidstaat gevestigde niet-ingezetene het bewijs levert dat is voldaan aan de voorwaarden voor toepassing van een verdrag ter voorkoming van dubbele belasting met de Republiek Bulgarije, ook wanneer overeenkomstig dat verdrag de belasting niet of in geringere mate moet worden betaald, verenigbaar met de artikelen 49, 54 en 63 en artikel 65, leden 1 en 3, VWEU?"

Beantwoording van de prejudiciële vragen

Eerste vraag

30. Met zijn eerste vraag wenst de verwijzende rechter in wezen te vernemen of artikel 5, lid 4, en artikel 12, onder b), VEU aldus moeten worden uitgelegd dat zij zich verzetten tegen een regeling van een lidstaat als die in het hoofdgeding, volgens welke een ingezeten vennootschap die aan een in een andere lidstaat gevestigde vennootschap aan bronbelasting onderworpen inkomsten uitkeert, tenzij anders is bepaald in het tussen deze twee lidstaten gesloten verdrag ter voorkoming van dubbele belasting, rente moet betalen voor de periode tussen het verstrijken van de termijn voor betaling van de inkomstenbelasting en de datum waarop de niet-ingezeten vennootschap bewijst dat is voldaan aan de voorwaarden voor de toepassing van dat verdrag, ook wanneer overeenkomstig dat verdrag geen belasting verschuldigd is in eerstbedoelde lidstaat of het bedrag ervan lager is dan het bedrag dat normaal gesproken verschuldigd zou zijn overeenkomstig het belastingrecht van die lidstaat.

31. Volgens vaste rechtspraak is het Hof niet bevoegd om te antwoorden op een prejudiciële vraag wanneer duidelijk is dat de bepaling van Unierecht waarvan het Hof om uitlegging wordt gevraagd, geen toepassing kan vinden (arresten van 20 maart 2014, Caixa d'Estalvis i Pensions de Barcelona, C-139/12, EU:C:2014:174, punt 41, en 30 juni 2016, Admiral Casinos & Entertainment, C-464/15, EU:C:2016:500, punt 20).

32. De regels van Unierecht waarvan om uitlegging wordt verzocht in het kader van de eerste vraag, zijn niet van toepassing in een situatie als in het hoofdgeding.

33. Zo heeft, ten eerste, artikel 5, lid 4, VEU betrekking op de handelingen van de instellingen van de Unie. Ingevolge de eerste alinea van die bepaling gaan, krachtens het evenredigheidsbeginsel, de inhoud en de vorm van het optreden van de Unie niet verder dan wat nodig is om de doelstellingen van de Verdragen te verwezenlijken. De tweede alinea van diezelfde bepaling betreft de instellingen van de Unie, die op grond ervan verplicht zijn het evenredigheidsbeginsel te eerbiedigen bij de uitoefening van een bevoegdheid. In casu maakt de in het hoofdgeding aan de orde zijnde bepaling deel uit van het door de Bulgaarse wetgever vastgestelde

wetboek fiscaal procesrecht en heeft zij betrekking op de procedurele behandeling van belastingplichtigen in Bulgarije.

34. Ten tweede machtigt artikel 12, onder b), VEU, op grond waarvan de nationale parlementen actief bijdragen tot de goede werking van de Unie door erop toe te zien dat het beginsel van subsidiariteit wordt geëerbiedigd, de nationale parlementen ertoe toe te zien op de eerbiediging van dit beginsel bij de uitoefening van een bevoegdheid door de instellingen van de Unie alsmede op de goede werking van de Unie. Deze bepaling ziet niet op de nationale wetgevingen, maar op de ontwerpen voor wetgevingshandelingen van de Unie.

35. Hieruit volgt dat niet behoeft te worden geantwoord op de eerste vraag betreffende de uitlegging van artikel 5, lid 4, en artikel 12, onder b), VEU, aangezien deze bepalingen geen toepassing vinden in een situatie als in het hoofdgeding.

Tweede vraag

Opmerkingen vooraf

36. TTL, de verwerende belastingdienst in het hoofdgeding, de Bulgaarse regering en de Europese Commissie betogen dat de bepalingen inzake de vrijheid van vestiging en het vrije kapitaalverkeer, die zijn vervat in de artikelen 49, 54 en 63 alsmede artikel 65, leden 1 en 3, VWEU, waarop de verwijzende rechter in zijn tweede vraag doelt, gelet op de feiten van het hoofdgeding niet relevant zijn en in de onderhavige zaak niet van toepassing zijn.

37. Volgens vaste rechtspraak brengt de vrijheid van vestiging voor de vennootschappen die in overeenstemming met de wetgeving van een lidstaat zijn opgericht en die hun statutaire zetel, hun hoofdbestuur of hun hoofdvestiging binnen de Unie hebben, het recht mee om in andere lidstaten hun bedrijfsactiviteit uit te oefenen door middel van een dochteronderneming, een filiaal of een agentschap (arresten van 18 juni 2009, Aberdeen Property Fininvest Alpha, C-303/07, EU:C:2009:377, punt 37, en 21 mei 2015, Verder LabTec, C-657/13, EU:C:2015:331, punt 32).

38. Zoals met name de Bulgaarse regering opmerkt, maakt TTL, gelet op de feiten in het hoofdgeding, geen gebruik van de vrijheid van vestiging, aangezien zij op het grondgebied van het Koninkrijk der Nederlanden, de Republiek Polen en de Republiek Oostenrijk geen activiteiten uitoefent door middel van een dochteronderneming, een filiaal of een agentschap. De drie niet-ingezeten vennootschappen oefenen op het Bulgaarse grondgebied geen activiteiten uit door middel van een dochteronderneming, een filiaal of een agentschap. Voorts blijkt uit de verwijzingsbeslissing dat die drie niet-ingezeten vennootschappen geen enkele band met TTL hebben.

39. Met betrekking tot het vrije verkeer van kapitaal zoals gewaarborgd in artikel 63, lid 1, VWEU, heeft het Hof bovendien de bij deze bepaling verboden beperkingen van het kapitaalverkeer omschreven als maatregelen die niet-ingezetenen ervan doen afzien in een lidstaat investeringen te doen, of ingezetenen van die lidstaat ontmoedigen in andere staten investeringen te doen (arrest van 10 februari 2011, Haribo Lakritzen Hans Riegel en Österreichische Salinen, C-436/08 en C-437/08, EU:C:2011:61, punt 50, en 17 september 2015, Miljoen e.a., C-10/14, C-14/14 en C-17/14, EU:C:2015:608, punt 44).

40. Niets van dit alles is in casu aangevoerd. In het hoofdgeding gaat het immers om de verplichting om aan de bron ingehouden belasting door te storten en om een renteschuld over die niet-ingehouden of te laat doorgestorte belasting te voldoen. Die belastingschuld is ontstaan als gevolg van commerciële overeenkomsten tussen een Bulgaars fiscaal ingezetene en niet-ingezetenen, op grond waarvan de Bulgaarse ingezetene betalingen heeft verricht aan deze niet-ingezetenen die dus inkomsten hebben ontvangen.

41. Volgens vaste rechtspraak belet de omstandigheid dat de verwijzende rechter zijn vraag formeel tot de uitlegging van bepaalde bepalingen van Unierecht beperkt, het Hof evenwel niet om hem alle uitleggingsgegevens met betrekking tot het Unierecht te verschaffen die van nut kunnen zijn voor de beslechting van de voor hem dienende zaak, ongeacht of die rechter daarnaar heeft verwezen in de formulering van deze vraag (zie in die zin arresten van 14 november 2017, Lounes, C-165/16, EU:C:2017:862, punt 28, en 30 januari 2018, X en Visser, C-360/15 en C-31/16, EU:C:2018:44, punt 55).

42. In casu blijkt uit de gegevens in het verzoek om een prejudiciële beslissing dat de in het hoofdgeding aan de orde zijnde transactie de verhuur van ketelwagens betreft. Aangezien de verhuur van voertuigen een dienst in de zin van artikel 57 VWEU vormt (arresten van 21 maart 2002, Cura Anlagen, C-451/99, EU:C:2002:195, punt 19, en 4 december 2008, Jobra, C-330/07, EU:C:2008:685, punt 22), moet de zaak in het hoofdgeding worden onderzocht uit het oogpunt van de vrijheid van dienstverrichting.

43. Gelet daarop moet ervan worden uitgegaan dat de verwijzende rechter met zijn tweede vraag in wezen wenst te vernemen of artikel 56 VWEU, dat het vrij verrichten van diensten waarborgt, aldus moet worden uitgelegd dat het zich verzet tegen een regeling van een lidstaat als die in het hoofdgeding, volgens welke de betaling van inkomsten door een ingezeten vennootschap aan een in een andere lidstaat gevestigde vennootschap in beginsel is onderworpen aan een bronbelasting, tenzij anders is bepaald in het tussen die twee lidstaten gesloten verdrag ter voorkoming van dubbele belasting, indien deze regeling bepaalt dat de ingezeten vennootschap die deze bronbelasting heft noch doorstort aan de belastingautoriteiten van eerstbedoelde lidstaat, niet-terugvorderbare vertragingsrente moet betalen voor de periode tussen het verstrijken van de termijn voor betaling van de inkomstenbelasting en de datum waarop de niet-ingezeten vennootschap bewijst dat is voldaan aan de voorwaarden voor de toepassing van het verdrag ter voorkoming van dubbele belasting, ook wanneer overeenkomstig dat verdrag de niet-ingezeten vennootschap in eerstbedoelde lidstaat geen belasting verschuldigd is of het bedrag ervan lager is dan het bedrag dat normaal gesproken verschuldigd zou zijn overeenkomstig het belastingrecht van die lidstaat.

Bestaan van een beperking van het vrij verrichten van diensten

44. Volgens vaste rechtspraak dienen de lidstaten hun bevoegdheid op het gebied van de directe belastingen uit te oefenen met eerbiediging van het Unierecht en met name van de door het VWEU gewaarborgde fundamentele vrijheden (arresten van 23 februari 2016, Commissie/Hongarije, C-179/14, EU:C:2016:108, punt 171, en 2 maart 2017, Eschenbrenner, C-496/15, EU:C:2017:152, punt 45).

45. Dienaangaande zij opgemerkt dat artikel 56 VWEU zich verzet tegen de toepassing van een nationale regeling die ertoe leidt dat het verrichten van diensten tussen lidstaten moeilijker wordt dan het verrichten van diensten uitsluitend binnen één lidstaat. Volgens de rechtspraak van het Hof verlangt artikel 56 VWEU immers de afschaffing van elke beperking van de vrijheid van dienstverrichting die wordt opgelegd op grond dat de dienstverrichter is gevestigd in een andere lidstaat dan die waar de dienst wordt verricht (zie met name arrest van 18 oktober 2012, X, C-498/10, EU:C:2012:635, punten 20 en 21 en aldaar aangehaalde rechtspraak).

46. Als beperkingen van de vrijheid van dienstverrichting moeten worden beschouwd, nationale maatregelen die het gebruik van die vrijheid verbieden, belemmeren of minder aantrekkelijk maken (arresten van 4 december 2008, Jobra, C-330/07, EU:C:2008:685, punt 19, en 18 januari 2018, Wind 1014 en Daell, C-249/15, EU:C:2018:21, punt 21).

47. In casu zij eraan herinnerd dat, overeenkomstig artikel 195, lid 1, van de wet op de vennootschapsbelasting de inkomsten die niet-ingezeten rechtspersonen uit een binnenlandse bron verkrijgen, voor zover ze niet worden verkregen via een vaste inrichting op het Bulgaarse grondgebied, zijn onderworpen aan een bronbelasting waarmee de belastingschuld definitief wordt voldaan. Voorts moet volgens artikel 175, lid 2, punt 3, van het wetboek fiscaal procesrecht een ingezeten vennootschap die inkomsten uitkeert aan een niet-ingezeten persoon, voor alle belasting ten laste van een niet-ingezeten persoon die in beginsel onderworpen is aan bronbelasting, in geval van niet-betaling vertragingsrente betalen vanaf het verstrijken van de termijn voor de betaling van deze belasting tot de datum waarop de niet-ingezeten persoon het bewijs levert dat is voldaan aan de voorwaarden voor de toepassing van het verdrag ter voorkoming van dubbele belasting tussen de Republiek Bulgarije en de lidstaat waar die persoon gevestigd is, ook wanneer overeenkomstig dat verdrag deze persoon geen belasting verschuldigd is in Bulgarije of het bedrag ervan lager is dan het bedrag dat normaal gesproken verschuldigd zou zijn overeenkomstig het Bulgaarse belastingrecht.

48. Blijkens de verwijzingsbeslissing en de opmerkingen die de Bulgaarse regering ter terechtzitting heeft gemaakt, moet deze vertragingsrente enkel in het geval van grensoverschrijdende transacties worden betaald en is geen terugbetaling van deze rente mogelijk.

49. Naar Bulgaars recht bestaat dus een verschil in behandeling tussen ingezeten vennootschappen die inkomsten uitkeren in ruil voor een dienst, zoals in casu de verhuur van ketelwagens, naargelang de vennootschap die deze inkomsten ontvangt, een andere in Bulgarije gevestigde vennootschap dan wel een in een andere lidstaat gevestigde vennootschap is. Een grensoverschrijdende situatie waarbij een ingezeten vennootschap gebruikmaakt van het vrij verrichten van diensten in de zin van artikel 56 VWEU, wordt dus minder gunstig behandeld dan een binnenlandse situatie.

50. Een nationale regeling als in het hoofdgeding kan ingezeten vennootschappen ontmoedigen om een beroep te doen op de verhuurdiensten van in andere lidstaten gevestigde vennootschappen, en dus een belemmering van het vrij verrichten van diensten vormen.

51. Gelet op hetgeen voorafgaat, moet worden vastgesteld dat een nationale regeling als die in het hoofdgeding een door artikel 56 VWEU in beginsel verboden beperking van het vrij verrichten van diensten vormt. Derhalve moet worden onderzocht of een dergelijke beperking objectief kan worden gerechtvaardigd.

Eventuele rechtvaardiging van de beperking van de vrijheid van dienstverrichting

52. Volgens de rechtspraak van het Hof is een beperking van de vrijheid van dienstverrichting slechts aanvaardbaar indien zij een met het VWEU verenigbaar rechtmatig doel nastreeft en wordt gerechtvaardigd door dwingende vereisten van algemeen belang. In dat geval is tevens vereist dat die beperking geschikt is om de verwezenlijking van het nagestreefde doel te verzekeren en niet verder gaat dan nodig is om deze doelstelling te verwezenlijken [arresten van 18 december 2007, Laval un Partneri, C-341/05, EU:C:2007:809, punt 101; 4 december 2008, Jobra, C-330/07, EU:C:2008:685, punt 27, en 26 mei 2016, NN (L) International, C-48/15, EU:C:2016:356, punt 58].

53. De Bulgaarse regering en de verwerende belastingdienst in het hoofdgeding voeren aan dat de uit artikel 175, lid 2, punt 3, van het wetboek fiscaal procesrecht voortvloeiende beperking van de vrijheid van dienstverrichting gerechtvaardigd is. De Bulgaarse regering beroept zich op de noodzaak om de doeltreffendheid van de inning van de belasting te verzekeren en de noodzaak om de doeltreffendheid van de fiscale controles te waarborgen, die dwingende redenen van algemeen belang vormen die een beperking van de uitoefening van de door het Verdrag gewaarborgde fundamentele vrijheden kunnen rechtvaardigen [zie met name arresten van 30 juni 2011, Meilicke e.a., C-262/09, EU:C:2011:438, punt 41; 9 oktober 2014, van Caster, C-326/12, EU:C:2014:2269, punt 46 en aldaar aangehaalde rechtspraak, en 26 mei 2016, NN (L) International, C-48/15, EU:C:2016:356, punt 59].

54. In deze context herinneren de Bulgaarse regering en de verwerende belastingdienst in het hoofdgeding aan de doelstellingen en de functies van de in het hoofdgeding aan de orde zijnde regeling. Volgens artikel 202, lid 2, van de wet op de vennootschapsbelasting moet de ingezeten vennootschap die krachtens artikel 195 van deze wet aan bronbelasting onderworpen inkomsten uitkeert, de verschuldigde belasting doorstorten binnen een termijn van drie maanden vanaf het begin van de maand die volgt op de maand waarin deze inkomsten zijn betaald, wanneer de ontvanger van deze inkomsten gevestigd is in een lidstaat waarmee de Republiek Bulgarije een verdrag ter voorkoming van dubbele belasting heeft gesloten. Na afloop van deze termijn is de vennootschap die de inkomsten heeft uitgekeerd en de bronbelasting niet heeft ingehouden en doorgestort, in gebreke met de betaling van de belasting. Volgens artikel 203 van deze wet is zij ook hoofdelijk gehouden tot betaling van de aan de bron ingehouden belasting. Totdat is aangetoond dat het verdrag ter voorkoming van dubbele belasting van toepassing is, wordt de belasting verschuldigd geacht, overeenkomstig de Bulgaarse wetgeving.

55. Volgens de verwerende belastingdienst in het hoofdgeding staat op de niet-tijdige betaling van de verschuldigde belasting als sanctie de betaling, door de ingezeten vennootschap, van rente als bedoeld in artikel 175, lid 2, punt 3, van het wetboek fiscaal procesrecht. Hij preciseert dat deze rente verschuldigd is los van het feit dat, overeenkomstig het toepasselijke verdrag ter voorkoming van dubbele belasting, de inkomsten in Bulgarije niet belastbaar zijn. De betaling van deze rente vormt een sanctie voor het feit dat niet tijdig is aangetoond dat het verdrag ter voorkoming van dubbele belasting, dat de toepassing van het Bulgaarse recht uitsluit, van toepassing is.

56. Volgens de Bulgaarse regering kan met een bepaling als artikel 175, lid 2, punt 3, van het wetboek fiscaal procesrecht de door het nationale recht nagestreefde doelstelling worden verwezenlijkt, namelijk het tijdig innen van de belastingen van de belastingplichtigen, zonder dat afbreuk wordt gedaan aan de door het Unierecht vastgestelde doelstellingen en beginselen. Deze bepaling strekt dus ertoe, de belastingautoriteiten in staat te stellen de inkomsten uit de vennootschapsbelasting te plannen en te voorspellen alsmede de doeltreffendheid van de inning van de belasting te waarborgen. Bovendien vormt artikel 175, lid 2, punt 3, van het wetboek fiscaal procesrecht voor belastingplichtigen een stimulans om binnen de gestelde termijn te bewijzen dat is voldaan aan de voorwaarden voor toepassing van het verdrag ter voorkoming van dubbele belasting, wanneer overeenkomstig dat verdrag geen belasting verschuldigd is of het bedrag ervan lager is dan het bedrag dat normaal gesproken verschuldigd zou zijn overeenkomstig het Bulgaarse belastingrecht.

57. Met betrekking tot de gronden ter rechtvaardiging van de beperking van de vrijheid van dienstverrichting heeft het Hof, zoals in herinnering is gebracht in punt 53 van het onderhavige arrest, reeds geoordeeld dat de noodzaak om de doeltreffendheid van de inning van de belasting te waarborgen en de noodzaak om de doeltreffendheid van de fiscale controles te verzekeren dwingende redenen van algemeen belang kunnen vormen die een beperking van de vrijheid van dienstverrichting kunnen rechtvaardigen. Het Hof heeft tevens geoor-

deeld dat het opleggen van sancties, daaronder begrepen strafsancties, kan worden beschouwd als noodzakelijk om de daadwerkelijke naleving van een nationale regeling te waarborgen, op voorwaarde evenwel dat de aard en het bedrag van de opgelegde sanctie in elk concreet geval evenredig zijn aan de ernst van de inbreuk die de sanctie beoogt te bestraffen [zie in die zin arrest van 26 mei 2016, NN (L) International, C-48/15, EU:C:2016:356, punt 59 en aldaar aangehaalde rechtspraak].

58. In casu lijkt de noodzaak om de inning van de over grensoverschrijdende betalingen aan de bron ingehouden belasting te waarborgen en om de doeltreffendheid van de fiscale controles in grensoverschrijdende situaties als in het hoofdgeding te verzekeren, te rechtvaardigen dat sancties worden opgelegd aan vennootschappen die de belasting niet tijdig betalen en te laat de documenten overleggen waaruit blijkt dat zij zich kunnen beroepen op een vrijstelling van de verplichting om deze belasting te betalen.

59. Een nationale regeling die voorziet in een sanctie in de vorm van niet-terugvorderbare rente, berekend op basis van het bedrag van de volgens de nationale wetgeving aan de bron verschuldigde belasting en verschuldigd voor de periode vanaf de datum waarop de belasting verschuldigd wordt tot de datum waarop de documenten tot bewijs van de toepassing van het verdrag ter voorkoming van dubbele belasting worden overgelegd aan de belastingautoriteiten, is evenwel niet geschikt om de verwezenlijking van de in het vorige punt bedoelde doelstellingen te waarborgen ingeval is aangetoond dat overeenkomstig het toepasselijke verdrag geen belasting verschuldigd is. In een situatie als in het hoofdgeding bestaat er immers geen verband tussen, enerzijds, het bedrag van de verschuldigde rente en, anderzijds, het bedrag van de verschuldigde belasting, die niet bestaat, of de ernst van de vertraging die is opgelopen in de overlegging van deze documenten aan de belastingautoriteiten.

60. Bovendien gaat een dergelijke sanctie verder dan wat nodig is om deze doelstellingen te verwezenlijken, aangezien het bedrag van de verschuldigde rente buitensporig kan blijken in vergelijking met het bedrag van de verschuldigde belasting en deze rente niet-terugvorderbaar is.

61. Zoals de Commissie heeft opgemerkt, is het bedrag van de rente wegens te late betaling van de belasting hetzelfde, ongeacht of de belasting uiteindelijk niet verschuldigd is dan wel of de bronbelasting verschuldigd is doch niet tijdig is betaald. In deze laatste situatie, die verschilt van die in het hoofdgeding, derven de Bulgaarse belastingautoriteiten inkomsten tijdens de periode waarin de belasting niet wordt betaald. In het hoofdgeding daarentegen staat alleen op de vertraging bij het overleggen van bewijsmateriaal een sanctie.

62. Overigens moet worden opgemerkt dat met andere mogelijkheden dezelfde doelstelling kan worden verwezenlijkt. Dit zou het geval zijn indien in terugbetaling van de vertragingsrente aan de ingezeten vennootschap zou zijn voorzien ingeval de belastingschuld zou worden herberekend en bewezen zou zijn dat in Bulgarije geen belasting verschuldigd is over de aan de niet-ingezeten vennootschap uitgekeerde inkomsten.

63. Gelet op alle voorgaande overwegingen dient op de prejudiciële vraag te worden geantwoord dat artikel 56 VWEU aldus moet worden uitgelegd dat het zich verzet tegen een regeling van een lidstaat als die in het hoofdgeding, volgens welke de betaling van inkomsten door een ingezeten vennootschap aan een in een andere lidstaat gevestigde vennootschap in beginsel is onderworpen aan bronbelasting, tenzij anders is bepaald in het tussen die twee lidstaten gesloten verdrag ter voorkoming van dubbele belasting, indien deze regeling bepaalt dat de ingezeten vennootschap die deze bronbelasting heft noch doorstort aan de belastingautoriteiten van eerstbedoelde lidstaat, niet-terugvorderbare vertragingsrente moet betalen voor de periode tussen het verstrijken van de termijn voor betaling van de inkomstenbelasting en de datum waarop de niet-ingezeten vennootschap bewijst dat is voldaan aan de voorwaarden voor toepassing van het verdrag ter voorkoming van dubbele belasting, ook wanneer overeenkomstig dat verdrag de niet-ingezeten vennootschap in eerstbedoelde lidstaat geen belasting verschuldigd is of het bedrag ervan lager is dan het bedrag dat normaal gesproken verschuldigd zou zijn overeenkomstig het belastingrecht van die lidstaat.

Kosten

64. ...

Het Hof (Zevende kamer)

verklaart voor recht:

Artikel 56 VWEU moet aldus worden uitgelegd dat het zich verzet tegen een regeling van een lidstaat als die in het hoofdgeding, volgens welke de betaling van inkomsten door een ingezeten vennootschap aan een in een andere lidstaat gevestigde vennootschap in beginsel is onderworpen aan een bronbelasting, tenzij anders is bepaald in het tussen die twee lidstaten gesloten verdrag ter voorkoming van dubbele

belasting, indien deze regeling bepaalt dat de ingezeten vennootschap die deze bronbelasting heft noch doorstort aan de belastingautoriteiten van eerstbedoelde lidstaat, niet-terugvorderbare vertragingsrente moet betalen voor de periode tussen het verstrijken van de termijn voor betaling van de inkomstenbelasting en de datum waarop de niet-ingezeten vennootschap bewijst dat is voldaan aan de voorwaarden voor toepassing van het verdrag ter voorkoming van dubbele belasting, ook wanneer overeenkomstig dat verdrag de niet-ingezeten vennootschap in eerstbedoelde lidstaat geen belasting verschuldigd is of het bedrag ervan lager is dan het bedrag dat normaal gesproken verschuldigd zou zijn overeenkomstig het belastingrecht van die lidstaat.

HvJ EU 20 september 2018 , zaak C-510/16 (Carrefour Hypermarchés SAS, Fnac Paris, Fnac Direct, Relais Fnac, Codirep, Fnac Périphérie v. Ministre des Finances en des Comptes publics)

Vierde kamer: *T. von Danwitz (rapporteur), kamerpresident, C. Vajda, E. Juhász, K. Jürimäe en C. Lycourgos, rechters*
AdvocaatGeneraal: *N. Wahl*

1. Het verzoek om een prejudiciële beslissing betreft de uitlegging van artikel 108, lid 3, VWEU en artikel 4 van verordening (EG) nr. 794/2004 van de Commissie van 21 april 2004 tot uitvoering van verordening (EG) nr. 659/1999 van de Raad tot vaststelling van nadere bepalingen voor de toepassing van artikel [108 VWEU] (PB 2004, L 140, blz. 1).

2. Dit verzoek is ingediend in het kader van gedingen tussen Carrefour Hypermarchés SAS, Fnac Paris, Fnac Direct, Relais Fnac, Codirep en Fnac Périphérie en de Ministre des Finances et des Comptes publiques (minister van Financiën en Overheidsrekeningen, Frankrijk) over de teruggaaf van een belasting op de verkoop en verhuur van videofilms die door deze ondernemingen is voldaan.

Toepasselijke bepalingen

Verordening nr. 659/1999

3. In artikel 1 van verordening (EG) nr. 659/1999 van de Raad van 22 maart 1999 tot vaststelling van nadere bepalingen voor de toepassing van artikel [108 VWEU] (PB 1999, L 83, blz. 1), is het volgende bepaald:

„Voor de toepassing van deze verordening gelden de volgende definities:
a. ‚steun', elke maatregel die aan alle in artikel [107, lid 1, VWEU] vervatte criteria voldoet;
b. ‚bestaande steun',
i. [...] alle steun die voor de inwerkingtreding van het [VWEU] in de respectieve lidstaat bestond, dat wil zeggen steunregelingen en individuele steun die vóór de inwerkingtreding van het Verdrag tot uitvoering zijn gebracht en die na de inwerkingtreding nog steeds van toepassing zijn;
ii. goedgekeurde steun, dat wil zeggen steunregelingen en individuele steun die door de Commissie of de Raad zijn goedgekeurd;
[...]
c. ‚nieuwe steun', alle steun, dat wil zeggen steunregelingen en individuele steun die geen bestaande steun is, met inbegrip van wijzigingen in bestaande steun;
[...]"

Verordening nr. 794/2004

4. Overweging 4 van verordening nr. 794/2004 luidt:

„In het belang van de rechtszekerheid dient te worden verduidelijkt dat geringe verhogingen, van maximaal 20 procent, van de oorspronkelijk voor een steunregeling voorziene middelen, met name teneinde rekening te houden met de gevolgen van de inflatie, niet bij de Commissie behoeven te worden aangemeld, daar het weinig waarschijnlijk is dat zij van invloed zijn op de initiële beoordeling van de verenigbaarheid van de steunregeling door de Commissie, mits de andere voorwaarden van de steunregeling ongewijzigd blijven."

5. Artikel 4 van deze verordening, met het opschrift „Vereenvoudigde aanmeldingsprocedure voor bepaalde wijzigingen in bestaande steun", voorziet in het volgende:

„1. Voor de toepassing van artikel 1, onder c), van verordening [nr. 659/1999] wordt onder een wijziging in bestaande steun iedere wijziging verstaan, met uitzondering van aanpassingen van louter formele of administratieve aard die de beoordeling van de verenigbaarheid van de steunmaatregel met de gemeenschappelijke markt niet kunnen beïnvloeden. Een verhoging van de oorspronkelijk voor een bestaande steunregeling voorziene middelen met maximaal 20 procent, wordt echter niet als een wijziging van bestaande steun beschouwd.
2. De volgende wijzigingen van bestaande steun worden aangemeld door middel van het in bijlage II opgenomen formulier voor vereenvoudigde aanmelding:
a. verhogingen van de voor een goedgekeurde steunregeling voorziene middelen met meer dan 20 %;

[…]"

Hoofdgedingen en prejudiciële vragen

6. Bij beschikking C(2006) 832 definitief van 22 maart 2006 (steunmaatregelen NN 84/2004 en N 95/2004 – Frankrijk, steunregelingen voor de film- en audiovisuele sector) (hierna: „beschikking van 2006"), heeft de Commissie meerdere door de Franse Republiek ingevoerde steunregelingen voor de film- en audiovisuele sector met de interne markt verenigbaar verklaard. Deze regelingen worden gefinancierd door het Centre national du cinéma et de l'image animée (nationaal centrum voor cinematografie en bewegend beeld; hierna: „CNC"). De voor deze instantie voorziene middelen zijn hoofdzakelijk afkomstig uit drie belastingen, namelijk de belasting op bioscoopkaartjes, de belasting op televisieomroepdiensten en de belasting op de verkoop en de verhuur van videofilms voor particulier gebruik (hierna samen: „drie belastingen").

7. Bij beschikking C(2007) 3230 definitief van 10 juli 2007 (steunmaatregel N 192/2007 – Frankrijk, wijziging van steunregeling NN 84/2004 – Ondersteuning van de filmsector en de sector van audiovisuele productie in Frankrijk – Modernisering van de bijdrageregeling voor de televisieomroepsector ter ondersteuning van de film- en audiovisuele sector) (hierna: „beschikking van 2007"), heeft de Commissie een wijziging van de wijze van financiering van genoemde steunregelingen, na een hervorming van de belasting op televisieomroepdiensten, goedgekeurd.

8. Verzoeksters in de hoofdgedingen hebben verzocht om teruggaaf van de belasting op de verkoop en verhuur van videofilms voor particulier gebruik die Carrefour Hypermarchés in de jaren 2008 en 2009 heeft voldaan en de overige ondernemingen in de jaren 2009 tot en met 2011 hebben voldaan. Zij betogen dat deze belasting in strijd met artikel 108, lid 3, VWEU wordt geheven, aangezien de Franse Republiek de toename van de totale opbrengst van de drie belastingen tussen 2007 en 2011 (hierna: „betrokken periode") niet bij de Commissie heeft aangemeld. Volgens verzoeksters in de hoofdgedingen, die zich daarvoor baseren op een in augustus 2012 opgesteld rapport van de Cour des comptes (rekenkamer, Frankrijk) over het beheer en de financiering van het CNC (hierna: „rapport van de rekenkamer"), heeft deze toename geleid tot een substantiële wijziging van de wijze van financiering van de steunregeling, met overschrijding van de drempel van 20 % die in artikel 4 van verordening nr. 794/2004 is vastgesteld.

9. In die context zet de verwijzende rechterlijke instantie uiteen dat in de beschikking van 2007 ramingen waren vermeld volgens welke de hervorming van de belasting op televisieomroepdiensten, waarop de verhoging van de middelen van het CNC in de betrokken periode hoofdzakelijk is terug te voeren, in het gunstigste geval kon leiden tot een toename van de opbrengsten uit deze belasting met 16,5 miljoen EUR per jaar. Volgens het rapport van de rekenkamer zijn deze opbrengsten in werkelijkheid met gemiddeld 67 miljoen EUR toegenomen in die periode. De Commissie heeft de beschikking van 2007 dus gebaseerd op ramingen die achteraf incorrect bleken.

10. In die omstandigheden heeft de Conseil d'État de behandeling van de zaak geschorst en het Hof verzocht om een prejudiciële beslissing over de volgende vragen:

„1. Is een aanzienlijke toename van de opbrengst van de belastinginkomsten bestemd voor een steunregeling die wordt gefinancierd met daartoe bestemde middelen, in vergelijking met de aan de Europese Commissie verstrekte ramingen, een substantiële wijziging in de zin van artikel 108, lid 3, VWEU, zodat een nieuwe aanmelding noodzakelijk is, wanneer een lidstaat de juridische wijzigingen die een substantiële weerslag op die regeling hebben, en met name die betreffende de financieringswijze van de regeling, op regelmatige wijze heeft aangemeld vóór de inwerkingtreding daarvan?

2. Hoe moet in dat geval artikel 4 van verordening nr. 794/2004 worden toegepast, op grond waarvan een verhoging van de voor een bestaande steunregeling oorspronkelijk voorziene middelen met meer dan 20 % een wijziging van die steunregeling vormt, en meer bepaald:

a. Hoe verhoudt het zich tot de omstandigheid dat de verplichting tot aanmelding van een steunregeling zoals neergelegd in artikel 108, lid 3, VWEU vooraf moet worden vervuld?

b. Indien bij overschrijding van de in artikel 4 van verordening nr. 794/2004 neergelegde drempel van 20 % van de oorspronkelijk voor een bestaande steunregeling voorziene middelen een nieuwe aanmelding noodzakelijk is, moet deze drempel dan worden beoordeeld op basis van het bedrag van de voor de steunregeling bestemde inkomsten, dan wel op basis van de daadwerkelijk aan de begunstigden toegekende uitgaven, zonder de bedragen waarmee een reserve wordt aangelegd of die aan de staat worden afgedragen?

c. Gesteld dat eerbiediging van die drempel van 20 % moet worden beoordeeld op basis van de aan de steunregeling bestede uitgaven, moet een dergelijke beoordeling dan worden verricht door het algemene bestedingsmaximum dat wordt vermeld in het goedkeuringsbesluit te vergelijken met de totale middelen die achteraf door het toewijzende orgaan aan de gehele steunregeling worden toegekend, dan wel door de maxima die voor elke in dat besluit geïdentificeerde categorie van steun zijn aangemeld, te vergelijken met de overeenkomstige begrotingspost van dat orgaan?"

Beantwoording van de prejudiciële vragen

Ontvankelijkheid

11. Volgens de Italiaanse regering zijn de prejudiciële vragen hypothetisch van aard en derhalve niet-ontvankelijk.

12. Aan de hand van deze vragen wil de verwijzende rechterlijke instantie in essentie bepalen of de drie belastingen in de betrokken periode in strijd met artikel 108, lid 3, VWEU zijn geheven. Genoemde vragen zijn te plaatsen in het kader van gedingen over verzoeken om teruggaaf van een van deze belastingen, namelijk de belasting op de verkoop en de verhuur van videofilms voor particulier gebruik. Deze rechterlijke instantie baseert zich daarnaast op de premisse dat deze belasting inderdaad een integrerend onderdeel van een steunmaatregel in de zin van artikel 107, lid 1, VWEU uitmaakt. In die omstandigheden houden die vragen rechtstreeks verband met het voorwerp van de hoofdgedingen en zijn zij dus niet zuiver hypothetisch van aard. De prejudiciële vragen zijn derhalve ontvankelijk.

Ten gronde

13. Met haar vragen, die samen moeten worden behandeld, wenst de verwijzende rechterlijke instantie in essentie te vernemen of een aanzienlijke toename, in vergelijking met de bij de Commissie aangemelde ramingen, van de opbrengst van belastingen die tot doel hebben meerdere goedgekeurde steunregelingen te financieren, zoals de toename die in de hoofdgedingen aan de orde is, een wijziging van bestaande steun in de zin van artikel 1, onder c), van verordening nr. 659/1999 en artikel 4, lid 1, eerste volzin, van verordening nr. 794/2004, gelezen in het licht van artikel 108, lid 3, VWEU, vormt. In dit verband stelt zij het Hof meer bepaald vragen over de wijze waarop de drempel van 20 % in artikel 4, lid 1, tweede volzin, van deze verordening moet worden beoordeeld en over het punt of deze drempel moet worden onderzocht aan de hand van de inkomsten die worden bestemd voor de steunregelingen die in de hoofdgedingen aan de orde zijn of aan de hand van de daadwerkelijk toegekende steun.

14. Om te beginnen heeft het Hof herhaaldelijk geoordeeld dat heffingen niet binnen de werkingssfeer van de Verdragsbepalingen betreffende staatssteun vallen, tenzij zij de wijze van financiering van een steunmaatregel vormen, zodat zij integrerend onderdeel uitmaken van deze maatregel. Wanneer de wijze van financiering van de steun middels een heffing integrerend deel uitmaakt van de steunmaatregel, strekken de gevolgen van de niet-inachtneming door de nationale autoriteiten van het uitvoeringsverbod van artikel 108, lid 3, laatste volzin, VWEU zich ook tot dit aspect van de steunmaatregel uit, zodat de nationale autoriteiten in beginsel gehouden zijn de in strijd met het Unierecht geïnde heffingen terug te betalen (zie in die zin arresten van 13 januari 2005, Streekgewest, C-174/02, EU:C:2005:10, punten 16, 24 en 25; 27 oktober 2005, Distribution Casino France e.a., C-266/04–C-270/04, C-276/04 en C-321/04–C-325/04, EU:C:2005:657, punt 35; 7 september 2006, Laboratoires Boiron, C 526/04, EU:C:2006:528, punt 43 en aldaar aangehaalde rechtspraak, en 10 november 2016, DTS Distribuidora de Televisión Digital/Commissie, C-449/14 P, EU:C:2016:848, punt 65 en aldaar aangehaalde rechtspraak).

15. Aangezien de verwijzende rechterlijke instantie in de tekst van haar vragen aan het Hof verwijst naar het geval van „een steunregeling die wordt gefinancierd met daartoe bestemde middelen", moeten de prejudiciële vragen zo worden opgevat dat zij berusten op de premisse dat de drie belastingen in de betrokken periode integrerend onderdeel van de betrokken steunregelingen uitmaakten.

16. Het is juist dat de verwijzende rechterlijke instantie in het kader van haar tweede vraag een onderscheid maakt tussen de inkomsten van het CNC die voor de in de hoofdgedingen aan de orde zijnde steunregelingen zijn bestemd en de uitgaven die daadwerkelijk aan de begunstigden van die regelingen worden toegekend, door te verwijzen naar de bedragen waarmee een reserve is aangelegd of die ten gunste van de staatsbegroting zijn afgedragen. Ofschoon die factoren ook relevant zouden kunnen blijken te zijn voor het onderzoek of de drie belastingen in de betrokken periode integrerend onderdeel van die steunregelingen uitmaakten, noemt de verwijzende rechterlijke instantie hen echter enkel om het Hof te vragen naar de relevantie daarvan in het kader van het onderzoek naar de inachtneming van de drempel van 20 % in artikel 4, lid 1, tweede volzin, van verordening nr. 794/2004.

17. In dit verband moet eraan worden herinnerd dat het in het kader van de in artikel 267 VWEU neergelegde samenwerking tussen het Hof en de nationale rechterlijke instanties uitsluitend een zaak is van de nationale rechter aan wie het geschil is voorgelegd en die de verantwoordelijkheid draagt voor de te geven rechterlijke beslissing om, gelet op de bijzonderheden van het aan hem voorgelegde geval, zowel de noodzaak van een prejudiciële beslissing voor het wijzen van zijn vonnis te beoordelen, als de relevantie van de vragen die hij aan het Hof voorlegt (arresten van 23 januari 2018, F. Hoffmann-La Roche e.a., C-179/16, EU:C:2018:25, punt 44, en 29 mei 2018, Liga van Moskeeën en Islamitische Organisaties Provincie Antwerpen e.a., C-426/16, EU:C:2018:335, punt 30 en aldaar aangehaalde rechtspraak). Niettemin kan het Hof de verwijzende rechterlijke instantie gegevens met betrekking tot de uitlegging van het Unierecht verschaffen die voor haar dienstig kunnen zijn bij de beoordeling van de gegrondheid van de premisse waarop haar prejudiciële vragen berusten (zie in die zin arrest van 26 mei 2016, Bookit, C-607/14, EU:C:2016:355, punten 22-28).

18. De Franse regering heeft voor het Hof betoogd dat de drie belastingen in de betrokken periode geen integrerend onderdeel uitmaakten van de steunregelingen die in de hoofdgedingen aan de orde zijn, meer bepaald omdat er geen financiële correlatie was tussen de opbrengst van die belasting en het toegekende steunbedrag en omdat dit bedrag, anders dan bij die opbrengst het geval was, niet was verhoogd. Hoewel zij erkent dat er in het nationale recht een dwingende bepaling is die bedoelde opbrengst voor de begroting van het CNC bestemt, waaruit deze regelingen moeten worden gefinancierd, voert deze regering met name aan dat het overschot dat uit het verschil tussen de opbrengst van de drie belastingen en de daadwerkelijk toegekende steun is geresulteerd, is gebruikt om een reservefonds aan te leggen, dat door het CNC voor andere doeleinden dan de financiering van genoemde regelingen is gebruikt en ertoe heeft geleid dat op basis van een stemming in het Franse parlement bedragen zijn geïnd die aan de algemene staatsbegroting ten goede zijn gekomen. Dit betoog wordt door verzoeksters in de hoofdgedingen en de Commissie bestreden.

19. Volgens vaste rechtspraak van het Hof moet er, om een heffing als een integrerend onderdeel van een steunmaatregel te kunnen aanmerken, krachtens de relevante nationale regeling een dwingend bestemmingsverband bestaan tussen de heffing en de steun, in die zin dat de opbrengst van de heffing noodzakelijkerwijs voor de financiering van de steun wordt bestemd en een rechtstreekse invloed heeft op de omvang ervan en bijgevolg op de beoordeling van de verenigbaarheid van deze steun met de interne markt (arresten van 22 december 2008, Régie Networks, C-333/07, EU:C:2008:764, punt 99 en aldaar aangehaalde rechtspraak, en 10 november 2016, DTS Distribuidora de Televisión Digital/Commissie, C-449/14 P, EU:C:2016:848, punt 68).

20. Ook heeft het Hof reeds geoordeeld dat wanneer het orgaan dat is belast met de toekenning van steun die uit een belasting wordt gefinancierd, over de discretionaire bevoegdheid beschikt om de opbrengst van die belasting te bestemmen voor andere maatregelen dan die welke alle kenmerken van steun in de zin van artikel 107, lid 1, VWEU vertonen, het op grond van een dergelijke omstandigheid kan worden uitgesloten dat er een dwingend bestemmingsverband tussen de belasting en de steun bestaat. Wanneer van een dergelijke discretionaire bevoegdheid sprake is, kan de opbrengst van de belasting immers geen rechtstreekse invloed hebben op de omvang van het aan de begunstigde van die steun toegekende voordeel. Een dergelijk dwingend bestemmingsverband kan daarentegen wel bestaan wanneer de opbrengst van de belasting integraal en bij uitsluiting wordt bestemd voor de toekenning van steun, zelfs wanneer dat verschillende soorten steun zijn (zie in die zin arresten van 13 januari 2005, Pape, C-175/02, EU:C:2005:11, punt 16; 27 oktober 2005, Distribution Casino France e.a., C-266/04–C-270/04, C-276/04 en C-321/04–C-325/04, EU:C:2005:657, punt 55, en 22 december 2008, Régie Networks, C-333/07, EU:C:2008:764, punten 102 en 104).

21. Daarnaast blijkt uit de rechtspraak van het Hof dat een dergelijk dwingend bestemmingsverband kan ontbreken wanneer het bedrag van de toegekende steun uitsluitend aan de hand van objectieve criteria wordt bepaald, zonder enig verband met de bestemde fiscale inkomsten, en aan een absoluut wettelijk plafond is onderworpen (zie in die zin arrest van 27 oktober 2005, Distribution Casino France e.a., C-266/04–C-270/04, C-276/04 en C-321/04–C-325/04, EU:C:2005:657, punt 52).

22. Zo heeft het Hof met name geoordeeld dat er geen dwingend bestemmingsverband tussen de belasting en de steun was wanneer het bedrag van de toegekende steun werd bepaald aan de hand van criteria die geen verband hielden met de bestemde fiscale inkomsten en wanneer de nationale wettelijke regeling erin voorzag dat een eventueel overschot aan inkomsten ten opzichte van deze steun, naargelang van het geval, moest worden gestort in een reservefonds of moest terugvloeien naar de schatkist, waarbij bovendien een absolute bovengrens was gesteld aan deze inkomsten, zodat elk overschot eveneens terugvloeide naar de algemene staatsbegroting (zie in die zin arrest van 10 november 2016, DTS Distribuidora de Televisión Digital/Commissie, C-449/14 P, EU:C:2016:848, punten 70-72).

23. In casu staat het aan de verwijzende rechterlijke instantie om na te gaan of haar premisse dat de drie belastingen in de betrokken periode integrerend onderdeel uitmaakten van de steunregelingen die in de hoofdgedingen aan de orde zijn, gegrond is, rekening houdend met de factoren die in de punten 16 tot en met 22 van het onderhavige arrest zijn uiteengezet. Daarbij zal deze rechterlijke instantie meer in het bijzonder moeten onderzoeken of het in reserve plaatsen van een deel van de inkomsten van het CNC tot gevolg heeft gehad dat het betrokken bedrag een nieuwe bestemming heeft gekregen voor een andere maatregel dan die welke alle kenmerken van steun in de zin van artikel 107, lid 1, VWEU vertoont en moeten beoordelen welke weerslag het terugvloeien van een deel van deze inkomsten naar de algemene staatsbegroting in de betrokken periode heeft kunnen hebben op het bestaan van een dwingend bestemmingsverband tussen deze belastingen en die regelingen.

24. Na dit te hebben verduidelijkt, moeten de prejudiciële vragen worden onderzocht op basis van de premisse dat de drie belastingen in de betrokken periode integrerend onderdeel uitmaakten van de steunregelingen die in de hoofdgedingen aan de orde zijn (zie naar analogie arresten van 25 oktober 2017, Polbud – Wykonawstwo, C-106/16, EU:C:2017:804, punten 26-28, en 17 april 2018, B en Vomero, C-316/16 en C-424/16, EU:C:2018:256, punt 42).

25. Met het oog daarop moet eraan worden herinnerd dat de procedure in het kader van de door de artikelen\ 107 en 108 VWEU ingevoerde toezichtregeling voor staatssteun verschilt naargelang het gaat om bestaande of nieuwe steun. Bestaande steunmaatregelen kunnen overeenkomstig artikel 108, lid 1, VWEU immers regelmatig tot uitvoering worden gebracht zolang de Commissie deze niet onverenigbaar met de interne markt heeft verklaard, terwijl elk voornemen tot invoering van nieuwe steunmaatregelen of tot wijziging van bestaande steunmaatregelen krachtens artikel 108, lid 3, VWEU tijdig bij de Commissie moet worden aangemeld en niet tot uitvoering kan worden gebracht voordat de procedure tot een eindbeslissing heeft geleid (arresten van 18 juli 2013, P, C-6/12, EU:C:2013:525, punt 36 en aldaar aangehaalde rechtspraak, en 27 juni 2017, Congregación de Escuelas Pías Provincia Betania, C-74/16, EU:C:2017:496, punt 86).

26. Volgens artikel 1, onder c), van verordening nr. 659/1999 is het begrip nieuwe steun gedefinieerd als „alle steun, dat wil zeggen steunregelingen en individuele steun, die geen bestaande steun is, met inbegrip van wijzigingen in bestaande steun". Verder bepaalt artikel 4, lid 1, eerste volzin, van verordening nr. 794/2004 dat „voor de toepassing van artikel 1, onder c), van verordening [nr. 659/1999] [...] onder een wijziging in bestaande steun iedere wijziging [wordt] verstaan, met uitzondering van aanpassingen van louter formele of administratieve aard die de beoordeling van de verenigbaarheid van de steunmaatregel met de [interne] markt niet kunnen beïnvloeden". In artikel 4, lid 1, tweede volzin, van die verordening, is neergelegd dat „een verhoging van de oorspronkelijk voor een bestaande steunregeling voorziene middelen met maximaal 20 procent, [...] echter niet als een wijziging van bestaande steun [wordt] beschouwd".

27. Om de verwijzende rechterlijke instantie een zinvol antwoord te geven, moet bijgevolg worden bepaald wat onder de uitdrukking „oorspronkelijk voor een bestaande steunregeling voorziene middelen" in de zin van die bepaling moet worden verstaan en moet worden nagegaan of de toename van de totale opbrengst van de drie belastingen moet worden beschouwd als een toename van de oorspronkelijk voor de steunregelingen voorziene middelen die bij de Commissie had moeten worden aangemeld.

28. Om de betekenis van het begrip „voor een steunregeling voorziene middelen" in de zin van artikel 4, lid 1, van verordening nr. 794/2004 te achterhalen, moet, bij gebreke van een definitie in de relevante regelgeving, worden afgegaan op de in de omgangstaal gebruikelijke betekenis ervan, met inachtneming van de context waarin het wordt gebruikt en de door de regeling waarvan het deel uitmaakt beoogde doelstellingen (zie naar analogie arrest van 12 juni 2018, Louboutin en Christian Louboutin, C-163/16, EU:C:2018:423, punt 20 en aldaar aangehaalde rechtspraak).

29. De gebruikelijke betekenis van het begrip „voorziene middelen" is dat dit ziet op de bedragen waarover een entiteit beschikt om uitgaven te doen.

30. Aangaande de context waarin dit begrip wordt gebruikt en het doel dat met artikel 4, lid 1, van verordening nr. 794/2004 wordt nagestreefd, moet worden opgemerkt dat met deze bepaling uitvoering wordt gegeven aan het bij artikel 108, lid 3, VWEU ingevoerde preventieve toezicht op voornemens om bestaande steun te wijzigen, in het kader waarvan de Commissie gehouden is te onderzoeken of de voorgenomen steunmaatregel verenigbaar is met de interne markt (zie in die zin arrest van 12 februari 2008, CELF en ministre de la Culture et de la Communication, C-199/06, EU:C:2008:79, punten 37 en 38). Dit preventieve toezicht beoogt ervoor te zorgen dat enkel verenigbare steunmaatregelen tot uitvoering worden gebracht (zie in die zin arresten van 21 november 2013, Deutsche Lufthansa, C-284/12, EU:C:2013:755, punten 25 en 26, en 19 juli 2016, Kotnik e.a., C-526/14, EU:C:2016:570, punt 36).

31. Het Hof heeft in dat verband reeds geoordeeld dat de Commissie, om te kunnen onderzoeken of een door een lidstaat voorgenomen steunregeling met de interne markt verenigbaar is, de gevolgen van die regeling voor de mededinging moet beoordelen aan de hand van onder meer de door de lidstaat voor bedoelde regeling voorziene middelen, en dat de verplichting om in de aanmeldingen de ramingen van de totale voorgenomen steunbedragen te vermelden, derhalve inherent is aan het voorafgaande toezicht op steunmaatregelen (zie in die zin beschikking van 22 maart 2012, Italië/Commissie, C-200/11 P, niet gepubliceerd, EU:C:2012:165, punten 47-49).

32. Daarnaast zij eraan herinnerd dat het vaste rechtspraak van het Hof is dat de Commissie zich in het geval van een steunregeling ertoe kan beperken de algemene kenmerken daarvan te onderzoeken en zij niet elk afzonderlijk geval waarin die regeling is toegepast, hoeft te onderzoeken (arresten van 9 juni 2011, Comitato „Venezia vuole vivere" e.a./Commissie, C-71/09 P, C-73/09 P en C-76/09 P, EU:C:2011:368, punt 130, en 15 november 2011, Commissie en Spanje/Government of Gibraltar en Verenigd Koninkrijk, C-106/09 P en C-107/09 P, EU:C:2011:732, punt 122).

33. Zelfs in het geval dat een steunregeling in strijd met artikel 108, lid 3, VWEU ten uitvoer is gebracht, kan het toezicht van de Commissie beperkt blijven tot de algemene kenmerken van deze regeling en hoeft het geen betrekking te hebben op de steun die daadwerkelijk is uitgekeerd (zie in die zin arrest van 29 april 2004, Griekenland/Commissie, C-278/00, EU:C:2004:239, punten 21 en 24).

34. In die omstandigheden kan het begrip „voor een steunregeling voorziene middelen" in de zin van artikel 4, lid 1, van verordening nr. 794/2004 niet zo worden opgevat dat het beperkt is tot de daadwerkelijk toegekende steunbedragen, aangezien die bedragen pas bekend zijn nadat de steunregeling in kwestie ten uitvoer is gebracht. Afgaand op de preventieve aard van het toezicht dat bij artikel 108, lid 3, VWEU is ingevoerd, moet dit begrip juist zo worden uitgelegd dat het op het budget ziet (zie in die zin arrest van 20 mei 2010, Todaro Nunziatina & C., C-138/09, EU:C:2010:291, punten 40 en 41), dat wil zeggen de bedragen waarover het met de toekenning van de betrokken steun belaste orgaan beschikt om die steun toe te kennen, zoals die door de betrokken lidstaat bij de Commissie zijn aangemeld en zoals die door laatstgenoemde zijn goedgekeurd.

35. In het geval dat een steunregeling wordt gefinancierd uit daarvoor bestemde belastingen, is dit de opbrengst van die belastingen, die aan het met de uitvoering van de betrokken regeling belaste orgaan ter beschikking wordt gesteld en dus het „budget" van genoemde regeling vormt, een en ander in de zin van artikel 4, lid 1, van verordening nr. 794/2004.

36. Aangezien de steunregelingen die in de hoofdgedingen aan de orde zijn, die zijn goedgekeurd bij de beschikkingen van 2006 en 2007, onder het begrip „bestaande steun" in de zin van artikel 1, onder b), ii), van verordening nr. 659/1999 vallen, moet worden nagegaan of de Commissie de toename van de totale opbrengst van de drie belastingen die in de betrokken periode kon worden waargenomen, bij die beschikkingen heeft goedgekeurd.

37. In dat verband moet eraan worden herinnerd dat de besluiten waarbij de Commissie steunregelingen goedkeurt, als afwijkingen van het algemene beginsel in artikel 107, lid 1, VWEU dat staatssteun met de interne markt onverenigbaar is, strikt moeten worden uitgelegd (zie in die zin arresten van 29 april 2004, Duitsland/Commissie, C-277/00, EU:C:2004:238, punten 20 en 24, en 14 oktober 2010, Nuova Agricast en Cofra/Commissie, C-67/09 P, EU:C:2010:607, punt 74).

38. Bovendien is het vaste rechtspraak van het Hof dat, om dergelijke besluiten van de Commissie te kunnen uitleggen, niet alleen de tekst zelf ervan moet worden onderzocht, maar ook de aanmelding die door de betrokken lidstaat is verricht (zie in die zin arresten van 20 mei 2010, Todaro Nunziatina & C., C-138/09, EU:C:2010:291, punt 31, en 16 december 2010, Kahla Thüringen Porzellan/Commissie, C-537/08 P, EU:C:2010:769, punt 44, en beschikking van 22 maart 2012, Italië/Commissie, C-200/11 P, niet gepubliceerd, EU:C:2012:165, punt 27). Zo heeft het Hof reeds geoordeeld dat de draagwijdte van een beluit waarbij een steunregeling is goedgekeurd, in beginsel wordt beperkt door de voorziene middelen die de lidstaat in haar aanmeldingsbrief heeft vermeld, zelfs wanneer die voorziene middelen niet in de tekst zelf van dit besluit worden overgenomen (zie in die zin beschikking van 22 maart 2012, Italië/Commissie, C-200/11 P, niet gepubliceerd, EU:C:2012:165, punten 26 en 27).

39. In casu zijn in de tekst van de beschikkingen van 2006 en 2007 uitdrukkelijk de ramingen weergegeven van de opbrengst van de drie belastingen die de Franse autoriteiten bij de Commissie hebben aangemeld als voor de steunregelingen in kwestie voorziene middelen. Meer bepaald is in de beschikking van 2007 uitdrukkelijk vermeld welke verwachtingen deze autoriteiten hadden van de gevolgen van de hervorming van de belasting op televisieomroepdiensten, waarop de toename van de totale opbrengst van de drie belastingen die

in de betrokken periode kon worden waargenomen, hoofdzakelijk is terug te voeren. In punt 9 van deze beschikking is namelijk vermeld dat deze hervorming naar verwachting „ertoe kan leiden dat de rekening waarmee de steun wordt beheerd, in [de] periode [2009-2011] met 2 à 3 % (tussen 11 en 16,5 miljoen EUR) per jaar kan toenemen". Ook in punt 20 van deze beschikking worden deze ramingen door de Commissie vermeld, bij de beoordeling van de weerslag van genoemde hervorming op de verenigbaarheid van de in de hoofdgedingen aan de orde zijnde steunregelingen met de interne markt.

40. Bijgevolg blijkt uit de beschikkingen van 2006 en 2007 dat de opbrengst van de drie belastingen een van de factoren is waarop de Commissie haar goedkeuring van de steunregelingen in kwestie heeft gebaseerd en dat deze instelling er geen toestemming voor heeft gegeven dat die opbrengst met meer dan de aan de Commissie gemelde ramingen zou toenemen. Gelet op de in de punten 31, 37 en 38 van dit arrest aangehaalde rechtspraak, moet dus worden geoordeeld dat de draagwijdte van de bij deze beschikkingen aan die regelingen gegeven goedkeuring, zich wat de opbrengst van de drie belastingen betreft, beperkt tot de toename zoals die bij de Commissie is aangemeld.

41. Volgens de aanwijzingen van de verwijzende rechterlijke instantie is de toename van de totale opbrengst van de drie belastingen die in werkelijkheid in de betrokken periode kon worden waargenomen, duidelijk verder gegaan dan de aan de Commissie verstrekte raming van 16,5 miljoen EUR per jaar. Volgens het door deze instantie aangehaalde rapport van de rekenkamer is de opbrengst namelijk met gemiddeld 67 miljoen EUR toegenomen in die periode. Aangezien een dergelijke verhoging van de voorziene middelen ten opzichte van de door de Commissie goedgekeurde middelen een invloed kan hebben op de beoordeling van de verenigbaarheid van de in de hoofdgedingen aan de orde zijnde steunregelingen met de interne markt, is dit geen wijziging die aanpassingen van louter formele of administratieve aard in de zin van artikel 4, lid 1, eerste volzin, van verordening nr. 794/2004 inhoudt. Behalve wanneer deze toename onder de drempel van 20 % in artikel 4, lid 1, tweede volzin, van deze verordening blijft, is zij derhalve een wijziging in bestaande steun in de zin van artikel 1, onder c), van verordening nr. 659/1999.

42. Omdat de verwijzende rechterlijke instantie in dat verband wenst te vernemen welke relevantie toekomt aan de omstandigheid dat bedoelde toename niet te wijten is aan een juridische wijziging van de in de hoofdgedingen aan de orde zijnde steunregelingen, moet eraan worden herinnerd dat het begrip „wijziging in bestaande steun" in artikel 4, lid 1, eerste volzin, van verordening nr. 794/2004 ruim is gedefinieerd als „iedere wijziging, met uitzondering van aanpassingen van louter formele of administratieve aard die de beoordeling van de verenigbaarheid van de steunmaatregel met de [interne] markt niet kunnen beïnvloeden". Uit de bewoordingen „iedere wijziging" blijkt dus dat deze definitie niet kan worden beperkt tot alleen juridische wijzigingen van de steunregelingen.

43. Daarnaast moet die bepaling worden uitgelegd in het licht van de doelstelling van het preventieve toezicht waaraan zij uitvoering geeft. Zoals in punt 30 van dit arrest in herinnering is gebracht, bestaat die doelstelling erin dat ervoor wordt gezorgd dat enkel met de interne markt verenigbare steunmaatregelen tot uitvoering worden gebracht. Een verhoging van de voor een steunregeling voorziene middelen kan een weerslag hebben op de beoordeling van de verenigbaarheid ervan met de interne markt, los van de vraag of die wijziging al dan niet te wijten is aan een juridische wijziging van de steunregeling in kwestie.

44. Ook de noodzaak om het rechtszekerheidsbeginsel te eerbiedigen staat er niet aan in de weg dat een verhoging van de voor een steunregeling voorziene middelen ten opzichte van de door de Commissie goedgekeurde middelen, in omstandigheden als die in de hoofdgedingen wordt beschouwd als een wijziging van bestaande steun in de zin van artikel 108, lid 3, VWEU.

45. Uit overweging 4 van verordening nr. 794/2004 volgt namelijk dat het juist om redenen van rechtszekerheid is dat in artikel 4, lid 1, tweede volzin, van deze verordening een precieze drempel is vastgesteld waaronder een verhoging van de voor een steunregeling voorziene middelen niet wordt beschouwd als een wijziging van bestaande steun. Doordat die drempel is vastgesteld op het vrij hoge niveau van 20 %, voorziet die bepaling in een veiligheidsmarge die afdoende rekening houdt met de onzekerheden in verband met de toepassing van het bij artikel 108, lid 3, VWEU ingevoerde preventieve toezicht op steunregelingen waarvan het budget fluctueert, zoals het geval is bij de steunregelingen die in de hoofdgedingen aan de orde zijn.

46. Bovendien heeft het Hof reeds geoordeeld dat een lidstaat het rechtszekerheidsbeginsel niet kan inroepen om de informatie die hij in het kader van de aanmelding van een steunregeling aan de Commissie heeft verschaft, waarvan de draagwijdte van het besluit van de Commissie tot goedkeuring van die regeling afhangt, zomaar naast zich neer te leggen, maar er integendeel rekening mee moet houden, zodat de steunregeling in overeenstemming met deze informatie ten uitvoer wordt gebracht (zie in die zin arrest van 16 december 2010, Kahla Thüringen Porzellan/Commissie, C-537/08 P, EU:C:2010:769, punt 47).

47. Daarnaast moet erop worden gewezen dat de ramingen die de Franse autoriteiten hadden gemaakt van de toename van de opbrengst van de drie belastingen na de hervorming van de belasting op televisieomroepdiensten, in casu in het document van de Commissie met de titel „Goedkeuring van de steunmaatregelen van de staten in het kader van de bepalingen van de artikelen 87 en 88 van het EG-Verdrag – Gevallen waartegen de Commissie geen bezwaar maakt" dat in het Publicatieblad van de Europese Unie is bekendgemaakt (PB 2007, C 246, blz. 1), zijn gepresenteerd als de „begrotingsmiddelen" van de goedgekeurde steun. In het bij artikel 108, lid 3, VWEU ingevoerde stelsel van preventief toezicht kan noch de betrokken lidstaat noch de steunbegunstigde zich erop beroepen dat hij er gewettigd op mocht vertrouwen dat een goedkeuringsbesluit meer dekt dan de maatregel zoals die in het Publicatieblad van de Europese Unie is beschreven (zie in die zin arrest van 14 oktober 2010, Nuova Agricast en Cofra/Commissie, C-67/09 P, EU:C:2010:607, punten 72-74).

48. De verwijzende rechterlijke instantie wenst nog te vernemen welke lering voor de hoofdzaken moet worden getrokken uit het arrest van 9 augustus 1994, Namur-Les assurances du crédit (C-44/93, EU:C:1994:311), waarin het Hof in essentie heeft geoordeeld dat de uitbreiding van het werkterrein van een openbare instelling die steun van de staat ontving krachtens een wettelijke regeling die vóór de inwerkingtreding van het EEG-Verdrag reeds van kracht was, niet als een wijziging van een bestaande steunmaatregel kon worden beschouwd omdat die uitbreiding zonder gevolgen was gebleven voor de bij die wet ingevoerde steunregeling.

49. Deze rechtspraak kan evenwel niet mutatis mutandis op de hoofdzaken worden toegepast. De uitbreiding van het werkterrein van de steunbegunstigde die aan de orde was in de zaak die heeft geleid tot het arrest van 9 augustus 1994, Namur-Les assurances du crédit (C-44/93, EU:C:1994:311), die zonder gevolgen was gebleven voor de bij die wet ingevoerde steunregeling, kan immers niet worden vergeleken met de verhoging van de middelen die zijn voorzien voor de in de hoofdgedingen aan de orde zijnde steunregelingen, omdat alleen die verhoging een rechtstreekse invloed op de steunregelingen in kwestie heeft.

50. Hieruit volgt dat een toename van de opbrengst van belastingen ter financiering van meerdere steunregelingen die aan de hand van de bij de Commissie aangemelde ramingen zijn goedgekeurd, zoals de toename die in de hoofdgedingen aan de orde is, een wijziging in bestaande steun in de zin van artikel 1, onder c), van verordening nr. 659/1999 en artikel 4, lid 1, eerste volzin, van verordening nr. 794/2004, gelezen in het licht van artikel 108, lid 3, VWEU vormt, tenzij die toename niet meer beloopt dan de drempel van 20 % in artikel 4, lid 1, tweede volzin, van die laatste verordening.

51. Wat de berekening van bedoelde drempel in omstandigheden als die in de hoofdgedingen betreft, volgt uit de eigen bewoordingen van artikel 4, lid 1, tweede volzin, van verordening nr. 794/2004 dat een verhoging van de „oorspronkelijk" voor een bestaande steunregeling „voorziene middelen" met maximaal 20 procent, niet als een wijziging van bestaande steun wordt beschouwd. De drempel van 20 % in die bepaling heeft derhalve betrekking op de „oorspronkelijk" voor de betrokken steunregeling „voorziene middelen", dat wil zeggen de voor die regeling voorziene middelen die door de Commissie zijn goedgekeurd.

52. Voorts volgt uit de punten 28 tot en met 35 van het onderhavige arrest dat de oorspronkelijk voor een steunregeling voorziene middelen in het geval van een regeling die uit daarvoor bestemde belastingen wordt gefinancierd, worden bepaald aan de hand van de ramingen van de bestemde belastinginkomsten zoals die door de Commissie zijn goedgekeurd. De overschrijding van de drempel van 20 % moet derhalve aan de hand van die inkomsten worden beoordeeld, en niet aan de hand van de daadwerkelijk toegekende steun.

53. In casu blijkt uit de beschikkingen van 2006 en 2007 dat de Commissie een maximumbedrag van ongeveer 557 miljoen EUR heeft goedgekeurd wat de jaarlijkse opbrengst van de drie belastingen betreft. Uit het rapport van de rekenkamer waarnaar de verwijzende rechterlijke instantie in haar verzoek om een prejudiciële beslissing verwijst, blijkt echter dat de jaarlijkse opbrengst van die belastingen in de betrokken periode is gestegen tot ongeveer 806 miljoen EUR, voor het jaar 2011, met name omdat de opbrengst van de belasting op televisieomroepdiensten sterk is gestegen, van 362 miljoen EUR voor het jaar 2007 naar 631 miljoen EUR voor het jaar 2011. Het blijkt dus dat de in die periode waargenomen toename van de middelen die voor de in de hoofdgedingen aan de orde zijnde steunregelingen zijn voorzien, in vergelijking met de in beschikkingen van 2006 en 2007 goedgekeurde middelen duidelijk meer bedraagt dan de drempel van 20 %, met dien verstande dat het aan de verwijzende rechterlijke instantie staat om te bepalen in welk jaar deze drempel is overschreden.

54. Wat de door de verwijzende rechterlijke instantie genoemde omstandigheid betreft dat een deel van de inkomsten van het CNC in reserve zijn geplaatst, lijkt uit de aan het Hof ter beschikking staande stukken te volgen dat deze niet tot gevolg heeft gehad dat het betrokken bedrag een nieuwe bestemming heeft gekregen voor een andere maatregel dan die welke alle kenmerken van steun in de zin van artikel 107, lid 1, VWEU vertoont. Het staat evenwel aan de verwijzende rechterlijke instantie om na te gaan of dit het geval is.

55. Wanneer er geen nieuwe bestemming is die de opbrengst van de drie belastingen aan de voor de steunregelingen in kwestie voorziene middelen kan onttrekken, blijft deze in reserve geplaatste opbrengst ter beschikking van het met de uitvoering van die regelingen belaste orgaan voor de uitkering van individuele steun, aangezien het enige effect van dit in reserve plaatsen erin is gelegen dat deze uitkering op een later tijdstip plaatsvindt, zoals de Commissie ter terechtzitting heeft benadrukt. Aangezien deze opbrengst dus onder de voorziene middelen blijft vallen, kan een dergelijk in reserve plaatsen niet op zich eraan afdoen dat de drempel van 20 % in artikel 4, lid 1, tweede volzin, van verordening nr. 794/2004 is overschreden.

56. Wat de naar de algemene staatsbegroting teruggevloeide middelen betreft, die de verwijzende rechterlijke instantie ook heeft vermeld, moet worden opgemerkt dat uit de aanwijzingen in de aan het Hof ter beschikking staande stukken blijkt dat in de betrokken periode slechts een bedrag van 20 miljoen EUR van het Franse parlement een nieuwe bestemming voor die begroting heeft gekregen in december 2010, voor het jaar 2011. Gezien de inlichtingen in het rapport van de rekenkamer dat in punt 53 van dit arrest is genoemd, lijkt het erop dat de verhoging van de middelen die zijn voorzien van de voor de in de hoofdgedingen aan de orde zijnde steunregelingen in die periode, zelfs rekening houdend met deze nieuwe bestemming, de drempel van 20 % heeft overschreden in vergelijking met de middelen die zijn goedgekeurd bij de beschikkingen van 2006 en 2007.

57. Onder voorbehoud van verificatie door de verwijzende rechterlijke instantie blijkt dat alleen het in reserve geplaatste deel van de inkomsten van het CNC, zonder een nieuwe bestemming van het betrokken bedrag voor andere doeleinden dan de toekenning van steun, alsook de naar de algemene staatsbegroting teruggevloeide middelen in de betrokken periode, niet kunnen afdoen aan het feit dat sprake is van een verhoging van de middelen die zijn voorzien voor de in de hoofdgedingen aan de orde zijnde steunregelingen in die periode die de drempel van 20 % in artikel 4, lid 1, tweede volzin, van verordening nr. 794/2004 heeft overschreden in vergelijking met de middelen die zijn goedgekeurd bij de beschikkingen van 2006 en 2007.

58. Zoals volgt uit punt 23 van dit arrest, doet die conclusie geen afbreuk aan de beoordeling van het in reserve geplaatste deel van de inkomsten van het CNC en van de naar de algemene staatsbegroting teruggevloeide middelen die de verwijzende rechterlijke instantie zal dienen te verrichten in het kader van het onderzoek of sprake is van een dwingend bestemmingsverband tussen de drie belastingen en de steunregelingen die in geding zijn.

59. Onder dat voorbehoud had een verhoging van de voor die regelingen voorziene middelen ten opzichte van de door de Commissie goedgekeurde middelen, zoals die in de hoofdgedingen, in het kader van het bij artikel 108, lid 3, VWEU ingevoerde toezicht tijdig moeten worden aangemeld, dat wil zeggen zodra de Franse autoriteiten redelijkerwijs konden voorzien dat genoemde drempel van 20 % zou worden overschreden.

60. Gelet op een en ander moet op de prejudiciële vragen worden geantwoord dat een toename van de opbrengst van belastingen ter financiering van meerdere steunregelingen die aan de hand van de bij de Commissie aangemelde ramingen zijn goedgekeurd, zoals de toename die in de hoofdgedingen aan de orde is, een wijziging in bestaande steun in de zin van artikel 1, onder c), van verordening nr. 659/1999 en artikel 4, lid 1, eerste volzin, van verordening nr. 794/2004, gelezen in het licht van artikel 108, lid 3, VWEU, vormt, tenzij die toename niet meer beloopt dan de drempel van 20 % in artikel 4, lid 1, tweede volzin, van die laatste verordening. In een situatie als die in de hoofdgedingen, moet die drempel aan de hand van de voor de steunregelingen in kwestie bestemde inkomsten worden beoordeeld, en niet aan de hand van de daadwerkelijk toegekende steun.

Beperking van de werking van dit arrest in de tijd

61. Met betrekking tot het verzoek van de Franse regering om de gevolgen van dit arrest in de tijd te beperken, is het vaste rechtspraak dat de uitlegging die het Hof krachtens de bij artikel 267 VWEU verleende bevoegdheid aan een voorschrift van het Unierecht geeft, de betekenis en de strekking van dat voorschrift verklaart en preciseert zoals het sedert het tijdstip van de inwerkingtreding ervan moet of had moeten worden verstaan en toegepast. Hieruit volgt dat het aldus uitgelegde voorschrift door de rechter kan en moet worden toegepast op rechtsbetrekkingen die zijn ontstaan en tot stand gekomen vóór het wijzen van het arrest waarbij op het verzoek om uitlegging is beslist, indien voor het overige is voldaan aan de voorwaarden waaronder een geschil over de toepassing van dat voorschrift voor de bevoegde rechter kan worden gebracht (arrest van 29 september 2015, Gmina Wroc³aw, C-276/14, EU:C:2015:635, punt 44 en aldaar aangehaalde rechtspraak).

62. Slechts bij hoge uitzondering kan het Hof uit hoofde van een aan de rechtsorde van de Unie inherent algemeen beginsel van rechtszekerheid besluiten om beperkingen te stellen aan de mogelijkheid voor iedere belanghebbende om, met een beroep op een door het Hof uitgelegde bepaling, te goeder trouw tot stand geko-

men rechtsbetrekkingen opnieuw ter discussie te stellen. Tot een dergelijke beperking kan slechts worden besloten indien is voldaan aan twee essentiële criteria, te weten de goede trouw van de belanghebbende kringen en het gevaar voor ernstige verstoringen (arrest van 29 september 2015, Gmina Wroc³aw, C-276/14, EU:C:2015:635, punt 45 en aldaar aangehaalde rechtspraak).

63. In casu heeft de Franse regering niet aangetoond dat er een gevaar voor ernstige verstoringen zou zijn indien de verwijzende rechterlijke instantie in vervolg op dit arrest vaststelt dat artikel 108, lid 3, VWEU is geschonden.

64. Bijgevolg, en zonder dat hoeft te worden nagegaan of aan het criterium van de goede trouw van de belanghebbende kringen is voldaan, is er geen aanleiding om de werking van dit arrest in de tijd te beperken.

Kosten

65. …

Het Hof (Vierde kamer)

verklaart voor recht:

Een toename van de opbrengst van belastingen ter financiering van meerdere steunregelingen die aan de hand van de bij de Commissie aangemelde ramingen zijn goedgekeurd, zoals de toename die in de hoofdgedingen aan de orde is, vormt een wijziging in bestaande steun in de zin van artikel 1, onder c), van verordening (EG) nr. 659/1999 van de Raad van 22 maart 1999 tot vaststelling van nadere bepalingen voor de toepassing van artikel [108 VWEU], en artikel 4, lid 1, eerste volzin, van verordening (EG) nr. 794/2004 van de Commissie van 21 april 2004 tot uitvoering van verordening nr. 659/1999, gelezen in het licht van artikel 108, lid 3, VWEU, tenzij die toename niet meer beloopt dan de drempel van 20 % in artikel 4, lid 1, tweede volzin, van die laatste verordening. In een situatie als die in de hoofdgedingen moet die drempel aan de hand van de voor de steunregelingen in kwestie bestemde inkomsten worden beoordeeld, en niet aan de hand van de daadwerkelijk toegekende steun.

HvJ EU 20 september 2018, zaak C-685/16 (EV v. Finanzamt Lippstadt)

Vijfde kamer: *J. L. da Cruz Vilaça, kamerpresident, E. Levits (rapporteur), A. Borg Barthet, M. Berger, en F. Biltgen, rechters*
Advocaat-generaal: M. Wathelet

1. Het verzoek om een prejudiciële beslissing betreft de uitlegging van de artikelen 63 tot en met 65 VWEU.

2. Dit verzoek is ingediend in het kader van een geding tussen EV, een commanditaire vennootschap op aandelen naar Duits recht, en het Finanzamt Lippstadt (belastingdienst te Lippstadt, Duitsland; hierna: „belastingdienst") inzake de haar opgelegde belasting over de bedrijfswinst.

Duits recht

3. In § 8, lid 1, punten 1 tot en met 6, van het Gesetz über die Besteuerung bei Auslandsbeziehungen (Außensteuergesetz) (wet betreffende belastingheffing in geval van betrekkingen met het buitenland) van 8 september 1972 (BGBl. 1972 I, blz. 1713; hierna: „AStG") worden de volgende activiteiten opgesomd:
1. land- en bosbouw,
2. vervaardiging, bewerking, verwerking of montage van zaken, opwekking van energie, exploratie van natuurlijke hulpbronnen,
3. exploitatie van kredietinstellingen of verzekeringsmaatschappijen die voor hun verrichtingen een commerciële vestiging exploiteren (met uitzonderingen),
4. handel (met uitzonderingen),
5. diensten (met uitzonderingen),
6. verpachting en verhuur (met uitzonderingen).

4. In § 2 van het Gewerbesteuergesetz (wet op de bedrijfsbelasting) 2002 in de versie van het Jahressteuergesetz (jaarlijkse belastingwet) 2008 van 20 december 2007 (BGBl. I 2007, blz. 3150; hierna: „GewStG 2002") wordt het volgende bepaald:

> „1. [1]Elke in Duitsland geëxploiteerde industriële of handelsonderneming is onderworpen aan de belasting over de bedrijfswinst. [...] [3]Een industriële of handelsonderneming wordt geacht in Duitsland te worden geëxploiteerd wanneer zij een vaste inrichting heeft op Duits grondgebied [...].
> 2. [1]De activiteit die wordt uitgeoefend door kapitaalvennootschappen (met name Europese vennootschappen, naamloze vennootschappen, commanditaire vennootschappen op aandelen en besloten vennootschappen) [...] wordt altijd en integraal gelijkgesteld met een industriële of handelsonderneming. [2]Een kapitaalvennootschap die een dochteronderneming [(*Organgesellschaft*)] is in de zin van de §§ 14, 17 of 18 van het Körperschaftsteuergesetz (wet op de vennootschapsbelasting), wordt geacht een vaste inrichting van het overkoepelende orgaan te zijn."

5. Krachtens § 6 GewStG 2002 is de belastbare grondslag voor de bedrijfsbelasting de ondernemingswinst, te weten, overeenkomstig § 7, eerste lid, GewStG 2002, de winst uit industriële of commerciële activiteiten zoals berekend overeenkomstig de bepalingen van het Einkommensteuergesetz (wet op de inkomstenbelasting, hierna: „EStG") of het Körperschaftsteuergesetz (wet op de vennootschapsbelasting, hierna: „KStG"), verhoogd of verlaagd met de in de §§ 8 en 9 GewStG 2002 bedoelde bedragen.

6. In § 8 van de GewStG 2002, met als opschrift „Verhogingen", staat te lezen:

> „De winst uit een industriële of commerciële activiteit (§ 7) wordt verhoogd met de volgende bedragen, voor zover zij bij de berekening van de winst in mindering zijn gebracht:
> [...]
> 5. het overschot van de winstaandelen (dividenden) dat niet in aanmerking is genomen krachtens § 3, punt 40, [EStG] of § 8b, lid 1, [KStG] en de daarmee gelijk gestelde inkomsten en vergoedingen uit deelnemingen in een vennootschap, een vereniging van personen, of vermogensbestanddelen in de zin van het [KStG], voor zover zij niet voldoen aan de voorwaarden van § 9, punten 2a of 7, na aftrek van de bedrijfsuitgaven die in economisch verband staan met deze inkomsten [...].
> [...]"

7. § 9 GewStG 2002 regelt de aftrekposten en verminderingen met betrekking tot de winsten uit deelnemingen in een binnenlandse vennootschap of in een vennootschap gevestigd in een andere lidstaat of derde land.

8. In de eerste plaats wordt in § 9, punt 2a, GewStG 2002 bepaald dat de som van de winst en de verhogingen wordt verminderd met winsten uit deelnemingen in een niet-vrijgestelde binnenlandse kapitaalvennootschap in de zin van § 2, lid 2, van deze wet, wanneer de deelneming aan het begin van de heffingsperiode ten minste 15 % van het startkapitaal of het maatschappelijk kapitaal bedraagt en dit deel van de winsten is meegeteld in de berekening van de winst overeenkomstig § 7 van deze wet. Bij lasten die rechtstreeks verband houden met deelnemingen in de winsten, wordt krachtens § 9, punt 2a, derde volzin, GewStG 2002 het bedrag van de aftrekposten verminderd voor zover rekening moet worden gehouden met de opbrengsten uit deze deelnemingen.

9. In § 9, punt 3, GewStG 2002 is bovendien bepaald dat de som van de winst en de verhogingen wordt verminderd met het deel van de bedrijfswinst van een binnenlandse onderneming dat aan een in het buitenland gelegen vaste inrichting van deze onderneming moet worden toegerekend.

10. In de tweede plaats kan de vermindering bij winsten uit deelnemingen in een vennootschap die in een andere lidstaat is gevestigd en voldoet aan de voorwaarden van richtlijn 90/435/EEG van de Raad van 23 juli 1990 betreffende de gemeenschappelijke fiscale regeling voor moedermaatschappijen en dochterondernemingen uit verschillende lidstaten (PB 1990, L 225, blz. 6), zoals gewijzigd bij richtlijn 2006/98/EG van de Raad van 20 november 2006 (PB 2006, L 363, blz. 129), worden toegepast in overeenstemming met § 9, punt 7, eerste volzin, tweede zinsnede, GewStG 2002 wanneer de gehouden deelneming aan het begin van de referentieperiode ten minste een tiende deel van het maatschappelijke kapitaal bedraagt.

11. Ten derde wordt overeenkomstig § 9, punt 7, eerste volzin, eerste zinsnede, GewStG 2002 de som van de winst en de verhogingen verminderd met:

„winsten uit deelnemingen in een kapitaalvennootschap die haar zetel en hoofdbestuur buiten het territoriale toepassingsgebied van deze wet heeft, waarvan de onderneming sinds het begin van de referentieperiode ononderbroken ten minste 15 % van het maatschappelijke kapitaal bezit (dochteronderneming) en die haar bruto-inkomsten uitsluitend of nagenoeg uitsluitend behaalt uit onder § 8, lid 1, punten 1 tot en met 6, [AStG] vallende activiteiten en uit deelnemingen in vennootschappen waarvan de onderneming rechtstreeks ten minste een kwart van het maatschappelijke kapitaal bezit, wanneer deze deelnemingen ononderbroken sedert ten minste twaalf maanden vóór de datum van berekening van de winst bestaan en de onderneming aantoont dat

1. deze vennootschappen hun hoofdbestuur en zetel in dezelfde staat hebben als de dochteronderneming en dat hun bruto-inkomsten uitsluitend of nagenoeg uitsluitend worden behaald uit activiteiten die onder § 8, lid 1, punten 1 tot en met 6, [AStG] vallen, of

2. de dochteronderneming deelnemingen bezit die in economisch verband staan met haar eigen onder § 8, lid 1, punten 1 tot en met 6, vallende activiteiten en dat de vennootschap waarin de deelneming wordt gehouden haar bruto-opbrengsten uitsluitend of nagenoeg uitsluitend uit dergelijke activiteiten behaalt,

wanneer de winstaandelen zijn meegeteld in de winst (§ 7); [...]"

12. In dat verband is § 9, punt 2a, derde volzin, GewStG 2002 krachtens § 9, punt 7, tweede volzin, van deze wet van overeenkomstige toepassing.

13. Uit het verzoek om een prejudiciële beslissing en de opmerkingen van de Duitse regering volgt dat met een zogenaamde „Landesholding" (nationale holding) een dochteronderneming wordt bedoeld die voldoet aan de voorwaarden van § 9, punt 7, eerste volzin, eerste zinsnede, punt 1, GewStG 2002, en met een zogenaamde „Funktionsholding" (functionele holding) een dochteronderneming die voldoet aan de voorwaarden van § 9, punt 7, eerste volzin, eerste zinsnede, punt 2, GewStG 2002.

14. In § 9, punt 7, vierde tot en met zevende volzin, GewStG 2002 worden de uitkeringen door kleindochterondernemingen die hun hoofdbestuur en zetel buiten het toepassingsgebied van deze wet hebben, in de volgende bewoordingen geregeld:

„[4]Indien een onderneming die via een dochteronderneming ten minste 15 % van een kapitaalvennootschap die haar hoofdbestuur en zetel buiten het toepassingsgebied van deze wet heeft (kleindochteronderneming) indirect houdt, in een belastingjaar winsten realiseert uit haar deelnemingen in de dochteronderneming en indien de kleindochteronderneming tijdens dat belastingjaar winsten uitkeert aan de dochteronderneming, geldt dezelfde regel, op verzoek van de onderneming, voor het deel van de door haar ontvangen winsten dat overeenkomt met de uitkering door de kleindochteronderneming van de winsten die haar op grond van haar indirecte deelneming toekomen. [5]Indien de dochteronderneming in het betrokken belastingjaar, naast de winstaandelen van een kleindochteronderneming, andere inkomsten heeft ontvangen, is de vierde zin uitsluitend van toepassing op het deel van de aan de dochteronderneming toekomende uitkering dat overeenkomt met het aandeel van deze winstaandelen in de som van deze winsten en andere inkomsten, maar hoogstens voor het bedrag van deze winstaandelen. [6]De toepassing van de vierde zin veronderstelt dat

1. de kleindochteronderneming, in het belastingjaar waarin zij de uitkering heeft verricht, haar bruto-inkomsten uitsluitend of nagenoeg uitsluitend heeft behaald uit activiteiten die onder § 8, lid 1, punten 1 tot en met 6, [AStG] vallen of uit deelnemingen die onder de eerste zin, punt 1, vallen, en dat
2. de dochteronderneming voldoet aan de voorwaarden van de eerste zin wat de deelneming in het kapitaal van de kleindochteronderneming betreft.

[7]De toepassing van bovenstaande bepalingen impliceert dat de onderneming alle bewijsstukken overlegt, met name

1. dat zij door overlegging van relevante documenten aantoont dat de dochteronderneming haar bruto-inkomsten uitsluitend of nagenoeg uitsluitend behaalt uit activiteiten die onder § 8, lid 1, punten 1 tot en met 6, [AStG] vallen of uit deelnemingen die onder de eerste zin, punten 1 en 2, vallen,
2. dat zij door overlegging van relevante documenten aantoont dat de kleindochteronderneming haar bruto-inkomsten uitsluitend of nagenoeg uitsluitend behaalt uit activiteiten die onder § 8, lid 1, punten 1 tot en met 6, [AStG] vallen of uit deelnemingen die onder de eerste zin, punt 1, vallen,
3. dat zij de voor uitkering beschikbare winst van de dochteronderneming of de kleindochteronderneming aantoont door overlegging van balansen en winst- en verliesrekeningen; deze documenten moeten op verzoek worden verstrekt met het in de staat van het bestuur of de zetel voorgeschreven of gewoonlijk gebruikte certificaat, opgesteld door een officieel erkend controleorgaan of een equivalent daarvan."

15. In § 8b, lid 1, KStG dat betrekking heeft op deelnemingen in andere vennootschappen en verenigingen, is bepaald dat de ontvangen vergoedingen in de zin van met name § 20, lid 1, punt 1, van de EStG bij de vaststelling van de inkomsten niet in aanmerking worden genomen.

16. In § 15, aanhef en onder punt 2, eerste volzin, KStG wordt bepaald dat, in afwijking van de algemene regels bij de berekening van de inkomsten voor een fiscale eenheid (*Organschaft*), § 8b, leden 1 tot en met 6, KStG niet van toepassing is op de dochteronderneming (*Organgesellschaft*).

17. In § 20, lid 1, punt 1, EStG is vastgelegd dat onder meer winstparticipaties (dividenden) uit aandelen die recht op deelneming in de winst en in de liquidatieopbrengst van een kapitaalvennootschap verlenen, behoren tot de kapitaalinkomsten.

Hoofdgeding en prejudiciële vraag

18. EV is een producent van auto-onderdelen en de moedermaatschappij van een wereldwijd concern. Haar dochterondernemingen bezitten op hun beurt deelnemingen in het kapitaal van een aantal andere vennootschappen.

19. In het belastingjaar 2009 vormden EV, als overkoepelend orgaan, en Reinhold Poersch GmbH (hierna: „R Gmbh") voor de berekening van de belasting over de bedrijfswinst een fiscale eenheid in de zin van de Duitse belastingwetgeving. EV bezat 100 % van het kapitaal van R Gmbh.

20. R Gmbh bezat op haar beurt 100 % van het kapitaal van Hella Asia Pacific Pty Ltd (hierna: „Hap Ltd"), een vennootschap naar Australisch recht met zetel in Australië. In 2009 heeft Hap Ltd van haar dochteronderneming Hella Philippinen Inc. (hierna: „H Inc. ") dividenden ter hoogte van 556 000 AUD (ongeveer 337 584 EUR) ontvangen.

21. Hap Ltd heeft in hetzelfde jaar een bedrag van 45 287 000 AUD (ongeveer 27 496 685 EUR) uitgekeerd aan haar aandeelhoudster R Gmbh. Dit bedrag bestond uit winsten die over meerdere belastingjaren waren opgebouwd en uit de in het vorige punt bedoelde winsten, die Hap Ltd van H Inc. had ontvangen.

22. In 2012 werd bij R Gmbh een belastingcontrole uitgevoerd met betrekking tot de belastingjaren 2006 tot en met 2009. De inspecteurs hebben vastgesteld dat de door R Gmbh verkregen dividenden bij EV op grond van § 8b, lid 1, KStG moesten worden vrijgesteld, waarbij een vast percentage van 5 % van het resultaat overeenkomstig § 8b, lid 5, van dezelfde wet als niet aftrekbare bedrijfsuitgaven bij de inkomsten van de vennootschap moest worden geteld.

23. De belastingdienst heeft de gevolgtrekkingen van de inspecteurs overgenomen en oordeelde dat overeenkomstig § 8, punt 5, GewStG 2002, de door Hap Ltd aan R Gmbh uitgekeerde dividenden eerst verminderd moesten worden met de door H Inc. aan Hap Ltd uitgekeerde winsten en dan bij het resultaat van EV moesten worden geteld.

24. Volgens de belastingdienst voldeed de winstuitkering van Hap Ltd namelijk niet rechtens genoegzaam aan de voorwaarden die in § 9, punt 7, eerste volzin, GewStG 2002 zijn gesteld om te kunnen profiteren van een uitzondering op het verhogingsbeginsel.

25. In de eerste plaats was de belastingdienst van mening dat Hap Ltd, als dochteronderneming, een holdingvennootschap was die niet uit eigen activiteiten inkomsten genereerde die onder § 8, lid 1, punten 1 tot en met 6, AStG vallen, zodat zij niet kon worden beschouwd als een „Funktionsholding" in de zin van § 9, punt 7, eerste volzin, eerste zinsnede, punt 2, GewStG 2002. In de tweede plaats kon Hap Ltd evenmin worden beschouwd als een „Landesholding" die overeenkomstig § 9, punt 7, eerste volzin, eerste zinsnede, punt 1, GewStG 2002 profiteert van een gunstiger belastingregime, omdat Hap Ltd deelnemingen in buiten Australië gevestigde kleindochterondernemingen hield.

26. Volgens de belastingdienst viel het door H Inc. aan Hap Ltd en vervolgens door deze aan R Gmbh uitgekeerde bedrag daarentegen onder § 9, punt 7, vierde volzin en volgende, GewStG 2002 en was de voorkeursregeling voor kleindochterondernemingen hierop van toepassing. Bijgevolg werden deze door H Inc. uitgekeerde dividenden niet opgeteld bij de winst van R Gmbh.

27. De belastingdienst heeft op grond van deze overwegingen op 13 november 2012 een belastingaanslag opgelegd waarin de door Hap Ltd aan R. GmbH uitgekeerde dividenden, na aftrek van de dividenden die H Inc. aan Hap Ltd heeft uitgekeerd, overeenkomstig de GewStG 2002 voor 95 % bij het bedrijfsresultaat van EV als overkoepelend orgaan waren opgeteld. Het door EV tegen deze belastingaanslag ingediende bezwaarschrift is bij besluit van 8 november 2013 verworpen.

28. Tegen deze achtergrond heeft EV beroep ingesteld bij de verwijzende rechterlijke instantie, het Finanzgericht Münster (belastingrechter Münster, Duitsland), waarbij zij met name stelde dat de dividenden van buitenlandse oorsprong in strijd met het Unierecht op discriminerende wijze waren behandeld en dat de door Hap Ltd aan R Gmbh uitgekeerde dividenden in hun geheel in mindering moesten worden gebracht op de bedrijfswinst van EV.

29. In deze omstandigheden heeft het Finanzgericht Münster de behandeling van de zaak geschorst en het Hof verzocht om een prejudiciële beslissing over de volgende vraag:

> „Moeten de bepalingen over het vrije kapitaal- en betalingsverkeer van de artikelen 63 en volgende van het Verdrag betreffende de werking van de Europese Unie aldus worden uitgelegd dat zij in de weg staan aan de regel van § 9, punt 7, [GewStG 2002], voor zover deze regel tot gevolg heeft dat, in het kader van de belasting over de bedrijfswinst, voor de vermindering van de winst en de verhogingen met opbrengsten uit deelnemingen in een kapitaalvennootschap die haar bestuur en zetel buiten de Bondsrepubliek Duitsland heeft, strengere voorwaarden gelden dan voor de vermindering van de winst en de verhogingen met opbrengsten uit deelnemingen in een niet-vrijgestelde binnenlandse kapitaalvennootschap of met het deel van de bedrijfswinst van een binnenlandse onderneming dat betrekking heeft op een niet in het binnenland gelegen vaste inrichting?"

De prejudiciële vraag

Opmerkingen vooraf

30. Om te beginnen moet worden opgemerkt dat onder de formulering van de prejudiciële vraag weliswaar alle kapitaalvennootschappen vallen die hun bestuur en zetel buiten Duitsland hebben, maar dat vaststaat dat het hoofdgeding betrekking heeft op de behandeling van winsten van een vennootschap met bestuur en zetel in een derde land, namelijk Australië.

31. In deze omstandigheden moet de prejudiciële vraag aldus worden begrepen dat deze alleen betrekking heeft op de behandeling van winsten die zijn uitgekeerd door vennootschappen met bestuur en zetel in derde landen en niet op gevallen waarin de winsten worden uitgekeerd door vennootschappen met bestuur en zetel in een andere lidstaat.

32. Vervolgens moet worden onderzocht of artikel 63 VWEU kan worden ingeroepen in een situatie zoals die in het hoofdgeding, waarbij het gaat om het verschil in behandeling van winstuitkeringen van een in een

derde land gevestigde dochteronderneming aan een ingezeten vennootschap vergeleken met de behandeling van winsten die door ingezeten dochterondernemingen worden uitgekeerd aan een ingezeten vennootschap.

33. In dat verband volgt uit de rechtspraak van het Hof dat de fiscale behandeling van dividenden zowel onder artikel 49 VWEU betreffende de vrijheid van vestiging als onder artikel 63 VWEU betreffende het vrije verkeer van kapitaal kan vallen. Voor de beantwoording van de vraag of een nationale wettelijke regeling onder de ene of de andere vrijheid van verkeer valt, dient rekening te worden gehouden met het voorwerp van de wettelijke regeling in kwestie (arrest van 24 november 2016, SECIL, C-464/14, EU:C:2016:896, punt 31 en aldaar aangehaalde rechtspraak).

34. Een nationale wettelijke regeling die alleen van toepassing is op participaties waarmee een zodanige invloed op de besluiten van een vennootschap kan worden uitgeoefend dat de activiteiten ervan kunnen worden bepaald, valt onder artikel 49 VWEU inzake de vrijheid van vestiging (arrest van 24 november 2016, SECIL, C-464/14, EU:C:2016:896, punt 32 en aldaar aangehaalde rechtspraak).

35. Nationale bepalingen die van toepassing zijn op participaties die enkel als belegging worden genomen zonder dat het de bedoeling is invloed op het bestuur van en de zeggenschap over de onderneming uit te oefenen, moeten daarentegen uitsluitend aan het beginsel van het vrije verkeer van kapitaal worden getoetst (arrest van 24 november 2016, SECIL, C-464/14, EU:C:2016:896, punt 33 en aldaar aangehaalde rechtspraak).

36. Het Hof heeft geoordeeld dat in een context die ziet op de fiscale behandeling van uit een derde land afkomstige dividenden, uit het onderzoek van het voorwerp van een nationale wettelijke regeling kan worden opgemaakt of de fiscale behandeling van dergelijke dividenden onder de bepalingen van het Verdrag inzake het vrije verkeer van kapitaal valt (arrest van 24 november 2016, SECIL, C-464/14, EU:C:2016:896, punt 34 en aldaar aangehaalde rechtspraak).

37. Dienaangaande heeft het Hof gepreciseerd dat een nationale wettelijke regeling betreffende de fiscale behandeling van dividenden die niet uitsluitend van toepassing is op situaties waarin de moedermaatschappij een beslissende invloed op de uitkerende vennootschap uitoefent, aan artikel 63 VWEU moet worden getoetst. Een in een lidstaat gevestigde vennootschap kan zich dus, ongeacht de omvang van de participatie die zij aanhoudt in de in een derde land gevestigde uitkerende vennootschap, op deze bepaling beroepen om de rechtmatigheid van een dergelijke regeling te betwisten (arrest van 24 november 2016, SECIL, C-464/14, EU:C:2016:896, punt 35 en aldaar aangehaalde rechtspraak).

38. In het onderhavige geval stelt § 9, punt 7, GewStG 2002 als voorwaarde voor aftrek van dividenden die ingezeten vennootschappen van hun in derde landen gevestigde dochterondernemingen hebben ontvangen, dat de door de ingezeten vennootschap gehouden deelneming in de dochteronderneming sinds het begin van het referentietijdvak ononderbroken ten minste 15 % bedraagt.

39. In dit verband merken de verwijzende rechterlijke instantie en de Duitse regering op dat een dergelijke deelneming ter hoogte van 15 % overeenkomstig het Duitse vennootschapsrecht aan minderheidsaandeelhouders bepaalde rechten toekent. Deze omstandigheid mag evenwel niet tot de opvatting leiden dat § 9, punt 7, GewStG 2002 alleen betrekking heeft op deelnemingen waarmee een bepalende invloed kan worden uitgeoefend op de beslissingen van de vennootschap die de dividenden uitkeert.

40. Het Hof heeft immers reeds geoordeeld dat een deelneming van ten minste 15 % in het kapitaal in een vennootschap niet noodzakelijkerwijze impliceert dat de vennootschap die deze deelneming houdt een bepalende invloed uitoefent op de besluiten van de vennootschap die de dividenden uitkeert (zie in die zin arrest van 20 december 2017, Deister Holding en Juhler Holding, C-504/16 en C-613/16, EU:C:2017:1009, punten 79 en 80, en aldaar aangehaalde rechtspraak).

41. Bijgevolg moet worden geoordeeld dat § 9, punt 7, GewStG 2002 niet uitsluitend van toepassing is op situaties waarin de moedermaatschappij deelnemingen bezit waarmee zij een bepalende invloed kan uitoefenen op de besluiten van haar dochteronderneming en de werkzaamheden daarvan kan vaststellen.

42. Derhalve moet dergelijke wetgeving worden beoordeeld in het licht van artikel 63 VWEU.

43. Het is juist dat de moedermaatschappij in casu volgens § 9, punt 7, GewStG 2002 enkel aanspraak kan maken op aftrek van de dividenden die haar buiten het Duitse grondgebied gevestigde dochteronderneming heeft uitgekeerd, indien deze dochteronderneming haar bruto-inkomsten, afgezien van de bovengenoemde drempel van 15 % en onder het voorbehoud dat ook bepaalde andere voorwaarden zijn vervuld, uitsluitend of nagenoeg uitsluitend haalt uit activiteiten die onder § 8, lid 1, punten 1 tot en met 6, AStG vallen dan wel uit deelnemingen in kleindochterondernemingen waarin de genoemde dochteronderneming ten minste 25 % van het kapitaal bezit.

44. Deze secundaire drempel van 25 %, wat de deelneming van de dochteronderneming in het maatschappelijk kapitaal van de kleindochteronderneming betreft, doet echter niet af aan de in punt 41 van dit arrest geformuleerde overweging.

45. Ten eerste, zoals uit de in de punten 34 en 35 van dit arrest aangehaalde rechtspraak volgt, moet immers, om te kunnen bepalen of de betreffende nationale wetgeving onder de vrijheid van vestiging of het vrije verkeer van kapitaal valt, worden onderzocht wat de aard is van de door de moedermaatschappij in de uitkerende dochteronderneming gehouden deelnemingen waarop de genoemde wetgeving kan worden toegepast.

46. Ten tweede wordt de in § 9, punt 7, GewStG 2002 bedoelde secundaire drempel van 25 % vastgesteld in het kader van een van de alternatieve voorwaarden, die betrekking hebben op de inkomsten die de dochteronderneming aan de moedermaatschappij uitkeert. Immers geldt deze drempel niet in een situatie waarin geen sprake is van meerlagige vennootschapsstructuren noch in een situatie waarin een moedermaatschappij ten minste 15 % van de dochteronderneming bezit en deze laatste haar bruto-inkomsten uitsluitend of nagenoeg uitsluitend uit onder § 8, lid 1, punten 1 tot en met 6, AStG vallende activiteiten haalt. Bijgevolg moet worden geoordeeld dat bij de in punt 45 van dit arrest bedoelde beoordeling weliswaar met deze drempel rekening moet worden gehouden, maar deze drempel is niet van dien aard dat daarmee wordt afgedaan aan het feit dat § 9, punt 7, GewStG 2002 niet uitsluitend van toepassing is op situaties waarin de moedermaatschappij deelnemingen bezit waarmee zij een bepalende invloed kan uitoefenen op de besluiten van haar dochteronderneming en de werkzaamheden daarvan kan vaststellen.

47. Bijgevolg kan artikel 63 VWEU worden ingeroepen in een situatie zoals die in het hoofdgeding, waarbij het gaat om het verschil in behandeling tussen winstuitkeringen van een in een derde land gevestigde dochteronderneming aan een ingezeten vennootschap en de behandeling van winsten die door ingezeten dochterondernemingen worden uitgekeerd aan een ingezeten vennootschap.

48. Tot slot moet worden opgemerkt dat de gestelde vraag betrekking heeft op de vergelijking tussen de behandeling van enerzijds de winsten die in derde staten gevestigde dochterondernemingen uitkeren aan ingezeten moedermaatschappijen en anderzijds niet alleen de behandeling van winsten die ingezeten dochterondernemingen uitkeren aan ingezeten moedermaatschappijen, maar ook die van door een ingezeten vennootschap gegenereerde bedrijfswinsten die moeten worden toegerekend aan een buiten het nationale grondgebied gelegen vaste inrichting.

49. De vergelijking tussen de fiscale behandeling van enerzijds de winsten die in derde staten gevestigde dochterondernemingen uitkeren aan ingezeten moedermaatschappijen en anderzijds de door een ingezeten vennootschap gegenereerde bedrijfswinsten die moeten worden toegerekend aan een buiten het nationale grondgebied gelegen vaste inrichting, zou erop neerkomen dat wordt getoetst of wetgeving zoals die in het hoofdgeding aan de orde is, leidt tot een ongelijke behandeling die een ingezeten vennootschap ervan weerhoudt zijn activiteiten via een dochteronderneming in plaats van via een vaste inrichting buiten zijn staat van vestiging uit te oefenen.

50. In dat verband is het van belang in herinnering te brengen dat vennootschappen die hun statutaire zetel, hun hoofdbestuur of hun hoofdvestiging binnen de Unie hebben, het recht om door middel van een dochteronderneming, een filiaal of een agentschap in andere lidstaten hun bedrijfsactiviteit uit te oefenen, ontlenen aan artikel 49 VWEU over de vrijheid van vestiging, dat krachtens artikel 54 VWEU op deze vennootschappen van toepassing is, en niet aan artikel 63 VWEU over het vrij verkeer van kapitaal.

51. Volgens het Hof beogen de bepalingen van het Unierecht betreffende de vrijheid van vestiging blijkens de bewoordingen ervan weliswaar het voordeel van de behandeling als eigen staatsburgers in de lidstaat van ontvangst te waarborgen, maar verzetten zij zich ertegen dat de lidstaat van oorsprong de vestiging van een van zijn staatsburgers of van een naar zijn wetgeving opgerichte vennootschap in een andere lidstaat belemmert (arresten van 23 november 2017, A, C-292/16, EU:C:2017:888, punt 24, en 12 juni 2018, Bevola en Jens W. Trock, C-650/16, EU:C:2018:424, punt 16).

52. Het hoofdstuk van het Verdrag inzake de vrijheid van vestiging bevat evenwel geen enkele bepaling op grond waarvan de werkingssfeer van de voorschriften ervan kan worden verruimd tot situaties betreffende de vestiging van een vennootschap van een lidstaat in een derde land of van een vennootschap van een derde land in een lidstaat (zie in die zin arrest van 13 november 2012, Test Claimants in the FII Group Litigation, C-35/11, EU:C:2012:707, punt 97 en aldaar aangehaalde rechtspraak).

53. Bijgevolg kan noch artikel 63 VWEU noch artikel 49 VWEU worden toegepast op een situatie waarin de nationale regelgeving tot een verschil in fiscale behandeling leidt tussen de door een ingezeten vennootschap

gegenereerde bedrijfswinsten die moeten worden toegerekend aan een buiten het nationale grondgebied gelegen vaste inrichting en de winsten van een in een derde land gevestigde dochteronderneming.

54. Bijgevolg hoeft hierna alleen te worden onderzocht of de artikelen 63 tot en met 65 VWEU aldus moeten worden uitgelegd dat zij in de weg staan aan nationale wetgeving als in het hoofdgeding op grond waarvan voor een vermindering van de winst uit deelnemingen in een kapitaalvennootschap die haar bestuur en zetel in een derde land heeft, strengere voorwaarden gelden dan voor de vermindering van de winst uit deelnemingen in een niet-vrijgestelde binnenlandse kapitaalvennootschap.

Bestaan van een beperking

55. Volgens vaste rechtspraak van het Hof omvatten de maatregelen die ingevolge artikel 63, lid 1, VWEU verboden zijn omdat zij het kapitaalverkeer beperken, maatregelen die niet-ingezetenen ervan doen afzien in een lidstaat investeringen te doen, of ingezetenen van deze lidstaat ontmoedigen in andere staten investeringen te doen (arrest van 2 juni 2016, Pensioenfonds Metaal en Techniek, C-252/14, EU:C:2016:402, punt 27 en aldaar aangehaalde rechtspraak).

56. In het onderhavige geval worden dividenden die door een ingezeten vennootschap zijn uitgekeerd op grond van de in het hoofdgeding aan de orde gestelde wetgeving anders behandeld dan dividenden die door een in een derde land gevestigde vennootschap zijn uitgekeerd.

57. Zoals de verwijzende rechterlijke instantie nader uiteenzet, veronderstelt de verlaging van de belasting over de bedrijfswinst uitsluitend dat de ingezeten vennootschap die van een andere ingezeten vennootschap aan belasting onderworpen dividend ontvangt, volgens § 9, punt 2a, eerste volzin, GewStG 2002 aan het begin van het belastingtijdvak ten minste 15 % van het maatschappelijk kapitaal in de uitdelende vennootschap bezit en dat de winst uit deze deelnemingen bij de vaststelling van de belastbare winst wordt meegeteld.

58. Bij uitkeringen door een in een derde land gevestigde vennootschap wordt daarentegen op grond van § 9, punt 7, eerste volzin, GewStG 2002 vereist dat de deelneming sinds het begin van de referentieperiode ononderbroken ten minste 15 % bedraagt en bovendien dat de bruto-inkomsten zijn behaald uit bepaalde actieve inkomsten, namelijk uitsluitend de inkomsten afkomstig van enkel de onder § 8, lid 1, punten 1 tot en met 6, AStG bedoelde activiteiten, of dat is aangetoond dat het gaat om inkomsten van kleindochterondernemingen waarin de dochteronderneming ten minste 25 % van het kapitaal bezit, dat de dochteronderneming een „Landesholding" of een „Funktionsholding" vormt en dat de kleindochteronderneming haar inkomsten in ieder geval bijna uitsluitend uit in § 8, lid 1, punten 1 tot en met 6, AStG bedoelde economische activiteiten haalt.

59. Zoals de Duitse regering in haar schriftelijke opmerkingen heeft erkend, is de in § 9, punt 7, GewStG 2002 bedoelde vermindering onderworpen aan striktere voorwaarden dan de vermindering bedoeld in § 9, punt 2a, van deze wet.

60. Volgens deze regering heeft § 9, punt 7, GewStG 2002 desondanks geen beperking van het vrije kapitaalverkeer tot gevolg, maar zorgt het juist voor een gelijke behandeling van de door haar als passief aangeduide inkomsten. Globaal genomen worden daarmee de inkomsten uit vermogensbeheer bedoeld, die niet zijn onderworpen aan de belasting over de bedrijfswinst en waarvoor dus ook geen recht op vermindering bestaat. In zoverre wordt met deze bepaling beoogd voor bepaalde door een in een derde land gevestigde vennootschap op het gebied van vermogensbeheer verrichte activiteiten geen recht op vermindering mogelijk te maken. Dit betekent omgekeerd dat de buitenlandse vennootschap wel vermindering kan krijgen voor bepaalde als „actief" aangeduide activiteiten, waarmee wordt gewezen op handelsactiviteiten en dus, in beginsel, op activiteiten die zijn onderworpen aan de belasting over de bedrijfswinst.

61. In dit verband moet evenwel worden opgemerkt dat de Duitse regering enerzijds zelf erkent dat de aftrek van de door ingezeten vennootschappen uitgekeerde dividenden niet afhankelijk is van het soort activiteit van de kapitaalvennootschap die dit dividend uitkeert.

62. Anderzijds zijn in § 9, punt 7, GewStG 2002 andere strengere voorwaarden ten laste van de ingezeten vennootschappen opgenomen, die betrekking hebben op de uitkering van dividenden afkomstig van in derde staten gevestigde dochterondernemingen, zoals de verplichting om niet alleen aan het begin van het referentietijdvak maar gedurende dit hele tijdvak ononderbroken een deelneming in de in derde staten gevestigde uitkerende vennootschappen van ten minste 15 % te houden. Voorts bevat deze paragraaf voorwaarden met betrekking tot kleindochterondernemingen die dividenden aan dochterondernemingen uitkeren.

63. Bijgevolg moet worden vastgesteld dat de wetgeving in het hoofdgeding ingezeten moedermaatschappijen ervan kan doen afzien hun kapitaal te beleggen in dochterondernemingen die zijn gevestigd in derde

landen doordat de fiscale aftrekbaarheid van dividenden die in derde landen gevestigde dochterondernemingen hebben uitgekeerd volgens deze wetgeving aan striktere voorwaarden is gebonden dan de aftrekbaarheid van dividenden van ingezeten moedermaatschappijen. Aangezien inkomsten uit kapitaal die afkomstig zijn uit een derde land, fiscaal minder gunstig worden behandeld dan dividenden die worden uitgekeerd door ingezeten vennootschappen, zijn aandelen in een vennootschap die in een derde land is gevestigd, immers minder aantrekkelijk voor ingezeten investeerders dan aandelen in een ingezeten vennootschap (zie naar analogie arrest van 24 november 2016, SECIL, C-464/14, EU:C:2016:896, punt 50 en aldaar aangehaalde rechtspraak).

64. Bijgevolg vormt dergelijke wetgeving een in beginsel door artikel 63 VWEU verboden beperking van het kapitaalverkeer tussen de lidstaten en de betrokken derde staten.

Toepasselijkheid van artikel 64, lid 1, VWEU

65. De belastingdienst en de Duitse regering stellen evenwel dat de Bondsrepubliek Duitsland een dergelijke beperking mag handhaven op grond van artikel 64, lid 1, VWEU.

66. Ingevolge artikel 64, lid 1, VWEU doet het bepaalde in artikel 63 VWEU geen afbreuk aan de toepassing op derde landen van beperkingen die op 31 december 1993 bestaan uit hoofde van het nationale recht of het recht van de Unie inzake het kapitaalverkeer naar of uit derde landen in verband met directe investeringen – met inbegrip van investeringen in onroerende goederen –, vestiging, het verrichten van financiële diensten of de toelating van waardepapieren tot de kapitaalmarkten.

67. Het Verdrag bevat weliswaar geen definitie van het begrip „directe investeringen" maar dit begrip is gedefinieerd in de nomenclatuur van het kapitaalverkeer die is opgenomen in bijlage I bij richtlijn 88/361/EEG van de Raad van 24 juni 1988 voor de uitvoering van artikel 67 van het Verdrag [artikel ingetrokken bij het Verdrag van Amsterdam] (PB 1988, L 178, blz. 5). Blijkens de lijst van „directe investeringen" in de eerste rubriek van deze nomenclatuur en de verklarende aantekeningen daarbij, betreft dit begrip alle investeringen welke door natuurlijke of rechtspersonen worden verricht en welke gericht zijn op de vestiging of de handhaving van duurzame en directe betrekkingen tussen de kapitaalverschaffer en de onderneming waarvoor de desbetreffende middelen bestemd zijn met het oog op de uitoefening van een economische activiteit (arrest van 24 november 2016, SECIL, C-464/14, EU:C:2016:896, punt 75 en aldaar aangehaalde rechtspraak).

68. Wat de deelnemingen in nieuwe of bestaande ondernemingen in de vorm van aandelenvennootschappen betreft, veronderstelt het doel om duurzame economische betrekkingen te vestigen of te handhaven, zoals de in het vorige punt van dit arrest bedoelde verklarende aantekeningen bevestigen, dat de aandelen een aandeelhouder, hetzij ingevolge de bepalingen van de nationale wetgeving op de aandelenvennootschappen, hetzij uit anderen hoofde de mogelijkheid bieden daadwerkelijk deel te hebben in het bestuur van of de zeggenschap over de betrokken vennootschap (arrest van 24 november 2016, SECIL, C-464/14, EU:C:2016:896, punt 76 en aldaar aangehaalde rechtspraak).

69. Uit de rechtspraak van het Hof volgt dat de beperkingen van het kapitaalverkeer in verband met directe investeringen of een vestiging in de zin van artikel 64, lid 1, VWEU niet enkel nationale maatregelen omvatten waarvan de toepassing op het kapitaalverkeer naar of uit derde landen investeringen of de vestiging beperken, maar ook maatregelen die de uitkering van daaruit voortvloeiende dividenden beperken (arrest van 24 november 2016, SECIL, C-464/14, EU:C:2016:896, punt 77 en aldaar aangehaalde rechtspraak).

70. Daaruit volgt dat een beperking van het kapitaalverkeer, zoals een minder voordelige fiscale behandeling van buitenlandse dividenden, onder artikel 64, lid 1, VWEU valt voor zover zij verband houdt met deelnemingen die worden genomen teneinde duurzame en directe economische betrekkingen te vestigen of te handhaven tussen de aandeelhouder en de betrokken vennootschap en die de aandeelhouder de mogelijkheid bieden daadwerkelijk deel te hebben in het bestuur van of de zeggenschap over de betrokken vennootschap (arrest van 24 november 2016, SECIL, C-464/14, EU:C:2016:896, punt 78 en aldaar aangehaalde rechtspraak).

71. In dat verband staat volgens het Hof de omstandigheid dat nationale wetgeving die tot een beperking van het kapitaalverkeer in verband met directe investeringen leidt, tevens in andere situaties toepassing kan vinden, er niet aan in de weg dat artikel 64, lid 1, VWEU wordt toegepast in de omstandigheden waarop dit artikel ziet (zie in die zin arrest van 15 februari 2017, X, C-317/15, EU:C:2017:119, punt 21).

72. In het onderhavige geval moet worden vastgesteld dat de zaak in het hoofdgeding betrekking heeft op de fiscale behandeling van dividenden die EV als overkoepelend orgaan heeft ontvangen uit haar deelnemingen ter hoogte van 100 % in een eerste Duitse vennootschap die op haar beurt 100 % van de aandelen van Hap Ltd bezat en op welke deelneming de uitkeringen waren gebaseerd die volgens de belastingdienst meegeteld

moesten worden. Een dergelijke deelneming kan de aandeelhouder de mogelijkheid bieden daadwerkelijk deel te nemen aan het bestuur van de uitkerende vennootschap of hier daadwerkelijk mede zeggenschap over te hebben en kan dus als een directe investering kan worden aangemerkt.

73. Met betrekking tot het temporele criterium van artikel 64, lid 1, VWEU volgt uit vaste rechtspraak van het Hof dat hoewel in beginsel de nationale rechter de inhoud dient te bepalen van de wetgeving die bestond op een door een Uniehandeling bepaalde datum, het aan het Hof staat om de gegevens te verschaffen voor de uitlegging van het Unierechtelijke begrip dat de basis vormt voor de toepassing van een Unierechtelijke uitzonderingsregeling op een nationale wettelijke regeling die op een bepaalde datum „bestaat" (arrest van 10 april 2014, Emerging Markets Series of DFA Investment Trust Company, C-190/12, EU:C:2014:249, punt 47 en aldaar aangehaalde rechtspraak).

74. Het begrip „beperkingen die op 31 december 1993 bestaan" in de zin van artikel 64, lid 1, VWEU veronderstelt dat het rechtskader waarin de betrokken beperking is opgenomen, sinds die datum ononderbroken deel heeft uitgemaakt van de rechtsorde van de betrokken lidstaat. Zou dit anders zijn, dan zou een lidstaat immers op enig tijdstip opnieuw beperkingen van het kapitaalverkeer naar of uit derde staten kunnen invoeren die op 31 december 1993 in de nationale rechtsorde bestonden doch die niet zijn gehandhaafd (arrest van 5 mei 2011, Prunus en Polonium, C-384/09, EU:C:2011:276, punt 34 en aldaar aangehaalde rechtspraak).

75. In deze context heeft het Hof reeds geoordeeld dat een nationale maatregel die na een aldus bepaalde datum is vastgesteld, niet om die reden alleen automatisch van de bij de betrokken Uniehandeling ingevoerde uitzonderingsregeling is uitgesloten. De uitzondering geldt immers ook voor een bepaling die op de voornaamste punten identiek is aan de vroegere wetgeving of die alleen een belemmering voor de uitoefening van de Unierechtelijke rechten en vrijheden in de vroegere wetgeving versoepelt of opheft. Daarentegen kan een wettelijke regeling die op een andere hoofdgedachte berust dan de vorige en nieuwe procedures invoert, niet worden gelijkgesteld met de wettelijke regeling die bestaat op het door de betrokken Uniehandeling bepaalde tijdstip (arrest van 10 april 2014, Emerging Markets Series of DFA Investment Trust Company, C-190/12, EU:C:2014:249, punt 48 en aldaar aangehaalde rechtspraak).

76. In het onderhavige geval volgt om te beginnen uit de verwijzingsbeslissing dat de nationale wetgever bij een op 14 augustus 2007 doorgevoerde hervorming van de belastingregeling voor ondernemingen de voor vermindering op grond van § 9, punt 7, GewStG 2002 geldende deelnemingsdrempel van 10 % naar 15 % heeft verhoogd.

77. Een van de voorwaarden voor toepassing van de vermindering is dus gewijzigd. Zoals de advocaat-generaal in punt 89 van zijn conclusie heeft aangegeven, had dit een beperktere werkingssfeer van de in § 9, punt 7, GewStG 2002 bedoelde vermindering tot gevolg.

78. Vervolgens volgt uit het verzoek om een prejudiciële beslissing – zoals de Duitse regering heeft erkend – dat de Duitse wetgever na 31 december 1993 de omvang van de toegekende vermindering aldus heeft gewijzigd dat deze niet langer over het brutodividend, maar over het nettodividend werd berekend. Daardoor werd ook het bedrag van de aftrek verlaagd.

79. Ten slotte wijst de verwijzende rechterlijke instantie erop dat het geheel aan wet- en regelgeving waar § 9, punt 7, GewStG 2002 toe behoort grondig is gewijzigd door de Gesetz zur Senkung der Steuersätze und zur Reform der Unternehmensbesteuerung (Steuersenkungsgesetz) [wet betreffende de verlaging van de belastingtarieven en de hervorming van de belastingregeling voor ondernemingen (wet op de belastingverlaging)] van 23 oktober 2000 (BGBl. 2000 I, blz. 1433). Het systeem van aftrek van 50 % van de inkomsten dat met deze nieuwe wet werd ingevoerd, heeft er namelijk toe geleid dat de in het kader van dit nieuwe systeem uitgekeerde dividenden in beginsel vrijgesteld zijn van belasting op de bedrijfswinst, mits de voorwaarden van § 9, punt 7, GewStG 2002 zijn vervuld, terwijl de door rechtspersonen verkregen dividenden in het voorheen bestaande systeem in beginsel juist aan belasting waren onderworpen en § 9, punt 7, GewStG 2002 hierop een uitzondering vormde.

80. In dat verband moet in herinnering worden gebracht dat artikel 64, lid 1, VWEU, als afwijking van het grondbeginsel van het vrije verkeer van kapitaal, strikt moet worden uitgelegd (arrest van 17 oktober 2013, Welte, C-181/12, EU:C:2013:662, punt 29).

81. Bijgevolg moet er ook een strikte uitlegging worden gegeven aan de voorwaarden waaraan nationale wetgeving moet voldoen teneinde, in weerwil van een wijziging van het nationale rechtskader die van na 31 december 1993 dateert, geacht te worden op deze datum te hebben „bestaan".

82. De beperking van de werkingssfeer van de in § 9, punt 7, GewStG 2002 bedoelde vermindering, zowel wat betreft de begunstigde personen als de inhoudelijke omvang ervan, in combinatie met de in punt 79 van dit arrest behandelde wijziging van het geheel aan wet- en regelgeving, weerspreekt de stelling van de Duitse regering dat de nationale wetgeving uit het hoofdgeding in wezen identiek is gebleven ondanks de wijzigingen van het nationale recht in de periode tussen 31 december 1993 en de vaststelling van deze bepaling.

83. Bijgevolg kan een beperking van het vrij verkeer van kapitaal zoals die welke uit de toepassing van § 9, punt 7, GewStG 2002 voortvloeit, niet op grond van artikel 64, lid 1, VWEU aan de regel van artikel 63, lid 1, VWEU worden onttrokken.

84. Niettemin dient ook te worden onderzocht in hoeverre een dergelijke beperking op basis van de andere Verdragsbepalingen kan worden gerechtvaardigd.

Bestaan van een rechtvaardiging

85. Volgens artikel 65, lid 1, onder a), VWEU doet artikel 63 VWEU niet af aan het recht van de lidstaten om de ter zake dienende bepalingen van hun belastingwetgeving toe te passen die onderscheid maken tussen belastingplichtigen die niet in dezelfde situatie verkeren met betrekking tot hun vestigingsplaats of de plaats waar hun kapitaal is belegd.

86. Deze bepaling vormt een uitzondering op het fundamentele beginsel van het vrije verkeer van kapitaal en moet dus strikt worden uitgelegd. Zij kan dan ook niet aldus worden uitgelegd dat elke belastingwetgeving die tussen belastingplichtigen een onderscheid maakt naargelang van hun vestigingsplaats of van de lidstaat waar zij hun kapitaal beleggen, automatisch verenigbaar is met het VWEU. De in artikel 65, lid 1, onder a), VWEU bedoelde afwijking wordt immers zelf beperkt door artikel 65, lid 3, VWEU, dat bepaalt dat de in lid 1 van dit artikel bedoelde nationale maatregelen „geen middel tot willekeurige discriminatie [mogen] vormen, noch een verkapte beperking van het vrije kapitaalverkeer en betalingsverkeer als omschreven in artikel 63 [VWEU]" (arrest van 10 april 2014, Emerging Markets Series of DFA Investment Trust Company, C-190/12, EU:C:2014:249, punten 55-56 en aldaar aangehaalde rechtspraak).

87. Bijgevolg moet een onderscheid worden gemaakt tussen de door artikel 65, lid 1, onder a), VWEU toegestane verschillen in behandeling en de door artikel 65, lid 3, VWEU verboden discriminaties. Uit de rechtspraak van het Hof volgt dat nationale belastingwetgeving als in het hoofdgeding aan de orde is, slechts verenigbaar met de verdragsbepalingen betreffende het vrije kapitaalverkeer kan worden geacht, indien het verschil in behandeling betrekking heeft op situaties die niet objectief vergelijkbaar zijn, of wordt gerechtvaardigd door een dwingende reden van algemeen belang (arrest van 10 mei 2012, Santander Asset Management SGIIC e.a., C-338/11–C-347/11, EU:C:2012:286, punt 23 en aldaar aangehaalde rechtspraak).

Objectieve vergelijkbaarheid van de situaties

88. Uit de rechtspraak van het Hof volgt om te beginnen dat de vergelijkbaarheid van een grensoverschrijdende situatie met een interne situatie moet worden onderzocht op basis van het door de betrokken nationale bepalingen nagestreefde doel en het voorwerp en de inhoud van die bepalingen (arrest van 2 juni 2016, Pensioenfonds Metaal en Techniek, C-252/14, EU:C:2016:402, punt 48 en aldaar aangehaalde rechtspraak).

89. Voorts moeten enkel de criteria die in de betrokken regeling als relevante onderscheidingscriteria zijn vastgesteld in aanmerking worden genomen bij de beoordeling of het uit een dergelijke regeling voortvloeiende verschil in behandeling een weerspiegeling vormt van objectief verschillende situaties (arresten van 10 mei 2012, Santander Asset Management SGIIC e.a., C-338/11–C-347/11, EU:C:2012:286, punt 28 en 2 juni 2016, Pensioenfonds Metaal en Techniek, C-252/14, EU:C:2016:402, punt 49).

90. Zoals in de punten 56 tot en met 58 van dit arrest reeds nader is uiteengezet, leidt de in het hoofdgeding aan de orde gestelde nationale wetgeving ertoe dat dividenden verschillend worden behandeld, al naargelang zij worden uitgekeerd door een ingezeten vennootschap of door een in een derde land gevestigde vennootschap.

91. De Duitse regering stelt dat de inkomsten uit een deelneming in een buitenlandse vennootschap, anders dan in geval van een ingezeten vennootschap, in beginsel niet in een eerder stadium aan de belasting over de bedrijfswinst zijn onderworpen.

92. Met betrekking tot nationale wetgeving zoals die in het hoofdgeding, die ertoe strekt door een vermindering van de heffingsgrondslag voor belasting over de bedrijfswinst te voorkomen dat dividenden afkomstig van deelnemingen in één of meer kapitaalvennootschappen dubbel worden belast, is de situatie van de ven-

nootschap die door ingezeten vennootschappen uitgekeerde dividenden ontvangt, echter vergelijkbaar met die van een vennootschap die inkomsten uit deelnemingen heeft die afkomstig zijn van niet-ingezeten vennootschappen (zie naar analogie arresten van 12 december 2006, Test Claimants in the FII Group Litigation, C-446/04, EU:C:2006:774, punt 62, en 10 februari 2011, Haribo Lakritzen Hans Riegel en Österreichische Salinen, C-436/08 en C-437/08, EU:C:2011:61, punt 113).

93. In deze omstandigheden volgt uit het voorgaande dat vennootschappen die dividenden ontvangen van in dezelfde lidstaat gevestigde vennootschappen, zich met betrekking tot de nationale wetgeving die in het hoofdgeding aan de orde is, in een vergelijkbare situatie bevinden als vennootschappen die dividenden ontvangen van vennootschappen die hun zetel in een derde land hebben.

Bestaan van een dwingende reden van algemeen belang

94. De Duitse regering stelt dat de nationale wetgeving uit het hoofdgeding is bedoeld om fiscale constructies te bestrijden waarmee belasting wordt ontdoken. De in § 9, punt 7, GewStG 2002 bedoelde vermindering is immers alleen voordelig bij daadwerkelijke uitkeringen en voorkomt dat verminderingen kunnen worden verricht door brievenbusfirma's op te richten.

95. In die context moet eraan worden herinnerd dat een nationale wettelijke regeling slechts beoogt fraude en misbruik te voorkomen wanneer zij specifiek tot doel heeft gedragingen te verhinderen die erin bestaan volstrekt kunstmatige constructies op te zetten die geen verband houden met de economische realiteit en bedoeld zijn om ten onrechte een belastingvoordeel te verkrijgen (arresten van 5 juli 2012, SIAT, C-318/10, EU:C:2012:415, punt 40, en van 7 september 2017, Eqiom en Enka, C-6/16, EU:C:2017:641, punt 30 en aldaar aangehaalde rechtspraak).

96. Een algemeen vermoeden van fraude en misbruik kan dus geen rechtvaardigingsgrond zijn voor een maatregel die afbreuk doet aan de uitoefening van een bij het Verdrag beschermde fundamentele vrijheid en de enkele omstandigheid dat de vennootschap die de dividenden uitkeert, in een derde land is gevestigd, vormt evenmin een toereikende onderbouwing van een algemeen vermoeden van belastingfraude (zie in die zin arrest van 19 juli 2012, A, C-48/11, EU:C:2012:485, punt 32 en aldaar aangehaalde rechtspraak).

97. In het onderhavige geval blijkt noch uit de aan het Hof overgelegde stukken, noch uit de door de Duitse regering verstrekte toelichtingen wat voor soort misbruik met de in het hoofdgeding aan de orde gestelde belastingwetgeving precies voorkomen moet worden.

98. Hoe dan ook wordt ten aanzien van in derde landen gevestigde vennootschappen een onweerlegbaar misbruikvermoeden ingevoerd doordat voor de toepassing van de in § 9, punt 7, GewStG 2002 voorziene vermindering voor in derde landen gevestigde vennootschappen voorwaarden worden gesteld waarbij wordt vereist dat bij dochterondernemingen die een holdingmaatschappij vormen, de aard van de werkzaamheden van hun kleindochterondernemingen in dier voege in aanmerking moet worden genomen dat de dochteronderneming als een „Funktionsholding" of een „Landesholding" in de zin van punt 13 van dit arrest moet kunnen worden gekwalificeerd.

99. Deze wetgeving kan dus niet worden gerechtvaardigd door het vereiste van voorkoming van misbruik en belastingfraude.

100. Gelet op een en ander, moet op de gestelde vraag worden geantwoord dat de artikelen 63 tot en met 65 VWEU aldus moeten worden uitgelegd dat zij in de weg staan aan nationale wetgeving als in het hoofdgeding op grond waarvan voor een vermindering van de winst uit deelnemingen in een kapitaalvennootschap die haar bestuur en zetel in een derde land heeft, strengere voorwaarden gelden dan voor de vermindering van de winst uit deelnemingen in een niet-vrijgestelde binnenlandse kapitaalvennootschap.

Kosten

101. ...

Het Hof (Vijfde kamer)

verklaart voor recht:

De artikelen 63 tot en met 65 VWEU moeten aldus worden uitgelegd dat zij in de weg staan aan nationale wetgeving als in het hoofdgeding op grond waarvan voor een vermindering van de winst uit deelnemingen in een kapitaalvennootschap die haar bestuur en zetel in een derde land heeft, strengere voorwaarden gel-

den dan voor de vermindering van de winst uit deelnemingen in een niet-vrijgestelde binnenlandse kapitaalvennootschap.

HvJ EU 4 oktober 2018, zaak C-416/17 (Europese Commissie v. Franse Republiek)

Vijfde kamer: *J. L. da Cruz Vilaça, kamerpresident, K. Lenaerts, president van het Hof, waarnemend rechter van de Vijfde kamer, E. Levits (rapporteur), M. Berger en F. Biltgen, rechters*

Advocaat-generaal: *M. Wathelet*

1. De Europese Commissie verzoekt het Hof vast te stellen dat de Franse Republiek, door de handhaving van een discriminerende en onevenredige behandeling van Franse moedermaatschappijen die dividend ontvangen van buitenlandse dochterondernemingen met betrekking tot het recht op teruggaaf van de belasting die is geïnd in strijd met het Unierecht zoals dat is uitgelegd in het arrest van het Hof van 15 september 2011, Accor (C-310/09, EU:C:2011:581), de verplichtingen niet is nagekomen die op haar rusten krachtens artikel 49, artikel 63 en artikel 267, derde alinea, VWEU, alsmede de beginselen van gelijkwaardigheid en doeltreffendheid.

Nationaal recht

2. In de versie die gold in de heffingsjaren in de zaak die heeft geleid tot het arrest van 15 september 2011, Accor (C-310/09, EU:C:2011:581), bepaalde artikel 146, lid 2, van de code général des impôts (algemeen belastingwetboek; hierna: „CGI"):

> „Wanneer de uitkeringen door een moedermaatschappij aanleiding geven tot toepassing van de in artikel 223 sexies bepaalde voorheffing, wordt deze voorheffing in voorkomend geval verminderd met het bedrag van de belastingkredieten die zijn verbonden aan de opbrengsten uit deelnemingen [...], die zijn geïnd tijdens hooguit de laatste vijf afgesloten boekjaren [...]."

3. Artikel 158 bis, I, CGI, in de versie die gold in de heffingsjaren in de zaak die heeft geleid tot het arrest van 15 september 2011, Accor (C-310/09, EU:C:2011:581), bepaalde:

> „Personen die dividend ontvangen dat wordt uitgekeerd door Franse vennootschappen, beschikken uit dien hoofde over een inkomen dat bestaat uit:
> a. de bedragen die zij van de vennootschap ontvangen;
> b. een belastingkrediet in de vorm van een krediet op de rekening van de staatskas.
> Dat belastingkrediet is gelijk aan de helft van de daadwerkelijk door de vennootschap betaalde bedragen.
> Het kan enkel worden gebruikt voor zover het inkomen begrepen is in de grondslag voor de door de belanghebbende verschuldigde inkomstenbelasting.
> Het wordt aanvaard als betaling van die belasting.
> Het wordt teruggegeven aan natuurlijke personen voor zover het bedrag ervan het bedrag van de door die personen verschuldigde belasting overschrijdt."

4. In de versie die toepasselijk was op bedragen die vanaf 1 januari 1999 werden uitgekeerd, bepaalde artikel 223 sexies, lid 1, eerste alinea, CGI:

> „[...] [Een] vennootschap [dient], wanneer zij winst uitkeert uit bedragen die niet tegen het normale tarief van de vennootschapsbelasting [...] zijn belast, een voorheffing te betalen die gelijk is aan het belastingkrediet zoals berekend volgens artikel 158 bis, I. [...] Deze voorheffing is verschuldigd over uitkeringen die recht geven op het belastingkrediet als bepaald in artikel 158 bis, ongeacht de ontvangers ervan."

Voorgeschiedenis van het geding

Arrest van 15 september 2011, Accor (C-310/09, EU:C:2011:581)

5. In 2001 heeft Accor, een vennootschap naar Frans recht, de Franse belastingdienst verzocht om teruggaaf van de roerende voorheffing die zij had betaald bij de dooruitdeling van dividend dat zij had ontvangen van haar dochterondernemingen die in andere lidstaten zijn gevestigd. Dit verzoek om teruggaaf hield verband met het feit dat een moedermaatschappij de door haar verschuldigde roerende voorheffing alleen mocht verrekenen met het belastingkrediet dat aan de uitkering van dat dividend verbonden was, indien het betrekking had op dividend dat afkomstig was van ingezeten dochterondernemingen. Na afwijzing van dit verzoek door de belastingdienst heeft Accor beroep ingesteld bij de Franse bestuursrechter.

6. Het Hof heeft in een door de Conseil d'État (hoogste bestuursrechter, Frankrijk) ingediend verzoek om een prejudiciële beslissing, in zijn arrest van 15 september 2011, Accor (C-310/09, EU:C:2011:581), allereerst

in punt 49 aangegeven dat ingevolge de Franse wetgeving, anders dan het geval was met dividend dat was uitgekeerd door ingezeten dochterondernemingen, belastingheffing bij de niet-ingezeten dochteronderneming niet kon worden vermeden, ofschoon zowel van ingezeten dochterondernemingen ontvangen dividend als dividend dat was uitgekeerd door niet-ingezeten dochterondernemingen bij de dooruitdeling ervan aan de voorheffing was onderworpen.

7. Het Hof heeft in punt 69 van dat arrest geoordeeld dat een dergelijk verschil in behandeling tussen dividend dat wordt uitgekeerd door een ingezeten dochteronderneming en dividend dat wordt uitgekeerd door een niet-ingezeten dochteronderneming, strijdig was met de artikelen 49 en 63 VWEU.

8. In punt 92 van dat arrest heeft het Hof vervolgens geoordeeld dat een lidstaat in staat moest zijn, het bedrag te bepalen van de in de staat van vestiging van de uitkerende vennootschap betaalde vennootschapsbelasting waarop het aan de ontvangende moedermaatschappij toegekende belastingkrediet betrekking moest hebben en dat dus niet kon worden volstaan met het bewijs dat de uitkerende vennootschap in haar staat van vestiging was belast over de winst waarover het dividend was uitgekeerd, zonder informatie te verstrekken over de aard en het tarief van de belasting die over die winst daadwerkelijk was geheven.

9. Het Hof heeft daaraan in de punten 99 en 101 van dat arrest toegevoegd dat de verlangde bewijsstukken de belastingautoriteiten van de lidstaat die de belasting heft in staat moeten stellen, duidelijk en nauwkeurig na te gaan of de voorwaarden voor de verkrijging van een belastingvoordeel vervuld zijn, en dat het verzoek om overlegging van bedoelde gegevens moet worden gedaan binnen de wettelijke bewaartermijn voor administratieve of boekhoudkundige bescheiden, zoals vastgelegd in het recht van de lidstaat waar de dochteronderneming is gevestigd, zonder dat kan worden verlangd dat bescheiden worden overgelegd die betrekking hebben op een tijdvak dat die bewaartermijn aanzienlijk overschrijdt.

10. Het Hof heeft aldus voor recht verklaard:

> „1. De artikelen 49 VWEU en 63 VWEU staan in de weg aan wettelijke bepalingen van een lidstaat ter voorkoming van de economische dubbele belasting van dividend zoals aan de orde in het hoofdgeding, op grond waarvan een moedermaatschappij de voorheffing die zij moet betalen wanneer zij van haar dochterondernemingen ontvangen dividend dooruitdeelt aan haar eigen aandeelhouders, mag verrekenen met het belastingkrediet dat aan de uitkering van dat dividend is verbonden indien het dividend van een in die lidstaat gevestigde dochteronderneming betreft, maar die deze mogelijkheid niet bieden wanneer dat dividend afkomstig is van een dochteronderneming die is gevestigd in een andere lidstaat, daar volgens die wettelijke bepalingen in dat laatste geval geen belastingkrediet wordt toegekend ter zake van de uitkering van dat dividend door die dochteronderneming.
> […]
> 3. Het gelijkwaardigheids- en het doeltreffendheidsbeginsel staan er niet aan in de weg dat aan teruggaaf aan een moedermaatschappij van bedragen waardoor moet worden gewaarborgd dat op door die vennootschap dooruitgedeeld dividend dat wordt uitgekeerd door in Frankrijk gevestigde dochterondernemingen van die moedermaatschappij en dividend dat afkomstig is van dochterondernemingen die in andere lidstaten zijn gevestigd, dezelfde belastingregeling wordt toegepast, de voorwaarde is gekoppeld dat de belastingplichtige voor elke dividendbetaling de gegevens overlegt die hij als enige in bezit heeft, met name inzake het daadwerkelijk toegepaste belastingtarief en het belastingbedrag dat daadwerkelijk is betaald over de winst die zijn in andere lidstaten gevestigde dochterondernemingen hebben behaald, terwijl voor in Frankrijk gevestigde dochterondernemingen dat bewijs, dat de overheid bekend is, niet vereist is. De overlegging van die gegevens mag echter slechts worden verlangd onder het voorbehoud dat het in de praktijk niet onmogelijk of uiterst moeilijk is, het bewijs te leveren van de door in andere lidstaten gevestigde dochterondernemingen betaalde belasting, gelet op onder meer de wettelijke bepalingen van die lidstaten op het gebied van de vermijding van dubbele belasting en de registratie van af te dragen vennootschapsbelasting alsmede de bewaring van administratieve bescheiden. De verwijzende rechterlijke instantie dient na te gaan of aan die voorwaarden in het hoofdgeding is voldaan."

Arresten van de Conseil d'État

11. Na uitspraak van het arrest van 15 september 2011, Accor (C-310/09, EU:C:2011:581), heeft de Conseil d'État in zijn arresten van 10 december 2012, Rhodia (FR:CESSR:2012:317074.20121210), en 10 december 2012, Accor (FR:CESSR:2012:317075.20121210) (hierna: „arresten van de Conseil d'État"), de voorwaarden vastgesteld voor de teruggaaf van de roerende voorheffingen die in strijd met het Unierecht zijn geïnd.

12. Zo heeft de Conseil d'État in de eerste plaats wat de omvang van de teruggaaf van de roerende voorheffing betreft, geoordeeld dat:

– indien het door een in een andere lidstaat gevestigde dochteronderneming aan haar Franse moedermaatschappij dooruitgedeelde dividend bij die dochteronderneming niet is belast, voor de vaststelling van de voorheffing die aan de moedermaatschappij moet worden teruggegeven geen rekening moet worden gehouden met de belasting die is betaald door de kleindochteronderneming die de winst heeft behaald waarover het dividend is uitgekeerd (arresten van de Conseil d'État van 10 december 2012, Rhodia, FR:CESSR:2012:317074.20121210, punt 29, en 10 december 2012, Accor, (FR:CESSR:2012:317075.20121210, punt 24);

– wanneer een uitkerende vennootschap in de lidstaat daadwerkelijk belasting heeft betaald tegen een hoger tarief dan het normale Franse belastingtarief, namelijk 33,33 %, moet het belastingkrediet waarop zij aanspraak kan maken worden beperkt tot een derde van het ontvangen en dooruitgedeelde dividend (arresten van de Conseil d'État van 10 december 2012, Rhodia, FR:CESSR:2012:317074.20121210, punt 44, en 10 december 2012, Accor, FR:CESSR:2012:317075.20121210, punt 40).

13. De Conseil d'État heeft, in de tweede plaats, wat betreft de bewijsstukken die ter onderbouwing van de vorderingen tot teruggaaf moeten worden overgelegd, vastgesteld dat:

– de voorheffingsaangiften bindend zijn bij de vaststelling van het bedrag van het dividend dat van de in een andere lidstaat gevestigde dochterondernemingen is ontvangen (arresten van de Conseil d'État van 10 december 2012, Rhodia, FR:CESSR:2012:317074.20121210, punten 24 en 25, en 10 december 2012, Accor, FR:CESSR:2012:317075.20121210, punten 19 en 20);

– alle bewijsstukken waarmee het verzoek tot teruggaaf kan worden onderbouwd gedurende de gehele procedure beschikbaar dienen te zijn, ook wanneer de wettelijke bewaartermijn van de bescheiden is verstreken (arresten van de Conseil d'État van 10 december 2012, Rhodia, FR:CESSR:2012:317074.20121210, punt 35, en 10 december 2012, Accor, FR:CESSR:2012:317075.20121210, punt 31).

Precontentieuze procedure

14. Naar aanleiding van de arresten van de Conseil d'État heeft de Commissie verschillende klachten ontvangen over de voorwaarden voor teruggaaf van de roerende voorheffing die was betaald door Franse vennootschappen die dividend uit het buitenland hadden ontvangen.

15. Aangezien de Commissie na de uitwisseling van informatie tussen haar en de Franse Republiek niet tevredengesteld was, heeft zij de Franse autoriteiten op 27 november 2014 een aanmaningsbrief gezonden, waarin zij opmerkte dat sommige voorwaarden voor teruggaaf van de roerende voorheffing uit de arresten van de Conseil d'État schending van het Unierecht konden inhouden.

16. Daar de Franse Republiek in haar antwoord van 26 januari 2015 de haar verweten punten had betwist, heeft de Commissie haar op 29 april 2016 een met redenen omkleed advies gezonden, met het verzoek de nodige maatregelen te nemen om binnen twee maanden na ontvangst ervan aan dit advies te voldoen.

17. Omdat de Franse Republiek in haar antwoord van 28 juni 2016 bij haar standpunt bleef, heeft de Commissie op grond van artikel 258 VWEU het onderhavige beroep wegens niet-nakoming ingesteld.

Beroep

18. Tot staving van haar beroep voert de Commissie vier grieven aan, waarvan de eerste drie grieven zijn ontleend aan schending van de artikelen 49 en 63 VWEU, zoals uitgelegd door het Hof in het arrest van 15 september 2011, Accor (C-310/09, EU:C:2011:581), alsmede van de beginselen van gelijkwaardigheid en doeltreffendheid, en de vierde grief is ontleend aan schending van artikel 267, derde alinea, VWEU.

Eerste grief: schending van de artikelen 49 en 63 VWEU als gevolg van de beperking van het recht op teruggaaf van de roerende voorheffing die het gevolg is van het feit dat geen rekening wordt gehouden met de belasting die is betaald door de kleindochterondernemingen die gevestigd zijn in een andere lidstaat dan de Franse Republiek

Argumenten van partijen

19. Volgens de Commissie hebben de arresten van de Conseil d'État geen einde gemaakt aan de door het Hof in het arrest van 15 september 2011, Accor (C-310/09, EU:C:2011:581), vastgestelde onverenigbaarheid van de Franse wetgeving met de artikelen 49 en 63 VWEU. Ingevolge de arresten van de Conseil d'État wordt immers, met het oog op de teruggaaf van de roerende voorheffing die door de moedermaatschappij is betaald in geval van dooruitdeling van dividend, geen rekening gehouden met de belasting die is betaald door niet-ingezeten kleindochterondernemingen waarvan het dividend afkomstig is dat ten grondslag ligt aan het dividend dat door de niet-ingezeten dochteronderneming is uitgekeerd aan de ingezeten moedervennootschap. Andersom

wordt, in een zuiver binnenlandse participatieketen, de economische dubbele belastingheffing geneutraliseerd, omdat de dividenduitkering tussen de kleindochter en de dochteronderneming recht geeft op een belastingkrediet ten bedrage van de roerende voorheffing die wegens deze dooruitdeling is verschuldigd.

20. Bovendien kan deze verschillende behandeling naargelang van de zetel van de uitkerende kleindochteronderneming niet objectief worden gerechtvaardigd.

21. Allereerst kan het ontbreken van het begrip „kleindochteronderneming" in het Franse recht niet dienen als reden om geen rekening te houden met de belastingheffing op de winst waaruit de niet-ingezeten kleindochter via de dochteronderneming dividend uitkeert aan de moedermaatschappij, omdat anders het risico ontstaat van een te formalistische toepassing van het belastingkredietstelsel. Bovendien staat de behandeling van dividend naargelang van de oorsprong ervan en niet die van entiteiten die onderdeel zijn van een participatieketen ter discussie. In dit verband is de omstandigheid dat de dochteronderneming in aanmerking is gekomen voor een belastingvrijstelling irrelevant, aangezien aanvankelijk belasting is geheven over het dividend dat is uitgekeerd door de kleindochteronderneming.

22. Vervolgens kan, aangezien de betaling van de roerende voorheffing in geval van dividenduitkering is verplicht krachtens de Franse wetgeving, niet worden gesteld dat de extra belastingdruk op het door een ingezeten vennootschap uitgekeerde dividend dat afkomstig is uit de voorafgaande dividenduitkering tussen haar niet-ingezeten dochter- en kleindochteronderneming, zijn oorzaak vindt in de wetgeving van hun lidstaat van vestiging.

23. Ten slotte betoogt de Commissie dat de Franse Republiek zich niet kan onttrekken aan de verplichting tot voorkoming van economische dubbele belasting bij uitkering van dividend dat afkomstig is uit de winst van een niet-ingezeten kleindochteronderneming, met het argument dat het niet aan haar is om haar belastingstelsel aan te passen aan de verschillende heffingsregelingen van de andere lidstaten. De Franse Republiek wordt immers niet gevraagd haar belastingstelsel aan te passen, maar enkel om dit stelsel op gelijke wijze toe te passen, ongeacht de herkomst van het uitgekeerde dividend.

24. De Franse regering betwist niet dat de belastingheffing op het door een niet-ingezeten kleindochteronderneming uitgekeerde dividend niet kan worden geneutraliseerd met de voorschriften voor teruggaaf van de roerende voorheffing die in de arresten van de Conseil d'État zijn bepaald. Zij voert echter aan dat de Franse regeling ervoor zorgt dat uitsluitend bij elke uitkerende vennootschap dubbele belasting wordt voorkomen. Het staat een lidstaat echter vrij om zijn belastingstelsel naar eigen goeddunken in te richten mits het geen discriminatie oplevert, zodat hij zijn eigen belastingstelsel niet hoeft aan te passen aan dat van de andere lidstaten.

25. In casu is het volgens de Franse belastingregeling niet mogelijk de belasting die door ingezeten kleindochterondernemingen is betaald te verrekenen met de door hun moedermaatschappij verschuldigde belasting. Het belastingkrediet wordt de moedermaatschappij namelijk uitsluitend verleend ten belope van de belasting die over de winst van de uitkerende dochteronderneming is geheven. De Franse Republiek zou dus niet verplicht zijn, bij de berekening van de teruggaaf van de betaalde roerende voorheffing rekening te houden met de belasting die is betaald door niet-ingezeten kleindochterondernemingen die dividend uitkeren.

26. De omstandigheid dat over de dividenduitkering door een kleindochteronderneming aan een dochteronderneming belasting is geheven, zou dus het gevolg zijn van de toepassing van een belastingregeling van buiten de Franse Republiek, die zij niet hoeft te corrigeren.

27. Aangezien het Franse stelsel ter voorkoming van dubbele belasting kleindochterondernemingen buiten beschouwing laat, zou de belasting op uitgekeerd dividend overigens uitsluitend kunnen worden verrekend ten aanzien van de vennootschap die het dividend ontvangt. Het gaat met andere woorden om een binaire verhouding tussen twee entiteiten, waarvan de ene uitkeert en de andere ontvangt, met dien verstande dat de kleindochteronderneming in geval van dooruitdeling via een tussenliggende vennootschap zou worden beschouwd als de dochter van de tussenliggende vennootschap.

28. In die omstandigheden zou het Franse stelsel moeten worden onderscheiden van het Britse stelsel van voorheffing van vennootschapsbelasting (advance corporation tax), dat aan de orde was in de zaken die hebben geleid tot de arresten van 12 december 2006, Test Claimants in the FII Group Litigation (C-446/04, EU:C:2006:774), en 13 november 2012, Test Claimants in the FII Group Litigation (C-35/11, EU:C:2012:707). De Franse regeling zou namelijk geen rekening houden met de belasting die al dan niet ingezeten kleindochterondernemingen moeten betalen, omdat deze regeling berust op een logica van het compenseren van belasting en niet op een logica van het belasten van de groep.

Beoordeling door het Hof

29. Met haar eerste grief is de Commissie van mening dat door de uit de arresten van de Conseil d'État voortvloeiende onmogelijkheid om, voor de teruggaaf van de voorheffing die bij dividenduitkering is verschuldigd door een in Frankrijk ingezeten moedermaatschappij, de belasting op te voeren die is betaald over de aan dit dividend ten grondslag liggende winst die is behaald door een in een andere lidstaat gevestigde kleindochteronderneming van deze moeder, wanneer dit dividend aan de moederonderneming is dooruitgedeeld via een niet-ingezeten dochteronderneming, de onverenigbaarheid van het Franse mechanisme ter voorkoming van dubbele belasting met de artikelen 49 en 63 VWEU, zoals door het Hof vastgesteld in zijn arrest van 15 september 2011, Accor (C-310/09, EU:C:2011:581), niet kan worden verholpen.

30. In punt 69 van dat arrest heeft het Hof geoordeeld dat de artikelen 49 en 63 VWEU in de weg staan aan wettelijke bepalingen van een lidstaat ter voorkoming van de economische dubbele belasting van dividend op grond waarvan een moedermaatschappij de voorheffing die zij moet betalen wanneer zij van haar dochterondernemingen ontvangen dividend dooruitdeelt aan haar eigen aandeelhouders, mag verrekenen met het belastingkrediet dat aan de uitkering van dat dividend is verbonden indien het dividend afkomstig is van een in die lidstaat gevestigde dochteronderneming, maar die deze mogelijkheid niet bieden wanneer dit dividend is uitgekeerd door een dochteronderneming in een andere lidstaat, aangezien ter zake van een dergelijke uitkering in dat geval geen aan de uitkering van dividend door deze dochteronderneming verbonden belastingkrediet wordt toegekend.

31. Zoals de Commissie benadrukt, heeft de uitvoering door de Conseil d'État van het arrest van 15 september 2011, Accor (C-310/09, EU:C:2011:581), tot gevolg dat de ingezeten moedermaatschappij, die een dividenduitkering ontvangt van een van haar dochterondernemingen die in een andere lidstaat is gevestigd, recht heeft op teruggaaf van de roerende voorheffing die is verschuldigd wegens de dooruitdeling van dat dividend aan haar aandeelhouders, waarbij alleen rekening wordt gehouden met de belasting die op het niveau van de dochteronderneming over dit dividend is betaald. De belasting die eerder op een lager niveau van de participatieketen door een kleindochteronderneming over dat dividend is betaald wordt daarentegen bij de bepaling van de hoogte van de teruggaaf niet in aanmerking genomen.

32. In dit verband wordt niet door de Franse Republiek betwist dat de Franse regeling ter voorkoming van economische dubbele belasting er in het kader van een zuiver nationale participatieketen automatisch toe leidt dat de belasting die op elk niveau in de participatieketen is betaald in aanmerking wordt genomen. Elke dividenduitkering door een dochteronderneming geeft immers recht op een belastingkrediet dat de moedermaatschappij kan verrekenen met de voorheffing die zij, als dochteronderneming, moet betalen bij de dooruitdeling van dit dividend aan haar eigen moederonderneming, welke voorheffing gelijk is aan het belastingkrediet. Het betrokken stelsel voorkomt dus de economische dubbele belasting van de uitgekeerde winst door de toekenning van een belastingkrediet aan de moedermaatschappij, dat de voorheffing die verschuldigd is over de door haar dooruitgedeelde winst compenseert.

33. In het kader van een grensoverschrijdende dividenduitkering heeft het feit dat bij de berekening van de teruggaaf van de verschuldigde roerende voorheffing bij dooruitdeling door de begunstigde ingezeten moedermaatschappij alleen rekening wordt gehouden met de belasting die over dit dividend is betaald door de niet-ingezeten dochteronderneming zelf in het geval de aan dit dividend ten grondslag liggende winst is behaald door een kleindochteronderneming, daarentegen tot gevolg dat dit dividend minder gunstig wordt behandeld dan in het geval van een zuiver binnenlandse participatieketen.

34. In het geval het dividend dat door een niet-ingezeten dochteronderneming wordt uitgekeerd aan haar ingezeten moedermaatschappij, in de lidstaat van vestiging van de dochteronderneming in aanmerking is gekomen voor een belastingvrijstelling, bedraagt de teruggaaf van de voorheffing die bij dooruitdeling is verschuldigd immers nul, omdat er geen sprake was van belasting over het dividend op het niveau van de dochteronderneming. Zo wordt door het niet in aanmerking nemen van de daadwerkelijke belasting die is betaald over de winst die ten grondslag ligt aan het dividend dat eerder, op een lager niveau in de participatieketen, is uitgekeerd, namelijk door een kleindochteronderneming van de dochteronderneming, de economische dubbele belasting van de uitgekeerde winst gehandhaafd.

35. Zoals de Franse Republiek betoogt, voorziet het thans geldende Unierecht niet in algemene criteria voor de verdeling van de bevoegdheden tussen de lidstaten voor de afschaffing van dubbele belasting binnen de Unie. Zo blijft elke lidstaat vrij om zijn regeling inzake de belastingheffing over winstuitkeringen te organiseren voor zover deze regeling geen bij het VWEU verboden discriminatie bevat (zie in die zin arrest van 13 november 2012, Test Claimants in the FII Group Litigation, C-35/11, EU:C:2012:707, punt 40).

36. Er zij aan herinnerd dat met betrekking tot een belastingregel zoals die waarvan de wijze van toepassing door de Commissie wordt betwist, die ertoe strekt economische dubbele belasting van winstuitkeringen te voorkomen, de situatie van een vennootschap-aandeelhouder die buitenlandse dividenden ontvangt, vergelijkbaar is met die van een vennootschap-aandeelhouder die binnenlandse dividenden ontvangt, voor zover de winst in beide gevallen in beginsel opeenvolgende keren kan worden belast (arresten van 12 december 2006, Test Claimants in the FII Group Litigation, C-446/04, EU:C:2006:774, punt 62; 15 september 2011, Accor, C-310/09, EU:C:2011:581, punt 45, en 13 november 2012, Test Claimants in the FII Group Litigation, C-35/11, EU:C:2012:707, punt 37).

37. Een lidstaat waarin een regeling ter voorkoming van economische dubbele belasting geldt voor dividenden die aan ingezetenen worden uitgekeerd door ingezeten vennootschappen, is op grond van de artikelen 49 en 63 VWEU ertoe verplicht, dividenden die aan ingezetenen worden uitgekeerd door niet-ingezeten vennootschappen, op evenwaardige wijze te behandelen (arresten van 12 december 2006, Test Claimants in the FII Group Litigation, C-446/04, EU:C:2006:774, punt 72; 10 februari 2011, Haribo Lakritzen Hans Riegel en Österreichische Salinen, C-436/08 en C-437/08, EU:C:2011:61, punt 60, en Test Claimants in the FII Group Litigation, C-35/11, EU:C:2012:707, punt 38), tenzij een verschil in behandeling wordt gerechtvaardigd door dwingende redenen van algemeen belang (arresten van 15 september 2011, Accor, C-310/09, EU:C:2011:581, punt 44, en 11 september 2014, Kronos International, C-47/12, EU:C:2014:2200, punt 69).

38. Daarenboven is het argument dat de Franse Republiek ontleent aan het ontbreken van het begrip „kleindochteronderneming" in de Franse regeling ter voorkoming van dubbele belasting niet relevant, gelet op het doel van de betrokken regeling en het mechanisme dat is vastgesteld voor de uitvoering ervan.

39. Zelfs indien het belastingkrediet slechts kan worden toegekend in het kader van een binaire verhouding tussen de moedermaatschappij en haar dochteronderneming, neemt dit echter niet weg dat de betrokken fiscale regeling voorkomt dat het dividend dat ook door ingezeten kleindochterondernemingen wordt uitgekeerd economisch dubbel wordt belast, omdat het betrokken belastingvoordeel opeenvolgend, op alle niveaus van de participatieketen van de in Frankrijk gevestigde vennootschappen, wordt toegekend.

40. De Franse Republiek benadrukt dat de eventuele nadelen die het gevolg zijn van de parallelle uitoefening van heffingsbevoegdheden van de verschillende lidstaten geen beperking vormen van de vrijheden van verkeer, voor zover deze uitoefening geen discriminatie oplevert.

41. De hoedanigheid van lidstaat van vestiging van de vennootschap die het dividend ontvangt, kan inderdaad niet de verplichting voor deze lidstaat meebrengen om een fiscaal nadeel te compenseren dat voortvloeit uit een opeenvolgende belastingheffing die geheel plaatsvindt in de lidstaat van vestiging van de uitkerende vennootschap, wanneer eerstbedoelde lidstaat het ontvangen dividend bij de op zijn grondgebied gevestigde vennootschappen belast noch anderszins in aanmerking neemt (zie in die zin arrest van 11 september 2014, Kronos International, C-47/12, EU:C:2014:2200, punt 84).

42. Zoals blijkt uit punt 39 van het onderhavige arrest, is het betrokken fiscaal nadeel echter het uitvloeisel van de Franse belastingwetgeving. Deze wetgeving belast immers door middel van de roerende voorheffing de dooruitdeling van reeds belaste winst, maar maakt het mogelijk deze economische dubbele belastingheffing te vermijden wanneer de dooruitgedeelde winst oorspronkelijk is belast bij een ingezeten kleindochteronderneming. Deze wetgeving belast daarentegen de dooruitdeling van winst die oorspronkelijk afkomstig is van een niet-ingezeten kleindochteronderneming, zelfs wanneer de winst reeds is belast in de lidstaat waar deze kleindochter is gevestigd, zonder toe te staan dat deze laatste belastingheffing in aanmerking wordt genomen met het oog op de voorkoming van de economische dubbele belasting ten gevolge van de Franse wetgeving.

43. De Franse Republiek was, om een einde te maken aan de discriminerende behandeling die was vastgesteld bij de toepassing van die fiscale regeling die tot doel had economische dubbele belasting van dividenduitkeringen te voorkomen, dus verplicht om rekening te houden met de belasting die in een eerder stadium over de uitgekeerde winst was betaald ten gevolge van de uitoefening van de belastingbevoegdheden door de lidstaat van oorsprong van het dividend, binnen de grenzen van haar eigen heffingsbevoegdheid (zie in die zin arrest van 11 september 2014, Kronos International, C-47/12, EU:C:2014:2200, punt 86), ongeacht het niveau in de participatieketen waar de belasting is geheven, namelijk bij een dochter-, dan wel een kleindochteronderneming.

44. Uit punt 82 van het arrest van het Hof van 13 november 2012, Test Claimants in the FII Group Litigation (C-35/11, EU:C:2012:707), gelezen in samenhang met het dictum van het arrest van 12 december 2006, Test Claimants in the FII Group Litigation (C-446/04, EU:C:2006:774), komt namelijk naar voren dat de lidstaat die

een ingezeten vennootschap die dividend ontvangt van een andere ingezeten vennootschap toestaat de door die tweede vennootschap betaalde vennootschapsbelasting af te trekken van de door haar verschuldigde vennootschapsbelasting, met betrekking tot de belasting over de uitgekeerde winsten een dergelijke mogelijkheid moet toekennen aan een ingezeten vennootschap die dividenden ontvangt van een niet-ingezeten vennootschap, ongeacht of deze belasting is betaald door een directe dan wel een indirecte dochteronderneming van de eerste vennootschap.

45. In dit verband doet het verschil dat bestaat tussen het in deze zaak aan de orde zijnde Franse stelsel, dat is gebaseerd op de toekenning van een belastingkrediet, en het Britse stelsel dat aan de orde was in de zaken die hebben geleid tot de arresten van 12 december 2006, Test Claimants in the FII Group Litigation (C-446/04, EU:C:2006:774), en 13 november 2012, Test Claimants in the FII Group Litigation (C-35/11, EU:C:2012:707), niet af aan het in het vorige punt in herinnering geroepen beginsel. Dit verschil heeft immers slechts betrekking op de belastingtechniek die wordt gebruikt om eenzelfde doelstelling te bereiken, namelijk het voorkomen van de economische dubbele belasting over de uitgekeerde dividenden. Elke lidstaat blijft echter vrij om zijn eigen regeling ter voorkoming van economische dubbele belasting van uitgekeerde winst te organiseren, voor zover deze regeling geen bij het VWEU verboden discriminatie bevat (zie in die zin arrest van 13 november 2012, Test Claimants in the FII Group Litigation, C-35/11, EU:C:2012:707, punt 40).

46. Uit het bovenstaande volgt dat, door te weigeren om voor de berekening van de teruggaaf van de roerende voorheffing die door een ingezeten moedermaatschappij is betaald over de uitkering van dividend dat via een niet-ingezeten dochteronderneming door een niet-ingezeten kleindochteronderneming is gestort, rekening te houden met de belasting die deze niet-ingezeten kleindochteronderneming in de lidstaat waar zij is gevestigd heeft betaald over de winst waaruit dit dividend wordt uitgekeerd, terwijl het nationale stelsel ter voorkoming van economische dubbele belasting het in het geval van een zuiver binnenlandse participatieketen wel mogelijk maakt de belasting die door een vennootschap is betaald over de dividenduitkering op elk niveau van deze participatieketen te neutraliseren, de Franse Republiek de verplichtingen die op haar rusten krachtens de artikelen 49 en 63 VWEU niet is nagekomen.

Tweede grief: onevenredige aard van de vereisten aan het bewijs als grondslag voor het recht op teruggaaf van de onrechtmatig geïnde roerende voorheffing

Argumenten van partijen

47. De tweede grief van de Commissie omvat drie onderdelen.

48. Met het eerste onderdeel van deze grief betoogt de Commissie dat het vereiste dat de boekhoudkundige bescheiden inzake het uitgekeerde dividend moeten overeenstemmen met de notulen van de algemene vergadering van de dochterondernemingen waarin wordt vastgesteld welke winst is gegenereerd in de vorm van uitkeerbaar dividend, het uiterst moeilijk of zelfs onmogelijk maakt te bewijzen dat het uitgekeerde dividend is verbonden aan een bepaald boekhoudkundig resultaat, aangezien de notulen van de algemene vergaderingen vaak zijn gericht op een boekhoudkundig geheel dat de transporten van eerdere boekjaren omvat.

49. In het tweede onderdeel stelt de Commissie dat de arresten van de Conseil d'État, door het recht op teruggaaf van de roerende voorheffing afhankelijk te stellen van een voorafgaande voorheffingsaangifte die de bedragen vermeldt van de voorheffing die is betaald uit hoofde van dooruitdeling van dividend, een dergelijk recht in de praktijk zouden tenietdoen. Dit zou met name het geval zijn voor vennootschappen die voor de uitspraak van het arrest van 15 september 2011, Accor (C-310/09, EU:C:2011:581), geen aanspraak hadden gemaakt op het belastingkrediet voor uitgekeerd dividend dat afkomstig was van niet-ingezeten dochterondernemingen.

50. Aangezien de ingezeten vennootschappen krachtens de Franse wetgeving geen belastingkrediet ontvingen uit hoofde van de voorheffing die was verschuldigd over de van een niet-ingezeten dochteronderneming afkomstige dividenduitkering, kon namelijk niet van deze vennootschappen worden geëist dat zij dit dividend in hun voorheffingsaangifte vermeldden.

51. Tot slot is het derde onderdeel van deze grief eraan ontleend dat de arresten van de Conseil d'État, door te vermelden dat het verstrijken van de wettelijke bewaartermijn van de bescheiden de vennootschap die om teruggaaf van onrechtmatig geïnde roerende voorheffing verzoekt niet ontheft van haar verplichting om alle informatie te verstrekken die haar verzoek kan onderbouwen, het uiterst moeilijk, of zelfs onmogelijk zouden maken bewijs te leveren voor de betaling door de niet-ingezeten dochteronderneming van de belasting over het uitgekeerde dividend.

52. De Franse Republiek benadrukt vooraf dat in het arrest van 15 september 2011, Accor (C-310/09, EU:C:2011:581), uitdrukkelijk is gepreciseerd dat de voorheffing slechts kan worden teruggegeven op voorwaarde dat de verzoekende vennootschappen, ongeacht op welke wijze, het bewijs van de door hun dochterondernemingen in hun lidstaat van vestiging betaalde belastingen overleggen.

53. In deze context zouden de arresten van de Conseil d'État zich onderscheiden door een bijzonder open benadering, aangezien deze rechterlijke instantie alle soorten documenten heeft aanvaard waarmee de vennootschappen kunnen bewijzen tegen welk tarief hun niet-ingezeten dochterondernemingen belasting hebben betaald.

54. Ten eerste herinnert de Franse Republiek eraan dat in de arresten van de Conseil d'État niet is geëist dat wordt bewezen dat de belasting waarvan de verrekening werd gevorderd, op het dividend over een bepaald boekjaar heeft gedrukt. De belasting die globaal over het dividend is betaald, ongeacht het boekjaar waarin dit dividend is gevormd, zou dus als zodanig in aanmerking worden genomen.

55. Bovendien zou de omstandigheid dat de Conseil d'État zich in de zaken die tot zijn arresten hebben geleid heeft gebaseerd op notulen van algemene vergaderingen van de niet-ingezeten dochterondernemingen, voortvloeien uit het feit dat de betrokken vennootschappen dergelijke documenten hebben overgelegd om te bewijzen hoeveel belasting op de uitgekeerde dividenden had gedrukt.

56. Ten tweede benadrukt de Franse Republiek dat de voorheffingsformulieren het technisch mogelijk maken aan te geven hoeveel voorheffing is betaald over de dooruitdeling van dividend dat afkomstig is van niet-ingezeten dochterondernemingen. Bovendien is de betaling van de roerende voorheffing slechts verschuldigd in geval van dooruitdeling, zodat dividend waarvoor moet worden aangetoond hoeveel belasting is geheven, altijd dooruitgedeeld dividend is.

57. Ten derde wordt door de arresten van de Conseil d'État niet verlangd dat er bewijsstukken worden overgelegd die niet onder de wettelijke bewaartermijn vallen. De Conseil d'État heeft zijn beoordeling gebaseerd op de door de betrokken vennootschappen overgelegde documenten. Het is hoe dan ook aan een belastingplichtige die een fiscaal bezwaar indient om de documenten die nodig zijn voor de onderbouwing van zijn vordering te bewaren totdat de bezwaar-, dan wel beroepsprocedure is afgerond, ongeacht de wettelijke bewaartermijn van die documenten.

Beoordeling door het Hof

– Opmerkingen vooraf

58. Het is van belang eraan te herinneren dat, ten eerste, de belastingautoriteiten van een lidstaat van de belastingplichtige de bewijzen mogen verlangen die zij noodzakelijk achten om te beoordelen of is voldaan aan de voorwaarden voor een in de betrokken wettelijke regeling neergelegd belastingvoordeel en, bijgevolg, of dat voordeel al dan niet moet worden toegekend (zie in die zin arresten van 3 oktober 2002, Danner, C-136/00, EU:C:2002:558, punt 50; 26 juni 2003, Skandia en Ramstedt, C-422/01, EU:C:2003:380, punt 43; 27 januari 2009, Persche, C-318/07, EU:C:2009:33, punt 54; 10 februari 2011, Haribo Lakritzen Hans Riegel en Österreichische Salinen, C-436/08 en C-437/08, EU:C:2011:61, punt 95; 30 juni 2011, Meilicke e.a., C-262/09, EU:C:2011:438, punt 45, en 15 september 2011, Accor, C-310/09, EU:C:2011:581, punt 82).

59. Ten tweede heeft het Hof, teneinde in de praktijk de onverenigbaarheid van de Franse wetgeving met de artikelen 49 en 63 VWEU, zoals uitgelegd door het Hof in zijn arrest van 15 september 2011, Accor (C-310/09, EU:C:2011:581), op te heffen, geoordeeld dat een lidstaat in staat moet zijn het bedrag te bepalen van de in de staat van vestiging van de uitkerende vennootschap betaalde vennootschapsbelasting waarop het aan de ontvangende moedermaatschappij toegekende belastingkrediet betrekking moet hebben, en benadrukt dat niet kan worden volstaan met het bewijs dat de uitkerende vennootschap in haar staat van vestiging is belast over de winst waaruit het dividend is uitgekeerd, zonder informatie te verstrekken over de aard en het tarief van de belasting die daadwerkelijk over die winst is geheven (arrest van 15 september 2011, Accor C-310/09, EU:C:2011:581, punt 92).

– Eerste onderdeel

60. Het moet worden opgemerkt dat de Commissie, om aan te tonen dat de Franse Republiek onevenredige vereisten stelt aan het bewijs door overeenstemming te verlangen tussen de boekhoudkundige bescheiden inzake het uitgekeerde dividend en de notulen van de algemene vergadering van de dochterondernemingen waarin wordt vastgesteld welke winst is behaald in de vorm van uitkeerbaar dividend, in haar verzoekschrift verwijst naar de punten 43 en 56 van het arrest van de Conseil d'État van 10 december 2012, Accor

(FR:CESSR:2012:317075.20121210), betreffende het onderzoek naar de hoogte van de terug te betalen bedragen over de jaren 1999 tot en met 2001.

61. Hieruit volgt dat de Commissie niet de noodzaak betwist dat een moedermaatschappij die teruggaaf verlangt van de onrechtmatig geïnde roerende voorheffing, voor elk dividend de gegevens verstrekt over het belastingtarief dat daadwerkelijk is toegepast en het bedrag dat daadwerkelijk aan belasting is betaald over de winsten die door de niet-ingezeten dochterondernemingen zijn behaald.

62. Uit het arrest van de Conseil d'État van 10 december 2012, Accor (FR:CESSR:2012:317075.20121210), komt echter niet naar voren dat deze rechter het bewijs dat de bedragen waarvan teruggaaf wordt verlangd daadwerkelijk betrekking hebben op het uitgekeerde dividend, heeft willen beperken tot de notulen van de algemene vergaderingen van de dochterondernemingen waarin een dergelijke uitkering wordt genoemd.

63. Ofschoon in dat arrest naar dergelijke stukken wordt verwezen, kan namelijk niet worden geconcludeerd dat voor de erkenning van een recht op terugbetaling van onrechtmatig geïnde roerende voorheffing noodzakelijkerwijze dergelijke stukken moeten worden overgelegd.

64. In dit verband moet eraan worden herinnerd dat de Commissie in een krachtens artikel 258 VWEU ingestelde niet-nakomingsprocedure de gestelde niet-nakoming dient te bewijzen door het Hof alle daarvoor nodige elementen te verschaffen (arrest van 28 januari 2016, Commissie/Portugal, C-398/14, EU:C:2016:61, punt 47).

65. Gelet op het voorgaande heeft de Commissie niet voldaan aan de op haar rustende bewijslast, zodat het eerste onderdeel van het tweede middel niet kan slagen.

– Tweede onderdeel

66. De Commissie is van mening dat het Franse recht, zoals toegepast in de arresten van de Conseil d'État, en meer in het bijzonder de beperking die voortvloeit uit het vereiste dat de aangiften van roerende voorheffing worden overgelegd en de verbindendheid van de keuzen van een moedermaatschappij bij de afrekening van de roerende voorheffing bij die aangiften, schending oplevert van de beginselen van gelijkwaardigheid en doeltreffendheid.

67. In dit verband staat vast dat de Franse Republiek, om een einde te maken aan de onverenigbaarheid van de Franse wetgeving met de artikelen 49 en 63 VWEU, zoals uitgelegd door het Hof in zijn arrest van 15 september 2011, Accor (C-310/09, EU:C:2011:581), de roerende voorheffingen die door ingezeten vennootschappen waren betaald bij de dooruitdeling van dividend dat afkomstig was van hun niet-ingezeten dochterondernemingen moest terugbetalen en daarbij rekening moest houden met de belasting die in de lidstaat van vestiging van deze dochterondernemingen was betaald over de winst waaruit dit dividend is uitgekeerd, tegen maximaal het in Frankrijk toepasselijke belastingtarief.

68. Aangezien ten eerste voor een verzoek om teruggaaf noodzakelijkerwijze de voorwaarde geldt dat eerder de roerende voorheffing is betaald en ten tweede de dividenduitkering het belastbare feit is voor de betaling van een roerende voorheffing, kan een dergelijk verzoek niet ontvankelijk zijn indien geen voorheffing is betaald.

69. Dit is de reden waarom de voorheffingsaangiften betrekking hebben op alle dividenduitkeringen, ongeacht de herkomst ervan, zodat op die manier kan worden bepaald hoeveel de voorheffing bedraagt die is betaald over de dividenduitkeringen die afkomstig zijn van niet-ingezeten dochterondernemingen.

70. In dat opzicht heeft de Franse Republiek het bewijs geleverd dat de formulieren voor de voorheffingsaangifte vereisten dat werd vermeld welke dividenduitkeringen afkomstig waren van buitenlandse dochterondernemingen, hetgeen de Commissie in repliek niet meer heeft betwist.

71. Bijgevolg kan niet worden geoordeeld dat het feit dat de keuzen die een moedermaatschappij heeft gemaakt bij de betaling van de roerende voorheffing ter gelegenheid van de desbetreffende aangifte bindend zijn, schending vormt van de beginselen van gelijkwaardigheid en doeltreffendheid.

72. In die omstandigheden moet, gelet op het feit dat de bewijslast, zoals opgemerkt in punt 64 van dit arrest, op de Commissie rust, het tweede onderdeel van de tweede grief ongegrond worden verklaard.

– Derde onderdeel

73. Volgens de Commissie maken de arresten van de Conseil d'État het bewijs voor de betaling van belasting door een niet-ingezeten dochteronderneming over uitgekeerd dividend bijzonder moeilijk of zelfs onmoge-

lijk, aangezien zij de moedermaatschappij die verzoekt om teruggaaf van de roerende voorheffing niet ontslaan van de verplichting tot overlegging van bewijsstukken voor die betaling, waarvoor de wettelijke bewaartermijn krachtens het nationale recht van een andere lidstaat is afgelopen.

74. Met betrekking tot het doeltreffendheidsbeginsel moet worden opgemerkt dat de verlangde bewijsstukken de belastingautoriteiten van de lidstaat die de belasting heft in staat moeten stellen, duidelijk en nauwkeurig na te gaan of de voorwaarden voor de verkrijging van een belastingvoordeel vervuld zijn (zie in die zin arrest van 15 september 2011, Accor, C-310/09, EU:C:2011:581, punt 99).

75. Bovendien kan slechts worden verlangd dat voor elk dividend gegevens worden overgelegd inzake het belastingtarief dat daadwerkelijk is toegepast en de hoogte van de belasting die daadwerkelijk is betaald over de winst van de dochterondernemingen die in de andere lidstaten zijn gevestigd, op voorwaarde dat het in de praktijk niet onmogelijk of uiterst moeilijk is het bewijs te leveren voor de betaling van de belasting door in de andere lidstaten gevestigde dochterondernemingen, met name gelet op de wetgeving van die lidstaten op het gebied van de vermijding van dubbele belasting en de registratie van af te dragen vennootschapsbelasting alsmede de bewaring van administratieve of boekhoudkundige bescheiden (zie in die zin arrest van 15 september 2011, Accor, C-310/09, EU:C:2011:581, punt 100).

76. In dit verband moet het verzoek om overlegging van bedoelde gegevens worden gedaan binnen de wettelijke bewaartermijn voor administratieve of boekhoudkundige bescheiden, zoals vastgelegd in het recht van de lidstaat waar de dochteronderneming is gevestigd. Een dergelijk verzoek kan dus geen betrekking hebben op documenten die een tijdvak beslaan dat de wettelijke bewaartermijn voor administratieve en boekhoudkundige bescheiden aanzienlijk overschrijdt (zie in die zin arrest van 15 september 2011, Accor, C-310/09, EU:C:2011:581, punt 101).

77. Bijgevolg vloeit uit het arrest van 15 september 2011, Accor (C-310/09, EU:C:2011:581), voort dat de belastingautoriteiten van een lidstaat niet kunnen vereisen dat ter onderbouwing van een verzoek tot teruggaaf administratieve documenten worden overgelegd na een termijn die de wettelijke bewaartermijn van deze documenten in de lidstaat van oorsprong van deze documenten aanzienlijk overschrijdt.

78. Dienaangaande vloeit voort uit punt 35 van het arrest van de Conseil d'État van 10 december 2012, Rhodia (FR:CESSR:2012:317074.20121210), alsmede uit punt 31 van het arrest van de Conseil d'État van 10 december 2012, Accor (FR:CESSR:2012:317075.20121210), dat een vennootschap die een bezwaar heeft ingediend, gedurende de gehele procedure over alle elementen dient te beschikken waarmee zij de gegrondheid van haar vordering kan aantonen, en dat het verstrijken van de wettelijke bewaartermijn haar niet van die verplichting kan ontheffen.

79. In deze omstandigheden moet, zoals de advocaat-generaal in punt 64 van zijn conclusie heeft opgemerkt, bij de beoordeling of eventueel sprake is van schending van het doeltreffendheidsbeginsel omdat de belastingautoriteiten van een lidstaat hebben verzocht om overlegging van een administratief document als bewijs van bepaalde feiten, worden uitgegaan van de datum van inleiding van deze precontentieuze procedure.

80. De verplichting om elementen over te leggen die in het kader van een bezwaarprocedure de gegrondheid van een verzoek tot teruggaaf kunnen aantonen, kan geen schending van het doeltreffendheidsbeginsel opleveren voor zover deze verplichting niet geldt met betrekking tot een tijdvak dat de wettelijke bewaartermijn van administratieve en boekhoudkundige bescheiden aanzienlijk overschrijdt.

81. Uit de arresten van de Conseil d'État blijkt echter niet van schending van dit beginsel wanneer zij verklaren dat het verstrijken van de wettelijke bewaartermijn van documenten niet afdoet aan de verplichting van een vennootschap om „gedurende de gehele procedure" en met name gedurende de gerechtelijke procedure, te beschikken over alle elementen die haar verzoek kunnen onderbouwen. Een vennootschap kan immers niet beweren dat door het verstrijken van deze termijn automatisch een recht op teruggaaf van de betaalde voorheffing ontstaat.

82. Wat betreft de gestelde schending van het gelijkwaardigheidsbeginsel, voert de Commissie geen enkel argument aan dat die grief kan onderbouwen.

83. Bijgevolg moet, daar het derde onderdeel van de tweede grief ongegrond is, de tweede grief in zijn geheel worden afgewezen.

Derde grief: instelling van een bovengrens aan de mogelijke teruggaaf uit hoofde van een onrechtmatig bij een derde geïnde roerende voorheffing over het uitgekeerde dividend

Argumenten van partijen

84. De Commissie herinnert eraan dat de arresten van de Conseil d'État het bedrag dat aan moedermaatschappijen dient te worden terugbetaald uit hoofde van de roerende voorheffing die is betaald over de van een niet-ingezeten dochteronderneming ontvangen dividenduitkeringen, hebben begrensd op een derde van het bedrag van het uitgekeerde dividend.

85. Volgens de Commissie hebben de arresten van de Conseil d'État echter geen einde gemaakt aan de discriminatie tussen het uitgekeerde dividend dat afkomstig is van een ingezeten, respectievelijk van een niet-ingezeten vennootschap, vastgesteld door het Hof in het arrest van 15 september 2011, Accor (C-310/09, EU:C:2011:581), aangezien de hoogte van het belastingkrediet voor dividend dat is uitgekeerd door een ingezeten dochteronderneming nog steeds de helft van het dividend bedraagt.

86. Volgens de Franse Republiek komt de bovengrens van de teruggaaf van de voorheffing tot een derde van het ontvangen dividend overeen met de hoogte van de daadwerkelijk betaalde voorheffing. De gelijke behandeling van het door ingezeten en niet-ingezeten dochterondernemingen uitgekeerde dividend is dus volledig gewaarborgd.

87. Bovendien zou het door een dergelijke bovengrens aan de teruggaaf van de voorheffing mogelijk zijn om op gelijke wijze rekening te houden met de belasting die door de lidstaat van vestiging van de dochteronderneming op het uitgekeerde dividend is geheven, en met de belasting die drukt op het dividend dat door een ingezeten dochteronderneming is uitgekeerd.

88. Deze beperking kan er om deze reden in de praktijk inderdaad toe leiden dat de teruggaaf van de roerende voorheffing minder bedraagt dan de belasting die de uitkerende dochteronderneming in haar lidstaat van vestiging daadwerkelijk heeft betaald. Deze terugbetaling komt echter exact overeen met de voorheffing die de ingezeten vennootschap daadwerkelijk heeft betaald, zodat wordt voorkomen dat buitenlands dividend gunstiger wordt behandeld dan dividend dat is uitgekeerd door een ingezeten vennootschap.

Beoordeling door het Hof

89. In punt 87 van het arrest van 15 september 2011, Accor (C-310/09, EU:C:2011:581), heeft het Hof geoordeeld dat uit de rechtspraak volgt dat op grond van het recht van de Unie een lidstaat waarin een regeling voor het vermijden van economische dubbele belasting geldt in geval van dividend dat aan ingezetenen wordt uitgekeerd door ingezeten vennootschappen, dividend dat aan ingezetenen wordt uitgekeerd door niet-ingezeten vennootschappen weliswaar op gelijkwaardige wijze moet behandelen, maar dat recht niet verlangt dat de lidstaten belastingplichtigen die in buitenlandse ondernemingen hebben geïnvesteerd moet bevoordelen ten opzichte van degenen die in binnenlandse ondernemingen hebben geïnvesteerd.

90. In casu staat vast dat, krachtens de arresten van de Conseil d'État, aan het bedrag dat aan moedermaatschappijen moet worden terugbetaald uit hoofde van de roerende voorheffing die zij hebben betaald bij de uitkering van dividend dat is ontvangen van een niet-ingezeten dochteronderneming, een bovengrens is gesteld ter hoogte van een derde van het bedrag van het ontvangen dividend.

91. De Commissie is van mening dat, aangezien het belastingkrediet dat is toegekend aan een vennootschap die dividend uitkeert dat van een ingezeten dochteronderneming is ontvangen altijd de helft van het bedrag van dat dividend beloopt, de bij de uitkering van dividend dat is ontvangen van een niet-ingezeten dochteronderneming aan de terugbetaling van de betaalde roerende voorheffing gestelde bovengrens van een derde van het bedrag van dat dividend, discriminatie vormt.

92. Dat betoog kan echter niet worden gevolgd.

93. Zoals de advocaat-generaal heeft opgemerkt in punt 74 van zijn conclusie, kan door de wijze van toepassing van de CGI in de versie die van kracht was gedurende de belastingjaren die in de arresten van de Conseil d'État aan de orde waren, het dividend dat door een moedermaatschappij is dooruitgedeeld aan haar eigen aandeelhouders uiteindelijk fiscaal gelijkwaardig worden behandeld, los van de vraag of haar dochteronderneming die deze winst oorspronkelijk heeft behaald al dan niet ingezetene is.

94. In dit verband blijkt uit de bewoordingen van artikel 223 sexies, lid 1, eerste alinea, CGI dat de voorheffing die een moedermaatschappij bij de dooruitdeling van dividend aan haar eigen aandeelhouders moet afdragen even hoog is als het belastingkrediet dat is berekend onder de voorwaarden van artikel 158 bis CGI, welk

belastingkrediet gelijk is aan de helft van het dividend dat deze moedermaatschappij eerder heeft ontvangen. Zo kan met dit belastingkrediet de verplichting tot betaling van de voorheffing bij de moedermaatschappij worden gecompenseerd en een einde worden gemaakt aan de economische dubbele belasting van de uitgekeerde winst.

95. Zoals de Franse Republiek in haar verweerschrift heeft uiteengezet, zonder daarin te zijn weersproken door de Commissie, bedraagt, wanneer het door een dochteronderneming uitgekeerde dividend niet gepaard gaat met enig belastingkrediet, zoals in het geval van een niet-ingezeten dochteronderneming, de voorheffing die door de moedermaatschappij moet worden betaald, een derde van het uitgekeerde dividend. Hieruit volgt dat door aan de teruggaaf van de voorheffing aan de moedermaatschappij een bovengrens te stellen van een derde van het uitgekeerde dividend uiteindelijk ook de economische dubbele belasting van de uitgekeerde winst kan worden voorkomen.

96. In deze omstandigheden kan deze gestelde bovengrens ook een einde maken aan het in het arrest van 15 september 2011, Accor (C-310/09, EU:C:2011:581), door het Hof opgemerkte verschil in behandeling van dit dividend en het dividend dat afkomstig is van een ingezeten dochteronderneming. Volgens de in dat arrest geformuleerde beginselen, en met name punt 88 ervan, kan een lidstaat immers niet worden verplicht een belastingkrediet toe te kennen voor de belasting die in een andere lidstaat is geheven op de uitgekeerde winst, dat meer zou bedragen dan de belasting die resulteert uit de toepassing van zijn eigen fiscale wetgeving.

97. De Commissie stelt in repliek nog dat, wanneer de moedermaatschappij de onrechtmatig geïnde voorheffing na deze te hebben teruggekregen uitkeert aan haar eigen aandeelhouders, deze laatste een „inkomstenderving" kunnen ondergaan ten opzichte van een louter binnenlandse uitkering.

98. In dit verband volstaat de vaststelling dat de zaken die hebben geleid tot de arresten van de Conseil d'État geen betrekking hadden op de situatie van de uiteindelijke aandeelhouders van de uitkerende vennootschappen, daar de beroepen van de betrokken moedermaatschappijen waren gericht op de teruggaaf van de door hen betaalde roerende voorheffing.

99. De derde grief moet dus worden afgewezen.

Vierde grief: schending van artikel 267, lid 3, VWEU

Argumenten van partijen

100. Volgens de Commissie had de Conseil d'État een verzoek om een prejudiciële beslissing moeten indienen alvorens de voorwaarden vast te stellen voor de teruggaaf van de roerende voorheffing waarvan de inning volgens het arrest van 15 september 2011, Accor (C-310/09, EU:C:2011:581), onverenigbaar met de artikelen 49 en 63 VWEU was.

101. Ten eerste is de Conseil d'État immers een rechterlijke instantie waarvan de beslissingen volgens het nationale recht niet vatbaar zijn voor hoger beroep in de zin van artikel 267, derde alinea, VWEU, en die moet verzoeken om een prejudiciële beslissing wanneer haar een zaak is voorgelegd die een vraag over de uitlegging van het Unierecht opwerpt.

102. Ten tweede blijkt het op zijn minst twijfelachtig of de beperkingen die het gevolg zijn van de arresten van de Conseil d'État verenigbaar zijn met het Unierecht, met name in het licht van de rechtspraak die voortvloeit uit het arrest van 13 november 2012, Test Claimants in the FII Group Litigation (C-35/11, EU:C:2012:707). In ieder geval is de loutere omstandigheid dat de Commissie een andere invulling geeft aan de in het arrest van 15 september 2011, Accor (C-310/09, EU:C:2011:581), vastgestelde beginselen dan de Conseil d'État een teken dat voor de oplossingen die in deze arresten zijn geformuleerd geen vermoeden van verenigbaarheid met het Unierecht kan bestaan.

103. De Franse Republiek stelt dat de Commissie niet nader heeft aangegeven met welke moeilijkheden de Conseil d'État werd geconfronteerd in de zaken die tot de door deze instelling bedoelde arresten hebben geleid en die een prejudiciële verwijzing krachtens artikel 267, derde alinea, VWEU zouden hebben gerechtvaardigd. De enige moeilijkheden waarmee de Conseil d'État is geconfronteerd waren in werkelijkheid feitelijke moeilijkheden en geen moeilijkheden bij de uitlegging van het Unierecht.

104. In ieder geval mocht de Conseil d'État, volgens de Franse Republiek, op goede grond oordelen dat de antwoorden op de aan hem voorgelegde vragen duidelijk uit de rechtspraak konden worden afgeleid.

Beoordeling door het Hof

105. Het moet worden benadrukt dat de vierde grief van de Commissie is gebaseerd op de premisse dat de Conseil d'État, als rechter die in laatste aanleg uitspraak doet, het recht van de Unie niet de uitlegging kon geven die voortvloeit uit de arresten van 10 december 2012, Rhodia (FR:CESSR:2012:317074.20121210), en 10 december 2012, Accor (FR:CESSR:2012:317075.20121210), zonder zich vooraf met een prejudiciële vraag tot het Hof te wenden.

106. In dit verband dient er ten eerste aan te worden herinnerd dat de verplichting van de lidstaten om de bepalingen van het VWEU te eerbiedigen, geldt voor alle autoriteiten, daaronder begrepen, in het kader van hun bevoegdheden, de rechterlijke instanties.

107. Een niet-nakoming door een lidstaat in de zin van artikel 258 VWEU kan dus in beginsel worden vastgesteld, ongeacht welk orgaan van die staat door zijn handelen of nalaten het verzuim heeft veroorzaakt, zelfs al betreft het een constitutioneel onafhankelijke instelling (arresten van 9 december 2003, Commissie/Italië, C-129/00, EU:C:2003:656, punt 29, en 12 november 2009, Commissie/Spanje, C-154/08, niet gepubliceerd, EU:C:2009:695, punt 125).

108. Ten tweede moet eraan worden herinnerd dat wanneer de beslissing van een nationale rechterlijke instantie niet vatbaar is voor hoger beroep, deze instantie in beginsel is gehouden zich krachtens artikel 267, derde alinea, VWEU tot het Hof te wenden wanneer voor haar een vraag over de uitlegging van het VWEU wordt opgeworpen (arrest van 15 maart 2017, Aquino, C-3/16, EU:C:2017:209, punt 42).

109. Het Hof heeft geoordeeld dat deze in deze bepaling neergelegde verwijzingsplicht met name tot doel heeft te voorkomen dat zich in een lidstaat nationale rechtspraak ontwikkelt die niet met de regels van het Unierecht strookt (arrest van 15 maart 2017, Aquino, C-3/16, EU:C:2017:209, punt 33 en aldaar aangehaalde rechtspraak).

110. Deze rechterlijke instantie is hiertoe inderdaad niet gehouden wanneer zij vaststelt dat de opgeworpen vraag niet relevant is of dat de betreffende bepaling van het Unierecht door het Hof reeds is uitgelegd of dat de juiste toepassing van het Unierecht zo voor de hand ligt dat redelijkerwijze geen ruimte voor twijfel kan bestaan, waarbij bij beoordeling of een dergelijk geval zich voordoet, rekening moet worden gehouden met de eigen kenmerken van het Unierecht, de bijzondere moeilijkheden bij de uitlegging ervan en het gevaar voor uiteenlopende rechtspraak binnen de Unie (zie in die zin arresten van 6 oktober 1982, Cilfit e.a., 283/81, EU:C:1982:335, punt 21; 9 september 2015, Ferreira da Silva e Brito e.a., C-160/14, EU:C:2015:565, punten 38 en 39, en 28 juli 2016, Association France Nature Environnement, C-379/15, EU:C:2016:603, punt 50).

111. In dit verband heeft de Conseil d'État met betrekking tot de vraag die is onderzocht in het kader van de eerste grief van het onderhavige beroep wegens niet-nakoming, welke vraag, zoals de advocaat-generaal in punt 99 van zijn conclusie heeft opgemerkt, niet in het arrest van 15 september 2011, Accor (C-310/09, EU:C:2011:581), is behandeld, besloten af te wijken van het arrest van 13 november 2012, Test Claimants in the FII Group Litigation (C-35/11, EU:C:2012:707), op grond dat de betrokken Britse regeling verschilde van de Franse regeling van het belastingkrediet en de voorheffing, terwijl deze rechter niet met zekerheid kon weten dat zijn redenering even evident zou zijn voor het Hof.

112. Bovendien volgt uit hetgeen in het kader van het onderzoek van de eerste grief van de Commissie in de punten 29 tot en met 46 van het onderhavige arrest is geoordeeld, dat de Conseil d'État in de zaken die hebben geleid tot de arresten van 10 december 2012, Rhodia (FR:CESSR:2012:317074.20121210), en 10 december 2012, Accor (FR:CESSR:2012:317075.20121210), door het ontbreken van een prejudiciële verwijzing, in deze arresten heeft gekozen voor een oplossing op basis van een uitlegging van de artikelen 49 en 63 VWEU die strijdig is met de oplossing die in het onderhavige arrest is gekozen, hetgeen impliceert dat niet kan worden uitgesloten dat op het moment van de uitspraak van de Conseil d'État redelijkerwijze ruimte was voor twijfel over deze uitlegging.

113. Bijgevolg moet, zonder dat de overige argumenten die de Commissie in het kader van de onderhavige grief heeft aangevoerd hoeven te worden onderzocht, worden vastgesteld dat de Conseil d'État, als rechterlijke instantie waarvan de beslissingen volgens het nationale recht niet vatbaar zijn voor hoger beroep, het Hof op grond van artikel 267, derde alinea, VWEU had moeten verzoeken om een beslissing teneinde het gevaar voor een onjuiste uitlegging van het Unierecht af te wenden (zie in die zin arrest van 9 september 2015, Ferreira da Silva e Brito e.a., C-160/14, EU:C:2015:565, punt 44).

114. Aangezien de Conseil d'État heeft nagelaten zich volgens de procedure van artikel 267, derde alinea, VWEU, tot het Hof te wenden om vast te stellen of, bij de berekening van de teruggaaf van de roerende voor-

heffing die door een ingezeten vennootschap is betaald over de uitkering van dividend dat via een niet-ingezeten dochteronderneming door een niet-ingezeten vennootschap is gestort, moest worden geweigerd rekening te houden met de belasting die deze tweede vennootschap heeft betaald over de winst waaruit dit dividend is uitgekeerd, terwijl de uitlegging die hij in de arresten van 10 december 2012, Rhodia (FR:CESSR:2012:317074.20121210), en 10 december 2012, Accor (FR:CESSR:2012:317075.20121210), aan de bepalingen van het Unierecht heeft gegeven niet zo evident was dat er redelijkerwijze geen ruimte voor twijfel bestond, slaagt de vierde grief.

Kosten

115. …

Het Hof (Vijfde kamer)

verklaart:

1. **Door te weigeren om bij de berekening van de teruggaaf van de roerende voorheffing die door een ingezeten vennootschap is betaald over de uitkering van dividend dat via een niet-ingezeten dochteronderneming door een niet-ingezeten vennootschap is gestort, rekening te houden met de belasting die deze tweede vennootschap heeft betaald over de winst waaruit dit dividend wordt uitgekeerd, terwijl het nationale stelsel ter voorkoming van economische dubbele belasting het in het geval van een zuiver binnenlandse participatieketen wel mogelijk maakt de belasting die door een vennootschap is betaald over de dividenduitkering op elk niveau van deze participatieketen te neutraliseren, is de Franse Republiek de verplichtingen die op haar rusten krachtens de artikelen 49 en 63 VWEU niet nagekomen.**
2. **Aangezien de Conseil d'État (hoogste bestuursrechter, Frankrijk) heeft nagelaten zich volgens de procedure van artikel 267, derde alinea, VWEU tot het Hof van Justitie van de Europese Unie te wenden om vast te stellen of moest worden geweigerd om bij de berekening van de teruggaaf van de roerende voorheffing die door een ingezeten vennootschap is betaald over de uitkering van dividend dat via een niet-ingezeten dochteronderneming door een niet-ingezeten vennootschap is gestort, rekening te houden met de belasting die deze tweede vennootschap heeft betaald over de winst waaruit dit dividend wordt uitgekeerd, terwijl de uitlegging die hij in de arresten van 10 december 2012, Rhodia (FR:CESSR:2012:317074.20121210), en 10 december 2012, Accor (FR:CESSR:2012:317075.20121210), aan de bepalingen van het Unierecht heeft gegeven niet zo evident was dat er redelijkerwijze geen ruimte voor twijfel bestond, is de Franse Republiek de verplichtingen die op haar rusten krachtens artikel 267, derde alinea, VWEU niet nagekomen.**
3. **Het beroep wordt verworpen voor het overige.**
4. **De Europese Commissie en de Franse Republiek dragen ieder hun eigen kosten.**

HvJ EU 24 oktober 2018, zaak C-602/17 (Benoît Sauvage, Kristel Lejeune v. Belgische Staat)

Zesde kamer: *A. Arabadjiev, president van de Tweede kamer, waarnemend voor de president van de Zesde kamer, C. G. Fernlund (rapporteur) en S. Rodin, rechters*
Advocaat-generaal: *M. Campos Sánchez-Bordona*

1. Het verzoek om een prejudiciële beslissing betreft de uitlegging van artikel 45 VWEU.

2. Dit verzoek is ingediend in het kader van een geschil tussen Benoît Sauvage en Kristel Lejeune enerzijds en de Belgische belastingdienst anderzijds ter zake van het besluit van die belastingdienst om het deel van de beloningen uit Luxemburgse bron in verband met de dienstbetrekking van Sauvage dat overeenkomt met de dagen gedurende welke hij zijn werkzaamheid daadwerkelijk buiten het Luxemburgse grondgebied heeft uitgeoefend, aan belasting te onderwerpen.

Toepasselijke bepalingen

Belgisch-Luxemburgse Overeenkomst

3. De op 17 september 1970 tussen het Koninkrijk België en het Groothertogdom Luxemburg gesloten Overeenkomst tot het vermijden van dubbele belasting en tot regeling van sommige andere aangelegenheden inzake belastingen naar het inkomen en naar het vermogen, en het desbetreffende Slotprotocol, zoals gewijzigd bij het op 11 december 2002 te Brussel ondertekende avenant (hierna: „Belgisch-Luxemburgse Overeenkomst"), bepaalt in artikel 15, §§ 1 en 3:

> „1. Onder voorbehoud van de bepalingen van de artikelen 16, 18, 19 en 20, zijn lonen, salarissen en andere soortgelijke beloningen verkregen door een verblijfhouder van een overeenkomstsluitende Staat ter zake van een dienstbetrekking slechts in die Staat belastbaar, tenzij de dienstbetrekking in de andere overeenkomstsluitende Staat wordt uitgeoefend. Indien de dienstbetrekking aldaar wordt uitgeoefend, zijn de ter zake daarvan verkregen beloningen in die andere Staat belastbaar.
> […]
> 3. In afwijking van de §§ 1 en 2 en onder het in § 1 gemaakte voorbehoud worden beloningen ter zake van een dienstbetrekking uitgeoefend aan boord van een schip, een luchtvaartuig of een spoor- of wegvoertuig geëxploiteerd in internationaal verkeer of aan boord van een schip in de binnenvaart in internationaal verkeer, geacht betrekking te hebben op werkzaamheden uitgeoefend in de overeenkomstsluitende Staat waarin de plaats van de werkelijke leiding van de onderneming is gelegen en zijn ze in die Staat belastbaar."

4. Artikel 23, § 2, 1°, van deze overeenkomst, dat aangeeft op welke wijze de dubbele belasting van salarissen uit Luxemburgse bron van Belgische onderdanen wordt vermeden, luidt:

> „Inkomsten afkomstig uit Luxemburg met uitzondering van de in 2° en 3° bedoelde inkomsten en in Luxemburg gelegen bestanddelen van het vermogen, die volgens de voorgaande artikelen in die Staat belastbaar zijn, zijn in België vrijgesteld van belastingen. Die vrijstelling beperkt niet het recht van België om met de aldus vrijgestelde inkomsten en bestanddelen van het vermogen rekening te houden bij de bepaling van het tarief van zijn belastingen."

5. § 8 van het Slotprotocol bij die overeenkomst bepaalt:

> „Voor de toepassing van artikel 15, §§ 1 en 2[,] is overeengekomen dat een dienstbetrekking in de andere overeenkomstsluitende Staat wordt uitgeoefend wanneer de werkzaamheid uit hoofde waarvan de lonen, salarissen en andere beloningen worden betaald daadwerkelijk in die andere Staat wordt uitgeoefend, dit wil zeggen indien de persoon die de dienstbetrekking uitoefent [fysiek] aanwezig is in die andere Staat om er die werkzaamheid uit te oefenen."

Belgisch recht

6. Artikel 3 van het Wetboek van de Inkomstenbelastingen 1992 (hierna: „WIB") luidt:

> „De rijksinwoners zijn onderworpen aan de personenbelasting."

7. Artikel 5 WIB bepaalt:

„Rijksinwoners zijn aan de personenbelasting onderworpen op grond van al hun in dit wetboek als belastbaar vermelde inkomsten, zelfs indien sommige daarvan in het buitenland zijn behaald of verkregen."

8. Artikel 155 WIB luidt:

„Inkomsten die krachtens internationale overeenkomsten ter voorkoming van dubbele belasting zijn vrijgesteld, komen in aanmerking voor het bepalen van de belasting, maar deze wordt verminderd naar de verhouding tussen de inkomsten die zijn vrijgesteld en het geheel van de inkomsten."

Hoofdgeding en prejudiciële vraag

9. Sauvage en Lejeune zijn woonachtig in België, waar zij voor hun wereldinkomen zijn onderworpen aan de personenbelasting. Sauvage is in loondienst bij een in Luxemburg gevestigde vennootschap. Hij oefent daar de functie van adviseur uit en moet daarvoor korte dienstreizen maken en in opdracht van zijn werkgever vergaderingen bijwonen buiten Luxemburg.

10. Voor de belastingjaren 2007 tot en met 2009 heeft Sauvage zijn salaris als in België belastbare inkomsten opgegeven, maar hij heeft eveneens opgegeven dat al deze inkomsten, onder voorbehoud van progressiviteit, waren vrijgesteld van belasting.

11. Na een controle die betrekking had op de plaats van uitoefening van de dienstbetrekking van Sauvage, heeft de Belgische belastingdienst de belastinggrondslagen voor die drie belastingjaren gewijzigd. Die dienst heeft zich op het standpunt gesteld dat het deel van de inkomsten uit de door Sauvage in Luxemburg uitgeoefende dienstbetrekking dat overeenkwam met de dagen waarop hij zijn dienstbetrekking daadwerkelijk buiten het Luxemburgse grondgebied had uitgeoefend, op grond van artikel 15, § 1, van de Belgisch-Luxemburgse Overeenkomst in België belastbaar was.

12. Sauvage en Lejeune hebben bezwaar gemaakt tegen deze besluiten van de belastingdienst. Nadat de belastingdienst dit bezwaar had afgewezen, hebben de belanghebbenden beroep ingesteld bij de tribunal de première instance de Liège (rechtbank van eerste aanleg Luik, België), waarin zij de uitlegging van artikel 15, § 1, van deze overeenkomst door de belastingdienst hebben betwist.

13. Voor dit Tribunal hebben Sauvage en Lejeune primair betoogd dat artikel 15, § 1, van de overeenkomst aldus moest worden uitgelegd dat beperkte en incidentele verplaatsingen zich niet tegen de uitsluitende heffingsbevoegdheid van de bronstaat verzetten, aangezien de betrokken activiteit hoofdzakelijk in die staat werd uitgeoefend en de buiten die staat verrichte diensten plaatsvonden in het kader van de dienstbetrekking in Luxemburg. Subsidiair hebben zij zich beroepen op schending van het vrije verkeer van werknemers en de vrijheid van dienstverrichting zoals gewaarborgd door het VWEU.

14. De verwijzende rechter geeft in wezen aan dat de betrokken belastingregeling voor in België woonachtige werknemers die in een situatie als die van Sauvage verkeren, een belemmering vormt om een dienstbetrekking in een andere lidstaat dan het Koninkrijk België te aanvaarden waarvoor dienstreizen naar het buitenland moeten worden gemaakt. Oefent een Belgisch onderdaan echter een dienstbetrekking uit aan boord van een transportmiddel dat voor internationaal verkeer wordt gebruikt door een onderneming waarvan de werkelijke leiding in Luxemburg is gevestigd, dan bepaalt artikel 15, § 3, van de Belgisch-Luxemburgse Overeenkomst dat alle inkomsten ter zake van die dienstbetrekking in België zijn vrijgesteld van belasting, zelfs wanneer de werkzaamheid waarop die inkomsten betrekking hebben daadwerkelijk buiten Luxemburg wordt uitgeoefend.

15. Daarop heeft de tribunal de première instance de Liège de behandeling van de zaak geschorst en het Hof de volgende prejudiciële vraag voorgelegd:

„Wanneer artikel 15, § 1, van de [Belgische-Luxemburgse Overeenkomst] aldus wordt uitgelegd dat het is toegestaan de heffingsbevoegdheid van de bronstaat voor de bezoldigingen van een in België wonende werknemer die zijn werkzaamheden voor een Luxemburgse werkgever uitoefent, te beperken naar rato van de op het grondgebied van Luxemburg uitgeoefende werkzaamheden, het is toegestaan de woonstaat heffingsbevoegdheid toe te kennen voor het saldo van de bezoldigingen voor de buiten het grondgebied van Luxemburg uitgeoefende werkzaamheden, het vereist is dat de werknemer permanent en dagelijks fysiek aanwezig is op de zetel van zijn werkgever, ook al wordt na een op basis van objectieve en verifieerbare gegevens en met enige soepelheid uitgevoerde rechterlijke toetsing niet betwist dat hij zich geregeld daarheen begeeft, en van de hoven en rechtbanken wordt verlangd dat zij het bestaan en de omvang van de van dag tot dag in de betrokken Staten uitgeoefende werkzaamheden beoordelen ter bepaling van een percentage van 220 werkdagen, schendt dit artikel dan artikel 45 [VWEU], doordat het een fiscale belemmering vormt waardoor grensoverschrijdende werkzaamheden worden ontmoedigd, alsmede het algemene beginsel van rechtszekerheid, doordat het niet voorziet in een onveranderlijke en betrouwbare vrijstellingsregeling voor alle bezoldigingen die zijn verkregen door een inwoner van België in loondienst van een werkgever met daadwerkelijke bestuurszetel in het Groothertogdom Luxemburg, en deze inwoner het risico loopt van dubbele belastingheffing over het geheel of een deel van zijn inkomsten en wordt onderworpen aan een onvoorzienbare regeling zonder enige rechtszekerheid?"

Beantwoording van de prejudiciële vraag

16. Om te beginnen zij opgemerkt dat de Belgische regering stelt dat het niet aan het Hof is om een uitspraak te doen over kwesties die betrekking hebben op de overeenstemming van het nationale of het verdragsrecht met het Unierecht. Het Hof kan volgens die regering de nationale rechterlijke instanties wel de elementen voor de uitlegging van het Unierecht verstrekken op grond waarvan zij de juridische problemen waarmee zij worden geconfronteerd kunnen oplossen.

17. Dienaangaande moet worden gepreciseerd dat het Hof in het kader van artikel 267 VWEU inderdaad niet bevoegd is om uitspraak te doen over de vraag of een verdragsluitende staat eventueel de bepalingen heeft geschonden van de bilaterale verdragen die de lidstaten hebben gesloten om de nadelige gevolgen die de parallelle uitoefening van belastingbevoegdheid door twee lidstaten kan meebrengen, weg te werken of te verminderen. Evenmin kan het Hof onderzoeken hoe een nationale maatregel zich verhoudt tot de bepalingen van een verdrag ter vermijding van dubbele belasting zoals het bilaterale belastingverdrag in het hoofdgeding, daar deze kwestie niet de uitlegging van het Unierecht betreft (arrest van 16 juli 2009, Damseaux, C-128/08, EU:C:2009:471, punt 22).

18. Wanneer een belastingregeling die voortvloeit uit een belastingverdrag ter vermijding van dubbele belasting deel uitmaakt van het in het hoofdgeding toepasselijke rechtskader en als zodanig door de verwijzende rechterlijke instantie is gepresenteerd, dient het Hof hiermee echter rekening te houden om een voor de nationale rechter nuttige uitlegging van het Unierecht te geven (arrest van 19 januari 2006, Bouanich, C-265/04, EU:C:2006:51, punt 51).

19. In casu maakt de belastingregeling die voortvloeit uit de Belgisch-Luxemburgse Overeenkomst deel uit van het in het hoofdgeding toepasselijke rechtskader en is deze als zodanig door de verwijzende rechter gepresenteerd. Teneinde die rechter een nuttige uitlegging van het Unierecht te geven, moet daarmee dus rekening worden gehouden.

20. Ten aanzien van de fiscale behandeling die uit de Belgisch-Luxemburgse Overeenkomst volgt, moet worden opgemerkt dat de prejudiciële vraag berust op de veronderstelling dat de vrijstelling van Belgische belasting van inkomsten uit Luxemburgse bron die een Belgisch onderdaan in verband met een dienstbetrekking in Luxemburg geniet, krachtens deze overeenkomst afhangt van de fysieke aanwezigheid van die onderdaan in die lidstaat. Wordt de werkzaamheid waarvoor dit salaris wordt betaald daadwerkelijk uitgeoefend buiten die lidstaat, dan komt de belastingheffing daarover dus toe aan het Koninkrijk België.

21. Derhalve moet ervan worden uitgegaan dat de verwijzende rechter met zijn vraag in wezen wenst te vernemen of artikel 45 VWEU aldus moet worden uitgelegd dat het zich verzet tegen een uit een belastingverdrag ter vermijding van dubbele belasting volgende fiscale regeling van een lidstaat, zoals die welke in het hoofdgeding aan de orde is, die de vrijstelling van de inkomsten van een onderdaan die hij uit een andere lidstaat geniet in verband met een aldaar uitgeoefende dienstbetrekking, afhankelijk stelt van de voorwaarde dat de werkzaamheid waarvoor dat salaris wordt betaald daadwerkelijk in die lidstaat wordt uitgeoefend.

22. Volgens vaste rechtspraak blijven de lidstaten, bij gebreke van unificatie- of harmonisatiemaatregelen ter vermijding van dubbele belasting door de Europese Unie, bevoegd om de criteria voor de belasting van inkomsten en vermogen vast te stellen teneinde, in voorkomend geval door het sluiten van een overeenkomst, dubbele belasting te voorkomen. Daarbij staat het de lidstaten vrij om in het kader van bilaterale verdragen ter vermijding van dubbele belasting de aanknopingsfactoren ter verdeling van de heffingsbevoegdheid vast te stellen (arrest van 12 december 2013, Imfeld en Garcet, C-303/12, EU:C:2013:822, punt 41 en aldaar aangehaalde rechtspraak).

23. Daartoe is het niet onredelijk dat de lidstaten de criteria uit de internationale belastingpraktijk gebruiken (zie in die zin arresten van 12 mei 1998, Gilly, C-336/96, EU:C:1998:221, punt 31, en 16 juli 2009, Damseaux, C-128/08, EU:C:2009:471, punt 30 en aldaar aangehaalde rechtspraak).

24. De in punt 22 van dit arrest genoemde verdeling van de heffingsbevoegdheid betekent echter niet dat de lidstaten maatregelen mogen treffen die in strijd zijn met de door het VWEU gewaarborgde vrijheden van verkeer. Bij de uitoefening van de in bilaterale verdragen ter vermijding van dubbele belasting verdeelde heffingsbevoegdheid dienen de lidstaten zich immers te houden aan de regels van het Unierecht en, meer in het bijzonder, het beginsel van gelijke behandeling te eerbiedigen (arresten van 12 december 2002, De Groot, C-385/00, EU:C:2002:750, punt 94, en 12 december 2013, Imfeld en Garcet, C-303/12, EU:C:2013:822, punt 42 en aldaar aangehaalde rechtspraak).

25. In casu moet worden opgemerkt dat artikel 15 van de Belgisch-Luxemburgse Overeenkomst, dat in beginsel de inhoud overneemt van de bepalingen van het modelverdrag betreffende belastingen naar het inkomen en naar het vermogen dat de Organisatie voor Economische Samenwerking en Ontwikkeling heeft opgesteld, teneinde te vermijden dat dezelfde inkomsten in verband met een dienstbetrekking in Luxemburg zowel in de woonstaat van de werknemer, het Koninkrijk België, als in de bronstaat, het Groothertogdom Luxemburg, worden belast, de heffingsbevoegdheid over die inkomsten verdeelt tussen die twee verdragsluitende staten.

26. In dit verband moet ten eerste worden vastgesteld dat uit het aan het Hof overgelegde dossier blijkt dat de inkomsten van een Belgisch onderdaan in verband met een dienstbetrekking in Luxemburg, niet anders worden behandeld dan de inkomsten in verband met een nationale dienstbetrekking, wanneer de werkzaamheid waarvoor dat salaris wordt betaald daadwerkelijk buiten Luxemburg wordt uitgeoefend. Het gestelde nadeel houdt dus kennelijk verband met de keuze van de partijen bij de Belgisch-Luxemburgse Overeenkomst van de aanknopingsfactor voor de verdeling van hun heffingsbevoegdheid over de betrokken inkomsten uit dienstbetrekking en van de gunstiger fiscale behandeling van belastbare inkomsten uit dienstbetrekking in Luxemburg, en niet van een ongunstiger fiscale behandeling van die inkomsten door het Koninkrijk België.

27. Aangezien de lidstaten, zoals in punt 22 van dit arrest is uiteengezet, enerzijds vrij zijn om de aanknopingsfactoren voor de verdeling van hun heffingsbevoegdheid vast te stellen, vormt de omstandigheid dat ervoor is gekozen om de heffingsbevoegdheid van de bronstaat afhankelijk te stellen van de fysieke aanwezigheid van de werknemer op het grondgebied van die staat, op zich geen op grond van het vrije verkeer van werknemers verboden discriminatie of verschil in behandeling (zie in die zin arrest van 12 mei 1998, Gilly, C-336/96, EU:C:1998:221, punt 30).

28. Anderzijds is het doel van een overeenkomst ter vermijding van dubbele belasting, te dat dezelfde inkomsten in elk van de twee partijen bij dit verdrag worden belast en beoogt een dergelijke overeenkomst niet te garanderen dat de door de belastingplichtige in een van de verdragsluitende staten verschuldigde belasting niet hoger is dan die welke hij in de andere verdragsluitende staat zou moeten voldoen (arrest van 19 november 2015, Bukovansky, C-241/14, EU:C:2015:766, punt 44 en aldaar aangehaalde rechtspraak). Een nadeliger fiscale behandeling die voortvloeit uit de verdeling van de heffingsbevoegdheid tussen het Koninkrijk België, als woonstaat van de belastingplichtige, en het Groothertogdom Luxemburg, als bronstaat van de betrokken inkomsten uit dienstbetrekking, en uit het verschil tussen de fiscale regelingen van die twee staten, kan derhalve niet worden aangemerkt als op grond van het vrije verkeer van werknemers verboden discriminatie of verschil in behandeling.

29. Ten tweede betekent de omstandigheid dat de inkomsten in verband met een dienstbetrekking in Luxemburg die worden genoten door een Belgisch onderdaan en overeenkomen met de dagen gedurende welke de werkzaamheid waarvoor dat salaris werd betaald daadwerkelijk buiten Luxemburg werd uitgeoefend, in België aan belasting worden onderworpen, evenmin dat die onderdaan een minder gunstige behandeling geniet dan die welke is voorbehouden aan een Belgisch onderdaan die een dienstbetrekking in België uitoefent en deze incidenteel of regelmatig buiten het Belgische grondgebied uitoefent, aangezien de inkomsten uit dienstbetrekking van die tweede onderdaan volledig in België worden belast, terwijl de inkomsten van die eerste onderdaan slechts door België worden belast voor zover de werkzaamheid die tot de betaling van dat salaris heeft geleid, daadwerkelijk buiten Luxemburg is uitgeoefend.

30. Ten derde kan evenmin worden gesteld dat een Belgisch onderdaan die een dienstbetrekking in Luxemburg uitoefent en die incidenteel of regelmatig daadwerkelijk buiten die lidstaat werkzaam is, minder gunstig wordt behandeld dan een Belgisch onderdaan die eveneens een dienstbetrekking in Luxemburg uitoefent, maar in die lidstaat aanwezig moet zijn en zijn dienstbetrekking dus alleen op het grondgebied van die staat uitoefent. Zowel de een als de ander geniet immers, op de dagen gedurende welke hij zijn dienstbetrekking daadwerkelijk in Luxemburg uitoefent, de vrijstelling zoals voorzien in de Belgisch-Luxemburgse Overeenkomst en in de nationale Belgische regeling.

31. Zoals de verwijzende rechter heeft uiteengezet, bepaalt artikel 15, § 3, van de Belgisch-Luxemburgse Overeenkomst dat de inkomsten die een Belgisch onderdaan in Luxemburg geniet uit een dienstbetrekking

die wordt uitgeoefend aan boord van een transportmiddel dat in internationaal verkeer wordt geëxploiteerd door een onderneming waarvan de zetel van de werkelijke leiding in Luxemburg is gevestigd, zelfs wanneer de werkzaamheid waarvoor die beloning wordt betaald niet daadwerkelijk in Luxemburg is uitgeoefend, in België zijn vrijgesteld van belasting. Een Belgisch onderdaan die in een situatie als die van Sauvage verkeert, wordt daarentegen in België belast, wanneer de werkzaamheid die tot de betaling van het betrokken salaris heeft geleid, niet daadwerkelijk in Luxemburg wordt uitgeoefend.

32. Vastgesteld zij dat de omstandigheid dat is gekozen voor verschillende aanknopingsfactoren naargelang de dienstbetrekking zich al dan niet kenmerkt door een grote mobiliteit op internationaal niveau, niet kan worden aangemerkt als op grond van het vrije verkeer van werknemers verboden discriminatie of verschil in behandeling. Zoals uit punt 22 van dit arrest blijkt, komt een dergelijke keuze bij gebreke van unificatie- of harmonisatiemaatregelen ter vermijding van dubbele belasting door de Unie toe aan de betrokken lidstaten, en is deze in overeenstemming met de internationale belastingpraktijk. Voorts bevindt zich een onderdaan die een dienstbetrekking vervult welke juist wegens de aard van die werkzaamheid wordt gekenmerkt door een grote mobiliteit op internationaal niveau, in geen geval in een situatie die objectief vergelijkbaar is met die van een onderdaan die zich in een situatie als die van Sauvage bevindt.

33. Ten slotte kan de omstandigheid dat het recht op een belastingvoordeel ervan afhankelijk wordt gesteld dat de belastingplichtige het bewijs levert dat is voldaan aan de voorwaarden om in aanmerking te komen voor dat recht of dat er vanaf het begin van een belastingjaar sprake is van een bepaalde onzekerheid ten aanzien van de vaststelling van de belastingdruk, op zich niet een belemmering vormen in de zin van het recht van de Unie.

34. In de eerste plaats is het immers inherent aan het beginsel van fiscale autonomie van de lidstaten dat deze lidstaten bepalen welke bewijselementen moeten worden verstrekt en aan welke materiële en formele voorwaarden moet worden voldaan om een belastingvoordeel te genieten (zie in die zin arresten van 30 juni 2011, Meilicke e.a., C-262/09, EU:C:2011:438, punt 37, en 9 oktober 2014, van Caster, C-326/12, EU:C:2014:2269, punt 47).

35. De belastingautoriteiten van de lidstaten hebben dus het recht om van de belastingplichtige de bewijzen te verlangen die zij noodzakelijk achten voor de correcte toepassing van de belasting en om te oordelen of is voldaan aan de in de betrokken fiscale regeling gestelde voorwaarden voor toekenning van een belastingvoordeel, en bijgevolg of dat voordeel al dan niet moet worden verleend (zie in die zin arresten van 30 juni 2011, Meilicke e.a., C-262/09, EU:C:2011:438, punt 45, en 9 oktober 2014, van Caster, C-326/12, EU:C:2014:2269, punt 52).

36. In de tweede plaats is het feit dat de definitieve belastingdruk van een belastingjaar aan het begin van dat jaar niet met zekerheid kan worden voorzien, inherent aan de fiscale stelsels, aangezien het fiscale resultaat van een belastingjaar in beginsel pas kan worden bepaald aan het einde van het betrokken belastingjaar.

37. Gelet op de voorgaande overwegingen moet op de prejudiciële vraag worden geantwoord dat artikel 45 VWEU aldus moet worden uitgelegd dat het zich niet verzet tegen een uit een belastingovereenkomst ter vermijding van dubbele belasting volgende fiscale regeling, zoals die welke in het hoofdgeding aan de orde is, die de vrijstelling van inkomsten van een onderdaan die hij uit een andere lidstaat geniet in verband met een aldaar uitgeoefende dienstbetrekking, afhankelijk stelt van de voorwaarde dat de werkzaamheid waarvoor dat salaris wordt betaald daadwerkelijk in die lidstaat wordt uitgeoefend.

Kosten

38. ...

Het Hof (Zesde kamer)

verklaart voor recht:

Artikel 45 VWEU moet aldus worden uitgelegd dat het zich niet verzet tegen een uit een belastingovereenkomst ter vermijding van dubbele belasting volgende fiscale regeling, zoals die welke in het hoofdgeding aan de orde is, die de vrijstelling van inkomsten van een onderdaan die hij uit een andere lidstaat geniet in verband met een aldaar uitgeoefende dienstbetrekking, afhankelijk stelt van de voorwaarde dat de werkzaamheid waarvoor dat salaris wordt betaald daadwerkelijk in die lidstaat wordt uitgeoefend.

HvJ EU 22 november 2018, zaak C-575/17 (Sofina SA, Rebelco SA, Sidro SA v. Ministre de l'Action et des Comptes publics)

Vijfde kamer: *K. Lenaerts, president van het Hof, waarnemend voor de president van de Vijfde kamer, F. Biltgen en E. Levits (rapporteur), rechters*

Advocaat-generaal: *M. Wathelet*

1. Het verzoek om een prejudiciële beslissing betreft de uitlegging van de artikelen 63 en 65 VWEU.

2. Dit verzoek is ingediend in het kader van een geding tussen Sofina SA, Rebelco SA en Sidro SA, vennootschappen naar Belgisch recht, enerzijds, en de ministre de l'Action et des Comptes publics (Frankrijk) anderzijds, over de weigering door laatstgenoemde om hun de bronbelasting terug te geven die was geheven over de dividenden die van 2008 tot en met 2011 aan hen waren uitgekeerd.

Toepasselijke bepalingen

Frans recht

3. Artikel 38, lid 1, van de code général des impôts (algemeen belastingwetboek; hierna: „CGI") bepaalt:

„[...] [D]e belastbare winst is de nettowinst, bepaald aan de hand van de resultaten van alle verrichtingen van welke aard dan ook van ondernemingen, daaronder begrepen de overdracht van enig onderdeel van de activa, tijdens of aan het eind van de exploitatie."

4. Artikel 39, lid 1, CGI preciseert:

„De nettowinst wordt vastgesteld onder aftrek van alle kosten [...]."

5. Artikel 119 bis, lid 2, CGI bepaalt met name dat over de in de artikelen 108 tot en met 117 bis van dat wetboek bedoelde opbrengsten een bronbelasting wordt geheven tegen het in artikel 187 van dat wetboek bepaalde tarief, wanneer zij ten goede komen aan personen die hun fiscale woonplaats of zetel niet in Frankrijk hebben.

6. Tot de in de artikelen 108 tot en met 117 bis CGI bedoelde opbrengsten behoren ook de dividenden.

7. In de op de feiten van het hoofdgeding toepasselijke versie stelt artikel 187, lid 1, CGI het tarief van de bronbelasting vast op 25 %.

8. In de versie die van toepassing was tot 21 september 2011 bepaalde artikel 209, lid 1, derde alinea, CGI:

„[...] [W]anneer in een boekjaar verlies wordt geleden, wordt dit verlies ten laste van het volgende boekjaar gebracht en in mindering gebracht op de in dat boekjaar gemaakte winst. Indien de omvang van de winst geen volledige aftrek toestaat, wordt het overschot van het verlies ten laste van de volgende boekjaren gebracht."

9. Sinds 21 september 2011 luidt artikel 209, lid 1, derde alinea, CGI als volgt:

„[...] [W]anneer in een boekjaar verlies wordt geleden, wordt dit verlies ten laste van het volgende boekjaar gebracht en in mindering gebracht op de in dat boekjaar gemaakte winst, met een maximum van 1 000 000 [EUR] vermeerderd met 60 % van het bedrag van de belastbare winst van dat boekjaar waarmee dit eerste bedrag wordt overschreden. Indien de omvang van de winst geen volledige aftrek toestaat, wordt het overschot van het verlies onder dezelfde voorwaarden ten laste van de volgende boekjaren gebracht. Hetzelfde geldt voor het deel van het verlies dat niet in mindering kon worden gebracht op grond van de eerste zin van deze alinea."

Overeenkomst tussen België en Frankrijk

10. Artikel 15, §§ 1 en 2, van de Overeenkomst tussen België en Frankrijk tot voorkoming van dubbele belasting en tot regeling van wederzijdse administratieve en juridische bijstand inzake inkomstenbelastingen, ondertekend te Brussel op 10 maart 1964, zoals gewijzigd bij de Avenanten van 15 februari 1971, 8 februari 1999, 12 december 2008 en 7 juli 2009 (hierna: „Overeenkomst tussen België en Frankrijk"), bepaalt het volgende:

„1. Dividenden die hun bron in een overeenkomstsluitende staat hebben en aan een verblijfhouder van de andere staat worden betaald, zijn in die andere staat belastbaar.
2. Deze dividenden mogen evenwel onder voorbehoud van de bepalingen van § 3 in de overeenkomstsluitende staat, waarvan de vennootschap die de dividenden betaalt verblijfhouder is, overeenkomstig de wetgeving van die staat worden belast, maar de aldus geheven belasting mag niet hoger zijn dan:
a. 10 [%] van het brutobedrag van de dividenden indien de genieter een vennootschap is die ten minste 10 [%] van het kapitaal van de uitdelende vennootschap sedert het begin van het laatste, voor de uitkering afgesloten, boekjaar van deze vennootschap in uitsluitende eigendom heeft;
b. 15 [%] van het brutobedrag van de dividenden in andere gevallen.
Deze paragraaf laat onverlet de belastingheffing van de vennootschap ter zake van de winsten waaruit de dividenden worden betaald."

11. Artikel 19, A, van de Overeenkomst tussen België en Frankrijk bepaalt met name:
„Dubbele belasting wordt op de volgende wijze voorkomen:
A. Met betrekking tot België:
1. De inkomsten en opbrengsten uit roerende kapitalen, ressorterend onder het in artikel 15, paragrafen 2 en 4, omschreven regime, die in Frankrijk werkelijk de inhouding bij de bron hebben ondergaan en die worden verkregen door vennootschappen, verblijfhouders van België, onderhevig uit dien hoofde aan de vennootschapsbelasting, worden mits de roerende voorheffing wordt geïnd tegen het normale tarief op hun bedrag netto van Franse belasting, vrijgesteld van de vennootschapsbelasting en van de belasting bij de uitkering, onder de voorwaarden bepaald bij de Belgische interne wetgeving.
[...]"

Hoofdgeding en prejudiciële vragen

12. Sofina, Rebelco en Sidro hebben van 2008 tot en met 2011 dividenden ontvangen op grond van hun deelnemingen in Franse vennootschappen.

13. Ingevolge artikel 119 bis, lid 2, CGI juncto artikel 15, § 2, van de Overeenkomst tussen België en Frankrijk is over die dividenden bronbelasting geheven tegen een tarief van 15 %.

14. Omdat verzoeksters in het hoofdgeding de boekjaren 2008 tot en met 2011 met een negatief resultaat hadden afgesloten, hebben zij bezwaren aangetekend bij de Franse belastingdienst, met als doel teruggaaf van de belasting die was geheven over de in die boekjaren uitgekeerde dividenden.

15. Aangezien die bezwaren werden afgewezen, hebben verzoeksters in het hoofdgeding zich gewend tot de bevoegde rechterlijke instanties, die hun verzoeken om teruggaaf zowel in eerste aanleg als in hoger beroep niet hebben ingewilligd.

16. Daarop hebben verzoeksters in het hoofdgeding beroep in cassatie ingesteld bij de verwijzende rechter.

17. De Conseil d'État (hoogste bestuursrechter, Frankrijk) stelt in de eerste plaats vast dat een bronbelasting die enkel wordt toegepast op dividenden die worden uitgekeerd aan verlieslatende niet-ingezeten vennootschappen op grond van hun deelnemingen in ingezeten vennootschappen, voor die vennootschappen een liquiditeitsnadeel doet ontstaan ten opzichte van verlieslatende ingezeten vennootschappen. Deze rechter wenst evenwel te vernemen of een dergelijke omstandigheid op zichzelf een verschil in behandeling vormt dat kan worden aangemerkt als een door artikel 63 VWEU in beginsel verboden beperking van het vrije verkeer van kapitaal.

18. Gesteld dat de nationale regeling die in het hoofdgeding aan de orde is een dergelijke beperking inhoudt, dan vraagt de Conseil d'État in de tweede plaats of een dergelijke beperking, gelet op het doel van die regeling – te weten een doelmatige invordering van de belastingen te waarborgen – gerechtvaardigd zou kunnen zijn.

19. In de derde plaats, subsidiair en indien het in casu aan de orde zijnde beginsel van bronbelasting moet worden aanvaard, wenst deze rechterlijke instantie te vernemen, ten eerste, of de omstandigheid dat de verlieslatende ingezeten vennootschap die haar activiteiten beëindigt en daardoor de facto vrijstelling geniet van de belasting over de dividenden die zij heeft ontvangen tijdens de verlieslatende boekjaren, van invloed kan zijn op het onderzoek van de verenigbaarheid van de in het hoofdgeding aan de orde zijnde nationale regeling met de artikelen 63 en 65 VWEU.

20. Ten tweede wijst de Conseil d'État erop dat ook de verschillen in de berekeningswijze van de grondslag voor de belasting ter zake van dividenden naargelang de vennootschap die de dividenduitkering ontvangt wel of niet ingezeten is, een beperking van het vrije verkeer van kapitaal kunnen opleveren. Terwijl de in artikel

119 bis CGI neergelegde bronbelasting wordt betaald over het brutobedrag van de dividenden, zijn de kosten die verband houden met de feitelijke inning van de dividenden namelijk aftrekbaar van de grondslag voor de berekening van de belasting die drukt op de dividenden die worden uitgekeerd aan een ingezeten vennootschap.

21. In die omstandigheden heeft de Conseil d'État de behandeling van de zaak geschorst en het Hof verzocht om een prejudiciële beslissing over de volgende vragen:

„1. Moeten de artikelen [...] 63 en 65 [VWEU] aldus worden uitgelegd dat het liquiditeitsnadeel dat voortvloeit uit de omstandigheid dat over dividenden die aan verlieslatende niet-ingezeten vennootschappen worden uitgekeerd een bronbelasting wordt geheven, terwijl over het bedrag van de dividenden die verlieslatende ingezeten vennootschappen ontvangen pas belasting wordt geheven in het boekjaar waarin zij in voorkomend geval weer winstgevend worden, op zichzelf een verschil in behandeling vormt dat als een beperking van het vrije kapitaalverkeer kan worden aangemerkt?

2. Kan de in de vorige vraag vermelde eventuele beperking van het vrije kapitaalverkeer in het licht van de vereisten die voortvloeien uit de artikelen [...] 63 en 65 [VWEU] worden geacht te zijn gerechtvaardigd door de noodzaak om een doeltreffende invordering van de belastingen te waarborgen, aangezien niet-ingezeten vennootschappen niet onder toezicht staan van de Franse belastingautoriteiten, dan wel door de noodzaak om de verdeling van de heffingsbevoegdheid tussen de lidstaten te handhaven?

3. Indien toepassing van de betwiste bronheffing vanuit de optiek van het vrije kapitaalverkeer in beginsel toelaatbaar kan worden geacht:

– staan die bepalingen eraan in de weg dat aan de bron belasting wordt ingehouden op dividenden die door een ingezeten vennootschap aan een in een andere lidstaat gevestigde verlieslatende vennootschap worden uitgekeerd, wanneer deze laatste haar activiteiten beëindigt en niet opnieuw winstgevend wordt, terwijl een ingezeten vennootschap in een dergelijke situatie over de dividenden feitelijk geen belasting verschuldigd is;

– moeten die bepalingen aldus worden uitgelegd dat wanneer sprake is van belastingregels die dividenden verschillend behandelen naargelang zij aan ingezetenen dan wel aan niet-ingezetenen worden uitgekeerd, de daadwerkelijke belastingdruk voor elk van hen in verband met die dividenden moet worden vergeleken, zodat een beperking van het vrije kapitaalverkeer die eruit voortvloeit dat deze regels enkel niet-ingezetenen de mogelijkheid ontzeggen rechtstreeks met de inning als zodanig van de dividenden verband houdende kosten af te trekken, zou kunnen worden geacht haar rechtvaardiging te vinden in het tariefverschil tussen de gemeenrechtelijke belasting die ingezetenen in een later boekjaar wordt opgelegd en de bronbelasting die op de aan niet-ingezetenen uitgekeerde dividenden wordt ingehouden, wanneer dit verschil, wat het bedrag van de betaalde belasting betreft, het verschil in belastinggrondslag compenseert?"

Beantwoording van de prejudiciële vragen

Eerste en tweede vraag en eerste onderdeel van de derde vraag

22. Met zijn eerste en zijn tweede vraag en het eerste onderdeel van zijn derde vraag, die samen moeten worden onderzocht, wenst de verwijzende rechter in wezen te vernemen of de artikelen 63 en 65 VWEU aldus moeten worden uitgelegd dat zij zich verzetten tegen een regeling van een lidstaat, als die welke in het hoofdgeding aan de orde is, krachtens welke over dividenden die worden uitgekeerd door een ingezeten vennootschap een bronbelasting wordt geheven wanneer zij worden ontvangen door een niet-ingezeten vennootschap, terwijl dividenden die worden ontvangen door een ingezeten vennootschap volgens de gemeenrechtelijke bepalingen inzake vennootschapsbelasting aan het einde van het boekjaar waarin zij zijn ontvangen enkel worden belast op voorwaarde dat de ingezeten vennootschap in dat boekjaar winstgevend is geweest, waarbij die belastingheffing in voorkomend geval nooit plaatsvindt indien die vennootschap haar activiteiten beëindigt zonder na ontvangst van die dividenden een positief resultaat te hebben geboekt.

Bestaan van een belemmering voor het vrije kapitaalverkeer in de zin van artikel 63, lid 1, VWEU

23. Uit de rechtspraak van het Hof volgt dat de maatregelen die ingevolge artikel 63, lid 1, VWEU verboden zijn omdat zij het kapitaalverkeer beperken, mede de maatregelen omvatten die niet-ingezetenen ervan doen afzien in een lidstaat investeringen te doen, of ingezetenen van deze lidstaat ontmoedigen in andere staten investeringen te doen (arresten van 10 mei 2012, Santander Asset Management SGIIC e.a., C-338/11–C-347/11, EU:C:2012:286, punt 15; 17 september 2015, Miljoen e.a., C-10/14, C-14/14 en C-17/14, EU:C:2015:608, punt 44, en 2 juni 2016, Pensioenfonds Metaal en Techniek, C-252/14, EU:C:2016:402, punt 27).

24. In het bijzonder kan een ongunstige behandeling door een lidstaat van dividenden die worden uitgekeerd aan niet-ingezeten vennootschappen in vergelijking met de behandeling van dividenden die worden uitgekeerd aan ingezeten vennootschappen, in een andere dan die lidstaat gevestigde vennootschappen ervan doen afzien in eerstbedoelde lidstaat te investeren, zodat zij een beperking van het vrije kapitaalverkeer vormt die in beginsel verboden is door artikel 63 VWEU (arrest van 2 juni 2016, Pensioenfonds Metaal en Techniek, C-252/14, EU:C:2016:402, punt 28 en aldaar aangehaalde rechtspraak).

25. Ingevolge de nationale regeling die in het hoofdgeding aan de orde is, zijn vennootschappen die aandelen in een in Frankrijk gevestigde vennootschap hebben met betrekking tot dividenden die hun op grond daarvan worden uitgekeerd onderworpen aan twee verschillende belastingstelsels, waarbij de toepassing van hetzij het ene, hetzij het andere stelsel afhankelijk is van de vraag of zij al dan niet ingezetene zijn op het grondgebied van die lidstaat.

26. Uit de verwijzingsbeslissing blijkt immers dat over dividenden die door een Franse vennootschap aan niet-ingezeten vennootschappen worden uitgekeerd ingevolge artikel 119 bis, lid 2, CGI een bronbelasting wordt geheven van 25 % over hun brutobedrag, doch dat dit tarief kan worden verlaagd op basis van een overeenkomst tot voorkoming van dubbele belasting, ongeacht hun financiële resultaten. Zoals de verwijzende rechter aangeeft, is over de door verzoeksters in het hoofdgeding ontvangen dividenden een bronbelasting van 15 % geheven op basis van een dergelijke overeenkomst, te weten de Overeenkomst tussen België en Frankrijk.

27. Daarentegen zijn dividenden die worden uitgekeerd aan een ingezeten vennootschap opgenomen in haar belastinggrondslag en onderworpen aan de gemeenrechtelijke belastingregeling, te weten, overeenkomstig artikel 38 CGI, aan de vennootschapsbelasting ten belope van 33,33 %. Wanneer aan het einde van het betrokken belastingjaar verlies wordt geleden, voorzag artikel 209, lid 1, derde alinea, CGI, in de versie die van toepassing is op de feiten van het hoofdgeding, in uitstel van die heffing tot een later, winstgevend jaar, waarbij de geregistreerde, naar dat volgende jaar overgedragen verliezen werden verrekend met het bedrag van de ontvangen dividenden.

28. Terwijl de aan een niet-ingezeten vennootschap uitgekeerde dividenden onderhevig zijn aan onmiddellijke en definitieve belastingheffing, hangt de heffing van belasting ter zake van dividenden die aan een ingezeten vennootschap worden uitgekeerd, dus af van de vraag of deze vennootschap een positief dan wel een negatief nettoresultaat heeft geboekt. Wanneer dit resultaat negatief is, wordt de belastingheffing over die dividenden niet alleen uitgesteld tot een later, winstgevend jaar – waardoor de ingezeten vennootschap dus een financieel voordeel ontvangt – maar wordt deze heffing ook onzeker, omdat zij niet zal plaatsvinden als de ingezeten vennootschap haar activiteiten beëindigt voordat zij winstgevend wordt.

29. Ten eerste levert de uitsluiting van een financieel voordeel in een grensoverschrijdende situatie terwijl dat voordeel wel beschikbaar is in een vergelijkbare binnenlandse situatie een beperking van het vrije verkeer van kapitaal op (zie naar analogie arresten van 13 december 2005, Marks & Spencer, C-446/03, EU:C:2005:763, punt 33, en 12 juli 2012, Commissie/Spanje, C-269/09, EU:C:2012:439, punt 59).

30. Ten tweede moet het bestaan van een mogelijk ongunstige behandeling van de aan niet-ingezeten vennootschappen uitgekeerde dividenden worden beoordeeld over elk belastingjaar afzonderlijk (arrest van 2 juni 2016, Pensioenfonds Metaal en Techniek, C-252/14, EU:C:2016:402, punt 41).

31. Aangezien dividenden die een niet-ingezeten vennootschap ontvangt, worden belast op het moment van uitkering, moet rekening worden gehouden met het belastingjaar waarin de dividenden worden uitgekeerd om de belastingdruk op dergelijke dividenden te vergelijken met de belastingdruk op aan een ingezeten vennootschap uitgekeerde dividenden.

32. Vastgesteld moet worden dat een dergelijke heffing ontbreekt wanneer de ingezeten vennootschap een dergelijk boekjaar afsluit met een negatief resultaat.

33. Ten derde zal een dergelijk uitstel van belastingheffing het karakter aannemen van een definitieve vrijstelling van aan een ingezeten vennootschap uitgekeerde dividenden, indien deze vennootschap niet meer winstgevend wordt alvorens haar activiteiten te beëindigen.

34. Bijgevolg kan de in het hoofdgeding aan de orde zijnde nationale regeling ingezeten vennootschappen die zich in een verlieslatende situatie bevinden een voordeel verschaffen, aangezien uit die situatie op zijn minst een financieel voordeel en, in geval van beëindiging van de activiteiten, zelfs een vrijstelling voortvloeit, terwijl niet-ingezeten vennootschappen, ongeacht hun resultaat, onderworpen zijn aan onmiddellijke en definitieve belastingheffing.

35. De Franse regering wijst er in dit verband op dat dividenden die worden uitgekeerd aan een niet-ingezeten vennootschap ingevolge artikel 119 bis, lid 2, CGI juncto artikel 15 van de Overeenkomst tussen België en Frankrijk onderworpen zijn aan een belasting van 15 %, terwijl dividenden uitgekeerd aan een ingezeten vennootschap krachtens artikel 38 CGI onderworpen zijn aan een belasting van 33,33 %.

36. In dit verband moet echter worden beklemtoond dat het enkele feit dat dividenden die aan een niet-ingezeten vennootschap worden uitgekeerd in Frankrijk aan een bronbelasting van 15 % zijn onderworpen, het Koninkrijk België niet belet om diezelfde dividenden uit hoofde van de hem krachtens artikel 15, § 1, van de Overeenkomst tussen België en Frankrijk verleende fiscale bevoegdheid eveneens te belasten, binnen de grenzen die zijn vastgelegd in artikel 19, A, § 1, van die overeenkomst.

37. Bovendien kan de in punt 35 van dit arrest uiteengezette omstandigheid de minder gunstige behandeling van dividenden die aan een niet-ingezeten vennootschap worden uitgekeerd, hoe dan ook niet tenietdoen.

38. In de eerste plaats kan een ongunstige fiscale behandeling die indruist tegen een fundamentele vrijheid immers niet met het recht van de Unie verenigbaar worden geacht omdat er eventueel andere voordelen bestaan (arresten van 18 juli 2007, Lakebrink en Peters-Lakebrink, C-182/06, EU:C:2007:452, punt 24 en aldaar aangehaalde rechtspraak, en 13 juli 2016, Brisal en KBC Finance Ireland, C-18/15, EU:C:2016:549, punt 32).

39. In de tweede plaats is het minder gunstige belastingtarief dat door de Franse regering wordt aangevoerd met betrekking tot dividenden die aan een ingezeten vennootschap worden uitgekeerd in ieder geval niet relevant, aangezien dergelijke dividenden zijn vrijgesteld van de verschuldigde belasting wanneer de ingezeten vennootschap na het innen van die dividenden haar activiteiten beëindigt zonder winstgevend te zijn geweest. Het Hof heeft evenwel geoordeeld dat de omstandigheid dat een nationale regeling nadelig is voor niet-ingezetenen, niet kan worden gecompenseerd door de omstandigheid dat die regeling in andere situaties niet-ingezetenen niet ongunstiger behandelt dan ingezetenen (arresten van 18 juli 2007, Lakebrink en Peters-Lakebrink, C-182/06, EU:C:2007:452, punt 23, en 2 juni 2016, Pensioenfonds Metaal en Techniek, C-252/14, EU:C:2016:402, punt 38).

40. Een dergelijk verschil in fiscale behandeling van dividenden naargelang van de plaats waar de ontvangende vennootschappen zijn gevestigd, kan enerzijds niet-ingezeten vennootschappen ervan doen afzien te beleggen in vennootschappen die in Frankrijk zijn gevestigd en anderzijds de in Frankrijk wonende beleggers ervan doen afzien deelnemingen in niet-ingezeten vennootschappen te verwerven.

41. Hieruit volgt dat de in het hoofdgeding aan de orde zijnde nationale regeling een beperking van het vrije kapitaalverkeer vormt die in beginsel door artikel 63, lid 1, VWEU wordt verboden.

42. Niettemin dient te worden onderzocht of deze beperking kan worden gerechtvaardigd in het licht van de bepalingen van het VWEU.

Rechtvaardiging voor de beperking van het vrije kapitaalverkeer uit hoofde van artikel 65 VWEU

43. De Franse regering betoogt dat de in het hoofdgeding aan de orde zijnde nationale regeling weliswaar een beperking vormt, maar dat, ten eerste, de situatie van ingezeten en niet-ingezeten vennootschappen objectief verschillend is, en, ten tweede, deze regeling wordt gerechtvaardigd door de noodzaak om de invordering van de belasting te waarborgen en strookt met de verdeling van de heffingsbevoegdheid tussen de lidstaat van vestiging en de bronlidstaat.

44. Overeenkomstig artikel 65, lid 1, onder a), VWEU, „[doet] [h]et bepaalde in artikel 63 [VWEU] niets af aan het recht van de lidstaten [...] [om] de ter zake dienende bepalingen van hun belastingwetgeving toe te passen die onderscheid maken tussen belastingplichtigen die niet in dezelfde situatie verkeren met betrekking tot hun vestigingsplaats of de plaats waar hun kapitaal is belegd".

45. Deze bepaling vormt een uitzondering op het fundamentele beginsel van het vrije verkeer van kapitaal en moet dus strikt worden uitgelegd. Bijgevolg kan zij niet aldus worden uitgelegd dat elke belastingwetgeving die tussen belastingplichtigen een onderscheid maakt naargelang van de plaats waar zij zijn gevestigd of van de lidstaat waar zij hun kapitaal beleggen, automatisch verenigbaar is met het Verdrag. De in artikel 65, lid 1, onder a), VWEU bepaalde afwijking wordt immers zelf beperkt door lid 3 van dat artikel, dat bepaalt dat de in lid 1 bedoelde nationale bepalingen „geen middel tot willekeurige discriminatie [mogen] vormen, noch een verkapte beperking van het vrije kapitaalverkeer en betalingsverkeer als omschreven in artikel 63 [VWEU]" (arrest van 17 september 2015, Miljoen e.a., C-10/14, C-14/14 en C-17/14, EU:C:2015:608, punt 63).

46. Bijgevolg moet onderscheid worden gemaakt tussen de door artikel 65, lid 1, onder a), VWEU toegestane verschillen in behandeling en de door artikel 65, lid 3, VWEU verboden gevallen van discriminatie. Volgens de

rechtspraak van het Hof kan een nationale belastingregeling enkel verenigbaar met de Verdragsbepalingen betreffende het vrije kapitaalverkeer worden geacht indien het daaruit voortvloeiende verschil in behandeling betrekking heeft op situaties die niet objectief vergelijkbaar zijn, of wordt gerechtvaardigd door een dwingende reden van algemeen belang (arrest van 17 september 2005, Miljoen e.a., C-10/14, C-14/14 en C-17/14, EU:C:2015:608, punt 64).

– Vergelijkbaarheid van de betrokken situaties

47. Uit de rechtspraak van het Hof volgt dat wanneer een lidstaat, unilateraal of door het sluiten van overeenkomsten, niet alleen ingezeten belastingplichtigen maar ook niet-ingezeten belastingplichtigen aan de inkomstenbelasting onderwerpt voor de dividenden die zij van een ingezeten vennootschap ontvangen, de situatie van die niet-ingezeten belastingplichtigen vergelijkbaar is met die van de ingezeten belastingplichtigen (arresten van 20 oktober 2011, Commissie/Duitsland, C-284/09, EU:C:2011:670, punt 56, en 17 september 2015, Miljoen e.a., C-10/14, C-14/14 en C-17/14, EU:C:2015:608, punt 67 en aldaar aangehaalde rechtspraak).

48. Op basis van het arrest van 22 december 2008, Truck Center (C-282/07, EU:C:2008:762), betogen de Franse, de Belgische, de Duitse regering en de regering van het Verenigd Koninkrijk echter dat een regeling die enkel bepaalt dat de belasting op verschillende wijzen wordt ingevorderd naargelang van de plaats van de zetel van de ontvangende vennootschap, gerechtvaardigd is vanwege het feit dat de situatie van ingezeten vennootschappen objectief verschilt van die van niet-ingezetenen vennootschappen.

49. Derhalve weerspiegelt de toepassing van belastinginvorderingstechnieken die verschillen naargelang van de vestigingsplaats van de ontvanger van de dividenden het objectieve verschil van de situatie van niet-ingezeten vennootschappen ten opzichte van die van ingezeten vennootschappen, waarbij de Franse Staat ten opzichte van de niet-ingezeten vennootschappen optreedt als bronstaat van de dividenden en niet als vestigingsstaat van de ontvanger van die dividenden, hetgeen zijn invorderingsmogelijkheden wat niet-ingezeten vennootschappen betreft, vermindert en rechtvaardigt dat op dividenden die aan hen worden uitgekeerd, een bronbelasting wordt toegepast.

50. Dit betoog kan evenwel niet worden gevolgd.

51. Het Hof heeft weliswaar in punt 41 van het arrest van 22 december 2008, Truck Center (C-282/07, EU:C:2008:762), geoordeeld dat een verschillende behandeling die bestaat in de toepassing van verschillende belastingheffingstechnieken naargelang van de vestigingsplaats van de belastingplichtige, situaties betreft die niet objectief vergelijkbaar zijn, maar het heeft in de punten 43 en 44 van dat arrest ook gepreciseerd dat de inkomsten die aan de orde waren in de zaak die heeft geleid tot dat arrest hoe dan ook onderworpen waren aan belasting, ongeacht of deze werden ontvangen door een ingezeten of door een niet-ingezeten belastingplichtige.

52. Zoals blijkt uit punt 33 van het onderhavige arrest, schrijft de in het hoofdgeding aan de orde zijnde nationale regeling niet alleen voor dat de wijze van belastinginvordering verschilt naargelang van de vestigingsplaats van de ontvanger van de dividenden van nationale oorsprong, maar kan zij ook resulteren in uitstel van de belastingheffing over dividendinkomsten naar een later boekjaar, wanneer de ingezeten vennootschap verlieslatend is, en zelfs tot vrijstelling, wanneer zij haar activiteiten beëindigt zonder opnieuw winstgevend te zijn geworden (zie naar analogie arrest van 10 mei 2012, Santander Asset Management SGIIC e.a., C-338/11–C-347/11, EU:C:2012:286, punt 43).

53. Aangezien deze regeling een aanzienlijk belastingvoordeel oplevert voor ingezeten vennootschappen in een verlieslatende situatie, welk voordeel niet wordt verleend aan verlieslatende niet-ingezeten vennootschappen, kan niet worden gesteld dat het verschil in behandeling bij de belastingheffing over dividenden naargelang zij door een ingezeten vennootschap dan wel door een niet-ingezeten vennootschap worden ontvangen, beperkt is tot de wijze waarop de belasting wordt ingevorderd.

54. Hieruit volgt dat dit verschil in behandeling niet wordt gerechtvaardigd door een objectief verschil in situatie.

– Rechtvaardiging ontleend aan de evenwichtige verdeling van de heffingsbevoegdheid tussen de lidstaten

55. De Franse regering betoogt dat de bronbelasting waaraan alleen dividenden zijn onderworpen die worden ontvangen door een niet-ingezeten vennootschap, de enige techniek is waarmee de Franse Staat deze inkomsten kan belasten zonder zijn belastinginkomsten te verminderen vanwege een negatief resultaat dat is opgekomen in een andere lidstaat.

56. Dienaangaande heeft het Hof erkend dat de handhaving van de verdeling van de heffingsbevoegdheid tussen de lidstaten een legitiem doel vormt, en dat bij gebreke van door de Europese Unie vastgestelde eenwordings- of harmonisatiemaatregelen de lidstaten bevoegd blijven om, door het sluiten van overeenkomsten of unilateraal, de criteria voor de verdeling van hun heffingsbevoegdheid vast te stellen (arrest van 13 juli 2016, Brisal en KBC Finance Ireland, C-18/15, EU:C:2016:549, punt 35).

57. Een dergelijke rechtvaardiging kan aanvaardbaar zijn, met name wanneer de betrokken regeling ertoe strekt gedragingen te vermijden die afbreuk kunnen doen aan het recht van een lidstaat om zijn belastingbevoegdheid uit te oefenen met betrekking tot activiteiten die op zijn grondgebied plaatsvinden (arrest van 12 juli 2012, Commissie/Spanje, C-269/09, EU:C:2012:439, punt 77).

58. In casu heeft de Franse Staat ervoor gekozen de dividenden die aan een niet-ingezeten vennootschap worden uitgekeerd, te belasten door middel van een bronbelasting, tegen een tarief dat is vastgesteld in het kader van een overeenkomst tot vermijding van dubbele belasting, terwijl die Staat een dergelijke belasting niet heft over dividenden die worden uitgekeerd aan een ingezeten vennootschap die verlieslatend is.

59. In het hoofdgeding betekent het uitstel van de belastingheffing over dividenden die een niet-ingezeten vennootschap in een verlieslatende situatie heeft ontvangen, echter niet dat de Franse Staat afstand moet doen van zijn recht om belasting te heffen over op zijn grondgebied gegenereerde inkomsten. De door de ingezeten vennootschap uitgekeerde dividenden zijn immers aan belasting onderworpen zodra de niet-ingezeten vennootschap in een volgend boekjaar een positief resultaat heeft geboekt, net als het geval is voor een ingezeten vennootschap die een vergelijkbare ontwikkeling doormaakt.

60. Als blijkt dat de niet-ingezeten vennootschap niet opnieuw winstgevend wordt alvorens haar activiteiten te beëindigen, zou hieruit daadwerkelijk een vrijstelling voortvloeien van inkomsten uit dividenden, hetgeen zou leiden tot belastingverliezen voor de lidstaat van belastingheffing.

61. Uit de rechtspraak van het Hof volgt evenwel, enerzijds, dat de derving van belastingopbrengsten niet kan worden aangemerkt als een dwingende reden van algemeen belang die kan worden ingeroepen ter rechtvaardiging van een maatregel die in beginsel in strijd is met een fundamentele vrijheid (arrest van 20 oktober 2011, Commissie/Duitsland, C-284/09, EU:C:2011:670, punt 83).

62. Anderzijds moeten de lidstaten, wanneer zij de op hun grondgebied gegenereerde inkomsten aan belastingheffing onderwerpen, het gelijkheidsbeginsel en de door het primaire Unierecht gewaarborgde vrijheden van verkeer eerbiedigen (zie in die zin arrest van 13 juli 2016, Brisal en KBC Finance Ireland, C-18/15, EU:C:2016:549, punt 36).

63. De Franse regering kan echter niet stellen dat met het verlies van belastinginkomsten in verband met de belastingheffing over dividenden ontvangen door niet-ingezeten vennootschappen die hun activiteiten beëindigen, een bronbelasting over de inkomsten van enkel die vennootschappen kan worden gerechtvaardigd, terwijl de Franse Staat dergelijke verliezen tolereert in het geval van ingezeten vennootschappen die hun activiteiten staken zonder dat zij opnieuw winstgevend zijn geworden.

64. In deze omstandigheden kan een rechtvaardiging van de in het hoofdgeding aan de orde zijnde nationale regeling die is ontleend aan de noodzaak om een evenwichtige verdeling van de heffingsbevoegdheid tussen de lidstaten te handhaven, niet worden aanvaard.

– Rechtvaardiging ontleend aan een doeltreffende invordering van de belasting

65. De Franse regering betoogt voorts dat het heffen van bronbelasting over dividenden die worden uitgekeerd aan een niet-ingezeten vennootschap een wettig en passend middel vormt om de fiscale behandeling van inkomsten van een buiten de heffingsstaat gevestigde persoon te waarborgen en te voorkomen dat die inkomsten aan belasting in de bronstaat ontsnappen.

66. Volgens de Franse regering maakt de bronbelasting waaraan dividenden uitgekeerd aan niet-ingezeten vennootschappen zijn onderworpen het mogelijk de administratieve formaliteiten te verminderen die voortvloeien uit de verplichting voor deze vennootschappen om aan het einde van het belastingjaar bij de Franse belastingdienst een belastingaangifte in te dienen.

67. Dienaangaande heeft het Hof geoordeeld dat de noodzaak om een doelmatige invordering van de belastingen te waarborgen een legitiem doel vormt dat een beperking van fundamentele vrijheden kan rechtvaardigen, mits de toepassing van deze beperking geschikt is om de verwezenlijking van het nagestreefde doel te verzekeren en niet verder gaat dan noodzakelijk is om dat doel te bereiken (zie in die zin arrest van 13 juli 2016, Brisal en KBC Finance Ireland, C-18/15, EU:C:2016:549, punt 39).

68. Verder heeft het Hof geoordeeld dat de bronheffingsprocedure een wettig en passend middel vormt voor de fiscale behandeling van de inkomsten van een buiten de heffingsstaat gevestigde belastingplichtige (arrest van 18 oktober 2012, X, C-498/10, EU:C:2012:635, punt 39).

69. Dienaangaande zij eraan herinnerd dat de beperking van het vrije verkeer van kapitaal die voortvloeit uit de in het hoofdgeding aan de orde zijnde nationale regeling is gelegen in de omstandigheid dat niet-ingezeten verlieslatende vennootschappen, anders dan ingezeten verlieslatende vennootschappen, geen uitstel krijgen van de belastingheffing over de door hen ontvangen dividenden, zoals volgt uit punt 34 van het onderhavige arrest.

70. Toekenning van het voordeel van dit uitstel aan niet-ingezeten vennootschappen zou die beperking echter elimineren zonder af te doen aan de verwezenlijking van het doel van effectieve invordering van de belasting die door die vennootschappen verschuldigd is wanneer zij dividenden ontvangen van een ingezeten vennootschap.

71. Ten eerste vormt de regeling inzake belastinguitstel in geval van verlies immers naar zijn aard een afwijking van het beginsel van belastingheffing tijdens het belastingjaar waarin de dividenden worden uitgekeerd, zodat die regeling op de meerderheid van vennootschappen die dividenden ontvangen geen toepassing vindt.

72. Ten tweede moet worden benadrukt dat het aan de niet-ingezeten vennootschappen is om de relevante informatie te verstrekken aan de hand waarvan de belastingautoriteiten van de heffingslidstaat kunnen vaststellen dat is voldaan aan de voorwaarden die bij wet voor een dergelijk uitstel zijn gesteld.

73. Ten derde zijn de bestaande regelingen inzake wederzijdse bijstand tussen de autoriteiten van de lidstaten toereikend om de bronlidstaat in staat te stellen te controleren of de informatie die naar voren is gebracht door niet-ingezeten vennootschappen die gebruik willen maken van uitstel van de belastingheffing over door hen ontvangen dividenden, waarheidsgetrouw is (zie in die zin arrest van 12 juli 2012, Commissie/Spanje, C-269/09, EU:C:2012:439, punt 68).

74. Dienaangaande staat richtlijn 77/799/EEG van de Raad van 19 december 1977 betreffende de wederzijdse bijstand van de bevoegde autoriteiten van de lidstaten op het gebied van de directe belastingen en heffingen op verzekeringspremies (PB 1977, L 336, blz. 15), zoals gewijzigd bij richtlijn 2004/106/EG van de Raad van 16 november 2004 (PB 2004, L 359, blz. 30), ingetrokken en vervangen door richtlijn 2011/16/EU van de Raad van 15 februari 2011 betreffende de administratieve samenwerking op het gebied van de belastingen en tot intrekking van richtlijn 77/799/EEG (PB 2011, L 64, blz. 1), een lidstaat toe om bij de bevoegde autoriteiten van een andere lidstaat alle informatie op te vragen die hem in staat kan stellen om inkomstenbelastingen correct vast te stellen.

75 Verder bepaalt artikel 4, lid 1, van richtlijn 2008/55/EG van de Raad van 26 mei 2008 betreffende de wederzijdse bijstand inzake de invordering van schuldvorderingen die voortvloeien uit bepaalde bijdragen, rechten en belastingen, alsmede uit andere maatregelen (PB 2008, L 150, blz. 28), ingetrokken en vervangen door richtlijn 2010/24/EU van de Raad van 16 maart 2010 betreffende de wederzijdse bijstand inzake de invordering van schuldvorderingen die voortvloeien uit belastingen, rechten en andere maatregelen (PB 2010, L 84, blz. 1), dat „[de aangezochte autoriteit] [o]p verzoek van de verzoekende autoriteit [...] haar de inlichtingen [verstrekt] die haar van nut zijn voor de invordering van een schuldvordering". Die richtlijn biedt de bronlidstaat derhalve de mogelijkheid om van de bevoegde autoriteit van de vestigingslidstaat de informatie te verkrijgen die nodig is om een belastingschuld die uit de uitkering van dividenden voortvloeit, te kunnen invorderen.

76. Aldus biedt richtlijn 2008/55 de autoriteiten van de bronlidstaat een kader voor samenwerking en bijstand op grond waarvan zij de belastingschuld ook daadwerkelijk in de vestigingslidstaat kunnen invorderen (zie in die zin arresten van 29 november 2011, National Grid Indus, C-371/10, EU:C:2011:785, punt 78, en 12 juli 2012, Commissie/Spanje, C-269/09, EU:C:2012:439, punten 70 en 71).

77. Bijgevolg zou toekenning van het voordeel van het uitstel van de belastingheffing over uitgekeerde dividenden aan ook niet-ingezeten verlieslatende vennootschappen ertoe leiden dat elke beperking van het vrije verkeer van kapitaal wordt opgeheven, zonder dat dit een belemmering zou vormen voor de verwezenlijking van het doel dat door de in het hoofdgeding aan de orde zijnde nationale regeling wordt nagestreefd.

78. In die omstandigheden kan de aan de doeltreffende invordering van belasting ontleende rechtvaardiging van de in het hoofdgeding aan de orde zijnde nationale regeling niet worden aanvaard.

79. Gelet op het voorgaande dient op de eerste en de tweede vraag en op het eerste onderdeel van de derde vraag te worden geantwoord dat de artikelen 63 en 65 VWEU aldus moeten worden uitgelegd dat zij zich ver-

zetten tegen een regeling van een lidstaat, als die welke in het hoofdgeding aan de orde is, krachtens welke over dividenden die worden uitgekeerd door een ingezeten vennootschap een bronbelasting wordt geheven wanneer zij worden ontvangen door een niet-ingezeten vennootschap, terwijl dividenden die worden ontvangen door een ingezeten vennootschap volgens de gemeenrechtelijke bepalingen inzake vennootschapsbelasting aan het einde van het boekjaar waarin zij zijn ontvangen enkel worden belast op voorwaarde dat de ingezeten vennootschap in dat boekjaar winstgevend is geweest, waarbij die belastingheffing in voorkomend geval nooit plaatsvindt indien die vennootschap haar activiteiten beëindigt zonder dat zij na ontvangst van die dividenden een positief resultaat heeft geboekt.

Tweede onderdeel van de derde vraag

80. Gelet op het antwoord op de eerste en de tweede vraag en op het eerste onderdeel van de derde vraag behoeft het tweede onderdeel van de derde vraag niet te worden beantwoord.

Kosten

81. …

Het Hof (Vijfde kamer)

verklaart voor recht:

De artikelen 63 en 65 VWEU moeten aldus worden uitgelegd dat zij zich verzetten tegen een regeling van een lidstaat, als die welke in het hoofdgeding aan de orde is, krachtens welke over dividenden die worden uitgekeerd door een ingezeten vennootschap een bronbelasting wordt geheven wanneer zij worden ontvangen door een niet-ingezeten vennootschap, terwijl dividenden die worden ontvangen door een ingezeten vennootschap volgens de gemeenrechtelijke bepalingen inzake vennootschapsbelasting aan het einde van het boekjaar waarin zij zijn ontvangen enkel worden belast op voorwaarde dat de ingezeten vennootschap in dat boekjaar winstgevend is geweest, waarbij die belastingheffing in voorkomend geval nooit plaatsvindt indien die vennootschap haar activiteiten beëindigt zonder dat zij na ontvangst van die dividenden een positief resultaat heeft geboekt.

HvJ EU 22 november 2018, zaak C-625/17 (Vorarlberger Landes- und Hypothekenbank AG v. Finanzamt Feldkirch)

Eerste kamer: *R. Silva de Lapuerta, vicepresident, waarnemend voor de president van de Eerste kamer, J.-C. Bonichot (rapporteur), A. Arabadjiev, E. Regan en C. G. Fernlund, rechters*

Advocaat-generaal: *P. Mengozzi*

1. Het verzoek om een prejudiciële beslissing betreft de uitlegging van de artikelen 56 en 63 VWEU.

2. Dit verzoek is ingediend in het kader van een geding tussen Vorarlberger Landes- und Hypothekenbank AG (hierna: „Hypothekenbank") en Finanzamt Feldkirch (belastingdienst Feldkirch, Oostenrijk) over de beschikkingen van deze dienst van 20 januari 2015 tot vaststelling van het bedrag van de stabiliteitsheffing en de bijzondere bijdrage aan de stabiliteitsheffing die zij voor het jaar 2014 moet betalen.

Toepasselijke bepalingen

3. § 1 van het Stabilitätsabgabegesetz (wet betreffende de stabiliteitsheffing; hierna: „StabAbgG"), ingevoerd bij het Budgetbegleitgesetz 2011 (begeleidende wet op de begroting van 2011) van 30 december 2010 (BGBl. I, 111/2010), bepaalt:

> „De activiteiten van kredietinstellingen zijn onderworpen aan de stabiliteitsheffing. In deze federale wet worden onder ,kredietinstellingen' verstaan kredietinstellingen die beschikken over een vergunning als bedoeld in het Bankwesengesetz (wet betreffende het bankwezen), BGBl. nr. 532/1993, en bijkantoren van buitenlandse kredietinstellingen die krachtens het Bankwesengesetz diensten via een bijkantoor in Oostenrijk mogen aanbieden. [...]"

4. § 2 StabAbgG luidt in de versie voorafgaand aan de federale wet BGBl. I, 184/2013, als volgt:

> „1. De berekeningsgrondslag van de stabiliteitsheffing is het gemiddelde niet-geconsolideerde balanstotaal (lid 2) van de kredietinstelling, minus de in lid 2 vermelde bedragen. Voor de kalenderjaren 2011, 2012 en 2013 moet worden uitgegaan van het gemiddelde niet-geconsolideerde balanstotaal van het boekjaar dat in 2010 eindigt. Vanaf het daaropvolgende kalenderjaar moet worden uitgegaan van het gemiddelde niet-geconsolideerde balanstotaal van het boekjaar dat eindigt in het jaar vóór het kalenderjaar waarvoor de stabiliteitsheffing moet worden betaald.
> [...]
> 6. Met betrekking tot kredietinstellingen als bedoeld in § 1 met zetel in een andere lidstaat [...] die in Oostenrijk actief zijn via een bijkantoor, moet overeenkomstig de bepalingen van de leden 1 tot en met 5 een fictief balanstotaal van het aan dit bijkantoor toe te rekenen activiteitenvolume worden berekend en vormt dit de berekeningsgrondslag."

5. In § 3 StabAbgG wordt in de versie voorafgaand aan de federale wet BGBl. I, 13/2014, het volgende bepaald:

> „De stabiliteitsheffing bedraagt voor de onderdelen van de berekeningsgrondslag overeenkomstig § 2,
> 1. die een bedrag van 1 miljard euro overschrijden en een bedrag van 20 miljard euro niet overschrijden, 0,055 %,
> 2. die een bedrag van 20 miljard euro overschrijden, 0,085 %."

6. In § 3 StabAbgG, zoals gewijzigd door de federale wet BGBl. I, 13/2014, staat te lezen:

> „De stabiliteitsheffing bedraagt voor de onderdelen van de berekeningsgrondslag overeenkomstig § 2,
> 1. die een bedrag van 1 miljard euro overschrijden en een bedrag van 20 miljard euro niet overschrijden, 0,09 %,
> 2. die een bedrag van 20 miljard euro overschrijden, 0,11 %."

7. Overeenkomstig § 7a, lid 1, StabAbgG moet de bijzondere bijdrage aan de stabiliteitsheffing worden berekend als een percentage van de in het kader van de stabiliteitsheffing te betalen bedragen.

8. Overeenkomstig § 7b, lid 2, StabAbgG wordt de stabiliteitsheffing voor 2014 berekend aan de hand van een gecombineerde toepassing van de aangehaalde bepalingen vóór en na de wijzigingen die zijn aangebracht bij de federale wetten BGBl. I, 184/2013 en BGBl. I, 13/2014.

Hoofdgeding en prejudiciële vraag

9. Hypothekenbank is een in Oostenrijk gevestigde kredietinstelling die bankdiensten verleent aan klanten in Oostenrijk en in andere lidstaten. Een niet onbeduidend deel van het balanstotaal van Hypothekenbank, bijna een kwart in 2014, is afkomstig van banktransacties met de tweede groep klanten.

10. Bij twee beschikkingen van 20 januari 2015 heeft de belastingdienst Feldkirch overeenkomstig het StabAbgG het bedrag van de door Hypothekenbank te betalen stabiliteitsheffing en de bijzondere bijdrage aan de stabiliteitsheffing voor 2014 vastgesteld. Het Bundesfinanzgericht (federale belastingrechter in eerste aanleg, Oostenrijk) heeft het beroep tegen deze beschikkingen bij vonnis van 1 april 2016 verworpen.

11. Ter ondersteuning van haar beroep in Revision bij het Verwaltungsgerichtshof (hoogste bestuursrechter, Oostenrijk) betoogt Hypothekenbank dat zij geen stabiliteitsheffing en bijzondere bijdrage aan deze heffing moet betalen omdat deze heffingen in strijd zijn met de staatssteunregels en met de vrijheid van dienstverrichting en de vrijheid van kapitaalverkeer. Deze kredietinstelling voert met name aan dat § 2 StabAbgG tot discriminatie leidt, aangezien daarbij is voorzien in een verschil in behandeling van soortgelijke transacties. Terwijl banktransacties die een in Oostenrijk gevestigde kredietinstelling zonder tussenpersoon of via een bijkantoor in een andere lidstaat verricht met onderdanen van andere lidstaten, in aanmerking worden genomen voor de vaststelling van de berekeningsgrondslag van de litigieuze heffingen, is dit niet het geval wanneer die transacties worden verricht via dochterondernemingen die in een andere lidstaat zijn gevestigd.

12. Een groep van vennootschappen wordt dus gunstiger belast dan een onderneming die geen deel uitmaakt van een groep. In het geval van een groep heeft het niet-consolidatiecriterium immers automatisch tot gevolg dat de balansen van dochterondernemingen die in een andere lidstaat dan Oostenrijk zijn gevestigd, van de betrokken berekeningsgrondslag van de heffingen worden uitgesloten. Dit geldt niet voor een individuele vennootschap die zelf of via een bijkantoor diensten verricht in een andere lidstaat dan Oostenrijk, aangezien deze diensten automatisch worden opgenomen in de balans van die vennootschap en in de berekeningsgrondslag van de stabiliteitsheffing die zij moet betalen. Deze situatie levert discriminatie op, hetgeen blijkt uit het arrest van 5 februari 2014, Hervis Sport- és Divatkereskedelmi (C-385/12, EU:C:2014:47). Deze discriminatie kan een belemmering vormen voor de verlening van bankdiensten in andere lidstaten dan Oostenrijk. Zij had kunnen worden vermeden indien de berekeningsgrondslag van de stabiliteitsheffing en de bijzondere bijdrage aan deze heffing was vastgesteld op basis van het geconsolideerde balanstotaal met verrekening van eventuele soortgelijke heffingen die door een dochteronderneming in een andere lidstaat verschuldigd zijn.

13. Het Verwaltungsgerichtshof is van oordeel dat het niet zeker is dat uit het arrest van 5 februari 2014, Hervis Sport- és Divatkereskedelmi (C-385/12, EU:C:2014:47) – dat betrekking heeft op de vrijheid van vestiging – en de arresten van 2 juni 2005, Commissie/Italië (C-174/04, EU:C:2005:350); 12 december 2006, Test Claimants in the FII Group Litigation (C-446/04, EU:C:2006:774), en 24 mei 2007, Holböck (C-157/05, EU:C:2007:297) – die betrekking hebben op het vrije kapitaalverkeer – blijkt dat het StabAbgG in strijd is met het recht van de Europese Unie.

14. Bovendien herinnert de verwijzende rechter er met betrekking tot de toepassing van de staatssteunregels aan dat uit het arrest van 6 oktober 2015, Finanzamt Linz (C-66/14, EU:C:2015:661, punt 21), met name volgt dat de schuldenaar van een heffing zich niet aan de betaling daarvan kan onttrekken met het argument dat een fiscale maatregel ten gunste van andere ondernemingen, staatssteun vormt. Hij is derhalve van oordeel dat hierover geen prejudiciële vragen hoeven te worden gesteld.

15. Daarop heeft het Verwaltungsgerichtshof de behandeling van de zaak geschorst en het Hof verzocht om een prejudiciële beslissing over de volgende vraag:

> „Is een regeling die voorziet in een heffing over het balanstotaal van de kredietinstellingen strijdig met de vrijheid van dienstverrichting overeenkomstig de artikelen 56 e.v. VWEU en/of het vrije kapitaal- en betalingsverkeer overeenkomstig artikel 63 VWEU, wanneer een kredietinstelling met zetel in Oostenrijk de heffing dient te betalen voor banktransacties met cliënten in de andere lidstaten van de Europese Unie, terwijl dit niet het geval is voor een kredietinstelling met zetel in Oostenrijk die dergelijke transacties als moederonderneming van een groep van kredietinstellingen verricht via een tot de groep behorende kredietinstelling met zetel in een andere lidstaat van de Europese Unie, waarvan de balans op grond van het feit dat deze instelling tot de groep behoort met de balans van de als moederonderneming fungerende kredietinstelling moet worden geconsolideerd, omdat de heffing over het niet-geconsolideerde (niet in een geconsolideerde jaarrekening opgenomen) balanstotaal moet worden betaald?"

Beantwoording van de prejudiciële vraag

Voorafgaande opmerkingen

16. Uit de verwijzingsbeslissing blijkt dat de stabiliteitsheffing en de bijzondere bijdrage aan deze heffing, waarvan de rechtmatigheid in het hoofdgeding aan de orde wordt gesteld, van toepassing zijn op in Oostenrijk gevestigde kredietinstellingen alsook op bijkantoren van in deze lidstaat gevestigde buitenlandse kredietinstellingen. De berekeningsgrondslag van deze heffingen wordt bepaald op basis van het „gemiddelde niet-geconsolideerde balanstotaal" van de in Oostenrijk gevestigde kredietinstellingen en, in het geval van bijkantoren van buitenlandse vennootschappen, op basis van een fictieve balans. De term „niet-geconsolideerd" betekent dat de stabiliteitsheffing en de bijzondere bijdrage aan deze heffing worden bepaald op basis van het balanstotaal van elke rechtspersoon afzonderlijk en niet op basis van de geconsolideerde balans van een groep van vennootschappen.

17. Zoals de verwijzende rechter heeft opgemerkt, komen banktransacties tot uiting in het balanstotaal van de kredietinstellingen. Bijgevolg varieert het bedrag dat voor de in het hoofdgeding aan de orde zijnde heffingen moet worden betaald naargelang van de banktransacties die door de in Oostenrijk gevestigde kredietinstellingen rechtstreeks of via bijkantoren worden verricht. De banktransacties van dochterondernemingen van dergelijke Oostenrijkse instellingen die in andere lidstaten zijn gevestigd, worden niet in aanmerking genomen om de berekeningsgrondslag van deze heffingen vast te stellen.

18. Voorts heeft het hoofdgeding geen betrekking op de mogelijkheid voor verzoekster in het hoofdgeding, Hypothekenbank, om diensten aan te bieden via een vaste inrichting in een andere lidstaat dan Oostenrijk of om zich daar te vestigen. Zoals zij in haar schriftelijke opmerkingen zelf heeft bevestigd, verleent zij diensten aan haar klanten in andere lidstaten zonder een beroep te doen op in die lidstaten gevestigde vaste inrichtingen.

19. Met zijn vraag wenst de verwijzende rechter dus in wezen te vernemen of de artikelen 56 VWEU en 63 VWEU aldus moeten worden uitgelegd dat zij zich verzetten tegen een nationale regeling als in het hoofdgeding, op grond waarvan de in Oostenrijk gevestigde kredietinstellingen die, zoals die welke in het hoofdgeding aan de orde is, diensten verlenen aan hun klanten in andere lidstaten zonder een beroep te doen op in die lidstaten gevestigde vaste inrichtingen, een heffing moeten betalen die wordt vastgesteld op basis van het „gemiddelde niet-geconsolideerde balanstotaal", dat de banktransacties omvat die door deze instellingen rechtstreeks met onderdanen van andere lidstaten worden verricht, terwijl soortgelijke transacties door dochterondernemingen van in Oostenrijk gevestigde kredietinstellingen niet onder deze regeling vallen wanneer deze dochterondernemingen in andere lidstaten zijn gevestigd.

Toepasselijke vrijheid

20. Aangezien de prejudiciële vraag is gesteld uit het oogpunt van zowel artikel 56 VWEU als artikel 63 VWEU, dient vooraf te worden uitgemaakt of – en in voorkomend geval in hoeverre – een nationale regeling als die welke in het hoofdgeding aan de orde is, de uitoefening van de vrijheid van dienstverrichting en het vrij verkeer van kapitaal ongunstig kan beïnvloeden (arrest van 21 juni 2018, Fidelity Funds e.a., C-480/16, EU:C:2018:480, punt 32).

21. In casu blijkt uit de verwijzingsbeslissing dat in Oostenrijk gevestigde kredietinstellingen, voor zover bankdiensten worden verleend aan ingezetenen van andere lidstaten dan Oostenrijk, met betrekking tot de stabiliteitsheffing en de bijzondere bijdrage aan deze heffing verschillend worden behandeld naargelang zij dergelijke diensten zonder tussenpersoon of via in andere lidstaten gevestigde dochterondernemingen verlenen.

22. Voor het Verwaltungsgerichtshof betoogt Hypothekenbank dat dit verschil in behandeling discriminerend is en een belemmering kan vormen voor de verlening van bankdiensten in andere lidstaten dan Oostenrijk en voor het vrije verkeer van kapitaal.

23. In dit verband heeft het Hof reeds geoordeeld dat banktransacties, zoals het bedrijfsmatig verstrekken van kredieten, in beginsel zowel verband houden met de vrijheid van dienstverrichting in de zin van de artikelen 56 VWEU en volgende als met de vrijheid van kapitaalverkeer in de zin van de artikelen 63 VWEU en volgende (arrest van 3 oktober 2006, Fidium Finanz, C-452/04, EU:C:2006:631, punt 43).

24. Bovendien zij eraan herinnerd dat wanneer een nationale maatregel zowel verband houdt met het vrij verrichten van diensten als met het vrije verkeer van kapitaal, het Hof de betrokken maatregel in beginsel slechts uit het oogpunt van een van deze twee vrijheden onderzoekt indien blijkt dat in de omstandigheden

van het hoofdgeding een van de vrijheden volledig ondergeschikt is aan de andere en daarmee kan worden verbonden [arrest van 26 mei 2016, NN (L) International, C-48/15, EU:C:2016:356, punt 39].

25. In de omstandigheden van het hoofdgeding blijkt de vrijheid van dienstverrichting belangrijker te zijn dan de vrijheid van kapitaalverkeer. Met haar argumenten, zoals samengevat door de verwijzende rechter, wil Hypothekenbank immers aanvoeren dat de inaanmerkingneming – bij de vaststelling van de stabiliteitsheffing en de bijzondere bijdrage aan deze heffing – van banktransacties die zij zonder tussenpersonen met klanten in andere lidstaten dan Oostenrijk verricht, de kosten van deze transacties verhoogt en daarmee grensoverschrijdende activiteiten minder aantrekkelijk maakt. Een dergelijk gevolg heeft overwegend betrekking op het vrij verrichten van diensten, terwijl de gevolgen voor het vrije kapitaalverkeer slechts een onvermijdelijk gevolg ervan zijn.

26. Bijgevolg moet de gestelde vraag niet worden onderzocht in het licht van de artikelen 63 VWEU en volgende betreffende de vrijheid van kapitaalverkeer, maar in het licht van de artikelen 56 VWEU en volgende betreffende de vrijheid van dienstverrichting.

Bestaan van een beperking van het vrij verrichten van diensten

27. Er zij opgemerkt dat, ongeacht de vraag of de stabiliteitsheffing en de bijzondere bijdrage aan deze heffing een directe of indirecte belasting zijn, deze binnen de Unie niet zijn geharmoniseerd en dus vallen onder de bevoegdheid van de lidstaten, die volgens vaste rechtspraak van het Hof bij de uitoefening van deze bevoegdheid het Unierecht in acht moeten nemen (arrest van 1 december 2011, Commissie/Hongarije, C-253/09, EU:C:2011:795, punt 42).

28. Artikel 56 VWEU verzet zich tegen de toepassing van een nationale regeling die ertoe leidt dat het verrichten van diensten tussen lidstaten moeilijker wordt dan het verrichten van diensten uitsluitend binnen één lidstaat. Volgens de rechtspraak van het Hof verlangt artikel 56 VWEU immers de afschaffing van elke beperking van de vrijheid van dienstverrichting die wordt opgelegd op grond dat de dienstverrichter is gevestigd in een andere lidstaat dan die waar de dienst wordt verricht (arrest van 25 juli 2018, TTL, C-553/16, EU:C:2018:604, punt 45 en aldaar aangehaalde rechtspraak).

29. Als beperkingen van de vrijheid van dienstverrichting moeten worden beschouwd, nationale maatregelen die het gebruik van die vrijheid verbieden, belemmeren of minder aantrekkelijk maken (arrest van 25 juli 2018, TTL, C-553/16, EU:C:2018:604, punt 46 en aldaar aangehaalde rechtspraak).

30. De bij artikel 56 VWEU aan de onderdanen van de lidstaten verleende vrijheid van dienstverrichting omvat ook de „passieve" vrijheid van dienstverrichting, te weten de vrijheid van de ontvangers van diensten om zich met het oog daarop naar een andere lidstaat te begeven zonder daarbij door beperkingen te worden gehinderd (arrest van 9 maart 2017, Piringer, C-342/15, EU:C:2017:196, punt 35).

31. In dit verband moet worden opgemerkt dat de stabiliteitsheffing en de bijzondere bijdrage aan deze heffing geen onderscheid maken naargelang van de oorsprong van de klanten of de plaats van de verrichting. Voor de vaststelling van de berekeningsgrondslag van deze heffingen op basis van het gemiddelde niet-geconsolideerde balanstotaal van de in Oostenrijk gevestigde kredietinstellingen wordt immers rekening gehouden met alle banktransacties die een dergelijke instelling zonder tussenpersoon in Oostenrijk of in een andere lidstaat verricht.

32. Bovendien kan het loutere feit dat dergelijke heffingen de kosten van banktransacties kunnen verhogen, geen belemmering vormen voor het vrij verrichten van diensten. Zoals het Hof heeft geoordeeld, heeft artikel 56 VWEU geen betrekking op maatregelen die uitsluitend tot gevolg hebben dat er voor de dienstverrichting in kwestie extra kosten ontstaan en die het verrichten van diensten tussen lidstaten en het verrichten van diensten binnen één lidstaat gelijkelijk raken (arresten van 8 september 2005, Mobistar en Belgacom Mobile, C-544/03 en C-545/03, EU:C:2005:518, punt 31, en 11 juni 2015, Berlington Hungary e.a., C-98/14, EU:C:2015:386, punt 36).

33. Met betrekking tot de bewering dat in Oostenrijk gevestigde bankinstellingen die in een andere lidstaat zonder tussenpersoon banktransacties verrichten, worden gediscrimineerd ten opzichte van de instellingen die deze dienst via aldaar gevestigde onafhankelijke dochterondernemingen aanbieden, zij erop gewezen dat laatstbedoelde instellingen ervoor hebben gekozen om de vrijheid van vestiging uit hoofde van de artikelen 49 en 54 VWEU uit te oefenen, terwijl eerstbedoelde instellingen uitsluitend in Oostenrijk zijn gevestigd en grensoverschrijdende diensten verlenen die onder de door artikel 56 VWEU gewaarborgde vrijheid van dienstverrichting vallen.

34. In dit verband heeft het Hof reeds geoordeeld dat een onderscheid moet worden gemaakt tussen de respectieve werkingssferen van de vrijheid van dienstverrichting en de vrijheid van vestiging. Daartoe is het van belang vast te stellen of de marktdeelnemer al dan niet is gevestigd in de lidstaat waarin hij de betrokken dienst aanbiedt. Indien hij is gevestigd in de lidstaat waarin hij deze dienst aanbiedt, valt hij binnen de werkingssfeer van de vrijheid van vestiging zoals omschreven in artikel 49 VWEU. Is de marktdeelnemer daarentegen niet in de lidstaat van bestemming gevestigd, dan is hij een grensoverschrijdend dienstverrichter voor wie de vrijheid van dienstverrichting geldt (zie in die zin arresten van 11 december 2003, Schnitzer, C-215/01, EU:C:2003:662, punten 28 en 29, en 10 mei 2012, Duomo Gpa e.a., C-357/10–C-359/10, EU:C:2012:283, punt 30).

35. Het begrip „vestiging" in de zin van de bepalingen van het VWEU inzake de vrijheid van vestiging impliceert immers de daadwerkelijke uitoefening van een economische activiteit voor onbepaalde tijd door middel van een duurzame vestiging in de ontvangende lidstaat. Dit veronderstelt bijgevolg dat de betrokken vennootschap werkelijk gevestigd is in de lidstaat van ontvangst en daar daadwerkelijk een economische activiteit uitoefent (arrest van 12 september 2006, Cadbury Schweppes en Cadbury Schweppes Overseas, C-196/04, EU:C:2006:544, punt 54).

36. Wanneer een dienstverrichter zich daarentegen verplaatst naar een andere lidstaat dan die waar hij is gevestigd, is in het hoofdstuk van het Verdrag betreffende de diensten, en met name artikel 57, derde alinea, VWEU, bepaald dat deze dienstverrichter zijn activiteit daar tijdelijk uitoefent (arresten van 30 november 1995, Gebhard, C-55/94, EU:C:1995:411, punt 26, en 11 december 2003, Schnitzer, C-215/01, EU:C:2003:662, punt 27).

37. In deze omstandigheden mogen de lidstaten met deze verschillen rekening houden en bijgevolg de activiteiten van personen en ondernemingen die respectievelijk onder de vrijheid van vestiging of de vrijheid van dienstverrichting vallen en die over het algemeen verschillende juridische en economische gevolgen hebben, voor belastingdoeleinden verschillend behandelen.

38. Hieruit volgt dat een nationale regeling als die welke in het hoofdgeding aan de orde is, het gebruik van de vrijheid van dienstverrichting niet kan belemmeren of minder aantrekkelijk maken.

39. Wat betreft de twijfels die de verwijzende rechter heeft geuit over de relevantie van het arrest van 5 februari 2014, Hervis Sport- és Divatkereskedelmi (C-385/12, EU:C:2014:47), dat door verzoekster in het hoofdgeding bij hem is ingeroepen, zij eraan herinnerd dat in de punten 37 tot en met 41 van dat arrest en in punt 23 van het arrest van 26 april 2018, ANGED (C-234/16 en C-235/16, EU:C:2018:281), het Hof heeft geoordeeld dat een verplichte heffing die in een ogenschijnlijk objectief onderscheidingscriterium voorziet maar, gelet op de kenmerken ervan, in de meeste gevallen vennootschappen met zetel in een andere lidstaat in een vergelijkbare situatie als die van vennootschappen met zetel in de lidstaat van heffing benadeelt, indirecte discriminatie op grond van de zetel van de vennootschappen vormt die krachtens de artikelen 49 en 54 VWEU verboden is.

40. Zoals echter uit de punten 18 en 26 van dit arrest blijkt, kan Hypothekenbank zich in het hoofdgeding echter niet beroepen op schending van de bepalingen van het VWEU inzake de vrijheid van vestiging.

41. Bovendien staat het in het kader van de procedure van artikel 267 VWEU uitsluitend aan de verwijzende rechter om het feitelijke kader te omschrijven waarin de aan het Hof gestelde vragen moeten worden geplaatst (arrest van 10 juli 2018, Jehovan todistajat, C-25/17, EU:C:2018:551, punt 28).

42. In haar bij het Hof ingediende schriftelijke opmerkingen stelt Hypothekenbank weliswaar dat de regionale kredietinstellingen die in Oostenrijk dicht bij de grenzen van die lidstaat zijn gevestigd, in de praktijk vaker grensoverschrijdende diensten verlenen dan de andere regionale kredietinstellingen die in dezelfde lidstaat zijn gevestigd, zodat de stabiliteitsheffing en de bijzondere bijdrage aan deze heffing vooral de eerste instellingen treffen. Deze situatie is volgens haar een vorm van discriminatie die vergelijkbaar is met die in het arrest van 5 februari 2014, Hervis Sport- és Divatkereskedelmi (C-385/12, EU:C:2014:47). De weinige gegevens die Hypothekenbank over de banksector in Oostenrijk heeft verstrekt, maken het echter niet mogelijk om de gegrondheid van haar beweringen na te gaan. In ieder geval zijn deze feitelijke elementen door de verwijzende rechter niet naar voren gebracht.

43. Aangezien niet vaststaat dat de in het hoofdgeding aan de orde zijnde regeling een situatie kan scheppen die vergelijkbaar is met die in de zaak die aanleiding heeft gegeven tot het arrest van 5 februari 2014, Hervis Sport- és Divatkereskedelmi (C-385/12EU:C:2014:47), hoeft dus niet naar analogie met betrekking tot de vrijheid van dienstverrichting te worden onderzocht of de in punt 39 van dit arrest genoemde rechtspraak van toepassing is.

44. Gelet op een en ander moet op de gestelde vraag worden geantwoord dat artikel 56 VWEU aldus moet worden uitgelegd dat het zich niet verzet tegen een nationale regeling als in het hoofdgeding, op grond waarvan de in Oostenrijk gevestigde kredietinstellingen die, zoals die welke in het hoofdgeding aan de orde is, diensten verlenen aan hun klanten in andere lidstaten zonder een beroep te doen op in die lidstaten gevestigde vaste inrichtingen, een heffing moeten betalen die wordt vastgesteld op basis van het „gemiddelde niet-geconsolideerde balanstotaal", dat de banktransacties omvat die door deze instellingen rechtstreeks met onderdanen van andere lidstaten worden verricht, terwijl soortgelijke transacties door dochterondernemingen van in Oostenrijk gevestigde kredietinstellingen niet onder deze regeling vallen wanneer deze dochterondernemingen in andere lidstaten zijn gevestigd.

Kosten

45. …

Het Hof (Eerste kamer)

verklaart voor recht:

Artikel 56 VWEU moet aldus worden uitgelegd dat het zich niet verzet tegen een nationale regeling als in het hoofdgeding, op grond waarvan de in Oostenrijk gevestigde kredietinstellingen die, zoals die welke in het hoofdgeding aan de orde is, diensten verlenen aan hun klanten in andere lidstaten zonder een beroep te doen op in die lidstaten gevestigde vaste inrichtingen, een heffing moeten betalen die wordt vastgesteld op basis van het „gemiddelde niet-geconsolideerde balanstotaal", dat de banktransacties omvat die door deze instellingen rechtstreeks met onderdanen van andere lidstaten worden verricht, terwijl soortgelijke transacties door dochterondernemingen van in Oostenrijk gevestigde kredietinstellingen niet onder deze regeling vallen wanneer deze dochterondernemingen in andere lidstaten zijn gevestigd.

HvJ EU 22 november 2018, zaak C-679/17 (Vlaams Gewest, vertegenwoordigd door de Vlaamse Regering, in de persoon van de Vlaamse minister van Begroting, Financiën en Energie, Vlaams Gewest, vertegenwoordigd door de Vlaamse Regering, in de persoon van de Vlaamse minister van Omgeving, Natuur en Landbouw v. Johannes Huijbrechts)

Eerste kamer: *R. Silva de Lapuerta, vicepresident, waarnemend voor de president van de Eerste kamer, J.-C. Bonichot (rapporteur), A. Arabadjiev, C. G. Fernlund en S. Rodin, rechters*

Advocaat-generaal: *M. Campos Sánchez-Bordona*

1. Het verzoek om een prejudiciële beslissing betreft de uitlegging van artikel 63 VWEU.

2. Dit verzoek is ingediend in het kader van een geding tussen het Vlaamse Gewest (België), vertegenwoordigd door de Vlaamse Regering, in de persoon van de Vlaamse minister van Begroting, Financiën en Energie en in de persoon van de Vlaamse minister van Omgeving, Natuur en Landbouw, en Johannes Huijbrechts over de vrijstelling van successierechten waarvoor hij in aanmerking wil komen voor in Nederland gelegen bossen.

Toepasselijke bepalingen

3. Artikel 15 van het Vlaams Wetboek der successierechten (hierna: „Wetboek der successierechten") bepaalt dat het successierecht wordt vastgesteld op basis van de belastbare waarde van alle goederen die toebehoren aan de erflater, waar ze zich ook bevinden, na aftrek van de schulden.

4. Artikel 55 quater van het Wetboek der successierechten, thans artikel 2.7.6.0.3 van de Vlaamse Codex Fiscaliteit, bepaalt dat de onroerende goederen die te beschouwen zijn als „bos", in de zin van de Belgische regeling, van de erfbelasting worden vrijgesteld als voor het bos een duurzaam beheersplan is opgemaakt overeenkomstig de in de Vlaamse regeling vastgestelde en door de Vlaamse bosbeheersinstantie goedgekeurde criteria.

5. Artikel 13 bis van het Bosdecreet van 13 juni 1990, zoals van toepassing ten tijde van de feiten in het hoofdgeding, luidt:

> „De erfbelasting die verschuldigd zou zijn geweest over het bij toepassing van artikel 2.7.6.0.3 van de Vlaamse Codex Fiscaliteit [...] vrijgesteld bedrag, wordt geacht als subsidie te zijn verleend. De subsidie wordt geacht te zijn verleend gedurende 30 jaar à rato van 1/30 per jaar, te rekenen van het openvallen van de nalatenschap waarvoor de vrijstelling werd bekomen.
>
> Deze subsidie wordt geacht te zijn toegekend onder de volgende voorwaarden die moeten vervuld worden gedurende de in het eerste lid vermelde termijn van 30 jaar:
>
> 1. de goederen moeten hun aard van bos, zoals bedoeld in artikel 3 van dit decreet, blijven behouden;
> 2. de goederen moeten blijven voldoen aan de voorwaarden gesteld in artikel 2.7.6.0.3, tweede lid, van de Vlaamse Codex Fiscaliteit [...];
> 3. het effectief gevoerde beheer moet overeenstemmen met het goedgekeurde.
>
> Bij niet-naleving van deze voorwaarden is de eigenaar of vruchtgebruiker van het bos gehouden tot terugbetaling van de subsidie voor de resterende duur van de periode waarvoor ze geacht wordt te zijn toegekend. [...]"

6. Artikel 41, tweede alinea, van het Bosdecreet bepaalt dat de Vlaamse Regering „criteria voor duurzaam bosbeheer" vaststelt en overeenkomstig de bepalingen van artikel 7 van datzelfde decreet bepaalt „voor welke bossen die criteria gelden".

Hoofdgeding en prejudiciële vragen

7. Bij testament van 24 mei 2012 heeft mevrouw Oyen, die in België woonde, Huijbrechts, die in Nederland woont, als bijzonder legataris aangesteld voor de volle eigendom van gronden gelegen in het domein „Klein Zundertse Heide" te Klein Zundert (Nederland). Dit domein, van ongeveer 156 hectare, is een bosgebied waarop de Nederlandse wetgeving inzake natuurbeheer alsmede vereisten van duurzaam beheer van toepassing zijn overeenkomstig het door de Nederlandse overheid daartoe opgestelde plan.

8. Na het overlijden van Oyen op 1 april 2013 heeft Huijbrechts dat legaat aanvaard en het staat vast dat de afhandeling van de nalatenschap aan het Belgische recht is onderworpen.

9. Huijbrechts heeft de Belgische overheid verzocht om vrijstelling van de erfbelasting voor het betrokken goed krachtens artikel 55 quater van het Wetboek der successierechten, dat een „bos" waarvoor een door de Vlaamse bosbeheersinstantie goedgekeurd plan voor duurzaam beheer is opgemaakt, vrijstelt van erfbelasting.

10. Dit verzoek is afgewezen op grond dat dit goed is gelegen in een andere lidstaat dan het Koninkrijk België.

11. Tegen de afwijzing van zijn verzoek heeft Huijbrechts beroep ingesteld bij de rechtbank van eerste aanleg Antwerpen (België) op grond dat artikel 55 quater van het Wetboek der successierechten strijdig was met het vrije verkeer van kapitaal, doordat deze bepaling niet geldt voor duurzaam beheerde bossen die zijn gelegen op het grondgebied van een andere lidstaat dan het Koninkrijk België.

12. Deze rechter heeft dit beroep gegrond verklaard na te hebben vastgesteld dat, ten eerste, voor het betrokken domein een duurzaam beheersplan was opgemaakt zoals naar Belgisch recht is vereist voor toepassing van de vrijstelling van artikel 55 quater van het Wetboek der successierechten en, ten tweede, Huijbrechts een verklaring als de eveneens bij deze bepaling vereiste verklaring had overgelegd. Deze rechter heeft geoordeeld dat het verschil in fiscale behandeling dat werd gemaakt voor bossen op het grondgebied van een andere lidstaat dan het Koninkrijk België, een belemmering van het vrije kapitaalverkeer vormde en dat deze belemmering niet kon worden gerechtvaardigd aangezien aan de Nederlandse overheid bijstand kan worden gevraagd om controle uit te oefenen op de naleving van de criteria voor duurzaam bosbeheer.

13. De Belgische overheid heeft hoger beroep tegen het vonnis van die rechter ingesteld bij het hof van beroep Antwerpen (België), dat de behandeling van de zaak heeft geschorst en het Hof heeft verzocht om een prejudiciële beslissing over de volgende vragen:

> „1. Vormt een situatie waarbij een erfgenaam een in het buitenland gelegen bosgebied erft, dat op duurzame wijze wordt beheerd, en dat niet van successierechten is vrijgesteld op grond van artikel 55 quater [Vlaams Wetboek der successierechten] (nu artikel 2.7.6.0.3 [Vlaamse Codex Fiscaliteit]), en dit terwijl een erfgenaam die een in het binnenland gelegen bosgebied erft, dat op duurzame wijze wordt beheerd en dat wel van successierechten op grond van artikel 55 quater [Vlaams Wetboek der successierechten] (nu artikel 2.7.6.0.3 [Vlaamse Codex Fiscaliteit]) wordt vrijgesteld, een inbreuk op het vrij verkeer van kapitaal zoals bepaald door artikel 63 van het Verdrag betreffende de werking van de Europese Unie?
>
> 2. Vormt het belang van het Vlaamse bosareaal, zoals aan de orde in de zin van artikel 55 quater [Vlaams Wetboek der successierechten] (nu artikel 2.7.6.0.3 [Vlaamse Codex Fiscaliteit]), een dwingende reden van algemeen belang, die een regeling rechtvaardigt, waarin de toepassing van vrijstelling van successierechten wordt beperkt tot de in Vlaanderen gelegen bosgebieden die op duurzame wijze worden beheerd?"

Beantwoording van de prejudiciële vragen

14. Met zijn vragen, die samen dienen te worden onderzocht, wenst de verwijzende rechter in wezen te vernemen of artikel 63 VWEU aldus moet worden uitgelegd dat het zich verzet tegen een regeling van een lidstaat als de in het hoofdgeding aan de orde zijnde regeling, die een belastingvoordeel toekent voor door erfopvolging verkregen bossen, mits deze bossen duurzaam worden beheerd overeenkomstig de in het nationale recht gestelde voorwaarden, maar dit voordeel beperkt tot bossen die zijn gelegen op het grondgebied van deze lidstaat.

15. Ingevolge artikel 63, lid 1, VWEU zijn alle beperkingen van het kapitaalverkeer tussen lidstaten onderling alsmede tussen lidstaten en derde landen verboden.

16. Volgens vaste rechtspraak valt de fiscale behandeling van nalatenschappen onder de bepalingen van het VWEU inzake het verkeer van kapitaal, tenzij de constituerende elementen ervan binnen één lidstaat zijn gelegen (arresten van 17 januari 2008, Jäger, C-256/06, EU:C:2008:20, punt 25, en 27 januari 2009, Persche, C-318/07, EU:C:2009:33, punt 27).

17. In casu blijkt uit het aan het Hof overgelegde dossier dat het in het hoofdgeding aan de orde zijnde legaat door een inwoner van België is gedaan aan een belastingplichtige die in Nederland woont, en betrekking heeft op een uit bosgebieden bestaand domein dat op het grondgebied van laatstgenoemde lidstaat is gelegen.

18. Een dergelijke situatie valt derhalve binnen de werkingssfeer van artikel 63, lid 1, VWEU.

19. Inzake de erfbelasting blijkt uit vaste rechtspraak dat het feit dat als voorwaarde voor de toekenning van belastingvoordelen geldt dat het overgedragen goed op het nationale grondgebied is gelegen, een door artikel 63, lid 1, VWEU in beginsel verboden beperking van het vrije kapitaalverkeer vormt (arresten van 17 januari 2008, Jäger, C-256/06, EU:C:2008:20, punt 35, en 18 december 2014, Q, C-133/13, EU:C:2014:2460, punt 20).

20. Bovendien zij eraan herinnerd dat volgens artikel 65, lid 1, onder a), VWEU „[h]et bepaalde in artikel 63 [...] niets [afdoet] aan het recht van de lidstaten [...] de ter zake dienende bepalingen van hun belastingwetgeving toe te passen die onderscheid maken tussen belastingplichtigen die niet in dezelfde situatie verkeren met betrekking tot [...] de plaats waar hun kapitaal is belegd". In artikel 65, lid 3, VWEU is evenwel bepaald dat de in lid 1 bedoelde nationale bepalingen „geen middel tot willekeurige discriminatie [mogen] vormen, noch een verkapte beperking van het vrije kapitaalverkeer en betalingsverkeer als omschreven in artikel 63."

21. Bijgevolg moet een onderscheid worden gemaakt tussen de krachtens artikel 65, lid 1, onder a), VWEU toegestane ongelijke behandelingen en de op grond van lid 3 van datzelfde artikel verboden vormen van willekeurige discriminatie. Volgens de rechtspraak kan een nationale belastingregeling als in het hoofdgeding, die met het oog op de berekening van de erfbelasting een onderscheid maakt tussen in een andere lidstaat gelegen goederen en op het grondgebied van een gewest van het Koninkrijk België gelegen goederen, slechts verenigbaar met de Verdragsbepalingen inzake het vrije kapitaalverkeer worden geacht indien het verschil in behandeling betrekking heeft op situaties die niet objectief vergelijkbaar zijn of wordt gerechtvaardigd door een dwingende reden van algemeen belang (arrest van 17 januari 2008, Jäger, C-256/06, EU:C:2008:20, punt 42), en niet verder gaat dan noodzakelijk is om de met de betrokken maatregel nagestreefde doelstelling te bereiken (arresten van 14 september 2006, Centro di Musicologia Walter Stauffer, C-386/04, EU:C:2006:568, punt 32; 17 januari 2008, Jäger, C-256/06, EU:C:2008:20, punt 41, en 27 januari 2009, Persche, C-318/07, EU:C:2009:33, punt 41).

22. Bij de beoordeling of het verschil in behandeling betrekking heeft op situaties die niet objectief vergelijkbaar zijn, moet rekening worden gehouden met het voorwerp en de inhoud van de in het hoofdgeding aan de orde zijnde nationale bepalingen (arrest van 18 december 2014, Q, C-133/13, EU:C:2014:2460, punt 22 en aldaar aangehaalde rechtspraak).

23. In casu blijkt uit de bewoordingen van artikel 55 quater van het Wetboek der successierechten, thans artikel 2.7.6.0.3 van de Vlaamse Codex Fiscaliteit, en uit de verwijzingsbeslissing uitdrukkelijk dat met de belastingvrijstelling van deze bepaling een milieudoelstelling wordt nagestreefd, te weten het duurzame beheer van bossen en bosgebieden die zijn gelegen op het grondgebied van het Vlaamse Gewest van het Koninkrijk België.

24. Volgens de Belgische regering moet de vrijstelling daarnaast voorkomen dat bossen worden versnipperd doordat zij worden verkocht om de erfbelasting te betalen.

25. Deze milieudoelstelling, die bestaat in het duurzame beheer van bossen en bosgebieden, kan in beginsel niet worden beperkt tot uitsluitend het grondgebied van een regio van een lidstaat of het nationale grondgebied van een lidstaat, aangezien een bosgebied één enkel landschap of geheel kan vormen, ook al strekt dit gebied zich uit over het grondgebied van verschillende lidstaten en valt het juridisch en bestuurlijk onder de rechtsmacht van deze lidstaten.

26. De doeltreffende bescherming en het duurzame beheer van bossen en bosgebieden vormen immers een typisch grensoverschrijdend milieuvraagstuk dat een gemeenschappelijke verantwoordelijkheid van de lidstaten impliceert (zie naar analogie arresten van 12 juli 2007, Commissie/Oostenrijk, C-507/04, EU:C:2007:427, punt 87, en 26 januari 2012, Commissie/Polen, C-192/11, niet gepubliceerd, EU:C:2012:44, punt 23).

27. Dienaangaande is het kunstmatig een onderscheid te maken tussen de aangrenzende delen van eenzelfde bos of bosgebied, naargelang zij op het grondgebied van het Vlaamse Gewest van het Koninkrijk België dan wel op het grondgebied van het Koninkrijk der Nederlanden zijn gelegen, en een dergelijk onderscheid beantwoordt niet aan een objectief verschil.

28. Een belastingplichtige die door erfopvolging bossen of bosgebieden verkrijgt die zijn gelegen op het grondgebied van een lidstaat die grenst aan het Vlaamse Gewest van het Koninkrijk België, en waarvoor hij kan bewijzen dat zij duurzaam worden beheerd overeenkomstig vereisten als die van artikel 55 quater van het Wetboek der successierechten, thans artikel 2.7.6.0.3 van de Vlaamse Codex Fiscaliteit, bevindt zich, wat de in het hoofdgeding aan de orde zijnde belastingvrijstelling betreft, bijgevolg in een situatie die vergelijkbaar is met die van een belastingplichtige die door erfopvolging bossen of bosgebieden verkrijgt waarvoor een plan voor duurzaam beheer geldt dat aan die bepaling voldoet, en die gelegen zijn op het grondgebied van dat

gewest (zie naar analogie arresten van 14 september 2006, Centro di Musicologia Walter Stauffer, C-386/04, EU:C:2006:568, punt 40, en 27 januari 2009, Persche, C-318/07, EU:C:2009:33, punten 48-50).

29. Hieruit vloeit voort dat het aldus vastgestelde verschil in fiscale behandeling een beperking van het kapitaalverkeer in de zin van artikel 63, lid 1, VWEU oplevert.

30. Deze beperking is evenwel toelaatbaar wanneer zij gerechtvaardigd is om een dwingende reden van algemeen belang en in overeenstemming is met het evenredigheidsbeginsel, dat wil zeggen dat zij geschikt moet zijn om het ermee nagestreefde doel te bereiken en niet verder mag gaan dan ter bereiking van dit doel nodig is (arrest van 27 januari 2009, Persche, C-318/07, EU:C:2009:33, punt 52).

31. In dit verband stelt de Belgische regering dat de beperking van het voordeel van de vrijstelling tot de in het Vlaamse Gewest gelegen bossen wordt gerechtvaardigd door overwegingen in verband met de bescherming van het milieu, in het bijzonder de noodzaak van duurzaam bos- en natuurbeheer in het Vlaamse Gewest van het Koninkrijk België, waar het bosbestand zwaar onder druk staat wegens, met name, de bevolkingsdruk, industrialisering en de aanwezigheid van goed bewerkbare bodems.

32. Bovendien zij eraan herinnerd dat de bescherming van het milieu een van de wezenlijke doelstellingen van de Europese Unie vormt (arrest van 11 december 2008, Commissie/Oostenrijk, C-524/07, niet gepubliceerd, EU:C:2008:717, punt 58 en aldaar aangehaalde rechtspraak).

33. In casu geldt inderdaad als voorwaarde voor de toekenning en het behoud van de belastingvrijstelling van artikel 55 quater van het Wetboek der successierechten, thans artikel 2.7.6.0.3 van de Vlaamse Codex Fiscaliteit, dat gedurende dertig jaar de milieuvereisten worden nageleefd.

34. Evenwel zij vastgesteld dat, aangezien ook als voorwaarde voor het voordeel van deze belastingvrijstelling geldt dat het door erfopvolging verkregen bos of bosgebied gelegen is op het grondgebied van het Vlaamse Gewest van het Koninkrijk België, deze vrijstelling geen geschikte maatregel vormt om de ermee nagestreefde doelstellingen te bereiken, omdat het duurzame beheer van een bosgebied op het aangrenzende grondgebied van twee lidstaten, als in het hoofdgeding, een grensoverschrijdend milieuvraagstuk vormt dat niet kan worden ingeperkt tot enkel het grondgebied van een van deze lidstaten of tot een deel van dat grondgebied.

35. De Belgische regering stelt voorts dat de beperking van het voordeel van de vrijstelling tot in het Vlaamse Gewest gelegen bossen wordt gerechtvaardigd door de moeilijkheid om in andere lidstaten dan het Koninkrijk België te controleren of voor de bossen daadwerkelijk is voldaan aan de vereisten die in de nationale regeling zijn gesteld voor de toekenning en het behoud van dat voordeel, en door de onmogelijkheid om de controle te verzekeren op de daadwerkelijke naleving van deze vereisten gedurende dertig jaar, zoals in deze regeling is opgelegd.

36. De noodzaak om de doeltreffendheid van de fiscale controles te waarborgen vormt inderdaad een dwingende reden van algemeen belang, die een beperking van de uitoefening van de door het Verdrag gegarandeerde vrijheden van verkeer kan rechtvaardigen. Een dergelijke beperkende maatregel moet echter in overeenstemming zijn met het evenredigheidsbeginsel, dat wil zeggen dat hij geschikt moet zijn om het ermee nagestreefde doel te bereiken en niet verder mag gaan dan ter bereiking van dit doel nodig is (arrest van 27 januari 2009, Persche, C-318/07, EU:C:2009:33, punt 52).

37. Dienaangaande blijkt uit vaste rechtspraak dat het bestaan van praktische moeilijkheden bij de beoordeling of is voldaan aan de voorwaarden voor een belastingvoordeel, niet zonder meer de weigering van toekenning van dat voordeel kan rechtvaardigen. De bevoegde belastingautoriteiten van een lidstaat kunnen immers de betrokken belastingplichtige verzoeken om overlegging van de relevante bewijsstukken aan de hand waarvan kan worden nagegaan of de vereisten inzake het duurzame beheer van op het grondgebied van een andere lidstaat gelegen bossen worden nageleefd, teneinde te beoordelen of is voldaan aan de voorwaarden voor toepassing van de betrokken belastingvrijstelling (zie met name naar analogie arresten van 14 september 2006, Centro di Musicologia Walter Stauffer, C-386/04, EU:C:2006:568, punt 48; 25 oktober 2007, Geurts en Vogten, C-464/05, EU:C:2007:631, punt 28; 17 januari 2008, Jäger, C-256/06, EU:C:2008:20, punten 54 en 55, en 27 januari 2009, Persche, C-318/07, EU:C:2009:33, punten 53-55).

38. Een nationale regeling als in het hoofdgeding, die de belastingplichtige op absolute wijze belet te bewijzen dat voor door erfopvolging verkregen bossen een duurzaam beheersplan geldt dat overeenkomstig de wetgeving van de lidstaat waarin zij zijn gelegen, is opgemaakt en voldoet aan vereisten die overeenkomen met de in artikel 55 quater van het Wetboek der successierechten gestelde vereisten, kan dus niet worden gerechtvaardigd uit hoofde van de doeltreffendheid van de fiscale controles (zie in die zin arresten van 10 maart 2005, Laboratoires Fournier, C-39/04, EU:C:2005:161, punt 25; 14 september 2006, Centro di

Musicologia Walter Stauffer, C-386/04, EU:C:2006:568, punt 48, en 27 januari 2009, Persche, C-318/07, EU:C:2009:33, punt 60).

39. Aangaande de door de Belgische regering aangevoerde onmogelijkheid om te controleren of in een andere lidstaat dan het Koninkrijk België een dergelijk plan over een periode van dertig jaar wordt nageleefd, zoals in de in het hoofdgeding aan de orde zijnde regeling is vereist voor bossen die zijn gelegen op het grondgebied van het Vlaamse Gewest, blijkt uit het voorgaande evenwel dat dit argument niet met succes in abstracto kan worden tegengeworpen en veronderstelt dat de belastingautoriteiten van de heffingsstaat aantonen daadwerkelijk niet de mogelijkheid te hebben gedurende een dergelijke periode de vereiste informatie te verkrijgen van de bevoegde autoriteiten van de lidstaat waar de bossen zijn gelegen.

40. Ingeval de lidstaat waar de bossen zijn gelegen een belastingvoordeel toekent van hetzelfde soort als in het hoofdgeding, waarbij gelijkwaardige voorwaarden gelden en met name de voorwaarde van een beheersplan dat vergelijkbaar is met het in de Belgische regeling bedoelde plan, kan op geen enkele grond a priori worden uitgesloten dat het voor de heffingsstaat in het kader van de door het Unierecht ingevoerde wederzijdse bijstand mogelijk is om de informatie te verkrijgen die noodzakelijk is om te controleren of is voldaan aan de voorwaarden voor de toekenning en het behoud van het in deze regeling voorziene belastingvoordeel (zie in die zin met name arrest van 27 januari 2009, Persche, C-318/07, EU:C:2009:33, punt 68).

41. In elk geval belet niets de betrokken belastingautoriteiten de in het hoofdgeding aan de orde zijnde vrijstelling te weigeren in geval van niet-overlegging van de bewijsstukken die zij noodzakelijk achten voor de juiste vaststelling van de belasting (zie in deze zin met name arrest van 27 januari 2009, Persche, C-318/07, EU:C:2009:33, punt 69 en aldaar aangehaalde rechtspraak).

42. Aangaande de door de Belgische regering in haar schriftelijke opmerkingen opgeworpen vraag of deze analyse ook geldt voor bossen die zijn gelegen op het grondgebied van een derde land, moet worden verduidelijkt niet alleen dat een antwoord op deze vraag niet noodzakelijk is voor de beslechting van het hoofdgeding, maar ook dat een lidstaat in elk geval de toekenning van een belastingvoordeel mag weigeren wanneer, met name vanwege het ontbreken van een verdragsverplichting voor dat derde land om informatie te verstrekken, het onmogelijk blijkt om de nodige inlichtingen van dat land te verkrijgen (arresten van 18 december 2007, A, C-101/05, EU:C:2007:804, punt 63, en 27 januari 2009, Persche, C-318/07, EU:C:2009:33, punt 70).

43. Gelet op een en ander dient op de prejudiciële vragen te worden geantwoord dat artikel 63 VWEU aldus moet worden uitgelegd dat het zich verzet tegen een regeling van een lidstaat als de in het hoofdgeding aan de orde zijnde regeling, die een belastingvoordeel toekent voor door erfopvolging verkregen bossen, mits deze bossen duurzaam worden beheerd overeenkomstig de in het nationale recht gestelde voorwaarden, maar dit voordeel beperkt tot bossen die zijn gelegen op het grondgebied van deze lidstaat.

Kosten

44. ...

Het Hof (Eerste kamer)

verklaart voor recht:

Artikel 63 VWEU moet aldus worden uitgelegd dat het zich verzet tegen een regeling van een lidstaat als de in het hoofdgeding aan de orde zijnde regeling, die een belastingvoordeel toekent voor door erfopvolging verkregen bossen, mits deze bossen duurzaam worden beheerd overeenkomstig de in het nationale recht gestelde voorwaarden, maar dit voordeel beperkt tot bossen die zijn gelegen op het grondgebied van deze lidstaat.

HvJ EU 6 december 2018, zaak C-480/17 (Frank Montag v. Finanzamt Köln-Mitte)

Tiende kamer: *F. Biltgen, president van de Achtste kamer, waarnemend voor de president van de Tiende kamer, E. Levits (rapporteur) en L. Bay Larsen, rechters*

Advocaat-generaal: M. Campos Sánchez-Bordona

1. Het verzoek om een prejudiciële beslissing betreft de uitlegging van artikel 49 VWEU.

2. Het verzoek is ingediend in het kader van een geding tussen Frank Montag en het Finanzamt Köln-Mitte (belastingdienst Keulen-centrum, Duitsland) inzake de weigering om bijdragen aan een pensioeninstelling voor vrije beroepen en voor een particuliere pensioenverzekering, als bijzondere uitgaven in aanmerking te nemen, teneinde de belasting in het kader van de beperkte belastingplicht in Duitsland te verminderen.

Rechtskader

Unierecht

3. In de twaalfde overweging van richtlijn 98/5/EG van het Europees Parlement en de Raad van 16 februari 1998 ter vergemakkelijking van de permanente uitoefening van het beroep van advocaat in een andere lidstaat dan die waar de beroepskwalificatie is verworven (PB 1998, L 77, blz. 36), zoals gewijzigd bij richtlijn 2006/100/EG van de Raad van 20 november 2006 (PB 2006, L 363, blz.141; hierna: „richtlijn 98/5"), heet het dat de advocaat die onder zijn oorspronkelijke beroepstitel ingeschreven is in de lidstaat van ontvangst, ingeschreven moet blijven bij de bevoegde autoriteit van de lidstaat van herkomst teneinde zijn hoedanigheid van advocaat te behouden en voor deze richtlijn in aanmerking te komen.

4. Artikel 3, leden 1 en 2, van richtlijn 98/5 luidt als volgt:

> „1. De advocaat die zijn beroep wenst uit te oefenen in een andere lidstaat dan die waar hij zijn beroepskwalificatie heeft verworven, is gehouden zich bij de bevoegde autoriteit van die lidstaat in te schrijven.
> 2. De bevoegde autoriteit van de lidstaat van ontvangst gaat op vertoon van de verklaring van inschrijving bij de bevoegde autoriteit van de lidstaat van herkomst over tot inschrijving van de advocaat. Zij kan eisen dat bij de overlegging van die verklaring de afgifte ervan door de bevoegde autoriteit van de lidstaat van herkomst niet meer dan drie maanden voordien is geschied. Zij stelt de bevoegde autoriteit van de lidstaat van herkomst van de inschrijving in kennis."

Duits recht

5. § 1 van de Einkommensteuergesetz (Duitse wet op de inkomstenbelasting), zoals gewijzigd bij het Jahressteuergesetz 2008 (belastingwet voor het jaar 2008) van 20 december 2007 (BGB1. 2007 I, blz. 3150) (hierna: „EStG"), bepaalt:

> „1. Natuurlijke personen die hun woonplaats of gewone verblijfplaats op het nationale grondgebied hebben, zijn onbeperkt belastingplichtig voor de inkomstenbelasting. […]
> […]
> 3. Op verzoek worden ook natuurlijke personen die noch hun woonplaats noch hun gewone verblijfplaats op het nationale grondgebied hebben, als onbeperkt inkomstenbelastingplichtig behandeld, voor zover zij binnenlandse inkomsten in de zin van § 49 hebben. Dit is alleen mogelijk wanneer hun inkomsten gedurende het kalenderjaar voor ten minste 90 % aan de Duitse inkomstenbelasting zijn onderworpen of wanneer hun niet aan de Duitse inkomstenbelasting onderworpen inkomsten de op grond van § 32a, lid 1, tweede zin, punt 1, niet-belastbare schijf niet overschrijden; […]
> 4. Onder voorbehoud van de leden 2 en 3 en van § 1a zijn natuurlijke personen die noch hun woonplaats noch hun gewone verblijfplaats in Duitsland hebben, beperkt inkomstenbelastingplichtig wanneer zij nationale inkomsten in de zin van § 49 van het EStG ontvangen."

6. § 10 EStG, „Bijzondere uitgaven", bepaalt:

> „1. Wanneer zij noch bedrijfskosten, noch beroepskosten zijn, of wanneer zij niet behandeld worden als bedrijfskosten of beroepskosten, zijn de volgende kosten bijzondere uitgaven:
> […]

2. a. bijdragen aan […] pensioeninstellingen voor vrije beroepen die prestaties leveren vergelijkbaar met die van de wettelijke pensioenverzekeringen;

b. bijdragen door de belastingplichtige voor de opbouw van een pensioen met kapitaaldekking, […]

[…]

3. De uitgaven voor sociale voorzieningen bedoeld in lid 1, punt 2, tweede zin, worden in aanmerking genomen tot een plafond van 20 000 EUR […]"

7. § 50 EStG, met als opschrift: „Specifieke bepalingen betreffende de beperkte belastingplicht", bepaalt in lid 1:

„Beperkt belastingplichtigen hebben slechts recht op aftrek van hun bedrijfskosten (§ 4, leden 4-8) of verwervingskosten (§ 9) voor zover deze uitgaven economisch verband houden met binnenlandse inkomsten. […] [De] §§ […] 10 […] zijn niet van toepassing. […] "

Hoofdgeding en prejudiciële vragen

8. In de loop van 2008 had verzoeker in het hoofdgeding, die de Duitse nationaliteit heeft, zijn gewone verblijfplaats in België, waar hij het beroep van advocaat uitoefende bij een internationaal advocatenkantoor met als rechtsvorm een Limited Liability Partnership (LLP, personenvennootschap naar Engels recht), en waar hij vennoot was in de zin van het ondernemingsrecht.

9. Verzoeker in het hoofdgeding verwierf uit zijn activiteiten als „Equity Partner" inkomsten die in het kader van een – tussen de partijen in het hoofdgeding niet ter discussie staande – procedure van vaststelling en verdeling aan verschillende landen werden toegerekend. Van de wereldwijde nettowinst die verzoeker in het hoofdgeding werd toebedeeld als vennoot in de LLP en op basis van zijn activiteiten ervoor, was circa 54 % afkomstig uit Duitsland, circa 6,3 % afkomstig uit België, en de rest uit andere landen. In de loop van 2008 verwierf verzoeker in het hoofdgeding daarnaast ook andere inkomsten. De verwijzende rechter geeft aan dat verzoeker in het hoofdgeding niet ingevolge § 1, lid 3, EStG kan worden behandeld als onbeperkt inkomstenbelastingplichtig in Duitsland vanwege, ten eerste, de omstandigheid dat het geheel van zijn inkomsten niet voor minstens 90 % onderworpen is aan de inkomstenbelasting in Duitsland, en, ten tweede, het bedrag van de in Duitsland niet aan belasting onderworpen inkomsten.

10. In 2008 was verzoeker in het hoofdgeding ingeschreven als „Europees advocaat" op de E-lijst van de Franse Orde van advocaten bij de balie te Brussel (België) en droeg hij de titel „Rechtsanwalt (Keulen) gevestigd te Brussel". Om in die hoedanigheid zijn beroep uit te oefenen, diende verzoeker in het hoofdgeding ingeschreven te zijn bij de Rechtsanwaltkammer Köln (orde van advocaten van Keulen), en om die reden diende hij verplicht aangesloten te zijn bij het Versorgungswerk der Rechtsanwälte Nordrhein-Westfalen (pensioeninstelling voor advocaten van Nordrhein-Westfalen, Duitsland, hierna: „pensioeninstelling voor advocaten"). Overeenkomstig de Duitse wetgeving inzake het wettelijk pensioenstelsel zijn bedienden en zelfstandigen, wanneer ze aangesloten zijn bij een pensioeninstelling voor vrije beroepen, vrijgesteld van de verplichting, die normaliter geldt, om zich aan te sluiten bij een wettelijk pensioenstelsel in Duitsland.

11. In 2008 betaalde verzoeker in het hoofdgeding aan de pensioeninstelling voor advocaten bijdragen ten belope van 16 453,32 EUR, het maximale bedrag dat kan worden gestort. Dit bedrag is onderverdeeld in verplichte bijdragen ten belope van 12 656,40 EUR, en aanvullende vrijwillige bijdragen ten belope van 3 796,92 EUR. Verzoeker in het hoofdgeding betaalde in Duitsland bovendien premies voor een particuliere pensioenverzekering ten bedrage van 3 696 EUR.

12. In België was verzoeker in het hoofdgeding onbeperkt onderworpen aan de inkomstenbelasting. Volgens de door hem verschafte en door de verwijzende rechter overgenomen inlichtingen, hebben de bedragen die in Duitsland aan de pensioeninstelling voor advocaten waren betaald, niet als gevolg gehad dat de betaalde inkomstenbelasting in België werd verminderd. De verplichte bijdragen aan de Belgische sociale zekerheid zijn daarentegen wel afgetrokken bij de vaststelling van de belastinggrondslag in België.

13. Met betrekking tot de inkomstenbelasting over 2008 heeft verzoeker in het hoofdgeding aan verweerster in het hoofdgeding een belastingaangifte gestuurd in zijn hoedanigheid van beperkte belastingplichtige, en heeft hij verzocht om aftrek van de bijdragen die in Duitsland aan de pensioeninstelling voor advocaten en aan de particuliere pensioenverzekeraar waren betaald als verwachte kosten voor de verwerving van inkomsten uit hoofde van § 22, lid 1, derde zin, EStG, of, subsidiair, als bijzondere uitgaven overeenkomstig § 10, lid 1, punt 2, van deze wet.

14. In het kader van de vaststelling van de belastinggrondslag voor de inkomstenbelasting heeft verweerster in het hoofdgeding geweigerd om de genoemde bijdragen in aanmerking te nemen om de belasting te vermin-

deren, omdat zij verband houden met de categorie „bijzondere uitgaven" als bedoeld in § 10 EStG. De aftrek van bijzondere uitgaven is echter uitgesloten in geval van beperkte belastingplicht op grond van § 50, lid 1, derde zin, EStG. Volgens verweerster in het hoofdgeding kunnen deze uitgaven ook niet worden afgetrokken als beroepskosten als bedoeld in § 9 van deze wet, of als lasten van de bedrijfsvoering als bedoeld in § 4, lid 4, van de wet.

15. Nadat het bezwaar dat verzoeker in het hoofdgeding indiende tegen de genoemde weigering werd afgewezen, heeft hij beroep ingesteld bij het Finanzgericht Köln. De procedure voor deze rechter werd geschorst tot juli 2016 wegens de bij het Hof aanhangige prejudiciële procedure in de zaak die heeft geleid tot het arrest van 24 februari 2015, Grünewald (C-559/13, EU:C:2015:109), en een procedure bij het Bundesverfassungsgericht (federaal grondwettelijk hof, Duitsland).

16. Aangezien het Bundesverfassungsgericht in wezen heeft geoordeeld dat de kwalificatie door de Duitse wetgever van de uitgaven voor sociale voorzieningen als bijzondere uitgaven, niet vatbaar was voor kritiek vanuit grondwettelijke oogpunt, vraagt verzoeker in het hoofdgeding thans erom dat zijn bijdragen voor sociale voorzieningen worden afgetrokken als bijzondere uitgaven overeenkomstig § 10, lid 1, punt 2, EStG, binnen de grenzen van lid 3 van dit artikel, en dat § 50, lid 1, derde zin, van deze wet, die een dergelijke aftrek uitsluit voor niet-ingezeten belastingplichtigen, buiten toepassing wordt gelaten wegens strijdigheid met het Unierecht.

17. De verwijzende rechter merkt op dat verzoeker in het hoofdgeding, hoewel hij het merendeel van zijn inkomsten in Duitsland verwerft, in België over voldoende inkomsten beschikt om er zijn persoonlijke situatie in aanmerking te kunnen nemen.

18. Deze rechter vraagt zich echter af of de in het hoofdgeding aan de orde zijnde uitgaven voor sociale voorzieningen in het Unierecht kunnen worden aangemerkt als uitgaven die verband houden met de persoonlijke en gezinssituatie van de belastingplichtige, dan wel als uitgaven die verband houden met inkomsten verworven in Duitsland.

19. Daarop heeft het Finanzgericht Köln de behandeling van de zaak geschorst en het Hof verzocht om een prejudiciële beslissing over de volgende vragen:

„1. Staat artikel 49 VWEU juncto artikel 54 VWEU in de weg aan een regeling van een lidstaat volgens welke verplichte bijdragen van een niet-ingezeten belastingplichtige aan een pensioeninstelling voor vrije beroepen (die berusten op diens lidmaatschap van een balie in de lidstaat, dat vanwege beroepsregels noodzakelijk is voor zijn in meerdere lidstaten uitgeoefende activiteit) in het kader van de beperkte belastingplicht niet in mindering mogen worden gebracht van de inkomsten, terwijl door ingezeten belastingplichtigen in het kader van de onbeperkte belastingplicht een door nationaal recht bepaald maximumbedrag van de inkomsten mag worden afgetrokken?

2. Staat artikel 49 VWEU juncto artikel 54 VWEU in de weg aan de onder 1) beschreven regeling wanneer de belastingplichtige naast zijn verplichte bijdragen andere – vrijwillige – aanvullende bijdragen betaalt aan de pensioeninstelling voor vrije beroepen en de lidstaat die bijdragen niet aftrekbaar acht van de inkomsten, hoewel latere pensioenuitkeringen in die lidstaat naar nationaal recht mogelijkerwijs ook in het kader van een beperkte belastingplicht onderworpen zullen zijn aan belasting?

3. Staat artikel 49 VWEU juncto artikel 54 VWEU in de weg aan de onder 1) beschreven regeling wanneer de belastingplichtige onafhankelijk van zijn toelating als advocaat en onafhankelijk van de bijdragen aan de pensioeninstelling voor vrije beroepen bijdragen betaalt in het kader van een vrijwillig afgesloten particuliere pensioenverzekering en de lidstaat die bijdragen niet aftrekbaar acht van de inkomsten, hoewel latere pensioenuitkeringen in die lidstaat naar nationaal recht mogelijkerwijs ook in het kader van een beperkte belastingplicht onderworpen zullen zijn aan belasting?"

Beantwoording van de prejudiciële vragen

20. Met zijn vragen, die samen moeten worden onderzocht, wenst de verwijzende rechter in wezen te vernemen of artikel 49 VWEU aldus moet worden uitgelegd dat het zich verzet tegen een regeling van een lidstaat, zoals de in het hoofdgeding aan de orde zijnde regeling, op grond waarvan het een niet-ingezeten belastingplichtige die in die lidstaat is onderworpen aan de inkomstenbelasting uit hoofde van een beperkte belastingplicht, niet is toegestaan om het bedrag van de verplichte en vrijwillige bijdragen aan een pensioeninstelling voor vrije beroepen, en het bedrag van de bijdragen aan een particuliere pensioenverzekering af te trekken van de belastinggrondslag van de inkomstenbelasting, terwijl een ingezeten belastingplichtige die onderworpen is aan de inkomstenbelasting uit hoofde van een onbeperkte belastingplicht, dergelijke bijdragen wel kan

aftrekken van de belastinggrondslag van de inkomstenbelasting, binnen de in het nationale recht vastgelegde grenzen.

Beperking van artikel 49 VWEU

21. Krachtens artikel 49 VWEU moeten beperkingen van de vrijheid van vestiging worden opgeheven. Volgens vaste rechtspraak houden de bepalingen van het VWEU inzake de vrijheid van vestiging, ook al beogen zij volgens hun bewoordingen de nationale behandeling in de lidstaat van ontvangst te garanderen, tevens een verbod in voor de lidstaat van herkomst om de vestiging van een van zijn onderdanen of van een naar zijn recht opgerichte vennootschap in een andere lidstaat te bemoeilijken (zie in die zin arresten van 13 april 2000, Baars, C-251/98, EU:C:2000:205, punt 28 en aldaar aangehaalde rechtspraak; 11 maart 2004, de Lasteyrie du Saillant, C-9/02, EU:C:2004:138, punt 42, en 29 november 2011, National Grid Indus, C-371/10, EU:C:2011:785, punt 35 en aldaar aangehaalde rechtspraak).

22. Het is tevens vaste rechtspraak dat alle maatregelen die de uitoefening van de vrijheid van vestiging verbieden, belemmeren of minder aantrekkelijk maken, als beperkingen van deze vrijheid moeten worden beschouwd (arrest van 29 november 2011, National Grid Indus, C-371/10, EU:C:2011:785, punt 36 en aldaar aangehaalde rechtspraak).

23. In casu kunnen volgens de in geding zijnde nationale wetgeving de lasten voor pensioenvoorziening, die door die wetgeving als bijzondere uitgaven worden aangemerkt, binnen een bepaalde grens afgetrokken worden van het totaalbedrag van de inkomsten van een ingezeten belastingplichtige die onbeperkt inkomstenbelastingplichtig is. Een dergelijke aftrek maakt het mogelijk om de belastbare inkomsten van de belastingplichtige te verminderen, en vormt dus een fiscaal voordeel.

24. Niet-ingezeten belastingplichtigen die beperkt belastingplichtig zijn, kunnen daarentegen een dergelijke aftrek niet toepassen in Duitsland, en komen dus niet in aanmerking voor dit fiscaal voordeel.

25. Aangezien niet-ingezetenen aldus minder gunstig worden behandeld, kan deze behandeling een ingezeten belastingplichtige ontmoedigen om zich te vestigen in een andere lidstaat dan de Bondsrepubliek Duitsland, en vormt zij bijgevolg een beperking die in beginsel verboden is door de Verdragsbepalingen betreffende de vrijheid van vestiging.

26. Uit de rechtspraak van het Hof blijkt dat een dergelijke beperking enkel kan worden aanvaard indien zij betrekking heeft op situaties die niet objectief vergelijkbaar zijn, of wordt gerechtvaardigd door een dwingende reden van algemeen belang (arrest van 17 juli 2014, Nordea Bank Danmark, C-48/13, EU:C:2014:2087, punt 23). In dat geval moet de beperking echter ook geschikt zijn om het nagestreefde doel te verwezenlijken, en mag zij niet verder gaan dan nodig is voor het bereiken van dat doel (arrest van 20 december 2017, Deister Holding en Juhler Holding, C-504/16 en C-613/16, EU:C:2017:1009, punt 91 en aldaar aangehaalde rechtspraak).

Vergelijkbaarheid

27. Volgens vaste rechtspraak is de situatie van ingezetenen en niet-ingezetenen bij directe belastingen in de regel niet vergelijkbaar, aangezien het inkomen dat een niet-ingezetene op het grondgebied van een lidstaat verwerft, meestal slechts een deel is van zijn totale inkomen, waarvan het zwaartepunt is geconcentreerd op de plaats waar hij woont, en de persoonlijke draagkracht van de niet-ingezetene, die wordt gevormd door zijn totale inkomen en zijn persoonlijke en gezinssituatie, gemakkelijker kan worden beoordeeld op de plaats waar hij het centrum van zijn persoonlijke en vermogensrechtelijke belangen heeft. Deze plaats is in het algemeen zijn gebruikelijke woonplaats (zie onder meer arresten van 31 maart 2011, Schröder, C-450/09, EU:C:2011:198, punt 37, en 24 februari 2015, Grünewald, C-559/13, EU:C:2015:109, punt 25).

28. Wanneer een lidstaat niet-ingezetenen niet in aanmerking laat komen voor bepaalde belastingvoordelen die hij aan ingezetenen verleent, is dat dan ook in de regel niet discriminerend, gelet op de objectieve verschillen tussen de situatie van ingezetenen en niet-ingezetenen, zowel wat de inkomstenbron als wat de persoonlijke draagkracht of de persoonlijke en gezinssituatie betreft (zie onder meer arresten van 31 maart 2011, Schröder, C-450/09, EU:C:2011:198, punt 38, en 24 februari 2015, Grünewald, C-559/13, EU:C:2015:109, punt 26).

29. Dit is echter in de eerste plaats anders indien de niet-ingezetene geen inkomsten van betekenis geniet in de lidstaat van verblijf en het grootste deel van zijn belastbaar inkomen verwerft door een in de andere betrokken lidstaat verrichte activiteit (arrest van 24 februari 2015, Grünewald, C-559/13, EU:C:2015:109, punt 27), zodat de lidstaat waar hij verblijft hem niet de voordelen kan toekennen die voortvloeien uit de inaan-

merkingneming van zijn persoonlijke en gezinssituatie (zie onder meer arresten van 14 februari 1995, Schumacker, C-279/93, EU:C:1995:31, punt 36; 16 oktober 2008, Renneberg, C-527/06, EU:C:2008:566, punt 61, en 18 juni 2015, Kieback, C-9/14, EU:C:2015:406, punt 25).

30. In de tweede plaats heeft het Hof ook geoordeeld dat, wat betreft uitgaven die rechtstreeks verband houden met een activiteit waardoor in een lidstaat belastbare inkomsten zijn verworven, ingezetenen van deze lidstaat en niet-ingezetenen in een vergelijkbare situatie verkeren (zie onder meer arresten van 31 maart 2011, Schröder, C-450/09, EU:C:2011:198, punt 40 en aldaar aangehaalde rechtspraak, en 24 februari 2015, Grünewald, C-559/13, EU:C:2015:109, punt 29).

31. In casu volgt uit de opmerkingen van de verwijzende rechter dat verzoeker in het hoofdgeding weliswaar het merendeel van zijn inkomsten in Duitsland genereert, maar dat hij in België over voldoende inkomsten beschikt om daar rekening te kunnen houden met zijn persoonlijke en gezinssituatie.

32. Wat de inaanmerkingneming van de uitgaven voor sociale voorzieningen in Duitsland betreft, zou een niet-ingezetene zoals verzoeker in het hoofdgeding, zich in een situatie als in het hoofdgeding bijgevolg slechts in een vergelijkbare situatie als een ingezetene bevinden indien, ondanks hun kwalificatie in nationaal recht als bijzondere uitgaven, deze uitgaven voor sociale voorzieningen beschouwd konden worden als uitgaven die rechtstreeks verband houden met een activiteit die in Duitsland belastbare inkomsten heeft voortgebracht, in de zin van de rechtspraak die hierboven in punt 30 van het onderhavige arrest is aangehaald (zie naar analogie arrest van 24 februari 2015, Grünewald, C-559/13, EU:C:2015:109, punt 31).

33. Volgens de rechtspraak van het Hof is er sprake van een rechtstreeks verband met de activiteit waardoor belastbare inkomsten zijn verworven wanneer wegens deze activiteit kosten worden gemaakt, die dus noodzakelijk zijn voor de uitoefening ervan (zie in die zin arresten van 12 juni 2003, Gerritse, C-234/01, EU:C:2003:340, punten 9 en 27; 15 februari 2007, Centro Equestre da Lezíria Grande, C-345/04, EU:C:2007:96, punt 25, en 24 februari 2015, Grünewald, C-559/13, EU:C:2015:109, punt 30).

34. Er zij aan herinnerd dat het uiteindelijk aan de nationale rechter staat, die bij uitsluiting bevoegd is om de feiten in het hoofdgeding te beoordelen en de nationale wetgeving uit te leggen, om te bepalen of dit in casu het geval is. In het kader van een prejudiciële verwijzing is het Hof, dat de verwijzende rechter nuttige antwoorden dient te verschaffen, evenwel bevoegd om op basis van het dossier van het hoofdgeding en van de opmerkingen van partijen, aanwijzingen te geven die de verwijzende rechter in staat stellen uitspraak te doen (zie onder meer arresten van 16 mei 2013, Alakor Gabonatermel? és Forgalmazó, C-191/12, EU:C:2013:315, punt 31 en aldaar aangehaalde rechtspraak, en 24 februari 2015, Grünewald, C-559/13, EU:C:2015:109, punt 32).

35. Wat in casu in de eerste plaats de verplichte bijdragen betreft die werden betaald aan de pensioeninstelling voor advocaten, volgt uit de verwijzingsbeslissing dat verzoeker in het hoofdgeding zich verplicht moest aansluiten bij die instelling, en bijdragen moest storten wegens zijn inschrijving bij de orde van advocaten van Keulen.

36. Blijkens de verwijzingsbeslissing is deze inschrijving verplicht teneinde verzoeker in het hoofdgeding toe te staan zijn beroep uit te oefenen als Rechtsanwalt, zowel in Duitsland, waar hij een belangrijk deel van zijn inkomsten verwerft en betreffende die inkomsten beperkt belastingplichtig is, als, in overeenstemming met artikel 3 van richtlijn 98/5, in België, de lidstaat waar hij gevestigd is en verblijft.

37. Derhalve moet worden aangenomen dat de uitgaven voor de verplichte bijdragen aan de pensioeninstelling van advocaten zijn gedaan omdat de inschrijving bij de orde van advocaten noodzakelijk was voor de uitoefening van de activiteiten die de belastbare inkomsten hebben voortgebracht. Deze uitgaven dienen te worden beschouwd als wegens deze activiteit gemaakte kosten, die dus noodzakelijk waren voor de uitoefening ervan.

38. Aan deze beoordeling wordt niet afgedaan door de desbetreffende argumenten van verweerster in het hoofdgeding en de Duitse regering.

39. Vooreerst wordt het bestaan van een rechtstreeks verband tussen de uitgaven en de activiteiten die de inkomsten voortbrachten niet op losse schroeven gezet door de omstandigheid, die zowel door verweerster in het hoofdgeding als de Duitse regering werd aangevoerd, dat overeenkomstig de statuten van de pensioeninstelling voor advocaten een mogelijkheid bestaat om, onder bepaalde voorwaarden, een ontheffing te verkrijgen van de verplichte aansluiting bij de instelling, en dat verzoeker in het hoofdgeding niet om deze ontheffing heeft verzocht.

40. Ten eerste zij immers opgemerkt dat de omstandigheid dat verzoeker in het hoofdgeding specifieke stappen had moeten ondernemen om de betaling van de bijdragen aan de genoemde instelling te vermijden, gesteld dat dit al mogelijk was, hetgeen verzoeker voor het Hof heeft ontkend, veeleer erop wijst dat de in het hoofdgeding aan de orde zijnde activiteit als advocaat normaliter dergelijke uitgaven met zich meebrengt.

41. Ten tweede kan de omstandigheid dat verzoeker in het hoofdgeding die uitgaven eventueel had kunnen vermijden, geen invloed hebben op de kwalificatie ervan. Immers, het bestaan van een rechtstreeks verband in de zin van de in punt 33 hierboven in herinnering gebrachte rechtspraak, vereist niet dat de uitgave vermijdbaar is. Zo werd een rechtstreeks verband aanvaard voor de kosten van belastingadvies voor de indiening van een belastingaangifte, daar de verplichting om een belastingaangifte in te dienen voortvloeit uit het feit dat in de betrokken lidstaat inkomsten zijn verworven (arrest van 6 juli 2006, Conijn, C-346/04, EU:C:2006:445, punt 22).

42. Het bestaan van een rechtstreeks verband in de zin van de hierboven in punt 33 genoemde rechtspraak, volgt uit het feit dat de uitgave onlosmakelijk verbonden is met de activiteit waardoor deze inkomsten werden verkregen (arresten van 31 maart 2011, Schröder, C-450/09, EU:C:2011:198, punt 43, en 24 februari 2015, Grünewald, C-559/13, EU:C:2015:109, punt 36). Zoals hierboven in punt 37 van het onderhavige arrest is opgemerkt, vloeit de noodzaak om de bijdragen aan de pensioeninstelling voor advocaten te betalen voort uit het lidmaatschap van de orde van advocaten, die zelf noodzakelijk is voor de uitoefening van de activiteit die belastbare inkomsten heeft voortgebracht.

43. Vervolgens resulteert ook de zowel door verweerster in het hoofdgeding als door de Duitse regering aangehaalde omstandigheid dat de bijdragen waarvan sprake is in het hoofdgeding als voornaamste doelstelling niet zozeer de activiteit als advocaat in Duitsland hebben, maar het verwerven van rechten met het oog op het voorzien in levensonderhoud bij ouderdom – hetgeen bewijst dat zij verband houden met de persoonlijke en gezinssituatie van de belastingplichtige –, niet in een andere kwalificatie van het verband dat er bestaat tussen de gedane uitgaven en de inkomsten in het hoofdgeding, aangezien deze uitgaven objectief noodzakelijk zijn voor het verwerven van deze inkomsten.

44. Ten slotte verschilt de situatie in het hoofdgeding van die welke aanleiding gaf tot het arrest van 22 juni 2017, Bechtel (C-20/16, EU:C:2017:488), en de overwegingen van het Hof in dat arrest omtrent de weigering om aan een belastingplichtige de voordelen te verlenen die voortvloeien uit de inaanmerkingneming van diens persoonlijke en gezinssituatie, in de vorm van een aftrek van aanvullende bijdragen voor een ziekteverzekering en ouderdomsverzekering, die werden betaald in de lidstaat waar hij werkt, zijn niet transponeerbaar op de kwestie van de inaanmerkingneming, in de lidstaat waar de werkzaamheden worden uitgeoefend, van verplichte bijdragen voor een pensioeninstelling voor vrije beroepen. In de zaak die aanleiding gaf tot het aangehaalde arrest behoefde de kwestie van het rechtstreeks verband tussen de uitgaven in de vorm van bijdragen voor sociale voorzieningen en de activiteit die de inkomsten voortbracht, immers niet te worden onderzocht.

45. Bijgevolg moet worden vastgesteld dat de aan de pensioeninstelling voor advocaten betaalde verplichte bijdragen in rechtstreeks verband staan met de activiteit die de belastbare inkomsten in Duitsland heeft voortgebracht.

46. Het is echter van belang in dat verband in herinnering te brengen dat, zoals in punt 36 van het onderhavige arrest is vermeld, de inschrijving bij de orde van advocaten van Keulen noodzakelijk was om verzoeker in het hoofdgeding in staat te stellen zijn beroep uit te oefenen als Rechtsanwalt, en dit niet alleen in Duitsland, maar ook in België. Uit de verwijzingsbeslissing blijkt daarenboven dat verzoeker in het hoofdgeding zijn beroep ook in andere landen uitoefende, zonder dat is aangegeven of het gaat om andere lidstaten en of dit in de hoedanigheid van Rechtsanwalt plaatsvond.

47. Bijgevolg staan de verplichte bijdragen aan de pensioeninstelling van advocaten ook in rechtstreeks verband met de activiteit waarmee in België, en eventueel ook in andere lidstaten, belastbare inkomsten zijn verworven.

48. In tegenstelling tot de inkomsten van een ingezeten belastingplichtige die in Duitsland onbeperkt belastingplichtig is, is een niet-ingezeten belastingplichtige in deze lidstaat echter slechts onderworpen aan een belastingplicht die beperkt is tot de inkomsten die in de genoemde staat zijn gegenereerd.

49. Hieruit volgt dat, wat de verplichte bijdragen aan de pensioeninstelling voor advocaten betreft, de situatie van een niet-ingezeten belastingplichtige, zoals verzoeker in het hoofdgeding, moet worden geacht vergelijkbaar te zijn met die van een ingezeten belastingplichtige, wat het gedeelte van de betaalde bijdragen betreft

dat proportioneel overeenstemt met het aandeel van de in Duitsland belastbare inkomsten in het totaal van de inkomsten die door de betrokken activiteit zijn voortgebracht.

50. Bijgevolg kan in geval van een beperking als in het hoofdgeding, die voortvloeit uit de weigering om de aan de pensioeninstelling voor advocaten betaalde verplichte bijdragen in aanmerking te nemen in verhouding tot het gedeelte van de inkomsten dat in Duitsland belastbaar is, niet op goede gronden worden aangevoerd dat de situatie van ingezeten belastingplichtigen verschilt van die van niet-ingezeten belastingplichtigen.

51. Wat in de tweede plaats de vrijwillige bijdragen aan de pensioeninstelling voor advocaten betreft, blijkt uit de verwijzingsbeslissing dat deze uitgaven berusten op een vrije keuze van verzoeker in het hoofdgeding om zijn pensioenrechten te verhogen tot het maximaal toegestane bedrag aan bijdragen.

52. Ofschoon deze bijdragen eveneens voortvloeien uit de aansluiting bij de orde van advocaten zijn zij, in tegenstelling tot de verplichte bijdragen, niet noodzakelijk voor een dergelijke aansluiting. Ze zijn derhalve niet noodzakelijk voor de uitoefening van het beroep van advocaat in Duitsland, noch voor het verwerven van belastbare inkomsten in Duitsland.

53. Wat de aanvullende bijdragen aan de pensioeninstelling voor advocaten betreft, bevindt een niet-ingezeten belastingplichtige zoals verzoeker in het hoofdgeding zich dan ook niet in een vergelijkbare situatie als een ingezeten belastingplichtige.

54. Hieraan wordt niet afgedaan door het argument dat de pensioenenuitkeringen van de pensioeninstelling voor advocaten later belastbaar zullen zijn in Duitsland. Nog afgezien van het onzekere karakter van een dergelijke toekomstige belasting, volstaat het in herinnering te brengen dat het hoofdgeding betrekking heeft op de belasting van de inkomsten die voortkomen uit de uitoefening in Duitsland van de activiteit van advocaat door verzoeker in het hoofdgeding, en dat, om in aanmerking te worden genomen in het kader van deze belasting, de uitgaven in rechtstreeks verband moeten staan met de activiteit die de inkomsten heeft voortgebracht. Het eventuele verband met andere toekomstige inkomsten is niet relevant voor onderzoek naar het bestaan van een dergelijk rechtstreeks verband.

55. Wat in de derde plaats de bijdragen betreft die werden gestort in het kader van een particuliere pensioenverzekering, moet in navolging van de verwijzende rechter worden overwogen dat tussen deze uitgaven en de activiteit van advocaat die de belastbare inkomsten heeft voortgebracht, geen rechtstreeks verband valt vast te stellen.

56. Om soortgelijke redenen als die genoemd in punt 54 van het onderhavige arrest, is een eventueel verband met andere toekomstige inkomsten niet relevant om te beoordelen of er tussen de in het kader van een particuliere pensioenverzekering betaalde bijdragen en de inkomsten die in Duitsland door de activiteit van verzoeker in het hoofdgeding zijn voortgebracht, een rechtstreeks verband bestaat.

57. Derhalve dient te worden vastgesteld dat wat de bijdragen in het kader van een particuliere pensioenverzekering betreft, een niet-ingezeten belastingplichtige, zoals verzoeker in het hoofdgeding, zich niet in een vergelijkbare situatie bevindt als een ingezeten belastingplichtige.

58. Bijgevolg kan in geval van een beperking als in het hoofdgeding, die voortvloeit uit de weigering om de aan de pensioeninstelling voor advocaten betaalde aanvullende bijdragen en de bijdragen in het kader van een particuliere pensioenverzekering in aanmerking te nemen, op goede gronden worden aangevoerd dat de situatie van ingezeten belastingplichtigen verschilt van die van niet-ingezeten belastingplichtigen.

Rechtvaardiging

59. Er dient nog te worden onderzocht of de beperking van de vrijheid van vestiging die voortvloeit uit de weigering om de verplichte bijdragen aan de pensioeninstelling voor advocaten in aanmerking te nemen in verhouding tot het gedeelte van de inkomsten dat belastbaar is in Duitsland, kan worden gerechtvaardigd door dwingende redenen van algemeen belang.

60. In dit verband heeft verweerster in het hoofdgeding betoogd dat de weigering om deze bijdragen in aanmerking te nemen, wordt gerechtvaardigd door het risico dat deze eveneens in andere lidstaten dan de Bondsrepubliek Duitsland zouden worden afgetrokken, hetgeen aan de belastingplichtige een ongerechtvaardigd meervoudig voordeel zou verschaffen. Volgens verweerster in het hoofdgeding zou de belastingplichtige moeten aantonen dat bedoelde bijdragen niet daarnaast ook in het land van zijn verblijfplaats fiscale voordelen met zich mee hebben gebracht.

61. Door zonder nadere precisering te wijzen op dit risico, stelt verweerster in het hoofdgeding het Hof echter niet in staat om de strekking van dit argument te beoordelen, temeer daar niet wordt betoogd dat de uitvoering van de bepalingen van richtlijn 77/799/EEG van de Raad van 19 december 1977 betreffende de wederzijdse bijstand van de bevoegde autoriteiten van de lidstaten op het gebied van de directe belastingen en heffingen op verzekeringspremies (PB 1977, L 336, blz. 15), zoals gewijzigd bij richtlijn 2006/98/EG van de Raad van 20 november 2006 (PB 2006, L 363, blz. 129), die op dat ogenblik van kracht was, niet had volstaan om dit risico af te wenden (zie ook arrest van 24 februari 2015, Grünewald, C-559/13, EU:C:2015:109, punt 52).

62. Gelet op een en ander moet op de gestelde vragen worden geantwoord dat:

- artikel 49 VWEU aldus moet worden uitgelegd dat het zich verzet tegen een regeling van een lidstaat, zoals de in het hoofdgeding aan de orde zijnde regeling, op grond waarvan het een niet-ingezeten belastingplichtige die in die lidstaat is onderworpen aan de inkomstenbelasting uit hoofde van een beperkte belastingplicht, niet is toegestaan om het bedrag van de verplichte bijdragen aan een pensioeninstelling voor vrije beroepen af te trekken van de belastinggrondslag van de inkomstenbelasting in verhouding tot het gedeelte van de inkomsten dat in die lidstaat belastbaar is, wanneer deze bijdragen in rechtstreeks verband staan met de activiteit die deze inkomsten heeft gegenereerd, terwijl een ingezeten belastingplichtige die onderworpen is aan de inkomstenbelasting uit hoofde van een onbeperkte belastingplicht, dergelijke bijdragen wel kan aftrekken van de belastinggrondslag van de inkomstenbelasting binnen de in het nationale recht vastgelegde grenzen, en
- artikel 49 VWEU aldus moet worden uitgelegd dat het zich niet verzet tegen een regeling van een lidstaat, zoals de in het hoofdgeding aan de orde zijnde regeling, op grond waarvan het een niet-ingezeten belastingplichtige die in die lidstaat is onderworpen aan de inkomstenbelasting uit hoofde van een beperkte belastingplicht, niet is toegestaan om het bedrag van aanvullende bijdragen aan een pensioeninstelling voor vrije beroepen en van bijdragen in het kader van een particuliere pensioenverzekering af te trekken van de belastinggrondslag van de inkomstenbelasting, terwijl een ingezeten belastingplichtige die onderworpen is aan de inkomstenbelasting uit hoofde van een onbeperkte belastingplicht, dergelijke bijdragen wel kan aftrekken van de belastinggrondslag van de inkomstenbelasting binnen de in het nationale recht vastgelegde grenzen.

Kosten

63. ...

Het Hof (Tiende kamer)

verklaart voor recht:

Artikel 49 VWEU moet aldus worden uitgelegd dat het zich verzet tegen een regeling van een lidstaat, zoals de in het hoofdgeding aan de orde zijnde regeling, op grond waarvan het een niet-ingezeten belastingplichtige die in die lidstaat is onderworpen aan de inkomstenbelasting uit hoofde van een beperkte belastingplicht, niet is toegestaan om het bedrag van de verplichte bijdragen aan een pensioeninstelling voor vrije beroepen af te trekken van de belastinggrondslag van de inkomstenbelasting in verhouding tot het gedeelte van de inkomsten dat in die lidstaat belastbaar is, wanneer deze bijdragen in rechtstreeks verband staan met de activiteit die deze inkomsten heeft gegenereerd, terwijl een ingezeten belastingplichtige die onderworpen is aan de inkomstenbelasting uit hoofde van een onbeperkte belastingplicht, dergelijke bijdragen wel kan aftrekken van de belastinggrondslag van de inkomstenbelasting binnen de in het nationale recht vastgelegde grenzen.

Artikel 49 VWEU moet aldus worden uitgelegd dat het zich niet verzet tegen een regeling van een lidstaat, zoals de in het hoofdgeding aan de orde zijnde regeling, op grond waarvan het een niet-ingezeten belastingplichtige die in die lidstaat is onderworpen aan de inkomstenbelasting uit hoofde van een beperkte belastingplicht, niet is toegestaan om het bedrag van aanvullende bijdragen aan een pensioeninstelling voor vrije beroepen en van bijdragen in het kader van een particuliere pensioenverzekering af te trekken van de belastinggrondslag van de inkomstenbelasting, terwijl een ingezeten belastingplichtige die onderworpen is aan de inkomstenbelasting uit hoofde van een onbeperkte belastingplicht, dergelijke bijdragen wel kan aftrekken van de belastinggrondslag van de inkomstenbelasting binnen de in het nationale recht vastgelegde grenzen.

HvJ EU 19 december 2018, zaak C-374/17 (Finanzamt B v. A-Brauerei)

Grote kamer: *K. Lenaerts, president, R. Silva de Lapuerta, vicepresident, J.-C. Bonichot, A. Arabadjiev, A. Prechal (rapporteur), M. Vilaras, F. Biltgen, K. Jürimäe en C. Lycourgos, kamerpresidenten, M. Ilešič, J. Malenovský, E. Levits, L. Bay Larsen, C. G. Fernlund en S. Rodin, rechters*

Advocaat-generaal: *H. Saugmandsgaard Øe*

1. Het verzoek om een prejudiciële beslissing betreft de uitlegging van artikel 107, lid 1, VWEU.

2. Dit verzoek is ingediend in het kader van een geding tussen het Finanzamt B (belastingdienst B, Duitsland; hierna: „Finanzamt") en A-Brauerei over de weigering van het Finanzamt om die vennootschap in aanmerking te laten komen voor de vrijstelling van belasting op de verwerving van onroerend goed, waarvoor vennootschappen die in het kader van omzettingen binnen bepaalde concerns een eigendomsrecht op onroerende goederen verwerven, krachtens het Duitse belastingrecht onder bepaalde voorwaarden in aanmerking kunnen komen.

Duits recht

Umwandlungsgesetz

3. § 1, lid 1, van het Umwandlungsgesetz (wet inzake de omzetting van vennootschappen), in de versie die van toepassing is op het hoofdgeding (hierna: „UmwG"), bepaalt:

„Rechtssubjecten met zetel op het nationale grondgebied kunnen worden omgezet
1. door fusie;
2. door splitsing (splitsing met ontbinding en overdracht van het gehele vermogen, splitsing zonder ontbinding en met overdracht van een deel van het vermogen en splitsing door oprichting van nieuwe vennootschappen);
3. door overdracht van het vermogen;
[...]"

4. § 2 UmwG luidt:

„Rechtssubjecten kunnen door ontbinding zonder liquidatie fuseren
1. bij wege van overname door de overdracht van het gehele vermogen van één rechtssubject of van meerdere rechtssubjecten (overdragende rechtssubjecten) aan een ander bestaand rechtssubject (verkrijgend rechtssubject) [...]".

Grunderwerbsteuergesetz

5. § 1 van het Grunderwerbsteuergesetz (wet inzake de belasting op de verwerving van onroerend goed), in de versie die van toepassing is op het hoofdgeding (hierna: „GrEStG"), bepaalt:

„1. De volgende rechtshandelingen zijn onderworpen aan de belasting op de verwerving van onroerend goed, mits zij betrekking hebben op onroerende goederen die op het nationale grondgebied zijn gelegen:
1. een koopovereenkomst of een andere rechtshandeling op basis waarvan een recht op eigendomsoverdracht ontstaat;
2. het akkoord over de eigendomsoverdracht, indien voorafgaand daaraan geen rechtshandeling heeft plaatsgevonden op basis waarvan een recht op eigendomsoverdracht is ontstaan;
3. de eigendomsovergang, indien voorafgaand daaraan geen rechtshandeling heeft plaatsgevonden op basis waarvan een recht op eigendomsoverdracht is ontstaan en een akkoord over de eigendomsoverdracht ook niet noodzakelijk is [...];
[...]
2. Ook onderworpen aan de belasting op de verwerving van onroerend goed zijn rechtshandelingen die, zonder een recht op eigendomsoverdracht te doen ontstaan, het een andere persoon juridisch of economisch mogelijk maken een op het nationale grondgebied gelegen onroerend goed voor eigen rekening te exploiteren.

2a. Indien het vermogen van een vennootschap een op het nationale grondgebied gelegen onroerend goed omvat en het vennotenbestand binnen vijf jaar direct of indirect dusdanig wijzigt dat minstens 95 % van de aandelen in de vennootschap aan nieuwe vennoten wordt overgedragen, wordt dit beschouwd als een rechtshandeling strekkende tot overdracht van een onroerend goed aan een nieuwe personenvennootschap. […]
3. Indien het vermogen van een vennootschap een op het nationale grondgebied gelegen onroerend goed omvat, zijn daarenboven de volgende handelingen aan belasting onderworpen, voor zover belasting uit hoofde van lid 2a is uitgesloten:
1. een rechtshandeling op basis waarvan een recht op overdracht van een of meerdere aandelen van de vennootschap ontstaat, wanneer als gevolg van de overdracht, direct of indirect, minstens 95 % van de aandelen in de vennootschap in handen zouden komen van uitsluitend een verkrijger, van controlerende en afhankelijke ondernemingen of personen, of van afhankelijke ondernemingen of personen;
2. de directe of indirecte vereniging van minstens 95 % van de aandelen in de vennootschap, wanneer vooraf geen verbintenisrechtelijke transactie in de zin van punt 1 heeft plaatsgevonden;
3. een rechtshandeling op basis waarvan een recht op overdracht, direct of indirect, van minstens 95 % van de aandelen in de vennootschap ontstaat;
4. de overgang, direct of indirect, van minstens 95 % van de aandelen in de vennootschap aan een andere vennootschap, wanneer vooraf geen verbintenisrechtelijke transactie in de zin van punt 3 heeft plaatsgevonden."

6. § 6a GrEStG, met het opschrift „Belastingvoordeel bij herstructureringen binnen een concern", dat in deze wet is ingevoegd bij § 7 van het Wachstumsbeschleunigungsgesetz (wet inzake de bevordering van de economische groei) van 22 december 2009 (BGBl. 2009 I, blz. 3950), bepaalt, in de versie die van toepassing is op het hoofdgeding:

„Over belastbare rechtshandelingen als bedoeld in § 1, lid 1, punt 3, en § 1, lid 2a of lid 3, die worden verricht in het kader van een omzetting in de zin van § 1, lid 1, punten 1 tot en met 3, [UmwG] wordt de belasting niet geheven; […] de eerste volzin is ook van toepassing op overeenkomstige omzettingen volgens het recht van een lidstaat van de Europese Unie of van een staat die partij is bij de Overeenkomst betreffende de Europese Economische Ruimte. De eerste volzin is slechts van toepassing wanneer uitsluitend een controlerende onderneming en één of meerdere van deze onderneming afhankelijke vennootschappen of meerdere van een controlerende onderneming afhankelijke vennootschappen aan de omzettingsprocedure deelnemen. Een vennootschap is afhankelijk in de zin van de derde volzin wanneer de controlerende onderneming ononderbroken gedurende vijf jaar vóór de transactie en gedurende vijf jaar na de transactie direct of indirect, of deels direct en deels indirect, een deelneming van minstens 95 % in het kapitaal of het maatschappelijk vermogen aanhoudt."

Hoofdgeding en prejudiciële vraag

7. A-Brauerei, een vennootschap die een commerciële activiteit uitoefent, hield 100 % van de aandelen van T-GmbH, een vennootschap die eigenaar was van verschillende onroerende goederen en zelf enig aandeelhouder van een andere vennootschap was.

8. Bij overeenkomst van 1 augustus 2012 heeft T-GmbH haar gehele vermogen, met inbegrip van voornoemde onroerende goederen, met alle daaraan verbonden rechten en verplichtingen overgedragen aan A-Brauerei, in het kader van een omzetting bij wege van fusie door overname in de zin van § 1, lid 1, punt 1 en § 2, punt 1, UmwG, waarbij alleen deze twee vennootschappen betrokken waren.

9. Deze fusie werd van kracht bij inschrijving in het handelsregister op 24 september 2012, op welke datum T-GmbH – na meer dan 5 jaar vóór de fusie voor 100 % in handen van A-Brauerei te zijn geweest – ophield te bestaan.

10. Bij aanslag van 7 juni 2013 heeft het Finanzamt betaling gelast van de door A-Brauerei verschuldigde belasting op de verwerving van onroerend goed, omdat de overdracht van de onroerende goederen van T-GmbH, als overdragende vennootschap, naar A-Brauerei, als verkrijgende vennootschap, ten gevolge van hun fusie en de daaruit voortkomende overgang onder algemene titel van de goederen van de overgenomen vennootschap naar de overnemende vennootschap, een belastbare handeling vormt krachtens § 1, lid 1, punt 3, GrEStG, en niet valt onder de vrijstelling van § 6a GrEStG.

11. Bij besluit van 19 juli 2013 heeft het Finanzamt het door A-Brauerei tegen deze aanslag gerichte bezwaar afgewezen, omdat T-GmbH geen „afhankelijke vennootschap" in de zin van § 6a was, aangezien T-GmbH ingevolge de fusie was opgehouden te bestaan, waardoor niet was voldaan aan de bij § 6a opgelegde voorwaarde

dat gedurende de bij wet vastgelegde periode van vijf jaar na de transactie een deelneming van minstens 95 % wordt aangehouden.

12. Bij arrest van 14 oktober 2014 heeft het Finanzgericht Nürnberg (belastingrechter in eerste aanleg Nürnberg, Duitsland) het door A-Brauerei tegen dit besluit ingestelde beroep toegewezen, op grond dat zij in casu aanspraak kon maken op het belastingvoordeel van § 6a GrEStG.

13. Het Finanzamt heeft tegen dat arrest beroep in Revision ingesteld bij het Bundesfinanzhof (hoogste federale rechter in belastingzaken, Duitsland).

14. In een interlocutoir arrest van 25 november 2015 heeft deze rechter de in eerste aanleg gegeven uitlegging van § 6a GrEStG bevestigd, omdat de voorwaarde inzake de periode van deelneming alleen van toepassing is als er bij de betreffende omzetting daadwerkelijk aan zou kunnen worden voldaan, hetgeen niet het geval was bij de fusie die aan de orde is in het hoofdgeding, daar die er noodzakelijkerwijs toe heeft geleid dat de overgenomen vennootschap ophield te bestaan.

15. In dit interlocutoire arrest heeft de verwijzende rechter tevens ambtshalve de vraag opgeworpen of § 6a GrEStG buiten toepassing moet worden gelaten omdat het belastingvoordeel dat dit artikel toekent moet worden gekwalificeerd als „staatssteun" in de zin van artikel 107, lid 1, VWEU, zodat er sprake zou kunnen zijn van een schending van de aanmeldingsplicht en de standstillverplichting van artikel 108, lid 3, VWEU.

16. In dit verband heeft het Bundesministerium der Finanzen (federaal ministerie van Financiën, Duitsland), dat heeft geïntervenieerd in de procedure bij de verwijzende rechter, opgemerkt dat het belastingvoordeel waarin § 6a voorziet niet was aangemeld bij de Europese Commissie, die derhalve geen onderzoeksprocedure naar dit belastingvoordeel had ingeleid. Dat ministerie heeft evenwel aangevoerd, onder verwijzing naar het arrest van het Gerecht van de Europese Unie van 7 november 2014, Autogrill España/Commissie (T-219/10, EU:T:2014:939), dat het betrokken voordeel geen „staatssteun" in de zin van artikel 107, lid 1, VWEU vormt omdat de ondernemingen die in aanmerking komen voor dat voordeel op basis van hun specifieke eigenschappen niet kunnen worden aangewezen als bevoorrechte categorie, waardoor niet is voldaan aan de selectiviteitsvoorwaarde die deze bepaling oplegt.

17. In deze context heeft het Bundesfinanzhof de behandeling van de zaak geschorst en het Hof verzocht om een prejudiciële beslissing over de volgende vraag:

> „Moet artikel 107, lid 1, VWEU aldus worden uitgelegd dat er sprake is van door deze bepaling verboden steun wanneer volgens een regeling van een lidstaat geen belasting op de verwerving van onroerend goed wordt geheven over een belastbare verwerving in het kader van een omzetting (fusie) wanneer bepaalde rechtssubjecten (een controlerende onderneming en een afhankelijke vennootschap) aan de omzettingsprocedure deelnemen en de controlerende onderneming gedurende vijf jaar vóór en vijf jaar na de rechtshandeling een 100 % deelneming in de afhankelijke vennootschap aanhoudt?"

Beantwoording van de prejudiciële vraag

18. Met zijn vraag wenst de verwijzende rechter in essentie te vernemen of artikel 107, lid 1, VWEU aldus moet worden uitgelegd dat aan de selectiviteitsvoorwaarde van die bepaling is voldaan in geval van een belastingvoordeel als aan de orde in het hoofdgeding, dat erin bestaat dat de eigendomsovergang van een onroerend goed wegens een omzetting waarbij alleen vennootschappen zijn betrokken van één en hetzelfde concern, die met elkaar zijn verbonden door een deelneming van minstens 95 % gedurende een ononderbroken periode van minimaal vijf jaar vóór en vijf jaar na die omzetting, wordt vrijgesteld van de belasting op de verwerving van onroerend goed.

19. Volgens vaste rechtspraak van het Hof kan een nationale maatregel pas als „staatssteun" worden aangemerkt in de zin van artikel 107, lid 1, VWEU wanneer is voldaan aan alle hierna genoemde voorwaarden. In de eerste plaats moet het gaan om een maatregel van de staat of een maatregel die met staatsmiddelen is bekostigd. In de tweede plaats moet de maatregel het handelsverkeer tussen de lidstaten ongunstig kunnen beïnvloeden. In de derde plaats moet de maatregel de begunstigde een selectief voordeel verschaffen. In de vierde plaats moet de maatregel de mededinging vervalsen of dreigen te vervalsen (arrest van 21 december 2016, Commissie/World Duty Free Group e.a., C-20/15 P en C-21/15 P, EU:C:2016:981, punt 53 en aldaar aangehaalde rechtspraak).

20. Aangaande de voorwaarde inzake het selectieve karakter van het voordeel, die beslissend is voor het begrip „staatssteun" in de zin van artikel 107, lid 1, VWEU, moet vooraf worden onderzocht of, zoals aangevoerd door de Duitse regering, het belastingvoordeel waarin § 6a GrEStG voorziet zonder meer moet worden

aangemerkt als „algemene maatregel" en dientengevolge moet worden uitgesloten van de werkingssfeer van artikel 107, lid 1, VWEU, omdat het niet voldoet aan de door deze bepaling opgelegde selectiviteitsvoorwaarde.

21. Betreffende in het bijzonder een nationale maatregel tot toekenning van een belastingvoordeel, moet in herinnering worden gebracht dat een dergelijke maatregel die, hoewel daarbij geen staatsmiddelen worden overgedragen, de situatie van de begunstigden verbetert ten opzichte van andere belastingplichtigen, de begunstigden een selectief voordeel kan verschaffen en bijgevolg een steunmaatregel van de staat is in de zin van artikel 107, lid 1, VWEU (arrest van 21 december 2016, Commissie/World Duty Free Group e.a., C-20/15 P en C-21/15 P, EU:C:2016:981, punt 56 en aldaar aangehaalde rechtspraak).

22. In die context heeft het Hof tevens geoordeeld dat het selectieve karakter van fiscale steun het gevolg kan zijn van een voorwaarde voor toepassing of verkrijging van die steun indien die voorwaarde ertoe leidt dat onderscheid wordt gemaakt tussen ondernemingen die zich, gelet op het doel van de betrokken belastingregeling, nochtans in een vergelijkbare feitelijke en juridische situatie bevinden, en indien zij bijgevolg de van die steun uitgesloten ondernemingen discrimineert (arrest van 21 december 2016, Commissie/World Duty Free Group e.a., C-20/15 P en C-21/15 P, EU:C:2016:981, punt 86).

23. Nationale maatregelen die zonder onderscheid van toepassing zijn op alle ondernemingen in de betrokken lidstaat vormen daarentegen algemene maatregelen en zijn derhalve niet selectief (zie in die zin arresten van 29 maart 2012, 3M Italia, C-417/10, EU:C:2012:184, punt 39, en 21 december 2016, Commissie/World Duty Free Group e.a., C-20/15 P en C-21/15 P, EU:C:2016:981, punt 56 en aldaar aangehaalde rechtspraak).

24. Het feit dat alleen belastingplichtigen die voldoen aan de voorwaarden voor toepassing van een maatregel, voor deze maatregel in aanmerking komen, brengt op zich nog niet mee dat het een selectieve maatregel betreft (arrest van 21 december 2016, Commissie/World Duty Free Group e.a., C-20/15 P en C-21/15 P, EU:C:2016:981, punt 59).

25. Voor de kwalificatie als „algemene maatregel" is het echter irrelevant of de betrokken maatregel van toepassing is ongeacht de aard van de ondernemingsactiviteit (zie in die zin arrest van 21 december 2016, Commissie/World Duty Free Group e.a., C-20/15 P en C-21/15 P, EU:C:2016:981, punten 82-84).

26. De a priori selectieve aard van een maatregel waarmee een voordeel wordt verschaft hoeft immers niet noodzakelijkerwijs voort te vloeien uit een voorwaarde voor de verkrijging van het voordeel die verband houdt met de sector waarin een onderneming actief is, maar kan ook op andere voorwaarden zijn gebaseerd, zoals een voorwaarde betreffende de rechtsvorm van de ondernemingen die voor dat voordeel in aanmerking komen (zie in die zin arrest van 10 januari 2006, Cassa di Risparmio di Firenze e.a., C-222/04, EU:C:2006:8, punt 136).

27. Voorts is het voor de kwalificatie als „algemene maatregel" evenmin relevant dat met een maatregel, die a priori of mogelijkerwijs openstaat voor alle ondernemingen, geen specifieke categorie ondernemingen kan worden aangewezen die als enige door de betrokken maatregel worden bevoordeeld en die kunnen worden onderscheiden op basis van specifieke en gemeenschappelijke eigen kenmerken (zie in die zin arrest van 21 december 2016, Commissie/World Duty Free Group e.a., C-20/15 P en C-21/15 P, EU:C:2016:981, punten 69-71).

28. In het onderhavige geval blijkt uit het dossier waarover het Hof beschikt, dat de vrijstelling van de belasting op de verwerving van onroerend goed van § 6a GrEStG in die wet is ingevoegd bij het Wachstumsbeschleunigungsgesetz van 22 december 2009, onder het opschrift „Belastingvoordeel bij omzettingen binnen een concern", als maatregel die formeel afwijkt van § 1, lid 1, punt 3, en § 1, leden 2a en 3, GrEStG.

29. Voorts blijkt uit de toelichting bij het wetsvoorstel waaruit die bepaling is voortgekomen, dat deze in wezen beoogt herstructureringen van ondernemingen en, in het bijzonder, omzettingen waarbij onroerende goederen tussen vennootschappen worden overgedragen, te vergemakkelijken, om hun concurrentievermogen te vergroten in reactie op de financiële crisis die de Bondsrepubliek Duitsland sinds 2008 doormaakte.

30. Uit het dossier waarover het Hof beschikt blijkt tevens dat pas in de loop van het wetgevingsproces werd besloten om het belastingvoordeel voor te behouden aan bepaalde concerns, door aan de oorspronkelijk voorgestelde tekst een aanvullende toepassingsvoorwaarde toe te voegen, op grond waarvan bij de betrokken omzetting alleen zogenoemde „controlerende" en/of „afhankelijke" vennootschappen betrokken kunnen zijn. Vennootschappen worden beschouwd afhankelijk te zijn wanneer hun kapitaal of maatschappelijk vermogen, gedurende een onafgebroken periode van minimaal 5 jaar vóór en 5 jaar na die omzetting, voor ten minste 95 % in handen is geweest van een controlerende vennootschap.

31. De in het hoofdgeding aan de orde zijnde belastingvrijstelling is echter van dien aard dat alleen de bedoelde concerns bij de uitvoering van omzettingen worden bevoordeeld, terwijl vennootschappen die geen deel uitmaken van dergelijke concerns van dat voordeel zijn uitgesloten, zelfs al voeren zij dezelfde omzettingen als die concerns uit.

32. In dit verband is het juist dat de regelgevingstechniek niet doorslaggevend is bij de vaststelling of een maatregel selectief dan wel algemeen van aard is, in die zin dat, zoals met name volgt uit punt 101 van het arrest van 15 november 2011, Commissie en Spanje/Government of Gibraltar en Verenigd Koninkrijk (C-106/09 P en C-107/09 P, EU:C:2011:732), zelfs een maatregel die formeel niet afwijkend is en is gebaseerd op criteria die, op zichzelf beschouwd, algemeen van aard zijn, selectief kan zijn, indien deze in werkelijkheid leidt tot discriminatie tussen vennootschappen die zich, gelet op het doel van de betrokken belastingregeling, in vergelijkbare situaties bevinden.

33. Ofschoon de gebruikte regelgevingstechniek niet doorslaggevend is om te bepalen of een belastingmaatregel selectief is, zodat die maatregel ook selectief kan zijn zonder dat hij afwijkt van een algemene belastingregeling, is voorts het feit dat deze maatregel, zoals het geval is in het hoofdgeding, wegens het gebruik van die regelgevingstechniek een dergelijk afwijkend karakter heeft, relevant ten bewijze van de selectiviteit van die maatregel wanneer deze ertoe leidt dat onderscheid wordt gemaakt tussen twee groepen ondernemers die a priori verschillend worden behandeld, namelijk de groep die onder de afwijkende maatregel valt en die waarop de algemene belastingregeling van toepassing blijft, hoewel beide groepen zich, gelet op het doel van die regeling, in een vergelijkbare situatie bevinden [arresten van 21 december 2016, Commissie/World Duty Free Group e.a., C-20/15 P en C-21/15 P, EU:C:2016:981, punt 77, en 28 juni 2018, Andres (faillissement Heitkamp BauHolding)/Commissie, C-203/16 P, EU:C:2018:505, punt 93].

34. Hieruit volgt dat het in punt 20 van het onderhavige arrest genoemde argument van de Duitse regering niet volstaat om aan te tonen dat de maatregel in het hoofdgeding buiten de werkingssfeer van artikel 107, lid 1, VWEU valt.

35. Volgens vaste rechtspraak van het Hof moet bij de beoordeling van de voorwaarde inzake het selectieve karakter van het voordeel, die beslissend is voor het begrip „staatssteun" in de zin van artikel 107, lid 1, VWEU, in de eerste plaats worden bepaald of de betrokken nationale maatregel binnen het kader van een bepaalde rechtsregeling „bepaalde ondernemingen of bepaalde producties" kan begunstigen ten opzichte van andere die zich, gelet op de doelstelling van die regeling, in feitelijk en juridisch vergelijkbare situaties bevinden en dus een verschillende behandeling krijgen die in wezen als discriminerend kan worden aangemerkt (arrest van 21 december 2016, Commissie/World Duty Free Group e.a., C-20/15 P en C-21/15 P, EU:C:2016:981, punt 54 en aldaar aangehaalde rechtspraak).

36. In de context van belastingmaatregelen, kan een nationale belastingmaatregel slechts als „selectief" worden aangemerkt nadat ten eerste is bepaald welke algemene of „normale" belastingregeling in de betrokken lidstaat geldt, en ten tweede is aangetoond dat de betrokken belastingmaatregel afwijkt van die algemene regeling doordat hij differentiaties invoert tussen marktdeelnemers die zich, gelet op het doel van de algemene regeling, in feitelijk en juridisch vergelijkbare situaties bevinden (zie in die zin arrest van 21 december 2016, Commissie/World Duty Free Group e.a., C-20/15 P en C-21/15 P, EU:C:2016:981, punt 57).

37. In casu dient allereerst te worden vastgesteld dat, zoals blijkt uit de weergave van het nationale recht in de verwijzingsbeslissing, het referentiekader aan de hand waarvan het onderzoek naar de vergelijkbaarheid moet worden uitgevoerd, wordt gevormd door de Duitse rechtsvoorschriften inzake de belasting op de verwerving van onroerend goed, die in hun geheel beschouwd het voorwerp of het belastbare feit van die belasting bepalen.

38. Vervolgens rijst de vraag of het belastingvoordeel dat § 6a GrEStG verleent, aangezien dat voordeel is voorbehouden aan een omzetting waarbij alleen vennootschappen binnen één concern betrokken zijn, die met elkaar zijn verbonden door een deelneming van minstens 95 % gedurende een minimale en ononderbroken periode van vijf jaar vóór en vijf jaar na die omzetting, een ongelijke behandeling in het leven roept tussen marktdeelnemers die zich, gelet op het doel van de in het hoofdgeding aan de orde zijnde algemene regeling, in feitelijk en juridisch vergelijkbare situaties bevinden, omdat vennootschappen die dergelijke omzettingen uitvoeren zonder dusdanig met elkaar te zijn verbonden, zijn uitgesloten van dat voordeel.

39. In dit verband blijkt uit de verwijzingsbeslissing dat de belastingregeling inzake de belasting op de verwerving van onroerend goed tot doel heeft om de wijziging van de houder van rechten (*Rechtsträgerwechsel*) op een onroerend goed te belasten, of, anders gezegd, om iedere overdracht van het eigendomsrecht

op een onroerend goed van de ene natuurlijke of rechtspersoon aan een andere natuurlijke of rechtspersoon, in de zin van het burgerlijk recht, te belasten.

40. Deze doelstelling wordt bovendien expliciet vermeld in de memorie van toelichting bij het wetsvoorstel waaruit § 6a GrEStG is voortgekomen. Daarin is namelijk aangegeven dat, om te voorkomen dat de betrokken vrijstelling tot arbitraire voordelen zou leiden, deze moet worden beperkt tot omzettingen van ondernemingen, omdat zulke omzettingen in tegenstelling tot andere soorten reorganisaties van ondernemingen een wijziging van de houder van rechten op een onroerend goed, in de zin van het GrEStG, met zich brengen.

41. Ook gelet op de bewoordingen van § 6a GrEStG, waaruit blijkt dat deze bepaling bepaalde handelingen, die normaal krachtens § 1, lid 1, punt 3, en leden 2a en 3, GrEStG worden belast, uitdrukkelijk vrijstelt van belasting, moet worden geconcludeerd dat het onderzoek naar de vergelijkbaarheid, in de zin van het beginsel dat is vastgelegd in de in punt 35 van het onderhavige arrest in herinnering gebrachte rechtspraak, moet worden uitgevoerd, zoals overigens voorgesteld door de verwijzende rechter, aan de hand van voornoemde doelstelling om iedere wijziging van de houder van eigendomsrechten op onroerende goederen te belasten, die op algemene wijze wordt nagestreefd door het in het hoofdgeding aan de orde zijnde stelsel van belasting op de verwerving van onroerende goederen, en in het bijzonder door de voorschriften van § 1 GrEStG, die het voorwerp of belastbaar feit van deze belasting vaststellen, en die, zoals opgemerkt in punt 37 van het onderhavige arrest, het referentiekader vormen in het licht waarvan dit onderzoek naar de vergelijkbaarheid dient te worden uitgevoerd.

42. § 6a GrEStG blijkt tot een onderscheid te leiden tussen, aan de ene kant, ondernemingen die een omzetting uitvoeren binnen een concern, zoals omschreven in die bepaling, en in aanmerking komen voor de in het hoofdgeding aan de orde zijnde belastingvrijstelling, en, aan de andere kant, ondernemingen die dezelfde omzetting uitvoeren zonder deel uit te maken van een dergelijk concern maar zijn uitgesloten van die vrijstelling, terwijl beide zich in een vergelijkbare juridische en feitelijke situatie bevinden gelet op de doelstelling van deze belasting, die erin bestaat de wijziging van de houder van eigendomsrechten vanuit het oogpunt van het burgerlijk recht, waarbij deze rechten van de ene natuurlijke of rechtspersoon worden overgedragen aan een andere natuurlijke of rechtspersoon, te belasten.

43. Het discriminerend effect van de voorwaarde dat aan de omzetting alleen vennootschappen van één en hetzelfde concern zijn betrokken, die met elkaar zijn verbonden door een deelneming van minstens 95 %, wordt bovendien versterkt door het door dezelfde bepaling opgelegde vereiste dat die deelneming wordt aangehouden gedurende een minimale en ononderbroken periode van vijf jaar vóór en vijf jaar na die omzetting.

44. Echter moet in de tweede plaats in herinnering worden gebracht dat volgens vaste rechtspraak van het Hof geen sprake is van staatssteun in het geval van maatregelen die differentiëren tussen ondernemingen die zich, gelet op het doel van de betrokken rechtsregeling, in een feitelijk en juridisch vergelijkbare situatie bevinden, en die bijgevolg a priori selectief zijn, wanneer de lidstaat in kwestie kan aantonen dat die differentiatie gerechtvaardigd is omdat zij voortvloeit uit de aard of de opzet van het stelsel waarvan de maatregelen een onderdeel vormen (arrest van 21 december 2016, Commissie/World Duty Free Group e.a., C-20/15 P en C-21/15 P, EU:C:2016:981, punt 58 en aldaar aangehaalde rechtspraak).

45. Zoals de verwijzende rechter heeft voorgesteld en zoals tevens is aangevoerd in de bij het Hof ingediende schriftelijke opmerkingen en tijdens de behandeling ter terechtzitting, moet in het onderhavige geval worden vastgesteld dat de vrijstelling van § 6a GrEStG dient ter correctie van een belasting die buitensporig wordt beschouwd.

46. Het belasten van overdrachten van onroerende goederen die het gevolg zijn van omzettingen binnen een concern dat wordt gekenmerkt door een uitzonderlijk grote deelneming van minstens 95 %, wordt geacht buitensporig te zijn omdat krachtens § 1, leden 2a en 3, GrEStG de overdracht van het betrokken onroerend goed in beginsel reeds „bij binnenkomst" is belast, dat wil zeggen op het tijdstip waarop de vennootschap die dat onroerend goed in eigendom heeft, in een dergelijk concern is geïntegreerd. Als vervolgens de overdracht van voornoemd onroerend goed opnieuw zou worden belast wegens een omzetting binnen dat concern, met name, zoals in het onderhavige geval, als gevolg van een fusie door overname van de 100 %-dochteronderneming die eigenaar is van datzelfde onroerend goed, zou dezelfde overdracht van het betrokken onroerend goed dubbel worden belast, namelijk een eerste maal bij de eigendomsoverdracht die geacht wordt te hebben plaatsgevonden bij het verkrijgen door de controlerende vennootschap van ten minste 95 % van het kapitaal of maatschappelijk vermogen van de afhankelijke vennootschap, en een tweede maal bij de omzetting die in het onderhavige geval bestaat in de fusie door overname van laatstgenoemde vennootschap door de controlerende vennootschap.

47. Zoals ook is opgemerkt door de advocaat-generaal in punt 175 van zijn conclusie, is omgekeerd een dergelijke dubbele belasting uitgesloten in het geval van een omzetting waarbij de twee betrokken vennootschappen met elkaar verbonden zijn door een deelneming van minder dan 95 %. In een dergelijk geval is de verkrijging door de controlerende vennootschap van een deelneming van minder dan 95 % van het kapitaal of maatschappelijk vermogen van de afhankelijke vennootschap immers niet belastbaar op grond van § 1, leden 2a en 3, GrEStG, terwijl een eventuele daaropvolgende omzetting tussen deze twee vennootschappen niet in aanmerking komt voor de vrijstelling van § 6a GrEStG.

48. In herinnering moet worden gebracht dat een maatregel die een uitzondering maakt op de toepassing van het algemene belastingstelsel, kan worden gerechtvaardigd door de aard en de algemene opzet van het belastingstelsel wanneer de betrokken lidstaat kan aantonen dat deze maatregel rechtstreeks uit de basis- of hoofdbeginselen van zijn belastingstelsel voortvloeit. In dit verband moet onderscheid worden gemaakt tussen de doelstellingen van een specifiek belastingstelsel die buiten dat stelsel zijn gelegen, en de voor het bereiken van dergelijke doelstellingen noodzakelijke mechanismen die inherent zijn aan het belastingstelsel zelf (arrest van 6 september 2006, Portugal/Commissie C-88/03, EU:C:2006:511, punt 81).

49. Het Hof heeft in zijn rechtspraak erkend dat de doelstellingen die inherent zijn aan het betrokken algemene belastingstelsel een a priori selectieve belastingregeling kunnen rechtvaardigen (zie in die zin arresten van 29 april 2004, GIL Insurance e.a., C-308/01, EU:C:2004:252, punten 74-76, en 8 september 2011, Paint Graphos e.a., C-78/08–C-80/08, EU:C:2011:550, punten 64-76).

50. In het onderhavige geval kan de doelstelling in verband met het degelijk functioneren van het in het hoofdgeding aan de orde zijnde algemene belastingstelsel, die erin bestaat een dubbele – en daarmee buitensporige – belasting te vermijden, dus rechtvaardigen dat de belastingvrijstelling van § 6a GrEStG wordt voorbehouden aan omzettingen die plaatsvinden tussen vennootschappen die met elkaar zijn verbonden door een deelneming van minstens 95 % gedurende een minimale en ononderbroken periode van vijf jaar vóór en vijf jaar na die omzetting.

51. Zoals ook is opgemerkt door de verwijzende rechter, wordt bovendien de eis inzake de minimumperiode voor het aanhouden van een dergelijke deelneming gerechtvaardigd door de wil om ongewenste neveneffecten uit te sluiten en aldus misbruik te voorkomen, door te vermijden dat, uitsluitend om in aanmerking te komen voor deze belastingvrijstelling, deelnemingsverbanden van dit niveau voor een korte periode worden opgezet, om deze weer te verbreken zodra de omzetting is voltooid. Het voorkomen van misbruik kan immers een rechtvaardiging in verband met de aard of de opzet van het betrokken stelsel vormen (zie naar analogie arrest van 29 april 2004, GIL Insurance e.a., C-308/01, EU:C:2004:252, punt 74).

52. Hieruit volgt dat, ook al voert voornoemde vrijstelling een differentiatie in tussen ondernemingen die zich, gelet op het doel van de betrokken rechtsregeling, in een feitelijk en juridisch vergelijkbare situatie bevinden, deze differentiatie gerechtvaardigd is, omdat zij beoogt een dubbele belasting te vermijden en aldus voortvloeit uit de aard of de opzet van het stelsel waarvan zij deel uitmaakt.

53. Gelet op het voorgaande moet op de gestelde vraag worden geantwoord dat artikel 107, lid 1, VWEU aldus moet worden uitgelegd dat niet aan de selectiviteitsvoorwaarde van die bepaling is voldaan in geval van een belastingvoordeel als aan de orde in het hoofdgeding, dat erin bestaat dat de eigendomsovergang van een onroerend goed wegens een omzetting waarbij alleen vennootschappen zijn betrokken van één en hetzelfde concern, die met elkaar zijn verbonden door een deelneming van minstens 95 % gedurende een minimale en ononderbroken periode van vijf jaar vóór en vijf jaar na die omzetting, wordt vrijgesteld van de belasting op de verwerving van onroerend goed.

Kosten

54. …

Het Hof (Grote kamer)

verklaart voor recht:

Artikel 107, lid 1, VWEU moet aldus worden uitgelegd dat niet aan de selectiviteitsvoorwaarde van die bepaling is voldaan in geval van een belastingvoordeel als aan de orde in het hoofdgeding, dat erin bestaat dat de eigendomsovergang van een onroerend goed wegens een omzetting waarbij alleen vennootschappen zijn betrokken van één en hetzelfde concern, die met elkaar zijn verbonden door een deelneming van minstens 95 % gedurende een minimale en ononderbroken periode van vijf jaar vóór en vijf jaar na die omzetting, wordt vrijgesteld van de belasting op de verwerving van onroerend goed.

HvJ EU 23 januari 2019, zaak C-272/17 (K. M. Zyla v. Staatssecretaris van Financiën)

Tiende kamer: *K. Lenaerts, president van het Hof, waarnemend voor de president van de Tiende kamer, F. Biltgen en E. Levits (rapporteur), rechters*

Advocaat-generaal: *M. Campos Sánchez-Bordona*

1. Het verzoek om een prejudiciële beslissing betreft de uitlegging van artikel 45 VWEU.

2. Dit verzoek is ingediend in het kader van een geding tussen K. M. Zyla en de Staatssecretaris van Financiën (Nederland) over de bepaling van het bedrag van de tijdsevenredige vermindering van de heffingskorting voor de door haar verschuldigde premie volksverzekeringen.

Toepasselijke bepalingen

Unierecht

3. Artikel 3, lid 1, van verordening (EG) nr. 883/2004 van het Europees Parlement en de Raad van 29 april 2004 betreffende de coördinatie van de socialezekerheidsstelsels (PB 2004, L 166, blz. 1, met rectificatie in PB 2004, L 200, blz. 1) luidt als volgt:

„Deze verordening is van toepassing op alle wetgeving betreffende de volgende takken van sociale zekerheid:
a. prestaties bij ziekte;
b. moederschaps- en daarmee gelijkgestelde vaderschapsuitkeringen;
c. uitkeringen bij invaliditeit;
d. uitkeringen bij ouderdom;
[...]"

4. Artikel 4 van deze verordening bepaalt:

„Tenzij in deze verordening anders bepaald, hebben personen op wie de bepalingen van deze verordening van toepassing zijn, de rechten en verplichtingen voortvloeiende uit de wetgeving van elke lidstaat onder dezelfde voorwaarden als de onderdanen van die staat."

5. Artikel 5, onder a), van die verordening is als volgt geformuleerd:

„Tenzij in deze verordening anders bepaald en rekening houdend met de bijzondere uitvoeringsbepalingen, geldt het volgende:
a. indien de wetgeving van de bevoegde lidstaat bepaalde rechtsgevolgen toekent aan socialezekerheidsprestaties of andere inkomsten, zijn de betreffende bepalingen van die wetgeving ook van toepassing op gelijkgestelde prestaties die krachtens de wetgeving van een andere lidstaat toegekend zijn alsmede op de inkomsten die in een andere lidstaat verworven zijn".

6. Titel II van verordening nr. 883/2004, met het opschrift „Vaststelling van de toepasselijke wetgeving", bevat artikel 11, dat bepaalt:

„1. Degenen op wie deze verordening van toepassing is, zijn slechts aan de wetgeving van één lidstaat onderworpen. Welke die wetgeving is, wordt overeenkomstig deze titel vastgesteld.
[...]
3. Behoudens de artikelen 12 tot en met 16:
a. geldt voor degene die werkzaamheden al dan niet in loondienst verricht in een lidstaat, de wetgeving van die lidstaat;
[...]
e. geldt voor eenieder op wie de bepalingen van de onderdelen a) tot en met d) niet van toepassing zijn, de wetgeving van de lidstaat van zijn woonplaats [...]."

Nederlands recht

7. Volgens artikel 8.1 van de Wet op de inkomstenbelasting 2001 worden de inkomstenbelasting en de premie volksverzekeringen door de belastingdienst geïnd middels één heffing, die in dit artikel wordt aangeduid als gecombineerde heffing. Het totaalbedrag van deze door een persoon verschuldigde

„gecombineerde heffing" wordt verkregen door het bedrag van de belasting over inkomen uit arbeid en uit andere bronnen, zoals woning en sparen, en het bedrag van de premie voor de volksverzekeringen bij elkaar op te tellen. Dit artikel bepaalt dat het percentage van de „gecombineerde heffing" de som is van het belastingtarief eerste schijf en de toepasselijke premiepercentages. Deze wet bepaalt tevens dat het bedrag van deze „gecombineerde heffing" kan worden verlaagd, de zogeheten „gecombineerde heffingskorting", die moet worden begrepen, in de zin van dat artikel, als het gezamenlijke bedrag van de heffingskorting voor de inkomstenbelasting en van de heffingskorting voor de premies volksverzekeringen.

8. Overeenkomstig artikel 8.10 van de Wet op de inkomstenbelasting 2001 geldt de „algemene heffingskorting" voor iedere belastingplichtige. Voor 2013 bedroeg deze 2 001 EUR.

9. De premies volksverzekeringen zijn geregeld in de Algemene Ouderdomswet, de Algemene Nabestaandenwet en Algemene Wet Bijzondere Ziektekosten. Verzekerden voor deze drie verzekeringsstelsels zijn de ingezetenen in Nederland alsmede de niet-ingezetenen die aan de inkomstenbelasting zijn onderworpen wegens in deze lidstaat verrichte arbeid in loondienst.

10. Artikel 9 van de Wet financiering sociale verzekeringen (hierna: „Wfsv") luidt als volgt:

„De verschuldigde premie voor de volksverzekeringen is de premie voor de volksverzekeringen verminderd met de voor de premieplichtige toepasselijke heffingskorting voor de volksverzekeringen."

11. Artikel 12, lid 1 onder a) tot en met c), Wfsv bepaalt de wijze waarop de algemene heffingskorting voor de premie volksverzekeringen wordt toegepast. In lid 3 daarvan is gepreciseerd dat deze heffingskorting geldt ten aanzien van degene die het gehele kalenderjaar premieplichtig is.

12. Artikel 2.6a van de Regeling Wet financiering sociale verzekeringen (hierna: „Regeling Wfsv") bepaalt:

„Ten aanzien van degene die gedurende een gedeelte van het kalenderjaar anders dan door overlijden niet premieplichtig is, wordt de heffingskorting, bedoeld in artikel 12, eerste lid, onderdelen a, b en c, van de Wfsv, tijdsevenredig verminderd naar rato van de periode van premieplicht in het kalenderjaar."

Hoofdgeding en prejudiciële vraag

13. Zyla, die de Poolse nationaliteit heeft, werkte van 1 januari tot en met 21 juni 2013 in Nederland en was gedurende dit tijdvak verzekerd en premieplichtig voor de volksverzekeringen. Zyla is vervolgens naar Polen vertrokken, waar zij haar woonplaats heeft gevestigd en in 2013 geen betaalde arbeid heeft verricht.

14. Voor de in het jaar 2013 in Nederland verrichte arbeid heeft Zyla 9 401 EUR aan inkomsten genoten. Hierop is een bedrag van 1 399 EUR aan loonheffing ingehouden. Van belanghebbende is ook 2 928 EUR geheven aan premie volksverzekeringen. Bij het vaststellen van haar aanslag voor dat jaar is overeenkomstig het nationale recht ten aanzien van Zyla, als ingezetene in Nederland, op het bedrag van de inkomstenbelasting en van de premie volksverzekeringen een algemene heffingskorting toegepast. Aldus is op de verschuldigde inkomstenbelasting en premie volksverzekeringen 1 254 EUR aan algemene heffingskorting en een bedrag van 840 EUR aan arbeidskorting in mindering gebracht. De verwijzende rechter preciseert dat aangezien belanghebbende vanaf 22 juni 2013 niet langer premieplichtig was, de belastingdienst ingevolge artikel 2.6a van de Regeling Wfsv, het premiedeel van de algemene heffingskorting tijdsevenredig heeft verminderd naar rato van de periode waarin Zyla premieplichtig was in 2013.

15. Daar het beroep van Zyla tegen die aanslag bij de rechtbank Zeeland-West-Brabant (Nederland), waarmee zij aanvoerde dat artikel 2.6a van de Regeling Wfsv tot een verschil in behandeling tussen ingezetenen en niet-ingezetenen leidt dat het in artikel 45 VWEU gewaarborgde vrije verkeer van werknemers belemmert, werd verworpen, heeft zij bij het Gerechtshof 's-Hertogenbosch (Nederland) hoger beroep ingesteld tegen het vonnis. Ook deze appelrechter heeft de vorderingen van verzoekster in het hoofdgeding afgewezen omdat zij in Nederland slechts gedurende een bepaalde periode als werknemer arbeid in loondienst heeft verricht in de zin van artikel 45 VWEU, zodat zij geen recht had op het volledige bedrag van het premiedeel van de algemene heffingskorting. De appelrechter merkt tevens op dat de nationale wettelijke regeling, die voorziet in deze beperking van het bedrag van de algemene heffingskorting, geen ongelijke behandeling in het leven roept, aangezien het bedrag van de toegekende kortingen afhankelijk is van de vraag of de betrokkene verzekerde voor de Nederlandse volksverzekeringen is en van de duur van de periode van premieplicht.

16. Zyla heeft cassatieberoep ingesteld bij de Hoge Raad der Nederlanden, die zich afvraagt of de ten aanzien van haar toegepaste gedeeltelijke heffingskorting in overeenstemming is met het Unierecht en in het bijzonder met de rechtspraak van het Hof.

17. De verwijzende rechter meent dat artikel 45 VWEU aldus zou kunnen worden uitgelegd dat het zich niet verzet tegen de toepassing van een heffingskorting op de premie volksverzekeringen die evenredig is aan de periode van verzekering van de premieplichtige, maar vraagt zich niettemin af of een werknemer die zijn volledige jaarinkomen heeft verworven in een lidstaat waarin hij niet of niet meer woont, niet recht zou moeten hebben op het volledige premiedeel van de heffingskorting, hoewel die werknemer niet gedurende het volledige jaar verzekerd was voor de volksverzekeringen van die lidstaat.

18. Daarop heeft de Hoge Raad der Nederlanden de behandeling van de zaak geschorst en het Hof verzocht om een prejudiciële beslissing over de volgende vraag:

„Moet artikel 45 VWEU aldus worden uitgelegd dat die bepaling in de weg staat aan een regeling van een lidstaat die meebrengt dat een werknemer die op grond van verordening [(EEG) nr. 1408/71 van de Raad van 14 juni 1971 betreffende de toepassing van de socialezekerheidsregelingen op werknemers en zelfstandigen, alsmede op hun gezinsleden, die zich binnen de Gemeenschap verplaatsen, in de versie zoals gewijzigd en bijgewerkt bij verordening (EG) nr. 118/97 van de Raad van 2 december 1996 (PB 1997, L 28, blz. 1),] dan wel verordening nr. 883/2004 gedurende een gedeelte van een kalenderjaar voor volksverzekeringen in de desbetreffende lidstaat is verzekerd, bij de heffing van premie voor die verzekeringen alleen aanspraak heeft op een gedeelte van het premiedeel van de algemene heffingskorting[, welk gedeelte] is bepaald in tijdsevenredigheid naar de periode van verzekering, indien die werknemer gedurende het resterende gedeelte van het kalenderjaar niet in die lidstaat is verzekerd voor de volksverzekeringen, en hij in dat resterende gedeelte van het kalenderjaar in een andere lidstaat woonachtig is en (nagenoeg) zijn gehele jaarinkomen heeft verworven in de eerstbedoelde lidstaat?"

Beantwoording van de prejudiciële vraag

19. Met zijn vraag wenst de verwijzende rechter in essentie te vernemen of artikel 45 VWEU aldus moet worden uitgelegd dat het zich verzet tegen een regeling van een lidstaat die voor de vaststelling van het bedrag van de door een werknemer verschuldigde premie volksverzekeringen bepaalt dat het premiedeel van de heffingskorting waarop een werknemer recht heeft voor een kalenderjaar, evenredig is aan de periode waarin deze werknemer in die lidstaat verzekerd is in het stelsel van volksverzekeringen, zodat van de jaarlijkse heffingskorting een gedeelte wordt uitgesloten dat evenredig is aan elke periode waarin deze werknemer niet was verzekerd in dat stelsel en in een andere lidstaat woonde zonder daar een beroepswerkzaamheid uit te oefenen.

20. Volgens vaste rechtspraak valt een burger van de Europese Unie die gebruikmaakt van het recht op vrij verkeer van werknemers en die in een andere lidstaat dan zijn staat van herkomst een beroepsactiviteit heeft uitgeoefend, ongeacht zijn verblijfplaats en zijn nationaliteit binnen de werkingssfeer van artikel 45 VWEU (arrest van 7 maart 2018, DW, C-651/16, EU:C:2018:162, punt 18 en aldaar aangehaalde rechtspraak).

21. Daaruit volgt dat de situatie van Zyla, Pools onderdaan, die zich naar Nederland heeft begeven om daar van 1 januari tot en met 21 juni 2013 een beroepsactiviteit uit te oefenen, binnen de werkingssfeer van artikel 45 VWEU valt.

22. Tevens volgt uit de rechtspraak van het Hof dat de bepalingen van het VWEU inzake het vrije verkeer van personen in hun geheel beogen het de Unieburgers gemakkelijker te maken op het grondgebied van de Unie elk willekeurig beroep uit te oefenen en in de weg staan aan maatregelen die deze burgers zouden kunnen benadelen wanneer zij op het grondgebied van een andere lidstaat een economische activiteit willen verrichten (arrest van 7 maart 2018, DW, C-651/16, EU:C:2018:162, punt 21 en aldaar aangehaalde rechtspraak).

23. Zo leveren bepalingen die een onderdaan van een lidstaat beletten of ervan weerhouden zijn staat van herkomst te verlaten om zijn recht van vrij verkeer uit te oefenen, belemmeringen van die vrijheid op, ook wanneer zij ongeacht de nationaliteit van de betrokken werknemers van toepassing zijn (arresten van 16 februari 2006, Rockler, C-137/04, EU:C:2006:106, punt 18, en 16 februari 2006, Öberg, C-185/04, EU:C:2006:107, punt 15 en aldaar aangehaalde rechtspraak).

24. Dienaangaande zij eraan herinnerd, in navolging van de Nederlandse regering in haar schriftelijke opmerkingen, dat het in artikel 45 VWEU vervatte beginsel van gelijke behandeling niet enkel openlijke discriminatie op grond van nationaliteit verbiedt, maar ook alle verkapte vormen van discriminatie, die door toepassing van andere onderscheidingscriteria in feite tot hetzelfde resultaat leiden. Tenzij een bepaling van nationaal recht objectief gerechtvaardigd is en evenredig is aan het nagestreefde doel, moet zij, ook al geldt zij ongeacht de nationaliteit, als indirect discriminerend worden beschouwd wanneer zij naar de aard ervan migrerende werknemers meer treft dan nationale werknemers en dus meer in het bijzonder eerstgenoemden

dreigt te benadelen (arrest van 5 december 2013, Zentralbetriebsrat der gemeinnützigen Salzburger Landeskliniken, C-514/12, EU:C:2013:799, punten 25 en 26).

25. In casu raakt artikel 2.6a van de Regeling Wfsv alle personen die gedurende een gedeelte van het kalenderjaar niet premieplichtig waren voor de volksverzekeringen op dezelfde wijze, zonder onderscheid te maken op grond van hun nationaliteit. Zoals de advocaat-generaal in punt 47 van zijn conclusie heeft geconstateerd, levert die bepaling dus geen directe discriminatie op grond van nationaliteit op.

26. Opdat een maatregel als indirect discriminerend kan worden beschouwd, is het echter niet noodzakelijk dat alle eigen onderdanen worden begunstigd of dat enkel onderdanen van andere lidstaten, met uitsluiting van eigen onderdanen, worden benadeeld (zie in die zin arrest van 18 december 2014, Larcher, C-523/13, EU:C:2014:2458, punt 32 en aldaar aangehaalde rechtspraak). Voorts vloeit uit de in de punten 22 en 23 van het onderhavige arrest aangehaalde rechtspraak voort dat zelfs belemmeringen van het vrije verkeer van werknemers die niet discriminerend van aard zijn, door artikel 45 VWEU in beginsel zijn verboden.

27. Om na te gaan of artikel 2.6a van de Regeling Wfsv een indirect discriminerende maatregel of een belemmering voor het vrije verkeer van werknemers vormt, moet in de eerste plaats worden bepaald of dit een bepaling van fiscale dan wel van sociale aard is, omdat de toepasselijke regels van het Unierecht verschillend zijn naargelang van het geval.

28. In dit verband moet worden opgemerkt dat, zoals in de punten 7 en 14 van dit arrest is vastgesteld, de heffingskorting voor de premie volksverzekeringen is vastgesteld in een wettelijke regeling betreffende de inkomstenbelasting die het stelsel van inning van de inkomstenbelasting van belastingplichtige natuurlijke personen combineert met het stelsel van inning van hun premies volksverzekeringen.

29. Ook al worden de belastingen en de premies volksverzekeringen gecombineerd geheven, de belastingopbrengsten komen evenwel ten goede aan de algemene middelen van de overheid, terwijl met de premieopbrengsten de fondsen worden gevoed voor de specifieke sociale verzekeringen ter zake waarvan de premies worden geheven. De verwijzende rechter preciseert dat in de systematiek van de heffingskorting het belastingdeel van die heffingskorting wordt onderscheiden van het premiedeel. Hij voegt daaraan toe dat ingevolge artikel 12, lid 1, Wfsv het recht op het premiedeel van de heffingskorting alleen bestaat indien de betrokkene premieplichtig is voor de volksverzekeringen.

30. Daaruit volgt dat de regeling die in het hoofdgeding aan de orde is, betrekking heeft op heffingen die specifiek en rechtstreeks ten goede komen aan de financiering van de sociale zekerheid. Deze regeling vertoont dus een rechtstreekse en voldoende relevante samenhang met de wetten die de in artikel 3 van verordening nr. 883/2004 genoemde takken van sociale zekerheid regelen en valt derhalve binnen de werkingssfeer van die verordening (zie in die zin arrest van 26 februari 2015, De Ruyter, C-623/13, EU:C:2015:123, punt 27 en aldaar aangehaalde rechtspraak). Het hoofdgeding heeft dus betrekking op een eventuele beperking van het vrije verkeer van werknemers die wordt veroorzaakt door een maatregel van sociale aard die volledig deel uitmaakt van het nationale socialezekerheidsstelsel.

31. Derhalve zijn de beginselen die zijn ontwikkeld in de rechtspraak over de voorwaarden voor onderwerping aan de belasting over salarisinkomsten, die met name voortvloeien uit de arresten van 14 februari 1995, Schumacker (C-279/93, EU:C:1995:31), en 16 oktober 2008, Renneberg (C-527/06, EU:C:2008:566), waarop Zyla zich in haar opmerkingen beroept, niet van toepassing in een situatie als aan de orde in het hoofdgeding.

32. Aan deze beoordeling wordt niet afgedaan door de omstandigheid – waarop door de verwijzende rechter is gewezen – dat middels een verrekeningsmechanisme een gedeelte van de heffingskorting voor de premie volksverzekeringen kan worden toegerekend aan de last van de inkomstenbelasting en deze laatste kan verminderen, wanneer het bedrag van de premie volksverzekeringen lager is dan de daarop toepasselijke heffingskorting.

33. Het Hof heeft immers reeds vastgesteld dat verzekerden voor het Nederlandse socialezekerheidsstelsel slechts bij uitzondering recht hebben op de heffingskortingen volksverzekeringen als belastingkortingen, aangezien een verzekerde dergelijke belastingkortingen enkel kan verkrijgen indien hij de heffingskortingen niet met de verschuldigde premies kan verrekenen (zie in die zin arrest van 8 september 2005, Blanckaert, C-512/03, EU:C:2005:516, punt 47). Daaruit volgt dat het bestaan van het in punt 32 van dit arrest aangeduide verrekeningsmechanisme niet van invloed is op aard van de in het Nederlandse recht voorziene heffingskorting voor de premie volksverzekeringen, die, zoals de advocaat-generaal in punt 56 van zijn conclusie heeft opgemerkt, er specifiek toe strekt de financiële inspanningen die voor de werknemer voortvloeien uit het betalen van premies, te verlichten.

34. Niettemin volgt uit vaste rechtspraak dat de lidstaten weliswaar in beginsel bevoegd blijven om hun stelsels van sociale zekerheid in te richten, maar bij de uitoefening van deze bevoegdheid het Unierecht, en in het bijzonder de bepalingen van het VWEU betreffende het vrije verkeer van werknemers, moeten eerbiedigen (zie met name arrest van 13 juli 2016, Pöpperl, C-187/15, EU:C:2016:550, punt 22 en aldaar aangehaalde rechtspraak).

35. Aangezien de nationale bepaling die in het hoofdgeding aan de orde is, tot het Nederlandse socialezekerheidsstelsel behoort, moet in de tweede plaats worden bepaald of deze als zodanig een indirect discriminerende maatregel of een belemmering voor het vrije verkeer van werknemers vormt.

36. Zoals in punt 30 van dit arrest is uiteengezet, valt de situatie van Zyla binnen de werkingssfeer van de coördinatieregels op het gebied van de sociale zekerheid die voortvloeien uit verordening nr. 883/2004.

37. Op dit punt dient in herinnering te worden gebracht dat, teneinde het vrije verkeer van werknemers en zelfstandigen binnen de Unie te verzekeren met als beginsel hun gelijke behandeling ten aanzien van de verschillende nationale wetgevingen, verordening nr. 1408/71 en vervolgens verordening nr. 883/2004 een coördinatiestelsel hebben ingesteld dat onder meer betrekking heeft op de vaststelling van de wetgeving(en) die moet(en) worden toegepast op werknemers die, in uiteenlopende omstandigheden, gebruikmaken van hun recht van vrij verkeer (arrest van 26 februari 2015, De Ruyter, C-623/13, EU:C:2015:123, punt 34 en aldaar aangehaalde rechtspraak).

38. De volledigheid van dit stelsel van conflictregels heeft tot gevolg dat de wetgever van elke afzonderlijke lidstaat niet meer bevoegd is om de draagwijdte en de toepassingsvoorwaarden van zijn nationale wettelijke regeling naar eigen inzicht te bepalen met betrekking tot de personen die eraan onderworpen zijn en met betrekking tot het grondgebied waarbinnen de nationale bepalingen effect sorteren (arrest van 26 februari 2015, De Ruyter, C-623/13, EU:C:2015:123, punt 35 en aldaar aangehaalde rechtspraak).

39. Wat het hoofdgeding betreft, viel Zyla overeenkomstig artikel 11, lid 1 en lid 3, onder a), van verordening nr. 883/2004 gedurende de periode waarin zij arbeid in loondienst in Nederland verrichtte, onder de wettelijke regeling van deze lidstaat en was zij verzekerd in het Nederlandse socialezekerheidsstelsel. Vanwege het feit dat zij daarvoor verzekerd was, had Zyla voor die periode recht op het premiedeel van de heffingskorting. Aangezien Zyla na haar vertrek uit Nederland en haar terugkeer naar haar lidstaat van herkomst niet langer was verzekerd in het Nederlandse socialezekerheidsstelsel en bijgevolg niet langer premieplichtig was, had zij daarentegen ingevolge artikel 2.6a van de Regeling Wfsv geen recht op het volledige bedrag van het premiedeel van de heffingskorting.

40. Alleen met betrekking tot het tweede deel van 2013 heeft de betrokken regeling dus tot een verschil in behandeling geleid tussen Zyla en iemand die gedurende dat gehele jaar is verzekerd in het Nederlandse socialezekerheidsstelsel. Ook al heeft een dergelijke persoon, net als Zyla, geen inkomen meer gedurende dat tweede deel van het jaar, hij heeft immers wel recht op de volledige heffingskorting voor het premiedeel, die primair op zijn premie volksverzekeringen wordt toegepast en subsidiair op zijn belastingen. Dit impliceert dat bij een gelijkwaardig inkomen de volle toepassing van de heffingskorting voor de premie volksverzekeringen op een persoon die gedurende het gehele jaar is verzekerd in het Nederlandse socialezekerheidsstelsel, tot lagere sociale lasten, of zelfs lagere belasting, leidt dan die welke worden gedragen door een persoon die tijdens dat zelfde jaar ophoudt te zijn verzekerd in dit stelsel.

41. Rekening gehouden met de in artikel 11, lid 1, van verordening nr. 883/2004 vervatte regel dat slechts één sociale wetgeving toepasselijk is, en met de in artikel 11, lid 3, onder e), vervatte regel dat voor een persoon die geen werkzaamheden – al dan niet in loondienst – verricht, alleen de sociale wetgeving van de lidstaat van zijn woonplaats geldt, kon een persoon in de situatie van Zyla niet langer onder het Nederlandse socialezekerheidsstelsel vallen na zijn beroepsactiviteit in deze lidstaat te hebben gestopt en er niet langer woonachtig te zijn.

42. Daaruit volgt, zoals de advocaat-generaal in punt 63 van zijn conclusie terecht heeft opgemerkt, dat er, gelet op de aard van de betrokken regeling, een objectief verschil bestaat tussen de situatie van een persoon die, zoals Zyla, tijdens een gegeven jaar ophoudt te zijn verzekerd in het Nederlandse socialezekerheidsstelsel, en een werknemer die gedurende dat gehele jaar verzekerd blijft in dat socialezekerheidsstelsel.

43. Het Hof heeft overigens geoordeeld dat de systematiek van een nationaal stelsel van sociale zekerheid meebrengt dat de toekenning van de heffingskortingen voorbehouden blijft aan de premieplichtigen, te weten de verzekerden in dat stelsel (arrest van 8 september 2005, Blanckaert, C-512/03, EU:C:2005:516, punt 49).

44. Zoals in punt 22 van het onderhavige arrest in herinnering is gebracht, beogen bovendien de Verdragsbepalingen inzake het vrije verkeer van personen in hun geheel het de Unieburgers gemakkelijker te maken om op het grondgebied van de Unie om het even welke beroepsactiviteit uit te oefenen en staan zij in de weg aan regelingen die deze burgers zouden kunnen benadelen wanneer zij op het grondgebied van een andere lidstaat dan hun lidstaat van herkomst een activiteit willen uitoefenen. In dit verband beschikken de onderdanen van de lidstaten in het bijzonder over het rechtstreeks aan het VWEU ontleende recht om hun lidstaat van herkomst te verlaten teneinde zich naar het grondgebied van een andere lidstaat te begeven en aldaar te verblijven om er een activiteit uit te oefenen (arrest van 18 juli 2017, Erzberger, C-566/15, EU:C:2017:562, punt 33 en aldaar aangehaalde rechtspraak).

45. Het primaire Unierecht kan een werknemer evenwel niet waarborgen dat verplaatsing naar een andere lidstaat dan zijn lidstaat van herkomst op sociaal gebied neutraal is, aangezien een dergelijke verplaatsing, rekening houdend met de verschillen tussen de regelingen en wetgevingen van de lidstaten, naargelang van het geval, op dat gebied meer of minder voordelig kan zijn voor de betrokken persoon (arrest van 18 juli 2017, Erzberger, C-566/15, EU:C:2017:562, punt 34 en aldaar aangehaalde rechtspraak). Het Unierecht waarborgt immers enkel dat voor werknemers die een activiteit uitoefenen op het grondgebied van een andere lidstaat dan hun lidstaat van herkomst, dezelfde voorwaarden gelden als voor de werknemers van die andere lidstaat.

46. Gelet op het voorgaande kan artikel 2.6a van de Regeling Wfsv niet worden gezien als een indirect discriminerende bepaling noch als een belemmering voor het vrije verkeer van werknemers, welke verboden zijn door artikel 45 VWEU.

47. Ten slotte wordt aan deze beoordeling, anders dan de Europese Commissie betoogt, niet afgedaan door het arrest van 26 januari 1999, Terhoeve (C-18/95, EU:C:1999:22), of door het arrest van 8 mei 1990, Biehl (C-175/88, EU:C:1990:186).

48. Het eerste van deze twee arresten betrof immers de last van de sociale bijdragen die verschuldigd waren door een werknemer die louter was gedetacheerd uit zijn lidstaat van herkomst en die bijgevolg overeenkomstig de coördinatieregels van verordening nr. 1408/71, ondanks zijn detachering in een andere lidstaat, gedurende de gehele betrokken periode aangesloten bleef bij het socialezekerheidsstelsel van eerstbedoelde lidstaat. Een dergelijke situatie onderscheidt zich fundamenteel van die waarin, zoals in casu, een werknemer ophoudt aangesloten te zijn bij de sociale zekerheid van een lidstaat na zijn beroepsactiviteit te hebben gestaakt en zijn woonplaats naar een andere lidstaat te hebben verplaatst.

49. Wat het tweede arrest betreft, kan worden volstaan met vast te stellen dat het verschil in behandeling dat daarin aan de orde was, anders dan dat waarom het in de onderhavige zaak gaat, losstond van het nationale socialezekerheidsstelsel en bijgevolg niet viel onder het stelsel van coördinatie van de regels op het gebied van de sociale regelgeving dat is voorzien in verordening nr. 1408/71, waarvoor verordening nr. 883/2004 intussen in de plaats is gekomen.

50. In die omstandigheden moet op de gestelde vraag worden geantwoord dat artikel 45 VWEU aldus moet worden uitgelegd dat het zich niet verzet tegen een regeling van een lidstaat die voor de vaststelling van het bedrag van de door een werknemer verschuldigde premie volksverzekeringen bepaalt dat het premiedeel van de heffingskorting waarop een werknemer recht heeft voor een kalenderjaar, evenredig is aan de periode waarin deze werknemer verzekerd is in het stelsel van volksverzekeringen van die lidstaat, en aldus van de jaarlijkse heffingskorting een gedeelte wordt uitgesloten dat evenredig is aan elke periode waarin deze werknemer niet was verzekerd in dat stelsel en in een andere lidstaat woonde zonder daar een beroepsactiviteit uit te oefenen.

Kosten

51. ...

Het Hof (Tiende kamer)

verklaart voor recht:

Artikel 45 VWEU moet aldus worden uitgelegd dat het zich niet verzet tegen een regeling van een lidstaat die voor de vaststelling van het bedrag van de door een werknemer verschuldigde premie volksverzekeringen bepaalt dat het premiedeel van de heffingskorting waarop een werknemer recht heeft voor een kalenderjaar, evenredig is aan de periode waarin deze werknemer verzekerd is in het stelsel van volksverzekeringen van die lidstaat, en aldus van de jaarlijkse heffingskorting een gedeelte wordt uitgesloten

dat evenredig is aan elke periode waarin deze werknemer niet was verzekerd in dat stelsel en in een andere lidstaat woonde zonder daar een beroepsactiviteit uit te oefenen.

HvJ EU 26 februari 2019, gevoegde zaken C-115/16, C-118/16, C-119/16 en C-299/16 (N Luxembourg 1 [C-115/16], X Denmark A/S [C-118/16], C Danmark I [C-119/16], Z Denmark ApS [C-299/16] v. Skatteministeriet)

Grote kamer: *K. Lenaerts, president, J.-C. Bonichot, A. Arabadjiev, T. von Danwitz, C. Toader en F. Biltgen, kamerpresidenten, A. Rosas (rapporteur), M. Ilešič, L. Bay Larsen, M. Safjan, C. G. Fernlund, C. Vajda en S. Rodin, rechters*

Advocaat-generaal: *J. Kokott*

Inhoud

1. De verzoeken om een prejudiciële beslissing betreffen de uitlegging van richtlijn 2003/49/EG van de Raad van 3 juni 2003 betreffende een gemeenschappelijke belastingregeling inzake uitkeringen van interest en royalty's tussen verbonden ondernemingen van verschillende lidstaten (PB 2003, L 157, blz. 49), en van de artikelen 49, 54 en 63 VWEU.

2. Deze verzoeken zijn ingediend in gedingen tussen N Luxembourg 1, X Denmark A/S, C Danmark I en Z Denmark ApS, enerzijds, en het Skatteministerium (ministerie van Financiën, Denemarken), anderzijds, betreffende de aan deze vennootschappen opgelegde verplichting om bronbelasting te betalen op grond van het feit dat zij interest hebben uitgekeerd aan niet-ingezeten vennootschappen die volgens de belastingadministratie niet de uiteindelijk gerechtigden tot deze interest zijn en dus geen vrijstelling van alle belastingen genieten als bedoeld in richtlijn 2003/49.

Toepasselijke bepalingen

Modelbelastingverdrag van de OESO

3. De Raad van de Organisatie voor Economische Samenwerking en Ontwikkeling (OESO) heeft op 30 juli 1963 een aanbeveling aangenomen betreffende de afschaffing van dubbele belastingen en heeft de regeringen van de lidstaten uitgenodigd om zich bij de sluiting of de herziening van bilaterale verdragen te voegen naar een „modelverdrag ter voorkoming van dubbele heffingen op het gebied van inkomsten- en vermogensbelasting", dat door het Comité voor fiscale aangelegenheden van de OESO was uitgewerkt en bij deze aanbeveling was gevoegd (hierna: „OESO-modelbelastingverdrag"). Dit modelbelastingverdrag wordt geregeld opnieuw

tegen het licht gehouden en gewijzigd. Het wordt vergezeld van commentaren die zijn goedgekeurd door de Raad van de OESO.

4. In de punten 7 tot en met 10 van de commentaren op artikel 1 van het OESO-modelbelastingverdrag, zoals gewijzigd in 1977 (hierna: „OESO-modelbelastingverdrag van 1977"), volgens hetwelk dit verdrag van toepassing is op personen die gevestigd zijn in een verdragsluitende staat of in beide verdragsluitende staten, wordt de aandacht gevestigd op het feit dat dit verdrag verkeerd zou kunnen worden gebruikt met als doel belastingen te ontduiken door middel van kunstmatige juridische constructies. In deze punten van de commentaren wordt het belang onderstreept van het begrip „uiteindelijk gerechtigde", dat met name in artikel 10 (belasting over dividenden) en artikel 11 (belasting over interest) van dit modelverdrag wordt ingevoerd, alsook van de noodzaak om belastingfraude te bestrijden.

5. Artikel 11, leden 1 en 2, van het OESO-modelbelastingverdrag van 1977 luidt als volgt:

„1. Over interest afkomstig uit een verdragsluitende staat en uitgekeerd aan een ingezetene van de andere verdragsluitende staat, kan in laatstgenoemde staat belasting worden geheven.
2. Deze interest kan echter ook in de verdragsluitende staat waaruit hij afkomstig is aan belasting worden onderworpen overeenkomstig de wettelijke regeling van deze staat, maar indien de ontvanger van de interest de ‚uiteindelijk gerechtigde' tot de interest is, mag de geheven belasting niet meer bedragen dan 10 % van het brutobedrag van de interest. De bevoegde autoriteiten van de verdragsluitende staten zullen in gemeen overleg bepalen op welke wijze deze grens zal worden toegepast."

6. Bij een herziening van de commentaren in 2003 zijn deze aangevuld met opmerkingen over „doorstroomvennootschappen", dat wil zeggen vennootschappen die weliswaar formeel eigenaar zijn van de inkomsten, maar in de praktijk slechts over zeer beperkte bevoegdheden beschikken, zodat zij louter optreden als trustees of beheerders voor rekening van de belanghebbenden en dus niet als de uiteindelijk gerechtigden tot deze inkomsten mogen worden beschouwd. In punt 8 van de commentaren op artikel 11, in de versie die voortvloeit uit de herziening van 2003, wordt met name uiteengezet dat „[h]et begrip ‚uiteindelijk gerechtigde' [...] niet in enge en technische zin [wordt] gebruikt, maar moet worden opgevat in het licht van de context en het voorwerp en het doel van het verdrag, dat onder meer erin bestaat dubbele belasting en belastingontduiking en -fraude te voorkomen". In punt 8.1 van dezelfde versie van de commentaren wordt opgemerkt dat het „in strijd zou zijn met het voorwerp en het doel van het verdrag indien de bronstaat een belastingvermindering of -vrijstelling toekende aan een ingezetene van een andere verdragsluitende staat die, buiten het kader van een agentuurovereenkomst of een andere vertegenwoordigingsrelatie, slechts als een doorstroomvennootschap optreedt voor rekening van een andere persoon die werkelijk de betrokken inkomsten geniet" en dat „een doorstroomvennootschap normaal niet als de uiteindelijk gerechtigde kan worden beschouwd indien zij weliswaar formeel eigenaar van de inkomsten is, maar in de praktijk slechts over zeer beperkte bevoegdheden beschikt, zodat zij louter optreedt als trustee of beheerder voor rekening van de belanghebbenden".

7. Bij een nieuwe herziening van de commentaren in 2014 zijn de begrippen „uiteindelijk gerechtigde" en „doorstroomvennootschap" gepreciseerd. Zo wordt in punt 10.3 van deze versie van de commentaren opgemerkt dat „er veel manieren [zijn] om de problematiek van de doorstroomvennootschappen en, meer in het algemeen, het gevaar van verdragshoppen aan te pakken, met name door middel van specifieke antimisbruikbepalingen in de verdragen, algemene antimisbruikbepalingen, regels volgens welke de inhoud voorgaat op de vorm, en bepalingen inzake de ‚economische inhoud'".

Richtlijn 2003/49

8. De overwegingen 1 tot en met 6 van richtlijn 2003/49 luiden als volgt:

„1. In een interne markt die de kenmerken van een binnenlandse markt heeft, zouden transacties tussen ondernemingen van verschillende lidstaten niet aan minder gunstige belastingvoorschriften onderworpen moeten zijn dan die welke voor soortgelijke transacties tussen ondernemingen van eenzelfde lidstaat gelden.
2. Met betrekking tot uitkeringen van interest en royalty's wordt thans niet aan deze eis voldaan; de nationale belastingwetten, in voorkomend geval in samenhang met bilaterale of multilaterale overeenkomsten, kunnen niet altijd waarborgen dat dubbele belasting wordt geëlimineerd en de toepassing ervan plaatst de betrokken ondernemingen vaak voor belastende administratieve formaliteiten en kasmiddelenproblemen.
3. Er moet worden gewaarborgd dat uitkeringen van interest en royalty's eenmaal in een lidstaat worden belast.

4. De afschaffing van de belasting op uitkeringen van interest en royalty's in de lidstaat waar zij ontstaan, ongeacht of deze door inhouding aan de bron of door aanslag wordt geïnd, is het geschiktste middel om deze formaliteiten en problemen uit te bannen en een gelijke fiscale behandeling van nationale en transnationale transacties te waarborgen. Deze belasting moet met name worden afgeschaft voor uitkeringen tussen verbonden ondernemingen van verschillende lidstaten en tussen vaste inrichtingen van deze ondernemingen.
5. De regelingen dienen uitsluitend van toepassing te zijn op het eventuele bedrag aan interest of royalty's dat zonder een bijzondere verhouding tussen de betaler en de uiteindelijk gerechtigde zou zijn overeengekomen.
6. Het mag de lidstaten bovendien niet worden belet passende maatregelen ter bestrijding van fraude of misbruik te nemen."

9. Artikel 1 van richtlijn 2003/49 bepaalt onder meer:

„1. Uitkeringen van interest of royalty's die ontstaan in een lidstaat, worden vrijgesteld van alle belastingen in die bronstaat (door inhouding dan wel door aanslag), op voorwaarde dat een onderneming van een andere lidstaat, of een in een andere lidstaat gelegen vaste inrichting van een onderneming van een lidstaat, de uiteindelijk gerechtigde tot de interest of de royalty's is.
[...]
4. Een onderneming van een lidstaat wordt alleen als uiteindelijk gerechtigde tot interest of royalty's behandeld indien zij de betrokken uitkeringen te eigen gunste ontvangt, en niet als bemiddelende instantie, bijvoorbeeld als tussenpersoon, trustee of gemachtigde van een derde.
5. Een vaste inrichting wordt behandeld als uiteindelijk gerechtigde tot interest of royalty's:
[...]
b. voor zover de uitkeringen van interest of royalty's inkomsten zijn ten aanzien waarvan zij in de lidstaat waarin zij gelegen is, onderworpen is aan één van de in artikel 3, onder a), punt iii), genoemde belastingen of, in het geval van België, aan de belasting der niet-verblijfhouders/impôt des non-résidents, en in het geval van Spanje aan de Impuesto sobre la Renta de no Residentes, dan wel aan ongeacht welke gelijke of in wezen gelijksoortige belasting die na de datum van inwerkingtreding van deze richtlijn in aanvulling op of in de plaats van die bestaande belastingen wordt geheven.
[...]
7. Dit artikel vindt alleen toepassing indien de onderneming die de betaler van interest of royalty's is, of de onderneming waarvan de vaste inrichting als zodanig wordt behandeld, een verbonden onderneming is van de onderneming die de uiteindelijk gerechtigde is of waarvan de vaste inrichting wordt behandeld als de uiteindelijk gerechtigde tot de betrokken interest of royalty's.
[...]
11. De bronstaat kan eisen dat op het tijdstip van uitbetaling van de interest of royalty's door middel van een attest wordt aangetoond dat de voorwaarden van dit artikel en van artikel 3 vervuld zijn. Indien op het tijdstip van uitbetaling niet is aangetoond dat de voorwaarden van dit artikel vervuld zijn, staat het de lidstaat vrij inhouding van bronbelasting op te leggen.
12. De bronstaat mag aan vrijstelling uit hoofde van deze richtlijn de voorwaarde verbinden dat hij ingevolge een attest dat de voorwaarden van dit artikel en van artikel 3 zijn vervuld, een besluit heeft genomen op grond waarvan op dat ogenblik vrijstelling kan worden verleend. Het vrijstellingsbesluit moet uiterlijk drie maanden na de afgifte van het attest en de verstrekking van de bewijsstukken waarom de bronstaat redelijkerwijze kan verzoeken, worden genomen en heeft vervolgens een geldigheidsduur van ten minste een jaar.
13. Voor de toepassing van de leden 11 en 12 heeft het attest voor elke overeenkomst die aan de uitkering ten grondslag ligt, een geldigheidsduur van ten minste een jaar tot ten hoogste drie jaar vanaf de datum van afgifte; het behelst de volgende gegevens:
[...]
b. een verklaring dat de ontvangende onderneming de uiteindelijk gerechtigde is zoals bedoeld in lid 4, dan wel dat de voorwaarden van lid 5 vervuld zijn indien de ontvanger van de uitkering een vaste inrichting is; [...]"

10. Afhankelijk van de taalversie, worden in artikel 1, lid 1, van richtlijn 2003/49 de volgende begrippen gebruikt: de „begunstigde" [in het Bulgaars (*бенефициерът*), Frans (*bénéficiaire*), Lets (*beneficiārs*) en Roemeens (*beneficiarul*)], de „daadwerkelijke begunstigde" [in het Spaans (*beneficiario efectivo*), Tsjechisch (*skutečný vlastník*), Ests (*tulusaaja*), Engels (*beneficial owner*), Italiaans (*beneficiario effettivo*), Litouws (*tikrasis savininkas*), Maltees (*sid benefiċjarju*), Portugees (*beneficiário efectivo*) en Fins (*tosiasiallinen edunsaaja*)], de „eigenaar"/„houder van het gebruiksrecht" [in het Duits (*der Nutzungsberechtigte*), Deens

(*retmæssige ejer*), Grieks (*ο δικαιούχος*), Kroatisch (*ovlašteni korisnik*), Hongaars (*haszonhúzó*), Pools (*właściciel*), Slowaaks (*vlastník požitkov*), Sloveens (*upravičeni lastnik*) en Zweeds (*den som har rätt till*)], en de „uiteindelijk gerechtigde" (in het Nederlands).

11. Artikel 2 van die richtlijn bepaalt:

„Voor de toepassing van deze richtlijn wordt verstaan onder:
a. ‚interest': inkomsten uit schuldvorderingen van welke aard dan ook, al dan niet verzekerd door hypotheek en al dan niet aanspraak gevend op een aandeel in de winst van de schuldenaar, en in het bijzonder inkomsten uit leningen en inkomsten uit obligaties of schuldbewijzen, daaronder begrepen de aan zodanige leningen, obligaties of schuldbewijzen verbonden premies en prijzen. [...]
[...]"

12. In artikel 3 van deze richtlijn is bepaald:

„Voor de toepassing van deze richtlijn wordt verstaan onder:
a. ‚onderneming van een lidstaat', elke onderneming:
i. die een van de op de lijst in de bijlage genoemde rechtsvormen heeft en
ii. die volgens de belastingwetgeving van een lidstaat wordt geacht in die lidstaat haar fiscale woonplaats te hebben en die niet volgens een met een derde land gesloten overeenkomst ter vermijding van dubbele inkomstenbelasting wordt geacht haar fiscale woonplaats buiten de Gemeenschap te hebben, en
iii. die onderworpen is aan een van de volgende belastingen of aan ongeacht welke gelijke of in wezen gelijksoortige belasting die na de datum van inwerkingtreding van deze richtlijn in aanvulling op of in de plaats van die bestaande belastingen wordt geheven:
[...]
– selskabsskat in Denemarken;
[...]
– impôt sur le revenu des collectivités in Luxemburg;
[...]
b. [‚verbonden onderneming',] iedere onderneming die ten minste daardoor met een tweede onderneming verbonden is doordat:
i. de eerste onderneming rechtstreeks een deelneming van ten minste 25 % in het kapitaal van de tweede onderneming heeft, dan wel
ii. de tweede onderneming rechtstreeks een deelneming van ten minste 25 % in het kapitaal van de eerste onderneming heeft, dan wel
iii. een derde onderneming rechtstreeks een deelneming van ten minste 25 % in het kapitaal van zowel de eerste onderneming als de tweede onderneming heeft.
De deelnemingen mogen enkel ondernemingen betreffen die binnen de Gemeenschap gevestigd zijn.
[...]"

13. Tot de in artikel 3, onder a), van richtlijn 2003/49 bedoelde ondernemingen, waarvan de lijst is opgenomen in de bijlage bij deze richtlijn, behoren de „[o]ndernemingen naar Luxemburgs recht, geheten ‚société anonyme', ‚société en commandite par actions', ‚société à responsabilité limitée'".

14. Artikel 4 van richtlijn 2003/49, met als opschrift „Uitsluiting van niet als interest of royalty's aan te merken uitkeringen", bepaalt in lid 1:

„In de volgende gevallen behoeft de bronstaat de voordelen van deze richtlijn niet toe te kennen:
a. uitkeringen die volgens het recht van de bronstaat als winstuitkering of terugbetaling van kapitaal worden behandeld;
b. uitkeringen uit schuldvorderingen die het recht geven deel te nemen in de winst van de schuldenaar;
[...]"

15. Artikel 5 van deze richtlijn, met als opschrift „Fraude en misbruiken", luidt:

„1. Deze richtlijn vormt geen beletsel voor de toepassing van nationale of verdragsrechtelijke voorschriften ter bestrijding van fraude en misbruiken.
2. Een lidstaat kan het genot van deze richtlijn ontzeggen of weigeren de richtlijn toe te passen in het geval van transacties met als voornaamste beweegreden of een van de voornaamste beweegredenen belastingfraude, belastingontwijking of misbruik."

Verdragen ter vermijding van dubbele belasting

16. In artikel 11, lid 1, van het op 17 november 1980 tussen de regering van het Groothertogdom Luxemburg en de regering van het Koninkrijk Denemarken gesloten verdrag ter vermijding van dubbele belasting en houdende bepalingen inzake wederzijdse administratieve bijstand op het gebied van belastingen naar het inkomen en naar het vermogen (hierna: „belastingverdrag tussen Luxemburg en Denemarken") wordt de bevoegdheid om belasting te heffen over interest tussen deze twee lidstaten verdeeld. Die bepaling luidt:

> „Over interest die afkomstig is uit een verdragsluitende staat en wordt uitgekeerd aan een ingezetene van de andere verdragsluitende staat, kan slechts in laatstgenoemde staat belasting worden geheven, indien die ingezetene de uiteindelijk gerechtigde tot de interest is."

17. Artikel 11, lid 1, van het op 23 september 1996 te Helsinki ondertekende Noordse verdrag ter vermijding van dubbele belasting inzake belastingen naar het inkomen en naar het vermogen (hierna: „Noords belastingverdrag"), in de versie die relevant is voor de hoofdgedingen, is in dezelfde bewoordingen gesteld.

18. Blijkens deze verdragen kan de bronstaat – in de hoofdgedingen het Koninkrijk Denemarken – belasting heffen over de interest die wordt uitgekeerd aan een ingezetene van een andere lidstaat, voor zover deze ingezetene niet de uiteindelijk gerechtigde tot deze interest is. Het begrip „uiteindelijk gerechtigde" is in die twee verdragen evenwel niet gedefinieerd.

Deens recht

Belasting over interest

19. § 2, lid 1, onder d), van de selskabsskattelov (wet op de vennootschapsbelasting) bepaalt:

> „Belastingplichtig op grond van deze wet zijn [...] vennootschappen, verenigingen enzovoort in de zin van § 1, lid 1, die in het buitenland zijn gevestigd, voor zover zij
> [...]
> d. uit binnenlandse bronnen interest ontvangen in verband met een schuld van een [vennootschap naar Deens recht] of een [...] [vaste bedrijfsvestiging van een buitenlandse vennootschap] [...] jegens rechtspersonen als bedoeld in § 3 B van de wet betreffende het belastingtoezicht (gecontroleerde schuld). [...] De belastingplicht geldt niet voor interest waarover op grond van [richtlijn 2003/49] of op grond van een dubbelbelastingverdrag met de Faeröer, Groenland of de staat waar de ontvangende vennootschap enzovoort is gevestigd, geen belasting wordt geheven of slechts tegen een verlaagd tarief belasting wordt geheven. Dit geldt evenwel alleen wanneer de betalende vennootschap en de ontvangende vennootschap gedurende een ononderbroken periode van ten minste één jaar verbonden zijn in de zin van die richtlijn en het tijdstip van betaling binnen die periode valt. [...]"

Bronbelasting

20. Bestaat krachtens § 2, lid 1, onder d), van de selskabsskattelov een beperkte belastingplicht ter zake van rente-inkomsten uit Denemarken, dan is de Deense betaler van de interest krachtens § 65 D van de kildeskattelov (wet op de bronbelasting) verplicht om bronbelasting in te houden. De betaler van de interest is jegens de overheid aansprakelijk voor de betaling van de bronbelasting.

21. Zoals onder meer blijkt uit de verwijzingsbeslissing in zaak C-115/16, was het belastingtarief dat van toepassing was op de rente-inkomsten van in een andere lidstaat dan het Koninkrijk Denemarken gevestigde vennootschappen in de periode 2006-2008 hoger dan het belastingtarief dat gold voor Deense vennootschappen. Het ministerie van Financiën gaf in het hoofdgeding evenwel toe dat dit verschil in belastingtarief strijdig was met de bepalingen van het EG-Verdrag inzake de vrijheid van vestiging. Het erkende dat de voor die periode verschuldigde bronbelasting moest worden verminderd.

22. De bronbelasting wordt opeisbaar op het moment dat de interest wordt uitgekeerd, terwijl voor de opeisbaarheid van de belasting die een Deense onderneming over haar verwachte inkomsten verschuldigd is, soepelere regels gelden. In geval van niet-tijdige betaling van de bronbelasting is de moratoire interest bovendien hoger dan die welke van toepassing is wanneer een Deense onderneming de vennootschapsbelasting niet tijdig betaalt.

23. Krachtens § 65 C, lid 1, van de kildeskattelov dient de betaler van royalty's die van Deense oorsprong zijn in beginsel bronbelasting in te houden, ongeacht of de begunstigde een Deense ingezetene is.

Recht dat van toepassing is op fraude en misbruik

24. Vóór de vaststelling van wet nr. 540 van 29 april 2015 bestond er in Denemarken geen algemene wettelijke bepaling ter bestrijding van misbruik. In de rechtspraak is evenwel het zogenaamde „realiteitsbeginsel" ontwikkeld, volgens hetwelk de belasting moet worden vastgesteld op basis van een concrete beoordeling van de feiten. Dit betekent met name dat kunstmatige fiscale constructies in voorkomend geval terzijde kunnen worden geschoven om bij de belastingheffing rekening te houden met de realiteit overeenkomstig het beginsel dat de inhoud boven de vorm gaat (*substance-over-form*).

25. Blijkens de verwijzingsbeslissingen zijn de partijen het in elk van de hoofdgedingen erover eens dat het realiteitsbeginsel geen voldoende rechtvaardiging vormt om de in deze zaken aan de orde zijnde constructies terzijde te schuiven.

26. Zoals blijkt uit die verwijzingsbeslissingen, is in de rechtspraak eveneens het beginsel van de „werkelijke ontvanger van de inkomsten" (*rette indkomstmodtager*) ontwikkeld. Dit beginsel is gebaseerd op de fundamentele bepalingen inzake inkomstenbelasting van § 4 van de statsskattelov (wet op de nationale inkomensbelasting), volgens welke de belastingdienst niet verplicht is om een kunstmatig onderscheid te aanvaarden tussen de inkomstengenererende onderneming of activiteit en de toerekening van de daaruit voortvloeiende inkomsten. Het beginsel komt dus erop neer dat wordt vastgesteld wie – ongeacht de formele verschijningsvorm – de werkelijke ontvanger van bepaalde inkomsten is en dientengevolge over deze inkomsten belasting verschuldigd is.

Hoofdgedingen en prejudiciële vragen

27. In de vier hoofdgedingen betwisten een Luxemburgse vennootschap die de verplichtingen van een Deense vennootschap heeft overgenomen (zaak C-115/16) en drie Deense vennootschappen (zaken C-118/16, C-119/16 en C-299/16) de besluiten waarbij de SKAT (Deense belastingdienst) heeft geweigerd deze vennootschappen overeenkomstig richtlijn 2003/49 vrij te stellen van vennootschapsbelasting over de interest die is betaald aan in een andere lidstaat gevestigde entiteiten, op grond dat deze entiteiten niet de uiteindelijk gerechtigden tot die interest waren, maar enkel fungeerden als doorstroomvennootschappen.

28. Om in aanmerking te komen voor de belastingvoordelen waarin richtlijn 2003/49 voorziet, moet de entiteit die de interest ontvangt aan de in deze richtlijn gestelde voorwaarden voldoen. Zoals de Deense regering in haar opmerkingen uiteenzet, kan het evenwel gebeuren dat concerns die niet aan deze voorwaarden voldoen, tussen de onderneming die de interest betaalt en de entiteit waarvoor deze interest werkelijk bestemd is één of meer kunstmatige ondernemingen plaatsen die aan de vormvereisten van die richtlijn voldoen. De door de verwijzende rechters gestelde vragen die verband houden met rechtsmisbruik en het begrip „uiteindelijk gerechtigde", betreffen dergelijke financiële constructies.

29. De feiten zoals die door de verwijzende rechters zijn beschreven en in de verwijzingsbeslissingen zijn geïllustreerd met meerdere schema's van de structuur van de betrokken concerns, zijn bijzonder complex en gedetailleerd. Enkel de gegevens die nodig zijn voor de beantwoording van de prejudiciële vragen, zullen in aanmerking worden genomen.

1. Zaak C-115/16, N Luxembourg 1

30. Blijkens de verwijzingsbeslissing hebben vijf beleggingsfondsen, waarvan er geen enkel is gevestigd in een lidstaat of land waarmee het Koninkrijk Denemarken een verdrag ter vermijding van dubbele belasting heeft gesloten, in 2005 een groep van verschillende vennootschappen opgericht met het oog op de overname van T Danmark, een grote Deense dienstverrichter.

31. De Deense regering heeft in haar opmerkingen gepreciseerd dat zaak C-115/16 hetzelfde concern betreft als het concern dat aan de orde is in zaak C-116/16, die verband houdt met de heffing van belasting over dividenden en het voorwerp is van het arrest van heden, T Danmark en Y Denmark ApS (C-116/16 en C-117/16).

32. Zoals de verwijzende rechter uiteenzet, hebben de beleggingsfondsen vennootschappen opgericht in Luxemburg, waaronder A Luxembourg Holding, en in Denemarken, waaronder N Danmark 1. De overname van T Danmark is onder meer gefinancierd met leningen die door de beleggingsfondsen aan N Danmark 1 zijn verstrekt, en met kapitaalverhogingen van N Danmark 1. In 2009 is N Danmark 1 gefuseerd met een andere Deense vennootschap, die in 2010 is ontbonden bij een grensoverschrijdende fusie met C Luxembourg. C Luxembourg is naderhand van naam gewijzigd en geliquideerd, waarbij de in het geding zijnde vordering is overgegaan op N Luxembourg 1, dat het hoofdgeding voortzet in de plaats van N Danmark 1.

33. Een van de door de beleggingsfondsen opgerichte Deense vennootschappen – N Danmark 5 – heeft T Danmark overgenomen. In het voorjaar van 2006 heeft N Danmark 5 haar aandelen in T Danmark overgedragen aan C Luxembourg, die aldus de moedermaatschappij van T Danmark is geworden.

34. Op 27 april 2006 hebben de beleggingsfondsen de schuldbewijzen betreffende de leningen die zij hadden verstrekt, overdragen aan A Luxembourg Holding, die deze schuldbewijzen dezelfde dag heeft overgedragen aan C Luxembourg, de moedermaatschappij van T Danmark.

35. Vanaf die datum werd C Luxembourg schuldenaar van A Luxembourg Holding voor hetzelfde bedrag als N Danmark 1 verschuldigd was aan C Luxembourg. Volgens de verwijzende rechter werd de schuld van N Danmark 1 terugbetaald tegen een rentevoet van 10 %, terwijl de schulden van C Luxembourg en A Luxembourg Holding werden terugbetaald tegen een rentevoet van 9,96875 %. Op 9 juli 2008 is het rendement van de leningen tussen C Luxembourg en A Luxembourg Holding verhoogd tot 10 %. Het rendement van de leningen tussen A Luxembourg Holding en de beleggingsfondsen is echter gehandhaafd op 9,96875 %.

36. In 2006 had C Luxembourg uitgaven voor „overige externe lasten" ten belope van 8 701 EUR, waaronder 7 810 EUR voor salarissen. Verder had deze vennootschap uitgaven voor „overige exploitatielasten" ten belope van 209 349 EUR.

37. Eveneens in 2006 had A Luxembourg Holding uitgaven voor „overige externe lasten" ten belope van 3 337 EUR, waaronder 2 996 EUR voor salarissen. Voorts had de vennootschap uitgaven voor „overige exploitatielasten" ten belope van 127 031 EUR.

38. Volgens de verwijzingsbeslissing blijkt uit de jaarrekeningen van C Luxembourg voor 2007 en 2008 dat deze vennootschap in de loop van deze jaren gemiddeld twee werknemers deeltijds in dienst had. Uit de jaarrekeningen van A Luxembourg Holding voor diezelfde periode blijkt dat deze vennootschap in de loop van die jaren gemiddeld één werknemer deeltijds in dienst had.

39. Afgezien van het bezit van aandelen in N Danmark 1 hield C Luxembourg er geen economische activiteiten op na dan het bezit van door N Danmark 1 uitgegeven schuldvorderingen.

40. De zetel van C Luxembourg en A Luxembourg Holding bevindt zich op hetzelfde adres. Dit adres wordt ook gebruikt door ondernemingen die rechtstreeks gelieerd zijn aan een van de beleggingsfondsen.

41. De verwijzende rechter zet uiteen dat de SKAT in 2011 een belastingaanslag heeft gevestigd waarbij voor de belastingjaren 2006-2008 belasting over de interest werd opgelegd ten belope van in totaal 925 764 961 Deense kronen (DKK) (ongeveer 124 miljoen EUR). De SKAT was immers van mening dat C Luxembourg en A Luxembourg Holding niet de uiteindelijk gerechtigden tot de interest waren, maar enkel fungeerden als zuivere doorstroomvennootschappen, en dat de interest van de Deense tak van het concern via deze twee Luxemburgse vennootschappen naar de beleggingsfondsen vloeide. De SKAT is op basis daarvan tot de slotsom gekomen dat verzoekster in het hoofdgeding bronbelasting diende in te houden over de betaalde en bijgeschreven interest, en aansprakelijk was voor de betaling van de niet-ingehouden bronbelasting.

42. Verzoekster in het hoofdgeding heeft de belastingaanslag aangevochten bij de Deense rechterlijke instanties.

43. N Luxembourg 1 betwist dat er in de situatie in het hoofdgeding sprake is van fraude of misbruik. Zij betoogt dat zelfs indien sprake zou zijn van fraude of misbruik, het genot van richtlijn 2003/49 overeenkomstig artikel 5, lid 1, ervan hoe dan ook enkel kan worden ontzegd indien er een overeenkomstige rechtsgrondslag bestaat in het nationale recht. Een dergelijke rechtsgrondslag ontbreekt echter in het Deense recht.

44. Verzoekster in het hoofdgeding voert aan dat, mocht C Luxembourg niet worden aangemerkt als uiteindelijk gerechtigde tot de interest, de Deense regels inzake de bronbelasting, de heffing ervan en de aansprakelijkheid voor de betaling ervan, in strijd zijn met de Unierechtelijk gewaarborgde vrijheid van vestiging en, subsidiair, het vrije verkeer van kapitaal, met name omdat, ten eerste, de bronbelasting eerder wordt betaald dan de vergelijkbare vennootschapsbelasting, ten tweede, de moratoire interest op de bronbelasting aanzienlijk hoger is dan die op de vennootschapsbelasting, ten derde, de kredietnemer de bronbelasting dient in te houden, en, ten vierde, de kredietnemer overeenkomstig de kildeskattelov aansprakelijk is voor het inhouden van de bronbelasting.

45. In die omstandigheden heeft de Østre Landsret (rechter in tweede aanleg voor het Oosten van Denemarken) de behandeling van de zaak geschorst en het Hof verzocht om een prejudiciële beslissing over de volgende vragen:

„1. a. Dient artikel 1, lid 1, juncto artikel 1, lid 4, van richtlijn 2003/49 aldus te worden uitgelegd dat een in een lidstaat gevestigde onderneming die onder artikel 3 van deze richtlijn valt en die – onder omstandigheden als die van het hoofdgeding – van een in een andere lidstaat gevestigde dochteronderneming interest ontvangt, de ‚uiteindelijk gerechtigde' tot deze interest is in de zin van deze richtlijn?

b. Dient het begrip ‚uiteindelijk gerechtigde' in artikel 1, lid 1, juncto artikel 1, lid 4, van richtlijn 2003/49 te worden uitgelegd in overeenstemming met het overeenkomstige begrip in artikel 11 van het [OESO-modelbelastingverdrag van 1977]?

c. Indien [de eerste vraag, onder b),] bevestigend wordt beantwoord, dienen bij de uitlegging van dat begrip dan enkel de commentaren bij artikel 11 van het [OESO-modelbelastingverdrag van 1977] (punt 8) in aanmerking te worden genomen, of kunnen daarbij ook latere commentaren in aanmerking worden genomen, waaronder de aanvullingen uit 2003 over ‚doorstroomvennootschappen' (punt 8.1, thans punt 10.1) en de aanvullingen uit 2014 over ‚contractuele en wettelijke verplichtingen' (punt 10.2)?

d. Indien de commentaren uit 2003 bij de uitlegging in aanmerking kunnen worden genomen, is dan vereist dat er de facto middelen zijn doorgestroomd naar de personen die door de staat waar de betaler van de interest is gevestigd, worden beschouwd als de ‚uiteindelijk gerechtigden' tot de desbetreffende interest, om een onderneming niet als de ‚uiteindelijk gerechtigde' in de zin van richtlijn 2003/49 aan te merken, en – zo ja – is dan tevens vereist dat deze feitelijke doorstroming van middelen kort na de interestbetaling en/of bij wijze van interestbetaling plaatsvindt?

e. In hoeverre is het in dit verband van belang of er eigen vermogen voor de lening is gebruikt, of de desbetreffende interest aan de hoofdsom wordt toegevoegd (‚wordt opgerold'), of de ontvanger van de interest vervolgens aan zijn in dezelfde staat gevestigde moedermaatschappij een groepsbijdrage heeft betaald om een fiscale consolidatie tot stand te brengen overeenkomstig de in de betrokken staat ter zake geldende regels, of de desbetreffende interest vervolgens is omgezet in eigen vermogen van de kredietnemer, of op de ontvanger van de interest een contractuele of wettelijke verplichting rustte om de interest door te betalen aan een andere persoon, en of het merendeel van de personen die door de staat waar de betaler van de interest is gevestigd, als de ‚uiteindelijk gerechtigden' tot de interest worden aangemerkt, in andere lidstaten zijn gevestigd dan wel in derde staten waarmee het Koninkrijk Denemarken een dubbelbelastingverdrag heeft gesloten, zodat er volgens de Deense belastingwetgeving geen grondslag zou hebben bestaan om bronbelasting te heffen indien die personen kredietgever waren geweest en aldus de interest rechtstreeks hadden ontvangen?

f. In hoeverre is het voor de beoordeling of de ontvanger van de interest dient te worden aangemerkt als de ‚uiteindelijk gerechtigde' in de zin van de richtlijn, van belang dat de verwijzende rechter na de beoordeling van de feiten van het geding tot de bevinding komt dat deze ontvanger weliswaar geen contractuele of wettelijke verplichting had om de ontvangen interest door te betalen aan een andere persoon, maar ‚in wezen' niet het recht had op het ‚gebruik en genot' van de interest, zoals bedoeld in de commentaren uit 2014 bij het [OESO-modelbelastingverdrag van 1977]?

2. a. Is de mogelijkheid voor een lidstaat om zich te beroepen op artikel 5, lid 1, van [richtlijn 2003/49], dat betrekking heeft op de toepassing van nationale voorschriften ter bestrijding van fraude en misbruik, of op artikel 5, lid 2, van de richtlijn, onderworpen aan de voorwaarde dat de betrokken lidstaat een specifiek nationaal voorschrift ter uitvoering van artikel 5 van de richtlijn heeft vastgesteld dan wel dat het nationale recht algemene voorschriften of beginselen inzake fraude, misbruik en belastingontduiking bevat die in overeenstemming met artikel 5 kunnen worden uitgelegd?

b. Voor zover de tweede vraag[, onder a),] bevestigend wordt beantwoord, kan § 2, lid [1], onder d), van de selskabsskattelov, volgens welke de beperkte belastingplicht ter zake van rente-inkomsten zich niet uitstrekt tot ‚interest waarover op grond van richtlijn [2003/49] betreffende een gemeenschappelijke belastingregeling inzake uitkeringen van interest en royalty's tussen verbonden ondernemingen van verschillende lidstaten [...] geen belasting wordt geheven', dan worden aangemerkt als een specifiek nationaal voorschrift in de zin van artikel 5 van de richtlijn?

3. Is een bepaling van een tussen twee lidstaten gesloten en overeenkomstig het [OESO-modelbelastingverdrag] opgesteld dubbelbelastingverdrag, volgens welke de heffing van belasting over interest afhangt van de vraag of de ontvanger van de interest wordt aangemerkt als de uiteindelijk gerechtigde tot deze interest, een verdragsrechtelijk voorschrift ter bestrijding van misbruiken als bedoeld in artikel 5 van de richtlijn?

4. Is er sprake van misbruik enzovoort in de zin van richtlijn 2003/49 indien er in de lidstaat waar de betaler van de interest is gevestigd, een fiscale aftrek voor interest bestaat, terwijl interest niet wordt belast in de lidstaat waar de ontvanger van de interest is gevestigd?

5. Is een lidstaat die niet erkent dat een in een andere lidstaat gevestigde onderneming de ‚uiteindelijk gerechtigde' tot de interest is, en die stelt dat deze onderneming een zogenaamde kunstmatige door-

stroomvennootschap is, krachtens richtlijn 2003/49 of artikel 10 EG verplicht mee te delen wie hij in dit geval beschouwt als de uiteindelijk gerechtigde?

6. Indien een in een lidstaat gevestigde onderneming (de moedermaatschappij) in concreto niet wordt geacht overeenkomstig richtlijn 2003/49 te zijn vrijgesteld van bronbelasting over interest die zij van een in een andere lidstaat gevestigde onderneming (de dochteronderneming) heeft ontvangen, en de moedermaatschappij door laatstgenoemde lidstaat wordt geacht aldaar ter zake van de desbetreffende interest beperkt belastingplichtig te zijn, staat artikel 43 EG juncto artikel 48 EG dan in de weg aan een wettelijke regeling op grond waarvan laatstgenoemde lidstaat de inhoudingsplichtige (de dochteronderneming) bij niet-tijdige betaling van verschuldigde bronbelasting verplicht tot betaling van moratoire interest tegen een rentevoet die hoger is dan de rentevoet die de betrokken lidstaat hanteert wanneer hij aan een in dezelfde lidstaat gevestigde onderneming moratoire interest in rekening brengt over verschuldigde vennootschapsbelasting (die zich onder meer uitstrekt tot rente-inkomsten)?

7. Indien een in een lidstaat gevestigde onderneming (de moedermaatschappij) in concreto niet wordt geacht overeenkomstig richtlijn 2003/49 te zijn vrijgesteld van bronbelasting over interest die zij van een in een andere lidstaat gevestigde onderneming (de dochteronderneming) heeft ontvangen, en de moedermaatschappij door laatstgenoemde lidstaat wordt geacht aldaar ter zake van de desbetreffende interest beperkt belastingplichtig te zijn, staan de artikelen 43 EG en 48 EG (dan wel artikel 56 EG) dan op zichzelf of gezamenlijk beschouwd in de weg aan een wettelijke regeling

– op grond waarvan laatstgenoemde lidstaat de betaler van de interest verplicht tot inhouding van bronbelasting op de interest en hem jegens de overheid aansprakelijk stelt voor de niet-ingehouden bronbelasting, wanneer een dergelijke inhoudingsplicht niet geldt als de ontvanger van de interest in laatstgenoemde lidstaat gevestigd is;

– op grond waarvan een moedermaatschappij in laatstgenoemde lidstaat tijdens de eerste twee belastingjaren niet onderworpen zou zijn aan de verplichting om voorheffing op de vennootschapsbelasting te betalen, maar pas vennootschapsbelasting zou moeten betalen op een beduidend later tijdstip dan dat waarop de bronbelasting opeisbaar wordt?

Het Hof wordt verzocht bij de beantwoording van de zevende vraag rekening te houden met het antwoord op de zesde vraag."

2. Zaak C-118/16, X Denmark

46. Blijkens de verwijzingsbeslissing is het concern X – waarvan verzoekster in het hoofdgeding deel uitmaakt – wereldwijd actief. In 2005 is dit concern overgenomen door beleggingsfondsen en is verzoekster in het hoofdgeding opgericht.

47. Deze fondsen zijn rechtstreekse aandeelhouders van de in Luxemburg gevestigde hoofdmoedermaatschappij van het concern, X SCA, SICAR, dat de rechtsvorm heeft van een *société en commandite par actions* (SCA) (commanditaire vennootschap op aandelen) en een *société d'investissement en capital à risque* (SICAR) (beleggingsvennootschap in risicokapitaal) is.

48. De Deense belastingdienst heeft aangenomen dat X SCA, SICAR naar Deens recht fiscaal transparant is, dat wil zeggen niet zelfstandig belastingplichtig is in de zin van de Deense wetgeving.

49. Volgens de verwijzingsbeslissing bestond de beleggingsportefeuille van X SCA, SICAR in een 100 %-deelneming in het kapitaal van de in Zweden gevestigde X Sweden Holding AB en een lening aan diezelfde vennootschap. Afgezien van die deelneming en die lening hield X SCA, SICAR er geen activiteiten op na.

50. De enige activiteit van X Sweden Holding bestaat erin dat zij fungeert als houdstermaatschappij voor de in Zweden gevestigde vennootschap X Sweden, die op haar beurt de moedermaatschappij is van verzoekster in het hoofdgeding, X Denmark. Op 27 december 2006 is X Sweden Holding de in het vorige punt vermelde lening aangegaan bij haar eigen moedermaatschappij – X SCA, SICAR – ten belope van 498 500 000 EUR. X Sweden Holding heeft de aan X, SCA, SICAR uitgekeerde interest afgetrokken van haar belastbare inkomen.

51. X Sweden Holding heeft een belang in X Sweden van 97,5 % en het management van het concern X heeft een belang in X Sweden van 2,5 %. X Sweden had tijdens de in het hoofdgeding aan de orde zijnde periode dezelfde raad van bestuur als X Sweden Holding en zij had geen deelnemingen in andere vennootschappen dan X Denmark.

52. De verwijzende rechter merkt op dat X Sweden begin 2007 activiteiten op het gebied van de registratie van producten bij de overheid en verschillende administratieve taken in verband met klinische proeven heeft overgenomen van een andere vennootschap, namelijk de in Zweden gevestigde vennootschap X AB. Vervol-

gens heeft X Sweden een tiental medewerkers van X AB in dienst genomen en een deel van haar hoofdkwartier gehuurd, waar de medewerkers op wie de overdracht betrekking had bleven werken.

53. Volgens de verwijzingsbeslissing blijkt uit de jaarverslagen voor 2007 tot en met 2009 dat X Sweden twee inkomstenposten had, te weten „Rente-inkomsten en soortgelijke winstposten" en „Overige inkomsten". X Sweden had geen andere rente-inkomsten dan de interest die zij van X Denmark ontving in het kader van een lening ten belope van 501 miljoen EUR, die, net zoals de in punt 50 van het onderhavige arrest vermelde lening, op 27 december 2006 was aangegaan. In 2007, 2008 en 2009 vertegenwoordigden de rente-inkomsten respectievelijk 98,1 %, 97,8 % en 98 % van de totale inkomsten van X Sweden, terwijl de overige inkomsten 1,9 %, 2,2 % en 2 % vertegenwoordigden. De interest die X Sweden ontving uit hoofde van de aan X Denmark verstrekte lening, is meegeteld bij de berekening van het belastbare inkomen van X Sweden voor die jaren. X Sweden heeft in die jaren – overeenkomstig de in hoofdstuk 35 van de Zweedse wet op de inkomensbelasting neergelegde specifieke Zweedse regels inzake fiscale consolidatie binnen een concern – groepsbijdragen betaald aan haar moedermaatschappij, X Sweden Holding, ten belope van respectievelijk 60 468 000 EUR, 75 621 000 EUR en 60 353 294 EUR. Deze groepsbijdragen hebben voor X Sweden een recht op aftrek doen ontstaan, terwijl zij bij X Sweden Holding belastbaar zijn.

54. X Denmark heeft de interest die zij aan X Sweden had betaald in het kader van de op 27 december 2006 bij deze vennootschap aangegane lening ten belope van 501 miljoen EUR, afgetrokken van haar belastbare inkomen. Daar zij X Sweden als de uiteindelijk gerechtigde tot de interest beschouwde, heeft zij over deze interest geen bronbelasting ingehouden.

55. De SKAT heeft in zijn besluit van 13 december 2010 geoordeeld dat X Sweden, X Sweden Holding en X SCA, SICAR geen uiteindelijk gerechtigden tot de interest waren in de zin van richtlijn 2003/49, het Luxemburgs-Deense belastingverdrag en het Noordse belastingverdrag, maar dat de eigenaren van X SCA, SICAR de uiteindelijk gerechtigden tot de interest waren. Volgens het ministerie van Financiën heeft X SCA, SICAR een rechtsvorm die niet is opgenomen in de in artikel 3, onder a), i), van richtlijn 2003/49 bedoelde lijst van ondernemingen die binnen de werkingssfeer van deze richtlijn vallen, en voldoet zij verder niet aan de in artikel 3, onder a), iii), van deze richtlijn neergelegde voorwaarde dat de onderneming geen vrijstelling mag genieten. Zij is immers vrijgesteld van belasting over inkomsten uit interest, winsten en dividenden. X SCA, SICAR kan hoe dan ook niet de uiteindelijk gerechtigde tot de interest zijn, aangezien zij naar Deens recht transparant is. In dit verband was het ministerie van Financiën van mening dat X Denmark geen documenten had verstrekt waaruit bleek dat de meeste beleggers in de beleggingsfondsen die eigenaar zijn van X SCA, SICAR hun fiscale woonplaats hebben in andere landen van de Europese Unie of in landen waarmee het Koninkrijk Denemarken een dubbelbelastingverdrag heeft gesloten. De SKAT heeft dan ook geoordeeld dat X Denmark bronbelasting had moeten inhouden op de interest die zij uitkeerde aan X Sweden.

56. X Denmark heeft het besluit van de SKAT van 13 december 2010 aangevochten bij de Deense rechterlijke instanties.

57. In die omstandigheden heeft de Østre Landsret de behandeling van de zaak geschorst en het Hof verzocht om een prejudiciële beslissing over de volgende vragen:

„1. a. Dient artikel 1, lid 1, juncto artikel 1, lid 4, van richtlijn 2003/49 aldus te worden uitgelegd dat een in een lidstaat gevestigde onderneming die onder artikel 3 van deze richtlijn valt en die – onder omstandigheden als die van het hoofdgeding – van een in een andere lidstaat gevestigde dochteronderneming interest ontvangt, de ‚uiteindelijk gerechtigde' tot deze interest is in de zin van deze richtlijn?

b. Dient het begrip ‚uiteindelijk gerechtigde' in artikel 1, lid 1, juncto artikel 1, lid 4, van richtlijn 2003/49 te worden uitgelegd in overeenstemming met het overeenkomstige begrip in artikel 11 van het [OESO-modelbelastingverdrag van 1977]?

c. Indien [de eerste vraag, onder b),] bevestigend wordt beantwoord, dienen bij de uitlegging van dat begrip dan enkel de commentaren bij artikel 11 van het [OESO-modelbelastingverdrag van 1977] (punt 8) in aanmerking te worden genomen, of kunnen daarbij ook latere commentaren in aanmerking worden genomen, waaronder de aanvullingen uit 2003 over ‚doorstroomvennootschappen' (punt 8.1, thans punt 10.1) en de aanvullingen uit 2014 over ‚contractuele en wettelijke verplichtingen' (punt 10.2)?

d. Indien de commentaren uit 2003 bij de uitlegging in aanmerking kunnen worden genomen, is dan vereist dat er de facto middelen zijn doorgestroomd naar de personen die door de staat waar de betaler van de interest is gevestigd, worden beschouwd als de ‚uiteindelijk gerechtigden' tot de desbetreffende interest, om een onderneming niet als de ‚uiteindelijk gerechtigde' in de zin van richtlijn 2003/49 aan te merken, en – zo ja – is dan tevens vereist dat deze feitelijke doorstroming van middelen kort na de interestbetaling en/of bij wijze van interestbetaling plaatsvindt?

e. In hoeverre is het in dit verband van belang of er eigen vermogen voor de lening is gebruikt, of de desbetreffende interest aan de hoofdsom wordt toegevoegd (,wordt opgerold'), of de ontvanger van de interest vervolgens aan zijn in dezelfde staat gevestigde moedermaatschappij een groepsbijdrage heeft betaald om een fiscale consolidatie tot stand te brengen overeenkomstig de in de betrokken staat ter zake geldende regels, of de desbetreffende interest vervolgens is omgezet in eigen vermogen van de kredietnemer, of op de ontvanger van de interest een contractuele of wettelijke verplichting rustte om de interest door te betalen aan een andere persoon, en of het merendeel van de personen die door de staat waar de betaler van de interest is gevestigd, als de ,uiteindelijk gerechtigden' tot de interest worden aangemerkt, in andere lidstaten zijn gevestigd dan wel in derde staten waarmee het Koninkrijk Denemarken een dubbelbelastingverdrag heeft gesloten, zodat er volgens de Deense belastingwetgeving geen grondslag zou hebben bestaan om bronbelasting te heffen indien die personen kredietgever waren geweest en aldus de interest rechtstreeks hadden ontvangen?

f. In hoeverre is het voor de beoordeling of de ontvanger van de interest dient te worden aangemerkt als de ,uiteindelijk gerechtigde' in de zin van de richtlijn, van belang dat de verwijzende rechter na de beoordeling van de feiten van het geding tot de bevinding komt dat deze ontvanger weliswaar geen contractuele of wettelijke verplichting had om de ontvangen interest door te betalen aan een andere persoon, maar ,in wezen' niet het recht had op het ,gebruik en genot' van de interest, zoals bedoeld in de commentaren uit 2014 bij het [OESO-modelbelastingverdrag van 1977]?

2. a. Is de mogelijkheid voor een lidstaat om zich te beroepen op artikel 5, lid 1, van [richtlijn 2003/49], dat betrekking heeft op de toepassing van nationale voorschriften ter bestrijding van fraude en misbruik, of op artikel 5, lid 2, van de richtlijn, onderworpen aan de voorwaarde dat de betrokken lidstaat een specifiek nationaal voorschrift ter uitvoering van artikel 5 van de richtlijn heeft vastgesteld dan wel dat het nationale recht algemene voorschriften of beginselen inzake fraude, misbruik en belastingontduiking bevat die in overeenstemming met artikel 5 kunnen worden uitgelegd?

b. Voor zover de tweede vraag[, onder a),] bevestigend wordt beantwoord, kan § 2, lid [1], onder d), van de selskabsskattelov, volgens welke de beperkte belastingplicht ter zake van rente-inkomsten zich niet uitstrekt tot ,interest waarover op grond van richtlijn [2003/49] betreffende een gemeenschappelijke belastingregeling inzake uitkeringen van interest en royalty's tussen verbonden ondernemingen van verschillende lidstaten [...] geen belasting wordt geheven', dan worden aangemerkt als een specifiek nationaal voorschrift in de zin van artikel 5 van de richtlijn?

3. Is een bepaling van een tussen twee lidstaten gesloten en overeenkomstig het [OESO-modelbelastingverdrag] opgesteld dubbelbelastingverdrag, volgens welke de heffing van belasting over interest afhangt van de vraag of de ontvanger van de interest wordt aangemerkt als de uiteindelijk gerechtigde tot deze interest, een verdragsrechtelijk voorschrift ter bestrijding van misbruiken als bedoeld in artikel 5 van de richtlijn?

4. Is er sprake van misbruik enzovoort in de zin van richtlijn 2003/49 indien er in de lidstaat waar de betaler van de interest is gevestigd, een fiscale aftrek voor interest bestaat, terwijl interest niet wordt belast in de lidstaat waar de ontvanger van de interest is gevestigd?

5. a. Is richtlijn 2003/49 van toepassing op een in Luxemburg gevestigde onderneming die aldaar overeenkomstig het vennootschapsrecht is opgericht en ingeschreven als een ,société en commandite par actions' (S.C.A.) (commanditaire vennootschap op aandelen), en die tevens is gekwalificeerd als een ,société d'investissement en capital à risque' (SICAR) (beleggingsvennootschap in risicokapitaal) in de zin van de Luxemburgse wet van 15 juni 2004 betreffende beleggingsvennootschappen in risicokapitaal?

b. Indien de vijfde vraag[, onder a),] bevestigend wordt beantwoord, kan een Luxemburgse ,S.C.A., SICAR' dan de ,uiteindelijk gerechtigde' tot interest in de zin van richtlijn 2003/49 zijn, ook al beschouwt de lidstaat van de onderneming die de interest betaalt, die onderneming op grond van zijn interne recht als een fiscaal transparante entiteit?

c. Indien de eerste vraag[, onder a),] ontkennend wordt beantwoord, zodat de onderneming die de interest ontvangt, niet wordt aangemerkt als de ,uiteindelijk gerechtigde' tot de desbetreffende interest, kan de in het geding aan de orde zijnde S.C.A., SICAR dan onder omstandigheden als die van het hoofdgeding worden aangemerkt als de ,uiteindelijk gerechtigde' tot deze interest in de zin van die richtlijn?

6. Is een lidstaat die niet erkent dat een in een andere lidstaat gevestigde onderneming de ,uiteindelijk gerechtigde' tot de interest is, en die stelt dat deze onderneming een zogenaamde kunstmatige doorstroomvennootschap is, krachtens richtlijn 2003/49 of artikel 10 EG verplicht mee te delen wie hij in dit geval beschouwt als de uiteindelijk gerechtigde?

7. Indien een in een lidstaat gevestigde onderneming (de moedermaatschappij) in concreto niet wordt geacht overeenkomstig richtlijn 2003/49 te zijn vrijgesteld van bronbelasting over interest die zij van een in een andere lidstaat gevestigde onderneming (de dochteronderneming) heeft ontvangen, en de moeder-

maatschappij door laatstgenoemde lidstaat wordt geacht aldaar ter zake van de desbetreffende interest beperkt belastingplichtig te zijn, staat artikel 43 EG juncto artikel 48 EG dan in de weg aan een wettelijke regeling op grond waarvan laatstgenoemde lidstaat de inhoudingsplichtige (de dochteronderneming) bij niet-tijdige betaling van verschuldigde bronbelasting verplicht tot betaling van moratoire interest tegen een rentevoet die hoger is dan de rentevoet die de betrokken lidstaat hanteert wanneer hij aan een in dezelfde lidstaat gevestigde onderneming moratoire interest in rekening brengt over verschuldigde vennootschapsbelasting (die zich onder meer uitstrekt tot rente-inkomsten)?

8. Indien een in een lidstaat gevestigde onderneming (de moedermaatschappij) in concreto niet wordt geacht overeenkomstig richtlijn 2003/49 te zijn vrijgesteld van bronbelasting over interest die zij van een in een andere lidstaat gevestigde onderneming (de dochteronderneming) heeft ontvangen, en de moedermaatschappij door laatstgenoemde lidstaat wordt geacht aldaar ter zake van de desbetreffende interest beperkt belastingplichtig te zijn, staan de artikelen 43 EG en 48 EG (dan wel artikel 56 EG) dan op zichzelf of gezamenlijk beschouwd in de weg aan een wettelijke regeling

- op grond waarvan laatstgenoemde lidstaat de betaler van de interest verplicht tot inhouding van bronbelasting op de interest en hem jegens de overheid aansprakelijk stelt voor de niet-ingehouden bronbelasting, wanneer een dergelijke inhoudingsplicht niet geldt als de ontvanger van de interest in laatstgenoemde lidstaat gevestigd is;
- op grond waarvan een moedermaatschappij in laatstgenoemde lidstaat tijdens de eerste twee belastingjaren niet onderworpen zou zijn aan de verplichting om voorheffing op de vennootschapsbelasting te betalen, maar pas vennootschapsbelasting zou moeten betalen op een beduidend later tijdstip dan dat waarop de bronbelasting opeisbaar wordt?

Het Hof wordt verzocht bij de beantwoording van de achtste vraag rekening te houden met het antwoord op de zevende vraag."

3. Zaak C-119/16, C Danmark I

58. Blijkens de verwijzingsbeslissing is de in de Verenigde Staten gevestigde vennootschap C USA eigenaar van de op de Kaaimaneilanden gevestigde vennootschap C Cayman Islands, die tot eind 2004 eigenaar was van de in Denemarken gevestigde vennootschap C Danmark II, die de hoofdmoedermaatschappij van een concern is. Eind 2004 heeft binnen het concern een herstructurering plaatsgevonden, waarbij tussen C Cayman Islands en C Danmark II twee Zweedse vennootschappen – C Sverige I en C Sverige II – en één Deense vennootschap – C Danmark I – zijn geplaatst. Sinds 1 januari 2005 staat C Danmark I als moedermaatschappij aan het hoofd van de Deense tak van het Amerikaanse concern waarvan de hoofdmoedermaatschappij C USA is.

59. De achtergrond van de herstructurering van de Europese tak van het concern is achteraf door C Danmark I beschreven in een nota met de titel „2004 European Restructuring Process" (Europees herstructureringsproces van 2004), waarin onder meer het volgende wordt meegedeeld:

„In 2004 heeft het concern [...] zijn organisatiestructuur herzien en besloten om bijkomende holdings en hefboomeffecten in zijn Europese structuur op te nemen. De bijkomende houdstermaatschappijen maken het voor de onderneming mogelijk om een vrijere toegang te krijgen tot Europees kapitaal en het kapitaal binnen de ondernemingen van het concern [...] efficiënter te verplaatsen. Bovendien geven de jaarrekeningen van de nieuwe holdings een getrouw beeld van de marktwaarde van het Europese concern, wat de onderneming in de toekomst kan helpen om financiering van derden te verkrijgen. Ten slotte, en misschien wel bovenal, helpt de invoering van een hefboomeffect in de structuur het bedrijfsrisico te minimaliseren doordat het eigen vermogen dat in het kader van de bedrijfsactiviteiten op het spel staat, wordt verminderd.

Gezien de huidige gunstige regeling voor holdings in Zweden, heeft het concern [...] besloten zijn nieuwe Europese holdings in dit land te vestigen teneinde van deze regeling te kunnen profiteren."

60. Het ministerie van Financiën was van mening dat de plaatsing van de twee Zweedse vennootschappen boven de Deense tak van het concern was ingegeven door fiscale overwegingen. De SKAT heeft bij besluit van 30 oktober 2009 vastgesteld dat C Sverige II en C Sverige I met betrekking tot de van C Danmark I ontvangen interest niet kunnen worden aangemerkt als uiteindelijk gerechtigde in de zin van richtlijn 2003/49 of het Noordse belastingverdrag.

61. Bij beschikking van 25 mei 2011 heeft de Landsskatteret (hoogste administratieve beroepsinstantie in belastingzaken, Denemarken) het besluit van de SKAT bevestigd, op grond dat de Zweedse vennootschappen zuivere doorstroomvennootschappen zijn. In deze beschikking wordt onder meer vermeld:

„Tot aan de eind 2004/begin 2005 uitgevoerde herstructurering was de hoofdmoedermaatschappij van de Deense tak van het concern [...] [C Danmark II], die rechtstreeks eigendom was van [C Cayman Islands] [...].

De herstructurering had tot gevolg dat er tussen [C Cayman Islands] en [C Danmark II] drie nieuw opgerichte ondernemingen werden geplaatst, zodat [C Cayman Islands] vanaf dan eigenaar was van een Zweedse holding, die eigenaar was van een andere Zweedse holding, die op haar beurt eigenaar was van [C Danmark I], die de nieuwe hoofdmoedermaatschappij van de Deense tak van het concern werd. Deze concernstructuur werd onder meer tot stand gebracht door een reeks verkopen van ondernemingen binnen het concern, waarbij twee leningen van respectievelijk 75 miljoen EUR en 825 miljoen EUR werden gesloten tussen [C Cayman Islands] en [C Sverige I], alsmede twee leningen van respectievelijk 75 miljoen EUR en 825 miljoen EUR tussen [C Sverige II] en [C Danmark I].

De schuldbekentenis van [C Sverige I] ten aanzien van [C Cayman Islands] ten bedrage van 75 miljoen EUR bevat precies dezelfde voorwaarden als de schuldbekentenis van [C Danmark I] ten aanzien van [C Sverige II] ten belope van hetzelfde bedrag. Hetzelfde geldt mutatis mutandis voor de schuldbekentenissen ten bedrage van 825 miljoen EUR. [...] Via de uitgevoerde herstructurering en de in verband daarmee aangegane schulden, die voortvloeien uit de transacties tussen partijen met gemeenschappelijke belangen, droeg [C Sverige II], met gebruikmaking van de Zweedse regels inzake intragroepsoverdrachten, de van [C Danmark I] ontvangen rente-inkomsten over aan [C Sverige I], terwijl [C Sverige I] de bedragen als rente-uitgaven doorsluisde naar [C Cayman Islands].

Aangezien er krachtens de destijds geldende Zweedse belastingregels in Zweden geen belastbare netto-inkomsten te belasten vielen, werd de door [C Danmark I] te betalen interest via de Zweedse ondernemingen integraal overgedragen aan [C Cayman Islands].

Geen van de bij de herstructurering opgerichte ondernemingen voerde andere activiteiten uit dan holdingactiviteiten, en hun voorzienbare inkomsten bestonden dan ook alleen uit die welke inherent verbonden waren met de holdingactiviteit. Bij de vaststelling van de schuldverhoudingen in het kader van de herstructurering moet er dus van zijn uitgegaan dat, wilden de schuldplichtige ondernemingen aan hun daaruit voortvloeiende verbintenissen kunnen voldoen, zij middelen moesten ontvangen van andere ondernemingen van het concern. Dit moet vanaf het begin het uitgangspunt zijn geweest.

[C Sverige II] wordt derhalve beschouwd als een doorstroomvennootschap met zo weinig zeggenschap over de ontvangen bedragen dat zij noch in het licht van het [Noordse belastingverdrag] noch in het licht van richtlijn 2003/49 kan worden beschouwd als de uiteindelijk gerechtigde tot de van [C Danmark I] ontvangen interest. In dit verband is het irrelevant dat de overdrachten tussen de Zweedse ondernemingen de vorm hadden van intragroepsoverdrachten en niet van rentebetalingen."

62. Verzoekster in het hoofdgeding, C Danmark I, is van mening dat C Sverige II en C Sverige I in Zweden zijn gevestigd in het kader van de Europese herstructurering van het concern, die was ingegeven door algemene en commerciële overwegingen. Volgens verzoekster in het hoofdgeding is C Sverige II de „uiteindelijk gerechtigde", in de zin van richtlijn 2003/49, tot de interest die zij van verzoekster heeft ontvangen.

63. In die omstandigheden heeft de Østre Landsret de behandeling van de zaak geschorst en het Hof verzocht om een prejudiciële beslissing over de volgende vragen:

„1. a. Dient artikel 1, lid 1, juncto artikel 1, lid 4, van richtlijn 2003/49 aldus te worden uitgelegd dat een in een lidstaat gevestigde onderneming die onder artikel 3 van deze richtlijn valt en die – onder omstandigheden als die van het hoofdgeding – van een in een andere lidstaat gevestigde dochteronderneming interest ontvangt, de ‚uiteindelijk gerechtigde' tot deze interest is in de zin van deze richtlijn?

b. Dient het begrip ‚uiteindelijk gerechtigde' in artikel 1, lid 1, juncto artikel 1, lid 4, van richtlijn 2003/49 te worden uitgelegd in overeenstemming met het overeenkomstige begrip in artikel 11 van het [OESO-modelbelastingverdrag van 1977]?

c. Indien [de eerste vraag, onder b),] bevestigend wordt beantwoord, dienen bij de uitlegging van dat begrip dan enkel de commentaren bij artikel 11 van het [OESO-modelbelastingverdrag van 1977] (punt 8) in aanmerking te worden genomen, of kunnen daarbij ook latere commentaren in aanmerking worden genomen, waaronder de aanvullingen uit 2003 over ‚doorstroomvennootschappen' (punt 8.1, thans punt 10.1) en de aanvullingen uit 2014 over ‚contractuele en wettelijke verplichtingen' (punt 10.2)?

d. Indien de commentaren uit 2003 bij de uitlegging in aanmerking kunnen worden genomen, is dan vereist dat er de facto middelen zijn doorgestroomd naar de personen die door de staat waar de betaler van de interest is gevestigd, worden beschouwd als de ‚uiteindelijk gerechtigden' tot de desbetreffende interest, om een onderneming niet als de ‚uiteindelijk gerechtigde' in de zin van richtlijn 2003/49 aan te merken, en – zo ja – is dan tevens vereist dat deze feitelijke doorstroming van middelen kort na de interestbetaling en/of bij wijze van interestbetaling plaatsvindt?

e. In hoeverre is het in dit verband van belang of er eigen vermogen voor de lening is gebruikt, of de desbetreffende interest aan de hoofdsom wordt toegevoegd (,wordt opgerold'), of de ontvanger van de interest vervolgens aan zijn in dezelfde staat gevestigde moedermaatschappij een groepsbijdrage heeft betaald om een fiscale consolidatie tot stand te brengen overeenkomstig de in de betrokken staat ter zake geldende regels, of de desbetreffende interest vervolgens is omgezet in eigen vermogen van de kredietnemer, of op de ontvanger van de interest een contractuele of wettelijke verplichting rustte om de interest door te betalen aan een andere persoon, en of het merendeel van de personen die door de staat waar de betaler van de interest is gevestigd, als de ,uiteindelijk gerechtigden' tot de interest worden aangemerkt, in andere lidstaten zijn gevestigd dan wel in derde staten waarmee het Koninkrijk Denemarken een dubbelbelastingverdrag heeft gesloten, zodat er volgens de Deense belastingwetgeving geen grondslag zou hebben bestaan om bronbelasting te heffen indien die personen kredietgever waren geweest en aldus de interest rechtstreeks hadden ontvangen?

f. In hoeverre is het voor de beoordeling of de ontvanger van de interest dient te worden aangemerkt als de ,uiteindelijk gerechtigde' in de zin van de richtlijn, van belang dat de verwijzende rechter na de beoordeling van de feiten van het geding tot de bevinding komt dat deze ontvanger weliswaar geen contractuele of wettelijke verplichting had om de ontvangen interest door te betalen aan een andere persoon, maar ,in wezen' niet het recht had op het ,gebruik en genot' van de interest, zoals bedoeld in de commentaren uit 2014 bij het [OESO-modelbelastingverdrag van 1977]?

2. a. Is de mogelijkheid voor een lidstaat om zich te beroepen op artikel 5, lid 1, van [richtlijn 2003/49], dat betrekking heeft op de toepassing van nationale voorschriften ter bestrijding van fraude en misbruik, of op artikel 5, lid 2, van de richtlijn, onderworpen aan de voorwaarde dat de betrokken lidstaat een specifiek nationaal voorschrift ter uitvoering van artikel 5 van de richtlijn heeft vastgesteld dan wel dat het nationale recht algemene voorschriften of beginselen inzake fraude, misbruik en belastingontduiking bevat die in overeenstemming met artikel 5 kunnen worden uitgelegd?

b. Voor zover de tweede vraag[, onder a),] bevestigend wordt beantwoord, kan § 2, lid [1], onder d), van de selskabsskattelov, volgens welke de beperkte belastingplicht ter zake van rente-inkomsten zich niet uitstrekt tot ,interest waarover op grond van richtlijn [2003/49] betreffende een gemeenschappelijke belastingregeling inzake uitkeringen van interest en royalty's tussen verbonden ondernemingen van verschillende lidstaten [...] geen belasting wordt geheven', dan worden aangemerkt als een specifiek nationaal voorschrift in de zin van artikel 5 van de richtlijn?

3. Is een bepaling van een tussen twee lidstaten gesloten en overeenkomstig het [OESO-modelbelastingverdrag] opgesteld dubbelbelastingverdrag, volgens welke de heffing van belasting over interest afhangt van de vraag of de ontvanger van de interest wordt aangemerkt als de uiteindelijk gerechtigde tot deze interest, een verdragsrechtelijk voorschrift ter bestrijding van misbruiken als bedoeld in artikel 5 van de richtlijn?

4. Is een lidstaat die niet erkent dat een in een andere lidstaat gevestigde onderneming de ,uiteindelijk gerechtigde' tot de interest is, en die stelt dat deze onderneming een zogenaamde kunstmatige doorstroomvennootschap is, krachtens richtlijn 2003/49 of artikel 10 EG verplicht mee te delen wie hij in dit geval beschouwt als de uiteindelijk gerechtigde?

5. Indien een in een lidstaat gevestigde onderneming (de moedermaatschappij) in concreto niet wordt geacht overeenkomstig richtlijn 2003/49 te zijn vrijgesteld van bronbelasting over interest die zij van een in een andere lidstaat gevestigde onderneming (de dochteronderneming) heeft ontvangen, en de moedermaatschappij door laatstgenoemde lidstaat wordt geacht aldaar ter zake van de desbetreffende interest beperkt belastingplichtig te zijn, staat artikel 43 EG juncto artikel 48 EG dan in de weg aan een wettelijke regeling op grond waarvan laatstgenoemde lidstaat de inhoudingsplichtige (de dochteronderneming) bij niet-tijdige betaling van verschuldigde bronbelasting verplicht tot betaling van moratoire interest tegen een rentevoet die hoger is dan de rentevoet die de betrokken lidstaat hanteert wanneer hij aan een in dezelfde lidstaat gevestigde onderneming moratoire interest in rekening brengt over verschuldigde vennootschapsbelasting (die zich onder meer uitstrekt tot rente-inkomsten)?

6. Indien een in een lidstaat gevestigde onderneming (de moedermaatschappij) in concreto niet wordt geacht overeenkomstig richtlijn 2003/49 te zijn vrijgesteld van bronbelasting over interest die zij van een in een andere lidstaat gevestigde onderneming (de dochteronderneming) heeft ontvangen, en de moedermaatschappij door laatstgenoemde lidstaat wordt geacht aldaar ter zake van de desbetreffende interest beperkt belastingplichtig te zijn, staan de artikelen 43 EG en 48 EG (dan wel artikel 56 EG) dan op zichzelf of gezamenlijk beschouwd in de weg aan een wettelijke regeling

– op grond waarvan laatstgenoemde lidstaat de betaler van de interest verplicht tot inhouding van bronbelasting op de interest en hem jegens de overheid aansprakelijk stelt voor de niet-ingehouden bronbelasting, wanneer een dergelijke inhoudingsplicht niet geldt als de ontvanger van de interest in laatstgenoemde lidstaat gevestigd is;

– op grond waarvan een moedermaatschappij in laatstgenoemde lidstaat tijdens de eerste twee belastingjaren niet onderworpen zou zijn aan de verplichting om voorheffing op de vennootschapsbelasting te betalen, maar pas vennootschapsbelasting zou moeten betalen op een beduidend later tijdstip dan dat waarop de bronbelasting opeisbaar wordt?

Het Hof wordt verzocht bij de beantwoording van de zesde vraag rekening te houden met het antwoord op de vijfde vraag."

4. Zaak C-299/16, Z Denmark

64. Blijkens de verwijzingsbeslissing is Z Denmark een Deense industriële onderneming.

65. In augustus 2005 heeft het beleggingsfonds A Fund ongeveer 66 % van de A-aandelen in Z Denmark (die ongeveer 64 % van de stemrechten vertegenwoordigen) overgenomen van hun vorige eigenaren, beleggingsfonds B en de Deense financiële instelling C, terwijl D het resterende gedeelte van de A-aandelen behield. Voorts was een aantal hogere leidinggevenden van Z Denmark houder van B-aandelen.

66. A Fund bestaat uit vijf fondsen, waarvan er vier zijn opgezet als een commanditaire vennootschap (*Limited Partnership*) op Jersey, dit wil zeggen een volgens het Deense belastingrecht fiscaal transparante vorm. Het laatste fonds, A Fund (No. 5) Limited, Jersey, is een fiscaal niet-transparante vennootschap en heeft een belang in A Fund van ongeveer 0,5 %. Blijkens de door de verwijzende rechter verstrekte informatie hebben de beleggers in de eerste vier fondsen hun fiscale woonplaats in een groot aantal landen, zowel binnen als buiten de Unie.

67. Op 27 september 2005 heeft A Fund in het kader van de in punt 65 van het onderhavige arrest vermelde overname een lening toegekend aan Z Denmark ten belope van 146 010 341 DKK (ongeveer 19,6 miljoen EUR). De interest over de lening bedroeg 9 % per jaar.

68. Op 28 april 2006 heeft A Fund haar vordering op Z Denmark voor een totaalbedrag van 146 010 341 DKK (ongeveer 19,6 miljoen EUR) overgedragen aan Z Luxembourg, een vennootschap die A Fund diezelfde dag in Luxemburg had opgericht.

69. Bij de overdracht verstrekte A Fund een lening aan Z Luxembourg, eveneens ten belope van 146 010 341 DKK (ongeveer 19,6 miljoen EUR). De interest over de lening bedroeg 9,875 %, en de interest moest op het einde van het jaar in rekening worden gebracht.

70. Op 21 juni 2006 heeft A Fund haar aandelen in Z Denmark overgedragen aan Z Luxembourg.

71. Uit de jaarrekening van Z Luxembourg over 2007 (de jaarrekening over 2006 bevatte vergelijkbare posten) komt naar voren dat haar activiteit uitsluitend bestond in de deelneming in Z Denmark. Uit deze jaarrekeningen blijkt ook dat Z Luxembourg in 2006 een verlies van 23 588 EUR boekte, en dat zij dit verlies in 2007 heeft omgebogen in een positief resultaat van 15 587 EUR. Uit deze jaarrekeningen blijkt eveneens dat de rente-inkomsten in die jaren respectievelijk 1 497 208 EUR en 1 192 881 EUR bedroegen, terwijl de rente-uitgaven respectievelijk 1 473 675 EUR en 1 195 124 EUR bedroegen. Voor 2006 beliep de post „Winstbelasting" (*Tax on profit*) 3 733 EUR, en voor 2007 beliep deze post 0 EUR.

72. Op 1 november 2007 heeft Z Denmark de door A Fund verstrekte lening afgelost. De gecumuleerde interest bedroeg op dat ogenblik 21 241 619 DKK (ongeveer 2,85 miljoen EUR). Dezelfde dag heeft Z Luxembourg haar schuld aan A Fund – die bestond uit kapitaal en interest – voldaan.

73. De SKAT heeft zich in zijn besluit van 10 december 2010 op het standpunt gesteld dat Z Luxembourg niet de uiteindelijk gerechtigde tot de van Z Denmark ontvangen interest was in de zin van richtlijn 2003/49 of het belastingverdrag tussen Luxemburg en Denemarken.

74. De Landsskatteret heeft het besluit van de SKAT bij beslissing van 31 januari 2012 bevestigd. De beslissing bevatte de volgende passages:

„[Z Luxembourg] wordt niet als een ‚uiteindelijk gerechtigde' [(*beneficial owner*)] beschouwd, noch in de zin van het [belastingverdrag tussen Luxemburg en Denemarken], noch in de zin van [richtlijn 2003/49].

Tussen de partijen met gemeenschappelijke belangen is immers feitelijk een constructie opgezet waarbij [Z Luxembourg] de van [Z Denmark] ontvangen interest doorsluist naar het beleggingsfonds, vanwaar deze interest opnieuw wordt doorgesluisd naar de beleggers in het fonds.

Door de overname van de vordering van het beleggingsfonds op [Z Denmark] door [Z Luxembourg] en de gelijktijdige aankoop door deze vennootschap van aandelen in [Z Denmark] via een lening die ongeveer dezelfde omvang heeft als deze vordering en onder bijna dezelfde voorwaarden wordt verstrekt, zou de belasting die van [Z Luxembourg] zou moeten worden geheven over de door de Deense onderneming betaalde interest, worden geneutraliseerd door de interest die zij aan het beleggingsfonds betaalt, zodat de transacties, gezamenlijk beschouwd, niet zouden leiden tot belastbare netto-inkomsten waarover de vennootschap belasting zou moeten betalen. De Luxemburgse onderneming wordt dan ook beschouwd als een doorstroomvennootschap die niet beschikt over een reële bevoegdheid/mogelijkheid om te beslissen hoe zij over de overgedragen middelen beschikt.

[Z Luxembourg] kan dus geen recht ontlenen aan het [belastingverdrag tussen Luxemburg en Denemarken] en/of [richtlijn 2003/49] om van de Deense bronbelasting te worden vrijgesteld.

Er is uiteengezet dat de interest die [Z Luxembourg] heeft overgeheveld naar het beleggingsfonds – dat transparant moet worden geacht – is doorgesluisd naar de beleggers in het fonds. Bijgevolg rijst de vraag of eventueel moet worden afgezien van belasting over de interest op basis van een dubbelbelastingverdrag dat op de beleggers van toepassing is. Gezien de wijze waarop de zaak is gepresenteerd, is het niet gerechtvaardigd over deze kwestie te beslissen, om de eenvoudige reden dat de aangevoerde lijsten niet volstaan om aan te tonen dat er sprake is van een dubbele belastingheffing."

75. Z Denmark heeft dit besluit van de Landsskatteret aangevochten bij de Deense rechterlijke instanties.

76. Voor de verwijzende rechter betoogt Z Denmark met name dat het begrip „uiteindelijk gerechtigde" in de zin van richtlijn 2003/49 een Unierechtelijke begrip is dat autonoom en niet in het licht van het OESO-modelbelastingverdrag moet worden uitgelegd. Bij de uitlegging kunnen in elk geval enkel het OESO-modelbelastingverdrag van 1977 en de commentaren daarbij in aanmerking worden genomen. Een dynamische uitlegging is in strijd met het rechtszekerheidsbeginsel. Z Denmark betwist voorts dat in casu sprake is van misbruik in de zin van richtlijn 2003/49.

77. Ten slotte levert Z Denmark kritiek op het met artikel 43 EG strijdige verschil in behandeling in de onderhavige zaak, met name op het feit dat Z Luxembourg de interest die zij uitkeert op een lening die zij bij haar aandeelhouder is aangegaan om een lening te kunnen verstrekken aan Z Denmark, niet kan aftrekken. Indien Z Luxembourg een Deense vennootschap was geweest, had zij deze uitgaven immers kunnen aftrekken en had zij geen belastbare rente-inkomsten gehad.

78. Wat de bronbelasting betreft, betoogt Z Denmark dat er een aantal fundamentele verschillen zijn met de belasting op de ingezeten vennootschappen. Ten eerste wordt de bronbelasting opeisbaar vóór de vennootschapsbelasting. Ten tweede is de moratoire interest op de bronbelasting aanzienlijk hoger dan die op de vennootschapsbelasting. Ten derde dient de kredietnemer de bronbelasting in te houden. Ten vierde is de kredietnemer eveneens verplicht de bronbelasting te betalen.

79. In die omstandigheden heeft de Vestre Landsret (rechter in tweede aanleg voor het Westen van Denemarken) de behandeling van de zaak geschorst en het Hof verzocht om een prejudiciële beslissing over de volgende vragen:

„1. a. Dient artikel 1, lid 1, juncto artikel 1, lid 4, van richtlijn 2003/49 aldus te worden uitgelegd dat een in een lidstaat gevestigde onderneming die onder artikel 3 van deze richtlijn valt en die – onder omstandigheden als die van het hoofdgeding – van een in een andere lidstaat gevestigde dochteronderneming interest ontvangt, de ‚uiteindelijk gerechtigde' tot deze interest is in de zin van deze richtlijn?

b. Dient het begrip ‚uiteindelijk gerechtigde' in artikel 1, lid 1, juncto artikel 1, lid 4, van richtlijn 2003/49 te worden uitgelegd in overeenstemming met het overeenkomstige begrip in artikel 11 van het [OESO-modelbelastingverdrag van 1977]?

c. Indien [de eerste vraag, onder b),] bevestigend wordt beantwoord, dienen bij de uitlegging van dat begrip dan enkel de commentaren bij artikel 11 van het [OESO-modelbelastingverdrag van 1977] (punt 8) in aanmerking te worden genomen, of kunnen daarbij ook latere commentaren in aanmerking worden genomen, waaronder de aanvullingen uit 2003 over ‚doorstroomvennootschappen' (punt 8.1, thans punt 10.1) en de aanvullingen uit 2014 over ‚contractuele en wettelijke verplichtingen' (punt 10.2)?

d. Indien de commentaren uit 2003 bij de uitlegging in aanmerking kunnen worden genomen, in hoeverre is het dan voor de beoordeling of een onderneming kan worden geacht niet de ‚uiteindelijk gerechtigde' in de zin van richtlijn 2003/49 te zijn, van belang of de desbetreffende interest aan de hoofdsom wordt toegevoegd (‚wordt opgerold'), of op de ontvanger van de interest een contractuele of wettelijke verplichting rustte om de interest door te betalen aan een andere persoon, en of het merendeel van de personen aan wie de interest wordt betaald of ten gunste van wie de interest wordt bijgeschreven en die door de staat waar de betaler van de interest is gevestigd, als de ‚uiteindelijk gerechtigden' tot de interest worden aangemerkt, in andere lidstaten zijn gevestigd dan wel in staten waarmee het Koninkrijk Denemarken een dubbelbelastingverdrag heeft gesloten, zodat er volgens de Deense belastingwetgeving geen grondslag zou hebben bestaan om bronbelasting te heffen indien die personen kredietgever waren geweest en aldus de interest rechtstreeks hadden ontvangen?

e. In hoeverre is het voor de beoordeling of de ontvanger van de interest dient te worden aangemerkt als de ‚uiteindelijk gerechtigde' in de zin van de richtlijn, van belang dat de verwijzende rechter na de beoordeling van de feiten van het geding tot de bevinding komt dat deze ontvanger weliswaar geen contractuele of wettelijke verplichting had om de ontvangen interest door te betalen aan een andere persoon, maar in wezen niet het recht had op het ‚gebruik en genot' van de interest, zoals bedoeld in de commentaren uit 2014 bij het [OESO-modelbelastingverdrag van 1977]?

2. a. Is de mogelijkheid voor een lidstaat om zich te beroepen op artikel 5, lid 1, van [richtlijn 2003/49], dat betrekking heeft op de toepassing van nationale voorschriften ter bestrijding van fraude en misbruik, of op artikel 5, lid 2, van de richtlijn, onderworpen aan de voorwaarde dat de betrokken lidstaat een specifiek nationaal voorschrift ter uitvoering van artikel 5 van de richtlijn heeft vastgesteld dan wel dat het nationale recht algemene voorschriften of beginselen inzake fraude, misbruik en belastingontduiking bevat die in overeenstemming met artikel 5 kunnen worden uitgelegd?

b. Voor zover de tweede vraag[, onder a),] bevestigend wordt beantwoord, kan § 2, lid [1], onder d), van de selskabsskattelov, volgens welke de beperkte belastingplicht ter zake van rente-inkomsten zich niet uitstrekt tot ‚interest waarover op grond van richtlijn [2003/49] betreffende een gemeenschappelijke belastingregeling inzake uitkeringen van interest en royalty's tussen verbonden ondernemingen van verschillende lidstaten [...] geen belasting wordt geheven', dan worden aangemerkt als een specifiek nationaal voorschrift in de zin van artikel 5 van de richtlijn?

3. Is een bepaling van een tussen twee lidstaten gesloten en overeenkomstig het [OESO-modelbelastingverdrag] opgesteld dubbelbelastingverdrag, volgens welke de heffing van belasting over interest afhangt van de vraag of de ontvanger van de interest wordt aangemerkt als de uiteindelijk gerechtigde tot deze interest, een verdragsrechtelijk voorschrift ter bestrijding van misbruiken als bedoeld in artikel 5 van de richtlijn?

4. Is een lidstaat die niet erkent dat een in een andere lidstaat gevestigde onderneming de ‚uiteindelijk gerechtigde' tot de interest is, en die stelt dat deze onderneming een zogenaamde kunstmatige doorstroomvennootschap is, krachtens richtlijn 2003/49 of artikel 10 EG verplicht mee te delen wie hij in dit geval beschouwt als de uiteindelijk gerechtigde?

5. Indien de betaler van de interest is gevestigd in een lidstaat terwijl de ontvanger van de interest is gevestigd in een andere lidstaat en door eerstgenoemde lidstaat niet wordt aangemerkt als de ‚uiteindelijk gerechtigde' tot de desbetreffende interest in de zin van richtlijn 2003/49, zodat hij wordt geacht beperkt belastingplichtig te zijn in die lidstaat ter zake van de desbetreffende interest, staat artikel 43 EG juncto artikel 48 EG dan in de weg aan een wettelijke regeling op grond waarvan eerstgenoemde lidstaat bij de heffing van belasting ten laste van de niet-ingezeten ontvanger van de interest geen rekening houdt met de uitgaven, meer bepaald de rentelasten, die de ontvanger van de interest in omstandigheden als die van het hoofdgeding heeft moeten dragen, hoewel rentelasten over het algemeen aftrekbaar zijn volgens de wettelijke regeling van deze lidstaat en dus door een ingezeten onderneming van haar belastbare inkomen kunnen worden afgetrokken?

6. Indien een in een lidstaat gevestigde onderneming (de moedermaatschappij) in concreto niet wordt geacht overeenkomstig richtlijn 2003/49 te zijn vrijgesteld van bronbelasting over interest die zij van een in een andere lidstaat gevestigde onderneming (de dochteronderneming) heeft ontvangen, en de moedermaatschappij door laatstgenoemde lidstaat wordt geacht aldaar ter zake van de desbetreffende interest beperkt belastingplichtig te zijn, staat artikel 43 EG juncto artikel 48 EG dan in de weg aan een wettelijke regeling op grond waarvan laatstgenoemde lidstaat de inhoudingsplichtige (de dochteronderneming) bij niet-tijdige betaling van verschuldigde bronbelasting verplicht tot betaling van moratoire interest tegen een rentevoet die hoger is dan de rentevoet die de betrokken lidstaat hanteert wanneer hij aan een in dezelfde lidstaat gevestigde onderneming moratoire interest in rekening brengt over verschuldigde vennootschapsbelasting (die zich onder meer uitstrekt tot rente-inkomsten)?

7. Indien een in een lidstaat gevestigde onderneming (de moedermaatschappij) in concreto niet wordt geacht overeenkomstig richtlijn 2003/49 te zijn vrijgesteld van bronbelasting over interest die zij van een in een andere lidstaat gevestigde onderneming (de dochteronderneming) heeft ontvangen, en de moedermaatschappij door laatstgenoemde lidstaat wordt geacht aldaar ter zake van de desbetreffende interest beperkt belastingplichtig te zijn, staan de artikelen 43 EG en 48 EG (dan wel artikel 56 EG) dan op zichzelf of gezamenlijk beschouwd in de weg aan een wettelijke regeling

– op grond waarvan laatstgenoemde lidstaat de betaler van de interest verplicht tot inhouding van bronbelasting op de interest en hem jegens de overheid aansprakelijk stelt voor de niet-ingehouden bronbelasting, wanneer een dergelijke inhoudingsplicht niet geldt als de ontvanger van de interest in laatstgenoemde lidstaat gevestigd is;

– op grond waarvan een moedermaatschappij in laatstgenoemde lidstaat tijdens de eerste twee belastingjaren niet onderworpen zou zijn aan de verplichting om voorheffing op de vennootschapsbelasting te betalen, maar pas vennootschapsbelasting zou moeten betalen op een beduidend later tijdstip dan dat waarop de bronbelasting opeisbaar wordt?

Het Hof wordt verzocht bij de beantwoording van deze vraag rekening te houden met het antwoord op de zesde vraag."

Procedure bij het Hof

80. Aangezien de vier hoofdgedingen, die alle betrekking hebben op de uitlegging van richtlijn 2003/49 en de in de Verdragen neergelegde fundamentele vrijheden, verknocht zijn, moeten zij worden gevoegd voor het arrest.

81. Bij brief van 2 maart 2017 heeft de Deense regering overeenkomstig artikel 16, derde alinea, van het Statuut van het Hof van Justitie van de Europese Unie verzocht dat deze zaken door de Grote kamer van het Hof worden behandeld. Gelet op de gelijkenissen tussen deze zaken en de zaken C-116/16 en C-117/16, die aan de orde zijn in het arrest van heden T Danmark en Y Denmark ApS (C-116/16 en C-117/16), heeft de Deense regering het Hof eveneens gesuggereerd om krachtens artikel 77 van zijn Reglement voor de procesvoering in al die zaken een gemeenschappelijke pleitzitting te houden. Het Hof heeft de verzoeken van de Deense regering ingewilligd.

Beantwoording van de prejudiciële vragen

82. De door de nationale rechters gestelde vragen hebben betrekking op drie onderwerpen. Het eerste onderwerp betreft het begrip „uiteindelijk gerechtigde" in de zin van richtlijn 2003/49 en het bestaan van een rechtsgrondslag op basis waarvan een lidstaat de in artikel 1, lid 1, van deze richtlijn bedoelde vrijstelling van alle belastingen mag weigeren aan een vennootschap die interest heeft uitgekeerd aan een in een andere lidstaat gevestigde entiteit, op grond dat sprake is van rechtsmisbruik. Voor zover een dergelijke rechtsgrondslag bestaat, betreft het tweede onderwerp dat in de vragen aan bod komt de bestanddelen van een eventueel rechtsmisbruik en de desbetreffende bewijsregels. Ten slotte betreft het derde onderwerp dat in de vragen aan bod komt en dat eveneens aan de orde wordt gesteld voor het geval dat een lidstaat de betrokken vennootschap de voordelen van richtlijn 2003/49 kan weigeren, de uitlegging van de bepalingen van het VWEU inzake de vrijheid van vestiging en het vrije verkeer van kapitaal. Aan de hand daarvan willen de verwijzende rechters nagaan of de Deense wetgeving in strijd is met deze vrijheden.

Eerste vraag, onder a) tot en met c), tweede vraag, onder a) en b), en derde vraag in de zaken C-115/16, C-118/16, C-119/16 en C-299/16

83. Met de eerste vraag, onder a) tot en met c), in de zaken C-115/16, C-118/16, C-119/16 en C-299/16 wensen de verwijzende rechters in wezen in de eerste plaats te vernemen hoe het begrip „uiteindelijk gerechtigde tot de interest" in de zin van artikel 1, leden 1 en 4, van richtlijn 2003/49 moet worden uitgelegd. In de tweede plaats wensen de verwijzende rechters met de tweede vraag, onder a) en b), en de derde vraag in de zaken C-115/16, C-118/16, C-119/16 en C-299/16 in wezen te vernemen of de bij artikel 5 van richtlijn 2003/49 toegestane bestrijding van fraude of misbruiken vereist dat er een nationale of verdragsrechtelijke antimisbruikbepaling bestaat in de zin van lid 1 van dat artikel. Zij wensen met name te vernemen of een nationaal of verdragsrechtelijk voorschrift waarin het begrip „uiteindelijk gerechtigde" is opgenomen, kan worden geacht een rechtsgrondslag te bieden voor de bestrijding van fraude of rechtsmisbruik.

Begrip „uiteindelijk gerechtigde tot de interest"

84. Om te beginnen zij opgemerkt dat het in artikel 1, lid 1, van richtlijn 2003/49 neergelegde begrip „uiteindelijk gerechtigde tot de interest" niet kan verwijzen naar nationaalrechtelijke begrippen van uiteenlopende strekking.

85. In dit verband is geoordeeld dat uit de overwegingen 2 tot en met 4 van richtlijn 2003/49 blijkt dat deze richtlijn ertoe strekt dubbele belasting op uitkeringen van interest en royalty's tussen verbonden ondernemingen uit verschillende lidstaten af te schaffen en te waarborgen dat deze uitkeringen eenmaal in een enkele lid-

staat worden belast, en dat de afschaffing van de belasting op deze uitkeringen in de lidstaat waar zij ontstaan het geschiktste middel is om een gelijke fiscale behandeling van nationale en transnationale transacties te waarborgen (arrest van 21 juli 2011, Scheuten Solar Technology, C-397/09, EU:C:2011:499, punt 24).

86. De werkingssfeer van richtlijn 2003/49, zoals afgebakend in artikel 1, lid 1, ervan, ziet derhalve op de vrijstelling van uitkeringen van interest en royalty's die ontstaan in de bronstaat, wanneer de uiteindelijk gerechtigde ervan een in een andere lidstaat gevestigde onderneming of een in een andere lidstaat gelegen vaste inrichting van een onderneming van een lidstaat is (arrest van 21 juli 2011, Scheuten Solar Technology, C-397/09, EU:C:2011:499, punt 25).

87. Het Hof heeft voorts beklemtoond dat het begrip „interest" in artikel 2, onder a), van die richtlijn wordt gedefinieerd als „inkomsten uit schuldvorderingen van welke aard ook", zodat de uiteindelijk gerechtigde als enige interesten kan ontvangen die inkomsten uit dergelijke schuldvorderingen vormen (zie in die zin arrest van 21 juli 2011, Scheuten Solar Technology, C-397/09, EU:C:2011:499, punt 27).

88. Het begrip „uiteindelijk gerechtigde" in de zin van die richtlijn moet bijgevolg aldus worden uitgelegd dat het ziet op een entiteit die daadwerkelijk het genot heeft van de aan haar uitgekeerde interest. Artikel 1, lid 4, van dezelfde richtlijn biedt steun aan deze verwijzing naar de economische realiteit, door te preciseren dat een onderneming van een lidstaat alleen als uiteindelijk gerechtigde tot interest of royalty's wordt behandeld indien zij de betrokken uitkeringen te eigen gunste ontvangt, en niet als bemiddelende instantie, bijvoorbeeld als tussenpersoon, trustee of gemachtigde van een derde.

89. Zoals blijkt uit punt 10 van dit arrest, wordt in een aantal taalversies van artikel 1, lid 1, van richtlijn 2003/49 – de Bulgaarse, de Franse, de Letse en de Roemeense – weliswaar het begrip „begunstigde" gebruikt, maar dit neemt niet weg dat in de andere versies uitdrukkingen worden gebruikt als „daadwerkelijke begunstigde" (in de Spaanse, de Tsjechische, de Estse, de Engelse, de Italiaanse, de Litouwse, de Maltese, de Portugese en de Finse taalversie), „eigenaar"/„houder van het gebruiksrecht" (in de Duitse, de Deense, de Griekse, de Kroatische, de Hongaarse, de Poolse, de Slowaakse, de Sloveense en de Zweedse taalversie), en „uiteindelijk gerechtigde" (in de Nederlandse taalversie). Uit het gebruik van deze verschillende uitdrukkingen blijkt dat het begrip „uiteindelijk gerechtigde" niet verwijst naar een formeel vastgestelde begunstigde, maar naar de entiteit die het economische genot van de ontvangen interest heeft en derhalve vrij kan beslissen over het gebruik ervan. Zoals in herinnering is gebracht in punt 86 van dit arrest, kan enkel een in de Unie gevestigde entiteit worden aangemerkt als een uiteindelijk gerechtigde tot de interest die in aanmerking komt voor de vrijstelling van artikel 1, lid 1, van richtlijn 2003/49.

90. Zoals blijkt uit het op 6 maart 1998 ingediende voorstel voor een richtlijn van de Raad betreffende een gemeenschappelijke belastingregeling inzake uitkeringen van interest en royalty's tussen verbonden ondernemingen van verschillende lidstaten [document COM(1998) 67 def.], dat aan richtlijn 2003/49 ten grondslag ligt, bouwt deze richtlijn bovendien voort op artikel 11 van het OESO-modelbelastingverdrag van 1996, en heeft zij net zoals deze bepaling tot doel internationale dubbele belasting te voorkomen. Het begrip „uiteindelijk gerechtigde", dat is opgenomen in de op dit modelverdrag gebaseerde bilaterale verdragen, alsook de opeenvolgende wijzigingen van dat modelverdrag en de commentaren daarbij, zijn dan ook relevant voor de uitlegging van die richtlijn.

91. Verzoeksters in het hoofdgeding betogen dat het begrip „uiteindelijk gerechtigde tot de interest of de royalty's" in de zin van artikel 1, lid 1, van richtlijn 2003/49, niet mag worden uitgelegd in het licht van het OESO-modelbelastingverdrag en de commentaren daarbij, aangezien een dergelijke uitlegging elke vorm van democratische legitimiteit mist. Dit argument kan echter niet worden aanvaard. Zelfs indien een dergelijke uitlegging voortbouwt op de werkzaamheden van de OESO, is zij immers, zoals blijkt uit de punten 85 tot en met 90 van het onderhavige arrest, gebaseerd op die richtlijn zelf en haar ontstaansgeschiedenis, waarin de democratische werking van de Unie tot uiting komt.

92. Uit de in de punten 4 tot en met 6 van dit arrest uiteengezette evolutie van het OESO-modelbelastingverdrag en de commentaren daarbij volgt dat doorstroomvennootschappen van het begrip „uiteindelijk gerechtigde" zijn uitgesloten, en dat dit begrip niet in een enge en technische zin moet worden opgevat, maar op zodanige wijze dat dubbele belasting kan worden voorkomen en belastingfraude en -ontduiking kunnen worden tegengegaan.

93. Deze evolutie komt eveneens tot uiting in de bilaterale verdragen die de lidstaten op basis van het OESO-modelbelastingverdrag met andere lidstaten hebben gesloten, zoals het Noordse belastingverdrag. De uitdrukking „uiteindelijk gerechtigde" in de zin van dat modelverdrag is immers opgenomen in elk van deze in de punten 16 tot en met 18 van het onderhavige arrest genoemde verdragen.

94. Voorts zij gepreciseerd dat de omstandigheid dat de onderneming die de interest in een lidstaat ontvangt niet de „uiteindelijk gerechtigde" tot deze interest is, als zodanig niet noodzakelijk betekent dat de vrijstelling van artikel 1, lid 1, van richtlijn 2003/49 niet van toepassing is. Het is immers mogelijk dat deze interest uit hoofde van die bepaling in de bronstaat wordt vrijgesteld indien de onderneming die de interest ontvangt deze overdraagt aan een in de Unie gevestigde uiteindelijk gerechtigde die bovendien voldoet aan alle voorwaarden van richtlijn 2003/49 om voor een dergelijke vrijstelling in aanmerking te komen.

Noodzaak van een specifieke nationale of verdragsrechtelijke bepaling ter uitvoering van artikel 5 van richtlijn 2003/49

95. De nationale rechters wensen te vernemen of een lidstaat, teneinde rechtsmisbruik bij de toepassing van richtlijn 2003/49 tegen te gaan, een specifieke nationale bepaling ter omzetting van deze richtlijn moet hebben vastgesteld, dan wel zich kan beroepen op nationale of verdragsrechtelijke beginselen of voorschriften ter bestrijding van misbruik.

96. In dit verband is het vaste rechtspraak dat er in het Unierecht een algemeen rechtsbeginsel bestaat volgens hetwelk justitiabelen zich niet door middel van fraude of misbruik kunnen beroepen op het Unierecht (arresten van 9 maart 1999, Centros, C-212/97, EU:C:1999:126, punt 24 en aldaar aangehaalde rechtspraak; 21 februari 2006, Halifax e.a., C-255/02, EU:C:2006:121, punt 68; 12 september 2006, Cadbury Schweppes en Cadbury Schweppes Overseas, C-196/04, EU:C:2006:544, punt 35; 22 november 2017, Cussens e.a., C-251/16, EU:C:2017:881, punt 27, en 11 juli 2018, Commissie/België, C-356/15, EU:C:2018:555, punt 99).

97. De justitiabelen dienen dit algemene rechtsbeginsel na te leven. De Unieregelgeving mag immers niet zo ruim worden toegepast dat zij transacties zou dekken die zijn verricht met het doel om door fraude of misbruik te profiteren van de door het Unierecht toegekende voordelen (zie in die zin arresten van 5 juli 2007, Kofoed, C-321/05, EU:C:2007:408, punt 38; 22 november 2017, Cussens e.a., C-251/16, EU:C:2017:881, punt 27, en 11 juli 2018, Commissie/België, C-356/15, EU:C:2018:555, punt 99).

98. Uit dit beginsel volgt dan ook dat een lidstaat de toepassing van de Unierechtelijke bepalingen moet weigeren indien zij niet worden ingeroepen ter verwezenlijking van de doelstellingen van deze bepalingen, maar om een Unierechtelijk voordeel te verkrijgen terwijl slechts formeel voldaan is aan de voorwaarden om op dit voordeel aanspraak te maken.

99. Dit is bijvoorbeeld het geval wanneer de douaneformaliteiten niet worden vervuld in het kader van normale handelstransacties, maar uitsluitend om formele redenen en met het doel om op onrechtmatige wijze compenserende bedragen (zie in die zin arresten van 27 oktober 1981, Schumacher e.a., 250/80, EU:C:1981:246, punt 16, en 3 maart 1993, General Milk Products, C-8/92, EU:C:1993:82, punt 21) of uitvoerrestituties (zie in die zin arrest van 14 december 2000, Emsland-Stärke, C-110/99, EU:C:2000:695, punt 59) te verkrijgen.

100. Verder wordt het beginsel van verbod van rechtsmisbruik toegepast op verschillende domeinen, zoals het vrije verkeer van goederen (arrest van 10 januari 1985, Association des Centres distributeurs Leclerc en Thouars Distribution, 229/83, EU:C:1985:1, punt 27), het vrij verrichten van diensten (arrest van 3 februari 1993, Veronica Omroep Organisatie, C-148/91, EU:C:1993:45, punt 13), overheidsopdrachten voor diensten (arrest van 11 december 2014, Azienda sanitaria locale n. 5 „Spezzino" e.a., C-113/13, EU:C:2014:2440, punt 62), de vrijheid van vestiging (arrest van 9 maart 1999, Centros, C-212/97, EU:C:1999:126, punt 24), het vennootschapsrecht (arrest van 23 maart 2000, Diamantis, C-373/97, EU:C:2000:150, punt 33), de sociale zekerheid (arresten van 2 mei 1996, Paletta, C-206/94, EU:C:1996:182, punt 24; 6 februari 2018, Altun e.a., C-359/16, EU:C:2018:63, punt 48, en 11 juli 2018, Commissie/België, C-356/15, EU:C:2018:555, punt 99), het vervoer (arrest van 6 april 2006, Agip Petroli, C-456/04, EU:C:2006:241, punten 19-25), het sociale beleid (arrest van 28 juli 2016, Kratzer, C-423/15, EU:C:2016:604, punten 37-41), beperkende maatregelen (arrest van 21 december 2011, Afrasiabi e.a., C-72/11, EU:C:2011:874, punt 62) en de belasting over de toegevoegde waarde (btw) (arrest van 21 februari 2006, Halifax e.a., C-255/02, EU:C:2006:121, punt 74).

101. Met betrekking tot de btw heeft het Hof herhaaldelijk geoordeeld dat de bestrijding van eventuele fraude en belastingontwijking en eventueel misbruik weliswaar een doel is dat door de Zesde richtlijn (77/388/EEG) van de Raad van 17 mei 1977 betreffende de harmonisatie van de wetgevingen der lidstaten inzake omzetbelasting – Gemeenschappelijk stelsel van belasting over de toegevoegde waarde: uniforme grondslag (PB 1977, L 145, blz. 1) wordt erkend en gestimuleerd, maar dat dit niet wegneemt dat het beginsel van verbod van misbruik een algemeen Unierechtelijk beginsel is waarvan de toepassing losstaat van de vraag of de rechten en voordelen waarvan misbruik is gemaakt hun grondslag vinden in de Verdragen, een verordening of een richtlijn (zie in die zin arrest van 22 november 2017, Cussens e.a., C-251/16, EU:C:2017:881, punten 30 en 31).

102. Hieruit volgt dat het algemene beginsel van verbod van misbruik moet worden tegengeworpen aan een persoon die zich beroept op bepaalde Unierechtelijke regels die in een voordeel voorzien, op een wijze die niet in overeenstemming is met de doelstellingen van deze regels. Het Hof heeft dan ook geoordeeld dat dit beginsel kan worden tegengeworpen aan een belastingplichtige om hem met name het recht op btw-vrijstelling te ontzeggen, ook indien de nationale wet niet voorziet in bepalingen van die strekking (zie in die zin arresten van 18 december 2014, Schoenimport „Italmoda" Mariano Previti e.a., C-131/13, C-163/13 en C-164/13, EU:C:2014:2455, punt 62, en 22 november 2017, Cussens e.a., C-251/16, EU:C:2017:881, punt 33).

103. De SKAT heeft in de hoofdgedingen aangevoerd dat misbruik is gemaakt van richtlijn 2003/49, die is vastgesteld om de ontwikkeling van een eengemaakte markt met de kenmerken van een interne markt te bevorderen en die in de bronstaat in een vrijstelling voorziet voor de interest die wordt uitgekeerd aan een in een andere lidstaat gevestigde verbonden vennootschap. Zoals blijkt uit het in punt 90 van dit arrest vermelde voorstel voor een richtlijn, bouwen bepaalde in deze richtlijn vastgestelde definities voort op die welke zijn vastgesteld in artikel 11 van het OESO-modelbelastingverdrag van 1996.

104. Artikel 5, lid 1, van richtlijn 2003/49 bepaalt weliswaar dat deze richtlijn geen beletsel vormt voor de toepassing van nationale of verdragsrechtelijke voorschriften ter bestrijding van fraude en misbruiken, maar deze bepaling kan niet aldus worden uitgelegd dat zij de toepassing van het in de punten 96 tot en met 98 van het onderhavige arrest in herinnering gebrachte algemene Unierechtelijke beginsel van verbod van misbruik uitsluit. De transacties die volgens de SKAT rechtsmisbruik opleveren, vallen immers binnen de werkingssfeer van het Unierecht (zie in die zin arrest van 22 december 2010, Weald Leasing, C-103/09, EU:C:2010:804, punt 42) en zij kunnen onverenigbaar zijn met het doel van die richtlijn.

105. Verder bepaalt artikel 5, lid 2, van richtlijn 2003/49 weliswaar dat de lidstaten het genot van deze richtlijn kunnen ontzeggen of weigeren de richtlijn toe te passen in het geval van fraude, ontwijking of misbruik, maar deze bepaling kan evenmin aldus worden uitgelegd dat zij de toepassing van het algemene Unierechtelijke beginsel van verbod van misbruik uitsluit, aangezien het voor de toepassing van dit beginsel niet vereist is dat het wordt omgezet, wat wel het geval is voor de bepalingen van die richtlijn (zie in die zin arrest van 22 november 2017, Cussens e.a., C-251/16, EU:C:2017:881, punten 28 en 31).

106. Zoals in punt 85 van het onderhavige arrest in herinnering is gebracht, blijkt uit de overwegingen 2 tot en met 4 van richtlijn 2003/49 dat deze ertoe strekt dubbele belasting op uitkeringen van interest en royalty's tussen verbonden ondernemingen uit verschillende lidstaten of tussen vaste inrichtingen van deze ondernemingen af te schaffen teneinde, ten eerste, belastende administratieve formaliteiten en kasmiddelenproblemen te vermijden en, ten tweede, een gelijke fiscale behandeling van nationale en transnationale transacties te waarborgen.

107. Het zou niet stroken met de doelstellingen van richtlijn 2003/49 om financiële constructies toe te staan die enkel tot doel hebben te profiteren van de fiscale voordelen die voortvloeien uit de toepassing van deze richtlijn. Dit zou integendeel afbreuk doen aan de economische samenhang en de goede werking van de interne markt doordat de concurrentievoorwaarden zouden worden vervalst. Zoals de advocaat-generaal in punt 63 van haar conclusie in zaak C-115/16 in wezen heeft opgemerkt, geldt dit ook wanneer de constructies in kwestie niet uitsluitend dat doel nastreven, daar het Hof heeft geoordeeld dat het beginsel van verbod van misbruik in fiscale zaken van toepassing is wanneer de betrokken constructies in wezen gericht zijn op het verkrijgen van een belastingvoordeel (zie in die zin arresten van 21 februari 2008, Part Service, C-425/06, EU:C:2008:108, punt 45, en 22 november 2017, Cussens e.a., C-251/16, EU:C:2017:881, punt 53).

108. Het recht van de belastingplichtigen om te profiteren van de concurrentie tussen de lidstaten doordat de inkomstenbelasting niet is geharmoniseerd staat overigens niet in de weg aan de toepassing van het algemene beginsel van verbod van misbruik. In dit verband moet eraan worden herinnerd dat richtlijn 2003/49 een harmonisatie beoogt op het gebied van directe belastingen via de afschaffing van dubbele belasting, zodat de marktdeelnemers gebruik kunnen maken van de interne markt, en in het bijzonder dat in overweging 6 van deze richtlijn wordt gepreciseerd dat het de lidstaten niet mag worden belet passende maatregelen ter bestrijding van fraude of misbruik te nemen.

109. Dat een belastingplichtige de voor hem meest voordelige belastingregeling nastreeft, volstaat als zodanig weliswaar niet om uit te gaan van een algemeen vermoeden van fraude of misbruik (zie in die zin arresten van 12 september 2006, Cadbury Schweppes en Cadbury Schweppes Overseas, C-196/04, EU:C:2006:544, punt 50; 29 november 2011, National Grid Indus, C-371/10, EU:C:2011:785, punt 84, en 24 november 2016, SECIL, C-464/14, EU:C:2016:896, punt 60), maar dit neemt niet weg dat deze belastingplichtige niet in aanmerking komt voor een uit het Unierecht voortvloeiend recht of voordeel indien de constructie in kwestie economisch gezien volstrekt kunstmatig is en ertoe strekt de wetgeving van de betrokken lidstaat te ontwijken (zie in die

zin arresten van 12 september 2006, Cadbury Schweppes en Cadbury Schweppes Overseas, C-196/04, EU:C:2006:544, punt 51; 7 november 2013, K, C-322/11, EU:C:2013:716, punt 61, en 25 oktober 2017, Polbud – Wykonawstwo, C-106/16, EU:C:2017:804, punten 61-63).

110. Hieruit volgt dat de nationale autoriteiten en rechterlijke instanties het genot van de rechten van richtlijn 2003/49 moeten weigeren indien op deze rechten aanspraak wordt gemaakt door middel van fraude of misbruik.

111. Gelet op het algemene Unierechtelijke beginsel van verbod van misbruik en de noodzaak ervoor te zorgen dat dit beginsel wordt nageleefd bij de tenuitvoerlegging van het Unierecht, blijft de verplichting voor de nationale autoriteiten om het genot van de rechten van richtlijn 2003/49 te weigeren indien op deze rechten aanspraak wordt gemaakt door middel van fraude of misbruik dus overeind, ook al zijn er geen nationale of verdragsrechtelijke antimisbruikbepalingen.

112. Onder verwijzing naar het arrest van 5 juli 2007, Kofoed (C-321/05, EU:C:2007:408), dat een vrijstelling betreft uit hoofde van richtlijn 90/434/EEG van de Raad van 23 juli 1990 betreffende de gemeenschappelijke fiscale regeling voor fusies, splitsingen, inbreng van activa en aandelenruil met betrekking tot vennootschappen uit verschillende lidstaten (PB 1990, L 225, blz. 1), betogen verzoeksters in het hoofdgeding dat de betrokken lidstaat ingevolge artikel 5, lid 1, van richtlijn 2003/49 slechts mag weigeren de voordelen van deze richtlijn toe te kennen wanneer in de nationale wetgeving een afzonderlijke en specifieke rechtsgrondslag daarvoor bestaat.

113. Deze redenering kan echter niet worden aanvaard.

114. Het is juist dat het Hof in punt 42 van het arrest van 5 juli 2007, Kofoed (C-321/05, EU:C:2007:408), in herinnering heeft gebracht dat het rechtszekerheidsbeginsel zich ertegen verzet dat richtlijnen uit zichzelf verplichtingen aan particulieren kunnen opleggen en derhalve als zodanig door de lidstaat kunnen worden ingeroepen tegen particulieren.

115. Het heeft ook in herinnering gebracht dat deze vaststelling niet afdoet aan het vereiste dat alle met overheidsgezag beklede instanties van een lidstaat bij de toepassing van het nationale recht dit zoveel mogelijk uitleggen in het licht van de bewoordingen en het doel van de richtlijnen, teneinde het ermee beoogde resultaat te bereiken, zodat deze instanties aldus een richtlijnconforme uitlegging van het nationale recht kunnen tegenwerpen aan particulieren (zie in die zin arrest van 5 juli 2007, Kofoed, C-321/05, EU:C:2007:408, punt 45 en aldaar aangehaalde rechtspraak).

116. Op basis van deze overwegingen heeft het Hof de verwijzende rechter verzocht te onderzoeken of het Deense recht een bepaling of algemeen beginsel kende op grond waarvan rechtsmisbruik is verboden, dan wel andere bepalingen inzake belastingfraude of -ontwijking die zouden kunnen worden uitgelegd in overeenstemming met de bepaling van richtlijn 90/434 volgens welke een lidstaat in wezen kan weigeren het in deze richtlijn neergelegde recht op aftrek toe te passen indien sprake is van een transactie die voornamelijk een dergelijke fraude of ontwijking beoogt, en vervolgens in voorkomend geval na te gaan of in het hoofdgeding was voldaan aan de voorwaarden voor toepassing van die nationale bepalingen (zie in die zin arrest van 5 juli 2007, Kofoed, C-321/05, EU:C:2007:408, punten 46 en 47).

117. Zelfs indien in de hoofdgedingen zou komen vast te staan dat het nationale recht geen regels omvat die in overeenstemming met artikel 5 van richtlijn 2003/49 kunnen worden uitgelegd, mag daar echter, ongeacht hetgeen het Hof heeft geoordeeld in het arrest van 5 juli 2007, Kofoed (C-321/05, EU:C:2007:408), niet uit worden afgeleid dat de nationale autoriteiten en rechterlijke instanties het voordeel dat voortvloeit uit het in artikel 1, lid 1, van deze richtlijn neergelegde recht op vrijstelling niet kunnen weigeren in geval van fraude of rechtsmisbruik (zie naar analogie arrest van 18 december 2014, Schoenimport „Italmoda" Mariano Previti e.a., C-131/13, C-163/13 en C-164/13, EU:C:2014:2455, punt 54).

118. In dergelijke omstandigheden wordt de weigering aan een belastingplichtige immers niet bestreken door de in punt 114 van het onderhavige arrest genoemde situatie, aangezien deze weigering strookt met het algemene Unierechtelijke beginsel dat niemand zich door middel van fraude of misbruik kan beroepen op het Unierecht (zie naar analogie arrest van 18 december 2014, Schoenimport „Italmoda" Mariano Previti e.a., C-131/13, C-163/13 en C-164/13, EU:C:2014:2455, punten 55 en 56, en aldaar aangehaalde rechtspraak).

119. Aangezien dus in geval van fraude of misbruik geen aanspraak kan worden gemaakt op een recht dat wordt verleend door de rechtsorde van de Unie, zoals in punt 96 van het onderhavige arrest in herinnering is gebracht, betekent de weigering van een voordeel dat voortvloeit uit een richtlijn – in casu richtlijn 2003/49 – niet dat aan de betrokken particulier een verplichting wordt opgelegd uit hoofde van deze richtlijn, maar is dit

louter de consequentie van de vaststelling dat enkel formeel is voldaan aan de objectieve voorwaarden die in deze richtlijn aan de verlening van het gewenste recht zijn verbonden (zie naar analogie arrest van 18 december 2014, Schoenimport „Italmoda" Mariano Previti e.a., C-131/13, C-163/13 en C-164/13, EU:C:2014:2455, punt 57 en aldaar aangehaalde rechtspraak).

120. In deze omstandigheden moeten de lidstaten het uit richtlijn 2003/49 voortvloeiende voordeel weigeren overeenkomstig het algemene beginsel van verbod van misbruik, volgens hetwelk het Unierecht geen misbruiken van ondernemers kan dekken (zie in die zin arrest van 11 juli 2018, Commissie/België, C-356/15, EU:C:2018:555, punt 99 en aldaar aangehaalde rechtspraak).

121. Gelet op de vaststelling in punt 111 van het onderhavige arrest is het niet nodig te antwoorden op de derde vraag van de verwijzende rechters, waarmee zij in wezen wensen te vernemen of een bepaling van een bilateraal verdrag ter vermijding van dubbele belasting waarin het begrip „uiteindelijk gerechtigde" wordt gebruikt, een rechtsgrondslag kan bieden voor de bestrijding van fraude en misbruik in het kader van richtlijn 2003/49.

122. Gelet op een en ander moeten de eerste vraag, onder a) tot en met c), en de tweede vraag, onder a) en b), in de zaken C-115/16, C-118/16, C-119/16 en C-299/16 worden beantwoord als volgt:

– Artikel 1, lid 1, juncto artikel 1, lid 4, van richtlijn 2003/49 moet aldus worden uitgelegd dat de in deze bepaling bedoelde vrijstelling van alle belastingen over uitkeringen van interest uitsluitend toekomt aan de uiteindelijk gerechtigden tot deze interest, namelijk de entiteiten die uit economisch oogpunt daadwerkelijk het genot hebben van deze interest en dus vrij kunnen beslissen over het gebruik ervan.

– Het algemene Unierechtelijke beginsel volgens hetwelk justitiabelen zich niet door middel van fraude of misbruik kunnen beroepen op het Unierecht, dient aldus te worden uitgelegd dat de nationale autoriteiten en rechterlijke instanties de in artikel 1, lid 1, van richtlijn 2003/49 bedoelde vrijstelling van alle belastingen over uitkeringen van interest moeten weigeren aan een belastingplichtige in geval van fraude of misbruik, ook indien de nationale wet of de verdragen niet voorzien in bepalingen van die strekking.

Eerste vraag, onder d) tot en met f), in de zaken C-115/16, C-118/16 en C-119/16, eerste vraag, onder d) en e), in zaak C-299/16, vierde vraag in de zaken C-115/16 en C-118/16, vijfde vraag in zaak C-115/16, zesde vraag in zaak C-118/16, en vierde vraag in de zaken C-119/16 en C-299/16

123. Met de eerste vraag, onder d) tot en met f), in de zaken C-115/16, C-118/16 en C-119/16, de eerste vraag, onder d) en e), in zaak C-299/16, en de vierde vraag in de zaken C-115/16 en C-118/16 wensen de verwijzende rechters in wezen te vernemen wat de bestanddelen van rechtsmisbruik zijn, en hoe het bestaan van deze bestanddelen kan worden aangetoond. In dit verband wensen zij met name te vernemen of er sprake kan zijn van rechtsmisbruik wanneer de uiteindelijk gerechtigde tot de door de doorstroomvennootschappen overgehevelde interest een vennootschap is die is gevestigd in een derde staat waarmee de betrokken lidstaat een belastingverdrag ter vermijding van dubbele belasting heeft gesloten. Met de vijfde vraag in zaak C-115/16, de zesde vraag in zaak C-118/16 en de vierde vraag in de zaken C-119/16 en C-299/16 wensen de verwijzende rechters in wezen te vernemen of een lidstaat die niet erkent dat een in een andere lidstaat gevestigde vennootschap de uiteindelijk gerechtigde tot de interest is, verplicht is de vennootschap aan te duiden die hij in voorkomend geval beschouwt als de uiteindelijk gerechtigde.

Bestanddelen van rechtsmisbruik en desbetreffende bewijzen

124. Zoals blijkt uit de rechtspraak van het Hof, is voor het bewijs dat sprake is van misbruik enerzijds een geheel van objectieve omstandigheden vereist waaruit blijkt dat in weerwil van de formele naleving van de door de Unieregeling opgelegde voorwaarden het door deze regeling beoogde doel niet werd bereikt, en anderzijds een subjectief element, namelijk de bedoeling om een door de Unieregeling toegekend voordeel te verkrijgen door kunstmatig de voorwaarden te creëren waaronder het recht op dat voordeel ontstaat (arresten van 14 december 2000, Emsland-Stärke, C-110/99, EU:C:2000:695, punten 52 en 53, en 12 maart 2014, O. en B., C-456/12, EU:C:2014:135, punt 58).

125. Of de bestanddelen van misbruik aanwezig zijn en met name of ondernemers enkel formele of kunstmatige transacties hebben verricht waarvoor geen economische en commerciële rechtvaardiging bestaat, met als voornaamste doel een wederrechtelijk voordeel te verkrijgen, kan dan ook worden nagegaan aan de hand van een onderzoek van alle feiten (zie in die zin arresten van 20 juni 2013, Newey, C-653/11, EU:C:2013:409, punten 47-49; 13 maart 2014, SICES e.a., C-155/13, EU:C:2014:145, punt 33, en 14 april 2016, Cervati en Malvi, C-131/14, EU:C:2016:255, punt 47).

126. Het staat niet aan het Hof de feiten van het hoofdgeding te beoordelen. Het Hof kan echter in voorkomend geval in zijn prejudiciële beslissing aanwijzingen verstrekken teneinde de nationale rechters bij hun beoordeling van de bij hen aanhangige zaken te leiden. In de hoofdgedingen zou op basis van een aantal van deze aanwijzingen weliswaar kunnen worden vastgesteld dat sprake is van rechtsmisbruik, maar het staat aan de verwijzende rechters om na te gaan of deze aanwijzingen objectief zijn en onderling overeenstemmen, en of verzoeksters in het hoofdgeding de gelegenheid hebben gehad het tegenbewijs te leveren.

127. Een concern dat niet is opgericht om redenen die de economische realiteit weerspiegelen, een zuiver formele structuur heeft en als voornaamste doel of een van zijn voornaamste doelen heeft een belastingvoordeel te verkrijgen dat de strekking of het doel van de toepasselijke belastingwetgeving ondermijnt, kan worden beschouwd als een kunstmatige constructie. Dit is met name het geval wanneer de betaling van belasting over de interest wordt vermeden doordat aan de concernstructuur een doorstroomvennootschap wordt toegevoegd tussen de vennootschap die de interest uitkeert en de uiteindelijk gerechtigde tot deze interest.

128. Dat de vennootschap die de interest heeft ontvangen deze interest zeer snel na de ontvangst ervan volledig of nagenoeg volledig doorsluist naar entiteiten die niet aan de toepassingsvoorwaarden van richtlijn 2003/49 voldoen omdat zij niet in een lidstaat zijn gevestigd, niet een van de in de bijlage bij deze richtlijn genoemde rechtsvormen hebben, niet onderworpen zijn aan een van de in artikel 3, onder a), punt iii), van deze richtlijn opgesomde belastingen zonder daarvan te zijn vrijgesteld, dan wel omdat zij geen verbonden onderneming zijn in de zin van artikel 3, onder b), van dezelfde richtlijn, vormt dan ook een aanwijzing dat sprake is van een constructie die ertoe strekt ten onrechte de vrijstelling van artikel 1, lid 1, van richtlijn 2003/49 te verkrijgen.

129. Entiteiten die hun fiscale woonplaats buiten de Unie hebben, zoals de in de zaken C-119/16 en C-299/16 aan de orde zijnde vennootschappen of de in de zaken C-115/16 en C-299/16 aan de orde zijnde beleggingsfondsen, voldoen niet aan de toepassingsvoorwaarden van richtlijn 2003/49. In deze zaken zou het Koninkrijk Denemarken bronbelasting hebben kunnen innen indien de Deense debiteur de interest rechtstreeks had uitgekeerd aan de begunstigde entiteiten die volgens het ministerie van Financiën de uiteindelijk gerechtigden tot deze interest waren.

130. Het kunstmatige karakter van een constructie kan eveneens worden gestaafd door de omstandigheid dat het betrokken concern zo is georganiseerd dat de vennootschap die de door de debiteur uitgekeerde interest ontvangt deze interest op haar beurt moet doorbetalen aan een derde vennootschap die niet voldoet aan de toepassingsvoorwaarden van richtlijn 2003/49, hetgeen tot gevolg heeft dat zij slechts een onbeduidende belastbare winst behaalt wanneer zij optreedt als een doorstroomvennootschap die geldstromen mogelijk maakt van de debiteur naar de entiteit die de uiteindelijk gerechtigde tot de uitgekeerde bedragen is.

131. Er is sprake van een onderneming die fungeert als doorstroomvennootschap indien deze onderneming zich uitsluitend bezighoudt met het ontvangen van interest en de overdracht ervan aan de uiteindelijk gerechtigde of andere doorstroomvennootschappen. In dit verband moet het ontbreken van een daadwerkelijke economische activiteit, in het licht van de specifieke kenmerken van de economische activiteit in kwestie, worden afgeleid uit een onderzoek van alle relevante gegevens betreffende met name het beheer van de onderneming, haar boekhoudkundige balans, haar kostenstructuur en de werkelijk gemaakte kosten, haar werknemers, alsook haar kantoren en uitrusting.

132. De verschillende overeenkomsten die zijn gesloten tussen de bij de betreffende financiële verrichtingen betrokken vennootschappen en die geldstromen binnen de groep doen ontstaan die ertoe kunnen strekken, zoals nader is bepaald in artikel 4 van richtlijn 2003/49, de winsten van een begunstigde commerciële onderneming over te dragen aan de aandeelhoudende vennootschappen met als doel belastingen te vermijden of de belastingdruk zoveel mogelijk te beperken, kunnen eveneens aanwijzingen zijn voor een kunstmatige constructie. De wijze waarop de verrichtingen worden gefinancierd, de waardering van het eigen vermogen van de tussenvennootschappen, alsook het gebrek aan bevoegdheid van de doorstroomvennootschappen om vanuit economisch oogpunt vrij over de ontvangen interest te beschikken, kunnen eveneens aanwijzingen vormen voor een dergelijke constructie. Dergelijke aanwijzingen kunnen niet alleen bestaan in een contractuele of wettelijke verplichting voor de onderneming die de interest ontvangt om deze interest door te betalen aan een derde, maar eveneens in de omstandigheid dat deze onderneming, zoals de verwijzende rechter in de zaken C-115/16, C-118/16 en C-119/16 opmerkt, „in wezen" niet het recht heeft op het gebruik en genot van die bedragen, ook al rust op haar geen dergelijke contractuele of wettelijke verplichting.

133. Verder kunnen dergelijke aanwijzingen worden versterkt door het feit dat de complexe financiële transacties en de intragroepsleningen samenvallen met, of ongeveer in dezelfde periode vallen als, de inwerking-

treding van belangrijke nieuwe belastingwetgeving, zoals de in de hoofdgedingen aan de orde zijnde Deense wetgeving, die verschillende holdings trachten te ontwijken.

134. De verwijzende rechters wensen eveneens in wezen te vernemen of er sprake kan zijn van rechtsmisbruik wanneer de uiteindelijk gerechtigde tot de door de doorstroomvennootschappen overgedragen interest een vennootschap is die is gevestigd in een derde staat waarmee de bronstaat een belastingverdrag heeft gesloten, op basis waarvan geen belasting over de interest zou zijn geheven indien deze interest rechtstreeks was uitgekeerd aan de in die derde staat gevestigde vennootschap.

135. Bij het onderzoek van de structuur van het concern is het niet relevant dat bepaalde uiteindelijk gerechtigden tot de door de doorstroomvennootschap uitgekeerde interest hun fiscale woonplaats hebben in een derde staat die een dubbelbelastingverdrag heeft gesloten met de bronstaat. Vastgesteld zij immers dat het bestaan van een dergelijk verdrag op zich niet kan uitsluiten dat sprake is van rechtsmisbruik. Een dergelijk verdrag kan dus niet afdoen aan het feit dat sprake is van rechtsmisbruik wanneer het bestaan ervan naar behoren is aangetoond op basis van een reeks feiten waaruit blijkt dat de ondernemingen louter formele of kunstmatige transacties hebben verricht waarvoor geen economische en commerciële rechtvaardiging bestaat en die in wezen tot doel hebben om ten onrechte de vrijstelling van alle belastingen te verkrijgen waarin artikel 1, lid 1, van richtlijn 2003/49 voorziet.

136. Hieraan moet worden toegevoegd dat de belastingheffing weliswaar in overeenstemming moet zijn met de economische realiteit, maar dat uit het bestaan van een dubbelbelastingverdrag als zodanig niet kan worden afgeleid dat er daadwerkelijk een betaling is verricht aan begunstigden die ingezetenen zijn van de derde staat waarmee dit verdrag is gesloten. Wanneer de vennootschap die de interest verschuldigd is in aanmerking wenst te komen voor de voordelen van dat verdrag, staat het haar vrij die interest rechtstreeks over te maken aan entiteiten die hun fiscale woonplaats hebben in een staat die met de bronstaat een dubbelbelastingverdrag heeft gesloten.

137. Het kan evenwel evenmin worden uitgesloten dat in een situatie waarin de interest zou zijn vrijgesteld indien hij rechtstreeks werd uitgekeerd aan een in een derde staat gevestigde vennootschap, de structuur van het concern er niet op gericht is enig rechtsmisbruik tot stand te brengen. In een dergelijk geval kan het concern niet worden verweten dat het voor een dergelijke structuur heeft geopteerd en de interest niet rechtstreeks aan die vennootschap heeft uitgekeerd.

138. Voorts moet worden vastgesteld dat, wanneer de uiteindelijk gerechtigde tot de uitgekeerde interest zijn fiscale woonplaats in een derde staat heeft, de weigering van de in artikel 1, lid 1, van richtlijn 2003/49 bedoelde vrijstelling geenszins afhankelijk is van de vaststelling dat sprake is van fraude of rechtsmisbruik. Zoals in punt 86 van dit arrest kort in herinnering is gebracht, beoogt die bepaling uitkeringen van interest die ontstaan in de bronstaat enkel vrij te stellen wanneer de uiteindelijk gerechtigde tot deze interest een in een andere lidstaat gevestigde onderneming is of een in een andere lidstaat gelegen vaste inrichting van een onderneming van een lidstaat.

139. Gelet op een en ander moet op de eerste vraag, onder d) tot en met f), in de zaken C-115/16, C-118/16 en C-119/16, de eerste vraag, onder d) en e), in zaak C-299/16, en de vierde vraag in de zaken C-115/16 en C-118/16 worden geantwoord dat voor het bewijs van misbruik vereist is dat er sprake is van, ten eerste, een geheel van objectieve omstandigheden waaruit blijkt dat de voorwaarden van de Unieregeling weliswaar formeel zijn nageleefd, maar dat het door deze regeling nagestreefde doel niet werd bereikt, en, ten tweede, een subjectief element dat bestaat in het verlangen een uit de Unieregeling voortvloeiend voordeel te verkrijgen door kunstmatig de voorwaarden te creëren waaronder dat voordeel ontstaat. Rechtsmisbruik kan worden aangetoond aan de hand van een reeks aanwijzingen, voor zover deze objectief zijn en onderling overeenstemmen. Dergelijke aanwijzingen zijn onder meer het bestaan van doorstroomvennootschappen zonder economische rechtvaardiging alsook het louter formele karakter van het concern, de financiële constructie en de leningen. De omstandigheid dat de lidstaat waaruit de interest afkomstig is een verdrag heeft gesloten met de derde staat waarin de onderneming is gevestigd die de uiteindelijk gerechtigde tot deze interest is, is niet van invloed op de eventuele vaststelling van rechtsmisbruik.

Bewijslast ter zake van rechtsmisbruik

140. Zoals blijkt uit artikel 1, leden 11 en 12, en artikel 1, lid 13, onder b), van richtlijn 2003/49, kan de bronstaat eisen dat de onderneming die de interest heeft ontvangen, aantoont dat zij de uiteindelijk gerechtigde tot deze interest is in de in punt 122, eerste streepje, van dit arrest gepreciseerde zin.

141. Voorts heeft het Hof meer in het algemeen geoordeeld dat niets de belastingautoriteiten in kwestie belet om van de belastingplichtige te verlangen dat hij de bewijzen overlegt die zij noodzakelijk achten om de betrokken belastingen correct te kunnen vaststellen, en om in voorkomend geval de gevraagde vrijstelling te weigeren wanneer deze bewijzen niet worden geleverd (zie in die zin arrest van 28 februari 2013, Petersen en Petersen, C-544/11, EU:C:2013:124, punt 51 en aldaar aangehaalde rechtspraak).

142. Indien een belastingautoriteit van de bronstaat voornemens is de vrijstelling van artikel 1, lid 1, van richtlijn 2003/49 niet toe te passen op een onderneming die interest heeft uitgekeerd aan een in een andere lidstaat gevestigde onderneming, op grond dat sprake is van misbruik, dient deze belastingautoriteit evenwel aan te tonen dat de bestanddelen van een dergelijk misbruik verenigd zijn, waarbij zij alle relevante gegevens – met name het feit dat de onderneming waaraan de interest is uitgekeerd niet de uiteindelijk gerechtigde tot deze interest is – in aanmerking dient te nemen.

143. De belastingautoriteit hoeft de uiteindelijk gerechtigden tot die interest niet te identificeren, maar moet aantonen dat de zogenaamde uiteindelijk gerechtigde slechts een doorstroomvennootschap is waarmee rechtsmisbruik is gepleegd. Identificatie van de uiteindelijk gerechtigden kan immers onmogelijk blijken, met name omdat de mogelijke uiteindelijk gerechtigden niet bekend zijn. Gezien de complexiteit van bepaalde financiële constructies en de mogelijkheid dat de bij de constructies betrokken doorstroomvennootschappen buiten de Unie zijn gevestigd, beschikt de nationale belastingautoriteit niet noodzakelijk over de gegevens om deze gerechtigden te kunnen identificeren. Van deze autoriteit kan niet worden verlangd dat zij bewijzen overlegt die zij niet kan leveren.

144. Daarbij komt dat zelfs indien de mogelijke uiteindelijk gerechtigden bekend zijn, niet noodzakelijk is aangetoond wie van deze gerechtigden de daadwerkelijke uiteindelijk gerechtigde is of zal zijn. Wanneer een onderneming die interest ontvangt een moedermaatschappij heeft, die op haar beurt een moedermaatschappij heeft, kunnen de belastingautoriteiten en de rechterlijke instanties van de bronstaat hoogstwaarschijnlijk niet bepalen welke van deze twee moedermaatschappijen de uiteindelijk gerechtigde tot de interest is of zal zijn. Bovendien kan de beslissing over de toewijzing van deze interest zijn genomen nadat de belastingautoriteit vaststellingen heeft verricht betreffende de doorstroomvennootschap.

145. Bijgevolg moet op de vijfde vraag in zaak C-115/16, de zesde vraag in zaak C-118/16 en de vierde vraag in de zaken C-119/16 en C-299/16 worden geantwoord dat een nationale autoriteit niet verplicht is de entiteit of de entiteiten te identificeren die volgens haar de uiteindelijk gerechtigde of gerechtigden tot de interest zijn, om te kunnen weigeren een onderneming te erkennen als uiteindelijk gerechtigde tot de interest of om aan te tonen dat sprake is van rechtsmisbruik.

Vijfde vraag, onder a) tot en met c), in zaak C-118/16

146. Met de vijfde vraag, onder a) tot en met c), in zaak C-118/16 wenst de verwijzende rechter in wezen te vernemen of een SCA die over een vergunning als SICAR naar Luxemburgs recht beschikt, rechten kan ontlenen aan richtlijn 2003/49. Deze vraag is enkel relevant voor zover X SCA, SICAR moet worden aangemerkt als uiteindelijk gerechtigde tot de interest die X Denmark aan haar heeft uitgekeerd, wat uitsluitend door de verwijzende rechter kan worden beoordeeld.

147. Tegen deze achtergrond moet in navolging van de Commissie en meerdere regeringen die opmerkingen hebben ingediend, worden beklemtoond dat een onderneming volgens artikel 3, onder a), van richtlijn 2003/49 aan drie voorwaarden moet voldoen om te worden beschouwd als een „onderneming van een lidstaat" die aan deze richtlijn rechten kan ontlenen. In de eerste plaats moet deze onderneming een van de in de bijlage bij die richtlijn genoemde rechtsvormen hebben. In de tweede plaats moet zij volgens de belastingwetgeving van een lidstaat worden geacht in deze lidstaat haar fiscale woonplaats te hebben, en mag zij niet volgens een met een derde land gesloten dubbelbelastingverdrag worden geacht haar fiscale woonplaats buiten de Unie te hebben. In de derde plaats moet zij onderworpen zijn aan een van de in artikel 3, onder a), punt iii), van richtlijn 2003/49 genoemde belastingen zonder daarvan te zijn vrijgesteld, of aan ongeacht welke gelijke of in wezen gelijksoortige belasting die na de datum van inwerkingtreding van die richtlijn in aanvulling op of in de plaats van die bestaande belastingen wordt opgelegd.

148. Onder voorbehoud van verificatie door de verwijzende rechter, moet de eerste voorwaarde worden geacht te zijn vervuld wat X SCA, SICAR betreft, aangezien een SCA die beschikt over een vergunning als SICAR, een van de in de bijlage bij richtlijn 2003/49 genoemde vennootschapsvormen heeft, zoals de Luxemburgse regering ter terechtzitting heeft opgemerkt.

149. Ook de tweede voorwaarde kan worden geacht te zijn vervuld, eveneens onder voorbehoud van verificatie door de verwijzende rechter, aangezien X SCA, SICAR haar fiscale woonplaats in Luxemburg heeft.

150. Wat de derde voorwaarde betreft, staat vast dat X SCA, SICAR onderworpen is aan *impôt sur les revenus des collectivités* (belasting over de inkomsten van collectiviteiten) in Luxemburg, die een van de in artikel 3, onder a), punt iii), van richtlijn 2003/49 genoemde belastingen is.

151. Indien echter moet worden vastgesteld, zoals de SKAT in het hoofdgeding in zaak C-118/16 betoogt, dat de door X SCA, SICAR ontvangen interest als zodanig daadwerkelijk is vrijgesteld van *impôt sur les revenus des collectivités* in Luxemburg, dient te worden opgemerkt dat deze vennootschap niet voldoet aan de in punt 147 van dit arrest vermelde derde voorwaarde en derhalve niet kan worden beschouwd als een „onderneming van een lidstaat" in de zin van richtlijn 2003/49. Het staat evenwel uitsluitend aan de verwijzende rechter om in voorkomend geval de nodige verificaties ter zake te verrichten.

152. Deze uitlegging van de in punt 147 van dit arrest vermelde derde voorwaarde vindt ten eerste steun in artikel 1, lid 5, onder b), van richtlijn 2003/49, waaruit blijkt dat een vaste inrichting slechts kan worden behandeld als uiteindelijk gerechtigde tot de interest in de zin van deze richtlijn „voor zover de [door haar ontvangen] uitkeringen van interest [...] inkomsten zijn ten aanzien waarvan zij in de lidstaat waarin zij gelegen is, onderworpen is aan één van de in artikel 3, onder a), punt iii), [van die richtlijn] genoemde belastingen [...]", en ten tweede in het doel van deze richtlijn, dat erin bestaat te waarborgen dat die uitkeringen van interest eenmaal in een enkele lidstaat worden belast, zoals in wezen in herinnering is gebracht in punt 85 van dit arrest.

153. Bijgevolg moet op de vijfde vraag, onder a) tot en met c), in zaak C-118/16 worden geantwoord dat artikel 3, onder a), van richtlijn 2003/49 aldus moet worden uitgelegd dat een SCA die over een vergunning als SICAR naar Luxemburgs recht beschikt, niet kan worden aangemerkt als een onderneming van een lidstaat in de zin van deze richtlijn die in aanmerking komt voor de vrijstelling van artikel 1, lid 1, ervan wanneer de interest die deze SICAR in een situatie zoals in het hoofdgeding heeft ontvangen, is vrijgesteld van *impôt sur les revenus des collectivités* in Luxemburg, hetgeen de nationale rechter dient na te gaan.

Zesde en zevende vraag in zaak C-115/16, zevende en achtste vraag in zaak C-118/16, vijfde en zesde vraag in zaak C-119/16, en vijfde tot en met zevende vraag in zaak C-299/16

154. Met de zesde en de zevende vraag in zaak C-115/16, de zevende en de achtste vraag in zaak C-118/16, de vijfde en de zesde vraag in zaak C-119/16, en de vijfde tot en met de zevende vraag in zaak C-299/16 wensen de verwijzende rechters, voor het geval dat de in artikel 1 van richtlijn 2003/49 neergelegde regeling inzake vrijstelling van bronbelasting voor de interest die een in een lidstaat gevestigde onderneming heeft uitgekeerd aan een in een andere lidstaat gevestigde onderneming niet van toepassing zou zijn, te vernemen of de artikelen 49 en 54 VWEU of artikel 63 VWEU aldus moeten worden uitgelegd dat zij zich verzetten tegen verschillende aspecten in verband met de belasting over deze interest die vervat zijn in de wetgeving van de eerstbedoelde lidstaat, zoals die welke in het hoofdgeding aan de orde is.

155. In dit verband dienen om te beginnen twee gevallen te worden onderscheiden. In het eerste geval vloeit het feit dat de in richtlijn 2003/49 neergelegde regeling inzake vrijstelling van bronbelasting niet van toepassing is, voort uit de vaststelling dat sprake is van fraude of misbruik in de zin van artikel 5 van deze richtlijn. In dat geval kan een in een lidstaat gevestigde vennootschap zich, gelet op de in punt 96 van dit arrest in herinnering gebrachte rechtspraak, niet beroepen op de in het VWEU neergelegde vrijheden om op te komen tegen de nationale regeling inzake belasting over interest die aan een in een andere lidstaat gevestigde vennootschap wordt uitgekeerd.

156. In het tweede geval vloeit het feit dat de in richtlijn 2003/49 neergelegde regeling inzake vrijstelling van bronbelasting niet van toepassing is, voort uit de omstandigheid dat niet is voldaan aan de toepassingsvoorwaarden van deze vrijstellingsregeling, zonder dat evenwel is vastgesteld dat er sprake is van fraude of misbruik in de zin van artikel 5 van deze richtlijn. In een dergelijk geval moet worden onderzocht of de in punt 154 van dit arrest aangehaalde artikelen van het VWEU aldus moeten worden uitgelegd dat zij in de weg staan aan een nationale regeling betreffende de belasting over die interest, als die welke in het hoofdgeding aan de orde is.

157. In dit verband wensen de verwijzende rechters in de eerste plaats met de zevende vraag in zaak C-115/16, de achtste vraag in zaak C-118/16, de zesde vraag in zaak C-119/16 en de zevende vraag in zaak C-299/16 in wezen te vernemen of de artikelen 49 en 54 VWEU of artikel 63 VWEU aldus moeten worden uitgelegd dat zij in de weg staan aan een nationale regeling op grond waarvan een ingezeten vennootschap die interest uitkeert

aan een niet-ingezeten vennootschap over deze interest bronbelasting dient in te houden, terwijl zij daartoe niet verplicht is wanneer de vennootschap die de interest ontvangt eveneens een ingezeten vennootschap is. Zij wensen voorts te vernemen of diezelfde artikelen aldus moeten worden uitgelegd dat zij in de weg staan aan een nationale regeling op grond waarvan een ingezeten vennootschap die interest ontvangt van een andere ingezeten vennootschap tijdens de eerste twee belastingjaren niet verplicht is voorheffing op de vennootschapsbelasting te betalen en dus pas vennootschapsbelasting over die interest dient te betalen op een beduidend later tijdstip dan dat waarop de bronbelasting verschuldigd is ingeval een ingezeten vennootschap interest uitkeert aan een niet-ingezeten vennootschap.

158. Om te beginnen zijn de bepalingen inzake het vrije verkeer van kapitaal in de zin van artikel 63 VWEU, zoals de Commissie heeft opgemerkt, van toepassing op de betaling van interest over een lening tussen twee in verschillende lidstaten gevestigde vennootschappen (zie in die zin arresten van 3 oktober 2006, Fidium Finanz, C-452/04, EU:C:2006:631, punten 41 en 42, en 3 oktober 2013, Itelcar, C-282/12, EU:C:2013:629, punt 14). Die vragen moeten bijgevolg worden onderzocht in het licht van dat artikel.

159. Los van de gevolgen van de inhouding van bronbelasting voor de fiscale situatie van de onderneming die de interest ontvangt, kan de verplichting voor de vennootschap die interest uitkeert om bronbelasting in te houden wanneer deze interest wordt uitgekeerd aan een niet-ingezeten onderneming, grensoverschrijdende leningen minder aantrekkelijk maken dan nationale leningen, aangezien deze verplichting aanvullende administratieve lasten en aansprakelijkheidsrisico's met zich meebrengt die niet zouden bestaan indien de lening was afgesloten bij een ingezeten vennootschap (zie in die zin arrest van 18 oktober 2012, X, C-498/10, EU:C:2012:635, punten 28 en 32). Deze verplichting vormt derhalve een beperking van het vrije verkeer van kapitaal in de zin van artikel 63 VWEU.

160. De noodzaak om voor een doelmatige invordering van belastingen te zorgen is evenwel een dwingend vereiste van algemeen belang dat een dergelijke beperking kan rechtvaardigen. De bronheffingprocedure en de daartoe als garantie dienende aansprakelijkheidsregeling vormen immers een wettig en passend middel voor de fiscale behandeling van de inkomsten van een buiten de heffingsstaat gevestigde vennootschap. Die maatregel gaat bovendien niet verder dan nodig is om dat doel te bereiken (zie in die zin arresten van 18 oktober 2012, X, C-498/10, EU:C:2012:635, punten 39 en 43-52, en 13 juli 2016, Brisal en KBC Finance Ireland, C-18/15, EU:C:2016:549, punten 21 en 22).

161. Uit de omstandigheid dat in de in het hoofdgeding aan de orde zijnde nationale regeling wordt bepaald dat een ingezeten vennootschap die interest ontvangt van een andere ingezeten vennootschap tijdens de eerste twee belastingjaren niet verplicht is voorheffing op de vennootschapsbelasting te betalen en dus pas vennootschapsbelasting over die interest dient te betalen op een beduidend later tijdstip dan dat waarop de bronbelasting verschuldigd is ingeval een ingezeten vennootschap interest uitkeert aan een niet-ingezeten vennootschap, vloeit voort dat de interest die een ingezeten vennootschap uitkeert aan een niet-ingezeten vennootschap onmiddellijk en definitief wordt belast, terwijl de interest die een ingezeten vennootschap uitkeert aan een andere ingezeten vennootschap tijdens de eerste twee belastingjaren niet onderworpen is aan de betaling van voorheffing, waardoor laatstgenoemde vennootschap een liquiditeitsvoordeel geniet (zie in die zin arrest van 22 november 2018, Sofina e.a., C-575/17, EU:C:2018:943, punt 28).

162. De uitsluiting van een liquiditeitsvoordeel in een grensoverschrijdende situatie terwijl dat voordeel wel beschikbaar is in een vergelijkbare binnenlandse situatie levert een beperking van het vrije verkeer van kapitaal op (arrest van 22 november 2018, Sofina e.a., C-575/17, EU:C:2018:943, punt 29 en aldaar aangehaalde rechtspraak).

163. De Deense regering betoogt evenwel, onder verwijzing naar het arrest van 22 december 2008, Truck Center (C-282/07, EU:C:2008:762), dat een nationale regeling die enkel voorziet in verschillende procedures voor belastingheffing naargelang van de zetel van de vennootschap die de interest ontvangt, situaties betreft die objectief niet vergelijkbaar zijn.

164. Uit de punten 41 en 46 van het arrest van 22 december 2008, Truck Center (C-282/07, EU:C:2008:762), blijkt echter weliswaar dat een verschillende behandeling die bestaat in de toepassing van verschillende belastingheffingstechnieken of -methoden naargelang van de vestigingsplaats van de vennootschap die de betrokken inkomsten ontvangt, situaties betreft die niet objectief vergelijkbaar zijn, maar dit neemt niet weg dat het Hof in de punten 43 en 44 van dat arrest heeft gepreciseerd dat de inkomsten die aan de orde waren in de zaak die heeft geleid tot dat arrest hoe dan ook onderworpen waren aan belasting, ongeacht of deze werden ontvangen door een ingezeten dan wel door een niet-ingezeten vennootschap (zie in die zin arrest van 22 november 2018, Sofina e.a., C-575/17, EU:C:2018:943, punt 51). In punt 49 van het arrest van 22 december 2008, Truck Center (C-282/07, EU:C:2008:762), heeft het Hof met name beklemtoond dat de ingezeten ven-

nootschappen voorafbetalingen op de vennootschapsbelasting moesten verrichten voor de interest die zij van een andere ingezeten vennootschap hadden ontvangen.

165. In casu voorziet de in het hoofdgeding aan de orde zijnde nationale regeling niet alleen in verschillende procedures voor belastingheffing naargelang van de vestigingsplaats van de vennootschap die de door een ingezeten vennootschap uitgekeerde interest ontvangt, maar zij ontslaat de ingezeten vennootschap die van een andere ingezeten vennootschap interest ontvangt, tevens tijdens de eerste twee belastingjaren van de verplichting om voorheffing op deze interest te betalen, waardoor de eerstgenoemde vennootschap de belasting over die rente pas op een beduidend later tijdstip moet betalen dan dat waarop de bronbelasting wordt geheven wanneer een ingezeten vennootschap interest uitkeert aan een niet-ingezeten vennootschap. Of de aan niet-ingezeten vennootschappen uitgekeerde interest ongunstig wordt behandeld, moet worden beoordeeld over elk belastingjaar afzonderlijk (zie in die zin arresten van 2 juni 2016, Pensioenfonds Metaal en Techniek, C-252/14, EU:C:2016:402, punt 41, en 22 november 2018, Sofina e.a., punten 30 en 52).

166. Bijgevolg moet de in punt 163 van dit arrest vastgestelde beperking van het vrije verkeer van kapitaal in strijd worden geacht met artikel 63 VWEU, aangezien de Deense regering geen dwingend vereiste van algemeen belang heeft aangevoerd dat deze beperking kan rechtvaardigen.

167. Gelet op de overwegingen in de punten 158 tot en met 166 van dit arrest, moet artikel 63 VWEU aldu worden uitgelegd dat het in beginsel niet in de weg staat aan een nationale regeling op grond waarvan een ingezeten vennootschap die interest uitkeert aan een niet-ingezeten vennootschap over deze interest bronbelasting dient in te houden, terwijl zij daartoe niet verplicht is wanneer de vennootschap die de interest ontvangt eveneens een ingezeten vennootschap is. Dat artikel staat wel in de weg aan een nationale regeling op grond waarvan bronbelasting moet worden ingehouden wanneer een ingezeten vennootschap interest uitkeert aan een niet-ingezeten vennootschap, terwijl een ingezeten vennootschap die interest ontvangt van een andere ingezeten vennootschap tijdens de eerste twee belastingjaren niet verplicht is voorheffing op de vennootschapsbelasting te betalen en dus pas vennootschapsbelasting over die interest dient te betalen op een beduidend later tijdstip dan dat waarop de bronbelasting wordt geheven.

168. In de tweede plaats wensen de verwijzende rechters met de zesde vraag in zaak C-115/16, de zevende vraag in zaak C-118/16, de vijfde vraag in zaak C-119/16 en de zesde vraag in zaak C-299/16 in wezen te vernemen of de artikelen 49 en 54 VWEU aldus moeten worden uitgelegd dat zij in de weg staan aan een nationale regeling op grond waarvan een ingezeten vennootschap die bronbelasting dient in te houden over de interest die zij uitkeert aan een niet-ingezeten vennootschap, in geval van niet-tijdige betaling van deze bronbelasting, verplicht is tot betaling van moratoire interest tegen een rentevoet die hoger is dan de rentevoet die van toepassing is in geval van niet-tijdige betaling van de vennootschapsbelasting, die onder meer wordt geheven over de interest die een ingezeten vennootschap ontvangt van een andere ingezeten vennootschap.

169. Zoals in punt 158 van dit arrest is uiteengezet, moeten deze vragen worden beantwoord in het licht van artikel 63 VWEU.

170. In dit verband zij opgemerkt dat een nationale regeling zoals bedoeld in punt 168 van dit arrest een verschil in behandeling invoert met betrekking tot de hoogte van de moratoire interest naargelang de niet-tijdige betaling van de verschuldigde belasting over de door een ingezeten vennootschap uitgekeerde interest een lening betreft die door een niet-ingezeten dan wel door een andere ingezeten vennootschap is verstrekt. Dat in geval van niet-tijdige betaling van bronbelasting over de interest die door een ingezeten vennootschap aan een niet-ingezeten vennootschap is uitgekeerd, een hogere rentevoet wordt toegepast dan in geval van niet-tijdige betaling van vennootschapsbelasting over de interest die een ingezeten vennootschap van een andere ingezeten vennootschap heeft ontvangen, heeft tot gevolg dat grensoverschrijdende leningen minder aantrekkelijk worden dan nationale leningen. Bijgevolg is er sprake van een beperking van het vrije verkeer van kapitaal.

171. Zoals de Commissie heeft opgemerkt, kan deze beperking niet worden gerechtvaardigd door de door de Deense regering aangevoerde omstandigheid dat op de belasting over de interest die voortvloeit uit een door een ingezeten vennootschap verstrekte lening andere belastingheffingstechnieken of -methoden worden toegepast dan op de belasting over de interest die voortvloeit uit een door een niet-ingezeten vennootschap verstrekte lening. Bijgevolg moet deze beperking in strijd worden geacht met artikel 63 VWEU, aangezien de Deense regering geen dwingend vereiste van algemeen belang heeft aangevoerd dat deze beperking kan rechtvaardigen.

172. Gelet op de overwegingen in de punten 169 tot en met 171 van dit arrest, moet artikel 63 VWEU aldus worden uitgelegd dat het in de weg staat aan een nationale regeling op grond waarvan een ingezeten vennoot-

schap die bronbelasting moet inhouden over de interest die zij uitkeert aan een niet-ingezeten vennootschap, in geval van niet-tijdige betaling van deze bronbelasting, verplicht is tot betaling van moratoire interest tegen een voet die hoger is dan de rentevoet die van toepassing is in geval van niet-tijdige betaling van de vennootschapsbelasting, die onder meer wordt geheven over de interest die een ingezeten vennootschap ontvangt van een andere ingezeten vennootschap.

173. In de derde plaats wenst de verwijzende rechter met zijn vijfde vraag in zaak C-299/16 in wezen te vernemen of de artikelen 49 en 54 VWEU aldus moeten worden uitgelegd dat zij in de weg staan aan een nationale regeling die bepaalt dat wanneer een ingezeten vennootschap bronbelasting dient in te houden over interest die zij uitkeert aan een niet-ingezeten vennootschap, geen rekening wordt gehouden met de renteuitgaven die laatstgenoemde vennootschap heeft moeten dragen, terwijl volgens de nationale regeling een ingezeten vennootschap die van een andere ingezeten vennootschap interest ontvangt die uitgaven van haar belastbare inkomen kan aftrekken.

174. Zoals in punt 158 van dit arrest is uiteengezet, moet deze vraag eveneens worden beantwoord in het licht van artikel 63 VWEU.

175. Zoals de Commissie in dit verband heeft opgemerkt en zoals het ministerie van Financiën – volgens de gegevens die de Deense regering heeft verstrekt – na de indiening van zaak C-299/16 bij het Hof heeft erkend, volgt uit het arrest van 13 juli 2016, Brisal en KBC Finance Ireland (C-18/15, EU:C:2016:549, punten 23-55), dat een nationale regeling op grond waarvan een niet-ingezeten vennootschap wordt belast over de interest die haar door een ingezeten vennootschap is uitgekeerd, doordat deze ingezeten vennootschap bronbelasting inhoudt, zonder dat de bedrijfskosten, waaronder de rente-uitgaven, die rechtstreeks verbonden zijn met de kredietverlening in kwestie kunnen worden afgetrokken, terwijl ingezeten vennootschappen die interest ontvangen van een andere ingezeten vennootschap wel voor deze aftrek in aanmerking komen, een beperking van het vrije verkeer van kapitaal vormt, die in beginsel is verboden door het VWEU.

176. De Deense regering stelt echter dat deze beperking gerechtvaardigd is door het doel het misbruik te bestrijden dat hieruit voortvloeit dat de niet-ingezeten vennootschap weliswaar in de lidstaat waar zij gevestigd is aan belasting over de door haar ontvangen interest wordt onderworpen, maar uiteindelijk nooit belast zal worden omdat die interest zal worden geneutraliseerd door de overeenkomstige rente-uitgaven of aftrekbare intragroepsoverdrachten.

177. In dit verband zij eraan herinnerd dat, zoals blijkt uit punt 155 van dit arrest, de mogelijke vaststelling dat sprake is van een constructie die misbruik of fraude inhoudt waardoor de niet-toepasselijkheid van richtlijn 2003/49 gerechtvaardigd is, eveneens tot gevolg zou hebben dat de in het VWEU neergelegde fundamentele vrijheden niet van toepassing zijn.

178. De in punt 175 van dit arrest genoemde beperking kan, bij gebreke van een vaststelling in die zin, evenwel niet worden gerechtvaardigd op basis van de argumentatie van de Deense regering, zodat zij in strijd moet worden geacht met artikel 63 VWEU. Wanneer een ingezeten vennootschap interest ontvangt van een andere ingezeten vennootschap, kunnen de rente-uitgaven of intragroepsoverdrachten immers eveneens tot gevolg hebben dat de verschuldigde belasting wordt verminderd of zelfs wordt geneutraliseerd.

179. Bijgevolg moet dat artikel aldus worden uitgelegd dat het, behalve in het geval van fraude of misbruik, in de weg staat aan een nationale regeling die bepaalt dat wanneer een ingezeten vennootschap bronbelasting dient in te houden over de interest die zij uitkeert aan een niet-ingezeten vennootschap, geen rekening wordt gehouden met de rente-uitgaven die rechtstreeks verbonden zijn met de kredietverlening in kwestie en die de ontvanger van de interest heeft moeten dragen, terwijl een ingezeten vennootschap die van een andere ingezeten vennootschap interest ontvangt die uitgaven volgens de nationale regeling van haar belastbare inkomen kan aftrekken.

180. Gelet op een en ander moeten de zesde en de zevende vraag in zaak C-115/16, de zevende en de achtste vraag in zaak C-118/16, de vijfde en de zesde vraag in zaak C-119/16, en de vijfde tot en met de zevende vraag in zaak C-299/16 worden beantwoord als volgt:

– Indien de in richtlijn 2003/49 neergelegde regeling inzake vrijstelling van bronbelasting voor de interest die een in een lidstaat gevestigde vennootschap heeft uitgekeerd aan een in een andere lidstaat gevestigde vennootschap niet van toepassing is doordat fraude of misbruik in de zin van artikel 5 van deze richtlijn is vastgesteld, kunnen de in het Verdrag neergelegde vrijheden niet worden ingeroepen om op te komen tegen de regeling van de eerstbedoelde lidstaat inzake de heffing van belasting over die interest;

– Buiten dat geval moet artikel 63 VWEU aldus worden uitgelegd dat het:

– in beginsel niet in de weg staat aan een nationale regeling op grond waarvan een ingezeten vennootschap die interest uitkeert aan een niet-ingezeten vennootschap over deze interest bronbelasting dient in te houden, terwijl zij daartoe niet verplicht is wanneer de vennootschap die de interest ontvangt eveneens een ingezeten vennootschap is, maar wel in de weg staat aan een nationale regeling op grond waarvan bronbelasting moet worden ingehouden wanneer een ingezeten vennootschap interest uitkeert aan een niet-ingezeten vennootschap, terwijl een ingezeten vennootschap die interest ontvangt van een andere ingezeten vennootschap tijdens de eerste twee belastingjaren niet verplicht is voorheffing op de vennootschapsbelasting te betalen en dus pas vennootschapsbelasting over die interest dient te betalen op een beduidend later tijdstip dan dat waarop de bronbelasting wordt geheven;

– in de weg staat aan een nationale regeling op grond waarvan een ingezeten vennootschap die bronbelasting moet inhouden over de interest die zij uitkeert aan een niet-ingezeten vennootschap, in geval van niet-tijdige betaling van deze bronbelasting, verplicht is tot betaling van moratoire interest tegen een voet die hoger is dan de rentevoet die van toepassing is in geval van niet-tijdige betaling van de vennootschapsbelasting, die onder meer wordt geheven over de interest die een ingezeten vennootschap ontvangt van een andere ingezeten vennootschap;

– in de weg staat aan een nationale regeling die bepaalt dat wanneer een ingezeten vennootschap bronbelasting dient in te houden over de interest die zij uitkeert aan een niet-ingezeten vennootschap, geen rekening wordt gehouden met de rente-uitgaven die rechtstreeks verbonden zijn met de kredietverlening in kwestie en die de ontvanger van de interest heeft moeten dragen, terwijl een ingezeten vennootschap die van een andere ingezeten vennootschap interest ontvangt die uitgaven volgens de nationale regeling van haar belastbare inkomen kan aftrekken.

Kosten

181. ...

Het Hof (Grote kamer)

verklaart voor recht:

1. De zaken C-115/16, C-118/16, C-119/16 en C-299/16 worden gevoegd voor het arrest.

2. Artikel 1, lid 1, juncto artikel 1, lid 4, van richtlijn 2003/49/EG van de Raad van 3 juni 2003 betreffende een gemeenschappelijke belastingregeling inzake uitkeringen van interest en royalty's tussen verbonden ondernemingen van verschillende lidstaten moet aldus worden uitgelegd dat de in deze bepaling bedoelde vrijstelling van alle belastingen over uitkeringen van interest uitsluitend toekomt aan de uiteindelijk gerechtigden tot deze interest, namelijk de entiteiten die uit economisch oogpunt daadwerkelijk het genot hebben van deze interest en dus vrij kunnen beslissen over het gebruik ervan.

Het algemene Unierechtelijke beginsel volgens hetwelk justitiabelen zich niet door middel van fraude of misbruik kunnen beroepen op het Unierecht, dient aldus te worden uitgelegd dat de nationale autoriteiten en rechterlijke instanties de in artikel 1, lid 1, van richtlijn 2003/49 bedoelde vrijstelling van alle belastingen over uitkeringen van interest moeten weigeren aan een belastingplichtige in geval van fraude of misbruik, ook indien de nationale wet of de verdragen niet voorzien in bepalingen van die strekking.

3. Voor het bewijs van misbruik is het vereist dat er sprake is van, ten eerste, een geheel van objectieve omstandigheden waaruit blijkt dat de voorwaarden van de Unieregeling weliswaar formeel zijn nageleefd, maar dat het door deze regeling nagestreefde doel niet werd bereikt, en, ten tweede, een subjectief element dat bestaat in het verlangen een uit de Unieregeling voortvloeiend voordeel te verkrijgen door kunstmatig de voorwaarden te creëren waaronder dat voordeel ontstaat. Rechtsmisbruik kan worden aangetoond aan de hand van een reeks aanwijzingen, voor zover deze objectief zijn en onderling overeenstemmen. Dergelijke aanwijzingen zijn onder meer het bestaan van doorstroomvennootschappen zonder economische rechtvaardiging alsook het louter formele karakter van het concern, de financiële constructie en de leningen.

De omstandigheid dat de lidstaat waaruit de interest afkomstig is een verdrag heeft gesloten met de derde staat waarin de onderneming is gevestigd die de uiteindelijk gerechtigde tot deze interest is, is niet relevant voor de eventuele vaststelling van rechtsmisbruik.

4. Een nationale autoriteit is niet verplicht de entiteit of de entiteiten te identificeren die volgens haar de uiteindelijk gerechtigde of gerechtigden tot de interest zijn, om te kunnen weigeren een onderneming te erkennen als uiteindelijk gerechtigde tot de interest of om aan te tonen dat sprake is van rechtsmisbruik.

5. Artikel 3, onder a), van richtlijn 2003/49 moet aldus worden uitgelegd dat een *société en commandite par actions* (SCA) (commanditaire vennootschap op aandelen) die over een vergunning als *société d'investissement en capital à risque* (SICAR) (beleggingsvennootschap in risicokapitaal) naar Luxemburgs recht beschikt, niet kan worden aangemerkt als een onderneming van een lidstaat in de zin van deze richtlijn die in aanmerking komt voor de vrijstelling van artikel 1, lid 1, ervan wanneer de interest die deze SICAR in een situatie zoals in het hoofdgeding heeft ontvangen, is vrijgesteld van *impôt sur les revenus des collectivités* (belasting over de inkomsten van collectiviteiten) in Luxemburg, hetgeen de nationale rechter dient na te gaan.

6. Indien de in richtlijn 2003/49 neergelegde regeling voor vrijstelling van bronbelasting voor de interest die een in een lidstaat gevestigde vennootschap heeft uitgekeerd aan een in een andere lidstaat gevestigde vennootschap niet van toepassing is doordat fraude of misbruik in de zin van artikel 5 van deze richtlijn is vastgesteld, kunnen de in het Verdrag neergelegde vrijheden niet worden ingeroepen om op te komen tegen de regeling van de eerstbedoelde lidstaat inzake de heffing van belasting over die interest.

Buiten dat geval moet artikel 63 VWEU aldus worden uitgelegd dat het:

– in beginsel niet in de weg staat aan een nationale regeling op grond waarvan een ingezeten vennootschap die interest uitkeert aan een niet-ingezeten vennootschap over deze interest bronbelasting dient in te houden, terwijl zij daartoe niet verplicht is wanneer de vennootschap die de interest ontvangt eveneens een ingezeten vennootschap is, maar wel in de weg staat aan een nationale regeling op grond waarvan bronbelasting moet worden ingehouden wanneer een ingezeten vennootschap interest uitkeert aan een niet-ingezeten vennootschap, terwijl een ingezeten vennootschap die interest ontvangt van een andere ingezeten vennootschap tijdens de eerste twee belastingjaren niet verplicht is voorheffing op de vennootschapsbelasting te betalen en dus pas vennootschapsbelasting over die interest dient te betalen op een beduidend later tijdstip dan dat waarop de bronbelasting wordt geheven;

– in de weg staat aan een nationale regeling op grond waarvan een ingezeten vennootschap die bronbelasting moet inhouden over de interest die zij heeft uitgekeerd aan een niet-ingezeten vennootschap, in geval van niet-tijdige betaling van deze bronbelasting, verplicht is tot betaling van moratoire interest tegen een rentevoet die hoger is dan de rentevoet die van toepassing is in geval van niet-tijdige betaling van de vennootschapsbelasting, die onder meer wordt geheven over de interest die een ingezeten vennootschap ontvangt van een andere ingezeten vennootschap;

– in de weg staat aan een nationale regeling die bepaalt dat wanneer een ingezeten vennootschap bronbelasting dient in te houden over de interest die zij uitkeert aan een niet-ingezeten vennootschap, geen rekening wordt gehouden met de rente-uitgaven die rechtstreeks verbonden zijn met de kredietverlening in kwestie en die de ontvanger van de interest heeft moeten dragen, terwijl een ingezeten vennootschap die van een andere ingezeten vennootschap interest ontvangt die uitgaven volgens de nationale regeling van haar belastbare inkomen kan aftrekken.

HvJ 26 februari 2019, gevoegde zaken C-116/16 en C-117/16, (Skatteministeriet v. T Danmark [C-116/16], Y Denmark Aps [C-117/16])

Grote kamer: *K. Lenaerts, president, J.-C. Bonichot, A. Arabadjiev, T. von Danwitz, C. Toader en F. Biltgen, kamerpresidenten, A. Rosas (rapporteur), M. Ilešič, L. Bay Larsen, M. Safjan, C. G. Fernlund, C. Vajda en S. Rodin, rechters*

Advocaat-generaal: *J. Kokott*

Inhoud

1. Het verzoek om een prejudiciële beslissing betreft de uitlegging van richtlijn 90/435/EEG van de Raad van 23 juli 1990 betreffende de gemeenschappelijke fiscale regeling voor moedermaatschappijen en dochterondernemingen uit verschillende lidstaten (PB 1990, L 225, blz. 6), zoals gewijzigd bij richtlijn 2003/123/EG van de Raad van 22 december 2003 (PB 2004, L 7, blz. 41; hierna: „richtlijn 90/435"), en van de artikelen 49, 54 en 63 VWEU.

2. Deze verzoeken zijn ingediend in gedingen tussen het Skatteministerium (ministerie van Financiën, Denemarken), enerzijds, en T Danmark en Y Danmark Aps, anderzijds, betreffende de aan deze vennootschappen opgelegde verplichting om bronbelasting te betalen op grond van het feit dat zij dividenden hebben uitgekeerd aan niet-ingezeten vennootschappen die volgens de belastingadministratie niet de uiteindelijk gerechtigden tot deze dividenden zijn en dus niet in aanmerking komen voor de in richtlijn 90/435 bedoelde vrijstelling van bronbelasting.

Toepasselijke bepalingen

OESO-modelbelastingverdrag

3. De Raad van de Organisatie voor Economische Samenwerking en Ontwikkeling (OESO) heeft op 30 juli 1963 een aanbeveling aangenomen betreffende de afschaffing van dubbele belastingen en heeft de regeringen van de lidstaten uitgenodigd om zich bij de sluiting of de herziening van bilaterale verdragen te voegen naar een „modelverdrag ter voorkoming van dubbele heffingen op het gebied van inkomsten- en vermogensbelasting", dat door het comité voor fiscale aangelegenheden van de OESO was uitgewerkt en bij deze aanbeveling was gevoegd (hierna: „OESO-modelbelastingverdrag"). Dit modelbelastingverdrag wordt geregeld opnieuw tegen het licht gehouden en gewijzigd. Het wordt vergezeld van commentaren die zijn goedgekeurd door de Raad van de OESO.

4. In de punten 7 tot en met 10 van de commentaren op artikel 1 van het OESO-modelbelastingverdrag, zoals gewijzigd in 1977 (hierna: „OESO-modelbelastingverdrag van 1977"), volgens hetwelk dit verdrag van toepassing is op personen die gevestigd zijn in een verdragsluitende staat of in beide verdragsluitende staten, wordt de aandacht gevestigd op het feit dat dit verdrag verkeerd zou kunnen worden gebruikt met als doel belastin-

gen te ontduiken door middel van kunstmatige juridische constructies. Deze punten van de commentaren onderstrepen het belang van het begrip „uiteindelijk gerechtigde" dat met name in artikel 10 (belasting op dividenden) en artikel 11 (belasting op interesten) van dit modelverdrag wordt ingevoerd, alsook de noodzaak om belastingfraude te bestrijden.

5. Artikel 10, leden 1 en 2, van het OESO-modelbelastingverdrag van 1977 luidt als volgt:

„1. Over dividenden die door een in een verdragsluitende staat gevestigde vennootschap worden uitgekeerd aan een ingezetene van de andere verdragsluitende staat, kan in laatstgenoemde staat belasting worden geheven.
2. Deze dividenden kunnen echter ook in de verdragsluitende staat waar de vennootschap is gevestigd die de dividenden uitkeert, aan belasting worden onderworpen overeenkomstig de wettelijke regeling van deze staat. Indien de ontvanger van de dividenden de ‚uiteindelijk gerechtigde' tot de dividenden is, mag de geheven belasting evenwel niet meer bedragen dan:
a. 5 % van het brutodividendbedrag, indien de uiteindelijk gerechtigde een vennootschap (met uitzondering van een maatschap) is die rechtstreeks ten minste 25 % bezit van het kapitaal van de vennootschap die de dividenden uitkeert;
b. 15 % van het brutodividendbedrag in alle overige gevallen."

6. Bij een herziening van de commentaren in 2003 zijn deze aangevuld met opmerkingen over „doorstroomvennootschappen", dat wil zeggen vennootschappen die weliswaar formeel eigenaar zijn van de inkomsten, maar in de praktijk slechts over zeer beperkte bevoegdheden beschikken, zodat zij louter optreden als trustees of beheerders voor rekening van de belanghebbenden en dus niet als de uiteindelijk gerechtigden tot deze inkomsten mogen worden beschouwd. Punt 12 van de commentaren op artikel 10, in de herziene versie van 2003, bepaalt met name dat „[d]e uitdrukking ‚uiteindelijk gerechtigde' niet in enge en technische zin wordt gebruikt, maar moet worden opgevat in het licht van de context en van het voorwerp en het doel van het verdrag, dat met name erin bestaat dubbele belasting en belastingontduiking en -fraude te voorkomen". In punt 12.1 van dezelfde versie van de commentaren wordt opgemerkt dat het „in strijd met het voorwerp en het doel van het verdrag [zou zijn] indien de bronstaat een belastingvermindering of -vrijstelling toekende aan een ingezetene van een andere verdragsluitende staat die, buiten het kader van een agentuurovereenkomst of een andere vertegenwoordigingsrelatie, louter als doorstroomvennootschap optreedt voor rekening van een andere persoon die werkelijk de betrokken inkomsten geniet" en dat „een doorstroomvennootschap normaal niet als de uiteindelijk gerechtigde kan worden beschouwd indien zij weliswaar formeel eigenaar van de inkomsten is, maar in de praktijk slechts over zeer beperkte bevoegdheden beschikt, zodat zij louter optreedt als trustee of beheerder voor rekening van de belanghebbenden".

7. Bij een nieuwe herziening van de commentaren in 2014 zijn de begrippen „uiteindelijk gerechtigde" en „doorstroomvennootschap" gepreciseerd. Zo wordt in punt 10.3 van deze versie van de commentaren opgemerkt dat „er veel manieren [zijn] om de problematiek van de doorstroomvennootschappen en, meer in het algemeen, het gevaar van verdragshoppen aan te pakken, met name door middel van specifieke antimisbruikbepalingen in de verdragen, algemene antimisbruikbepalingen, regels volgens welke de inhoud voorgaat op de vorm, en bepalingen inzake de ‚economische inhoud'".

Richtlijn 90/435

8. De eerste tot en met de derde overweging van richtlijn 90/435 luiden als volgt:

„Overwegende dat hergroeperingen van vennootschappen uit verschillende lidstaten noodzakelijk kunnen zijn teneinde in de Gemeenschap soortgelijke voorwaarden te scheppen als op een binnenlandse markt en daardoor de instelling en de goede werking van de gemeenschappelijke markt te verzekeren; dat deze transacties niet moeten worden belemmerd door uit de fiscale voorschriften der lidstaten voortvloeiende bijzondere beperkingen, nadelen of distorsies; dat er bijgevolg voor deze hergroeperingen concurrentieneutrale belastingvoorschriften tot stand moeten komen om de ondernemingen in staat te stellen zich aan te passen aan de eisen van de gemeenschappelijke markt, hun productiviteit te vergroten en hun concurrentiepositie op de internationale markt te versterken;
[...]
Overwegende dat de huidige fiscale voorschriften voor de betrekkingen tussen moedermaatschappijen en dochterondernemingen uit verschillende lidstaten van land tot land aanzienlijke verschillen vertonen en in het algemeen minder gunstig zijn dan de voorschriften voor de betrekkingen tussen moedermaatschappijen en dochterondernemingen van dezelfde lidstaat; dat de samenwerking tussen vennootschappen van verschillende lidstaten hierdoor benadeeld wordt ten opzichte van de samenwerking tussen

vennootschappen van dezelfde lidstaat; dat deze benadeling moet worden opgeheven door invoering van een gemeenschappelijke regeling en dat hergroeperingen van vennootschappen op communautair niveau aldus vergemakkelijkt moeten worden".

9. Artikel 1 van richtlijn 90/435 bepaalt:

„1. Elke lidstaat past deze richtlijn toe:

[...]

– op winst die door vennootschappen van deze staat is uitgekeerd aan vennootschappen van andere lidstaten, waarvan zij dochteronderneming zijn.

– [...]

2. Deze richtlijn vormt geen beletsel voor de toepassing van nationale of verdragsrechtelijke voorschriften ter bestrijding van fraude en misbruiken."

10. Artikel 2 van deze richtlijn bepaalt de voorwaarden inzake rechtsvorm, fiscale woonplaats en belastingplicht waaraan een vennootschap moet voldoen om onder de richtlijn te vallen.

11. Artikel 3 van richtlijn 90/435 bepaalt:

„Voor de toepassing van deze richtlijn:

a. wordt de hoedanigheid van moedermaatschappij ten minste toegekend aan iedere vennootschap van een lidstaat die voldoet aan de voorwaarden van artikel 2 en die een deelneming van ten minste 20 % bezit in het kapitaal van een vennootschap van een andere lidstaat die aan dezelfde voorwaarden voldoet.

Die hoedanigheid wordt onder dezelfde voorwaarden toegekend aan een vennootschap van een lidstaat die een deelneming van ten minste 20 % bezit in het kapitaal van een vennootschap van diezelfde lidstaat welke geheel of gedeeltelijk wordt gehouden door een in een andere lidstaat gelegen vaste inrichting van eerstgenoemde vennootschap.

Vanaf 1 januari 2007 bedraagt de deelneming 15 %.

Vanaf 1 januari 2009 bedraagt de deelneming ten minste 10 %.

b. wordt verstaan onder dochteronderneming, de vennootschap in het kapitaal waarvan de onder a) bedoelde deelneming wordt gehouden.

2. In afwijking van lid 1 staat het de lidstaten vrij om

– bij wege van bilaterale overeenkomst het criterium ‚deelneming in het kapitaal' te vervangen door het criterium ‚bezit van stemrechten',

– deze richtlijn niet toe te passen op de vennootschappen van deze lidstaat die niet gedurende een ononderbroken periode van ten minste twee jaren een deelneming behouden welke recht geeft op de hoedanigheid van moedermaatschappij of op de maatschappijen waarin een vennootschap van een andere lidstaat niet gedurende een ononderbroken periode van ten minste twee jaren een dergelijke deelneming behoudt.

12. Artikel 4, lid 1, van de richtlijn laat de lidstaten de keuze tussen twee systemen, namelijk een vrijstellingssysteem en een verrekeningssysteem.

13. Artikel 5 van de richtlijn luidt als volgt:

„De door een dochteronderneming aan de moedermaatschappij uitgekeerde winst wordt vrijgesteld van bronbelasting."

Verdragen ter vermijding van dubbele belasting

14. In artikel 10, leden 1 en 2, van het op 17 november 1980 te Luxemburg ondertekende verdrag tussen de regering van het Groothertogdom Luxemburg en de regering van het Koninkrijk Denemarken ter vermijding van dubbele belasting en tot vaststelling van regels betreffende wederzijdse administratieve bijstand inzake inkomsten- en vermogensbelasting (hierna: „belastingverdrag tussen Luxemburg en Denemarken") wordt de bevoegdheid om belasting te heffen over dividenden tussen deze twee lidstaten verdeeld. Deze bepaling luidt als volgt:

„1. Over dividenden die door een in een verdragsluitende staat gevestigde vennootschap worden uitgekeerd aan een ingezetene van de andere verdragsluitende staat, kan in laatstgenoemde staat belasting worden geheven.

2. Deze dividenden kunnen echter ook in de verdragsluitende staat waar de vennootschap is gevestigd die de dividenden uitkeert, aan belasting worden onderworpen overeenkomstig de wettelijke regeling

van deze staat. Indien de ontvanger van de dividenden de ‚uiteindelijk gerechtigde' tot de dividenden is, mag de geheven belasting evenwel niet meer bedragen dan:

a. 5 % van het brutodividendbedrag, indien de uiteindelijk gerechtigde een vennootschap (met uitzondering van een maatschap of een commanditaire vennootschap) is die rechtstreeks ten minste 25 % bezit van het kapitaal van de vennootschap die de dividenden uitkeert;

b. 15 % van het brutodividendbedrag in alle overige gevallen."

15. In artikel 10, leden 1 en 2, van het op 26 mei 1981 ondertekende verdrag tussen de regering van het Koninkrijk Denemarken en de regering van de Republiek Cyprus ter vermijding van dubbele belasting en tot vaststelling van regels betreffende wederzijdse administratieve bijstand inzake inkomsten- en vermogensbelasting wordt de bevoegdheid om belasting te heffen over dividenden tussen deze twee lidstaten verdeeld. Deze bepaling luidt als volgt:

„1. Over dividenden die door een in een verdragsluitende staat gevestigde vennootschap worden uitgekeerd aan een ingezetene van de andere verdragsluitende staat, kan in laatstgenoemde staat belasting worden geheven.

2. Deze dividenden kunnen echter ook in de verdragsluitende staat waar de vennootschap is gevestigd die de dividenden uitkeert, aan belasting worden onderworpen overeenkomstig de wettelijke regeling van deze staat. Indien de ontvanger van de dividenden de ‚uiteindelijk gerechtigde' tot de dividenden is, mag de geheven belasting evenwel niet meer bedragen dan:

a. 10 % van het brutodividendbedrag, indien de uiteindelijk gerechtigde een vennootschap (met uitzondering van een maatschap of een commanditaire vennootschap) is die rechtstreeks ten minste 25 % bezit van het kapitaal van de vennootschap die de dividenden uitkeert;

b. 15 % van het brutodividendbedrag in alle overige gevallen."

16. Volgens artikel 10, lid 2, van het op 19 augustus 1999 te Washington ondertekende verdrag tussen de regering van de Verenigde Staten van Amerika en de regering van het Koninkrijk Denemarken ter vermijding van dubbele belasting en van ontduiking van inkomstenbelasting kan de verdragsluitende staat waar de vennootschap is gevestigd die de dividenden uitkeert, dividenden die worden uitgekeerd aan een in de andere staat gevestigde vennootschap die de „uiteindelijk gerechtigde" tot deze dividenden is, belasten tegen een percentage van 5 % van het brutobedrag ervan.

17. Er bestaat geen belastingverdrag tussen het Koninkrijk Denemarken en Bermuda.

18. Uit de bilaterale verdragen blijkt dat de staat waar de bronbelasting wordt geheven, namelijk, in de hoofdgedingen, het Koninkrijk Denemarken, dividenden die worden uitgekeerd aan een vennootschap die in een andere lidstaat is gevestigd tegen een hoger percentage mag belasten dan in deze verdragen is vastgelegd, wanneer deze vennootschap niet de uiteindelijk gerechtigde is. Geen van deze verdragen bevat echter een definitie van het begrip „uiteindelijk gerechtigde".

Deens recht

Belasting over dividenden

19. Artikel 2, lid 1, onder c), van de selskabsskattelov (wet op de vennootschapsbelasting) bepaalt:

„Belastingplichtig op grond van deze wet zijn [...] vennootschappen, verenigingen enzovoort in de zin van § 1, lid 1, die in het buitenland zijn gevestigd, voor zover zij [...]

[...]

c. dividenden ontvangen die vallen onder § 16 A, leden 1 en 2, van de ligningslov (wet tot vaststelling van de nationale inkomstenbelasting [...]. De belastingplicht geldt niet voor dividenden uit aandelen van dochterondernemingen in de zin van § 4 A van de aktieavancebeskatningslov (wet betreffende de fiscale behandeling van vermogenswinst of -verlies bij de vervreemding van aandelen) waarover op grond van [richtlijn 90/435] of op grond van een dubbelbelastingverdrag met de Faeröer, Groenland of de staat waar de moedermaatschappij is gevestigd, geen belasting wordt geheven of slechts tegen een verlaagd tarief belasting wordt geheven. De belastingplicht geldt evenmin voor dividenden uit aandelen van gelieerde ondernemingen in de zin van § 4 B van de aktieavancebeskatningslov die geen aandelen van dochterondernemingen zijn, wanneer de vennootschap van het concern die de dividenden ontvangt is gevestigd in een lidstaat van de [Unie/Europese Economische Ruimte (EER)] en op grond van [richtlijn 90/435] en op grond van het met de betrokken staat gesloten dubbelbelastingverdrag geen belasting of slechts tegen een verlaagd tarief belasting over de dividenden zou worden geheven indien het ging om aandelen van dochterondernemingen. De belastingplicht geldt evenmin voor dividenden die worden uitgekeerd aan houders van deelnemingen in moedermaatschappijen die zijn opgenomen in de in artikel 2, lid 1, onder a), van richtlijn [90/435] bedoelde lijst van vennootschappen, maar die uit het oogpunt van de belasting in Denemarken als transparante eenheden worden beschouwd. Voor de toepassing van deze bepaling is vereist dat de houder van de vennootschapsaandelen niet in Denemarken is gevestigd."

Bronbelasting

20. Bestaat krachtens § 2, lid 1, onder c), van de selskabsskattelov een beperkte belastingplicht ter zake van uit Denemarken afkomstige dividenden, dan is de Deense vennootschap die dividend uitkeert, krachtens de kildeskattelov (wet op de bronbelasting) verplicht om 28 % bronbelasting in te houden.

21. § 65, leden 1 en 5, van de kildeskattelov luidde in de voor het hoofdgeding relevante versie als volgt:

„1. Bij elk besluit tot uitkering of boeking van dividenden op aandelen of deelbewijzen in vennootschappen of verenigingen enzovoort als bedoeld in § 1, lid 1, punten 1, 2, 2 e en 4, van de selskabsskattelov houden deze vennootschappen, verenigingen enzovoort 28 % van het totaal uitgekeerde bedrag in, tenzij anders is bepaald in lid 4 of in de leden 5 tot en met 8. [...] Het aldus ingehouden bedrag wordt ‚dividendbelasting' genoemd.
[...]
5. Op dividenden die een in het buitenland gevestigde vennootschap ontvangt van een in Denemarken gevestigde vennootschap wordt geen bronbelasting ingehouden wanneer deze dividenden niet aan belasting zijn onderworpen in de zin van § 2, lid 1, onder c), van de selskabsskattelov."

22. Uit § 2, lid 2, punt 2, van de selskabsskattelov blijkt dat met de inhouding van bronbelasting zoals bedoeld in § 65 van de kildeskattelov definitief is voldaan aan de belastingplicht die voortvloeit uit § 2, lid 1, onder c), van de selskabsskattelov. Voorts bedroeg de dividendbelasting in de voor het hoofdgeding relevante periode 28 %.

23. Volgens § 13, lid 1, punt 2, van de selskabsskattelov zijn Deense moedermaatschappijen vrijgesteld van belasting over dividenden die zij van Deense dochterondernemingen hebben ontvangen. Voorts blijkt uit § 31, lid 1, punt 2, van de kildeskattebekendtgørelse (uitvoeringsbesluit inzake bronbelasting) dat de Deense vennootschap die de dividenden uitkeert bij deze uitkering geen bronbelasting hoeft in te houden.

24. Voor zover een Deense vennootschap daarentegen belasting verschuldigd is over dividenden die door een andere Deense vennootschap zijn uitgekeerd, moet deze laatste krachtens § 65, lid 1, van de kildeskattelov bronbelasting inhouden.

25. Het ministerie van Financiën heeft, met name in het hoofdgeding in zaak C-116/16, voor de nationale rechter erkend dat het Koninkrijk Denemarken in 2011 in strijd met de bepalingen van het VWEU bronbelasting over de door een vennootschap uit een andere lidstaat ontvangen dividenden had geheven tegen een voet die hoger was dan de op dat ogenblik geldende belastingvoet voor vennootschappen. Bijgevolg heeft het ministerie van Financiën het gevraagde bedrag verlaagd tot 25 %, wat overeenstemde met de op dat ogenblik geldende belastingvoet voor vennootschappen.

26. Het tijdstip waarop de bronbelasting opeisbaar wordt, is vastgelegd in § 66, lid 1, tweede volzin, van de kildeskattelov, die luidt als volgt:

„De bronbelasting is opeisbaar zodra een besluit tot uitkering of tot boeking van een dividend is genomen, en moet uiterlijk de volgende maand worden betaald, vóór het verstrijken van de termijn waarop de vennootschap de ingehouden bronbelasting [„A-belasting"] en de ingehouden speciale werknemersbijdragen dient te betalen."

27. De onderneming die de dividenden betaalt is tegenover de staat aansprakelijk voor de betaling van de ingehouden bedragen.

28. De moratoire interest die verschuldigd is bij niet-tijdige betaling van de bronbelasting is hoger dan die welke geldt bij niet-tijdige betaling van de door een Deense onderneming verschuldigde vennootschapsbelasting. De nationale rechter wijst er evenwel op dat ingevolge een wetswijziging die in werking is getreden op 1 augustus 2013, dezelfde moratoire interest geldt voor bronbelasting en vennootschapsbelasting.

29. De moratoire interest dient te worden betaald door degene die de bronbelasting dient in te houden. Voor een vennootschap die onbeperkt belastingplichtig is in Denemarken, vormen de belastbare dividenden een deel van de belastbare inkomsten. De vennootschap die de dividenden uitkeert, dient de bronbelasting in te

houden en het betrokken bedrag, alsook de moratoire interest in geval van niet-tijdige betaling, aan de belastingautoriteiten te betalen.

30. Krachtens § 65 C, lid 1, van de kildeskattelov dient de betaler van royalty's die van Deense oorsprong zijn in beginsel bronbelasting in te houden, ongeacht of de begunstigde een Deense ingezetene is.

Recht dat van toepassing is op fraude en misbruik

31. Vóór de vaststelling van wet nr. 540 van 29 april 2015 bestond er in Denemarken geen algemene wettelijke bepaling ter bestrijding van misbruik. In de rechtspraak is evenwel het zogenaamde „realiteitsbeginsel" ontwikkeld, volgens hetwelk de belasting moet worden vastgesteld op basis van een concrete beoordeling van de feiten. Dit betekent met name dat kunstmatige fiscale constructies in voorkomend geval terzijde kunnen worden geschoven om bij de belastingheffing rekening te houden met de realiteit overeenkomstig het beginsel dat de inhoud boven de vorm gaat *(substance-over-form)*.

32. Blijkens de verwijzingsbeslissingen zijn de partijen het in elk van de hoofdgedingen erover eens dat het realiteitsbeginsel geen voldoende rechtvaardiging vormt om de in deze zaken aan de orde zijnde constructies terzijde te schuiven.

33. Zoals blijkt uit de verwijzingsbeslissingen, is in de rechtspraak eveneens het beginsel van de „werkelijke ontvanger van de inkomsten" *(rette indkomstmodtager)* ontwikkeld. Dit beginsel is gebaseerd op de fundamentele bepalingen inzake inkomstenbelasting van § 4 van de statsskattelov (wet op de nationale inkomensbelasting), volgens welke de belastingdienst niet verplicht is om een kunstmatig onderscheid te aanvaarden tussen de inkomstengenererende onderneming of activiteit en de toerekening van de daaruit voortvloeiende inkomsten. Het beginsel komt dus erop neer dat wordt vastgesteld wie – ongeacht de formele verschijningsvorm – de werkelijke ontvanger van bepaalde inkomsten is en dientengevolge over deze inkomsten belasting verschuldigd is.

Hoofdgedingen en prejudiciële vragen

34. In beide hoofdgedingen komt het ministerie van Financiën op tegen de beslissingen waarbij de Landsskatteret (hoogste administratieve beroepsinstantie in belastingzaken, Denemarken) heeft geoordeeld dat T Danmark (zaak C-116/16) en Y Denmark (zaak C-117/16) in aanmerking komen voor de in richtlijn 90/435 bedoelde vrijstelling van bronbelasting over dividenden die zijn uitgekeerd aan entiteiten die in een andere lidstaat zijn gevestigd.

35. Om in aanmerking te komen voor de belastingvoordelen waarin richtlijn 90/435 voorziet, moet de entiteit die de dividenden ontvangt aan de in deze richtlijn gestelde voorwaarden voldoen. Zoals de Deense regering in haar opmerkingen uiteenzet, kan het evenwel gebeuren dat concerns die niet aan deze voorwaarden voldoen, tussen de onderneming die de dividenden uitkeert en de entiteit waarvoor deze interest werkelijk bestemd is één of meer kunstmatige ondernemingen plaatsen die aan de vormvereisten van die richtlijn voldoen. De door de verwijzende rechters gestelde vragen die verband houden met rechtsmisbruik en het begrip „uiteindel?k gerechtigde", betreffen dergelijke financiële constructies.

36. De feiten zoals die door de verwijzende rechters zijn beschreven en in de verwijzingsbeslissingen zijn geïllustreerd met meerdere schema's van de structuur van de betrokken concerns, zijn bijzonder complex en gedetailleerd. Enkel de gegevens die nodig zijn voor de beantwoording van de prejudiciële vragen, zullen in aanmerking worden genomen.

1. Zaak C-116/16, T Danmark

37. Blijkens de verwijzingsbeslissing hebben vijf beleggingsfondsen, waarvan er geen enkel is gevestigd in een lidstaat of land waarmee het Koninkrijk Denemarken een verdrag ter vermijding van dubbele belasting heeft gesloten, in 2005 een groep van verschillende vennootschappen opgericht met het oog op de overname van T Danmark, een grote Deense dienstverrichter.

38. De Deense regering heeft in haar opmerkingen gepreciseerd dat zaak C-116/16 hetzelfde concern betreft als zaak C-115/16, die verband houdt met de heffing van belasting over interest en het voorwerp is van het arrest van heden B Luxembourg 1 e.a. (C-115/16, C-118/16, C-119/16 et 299/16).

39. Zoals de verwijzende rechter uiteenzet, hebben de beleggingsfondsen vennootschappen opgericht in Luxemburg. Een ervan, N Luxembourg 2, heeft in 2010 een belangrijke deelneming verworven in het kapitaal van T Danmark, waardoor zij in de voor het hoofdgeding relevante periode meer dan 50 % van de aandelen van

T Danmark in handen had. De overige aandelen van T Danmark waren verspreid over duizenden aandeelhouders.

40. Op verzoek van de Deense autoriteiten heeft de Luxemburgse belastingadministratie in het voorjaar van 2011 een „verklaring over de fiscale vestigingsplaats" opgesteld, waaruit met name blijkt dat N Luxembourg 2 was onderworpen aan „impôt sur le revenu des collectivités" (belasting over de inkomsten van collectiviteiten) en de uiteindelijk gerechtigde was tot alle dividenden die waren betaald over de aandelen die zij bezat in T Danmark of tot alle ander hiervan afgeleide inkomsten. In haar opmerkingen wijst de Deense regering erop dat in deze verklaring niet wordt aangegeven op basis van welke feitelijke informatie zij is opgesteld.

41. Overeenkomstig haar dividendbeleid heeft T Danmark haar aandeelhouders in de zomer van 2011 dividenden toegekend voor een totaalbedrag van ongeveer 1,8 miljard Deense kroon (DKK) (ongeveer 241,4 miljoen EUR). Ook in het voorjaar van 2012 zijn dividenden uitgekeerd.

42. In 2011 heeft T Danmark de SKAT (Deense belastingdienst) verzocht om een bindende inlichting over de vraag of de dividenden die zij aan N Luxembourg 2 uitkeerde, krachtens § 2, lid 1, onder c), derde volzin, van de selskabsskattelov van belasting waren vrijgesteld, zodat hierop geen bronbelasting hoefde te worden ingehouden.

43. In het verzoek om een bindende inlichting verklaarde T Danmark dat zij van plan was om N Luxembourg 2 in het derde kwartaal van 2011 een dividend van ongeveer 6 miljard DKK (ongeveer 805 miljoen EUR) uit te keren. Voorts verklaarde zij dat N Luxembourg 2 een zelfstandige entiteit met een eigen bestuur en eigen beslissingsbevoegdheid was, zodat zij logischerwijs niet vooraf met zekerheid kon weten of het bestuur van N Luxembourg 2 de facto zou besluiten om deze dividenden te gebruiken en wat het daarmee zou aanvangen. Ten slotte merkte zij op dat een groot deel van de eindbeleggers in de Verenigde Staten was gevestigd.

44. Het ministerie van Financiën heeft hierop geantwoord dat het geen antwoord op die vraag kon verstrekken zolang niet duidelijk was hoe N Luxembourg 2 over de door T Danmark uitgekeerde dividenden zou beschikken.

45. T Danmark gaf hierop als antwoord dat met het oog op de bindende inlichting als vaststaand kon worden aangenomen dat de dividenden door haar zou worden uitgekeerd aan N Luxembourg 2, die op haar beurt dividenden aan haar eigen moedermaatschappij zou uitkeren. Volgens deze aanwijzingen kon worden aangenomen dat deze moedermaatschappij een deel van deze bedragen (als dividend en/of interest en/of aflossing van schuld) zou uitkeren aan vennootschappen die onder zeggenschap stonden van de individuele kapitaalfondsen of van haar schuldeisers. T Danmark verwachtte tevens dat bedragen die door de moedermaatschappij van N Luxembourg 2 zouden worden betaald aan vennootschappen die onder zeggenschap stonden van de individuele kapitaalfondsen, zouden worden doorgesluisd naar de uiteindelijke beleggers in de kapitaalfondsen, maar zij wist naar eigen zeggen niet hoe deze transfers zouden plaatsvinden of hoe zij fiscaal zouden worden behandeld.

46. De Skatteråd (nationale belastingraad, Denemarken) heeft ontkennend geantwoord op de vraag die in het verzoek om een bindende inlichting was gesteld.

47. T Danmark is tegen dit besluit opgekomen bij de Landsskatteret, die daarentegen van oordeel was dat de door T Danmark N Luxembourg 2 uitgekeerde dividenden van belasting waren vrijgesteld. Volgens hem was een beperkte belastingplicht namelijk uitgesloten krachtens richtlijn 90/435, aangezien het Koninkrijk Denemarken geen wettelijke bepalingen ter voorkoming van fraude en misbruik had vastgesteld zoals bedoeld in artikel 1, lid 2, van deze richtlijn, en bijgevolg de dividenden niet kon belasten krachtens § 2, lid 1, onder c), van de selskabsskattelov. Het ministerie van Financiën is in rechte opgekomen tegen deze beslissing van de Landsskatteret.

48. In deze omstandigheden heeft de Østre Landsret (rechter in tweede aanleg voor het oosten van Denemarken) de behandeling van de zaak geschorst en het Hof verzocht om een prejudiciële beslissing over de volgende vragen:

„1. a. Is de mogelijkheid voor een lidstaat om zich te beroepen op artikel 1, lid 2, van [richtlijn 90/435], dat betrekking heeft op de toepassing van nationale voorschriften ter bestrijding van fraude en misbruiken, onderworpen aan de voorwaarde dat de betrokken lidstaat een specifiek nationaal voorschrift ter uitvoering van artikel 1, lid 2, van de richtlijn heeft vastgesteld dan wel dat het nationale recht algemene voorschriften of beginselen inzake fraude en misbruik bevat die in overeenstemming met artikel 1, lid 2, kunnen worden uitgelegd?

b. Voor zover de eerste vraag[, onder a),] bevestigend wordt beantwoord, kan § 2, lid 1, onder c), van de selskabsskattelov, volgens welke ,als voorwaarde geldt dat van de heffing van belasting over de dividenden wordt afgezien [...] op grond van de bepalingen van [richtlijn 90/435]', dan worden aangemerkt als een specifiek nationaal voorschrift in de zin van artikel 1, lid 2, van de richtlijn?

2. Is een bepaling van een tussen twee lidstaten gesloten en overeenkomstig het [OESO-modelbelastingverdrag] opgesteld dubbelbelastingverdrag, volgens welke de heffing van belasting over dividenden afhangt van de vraag of de ontvanger van dividend wordt aangemerkt als de uiteindelijk gerechtigde tot dit dividend, een verdragsrechtelijk voorschrift ter bestrijding van misbruik dat onder artikel 1, lid 2, van [richtlijn 90/435] valt?

3. Indien het Hof de tweede vraag bevestigend beantwoordt, staat het dan aan de nationale rechterlijke instanties om de inhoud van het begrip ,uiteindelijk gerechtigde' vast te leggen, of dient aan de uitlegging van dit begrip voor de toepassing van richtlijn 90/435 een specifieke Unierechtelijke opvatting ervan ten grondslag te worden gelegd die is onderworpen aan toetsing door het Hof?

4. a. Indien het Hof de tweede vraag bevestigend beantwoordt en de derde vraag aldus dat het niet aan de nationale rechterlijke instanties staat om de inhoud van het begrip ,uiteindelijk gerechtigde' vast te leggen, dient dit begrip dan aldus te worden uitgelegd dat een in een lidstaat gevestigde onderneming die in omstandigheden als die van het onderhavige geding dividenden ontvangt van een in een andere lidstaat gevestigde dochteronderneming, de ,uiteindelijk gerechtigde' tot deze dividenden is in de betekenis die hieraan volgens het Unierecht dient te worden gegeven?

b. Dient het begrip ,uiteindelijk gerechtigde' in dezelfde zin te worden opgevat als het overeenkomstige begrip in artikel 1, lid 1, juncto artikel 1, lid 4, van richtlijn 2003/49/EG van de Raad van 3 juni 2003 betreffende een gemeenschappelijke belastingregeling inzake uitkeringen van interest en royalty's tussen verbonden ondernemingen van verschillende lidstaten (richtlijn interest en royalty's) (PB 2003, L 157, blz. 49)?

c. Dienen bij de uitlegging van dat begrip enkel de commentaren bij artikel 10 van het [OESO-modelbelastingverdrag van 1977] (punt 12) in aanmerking te worden genomen, of kunnen daarbij ook latere commentaren in aanmerking worden genomen, waaronder de aanvullingen uit 2003 over ,doorstroomvennootschappen' en de aanvullingen uit 2014 over ,contractuele en wettelijke verplichtingen'?

d. In hoeverre is het voor de beoordeling van de vraag of de ontvanger van het dividend als de ,uiteindelijk gerechtigde' dient te worden beschouwd, van belang of op hem een contractuele of wettelijke verplichting rustte om het dividend door te betalen aan een andere persoon?

e. In hoeverre is het voor de beoordeling of de ontvanger van het dividend dient te worden aangemerkt als de ,uiteindelijk gerechtigde', van belang dat de verwijzende rechter na de beoordeling van de feiten van het geding tot de bevinding komt dat deze ontvanger weliswaar geen contractuele of wettelijke verplichting had om het ontvangen dividend door te betalen aan een andere persoon, maar ,in wezen' niet het recht had op het ,gebruik en genot' van het dividend, zoals bedoeld in de commentaren uit 2014 bij het [OESO-modelbelastingverdrag van 1977]?

5. Voor zover in de onderhavige zaak wordt aangenomen

– dat er sprake is van ,nationale of verdragsrechtelijke voorschriften ter bestrijding van fraude en misbruiken' in de zin van artikel 1, lid 2, van de richtlijn,

– dat een in een lidstaat gevestigde vennootschap (A) een dividend heeft uitgekeerd aan een in een andere lidstaat gevestigde moedermaatschappij (B), die dit dividend heeft doorbetaald aan haar buiten de Europese Unie of de [EER] gevestigde moedermaatschappij (C), die op haar beurt de middelen heeft doorbetaald aan haar eveneens buiten de Unie of de [EER] gevestigde moedermaatschappij (D),

– dat er geen dubbelbelastingverdrag is gesloten tussen eerstgenoemde staat en de staat waar C is gevestigd,

– dat er tussen eerstgenoemde staat en de staat waar D is gevestigd, een dubbelbelastingverdrag is gesloten, en

– dat eerstgenoemde staat dus op grond van zijn wettelijke regeling geen aanspraak had kunnen maken op bronbelasting over dividenden die door A aan D zijn uitgekeerd, indien D de rechtstreekse eigenaar van A was geweest,

is er dan sprake van misbruik van de richtlijn, zodat B hier niet door wordt beschermd?

6. Indien een in een lidstaat gevestigde onderneming (de moedermaatschappij) in concreto niet wordt geacht overeenkomstig artikel 1, lid 2, van richtlijn 90/435 te zijn vrijgesteld van bronbelasting over een dividend dat zij van een in een andere lidstaat gevestigde onderneming (de dochteronderneming) heeft ontvangen, staat artikel 49 VWEU juncto artikel 54 VWEU dan in de weg aan een wettelijke regeling op grond waarvan laatstgenoemde lidstaat belasting heft over het dividend dat de in de andere lidstaat gevestigde moedermaatschappij heeft ontvangen, wanneer de betrokken lidstaat ingezeten moedermaat-

schappijen in voor het overige vergelijkbare omstandigheden vrijstelt van de heffing van belasting over dergelijke dividenden?

7. Indien een in een lidstaat gevestigde onderneming (de moedermaatschappij) in concreto niet wordt geacht overeenkomstig artikel 1, lid 2, van richtlijn 90/435 te zijn vrijgesteld van bronbelasting over een dividend dat zij van een in een andere lidstaat gevestigde onderneming (de dochteronderneming) heeft ontvangen, en de moedermaatschappij door laatstgenoemde lidstaat wordt geacht aldaar ter zake van het desbetreffende dividend beperkt belastingplichtig te zijn, staat artikel 49 VWEU juncto artikel 54 VWEU dan in de weg aan een wettelijke regeling op grond waarvan laatstgenoemde lidstaat de inhoudingsplichtige (de dochteronderneming) bij niet-tijdige betaling van verschuldigde bronbelasting verplicht tot betaling van moratoire interest tegen een rentevoet die hoger is dan de rentevoet die de betrokken lidstaat hanteert wanneer hij aan een in dezelfde lidstaat gevestigde onderneming moratoire interest in rekening brengt over verschuldigde vennootschapsbelasting?

8. Indien het Hof de tweede vraag bevestigend beantwoordt en de derde vraag aldus dat het niet aan de nationale rechterlijke instanties staat om de inhoud van het begrip ‚uiteindelijk gerechtigde' vast te leggen, en indien een in een lidstaat gevestigde onderneming (de moedermaatschappij) in concreto niet op die basis wordt geacht overeenkomstig richtlijn 90/435 te zijn vrijgesteld van bronbelasting over een dividend dat zij van een in een andere lidstaat gevestigde onderneming (de dochteronderneming) heeft ontvangen, is laatstgenoemde lidstaat dan krachtens richtlijn 90/435 of artikel 4, lid 3, VEU verplicht om mee te delen wie hij in dat geval als de uiteindelijk gerechtigde beschouwt?

9. Indien een in een lidstaat gevestigde onderneming (de moedermaatschappij) in concreto niet wordt geacht overeenkomstig richtlijn 90/435 te zijn vrijgesteld van bronbelasting over een dividend dat zij van een in een andere lidstaat gevestigde onderneming (de dochteronderneming) heeft ontvangen, staat artikel 49 VWEU juncto artikel 54 VWEU (dan wel artikel 63 VWEU) dan op zichzelf of gezamenlijk beschouwd in de weg aan een wettelijke regeling

– op grond waarvan laatstgenoemde lidstaat de dochteronderneming verplicht tot inhouding van bronbelasting op de dividenden en haar jegens de overheid aansprakelijk stelt voor de niet-ingehouden bronbelasting, wanneer een dergelijke inhoudingsplicht niet geldt als de moedermaatschappij in laatstgenoemde lidstaat gevestigd is;

– op grond waarvan laatstgenoemde lidstaat moratoire interest over de verschuldigde bronbelasting in rekening brengt?

Het Hof wordt verzocht bij de beantwoording van de negende vraag rekening te houden met het antwoord op de zesde en de zevende vraag.

10. Staat artikel 63 VWEU, in omstandigheden waarin

– een in een lidstaat gevestigde onderneming (de moedermaatschappij) voldoet aan de door richtlijn 90/435 gestelde voorwaarde dat zij (in 2011) ten minste 10 % van het aandelenkapitaal van een in een andere lidstaat gevestigde onderneming (de dochteronderneming) bezat,

– de moedermaatschappij in concreto niet wordt geacht overeenkomstig artikel 1, lid 2, van richtlijn 90/435 te zijn vrijgesteld van bronbelasting over een dividend dat zij van deze dochteronderneming heeft ontvangen,

– de (directe of indirecte) aandeelhouder(s) van de moedermaatschappij, die in een derde land is (zijn) gevestigd, wordt (worden) beschouwd als de uiteindelijk gerechtigde(n) tot het betrokken dividend,

– en deze (directe of indirecte) aandeelhouder(s) eveneens voldoet (voldoen) aan bovengenoemd kapitaalvereiste,

in de weg aan een wettelijke regeling op grond waarvan de lidstaat waar de dochteronderneming is gevestigd, belasting heft over het betrokken dividend, wanneer deze lidstaat ingezeten ondernemingen die voldoen aan het kapitaalvereiste van richtlijn 90/435, dat wil zeggen in het belastingjaar 2011 ten minste 10 % bezaten van het aandelenkapitaal van de onderneming die het dividend heeft uitgekeerd, vrijstelt van de heffing van belasting over dergelijke dividenden?"

2. Zaak C-117/16, Y Denmark

49. Zoals blijkt uit de verwijzingsbeslissing, is Y Inc., die in de Verenigde Staten is gevestigd (hierna: „Y USA") en de hoofdmoedermaatschappij is van het Y-concern, een beursgenoteerde onderneming. Zij heeft een aantal buitenlandse dochterondernemingen in handen via Y Global Ltd., die is gevestigd op Bermuda (hierna: „Y Bermuda"), waarvan de enige activiteit – los van haar holdingactiviteiten – erin bestaat dat zij intellectuele-eigendomsrechten bezit op de producten van het concern. Het dagelijks bestuur van deze onderneming wordt verzorgd door een onafhankelijke managementvenootschap.

50. Y Denmark, die in 2000 door Y USA is opgericht en doorlopend een twintigtal werknemers heeft, verricht verkoops- en ondersteunende diensten. Zij rapporteert aan Y B.V., die in Nederland is gevestigd (hierna: „Y Nederland"), die operationeel verantwoordelijk is voor de verkoop van het concern buiten de Verenigde Staten, Canada en Mexico. Y Denmark is tevens de moedermaatschappij van de Europese tak van het Y-concern.

51. Ten gevolge van de vaststelling van de American Jobs Creation Act van 2004 (wet van 2004 betreffende de creatie van banen in de Verenigde Staten) kregen in dat land gevestigde ondernemingen tijdelijk de mogelijkheid om onder fiscaal zeer gunstige voorwaarden dividenden uit buitenlandse dochterondernemingen te halen in ruil voor de verplichting om deze dividenden in de VS te gebruiken voor specifieke doeleinden, waaronder onderzoek en ontwikkeling. Y USA besloot dan ook om in het boekhoudkundige jaar dat liep van 1 mei 2005 tot 30 april 2006 zo veel mogelijk dividenden uit Y Bermuda te halen. De totale bijdrage – die onder meer werd gevormd door de dividenduitkeringen van de dochterondernemingen van Y Bermuda – werd vastgesteld op 550 miljoen Amerikaanse dollar (USD) (ongeveer 450,82 miljoen EUR).

52. Vóór de dividenden werden uitgekeerd, werd een herstructurering doorgevoerd van de Europese tak van het concern. In het kader daarvan heeft Y Bermuda op 9 mei 2005 in Cyprus Y Cyprus opgericht met een startkapitaal van 20 000 USD (ongeveer 16 400 EUR), waarvan 2 000 USD (ongeveer 1 640 EUR) werd volstort. Bij een overeenkomst van 16 september 2005 verkocht Y Bermuda de aandelen in Y Denmark voor 90 miljoen EUR aan Y Cyprus. De koopsom werd geregeld door de uitgifte van een schuldbekentenis.

53. Zoals blijkt uit de verwijzingsbeslissing, is Y Cyprus een houdstermaatschappij (holding) die ook bepaalde kastransacties verricht. Zo verstrekt zij onder meer leningen aan dochterondernemingen. Uit de verslagen van de raad van bestuur die zijn opgenomen in de jaarrekening van deze vennootschap voor de boekhoudkundige jaren 2005-2006 en 2006/07, blijkt dat haar voornaamste activiteit bestaat in het beheer van de deelnemingen. Voorts heeft de vennootschap bestuurdersvergoedingen betaald ten bedrage van respectievelijk 571 USD (ongeveer 468 EUR) en 915 USD (ongeveer 750 EUR). Blijkens de jaarrekeningen heeft de vennootschap geen belastingen betaald, aangezien zij geen positieve belastbare inkomsten had.

54. De verwijzende rechter merkt op dat Y Nederland op 26 september 2005 heeft besloten om voor het boekhoudkundige jaar 2004-2005 een dividend van 76 miljoen EUR uit te keren aan Y Denmark. Dit dividend werd op 25 oktober 2005 aan Y Denmark uitgekeerd. Op 28 september 2005 keurde de algemene vergadering van aandeelhouders van Y Denmark voor hetzelfde boekhoudkundige jaar een dividenduitkering aan Y Cyprus ten bedrage van eveneens 76 miljoen EUR goed. Dit bedrag werd op 27 oktober 2005 aan Y Cyprus uitbetaald. Y Cyprus sluisde het ontvangen bedrag op 28 oktober 2005 door naar Y Bermuda met het oog op de gedeeltelijke aflossing van de lening die haar was verleend bij de aankoop van Y Denmark.

55. Op 21 oktober 2005 richtte Y Cyprus een Nederlandse vennootschap op, Y Holding BV. Bij overeenkomst van 25 oktober 2005 verkocht Y Denmark haar aandelen in Y Nederland aan Y Holding voor een bedrag van 14 miljoen EUR.

56. Op 3 april 2006 keerde Y Bermuda een dividend van 550 miljoen USD (ongeveer 450,82 miljoen EUR) uit aan Y USA. Deze uitkering werd deels met eigen middelen, deels met een banklening gefinancierd.

57. Op 13 oktober 2006 keurde de algemene vergadering van aandeelhouders van Y Denmark voor het boekhoudkundige jaar 2005-2006 een dividenduitkering van 92 012 000 DKK (ongeveer 12,3 miljoen EUR) aan Y Cyprus goed. Y Denmark heeft verklaard dat dit bedrag (als te ontvangen dividend) deel uitmaakte van het totale dividend van 550 miljoen USD (ongeveer 450,82 miljoen EUR) dat Y Bermuda op 3 april 2006 had uitgekeerd aan Y USA, wat het ministerie van Financiën heeft betwist omdat het niet door enig stuk wordt gestaafd. In 2010 heeft Y Denmark een bedrag van 92 012 000 DKK (ongeveer 12,3 miljoen EUR) uitgekeerd aan Y Cyprus.

58. Volgens de verwijzende rechter is de voornaamste vraag in deze zaak of Y Cyprus in Denemarken beperkt belastingplichtig is ter zake van de betrokken dividenden. Volgens Deens recht is een buitenlandse moedermaatschappij in de regel in Denemarken niet beperkt belastingplichtig ter zake van dividenden. Voorwaarde is echter dat van belastingheffing wordt afgezien of dat het bedrag van de belasting wordt verminderd krachtens richtlijn 90/435 of krachtens een dubbelbelastingverdrag. Volgens de meeste door het Koninkrijk Denemarken gesloten belastingverdragen kan er slechts van heffing worden afgezien of kan het belastingbedrag slechts worden verminderd indien de entiteit die de dividenden heeft ontvangen de „uiteindelijk gerechtigde" *(retmæssig ejer)* tot de betrokken dividenden is. Richtlijn 90/435 bevat geen dergelijke voorwaarde.

59. De SKAT is van mening dat Y Cyprus in Denemarken beperkt belastingplichtig is ter zake van de betrokken dividenden, aangezien deze vennootschap niet kan worden beschouwd als de „uiteindelijk gerechtigde" tot

deze dividenden in de zin van het tussen het Koninkrijk Denemarken en de Republiek Cyprus gesloten belastingverdrag, en evenmin valt onder de bepalingen van richtlijn 90/435 inzake de vrijstelling van bronbelasting.

60. Bij besluit van 17 september 2010 heeft de SKAT vastgesteld dat Y Denmark bronbelasting had moeten inhouden op de twee dividenden die zij respectievelijk in 2005 en 2006 had uitgekeerd aan haar moedermaatschappij, Y Cyprus, en dat Y Denmark aansprakelijk was voor de betaling van deze bronbelasting.

61. Tegen dit besluit is beroep ingesteld bij de Landsskatteret. Op 16 december 2011 stelde deze in navolging van de SKAT vast dat Y Cyprus geen „uiteindelijk gerechtigde" tot de dividenden was in de zin van het tussen het Koninkrijk Denemarken en de Republiek Cyprus gesloten belastingverdrag. Zij aanvaardde echter het argument van Y Denmark dat er geen grond was voor het inhouden van bronbelasting, aangezien Y Cyprus viel onder de vrijstelling van richtlijn 90/435.

62. Het ministerie van Financiën is bij de verwijzende rechter opgekomen tegen de beslissing van de Landsskatteret.

63. In de verwijzingsbeslissing merkt de verwijzende rechter op dat de partijen het erover eens zijn dat de opgezette constructies niet op grond van het „realiteitsbeginsel" terzijde kunnen worden geschoven en dat de vennootschap die de dividenden heeft ontvangen, in casu Y Cyprus, de werkelijke ontvanger van de inkomsten is in de zin van het Deense recht.

64. In deze omstandigheden heeft de Østre Landsret de behandeling van de zaak geschorst en het Hof verzocht om een prejudiciële beslissing over de volgende vragen:

„1. a. Is de mogelijkheid voor een lidstaat om zich te beroepen op artikel 1, lid 2, van [richtlijn 90/435], dat betrekking heeft op de toepassing van nationale voorschriften ter bestrijding van fraude en misbruiken, onderworpen aan de voorwaarde dat de betrokken lidstaat een specifiek nationaal voorschrift ter uitvoering van artikel 1, lid 2, van de richtlijn heeft vastgesteld dan wel dat het nationale recht algemene voorschriften of beginselen inzake fraude en misbruik bevat die in overeenstemming met artikel 1, lid 2, kunnen worden uitgelegd?

b. Voor zover de eerste vraag[, onder a),] bevestigend wordt beantwoord, kan § 2, lid 1, onder c), van de selskabsskattelov, volgens welke ‚als voorwaarde geldt dat van de heffing van belasting over de dividenden wordt afgezien [...] op grond van de bepalingen van [richtlijn 90/435]', dan worden aangemerkt als een specifiek nationaal voorschrift in de zin van artikel 1, lid 2, van de richtlijn?

2. a. Is een bepaling van een tussen twee lidstaten gesloten en overeenkomstig het [OESO-modelbelastingverdrag] opgesteld dubbelbelastingverdrag, volgens welke de heffing van belasting over dividenden afhangt van de vraag of de ontvanger van dividend wordt aangemerkt als de uiteindelijk gerechtigde tot dit dividend, een verdragsrechtelijk voorschrift ter bestrijding van misbruik dat onder artikel 1, lid 2, van de richtlijn valt?

b. Zo ja, dient de uitdrukking ‚verdragsrechtelijke voorschriften' in artikel 1, lid 2, van de richtlijn dan aldus te worden uitgelegd dat als voorwaarde geldt dat de lidstaat zich overeenkomstig zijn nationale recht tegen de belastingplichtige op het dubbelbelastingverdrag kan beroepen?

3. Indien het Hof de tweede vraag[, onder a),] bevestigend beantwoordt, staat het dan aan de nationale rechterlijke instanties om de inhoud van het begrip ‚uiteindelijk gerechtigde' vast te leggen, of dient aan de uitlegging van dit begrip voor de toepassing van richtlijn 90/435 een specifieke Unierechtelijke opvatting ervan ten grondslag te worden gelegd die is onderworpen aan toetsing door het Hof?

4. a. Indien het Hof de tweede vraag bevestigend beantwoordt en de derde vraag aldus dat het niet aan de nationale rechterlijke instanties staat om de inhoud van het begrip ‚uiteindelijk gerechtigde' vast te leggen, dient dit begrip dan aldus te worden uitgelegd dat een in een lidstaat gevestigde onderneming die in omstandigheden als die van het onderhavige geding dividenden ontvangt van een in een andere lidstaat gevestigde dochteronderneming, de ‚uiteindelijk gerechtigde' tot deze dividenden is in de betekenis die hieraan volgens het Unierecht dient te worden gegeven?

b. Dient het begrip ‚uiteindelijk gerechtigde' in dezelfde zin te worden opgevat als het overeenkomstige begrip in artikel 1, lid 1, juncto artikel 1, lid 4, van [richtlijn 2003/49]?

c. Dienen bij de uitlegging van dat begrip enkel de commentaren bij artikel 10 van het [OESO-modelbelastingverdrag van 1977] (punt 12) in aanmerking te worden genomen, of kunnen daarbij ook latere commentaren in aanmerking worden genomen, waaronder de aanvullingen uit 2003 over ‚doorstroomvennootschappen' en de aanvullingen uit 2014 over ‚contractuele en wettelijke verplichtingen'?

d. In hoeverre is het voor de beoordeling van de vraag of de ontvanger van het dividend als de ‚uiteindelijk gerechtigde' dient te worden beschouwd, van belang of op hem een contractuele of wettelijke verplichting rustte om het dividend door te betalen aan een andere persoon?

e. In hoeverre is het voor de beoordeling of de ontvanger van het dividend dient te worden aangemerkt als de ‚uiteindelijk gerechtigde', van belang dat de verwijzende rechter na de beoordeling van de feiten van het geding tot de bevinding komt dat deze ontvanger weliswaar geen contractuele of wettelijke verplichting had om het ontvangen dividend door te betalen aan een andere persoon, maar ‚in wezen' niet het recht had op het ‚gebruik en genot' van het dividend, zoals bedoeld in de commentaren uit 2014 bij het [OESO-modelbelastingverdrag van 1977]?

5. Voor zover in de onderhavige zaak wordt aangenomen

– dat er sprake is van ‚nationale of verdragsrechtelijke voorschriften ter bestrijding van fraude en misbruiken' in de zin van artikel 1, lid 2, van de richtlijn,

– dat een in een lidstaat gevestigde vennootschap (A) een dividend heeft uitgekeerd aan een in een andere lidstaat gevestigde moedermaatschappij (B), die dit dividend heeft doorbetaald aan haar buiten de Europese Unie of de [EER] gevestigde moedermaatschappij (C), die op haar beurt de middelen heeft doorbetaald aan haar eveneens buiten de Unie of de EER gevestigde moedermaatschappij (D),

– dat er geen dubbelbelastingverdrag is gesloten tussen eerstgenoemde staat en de staat waar C is gevestigd,

– en dat er wel een dubbelbelastingverdrag is gesloten tussen eerstgenoemde staat en de staat waar D is gevestigd,

– zodat eerstgenoemde staat op grond van zijn wettelijke regeling geen aanspraak had kunnen maken op bronbelasting over dividenden die door A aan D zijn uitgekeerd, indien D de rechtstreekse eigenaar van A was geweest,

is er dan sprake van misbruik in de zin van de richtlijn, met als gevolg dat B niet door de richtlijn wordt beschermd?

6. Indien een in een lidstaat gevestigde onderneming (de moedermaatschappij) in concreto niet wordt geacht overeenkomstig artikel 1, lid 2, van richtlijn 90/435 te zijn vrijgesteld van bronbelasting over een dividend dat zij van een in een andere lidstaat gevestigde onderneming (de dochteronderneming) heeft ontvangen, staat artikel 43 EG juncto artikel 48 EG (en/of artikel 56 EG) dan in de weg aan een wettelijke regeling op grond waarvan laatstgenoemde lidstaat belasting heft over het dividend dat de in de andere lidstaat gevestigde moedermaatschappij heeft ontvangen, wanneer de betrokken lidstaat ingezeten moedermaatschappijen in voor het overige vergelijkbare omstandigheden vrijstelt van de heffing van belasting over dergelijke dividenden?

7. Indien een in een lidstaat gevestigde onderneming (de moedermaatschappij) in concreto niet wordt geacht overeenkomstig artikel 1, lid 2, van richtlijn 90/435 te zijn vrijgesteld van bronbelasting over een dividend dat zij van een in een andere lidstaat gevestigde onderneming (de dochteronderneming) heeft ontvangen, en de moedermaatschappij door laatstgenoemde lidstaat wordt geacht aldaar ter zake van het desbetreffende dividend beperkt belastingplichtig te zijn, staat artikel 43 EG juncto artikel 48 EG (en/of artikel 56 EG) dan in de weg aan een wettelijke regeling op grond waarvan laatstgenoemde lidstaat de inhoudingsplichtige (de dochteronderneming) bij niet-tijdige betaling van verschuldigde bronbelasting verplicht tot betaling van moratoire interest tegen een rentevoet die hoger is dan de rentevoet die de betrokken lidstaat hanteert wanneer hij aan een in dezelfde lidstaat gevestigde onderneming moratoire interest in rekening brengt over verschuldigde vennootschapsbelasting?

8. Indien het Hof de tweede vraag[, onder a),] bevestigend beantwoordt en de derde vraag aldus dat het niet aan de nationale rechterlijke instanties staat om de inhoud van het begrip ‚uiteindelijk gerechtigde' vast te leggen, en indien een in een lidstaat gevestigde onderneming (de moedermaatschappij) in concreto niet op die basis wordt geacht overeenkomstig richtlijn 90/435 te zijn vrijgesteld van bronbelasting over een dividend dat zij van een in een andere lidstaat gevestigde onderneming (de dochteronderneming) heeft ontvangen, is laatstgenoemde lidstaat dan krachtens richtlijn 90/435 of artikel 10 EG verplicht om mee te delen wie hij in dat geval als de uiteindelijk gerechtigde beschouwt?

9. Indien een in een lidstaat gevestigde onderneming (de moedermaatschappij) in concreto niet wordt geacht overeenkomstig richtlijn 90/435 te zijn vrijgesteld van bronbelasting over een dividend dat zij van een in een andere lidstaat gevestigde onderneming (de dochteronderneming) heeft ontvangen, staat artikel 43 EG juncto artikel 48 EG (dan wel artikel 56 EG) dan op zichzelf of gezamenlijk beschouwd in de weg aan een wettelijke regeling

– op grond waarvan laatstgenoemde lidstaat de dochteronderneming verplicht tot inhouding van bronbelasting op de dividenden en haar jegens de overheid aansprakelijk stelt voor de niet-ingehouden bronbelasting, wanneer een dergelijke inhoudingsplicht niet geldt als de moedermaatschappij in laatstgenoemde lidstaat gevestigd is;

– op grond waarvan laatstgenoemde lidstaat moratoire interest over de verschuldigde bronbelasting in rekening brengt?

Het Hof wordt verzocht bij de beantwoording van de negende vraag rekening te houden met het antwoord op de zesde en de zevende vraag.

10. Staat artikel 56 EG, in omstandigheden waarin

– een in een lidstaat gevestigde onderneming (de moedermaatschappij) voldoet aan de door richtlijn 90/435 gestelde voorwaarde dat zij (in 2005 en 2006) ten minste 20 % van het aandelenkapitaal van een in een andere lidstaat gevestigde onderneming (de dochteronderneming) bezat,

– de moedermaatschappij in concreto niet wordt geacht overeenkomstig artikel 1, lid 2, van richtlijn 90/435 te zijn vrijgesteld van bronbelasting over een dividend dat zij van deze dochteronderneming heeft ontvangen,

– de (directe of indirecte) aandeelhouder(s) van de moedermaatschappij, die in een derde land is (zijn) gevestigd, wordt (worden) beschouwd als de ‚uiteindelijk gerechtigde(n)' tot het betrokken dividend,

– en deze (directe of indirecte) aandeelhouder(s) eveneens voldoet (voldoen) aan bovengenoemd kapitaalvereiste,

in de weg aan een wettelijke regeling op grond waarvan de lidstaat waar de dochteronderneming is gevestigd, belasting heft over het betrokken dividend, wanneer deze lidstaat ingezeten ondernemingen die voldoen aan het kapitaalvereiste van richtlijn 90/435, dat wil zeggen in de belastingjaren 2005 en 2006 ten minste 20 % bezaten van het aandelenkapitaal van de onderneming die het dividend heeft uitgekeerd (15 % in 2007 en 2008 en 10 % nadien), vrijstelt van de heffing van belasting over dergelijke dividenden?"

Procedure bij het Hof

65. Aangezien de twee hoofdgedingen, die beide betrekking hebben op de uitlegging van richtlijn 90/435 en de in de Verdragen neergelegde fundamentele vrijheden, verknocht zijn, moeten zij worden gevoegd voor het arrest.

66. Bij brief van 2 maart 2017 heeft de Deense regering overeenkomstig artikel 16, derde alinea, van het Statuut van het Hof van Justitie van de Europese Unie verzocht dat deze zaken door de Grote kamer van het Hof worden behandeld. Gelet op de gelijkenissen tussen deze zaken en de zaken C-115/16, C-118/16, C-119/16 en C-299/16, die aan de orde zijn in het arrest van heden N Luxembourg 1 e.a. (C-115/16, C-118/16, C-119/16 en C-299/16), heeft de Deense regering het Hof eveneens gesuggereerd om krachtens artikel 77 van zijn Reglement voor de procesvoering in al die zaken een gemeenschappelijke pleitzitting te houden. Het Hof heeft de verzoeken van de Deense regering ingewilligd.

Beantwoording van de prejudiciële vragen

67. De door de nationale rechter gestelde vragen hebben betrekking op drie onderwerpen. Het eerste onderwerp betreft het bestaan van een rechtsgrondslag op basis waarvan een lidstaat de in artikel 5 van richtlijn 90/435 bedoelde vrijstelling mag weigeren aan een vennootschap die dividenden heeft uitgekeerd aan een in een andere lidstaat gevestigde vennootschap waarvan zij de dochteronderneming is, op grond dat sprake is van rechtsmisbruik. Voor zover een dergelijke rechtsgrondslag bestaat, betreft het tweede onderwerp dat in de vragen aan bod komt de bestanddelen van een eventueel rechtsmisbruik en de desbetreffende bewijsregels. Ten slotte betreft het derde onderwerp dat in de vragen aan bod komt en dat eveneens aan de orde wordt gesteld voor het geval dat een lidstaat de betrokken vennootschap de voordelen van richtlijn 90/435 kan weigeren, de uitlegging van de bepalingen van het VWEU inzake de vrijheid van vestiging en het vrije verkeer van kapitaal. Aan de hand daarvan wil de verwijzende rechter nagaan of de Deense wetgeving in strijd is met deze vrijheden.

Eerste tot en met derde vraag en vierde vraag, onder a) tot en met c), in de hoofdgedingen

68. Met de eerste tot en met de derde vraag en de vierde vraag, onder a) tot en met c), in de hoofdgedingen wenst de verwijzende rechter in wezen in de eerste plaats te vernemen of de bij artikel 1, lid 2, van richtlijn toegestane bestrijding van fraude of misbruiken vereist dat er een nationale of verdragsrechtelijke antimisbruikbepaling bestaat in de zin van dat artikel. In de tweede plaats wenst hij te vernemen of een overeenkomstig het OESO-modelbelastingverdrag opgesteld verdrag dat het begrip „uiteindelijk gerechtigde" bevat een verdragsrechtelijk voorschrift ter bestrijding van misbruik kan vormen in de zin van artikel 1, lid 2, van richtlijn 90/435. In de derde plaats wenst hij te vernemen of dit begrip „uiteindelijk gerechtigde" een Unierechtelijk begrip is en op dezelfde wijze moet worden begrepen als het begrip „uiteindelijk gerechtigde" in artikel 1, lid 1, van richtlijn 2003/49 en of bij de uitlegging van deze bepaling rekening kan worden gehouden met

artikel 10 van het OESO-modelbelastingverdrag van 1977. Hij wenst met name te vernemen of een bepaling die het begrip „uiteindelijk gerechtigde" bevat kan worden beschouwd als een rechtsgrondslag op basis waarvan rechtsmisbruik kan worden bestreden.

69. Om te beginnen dient de eerste vraag die in de hoofdgedingen aan de orde is te worden onderzocht. Met deze vraag wenst de verwijzende rechter te vernemen of een lidstaat, teneinde rechtsmisbruik bij de toepassing van richtlijn 90/435 tegen te gaan, een specifieke nationale bepaling ter omzetting van deze richtlijn moet hebben vastgesteld, dan wel zich kan beroepen op nationale of verdragsrechtelijke beginselen of voorschriften ter bestrijding van misbruik.

70. In dit verband is het vaste rechtspraak dat er in het Unierecht een algemeen rechtsbeginsel bestaat volgens hetwelk justitiabelen zich niet door middel van fraude of misbruik kunnen beroepen op het Unierecht (arresten van 9 maart 1999, Centros, C-212/97, EU:C:1999:126, punt 24 en aldaar aangehaalde rechtspraak; 21 februari 2006, Halifax e.a., C-255/02, EU:C:2006:121, punt 68; 12 september 2006, Cadbury Schweppes en Cadbury Schweppes Overseas, C-196/04, EU:C:2006:544, punt 35; 22 november 2017, Cussens e.a., C-251/16, EU:C:2017:881, punt 27, en 11 juli 2018, Commissie/België, C-356/15, EU:C:2018:555, punt 99).

71. De justitiabelen dienen dit algemene rechtsbeginsel na te leven. De Unieregelgeving mag immers niet zo ruim worden toegepast dat zij transacties zou dekken die zijn verricht met het doel om door fraude of misbruik te profiteren van de door het Unierecht toegekende voordelen (zie in die zin arresten van 5 juli 2007, Kofoed, C-321/05, EU:C:2007:408, punt 38; 22 november 2017, Cussens e.a., C-251/16, EU:C:2017:881, punt 27, en 11 juli 2018, Commissie/België, C-356/15, EU:C:2018:555, punt 99).

72. Uit dit beginsel volgt dan ook dat een lidstaat de toepassing van de Unierechtelijke bepalingen moet weigeren indien zij niet worden ingeroepen ter verwezenlijking van de doelstellingen van deze bepalingen, maar om een Unierechtelijk voordeel te verkrijgen terwijl slechts formeel voldaan is aan de voorwaarden om op dit voordeel aanspraak te maken.

73. Dit is bijvoorbeeld het geval wanneer de douaneformaliteiten niet worden vervuld in het kader van normale handelstransacties, maar uitsluitend om formele redenen en met het doel om op onrechtmatige wijze compenserende bedragen (zie in die zin arresten van 27 oktober 1981, Schumacher e.a., 250/80, EU:C:1981:246, punt 16, en 3 maart 1993, General Milk Products, C-8/92, EU:C:1993:82, punt 21) of uitvoerrestituties (zie in die zin arrest van 14 december 2000, Emsland-Stärke, C-110/99, EU:C:2000:695, punt 59) te verkrijgen.

74. Verder wordt het beginsel van verbod van rechtsmisbruik toegepast op verschillende domeinen, zoals het vrije verkeer van goederen (arrest van 10 januari 1985, Association des Centres distributeurs Leclerc en Thouars Distribution, 229/83, EU:C:1985:1, punt 27), het vrij verrichten van diensten (arrest van 3 februari 1993, Veronica Omroep Organisatie, C-148/91, EU:C:1993:45, punt 13), overheidsopdrachten voor diensten (arrest van 11 december 2014, Azienda sanitaria locale n. 5 „Spezzino" e.a., C-113/13, EU:C:2014:2440, punt 62), de vrijheid van vestiging (arrest van 9 maart 1999, Centros, C-212/97, EU:C:1999:126, punt 24), het vennootschapsrecht (arrest van 23 maart 2000, Diamantis, C-373/97, EU:C:2000:150, punt 33), de sociale zekerheid (arresten van 2 mei 1996, Paletta, C-206/94, EU:C:1996:182, punt 24; 6 februari 2018, Altun e.a., C-359/16, EU:C:2018:63, punt 48, en 11 juli 2018, Commissie/België, C-356/15, EU:C:2018:555, punt 99), het vervoer (arrest van 6 april 2006, Agip Petroli, C-456/04, EU:C:2006:241, punten 19-25), het sociale beleid (arrest van 28 juli 2016, Kratzer, C-423/15, EU:C:2016:604, punten 37-41), beperkende maatregelen (arrest van 21 december 2011, Afrasiabi e.a., C-72/11, EU:C:2011:874, punt 62) en de belasting over de toegevoegde waarde (btw) (arrest van 21 februari 2006, Halifax e.a., C-255/02, EU:C:2006:121, punt 74).

75. Met betrekking tot de btw heeft het Hof herhaaldelijk geoordeeld dat de bestrijding van eventuele fraude en belastingontwijking en eventueel misbruik weliswaar een doel is dat door de Zesde richtlijn (77/388/EEG) van de Raad van 17 mei 1977 betreffende de harmonisatie van de wetgevingen der lidstaten inzake omzetbelasting – Gemeenschappelijk stelsel van belasting over de toegevoegde waarde: uniforme grondslag (PB 1977, L 145, blz. 1) wordt erkend en gestimuleerd, maar dat dit niet wegneemt dat het beginsel van verbod van misbruik een algemeen Unierechtelijk beginsel is waarvan de toepassing losstaat van de vraag of de rechten en voordelen waarvan misbruik is gemaakt hun grondslag vinden in de Verdragen, een verordening of een richtlijn (zie in die zin arrest van 22 november 2017, Cussens e.a., C 251/16, EU:C:2017:881, punten 30 en 31).

76. Hieruit volgt dat het algemene beginsel van verbod van misbruik moet worden tegengeworpen aan een persoon die zich beroept op bepaalde Unierechtelijke regels die in een voordeel voorzien, op een wijze die niet in overeenstemming is met de doelstellingen van deze regels. Het Hof heeft dan ook geoordeeld dat dit beginsel kan worden tegengeworpen aan een belastingplichtige om hem met name het recht op btw-vrijstelling te

ontzeggen, ook indien de nationale wet niet voorziet in bepalingen van die strekking (zie in die zin arresten van 18 december 2014, Schoenimport „Italmoda" Mariano Previti e.a., C-131/13, C-163/13 en C-164/13, EU:C:2014:2455, punt 62, en 22 november 2017, Cussens e.a., C-251/16, EU:C:2017:881, punt 33).

77. Artikel 1, lid 2, van richtlijn 90/435 bepaalt weliswaar dat deze richtlijn geen beletsel vormt voor de toepassing van nationale of verdragsrechtelijke voorschriften ter bestrijding van fraude en misbruiken, maar deze bepaling kan niet aldus worden uitgelegd dat zij de toepassing van het in de punten 70 tot en met 72 van het onderhavige arrest in herinnering gebrachte algemene Unierechtelijke beginsel van verbod van misbruik uitsluit. De transacties die volgens de SKAT rechtsmisbruik opleveren, vallen immers binnen de werkingssfeer van het Unierecht (zie in die zin arrest van 22 december 2010, Weald Leasing, C-103/09, EU:C:2010:804, punt 42) en zij kunnen onverenigbaar zijn met het doel van die richtlijn.

78. Dienaangaande zij opgemerkt dat richtlijn 90/435, zoals blijkt uit de eerste en de derde overweging ervan, tot doel heeft hergroeperingen van vennootschappen op het niveau van de Unie te vergemakkelijken door concurrentieneutrale belastingvoorschriften tot stand te brengen om de ondernemingen in staat te stellen zich aan te passen aan de eisen van de gemeenschappelijke markt, hun productiviteit te vergroten en hun concurrentiepositie op de internationale markt te versterken.

79. Het zou niet stroken met deze doelstellingen om financiële constructies toe te staan die enkel tot doel hebben te profiteren van de fiscale voordelen die voortvloeien uit de toepassing van richtlijn 90/435. Dit zou integendeel afbreuk doen aan de economische samenhang en de goede werking van de interne markt doordat de concurrentievoorwaarden zouden worden vervalst. Zoals de advocaat-generaal in punt 51 van haar conclusie in zaak C-116/16 in wezen heeft opgemerkt, geldt dit ook wanneer de constructies in kwestie niet uitsluitend dat doel nastreven, daar het Hof heeft geoordeeld dat het beginsel van verbod van misbruik in fiscale zaken van toepassing is wanneer de betrokken constructies in wezen gericht zijn op het verkrijgen van een belastingvoordeel (zie in die zin arresten van 21 februari 2008, Part Service, C-425/06, EU:C:2008:108, punt 45, en 22 november 2017, Cussens e.a., C-251/16, EU:C:2017:881, punt 53).

80. Het recht van de belastingplichtigen om te profiteren van de concurrentie tussen de lidstaten doordat de inkomstenbelasting niet is geharmoniseerd staat overigens niet in de weg aan de toepassing van het algemene beginsel van verbod van misbruik. In dit verband moet eraan worden herinnerd dat richtlijn 90/435 een harmonisatie beoogt op het gebied van directe belastingen door de invoering van concurrentieneutrale belastingvoorschriften, en de lidstaten niet de mogelijkheid wil ontnemen passende maatregelen ter bestrijding van fraude en misbruik te nemen.

81. Dat een belastingplichtige de voor hem meest voordelige belastingregeling nastreeft, volstaat als zodanig weliswaar niet om uit te gaan van een algemeen vermoeden van fraude of misbruik (zie in die zin arresten van 12 september 2006, Cadbury Schweppes en Cadbury Schweppes Overseas, C-196/04, EU:C:2006:544, punt 50; 29 november 2011, National Grid Indus, C-371/10, EU:C:2011:785, punt 84, en 24 november 2016, SECIL, C-464/14, EU:C:2016:896, punt 60), maar dit neemt niet weg dat deze belastingplichtige niet in aanmerking komt voor een uit het Unierecht voortvloeiend recht of voordeel indien de constructie in kwestie economisch gezien volstrekt kunstmatig is en ertoe strekt de wetgeving van de betrokken lidstaat te ontwijken (zie in die zin arresten van 12 september 2006, Cadbury Schweppes en Cadbury Schweppes Overseas, C-196/04, EU:C:2006:544, punt 51; 7 november 2013, K, C-322/11, EU:C:2013:716, punt 61, en 25 oktober 2017, Polbud – Wykonawstwo, C-106/16, EU:C:2017:804, punten 61-63).

82. Hieruit volgt dat de nationale autoriteiten en rechterlijke instanties het genot van de rechten van richtlijn 90/435 moeten weigeren wanneer op deze rechten aanspraak wordt gemaakt door middel van fraude of misbruik.

83. Gelet op het algemene Unierechtelijke beginsel van verbod van misbruik en de noodzaak ervoor te zorgen dat dit beginsel wordt nageleefd bij de tenuitvoerlegging van het Unierecht, blijft de verplichting voor de nationale autoriteiten om het genot van de rechten van richtlijn 90/435 te weigeren indien op deze rechten aanspraak wordt gemaakt door middel van fraude of misbruik dus overeind, ook al zijn er geen nationale of verdragsrechtelijke antimisbruikbepalingen.

84. Onder verwijzing naar het arrest van 5 juli 2007, Kofoed (C-321/05, EU:C:2007:408), dat een vrijstelling betreft uit hoofde van richtlijn 90/434/EEG van de Raad van 23 juli 1990 betreffende de gemeenschappelijke fiscale regeling voor fusies, splitsingen, inbreng van activa en aandelenruil met betrekking tot vennootschappen uit verschillende lidstaten (PB 1990, L 225, blz. 1), betogen verweersters in het hoofdgeding dat de betrokken lidstaat ingevolge artikel 1, lid 2, van richtlijn 90/435 slechts mag weigeren de voordelen van deze richtlijn

toe te kennen wanneer in de nationale wetgeving een afzonderlijke en specifieke rechtsgrondslag daarvoor bestaat.

85. Deze redenering kan echter niet worden aanvaard.

86. Het is juist dat het Hof in punt 42 van het arrest van 5 juli 2007, Kofoed (C-321/05, EU:C:2007:408), in herinnering heeft gebracht dat het rechtszekerheidsbeginsel zich ertegen verzet dat richtlijnen uit zichzelf verplichtingen aan particulieren kunnen opleggen en derhalve als zodanig door de lidstaat kunnen worden ingeroepen tegen particulieren.

87. Het heeft ook in herinnering gebracht dat deze vaststelling niet afdoet aan het vereiste dat alle met overheidsgezag beklede instanties van een lidstaat bij de toepassing van het nationale recht dit zoveel mogelijk uitleggen in het licht van de bewoordingen en het doel van de richtlijnen, teneinde het ermee beoogde resultaat te bereiken, zodat deze instanties aldus een richtlijnconforme uitlegging van het nationale recht kunnen tegenwerpen aan particulieren (zie in die zin arrest van 5 juli 2007, Kofoed, C-321/05, EU:C:2007:408, punt 45 en aldaar aangehaalde rechtspraak).

88. Op basis van deze overwegingen heeft het Hof de verwijzende rechter verzocht te onderzoeken of het Deense recht een bepaling of algemeen beginsel kende op grond waarvan rechtsmisbruik is verboden, dan wel andere bepalingen inzake belastingfraude of -ontwijking die zouden kunnen worden uitgelegd in overeenstemming met de bepaling van richtlijn 90/434 volgens welke een lidstaat in wezen kan weigeren het in deze richtlijn neergelegde recht op aftrek toe te passen indien sprake is van een transactie die voornamelijk een dergelijke fraude of ontwijking beoogt, en vervolgens in voorkomend geval na te gaan of in het hoofdgeding was voldaan aan de voorwaarden voor toepassing van die nationale bepalingen (zie in die zin arrest van 5 juli 2007, Kofoed, C-321/05, EU:C:2007:408, punten 46 en 47).

89. Zelfs indien in de hoofdgedingen zou komen vast te staan dat het nationale recht geen regels omvat die in overeenstemming met artikel 5 van richtlijn 90/435 kunnen worden uitgelegd, mag daar echter, ongeacht hetgeen het Hof heeft geoordeeld in het arrest van 5 juli 2007, Kofoed (C-321/05, EU:C:2007:408), niet uit worden afgeleid dat de nationale autoriteiten en rechterlijke instanties het voordeel dat voortvloeit uit het in artikel 5 van deze richtlijn neergelegde recht op vrijstelling niet kunnen weigeren in geval van fraude of rechtsmisbruik (zie naar analogie arrest van 18 december 2014, Schoenimport „Italmoda" Mariano Previti e.a., C-131/13, C-163/13 en C-164/13, EU:C:2014:2455, punt 54).

90. In dergelijke omstandigheden wordt de weigering aan een belastingplichtige immers niet bestreken door de in punt 86 van het onderhavige arrest genoemde situatie, aangezien deze weigering strookt met het algemene Unierechtelijke beginsel dat niemand zich door middel van fraude of misbruik kan beroepen op het Unierecht (zie naar analogie arrest van 18 december 2014, Schoenimport „Italmoda" Mariano Previti e.a., C-131/13, C-163/13 en C-164/13, EU:C:2014:2455, punten 55 en 56, en aldaar aangehaalde rechtspraak).

91. Aangezien dus in geval van fraude of misbruik geen aanspraak kan worden gemaakt op een recht dat wordt verleend door de rechtsorde van de Unie, zoals in punt 70 van het onderhavige arrest in herinnering is gebracht, betekent de weigering van een voordeel dat voortvloeit uit een richtlijn, zoals richtlijn 90/435, niet dat aan de betrokken particulier een verplichting wordt opgelegd uit hoofde van deze richtlijn, maar is dit louter de consequentie van de vaststelling dat enkel formeel is voldaan aan de objectieve voorwaarden die in deze richtlijn aan de verlening van het gewenste recht zijn verbonden (zie naar analogie arrest van 18 december 2014, Schoenimport „Italmoda" Mariano Previti e.a., C-131/13, C-163/13 en C-164/13, EU:C:2014:2455, punt 57 en aldaar aangehaalde rechtspraak).

92. In dergelijke omstandigheden moeten de lidstaten het uit richtlijn 90/435 voortvloeiende voordeel dus weigeren overeenkomstig het algemene beginsel van verbod van misbruik, volgens hetwelk het Unierecht geen misbruiken van ondernemers kan dekken (zie in die zin arrest van 11 juli 2018, Commissie/België, C-356/15, EU:C:2018:555, punt 99 en aldaar aangehaalde rechtspraak).

93. Gelet op de vaststelling in punt 72 van het onderhavige arrest is het niet nodig te antwoorden op de tweede vraag van de verwijzende rechter, waarmee hij in wezen wensen te vernemen of een bepaling van een bilateraal verdrag ter vermijding van dubbele belasting waarin het begrip „uiteindelijk gerechtigde" wordt gebruikt, een rechtsgrondslag kan bieden voor de bestrijding van fraude en misbruik in het kader van richtlijn 90/435.

94. In deze omstandigheden hoeft evenmin te worden geantwoord op de derde vraag en de vierde vraag, onder a) tot en met c), betreffende de uitlegging van dit begrip „uiteindelijk gerechtigde", aangezien deze vragen slechts zijn gesteld voor het geval dat de tweede vraag bevestigend zou worden beantwoord.

95. Gelet op een en ander moet op de eerste vraag worden geantwoord dat het algemene Unierechtelijke beginsel volgens hetwelk justitiabelen zich niet door middel van fraude of misbruik kunnen beroepen op het Unierecht, aldus dient te worden uitgelegd dat de nationale autoriteiten en rechterlijke instanties de in artikel 5 van bovengenoemde richtlijn bedoelde vrijstelling van bronbelasting over winsten die door een dochteronderneming aan haar moedermaatschappij worden uitgekeerd moeten weigeren aan een belastingplichtige in geval van fraude of misbruik, ook indien de nationale wet of de verdragen niet voorzien in bepalingen van die strekking.

De vierde vraag, onder d) en e), en de vijfde en de achtste vraag in de hoofdgedingen

96. Met de vierde vraag, onder d) en e), en de vijfde vraag die in de hoofdgedingen aan de orde zijn, wenst de verwijzende rechter in wezen te vernemen wat de bestanddelen van rechtsmisbruik zijn, en hoe het bestaan van deze bestanddelen kan worden aangetoond. In dit verband wenst hij met name te vernemen of een vennootschap kan worden geacht daadwerkelijk dividenden van haar dochteronderneming te hebben ontvangen wanneer zij contractueel of wettelijk verplicht is om deze dividenden door te betalen aan een derde of wanneer uit de feiten blijkt dat zij weliswaar niet een dergelijke verplichting heeft, maar „in wezen" niet het recht heeft op het „gebruik en genot van het dividend", zoals bedoeld in de commentaren uit 2014 bij het OESO-modelbelastingverdrag van 1977. Hij wenst tevens te vernemen of er sprake kan zijn van rechtsmisbruik wanneer de uiteindelijk gerechtigde tot de door de doorstroomvennootschappen overgehevelde dividenden een vennootschap is die is gevestigd in een derde staat waarmee de betrokken lidstaat een belastingverdrag heeft gesloten. Met de achtste vraag wenst de verwijzende rechter ten slotte in wezen te vernemen of een lidstaat die weigert een vennootschap van een andere lidstaat te erkennen als gerechtigde tot de dividenden, verplicht is de vennootschap te identificeren die zij in voorkomend geval als de uiteindelijk gerechtigde beschouwt.

Bestanddelen van rechtsmisbruik en desbetreffende bewijzen

97. Zoals blijkt uit de rechtspraak van het Hof, is voor het bewijs dat sprake is van misbruik enerzijds een geheel van objectieve omstandigheden vereist waaruit blijkt dat in weerwil van de formele naleving van de door de Unieregeling opgelegde voorwaarden het door deze regeling beoogde doel niet werd bereikt, en anderzijds een subjectief element, namelijk de bedoeling om een door de Unieregeling toegekend voordeel te verkrijgen door kunstmatig de voorwaarden te creëren waaronder het recht op dat voordeel ontstaat (arresten van 14 december 2000, Emsland-Stärke, C-110/99, EU:C:2000:695, punten 52 en 53, en 12 maart 2014, O. en B., C-456/12, EU:C:2014:135, punt 58).

98. Of de bestanddelen van misbruik aanwezig zijn en met name of ondernemers enkel formele of kunstmatige transacties hebben verricht waarvoor geen economische en commerciële rechtvaardiging bestaat, met als voornaamste doel een wederrechtelijk voordeel te verkrijgen, kan dan ook worden nagegaan aan de hand van een onderzoek van alle feiten (zie in die zin arresten van 20 juni 2013, Newey, C-653/11, EU:C:2013:409, punten 47-49; 13 maart 2014, SICES e.a., C-155/13, EU:C:2014:145, punt 33, en 14 april 2016, Cervati en Malvi, C-131/14, EU:C:2016:255, punt 47).

99. Het staat niet aan het Hof de feiten van het hoofdgeding te beoordelen. Het Hof kan echter in voorkomend geval in zijn prejudiciële beslissing aanwijzingen verstrekken teneinde de nationale rechter bij zijn beoordeling van de bij hem aanhangige zaken te leiden. In de hoofdgedingen zou op basis van een aantal van deze aanwijzingen weliswaar kunnen worden vastgesteld dat sprake is van rechtsmisbruik, maar het staat aan de verwijzende rechters om na te gaan of deze aanwijzingen objectief zijn en onderling overeenstemmen, en of verweersters in het hoofdgeding de gelegenheid hebben gehad het tegenbewijs te leveren.

100. Een concern dat niet is opgericht om redenen die de economische realiteit weerspiegelen, een zuiver formele structuur heeft en als voornaamste doel of een van zijn voornaamste doelen heeft een belastingvoordeel te verkrijgen dat de strekking of het doel van de toepasselijke belastingwetgeving ondermijnt, kan worden beschouwd als een kunstmatige constructie. Dit is met name het geval wanneer de betaling van belasting over de dividenden wordt vermeden doordat aan de concernstructuur een doorstroomvennootschap wordt toegevoegd tussen de vennootschap die de dividenden uitkeert en de uiteindelijk gerechtigde tot deze dividenden.

101. Dat de vennootschap die de dividenden heeft ontvangen deze dividenden zeer snel na de ontvangst ervan volledig of nagenoeg volledig doorsluist naar entiteiten die niet aan de toepassingsvoorwaarden van richtlijn 90/435 voldoen omdat zij niet in een lidstaat zijn gevestigd, niet een van de in deze richtlijn genoemde rechtsvormen hebben, niet onderworpen zijn aan een van de in artikel 2, onder c), van deze richtlijn opgesomde belastingen zonder daarvan te zijn vrijgesteld, dan wel omdat zij geen „moedermaatschappij" zijn en niet voldoen aan de voorwaarden van artikel 3 van deze richtlijn, vormt dan ook een aanwijzing dat

sprake is van een constructie die ertoe strekt ten onrechte de vrijstelling van artikel 5 van deze richtlijn te verkrijgen.

102. Entiteiten die hun fiscale woonplaats buiten de Unie hebben, zoals kennelijk het geval is voor de in zaak C-117/16 aan de orde zijnde vennootschappen en de in zaak C-116/16 aan de orde zijnde beleggingsfondsen, voldoen niet aan de toepassingsvoorwaarden van richtlijn 90/435. In deze zaken zou het Koninkrijk Denemarken bronbelasting hebben kunnen innen indien de Deense debiteur de dividenden rechtstreeks had uitgekeerd aan de entiteiten die volgens het ministerie van Financiën de uiteindelijk gerechtigden tot deze dividenden waren.

103. Het kunstmatige karakter van een constructie kan eveneens worden gestaafd door de omstandigheid dat het betrokken concern zo is georganiseerd dat de vennootschap die de door de debiteur uitgekeerde dividenden ontvangt deze dividenden op haar beurt moet doorbetalen aan een derde vennootschap die niet voldoet aan de toepassingsvoorwaarden van richtlijn 90/435, hetgeen tot gevolg heeft dat zij slechts een onbeduidende belastbare winst behaalt wanneer zij optreedt als een doorstroomvennootschap die geldstromen mogelijk maakt van de debiteur naar de entiteit die de uiteindelijk gerechtigde tot de uitgekeerde bedragen is.

104. Er is sprake van een onderneming die fungeert als doorstroomvennootschap indien deze onderneming zich uitsluitend bezighoudt met het ontvangen van de dividenden en de overdracht ervan aan de uiteindelijk gerechtigde of andere doorstroomvennootschappen. In dit verband moet het ontbreken van een daadwerkelijke economische activiteit, in het licht van de specifieke kenmerken van de economische activiteit in kwestie, worden afgeleid uit een onderzoek van alle relevante gegevens betreffende met name het beheer van de onderneming, haar boekhoudkundige balans, haar kostenstructuur en de werkelijk gemaakte kosten, haar werknemers, alsook haar kantoren en uitrusting.

105. De verschillende overeenkomsten die zijn gesloten tussen de bij de betreffende financiële verrichtingen betrokken vennootschappen en die geldstromen binnen de groep doen ontstaan, de wijze waarop de verrichtingen worden gefinancierd, de waardering van het eigen vermogen van de tussenvennootschappen, alsook het gebrek aan bevoegdheid van de doorstroomvennootschappen om vanuit economisch oogpunt vrij over de ontvangen dividenden te beschikken, kunnen eveneens aanwijzingen vormen voor een dergelijke constructie. Dergelijke aanwijzingen kunnen niet alleen bestaan in een contractuele of wettelijke verplichting voor de moedermaatschappij die de dividenden ontvangt om deze dividenden door te betalen aan een derde, maar eveneens in het feit dat deze onderneming, zoals de verwijzende rechter opmerkt, „in wezen" niet het recht heeft op het gebruik en genot van die dividenden, ook al rust op haar geen dergelijke contractuele of wettelijke verplichting.

106. Verder kunnen dergelijke aanwijzingen worden versterkt door het feit dat de complexe financiële transacties en de intragroepsleningen samenvallen met, of ongeveer in dezelfde periode vallen als, de inwerkingtreding van belangrijke nieuwe belastingwetgeving, zoals de in de hoofdgedingen aan de orde zijnde Deense wetgeving en de in punt 51 van dit arrest genoemde wettelijke regeling van de Verenigde Staten.

107. De verwijzende rechter wenst eveneens in wezen te vernemen of er sprake kan zijn van rechtsmisbruik wanneer de uiteindelijk gerechtigde tot de door de doorstroomvennootschappen doorgesluisde dividenden een vennootschap is die is gevestigd in een derde staat waarmee de bronstaat een belastingverdrag heeft gesloten, op basis waarvan geen belasting over de dividenden zou zijn geheven indien deze dividenden rechtstreeks waren uitgekeerd aan de in die derde staat gevestigde vennootschap.

108. Bij het onderzoek van de structuur van het concern is het niet relevant dat bepaalde uiteindelijk gerechtigden tot de door de doorstroomvennootschap uitgekeerde dividenden hun fiscale woonplaats hebben in een derde staat die een dubbelbelastingverdrag heeft gesloten met de bronstaat. Vastgesteld zij immers dat het bestaan van een dergelijk verdrag op zich niet kan uitsluiten dat sprake is van rechtsmisbruik. Een dergelijk verdrag kan dus niet afdoen aan het feit dat sprake is van rechtsmisbruik wanneer het bestaan ervan naar behoren is aangetoond op basis van een reeks feiten waaruit blijkt dat de ondernemingen louter formele of kunstmatige transacties hebben verricht waarvoor geen economische en commerciële rechtvaardiging bestaat en die in wezen tot doel hebben om ten onrechte de in artikel 5 van richtlijn 90/435 bedoelde vrijstelling van de bronbelasting te verkrijgen.

109. Hieraan moet worden toegevoegd dat de belastingheffing weliswaar in overeenstemming moet zijn met de economische realiteit, maar dat uit het bestaan van een dubbelbelastingverdrag als zodanig niet kan worden afgeleid dat er daadwerkelijk een betaling is verricht aan begunstigden die ingezetenen zijn van de derde staat waarmee dit verdrag is gesloten. Wanneer de vennootschap die de dividenden verschuldigd is in aanmerking wenst te komen voor de voordelen van dat verdrag, staat het haar vrij die dividenden rechtstreeks uit

te keren aan entiteiten die hun fiscale woonplaats hebben in een staat die met de bronstaat een dubbelbelastingverdrag heeft gesloten.

110. Het kan evenwel evenmin worden uitgesloten dat in een situatie waarin de dividenden zouden zijn vrijgesteld indien zij rechtstreeks werden uitgekeerd aan een in een derde staat gevestigde vennootschap, de structuur van het concern er niet op gericht is enig rechtsmisbruik tot stand te brengen. In een dergelijk geval kan het concern niet worden verweten dat het voor een dergelijke structuur heeft geopteerd en de dividenden niet rechtstreeks aan die vennootschap heeft uitgekeerd.

111. Voorts moet worden vastgesteld dat, wanneer de uiteindelijk gerechtigde tot de uitgekeerde dividenden zijn fiscale woonplaats in een derde staat heeft, de weigering van de in artikel 5 van richtlijn 90/435 bedoelde vrijstelling geenszins afhankelijk is van de vaststelling dat sprake is van fraude of rechtsmisbruik.

112. Deze richtlijn beoogt immers, zoals met name uit de derde overweging van de considerans ervan blijkt, door de invoering van een gemeenschappelijke fiscale regeling elke benadeling van de samenwerking tussen vennootschappen uit verschillende lidstaten ten opzichte van de samenwerking tussen vennootschappen van eenzelfde lidstaat op te heffen, en aldus de hergroepering van vennootschappen op het niveau van de Unie te vergemakkelijken (arrest van 8 maart 2017, Wereldhave Belgium e.a., C-448/15, EU:C:2017:180, punt 25 en aldaar aangehaalde rechtspraak). Zoals in punt 78 van het onderhavige arrest is opgemerkt, beoogt deze richtlijn aldus de fiscale neutraliteit te waarborgen van de uitkering van winsten door een in een lidstaat gevestigde dochteronderneming aan haar in een andere lidstaat gevestigde moedermaatschappij, aangezien deze richtlijn volgens artikel 1 ervan slechts ziet op winstuitkeringen die vennootschappen van een lidstaat ontvangen van hun dochterondernemingen uit andere lidstaten (zie in die zin beschikking van 4 juni 2009, KBC Bank et Beleggen, Risicokapitaal, Beheer, C-439/07 en C-499/07, EU:C:2009:339, punt 62 en aldaar aangehaalde rechtspraak).

113. De mechanismen van richtlijn 90/435, en met name van artikel 5 ervan, zijn derhalve bedoeld voor situaties waarin, zonder de toepassing van die mechanismen, de uitoefening door de lidstaten van hun heffingsbevoegdheid ertoe zou kunnen leiden dat de door een dochteronderneming aan haar moedermaatschappij uitgekeerde winst dubbel wordt belast (arrest van 8 maart 2017, Wereldhave Belgium e.a., C-448/15, EU:C:2017:180, punt 39). Deze mechanismen zijn daarentegen niet van toepassing wanneer de uiteindelijk gerechtigde tot de dividenden een vennootschap is die haar fiscale vestigingsplaats buiten de Unie heeft, aangezien de vrijstelling van deze dividenden van bronbelasting in de lidstaat vanwaaruit zij worden uitgekeerd in een dergelijk geval uiteindelijk ertoe zou kunnen leiden dat deze dividenden niet effectief worden belast in de Unie.

114. Gelet op een en ander moet op de vierde vraag, onder d) en e), die in de hoofdgedingen aan de orde is, worden gentwoord dat voor het bewijs van misbruik vereist is dat er sprake is van, ten eerste, een geheel van objectieve omstandigheden waaruit blijkt dat de voorwaarden van de Unieregeling weliswaar formeel zijn nageleefd, maar dat het door deze regeling nagestreefde doel niet werd bereikt, en, ten tweede, een subjectief element dat bestaat in het verlangen een uit de Unieregeling voortvloeiend voordeel te verkrijgen door kunstmatig de voorwaarden te creëren waaronder het recht op dat voordeel ontstaat. Rechtsmisbruik kan worden aangetoond aan de hand van een reeks aanwijzingen, voor zover deze objectief zijn en onderling overeenstemmen. Dergelijke aanwijzingen zijn onder meer het bestaan van doorstroomvennootschappen zonder economische rechtvaardiging alsook het louter formele karakter van het concern, de financiële constructie en de leningen.

Bewijslast ter zake van rechtsmisbruik

115. Richtlijn 90/435 bevat geen bepalingen betreffende de bewijslast ter zake van rechtsmisbruik.

116. Zoals de Deense en de Duitse regering betogen, staat het echter in beginsel aan de vennootschappen die verzoeken om de in artikel 5 van richtlijn 90/435 bedoelde vrijstelling van bronbelasting over dividenden, om aan te tonen dat zij voldoen aan de objectieve voorwaarden van deze richtlijn. Niets belet de betrokken belastingautoriteiten immers om van de belastingplichtige te verlangen dat hij de bewijzen overlegt die zij noodzakelijk achten om de betrokken belastingen correct te kunnen vaststellen, en om in voorkomend geval de gevraagde vrijstelling te weigeren wanneer deze bewijzen niet worden geleverd (arrest van 28 februari 2013, Petersen en Petersen, C-544/11, EU:C:2013:124, punt 51 en aldaar aangehaalde rechtspraak).

117. Indien een belastingautoriteit van de bronstaat voornemens is de vrijstelling van artikel 5 van richtlijn 90/435 niet toe te passen op een onderneming die dividenden heeft uitgekeerd aan een in een andere lidstaat gevestigde onderneming, op grond dat sprake is van misbruik, dient deze belastingautoriteit evenwel aan te

tonen dat de bestanddelen van een dergelijk misbruik verenigd zijn, waarbij zij alle relevante gegevens – met name het feit dat de onderneming waaraan de dividenden zijn uitgekeerd niet de uiteindelijk gerechtigde tot deze dividenden zijn – in aanmerking dient te nemen.

118. De belastingautoriteit hoeft de uiteindelijk gerechtigden tot deze dividenden niet te identificeren, maar moet aantonen dat de zogenaamde uiteindelijk gerechtigde slechts een doorstroomvennootschap is waarmee rechtsmisbruik is gepleegd. Identificatie van de uiteindelijk gerechtigden kan immers onmogelijk blijken, met name omdat de mogelijke uiteindelijk gerechtigden niet bekend zijn. Gezien de complexiteit van bepaalde financiële constructies en de mogelijkheid dat de bij de constructies betrokken doorstroomvennootschappen buiten de Unie zijn gevestigd, beschikt de nationale belastingautoriteit niet noodzakelijk over de gegevens om deze gerechtigden te kunnen identificeren. Van deze autoriteit kan niet worden verlangd dat zij bewijzen overlegt die zij niet kan leveren.

119. Daarbij komt dat zelfs indien de mogelijke uiteindelijk gerechtigden bekend zijn, niet noodzakelijk is aangetoond wie van deze gerechtigden de daadwerkelijke uiteindelijk gerechtigde is of zal zijn. Zo merkt de verwijzende rechter in casu, in zaak C-117/16, op dat de moedermaatschappij van Y Cyprus Y Bermuda is, die op Bermuda is gevestigd, terwijl de moedermaatschappij van laatstgenoemde onderneming Y USA is, die is gevestigd in de Verenigde Staten. Indien de verwijzende rechter van oordeel zou zijn dat Y Cyprus niet de uiteindelijk gerechtigde tot de dividenden is, zouden de belastingautoriteiten en de rechterlijke instanties van de bronstaat hoogstwaarschijnlijk niet kunnen bepalen welke van deze twee moedermaatschappijen de uiteindelijk gerechtigde tot de interest is of zal zijn. Meer bepaald zou de beslissing over de toewijzing van deze dividenden kunnen zijn genomen nadat de belastingautoriteit vaststellingen heeft verricht betreffende de doorstroomvennootschap.

120. Bijgevolg moet op de achtste vraag die in de hoofdgedingen aan de orde is, worden geantwoord dat een nationale autoriteit niet verplicht is de entiteit of de entiteiten te identificeren die volgens haar de uiteindelijk gerechtigde of gerechtigden tot de dividenden zijn, om te kunnen weigeren een onderneming te erkennen als uiteindelijk gerechtigde tot deze dividenden of om aan te tonen dat sprake is van rechtsmisbruik.

Zesde, zevende, negende en tiende vraag in de hoofdgedingen

121. Met de zesde, de zevende, de negende en de tiende vraag die in de hoofdgedingen aan de orde zijn, wenst de verwijzende rechter, voor het geval dat de in artikel 5, lid 1, van richtlijn 90/435 neergelegde regeling inzake vrijstelling van bronbelasting over de dividenden die een in een lidstaat gevestigde onderneming heeft uitgekeerd aan een in een andere lidstaat gevestigde onderneming niet van toepassing zou zijn, in wezen te vernemen of de artikelen 49 en 54 VWEU of artikel 63 VWEU aldus moeten worden uitgelegd dat zij zich verzetten tegen verschillende aspecten in verband met de belasting over deze dividenden die vervat zijn in de wetgeving van de eerstbedoelde lidstaat, zoals die welke in het hoofdgeding aan de orde is.

122. Dienaangaande moet om te beginnen worden opgemerkt dat deze vragen uitgaan van de premisse dat de niet-toepasselijkheid van de vrijstellingsregeling voortvloeit uit de vaststelling dat sprake is van fraude of misbruik in de zin van artikel 1, lid 2, van richtlijn 90/435. In dat geval kan een in een lidstaat gevestigde vennootschap zich, gelet op de in punt 70 van dit arrest in herinnering gebrachte rechtspraak, niet beroepen op de in het VWEU neergelegde vrijheden om op te komen tegen de nationale regeling inzake belasting over dividenden die aan een in een andere lidstaat gevestigde vennootschap worden uitgekeerd.

123. Bijgevolg moet op de zesde, de zevende, de negende en de tiende vraag die in de hoofdgedingen aan de orde zijn, worden geantwoord dat, indien de in richtlijn 90/435 neergelegde regeling inzake vrijstelling van bronbelasting over de dividenden die een in een lidstaat gevestigde vennootschap heeft uitgekeerd aan een in een andere lidstaat gevestigde vennootschap niet van toepassing is doordat fraude of misbruik in de zin van artikel 1, lid 2, van deze richtlijn is vastgesteld, de in het VWEU neergelegde vrijheden niet kunnen worden ingeroepen om op te komen tegen de regeling van de eerstbedoelde lidstaat inzake de heffing van belasting over deze dividenden.

Kosten

124. ...

Het Hof (Grote kamer)

verklaart voor recht:

1. De zaken C-116/16 en C-117/16 worden gevoegd voor het arrest.

2. Het algemene Unierechtelijke beginsel volgens hetwelk justitiabelen zich niet door middel van fraude of misbruik kunnen beroepen op het Unierecht, dient aldus te worden uitgelegd dat de nationale autoriteiten en rechterlijke instanties de vrijstelling van bronbelasting over winsten die door een dochteronderneming aan haar moedermaatschappij worden uitgekeerd, waarin is voorzien in artikel 5 van richtlijn 90/435/EEG van de Raad van 23 juli 1990 betreffende de gemeenschappelijke fiscale regeling voor moedermaatschappijen en dochterondernemingen uit verschillende lidstaten, zoals gewijzigd bij richtlijn 2003/123/EG van de Raad van 22 december 2003, moeten weigeren aan een belastingplichtige in geval van fraude of misbruik, ook indien de nationale wet of de verdragen niet voorzien in bepalingen van die strekking.

3. Voor het bewijs van misbruik is vereist dat er sprake is van, ten eerste, een geheel van objectieve omstandigheden waaruit blijkt dat de voorwaarden van de Unieregeling weliswaar formeel zijn nageleefd, maar dat het door deze regeling nagestreefde doel niet werd bereikt, en, ten tweede, een subjectief element dat bestaat in het verlangen een uit de Unieregeling voortvloeiend voordeel te verkrijgen door kunstmatig de voorwaarden te creëren waaronder het recht op dat voordeel ontstaat. Rechtsmisbruik kan worden aangetoond aan de hand van een reeks aanwijzingen, voor zover deze objectief zijn en onderling overeenstemmen. Dergelijke aanwijzingen zijn onder meer het bestaan van doorstroomvennootschappen zonder economische rechtvaardiging alsook het louter formele karakter van het concern, de financiële constructie en de leningen.

4. Een nationale autoriteit is niet verplicht de entiteit of de entiteiten te identificeren die volgens haar de uiteindelijk gerechtigde of gerechtigden tot de dividenden zijn, om te kunnen weigeren een onderneming te erkennen als uiteindelijk gerechtigde tot deze dividenden of om aan te tonen dat sprake is van rechtsmisbruik.

5. Indien de regeling inzake vrijstelling van bronbelasting over de dividenden die een in een lidstaat gevestigde vennootschap heeft uitgekeerd aan een in een andere lidstaat gevestigde vennootschap, die is neergelegd in richtlijn 90/435, zoals gewijzigd bij richtlijn 2003/123, niet van toepassing is doordat fraude of misbruik in de zin van artikel 1, lid 2, van deze richtlijn is vastgesteld, kunnen de in het VWEU neergelegde vrijheden niet worden ingeroepen om op te komen tegen de regeling van de eerstbedoelde lidstaat inzake de heffing van belasting over deze dividenden.

HvJ EU 26 februari 2019, zaak C-135/17 (X GmbH v. Finanzamt Stuttgart – Körperschaften)

Grote kamer: *K. Lenaerts, president, J.-C. Bonichot, M. Vilaras, E. Regan, F. Biltgen, K. Jürimäe en C. Lycourgos, kamerpresidenten, A. Rosas (rapporteur), E. Juhász, M. Ilešič, J. Malenovský, E. Levits en L. Bay Larsen, rechters*
Advocaat-generaal: *P. Mengozzi*

1. Het verzoek om een prejudiciële beslissing betreft de uitlegging van de artikelen 63 en 64 VWEU.

2. Dit verzoek is ingediend in het kader van een geding tussen X GmbH, een vennootschap naar Duits recht, en het Finanzamt Stuttgart – Körperschaften (belastingkantoor Stuttgart voor rechtspersonen, Duitsland) ter zake van de opneming van de inkomsten die zijn gerealiseerd door Y, een vennootschap naar Zwitsers recht die voor 30 % in handen is van X, in de heffingsgrondslag van X.

Toepasselijke bepalingen

3. Deel vier, met als opschrift „Deelneming in buitenlandse tussenvennootschappen", van het Gesetz über die Besteuerung bei Auslandsbeziehungen (Duitse belastingwet inzake de betrekkingen met het buitenland) van 8 september 1972 (BGBl. 1972 I, blz. 1713), in de versie die van toepassing is op de feiten van het hoofdgeding (hierna: „AStG 2006"), bevat de §§ 7 tot en met 14 van deze wet.

4. Volgens § 7, lid 1, AStG 2006 wordt een „buitenlandse vennootschap" gedefinieerd als „een rechtspersoon, een vereniging van personen of vermogensbestanddelen in de zin van het Körperschaftsteuergesetz (Duitse wet op de vennootschapsbelasting), waarvan de bedrijfsleiding noch de zetel zich in Duitsland bevindt en die niet van de vennootschapsbelasting is/zijn vrijgesteld overeenkomstig § 3, lid 1, [van deze laatste wet]". Datzelfde § 7, lid 1, bepaalt dat wanneer personen die onbeperkt belastingplichtig zijn een deelneming in een buitenlandse vennootschap hebben die uit meer dan de helft van het kapitaal ervan bestaat, de inkomsten ten aanzien waarvan deze vennootschap een tussenvennootschap in de zin van § 8 AStG 2006 is, bij elk van deze personen aan belasting is onderworpen voor het deel dat betrekking heeft op de hem toe te rekenen deelneming in het nominale kapitaal van die vennootschap.

5. § 7, lid 6, AStG 2006 luidt:

> „Wanneer een buitenlandse vennootschap tussenvennootschap is ten aanzien van tusseninkomsten die kapitaalbeleggingen vormen in de zin van lid 6a en een onbeperkt belastingplichtige in haar een deelneming van minstens 1 % bezit, zijn de tusseninkomsten bij deze persoon belastbaar zoals gedefinieerd in lid 1, ook al is voor het overige niet voldaan aan de voorwaarden van dit lid. [...]"

6. § 7, lid 6a, AStG 2006 bepaalt:

> „Tusseninkomsten in de vorm van kapitaalbeleggingen zijn inkomsten van de buitenlandse tussenvennootschap [...] die afkomstig zijn van het bezit, het beheer, het behoud of de toename van de waarde van betaalmiddelen, vorderingen, effecten, deelnemingen (met uitzondering van de inkomsten als bedoeld in § 8, lid 1, punten 8 en 9) of soortgelijke vermogenswaarden, tenzij de belastingplichtige bewijst dat zij afkomstig zijn van een activiteit ten behoeve van een onder § 8, lid 1, punten 1 tot en met 6 [...] vallende eigen activiteit van de buitenlandse vennootschap".

7. Overeenkomstig § 8, lid 1, AStG 2006 wordt een in een derde land gevestigde vennootschap geacht „tussenvennootschap" te zijn ten aanzien van inkomsten die aan een lage belasting zijn onderworpen en niet afkomstig zijn van de in de punten 1 tot en met 10 van dit lid genoemde economische activiteiten. Overeenkomstig deze punten vallen niet onder het begrip „tussenvennootschap" de vennootschappen die inkomsten ontvangen welke, behoudens verschillende uitzonderingen en preciseringen, afkomstig zijn van land- en bosbouw, de vervaardiging, de behandeling, de verwerking of de montage van voorwerpen, de opwekking van energie, onderzoek en ontginning van mineralen, uitbating van kredietinstellingen of verzekeringsondernemingen, handelsactiviteiten, dienstverlening, verhuur en verpachting, het ophalen of bij wijze van lening ter beschikking stellen van kapitaal ten aanzien waarvan de belastingplichtige bewijst dat het uitsluitend op de buitenlandse kapitaalmarkten is opgehaald en niet bij een met de belastingplichtige of de buitenlandse vennootschap gelieerde persoon, de uitkering van de winst van kapitaalvennootschappen, de overdracht van een deelneming in een andere vennootschap, haar ontbinding of een vermindering van haar kapitaal en de omzetting van vennootschappen.

8. Voor de toepassing van de definitie van een in een derde land gevestigde vennootschap omschrijft § 8, lid 3, AStG 2006 belasting over de winst als „laag" wanneer zij minder dan 25 % bedraagt.

Hoofdgeding en prejudiciële vragen

9. Blijkens de verwijzingsbeslissing had X, een vennootschap met beperkte aansprakelijkheid naar Duits recht, in de periode waarop het hoofdgeding betrekking heeft een deelneming van 30 % in Y, een kapitaalvennootschap die haar zetel en bedrijfsleiding in Zwitserland had. In juni 2005 heeft Y een „overeenkomst houdende terugkoop en cessie van vorderingen" gesloten met Z GmbH, een in Duitsland gevestigde vennootschap die sportrechten beheert.

10. De aldus aan Y gecedeerde vorderingen waren gebaseerd op overeenkomsten op grond waarvan Z subsidies aan sportclubs uitkeerde die niet hoefden te worden terugbetaald en dus liquiditeiten ter beschikking stelde van die clubs, en als tegenprestatie ontving zij „winstdelingen" waarvan het minimumbedrag overeenstemde met het door Z uitgekeerde bedrag aan subsidies, maar op basis van met name de sportieve prestaties van de betrokken club en in het bijzonder diens inkomsten aan uitzendrechten, kon dit bedrag hoger uitvallen.

11. Als koopprijs voor de betrokken cessie van vorderingen betaalde Y aan Z het bedrag van 11 940 461 EUR, dat zij volledig extern had gefinancierd. In november 2005 heeft X aan Y een lening van 2,8 miljoen EUR verstrekt.

12. Bij besluit van 1 januari 2007 heeft het belastingkantoor voor rechtspersonen Stuttgart (Duitsland) vastgesteld dat X inkomsten had ontvangen die afkomstig waren van de passieve activiteit van een in een derde land gevestigde vennootschap. Aangezien Y volgens het belastingkantoor moest worden aangemerkt als tussenvennootschap ten aanzien van „tusseninkomsten die kapitaalbeleggingen vormen" in de zin van § 7, leden 6 en 6a, AStG 2006, is een deel van de inkomsten die door Y waren gerealiseerd dankzij de van Z verkregen vorderingen, opgenomen in de heffingsgrondslag van X, ten aanzien van wie een winst van 546 651 EUR over 2006 werd vastgesteld, waarvan een over het vorige jaar vastgesteld verlies van 95 223 EUR in aftrek kon worden gebracht.

13. X heeft tegen dat besluit beroep ingesteld bij het Finanzgericht Baden-Württemberg (belastingrechter in eerste aanleg Baden-Württemberg, Duitsland), dat het echter heeft verworpen.

14. Naar aanleiding van die verwerping heeft X de zaak aanhangig gemaakt bij het Bundesfinanzhof (hoogste federale rechter in belastingzaken, Duitsland). Volgens het Bundesfinanzhof staat het vast dat Y voor X een „tussenvennootschap" was en dat de inkomsten die Y had behaald uit de overeenkomst tot cessie van de vorderingen „tusseninkomsten in de vorm van kapitaalbeleggingen" in de zin van § 7, lid 6, en § 8, lid 1, AStG 2006 waren. Aangezien X meer dan 1 % van het maatschappelijk kapitaal van deze in een derde land gevestigde vennootschap in handen had, waren die – door Y ontvangen – inkomsten terecht overeenkomstig die bepalingen pro rata van haar deelneming in die vennootschap opgenomen in de heffingsgrondslag van X. Vanuit het oogpunt van het Duitse recht was de hogere voorziening van X tegen het besluit van 1 januari 2007 derhalve ongegrond.

15. De verwijzende rechter stelt evenwel vast dat die bepalingen slechts van toepassing zijn op de deelnemingen van Duitse belastingplichtigen in vennootschappen die in een derde land zijn gevestigd. Gelet daarop vraagt de verwijzende rechter zich af of de aan de orde zijnde bepalingen mogelijk niet in strijd zijn met artikel 63, lid 1, VWEU, waarin met name is bepaald dat alle beperkingen van het kapitaalverkeer tussen lidstaten en derde landen verboden zijn.

16. Alvorens de vraag inzake de verenigbaarheid van de nationale wettelijke regeling met artikel 63 VWEU te behandelen, merkt de verwijzende rechter evenwel op dat het verbod in artikel 63 VWEU volgens de bewoordingen van de „standstillclausule" in artikel 64, lid 1, VWEU, geen afbreuk doet aan „de toepassing op derde landen van beperkingen die op 31 december 1993 bestaan uit hoofde van het nationale recht of het recht van de Unie inzake het kapitaalverkeer naar of uit derde landen" wanneer dit kapitaalverkeer met name verband houdt met directe investeringen. Ervan uitgaande dat de situatie aan de orde in het hoofdgeding betrekking heeft op een directe investering in een derde land – in casu Zwitserland – moet volgens de verwijzende rechter in eerste instantie worden vastgesteld of de nationale regels betreffende in een derde land gevestigde vennootschappen, die tijdens het litigieuze belastingjaar van toepassing waren, moesten worden beschouwd als een beperking „die op 31 december 1993 bestaat", gelet op het feit dat deze regels na die datum bepaalde wijzigingen hebben ondergaan.

17. Dienaangaande zet het Bundesfinanzhof uiteen dat de regels die op 31 december 1993 bestonden, met name zijn gewijzigd door het Gesetz zur Senkung der Steuersätze und zur Reform der Unternehmens-

besteuerung (wet tot verlaging van de belastingtarieven en tot hervorming van de vennootschapsbelasting) van 23 oktober 2000 (BGBl. 2000 I, blz. 1433; hierna: „StSenkG 2000"), dat in werking is getreden op 1 januari 2001. Volgens de verwijzende rechter heeft het StSenkG 2000 de regels die op 31 december 1993 bestonden „ingrijpend herschikt", maar hij zet uiteen dat de aldus aangebrachte wijzigingen kort daarna echter zijn ingetrokken door het Gesetz zur Fortentwicklung des Unternehmenssteuerrechts (Duitse wet inzake de uitbouw van het vennootschapsbelastingrecht) van 20 december 2001 (BGBl. 2001 I, blz. 3858; hierna: „UntStFG 2001"), dat op dat punt op 25 december 2001 van kracht is geworden en ter zake van de belastingregeling betreffende in een derde land gevestigde vennootschappen een beperking van het kapitaalverkeer in verband met directe investeringen bevat, die in wezen identiek is aan de beperking die voortvloeit uit de regels die op 31 december 1993 bestonden. De wijzigingen door het StSenkG 2000 konden overeenkomstig de relevante bepalingen van deze wet niet leiden tot een opneming van „tusseninkomsten die kapitaalbeleggingen vormen" in de heffingsgrondslag van een pas vanaf 2002 ingezeten belastingplichtige, daar deze wijzigingen reeds waren ingetrokken nog voordat de belastingadministratie op grond van die wijzigingen tot die opneming kon overgaan.

18. In deze context verzoekt het Bundesfinanzhof om twee aspecten van de „standstillclausule" in artikel 64, lid 1, VWEU uit te leggen.

19. In de eerste plaats wenst het Bundesfinanzhof in wezen te vernemen of op grond van de in artikel 64, lid 1, VWEU bedoelde afwijking een beperking mag worden gesteld aan het kapitaalverkeer tussen een lidstaat en een derde land in verband met directe investeringen, hoewel de materiële werkingssfeer van de aan de orde zijnde wettelijke regeling na 31 december 1993 is verruimd opdat ook andere investeringen, met name de zogenoemde „portefeuillebeleggingen", onder deze regeling zouden vallen. Dienaangaande baseert de verwijzende rechter zich op de omstandigheid dat bij § 7, lid 6, AStG 2006, in de uit het UntStFG 2001 voortvloeiende versie, met name de voor die opneming vereiste mate van deelneming in de in een derde land gevestigde tussenvennootschap is teruggebracht van 10 % naar 1 % van het kapitaal van deze vennootschap. Aangezien deze wijziging in beginsel echter geen betrekking had op een directe investering als aan de orde in het hoofdgeding, kan de „standstillbepaling" toch toepassing vinden in de omstandigheden die in het hoofdgeding aan de orde zijn.

20. De tweede vraag van de verwijzende rechter betreffende artikel 64, lid 1, VWEU ziet op de temporele werking van de belangrijke wijzigingen door het StSenkG 2000 van de regels inzake „tusseninkomsten die kapitaalbeleggingen vormen". Deze wijzigingen zijn van kracht geworden maar konden niet leiden tot opneming van tussenkomsten in de heffingsgrondslag van een belastingplichtige die pas een ingezetene is geworden nadat die wijzigingen bij het UntStFG 2001 waren ingetrokken. De wijziging van de rechtssituatie die op 31 december 1993 bestond, heeft evenwel, zij het slechts tijdelijk, een integrerend onderdeel van de nationale rechtsorde gevormd en daardoor is het mogelijk dat de op deze datum bestaande restrictieve regels een tijdlang niet van kracht waren. De verwijzende rechter vraagt zich in dit verband af of de op 31 december 1993 bestaande waarborg van de handhaving van een nationale beperking van het vrije verkeer van kapitaal louter kan komen te vervallen op de enkele grond van het formele normatieve gevolg van een wijzigingsregeling, dan wel of deze regeling ook daadwerkelijk in de praktijk ten uitvoer moet zijn gelegd.

21. Voor het geval de betrokken nationale wettelijke regeling wegens een van deze twee aspecten niet onder de „standstillbepaling" van artikel 64, lid 1, VWEU valt, zodat zij moet worden beoordeeld in het licht van het Unierecht betreffende het vrije verkeer van kapitaal, vraagt de verwijzende rechter zich af of een dergelijke regeling een door artikel 63, lid 1, VWEU verboden beperking vormt en, zo ja, of een dergelijke beperking kan worden gerechtvaardigd door dwingende redenen van algemeen belang. De verwijzende rechter brengt dienaangaande in herinnering dat het Hof zich heeft gebogen over de vraag naar de belasting over inkomsten van tussenvennootschappen in de zaak die heeft geleid tot het arrest van 12 september 2006, Cadbury Schweppes en Cadbury Schweppes Overseas (C-196/04, EU:C:2006:544), maar dat het kader van deze zaak werd gevormd door de vrijheid van vestiging die van toepassing is op de betrekkingen tussen de lidstaten en niet door het vrije verkeer van kapitaal, dat ook van toepassing is op de betrekkingen tussen de lidstaten en derde landen.

22. De verwijzende rechter is van oordeel dat de betrokken Duitse wettelijke regeling in strijd is met artikel 63, lid 1, VWEU ingeval de in dit laatste arrest geformuleerde beginselen ter zake van de vrijheid van vestiging zonder voorbehoud moeten worden toegepast op het kapitaalverkeer tussen de lidstaten en derde landen. Volgens deze regeling vindt de opneming van „tusseninkomsten die kapitaalbeleggingen vormen" in de heffingsgrondslag van een in Duitsland ingezeten aandeelhouder namelijk niet alleen plaats in het geval van volstrekt kunstmatige constructies die tot doel hebben te ontsnappen aan de toepassing van de nationale fiscale bepalingen in de zin van het arrest van 12 september 2006, Cadbury Schweppes en Cadbury Schweppes Overseas (C-196/04, EU:C:2006:544). Integendeel, de betrokken nationale wettelijke regeling is van toepas-

sing ongeacht de economische functie van de tussenvennootschap, en de betrokken aandeelhouder wordt niet de mogelijkheid geboden om ten aanzien van de belastingautoriteiten aan te tonen dat zijn investering in het derde land op een economische basis berust.

23. Bijgevolg vraagt de verwijzende rechter zich af of de in het arrest van 12 september 2006, Cadbury Schweppes en Cadbury Schweppes Overseas (C-196/04, EU:C:2006:544), genoemde redenen die een beperking van de vrijheid van vestiging kunnen rechtvaardigen, van toepassing zijn in de betrekkingen met derde landen, en aan welke kwantitatieve en kwalitatieve vereisten de deelneming in een vennootschap die in een derde land is gevestigd, in deze context in voorkomend geval moet voldoen om niet als „volstrekt kunstmatig" te worden beschouwd.

24. Daarop heeft het Bundesfinanzhof de behandeling van de zaak geschorst en de volgende prejudiciële vragen aan het Hof voorgelegd:

„1. Moet artikel 57, lid 1, EG (thans artikel 64, lid 1, VWEU) aldus worden uitgelegd dat een op 31 december 1993 in verband met directe investeringen bestaande beperking van het kapitaalverkeer met derde landen door een lidstaat ook dan niet wordt beïnvloed door artikel 56 EG (thans artikel 63 VWEU) wanneer de op de referentiedatum bestaande nationale wettelijke bepaling die het kapitaalverkeer met derde landen beperkt in wezen alleen voor directe investeringen gold, maar na de referentiedatum mede is gaan gelden voor portefeuillebeleggingen in buitenlandse vennootschappen beneden de deelnemingsdrempel van 10 %?

2. Voor het geval de eerste vraag bevestigend moet worden beantwoord: moet artikel 57, lid 1, EG aldus worden uitgelegd dat sprake is van toepassing van een op de referentiedatum 31 december 1993 bestaande nationale wettelijke bepaling houdende beperking van het kapitaalverkeer met derde landen in verband met directe investeringen wanneer een met de op de referentiedatum bestaande beperking in wezen overeenstemmende latere wettelijke bepaling van toepassing wordt, maar de op de referentiedatum bestaande beperking na de referentiedatum korte tijd wezenlijk is gewijzigd op grond van een wet die weliswaar rechtens van kracht is geworden, maar in de praktijk nooit is toegepast omdat zij nog vóór het tijdstip waarop zij voor het eerst op een concreet geval toepasselijk was door de thans toepasselijke wettelijke bepaling is vervangen?

3. Voor het geval een van de eerste twee vragen ontkennend moet worden beantwoord: staat artikel 56 EG in de weg aan een wettelijke regeling van een lidstaat op grond waarvan in de maatstaf van heffing voor een in die lidstaat ingezeten belastingplichtige die een deelneming van minstens 1 % bezit in een vennootschap die in een andere staat (hier, in Zwitserland) gevestigd is, de door deze vennootschap behaalde positieve inkomsten uit kapitaalbeleggingen pro rata, ter hoogte van het respectieve deelnemingsaandeel, worden opgenomen, wanneer die inkomsten onderworpen zijn aan een lager belastingniveau dan in eerstgenoemde staat?"

Beantwoording van de prejudiciële vragen

Eerste vraag

25. Met zijn eerste vraag wenst de verwijzende rechter in wezen te vernemen of de „standstillclausule" in artikel 64, lid 1, VWEU aldus moet worden uitgelegd dat artikel 63, lid 1, VWEU geen afbreuk doet aan de toepassing van een beperking van het kapitaalverkeer naar of uit derde landen in verband met directe investeringen, die in wezen op 31 december 1993 bestond uit hoofde van een wettelijke regeling van een lidstaat, hoewel de omvang van deze beperking na deze datum is verruimd tot deelnemingen die geen verband houden met een directe investering.

26. Artikel 63, lid 1, VWEU verbiedt op algemene wijze beperkingen van het kapitaalverkeer tussen de lidstaten en derde landen. Onder kapitaalverkeer in de zin van deze bepaling moet met name worden verstaan: directe investeringen in de vorm van deelneming in een onderneming door aandeelhouderschap dat de mogelijkheid biedt om daadwerkelijk deel te hebben in het bestuur van of de zeggenschap over de onderneming (zogenoemde „directe" investeringen), en de verwerving van effecten op de kapitaalmarkt met het uitsluitende doel te beleggen zonder invloed te willen uitoefenen op het bestuur van en de zeggenschap over de onderneming (zogenoemde „portefeuillebeleggingen") [zie in die zin arrest van 28 september 2006, Commissie/Nederland, C-282/04 en C-283/04, EU:C:2006:608, punten 18 en 19, en advies 2/15 (Vrijhandelsovereenkomst met Singapore) van 16 mei 2017, EU:C:2017:376, punten 80 en 227].

27. Volgens artikel 64, lid 1, VWEU kan een lidstaat in de betrekkingen met derde landen evenwel beperkingen van het kapitaalverkeer toepassen die binnen de materiële werkingssfeer van deze bepaling vallen, zelfs al zijn zij in strijd met het in artikel 63, lid 1, VWEU neergelegde beginsel van het vrije verkeer van kapitaal, mits

die beperkingen reeds bestonden op 31 december 1993 (zie in die zin arresten van 12 december 2006, Test Claimants in the FII Group Litigation, C-446/04, EU:C:2006:774, punt 187; 24 mei 2007, Holböck, C-157/05, EU:C:2007:297, punt 39, en 24 november 2016, SECIL, C-464/14, EU:C:2016:896, punt 86).

28. Aangezien de „standstillclausule" van artikel 64, lid 1, VWEU bepaalt dat „[h]et bepaalde in artikel 63 [VWEU] [geen] afbreuk [doet] aan de toepassing op derde landen van beperkingen die op 31 december 1993 bestaan uit hoofde van het nationale recht of het recht van de Unie inzake het kapitaalverkeer naar of uit derde landen in verband met directe investeringen [...]", volgt uit de bewoordingen zelf van deze clausule dat beperkingen van het kapitaalverkeer naar of vanuit derde landen in verband met directe investeringen binnen de materiële werkingssfeer van deze clausule vallen. De portefeuillebeleggingen vallen daarentegen niet onder het daarin bedoelde kapitaalverkeer.

29. In dat verband volgt uit de verwijzingsbeslissing dat X tijdens het belastingjaar dat in het hoofdgeding aan de orde is een deelneming van 30 % in Y bezat, die door de verwijzende rechter als een directe investering wordt aangemerkt, en dat de werkingssfeer van de nationale wettelijke regeling die in het hoofdgeding aan de orde is na 31 december 1993 zodanig is verruimd dat zij niet alleen ziet op deelnemingen van meer dan 10 % in het kapitaal van een in een derde land gevestigde vennootschap, maar ook op deelnemingen van minder dan 10 % in het kapitaal van dergelijke vennootschappen, die door de verwijzende rechter als portefeuillebeleggingen worden aangemerkt.

30. Voor de toepassing van de „standstillbepaling" van artikel 64, lid 1, VWEU hoeft de nationale wettelijke regeling die het kapitaalverkeer naar of vanuit derde landen beperkt evenwel niet uitsluitend betrekking te hebben op het in deze bepaling bedoelde kapitaalverkeer.

31. Dienaangaande heeft het Hof reeds geoordeeld dat het feit dat een nationale wettelijke regeling niet alleen van toepassing kan zijn op kapitaalverkeer als bedoeld in artikel 64, lid 1, VWEU, maar tevens toepassing kan vinden in andere situaties, niet in de weg staat aan de toepasbaarheid van de „standstillbepaling" in de omstandigheden waarop dat artikel ziet. De materiële werkingssfeer van de „standstillbepaling" is namelijk niet afhankelijk van het specifieke voorwerp van een nationale beperking, maar van het effect van deze beperking op het in artikel 64, lid 1, VWEU bedoelde kapitaalverkeer (zie in die zin arrest van 15 februari 2017, X, C-317/15, EU:C:2017:119, punten 21 en 22).

32. Artikel 63, lid 1, VWEU doet dus geen afbreuk aan de toepassing van een beperking die op 31 december 1993 bestaat uit hoofde van het nationale recht en betrekking heeft op het in artikel 64, lid 1, VWEU bedoelde kapitaalverkeer, zoals met name directe investeringen, naar of uit derde landen, niettegenstaande dat de reikwijdte van de wettelijke regeling die aan die beperking ten grondslag ligt, na deze datum eventueel op verschillende tijdstippen is verruimd tot andere types kapitaalverkeer, zoals portefeuillebeleggingen.

33. In deze context kan de wijziging bij het UntStFG 2001, die voorzag in de verlaging van de deelnemingsdrempel van 10 % naar 1 % in het kapitaal van de betrokken vennootschappen, hoewel daardoor mogelijkerwijs andere dan directe investeringen binnen de werkingssfeer van de in het hoofdgeding aan de orde zijnde nationale wettelijke regeling zijn gebracht, geen gevolg hebben voor de mogelijkheid voor de betrokken lidstaat om beperkingen die op 31 december 1993 bestonden uit hoofde van het nationale recht te blijven toepassen op derde landen, mits deze beperkingen verband houden met kapitaalverkeer als bedoeld in artikel 64, lid 1, VWEU, zoals de advocaat-generaal in de punten 58 en 59 van zijn conclusie heeft opgemerkt.

34. Gelet op de voorgaande overwegingen moet op de eerste vraag worden geantwoord dat de „standstillbepaling" in artikel 64, lid 1, VWEU aldus moet worden uitgelegd dat artikel 63, lid 1, VWEU geen afbreuk doet aan de toepassing van een beperking van het kapitaalverkeer naar of uit derde landen in verband met directe investeringen, die in wezen op 31 december 1993 bestond uit hoofde van een wettelijke regeling van een lidstaat, hoewel de omvang van deze beperking na deze datum was verruimd tot deelnemingen die geen verband houden met een directe investering.

Tweede vraag

35. Met zijn tweede vraag, die is voorgelegd voor het geval het antwoord op de eerste vraag bevestigend luidt, wenst de verwijzende rechter in wezen te vernemen of de „standstillclausule" van artikel 64, lid 1, VWEU aldus moet worden uitgelegd dat het verbod in artikel 63, lid 1, VWEU van toepassing is op een beperking van het kapitaalverkeer naar of uit derde landen in verband met directe investeringen, wanneer de nationale belastingregeling die aan die beperking ten grondslag ligt, na 31 december 1993 ingrijpend is gewijzigd ingevolge de vaststelling van een wet die in werking is getreden maar nog voordat hij in de praktijk is toegepast, is

vervangen door een regeling die in wezen identiek was aan de regeling die op 31 december 1993 van toepassing was.

36. Zoals in wezen blijkt uit punt 27 van het onderhavige arrest, staat de „standstillbepaling" van artikel 64, lid 1, VWEU bij wijze van afwijking van het in het VWEU neergelegde beginsel van vrij verkeer van kapitaal toe dat beperkingen worden gesteld aan bepaalde categorieën van kapitaalverkeer, op voorwaarde evenwel dat het gaat om „beperkingen die op 31 december 1993 bestaan".

37. Aangaande het begrip „beperkingen die op 31 december 1993 bestaan" in artikel 64, lid 1, VWEU, moet eraan worden herinnerd dat een na deze datum vastgestelde nationale bepaling niet louter om die reden automatisch is uitgesloten van de uitzonderingsregeling waarin deze bepaling voorziet. Het Hof heeft immers aanvaard dat beperkingen in bepalingen die na die datum zijn vastgesteld en in wezen identiek zijn aan de vroegere wetgeving of waarbij enkel een in de vroegere wetgeving vervatte belemmering voor de uitoefening van rechten en verkeersvrijheden wordt afgezwakt of opgeheven, kunnen worden gelijkgesteld met dergelijke „bestaande" beperkingen (zie in die zin arresten van 12 december 2006, Test Claimants in the FII Group Litigation, C-446/04, EU:C:2006:774, punten 189 en 192; 24 mei 2007, Holböck, C-157/05, EU:C:2007:297, punt 41, en 18 december 2007, A, C-101/05, EU:C:2007:804, punt 49).

38. Hoewel de in artikel 64, lid 1, VWEU vastgestelde „standstillbepaling" de lidstaten dus machtigt om beperkingen die binnen de materiële werkingssfeer van deze bepaling vallen, onbeperkt in de tijd te blijven toepassen, mits zover deze beperkingen in wezen ongewijzigd blijven, moet worden opgemerkt dat het begrip „beperkingen die op 31 december 1993 bestaan" volgens vaste rechtspraak van het Hof niettemin veronderstelt dat het rechtskader waarin de betrokken beperking is opgenomen, sinds deze datum ononderbroken deel heeft uitgemaakt van de rechtsorde van de betrokken lidstaat (arresten van 18 december 2007, A, C-101/05, EU:C:2007:804, punt 48; 5 mei 2011, Prunus en Polonium, C-384/09, EU:C:2011:276, punt 34, en 24 november 2016, SECIL, C-464/14, EU:C:2016:896, punt 81).

39. Daarom heeft het Hof geoordeeld dat de uitzonderingsregeling die is ingevoerd bij de „standstillclausule" waarin artikel 64, lid 1, VWEU voorziet, geen toepassing kan vinden op de door een lidstaat vastgestelde bepalingen die, hoewel zij in wezen identiek zijn aan een wettelijke regeling die op 31 december 1993 bestond, opnieuw een belemmering van het vrije verkeer van kapitaal hebben ingevoerd die na de intrekking van de vroegere wettelijke regeling of na de vaststelling van bepalingen die de logica hebben gewijzigd waarop die regeling berustte, niet meer bestond (zie in die zin arresten van 12 december 2006, Test Claimants in the FII Group Litigation, C-446/04, EU:C:2006:774, punt 192; 18 december 2007, A, C-101/05, EU:C:2007:804, punt 49, en 24 november 2016, SECIL, C-464/14, EU:C:2016:896, punten 87 en 88).

40. Vastgesteld moet namelijk worden dat de betrokken lidstaat die overgaat tot die intrekking of wijziging, afziet van de mogelijkheid waarover hij uit hoofde van artikel 64, lid 1, VWEU beschikte om bepaalde beperkingen van het kapitaalverkeer die op 31 december 1993 bestonden, in de betrekkingen met derde landen te blijven toepassen (zie in die zin arrest van 24 november 2016, SECIL, C-464/14, EU:C:2016:896, punten 86-88).

41. De toepassing van artikel 64, lid 1, VWEU veronderstelt dus niet alleen dat de wezenlijke materiële inhoud van de betrokken beperking behouden blijft, maar ook dat die beperking ononderbroken geldt. Indien het niet vereist zou zijn dat beperkingen die uit hoofde van de „standstillclausule" in deze bepaling zijn toegestaan, sinds 31 december 1993 ononderbroken deel hebben uitgemaakt van de rechtsorde van de betrokken lidstaat, dan zou een lidstaat op eender welk tijdstip opnieuw beperkingen van het kapitaalverkeer naar of uit derde landen kunnen invoeren die op die datum in de nationale rechtsorde bestonden maar niet waren gehandhaafd (zie in die zin arresten van 18 december 2007, A, C-101/05, EU:C:2007:804, punt 48; 5 mei 2011, Prunus en Polonium, C-384/09, EU:C:2011:276, punt 34, en 24 november 2016, SECIL, C-464/14, EU:C:2016:896, punt 81).

42. Bovendien moet de „standstillbepaling" van artikel 64, lid 1, VWEU, als afwijking van het grondbeginsel van het vrije verkeer van kapitaal, strikt worden uitgelegd. Zo ook moet een strikte uitlegging worden gegeven aan de voorwaarden waaraan een nationale wettelijke regeling moet voldoen om, in weerwil van een wijziging van het nationale rechtskader die van na 31 december 1993 dateert, geacht te worden op deze datum te hebben „bestaan" (zie in die zin arrest van 20 september 2018, EV, C-685/16, EU:C:2018:743, punten 80 en 81).

43. In casu staat het vast dat de in het hoofdgeding aan de orde zijnde wettelijke regeling die op 31 december 1993 bestond, na deze datum is gewijzigd. Zoals onder meer in de punten 17 en 20 van dit arrest is uiteengezet, merkt de verwijzende rechter evenwel op dat de wijzigingen die bij het StSenkG 2000 zijn aangebracht aan het op die datum bestaande rechtskader, enige tijd na de vaststelling daarvan zijn ingetrokken ingevolge de daaropvolgende inwerkingtreding van het UntStFG 2001.

44. Hoewel uit de verwijzingsbeslissing niet blijkt dat bij het StSenkG 2000 de bepalingen zijn ingetrokken die ten grondslag lagen aan de op 31 december 1993 bestaande beperking waarop de verwijzende rechter doelt, lijkt deze toch van oordeel dat de bij deze wet aan de vroegere wettelijke regeling aangebrachte wijzigingen op zijn minst de logica hebben gewijzigd waarop deze wettelijke regeling berustte. De verwijzende rechter voert dienaangaande aan dat de Duitse wetgever met de vaststelling van het StSenkG 2000 een ingrijpende hervorming heeft doorgevoerd van het belastingsysteem ten aanzien van vennootschappen en hun aandeelhouders, met inbegrip van de op basis van deze algemene regeling geconcipieerde wettelijke regeling betreffende in een derde land gevestigde tussenvennootschappen, die volgens de verwijzende rechter een „grondige herschikking" heeft ondergaan.

45. Gesteld dat de bij het StSenkG 2000 aangebrachte veranderingen aan de nationale wettelijke regeling, onder voorbehoud van verificatie door de verwijzende rechter, de logica waarop de vroegere wettelijke regeling berustte daadwerkelijk hebben gewijzigd of deze regeling zelfs hebben ingetrokken, dan moet worden onderzocht welke invloed op de toepasbaarheid van de „standstillbepaling" uitgaat van de door de verwijzende rechter voor het voetlicht gestelde omstandigheid dat die veranderingen, hoewel zij op 1 januari 2001 van kracht waren geworden, pas vanaf 2002 – namelijk nadat die veranderingen ingevolge de inwerkingtreding, op 25 december 2001, van het UntStFG 2001 waren ingetrokken – konden leiden tot de opneming van „tusseninkomsten die kapitaalbeleggingen vormen" in de heffingsgrondslag van een belastingplichtige.

46. Zoals uit de in de punten 39 en 40 van dit arrest vermelde rechtspraak van het Hof volgt, kan een beperking van het kapitaalverkeer die sinds 31 december 1993 uit hoofde van het nationale recht bestaat, niet worden geacht sinds deze datum ononderbroken deel te hebben uitgemaakt van de rechtsorde van de betrokken lidstaat, met name indien de wettelijke regeling die aan deze beperking ten grondslag ligt, is ingetrokken of wanneer de logica waarop deze regeling berustte, is gewijzigd. Die intrekking of wijziging vindt in beginsel plaats bij de inwerkingtreding, overeenkomstig de daartoe vastgestelde nationale constitutionele procedures, van bepalingen waarbij de bestaande wettelijke regeling wordt ingetrokken of gewijzigd.

47. Niettegenstaande dat de bepalingen tot intrekking of wijziging van de wettelijke regeling die aan een op 31 december 1993 bestaande beperking ten grondslag lag, formeel in werking zijn getreden, moet worden aangenomen dat deze beperking ononderbroken gehandhaafd is wanneer de toepasbaarheid van de intrekkings- of wijzigingsbepalingen uit hoofde van het nationale recht is uitgesteld en deze bepalingen zelf zijn ingetrokken nog voordat zij van toepassing werden. In die situatie dient immers te worden aangenomen dat die beperking ononderbroken deel heeft uitgemaakt van de rechtsorde van de betrokken lidstaat.

48. Gelet daarop moet, in het geval dat de vaststelling van het StSenkG 2000 vergezeld ging van bepalingen waarbij de toepasbaarheid van deze wet werd uitgesteld, zodat de bij die wet aangebrachte wijzigingen aan de belastingregeling voor tussenvennootschappen die in een derde land zijn gevestigd, in het tijdvak van 1 januari tot en met 25 december 2001 – de datum waarop het UntStFG 2001 in werking is getreden –, niet van toepassing waren op het in artikel 64, lid 1, VWEU bedoelde grensoverschrijdend kapitaalverkeer, wat door de verwijzende rechter moet worden nagegaan, worden aangenomen dat de door de verwijzende rechter bedoelde beperking ononderbroken heeft bestaan sinds 31 december 1993, zoals bedoeld in de „standstillclausule" waarin deze bepaling voorziet.

49. Indien daarentegen door de verwijzende rechter zou worden vastgesteld dat de bepalingen van het StSenkG 2000 op het tijdstip van hun inwerkingtreding meteen van toepassing zijn geworden, moet worden aangenomen dat de beperking die in het hoofdgeding aan de orde is, door de vaststelling van deze wet niet ononderbroken heeft bestaan, zodat de toepassing van artikel 64, lid 1, VWEU moet worden uitgesloten.

50. Dat is ook het geval indien de in 2001 ontstane tusseninkomsten volgens de belastingregels van het op 1 januari 2001 in werking getreden StSenkG 2000 moesten worden opgenomen in de heffingsgrondslag van de betrokken ingezeten belastingplichtige, niettegenstaande het feit dat de belastingadministratie, wegens de intrekking van deze wet op 25 december 2001, deze regels uiteindelijk niet heeft toegepast om in 2002 de belastingen over deze inkomsten te heffen.

51. Gelet op de voorgaande overwegingen moet op de tweede vraag worden geantwoord dat de „standstillbepaling" in artikel 64, lid 1, VWEU aldus moet worden uitgelegd dat het verbod in artikel 63, lid 1, VWEU van toepassing is op een beperking van het kapitaalverkeer naar of uit derde landen in verband met directe investeringen, wanneer de aan die beperking ten grondslag liggende nationale belastingregeling na 31 december 1993 ingrijpend is gewijzigd ingevolge de vaststelling van een wet die in werking is getreden maar nog voordat hij in de praktijk is toegepast, is vervangen door een regeling die in wezen identiek was aan de regeling die op 31 december 1993 van toepassing was, tenzij de toepasbaarheid van deze wet uit hoofde van het nationale recht is uitgesteld, zodat hij, niettegenstaande de inwerkingtreding ervan, niet van toepassing is geweest op

het in artikel 64, lid 1, VWEU bedoelde grensoverschrijdende kapitaalverkeer, wat door de verwijzende rechter moet worden nagegaan.

Derde vraag

52. Voor het geval de verwijzende rechter, gelet op het antwoord op de tweede vraag, van oordeel zou zijn dat de nationale wettelijke regeling die in het hoofdgeding aan de orde is niet onder de „standstillbepaling" van artikel 64, lid 1, VWEU valt, moet overeenkomstig het verzoek van de verwijzende rechter de derde vraag worden behandeld.

53. Met deze vraag wenst de verwijzende rechter in wezen te vernemen of artikel 63, lid 1, VWEU aldus moet worden uitgelegd dat het in de weg staat aan een wettelijke regeling van een lidstaat, volgens welke de inkomsten van een in een derde land gevestigde vennootschap die niet afkomstig zijn van een eigen activiteit van deze vennootschap, zoals die welke als „tusseninkomsten die kapitaalbeleggingen vormen" in de zin van die regeling worden aangemerkt, pro rata van de aangehouden deelneming moeten worden opgenomen in de heffingsgrondslag van een in die lidstaat ingezeten belastingplichtige, wanneer die belastingplichtige een deelneming van minstens 1 % in die vennootschap heeft en deze inkomsten in dat derde land worden onderworpen aan een belastingniveau dat lager is dan het belastingniveau in de betrokken lidstaat.

54. Voor het antwoord op deze vraag moet in de eerste plaats worden onderzocht of sprake is van een beperking van het vrij verkeer van kapitaal in de zin van artikel 63 VWEU en, in voorkomend geval, in de tweede plaats, of die beperking toegestaan is.

Bestaan van een beperking van het vrije verkeer van kapitaal

55. Volgens vaste rechtspraak van het Hof omvatten de maatregelen die verboden zijn op grond dat zij het kapitaalverkeer beperken mede de maatregelen die niet-ingezetenen ervan doen afzien om in een lidstaat investeringen te doen, of ingezetenen van deze lidstaat ontmoedigen in andere staten investeringen te doen (zie onder meer arresten van 18 december 2007, A, C-101/05, EU:C:2007:804, punt 40; 10 februari 2011, Haribo Lakritzen Hans Riegel en Österreichische Salinen, C-436/08 en C-437/08, EU:C:2011:61, punt 50, en 8 november 2012, Commissie/Finland, C-342/10, EU:C:2012:688, punt 28).

56. Overeenkomstig de wettelijke regeling die in het hoofdgeding aan de orde is, wordt een belastingplichtige die zijn fiscale woonplaats in Duitsland heeft en een deelneming van minstens 1 % heeft in een vennootschap die gevestigd is in een derde land met een „laag" belastingniveau, pro rata van zijn deelneming belast op de door deze vennootschap gerealiseerde zogenoemde „passieve" inkomsten, namelijk de „tusseninkomsten die kapitaalbeleggingen vormen" in de zin van die wettelijke regeling, los van enige winstuitkering. Een belastingplichtige die een even grote deelneming in een in Duitsland gevestigde vennootschap aanhoudt, is daarentegen niet onderworpen aan die regeling, daar deze per definitie uitsluitend van toepassing is op grensoverschrijdende situaties.

57. Een dergelijk verschil in fiscale behandeling kan nadelige gevolgen hebben voor een ingezeten belastingplichtige die een deelneming heeft in een in een derde land gevestigde vennootschap die dergelijke „passieve" inkomsten ontvangt, aangezien de winst van deze vennootschap wordt opgenomen in de heffingsgrondslag van de belastingplichtige, pro rata van zijn deelneming in die vennootschap. Ten opzichte van een belastingplichtige die een vergelijkbare deelneming heeft in een vennootschap die gevestigd is in diens woonstaat, in casu Duitsland, levert dit verschil in fiscale behandeling immers een fiscaal nadeel op voor de belastingplichtige die kapitaal belegt in een derde land, aangezien de wettelijke regeling die in het hoofdgeding aan de orde is de winst van een bepaalde rechtspersoon aan deze belastingplichtige toewijst en daarover bij deze laatste belasting heft (zie naar analogie arrest van 12 september 2006, Cadbury Schweppes en Cadbury Schweppes Overseas, C-196/04, EU:C:2006:544, punt 45).

58. In deze context moet worden geoordeeld dat de wettelijke regeling die in het hoofdgeding aan de orde is, de in Duitsland onbeperkt belastingplichtige investeerders ervan doet afzien investeringen te doen in vennootschappen die in bepaalde derde landen zijn gevestigd en dientengevolge een beperking van het vrije verkeer van kapitaal vormt die in beginsel is verboden door artikel 63, lid 1, VWEU.

Toelaatbaarheid van de beperking

59. Gelet op de restrictieve aard van de wettelijke regeling die in het hoofdgeding aan de orde is, moet worden onderzocht, zoals de Duitse regering opmerkt, of de door deze regeling in het leven geroepen beperking van het vrij verkeer van kapitaal kan worden gerechtvaardigd in het licht van artikel 65, lid 1, onder a), VWEU,

dat luidt als volgt: „[h]et bepaalde in artikel 63 [VWEU] doet niets af aan het recht van de lidstaten [...] de ter zake dienende bepalingen van hun belastingwetgeving toe te passen die onderscheid maken tussen belastingplichtigen die niet in dezelfde situatie verkeren met betrekking tot hun vestigingsplaats of de plaats waar hun kapitaal is belegd".

60. Het is vaste rechtspraak dat artikel 65, lid 1, onder a), VWEU, als uitzondering op het fundamentele beginsel van het vrije verkeer van kapitaal, strikt moet worden uitgelegd. Bijgevolg kan het niet aldus worden uitgelegd dat elke belastingwetgeving die tussen belastingplichtigen een onderscheid maakt naargelang van hun vestigingsplaats of van de staat waar zij hun kapitaal beleggen, automatisch verenigbaar is met het Verdrag (arresten van 11 september 2008, Eckelkamp e.a., C-11/07, EU:C:2008:489, punt 57; 10 februari 2011, Haribo Lakritzen Hans Riegel en Österreichische Salinen, C-436/08 en C-437/08, EU:C:2011:61, punt 56, en 10 april 2014, Emerging Markets Series of DFA Investment Trust Company, C-190/12, EU:C:2014:249, punt 55).

61. De door artikel 65, lid 1, onder a), VWEU toegestane verschillen in behandeling mogen volgens lid 3 van dit artikel geen middel tot willekeurige discriminatie vormen, noch een verkapte beperking. Het Hof heeft derhalve geoordeeld dat dergelijke verschillen in behandeling slechts toegestaan zijn wanneer zij betrekking hebben op situaties die niet objectief vergelijkbaar zijn of worden gerechtvaardigd door een dwingende reden van algemeen belang (zie in die zin arresten van 6 juni 2000, Verkooijen, C-35/98, EU:C:2000:294, punt 43; 7 september 2004, Manninen, C-319/02, EU:C:2004:484, punt 29, en 17 september 2009, Glaxo Wellcome, C-182/08, EU:C:2009:559, punt 68).

62. In de eerste plaats moet dus worden nagegaan of het betrokken verschil in behandeling betrekking heeft op objectief vergelijkbare situaties, en in voorkomend geval moet in de tweede plaats worden onderzocht of de betrokken beperking van het vrije verkeer van kapitaal kan worden gerechtvaardigd door een dwingende reden van algemeen belang.

– Vergelijkbaarheid van situaties

63. De Duitse regering betwist dat sprake is van een beperking van het vrije verkeer van kapitaal, met als betoog dat de situatie van belastingplichtigen die een deelneming hebben in een in een derde land gevestigde vennootschap die aan een lage belasting is onderworpen, als bedoeld in de wettelijke regeling die in het hoofdgeding aan de orde is, niet vergelijkbaar is met die van belastingplichtigen die een dergelijke deelneming aanhouden in een in Duitsland ingezeten vennootschap. Volgens de Duitse regering kunnen deze situaties niet met elkaar worden vergeleken, met name omdat deze regeling ziet op deelnemingen in vennootschappen die niet onder de Duitse fiscale bevoegdheid vallen en in een derde land slechts aan een laag belastingniveau zijn onderworpen.

64. Het is vaste rechtspraak dat de vergelijkbaarheid van een grensoverschrijdende situatie met een binnenlandse situatie wordt onderzocht aan de hand van het met de betrokken nationale bepalingen nagestreefde doel (zie in die zin arresten van 18 juli 2007, Oy AA, C-231/05, EU:C:2007:439, punt 38; 1 april 2014, Felixstowe Dock and Railway Company e.a., C-80/12, EU:C:2014:200, punt 25, en 12 juni 2018, Bevola en Jens W. Trock, C-650/16, EU:C:2018:424, punt 32).

65. In dat opzicht blijkt uit de toelichting van de verwijzende rechter dat het doel van de wettelijke regeling die in het hoofdgeding aan de orde is erin bestaat „de overdracht van de (passieve) inkomsten van personen die onbeperkt belastingplichtig zijn naar staten met een laag niveau van belasting te verhinderen of te neutraliseren". Volgens de Duitse regering is deze regeling tevens bedoeld om belastingontduiking door kunstmatige overdracht van inkomsten naar derde landen met een laag belastingniveau te verhinderen.

66. Het is juist dat het niet aan een lidstaat is om, in het kader van de op zijn grondgebied gedane investeringen, de doelstelling van de bestrijding van de overdracht van inkomsten naar derde landen met een laag belastingniveau na te streven.

67. Zoals de advocaat-generaal in punt 71 van zijn conclusie heeft opgemerkt, heeft de wettelijke regeling die in het hoofdgeding aan de orde is echter tot doel, de situatie van ingezeten vennootschappen die kapitaal hebben geïnvesteerd in een vennootschap in een derde land met een „laag" belastingniveau zo veel mogelijk op één lijn te brengen met die van ingezeten vennootschappen die hun kapitaal hebben geïnvesteerd in een andere in Duitsland ingezeten vennootschap, teneinde met name de mogelijke fiscale voordelen die eerstgenoemde vennootschappen zouden kunnen behalen uit de plaatsing van hun kapitaal in een derde land zo veel mogelijk te neutraliseren. Zodra een lidstaat een ingezeten vennootschap eenzijdig onderwerpt aan de belasting over inkomsten die zijn gerealiseerd door een in een derde land gevestigde vennootschap waarin die ingezeten vennootschap een deelneming heeft, kan de situatie van deze ingezeten vennootschap worden

vergeleken met die van een ingezeten vennootschap die een deelneming in een andere ingezeten vennootschap aanhoudt (zie naar analogie arrest van 12 september 2006, Cadbury Schweppes en Cadbury Schweppes Overseas, C-196/04, EU:C:2006:544, punt 45, en 14 december 2006, Denkavit Internationaal en Denkavit France, C-170/05, EU:C:2006:783, punten 35 en 36).

68. In deze context en zonder afbreuk te doen aan het onderzoek of de wettelijke regeling die in het hoofdgeding aan de orde is, eventueel kan worden gerechtvaardigd door een dwingende reden van algemeen belang, zou door te erkennen dat situaties niet met elkaar kunnen worden vergeleken op grond van het enkele feit dat de betrokken investeerder deelnemingen in een in een derde land gevestigde vennootschap heeft, terwijl artikel 63, lid 1, VWEU juist beperkingen van het grensoverschrijdend kapitaalverkeer verbiedt, deze bepaling volledig worden uitgehold (zie naar analogie arrest van 12 juni 2018, Bevola en Jens W. Trock, C-650/16, EU:C:2018:424, punt 35).

69. Uit een en ander blijkt dat het in het hoofdgeding aan de orde zijnde verschil in behandeling betrekking heeft op situaties die objectief vergelijkbaar zijn.

– Bestaan van een dwingende reden van algemeen belang

70. Volgens vaste rechtspraak van het Hof is een beperking van het vrije kapitaalverkeer slechts aanvaardbaar indien zij wordt gerechtvaardigd door dwingende eisen van algemeen belang, en als dat het geval is, alleen als zij geschikt is om de verwezenlijking van het nagestreefde doel te waarborgen en niet verder gaat dan ter bereiking van dat doel noodzakelijk is (zie in die zin arresten van 11 oktober 2007, ELISA, C-451/05, EU:C:2007:594, punten 79 en 82; 23 januari 2014, DMC, C-164/12, EU:C:2014:20, punt 44, en 21 juni 2018, Fidelity Funds e.a., C-480/16, EU:C:2018:480, punt 64).

71. De Duitse, de Franse en de Zweedse regering zijn in hun schriftelijke opmerkingen van mening dat een wettelijke regeling als aan de orde in het hoofdgeding kan worden gerechtvaardigd door dwingende redenen van algemeen belang die zijn ontleend aan de handhaving van een evenwichtige verdeling van de heffingsbevoegdheid tussen de lidstaten en derde landen, het voorkomen van belastingfraude en belastingontduiking en de noodzaak te zorgen voor doeltreffende belastingcontroles.

72. Dienaangaande moet meteen eraan worden herinnerd dat de noodzaak van handhaving van een evenwichtige verdeling van de heffingsbevoegdheid tussen de lidstaten en derde landen een rechtvaardigingsgrond voor een beperking van het vrije verkeer van kapitaal kan vormen, met name wanneer de betrokken nationale maatregelen ertoe strekken gedragingen te voorkomen die afbreuk kunnen doen aan het recht van een lidstaat om zijn belastingbevoegdheid uit te oefenen met betrekking tot activiteiten die op zijn grondgebied plaatsvinden (zie in die zin arresten van 10 februari 2011, Haribo Lakritzen Hans Riegel en Österreichische Salinen, C-436/08 en C-437/08, EU:C:2011:61, punt 121; 10 mei 2012, Santander Asset management SGIIC e.a., C-338/11–C-347/11, EU:C:2012:286, punt 47, en 10 april 2014, Emerging Markets Series of DFA Investment Trust Company, C-190/12, EU:C:2014:249, punt 98).

73. In dezelfde trant heeft het Hof geoordeeld dat een nationale maatregel die het vrije kapitaalverkeer beperkt, kan worden gerechtvaardigd door de noodzaak van het voorkomen van belastingfraude en belastingontduiking wanneer de maatregel specifiek gericht is op volstrekt kunstmatige constructies die geen verband houden met de economische realiteit en in het leven zijn geroepen om de belasting te ontwijken die normaal verschuldigd is over winsten uit activiteiten die op het nationale grondgebied van de betrokken lidstaat zijn verricht (zie in die zin arresten van 12 september 2006, Cadbury Schweppes en Cadbury Schweppes Overseas, C-196/04, EU:C:2006:544, punten 51 en 55; 13 maart 2007, Test Claimants in the Thin Cap Group Litigation, C-524/04, EU:C:2007:161, punten 72 en 74, en 3 oktober 2013, Itelcar, C-282/12, EU:C:2013:629, punt 34).

74. Daarenboven volgt uit vaste rechtspraak van het Hof dat de noodzaak om de doeltreffendheid van de fiscale controles te waarborgen een dwingende reden van algemeen belang is die een beperking van het vrije kapitaalverkeer kan rechtvaardigen (zie in die zin arresten van 9 oktober 2014, van Caster, C-326/12, EU:C:2014:2269, punt 46, en 22 november 2018, Huijbrechts, C-679/17, EU:C:2018:940, punt 36). In dat verband zij eraan herinnerd dat belastingcontroles er volgens de rechtspraak van het Hof toe strekken belastingfraude en belastingontduiking te bestrijden (zie in die zin arrest van 5 juli 2012, SIAT, C-318/10, EU:C:2012:415, punt 44).

75. In deze context zijn de door de belanghebbenden aangevoerde dwingende redenen van algemeen belang, in omstandigheden als aan de orde in het hoofdgeding, nauw met elkaar verbonden (zie naar analogie arresten van 13 december 2005, Marks & Spencer, C-446/03, EU:C:2005:763, punt 51; 21 januari 2010, SGI,

C-311/08, EU:C:2010:26, punt 69, en 5 juli 2012, SIAT, C-318/10, EU:C:2012:415, punt 48). Aangezien het in punt 65 van dit arrest vermelde doel van de wettelijke regeling die in het hoofdgeding aan de orde is, in wezen beantwoordt aan deze dwingende redenen van algemeen belang en met name aan het voorkomen van belastingfraude en belastingontduiking, moet dus worden onderzocht of deze wettelijke regeling geschikt is om de verwezenlijking van het nagestreefde doel te waarborgen en niet verder gaat dan nodig is om dit doel te bereiken.

76. Aangaande het antwoord op de vraag of die wettelijke regeling geschikt is om het daarmee nagestreefde doel te bereiken, moet worden opgemerkt dat zij met name in § 7, lid 6, en § 8, lid 3, AStG 2006 bepaalt dat de winst van een in een derde land gevestigde vennootschap die „tusseninkomsten die kapitaalbeleggingen vormen" ontvangt, die in Duitsland niet belastbaar zijn en in dat derde land aan een lage belasting in de zin van deze regeling onderworpen zijn, ongeacht uitkering van deze winst, worden opgenomen in de heffingsgrondslag van een in Duitsland onbeperkt belastingplichtige persoon pro rata van het percentage van zijn deelneming in deze vennootschap en als een uitgekeerd dividend bij hem wordt belast.

77. In dat verband valt het niet uit te sluiten, zoals de advocaat-generaal in punt 94 van zijn conclusie in wezen heeft opgemerkt, dat de overdracht van vorderingen door Z, een in Duitsland gevestigde vennootschap, aan Y, een vennootschap die niet onder de Duitse fiscale bevoegdheid valt, in omstandigheden als aan de orde in het hoofdgeding tot gevolg kan hebben dat de inkomsten uit activiteiten van sportclubs die op het Duitse grondgebied zijn verricht, waarmee die vorderingen verband houden, althans gedeeltelijk niet meer onder de Duitse fiscale bevoegdheid vallen, met dien verstande dat deze vraag met betrekking tot het toepasselijke materiële belastingrecht door de verwijzende rechter moet worden beoordeeld. Hoewel het Hof niet over voldoende feitelijke gegevens beschikt om vast te stellen dat in casu de in het hoofdgeding aan de orde zijnde transacties kunstmatig zijn, valt het daarenboven evenmin uit te sluiten dat het de deelneming van X in Y aan een commerciële rechtvaardiging ontbreekt, aangezien de enige activiteit van Y bestaat in het aanhouden van vorderingen die met externe financiering, waaronder een door X verstrekte lening, zijn gekocht van een in Duitsland gevestigde vennootschap, maar dat het voornaamste doel of een van de voornaamste doelen van deze deelneming mogelijkerwijs erin bestaat de belasting die normaal verschuldigd is over de winst uit activiteiten die op het Duitse grondgebied zijn verricht, te omzeilen door Y te dien einde als een tussenvennootschap te gebruiken.

78. Aangezien een wettelijke regeling als aan de orde in het hoofdgeding, door te bepalen dat de inkomsten van een vennootschap in een derde land met een „laag" belastingniveau worden opgenomen in de heffingsgrondslag van een in Duitsland onbeperkt belastingplichtige vennootschap, geschikt is om, in omstandigheden als aan de orde in het hoofdgeding, de effecten van een eventueel kunstmatige overdracht van inkomsten naar een dergelijk derde land te neutraliseren, is die regeling in beginsel geschikt om de verwezenlijking van het ermee nagestreefde doel te waarborgen.

79. Er moet nog worden nagegaan of die wettelijke regeling niet verder gaat dan nodig is om haar doel te bereiken.

80. Volgens vaste rechtspraak van het Hof vormt de enkele omstandigheid dat een ingezeten vennootschap een deelneming heeft in een andere vennootschap in een derde land als zodanig geen algemeen vermoeden van belastingfraude en belastingontduiking ter rechtvaardiging van een belastingmaatregel die afbreuk doet aan het vrije kapitaalverkeer (zie in die zin arresten van 16 juli 1998, ICI, C-264/96, EU:C:1998:370, punt 26; 21 november 2002, X en Y, C-436/00, EU:C:2002:704, punt 62, en 11 oktober 2007, ELISA, C-451/05, EU:C:2007:594, punt 91). Zoals uit de in punt 73 van het onderhavige arrest vermelde rechtspraak blijkt, kan een nationale maatregel die het vrije verkeer van kapitaal beperkt, echter gerechtvaardigd zijn wanneer hij specifiek bedoeld is om gedragingen te verhinderen waarbij volstrekt kunstmatige constructies worden opgezet.

81. Dienaangaande wenst de verwijzende rechter te vernemen of de uitlegging van het begrip „volstrekt kunstmatige constructie", dat door het Hof is ontwikkeld in het arrest van 12 september 2006, Cadbury Schweppes en Cadbury Schweppes Overseas (C-196/04, EU:C:2006:544), kan worden toegepast op omstandigheden als aan de orde in het hoofdgeding. Hij merkt daarenboven op dat het kader van de zaak die tot dat arrest heeft geleid, werd gevormd door de vrijheid van vestiging, waarin met name artikel 49 VWEU voorziet, aangezien die zaak betrekking had op een nationale wettelijke regeling van een lidstaat, die betrekking had op de belasting, bij een in die lidstaat gevestigde belastingplichtige, over inkomsten van een in een andere lidstaat gevestigde vennootschap, met name wanneer de ingezeten belastingplichtige meer dan 50 % van het kapitaal van deze vennootschap in handen had.

82. Opgemerkt zij dat het Hof in de punten 67 en 68 van het arrest van 12 september 2006, Cadbury Schweppes en Cadbury Schweppes Overseas (C-196/04, EU:C:2006:544), heeft geoordeeld dat de vestiging van een vennootschap in een lidstaat de kenmerken van een „volstrekt kunstmatige constructie" vertoont wanneer op basis van objectieve en door derden controleerbare elementen wordt vastgesteld dat het om een fictieve vestiging gaat daar zij geen daadwerkelijke economische activiteit verricht op het grondgebied van de lidstaat van ontvangst, met name gelet op de mate waarin die vennootschap fysiek bestaat in termen van lokalen, personeel en uitrusting. Het Hof heeft daaruit afgeleid dat dergelijke fictieve vestigingen, met name vestigingen die de kenmerken van een „brievenbusmaatschappij" of een „schijnvennootschap" vertonen, ter voorkoming van belastingfraude en belastingontduiking kunnen worden onderworpen aan een specifieke belastingregeling, zonder dat de bepalingen van het Verdrag betreffende de vrijheid van vestiging daaraan in de weg staan.

83. Aangaande het antwoord op de vraag – waarop de verwijzende rechter uitdrukkelijk doelt – aan welke kwantitatieve en kwalitatieve vereisten de deelneming van een ingezeten belastingplichtige in een vennootschap in een derde land moet voldoen om niet als „volstrekt kunstmatig" te worden beschouwd, zij eraan herinnerd dat het vrije kapitaalverkeer tussen de lidstaten en derde landen niet tot doel heeft de voorwaarden te regelen waaronder vennootschappen zich binnen de interne markt kunnen vestigen (zie in die zin arrest van 13 november 2012, Test Claimants in the FII Group Litigation, C-35/11, EU:C:2012:707, punt 100), maar ertoe strekt de liberalisering van het grensoverschrijdend kapitaalverkeer te verwezenlijken (zie in die zin arresten van 14 december 1995, Sanz de Lera e.a., C-163/94, C-165/94 en C-250/94, EU:C:1995:451, punt 19, en 10 februari 2011, Haribo Lakritzen Hans Riegel en Österreichische Salinen, C-436/08 en C-437/08, EU:C:2011:61, punt 46).

84. Derhalve kan het begrip „volstrekt kunstmatige constructie", in de context van het vrije verkeer van kapitaal, niet noodzakelijk worden teruggevoerd tot de elementen betreffende de omstandigheid dat de vestiging van een vennootschap economisch gezien niet bestaat, die zijn vermeld in de punten 67 en 68 van het arrest van 12 september 2006, Cadbury Schweppes en Cadbury Schweppes Overseas (C-196/04, EU:C:2006:544), daar de vereiste voorwaarden om op ongeoorloofde wijze te ontsnappen aan de belasting in een lidstaat of om onrechtmatig in aanmerking te komen voor een belastingvoordeel in een lidstaat, wat het grensoverschrijdend kapitaalverkeer betreft, op verschillende manieren kunstmatig in het leven kunnen worden geroepen. Het is juist dat die elementen ook in het kader van de toepassing van de regels inzake het vrije verkeer van kapitaal kunnen wijzen op het bestaan van een volstrekt kunstmatige constructie, met name wanneer de beoordeling van de commerciële rechtvaardiging voor het nemen van een deelneming in een vennootschap die geen eigen economische activiteiten uitoefent, noodzakelijk blijkt te zijn. Dat begrip kan zich in het kader van het vrije kapitaalverkeer echter ook uitstrekken tot een constructie waarvan het voornaamste doel of een van de voornaamste doelen erin bestaat de winst uit activiteiten die op het grondgebied van een lidstaat hebben plaatsgevonden, kunstmatig over te dragen naar derde landen met een laag belastingniveau.

85. In casu blijkt evenwel dat de in het hoofdgeding aan de orde zijnde wettelijke regeling er niet enkel toe strekt gedragingen te verhinderen die erin bestaan dergelijke kunstmatige constructies op te zetten. Uit de verwijzingsbeslissing blijkt namelijk dat § 7, lid 6, en § 8, lid 3, AStG 2006 bepalen dat wanneer wordt vastgesteld dat een ingezeten belastingplichtige minstens 1 % houdt van het maatschappelijk kapitaal van een vennootschap in een derde land met een laag belastingniveau in de zin van deze regeling, die „tusseninkomsten die kapitaalbeleggingen vormen" in de zin van die regeling ontvangt, deze inkomsten automatisch worden opgenomen in de belastbare grondslag van deze belastingplichtige, zonder dat hem de mogelijkheid wordt geboden elementen aan te dragen die aantonen dat zijn deelneming niet berust op een kunstmatige constructie, zoals met name de commerciële redenen waarom hij een deelneming in deze vennootschap heeft genomen of het feit dat die vennootschap daadwerkelijk een economische activiteit uitoefent.

86. Dit automatisme van de wettelijke regeling die in het hoofdgeding aan de orde is, dat in wezen kan worden vergeleken met een onweerlegbaar vermoeden van belastingfraude of belastingontduiking, kan evenwel niet louter op basis van de criteria van deze regeling worden gerechtvaardigd. De omstandigheid dat een laag belastingniveau van toepassing is op de inkomsten van een in een derde land gevestigde vennootschap of de „passieve" aard van de activiteiten die deze inkomsten hebben opgeleverd, zoals omschreven in deze regeling, kunnen weliswaar wijzen op gedrag dat tot belastingfraude of belastingontduiking kan leiden, maar volstaan als zodanig niet om vast te stellen dat het nemen van een deelneming in deze vennootschap door een in een lidstaat ingezeten belastingplichtige in alle gevallen noodzakelijkerwijs een kunstmatige constructie vormt.

87. Het is vaste rechtspraak dat, wat de betrekkingen tussen lidstaten betreft, een nationale wettelijke regeling slechts evenredig is met de doelstelling van het voorkomen van belastingfraude en belastingontduiking wanneer zij de belastingplichtige in elk geval waarin het bestaan van kunstmatige transacties niet kan worden

uitgesloten, in staat stelt om zonder buitensporige administratieve moeite elementen aan te dragen met betrekking tot de eventuele commerciële redenen waarom de betrokken transactie heeft plaatsgevonden (zie in die zin arresten van 13 maart 2007, Test Claimants in the Thin Cap Group Litigation, C-524/04, EU:C:2007:161, punt 82; 5 juli 2012, SIAT, C-318/10, EU:C:2012:415, punt 50, en 3 oktober 2013, Itelcar, C-282/12, EU:C:2013:629, punt 37).

88. Gelet op de in het vorig punt vermelde rechtspraak gaat de wettelijke regeling die in het hoofdgeding aan de orde is, door louter op grond dat aan alle voorwaarden van deze regeling is voldaan te vermoeden dat sprake is van kunstmatige gedragingen, zonder daarbij de betrokken belastingplichtige in de gelegenheid te stellen dit vermoeden te weerleggen, in beginsel verder dan nodig is om haar doel te bereiken.

89. De wettelijke regeling die in het hoofdgeding aan de orde is, is evenwel niet gericht op de lidstaten, maar op derde landen.

90. Dienaangaande zij eraan herinnerd dat de rechtspraak betreffende de beperkingen van de uitoefening van de vrijheden van verkeer binnen de Unie niet integraal kan worden toegepast op het kapitaalverkeer tussen de lidstaten en derde landen, aangezien dat kapitaalverkeer zich afspeelt binnen een andere juridische context (zie met name arrest van 28 oktober 2010, Établissements Rimbaud, C-72/09, EU:C:2010:645, punt 40 en aldaar aangehaalde rechtspraak).

91. Aangaande met name de verplichting van de lidstaten om een belastingplichtige in staat te stellen elementen aan te dragen waaruit de eventuele commerciële redenen blijken waarom hij een deelneming heeft genomen in een in een derde land gevestigde vennootschap, volgt uit de rechtspraak van het Hof dat het bestaan van die verplichting moet worden beoordeeld op basis van de voorhanden zijnde bestuurlijke en regelgevende maatregelen aan de hand waarvan in voorkomend geval kan worden gecontroleerd of die elementen waarheidsgetrouw zijn (zie in die zin arresten van 11 oktober 2007, ELISA, C-451/05, EU:C:2007:594, punt 98; 28 oktober 2010, Établissements Rimbaud, C-72/09, EU:C:2010:645, punten 45 en 46, en 10 april 2014, Emerging Markets Series of DFA Investment Trust Company, C-190/12, EU:C:2014:249, punt 85).

92. Tevens volgt uit vaste rechtspraak van het Hof dat wanneer de regeling van een lidstaat de toekenning van een belastingvoordeel afhankelijk stelt van de vervulling van voorwaarden waarvan de naleving slechts kan worden gecontroleerd door het verkrijgen van inlichtingen van de bevoegde autoriteiten van een derde land, deze lidstaat in beginsel met recht kan weigeren om dat voordeel toe te kennen, met name wanneer het wegens het ontbreken van een uit een overeenkomst of verdrag voortvloeiende verplichting voor deze derde staat om inlichtingen te verstrekken, onmogelijk blijkt om deze inlichtingen van laatstgenoemde staat te verkrijgen (zie in die zin arresten van 18 december 2007, A, C-101/05, EU:C:2007:804, punt 63; 10 februari 2011, Haribo Lakritzen Hans Riegel en Österreichische Salinen, C-436/08 en C-437/08, EU:C:2011:61, punt 67, en 10 april 2014, Emerging Markets Series of DFA Investment Trust Company, C-190/12, EU:C:2014:249, punt 84).

93. In de onderhavige zaak vergt de vaststelling dat de in het hoofdgeding aan de orde zijnde deelneming van de in Duitsland gevestigde vennootschap in een vennootschap die gevestigd is een derde land, ondanks het feit dat aan de voorwaarden van § 7, lid 6, en § 8, lid 3, AStG 2006 is voldaan, niet gebaseerd is op een kunstmatige constructie, een analyse door de Duitse belastingadministratie van de inlichtingen betreffende met name de aard van de activiteiten van deze in een derde land gevestigde vennootschap.

94. Gelet op het feit dat een lidstaat de inlichtingen betreffende de activiteiten van een in een derde land gevestigde vennootschap waarin een belastingplichtige van deze lidstaat een deelneming heeft, niet hoeft te aanvaarden wanneer hij in voorkomend geval niet kan controleren of de inlichtingen waarheidsgetrouw zijn (zie in die zin arrest van 10 april 2014, Emerging Markets Series of DFA Investment Trust Company, C-190/12, EU:C:2014:249, punt 85), is het de taak van de verwijzende rechter om in casu te onderzoeken of met name sprake is van verdragsrechtelijke verplichtingen tussen de Bondsrepubliek Duitsland en de Zwitserse Bondsstaat, waarbij een rechtskader voor samenwerking en regelingen voor uitwisseling van gegevens tussen de betrokken nationale autoriteiten zijn ingevoerd, die de Duitse belastingautoriteiten daadwerkelijk in staat stellen om in voorkomend geval na te gaan of de informatie betreffende de in Zwitserland gevestigde vennootschap, die zijn verstrekt om aan te tonen dat de deelneming van die belastingplichtige in deze vennootschap niet berust op een kunstmatige constructie, waarachtig is.

95. Voor zover dat rechtskader, dat met name uit een overeenkomst of verdrag voortvloeit, tussen de betrokken lidstaat en derde land ontbreekt, moet worden aangenomen dat artikel 63, lid 1, VWEU er niet aan in de weg staat dat de betrokken lidstaat een wettelijke regeling als aan de orde in het hoofdgeding toepast, volgens welke de inkomsten van een in een derde land gevestigde vennootschap worden opgenomen in de belastbare grondslag van een ingezeten belastingplichtige, zonder dat hem de mogelijkheid wordt geboden de eventuele

commerciële redenen aan te tonen waarom hij een deelneming in deze vennootschap heeft genomen. Indien daarentegen wordt vastgesteld dat een dergelijk rechtskader bestaat, dan moet de betrokken belastingplichtige in staat worden gesteld om zonder buitensporige administratieve inspanningen de eventuele commerciële redenen voor zijn investering in het betrokken derde land aan te tonen.

96. Gelet op voorgaande overwegingen moet op de derde vraag worden geantwoord dat artikel 63, lid 1, VWEU aldus moet worden uitgelegd dat het niet in de weg staat aan een wettelijke regeling van een lidstaat volgens welke de inkomsten van een in een derde land gevestigde vennootschap die niet afkomstig zijn van een eigen activiteit van deze vennootschap, zoals de inkomsten die als „tusseninkomsten die kapitaalbeleggingen vormen" in de zin van deze regeling worden aangemerkt, pro rata van de aangehouden deelneming worden opgenomen in de belastinggrondslag van een in deze lidstaat ingezeten belastingplichtige, wanneer deze belastingplichtige een deelneming van minstens 1 % in die vennootschap heeft en deze inkomsten in dat derde land worden onderworpen aan een belastingniveau dat lager is dan het belastingniveau in de betrokken lidstaat, tenzij een rechtskader bestaat dat met name voorziet in verplichtingen uit hoofde van een overeenkomst of verdrag, die de nationale belastingautoriteiten van die lidstaat in staat stellen om in voorkomend geval na te gaan of de informatie betreffende die vennootschap die is verstrekt om aan te tonen dat de deelneming van die belastingplichtige in deze vennootschap niet berust op een kunstmatige constructie, waarachtig is.

Kosten

97. ...

Het Hof (Grote kamer)

verklaart voor recht:

1. De „standstillbepaling" in artikel 64, lid 1, VWEU moet aldus worden uitgelegd dat artikel 63, lid 1, VWEU geen afbreuk doet aan de toepassing van een beperking van het kapitaalverkeer naar of uit derde landen in verband met directe investeringen, die in wezen op 31 december 1993 bestond uit hoofde van een wettelijke regeling van een lidstaat, hoewel de omvang van deze beperking na deze datum was verruimd tot deelnemingen die geen verband houden met een directe investering.

2. De „standstillbepaling" in artikel 64, lid 1, VWEU moet aldus worden uitgelegd dat het verbod in artikel 63, lid 1, VWEU van toepassing is op een beperking van het kapitaalverkeer naar of uit derde landen in verband met directe investeringen, wanneer de aan die beperking ten grondslag liggende nationale belastingregeling na 31 december 1993 ingrijpend is gewijzigd ingevolge de vaststelling van een wet die in werking is getreden maar nog voordat hij in de praktijk is toegepast, is vervangen door een regeling die in wezen identiek was aan de regeling die op 31 december 1993 van toepassing was, tenzij de toepasbaarheid van deze wet uit hoofde van het nationale recht is uitgesteld, zodat hij, niettegenstaande de inwerkingtreding ervan, niet van toepassing is geweest op het in artikel 64, lid 1, VWEU bedoelde grensoverschrijdende kapitaalverkeer, wat door de verwijzende rechter moet worden nagegaan.

3. Artikel 63, lid 1, VWEU moet aldus worden uitgelegd dat het niet in de weg staat aan een wettelijke regeling van een lidstaat volgens welke de inkomsten van een in een derde land gevestigde vennootschap die niet afkomstig zijn van een eigen activiteit van deze vennootschap, zoals de inkomsten die als „tusseninkomsten die kapitaalbeleggingen vormen" in de zin van deze regeling worden aangemerkt, pro rata van de aangehouden deelneming worden opgenomen in de belastinggrondslag van een in deze lidstaat ingezeten belastingplichtige, wanneer deze belastingplichtige een deelneming van minstens 1 % in die vennootschap heeft en deze inkomsten in dat derde land worden onderworpen aan een belastingniveau dat lager is dan het belastingniveau in de betrokken lidstaat, tenzij een rechtskader bestaat dat met name voorziet in verplichtingen uit hoofde van een overeenkomst of verdrag, die de nationale belastingautoriteiten van die lidstaat in staat stellen om in voorkomend geval na te gaan of de informatie betreffende die vennootschap die is verstrekt om aan te tonen dat de deelneming van die belastingplichtige in deze vennootschap niet berust op een kunstmatige constructie, waarachtig is.

HvJ EU 26 februari 2019, zaak C-581/17 (Martin Wächtler v. Finanzamt Konstanz)

Grote kamer: *K. Lenaerts, president, R. Silva de Lapuerta, vicepresident, J.-C. Bonichot, A. Prechal, M. Vilaras, K. Jürimäe en C. Lycourgos, kamerpresidenten, A. Rosas, M. Ilešič, J. Malenovský, M. Safjan, D. Šváby en C. G. Fernlund (rapporteur), rechters*

Advocaat-generaal: *M. Wathelet*

1. Het verzoek om een prejudiciële beslissing betreft de uitlegging van de Overeenkomst tussen de Europese Gemeenschap en haar lidstaten, enerzijds, en de Zwitserse Bondsstaat, anderzijds, over het vrije verkeer van personen, ondertekend te Luxemburg op 21 juni 1999 (PB 2002, L 114, blz. 6; hierna: „OVP").

2. Dit verzoek is ingediend in het kader van een geding tussen Martin Wächtler en het Finanzamt Konstanz (belastingdienst van Konstanz, Duitsland) over de beslissing van deze dienst om naar aanleiding van de overbrenging van Wächtlers woonplaats van Duitsland naar Zwitserland belasting te heffen over de latente meerwaarde op de aandelen die hij aanhoudt in een in Zwitserland gevestigde vennootschap waarvan hij bovendien de zaakvoerder is.

Toepasselijke bepalingen

OVP

3. De Europese Gemeenschap en haar lidstaten, enerzijds, en de Zwitserse Bondsstaat, anderzijds, hebben op 21 juni 1999 zeven overeenkomsten gesloten, waaronder de OVP. Bij besluit 2002/309/EG, Euratom van de Raad en, wat betreft de Overeenkomst inzake wetenschappelijke en technologische samenwerking, van de Commissie van 4 april 2002 betreffende de sluiting van zeven overeenkomsten met de Zwitserse Bondsstaat (PB 2002, L 114, blz. 1), zijn die zeven overeenkomsten goedgekeurd namens de Europese Gemeenschap en in werking getreden op 1 juni 2002.

4. Volgens de preambule van de OVP verklaren de overeenkomstsluitende partijen zich „[v]astbesloten het vrije onderlinge verkeer van personen tot stand te brengen, daarbij uitgaande van de bepalingen die in de Europese Gemeenschap worden toegepast".

5. Artikel 1 van die overeenkomst luidt als volgt:

> „Deze overeenkomst beoogt met betrekking tot onderdanen van de lidstaten van de Europese Gemeenschap en van Zwitserland het volgende:
> a. het toekennen van het recht op toegang tot het grondgebied van de overeenkomstsluitende partijen en op het verblijf, de toegang tot een economische activiteit in loondienst, de vestiging als zelfstandige, alsmede op voortzetting van het verblijf op dit grondgebied;
> [...]
> c. het toekennen van het recht op toegang tot en verblijf op het grondgebied van de overeenkomstsluitende partijen voor personen die in het ontvangende land geen economische activiteit uitoefenen;
> d. het toekennen van dezelfde levensomstandigheden, arbeidsvoorwaarden en arbeidsomstandigheden als die welke voor de eigen onderdanen gelden."

6. Artikel 2 („Non-discriminatie"), bepaalt:

> „Onderdanen van een der overeenkomstsluitende partijen die legaal verblijven op het grondgebied van een andere overeenkomstsluitende partij ondervinden bij de toepassing van deze overeenkomst en overeenkomstig het bepaalde in de bijlagen I, II en III, geen discriminatie op grond van hun nationaliteit."

7. Artikel 4 van de overeenkomst, met het opschrift „Recht op verblijf en op toegang tot een economische activiteit", luidt als volgt:

> „Het recht op verblijf en op toegang tot een economische activiteit wordt gewaarborgd [...] overeenkomstig het bepaalde in bijlage I."

8. Artikel 6 van de OVP bepaalt:

> „Het recht op verblijf op het grondgebied van een overeenkomstsluitende partij wordt toegekend aan personen die geen economische activiteit uitoefenen, overeenkomstig het bepaalde in bijlage I betreffende de niet-actieve leden van de beroepsbevolking."

9. In artikel 7 van die overeenkomst, met als opschrift „Andere rechten", is bepaald:

„Overeenkomstig bijlage I regelen de overeenkomstsluitende partijen met name de hierna genoemde rechten met betrekking tot het vrije verkeer van personen:
a. het recht op gelijke behandeling als de eigen onderdanen ten aanzien van de toegang tot een economische activiteit en de uitoefening daarvan, alsmede ten aanzien van de levensomstandigheden, arbeidsvoorwaarden en arbeidsomstandigheden;
b. het recht op professionele en geografische mobiliteit, waardoor onderdanen van de overeenkomstsluitende partijen zich vrij kunnen verplaatsen op het grondgebied van de ontvangende staat en daar het beroep van hun keuze kunnen uitoefenen;
c. het recht om na beëindiging van een economische activiteit hun verblijf op het grondgebied van een overeenkomstsluitende partij voort te zetten;
[...]"

10. Volgens artikel 15 van die overeenkomst vormen de bijlagen en protocollen bij deze overeenkomst een integrerend onderdeel daarvan.

11. Artikel 16 van de overeenkomst, met het opschrift „Verwijzing naar het gemeenschapsrecht", bepaalt:

„1. Om de doeleinden van de overeenkomst te bereiken nemen de overeenkomstsluitende partijen alle maatregelen die vereist zijn om in hun betrekkingen rechten en verplichtingen toe te passen die gelijkwaardig zijn met die welke zijn vervat in de rechtsbesluiten van de Europese Gemeenschap waarnaar wordt verwezen.
2. Voor zover de toepassing van deze overeenkomst begrippen van het Gemeenschapsrecht beroert, wordt de desbetreffende jurisprudentie van het Hof van Justitie van de Europese Gemeenschappen die vóór de datum van ondertekening van de overeenkomst tot stand is gekomen in aanmerking genomen. Jurisprudentie die na de ondertekening van de overeenkomst tot stand komt wordt ter kennis gebracht van Zwitserland. Met het oog op de goede werking van de overeenkomst bepaalt het Gemengd Comité op verzoek van een der overeenkomstsluitende partijen welke de implicaties van deze jurisprudentie zijn."

12. Artikel 21 van deze overeenkomst, met als opschrift „Verband met bilaterale overeenkomsten inzake dubbele belastingheffing", bepaalt:

„1. Aan het bepaalde in bilaterale overeenkomsten tussen Zwitserland en de lidstaten van de Europese Gemeenschap inzake dubbele belastingheffing wordt geen afbreuk gedaan door het bepaalde in de onderhavige overeenkomst. Het bepaalde in de onderhavige overeenkomst heeft met name geen gevolgen voor de definitie van het begrip ‚grensarbeider' volgens overeenkomsten inzake dubbele belastingheffing.
2. Geen van de bepalingen van deze overeenkomst kan worden geïnterpreteerd als een beletsel voor de overeenkomstsluitende partijen om bij de toepassing van de desbetreffende bepalingen van hun fiscale wetgeving onderscheid te maken tussen belastingplichtigen die zich in verschillende situaties bevinden, met name wat hun woonplaats betreft.
3. Geen van de bepalingen van deze overeenkomst vormt een beletsel voor de overeenkomstsluitende partijen om een maatregel vast te stellen of toe te passen met het oog op de heffing, betaling en doeltreffende inning van belastingen of ter vermijding van belastingontduiking, overeenkomstig de nationale fiscale wetgeving van een overeenkomstsluitende partij, overeenkomsten ter vermijding van dubbele belastingheffing waarbij enerzijds Zwitserland en anderzijds een of meer lidstaten van de Europese Gemeenschap zijn gebonden, of andere fiscale regelingen."

13. Bijlage I bij de OVP betreft het vrije verkeer van personen. Artikel 6, lid 1, van die bijlage luidt:

„Aan werknemers in loondienst die onderdaan zijn van een overeenkomstsluitende partij (hierna ‚werknemers' genoemd) en die gedurende ten minste één jaar werkzaam zijn bij een werkgever in het ontvangende land, wordt een verblijfsvergunning verstrekt met een geldigheidsduur van ten minste vijf jaar vanaf de datum van afgifte."

14. Artikel 7, lid 1, van die bijlage bepaalt:

„Een grensarbeider is een onderdaan van een overeenkomstsluitende partij wiens woonplaats gelegen is op het grondgebied van een overeenkomstsluitende partij, en die in loondienst werkzaam is op het grondgebied van de andere overeenkomstsluitende partij, waarbij de betrokkene in beginsel iedere dag naar zijn of haar woning terugkeert, of ten minste eenmaal per week."

15. Artikel 9 van deze bijlage, met als opschrift „Gelijke behandeling", bepaalt in de leden 1 en 2:

„1. Ten aanzien van de arbeidsvoorwaarden, met name op het gebied van bezoldiging, ontslag en herintreding en herplaatsing na een periode van werkloosheid, mogen werknemers die onderdaan zijn van een overeenkomstsluitende partij op het grondgebied van de andere overeenkomstsluitende partij niet op grond van hun nationaliteit anders worden behandeld dan nationale werknemers.
2. Werknemers in loondienst en hun [...] gezinsleden genieten op het grondgebied van de andere overeenkomstsluitende partij dezelfde fiscale en sociale voordelen als nationale werknemers en hun gezinsleden."

16. Hoofdstuk III van bijlage I bij de OVP is gewijd aan zelfstandigen en bevat de artikelen 12 tot en met 16 van deze bijlage. Artikel 12, „Regels betreffende het verblijf", bepaald in lid 1:

„Aan onderdanen van een overeenkomstsluitende partij die zich op het grondgebied van een andere overeenkomstsluitende partij wensen te vestigen teneinde anders dan in loondienst een activiteit uit te oefenen (hierna ‚zelfstandigen' genoemd), wordt een verblijfsvergunning verleend met een geldigheidsduur van ten minste vijf jaar, te rekenen vanaf de datum van afgifte, mits zij bij de bevoegde nationale autoriteiten kunnen aantonen dat zij zich met dat doel hebben gevestigd of wensen te vestigen."

17. Artikel 13 van deze bijlage, met als opschrift „Zelfstandige grensarbeiders", bepaalt in lid 1:

„Een zelfstandige grensarbeider is een onderdaan van een overeenkomstsluitende partij wiens woonplaats gelegen is op het grondgebied van de ene overeenkomstsluitende partij, en die als zelfstandige een activiteit uitoefent op het grondgebied van de andere overeenkomstsluitende partij, waarbij de betrokkene in beginsel iedere dag naar zijn of haar woning terugkeert, of ten minste eenmaal per week."

18. Artikel 15 van die bijlage, met als opschrift „Gelijke behandeling", luidt als volgt:

„1. Ten aanzien van de toegang tot en de uitoefening van werkzaamheden als zelfstandige genieten zelfstandigen in het ontvangende land een behandeling die niet minder gunstig is dan de behandeling die de eigen onderdanen genieten.
2. De bepalingen van artikel 9 van deze bijlage zijn van overeenkomstige toepassing op de in dit hoofdstuk bedoelde zelfstandigen."

Verdrag tussen de Zwitserse Bondsstaat en de Bondsrepubliek Duitsland

19. Het Verdrag tussen de Zwitserse Bondsstaat en de Bondsrepubliek Duitsland ter vermijding van dubbele belasting op het gebied van inkomen en vermogen van 11 augustus 1971 (BGBl. 1972 II, blz. 1022), zoals gewijzigd bij het protocol van 27 oktober 2010 (BGBl. 2011 I, blz. 1092) (hierna: „Verdrag tussen de Zwitserse Bondsstaat en de Bondsrepubliek Duitsland"), bepaalt in artikel 1:

„Dit verdrag is van toepassing op personen die inwoner zijn van een of van beide verdragsluitende staten."

20. Artikel 4, lid 1, van het Verdrag tussen de Zwitserse Bondsstaat en de Bondsrepubliek Duitsland luidt als volgt:

„In de zin van dit verdrag wordt onder ‚inwoner van een overeenkomstsluitende staat' verstaan elke persoon die volgens de wetgeving van deze staat onbeperkt belastingplichtig in die staat is."

21. In artikel 13 van dit verdrag is bepaald:

„1. Winsten verkregen uit de vervreemding van onroerende zaken zoals omschreven in lid 2 van artikel 6, worden belast in de overeenkomstsluitende staat waar deze goederen zijn gelegen.
2. Winsten verkregen uit de vervreemding van roerende zaken die deel uitmaken van het bedrijfsvermogen van een vaste inrichting die een onderneming van een overeenkomstsluitende staat heeft in de andere overeenkomstsluitende staat, of van roerende zaken die een vaste basis vormen waarover een inwoner van een overeenkomstsluitende staat beschikt in de andere overeenkomstsluitende staat met het oog op de uitoefening van een vrij beroep, daaronder begrepen winsten uit de algehele vervreemding van die vaste inrichting (alleen of met de gehele onderneming) of van deze vaste basis, worden in die andere staat belast. [...]
3. Winsten verkregen uit de vervreemding van andere dan in de leden 1 en 2 genoemde goederen worden alleen belast in de overeenkomstsluitende staat waar de vervreemder zijn woonplaats heeft.
[...]
5. Indien een verdragsluitende staat bij het vertrek van een natuurlijk persoon die inwoner van deze staat is, belasting heft over de meerwaarden uit een aanmerkelijke deelneming in een vennootschap die inge-

zetene van deze staat is, zal de andere staat, wanneer hij belasting heft over de winsten uit de latere vervreemding van de deelneming overeenkomstig lid 3, deze vermogenswinst bepalen door als basis voor de aanschaffingsprijs het bedrag te nemen dat eerstbedoelde staat heeft aanvaard als opbrengst op het tijdstip van vertrek."

22. Artikel 27, lid 1, van dit verdrag bepaalt:

„De bevoegde autoriteiten van de verdragsluitende staten wisselen inlichtingen uit die vermoedelijk van belang zijn voor de toepassing van de bepalingen van dit verdrag of voor het beheer of de toepassing van de nationale wetgeving betreffende enige belasting die wordt geheven voor rekening van de verdragsluitende staten of hun deelstaten, regio's, districten, kantons, gemeenten of verenigingen van gemeenten, voor zover de belastingheffing niet in strijd is met het verdrag. De uitwisseling van inlichtingen wordt niet beperkt door de artikelen 1 en 2."

Duits recht

23. Het Einkommensteuergesetz (wet op de inkomstenbelasting), in de op het hoofdgeding toepasselijke versie (BGBl. 2009 I, blz. 3366; hierna: „EStG"), bepaalt in § 1, lid 1, het volgende:

„Natuurlijke personen die hun woonplaats of gewone verblijfplaats in Duitsland hebben, zijn onbeperkt aan de inkomstenbelasting onderworpen. [...]"

24. § 17, leden 1 en 2, EStG luidt:

„1. Als bedrijfsinkomsten wordt eveneens aangemerkt de meerwaarde uit de overdracht van aandelen in een kapitaalvennootschap indien de overdrager gedurende een daaraan voorafgaande periode van vijf jaar direct of indirect een deelneming van ten minste 1 % in het vennootschapskapitaal heeft aangehouden. [...]
2. Een meerwaarde in de zin van lid 1 bestaat in het verschil, na aftrek van de kosten voor de overdracht, tussen de verkoopprijs en de aanschaffingsprijs. [...]"

25. Het Gesetz über die Besteuerung bei Auslandsbeziehungen (wet inzake belastingheffing in een internationale context) van 8 september 1972 (BGBl. 1972 I, blz. 1713), in de op het hoofdgeding toepasselijke versie (hierna: „AStG"), bepaalt in § 6:

„1. Ingeval een natuurlijk persoon gedurende in het totaal minstens tien jaar overeenkomstig § 1, lid 1, [EStG] onbeperkt belastingplichtig is geweest en zijn onbeperkte belastingplicht eindigt met de overbrenging van de woonplaats of gebruikelijke verblijfplaats, dient § 17 [EStG] te worden toegepast op de in § 17, lid 1, eerste volzin, [EStG] bedoelde aandelen op het tijdstip waarop de onbeperkte belastingplicht eindigt, ook al vindt er geen overdracht plaats, indien op die datum bovendien is voldaan aan de in deze bepaling gestelde voorwaarden met betrekking tot de aandelen.
[...]
4. Onder voorbehoud van lid 5, moet de krachtens lid 1 verschuldigde inkomstenbelasting op verzoek worden uitgesteld in de vorm van spreiding in meerdere regelmatige betaaltermijnen over een periode van hoogstens vijf jaar vanaf de eerste termijn, mits een zekerheid wordt gesteld, voor zover onmiddellijke inning voor de belastingplichtige tot moeilijk draagbare gevolgen zou leiden. Het uitstel moet ongedaan worden gemaakt indien de aandelen tijdens de periode van uitstel worden overgedragen of in het geheim worden ingebracht in een vennootschap in de zin van § 17, lid 1, [EStG], of indien een van de in § 17, lid 4, [EStG] bedoelde gevallen zich voordoet. [...]
5. Indien de belastingplichtige die zich in de in lid 1, eerste volzin, bedoelde situatie bevindt, onderdaan is van een lidstaat [...] of een andere staat die partij is bij de Overeenkomst betreffende de Europese Economische Ruimte [van 2 mei 1992 (PB 1994, L 1, blz. 3; hierna: „EER-Overeenkomst")], en indien hij na beëindiging van de onbeperkte belastingplicht onderworpen is aan een belasting in een van deze staten (ontvangende staat) die te vergelijken is met de Duitse inkomstenbelasting, moet de krachtens lid 1 verschuldigde belasting worden uitgesteld zonder dat rente verschuldigd is en zonder dat een zekerheid moet worden gesteld. Als voorwaarde voor deze maatregel geldt dat de administratieve bijstand en de wederzijdse ondersteuning inzake de inning van belastingen tussen de Bondsrepubliek Duitsland en deze staat gewaarborgd zijn. [...]
Het uitstel moet ongedaan worden gemaakt in de volgende gevallen:
1. indien de belastingplichtige of zijn rechtsopvolger in de zin van punt 1, derde volzin, de aandelen overdraagt of in het geheim inbrengt in een vennootschap in de zin van § 17, lid 1, eerste volzin, [EStG], of indien een van de in § 17, lid 4, [EStG] bedoelde gevallen zich voordoet;

2. indien de aandelen worden overgedragen aan een niet onbeperkt belastingplichtige die in een lidstaat [...] of een staat die partij is bij de EER-Overeenkomst niet aan belasting is onderworpen op een wijze die te vergelijken is met de onbeperkte belastingplicht in de Duitse inkomstenbelasting;

3. indien over de aandelen een voorheffing wordt geheven of indien zij zijn onderworpen aan een andere handeling waarbij naar nationaal recht de gedeeltelijke waarde of de verkoopwaarde in aanmerking wordt genomen;

4. indien de belastingplichtige of zijn rechtsopvolger in de zin van punt 1, derde volzin, niet langer belastingplichtig is in de zin van de eerste volzin wegens de overbrenging van zijn woonplaats of zijn gebruikelijke verblijfplaats."

Hoofdgeding en prejudiciële vraag

26. Wächtler, Duits onderdaan, is sinds 1 februari 2008 bestuurder van een vennootschap naar Zwitsers recht. Hij werkt bij die vennootschap als IT-consultant en bezit 50 % van de aandelen ervan.

27. Op 1 maart 2011 heeft Wächtler zijn woonplaats overgebracht van Duitsland naar Zwitserland. Naar aanleiding daarvan heeft de belastingdienst van Konstanz op grond van § 6 AStG en § 17 EStG inkomstenbelasting geheven over de latente meerwaarde op zijn deelneming in die vennootschap.

28. Volgens Wächtler was die belasting, die louter was geheven omdat hij zijn woonplaats naar Zwitserland had overgebracht, in strijd met de OVP en meer in het bijzonder met het recht op vestiging waarin die overeenkomst voorziet. Daarom heeft hij beroep ingesteld bij het Finanzgericht Baden-Württemberg.

29. Die rechter twijfelt of de betrokken belastingregeling verenigbaar is met de preambule en de artikelen 1, 2, 4, 6, 7, 16 en 21 van de OVP en met artikel 9 van bijlage I bij die overeenkomst. Volgens de betrokken belastingregeling worden namelijk latente meerwaarden op aandelen belast, zonder uitstel van de betaling van de verschuldigde belasting, wanneer een onderdaan van de betrokken lidstaat zijn woonplaats overbrengt naar Zwitserland, terwijl, wanneer een dergelijke onderdaan zijn woonplaats overbrengt naar een andere lidstaat dan de Bondsrepubliek Duitsland of naar een derde land dat partij is bij de EER-Overeenkomst, die belastingregeling uitstel toekent, zonder rente en zonder zekerheidstelling, van de betaling van een dergelijke belasting tot de effectieve overdracht van de betrokken aandelen, op voorwaarde dat, ten eerste, de ontvangende staat de Bondsrepubliek Duitsland bijstand en ondersteuning inzake de inning van belastingen verleent en, ten tweede, de belastingplichtige in die ontvangende staat onderworpen is aan een belasting die te vergelijken is met de Duitse inkomstenbelasting.

30. De verwijzende rechter merkt op dat de nationale wetgever dit uitstel, wat het laatste geval van overbrenging van de woonplaats betreft, heeft ingevoerd bij § 6, lid 5, AStG en wel omdat, indien de betaling van de betrokken belasting niet kan worden uitgesteld, de betrokken belastingregeling in strijd zou zijn met de door het Unierecht gewaarborgde vrijheid van vestiging, aangezien een Duits onderdaan die zijn woonplaats op het nationale grondgebied behoudt, immers eerst wordt belast op het moment waarop de meerwaarden op de betrokken aandelen zijn gerealiseerd. Dat de bij die bepaling ingevoerde wijziging betreffende het uitstel van de inning verenigbaar is met het Unierecht, is bovendien bevestigd bij het arrest van 11 maart 2004, de Lasteyrie du Saillant (C-9/02, EU:C:2004:138).

31. In het geval dat de betrokken belastingregeling een beperking van de vrijheid van vestiging in de zin van de OVP vormt, vraagt de verwijzende rechter zich af of die beperking kan worden gerechtvaardigd door dwingende redenen van algemeen belang die verband houden met het behoud van een verdeling van de heffingsbevoegdheid tussen de betrokken verdragsluitende partijen, de doeltreffendheid van fiscale controles en de noodzaak om de doeltreffende inning van belastingen te waarborgen om een verlies van belastinginkomsten tegen te gaan en, indien dit het geval is, of die beperking geschikt is om de nagestreefde doelstelling te verwezenlijken en niet verder gaat dan nodig is om die doelstelling te bereiken.

32. Tegen deze achtergrond heeft het Finanzgericht Baden-Württemberg de behandeling van de zaak geschorst en het Hof verzocht om een prejudiciële beslissing over de volgende vraag:

„Moeten de bepalingen van de [OVP], inzonderheid de preambule, de artikelen 1, 2, 4, 6, 7, 16 en 21 alsmede artikel 9 van bijlage I, aldus worden uitgelegd dat zij zich verzetten tegen de regeling van een lidstaat volgens welke – om te voorkomen dat over een belastbare grondslag geen belasting wordt geheven – latente, nog niet gerealiseerde meerwaarden op deelnemingen in een vennootschap (zonder uitstel) worden belast, wanneer een onderdaan van die lidstaat die daar aanvankelijk onbeperkt belastingplichtig was, zijn woonplaats van die staat naar Zwitserland overbrengt en niet naar een lidstaat [...] of een staat die partij is bij de EER-Overeenkomst?"

Beantwoording van de prejudiciële vraag

33. Zoals in punt 30 van het onderhavige arrest is uiteengezet, heeft de nationale wetgever voorzien in de mogelijkheid om de betaling van belasting over de latente meerwaarden op aandelen uit te stellen, in het geval van een Duits onderdaan die zijn domicilie overbrengt naar een andere lidstaat dan de Bondsrepubliek Duitsland of naar een derde land dat partij is bij de EER-Overeenkomst, teneinde de Duitse belastingregeling in overeenstemming te brengen met het Unierecht inzake het vrije verkeer van personen. Een Duits onderdaan die zijn woonplaats op het nationale grondgebied behoudt, wordt namelijk eerst belast over de meerwaarden op aandelen op het moment waarop deze zijn gerealiseerd.

34. Derhalve moet de vraag van de verwijzende rechter aldus worden opgevat dat hij in wezen wenst te vernemen of de bepalingen van de OVP aldus moeten worden uitgelegd dat zij zich verzetten tegen een belastingregeling van een lidstaat, die in een situatie waarin een onderdaan van een lidstaat, die een natuurlijke persoon is die een economische activiteit uitoefent op het grondgebied van de Zwitserse Bondsstaat, zijn woonplaats overbrengt van de lidstaat van de betrokken belastingregeling naar Zwitserland, voorziet in de onmiddellijke inning, op het tijdstip van die overdracht, van de belasting die is verschuldigd over de latente meerwaarden op aandelen die in het bezit van die onderdaan zijn, terwijl de belasting, indien de woonplaats in die lidstaat wordt behouden, eerst wordt geïnd op het tijdstip waarop die meerwaarden zijn gerealiseerd, te weten bij de overdracht van de betrokken aandelen.

35. Om te beginnen moet de OVP, aangezien het een internationaal verdrag betreft, overeenkomstig artikel 31 van het Verdrag van Wenen inzake het verdragenrecht van 23 mei 1969 (*United Nations Treaty Series*, deel 1155, blz. 331), te goeder trouw worden uitgelegd overeenkomstig de gewone betekenis van de termen van het verdrag in hun context en in het licht van het voorwerp en het doel van het verdrag (arresten van 2 maart 1999, Eddline El-Yassini, C-416/96, EU:C:1999:107, punt 47, en 24 november 2016, SECIL, C-464/14, EU:C:2016:896, punt 94 en aldaar aangehaalde rechtspraak). Voorts volgt uit die bepaling dat een term in een bijzondere betekenis dient te worden verstaan als vaststaat dat dit de bedoeling van de partijen is geweest (zie in die zin arrest van 27 februari 2018, Western Sahara Campaign UK, C-266/16, EU:C:2018:118, punt 70).

36. In dit verband moet in de eerste plaats worden opgemerkt dat de OVP deel uitmaakt van het ruimere kader van de betrekkingen tussen de Europese Unie en de Zwitserse Bondsstaat. Deze laatste neemt weliswaar niet deel aan de Europese Economische Ruimte en aan de interne markt van de Unie, doch is met de Unie verbonden via een groot aantal overeenkomsten die betrekking hebben op zeer ruime materies en voorzien in specifieke rechten en verplichtingen, die in zekere opzichten vergelijkbaar zijn met die waarin is voorzien bij het Verdrag. De algemene doelstelling van die overeenkomsten, met inbegrip van de OVP, bestaat in het aanhalen van de economische banden tussen de Unie en de Zwitserse Bondsstaat (arrest van 6 oktober 2011, Graf en Engel, C-506/10, EU:C:2011:643, punt 33).

37. Aangezien de Zwitserse Bondsstaat echter niet is toegetreden tot de interne markt van de Unie, kan de van de Unierechtelijke bepalingen inzake deze markt gegeven uitlegging echter niet automatisch worden getransponeerd op de uitlegging van de OVP, behoudens uitdrukkelijke bepalingen in die zin in deze overeenkomst zelf (arrest van 15 maart 2018, Picart, C-355/16, EU:C:2018:184, punt 29).

38. Wat in de tweede plaats de doelstelling van de OVP en de uitlegging van de bewoordingen ervan betreft, volgt uit de preambule, artikel 1 en artikel 16, lid 2, van die overeenkomst dat deze tot doel heeft in het belang van de onderdanen, natuurlijke personen, van de Unie en van de Zwitserse Bondsstaat het vrije verkeer van personen op het grondgebied van die partijen tot stand te brengen, daarbij uitgaande van de bepalingen die in de Unie worden toegepast, waarvan de begrippen moeten worden uitgelegd met inaanmerkingneming van de desbetreffende rechtspraak die vóór de datum van ondertekening van die overeenkomst tot stand is gekomen.

39. Met betrekking tot de rechtspraak van na die datum, bepaalt artikel 16, lid 2, van de OVP dat deze ter kennis wordt gebracht van de Zwitserse Bondsstaat en voorts dat, met het oog op de goede werking van die overeenkomst, het in artikel 14 van die overeenkomst bedoelde gemengd comité op verzoek van een der overeenkomstsluitende partijen bepaalt welke de implicaties van deze rechtspraak zijn. Ook bij gebreke van een beslissing van dat comité moet, zoals de advocaat-generaal in de punten 71 en 72 van zijn conclusie heeft opgemerkt, echter eveneens rekening worden gehouden met die rechtspraak, mits daarin alleen maar een verduidelijking of een bevestiging wordt gegeven van de beginselen die reeds zijn geformuleerd in de op de datum van ondertekening van de OVP bestaande rechtspraak inzake de begrippen van het Unierecht, waarop die overeenkomst is gebaseerd.

40. De werkingssfeer en de bepalingen van de OVP moeten in het licht van deze overwegingen worden onderzocht.

41. Volgens de preambule en artikel 1, onder a) en c), van de OVP vallen zowel natuurlijke personen die een economische activiteit uitoefenen als natuurlijke personen die geen economische activiteit uitoefenen binnen de werkingssfeer van die overeenkomst.

42. Blijkens het dossier waarover het Hof beschikt, oefent Wächtler een economische activiteit uit, te weten die van IT-consultant bij een in Zwitserland gevestigde vennootschap waarvan hij de bestuurder is.

43. Wat meer in het bijzonder een dergelijke persoon betreft, volgt uit artikel 1, onder a), van die overeenkomst dat deze het toekennen van het recht op toegang tot het grondgebied van de overeenkomstsluitende partijen en op het verblijf, de toegang tot een economische activiteit in loondienst, de vestiging als zelfstandige, alsmede op voortzetting van het verblijf op dit grondgebied beoogt. Daartoe bepaalt artikel 4 van die overeenkomst dat het recht op verblijf en op toegang tot een economische activiteit wordt gewaarborgd overeenkomstig het bepaalde in bijlage I bij die overeenkomst.

44. Wat het statuut betreft waaronder de betrokken economische activiteit wordt uitgeoefend, volgt uit een vergelijking tussen de artikelen 6 en 7 van bijlage I bij de OVP en de artikelen 12 en 13 van die bijlage dat het onderscheid tussen werknemer in loondienst en zelfstandige verband houdt met de vraag of de betrokken economische activiteit een „activiteit in loondienst" of een „activiteit anders dan in loondienst" is.

45. In dat verband dient in herinnering te worden gebracht dat het begrip „werknemer" een Unierechtelijk begrip is (arrest van 19 maart 1964, Unger, 75/63, EU:C:1964:19, blz. 363) dat reeds bestond op de datum van ondertekening van deze overeenkomst. Het hoofdkenmerk van een arbeidsverhouding in loondienst is, dat iemand gedurende een bepaalde tijd voor een ander en onder diens gezag prestaties levert en als tegenprestatie een vergoeding ontvangt. Als een „werkzaamheid anders dan in loondienst" moet daarentegen worden aangemerkt de activiteit die zonder gezagsverhouding wordt uitgeoefend (zie naar analogie arresten van 27 juni 1996, Asscher, C-107/94, EU:C:1996:251, punten 25 en 26, en 20 november 2001, Jany e.a., C-268/99, EU:C:2001:616, punt 34).

46. Daar Wächtler zijn activiteiten als IT-consultant uitoefent bij een vennootschap waarvan hij bestuurder is en waarvan hij 50 % van de aandelen bezit, is in casu geen sprake van een band van ondergeschiktheid die kenmerkend is voor een werkzaamheid in loondienst, zoals de advocaat-generaal in de punten 38 en 39 van zijn conclusie heeft opgemerkt. Wächtler oefent dus als zelfstandige een economische werkzaamheid anders dan in loondienst in de zin van de OVP uit.

47. Aangaande de personele werkingssfeer van het begrip „zelfstandige" in de zin van de OVP, heeft het Hof reeds vastgesteld dat deze wordt afgebakend in de artikelen 12 en 13 van bijlage I bij die overeenkomst (arrest van 15 maart 2018, Picart, C-355/16, EU:C:2018:184, punt 18).

48. Uit artikel 12, lid 1, van die bijlage volgt dat die bepaling van toepassing is op onderdanen – natuurlijke personen – van een overeenkomstsluitende partij die zich op het grondgebied van een andere overeenkomstsluitende partij vestigen en op dat grondgebied anders dan in loondienst een activiteit uitoefenen (zie in die zin arrest van 15 maart 2018, Picart, C-355/16, EU:C:2018:184, punten 22 en 23).

49. Wächtler bevindt zich in de situatie van een onderdaan van een overeenkomstsluitende partij van de OVP, te weten de Bondsrepubliek Duitsland, die zich heeft gevestigd op het grondgebied van een andere overeenkomstsluitende partij, te weten de Zwitserse Bondsstaat, om op dat grondgebied een activiteit anders dan in loondienst uit te oefenen bij een vennootschap. Die situatie valt dus binnen de werkingssfeer van artikel 12 van bijlage I bij de OVP.

50. Dat Wächtler 50 % van de aandelen bezit van de vennootschap waarbij hij de betrokken werkzaamheid anders dan in loondienst uitoefent, doet niet af aan die vaststelling. Zoals de advocaat-generaal in wezen in de punten 43 tot en met 56 van zijn conclusie heeft opgemerkt, omvat het recht van vestiging als zelfstandige in de zin van de OVP elke economische of winstgevende activiteit van een natuurlijk persoon die niet „in loondienst" wordt uitgeoefend, met uitzondering van de dienstverlening. Bovendien is voor de effectieve uitoefening van dat recht vereist dat daartoe vrijelijk de geschikte rechtsvorm kan worden gekozen.

51. Aangaande de mogelijkheid voor een onderdaan van een overeenkomstsluitende partij om de aan de OVP ontleende rechten te doen gelden ten aanzien van zijn staat van herkomst, moet worden opgemerkt dat volgens rechtspraak van het Hof die reeds bestond op de datum van ondertekening van deze overeenkomst, het recht van vestiging in de zin van het Unierecht niet alleen het voordeel van de behandeling als eigen onderdaan in de lidstaat van ontvangst beoogt te waarborgen, maar ook beoogt te beletten dat de staat van herkomst van de betrokken onderdaan dat recht beperkt (zie in die zin arrest van 27 september 1988, Daily Mail and General Trust, 81/87, EU:C:1988:456, punt 16).

52. In bepaalde omstandigheden en naargelang van de toepasselijke bepalingen kunnen onderdanen van een overeenkomstsluitende partij van de OVP de aan die overeenkomst ontleende rechten doen gelden niet alleen jegens de staat waar zij hun recht van vrij verkeer uitoefenen, maar ook jegens hun eigen staat (arrest van 15 maart 2018, Picart, C-355/16, EU:C:2018:184, punt 16 en aldaar aangehaalde rechtspraak).

53. Het door de OVP gewaarborgde vrije verkeer van personen wordt namelijk belemmerd wanneer een onderdaan van een overeenkomstsluitende partij in zijn staat van herkomst wordt benadeeld op de enkele grond dat hij zijn recht van vrij verkeer heeft uitgeoefend (arrest van 15 december 2011, Bergström, C-257/10, EU:C:2011:839, punt 28).

54. Het in artikel 15, lid 2, van bijlage I bij de OVP verankerde beginsel van gelijke behandeling, gelezen in samenhang met artikel 9 van die bijlage, kan dus door een zelfstandige die binnen de werkingssfeer van die overeenkomst valt, ook ten aanzien van diens staat van herkomst worden ingeroepen.

55. Aangezien het gelijkheidsbeginsel een begrip van Unierecht vormt (zie in die zin arresten van 19 oktober 1977, Ruckdeschel e.a., 117/76 en 16/77, EU:C:1977:160, punt 7, en 6 oktober 2011, Graf en Engel, C-506/10, EU:C:2011:643, punt 26 en aldaar aangehaalde rechtspraak) dat reeds bestond op het tijdstip van de ondertekening van de OVP, moet, zoals volgt uit de punten 38 en 39 van het onderhavige arrest, rekening worden gehouden met de beginselen die zijn ontwikkeld in de rechtspraak van het Hof betreffende gelijke behandeling teneinde te bepalen of er eventueel sprake is van een door de OVP verboden ongelijke behandeling (zie in die zin arresten van 6 oktober 2011, Graf en Engel, C-506/10, EU:C:2011:643, punt 26, en 21 september 2016, Radgen, C-478/15, EU:C:2016:705, punt 47).

56. In casu dient te worden vastgesteld dat een Duits onderdaan die, als Wächtler, zijn aan de OVP ontleende recht op vestiging als zelfstandige heeft uitgeoefend, fiscaal nadeel ondervindt ten opzichte van andere Duitse onderdanen die, net als hij, een zelfstandige activiteit uitoefenen bij een vennootschap waarvan zij aandelen bezitten, maar die, anders dan hij, hun woonplaats in Duitsland behouden. Laatstgenoemden moeten eerst belasting op de meerwaarden op de betrokken aandelen betalen wanneer die meerwaarden zijn gerealiseerd, te weten bij de overdracht van die aandelen, terwijl een onderdaan als Wächtler op het moment dat hij zijn woonplaats naar Zwitserland overbrengt de betrokken belasting dient te betalen over de latente meerwaarden op die aandelen, zonder dat hij uitstel van betaling kan genieten tot op het moment van de overdracht van die aandelen.

57. Dat verschil in behandeling, dat een liquiditeitsnadeel inhoudt voor een Duits onderdaan als Wächtler, kan hem ervan weerhouden daadwerkelijk gebruik te maken van het recht op vestiging dat hij aan de OVP ontleent. De in het hoofdgeding aan de orde zijnde belastingregeling kan dus een belemmering vormen van het door die overeenkomst gewaarborgde recht op vestiging als zelfstandige.

58. Op grond van artikel 21, lid 2, van de OVP kan echter op fiscaal vlak onderscheid worden gemaakt tussen belastingplichtigen die zich niet in een vergelijkbare situatie bevinden, met name wat hun woonplaats betreft (arrest van 21 september 2016, Radgen, C-478/15, EU:C:2016:705, punt 45).

59. Overeenkomstig § 6 AStG heeft de Bondsrepubliek Duitsland besloten zijn fiscale bevoegdheid uit te oefenen ten aanzien van de meerwaarden op aandelen in het bezit van een Duits onderdaan, die zijn aangegroeid gedurende de periode dat die onderdaan, als fiscaal ingezetene in Duitsland, onbeperkt belastingplichtig in Duitsland was en dit ongeacht het grondgebied waar die meerwaarden zijn aangegroeid.

60. Gelet op de doelstelling van die wettelijke regeling, te weten het belasten van de meerwaarden op aandelen die binnen het kader van de fiscale bevoegdheid van de Bondsrepubliek Duitsland zijn aangegroeid, is de situatie van een onderdaan van een lidstaat die zijn woonplaats van Duitsland naar Zwitserland overbrengt te vergelijken met die van een onderdaan van een lidstaat die zijn woonplaats in Duitsland behoudt. In beide gevallen is het immers de Bondsrepubliek Duitsland die bevoegd is om die meerwaarden te belasten, welke bevoegdheid overeenkomstig zijn nationale recht gebonden is aan het feit dat de betrokken onderdaan zijn fiscale woonplaats heeft op zijn grondgebied gedurende de periode waarin die meerwaarden zijn aangegroeid, ongeacht de plaats waar zij zijn ontstaan.

61. Vervolgens rijst de vraag of het verschil in behandeling dat in de punten 56 en 57 van het onderhavige arrest is uiteengezet, kan worden gerechtvaardigd door de dwingende redenen van algemeen belang die door de verwijzende rechter worden ingeroepen en die in punt 31 van het onderhavige arrest zijn uiteengezet, te weten het behoud van de verdeling van de heffingsbevoegdheid tussen de betrokken partijen bij de OVP, de doeltreffendheid van fiscale controles en de noodzaak om de doeltreffende inning van belastingen te waarborgen om een verlies van belastinginkomsten tegen te gaan.

62. In dat verband bepaalt artikel 21, lid 3, van de OVP dat geen van de bepalingen van die overeenkomst een beletsel vormt voor de overeenkomstsluitende partijen om een maatregel vast te stellen met het oog op de heffing, betaling en doeltreffende inning van belastingen of ter vermijding van belastingontduiking, overeenkomstig de nationale fiscale wetgeving van een overeenkomstsluitende partij, overeenkomsten ter vermijding van dubbele belastingheffing waarbij enerzijds Zwitserland en anderzijds een of meer lidstaten zijn gebonden, of andere fiscale regelingen.

63. Dergelijke maatregelen die volgens de rechtspraak van het Hof in het kader van de vrijheid van verkeer van personen binnen de Unie beantwoorden aan dwingende redenen van algemeen belang (zie met name arresten van 15 mei 1997, Futura Participations en Singer, C-250/95, EU:C:1997:239, punt 31 en aldaar aangehaalde rechtspraak; 3 oktober 2006, FKP Scorpio Konzertproduktionen, C-290/04, EU:C:2006:630, punt 36, en 11 december 2014, Commissie/Spanje, C-678/11, EU:C:2014:2434, punten 45 en 46), moeten echter in ieder geval het evenredigheidsbeginsel eerbiedigen, te weten zij moeten geschikt zijn om die doelstellingen te verwezenlijken en zij mogen niet verder gaan dan nodig is om deze doelstellingen te verwezenlijken.

64. In casu dient te worden verduidelijkt dat de bepaling van het bedrag van de betrokken belasting op het moment van de overbrenging van de woonplaats naar Zwitserland weliswaar een maatregel is die geschikt is om de verwezenlijking van de doelstelling inzake het behoud van de verdeling van de heffingsbevoegdheid tussen die staat en de Bondsrepubliek Duitsland te verzekeren, maar dat die doelstelling niet kan rechtvaardigen dat de betaling van die belasting niet kan worden uitgesteld. Een dergelijk uitstel houdt namelijk niet in dat de Bondsrepubliek Duitsland afziet, in het voordeel van de Zwitserse Bondsstaat, van zijn fiscale bevoegdheid over de meerwaarden die zijn aangegroeid gedurende de periode waarin de houder van de betrokken aandelen onbeperkt belastingplichtig was in Duitsland.

65. Wat de doelstelling van de doeltreffendheid van fiscale controles betreft, voorziet het Verdrag tussen de Zwitserse Bondsstaat en de Bondsrepubliek Duitsland in de mogelijkheid voor de verdragsluitende staten om inlichtingen op fiscaal gebied uit te wisselen, zodat de Bondsrepubliek Duitsland van de bevoegde Zwitserse autoriteiten de nodige inlichtingen kan verkrijgen betreffende de overdracht van de aandelen waarop de betrokken latente meerwaarden betrekking hebben, door de betrokken onderdaan die daaraan voorafgaand zijn woonplaats naar Zwitserland overbracht. Dat de betaling van de in het hoofdgeding aan de orde zijnde belasting niet kan worden uitgesteld, is dus een maatregel die hoe dan ook verder gaat dan nodig is om die doelstelling te bereiken.

66. Aangaande de doelstelling die bestaat in de noodzaak om de doeltreffende inning van belastingen te waarborgen om een verlies van belastinginkomsten tegen te gaan, dient te worden vastgesteld dat de onmiddellijke inning van de betrokken belasting op het moment van de overdracht van de woonplaats van de belastingplichtige in beginsel kan worden gerechtvaardigd door de noodzaak om de doeltreffende inning van belastingschulden te waarborgen. Zoals de advocaat-generaal in de punten 103 tot en met 105 van zijn conclusie heeft opgemerkt, gaat die maatregel echter verder dan nodig is om die doelstelling te bereiken en moet deze dus als onevenredig worden beschouwd. Indien er een risico van niet-inning van de belasting bestaat, met name omdat een regeling voor wederzijdse bijstand ter zake van inning van belastingschulden ontbreekt, kan voor het uitstel van de inning van die belasting namelijk worden vereist dat een zekerheid wordt gesteld (zie naar analogie arresten van 29 november 2011, National Grid Indus, C-371/10, EU:C:2011:785, punten 73 en 74, en 23 januari 2014, DMC, C-164/12, EU:C:2014:20, punten 65-67).

67. De in het hoofdgeding aan de orde zijnde belastingregeling vormt dus een niet-gerechtvaardigde beperking van het door de OVP gewaarborgde recht op vestiging.

68. Aan die slotsom wordt niet afgedaan door het feit dat die belastingregeling voorziet in de mogelijkheid de betaling van die belasting te spreiden, in het geval dat de onmiddellijke inning van de verschuldigde belasting voor de belastingplichtige tot moeilijk draagbare gevolgen leidt. Afgezien van het feit dat die spreidingsmaatregel enkel in dat specifieke geval mogelijk is, is hij namelijk niet van dien aard om in dat geval het liquiditeitsnadeel ongedaan te maken dat ontstaat doordat de belastingplichtige op het moment waarop hij zijn woonplaats naar Zwitserland overbrengt, een deel van de belasting moet betalen die is verschuldigd over de latente meerwaarden op de betrokken aandelen. Bovendien blijft dit voor de belastingplichtige een duurdere maatregel dan een maatregel waarbij de betaling van de verschuldigde belasting wordt uitgesteld tot op het tijdstip van overdracht van die aandelen.

69. Gelet op een en ander moet op de prejudiciële vraag worden geantwoord dat de bepalingen van de OVP aldus moeten worden uitgelegd dat zij zich verzetten tegen een belastingregeling van een lidstaat die, in een situatie waarin een onderdaan van een lidstaat, een natuurlijke persoon die een economische activiteit uitoefent op het grondgebied van de Zwitserse Bondsstaat, zijn woonplaats overbrengt van de lidstaat van de

betrokken belastingregeling naar Zwitserland, voorziet in de inning, op het tijdstip van die overdracht, van de belasting die is verschuldigd over de latente meerwaarden op aandelen die in het bezit van die onderdaan zijn, terwijl de belasting, indien de woonplaats in diezelfde lidstaat wordt behouden, eerst wordt geïnd op het tijdstip waarop de meerwaarden zijn gerealiseerd, te weten bij de overdracht van de betrokken aandelen.

Kosten

70. …

Het Hof (Grote kamer)

verklaart voor recht:

De bepalingen van de Overeenkomst tussen de Europese Gemeenschap en haar lidstaten, enerzijds, en de Zwitserse Bondsstaat, anderzijds, over het vrije verkeer van personen, ondertekend te Luxemburg op 21 juni 1999, moeten aldus worden uitgelegd dat zij zich verzetten tegen een belastingregeling van een lidstaat die, in een situatie waarin een onderdaan van een lidstaat, een natuurlijke persoon die een economische activiteit uitoefent op het grondgebied van de Zwitserse Bondsstaat, zijn woonplaats overbrengt van de lidstaat van de betrokken belastingregeling naar Zwitserland, voorziet in de inning, op het tijdstip van die overdracht, van de belasting die is verschuldigd over de latente meerwaarden op aandelen die in het bezit van die onderdaan zijn, terwijl de belasting, indien de woonplaats in diezelfde lidstaat wordt behouden, eerst wordt geïnd op het tijdstip waarop die meerwaarden zijn gerealiseerd, te weten bij de overdracht van de betrokken aandelen.

HvJ EU 14 maart 2019, zaak C-174/18 (Jean Jacob, Dominique Lennertz v. Belgische Staat)

Negende kamer: *K. Jürimäe, kamerpresident, E. Juhász en C. Vajda (rapporteur), rechters*

Advocaat-Generaal: *M. Campos Sánchez-Bordona*

1. Het verzoek om een prejudiciële beslissing betreft de uitlegging van artikel 45 VWEU.

2. Dit verzoek is ingediend in het kader van een geding tussen Jean Jacob en Dominique Lennertz, een in België wonend echtpaar, en de Belgische Staat over het feit dat bij de berekening van hun gemeenschappelijke aanslag in België rekening is gehouden met het door Jacob in een andere lidstaat ontvangen pensioen dat in België van belasting is vrijgesteld, maar wel is opgenomen in de grondslag voor de toekenning van bepaalde belastingvoordelen, met als gevolg dat zij een deel van de voordelen verliezen waarop zij recht hadden gehad indien dat pensioen niet in aanmerking was genomen.

Toepasselijke bepalingen

Overeenkomst van 1970

3. Artikel 18 van de op 17 september 1970 gesloten Overeenkomst tussen het Koninkrijk België en het Groothertogdom Luxemburg tot het vermijden van dubbele belasting en tot regeling van sommige andere aangelegenheden inzake belastingen naar het inkomen en naar het vermogen, in de op de feiten van het hoofdgeding toepasselijke versie (hierna: „Overeenkomst van 1970"), met als opschrift „Pensioenen", bepaalt in § 3:

> „[...] [P]ensioenen en andere soortgelijke beloningen verkregen uit Luxemburg en betaald aan een verblijfhouder van België [zijn] niet belastbaar in België indien die betalingen voortvloeien uit bijdragen, stortingen of verzekeringspremies gestort aan een aanvullend pensioenstelsel door de verkrijger of voor zijn rekening, of uit stortingen door de werkgever aan een intern stelsel, en indien die bijdragen, stortingen of verzekeringspremies werkelijk aan belastingheffing in Luxemburg zijn onderworpen."

4. Artikel 23, § 2, 1°, van de Overeenkomst van 1970 bepaalt:

> „Met betrekking tot verblijfhouders van België wordt dubbele belasting op de volgende wijze voorkomen: 1° inkomsten afkomstig uit Luxemburg met uitzondering van de in 2° en 3° bedoelde inkomsten en in Luxemburg gelegen bestanddelen van het vermogen, die volgens de voorgaande artikelen in die Staat belastbaar zijn, zijn in België vrijgesteld van belastingen. Die vrijstelling beperkt niet het recht van België om met de aldus vrijgestelde inkomsten en bestanddelen van het vermogen rekening te houden bij de bepaling van het tarief van zijn belastingen".

Belgisch recht

5. Artikel 131 van het Wetboek van de inkomstenbelastingen 1992, in de op de feiten van het hoofdgeding toepasselijke versie (hierna: „WIB 1992"), regelt de belastingvrije som.

6. De belastingverminderingen die worden verleend uit hoofde van langetermijnsparen, met dienstencheques betaalde prestaties, energiebesparende uitgaven in een woning, uitgaven ter beveiliging van woningen tegen inbraak of brand en giften zijn respectievelijk geregeld in de artikelen 145/1, 145/21, 145/24, 145/31 en 145/33 WIB 1992.

7. Artikel 155 van dit wetboek luidt:

> „Inkomsten die krachtens internationale overeenkomsten ter voorkoming van dubbele belasting zijn vrijgesteld, komen in aanmerking voor het bepalen van de belasting, maar deze wordt verminderd naar de verhouding tussen de inkomsten die zijn vrijgesteld en het geheel van de inkomsten.
>
> Dit is eveneens het geval voor:
>
> – inkomsten vrijgesteld krachtens andere internationale verdragen of akkoorden, voor zover zij een clausule van progressievoorbehoud bevatten;
>
> [...]
>
> Wanneer een gemeenschappelijke aanslag wordt gevestigd, wordt de vermindering per belastingplichtige op zijn totale netto-inkomen berekend."

8. Naar aanleiding van het arrest van 12 december 2002, De Groot (C-385/00, EU:C:2002:750), heeft het Koninkrijk België op 12 maart 2008 circulaire nr. Ci.RH.331/575.420 vastgesteld, waarin is voorzien in een belastingvermindering voor inkomsten die krachtens een internationale overeenkomst zijn vrijgesteld, bovenop de vermindering bedoeld in artikel 155 WIB 1992 (hierna: „circulaire van 2008").

9. In de inleiding van de circulaire van 2008 staat:

„1. In het Belgische belastingstelsel worden de fiscale tegemoetkomingen die verband houden met de persoonlijke toestand of de gezinstoestand van de belastingplichtige [...] zowel op de inkomsten van Belgische oorsprong als op de inkomsten van buitenlandse oorsprong toegepast. Indien de persoonlijke toestand of de gezinstoestand waarvan sprake niet in aanmerking is genomen in het buitenland, gaat een gedeelte van die tegemoetkomingen verloren.

Nederland paste een vrijstellingsmethode met progressievoorbehoud toe die gelijkaardig is als die welke in België wordt gebruikt. In zijn arrest [van 12 december 2002, De Groot (C-385/00, EU:C:2002:750), heeft het Hof] evenwel geoordeeld dat die vrijstellingsmethode strijdig was met de reglementering inzake vrij verkeer van personen binnen de [Europese Unie].

België werd door de Europese Commissie verzocht de Belgische fiscale bepalingen inzake de toepassing van de vrijstellingsmethode met progressievoorbehoud [...] in overeenstemming te brengen met de verplichtingen die voortvloeien uit de artikelen 18, 39, 43 en 56 [EG] [...]

De volgende oplossing is aangenomen: in de gevallen waarin de persoonlijke toestand of de gezinstoestand van de belastingplichtige niet in aanmerking is genomen in het buitenland, zal, bovenop de in [artikel 155 WIB 1992] vermelde vermindering, nog een belastingvermindering voor inkomsten van buitenlandse oorsprong worden verleend.

Die bijkomende vermindering zal echter slechts worden verleend indien het totaal van de belasting zoals berekend met toepassing van de vrijstellingsmethode met progressievoorbehoud als bepaald in [artikel 155 WIB 1992], verhoogd met de in het buitenland verschuldigde belasting op de vrijgestelde inkomsten, hoger is dan de belasting die zou verschuldigd zijn indien de inkomsten uitsluitend uit Belgische bronnen afkomstig waren en de erop betrekking hebbende belastingen in België verschuldigd waren.

Die vermindering stemt overeen met het verschil tussen de Belgische inkomstenbelasting (berekend met toepassing van de vrijstellingsmethode met progressievoorbehoud zoals thans opgenomen in [artikel 155 WIB 1992]), verhoogd met de belasting van dezelfde aard die verschuldigd is op de inkomsten van buitenlandse oorsprong, en de belasting die zou zijn verschuldigd indien de inkomsten uitsluitend uit Belgische bronnen afkomstig waren en de erop betrekking hebbende belastingen in België verschuldigd waren.

Om het bedrag van de bijkomende vermindering vast te stellen, is het dus nodig de belasting te berekenen die zou zijn verschuldigd indien de inkomsten uitsluitend uit Belgische bronnen afkomstig waren en de erop betrekking hebbende belastingen in België verschuldigd waren.

2. In afwachting van een aanpassing van de Belgische wetgeving in de zin van wat voorafgaat, zal die vermindering moeten worden toegepast onder de voorwaarden en binnen de grenzen die in onderhavige circulaire worden bepaald."

Hoofdgeding en prejudiciële vraag

10. In de gemeenschappelijke belastingaangifte van verzoekers in het hoofdgeding over 2013 heeft Jacob opgegeven dat hij twee pensioenen ontvangt, namelijk een van Belgische oorsprong ten bedrage van 15 699,57 EUR en een van Luxemburgse oorsprong ten bedrage van 14 330,75 EUR. Naast deze twee pensioenen heeft Jacob aangifte gedaan van inkomsten van onroerende goederen ter hoogte van 1 181,60 EUR, waardoor zijn totale inkomsten uitkwamen op 31 211,92 EUR.

11. De Belgische belastingdienst heeft ten aanzien van Jacob, op grond van zijn totale inkomsten, met inbegrip van het pensioen van Luxemburgse oorsprong dat krachtens de Overeenkomst van 1970 in België van belasting is vrijgesteld, een basisbelasting berekend van 11 448,36 EUR, hetgeen overeenkomt met een belastingtarief van ongeveer 36,68 %. Op dit bedrag zijn belastingverminderingen toegepast van 3 032,46 EUR uit hoofde van de belastingvrije som, langetermijnsparen, met dienstencheques betaalde prestaties, energiebesparende uitgaven in een woning, uitgaven ter beveiliging van woningen tegen inbraak of brand en giften, en 1 349,45 EUR uit hoofde van vervangende inkomsten, pensioen en brugpensioen. Van de uit deze verminderingen volgende basisbelasting van 7 066,45 EUR is vervolgens een vermindering voor vrijgestelde buitenlandse inkomsten van 3 220,14 EUR afgetrokken, dat overeenkomt met het aandeel van het pensioen van Luxemburgse oorsprong in de totale inkomsten, waardoor de hoofdbelasting uitkwam op een bedrag van 3 846,31 EUR.

12. Verzoekers in het hoofdgeding hebben tegen deze berekening bezwaar gemaakt met de opmerking dat de uit hoofde van vrijgestelde buitenlandse inkomsten berekende vermindering van 3 220,14 EUR niet overeenkomt met 36,68 %, maar met 22,47 % van het pensioen van Luxemburgse oorsprong, zodat dit pensioen uiteindelijk aan een nettoheffing van 14,21 % is onderworpen, in plaats van overeenkomstig de Overeenkomst van 1970 in België van belasting te worden vrijgesteld. Om recht te doen aan de vrijstelling van zijn Luxemburgse pensioen, had hierop volgens Jacob direct na berekening van de basisbelasting een verminderingstarief van 36,68 % moeten worden toegepast, waardoor de basisbelasting met 5 256,44 EUR zou zijn verlaagd vóór toepassing van de belastingverminderingen, en de hoofdbelasting zou zijn uitgekomen op 1 810,01 EUR in plaats van 3 846,31 EUR.

13. De Belgische belastingdienst heeft dit bezwaar bij besluit van 25 september 2014 afgewezen en er daarbij aan herinnerd dat, overeenkomstig artikel 155 WIB 1992, inkomsten die krachtens internationale overeenkomsten ter voorkoming van dubbele belasting zijn vrijgesteld in aanmerking worden genomen bij het bepalen van de belasting, met dien verstande dat deze belasting, na toepassing van de belastingverminderingen, wordt verminderd naar de verhouding tussen de vrijgestelde inkomsten en de totale inkomsten. Ook heeft deze dienst gesteld dat verzoekers in het hoofdgeding niet voldeden aan de voorwaarden uit de circulaire van 2008 voor belastingvermindering uit hoofde van inkomsten van buitenlandse oorsprong, die bovenop de in artikel 155 bedoelde vermindering wordt toegekend.

14. De tribunal de première instance de Liège (rechtbank van eerste aanleg Luik, België), waarbij tegen dit besluit van de Belgische belastingdienst beroep was ingesteld, heeft een verzoek om een prejudiciële beslissing ingediend bij het Hof, dat dit beroep, bij beschikking van 29 november 2016, Jacob en Lennertz (C-345/16, niet gepubliceerd, EU:C:2016:911), krachtens artikel 53, lid 2, van het Reglement voor de procesvoering van het Hof als kennelijk niet-ontvankelijk heeft afgewezen op grond dat dit verzoek niet voldeed aan de in artikel 94 van dit Reglement bedoelde vereisten vanwege een gebrek aan gegevens over de feitelijke en juridische context van het geding.

15. De verwijzende rechter heeft vervolgens tot herstel van dit gebrek aan gegevens bij het Hof een tweede verzoek om een prejudiciële beslissing ingediend, en daarbij met name verwezen naar het arrest van 12 december 2013, Imfeld en Garcet (C-303/12, EU:C:2013:822).

16. In het licht van dat arrest ziet de verwijzende rechter zich gehouden om te verzekeren dat het belastingvoordeel waarop de persoonlijke en gezinssituatie van de belastingplichtigen recht geeft daadwerkelijk kan worden genoten, los van de wijze waarop de lidstaten de verplichting om te verzekeren dat dergelijke belastingvoordelen volledig in aanmerking worden genomen, onderling hebben verdeeld. Hij geeft aan dat de pensioenen die volgens de Overeenkomst van 1970 slechts in de bronstaat mogen worden belast, krachtens de vrijstellingsmethode van deze overeenkomst volledig van belasting worden vrijgesteld in de woonstaat, en dat het volgens deze overeenkomst toegestane progressievoorbehoud inhoudt dat de vrijgestelde buitenlandse inkomsten uitsluitend in aanmerking worden genomen voor de bepaling van het belastingtarief dat van toepassing is op de andere inkomsten, die in België belastbaar zijn. Vanwege de methode voor de berekening van de belasting van verzoekers in het hoofdgeding verliezen zij echter een deel van de belastingvoordelen waarop zij recht hebben en worden de – in beginsel vrijgestelde – inkomsten van buitenlandse oorsprong van Jacob fiscaal getroffen.

17. Gelet op een en ander heeft de tribunal de première instance de Liège de behandeling van de zaak geschorst en het Hof de volgende prejudiciële vraag gesteld:

„Staat artikel 39 [VEU] eraan in de weg dat de Belgische belastingregeling, meer bepaald artikel 155 WIB [1992], ongeacht of de circulaire [van 2008] wordt toegepast, ertoe leidt dat verzoekers Luxemburgse pensioenen, die krachtens artikel 18 van de [Overeenkomst van 1970] zijn vrijgesteld van belasting, in aanmerking worden genomen bij de berekening van de Belgische belasting en worden opgenomen in de belastinggrondslag voor de toekenning van de in het WIB [1992] bedoelde belastingvoordelen, terwijl zij daarvan vanwege hun volledige vrijstelling als bedoeld in de [genoemde overeenkomst] geen deel zouden moeten uitmaken, en dat deze voordelen – zoals de belastingvrije som en de belastingverminderingen voor langetermijnsparen, met dienstencheques betaalde prestaties, energiebesparende uitgaven in een woning, uitgaven ter beveiliging van woningen tegen inbraak of brand, en verzoekers giften – gedeeltelijk verloren gaan, worden verminderd, of lager zijn dan wanneer verzoekers beiden inkomsten van Belgische oorsprong hadden die in België belastbaar en niet vrijgesteld zijn, en waarop derhalve alle belastingvoordelen van toepassing zijn?"

Beantwoording van de prejudiciële vraag

Vrijheid die van toepassing is op de situatie van verzoekers in het hoofdgeding

18. De verwijzende rechter verwijst in zijn vraag naar artikel 39 VEU en noemt in de motivering van zijn verwijzingsbeslissing zowel de vrijheid van vestiging als het vrije verkeer van werknemers.

19. Zoals het Hof heeft geoordeeld, belet deze omstandigheid het Hof niet om de nationale rechter alle uitleggingsgegevens met betrekking tot het recht van de Unie te verschaffen die nuttig kunnen zijn met het oog op een beslissing in de bij hem aanhangige zaak, ongeacht of er in zijn vraag naar wordt verwezen (zie in die zin met name arresten van 21 februari 2006, Ritter-Coulais, C-152/03, EU:C:2006:123, punt 29, en 23 april 2009, Rüffler, C-544/07, EU:C:2009:258, punt 57).

20. De verwijzende rechter maakt echter niet duidelijk of Jacob zijn pensioen van Luxemburgse oorsprong ontvangt vanwege in Luxemburg verrichte werkzaamheden in loondienst of werkzaamheden anders dan in loondienst.

21. Volgens vaste rechtspraak omvat de vrijheid van vestiging voor onderdanen van een lidstaat op het grondgebied van een andere lidstaat de toegang tot en de uitoefening van werkzaamheden anders dan in loondienst (zie met name arresten van 28 januari 1986, Commissie/Frankrijk, 270/83, EU:C:1986:37, punt 13; 29 april 1999, Royal Bank of Scotland, C-311/97, EU:C:1999:216, punt 22, en 1 oktober 2009, Gaz de France – Berliner Investissement, C-247/08, EU:C:2009:600, punt 54). Anderzijds valt iedere burger van de Unie die gebruikgemaakt heeft van het recht op vrij verkeer van werknemers en die een beroepswerkzaamheid in een andere lidstaat dan zijn woonstaat heeft uitgeoefend, ongeacht zijn verblijfplaats en zijn nationaliteit, binnen de werkingssfeer van artikel 45 VWEU (zie met name arresten van 12 december 2002, De Groot, C-385/00, EU:C:2002:750, punt 76, en 28 februari 2013, Petersen, C-544/11, EU:C:2013:124, punt 34).

22. In dit verband is, indien het pensioen van Luxemburgse oorsprong dat Jacob ontvangt voortvloeit uit werkzaamheden in loondienst, artikel 45 VWEU inzake het vrije verkeer van werknemers relevant. Indien Jacob daarentegen werkzaamheden anders dan in loondienst heeft verricht in Luxemburg, is de vrijheid van vestiging van artikel 49 VWEU van toepassing. Het staat aan de verwijzende rechter om na te gaan welke bepaling van het VWEU van toepassing is.

23. Ook al zal het Hof de prejudiciële vraag onderzoeken vanuit het oogpunt van het vrije verkeer van werknemers, er moet worden opgemerkt dat de toepassing van de vrijheid van vestiging geenszins zou afdoen aan het antwoord van het Hof, aangezien dit antwoord daarop mutatis mutandis zou kunnen worden toegepast.

Prejudiciële vraag

24. Met zijn vraag wenst de verwijzende rechter in wezen te vernemen of artikel 45 VWEU aldus moet worden uitgelegd dat het zich verzet tegen de toepassing van een belastingregeling van een lidstaat zoals aan de orde in het hoofdgeding, die ertoe leidt dat een echtpaar dat in die staat woont, waarvan een van de partners in een andere lidstaat een pensioen ontvangt dat in de eerste lidstaat van belasting is vrijgesteld krachtens een bilaterale overeenkomst ter voorkoming van dubbele belasting, een deel van de door deze staat toegekende belastingvoordelen wordt ontzegd.

25. Om te beginnen zij eraan herinnerd dat het de lidstaten volgens vaste rechtspraak weliswaar vrijstaat om in het kader van bilaterale verdragen ter voorkoming van dubbele belasting de aanknopingspunten ter verdeling van de heffingsbevoegdheid vast te stellen, maar deze verdeling niet betekent dat zij maatregelen mogen treffen die in strijd zijn met de door het Verdrag gewaarborgde vrijheden van verkeer. Bij de uitoefening van de in bilaterale verdragen ter voorkoming van dubbele belasting verdeelde heffingsbevoegdheid dienen de lidstaten zich immers te houden aan de regels van Unierecht (zie met name arresten van 12 december 2002, De Groot, C-385/00, EU:C:2002:750, punten 93 en 94; 12 december 2013, Imfeld en Garcet, C-303/12, EU:C:2013:822, punten 41 en 42, en 22 juni 2017, Bechtel, C-20/16, EU:C:2017:488, punt 66) en, meer in het bijzonder, het beginsel van gelijke behandeling te eerbiedigen (zie in die zin arrest van 12 december 2002, De Groot, C-385/00, EU:C:2002:750, punt 94).

26. Tevens zij eraan herinnerd dat het volgens vaste rechtspraak van het Hof in beginsel aan de woonstaat is om alle aan de persoonlijke en de gezinssituatie verbonden belastingvoordelen aan de belastingplichtige toe te kennen, omdat deze lidstaat, uitzonderingen daargelaten, de persoonlijke draagkracht van de belastingplichtige, die wordt gevormd door zijn totale inkomsten en zijn persoonlijke en gezinssituatie, het best kan beoordelen, aangezien hij daar het centrum van zijn persoonlijke en vermogensrechtelijke belangen heeft (zie met name arresten van 14 februari 1995, Schumacker, C-279/93, EU:C:1995:31, punt 32; 18 juli 2007,

Lakebrink en Peters-Lakebrink, C-182/06, EU:C:2007:452, punt 34; 12 december 2013, Imfeld en Garcet, C-303/12, EU:C:2013:822, punt 43, en 22 juni 2017, Bechtel, C-20/16, EU:C:2017:488, punt 55).

27. Het Hof heeft eveneens geoordeeld dat de woonstaat niet dusdanig mag handelen dat een belastingplichtige een deel van het profijt van zijn belastingvrije som en van zijn persoonlijke fiscale tegemoetkomingen verliest, doordat hij in het betrokken jaar ook in een andere lidstaat inkomsten heeft verworven, waarvoor hij aldaar is belast zonder dat daarbij zijn persoonlijke en gezinssituatie in aanmerking is genomen (arrest van 12 december 2002, De Groot, C-385/00, EU:C:2002:750, punt 110).

28. In het licht van deze beginselen moet worden onderzocht of het gedeeltelijke verlies van belastingvoordelen zoals die aan de orde in het hoofdgeding, dat ontstaat door de toepassing van het nationale recht, in strijd is met artikel 45 VWEU.

29. De in het hoofdgeding aan de orde zijnde Belgische belastingregeling bepaalt dat de vrijgestelde buitenlandse inkomsten allereerst worden opgenomen in de belastinggrondslag ter bepaling van het tarief dat op de niet-vrijgestelde Belgische inkomsten van toepassing is, waarna de basisbelasting op grond van deze belastinggrondslag wordt berekend. De belastingverminderingen uit hoofde van de belastingvrije som, langetermijnsparen, met dienstencheques betaalde prestaties, energiebesparende uitgaven in een woning, uitgaven ter beveiliging van woningen tegen inbraak of brand en giften worden vervolgens van de basisbelasting afgetrokken. Pas nadat deze verminderingen zijn toegepast, wordt de basisbelasting overeenkomstig artikel 155 WIB 1992 verminderd naar verhouding van het aandeel van de vrijgestelde buitenlandse inkomsten in de totale inkomsten.

30. Er zij op gewezen dat de opname van de vrijgestelde buitenlandse inkomsten in de berekening van het Belgische heffingstarief, in de berekening van de Belgische belasting en in de belastinggrondslag voor de toekenning van de belastingvoordelen, tot de vrije keuze van het Koninkrijk België behoort om krachtens het beginsel van fiscale autonomie zijn belastingstelsel te organiseren en niet strijdig is met het vrije verkeer van werknemers indien die opname niet leidt tot een met het Unierecht strijdige discriminerende behandeling (zie in die zin arrest van 6 december 2007, Columbus Container Services, C-298/05, EU:C:2007:754, punt 53). Een dergelijke opname staat er immers op zichzelf niet aan in de weg dat deze inkomsten, in voorkomend geval door middel van vergoedingen achteraf, daadwerkelijk worden vrijgesteld in de zin van het Unierecht.

31. Echter, door de belastingverminderingen toe te passen op een grondslag die zowel de niet-vrijgestelde Belgische inkomsten als de vrijgestelde buitenlandse inkomsten omvat, en het aandeel dat deze buitenlandse inkomsten vertegenwoordigt in het totaal aan inkomsten dat de belastinggrondslag vormt pas achteraf van de belasting af te trekken, kan de Belgische belastingregeling, zoals de Belgische regering zelf in haar schriftelijke opmerkingen heeft erkend, ertoe leiden dat belastingplichtigen zoals verzoekers in het hoofdgeding een deel van de belastingvoordelen verliezen die hun volledig zouden zijn toegekend indien al hun inkomsten van Belgische oorsprong waren geweest en indien de belastingverminderingen derhalve enkel op deze inkomsten waren toegepast of indien de circulaire van 2008 op de betrokken voordelen van toepassing was geweest.

32. Uit de in punt 26 van dit arrest aangehaalde rechtspraak blijkt dat het als woonstaat van verzoekers in het hoofdgeding aan het Koninkrijk België staat om aan verzoekers alle belastingvoordelen toe te kennen die aan hun persoonlijke en gezinssituatie zijn verbonden. De Belgische regering geeft in dit verband aan dat de betrokken belastingverminderingen, afgezien van de belastingverminderingen uit hoofde van de belastingvrije som, niet aan de „persoonlijke en gezinssituatie" van verzoekers in het hoofdgeding zijn verbonden en, in navolging van de uitlegging die de Belgische autoriteiten in de circulaire van 2008 aan dit begrip hebben gegeven, niet moeten worden beschouwd als persoonlijke belastingvoordelen waarvan het niet-gecompenseerde verlies ten gevolge van de vrijstelling van buitenlandse inkomsten en de niet-toepasselijkheid van de circulaire van 2008, door artikel 45 VWEU zou zijn verboden.

33. In de eerste plaats moet worden vastgesteld dat de belastingverminderingen uit hoofde van de belastingvrije som, zoals de Belgische regering in haar schriftelijke opmerkingen heeft aangegeven, in de rechtspraak van het Hof zijn erkend als belastingvoordelen die zijn verbonden aan de persoonlijke en gezinssituatie van de belastingplichtige, hetgeen voortvloeit uit punt 27 van dit arrest.

34. Dienaangaande volgt hieruit dat de Belgische belastingregeling niet in overeenstemming is met deze rechtspraak.

35. Wat in de tweede plaats de vraag betreft of de andere in het hoofdgeding aan de orde zijnde belastingverminderingen, namelijk de belastingverminderingen uit hoofde van langetermijnsparen, met dienstencheques betaalde prestaties, energiebesparende uitgaven in een woning, uitgaven ter beveiliging van woningen tegen inbraak of brand en giften, kunnen worden beschouwd als zijnde verbonden aan de persoonlijke en gezinssi-

tuatie van verzoekers in het hoofdgeding, moet om te beginnen de context waarvan dat begrip deel uitmaakt worden geschetst.

36. In dit verband volgt uit de in punt 26 van dit arrest aangehaalde rechtspraak en, in het bijzonder, uit het arrest van 18 juli 2007, Lakebrink en Peters-Lakebrink (C-182/06, EU:C:2007:452), dat het aan de woonstaat is om, met het oog op de toekenning van eventuele belastingvoordelen, de persoonlijke draagkracht van de belastingplichtige in zijn geheel te beoordelen.

37. De door de Belgische regering voorgestelde uitlegging, volgens welke de aan de persoonlijke en gezinssituatie verbonden belastingvoordelen restrictief moeten worden opgevat als voordelen die een maatschappelijk doel nastreven doordat de belastingplichtige een minimum voor levensonderhoud wordt gegarandeerd dat niet aan belasting is onderworpen, en die derhalve voorzien in een maatschappelijke behoefte, kan niet worden aanvaard.

38. In het bijzonder kan een dergelijke uitlegging, anders dan de Belgische regering in haar schriftelijke opmerkingen stelt, niet worden afgeleid van het arrest van 18 juli 2007, Lakebrink en Peters-Lakebrink (C-182/06, EU:C:2007:452). In dit arrest heeft het Hof geoordeeld dat de weigering van de lidstaat waarin de belastingplichtige een activiteit in loondienst uitoefent om bij de vaststelling van het tarief van de belasting over de inkomsten van deze in een andere lidstaat wonende belastingplichtige rekening te houden met de negatieve inkomsten uit de verhuur van in die andere lidstaat gelegen onroerende goederen die deze belastingplichtige niet zelf gebruikt, in strijd was met het vrije verkeer van werknemers zoals bedoeld in artikel 39 EG, wanneer de woonstaat hem niet de voordelen kan toekennen die voortvloeien uit de inaanmerkingneming van zijn persoonlijke en gezinssituatie. Door dergelijke negatieve inkomsten uit verhuur in aanmerking te nemen, heeft het Hof het begrip „persoonlijke en gezinssituatie" in ruime zin uitgelegd, zonder daarbij naar enig maatschappelijk doel te verwijzen.

39. Om vast te stellen of verzoekers in het hoofdgeding ten onrechte aan hun persoonlijke en gezinssituatie verbonden belastingvoordelen zijn ontzegd, anders dan de vermindering uit hoofde van de belastingvrije som, moet dus worden onderzocht of deze voordelen zijn verbonden aan hun persoonlijke fiscale draagkracht.

40. In dit verband moet erop worden gewezen dat belastingverminderingen zoals aan de orde in het hoofdgeding, namelijk verminderingen uit hoofde van langetermijnsparen, met dienstencheques betaalde prestaties, energiebesparende uitgaven in een woning, uitgaven ter beveiliging van woningen tegen inbraak of brand en giften, vooral bedoeld zijn om de belastingplichtige te stimuleren om uitgaven en investeringen te doen die noodzakelijkerwijs van invloed zijn op zijn fiscale draagkracht.

41. Bijgevolg kunnen dergelijke belastingverminderingen worden beschouwd als verbonden aan de „persoonlijke en gezinssituatie" van verzoekers in het hoofdgeding, net als de belastingverminderingen uit hoofde van de belastingvrije som.

42. Hieruit volgt dat verzoekers in het hoofdgeding als echtpaar zijn benadeeld, aangezien zij niet volledig de belastingvoordelen hebben kunnen genieten waarop zij recht zouden hebben gehad indien zij beiden al hun inkomsten in België hadden ontvangen.

43. De in het hoofdgeding aan de orde zijnde regeling doet dus een verschil in fiscale behandeling ontstaan tussen echtparen van Unieburgers die op het grondgebied van het Koninkrijk België wonen, naargelang van de herkomst van hun inkomsten, en dit verschil kan hen ontmoedigen om de door het Verdrag gewaarborgde vrijheden, inzonderheid het door artikel 45 VWEU gegarandeerde vrije verkeer van werknemers, uit te oefenen (zie in die zin arrest van 12 december 2013, Imfeld en Garcet, C-303/12, EU:C:2013:822, punt 51).

44. Volgens vaste rechtspraak is een maatregel die mogelijkerwijs het in artikel 45 VWEU neergelegde beginsel van het vrije verkeer van werknemers belemmert, slechts toelaatbaar wanneer hij een met het Verdrag verenigbare wettige doelstelling nastreeft en gerechtvaardigd is uit hoofde van dwingende redenen van algemeen belang. Daarenboven moet in een dergelijk geval de toepassing van de betrokken maatregel geschikt zijn om de verwezenlijking van de nagestreefde doelstelling te verzekeren en niet verder gaan dan voor de verwezenlijking van deze doelstelling noodzakelijk is (zie naar analogie arrest van 12 december 2013, Imfeld en Garcet, C-303/12, EU:C:2013:822, punt 64, en aldaar aangehaalde rechtspraak).

45. In de onderhavige zaak heeft evenwel de Belgische regering, noch de verwijzende rechter een rechtvaardigingsgrond aangevoerd.

46. Gelet op het voorgaande moet op de gestelde vraag worden geantwoord dat artikel 45 VWEU aldus moet worden uitgelegd dat het in de weg staat aan de toepassing van een belastingregeling van een lidstaat zoals aan de orde in het hoofdgeding, die ertoe leidt dat een echtpaar dat in die staat woont, waarvan een van de

partners in een andere lidstaat een pensioen ontvangt dat in de eerste lidstaat van belasting is vrijgesteld krachtens een bilaterale overeenkomst ter voorkoming van dubbele belasting, een deel van de door deze staat toegekende belastingvoordelen wordt ontzegd.

Kosten

47. …

Het Hof (Negende kamer)

verklaart voor recht:

Artikel 45 VWEU moet aldus worden uitgelegd dat het in de weg staat aan de toepassing van een belastingregeling van een lidstaat zoals aan de orde in het hoofdgeding, die ertoe leidt dat een echtpaar dat in die staat woont, waarvan een van de partners in een andere lidstaat een pensioen ontvangt dat in de eerste lidstaat van belasting is vrijgesteld krachtens een bilaterale overeenkomst ter voorkoming van dubbele belasting, een deel van de door deze staat toegekende belastingvoordelen wordt ontzegd.

HvJ EU 2 mei 2019, zaak C-598/17 (A-Fonds v. Inspecteur van de Belastingdienst)

Eerste kamer: *J.-C. Bonichot (rapporteur), kamerpresident, C. Toader, A. Rosas, L. Bay Larsen en M. Safjan, rechters*

Advocaat-generaal: *H. Saugmandsgaard Øe*

1. Het verzoek om een prejudiciële beslissing betreft de uitlegging van de artikelen 107 en 108 VWEU.

2. Dit verzoek is ingediend in het kader van een geding tussen A-Fonds en de Inspecteur van de Belastingdienst (Nederland) (hierna: „belastingdienst") over de teruggaaf van door de Nederlandse belastingdienst ingehouden dividendbelasting.

Toepasselijke bepalingen

Unierecht

3. Krachtens artikel 1, onder c), van verordening (EG) nr. 659/1999 van de Raad van 22 maart 1999 tot vaststelling van nadere bepalingen voor de toepassing van artikel 93 van het EG-Verdrag (PB 1999, L 83, blz. 1) is „nieuwe steun" „alle steun, dat wil zeggen steunregelingen en individuele steun, die geen bestaande steun is, met inbegrip van wijzigingen in bestaande steun".

4. Artikel 1, onder c), van verordening (EU) 2015/1589 van de Raad van 13 juli 2015 tot vaststelling van nadere bepalingen voor de toepassing van artikel 108 [VWEU] (PB 2015, L 248, blz. 9) bevat bepalingen die overeenstemmen met de in het vorige punt genoemde bepalingen.

5. Verordening (EG) nr. 794/2004 van de Commissie van 21 april 2004 tot uitvoering van verordening nr. 659/1999 (PB 2004, L 140, blz. 1) bepaalt in artikel 4, lid 1:

> „Voor de toepassing van artikel 1, onder c), van verordening (EG) nr. 659/1999 wordt onder een wijziging in bestaande steun iedere wijziging verstaan, met uitzondering van aanpassingen van louter formele of administratieve aard die de beoordeling van de verenigbaarheid van de steunmaatregel met de gemeenschappelijke markt niet kunnen beïnvloeden. Een verhoging van de oorspronkelijk voor een bestaande steunregeling voorziene middelen met maximaal 20 procent, wordt echter niet als een wijziging van bestaande steun beschouwd."

Nederlands recht

Wet Vpb 1969

6. Artikel 2, lid 1, onder f) en g), van de Wet op de vennootschapsbelasting van 8 oktober 1969, in de op het hoofdgeding toepasselijke versie (hierna: „Wet Vpb 1969"), bepaalt:

> „Als binnenlandse belastingplichtigen zijn aan de belasting onderworpen de in Nederland gevestigde:
> [...]
> f. fondsen voor gemene rekening;
> g. in het derde lid vermelde ondernemingen van publiekrechtelijke rechtspersonen."

7. Artikel 2, lid 3, van de Wet Vpb 1969 bevat een lijst van ondernemingen die actief zijn in bepaalde economische sectoren.

8. In artikel 2, lid 7, van de Wet Vpb 1969 wordt bepaald dat lichamen waarvan uitsluitend Nederlandse publiekrechtelijke rechtspersonen onmiddellijk of middellijk aandeelhouders, deelnemers of leden zijn, alsmede lichamen waarvan de bestuurders uitsluitend door Nederlandse publiekrechtelijke rechtspersonen onmiddellijk of middellijk worden benoemd en ontslagen en welker vermogen bij liquidatie uitsluitend ter beschikking van Nederlandse publiekrechtelijke rechtspersonen komt, „slechts aan de belasting [zijn] onderworpen, voor zover zij een bedrijf uitoefenen als bedoeld is in het derde lid".

Wet DB 1965

9. De Wet op de dividendbelasting (hierna: „Wet DB 1965") is gedurende de periode waarin de feiten in het hoofdgeding zich hebben voorgedaan, herhaaldelijk gewijzigd.

10. In de door de verwijzende rechter genoemde versie, die sinds 11 juli 2008 van kracht is, bepaalt de Wet DB 1965 in artikel 1, lid 1:

„Onder de naam ‚dividendbelasting' wordt een directe belasting geheven van degenen die – rechtstreeks of door middel van certificaten – gerechtigd zijn tot de opbrengst van aandelen [...]."

11. In diezelfde versie van de Wet DB 1965 bevat artikel 10 de volgende uitvoeringsvoorschriften voor de teruggaaf van deze belasting:

„1. Aan een in Nederland gevestigde rechtspersoon die niet aan de vennootschapsbelasting onderworpen is, wordt op zijn verzoek bij een door de inspecteur te nemen voor bezwaar vatbare beschikking teruggaaf verleend van in een kalenderjaar te zijnen laste ingehouden dividendbelasting, indien deze meer bedraagt dan € 23. [...]
[...]
3. Het eerste lid is van overeenkomstige toepassing ten aanzien van een in een andere lidstaat van de Europese Unie gevestigd lichaam dat aldaar niet aan een belastingheffing naar de winst is onderworpen en dat, ware het in Nederland gevestigd geweest, ook alhier niet aan de heffing van de vennootschapsbelasting zou zijn onderworpen. De eerste volzin is niet van toepassing met betrekking tot lichamen die een vergelijkbare functie vervullen als beleggingsinstellingen, bedoeld in artikel 6a of artikel 28 van de [Wet Vpb 1969]."

Hoofdgeding en prejudiciële vragen

12. A-Fonds is een in Duitsland gevestigd Spezial-Sondervermögen (bijzonder beleggingsfonds), dat geen rechtspersoonlijkheid heeft.

13. Dergelijke fondsen zijn vrijgesteld van vennootschaps- en bedrijfsbelasting. Beleggers die deelnemen in deze fondsen worden geacht dividenden te ontvangen naar rato van hun aandelen in die fondsen. Beleggers dienen over die inkomsten belasting te betalen in overeenstemming met hun persoonlijke fiscale status volgens de Duitse belastingwetgeving.

14. Alle aandelen in A-Fonds zijn sinds de oprichting daarvan in handen van BBB.

15. BBB is een Duitse publiekrechtelijke instelling (Anstalt des öffentlichen Rechts) met rechtspersoonlijkheid. Zij is opgericht door een samenwerkingsverband van Duitse gemeenten, die publiekrechtelijke rechtspersonen zijn. BBB verricht bankactiviteiten, maar niet uitsluitend met winstoogmerk. Zij is ook belast met de uitvoering van een publieke taak. Aldus wendt BBB een deel van haar inkomsten aan ter ondersteuning van sociale, culturele, sportieve, wetenschappelijke en educatieve activiteiten in de deelstaat waar zij actief is.

16. BBB is in Duitsland onderworpen aan vennootschaps- en bedrijfsbelasting. Uit de verwijzingsbeslissing blijkt ook dat 95 % van de aan BBB uitgekeerde dividenden zijn vrijgesteld van Duitse vermogenswinstbelasting en dat BBB de in Nederland ingehouden dividendbelasting niet kan verrekenen, omdat haar deelneming in A-Fonds deel uitmaakt van de vaste activa (Anlagebuch).

17. Ten tijde van de feiten in het hoofdgeding hield BBB via A-Fonds aandelen in Nederlandse vennootschappen waarop de Wet DB 1965 van toepassing is. Op de dividenden die deze aandelen voor haar over de belastingjaren 2002/2003 tot en met 2007/2008 hebben gegenereerd, is Nederlandse dividendbelasting ingehouden.

18. BBB heeft op grond van artikel 10, lid 1, van de Wet DB 1965 bij de Nederlandse belastingdienst verschillende verzoeken om teruggaaf van deze belasting ingediend, maar de belastingdienst heeft die verzoeken afgewezen.

19. Uit de verwijzingsbeslissing blijkt dat de belastingdienst, althans voor de belastingjaren die betrekking hebben op het tijdvak tussen 1 november 2002 en 31 oktober 2008, van oordeel was dat BBB niet gerechtigd was om die teruggaaf te vorderen, op grond dat zij niet in Nederland gevestigd was.

20. A-Fonds heeft bij de Rechtbank Zeeland-West-Brabant te Breda (Nederland) beroepen ingesteld tegen de besluiten tot weigering van de teruggaaf. Die beroepen zijn echter bij uitspraak van 6 mei 2014 door die rechtbank ongegrond verklaard, met name omdat de situatie van A-Fonds niet vergelijkbaar was met die van een lichaam in de zin van artikel 10, lid 1, van de Wet DB 1965.

21. A-Fonds heeft tegen die uitspraak hoger beroep ingesteld bij het gerechtshof 's-Hertogenbosch (Nederland).

22. Het gerechtshof 's-Hertogenbosch (hierna: „gerechtshof") is van oordeel dat zowel de door A-Fonds aan de belastingdienst gerichte verzoeken om teruggaaf als de rechtsvorderingen van A-Fonds moeten worden geacht te zijn ingediend namens BBB.

23. Het gerechtshof is van mening dat de besluiten van de belastingdienst om de door BBB gevraagde teruggaaf van dividendbelasting te weigeren omdat zij in een andere lidstaat dan het Koninkrijk der Nederlanden is gevestigd, in strijd zijn met het vrije verkeer van kapitaal.

24. Het gerechtshof wijst erop dat dividenden die voortvloeien uit beleggingen van publiekrechtelijke rechtspersonen die in Nederland zijn gevestigd en die op grond van de Wet Vpb 1969 niet onderworpen zijn aan de vennootschapsbelasting omdat zij andere dan de in artikel 2, lid 3, van de Wet Vpb 1969 genoemde activiteiten uitoefenen, in beginsel in Nederland aan dividendbelasting zijn onderworpen. Deze zou hun dan echter vervolgens overeenkomstig artikel 10, lid 1, van de Wet DB 1965 worden teruggegeven.

25. Het gerechtshof leidt daaruit af dat het feit dat BBB geen aanspraak kon maken op teruggaaf van dividendbelasting krachtens die bepaling, hoewel zij activiteiten uitoefent die vergelijkbaar zijn met die van Nederlandse publiekrechtelijke rechtspersonen die in Nederland niet aan de vennootschapsbelasting zijn onderworpen, een beperking van het vrije verkeer van kapitaal vormt.

26. Het gerechtshof is dan ook van oordeel dat BBB teruggaaf dient te worden verleend van een bedrag dat overeenkomt met het bedrag dat een in Nederland gevestigde publiekrechtelijke rechtspersoon die in die lidstaat niet aan de vennootschapsbelasting is onderworpen, op grond van artikel 10, lid 1, van de Wet BD 1965 zou ontvangen.

27. Het werpt echter de vraag op of het verlenen van een dergelijke teruggaaf verenigbaar is met het Unierecht inzake staatssteun.

28. Het gerechtshof is van oordeel dat in het hoofdgeding de teruggaaf van dividendbelasting op grond van artikel 10, lid 1, van de Wet DB 1965 onlosmakelijk verbonden is met de uit artikel 2, lid 3, van de Wet Vpb 1969 voortvloeiende vrijstelling van vennootschapsbelasting, die de Europese Commissie in haar besluit C(2013) 2372 final van 2 mei 2013 heeft aangemerkt als een met de interne markt onverenigbare, bestaande steunregeling, en leidt hieruit af dat deze teruggaaf derhalve eveneens een bestaande steunregeling vormt.

29. In deze context wenst het gerechtshof te vernemen of inwilliging van het verzoek om teruggaaf van verzoekster in het hoofdgeding, op grond van artikel 56, lid 1, EG, thans artikel 63, lid 1, VWEU, een wijziging van bestaande steun is, die nieuwe steun vormt in de zin van artikel 1, onder c), van verordening nr. 659/1999.

30. Indien dit het geval is, vraagt het zich af of het mogelijk is een besluit te nemen tot inwilliging van een dergelijk verzoek, en met name of het noodzakelijk is om dat besluit overeenkomstig artikel 108, lid 3, VWEU aan de Commissie te melden.

31. Het wijst erop dat het hier gaat om een proefproces en dat de belastingdienst al bijna 1 000 soortgelijke verzoeken om teruggaaf heeft ontvangen.

32. In die omstandigheden heeft het gerechtshof de behandeling van de zaak geschorst en het Hof verzocht om een prejudiciële beslissing over de volgende vragen:

> „1. Is de uitbreiding van de reikwijdte van een bestaande steunregeling ingevolge een succesvol beroep van een belastingplichtige op het recht op vrij kapitaalverkeer van artikel 56 [EG] (thans: artikel 63 VWEU) een als wijziging in bestaande steun op te vatten nieuwe steunmaatregel?
> 2. Zo ja, verzet de taakuitoefening van de nationale rechter ingevolge artikel 108, lid 3, VWEU zich ertegen dat de belastingplichtige een belastingvoordeel wordt verleend waarop die belastingplichtige ingevolge artikel 56 [EG] (thans: artikel 63 VWEU) aanspraak maakt, dan wel dient een voorgenomen rechterlijke beslissing, houdende de verlening van dat voordeel, bij de Commissie te worden gemeld, dan wel dient de nationale rechter enige andere handeling te verrichten of maatregel te nemen, gezien de hem ingevolge artikel 108, lid 3, VWEU toebedeelde toezichthoudende taak?"

Ontvankelijkheid van het verzoek om een prejudiciële beslissing

33. De Commissie is van mening dat het verzoek om een prejudiciële beslissing niet-ontvankelijk is omdat het niet de feitelijke en juridische elementen bevat die nodig zijn om het Hof in staat te stellen een nuttig antwoord te geven op de gestelde vragen.

34. In dit verband zij erop gewezen dat de twee door de verwijzende rechter gestelde vragen berusten op de premisse dat de in het hoofdgeding aan de orde zijnde regeling voor de teruggaaf van dividendbelasting een bestaande steunregeling vormt.

35. De verwijzende rechter baseert zijn onderzoek met name op het feit dat in het hoofdgeding de in artikel 10, lid 1, van de wet DB 1965 bedoelde teruggaaf onlosmakelijk verbonden is met de in artikel 2 van de wet Vpb 1969 voor publiekrechtelijke rechtspersonen voorziene vrijstelling van vennootschapsbelasting, die de Europese Commissie in haar besluit C(2013) 2372 final heeft aangemerkt als een met de interne markt onverenigbare, bestaande steunregeling.

36. Zoals de Commissie zelf in haar schriftelijke opmerkingen stelt, dient evenwel te worden geconstateerd dat dit besluit uitsluitend betrekking heeft op de regeling voor de vrijstelling van de vennootschapsbelasting van publiekrechtelijke personen die is voorzien in de Wet Vpb 1969, en niet op de regeling voor de teruggaaf van dividendbelasting die is voorzien in artikel 10, lid 1, van de Wet DB 1965.

37. Bovendien hebben die twee regelingen niet dezelfde werkingssfeer, aangezien de tweede regeling, meer in het algemeen, alle Nederlandse ondernemingen bestrijkt die van de vennootschapsbelasting zijn vrijgesteld.

38. De vaststelling door de Commissie dat de in artikel 2 van de Wet Vpb 1969 voorziene regeling waarbij Nederlandse publiekrechtelijke ondernemingen van vennootschapsbelasting zijn vrijgesteld, een met de interne markt onverenigbare, bestaande steunregeling vormt, kan dus niet worden geacht mutatis mutandis te gelden voor de regeling voor de teruggaaf van dividendbelasting die is voorzien in artikel 10, lid 1, van de Wet DB 1965.

39. Niettemin kan, zoals de verwijzende rechter overigens aangeeft, niet worden ontkend dat in het specifieke geval waarin een Nederlandse publiekrechtelijke onderneming teruggaaf wordt verleend van dividendbelasting omdat zij krachtens artikel 2 van de Wet Vpb 1969 is vrijgesteld van de vennootschapsbelasting, die teruggaaf het rechtstreekse en onlosmakelijke gevolg is van de toekenning van staatssteun en dus ook als staatssteun kan worden aangemerkt.

40. Aangezien niet kan worden uitgesloten dat de betrokken wetgevingsmaatregel als staatssteun moet worden aangemerkt en het aan de nationale rechter staat om dit te verifiëren teneinde ervoor te zorgen dat artikel 108, lid 3, VWEU wordt nageleefd, moet ervan uitgegaan worden dat de antwoorden op de gestelde vragen voor de verwijzende rechter van nut zijn met het oog op de beslechting van het hoofdgeding en derhalve moeten worden geacht te berusten op de premisse dat de in het hoofdgeding aan de orde zijnde regeling voor de teruggaaf van dividendbelasting een steunregeling is.

Beantwoording van de prejudiciële vragen

41. Om te beginnen zij erop gewezen dat de verwijzende rechter het Hof niet vraagt om een uitlegging van artikel 56, lid 1, EG, thans artikel 63, lid 1, VWEU, dat alle beperkingen van het kapitaalverkeer tussen de lidstaten en tussen de lidstaten en derde landen verbiedt, en waarvan de schending volgens hem lijkt vast te staan. Uit de verwijzingsbeslissing blijkt immers dat deze schending voortvloeit uit het feit dat de Nederlandse wettelijke regeling die voorziet in de teruggaaf van dividendbelasting, die teruggaaf afhankelijk stelt van een vereiste van woonplaats op het nationale grondgebied.

42. Voorts moet worden opgemerkt dat de relevante bepalingen van verordening nr. 659/1999, waarnaar de verwijzende rechter verwijst, in gelijke bewoordingen zijn opgenomen in verordening 2015/1589, die eerstgenoemde verordening heeft vervangen, zodat het niet nodig is te bepalen of deze twee verordeningen ratione temporis van toepassing zijn op de feiten van het hoofdgeding.

43. Gelet op het voorgaande moet ervan worden uitgegaan dat de verwijzende rechter met zijn twee vragen, die tezamen moeten worden onderzocht, in wezen wenst te vernemen of het Unierecht zich ertegen verzet dat een rechterlijke instantie van een lidstaat, om de naleving van artikel 56, lid 1, EG, thans artikel 63, lid 1, VWEU, te waarborgen, het gebruik van een steunregeling, zoals die welke door de in het hoofdgeding aan de orde zijnde regeling inzake de teruggaaf van dividendbelasting in het leven zou zijn geroepen, toestaat aan een in een andere lidstaat gevestigde onderneming. De verwijzende rechter vraagt in het bijzonder of, wanneer een dergelijke steunregeling als een bestaande steunregeling moet worden beschouwd, het besluit om het gebruik van deze regeling toe te staan nieuwe steun is in de zin van artikel 1, onder c), van verordening nr. 659/1999, die overeenkomstig artikel 108, lid 3, laatste zin, VWEU bij de Commissie zou moeten worden aangemeld.

44. Opgemerkt zij dat de door de verwijzende rechter gestelde vragen, zoals deze overigens zelf opmerkt, impliceren dat allereerst wordt nagegaan of het Unierecht zich ertegen verzet dat hij bevoegd blijft om de verenigbaarheid van het in het hoofdgeding aan de orde zijnde woonplaatsvereiste met het vrije verkeer van kapitaal te onderzoeken, dan wel of dit onderzoek, ter beoordeling van de verenigbaarheid van een steunregeling met de interne markt, onder de uitsluitende bevoegdheid van de Commissie valt.

45. Uit vaste rechtspraak van het Hof volgt dat de nationale rechterlijke instanties en de Commissie in het bij het Verdrag ingestelde systeem voor toezicht op staatssteun aanvullende, maar onderscheiden taken vervullen (zie in die zin arresten van 11 juli 1996, SFEI e.a., C-39/94, EU:C:1996:285, punt 41, en 15 september 2016, PGE, C-574/14, EU:C:2016:686, punt 30 en aldaar aangehaalde rechtspraak).

46. Terwijl de beoordeling van de verenigbaarheid van steunmaatregelen met de interne markt onder de exclusieve bevoegdheid valt van de Commissie, die daarbij onder toezicht van de rechterlijke instanties van de Unie staat, zien de nationale rechterlijke instanties toe op de vrijwaring van de rechten van de justitiabelen in geval van schending van de bij artikel 108, lid 3, laatste zin, VWEU opgelegde verplichting om staatssteun vooraf bij de Commissie aan te melden (zie in die zin arrest van 8 december 2011, Residex Capital IV, C-275/10, EU:C:2011:814, punt 27). Wanneer de justitiabelen zich op een dergelijke miskenning beroepen, en de nationale rechter deze miskenning vaststelt, moet hij daaruit overeenkomstig zijn nationale recht alle consequenties trekken, zonder dat zijn beslissing echter een beoordeling impliceert van de verenigbaarheid van de steun met de interne markt, wat tot de uitsluitende bevoegdheid van de Commissie behoort, onder toezicht van het Hof (zie in die zin arrest van 23 april 2002, Nygård, C-234/99, EU:C:2002:244, punt 59 en aldaar aangehaalde rechtspraak).

47. Uit de rechtspraak van het Hof volgt ook dat een nationale rechter enkel bevoegd is om te beoordelen of de uitvoeringsvoorschriften van een steunregeling verenigbaar zijn met rechtstreeks werkende Verdragsbepalingen – andere dan die inzake staatssteun – wanneer die voorschriften afzonderlijk kunnen worden beoordeeld en wanneer zij, ofschoon zij onderdeel zijn van de betrokken steunregeling, niet noodzakelijk zijn ter bereiking van het doel of voor de goede werking ervan (zie in die zin arresten van 22 maart 1977, Iannelli & Volpi, 74/76, EU:C:1977:51, punt 14, en 23 april 2002, Nygård, C-234/99, EU:C:2002:244, punt 57).

48. Daarentegen kan er een dermate nauw verband bestaan tussen enerzijds het doel van de steun en anderzijds de uitvoeringsvoorschriften ervan, dat een afzonderlijke beoordeling van die voorschriften niet mogelijk is en ter beoordeling van hun consequenties voor de verenigbaarheid van de steun in zijn geheel noodzakelijkerwijze de procedure van artikel 108 VWEU moet worden gevolgd (zie in die zin arrest van 22 maart 1977, Iannelli & Volpi, 74/76, EU:C:1977:51, punt 14).

49. In casu is dit inderdaad het geval met een woonplaatsvereiste zoals voorzien in de regeling inzake teruggaaf van dividendbelasting die in het hoofdgeding aan de orde is, ervan uitgaande evenwel dat het daarbij om een staatssteunregeling gaat, aangezien dat vereiste onlosmakelijk lijkt samen te hangen met het doel van de betrokken vrijstellingsmaatregelen, te weten het begunstigen van uitsluitend nationale ondernemingen.

50. Bovendien moet worden opgemerkt dat in het hoofdgeding een dergelijk toezicht onvermijdelijk, ook al is het slechts indirect, tot gevolg zou hebben dat het woonplaatsvereiste van artikel 2 van de Wet Vpb 1969 voor de vrijstelling van vennootschapsbelasting voor publiekrechtelijke ondernemingen, dat een noodzakelijk vereiste is voor de verwezenlijking van het doel en de werking van deze steunregeling, ter discussie wordt gesteld.

51. Het lijkt dan ook niet mogelijk een dergelijk vereiste, dat noodzakelijk blijkt te zijn voor de verwezenlijking van het doel en voor de werking van een steunregeling, te isoleren zonder afbreuk te doen aan de bevoegdheidsverdeling tussen de Commissie en de nationale rechterlijke instanties op het gebied van staatssteun.

52. Bijgevolg moet worden vastgesteld dat het Unierecht zich ertegen verzet dat een nationale rechter beoordeelt of een woonplaatsvereiste als aan de orde in het hoofdgeding verenigbaar is met het vrije verkeer van kapitaal, wanneer de betrokken regeling voor de teruggaaf van dividendbelasting een steunregeling is.

53. Hieruit volgt dat die rechter a fortiori geen gevolgen kan verbinden aan een eventuele schending, wegens dat woonplaatsvereiste, van het vrij verkeer van kapitaal door de teruggaaf van die belasting toe te staan, zodat de in punt 43 van dit arrest vermelde vraag niet hoeft te worden beantwoord.

54. Gelet op het voorgaande moet op de gestelde vragen worden geantwoord dat de artikelen 107 en 108 VWEU aldus moeten worden uitgelegd dat een nationale rechter niet kan beoordelen of een woonplaatsver-

eiste als aan de orde in het hoofdgeding verenigbaar is met artikel 56, lid 1, EG, thans artikel 63, lid 1, VWEU, wanneer de betrokken regeling voor de teruggaaf van dividendbelasting een steunregeling is.

Kosten

55. …

Het Hof (Eerste kamer)

verklaart voor recht:

De artikelen 107 en 108 VWEU moeten aldus worden uitgelegd dat een nationale rechter niet kan beoordelen of een woonplaatsvereiste als aan de orde in het hoofdgeding verenigbaar is met artikel 56, lid 1, EG, thans artikel 63, lid 1, VWEU, wanneer de betrokken regeling voor de teruggaaf van dividendbelasting een steunregeling is.

HvJ 16 mei 2019, gevoegde zaken T-836/16 en T-624/17 (Republiek Polen v. Europese Commissie)

Negende kamer – uitgebreid: S. Gervasoni, president, L. Madise (rapporteur), R. da Silva Passos, K. Kowalik-Banczyk en C. Mac Eochaidh, rechters

Voorgeschiedenis van het geding

1. Begin 2016 heeft de Poolse regering een nieuwe belasting op de verkoop van waren in de sector detailhandel in het vooruitzicht gesteld. Hoewel voor een aantal aspecten van de belasting een raadpleging moest worden gehouden, ging het in beginsel om een progressieve belasting waarvoor de omzet als heffingsgrondslag zou fungeren.

2. Nadat de Commissie op de hoogte was gesteld van dit voornemen, heeft zij de Poolse autoriteiten schriftelijk om inlichtingen verzocht. Onder verwijzing naar haar standpunt van juli 2015 over een wijziging van de vergoeding voor de inspectie van de voedselketen in Hongarije, waarbij eveneens het beginsel van een progressieve omzetbelasting was toegepast, heeft zij aangegeven:

> „De tarieven van de progressieve omzetbelasting die door ondernemingen worden betaald zijn in feite gerelateerd aan de omvang van de onderneming en niet aan de winstgevendheid of de solvabiliteit ervan. Zij leiden tot discriminatie tussen ondernemingen en kunnen ernstige verstoringen van de markt veroorzaken. Zij behelzen ongelijke behandeling van ondernemingen en worden derhalve beschouwd als selectief. Aangezien is voldaan aan alle voorwaarden van artikel 107, lid 1, VWEU, [veroorzaken zij staatssteun in de zin van dat artikel]."

3. Op 6 juli 2016 heeft de Sejm Rzeczypospolitej Polskiej (kamer van afgevaardigden van het parlement van de Poolse Republiek) de wet op de belasting op de detailhandel vastgesteld. De wezenlijke kenmerken ervan zijn als volgt. De belasting is van toepassing op de detailhandelsverkoop aan consumenten die natuurlijke personen zijn. Belastingplichtig zijn alle detailhandelaren, ongeacht hun rechtsvorm. De heffingsgrondslag wordt gevormd door de maandomzet boven de grens van 17 miljoen Poolse zloty (PLN), dat wil zeggen ongeveer 4 miljoen EUR. De tarieven zijn 0,8 % voor 1de maandelijkse omzet tussen 17 en 170 miljoen PLN en 1,4 % voor de maandelijkse omzet daarboven. Deze wet is op 1 september 2016 in werking getreden.

4. Na een briefwisseling tussen de Poolse autoriteiten en de Commissie heeft de Commissie bij besluit van 19 september 2016 inzake steunmaatregel SA.44351 (2016/C) (ex 2016/NN) de procedure van artikel 108, lid 2, VWEU ingeleid ten aanzien van deze maatregel [hierna: „besluit tot inleiding van de procedure (eerste bestreden besluit)"]. Bij dit besluit heeft de Commissie niet alleen de belanghebbenden aangemaand hun opmerkingen te maken, maar ook op grond van artikel 13, lid 1, van verordening (EU) 2015/1589 van de Raad van 13 juli 2015 tot vaststelling van nadere bepalingen voor de toepassing van artikel 108 [VWEU] (PB 2015, L 248, blz. 9) de Poolse autoriteiten gelast de „toepassing van het progressieve tarief van de belasting te schorsen totdat de Commissie een besluit heeft genomen over de verenigbaarheid ervan met de interne markt".

5. Tijdens de gehele procedure hebben de Poolse autoriteiten, die inderdaad de toepassing van de betrokken maatregel hebben geschorst, de kwalificatie als staatssteun in de zin van artikel 107, lid 1, VWEU betwist.

6. De Poolse regering heeft daarnaast, parallel aan de voortzetting van de discussie met de Commissie, bij het Gerecht beroep ingesteld tot nietigverklaring van het besluit tot inleiding van de procedure (eerste bestreden besluit) (zaak T-836/16).

7. De Commissie heeft de procedure afgesloten bij besluit (EU) 2018/160 van 30 juni 2017 betreffende steunmaatregel SA.44351 (2016/C) (ex 2016/NN) ten uitvoer gelegd door Polen in de vorm van een belasting op de detailhandel (PB 2018, L 29, blz. 38) [hierna: „eindbesluit (tweede bestreden besluit)"]. De Commissie heeft daarin aangegeven dat de betrokken maatregel staatssteun vormde die onverenigbaar is met de interne markt en dat zij onrechtmatig ten uitvoer is gelegd. De Poolse autoriteiten moesten alle betalingen die uit hoofde van het besluit tot inleiding van de procedure (eerste bestreden besluit) waren geschorst, definitief annuleren. Aangezien de betrokken steunmaatregel niet concreet ten uitvoer was gelegd, heeft de Commissie gemeend dat er geen reden was om steun bij begunstigden terug te vorderen.

8. De Poolse regering heeft tegen het eindbesluit (tweede bestreden besluit) eveneens beroep tot nietigverklaring ingesteld bij het Gerecht (zaak T-624/17).

9. In wezen heeft de Commissie in het besluit tot inleiding van de procedure (eerste bestreden besluit) en in het eindbesluit (tweede bestreden besluit) (hierna samen: „bestreden besluiten"), met een betoog dat in het eindbesluit (tweede bestreden besluit) op bepaalde punten was aangevuld, de kwalificatie van de betrokken maatregel als staatssteun in het licht van de definitie in artikel 107, lid 1, VWEU, als volgt onderbouwd.

10. Om te beginnen heeft de Commissie met betrekking tot de toerekenbaarheid van de maatregel aan de Staat en de financiering met staatsmiddelen geoordeeld dat sommige van de betrokken ondernemingen, namelijk de ondernemingen met een lagere omzet, door de wet op de belasting op de detailhandel profiteerden van een gunstigere fiscale behandeling dan andere belastingplichtige ondernemingen en dat de Staat afziet van belastinginkomsten die hij anders ontvangen zou hebben als alle ondernemingen volgens hetzelfde gemiddelde effectieve tarief zouden worden belast, wat neerkwam op een overdracht van middelen van de Staat aan de begunstigde ondernemingen.

11. Met betrekking tot het bestaan van een voordeel heeft de Commissie eraan herinnerd dat maatregelen die de lasten verlichten die normaliter door ondernemingen worden gedragen, net als positieve prestaties, een voordeel meebrengen. In casu zou het nultarief of gemiddeld lagere belastingtarief van ondernemingen met een lagere omzet in vergelijking met het gemiddeld hogere belastingtarief van ondernemingen met een hogere omzet neerkomen op een voordeel voor de ondernemingen met een lagere omzet. In het eindbesluit (tweede bestreden besluit) heeft de Commissie toegevoegd dat distributiestructuren die zijn georganiseerd volgens een franchisemodel, bevoordeeld werden ten opzichte van geïntegreerde distributiestructuren, want in het eerste geval werd de omzet verdeeld in zoveel delen als er franchisenemers waren, maar in het tweede geval werd de totale omzet genomen.

12. Met betrekking tot het feit dat dat voordeel bepaalde ondernemingen begunstigt (selectiviteitscriterium) heeft de Commissie uiteengezet dat de analyse in geval van een belastingvoordeel uit meerdere stappen moet bestaan. Eerst moet het referentiebelastingstelsel worden bepaald, vervolgens moet worden nagegaan of de maatregel afwijkt van dat referentiestelsel, in de zin dat hij onderscheid maakt tussen ondernemingen die zich, in het licht van de aan het stelsel inherente doelstellingen, in een feitelijk en juridisch vergelijkbare situatie bevinden, en tot slot moet, bij een positief antwoord, worden bezien of de afwijking gerechtvaardigd is door de aard of de algemene opzet van het referentiebelastingstelsel. Als het antwoord bij de tweede stap negatief is of als het positief is bij de derde stap, is er geen selectief voordeel voor bepaalde ondernemingen. Als het antwoord bij de tweede stap positief is en bij de derde stap negatief, is daarentegen wel sprake van een selectief voordeel.

13. In casu heeft de Commissie eerst vastgesteld dat het referentiestelsel de belasting op de omzet van de detailhandel was, met inbegrip van ondernemingen met een omzet van minder dan 17 miljoen PLN, maar zonder de progressieve tariefstructuur (de schijven van 0 %, voor de niet-belastbare omzet, en van 0,8 % en 1,4 %, met de bijbehorende omzetschijven).

14. In deze maatregel heeft de Commissie vervolgens gemeend dat de progressieve tariefstructuur een afwijking vormde van het referentiestelsel met een enkel tarief, doordat zij niet enkel marginale tarieven kent, maar ook gemiddelde tarieven die verschillen tussen ondernemingen. In het eindbesluit (tweede bestreden besluit) heeft de Commissie een concreet voorbeeld gegeven van de belastingheffing bij drie detailhandelsondernemingen, de eerste met een maandomzet van 10 miljoen PLN, de tweede met een omzet van 100 miljoen PLN en de derde met een omzet van 750 miljoen PLN. Het gemiddelde belastingtarief komt in het eerste geval neer op 0 %, in het tweede geval op 0,664 % en in het derde geval op 1,246 %.

15. De Commissie heeft tot slot gemeend dat de afwijking van het referentiestelsel in de vorm van het progressieve tariefstelsel niet gerechtvaardigd werd door de aard of de algemene opzet van het stelsel. In het besluit tot opening van de procedure (eerste bestreden besluit) heeft de Commissie aangegeven dat de doelstellingen van het sectorale beleid, zoals het regionale beleid, het milieubeleid of het industriebeleid, in dat verband niet in aanmerking genomen konden worden. De Poolse autoriteiten hebben aangevoerd dat de progressieve belastingstructuur een herverdelende functie heeft, omdat ondernemingen met een hoge omzet kunnen profiteren van schaalvoordelen, betere leveringsvoorwaarden of belastingoptimalisatiestrategieën die voor kleinere ondernemingen niet haalbaar zijn, maar volgens de Commissie strookt een dergelijke herverdelingsdoelstelling niet met een omzetbelasting, die ondernemingen slechts belast op basis van het volume van hun activiteiten en niet op basis van hun kosten, winstgevendheid, draagkracht of faciliteiten waarvan volgens de Poolse autoriteiten enkel grote ondernemingen kunnen profiteren. Voor de Commissie kan een progressieve omzetbelasting worden gerechtvaardigd om bepaalde negatieve externe effecten van de activiteiten tegen te gaan die met de omzet toenemen, maar een dergelijke situatie is in casu niet aangetoond.

16. Daarnaast heeft de Commissie uiteengezet dat de betrokken maatregel de mededinging vervalste of dreigde te vervalsen en het handelsverkeer tussen de lidstaten ongunstig beïnvloedde. In dat verband heeft zij met name opgemerkt dat de detailhandel in Polen was opengesteld voor mededinging, er ondernemingen uit andere lidstaten op de markt actief waren, en ondernemingen die profiteerden van lagere belastingtarieven aldus exploitatiesteun genoten. De Poolse autoriteiten hebben aangegeven dat de progressieve tariefstructuur de kleinschalige handel in stand hielp houden tegenover supermarkten. De Commissie zag daarin een bewijs dat zij poogden de concurrentieverhoudingen op de markt te beïnvloeden.

Procedure en conclusies van partijen

17. De Republiek Polen heeft op 30 november 2016 beroep tot nietigverklaring van het besluit tot inleiding van de procedure (eerste bestreden besluit) ingediend (zaak T-836/16).

18. De Commissie heeft op 21 februari 2017 haar verweerschrift ingediend.

19. Op 17 maart 2017 heeft Hongarije verzocht om toelating tot interventie ter ondersteuning van de Republiek Polen. Dit verzoek is bij besluit van de president van de Negende kamer van het Gerecht van 27 april 2017 toegewezen.

20. De Republiek Polen, Hongarije en de Commissie hebben op 11 mei, 19 juni en 2 augustus 2017 respectievelijk een memorie van repliek, een memorie in interventie en een memorie van dupliek ingediend.

21. De Republiek Polen heeft op 13 september 2017 beroep tot nietigverklaring van het eindbesluit (tweede bestreden besluit) ingediend (zaak T-624/17).

22. De Republiek Polen en de Commissie hebben op 20 oktober 2017 elk opmerkingen over de memorie in interventie van Hongarije in zaak T-836/16 ingediend.

23. Bij schrijven van 21 november 2017 heeft de Republiek Polen een met redenen omkleed verzoek om een terechtzitting in zaak T-836/16 ingediend.

24. Op 29 november 2017 heeft de Commissie haar verweerschrift in zaak T-624/17 ingediend.

25. Op 30 november 2017 heeft de Commissie verzocht om voeging van de zaken T-836/16 en T-624/17 voor de mondelinge behandeling.

26. Op 15 december 2017 heeft Hongarije verzocht om toelating tot interventie ter ondersteuning van de Republiek Polen in zaak T-624/17. Dit verzoek is bij besluit van de president van de Negende kamer van het Gerecht van 12 januari 2018 toegewezen.

27. Op 20 februari 2018 heeft Hongarije zijn memorie in interventie in zaak T-624/17 ingediend. De Republiek Polen en de Commissie hebben hun opmerkingen daarover op respectievelijk 9 en 19 april 2018 ingediend.

28. Bij schrijven van 15 mei 2018 heeft de Republiek Polen een met redenen omkleed verzoek om een terechtzitting in zaak T-624/17 ingediend.

29. Op rapport van de rechter-rapporteur heeft het Gerecht besloten in de zaken T-836/16 en T-624/17 tot de mondelinge behandeling over te gaan. Het Gerecht heeft tevens beslist de partijen een vraag te stellen voor beantwoording ter terechtzitting.

30. Op voorstel van de Negende kamer heeft het Gerecht de zaken overeenkomstig artikel 28 van het Reglement voor de procesvoering van het Gerecht naar een uitgebreide kamer verwezen.

31. Bij beslissing van het Gerecht van 4 juli 2018 zijn de zaken T-836/16 en T-624/17 overeenkomstig artikel 68, lid 2, van het Reglement voor de procesvoering gevoegd voor de mondelinge behandeling.

32. Partijen zijn ter terechtzitting van 26 september 2018 in hun pleidooien en hun antwoorden op de vragen van het Gerecht gehoord. Bij die gelegenheid heeft de president van de Negende kamer – uitgebreid van het Gerecht, de partijen gehoord, beslist dat de zaken T-836/16 en T-624/17 eveneens zouden worden gevoegd voor de einduitspraak.

33. In zaak T-836/16 concludeert de Republiek Polen tot:
- nietigverklaring van het besluit tot inleiding van de procedure (eerste bestreden besluit);
- verwijzing van de Commissie in de kosten.

34. In zaak T-624/17 concludeert de Republiek Polen tot:
- nietigverklaring van het eindbesluit (tweede bestreden besluit);

– verwijzing van de Commissie in de kosten.

35. In de zaken T-836/16 en T-624/17 concludeert de Commissie tot:
– verwerping van de beroepen;
– verwijzing van de Republiek Polen in de kosten.

36. In de zaken T-836/16 en T-624/17 concludeert Hongarije tot toewijzing van de beroepen.

37. In zaak T-836/16 verzoekt Hongarije daarnaast om verwijzing van de Commissie in de kosten van de Hongaarse regering.

In rechte

38. In zaak T-836/16 voert de Poolse regering vier middelen aan tegen het besluit tot inleiding van de procedure (eerste bestreden besluit): het eerste middel betreft de onjuiste kwalificatie van de betrokken maatregel als staatssteun in de zin van artikel 107, lid 1, VWEU; het tweede en het derde middel betreffen schending van artikel 13, lid 1, van verordening 2015/1589 en van het evenredigheidsbeginsel wegens het bevel de „toepassing van het progressieve tarief van de belasting te schorsen totdat de Commissie een besluit heeft genomen over de verenigbaarheid ervan met de interne markt"; het vierde middel tot slot betreft een gebrekkige en ontoereikende motivering.

39. In zaak T-624/17 voert de Poolse regering twee middelen aan tegen het eindbesluit (tweede bestreden besluit): het eerste middel betreft de onjuiste kwalificatie van de betrokken maatregel als staatssteun in de zin van artikel 107, lid 1, VWEU; het tweede middel betreft een gebrekkige en ontoereikende motivering.

40. In casu acht het Gerecht het opportuun eerst de middelen te onderzoeken die betrekking hebben op de onjuiste kwalificatie in de bestreden besluiten van de betrokken maatregel als staatssteun in de zin van artikel 107, lid 1, VWEU.

41. De Poolse regering stelt dat de Commissie ten onrechte heeft geoordeeld dat de belasting op de detailhandel een selectieve maatregel ten gunste van bepaalde ondernemingen was vanwege de progressieve tarieven toegepast op de heffingsgrondslag, de omzet. Volgens de Poolse regering gaat het daarentegen om een algemene, niet-selectieve maatregel, die eventueel op het eerste gezicht selectief kan lijken, maar dat in laatste instantie niet is omdat hij wordt gerechtvaardigd door de aard en de opzet van het belastingstelsel.

42. Volgens de eerste serie argumenten van de Poolse regering kan de belasting op de detailhandel niet worden beschouwd als een a priori selectieve belasting, want de structuur ervan – die volgens de Commissie de grond is voor de selectiviteit ervan – wijkt niet af van het referentiestelsel van deze belasting; zij is namelijk een onderdeel van dat stelsel. De Poolse regering voert meer bepaald het volgende aan.

43. De progressieve tariefstructuur van de belasting op de detailhandel, die de Commissie beschouwt als de manifestatie van een selectief voordeel ten gunste van bepaalde ondernemingen, maakt volgens de Poolse regering juist integraal deel uit van het referentiestelsel, dat wordt gevormd door deze belasting met de kenmerken op het vlak van heffingsgrondslag, belastingplichtigen, belastbaar feit en tariefstructuur. De progressieve tariefstructuur kan dus niet worden gezien als een kenmerk dat een afwijking van het referentiestelsel oplevert. De Commissie heeft het referentiestelsel volgens haar ten onrechte beperkt tot de betrokken belasting zonder de tariefstructuur, wat leidt tot de vreemde situatie dat het fiscale referentiestelsel dat zij heeft geïdentificeerd geen „normaal" belastingtarief kent, ten opzichte waarvan kan worden beoordeeld of er een selectief voordeel is, zoals naar voren komt uit de overwegingen 26 en 51 van het besluit tot inleiding van de procedure (eerste bestreden besluit) en uit de overwegingen 47 en 49 van het eindbesluit (tweede bestreden besluit). De Commissie stelt zich tevreden met het oordeel dat er slechts één tarief zou moeten zijn, dat in voorkomend geval kan worden vastgesteld door de Poolse autoriteiten op het maximale marginale tarief van 1,4 % of op het hoogste gemiddelde effectieve tarief dat bij de belastingplichtigen is geconstateerd.

44. Tarieven zijn echter een noodzakelijk onderdeel van elke belasting, ook in geval van een progressieve tariefstructuur, zoals de Commissie ook heeft opgemerkt in punt 134 van de mededeling over het begrip staatssteun in artikel 107, lid 1, [VWEU] (PB 2016, C 262, blz. 1; hierna: „mededeling over het begrip staatssteun"). Door een enkel (vast) tarief op te willen leggen voor een belasting treedt de Commissie bovendien in de fiscale bevoegdheden van de lidstaten.

45. De Poolse regering onderstreept dat de litigieuze progressieve tariefstructuur helder en duidelijk is en dat de belastingtarieven relatief laag en lineair zijn, met een hoogste tarief (1,4 %) dat slechts 1,75 maal zo hoog is als het eerste tarief (0,8 %). Er is geen drempeleffect aangezien alle ondernemingen, ongeacht hun omzet, zijn vrijgesteld voor een maandomzet tot 17 miljoen PLN. Een tarief van 0,8 % wordt toegepast voor het deel van de

maandomzet tussen 17 en 170 miljoen PLN en een tarief van 1,4 % voor het deel van de maandomzet boven 170 miljoen PLN. Het stelsel is dus niet discriminerend noch discretionair en wijkt niet af van het referentiestelsel. De Poolse regering stelt ook dat de structuur van de belasting op de detailhandel niet kan worden gelijkgesteld aan de volledige vrijstelling waarvan de offshorevennootschappen op Gibraltar in het arrest van 15 november 2011, Commissie en Spanje/Government of Gibraltar en Verenigd Koninkrijk (C-106/09 P en C-107/09 P, EU:C:2011:732) profiteerden, die in strijd was met het doel van de betrokken belastingen, namelijk alle ondernemingen betrekken in een algemeen belastingstelsel, maar dat deze structuur vergelijkbaar is met de mechanismen om het maximum van deze belastingen voor alle ondernemingen te stellen op 15 % van de winst, waarover in hetzelfde arrest is geoordeeld dat het geen selectief voordeel oplevert.

46. De Poolse regering voegt toe dat de belasting op de detailhandel, zoals zij is opgezet, beantwoordt aan de tweevoudige doelstelling om de Staat belastinginkomsten te bezorgen en tegelijkertijd de belastingdruk met het oog op herverdeling eerlijk – volgens hun draagkracht – te verdelen over de belastingplichtigen, wat er ook toe bijdraagt dat de belasting inkomsten oplevert. Anders dan de Commissie stelt in overweging 29 van het besluit tot inleiding van de procedure (eerste bestreden besluit) en in overweging 49 van het eindbesluit (tweede bestreden besluit) is het doel van deze belasting niet enkel belastingopbrengsten verkrijgen of het „belasten van de omzet van alle detailhandelaren". Dat bevestigt dat de belastingtarieven en de bijbehorende schijven deel uitmaken van het referentiestelsel. Hoewel de organisatiestructuur van distributieketens daadwerkelijk invloed kon hebben op het belastingniveau, was iedereen vrij om de organisatievorm te kiezen die in dat opzicht het gunstigst was, bijvoorbeeld het franchisestelsel. Met name de Carrefour-groep zou daarvan op ruime schaal gebruik hebben gemaakt, net als andere grote distributeurs van buitenlandse afkomst, terwijl sommige grote belastingplichtigen met een geïntegreerde organisatie Poolse kapitaalvennootschappen zijn.

47. Op deze argumenten reageert de Commissie eerst met voorafgaande opmerkingen. Zij herinnert eraan dat zij heeft overwogen dat alle detailhandelsondernemingen zich feitelijk en juridisch in een situatie bevonden die met betrekking tot het doel van de betrokken belasting vergelijkbaar is en dat de progressieve tariefstructuur ervan discriminatie tussen de ondernemingen op grond van hun omvang meebracht die niet gerechtvaardigd was door de logica of door de aard van deze belasting; ondernemingen met een lagere omzet profiteerden namelijk van een gemiddeld effectief tarief dat gelijk is aan nul of lager is dan het tarief voor ondernemingen met een hogere omzet. Bijna alle kleine en middelgrote onafhankelijke detailhandelaren zijn op die manier praktisch vrijgesteld of worden over hun omzet als geheel belast tegen een gemiddeld effectief tarief van minder dan 0,8 %, terwijl grote detailhandelaren, bijvoorbeeld geïntegreerde ketens van hypermarkten, worden belast tegen een gemiddeld effectief tarief dat dichter ligt bij het maximumtarief van 1,4 %, wat een aanzienlijk gat in hun winsten slaat. Met Pools kapitaal gefinancierde detailhandelsondernemingen maken in het algemeen deel uit van de begunstigden van het stelsel, terwijl met buitenlands kapitaal gefinancierde marktpartijen daarentegen worden belast tegen een hoger gemiddeld tarief. De Commissie onderstreept in dat verband dat, volgens verschillende openbare bronnen, in september 2016 van de circa 200 000 detailhandelszaken of -ondernemingen slechts ongeveer 100 belastingplichtig waren, en de verwachte opbrengst 114 miljoen PLN bedroeg, waarvan bijna 80 miljoen verschuldigd was door de tien grootste ondernemingen. Slechts twaalf ondernemingen zouden de schijf met het tarief van 1,4 % hebben bereikt. Uit diverse politieke verklaringen in Polen bleek overigens duidelijk dat de belasting erop zag het evenwicht tussen de concurrentieverhoudingen van de kleine winkels en de internationale distributieketens te herstellen. Bovendien zou een distributieketen die is georganiseerd volgens het franchisemodel weinig of in het geheel niet worden belast, terwijl een geïntegreerde distributieketen met dezelfde omzet veel hoger belast zou worden. De Commissie geeft in dat verband het voorbeeld van de Carrefour-groep, die deels een geïntegreerde organisatie vormt die zou worden belast tegen een gemiddeld tarief van 1,2 %, terwijl de Poolse keten van detailhandelaren Lewiatan, georganiseerd volgens een franchisemodel en verdeeld in zestien vennootschappen met een totale omzet hoger dan die van Carrefour, belast zou worden tegen een gemiddeld tarief van bijna nul. Hoewel ketens van buitenlandse oorsprong, zoals de Carrefour-groep, ook gebruikmaken van het franchisemodel, zijn de franchisenemers juist de Poolse buurtwinkels die door de betrokken belastingmaatregel worden bevoordeeld. De Commissie heeft ter terechtzitting niettemin onderstreept dat de bestreden besluiten niet gegrond waren op discriminatie op grond van de nationale herkomst van de belastingplichtigen, omdat het ging om de selectieve voordelen die door de progressieve tariefstructuur van de belasting op de detailhandel worden gegenereerd.

48. Onder verwijzing naar het arrest van 15 november 2011, Commissie en Spanje/Government of Gibraltar en Verenigd Koninkrijk (C-106/09 P en C-107/09 P, EU:C:2011:732), voegt de Commissie daaraan toe dat het voor het antwoord op de vraag of een belastingmaatregel selectief bepaalde ondernemingen bevoordeelt, niet volstaat te onderzoeken of er een afwijking van de door de betrokken lidstaat vastgestelde regels van het referentiestelsel is, maar dat ook moet worden nagegaan of de grenzen of de structuur van het referentiestelsel

coherent zijn omschreven of juist duidelijk arbitrair of partijdig zijn zodat die ondernemingen worden bevoordeeld, wat in casu het geval zou zijn. De Commissie zet uiteen dat het Hof in dat arrest heeft geoordeeld dat het selectieve voordeel waarvan bepaalde vennootschappen profiteerden, voortvloeide uit de opzet van die belasting. Dat werd bevestigd door het arrest van 21 december 2016, Commissie/World Duty Free Group e.a. (C-20/15 P en C-21/15 P, EU:C:2016:981).

49. De Commissie stelt ook dat een heffingsgrondslag die overeenkomt met de omzet niet past, voor zover de Poolse regering de fiscale maatregel rechtvaardigt door de noodzaak rekening te houden met de draagkracht van ondernemingen, omdat een hoge omzet niettemin gepaard kan gaan met een tekort en omgekeerd. Dat een onderneming omvangrijk is, betekent niet dat zij een grote draagkracht heeft. De strijd tegen fiscale optimalisering en belastingontwijking, die eveneens door de Poolse regering als reden wordt genoemd, is evenmin pertinent, want het risico van ontwijking van de heffingsgrondslag doet zich enkel voor in het kader van inkomstenbelastingen.

50. De Commissie geeft nader aan dat haar analyse de belastingautonomie van de lidstaten niet ondergraaft. De Republiek Polen blijft op dat gebied soeverein, mits zij de regels van het VWEU over staatssteun in acht neemt.

51. Met betrekking tot, meer bepaald, de discussie over de vaststelling van het referentiestelsel, zet de Commissie uiteen dat, voor de vaststelling of een begunstigende belastingmaatregel selectief is, dat stelsel – bestaande uit een geheel van samenhangende regels die in algemene zin van toepassing zijn op basis van criteria die van toepassing zijn op alle ondernemingen die binnen de in de doelstelling gedefinieerde werkingssfeer ervan vallen – eerst moet worden geïdentificeerd. Vervolgens moet worden aangetoond dat de betrokken maatregel van dat stelsel afwijkt doordat hij onderscheid maakt tussen ondernemingen die zich in het licht van die doelstelling in een feitelijk en juridisch vergelijkbare situatie bevinden. In casu is de omzet van de detailhandelsverkoop het voorwerp van de belasting en zijn de detailhandelaren de belastingplichtigen, zodat alle detailhandelaren, ongeacht hun omvang, zich in het licht van de doelstelling van die belasting in een feitelijk en juridisch vergelijkbare situatie bevinden. Het referentiestelsel is dus de belasting op de omzet die wordt gegenereerd door de detailhandel.

52. Net als in de zaak die heeft geleid tot het arrest van 15 november 2011, Commissie en Spanje/Government of Gibraltar en Verenigd Koninkrijk (C-106/09 P en C-107/09 P, EU:C:2011:732), is het referentiestelsel zoals gepresenteerd door de Poolse regering echter zelf opzettelijk zo opgezet dat het selectief is, zonder dat dat kan worden gerechtvaardigd door de doelstelling ervan, namelijk inkomsten voor de Staat genereren. De Commissie heeft niet genegeerd dat op alle detailhandelsondernemingen dezelfde tarieven en dezelfde schijven van toepassing zijn, maar desondanks worden lokale detailhandelaren bevoordeeld door een gemiddeld effectief tarief van nul of veel lager dan het tarief dat detailhandelaren met een hoge omzet betalen. De Commissie voert in dat verband het cijfervoorbeeld uit het eindbesluit (tweede bestreden besluit) aan, dat in punt 14 supra wordt genoemd. Bij ontstentenis van een rechtvaardiging door de Poolse autoriteiten kunnen de schijven enkel bedoeld zijn om kleine detailhandelaren te beschermen en de grotere ondernemingen uit de sector te laten betalen.

53. Het argument van de Poolse regering dat de progressieve tariefstructuur wordt gerechtvaardigd door de tweevoudige doelstelling om de Staat belastinginkomsten te bezorgen en de belastingdruk evenredig te verdelen over de belastingplichtigen volgens hun draagkracht, komt niet naar voren uit de stap waarin het referentiestelsel wordt bepaald, maar in voorkomend geval uit de rechtvaardiging na de identificatie van een afwijking van dat stelsel. Hoe dan ook is de intrinsieke doelstelling van deze belasting niet het genereren van belastinginkomsten – dat is de doelstelling van elke belasting – maar het belasten van de omzet van de detailhandel, net als de doelstelling van een winstbelasting het belasten van winsten is. Zoals in punt 49 supra is uiteengezet, kan de doelstelling ook niet zijn rekening te houden met de draagkracht van de verschillende ondernemingen die actief zijn in de detailhandel.

54. Volgens de Commissie is het referentiestelsel in de bestreden besluiten dus met recht vastgesteld als de belasting op de omzet van de detailhandel, zonder progressieve tariefstructuur. Anders dan de Hongaarse regering stelt, is geen enkel lineair belastingtarief in aanmerking genomen.

55. De hierboven samengevatte argumenten moeten worden onderzocht.

56 Artikel 107, lid 1, VWEU bepaalt dat steunmaatregelen van de staten of in welke vorm ook met staatsmiddelen bekostigd, die de mededinging door begunstiging van bepaalde ondernemingen of bepaalde producties vervalsen of dreigen te vervalsen, onverenigbaar zijn met de interne markt, voor zover deze steun het handelsverkeer tussen de lidstaten ongunstig beïnvloedt, behoudens de afwijkingen waarin de Verdragen voorzien.

57. Uit vaste rechtspraak blijkt dat de in artikel 107, lid 1, VWEU bedoelde steunmaatregelen evenwel een algemenere strekking hebben dan het begrip subsidie, daar zij niet alleen positieve prestaties zoals de subsidie zelf omvatten, maar ook overheidsmaatregelen die, in verschillende vormen, de lasten verlichten die normaliter op het budget van een onderneming drukken en daardoor – zonder subsidies in de strikte zin van het woord te zijn – van dezelfde aard zijn en identieke gevolgen hebben (zie in die zin arresten van 23 februari 1961, De Gezamenlijke Steenkolenmijnen in Limburg/Hoge Autoriteit, 30/59, EU:C:1961:2, blz. 40; 2 juli 1974, Italië/Commissie, 173/73, EU:C:1974:71, punt 33; 15 maart 1994, Banco Exterior de España, C-387/92, EU:C:1994:100, punt 13, en 15 november 2011, Commissie en Spanje/Government of Gibraltar en Verenigd Koninkrijk, C-106/09 P en C-107/09 P, EU:C:2011:732, punt 71).

58. Derhalve is een maatregel op fiscaal gebied waarbij de overheid aan bepaalde ondernemingen een gunstige fiscale behandeling verleent die, hoewel in dat kader geen staatsmiddelen worden overgedragen, de financiële situatie van de begunstigden verbetert ten opzichte van andere belastingplichtigen, als een steunmaatregel van de staat in de zin van artikel 107, lid 1, VWEU aan te merken (zie in die zin arresten van 15 maart 1994, Banco Exterior de España, C-387/92, EU:C:1994:100, punt 14; 15 november 2011, Commissie en Spanje/Government of Gibraltar en Verenigd Koninkrijk, C-106/09 P en C-107/09 P, EU:C:2011:732, punt 72, en 21 december 2016, Commissie/World Duty Free Group e.a., C-20/15 P en C-21/15 P, EU:C:2016:981, punt 56).

59. Om aan te tonen dat een gunstige belastingmaatregel is voorbehouden aan bepaalde ondernemingen, anders gezegd dat de betrokken maatregel selectief is, moet worden bepaald of deze maatregel in het kader van een bepaalde rechtsregeling bepaalde ondernemingen of bepaalde producties kan begunstigen ten opzichte van andere die zich, vanuit het oogpunt van de doelstelling van de betrokken regeling, in een feitelijk en juridisch vergelijkbare situatie bevinden (zie in die zin en naar analogie arrest van 2 juli 1974, Italië/Commissie, 173/73, EU:C:1974:71, punt 33; zie ook arrest van 15 november 2011, Commissie en Spanje/Government of Gibraltar en Verenigd Koninkrijk, C-106/09 P en C-107/09 P, EU:C:2011:732, punt 75 en aldaar aangehaalde rechtspraak).

60. Meer bepaald veronderstelt de kwalificatie van een nationale belastingmaatregel als „selectief" volgens de analysemethode die in de rechtspraak is uitgewerkt dat allereerst wordt bepaald en onderzocht welke algemene of „normale" belastingregeling geldt [zie in die zin arresten van 21 december 2016, Commissie/World Duty Free Group e.a., C-20/15 P en C-21/15 P, EU:C:2016:981, punt 57, en 28 juni 2018, Andres (faillissement Heitkamp BauHolding)/Commissie, C-203/16 P, EU:C:2018:505, punt 88 en aldaar aangehaalde rechtspraak].

61. Vervolgens moet worden beoordeeld en in voorkomend geval vastgesteld of het door de betrokken belastingmaatregel verschafte voordeel eventueel selectief is ten opzichte van die belastingregeling, door te bewijzen dat die maatregel van de „normale" regeling afwijkt door differentiaties in te voeren tussen marktdeelnemers die zich, gelet op het doel van het algemene of „normale" toepasselijke belastingstelsel in een feitelijk en juridisch vergelijkbare situatie bevinden (zie in die zin arresten van 8 september 2011, Paint Graphos e.a., C-78/08–C-80/08, EU:C:2011:550, punt 49, en 21 december 2016, Commissie/World Duty Free Group e.a., C-20/15 P en C-21/15 P, EU:C:2016:981, punt 57). Als daarentegen blijkt dat het belastingvoordeel (anders gezegd het onderscheid) wordt gerechtvaardigd door de aard en de opzet van het stelsel waarvan het deel uitmaakt, is het geen selectief voordeel (zie in die zin arresten van 8 november 2001, Adria-Wien Pipeline en Wietersdorfer & Peggauer Zementwerke, C-143/99, EU:C:2001:598, punt 42; 15 december 2005, Unicredito Italiano, C-148/04, EU:C:2005:774, punten 51 en 52; 6 september 2006, Portugal/Commissie, C-88/03, EU:C:2006:511, punt 52; 22 december 2008, British Aggregates/Commissie, C-487/06 P, EU:C:2008:757, punt 83, en 21 december 2016, Commissie/World Duty Free Group e.a., C-20/15 P en C-21/15 P, EU:C:2016:981, punten 58 en 60).

62. Uit de rechtspraak blijkt dat, wanneer de aard van het „normale" stelsel wordt genoemd, de daaraan toegewezen doelstelling wordt bedoeld, en wanneer de opzet van het „normale" stelsel wordt genoemd, de regels van de belasting worden bedoeld (zie in die zin arresten van 6 september 2006, Portugal/Commissie, C-88/03, EU:C:2006:511, punt 81, en 7 maart 2012, British Aggregates/Commissie, T-210/02 RENV, EU:T:2012:110, punt 84). Benadrukt moet worden dat het hierboven genoemde begrip doelstelling of aard van het „normale" belastingstelsel verwijst naar de basis- of hoofdbeginselen van dat belastingstelsel en niet naar de beleidsmaatregelen die in voorkomend geval met behulp van de daarmee opgebrachte middelen kunnen worden gefinancierd (zoals in casu de financiering van gezinsbeleid), noch naar de doelstellingen die met derogaties aan dat belastingstelsel kunnen worden nagestreefd.

63. In casu moet om te beginnen de kwestie worden onderzocht van het „normale" belastingstelsel waaraan in beginsel moet worden getoetst of sprake is van een selectief voordeel.

64. De Commissie verwijst in de bestreden besluiten met name naar het arrest van 15 november 2011, Commissie en Spanje/Government of Gibraltar en Verenigd Koninkrijk (C-106/09 P en C-107/09 P, EU:C:2011:732). In verband daarmee moet worden benadrukt dat de drie belastingen die het voorwerp waren van de zaken die hebben geleid tot dat arrest, samen het algemene belastingstelsel voor alle op Gibraltar gevestigde vennootschappen vormden, terwijl de maatregel die in casu door de Commissie als staatssteun is gekwalificeerd, deel uitmaakt van een specifieke sectorale belasting die drukt op de detailhandelsverkoop van waren aan particulieren. Het „normale" belastingstelsel kan dus in elk geval niet een stelsel zijn dat buiten deze sector wordt toegepast (zie in die zin en naar analogie arrest van 21 december 2016, Commissie/Hansestadt Lübeck, C-524/14 P, EU:C:2016:971, punten 54-63).

65. De Poolse regering stelt terecht dat de tarieven niet kunnen worden uitgesloten van de inhoud van een belastingstelsel, zoals de Commissie heeft gedaan [zie de overwegingen 22 en 29 van het besluit tot inleiding van de procedure (eerste bestreden besluit) en de overwegingen 46 en 49 van het eindbesluit (tweede bestreden besluit)]. Of de belasting een enkel tarief heeft of progressieve tarieven, het niveau van de heffing maakt, net als de heffingsgrondslag, het belastbare feit en de kring van belastingplichtigen, deel uit van de fundamentele kenmerken van de regeling van een fiscale heffing. Zoals de Poolse regering onderstreept, geeft de Commissie in punt 134 van de mededeling over het begrip staatssteun zelf aan: „In het geval van belastingen is de referentieregeling gebaseerd op elementen als belastinggrondslag, belastingplichtigen, belastbare feiten en belastingpercentages." Als het niveau van de heffing op basis waarvan de opzet van de „normale" regeling kan worden bepaald, ontbreekt, is het onmogelijk om te onderzoeken of er sprake is van een derogatie in het voordeel van bepaalde ondernemingen (zie in die zin arresten van 6 september 2006, Portugal/Commissie, C-88/03, EU:C:2006:511, punt 56, en 7 maart 2012, British Aggregates/Commissie, T-210/02 RENV, EU:T:2012:110, punt 52). Als bij een belasting voor bepaalde ondernemingen een ander tarief geldt dan voor andere, met inbegrip van andere vrijstellingen, moet worden bepaald wat de „normale" situatie op dat gebied is, die deel uitmaakt van het „normale" stelsel. Zonder die gegevens kan de in de punten 60 en 61 supra genoemde methode niet worden toegepast.

66. Overigens komt uit de bestreden besluiten en het verweer van de Commissie naar voren dat zij heeft geprobeerd een „normaal" stelsel met een heffingsstructuur als referentiestelsel vast te stellen. Inzonderheid in de overwegingen 26 en 32 van het besluit tot inleiding van de procedure (eerste bestreden besluit) en in de overwegingen 47, 49 en 54 van het eindbesluit (tweede bestreden besluit) komt naar voren dat dit stelsel volgens de Commissie een stelsel moet zijn waarin de omzet van detailhandelaren vanaf de eerste zloty tegen een enkel tarief wordt belast (lineair). De Commissie betreurt overigens dat de Poolse autoriteiten haar geen waarde hebben gegeven voor dat eenvormige tarief [overweging 26 van het besluit tot inleiding van de procedure (eerste bestreden besluit) en overweging 47 van het eindbesluit (tweede bestreden besluit)] en heeft zelfs gesuggereerd het maximumtarief van 1,4 % te nemen of het hoogste gemiddelde effectieve tarief dat is waargenomen voor de belastingplichtigen [overweging 51 van het besluit tot inleiding van de procedure (eerste bestreden besluit)]. Niettemin moet worden vastgesteld dat het „normale" stelsel met een eenvormig tarief waarnaar de Commissie in enkele passages van de bestreden besluiten verwijst, een hypothetisch stelsel is dat niet in aanmerking kan worden genomen. De analyse of een belastingvoordeel selectief is, de tweede stap van de methode die in de punten 60 en 61 supra is beschreven, moet namelijk worden verricht in het licht van de reële kenmerken van het „normale" belastingstelsel waarvan het deel uitmaakt, die in de eerste stap van deze methode zijn geïdentificeerd, en niet van de hypothesen die de bevoegde autoriteit niet in aanmerking heeft genomen.

67. Dientengevolge heeft de Commissie in de bestreden besluiten een „normaal" stelsel geïdentificeerd dat hetzij onvolledig is (zonder belastingtarieven) hetzij hypothetisch (met een enkel tarief), waarmee zij het recht onjuist heeft toegepast.

68. Gelet op de sectorale aard van de betrokken belasting en op het ontbreken van gedifferentieerde tarieven voor bepaalde ondernemingen was het enige „normale" stelsel dat in casu in aanmerking kon worden genomen volgens de Poolse regering de belasting op de detailhandel zelf, inclusief de progressieve tariefstructuur en de schijven, met inbegrip van (anders dan de regering stelt) de belastingvrije voet voor de schijf van 0 tot 17 miljoen PLN, aangezien die belastingvrije voet de facto deel uitmaakt van de belastingstructuur en de bijbehorende werkzaamheden weliswaar zijn vrijgesteld van de belasting, maar wel onder de sectorale werkingssfeer vallen.

69. Zelfs als de Commissie zich heeft vergist bij de identificatie van het relevante „normale" belastingstelsel, moet worden nagegaan of de conclusie die zij heeft getrokken niet wordt gerechtvaardigd door andere gronden in de bestreden besluiten aan de hand waarvan een selectief voordeel ten gunste van bepaalde ondernemingen kan worden geïdentificeerd.

70. De Commissie heeft namelijk niet enkel overwogen dat de progressieve tariefstructuur van de betrokken belasting afwijkt van een „normaal" stelsel – in casu onvolledig of hypothetisch geïdentificeerd – maar zij heeft tevens in wezen gemotiveerd dat er een selectief voordeel is ten gunste van ondernemingen met een lage omzet, een en ander op basis van het arrest van 15 november 2011, Commissie en Spanje/Government of Gibraltar en Verenigd Koninkrijk (C-106/09 P en C-107/09 P, EU:C:2011:732), dat betrekking had op een belastingstelsel dat op zich discriminerend was in het licht van de doelstelling dat het na zou streven, anders gezegd in het licht van de aard ervan. In casu heeft de Commissie overwogen dat de structuur van de belasting op de detailhandel, met de progressieve tarieven en de schijven, in strijd was met de doelstelling die door die belasting werd nagestreefd en discriminatie tussen de ondernemingen van die sector tot gevolg had. Nagegaan moet dus worden of deze waardering gegrond is.

71. In overweging 23 van het besluit tot inleiding van de procedure (eerste bestreden besluit) en in overweging 46 van het eindbesluit (tweede bestreden besluit) heeft de Commissie aangegeven dat het „ook nodig [was] om te beoordelen of de lidstaat de grenzen van dat stelsel consequent heeft vastgesteld of, omgekeerd, daarbij duidelijk willekeurig of partijdig te werk is gegaan om bepaalde ondernemingen te bevoordelen". In overweging 47 van het eindbesluit (tweede bestreden besluit) heeft zij opgemerkt dat „ondernemingen met een lagere omzet aan een lager gemiddeld effectief belastingtarief [waren onderworpen] dan ondernemingen met een hogere omzet, [...] hoewel beide categorieën ondernemingen zich met dezelfde activiteit [bezighielden]". In de overwegingen 28 en 29 van het besluit tot inleiding van de procedure (eerste bestreden besluit) heeft zij aangegeven dat „de verklaarde doelstelling van de belasting [was] inkomsten [te] vergaren voor de algemene begroting", dat „de Commissie in het licht van deze doelstelling [overwoog] dat alle detailhandelaren zich, ongeacht hun omzet, in een feitelijk en juridisch vergelijkbare situatie [bevonden]", dat „derhalve bleek dat Polen de belasting opzettelijk zodanig [had] opgezet dat bepaalde ondernemingen willekeurig [werden] bevoordeeld" en dat „het stelsel opzettelijk selectief was op een manier die niet wordt gerechtvaardigd door de doelstelling van de belasting". Overweging 49 van het eindbesluit (tweede bestreden besluit) behelst vergelijkbare beoordelingen, met deze keer niettemin (in overweging 44 van dat besluit) dat de doelstelling van de belasting erin bestaat „de omzet te belasten van alle marktdeelnemers die zich bezighouden met consumentenverkoop".

72. In de eerste plaats is de doelstelling die wordt genoemd in de overwegingen 28 en 29 van het besluit tot inleiding van de procedure (eerste bestreden besluit), namelijk middelen bezorgen voor de algemene begroting, zoals de Commissie zelf heeft aangegeven in haar verweerschrift, gemeen aan alle algemene belastingen die de kern van belastingstelsels vormen en is zij op zichzelf ontoereikend om de aard van de verschillende belastingen te bepalen, bijvoorbeeld volgens het soort belastingplichtigen, of zij algemeen of sectoraal zijn, en volgens de eventuele bijzondere doelstelling waartoe zij dienen, bijvoorbeeld belastingen waarmee wordt beoogd bepaalde aantastingen van het milieu te verminderen (milieubelastingen). Overigens is de progressieve tariefstructuur van een belasting op zich niet in strijd met de doelstelling van het vergaren van inkomsten ten bate van de begroting.

73. In de tweede plaats kan de doelstelling die in de overwegingen 44 en 49 van het eindbesluit (tweede bestreden besluit) is geïdentificeerd, namelijk de omzet belasten van alle ondernemingen in de betrokken sector, evenmin worden aanvaard. Uit niets in het dossier blijkt dat de Poolse wetgever die bedoeling had. Integendeel, zowel de toelichting op de wet op de detailhandel (zie daarvoor het onderdeel met het opschrift „Belastingschuld en tarieven") als de opmerkingen van de Poolse autoriteiten tijdens de administratieve procedure die heeft geleid tot het eindbesluit (tweede bestreden besluit) (zie in dat verband overweging 27 van dat besluit) tonen aan dat de doelstelling was een sectorale belasting overeenkomstig een herverdelingsbeginsel in te voeren.

74. Uit de gegevens in het dossier blijkt meer bepaald dat bij de wet op de belasting op de detailhandel een belasting op de omzet van detailhandelaren is ingesteld, ongeacht hun juridisch statuut, die zij behalen met de verkoop van waren aan particulieren, met een herverdelingsfunctie. Deze belasting is weliswaar gepresenteerd als een maatregel om het gezinsbeleid te financieren, maar de opbrengsten moesten in de algemene begroting vloeien. Er is geen enkele andere doelstelling aangevoerd, bijvoorbeeld de eventuele negatieve gevolgen van de betrokken activiteiten compenseren of ontmoedigen.

75. Anders dan de Commissie stelt, was de opzet van de betrokken belasting, die wordt gekenmerkt door een progressieve tariefstructuur, a priori in overeenstemming met die doelstelling, ook al ging het om een omzetbelasting. Het is immers redelijk om te veronderstellen dat een onderneming met een hoge omzet dankzij schaalvoordelen naar verhouding lagere kosten heeft dan een onderneming met een bescheidener omzet. De vaste kosten per eenheid (bijvoorbeeld gebouwen, onroerendezaakbelasting, materiaal, personeelskosten) en de variabele kosten per eenheid (bijvoorbeeld bevoorrading van grondstoffen) worden immers

lager naargelang het volume van de activiteiten toeneemt. Een onderneming met een hoge omzet beschikt dus naar verhouding over hogere beschikbare inkomsten, waardoor zij naar verhouding meer omzetbelasting kan betalen.

76. Wat de Poolse regering in wezen stelt, moet dus worden bevestigd, namelijk dat deze belasting bedoeld was als een sectorale belasting op de omzet van detailhandelaren met een herverdelingsfunctie.

77. De Commissie heeft dus een andere fout gemaakt toen zij ervan uitging dat de doelstelling van de belasting op de detailhandel anders was dan de Poolse autoriteiten hadden aangevoerd.

78. Deze tweede fout houdt overigens verband met de eerste fout van de Commissie, aangezien de doelstelling om de omzet van „alle ondernemingen" in de betrokken sector te belasten waarvan zij is uitgegaan, in werkelijkheid volgens haar betekende dat er geen belastingvrije voet was en een eenvormig tarief, wat overeenkomt met het hypothetische belastingstelsel dat zij heeft proberen te identificeren, namelijk [zoals blijkt uit de identieke laatste zinnen van overweging 32 van het besluit tot inleiding van de procedure (eerste bestreden besluit) en overweging 54 van het eindbesluit (tweede bestreden besluit)]:

> „het referentiestelsel [veronderstelt] belasting [...] van alle ondernemingen die zich bezighouden met detailhandel in Polen, tegen een enkel (vast) tarief".

79. In dit stadium van de analyse is de vraag of de Commissie ondanks deze twee fouten, met betrekking tot het referentiestelsel en de doelstelling van de belasting, met recht elementen aan het licht heeft kunnen brengen waaruit blijkt dat de belasting op de detailhandel een selectief voordeel oplevert, gelet op het referentiestelsel en de doelstelling ervan die in de punten 68 en 76 supra zijn genoemd, zoals zij voortvloeien uit de Poolse wet. Preciezer gezegd is de vraag of de Commissie heeft aangetoond dat de belastingstructuur die de Poolse autoriteiten hebben gekozen, in strijd was met de doelstellingen van dat stelsel.

80. De rechter van de Unie heeft zich al vaak uitgesproken over selectieve voordelen binnen belastingstelsels, of meer in het algemeen binnen stelsels voor verplichte bijdragen, die werden gekenmerkt door regels voor de aanpassing van die bijdragen aan de situatie van de belastingplichtigen. In dat verband volgt uit het feit dat een belasting wordt gekenmerkt door een progressieve tariefstructuur, een belastingvrije voet, maxima of andere aanpassingsmechanismen en dat daaruit verschillende effectieve belastingniveaus volgen naargelang de omvang van de heffingsgrondslag van belastingplichtigen of naargelang de parameters van de aanpassingsmechanismen niet noodzakelijkerwijs dat er een selectief voordeel is ten gunste van bepaalde ondernemingen, zoals volgt uit de in de punten 58 tot en met 62 genoemde rechtspraak.

81. Dit oordeel kan worden toegelicht met uiteenlopende concrete voorbeelden in verband met de in punt 79 supra genoemde kwestie, aan de hand waarvan kan worden bepaald onder welke omstandigheden kan worden geïdentificeerd of er een afwijking is van de toepassing van het „normale" stelsel omdat een maatregel om de betrokken belasting aan te passen, de aard van dat stelsel, dat wil zeggen de doelstelling ervan, miskent.

82. In de gevallen waarin een dergelijke afwijking is vastgesteld, namelijk in de arresten van 8 november 2001, Adria-Wien Pipeline en Wietersdorfer & Peggauer Zementwerke (C-143/99, EU:C:2001:598, punten 49-55); 22 december 2008, British Aggregates/Commissie (C-487/06 P, EU:C:2008:757, punten 86 en 87); 26 april 2018, ANGED (C-233/16, EU:C:2018:280); 15 november 2011, Commissie en Spanje/Government of Gibraltar en Verenigd Koninkrijk (C-106/09 P en C-107/09 P, EU:C:2011:732, punten 85-108), en 21 december 2016, Commissie/World Duty Free Group e.a. (C-20/15 P en C-21/15 P, EU:C:2016:981, punten 58-94, gelezen in samenhang met punt 123), ging het om respectievelijk een bovengrens (eerste arrest), vrijstellingen (drie daaropvolgende arresten) en heffingskortingen (laatste arrest). Het Hof heeft geoordeeld, met betrekking tot de doelstellingen van deze belastingen (bestrijding van negatieve externe effecten, met name op het milieu, voor de eerste drie arresten, de instelling van een algemeen belastingstelsel voor alle ondernemingen voor het volgende arrest en de afschrijving met het oog op de vennootschapsbelasting van goodwill na de verwerving van ondernemingsactiva in bepaalde omstandigheden voor het laatste arrest), dat de voordelen die waren voorbehouden aan bepaalde ondernemingen, en niet aan alle ondernemingen die zich in een vergelijkbare situatie bevonden ten opzichte van die doelstellingen, derhalve selectief waren.

83. Uit deze arresten volgt dat het voordeel, ongeacht de omstandigheid of de doelstelling van de belasting ook de impact van de activiteiten van de belaste ondernemingen omvat, dat dat voordeel gericht is op een economische sector met bijzondere kenmerken ten opzichte van de andere belastingplichtige ondernemingen of een bijzondere exploitatievorm, of dat dat voordeel potentieel openstaat voor elke belastingplichtige onderneming, selectief is als het leidt tot verschillen in behandeling die in strijd zijn met de doelstelling van de belasting. Niettemin kan de doelstelling van een belasting zelf een aanpassing inhouden die ertoe strekt de belastingdruk te verdelen of de impact ervan te beperken. Bijzondere situaties waardoor bepaalde belasting-

plichtigen van anderen worden onderscheiden, kunnen ook in aanmerking worden genomen zonder dat de doelstelling van de belasting wordt miskend.

84. In het arrest van 8 november 2001, Adria-Wien Pipeline en Wietersdorfer & Peggauer Zementwerke (C-143/99, EU:C:2001:598, punten 33-36), dat in punt 82 supra is aangehaald, heeft het Hof verklaard dat de gedeeltelijke restitutie van de heffingen op de door ondernemingen verbruikte energie, die werd toegepast als deze heffingen een bepaalde nettowaarde van de producten van deze ondernemingen overschreden, geen staatssteun was als alle belaste ondernemingen er recht op hadden ongeacht het voorwerp van hun activiteiten, hoewel deze restitutie kon leiden tot uiteenlopende belastingniveaus voor ondernemingen die dezelfde hoeveelheid energie verbruiken.

85. In het arrest van 15 november 2011, Commissie en Spanje/Government of Gibraltar en Verenigd Koninkrijk (C-106/09 P en C-107/09 P, EU:C:2011:732, punten 77-83), dat is aangehaald in punt 82 supra, heeft het Hof evenzo geoordeeld dat de voordelen die kunnen voortvloeien uit een algemeen maximum van twee ondernemingsbelastingen, waarvan de heffingsgrondslag niet de winst was, op 15 % van de winst, wat ertoe leidde dat ondernemingen met dezelfde heffingsgrondslag verschillend kunnen worden belast, waren vastgesteld op basis van objectieve criteria onafhankelijk van de keuzen van de betrokken ondernemingen en dus niet selectief waren.

86. In het arrest van 8 september 2011, Paint Graphos e.a. (C-78/08–C-80/08, EU:C:2011:550, punten 48-62), heeft het Hof voor recht verklaard dat de totale vrijstelling waarvan coöperatieve vennootschappen profiteerden, in het kader van de belasting op de winst van vennootschappen – het „normale" stelsel in deze zaak – geen selectief voordeel vormde omdat deze vennootschappen zich niet in een feitelijke en juridische situatie bevonden die vergelijkbaar was met de situatie van commerciële vennootschappen, mits vast was komen te staan dat zij inderdaad handelden onder omstandigheden die inherent waren aan de logica van coöperatieve vennootschappen, wat een winstmarge meebrengt die duidelijk lager is dan die van kapitaalvennootschappen.

87. In het arrest van 29 maart 2012, 3M Italia (C-417/10, EU:C:2012:184, punten 37-44), heeft het Hof geoordeeld – waarbij het ook de bijzondere situatie van bepaalde ondernemingen in aanmerking heeft genomen – dat een mechanisme voor de forfaitaire beslechting van oude belastinggeschillen dat open stond voor ondernemingen die voldeden aan objectieve criteria die hen niet in een feitelijke en juridische situatie plaatsten die vergelijkbaar was met die van andere ondernemingen, geen selectief voordeel meebracht, zelfs al kon het ertoe leiden dat de begunstigden van het mechanisme onder gelijke omstandigheden minder belasting betalen dan andere ondernemingen.

88. In het arrest van 26 april 2018, ANGED (C-233/16, EU:C:2018:280), dat in punt 82 supra is aangehaald, heeft het Hof aangegeven dat de belastingvrije voet van 60 % of de totale vrijstelling voor zaken die bepaalde activiteiten uitoefenen en voor zaken waarvan het verkoopoppervlak kleiner was dan een bepaalde drempel, in het kader van een belasting op detailhandelszaken waarvan de heffingsgrondslag in wezen werd gevormd door het verkoopoppervlak en die ertoe strekte de negatieve externe effecten voor het milieu en de ruimtelijke ordening te corrigeren en te compenseren, geen staatssteun was als vast kwam te staan dat deze uiteenlopende zaken zich inderdaad in een andere situatie bevonden dan de andere belastingplichtige zaken, gelet op de impact die de betrokken belasting moest corrigeren en compenseren, dat wil zeggen de doelstellingen van deze belasting.

89. Deze voorbeelden bevestigen dat er belastingen zijn waarvan de aard niet verhindert dat er aanpassingsmechanismen aan worden gekoppeld, die tot vrijstelling kunnen gaan, zonder dat deze mechanismen leiden tot selectieve voordelen. Samengevat: er is geen selectief voordeel als deze verschillen in belasting en de voordelen die daaruit kunnen voortvloeien, zelfs als zij enkel worden gerechtvaardigd door de logica van de herverdeling van de belasting over de belastingplichtigen, het gevolg zijn van de loutere, niet-afwijkende toepassing van het „normale" stelsel, als vergelijkbare situaties op dezelfde manier worden behandeld en als deze aanpassingsmechanismen de doelstelling van de betrokken belasting niet miskennen. Bijzondere bepalingen voor bepaalde ondernemingen vanwege een situatie die eigen is aan hen, waardoor zij profiteren van een aanpassing of zelfs een vrijstelling van de belasting, moeten niet worden beschouwd als maatregelen die een selectief voordeel opleveren als deze bepalingen de doelstelling van de betrokken belasting niet doorkruisen. In dat verband brengt het feit dat alleen belastingplichtigen die de voorwaarden voor toepassing van een maatregel vervullen voor die maatregel in aanmerking komen, op zich nog niet mee dat het hier een selectieve maatregel betreft (zie arrest van 21 december 2016, Commissie/World Duty Free Group e.a., C-20/15 P en C-21/15 P, EU:C:2016:981, punt 59 en aldaar aangehaalde rechtspraak). Deze mechanismen voldoen aan de in punt 61 supra genoemde voorwaarde van verenigbaarheid met de aard en de opzet van het stelsel waarvan zij een onderdeel vormen.

90. Als ondernemingen die zich in een situatie bevinden die vergelijkbaar is met betrekking tot de doelstelling van de belasting of de logica van een aanpassing ervan in dat verband niet gelijk worden behandeld, mondt deze discriminatie daarentegen uit in een selectief voordeel dat staatssteun kan vormen als aan de andere voorwaarden in artikel 107, lid 1, VWEU is voldaan.

91. Progressieve tariefstructuren, met inbegrip van een omvangrijke belastingvrije voet (niet uitzonderlijk in de belastingstelsels van de lidstaten) impliceren dus op zich nog niet dat sprake is van staatssteun. In de mededeling over het begrip staatssteun geeft de Commissie in dat verband in punt 139 aan dat de progressieve structuur van een inkomstenbelasting kan worden gerechtvaardigd door de herverdelingslogica die aan die belasting ten grondslag ligt. Er is geen reden om te veronderstellen dat deze beoordeling wel kan worden toegepast op inkomstenbelastingen maar niet op belastingen op de activiteiten van ondernemingen in plaats van op hun netto-inkomsten of hun winst, zoals de Commissie in de overwegingen 58 en 59 van het eindbesluit (tweede bestreden besluit) doet. Uit de rechtspraak die in de punten 58 tot en met 62 supra is genoemd, volgt namelijk niet dat een lidstaat, om de kwalificatie van selectief voordeel voor een maatregel ter aanpassing van een belasting te vermijden, enkel gebruik kan maken van aanpassingscriteria met bepaalde doelstellingen, zoals de herverdeling van rijkdom of de compensatie en ontmoediging van bepaalde negatieve gevolgen die door de activiteit in kwestie kunnen ontstaan. Wat daarvoor nodig is, is dat de gewenste aanpassing niet arbitrair is, anders dan het geval was in de zaak die aanleiding heeft gegeven tot het arrest van 22 december 2008, British Aggregates/Commissie (C-487/06 P, EU:C:2008:757), genoemd in punt 82 supra, dat ze op niet-discriminerende wijze wordt toegepast en in overeenstemming blijft met de doelstelling van de betrokken belasting. De aanpassingsmechanismen die in de punten 84, 85 en 87 supra zijn genoemd, die volgens het Hof niet selectief waren, beantwoordden bijvoorbeeld niet aan een logica van belasting evenredig aan de negatieve externe effecten noch aan een logica van herverdeling, maar hadden andere doelstellingen. Zoals in punt 75 supra is uiteengezet, is bovendien niet uitgesloten dat een progressieve tariefstructuur van een omzetbelasting wordt gerechtvaardigd door een logica van herverdeling, wat de Poolse regering in casu terecht stelt. Een herverdelingslogica kan zelfs een totale vrijstelling voor bepaalde ondernemingen rechtvaardigen, zoals naar voren komt uit de zaak die in punt 86 supra is genoemd.

92. Bij een belasting op de omzet impliceert een criterium voor de aanpassing in de vorm van een progressieve belasting vanaf een bepaalde (hoge) drempelwaarde, die kan voortkomen uit de wens de activiteit van een onderneming pas te belasten als deze een bepaalde omvang heeft bereikt, op zich nog geen selectief voordeel.

93. Uit de punten 79 tot en met 92 supra volgt dat de Commissie niet met recht louter uit de progressieve structuur van de belasting op de detailhandel heeft kunnen afleiden dat sprake is van selectieve voordelen.

94. Als de Commissie niettemin in de bestreden besluiten had aangetoond dat de concreet toegepaste progressieve tariefstructuur is gekozen op een manier die de doelstelling van de belasting grotendeels tenietdoet, kan niettemin worden aangenomen dat het voordeel van ondernemingen die tegen een nultarief of tegen een lager tarief dan andere ondernemingen worden belast, selectief is.

95. Er moet dus nog worden nagegaan of de Commissie dat in de bestreden besluiten heeft aangetoond.

96. Vastgesteld moet worden dat de Commissie in de bestreden besluiten niet meer heeft gedaan dan overwegen dat het loutere beginsel van een progressieve belasting een selectief voordeel opleverde [overwegingen 32 en 37 van het besluit tot inleiding van de procedure (eerste bestreden besluit) en overwegingen 47, 49 en 54 van het eindbesluit (tweede bestreden besluit)], waardoor zij, in het licht van punt 92 supra, het recht onjuist heeft toegepast.

97. Enkel in overweging 51 van het eindbesluit (tweede bestreden besluit) heeft de Commissie gegevens aangevoerd die kunnen worden opgevat als een begin van een bewijs dat de in casu gekozen progressieve tariefstructuur voor de belasting op de detailhandel niet verenigbaar was met de doelstelling ervan, zoals genoemd in punt 76 supra. De Commissie heeft daarin namelijk uiteengezet dat zij uit verschillende openbare gegevens in wezen had afgeleid dat in september 2016 maar 109 van 200 000 belastingplichtige ondernemingen in de sector detailhandel een hogere omzet per maand hadden dan 17 miljoen PLN (in de orde van 4 miljoen EUR), de drempelomzet voor de heffing van de belasting.

98. Dat geïsoleerde feit, dat tijdens de administratieve procedure niet met de Poolse autoriteiten is besproken, zoals de hoofdpartijen ter terechtzitting hebben bevestigd, is niettemin niet in verband gebracht met een andere redenering dan het beginsel van een progressieve belasting en is dientengevolge hoe dan ook onvoldoende om te onderbouwen dat de progressieve tariefstructuur die in casu is gekozen voor de belasting op de detailhandel, niet verenigbaar was met de doelstelling ervan.

99. Overigens heeft de Commissie in de bestreden besluiten inderdaad uiteengezet dat de progressieve tariefstructuur van de belasting op de detailhandel ertoe leidde dat ondernemingen die zich in een feitelijk en juridisch vergelijkbare situatie bevonden, anders werden behandeld, anders gezegd dat zij leidde tot een discriminerende behandeling. Niettemin heeft zij in dat verband enkel vermeld – zij het met concrete voorbeelden – dat het gemiddelde effectieve tarief en het marginale tarief van de belasting voor de ondernemingen moesten variëren naargelang hun omzet [overwegingen 24, 25, 27, 28, 32 en 37 van het besluit tot inleiding van de procedure (eerste bestreden besluit) en overwegingen 47, 49, 53 en 54 van het eindbesluit (tweede bestreden besluit)]. Deze variatie van het gemiddelde effectieve tarief en van het marginale tarief naargelang de omvang van de heffingsgrondslag is inherent aan elk belastingstelsel met een progressieve structuur. Zoals in punt 92 supra is uiteengezet, is een dergelijk stelsel als zodanig niet van dien aard dat het selectieve voordelen meebrengt. Wanneer de progressieve structuur van een belasting het gevolg is van de doelstelling ervan, kan niet worden verondersteld dat twee ondernemingen met een verschillende heffingsgrondslag zich met betrekking tot die doelstelling in een feitelijk en juridisch vergelijkbare situatie bevinden.

100. In de bestreden besluiten heeft de Commissie tevens omstandigheden genoemd waardoor de belasting op de detailhandel de facto zwaarder drukt op ondernemingen van buitenlandse herkomst dan op ondernemingen van Poolse herkomst en zwaarder drukt op distributienetwerken met een geïntegreerde organisatie dan op distributienetwerken die op grote schaal gebruikmaken van franchisenemers.

101. Met betrekking tot de eerste van deze omstandigheden, die door de Poolse regering wordt bestreden, volstaat het vast te stellen, zoals in punt 47 supra is vermeld, dat de Commissie er, in verband met het bewijs dat de selectieve voordelen door de structuur van die belasting waren veroorzaakt, ter terechtzitting zelf op heeft gewezen dat de bestreden besluiten niet gegrond waren op discriminatie op grond van de nationale herkomst van de belastingplichtigen. Daarnaast moet worden benadrukt dat de in punt 100 supra genoemde omstandigheden (zelfs als zij vast komen te staan), ook al zijn zij enkel het gevolg van de toepassing van een progressieve tariefstructuur in overeenstemming met de doelstelling en de opzet van de betrokken belasting en ook al zijn ondernemingen die binnen de werkingssfeer ervan kunnen vallen, vrij om hun organisatievorm te kiezen, niet tevens kunnen leiden tot de vaststelling dat situaties die feitelijk en juridisch vergelijkbaar zijn, verschillend worden behandeld of omgekeerd. Zoals de Poolse regering in haar verzoekschriften heeft aangevoerd, en door de Commissie niet is betwist, wordt in Polen zowel door distributieketens van buitenlandse herkomst als door distributieketens van Poolse herkomst gebruikgemaakt van het franchisemodel. Bovendien is de situatie van een franchisezaak anders dan die van een geïntegreerde winkel. De eerste is namelijk in beginsel autonoom, zowel op juridisch als op financieel vlak, ten opzichte van de franchisegever, wat niet het geval is bij een geïntegreerde winkel ten opzichte van de controlerende onderneming, of het nu om een dochteronderneming gaat of om een filiaal binnen een distributienetwerk.

102. De Commissie heeft in de bestreden besluiten dientengevolge niet aangetoond dat er sprake is van een selectief voordeel waarbij een onderscheid wordt gemaakt tussen marktdeelnemers die zich met betrekking tot de doelstelling die de Poolse wetgever met de belasting op de detailhandel op het oog had, in een feitelijk en juridisch vergelijkbare situatie bevinden. Door de fouten die zij bij de vaststelling van het „normale" belastingstelsel heeft begaan, met betrekking tot de doelstelling ervan en met betrekking tot selectieve voordelen in het kader van een progressieve belasting van de omzet, waarvan volgens haar sprake was, heeft zij niet kunnen nagaan of de concreet toegepaste progressieve tariefstructuur er in het licht van de doelstelling van de betrokken belasting toe leidde dat ondernemingen die zich in een feitelijk en juridisch vergelijkbare situatie bevonden, verschillend werden behandeld, bijvoorbeeld door op een passende manier na te gaan of de betrokken sectorale belasting in werkelijkheid niet drukte op een onbeduidend deel van de activiteiten die daarin betrokken moesten worden, zodat een selectief voordeel ontstond ten gunste van ondernemingen die daaraan niet deelnemen, hoewel zij een omvangrijke activiteit op dat gebied uitoefenen.

103. Het is dus zaak het eindbesluit (tweede bestreden besluit) nietig te verklaren op grond van het middel ontleend aan een onjuiste kwalificatie van de litigieuze maatregel als staatssteun in de zin van artikel 107, lid 1, VWEU, zonder dat de andere middelen en argumenten van de Poolse regering hoeven te worden onderzocht.

104. Met betrekking tot het besluit tot inleiding van de procedure (eerste bestreden besluit) moet er, gelet op dat middel, aan worden herinnerd dat het vaste rechtspraak is dat de Commissie, wanneer zij steunmaatregelen onderzoekt in het licht van artikel 107 VWEU om te bepalen of zij verenigbaar zijn met de interne markt, gehouden is de in artikel 108, lid 2, VWEU neergelegde procedure in te leiden wanneer zij na de inleidende fase van het onderzoek niet alle moeilijkheden heeft kunnen wegnemen die eraan in de weg staan te concluderen dat die maatregelen verenigbaar zijn met de interne markt. Dezelfde beginselen zijn van toepassing wanneer de Commissie blijft twijfelen over de kwalificatie van de steun zelf in de zin van artikel 107, lid 1,

VWEU, van de onderzochte maatregel. De Commissie kan dus in beginsel niet worden verweten dat zij deze procedure heeft ingeleid op basis van met name twijfels of de litigieuze maatregelen steun in bovengenoemde zin waren (zie in die zin arrest van 10 mei 2005, Italië/Commissie, C-400/99, EU:C:2005:275, punt 47).

105. Gelet op de consequenties van de inleiding van de procedure van artikel 108, lid 2, VWEU bij maatregelen die worden behandeld als nieuwe steun waarvoor de voorafgaande toestemming van de Commissie uit hoofde van artikel 108, lid 3, VWEU nodig is (hierna: „nieuwe steunmaatregelen"), moet de Commissie, wanneer de betrokken lidstaat tijdens de preliminaire fase van het onderzoek stelt dat deze maatregelen geen steunmaatregelen in de zin van artikel 107, lid 1, VWEU zijn, voordat zij deze procedure inleidt een toereikend onderzoek naar deze kwestie instellen op basis van de haar in dit stadium meegedeelde informatie, ook al resulteert dit onderzoek in een niet-definitieve beoordeling (zie in die zin arrest van 10 mei 2005, Italië/Commissie, C-400/99, EU:C:2005:275, punt 48). Deze inleiding van de procedure heeft namelijk met name normaliter tot gevolg dat de onderzochte maatregelen worden geschorst, inzonderheid wanneer de Commissie dat aan de betrokken lidstaat gelast krachtens artikel 13, lid 1, van verordening 2015/1589.

106. Hoewel de voorlopige kwalificatie als nieuwe steun door de Commissie het gevolg is van onzekerheid van feitelijke of economische aard over de aard, de inhoud en de effecten van de betrokken maatregel en over de context en zelfs als uiteindelijk, in het licht van de nieuwe gegevens die daarna worden aangevoerd, blijkt dat deze kwalificatie onjuist was, is het besluit om de procedure in te leiden daarom niet minder gerechtvaardigd, gelet op de legitieme twijfels die de Commissie had toen zij dat besluit nam (zie in die zin arrest van 10 mei 2005, Italië/Commissie, C-400/99, EU:C:2005:275, punten 48 en 49). In dat verband is geoordeeld dat de toetsing door het Gerecht van de rechtmatigheid van een besluit tot inleiding van de formele onderzoeksprocedure noodzakelijkerwijs beperkt dient te blijven en dat, wanneer de verzoekers in een beroep tegen een dergelijk besluit de beoordeling van de Commissie met betrekking tot de kwalificatie van de litigieuze maatregel als steunmaatregel betwisten, de toetsing door de rechter van de Unie beperkt is tot de vraag of de Commissie geen kennelijke beoordelingsfouten heeft gemaakt door aan te nemen dat zij bij een eerste onderzoek van de betrokken maatregel niet alle problemen daaromtrent heeft weten op te lossen (arresten van 21 juli 2011, Alcoa Trasformazioni/Commissie, C-194/09 P, EU:C:2011:497, punt 61, en 9 september 2014, Hansestadt Lübeck/Commissie, T-461/12, EU:T:2014:758, punt 42).

107. Mocht dus, gelet op de gegevens waarover de Commissie beschikte toen zij de procedure inleidde, blijken dat de kwalificatie als nieuwe steun van de betrokken maatregel kennelijk al in dat stadium moest worden afgewezen, dan moet het besluit om met betrekking tot die maatregel de procedure in te leiden, nietig worden verklaard (zie in die zin arrest van 10 mei 2005, Italië/Commissie, C-400/99, EU:C:2005:275, punt 48).

108. Dat geldt ook in de onderhavige situatie, waarin de Commissie haar voorlopige kwalificatie als nieuwe steun in wezen heeft gegrond op een kennelijk onjuiste analyse van de gegevens in haar bezit. Het besluit tot inleiding van de procedure (eerste bestreden besluit) is namelijk niet gerechtvaardigd, in het licht van de vraag of er nieuwe steun is, door legitieme twijfels, gelet op de staat van het dossier, maar door een standpunt dat was onderbouwd met een juridische redenering waarmee dit besluit niet kan worden gerechtvaardigd, zoals blijkt uit de punten 63 tot en met 102 supra. De principiële aard van het standpunt van de Commissie, volgens welke met name een progressieve belasting op de omzet op zich selectieve voordelen meebrengt, wordt overigens bevestigd doordat haar redenering in dit besluit niet merkbaar verschilt van die in het eindbesluit (tweede bestreden besluit).

109. Het besluit tot inleiding van de procedure (eerste bestreden besluit) moet dus eveneens nietig worden verklaard, met inbegrip van het bevel om de toepassing van het progressieve belastingtarief daarin te schorsen, want een dergelijk bevel veronderstelt dat de staatsmaatregel waarop het ziet, terecht als onrechtmatige nieuwe steun is gekwalificeerd in een voorlopige analyse onder de voorwaarden die in de punten 104 tot en met 108 supra zijn uiteengezet, zoals blijkt uit artikel 13, lid 1, van verordening 2015/1589, dat bepaalt: „Na de betrokken lidstaat de gelegenheid te hebben gegeven zijn opmerkingen in te dienen, kan de Commissie een besluit nemen waarbij de lidstaat wordt gelast alle onrechtmatige steun op te schorten, totdat de Commissie een besluit heeft genomen over de verenigbaarheid van de steun met de interne markt". Deze bepaling ziet namelijk enkel op onrechtmatige nieuwe steun in de zin van artikel 1, onder f), van die verordening, dat wil zeggen maatregelen die in het kader van de hierboven genoemde voorlopige analyse met name moeten kunnen beantwoorden aan de definitie van staatssteun in artikel 107, lid 1, VWEU (zie in die zin arrest van 25 april 2018, Hongarije/Commissie, T-554/15 en T-555/15, hogere voorziening aanhangig, EU:T:2018:220, punten 30, 153 en 154). In casu kan het lot van het schorsingsbevel niet worden gescheiden van het lot van het besluit tot inleiding van de procedure (eerste bestreden besluit) en moet het nietig worden verklaard zonder dat hoeft te worden onderzocht of het middel van de Poolse regering ontleend aan schending van artikel 13, lid 1, van verordening 2015/1589 op zichzelf beschouwd gegrond is in het licht van de argumenten waarop het stoelt.

110. Gelet op het voorgaande is het evenmin nodig de andere middelen en argumenten van de Poolse regering tegen het besluit tot inleiding van de procedure (eerste bestreden besluit) te onderzoeken.

111. Uit de voorgaande overwegingen volgt dat de twee beroepen tot nietigverklaring van de Republiek Polen moeten worden toegewezen.

Kosten

112. …

113. …

HET GERECHT (Negende kamer – uitgebreid),

verklaart voor recht:

1. Besluit C(2016) 5596 final van de Commissie van 19 september 2016 betreffende steunmaatregel SA.44351 (2016/C) (ex 2016/NN) – Polen – Poolse belasting op de detailhandel, wordt nietig verklaard.

2. Besluit (EU) 2018/160 van de Commissie van 30 juni 2017 betreffende steunmaatregel SA.44351 (2016/C) (ex 2016/NN) ten uitvoer gelegd door Polen in de vorm van een belasting op de detailhandel, wordt nietig verklaard.

3. De Europese Commissie draagt haar eigen kosten en de door de Republiek Polen in de zaken T-836/16 en T-624/17 gemaakte kosten.

4. Hongarije draagt zijn eigen kosten in de zaken T-836/16 en T-624/17.

HvJ EU 19 juni 2019, zaak C-607/17 (Skatteverket v. Memira Holding AB)

Eerste kamer: *J.-C. Bonichot (rapporteur), kamerpresident, C. Toader, A. Rosas, L. Bay Larsen en M. Safjan, rechters*
Advocaat-generaal: *J. Kokott*

1. Het verzoek om een prejudiciële beslissing betreft de uitlegging van artikel 49 VWEU juncto artikel 54 VWEU.

2. Dit verzoek is ingediend in het kader van een geding tussen de Skatteverket (belastingdienst, Zweden) en Memira Holding AB (hierna: „Memira") over de mogelijkheid voor deze vennootschap om de verliezen van een in een andere lidstaat gevestigde dochteronderneming in de vennootschapsbelasting in aftrek te brengen in geval van een overneming van deze dochteronderneming via een fusie.

Toepasselijke bepalingen

Zweeds recht

3. De fiscale regeling voor de fusie van ondernemingen valt onder hoofdstuk 37 van de Inkomstskattelag (1999:1229) [wet (1229:1999) betreffende de inkomstenbelasting; hierna: „wet betreffende de inkomstenbelasting"].

4. De §§ 16 tot en met 29 van dat hoofdstuk stellen de bijzondere fiscale regels vast die van toepassing zijn op zogenaamde „gekwalificeerde" fusies.

5. Overeenkomstig de §§ 11 en 12 van dat hoofdstuk wordt een fusie slechts als zodanig aangemerkt indien de inbrengende vennootschap onmiddellijk vóór de fusie belastingplichtig is over de inkomsten in Zweden voor ten minste een deel van haar economische activiteiten en indien daarnaast de ontvangende vennootschap onmiddellijk na de fusie in Zweden belastingplichtig is over de inkomsten voor de economische activiteiten waarover de inbrengende vennootschap belastingplichtig was. Bovendien mogen deze inkomsten niet op grond van een dubbelbelastingverdrag in Zweden zijn vrijgesteld van belasting.

6. De §§ 17 en 18 van hoofdstuk 37 van de wet betreffende de inkomstenbelasting bepalen dat een gekwalificeerde fusie tot gevolg heeft dat de inbrengende vennootschap uit hoofde van de fusie geen inkomsten mag opvoeren of uitgaven mag aftrekken in verband met de in § 11 bedoelde economische activiteiten en dat de ontvangende vennootschap in de plaats treedt van de inbrengende vennootschap met het oog op de belastingheffing over die activiteiten. Deze indeplaatsstelling impliceert met name dat de ontvangende vennootschap de verliezen van de inbrengende vennootschap uit voorgaande belastingjaren kan aftrekken binnen bepaalde in de §§ 21 tot en met 26 gestelde grenzen.

7. Hoofdstuk 35a van de wet betreffende de inkomstenbelasting voorziet in een grensoverschrijdende groepsaftrek op grond waarvan een definitief verlies van een in een staat van de Europese Economische Ruimte (EER) gevestigde 100 % buitenlandse dochteronderneming kan worden overgedragen met name op voorwaarde dat de dochteronderneming rechtstreeks wordt gehouden, in vereffening is gesteld en de moedermaatschappij op de dag van de vereffening geen activiteit door middel van een verbonden onderneming uitoefent in de staat van de dochteronderneming. Volgens de verwijzende rechter is die regeling evenwel niet van toepassing op fusies.

Duits recht

8. Uit de door de Duitse regering niet-betwiste vaststellingen van de verwijzende rechter blijkt dat naar Duits recht in geval van fusie de overdracht van verliezen tussen in Duitsland belastingplichtige ondernemingen is uitgesloten.

Hoofdgeding en prejudiciële vragen

9. Memira is een Zweedse vennootschap die via haar dochterondernemingen activiteiten in de sector van de oogheelkunde uitoefent. Zij heeft in Duitsland één enkele dochteronderneming die klinieken bezit en beheert. Omdat die dochteronderneming verliesgevend was, heeft Memira haar ter financiering van haar activiteiten een lening verstrekt, doch tevergeefs. De activiteit van de dochteronderneming is daarom stopgezet en op haar balans zijn alleen nog schulden en bepaalde liquide middelen opgenomen.

10. Memira is voornemens haar Duitse dochteronderneming door middel van een grensoverschrijdende fusie over te nemen waardoor die dochteronderneming zonder vereffening zou worden ontbonden en waarna Memira noch direct noch indirect enige activiteit in Duitsland zou uitoefenen.

11. De verliezen van de Duitse dochteronderneming van Memira die niet met vroegere winsten konden worden verrekend, bedragen 7,6 miljoen EUR. Zij zouden in de Duitse vennootschapsbelasting voor die dochteronderneming aftrekbaar zijn via verrekening ofwel met de winsten van het lopende jaar ofwel zonder tijdsbeperking met toekomstige winsten. De verliezen zijn daarentegen niet aftrekbaar in het in het vorige punt vermelde scenario dat Memira van plan is te volgen, aangezien naar Duits recht de overdracht van die verliezen aan een andere in Duitsland belastingplichtige onderneming is uitgesloten in geval van fusie.

12. Tegen die achtergrond heeft Memira de Skatterättsnämnd (adviescommissie voor fiscale vraagstukken; hierna: „adviescommissie") verzocht om een prealabel advies over de vraag of zij zich, in de veronderstelling dat zij haar fusievoornemen uitvoert, met het oog op de aftrek van de verliezen van haar Duitse dochteronderneming in de Zweedse vennootschapsbelasting kan beroepen op de vrijheid van vestiging, en op deze vraag heeft de adviescommissie ontkennend geantwoord.

13. Dienaangaande wordt in het prealabel advies verklaard dat de verliezen van de Duitse dochteronderneming van Memira niet door de moedermaatschappij kunnen worden overgenomen op grond van de Zweedse wettelijke regeling inzake de heffing van belasting bij gekwalificeerde fusies, aangezien niet is voldaan aan de voorwaarde dat deze dochteronderneming in Zweden belastingplichtig is. De aftrek kan evenmin worden toegestaan op grond van de regels inzake de groepsaftrek omdat die niet zien op een scenario als hetgeen Memira beoogt.

14. De adviescommissie heeft erkend dat die situatie een beperking van de vrijheid van vestiging inhoudt, maar was van mening dat die beperking overeenkomstig de uit het arrest van 13 december 2005, Marks & Spencer (C-446/03, EU:C:2005:763; hierna: „arrest Marks & Spencer"), voortvloeiende rechtspraak kan worden gerechtvaardigd mits het evenredigheidsbeginsel wordt geëerbiedigd, en dat de verliezen waarover het gaat in het hoofdgeding dan ook niet vallen onder een van de in punt 55 van dat arrest bedoelde situaties, waarin de verliezen geacht worden „definitief" te zijn.

15. Volgens de adviescommissie, die zich baseert op de rechtspraak van het Hof, dient bij de beoordeling of de verliezen in kwestie definitief zijn, rekening te worden gehouden met de wijze waarop die verliezen worden behandeld volgens de wettelijke regeling van de staat waar de dochteronderneming is gevestigd. Zij heeft in dat verband opgemerkt dat naar Duits recht de verliezen in geval van fusie met een andere in Duitsland belastingplichtige onderneming niet kunnen worden verrekend en daaruit afgeleid dat de verliezen niet als definitief dienden te worden beschouwd.

16. Drie leden van de adviescommissie waren een afwijkende mening toegedaan en stelden dat de verliezen van de Duitse dochteronderneming van Memira als definitief dienden te worden beschouwd omdat er binnen Memira geen Duitse vennootschap of een andere vennootschap met een vaste inrichting in Duitsland was waarmee de dochteronderneming een fusie zou kunnen aangaan. Dat het naar Duits recht niet mogelijk is om verliezen over te dragen in geval van fusie met een andere in Duitsland belastingplichtige onderneming, is dan ook niet van belang om uit te sluiten dat de verliezen van de dochteronderneming definitief zijn.

17. Het prealabel advies van de adviescommissie is zowel door de belastingdienst als door Memira betwist voor de Högsta förvaltningsdomstol (hoogste bestuursrechter, Zweden).

18. Deze rechter is van oordeel dat de rechtspraak van het Hof, met name het arrest van 21 februari 2013, A (C-123/11, EU:C:2013:84), niet verduidelijkt of bij de beoordeling of de verliezen van een dochteronderneming al dan niet definitief zijn, rekening dient te worden gehouden met de mogelijkheden die de regeling van de vestigingsstaat van de dochteronderneming aan andere rechtspersonen biedt om die verliezen in aanmerking te nemen en, zo ja, op welke manier dan met die regeling rekening moet worden gehouden.

19. Daarom heeft de Högsta förvaltningsdomstol de behandeling van de zaak geschorst en het Hof verzocht om een prejudiciële beslissing over de volgende vragen:

> „1. Moet bij de beoordeling of een verlies van een dochteronderneming in een andere lidstaat definitief is in de zin van onder meer het arrest [van 21 februari 2013, A (C-123/11, EU:C:2013:84)], zodat de moedermaatschappij het verlies kan aftrekken op grond van artikel 49 VWEU, rekening worden gehouden met het feit dat er krachtens de regels in de staat waar de dochteronderneming is gevestigd, voor anderen dan de partij die het verlies heeft geleden, beperkingen bestaan op de mogelijkheid om het verlies af te trekken?

2. Indien rekening moet worden gehouden met een beperking als bedoeld in de eerste vraag, dient dan in aanmerking te worden genomen of in het onderhavige geval in de vestigingsstaat van de dochteronderneming feitelijk een andere rechtspersoon het verlies zou hebben kunnen aftrekken als dat aldaar was toegestaan?"

Beantwoording van de prejudiciële vragen

20. Om te beginnen dient in herinnering te worden gebracht dat het Hof in de punten 43 tot en met 51 van het arrest Marks & Spencer heeft geoordeeld dat een beperking van de vrijheid van vestiging die verband houdt met de beperking van het recht van een vennootschap om de verliezen van een buitenlandse dochteronderneming in aftrek te brengen terwijl die aftrek wel wordt toegestaan voor de verliezen van een ingezeten dochteronderneming, wordt gerechtvaardigd door de noodzaak een evenwichtige verdeling van de heffingsbevoegdheid tussen de lidstaten te handhaven en het gevaar van dubbele verliesverrekening en belastingontwijking te voorkomen.

21. In punt 55 van dat arrest heeft het Hof evenwel verduidelijkt dat, ook al betreft het een beperking die in beginsel is gerechtvaardigd, dit niet wegneemt dat het voor de lidstaat van de moedermaatschappij onevenredig is de mogelijkheid uit te sluiten om op dat moment als definitief gekwalificeerde verliezen van een niet-ingezeten dochteronderneming met de winsten van die moedermaatschappij fiscaal te verrekenen in een situatie waarin:

– de niet-ingezeten dochteronderneming de in haar vestigingsstaat bestaande mogelijkheden van verliesverrekening heeft uitgeput voor het belastingjaar waarvoor het verzoek om een belastingaftrek is ingediend, alsmede voor vroegere belastingjaren, in voorkomend geval via een overdracht van dat verlies aan een derde of via de verrekening ervan met de winst van de dochteronderneming in vroegere belastingjaren, en

– er geen mogelijkheid bestaat dat het verlies van de buitenlandse dochteronderneming in toekomstige belastingjaren in de vestigingsstaat wordt verrekend, hetzij door de dochteronderneming zelf, hetzij door een derde, met name ingeval de dochteronderneming aan een derde is verkocht.

Eerste vraag

22. Met zijn eerste vraag wenst de verwijzende rechter in wezen te vernemen welk belang, bij de beoordeling van het definitieve karakter van de verliezen van een niet-ingezeten dochteronderneming, in de zin van punt 55 van het arrest Marks & Spencer, dient te worden gehecht aan de omstandigheid dat in de lidstaat van de dochteronderneming verliezen van een vennootschap in geval van fusie niet aan een andere belastingplichtige kunnen worden overgedragen terwijl in de lidstaat van de moedermaatschappij die verliezen in geval van fusie tussen ingezeten vennootschappen wel kunnen worden overgedragen.

23. Het Hof wordt dus verzocht te verduidelijken of een situatie als die welke Memira beoogt, valt onder de door het Hof in punt 55, tweede streepje, van het arrest Marks & Spencer genoemde situaties, waarin de verliezen van de buitenlandse dochteronderneming in haar vestigingsstaat niet in aanmerking kunnen worden genomen in toekomstige belastingjaren.

24. Dienaangaande volstaat het in herinnering te brengen dat de door het Hof in punt 55, tweede streepje, van het arrest Marks & Spencer aanvaarde gronden uitdrukkelijk ermee rekening houden dat de onmogelijkheid die bepaalt of de verliezen definitief worden, betrekking kan hebben op het feit dat die verliezen in toekomstige belastingjaren door een derde in aanmerking worden genomen, met name ingeval de dochteronderneming aan die derde is verkocht.

25. In een situatie als die welke Memira beoogt, en zelfs indien al de andere in punt 55 van het arrest Marks & Spencer vermelde onmogelijkheden zijn vastgesteld, kunnen verliezen toch niet als definitief worden gekwalificeerd wanneer die verliezen economisch kunnen worden benut doordat ze aan een derde worden overgedragen.

26. Zoals de advocaat-generaal in de punten 65 tot en met 70 van haar conclusie heeft opgemerkt, kan immers niet van meet af aan worden uitgesloten dat een derde de verliezen van de dochteronderneming in de vestigingsstaat van die dochteronderneming fiscaal in aanmerking neemt, bijvoorbeeld na de verkoop van die onderneming voor een prijs die rekening houdt met de hoogte van het belastingvoordeel bestaande in de toekomstige aftrekbaarheid van de verliezen (zie in die zin arrest van 21 februari 2013, A, C-123/11, EU:C:2013:84, punten 52 e.v., en arrest van vandaag, Holmen, C-608/17, punt 38).

27. In de door Memira beoogde situatie is de omstandigheid dat volgens het recht van de vestigingsstaat van de dochteronderneming verliezen in geval van fusie niet kunnen worden overgedragen, op zich dan ook niet

voldoende om de verliezen van de dochteronderneming als definitief te beschouwen, zolang Memira niet aantoont dat de in het voorgaande punt aangegeven mogelijkheid is uitgesloten.

28. Derhalve dient op de eerste vraag te worden geantwoord dat bij de beoordeling van het definitieve karakter van de verliezen van een niet-ingezeten dochteronderneming, in de zin van punt 55 van het arrest Marks & Spencer, de omstandigheid dat in de lidstaat van de dochteronderneming verliezen van een vennootschap in geval van fusie niet aan een andere belastingplichtige kunnen worden overgedragen terwijl in de lidstaat van de moedermaatschappij die verliezen in geval van fusie tussen ingezeten vennootschappen wel kunnen worden overgedragen, niet doorslaggevend is tenzij de moedermaatschappij aantoont dat het voor haar onmogelijk is die verliezen te benutten door met name via een verkoop ervoor te zorgen dat een derde die verliezen in toekomstige belastingjaren fiscaal in aanmerking neemt.

Tweede vraag

29. Met zijn tweede vraag wenst de verwijzende rechter in wezen te vernemen of, in de veronderstelling dat de in de eerste vraag vermelde omstandigheid relevant zou worden, rekening dient te worden gehouden met het feit dat alsdan in de vestigingsstaat van de dochteronderneming geen enkele andere entiteit bestaat die de verliezen in geval van fusie zou hebben kunnen aftrekken als die aftrek aldaar zou zijn toegestaan.

30. Zoals is verklaard bij de beantwoording van de eerste vraag, zijn de uit de wettelijke regeling van de lidstaat van de dochteronderneming voortvloeiende beperkingen van verliesoverdracht niet doorslaggevend zolang door de moedermaatschappij niet is aangetoond dat de verliezen niet door een derde, met name na een verkoop waarbij de prijs met de fiscale waarde van de verliezen rekening houdt, in aanmerking kunnen worden genomen.

31. Indien dat bewijs wordt geleverd en voor het overige aan de andere in punt 55 van het arrest Marks & Spencer opgenomen voorwaarden is voldaan, dienen de belastingautoriteiten de verliezen van een niet-ingezeten dochteronderneming als definitief te beschouwen en is het dan ook onevenredig om de moedermaatschappij niet toe te staan die verliezen met haar winsten te verrekenen.

32. In dat opzicht is het bij de beoordeling van het definitieve karakter van verliezen niet relevant of in de vestigingsstaat van de verliesgevende dochteronderneming al dan niet andere entiteiten bestaan waaraan de verliezen van de dochteronderneming hadden kunnen worden overgedragen via een fusie als die mogelijkheid zou hebben bestaan.

33. Derhalve dient op de tweede vraag te worden geantwoord dat, in de veronderstelling dat de in de eerste vraag vermelde omstandigheid relevant zou worden, het feit dat alsdan in de vestigingsstaat van de dochteronderneming geen enkele andere entiteit bestaat die deze verliezen zou hebben kunnen aftrekken in geval van fusie als die aftrek zou zijn toegestaan, geen verschil uitmaakt.

Kosten

34. ...

Het Hof (Eerste kamer)

verklaart voor recht:

1. Bij de beoordeling van het definitieve karakter van de verliezen van een niet-ingezeten dochteronderneming, in de zin van punt 55 van het arrest van 13 december 2005, Marks & Spencer (C-446/03, EU:C:2005:763), is de omstandigheid dat in de lidstaat van de dochteronderneming verliezen van een vennootschap in geval van fusie niet aan een andere belastingplichtige kunnen worden overgedragen terwijl in de lidstaat van de moedermaatschappij die verliezen in geval van fusie tussen ingezeten vennootschappen wel kunnen worden overgedragen, niet doorslaggevend tenzij de moedermaatschappij aantoont dat het voor haar onmogelijk is die verliezen te benutten door met name via een verkoop ervoor te zorgen dat een derde die verliezen in toekomstige belastingjaren fiscaal in aanmerking neemt.

2. In de veronderstelling dat de in de eerste vraag vermelde omstandigheid relevant zou worden, maakt het feit dat alsdan in de vestigingsstaat van de dochteronderneming geen enkele andere entiteit bestaat die deze verliezen zou hebben kunnen aftrekken in geval van fusie als die aftrek zou zijn toegestaan, geen verschil uit.

HvJ EU 19 juni 2019, zaak C-608/17 (Skatteverket v. Holmen AB)

Eerste kamer: *J.-C. Bonichot (rapporteur), kamerpresident, C. Toader, A. Rosas, L. Bay Larsen en M. Safjan, rechters*
Advocaat-generaal: *J. Kokott*

1. Het verzoek om een prejudiciële beslissing betreft de uitlegging van artikel 49 VWEU juncto artikel 54 VWEU.

2. Dit verzoek is ingediend in het kader van een geding tussen de Skatteverket (belastingdienst, Zweden) en Holmen AB over de mogelijkheid voor deze vennootschap om de verliezen van een in een andere lidstaat gevestigde kleindochteronderneming in de vennootschapsbelasting in aftrek te brengen.

Toepasselijke bepalingen
Zweeds recht

3. De regeling inzake intragroepsoverdrachten valt onder de hoofdstukken 35 en 35a van de Inkomstskattelag (1999:1229) [wet (1229:1999) betreffende de inkomstenbelasting].

4. Overeenkomstig hoofdstuk 35 kan een dochteronderneming de door haar geleden verliezen fiscaal overdragen aan haar rechtstreekse of middellijke moedermaatschappij.

5. Overeenkomstig hoofdstuk 35a kan dat voordeel worden toegekend wanneer een verlies van een in een staat van de Europese Economische Ruimte (EER) gevestigde 100 %-dochteronderneming definitief is in de zin van punt 55 van het arrest van 13 december 2005, Marks & Spencer (C-446/03, EU:C:2005:763; hierna: „arrest Marks & Spencer"), mits de dochteronderneming rechtstreeks wordt gehouden, in vereffening is gesteld en de moedermaatschappij op de dag van de vereffening geen activiteit door middel van een verbonden vennootschap uitoefent in de staat van de dochteronderneming.

Spaans recht

6. Uit de toelichtingen van de verwijzende rechter blijkt dat volgens de Spaanse regeling inzake fiscale consolidatie verliezen van entiteiten van dezelfde groep onbeperkt kunnen worden verrekend met winsten. Niet-verrekende verliezen kunnen zonder tijdsbeperking worden overgedragen en met toekomstige winsten worden verrekend.

7. Sinds 2011 kunnen verliezen uit voorgaande belastingjaren echter slechts met een deel van de winst van het belastingjaar worden verrekend. De verliezen die als gevolg van dat plafond niet kunnen worden afgetrokken, worden net als de andere niet-verrekende verliezen naar daaropvolgende jaren overgedragen.

8. Wordt de fiscale eenheid ontbonden omdat een of meerdere vennootschappen binnen de eenheid zijn vereffend, dan worden eventueel openstaande groepsverliezen bovendien toegedeeld aan de vennootschappen die deze verliezen hebben geleden.

9. Ten slotte kan alleen de onderneming die de verliezen heeft geleden, deze in het jaar van de vereffening verrekenen.

Hoofdgeding en prejudiciële vragen

10. Holmen is de moedermaatschappij van een groep naar Zweeds recht. In Spanje bezit zij via een dochteronderneming meerdere kleindochterondernemingen die actief zijn op het gebied van papier en drukwerk, en samen vormen zij een fiscale eenheid. Omdat een van de kleindochterondernemingen sinds 2003 verliezen heeft gecumuleerd voor een bedrag van ongeveer 140 miljoen EUR, is Holmen voornemens haar Spaanse activiteiten stop te zetten.

11. Zij heeft de Skatterättsnämnd (adviescommissie voor fiscale vraagstukken; hierna: „adviescommissie") om een prealabel advies verzocht over de vraag of het haar op grond van de uit het arrest Marks & Spencer voortvloeiende rechtspraak was toegestaan om na afronding van de vereffening een groepsaftrek voor deze verliezen toe te passen in Zweden omdat deze verliezen anders noch in Spanje – wegens de juridische onmogelijkheid verliezen van een in vereffening gestelde onderneming in het jaar van de vereffening over te dragen

– noch in Zweden – wegens de voorwaarde dat de dochteronderneming die definitieve verliezen heeft geleden een rechtstreekse dochteronderneming is – aftrekbaar zouden zijn.

12. Holmen heeft de adviescommissie meer bepaald over twee scenario's om advies verzocht: ten eerste de vereffening van de Spaanse dochteronderneming en de twee Spaanse kleindochterondernemingen en ten tweede de omgekeerde overname van de dochteronderneming door haar Spaanse verliesgevende kleindochteronderneming gevolgd door de vereffening van het nieuwe geheel. In de twee scenario's zou Holmen tijdens de vereffening geen activiteiten meer uitoefenen in Spanje en er in de toekomst ook niet actief blijven.

13. Het door de adviescommissie uitgebrachte advies is ongunstig voor het eerste alternatief en gunstig voor het tweede.

14. De adviescommissie heeft erkend dat haar voor het eerste alternatief ongunstige advies een beperking van de vrijheid van vestiging inhoudt, maar was van mening dat die beperking overeenkomstig de uit het arrest Marks & Spencer voortvloeiende rechtspraak kan worden gerechtvaardigd mits het evenredigheidsbeginsel wordt geëerbiedigd, en dat de verliezen waarover het in het hoofdgeding gaat dan ook niet vallen onder een van de in punt 55 van dat arrest bedoelde situaties waarin de verliezen geacht worden „definitief" te zijn.

15. Zowel de belastingdienst als Holmen heeft dat prealabel advies betwist voor de Högsta förvaltningsdomstol (hoogste bestuursrechter, Zweden).

16. Die rechter is van oordeel dat de rechtspraak van het Hof niet verduidelijkt of, ten eerste, het recht op aftrek van de definitieve verliezen vereist dat de dochteronderneming een rechtstreekse dochteronderneming van de moedermaatschappij is, ten tweede, bij de beoordeling van het definitieve karakter van de verliezen van de dochteronderneming rekening moet worden gehouden met de in de regeling van de vestigingsstaat van de dochteronderneming aan andere rechtsentiteiten geboden mogelijkheden om deze verliezen in aanmerking te nemen, en zo ja op welke manier dan met die regeling rekening moet worden gehouden.

17. Daarom heeft de Högsta förvaltningsdomstol de behandeling van de zaak geschorst en het Hof verzocht om een prejudiciële beslissing over de volgende vragen:

> „1. Is voor het recht van een moedermaatschappij in een lidstaat – dat onder meer volgt uit het arrest Marks & Spencer – om op grond van artikel 49 VWEU definitieve verliezen van een dochteronderneming in een andere lidstaat in aftrek te brengen, vereist dat de dochteronderneming rechtstreeks wordt gehouden door de moedermaatschappij?
> 2. Moet een verlies ook als definitief worden beschouwd voor het deel dat als gevolg van de regels in de vestigingsstaat van de dochteronderneming niet kon worden verrekend met de winst in die staat in een bepaald jaar, maar kon worden doorgewenteld zodat het eventueel in een komend jaar kan worden afgetrokken?
> 3. Moet bij de beoordeling of een verlies definitief is, rekening worden gehouden met de beperkingen die de regels van de vestigingsstaat van de dochteronderneming stellen aan de mogelijkheid om het verlies af te trekken voor andere entiteiten dan de entiteit die het verlies heeft geleden?
> 4. Indien rekening moet worden gehouden met een beperking als bedoeld in de derde vraag, dient dan in aanmerking te worden genomen in welke mate feitelijk door de beperking een deel van de verliezen niet met de winst van een andere entiteit kon worden verrekend?"

Beantwoording van de prejudiciële vragen

18. Om te beginnen dient in herinnering te worden gebracht dat het Hof in de punten 43 tot en met 51 van het arrest Marks & Spencer heeft geoordeeld dat een beperking van de vrijheid van vestiging die verband houdt met de beperking van het recht van een vennootschap om de verliezen van een buitenlandse dochteronderneming in aftrek te brengen terwijl die aftrek wel wordt toegestaan voor de verliezen van een ingezeten dochteronderneming, wordt gerechtvaardigd door de noodzaak een evenwichtige verdeling van de heffingsbevoegdheid tussen de lidstaten te handhaven en het gevaar van dubbele verliesverrekening en belastingontwijking te voorkomen.

19. In punt 55 van dat arrest heeft het Hof evenwel verduidelijkt dat, ook al betreft het een beperking die in beginsel is gerechtvaardigd, dit niet wegneemt dat het voor de lidstaat van de moedermaatschappij onevenredig is de mogelijkheid uit te sluiten om op dat moment als definitief gekwalificeerde verliezen van een niet-ingezeten dochteronderneming met de winsten van die moedermaatschappij fiscaal te verrekenen in een situatie waarin:

– de niet-ingezeten dochteronderneming de in haar vestigingsstaat bestaande mogelijkheden van verliesverrekening heeft uitgeput voor het belastingjaar waarvoor het verzoek om een belastingaftrek is ingediend, alsmede voor vroegere belastingjaren, in voorkomend geval via een overdracht van dat verlies aan een derde of via de verrekening ervan met de winst van de dochteronderneming in vroegere belastingjaren, en

– er geen mogelijkheid bestaat dat het verlies van de buitenlandse dochteronderneming in toekomstige belastingjaren in de vestigingsstaat wordt verrekend, hetzij door de dochteronderneming zelf, hetzij door een derde, met name ingeval de dochteronderneming aan een derde is verkocht.

Eerste vraag

20. Met zijn eerste vraag wenst de verwijzende rechter in wezen te vernemen of het begrip definitieve verliezen van een niet-ingezeten dochteronderneming, in de zin van punt 55 van het arrest Marks & Spencer, kan worden toegepast op een kleindochteronderneming.

21. Die vraag rijst tegen de achtergrond van de in het hoofdgeding aan de orde zijnde Zweedse wettelijke regeling volgens welke als voorwaarde voor een groepsaftrek in geval van verliezen van een niet-ingezeten dochteronderneming als voorwaarde geldt dat er een rechtstreekse band bestaat tussen de moedermaatschappij die erom verzoekt, en de niet-ingezeten dochteronderneming die de verliezen heeft geleden.

22. In herinnering dient te worden gebracht dat die voorwaarde, die tot gevolg heeft dat een grensoverschrijdende groepsaftrek in bepaalde gevallen wordt uitgesloten, gerechtvaardigd kan zijn uit hoofde van de in punt 18 van dit arrest genoemde dwingende redenen van algemeen belang.

23. Zoals het Hof in de punten 45 tot en met 52 van het arrest Marks & Spencer heeft geoordeeld, kan de onverkorte handhaving van de verdeling van de heffingsbevoegdheid tussen de lidstaten het immers noodzakelijk maken, op de bedrijfsactiviteiten van de in een van deze lidstaten gevestigde vennootschappen zowel ter zake van winst als ter zake van verlies uitsluitend de fiscale regels van die lidstaat toe te passen. Indien een vennootschap de mogelijkheid zou worden geboden te opteren voor verrekening van haar verlies in de lidstaat waar ze gevestigd is dan wel in een andere lidstaat, zou in dat opzicht een evenwichtige verdeling van de heffingsbevoegdheid tussen de lidstaten, doordat de belastinggrondslag in de eerste staat zou worden vermeerderd en in de tweede zou worden verminderd met het bedrag van het overgedragen verlies, groot gevaar lopen. Door de grensoverschrijdende aftrek uit te sluiten moeten de lidstaten bovendien zowel het gevaar van dubbele verliesverrekening kunnen voorkomen als het gevaar dat vennootschapsgroepen de verliesoverdracht zo organiseren dat het verlies wordt overgedragen aan vennootschappen in lidstaten waar de belastingquote hoog is, en waar de fiscale waarde van een verlies dus groter is.

24. Evenwel moet een voorwaarde die zoals in het hoofdgeding aan de groepsaftrek wordt gesteld, ook nog geschikt zijn om de nagestreefde doelstellingen te verwezenlijken en mag zij niet verder gaan dan nodig om die doelstellingen te verwezenlijken.

25. In dat verband dient een onderscheid te worden gemaakt tussen twee gevallen.

26. Het eerste geval betreft de situatie waarin de dochteronderneming(en) tussen de om groepsaftrek verzoekende moedermaatschappij en de kleindochteronderneming die de mogelijk als definitief te beschouwen verliezen heeft geleden, niet in dezelfde lidstaat zijn gevestigd.

27. In dat geval kan niet worden uitgesloten dat een groep de lidstaat voor benutting van definitieve verliezen kiest door te opteren voor ofwel de lidstaat van de uiteindelijke moedermaatschappij ofwel de lidstaat van om het even welke tussenliggende dochteronderneming.

28. Met een dergelijke keuzemogelijkheid is het mogelijk strategieën voor optimalisering van de concernbelastingquote te ontwikkelen, waardoor de evenwichtige verdeling van de heffingsbevoegdheid tussen de lidstaten opnieuw op de helling wordt gezet en de lidstaten het gevaar lopen dat verliezen meerdere malen worden verrekend.

29. Het is in dat geval voor een lidstaat niet onevenredig, zelfs wanneer alle andere in punt 55 van het arrest Marks & Spencer genoemde onmogelijkheden zouden zijn vastgesteld, om als voorwaarde van de grensoverschrijdende aftrek te stellen dat een rechtstreekse band bestaat, temeer daar de in dat punt opgenomen uitzondering hoe dan ook geldt voor de lidstaat van de dochteronderneming die rechtstreeks de kleindochter-0onderneming aanhoudt wanneer die lidstaat om grensoverschrijdende aftrek van de verliezen van de kleindochteronderneming wordt verzocht.

30. Het tweede geval betreft de situatie waarin de dochteronderneming(en) tussen de om groepsaftrek verzoekende moedermaatschappij en de kleindochteronderneming die de mogelijk als definitief te beschouwen verliezen heeft geleden, in dezelfde lidstaat zijn gevestigd. Dat is kennelijk het geval in het hoofdgeding aange-

zien zowel de tussenliggende dochteronderneming van Holmen als haar verliesgevende kleindochteronderneming in Spanje gevestigd is.

31. In die omstandigheden is het gevaar dat door de keuze van de staat van de verliesverrekening wordt gezocht naar een zo gunstig mogelijke concernbelastingquote en dat die verliezen meerdere malen worden verrekend in verschillende lidstaten, van dezelfde grootteorde als het gevaar dat het Hof in de punten 45 tot en met 52 van het arrest Marks & Spencer heeft vastgesteld.

32. Het zou in dat geval voor een lidstaat onevenredig zijn om zoals in het hoofdgeding als voorwaarde te stellen dat de onderneming een rechtstreekse dochteronderneming is wanneer aan de in punt 55 van het arrest Marks & Spencer genoemde voorwaarden is voldaan.

33. Derhalve dient op de eerste prejudiciële vraag te worden geantwoord dat het begrip definitieve verliezen van een niet-ingezeten dochteronderneming, in de zin van punt 55 van het arrest Marks & Spencer, niet van toepassing is op een kleindochteronderneming, tenzij alle tussenvennootschappen tussen de om groepsaftrek verzoekende moedermaatschappij en de kleindochteronderneming die de mogelijk als definitief te beschouwen verliezen heeft geleden, ingezetenen van dezelfde lidstaat zijn.

Derde vraag

34. Met zijn derde vraag wenst de verwijzende rechter in wezen te vernemen welk belang bij de beoordeling van het definitieve karakter van de verliezen van een niet-ingezeten dochteronderneming, in de zin van punt 55 van het arrest Marks & Spencer, dient te worden gehecht aan de omstandigheid dat in de lidstaat van de dochteronderneming verliezen van een vennootschap niet aan een andere belastingplichtige kunnen worden overgedragen in het jaar van de vereffening maar wel kunnen worden overgedragen naar andere belastingjaren van dezelfde vennootschap.

35. Het Hof wordt dus verzocht te verduidelijken of een situatie als die welke Holmen beoogt, waarin de lidstaat van de niet-ingezeten vennootschap bepaalt dat alleen de onderneming die de verliezen heeft geleden deze verliezen fiscaal kan benutten in het jaar van de vereffening, valt onder de door het Hof in punt 55, tweede streepje, van het arrest Marks & Spencer genoemde situaties, waarin de verliezen van de buitenlandse dochteronderneming in haar vestigingsstaat niet in aanmerking kunnen worden genomen in toekomstige belastingjaren.

36. Dienaangaande volstaat het in herinnering te brengen dat de door het Hof in punt 55, tweede streepje, van het arrest Marks & Spencer aanvaarde gronden uitdrukkelijk ermee rekening houden dat de onmogelijkheid die bepaalt of de verliezen definitief worden, betrekking kan hebben op het feit dat die verliezen in toekomstige belastingjaren door een derde in aanmerking worden genomen, met name ingeval de dochteronderneming aan die derde is verkocht.

37. Hieruit volgt dat in een situatie als die welke Holmen beoogt, en zelfs indien al de andere in punt 55 van het arrest Marks & Spencer vermelde onmogelijkheden in voorkomend geval zijn vastgesteld, verliezen toch niet als definitief kunnen worden gekwalificeerd wanneer die verliezen economisch kunnen worden benut doordat ze vóór afwikkeling van de vereffening aan een derde worden overgedragen.

38. Zoals de advocaat-generaal in de punten 57 tot en met 63 van haar conclusie heeft opgemerkt, kan immers niet van meet af aan worden uitgesloten dat een derde de verliezen van de dochteronderneming in de vestigingsstaat van die dochteronderneming fiscaal in aanmerking neemt, bijvoorbeeld na de verkoop van die onderneming voor een prijs die rekening houdt met de hoogte van het belastingvoordeel bestaande in de toekomstige aftrekbaarheid van de verliezen (zie in die zin arrest van 21 februari 2013, A, C-123/11, EU:C:2013:84, punten 52 e.v., en arrest van vandaag, Memira Holding, C-607/17, punt 26).

39. In een situatie als die welke Holmen beoogt, is de omstandigheid dat volgens het recht van de vestigingsstaat van de dochteronderneming verliezen in het jaar van de vereffening niet kunnen worden overgedragen, op zich dan ook niet voldoende om de verliezen van de dochter- of kleindochteronderneming als definitief te beschouwen, zolang Holmen niet aantoont dat de in het voorgaande punt aangegeven mogelijkheid is uitgesloten.

40. Derhalve dient op de derde vraag te worden geantwoord dat bij de beoordeling van het definitieve karakter van de verliezen van een niet-ingezeten dochteronderneming, in de zin van punt 55 van het arrest Marks & Spencer, de omstandigheid dat in de lidstaat van de dochteronderneming verliezen van een vennootschap in het jaar van de vereffening niet kunnen worden overgedragen aan een andere belastingplichtige, niet doorslaggevend is tenzij de moedermaatschappij aantoont dat het voor haar onmogelijk is die verliezen te benut-

ten door met name via een verkoop ervoor te zorgen dat een derde die verliezen in toekomstige belastingjaren in aanmerking neemt.

Tweede en vierde vraag

41. Met zijn tweede en zijn vierde vraag, die samen en in laatste instantie moeten worden onderzocht, wenst de verwijzende rechter in wezen te vernemen of, in de veronderstelling dat de in de derde vraag vermelde omstandigheid relevant zou worden, rekening dient te worden gehouden met het feit dat als gevolg van de wettelijke regeling van de lidstaat van de dochteronderneming die de mogelijk als definitief te kwalificeren verliezen heeft geleden, een deel van de verliezen wegens een beperking van de verliesverrekening bij dezelfde entiteit moest worden overgedragen of niet kon worden verrekend met de gerealiseerde winsten van een andere entiteit van dezelfde groep.

42. Zoals is verklaard bij de beantwoording van de derde vraag, zijn de uit de wettelijke regeling van de lidstaat van de dochteronderneming voortvloeiende beperkingen van de verliesoverdracht, welke die ook moge zijn, niet doorslaggevend zolang door de moedermaatschappij niet is aangetoond dat de verliezen niet door een derde in aanmerking kunnen worden genomen, met name na een verkoop waarbij de prijs met de fiscale waarde van de verliezen rekening houdt.

43. Indien dat bewijs wordt geleverd en voor het overige aan de andere in punt 55 van het arrest Marks & Spencer opgenomen voorwaarden is voldaan, dienen de belastingautoriteiten de verliezen van een niet-ingezeten dochteronderneming als definitief te beschouwen en is het dan ook onevenredig om de moedermaatschappij niet toe te staan die verliezen met haar winsten te verrekenen.

44. In dat opzicht is het bij de beoordeling van het definitieve karakter van verliezen niet relevant in welke mate de verliesgevende vennootschap werd beperkt in haar mogelijkheid om verliezen naar toekomstige belastingjaren over te dragen, of in welke mate een beperking is gesteld aan de mogelijkheid om de verliezen van de dochteronderneming over te dragen aan andere, eveneens in de lidstaat van de verliesgevende dochteronderneming gevestigde, entiteiten van dezelfde groep.

45. Derhalve dient op de tweede en de vierde vraag te worden geantwoord dat, in de veronderstelling dat de in de derde vraag vermelde omstandigheid relevant zou worden, de mate waarin als gevolg van de wettelijke regeling van de lidstaat van de verliesgevende dochteronderneming een deel van de mogelijk als definitief te kwalificeren verliezen niet met de lopende winsten van die dochteronderneming en evenmin met die van een andere entiteit van dezelfde groep kon worden verrekend, geen verschil uitmaakt.

Kosten

46. ...

Het Hof (Eerste kamer)

verklaart voor recht:

1. **Het begrip definitieve verliezen van een niet-ingezeten dochteronderneming, in de zin van punt 55 van het arrest van 13 december 2005, Marks & Spencer (C-446/03, EU:C:2005:763), is niet van toepassing op een kleindochteronderneming, tenzij alle tussenvennootschappen tussen de om groepsaftrek verzoekende moedermaatschappij en de kleindochteronderneming die de mogelijk als definitief te beschouwen verliezen heeft geleden, ingezetenen van dezelfde lidstaat zijn.**

2. **Bij de beoordeling van het definitieve karakter van de verliezen van een niet-ingezeten dochteronderneming, in de zin van punt 55 van het arrest Marks & Spencer (C-446/03, EU:C:2005:763), is de omstandigheid dat in de lidstaat van de dochteronderneming verliezen van een vennootschap in het jaar van de vereffening niet kunnen worden overgedragen aan een andere belastingplichtige, niet doorslaggevend tenzij de moedermaatschappij aantoont dat het voor haar onmogelijk is die verliezen te benutten door met name via een verkoop ervoor te zorgen dat een derde die verliezen in toekomstige belastingjaren in aanmerking neemt.**

3. **In de veronderstelling dat de in punt 2 van dit dictum vermelde omstandigheid relevant zou worden, maakt de mate waarin als gevolg van de wettelijke regeling van de lidstaat van de verliesgevende dochteronderneming een deel van de mogelijk als definitief te kwalificeren verliezen niet met de lopende winsten van die dochteronderneming en evenmin met die van een andere entiteit van dezelfde groep kon worden verrekend, geen verschil uit.**

HvJ EU 24 september 2019, zaken T-755/15 en T-759/15 (Groothertogdom Luxemburg [T-755/15] en Fiat Chrysler Finance Europe [T-759/15] v. Europese Commissie)

Zevende kamer – uitgebreid: M. van der Woude, president, V. Tomljenović (rapporteur), E. Bieliūnas, A. Marcoulli en A. Kornezov, rechters

Inhoud

I – Voorgeschiedenis van het geding

A – Ruling die door de Luxemburgse belastingautoriteiten is toegekend aan FFT

1. Op 14 maart 2012 heeft de belastingadviseur van Fiat Chrysler Finance Europe, voorheen Fiat Chrysler Finance and Trade Ltd (hierna: „FFT"), een brief gestuurd aan de Luxemburgse belastingautoriteiten met het verzoek om een advance tax ruling (of ruling). [*vertrouwelijk*[1]]

2. Op 3 september 2012 hebben de Luxemburgse belastingautoriteiten een ruling vastgesteld ten gunste van FFT (hierna: „betrokken ruling"). Deze ruling was vervat in een brief waarin was vermeld dat „met betrekking tot de brief van 14 maart 2012 over de groepsinterne financieringsactiviteiten van FFT [werd] bevestigd dat de analyse van de verrekenprijzen [was] verricht overeenkomstig circulaire 164/2 van 28 januari 2011 en [voldeed] aan het zakelijkheidsbeginsel".

3. In de brief van 3 september 2012 werd ook gepreciseerd dat het daarin vervatte besluit bindend zou zijn voor de belastingautoriteiten gedurende een periode van vijf jaar (van het belastingjaar 2012 tot en met het belastingjaar 2016).

B – Administratieve procedure bij de Commissie

4. Op 19 juni 2013 heeft de Europese Commissie het Groothertogdom Luxemburg een eerste verzoek gestuurd om gedetailleerde inlichtingen over de nationale rulingpraktijken. Dit eerste verzoek om inlichtingen werd gevolgd door een groot aantal uitwisselingen tussen het Groothertogdom Luxemburg en de Commissie, totdat laatstgenoemde op 24 maart 2014 een besluit vaststelde waarbij zij het Groothertogdom Luxemburg gelastte haar inlichtingen te verstrekken.

5. Op 11 juni 2014 heeft de Commissie voor de betrokken ruling de formele onderzoeksprocedure van artikel 108, lid 2, VWEU ingeleid (hierna: „besluit tot inleiding van de formele onderzoeksprocedure"). Tussen de dag van de vaststelling van het inleidingsbesluit en 15 juli 2015 heeft de Commissie vele malen gecommuniceerd met het Groothertogdom Luxemburg en met FFT, met name over de betrokken ruling.

C – Bestreden besluit

6. Op 21 oktober 2015 heeft de Commissie besluit (EU) 2016/2326 betreffende steunmaatregel SA.38375 (2014/C) (ex 2014/NN) door Luxemburg ten gunste van Fiat ten uitvoer gelegd (*PB* 2016, L 351, blz. 1; hierna: „bestreden besluit") vastgesteld.

1. Beschrijving van de betwiste maatregel

7. In afdeling 2 van het bestreden besluit, met het opschrift „Beschrijving van de maatregel", gaf de Commissie in de eerste plaats een beschrijving van FFT, de begunstigde van de betrokken ruling, die deel uitmaakte van het automobielconcern Fiat/Chrysler (hierna: „Fiat/Chrysler-concern"). Zij gaf aan dat FFT treasury- en financieringsdiensten verrichtte voor de in Europa gevestigde vennootschappen van dit concern, met uitzondering van die in Italië, en dat zij opereerde vanuit Luxemburg, waar zij haar zetel had. De Commissie preciseerde dat FFT met name actief was op het gebied van financiering via de markt en het beleggen van liquide middelen, het onderhouden van betrekkingen met marktspelers in de financiële sector, coördinatiediensten voor en financieel advies aan de vennootschappen van het concern, kasbeheerdiensten voor de vennootschappen van het concern, onderlinge kortetermijn- of middellangetermijnfinanciering en coördinatie met de andere financieringsmaatschappijen (overwegingen 34-51 van het bestreden besluit).

8. In de tweede plaats beschreef de Commissie de betrokken ruling, waarbij zij preciseerde dat de Luxemburgse belastingdienst deze ruling had vastgesteld op 3 september 2012. Zij gaf aan dat deze ruling volgde op de brief van 14 maart 2012 van de belastingadviseur van FFT aan de Luxemburgse belastingdienst, met daarin een verzoek om goedkeuring van een akkoord over de verrekenprijzen, en op een rapport over de verrekenprijzen, met daarin een analyse van de verrekenprijzen die de belastingadviseur had gemaakt ter ondersteuning van het verzoek van FFT om een ruling (hierna: „verrekenprijzenrapport") (overwegingen 9, 53 en 54 van het bestreden besluit).

9. De Commissie beschreef de betrokken ruling als de instemming met een methode om binnen het Fiat/Chrysler-concern winst toe te rekenen aan FFT, waardoor FFT jaarlijks het bedrag aan vennootschapsbelasting kon bepalen dat zij aan het Groothertogdom Luxemburg moest betalen. Zij preciseerde dat de ruling bindend

1. Weggelaten vertrouwelijke gegevens.

was gedurende een periode van vijf jaar, te rekenen vanaf het belastingjaar 2012 tot en met het belastingjaar 2016 (overwegingen 52 en 54 van het bestreden besluit).

10. De Commissie stelde vast dat volgens het verrekenprijzenrapport de meest geschikte methode om de belastbare winst van FFT te bepalen de Transactional Net Margin Method (methode van de transactionele nettomarge; hierna: „TNMM") was. Deze methode houdt volgens de Commissie in dat rekening wordt gehouden met de netto marges die worden behaald bij vergelijkbare transacties door onafhankelijke vennootschappen. Deze keuze werd volgens dit rapport gerechtvaardigd door het feit dat FFT uitsluitend financiële diensten verleende aan ondernemingen van het Fiat/Chrysler-concern. De Commissie voegde daaraan toe dat volgens het verrekenprijzenrapport de aan FFT verschuldigde vergoeding, die de belastbare winst vormde, moest worden vastgesteld in verhouding tot het vermogen dat FFT nodig had voor de uitoefening van haar functies en voor het dragen van de risico's die zij liep, gelet op de gebruikte activa (overwegingen 55 en 56 van het bestreden besluit).

11. Meer bepaald stelde de Commissie vast dat in het verrekenprijzenrapport, zoals goedgekeurd bij de betrokken ruling, werd voorgesteld om een totale aan FFT verschuldigde vergoeding te berekenen voor haar financierings- en treasuryactiviteiten en voor de risico's die zij droeg, bestaande uit de volgende twee elementen (overweging 70 van het bestreden besluit):

- een „vergoeding voor risico", berekend door het hypothetische wettelijk eigen vermogen (hierna: „toetsingsvermogen") van FFT, door overeenkomstige toepassing van het Bazel II-akkoord geraamd op 28 500 000 EUR, te vermenigvuldigen met het te verwachten rendement vóór belastingen dat, aan de hand van het Capital Asset Pricing Model (hierna: „CAPM"), werd geraamd op 6,05 %;
- een „vergoeding voor functies", berekend door het eigen vermogen van FFT dat was gebruikt voor de uitoefening van haar functies, geraamd op 93 710 000 EUR, te vermenigvuldigen met de marktrente voor kortetermijndeposito's, geraamd op 0,87 %.

12. Bovendien merkte de Commissie op dat in de betrokken ruling het voorstel van het verrekenprijzenrapport was goedgekeurd om geen vergoeding te bepalen voor het deel van het eigen vermogen van FFT dat was aangeduid als kapitaal ter dekking van de financiële investeringen van FFT in Fiat Finance North America Inc. (hierna: „FFNA") en Fiat Finance Canada Ltd (hierna: „FFC") (overweging 69 van het bestreden besluit).

2. Beschrijving van de Luxemburgse regels inzake verrekenprijzen

13. De Commissie gaf aan dat de betrokken ruling was vastgesteld op grond van artikel 164, lid 3, van het Luxemburgse wetboek van inkomstenbelasting (loi du 4 décembre 1967 concernant l'impôt sur le revenu; wet van 4 december 1967 betreffende de inkomstenbelasting), zoals gewijzigd (hierna: „belastingwetboek") en van circulaire L.I.R. nr. 164/2 van de directeur van de Luxemburgse belastingen van 28 januari 2011 (hierna: „circulaire"). In dit verband merkte de Commissie op dat dit artikel de vastlegging in het Luxemburgse recht vormde van het zakelijkheidsbeginsel, volgens hetwelk transacties tussen vennootschappen van eenzelfde concern (hierna: „geïntegreerde vennootschappen") moeten worden vergoed alsof zij waren aangegaan door onafhankelijke vennootschappen die in vergelijkbare omstandigheden zakelijk onderhandelen (hierna: „onafhankelijke vennootschappen"). Zij voegde daaraan toe dat de circulaire met name verduidelijkte hoe een zakelijke vergoeding moest worden vastgesteld, meer bepaald voor de financieringsmaatschappijen van concerns (overwegingen 74-83 van het bestreden besluit).

3. Beschrijving van de OESO-richtsnoeren

14. De Commissie gaf een uiteenzetting van de beginselen van de Organisatie voor Economische Samenwerking en Ontwikkeling (OESO) inzake verrekenprijzen en gaf aan dat de verrekenprijzen verwezen naar de prijzen die in rekening worden gebracht voor commerciële transacties tussen verschillende entiteiten van eenzelfde concern. Zij betoogde dat, om te vermijden dat multinationale vennootschappen er een financieel belang bij zouden hebben om zo min mogelijk winst toe te rekenen aan gebieden waar hun winst zwaarder wordt belast, de belastingdiensten alleen verrekenprijzen tussen geïntegreerde vennootschappen hadden mogen aanvaarden wanneer de transacties, overeenkomstig het zakelijkheidsbeginsel, waren vergoed alsof zij waren aangegaan door onafhankelijke vennootschappen die in vergelijkbare omstandigheden zakelijk onderhandelen. De Commissie preciseerde dat dit beginsel was opgenomen in artikel 9 van het modelbelastingverdrag van de OESO inzake inkomen en vermogen (hierna: „OESO-modelverdrag") (overwegingen 84-87 van het bestreden besluit).

15. De Commissie herinnerde eraan dat de Transfer Pricing Guidelines for Multinational Enterprises and Tax Administrations (richtsnoeren inzake verrekenprijzen voor multinationale ondernemingen en belastingdien-

sten, vastgesteld door de commissie belastingzaken van de OESO op 27 juni 1995 en herzien op 22 juli 2010; hierna: „OESO-richtsnoeren") vijf methoden vermelden waarmee tot een benadering van zakelijke prijzen voor transacties en winsttoerekening tussen geïntegreerde vennootschappen kan worden gekomen. Slechts twee daarvan waren relevant in het kader van het bestreden besluit (punten 88 en 89 van het bestreden besluit).

16. De eerste methode, een traditionele methode gebaseerd op transacties, is de Comparable Uncontrolled Price Method (methode van de vergelijkbare vrijemarktprijs; hierna: „CUP-methode"). De Commissie herinnerde eraan dat de CUP-methode de prijs die in rekening wordt gebracht voor de overdracht van goederen of diensten in het kader van een transactie tussen twee verbonden ondernemingen, vergelijkt met de prijs die in rekening wordt gebracht voor de overdracht van goederen of diensten in het kader van een vergelijkbare transactie tussen twee onafhankelijke ondernemingen in vergelijkbare omstandigheden (overweging 90 van het bestreden besluit).

17. De tweede methode is de TNMM, een indirecte methode die wordt gebruikt om tot een benadering van zakelijke verrekenprijzen voor transacties en winsttoerekening tussen vennootschappen van eenzelfde concern te komen. De Commissie omschreef deze methode als het ramen van het potentiële winstbedrag op grond van het zakelijkheidsbeginsel voor een activiteit als geheel beschouwd, in plaats van voor specifieke transacties. Zij preciseerde dat in dit kader moest worden gekozen voor een winstniveau-indicator, zoals de kosten, de omzet of vaste investeringen, en dat daarop een winstpercentage moest worden toegepast dat een afspiegeling vormt van het percentage dat wordt waargenomen bij vergelijkbare transacties op de vrije markt (overweging 91 van het bestreden besluit).

4. Beoordeling van de betwiste maatregel

18. In afdeling 7 van het bestreden besluit, met het opschrift „Beoordeling van de betwiste maatregel", kwam de Commissie tot de slotsom dat er sprake was van staatssteun.

19. Na de voorwaarden voor het bestaan van staatssteun in herinnering te hebben gebracht – te weten dat een maatregel als staatssteun in de zin van artikel 107, lid 1, VWEU kan worden aangemerkt indien het ten eerste gaat om een maatregel van de staat of met staatsmiddelen bekostigd, ten tweede deze maatregel het handelsverkeer tussen de lidstaten ongunstig kan beïnvloeden, ten derde hij de begunstigde een selectief voordeel verschaft, en ten vierde hij de mededinging vervalst of dreigt te vervalsen – was de Commissie van oordeel dat in casu aan de eerste voorwaarde was voldaan. In dit verband merkte zij op dat de betrokken ruling kon worden toegeschreven aan het Groothertogdom Luxemburg. Voorts stelde de Commissie vast dat dit besluit had geleid tot een verlies van staatsmiddelen, aangezien elke vermindering van de door FFT verschuldigde belasting een verlies aan belastinginkomsten had meegebracht waarover het Groothertogdom Luxemburg zonder die vermindering had kunnen beschikken (overwegingen 185-188 van het bestreden besluit).

20. Wat de tweede en vierde voorwaarde betreft, was de Commissie van oordeel dat, aangezien FFT behoort tot een concern dat in alle lidstaten actief is, alle aan FFT verleende steun het handelsverkeer binnen de Unie ongunstig kon beïnvloeden. Voorts was zij van oordeel dat FFT haar financiële positie verbeterde, en daardoor de mededinging vervalste of dreigde te vervalsen, aangezien de betrokken ruling haar vrijstelde van een belastingschuld (overweging 189 van het bestreden besluit).

21. Wat de derde voorwaarde voor het bestaan van staatssteun betreft, was de Commissie van oordeel dat de betrokken ruling FFT een selectief voordeel verleende, aangezien zij had geleid tot een vermindering van de door betrokkene in Luxemburg verschuldigde belasting, doordat wordt afgeweken van de belasting die zij krachtens het gewone stelsel van de vennootschapsbelasting zou hebben moeten betalen (overweging 190 van het bestreden besluit).

22. Vooraf herinnerde de Commissie eraan dat er, volgens de rechtspraak, een analyse in drie stappen moet worden verricht om na te gaan of een belastingmaatregel selectief is. In eerste instantie moet worden bepaald welke algemene of normale regeling van toepassing is in de lidstaat, te weten het „referentiestelsel". In tweede instantie moet worden nagegaan of de betrokken belastingmaatregel een afwijking van dat stelsel vormt, voor zover daarbij differentiaties worden ingevoerd tussen marktdeelnemers die zich, gelet op de aan het stelsel inherente doelstellingen, in een feitelijk en juridisch vergelijkbare situatie bevinden. De Commissie herinnerde er vervolgens aan dat in derde instantie, indien de maatregel een afwijking van het referentiestelsel vormt, de lidstaat moet aantonen dat die maatregel wordt gerechtvaardigd door de aard of de algemene opzet van het referentiestelsel (overweging 192 van het bestreden besluit).

23. Wat de eerste stap betreft, de bepaling van het referentiestelsel, was de Commissie van oordeel dat in casu dit stelsel het algemene stelsel van de vennootschapsbelasting van Luxemburg was, dat tot doel heeft de winst te belasten van alle in Luxemburg belastingplichtige vennootschappen. Zij preciseerde in dit verband dat het algemene stelsel van de vennootschapsbelasting van Luxemburg van toepassing is op binnenlandse vennootschappen en op in Luxemburg gevestigde buitenlandse vennootschappen, met inbegrip van Luxemburgse filialen van buitenlandse vennootschappen. De Commissie was van oordeel dat het feit dat er een verschil bestond in de berekening van de belastbare winst van onafhankelijke vennootschappen en geïntegreerde vennootschappen, geen gevolgen had voor het doel van het algemene stelsel van de vennootschapsbelasting van Luxemburg, namelijk het belasten van de winst van alle in Luxemburg gevestigde vennootschappen, al dan niet geïntegreerd, en dat de twee soorten vennootschappen zich, gelet op het intrinsieke doel van dit stelsel, in een vergelijkbare feitelijke en juridische situatie bevonden. De Commissie wees alle argumenten van het Groothertogdom Luxemburg en FFT af volgens welke artikel 164 van het belastingwetboek of de circulaire het relevante referentiestelsel vormden, alsook hun argument dat het in aanmerking te nemen referentiestelsel voor de beoordeling van de selectiviteit van de betrokken ruling enkel ondernemingen diende te omvatten waarop de regels inzake verrekenprijzen van toepassing waren (overwegingen 193-215 van het bestreden besluit).

24. Wat de tweede stap betreft, gaf de Commissie aan dat de vraag of een belastingmaatregel een afwijking van het referentiesysteem vormt, doorgaans samenvalt met de vaststelling dat aan de begunstigde een voordeel was verleend door middel van die maatregel. Wanneer een belastingmaatregel leidt tot een ongerechtvaardigde vermindering van de belastingverplichting van een begunstigde die anders uit hoofde van het referentiestelsel aan een hogere belasting zou zijn onderworpen, vormt die vermindering volgens haar tegelijkertijd het door de belastingmaatregel toegekende voordeel en de afwijking van het referentiestelsel. De Commissie herinnerde er bovendien aan dat, volgens de rechtspraak, in het geval van een individuele maatregel, bij de vaststelling van een economisch voordeel in beginsel kan worden vermoed dat er sprake is van selectiviteit (overwegingen 216-218 van het bestreden besluit).

25. Vervolgens betoogde de Commissie dat een belastingmaatregel die een tot een concern behorende vennootschap ertoe brengt verrekenprijzen in rekening te brengen die niet dicht liggen bij die welke tussen onafhankelijke ondernemingen worden gehanteerd, overeenkomstig het zakelijkheidsbeginsel, een voordeel toekent aan die vennootschap doordat hij leidt tot een verlaging van haar heffingsgrondslag en, derhalve, van de belasting die volgens het algemene stelsel van de vennootschapsbelasting verschuldigd is, hetgeen het Hof heeft erkend. De Commissie preciseerde bijgevolg dat zij moest nagaan of de methode voor het bepalen van de belastbare winst van FFT in Luxemburg die de Luxemburgse belastingdienst door middel van de betrokken ruling had goedgekeurd, afweek van een methode die leidde tot een betrouwbare benadering van een marktconforme uitkomst en dus van het zakelijkheidsbeginsel. Indien dat geval zou zijn, zou de ruling worden geacht FFT een selectief voordeel te verlenen in de zin van artikel 107, lid 1, VWEU (overwegingen 222-227 van het bestreden besluit).

26. Bijgevolg was de Commissie van oordeel dat het zakelijkheidsbeginsel noodzakelijkerwijs een integrerend onderdeel uitmaakte van haar beoordeling, krachtens artikel 107, lid 1, VWEU, van aan geïntegreerde vennootschappen toegekende belastingmaatregelen, los van de vraag of een lidstaat dit beginsel had opgenomen in zijn nationale rechtsstelsel. De Commissie preciseerde vervolgens, in antwoord op de argumenten die het Groothertogdom Luxemburg had aangevoerd in het kader van de administratieve procedure, dat zij niet had onderzocht of de betrokken ruling voldeed aan het zakelijkheidsbeginsel zoals gedefinieerd in artikel 164, lid 3, van het belastingwetboek of in de circulaire, maar dat zij had willen vaststellen of de Luxemburgse belastingdienst FFT een selectief voordeel had toegekend in de zin van artikel 107, lid 1, VWEU (overwegingen 228-231 van het bestreden besluit).

27. In de eerste plaats was de Commissie van oordeel dat een aantal van de methodologische keuzes die het Groothertogdom Luxemburg had goedgekeurd en die ten grondslag lagen aan de analyse van de verrekenprijzen in de betrokken ruling, leidden tot een vermindering van de vennootschapsbelasting die onafhankelijke ondernemingen zouden hebben moeten betalen (overwegingen 234-240 van het bestreden besluit).

28. Wat, ten eerste, het eigen vermogen betreft waarop een vergoeding moet worden toegepast, was de Commissie van oordeel dat het door de belastingadviseur gehanteerde hypothetisch toetsingsvermogen van FFT bij toepassing van de TNMM geen passende winstniveau-indicator vormde voor het ramen van een zakelijke vergoeding voor de door FFT uitgeoefende functies. De Commissie stelde vervolgens vast dat de belastingadviseur, door als basis voor de toepassing van het CAPM het hypothetisch toetsingsvermogen van 28,5 miljoen EUR in aanmerking te nemen in plaats van het boekhoudkundig eigen vermogen van 287,5 miljoen EUR in 2011, de belastbare vergoeding van FFT door 10 heeft gedeeld. De Commissie preciseerde dat zij alle

argumenten dienaangaande van het Groothertogdom Luxemburg en FFT had afgewezen (overwegingen 248-266 van het bestreden besluit).

29. Wat, ten tweede, de toepassing van het Bazel II-akkoord voor de vaststelling van het hypothetisch toetsingsvermogen betreft, was de Commissie van oordeel dat het Groothertogdom Luxemburg blijk had gegeven van onjuiste opvattingen die deze lidstaat ertoe hebben gebracht het bedrag van het hypothetisch toetsingsvermogen van FFT te laag te ramen en die hebben geleid tot een verlaging van het bedrag van de door FFT verschuldigde belasting (overwegingen 267-276 van het bestreden besluit).

30. Ten derde was de Commissie van oordeel dat de belastingadviseur op het resterende vermogen van FFT een aantal verminderingen had toegepast die afweken van een marktconforme uitkomst. Zij meende om te beginnen dat het eigen vermogen, indien het hypothetisch toetsingsvermogen juist was geraamd, waarschijnlijk niet hoger zou zijn geweest dan het toetsingsvermogen. Vervolgens was Commissie van oordeel dat de beslissing van de belastingadviseur om de component van het eigen vermogen met de aanduiding „kapitaal ter dekking van de financiële investeringen in FFNA en FFC" uit het geheel te halen en daaraan voor de bepaling van de heffingsgrondslag van FFT een vergoeding van nihil toe te kennen, niet passend was. De Commissie gaf aan dat de argumenten van het Groothertogdom Luxemburg dienaangaande niet konden overtuigen (overwegingen 277-291 van het bestreden besluit).

31. Ten vierde meende de Commissie dat de keuze van de belastingadviseur om bij de toepassing van het CAPM een bèta van 0,29 te hanteren voor de vaststelling van het op het hypothetisch toetsingsvermogen van FFT toe te passen rendement op eigen vermogen, een toewijzing van winst aan FFT meebracht die niet in overeenstemming was met het zakelijkheidsbeginsel (overwegingen 292-301 van het bestreden besluit).

32. In het licht van het voorgaande was de Commissie met name van oordeel dat, ten eerste, het niveau van de passende vergoeding voor de financierings- en treasuryfuncties van FFT moest worden vastgesteld op basis van het boekhoudkundig eigen vermogen, ten tweede, 2012 een passend referentiejaar was om de heffingsgrondslag van FFT in Luxemburg te beoordelen, ten derde, het rendement op eigen vermogen vóór belastingen van 6,05 % (en dat van 4,3 % na belastingen), dat bij de betrokken ruling was aanvaard en was berekend volgens het CAPM, veel lager was dan de in de financiële sector verlangde vermogensrendementen, die steeds 10 % en hoger waren gebleven, en, ten vierde, het verlangde rendement op eigen vermogen 10 % was, na belastingen toegepast op het volledige bedrag van het boekhoudkundig eigen vermogen (overwegingen 302-311 van het bestreden besluit).

33. In de tweede plaats verwierp de Commissie het argument van FFT dat het Fiat/Chrysler-concern geen enkel voordeel had genoten, aangezien elke verhoging van de heffingsgrondslag in Luxemburg volledig zou worden gecompenseerd door een verhoging van de belastingaftrek in andere lidstaten (overwegingen 312-314 van het bestreden besluit).

34. In de derde plaats was zij, subsidiair, van oordeel dat de betrokken ruling hoe dan ook een selectief voordeel verleende, ook in het licht van het beperktere referentiestelsel waarop het Groothertogdom Luxemburg en FFT zich beriepen en dat bestond uit artikel 164, lid 3, van het belastingwetboek en de circulaire, waarin het zakelijkheidsbeginsel van het Luxemburgse belastingrecht was vastgelegd (overwegingen 315-317 van het bestreden besluit).

35. In de vierde plaats was de Commissie het oneens met het argument van FFT dat, om aan te tonen dat de betrokken ruling tot een selectieve behandeling in haar voordeel leidde, de Commissie die ruling had moeten vergelijken met de praktijk van de Luxemburgse belastingdienst op basis van de circulaire en met name met de aan andere financieringsmaatschappijen toegekende rulings die het Groothertogdom Luxemburg aan de Commissie had verstrekt bij wijze van representatief voorbeeld van haar rulingpraktijk (overwegingen 318-336 van het bestreden besluit).

36. In de vijfde plaats heeft noch het Groothertogdom Luxemburg noch FFT enige reden aangevoerd die de selectieve behandeling van FFT die het gevolg was van de betrokken ruling rechtvaardigde. De Commissie heeft evenmin een rechtvaardiging voor de voorkeursbehandeling van FFT kunnen vinden (overwegingen 337 en 338 van het bestreden besluit).

37. Gelet op het voorgaande kwam de Commissie tot de slotsom dat de betrokken ruling FFT een selectief voordeel had verleend, aangezien zij had geleid tot een vermindering van de belasting die FFT primair verschuldigd was uit hoofde van het algemene stelsel van de vennootschapsbelasting van Luxemburg, vergeleken met onafhankelijke vennootschappen, en subsidiair uit hoofde van het belastingstelsel voor geïntegreerde vennootschappen (overwegingen 339 en 340 van het bestreden besluit).

38. Tot slot meende de Commissie dat de begunstigde van het betrokken voordeel het Fiat/Chrysler-concern als geheel was, aangezien FFT een economische eenheid vormde met de andere entiteiten van dat concern, die hadden geprofiteerd van de aan FFT toegekende belastingvermindering, doordat deze belastingvermindering noodzakelijkerwijs had geleid tot een verlaging van de prijsvoorwaarden van haar concerninterne leningen (overwegingen 341-345 van het bestreden besluit).

39. In het licht van het voorgaande kwam de Commissie tot de slotsom dat de betrokken ruling staatssteun vormde en dat het om exploitatiesteun ging (overwegingen 346 en 347 van het bestreden besluit).

40. In afdeling 8 van het bestreden besluit, met het opschrift „Onverenigbaarheid van de steun met de interne markt", was de Commissie van oordeel dat de aan FFT verleende steun onverenigbaar was met de interne markt. Daarmee heeft zij vastgesteld dat het Groothertogdom Luxemburg geen van de uitzonderingen van artikel 107, leden 2 en 3, VWEU had aangevoerd en dat de betrokken steun, die als exploitatiesteun moest worden aangemerkt, normalerwijs niet als verenigbaar met de interne markt kon worden beschouwd (overwegingen 348-351 van het bestreden besluit).

41. In afdeling 9 van het bestreden besluit, met het opschrift „Onrechtmatigheid van de steun", stelde de Commissie vast dat het Groothertogdom Luxemburg haar niet, overeenkomstig artikel 108, lid 3, VWEU, op de hoogte had gebracht van de voorgenomen ruling en niet had voldaan aan de overeenkomstig dit artikel op haar rustende opschortingsverplichting. Bijgevolg was er sprake van onrechtmatige staatssteun die in strijd met die bepaling ten uitvoer is gelegd (overwegingen 352 en 353 van het bestreden besluit).

42. In afdeling 10 van het bestreden besluit, met het opschrift „Terugvordering", was de Commissie ten eerste van oordeel dat de argumenten van het Groothertogdom Luxemburg die verband hielden met de eerbiediging van het beginsel van de bescherming van het gewettigd vertrouwen en het rechtszekerheidsbeginsel ongegrond waren (overwegingen 354-364 van het bestreden besluit).

43. Ten tweede gaf de Commissie aan dat zij niet verplicht was het precieze bedrag van de terug te vorderen steun vast te stellen, aangezien het volstond dat het bestreden besluit gegevens bevat waarmee de adressaat ervan zonder buitensporige moeilijkheden zelf dit bedrag kan vaststellen. In casu heeft de Commissie in het bestreden besluit een methode voorgesteld waarmee het bij de betrokken ruling aan FFT verleende selectieve voordeel ongedaan kon worden gemaakt en gepreciseerd dat zij ook een andere berekeningsmethode kon aanvaarden indien het Groothertogdom Luxemburg er een voorstelde vóór de datum van tenuitvoerlegging van het bestreden besluit, mits deze methode leidde tot een betrouwbare benadering van een marktconforme uitkomst (overwegingen 365-369 van het bestreden besluit).

44. Ten derde meende de Commissie dat het Groothertogdom Luxemburg eerst bij FFT de onrechtmatige en met de interne markt onverenigbare steun moest terugvorderen die door middel van de betrokken ruling was verleend. Indien FFT niet in staat was om het volledige bedrag van de steun terug te betalen, moest het Groothertogdom Luxemburg het resterende bedrag terugvorderen bij Fiat Chrysler Automobiles NV, de opvolgster van Fiat SpA, aangezien deze entiteit de zeggenschap had over het concern waartoe FTFT behoorde (overweging 370 van het bestreden besluit).

45. Concluderend was de Commissie van oordeel dat het Groothertogdom Luxemburg door middel van de betrokken ruling onrechtmatig, in strijd met artikel 108, lid 3, VWEU, staatssteun had verleend aan FFT en aan het concern waartoe zij behoorde, dat die steun onverenigbaar was met de interne markt en dat die steun bijgevolg door het Groothertogdom Luxemburg moest worden teruggevorderd bij FFT of bij Fiat Chrysler Automobiles indien FFT niet het volledige bedrag van de steun terugbetaalde (overweging 371 van het bestreden besluit).

46. Het dispositief van het bestreden besluit luidt als volgt:

„*Artikel 1*

[De betrokken ruling], op grond waarvan [FFT] haar heffingsgrondslag in Luxemburg voor een periode van vijf jaar op jaarbasis kan vaststellen, vormt staatssteun in de zin van artikel 107, lid 1, VWEU die met de interne markt onverenigbaar is en die onrechtmatig in strijd met artikel 108, lid 3, VWEU door [het Groothertogdom] Luxemburg ten uitvoer is gelegd.

Artikel 2

1. [Het Groothertogdom] Luxemburg vordert de in artikel 1 bedoelde onverenigbare en onrechtmatige steun terug van [FFT].
2. Bedragen die niet van [FFT] kunnen worden teruggevorderd ingevolge de in lid 1 beschreven terugvordering, worden teruggevorderd van Fiat Chrysler Automobiles NV.

3. De terug te vorderen bedragen omvatten rente vanaf de datum waarop zij de begunstigden ter beschikking zijn gesteld tot de datum van de daadwerkelijke terugbetaling ervan.
4. De rente wordt op samengestelde grondslag berekend overeenkomstig hoofdstuk V van verordening (EG) nr. 794/2004.

Artikel 3
1. De terugvordering van de in artikel 1 bedoelde steun geschiedt onverwijld en daadwerkelijk.
2. [Het Groothertogdom] Luxemburg zorgt ervoor dat het onderhavige besluit binnen vier maanden vanaf de datum van kennisgeving ervan ten uitvoer wordt gelegd.

Artikel 4
1. Binnen twee maanden na kennisgeving van het onderhavige besluit verstrekt [het Groothertogdom] Luxemburg de Commissie informatie over de methode die wordt gebruikt om het precieze bedrag van de steun te berekenen.
2. [Het Groothertogdom] Luxemburg houdt de Commissie op de hoogte van de stand van uitvoering van de nationale maatregelen ter uitvoering van dit besluit, en dit totdat de in artikel 1 bedoelde steun volledig is teruggevorderd. [Het Groothertogdom] Luxemburg verstrekt, op eenvoudig verzoek van de Commissie, onverwijld inlichtingen over de reeds genomen en de voorgenomen maatregelen om aan dit besluit te voldoen.

Artikel 5
Dit besluit is gericht tot het Groothertogdom Luxemburg."

II – Procedure en conclusies van partijen

A – Schriftelijke fase van de procedure en conclusies van partijen in zaak T-755/15

47. Bij verzoekschrift, neergelegd ter griffie van het Gerecht op 30 december 2015, heeft het Groothertogdom Luxemburg in zaak T-755/15 beroep ingesteld tot nietigverklaring van het bestreden besluit.

1. Samenstelling van de rechtsprekende formatie en behandeling bij voorrang

48. Bij akte, neergelegd ter griffie van het Gerecht op 6 juni 2016, heeft het Groothertogdom Luxemburg verzocht om berechting van de zaak door een uitgebreide kamer. Het Gerecht heeft overeenkomstig artikel 28, lid 5, van zijn Reglement voor de procesvoering akte genomen van het feit dat zaak T-755/15 was toegewezen aan de Vijfde kamer (uitgebreid).

49. Bij de wijziging van de samenstelling van de kamers van het Gerecht op 26 september 2016 is de rechter-rapporteur overeenkomstig artikel 27, lid 5, van het Reglement voor de procesvoering toegevoegd aan de Zevende kamer (uitgebreid), waaraan zaak T-755/15 bijgevolg is toegewezen.

50. Aangezien een lid van de Zevende kamer (uitgebreid) van het Gerecht verhinderd was, heeft de president van het Gerecht bij beslissing van 6 februari 2017 de vicepresident van het Gerecht aangewezen ter aanvulling van de kamer.

51. Bij beslissing van 12 december 2017 heeft de president van de Zevende kamer (uitgebreid) van het Gerecht het voorstel van de rechter-rapporteur aanvaard om zaak T-755/15 bij voorrang te berechten overeenkomstig artikel 67, lid 2, van het Reglement voor de procesvoering.

2. Verzoek om versnelde behandeling

52. Bij afzonderlijke akte, neergelegd ter griffie van het Gerecht op 30 december 2015, heeft het Groothertogdom Luxemburg verzocht om zaak T-755/15 te behandelen volgens de versnelde procedure van artikel 151 van het Reglement voor de procesvoering. Op 2 februari 2016 heeft het Gerecht besloten dit verzoek af te wijzen.

3. Interventies

53. Bij akte, neergelegd ter griffie van het Gerecht op 6 april 2016, heeft het Verenigd Koninkrijk van Groot-Brittannië en Noord-Ierland verzocht om toelating tot interventie aan de zijde van de Commissie.

54. Bij akte, neergelegd ter griffie van het Gerecht op 7 april 2016, heeft Ierland verzocht om toelating tot interventie aan de zijde van het Groothertogdom Luxemburg.

55. Bij beschikking van 25 mei 2016 heeft de president van de Vijfde kamer van het Gerecht de interventieverzoeken van het Verenigd Koninkrijk en Ierland toegewezen.

56. Bij akte, neergelegd ter griffie van het Gerecht op 9 november 2016, heeft het Verenigd Koninkrijk zijn interventie ingetrokken.

57. Bij beschikking van 15 december 2016 heeft de president van de Zevende kamer (uitgebreid) van het Gerecht het Verenigd Koninkrijk geschrapt als interveniënt in zaak T-755/15.

4. Verzoeken om vertrouwelijke behandeling

58. Bij akten, neergelegd ter griffie van het Gerecht op 29 april 2016, 27 juni 2016 en 24 oktober 2016, heeft het Groothertogdom Luxemburg verzocht om vertrouwelijke behandeling, ten aanzien van het Verenigd Koninkrijk en Ierland, van bepaalde gegevens in het verzoekschrift, de repliek, de dupliek en bepaalde bijlagen bij deze memories. Bij akte, neergelegd ter griffie van het Gerecht op 3 januari 2017, heeft het Groothertogdom Luxemburg het Gerecht meegedeeld dat het zijn verzoeken om vertrouwelijke behandeling ten aanzien van Ierland wenste te handhaven in geval van voeging van de zaken T-755/15 en T-759/15.

5. Conclusies van partijen

59. Het Groothertogdom Luxemburg verzoekt het Gerecht:
- het beroep ontvankelijk en gegrond te verklaren;
- primair, het bestreden besluit nietig te verklaren;
- subsidiair, het bestreden besluit nietig te verklaren voor zover het de terugvordering van de steun gelast;
- de Commissie te verwijzen in de kosten.

60. Ierland, dat intervenieert aan de zijde van het Groothertogdom Luxemburg, verzoekt het Gerecht het bestreden besluit gedeeltelijk of geheel nietig te verklaren.

61. De Commissie verzoekt het Gerecht:
- het beroep ongegrond te verklaren;
- het Groothertogdom Luxemburg te verwijzen in de kosten.

B – Schriftelijke fase van de procedure en conclusies van partijen in zaak T-759/15

62. Bij verzoekschrift, neergelegd ter griffie van het Gerecht op 29 december 2015, heeft FFT in zaak T-759/15 beroep ingesteld tot nietigverklaring van het bestreden besluit.

1. Samenstelling van de rechtsprekende formatie en behandeling bij voorrang

63. Bij de wijziging van de samenstelling van de kamers van het Gerecht op 26 september 2016, is de rechter-rapporteur overeenkomstig artikel 27, lid 5, van het Reglement voor de procesvoering toegevoegd aan de Zevende kamer (uitgebreid), waaraan zaak T-759/15 bijgevolg is toegewezen.

64. Op voorstel van de Zevende kamer heeft het Gerecht op 15 februari 2017 besloten de zaak naar een uitgebreide kamer te verwijzen.

65. Aangezien een lid van de Zevende kamer (uitgebreid) van het Gerecht verhinderd was, heeft de president van het Gerecht, bij beslissing van 23 februari 2017, de vicepresident van het Gerecht aangewezen ter aanvulling van de kamer.

66. Bij beslissing van 12 december 2017 heeft de president van de Zevende kamer (uitgebreid) van het Gerecht het voorstel van de rechter-rapporteur aanvaard om zaak T-759/15 bij voorrang te berechten overeenkomstig artikel 67, lid 2, van het Reglement voor de procesvoering.

2. Verzoek om een versnelde procedure

67. Bij afzonderlijke akte, neergelegd ter griffie van het Gerecht op 29 december 2015, heeft FFT verzocht om zaak T-759/15 te behandelen volgens de versnelde procedure van artikel 151 van het Reglement voor de procesvoering. Op 2 februari 2016 heeft het Gerecht besloten dit verzoek af te wijzen.

3. Interventies

68. Bij akte, neergelegd ter griffie van het Gerecht op 6 april 2016, heeft het Verenigd Koninkrijk verzocht om toelating tot interventie aan de zijde van de Commissie.

69. Bij akte, neergelegd ter griffie van het Gerecht op 7 april 2016, heeft Ierland verzocht om toelating tot interventie aan de zijde van het Groothertogdom Luxemburg.

70. Bij beschikking van 18 juli 2016 heeft de president van de Vijfde kamer van het Gerecht de interventieverzoeken van het Verenigd Koninkrijk en Ierland toegewezen.

71. Bij akte, neergelegd ter griffie van het Gerecht op 9 november 2016, heeft het Verenigd Koninkrijk zijn interventie ingetrokken.

72. Bij beschikking van 15 december 2016 heeft de president van de Zevende kamer (uitgebreid) van het Gerecht het Verenigd Koninkrijk geschrapt als interveniënt in zaak T-759/15.

4. Verzoeken om vertrouwelijke behandeling

73. Bij akten, neergelegd ter griffie van het Gerecht op 20 mei 2016, 11 juni 2016, 27 juli 2016 en 28 juli 2016, heeft FFT verzocht om vertrouwelijke behandeling, ten aanzien van het Verenigd Koninkrijk en Ierland, van bepaalde gegevens in het verzoekschrift, het verweerschrift, de repliek en bepaalde bijlagen bij deze memories.

74. Bij akte, neergelegd ter griffie van het Gerecht op 17 januari 2017, heeft FFT aangegeven dat zij haar verzoeken om vertrouwelijke behandeling ten aanzien van Ierland bevestigde in geval van voeging met zaak T-755/15.

5. Conclusies van partijen

75. FFT verzoekt het Gerecht:
- het beroep ontvankelijk te verklaren;
- de artikelen 1 tot en met 4 van het bestreden besluit nietig te verklaren;
- de Commissie te verwijzen in de kosten.

76. Ierland, dat intervenieert aan de zijde van FFT, verzoekt het Gerecht het bestreden besluit gedeeltelijk of geheel nietig te verklaren.

77. De Commissie verzoekt het Gerecht:
- het beroep ongegrond te verklaren;
- FFT te verwijzen in de kosten.

C – *Voeging voor de mondelinge behandeling en mondelinge behandeling in de zaken T-755/15 en T-759/15*

1. Voeging

78. Bij akte, neergelegd ter griffie van het Gerecht op 1 december 2016, heeft het Groothertogdom Luxemburg verzocht om voeging van de zaken T-755/15 en T-759/15 voor de mondelinge behandeling en de eindbeslissing.

79. Bij akte, neergelegd ter griffie van het Gerecht op 1 december 2016, heeft FFT eveneens verzocht om voeging van de zaken T-755/15 en T-759/15 voor de mondelinge behandeling en het eindarrest.

80. Bij beschikking van de president van de Zevende kamer (uitgebreid) van het Gerecht van 27 april 2018 zijn de zaken T-755/15 en T-759/15, partijen gehoord, gevoegd voor de mondelinge behandeling overeenkomstig artikel 68, lid 1, van het Reglement voor de procesvoering. Bij dezelfde beschikking is besloten de vertrouwelijke gegevens te verwijderen uit het voor Ierland toegankelijke dossier.

2. Mondelinge behandeling van de zaken T-755/15 en T-759/15

81. Bij brief, neergelegd ter griffie van het Gerecht op 7 februari 2017, heeft het Groothertogdom Luxemburg overeenkomstig artikel 106, lid 2, van het Reglement voor de procesvoering verzocht een pleitzitting te houden.

82. Bij brief, neergelegd ter griffie van het Gerecht op 10 februari 2017, heeft FFT overeenkomstig artikel 106, lid 2, van het Reglement voor de procesvoering verzocht een pleitzitting te houden.

83. Op rapport van de rechter-rapporteur heeft het Gerecht besloten in de zaken T-755/15 en T-759/15 tot de mondelinge behandeling over te gaan. In het kader van de in artikel 89 van het Reglement voor de procesvoering bedoelde maatregelen tot organisatie van de procesgang heeft het Gerecht partijen verzocht schriftelijke vragen te beantwoorden. Partijen hebben binnen de gestelde termijnen aan deze verzoeken voldaan.

84. Op 24 mei 2017 heeft FFT een memorie met nieuwe bewijzen ingediend, waarover partijen hun opmerkingen hebben ingediend.

85. Partijen hebben ter terechtzitting van 21 juni 2018 pleidooi gehouden en geantwoord op de vragen van het Gerecht.

III – In rechte

A – Voeging van de zaken voor het onderhavige arrest

86. Overeenkomstig artikel 19, lid 2, van het Reglement voor de procesvoering heeft de president van de Zevende kamer (uitgebreid) van het Gerecht de beslissing over de voeging van de zaken T-755/15 en T-759/15 voor het eindarrest, die binnen zijn bevoegdheid viel, voorgelegd aan de Zevende kamer (uitgebreid) van het Gerecht.

87. De zaken T-755/15 en T-759/15 dienen, partijen ter terechtzitting over een eventuele voeging gehoord, wegens verknochtheid te worden gevoegd voor het eindarrest overeenkomstig artikel 68, lid 1, van het Reglement voor de procesvoering.

B – Aangevoerde middelen en structuur van het onderzoek van de onderhavige beroepen

88. De in de zaken T-755/15 en T-759/15 ingestelde beroepen strekken tot nietigverklaring van het bestreden besluit, voor zover daarin de betrokken ruling is aangemerkt als staatssteun in de zin van artikel 107, lid 1, VWEU en terugvordering wordt gelast van de bedragen die het Groothertogdom Luxemburg niet van FFT en het Fiat/Chrysler-concern heeft geïnd uit hoofde van de vennootschapsbelasting.

89. Ter ondersteuning van zijn beroep voert het Groothertogdom Luxemburg drie middelen aan.

90. Het eerste middel, dat in essentie betrekking heeft op de voorwaarde dat er sprake moet zijn van selectieve steun en op de bevoegdheid van de Commissie in belastingzaken, bestaat uit drie onderdelen. Ten eerste is het Groothertogdom Luxemburg van mening dat de Commissie bij het onderzoek van de selectiviteit van de bestreden maatregel ten onrechte van oordeel was dat het relevante referentiekader de algemene belastingregeling voor vennootschappen was (eerste onderdeel). Ten tweede voert het Groothertogdom Luxemburg aan dat de Commissie niet heeft aangetoond dat de betrokken ruling een afwijking vormde van het gekozen referentiekader en evenmin dat zij afweek van het zakelijkheidsbeginsel (tweede onderdeel). Ten derde meent het Groothertogdom Luxemburg dat de Commissie de artikelen 4 en 5 VEU en artikel 114 VWEU heeft geschonden door over te gaan tot een verkapte belastingharmonisatie, die bestaat in het opleggen van een zakelijkheidsbeginsel sui generis (derde onderdeel).

91. Het tweede middel, dat uit twee onderdelen bestaat, betreft schending van artikel 107, lid 1, VWEU en van de motiveringsplicht van de Commissie als bedoeld in artikel 296 VWEU, aangezien zij niet heeft aangetoond dat er sprake was van een voordeel (eerste onderdeel) of van een mededingingsbeperking (tweede onderdeel).

92. Het derde, subsidiair aangevoerde middel betreft schending van artikel 14, lid 1, van verordening (EG) nr. 659/1999 van de Raad van 22 maart 1999 tot vaststelling van nadere bepalingen voor de toepassing van artikel [108 VWEU] (*PB* 1999, L 83, blz. 1). Aangezien deze verordening is ingetrokken bij verordening (EU) 2015/1589 van de Raad van 13 juli 2015 tot vaststelling van nadere bepalingen voor de toepassing van artikel 108 VWEU (*PB* 2015, L 248, blz. 9), die van toepassing was op de datum van het bestreden besluit, moet dit middel evenwel opgevat alsof het is gebaseerd op schending van artikel 16, lid 1, van die laatste verordening. Dit middel bestaat uit twee onderdelen. Het Groothertogdom Luxemburg betoogt dat de Commissie de terugvordering van de steun heeft gelast in strijd met het rechtszekerheidsbeginsel (eerste onderdeel) en met zijn rechten van verdediging (tweede onderdeel).

93. Ter ondersteuning van haar beroep voert FFT vier middelen aan.

94. Het eerste middel, dat uit twee onderdelen bestaat, betreft schending van artikel 107 VWEU. Ter ondersteuning van het eerste onderdeel van haar eerste middel voert FFT aan dat de Commissie het begrip „selectief voordeel" onjuist heeft toegepast. In dat kader voert zij vier grieven aan. Volgens de eerste grief is het gekozen relevante referentiekader onjuist. Volgens de tweede grief is het zakelijkheidsbeginsel onjuist toegepast in een

volkomen nieuwe en onnauwkeurige betekenis. Volgens de derde grief ontbreekt het bewijs dat er een voordeel is toegekend aan het Fiat/Chrysler-concern. Volgens de vierde grief is, zelfs indien wordt aangenomen dat de betrokken ruling afwijkt van het algemene stelsel van de vennootschapsbelasting, een dergelijke afwijking gerechtvaardigd. Ter ondersteuning van het tweede onderdeel van haar eerste middel betoogt FFT dat de Commissie niet heeft aangetoond dat de betrokken ruling de mededinging kon vervalsen.

95. Het tweede middel, dat eveneens uit twee onderdelen bestaat, betreft schending van artikel 296, tweede alinea, VWEU. De Commissie is haar motiveringsplicht niet nagekomen door in het bestreden besluit niet uit te leggen hoe zij het zakelijkheidsbeginsel uit het Unierecht heeft afgeleid en waarin dit beginsel bestaat (eerste onderdeel). Vervolgens heeft de Commissie niet uiteengezet waarom zij van oordeel was dat de betrokken ruling de mededinging vervalste (tweede onderdeel).

96. Het derde middel betreft schending van het rechtszekerheidsbeginsel. FFT betoogt dat de door de Commissie gekozen definitie van het zakelijkheidsbeginsel rechtsonzekerheid en verwarring doet ontstaan over de voorwaarden waaronder een ruling in strijd kan zijn met de regels voor staatssteun.

97. Het vierde middel betreft schending van het beginsel van bescherming van het gewettigd vertrouwen, aangezien de Commissie de betrokken ruling niet heeft beoordeeld aan de hand van de relevante OESO-regels.

98. Uit het voorgaande blijkt dat het Groothertogdom Luxemburg en FFT, zij het in een verschillende volgorde, vijf reeksen middelen aanvoeren die in essentie zijn gebaseerd op:

- voor de eerste reeks, schending van de artikelen 4 en 5 VEU, voor zover de analyse van de Commissie tot een verkapte belastingharmonisatie leidt (derde onderdeel van het eerste middel in zaak T-755/15);
- voor de tweede reeks, schending van artikel 107 VWEU, van de motiveringsplicht van artikel 296 VWEU en van de beginselen van rechtszekerheid en bescherming van het gewettigd vertrouwen, voor zover de Commissie van oordeel was dat de betrokken ruling een voordeel verleende, met name doordat die ruling niet in overeenstemming was met het zakelijkheidsbeginsel (tweede onderdeel van het eerste middel en eerste onderdeel van het tweede middel in zaak T-755/15, tweede en derde grief van het eerste onderdeel van het eerste middel, eerste onderdeel van het tweede middel, derde middel en vierde middel in zaak T-759/15);
- voor de derde reeks, schending van artikel 107 VWEU voor zover de Commissie heeft vastgesteld dat dit voordeel selectief was (eerste onderdeel van het eerste middel in zaak T-755/15 en eerste grief van het eerste onderdeel van het eerste middel in zaak T-759/15);
- voor de vierde reeks, schending van artikel 107 VWEU en van de motiveringsplicht van artikel 296 VWEU, voor zover de Commissie heeft vastgesteld dat de betrokken maatregel de mededinging beperkte en het handelsverkeer tussen de lidstaten vervalste (tweede onderdeel van het tweede middel in zaak T-755/15 en tweede onderdeel van het eerste en het tweede middel in zaak T-759/15);
- voor de vijfde reeks, schending van het rechtszekerheidsbeginsel en van de rechten van de verdediging, voor zover de Commissie de terugvordering van de betrokken steun heeft gelast (derde middel in zaak T-759/15).

99. Het Gerecht zal de middelen onderzoeken in de volgorde van de in punt 98 hierboven genoemde reeksen middelen.

C – *Eerste reeks middelen: schending van de artikelen 4 en 5 VEU, voor zover de Commissie is overgegaan tot een verkapte belastingharmonisatie*

100. Het Groothertogdom Luxemburg betoogt in essentie dat de Commissie haar bevoegdheden heeft overschreden en de artikelen 4 en 5 VEU heeft geschonden door over te gaan tot een verkapte belastingharmonisatie, terwijl de directe belastingen volgens artikel 114 VWEU onder de exclusieve bevoegdheid van de lidstaten vallen. Het voegt hieraan toe dat de Commissie zich heeft opgeworpen als „beroepskamer van de nationale belastingdiensten" door te controleren of de betrokken ruling abnormaal was in het licht van het Luxemburgse recht en de OESO.

101. Ierland is van mening dat het bestreden besluit in strijd is met de verdeling van de bevoegdheden tussen de Unie en de lidstaten, die met name is vastgelegd in artikel 3, lid 6, VEU en artikel 5, leden 1 en 2, VEU, aangezien de directe belastingen tot de exclusieve bevoegdheid van de lidstaten behoren. Het meent derhalve dat de Commissie tot een verkapte harmonisatie overgaat.

102. De Commissie betwist dit betoog.

103. Partijen zijn het in essentie oneens over de vraag of de Commissie de regels voor de toedeling van bevoegdheden heeft geschonden, voor zover zij in het bestreden besluit zou zijn overgegaan tot een verkapte belastingharmonisatie.

104. In dit verband zij eraan herinnerd dat volgens vaste rechtspraak de lidstaten, hoewel de directe belastingen bij de huidige stand van het Unierecht tot hun bevoegdheid horen, verplicht zijn deze bevoegdheid in overeenstemming met het Unierecht uit te oefenen (zie arrest van 12 juli 2012, Commissie/Spanje, C-269/09, EU:C:2012:439, punt 47 en aldaar aangehaalde rechtspraak). De maatregelen die de lidstaten nemen op gebieden die binnen de Unie niet zijn geharmoniseerd, zoals de directe belastingen, zijn dus niet uitgesloten van de werkingssfeer van de regeling betreffende het toezicht op staatssteun. De Commissie kan een belastingmaatregel derhalve als staatssteun aanmerken, mits aan de voorwaarden voor een dergelijke kwalificatie is voldaan (zie in die zin arresten van 2 juli 1974, Italië/Commissie, 173/73, EU:C:1974:71, punt 28; 22 juni 2006, België en Forum 187/Commissie, C-182/03 en C-217/03, EU:C:2006:416, punt 81, en 25 maart 2015, België/Commissie, T-538/11, EU:T:2015:188, punten 65 en 66).

105. Het is juist dat de vaststelling van de heffingsgrondslagen en de verdeling van de belastingdruk over de verschillende productiefactoren en economische sectoren, bij gebreke van een Unieregeling op dit gebied, tot de bevoegdheid van de lidstaten behoren (zie in die zin arrest van 15 november 2011, Commissie en Spanje/ Government of Gibraltar en Verenigd Koninkrijk, C-106/09 P en C-107/09 P, EU:C:2011:732, punt 97).

106. Dit betekent echter niet dat elke belastingmaatregel die met name gevolgen heeft voor de door de belastingautoriteiten in aanmerking genomen heffingsgrondslag, ontkomt aan de toepassing van artikel 107 VWEU. Indien een dergelijke maatregel in feite discrimineert tussen vennootschappen die zich in een vergelijkbare situatie bevinden wat het doel van deze belastingmaatregel betreft en daardoor de begunstigden van de maatregel selectieve voordelen toekent die „bepaalde" ondernemingen of „bepaalde" producties begunstigen, kan zij immers worden aangemerkt als staatssteun in de zin van artikel 107, lid 1, VWEU (zie in die zin arrest van 15 november 2011, Commissie en Spanje/Government of Gibraltar en Verenigd Koninkrijk, C-106/09 P en C-107/09 P, EU:C:2011:732, punt 104).

107. Uit het voorgaande volgt dat, aangezien de Commissie bevoegd is om toe te zien op de naleving van artikel 107 VWEU, haar niet kan worden verweten dat zij haar bevoegdheden heeft overschreden door de betrokken ruling te onderzoeken om na te gaan of deze ruling een steunmaatregel van de staat was en, zo ja, of deze verenigbaar was met de interne markt in de zin van artikel 107, lid 1, VWEU.

108. Het Groothertogdom Luxemburg betoogt dus ten onrechte dat de Commissie zich heeft opgeworpen als fiscale beroepskamer van het Groothertogdom Luxemburg, aangezien de Commissie, door te onderzoeken of de betrokken ruling in overeenstemming was met de staatssteunregels, enkel haar bevoegdheden uit hoofde van artikel 107 VWEU heeft uitgeoefend.

109. Gelet hierop moet worden geconcludeerd dat de Commissie met de vaststelling van het bestreden besluit noch de artikelen 4 en 5 VEU noch artikel 114 VWEU heeft geschonden.

110. Aan deze conclusie kan niet worden afgedaan door de argumenten van het Groothertogdom Luxemburg en van Ierland.

111. Ten eerste moet het argument van het Groothertogdom Luxemburg en Ierland dat de Commissie is overgegaan tot een verkapte belastingharmonisatie door de Luxemburgse regels buiten beschouwing te laten om tot de slotsom te komen dat de berekening van de belasting niet voldeed aan het zakelijkheidsbeginsel, en door zich te beroepen op regels die geen deel uitmaken van het Luxemburgse belastingstelsel, ongegrond worden verklaard.

112. Het is juist dat uit de hierboven in punt 105 uiteengezette rechtspraak volgt dat de Commissie, bij de huidige stand van het Unierecht, niet beschikt over de bevoegdheid om de zogeheten „normale" belasting van een geïntegreerde onderneming autonoom te bepalen en daarbij de nationale belastingregels buiten beschouwing te laten.

113. Hoewel de zogeheten „gewone" belasting wordt bepaald door de nationale belastingregels en het bestaan zelf van een voordeel ten opzichte daarvan moet worden vastgesteld, neemt dit echter niet weg dat, zoals in punt 106 hierboven in herinnering is gebracht, een belastingmaatregel die gevolgen heeft voor de door de belastingautoriteiten in aanmerking genomen heffingsgrondslag binnen de werkingssfeer van artikel 107, lid 1, VWEU kan vallen. Door het onderzoek van de vraag of de betrokken ruling voldeed aan de staatssteunregels is de Commissie dus niet overgegaan tot een „belastingharmonisatie", maar heeft zij haar bevoegdheid op grond van artikel 107, lid 1, VWEU uitgeoefend, met name door in een concreet geval na te gaan of die ruling de begunstigde ervan een voordeel verleende ten opzichte van de zogeheten „normale" belasting, zoals gedefinieerd door het nationale belastingrecht.

114. Ten tweede betogen het Groothertogdom Luxemburg en Ierland dat het bestreden besluit een „totale rechtsonzekerheid" creëert, niet alleen binnen de lidstaten maar ook in derde staten, dat deze maatregel sterk is bekritiseerd, met name door de leiders van de Verenigde Staten van Amerika, dat het om een „noviteit" gaat die onrechtmatig is en dat het de lidstaten ertoe brengt om al hun rulings aan te melden en bestaande rulings ter discussie te stellen. Dergelijke argumenten moeten ongegrond worden verklaard.

115. Uit het bestreden besluit blijkt niet dat de Commissie heeft aangenomen dat elke ruling noodzakelijkerwijs een steunmaatregel van de staat is in de zin van artikel 107 VWEU. Voor zover een dergelijke ruling geen selectief voordeel toekent, met name doordat zij niet leidt tot een verlaging van de belastingdruk van de begunstigde ervan door af te wijken van de „normale" belastingregels, vormt zij immers geen steunmaatregel van de staat in de zin van artikel 107 VWEU en hoeft zij niet verplicht te worden aangemeld overeenkomstig artikel 2 van verordening 2015/1589.

116. Anders dan het Groothertogdom Luxemburg en Ierland betogen, kan het bestreden besluit voorts geen „totale rechtsonzekerheid" creëren in de lidstaten of derde staten. Het vormt immers enkel de toepassing van de artikelen 107 en 108 VWEU op de betrokken ruling. Volgens die artikelen is een overheidsmaatregel die een met de interne markt onverenigbare steun vormt, verboden en moet die steun worden teruggevorderd.

117. Uit het voorgaande blijkt dat het middel dat ertoe strekt aan te tonen dat de Commissie is overgegaan tot een verkapte fiscale harmonisatie, ongegrond moet worden verklaard.

D – Tweede reeks middelen: ontbreken van een voordeel

1. Opmerkingen vooraf

118. Vooraf moet eraan worden herinnerd dat, volgens de rechtspraak, de kwalificatie als staatssteun vereist dat aan alle voorwaarden van artikel 107 VWEU is voldaan. Zo moet een maatregel, om als staatssteun in de zin van deze bepaling te kunnen worden aangemerkt, ten eerste een maatregel van de staat zijn of een maatregel die met staatsmiddelen is bekostigd, ten tweede het handelsverkeer tussen de lidstaten ongunstig kunnen beïnvloeden, ten derde een selectief voordeel toekennen aan de begunstigde ervan en ten vierde de mededinging vervalsen of dreigen te vervalsen (zie arrest Commissie/Hansestadt Lübeck, C-524/14 P, EU:C:2016:971, punt 40 en aldaar aangehaalde rechtspraak).

119. In casu moet worden opgemerkt dat, zoals blijkt uit de punten 21 tot en met 37 hierboven, de Commissie in het bestreden besluit de twee criteria betreffende het bestaan van een voordeel en de selectiviteit van de betrokken maatregel tegelijkertijd heeft onderzocht.

120. Meer bepaald was, ten eerste, de Commissie primair van oordeel dat de betrokken ruling FFT een selectief voordeel toekende ten opzichte van het algemene stelsel van de vennootschapsbelasting van Luxemburg, omdat de bij die ruling goedgekeurde methodologie niet in overeenstemming was met het zakelijkheidsbeginsel, dat noodzakelijkerwijs deel uitmaakt van de beoordeling door de Commissie, uit hoofde van artikel 107, lid 1, VWEU, van de aan de groepsvennootschappen toegekende belastingmaatregelen, los van de vraag of een lidstaat dit beginsel in zijn nationale rechtsstelsel heeft opgenomen, en volgens hetwelk de intragroepstransacties hadden moeten worden vergoed alsof zij waren aangegaan tussen onafhankelijke ondernemingen (hierna: „zakelijkheidsbeginsel zoals door de Commissie omschreven in het bestreden besluit") (zie overwegingen 219 tot en met 231 van het bestreden besluit en met name overweging 228 van dat besluit). De Commissie heeft vervolgens in de overwegingen 234 tot en met 311 van het bestreden besluit uiteengezet dat met de methode voor de bepaling van de belastbare winst van FFT die bij de betrokken ruling was goedgekeurd, niet tot een betrouwbare benadering van een marktconforme uitkomst (zakelijke uitkomst) kon worden gekomen.

121. Ten tweede en subsidiair was de Commissie van oordeel dat de betrokken ruling FFT een voordeel toekende omdat zij afweek van artikel 164, lid 3, van het belastingwetboek en van de circulaire, waarbij het zakelijkheidsbeginsel is vastgelegd in het Luxemburgse recht (zie overwegingen 316 en 317 van het bestreden besluit). De Commissie verwees vervolgens naar haar analyse in het kader van haar primaire betoog, volgens welke de bij de betrokken ruling goedgekeurde methode niet kon leiden tot een betrouwbare benadering van een marktconforme uitkomst (zie overwegingen 234-311 van het bestreden besluit).

122. De benadering van de Commissie, die erin bestaat de criteria voordeel en selectiviteit tegelijkertijd te onderzoeken, is op zich niet onjuist, voor zover, zoals de Commissie opmerkt, zowel het voordeel als de selectiviteit daarvan worden onderzocht. Het Gerecht acht het niettemin wenselijk eerst te onderzoeken of de Commissie op goede gronden kon concluderen dat er sprake was van een voordeel, alvorens, indien nodig, te onderzoeken of dit voordeel als selectief moest worden aangemerkt.

123. In dit verband moet worden opgemerkt dat, ofschoon bepaalde argumenten van het Groothertogdom Luxemburg en FFT, waaronder die van het tweede onderdeel van het eerste middel van het Groothertogdom Luxemburg, worden voorgesteld alsof zij betrekking hebben op de selectiviteit van de betrokken maatregel, het Gerecht van oordeel is dat zij tevens strekken tot vaststelling dat de Commissie ten onrechte heeft aangenomen dat de betrokken maatregel een voordeel toekende aan FFT. Het Gerecht zal dus de argumenten die het Groothertogdom Luxemburg in het kader van het tweede onderdeel van het eerste middel heeft aangevoerd, onderzoeken samen met de middelen die ertoe strekken de conclusie van de Commissie te betwisten dat de betrokken ruling een voordeel heeft toegekend aan FFT.

124. Gelet op het voorgaande zal het Gerecht de middelen onderzoeken die zijn aangevoerd ter onderbouwing van de stelling dat FFT geen voordeel heeft genoten, door een onderscheid te maken tussen ten eerste de grieven die zijn geformuleerd tegen het primaire betoog van de Commissie, en ten tweede die welke betrekking hebben op het subsidiaire betoog. Ten derde en tot slot zal het Gerecht de grief van het Groothertogdom Luxemburg onderzoeken dat de Commissie niet heeft bewezen dat er sprake is van een voordeel op het niveau van het Fiat/Chrysler-concern.

2. Primair betoog van de Commissie: de betrokken ruling week af van het algemene stelsel van de vennootschapsbelasting van Luxemburg

125. De middelen die het Groothertogdom Luxemburg en FFT hebben aangevoerd ter betwisting van het door de Commissie primair verrichte onderzoek van het voordeel, kunnen als volgt worden samengevat. Ten eerste betwisten het Groothertogdom Luxemburg en FFT, ondersteund door Ierland, het bestaan van het zakelijkheidsbeginsel zoals door de Commissie omschreven in het bestreden besluit en de toepassing ervan als criterium voor de beoordeling van het bestaan van een selectief voordeel. Ten tweede betwist het Groothertogdom Luxemburg de conclusie van de Commissie dat de bij de betrokken ruling goedgekeurde methode voor het bepalen van het bedrag van de belasting die FFT moest betalen, niet in overeenstemming is met het zakelijkheidsbeginsel.

a. Middelen betreffende een onjuiste toepassing van het zakelijkheidsbeginsel op het gebied van het toezicht op staatssteun

126. Het Groothertogdom Luxemburg en FFT verwijten de Commissie in essentie dat zij, in strijd met de fiscale autonomie van de lidstaten, een specifiek voor het Unierecht geldend zakelijkheidsbeginsel heeft aangeduid en de betrokken ruling in het licht van dit beginsel heeft onderzocht, zonder rekening te houden met het Luxemburgse recht. Zij betogen tevens dat de Commissie, door het zakelijkheidsbeginsel zoals omschreven in het bestreden besluit toe te passen, de beginselen van rechtszekerheid en bescherming van het gewettigd vertrouwen heeft geschonden en haar motiveringsplicht niet is nagekomen.

127. De Commissie betwist dit betoog.

128. Er zij aan herinnerd dat de Commissie in de overwegingen 219 tot en met 231 van het bestreden besluit heeft uiteengezet dat zij, om het bestaan van een selectief voordeel vast te stellen, kon onderzoeken of een ruling als de onderhavige afweek van het zakelijkheidsbeginsel zoals omschreven in het bestreden besluit. Zij heeft vervolgens de contouren van dit zakelijkheidsbeginsel verduidelijkt.

129. Allereerst moet worden opgemerkt dat, zoals met name blijkt uit de punten 216, 231 en 311 van het bestreden besluit, het onderzoek in het licht van het zakelijkheidsbeginsel zoals door de Commissie omschreven in het bestreden besluit, deel uitmaakt van haar primair verrichte analyse van het selectieve voordeel. Blijkens de overwegingen 216, 219 en 301 van het bestreden besluit, houdt deze analyse in dat wordt nagegaan of de betrokken ruling afwijkt van het algemene stelsel van de vennootschapsbelasting van Luxemburg. Dienaangaande moet worden opgemerkt dat de Commissie vooraf, in de overwegingen 194 tot en met 199 van het bestreden besluit, heeft aangegeven dat het algemene stelsel van de vennootschapsbelasting van Luxemburg tot doel heeft de winst van alle in Luxemburg gevestigde vennootschappen, geïntegreerd of niet, te belasten en dat die twee soorten vennootschappen zich met betrekking tot dat doel in een feitelijk en juridisch vergelijkbare situatie bevinden.

130. Wat de definitie van het zakelijkheidsbeginsel betreft, heeft de Commissie in de overwegingen 222 en 225 van het bestreden besluit verklaard dat volgens dit beginsel intragroepstransacties moeten worden vergoed alsof zij zijn aangegaan tussen onafhankelijke ondernemingen. In overweging 226 van het bestreden besluit voegde zij daaraan toe dat dit beginsel tot doel heeft ervoor te zorgen dat de intragroepstransacties voor fiscale doeleinden worden behandeld op basis van de winst die zou zijn behaald indien de transactie tussen onafhankelijke ondernemingen tot stand zou zijn gekomen. Bovendien heeft de Commissie ter terechtzit-

ting betoogd dat het zakelijkheidsbeginsel volgens haar een instrument was om het prijsniveau van intragroepstransacties te beoordelen.

131. Wat de juridische aard van het zakelijkheidsbeginsel betreft, was de Commissie in overweging 228 van het bestreden besluit van oordeel dat het zakelijkheidsbeginsel noodzakelijkerwijs deel uitmaakt van het onderzoek, uit hoofde van artikel 107 VWEU, van de aan de vennootschappen van een concern toegekende belastingmaatregelen, los van de vraag of de lidstaat dit beginsel in zijn nationale rechtsstelsel heeft opgenomen. Zij preciseerde dat het zakelijkheidsbeginsel dat zij toepast een algemeen beginsel van gelijke behandeling op het gebied van belastingheffing is, dat binnen de werkingssfeer van artikel 107 VWEU valt. De Commissie baseerde deze vaststelling op het arrest van 22 juni 2006, België en Forum 187/Commissie (C-182/03 en C-217/03, EU:C:2006:416), dat betrekking had op de belastingregeling voor coördinatiecentra in België, waarin het Hof heeft geoordeeld dat de methode waarin die regeling voorzag om de belastbare inkomsten te bepalen, een selectief voordeel toekende aan die centra. Meer bepaald verwees de Commissie naar punt 96 van dat arrest, waarin het Hof heeft vastgesteld dat de methode voor het vaststellen van de belastbare inkomsten van deze centra „niet [kon] leiden tot verrekenprijzen die in de buurt [lagen] van die welke [werden] gehanteerd in een omgeving waarin vrije mededinging heerst".

132. Wat de toepassing van het zakelijkheidsbeginsel betreft, heeft de Commissie in overweging 227 van het bestreden besluit aangegeven dat „bij de beoordeling van de vraag of [het Groothertogdom] Luxemburg een selectief voordeel aan FFT [had] toegekend, de Commissie dus [moest] nagaan of de door de Luxemburgse belastingdienst via de [betrokken ruling] aanvaarde methode voor het bepalen van de belastbare winst van FFT in Luxemburg [afweek] van een methode die leidt tot een betrouwbare benadering van een marktconforme uitkomst en dus van het zakelijkheidsbeginsel". Zij voegde daar in overweging 228 van het bestreden besluit aan toe dat het zakelijkheidsbeginsel wordt toegepast om te bepalen of de belastbare winst van een tot een concern behorende vennootschap met het oog op de berekening van de vennootschapsbelasting was bepaald aan de hand van een methode die de marktvoorwaarden benadert, zodat deze vennootschap uit hoofde van het algemene stelsel van de vennootschapsbelasting niet gunstiger werd behandeld dan niet-geïntegreerde vennootschappen waarvan de belastbare winst door de markt wordt bepaald.

133. Derhalve moet worden onderzocht of de Commissie de betrokken maatregel kon analyseren in het licht van het zakelijkheidsbeginsel zoals omschreven in het bestreden besluit en uiteengezet in de punten 130 tot en met 132 hierboven, dat erin bestaat na te gaan of de intragroepstransacties zijn vergoed alsof zij waren aangegaan onder marktvoorwaarden.

134. Zoals uiteengezet in punt 104 hierboven, zijn volgens vaste rechtspraak de lidstaten, hoewel de directe belastingen bij de huidige stand van het Unierecht tot hun bevoegdheid behoren, verplicht deze bevoegdheid in overeenstemming met het Unierecht uit te oefenen (zie arrest van 12 juli 2012, Commissie/Spanje, C-269/09, EU:C:2012:439, punt 47 en aldaar aangehaalde rechtspraak). Derhalve zijn de maatregelen van de lidstaten op het gebied van directe belastingen, ook al hebben zij betrekking op kwesties die binnen de Unie niet zijn geharmoniseerd, niet uitgesloten van de werkingssfeer van de regeling inzake het toezicht op staatssteun.

135. De Commissie kan een belastingmaatregel bijgevolg als staatssteun aanmerken, mits aan de voorwaarden voor een dergelijke kwalificatie is voldaan (zie in die zin arresten van 2 juli 1974, Italië/Commissie, 173/73, EU:C:1974:71, punt 28, en 22 juni 2006, België en Forum 187/Commissie, C-182/03 en C-217/03, EU:C:2006:416, punt 81). De lidstaten moeten hun bevoegdheid in belastingzaken immers in overeenstemming met het Unierecht uitoefenen (arrest van 3 juni 2010, Commissie/Spanje, C-487/08, EU:C:2010:310, punt 37). Bijgevolg dienen de lidstaten zich ervan te onthouden in deze context maatregelen te nemen die een met de interne markt onverenigbare steunmaatregel kunnen vormen.

136. Wat de voorwaarde betreft dat de betrokken maatregel een economisch voordeel moet verlenen, dient in herinnering te worden gebracht dat volgens vaste rechtspraak maatregelen die, in welke vorm ook, ondernemingen rechtstreeks of indirect kunnen bevoordelen of die moeten worden beschouwd als een economisch voordeel dat de begunstigde onderneming onder normale marktvoorwaarden niet zou hebben verkregen, als staatssteun worden aangemerkt (zie arresten van 2 september 2010, Commissie/Deutsche Post, C-399/08 P, EU:C:2010:481, punt 40 en aldaar aangehaalde rechtspraak, en 9 oktober 2014, Ministerio de Defensa en Navantia, C-522/13, EU:C:2014:2262, punt 21).

137. Meer bepaald vormt een maatregel waarbij de overheid bepaalde ondernemingen fiscaal voordelig behandelt waardoor, hoewel geen sprake is van overdracht van staatsmiddelen, de financiële situatie van de begunstigden ten opzichte van die van de andere belastingplichtigen verbetert, staatssteun in de zin van artikel 107, lid 1, VWEU (arrest van 15 maart 1994, Banco Exterior de España, C-387/92, EU:C:1994:100,

punt 14; zie ook arrest van 8 september 2011, Paint Graphos e.a., C-78/08–C-80/08, EU:C:2011:550, punt 46 en aldaar aangehaalde rechtspraak).

138. In het geval van belastingmaatregelen kan het bestaan zelf van een voordeel alleen ten opzichte van een „normale" belasting worden vastgesteld (arrest van 6 september 2006, Portugal/Commissie, C-88/03, EU:C:2006:511, punt 56). Bijgevolg verleent een dergelijke maatregel de begunstigde ervan een economisch voordeel wanneer die maatregel de lasten verlicht die normaliter op het budget van een onderneming drukken en daardoor – zonder een subsidie in strikte zin te zijn – van dezelfde aard is en identieke gevolgen heeft (arrest van 9 oktober 2014, Ministerio de Defensa en Navantia, C-522/13, EU:C:2014:2262, punt 22).

139. Teneinde vast te stellen of er sprake is van een belastingvoordeel moet de situatie van de begunstigde zoals die voortvloeit uit de toepassing van de betrokken maatregel dus worden vergeleken met diens situatie zoals die zou zijn zonder de betrokken maatregel (zie in die zin arrest van 26 april 2018, Cellnex Telecom en Telecom Castilla-La Mancha/Commissie, C-91/17 P en C-92/17 P, niet gepubliceerd, EU:C:2018:284, punt 114) en onder toepassing van de normale belastingregels.

140. In de context van het bepalen van de fiscale situatie van een geïntegreerde vennootschap die deel uitmaakt van een concern, moet meteen worden opgemerkt dat de prijzen van de door die vennootschap verrichte intragroepstransacties niet onder marktvoorwaarden zijn bepaald. Deze prijzen zijn immers overeengekomen tussen vennootschappen van hetzelfde concern, zodat daarvoor geen marktwerking geldt.

141. Wanneer het nationale belastingrecht geen onderscheid maakt tussen geïntegreerde en onafhankelijke ondernemingen voor hun onderwerping aan de vennootschapsbelasting, beoogt dit recht de winst die voortvloeit uit de economische activiteit van een dergelijke geïntegreerde onderneming te belasten alsof die winst voortvloeide uit tegen marktprijzen verrichte transacties. Gelet hierop moet worden vastgesteld dat wanneer de Commissie in het kader van de haar bij artikel 107, lid 1, VWEU toegekende bevoegdheid een aan een dergelijke geïntegreerde onderneming toegekende belastingmaatregel onderzoekt, zij de uit de toepassing van die belastingmaatregel voortvloeiende belastingdruk van die geïntegreerde onderneming mag vergelijken met de uit de toepassing van de normale nationale belastingregels voortvloeiende belastingdruk van een onderneming die in een vergelijkbare feitelijke situatie verkeert en haar activiteiten onder marktvoorwaarden uitoefent.

142. Zoals de Commissie terecht heeft opgemerkt in het bestreden besluit, is voor deze conclusies overigens steun te vinden in het arrest van 22 juni 2006, België en Forum 187/Commissie (C-182/03 en C-217/03, EU:C:2006:416), dat betrekking had op het Belgische belastingrecht, waarin was bepaald dat geïntegreerde vennootschappen en onafhankelijke vennootschappen volgens dezelfde voorwaarden worden behandeld. Het Hof heeft in punt 95 van dat arrest immers erkend dat een steunregeling die een afwijking vormt, moet worden vergeleken met „de algemene regeling, die is gebaseerd op het verschil tussen de lasten en baten van een onderneming die haar bedrijf uitoefent in een omgeving waarin vrije mededinging heerst".

143. Indien in dit kader de nationale autoriteiten door middel van die aan een geïntegreerde vennootschap toegekende belastingmaatregel een bepaald prijsniveau voor een intragroepstransactie hebben aanvaard, staat artikel 107, lid 1, VWEU de Commissie toe om te controleren of dit prijsniveau overeenkomt met het prijsniveau dat onder marktvoorwaarden zou zijn gehanteerd, teneinde na te gaan of dit leidt tot een verlichting van de lasten die normaliter op de begroting van de betrokken onderneming drukken, waardoor haar dus een voordeel wordt toegekend in de zin van dit artikel. Het zakelijkheidsbeginsel zoals omschreven door de Commissie in het bestreden besluit is dan een instrument waarmee deze controle kan worden verricht in het kader van de uitoefening van haar bevoegdheden uit hoofde van artikel 107, lid 1, VWEU. De Commissie heeft dan ook terecht in overweging 225 van het bestreden besluit gepreciseerd dat het zakelijkheidsbeginsel fungeert als „ijkpunt" om te bepalen of een geïntegreerde vennootschap op grond van een belastingmaatregel waarbij haar verrekenprijzen zijn vastgesteld, een voordeel geniet in de zin van artikel 107, lid 1, VWEU.

144. Voorts moet worden gepreciseerd dat, wanneer de Commissie dit instrument toepast om te controleren of de belastbare winst van een geïntegreerde onderneming bij toepassing van een belastingmaatregel overeenkomt met een betrouwbare benadering van een belastbare winst die onder marktvoorwaarden wordt behaald, zij slechts kan vaststellen dat er sprake is van een voordeel in de zin van artikel 107, lid 1, VWEU op voorwaarde dat de afwijking tussen de twee vergelijkingsfactoren verder gaat dan de onnauwkeurigheden die inherent zijn aan de methode die wordt toegepast om tot die benadering te komen.

145. In casu betreft de betrokken ruling de bepaling van de vergoeding van FFT voor haar groepsinterne financierings- en treasuryactiviteiten met het oog op de vaststelling van haar belastbare winst uit hoofde van het Luxemburgse belastingwetboek, dat, los van de vraag of de normale belastingregels ruim dan wel eng moeten

worden gedefinieerd, tot doel heeft geïntegreerde ondernemingen en onafhankelijke ondernemingen in Luxemburg op dezelfde wijze te belasten wat de vennootschapsbelasting betreft. De Commissie kon dus nagaan of de belastbare winst van FFT op grond van de betrokken ruling lager was dan de belastingdruk van FFT zonder die ruling en op basis van de normale belastingregels van het Luxemburgse recht. Aangezien FFT een geïntegreerde onderneming is en het Luxemburgse belastingwetboek erop is gericht de winst uit de economische activiteit van een dergelijke geïntegreerde onderneming te belasten alsof deze voortvloeide uit transacties tegen marktprijzen, moet in het kader van het onderzoek van de betrokken ruling de uit de toepassing van die ruling voortvloeiende belastbare winst van FFT worden vergeleken met de uit de toepassing van de normale regels van het Luxemburgse belastingrecht voortvloeiende situatie van een onderneming, in een vergelijkbare feitelijke situatie die haar activiteiten uitoefent in een omgeving waarin vrije mededinging heerst. Indien in de betrokken ruling een bepaald prijsniveau voor intragroepstransacties is aanvaard, moet in dit verband worden nagegaan of dat prijsniveau overeenkomt met het niveau dat onder marktvoorwaarden zou zijn gehanteerd.

146. In deze context moet worden gepreciseerd dat met betrekking tot het onderzoek van de vraag of een geïntegreerde onderneming een voordeel heeft verkregen in de zin van artikel 107, lid 1, VWEU, de Commissie niet kan worden verweten dat zij een methode voor de vaststelling van verrekenprijzen heeft gebruikt die zij in het onderhavige geval geschikt acht om het niveau te onderzoeken van de verrekenprijzen voor één transactie of voor verschillende nauw verbonden transacties die deel uitmaken van de betwiste maatregel. De Commissie dient haar methodologische keuze niettemin te rechtvaardigen.

147. Ook al heeft de Commissie terecht opgemerkt dat zij niet formeel gebonden kan zijn door de OESO-richtsnoeren, dat neemt niet weg dat deze richtsnoeren zijn gebaseerd op belangrijk werk van groepen van gerenommeerde deskundigen, dat zij uitdrukking geven aan de consensus die op internationaal niveau over verrekenprijzen is bereikt en dat zij daardoor zeker een bepaald praktisch belang hebben voor de uitlegging van kwesties die verband houden met verrekenprijzen, zoals de Commissie heeft erkend in overweging 87 van het bestreden besluit.

148. Derhalve was de Commissie terecht van oordeel dat zij in het kader van haar analyse uit hoofde van artikel 107, lid 1, VWEU kon onderzoeken of de intragroepstransacties waren vergoed alsof zij waren aangegaan onder marktvoorwaarden. Aan deze constatering wordt niet afgedaan door de andere argumenten van het Groothertogdom Luxemburg en van FFT.

149. Wat in de eerste plaats het argument van FFT betreft dat de Commissie geen rechtsgrondslag heeft aangegeven voor haar zakelijkheidsbeginsel, moet worden opgemerkt dat het juist is dat de Commissie in de overwegingen 228 en 229 van het bestreden besluit heeft uiteengezet dat het zakelijkheidsbeginsel zoals omschreven in het bestreden besluit, losstaat van de opneming van een dergelijk beginsel in het nationale rechtsstelsel. Zij heeft ook gepreciseerd dat zij niet had onderzocht of de betrokken ruling voldeed aan het zakelijkheidsbeginsel als bedoeld in artikel 164, lid 3, van het belastingwetboek of in de circulaire, waarbij het zakelijkheidsbeginsel is vastgelegd in het Luxemburgse recht. Evenzo heeft de Commissie verklaard dat het door haar toegepaste zakelijkheidsbeginsel verschilt van het zakelijkheidsbeginsel zoals vervat in artikel 9 van het OESO-modelverdrag.

150. De Commissie heeft echter in punt 228 van het bestreden besluit ook gepreciseerd dat het zakelijkheidsbeginsel noodzakelijkerwijs deel uitmaakt van het onderzoek uit hoofde van artikel 107, lid 1, VWEU van de aan de vennootschappen van een concern toegekende belastingmaatregelen en dat het zakelijkheidsbeginsel een algemeen beginsel van gelijke behandeling op het gebied van de belastingheffing is dat binnen het toepassingsgebied van artikel 107 VWEU valt.

151. Blijkens het bestreden besluit is het zakelijkheidsbeginsel, zoals omschreven door de Commissie, dus een instrument dat zij terecht heeft gebruikt in het kader van het onderzoek uit hoofde van artikel 107, lid 1, VWEU.

152. Het is juist dat de Commissie ter terechtzitting heeft betoogd dat het zakelijkheidsbeginsel zoals omschreven in het bestreden besluit geen Unierechtelijk of volkenrechtelijk beginsel is, maar inherent is aan het gewone belastingstelsel van het nationale recht. Als een lidstaat in het kader van zijn nationale belastingstelsel kiest voor de benadering van de afzonderlijke juridische entiteit, op grond waarvan het belastingrecht aanknoopt bij juridische entiteiten en niet bij economische entiteiten, is het zakelijkheidsbeginsel volgens de Commissie dus noodzakelijkerwijs een logisch gevolg van deze benadering, dat bindend is in de betrokken lidstaat, ongeacht of het zakelijkheidsbeginsel uitdrukkelijk of impliciet is opgenomen in het nationale recht.

153. In dit verband hebben het Groothertogdom Luxemburg en FFT er ter terechtzitting op gewezen dat de Commissie door dit betoog haar standpunt over het zakelijkheidsbeginsel zoals omschreven in het bestreden besluit lijkt te wijzigen. Gesteld al dat de door het Groothertogdom Luxemburg en FFT voorgestelde uitlegging juist is, moet evenwel worden opgemerkt dat de Commissie de rechtsgrondslag van het zakelijkheidsbeginsel, zoals uiteengezet in het bestreden besluit, in de fase van de terechtzitting hoe dan ook niet kan wijzigen (zie in die zin arrest van 25 juni 1998, British Airways e.a./Commissie, T-371/94 en T-394/94, EU:T:1998:140, punt 116). In elk geval moet worden vastgesteld dat de ter terechtzitting aangebrachte precisering niet afdoet aan de constatering in punt 151 hierboven dat uit het bestreden besluit blijkt dat het zakelijkheidsbeginsel een rol speelt bij het onderzoek uit hoofde van artikel 107, lid 1, VWEU. Overigens blijkt uit de alle stukken samen van het Groothertogdom Luxemburg en van FFT dat zij het bestreden besluit wel degelijk in die zin hebben begrepen dat het zakelijkheidsbeginsel zoals omschreven door de Commissie in het bestreden besluit een rol speelt bij het onderzoek van een nationale belastingmaatregel uit hoofde van artikel 107, lid 1, VWEU.

154. Het argument van FFT dat de Commissie geen rechtsgrondslag heeft aangegeven voor het zakelijkheidsbeginsel zoals omschreven in het bestreden besluit, moet dus worden afgewezen.

155. In de tweede plaats kan met betrekking tot de stelling van FFT dat de Commissie de inhoud van het zakelijkheidsbeginsel zoals omschreven in het bestreden besluit niet heeft gepreciseerd, worden volstaan met vast te stellen dat het blijkens het bestreden besluit een instrument betreft waarmee kan worden nagegaan of intragroepstransacties zijn vergoed alsof zij waren aangegaan tussen onafhankelijke ondernemingen (zie punt 151 hierboven). Dit argument moet dus worden afgewezen.

156. In de derde plaats verwijt het Groothertogdom Luxemburg de Commissie in essentie de ruling te hebben onderzocht in het licht van het zakelijkheidsbeginsel zoals omschreven in het bestreden besluit, terwijl dit een criterium is dat niet voorkomt in het Luxemburgse belastingrecht. Dit Groothertogdom betoogt dat het zakelijkheidsbeginsel zoals omschreven door de Commissie in het bestreden besluit haar in staat stelt voor de vaststelling van de belastbare winst methodologische normen voor te schrijven die niet zijn opgenomen in de nationale wetgeving en dat dit leidt tot een verkapte harmonisatie op het gebied van de directe belastingen die in strijd is met de fiscale autonomie van de lidstaten. Dit argument moet echter worden afgewezen.

157. In dit verband volstaat het immers eraan te herinneren dat, zoals is vastgesteld in de punten 138 en 141 hierboven, de zogeheten „normale" belasting weliswaar wordt bepaald door de nationale belastingregels en dat het bestaan zelf van een voordeel in verhouding tot die regels moet worden vastgesteld, maar dat dit niet wegneemt dat indien deze nationale regels bepalen dat geïntegreerde vennootschappen onder dezelfde voorwaarden worden belast als onafhankelijke vennootschappen, artikel 107, lid 1, VWEU de Commissie toestaat na te gaan of het prijsniveau van de intragroepstransacties dat door de nationale autoriteiten voor de vaststelling van de heffingsgrondslag van een geïntegreerde onderneming is aanvaard, overeenkomt met het prijsniveau dat onder zakelijke voorwaarden zou zijn gehanteerd.

158. Wanneer de Commissie onderzoekt of de bij een nationale belastingmaatregel goedgekeurde methode leidt tot een uitkomst waartoe is gekomen in overeenstemming met het zakelijkheidsbeginsel zoals omschreven in punt 151 hierboven, overschrijdt zij dus niet haar bevoegdheden.

159. Met betrekking tot de stelling van het Groothertogdom Luxemburg en van FFT dat de Commissie een beoordeling in het licht van het zakelijkheidsbeginsel heeft verricht zonder aan de hand van het nationale belastingrecht te onderzoeken of er sprake was van een voordeel, volstaat het bovendien op te merken dat uit de overwegingen 231, 266, 276, 291, 301 en 339 van het bestreden besluit duidelijk blijkt dat de Commissie heeft onderzocht of de betrokken ruling leidde tot een verlaging van de belastingdruk van FFT ten opzichte van die welke zij normaliter had moeten dragen op grond van de Luxemburgse belastingregels. Zij heeft dus wel degelijk willen onderzoeken of de betrokken ruling had geleid tot een verlaging van de belastingdruk bij toepassing van de regels van het nationale recht. Hoewel de Commissie in deze context haar onderzoek heeft verricht in het licht van het zakelijkheidsbeginsel, heeft zij dit beginsel, zoals is vastgesteld in punt 151 hierboven, gebruikt als instrument dat haar in staat stelde na te gaan of het niveau van de verrekenprijzen van FFT kunstmatig was verlaagd ten opzichte van een situatie waarin de prijzen volgens marktvoorwaarden tot stand zouden zijn gekomen. Bijgevolg moet het argument dat de Commissie een vreemde norm in de plaats heeft gesteld van de Luxemburgse belastingregels worden afgewezen.

160. In de vierde plaats betogen FFT en Ierland in essentie dat de Commissie in het bestreden besluit ten onrechte het bestaan heeft bevestigd van een algemeen beginsel van gelijke behandeling op het gebied van belastingheffing.

161. Het is juist dat de Commissie in overweging 228 van het bestreden besluit heeft aangegeven dat het zakelijkheidsbeginsel een algemeen beginsel van gelijke behandeling op het gebied van belastingheffing is, dat binnen de werkingssfeer van artikel 107, lid 1, VWEU valt. Een dergelijke formulering mag evenwel niet los worden gezien van de context ervan en kan niet aldus worden uitgelegd dat de Commissie zou hebben gesteld dat er een algemeen beginsel van gelijke behandeling ten aanzien van de belasting bestaat dat inherent is aan artikel 107, lid 1, VWEU, hetgeen een te ruime strekking aan dit artikel zou geven.

162. Hoe dan ook blijkt impliciet maar noodzakelijkerwijs uit de overwegingen 222 tot en met 231 van het bestreden besluit, en in het bijzonder uit de overwegingen 226 en 229 van dit besluit, dat het zakelijkheidsbeginsel zoals omschreven door de Commissie in het bestreden besluit door haar uitsluitend werd gezien als instrument dat haar in staat stelt na te gaan of intragroepstransacties zijn vergoed alsof zij waren aangegaan tussen onafhankelijke ondernemingen. Het argument van FFT en van Ierland kan niet afdoen aan de constatering in punt 146 hierboven dat de Commissie in het kader van haar analyse uit hoofde van artikel 107, lid 1, VWEU kon onderzoeken of de intragroepstransacties waren vergoed alsof zij waren aangegaan onder marktvoorwaarden.

163. Bijgevolg moet het argument van FFT en van Ierland dienaangaande worden afgewezen.

164. In de vijfde plaats verwijt FFT de Commissie dat zij in het bestreden besluit is afgeweken van de opvatting van het zakelijkheidsbeginsel die zij had gehanteerd in het besluit tot inleiding van de formele onderzoeksprocedure. Zij stelt dienaangaande dat de Commissie in de punten 14 en 62 van het besluit tot inleiding van de formele onderzoeksprocedure had verwezen naar artikel 9 van het OESO-modelverdrag.

165. In dit verband moet worden opgemerkt dat FFT geen rechtsgevolgen verbindt aan haar stelling dat het zakelijkheidsbeginsel zoals omschreven door de Commissie in het bestreden besluit verschilt van het zakelijkheidsbeginsel waarnaar de Commissie heeft verwezen in het besluit tot inleiding van de procedure. Bijgevolg moet dit argument als niet ter zake dienend worden afgewezen.

166. Dit argument moet hoe dan ook tevens ongegrond worden verklaard.

167. Hoewel de Commissie in punt 14 van het besluit tot inleiding van de formele onderzoeksprocedure heeft verwezen naar het „zakelijkheidsbeginsel zoals vermeld in artikel 9 [van het OESO-modelverdrag]", is deze verwijzing immers gemaakt in het kader van de afdeling met het opschrift „Inleiding tot belastingbesluiten inzake verrekenprijzen". Uit punt 14 van het besluit tot inleiding van de procedure, waarop FFT zich beroept, blijkt niet dat de Commissie haar voorlopige beoordeling heeft gebaseerd op artikel 9 van het OESO-modelverdrag. Evenzo heeft de Commissie in de door FFT aangevoerde overweging 62 van het besluit tot inleiding van de procedure weliswaar verwezen naar de OESO-richtsnoeren, maar deze richtsnoeren enkel voorgesteld als „referentiedocument" of „passende richtsnoeren". Een dergelijke voorstelling verschilt niet van die van de Commissie in het bestreden besluit.

168. Voorts moet worden vastgesteld dat uit de overwegingen 58 en 59 van het besluit tot inleiding van de formele onderzoeksprocedure blijkt dat de Commissie reeds in dat stadium van de procedure haar standpunt heeft uiteengezet dat zij het zakelijkheidsbeginsel kan toepassen in het kader van de controle uit hoofde van artikel 107 VWEU om na te gaan of een belastingmaatregel een selectief voordeel toekent aan een geïntegreerde onderneming.

169. In dit verband moet worden opgemerkt dat de Commissie in punt 61 van het besluit tot inleiding van de formele onderzoeksprocedure heeft uiteengezet dat een belastingmethode die wordt toegepast op verrekenprijzen die niet voldoen aan het zakelijkheidsbeginsel en resulteert in een verlaging van de heffingsgrondslag van de begunstigde ervan, een voordeel verleent. Zij baseerde deze vaststelling op het arrest van 22 juni 2006, België en Forum 187/Commissie (C-182/03 en C-217/03, EU:C:2006:416), zoals zij nadien heeft gedaan in het bestreden besluit.

170. In de zesde plaats dient afwijzend te worden beslist op het argument van FFT dat het standpunt van de Commissie over het zakelijkheidsbeginsel afwijkt van haar vroegere beschikkingspraktijk, aangezien die beschikkingspraktijk, die andere zaken betreft, geen gevolgen kan hebben voor de geldigheid van een bestreden besluit, die alleen mag worden beoordeeld in het licht van de objectieve regels van het VWEU (zie in die zin arrest van 20 mei 2010, Todaro Nunziatina C., C-138/09, EU:C:2010:291, punt 21).

171. In de zevende plaats moet het argument van FFT dat de Commissie bijzonder onduidelijk is geweest over het door haar gehanteerde begrip „zakelijkheidsbeginsel" door te weigeren haar de presentatie te verstrekken die de Commissie had gegeven in het kader van een seminar over staatssteun te Brussel, als niet ter zake dienend worden afgewezen. Het standpunt van de Commissie met betrekking tot het zakelijkheidsbeginsel blijkt

immers uit de overwegingen 219 tot en met 231 van het bestreden besluit, zodat het feit dat zij na een seminar een presentatie niet heeft verstrekt, niet van invloed is op de rechtmatigheid van het bestreden besluit.

172. In de achtste plaats betoogt FFT dat het zakelijkheidsbeginsel zoals omschreven door de Commissie in het bestreden besluit verschilt van dat van de OESO. Zij stelt dat dit laatste beginsel „verantwoorde aanpassingen" toestaat, zoals het niet in aanmerking nemen van de deelneming in haar dochterondernemingen bij de berekening van de vergoeding voor de functies van FFT. Dit wordt haars inziens overigens toegelicht in het verslag van een economisch adviesbureau dat als bijlage bij het verzoekschrift is gevoegd. Dit argument moet deels niet-ontvankelijk en deels ongegrond worden verklaard.

173. Met betrekking tot de stelling dat het zakelijkheidsbeginsel verschilt van dat van de OESO voert FFT immers geen enkel concreet argument aan, met uitzondering van dat betreffende de inaanmerkingneming van haar deelnemingen. Voor zover FFT betoogt dat de Commissie is voorbijgegaan aan punt 2.74 van de OESO-richtsnoeren, volgens hetwelk er verantwoorde aanpassingen kunnen worden gedaan bij de toepassing van de TNMM, moet worden vastgesteld dat, naast het feit dat de Commissie, zoals is uiteengezet in punt 147 hierboven, niet formeel gebonden is aan deze richtsnoeren, zij, anders dan FFT stelt, de mogelijkheid tot „verantwoorde aanpassingen" niet heeft uitgesloten. De Commissie heeft immers enkel vastgesteld dat in het onderhavige geval de uitsluiting van de deelnemingen van FFT in FFNA en FFC niet gerechtvaardigd was, welke kwestie overigens zal worden onderzocht in de punten 273 tot en met 278 hieronder.

174. Bovendien is, ten eerste, de verwijzing van FFT naar het verslag van een economisch adviesbureau waarin een deskundige argumenten heeft aangedragen om aan te tonen dat de Commissie de deelnemingen van FFT in dochterondernemingen niet in aanmerking had mogen nemen, volgens vaste rechtspraak niet-ontvankelijk, omdat die verwijzing niet is opgenomen in het verzoekschrift zelf. Dienaangaande zij eraan herinnerd dat, volgens de rechtspraak, de tekst van het verzoekschrift weliswaar op specifieke punten kan worden gestaafd en aangevuld door verwijzingen naar bepaalde passages uit bijgevoegde stukken, maar dat een algemene verwijzing naar andere schriftelijke stukken, ook al zijn deze bij het verzoekschrift gevoegd, het niet vermelden daarin van de essentiële elementen niet kan goedmaken, aangezien de bijlagen louter als bewijsmiddel en documentatie dienen (zie arrest van 30 januari 2007, France Télécom/Commissie, T-340/03, EU:T:2007:22, punt 167 en aldaar aangehaalde rechtspraak).

175. Ten tweede moet, zelfs indien wordt aangenomen dat de Commissie ten onrechte niet de „verantwoorde aanpassingen" had aangebracht waarnaar FFT verwijst, hoe dan ook worden vastgesteld dat dit geen gevolgen zou hebben voor de vaststelling dat FFT geen enkel argument aanvoert op basis waarvan kan worden begrepen waarom het door de Commissie gekozen zakelijkheidsbeginsel onjuist is. Het feit dat er volgens de OESO-richtsnoeren „verantwoorde aanpassingen" mogen worden aangebracht om rekening te houden met elke feitelijke situatie, en dat er in casu omstandigheden kunnen zijn die tot dergelijke aanpassingen leiden, doet immers niet af aan de vaststelling dat het zakelijkheidsbeginsel in essentie vereist dat geïntegreerde ondernemingen verrekenprijzen in rekening brengen die een afspiegeling zijn van die welke onder mededingingsvoorwaarden in rekening zouden zijn gebracht, hetgeen overeenstemt met het onderzoek dat de Commissie heeft verricht in het bestreden besluit.

176. In de negende plaats moet het argument van het Groothertogdom Luxemburg worden afgewezen dat het zakelijkheidsbeginsel zoals door de Commissie omschreven in het bestreden besluit subjectief en willekeurig is. Het volstaat immers vast te stellen dat, blijkens overweging 231 van het bestreden besluit, het onderzoek in het licht van het zakelijkheidsbeginsel inhoudt dat wordt onderzocht of de in de betrokken ruling goedgekeurde methode voor de bepaling van de verrekenprijzen, kan leiden tot een betrouwbare benadering van een marktconforme uitkomst. Voorts verwijst de Commissie voor haar analyse uitvoerig naar de OESO-richtsnoeren, waarover een brede consensus bestaat. Het Groothertogdom Luxemburg en FFT betwisten dit laatste punt overigens niet.

177. In de tiende plaats betoogt FFT dat de Commissie, in strijd met haar motiveringsplicht zoals vervat in artikel 296 VWEU, niet heeft uitgelegd wat de grondslag was van het zakelijkheidsbeginsel zoals omschreven in het bestreden besluit en wat de inhoud was van dit beginsel.

178. In dit verband zij eraan herinnerd dat volgens vaste rechtspraak de door artikel 296, lid 2, VWEU vereiste motivering moet beantwoorden aan de aard van de betrokken handeling en de redenering van de instelling die de handeling heeft verricht duidelijk en ondubbelzinnig tot uitdrukking moet doen komen, opdat de belanghebbenden de rechtvaardigingsgronden van de genomen maatregel kunnen kennen en de bevoegde rechter zijn toezicht kan uitoefenen. Het motiveringsvereiste moet worden beoordeeld aan de hand van de omstandigheden van het geval, waarbij met name rekening moet worden gehouden met de inhoud van de handeling, de aard van de redengeving en het belang dat de adressaten of andere personen die rechtstreeks en

individueel door de handeling worden geraakt bij een toelichting kunnen hebben. Het is niet noodzakelijk dat alle relevante gegevens, feitelijk en rechtens, in de motivering worden gespecificeerd, aangezien bij de beoordeling van de vraag of de motivering van een handeling voldoet aan de vereisten van artikel 296, lid 2, VWEU niet alleen acht moet worden geslagen op de bewoordingen ervan, maar ook op de context en op het geheel van rechtsregels die de betrokken materie beheersen (zie arrest van 15 juli 2004, Spanje/Commissie, C-501/00, EU:C:2004:438, punt 73 en aldaar aangehaalde rechtspraak).

179. In casu is in de punten 149 tot en met 151 en 154 hierboven reeds vastgesteld dat, anders dan FFT stelt, de Commissie de rechtsgrondslag en de inhoud van het zakelijkheidsbeginsel heeft verduidelijkt in de punten 219 tot en met 231 van het bestreden besluit. Vastgesteld moet dus worden dat het bestreden besluit met betrekking tot deze vragen toereikend is gemotiveerd. Zoals is vastgesteld in punt 153 hierboven, blijkt overigens uit de schriftelijke stukken van het Groothertogdom Luxemburg en van FFT dat zij het bestreden besluit wel degelijk in die zin hebben begrepen dat het zakelijkheidsbeginsel zoals door de Commissie omschreven in het bestreden besluit een rol speelde bij het onderzoek van een nationale belastingmaatregel uit hoofde van artikel 107, lid 1, VWEU.

180. In de elfde plaats moet het argument van FFT worden afgewezen dat het zakelijkheidsbeginsel zoals door de Commissie omschreven in de overwegingen 219 tot en met 231 van het bestreden besluit en meer bepaald in overweging 228 ervan zodanige rechtsonzekerheid en verwarring schept dat niet kan worden begrepen of een op verrekenprijzen berustende ruling al dan niet in strijd is met het staatssteunrecht.

181. Volgens de rechtspraak vereist het rechtszekerheidsbeginsel, een algemeen beginsel van Unierecht, dat rechtsregels duidelijk en nauwkeurig zijn en strekt dit beginsel ertoe te waarborgen dat door het Unierecht beheerste rechtssituaties en -betrekkingen voorzienbaar zijn (arrest van 15 februari 1996, Duff e.a./ Commissie, C-63/93, EU:C:1996:51, punt 20).

182. In herinnering zij gebracht, ten eerste, dat het begrip „staatssteun" wordt gedefinieerd aan de hand van de gevolgen van de maatregel voor de mededingingspositie van de begunstigde ervan (zie in die zin arrest van 22 december 2008, British Aggregates/Commissie, C-487/06 P, EU:C:2008:757, punt 87). Hieruit volgt dat artikel 107 VWEU elke steunmaatregel verbiedt, los van de vorm ervan of de regelgevingstechniek die wordt gebruikt om die steun te verlenen (zie in die zin arrest van 21 december 2016, Commissie/World Duty Free Group e.a., C-20/15 P en C-21/15 P, EU:C:2016:981, punt 79).

183. Ten tweede zij eraan herinnerd dat het Luxemburgse belastingrecht bepaalt dat geïntegreerde ondernemingen en onafhankelijke ondernemingen onder dezelfde voorwaarden aan de vennootschapsbelasting zijn onderworpen. Gelet hierop was het voorzienbaar dat de Commissie uit hoofde van het onderzoek als bedoeld in artikel 107 VWEU kon nagaan of de bij de ruling goedgekeurde methode voor het bepalen van de verrekenprijzen afweek van een prijs die onder marktvoorwaarden zou zijn vastgesteld, teneinde te onderzoeken of die ruling een voordeel verleende aan de begunstigde ervan.

184. Aangezien FFT enkel stelt dat de formulering van overweging 228 van het bestreden besluit onduidelijk is en een bron van rechtsonzekerheid vormt, volstaat het hoe dan ook eraan te herinneren dat het bestreden besluit in zijn geheel moet worden gelezen. Blijkens de punten 130 tot en met 132 hierboven heeft de Commissie in het bestreden besluit de definitie, de draagwijdte en de juridische aard van het zakelijkheidsbeginsel verduidelijkt. Zoals is vastgesteld in punt 115 hierboven, blijkt bovendien niet uit het bestreden besluit dat de Commissie van oordeel was dat elke ruling noodzakelijkerwijs een steunmaatregel van de staat in de zin van artikel 107 VWEU was. Voor zover een dergelijke ruling geen selectief voordeel toekent, met name doordat zij niet leidt tot een verlaging van de belastingdruk van de begunstigde ervan, vormt zij immers geen steunmaatregel van de staat in de zin van artikel 107 VWEU en geldt daarvoor geen aanmeldingsplicht uit hoofde van artikel 2 van verordening 2015/1589.

185. In de twaalfde plaats moet de grief van FFT worden afgewezen dat de Commissie het beginsel van bescherming van het gewettigd vertrouwen heeft geschonden omdat niemand heeft voorzien of had kunnen voorzien dat de Commissie een ander zakelijkheidsbeginsel zou toepassen dan dat van de OESO.

186. Het volstaat immers eraan te herinneren dat volgens vaste rechtspraak het beginsel van bescherming van het gewettigd vertrouwen kan worden ingeroepen door iedere marktdeelnemer bij wie een instelling gegronde verwachtingen heeft gewekt door hem nauwkeurige toezeggingen te doen (zie arrest van 24 oktober 2013, Kone e.a./Commissie, C-510/11 P, niet gepubliceerd, EU:C:2013:696, punt 76 en aldaar aangehaalde rechtspraak). In casu toont FFT niet aan, en stelt zij zelfs niet, in welk opzicht zij nauwkeurige toezeggingen van de Commissie zou hebben ontvangen dat de betrokken ruling niet voldoet aan de voorwaarden voor staatssteun in de zin van artikel 107 VWEU. Bovendien vormt het enkele feit dat FFT van mening is dat de Commissie

bepaalde eerdere besluiten inzake staatssteun uitdrukkelijk heeft gebaseerd op het zakelijkheidsbeginsel van artikel 9 van het OESO-modelverdrag, geen nauwkeurige toezegging in de zin van de hierboven uiteengezette rechtspraak.

187. Bijgevolg moeten alle grieven van het Groothertogdom Luxemburg en FFT die betrekking hebben op het zakelijkheidsbeginsel zoals omschreven door de Commissie in het bestreden besluit deels ongegrond en deels niet ter zake dienend worden verklaard.

b. Middel gebaseerd op een onjuiste berekeningsmethodologie voor de vaststelling van de vergoeding van FFT

188. Het Groothertogdom Luxemburg betoogt in essentie dat de betrokken ruling FFT geen voordeel heeft verleend, aangezien zij niet heeft geleid tot een vermindering van het bedrag van de door FFT betaalde belasting. In dit kader betwist het Groothertogdom Luxemburg dat de berekeningsmethodologie voor de vergoeding van FFT fouten bevat die door de Luxemburgse belastingautoriteiten zouden zijn goedgekeurd en door de Commissie naar voren zijn gebracht in het bestreden besluit.

189. De Commissie betwist het betoog van het Groothertogdom Luxemburg.

1. Opmerkingen vooraf

190. Met het tweede onderdeel van zijn eerste middel betoogt het Groothertogdom Luxemburg dat de Commissie niet heeft aangetoond dat de bij de betrokken ruling goedgekeurde methodologie niet in overeenstemming was met het zakelijkheidsbeginsel, ongeacht of het gaat om het zakelijkheidsbeginsel dat is opgenomen in het Luxemburgse nationale recht, om de OESO-richtsnoeren of om het zakelijkheidsbeginsel zoals omschreven door de Commissie in het bestreden besluit.

191. Het Groothertogdom Luxemburg betwist in essentie de vijf fouten in de berekeningsmethode voor de vergoeding van FFT die door de Commissie zijn vastgesteld.

192. Om te beginnen betwist het Groothertogdom Luxemburg in essentie het oordeel van de Commissie dat het eigen vermogen van FFT niet had mogen worden opgesplitst en er één enkel percentage had moeten worden toegepast op het totale boekhoudkundig eigen vermogen van FFT (hierna: „eerste fout").

193. Vervolgens betoogt het Groothertogdom Luxemburg dat het, anders dan de Commissie in het bestreden besluit heeft verklaard, geen fout heeft gemaakt door het gebruik van het hypothetisch toetsingsvermogen te bevestigen (hierna: „tweede fout") en evenmin door het bedrag van dat hypothetisch toetsingsvermogen te berekenen (hierna: „derde fout"). Bovendien betwist het een fout te hebben gemaakt door de aftrek van de deelnemingen van FFT in FFC en FFNA goed te keuren (hierna: „vierde fout"). Deze tweede, derde en vierde fout houden verband met de eerste fout die betrekking heeft op de opsplitsing van het vermogen.

194. Tot slot betwist het Groothertogdom Luxemburg een vijfde door de Commissie vastgestelde fout, die betrekking heeft op de berekening van het rendementspercentage van 6,05 % dat is toegepast op het hypothetisch toetsingsvermogen (hierna: „vijfde fout").

195. Hoewel de vijf door het Groothertogdom Luxemburg betwiste fouten niet duidelijk als zodanig zijn vastgesteld in het bestreden besluit, met name de eerste fout die betrekking heeft op de opsplitsing van het eigen vermogen, moet worden geconstateerd dat deze vijf fouten in wezen blijken uit de tekst van dat besluit.

196. De Commissie heeft in de overwegingen 248 tot en met 301 van het bestreden besluit (onderdelen 7.2.2.5 tot en met 7.2.2.9 van dat besluit) immers geconstateerd dat de methode voor het bepalen van de vergoeding voor de financieringsactiviteit van FFT, die bij de betrokken ruling is bevestigd, verschillende fouten bevatte in de keuzen voor methodologie, parameters en aanpassingen. Dienaangaande moet worden vastgesteld dat de vastgestelde fouten ten eerste het bedrag van het te vergoeden vermogen betreffen, te weten de indicator van het winstniveau, en ten tweede het toe te passen rendementspercentage.

197. Wat ten eerste het bedrag van het te vergoeden vermogen betreft, was de Commissie in essentie van oordeel dat de keuze om het eigen vermogen op te splitsen in drie categorieën waarop verschillende rendementspercentages zijn toegepast, onjuist is, hetgeen de eerste fout is. Zoals met name blijkt uit de overwegingen 265, 278 en 287 van het bestreden besluit, was de Commissie immers van oordeel dat er één enkel rendementspercentage had moeten worden toegepast op het totale boekhoudkundig eigen vermogen. De Commissie heeft in overweging 265 van het bestreden besluit aldus gesteld dat het, bij gebruikmaking van het boekhoudkundig eigen vermogen, niet nodig was geweest om een afzonderlijke „vergoeding voor functies" te berekenen.

198. De eerste fout ligt ten grondslag aan de tweede tot en met vierde fout, die elk worden behandeld in een afzonderlijk onderdeel van het bestreden besluit. Om te beginnen was de Commissie in de overwegingen 249 tot en met 266 van het bestreden besluit (onderdeel 7.2.2.6 van dat besluit) van oordeel dat het gebruik van het hypothetisch toetsingsvermogen als winstniveau-indicator onjuist was, hetgeen de tweede fout is. Vervolgens heeft de Commissie in de overwegingen 267 tot en met 276 van het bestreden besluit (onderdeel 7.2.2.7) gesteld dat zelfs indien wordt aangenomen dat het hypothetisch toetsingsvermogen kan worden gebruikt, de overeenkomstige toepassing van het Bazel II-akkoord voor de vaststelling van de hoogte van het hypothetisch toetsingsvermogen van FFT onjuist was, hetgeen de derde fout is. Tot slot was de Commissie in de overwegingen 277 tot en met 291 van het bestreden besluit (onderdeel 7.2.2.8) van oordeel dat de aftrek van de deelnemingen in FFNA en FFC onjuist was, hetgeen de vierde fout is.

199. Wat ten tweede het rendementspercentage betreft, was de Commissie in de overwegingen 292 tot en met 301 van het bestreden besluit (onderdeel 7.2.2.9) van oordeel dat de hoogte van het rendementspercentage van het te vergoeden vermogen, dat volgens het CAPM was berekend op 6,05 %, onjuist was, hetgeen de vijfde fout is.

200. Het Gerecht zal derhalve de vijf door de Commissie vastgestelde en door het Groothertogdom Luxemburg betwiste fouten, zoals uiteengezet in de punten 196 tot en met 199 hierboven, achtereenvolgens onderzoeken.

201. In dit verband merkt het Gerecht op dat het Groothertogdom Luxemburg en de Commissie het in het kader van het tweede onderdeel van het eerste middel van zaak T-755/15 oneens zijn over de omvang van de controle die de Commissie kon uitoefenen op de door het Groothertogdom Luxemburg in de betrokken ruling gebruikte methodologie voor de berekening van de vergoeding van FFT, gelet op de onzekerheden die inherent zijn aan de beoordeling van verrekenprijzen en op het feit dat er sprake is van een inmenging in de handelingsvrijheid van de nationale autoriteiten.

202. In herinnering zij gebracht dat het in het kader van de controle op staatssteun in beginsel aan de Commissie staat om in het bestreden besluit het bewijs voor die steun te leveren (zie in die zin arresten van 12 september 2007, Olympiaki Aeroporia Ypiresies/Commissie, T-68/03, EU:T:2007:253, punt 34, en 25 juni 2015, SACE en Sace BT/Commissie, T-305/13, EU:T:2015:435, punt 95). In deze context moet de Commissie de onderzoeksprocedure voor de betrokken maatregelen zorgvuldig en onpartijdig voeren, om bij de vaststelling van haar eindbeslissing inzake het bestaan en, in voorkomend geval, de onverenigbaarheid of onrechtmatigheid van de steun te beschikken over gegevens die zo volledig en betrouwbaar mogelijk zijn (zie in die zin arresten van 2 september 2010, Commissie/Scott, C-290/07 P, EU:C:2010:480, punt 90, en 3 april 2014, Frankrijk/Commissie, C-559/12 P, EU:C:2014:217, punt 63).

203. Daarentegen staat het aan de lidstaat die een differentiatie tussen ondernemingen heeft aangebracht, om aan te tonen dat deze wordt gerechtvaardigd door de aard en de opzet van het betrokken stelsel. Het begrip „staatssteun" ziet immers niet op overheidsmaatregelen die differentiëren tussen ondernemingen, en bijgevolg a priori selectieve maatregelen zijn, wanneer deze differentiatie het gevolg is van de aard of de opzet van het stelsel waarin zij passen (zie in die zin arrest van 21 juni 2012, BNP Paribas en BNL/Commissie, C-452/10 P, EU:C:2012:366, punten 120 en 121 en aldaar aangehaalde rechtspraak).

204. Gelet op het voorgaande diende de Commissie in het bestreden besluit aan te tonen dat was voldaan aan de voorwaarden voor het bestaan van staatssteun in de zin van artikel 107, lid 1, VWEU. In dit verband moet worden opgemerkt dat weliswaar vaststaat dat de lidstaat bij de goedkeuring van de verrekenprijzen over een beoordelingsmarge beschikt, maar dat deze beoordelingsmarge niet tot gevolg mag hebben dat aan de Commissie de bevoegdheid wordt ontnomen om te controleren of de betrokken verrekenprijzen er niet toe leiden dat een selectief voordeel wordt toegekend in de zin van artikel 107, lid 1, VWEU. In die context moet de Commissie rekening houden met het feit dat het zakelijkheidsbeginsel haar in staat stelt na te gaan of een door een lidstaat goedgekeurde verrekenprijs overeenkomt met een betrouwbare benadering van een marktconforme uitkomst en of het verschil dat in het kader van dit onderzoek eventueel is vastgesteld niet verder gaat dan de onnauwkeurigheden die inherent zijn aan de methode die is toegepast om tot die benadering te komen.

205. Het Groothertogdom Luxemburg en de Commissie zijn het ook oneens over de mate van toezicht die het Gerecht kan uitoefenen op de beoordelingen van de Commissie die verband houden met de berekening van de belastbare winst van FFT. Volgens de Commissie zou het Gerecht deze complexe economische beoordelingen namelijk beperkt moeten toetsen. In dit verband moet worden opgemerkt dat, zoals volgt uit artikel 263 VWEU, het voorwerp van het beroep tot nietigverklaring de toetsing is van de wettigheid van de handelingen van de daarin genoemde instellingen van de Unie. Bijgevolg heeft het onderzoek van de in het kader van een dergelijk beroep aangevoerde middelen niet tot doel noch tot gevolg dat het in de plaats komt van een volledig

onderzoek van de zaak in het kader van een administratieve procedure (zie in die zin arrest van 2 september 2010, Commissie/Deutsche Post, C-399/08 P, EU:C:2010:481, punt 84).

206. Wat staatssteun betreft, moet eraan worden herinnerd dat het begrip „staatssteun", zoals omschreven in het VWEU, een juridisch begrip is dat op basis van objectieve elementen moet worden uitgelegd. Om die reden moet de Unierechter in beginsel, gelet op zowel de concrete gegevens van het hem voorgelegde geschil als de technische aard of de complexiteit van de door de Commissie verrichte beoordelingen, volledig toetsen of een maatregel al dan niet binnen de werkingssfeer van artikel 107, lid 1, VWEU valt (arresten van 4 september 2014, SNCM en Frankrijk/Corsica Ferries France, C-533/12 P en C-536/12 P, EU:C:2014:2142, punt 15, en 30 november 2016, Commissie/Frankrijk en Orange, C-486/15 P, EU:C:2016:912, punt 87).

207. Ten aanzien van de vraag of een methode voor het bepalen van een verrekenprijs van een geïntegreerde vennootschap in overeenstemming is met het zakelijkheidsbeginsel, zij eraan herinnerd dat, zoals hierboven reeds is aangegeven, wanneer de Commissie dit instrument gebruikt bij haar beoordeling uit hoofde van artikel 107, lid 1, VWEU, zij er rekening mee moet houden dat het een benadering betreft. Het toezicht van het Gerecht is er dus op gericht na te gaan of de in het bestreden besluit geïdentificeerde fouten, op basis waarvan de Commissie het bestaan van een voordeel heeft vastgesteld, verder gaan dan de onnauwkeurigheden die inherent zijn aan de toepassing van een methode die beoogt een betrouwbare benadering van een marktconforme uitkomst op te leveren.

208. De verschillende door de Commissie geïdentificeerde fouten moeten in het licht van deze preciseringen worden onderzocht.

2. Eerste fout: niet-inaanmerkingneming van het totale eigen vermogen van FFT

209. Het Groothertogdom Luxemburg betoogt dat de Commissie ten onrechte heeft aangenomen dat het totale boekhoudkundig eigen vermogen in aanmerking moest worden genomen om op FFT een uniform rendement van 10 % toe te passen, los van haar verschillende activiteiten. Het stelt dat de bij de betrokken ruling aanvaarde methodologie het beginsel van de „functionele analyse" toepast in overeenstemming met de Luxemburgse en de OESO-regels, teneinde rekening te houden met de gemengde aard van de activiteiten van FFT door de gebruikte activa en de gedragen risico's in aanmerking te nemen. Volgens het Groothertogdom Luxemburg moeten dus bij de vaststelling van de vergoeding van FFT de activa of de vermogensbestanddelen die verband houden met de exploitatie van de relevante transacties of functies worden geïsoleerd, zodat alleen rekening wordt gehouden met de bedrijfsactiva en het gebruikte vermogen, in overeenstemming met de OESO-richtsnoeren. Deze vereisten zijn omgezet in de circulaire, die eerst de holdingfuncties uitsluit van het toepassingsgebied ervan, vervolgens de terminologie van de OESO-richtsnoeren overneemt en tot slot het eigen vermogen aanwijst dat de risico's van de financieringsactiviteiten dekt.

210. De Commissie betwist deze argumenten.

i. Opmerkingen over de betrokken ruling

211. Ten eerste betreft de betrokken ruling, zoals daaruit blijkt en is vastgesteld in het bestreden besluit (zie met name overweging 70 van dit besluit), de vaststelling van de vergoeding van FFT voor haar groepsinterne financierings- en treasuryactiviteiten. De door FFT in Luxemburg verschuldigde belasting is derhalve berekend door het in Luxemburg geldende normale belastingtarief voor vennootschappen toe te passen op de door FFT gerealiseerde nettowinst, op basis van de vergoeding die bij de betrokken ruling is aanvaard.

212. In dit verband zij er om te beginnen aan herinnerd dat de betrokken ruling de vergoeding van FFT bepaalt voor de transacties die behoren tot haar groepsinterne financierings- en treasuryactiviteit. Tussen partijen staat vast dat dit soort transacties wordt belast uit hoofde van het belastingwetboek.

213. Aangezien de transacties die de groepsinterne financierings- en treasuryactiviteit van FFT vormen, intragroepstransacties zijn, betwisten partijen vervolgens niet dat de betrokken ruling de vaststelling van de verrekenprijs daarvan betreft op een niveau dat zou zijn gehanteerd indien dit soort transacties was gesloten tussen onafhankelijke vennootschappen waarop marktvoorwaarden van toepassing zijn. Bovendien betwisten zij niet dat deze ruling FFT in staat stelt haar heffingsgrondslag in Luxemburg te bepalen.

214. Tot slot heeft de Commissie in het bestreden besluit geen bezwaar gemaakt tegen de bij de betrokken ruling aanvaarde keuze voor de TNMM als methode om de passende hoogte te bepalen van de verrekenprijzen voor de transacties die de financierings- en treasuryactiviteit van FFT vormen. Dienaangaande staat vast dat de juiste toepassing van de TNMM in casu bestaat in een analyse van het rendement van het vermogen.

215. Partijen zijn het dus in wezen uitsluitend oneens over de hoogte van de vergoeding van FFT voor de transacties die behoren tot haar groepsinterne financierings- en treasuryactiviteiten.

216. Ten tweede is blijkens het verrekenprijzenrapport en zoals de Commissie in tabel 2 van het bestreden besluit en in de overwegingen 61, 62, 65 en 70 ervan heeft vastgesteld, in dat rapport voor de berekening van het rendement op vermogen het eigen vermogen van FFT, dat in totaal 287 477 000 EUR bedroeg, opgesplitst in drie categorieën, te weten:

– om te beginnen het hypothetisch toetsingsvermogen, in de zin van het Bazel II-akkoord, voor het vergoeden van de „risico's", te weten 28 523 000 EUR, waarop een rendementspercentage van 6,05 % is toegepast;

– vervolgens het eigen vermogen dat is gebruikt ter compensatie van de deelnemingen in FFNA en FFC en verband houdt met de „holdingactiviteiten" van FFT, te weten 165 244 000 EUR, waarop geen rendement is toegepast;

– tot slot het eigen vermogen dat is gebruikt voor de uitoefening van de „functies", te weten 93 710 000 EUR, waarop een rendementspercentage van 0,87 % is toegepast. Dit komt overeen met het totale boekhoudkundig eigen vermogen, verminderd met het hypothetisch toetsingsvermogen en het bedrag van de deelnemingen van FFT in FFNA en FFC.

217. In dit verband betwisten partijen niet dat de opsplitsing van het eigen vermogen de basis beperkt van het vermogen dat in aanmerking wordt genomen voor de berekening van dit rendement. Zij zijn het in essentie oneens over het beginsel zelf dat erin bestaat, bij de TNMM, vermogen toe te wijzen aan specifieke functies waarop verschillende rendementspercentages worden toegepast. Het Groothertogdom Luxemburg en FFT zijn immers van mening dat deze opsplitsing van het vermogen niet alleen in overeenstemming is met de OESO-richtsnoeren en de circulaire, maar ook passend is, gelet op de verschillende activiteiten van FFT. De Commissie is daarentegen van mening dat een dergelijke opsplitsing onjuist is.

218. Derhalve moet worden onderzocht of de Commissie terecht van oordeel was dat met de opsplitsing van het eigen vermogen, waarop verschillende rendementspercentages zijn toegepast, niet tot een betrouwbare benadering van een zakelijke uitkomst kon worden gekomen en daarmee dus werd bijgedragen tot een verlaging van de belastingdruk van FFT.

ii. Mogelijkheid tot opsplitsing van het vermogen in de OESO-richtsnoeren en in de circulaire

219. Zoals partijen ter terechtzitting in essentie hebben erkend, wordt in de circulaire en in de OESO-richtsnoeren, waarnaar de circulaire verwijst, de mogelijkheid om het vermogen van een geïntegreerde vennootschap op te splitsen op basis van haar verschillende activiteiten noch toegestaan noch verboden.

220. Hoe dan ook kan op grond van de door het Groothertogdom Luxemburg in zijn schriftelijke stukken aangevoerde argumenten niet worden vastgesteld dat de OESO-richtsnoeren of de circulaire het mogelijk maakten om het vermogen op te splitsen om tot een zakelijke uitkomst te komen.

221. Ten eerste betoogt het Groothertogdom Luxemburg dat de toepassing van een uniform rendementspercentage op het gehele eigen vermogen van FFT voorbijgaat aan de aanbevelingen van de OESO-richtsnoeren en met name het vereiste om een zogeheten „functionele analyse" te verrichten van de activiteit van de betrokken onderneming, die erin bestaat de verschillende activiteiten van een onderneming te onderscheiden en de activa en risico's die verband houden met deze activiteiten te identificeren. Dienaangaande moet worden opgemerkt dat, anders dan het Groothertogdom Luxemburg stelt, op grond van punt D.1.2.2 van de OESO-richtsnoeren, dat betrekking heeft op de „functionele analyse", niet kan worden geconcludeerd dat het in casu juist was om het vermogen van FFT op te splitsen op basis van haar verschillende activiteiten.

222. Blijkens paragraaf 1.42 van de OESO-richtsnoeren zijn het immers de activa die verband houden met elke activiteit die kunnen worden geïsoleerd en aan specifieke risico's of activiteiten worden gekoppeld, en niet het vermogen. Indien, zoals het Groothertogdom Luxemburg betoogt, zowel de rentabiliteit van het vermogen als die van de activa kan worden gebruikt als indicator voor de toepassing van de TNMM, betekent dit nog niet dat het eigen vermogen wordt gelijkgesteld met de bedrijfsactiva. Anders dan de bedrijfsactiva is het vermogen immers vervangbaar en wordt het aan risico blootgesteld, ongeacht welke activiteit ermee dient te worden verricht.

223. Ten tweede, voor zover het Groothertogdom Luxemburg verwijst naar de paragrafen 2.77 en 2.78 van de van de OESO-richtsnoeren, volstaat het om in dit verband, in navolging van de Commissie, vast te stellen dat hieruit weliswaar in essentie blijkt dat alleen rekening mag worden gehouden met de elementen die verband houden met een transactie, maar dat geen ervan vermeldt dat enkel het vermogen dat verband houdt met

belastbare activiteiten in aanmerking zou mogen worden genomen. Zoals de Commissie terecht stelt, is het vermogen naar zijn aard vervangbaar.

224. Ten derde, voor zover het Groothertogdom Luxemburg betoogt dat het in het Luxemburgse recht mogelijk is om bepaalde soorten vermogen aan bepaalde functies te koppelen, moet worden vastgesteld dat, zoals in de punten 212 tot en met 215 hierboven is uiteengezet, de betrokken ruling enkel de vaststelling betreft, op een zakelijk niveau, van de vergoeding van FFT voor de transacties die behoren tot haar groepsinterne financierings- en treasuryactiviteiten. Blijkens de punten 137 tot en met 139 hierboven kon de Commissie op grond van artikel 107, lid 1, VWEU nagaan of de hoogte van deze vergoeding onder een zakelijk niveau lag en bijgevolg of de ruling FFT een voordeel had verleend. De functionele analyse van de gecontroleerde transactie maakt het met name mogelijk om, in voorkomend geval, het onderzochte onderdeel, de meest geschikte verrekenprijsmethode en de te onderzoeken financiële indicator te kiezen of om te bepalen welke belangrijke vergelijkbaarheidsfactoren in aanmerking moeten worden genomen.

225. De onderhavige ruling betreft daarentegen niet de vraag of, op grond van een functionele analyse van FFT, bepaalde onderdelen van het vermogen van FFT niet zijn onderworpen aan belasting uit hoofde van het Luxemburgse belastingwetboek.

226. Bovendien baseert het Groothertogdom Luxemburg zijn stelling op een juridisch artikel over de Luxemburgse belastingen en op een verordening van het Groothertogdom. Vastgesteld moet echter worden dat, ook al zouden deze elementen, die het Luxemburgse recht betreffen, relevant zijn voor het onderzoek, in het kader van de toepassing van artikel 107, lid 1, VWEU, van de vraag of de vergoeding van FFT onder een zakelijk niveau lag, zij niet aantonen dat het eigen vermogen van FFT voor de berekening van het rendement op het vermogen kon worden opgesplitst op basis van haar verschillende activiteiten.

227. Voor zover het Groothertogdom Luxemburg verwijst naar règlement grand-ducal du 16 juillet 1987, modifiant le règlement grand-ducal du 23 juillet 1983 portant exécution de l'article 1er de la loi du 23 juillet 1983 modifiant certaines dispositions de la loi du 4 décembre 1967 concernant l'impôt sur le revenu (verordening van het Groothertogdom van 16 juli 1987 tot wijziging van de verordening van het Groothertogdom van 23 juli 1983 houdende uitvoering van artikel 1 van de wet van 23 juli 1983 tot wijziging van enkele bepalingen van de wet van 4 december 1967 betreffende de inkomstenbelasting) (gepubliceerd in *Mémorial* A nr. 65 van 6 augustus 1987, blz. 1540), moet ten eerste worden benadrukt dat hierin is bepaald dat „het is toegestaan de activa uit het eigen vermogen te financieren in de volgende volgorde: materiële en immateriële vaste activa, financiële vaste activa, beschikbare liquide en op korte termijn in liquiditeiten om te zetten middelen". Vastgesteld moet dus worden dat deze verordening van het Groothertogdom, anders dan het Groothertogdom Luxemburg stelt, niet bepaalt dat het eigen vermogen van een vennootschap kan worden toegewezen aan bepaalde activa van een vennootschap.

228. Voor zover het Groothertogdom Luxemburg zich beroept op een passage uit een juridisch tijdschrift over de Luxemburgse belastingen, volgens welke „[d]e Duitse rechtsleer [...] op basis van zuiver economische overwegingen [erkent] dat middelen op lange termijn bij voorrang worden aangewend voor de financiering van activa op lange termijn" en dat er „[i]n die logica [van mag] worden uitgegaan dat met het eigen vermogen eerst de vaste activa worden gefinancierd", moet ten tweede worden opgemerkt dat dit gegeven uit de rechtsleer niet volstaat om het standpunt van het Groothertogdom Luxemburg te staven dat het eigen vermogen van een vennootschap bij toepassing van de TNMM kan worden opgesplitst om te worden toegewezen aan specifieke activa of activiteiten. Hoewel deze passage aldus kan worden opgevat dat de deelnemingen van een vennootschap met voorrang uit het eigen vermogen worden gefinancierd, blijkt het antwoord op de vraag of een dergelijke overweging relevant is in het kader van de toepassing van de TNMM en, meer bepaald, voor de vaststelling van een rendement op het vermogen, niet duidelijk uit de tekst van deze passage. Bovendien is deze passage aangevoerd zonder exacte aanduiding van de context waarin zij is geplaatst en zonder te worden bevestigd door andere gegevens uit de rechtsleer, zodat de bewijskracht ervan zeer beperkt is.

229. Bijgevolg moet worden vastgesteld dat de opsplitsing van het vermogen van een geïntegreerde vennootschap aan de hand van haar verschillende activiteiten noch uitdrukkelijk toegestaan noch verboden is. Gelet hierop moet worden nagegaan of de in de betrokken ruling verrichte opsplitsing passend is, gelet op de specifieke kenmerken van de onderhavige zaak.

iii. Passendheid van de opsplitsing van het eigen vermogen

230. Partijen zijn het oneens over de vraag of de Commissie blijk heeft gegeven van een onjuiste opvatting door zich op het standpunt te stellen dat het in casu niet passend was om het eigen vermogen op te splitsen.

231. In de eerste plaats moet worden vastgesteld dat in casu de opsplitsing van het eigen vermogen van FFT niet wordt gerechtvaardigd door de noodzaak om de verschillende functies van FFT verschillend te vergoeden.

232. Anders dan het Groothertogdom Luxemburg in essentie stelt, weerspiegelt de bij de betrokken ruling bevestigde opsplitsing van het eigen vermogen immers niet de verschillende functies of activiteiten die in het verrekenprijzenrapport in het kader van de zogeheten „functionele analyse" zijn geïdentificeerd en waarvoor de betrokken ruling de hoogte van de vergoeding goedkeurt.

233. Zoals is vastgesteld in punt 211 hierboven, betreft de in de betrokken ruling aanvaarde methode niet de vaststelling van de vergoeding voor de holdingactiviteiten van FFT, maar uitsluitend de vergoeding voor de groepsinterne financierings- en treasuryfuncties van FFT.

234. Dienaangaande moet worden vastgesteld dat het verrekenprijzenrapport [*vertrouwelijk*].

235. De drie categorieën eigen vermogen die bij de betrokken ruling zijn goedgekeurd, betreffen respectievelijk de vergoeding voor risico's, de vergoeding voor holdingactiviteiten en de vergoeding voor functies. Wat deze laatste categorie betreft, moet bovendien worden benadrukt dat het verrekenprijzenrapport preciseert dat [*vertrouwelijk*]. Dit onderdeel komt dus overeen met alle activiteiten van FFT waarop de betrokken ruling betrekking heeft.

236. Hieruit volgt dus dat, anders dan het Groothertogdom Luxemburg betoogt, de opsplitsing van het eigen vermogen niet is bedoeld om te voldoen aan het vereiste om te differentiëren tussen de functies van FFT.

237. In de tweede plaats moet worden vastgesteld dat de Commissie geen blijk heeft gegeven van een onjuiste opvatting door zich op het standpunt te stellen dat de opsplitsing van het eigen vermogen, zoals in de betrokken ruling is aanvaard, niet passend was, aangezien zij berust op een zuiver kunstmatige analyse van het gebruik van het eigen vermogen van FFT.

238. Ten eerste zij opgemerkt dat, zoals de Commissie in essentie heeft verklaard in punt 282 van het bestreden besluit, de opsplitsing van het eigen vermogen van FFT niet passend was omdat dit vermogen naar zijn aard vervangbaar is. Aangezien het totale eigen vermogen van FFT is blootgesteld aan risico's en beschikbaar is ter ondersteuning van de solvabiliteit van FFT, moet dit vermogen immers in zijn geheel worden vergoed, zonder dat het moet worden opgesplitst.

239. Zelfs indien in dit verband wordt aangenomen dat een deel van het eigen vermogen van FFT inderdaad is toegewezen aan de deelnemingen in FFNA en FFC, die reeds belast zouden zijn geweest en dus niet meer belastbaar waren, heeft dit geen invloed op de vaststelling dat dit deel van het eigen vermogen ook blootstaat aan risico's en dat daarvoor dus een risicovergoeding moet gelden.

240. Zoals blijkt uit de overwegingen 247 en 286 van het bestreden besluit, gaat het Groothertogdom Luxemburg, door het eigen vermogen op te splitsen in plaats van het totale eigen vermogen te gebruiken als basis voor de berekening van het rendement op het vermogen, immers voorbij aan het feit dat het totale eigen vermogen nodig is ter verzekering van de financieringsfuncties en om, in voorkomend geval, de verliezen op te vangen die verband houden met de financieringsactiviteiten. Indien de hefboomratio tussen het vermogen en de uitgeleende bedragen van [*vertrouwelijk*] % naar 1,3 % of 1,5 % zou gaan, zou, zoals de Commissie ter terechtzitting in herinnering heeft gebracht, deze ratio immers lager zijn dan voor een kredietinstelling aanvaardbaar is.

241. Bovendien moet worden benadrukt dat, zoals de Commissie van oordeel was in overweging 247 van het bestreden besluit, zonder dat het Groothertogdom Luxemburg dit betwist, FFT een rol speelt bij looptijdtransformaties en als financiële intermediair, aangezien zij op de markten leningen afsluit voor de financieringsbehoeften van de groep. Blijkens overweging 43 van het bestreden besluit is de financiering van FFT immers afkomstig van instrumenten als de uitgifte van obligaties, kort- of langlopende bankleningen en toegewezen en niet-toegewezen kredietlijnen. Vastgesteld moet dus worden dat, zoals het Groothertogdom Luxemburg overigens heeft erkend in het kader van zijn antwoorden op de ter terechtzitting gestelde vragen, wanneer FFT op de markt leent ter financiering van haar activiteiten, de marktdeelnemers bij wie zij leent haar gehele vermogen in aanmerking nemen. De opsplitsing van het eigen vermogen aan de hand van de activiteiten van FFT houdt geen rekening met het feit dat haar belastbare winst varieert naargelang van de kosten van haar leningen, die met name afhangen van de omvang van haar vermogen.

242. Ten tweede zijn de drie onderdelen, zoals goedgekeurd in de betrokken ruling, hoe dan ook kunstmatig.

243. Wat om te beginnen het eerste onderdeel betreft, te weten het eigen vermogen dat wordt gebruikt om risico's te dragen, volstaat het eraan te herinneren dat, zoals in punt 238 hierboven is vastgesteld, het totale eigen vermogen van FFT is blootgesteld aan risico's.

244. Wat vervolgens het tweede onderdeel betreft, te weten het eigen vermogen dat is gebruikt voor de deelnemingen in FFNA en FFC, volstaat het eraan te herinneren dat, aangezien het vermogen vervangbaar is, het deel van het vermogen dat overeenkomt met de waarde van de deelnemingen in FFNA en FFC, niet kan worden afgesplitst van de rest van het eigen vermogen van FFT. Ook al leidt het bezit van de deelnemingen in FFNA en FFC niet tot een belastbaar dividend, omdat de dividenden van FFNA en FFC reeds waren belast alvorens aan FFT als holding te zijn uitgekeerd, neemt dit, anders dan zowel het Groothertogdom Luxemburg als FFT in hun opmerkingen ter terechtzitting hebben aangevoerd, niet weg dat, in geval van insolventie van FFT, het eigen vermogen dat verband houdt met het bezit van die deelnemingen, net als de rest van het eigen vermogen, zou worden gebruikt om de schulden van FFT op te vangen. Gelet hierop is het vermogen van FFT, ongeacht of het al dan niet kan worden gekoppeld aan de deelnemingen die zij houdt, hoe dan ook blootgesteld aan risico's en moet het in aanmerking worden genomen bij de berekening van de vergoeding van FFT.

245. Bovendien kunnen, in een intragroepscontext, de deelnemingen van een moedermaatschappij in haar dochtermaatschappijen in feite worden opgevat als een vorm van kapitaalinjectie als alternatief voor de toekenning van een intragroepslening. Het onderscheid tussen het tweede onderdeel en het eerste, dat volgens het verrekenprijzenrapport overeenkomt met het eigen vermogen dat is blootgesteld aan risico's, met name kredietrisico's en tegenpartijrisico's (overweging 58 van het bestreden besluit), is ook om die reden kunstmatig, aangezien beide onderdelen per slot van rekening de uitdrukking kunnen zijn van een groepsinterne financieringstransactie, zoals het Groothertogdom Luxemburg ter terechtzitting in essentie heeft bevestigd.

246. Wat tot slot het derde onderdeel betreft, te weten het eigen vermogen dat wordt gebruikt voor de uitoefening van de functies, moet worden vastgesteld dat, zoals de Commissie in punt 277 van het bestreden besluit heeft opgemerkt, dit overeenkomt met het resterende eigen vermogen dat wordt verkregen door de eerste twee onderdelen in mindering te brengen op het totale eigen vermogen. Hieruit volgt dat dit onderdeel, door de residuele aard ervan, in feite niet overeenkomt met een bepaalde functie of activiteit. Zoals de Commissie in punt 265 van het bestreden besluit terecht heeft betoogd, komt dit onderdeel bovendien niet overeen met enig gebruikelijk bestanddeel van het eigen vermogen dat bij de berekening van rendementsvereisten wordt gebruikt. Bovendien moet worden opgemerkt dat de [*vertrouwelijk*]. Deze functies komen overeen met de functies waarvoor de vergoeding van FFT, zoals goedgekeurd in de betrokken ruling, is berekend. Bijgevolg moet worden vastgesteld dat deze opsplitsing noodzakelijkerwijs niet passend is.

247. Uit het voorgaande volgt dus dat de Commissie geen blijk heeft gegeven van een onjuiste opvatting door, in essentie, het standpunt in te nemen dat de opsplitsing van het eigen vermogen onjuist was en dat het totale eigen vermogen van FFT in aanmerking moest worden genomen voor de vergoeding voor risico's.

248. De overige argumenten van het Groothertogdom Luxemburg kunnen niet overtuigen.

249. Het argument van het Groothertogdom Luxemburg dat FFT eenzelfde bedrag aan belasting had moeten betalen indien haar activiteiten over drie verschillende entiteiten waren verdeeld, kan niet slagen.

250. Zoals in punt 235 hierboven is vastgesteld, komt de opsplitsing van het eigen vermogen immers niet overeen met de verschillende functies die FFT uitoefent. Voorts nemen, zoals in punt 241 hierboven is opgemerkt, de marktdeelnemers bij wie zij leent het totale vermogen van FFT in aanmerking en is haar leencapaciteit noodzakelijkerwijs van invloed op haar financieringsactiviteiten en winst. Derhalve kan niet worden aangenomen dat FFT eenzelfde belastingtarief zou moeten betalen indien haar vermogen in handen was van drie afzonderlijke vennootschappen om activiteiten uit te oefenen met een verschillend rendement. Zoals in punt 240 hierboven is vastgesteld, zou bovendien het eigen vermogen van FFT dat verband houdt met de financieringsactiviteiten ontoereikend zijn voor de gelopen risico's, indien het in aanmerking zou worden genomen. Dit argument moet hoe dan ook worden afgewezen, aangezien het ziet op een hypothetische situatie die niets van doen heeft met die waarop de onderhavige zaak betrekking heeft.

251. In het licht van het voorgaande moet worden vastgesteld dat de Commissie terecht van oordeel was dat het totale eigen vermogen van FFT in aanmerking had moeten worden genomen bij de berekening van de vergoeding voor haar groepsinterne financierings- en treasuryactiviteiten.

3. Tweede fout: inaanmerkingneming van het hypothetisch toetsingsvermogen

252. Het Groothertogdom Luxemburg betwist in essentie het oordeel van de Commissie dat het onjuist was om voor de vergoeding voor de aan de groepsinterne financierings- en treasuryactiviteiten van FFT verbonden

risico's het hypothetisch toetsingsvermogen in aanmerking te nemen. In dit verband betwist het Groothertogdom Luxemburg het oordeel van de Commissie dat het economisch niet rationeel is om een rendement op eigen vermogen toe te passen op een basis die wordt gevormd door het toetsingsvermogen van FFT, terwijl de TNMM een beoordeling vereist van het eigen vermogen dat is toegewezen aan de verschillende functies van FFT, en voegt daaraan toe dat het Bazel II-akkoord en het CAPM internationale normen zijn.

253. De Commissie is het oneens met deze redenering omdat de berekening van de heffingsgrondslag op basis van het hypothetisch toetsingsvermogen van FFT onjuist en incoherent is.

254. In de eerste plaats zij eraan herinnerd dat, zoals de Commissie in de overwegingen 254 en 262 van het bestreden besluit heeft opgemerkt zonder dat het Groothertogdom Luxemburg dit betwist, het Bazel II-akkoord het vereiste toetsingsvermogen omschrijft als een aandeel van de door een bank of financiële instelling gehouden activa dat wordt gewogen door het onderliggende risico van elk van die activa. Het toetsingsvermogen vormt dus de door een regelgevende instantie geraamde minimale kapitalisatiegraad die een bank of andere financiële instelling moet aanhouden en vormt geen recht op de winst van de betrokken entiteit of op de vergoeding voor de risico's die deze entiteit draagt.

255. In de tweede plaats moet ten aanzien van het primaire oordeel van de Commissie dat de bij de betrokken ruling bevestigde keuze om het hypothetisch toetsingsvermogen van FFT in aanmerking te nemen onjuist is, worden vastgesteld dat, zoals de Commissie stelt, het toetsingsvermogen, anders dan het boekhoudkundig eigen vermogen, dat wordt gebruikt voor de financieringsactiviteiten van FFT, geen enkel verband houdt met de winst die een investeerder verlangt van de vennootschap waarin hij investeert. Het toetsingsvermogen is immers geen geschikte indicator voor de winst die een bank of financiële instelling heeft behaald, maar enkel de uitvoering van een prudentiële verplichting die aan deze instellingen is opgelegd. Het hypothetisch toetsingsvermogen, dat wordt bepaald door de overeenkomstige toepassing van het Bazel II-akkoord, kan a fortiori geen geschikte indicator zijn voor het vaststellen van de vergoeding voor het risico waaraan het vermogen van FFT is blootgesteld.

256. Geen van de door het Groothertogdom Luxemburg aangevoerde argumenten kan deze vaststelling weerleggen.

257. Ten eerste rechtvaardigt de door het Groothertogdom Luxemburg in antwoord op de vragen van het Gerecht ter terechtzitting aangevoerde omstandigheid dat de belastingdienst zich heeft afgevraagd of FFT op de juiste wijze was gekapitaliseerd, niet dat het hypothetische toetsingsvermogen als winstniveau-indicator wordt gebruikt.

258. Ten tweede moet het argument van het Groothertogdom Luxemburg dat FFT als financieringsmaatschappij overeenkomstig de circulaire over een minimumvermogen moest beschikken, als niet ter zake dienend worden afgewezen. Zoals de Commissie opmerkt, kan immers worden volstaan met de vaststelling dat een dergelijke verplichting niet rechtvaardigt dat het minimumvermogen, dat in overeenstemming met die verplichting wordt aangehouden, een geschikte winstniveau-indicator is, aangezien een wettelijke verplichting geen afspiegeling is van de behaalde winst.

259. In de derde plaats moet ten aanzien van het subsidiaire oordeel van de Commissie dat het incoherent is om het hypothetisch toetsingsvermogen in aanmerking te nemen om het rendement op het boekhoudkundig eigen vermogen te bepalen, in plaats van het rendement op het toetsingsvermogen, ten eerste worden vastgesteld dat, zelfs indien het juist was geweest om alleen het toetsingsvermogen te hanteren als winstniveau-indicator, het Groothertogdom Luxemburg geen overtuigende verklaring biedt die de incoherentie in de gekozen methodologie rechtvaardigt.

260. Zoals de Commissie heeft uiteengezet in de overwegingen 253 en 254 van het bestreden besluit is het rendement op eigen vermogen een rentabiliteitsratio. De inaanmerkingneming van het boekhoudkundig eigen vermogen maakt het mogelijk de nettowinst, die de beloning van de aandeelhouders vormt, te bepalen, terwijl het toetsingsvermogen geen enkel recht op de winst van de vennootschap weergeeft, maar uitsluitend het vermogen vertegenwoordigt dat een gereglementeerde vennootschap moet aanhouden.

261. De argumenten van het Groothertogdom Luxemburg volgens welke de voor de vaststelling van het rendement op eigen vermogen gebruikte methode niet „incoherent" is, omdat daardoor rekening kan worden gehouden met de afzonderlijke activiteiten van FFT en omdat het Bazel II-akkoord net als het CAPM een internationale referentie is, moeten in dit verband als niet ter zake dienend worden afgewezen. Door geen ervan kan immers worden verklaard waarom het toetsingsvermogen kan worden gebruikt om het rendement op het boekhoudkundig eigen vermogen te bepalen.

262. Ten tweede moet tevens worden opgemerkt dat, zoals de Commissie in overweging 263 van het bestreden besluit heeft vastgesteld, de keuze van het hypothetisch toetsingsvermogen van FFT als winstniveau-indicator incoherent is, aangezien de in het verrekenprijzenrapport ten behoeve van de berekening van het CAPM verrichte vergelijking van FFT met 66 door de belastingadviseur geïdentificeerde vennootschappen, niet berust op het hypothetisch toetsingsvermogen van die 66 vennootschappen.

263. In het licht van het voorgaande moet worden vastgesteld dat de Commissie zich terecht op het standpunt heeft gesteld dat het Groothertogdom Luxemburg het hypothetisch toetsingsvermogen van FFT niet als grondslag had mogen nemen voor de berekening van de risicovergoeding.

264. Aangezien is vastgesteld dat de Commissie terecht van oordeel was dat het hypothetisch toetsingsvermogen niet kon worden gebruikt voor de berekening van de vergoeding van FFT, hoeven de argumenten van het Groothertogdom Luxemburg die strekken tot betwisting van het standpunt van de Commissie dat de berekening van het hypothetisch toetsingsvermogen van FFT onjuist was (derde fout), niet te worden onderzocht. Deze redenering is door de Commissie blijkens overweging 276 van het bestreden besluit immers subsidiair uiteengezet en is gebaseerd op de onjuiste premisse dat het hypothetisch toetsingsvermogen kan worden gebruikt als winstniveau-indicator voor de berekening van de vergoeding voor de door FFT gedragen risico's.

4. Vierde fout: niet-inaanmerkingneming van de deelnemingen van FFT

265. Het Groothertogdom Luxemburg betwist het oordeel van de Commissie dat het vermogen dat verband houdt met de deelnemingen van FFT in FFC en FFNA in aanmerking had moeten worden genomen bij de berekening van de vergoeding voor de groepsinterne financierings- en treasuryactiviteiten van FFT.

266. Om te beginnen stelt het Groothertogdom Luxemburg dat de Commissie had moeten oordelen dat de verrekenprijzen per definitie niet golden voor de vergoeding voor de deelnemingen in FFNA en FFC. Dividenden uit deelnemingen zijn immers vrijgesteld van belasting en aan deze financiering zijn geen financiële lasten verbonden en worden evenmin daarop in mindering gebracht.

267. Vervolgens betoogt het Groothertogdom Luxemburg dat, anders dan de Commissie stelt in overweging 282 van het bestreden besluit, in het Luxemburgse recht elke financieringsbron voor zover mogelijk moet worden toegewezen aan de verschillende bedrijfsactiva. De deelnemingen van FFT zijn voor een bedrag van 165 244 000 EUR gefinancierd met eigen vermogen waarvoor geen verrekenprijzen gelden en dat moet worden uitgesloten van de berekening van de vergoeding voor de risico's die FFT heeft gedragen voor haar groepsinterne financieringsactiviteit.

268. Het Groothertogdom Luxemburg voert voorts aan dat op grond van de toepassing van de regels van het Bazel II-akkoord deelnemingen in andere kredietinstellingen kunnen worden uitgesloten. Aangezien de Commissie dit argument in overweging 281 van het bestreden besluit heeft afgewezen op de grond dat FFT geen kredietinstelling was, is het Groothertogdom Luxemburg van mening dat deze benadering niet strookt met de rest van het bestreden besluit, waarin de Commissie het Bazel II-akkoord wel heeft toegepast.

269. Bovendien betwist het Groothertogdom Luxemburg het oordeel van de Commissie in overweging 286 van het bestreden besluit dat, in essentie, de deelnemingen in FFNA en FFC niet in mindering kunnen worden gebracht op het boekhoudkundig eigen vermogen, omdat dit een daling tot gevolg heeft van het hefboomeffect van FFT, dat overeenkomt met de schuld/eigenvermogen-ratio, die [*vertrouwelijk*] % bedraagt wanneer rekening wordt gehouden met die deelnemingen, [*vertrouwelijk*] van de schuldratio van het gemiddelde van de Europese banken – die 2,9 % of 3,3 % bedraagt, naargelang van de steekproef. De door de Commissie in aanmerking genomen banken en het daaruit resulterende gemiddelde zijn immers in geen enkel opzicht een beslissende benchmark, aangezien andere banken hogere schuldratio's hebben. Voorts had niet het individuele boekhoudkundig eigen vermogen in aanmerking moeten worden genomen, maar het geconsolideerde boekhoudkundig eigen vermogen. Bovendien is de door de Commissie gebruikte steekproef evenmin representatief.

270. Tot slot is volgens het Groothertogdom Luxemburg de vergelijking die de Commissie in overweging 288 van het bestreden besluit heeft gemaakt met Fiat Finance SpA (hierna: „FF"), een in Italië gevestigde financieringsmaatschappij, noch relevant noch beslissend. In dit verband betwist het dat op FF dezelfde methodologie moet worden toegepast als die welke is toegepast op FFT, namelijk die waarbij de deelnemingen in mindering worden gebracht op het eigen vermogen, omdat dit voor FF tot een negatief vermogen zou leiden. Ten eerste is FF een Italiaanse en geen Luxemburgse belastingplichtige. Ten tweede heeft de Commissie enkel aangetoond dat, in het geval van FF, de deelnemingen zijn gefinancierd door de schuld.

271. Vooraf moet worden vastgesteld dat de Commissie in de punten 277 tot en met 290 van het bestreden besluit in essentie van oordeel was dat het Groothertogdom Luxemburg blijk had gegeven van een onjuiste beoordeling door de „financiële investeringen in FFNA en FFC", door FFT geraamd op 165 244 000 EUR (tabel 2 van het bestreden besluit), te isoleren en er een vergoeding van nihil aan toe te kennen. Dit had volgens de Commissie geleid tot een vermindering van de door FFT verschuldigde belasting.

272. Tevens moet worden opgemerkt dat vaststaat dat de door het Groothertogdom Luxemburg bij de betrokken ruling aanvaarde methode ertoe strekt om met het oog op de vaststelling van de door FFT verschuldigde belasting de vergoeding te bepalen die deze zou hebben verkregen voor haar groepsinterne financierings- en treasuryactiviteiten indien zij onder marktvoorwaarden had gehandeld. De methode in kwestie bestaat in het berekenen van het rendement op het vermogen. In deze context zou het feit dat FFT als houdstermaatschappij niet kan worden belast over de dividenden die zij ontvangt van FFNA en FFC, waarvan vaststaat dat zij over de dividenden zijn belast, er inderdaad op kunnen wijzen dat het aan deze deelnemingen toegewezen vermogen niet in aanmerking moet worden genomen bij de bepaling van de belasting die FFT zou moeten betalen indien zij onder zakelijke voorwaarden zou handelen. Dit betoog kan om de volgende redenen echter niet slagen.

273. Ten eerste moet worden vastgesteld dat, zoals de Commissie terecht stelt in overweging 282 van het bestreden besluit, het eigen vermogen vervangbaar is. In geval van insolventie van FFT zullen de schuldeisers worden terugbetaald op basis van het totale eigen vermogen. Ook al leiden de deelnemingen in FFNA en FFC niet tot belastbare dividenden, omdat deze reeds vóór de uitkering aan FFT als houdstermaatschappij zijn belast, neemt dit derhalve, anders dan het Groothertogdom Luxemburg betoogt, en FFT in haar opmerkingen ter terechtzitting, niet weg dat bij insolventie van FFT het eigen vermogen dat verband houdt met die deelnemingen, net als de rest van het eigen vermogen, zou worden gebruikt om de schulden van FFT op te vangen. Gelet hierop is het vermogen van FFT, ongeacht of het al dan niet kan worden gekoppeld aan de deelnemingen die zij houdt, hoe dan ook blootgesteld aan risico's en moet het in aanmerking worden genomen bij de berekening van de vergoeding van FFT, ook al hebben de deelnemingen in FFNA en FFC niet tot belastbare inkomsten geleid.

274. Ten tweede moet worden benadrukt dat, zoals de Commissie terecht opmerkt, het Groothertogdom Luxemburg niet aantoont dat de andere vennootschappen waarmee zij FFT heeft vergeleken, hun deelnemingen in dochterondernemingen in mindering hebben gebracht op hun vermogen of dat het niet gangbaar is dat op de markt opererende financiële instellingen dergelijke deelnemingen houden. Gelet hierop was de Commissie terecht van oordeel dat door de uitsluiting van de deelnemingen van FFT in haar twee dochterondernemingen geen passende vergelijking kon worden gemaakt tussen FFT en andere op de markt opererende ondernemingen.

275. Ten derde moet worden vastgesteld dat zelfs indien de beginselen van het Bazel II-akkoord in casu waren toegepast, FFT niet zou voldoen aan de voorwaarde voor het in mindering brengen van een deel van het bedrag van haar eigen vermogen, ter hoogte van de deelnemingen in FFNA en FFC, te weten dat er voor FFT, FFNA en FFC geen geconsolideerde rekeningen zijn opgesteld in Luxemburg. Zoals de Commissie in de overwegingen 112 en 281 van het bestreden besluit heeft opgemerkt, en zoals het Groothertogdom Luxemburg heeft bevestigd in antwoord op de maatregelen tot organisatie van de procesgang, waren de rekeningen van FFT immers geconsolideerd in Luxemburg.

276. Ten vierde moet worden opgemerkt dat het Groothertogdom Luxemburg weliswaar betwist dat de hefboomratio van FFT moet worden vergeleken met de door de Commissie gekozen steekproef van banken, maar dat het geen enkel argument of bewijs aanvoert op basis waarvan kan worden begrepen waarom – indien moet worden aangenomen dat het eigen vermogen dat de financiële investeringen in FFNA en FFC dekt niet in aanmerking moet worden genomen terwijl het bijna 60 % van het totale eigen vermogen van FFT vormt (tabel 2 van het bestreden besluit) – deze ratio niet beduidend lager zou zijn dan die welke door de Commissie is vastgesteld en zelfs die welke door het Groothertogdom Luxemburg zelf in aanmerking is genomen.

277. Aangezien de hefboomratio wordt berekend in verhouding tot het bedrag van het eigen vermogen, moet immers worden vastgesteld dat, hoewel de door de Commissie vastgestelde hefboomratio van [*vertrouwelijk*] %, [*vertrouwelijk*] wanneer al het eigen vermogen van FFT in aanmerking was genomen, [*vertrouwelijk*] indien het deel van het eigen vermogen ter hoogte van de deelnemingen in FFNA en FFC niet in aanmerking was *genomen.* Dit geldt ongeacht of op de markt 2,9 % of 3,3 % gebruikelijk is, zoals de Commissie heeft vastgesteld, of zelfs 4 tot 4,5 %, zoals blijkt uit de door het Groothertogdom Luxemburg gekozen steekproef van ratio's.

278. In het licht van de overwegingen in de punten 271 tot en met 277 hierboven moet worden vastgesteld dat de Commissie terecht van oordeel was dat het Groothertogdom Luxemburg ten onrechte een deel van het eigen vermogen van FFT, ter hoogte van haar deelnemingen in haar dochterondernemingen, had uitgesloten

van het vermogen dat in aanmerking moest worden genomen bij de vaststelling van de vergoeding van FFT voor haar groepsinterne financierings- en treasuryactiviteiten.

279. Uit de bevindingen in de punten 209 tot en met 278 hierboven volgt dat de Commissie terecht van oordeel was dat het totale eigen vermogen van FFT in aanmerking had moeten worden genomen bij de berekening van de vergoeding van FFT en dat er één enkel percentage had moeten worden toegepast. Hoe dan ook was zij tevens terecht van oordeel dat de methode die erin bestond het hypothetisch toetsingsvermogen van FFT in aanmerking te nemen en de deelnemingen van FFT in FFNA en FFC uit te sluiten van het te vergoeden vermogen, niet kon leiden tot een zakelijke uitkomst.

280. Gelet hierop moet worden vastgesteld dat de door het Groothertogdom Luxemburg aanvaarde methode de vergoeding van FFT, op basis waarvan de door haar verschuldigde belasting is bepaald, heeft geminimaliseerd, zonder dat het nodig is de grieven van het Groothertogdom Luxemburg te onderzoeken die betrekking hebben op de vijfde door de Commissie vastgestelde fout inzake het rendementspercentage. De enkele vaststelling dat het bedrag van het te vergoeden vermogen te laag was geraamd, volstaat in casu immers om het bestaan van een voordeel aan te tonen.

281. Ten eerste is de ratio tussen het vermogen dat daadwerkelijk in aanmerking is genomen in de methode die in de betrokken ruling is gehanteerd, en het totale eigen vermogen dermate hoog dat de fout bij de bepaling van het te vergoeden vermogen noodzakelijkerwijs leidt tot een verlaging van de belastingdruk van FFT, los van de hoogte van het toe te passen uniforme rendementspercentage. Het bedrag van het hypothetisch toetsingsvermogen, dat 28 miljoen EUR bedraagt, vertegenwoordigt immers slechts ongeveer 10 % van het totale bedrag van het eigen vermogen, dat 287 miljoen EUR bedraagt.

282. Ten tweede bestaat, zoals in punt 211 hierboven is vastgesteld, de methode van vaststelling van de vergoeding voor de groepsinterne financierings- en treasuryactiviteiten van FFT, zoals aanvaard in de betrokken ruling, uit twee stappen, te weten de vaststelling van het bedrag van het te vergoeden vermogen en de vaststelling van het toe te passen rendementspercentage. In het kader van de eerste stap maakt de bij de betrokken ruling goedgekeurde methode onderscheid tussen drie afzonderlijke bedragen waarop drie volgens verschillende methoden bepaalde afzonderlijke tarieven zijn toegepast. Aangezien de eerste stap van de berekening onjuist is, hoeft de tweede stap van die berekening dus niet te worden onderzocht. De vaststelling van een fout in de eerste stap van de bij de betrokken ruling goedgekeurde methode maakt het onderzoek naar eventuele fouten bij de berekening van het rendementspercentage, dat de tweede stap van deze methode vormt, immers noodzakelijkerwijs zinloos. Het Groothertogdom Luxemburg moet een volledige nieuwe berekening maken van het rendement, op basis van het bedrag van het vermogen dat in aanmerking had moeten worden genomen. Uit punt 311 van het bestreden besluit blijkt overigens dat een juiste raming van de heffingsgrondslag van FFT moet worden berekend door één enkel percentage toe te passen op het totale bedrag van haar boekhoudkundig eigen vermogen.

283. Opgemerkt zij dat partijen het met betrekking tot het rendementspercentage oneens zijn over de vraag of dit 10 % moet bedragen, zoals de Commissie aanvoert, of 6,05 %, zoals het Groothertogdom Luxemburg betoogt (overweging 304 van het bestreden besluit). Zelfs indien het laagste tarief wordt toegepast, blijft het daaruit voortvloeiende bedrag van de vergoeding van FFT dus veel hoger dan het bij de betrokken ruling goedgekeurde bedrag. Dit tarief, dat overeenkomt met het tarief dat is toegepast op het eerste onderdeel, zou immers worden toegepast op het totale bedrag van het eigen vermogen, dat tien keer hoger is dan het bedrag waarop dit tarief krachtens de betrokken ruling is toegepast. In deze context zij opgemerkt dat hoe dan ook geen van de argumenten van het Groothertogdom Luxemburg met betrekking tot het rendementspercentage de vaststelling van de Commissie kan ontkrachten dat er sprake is van een voordeel.

284. Bijgevolg is het Gerecht van oordeel dat, ook al heeft het Groothertogdom Luxemburg de vijfde door de Commissie vastgestelde fout, die betrekking heeft op het rendementspercentage, betwist (zie punt 194 hierboven), de gegrondheid van deze argumenten niet hoeft te worden onderzocht.

285. Gelet hierop moeten alle grieven van het Groothertogdom Luxemburg die betrekking hebben op het onderzoek door de Commissie van de methode voor het bepalen van de vergoeding van FFT worden afgewezen.

286. Uit de bevindingen in de punten 211 tot en met 285 hierboven volgt dat de Commissie terecht van oordeel was dat de betrokken ruling een methode voor het bepalen van de vergoeding voor FFT had goedgekeurd waarmee niet tot een zakelijke uitkomst kon worden gekomen en die een verlaging van de belastingdruk van FFT tot gevolg had. Derhalve heeft zij in het kader van haar primaire betoog terecht geoordeeld dat de betrokken ruling FFT een voordeel verleende.

3. Subsidiair betoog van de Commissie: de betrokken ruling week af van artikel 164, lid 3, van het belastingwetboek en van de circulaire

287. De enkele vaststelling in punt 286 hierboven dat de Commissie geen fout heeft gemaakt in het kader van haar primaire betoog, volstaat om aan te nemen dat de Commissie heeft aangetoond dat de betrokken ruling FFT een voordeel heeft verleend. Het Gerecht acht het niettemin wenselijk om, volledigheidshalve, het subsidiaire betoog van de Commissie, dat die ruling afweek van artikel 164, lid 3, van het belastingwetboek en van de circulaire, te onderzoeken.

288. Dienaangaande merkt het Gerecht op dat het Groothertogdom Luxemburg in het kader van het tweede onderdeel van zijn eerste middel betoogt dat de betrokken ruling in overeenstemming is met het zakelijkheidsbeginsel zoals dit is vastgelegd in het Luxemburgse nationale recht.

289. De Commissie betwist dit argument.

290. In dit verband zij in herinnering gebracht dat de Commissie subsidiair, in onderdeel 7.2.4 van het bestreden besluit, met het opschrift, „Subsidiair: selectief voordeel ten gevolge van een afwijking van artikel 164 [van het belastingwetboek] en/of van de circulaire" (overwegingen 315-317 van het bestreden besluit), van oordeel was dat de betrokken ruling FFT een voordeel verleende omdat zij afweek van het zakelijkheidsbeginsel van het Luxemburgse recht zoals opgenomen in artikel 164, lid 3, van het belastingwetboek en in de circulaire (zie overwegingen 316 en 317 van het bestreden besluit.

291. In punt 316 van het bestreden besluit heeft de Commissie immers het volgende uiteengezet:

> „Subsidiair [...] [verleent] de [betrokken ruling] FFT ook een voordeel [...] wanneer wordt uitgegaan van het beperktere referentiestelsel van groepsondernemingen die verrekenprijzen toepassen en waarop artikel 164, [lid 3], [van het belastingwetboek] en de circulaire van toepassing zijn. Daarin wordt voor het fiscale recht van Luxemburg het zakelijkheidsbeginsel ingesteld, d.w.z. het beginsel dat transacties tussen ondernemingen van eenzelfde groep moeten worden vergoed tegen een prijs die zou zijn aanvaard door onafhankelijke ondernemingen die in vergelijkbare omstandigheden zakelijk onderhandelen. Deel 2 van de circulaire bevat onder meer een beschrijving van het zakelijkheidsbeginsel conform de definitie ervan in de OESO-richtlijnen Verrekenprijzen en zoals het in het nationale recht is omgezet."

292. Vervolgens heeft de Commissie in overweging 317 van het bestreden besluit in herinnering gebracht dat zij in onderdeel 7.2.2 van dat besluit reeds had aangetoond dat met de betrokken ruling niet tot een betrouwbare benadering van een zakelijke uitkomst kon worden gekomen. Op basis van deze vaststelling kwam zij tot de slotsom de betrokken ruling „ook op basis van het beperktere referentiestelsel van artikel 164, [lid 3], [van het belastingwetboek] dan wel de circulaire een selectief voordeel [verleende], aangezien [deze leidde] tot een lagere belasting voor FFT dan die welke zij verschuldigd zou zijn wanneer het in deze bepaling neergelegde zakelijkheidsbeginsel correct zou zijn toegepast".

293. Uit de overwegingen 316 en 317 van het bestreden besluit blijkt duidelijk dat de Commissie tot de slotsom is gekomen dat de betrokken ruling FFT een selectief voordeel verleende, aangezien zij leidde tot een vermindering van de verschuldigde belasting ten opzichte van de situatie waarin het zakelijkheidsbeginsel van artikel 164, lid 3, van het belastingwetboek en van de circulaire correct zou zijn toegepast.

294. Vastgesteld moet worden dat de Commissie deze conclusie heeft gebaseerd op het onderzoek van de betrokken ruling dat zij in het kader van haar primaire analyse had verricht. Zij heeft derhalve gesteld dat zij in onderdeel 7.2.2 van het bestreden besluit reeds had aangetoond dat met de betrokken ruling niet tot een betrouwbare benadering van een zakelijke uitkomst kon worden gekomen.

295. In dit verband moet ten eerste worden vastgesteld dat artikel 164, lid 3, van het belastingwetboek bepaalt dat „verkapte winstuitkeringen in het belastbaar inkomen moeten worden opgenomen" en dat „van verkapte winstuitkeringen [...] met name sprake [is] indien een deelgerechtigde, vennoot of belanghebbende al dan niet rechtstreeks voordelen van een vennootschap of vereniging ontvangt die hij normalerwijze niet zou hebben ontvangen als hij die hoedanigheid niet had gehad". Bovendien bepaalt punt 2 van de circulaire dat „[i]ndien er een intragroepsdienst is geleverd, [...] dient te worden bepaald, net zoals voor de andere vormen van overdracht binnen de groep, of de overeengekomen vergoeding voldoet aan het zakelijkheidsbeginsel, dat wil zeggen overeenkomt met de prijs die in vergelijkbare omstandigheden door onafhankelijke ondernemingen zou zijn gehanteerd en aanvaard". Hieruit volgt dat artikel 164, lid 3, van het belastingwetboek en de circulaire bepalen dat de vergoeding van intragroepstransacties moet worden bepaald alsof de prijs van deze transacties was overeengekomen tussen onafhankelijke ondernemingen. Het Groothertogdom Luxem-

burg en FFT betwisten overigens niet de beoordeling van de Commissie in punt 75 van het bestreden besluit dat deze bepalingen het zakelijkheidsbeginsel vastleggen in het Luxemburgse recht.

296. Ten tweede moet worden vastgesteld dat de circulaire verwijst naar artikel 9 van het OESO-modelverdrag en naar de OESO-richtsnoeren als internationale referentienorm voor de vaststelling van verrekenprijzen. In het kader van haar primaire analyse van het selectieve voordeel heeft de Commissie uitgebreid verwezen naar de OESO-richtsnoeren, met name ter identificatie van de vijf fouten in de methode voor het bepalen van de vergoeding van FFT. Hieruit volgt dat de Commissie hetzelfde analyseschema kon gebruiken in het kader van zowel haar primaire analyse als haar subsidiaire analyse.

297. In de omstandigheden van de onderhavige zaak moet derhalve worden geconcludeerd dat de Commissie geen blijk heeft gegeven van een onjuiste opvatting door te oordelen dat zij de analyse die zij had verricht in het licht van het zakelijkheidsbeginsel zoals omschreven in het bestreden besluit, die bestond in het bepalen van de vergoeding van FFT, ook kon toepassen om vast te stellen dat de betrokken ruling FFT een voordeel verleende vanwege het feit dat laatstgenoemde minder belasting had betaald dan zij had moeten betalen op grond van artikel 164, lid 3, van het belastingwetboek en van de circulaire.

298. De argumenten van het Groothertogdom Luxemburg volgens welke de betrokken ruling in overeenstemming zou zijn met het Luxemburgse recht, kunnen niet afdoen aan de constatering in punt 297 hierboven. Dergelijke argumenten zijn immers reeds afgewezen in de punten 226 en 227 hierboven.

299. Uit deze bevindingen volgt dat de Commissie zich terecht op het standpunt heeft gesteld dat de betrokken ruling FFT hoe dan ook een selectief voordeel verleende omdat zij leidde tot een verlaging van de belastingdruk van FFT ten opzichte van de belasting die zij had moeten betalen op grond van artikel 164, lid 3, van het belastingwetboek en van de circulaire.

4. Middel ontleend aan het ontbreken van een voordeel op concernniveau

300. Het Groothertogdom Luxemburg en FFT betogen in essentie dat de Commissie niet heeft aangetoond dat er sprake was van een voordeel op het niveau van het Fiat/Chrysler-concern en derhalve haar motiveringsplicht als bedoeld in artikel 296 VWEU en artikel 107 VWEU niet is nagekomen.

301. Meer bepaald is het Groothertogdom Luxemburg van mening dat de motivering van het bestreden besluit kennelijk ontoereikend en tegenstrijdig is doordat de Commissie in overweging 314 van dat besluit heeft geweigerd rekening te houden met de gevolgen ervan op het niveau van het Fiat/Chrysler-concern, terwijl zij zich tegelijkertijd op de gevolgen van dit voordeel beriep om dit concern in de punten 342 en 344 van dat besluit aan te wijzen als begunstigde van de vermeende steun in kwestie.

302. Het Groothertogdom Luxemburg betoogt dat, in tegenstelling tot de feiten in de zaak die heeft geleid tot de beschikking van 31 augustus 2010, France Télécom/Commissie (C-81/10 P, niet gepubliceerd, EU:C:2010:475, punt 43), de eventuele door de andere dochterondernemingen gedragen lasten, zoals een hogere belasting, niet „losstaan" van het voordeel dat FFT zou hebben verkregen. Voorts beroept het zich op het arrest van 17 december 2015, Spanje e.a./Commissie (T-515/13 en T-719/13, EU:T:2015:1004, punten 115 en 116), om de Commissie te verwijten dat zij niet heeft onderzocht en evenmin heeft gemotiveerd in welk opzicht het Fiat/Chrysler-concern daadwerkelijk een voordeel had genoten.

303. FFT stelt dat de Commissie artikel 107 VWEU heeft geschonden door, om uit te maken of FFT en het Fiat/Chrysler-concern een voordeel hadden genoten, voorbij te gaan aan het effect van de ruling op het Fiat/Chrysler-concern als geheel.

304. FFT merkt ten eerste op dat de Commissie in overweging 155 van besluit 2011/276/EU van de Commissie van 26 mei 2010 betreffende de door België ten uitvoer gelegde steunmaatregel C 76/03 (ex NN 69/03) in de vorm van een dading met de fiscus ten gunste van Umicore NV (voorheen Union Minière NV) (*PB* 2011, L 122, blz. 76; hierna: „Umicore-besluit") heeft erkend dat de nationale belastingdiensten bij de evaluatie van verrekenprijzen over een beoordelingsmarge moeten beschikken. Het gestelde voordeel voor FFT is niet onevenredig en vloeit enkel voort uit deze beoordelingsmarge.

305. FFT merkt ten tweede op dat de Commissie in punt 314 van het bestreden besluit ten onrechte van oordeel was dat niet hoefde te worden onderzocht of de impact van de betrokken ruling niet neutraal was op concernniveau. FFT betoogt dan ook dat zelfs als de transacties tussen haarzelf en een andere vennootschap van het concern haar in Luxemburg een hogere winstmarge hadden bezorgd, dit zou hebben betekend dat de andere vennootschap van het Fiat/Chrysler-concern des te meer rente en kosten in mindering had mogen brengen.

306. Verder stelt FFT dat het bestreden besluit tegenstrijdig is, aangezien de Commissie enerzijds constateert dat het belastingvoordeel ten goede komt aan het gehele concern en anderzijds weigert het effect van de maatregel op het gehele concern in aanmerking te nemen. FFT betoogt dat in casu, anders dan het geval was in de zaak die heeft geleid tot het arrest van 30 november 2009, Frankrijk en France Télécom/Commissie (T-427/04 en T-17/05, EU:T:2009:474), de gevolgen van de maatregel zijn geneutraliseerd op concernniveau, zodat er geen sprake is van een voordeel.

307. Bovendien voert FFT aan dat de zeven arresten waarnaar de Commissie verwijst, niet het standpunt staven dat het niet aan haar staat om te controleren of er sprake is van een voordeel op het niveau van het Fiat/Chrysler-concern.

308. In dit verband merkt FFT op dat het belang van het effect op het Fiat/Chrysler-concern voor de vaststelling of bij de betrokken ruling een voordeel is verleend, wordt geïllustreerd door de moeilijkheden die dit concern heeft ondervonden doordat de Italiaanse belastingdienst de belastbare winst van FFT te hoog achtte om te worden beschouwd als onder zakelijke voorwaarden te zijn gerealiseerd. FFT heeft haar belastbare winst derhalve overgewaardeerd en in Luxemburg te veel vennootschapsbelasting betaald.

309. Tot slot is FFT met betrekking tot verschillende methodologische punten van mening dat de Commissie een evenredigheidscriterium had moeten toepassen om vast te stellen of de betrokken ruling haar een voordeel verleende. FFT betoogt bovendien volledig achter de argumenten van het Groothertogdom Luxemburg in zaak T-755/15 te staan die de methode van vaststelling van haar vergoeding betreffen en strekken tot betwisting van de door de Commissie geïdentificeerde fouten.

310. De Commissie spreekt deze argumenten tegen.

311. Vooraf moet worden opgemerkt dat het Groothertogdom Luxemburg geen onderscheid maakt tussen de argumenten die het aanvoert om aan te tonen dat er sprake is van schending van artikel 107 VWEU of van motiveringsgebrek op dit punt. Niettemin moet worden vastgesteld dat zijn betoog in essentie is bedoeld om enerzijds een motiveringsgebrek aan te tonen, aangezien er sprake zou zijn van een incoherentie in het bestreden besluit, en anderzijds schending van artikel 107 VWEU, aangezien naar zijn mening en naar mening van FFT, de Commissie niet tot de slotsom kon komen dat FFT en het Fiat/Chrysler-concern een voordeel hadden genoten.

312. Wat in de eerste plaats de vermeende incoherentie van het bestreden besluit betreft, moet worden opgemerkt dat de Commissie in overweging 314 van het bestreden besluit in essentie tot de slotsom is gekomen dat FFT een selectief voordeel had genoten, aangezien haar belastingdruk in Luxemburg was verlaagd. In dit verband heeft de Commissie in die overweging tevens opgemerkt dat, volgens de rechtspraak, het feit dat deze belastingvermindering in Luxemburg heeft geleid tot een hogere belastingdruk in een andere lidstaat, geen invloed heeft op de kwalificatie van deze maatregel als steun.

313. Voorts was de Commissie in de overwegingen 341 tot en met 345 van het bestreden besluit van oordeel dat de betrokken ruling FFT weliswaar een selectief voordeel verleende in de zin van artikel 107, lid 1, VWEU, maar dat de gunstige fiscale behandeling van FFT ten goede kwam aan het concern als geheel, aangezien FFT en het Fiat/Chrysler-concern een economische eenheid vormden. De Commissie preciseerde in dit verband dat, omdat het bedrag van de door FFT betaalde belasting van invloed was op de prijsvoorwaarden van de concerninterne leningen die zij verstrekte aan de vennootschappen van dat concern, de verminderingen van de door FFT verschuldigde belasting tot een verlaging van de prijsvoorwaarden voor haar concerninterne leningen leidden.

314. Met betrekking tot de voorwaarde dat er sprake moet zijn van een voordeel, die volgens de in punt 118 hierboven aangehaalde rechtspraak de derde voorwaarde is voor de vaststelling van het bestaan van staatssteun, moet dus worden vastgesteld dat er geen sprake is van een incoherentie in de bevindingen van de Commissie in het bestreden besluit ten aanzien van de vaststelling van de begunstigde van de steun, doordat in essentie FFT, rechtstreeks, is aangewezen als begunstigde, en het Fiat/Chrysler-concern, indirect, aangezien FFT een economische eenheid, en derhalve een onderneming, met het Fiat/Chrysler-concern, vormt in de zin van het staatssteunrecht.

315. Deze eerste grief van het Groothertogdom Luxemburg, dat er sprake is van een motiveringsgebrek, moet dus ongegrond worden verklaard.

316. Wat de grief betreft dat de Commissie artikel 107 VWEU heeft geschonden door te oordelen dat FFT en het Fiat/Chrysler-concern een voordeel hebben genoten, dient meteen te worden opgemerkt dat, zoals de Commissie aangeeft, het Groothertogdom Luxemburg geen enkel argument aanvoert waaruit blijkt dat het

Fiat/Chrysler-concern en FFT geen economische eenheid vormen in de zin van het staatssteunrecht. FFT staat hoe dan ook, zoals de Commissie in overweging 342 van het bestreden besluit heeft opgemerkt, onder volledige zeggenschap van Fiat SpA, die op haar beurt zeggenschap heeft over het Fiat/Chrysler-concern. Bijgevolg komt elk voordeel dat FFT geniet ten goede aan dat concern als geheel, in het bijzonder indien dit, zoals de Commissie opmerkt zonder op dit punt door het Groothertogdom Luxemburg te zijn tegengesproken, tot gevolg heeft dat de leningsvoorwaarden die FFT toekent aan de andere vennootschappen van het concern voordeliger zijn door de verlaging van haar belastingdruk.

317. Voorts moet hoe dan ook worden vastgesteld dat, gesteld al dat deze factor relevant kan zijn, noch het Groothertogdom Luxemburg noch FFT aantoont dat de belastingverminderingen die laatstgenoemde in Luxemburg geniet, worden „geneutraliseerd" door belastingverhogingen in andere lidstaten.

318. Zelfs als dit zo was, zou een dergelijke „neutralisering" bovendien niet de conclusie wettigen dat FFT of het Fiat/Chrysler-concern in Luxemburg geen voordeel hebben genoten. Vastgesteld moet immers worden dat, in het kader van een belastingmaatregel, het bestaan van een voordeel wordt vastgesteld ten opzichte van de normale belastingregels, zodat de belastingregels van een andere lidstaat niet relevant zijn (zie naar analogie arrest van 11 november 2004, Spanje/Commissie, C-73/03, niet gepubliceerd, EU:C:2004:711, punt 28). Wanneer is aangetoond dat een geïntegreerde onderneming krachtens een door een lidstaat toegekende belastingmaatregel een verlaging geniet van de belastingdruk die zij normaal gesproken op grond van de normale belastingregels had moeten dragen, heeft de fiscale situatie van een andere onderneming van het concern in een andere lidstaat dus geen invloed op het bestaan van een voordeel. Om diezelfde reden, en zelfs zonder dat uitspraak hoeft te worden gedaan over de ontvankelijkheid van de documenten die FFT naar aanleiding van de repliek heeft ingediend en die bedoeld zijn om aan te tonen dat er een arbitrageprocedure is gestart om een dubbele belasting van FFT in Luxemburg en in Italië te vermijden, moet het argument van FFT dat, in essentie, haar inkomsten hoe dan ook worden belast, hetzij in Italië hetzij in Luxemburg, zodat zij geen voordeel geniet, ongegrond worden verklaard.

319. Geen van de argumenten die het Groothertogdom Luxemburg en FFT in dit verband aanvoeren, kan afdoen aan deze vaststelling.

320. Ten eerste moet het argument van het Groothertogdom Luxemburg ongegrond worden verklaard dat de Commissie niet kon verwijzen naar de beschikking van 31 augustus 2010, France Télécom/Commissie (C-81/10 P, niet gepubliceerd, EU:C:2010:475, punt 43), aangezien zij niet heeft onderzocht of het Fiat/Chrysler-concern daadwerkelijk een voordeel had genoten. In dit verband volstaat het immers vast te stellen dat de Commissie in overweging 343 van het bestreden besluit van oordeel was dat elke gunstige fiscale behandeling van FFT noodzakelijkerwijs ten goede komt aan de andere vennootschappen van het concern waarvoor zij verrekenprijzen in rekening bracht.

321. Ten tweede moet, voor zover het Groothertogdom Luxemburg zich beroept op het arrest van 17 december 2015, Spanje e.a./Commissie (T-515/13 en T-719/13, EU:T:2015:1004, punten 115 en 116), om aan te tonen dat de Commissie had moeten onderzoeken of het Fiat/Chrysler-concern daadwerkelijk een voordeel had genoten, worden vastgesteld dat, naast het feit dat dit arrest door het Hof is vernietigd (arrest van 25 juli 2018, Commissie/Spanje e.a., C-128/16 P, EU:C:2018:591), de feiten in de zaak die tot dat arrest heeft geleid hoe dan ook geen verband houden met de feiten van de onderhavige zaak.

322. In het arrest van 17 december 2015, Spanje e.a./Commissie (T-515/13 en T-719/13, EU:T:2015:1004), heeft het Gerecht immers geoordeeld dat de Commissie blijk had gegeven van een onjuiste opvatting door te aan te nemen dat de begunstigden van een steunmaatregel de economische samenwerkingsverbanden (ESV) en hun leden waren, terwijl niet kon worden aangetoond dat hun leden, die de enigen waren waarop het terugvorderingsbevel betrekking had, selectieve voordelen genoten.

323. In casu heeft de Commissie rechtens genoegzaam aangetoond dat niet alleen FFT, maar ook alle tot het concern behorende vennootschappen die met FFT zaken doen, profiteren van het aan FFT toegekende belastingvoordeel, gelet op de invloed ervan op de prijsvoorwaarden van haar concerninterne leningen. Dit argument van het Groothertogdom Luxemburg moet dus ongegrond worden verklaard.

324. Ten derde moet het argument van FFT ongegrond worden verklaard dat de Commissie een evenredigheidscriterium had moeten toepassen om uit te maken of de betrokken ruling een voordeel verleende, met name gelet op het Umicore-besluit. Er zij immers aan herinnerd dat de Commissie niet is gebonden aan haar beschikkingspraktijk. Voorts heeft de Commissie, zoals zij in het Umicore-besluit benadrukt, de belastingautoriteiten een beoordelingsmarge toegekend in het kader van een schikking die een einde maakt aan een geschil,

waardoor een mogelijk lange of onzekere rechtszaak kan worden vermeden, en niet in het kader van een ruling die is bedoeld om de belasting te bepalen die een vennootschap in de toekomst moet betalen.

325. Blijkens het voorgaande moet het derde middel ongegrond worden verklaard.

326. In het licht van de overwegingen in de punten 118 tot en met 325 hierboven moet derhalve worden vastgesteld dat de Commissie artikel 107 VWEU niet heeft geschonden door vast te stellen dat FFT en het Fiat/Chrysler-concern een voordeel hadden genoten als gevolg van het feit FFT minder belasting had betaald dan had moeten worden betaald door een onderneming die transacties verricht op de markt.

327. Gelet hierop moet de tweede reeks door het Groothertogdom Luxemburg en FFT aangevoerde middelen, die het bestaan van een voordeel betreffen, in zijn geheel worden afgewezen.

E – Derde reeks middelen: het aan FFT toegekende voordeel is niet selectief

328. Met het eerste middel in zaak T-755/15 en de eerste grief van het eerste onderdeel van het eerste middel in zaak T-759/15 betogen het Groothertogdom Luxemburg en FFT dat de Commissie ten onrechte van oordeel was dat de betrokken ruling een selectieve maatregel was. Zij stellen primair dat de Commissie bij haar selectiviteitsanalyse in drie stappen een onjuist referentiekader in aanmerking heeft genomen. Volgens hen wijkt de betrokken ruling niet af van de belastingregeling voor geïntegreerde vennootschappen, die het relevante referentiekader vormt. Zij betogen derhalve dat de Commissie niet heeft aangetoond dat de betrokken ruling aan FFT was toegekend onder voorwaarden die gunstiger waren dan die welke waren toegekend aan andere geïntegreerde ondernemingen.

329. Bovendien betwisten het Groothertogdom Luxemburg en FFT het argument van de Commissie dat zij hoe dan ook kon aannemen dat de betrokken ruling selectief was, aangezien het om een individuele maatregel ging en zij had vastgesteld dat deze FFT een voordeel verleende. Zij voeren aan dat de rechtspraak een onderscheid maakt tussen individuele ad-hocmaatregelen en individuele uitvoeringsmaatregelen van een algemene belastingregeling. In dit laatste geval kan de selectiviteit niet worden aangenomen, maar moet worden onderzocht in verhouding tot het Luxemburgse recht en de Luxemburgse praktijk, om vast te stellen of de uitvoeringsvoorwaarden ervan discriminerend zijn of dat de aan de nationale autoriteiten gelaten beoordelingsmarge buitensporig is. Het Groothertogdom Luxemburg en FFT voeren vervolgens aan dat de betrokken ruling geen individuele ad-hocmaatregel is, maar een individuele maatregel die valt binnen het kader van een algemene regeling die de belasting van aanvullende lasten voorschrijft, te weten de regeling inzake verrekenprijzen, zoals het geval was in de zaak die heeft geleid tot het arrest van 4 juni 2015, Commissie/MOL (C-15/14 P, EU:C:2015:362).

330. Ierland betoogt dat, volgens de rechtspraak en de rechtsleer, het enige relevante referentiestelsel voor het onderzoek van de selectiviteit van een belastingmaatregel het belastingstelsel van de lidstaat is waarbinnen die maatregel valt, en niet een abstract of hypothetisch belastingstelsel, zoals de Commissie ten onrechte heeft toegepast in het bestreden besluit. Het is van mening dat het in aanmerking te nemen referentiestelsel de specifieke belastingregeling voor geïntegreerde vennootschappen is.

331. De Commissie betwist al deze argumenten.

332. Vooraf zij eraan herinnerd dat het in artikel 107, lid 1, VWEU vervatte vereiste van selectiviteit duidelijk moet worden onderscheiden van de daarmee samengaande vaststelling van een economisch voordeel. Wanneer de Commissie een voordeel in ruime zin heeft vastgesteld dat direct of indirect voortvloeit uit een bepaalde maatregel, moet zij immers bovendien aantonen dat dit voordeel specifiek aan een of meer ondernemingen ten goede komt. Daartoe moet zij met name bewijzen dat de betrokken maatregel leidt tot differentiaties tussen ondernemingen die zich ten aanzien van het doel van de maatregel in een vergelijkbare situatie bevinden. Het voordeel moet dus op selectieve wijze worden toegekend en moet bepaalde ondernemingen in een gunstiger situatie kunnen brengen dan andere (arrest van 4 juni 2015, Commissie/MOL, C-15/14 P, EU:C:2015:362, punt 59).

333. Daarbij moet echter worden opgemerkt dat het vereiste van selectiviteit verschilt naargelang de betrokken maatregel bedoeld is als een algemene steunregeling dan wel als individuele steun. In dit laatste geval kan bij de vaststelling van het economische voordeel in beginsel worden vermoed dat dit voordeel selectief is (hierna: „vermoeden van selectiviteit"). Bij het onderzoek van een algemene steunregeling moet daarentegen worden vastgesteld of de betrokken maatregel, hoewel hij een voordeel van algemene strekking verleent, dit voordeel uitsluitend ten bate van bepaalde ondernemingen of sectoren schept (arresten van 4 juni 2015, Commissie/MOL, C-15/14 P, EU:C:2015:362, punt 60, en 30 juni 2016, België/Commissie, C-270/15 P, EU:C:2016:489, punt 49; zie in die zin ook arrest van 26 oktober 2016, Orange/Commissie, C-211/15 P,

EU:C:2016:798, punten 53 en 54). Gepreciseerd moet worden dat, in het geval van individuele steun, het vermoeden van selectiviteit losstaat van de vraag of er marktdeelnemers zijn die zich op de betrokken markt of markten in een vergelijkbare feitelijke en juridische situatie bevinden (arrest van 13 december 2017, Griekenland/Commissie, T-314/15, niet gepubliceerd, EU:T:2017:903, punt 79).

334. Het is tevens vaste rechtspraak dat de Commissie een nationale belastingmaatregel die geen individuele maatregel is pas als „selectief" kan aanmerken nadat zij ten eerste heeft bepaald welke algemene of „normale" belastingregeling in een lidstaat geldt, en ten tweede heeft aangetoond dat de betrokken belastingmaatregel afwijkt van die algemene regeling, voor zover hij differentiaties invoert tussen marktdeelnemers die zich, gelet op het doel van die algemene regeling, in een feitelijk en juridisch vergelijkbare situatie bevinden (arresten van 8 september 2011, Paint Graphos e.a., C-78/08–C-80/08, EU:C:2011:550, punt 49; 21 december 2016, Commissie/World Duty Free Group e.a., C-20/15 P en C-21/15 P, EU:C:2016:981, punt 57, en 13 december 2017, Griekenland/Commissie, T-314/15, niet gepubliceerd, EU:T:2017:903, punt 85).

335. Het begrip „staatssteun" strekt zich echter niet uit tot maatregelen die differentiëren tussen ondernemingen die zich, gelet op het doel van de betrokken rechtsregeling, in een feitelijk en juridisch vergelijkbare situatie bevinden en derhalve a priori selectief zijn, wanneer de lidstaat in kwestie kan aantonen dat die differentiatie gerechtvaardigd is omdat zij voortvloeit uit de aard of de opzet van het stelsel waarvan de maatregelen een onderdeel vormen (arrest van 21 december 2016, Commissie/World Duty Free Group e.a., C-20/15 P en C-21/15 P, EU:C:2016:981, punt 58 en aldaar aangehaalde rechtspraak).

336. Het is dus na een methode in drie stappen, zoals uiteengezet in de punten 334 en 335 hierboven, dat kan worden geconcludeerd dat een nationale belastingmaatregel die geen individuele maatregel is, selectief is.

337. In casu moet worden opgemerkt dat de Commissie in het bestreden besluit de selectiviteit van de betrokken maatregel primair heeft onderzocht door de drie in de punten 334 tot en met 336 hierboven genoemde stappen te volgen. Zij heeft echter ook het vermoeden van selectiviteit toegepast, volgens hetwelk een maatregel wordt vermoed selectief te zijn wanneer hij een voordeel toekent en het om een individuele steunmaatregel gaat. In overweging 218 van het bestreden besluit en in haar memories heeft de Commissie immers eraan herinnerd dat „volgens het Hof [...] bij een individuele steunmaatregel, anders dan bij een regeling, bij de vaststelling van het economische voordeel in beginsel [kan] worden vermoed dat er sprake is van selectiviteit" en dat FFT in casu een „individuele steunmaatregel" geniet. De Commissie heeft ter terechtzitting in antwoord op vragen van het Gerecht bovendien benadrukt dat zij de selectiviteit van het betrokken voordeel op verschillende manieren heeft aangetoond in het bestreden besluit, waaronder door middel van het vermoeden van selectiviteit, waarvan de rechtmatigheid evenwel pas na de vaststelling van het bestreden besluit door de rechtspraak is bevestigd.

338. Het Gerecht acht het wenselijk om eerst het betoog van het Groothertogdom Luxemburg en FFT te onderzoeken dat de Commissie niet mocht vermoeden dat de steun selectief was en evenmin kon vaststellen dat zij het vermoeden van selectiviteit niet hadden weerlegd.

339. Wat in de eerste plaats het vermoeden van selectiviteit betreft, zij eraan herinnerd dat, zoals in essentie blijkt uit de in punt 333 hierboven aangehaalde rechtspraak, dit vermoeden van toepassing is op de dubbele voorwaarde dat de betrokken maatregel een individuele steunmaatregel (en geen steunregeling) is en de begunstigde onderneming een voordeel toekent. Aangezien het louter een vermoeden betreft, dient de verzoekende partij bijgevolg, om het te weerleggen, aan te tonen dat aan een van deze twee voorwaarden niet is voldaan.

340. Wat ten eerste de voorwaarde betreft dat er sprake moet zijn van een voordeel, moet worden vastgesteld dat deze is vervuld. Zoals in punt 286 hierboven is opgemerkt, zijn het Groothertogdom Luxemburg en FFT er immers niet in geslaagd aan te tonen dat de Commissie ten onrechte tot de slotsom was gekomen dat het bedrag aan belasting dat FFT moest betalen, lager was dan het bedrag dat zij onder normale marktvoorwaarden had moeten betalen.

341. Wat ten tweede de voorwaarde betreft dat de betrokken maatregel een individuele steunmaatregel is, betwisten het Groothertogdom Luxemburg en FFT in essentie, zowel in hun memories als ter terechtzitting in antwoord op vragen van het Gerecht, dat de betrokken ruling een individuele ad-hocsteunmaatregel kan zijn. Volgens hen gaat het om een individuele uitvoeringsmaatregel die binnen het kader van een algemene regeling valt, zoals het geval was in de zaak die heeft geleid tot het arrest van 4 juni 2015, Commissie/MOL (C-15/14 P, EU:C:2015:362).

342. In dit verband zij in herinnering gebracht dat individuele steun, volgens artikel 1, onder e), van verordening 2015/1589, steun is die niet wordt toegekend op grond van een steunregeling, alsook steun die op grond

van een steunregeling wordt toegekend en moet worden aangemeld overeenkomstig artikel 2 van die verordening.

343. Volgens artikel 1, onder d), van verordening 2015/1589 is een steunregeling „elke regeling op grond waarvan aan ondernemingen die in de regeling op algemene en abstracte wijze zijn omschreven, individuele steun kan worden toegekend zonder dat hiervoor nog uitvoeringsmaatregelen vereist zijn, alsmede elke regeling op grond waarvan steun die niet gebonden is aan een specifiek project voor onbepaalde tijd en/of voor een onbepaald bedrag aan een of meer ondernemingen kan worden toegekend".

344. Uit de in punt 343 hierboven vermelde definitie van „steunregeling" in artikel 1, onder d), van verordening 2015/1589, zoals uitgelegd door de rechtspraak, kunnen de volgende overwegingen worden afgeleid.

345. Ten eerste impliceert het bestaan van een steunregeling in beginsel dat er bepalingen worden aangeduid op grond waarvan de steun is toegekend. Niettemin is reeds geoordeeld dat wanneer er bij het onderzoek van een steunregeling geen rechtshandeling kan worden vastgesteld die een dergelijke steunregeling invoert, de Commissie op basis van een geheel van omstandigheden tot de conclusie kan komen dat er in feite een steunregeling bestaat (zie in die zin arrest van 13 april 1994, Duitsland en Pleuger Worthington/Commissie, C-324/90 en C-342/90, EU:C:1994:129, punten 14 en 15).

346. Ten tweede moeten, voor zover de individuele steun is toegekend zonder dat er aanvullende uitvoeringsmaatregelen zijn genomen, de essentiële onderdelen van een steunregeling noodzakelijkerwijs blijken uit de bepalingen die als grondslag van die regeling zijn aangeduid.

347. Wanneer, ten derde, de nationale autoriteiten een steunregeling toepassen, kunnen deze autoriteiten niet beschikken over een beoordelingsmarge voor de vaststelling van de essentiële onderdelen van de betrokken steun en voor de wenselijkheid van de toekenning ervan. Wil het bestaan van dergelijke uitvoeringsmaatregelen uitgesloten zijn, moet de bevoegdheid van de nationale autoriteiten immers beperkt blijven tot een technische toepassing van de bepalingen waaruit de betrokken regeling wordt geacht te bestaan, in voorkomend geval na te hebben geverifieerd dat de aanvragers voldoen aan de voorwaarden om daarvoor in aanmerking te komen.

348. Ten vierde volgt uit artikel 1, onder d), van verordening 2015/1589 dat de aan de steunregeling ten grondslag liggende handelingen de begunstigden op algemene en abstracte wijze moeten omschrijven, zelfs als de hun toegekende steun onbepaald blijft.

349. In casu moet worden vastgesteld dat, zoals de Commissie in antwoord op vragen ter terechtzitting heeft benadrukt, de betrokken ruling niet kan worden beschouwd als een maatregel die is toegekend op basis van een steunregeling.

350. Allereerst zij opgemerkt dat noch het algemene stelsel van vennootschapsbelasting, noch het specifieke belastingstelsel voor geïntegreerde vennootschappen, noch enige andere door partijen geïdentificeerde bepaling een regeling in de zin van artikel 1, onder d), eerste en tweede zinsdeel, van verordening 2015/1589 vormt op basis waarvan de betrokken maatregel aan FFT is toegekend. Evenmin voeren partijen een geheel van omstandigheden aan waaruit kan worden afgeleid dat er in feite een steunregeling bestaat.

351. Vervolgens zij opgemerkt dat de betrokken maatregel niet ziet op de vaststelling door de belastingautoriteiten van rulings in het algemeen, maar op een ruling die specifiek en precies FFT betreft (zie arrest van 13 december 2017, Griekenland/Commissie, T-314/15, niet gepubliceerd, EU:T:2017:903, punten 80 en 81). Vast staat dat de betrokken ruling tot doel heeft het bedrag te bepalen van de belasting die alleen FFT moet betalen krachtens de toepasselijke Luxemburgse belastingbepalingen, zodat de betrokken ruling uitsluitend de individuele situatie van FFT betreft. Derhalve moet worden vastgesteld dat de essentiële onderdelen van de steunmaatregel, en met name de onderdelen waaruit het voordeel bestaat, te weten de goedkeuring van een methode voor het bepalen van de vergoeding van FFT op basis van een opsplitsing van het eigen vermogen en de toepassing van verschillende rendementspercentages aan de hand van die opsplitsing, waarmee dus wordt afgeweken van een zakelijke uitkomst, uitsluitend blijken uit de betrokken ruling en niet uit bepalingen van het Luxemburgse belastingrecht op basis waarvan de betrokken ruling zou zijn vastgesteld.

352. Tot slot moet hoe dan ook worden geconstateerd dat, zoals het Groothertogdom Luxemburg heeft aangegeven in antwoord op de mondelinge vragen van het Gerecht, uit de Luxemburgse regeling zelf blijkt dat de belastingdienst over een beoordelingsmarge beschikt om na te gaan wat, gelet op de omstandigheden van elk geval, de beste methode is om het belastbare bedrag te berekenen van elke vennootschap die een verzoek om een ruling indient. De toekenning van rulings door de Luxemburgse belastingautoriteiten vereist, in elk individueel geval, immers een specifieke analyse die tot een complexe beoordeling leidt. Deze beoordelingsmarge

waarover de Luxemburgse overheid bij elke ruling beschikt, sluit dus uit dat de betrokken ruling enkel een uitvoeringsmaatregel van een steunregeling is.

353. In dit verband moet worden benadrukt dat het feit dat de betrokken ruling geen op zichzelf staande maatregel is, maar een van de vele rulings die aan ondernemingen in Luxemburg zijn toegekend, niet van invloed is op de vaststelling dat, aangezien de betrokken ruling FFT een voordeel verleende, een dergelijke ruling voor die onderneming een individuele steunmaatregel vormt.

354. Uit het voorgaande, en met name de punten 345 en 350 hierboven, blijkt dat de betrokken ruling geen steunregeling vormt en evenmin een individuele steunmaatregel die is vastgesteld op grond van een steunregeling in de zin van artikel 1, onder d), eerste en tweede zinsdeel, van verordening 2015/1589. De betrokken ruling bevat immers geen enkele bepaling op basis waarvan het mogelijk zou zijn steun toe te kennen in de zin van artikel 1, onder d), eerste en tweede zinsdeel, van verordening 2015/1589. Voorts duidt niets erop dat deze ruling op basis van een dergelijke bepaling zou zijn vastgesteld.

355. Gelet hierop dient dus te worden vastgesteld dat de betrokken ruling moet worden aangemerkt als individuele steun in de zin van artikel 1, onder e), van verordening 2015/1589.

356. Aan deze conclusie wordt niet afgedaan door de andere argumenten van het Groothertogdom Luxemburg en van FFT.

357. Ten eerste moet het argument van het Groothertogdom Luxemburg dat, in essentie, de Commissie een ter uitvoering van een steunregeling vastgestelde steunmaatregel niet in twijfel discussie kon trekken zonder eerst die regeling in twijfel te trekken, ongegrond worden verklaard, aangezien de betrokken ruling niet op basis van een steunregeling is vastgesteld.

358. Ten tweede moet het argument van FFT dat de betrokken ruling de toepassing van de regels inzake verrekenprijzen in Luxemburg weergeeft en dat de Commissie niet heeft vastgesteld welke ondernemingen zich feitelijk en rechtens in omstandigheden bevonden die vergelijkbaar waren met die van FFT en geen rekening heeft gehouden met de aanzienlijke verschillen tussen concernvennootschappen en onafhankelijke vennootschappen, als niet ter zake dienend worden afgewezen. Dit argument doet immers niet af aan de vaststelling dat de betrokken maatregel een individuele ad-hocsteunmaatregel is.

359. In het licht van het voorgaande moet worden vastgesteld dat de Commissie in ieder geval geen blijk heeft gegeven van een onjuiste opvatting door het bij de betrokken ruling aan FFT toegekende voordeel selectief te achten, aangezien in casu was voldaan aan de voorwaarden voor het vermoeden van selectiviteit.

360. Zelfs indien wordt aangenomen dat het vermoeden van selectiviteit niet van toepassing was, moet worden opgemerkt dat de Commissie tevens van oordeel was dat het bij de betrokken ruling aan FFT toegekende voordeel hoe dan ook selectief was in het licht van het in de punten 334 tot en met 336 hierboven vermelde onderzoek in drie stappen. Zoals gezegd bestaat de eerste stap van dit onderzoek in het aanwijzen van het relevante referentiekader, de tweede stap in het toetsen of de betrokken maatregel afwijkt van dat referentiekader, en de derde stap, ten slotte, in het verifiëren of een dergelijke afwijking kan worden gerechtvaardigd door de aard en de opzet van de regels waaruit het referentiekader bestaat. De Commissie heeft dit onderzoek verricht met als referentiekader, primair, het algemene stelsel van de Luxemburgse vennootschapsbelasting en, subsidiair, artikel 164 van de belastingwet en de circulaire.

361. Wat de eerste en de tweede stap betreft, moet worden opgemerkt dat de Commissie, los van het door haar in aanmerking genomen referentiekader, ongeacht of het om het algemene stelsel van de vennootschapsbelasting of artikel 164 van het belastingwetboek en de circulaire gaat, terecht kon aannemen dat de ruling afweek van de regels van elk van de referentiekaders. Zoals is vastgesteld in de punten 286 en 299 hierboven, was de Commissie immers zowel in haar primaire analyse, in het licht van het algemene stelsel van de vennootschapsbelasting, als in haar subsidiaire analyse, in het licht van artikel 164 van het belastingwetboek en de circulaire, terecht van oordeel dat de betrokken ruling FFT een voordeel verleende. Zoals is vastgesteld in punt 122 hierboven, heeft de Commissie tegelijkertijd onderzocht of er sprake was van een voordeel en, in het kader van het onderzoek van de selectiviteit, van een afwijking van de eerder aangewezen referentiekaders. Zoals de Commissie in overweging 217 van het bestreden besluit heeft verklaard, valt de vraag of de betrokken ruling een afwijking van het referentiekader vormt immers samen met de vaststelling dat bij deze maatregel aan de begunstigde een voordeel is toegekend.

362. Gelet hierop moet worden vastgesteld dat de argumenten van partijen die strekken tot betwisting van het door de Commissie aangewezen referentiekader, niet ter zake dienend zijn en dat de argumenten die

strekken tot betwisting van de analyse van de Commissie met betrekking tot de tweede stap van haar betoog, te weten het onderzoek van een afwijking van het referentiekader, ongegrond moeten worden verklaard.

363. Wat de derde stap betreft, moet worden opgemerkt dat de Commissie in het bestreden besluit van oordeel was dat noch het Groothertogdom Luxemburg noch FFT enige grond had aangevoerd die de uit de betrokken ruling voortvloeiende selectieve behandeling van FFT kon rechtvaardigen. Zij betoogde voorts evenmin een grond te hebben kunnen vaststellen die de door FFT genoten voorkeursbehandeling rechtvaardigde (punten 337 en 338 van het bestreden besluit).

364. Voor zover FFT ter rechtvaardiging van de afwijking aanvoert dat de betrokken ruling in overeenstemming is met het zakelijkheidsbeginsel, kan worden volstaan met vast te stellen dat dit argument op een onjuiste premisse berust.

365. Wat het argument van FFT betreft dat door de betrokken ruling een dubbele belasting kan worden vermeden, moet worden vastgesteld dat FFT, zoals de Commissie terecht opmerkt, niet aanvoert en evenmin aantoont dat zij alleen door de vaststelling van de ruling een dubbele belasting kon vermijden. Bovendien moet hoe dan ook worden vastgesteld dat, zoals de Commissie terecht opmerkt, de kwestie van de dubbele belasting geen verband houdt met en geen invloed heeft op de die van de vaststelling van de selectiviteit van een voordeel.

366. Uit de overwegingen in de punten 360 tot en met 365 hierboven volgt dus dat de Commissie geen blijk heeft gegeven van een onjuiste opvatting door op basis van de selectiviteitsanalyse in drie stappen te concluderen dat de betrokken maatregel selectief was.

367. Gelet op het voorgaande moet de derde door het Groothertogdom Luxemburg en FFT aangevoerde reeks middelen, ontleend aan het feit dat het aan FFT toegekende voordeel niet selectief is, in zijn geheel worden afgewezen.

F – Vierde reeks middelen: beperking van de mededinging

368. Het Groothertogdom Luxemburg betoogt dat de Commissie, in strijd met de artikelen 107 en 296 VWEU, niet heeft bewezen dat er sprake is van enige – daadwerkelijke of potentiële – beperking van de mededinging.

369. Volgens het Groothertogdom Luxemburg toont de Commissie noch in overweging 189 van het bestreden besluit, noch in de overwegingen 343 en 345 van dat besluit aan in welk opzicht de vrijstelling van FFT van een belastingschuld die zij normaal gesproken had moeten betalen, haar positie of die van het Fiat/Chrysler-concern op enige markt zou versterken. Voorts is de enkele algemene verwijzing, in overweging 189 van het bestreden besluit, naar de financiële positie van dit concern kennelijk ontoereikend om een dergelijk, zelfs potentieel, gevolg te karakteriseren.

370. FFT voert tevens aan dat de Commissie de artikelen 107 en 296 VWEU heeft geschonden, aangezien zij in het bestreden besluit de invloed van de betrokken ruling op de mededinging nagenoeg niet heeft onderzocht.

371. In de eerste plaats verwijt FFT de Commissie zich ertoe te hebben beperkt in overweging 189 van het bestreden besluit te verklaren dat de betrokken ruling haar financiële positie en die van het Fiat/Chrysler-concern had versterkt en daardoor de mededinging kon vervalsen.

372. Voorts benadrukt FFT dat, volgens de rechtspraak, een maatregel moet worden beoordeeld op basis van de gevolgen ervan en niet op basis van de doelstellingen ervan. De enkele stelling dat de verminderde belastingschuld in Luxemburg het concurrentievermogen van het Fiat/Chrysler-concern zou hebben versterkt, komt neer op een veroordeling wegens het doel, terwijl enkel het gevolg telt. De Commissie mag er niet altijd van uitgaan dat de mededinging wordt vervalst. FFT voegt daaraan toe dat de feiten van het onderhavige geval complex zijn en dat rekening moest worden gehouden met het totale effect van de betrokken ruling op het concern.

373. Bovendien stelt FFT dat zelfs indien wordt aangenomen dat zij in Luxemburg een buitensporig lage vennootschapsbelasting had genoten, zij geen diensten of goederen aan derden levert, zodat zij geen mededingingspositie heeft op een markt waarop de mededinging kan worden vervalst.

374. In de tweede plaats betoogt FFT dat de stellingen in overweging 345 van het bestreden besluit, die volgens haargeen deel uitmaken van de in het bestreden besluit verrichte analyse van de gevolgen voor de mededinging, onjuist zijn.

375. In de derde plaats voert FFT aan dat de Commissie haar conclusie dat de betrokken ruling de mededinging ongunstig beïnvloedde, baseert op de veronderstelling dat zij minder vennootschapsbelasting had betaald dan een onafhankelijke vennootschap. FFT betwist deze vergelijking.

376. De Commissie betwist deze argumenten.

377. Wat de vaststelling van de Commissie betreft dat er sprake is van een mededingingsbeperking, de vierde voorwaarde voor het bestaan van staatssteun, zij opgemerkt dat de Commissie in overweging 189 van het bestreden besluit om te beginnen eraan heeft herinnerd dat een door de staat toegekende maatregel word geacht de mededinging te vervalsen of dreigen te vervalsen wanneer zij de concurrentiepositie van de begunstigde ervan kan versterken ten opzichte van concurrerende ondernemingen. Zij heeft vervolgens vastgesteld dat, aangezien de betrokken ruling FFT had vrijgesteld van belasting die zij normaliter uit hoofde van het algemene vennootschapsbelastingstelsel verschuldigd zou zijn, deze ruling de mededinging vervalste of dreigde te vervalsen in die zin dat die ruling de financiële positie van FFT en het Fiat/Chrysler-concern had versterkt.

378. Bovendien heeft de Commissie in de overwegingen 343 tot en met 345 van het bestreden besluit, die betrekking hebben op de begunstigde van de bestreden maatregel, gepreciseerd dat de betrokken ruling ten goede kwam aan het gehele Fiat/Chrysler-concern, aangezien zij niet alleen FFT, maar het gehele concern aanvullende middelen verschafte. De Commissie voegde daaraan toe dat het bedrag van de door FFT in Luxemburg betaalde belasting van invloed was op de prijsvoorwaarden voor de concerninterne leningen die zij aan de vennootschappen van het concern verstrekte, doordat deze voorwaarden werden vastgesteld aan de hand van de gemiddelde kapitaalkosten van het concern. De Commissie concludeerde hieruit dat de verlagingen van de door FFT verschuldigde belasting per definitie lagere prijzen voor de door haar verstrekte interne leningen tot gevolg hadden.

379. Zoals is uiteengezet in punt 178 hierboven, moet, volgens vaste rechtspraak, de door artikel 296 VWEU vereiste motivering beantwoorden aan de aard van de betrokken handeling en de redenering van de instelling die de handeling heeft verricht, duidelijk en ondubbelzinnig tot uitdrukking doen komen, opdat de belanghebbenden de rechtvaardigingsgronden van de genomen maatregel kunnen kennen en de Unierechter zijn toezicht kan uitoefenen.

380. Dit beginsel verlangt dat de Commissie, wanneer zij een maatregel als steunmaatregel aanmerkt, aangeeft waarom volgens haar de betrokken maatregel binnen de werkingssfeer van artikel 107, lid 1, VWEU valt. Zelfs wanneer reeds uit de omstandigheden waaronder de steun is verleend, duidelijk blijkt dat deze steun het handelsverkeer tussen lidstaten ongunstig zal beïnvloeden en de mededinging zal vervalsen of dreigen te vervalsen, dient de Commissie in de motivering van haar beschikking deze omstandigheden op zijn minst aan te geven (arresten van 6 september 2006, Portugal/Commissie, C-88/03, EU:C:2006:511, punt 89, en 30 april 2009, Commissie/Italië en Wam, C-494/06 P, EU:C:2009:272, punt 49).

381. Wat de voorwaarde inzake de verstoring van de mededinging betreft, blijkt uit de rechtspraak dat steun die bedoeld is om een onderneming te bevrijden van de kosten die zij normaliter in het kader van haar dagelijkse bedrijfsvoering of normale activiteiten had moeten dragen, in beginsel de mededingingsvoorwaarden vervalst (arresten van 19 september 2000, Duitsland/Commissie, C-156/98, EU:C:2000:467, punt 30, en 3 maart 2005, Heiser, C-172/03, EU:C:2005:130, punt 55).

382. Om een nationale maatregel als „staatssteun" te kunnen kwalificeren, behoeft, volgens vaste rechtspraak, niet te worden vastgesteld of de steun het handelsverkeer tussen lidstaten werkelijk beïnvloedt en de mededinging daadwerkelijk vervalst, maar behoeft enkel te worden onderzocht of de steunmaatregel dat handelsverkeer ongunstig kan beïnvloeden en de mededinging kan vervalsen (arrest van 10 januari 2006, Cassa di Risparmio di Firenze e.a., C-222/04, EU:C:2006:8, punt 140 en aldaar aangehaalde rechtspraak).

383. Wat bovendien in het bijzonder exploitatiesteun betreft, zoals in casu aan de orde, blijkt, zoals de Commissie aanvoert, uit de rechtspraak dat deze is bedoeld om een onderneming te bevrijden van de kosten die zij normaliter in het kader van haar dagelijkse bedrijfsvoering of van haar normale activiteiten had moeten dragen en in beginsel de mededingingsvoorwaarden vervalst (zie arrest van 9 juni 2011, Comitato „Venezia vuole vivere" e.a./Commissie, C-71/09 P, C-73/09 P en C-76/09 P, EU:C:2011:368, punt 136 en aangehaalde rechtspraak).

384. In casu moet worden vastgesteld dat blijkens de overwegingen 189, 343 en 345 van het bestreden besluit, waarvan de inhoud is weergegeven in de punten 377 en 380 hierboven, de Commissie van oordeel was dat FFT en het concern waartoe zij behoorde een voordeel genoten dat voortvloeide uit een belastingvermindering die niet gold voor de andere concurrerende vennootschappen en dus haar financiële positie op de markt versterkte, zodat de betrokken ruling de mededinging beperkte. Volgens de Commissie verschafte de

uit de betrokken ruling voortvloeiende verlaging van de belastingdruk van FFT het gehele concern aanvullende middelen, aangezien zij heeft geleid tot een verlaging van de prijsvoorwaarden voor haar concerninterne leningen. In het licht van de in de punten 379 tot en met 382 hierboven uiteengezette rechtspraak moet worden vastgesteld dat deze gegevens volstaan om aan te nemen dat de Commissie de omstandigheden heeft vermeld op grond waarvan zij van oordeel was dat de betrokken maatregel de mededinging ongunstig kon beïnvloeden en het handelsverkeer kon vervalsen. In dit verband zij eraan herinnerd dat FFT, zoals blijkt uit punt 7 hierboven, treasury- en financieringsdiensten verricht voor de in Europa gevestigde vennootschappen van dit concern, met uitzondering van die in Italië.

385. Derhalve moet worden aangenomen dat Commissie haar motiveringsplicht niet heeft geschonden en evenmin blijk heeft gegeven van een onjuiste beoordeling door tot de slotsom te komen dat de betrokken maatregel de mededinging op de markt beperkte, aangezien de bijbehorende belastingvermindering de financiële positie van FFT en van het concern waartoe zij behoorde, verbeterde ten nadele van die van haar concurrenten.

386. Aan deze conclusie wordt niet afgedaan door de andere argumenten van het Groothertogdom Luxemburg en van FFT.

387. In de eerste plaats moet, voor zover het Groothertogdom Luxemburg zich beroept op het arrest van 17 december 2015, Spanje e.a./Commissie (T-515/13 en T-719/13, EU:T:2015:1004), worden opgemerkt dat, zoals is aangegeven in punt 321 hierboven, dit arrest van het Gerecht door het Hof is vernietigd bij zijn arrest van 25 juli 2018, Commissie/Spanje e.a. (C-128/16 P, EU:C:2018:591).

388. Hoe dan ook moet worden vastgesteld dat het Gerecht in het arrest van 17 december 2015, Spanje e.a./ Commissie (T-515/13 en T-719/13, EU:T:2015:1004), heeft geoordeeld dat het besluit van de Commissie ontoereikend was gemotiveerd, aangezien daaruit niet voldoende duidelijk bleek waarom het voordeel dat was verleend aan de investeerders, en niet aan de scheepvaartmaatschappijen en scheepswerven die de steun hadden ontvangen, tot een verstoring van de mededinging kon leiden. De feiten van de onderhavige zaak liggen echter anders, aangezien het voordeel is toegekend aan FFT en aan het concern waartoe zij behoort. Bijgevolg was in de omstandigheden van de onderhavige zaak geen andere uitleg vereist dan die dat FFT en de vennootschappen van het Fiat/Chrysler-concern een voordeel hadden genoten doordat zij minder belasting hoefden te betalen, waardoor de mededinging op de markten waarop de vennootschappen van het Fiat/Chrysler-concern actief waren, ongunstig werd beïnvloed.

389. In de tweede plaats beroept FFT zich ter ondersteuning van haar betoog dat de Commissie de feiten nauwkeuriger had moeten onderzoeken, op drie arresten.

390. Ten eerste moet, met betrekking tot de arresten van 17 september 1980, Philip Morris/Commissie (730/79, EU:C:1980:209, punt 11), en 15 juni 2000, Alzetta e.a./Commissie (T-298/97, T-312/97, T-313/97, T-315/97, T-600/97–T-607/97, T-1/98, T-3/98–T-6/98 en T-23/98, EU:T:2000:151, punt 80), worden vastgesteld dat, anders dan FFT betoogt, de Commissie in die zaken weliswaar specifiek de relevante markt, de vroegere toestand van de mededinging en het doel van de steun heeft aangeduid, maar dat uit geen van deze arresten blijkt dat de Commissie stelselmatig een dergelijke analyse moet verrichten wanneer zij uiteenzet waarom de betrokken maatregel de mededinging vervalst. Zoals is vastgesteld in punt 384 hierboven, heeft de Commissie aangegeven waarom de betrokken maatregel exploitatiesteun vormde waardoor FFT en de vennootschappen van het Fiat/Chrysler-concern een voordeel konden genieten en hun financiële positie konden versterken en FFT de prijsvoorwaarden voor haar concerninterne leningen kon verlagen.

391. Anders dan het geval was voor de feiten in de zaak die heeft geleid tot het arrest van 24 oktober 1996, Duitsland e.a./Commissie (C-329/93, C-62/95 en C-63/95, EU:C:1996:394), waarin het Hof het besluit van de Commissie nietig heeft verklaard wegens een motiveringsgebrek, en ook voor de feiten die hebben geleid tot het arrest van 13 maart 1985, Nederland en Leeuwarder Papierwarenfabriek/Commissie (296/82 en 318/82, EU:C:1985:113), heeft de Commissie in casu wel degelijk uiteengezet waarom zij van oordeel was dat er sprake was van een mededingingsbeperking.

392. Deze argumenten moeten dus ongegrond worden verklaard.

393. In de derde plaats volstaat het om, met betrekking tot het betoog van FFT dat een maatregel moet worden beoordeeld op basis van de gevolgen ervan en niet op basis van de doelstellingen ervan, eraan te herinneren dat blijkens de in punt 118 hierboven aangehaalde rechtspraak een steunmaatregel de mededinging moet vervalsen of dreigen te vervalsen. In casu was de Commissie, zoals hierboven in punt 384 is vastgesteld, terecht van oordeel dat de betrokken maatregel tot vervalsing van de mededinging leidde.

394. In de vierde plaats moet het argument van FFT ongegrond worden verklaard dat de Commissie haar conclusie dat de betrokken ruling de mededinging ongunstig heeft beïnvloed, heeft gebaseerd op de onjuiste veronderstelling dat zij minder vennootschapsbelasting heeft betaald dan een onafhankelijke vennootschap. De Commissie was immers terecht van oordeel dat FFT een belastingvoordeel had genoten, zodat zij tot de slotsom kon komen dat een dergelijk voordeel de mededinging kon vervalsen op de markten waarop FFT en het concern waartoe zij behoorde actief waren.

395. In de vijfde plaats, voor zover FFT betoogt dat zelfs indien wordt aangenomen dat zij in Luxemburg een buitensporig lage vennootschapsbelasting had genoten, zij geen diensten of goederen aan derden levert, zodat zij geen mededingingspositie heeft op een markt waarop de mededinging zou kunnen worden vervalst, of dat de goederen en diensten die de vennootschappen van het concern aanbieden, voldoen aan de marktvoorwaarden, moeten deze argumenten ongegrond worden verklaard. Doordat haar belastingdruk is afgenomen, kan FFT immers de activiteiten van andere vennootschappen van het concern tegen lagere kosten financieren, waardoor de mededinging op de markten waarop laatstgenoemden actief zijn, wordt vervalst.

396. In de zesde plaats betoogt FFT dat de stellingen in overweging 345 van het bestreden besluit, die volgens haar geen deel uitmaken van de in het bestreden besluit verrichte analyse van de gevolgen voor de mededinging, onjuist zijn. Volgens FFT was de Commissie daarin ten onrechte van oordeel dat er een verband bestond tussen het bedrag van de door FFT in Luxemburg betaalde belasting en het bedrag van de rente die FFT toepast op de leningen die zij verstrekt aan de vennootschappen van het Fiat/Chrysler-concern. Dienaangaande kan worden volstaan met vast te stellen dat, zoals FFT overigens zelf erkent, het feit dat de Commissie een fout heeft gemaakt in het bedrag van de in aanmerking te nemen rente, geen invloed heeft op de vaststelling dat er sprake is van een beperking van de mededinging. Dit argument moet dus worden afgewezen als niet ter zake dienend.

397. In de zevende plaats moet het argument van FFT dat er een gelijkenis bestaat tussen het besluit dat het Hof nietig heeft verklaard in het arrest van 30 april 2009, Commissie/Italië en Wam (C-494/06 P, EU:C:2009:272), en de onderhavige zaak, welk argument zij niet heeft aangevoerd in het kader van het tweede onderdeel van het eerste middel, ongegrond worden verklaard. Zoals de Commissie stelt, heeft het Hof in de eerste zaak immers vastgesteld dat de betrokken steun geen exploitatiesteun vormde. Bovendien heeft FFT de rechtspraak waarop de Commissie zich in casu heeft gebaseerd, volgens welke exploitatiesteun in beginsel de mededingingsvoorwaarden vervalst, niet in twijfel getrokken. FFT toont evenmin aan dat een dergelijk vermoeden in casu niet van toepassing is.

398. In het licht van het voorgaande moeten de door het Groothertogdom Luxemburg en FFT aangevoerde middelen volgens welke de Commissie niet heeft aangetoond dat er sprake was van een mededingingsbeperking, worden afgewezen.

G – Vijfde reeks middelen: terugvordering van de steun

399. Deze, door het Groothertogdom Luxemburg subsidiair aangevoerde reeks middelen betreffende de terugvordering van de steun, bestaat uit twee onderdelen.

1. Eerste onderdeel: schending van verordening 2015/1589 doordat de terugvordering van de vermeende steun in kwestie onverenigbaar is met het rechtszekerheidsbeginsel

400. Het Groothertogdom Luxemburg betoogt dat de Commissie het rechtszekerheidsbeginsel en artikel 16, lid 1, van verordening 2015/1589 heeft geschonden door de terugvordering van de betrokken vermeende steun te gelasten.

401. Ierland geeft aan het standpunt van het Groothertogdom Luxemburg te delen dat de Commissie het rechtszekerheidsbeginsel heeft geschonden.

402. De Commissie betwist deze argumenten.

403. In herinnering zij gebracht dat artikel 16, lid 1, van verordening 2015/1589 het volgende bepaalt:

> „Indien negatieve besluiten worden genomen in gevallen van onrechtmatige steun, besluit de Commissie dat de betrokken lidstaat alle nodige maatregelen dient te nemen om de steun van de begunstigde terug te vorderen […]. De Commissie verlangt geen terugvordering van de steun indien zulks in strijd is met een algemeen beginsel van het Unierecht."

404. In het bestreden besluit heeft de Commissie allereerst opgemerkt dat zij krachtens artikel 16, lid 1, van verordening 2015/1589 de terugvordering moest gelasten van alle onrechtmatige en met de interne markt

onverenigbare steun, tenzij deze terugvordering in strijd zou zijn met een algemeen rechtsbeginsel (overwegingen 354 en 355 van het bestreden besluit). Vervolgens was de Commissie van oordeel dat de argumenten van het Groothertogdom Luxemburg volgens welke de terugvordering de beginselen van bescherming van het gewettigd vertrouwen en van rechtszekerheid schendt, ongegrond waren (overweging 364 van het bestreden besluit). Wat ten eerste de bescherming van het gewettigd vertrouwen betreft, merkt zij op dat zij geen nauwkeurige toezeggingen heeft gedaan aan het Groothertogdom Luxemburg of aan FFT (overwegingen 356-358 van het bestreden besluit). Wat ten tweede de schending van het rechtszekerheidsbeginsel betreft, bestaat er volgens haar geen vroegere beschikkingspraktijk die onzekerheid heeft kunnen doen ontstaan over de vraag of rulings kunnen worden geacht verlening van staatssteun in te houden. De Commissie herinnert er verder in het bijzonder aan dat zij volgens de rechtspraak niet verplicht is om het precieze bedrag van de terug te vorderen steun aan te geven (overwegingen 360-363 van het bestreden besluit).

405. Volgens de rechtspraak vereist het rechtszekerheidsbeginsel, een algemeen beginsel van Unierecht, dat rechtsregels duidelijk en nauwkeurig zijn en strekt dit beginsel ertoe te waarborgen dat door het Unierecht beheerste rechtssituaties en -betrekkingen voorzienbaar zijn (arrest van 15 februari 1996, Duff e.a./Commissie, C-63/93, EU:C:1996:51, punt 20).

406. In casu moet ten eerste, met betrekking tot het betoog van het Groothertogdom Luxemburg dat er, overeenkomstig artikel 16, lid 1, van verordening 2015/1589, geen terugvordering moet worden gelast omdat dit in strijd zou zijn met het rechtszekerheidsbeginsel, worden vastgesteld dat de rechtsregel die heeft geleid tot de vaststelling van het bestreden besluit, te weten artikel 107 VWEU en de vier in punt 118 hierboven in herinnering gebrachte voorwaarden voor het bestaan van een dergelijke steun, duidelijk en nauwkeurig is.

407. In dit verband zij eraan herinnerd dat het begrip „staatssteun" wordt gedefinieerd aan de hand van de gevolgen van de maatregel voor de mededingingspositie van de begunstigde ervan (zie in die zin arrest van 22 december 2008, British Aggregates/Commissie, C-487/06 P, EU:C:2008:757, punt 87). Hieruit volgt dat artikel 107 VWEU elke steunmaatregel verbiedt, los van de vorm ervan of de regelgevingstechniek die wordt gebruikt om die steun te verlenen (zie in die zin arrest van 21 december 2016, Commissie/World Duty Free Group e.a., C-20/15 P en C-21/15 P, EU:C:2016:981, punt 79).

408. Bijgevolg bestaat er geen enkele twijfel over dat elke overheidsmaatregel, zoals een ruling, die voldoet aan de voorwaarden van artikel 107 VWEU, in beginsel verboden is en voorwerp van een terugvorderingsbevel moet zijn.

409. Ten tweede moet hoe dan ook worden vastgesteld dat, zoals de Commissie heeft opgemerkt, er geen objectieve feiten waren op grond waarvan het Groothertogdom Luxemburg of FFT kon concluderen dat de Commissie artikel 107 VWEU niet zou toepassen op rulings. Uit de beschikkingspraktijk van de Commissie, waarnaar zij verwijst in voetnoot 71 van het bestreden besluit en waarvan het Groothertogdom Luxemburg de juistheid niet betwist, blijkt dat zij in het verleden de verenigbaarheid van rulings met artikel 107 VWEU heeft onderzocht. Voorts betwist het Groothertogdom Luxemburg niet dat de Commissie reeds individuele belastingmaatregelen heeft onderzocht en gebruik heeft gemaakt van het zakelijkheidsbeginsel om de terugvordering van steun te gelasten.

410. Gelet hierop kan de enkele toepassing van artikel 107 VWEU op de betrokken ruling geen schending van het rechtszekerheidsbeginsel vormen. Derhalve kan niet met succes schending van dit beginsel worden ingeroepen om te rechtvaardigen dat, overeenkomstig artikel 16, lid 1, van verordening 2015/1589, de uit de betrokken ruling voortvloeiende steun niet wordt teruggevorderd.

411. De andere door het Groothertogdom Luxemburg en Ierland aangevoerde argumenten kunnen niet overtuigen.

412. Om te beginnen moet er met betrekking tot het betoog van het Groothertogdom Luxemburg dat het door de Commissie gebruikte analyseschema voor de heffingsgrondslag van FFT niet voldoende voorzienbaar was, dat er souplesse moest worden getoond door geen onrealistische nauwkeurigheidseisen te stellen, en dat er niet van kon worden uitgegaan dat het Groothertogdom Luxemburg te kwader trouw was geweest, aan worden herinnerd dat de lidstaten over een beoordelingsmarge beschikken bij de vaststelling van verrekenprijzen en dat alleen indien de Commissie bij de vaststelling van deze prijzen een fout opmerkt die van dien aard is dat deze verrekenprijzen niet overeenstemmen met een betrouwbare benadering van een marktconforme uitkomst, zij het recht heeft om vast te stellen dat er sprake is van steun (zie punt 204 hierboven). In casu heeft het Gerecht vastgesteld dat de Commissie op goede gronden tot de slotsom kon komen dat het Groothertogdom Luxemburg met de betrokken ruling onjuistheden in de methode voor het bepalen van de vergoeding voor FFT had aanvaard die van dien aard waren dat zij niet konden leiden tot een verrekenprijs die een afspie-

geling vormt van de prijzen die onder marktvoorwaarden zouden zijn overeengekomen. Bijgevolg kan niet worden aangenomen dat de Commissie onrealistische nauwkeurigheidseisen heeft gesteld en evenmin dat haar analyseschema onvoorzienbaar was. Het Groothertogdom Luxemburg kan dus niet met recht stellen dat het niet voorzienbaar was dat de Commissie het bestaan van steun vaststelt en de terugvordering ervan gelast.

413. Vervolgens, met betrekking tot het betoog van het Groothertogdom Luxemburg dat zijn praktijk inzake fiscale rulings in overeenstemming was met de gedragsregels op het gebied van de belasting van ondernemingen en met de OESO-richtsnoeren, volstaat het op te merken dat de Commissie heeft vastgesteld dat het Groothertogdom Luxemburg met de betrokken ruling, die niet bij haar was aangemeld, met de interne markt onverenigbare staatssteun had verleend in de zin van artikel 107 VWEU. Daarmee heeft zij, ten eerste, de praktijk inzake fiscale rulings als zodanig niet ter discussie gesteld. Ten tweede wordt het bestaan van staatssteun onderzocht aan de hand van de criteria van artikel 107 VWEU. Bijgevolg is het feit dat teksten inzake verrekenprijzen, die niet bindend zijn voor de Commissie, zijn goedgekeurd door de Raad van de Europese Unie of de OESO, niet van invloed op de vaststelling dat de betrokken ruling FFT een selectief voordeel verleent.

414. Het Groothertogdom Luxemburg en Ierland stellen voorts dat de toepassing van het rechtszekerheidsbeginsel kan vereisen dat de terugwerkende kracht van een handeling wordt beperkt wanneer er sprake is van aanzienlijke economische risico's en de betrokken partijen te goeder trouw zijn, aan welke voorwaarden in casu is voldaan. Voor zover het Groothertogdom Luxemburg dit argument aanvoert ter betwisting van de terugvordering van de betrokken steunmaatregel, volstaat het eraan te herinneren dat een bevel tot terugvordering geen toepassing met terugwerkende kracht van een handeling vormt. De opheffing van onrechtmatige staatssteun door de terugvordering ervan is immers het logische gevolg van de vaststelling dat die steun onrechtmatig is en beoogt het herstel in de vroegere toestand (arrest van 19 oktober 2005, CDA Datenträger Albrechts/Commissie, T-324/00, EU:T:2005:364, punt 77 en aldaar aangehaalde rechtspraak).

415. Hoe dan ook moet met betrekking tot het betoog van het Groothertogdom Luxemburg dat het bestreden besluit voor hem en voor andere lidstaten ernstige economische gevolgen of zware moeilijkheden met zich meebrengt, zoals met name zou zijn opgemerkt door vertegenwoordigers van de Verenigde Staten van Amerika, worden vastgesteld, ten eerste, dat artikel 16, lid 1, van verordening 2015/1589 niet bepaalt dat onverenigbaar verklaarde steun om die reden niet zou kunnen worden teruggevorderd. Ten tweede kan geen enkel van de door het Groothertogdom Luxemburg aangevoerde argumenten aantonen dat er sprake is van dergelijke aanzienlijke economische gevolgen. Het is immers duidelijk dat de terugvordering van de betrokken steun als zodanig geen negatieve economische gevolgen kan hebben voor het Groothertogdom Luxemburg, aangezien de teruggevorderde bedragen worden toegewezen aan zijn overheidsfinanciën. Bovendien kan, anders dan het Groothertogdom Luxemburg lijkt te stellen, de terugvordering bij FFT van de door haar op grond van de betrokken ruling ontvangen steun als zodanig niet rechtstreeks tot gevolg hebben dat mogelijkerwijs „een zeer groot aantal rulings in het Groothertogdom Luxemburg en potentieel duizenden in alle andere lidstaten in twijfel worden getrokken". Het enkele feit dat de Commissie een ruling waarbij een selectief voordeel aan een onderneming is toegekend, in twijfel heeft getrokken, betekent immers enkel dat die – in strijd met artikel 107 VWEU vastgestelde – ruling zal worden teruggevorderd, maar niet dat alle rulings, waaronder die welke geen staatssteun vormen, voorwerp van terugvordering zullen zijn.

416. Bijgevolg moet niet worden aangenomen dat het bestreden besluit nieuwe of ernstige gevolgen heeft voor het internationale belastingrecht, aangezien de Commissie steeds bevoegd is geweest om na te gaan of een belastingmaatregel een staatssteunmaatregel is in de zin van artikel 107 VWEU.

417. Tot slot kan met betrekking tot het argument van Ierland dat, in essentie, de Commissie niet, zoals zij in het bestreden besluit heeft gedaan, kan suggereren dat, wanneer zij het bedrag van de steun niet vaststelt, de lidstaat zich tot haar wendt om dat bedrag te bepalen, worden volstaan met vast te stellen dat het Groothertogdom Luxemburg in casu niet stelt en evenmin aantoont dat de argumenten die de Commissie in overweging 311 van het bestreden besluit heeft geformuleerd tegen de methodologie voor de berekening van de door FFT verschuldigde belasting zo onnauwkeurig waren dat het niet in staat was het bedrag van de ontvangen steun te berekenen zonder zich tot de Commissie te wenden, waardoor het bestreden besluit tot rechtsonzekerheid zou hebben geleid. Het Groothertogdom Luxemburg erkent juist het bedrag van de terug te vorderen steun te hebben geraamd op 23,1 miljoen EUR. Dit argument moet dus ongegrond worden verklaard.

418. In het licht van het voorgaande moet het eerste onderdeel van de reeks middelen betreffende de terugvordering ongegrond worden verklaard.

2. Tweede onderdeel: schending van verordening 2015/1589 doordat de terugvordering van de vermeende steun in kwestie in strijd is met de rechten van de verdediging

419. Het Groothertogdom Luxemburg betoogt dat de beschikkingspraktijk van de Commissie meebrengt dat wanneer het bedrag van de steun niet kan worden beoordeeld, de steun niet hoeft te worden teruggevorderd. Bij gebreke van een mogelijkheid om de steun nauwkeurig te kwantificeren of van parameters die een lidstaat in staat stellen om in samenwerking met de Commissie tot een nauwkeurige kwantificering van de steun te komen, worden zijn rechten van verdediging immers geschonden en dit vormt een beletsel voor de terugvordering.

420. In dit verband merkt het Groothertogdom Luxemburg op dat het juist is dat het van de begunstigde van de vermeende steun heeft verlangd dat deze een bedrag op een geblokkeerde rekening stort. Dit bedrag is berekend volgens de aanwijzingen van de Commissie in overweging 311 van het bestreden besluit, met de precisering dat die berekening de betwisting van de door de Commissie gebruikte methodologie onverlet laat. Het Groothertogdom Luxemburg is echter van mening dat deze berekening volstrekt kunstmatig is, aangezien het onmogelijk is om de gestelde steun nauwkeurig te beoordelen, „tenzij gebruik wordt gemaakt van de volstrekt willekeurige beoordelingen van de Commissie in deze zaak". Volgens de OESO en de Commissie is er in essentie immers niet één juiste verrekenprijs, maar een bandbreedte aan juiste prijzen. Bovendien heeft het Groothertogdom Luxemburg zijns inziens geen enkele plausibele ruimte om af te wijken van de methodologie die de Commissie in het bestreden besluit heeft voorgesteld.

421. De Commissie betwist deze argumenten.

422. In overweging 367 van het bestreden besluit was de Commissie allereerst van oordeel dat, volgens de rechtspraak, het Unierecht niet verplicht tot vaststelling van het precieze bedrag van de terug te vorderen steun, maar dat het volstaat dat het besluit van de Commissie gegevens bevat waarmee de adressaat ervan zonder buitensporige moeilijkheden dit bedrag kan vaststellen. Zij preciseerde vervolgens dat zij in overweging 311 van het bestreden besluit een methodiek had aangeduid waarmee het aan FFT toegekende selectieve voordeel kon worden opgeheven indien het Groothertogdom Luxemburg ervoor koos om vast te houden aan de TNMM, waarbij zij vermeldde dat het vóór de datum van uitvoering van het onderhavige besluit een andere methode kon gebruiken (overwegingen 367-369 van het bestreden besluit).

423. In casu moet ten eerste worden vastgesteld dat het Groothertogdom Luxemburg niet het oordeel van de Commissie betwist dat blijkens het arrest van 18 oktober 2007, Commissie/Frankrijk (C-441/06, EU:C:2007:616, punt 29 en aldaar aangehaalde rechtspraak), een besluit van de Commissie niet noodzakelijkerwijs het bedrag van de terug te vorderen steun hoeft te vermelden indien het gegevens bevat waarmee die de lidstaat zonder buitensporige moeilijkheden dit bedrag zelf kan vaststellen.

424. Ten tweede moet worden opgemerkt dat het Groothertogdom Luxemburg niet stelt dat in casu het bestreden besluit geen gegevens bevat die het in staat stellen het terug te vorderen bedrag zelf vast te stellen. Het erkent namelijk dit bedrag, om het van FFT terug te vorderen, te hebben berekend en geraamd op 23,1 miljoen EUR. Het stelt voorts geenszins dat de door de Commissie gehanteerde berekeningsmethode onnauwkeurig is, maar voert in essentie enkel aan dat die methode haar niet de „plausibele ruimte geeft om af te wijken van het dogmatische standpunt van de Commissie". Daarmee erkent het Groothertogdom Luxemburg, althans impliciet, dat die methode voldoende nauwkeurig is om deze lidstaat in staat te stellen het bedrag van de terug te vorderen steun te berekenen.

425. Bijgevolg kan de Commissie niet worden verweten de rechten van verdediging van het Groothertogdom Luxemburg te hebben geschonden door in het bestreden besluit niet het bedrag van de terug te vorderen steun te vermelden.

426. Geen van de door het Groothertogdom Luxemburg aangevoerde argumenten kan afdoen aan deze conclusie.

427. Om te beginnen moet het argument van het Groothertogdom Luxemburg dat het feit dat het FFT heeft verzocht om storting van een bedrag van 23,1 miljoen EUR op een geblokkeerde rekening onverlet laat dat het de door de Commissie gekozen berekeningsmethode betwist, als niet ter zake dienend worden afgewezen. Het Groothertogdom Luxemburg toont immers niet aan dat het bestreden besluit zo onnauwkeurig is dat het niet *in staat is het terug te vorderen bedrag vast te stellen*. Het betwist immers enkel de methodiek die de Commissie heeft gekozen om het bedrag van de terug te vorderen steun te berekenen, die het willekeurig acht. De vraag of de methodiek al dan niet juist is, houdt geen verband met de schending van de rechten van de verdediging, waarop het tweede onderdeel van de vijfde reeks middelen is gebaseerd.

428. Met betrekking tot het argument van het Groothertogdom Luxemburg dat het bestreden besluit, door een „ruime bandbreedte" aan mogelijke bedragen te bepalen, niet voldoet aan het vereiste dat het bedrag van de steun op relatief nauwkeurige wijze wordt bepaald, hoeft vervolgens ten eerste enkel te worden opgemerkt dat de Commissie, door een methode vast te stellen, die het Groothertogdom Luxemburg heeft gevolgd, heeft voldaan aan de voorwaarde die is geformuleerd in de in punt 423 hierboven aangehaalde rechtspraak, dat aan de hand van de methode zonder moeilijkheden moet kunnen worden bepaald wat het terug te vorderen bedrag is. Voorts heeft de door de Commissie voorgestelde bandbreedte geen betrekking op het bedrag van de terug te vorderen steun, maar op het bedrag dat zij passend acht voor de heffingsgrondslag van FFT. Een dergelijk gegeven is voldoende nauwkeurig om het Groothertogdom Luxemburg in staat te stellen het bedrag van de terug te vorderen steun te berekenen. Bovendien laat het feit dat de Commissie heeft gesteld dat andere methoden tot andere bedragen hadden kunnen leiden en dat zij de mogelijkheid bood om een alternatieve methode voor de berekening van het terug te vorderen bedrag voor te stellen, onverlet dat het bestreden besluit voldoende nauwkeurige gegevens over de terugvordering bevat en kan dat feit, op zich, de terugvordering van de steun niet verhinderen.

429. Gelet hierop moet het tweede onderdeel van de vijfde reeks middelen betreffende de terugvordering, en deze reeks middelen in haar geheel ongegrond worden verklaard.

430. Uit al het voorgaande volgt dat de beroepen in de zaken T-755/15 en T-759/15 moeten worden verworpen.

IV – Kosten

A – In zaak T-755/15

431. ...

432. ...

B – In zaak T-759/15

433. ...

434. ...

HET GERECHT (Zevende kamer – uitgebreid),

rechtdoende, verklaart:

1. De zaken T-755/15 en T-759/15 worden gevoegd voor het arrest.

2. De beroepen worden verworpen.

3. Het Groothertogdom Luxemburg draagt zijn eigen kosten en die van de Europese Commissie in zaak T-755/15.

4. Fiat Chrysler Finance Europe draagt haar eigen kosten en die van de Europese Commissie in zaak T-759/15.

5. Ierland draagt zijn eigen kosten.

HvJ EU 24 september 2019, zaken T-760/15 en T-636/16 (Koninkrijk der Nederlanden [T-760/15], Starbucks Corp., Starbucks Manufacturing Emea BV [T-636/16] v. Europese Commissie)

Zevende kamer – uitgebreid: M. van der Woude, president, V. Tomljenovic (rapporteur), E. Bieliunas, A. Marcoulli en A. Kornezov, rechters

Inhoud

I – Voorgeschiedenis van het geding en rechtskader

1. Starbucks Manufacturing Emea BV (hierna: „SMBV") is een in Nederland gevestigde dochteronderneming van de Starbucksgroep (hierna: „Starbucksgroep"). De Starbucksgroep bestaat uit Starbucks Corp. en alle ondernemingen die onder haar zeggenschap staan. Starbucks Corp. heeft haar hoofdkantoor in Seattle, Washington (Verenigde Staten). Alki LP (hierna: „Alki") is een in het Verenigd Koninkrijk gevestigde dochteronderneming van de Starbucksgroep, die indirect zeggenschap uitoefent over SMBV. Alki en SMBV hebben een overeenkomst voor het branden van koffie (hierna: „roasting agreement") gesloten, waarin met name is bepaald dat SMBV aan Alki een royalty betaalt voor het gebruik van de intellectuele-eigendomsrechten van Alki, waaronder met name de koffiebrandmethoden en andere knowhow op het gebied van het branden van koffie (hierna: „royalty").

2. Besluit (EU) 2017/502 van de Commissie van 21 oktober 2015 betreffende steunmaatregel SA.38374 (2014/C ex 2014/NN) die Nederland ten gunste van Starbucks ten uitvoer heeft gelegd (PB 2017, L 83, blz. 38; hierna: „bestreden besluit") heeft betrekking op een maatregel inzake de toepassing van het Nederlandse stelsel van de vennootschapsbelasting op het specifieke geval van SMBV.

A – Toepasselijke nationale bepalingen

3. Volgens het algemene Nederlandse stelsel van de vennootschapsbelasting moet deze belasting worden betaald door de in Nederland gevestigde ondernemingen, die binnenlandse belastingplichtigen zijn, alsmede door niet in Nederland gevestigde ondernemingen, die buitenlandse belastingplichtigen zijn, die in Nederland een economische activiteit uitoefenen. Volgens artikel 2 van de Wet op de vennootschapsbelasting van 1969 (hierna: „Wet Vpb"), zijn gevestigde ondernemingen – hetgeen noodzakelijkerwijs naar Nederlands recht opgerichte vennootschappen omvat – onderworpen aan de vennootschapsbelasting op hun wereldwijde inkomen. Volgens artikel 3 Wet Vpb worden de niet-gevestigde ondernemingen onderworpen aan belasting op inkomen uit Nederlandse bronnen.

4. In deze context wordt de heffingsgrondslag voor de vennootschapsbelasting gevormd door de winst die de belastingplichtige onderneming heeft behaald. Uit artikel 8 van de Wet Vpb juncto artikel 3.8 van de Wet op de inkomstenbelasting 2001 volgt immers dat alle belastingplichtigen moeten worden belast volgens het principe van de totale winst. Volgens dit principe wordt alle winst van de ondernemingen belast mits deze voortkomt uit een economische of handelsactiviteit. Artikel 3.8 van de Wet op de inkomstenbelasting bepaalt dat „[w]inst uit een onderneming (winst) [...] het bedrag [is] van de gezamenlijke voordelen die, onder welke

naam en in welke vorm ook, worden verkregen uit een onderneming". Volgens artikel 3.25 van de Wet op de inkomstenbelasting, die krachtens artikel 8 Wet Vpb ook van toepassing is op de belastingplichtigen voor de vennootschapsbelasting, moet de belastbare jaarwinst worden bepaald volgens goed koopmansgebruik, met inachtneming van een bestendige gedragslijn.

5. De belastbare winst stemt in de regel overeen met de boekhoudkundige winst, zoals die uit de winst- en verliesrekening van de onderneming blijkt. Aanpassingen zijn echter mogelijk op grond van specifieke fiscale bepalingen, zoals toepasselijke fiscale stimulansen, de deelnemingsvrijstelling, correcties op het belastingresultaat uit transacties die niet aan het zakelijkheidsbeginsel (arm's-lengthbeginsel) voldoen, en de toepassing van verschillende afschrijvingsregels op grond van belasting- of boekhoudkundige voorschriften.

6. Artikel 8b, lid 1, Wet Vpb bepaalt dat „[i]ndien een lichaam, onmiddellijk of middellijk, deelneemt aan de leiding van of het toezicht op, dan wel in het kapitaal van een ander lichaam en tussen deze lichamen ter zake van hun onderlinge rechtsverhoudingen voorwaarden worden overeengekomen of opgelegd (verrekenprijzen) die afwijken van voorwaarden die in het economische verkeer door onafhankelijke partijen zouden zijn overeengekomen, [...] de winst van die lichamen [wordt] bepaald alsof die laatstbedoelde voorwaarden zouden zijn overeengekomen".

7. Besluit IFZ2001/295M van de Nederlandse Staatssecretaris van Financiën van 30 maart 2001, met het opschrift „Verrekenprijzen, toepassing van het arm's-lengthbeginsel en de Transfer Pricing Guidelines for Multinational Enterprises and Tax Administrations (OESO-richtlijnen)" (hierna: „Verrekenprijsbesluit"), omschrijft hoe de Nederlandse belastingdienst het zakelijkheidsbeginsel krachtens artikel 8b, lid 1, Wet Vpb interpreteert. De preambule van het Verrekenprijsbesluit luidt als volgt:

> „Het uitgangspunt van het Nederlands beleid op het terrein van internationaal fiscaal recht ten aanzien van het arm's-lengthbeginsel is dat dit beginsel deel uitmaakt van de Nederlandse fiscale rechtsorde via het ruime inkomensbegrip van artikel 3.8 Wet [op de inkomstenbelasting 2001]. In beginsel zijn de [beginselen die van toepassing zijn op verrekenprijzen voor multinationale ondernemingen en belastingadministraties, vastgesteld door de commissie belastingzaken van de Organisatie voor Economische Samenwerking en Ontwikkeling (OESO) op 27 juni 1995] daarmee direct toepasbaar in Nederland op grond van artikel 3.8 Wet [op de inkomstenbelasting]. Op een aantal punten laten de OESO-richtlijnen ruimte voor een eigen invulling. Op een aantal andere punten vraagt de praktijk om een verduidelijking van de OESO-richtlijnen. Dit besluit geeft op deze punten inzicht in de Nederlandse standpunten en heft waar mogelijk bestaande onduidelijkheden op."

8. Het Verrekenprijsbesluit bestaat uit twaalf onderdelen, die betrekking hebben op het arm's-lengthbeginsel, op verrekenprijsmethoden, op administratieve benaderingen voor het vermijden en oplossen van geschillen over verrekenprijzen, op secondary adjustments, op arm's-lengthprijsbepaling wanneer de waardering op het tijdstip van de transactie hoogst onzeker is, op dienstverrichting in concernverband, op bijdragen aan een CCA (cost contribution arrangement) met winstopslag, op arm's-lengthvergoedingen bij financiële dienstverlening, op subsidies, fiscale stimuleringsmaatregelen en beperkt aftrekbare kosten, op winsttoerekening aan hoofdhuis en vaste inrichting, op de inwerkingtreding van dit besluit en op de toepassing van het huidige beleid.

9. Meer in het bijzonder vermeldt het Verrekenprijsbesluit in punt 1 met name dat het arm's-lengthbeginsel in het Nederlandse recht over het algemeen is gebaseerd op een vergelijking van de voorwaarden van een transactie tussen gelieerde ondernemingen met de voorwaarden van een transactie tussen onafhankelijke ondernemingen. Van de belastingplichtige mag worden verwacht dat hij aannemelijk maakt dat de door hem gehanteerde verrekenprijzen in overeenstemming zijn met het arm's-lengthbeginsel. Uitgangspunt moet hierbij zijn dat elk van de betrokken ondernemingen een vergoeding ontvangt die een weerspiegeling is van de uitgeoefende functies, rekening houdend met de gebruikte activa en de gelopen risico's. Voorts dient de arm's-lengthvergoeding in principe op transactiebasis te worden bepaald. In geval van moeilijkheden daarbij kunnen de transacties gezamenlijk worden beoordeeld om de overeenstemming ervan met het arm's-lengthbeginsel te bepalen. Verder kan de belastingdienst bij een onderzoek van meerjarengegevens geen gebruik maken van achteraf ontwikkelde inzichten.

10. Punt 2 van het Verrekenprijsbesluit verwijst naar vijf methoden, die zijn uiteengezet in de Transfer Pricing Guidelines for Multinational Enterprises and Tax Administrations (beginselen die van toepassing zijn op verrekenprijzen voor multinationale ondernemingen en belastingadministraties), die voor de bepaling van verrekenprijzen zijn vastgesteld door de commissie belastingzaken van de Organisatie voor Economische Samenwerking en Ontwikkeling (OESO) op 27 juni 1995 en herzien op 22 juli 2010 (hierna: „OESO-richtlijnen"). Tot deze methoden behoren met name de comparable-uncontrolled-pricemethode (methode van de vergelijkbare

vrijemarktprijs; hierna: „CUP-methode") en de transactional-net-marginmethode (methode van de transactionele nettomarge; hierna: „TNMM"). Volgens dat besluit gaan de OESO-richtlijnen uit van een zekere hiërarchie tussen de methoden, waarbij de voorkeur uitgaat naar de traditionele transactiemethode. De Nederlandse belastingdienst moet zijn onderzoek van verrekenprijzen altijd starten vanuit het perspectief van de door de belastingplichtige gehanteerde methode ten tijde van de transactie. Het besluit preciseert dat deze regel in overeenstemming is met paragraaf 1.68 van de OESO-richtlijnen in de versie van 1995. Hieruit volgt dat de belastingplichtige in principe vrij is in de keuze van de verrekenprijsmethode, mits de gekozen methode leidt tot een arm's-lengthuitkomst voor de specifieke transactie. Hoewel van de belastingplichtige kan worden verwacht dat hij bij zijn keuze van een verrekenprijsmethode rekening houdt met de betrouwbaarheid van die methode voor de betrokken situatie, is het uitdrukkelijk niet de bedoeling dat de belastingplichtige alle methoden beoordeelt en vervolgens onderbouwt waarom de door hem gekozen methode onder de gegeven omstandigheden tot de beste uitkomst leidt.

11. Punt 5 van het Verrekenprijsbesluit bepaalt met name dat het bij de overdracht van immateriële activa, zoals bijvoorbeeld octrooien, moeilijk kan zijn om op het moment van de overdracht de waarde daarvan vast te stellen omdat onvoldoende inzicht bestaat in de toekomstige voordelen en risico's. Voor de gevallen waarin onafhankelijke ondernemingen in vergelijkbare omstandigheden een prijsaanpassingsclausule zouden hebben geëist, moet de belastingdienst de mogelijkheid hebben de prijs op basis van een dergelijke clausule te bepalen. Gedoeld wordt op een regeling waarbij de vergoeding in de pas loopt met de voordelen die het immateriële activum in de toekomst genereert.

B – Advanced Pricing Agreement

12. Op 28 april 2008 hebben de Nederlandse belastingautoriteiten met SMBV een Advanced Pricing Agreement (vaststellingsovereenkomst; hierna: „APA") gesloten, die tot doel had de vergoeding van SMBV voor haar productie- en distributieactiviteiten, zoals omschreven in de APA, binnen de Starbucksgroep (hierna: „vergoeding van SMBV") te bepalen. De vergoeding van SMBV heeft er vervolgens toe gediend om jaarlijks de belastbare winst van SMBV voor de vennootschapsbelasting in Nederland te bepalen. Volgens de preambule is de APA immers een belastingovereenkomst (vaststellingsovereenkomst) over het arm's-lengthkarakter van de voor de winstberekening te hanteren verrekenprijzen in internationaal concernverband. Blijkens [*vertrouwelijk*]* de APA was deze met name bedoeld om te worden gebruikt voor de jaarlijkse vennootschapsbelastingaangifte in Nederland. De APA gold voor de periode tussen 1 oktober 2007 en 31 december 2017.

13. De APA bevatte een methode voor de berekening van de vergoeding van SMBV, overeenkomstig het zakelijkheidsbeginsel, voor haar productie- en distributieactiviteiten binnen de Starbucksgroep. Verder legde de APA het bedrag vast van de royalty die door SMBV aan Alki werd betaald voor het gebruik van de koffiebrandtechnologie, koffiemelanges en koffiebrandcurves (hierna: „intellectuele eigendom op het gebied van het koffiebranden") in het kader van het productieproces en de levering van koffie aan winkelexploitanten.

14. Wat meer in het bijzonder de werkingssfeer van de APA betreft, [*vertrouwelijk*]. Aangaande de functies van SMBV bepaalde [*vertrouwelijk*] dat SMBV in eerste instantie verantwoordelijk was voor de fabricage van gebrande koffiebonen en de levering van gebrande koffiebonen en aanverwante producten aan de Starbucksvestigingen in de regio Europa, Midden-Oosten en Afrika (hierna: „EMEA-regio") en dat zij in Nederland een fabriek voor het branden van koffiebonen in eigendom had. Voorts werd er in de APA op gewezen dat SMBV onder licentie bepaalde intellectuele-eigendomsrechten van Alki exploiteerde en dat deze rechten noodzakelijk waren voor het fabricageproces en voor de levering van koffie aan de winkelexploitanten. Gepreciseerd werd dat SMBV hiervoor een royalty betaalde aan Alki. [*vertrouwelijk*] Daarnaast functioneerde SMBV volgens [*vertrouwelijk*] de APA als een distributeur voor verschillende andere aan koffie gerelateerde producten, en verzorgde zij voorts, naast supplychainfuncties met betrekking tot haar eigen productieactiviteiten, ook ondersteuning in de supplychain voor andere producten in bepaalde markten.

15. Met betrekking tot de methode voor het bepalen van de verrekenprijzen voor de productie- en distributieactiviteiten van SMBV, vermeldde [*vertrouwelijk*] de APA met name dat de vergoeding van SMBV diende te worden bepaald op basis van de cost-plusmethode (zie, voor de betekenis van deze uitdrukking, punt 187 hieronder), en dat dit een arm's-lengthvergoeding was indien de „operationele marge" [*vertrouwelijk*] % van de relevante kostengrondslag bedroeg (hierna: „kostengrondslag van SMBV"). Voorts behoorden volgens de APA niet tot de kostengrondslag van SMBV:

– de kosten van Starbucks-bekers, papieren servetten van Starbucks, enz.;

* Vertrouwelijke gegevens weggelaten.

– de kosten van de groene koffiebonen;
– logistieke en distributiekosten voor diensten verricht door derden en de vergoeding voor activiteiten verricht door derde partijen onder contracten voor productie op consignatiebasis (consignment manufacturing contracts);
– royaltybetalingen.

16. Wat de jaarlijks door SMBV aan Alki te betalen royalty betreft, bepaalde [*vertrouwelijk*] de APA dat deze was vastgesteld op het verschil tussen de gerealiseerde operationele winst met betrekking tot de productie- en distributiefunctie, vóór royaltyuitgaven, en de vergoeding van SMBV. De royaltybetaling was aftrekbaar voor de vennootschapsbelasting en was niet onderworpen aan de Nederlandse dividendbelasting.

C – Voorgeschiedenis van het geding

1. Administratieve procedure bij de Commissie

17. Op 30 juli 2013 heeft de Europese Commissie het Koninkrijk der Nederlanden een eerste verzoek om inlichtingen over de nationale praktijken inzake fiscale rulings op het gebied van de vennootschapsbelasting gezonden. In dit kader heeft zij verzocht dat haar alle rulings werden verschaft met betrekking tot SMBV en Starbucks Coffee Emea BV, twee in Nederland gevestigde dochterondernemingen van de Starbucksgroep. In antwoord op dit verzoek heeft het Koninkrijk der Nederlanden met name de APA verstrekt.

18. Op 11 juni 2014 heeft de Commissie de formele onderzoeksprocedure van artikel 108, lid 2, VWEU betreffende de APA ingeleid (hierna: „inleidingsbesluit"), op grond dat deze staatssteun kon vormen in de zin van artikel 107, lid 1, VWEU.

19. Na het inleidingsbesluit heeft de Commissie een groot aantal keren uitwisselingen gehad met het Koninkrijk der Nederlanden alsmede met de entiteiten binnen de Starbucksgroep die tijdens de administratieve procedure de contacten voor de Commissie waren (hierna: „Starbuckscontacten"), met name over de APA.

2. Bestreden besluit

20. Op 21 oktober 2015 heeft de Commissie het bestreden besluit vastgesteld. In dit besluit heeft de Commissie, ten eerste, vastgesteld dat de APA met de interne markt onverenigbare staatssteun vormde en, ten tweede, terugvordering van die steun gelast. Het bestreden besluit is onderverdeeld in elf afdelingen.

a. Beschrijving van de betwiste maatregel

21. In afdeling 2 van het bestreden besluit, met het opschrift „Beschrijving van de betwiste maatregel" heeft de Commissie de APA aangeduid als de betwiste maatregel. Zij heeft gepreciseerd dat de APA was gesloten op basis van een door de belastingadviseur van de Starbucksgroep voorbereid verrekenprijzenrapport (hierna: „verrekenprijzenrapport") en heeft vastgesteld dat dit document een integrerend bestanddeel van de APA vormde (overwegingen 40 en 46 van het bestreden besluit).

22. Ten eerste heeft de Commissie opgemerkt dat de Nederlandse belastingautoriteiten met het vaststellen van de APA hadden aanvaard dat de vergoeding voor de activiteiten van SMBV in Nederland, zoals bepaald door de belastingadviseur van de Starbucksgroep, een zakelijke vergoeding vormde. De Commissie heeft vervolgens gepreciseerd dat de Nederlandse autoriteiten tevens hadden aanvaard dat het bedrag van de royalty die SMBV aan Alki betaalde, overeenkwam met het verschil tussen de exploitatiewinst vóór royaltyuitgaven en de vergoeding van SMBV zoals voorzien in de APA. Zij stelde vast dat de APA bepaalde dat het royaltybedrag in aftrek kon worden gebracht op de belastbare winst van SMBV en in Nederland niet aan belasting was onderworpen (overwegingen 40-44 van het bestreden besluit).

23. Ten tweede heeft de Commissie de inhoud van het verrekenprijzenrapport uiteengezet. Om te beginnen heeft de Commissie geconstateerd dat Starbucks Coffee Emea in het verrekenprijzenrapport werd voorgesteld als het hoofdkantoor van de Starbucksgroep in de EMEA-regio. Haar doel werd omschreven als het sublicentiëren van de intellectuele-eigendomsrechten van de Starbucksgroep (merk, technologie en knowhow) – waarvoor zij zelf een royalty betaalde aan Alki – aan derden die de Starbuckslogo's gebruiken. Deze betaalden dan aan Starbucks Coffee Emea intellectuele-eigendomsrechten die overeenkwamen met een percentage van hun omzet. In dit verband heeft de Commissie opgemerkt dat de belastingadviseur van de Starbucksgroep meende dat de CUP-methode kon worden gebruikt om de zakelijke prijs van de groepsinterne betalingen van de intellectuele-eigendomsrechten aan Starbucks Coffee Emea te bepalen.

24. Wat vervolgens SMBV betreft, heeft de Commissie opgemerkt dat het verrekenprijzenrapport ertoe beperkt bleef haar te beschrijven als een entiteit met als voornaamste functie het branden van groene koffiebonen en het doorverkopen van de gebrande koffie aan gelieerde en niet-gelieerde entiteiten. In het kader van deze activiteiten diende SMBV het bestek in acht te nemen dat was verstrekt door de op het grondgebied van de Verenigde Staten gevestigde vennootschappen van de Starbucksgroep (hierna: „Starbucks US") en droeg zij de verantwoordelijkheid om te verzekeren dat haar productie in overeenstemming was met de kwaliteitsnormen van Starbucks US. SMBV trad tevens op als tussenpersoon in de distributie voor verschillende niet-koffiegerelateerde producten en verrichtte diensten van „ondersteuning in de toeleveringsketen". Daarnaast heeft de Commissie gepreciseerd dat SMBV, voor de uitoefening van deze activiteit, groene koffiebonen inkocht bij een in Zwitserland gevestigde dochteronderneming van de Starbucksgroep, Starbucks Coffee Trading SARL (hierna: „SCTC"). SMBV betaalde tevens een royalty aan Alki voor het gebruik van de koffiebrandprocessen alsmede voor het recht om koffie te leveren aan Starbuckswinkels. In dit verband heeft de Commissie opgemerkt dat het verrekenprijzenrapport de licentieovereenkomst, op grond waarvan SMBV een royalty betaalde aan Alki, niet beschreef als een van de belangrijkste transacties. De relaties tussen SMBV en de verschillende entiteiten van de Starbucksgroep zijn uiteengezet in schema 1 van het bestreden besluit, dat hieronder is weergegeven:

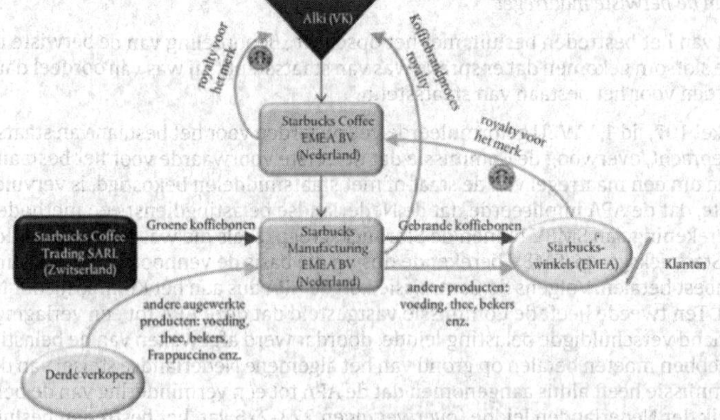

25. Ten slotte heeft de Commissie geconstateerd dat, wat de keuze van de verrekenprijsmethode betreft, in het verrekenprijzenrapport voor de TNMM was gekozen, volgens welke methode de nettomarges die werden gerealiseerd bij vergelijkbare transacties door niet-gelieerde vennootschappen in aanmerking moesten worden genomen. Volgens het verrekenprijzenrapport was deze methode in het onderhavige geval geschikt, omdat de verschillen tussen de transacties en de functies van de entiteiten die moesten worden vergeleken om de nettomarge te bepalen, tot minder fouten leidden dan in het kader van de klassieke methoden (overweging 55 van het bestreden besluit).

26. De Commissie heeft gepreciseerd dat de belastingadviseur van de Starbucksgroep, voor de toepassing van de TNMM, de exploitatiekosten betreffende de activiteiten waarvoor SMBV waarde toevoegde als winstniveau-indicator had gekozen. Na een vergelijkbaarheidsonderzoek was de belastingadviseur van mening dat de nettowinst van de met SMBV vergelijkbare entiteiten overeenkwam met een opslag op de totale kosten. Vervolgens heeft de belastingadviseur van de Starbucksgroep twee correcties aangebracht teneinde rekening te houden met de verschillen tussen de vergeleken entiteiten en SMBV, zoals de gedragen risico's en de uitgeoefende functies. Met de eerste correctie werd beoogd er rekening mee te houden dat in de kostengrondslag van SMBV, waarop de opslag werd toegepast, de kosten van de groene koffiebonen niet waren begrepen. De tweede correctie had tot doel er rekening mee te houden dat de vergelijkbare ondernemingen de grondstofkosten droegen en dat hun rendement werd berekend op basis van een kostengrondslag waarin de grondstoffen wel waren begrepen. Met deze twee correcties werd de opslag aldus naar [*vertrouwelijk*] % van de kostengrondslag van SMBV gebracht (overwegingen 56-61 van het bestreden besluit).

27. Ten derde heeft de Commissie de inhoud van de OESO-richtlijnen in de versies van 1995 en 2010 uiteengezet. Volgens haar noemen de OESO-richtlijnen vijf methoden om zo adequaat mogelijk zakelijke prijzen van transacties en een winsttoerekening tussen de ondernemingen van één en hetzelfde concern te bepalen. Volgens de Commissie worden deze vijf methoden in die richtlijnen opgedeeld in traditionele transactiemethoden en transactionelewinstmethoden. Volgens het bestreden besluit moest de voorkeur worden gegeven aan

de traditionele transactiemethoden. Tot de vijf in de OESO-richtlijnen genoemde methoden behoren met name de CUP-methode en de TNMM (overwegingen 67-70 van het bestreden besluit).

28. De eerste methode, de CUP-methode, is volgens de omschrijving van de Commissie een traditionele transactiemethode, die erin bestaat dat de prijs die wordt gefactureerd voor de overdracht van goederen of diensten in het kader van een transactie tussen twee met elkaar verbonden ondernemingen, wordt vergeleken met de prijs die wordt gefactureerd voor de overdracht van goederen of diensten in het kader van een vergelijkbare transactie die onder vergelijkbare omstandigheden plaatsvindt tussen twee ondernemingen die onafhankelijk van elkaar zijn (overwegingen 67 en 71 van het bestreden besluit).

29. De tweede methode, de TNMM, is volgens de omschrijving van de Commissie een transactionelewinstmethode, die erin bestaat dat een raming wordt gemaakt van de potentiele winst overeenkomstig het zakelijkheidsbeginsel voor een activiteit in haar geheel beschouwd, in plaats van voor specifieke transacties. In dat verband moest een winstniveau-indicator worden gekozen, zoals kosten, omzet of vaste investeringen, en moest daarop een winstpercentage worden toegepast dat het percentage weerspiegelt dat in vergelijkbare transacties op de markt wordt gehanteerd (overwegingen 67 en 72-74 van het bestreden besluit).

b. Beoordeling van de betwiste maatregel

30. In afdeling 9 van het bestreden besluit, met het opschrift „Beoordeling van de betwiste maatregel", is de Commissie tot de slotsom gekomen dat er sprake was van staatssteun. Zij was van oordeel dat was voldaan aan de vier voorwaarden voor het bestaan van staatssteun.

31. Na de in artikel 107, lid 1, VWEU geformuleerde voorwaarden voor het bestaan van staatssteun in herinnering te hebben gebracht, overwoog de Commissie dat de eerste voorwaarde voor het bestaan van staatssteun, dat het moet gaan om een maatregel van de staat of met staatsmiddelen bekostigd, is vervuld. Zij merkte hierover op, ten eerste, dat de APA impliceerde dat de Nederlandse belastingdienst een methode had aanvaard voor de winsttoerekening aan SMBV binnen de Starbucksgroep, zoals die was voorgesteld door de belastingadviseur van de Starbucksgroep. SMBV berekende dus op die basis de vennootschapsbelasting die zij jaarlijks aan Nederland moest betalen. Volgens de Commissie kon de APA dus aan het Koninkrijk der Nederlanden worden toegerekend. Ten tweede heeft de Commissie vastgesteld dat deze APA tot een verlaging van de door SMBV aan Nederland verschuldigde belasting leidde, doordat werd afgeweken van de belasting die SMBV zonder de APA zou hebben moeten betalen op grond van het algemene Nederlandse stelsel van de vennootschapsbelasting. De Commissie heeft aldus aangenomen dat de APA tot een vermindering van de belastinginkomsten van het Koninkrijk der Nederlanden leidde (overwegingen 223-226 van het bestreden besluit).

32. Met betrekking tot de tweede en de vierde voorwaarde voor het bestaan van staatssteun meende de Commissie, ten eerste, dat de APA het handelsverkeer binnen de Europese Unie ongunstig kon beïnvloeden omdat SMBV deel uitmaakt deel van de Starbucksgroep, een entiteit die internationaal en in alle lidstaten van de Unie actief is. Ten tweede betoogde zij dat voor zover de APA de belastingdruk verminderde die SMBV anders had moeten dragen op grond van het algemene Nederlandse stelsel van de vennootschapsbelasting, deze APA de mededinging vervalste of dreigde te vervalsen door de financiële positie van SMBV te versterken (overweging 227 van het bestreden besluit).

33. Wat de derde voorwaarde voor het bestaan van staatssteun betreft, was de Commissie van mening dat de APA SMBV een selectief voordeel verleende, daar hij tot een verlaging van de door SMBV aan Nederland verschuldigde belasting leidde ten opzichte van hetgeen zij op grond van het algemene Nederlandse stelsel van de vennootschapsbelasting had moeten betalen, alsmede ten opzichte van de autonome ondernemingen (overweging 228 van het bestreden besluit).

34. Vooraf heeft de Commissie erop gewezen dat volgens de rechtspraak een analyse in drie stappen moet worden verricht om te bepalen of een maatregel selectief is. Om te beginnen moet het „referentiestelsel" worden bepaald, te weten de belastingregeling die normalerwijze van toepassing zou zijn op de begunstigde van de belastingmaatregel. Vervolgens moet worden onderzocht of de belastingmaatregel een afwijking van dat referentiestelsel vormt voor zover daarbij differentiaties worden ingevoerd tussen marktdeelnemers die zich, gelet op de aan het referentiestelsel inherente doelstellingen, in een feitelijk en juridisch vergelijkbare situatie bevinden. Ten slotte, indien de maatregel een afwijking van het referentiestelsel vormt, dient de lidstaat aan te tonen dat een afwijking van het referentiestelsel gerechtvaardigd is door de aard of de algemene opzet van het referentiestelsel (overweging 230 van het bestreden besluit).

35. Wat de eerste stap betreft, te weten de bepaling van het referentiestelsel, was de Commissie van mening dat het referentiestelsel het algemene Nederlandse stelsel van de vennootschapsbelasting was, dat de belas-

ting van de winst van alle in Nederland belastingplichtige ondernemingen als doelstelling heeft. Zij preciseerde in dit verband dat in Nederland gevestigde ondernemingen binnenlandse belastingplichtigen zijn en worden onderworpen aan vennootschapsbelasting op hun wereldwijde inkomen. Niet in Nederland gevestigde ondernemingen zijn buitenlandse belastingplichtigen en zijn onderworpen aan belasting op inkomen uit Nederlandse bronnen. Volgens de Commissie bevonden geïntegreerde ondernemingen en opzichzelfstaande ondernemingen zich in het licht van die doelstelling in een juridisch en feitelijk vergelijkbare situatie en waren zij derhalve zonder onderscheid onderworpen aan de vennootschapsbelasting. In dit verband had het verschil in de wijze van berekening van de belastbare winst van geïntegreerde ondernemingen geen invloed op de doelstelling van het referentiestelsel, te weten belastingheffing van alle in Nederland aan de belasting onderworpen ondernemingen (overwegingen 231-244 van het bestreden besluit).

36. Wat de tweede in punt 34 hierboven genoemde stap betreft, te weten het bewijs dat sprake is van een afwijking van het referentiestelsel, heeft de Commissie er allereerst op gewezen dat de vraag of een belastingmaatregel een afwijking van het referentiestelsel vormt, doorgaans samenvalt met de vaststelling dat aan de begunstigde een voordeel was verleend middels die maatregel. Wanneer een belastingmaatregel leidt tot een verlaging van de door de begunstigde verschuldigde belasting ten opzichte van de belasting die hij normalerwijze had moeten voldoen zonder die maatregel, vormt deze verlaging volgens haar immers tegelijkertijd het door de belastingmaatregel toegekende voordeel en de afwijking van het referentiestelsel (overweging 253 van het bestreden besluit).

37. Vervolgens heeft de Commissie de rechtspraak in herinnering gebracht volgens welke in geval van een individuele steunmaatregel bij de vaststelling van een economisch voordeel in beginsel kan worden vermoed dat er sprake is van selectiviteit van die maatregel. Zij preciseerde dat in de onderhavige zaak de aan SMBV toegekende APA een individuele steunmaatregel was (overweging 254 van het bestreden besluit).

38. Ten slotte heeft de Commissie gesteld dat het Hof in het arrest van 22 juni 2006, België en Forum 187/ Commissie (C-182/03 en C-217/03, EU:C:2006:416), had overwogen dat een belastingmaatregel waardoor een geïntegreerde onderneming verrekenprijzen hanteert die geen afspiegeling zijn van die welke zouden worden gehanteerd in een omgeving waarin vrije mededinging heerst, of anders gezegd, prijzen die zouden zijn overeengekomen tussen onafhankelijke ondernemingen die onder vergelijkbare omstandigheden zakelijk onderhandelen, aan die geïntegreerde onderneming een voordeel toekent doordat de belastinggrondslag en dus de belasting die zij op basis van het gewone stelsel van de vennootschapsbelasting verschuldigd is, wordt verlaagd. De Commissie heeft in herinnering gebracht dat het arm's-lengthbeginsel of zakelijkheidsbeginsel erin bestaat dat de concerntransacties moeten worden vergoed als waren deze overeengekomen tussen onafhankelijke ondernemingen die onderhandelen onder de voorwaarden van de vrije mededinging. Derhalve heeft de Commissie gepreciseerd dat zij moest nagaan of de door de Nederlandse belastingdienst middels het sluiten van de APA aanvaarde methode voor het bepalen van de belastbare winst van SMBV in Nederland, afweek van een methode die een betrouwbare benadering van een marktuitkomst oplevert, en dus van het zakelijkheidsbeginsel. In dat geval zou de APA worden geacht SMBV een selectief voordeel te verlenen in de zin van artikel 107, lid 1, VWEU (overwegingen 259-263 van het bestreden besluit).

39. Bijgevolg was de Commissie van mening dat het zakelijkheidsbeginsel noodzakelijkerwijs deel uitmaakte van haar beoordeling, uit hoofde van artikel 107, lid 1, VWEU, van de aan geïntegreerde ondernemingen toegekende belastingmaatregelen, ongeacht of een lidstaat dit beginsel in zijn nationale rechtsstelsel heeft opgenomen. De Commissie heeft daarop gepreciseerd dat zij in antwoord op de argumenten die het Koninkrijk der Nederlanden in het kader van de administratieve procedure had aangevoerd, niet had onderzocht of de APA voldeed aan het zakelijkheidsbeginsel zoals dit in artikel 8b Wet Vpb en het Verrekenprijsbesluit is neergelegd, maar dat zij trachtte te bepalen of de Nederlandse belastingdienst SMBV een selectief voordeel had verleend in de zin van artikel 107, lid 1, VWEU (overwegingen 264 en 265 van het bestreden besluit).

40. In het licht van deze gegevens heeft de Commissie een reeks redeneerlijnen uiteengezet waarmee moest worden aangetoond dat de APA SMBV een selectief voordeel verleende. In de hoofdredenering heeft de Commissie verschillende redeneerlijnen ontwikkeld waarvan sommige onderling subsidiair waren, die ertoe strekten te bewijzen dat de APA afweek van het algemene Nederlandse stelsel van de vennootschapsbelasting. In de subsidiaire redenering heeft de Commissie betoogd dat de APA afweek van artikel 8b, lid 1, Wet Vpb en van het Verrekenprijsbesluit.

41. In het bijzonder heeft de Commissie, in de eerste plaats, in haar hoofdredenering, die ertoe strekte te bewijzen dat de APA afweek van het algemene Nederlandse stelsel van de vennootschapsbelasting, opgemerkt dat de belastingadviseur van de Starbucksgroep de TNMM had gekozen om de belastbare winst van SMBV te bepalen. Zij was van mening dat de verschillende methodologische keuzen die waren voorgesteld door die

belastingadviseur en waren goedgekeurd door het Koninkrijk der Nederlanden, tot een verlaging van de door SMBV betaalde vennootschapsbelasting leidden ten opzichte van de onafhankelijke ondernemingen waarvan de belastbare winst door de markt werd bepaald (overwegingen 268-274 van het bestreden besluit).

42. Ten eerste heeft de Commissie vastgesteld dat in het verrekenprijzenrapport was verzuimd te onderzoeken of de concerntransacties waarvoor de APA in feite was aangevraagd en toegekend, te weten de royalty die SMBV aan Alki betaalde voor de licentie voor het gebruik van de intellectuele eigendom op het gebied van het koffiebranden, in overeenstemming was met het zakelijkheidsbeginsel. Derhalve had het verrekenprijzenrapport niet de relevante concerntransacties en vrijemarkttransacties aangewezen en geanalyseerd, terwijl dat een noodzakelijke eerste stap is in de beoordeling van de zakelijke aard van de commerciële voorwaarden die voor verrekenprijsdoeleinden tussen gelieerde partijen van toepassing zijn (overwegingen 275-285 van het bestreden besluit).

43. Wat ten tweede de hoogte van de royalty betreft, was de Commissie van mening dat indien het verrekenprijzenrapport de royalty juist had bepaald en onderzocht, het op een zakelijke waarde van nul had moeten uitkomen. Zij merkte met name op dat SMBV geen enkel voordeel haalde uit het gebruik van de intellectuele-eigendomsrechten waarop de royalty betrekking had, aangezien zij deze niet op de markt exploiteerde. De Commissie meende derhalve dat de middels de royalty naar Alki verschoven winst volledig in Nederland had moeten worden belast (overwegingen 286-341 van het bestreden besluit).

44. Om de zakelijke aard van de royalty te onderzoeken heeft de Commissie de CUP-methode toegepast en verschillende productieovereenkomsten tussen de Starbucksgroep en derde entiteiten of tussen derde entiteiten ten opzichte van de Starbucksgroep aangewezen als vergelijkbare transacties.

45. Voorts heeft de Commissie de door het Koninkrijk der Nederlanden en door Starbucks ter rechtvaardiging van het royaltybedrag aangevoerde argumenten afgewezen. Volgens haar kon de royaltybetaling niet de overname van het ondernemingsrisico van SMBV door Alki als tegenprestatie hebben, omdat anders wordt aanvaard dat geïntegreerde ondernemingen de risico's contractueel kunnen hertoewijzen en aldus de toepassing van het zakelijkheidsbeginsel volledig kunnen uitsluiten. Voorts voegde de Commissie daaraan toe dat de royaltybetaling niet kon worden gerechtvaardigd door de hoogte van de door Alki aan Starbucks US betaalde bedragen.

46. Wat ten derde de hoogte van de aankoopprijs van de groene koffiebonen betreft, merkte de Commissie op dat deze transactie in het verrekenprijzenrapport niet was onderzocht, terwijl dit rapport deze transactie aanduidde als een van de belangrijkste van SMBV. Op basis van de financiële gegevens van SCTC heeft de Commissie de gemiddelde brutomarge op de kosten van de groene koffiebonen voor de looptijd van de APA berekend. De Commissie stelde vast dat de brutomarge tussen 2011 en 2014, die duidde op een aanzienlijke verhoging van de prijs van de koffiebonen ten laste van SMBV ten opzichte van de door SCTC gedragen kosten, geen betrouwbare benadering van een marktuitkomst weerspiegelde. Zij kwam tot de slotsom dat de door SMBV betaalde opslag, doordat deze de geboekte winst en aldus de belastinggrondslag van SMBV verlaagde, een selectief voordeel vormde (overwegingen 342-361 van het bestreden besluit).

47. In de tweede plaats, nog steeds in haar hoofdredenering om aan te tonen dat de APA afweek van het algemene Nederlandse stelsel van de vennootschapsbelasting, maar subsidiair ten opzichte van de in de punten 42 tot en met 46 hierboven uiteengezette kritiek, stelde de Commissie vast dat de TNMM, hoe dan ook en gesteld al dat die geschikt zou zijn om de door SMBV gerealiseerde winsten te bepalen, in het verrekenprijzenrapport verkeerd was toegepast. Zij concludeerde dat deze methode niet tot een zakelijke uitkomst leidde, zodat de Nederlandse belastingautoriteiten die in de APA niet hadden kunnen goedkeuren (overwegingen 362-408 van het bestreden besluit).

48. Ten eerste heeft de Commissie vastgesteld dat SMBV in het verrekenprijzenrapport ten onrechte was aangewezen als de minst complexe entiteit, en dus als de „te onderzoeken partij" voor de toepassing van de TNMM. Zij voegde daaraan toe dat SMBV integendeel had moeten worden aangewezen als de meest complexe entiteit omdat Alki slechts beperkte functies uitoefende en voorts omdat de koffiebrandfunctie, afgezien van het feit dat SMBV andere functies uitoefende naast het branden van koffie, niet in routine-activiteiten bestond maar essentieel was (overwegingen 362-377 van het bestreden besluit).

49. Ten tweede stelde de Commissie vast dat de in het verrekenprijzenrapport gekozen winstniveau-indicator, te weten de exploitatiekosten, ongeschikt was. Volgens de Commissie had de belastingadviseur van de Starbucksgroep ten onrechte aangenomen dat de hoofdfunctie van SMBV het branden van koffie was in plaats van wederverkoop en distributie. De Commissie concludeerde derhalve dat het gebruik van de door SMBV geboekte verkoop als winstniveau-indicator geschikter was en tot een hogere vergoeding van de activiteit van

SMBV zou hebben geleid. Tot staving van deze conclusie heeft de Commissie een rentabiliteitsverhouding berekend op basis van een groep onafhankelijke entiteiten die dezelfde activiteiten van wederverkoop en het branden van koffie uitoefenen als SMBV. Zij kwam tot de slotsom, na een vergelijking met Starbucks Manufacturing Corporation (hierna: „SMC") – de enige andere entiteit van het concern die koffiebrandactiviteiten voor het concern verrichtte – dat SMC [*vertrouwelijk*] keer winstgevender was dan SMBV op basis van de APA (overwegingen 379-400 van het bestreden besluit).

50. Ten derde heeft de Commissie vastgesteld dat, gesteld al dat de exploitatiekosten een geschikte winstniveau-indicator waren voor de berekening van de verrekenprijzen van SMBV, de twee correcties die de belastingadviseur van de Starbucksgroep in het verrekenprijzenrapport had aangebracht hoe dan ook niet tot een betrouwbare benadering van een marktuitkomst konden leiden. De Commissie heeft bezwaar tegen het gebruik van een „werkkapitaalcorrectie" alsmede tegen het feit dat de kosten van de onderneming die in overweging 300 van het bestreden besluit, zoals gepubliceerd in het Publicatieblad van de Europese Unie, is aangeduid als „niet-gelieerde productieonderneming 1" (hierna: „niet-gelieerde productieonderneming 1"), zijn uitgesloten van de kostengrondslag die is gebruikt als winstniveau-indicator (overwegingen 401-408 van het bestreden besluit).

51. De Commissie heeft daarop geconcludeerd dat de door de Nederlandse belastingautoriteiten aanvaarde methodologie, volgens welke de door SMBV gegenereerde winst boven de marge van [*vertrouwelijk*] % van de exploitatiekosten als royalty aan Alki moest worden betaald, niet in overeenstemming was met het zakelijkheidsbeginsel en tot een verlaging van de belastingdruk voor SMBV leidde.

52. Blijkens het voorgaande heeft de Commissie in het kader van het onderzoek in het licht van het algemene Nederlandse stelsel van de vennootschapsbelasting dus zes fouten aangevoerd die de slotsom rechtvaardigden dat er in casu sprake was van een selectief voordeel. In dat onderzoek zijn de eerste drie fouten primair aangevoerd terwijl de andere drie fouten subsidiair zijn aangevoerd en onderling subsidiair zijn.

53. Wat meer in het bijzonder het primaire standpunt betreft, heeft de Commissie vastgesteld dat de in de APA aanvaarde methode afweek van een methode waarmee tot een betrouwbare benadering van een marktuitkomst overeenkomstig het zakelijkheidsbeginsel kon worden gekomen, aangezien:

– de keuze van de TNMM verkeerd was en in het verrekenprijzenrapport de concerntransacties waarvoor de APA in feite was gevraagd en toegekend, niet waren onderzocht (hierna: „eerste redeneerlijn");

– ten eerste de APA geen methodologie vaststelde waarmee kon worden verzekerd dat de door SMBV aan Alki betaalde royalty in overeenstemming was met het zakelijkheidsbeginsel; om het bedrag van de door SMBV aan Alki betaalde royalty te bepalen, had de CUP-methode moeten worden toegepast; op basis van deze methode had de royalty nihil moeten zijn (hierna: „tweede redeneerlijn");

– ten tweede in de APA niet was onderzocht of het niveau van de inkoopprijs van de groene koffiebonen in overeenstemming was met het zakelijkheidsbeginsel; deze prijs was overgewaardeerd (hierna: „derde redeneerlijn").

54. Wat het subsidiaire standpunt betreft, was de Commissie van mening dat, gesteld al dat de TNMM de geschikte methode was om de door SMBV gerealiseerde winst te bepalen, de TNMM in het verrekenprijzenrapport verkeerd was toegepast. In dit verband stelde de Commissie vast dat:

– de in de APA aanvaarde methode afweek van een methode waarmee tot een betrouwbare benadering van de marktuitkomst overeenkomstig het zakelijkheidsbeginsel kon worden gekomen, omdat SMBV ten onrechte was aangewezen als de minst complexe entiteit en aldus als te onderzoeken entiteit met het oog op de toepassing van de TNMM (hierna: „vierde redeneerlijn");

– subsidiair, met de in de APA aanvaarde methode niet tot een betrouwbare benadering van een marktuitkomst overeenkomstig het zakelijkheidsbeginsel kon worden gekomen, aangezien de functies van SMBV verkeerd waren geanalyseerd en de keuze van de exploitatiekosten als winstniveau-indicator onjuist was (hierna: „vijfde redeneerlijn");

– subsidiair, met de in de APA aanvaarde methode niet tot een betrouwbare benadering van een marktuitkomst overeenkomstig het zakelijkheidsbeginsel kon worden gekomen, aangezien de op de opslag toegepaste correcties niet passend waren (hierna: „zesde redeneerlijn").

55. In de derde plaats meende de Commissie, in haar subsidiaire redenering om aan te tonen dat de APA afweek van artikel 8b, lid 1, Wet Vpb en van het Verrekenprijsbesluit, dat, gesteld al dat het relevante referentiekader niet bestond in de algemene regels van de vennootschapsbelasting maar, zoals de Nederlandse autoriteiten betogen, uitsluitend in de bepalingen waarin in het Nederlandse recht het zakelijkheidsbeginsel is verankerd, te weten artikel 8b, lid 1, Wet Vpb en het Verrekenprijsbesluit, de APA, doordat daarin een methode voor de bepaling van de winst van SMBV werd goedgekeurd die geen zakelijke uitkomst opleverde, ook

afweek van dit referentiestelsel. Daartoe verwees de Commissie naar de analyse die zij heeft verricht in het licht van het algemene Nederlandse stelsel van de vennootschapsbelasting en naar de zes redeneerlijnen die zijn uiteengezet in de punten 52 tot en met 54 hierboven (hierna: „redenering ten aanzien van het beperkte referentiekader") (overwegingen 409-412 van het bestreden besluit).

56. Wat de derde stap in de analyse van de selectiviteit van de belastingmaatregelen betreft, zoals genoemd in punt 34 hierboven, heeft de Commissie vastgesteld dat de afwijking van het referentiestelsel niet gerechtvaardigd was. In dit verband merkte zij op dat noch de Nederlandse autoriteiten noch Starbucks mogelijke rechtvaardigingsgronden voor de selectieve behandeling van SMBV naar voren hadden gebracht, terwijl de bewijslast op dit punt bij hen ligt. De Commissie heeft daaraan voorts toegevoegd dat zij geen enkele mogelijke rechtvaardiging had gevonden (overwegingen 413 en 414 van het bestreden besluit).

57. De Commissie concludeerde dat de APA van SMBV een selectief voordeel aan SMBV verleende in de zin van artikel 107, lid 1, VWEU, voor zover daarin een methode voor de allocatie van winst aan SMBV was bekrachtigd die niet kon worden geacht een betrouwbare benadering van een marktuitkomst overeenkomstig het zakelijkheidsbeginsel op te leveren. Volgens de Commissie had deze methode tot een verlaging van de belastingdruk van SMBV geleid, primair, in het licht van het algemene Nederlandse stelsel van de vennootschapsbelasting, in vergelijking met onafhankelijke ondernemingen, en, subsidiair, in het licht van artikel 8b, lid 1, Wet Vpb en het Verrekenprijsbesluit, in vergelijking met de andere geïntegreerde ondernemingen (overwegingen 415 en 416 van het bestreden besluit).

58. Bijgevolg concludeerde de Commissie dat de APA staatssteun vormde (overwegingen 422 en 423 van het bestreden besluit).

59. De Commissie heeft dus vastgesteld dat de aan SMBV verleende steun onverenigbaar was met de interne markt. Het Koninkrijk der Nederlanden heeft immers geen van de in artikel 107, leden 2 en 3, VWEU geformuleerde gronden voor verenigbaarheid ingeroepen. De betrokken steun, die als exploitatiesteun moest worden aangemerkt, kon normaal gezien niet worden aangemerkt als verenigbaar met de interne markt (overwegingen 431-434 van het bestreden besluit).

60. Voorts heeft de Commissie geconstateerd dat het Koninkrijk der Nederlanden bij haar geen enkel voornemen dat overeenkwam met de APA had aangemeld overeenkomstig artikel 108, lid 3, VWEU en de opschortingsverplichting als bedoeld in dat artikel niet had geëerbiedigd. Het moest dus wel gaan om onrechtmatige staatssteun die in strijd met die bepaling tot uitvoering was gebracht (overwegingen 435 en 436 van het bestreden besluit).

61. Bovendien heeft de Commissie gepreciseerd dat informatie waarop zij zich in haar besluit had gebaseerd, voor de Nederlandse belastingdienst beschikbaar was op het tijdstip waarop de APA werd vastgesteld. Zij voegde daar, met betrekking tot de kostprijs van de groene koffiebonen, aan toe dat de door SCTC aan SMBV krachtens hun overeenkomst voor de aankoop van groene koffiebonen in rekening gebrachte prijs in het verrekenprijzenrapport niet was onderzocht en dat indien deze transactie in 2008 in de APA was onderzocht teneinde de zakelijke prijs daarvoor te bepalen, de APA geen ruimte had kunnen laten voor de vanaf 2011 waargenomen verhogingen van de prijs van de groene koffiebonen (overwegingen 424-427 van het bestreden besluit).

62. Ten slotte heeft de Commissie SMBV alsmede de Starbucksgroep in zijn geheel aangewezen als begunstigden van de steun, omdat zij één economische entiteit vormden (overwegingen 417-419 van het bestreden besluit).

c. *Terugvordering van de staatssteun*

63. In afdeling 10 van het bestreden besluit, met het opschrift „Terugvordering", heeft de Commissie met name overwogen, ten eerste, dat zij niet verplicht is om het precieze bedrag van de terug te vorderen steun te berekenen, maar dat het volstaat dat zij de adressaat van het besluit voldoende gegevens verstrekt opdat deze zelf het terug te vorderen bedrag kan bepalen. In casu stelde de Commissie vast dat het bedrag van de royalty nul moest zijn, zodat voor de berekening van de belastbare winst van SMBV de boekhoudkundige winst van SMBV had moeten worden gebruikt. Voorts had deze winst moeten worden verhoogd met het verschil tussen de voor de groene koffiebonen betaalde prijs en de prijs die daarvoor had moeten worden betaald. Volgens de Commissie vormde in dit verband een brutomarge van [*vertrouwelijk*] % voor SCTC een zakelijke prijs voor de inkoop van de groene koffiebonen. Zij preciseerde derhalve dat de terug te vorderen som overeenkwam met het verschil tussen de belasting die had moeten worden betaald op basis van die prijs en het op basis van de APA daadwerkelijk betaalde bedrag (overwegingen 442-448 van het bestreden besluit).

64. Ten tweede meende de Commissie dat het Koninkrijk der Nederlanden eerst de steun bij SMBV moest terugvorderen en dat, indien SMBV niet in staat was te betalen, het Koninkrijk der Nederlanden deze bij Starbucks Corp. moest terugvorderen omdat dit de entiteit was die de zeggenschap over de Starbucksgroep uitoefende (overweging 449 van het bestreden besluit).

d. Conclusie

65. Concluderend stelde de Commissie vast dat het Koninkrijk der Nederlanden middels de APA in strijd met artikel 108, lid 3, VWEU op onrechtmatige wijze staatssteun had verleend aan SMBV en aan de Starbucksgroep, dat het Koninkrijk der Nederlanden deze steun overeenkomstig artikel 16 van verordening (EU) 2015/1589 van de Raad van 13 juli 2015 tot vaststelling van nadere bepalingen voor de toepassing van artikel 108 [VWEU] (PB 2015, L 248, blz. 9) moest terugvorderen van SMBV en, als laatstgenoemde niet het volledige steunbedrag zou terugbetalen, van Starbucks Corp. wat het uitstaande steunbedrag betrof (overweging 450 van het bestreden besluit).

66. Het dispositief van het bestreden besluit luidt als volgt:

„*Artikel 1*
De APA die [het Koninkrijk der Nederlanden] op 28 april 2008 met [SMBV] heeft gesloten, op grond waarvan die vennootschap gedurende tien jaar jaarlijks de door haar in [het Koninkrijk der Nederlanden] verschuldigde vennootschapsbelasting kan bepalen, vormt staatssteun in de zin van artikel 107, lid 1, [VWEU], die onverenigbaar is met de interne markt en die onrechtmatig in strijd met artikel 108, lid 3, [VWEU] door Nederland tot uitvoering is gebracht.

Artikel 2
1. [Het Koninkrijk der Nederlanden] [dient] de in artikel 1 bedoelde onverenigbare en onrechtmatige steun terug [te vorderen] van [SMBV.]
2. Bedragen die eventueel niet van [SMBV] kunnen worden ingevorderd ingevolge de in lid 1 bedoelde terugvordering, worden van Starbucks [Corp.] teruggevorderd.
3. De terug te vorderen bedragen omvatten rente vanaf de datum waarop zij ter beschikking van de begunstigden werden gesteld tot de datum van de daadwerkelijke terugbetaling ervan.
4. De rente wordt berekend op samengestelde grondslag overeenkomstig hoofdstuk V van verordening (EG) nr. 794/2004.

Artikel 3
1. De terugvordering van de in artikel 1 bedoelde steun geschiedt onmiddellijk en daadwerkelijk.
2. [Het Koninkrijk der Nederlanden] zorgt ervoor dat dit besluit binnen vier maanden vanaf de datum van kennisgeving ervan ten uitvoer wordt gelegd.

Artikel 4
1. Binnen twee maanden na de kennisgeving van dit besluit verstrekt [het Koninkrijk der Nederlanden] informatie over de methodologie die wordt gebruikt om het precieze bedrag van de steun te berekenen.
2. [Het Koninkrijk der Nederlanden] houdt de Commissie op de hoogte van de stand van uitvoering van de nationale maatregelen die het heeft genomen ter uitvoering van dit besluit, en dit totdat de terugvordering van de in artikel 1 bedoelde verleende steun is voltooid. Het verstrekt, op eenvoudig verzoek van de Commissie, onmiddellijk informatie over de reeds genomen en de voorgenomen maatregelen om aan dit besluit te voldoen.
[...]"

II – Procedure en conclusies van partijen

A – Schriftelijke behandeling in zaak T-760/15

67. Bij verzoekschrift, neergelegd ter griffie van het Gerecht op 23 december 2015, heeft het Koninkrijk der Nederlanden het beroep in zaak T-760/15 ingesteld. De Commissie heeft op 30 maart 2016 een verweerschrift ingediend. De repliek en de dupliek zijn neergelegd op respectievelijk 14 juni en 9 september 2016.

1. Samenstelling van de rechtsprekende formatie en behandeling bij voorrang

68. Bij akte, neergelegd ter griffie van het Gerecht op 20 juni 2016, heeft het Koninkrijk der Nederlanden verzocht om berechting van zaak T-760/15 door een uitgebreide kamer. Het Gerecht heeft overeenkomstig artikel 28, lid 5, van zijn Reglement voor de procesvoering akte genomen van het feit dat zaak T-760/15 aan de Vijfde kamer (uitgebreid) was toegewezen.

69. Bij de wijziging van de samenstelling van de kamers van het Gerecht op 26 september 2016, is de rechter-rapporteur overeenkomstig artikel 27, lid 5, van het Reglement voor de procesvoering toegevoegd aan de Zevende kamer (uitgebreid), waaraan zaak T-760/15 dan ook is toegewezen.

70. Daar een lid van de Zevende kamer (uitgebreid) van het Gerecht verhinderd was, heeft de president van het Gerecht, bij beslissing van 26 april 2017, de vicepresident van het Gerecht aangewezen ter aanvulling van de kamer.

71. Bij beslissing van 12 december 2017 heeft de president van de Zevende kamer (uitgebreid) van het Gerecht het voorstel van de rechter-rapporteur aanvaard om zaak T-760/15 bij voorrang te berechten overeenkomstig artikel 67, lid 2, van het Reglement voor de procesvoering.

2. Interventies

72. Bij akte, neergelegd ter griffie van het Gerecht op 6 april 2016, heeft het Verenigd Koninkrijk van Groot-Brittannië en Noord-Ierland verzocht om toelating tot interventie in zaak T-760/15 aan de zijde van de Commissie.

73. Bij akte, neergelegd ter griffie van het Gerecht op 7 april 2016, heeft Ierland verzocht om toelating tot interventie in zaak T-760/15 aan de zijde van het Koninkrijk der Nederlanden.

74. Bij beschikking van 13 juni 2016 heeft de president van de Vijfde kamer van het Gerecht de verzoeken tot interventie van het Verenigd Koninkrijk en Ierland ingewilligd.

75. Bij akte, neergelegd ter griffie van het Gerecht op 9 november 2016, heeft het Verenigd Koninkrijk zijn interventie ingetrokken. Bij beschikking van 12 december 2016 heeft de president van de Zevende kamer (uitgebreid) van het Gerecht het Verenigd Koninkrijk in zaak T-760/15 doorgehaald als interveniërende partij.

3. Verzoeken om vertrouwelijke behandeling

76. Bij akte, neergelegd ter griffie van het Gerecht op 26 februari 2016, heeft het Koninkrijk der Nederlanden verzocht om vertrouwelijke behandeling, ten aanzien van het publiek, van een gedeelte van het verzoekschrift en van bepaalde bijlagen daarbij.

77. Bij akte, neergelegd ter griffie van het Gerecht op 17 mei 2016, heeft het Koninkrijk der Nederlanden verzocht om vertrouwelijke behandeling, ten aanzien van Ierland, van een gedeelte van het verzoekschrift alsmede van bepaalde daarbijgevoegde stukken, van het bestreden besluit en van een gedeelte van het verweerschrift.

78. Bij akte, neergelegd ter griffie van het Gerecht op 17 mei 2016, heeft de Commissie verzocht om vertrouwelijke behandeling, ten aanzien van Ierland, van een gedeelte van het verweerschrift.

79. Bij akte, neergelegd ter griffie van het Gerecht op 1 juli 2016, heeft het Koninkrijk der Nederlanden verzocht om vertrouwelijke behandeling, ten aanzien van Ierland, van een gedeelte van de repliek alsmede van bepaalde daarbijgevoegde stukken.

80. Bij akte, neergelegd ter griffie van het Gerecht op 21 juli 2016, heeft het Koninkrijk der Nederlanden het Gerecht ervan in kennis gesteld dat met de Commissie overeenstemming was bereikt over de niet-vertrouwelijke versie van het bestreden besluit met het oog op de bekendmaking ervan en dat het de in het kader van zaak T-760/15 ingediende verzoeken om vertrouwelijke behandeling ten aanzien van het bestreden besluit overeenkomstig die bereikte overeenstemming wijzigde.

81. Bij akte, neergelegd ter griffie van het Gerecht op 11 oktober 2016, heeft het Koninkrijk der Nederlanden verzocht om vertrouwelijke behandeling, ten aanzien van Ierland, van een gedeelte van de dupliek alsmede van bepaalde daarbijgevoegde stukken.

82. Na zijn toelating als interveniënt heeft Ierland uitsluitend de niet-vertrouwelijke versies van de processtukken ontvangen. Ierland heeft geen bezwaar gemaakt tegen de ten aanzien van hem geformuleerde verzoeken om vertrouwelijke behandeling.

83. Op voorstel van de rechter-rapporteur heeft de Zevende kamer (uitgebreid) een maatregel tot organisatie van de procesgang genomen als bedoeld in artikel 89 van het Reglement voor de procesvoering, waarbij het Koninkrijk der Nederlanden werd verzocht zijn verzoeken om vertrouwelijke behandeling met betrekking tot de APA, de in overweging 142 van het bestreden besluit genoemde roasting agreement tussen SMBV en Alki en het verrekenprijzenrapport te herzien, teneinde bepaalde incoherenties in die verzoeken te verwijderen. Het

Koninkrijk der Nederlanden heeft binnen de gestelde termijn nieuwe niet-vertrouwelijke versies van die documenten verstrekt.

4. Conclusies van partijen

84. Het Koninkrijk der Nederlanden verzoekt het Gerecht:
- het bestreden besluit nietig te verklaren;
- de Commissie te verwijzen in de kosten in zaak T-760/15.

85. De Commissie verzoekt het Gerecht:
- het beroep in zaak T-760/15 ongegrond te verklaren;
- het Koninkrijk der Nederlanden te verwijzen in de kosten in zaak T-760/15.

86. Ierland verzoekt het Gerecht het bestreden besluit nietig te verklaren overeenkomstig de vorderingen van het Koninkrijk der Nederlanden.

B – Schriftelijke behandeling in zaak T-636/16

87. Bij verzoekschrift, neergelegd ter griffie van het Gerecht op 5 september 2016, hebben Starbucks Corp. en Starbucks Manufacturing Emea (hierna samen: „Starbucks") beroep ingesteld in zaak T-636/16. De Commissie heeft op 16 maart 2017 een verweerschrift neergelegd. De repliek en de dupliek zijn neergelegd op respectievelijk 26 juni en 20 oktober 2017.

1. Samenstelling van de rechtsprekende formatie en behandeling bij voorrang

88. Op voorstel van de Zevende kamer van het Gerecht heeft het Gerecht op 12 juli 2017 overeenkomstig artikel 28 van het Reglement voor de procesvoering besloten om de zaak naar een uitgebreide kamer te verwijzen.

89. Daar een lid van de Zevende kamer (uitgebreid) van het Gerecht verhinderd was, heeft de president van het Gerecht, bij beslissing van 1 augustus 2017, de vicepresident van het Gerecht aangewezen ter aanvulling van de kamer.

90. Bij beslissing van 12 december 2017 heeft de president van de Zevende kamer (uitgebreid) van het Gerecht het voorstel van de rechter-rapporteur aanvaard om zaak T-636/16 krachtens artikel 67, lid 2, van het Reglement voor de procesvoering bij voorrang te berechten.

2. Verzoeken om vertrouwelijke behandeling

91. Bij akte, neergelegd ter griffie van het Gerecht op 7 april 2017 en geregulariseerd bij akten neergelegd op 23 april 2018, heeft Starbucks verzocht om vertrouwelijke behandeling, ten aanzien van Ierland, van bepaalde informatie in het verzoekschrift, in het verweerschrift, in de repliek, in de dupliek alsmede in bepaalde bijlagen bij die memories.

3. Conclusies van partijen

92. Starbucks verzoekt het Gerecht:
- de artikelen 1 tot en met 4 van het bestreden besluit nietig te verklaren;
- subsidiair, artikel 2, lid 1, van het bestreden besluit nietig te verklaren;
- de Commissie te verwijzen in de kosten in zaak T-636/16.

93. De Commissie verzoekt het Gerecht:
- het beroep in zaak T-636/16 ongegrond te verklaren;
- Starbucks te verwijzen in de kosten in zaak T-636/16.

C – Voeging voor de mondelinge behandeling en verloop van de mondelinge behandeling

94. Bij akte, neergelegd ter griffie van het Gerecht op 23 februari 2017, heeft Starbucks verzocht om voeging van de zaken T-760/15 en T-636/16 voor de mondelinge behandeling.

95. Bij beslissing van 7 juni 2017 heeft de president van de Zevende kamer (uitgebreid) van het Gerecht besloten de zaken T-760/15 en T-636/16 in deze fase van de procedure niet te voegen.

96. Bij beslissing van de president van de Zevende kamer (uitgebreid) van het Gerecht van 8 mei 2018 zijn de zaken T-760/15 en T-636/16 overeenkomstig artikel 68 van het Reglement voor de procesvoering gevoegd voor de mondelinge behandeling.

97. Op voorstel van de rechter-rapporteur heeft het Gerecht besloten tot de mondelinge behandeling over te gaan en in het kader van de in artikel 89 van het Reglement voor de procesvoering bedoelde maatregelen tot organisatie van de procesgang heeft het partijen verzocht schriftelijke vragen te beantwoorden. Partijen hebben binnen de gestelde termijn voldaan aan deze maatregel tot organisatie van de procesgang.

98. Bij akten, neergelegd ter griffie van het Gerecht op 7 en 15 juni 2018, heeft Starbucks verzocht om vertrouwelijke behandeling van bepaalde informatie in haar antwoord op de maatregelen tot organisatie van de procesgang alsmede in het antwoord van de Commissie.

99. Bij akte, neergelegd ter griffie van het Gerecht op 8 juni 2018, heeft Starbucks opmerkingen over het rapport ter terechtzitting ingediend.

100. Bij akte, neergelegd ter griffie van het Gerecht op 14 juni 2018, heeft de Commissie verzocht om verwijdering van de opmerkingen van Starbucks over het rapport ter terechtzitting uit het dossier.

101. Nadat Ierland enkel de niet-vertrouwelijke versies van de in de punten 91, 98 en 99 hierboven genoemde stukken had ontvangen, heeft het geen bezwaar gemaakt tegen de verzoeken om vertrouwelijke behandeling ten aanzien van hem.

102. Bij akte, neergelegd ter griffie van het Gerecht op 26 juni 2018, heeft Starbucks verzocht om tijdens de terechtzitting technische middelen te mogen gebruiken en voorgesteld om tijdens de terechtzitting een deskundige in te schakelen. Ter terechtzitting is de Commissie verzocht mondeling haar opmerkingen over dat verzoek in te dienen en heeft zij op haar beurt verzocht technische middelen te mogen gebruiken tijdens de terechtzitting.

103. Ter terechtzitting van 2 juli 2018 zijn partijen gehoord in hun pleidooien, waarbij zij gebruik hebben gemaakt van de technische middelen waar zij om hadden gevraagd, en in hun antwoorden op de door het Gerecht gestelde vragen.

104. Partijen zijn ter terechtzitting gehoord over een eventuele voeging van de zaken T-760/15 en T-636/16 voor de eindbeslissing, waarvan het Gerecht akte heeft genomen in het proces-verbaal van de terechtzitting.

III – In rechte

105. Voor de behandeling van het onderhavige beroep dient vooraf een aantal door partijen opgeworpen procedurele kwesties te worden beslecht, voordat de door hen aangevoerde middelen ten gronde worden onderzocht.

A – Procedurele kwesties

106. Wat de in casu gerezen procedurele kwesties betreft, dient allereerst de eventuele voeging van de onderhavige zaken voor de eindbeslissing te worden onderzocht. Vervolgens dient het verzoek van de Commissie te worden onderzocht dat ertoe strekt dat de opmerkingen van Starbucks van 8 juni 2018 over het rapport ter terechtzitting worden verwijderd uit het dossier. Ten slotte moet worden onderzocht of bijlage A.7 bij het verzoekschrift in zaak T-760/15 ontvankelijk is, hetgeen de Commissie heeft betwist.

1. Voeging van de onderhavige zaken voor de eindbeslissing

107. De president van de Zevende kamer (uitgebreid) van het Gerecht heeft de beslissing over de voeging van de zaken T-760/15 en T-636/16 voor de eindbeslissing, die binnen zijn bevoegdheid viel, krachtens artikel 19, lid 2, van het Reglement voor de procesvoering verwezen naar de Zevende kamer (uitgebreid).

108. De zaken T-760/15 en T-636/16 dienen, partijen ter terechtzitting over een eventuele voeging gehoord, wegens verknochtheid te worden gevoegd voor de eindbeslissing.

2. Verzoek tot verwijdering van de opmerkingen van Starbucks over het rapport ter terechtzitting uit het dossier

109. Bij brief van 14 juni 2018 heeft de Commissie het Gerecht verzocht de brief van Starbucks van 8 juni 2018 te verwijderen uit het dossier van de zaken T-760/15 en T-636/16 (zie punt 100 hierboven), voor zover daarin opmerkingen over het rapport ter terechtzitting stonden, omdat dergelijke opmerkingen noch in het Reglement voor de procesvoering, noch in de Praktische uitvoeringsbepalingen daarbij zijn voorzien.

110. Ten eerste moet in herinnering worden gebracht dat de president van de Zevende kamer (uitgebreid) van het Gerecht bij beslissing van 13 juni 2018 had besloten de brief van Starbucks van 8 juni 2018 in het dossier

op te nemen. Ten tweede moet in herinnering worden gebracht dat alleen het Gerecht beoordeelt of het noodzakelijk is om niet in het Reglement voor de procesvoering voorziene akten op te nemen in het dossier. Bijgevolg moet het verzoek van de Commissie tot verwijdering van de brief van 8 juni 2018 uit het dossier worden afgewezen.

111. Evenwel is het volgens artikel 84, lid 1, van het Reglement voor de procesvoering verboden om in de loop van het geding nieuwe middelen voor te dragen, tenzij zij steunen op gegevens, rechtens of feitelijk, waarvan eerst in de loop van de behandeling is gebleken.

112. Aangezien Starbucks geen enkele rechtvaardiging heeft gegeven voor het late aandragen van de argumenten in haar brief van 8 juni 2018, dienen zij, zoals de Commissie betoogt, niet-ontvankelijk te worden verklaard voor zover zij meer omvatten dan enkel opmerkingen over de vertrouwelijkheid en de juistheid van het rapport ter terechtzitting, doordat daardoor de in het verzoekschrift aangevoerde middelen worden gewijzigd.

3. Ontvankelijkheid van bijlage A.7 bij het verzoekschrift in zaak T-760/15

113. De Commissie betwist de ontvankelijkheid van bijlage A.7 bij het verzoekschrift in zaak T-760/15, dat een schematische vergelijking bevat van bepaalde aspecten van de werking van overeenkomsten tussen de Starbucksgroep en bepaalde derde partijen. Volgens de Commissie moeten de essentiële feitelijke en juridische elementen waarop het beroep is gebaseerd, op straffe van niet-ontvankelijkheid ervan, althans beknopt, maar coherent en begrijpelijk worden vermeld in de tekst zelf van het verzoekschrift. Aan deze voorwaarde is haars inziens in casu niet voldaan.

114. In herinnering zij gebracht dat volgens artikel 21 van het Statuut van het Hof van Justitie van de Europese Unie en artikel 76, onder d), van het Reglement voor de procesvoering elk verzoekschrift het voorwerp van het geschil, de aangevoerde middelen en argumenten, alsmede een summiere uiteenzetting van deze middelen moet bevatten. Deze uiteenzetting dient zo duidelijk en precies te zijn dat de verwerende partij zijn verweer kan voorbereiden en het Gerecht uitspraak kan doen over het beroep, in voorkomend geval zonder aanvullende informatie. Voor de ontvankelijkheid van een beroep is het noodzakelijk dat de wezenlijke elementen, feitelijk en rechtens, waarop het beroep is gebaseerd op zijn minst summier, maar coherent en begrijpelijk uit de tekst van het verzoekschrift zelf blijken. De tekst daarvan mag weliswaar op specifieke punten worden gestaafd en aangevuld door verwijzingen naar bepaalde passages uit bijgevoegde stukken, maar een algemene verwijzing naar andere stukken, ook al zijn die als bijlage bij het verzoekschrift gevoegd, kan het ontbreken van de wezenlijke elementen van het juridische betoog, die volgens bovengenoemde bepalingen in het verzoekschrift moeten worden vermeld, niet goedmaken. De bijlagen kunnen slechts in aanmerking worden genomen voor zover zij middelen of argumenten staven of aanvullen die de verzoekende partijen in hun geschriften uitdrukkelijk hebben aangevoerd, en voor zover precies kan worden vastgesteld welke elementen van deze bijlagen deze middelen of argumenten staven of aanvullen. Bovendien is het niet de taak van het Gerecht om in de bijlagen de middelen en argumenten te zoeken en te vinden die het als grondslag voor het beroep zou kunnen beschouwen, aangezien de bijlagen louter als bewijsmiddelen dienen (zie arrest van 14 maart 2013, Fresh Del Monte Produce/Commissie, T-587/08, EU:T:2013:129, punten 268-271 en aldaar aangehaalde rechtspraak).

115. In casu moet worden opgemerkt dat het Koninkrijk der Nederlanden met betrekking tot de tussen de Starbucksgroep en de externe koffiebranders en producenten van afgeleide koffieproducten gesloten overeenkomsten aanvoert dat bijlage A.7 een „schematisch overzicht van de vergelijkbaarheidspunten van de door de Commissie aangedragen contracten" bevat, „waarin de [in het verzoekschrift in zaak T-760/15] genoemde drie verschillen terug te vinden zijn". Evenwel zet het Koninkrijk der Nederlanden in de punten 140 tot en met 155 van het verzoekschrift in zaak T-760/15 de redenen uiteen die zijns inziens aantonen dat de contracten die de Commissie in het bestreden besluit aandraagt, niet vergelijkbaar zijn met de contractuele relatie tussen Alki en SMBV.

116. In dit verband moet worden vastgesteld dat alle argumenten in bijlage A.7 bij het verzoekschrift in zaak T-760/15 voldoende duidelijk en nauwkeurig voortvloeien uit de punten 140 tot en met 155 van het verzoekschrift in zaak T-760/15. Ook zonder bijlage A.7 bij het verzoekschrift in zaak T-760/15 was de Commissie dus in staat geweest om haar verweer voor te bereiden en het Gerecht in staat om uitspraak te doen over het beroep. De enige toegevoegde waarde van bijlage A.7 bij het verzoekschrift in zaak T-760/15 bestaat er dus in dat wordt vermeld welke de specifieke contracten zijn waarop de respectieve argumenten van het Koninkrijk der Nederlanden betrekking hebben, waar het in de punten 140 tot en met 155 van het verzoekschrift verwijst naar „het merendeel" van die contracten.

117. Bijgevolg dient het argument van de Commissie dat bijlage A.7 bij het verzoekschrift in zaak T-760/15 niet-ontvankelijk moet worden verklaard, te worden afgewezen.

B – Aangevoerde middelen en structuur van het onderzoek van het onderhavige beroepen

118. De in de zaken T-760/15 en T-636/16 ingestelde beroepen strekken tot nietigverklaring van het bestreden besluit voor zover de APA daarin is aangemerkt als staatssteun in de zin van artikel 107, lid 1, VWEU en terugvordering wordt gelast van de bedragen die het Koninkrijk der Nederlanden niet van SMBV heeft geïnd uit hoofde van de vennootschapsbelasting.

119. Tot staving van hun beroepen voeren het Koninkrijk der Nederlanden en Starbucks respectievelijk vijf en twee middelen aan, die elkaar grotendeels overlappen.

120. In het kader van het eerste middel in zaak T-760/15 en van het eerste onderdeel van het eerste middel in zaak T-636/16 trekken het Koninkrijk der Nederlanden en Starbucks het door de Commissie verrichte onderzoek van de selectiviteit van de APA in twijfel. Meer in het bijzonder betogen zij dat de Commissie voor het onderzoek van de selectiviteit van de APA een verkeerd referentiekader heeft gehanteerd.

121. In het kader van het tweede, het derde en het vierde middel in zaak T-760/15 alsmede in het kader van het tweede onderdeel van het eerste en van het tweede middel in zaak T-636/16, betogen het Koninkrijk der Nederlanden en Starbucks dat de analyse van de Commissie volgens welke de APA een voordeel verleende aan SMBV onjuist is.

122. Meer specifiek voeren het Koninkrijk der Nederlanden en Starbucks in het kader van het tweede middel in zaak T-760/15 en in het kader van het tweede onderdeel van het eerste middel in zaak T-636/16 in wezen aan dat artikel 107 VWEU is geschonden omdat de Commissie het bestaan van een voordeel ten onrechte heeft onderzocht in het licht van een zakelijkheidsbeginsel dat eigen zou zijn aan het Unierecht, en aldus de fiscale autonomie van de lidstaten heeft geschonden.

123. In het kader van het derde middel in zaak T-760/15 en in het kader van het derde onderdeel van het eerste middel en van het eerste, het tweede, het vierde en het vijfde onderdeel van het tweede middel in zaak T-636/16, stellen het Koninkrijk der Nederlanden en Starbucks in wezen dat artikel 107 VWEU is geschonden doordat de Commissie ten onrechte heeft aangenomen dat de keuze van de TNMM om de verrekenprijzen vast te stellen een voordeel opleverde. Het Koninkrijk der Nederlanden en Starbucks betwisten in wezen de hoofdredenering van de Commissie over het bestaan van een fiscaal voordeel ten gunste van SMBV, die is uiteengezet in de overwegingen 255 tot en met 361 van het bestreden besluit. Deze middelen betreffen de eerste tot en met de derde redeneerlijn, die in punt 53 hierboven zijn genoemd.

124. In het kader van het vierde middel in zaak T-760/15 en in het kader van het derde onderdeel van het tweede middel in zaak T-636/16, betogen het Koninkrijk der Nederlanden en Starbucks dat artikel 107 VWEU is geschonden doordat de Commissie ten onrechte heeft aangenomen dat de wijze van toepassing van de TNMM, zoals goedgekeurd in de APA, SMBV een voordeel verleende. Deze middelen betreffen de vierde tot en met de zesde redeneerlijn, die in punt 54 hierboven zijn genoemd.

125. Met het vijfde middel in zaak T-760/15 betoogt het Koninkrijk der Nederlanden dat de zorgvuldigheidsplicht is geschonden.

126. Wat de analyse van de door het Koninkrijk der Nederlanden en Starbucks aangevoerde middelen betreft, dient allereerst het middel te worden onderzocht waarmee wordt betwist dat het zakelijkheidsbeginsel zoals de Commissie dit in het bestreden besluit omschrijft, bestaat. Vervolgens moeten de middelen worden onderzocht waarmee wordt betwist dat de Commissie met haar in de punten 53 en 54 hierboven uiteengezette eerste tot en met zesde redeneerlijn zou hebben aangetoond dat de APA afweek van het algemene Nederlandse stelsel van de vennootschapsbelasting en SMBV een voordeel verleende in de zin van artikel 107 VWEU. Voorts moet het middel worden onderzocht waarmee wordt betwist dat de Commissie in haar redenering ten aanzien van het beperkte referentiekader, die is uiteengezet in punt 55 hierboven, zou hebben bewezen dat de APA afweek van het beperkte referentiekader dat bestaat uit artikel 8b Wet Vpb en het Verrekenprijsbesluit, en SMBV een voordeel zou verlenen in de zin van artikel 107 VWEU. Ten slotte zullen, op voorwaarde dat het onderzoek inzake het bestaan van een voordeel tot afwijzing van die middelen leidt, de middelen moeten worden onderzocht die erop zijn gebaseerd dat de betwiste maatregel niet selectief is en dat de zorgvuldigheidsplicht is geschonden.

127. In dit verband dient overigens in herinnering te worden gebracht dat volgens de rechtspraak een maatregel slechts als staatssteun kan worden aangemerkt indien aan alle voorwaarden van artikel 107, lid 1, VWEU is

voldaan. Aldus staat vast dat het bij een maatregel, om als staatssteun in de zin van die bepaling te kunnen worden aangemerkt, ten eerste moet gaan om een maatregel van de staat of om een maatregel die met staatsmiddelen is bekostigd. Ten tweede moet deze maatregel het handelsverkeer tussen de lidstaten ongunstig kunnen beïnvloeden, ten derde moet deze maatregel een selectief voordeel verschaffen aan de begunstigde ervan, en ten vierde moet hij de mededinging vervalsen of dreigen te vervalsen (zie arrest van 21 december 2016, Commissie/Hansestadt Lübeck, C-524/14 P, EU:C:2016:971, punt 40 en aldaar aangehaalde rechtspraak).

128. Zoals blijkt uit de hierboven in de punten 118 tot en met 125 uiteengezette middelen, betwisten het Koninkrijk der Nederlanden en Starbucks niet de beoordeling van de Commissie met betrekking tot de eerste twee voorwaarden en de vierde voorwaarde, waaraan moet zijn voldaan opdat een maatregel als staatssteun kan worden aangemerkt. Zij betwisten immers niet dat, gesteld dat de Commissie zou hebben bewezen dat de APA een fiscaal voordeel verleende, deze APA een maatregel van de staat of een met staatsmiddelen bekostigde maatregel vormde, het handelsverkeer tussen de lidstaten ongunstig kon beïnvloeden en mededinging vervalste of dreigde te vervalsen. De eerste vier middelen in zaak T-760/15 strekken er in wezen toe de constatering van de Commissie dat de APA SMBV een selectief voordeel verleende, in twijfel te trekken.

129. Wat voorts het bewijs van het selectieve voordeel betreft, moet worden opgemerkt dat de benadering van de Commissie, die erin bestaat de criteria van het voordeel en van de selectiviteit tegelijkertijd te beoordelen, op zich niet onjuist is, omdat zowel het voordeel als de selectieve aard ervan wordt onderzocht. Niettemin acht het Gerecht het zinvol om eerst te onderzoeken of de Commissie op goede gronden tot de slotsom kon komen dat er sprake was van een voordeel, alvorens in voorkomend geval te onderzoeken of dat voordeel moest worden geacht selectief te zijn.

130. Hieronder dienen de argumenten van het Koninkrijk der Nederlanden en van Starbucks te worden geanalyseerd waarmee zij betogen dat de APA SMBV geen voordeel verleent in de zin van artikel 107 VWEU.

C – Bestaan van een zakelijkheidsbeginsel op het gebied van het toezicht op staatssteun en eerbiediging van het beginsel van fiscale autonomie van de lidstaten

131. Met zijn tweede middel betoogt het Koninkrijk der Nederlanden dat de Commissie een fout heeft gemaakt door een zakelijkheidsbeginsel aan te wijzen dat eigen zou zijn aan het Unierecht en door dat te hanteren als beoordelingscriterium voor het bestaan van staatssteun. Starbucks werpt in het tweede onderdeel van haar eerste middel in wezen dezelfde grieven op.

132. In de eerste plaats betoogt het Koninkrijk der Nederlanden dat uit het arrest van 22 juni 2006, België en Forum 187/Commissie (C-182/03 en C-217/03, EU:C:2006:416), waarop de Commissie zich baseert om een Unierechtelijk zakelijkheidsbeginsel aan te wijzen, niet het bestaan van een dergelijk beginsel kan worden afgeleid. Voorts heeft de Commissie niet aangegeven op welke basis zij had aangenomen dat er in het Unierecht een zakelijkheidsbeginsel bestond noch heeft zij nadere invulling gegeven aan dat beginsel. Starbucks voegt daaraan toe dat de Commissie, niettegenstaande het feit dat de fiscale autonomie van de lidstaten inderdaad haar grenzen vindt in de eerbieding van artikel 107 VWEU, de bevoegdheden die haar bij artikel 107 VWEU zijn toegekend, heeft overschreden. Starbucks verwijt de Commissie dat zij, onder het mom van het beginsel van gelijke behandeling, de regels van het Nederlandse belastingrecht heeft vervangen door een autonoom ontwikkeld beginsel inzake verrekenprijzen en aldus inhoudelijke belastingregels heeft opgelegd.

133. In de tweede plaats betoogt het Koninkrijk der Nederlanden dat de Commissie de APA niet kon onderzoeken in het licht van een Unierechtelijk zakelijkheidsbeginsel, want alleen de nationale wet- en regelgeving van de betrokken lidstaat is relevant voor het toezicht op staatssteun. Meer in het bijzonder stelt het Koninkrijk der Nederlanden dat het bestaan van een voordeel uitsluitend kon worden onderzocht in het licht van de lasten die normaliter op grond van het nationale recht op het budget van de onderneming drukken, en niet in het licht van een Unierechtelijk zakelijkheidsbeginsel. Starbucks voegt daaraan voorts toe dat de Commissie geen rekening heeft gehouden met het Nederlandse recht en haar redenering zelfs heeft gebaseerd op overwegingen die verschillen van, of zelfs indruisen tegen de Nederlandse regels inzake verrekenprijzen.

134. Ierland voegt, om te beginnen, daaraan toe dat de Commissie, die verplicht was een afwijking aan te tonen, de situatie van Starbucks niet heeft vergeleken met die van enige andere belastingplichtige en uitsluitend heeft getracht het zakelijkheidsbeginsel toe te passen. Vervolgens betoogt Ierland dat de Commissie niet de toepassing van regels kan opleggen die nooit in het nationale stelsel zijn opgenomen. Het aanvaarden van een beginsel van gelijke behandeling op fiscaal gebied zou dus afbreuk doen aan de autonomie en de soevereiniteit van de lidstaten. Ten slotte stelt Ierland dat uit het arrest van 22 juni 2006, België en Forum 187/Commissie (C-182/03 en C-217/03, EU:C:2006:416), geen Unierechtelijk zakelijkheidsbeginsel kan worden afgeleid, aangezien in die zaak, ten eerste, het zakelijkheidsbeginsel was opgenomen in het Belgische natio-

nale recht en, ten tweede, het arrest verwijst naar de OESO-richtlijnen, die in het Belgische nationale recht zijn opgenomen.

135. De Commissie betwist deze argumenten. Zij betoogt met name dat zij het bestaan van een selectief voordeel heeft onderzocht aan de hand van het referentiekader dat voortkomt uit het nationale recht en niet aan de hand van het zakelijkheidsbeginsel. Uit het bestreden besluit blijkt haars inziens immers duidelijk dat het bestaan van een voordeel was geanalyseerd middels een vergelijking met de belastinglast die normaliter op grond van het gewone Nederlandse stelsel van de vennootschapsbelasting op SMBV had moeten drukken.

136. In het kader van het onderhavige middel verwijten het Koninkrijk der Nederlanden en Starbucks de Commissie dus in wezen dat zij in strijd met de fiscale autonomie van de lidstaten een Unierechtelijk zakelijkheidsbeginsel heeft geïdentificeerd en dat zij de APA uitsluitend heeft onderzocht aan de hand van dit beginsel, zonder rekening te houden met het Nederlandse recht.

137. Allereerst moet worden vastgesteld dat, zoals blijkt uit met name de overwegingen 252, 267 en 408 van het bestreden besluit, het onderzoek aan de hand van het zakelijkheidsbeginsel zoals omschreven door de Commissie in het bestreden besluit, past in het kader van haar primair verrichte analyse van het selectieve voordeel. Zoals is uiteengezet in punt 35 hierboven, bestaat deze primaire analyse erin dat wordt onderzocht of de APA afwijkt van het algemene Nederlandse stelsel van de vennootschapsbelasting. In dit verband moet worden opgemerkt dat de Commissie vooraf, in de overwegingen 232 tot en met 244 van het bestreden besluit, erop heeft gewezen dat het doel van het algemene Nederlandse stelsel van de vennootschapsbelasting bestond in het belasten van de winst van alle in Nederland gevestigde vennootschappen, ongeacht of zij al dan niet geïntegreerd zijn, en dat deze twee typen vennootschap zich in het licht van dat doel feitelijk en juridisch in een vergelijkbare situatie bevinden.

138. Wat de definitie van het zakelijkheidsbeginsel betreft, heeft de Commissie in de overwegingen 258 en 261 van het bestreden besluit gesteld dat volgens dit beginsel concerntransacties moeten worden vergoed alsof daarover was onderhandeld door onafhankelijke ondernemingen. Zij heeft daaraan in overweging 262 van het bestreden besluit toegevoegd dat dit beginsel tot doel heeft te verzekeren dat concerntransacties voor belastingdoeleinden worden behandeld in verhouding tot de hoeveelheid winst die zou zijn behaald indien de transactie tussen onafhankelijke ondernemingen tot stand was gekomen. De Commissie heeft verder ter terechtzitting betoogd dat het zakelijkheidsbeginsel volgens haar een instrument is voor de beoordeling van het prijsniveau van concerntransacties, waarvan het Gerecht akte heeft genomen in het proces-verbaal van de terechtzitting.

139. Wat de juridische aard van het zakelijkheidsbeginsel betreft, was de Commissie in overweging 264 van het bestreden besluit van mening dat het zakelijkheidsbeginsel noodzakelijkerwijs deel uitmaakt van het onderzoek uit hoofde van artikel 107 VWEU van de belastingmaatregelen ten gunste van groepsondernemingen, los van de vraag of de lidstaat dit beginsel in zijn nationale rechtsstelsel heeft opgenomen. Zij preciseerde dat het zakelijkheidsbeginsel dat zij toepaste een algemeen beginsel van gelijke behandeling op fiscaal gebied was dat binnen de werkingssfeer van artikel 107 VWEU valt. De Franse taalversie van het bestreden besluit noemt in deze context een „principe de traitement équitable" (beginsel van billijke behandeling), hetgeen een onjuiste vertaling van de uitdrukking „beginsel van gelijke behandeling" is. De Commissie heeft deze vaststelling gebaseerd op het arrest van 22 juni 2006, België en Forum 187/Commissie (C-182/03 en C-217/03, EU:C:2006:416), over de belastingregeling voor coördinatiecentra in België, waarin het Hof volgens haar heeft geoordeeld dat de in die regeling voorziene methode voor de bepaling van het belastbare inkomen die centra een selectief voordeel verschafte. De Commissie verwijst meer in het bijzonder naar punt 96 van dat arrest, waarin het Hof heeft geoordeeld dat de methode voor de vaststelling van de belastbare inkomsten van deze centra „niet [kon] leiden tot verrekenprijzen die in de buurt [lagen] van die welke zouden worden gehanteerd in een omgeving waarin vrije mededinging heerst".

140. Wat de toepassing van het zakelijkheidsbeginsel betreft heeft de Commissie er in overweging 263 van het bestreden besluit op gewezen dat zij, teneinde te beoordelen of het Koninkrijk der Nederlanden SMBV een selectief voordeel had verleend, bijgevolg moest nagaan of de door de Nederlandse belastingdienst middels de APA aanvaarde methode voor het bepalen van de belastbare winst van SMBV in Nederland afweek van een methode die een betrouwbare benadering van een marktuitkomst oplevert, en dus van het zakelijkheidsbeginsel. In overweging 264 van het bestreden besluit voegde zij daaraan toe dat het zakelijkheidsbeginsel wordt toegepast om vast te stellen of de belastbare winst van een groepsonderneming met het oog op de berekening van de vennootschapsbelasting is bepaald op basis van een methode die de marktvoorwaarden benadert, zodat die onderneming niet gunstiger wordt behandeld op grond van het algemene stelsel van

vennootschapsbelasting in vergelijking met niet-geïntegreerde ondernemingen waarvan de belastbare winst door de markt wordt bepaald.

141. Derhalve moet worden onderzocht of de Commissie de betrokken maatregel kon analyseren aan de hand van het zakelijkheidsbeginsel zoals omschreven in het bestreden besluit en zoals samengevat in de punten 138 tot en met 140 hierboven, dat erin bestaat na te gaan of concerntransacties zijn vergoed alsof daarover was onderhandeld onder marktvoorwaarden.

142. Volgens vaste rechtspraak zijn de lidstaten, hoewel de directe belastingen bij de huidige stand van het Unierecht tot hun bevoegdheid behoren, niettemin verplicht deze bevoegdheid in overeenstemming met het Unierecht uit te oefenen (zie arrest van 12 juli 2012, Commissie/Spanje, C-269/09, EU:C:2012:439, punt 47 en aldaar aangehaalde rechtspraak). Maatregelen van de lidstaten op het gebied van de directe belastingen zijn dus niet uitgesloten van de werkingssfeer van de regeling inzake het toezicht op staatsteun, ook niet wanneer zij betrekking hebben op kwesties die in de Unie niet zijn geharmoniseerd.

143. Daaruit vloeit voort dat de Commissie een belastingmaatregel als staatssteun kan kwalificeren mits is voldaan aan de voorwaarden voor een dergelijke kwalificatie (zie in die zin arresten van 2 juli 1974, Italië/Commissie, 173/73, EU:C:1974:71, punt 28, en 22 juni 2006, België en Forum 187/Commissie, C-182/03 en C-217/03, EU:C:2006:416, punt 81). De lidstaten moeten hun belastingbevoegdheid immers in overeenstemming met het Unierecht uitoefenen (arrest van 3 juni 2010, Commissie/Spanje, C-487/08, EU:C:2010:310, punt 37). Bijgevolg dienen zij in deze context af te zien van het nemen van maatregelen die met de interne markt onverenigbare staatssteun kunnen vormen.

144. Wat de voorwaarde betreft dat de betrokken maatregel een economisch voordeel moet verschaffen, dient in herinnering te worden gebracht dat volgens vaste rechtspraak als staatsteun worden aangemerkt maatregelen die, in welke vorm ook, ondernemingen rechtstreeks of indirect kunnen bevoordelen of die moeten worden beschouwd als een economisch voordeel dat de begunstigde onderneming onder normale marktvoorwaarden niet zou hebben verkregen (zie arresten van 2 september 2010, Commissie/Deutsche Post, C-399/08 P, EU:C:2010:481, punt 40 en aldaar aangehaalde rechtspraak, en 9 oktober 2014, Ministerio de Defensa en Navantia, C-522/13, EU:C:2014:2262, punt 21).

145. Nauwkeuriger gesteld, vormt een maatregel waarbij de overheid bepaalde ondernemingen fiscaal voordelig behandelt waardoor, hoewel geen sprake is van overdracht van staatsmiddelen, de financiële situatie van de begunstigden ten opzichte van die van de andere belastingplichtigen verbetert, staatssteun in de zin van artikel 107, lid 1, VWEU (arrest van 15 maart 1994, Banco Exterior de España, C-387/92, EU:C:1994:100, punt 14; zie tevens arrest van 8 september 2011, Paint Graphos e.a., C-78/08–C-80/08, EU:C:2011:550, punt 46 en aldaar aangehaalde rechtspraak).

146. In het geval van belastingmaatregelen kan het bestaan van een voordeel slechts ten opzichte van een „normale" belasting worden vastgesteld (arrest van 6 september 2006, Portugal/Commissie, C-88/03, EU:C:2006:511, punt 56). Bijgevolg verleent een dergelijke maatregel een economisch voordeel aan de begunstigde ervan wanneer die maatregel de lasten verlicht die normaliter op het budget van de onderneming drukken en daardoor – zonder een subsidie in strikte zin te zijn – van dezelfde aard is en identieke gevolgen heeft (arrest van 9 oktober 2014, Ministerio de Defensa en Navantia, C-522/13, EU:C:2014:2262, punt 22).

147. Teneinde vast te stellen of er een belastingvoordeel bestaat, moet bijgevolg de situatie van de begunstigde zoals die voortvloeit uit de toepassing van de betrokken maatregel worden vergeleken met diens situatie zoals die zou zijn zonder de betrokken maatregel (zie in die zin arrest van 26 april 2018, Cellnex Telecom en Telecom Castilla-La Mancha/Commissie, C-91/17 P en C-92/17 P, niet gepubliceerd, EU:C:2018:284, punt 114) en onder toepassing van de normale belastingregels.

148. In de context van het bepalen van de fiscale situatie van een geïntegreerde vennootschap die deel uitmaakt van een ondernemingsgroep, moet meteen worden opgemerkt dat de prijzen van de door haar binnen de groep verrichte transacties niet onder marktvoorwaarden zijn bepaald. Deze prijzen zijn immers overeengekomen tussen vennootschappen die tot dezelfde groep behoren, zodat zij niet zijn onderworpen aan de werking van de markt.

149. Wanneer het nationale belastingrecht geen onderscheid maakt tussen geïntegreerde ondernemingen en onafhankelijke ondernemingen voor hun onderwerping aan de vennootschapsbelasting, bedoelt dit recht de winst die voortvloeit uit de economische activiteit van een dergelijke geïntegreerde onderneming te belasten alsof die winst voortvloeide uit tegen marktprijzen verrichte transacties. In die omstandigheden moet worden vastgesteld dat wanneer de Commissie in het kader van de haar bij artikel 107, lid 1, VWEU verleende bevoegdheden een aan een dergelijke geïntegreerde onderneming toegekende belastingmaatregel onder-

zoekt, zij de belastingdruk van een dergelijke geïntegreerde vennootschap als gevolg van de toepassing van die belastingmaatregel kan vergelijken met de belastingdruk als gevolg van de toepassing van de normale belastingregels van het nationale recht van een onderneming die in een vergelijkbare feitelijke situatie verkeert en haar activiteiten onder marktvoorwaarden uitoefent.

150. Zoals de Commissie op goede gronden heeft opgemerkt in het bestreden besluit is voor deze conclusies trouwens steun te vinden in het arrest van 22 juni 2006, België en Forum 187/Commissie (C-182/03 en C-217/03, EU:C:2006:416), dat het Belgische belastingrecht betrof, waarin was bepaald dat geïntegreerde vennootschappen en onafhankelijke vennootschappen volgens dezelfde voorwaarden worden behandeld. Het Hof heeft in punt 95 van dat arrest immers erkend dat een steunregeling die een afwijking vormt, moet worden vergeleken met „de algemene regeling, die is gebaseerd op het verschil tussen lasten en baten van een onderneming die haar bedrijf uitoefent in een omgeving waarin vrije mededinging heerst".

151. Indien in dit kader de nationale belastingautoriteiten via de aan een geïntegreerde vennootschap verleende belastingmaatregel een bepaald prijsniveau van een concerntransactie hebben aanvaard, staat artikel 107, lid 1, VWEU de Commissie toe te controleren of dit prijsniveau overeenkomt met het niveau dat onder marktvoorwaarden zou zijn gehanteerd, teneinde na te gaan of daaruit een verlichting van de normaliter op het budget van de betrokken onderneming drukkende lasten voortvloeit waardoor haar aldus een voordeel wordt verleend in de zin van dat artikel. Het zakelijkheidsbeginsel, zoals door de Commissie omschreven in het bestreden besluit, vormt dan een instrument waarmee deze verificatie kan worden verricht in het kader van de uitoefening van haar bevoegdheden uit hoofde van artikel 107, lid 1, VWEU. De Commissie heeft overigens op goede gronden in overweging 261 van het bestreden besluit gepreciseerd dat het zakelijkheidsbeginsel fungeert als een „ijkpunt" om te bepalen of een geïntegreerde onderneming op grond van een belastingmaatregel waarbij haar verrekenprijzen worden vastgesteld, een voordeel in de zin van artikel 107, lid 1, VWEU ontvangt.

152. Voorts moet worden gepreciseerd dat, wanneer de Commissie dit instrument toepast om te controleren of de belastbare winst van een geïntegreerde onderneming op basis van de toepassing van een belastingmaatregel overeenkomt met een betrouwbare benadering van belastbare winst die wordt behaald onder marktvoorwaarden, zij slechts kan vaststellen dat er sprake is van een voordeel in de zin van artikel 107, lid 1, VWEU op voorwaarde dat de afwijking tussen de twee vergelijkingsfactoren verder gaat dan onnauwkeurigheden die inherent zijn aan de methode die wordt toegepast om tot die benadering te komen.

153. In het onderhavige geval heeft de APA betrekking op de bepaling van de belastbare winst van SMBV uit hoofde van de Wet Vpb, die, los van de vraag of de normale belastingregels ruim dan wel eng moeten worden gedefinieerd, ertoe strekt dat geïntegreerde ondernemingen en onafhankelijke ondernemingen in Nederland op dezelfde wijze worden belast voor de vennootschapsbelasting. De Commissie kon dus nagaan of de belastbare winst van SMBV op basis van de APA lager was dan de fiscale last van SMBV zonder de APA en op basis van de normale belastingregels van het Nederlandse recht. Aangezien SMBV een geïntegreerde onderneming is en de Wet Vpb tot doel heeft de winst uit de economische activiteit van een dergelijke geïntegreerde onderneming te belasten alsof deze voortkwam uit transacties die zijn verricht tegen marktprijzen, moet in het kader van het onderzoek van de APA de belastbare winst van SMBV als gevolg van de toepassing van de APA worden vergeleken met de situatie – die het gevolg zou zijn van de toepassing van de normale belastingregels van het Nederlandse recht – van een onderneming in een vergelijkbare feitelijke situatie die haar activiteiten uitoefent in een omgeving waarin vrije mededinging heerst. Indien de APA een bepaald prijsniveau voor concerntransacties heeft aanvaard, moet in dit verband worden nagegaan of dat prijsniveau overeenkomt met het niveau dat zou zijn gehanteerd onder marktvoorwaarden.

154. In deze context dient te worden gepreciseerd dat met betrekking tot het onderzoek van de vraag of een geïntegreerde onderneming een voordeel heeft verkregen in de zin van de artikel 107, lid 1, VWEU, de Commissie niet kan worden verweten dat zij een verrekenprijsmethode heeft gebruikt die zij in het onderhavige geval geschikt acht om het niveau van de verrekenprijzen voor één transactie of voor verschillende nauw verbonden transacties te onderzoeken, die deel uitmaken van de betwiste maatregel. Niettemin dient de Commissie haar methodologische keuze te rechtvaardigen.

155. Hoewel de Commissie terecht heeft opgemerkt dat zij niet formeel kan worden gebonden door de OESO-richtlijnen, neemt dat niet weg dat deze richtlijnen zijn gebaseerd op het werk van deskundigengroepen, dat zij de op internationaal niveau bereikte consensus inzake verrekenprijzen weergeven en dat zij daardoor een zeker praktisch belang hebben bij de interpretatie van kwesties in verband met verrekenprijzen, zoals de Commissie in overweging 66 van het bestreden besluit heeft erkend.

156. Derhalve heeft de Commissie terecht vastgesteld dat zij in het kader van haar analyse uit hoofde van artikel 107, lid 1, VWEU kon onderzoeken of de concerntransacties waren vergoed alsof daarover was onderhandeld onder marktvoorwaarden. Aan deze constatering wordt niet afgedaan door de andere argumenten van het Koninkrijk der Nederlanden en van Starbucks.

157. Wat ten eerste het argument van het Koninkrijk der Nederlanden betreft dat de Commissie de inhoud van het zakelijkheidsbeginsel zoals omschreven in het bestreden besluit, niet heeft gepreciseerd, volstaat het erop te wijzen dat uit het bestreden besluit blijkt dat het gaat om een instrument waarmee kan worden getoetst of de concerntransacties worden vergoed alsof daarover was onderhandeld door onafhankelijke ondernemingen (zie punt 138 hierboven). Dat argument moet dus worden afgewezen.

158. Ten tweede, voor zover het Koninkrijk der Nederlanden en Starbucks betogen dat het zakelijkheidsbeginsel op zich, zoals omschreven door de Commissie in het bestreden besluit, haar toestond de belastbare winst van een onderneming voor te schrijven en dat dit een verkapte harmonisatie op het gebied van de directe belastingen tot gevolg heeft in strijd met de fiscale autonomie van de lidstaten, moet dit argument worden afgewezen.

159. Hoewel de vaststelling van de heffingsgrondslagen en de verdeling van de belastingdruk over de verschillende productiefactoren en economische sectoren bij gebreke van regelgeving van de Unie op dit gebied tot de bevoegdheid van de lidstaten behoren (zie in die zin arrest van 15 november 2011, Commissie en Spanje/Government of Gibraltar en Verenigd Koninkrijk, C-106/09 P en C-107/09 P, EU:C:2011:732, punt 97), betekent dit immers niet dat elke belastingmaatregel die met name de belastinggrondslag raakt die de belastingautoriteiten in aanmerking hebben genomen, ontkomt aan toepassing van artikel 107 VWEU (zie in die zin arrest van 15 november 2011, Commissie en Spanje/Government of Gibraltar en Verenigd Koninkrijk, C-106/09 P en C-107/09 P, EU:C:2011:732, punt 104). Daaruit vloeit voort dat de Commissie in deze fase van de ontwikkeling van het Unierecht niet beschikt over een bevoegdheid op grond waarvan zij autonoom zou mogen bepalen wat de zogenoemde „normale" belastingheffing van een geïntegreerde onderneming is onder voorbijgaan aan de nationale belastingregels. Hoewel de zogenoemde „normale" belastingheffing wordt omschreven door de nationale belastingregels en hoewel het bestaan op zich van een voordeel ten opzichte van die regels moet worden aangetoond, neemt dit evenwel niet weg dat indien deze regels voorschrijven dat van onafhankelijke ondernemingen en van geïntegreerde ondernemingen onder dezelfde voorwaarden belasting wordt geheven, de Commissie op grond van artikel 107, lid 1, VWEU mag controleren of het prijsniveau van de concerntransacties dat door de nationale autoriteiten is aanvaard voor de bepaling van de heffingsgrondslag van een geïntegreerde onderneming, overeenkomt met het prijsniveau van een transactie waarover onder marktvoorwaarden is onderhandeld.

160. Wanneer de Commissie onderzoekt of de in een nationale belastingmaatregel goedgekeurde methode tot een uitkomst leidt waartoe is gekomen in overeenstemming met het zakelijkheidsbeginsel zoals omschreven in punt 137 hierboven, overschrijdt zij dus niet haar bevoegdheden.

161. Ten derde, voor zover het Koninkrijk der Nederlanden betoogt dat de Commissie geen enkele rechtsgrondslag heeft genoemd voor haar zakelijkheidsbeginsel, moet worden opgemerkt dat de Commissie in de overwegingen 264 en 265 van het bestreden besluit uiteen heeft gezet dat het zakelijkheidsbeginsel zoals omschreven in het bestreden besluit, los van de opneming ervan in het nationale rechtssysteem bestond. Tevens heeft zij gepreciseerd dat zij niet had onderzocht of de APA in overeenstemming was met het zakelijkheidsbeginsel zoals vervat in artikel 8b Wet Vpb of in het Verrekenprijsbesluit, waarbij het zakelijkheidsbeginsel in het Nederlandse recht is opgenomen. De Commissie heeft ook gesteld dat het zakelijkheidsbeginsel waaraan zij toepassing had gegeven, verschilt van het beginsel dat is vervat in artikel 9 van het OESO-modelverdrag voor belastingen naar inkomen en vermogen.

162. Evenwel heeft de Commissie tevens gepreciseerd, in overweging 264 van het bestreden besluit, dat het zakelijkheidsbeginsel noodzakelijkerwijs een integrerend bestanddeel uitmaakt van het onderzoek uit hoofde van artikel 107, lid 1, VWEU van de aan groepsondernemingen toegekende belastingmaatregelen en dat het zakelijkheidsbeginsel een algemeen beginsel van gelijke behandeling op het gebied van belastingheffing is, dat binnen het toepassingsgebied van artikel 107 VWEU valt.

163. Uit het bestreden besluit blijkt dus dat het zakelijkheidsbeginsel, zoals omschreven door de Commissie, een instrument is dat terecht wordt gebruikt in het kader van het uit hoofde van artikel 107, lid 1, VWEU verrichte onderzoek.

164. Het is juist dat de Commissie ter terechtzitting met name heeft betoogd dat het zakelijkheidsbeginsel zoals omschreven in het bestreden besluit geen Unierechtelijk of volkenrechtelijk beginsel is, maar dat het

inherent is aan het gewone belastingstelsel zoals vastgelegd in het nationale recht. Als een lidstaat in het kader van zijn nationale belastingstelsel kiest voor de benadering van de afzonderlijke juridische entiteit, op grond waarvan het belastingrecht aanknoopt bij juridische entiteiten in plaats van bij economische entiteiten, is het zakelijkheidsbeginsel volgens de Commissie dus noodzakelijkerwijs een logisch gevolg van deze benadering, dat bindend is voor de betrokken lidstaat, ongeacht of het zakelijkheidsbeginsel uitdrukkelijk of impliciet in het nationale recht is opgenomen.

165. In dit verband hebben het Koninkrijk der Nederlanden en Starbucks er ter terechtzitting op gewezen dat de Commissie met haar stellingen haar standpunt over het zakelijkheidsbeginsel zoals omschreven in het bestreden besluit, lijkt te wijzigen. Gesteld al dat de door het Koninkrijk der Nederlanden en Starbucks aangevoerde uitlegging juist is, moet evenwel worden opgemerkt dat de Commissie de rechtsgrondslag van het zakelijkheidsbeginsel, zoals uiteengezet in het bestreden besluit, in de fase van de terechtzitting hoe dan ook niet kan wijzigen (zie in die zin arrest van 25 juni 1998, British Airways e.a./Commissie, T-371/94 en T-394/94, EU:T:1998:140, punt 116).

166. In elk geval moet worden vastgesteld dat de ter terechtzitting aangebrachte precisering niet afdoet aan de constatering in punt 156 hierboven volgens welke uit het bestreden besluit blijkt dat het zakelijkheidsbeginsel een rol speelt in het kader van het onderzoek uit hoofde van artikel 107, lid 1, VWEU. Overigens blijkt uit alle stukken samen van het Koninkrijk der Nederlanden en van Starbucks dat zij het bestreden besluit wel in die zin hebben begrepen dat het zakelijkheidsbeginsel zoals omschreven door de Commissie in het bestreden besluit, een rol speelt in het kader van het onderzoek van een nationale belastingmaatregel uit hoofde van artikel 107, lid 1, VWEU.

167. Ten vierde voeren het Koninkrijk der Nederlanden en Ierland in wezen aan dat de Commissie in het bestreden besluit ten onrechte het bestaan van een algemeen beginsel van gelijke behandeling voor de belasting van de winst van geïntegreerde ondernemingen en van niet-geïntegreerde ondernemingen zou hebben aanvaard.

168. Weliswaar heeft de Commissie er in overweging 264 van het bestreden besluit op gewezen dat het zakelijkheidsbeginsel een algemeen beginsel van gelijke behandeling op het gebied van belastingheffing is, dat binnen de werkingssfeer van artikel 107, lid 1, VWEU valt, doch een dergelijke formulering mag niet los worden gezien van haar context en kan niet aldus worden uitgelegd dat de Commissie zou hebben gesteld dat er een algemeen beginsel van gelijke behandeling ten aanzien van de belasting bestaat dat inherent is aan artikel 107, lid 1, VWEU, hetgeen een te ruime strekking aan dit artikel zou geven.

169. Hoe dan ook volgt uit de overwegingen 258 tot en met 267 van het bestreden besluit, en in het bijzonder uit de overwegingen 262 en 265, impliciet doch noodzakelijkerwijs dat het zakelijkheidsbeginsel zoals omschreven door de Commissie in het bestreden besluit, door haar uitsluitend werd opgevat als een instrument waarmee zij kan toetsen of concerntransacties worden vergoed alsof daarover was onderhandeld tussen onafhankelijke ondernemingen. Het argument van het Koninkrijk der Nederlanden en van Ierland kan niet afdoen aan de constatering in de punten 147 tot en met 156 hierboven dat de Commissie in het kader van haar analyse uit hoofde van artikel 107, lid 1, VWEU kon onderzoeken of concerntransacties waren vergoed alsof daarover was onderhandeld onder marktvoorwaarden.

170. Bijgevolg moet het argument daarover van het Koninkrijk der Nederlanden en van Ierland worden afgewezen.

171. Ten vijfde betogen het Koninkrijk der Nederlanden en Starbucks dat de Commissie een beoordeling heeft gegeven in het licht van het zakelijkheidsbeginsel, maar dat zij niet heeft onderzocht of er sprake was van een voordeel door middel van het nationale belastingrecht. Hierover moet worden opgemerkt dat uit de overwegingen 267, 341, 415 en 416 van het bestreden besluit duidelijk blijkt dat de Commissie haar onderzoek naar het bestaan van een voordeel heeft verricht in het licht van het algemene Nederlandse stelsel van de vennootschapsbelasting. In het kader van het specifieke onderzoek van de zes redeneerlijnen, en in voorkomend geval van de redenering ten aanzien van het beperkte referentiekader, zal moeten worden nagegaan of dit onderzoek fouten bevatte.

172. Op grond van het voorgaande dienen het tweede middel in zaak T-760/15 en het tweede onderdeel van het eerste middel in zaak T-636/16, volgens welke de Commissie een fout zou hebben gemaakt door een zakelijkheidsbeginsel aan te wijzen als beoordelingscriterium voor het bestaan van staatssteun, te worden afgewezen. De gegrondheid van elke in het bestreden besluit uiteengezette redeneerlijn (zie punten 53 en 54 hierboven) dient dus te worden onderzocht in het licht van de overwegingen in de punten 137 tot en met 170 hierboven.

D – Betwisting van de hoofdredenering over het bestaan van een belastingvoordeel ten gunste van SMBV (overwegingen 275-361 van het bestreden besluit)

1. Keuze van de TNMM in het onderhavige geval en verzuim om de concerntransactie waarvoor de APA in feite was gevraagd te onderzoeken (eerste redeneerlijn).

173. Het eerste onderdeel van het derde middel in zaak T-760/15 alsmede het derde onderdeel van het eerste middel en het eerste en het tweede onderdeel van het tweede middel in zaak T-636/16 betreffen de analyse van de Commissie in het bestreden besluit volgens welke, ten eerste, in het verrekenprijzenrapport de transactie waarvoor in feite een prijs was bepaald in de APA, te weten de royalty, niet was aangeduid en geanalyseerd en, ten tweede, de voorkeur had moeten worden gegeven aan de CUP-methode, om daar de hoogte van de royalty mee te bepalen, boven de TNMM, om daar de nettowinst van de productie- en distributieactiviteiten van SMBV mee te bepalen. Deze twee tegen de APA geformuleerde bezwaren gaan als principiële kwestie vooraf aan de concrete analyse van de Commissie volgens welke het bedrag van de door SMBV aan Alki betaalde royalty nul had moeten zijn en het prijsniveau van groene koffiebonen vanaf 2011 te hoog was, welke kwesties zullen worden behandeld in de punten 217 tot en met 404 hieronder.

174. Met het eerste onderdeel van het derde middel in zaak T-760/15 betwist het Koninkrijk der Nederlanden het argument van de Commissie dat met de TNMM de zakelijkheid van de royalty niet afzonderlijk kan worden onderzocht en beoordeeld. Volgens het Koninkrijk der Nederlanden is dit argument onjuist en kan het de juistheid van de keuze voor de TNMM in het onderhavige geval niet in twijfel trekken.

175. In de eerste plaats betoogt het Koninkrijk der Nederlanden dat uit het bestreden besluit lijkt te volgen dat de Commissie de verrekenprijsmethode tot een doel op zich heeft gemaakt, terwijl die methode enkel een middel is om het zakelijke karakter van de voorwaarden van concerntransacties vast te stellen. Als de verkozen methode tot een zakelijke uitkomst leidt, kan de Commissie deze methode niet in twijfel trekken op grond van het feit dat de royalty en de opslag op de kostprijs van de groene koffiebonen niet afzonderlijk zijn onderzocht. Bovendien kon de Commissie volgens het Koninkrijk der Nederlanden niet aannemen dat in de OESO-richtlijnen de voorkeur werd gegeven aan het gebruik van traditionele methoden, zoals de CUP-methode, boven transactionele methoden, zoals de TNMM. Uit punt 2 van het Verrekenprijsbesluit en uit paragraaf 4.9 van de OESO-richtlijnen in de versie van 1995 volgt integendeel dat de belastingplichtige vrij is in de keuze van een verrekenprijsmethode, mits de gekozen methode tot een zakelijke uitkomst leidt.

176. In de tweede plaats meent het Koninkrijk der Nederlanden dat, anders dan de Commissie in het bestreden besluit betoogt, de enige transacties waarop de APA betrekking heeft het branden van koffiebonen en het leveren van logistieke en administratieve diensten voor rekening van Alki zijn. De APA strekt er niet toe een zakelijke hoogte van de royalty te bepalen. Het Koninkrijk der Nederlanden merkt bovendien op dat de Commissie in het bestreden besluit niet uiteenzet op welke grond zij aannam dat de APA was aangevraagd en overeengekomen voor een licentieovereenkomst en voor de royalty.

177. In de derde plaats betoogt het Koninkrijk der Nederlanden dat de TNMM in casu de meest geschikte methode was. Volgens het Koninkrijk der Nederlanden was de voornaamste reden voor de keuze van deze methode gelegen in het feit dat er geen vergelijkbare externe of interne niet-verbonden transacties – die nodig zijn voor de toepassing van de CUP-methode – voorhanden zijn waarmee de transacties tussen Alki en SMBV, en dus de daaraan verbonden vergoeding, zouden kunnen worden vergeleken. Volgens het Koninkrijk der Nederlanden kon daarentegen de TNMM worden toegepast in het geval van SMBV, omdat er wel gegevens beschikbaar waren over de operationele winst van de ondernemingen die op het niveau van de functie, te weten het branden van koffiebonen, vergelijkbaar waren met SMBV.

178. Met het derde onderdeel van het eerste middel en het tweede onderdeel van het tweede middel in zaak T-636/16, betoogt Starbucks dat de TNMM de meest geschikte methode was om de verrekenprijzen in het onderhavige geval te berekenen en dat de Commissie de TNMM niet van de hand kon wijzen om de in het bestreden besluit genoemde redenen. Voor zover de TNMM correct is toegepast teneinde de zakelijke vergoeding van SMBV te berekenen, is het volgens Starbucks niet nodig de royaltybetalingen van SMBV afzonderlijk te onderzoeken, omdat die betalingen geen invloed konden hebben op haar vergoeding zoals deze op basis van de TNMM was berekend.

179. Meer in het bijzonder voert Starbucks ten eerste aan dat er voor de stelling van de Commissie dat er een strikte regel ten gunste van het gebruik van de CUP-methode bestaat, geen enkele grondslag is te vinden in het Nederlandse belastingrecht of in de OESO-richtlijnen. Voorts meent Starbucks dat het gebruik van een andere methode ter zake van verrekenprijzen, op zich niet tot gevolg heeft dat het bedrag van de verschuldigde belasting wordt verlaagd, aangezien met alle methoden wordt getracht tot een winsttoerekening te komen die een

afspiegeling is van zakelijke verrekenprijzen. Stellen dat er een methodologische fout is gemaakt, volstaat niet als bewijs voor het bestaan van een voordeel.

180. Ten tweede heeft de Commissie volgens Starbucks in strijd met het Nederlandse belastingrecht de prijs van groene koffiebonen en de royalty vergeleken met „gecontroleerde" transacties (concerntransacties). Starbucks had de TNMM gekozen omdat de roasting agreement verschillende concerntransacties waarbij aan SMBV weinig risicovolle routineactiviteiten waren opgedragen, combineerde, te weten koffiebrand- en verpakkingsactiviteiten alsmede administratief en logistiek ondersteunende activiteiten.

181. Ten derde betoogt Starbucks dat het bestreden besluit geen enkel argument bevat waarmee wordt gesteld dat het enkele feit dat de concerntransacties van SMBV niet zijn aangeduid en geanalyseerd, volstaat als bewijs voor het bestaan van een voordeel, alsmede dat dit argument voor het eerst in het verweerschrift in zaak T-636/16 is aangevoerd en derhalve niet-ontvankelijk is.

182. De Commissie betwist deze argumenten.

183. Ten eerste zet de Commissie uiteen dat zij nergens in het bestreden besluit een strikte regel oplegt op grond waarvan de toepassing van de CUP-methode zou moeten worden verkozen boven een andere methode voor de vaststelling van verrekenprijzen, maar dat, op basis van de omstandigheden van het geval, de meest betrouwbare methode moet worden gekozen. Zij heeft eerst vastgesteld dat de APA was gevraagd en toegekend om de prijs van de licentieovereenkomst voor intellectuele eigendom tussen SMBV en Alki te bepalen, en heeft vervolgens geconcludeerd dat er een vergelijkbare prijs voor de prijs van deze transactie kon worden bepaald, zodat het gebruik van de CUP-methode in casu de voorkeur had boven de TNMM. De Commissie stelt dat zij zich daarvoor heeft gebaseerd op de leidraden in de OESO-richtlijnen.

184. Ten tweede betoogt de Commissie dat de in de APA goedgekeurde methode ter bepaling van het bedrag van de royalty, waarmee SMBV de residuele winst uit de verkoop van gebrande koffiebonen en van niet-koffiegerelateerde producten aan Alki betaalt, niet tot een zakelijke uitkomst kan leiden. Aangezien er vergelijkbare transacties bestonden waarmee de waarde van de royalty kon worden geraamd, had de belastingadviseur van de Starbucksgroep volgens de Commissie immers de CUP-methode moeten gebruiken om de hoogte van de door SMBV aan Alki verschuldigde royalty te bepalen, hetgeen volgens haar de transactie is waarvoor de APA in feite was gevraagd en toegekend. Bovendien hadden de door SCTC aan SMBV in rekening gebrachte prijzen voor de groene koffiebonen eveneens moeten worden onderworpen aan een verrekenprijzenanalyse. De Commissie voert aan dat, anders dan het Koninkrijk der Nederlanden en Starbucks stellen, het beprijzen van individuele transacties de essentie van dit beginsel is. Het vaststellen en analyseren van concerntransacties en vrijemarkttransacties vormt dus een noodzakelijke eerste stap in de beoordeling van de zakelijke aard van verrekenprijzen.

185. Ten derde voert de Commissie aan dat het Koninkrijk der Nederlanden niet heeft bewezen dat de TNMM in casu geschikter was dan de CUP-methode. De Commissie betoogt immers om te beginnen dat de OESO-richtlijnen in de versie van 1995, die gold op het tijdstip waarop de APA werd gesloten, en in de versie van 2010 een voorkeur uitspreken voor traditionele transactiemethoden, zoals de CUP-methode, boven de transactionelewinstmethoden. Volgens de Commissie doen de bijzondere omstandigheden die rechtvaardigen dat de voorkeur wordt gegeven aan de TNMM, zich in het onderhavige geval niet voor.

a. Opmerkingen vooraf

186. Vooraf dient te worden opgemerkt dat de bewoordingen van de APA, zoals uiteengezet in de punten 12 tot en met 16 hierboven, twee belangrijke preciseringen vragen.

187. In de eerste plaats staat tussen partijen vast dat de in de APA toegepaste methode de TNMM is. In dit verband heeft het Koninkrijk der Nederlanden in het verzoekschrift in zaak T-760/15 en ter terechtzitting gepreciseerd dat de verwijzing naar de cost-plusmethode in de APA een niet-technisch gebruik van deze uitdrukking vormde.

188. In de tweede plaats hebben partijen in hun antwoorden op de maatregelen tot organisatie van de procesgang en ter terechtzitting gepreciseerd dat, anders dan in de APA is uiteengezet, de aan Alki te betalen royalty in werkelijkheid niet was vastgesteld op basis van het verschil tussen de operationele winst met betrekking tot productie- en distributiefunctie vóór royaltyuitgaven en de vergoeding van SMBV, maar op basis van het verschil tussen de totale inkomsten van SMBV enerzijds en de kostengrondslag van SMBV vermeerderd met de vergoeding van SMBV anderzijds.

189. Voorts dient in herinnering te worden gebracht dat de Commissie haar eerste redeneerlijn met betrekking tot het bestaan van een selectief voordeel heeft uiteengezet in de overwegingen 272 en 275 tot en met 285 van het bestreden besluit, voornamelijk in afdeling 9.2.3.2, met het opschrift „Het verrekenprijzenrapport onderzoekt niet de transactie binnen de groep waarvoor de [APA] in feite werd gevraagd en toegekend".

190. Ten eerste heeft de Commissie in de overwegingen 272, 276 tot en met 279 en 285 van het bestreden besluit in wezen vastgesteld dat in het verrekenprijzenrapport, dat door de Nederlandse belastingautoriteiten was aanvaard in het kader van het sluiten van de APA met SMBV, was verzuimd de concern- en de vrijemarkttransacties van SMBV vast te stellen of te analyseren, wat een noodzakelijke eerste stap was in de beoordeling van de zakelijke aard van de verrekenprijzen. Meer in het bijzonder heeft zij vastgesteld dat de betaling van de royalty voor de licentie voor intellectuele eigendom op het gebied van het koffiebranden tussen Alki en SMBV de transactie was waarvoor de APA daadwerkelijk was gevraagd.

191. Ten tweede heeft de Commissie in de overwegingen 280 tot en met 284 van het bestreden besluit in wezen gesteld dat een benadering die erin bestaat de verrekenprijzen te bepalen voor elke transactie afzonderlijk beschouwd, moet worden verkozen boven een benadering die erin bestaat de verrekenprijzen te bepalen voor een functie in haar geheel. Anders gezegd, de Commissie heeft vastgesteld dat aan de CUP-methode de voorkeur moest worden gegeven boven transactionelewinstmethoden, zoals de TNMM. In overweging 285 van het bestreden besluit heeft de Commissie betoogd dat aangezien in het verrekenprijzenrapport een analyse van een zakelijke vergoeding voor SMBV is gemaakt die op een onjuist uitgangspunt is gebaseerd, deze vergoeding noodzakelijkerwijs verkeerd is geraamd met gebruikmaking van de TNMM. Voorts meende zij dat in het verrekenprijzenrapport, voor het bepalen van de verrekenprijzen in het onderhavige geval, gebruik had moeten worden gemaakt van betrouwbare vergelijkingen met beschikbare informatie over transacties tussen niet-gelieerde partijen die op het ogenblik van indiening van het verzoek om een APA in het bezit van Starbucks was.

192. De Commissie heeft in haar stukken overigens bevestigd dat haar eerste redeneerlijn bestond in het verwijt dat de TNMM was gebruikt, om de nettowinst uit de productie- en distributieactiviteiten van SMBV te bepalen, in plaats van de CUP-methode, om de hoogte van de royalty te bepalen. Zij heeft immers betoogd dat de geldigheid van haar eerste redeneerlijn niet afhankelijk was van de conclusie dat de zakelijke waarde van de royalty nul was. Het feit dat in het verrekenprijzenrapport is verzuimd de concern- en de vrijemarkttransacties van SMBV vast te stellen of te analyseren heeft tot gevolg dat een eerste noodzakelijke stap in de beoordeling of de commerciële voorwaarden die van toepassing zijn op de verrekenprijzen tussen gelieerde partijen zakelijk zijn, is overgeslagen.

193. Zonder dat in dit stadium hoeft te worden ingegaan op de grief van Starbucks dat het bestreden besluit geen enkel argument bevat waarmee wordt gesteld dat het enkele feit dat de concerntransacties van SMBV niet zijn aangeduid en geanalyseerd volstaat als bewijs dat er sprake is van een voordeel, welk argument voor het eerst in het verweerschrift in zaak T-636/16 zou zijn aangevoerd en dus niet-ontvankelijk zou zijn, moet worden onderzocht of de kritiek die de Commissie in het kader van haar eerste redeneerlijn heeft geformuleerd, de vaststelling rechtvaardigde dat de APA SMBV een voordeel heeft verleend omdat de in het verrekenprijzenrapport voorgestelde keuze op zich van de verrekenprijsmethode geen betrouwbare benadering van een marktuitkomst overeenkomstig het zakelijkheidsbeginsel opleverde.

b. Bewijslast

194. In herinnering dient te worden gebracht dat het in het kader van het toezicht op staatssteun in beginsel aan de Commissie staat om – in het bestreden besluit – het bewijs van het bestaan van dergelijke steun te leveren (zie in die zin arresten van 12 september 2007, Olympiaki Aeroporia Ypiresies/Commissie, T-68/03, EU:T:2007:253, punt 34, en 25 juni 2015, SACE en Sace BT/Commissie, T-305/13, EU:T:2015:435, punt 95). In deze context is de Commissie gehouden de procedure van onderzoek van de betrokken maatregelen zorgvuldig en onpartijdig te voeren, zodat zij haar eindbeslissing inzake het bestaan en, in voorkomend geval, de onverenigbaarheid of de onwettigheid van de steun kan vaststellen op basis van gegevens die zo volledig en betrouwbaar mogelijk zijn (zie in die zin arresten van 2 september 2010, Commissie/Scott, C-290/07 P, EU:C:2010:480, punt 90, en 3 april 2014, Frankrijk/Commissie, C-559/12 P, EU:C:2014:217, punt 63).

195. Daarentegen staat het aan de lidstaat die een onderscheid tussen ondernemingen heeft gemaakt, om aan te tonen dat dit onderscheid gerechtvaardigd is door de aard en de opzet van het desbetreffende stelsel. Het begrip „staatssteun" ziet immers niet op de overheidsmaatregelen die tussen de ondernemingen differentiëren en bijgevolg a priori selectieve maatregelen zijn, wanneer deze differentiatie het gevolg is van de aard of

de opzet van het stelsel waarin zij passen (zie in die zin arrest van 21 juni 2012, BNP Paribas en BNL/Commissie, C-452/10 P, EU:C:2012:366, punten 120 en 121 en aldaar aangehaalde rechtspraak).

196. Daaruit vloeit voort dat de Commissie in het bestreden besluit diende te bewijzen dat was voldaan aan de voorwaarden voor het bestaan van staatssteun in de zin van artikel 107, lid 1, VWEU. In dit verband staat weliswaar vast dat de lidstaat bij de goedkeuring van verrekenprijzen over een beoordelingsmarge beschikt, doch deze beoordelingsmarge mag er niet toe leiden dat de Commissie haar bevoegdheid wordt ontnomen om te controleren of de betrokken verrekenprijzen er niet toe leiden dat een selectief voordeel in de zin van artikel 107, lid 1, VWEU wordt toegekend. In deze context moet de Commissie rekening houden met het feit dat het zakelijkheidsbeginsel haar toelaat na te gaan of een door een lidstaat goedgekeurde verrekenprijs overeenkomt met een betrouwbare benadering van een marktuitkomst en of de in het kader van dit onderzoek eventueel geconstateerde afwijking niet verder gaat dan onnauwkeurigheden die inherent zijn aan de methode die is toegepast om tot die benadering te komen.

c. Omvang van de door het Gerecht te verrichten toetsing

197. Met betrekking tot de omvang van de door het Gerecht in het onderhavige geval te verrichten toetsing, is blijkens artikel 263 VWEU het voorwerp van het beroep tot nietigverklaring de toetsing van de rechtmatigheid van de handelingen van de daarin genoemde Unie-instellingen. Derhalve heeft het onderzoek van de in het kader van een dergelijk beroep aangevoerde middelen niet tot doel noch tot gevolg dat het in de plaats komt van een volledig onderzoek van de zaak in het kader van een administratieve procedure (zie in die zin arrest van 2 september 2010, Commissie/Deutsche Post, C-399/08 P, EU:C:2010:481, punt 84).

198. Wat het gebied van staatssteun betreft, dient in herinnering te worden gebracht dat het begrip „staatssteun", zoals omschreven in het VWEU, een juridisch begrip is dat op basis van objectieve elementen moet worden uitgelegd. Om die reden moet de Unierechter in beginsel, gelet op zowel de concrete gegevens van het hem voorgelegde geschil als de technische aard of de complexiteit van de door de Commissie verrichte beoordelingen, volledig toetsen of een maatregel al dan niet binnen de werkingssfeer van artikel 107, lid 1, VWEU valt (arresten van 4 september 2014, SNCM en Frankrijk/Corsica Ferries France, C-533/12 P en C-536/12 P, EU:C:2014:2142, punt 15, en 30 november 2016, Commissie/Frankrijk en Orange, C-486/15 P, EU:C:2016:912, punt 87).

199. Wat de vraag betreft of een methode voor de bepaling van een verrekenprijs van een geïntegreerde onderneming in overeenstemming is met het zakelijkheidsbeginsel, dient eraan te worden herinnerd, zoals hierboven reeds is aangegeven, dat de Commissie, wanneer zij dit instrument in het kader van haar beoordeling uit hoofde van artikel 107, lid 1, VWEU gebruikt, rekening moet houden met de approximatieve aard ervan. De toetsing door het Gerecht strekt er dus toe na te gaan of de in het bestreden besluit vastgestelde fouten, op basis waarvan de Commissie heeft geconstateerd dat sprake is van een voordeel, verder gaan dan onnauwkeurigheden die inherent zijn aan de toepassing van een methode waarmee een betrouwbare benadering van een marktuitkomst moet worden verkregen.

d. Verzuim om in de APA de door SMBV aan Alki betaalde royalty aan te duiden en te analyseren

200. Wat de constatering van de Commissie betreft dat in het verrekenprijzenrapport niet de transactie is aangeduid en geanalyseerd waarvoor een verrekenprijs in werkelijkheid was bepaald in de APA, moet worden opgemerkt dat de Commissie in overweging 276 van het bestreden besluit heeft uiteengezet dat de belastbare winst van SMBV minder hoog was dan de werkelijk geboekte winst omdat de Nederlandse belastingautoriteiten hadden aanvaard dat het werkelijke bedrag van de door SMBV in Nederland gegenereerde winst voor vennootschapsbelastingdoeleinden werd verlaagd met het bedrag van de royalty voor de intellectuele eigendom op het gebied van het koffiebranden. In de overwegingen 277 en 278 van het bestreden besluit trekt de Commissie daaruit de conclusie dat de royalty voor de intellectuele eigendom op het gebied van het koffiebranden de transactie was waarvoor de APA in werkelijkheid was gevraagd en dat de methode om de hoogte van deze royalty te bepalen, als een correctievariabele, de transactie was waarvoor daadwerkelijk in de APA een verrekenprijs werd bepaald. Tevens heeft zij vastgesteld dat de prijs van de groene koffiebonen had moeten worden geanalyseerd.

201. In dit verband kan, ten eerste, worden volstaan met vast te stellen dat het enkele feit dat methodologische voorschriften niet zijn nageleefd niet noodzakelijkerwijs tot een verlaging van de belastingdruk leidt. De Commissie moet daarenboven bewijzen dat door de methodologische fouten die de APA volgens haar bevat, niet tot een betrouwbare benadering van een marktuitkomst kan worden gekomen en dat die onjuistheden hebben geleid tot een verlaging van de belastbare winst ten opzichte van de belastingdruk die voortvloeit uit

de toepassing van de normale belastingregels van het nationale recht op een onderneming die in een feitelijke situatie verkeert die vergelijkbaar is met die van SMBV en haar activiteiten uitoefent onder marktvoorwaarden. De enkele constatering van een methodologische onjuistheid volstaat dus in beginsel niet zonder meer om te bewijzen dat de APA een voordeel aan SMBV had verleend en dus om aan te tonen dat er sprake was van staatssteun in de zin van artikel 107 VWEU.

202. Ten tweede dient in herinnering te worden gebracht dat met de verschillende verrekenprijsmethoden, of dit nu de CUP-methode of de TNMM is, wordt getracht tot winstniveaus te komen die een afspiegeling zijn van zakelijke verrekenprijzen en dat niet kan worden geconcludeerd dat een methode in principe niet tot een betrouwbare benadering van een marktuitkomst kan leiden.

203. Daaruit volgt dat het enkele feit dat volgens de Commissie noch het verrekenprijzenrapport noch de APA de royalty heeft aangeduid als de transactie waarvoor een verrekenprijs in werkelijkheid was bepaald in de APA, en dat daarin niet was geanalyseerd of de royalty in overeenstemming was met het zakelijkheidsbeginsel, niet volstaat als bewijs dat deze royalty inderdaad niet in overeenstemming was met het zakelijkheidsbeginsel. Met deze vaststelling alleen kan dus niet worden bewezen dat de APA een voordeel verleende aan SMBV.

204. Bovendien moet worden opgemerkt dat het argument van de Commissie dat in het verrekenprijzenrapport de royalty niet is aangeduid of geanalyseerd als de transactie waarvoor in de APA in werkelijkheid een prijs was bepaald, berust op de stelling dat de royaltybetaling in het verrekenprijzenrapport niet werd beschouwd als een correctievariabele in de opbouw van die voorgestelde vergoeding. In dit verband moet erop worden gewezen dat het verrekenprijzenrapport geenszins voorbijgaat aan de licentieovereenkomst tussen SMBV en Alki. Die overeenkomst wordt immers genoemd zowel in de beschrijving van de activiteiten van de Starbucksgroep in de EMEA-regio en in Nederland als in de grafische voorstelling van de transacties in de EMEA-regio. De belastingadviseur van de Starbucksgroep heeft dus wel rekening gehouden met deze transacties in zijn voorstel voor de vergoeding van SMBV.

205. De grief van het Koninkrijk der Nederlanden en van Starbucks dat de Commissie ten onrechte heeft vastgesteld dat het feit dat de royalty in het verrekenprijzenrapport en in de APA niet afzonderlijk was geanalyseerd, SMBV een voordeel verleende, moet dus worden aanvaard.

e. Plicht om de CUP-methode te verkiezen boven de TNMM

206. Aangaande de stelling van de Commissie dat de CUP-methode had moeten worden verkozen boven de TNMM, aangezien de eerstgenoemde methode in casu kon worden toegepast, moet ten eerste worden opgemerkt dat in casu in de APA het gebruik van de TNMM was aanvaard om de operationele marge voor de productie- en distributieactiviteiten van SMBV te bepalen. In de APA is aanvaard dat de royalty wordt bepaald als, in wezen, het verschil tussen de gerealiseerde operationele winst met betrekking tot de productie- en distributiefunctie en de operationele marge. Daaruit volgt dat de APA niet rechtstreeks voorziet in het gebruik van een verrekenprijsmethode voor de berekening van de hoogte van de royalty, die is omschreven als een louter residuele waarde.

207. Het is juist dat uit de overwegingen in de punten 148 tot en met 156 hierboven voortvloeit dat de royalty een concerntransactie is waarvan de hoogte in de APA was bepaald, zodat de Commissie in het kader van haar analyse uit hoofde van artikel 107, lid 1, VWEU, met gebruikmaking van een verrekenprijsmethode die zij in het onderhavige geval geschikt achtte, mocht onderzoeken of het bedrag van de royalty was bepaald alsof daarover was onderhandeld onder marktvoorwaarden.

208. Evenwel betoogt de Commissie in het kader van het bestreden besluit weliswaar dat aan de CUP-methode de voorkeur had moeten worden gegeven boven de TNMM teneinde de zakelijke hoogte van de royalty te bepalen, doch gaat zij eraan voorbij dat de hoogte van de royalty in de APA niet is berekend op basis van een verrekenprijsmethode en in het bijzonder de TNMM. De TNMM is in de APA daarentegen gebruikt om de vergoeding van SMBV voor de productie- en distributieactiviteiten te bepalen. Aldus komt de stelling van de Commissie in wezen neer op kritiek op het feit dat voor het bepalen van de vergoeding van SMBV voor de productie- en distributieactiviteiten de TNMM is gebruikt in plaats van de CUP-methode, die volgens de Commissie had moeten worden gebruikt voor de berekening van de hoogte van de royalty.

209. In dit verband moet worden geconstateerd dat beide methoden worden toegepast voor de berekening van de hoogte van prijzen van verschillende concerntransacties. Hoewel de Commissie betoogt dat de OESO-richtlijnen een zekere voorkeur tot uitdrukking brengen voor het gebruik van de traditionele methoden, zoals de CUP-methode, kan zij niet vereisen dat een andere transactie wordt onderzocht dan die waarvoor de APA een verrekenprijs heeft bepaald op basis van de TNMM, louter omdat voor deze andere transactie een verre-

kenprijs had kunnen worden bepaald op basis van de CUP-methode. Met de door de Commissie ingeroepen regel kan alleen voor hetzelfde type transacties of voor nauw verbonden transacties de passende verrekenprijsmethode worden gekozen. De keuze van de verrekenprijsmethode is immers geen doel op zich, maar wordt gemaakt in het licht van de concerntransactie waarvoor het zakelijke niveau moet worden bepaald, en niet omgekeerd.

210. Ten tweede dient in herinnering te worden gebracht dat, zoals is uiteengezet in de punten 146 en 147 hierboven, een belastingmaatregel een economisch voordeel verleent wanneer deze leidt tot een vermindering van de belastingdruk in vergelijking met die welke normaliter had moeten worden gedragen zonder die maatregel.

211. Zoals is uiteengezet in punt 201 hierboven, leidt het enkele feit dat methodologische voorschriften niet in acht zijn genomen niet noodzakelijkerwijs tot een vermindering van de belastingdruk. Daaruit vloeit voort dat het enkele feit dat de Commissie fouten heeft geconstateerd bij de keuze of de toepassing van de verrekenprijsmethode, in beginsel niet volstaat om het bestaan van een voordeel te bewijzen.

212. In de overwegingen 275 tot en met 285 van het bestreden besluit voert de Commissie echter niets aan dat de slotsom rechtvaardigt, zonder dat een vergelijking is gemaakt met de uitkomst waartoe zou zijn gekomen indien de CUP-methode was toegepast, dat de keuze van de TNMM noodzakelijkerwijs tot een te lage uitkomst leidt. In deze context voert de Commissie immers enkel aan, in overweging 284 van het bestreden besluit, dat op de belastingplichtige een verplichting rust om na te gaan of de door de hem gekozen verrekenprijsmethode tot een betrouwbare benadering van een zakelijke prijs leidt, voordat de belastingautoriteiten een verzoek om een APA op basis van deze methode kunnen aanvaarden.

213. Bovendien moet worden vastgesteld dat de verplichting waarvan de Commissie gewag maakt tot het belastingrecht behoort en dat, hoewel de niet-nakoming ervan gevolgen kan hebben op fiscaal gebied, op het gebied van staatssteun een dergelijke schending niet de aanname rechtvaardigt dat de door de belastingplichtige gekozen methode geen betrouwbare benadering van een marktuitkomst in overeenstemming met het zakelijkheidsbeginsel oplevert.

214. Volledigheidshalve dient in herinnering te worden gebracht (zie punt 10 hierboven) dat punt 2 van het Verrekenprijsbesluit bepaalt dat de Nederlandse belastingdienst zijn onderzoek van de verrekenprijzen altijd dient te starten vanuit het perspectief van de door de belastingplichtige gehanteerde methode ten tijde van de transactie. Deze regel zou in overeenstemming zijn met paragraaf 1.68 van de OESO-richtlijnen in de versie van 1995. Daaruit vloeit voort dat de belastingplichtige in beginsel vrij is om een verrekenprijsmethode te kiezen zolang de gekozen methode tot een zakelijke uitkomst leidt voor de betrokken transactie. Hoewel de belastingplichtige bij de keuze van een verrekenprijsmethode wordt geacht rekening te houden met de betrouwbaarheid van die methode in de betrokken situatie, beoogt deze aanpak juist niet de belastingplichtige ertoe aan te zetten alle methoden te evalueren en nadien te rechtvaardigen waarom de door hem gekozen methode in de gegeven omstandigheden een betere uitkomst oplevert.

215. Daaruit volgt dat de Commissie in casu niet kon aannemen dat de CUP-methode in beginsel moest worden verkozen boven de TNMM.

216. De grief van het Koninkrijk der Nederlanden en van Starbucks dat de Commissie ten onrechte heeft aangenomen dat alleen al de keuze voor de TNMM in het onderhavige geval een voordeel verleende aan SMBV, moet dus worden aanvaard, zonder dat het argument van Starbucks waarmee zij de ontvankelijkheid van bepaalde door de Commissie aangevoerde argumenten betwist, hoeft te worden onderzocht.

2. Vraag of de door SMBV aan Alki betaalde royalty nihil had moeten zijn (tweede redeneerlijn)

217. In het kader van het tweede onderdeel van het derde middel in zaak T-760/15 voert het Koninkrijk der Nederlanden aan dat de Commissie ten onrechte stelt dat de door SMBV aan Alki betaalde vergoeding nihil had moeten zijn en dat daaruit een voordeel zou voortvloeien in de zin van artikel 107, lid 1, VWEU. De tussen de Starbucksgroep enerzijds en externe koffiebranders en producenten van afgeleide koffieproducten anderzijds gesloten contracten, waarop de door de Commissie gemaakte vergelijking berust, zijn immers niet bruikbaar voor een vergelijking, aan de hand van de CUP-methode, van de contractuele afspraken tussen Alki en SMBV. Het Koninkrijk der Nederlanden meent dat de Commissie niet heeft aangetoond dat de TNMM niet tot een zakelijke uitkomst heeft geleid.

218. In het kader van het vierde onderdeel van het tweede middel in zaak T-636/16 betoogt Starbucks in wezen dat de analyse van de royalty door de Commissie bijna uitsluitend steunt op bewijzen die in april 2008 niet toegankelijk waren. Bovendien heeft de Commissie in strijd met het Nederlandse belastingrecht en de

OESO-richtlijnen geen range bepaald waarbinnen de royalty zakelijk is, maar heeft zij geconcludeerd dat deze nihil moet zijn. Net als het Koninkrijk der Nederlanden meent Starbucks dat alle in het bestreden besluit genoemde derde producenten die net als SMBV koffieproducten met het Starbucksmerk leveren aan winkels of wederverkopers, aanzienlijke royalty's betalen als tegenprestatie voor het gebruik van Starbucks' intellectuele eigendom op het gebied van het koffiebranden. Door de opdrachtnemers die, anders dan SMBV, niet dergelijke producten aan klanten leveren, maar enkel een koffiebranddienst voor de Starbucksgroep verrichten, wordt geen royalty betaald. Anders dan in het bestreden besluit is geconstateerd, wordt de waarde van de intellectuele eigendom op het gebied van het koffiebranden gegenereerd wanneer koffieproducten met het Starbucksmerk worden verkocht aan de winkels en de wederverkopers, die bereid zijn hoge prijzen te betalen voor deze producten. Voorts betoogt Starbucks dat, anders dan in het bestreden besluit is geconstateerd, de koffiebrandactiviteiten van SMBV in de onderzochte periode altijd winstgevend zijn geweest.

219. De Commissie betwist deze argumenten.

220. Ten eerste betoogt de Commissie in wezen dat zij het bedrag van de royalty's in het kader van de zeven in overweging 300 van het bestreden besluit genoemde contracten heeft vergeleken met het bedrag van de royalty in het kader van de relatie tussen SMBV en Alki. Voorts zet de Commissie uiteen, in zaak T-760/15, dat zij zich tevens heeft gebaseerd op de in overweging 303 van het bestreden besluit genoemde contracten, en, in zaak T-636/16, dat dit in principe niet het geval was. De Commissie voegt daaraan toe dat zij zich verder heeft gebaseerd op de afspraken tussen de in de overwegingen 305 tot en met 308 van het bestreden besluit genoemde concurrenten van de Starbucksgroep en derde koffiebranderijen, om tot de slotsom te komen dat de zakelijke waarde van de in het kader van de relatie tussen SMBV en Alki betaalde royalty nul moest zijn. Zij voegt daar verder aan toe dat zij in de overwegingen 292 tot en met 298 van het bestreden besluit de redenen heeft uiteengezet waarom zij van mening was dat deze transacties een direct vergelijkingspunt vormden om de hoogte te bepalen van het royaltybedrag dat door SMBV aan Alki verschuldigd was in ruil voor de intellectuele eigendom op het gebied van het koffiebranden.

221. Ten tweede stelt de Commissie dat zij niet betwist dat de intellectuele eigendom op het gebied van het koffiebranden een waarde kan vertegenwoordigen. De waarde van deze intellectuele eigendom wordt echter niet wordt geëxploiteerd voordat de koffieproducten van het Starbucksmerk door de Starbuckswinkels aan de eindklanten worden verkocht. Volgens de Commissie kan de intellectuele eigendom op het gebied van het koffiebranden dus niet worden gezien als een voordeel voor SMBV waarvoor een royalty moet worden betaald.

a. Opmerkingen vooraf

222. In herinnering moet worden gebracht dat de Commissie haar tweede redeneerlijn uiteen heeft gezet in de overwegingen 286 tot en met 341 van het bestreden besluit, in afdeling 9.2.3.3, met het opschrift „De uit de [APA] voortvloeiende prijsstelling van de royaltybetaling aan [Alki] is niet zakelijk".

223. Vooraf dienen twee opmerkingen te worden gemaakt.

224. In de eerste plaats moet worden opgemerkt dat tussen partijen vaststaat dat de royalty in beginsel een last vormt die volgens het Nederlandse belastingrecht aftrekbaar is. Voorts is niet betwist dat de royalty een concerntransactie is, aangezien het om een transactie binnen de Starbucksgroep gaat. Bovendien blijkt uit de punten 147 tot en met 155 hierboven dat de hoogte van een dergelijke transactie voor de bepaling van de vennootschapsbelasting van SMBV moet worden beoordeeld alsof die hoogte onder marktvoorwaarden was bepaald.

225. In de tweede plaats moet worden opgemerkt dat de Commissie weliswaar heeft gesteld dat de hoogte van de door SMBV aan Alki betaalde royalty nul moest zijn, doch in overweging 310 van het bestreden besluit heeft erkend dat knowhow op het gebied van het branden van koffie en brandcurves een waarde kunnen hebben. Ook in punt 126 van haar verweerschrift in zaak T-636/16 zet de Commissie uiteen dat zij niet ontkent dat de intellectuele eigendom op het gebied van het koffiebranden een waarde kan hebben.

226. Daaruit volgt dat partijen het alleen oneens zijn over de vraag wat de hoogte van de verrekenprijs voor de royalty zou zijn geweest indien deze onder marktvoorwaarden was vastgesteld.

227. In dit verband zij eraan herinnerd dat de Commissie in de overwegingen 286 tot en met 341 van het bestreden besluit betoogt dat de door SMBV aan Alki betaalde royalty nihil had moeten zijn. Volgens de bewoordingen van het bestreden besluit stelt de Commissie immers niet dat het niveau van die royalty minder hoog had moeten zijn dan het in de APA aanvaarde niveau van de royalty, maar dat geen enkele royalty had moeten worden betaald. De Commissie stelt zelf dat zij geen raming heeft gemaakt van een range voor de hoogte van de royalty omdat deze precies nul had moeten zijn (overweging 340 van het bestreden besluit).

228. In het bestreden besluit heeft de Commissie haar bewijsvoering dat de door SMBV aan Alki betaalde royalty nul had moeten zijn (overweging 318 van het bestreden besluit), in wezen op drie elementen gestoeld.

229. Wat het eerste element betreft, heeft de Commissie betoogd dat de variabele aard van de royalty in de periode van 2006 tot en met 2014 een „eerste aanwijzing" was dat de hoogte van die betaling geen verband hield met de waarde van de intellectuele eigendom op het gebied van het koffiebranden (overweging 289 van het bestreden besluit). Wat het tweede element betreft, heeft de Commissie aangevoerd dat SMBV in haar relatie met Alki de waarde van de intellectuele eigendom op het gebied van het koffiebranden niet behaalde (overwegingen 310-313 van het bestreden besluit). Wat het derde element betreft, heeft de Commissie uiteengezet dat in de door Starbucks met derden gesloten productieovereenkomsten geen enkele royalty werd verlangd voor het gebruik van de intellectuele eigendom op het gebied van het koffiebranden (overwegingen 291-309 van het bestreden besluit).

230. Voorts heeft de Commissie in het bestreden besluit de door het Koninkrijk der Nederlanden en Starbucks in de loop van de administratieve procedure aangevoerde argumenten afgewezen. Meer specifiek heeft de Commissie vastgesteld dat de royaltybetaling niet een vergoeding voor de overname van ondernemingsrisico's weerspiegelde (overwegingen 319-332 van het bestreden besluit) en dat de hoogte van de royaltybetaling niet werd gerechtvaardigd door de bedragen die Alki voor technologie aan Starbucks US betaalde op grond van de overeenkomst inzake kostendeling (overwegingen 333-338 van het bestreden besluit).

231. In het hiernavolgende dient in de eerste plaats de door de Commissie in het bestreden besluit verdedigde theorie over de functies van SMBV met betrekking tot de royalty en over de relevante normale belastingregels kort te worden uiteengezet. Deze gegevens zijn immers de basis waarop de door de Commissie in het bestreden besluit gemaakte analyse van de hoogte van de royaltybetaling berust. In de tweede plaats moet het argument van Starbucks worden onderzocht dat de analyse van de Commissie van de royaltybetalingen niet kon steunen op bewijzen die in april 2008 niet beschikbaar waren. In de derde plaats moeten de argumenten van het Koninkrijk der Nederlanden en van Starbucks worden onderzocht die betrekking hebben op de vraag wie de intellectuele eigendom op het gebied van het koffiebranden heeft geëxploiteerd. In de vierde plaats moet worden onderzocht of de Commissie op basis van een vergelijking met de in contracten met derden voorziene royalty's op goede gronden kon vaststellen dat de royalty nihil had moeten zijn. In de vijfde plaats moet het door de Commissie ter terechtzitting aangevoerde argument worden onderzocht dat zij in het bestreden besluit in werkelijkheid heeft betoogd dat de royalty minder hoog had moeten zijn dan het niveau dat in de APA was goedgekeurd.

b. Functies van SMBV in verband met de royalty

232. Wat de functies van SMBV betreft die relevant zijn voor de analyse van de royalty, staat allereerst vast dat SMBV groene koffiebonen brandt die zij inkoopt bij SCTC.

233. Vervolgens stelt de Commissie in het bestreden besluit, met name in de overwegingen 49, 96, 137, 313 en 330, alsmede in haar stukken, dat de gelieerde en niet-gelieerde Starbuckswinkels verplicht zijn de gebrande koffie af te nemen van SMBV en dus dat SMBV tevens de verkoper van de gebrande koffie is.

234. Bovendien meent de Commissie in het bestreden besluit dat de voorraden die SMBV inkoopt en verkoopt, overeenkomstig de boekhoudnormen op de balans van SMBV moeten voorkomen, wegens het feit dat zij de entiteit is die belast is met het sluiten van contracten met de winkels en met de facturering aan hen.

235. Ten slotte blijkt uit het bestreden besluit, in zijn geheel beschouwd, dat de Commissie van mening is dat SMBV in het verrekenprijzenrapport ten onrechte is voorgesteld als een koffieproducent met laag risico. In dit verband heeft de Commissie in de overwegingen 319 tot en met 332 van het bestreden besluit met name de argumenten van het Koninkrijk der Nederlanden en van de Starbuckscontacten afgewezen volgens welke de contractuele regelingen tussen SMBV en Alki, waarop het rapport van de belastingadviseur van de Starbucksgroep is gebaseerd, een daadwerkelijke overdracht van het bedrijfsrisico van SMBV op Alki meebrachten. Bovendien heeft de Commissie uiteengezet dat SMBV de handelsrisico's droeg in haar relaties met SCTC en de Starbuckswinkels.

236. Daaruit volgt dat SMBV, gelet op haar verkoop van gebrande koffie aan de Starbuckswinkels, volgens de Commissie geen loonproducent of een opdrachtnemer is, maar dat zij voor eigen rekening koffie brandt en optreedt als verkoper. Volgens het bestreden besluit wordt onder „loonproductie" gewoonlijk immers verstaan een regeling waarbij een onderneming voor een andere onderneming grondstoffen of halffabricaten verwerkt.

c. Normale belastingregels van het Nederlandse recht

237. Zoals in punt 146 hierboven is geconstateerd, impliceert het onderzoek uit hoofde van artikel 107, lid 1, VWEU van een belastingmaategel ten gunste van een geïntegreerde onderneming dat vooraf wordt bepaald welke normale belastingregels op de begunstigde van die maatregel van toepassing zijn.

238. In overweging 232 van het bestreden besluit heeft de Commissie gesteld dat de Nederlandse regels in het licht waarvan de APA moet worden onderzocht, de regels van het algemene Nederlandse stelsel van de vennootschapsbelasting zijn. Deze regels zijn samengevat in de punten 3 tot en met 11 en 35 hierboven.

239. In casu is immers onomstreden dat de APA is gesloten om SMBV in staat te stellen een ruling te verkrijgen betreffende de toepassing van de regels inzake de vennootschapsbelasting doordat haar belastbare winst wordt vastgesteld. Daaruit volgt dat de APA past in het kader van het algemene Nederlandse stelsel van de vennootschapsbelasting, dat tot doel heeft dat belasting wordt geheven van de – geïntegreerde of onafhankelijke – aan de vennootschapsbelasting onderworpen ondernemingen.

240. De vraag of het niveau van de royalty overeenkwam met een niveau dat onder marktvoorwaarden zou zijn gehanteerd, moet dus worden onderzocht in het licht van de functies van SMBV zoals deze zijn aangeduid in de punten 232 tot en met 236 hierboven.

d. Gebruik van door de Commissie aangevoerde gegevens die niet beschikbaar waren op het tijdstip waarop de APA werd gesloten

241. Starbucks betoogt dat de Commissie zich in het bestreden besluit hoofdzakelijk heeft gebaseerd op gegevens die niet beschikbaar waren op het tijdstip waarop de APA werd gesloten, in april 2008. Meer in het bijzonder verwijst Starbucks naar de rechtspraak van de Unierechter over het criterium van de particuliere investeerder, op grond waarvan voor de beoordeling van de economische rationaliteit van een gegeven maatregel moet worden uitgegaan van de periode waarin de financiële steunmaatregelen zijn genomen, en er dus geen beoordelingen op basis van een latere situatie mogen worden gemaakt. Hetzelfde beginsel is volgens Starbucks ook vastgelegd in het Nederlandse belastingrecht en in de OESO-richtlijnen.

242. De Commissie betwist niet dat dit beginsel in casu van toepassing is en betoogt enkel dat een groot aantal argumenten ter ondersteuning van haar conclusie dat de APA het zakelijkheidsbeginsel niet in acht nam, berustte op informatie en gegevens waarover de Nederlandse belastingdienst beschikte op het tijdstip waarop de APA werd gesloten.

243. Meteen moet worden vastgesteld dat het feit dat het Nederlandse belastingrecht en de OESO-richtlijnen volgens Starbucks bepalen dat, teneinde te onderzoeken of een advance pricing agreement het zakelijkheidsbeginsel in acht neemt, geen beoordeling mag worden gemaakt op basis van een situatie die dateert van na de vaststelling van die advance pricing agreement, niet van invloed is op het onderhavige onderzoek van de APA in het licht van de voorwaarden van artikel 107 VWEU.

244. Starbucks baseert haar argument op een toepassing, naar analogie, van de rechtspraak van de Unierechter volgens welke, om na te gaan of de lidstaat of het betrokken overheidsorgaan zich als een voorzichtige investeerder in een markteconomie heeft gedragen, bij de beoordeling van de economische rationaliteit van het gedrag van de lidstaat of van het overheidsorgaan moet worden uitgegaan van de context in de periode waarin de betrokken maatregelen zijn getroffen en dus niet van een latere situatie (arrest van 25 juni 2015, SACE en Sace BT/Commissie, T-305/13, EU:T:2015:435, punt 93; zie ook in die zin arresten van 16 mei 2002, Frankrijk/Commissie, C-482/99, EU:C:2002:294, punten 69 en 71, en 5 juni 2012, Commissie/EDF, C-124/10 P, EU:C:2012:318, punt 105).

245. In dit verband kan worden volstaan met op te merken dat voor de bepaling van een verrekenprijs overeenkomstig de marktvoorwaarden geen grondslag is te vinden in het beginsel van gelijke behandeling van overheidsbedrijven en particuliere ondernemingen maar, zoals de Commissie erkent wel in het legitieme doel van een advance pricing agreement, zoals de APA, te weten om bij voorbaat, om redenen van rechtszekerheid, de toepassing van een fiscale regeling vast te leggen.

246. Vastgesteld moet worden dat voor zover de Commissie meent dat de vaststelling van een fiscale ruling, zoals de APA, tot een nieuwe steunmaatregel leidde, die maatregel, voordat deze ten uitvoer werd gelegd, bij haar had moeten worden aangemeld overeenkomstig artikel 108, lid 3, VWEU. Indien de Commissie zich had uitgesproken over een dergelijke aanmelding, had zij geen rekening kunnen houden met informatie die niet bekend of redelijkerwijs voorzienbaar was op het tijdstip van haar besluit. Zij kan de betrokken lidstaat dus

niet verwijten geen rekening te hebben gehouden met gegevens die op het tijdstip waarop de betrokken overeenkomst werd gesloten niet bekend of redelijkerwijs voorzienbaar waren.

247. In deze context dient ten eerste in herinnering te worden gebracht dat blijkens artikel 1 en overweging 40 van het bestreden besluit de door de Commissie betwiste maatregel uitsluitend de APA is.

248. Ten tweede kon de APA weliswaar worden ingetrokken of gewijzigd tijdens de looptijd ervan, van 2007 tot en met 2017, doch moet worden opgemerkt dat de Commissie in het bestreden besluit niet heeft vastgesteld dat het feit dat de Nederlandse autoriteiten de APA gedurende de looptijd ervan niet hebben ingetrokken of gewijzigd, SMBV een voordeel had verleend. Punt 6, tweede streepje, van de APA juncto punt 4, eerste streepje, ervan bepaalt immers dat de APA eindigt wanneer zich een wezenlijke verandering voordoet in de in de APA goedgekeurde feiten en omstandigheden, tenzij partijen in onderling overleg een aanpassing van de overeenkomst zijn overeengekomen. Niets had de Commissie dus belet om vast te stellen dat zich een wezenlijke verandering in de in de APA goedgekeurde feiten en omstandigheden had voorgedaan en dat een voortzetting van de toepassing van de APA derhalve een selectief voordeel verleende aan SMBV.

249. Wat ten derde het argument van de Commissie betreft dat de APA halverwege de looptijd ervan aan een verificatie was onderworpen, na het zesde boekjaar, dat eindigde op 31 december 2013, en dat de APA toen niet was gewijzigd, kan worden volstaan met vast te stellen dat de Commissie nergens in het bestreden besluit heeft betoogd dat het feit dat de APA niet was gewijzigd of ingetrokken na deze verificatie halverwege de looptijd ervan, SMBV een voordeel had verleend in de zin van artikel 107, lid 1, VWEU.

250. Daaruit volgt dat in die omstandigheden het bestaan van een door een fiscale ruling, zoals de APA, toegekend voordeel had moeten worden onderzocht in het licht van de context van de periode waarin die ruling werd gesloten. Deze constatering impliceert dat de Commissie geen beoordelingen mag maken op basis van een situatie die dateert van na het sluiten van de APA.

251. Bijgevolg moet het argument van Starbucks dat de Commissie in de omstandigheden van het onderhavige geval haar analyse niet kon baseren op informatie die niet beschikbaar of redelijkerwijs voorzienbaar was op het tijdstip waarop de APA werd gesloten, in april 2008, worden aanvaard.

e. Vraag of de intellectuele eigendom op het gebied van het koffiebranden waarde vertegenwoordigde voor SMBV

252. Met het tweede in de overwegingen 310 tot en met 332 van het bestreden besluit uiteengezette argument (zie punt 230 hierboven), wilde de Commissie in wezen aantonen dat de betaling van een royalty door SMBV aan Alki principieel niet gerechtvaardigd was omdat SMBV volgens de Commissie de waarde van de intellectuele eigendom op het gebied van het koffiebranden niet behaalde. Dit argument bestaat uit twee onderdelen. In wezen meende de Commissie, ten eerste, dat SMBV de intellectuele eigendom op het gebied van het koffiebranden niet rechtstreeks op de markt exploiteerde. Ten tweede stelde zij vast dat de activiteit van het koffiebranden niet voldoende winst genereerde om de royaltybetaling mogelijk te maken.

1. Vraag of SMBV de intellectuele eigendom op het gebied van het koffiebranden rechtstreeks op de markt exploiteerde

253. Wat het argument betreft dat SMBV de intellectuele eigendom op het gebied van het koffiebranden niet rechtstreeks op de markt exploiteerde, heeft de Commissie in de overwegingen 310 tot en met 313 van het bestreden besluit allereerst uiteengezet dat in de specifieke relatie tussen Alki en SMBV de waarde van de intellectuele eigendom op het gebied van het koffiebranden niet werd „geëxploiteerd" door de koffiebranderij, te weten SMBV. Volgens de Commissie ligt het belang van de knowhow op het gebied van het branden van koffie en van de brandcurves erin een consistente smaak te garanderen die met het merk en de afzonderlijke producten wordt geassocieerd. Zij leidde daaruit af dat de waarde van de knowhow op het gebied van het branden van koffie en de brandcurves alleen wordt „geëxploiteerd" wanneer Starbucksproducten onder het Starbucksmerk door de winkels worden verkocht. Voorts betoogde de Commissie dat knowhow op het gebied van het branden van koffie en brandcurves op zichzelf niet voortdurend waarde genereren voor de koffiebranderij als zij niet op de markt kunnen worden geëxploiteerd. Haars inziens „lijken" in het geval van SMBV de knowhow op het gebied van het branden van koffie en de brandcurves bovendien een technische specificatie te vormen volgens welke het branden moet plaatsvinden op grond van een voorkeur of een keuze van de onderneming in opdracht waarvan de koffie wordt gebrand. Het feit dat SMBV dankzij de door Alki vastgestelde specificaties met betrekking tot het koffiebrandproces, en met name de brandcurves, koffie kan branden die onder het Starbucksmerk wordt verkocht, levert SMBV volgens de Commissie geen enkel voordeel op in de vorm van meer verkoop of een hogere verkoopprijs, aangezien SMBV in beginsel haar productie niet verkoopt aan eindklanten die het Starbucksmerk waarderen. Ten slotte voegde de Commissie daaraan toe dat

SMBV zo goed als haar volledige productie aan de franchisewinkels van Starbucks verkoopt en dat zij de intellectuele eigendom op het gebied van het koffiebranden niet direct op de mark exploiteert.

254. In haar stukken voegt de Commissie daaraan toe dat de waarde van de intellectuele eigendom op het gebied van het koffiebranden alleen wordt geëxploiteerd wanneer de producten aan de eindklanten worden verkocht die deze consistente smaak die met het desbetreffende merk wordt geassocieerd, waarderen. Het is volgens haar economisch niet rationeel dat de koffiebrander/producent een royalty betaalt voor het gebruik van intellectuele eigendom op het gebied van het koffiebranden, terwijl hij het eindproduct niet rechtstreeks op de markt brengt. Dit komt haars inziens door het feit dat in een dergelijk scenario de koffiebrander/producent die eigendom gebruikt om de koffiebonen in opdracht van de opdrachtgever te branden.

255. Vooraf dient, ten eerste, [*vertrouwelijk*]Daaruit volgt dat SMBV volgens de roasting agreement verplicht was de royalty te betalen als tegenprestatie voor het gebruik van de intellectuele eigendom op het gebied van het koffiebranden.

256. Ten tweede moet worden geconstateerd dat de Commissie in het bestreden besluit niet heeft betoogd dat haar stelling dat de exploitatie van de intellectuele eigendom op het gebied van het koffiebranden plaatsvindt bij de eindverbruikers, een toets vormde die in het Nederlandse belastingrecht is voorgeschreven. Daarentegen blijkt uit de overwegingen 310 tot en met 313 van het bestreden besluit, gelezen in samenhang met de inleidende overwegingen die het standpunt van de Commissie uiteenzetten na het inleidingsbesluit, dat de Commissie een zuiver economisch onderzoek heeft verricht dat zij heeft gebaseerd op de OESO-richtlijnen in de versies van 1995 en 2010.

257. De gegrondheid van de in de overwegingen 298, 300 en 310 tot en met 313 van het bestreden besluit uiteengezette stelling van de Commissie dat SMBV de intellectuele eigendom niet rechtstreeks op de markt exploiteerde omdat zij geen producten verkocht aan eindklanten, moet in het licht van bovenstaande overwegingen worden onderzocht.

258. In dit verband moet worden geconstateerd dat de uiteenzettingen in de overwegingen 310 tot en met 313 van het bestreden besluit niet plausibel zijn. De redenering van de Commissie in de overwegingen 310 tot en met 313 van het bestreden besluit alsmede in haar bij het Gerecht ingediende stukken is immers in wezen gebaseerd op de premisse dat de waarde van de intellectuele eigendom op het gebied van het koffiebranden alleen wordt geëxploiteerd wanneer de producten worden verkocht aan de eindklanten die de consistente smaak die met het betrokken merk wordt geassocieerd, waarderen, en dat het economisch niet rationeel zou zijn dat de koffiebrander/producent een royalty betaalt voor het gebruik van de intellectuele eigendom op het gebied van het koffiebranden, terwijl hij het eindproduct niet rechtstreeks op de markt brengt. Deze premisse wordt echter niet gestaafd door de in het bestreden besluit vastgestelde feiten.

259. Ten eerste staat tussen partijen immers vast dat de intellectuele eigendom op het gebied van het koffiebranden in beginsel een economische waarde kan vertegenwoordigen. Ten tweede staat tevens vast tussen partijen dat SMBV een koffiebranderij is die verplicht is de intellectuele eigendom op het gebied van het koffiebranden te gebruiken om haar koffie te branden. Ten derde betoogt de Commissie dat de – gelieerde of niet-gelieerde – Starbuckswinkels gehouden zijn de gebrande koffie van SMBV te kopen en dat zij dus tevens de verkoper van de gebrande koffie is.

260. In deze context moet worden vastgesteld dat de Commissie haar analyse ten onrechte heeft gefocust op de premisse dat de waarde van de intellectuele eigendom op het gebied van het koffiebranden alleen wordt geëxploiteerd wanneer de producten aan de eindklanten worden verkocht. De vraag wie uiteindelijk de kosten draagt van de compensatie van de waarde van de intellectuele eigendom die wordt gebruikt voor het produceren van de koffie, staat duidelijk los van de vraag of de intellectuele eigendom op het gebied van het koffiebranden nodig was om SMBV in staat te stellen de gebrande koffie te produceren volgens de eisen van de Starbuckswinkels waaraan zij, voor eigen rekening, de koffie verkoopt.

261. Ingeval SMBV de door haar gebrande koffie verkoopt aan Starbuckswinkels, die vereisen dat de koffie wordt gebrand volgens de specificaties van Starbucks, is het aannemelijk dat SMBV zonder het recht om de intellectuele eigendom op het gebied van het koffiebranden te gebruiken of – om de terminologie van het bestreden besluit te gebruiken – deze te exploiteren, niet in staat zou zijn geweest om gebrande koffie volgens de specificaties van Starbucks te produceren en te leveren aan de Starbuckswinkels.

262. Dit leidt tot de slotsom dat, anders dan de Commissie betoogt, de betaling van een royalty door SMBV voor het gebruiken van de intellectuele eigendom op het gebied van het koffiebranden niet van elke economische rationaliteit gespeend is. De intellectuele eigendom was immers nodig voor de uitoefening van de economische activiteit van SMBV, te weten het produceren van gebrande koffie volgens de specificaties van

Starbucks. Daaruit vloeit voort dat SMBV wel een meerwaarde haalt uit het gebruik van de intellectuele eigendom op het gebied van het koffiebranden, omdat zij bij gebreke daarvan de gebrande koffie niet zou kunnen doorverkopen aan de Starbuckswinkels.

263. Voorts moet het argument van de Commissie worden afgewezen dat het de Starbuckswinkels zijn die royalty's betalen aan Starbucks Coffee Emea, waarin reeds een vergoeding is begrepen voor [*vertrouwelijk*]. Ten eerste bevatten de argumenten in het kader van de onderhavige redeneerlijn in het bestreden besluit niets dat deze stelling kan onderbouwen. Ten tweede sluit de omstandigheid dat de Starbuckswinkels een royalty betalen aan Starbucks Coffee Emea niet uit dat SMBV [*vertrouwelijk*] kan doorberekenen in de aan de winkels in rekening gebrachte prijs. Bovendien kan het feit dat de Starbuckswinkels, volgens de Commissie, een tweede royalty [*vertrouwelijk*] betalen aan Starbucks Coffee Emea, [*vertrouwelijk*] hooguit een voordeel toekennen aan laatstgenoemde, doch niet aan SMBV.

264. Uit het voorgaande volgt dat de Commissie in de overwegingen 298 en 300 van het bestreden besluit ten onrechte heeft vastgesteld dat een niet-gelieerde productieonderneming intellectuele eigendom op het gebied van het koffiebranden alleen exploiteert in het geval waarin zij haar producten aan eindklanten verkoopt. De exploitatie van de intellectuele eigendom op het gebied van het koffiebranden is immers niet beperkt tot situaties waarin een koffiebranderij haar koffie op de detailmarkt aan eindverbruikers afzet, maar omvat tevens situaties, zoals die van SMBV, waarin een koffiebranderij actief is als verkoper op de groothandelsmarkt. De enkele verwerking van koffie voor rekening van een opdrachtgever die technische productiespecificaties verschaft, volstaat daarentegen niet om te bewijzen dat sprake is van exploitatie van een dergelijke intellectuele eigendom.

265. Bijgevolg moet worden vastgesteld dat de Commissie een fout heeft gemaakt door te constateren dat SMBV, zoals beschreven in het bestreden besluit, geen royalty had moeten te betalen omdat zij de intellectuele eigendom op het gebied van het koffiebranden niet rechtstreeks op de markt exploiteerde.

2. Vraag of SMBV verlies leed op haar koffiebrandactiviteiten

266. Het Koninkrijk der Nederlanden en Starbucks betwisten het door de Commissie in de overwegingen 314 tot en met 317 van het bestreden besluit aangevoerde argument dat SMBV sinds 2010 verlies zou hebben geleden op haar koffiebrandactiviteiten, welke situatie geen royaltybetaling voor de intellectuele eigendom op het gebied van het koffiebranden rechtvaardigde. Volgens het Koninkrijk der Nederlanden heeft de Commissie met name niet voldoende rekening gehouden met het feit dat de door SMBV ingekochte groene koffiebonen tevens werden gebruikt voor koffieproductie door derden. De Commissie was aldus van mening dat dit aantoonde dat de methode die was gebruikt om de royalty te bepalen als een correctievariabele, zoals goedgekeurd in de APA, niet in overeenstemming was met het zakelijkheidsbeginsel.

267. De Commissie antwoordt dat volgens de informatie die zij tijdens de administratieve procedure van Starbucks had ontvangen, slechts een beperkt gedeelte van de gebrande koffie door externe producenten werd verwerkt. Zij kon haars inziens dus terecht aannemen dat nagenoeg alle door SMBV ingekochte koffiebonen werden verwerkt in het kader van haar eigen koffieproductieactiviteiten.

268. In het bestreden besluit heeft de Commissie in wezen vastgesteld dat SMBV sinds 2010 verlies leed op haar koffiebrandactiviteiten en dat de door SMBV aan Alki betaalde royalty werd gefinancierd door de andere activiteiten van SMBV, zonder dat er vooruitzichten waren op toekomstige winst uit het koffiebranden. Volgens de Commissie genereerde de koffiebrandactiviteit niet voldoende winst om de royaltybetaling te rechtvaardigen. Bovendien betoogt de Commissie dat de binnen groepsverband door SMBV aan Alki betaalde royalty voor de intellectuele eigendom op het gebied van het koffiebranden alleen „lijkt" te dienen om winst die uit de wederverkoopfunctie van SMBV wordt gehaald, naar Alki te verschuiven.

269. Vooraf moet worden vastgesteld dat de redenering van de Commissie is gebaseerd op de premisse dat winst moet worden behaald uit de koffiebrandactiviteiten om in staat te zijn een royalty voor de intellectuele eigendom op het gebied van het koffiebranden te betalen. De Commissie toont echter niet aan dat de Nederlandse belastingregels bepalen dat de verplichting om een royalty te betalen afhankelijk zou zijn van de winstgevendheid van de betrokken activiteit. Bovendien houdt de vraag of de koffiebrandactiviteiten van SMBV winstgevend waren geen verband met de vraag of een verplichting om een royalty te betalen zoals die welke in casu aan de orde is, economisch gerechtvaardigd was.

270. In dit verband moet om te beginnen worden opgemerkt dat de Commissie betoogt dat de koffiebrandactiviteit niet voldoende winst heeft gegenereerd voor de periode vanaf 2010. Deze constatering betreft dus niet de gehele looptijd van de APA (die aanving in 2007).

271. Vervolgens moet worden vastgesteld dat de Commissie, zoals in de punten 243 tot en met 251 hierboven is aangegeven, in de onderhavige omstandigheden geen beoordeling mocht geven op basis van een situatie daterend van na de sluiting van de APA. De Commissie legt in het bestreden besluit niet uit hoe de verliezen waarvan zij in de overwegingen 314 tot en met 317 daarvan gewag maakt, op het tijdstip waarop de APA werd gesloten voorzienbaar zouden zijn geweest terwijl zij behoren tot de situatie van SMBV vanaf 2010. De Commissie heeft dus niet bewezen dat zij zich mocht baseren op het feit dat SMBV vanaf 2010 verlies had geleden op haar koffiebrandactiviteiten.

272. Ten slotte, voor zover Starbucks betoogt dat de koffiebrandactiviteiten van SMBV altijd winstgevend zijn geweest, moet hoe dan ook in herinnering worden gebracht dat de Commissie haar analyse heeft verricht met als uitgangspunt een vergelijking van de inkomsten die worden behaald bij de Starbuckswinkels met de waarde van de inkoop van groene koffiebonen door SMBV bij SCTC. In het kader van de derde redeneerlijn betoogt de Commissie echter juist dat de prijsverhoging van de groene koffiebonen vanaf 2010 te groot was. Reeds uit de argumenten van de Commissie in het bestreden besluit volgt dus dat de kosten van de groene koffiebonen aanzienlijk waren overgewaardeerd en dat de verliezen waarvan zij in het bestreden besluit gewag maakt, dus niet bestonden, of althans niet in de proporties zoals zij heeft vastgesteld in de overwegingen 314 tot en met 317 van het bestreden besluit.

273. Deze constateringen volstaan om het argument van de Commissie dat SMBV niet in staat was om een royalty te betalen voor de intellectuele eigendom op het gebied van het koffiebranden omdat zij verlies zou hebben geleden op haar koffiebrandactiviteiten, af te wijzen.

274. Hoe dan ook betoogt Starbucks dat de berekening van de Commissie onjuist is omdat geen rekening is gehouden met het feit dat een aanzienlijke hoeveelheid van de totale aankopen van groene koffiebonen niet door SMBV werd gebrand. De Commissie werpt op dat dit argument niet-ontvankelijk is op grond dat deze informatie nieuw en tegenstrijdig is ten opzichte van de tijdens de administratieve procedure overgelegde informatie.

275. In dit verband moet worden vastgesteld dat de Commissie zowel in voetnoot 155 van het bestreden besluit als in haar stukken erkent dat de door Starbucks tijdens de administratieve procedure verstrekte informatie tot de slotsom leidde dat nagenoeg alle door SMBV gekochte groene koffiebonen, met uitzondering van een „beperkte hoeveelheid" die aan derden wordt geleverd, ook door SMBV werden gebrand. In deze context verwijst de Commissie naar de brief van de Starbuckscontacten die haar op 23 september 2015 was toegezonden. Uit die brief blijkt echter dat de betrokken derde een loonproductiecontract met de Starbucksgroep had dat „hoofdzakelijk" (predominantly) betrekking had op de vervaardiging van andere producten dan gebrande koffie, „maar ook op het branden van groene koffiebonen als zodanig (zij het in beperkte hoeveelheden)". De verwijzing naar „beperkte hoeveelheden" geeft aan dat de betrokken derde een beperkte hoeveelheid gebrande koffie produceerde in verhouding tot zijn productie van andere producten dan koffiepoeder, maar geeft niet aan dat hij verwaarloosbare hoeveelheden gebrande koffie produceerde. De Commissie is er dus tijdens de administratieve procedure over ingelicht dat een deel van de door SMBV gekochte groene koffiebonen niet door SMBV werd gebrand. Het bezwaar van de Commissie over de ontvankelijkheid van het argument van Starbucks, dat eraan is ontleend dat dit argument zou zijn gebaseerd op informatie waarvan zij niet in kennis was gesteld tijdens de administratieve procedure, is dus feitelijk onjuist en moet worden afgewezen.

276. Wat de gegrondheid betreft van het argument van Starbucks dat de Commissie alle bedragen van de inkopen van groene koffiebonen van SMBV voor haar berekening in aanmerking had genomen als kosten, terwijl een aanzienlijke hoeveelheid van de totale inkopen van groene koffiebonen niet door SMBV werd gebrand, moet worden vastgesteld dat de Commissie stelt dat Starbucks in de op 29 mei 2015 overgelegde documenten niet heeft aangegeven dat een aanzienlijk deel van de groene koffiebonen door derden werd gebrand. Zoals Starbucks op goede gronden stelt, had het antwoord op vraag 2 in de brief van de Starbuckscontacten van 29 mei 2015, die de Commissie in haar stukken aanvoert, betrekking op de toerekening van de inkomsten van SMBV aan haar verschillende functies en niet op de toerekening van haar kosten aan die functies. Daaruit volgt dat de antwoorden van de Starbuckscontacten, waarop de Commissie volgens haar stukken haar vaststelling heeft gebaseerd dat de koffiebrandfunctie van SMBV vanaf 2010 verlies had opgeleverd, niet volstonden opdat de Commissie tot die slotsom kon komen.

277. Zoals is uiteengezet in punt 275 hierboven, beschikte de Commissie op het tijdstip van de vaststelling van het bestreden besluit bovendien reeds over aanwijzingen om aan te nemen dat haar berekening, die is weergegeven in overweging 314 van het bestreden besluit en die erin bestond de door SMBV aan SCTC betaalde prijs voor de groene koffiebonen in aftrek te brengen op de inkomsten die werden gehaald uit het branden van koffie, onjuist was.

278. Daaruit vloeit voort dat de Commissie niet heeft aangetoond dat SMBV sinds 2010 verlies zou hebben geleden op haar koffiebrandactiviteiten, welke situatie niet had toegelaten dat een royalty voor de intellectuele eigendom op het gebied van het koffiebranden werd betaald.

f. Vergelijking met roasting agreements die zijn gesloten tussen Starbucks en derden en vergelijking met soortgelijke licentieovereenkomsten „op de markt"

279. Met het derde in het bestreden besluit uiteengezette argument (zie punt 229 hierboven) heeft de Commissie in wezen getracht uit te leggen dat de productieovereenkomsten die Starbucks met derden heeft gesloten alsmede bepaalde tussen de concurrenten van Starbucks en derde koffiebranderijen gesloten overeenkomsten, niet voorzagen in royaltybetaling voor het gebruik van de intellectuele eigendom op het gebied van het koffiebranden (overwegingen 291-309 van het bestreden besluit).

280. In deze context heeft de Commissie in overweging 309 van het bestreden besluit uiteengezet dat een verrekenprijsanalyse van de zakelijke waarde van de royalty die door SMBV aan Alki voor de intellectuele eigendom op het gebied van het koffiebranden wordt betaald, tot de conclusie leidde dat er in die specifieke relatie voor die intellectuele eigendom geen royalty verschuldigd mocht zijn. Zij baseert deze constatering, ten eerste, op een analyse van de productieovereenkomsten die door Starbucks met derden zijn gesloten en, ten tweede, op een vergelijking met regelingen tussen de concurrenten van Starbucks en derde koffiebranderijen. Uit met name de overwegingen 291 en 299 van het bestreden besluit blijkt duidelijk dat de Commissie heeft getracht de hoogte van een zakelijke royalty tussen SMBV en Alki te bepalen.

281. Het Koninkrijk der Nederlanden en Starbucks zijn het in wezen oneens met de Commissie over de vraag of de door Starbucks met externe koffiebranderijen alsmede met producenten van afgeleide koffieproducten gesloten overeenkomsten, waarop de vergelijking van de Commissie berust, relevant waren voor een vergelijking, aan de hand van de CUP-methode, met de contractuele afspraken tussen Alki en SMBV.

282. Met betrekking tot de vraag of de door Starbucks met derden gesloten productieovereenkomsten impliceren dat de royalty nihil had moeten zijn, voeren het Koninkrijk der Nederlanden en Starbucks in wezen aan dat:

- de door Starbucks met externe koffiebranderijen en met producenten van afgeleide koffieproducten gesloten contracten, waarop het bestreden besluit berust, niet bruikbaar waren voor een vergelijking met de contractuele afspraken tussen Alki en SMBV aan de hand van de CUP-methode;
- de analyse van de Commissie van de royalty's nagenoeg uitsluitend steunt op bewijzen die in april 2008 niet beschikbaar waren;
- het merendeel van de door de Commissie voor de vergelijking van de transacties gebruikte contracten betrekking had op specifieke afgeleide koffieproducten, en niet op gebrande koffiebonen;
- de vergoeding voor Alki onlosmakelijk verbonden was met de inkoop van de groene koffiebonen bij SCTC, maar dat geen van de transacties op basis van de contracten die door de Commissie voor de vergelijking werden gebruikt, op die manier onlosmakelijk verbonden was met een andere transactie;
- alle in het bestreden besluit genoemde derde producenten die, net als SMBV, koffieproducten met het Starbucksmerk leverden aan winkels of wederverkopers, aanzienlijke royalty's betaalden als tegenprestatie voor het gebruik van Starbucks' intellectuele eigendom op het gebied van het koffiebranden.

283. Wat de door Starbucks met derden gesloten productieovereenkomsten betreft, heeft de Commissie als eerste stap onderzocht, in de overwegingen 291 tot en met 298 van het bestreden besluit, of de roasting agreeements die door de Starbucksgroep waren gesloten met tien derde ondernemingen, een rechtstreeks vergelijkingspunt boden voor de bepaling van het door SMBV aan Alki verschuldigde royaltybedrag. In dit verband heeft de Commissie haar onderzoek gebaseerd op paragraaf 1.36 van de OESO-richtlijnen in de versie van 2010, die voor de analyse van de vergelijkbaarheid tussen de concerntransacties van de belastingplichtige onderneming en de vergelijkbare transacties op de vrije markt vijf vergelijkbaarheidsfactoren noemt, waaronder de kenmerken van de overgedragen goederen of diensten, de door de partijen uitgeoefende functies, de contractuele voorwaarden, de economische omstandigheden van de partijen en de door hen gevolgde bedrijfsstrategieën. De Commissie heeft in voetnoot 147 van het bestreden besluit ook verwezen naar paragraaf 1.17 van de OESO-richtlijnen in de versie van 1995. Volgens die paragraaf zijn voor de vergelijkbaarheidsanalyse de kenmerken die relevant kunnen zijn de kenmerken van de overgedragen goederen of diensten, de door partijen uitgeoefende functies, de contractuele voorwaarden, de respectieve economische situatie van de partijen en de door hen gevolgde bedrijfsstrategieën.

284. Als tweede stap heeft de Commissie in de overwegingen 299 tot en met 304 van het bestreden besluit vastgesteld dat het bedrag van een zakelijke royalty tussen SMBV en Alki op basis van deze tien vrijemarkttransacties kon worden bepaald met gebruikmaking van de CUP-methode.

285. Meer specifiek heeft zij, ten eerste, teneinde het royaltybedrag met gebruikmaking van de CUP-methode te bepalen, de royaltybetaling van SMBV aan Alki vergeleken met de door derden aan andere ondernemingen van de Starbucksgroep verschuldigde betalingen in het kader van vergelijkbare vrijemarkttransacties die in soortgelijke omstandigheden plaatsvinden. Ten tweede heeft de Commissie de contracten geanalyseerd die door de Starbucksgroep zijn gesloten met niet-gelieerde productieonderneming 1 alsmede met de ondernemingen die in overweging 300 van de in het *Publicatieblad van de Europese Unie* bekendgemaakte versie van het bestreden besluit zijn aangeduid als „niet-gelieerde productieondernemingen 2, 3, 4, 8, 9 en 10" (hierna respectievelijk: „niet-gelieerde productieonderneming 2", „niet-gelieerde productieonderneming 3", „niet-gelieerde productieonderneming 4", „niet-gelieerde productieonderneming 8", „niet-gelieerde productieonderneming 9" en „niet-gelieerde productieonderneming 10"). Zij heeft vervolgens geconstateerd dat die derden geen royalty's betaalden op basis van hun licentieovereenkomsten met de Starbucksgroep indien zij de intellectuele eigendom op het gebied van het koffiebranden niet rechtstreeks op de markt exploiteerden. Ten derde heeft de Commissie met betrekking tot de relaties tussen de Starbucksgroep en de ondernemingen die in overweging 303 van de in het *Publicatieblad van de Europese Unie* bekendgemaakte versie van het bestreden besluit zijn aangeduid als „niet-gelieerde productieondernemingen 5, 6 en 7" (hierna respectievelijk: „niet-gelieerde productieonderneming 5", „niet-gelieerde productieonderneming 6" en „niet-gelieerde productieonderneming 7"), vastgesteld dat alleen de licentieovereenkomsten voor het merk en de technologie die door Starbucks met die derden zijn gesloten, in een royaltybetaling voorzagen.

286. Als derde stap heeft de Commissie in overweging 309 van het bestreden besluit vastgesteld dat in de roasting agreements die door de Starbucksgroep met tien derde ondernemingen waren gesloten, geen royalty werd verlangd voor het gebruik van de intellectuele eigendom op het gebied van het koffiebranden. De Commissie heeft derhalve geconcludeerd dat in de bijzondere verhouding tussen SMBV en Alki geen royalty verschuldigd kon zijn voor deze intellectuele eigendom.

287. Zonder dat in dit stadium hoeft te worden onderzocht of de keuze van de Commissie van de relevante elementen voor de vergelijkbaarheidsanalyse, te weten de kenmerken van de overgedragen goederen of diensten, de door de partijen uitgeoefende functies, de contractuele voorwaarden, de respectieve economische situatie van de partijen en de door hen gevolgde bedrijfsstrategieën, onjuist was, moet worden vastgesteld dat verscheidene elementen in de context van deze analyse zich verzetten tegen de vergelijkbaarheid van de relaties tussen de Starbucksgroep en derden enerzijds, en tussen SMBV en Alki anderzijds. Deze elementen worden hieronder in de punten 288 tot en met 345 uiteengezet.

1. Overeenkomsten die na de APA zijn gesloten

288. Opgemerkt zij dat zeven van de tien door de Commissie onderzochte overeenkomsten, te weten die welke zijn gesloten met de niet-gelieerde productieondernemingen 1, 3, 4, 7, 8, 9 en 10 waren aangegaan na het sluiten van de APA. Aangezien de Commissie niet verklaart hoe deze overeenkomsten beschikbaar of redelijkerwijs voorzienbaar waren op het tijdstip waarop de APA werd gesloten, kon zij om de in de punten 243 tot en met 251 hierboven uiteengezette redenen haar analyse van de APA niet baseren op gegevens die dateren van na de sluiting ervan. Deze zeven overeenkomsten moeten derhalve worden uitgesloten van de vergelijkingsanalyse.

2. Overeenkomsten die zijn gesloten met ondernemingen die geen koffie branden

289. Zoals is uiteengezet in de punten 232 tot en met 236 hierboven, is SMBV een koffiebranderij voor de verwerking van groene koffiebonen die aan Alki een royalty betaalt voor het gebruik van de intellectuele eigendom op het gebied van het koffiebranden.

290. In overweging 295 van het bestreden besluit heeft de Commissie erkend dat er onder de tien ondernemingen die een overeenkomst hadden gesloten met de Starbucksgroep, enkele waren die geen koffie brandden. Vast staat dat een onderneming die geen koffie brandt, aan de Starbucksgroep geen royalty betaalt voor het gebruik van de intellectuele eigendom op het gebied van het koffiebranden voor de productie van gebrande koffie.

291. Bovendien heeft de Commissie in het bestreden besluit geen gegevens aangevoerd die erop wijzen dat de overeenkomsten in het kader waarvan de derde geen gebrande koffie produceerde, vergelijkbaar zouden zijn met de tussen SMBV en Alki gesloten overeenkomst. Deze constatering sluit weliswaar niet uit dat de Com-

missie haar analyse kon baseren op de transacties van een onderneming die niet volledig dezelfde functies verrichtte als SMBV of die zich in een andere feitelijke situatie bevond, maar in dat geval diende zij een dergelijke keuze te rechtvaardigen en de aanpassingen in haar analyse te verklaren, teneinde rekening te houden met de verschillen tussen de ondernemingen.

292. Bijgevolg kon een overeenkomst die was gesloten met een onderneming die geen koffiebranderij was, in casu niet zonder correcties of aanpassingen worden gebruikt voor de vergelijkingsanalyse om aan te tonen dat de hoogte van de door SMBV aan Alki betaalde royalty nul had moeten zijn.

293. In dit verband betroffen de met de niet-gelieerde productieondernemingen 5, 6 en 7 gesloten overeenkomsten volgens de beschrijving ervan in het bestreden besluit niet het branden van groene koffiebonen. Aangezien de niet-gelieerde productieondernemingen 5, 6 en 7 in de context van de betrokken overeenkomsten niet de functie van koffiebranderij hadden, dient de slotsom te luiden dat de met die ondernemingen gesloten overeenkomsten in casu niet konden worden gebruikt voor de vergelijkingsanalyse.

3. Overeenkomsten met ondernemingen die geen gebrande koffie verkochten aan winkels of consumenten

294. Zoals is uiteengezet in punt 235 hierboven, kwamen de door SMBV bij SCTC ingekochte voorraden, die zij verkocht aan de winkels, voor op de balans van SMBV omdat laatstgenoemde de entiteit is die belast was met het sluiten van de contracten met de winkels en de facturering aan hen. Daaruit volgt dat SMBV eigenaar werd van de voorraden groene koffiebonen die zij brandde en aan de winkels verkocht. Vastgesteld zij dat indien SMBV een onafhankelijke onderneming zou zijn, zij niet in staat zou zijn geweest haar koffie volgens de specificaties van de Starbucksgroep te produceren zonder het recht te hebben verworven om de intellectuele eigendom op het gebied van het koffiebranden te gebruiken. Derhalve had zij haar gebrande koffie niet kunnen produceren zonder een royalty te betalen.

295. Zoals is uiteengezet in punt 236 hierboven verwerkt een loonproducent of een opdrachtnemer daarentegen voor rekening van de opdrachtgever grondstoffen of halffabricaten. Bijgevolg vertegenwoordigt de intellectuele eigendom op het gebied van het koffiebranden voor hem een technische specificatie waarvoor hij geen royalty betaalt aan de opdrachtgever.

296. In dit verband moet in de eerste plaats worden opgemerkt dat de Commissie in haar verweerschrift in zaak T-636/16 betoogt dat de niet-gelieerde productieondernemingen 1, 8 en 9, wat hun contractuele relatie met de Starbucksgroep betreft, actief zijn in het kader van loonproductiecontracten en dat zij hoofdzakelijk producten zoals gearomatiseerde koffie, poeder voor een merkenrechtelijk gedeponeerd koffieproduct of oploskoffie vervaardigen. Volgens de Commissie zijn de niet-gelieerde productieondernemingen 1, 8 en 9 geen eigenaar geworden van Starbuckscomponenten. Bovendien erkent de Commissie dat de overeenkomsten met de niet-gelieerde productieondernemingen 1, 8 en 9 verschillen van de roasting agreement tussen SMBV en Alki.

297. Wat in de tweede plaats de tussen de Starbucksgroep en niet-gelieerde productieonderneming 4 gesloten overeenkomst betreft, heeft de Commissie in overweging 148, derde streepje, van het bestreden besluit gepreciseerd dat deze ertoe strekte het branden van koffie uit te besteden. In dit verband betoogt Starbucks dat niet-gelieerde productieonderneming 4 groene koffiebonen koopt van de Starbucksgroep, en deze vervolgens brandt overeenkomstig de door die groep verstrekte brandcurves en receptuur voor het mengen van koffiebonen. Vervolgens verkoopt zij al haar gebrande koffie aan een dochteronderneming die volledig in handen is van de Starbucksgroep en die de gebrande koffie doorverkoopt aan de winkels.

298. Uit deze omschrijving vloeit voort dat niet-gelieerde productieonderneming 4 geen door haar gebrande koffie verkocht aan de winkels. Zij heeft uitsluitend de gebande koffie als opdrachtnemer geleverd aan een onderneming van de Starbucksgroep die zich bezighield met de verkoop van deze koffie. In die omstandigheden vormde de intellectuele eigendom op het gebied van het koffiebranden slechts een technische productiespecificatie. Derhalve impliceert het feit dat niet-gelieerde productieonderneming 4 geen royalty voor het gebruik van de intellectuele eigendom op het gebied van het koffiebranden aan de Starbucksgroep betaalde, niet dat SMBV geen royalty aan Alki had moeten betalen.

299. Wat in de derde plaats niet-gelieerde productieonderneming 10 betreft, licht de Commissie in haar stukken in zaak T-636/16 toe dat deze onderneming groene koffiebonen verwerkte en brandde die zij rechtstreeks inkocht bij de leveranciers van groene koffiebonen en dat zij alle koffieproducten van het Starbucksmerk verkocht aan één entiteit van de Starbucksgroep, die zich bezighield met de verkoop ervan.

300. Uit deze beschrijving vloeit voort dat niet-gelieerde productieonderneming 10 haar gebrande koffie dus niet aan winkels verkocht, maar aan een onderneming van de Starbucksgroep die zich bezighield met de ver-

koop ervan. In die omstandigheden vormde de intellectuele eigendom op het gebied van het koffiebranden slechts een technische productiespecificatie. Het wekt dus geen verbazing dat deze onderneming aan de Starbucksgroep geen royalty betaalde voor het gebruik van de intellectuele eigendom op het gebied van het koffiebranden.

301. De Commissie antwoordt dat zowel de niet-gelieerde productieondernemingen 4 en 10 als SMBV koffieproducten vervaardigen die zij niet zelfstandig op de markt leveren en dat zij zich dus in vergelijkbare situaties bevinden. Dit argument kan echter niet overtuigen. In herinnering zij gebracht dat, teneinde te bepalen of SMBV een voordeel heeft genoten in de zin van artikel 107, lid 1, VWEU, de situatie van SMBV, op basis van de toepassing van de betrokken maatregel, immers moet worden vergeleken met de situatie van een vergelijkbare onderneming die haar activiteiten autonoom uitoefent in een omgeving waarin vrije mededinging heerst (zie punten 148 en 149 hierboven). Het voorwerp van de vergelijking in het kader van een dergelijke analyse is dus een autonome onderneming in de situatie van SMBV, te weten een onderneming die koffie brandt en deze op de markt verkoopt aan de winkels.

302. In het licht van deze verschillen tussen de situatie van SMBV en die van de niet-gelieerde productieondernemingen 1, 4, 8, 9 en 10 en bij het ontbreken van bijkomende gegevens die erop zouden wijzen dat er niettemin sprake was van vergelijkbaarheid tussen de betrokken overeenkomsten, moeten de tussen de Starbucksgroep en die ondernemingen gesloten overeenkomsten dus worden uitgesloten van de vergelijkingsanalyse.

4. Overeenkomsten betreffende andere producten dan gebrande koffie

303. In overweging 295 van het bestreden besluit heeft de Commissie erkend dat er onder de tien derde ondernemingen die een overeenkomst hadden gesloten met de Starbucksgroep, enkele waren die kant-en-klare dranken of andere producten en ingrediënten voor de bereiding van dranken produceerden en dat derhalve niet alle tien derde ondernemingen gebrande koffie produceerden. Volgens dezelfde overweging waren de contracten die betrekking hadden op het branden van groene koffiebonen gesloten met de niet-gelieerde productieondernemingen 2, 3, 4 en 10.

304. Zoals is uiteengezet in punt 296 hierboven heeft de Commissie erkend dat de niet-gelieerde productieondernemingen 1, 8 en 9, wat hun contractuele relatie met de Starbucksgroep betreft, hoofdzakelijk producten zoals gearomatiseerde koffie, poeder voor een merkenrechtelijk gedeponeerd koffieproduct of oploskoffie vervaardigden. Bovendien erkent de Commissie dat de overeenkomsten met de niet-gelieerde productieondernemingen 1, 8 en 9 in dit opzicht verschillen van de roasting agreement tussen SMBV en Alki.

305. Bovendien dient in herinnering te worden gebracht dat de Commissie in haar verweerschrift in zaak T-636/16 betoogt dat haar beoordeling van de overeenkomsten met derden in beginsel niet steunt op de overeenkomsten met de niet-gelieerde productieondernemingen 5, 6 en 7, vanwege de verschillen in de gelicentieerde knowhow, te weten de intellectuele eigendom op het gebied van het koffiebranden tegenover de knowhow op het gebied van de productie van kant-en-klare dranken, en de plaats van deze ondernemingen in de toeleveringsketen, te weten het feit dat SMBV de groene koffiebonen brandt en deze vervolgens doorverkoopt aan distributeurs of aan derde producenten terwijl de niet-gelieerde productieondernemingen 5, 6 en 7 koffiegerelateerde producten vervaardigen die zij rechtstreeks aan hun klanten, in casu hoofdzakelijk supermarkten, verkopen.

306. Wat de contractuele relaties tussen de Starbucksgroep en de niet-gelieerde productieondernemingen 1, 5, 6, 7, 8 en 9 betreft, moet worden opgemerkt dat de Commissie in het bestreden besluit geen gegevens aanvoert die erop wijzen dat de contracten in het kader waarvan de derde geen gebrande koffie produceert voor de verkoop aan gelieerde of niet-gelieerde winkels van de Starbucksgroep, vergelijkbaar zouden zijn met de overeenkomst tussen SMBV en Alki. Uit de overwegingen 298 en 300 van het bestreden besluit blijkt immers duidelijk dat de Commissie in het kader van de vergelijking tussen de door SMBV aan Alki betaalde royalty en de royalty's die eventueel zijn voorzien in de tien overeenkomsten tussen de Starbucksgroep en derden, heeft aangenomen dat het relevante punt voor de vergelijkbaarheid de vraag was of de derde de intellectuele eigendom rechtstreeks op de markt exploiteerde door zijn producten aan eindklanten te verkopen.

307. De niet-gelieerde productieondernemingen 1, 5, 6, 7, 8 en 9 hadden volgens de Commissie echter niet een koffiebrandfunctie die betrekking had op hetzelfde product als de koffiebrandfunctie van SMBV. De Commissie is er dus niet in geslaagd te bewijzen dat deze overeenkomsten voldoende vergelijkbaar waren met de roasting agreement tussen SMBV en Alki.

308. Bijgevolg moeten om deze reden de overeenkomsten tussen de Starbucksgroep en de niet-gelieerde productieondernemingen 1, 5, 6, 7, 8 en 9 in casu eveneens worden uitgesloten van de vergelijkingsanalyse.

5. Overeenkomst die voorziet in betaling van een royalty voor het gebruik van de intellectuele eigendom op het gebied van het koffiebranden

309. Wat de overeenkomst tussen de Starbucksgroep en niet-gelieerde productieonderneming 3 betreft, heeft de Commissie in overweging 148, tweede streepje, van het bestreden besluit gesteld dat niet-gelieerde productieonderneming 3 in het kader van een licentieovereenkomst voor het branden van koffie (roasting license agreement) diensten verleende op het gebied van het branden van koffie. De koffie werd verkocht aan de Starbucksgroep en aan een joint venture in handen van niet-gelieerde productieonderneming 3 en de Starbucksgroep (hierna: „joint venture"), die de Starbuckswinkels in een land buiten de Europese Unie exploiteerde. Niet-gelieerde productieonderneming 3 betaalde volgens de Commissie aan de Starbucksgroep een royalty voor het branden van de koffie, waarvan het bedrag werd vastgesteld per een bepaalde hoeveelheid geproduceerde groene koffie die aan de joint venture werd verkocht.

310. In overweging 301 van het bestreden besluit heeft de Commissie daaraan toegevoegd dat niet-gelieerde productieonderneming 3 alleen een royalty aan de Starbucksgroep betaalde wanneer zij haar productie aan de joint venture verkocht. In dat geval exploiteerde niet-gelieerde productieonderneming 3 „de intellectuele eigendom op het gebied van het koffiebranden rechtstreeks op de markt via een gelieerde partij", zodat de royaltybetaling de distributie van producten met het Starbucksmerk door de joint venture aan derden „lijkt" te dekken. Deze slotsom wordt haars inziens bevestigd door het feit dat wanneer niet-gelieerde productieonderneming 3 de gebrande koffie aan de Starbucksgroep verkocht in plaats van aan de joint venture, en de distributie en exploitatie van het merk op de markt door de Starbucksgroep geschiedde, er door niet-gelieerde productieonderneming 3 geen royalty werd betaald aan Starbucks voor de intellectuele eigendom op het gebied van het koffiebranden.

311. In dit verband moet worden geconstateerd dat tussen de Commissie en Starbucks vaststaat dat niet-gelieerde productieonderneming 3, wanneer zij haar gebrande koffiebonen aan de joint venture verkoopt voor een bepaald gebied, aan de Starbucksgroep een vergoeding voor de koffiebrandlicentie betaalt tegen een vast bedrag per hoeveelheid gebrande en verpakte koffie, en dat geen vergoeding voor de koffiebrandlicentie wordt betaald wanneer zij haar gebrande koffiebonen aan Starbucks [*vertrouwelijk*] verkoopt, [*vertrouwelijk*].

312. Deze constatering is duidelijk in strijd met de theorie van de Commissie volgens welke niet-gelieerde productieonderneming 3 geen royalty betaalde op basis van haar licentieovereenkomst met de Starbucksgroep wanneer zij de intellectuele eigendom op het gebied van het koffiebranden niet rechtstreeks bij de eindverbruikers op de markt exploiteerde. Zoals Starbucks op goede gronden aanvoert, berust de verplichting van niet-gelieerde productieonderneming 3 om een royalty te betalen uitsluitend op haar verkopen van gebrande koffie aan de winkels op het betrokken grondgebied, ongeacht of de winkels de gebrande koffie al dan niet aan de eindklant distribueren.

313. In deze context betoogt de Commissie dat er een verschil is tussen de situatie van niet-gelieerde productieonderneming 3 en die van SMBV, dat erin bestaat dat niet-gelieerde productieonderneming 3 en de Starbuckswinkels op het betrokken grondgebied in handen zijn van dezelfde entiteit, te weten de moedervennootschap van niet-gelieerde productieonderneming 3. De Commissie voegt daaraan toe dat de royaltybetaling door niet-gelieerde productieonderneming 3 „lijkt" plaats te vinden voor rekening van de joint venture en niet als een vergoeding voor het gebruik door niet-gelieerde productieonderneming 3 van de intellectuele eigendom op het gebied van het koffiebranden.

314. Allereerst moet worden vastgesteld dat het, zoals is uiteengezet in de punten 194 tot en met 196 hierboven, in beginsel aan de Commissie staat om in het bestreden besluit het bewijs te leveren van het bestaan van steun.

315. Aan deze verplichting is niet voldaan indien de Commissie zich beperkt tot prima-facievaststellingen, zoals in casu het geval is waar zij louter constateert dat de royaltybetaling de distributie van producten met het Starbucksmerk aan derden door de joint venture „lijkt" te dekken of dat die betaling „lijkt" plaats te vinden voor rekening van de joint venture.

316. Vervolgens moet worden opgemerkt dat het door de Commissie genoemde verschil tussen de situatie van SMBV en die van niet-gelieerde productieonderneming 3, te weten het feit dat niet-gelieerde productieonderneming 3 haar gebrande koffie aan de Starbuckswinkels op het betrokken grondgebied verkocht middels de joint venture, niet afdoet aan het feit dat door niet-gelieerde productieonderneming 3 tegen een vast

bedrag per hoeveelheid gebrande en verpakte koffie een vergoeding voor de koffiebrandlicentie werd betaald aan de Starbucksgroep. [*vertrouwelijk*].

317. Ten slotte betoogt de Commissie in haar stukken zelf dat niet-gelieerde productieonderneming 3 en de joint venture gelieerde partijen zijn, zodat er geen rechtstreekse vergelijking kan worden gemaakt met de relatie tussen SMBV en de Starbuckswinkels in de EMEA-regio. Deze vaststelling maakt de theorie van de Commissie dat de contractuele relaties tussen niet-gelieerde productieonderneming 3 en de Starbucksgroep vergelijkbaar zouden zijn met de relaties tussen SMBV en Alki en de slotsom zouden rechtvaardigen dat de royalty nul moest zijn, nog zwakker.

318. Kortom, uit het voorgaande blijkt dat, anders dan de Commissie in het bestreden besluit heeft gesteld, niet-gelieerde productieonderneming 3 een koffiebranderij was die een royalty betaalde aan de Starbucksgroep voor het gebruik van intellectuele eigendom op het gebied van het koffiebranden.

319. Bijgevolg moet om de in de punten 289 tot en met 318 hierboven uiteengezette redenen worden vastgesteld dat de Commissie er niet in is geslaagd te bewijzen dat een vergelijking van de contractuele relaties tussen Alki en SMBV met de contractuele relaties tussen de Starbucksgroep en de niet-gelieerde productieondernemingen 1 en 3 tot en met 10 de slotsom rechtvaardigden dat de hoogte van de door SMBV aan Alki betaalde royalty nul had moeten zijn.

6. Overeenkomst met niet-gelieerde productieonderneming 2

320. Blijkens overweging 148, eerste streepje, van het bestreden besluit heeft de Starbucksgroep, om het branden van koffie uit te besteden, twee typen overeenkomsten met niet-gelieerde productieonderneming 2 gesloten, die meerdere keren zijn gewijzigd. Ten eerste heeft een onderneming van de Starbucksgroep in een vóór 2008 gesloten licentieovereenkomst voor technologie een niet-exclusieve licentie verleend aan niet-gelieerde productieonderneming 2 voor het gebruik van onder meer de technologie en knowhow van Starbucks voor de productie en de verkoop van gebrande koffie aan geselecteerde derden met wie Starbucks leveringsovereenkomsten heeft gesloten, te weten, in wezen, niet-gelieerde productieonderneming 5. Als tegenprestatie moest niet-gelieerde productieonderneming 2 de diensten zo verrichten dat de gebrande koffie van hoge kwaliteit was. Hiervoor moest niet-gelieerde productieonderneming 2 onder meer voldoen aan bepaalde door Starbucks vastgestelde normen voor kwaliteitscontrole. In de licentieovereenkomst voor technologie is bepaald dat niet-gelieerde productieonderneming 2 geen vergoedingen hoefde te betalen voor de licentie. Ten tweede was in een overeenkomst voor de levering van groene koffiebonen bepaald dat niet-gelieerde productieonderneming 2 verplicht was om de groene koffiebonen exclusief van de Starbucksgroep aan te kopen tegen een vaste vergoeding per een bepaalde hoeveelheid. De licentieovereenkomst voor technologie en de leveringsovereenkomst zijn met twee verschillende entiteiten binnen de Starbucksgroep gesloten.

321. In de overwegingen 300 en 302 van het bestreden besluit heeft de Commissie daaraan toegevoegd dat niet-gelieerde productieonderneming 2 geen royalty betaalde op grond van haar licentieregeling met de Starbucksgroep als zij de intellectuele eigendom op het gebied van het koffiebranden niet rechtstreeks op de markt exploiteerde door de producten te verkopen aan eindklanten. Evenwel moet worden vastgesteld dat niet-gelieerde productieonderneming 2, blijkens de omschrijving in overweging 148 van het bestreden besluit, haar gebrande koffie niet aan eindverbruikers verkocht.

322. Aangaande de vraag of niet-gelieerde productieonderneming 2 zich in een situatie bevond die vergelijkbaar was met die van SMBV, moet worden vastgesteld dat de contractuele regeling tussen niet-gelieerde productieonderneming 2 en de Starbucksgroep nauw verband houdt met die tussen niet-gelieerde productieonderneming 5 en de Starbucksgroep. Niet-gelieerde productieonderneming 5 en SMBV hebben immers meerdere jaren vóór de sluiting van de APA een leveringsovereenkomst gesloten waarin de Starbucksgroep zich ertoe verbond gebrande koffiebonen, concentraat en andere koffie-ingrediënten te leveren aan niet-gelieerde productieonderneming 5.

323. Later, doch vóór de sluiting van de APA, hebben niet-gelieerde productieonderneming 5 en SMBV een overeenkomst tot delegatie [*vertrouwelijk*] gesloten, waartoe niet-gelieerde productieonderneming 2 diezelfde dag is toegetreden. [*vertrouwelijk*]

324. [*vertrouwelijk*]

325. [*vertrouwelijk*]

326. Uit deze bepalingen vloeit voort dat de rol van niet-gelieerde productieonderneming 2 verschilde van die van SMBV, die volgens de Commissie een koffiebranderij was die tevens zorgde voor de verkoop van de

gebrande koffie aan de Starbuckswinkels. Volgens de delegatieovereenkomst leverde niet-gelieerde productieonderneming 2 immers aan niet-gelieerde productieonderneming 5, teneinde de Starbucksgroep in staat te stellen te voldoen aan haar contractuele verplichtingen jegens laatstgenoemde, zoals deze voortvloeiden uit de leveringsovereenkomst.

327. In deze context dient in herinnering te worden gebracht dat de Commissie in het bestreden besluit de contractuele regeling tussen de Starbucksgroep en niet-gelieerde productieonderneming 2 heeft gekwalificeerd als een uitbestedingscontract (zie punt 320 hierboven). Zoals in punt 236 hierboven is uiteengezet, beperkt een dergelijke opdrachtnemer zich er echter toe om het branden uit te voeren overeenkomstig de instructies van de opdrachtgever teneinde te voldoen aan de op hem rustende contractverplichting om de gebrande koffie te leveren. In die omstandigheden doet de koffiebrander niets anders dan de technische voorschriften van de opdrachtgever volgen.

328. Vastgesteld zij dat de Commissie in het bestreden besluit niet voldoende gegevens aanvoert die erop duiden dat een dergelijk uitbestedingscontract, met het oog op de bepaling van de hoogte van de royalty, vergelijkbaar zou zijn met de overeenkomst tussen SMBV en Alki.

329. Hoe dan ook, gesteld al dat met het oog op de bepaling van de hoogte van de royalty de contractuele regelingen tussen de Starbucksgroep en niet-gelieerde productieonderneming 2 vergelijkbaar zouden zijn met die welke zijn aangegaan tussen SMBV en Alki, heeft de Commissie zich er in overweging 302 van het bestreden besluit toe beperkt het argument van Starbucks af te wijzen dat een hogere opslag op de kosten van de groene koffiebonen die niet-gelieerde productieonderneming 2 aan de Starbucksgroep betaalde, een „verkapte" vergoeding voor de intellectuele eigendom op het gebied van het koffiebranden vormde. In deze context heeft zij ten eerste gesteld dat de opslag volledig „lijkt" te zijn afgewenteld op niet-gelieerde productieonderneming 5. Ten tweede heeft zij betoogd dat „er geen aanwijzingen [waren] dat een opslag op een aankoopprijs niet rechtstreeks aan [niet-gelieerde productieonderneming 5] zou worden doorgerekend of op een andere manier op de commerciële voorwaarden tussen [niet-gelieerde productieonderneming 5] en [niet-gelieerde productieonderneming 2] van invloed zou zijn, aangezien die contractuele regeling niet los van de contractuele regeling tussen [de Starbucksgroep] en [niet-gelieerde productieonderneming 5] werd gesloten".

330. Evenwel doet hetgeen is uiteengezet in overweging 302 van het bestreden besluit geenszins af aan de vaststelling dat de positie van niet-gelieerde productieonderneming 2 als „opdrachtnemer" niet toereikend is om tot de slotsom te komen dat SMBV, als verkoper van haar gebrande koffie, geen enkele royalty had moeten betalen voor het gebruik van de intellectuele eigendom op het gebied van het koffiebranden.

331. Wat voorts de vraag betreft of de hogere opslag op de kosten van de groene koffiebonen die door niet-gelieerde productieonderneming 2 werd betaald aan de Starbucksgroep een vergoeding vormde voor intellectuele eigendom op het gebied van het koffiebranden, moet worden opgemerkt dat het argument van de Commissie dat de hogere opslag op de kosten van de groene koffiebonen die door niet-gelieerde productieonderneming 2 werd betaald, „lijkt" te worden doorgegeven aan niet-gelieerde productieonderneming 5, speculatief is en als zodanig niet uitsluit dat er door niet-gelieerde productieonderneming 2 daadwerkelijk een vergoeding voor het gebruik van de intellectuele eigendom op het gebied van het koffiebranden aan de Starbucksgroep werd betaald.

332. Verschillende gegevens doen daarentegen twijfel rijzen met betrekking tot het argument van de Commissie dat er in casu door niet-gelieerde productieonderneming 2 geen enkele vergoeding voor het gebruik van de intellectuele eigendom op het gebied van het koffiebranden werd betaald aan de Starbucksgroep.

333. In de eerste plaats moet worden vastgesteld dat bovenal het niveau van de prijs voor de door SMBV geleverde groene koffiebonen die door niet-gelieerde productieonderneming 2 werd betaald aan de Starbucksgroep, hoog lijkt gelet op de door Starbucks in voetnoot 189 van het verzoekschrift in zaak T-636/16 aangevoerde cijfers. De Commissie betwist deze cijfers niet. Overigens heeft de Commissie in overweging 302 van het bestreden besluit niet de stelling van de Starbuckscontacten betwist dat die prijs hoog was.

334. In de tweede plaats betoogt de Commissie dat zij in het bestreden besluit heeft geconstateerd dat de licentieovereenkomst voor de technologie niet preciseerde dat niet-gelieerde productieonderneming 2 geen enkele royalty hoefde te betalen voor het gebruik van de intellectuele eigendom op het gebied van het koffiebranden. Zij meent dat het derhalve aan het Koninkrijk der Nederlanden en aan Starbucks stond om te bewijzen dat het verschil in de prijzen van groene koffiebonen een „verkapte" vergoeding voor de intellectuele eigendom op het gebied van het koffiebranden was, waarin zij niet zijn geslaagd.

335. In herinnering moet worden gebracht dat de OESO-richtlijnen, in de versies van 1995 en 2010, waarop de Commissie haar vergelijkbaarheidsanalyse baseert, in paragraaf 6.17 uitdrukkelijk bepalen dat de tegenpresta-

tie voor het gebruik van een onlichamelijke zaak kan worden begrepen in de voor de verkoop van producten gefactureerde prijs wanneer, bijvoorbeeld, een onderneming aan een andere onderneming niet-afgewerkte producten verkoopt en daarbij aan laatstgenoemde haar ervaring voor de verdere bewerkingen van die producten ter beschikking stelt. In deze context moet worden vastgesteld dat de Commissie terecht betoogt dat een prijsverschil in beginsel verschilt van een royalty, die potentieel andere fiscale consequenties heeft, hetgeen overigens in wezen ook staat in paragraaf 6.19 van de OESO-richtlijnen in de versie van 2010.

336. In casu blijkt duidelijk uit het bestreden besluit dat Starbucks tijdens de administratieve procedure had aangevoerd dat de hogere opslag op de kosten van de groene koffiebonen die niet-gelieerde productieonderneming 2 aan de Starbucksgroep betaalde, een vergoeding voor de intellectuele eigendom op het gebied van het koffiebranden vormde.

337. In die omstandigheden konden de argumenten van de Starbuckscontacten die zijn aangevoerd tijdens de administratieve procedure, niet worden afgewezen op basis van enkel de vaststelling dat de licentieovereenkomst voor de technologie bepaalde dat niet-gelieerde productieonderneming 2 geen royalty hoefde te betalen voor het gebruik van de intellectuele eigendom op het gebied van het koffiebranden.

338. In de derde plaats, hoewel de Commissie terecht stelt dat de levering van groene koffiebonen en het sublicentiëren van de intellectuele eigendom afzonderlijke transacties zijn op basis van twee overeenkomsten die zijn gesloten met verschillende tegenpartijen binnen de Starbucksgroep, neemt dit niet weg dat er in de licentieovereenkomst voor technologie tussen de Starbucksgroep en niet-gelieerde productieonderneming 2, [*vertrouwelijk*].

339. In de vierde plaats voegt de Commissie daar in wezen aan toe dat er voor het prijsverschil tussen de groene koffiebonen die werden gekocht respectievelijk door niet-gelieerde productieonderneming 2 en door SMBV, andere verklaringen kunnen worden gegeven, zoals om te beginnen de sterke onderhandelingspositie van Starbucks [*vertrouwelijk*], vervolgens het feit dat niet-gelieerde productieonderneming 2 haar groene koffiebonen niet rechtstreeks bij SCTC inkoopt maar bij Starbucks [*vertrouwelijk*], die ze inkoopt bij SCTC en aan haar doorverkoopt, hetgeen tevens tot een extra opslag op de kostprijs kan leiden om de door Starbucks [*vertrouwelijk*] toegevoegde waarde te dekken, of, ten slotte, het verschil in de leveringsvoorwaarden.

340. Allereerst moet worden opgemerkt dat het argument van de Commissie dat Starbucks [*vertrouwelijk*] een dermate sterke onderhandelingspositie had ten opzichte van niet-gelieerde productieonderneming 2, dat zij een veel hogere prijs kon vragen dan die welke zij van [*vertrouwelijk*] SMBV kon verkrijgen, niet overtuigend is.

341. Vervolgens betoogt de Commissie weliswaar dat het feit dat niet-gelieerde productieonderneming 2 haar groene koffiebonen niet rechtstreeks bij SCTC inkoopt maar bij Starbucks [*vertrouwelijk*], die ze inkoopt bij SCTC en aan haar doorverkoopt, eveneens tot een extra opslag op de kostprijs kon leiden om [*vertrouwelijk*] te dekken, doch verklaart zij niet [*vertrouwelijk*]. Starbucks antwoordt in dit verband dat SCTC het volledige leveringsproces op zich neemt, wat het vervoer van de koffiebonen omvat vanaf de haven van oorsprong tot de haven van bestemming waar zij, zonder enige verwerking, worden geleverd aan niet-gelieerde productieonderneming 2. Voorts is volgens Starbucks om redenen van administratieve doelmatigheid [*vertrouwelijk*]. Dit argument van de Commissie moet dus eveneens worden afgewezen.

342. Ten slotte betoogt de Commissie dat er een verschil is in de voorwaarden voor de levering van de groene koffiebonen die golden voor niet-gelieerde productieonderneming 2 en voor SMBV. Zij voert aan dat Starbucks [*vertrouwelijk*] de groene koffiebonen aan niet-gelieerde productieonderneming 2 verkoopt tegen de CIF-prijs (cost, insurance and freight) in de haven van binnenkomst van het grondgebied waar zij haar economische activiteit uitoefent, terwijl de groene koffiebonen die SMBV verwerft bij SCTC, worden geleverd tegen de FOB-prijs (free on board) in de haven van Amsterdam (Nederland). Evenwel moet worden vastgesteld, ten eerste, dat de Commissie geen cijfers verschaft ter onderbouwing van haar stelling dat het verschil in de kosten voor een levering tegen een FOB-prijs ten opzichte van een CIF-prijs aanzienlijk kan zijn. Ten tweede betoogt Starbucks op haar beurt dat het verschil in de kosten tussen een levering tegen een FOB-prijs en een levering tegen een CIF-prijs te gering is om de „hogere opslag" te verklaren. De Commissie is er dus niet in geslaagd haar stelling te bewijzen dat de „hogere opslag" geen vergoeding kon vormen, zelfs niet gedeeltelijk, voor het gebruik van de intellectuele eigendom op het gebied van het koffiebranden omdat die volledig te wijten zou zijn aan het verschil in de leveringsvoorwaarden tussen de betrokken overeenkomsten.

343. In die omstandigheden kon de Commissie noch op basis van de beknopte motivering in overweging 302 van het bestreden besluit noch op basis van de andere door haar verstrekte verklaringen, die door Starbucks zijn betwist, tot de slotsom komen dat de overeenkomsten tussen de Starbucksgroep en niet-gelieerde pro-

ductieonderneming 2 rechtens genoegzaam bewezen dat deze onderneming aan de Starbucksgroep geen enkele vergoeding betaalde voor het gebruik van de intellectuele eigendom op het gebied van het koffiebranden.

344. Daaruit volgt dat de Commissie er op basis van hetgeen is uiteengezet in het bestreden besluit niet in is geslaagd rechtens genoegzaam te bewijzen dat de overeenkomst tussen de Starbucksgroep en niet-gelieerde productieonderneming 2 de opvatting rechtvaardigde dat de door SMBV aan Alki betaalde royalty nihil had moeten zijn.

345. Samengevat volgt hieruit dat de Commissie er niet in is geslaagd om op basis van haar vergelijking met de met de tien niet-gelieerde productieondernemingen gesloten overeenkomsten te bewijzen dat de royalty nihil had moeten zijn. De met de niet-gelieerde productieondernemingen 1, 3, 4, 7, 8, 9 en 10 zijn immers gesloten na de vaststelling van de APA. De overeenkomsten met de niet-gelieerde productieondernemingen 5, 6 en 7 betreffen ondernemingen die geen koffie branden. De overeenkomsten met de niet-gelieerde productieondernemingen 1, 4, 8, 9 en 10 zijn geen wederverkoopovereenkomsten. De overeenkomsten met de niet-gelieerde productieondernemingen 1, 5, 6, 7, 8 en 9 betreffen andere producten dan gebrande koffie en de overeenkomst met niet-gelieerde productieonderneming 3 duidt op de mogelijkheid van een royaltybetaling. Met betrekking tot de analyse van de met niet-gelieerde productieonderneming 2 gesloten overeenkomst, zijn de beknopte en speculatieve argumenten van de Commissie ontoereikend om te bewijzen dat deze onderneming aan de Starbucksgroep geen vergoeding betaalde voor het gebruik van de intellectuele eigendom op het gebied van het koffiebranden.

346. Bijgevolg volgt uit de overwegingen in de punten 288 tot en met 345 hierboven dat de Commissie niet heeft bewezen dat de toepassing van de CUP-methode, op basis van een vergelijking met de tussen de Starbucksgroep en de tien niet-gelieerde productieondernemingen gesloten overeenkomsten, tot de conclusie zou hebben geleid dat de door SMBV aan Alki betaalde royalty voor het gebruik van de intellectuele eigendom op het gebied van het koffiebranden, indien deze onder marktvoorwaarden was vastgesteld, nihil had moeten zijn.

g. Overeenkomsten tussen de concurrenten van Starbucks en derde koffiebranderijen

347. De Commissie heeft de door SMBV aan Alki betaalde royalty ook vergeleken met hetgeen was voorzien in verscheidene overeenkomsten tussen de concurrenten van Starbucks en derde koffiebranderijen. De Commissie was van mening dat uit deze vergelijkende analyse bleek dat door SMBV aan Alki geen enkele royalty had moeten worden betaald voor het gebruik van de intellectuele eigendom op het gebied van het koffiebranden.

348. Uit overweging 309 van het bestreden besluit blijkt immers dat de Commissie, teneinde te bepalen of SMBV aan Alki een zakelijke royalty heeft betaald voor de intellectuele eigendom op het gebied van het koffiebranden, de overeenkomst tussen Alki en SMBV heeft vergeleken met verscheidene overeenkomsten tussen de concurrenten van Starbucks en derde koffiebranderijen. In deze context heeft de Commissie verwezen naar de antwoorden van Melitta, Dallmayr en onderneming Y.

349. Starbucks betwist de analyse van de Commissie. Zij meent dat de overeenkomsten betreffende Melitta en onderneming X „overeenkomsten zijn waarbij de loonproducent of contractproducent, anders dan SMBV, de eindproducten aan zijn principaal levert en niet rechtstreeks aan de klanten van de principaal". Hierdoor verschillen die overeenkomsten volgens haar fundamenteel van de roasting agreement en is het onderzoek ervan dus irrelevant in het onderhavige geval. Derhalve moet worden onderzocht of deze drie contractuele relaties vergelijkbaar waren met de roasting agreement tussen SMBV en Alki.

350. Wat in de eerste plaats Melitta betreft, heeft de Commissie er in overweging 306 van het bestreden besluit op gewezen dat deze concurrent van Starbucks aan haar had uitgelegd dat zij geen royalty ontving van de derden waaraan zij het branden van koffie uitbesteedde, ook al stelde zij haar brandcurves aan hen ter beschikking.

351. In dit verband moet worden opgemerkt dat blijkens de overwegingen 207 en 208 van het bestreden besluit Melitta het branden van koffie in bepaalde situaties waarin de brandcapaciteiten waren uitgeput, het branden van koffie uitbesteedde (outsourcing). Evenwel vloeit uit deze omschrijving niet voort dat de derde koffiebranderij daadwerkelijk gebrande koffie verkocht aan winkels of aan andere verbruikers.

352. Derhalve moet worden vastgesteld dat de situatie van Melitta volgens de vaststellingen in het bestreden besluit niet vergelijkbaar is met die van SMBV.

353. Wat in de tweede plaats onderneming Y betreft, die deel uitmaakt van een concern, heeft de Commissie er in de overwegingen 211 en 307 van het bestreden besluit op gewezen dat deze onderneming de koffie liet branden door een onderneming van het concern die werd aangeduid als loonproducent en dat deze koffiebranderij geen royalty betaalde aan het concern.

354. Vastgesteld moet worden dat blijkens deze omschrijving de koffiebranderij van het concern waarvan onderneming Y deel uitmaakte, actief was als loonproducent. De koffiebranderij verwerkte de groene koffiebonen voor rekening van een andere onderneming binnen het concern waarvan onderneming Y deel uitmaakte. Dat betekent dat de koffiebranderij geen gebrande koffie verkocht aan winkels of andere verbruikers.

355. Uit de vaststellingen in het bestreden besluit volgt dus dat de situatie van onderneming Y niet vergelijkbaar is met die van SMBV.

356. Wat in de derde plaats Dallmayr betreft, is in overweging 308 van het bestreden besluit uiteengezet dat deze concurrent de betaling van een royalty door een onderneming die de koffie brandt ongebruikelijk achtte, omdat zij eerder zou verwachten dat de klanten de koffiebranderij betalen en niet omgekeerd. Blijkens de overwegingen 204 en 205 van het bestreden besluit heeft Dallmayr immers gesteld dat het branden van koffie ofwel als afzonderlijke activiteit wordt uitgevoerd ofwel verticaal geïntegreerd is in een bedrijf. Zij preciseerde dat de aankoopfunctie „doorgaans" is geïntegreerd met het koffiebranden. Dallmayr meende dus dat de betaling van een royalty door een derde die diensten verricht op het gebied van koffiebranden eerder ongebruikelijk is. Dallmayr zou eigenlijk verwachten dat de klant de koffiebrander betaalt, en niet omgekeerd.

357. In dit verband moet worden opgemerkt dat Dallmayr enkel stelt dat zij de betaling van een royalty op het gebied van koffiebranden „eerder ongebruikelijk" acht. Deze stelling sluit niet uit dat een dergelijke royalty toch kan zijn voorzien. De verklaringen van Dallmayr weerspreken dus niet het bestaan van een royalty zoals die welke door SMBV wordt betaald.

358. Uit de overwegingen in de punten 347 tot en met 357 hierboven volgt dus dat de Commissie niet heeft aangetoond dat de overeenkomsten tussen de concurrenten van Starbucks en derde koffiebranderijen, die in het bestreden besluit zijn genoemd, relevant waren voor de analyse van de situatie van SMBV. Aan de hand van de constateringen daarover in het bestreden besluit kan niet worden geconcludeerd dat deze overeenkomsten vergelijkbaar waren met de roasting agreement. Dus zelfs gesteld dat het juist zou zijn dat er in het kader van de overeenkomsten tussen de concurrenten van Starbucks en derde koffiebranderijen geen enkele royalty werd betaald, zou deze omstandigheid niet volstaan om te bewijzen dat er voor de intellectuele eigendom op het gebied van het koffiebranden door SMBV geen enkele royalty had moeten worden betaald aan Alki.

359. Om de in de punten 279 tot en met 358 hierboven uiteengezette redenen moet derhalve worden vastgesteld dat de Commissie niet op de wijze zoals voorgeschreven in de in de punten 194 tot en met 196 hierboven weergegeven rechtspraak heeft bewezen dat de royalty nihil had moeten zijn. Bijgevolg moeten de beroepen van het Koninkrijk der Nederlanden en van Starbucks op deze grondslag worden toegewezen voor zover zij betrekking hebben op de tweede redeneerlijn van het bestreden besluit. Hierdoor hoeven de argumenten van het Koninkrijk der Nederlanden en van Starbucks waarmee zij de afwijzing betwisten van de argumenten die door hen tijdens de administratieve procedure waren aangevoerd om het bestaan van de royalty te rechtvaardigen, niet te worden onderzocht (zie punt 230 hierboven).

h. Argument dat het niveau van de royalty minder hoog had moeten zijn dan het niveau waarop die royalty was goedgekeurd in de APA

360. Zoals is uiteengezet in punt 229 hierboven, heeft de Commissie er in het bestreden besluit op gewezen dat de variabele aard van de royalty gedurende de periode van 2006 tot en met 2014 een „eerste aanwijzing" was dat de hoogte van die betaling geen verband hield met de waarde van de intellectuele eigendom op het gebied van het koffiebranden. In dit verband heeft de Commissie ter terechtzitting toegelicht dat uit de overwegingen 287 tot en met 289 en voetnoot 146 van het bestreden besluit bleek dat de royalty minder hoog had moeten worden vastgesteld dan in de APA was goedgekeurd.

361. Om te beginnen moet worden vastgesteld dat de Commissie in overweging 287 van het bestreden besluit enkel bepaalde constateringen uit het inleidingsbesluit heeft herhaald, echter zonder enige gevolgtrekking daaruit voor het bestreden besluit. Vervolgens heeft de Commissie in overweging 288 van het bestreden besluit uitgelegd dat zij voor de periode van 2006 tot en met 2014 heeft berekend hoeveel het jaarlijkse bedrag van de door SMBV aan Alki betaalde royalty vertegenwoordigde als percentage van de jaarlijkse verkoop van gebrande koffie door SMBV aan de winkels, hetgeen haar twijfels over de schommelingen van de royalty had

bevestigd. Ten slotte heeft de Commissie in overweging 289 van het bestreden besluit daaraan toegevoegd dat de variabele aard van de royalty een „eerste aanwijzing" was dat de hoogte van die betaling geen verband hield met de waarde van de intellectuele eigendom waarvoor de royalty werd betaald. Voetnoot 146 van het bestreden besluit vermeldt in wezen dat „[t]er illustratie, [...] [i]n geen enkele van de overeenkomsten [die door de Commissie zijn onderzocht], [...] een vergoeding [werd] betaald voor koffiebrandtechnologie die op de markt in licentie werd gegeven".

362. Noch de overwegingen 287 tot en met 289 van het bestreden besluit noch voetnoot 146 van dat besluit bevatten dus enig argument dat het niveau van de royalty minder hoog had moeten zijn dan dat waarop die royalty was goedgekeurd in de APA. In die overwegingen wordt immers enkel vastgesteld, ten eerste, dat de variabele aard van de royalty erop wijst dat die geen verband hield met de waarde van de intellectuele eigendom op het gebied van het koffiebranden en, ten tweede, dat die royalty helemaal niet had moeten worden betaald.

363. Daarentegen moet worden geconstateerd dat uit met name de overwegingen 290, 318, 339 en 445 van het bestreden besluit blijkt dat de Commissie heeft vastgesteld dat de royalty precies nul had moeten zijn. A fortiori heeft de Commissie in overweging 340 van het bestreden besluit gepreciseerd dat de hoogte van deze royalty niet hoefde te worden geraamd en dat, met andere woorden, de winst die als een royalty voor de intellectuele eigendom op het gebied van het koffiebranden door SMBV naar Alki is verschoven, volledig belastbaar had moeten zijn in Nederland.

364. Uit deze overwegingen vloeit voort dat het bestreden besluit geen enkele voor het Koninkrijk der Nederlanden en Starbucks aanwijsbare overweging bevat volgens welke de royalty lager had moeten worden vastgesteld dan in de APA is goedgekeurd.

365. Zelfs gesteld al dat uit het bestreden besluit voldoende duidelijk zou blijken dat het niveau van de royalty minder hoog had moeten worden vastgesteld dan het niveau waarop die royalty is goedgekeurd in de APA, betwisten het Koninkrijk der Nederlanden en Starbucks hoe dan ook in wezen het argument van de Commissie dat de hoogte van de royalty losstaat van de economische waarde ervan.

366. In deze context moet worden opgemerkt dat ongetwijfeld niet kan worden ontkend dat de variabele aard van de royalty vragen doet rijzen over de economische rationaliteit van die royalty. In casu hebben het Koninkrijk der Nederlanden en Starbucks immers geen enkele overtuigende verklaring verstrekt die de keuze voor een ongebruikelijke methode voor de bepaling van de royalty rechtvaardigt.

367. Evenwel impliceert de residuele aard van die royalty louter dat die in beginsel is berekend op basis van de hoogte van de andere relevante lasten en inkomsten en van een raming van de hoogte van de belastbare winst van SMBV. Indien deze parameters correct zijn bepaald, sluit het enkele feit dat de royalty residueel van aard is niet uit dat de hoogte van de residuele royalty kan overeenkomen met de economische waarde ervan.

368. Vastgesteld zij dat de constateringen in de overwegingen 287 tot en met 289 van het bestreden besluit niet volstonden om te bewijzen dat de royalty gedurende de gehele periode van 2006 tot en met 2014 lager had moeten worden vastgesteld dan is goedgekeurd in de APA, met name omdat het bestreden besluit niet preciseert welke hoogte van de royalty de Commissie passend zou hebben geacht.

369. Bovendien heeft de Commissie in de context van de vaststelling in overweging 289 van het bestreden besluit verwezen naar voetnoot 146 van het bestreden besluit, waarin het volgende is vermeld:

> „[U]it een analyse waarbij RoyaltyStat wordt gebruikt, blijkt voor het tweede kwartaal van 2015 dat van de 168 overeenkomsten die via de databank beschikbaar zijn over sectoren waarbij alleen technologie in licentie werd gegeven, de mediaanwaarde van de royalty 5 % van de verkoop was (op basis van 143 van die overeenkomsten waarbij de licentievergoeding werd bepaald als een percentage van de waarde van de verkoop en niet als bedrag betaald per verkochte eenheid). In geen enkele van de overeenkomsten die via de databank RoyaltyStat beschikbaar waren, werd een vergoeding betaald voor koffiebrandtechnologie die op de markt in licentie werd gegeven. Dergelijke technologie werd slechts in enkele gevallen in licentie gegeven in combinatie met merken."

370. In dit verband moet worden vastgesteld, ten eerste, dat deze overwegingen enkel zijn gegeven „ter illustratie", ten tweede, dat de Commissie weliswaar betoogt dat een royalty werd betaald „voor sectoren waarbij alleen technologie in licentie werd gegeven" en dat er voorbeelden waren waarin „dergelijke technologie [...] in licentie [werd] gegeven in combinatie met merken", doch niet uitlegt wat de passende hoogte van een dergelijke royalty zou zijn, en, ten derde, dat de Commissie niet heeft uitgelegd waarom zij meende dat de gegevens over 2015 redelijkerwijs voorzienbaar waren op het tijdstip van de sluiting van de APA in 2008.

371. De Commissie heeft haar stelling dat de hoogte van de royalty in de periode van 2006 tot en met 2014 geen verband hield met de waarde van de intellectuele eigendom waarvoor die royalty werd betaald, en dat daardoor een economisch voordeel werd toegekend aan SMBV, dus niet rechtens genoegzaam bewezen.

372. Daaruit volgt dat het argument van de Commissie dat zij in het bestreden besluit zou hebben bewezen dat de royalty minder hoog had moeten worden vastgesteld dan in de APA is goedgekeurd, moet worden afgewezen.

373. Bijgevolg moeten het tweede onderdeel van het derde middel in zaak T-760/15 en het vierde onderdeel van het tweede middel in zaak T-636/16 worden aanvaard, voor zover het Koninkrijk der Nederlanden en Starbucks betwisten dat de Commissie in het kader van de tweede redeneerlijn zou hebben bewezen dat de door SMBV aan Alki betaalde royalty nul had moeten zijn en dat daaruit een voordeel in de zin van artikel 107, lid 1, VWEU voortvloeide, zonder dat het argument van Starbucks dat de Commissie verplicht was een range voor een zakelijke royalty te bepalen, hoeft te worden onderzocht.

3. Jaarlijkse bepaling van de kosten van de groene koffiebonen (derde redeneerlijn)

374. Het Koninkrijk der Nederlanden en Starbucks voeren in wezen twee grieven aan tegen de analyse die de Commissie heeft gegeven in het kader van de derde redeneerlijn in het bestreden besluit, volgens welke de hoogte van de prijs van de groene koffiebonen overgewaardeerd was, terwijl de vraag of het een zakelijke prijs was in de APA niet was onderzocht. Met de eerste grief betoogt Starbucks dat de derde redeneerlijn betrekking heeft op een kostenfactor van SMBV die buiten de reikwijdte van de betwiste maatregel, zoals omschreven in het bestreden besluit, viel. Met de tweede grief betwisten het Koninkrijk der Nederlanden en Starbucks de vaststelling dat de omvang van de opslag die werd toegepast op de kosten van de door SCTC aan SMBV verkochte groene koffiebonen niet zakelijk was.

a. Vraag of de prijs van de groene koffiebonen buiten de reikwijdte van de betwiste maatregel vielen

375. Wat de eerste grief betreft betoogt Starbucks in wezen dat de derde redeneerlijn van de Commissie, betreffende de prijs van de groene koffiebonen, ziet op een factor van de kosten van SMBV die buiten de reikwijdte van de betwiste maatregel zoals omschreven in het bestreden besluit viel. Starbucks merkt op dat de Commissie de kwestie van de prijs van de groene koffiebonen immers niet heeft onderzocht door uit te gaan van het tijdstip waarop de APA werd gesloten, te weten in april 2008. Zij voegt daar in de repliek aan toe dat bepaalde in het verweerschrift in zaak T-636/16 aangevoerde argumenten erop wijzen dat de door de Commissie genoemde belastingvoordelen die het gevolg zijn van de prijs van de groene koffiebonen voor 2011 tot en met 2014, niet kunnen worden toegeschreven aan de APA. De gestelde uit de prijs van de groene koffiebonen voortvloeiende belastingvoordelen kunnen immers niet worden toegeschreven aan de APA maar aan de jaarlijkse aangiften waarbij deze prijzen zijn goedgekeurd en vallen dus buiten de reikwijdte van „het bestreden besluit".

376. De Commissie betoogt dat uit het bestreden besluit alsmede uit het verweerschrift in zaak T-636/16 duidelijk blijkt dat de prijs van de groene koffiebonen had moeten worden onderzocht om vast te stellen of deze prijs te hoog was en tot een verlaging van de belastbare winst van SMBV leidde.

377. Met betrekking tot de reikwijdte van de betwiste maatregel zoals deze is omschreven in het bestreden besluit, moet worden vastgesteld dat volgens artikel 1 van het bestreden besluit de maatregel die steun in de zin van artikel 107, lid 1, VWEU vormt en die door het Koninkrijk der Nederlanden in strijd met artikel 108, lid 3, VWEU tot uitvoering is gebracht, de APA is „die Nederland op 28 april 2008 met [SMBV] heeft gesloten". Blijkens deze bepaling en de definitie in overweging 40 van het bestreden besluit is de betwiste maatregel dus uitsluitend de APA.

378. In dit verband vloeit uit de bepalingen van de APA voort (zie punten 12 tot en met 16 hierboven) dat daarin de methode is vastgelegd voor de berekening van de vergoeding van SMBV voor haar productie- en distributieactiviteiten, die dient om de heffingsgrondslag te bepalen voor de betaling van de Nederlandse vennootschapsbelasting door SMBV. In deze context verwijst de APA weliswaar naar de prijs van de door SMBV aan SCTC betaalde groene koffiebonen door vast te stellen dat deze kosten zijn uitgesloten van de kostengrondslag van SMBV, doch regelt de APA niet de vraag hoe hoog de verrekenprijzen voor de aankoop van de groene koffiebonen zouden moeten worden vastgesteld. De vraag of de kostprijs van de groene koffiebonen deel uitmaakt van de kostenbasis voor de berekening van de heffingsgrondslag moet immers worden onderscheiden van de vraag wat het bedrag is van de verrekenprijs van die transacties die daadwerkelijk is bepaald voor een gegeven jaar. De APA bevat geen enkel gegeven aan de hand waarvan dat bedrag kan worden

bepaald, zodat de Nederlandse autoriteiten in het kader van de APA met betrekking tot de groene koffiebonen noch de verrekenprijsmethode noch de hoogte van de prijs hebben goedgekeurd.

379. Gepreciseerd moet worden dat nu de hoogte van de prijs voor de aankoop van de groene koffiebonen niet in de APA is bepaald, de jaarlijkse vaststelling van de prijs van de groene koffiebonen, met name voor 2011 tot en met 2014, in voorkomend geval had moeten gebeuren in het kader van de jaarlijkse belastingaanslagen.

380. Daaruit volgt dat de APA geen betrekking had op de jaarlijkse vaststelling van de hoogte van de kosten van de groene koffiebonen en dat die vaststelling dus buiten de reikwijdte van de betwiste maatregel viel. Aan deze constatering wordt niet afgedaan door de argumenten van de Commissie.

381. De Commissie meent in de eerste plaats dat de APA, die de betwiste maatregel is, vooraf de verrekenprijs voor de groene koffiebonen had moeten bepalen vanaf het belastingjaar 2011. Volgens overweging 447 van het bestreden besluit had de boekhoudkundige winst van SMBV uit de kosten van de groene koffiebonen voor de belastingjaren vanaf 2011 hoger moeten worden vastgesteld. Blijkens de overwegingen 360 en 361 van het bestreden besluit is volgens de Commissie in het verrekenprijzenrapport verzuimd de vraag te onderzoeken of de door SMBV aan SCTC betaalde prijs van de groene koffiebonen zakelijk was. Volgens de Commissie „betekent" dit dat de in dat rapport voorgestelde methode om de belastbare winst van SMBV te bepalen, SMBV een selectief voordeel verleent. Bovendien heeft de Commissie in overweging 348 van het bestreden besluit betoogd dat in de APA in 2008 een zakelijke prijs had moeten worden vastgesteld, waarvan in 2011 niet kon worden afgeweken, met name door een verhoging van de opslag, tenzij die prijs in de APA werd vervangen of gewijzigd.

382. Evenwel moet worden vastgesteld dat het verrekenprijzenrapport geen enkel onderzoek bevat van de verrekenprijzen die van toepassing zijn op specifieke transacties zoals de door SCTC van SMBV gevraagde prijs voor de groene koffiebonen. Het zet daarentegen de methode uiteen voor de berekening van de vergoeding van SMBV voor haar productie- en distributieactiviteiten, die de heffingsgrondslag voor de Nederlandse vennootschapsbelasting vormt.

383. De APA bestaat enkel in de verkrijging van een bevestiging, vooraf, van de fiscale behandeling van een belastingplichtige. Een ruling zoals de APA bestrijkt niet noodzakelijkerwijs alle aspecten van de fiscale behandeling van een belastingplichtige, maar kan beperkt blijven tot het behandelen van bepaalde precieze kwesties. Uit bladzijde 28 van het verrekenprijzenrapport blijkt trouwens dat de belastingadviseur van de Starbucksgroep van mening was dat de transacties inzake de groene koffiebonen verschilden van die waarvoor de APA was gevraagd.

384. Ten eerste heeft de Commissie geen enkel gegeven aangedragen dat erop wijst dat volgens het Nederlandse recht, dat in dat opzicht het relevante recht is, de vraag of de hoogte van de door SMBV aan SCTC betaalde prijs voor de groene koffiebonen zakelijk was, in de APA had moeten worden onderzocht.

385. Ten tweede betekent het enkele feit dat in de APA niet vooraf een hoogte van de verrekenprijs voor de groene koffiebonen is bepaald op zich niet dat de APA, door een methode voor de bepaling van de vergoeding van SMBV vast te leggen, aan SMBV een voordeel zou hebben verleend voor haar productie- en distributieactiviteiten.

386. In de tweede plaats merkt de Commissie in haar stukken op dat de technische uitvoering van de APA, middels de jaarlijkse belastingaanslagen, eveneens steunverlening vormt. Die vaststelling volgt echter niet uit het bestreden besluit. De Commissie verwijst in dit verband naar artikel 1 van het bestreden besluit, waarin wordt verwezen naar het feit dat SMBV op grond van de APA „gedurende tien jaar jaarlijks de door haar in [het Koninkrijk der Nederlanden] verschuldigde vennootschapsbelasting kan bepalen". De Commissie voegt daaraan toe dat in het bestreden besluit veelvuldig wordt verwezen naar de belastbare winst van SMBV zoals bepaald in de APA. Volgens haar zou de APA geen enkele waarde hebben tenzij deze wordt gebruikt voor de „voorbereiding van de belastingaangiften". In dit verband verwijst zij naar overweging 225 van het bestreden besluit waarin is vermeld dat de APA impliceert dat de Nederlandse belastingdienst de door Starbucks voorgestelde winsttoerekening aanvaardt, op basis waarvan SMBV de vennootschapsbelasting bepaalt die zij jaarlijks aan Nederland verschuldigd is.

387. Anders dan de Commissie stelt, zoals hierboven omschreven, moet worden vastgesteld dat de jaarlijkse belastingaanslagen betreffende SMBV niet louter de technisch uitvoering van de APA vormen. Hoewel de APA en het verrekenprijzenrapport, waarop de APA is gebaseerd, inderdaad vooraf de methode voor de berekening van de belastbare winst van SMBV voor de Nederlandse vennootschapsbelasting bepalen, konden daarmee geenszins de jaarlijkse inkomsten en lasten worden voorzien die door SMBV werden aangegeven met het oog op de werkelijke transacties die gedurende het betrokken jaar hebben plaatsgevonden.

388. Bovendien is de stelling van de Commissie dat de technische uitvoering van de APA middels de jaarlijkse belastingaanslagen eveneens steunverlening vormt, onjuist. De jaarlijkse aanslagen die uitvoering geven aan de APA maken immers geen deel uit van de betrokken maatregel zoals omschreven door de Commissie, te weten de APA, zoals blijkt uit artikel 1 van het bestreden besluit. Meer in het bijzonder is in de APA niet de belastbare winst van SMBV op basis van de kosten van de groene koffiebonen bepaald en is daarin evenmin de kwestie van de jaarlijkse vaststelling van de kosten van de groene koffiebonen behandeld. Voorts heeft de Commissie nergens in het bestreden besluit de Nederlandse autoriteiten verweten dat zij een voordeel hadden toegekend aan SMBV wegens de uitsluiting van de kosten van de groene koffiebonen van de heffingsgrondslag, maar heeft zij enkel bezwaar gemaakt tegen het feit dat de hoogte van de prijs ervan niet werd gecontroleerd door de Nederlandse belastingautoriteiten.

389. Hoe dan ook moet worden geconstateerd dat niets de Commissie zou hebben belet de betwiste maatregel ruimer te omschrijven, zodat de jaarlijkse belastingaanslagen betreffende SMBV daardoor zouden zijn bestreken. Zij heeft de reikwijdte van de betwiste maatregel echter beperkt tot de APA.

390. Bovendien is in punt 248 hierboven uiteengezet dat de APA kon worden ingetrokken of gewijzigd tijdens de looptijd ervan, van 2007 tot en met 2017. Opgemerkt moet worden dat de Commissie in het bestreden besluit niet van mening was dat het feit dat de Nederlandse autoriteiten de APA gedurende de looptijd ervan niet hadden ingetrokken of gewijzigd op grond dat de kosten van de groene koffiebonen buitensporig waren, SMBV een voordeel had verleend.

391. Bijgevolg moet de grief dat de derde redeneerlijn betrekking heeft op een factor van de kosten van SMBV die buiten de reikwijdte van de betwiste maatregel viel, worden aanvaard. Aangezien de hoogte van de kosten van de groene koffiebonen voor de belastingjaren vanaf 2011 geen deel uitmaakte de betwiste maatregel, kon de Commissie niet verlangen dat het Koninkrijk der Nederlanden, overeenkomstig artikel 2, lid 1, van het bestreden besluit, gelezen in samenhang met de overwegingen 447 en 448 ervan, het verschil terugvordert tussen het daadwerkelijk uit hoofde van de vennootschapsbelasting betaalde bedrag en het bedrag dat verschuldigd zou zijn geweest indien de boekhoudkundige winst van SMBV uit de kosten van de groene koffiebonen voor de belastingjaren vanaf 2011 hoger was vastgesteld.

b. Vraag of de hoogte van de opslag op de kosten van de door SCTC aan SMBV verkochte groene koffiebonen al dan niet zakelijk was

392. Zelfs gesteld dat de derde redeneerlijn betrekking heeft op een factor van de kosten van SMBV die werd bestreken door de betwiste maatregel, moet hoe dan ook worden vastgesteld dat ook de tweede in punt 374 hierboven uiteengezette grief moet worden aanvaard. Meteen moet immers in herinnering worden gebracht dat de kostprijs van de door SMBV ingekochte groene koffiebonen is uitgesloten van de in de APA bepaalde kostengrondslag van SMBV. De door SMBV aan SCTC te betalen prijs voor de groene koffiebonen bestaat in wezen uit de kosten van de goederen en een opslag op die kosten.

393. Het bestreden besluit zet uiteen dat voor de periode van 2005 tot en met 2010 de gemiddelde opslag op de kosten van de door SCTC geleverde groene koffiebonen [*vertrouwelijk*] % bedroeg terwijl die voor de periode van 2011 tot en met 2014 [*vertrouwelijk*] % bedroeg. De overeenkomende gemiddelde brutomarge op de kostprijs van de verkochte goederen voor de periode van 2005 tot en met 2010 bedroeg [*vertrouwelijk*] %, terwijl de gemiddelde brutomarge op de kostprijs van de verkochte goederen [*vertrouwelijk*] % bedroeg voor de periode 2011 tot 2014. Volgens het bestreden besluit heeft Starbucks betoogd dat de opslag van [*vertrouwelijk*]% die gemiddeld voor de periode van 2005 tot en met 2010 van toepassing was, overeenkwam met een zakelijke opslag. De Commissie heeft vervolgens aangenomen dat de verhoging van de opslag vanaf 2011 een door SMBV op de koffiebrandactiviteiten geboekte vergoeding zou kunnen vormen. Aangezien de opslag van [*vertrouwelijk*] % ook binnen de range ligt van de vergoedingen voor de leveringsfunctie, die door Starbucks tijdens de administratieve procedure is verstrekt, heeft de Commissie geconcludeerd dat de opslag van [*vertrouwelijk*] % op de kosten van de groene koffiebonen gedurende de periode van 2005 tot en met 2010 een zakelijke opslag was. Aangezien Starbucks volgens het bestreden besluit geen enkele „geldige" rechtvaardigingsgrond heeft aangevoerd voor de verhoging van de opslag tot [*vertrouwelijk*] % vanaf 2011, was de Commissie van oordeel dat er vanaf dat tijdstip geen overeenstemmende aftrek van de boekhoudkundige winst van SMBV ten gevolge van die verhoging mocht worden aanvaard.

394. Om tot een betrouwbare benadering van een zakelijke opslag te komen voor de periode vanaf 2011 heeft de Commissie echter aanvaard om de gemiddelde opslag van [*vertrouwelijk*] % voor de periode van 2005 tot en met 2010 te verhogen met de kosten van het „C.A.F. E. Practices"-programma en wel tot het bedrag van de kosten van het [*vertrouwelijk*]. Volgens de Commissie maakten die kosten eind 2014 [*vertrouwelijk*] % van de kost-

prijs van de door SCTC aangekochte groene koffiebonen uit en kwamen zij neer op [*vertrouwelijk*] % van de aan SMBV in rekening gebrachte prijs. Een zakelijke opslag geboekt door SCTC voor de periode vanaf 2011 zou daarom tot [*vertrouwelijk*] % van de kosten van de door SCTC aangekochte groene koffiebonen hebben bedragen, wat zou overeenkomen met een brutomarge tot [*vertrouwelijk*] % op de verkoopprijs van de groene koffiebonen die SCTC aan SMBV in rekening bracht.

395. De Commissie leidde daaruit af dat de gemiddelde opslag van [*vertrouwelijk*] % op de kostprijs van de door SCTC aan SMBV geleverde groene koffiebonen, die daadwerkelijk van 2011 tot en met 2014 werd toegepast, bijgevolg niet een betrouwbare benadering van een marktuitkomst overeenkomstig het zakelijkheidsbeginsel weerspiegelt.

396. Ten eerste moet worden vastgesteld dat de Commissie, zoals in de punten 243 tot en met 251 hierboven is vermeld, zich in de omstandigheden van het onderhavige geval diende te onthouden van elke beoordeling op basis van een situatie daterend van na de sluiting van de APA. De Commissie legt in het bestreden besluit echter niet uit hoe het hoge niveau van de kosten van de groene koffiebonen voor de belastingjaren vanaf 2011, waarvan zij gewag maakt in de overwegingen 342 tot en met 359 van dat besluit, voorzienbaar zou zijn geweest op het tijdstip van de vaststelling van de APA, terwijl het gaat om de situatie van SMBV vanaf 2011. De Commissie heeft dus niet bewezen dat zij zich op goede gronden kon baseren op het feit dat SCTC een hogere opslag op de kostprijs van de groene koffiebonen had toegepast voor de belastingjaren vanaf 2011.

397. Ten tweede, zelfs gesteld al dat de ontwikkeling van de opslag vanaf 2011 voorzienbaar was op het tijdstip van de sluiting van de APA, moet worden vastgesteld dat de benadering van de Commissie niet kan overtuigen. Zoals Starbucks terecht betoogt, suggereert de Commissie immers dat de opslag van SCTC had moeten worden vastgesteld ter hoogte van de gemiddelde winst vóór belasting die door SCTC werd behaald op haar verkopen binnen het concern in de jaren vóór 2008, terwijl dergelijke „gecontroleerde" transacties (concerntransacties) van vóór 2008 niet kunnen dienen voor een vergelijkende analyse van de verrekenprijzen die een marktuitkomst zijn.

398. In dit verband moet worden opgemerkt dat de Commissie stelt dat de prijs die SMBV aan SCTC heeft betaald, vanaf 2011 te hoog was. In herinnering zij gebracht dat het gaat om een prijs die binnen de Starbucksgroep wordt betaald. Teneinde een verrekenprijs te bepalen had de Commissie de door SMBV aan SCTC betaalde prijs moeten vergelijken met een prijs voor groene koffiebonen die een onafhankelijke onderneming op de markt zou hebben betaald. Zij had een prijsrange moeten bepalen voor de groene koffiebonen die een onafhankelijke koffiebrander in een situatie die vergelijkbaar is met die van SMBV op de markt zou hebben betaald. In plaats van een dergelijke vrijemarkttransactie aan te wijzen en te onderzoeken, heeft de Commissie haar analyse echter beperkt tot de betrokken concerntransactie en is zij louter nagegaan of de structuur van de kosten en de opslagen van de andere (geïntegreerde) partij bij de betrokken concerntransactie, te weten SCTC, plausibel was.

399. Ter illustratie dient te worden gewezen op de OESO-richtlijnen in de versie van 2010, waarnaar de Commissie in het bestreden besluit veelvuldig verwijst en waarvan de paragrafen 3.24 en 3.25 als volgt luiden:

> „3.24 Een vergelijkbare vrijemarkttransactie is een transactie tussen twee van elkaar onafhankelijke ondernemingen die vergelijkbaar is met de onderzochte concerntransactie. Het kan gaan om een vergelijkbare transactie tussen een partij bij de concerntransactie en een onafhankelijke partij (‚intern vergelijkbaar') of tussen twee onafhankelijke ondernemingen waarvan geen van beide betrokken is bij de concerntransactie (‚extern vergelijkbaar').
> 3.25 De vergelijking van de concerntransacties van een belastingplichtige met andere concerntransacties die door hetzelfde multinationale concern of door een ander concern worden verricht, is niet pertinent voor de toepassing van het zakelijkheidsbeginsel (arm's-lengthbeginsel) en zou door een belastingdienst dus niet moeten worden gebruikt als basis voor een aanpassing van de verrekenprijzen, noch door een belastingplichtige om zijn beleid op het gebied van verrekenprijzen te onderbouwen."

400. In deze context erkent de Commissie dat zij in de overwegingen 342 tot en met 361 van het bestreden besluit niet tot doel had een rigoureuze analyse te maken van de vaststelling van de verrekenprijzen teneinde de zakelijke prijs voor de groene koffiebonen op het tijdstip waarop om de APA was gevraagd te bepalen. Zoals is uiteengezet in punt 154 hierboven, had het echter aan de Commissie gestaan om de keuze te rechtvaardigen van de verrekenprijsmethode die zij in het onderhavige geval geschikt achtte om de hoogte van de verrekenprijzen voor een concerntransactie te onderzoeken.

401. De stelling van de Commissie dat zij voor haar beoordeling geen vergelijkbare externe transacties voor de groene koffiebonen hoefde te vinden, omdat zij had „begrepen" dat de gemiddelde opslag van [*vertrouwe-*

lijk] % voor de periode van 2005 tot en met 2010 overeenstemde met een zakelijke opslag in 2008, is niet toereikend als rechtvaardiging in dit verband. De vergelijking van de concerntransactie met vergelijkbare externe transacties, voor de periode na 2011, heeft immers tot doel te bepalen of die transactie zakelijk was, en het feit dat een andere concerntransactie wordt geacht zakelijk te zijn voor de periode tussen 2005 en 2010 vormt geen grond voor het weglaten van het onderzoek van de vergelijkbare externe transacties voor de periode na 2011. Het enkele feit dat de Starbuckscontacten volgens de Commissie geen geldige rechtvaardiging hebben verschaft voor de verhoging van de opslag vanaf 2011, toont niet aan dat de door SMBV aan SCTC betaalde prijs voor de groene koffiebonen voor de belastingjaren vanaf 2011 hoger was vastgesteld dan de prijs die andere, vergelijkbare marktdeelnemers hadden moeten betalen.

402. Deze overwegingen volstaan om tot de slotsom te komen dat de tweede in punt 374 hierboven uiteengezette grief eveneens moet worden aanvaard.

403. Zoals is uiteengezet in de punten 391 en 402 hierboven, moet de grief dat de derde redeneerlijn betrekking heeft op een factor van de kosten van SMBV die buiten de reikwijdte van de betwiste maatregel viel en dat, ten overvloede, de Commissie met deze redeneerlijn niet heeft bewezen dat er sprake was van een voordeel in de zin van artikel 107, lid 1, VWEU ten gunste van SMBV, derhalve worden aanvaard.

404. Bijgevolg moet het middel dat erop is gebaseerd dat de Commissie in het kader van haar eerste tot en met derde redeneerlijn niet heeft bewezen dat de APA aan SMBV een voordeel had verleend in de zin van artikel 107, lid 1, VWEU, worden aanvaard.

E – Betwisting van de subsidiaire redenering betreffende het bestaan van een belastingvoordeel ten gunste van SMBV (overwegingen 362-408 van het bestreden besluit)

405. Het vierde middel in zaak T-760/15 en het derde onderdeel van het tweede middel in zaak T-636/16 betreffen de subsidiaire redenering van de Commissie over het bestaan van een voordeel, die erin bestaat te bewijzen dat, zelfs gesteld dat de TNMM kon worden gebruikt om de belastbare winst van SMBV te bepalen, de wijze waarop deze methode op SMBV is toegepast, zoals goedgekeurd in de APA, onjuist was.

406. Deze subsidiaire redenering heeft twee onderdelen. In het eerste onderdeel meende de Commissie dat de keuze van SMBV in plaats van Alki als „onderzochte partij" voor de toepassing van de TNMM onjuist was (vierde redeneerlijn). In het tweede onderdeel meende de Commissie dat, gesteld al dat de te onderzoeken partij inderdaad SMBV was, de op basis van de TNMM berekende winstmarge van SMBV niet zakelijk was. Ten eerste was de Commissie van mening dat de keuze van de exploitatiekosten als winstniveau-indicator onjuist was (vijfde redeneerlijn). Ten tweede heeft zij gesteld dat de correcties die waren toegepast op de winstmarge teneinde de vergelijkbaarheid van SMBV met de vergelijkbare ondernemingen te vergroten, hoe dan ook ongeschikt waren (zesde redeneerlijn).

407. De TNMM, waarnaar de Commissie in de overwegingen 72 tot en met 74 van het bestreden besluit verwijst, is een indirecte verrekenprijsmethode. Zij bestaat erin, op basis van een geschikte grondslag, de nettowinst te bepalen die een belastingplichtige behaalt uit een concerntransactie of uit concerntransacties die nauw met elkaar verband houden of continu zijn. Teneinde deze geschikte grondslag te bepalen moet een winstniveau-indicator worden gekozen, zoals kosten, verkoop of activa. De indicator van de nettowinst die door de belastingplichtige wordt verkregen uit een concerntransactie moet worden bepaald op basis van de indicator van de nettowinst die deze belastingplichtige of een onafhankelijke onderneming behaalt uit vergelijkbare transacties op de vrije markt. De TNMM impliceert dat er een partij bij de transactie waarvoor een indicator wordt onderzocht, wordt aangewezen.

408. Het Koninkrijk der Nederlanden en Starbucks betogen dat de TNMM op juiste wijze is toegepast, en betwisten alle verwijten die de Commissie in het kader van haar subsidiaire redeneerlijn, betreffende het bestaan van een voordeel, heeft geformuleerd.

409. In de eerste plaats betreffen het eerste onderdeel van het vierde middel in zaak T-760/15 en de eerste grief van het derde onderdeel van het tweede middel in zaak T-636/16 de aanwijzing van SMBV als de minst complexe entiteit.

410. In de tweede plaats betreffen het tweede en het derde onderdeel van het vierde middel in zaak T-760/15 en de tweede grief van het derde onderdeel van het tweede middel in zaak T-636/16 de aanduiding van de belangrijkste functies van SMBV en de bepaling van de winst van SMBV op basis van de exploitatiekosten.

411. In de derde plaats betreffen het vierde onderdeel van het vierde middel in zaak T-760/15 en de derde grief van het derde onderdeel van het tweede middel in zaak T-636/16 de keuze van de correcties die ertoe

strekken de vergelijkbaarheid van SMBV met de vergelijkbare ondernemingen te vergroten. Al deze grieven zullen achtereenvolgens worden onderzocht.

412. Voorts betoogt Starbucks dat de subsidiaire redenering van de Commissie over het bestaan van een voordeel (overwegingen 362-408 van het bestreden besluit) blijk geeft van een motiveringsgebrek. Zij verwijt de Commissie de wijze waarop de TNMM is toegepast te hebben bekritiseerd, zonder te bewijzen dat een betere toepassing van die methode op een hogere winst voor SMBV zou zijn uitgekomen.

1. Aanwijzing van SMBV als de meest complexe entiteit (vierde redeneerlijn)

413. Met het eerste onderdeel van het vierde middel in zaak T-760/15 betoogt het Koninkrijk der Nederlanden dat het argument van de Commissie dat SMBV de meest complexe entiteit is, zodat zij haar niet kon aanwijzen als te onderzoeken partij voor de toepassing van de TNMM, onjuist is. Het Koninkrijk der Nederlanden voert immers aan dat het juist was om SMBV te kiezen voor de toepassing van de TNMM. Ten eerste rechtvaardigde het enkele feit dat Alki voor de EMEA-regio de houder van de intellectuele eigendom op het gebied van het koffiebranden en van het merk Starbucks is, niet om Alki aan te wijzen als te onderzoeken partij voor de toepassing van de TNMM. Ten tweede zijn de functies van SMBV minder complex dan die van Alki. Geen van de door de Commissie in het bestreden besluit aangevoerde argumenten betreffende de door SMBV op zich genomen functies en risico's kan deze constatering in twijfel trekken. Bovendien betoogt het Koninkrijk der Nederlanden dat de Commissie niet heeft berekend hoeveel winst aan Alki had moeten worden toegerekend indien de TNMM op haar zou zijn toegepast en, bijgevolg, dat zij niet heeft aangetoond dat de toepassing van de TNMM op de wijze die zij verkiest, op een hogere winst voor SMBV zou zijn uitgekomen.

414. In het kader van de eerste grief van het derde onderdeel van het tweede middel in zaak T-636/16 voert Starbucks aan dat SMBV in het verrekenprijzenrapport op goede gronden ten opzichte van Alki als de minst complexe entiteit was aangemerkt. Zij betoogt ten eerste dat SMBV routineactiviteiten met een laag risico verricht, namelijk het branden en verpakken van koffie alsmede administratieve en logistieke ondersteuning. Ten tweede meent Starbucks dat Alki noodzakelijkerwijs de meest complexe entiteit is aangezien zij de rechten inzake de intellectuele eigendom op het gebied van het koffiebranden exploiteert, hetgeen de Commissie haars inziens niet betwist, en omdat zij de risico's in verband met de activiteiten van SMBV draagt, overeenkomstig de bepalingen in de roasting agreement. Starbucks verwijt de Commissie geen passende analyse te hebben gemaakt van de functies van SMBV, noch van die van Alki.

415. Verder betoogt Starbucks dat het bestreden besluit blijk geeft van een motiveringsgebrek. Zij stelt dat de Commissie niet heeft bewezen dat het feit dat SMBV ten onrechte was aangewezen als de minst complexe entiteit, haar een voordeel zou hebben verleend. Zij betoogt dat het bestreden besluit niet preciseert wat de belastbare winst van SMBV zou zijn geweest indien Alki als minst complexe entiteit was aangewezen, en evenmin op welke wijze de TNMM op Alki had moeten worden toegepast.

416. De Commissie betwist deze argumenten. Zij betoogt dat zij in het bestreden besluit rechtens genoegzaam heeft bewezen dat de keuze van SMBV als te onderzoeken entiteit voor de toepassing van de TNMM onjuist was en dat daarmee niet tot een betrouwbare benadering van een zakelijke uitkomst kon worden gekomen.

417. De Commissie stelt ten eerste dat de omstandigheid dat het verrekenprijzenrapport geen volledige functieanalyse van SMBV en van Alki bevat, volstaat om aan te nemen dat de in de APA gekozen methode niet tot een zakelijke uitkomst kan leiden. Ten tweede betoogt de Commissie dat de OESO-richtlijnen geen steun bieden voor het standpunt van het Koninkrijk der Nederlanden en van Starbucks over de keuze van de te onderzoeken partij. Ten derde voert de Commissie aan dat de complexiteit van de te onderzoeken partij in verhouding staat tot de complexiteit van de andere entiteit die deelneemt aan de te onderzoeken transactie en dat vanuit dat oogpunt Alki minder complex is dan SMBV. Ten vierde betoogt de Commissie dat het argument dat zij geen adequate functieanalyse van SMBV en van Alki heeft gemaakt, niet-ontvankelijk is omdat het om een nieuw argument gaat dat voor het eerst is aangevoerd in de fase van de repliek. Zij beklemtoont dat dit argument hoe dan ook ongegrond is.

418. Ten vijfde, aangaande het door Starbucks aangevoerde motiveringsgebrek, antwoordt de Commissie dat zij in overweging 377 van het bestreden besluit heeft geconcludeerd dat de toepassing van de TNMM op een onjuist uitgangspunt berustte, zodat deze geen betrouwbare benadering van een marktuitkomst opleverde en SMBV aldus een voordeel verleende. Zij preciseert dat indien Alki was aangewezen als de meest complexe entiteit, de analyse van haar functies zou hebben aangetoond dat zij geen recht had op een vergoeding, zodat alle winst aan SMBV had moeten worden toegerekend.

419. Partijen zijn het in wezen oneens over, ten eerste, de vraag of het verrekenprijzenrapport, zoals goedgekeurd in de APA, SMBV terecht heeft aangewezen als de te onderzoeken entiteit voor de toepassing van de TNMM en, ten tweede, de vraag of de Commissie genoegzaam heeft gemotiveerd waarom zij van mening was dat de fout in de aanwijzing van de te onderzoeken entiteit tot een verlaging van de belastbare winst van SMBV heeft geleid.

420. In de eerste plaats moet, los van de vraag of SMBV dan wel Alki de te onderzoeken entiteit was, worden onderzocht of de Commissie heeft voldaan aan haar motiveringsplicht.

421. In dit verband volgt uit vaste rechtspraak dat de door artikel 296, lid 2, VWEU vereiste motivering moet beantwoorden aan de aard van de betrokken handeling, en de redenering van de instelling die de handeling heeft verricht duidelijk en ondubbelzinnig tot uitdrukking moet doen komen, zodat de belanghebbenden de rechtvaardigingsgronden van de genomen maatregelen kunnen kennen en de bevoegde rechter zijn toezicht kan uitoefenen. Het motiveringsvereiste moet worden beoordeeld aan de hand van de omstandigheden van het geval, met name de inhoud van de handeling, de aard van de redengeving en het belang dat de adressaten of de andere personen die door de handeling rechtstreeks en individueel worden geraakt bij een toelichting kunnen hebben. Het is niet noodzakelijk dat alle relevante gegevens, feitelijk en rechtens, in de motivering worden gespecificeerd, aangezien bij de beoordeling van de vraag of de motivering van een handeling aan de vereisten van artikel 296, lid 2, VWEU voldoet, niet alleen acht moet worden geslagen op de bewoordingen ervan, maar ook op de context en op het geheel van rechtsregels die de betrokken materie beheersen (zie arresten van 15 juli 2004, Spanje/Commissie, C-501/00, EU:C:2004:438, punt 73 en aldaar aangehaalde rechtspraak, en 22 januari 2013, Salzgitter/Commissie, T-308/00 RENV, EU:T:2013:30, punten 112 en 113 en aldaar aangehaalde rechtspraak).

422. In casu heeft de Commissie in afdeling 9.2.3.4 van het bestreden besluit uiteengezet dat de keuze van SMBV als te onderzoeken entiteit voor de toepassing van de TNMM, een voordeel had verleend aan SMBV.

423. Om te beginnen heeft zij in overweging 364 van het bestreden besluit opgemerkt dat het verrekenprijzenrapport een vergelijking had moeten bevatten van elke partij bij de gelieerde transacties.

424. Vervolgens heeft de Commissie in de overwegingen 365 tot en met 368 van het bestreden besluit vastgesteld dat de keuze van SMBV als onderzochte partij niet in overeenstemming was met de voorschriften van de OESO-richtlijnen in de versies van 1995 en 2010, volgens welke de te onderzoeken partij de partij is met de minst complexe functies van alle aan de concerntransactie deelnemende entiteiten.

425. Ten slotte heeft de Commissie na een analyse van de functies van SMBV en van Alki geconcludeerd dat het verrekenprijzenrapport SMBV, in vergelijking met Alki, ten onrechte had aangeduid als partij met de minst complexe functies (overwegingen 369-376 van het bestreden besluit).

426. In overweging 377 van het bestreden besluit is de Commissie tot de slotsom gekomen dat, aangezien de methode om de belastinggrondslag van SMBV te bepalen in het verrekenprijzenrapport op de gebrekkige aanname stoelt dat SMBV voor de toepassing van de TNMM de onderzochte partij zou moeten zijn, die methode bijgevolg geen betrouwbare benadering van een marktuitkomst overeenkomstig het zakelijkheidsbeginsel oplevert. De Commissie voegt daaraan toe dat aangezien de bekrachtiging van die methodologie in de APA tot een verlaging leidt van de belasting die SMBV op grond van het algemene Nederlandse stelsel van de vennootschapsbelasting verschuldigd is in vergelijking met onafhankelijke ondernemingen waarvan de belastbare winst op grond van dat stelsel door de markt wordt bepaald, die APA moet worden geacht SMBV een selectief voordeel te verlenen in de zin van artikel 107, lid 1, VWEU.

427. Zoals is uiteengezet in punt 201 hierboven, is de enkele constatering dat methodologische voorschriften op het gebied van de bepaling van de verrekenprijzen niet zijn nageleefd, niet toereikend om aan te tonen dat er sprake is van staatssteun in de zin van artikel 107 VWEU. Daarnaast moet de Commissie bewijzen dat door deze door haar vastgestelde methodologische onjuistheden niet tot een betrouwbare benadering van een marktuitkomst kan worden gekomen en dat die onjuistheden hebben geleid tot een verlaging van de belastbare winst ten opzichte van een winst die in overeenstemming met het zakelijkheidsbeginsel zou zijn berekend.

428. Bijgevolg was de Commissie in het kader van het onderzoek van het voordeel in de zin van artikel 107 VWEU, teneinde te voldoen aan haar motiveringsplicht zoals uiteengezet in punt 421 hierboven, gehouden toe te lichten waarom zij van mening was dat de fout met betrekking tot de keuze van de te onderzoeken entiteit tot gevolg had dat de hoogte van de belastbare winst van SMBV zodanig verminderde dat deze niet overeenkwam met een betrouwbare benadering van een zakelijke uitkomst en een verlaging van de belastingdruk op SMBV opleverde.

429. Vastgesteld moet worden dat Starbucks op goede gronden betoogt dat het bestreden besluit geen enkel gegeven bevat aan de hand waarvan kan worden begrepen om welke redenen de Commissie had aangenomen dat de onjuistheid bij de aanwijzing van de te onderzoeken entiteit voor de toepassing van de TNMM, SMBV een voordeel zou hebben verleend.

430. Ten eerste heeft de Commissie in overweging 377 van het bestreden besluit er weliswaar op gewezen dat de fout aangaande de te onderzoeken entiteit SMBV een voordeel had verleend, doch deze overweging bevat geen toereikende motivering. Blijkens punt 422 hierboven heeft de Commissie zich er immers toe beperkt te stellen dat de fout bij de bepaling van de te onderzoeken entiteit tot een verlaging van de belastbare winst leidde. Zij verschaft geen enkel gegeven dat aantoont dat de toepassing van de TNMM op Alki en de toerekening van de restwinst aan SMBV een hogere belastbare winst voor SMBV zouden hebben opgeleverd.

431. Ten tweede bevatten de andere overwegingen van het bestreden besluit geen enkel gegeven aan de hand waarvan kan worden begrepen om welke redenen de Commissie heeft aangenomen dat de belastbare winst van SMBV hoger zou zijn geweest indien de TNMM zou zijn toegepast op Alki en niet op SMBV.

432. In het licht van deze overwegingen moet worden vastgesteld dat de Commissie niet heeft uiteengezet om welke redenen zij heeft aangenomen dat de keuze voor SMBV als te onderzoeken partij voor de toepassing van de TNMM tot een verlaging van de belastbare winst van SMBV had geleid. Bijgevolg heeft de Commissie niet bewezen in welk opzicht deze fout SMBV een voordeel zou hebben verleend, hetgeen in strijd is met haar motiveringsplicht, zoals die voortvloeit uit artikel 296, lid 2, VWEU.

433. Hoe dan ook moet tevens worden vastgesteld dat de redenering van de Commissie over de keuze van de te onderzoeken entiteit onjuist is. Gesteld al dat de Commissie de APA kon toetsen in het licht van de OESO-richtlijnen in de versie van 1995, zoals deze beschikbaar waren in april 2008, en dat zij uit de strijdigheid met de voorschriften in deze richtlijnen kon afleiden dat er sprake was van een voordeel, bevatten die richtlijnen evenwel geen strikte regels voor de aanwijzing van de te onderzoeken partij.

434. Nauwkeuriger gezegd, zoals het Koninkrijk der Nederlanden en Starbucks terecht stellen, vermeldt paragraaf 3.43 van de OESO-richtlijnen in de versie van 1995 dat de geassocieerde onderneming, waarop de TNMM wordt toegepast, de onderneming moet zijn waarvoor betrouwbare gegevens over de best vergelijkbare transacties kunnen worden verschaft. Vervolgens wordt gepreciseerd dat dit vaak zal betekenen dat de geassocieerde onderneming wordt gekozen die de minst complexe van de bij de transactie betrokken ondernemingen is en die geen waardevolle immateriële eigendommen of unieke activa bezit. Daaruit vloeit voort dat die richtlijnen geen verplichting opleggen om de minst complexe entiteit te kiezen maar dat zij enkel aanbevelen om de entiteit te kiezen waarvoor de meeste betrouwbare gegevens beschikbaar zijn.

435. De Commissie toont niet aan dat er betrouwbaardere gegevens beschikbaar waren om de TNMM op Alki toe te passen. Met name zij erop gewezen, ten eerste, dat het doel van de APA het bepalen van de hoogte van de belastbare winst van SMBV is en niet die van Alki, en dat, ten tweede, Alki een derde was in de procedure die ertoe strekte de fiscale situatie van SMBV in Nederland te bepalen.

436. Bovendien betekent het bestaan van deze aanbeveling geenszins dat de keuze voor de ene dan wel de andere entiteit als te onderzoeken entiteit noodzakelijkerwijs van invloed zal zijn op de bereikte verrekenprijs en dat de keuze van de meest complexe entiteit als te onderzoeken entiteit geen zakelijke uitkomst kan opleveren.

437. Hoewel de keuze voor de minst complexe entiteit als te onderzoeken entiteit de fouten kan beperken, is immers geenszins uitgesloten dat de toepassing van de TNMM op de meest complexe entiteit tot een zakelijke uitkomst kan leiden. Aangezien voorts de residuele winst aan de andere partij wordt toegerekend, zou het resultaat in theorie hetzelfde moeten zijn, of nu de ene dan wel de andere entiteit wordt onderzocht.

438. Bijgevolg moeten het eerste onderdeel van het vierde middel in zaak T-760/15 en de eerste grief van het derde onderdeel van het tweede middel in zaak T-636/16 worden aanvaard, zonder dat het argument van Starbucks waarmee zij de ontvankelijkheid van bepaalde door de Commissie aangevoerde argumenten betwist, hoeft te worden onderzocht.

2. Analyse van de functies van SMBV en bepaling van de winst van SMBV op basis van de exploitatiekosten (vijfde redeneerlijn)

439. Met het tweede en het derde onderdeel van het vierde middel in zaak T-760/15 voert het Koninkrijk der Nederlanden aan dat de Commissie ten onrechte heeft aangenomen, ten eerste, dat de belangrijkste functie

van SMBV bestond in de wederverkoop van afgeleide koffieproducten en niet-koffiegerelateerde producten en, ten tweede, dat de exploitatiekosten niet de geschikte winstniveau-indicator vormden.

440. In de eerste plaats betoogt het Koninkrijk der Nederlanden in wezen dat de Commissie ten onrechte heeft aangenomen dat de belangrijkste functie van SMBV de wederverkoop was in plaats van het branden van koffie. In de tweede plaats stelt het Koninkrijk der Nederlanden dat, aangezien de Commissie ten onrechte heeft aangenomen dat de belangrijkste functie van SMBV de wederverkoop was, haar vaststelling dat de geschikte winstniveau-indicator de verkoop was, eveneens onjuist is. In de derde plaats toont volgens het Koninkrijk der Nederlanden de door de Commissie in de overwegingen 395 tot en met 398 van het bestreden besluit voorgestelde alternatieve vergelijkbaarheidsanalyse niet aan dat de bepaling van de winst van SMBV op basis van de omzet tot een hogere belastbare winst voor SMBV zou hebben geleid.

441. Met de tweede grief van het derde onderdeel van haar tweede middel verwijt ook Starbucks de Commissie dat zij ten onrechte had aangenomen dat de belangrijkste functie van SMBV de wederverkoop van niet-koffiegerelateerde producten was en niet het branden van koffie, en dat zij daaruit had afgeleid dat de verkoop, en niet de exploitatiekosten, de geschikte winstniveau-indicator was. Zij betoogt in dit verband dat de exploitatiekosten de juiste indicator voor de winst van SMBV waren. Voorts stelt Starbucks dat de Commissie niet heeft bewezen dat de fout in de bepaling van de functies van SMBV haar een voordeel had verleend, aangezien de vergelijkbaarheidsanalyse van de Commissie ernstige fouten bevat.

442. De Commissie betoogt dat zij op juiste wijze heeft bewezen dat de belangrijkste functie van SMBV de wederverkoop was en dat de relevante winstniveau-indicator voor SMBV de verkoop was en niet de exploitatiekosten.

443. Ten eerste stelt de Commissie dat SMBV hoofdzakelijk actief is als wederverkoper.

444. Ten tweede betwist de Commissie de argumenten van het Koninkrijk der Nederlanden en van Starbucks die ertoe strekken te bewijzen dat zij ten onrechte heeft aangenomen dat de verkoop de relevante winstniveau-indicator was. Zij voert aan dat zij heeft bewezen dat de belangrijkste functie van SMBV de wederverkoop was, zodat zij de Nederlandse autoriteiten op goede gronden heeft verweten dat zij het gebruik van de exploitatiekosten als winstniveau-indicator hebben goedgekeurd en dat zij kon aannemen dat de relevante winstniveau-indicator de verkoop was.

445. Bovendien merkt de Commissie op dat de winst uit de verkoop van niet-koffiegerelateerde producten moet worden toegerekend aan SMBV en niet kan worden verschoven, via een royalty, naar Alki, die niet in een positie verkeert waarin zij winst kan genereren uit de wederverkoop van niet-koffiegerelateerde producten.

446. Ten derde betwist de Commissie de argumenten van het Koninkrijk der Nederlanden en van Starbucks volgens welke haar analyse van de vergelijkingspunten verscheidene fouten zou bevatten.

447. Ten vierde betwist de Commissie de door het Koninkrijk der Nederlanden en door Starbucks geformuleerde kritiekpunten dat zij niet zou hebben bewezen dat een betere toepassing van de TNMM tot een hogere belastbare winst voor SMBV zou hebben geleid.

448. De Commissie betoogt dat deze kritiekpunten irrelevant zijn voor de beoordeling van de geldigheid van het bestreden besluit. Het leek haar immers niet nodig om een terugvorderingsmethode voor haar subsidiaire redenering voor te stellen aangezien zij niet instemde met het gebruik van de TNMM in het geval van SMBV.

449. Daarnaast betoogt de Commissie dat die opmerkingen niet gegrond zijn aangezien zij een analyse heeft gemaakt op basis van de wederverkoopfunctie van SMBV en een vergoeding voor SMBV heeft berekend op basis van een marge op de verkoop. Overweging 400 van het bestreden besluit, waarin zij heeft erkend dat met deze berekening niet werd beoogd een zakelijke vergoeding voor SMBV te berekenen, doet haars inziens niet af aan het feit dat haar vergelijkende analyse was verricht om aan te tonen dat een betere toepassing van de TNMM tot een hogere belastbare winst voor SMBV zou hebben geleid.

450. In wezen zijn partijen het oneens over de vraag of de Commissie heeft aangetoond dat de fouten die zij heeft geconstateerd met betrekking tot de analyse van de functies van SMBV en de keuze van de winstniveau-indicator, SMBV een voordeel hebben verleend.

451. Vooraf moet worden opgemerkt dat hoewel deze kwesties in het verzoekschrift in zaak T-760/15 voorwerp zijn van twee afzonderlijke grieven die in verschillende afdelingen zijn behandeld, de kwesties van de aanduiding van de functies van SMBV en van de keuze van de winstniveau-indicator niet van elkaar kunnen worden gescheiden. Blijkens de overwegingen 386 en 400 van het bestreden besluit maken deze twee kwes-

ties immers deel uit van een en dezelfde bewijsvoering volgens welke de APA een voordeel zou hebben verleend aan SMBV.

452. De Commissie heeft in een eerste stap immers vastgesteld dat de belangrijkste functie van SMBV de wederverkoop van niet-koffiegerelateerde producten en niet het branden van koffie was (overwegingen 380-386 van het bestreden besluit).

453. In een tweede stap heeft de Commissie, op basis van die vaststelling, gesteld dat de verkoop een geschiktere winstniveau-indicator was van de exploitatiekosten (overwegingen 387-391 van het bestreden besluit). De Commissie meende in wezen dat voor de periode van 2008 tot en met 2014 de keuze van de exploitatiekosten als winstniveau-indicator niet de sterke stijging van de verkoop en dus van de winst van SMBV uit haar wederverkoopactiviteit weergaf. De Commissie leidde daaruit af dat de winst uit de verkoop ten onrechte naar Alki was verschoven via de betaling van een royalty, terwijl Alki niet in een positie verkeerde om winst te genereren.

454. Het onlosmakelijke verband tussen de twee in de punten 452 en 453 hierboven genoemde stappen blijkt, ten eerste, uit het feit dat de Commissie geen enkele conclusie trekt over het bestaan van een selectief voordeel op basis van de vaststelling van enkel de fout in de aanduiding van de functies van SMBV en, ten tweede, uit het feit dat de Commissie de fout in de keuze van de winstniveau-indicator voor SMBV afleidt uit de fout in de aanduiding van de functies van SMBV.

455. In een derde stap heeft de Commissie tevens getracht te „illustreren" welke invloed de fout in de bepaling van de belangrijkste functies van SMBV en in de keuze van de winstniveau-indicator had op de hoogte van de winst van SMBV. Daartoe heeft zij haar eigen functieanalyse gemaakt op basis van de premisse dat de belangrijkste functie van SMBV de wederverkoop was (overwegingen 392-400 van het bestreden besluit).

456. Duidelijkheidshalve moet worden opgemerkt dat de Commissie met deze redenering, ten eerste, niet de keuze van de TNMM in het onderhavige geval in twijfel trekt en, ten tweede, niet stelt dat in de in de APA gekozen winstniveau-indicator, te weten de exploitatiekosten, andere kostenelementen hadden moeten worden opgenomen, maar betoogt dat in het kader van de APA een geheel andere winstniveau-indicator dan de kosten had moeten worden gebruikt.

457. Teneinde te onderzoeken of de Commissie erin is geslaagd te bewijzen dat de keuze van de winstniveau-indicator tot een uitkomst heeft geleid die niet in overeenstemming is met het zakelijkheidsbeginsel, moet dus eerst de bewijsvoering van de Commissie worden onderzocht die zij heeft verschaft in de eerste en de tweede stap (overwegingen 380-391 van het bestreden besluit), en daarna de vergelijkbaarheidsanalyse die zij heeft uitgevoerd in de derde stap van haar redenering (overwegingen 392-400 van het bestreden besluit).

a. Keuze van de winstniveau-indicator

458. In het bestreden besluit heeft de Commissie aangenomen dat de belangrijkste functie van SMBV de wederverkoop van niet-koffiegerelateerde producten was. Zij heeft haar redenering hoofzakelijk gebaseerd op het feit dat in 2007 slechts [*vertrouwelijk*] % van de inkomsten van SMBV voortkwam uit de verkoop van gebrande koffie. In vergelijking daarmee kwam [*vertrouwelijk*] % van de inkomsten van SMBV voort uit de verkoop van niet-koffiegerelateerde producten, wat overeenkomt met hetgeen Starbucks aanduidde als de activiteit van het verrichten van logistieke en administratieve diensten, en een aanzienlijk deel van het personeel van SMBV hield zich met die activiteit bezig.

459. Op basis van deze vaststelling was de Commissie van mening dat de verkoop de geschikte winstniveau-indicator was. In overweging 387 van het bestreden besluit heeft zij om te beginnen opgemerkt dat volgens paragraaf 2.87 van de OESO-richtlijnen in de versie van 2010 de verkoop of de operationele distributiekosten een geschikte winstniveau-indicator konden zijn. Vervolgens heeft de Commissie in overweging 388 van het bestreden besluit vastgesteld dat in het onderhavige geval de verkoop een adequatere indicator van de winstgenererende wederverkoopfunctie van SMBV was wegens het feit dat haar winst wordt gegenereerd en geboekt via een marge op de gedistribueerde producten. Bovendien was volgens de Commissie de totale verkoop van SMBV tussen 2008 en 2014 bijna verdrievoudigd, terwijl de „brutomarge" in diezelfde periode meer dan verdubbelde en in vergelijking daarmee de exploitatiekosten van SMBV slechts met 6 % waren gestegen. Zij heeft daaruit dus afgeleid dat de exploitatiekosten geen geschikte winstniveau-indicator konden zijn. Op basis van die vaststelling heeft de Commissie in overweging 389 van het bestreden besluit gesteld dat de royaltybetaling aan Alki, overeenkomend met de residuele winst, tot gevolg had dat een gedeelte van de winst van SMBV uit de wederverkoop werd verschoven naar Alki, terwijl laatstgenoemde wegens haar beperkte ope-

rationele capaciteiten niet in staat was winst te genereren voor deze activiteit. Zij kwam derhalve tot de slotsom dat alle winst aan SMBV had moeten worden toegerekend.

460. Evenwel moet worden geconstateerd dat, zelfs gesteld dat de Commissie geen fout heeft gemaakt door aan te nemen dat de belangrijkste functie van SMBV de wederverkoop van niet-koffiegerelateerde producten was, haar analyse niet volstaat om te bewijzen dat een winstniveau-indicator op basis van de exploitatiekosten niet tot een zakelijke uitkomst kon leiden.

461. In de eerste plaats moet worden opgemerkt dat, zoals de Commissie zelf heeft vastgesteld in overweging 387 van het bestreden besluit, uit paragraaf 2.87 van de OESO-richtlijnen in de versie van 2010 blijkt dat de verkoop of de exploitatiekosten in verband met de distributie een geschikte winstniveau-indicator konden zijn. Daaruit vloeit voort dat, gesteld al dat de premisse van de Commissie dat de belangrijkste functie van SMBV de wederverkoop van niet-koffiegerelateerde producten was juist zou zijn, niet in beginsel is uitgesloten dat de exploitatiekosten een geschikte winstniveau-indicator konden zijn.

462. Voor zover het Koninkrijk der Nederlanden de beoordeling van de Commissie betwist dat de wederverkoop van de niet-koffiegerelateerde producten een geschikte basis vormde voor de bepaling van de nettowinst van SMBV, moet in herinnering worden gebracht dat blijkens de OESO-richtlijnen, waarop de Commissie haar analyse heeft gebaseerd, en met name de paragrafen 1.42, 3.2 en 3.26 van de versie van 1995, die in wezen overeenkomen met de paragrafen 2.57, 2.58 en 3.9 van de versie van 2010, de TNMM erin bestaat dat, met als uitgangspunt een geschikte basis, de nettowinst wordt bepaald die een belastingplichtige behaalt uit een concerntransactie of uit concerntransacties die nauw met elkaar verband houden of continu zijn. Daaruit volgt dat de TNMM ertoe dient om de hoogte van een verrekenprijs te bepalen voor een type transactie of voor transacties die nauw met elkaar verband houden of continu zijn, op basis van een analyse van de belangrijkste functies die verband houden met deze transactie of deze transacties. De TNMM heeft echter niet tot doel de omvang van de winst voor de totale activiteit van een onderneming te bepalen, welke activiteit verscheidene typen transacties omvat, op basis van de aanwijzing van één hoofdactiviteit, met voorbijgaan aan de andere door de onderneming uitgeoefende functies. Een dergelijke methodiek zou niet in overeenstemming zijn met paragraaf 3.4 van de OESO-richtlijnen in de versie van 1995, die overeenkomt met paragraaf 2.7 van de OESO-richtlijnen in de versie van 2010, waarin het volgende is vermeld:

> „Transactionelewinstmethoden mogen in geen geval op zodanige wijze worden gebruikt dat zij tot een te hoge belastingheffing van ondernemingen leiden louter omdat zij een lagere dan de gemiddelde winst maken, of tot een te lage belastingheffing van ondernemingen die een hogere dan de gemiddelde winst behalen. In het kader van het arm's-lengthbeginsel is er geen rechtvaardiging voor om extra belasting te heffen van ondernemingen die minder succesvol zijn dan gemiddeld, of omgekeerd, om minder belasting te heffen van ondernemingen die succesvoller zijn dan gemiddeld, wanneer de reden voor hun succes of het gebrek daaraan aan commerciële factoren is toe te schrijven."

463. In deze context heeft de Commissie in het bestreden besluit betoogd dat de functies van SMBV die verband houden met de wederverkoop van koffieproducten en de functies die verband houden met het branden van koffie niet van verwaarloosbare omvang waren. Bijgevolg moeten deze beide functies, en niet de ene of de andere, in aanmerking worden genomen voor de bepaling van de vergoeding van SMBV.

464. Daarnaast heeft de Commissie in het bestreden besluit hoe dan ook niet bewezen dat in de omstandigheden van het onderhavige geval alle concerntransacties van SMBV die relevant waren voor de bepaling van haar belastbare winst, nauw met elkaar verband hielden of continu waren, zodat voor de vergoeding ervan één prijsbedrag kon worden bepaald.

465. Deze constatering volstaat om het standpunt van de Commissie af te wijzen dat de verkoop van niet-koffiegerelateerde producten een winstniveau-indicator was die gebruikt kon worden voor de activiteiten van SMBV in hun totaliteit.

466. In de tweede plaats zijn de argumenten van de Commissie die ertoe strekken om het gebruik van de exploitatiekosten als winstniveau-indicator in het onderhavige geval af te wijzen, hoe dan ook niet overtuigend.

467. Ten eerste is de analyse van de Commissie, die zij heeft uitgevoerd in de overwegingen 388 en 389 van het bestreden besluit, gebaseerd op gegevens die dateren van na de sluiting van de APA. Zoals is vastgesteld in punt 251 hierboven kon de Commissie in de omstandigheden van het onderhavige geval haar analyse niet baseren op informatie die op het tijdstip van de sluiting van de APA, te weten in april 2008, niet beschikbaar of redelijkerwijs voorzienbaar was. In casu heeft de Commissie niet aangetoond dat de verkoop- en de kostenge-

gevens van SMBV voor de periode van 2008 tot en met 2014 redelijkerwijs voorzienbaar waren, zodat zij haar analyse niet op die gegevens kon baseren.

468. Ten tweede moet worden vastgesteld dat, zelfs gesteld dat de gegevens betreffende de activiteit van SMBV tussen 2008 en 2014 door de Commissie konden worden gebruikt, de stelling dat de verkoop van SMBV zou zijn verdrievoudigd terwijl de exploitatiekosten over diezelfde periode slechts 6 % waren gestegen, niet volstaat om de keuze van de exploitatiekosten als winstniveau-indicator in twijfel te trekken.

469. Zoals in punt 458 hierboven is vastgesteld, berust de redenering van de Commissie immers op de premisse dat de belangrijkste functie van SMBV de wederverkoop van niet-koffiegerelateerde producten is. De door de Commissie aangevoerde cijfers betreffen echter zoals zij zelf aangeeft de totale verkoop en de „brutomarge" van SMBV, hetgeen noodzakelijkerwijs de verkoop van koffie en koffieproducten omvat. Bovendien was de „brutomarge" gelijk aan de brutowinst, dat wil zeggen aan het verschil tussen de omzet uit de verkoop en de kosten van de verkochte goederen, gedeeld door de verkoop (zie voetnoot 70 van het bestreden besluit) en vormt deze dus niet een percentage dat de winstgevendheid van de verkoop vóór aftrek van de vaste kosten aangeeft. De Commissie legt echter niet uit in welk opzicht deze cijfers in casu bruikbaar of relevant zouden zijn. Voorts draagt zij geen enkel bewijs aan ter ondersteuning van deze cijfers en verschaft zij evenmin enige aanduiding over de bron ervan.

470. In de derde plaats blijkt de door de Commissie voorgestelde winstniveau-indicator, te weten de totale verkoop, evenmin geschikt om de vergoeding van SMBV te bepalen.

471. Zoals is uiteengezet in punt 458 hierboven heeft de Commissie haar redenering immers gebaseerd op de premisse dat [*vertrouwelijk*] % van de inkomsten van SMBV zouden voortkomen uit de functie van wederverkoop van de niet-koffiegerelateerde producten. Zij heeft daaruit afgeleid dat deze functie de belangrijkste functie van SMBV was.

472. Dit cijfer, waarop de Commissie haar redenering heeft gebaseerd, betreft echter de inkomsten en niet de winst van SMBV. Vastgesteld moet worden dat een hoog inkomstenaandeel niet noodzakelijkerwijs tot een hoog winstaandeel leidt, zodat die constatering op zich niet volstaat om aan te tonen dat de belangrijkste functie van SMBV de wederverkoop van niet-koffiegerelateerde producten is.

473. Voorts is de bewijswaarde van dat cijfer des te meer discutabel daar de Commissie, zoals is vastgesteld in de punten 275 tot en met 277 hierboven, rekening had kunnen houden met het feit dat een deel van de inkomsten en winst uit de verkoop van door derden gebrande koffie werd gehaald.

474. In het licht van de vaststellingen in de punten 458 tot en met 473 hierboven moet worden geconstateerd dat de Commissie niet rechtens genoegzaam heeft aangetoond dat met de keuze van de exploitatiekosten als winstniveau-indicator niet tot een betrouwbare benadering van een marktuitkomst kon worden gekomen.

475. Aangezien de Commissie niet heeft bewezen dat de keuze van de winstniveau-indicator onjuist was, kon zij in overweging 389 van het bestreden besluit niet aannemen dat een deel van de winst van SMBV, betreffende haar wederverkoopactiviteit, ten onrechte via de royalty naar Alki was verschoven. Zij heeft immers niet bewezen dat de winst van SMBV hoger had moeten zijn dan op basis van de APA was bepaald.

b. Vergelijkbaarheidsanalyse van de Commissie

476. Zoals is vastgesteld in punt 455 hierboven heeft de Commissie in de overwegingen 392 tot en met 399 van het bestreden besluit haar eigen vergelijkbaarheidsanalyse gemaakt op basis van de premisse dat de belangrijkste functie van SMBV de wederverkoop van niet-koffiegerelateerde producten was.

477. De Commissie heeft immers getracht de zakelijke range voor SMBV te bepalen door haar te vergelijken met ondernemingen die als belangrijkste functie de groothandelsverkoop van afgeleide koffieproducten hebben en daarbij de verkoop als winstniveau-indicator te gebruiken.

478. Daartoe heeft de Commissie de analyse van de belastingadviseur van de Starbucksgroep overgedaan met een gecorrigeerde groep vergelijkbare ondernemingen, die zij heeft aangeduid als „gecorrigeerde peergroup" en die was bepaald op basis van de wederverkoopfuncties van SMBV, en heeft zij vervolgens op basis van de gecorrigeerde peergroup de rendementsrange voor de verkoop berekend, die in het licht van haar analyse overeenkwam met een zakelijke uitkomst. De interkwartielrange die werd verkregen voor het rendement op de verkoop kwam overeen met een range tussen 1,5 en 5,5 %. De Commissie heeft deze vervolgens toegepast op de door SMBV tussen 2007 en 2014 behaalde resultaten. Zij stelde vast dat voor elk van de door de APA bestreken jaren de op basis van de APA berekende belastingrondslag van SMBV lager uitviel dan het laagste

punt van de laagste kwartiel van de belastingrondslag van SMBV, zoals die zou voortvloeien uit de toepassing van de door de Commissie gehanteerde methode.

479. De aanpak van de Commissie, die erin bestaat, ten eerste, haar eigen analyse te maken en, ten tweede, de situatie van SMBV in het licht van de APA te vergelijken met de uitkomsten van haar eigen analyse, kan voldoen aan de vereisten die voor de Commissie gelden met betrekking tot het bewijs van het bestaan van een voordeel. De uitkomsten van de analyse van de Commissie bewijzen immers dat de belastbare winst van SMBV, zoals die onder toepassing van de APA uitviel voor 2007 tot en met 2014, lager is dan de belastbare winst van SMBV zoals berekend voor 2007 tot en met 2014 onder toepassing van de zakelijke range waartoe de Commissie was gekomen op basis van de gecorrigeerde peergroup.

480. Evenwel moet in de eerste plaats worden vastgesteld dat, zoals het Koninkrijk der Nederlanden en Starbucks betogen, de vergelijkbaarheidsanalyse van de Commissie niet betrouwbaar is.

481. Ten eerste moet worden opgemerkt dat de Commissie in overweging 400 van het bestreden besluit heeft gepreciseerd dat met de analyse die zij heeft gemaakt „niet [werd] beoogd een zakelijke vergoeding voor de binnen de Starbucksgroep door SMBV uitgeoefende functies te berekenen". Zij heeft aldus „[erkend] dat de hierboven voorgestelde range niet door een toereikende vergelijkbaarheidsanalyse [was] gestaafd". Een dergelijke precisering van de Commissie zelf verzwakt de bewijswaarde van haar analyse om aan te tonen dat de fouten waarop was geduid met betrekking tot de functies van SMBV en de keuze van de winstniveau-indicator, ertoe hebben geleid dat aan SMBV een voordeel werd verleend.

482. Ten tweede vormt het feit dat het, zoals Starbucks stelt, onmogelijk is om de zoekopdracht voor de gecorrigeerde peergroup zoals de Commissie die had uitgevoerd te herhalen en dezelfde uitkomsten als de Commissie te verkrijgen, een bevestiging van de onbetrouwbaarheid van de vergelijkbaarheidsanalyse van de Commissie. Toen de belastingadviseur van de Starbucksgroep trachtte de vergelijkbaarheidsanalyse van de Commissie over te doen met gebruikmaking van dezelfde criteria als zij, kreeg hij namelijk een lijst van 87 ondernemingen. Van de 12 door de Commissie voor haar vergelijkende analyse gevonden ondernemingen, stonden er slechts 3 op de lijst van de 87 ondernemingen.

483. Weliswaar heeft de Commissie in het stadium van haar verweerschrift in zaak T-636/16 getracht de zoekopdracht voor de gecorrigeerde peergroup over te doen teneinde de betrouwbaarheid van haar vergelijkbaarheidsanalyse te bewijzen, doch, gesteld al dat het gebruik van de databank „Orbis" in plaats van de databank „Amadeus" niet van invloed was, aangezien de eerste databank dezelfde gegevens omvat als de tweede, moet worden vastgesteld dat 5 van de in overweging 394 van het bestreden besluit bedoelde ondernemingen niet verschenen toen zij haar zoekopdracht voor vergelijkbare ondernemingen opnieuw uitvoerde. De Commissie heeft dit overigens erkend in punt 179 van haar verweerschrift in zaak T-636/16.

484. De argumenten die door de Commissie zijn aangevoerd ter rechtvaardiging van dit verschil in uitkomsten tussen haar eigen vergelijkbaarheidsanalyse en de herhaling van deze analyse, kunnen dus niet afdoen aan de vaststelling dat haar vergelijkbaarheidsanalyse niet geloofwaardig en betrouwbaar was. De Commissie betoogt namelijk dat dit verschil in uitkomsten kan worden verklaard door het feit dat de indeling van deze 5 ondernemingen in de databank na haar vergelijkbaarheidsanalyse was veranderd.

485. Ten eerste blijkt echter uit de repliek van Starbucks, zonder dat zij op dit punt door de Commissie in de dupliek in zaak T-636/16 is tegengesproken, dat het mogelijk is om de oudere versies van de databanken „Orbis" en „Amadeus" te raadplegen, zodat de evolutie van de situatie van de ondernemingen niet van invloed zou mogen zijn op de herhaalbaarheid van de vergelijkbaarheidsanalyse van de Commissie. Daar deze oudere versies van de databank „Amadeus" niet achteraf konden zijn bijgewerkt, hadden de uitkomsten niet kunnen verschillen van die welke in de vergelijkbaarheidsanalyse van de Commissie waren verkregen.

486. Ten tweede preciseert Starbucks dat de Commissie zowel voor haar eigen vergelijkbaarheidsanalyse als voor de herhaling ervan versies van de databanken „Amadeus" en „Orbis" heeft gebruikt die dateren van respectievelijk 2015 en 2017, hetgeen de Commissie niet betwist. Daaruit vloeit voort dat de analyse van de Commissie berust op versies van de databanken van na 2008. Voor zover, zoals de Commissie zelf stelt, de indeling van de ondernemingen kan variëren naargelang van de versies van de databanken, konden de uitkomsten van de vergelijkbaarheidsanalyse vertekend zijn door het gebruik van een recentere versie. Voorts kon, zoals blijkt uit de punten 243 tot en met 251 hierboven, alleen informatie die beschikbaar was op de dag waarop de betwiste maatregel werd vastgesteld, door de Commissie in aanmerking worden genomen.

487. Bijgevolg worden door de omstandigheid, ten eerste, dat de Commissie niet in staat was haar vergelijkbaarheidsanalyse te herhalen en, ten tweede, dat deze vijf ondernemingen een aanzienlijk deel vormden van de gecorrigeerde peergroup die voor de vergelijkbaarheidsanalyse werd gebruikt, alsmede door het feit dat

het dientengevolge voor het Koninkrijk der Nederlanden en Starbucks of voor het Gerecht niet mogelijk was te weten welke methode de Commissie in haar redenering precies had gebruikt en om deze analyse over te doen teneinde te controleren of zij de vergelijkbare ondernemingen correct had aangewezen, de betrouwbaarheid en de geloofwaardigheid ervan in twijfel getrokken.

488. In de tweede plaats moet hoe dan ook worden vastgesteld dat, zoals het Koninkrijk der Nederlanden en Starbucks aanvoeren, de analyse van de Commissie verscheidene onjuistheden bevat.

489. Ten eerste is de door de Commissie voor haar vergelijkbaarheidsanalyse gebruikte gecorrigeerde peergroup incoherent in het licht van haar vaststellingen over de functies van SMBV en kan daarmee niet worden bewezen dat de fouten waarop zij heeft gewezen tot een verlaging van de belastbare winst van SMBV hebben geleid.

490. De Commissie heeft in het bestreden besluit namelijk aangenomen dat de belangrijkste functie van SMBV de wederverkoop van niet-koffiegerelateerde producten was. In overweging 382 van het bestreden besluit heeft de Commissie immers duidelijk uiteengezet dat de belangrijkste functie van SMBV de wederverkoop was, daar in 2007 [*vertrouwelijk*] % van de inkomsten van de vennootschap uit deze activiteit voortkwam. In overweging 384 van dat besluit heeft de Commissie haar standpunt verduidelijkt dat het grootste deel van de activiteiten van SMBV betrekking had op de verkoop of de wederverkoop van niet-koffiegerelateerde producten, zoals bekers en papieren servetten. Deze constatering wordt bovendien bevestigd door de stukken van de Commissie, waarin zij stelt dat de belangrijkste functie van SMBV de wederverkoop van niet-koffiegerelateerde producten is en dat dit de reden is waarom zij de belastingadviseur van de Starbucksgroep heeft verweten de exploitatiekosten als winstniveau-indicator te hebben gekozen.

491. Daarnaast heeft de Commissie in de overwegingen 393 en 394 van het bestreden besluit uiteengezet dat aangezien de functies van SMBV in het verrekenprijzenrapport onjuist waren bepaald, ook de voor de toepassing van de TNMM gebruikte peergroup, die was bepaald op basis van de code van de statistische nomenclatuur van de economische activiteiten in de Europese Gemeenschappen (NACE) „Verwerking van thee en koffie", ongeschikt was. De Commissie heeft daarop de in het verrekenprijzenrapport uitgevoerde analyse opnieuw gemaakt met gebruikmaking van de gecorrigeerde peergroup die was bepaald op basis van NACE-code „Groothandel in koffie, thee, cacao en specerijen". Vervolgens heeft zij vennootschappen die voornamelijk andere producten dan koffie en thee distribueren weggelaten uit de gecorrigeerde peergroup. Daaruit kwam een gecorrigeerde peergroup voort die bestond uit twaalf vennootschappen, die zich alle met het branden van koffie bezighielden, zoals de Commissie in overweging 394 van het bestreden besluit heeft vastgesteld.

492. De vennootschappen waaruit de gecorrigeerde peergroup bestaat, hebben echter andere functies dan de belangrijkste functie van SMBV zoals bepaald door de Commissie, te weten de wederverkoop van niet-koffiegerelateerde producten. Dat betekent dat deze vennootschaappen niet in een situatie verkeren die vergelijkbaar is met die van SMBV. Die ondernemingen kunnen dus niet worden geacht relevant te zijn voor de berekening van de winst die SMBV onder marktvoorwaarden zou hebben behaald. Bijgevolg is de alternatieve vergelijkbaarheidsanalyse, die erin bestaat de analyse van de belastingadviseur van de Starbucksgroep over te doen met een gecorrigeerde peergroup die zich bezighoudt met de verkoop van koffie en het branden van koffie, noodzakelijkerwijs onjuist.

493. Ten tweede zijn, zelfs gesteld dat de gecorrigeerde peergroup door de Commissie kon worden gebruikt, zoals Starbucks betoogt, de uitkomsten van de vergelijkbaarheidsanalyse die de Commissie heeft uitgevoerd noodzakelijkerwijs onjuist, omdat zij niet-vergelijkbare gegevens met elkaar heeft vergeleken, te weten de exploitatiewinst van de vergelijkbare ondernemingen met de belastbare winst van SMBV.

494. In dit verband staat tussen partijen vast dat de door de Commissie voor de periode van 2005 tot en met 2007 berekende interkwartiele range, die overeenkomt met een range die tussen 1,5 en 5,5 % van de verkoop ligt, was berekend op basis van de exploitatiewinst van de vennootschappen waaruit de gecorrigeerde peergroup bestaat. Deze stelling wordt overigens gestaafd door tabel 12 van het bestreden besluit. Verder staat vast dat het de op basis van de APA bepaalde belastbare winst van SMBV en niet haar exploitatiewinst is die de Commissie heeft vergeleken met de exploitatiewinst van de vergelijkbare ondernemingen van de gecorrigeerde peergroup. Dat blijkt overigens uit tabel 13 van het bestreden besluit.

495. De Commissie betwist niet dat de exploitatiewinst niet vergelijkbaar is met de winst vóór belastingen, maar stelt enkel dat zij de analyse van de belastingadviseur van de Starbucksgroep heeft overgedaan. Bovendien moet worden vastgesteld dat de exploitatiewinst en de belastbare winst twee verschillende begrippen

zijn die in beginsel leiden tot het boeken van verschillende bedragen in de overeenkomstige boekhoudkundige rubrieken, zoals blijkt uit overweging 82 van het bestreden besluit en uit tabel 1 van dat besluit.

496. De omstandigheid dat de Commissie in overweging 397 van het bestreden besluit heeft gesteld dat zij de op basis van de APA berekende belastbare winst van SMBV had vergeleken met de belastbare winst die was berekend op basis van de door de Commissie bepaalde range ervan, kan de vaststelling in punt 493 hierboven niet in twijfel trekken. Aangezien de interkwartielrange was berekend op basis van de exploitatiewinst van de vergelijkbare ondernemingen, komt de voor SMBV op basis van die range verkregen uitkomst immers niet overeen met haar belastbare winst, maar wel met haar exploitatiewinst.

497. Daaruit vloeit voort dat de vergelijking van de belastbare winst van SMBV met de interkwartielrange die was verkregen op basis van de exploitatiewinst van de vennootschappen van de gecorrigeerde peergroup, noodzakelijkerwijs onjuist is.

498. Voorts ligt voor het boekjaar 2007-2008 het cijfer 1,2 % tamelijk dicht bij het laagste kwartiel van de door de Commissie berekende range. Gelet op het grote aantal benaderingen in de analyse van de Commissie, toont deze uitkomst niet aan dat sprake is van een situatie die duidelijk in strijd is met de marktvoorwaarden. Wanneer de Commissie controleert of de belastbare winst van een geïntegreerde onderneming op basis van een belastingmaatregel overeenkomt met een betrouwbare benadering van een belastbare winst die onder marktvoorwaarden zou zijn behaald, kan zij immers slechts constateren dat er sprake is van een voordeel in de zin van artikel 107, lid 1, VWEU indien de afwijking tussen de twee vergelijkingsfactoren verder gaat dan onnauwkeurigheden die inherent zijn aan de methode die is toegepast om tot die benadering te komen.

499. Bovendien, zelfs gesteld dat het verrekenprijzenrapport van Starbucks inderdaad de fout bevat, wat Starbucks betwist, die bestaat in het vergelijken van de belastbare winst van SMBV met de exploitatiewinst van de vergelijkbare ondernemingen, dan staat het bestaan van die fout in het verrekenprijzenrapport er niet aan in de weg dat het Gerecht toetst of het bestreden besluit geen fout bevat. Voorts had de Commissie, indien zij van mening was dat het feit dat de exploitatiewinst werd vergeleken met de belastbare winst problematisch was, deze kwestie in het bestreden besluit moeten onderzoeken.

500. Op basis van de constateringen in de punten 480 tot en met 499 hierboven moet dus worden vastgesteld dat de vergelijkende analyse die de Commissie in de overwegingen 392 tot en met 399 van het bestreden besluit heeft uitgevoerd, onbetrouwbaar is en daarnaast onjuistheden bevat.

501. In het licht van de overwegingen in de punten 457 tot en met 500 hierboven moeten de grieven van het Koninkrijk der Nederlanden en van Starbucks dat de Commissie niet heeft bewezen dat de goedkeuring, in de APA, van de in het verrekenprijzenrapport voorgestelde aanduiding van de functies van SMBV en de keuze van de winstniveau-indicator SMBV een voordeel had verleend, derhalve worden aanvaard. Bijgevolg hoeft niet meer te worden onderzocht of de Commissie terecht heeft aangenomen dat de in de APA vastgelegde aanduiding van de functies van SMBV en keuze van de winstniveau-indicator onjuist waren. Dientengevolge hoeft ook het argument van Starbucks waarmee zij de ontvankelijkheid van bepaalde door de Commissie aangevoerde argumenten betwist, niet te worden onderzocht.

3. Keuze van de correcties (zesde redeneerlijn)

502. Met het vierde onderdeel van het vierde middel in zaak T-760/15 en de derde grief van het derde onderdeel van het tweede middel in zaak T-636/16, betogen het Koninkrijk der Nederlanden en Starbucks in wezen dat de Commissie niet heeft bewezen dat de in het verrekenprijzenrapport voorgestelde correcties om de vergelijkbaarheid van SMBV met de vergelijkbare ondernemingen te vergroten, SMBV een voordeel verleenden.

503. Het Koninkrijk der Nederlanden voert aan dat de Commissie ten onrechte heeft vastgesteld dat met de twee in het verrekenprijzenrapport voorgestelde correcties om de vergelijkbaarheid tussen SMBV en de twintig vergelijkbare niet-gelieerde ondernemingen te vergroten niet tot een betrouwbare benadering van een zakelijke uitkomst kon worden gekomen. Ten eerste is de reden dat de kosten van op koffie gebaseerde producten en van niet-koffieproducten niet zijn meegenomen in de relevante kostengrondslag gelegen in het feit dat SMBV, in tegenstelling tot de twintig vergelijkbare ondernemingen, optreedt als dienstverlener, geen inkoopfunctie uitoefent en geen risico loopt over de voorraden. Ten tweede is de aanpassing van de opslag gerechtvaardigd door het feit dat de opslag vóór correctie de exploitatiewinst betreft, terwijl de APA ertoe strekt de belastbare winst te bepalen. Deze correctie heeft een toename van de opslag tot gevolg gehad.

504. Starbucks voegt daaraan toe, ten eerste, dat de Commissie in het bestreden besluit niet de correcties in twijfel heeft getrokken die waren toegepast op de kostengrondslag, die was gekozen als winstniveau-indicator. Het in punt 183 van het verweerschrift in zaak T-636/16 geformuleerde argument van de Commissie dat

de correctie van de kostengrondslag ongeschikt zou zijn omdat er geen sprake was van risico-overdracht van SMBV op Alki, is derhalve niet-ontvankelijk omdat het niet in het bestreden besluit voorkomt. Ten tweede meent zij dat de door de Commissie in de punten 184 en 185 van het verweerschrift in zaak T-636/16 overgelegde cijfers, die ertoe strekken te bewijzen dat de belastbare inkomsten van SMBV hoger zouden zijn geweest indien een opslag op de totale kosten was toegepast, eveneens niet-ontvankelijk zijn omdat zij niet in het bestreden besluit voorkomen.

505. Aangaande de betrokken correcties voert Starbucks een motiveringsgebrek aan. De Commissie heeft volgens haar louter gesteld dat de correcties niet geschikt waren, zonder aan te tonen in welk opzicht de belastbare winst van SMBV met juiste correcties hoger zou zijn geweest.

506. De Commissie betwist deze argumenten. Zij betoogt dat de twee in het verrekenprijzenrapport voorgestelde correcties niet adequaat zijn en tot een verlaging van de belastbare winst van SMBV leiden. Volgens haar hebben het Koninkrijk der Nederlanden en Starbucks niet aangetoond dat zij een beoordelingsfout had gemaakt.

507. Wat in de eerste plaats de op de kostengrondslag toegepaste correcties betreft, betoogt de Commissie dat zij dit punt in de overwegingen 319 tot en met 332 van het bestreden besluit wel heeft betwist, door te stellen dat Alki geen enkel ondernemingsrisico van SMBV kon dragen. De Commissie verwijst tevens naar de overwegingen 59 en 159 van het bestreden besluit, waarin uiteen zou zijn gezet dat de correctie op de kostengrondslag volgens het verrekenprijzenrapport gerechtvaardigd was door het feit dat SMBV de hoedanigheid had van loonproducent, zonder enig risico te lopen. Verder betwist de Commissie de argumenten van het Koninkrijk der Nederlanden en van Starbucks dat de winst van SMBV kon worden berekend op basis van de exploitatiekosten in plaats van de totale kosten.

508. In de tweede plaats merkt de Commissie op dat de gecorrigeerde opslag weliswaar tot een hoger percentage had geleid, doch dat dit percentage werd toegepast op een beduidend lagere kostengrondslag. Zij voegt daaraan toe dat aangezien de kosten van de groene koffiebonen, de aan derden betaalde vergoedingen en de niet-koffiegerelateerde producten hadden moeten worden opgenomen in de kostengrondslag, er geen „correctie op het werkkapitaal" nodig was. Zelfs gesteld al dat de belastingadviseur van de Starbucksgroep, die het verrekenprijzenrapport had voorbereid, geen fout had gemaakt door deze verschillende kosten uit te sluiten van de kostengrondslag, zou de „correctie op het werkkapitaal" niet geschikt zijn geweest. Bovendien stelt de Commissie dat zij in de overwegingen 402 tot en met 406 van het bestreden besluit genoegzaam heeft uitgelegd hoe de „correctie op het werkkapitaal", gecombineerd met de correctie op de kostengrondslag, de normalerwijze door SMBV verschuldigde vennootschapsbelasting zou hebben verlaagd.

a. Opmerkingen vooraf

509. Allereerst moet worden vastgesteld dat de Commissie in de overwegingen 407 en 408 van het bestreden besluit van mening was dat, gesteld al dat de functies van SMBV en de winstniveau-indicator juist waren bepaald, twee in het verrekenprijzenrapport voorgestelde correcties tot gevolg hebben gehad dat met de in het verrekenprijzenrapport voorgestelde methode niet tot een zakelijke uitkomst kon worden gekomen.

510. Op basis van de constatering dat de twee correcties onjuist waren, heeft de Commissie geconcludeerd dat de APA, door deze methode te aanvaarden, die tot een verlaging leidde van de door SMBV op basis van het algemene Nederlandse stelsel van de vennootschapsbelasting verschuldigde belasting ten opzichte van onafhankelijke ondernemingen waarvan de winst op basis van dat stelsel onder marktvoorwaarden wordt bepaald, aan SMBV een selectief voordeel verleende in de zin van artikel 107, lid 1, VWEU.

511. Opgemerkt zij dat blijkens de overwegingen 407 en 408 van het bestreden besluit de aanpak van de Commissie, die erin bestaat de belastbare winst van SMBV op basis van de APA te vergelijken met die van een onafhankelijke onderneming waarvan de winst onder marktvoorwaarden wordt bepaald op basis van het algemene Nederlandse stelsel van de vennootschapsbelasting, op het eerste gezicht lijkt te voldoen aan de voor de Commissie geldende vereisten met betrekking tot het bewijs van het bestaan van een voordeel.

512. Evenwel moet in herinnering worden gebracht dat uit de punten 151 en 152 hierboven voortvloeit dat de Commissie, teneinde te bepalen of de APA in casu een voordeel heeft verleend aan SMBV, dient aan te tonen dat de in de APA goedgekeurde verrekenprijsmethode tot een verlaging van de belastingdruk van SMBV heeft geleid en, meer in het bijzonder, dient te bewijzen dat het onder toepassing van de verrekenprijsmethode berekende niveau van de winst van SMBV dermate is verlaagd dat deze niet kon worden geacht een betrouwbare benadering van een marktuitkomst te zijn. Zoals is vastgesteld in punt 498 hierboven kan de Commissie, wanneer zij controleert of de belastbare winst van een geïntegreerde onderneming op basis van een belasting-

maatregel overeenkomt met een betrouwbare benadering van een belastbare winst die onder marktvoorwaarden zou zijn behaald, immers slechts constateren dat er sprake is van een voordeel in de zin van artikel 107, lid 1, VWEU indien de afwijking tussen de twee vergelijkingsfactoren verder gaat dan onnauwkeurigheden die inherent zijn aan de methode die is toegepast om tot die benadering te komen.

513. Derhalve moet worden onderzocht of de Commissie genoegzaam heeft bewezen dat de twee door de belastingadviseur van de Starbucksgroep aangebrachte correcties SMBV een voordeel hadden verleend.

b. Correctie op de kostengrondslag

514. De eerste in het verrekenprijzenrapport voorgestelde correctie betreft de kostengrondslag (hierna: „correctie op de kostengrondslag"). Deze bestaat erin dat bepaalde kosten niet worden meegenomen in de kostengrondslag die voor de toepassing van de TNMM als winstniveau-indicator wordt gebruikt. Blijkens de overwegingen 406 en 407 van het bestreden besluit is de kritiek van de Commissie echter uitdrukkelijk beperkt tot de uitsluiting van de kosten van niet-gelieerde productieonderneming 1 van de voor de toepassing van de TNMM gekozen kostengrondslag. In wezen heeft de Commissie geconstateerd dat er geen verklaring voor was dat de kosten van niet-gelieerde productieonderneming 1 werden uitgesloten terwijl zij in de vorige APA wel in aanmerking waren genomen.

515. In de eerste plaats dient in herinnering te worden gebracht dat, anders dan de Commissie betoogt, de conclusie in overweging 407 van het bestreden besluit, dat de in het verrekenprijzenrapport voorgestelde en in de APA goedgekeurde correcties SMBV een voordeel verlenen, uitdrukkelijk is beperkt tot de uitsluiting van de kosten van niet-gelieerde productieonderneming 1 van de kostengrondslag van SMBV. Uit de tekst van het bestreden besluit blijkt immers niet dat de Commissie de constatering dat sprake was van een voordeel zou hebben gebaseerd op het feit dat andere kosten waren uitgesloten van de als winstniveau-indicator voor SMBV gehanteerde kostengrondslag.

516. Op basis van de door de Commissie aangevoerde omstandigheid dat zij in de overwegingen 319 tot en met 332 van het bestreden besluit bezwaar had gemaakt tegen het feit dat de ondernemingsrisico's van SMBV aan Alki waren overgedragen, kan niet worden geconstateerd dat zij om die reden van mening was dat bepaalde kosten ten onrechte van de als winstniveau-indicator gebruikte kostengrondslag waren uitgesloten. Deze vaststelling wordt versterkt door de omstandigheid dat de kwestie van de correcties door de Commissie zelf is voorgesteld als een subsidiaire redeneerlijn (zie overweging 407 van het bestreden besluit) ten opzichte van de in de overwegingen 319 tot en met 332 van het bestreden besluit gevolgde redenering.

517. Anders dan de Commissie in wezen betoogt, blijkt voorts niet uit de overwegingen 59 en 159 van het bestreden besluit dat zij de vaststelling dat de APA een voordeel had verleend aan SMBV op de correcties op de kostengrondslag had gebaseerd. Overweging 59 van het bestreden besluit verwijst inderdaad naar die correcties, doch dit betreft louter een weergave van de inhoud van het verrekenprijzenrapport. Overweging 159 van het bestreden besluit staat in de afdeling waarin de administratieve procedure wordt weergegeven en geeft enkel aan dat de Commissie vraagtekens plaatste bij de in het verrekenprijzenrapport voorgestelde correcties, zonder dat daaruit het standpunt van de Commissie in het kader van het bestreden besluit kan worden afgeleid.

518. Op basis van de constateringen in de punten 515 tot en met 517 hierboven moet dus worden vastgesteld dat de Commissie in het bestreden besluit niet heeft gesteld, en a fortiori evenmin heeft bewezen, dat een andere correctie op de kostengrondslag dan de uitsluiting van de kosten van niet-gelieerde productieonderneming 1 SMBV een voordeel had verleend. Derhalve moeten de in het stadium van het verweerschrift aangevoerde argumenten van de Commissie, dat het gebruik van de exploitatiekosten in plaats van de totale kosten (waarin de kosten van de koffiebonen, de aan derden betaalde vergoedingen en de kosten van niet-koffiegerelateerde producten zijn begrepen) tot een verlaging van de belastinggrondslag van SMBV had geleid, worden afgewezen.

519. Wat in de tweede plaats de uitsluiting van de kosten van niet-gelieerde productieonderneming 1 betreft, heeft de Commissie in overweging 406 van het bestreden besluit aangenomen dat het verrekenprijzenrapport, door die kosten uit te sluiten, een aanzienlijke verlaging van de kostengrondslag had aanvaard.

520. De Commissie heeft in overweging 406 van het bestreden besluit louter gesteld dat deze kosten in aanmerking waren genomen in de oude wijze van bepaling van de belastinggrondslag van SMBV, die vóór de sluiting van de APA werd gebruikt, en dat voor de uitsluiting van deze kosten geen motivering was gegeven, zonder enige verder precisering. Uit de tekst van het bestreden besluit blijkt niet duidelijk waarnaar de Commissie verwijst waar zij zich beroept op het ontbreken van een motivering voor de uitsluiting van de kosten,

en met name of zij van mening is dat dergelijke verklaringen in de APA hadden moeten worden opgenomen of tijdens de administratieve procedure hadden moeten worden gegeven.

521. In dit verband moet ten eerste worden vastgesteld dat de constatering dat de correctie ontoereikend was gerechtvaardigd, hetzij door de Starbuckscontacten hetzij door de Nederlandse autoriteiten, niet zonder meer volstaat om te bewijzen dat deze correctie onjuist was en evenmin dat zij tot een verlaging van de belastingdruk van de SMBV had geleid.

522. Ten tweede moet hoe dan ook worden vastgesteld dat blijkens overweging 407 van het bestreden besluit het door de Commissie verrichte onderzoek van de onjuistheid van de uitsluiting van de kosten van niet-gelieerde productieonderneming 1 een subsidiaire analyse is, die hoort bij de hypothese dat het branden van koffie inderdaad de belangrijkste functie van SMBV zou zijn.

523. Uit het verweerschrift van de Commissie in zaak T-636/16 blijkt dat niet-gelieerde productieonderneming 1 hoofdzakelijk producten zoals gearomatiseerde koffie, poeder voor een merkenrechtelijk gedeponeerd koffieproduct of oploskoffie vervaardigde en dat zij slechts een „beperkte hoeveelheid" groene koffiebonen brandde. De Commissie heeft echter niet uitgelegd in welk opzicht de kosten van niet-gelieerde productieonderneming 1 relevant waren voor de berekening van de belastbare winst van SMBV, als koffiebrander.

524. Daarnaast berusten de argumenten die de Commissie in haar stukken heeft aangevoerd over de uitsluiting van de kosten van niet-gelieerde productieonderneming 1 op de premisse dat de belangrijkste activiteit van SMBV de wederverkoop is. Bijgevolg moeten die verschillende argumenten worden afgewezen.

525. Ten derde blijkt uit het verrekenprijzenrapport dat de belastingadviseur van de Starbucksgroep de kosten die verband houden met activiteiten waarbij SMBV geen toegevoegde waarde levert, heeft uitgesloten van de voor de toepassing van de TNMM gebruikte kostengrondslag. Het Koninkrijk der Nederlanden en Starbucks betogen in hun respectieve stukken overigens dat de uitsluiting van de kosten van niet-gelieerde productieonderneming 1 haar rechtvaardiging vindt in het feit dat SMBV geen enkele toegevoegde waarde levert. Zij betogen dat de kosten die zijn verbonden aan de transactie tussen SMBV en niet-gelieerde productieonderneming 1 enkel via de rekeningen van SMBV lopen maar niet kunnen worden toegerekend aan de activiteit van SMBV. De inkoop van de producten van niet-gelieerde productieonderneming 1 vormt dus een transactie die neutraal is voor de bepaling van de belastbare winst van SMBV.

526. In dit verband moet worden vastgesteld dat niet is uitgesloten dat de inkomsten die uit de door niet-gelieerde productieonderneming 1 geleverde producten worden gehaald gelijk zijn aan de kosten van niet-gelieerde productieonderneming 1, zodat SMBV geen enkele winst haalt uit de producten van die onderneming. De Commissie heeft niet bewezen dat SMBV een meerwaarde had toegevoegd aan de producten van niet-gelieerde productieonderneming 1 en dat zij daadwerkelijk winst had gegenereerd uit de exploitatie van die producten, zodat de kosten van niet-gelieerde productieonderneming 1 noodzakelijkerwijs in aanmerking hadden moeten worden genomen voor de toepassing van de TNMM.

527. De Commissie bewijst evenmin dat de in het verrekenprijzenrapport aangevoerde verschillen tussen de functies van SMBV en die van de 20 ondernemingen op basis waarvan de vergelijkende analyse was uitgevoerd, niet de toepassing van de correctie betreffende de uitsluiting van de kosten van niet-gelieerde productieonderneming 1 rechtvaardigen.

528. Daar de Commissie geen gegevens heeft aangedragen op grond waarvan kan worden aangenomen dat SMBV winst zou hebben behaald uit de transactie met niet-gelieerde productieonderneming 1 of dat de opslag van toepassing moest zijn op een kostengrondslag waarin de kosten van niet-gelieerde productieonderneming 1 waren begrepen, moet worden vastgesteld dan zij niet tot de slotsom kon komen dat de uitsluiting van die kosten onjuist was en tot een verlaging van de winst van SMBV had geleid.

529. In de derde plaats moet worden vastgesteld dat, zoals Starbucks betoogt, de cijfermatige gegevens in de tabel die is weergegeven in punt 184 van het verweerschrift van de Commissie in zaak T-636/16, die berekeningen zijn op basis van de cijfers in tabel 3 van het bestreden besluit, niet in aanmerking kunnen worden genomen ter ondersteuning van het standpunt van de Commissie. Ten eerste hebben die gegevens betrekking op de totale kosten (exploitatie-uitgaven en kostprijs van de verkochte goederen) van SMBV en niet enkel op de exploitatiekosten waaraan de kosten van niet-gelieerde productieonderneming 1 zouden zijn toegevoegd. Ten tweede tonen die gegevens enkel aan dat het winstniveau hoger zou zijn geweest indien de kostengrondslag groter was geweest en kunnen zij niet de stelling staven dat SMBV winst zou hebben gegenereerd uit de exploitatie van de producten van niet-gelieerde productieonderneming 1.

530. In de vierde plaats moet worden opgemerkt dat de uitsluiting van de kosten van niet-gelieerde productieonderneming 1 werd gecombineerd met de correctie, naar boven, van de rendementsmarge. Bijgevolg volgt daaruit niet noodzakelijkerwijs dat de in de APA toegepaste correcties, in hun geheel beschouwd, noodzakelijkerwijs tot een verlaging van de belastinggrondslag van SMBV leidden. De Commissie heeft de kosten van niet-gelieerde productieonderneming 1, of althans het aandeel dat zij vertegenwoordigen in de kosten van SMBV, niet berekend. Uit het bestreden besluit blijkt dus niet dat de kosten van niet-gelieerde productieonderneming 1 een zodanig aandeel in de kosten van SMBV uitmaken dat de uitsluiting van alleen al die kosten een dermate grote invloed op de winst van SMBV zou hebben dat het niveau ervan niet meer representatief is voor winst die uit een zakelijke situatie zou voortvloeien.

531. In het licht van deze vaststellingen moet worden vastgesteld dat de Commissie er niet in is geslaagd te bewijzen dat de uitsluiting van de kosten van niet-gelieerde productieonderneming 1 SMBV een voordeel heeft verleend, zonder dat hoeft te worden onderzocht of het besluit van de Commissie een motiveringsgebrek vertoont.

c. *„Werkkapitaalcorrectie"*

1. Strekking van de betrokken correctie

532. Wat de strekking van de tweede betrokken correctie betreft, heeft de Commissie in overweging 407 van het bestreden besluit betoogd dat de toepassing van de „correctie van het werkkapitaal" (working capital adjustment) tot gevolg heeft gehad dat de in het verrekenprijzenrapport voorgestelde methode geen betrouwbare benadering van een marktuitkomst overeenkomstig het zakelijkheidsbeginsel oplevert. Hierbij moet worden aangetekend dat noch het verrekenprijzenrapport noch de APA de uitdrukking „correctie van het werkkapitaal" gebruikt.

533. Om te beginnen heeft de Commissie in het bestreden besluit betoogd dat de belastingadviseur van de Starbucksgroep in het verrekenprijzenrapport een correctie voorstelde voor de conversie-opslag, die door de Nederlandse autoriteiten als een „werkkapitaalcorrectie" werd beschreven (overweging 401 van het bestreden besluit). Uit die vaststelling volgt dat de uitdrukking „correctie van het werkkapitaal", zoals gebruikt in het bestreden besluit, moet worden begrepen in die zin waarin zij door de Nederlandse autoriteiten tijdens de administratieve procedure is gebruikt.

534. Vervolgens blijkt uit overweging 403 van het bestreden besluit dat de Commissie in de overwegingen 101 tot en met 113 van het inleidingsbesluit twijfels had geuit over de „werkkapitaalcorrectie". De Commissie heeft in de overwegingen 101 en 102 van het inleidingsbesluit de „correctie voor de grondstofkosten" (raw material cost mark-up) besproken, terwijl de correctie inzake de uitsluiting van de kosten van de groene koffiebonen van de kostengrondslag in de overwegingen 99 en 100 van het inleidingsbesluit werd besproken. Het bestreden besluit verwijst in overweging 403 dus niet naar laatstgenoemde correctie. Voor deze vaststelling is overigens steun te vinden in overweging 269, onder iii), en in voetnoot 130 van het bestreden besluit.

535. Weliswaar betreffen de overwegingen 103 tot en met 113 van het inleidingsbesluit eveneens, deels, de correctie inzake de uitsluiting van de kosten van groene koffiebonen van de kostengrondslag, doch volgens overweging 107 van het inleidingsbesluit zijn de argumenten van de Nederlandse autoriteiten over de „correctie in het werkkapitaal" uiteengezet in overweging 59 van dat besluit. Volgens overweging 59 van het inleidingsbesluit hebben de Nederlandse autoriteiten verklaard dat „in dit geval [...] de correctie uit een combinatie van twee correcties [bestond] om tot vergelijkbare resultaten te komen, namelijk een correctie in het werkkapitaal voor de grondstoffenvoorraad, die wordt toegepast op het rendement van de vergelijkbare ondernemingen, en een correctie voor de grondstofkosten in de kostengrondslag van de vergelijkbare ondernemingen". Blijkens de omschrijving van de argumenten van het Koninkrijk der Nederlanden tijdens de administratieve procedure betrof de uitdrukking „correctie in het werkkapitaal" enkel de „correctie voor de grondstofkosten", zoals bepaald in het verrekenprijzenrapport.

536. Ten slotte maakt de Commissie in overweging 407 van het bestreden besluit zelf onderscheid tussen de „werkkapitaalcorrectie" en de uitsluiting van de kosten van niet-gelieerde productieonderneming 1 van de belastinggrondslag van SMBV.

537. Bijgevolg moet worden geconcludeerd dat de in overweging 407 van het bestreden besluit gebruikte uitdrukking „correctie van het werkkapitaal" verwijst naar de „correctie voor de grondstofkosten" die in het verrekenprijzenrapport is bepaald.

538. Hoe dan ook moet, zelfs gesteld dat de in overweging 407 van het bestreden besluit gebruikte uitdrukking „correctie van het werkkapitaal" tevens zou moeten worden begrepen als een verwijzing naar de correc-

tie voor de grondstofkosten in de kostengrondslag van SMBV, worden vastgesteld dat de overwegingen 401 tot en met 406 van het bestreden besluit geen enkel ander argument betreffende de kostengrondslag bevatten dan dat betreffende de uitsluiting van de kosten van niet-gelieerde productieonderneming 1. In de punten 514 tot en met 531 hierboven is echter reeds vastgesteld dat de Commissie er niet in is geslaagd te bewijzen dat de uitsluiting van die kosten SMBV een voordeel heeft verleend. In de overwegingen 404 en 405 van het bestreden besluit wijst de Commissie eenvoudigweg de argumenten van het Koninkrijk der Nederlanden over de relevantie van een vergelijkbaarheidsonderzoek op basis van de totale kosten en van een wetenschappelijk artikel van de hand. Voorts bevatten de overwegingen 401 tot en met 403 van het bestreden besluit geen enkele verwijzing naar de kostengrondslag van SMBV.

2. Grief inzake de afwezigheid van een verlaging van de belastingdruk van SMBV

539. In de eerste plaats moet worden opgemerkt dat voor zover enerzijds de „werkkapitaalcorrectie" overeenkomt met de correctie voor de grondstofkosten in de kostengrondslag, die in het verrekenprijzenrapport is bepaald (zie punt 537 hierboven), en anderzijds het argument over de uitsluiting van de kosten van niet-gelieerde productieonderneming 1 is afgewezen (zie punten 514-531 hierboven), deze correctie heeft geleid tot een verhoging van de opslag van de kostengrondslag van [*vertrouwelijk*] % naar [*vertrouwelijk*] %. Het gebruik van een hogere opslag voor de bepaling van de belastbare winst van SMBV kon echter niet tot een verlaging van de belastbare winst van SMBV leiden. Deze ene correctie, op zich beschouwd, verleent SMBV dus geen voordeel.

540. Daaruit volgt dat de Commissie er niet in is geslaagd te bewijzen dat de „werkkapitaalcorrectie" tot gevolg had dat het winstniveau van SMBV daalde, en dus evenmin dat deze correctie haar een voordeel had verleend.

541. In de tweede plaats moet worden vastgesteld dat de redenering van de Commissie over de „werkkapitaalcorrectie", die in de overwegingen 401 tot en met 405 van het bestreden besluit is uiteengezet, niet kan bewijzen dat de „werkkapitaalcorrectie" tot gevolg had dat het winstniveau van SMBV daalde en dat deze correctie haar bijgevolg een voordeel had verleend.

542. Voor zover, om te beginnen, de Commissie haar redenering heeft gebaseerd op de constatering dat de voor de bepaling van de „werkkapitaalcorrectie" gebruikte methode geen rekening hield met het bedrag van het werkkapitaal van de vergelijkbare ondernemingen noch met dat van SMBV, kan worden volstaan met vast te stellen dat de Commissie niet verklaart in welke opzicht dit feit een verlaging van het winstniveau van SMBV zou kunnen aantonen.

543. Vervolgens was de Commissie weliswaar van mening dat er geen constante relatie bestond tussen de in de correctie gebruikte kosten van de verkochte goederen en de werkkapitaalbehoeften, doch moet worden vastgesteld dat zij niet heeft uitgelegd hoe dit feit in concreto een verlaging van het winstniveau van SMBV zou kunnen aantonen.

544. Bovendien beperkt de Commissie zich met haar stelling dat de door de belastingadviseur van de Starbucksgroep toegepaste „werkkapitaalcorrectie" niet geschikt is voor het aangegeven doel, te weten het corrigeren van verschillen in het gebruik van werkkapitaal, tot algemene en approximatieve overwegingen, zoals die waarmee zij stelt dat deze correctie „niet helemaal geschikt" is of dat „een onderneming met een hoog bedrag aan grondstoffenkosten [...] met name lage werkkapitaalbehoeften [kan] hebben als zij haar voorraad efficiënt beheert".

545. Wat ten slotte de constatering in de overwegingen 402 tot en met 405 van het bestreden besluit betreft, dat noch in de reeks feiten die in het verrekenprijzenrapport is weergegeven, noch in de door het Koninkrijk der Nederlanden in het kader van de administratieve procedure aangevoerde argumenten enige rechtvaardigingsgrond voor de „werkkapitaalcorrectie" was te vinden, moet worden vastgesteld dat de enkele constatering dat een dergelijke rechtvaardigingsgrond ontbreekt evenmin aantoont dat de „werkkapitaalcorrectie" tot een verlaging van de belastbare winst van SMBV heeft geleid.

546. Daaruit volgt dat de Commissie, anders dan zij in overweging 407 van het bestreden besluit heeft geconcludeerd, niet heeft bewezen dat de „werkkapitaalcorrectie" tot een verlaging van de belastbare winst van SMBV zou hebben geleid.

547. Aan deze slotsom wordt niet afgedaan door de argumenten van de Commissie. Blijkens overweging 407 van het bestreden besluit is het door de Commissie verrichte onderzoek van de „werkkapitaalcorrectie" immers een subsidiaire analyse die hoort bij de hypothese dat de belangrijkste functie van SMBV daadwerkelijk het branden van koffie zou zijn. De door de Commissie in haar stukken aangevoerde argumenten over de

„werkkapitaalcorrectie" berusten echter op de premisse dat de belangrijkste activiteit van SMBV de wederverkoop zou zijn. Bijgevolg moeten al die argumenten worden afgewezen.

548. In het licht van de overwegingen in de punten 502 tot en met 547 hierboven moeten de grieven van het Koninkrijk der Nederlanden en van Starbucks volgens welke de Commissie niet heeft bewezen dat de goedkeuring, in de APA, van de werkkapitaalcorrecties en van de uitsluiting van de kosten van niet-gelieerde productieonderneming 1 SMBV een voordeel zoud hebben verleend, worden aanvaard.

549. Bijgevolg moet het middel dat is gebaseerd op het feit dat de Commissie in het kader van haar vierde tot en met zesde redeneerlijn niet heeft bewezen dat de APA SMBV een voordeel had verleend in de zin van artikel 107, lid 1, VWEU, worden aanvaard.

F – Vraag of de APA afweek van artikel 8b Wet Vpb en van het Verrekenprijsbesluit (redenering ten aanzien van het beperkte referentiekader, overwegingen 409 tot en met 412 van het bestreden besluit)

550. Het Koninkrijk der Nederlanden betoogt dat het zijn middelen betreffende de afwezigheid van een voordeel in het onderhavige geval zowel richt tegen het primaire standpunt van de Commissie, dat wil zeggen de zes redeneerlijnen, als tegen haar redenering met betrekking tot het beperkte referentiekader, waarin de Commissie heeft geconcludeerd dat er in casu sprake was van een voordeel in het licht van artikel 8b Wet Vpb en van het Verrekenprijsbesluit. Starbucks betoogt harerzijds dat de Commissie de APA had moeten onderzoeken in het licht van artikel 8b, lid 1, Wet Vpb en van het Verrekenprijsbesluit, hetgeen zij volgens Starbucks niet heeft gedaan.

551. De Commissie stelt dat zij in de overwegingen 409 tot en met 412 van het bestreden besluit de APA heeft onderzocht in het licht van artikel 8b, lid 1, Wet Vpb en dat zij na dat onderzoek heeft vastgesteld dat de APA SMBV een voordeel verleende.

552. In dit verband moet worden geconstateerd dat de Commissie in afdeling 9.2.4 van het bestreden besluit, met het opschrift „Subsidiair: selectief voordeel ten gevolge van een afwijking van het besluit Verrekenprijzen" (overwegingen 409-412 van het bestreden besluit), uiterst subsidiair heeft vastgesteld dat de APA SMBV een voordeel verleende in het licht van een beoordeling op basis van het beperktere referentiekader van artikel 8b, lid 1, Wet Vpb en het Verrekenprijsbesluit (overweging 412 van het bestreden besluit).

553. In overweging 410 van het bestreden besluit heeft de Commissie immers „[s]ubsidiair [uiteengezet dat] de [APA] SMBV ook een selectief voordeel verleen[de] in het kader van het beperktere referentiestelsel dat uit groepsondernemingen [bestond] die verrekenprijzen hanteren waarop artikel 8b, eerste lid, Wet Vpb en het [Verrekenprijsbesluit] van toepassing [waren]". In overweging 411 van het bestreden besluit heeft de Commissie in herinnering gebracht dat artikel 8b, lid 1, Wet Vpb en het Verrekenprijsbesluit „het ‚arm's-lengthbeginsel' of ‚zakelijkheidsbeginsel' in de Nederlandse belastingwetgeving [hadden vastgelegd], volgens hetwelk transacties binnen groepsverband zouden moeten worden vergoed als waren ze overeengekomen tussen onafhankelijke ondernemingen". In diezelfde overweging heeft de Commissie erop gewezen dat in de preambule van het Verrekenprijsbesluit werd gepreciseerd dat de OESO-richtlijnen rechtstreeks van toepassing zijn in Nederland. In overweging 412 van het bestreden besluit heeft de Commissie verwezen naar de redenering in de overwegingen 268 tot en met 274 van het bestreden besluit, waarin de eerste tot en met de zesde redeneerlijn zijn samengevat, om tot de slotsom te komen dat de APA tevens een selectief voordeel verleende op basis van het beperktere referentiekader dat bestaat uit artikel 8b, lid 1, Wet Vpb en het Verrekenprijsbesluit.

554. Blijkens deze vaststellingen heeft de Commissie geconcludeerd dat de betrokken APA SMBV een selectief voordeel verleende omdat deze tot een verlaging van de verschuldigde belasting leidde ten opzichte van de situatie waarin het in artikel 8b Wet Vpb en in het Verrekenprijsbesluit vastgelegde zakelijkheidsbeginsel op juiste wijze zou zijn toegepast.

555. Vastgesteld moet worden dat de Commissie deze conclusie heeft gebaseerd op haar toetsing van de APA in het kader van haar primaire analyse. Zo heeft zij gesteld dat zij in het kader van afdeling 9.2.3.1 van het bestreden besluit reeds had bewezen dat de APA geen betrouwbare benadering van een zakelijke uitkomst kon opleveren.

556. Het is juist dat de redenering in de overwegingen 409 tot en met 412 van het bestreden besluit vooral een argument van het Koninkrijk der Nederlanden en van Starbucks betreft over de keuze van het referentiekader, hetgeen behoort tot de analyse van de selectiviteit van de betrokken maatregel.

557. Evenwel zijn het Koninkrijk der Nederlanden en de Commissie van mening dat overweging 412 van het bestreden besluit aldus moet worden uitgelegd dat de Commissie op basis van een toetsing aan het relevante

nationale recht, te weten artikel 8b, lid 1, Wet Vpb en het Verrekenprijsbesluit, tot de slotsom is gekomen dat de APA SMBV een voordeel verleende, en dat de analyse die de Commissie in de eerste tot en met de zesde redeneerlijn heeft uitgevoerd mutatis mutandis van toepassing is. Deze vaststelling wordt bovendien gestaafd door de bewoordingen van overweging 416 van het bestreden besluit.

558. Zonder dat in casu een standpunt hoeft te worden ingenomen over de exacte strekking van de in de overwegingen 409 tot en met 412 van het bestreden besluit uiteengezette redenering van de Commissie inzake het beperkte referentiekader, kan worden volstaan met vast te stellen dat, gesteld dat de Commissie daarmee de fouten die zij in het kader van de eerste tot en met de zesde redeneerlijn had aangeduid heeft onderzocht in het licht van artikel 8b Wet Vpb en het Verrekenprijsbesluit, waarbij het zakelijkheidsbeginsel in het Nederlandse recht is vastgelegd, zij om dezelfde redenen als die welke zijn uiteengezet in de punten 173 tot en met 549 hierboven, die mutatis mutandis gelden voor dat onderzoek, niet heeft bewezen dat de APA SMBV een voordeel had verleend in de zin van artikel 107, lid 1, VWEU.

G – Conclusie

559. Ten eerste vloeit uit de punten 404 en 549 hierboven voort dat de zes redeneerlijnen van het bestreden besluit niet volstaan om aan te tonen dat de APA SMBV een voordeel had verleend in de zin artikel 107, lid 1, VWEU.

560. Ten tweede vloeit uit de punten 550 tot en met 558 hierboven voort dat de Commissie niet heeft aangetoond dat de APA afweek van artikel 8b Wet Vpb en van het Verrekenprijsbesluit en dat de APA SMBV aldus een voordeel had verleend in de zin van artikel 107, lid 1, VWEU.

561. Uit een en ander vloeit dus voort dat de Commissie er met geen van haar in het bestreden besluit uiteengezette redeneerlijnen in is geslaagd om rechtens genoegzaam te bewijzen dat er sprake was van een voordeel in de zin van artikel 107, lid 1, VWEU. Bijgevolg moet het bestreden besluit in zijn geheel nietig worden verklaard, zonder dat de andere door het Koninkrijk der Nederlanden en door Starbucks aangevoerde middelen hoeven te worden onderzocht.

IV – Kosten

562. …

563. …

HET GERECHT (Zevende kamer – uitgebreid),

rechtdoende, verklaart:

1. **De zaken T-760/15 en T-636/16 worden gevoegd voor het onderhavige arrest.**

2. **Besluit (EU) 2017/502 van de Commissie van 21 oktober 2015 betreffende steunmaatregel SA.38374 (2014/C ex 2014/NN) die Nederland ten gunste van Starbucks ten uitvoer heeft gelegd, wordt nietig verklaard.**

3. **De Europese Commissie zal haar eigen kosten dragen alsmede die van het Koninkrijk der Nederlanden, Starbucks Corp. en Starbucks Manufacturing Emea BV.**

4. **Ierland zal zijn eigen kosten dragen.**

HvJ EU 17 oktober 2019, zaak C-459/18 (Argenta Spaarbank NV v. Belgische Staat)

Zevende kamer: *P. G. Xuereb, kamerpresident, T. von Danwitz en A. Kumin (rapporteur), rechters*
Advocaat-generaal: *G. Pitruzella*

1. Het verzoek om een prejudiciële beslissing betreft de uitlegging van artikel 49 VWEU.

2. Dit verzoek is ingediend in het kader van een geding tussen Argenta Spaarbank NV (hierna: „Argenta") en de Belgische Staat over de berekening van de aftrek voor risicokapitaal voor aanslagjaar 2015.

Toepasselijke bepalingen

Belgisch recht

3. De aftrek voor risicokapitaal werd in de inkomstenbelasting ingevoerd bij de wet van 22 juni 2005 tot invoering van een belastingaftrek voor risicokapitaal (*Belgisch Staatsblad* van 30 juni 2005, blz. 30077).

4. Volgens de memorie van toelichting heeft deze wet met name tot doel het verschil in fiscale behandeling te verminderen tussen de financiering van vennootschappen met vreemd vermogen – waarvan de vergoeding fiscaal volledig aftrekbaar is – en de financiering van vennootschappen met eigen vermogen (risicokapitaal) – waarvan de vergoeding tot dan toe volledig werd belast –, en de solvabiliteitsratio van vennootschappen te verhogen. De aftrek voor risicokapitaal werd ingevoerd in het kader van de algemene doelstelling om het concurrentievermogen van de Belgische economie te verbeteren.

5. Artikel 205bis van het Wetboek van de inkomstenbelastingen 1992 (hierna: „WIB 1992"), in de versie die van toepassing was op aanslagjaar 2015, luidt als volgt:

> „Bij de bepaling van het belastbaar inkomen wordt de belastbare basis verminderd met het overeenkomstig artikel 205quater vastgesteld bedrag. Deze vermindering wordt ‚aftrek voor risicokapitaal' genoemd."

6. Volgens artikel 205quater, § 1, WIB 1992 is de aftrek voor risicokapitaal gelijk aan het overeenkomstig artikel 205ter WIB 1992 bepaalde risicokapitaal, vermenigvuldigd met een tarief dat in de volgende paragrafen van dit artikel 205quater wordt bepaald.

7. Artikel 205ter, § 1, eerste lid, bepaalt dat, om de aftrek voor risicokapitaal voor een belastbaar tijdperk vast te stellen, het in aanmerking te nemen risicokapitaal onder voorbehoud van het bepaalde in de §§ 2 tot 5 van dat artikel overeenstemt met het bedrag van het eigen vermogen van de vennootschap aan het eind van het voorgaande belastbare tijdperk, zoals dat werd bepaald overeenkomstig de wetgeving betreffende de boekhouding en de jaarrekening zoals weergegeven op de balans. Volgens artikel 205ter, § 1, tweede lid, WIB 1992 wordt het aldus vastgestelde risicokapitaal verminderd met bepaalde waarden, en in artikel 205ter, §§ 2 tot 5, zijn de gevallen vastgelegd waarin het eigen vermogen moet worden gecorrigeerd alvorens als basis te kunnen dienen voor de vaststelling van het bedrag van de aftrek voor risicokapitaal.

8. Tot aanslagjaar 2014 bepaalde artikel 205ter, § 2, WIB 1992 dat wanneer de vennootschap over één of meer inrichtingen in het buitenland beschikte waarvan de inkomsten vrijgesteld waren krachtens een overeenkomst tot het vermijden van dubbele belasting, het overeenkomstig §1 bepaalde risicokapitaal werd verminderd met het positieve verschil tussen enerzijds de nettoboekwaarde van de activabestanddelen van de buitenlandse inrichtingen en anderzijds het totaal van de passivabestanddelen die niet behoorden tot het eigen vermogen van de vennootschap en die op deze inrichtingen aanrekenbaar waren.

9. Artikel 205quinquies WIB 1992 bepaalde dat indien er voor een belastbaar tijdperk geen winst was om de aftrek voor risicokapitaal te kunnen toepassen, de voor dat belastbaar tijdperk niet verleende vrijstelling achtereenvolgens werd overgedragen op de winst van de zeven volgende jaren. Ten gevolge van de vaststelling van de wet van 13 december 2012 houdende fiscale en financiële bepalingen (*Belgisch Staatsblad* van 20 december 2012) is die overdracht sinds aanslagjaar 2013 niet meer mogelijk.

10. In het arrest van 4 juli 2013, Argenta Spaarbank (C-350/11, EU:C:2013:447), heeft het Hof naar aanleiding van een verzoek om een prejudiciële beslissing geoordeeld dat artikel 49 VWEU aldus moet worden uitgelegd dat het zich verzet tegen een nationale regeling volgens welke voor de berekening van een aftrek waarop een in een lidstaat onbeperkt belastingplichtige vennootschap aanspraak kan maken, de nettowaarde van de activa van een in een andere lidstaat gelegen vaste inrichting niet in aanmerking wordt genomen wanneer de

winst van deze vaste inrichting krachtens een overeenkomst tot het vermijden van dubbele belasting niet in eerstbedoelde lidstaat belastbaar is, terwijl de activa die verbonden zijn met een vaste inrichting op het grondgebied van eerstbedoelde lidstaat, daartoe wel in aanmerking worden genomen.

11. Bij de wet van 21 december 2013 houdende diverse fiscale en financiële bepalingen (*Belgisch Staatsblad* van 31 december 2013) zijn §§ 2 en 3 van artikel 205ter WIB 1992 opgeheven en is in het WIB 1992 een nieuw artikel 205quinquies ingevoerd, dat sedert aanslagjaar 2014 van kracht is (hierna: „artikel 205quinquies WIB 1992, zoals gewijzigd").

12. Artikel 205quinquies WIB 1992, zoals gewijzigd, luidt als volgt:

„Wanneer de vennootschap in een andere lidstaat van de Europese Economische Ruimte beschikt over één of meer vaste inrichtingen, over onroerende goederen die niet behoren tot een vaste inrichting of over rechten met betrekking tot dergelijke onroerende goederen waarvan de inkomsten zijn vrijgesteld krachtens een overeenkomst tot het vermijden van dubbele belasting, wordt de overeenkomstig artikel 205bis bepaalde aftrek verminderd met het laagste van de twee volgende bedragen:

1° het bedrag bepaald overeenkomstig het derde lid;

2° het positieve resultaat afkomstig van deze vaste inrichtingen, deze onroerende goederen en deze rechten met betrekking tot dergelijke onroerende goederen zoals vastgesteld in dit wetboek.

[...]

Het in het eerste en tweede lid bedoelde bedrag wordt bepaald door het tarief bedoeld in artikel 205quater te vermenigvuldigen met het positieve verschil, vastgesteld op het einde van het voorgaande belastbaar tijdperk onder voorbehoud van de bepalingen uit artikel 205ter, §§ 2 tot 5, tussen enerzijds de nettoboekwaarde van de activabestanddelen van de buitenlandse vaste inrichtingen, onroerende goederen of rechten bedoeld in respectievelijk het eerste en het tweede lid, met uitzondering van de aandelen en deelnemingen bedoeld in artikel 205ter, § 1, tweede lid, en anderzijds het totaal van de passivabestanddelen die niet behoren tot het eigen vermogen van de vennootschap en die aanrekenbaar zijn op de vaste inrichtingen, onroerende goederen of rechten bedoeld in respectievelijk het eerste of tweede lid."

Overeenkomst tussen het Koninkrijk België en het Koninkrijk der Nederlanden tot het vermijden van dubbele belasting

13. Artikel 7, leden 1 tot en met 3, van de Overeenkomst tussen het Koninkrijk België en het Koninkrijk der Nederlanden tot het vermijden van dubbele belasting en tot het voorkomen van het ontgaan van belasting inzake belastingen naar het inkomen en naar het vermogen, van 5 juni 2001 (*Belgisch Staatsblad* van 20 december 2002, blz. 57534; hierna: „Belgisch-Nederlands verdrag"), luidt:

„1. Winst van een onderneming van een verdragsluitende Staat is slechts in die Staat belastbaar, tenzij de onderneming in de andere verdragsluitende Staat haar bedrijf uitoefent met behulp van een aldaar gevestigde vaste inrichting. Indien de onderneming aldus haar bedrijf uitoefent, mag de winst van de onderneming in de andere Staat worden belast, maar slechts in zoverre als zij aan die vaste inrichting kan worden toegerekend.

2. Onder voorbehoud van de bepalingen van lid 3 wordt, indien een onderneming van een verdragsluitende Staat in de andere verdragsluitende Staat haar bedrijf uitoefent met behulp van een aldaar gevestigde vaste inrichting, in elke verdragsluitende Staat aan die vaste inrichting de winst toegerekend die zij geacht zou kunnen worden te behalen indien zij een onafhankelijke onderneming zou zijn, die dezelfde of soortgelijke werkzaamheden zou uitoefenen onder dezelfde of soortgelijke omstandigheden en die geheel onafhankelijk zou handelen met de onderneming waarvan zij een vaste inrichting is.

3. Bij het bepalen van de winst van een vaste inrichting worden in aftrek toegelaten kosten, daaronder begrepen kosten van leiding en algemene beheerskosten, die ten behoeve van de vaste inrichting zijn gemaakt, hetzij in de Staat waar de vaste inrichting is gevestigd, hetzij elders."

14. Artikel 23, lid 1, van het Belgisch-Nederlands verdrag bepaalt:

„In België wordt dubbele belasting op de volgende wijze vermeden:

a. Indien een inwoner van België inkomsten verkrijgt, andere dan dividenden, interest of royalty's als zijn bedoeld in artikel 12, lid 5, of bestanddelen van een vermogen bezit die ingevolge de bepalingen van dit verdrag, in Nederland zijn belast, stelt België deze inkomsten of deze bestanddelen van vermogen vrij van belasting, maar om het bedrag van de belasting op het overige inkomen of vermogen van die inwoner te berekenen mag België het belastingtarief toepassen dat van toepassing zou zijn indien die inkomsten of die bestanddelen van het vermogen niet waren vrijgesteld.

[...]"

Hoofdgeding en prejudiciële vraag

15. Argenta is een in België gevestigde vennootschap, die onderworpen is aan de Belgische vennootschapsbelasting.

16. In het belastingtijdvak dat loopt van 1 januari tot en met 31 december 2014 (hierna: „aanslagjaar 2015") oefende Argenta een deel van haar activiteiten uit via een in Nederland gevestigde vaste inrichting waarvan de inkomsten in België zijn vrijgesteld op basis van artikel 7, leden 1 tot en met 3, en artikel 23 van het Belgisch-Nederlands verdrag.

17. In haar aangifte van de vennootschapsbelasting voor aanslagjaar 2015 heeft Argenta de aftrek voor risicokapitaal overeenkomstig artikel 205quinquies WIB 1992, zoals gewijzigd, verminderd met het deel van de aftrek dat over het eigen vermogen van haar vaste inrichting wordt berekend.

18. De aanslag in de vennootschapsbelasting voor aanslagjaar 2015 werd uitvoerbaar verklaard op 12 november 2015 en het aanslagbiljet werd verzonden op 16 november 2015.

19. Blijkens het verzoek om een prejudiciële beslissing werd de aanslag in de vennootschapsbelasting op grond van artikel 205quinquies WIB 1992, zoals gewijzigd, als volgt berekend. Om te beginnen werd overeenkomstig het derde lid van dat artikel, zoals gewijzigd, het bedrag van de aftrek voor risicokapitaal met betrekking tot de Nederlandse vaste inrichting van Argenta berekend, concreet 1 970 290,89 EUR. Vervolgens werd overeenkomstig het eerste lid van dat artikel, zoals gewijzigd, dat bedrag van de aftrek voor risicokapitaal met betrekking tot de Nederlandse vaste inrichting vergeleken met het door deze vaste inrichting behaalde positieve resultaat van 149 185 743,91 EUR. Ten slotte werd de aftrek voor risicokapitaal met betrekking tot de Nederlandse vaste inrichting (1 970 290,89 EUR) volledig in mindering gebracht op de totale aftrek voor risicokapitaal, omdat het positieve resultaat van de Nederlandse vaste inrichting hoger was dan de aftrek voor risicokapitaal met betrekking tot deze inrichting.

20. Tegen deze aanslag heeft Argenta op 12 mei 2016 bezwaar ingediend op grond dat artikel 205quinquies WIB 1992, zoals gewijzigd, in strijd is met artikel 49 VWEU. Dit bezwaar werd afgewezen bij beslissing van 19 december 2016.

21. Op 17 maart 2017 heeft Argenta een verzoekschrift neergelegd bij de verwijzende rechter.

22. De verwijzende rechter merkt op dat tussen partijen onenigheid bestaat over de verenigbaarheid van in het bijzonder artikel 205quinquies WIB 1992, zoals gewijzigd, met artikel 49 VWEU, en met de rechtspraak die voortvloeit uit het arrest van 4 juli 2013, Argenta Spaarbank (C-350/11, EU:C:2013:447).

23. De verwijzende rechter wijst erop dat de aftrek voor risicokapitaal, zoals berekend overeenkomstig de artikelen 205ter en 205quater WIB 92, wordt verminderd met het deel van de aftrek voor risicokapitaal dat wordt berekend over het eigen vermogen van vaste inrichtingen die in een andere staat van de Europese Economische Ruimte (EER) zijn gevestigd en uit hoofde van een overeenkomst tot het vermijden van dubbele belasting (hierna: „dubbelbelastingverdrag") zijn vrijgesteld. Deze vermindering blijft beperkt tot de door deze vaste inrichting behaalde winst. Het eigen vermogen wordt bepaald als de nettoboekwaarde van de activabestanddelen, verminderd met het totaal van de passivabestanddelen die niet behoren tot het eigen vermogen van de vennootschap en die aanrekenbaar zijn op deze vaste inrichtingen, zoals bepaald in artikel 205quinquies, derde lid, WIB 92, zoals gewijzigd.

24. De verwijzende rechter preciseert dat, anders dan voor aanslagjaar 2008 – dat aan de orde was in de zaak die heeft geleid tot het arrest van 4 juli 2013, Argenta Spaarbank (C-350/11, EU:C:2013:447) –, er geen overdracht naar latere aanslagjaren meer mogelijk is indien er voor een aanslagjaar geen of onvoldoende winst is om de aftrek voor risicokapitaal te kunnen toepassen.

25. De verwijzende rechter stelt vast dat de vermindering van de aftrek voor risicokapitaal als bedoeld in artikel 205quinquies WIB 92, zoals gewijzigd, niet van toepassing is op vaste inrichtingen die in België zijn gevestigd, en dat de Belgische wetgeving evenmin in een dergelijke vermindering voorziet voor Belgische inrichtingen.

26. Volgens de verwijzende rechter volgt hieruit dat de aftrek voor risicokapitaal beperkter is indien een vennootschap een vaste inrichting heeft in een andere EER-lidstaat – in het bijzonder indien de winst van de inrichting hoger is dan de daaraan toegerekende aftrek voor risicokapitaal – dan wanneer een vennootschap een vaste inrichting heeft in België. De vraag rijst dan ook of deze nationale regeling verenigbaar is met artikel 49 VWEU.

27. In een situatie als aan de orde in het hoofdgeding, waarin de winst van de vaste inrichting in een andere lidstaat hoger is dan de aftrek voor risicokapitaal berekend op het aan deze inrichting toegewezen eigen vermogen, zou de nieuwe regeling nagenoeg hetzelfde effect hebben als de regeling voor aanslagjaar 2008, die strijdig werd bevonden met artikel 49 VWEU. Daartegenover staat dat de activa van de in een andere lidstaat gelegen vaste inrichting, althans in eerste instantie, in aanmerking worden genomen bij de berekening van de aftrek, en dat de beperking van het recht op aftrek voor risicokapitaal betreffende het eigen vermogen van een dergelijke vaste inrichting waarvan de winst bij dubbelbelastingverdrag is vrijgesteld, gelimiteerd blijft tot het bedrag van de winst van deze inrichting.

28. In deze omstandigheden heeft de rechtbank van eerste aanleg Antwerpen (België) de behandeling van de zaak geschorst en het Hof verzocht om een prejudiciële beslissing over de volgende vraag:

> „Verzet artikel 49 [VWEU] zich tegen een nationale belastingregeling op grond waarvan bij de berekening van de belastbare winst van een in België onbeperkt belastingplichtige vennootschap met een vaste inrichting in een andere lidstaat waarvan de winsten in België met toepassing van een dubbelbelastingverdrag tussen België en de andere lidstaat geheel zijn vrijgesteld:
> – de aftrek voor risicokapitaal wordt verminderd met een bedrag aan aftrek voor risicokapitaal berekend op het positieve verschil tussen enerzijds de nettoboekwaarde van de activabestanddelen van de vaste inrichting, en anderzijds het totaal van de passivabestanddelen die niet behoren tot het eigen vermogen van de vennootschap en die aanrekenbaar zijn op de vaste inrichting en
> – voormelde vermindering niet wordt toegepast in de mate dat het bedrag van de vermindering lager is dan de winst van deze vaste inrichting,
> terwijl geen vermindering van de aftrek voor risicokapitaal wordt toegepast indien dit positieve verschil kan worden toegerekend aan een in België gelegen vaste inrichting?"

Beantwoording van de prejudiciële vraag

29. Vooraf dient te worden opgemerkt dat de Belgische regering het Hof verzoekt om de prejudiciële vraag te herformuleren, op grond dat zij in wezen niet overeenstemt met artikel 205quinquies WIB 1992, zoals gewijzigd.

30. Dienaangaande zij eraan herinnerd dat het Hof zich bij de uitlegging van bepalingen van de nationale rechtsorde in beginsel moet baseren op de kwalificaties in de verwijzingsbeslissing. Volgens vaste rechtspraak is het Hof immers niet bevoegd om het nationale recht van een lidstaat uit te leggen (arrest van 17 maart 2011, Naftiliaki Etaireia Thasou en Amaltheia I Naftiki Etaireia, C-128/10 en C-129/10, EU:C:2011:163, punt 40 en aldaar aangehaalde rechtspraak).

31. In de motivering van zijn verzoek om een prejudiciële beslissing heeft de verwijzende rechter uitlegging gegeven aan artikel 205quinquies WIB 1992, zoals gewijzigd, en vastgesteld dat volgens deze bepaling de aftrek voor risicokapitaal, zoals berekend overeenkomstig artikel 205ter en artikel 205quater WIB 1992, zoals gewijzigd, wordt verminderd met het deel van de aftrek voor risicokapitaal dat wordt berekend op het eigen vermogen van een in een andere lidstaat gevestigde vaste inrichting waarvan de winst bij dubbelbelastingverdrag is vrijgesteld, en dat deze vermindering beperkt blijft tot de door deze vaste inrichting behaalde winst. Hij heeft voorts vastgesteld dat de vermindering van de aftrek voor risicokapitaal als bedoeld in artikel 205quinquies WIB 92, zoals gewijzigd, niet van toepassing is in gevallen waarin de vaste inrichting in België is gelegen.

32. De vraag van de verwijzende rechter moet dus worden begrepen en beantwoord op basis van de premissen die uit de verwijzingsbeslissing blijken.

33. Bijgevolg moet worden aangenomen dat de verwijzende rechter met zijn prejudiciële vraag in essentie wenst te vernemen of artikel 49 VWEU aldus moet worden uitgelegd dat het zich verzet tegen een nationale wettelijke regeling als aan de orde in het hoofdgeding, volgens welke voor de berekening van de aftrek waarop aanspraak kan worden gemaakt door een vennootschap die in een lidstaat onbeperkt belastingplichtig is en in een andere lidstaat beschikt over een vaste inrichting waarvan de inkomsten in de eerste lidstaat bij dubbelbelastingverdrag zijn vrijgesteld, de nettowaarde van de activa van die vaste inrichting in eerste instantie in aanmerking wordt genomen bij de berekening van de aan de ingezeten vennootschap toegekende aftrek voor risicokapitaal, maar het bedrag van de aftrek in tweede instantie wordt verminderd met het laagste van de volgende bedragen, namelijk het met de vaste inrichting overeenstemmend deel van de aftrek voor risicokapitaal of het door de vaste inrichting gegenereerde positieve resultaat, terwijl een dergelijke vermindering niet wordt toegepast in het geval van een in de eerste lidstaat gelegen vaste inrichting.

34. De vrijheid van vestiging die staatsburgers van de Europese Unie op grond van artikel 49 VWEU genieten, brengt krachtens artikel 54 VWEU voor de vennootschappen die in overeenstemming met de wetgeving van een lidstaat zijn opgericht en hun statutaire zetel, hun hoofdbestuur of hun hoofdvestiging binnen de Unie hebben, het recht mee om in een andere lidstaat hun bedrijfsactiviteit uit te oefenen door middel van een dochteronderneming, een filiaal of een agentschap (arrest van 12 juni 2018, Bevola en Jens W. Trock, C-650/16, EU:C:2018:424, punt 15).

35. Hoewel de bepalingen van het Unierecht inzake de vrijheid van vestiging volgens de bewoordingen ervan beogen te garanderen dat staatsburgers of vennootschappen van een lidstaat van de Unie in de lidstaat van ontvangst dezelfde behandeling krijgen als de onderdanen van deze lidstaat, verbieden zij ook de lidstaat van oorsprong de vestiging in een andere lidstaat van een van zijn staatsburgers of van een naar zijn recht opgerichte vennootschap te bemoeilijken (arresten van 4 juli 2013, Argenta Spaarbank, C-350/11, EU:C:2013:447, punt 20, en 12 juni 2018, Bevola en Jens W. Trock, C-650/16, EU:C:2018:424, punt 16 en aldaar aangehaalde rechtspraak).

36. Deze beginselen gelden ook wanneer een vennootschap met zetel in een lidstaat haar activiteiten in een andere lidstaat verricht via een vaste inrichting (arresten van 15 mei 2008, Lidl Belgium, C-414/06, EU:C:2008:278, punt 20; 4 juli 2013, Argenta Spaarbank, C-350/11, EU:C:2013:447, punt 21, en 12 juni 2018, Bevola en Jens W. Trock, C-650/16, EU:C:2018:424, punt 17).

37. De aftrek voor risicokapitaal die is toegekend aan een vennootschap die in België vennootschapsbelasting moet betalen, vormt een belastingvoordeel dat leidt tot een vermindering van het effectieve tarief in de vennootschapsbelasting die een dergelijke vennootschap in die lidstaat moet betalen.

38. Het Hof heeft in dit verband reeds geoordeeld dat voor een in België aan de vennootschapsbelasting onderworpen vennootschap ook een belastingvoordeel ontstaat wanneer voor de berekening van de aftrek voor risicokapitaal de activa van een vaste inrichting in aanmerking worden genomen, want als gevolg daarvan vermindert het effectieve tarief in de vennootschapsbelasting die deze vennootschap in deze lidstaat moet betalen (arrest van 4 juli 2013, Argenta Spaarbank, C-350/11, EU:C:2013:447, punt 24).

39. De nationale wettelijke regeling die in het hoofdgeding aan de orde is, met name artikel 205quinquies WIB 1992, zoals gewijzigd, bepaalt thans dat de nettowaarde van de activa van een in een andere lidstaat gevestigde vaste inrichting waarvan de inkomsten in de lidstaat van de ingezeten vennootschap zijn vrijgesteld krachtens een dubbelbelastingverdrag, in eerste instantie in aanmerking wordt genomen bij de berekening van de aan de ingezeten vennootschap toegekende aftrek voor risicokapitaal.

40. Dienaangaande kan dus geen verschil in behandeling worden vastgesteld tussen een vennootschap met een vaste inrichting in België en een vennootschap met een vaste inrichting in een andere lidstaat waarvan de inkomsten in België zijn vrijgesteld krachtens een dubbelbelastingverdrag, aangezien zowel de activa die worden toegerekend aan de in België gelegen vaste inrichting als die welke worden toegerekend aan de in een andere lidstaat gelegen vaste inrichting in aanmerking worden genomen bij de berekening van de aan de ingezeten vennootschap toegekende algehele aftrek voor risicokapitaal.

41. Het bedrag van de algehele aftrek voor risicokapitaal wordt in tweede instantie echter verminderd met het laagste van de volgende bedragen, namelijk het deel van de aftrek voor risicokapitaal dat betrekking heeft op een in een andere lidstaat gelegen vaste inrichting waarvan de inkomsten in België zijn vrijgesteld krachtens een dubbelbelastingverdrag, of het positieve resultaat afkomstig van deze vaste inrichting, terwijl voor de in België gelegen vaste inrichtingen niet in een dergelijke vermindering van de aftrek voor risicokapitaal is voorzien.

42. De wettelijke regeling aan de orde in het hoofdgeding voert derhalve in dit opzicht een verschil in behandeling in tussen een vennootschap met een vaste inrichting in België en een vennootschap met een vaste inrichting in een andere lidstaat waarvan de inkomsten in België zijn vrijgesteld krachtens een dubbelbelastingverdrag.

43. Bijgevolg moet worden bepaald of dat verschil in behandeling een nadelige behandeling vormt die een Belgische vennootschap ervan kan afhouden haar activiteiten uit te oefenen via een vaste inrichting in een andere lidstaat dan het Koninkrijk België en dientengevolge een beperking is die in beginsel wordt verboden door de bepalingen van het VWEU inzake de vrijheid van vestiging.

44. Zoals blijkt uit het dossier waarover het Hof beschikt, kan de toepassing van artikel 205quinquies WIB 1992, zoals gewijzigd, aanleiding geven tot drie verschillende gevallen.

45. Ten eerste wordt in een situatie waarin de in een andere lidstaat gevestigde vaste inrichting waarvan de inkomsten in België zijn vrijgesteld krachtens een dubbelbelastingverdrag, geen positief resultaat heeft gegenereerd, de aan de ingezeten vennootschap toegekende algehele aftrek voor risicokapitaal – bij de berekening waarvan rekening wordt gehouden met de nettowaarde van de activa van die vaste inrichting – niet verminderd. De belastbare basis van de ingezeten vennootschap wordt dus verminderd met het volledige bedrag aan aftrek voor risicokapitaal, met inbegrip van het deel van de aftrek voor risicokapitaal dat betrekking heeft op die vaste inrichting.

46. In dit eerste geval wordt de vennootschap met een in een andere lidstaat gevestigde inrichting waarvan de inkomsten in België zijn vrijgesteld krachtens een dubbelbelastingverdrag, dus niet minder gunstig behandeld dan een ingezeten vennootschap met een ingezeten vaste inrichting. Het is evenwel de taak van de verwijzende rechter na te gaan of dat daadwerkelijk zo is.

47. Ten tweede wordt in een situatie waarin de in een andere lidstaat gevestigde vaste inrichting waarvan de inkomsten in België zijn vrijgesteld krachtens een dubbelbelastingverdrag, een positief resultaat heeft gegenereerd dat lager is dan het met deze vaste inrichting overeenstemmend deel van de aftrek voor risicokapitaal, de algehele aftrek voor risicokapitaal – bij de berekening waarvan rekening wordt gehouden met de nettowaarde van de activa van die vaste inrichting – verminderd. Dat positieve resultaat wordt namelijk in mindering gebracht op de algehele aftrek.

48. Die verrichting heeft tot gevolg dat het deel van de aftrek voor risicokapitaal dat op die vaste inrichting betrekking heeft en dat hoger is dan het resultaat van die inrichting, wél in aanmerking wordt genomen voor de algehele aftrek.

49. Bijgevolg wordt de belastbare basis van de ingezeten vennootschap slechts verminderd met het bedrag aan aftrek voor risicokapitaal met betrekking tot die vaste inrichting voor zover dit bedrag hoger is dan het positieve resultaat van deze laatste.

50. Ten derde wordt in een situatie waarin de in een andere lidstaat gevestigde vaste inrichting waarvan de inkomsten in België zijn vrijgesteld krachtens een dubbelbelastingverdrag, een positief resultaat heeft gegenereerd dat hoger is dan het met deze vaste inrichting overeenstemmend deel van de aftrek voor risicokapitaal, de algehele aftrek voor risicokapitaal – bij de berekening waarvan rekening wordt gehouden met de nettowaarde van de activa van die vaste inrichting – ook verminderd, namelijk met de aftrek voor risicokapitaal die betrekking heeft op die inrichting. In dit geval leidt het bedrag aan aftrek voor risicokapitaal met betrekking tot die vaste inrichting niet tot vermindering van de belastbare basis van de ingezeten vennootschap.

51. Hieruit volgt dat in het bovenbeschreven tweede en derde geval, anders dan in situaties waarin een vaste inrichting in België is gelegen, de algehele aftrek voor risicokapitaal wordt verminderd wanneer de ingezeten vennootschap beschikt over een in een andere lidstaat gelegen vaste inrichting waarvan de inkomsten in België zijn vrijgesteld krachtens een dubbelbelastingverdrag.

52. De toepassing van dat mechanisme dient voor een ingezeten vennootschap met een in een andere lidstaat gevestigde vaste inrichting echter bovendien zodanig nadelig te zijn dat de belastbare basis van deze vennootschap door de vermindering van de algehele aftrek voor risicokapitaal hoger uitvalt dan die van een ingezeten vennootschap met een vaste inrichting in België.

53. In dit verband is het weliswaar zo dat in het hierboven beschreven tweede en derde geval, anders dan in situaties waarin de vaste inrichting in België is gevestigd, de algehele aftrek voor risicokapitaal wordt verminderd en het betrokken bedrag dus niet volledig in mindering wordt gebracht op de belastbare basis van de ingezeten vennootschap, maar niettemin moet worden opgemerkt dat volgens de informatie in het aan het Hof ter beschikking staande dossier de belastbare basis van de ingezeten vennootschap met een vaste inrichting in België, onder voor het overige gelijke omstandigheden, ook hoger is dan die van een vennootschap die in een andere lidstaat een vaste inrichting heeft waarvan de inkomsten in België zijn vrijgesteld.

54. Volgens die informatie omvat de belastbare basis van de vennootschap waarvan de vaste inrichtingen in België zijn gevestigd, namelijk de resultaten van deze vaste inrichtingen. In een situatie waarin het Koninkrijk België, in een dubbelbelastingverdrag, de inkomsten van een in een andere lidstaat gevestigde vaste inrichting heeft vrijgesteld, zijn die inkomsten daarentegen niet vervat in de belastbare basis van de ingezeten vennootschap.

55. Wat het bovenbeschreven tweede geval betreft, blijkt dus dat de belastbare basis van een ingezeten vennootschap met een vaste inrichting in België bovenop de component inzake het positieve resultaat afkomstig van deze vaste inrichting alleen wordt verminderd in de mate dat het met die vaste inrichting overeenstem-

mend bedrag aan aftrek voor risicokapitaal hoger is dan dit resultaat. Gelet op de overwegingen in punt 49 van het onderhavige arrest ziet het er dus naar uit dat in dit geval de belastbare basis van een dergelijke vennootschap niet minder hoog is dan die van een ingezeten vennootschap met een vaste inrichting in een andere lidstaat, waarvan de inkomsten in België zijn vrijgesteld.

56. De laatstgenoemde vennootschap lijkt evenmin te worden benadeeld in het bovenbeschreven derde geval, waarin het positieve resultaat van de vaste inrichting hoger is dan het met deze inrichting overeenstemmend bedrag aan aftrek voor risicokapitaal. Ten aanzien van een ingezeten vennootschap met een vaste inrichting in België lijken de effecten van deze aftrek namelijk beperkt te blijven tot het positieve resultaat afkomstig van deze vaste inrichting als component van haar belastbare basis, zonder evenwel de belastbare basis van de laatstgenoemde vennootschap, zoals die uit de door haar verworven inkomsten blijkt, te verminderen. In dit laatste geval lijkt de omstandigheid dat deze vennootschap voor haar inrichting aftrek voor risicokapitaal kan toepassen, terwijl een ingezeten vennootschap die in een andere lidstaat beschikt over een vaste inrichting waarvan de inkomsten in België zijn vrijgesteld krachtens een dubbelbelastingverdrag, die mogelijkheid niet heeft, dus niet tot gevolg te hebben dat de belastbare basis van deze laatstgenoemde vennootschap hoger is dan die van de eerstgenoemde vennootschap.

57. Bijgevolg moet, onder voorbehoud van verificatie door de verwijzende rechter, worden vastgesteld dat een ingezeten vennootschap waarvan de belastbare basis niet de winst omvat die door een in een andere lidstaat gevestigde vaste inrichting is behaald, door de vermindering van de algehele aftrek voor risicokapitaal niet minder gunstig wordt behandeld ten aanzien van de in België belastbare inkomsten dan een ingezeten vennootschap waarvan de belastbare basis de winst van een ingezeten vaste inrichting omvat en de aftrek voor risicokapitaal niet wordt verminderd.

58. Hieruit volgt dat het verschil in behandeling dat is ingevoerd door de nationale wettelijke regeling die in het hoofdgeding aan de orde is, geen nadelige behandeling vormt die een Belgische vennootschap ervan kan afhouden haar activiteiten uit te oefenen via een vaste inrichting in een andere lidstaat dan het Koninkrijk België en dientengevolge geen beperking is die in beginsel wordt verboden door de bepalingen van het VWEU inzake de vrijheid van vestiging.

59. Gelet op alle voorgaande overwegingen moet op de prejudiciële vraag worden geantwoord dat artikel 49 VWEU aldus moet worden uitgelegd dat het zich niet verzet tegen een nationale wettelijke regeling als aan de orde in het hoofdgeding, volgens welke voor de berekening van de aftrek waarop aanspraak kan worden gemaakt door een vennootschap die in een lidstaat onbeperkt belastingplichtig is en in een andere lidstaat beschikt over een vaste inrichting waarvan de inkomsten in de eerste lidstaat bij dubbelbelastingverdrag zijn vrijgesteld, de nettowaarde van de activa van die vaste inrichting in eerste instantie in aanmerking wordt genomen bij de berekening van de aan de ingezeten vennootschap toegekende aftrek voor risicokapitaal, maar het bedrag van de aftrek in tweede instantie wordt verminderd met het laagste van de volgende bedragen, namelijk het met de vaste inrichting overeenstemmend deel van de aftrek voor risicokapitaal of het door de vaste inrichting gegenereerde positieve resultaat, terwijl een dergelijke vermindering niet wordt toegepast in het geval van een in de eerste lidstaat gelegen vaste inrichting.

Kosten

60. …

Het Hof (Zevende kamer)

verklaart voor recht:

Artikel 49 VWEU moet aldus worden uitgelegd dat het zich niet verzet tegen een nationale wettelijke regeling als aan de orde in het hoofdgeding, volgens welke voor de berekening van de aftrek die is toegekend aan een vennootschap die in een lidstaat onbeperkt belastingplichtig is en in een andere lidstaat beschikt over een vaste inrichting waarvan de inkomsten in de eerste lidstaat bij dubbelbelastingverdrag zijn vrijgesteld, de nettowaarde van de activa van die vaste inrichting in eerste instantie in aanmerking wordt genomen bij de berekening van de aan de ingezeten vennootschap toegekende aftrek voor risicokapitaal, maar het bedrag van de aftrek in tweede instantie wordt verminderd met het laagste van de volgende bedragen, namelijk het met de vaste inrichting overeenstemmend deel van de aftrek voor risicokapitaal of het door de vaste inrichting gegenereerde positieve resultaat, terwijl een dergelijke vermindering niet wordt toegepast in het geval van een in de eerste lidstaat gelegen vaste inrichting.

HvJ EU 24 oktober 2019, zaak C-35/19 (BU v. Belgische Staat)

Achtste kamer: *L. S. Rossi, kamerpresident, J. Malenovský en F. Biltgen (rapporteur), rechters*
Advocaat-generaal: *E. Sharpston*

1. Het verzoek om een prejudiciële beslissing betreft de uitlegging van de artikelen 45 en 56 VWEU.

2. Dit verzoek is ingediend in het kader van een geding tussen BU en de Belgische Staat betreffende de belasting op uitkeringen die BU in Nederland heeft ontvangen.

Toepasselijke bepalingen

3. Artikel 38, § 1, 4°, van het Wetboek van de inkomstenbelastingen 1992, in de versie die van toepassing is op de feiten in het hoofdgeding, luidt als volgt:

„1. Zijn vrijgesteld:
[...]
4° tegemoetkomingen die krachtens de desbetreffende wetgeving aan mindervaliden of gehandicapten worden toegekend ten laste van de Schatkist".

Feiten in het hoofdgeding en prejudiciële vraag

4. Verzoekster in het hoofdgeding, die in de Verenigde Staten is geboren, woont sinds 1973 in België en heeft sinds 2009 de Belgische nationaliteit.

5. In 1996 werd zij in België het slachtoffer van een ongeval op weg naar haar werk in Limburg (Nederland). Dat ongeval heeft tot arbeidsongeschiktheid geleid, waarna zij in 2000 werd ontslagen.

6. Aangezien verzoekster in het hoofdgeding ten tijde van haar ongeval in Nederland werkte, valt zij onder de Nederlandse sociale zekerheid en ontvangt zij sindsdien uitkeringen op grond van de Wet arbeidsongeschiktheid (WAO) (hierna: „WAO-uitkeringen") en op basis van het Algemeen Burgerlijk Pensioenfonds (ABP) (een pensioenfonds voor ambtenaren, dat een nabestaandenpensioen en een pensioen bij ouderdom of arbeidsongeschiktheid uitkeert) (hierna: „ABP-uitkeringen").

7. Bij brief van 23 augustus 2016 heeft de Belgische belastingdienst verzoekster in het hoofdgeding een bericht van rechtzetting betreffende haar aangifte in de personenbelasting voor het aanslagjaar 2014 toegestuurd, waarin hij meedeelde dat die uitkeringen worden beschouwd als pensioenen die als zodanig in België belastbaar zijn.

8. Bij brief van 16 december 2016 heeft verzoekster in het hoofdgeding bezwaar aangetekend tegen dit besluit, waarbij zij aanvoerde dat die uitkeringen in België van belasting zijn vrijgesteld daar WAO-uitkeringen volgens haar geen pensioenen zijn, maar uitkeringen voor personen met een handicap, zoals ook de ABP-uitkeringen invaliditeitspensioenen vormen.

9. Hoewel verzoekster in het hoofdgeding nadien heeft erkend dat ABP-uitkeringen in België aan belasting zijn onderworpen, betwistte zij de kwalificatie van deze uitkeringen door de Belgische belastingdienst en bleef zij bij haar standpunt dat WAO-uitkeringen in België niet belastbaar zijn.

10. Bij besluit van 14 juni 2017 werd het bezwaar van verzoekster in het hoofdgeding afgewezen op grond dat zij het bewijs van haar handicap niet had geleverd en evenmin had aangetoond dat de in Nederland ontvangen WAO-uitkeringen tegemoetkomingen vormden die aan personen met een handicap worden toegekend. De Belgische belastingdienst heeft derhalve de kwalificatie van die uitkeringen als „arbeidsongeschiktheidsuitkering" gehandhaafd, welke onder de regeling inzake de in België belastbare pensioenen valt.

11. Verzoekster in het hoofdgeding is tegen het besluit van de Belgische belastingdienst opgekomen bij de Tribunal de première instance de Liège (rechtbank van eerste aanleg Luik, België).

12. De verwijzende rechter benadrukt dat het hoofdgeding betrekking heeft op de vraag of de WAO-uitkeringen die verzoekster in het hoofdgeding in Nederland heeft ontvangen, in België belastbaar zijn.

13. Volgens de verwijzende rechter blijkt uit de door verzoekster in het hoofdgeding verstrekte documenten dat deze uitkeringen dienen ter compensatie van het inkomensverlies ten gevolge van de handicap, aangezien

zij worden vastgesteld door het salaris dat verzoekster in het hoofdgeding vóór haar ongeval genoot, te vergelijken met het salaris dat zij op basis van haar huidige capaciteiten kan genieten.

14. Die rechter is van oordeel dat de WAO-uitkeringen bedoeld zijn om personen met een handicap ertoe aan te zetten te werken in de mate van de hun resterende capaciteiten, waarbij zij een uitkering ontvangen ter compensatie van het inkomensverlies wegens hun verminderde arbeidsgeschiktheid. Bijgevolg vormen de aan verzoekster in het hoofdgeding betaalde WAO-uitkeringen geen pensioen, maar een uitkering voor personen met een handicap.

15. De verwijzende rechter merkt op dat de betrokken Belgische regeling voorziet in een belastingvrijstelling voor uitkeringen die aan personen met een handicap worden toegekend, die enkel van toepassing is wanneer deze uitkeringen door de Schatkist worden betaald, zodat verzoekster in het hoofdgeding niet in aanmerking kan komen voor deze vrijstelling, ofschoon de door haar ontvangen WAO-uitkeringen uitkeringen voor personen met een handicap zijn.

16. De verwijzende rechter preciseert dat verzoekster in het hoofdgeding, zelfs al had zij in België een aanvraag ingediend om invaliditeitsuitkeringen te ontvangen – wat zij niet heeft gedaan –, zodat zij de belastingvrijstelling had genoten, zoals de Belgische regering stelt, in werkelijkheid daar geen belang bij had omdat zij in Nederland reeds dergelijke uitkeringen geniet. Bovendien is het niet zeker dat zij een dergelijke uitkering in België had kunnen verkrijgen.

17. De verwijzende rechter is derhalve van oordeel dat de betrokken Belgische regeling het vrije verkeer van werknemers kan belemmeren, voor zover daarbij een verschil in behandeling ten aanzien van de door Belgische ingezetenen ontvangen invaliditeitsuitkeringen in het leven wordt geroepen naargelang zij door de Belgische Staat dan wel door een andere lidstaat worden betaald.

18. In deze omstandigheden heeft de Tribunal de première instance de Liège de behandeling van de zaak geschorst en het Hof de volgende prejudiciële vraag voorgelegd:

> „Levert artikel 38 [, § 1, 4°, van het Wetboek van de inkomstenbelastingen 1992, in de versie die van toepassing is op de feiten in het hoofdgeding,] schending op van artikel 45 VWEU en volgende (beginsel van vrij verkeer van werknemers) en artikel 56 VWEU en volgende (beginsel van het vrij verrichten van diensten), doordat het invaliditeitsuitkeringen enkel fiscaal vrijstelt indien die worden betaald door de Schatkist, dat wil zeggen door de Belgische Staat en krachtens de Belgische wetgeving, waardoor discriminatie ontstaat tussen de in België wonende belastingplichtige die invaliditeitsuitkeringen ontvangt van de Belgische Staat, welke uitkeringen zijn vrijgesteld, en de in België wonende belastingplichtige die uitkeringen ter compensatie van een handicap ontvangt van een andere EU-lidstaat, welke uitkeringen niet zijn vrijgesteld?"

Beantwoording van de prejudiciële vraag

19. Vooraf zij opgemerkt dat de verwijzende rechter in zijn vraag zowel verwijst naar het in artikel 45 VWEU neergelegde beginsel van het vrij verkeer van werknemers als naar het in artikel 56 VWEU bedoelde beginsel van het vrij verrichten van diensten.

20. Wanneer een nationale maatregel zowel het vrij verkeer van werknemers als het vrij verrichten van diensten beperkt, onderzoekt het Hof de maatregel in beginsel slechts uit het oogpunt van één van deze twee fundamentele vrijheden, indien uit de omstandigheden van de zaak blijkt dat één van de vrijheden volledig ondergeschikt is aan de andere en daarmee kan worden verbonden (zie in die zin arrest van 14 oktober 2004, Omega, C-36/02, EU:C:2004:614, punt 26 en aldaar aangehaalde rechtspraak).

21. In casu moet worden vastgesteld dat noch de verwijzingsbeslissing, noch het aan het Hof overgelegde dossier gegevens bevat aan de hand waarvan kan worden aangetoond dat het beginsel van het vrij verrichten van diensten voor het hoofdgeding van belang is.

22. Uit de verwijzingsbeslissing blijkt daarentegen duidelijk dat verzoekster in het hoofdgeding binnen de werkingssfeer van artikel 45 VWEU valt, aangezien zij gebruik heeft gemaakt van haar recht op vrij verkeer van werknemers en gedurende verschillende jaren een beroepsactiviteit heeft uitgeoefend in een andere lidstaat dan die waarin zij woont.

23. Volgens vaste rechtspraak valt een burger van de Europese Unie die gebruik heeft gemaakt van het recht op vrij verkeer van werknemers en die in een andere lidstaat dan zijn woonstaat een beroepswerkzaamheid heeft uitgeoefend, ongeacht zijn verblijfplaats en zijn nationaliteit, namelijk binnen de werkingssfeer van

artikel 45 VWEU (arrest van 14 maart 2019, Jacob en Lennertz, C-174/18, EU:C:2019:205, punt 21 en aldaar aangehaalde rechtspraak).

24. Hieruit volgt dat in de omstandigheden van het hoofdgeding en gelet op de gegevens waarover het Hof beschikt, de prejudiciële vraag moet worden onderzocht in het licht van het vrije verkeer van werknemers.

25. In deze context moet ervan worden uitgegaan dat de verwijzende rechter met zijn vraag in wezen wenst te vernemen of artikel 45 VWEU aldus moet worden uitgelegd dat het in de weg staat aan een regeling van een lidstaat als aan de orde in het hoofdgeding, die voor de fiscale vrijstelling voor invaliditeitsuitkeringen de voorwaarde stelt dat deze uitkeringen door een organisme van de betrokken lidstaat worden betaald en de door een andere lidstaat betaalde soortgelijke uitkeringen dus uitsluit van deze vrijstelling.

Ontvankelijkheid

26. De Belgische regering betoogt dat de feitelijke beoordeling door de verwijzende rechter in het verzoek om een prejudiciële beslissing, volgens welke de door verzoekster in het hoofdgeding ontvangen WAO-uitkeringen invaliditeitsuitkeringen vormen die van dezelfde aard zijn als de aan gehandicapten toegekende Belgische tegemoetkomingen die de belastingvrijstelling genieten waarin het Belgisch recht voorziet, onjuist is.

27. Met dit betoog wil de Belgische regering de aan het onderhavige verzoek om een prejudiciële beslissing ten grondslag liggende premisse, en dus de ontvankelijkheid van dit verzoek, ter discussie stellen.

28. Dienaangaande volstaat het eraan te herinneren dat volgens vaste rechtspraak van het Hof in het kader van de prejudiciële procedure van artikel 267 VWEU, die op een duidelijke afbakening van de taken van de nationale rechterlijke instanties en van het Hof berust, de nationale rechter bij uitsluiting bevoegd is om de feiten van het hoofdgeding vast te stellen en te beoordelen. In dit kader is het Hof uitsluitend bevoegd zich over de uitlegging of geldigheid van een rechtsvoorschrift van de Unie uit te spreken tegen de achtergrond van de feitelijke en juridische situatie zoals die door de verwijzende rechterlijke instantie is beschreven, zodat het Hof deze laatste de elementen kan verschaffen die zij nodig heeft om het bij haar aanhangige geschil te beslechten (arrest van 20 december 2017, Schweppes, C-291/16, EU:C:2017:990, punt 21 en aldaar aangehaalde rechtspraak).

29. Op vragen betreffende de uitlegging van het Unierecht die de nationale rechter heeft gesteld binnen het onder zijn eigen verantwoordelijkheid geschetste feitelijke en wettelijke kader, ten aanzien waarvan het niet aan het Hof is de juistheid te onderzoeken, rust dus een vermoeden van relevantie. Dat vermoeden van relevantie kan niet worden weerlegd door de enkele omstandigheid dat een van de partijen in het hoofdgeding bepaalde feiten betwist die het Hof niet op hun juistheid mag toetsen en die bepalend zijn voor de afbakening van het voorwerp van het geschil (zie in die zin arrest van 14 april 2016, Polkomtel, C-397/14, EU:C:2016:256, punten 37 en 38).

30. Aangezien het niet aan het Hof staat om de feitelijke beoordelingen waarop het onderhavige verzoek om een prejudiciële beslissing berust – in dit geval de aard van de uitkeringen die in Nederland aan verzoekster in het hoofdgeding zijn toegekend – in twijfel te trekken, moet bij de beantwoording van de prejudiciële vraag worden aangenomen dat de door verzoekster in het hoofdgeding ontvangen WAO-uitkeringen invaliditeitsuitkeringen vormen die van dezelfde aard zijn als de aan gehandicapten toegekende Belgische tegemoetkomingen, die de belastingvrijstelling genieten waarin het Belgisch recht voorziet, hetgeen de verwijzende rechter in voorkomend geval dient te verifiëren.

Ten gronde

Bestaan van een beperking van artikel 45 VWEU

31. Vooraf zij eraan herinnerd dat blijkens vaste rechtspraak de lidstaten, ofschoon de directe belastingen tot hun bevoegdheid behoren, niettemin gehouden zijn die bevoegdheid in overeenstemming met het Unierecht uit te oefenen (zie in die zin arrest van 23 januari 2014, Commissie/België, C-296/12, EU:C:2014:24, punt 27 en aldaar aangehaalde rechtspraak). Zo staat het de lidstaten weliswaar vrij om in het kader van bilaterale verdragen ter voorkoming van dubbele belasting de aanknopingspunten ter verdeling van de heffingsbevoegdheid vast te stellen, maar deze verdeling betekent niet dat zij maatregelen mogen treffen die in strijd zijn met de door het VWEU gewaarborgde vrijheden van verkeer. Bij de uitoefening van de aldus verdeelde heffingsbevoegdheid dienen de lidstaten zich immers te houden aan de regels van het Unierecht (zie in die zin arrest van 14 maart 2019, Jacob en Lennertz, C-174/18, EU:C:2019:205, punt 25 en aldaar aangehaalde rechtspraak).

32. In de onderhavige zaak moet worden opgemerkt dat de betrokken Belgische regeling uitdrukkelijk bepaalt dat enkel de door de Schatkist betaalde tegemoetkomingen voor gehandicapten van belasting zijn vrijgesteld. Deze regeling sluit de door een andere lidstaat dan de Belgische Staat betaalde invaliditeitsuitkeringen dus uit van deze vrijstelling.

33. De betrokken Belgische regeling voert dus een verschil in behandeling tussen Belgische ingezetenen in naargelang van de herkomst van hun inkomsten, waardoor de uitoefening door laatstgenoemden van hun in artikel 45 VWEU neergelegd recht op vrij verkeer van werknemers kan worden belemmerd.

34. Het Hof heeft reeds geoordeeld dat artikel 45 VWEU in de weg staat aan een regeling die een verschil in fiscale behandeling doet ontstaan tussen echtparen die staatsburgers zijn en op het Belgisch grondgebied wonen, naargelang van de herkomst van hun inkomsten, welk verschil hen ervan kan weerhouden om de door het Verdrag gewaarborgde vrijheden, inzonderheid het door artikel 45 VWEU gegarandeerde vrije verkeer van werknemers, uit te oefenen (arresten van 12 december 2013, Imfeld en Garcet, C-303/12, EU:C:2013:822, punten 51 en 52, en 14 maart 2019, Jacob en Lennertz, C-174/18, EU:C:2019:205, punt 43 en dictum).

35. De nationale regeling die aan de orde is in het hoofdgeding, vormt dan ook een beperking van het vrije verkeer van werknemers, die in beginsel verboden is door artikel 45 VWEU.

Bestaan van een rechtvaardiging

36. Volgens vaste rechtspraak is een maatregel die het in artikel 45 VWEU verankerde vrije verkeer van werknemers kan belemmeren, slechts toelaatbaar wanneer hij een met het Verdrag verenigbare wettige doelstelling nastreeft en gerechtvaardigd is uit hoofde van dwingende redenen van algemeen belang. Daarenboven moet in een dergelijk geval de toepassing van de betrokken maatregel geschikt zijn om de verwezenlijking van de nagestreefde doelstelling te verzekeren en niet verder gaan dan voor de verwezenlijking van deze doelstelling noodzakelijk is (zie in die zin arrest van 14 maart 2019, Jacob en Lennertz, C-174/18, EU:C:2019:205, punt 44 en aldaar aangehaalde rechtspraak).

37. In casu heeft de verwijzende rechter geen gewag gemaakt van rechtvaardigingen en de Belgische regering, die in het kader van de procedure voor het Hof enkel de aard van de in Nederland aan verzoekster in het hoofdgeding toegekende uitkeringen ter discussie stelt, heeft evenmin rechtvaardigingen aangevoerd.

38. In deze omstandigheden kan het Hof enkel concluderen dat er geen sprake is van een rechtvaardiging, hetgeen de verwijzende rechter evenwel dient na te gaan.

39. Gelet op een en ander moet op de prejudiciële vraag worden geantwoord dat artikel 45 VWEU aldus moet worden uitgelegd dat het in de weg staat aan een regeling van een lidstaat als aan de orde in het hoofdgeding, die voor de fiscale vrijstelling voor invaliditeitsuitkeringen de voorwaarde stelt dat deze uitkeringen door een organisme van de betrokken lidstaat worden betaald, waardoor de door een andere lidstaat betaalde soortgelijke uitkeringen worden uitgesloten van deze vrijstelling, ook al woont de ontvanger van die uitkeringen in de betrokken lidstaat, zonder daarvoor rechtvaardigingen te geven, hetgeen de verwijzende rechter evenwel dient te verifiëren.

Kosten

40. …

Het Hof (Achtste kamer)

verklaart voor recht:

Artikel 45 VWEU moet aldus worden uitgelegd dat het in de weg staat aan een regeling van een lidstaat als aan de orde in het hoofdgeding, die voor de fiscale vrijstelling voor invaliditeitsuitkeringen de voorwaarde stelt dat deze uitkeringen door een organisme van de betrokken lidstaat worden betaald, waardoor de door een andere lidstaat betaalde soortgelijke uitkeringen worden uitgesloten van deze vrijstelling, ook al woont de ontvanger van die uitkeringen in de betrokken lidstaat, zonder daarvoor rechtvaardigingen te geven, hetgeen de verwijzende rechter evenwel dient te verifiëren.

HvJ EU 13 november 2019, zaak C-641/17 (College Pension Plan of British Columbia v. Finanzamt München Abteiling III)

Tweede kamer: *A. Arabadjiev (rapporteur), president van de Tweede kamer, K. Lenaerts, president van het Hof, waarnemend rechter van de Tweede kamer, en T. von Danwitz, rechter*

Advocaat-generaal: *P. Pikamäe*

1. Het verzoek om een prejudiciële beslissing betreft de uitlegging van de artikelen 63 tot en met 65 VWEU.

2. Dit verzoek is ingediend in het kader van een geding tussen College Pension Plan of British Columbia, een beleggingsfonds in de vorm van een trust naar Canadees recht (hierna: „CPP"), en het Finanzamt München Abteilung III (belastingdienst München III, Duitsland) over de belastingheffing op dividenden die CPP heeft ontvangen voor de jaren 2007 tot en met 2010.

Toepasselijke bepalingen

3. In de jaren 2007 tot en met 2010 werden pensioenfondsen en hun activiteiten geregeld door het Versicherungsaufsichtsgesetz (wet inzake toezicht op verzekeringsmaatschappijen), in de op 17 december 1992 bekendgemaakte versie (BGBl. 1993 I, blz. 2).

4. Volgens § 112 van die wet is een pensioenfonds een verzekeringsinstelling met rechtsbevoegdheid die door middel van een kapitaaldekkingsstelsel voorziet in bedrijfspensioenuitkeringen bij een of meer werkgevers ten behoeve van hun werknemers. Een pensioenfonds kan het bedrag van de uitkeringen of toekomstige bijdragen die voor deze uitkeringen moeten worden betaald niet voor al deze uitkeringen door middel van verzekeringen garanderen. Werknemers hebben een eigen recht op uitkeringen jegens het pensioenfonds en het fonds is verplicht een pensioenuitkering te verstrekken in de vorm van een levenslange uitkering.

Belastingstelsel voor pensioenfondsen die hun zetel in Duitsland hebben

5. Overeenkomstig § 1, lid 1, punt 1, van het Körperschaftsteuergesetz (wet op de vennootschapsbelasting), in de op de betrokken feiten toepasselijke versie (hierna: „KStG"), is een Duits pensioenfonds, als vennootschap met zetel in Duitsland, volledig onderworpen aan de vennootschapsbelasting. Volgens § 7, lid 1, KStG juncto § 23, lid 1, ervan, bedraagt de vennootschapsbelasting 15 % van het belastbare inkomen.

6. § 8, lid 1, eerste zin, KStG bepaalt dat het belastbare inkomen wordt vastgesteld overeenkomstig de bepalingen van het Einkommensteuergesetz (wet op de inkomstenbelasting), in de op de betrokken feiten toepasselijke versie (hierna: „EStG"). Volgens § 8, lid 2, KStG juncto § 2, lid 1, punt 2, EStG moeten alle inkomsten van een volledig belastbaar pensioenfonds worden beschouwd als inkomsten uit een industriële of commerciële activiteit. Volgens § 2, lid 2, punt 1, EStG worden de inkomsten uit een industriële of commerciële activiteit gevormd door het resultaat dat in het desbetreffende belastingjaar is behaald.

7. Volgens § 4, lid 1, eerste zin, EStG is het resultaat gelijk aan het verschil tussen het vermogen van de onderneming aan het einde van het boekjaar en het vermogen van de onderneming aan het einde van het voorgaande boekjaar, vermeerderd met de waarde van de onttrekkingen en verminderd met de waarde van de stortingen. De nationale rechter merkt op dat deze vergelijking tussen de vermogens van de vennootschap wordt gemaakt op basis van een fiscale balans die wordt afgeleid uit de boekhoudkundige balans.

8. De verwijzende rechter zet voorts uiteen dat de inkomsten van een pensioenfonds bestaan uit de bijdragen van de verzekerden en de winst uit de beleggingen van het kapitaal van het fonds.

9. De ontvangen bijdragen worden eerst op de „actiefzijde" van de boekhoudkundige balans weergegeven door een verhoging van de activa en worden vervolgens omgezet in beleggingen, zodat zij deel gaan uitmaken van het kapitaal van het pensioenfonds. De tegenhanger van het kapitaal wordt gevormd door de wiskundige voorzieningen, die daar op de „passiefzijde" tegenover staan. De wiskundige voorzieningen zijn een specifieke vorm van voorzieningen voor onzekere verplichtingen en anticiperen op de bedrijfspensioenuitkeringen die door het pensioenfonds in de toekomst zullen moeten worden betaald.

10. Indien met het kapitaal van het fonds beleggingswinsten worden behaald, bijvoorbeeld in de vorm van dividenden, worden de boekhoudkundige beleggingsopbrengsten in de loop van het jaar waarin zij zijn gerealiseerd rechtstreeks overgeboekt ten gunste van de verschillende pensioenfondsovereenkomsten, voor zover deze winsten overeenstemmen met de technische rentevoet die is gebruikt om de bijdragen te berekenen.

11. Wanneer het pensioenfonds door met zijn dekkingspool te beleggen winsten behaalt die hoger zijn dan de technische rente (de zogenoemde „overschotten"), worden deze extracomptabele beleggingsopbrengsten genoemd. Deze moeten voor ten minste 90 % worden overgeboekt ten gunste van de pensioenfondsovereenkomsten en verhogen de bedrijfspensioenuitkeringen in het kader van de zogenoemde overschotverdelingsregeling. Enkel het resterende deel van het overschot verhoogt het resultaat van het pensioenfonds en is niet inbegrepen in de uitkeringen die het pensioenfonds aan de werknemers betaalt.

12. Als gevolg hiervan verhogen de comptabele beleggingsopbrengsten niet alleen de activa van het pensioenfonds, maar ook de waarde van de wiskundige voorzieningen op de „passiefzijde". De waardering van de „passiefzijde" is in dit opzicht in overeenstemming met die van de „actiefzijde", zodat de winsten uit de ontvangst van dividenden volledig worden geneutraliseerd.

13. Extracomptabele beleggingsopbrengsten hebben geen invloed op het resultaat voor zover deze worden overgeboekt ten gunste van de verschillende pensioenfondsovereenkomsten en resulteren in een overeenkomstige toename van een passiefpost.

14. Vanuit fiscaal balansperspectief leidt de accumulatie van beleggingswinsten tot een toename van de activa op de fiscale balans. Bovendien leidt de verhoging van de wiskundige voorzieningen en andere passivaposten tot een overeenkomstige verhoging van de passiva van het pensioenfonds, zodat er geen sprake is van een toename van het fiscaal relevante vermogen van de vennootschap, in de zin van § 4, lid 1, eerste zin, en § 5, lid 1, EStG. Alleen voor zover de extracomptabele beleggingsopbrengsten niet moeten worden overgeboekt ten gunste van de verschillende pensioenfondsovereenkomsten, leiden zij tot een pensioenfondsresultaat dat ook fiscaal in aanmerking moet worden genomen.

15. Door ingezeten pensioenfondsen ontvangen dividenden zijn onderworpen aan kapitaalopbrengstbelasting, die wordt geheven in overeenstemming met de bepalingen van § 43, lid 1, eerste zin, punt 1, juncto § 43, lid 4, EStG, alsmede op grond van § 20, lid 1, punt 1, juncto § 20, lid 8, EStG, door een inhouding aan de bron van 25 % van de brutodividenden, overeenkomstig § 43a, lid 1, eerste zin, punt 1, EStG.

16. Krachtens § 31 KStG juncto § 36, lid 2, punt 2, EStG is de ingehouden kapitaalopbrengstbelasting over aan pensioenfondsen uitgekeerde dividenden in het kader van de belastingaanslagprocedure volledig verrekenbaar met de verschuldigde vennootschapsbelasting.

17. Indien de ingehouden kapitaalopbrengstbelasting hoger is dan de vastgestelde vennootschapsbelasting, wordt het overschot overeenkomstig § 36, lid 4, tweede zin, EStG aan het pensioenfonds terugbetaald.

Belastingregeling voor niet-ingezeten pensioenfondsen

18. Volgens § 2, punt 1, KStG is een buitenlands pensioenfonds dat zijn hoofdkantoor of zetel niet in Duitsland heeft, over zijn binnenlandse inkomsten gedeeltelijk onderworpen aan de vennootschapsbelasting. Overeenkomstig § 8, lid 1, KStG, juncto § 49, lid 1, punt 5a, en § 20, lid 1, punt 1, EStG zijn de door dat fonds ontvangen dividenden kapitaalopbrengsten die onderworpen zijn aan een beperkte belastingverplichting.

19. In het geval van een gedeeltelijk belastbaar pensioenfonds wordt de belasting geheven in de vorm van een inhouding aan de bron en moet het fonds dat de dividenden verschuldigd is kapitaalopbrengstbelasting inhouden, die volgens § 43, lid 1, punt 1, en § 43a, lid 1, punt 1, EStG in beginsel 25 % van het brutodividend bedraagt.

20. Volgens § 44a, lid 9, EStG wordt twee vijfde van de ingehouden en betaalde kapitaalopbrengstbelasting aan gedeeltelijk belastingplichtige ondernemingen, in de zin van § 2, lid 1, terugbetaald, zodat de effectieve belastingdruk uit hoofde van de kapitaalopbrengstbelasting 15 % bedraagt. Ook in tal van belastingverdragen is de belastingheffing op dividenden beperkt tot 15 %. Het verschil tussen de ingehouden kapitaalopbrengstbelasting en het belastingtarief van 15 % wordt, op verzoek, achteraf terugbetaald door het Bundeszentralamt für Steuern (federale centrale belastingdienst, Duitsland), overeenkomstig de bepalingen van § 50d EStG.

21. Voor niet-ingezeten pensioenfondsen is de kapitaalopbrengstbelasting van 15 % definitief, en wel overeenkomstig § 32, lid 1, punt 2, KStG, welke bepaling als volgt luidt:

> „Betaling van de vennootschapsbelasting door middel van inhouding aan de bron geldt als bevrijdende betaling:
>
> [...]
>
> 2. indien de ontvanger van de inkomsten beperkt belastingplichtig is en de inkomsten niet afkomstig zijn van een binnenlandse industriële, commerciële, landbouw- of bosbouwactiviteit."

22. De verwijzende rechter wijst er voorts op dat op grond van genoemde § 32, lid 1, punt 2, een belastingaanslagprocedure waarbij niet-ingezeten pensioenfondsen de mogelijkheid zouden hebben om de kapitaalopbrengstbelasting te verrekenen met de verschuldigde belasting, uitgesloten is, zodat die fondsen evenmin eventuele beroepsuitgaven van de grondslag van het belastbare inkomen kunnen aftrekken.

Belastingovereenkomst tussen Duitsland en Canada

23. Op 19 april 2001 is in Berlijn de Overeenkomst tussen de Bondsrepubliek Duitsland en Canada tot het vermijden van dubbele belastingheffing ter zake van inkomstenbelasting en bepaalde andere belastingen, het voorkomen van belastingontduiking en het verlenen van fiscale bijstand, gesloten (BGBl. 2002 II, blz. 670; hierna: „belastingovereenkomst tussen Duitsland en Canada"). Artikel 10, lid 1, ervan bepaalt dat dividenden kunnen worden belast in de staat waarvan de ontvanger ingezetene is. Artikel 10, lid 2, onder b), van die overeenkomst staat echter ook de staat waaruit de dividenden afkomstig zijn toe 15 % van het brutobedrag ervan in te houden.

24. Op grond van artikel 23, lid 1, onder a), van de belastingovereenkomst tussen Duitsland en Canada dient Canada, als staat van verblijf, dubbele belasting van dividenden door middel van het verrekeningsmechanisme te voorkomen.

Hoofdgeding en prejudiciële vragen

25. Het doel van CPP is het verstrekken van pensioenuitkeringen aan voormalige ambtenaren van de provincie Brits-Columbia (Canada). Daartoe neemt CPP in zijn balansen technische voorzieningen op die overeenkomen met de pensioengarantieverplichtingen. CPP is in Canada vrijgesteld van elke belastingheffing op winsten.

26. In de periode 2007-2010 hield CPP indirect, via deelneming in beleggingsportefeuilles, aandelen in het kapitaal van Duitse naamloze vennootschappen, zonder dat deze participaties meer dan 1 % van het kapitaal van die vennootschappen vertegenwoordigden. De op deze deelnemingen ontvangen dividenden waren overeenkomstig artikel 10, lid 2, onder b), van de belastingovereenkomst tussen Duitsland en Canada onderworpen aan de Duitse kapitaalopbrengstbelasting van 15 %.

27. Op 23 december 2011 verzocht CPP verweerder in het hoofdgeding om vrijstelling van de kapitaalopbrengstbelasting en om terugbetaling van een bedrag van 156 280,10 EUR aan door CPP betaalde kapitaalopbrengstbelasting, vermeerderd met rente. Dat verzoek werd afgewezen, evenals zijn latere bezwaar. Bijgevolg heeft CPP beroep ingesteld bij de verwijzende rechter.

28. De verwijzende rechter wijst erop dat CPP ter ondersteuning van zijn beroep stelt dat het als niet-ingezeten pensioenfonds minder gunstig is behandeld dan ingezeten pensioenfondsen. CPP betoogt dat laatstgenoemde fondsen dividenden kunnen ontvangen zonder er belasting over te betalen, aangezien zij in het kader van de belastingaanslagprocedure de mogelijkheid hebben om de ingehouden kapitaalopbrengstbelasting te verrekenen met de vennootschapsbelasting, dan wel om vrijwel volledige terugbetaling van de kapitaalopbrengstbelasting te verkrijgen. Bovendien worden, wat deze fondsen betreft, toevoegingen aan de voorzieningen voor pensioenverplichtingen als beroepskosten in aanmerking genomen, waardoor het bedrag van de vennootschapsbelasting in het kader van de vaststelling daarvan door middel van een belastingaanslagprocedure kan worden verlaagd. Volgens CPP kunnen niet-ingezeten pensioenfondsen een dergelijke verrekening of terugbetaling niet toepassen, aangezien volgens § 32, lid 1, punt 1, KStG de betaling door middel van inhouding aan de bron voor dergelijke pensioenfondsen geldt als bevrijdende betaling en een definitieve fiscale last voor hen vormt.

29. Verweerder in het hoofdgeding stelt in de eerste plaats dat hoewel Duitse pensioenfondsen de betaalde kapitaalopbrengstbelasting kunnen verrekenen met de verschuldigde vennootschapsbelasting, dit geen volledige vrijstelling vormt, aangezien de ontvangen dividenden onderworpen zijn aan de vennootschapsbelasting tegen een tarief van 15 % van het belastbare inkomen. Vervolgens stelt hij dat een niet-ingezeten pensioenfonds niet kan worden geacht minder gunstig te worden behandeld dan een ingezeten pensioenfonds wegens het feit dat de nationale regeling hun de mogelijkheid ontneemt om de beroepskosten af te trekken, aangezien deze fondsen zich, bij gebreke van een rechtstreeks verband tussen dergelijke voorzieningen voor pensioenverplichtingen en de desbetreffende inkomstengenererende activiteit, niet in een situatie bevinden die vergelijkbaar is met die van ingezeten pensioenfondsen. Hij is tevens van mening dat een eventuele beperking in ieder geval gerechtvaardigd wordt door redenen die verband houden met de doeltreffendheid van de belastingcontroles. Ten slotte voert hij aan dat de invoering van een beperking op grond van artikel 64, lid 1, VWEU toelaatbaar is, aangezien de bevrijdende werking van § 32, lid 1, punt 2, KStG reeds was ingesteld bij § 50, lid 2,

KStG 1977 en de uitgekeerde inkomsten een financiële dienstverlening door pensioenfondsen aan hun beleggers inhouden.

30. De verwijzende rechter stelt dat tussen partijen in het hoofdgeding vaststaat dat CPP naar Duits recht kan worden gelijkgesteld met een pensioenfonds. Hij vraagt zich af of de nationale regeling op grond waarvan gedeeltelijk belastingplichtige niet-ingezeten pensioenfondsen de mogelijkheid is ontnomen om de door hen verschuldigde kapitaalopbrengstbelasting te verrekenen met de vennootschapsbelasting of deze niet terugbetaald kunnen krijgen, terwijl ingezeten pensioenfondsen wel over deze mogelijkheid beschikken, en de ontvangst van dividenden voor laatstgenoemde pensioenfondsen niet of slechts in geringe mate tot een verhoging van de door hen te betalen vennootschapsbelasting leidt, aangezien zij de toevoegingen aan de voorzieningen voor het nakomen van hun pensioenverplichtingen kunnen aftrekken van het belastbare resultaat, een met de bepalingen van de artikelen 63 en 65 VWEU strijdig verschil in behandeling tussen deze fondsen in het leven roept.

31. Wat de mogelijkheid betreft om toevoegingen aan voorzieningen voor pensioenverplichtingen van het belastbare resultaat af te trekken, bevat het Duitse recht geen soortgelijke regel als die welke aan de orde was in de zaak die heeft geleid tot het arrest van 8 november 2012, Commissie/Finland (C-342/10, EU:C:2012:688), en waarin uitdrukkelijk werd bepaald dat toevoegingen aan de wiskundige en soortgelijke technische voorzieningen, als aftrekbare kosten kunnen worden afgetrokken van het belastbare inkomen. Toch wordt volgens de Duitse wetgeving in een belastingjaar alleen de nettoverrijking van een belastingplichtige onderneming belast. Bij dividenduitkeringen aan een pensioenfonds neemt het vermogen van het pensioenfonds alleen toe indien en voor zover de extracomptabele beleggingsopbrengsten niet worden overgeboekt ten gunste van de verschillende pensioenfondsovereenkomsten. Voor zover de uitgekeerde dividenden de wiskundige voorzieningen en/of andere passivaposten verhogen, blijft het resultaat van het pensioenfonds ongewijzigd en is er dus geen sprake van een belastbare verrijking. Bijgevolg zijn de voorzieningen ter dekking van de pensioenverplichtingen, die het belastbare resultaat verminderen, het rechtstreekse gevolg van de ontvangst van dividenden, zodat volgens de verwijzende rechter ingezeten en niet-ingezeten pensioenfondsen zich, wat de behandeling van toevoegingen aan wiskundige en soortgelijke technische voorzieningen als beroepskosten betreft, in een vergelijkbare situatie bevinden.

32. De verwijzende rechter vraagt zich echter af of artikel 64, lid 1, VWEU in de onderhavige zaak kan worden ingeroepen.

33. In de eerste plaats wijst hij erop dat de bepalingen van § 32, lid 1, punt 2, KStG, op grond waarvan de inhouding aan de bron geldt als een bevrijdende betaling, hetgeen leidt tot een verschil in behandeling tussen ingezeten en niet-ingezeten pensioenfondsen, identiek waren aan die van § 50, lid 1, punt 2, KStG 1991, en derhalve op 31 december 1993 reeds bestonden. Het feit dat op 31 december 1993 volledig belastbare belastingplichtigen de kapitaalopbrengstbelasting in aftrek konden brengen op de vennootschapsbelasting, en dat het systeem nadien meermaals is gewijzigd, heeft geen verandering gebracht in de regels voor de fiscale behandeling van dividenden die worden uitgekeerd aan gedeeltelijk belastingplichtige vennootschappen.

34. In de tweede plaats is het volgens de verwijzende rechter irrelevant dat het huidige tarief van de kapitaalopbrengstbelasting van 25 % – dat overeenkomstig § 43, lid 1, punt 1, juncto § 43a, lid 1, punt 1, EStG op 31 december 1993 reeds bestond – op 1 januari 2001 is verlaagd naar 20 %, en vervolgens op 1 januari 2009 weer is verhoogd tot 25 %, aangezien de regeling inzake de inhouding aan de bron over kapitaalopbrengsten in principe niet is gewijzigd en de effectieve belastingdruk uit hoofde van de kapitaalopbrengstbelasting voor gedeeltelijk belastingplichtige vennootschappen slechts 15 % bedraagt.

35. In de derde plaats vraagt de verwijzende rechter zich af of er een causaal verband in de zin van het arrest van 21 mei 2015, Wagner-Raith (C-560/13, EU:C:2015:347), bestaat tussen de dividenden die worden ontvangen uit een deelneming van een niet-ingezeten pensioenfonds in een Duitse vennootschap, en de financiële diensten die dit pensioenfonds aan zijn verzekerden verleent. Hij wijst erop dat volgens een deel van de rechtsleer de instroom van kapitaal in een pensioenfonds op zich niet nauw genoeg verbonden is met de financiële dienstverlening door dat pensioenfonds ten behoeve van zijn verzekerden. Vanwege de bijzondere kenmerken van de activiteiten van de pensioenfondsen doen de beleggingsopbrengsten van het pensioenfonds echter meestal gelijktijdig de pensioenbetalingsverplichtingen van het fonds stijgen, zodat de belastingheffing op de uitgekeerde dividenden direct van invloed is op de aanspraken van de verzekerden jegens het pensioenfonds.

36. Daarop heeft het Finanzgericht München (belastingrechter in eerste aanleg München, Duitsland) de behandeling van de zaak geschorst en het Hof verzocht om een prejudiciële beslissing over de volgende vragen:

„1. Verzet het vrije verkeer van kapitaal als vervat in artikel 63, lid 1, juncto artikel 65 VWEU zich tegen de regeling van een lidstaat op grond waarvan een niet-ingezeten instelling voor bedrijfspensioenvoorziening waarvan de structuur in wezen vergelijkbaar is met die van een Duits pensioenfonds, geen vrijstelling geniet van de kapitaalopbrengstbelasting over ontvangen dividenden, terwijl overeenkomstige dividenduitkeringen aan ingezeten pensioenfondsen niet of nauwelijks leiden tot een verhoging van de verschuldigde vennootschapsbelasting omdat binnenlandse pensioenfondsen in het kader van de belastingaanslagprocedure hun belastbare winst, door de voorzieningen voor pensioenverplichtingen daarvan af te trekken, kunnen verminderen en de betaalde kapitaalopbrengstbelasting door verrekening, en voor zover het bedrag van de te betalen vennootschapsbelasting lager is dan het te verrekenen bedrag, door teruggaaf, kunnen neutraliseren?

2. Indien het antwoord op de eerste vraag bevestigend luidt: is de beperking van het vrije verkeer van kapitaal door § 32, lid 1, punt 2, KStG volgens artikel 63 juncto artikel 64, lid 1, VWEU toelaatbaar jegens derde landen omdat zij verband houdt met de verrichting van financiële diensten?"

Verzoek tot heropening van de mondelinge behandeling

37. Naar aanleiding van de conclusie van de advocaat-generaal heeft de Duitse regering bij akte, neergelegd ter griffie van het Hof op 2 juli 2019, verzocht om heropening van de mondelinge behandeling overeenkomstig artikel 83 van het Reglement voor de procesvoering van het Hof.

38. Ter ondersteuning van haar verzoek voert de Duitse regering in wezen aan dat de conclusie van de advocaat-generaal berust op onjuiste feitelijke vaststellingen met betrekking tot het Duitse recht. Dividenden betaald aan ingezeten pensioenfondsen zijn volgens haar onderworpen aan vennootschapsbelasting tegen een tarief van 15 %, dat wordt toegepast op brutodividenden. De kapitaalopbrengstbelasting, die wordt geheven door middel van inhouding aan de bron en 25 % van het brutodividend bedraagt, wordt verrekend met de aldus vastgestelde vennootschapsbelasting, zodat de aan de bron ingehouden belasting tot een bedrag van 10 % van het brutodividend wordt terugbetaald. De belastingdruk blijft in principe gelijk aan 15 % van het brutodividend. Voorts licht de Duitse regering de opmerkingen die zij ter terechtzitting heeft gemaakt nader toe en herhaalt zij haar bezwaar tegen de berekeningen die de Commissie tijdens diezelfde zitting heeft gepresenteerd.

39. Dienaangaande zij eraan herinnerd dat de advocaat-generaal op grond van artikel 252, tweede alinea, VWEU in het openbaar in volkomen onpartijdigheid en onafhankelijkheid met redenen omklede conclusies neemt aangaande zaken waarin zulks overeenkomstig het Statuut van het Hof van Justitie van de Europese Unie is vereist. Het Hof is noch door de conclusie van de advocaat-generaal, noch door de motivering op grond waarvan hij tot die conclusie komt, gebonden (arrest van 22 juni 2017, Federatie Nederlandse Vakvereniging e.a., C-126/16, EU:C:2017:489, punt 31 en aangehaalde rechtspraak).

40. Binnen deze context dient voorts in herinnering te worden gebracht dat het Statuut van het Hof van Justitie van de Europese Unie en het Reglement voor de procesvoering niet voorzien in de mogelijkheid voor de in artikel 23 van dat Statuut bedoelde partijen of belanghebbenden om opmerkingen in te dienen in antwoord op de conclusie van de advocaat-generaal (arrest van 25 oktober 2017, Polbud – Wykonawstwo, C-106/16, EU:C:2017:804, punt 23 en aldaar aangehaalde rechtspraak). Het feit dat een partij het oneens is met de conclusie van de advocaat-generaal, kan als zodanig geen grond voor de heropening van de mondelinge behandeling opleveren, ongeacht welke kwesties hij in zijn conclusie heeft onderzocht (arrest van 25 oktober 2017, Polbud – Wykonawstwo, C-106/16, EU:C:2017:804, punt 24, en 29 november 2017, King, C-214/16, EU:C:2017:914, punt 27 en aldaar aangehaalde rechtspraak).

41. Hieruit volgt dat het verzoek van de Duitse regering om heropening van de mondelinge behandeling, voor zover dit ertoe strekt haar in staat te stellen te antwoorden op de vaststellingen van de advocaat-generaal in zijn conclusie, niet kan worden ingewilligd.

42. Het Hof kan echter volgens artikel 83 van zijn Reglement voor de procesvoering in elke stand van het geding, de advocaat-generaal gehoord, de opening of de heropening van de mondelinge behandeling gelasten, onder meer wanneer het zich onvoldoende voorgelicht acht of wanneer een partij na afsluiting van deze behandeling een nieuw feit aanbrengt dat van beslissende invloed kan zijn voor de uitspraak van het Hof, of wanneer een zaak moet worden beslecht op grond van een argument waarover de partijen of de in artikel 23

van het Statuut van het Hof van Justitie van de Europese Unie bedoelde belanghebbenden hun standpunten niet voldoende hebben kunnen uitwisselen.

43. In dit verband zij eraan herinnerd dat het Hof zich volgens zijn vaste rechtspraak bij de uitlegging van bepalingen van de nationale rechtsorde in beginsel moet baseren op de kwalificaties in de verwijzingsbeslissing, en niet bevoegd is om het nationale recht van een lidstaat uit te leggen (zie met name arresten van 17 maart 2011, Naftiliaki Etaireia Thasou en Amaltheia I Naftiki Etaireia, C-128/10 en C-129/10, EU:C:2011:163, punt 40, en 16 februari 2017, Agro Foreign Trade & Agency, C-507/15, EU:C:2017:129, punt 23).

44. De verwijzingsbeslissing bevat de nodige informatie over de bepalingen van het Duitse recht en met name over de krachtens deze bepalingen geldende belastingtarieven, waarop het Hof zich dient te baseren.

45. Het Hof is derhalve van oordeel, de advocaat-generaal gehoord, dat het over alle gegevens beschikt die nodig zijn om de door de verwijzende rechter gestelde vragen te beantwoorden en dat de argumenten die hem in staat stellen zich uit te spreken over de vraag betreffende de belastingdruk die rust op dividenden die aan ingezeten pensioenfondsen worden uitgekeerd, voor hem zijn besproken. Bovendien is de Duitse regering ter terechtzitting in de gelegenheid gesteld om te reageren op alle argumenten die tijdens die zitting naar voren werden gebracht en om alle verduidelijkingen te verstrekken die zij in dit verband noodzakelijk achtte.

46. Gelet op het voorgaande is er geen aanleiding om de heropening van de mondelinge behandeling te gelasten.

Beantwoording van de prejudiciële vragen

Eerste vraag

47. Met zijn eerste vraag wenst de verwijzende in wezen te vernemen of de artikelen 63 en 65 VWEU aldus moeten worden uitgelegd dat zij zich verzetten tegen een nationale regeling op grond waarvan, ten eerste, over de dividenden die door een ingezeten vennootschap aan een ingezeten pensioenfonds worden uitgekeerd bronbelasting wordt geheven die volledig kan worden verrekend met de door dat fonds verschuldigde vennootschapsbelasting en die, wanneer zij hoger is dan de door het fonds verschuldigde vennootschapsbelasting, kan leiden tot een terugbetaling, en, ten tweede, die dividenden niet of nauwelijks leiden tot een verhoging van het aan vennootschapsbelasting onderworpen resultaat, als gevolg van de mogelijkheid om voorzieningen voor pensioenverplichtingen van dat resultaat af te trekken, terwijl over dividenden die aan een niet-ingezeten pensioenfonds worden uitgekeerd bronbelasting wordt geheven die voor een dergelijk fonds een definitieve belastingheffing vormt.

Bestaan van een beperking in de zin van artikel 63 VWEU

48. Volgens de rechtspraak van het Hof strekken de maatregelen die ingevolge artikel 63, lid 1, VWEU verboden zijn omdat zij het vrije kapitaalverkeer beperken, zich mede uit tot de maatregelen die niet-ingezetenen ervan kunnen doen afzien in een lidstaat investeringen te doen, of die ingezetenen van deze lidstaat ervan kunnen weerhouden in andere lidstaten investeringen te doen (zie met name arresten van 10 april 2014, Emerging Markets Series of DFA Investment Trust Company, C-190/12, EU:C:2014:249, punt 39, en 22 november 2018, Sofina e.a., C-575/17, EU:C:2018:943, punt 23 en aldaar aangehaalde rechtspraak).

49. Met name het feit dat een lidstaat dividenden die worden uitgekeerd aan niet-ingezeten pensioenfondsen ongunstiger behandelt dan dividenden die worden uitgekeerd aan ingezeten pensioenfondsen, kan in een andere dan die lidstaat gevestigde vennootschappen ervan doen afzien in die lidstaat te investeren, zodat dit een beperking van het vrije kapitaalverkeer vormt die in beginsel verboden is door artikel 63 VWEU (zie in die arresten van 8 november 2012, Commissie/Finland, C-342/10, EU:C:2012:688, punt 33; 22 november 2012, Commissie/Duitsland, C-600/10, niet gepubliceerd, EU:C:2012:737, punt 15, en 2 juni 2016, Pensioenfonds Metaal en Techniek, C-252/14, EU:C:2016:402, punt 28).

50. Wanneer op dividenden die aan niet-ingezeten pensioenfondsen worden uitgekeerd een zwaardere belastingdruk rust dan op dividenden die worden uitgekeerd aan ingezeten pensioenfondsen, dan is er sprake van een dergelijke minder gunstige behandeling (zie in die zin arrest van 17 september 2015, Miljoen e.a., C-10/14, C-14/14 en C-17/14, EU:C:2015:608, punt 48). Hetzelfde geldt wanneer aan ingezeten pensioenfondsen uitgekeerde dividenden geheel of gedeeltelijk worden vrijgesteld, terwijl dividenden die aan niet-ingezeten pensioenfondsen worden uitgekeerd, onderworpen zijn aan een definitieve inhouding aan de bron (zie in die zin arrest van 8 november 2012, Commissie/Finland, C-342/10, EU:C:2012:688, punten 32 en 33).

51. Krachtens de in het hoofdgeding aan de orde zijnde regeling, zoals deze is weergegeven in de verwijzingsbeslissing, zijn de aan pensioenfondsen uitgekeerde dividenden onderworpen aan twee verschillende stelsels van belastingheffing, waarvan de toepassing afhankelijk is van de vraag of zij ingezetene zijn van de lidstaat van de dividend-uitkerende vennootschap.

52. Enerzijds zijn immers zowel de dividenden die worden uitgekeerd aan ingezeten pensioenfondsen als de dividenden die worden uitgekeerd aan niet-ingezeten pensioenfondsen onderworpen aan een kapitaalopbrengstbelasting, die wordt ingehouden aan de bron.

53. Anderzijds wordt echter bij niet-ingezeten pensioenfondsen deze belasting definitief geheven tegen een tarief dat, zoals blijkt uit het dossier waarover het Hof beschikt, in het hoofdgeding overeenkomt met 15 % van de brutodividenden, zoals bepaald in artikel 10, lid 2, onder b), van het belastingverdrag tussen Duitsland en Canada.

54. Daarentegen wordt volgens de verwijzende rechter bij ingezeten pensioenfondsen aan de bron een kapitaalopbrengstbelasting ingehouden tegen een tarief van 25 % van het brutodividend. Die belasting kan volledig worden verrekend met de vennootschapsbelasting, waarvan het tarief volgens die rechter 15 % van de belastbare inkomsten bedraagt, en worden teruggegeven wanneer de aan de bron ingehouden belasting hoger is dan de door het fonds verschuldigde vennootschapsbelasting.

55. Bovendien leidt, volgens de informatie in de verwijzingsbeslissing, de ontvangst van dividenden voor de berekening van de vennootschapsbelasting slechts tot een zeer geringe stijging van het aan belastingheffing onderworpen resultaat van het ingezeten fonds, en soms zelfs helemaal niet tot een stijging van dat resultaat. Volgens de verwijzende rechter leidt de ontvangst van dividenden namelijk tot een evenredige verhoging van de technische voorzieningen en neemt het belastbare resultaat van het ingezeten pensioenfonds alleen maar toe indien de opbrengsten van de extracomptabele beleggingen niet worden overgeboekt ten gunste van de verschillende overeenkomsten van dit fonds. Zoals aangegeven in punt 11 van dit arrest moet ten minste 90 % van de extracomptabele beleggingsopbrengsten worden overgeboekt ten gunste van de overeenkomsten van het ingezeten pensioenfonds.

56. Hieruit volgt dat, wegens deze aftrek van de voorzieningen, die overeenkomen met de ontvangen dividenden, van de belastinggrondslag voor de berekening van de vennootschapsbelasting, de door de ingezeten pensioenfondsen ontvangen dividenden die belastinggrondslag niet of slechts zeer licht verhogen.

57. Daaruit volgt dat, ook al is de kapitaalopbrengstbelasting die aanvankelijk wordt ingehouden op aan ingezeten pensioenfondsen uitgekeerde dividenden hoger dan die op dividenden die worden uitgekeerd aan niet-ingezeten pensioenfondsen, de toepassing van de in het hoofdgeding aan de orde zijnde Duitse regeling van het mechanisme voor de verrekening van de door het ingezeten pensioenfonds verschuldigde kapitaalopbrengstbelasting met de door dat fonds verschuldigde vennootschapsbelasting en voor de terugbetaling van die belasting wanneer de verschuldigde vennootschapsbelasting lager is dan de ingehouden kapitaalopbrengstbelasting, in combinatie met de wijzen van berekening van de belastinggrondslag van het pensioenfonds, ertoe leidt dat dividenden die worden uitgekeerd aan ingezeten pensioenfondsen uiteindelijk geheel of gedeeltelijk worden vrijgesteld van belasting.

58. Hieruit volgt dat dividenden die worden uitgekeerd aan niet-ingezeten pensioenfondsen minder gunstig worden behandeld dan dividenden die worden uitgekeerd aan ingezeten pensioenfondsen, aangezien eerstgenoemde fondsen onderworpen zijn aan een definitieve heffing van 15 %, terwijl laatstgenoemde fondsen geheel of gedeeltelijk van belasting zijn vrijgesteld.

59. Anders dan verweerder in het hoofdgeding stelt, is een dergelijke minder gunstige behandeling niet het gevolg van de parallelle uitoefening door de twee betrokken staten van hun respectieve heffingsbevoegdheden, noch van de verschillen tussen de wetgevingen van de verschillende staten. Het enkele feit dat de Bondsrepubliek Duitsland haar belastingbevoegdheid uitoefent, leidt immers ongeacht de toepassing van de belastingwetgeving van een andere staat enerzijds tot de volledige of nagenoeg volledige vrijstelling van de aan ingezeten pensioenfondsen uitgekeerde dividenden en anderzijds tot belastingheffing op dividenden die aan niet-ingezeten pensioenfondsen worden uitgekeerd.

60. Bijgevolg kan een verschil in behandeling, zoals dat wat voortvloeit uit de in het hoofdgeding aan de orde zijnde Duitse wetgeving, tussen de aan niet-ingezeten pensioenfondsen uitgekeerde dividenden en de aan ingezeten pensioenfondsen uitgekeerde dividenden, pensioenfondsen die in een andere staat dan de Bondsrepubliek Duitsland zijn gevestigd, ervan weerhouden om in die staat te beleggen en vormt dat verschil derhalve een door artikel 63 VWEU in beginsel verboden beperking van het vrije kapitaalverkeer.

61. Niettemin dient te worden onderzocht of deze beperking kan worden gerechtvaardigd in het licht van de bepalingen van het VWEU.

Bestaan van een rechtvaardigingsgrond

62. Krachtens artikel 65, lid 1, onder a), VWEU doet het bepaalde in artikel 63 VWEU niets af aan het recht van de lidstaten om de ter zake dienende bepalingen van hun belastingwetgeving toe te passen die onderscheid maken tussen belastingplichtigen die niet in dezelfde situatie verkeren met betrekking tot hun vestigingsplaats of de plaats waar hun kapitaal is belegd.

63. Deze bepaling vormt een uitzondering op het fundamentele beginsel van het vrije verkeer van kapitaal en moet dus strikt worden uitgelegd. Zij kan dan ook niet aldus worden uitgelegd dat elke belastingwetgeving die onderscheid maakt tussen belastingplichtigen naargelang van hun vestigingsplaats of van de lidstaat waarin zij hun kapitaal beleggen, automatisch verenigbaar is met het VWEU. De in artikel 65, lid 1, onder a), VWEU bedoelde afwijking wordt immers zelf beperkt door artikel 65, lid 3, VWEU, dat bepaalt dat de in lid 1 van dit artikel bedoelde nationale maatregelen „geen middel tot willekeurige discriminatie [mogen] vormen, noch een verkapte beperking van het vrije kapitaalverkeer en betalingsverkeer als omschreven in artikel 63 [VWEU]" (arrest van 10 april 2014, Emerging Markets Series of DFA Investment Trust Company, C-190/12, EU:C:2014:249, punten 55-56 en aldaar aangehaalde rechtspraak).

64. Bijgevolg moet onderscheid worden gemaakt tussen de door artikel 65, lid 1, onder a), VWEU toegestane verschillen in behandeling en de door artikel 65, lid 3, VWEU verboden gevallen van discriminatie. Dienaangaande volgt uit de rechtspraak van het Hof dat een nationale wettelijke belastingregeling alleen verenigbaar met de Verdragsbepalingen inzake het vrije verkeer van kapitaal kan worden geacht indien het verschil in behandeling situaties betreft die niet objectief vergelijkbaar zijn, of indien dat verschil wordt gerechtvaardigd door een dwingende reden van algemeen belang (arrest van 10 mei 2012, Santander Asset Management SGIIC e.a., C-338/11–C-347/11, EU:C:2012:286, punt 23 en aldaar aangehaalde rechtspraak).

65. Uit de vaste rechtspraak van het Hof volgt dat de vergelijkbaarheid van een grensoverschrijdende situatie met een interne situatie moet worden onderzocht op basis van het door de betrokken nationale bepalingen nagestreefde doel en het voorwerp en de inhoud van die bepalingen (zie met name arrest van 2 juni 2016, Pensioenfonds Metaal en Techniek, C-252/14, EU:C:2016:402, punt 48 en aldaar aangehaalde rechtspraak).

66. Bovendien volgt uit de rechtspraak van het Hof dat wanneer een lidstaat, unilateraal of door het sluiten van overeenkomsten, niet alleen ingezeten belastingplichtigen maar ook niet-ingezeten belastingplichtigen aan de inkomstenbelasting onderwerpt voor de dividenden die zij van een ingezeten vennootschap ontvangen, de situatie van die niet-ingezeten belastingplichtigen vergelijkbaar is met die van de ingezeten belastingplichtigen (arresten van 20 oktober 2011, Commissie/Duitsland, C-284/09, EU:C:2011:670, punt 56, en 17 september 2015, Miljoen e.a., C-10/14, C-14/14 en C-17/14, EU:C:2015:608, punt 67 en aldaar aangehaalde rechtspraak).

67. Verweerder in het hoofdgeding en de Duitse regering betogen evenwel dat ingezeten en niet-ingezeten pensioenfondsen zich, gelet op de in het hoofdgeding aan de orde zijnde regeling, niet in objectief vergelijkbare situaties bevinden.

68. Ten eerste zou het verschil in behandeling, net als in de zaak die aanleiding gaf tot het arrest van 22 december 2008, Truck Center (C-282/07, EU:C:2008:762), voortvloeien uit de toepassing van verschillende technieken van belastingheffing op ingezetenen en niet-ingezetenen.

69. Ten tweede is het verschil in behandeling tussen ingezeten en niet-ingezeten pensioenfondsen gerechtvaardigd, aangezien er geen rechtstreeks verband bestaat tussen de ontvangst van dividenden in Duitsland en de kosten van de toevoegingen aan wiskundige en andere technische voorzieningen, zoals wordt vereist door de rechtspraak van het Hof inzake de vergelijkbaarheid van de situatie van ingezetenen met die van niet-ingezetenen met betrekking tot uitgaven die rechtstreeks verband houden met een activiteit die in een lidstaat belastbare inkomsten heeft gegenereerd (zie met name arresten van 31 maart 2011, Schröder, C-450/09, EU:C:2011:198, punt 40 en aldaar aangehaalde rechtspraak, en 24 februari 2015, Grünewald, C-559/13, EU:C:2015:109, punt 29).

70. Wat in de eerste plaats het argument betreft dat het verschil in behandeling het gevolg is van de toepassing van verschillende technieken van belastingheffing op ingezetenen en niet-ingezetenen, moet worden opgemerkt dat het Hof in punt 41 van het arrest van 22 december 2008, Truck Center (C-282/07, EU:C:2008:762), weliswaar voor recht heeft verklaard dat een verschil in behandeling, bestaande in de toepassing van verschillende technieken van belastingheffing naargelang van de vestigingsplaats van de belas-

tingplichtige, situaties betreft die niet objectief vergelijkbaar zijn, doch in de punten 43, 44 en 49 van dat arrest heeft gepreciseerd dat de betrokken inkomsten in de zaak die heeft geleid tot dat arrest, hoe dan ook waren belast, ongeacht of zij werden ontvangen door een ingezeten belastingplichtige of door een niet-ingezeten belastingplichtige, en dat het verschil in belastingheffing bovendien niet noodzakelijkerwijs een voordeel opleverde voor de ingezeten ontvangers.

71. Zoals uit de punten 57 en 58 van het onderhavige arrest blijkt, heeft de toepassing van de Duitse regeling die in het hoofdgeding aan de orde is, tot gevolg dat dividenden die aan ingezeten pensioenfondsen worden uitgekeerd uiteindelijk geheel of gedeeltelijk van belasting zijn vrijgesteld, terwijl dividenden die aan niet-ingezeten pensioenfondsen worden uitgekeerd zijn onderworpen aan een definitieve belasting van 15 %.

72. De in het hoofdgeding aan de orde zijnde nationale regeling blijft dus niet beperkt tot het vaststellen van verschillende wijzen van belastingheffing naargelang van de vestigingsplaats van de ontvanger van dividenden van nationale oorsprong. Zij kan ook leiden tot een volledige of bijna volledige vrijstelling van de aan de ingezeten pensioenfondsen uitgekeerde dividenden en bijgevolg tot het verlenen van een voordeel aan deze laatste fondsen.

73. Het in het hoofdgeding aan de orde zijnde verschil in behandeling kan derhalve niet worden gerechtvaardigd door het verschil tussen de situatie van ingezeten en die van niet-ingezeten pensioenfondsen wat de toepassing van verschillende technieken van belastingheffing betreft.

74. Wat in de tweede plaats het argument betreft dat de situatie van ingezeten en niet-ingezeten pensioenfondsen verschilt wat betreft de mogelijkheid om de toevoegingen aan de voorzieningen voor het nakomen van pensioenverplichtingen als beroepskosten in aanmerking te nemen, zij eraan herinnerd dat het Hof heeft geoordeeld dat met betrekking tot uitgaven zoals beroepskosten die rechtstreeks verband houden met een activiteit waardoor in een lidstaat belastbare inkomsten zijn verworven, ingezetenen en niet-ingezetenen van deze lidstaat in een vergelijkbare situatie verkeren (zie met name arresten van 31 maart 2011, Schröder, C-450/09, EU:C:2011:198, punt 40; 8 november 2012, Commissie/Finland, C-342/10, EU:C:2012:688, punt 37, en 24 februari 2015, Grünewald, C-559/13, EU:C:2015:109, punt 29).

75. De verwijzende rechter wijst er in zijn verwijzingsbeslissing op dat de bepalingen van § 21a KStG inzake de wiskundige voorzieningen en die van § 21, lid 2, KStG inzake de voorzieningen voor de terugbetaling van bijdragen, geen bepalingen zijn die beroepskosten toestaan en dat het Duitse recht geen regel kent die uitdrukkelijk bepaalt dat de toevoegingen aan de wiskundige en soortgelijke technische voorzieningen als aftrekbare kosten mogen worden afgetrokken van het belastbare inkomen. Zoals in herinnering gebracht in punt 43 van het onderhavige arrest is het Hof in beginsel verplicht zich te baseren op de kwalificaties die voortvloeien uit de bepalingen van het nationale recht zoals deze zijn gespecificeerd in de verwijzingsbeslissing.

76. In dit opzicht verschilt de situatie in het hoofdgeding van die in de zaak die heeft geleid tot het arrest van 8 november 2012, Commissie/Finland (C-342/10, EU:C:2012:688), waarin de nationale wetgever de voor de uitvoering van de pensioenverplichtingen voorziene bedragen uitdrukkelijk gelijk heeft gesteld met uitgaven die zijn gedaan om de inkomsten uit een economische activiteit te verwerven of te behouden.

77. Bijgevolg is de in punt 74 van het onderhavige arrest in herinnering gebrachte rechtspraak irrelevant voor het onderzoek van de vergelijkbaarheid, gelet op de in het hoofdgeding aan de orde zijnde nationale regeling, van de situatie van een niet-ingezeten pensioenfonds met die van een ingezeten pensioenfonds. Het door de Duitse regering aangevoerde feit dat de toevoegingen aan de wiskundige en andere technische voorzieningen geen kosten zijn die worden gemaakt om dividendinkomsten te genereren, kan de vergelijkbaarheid van deze situaties dus niet in twijfel trekken.

78. In die omstandigheden moet erop worden gewezen dat, volgens de verwijzende rechter, wanneer de uitgekeerde dividenden de wiskundige voorzieningen of andere passivaposten verhogen, het resultaat van het pensioenfonds ongewijzigd blijft en er dus geen sprake is van een belastbare verrijking. Hij voegt daaraan toe dat de voorzieningen voor pensioenverplichtingen, die het belastbare resultaat verminderen, het rechtstreekse gevolg zijn van de ontvangst van dividenden. Bijgevolg bevinden ingezeten en niet-ingezeten pensioenfondsen zich volgens die rechter in een vergelijkbare situatie wat betreft de inaanmerkingneming van de toevoegingen aan de wiskundige en soortgelijke technische voorzieningen voor de vaststelling van hun belastinggrondslag met betrekking tot de dividenden die zij ontvangen.

79. Uit de door de verwijzende rechter verstrekte inlichtingen blijkt dus dat er een causaal verband bestaat tussen de ontvangst van dividenden, de verhoging van de wiskundige voorzieningen en andere passivaposten en de niet-verhoging van de belastinggrondslag van het ingezeten fonds, aangezien de voor de technische voorzieningen aangewende dividenden het belastbare resultaat van het pensioenfonds niet verhogen, hetgeen

overigens door de Duitse regering ter terechtzitting is bevestigd. Volgens die regering moet een groot deel van de winst die met de investering wordt behaald namelijk ten goede komen aan de aangeslotene, hetgeen betekent dat deze winst niet tot het vermogen van het pensioenfonds kan blijven behoren en dat de inkomsten de voorwaarde zijn voor de uitgaven voor de voorzieningen.

80. Een nationale regeling die volledige of nagenoeg volledige vrijstelling van aan ingezeten pensioenfondsen uitgekeerde dividenden mogelijk maakt, vergemakkelijkt dus de accumulatie van kapitaal door deze fondsen, terwijl, zoals de Duitse regering ter terechtzitting heeft opgemerkt, alle pensioenfondsen in beginsel verplicht zijn om verzekeringspremies op de kapitaalmarkt te beleggen om inkomsten te genereren in de vorm van dividenden die hen in staat stellen om hun toekomstige verplichtingen uit hoofde van verzekeringsovereenkomsten na te komen.

81. Een niet-ingezeten pensioenfonds dat de ontvangen dividenden – uit eigen beweging of overeenkomstig de in zijn staat van vestiging geldende wetgeving – gebruikt voor toevoeging aan de voorzieningen voor pensioenen die het in de toekomst moet betalen, bevindt zich in dat opzicht in een situatie die vergelijkbaar is met die van een ingezeten pensioenfonds.

82. Het staat aan de verwijzende rechter om na te gaan of dit in het hoofdgeding het geval is.

83. Ingeval de verwijzende rechter van oordeel is dat het niet-ingezeten pensioenfonds zich, wat de aanwending van dividenden voor toevoeging aan de voorzieningen voor pensioenen betreft, in een situatie bevindt die vergelijkbaar is met die van een ingezeten pensioenfonds, moet nog worden onderzocht of het in het hoofdgeding aan de orde zijnde verschil in behandeling in voorkomend geval kan worden gerechtvaardigd door dwingende redenen van algemeen belang (zie in die zin met name arrest van 24 november 2016, SECIL, C-464/14, EU:C:2016:896, punten 54 en 56).

84. Aangezien de Duitse regering ter terechtzitting heeft betoogd dat de in het hoofdgeding aan de orde zijnde regeling past binnen de context van een evenwichtige verdeling van de heffingsbevoegdheid tussen de lidstaat van de bron van de dividenden en de staat van vestiging van het pensioenfonds, moet er in dit verband allereerst aan worden herinnerd dat de noodzaak van handhaving van een evenwichtige verdeling van de heffingsbevoegdheid tussen de lidstaten en derde landen een rechtvaardigingsgrond voor een beperking van het vrije kapitaalverkeer kan vormen, met name wanneer de betrokken nationale maatregelen ertoe strekken gedragingen te voorkomen die afbreuk kunnen doen aan het recht van een lidstaat om zijn belastingbevoegdheid uit te oefenen met betrekking tot activiteiten die op zijn grondgebied plaatsvinden [arrest van 26 februari 2019, X (Tussenvennootschappen die in een derde land zijn gevestigd), C-135/17, EU:C:2019:136, punt 72 en aldaar aangehaalde rechtspraak].

85. Wanneer een lidstaat er echter voor heeft gekozen om alle of bijna alle aan ingezeten pensioenfondsen uitgekeerde dividenden vrij te stellen, kan hij zich, ter rechtvaardiging van het feit dat wel belasting wordt geheven over dividenden die aan niet-ingezeten pensioenfondsen worden uitgekeerd, niet beroepen op de noodzaak om te zorgen voor een evenwichtige verdeling van de heffingsbevoegdheid tussen de lidstaten en derde landen (zie in die zin arresten van 20 oktober 2011, Commissie/Duitsland, C-284/09, EU:C:2011:670, punt 78; 10 mei 2012, Santander Asset Management SGIIC e.a., C-338/11–C-347/11, EU:C:2012:286, punt 48, en 21 juni 2018, Fidelity Funds e.a., C-480/16, EU:C:2018:480, punt 71).

86. De noodzaak om een evenwichtige verdeling van de heffingsbevoegdheid tussen de lidstaten en derde landen in stand te houden, kan derhalve niet worden aangevoerd als rechtvaardiging voor de in het hoofdgeding aan de orde zijnde beperking van het vrije verkeer van kapitaal.

87. Wat vervolgens de door de verwijzende rechter genoemde noodzaak betreft om de samenhang van een belastingstelsel te handhaven, die ook een rechtvaardigingsgrond kan vormen voor een regeling die de fundamentele vrijheden kan beperken, mits wordt aangetoond dat er een rechtstreeks verband bestaat tussen het betrokken belastingvoordeel en de compensatie van dit voordeel door een bepaalde belastingheffing, waarbij in het licht van het doel van de betrokken regeling moet worden beoordeeld of het verband rechtstreeks is (zie met name arrest van 21 juni 2018, Fidelity Funds e.a., C-480/16, EU:C:2018:480, punten 79 en 80 en aldaar aangehaalde rechtspraak), kan worden volstaan met de vaststelling dat de Duitse regering zich niet heeft beroepen op het bestaan van een dergelijk rechtstreeks verband, dat noodzakelijk is om zich met succes op een dergelijke rechtvaardiging te kunnen beroepen.

88. Wat ten slotte de, eveneens door de verwijzende rechter naar voren gebrachte, noodzaak betreft om de doeltreffendheid van de belastingcontroles te waarborgen, hetgeen een dwingende reden van algemeen belang is die een beperking van het vrije kapitaalverkeer kan rechtvaardigen [arrest van 26 februari 2019, X (Tussenvennootschappen die in een derde land zijn gevestigd), C-135/17, EU:C:2019:136, punt 74], zij opge-

merkt dat het dossier waarover het Hof beschikt geen aanwijzingen bevat dat een nationale regeling als die welke in het hoofdgeding aan de orde is, geschikt is om dit doel te bereiken.

89. Gelet op het voorgaande dient op de eerste vraag te worden geantwoord dat de artikelen 63 en 65 VWEU aldus moeten worden uitgelegd dat zij zich verzetten tegen een nationale regeling op grond waarvan, ten eerste, over de dividenden die door een ingezeten vennootschap aan een ingezeten pensioenfonds worden uitgekeerd bronbelasting wordt geheven die volledig kan worden verrekend met de door dat fonds verschuldigde vennootschapsbelasting en die, wanneer zij hoger is dan de door het fonds verschuldigde vennootschapsbelasting, kan leiden tot een terugbetaling, en, ten tweede, die dividenden niet of nauwelijks leiden tot een verhoging van het aan vennootschapsbelasting onderworpen resultaat, als gevolg van de mogelijkheid om voorzieningen voor pensioenverplichtingen van dat resultaat af te trekken, terwijl over dividenden die aan een niet-ingezeten pensioenfonds worden uitgekeerd bronbelasting wordt geheven die voor een dergelijk fonds een definitieve belastingheffing vormt, wanneer het niet-ingezeten pensioenfonds de ontvangen dividenden gebruikt voor toevoeging aan de voorzieningen voor pensioenen die het in de toekomst moet betalen, hetgeen aan de verwijzende rechter staat om na te gaan.

Tweede vraag

90. Met zijn tweede vraag wenst de verwijzende rechter in wezen te vernemen of artikel 64, lid 1, VWEU aldus moet worden uitgelegd dat een nationale regeling op grond waarvan, ten eerste, over dividenden die door een ingezeten vennootschap aan een ingezeten pensioenfonds worden uitgekeerd bronbelasting wordt geheven die volledig kan worden verrekend met de door dit fonds verschuldigde vennootschapsbelasting en die, wanneer zij hoger is dan de door het fonds verschuldigde vennootschapsbelasting, kan leiden tot een terugbetaling, en, ten tweede, die dividenden niet of nauwelijks leiden tot een verhoging van het aan vennootschapsbelasting onderworpen resultaat, als gevolg van de mogelijkheid om voorzieningen voor pensioenverplichtingen van dat resultaat af te trekken, terwijl over dividenden die aan een niet-ingezeten pensioenfonds worden uitgekeerd bronbelasting wordt geheven die voor een dergelijk fonds een definitieve belastingheffing vormt, voor de toepassing van die bepaling kan worden beschouwd als een op 31 december 1993 bestaande beperking.

91. Volgens artikel 64, lid 1, VWEU doet het bepaalde in artikel 63 VWEU geen afbreuk aan de toepassing op derde landen van beperkingen die op 31 december 1993 bestaan uit hoofde van het nationale recht of het recht van de Unie inzake het kapitaalverkeer naar of uit derde landen in verband met directe investeringen – met inbegrip van investeringen in onroerende goederen –, vestiging, het verrichten van financiële diensten of de toelating van waardepapieren tot de kapitaalmarkten.

92. Met betrekking tot het temporele criterium van artikel 64, lid 1, VWEU volgt uit vaste rechtspraak van het Hof dat, hoewel in beginsel de nationale rechter de inhoud dient te bepalen van de wetgeving die bestond op een door een Uniehandeling bepaalde datum, het aan het Hof staat om de gegevens te verschaffen voor de uitlegging van het Unierechtelijke begrip dat de basis vormt voor de toepassing van een Unierechtelijke uitzonderingsregeling op een nationale wettelijke regeling die op een bepaalde datum „bestaat" (arrest van 10 april 2014, Emerging Markets Series of DFA Investment Trust Company, C-190/12, EU:C:2014:249, punt 47 en aldaar aangehaalde rechtspraak).

93. Het begrip „beperkingen die op 31 december 1993 bestaan" in de zin van artikel 64, lid 1, VWEU veronderstelt dat het rechtskader waarin de betrokken beperking is opgenomen, sinds die datum ononderbroken deel heeft uitgemaakt van de rechtsorde van de betrokken lidstaat. Zou dit anders zijn, dan zou een lidstaat immers op enig tijdstip opnieuw beperkingen van het kapitaalverkeer naar of uit derde staten kunnen invoeren die op 31 december 1993 in de nationale rechtsorde bestonden doch die niet zijn gehandhaafd (arresten van 5 mei 2011, Prunus en Polonium, C-384/09, EU:C:2011:276, punt 34 en aldaar aangehaalde rechtspraak, en 20 september 2018, EV, C-685/16, EU:C:2018:743, punt 74).

94. Het Hof heeft evenwel reeds voor recht verklaard dat een nationale maatregel die na die datum is vastgesteld, niet louter om die reden automatisch is uitgesloten van de uitzonderingsregeling waarin de betrokken Uniehandeling voorziet. Uit vaste rechtspraak van het Hof volgt namelijk dat beperkingen in bepalingen die na die datum zijn vastgesteld en in wezen identiek zijn aan de vroegere regeling of waarbij enkel een in de vroegere wetgeving vervatte belemmering voor de uitoefening van de rechten en vrijheden van verkeer wordt afgezwakt of opgeheven, kunnen worden gelijkgesteld met dergelijke „bestaande" beperkingen. Daarentegen kan een wettelijke regeling die op een andere hoofdgedachte berust dan de vorige en nieuwe procedures invoert, niet met de op die datum bestaande wetgeving worden gelijkgesteld [zie in die zin arresten van 10 april 2014, Emerging Markets Series of DFA Investment Trust Company, C-190/12, EU:C:2014:249, punt 48;

20 september 2018, EV, C-685/16, EU:C:2018:743, punt 75, en 26 februari 2019, X (Tussenvennootschappen die in een derde land zijn gevestigd), C-135/17, EU:C:2019:136, punten 37 en 39 en aldaar aangehaalde rechtspraak].

95. In dit verband merkt de verwijzende rechter op dat § 32, lid 1, punt 2, KStG, op grond waarvan de inhouding aan de bron als een bevrijdende betaling geldt, hetgeen de oorzaak is van het verschil in behandeling tussen ingezeten en niet-ingezeten pensioenfondsen, op 31 december 1993 reeds bestond, en wel in de vorm van § 50, lid 1, punt 2, KStG 1991, waarvan de bewoordingen en werking identiek zijn.

96. CPP betoogt echter voor het Hof dat het Duitse recht op 31 december 1993 geen pensioenfondsen kende, aangezien die pas op 1 januari 2002 in het verzekeringsrecht en de wet op de vennootschapsbelasting zijn opgenomen, en dat er vóór die datum ook geen specifieke belastingwetgeving met betrekking tot pensioenfondsen bestond.

97. Het Hof heeft evenwel reeds voor recht verklaard dat indien op 31 december 1993 dividenden die door een ingezeten vennootschap werden uitgekeerd aan niet-ingezeten entiteiten ofwel op dezelfde wijze, ofwel gunstiger werden behandeld dan dividenden die aan ingezeten entiteiten werden uitgekeerd, maar er na die datum een vrijstelling is ingevoerd voor dividenden die worden uitgekeerd aan ingezeten vennootschappen, er niet is voldaan aan het temporele criterium, aangezien het constitutieve bestanddeel van een beperking van het vrije verkeer van kapitaal, namelijk de belastingvrijstelling, later werd ingevoerd, waarbij is afgestapt van de hoofdgedachte van de vroegere wetgeving en een nieuwe procedure in het leven is geroepen (zie in die zin arrest van 10 april 2014, Emerging Markets Series of DFA Investment Trust Company, C-190/12, EU:C:2014:249, punten 50-52).

98. Het staat dus aan de verwijzende rechter om na te gaan of door de invoering na 31 december 1993 van een bijzondere regeling voor pensioenfondsen, de situatie van niet-ingezeten pensioenfondsen, wat de dividenden betreft die hun door ingezeten vennootschappen worden uitgekeerd, minder gunstig is geworden dan die van ingezeten pensioenfondsen, en dus niet kan worden aangenomen dat het constitutieve bestanddeel van de in casu aan de orde zijnde beperking op die datum reeds bestond. Bij die beoordeling moet de verwijzende rechter er rekening mee houden dat aan de voorwaarden waaraan een nationale wettelijke regeling moet voldoen om, in weerwil van een wijziging van het nationale rechtskader die van na 31 december 1993 dateert, geacht te worden op deze datum te hebben „bestaan", een strikte uitlegging moet worden gegeven [arresten van 20 september 2018, EV, C-685/16, EU:C:2018:743, punt 81, en 26 februari 2019, X (Tussenvennootschappen die in een derde land zijn gevestigd), C-135/17, EU:C:2019:136, punt 42].

99. Indien dit het geval is, kan het temporele criterium niet worden geacht te zijn vervuld.

100. Wat het materiële criterium betreft, zij eraan herinnerd dat artikel 64, lid 1, VWEU een limitatieve lijst van kapitaalbewegingen bevat die aan de toepassing van artikel 63, lid 1, VWEU kunnen worden onttrokken en dat die bepaling, als afwijking van het grondbeginsel van het vrije verkeer van kapitaal, strikt moet worden uitgelegd (arrest van 21 mei 2015, Wagner-Raith, C-560/13, EU:C:2015:347, punt 21).

101. Het Hof heeft in dit verband reeds verduidelijkt dat beperkingen op het kapitaalverkeer naar of uit derde landen in verband met „portefeuillebeleggingen" niet behoren tot de beperkingen op het kapitaalverkeer in het kader van de in artikel 64, lid 1, VWEU bedoelde „directe investeringen" [zie in die zin arrest van 26 februari 2019, X (Tussenvennootschappen die in een derde land zijn gevestigd), C-135/17, EU:C:2019:136, punt 28].

102. In de onderhavige zaak merkt de verwijzende rechter op dat de deelneming van CPP in het kapitaal van de dividenduitkerende vennootschappen nooit meer dan 1 % heeft bedragen, hetgeen overeenkomt met de zogenoemde „portefeuillebeleggingen", die betrekking hebben op de verwerving van effecten op de kapitaalmarkt met als enig doel een financiële belegging te doen zonder dat het de bedoeling is om invloed uit te oefenen op het beheer van en de zeggenschap over de onderneming, zodat een situatie als die welke in het hoofdgeding aan de orde is, niet kan worden geacht betrekking te hebben op kapitaalverkeer in verband met „directe investeringen" in de zin van artikel 64, lid 1, VWEU.

103. Voor zover een pensioenfonds financiële diensten kan verlenen aan zijn verzekerden, moet echter nog worden nagegaan of kapitaalbewegingen als die welke bedoeld zijn in de in het hoofdgeding aan de orde zijnde regeling, verband houden met het verrichten van financiële diensten in de zin van artikel 64, lid 1, VWEU.

104. In dit verband heeft het Hof voor recht verklaard dat het doorslaggevende criterium voor de toepassing van artikel 64, lid 1, VWEU betrekking heeft op het oorzakelijke verband tussen het kapitaalverkeer en het ver-

richten van financiële diensten en niet op de personele werkingssfeer van de litigieuze nationale maatregel of het verband daarvan met de verrichter, en niet met de ontvanger, van dergelijke diensten. De werkingssfeer van dat artikel is immers omschreven onder verwijzing naar de categorieën kapitaalbewegingen die aan beperkingen kunnen worden onderworpen (arrest van 21 mei 2015, Wagner-Raith, C-560/13, EU:C:2015:347, punt 39).

105. De nationale maatregel kan derhalve slechts onder die afwijking vallen indien hij betrekking heeft op kapitaalverkeer dat een voldoende nauwe band met het verrichten van financiële diensten heeft, dat wil zeggen dat er een oorzakelijk verband moet bestaan tussen het kapitaalverkeer en het verrichten van financiële diensten (arrest van 21 mei 2015, Wagner-Raith, C-560/13, EU:C:2015:347, punten 43 en 44).

106. Bijgevolg valt een nationale wettelijke regeling die van toepassing is op kapitaalverkeer naar of uit derde landen en een beperking van het verrichten van financiële diensten inhoudt, onder artikel 64, lid 1, VWEU (arrest van 21 mei 2015, Wagner-Raith, C-560/13, EU:C:2015:347, punt 45 en aldaar aangehaalde rechtspraak).

107. Met betrekking tot de verwerving van aandelen in beleggingsfondsen die gevestigd zijn in een Brits overzees gebied en de ontvangst van de daaruit voortvloeiende dividenden heeft het Hof in punt 46 van het arrest van 21 mei 2015, Wagner-Raith (C-560/13, EU:C:2015:347), geoordeeld dat deze verwerving en ontvangst inhouden dat die beleggingsfondsen ten behoeve van de betrokken belegger financiële diensten verrichten. Het Hof preciseerde dat een dergelijke belegging dankzij die diensten de betrokken belegger met name de mogelijkheid biedt om te genieten van een grotere diversificatie van de activa en een betere risicospreiding.

108. Zoals de advocaat-generaal in punt 100 van zijn conclusie heeft opgemerkt, dienen de verwerving van aandelen door een pensioenfonds en de dividenden die dit fonds in dit verband ontvangt hoofdzakelijk om de door dat fonds gevormde voorzieningen te handhaven en te waarborgen, door een grotere diversificatie en een betere risicospreiding, teneinde te garanderen dat het fonds zijn verplichtingen inzake pensioenuitkeringen aan verzekerden nakomt. Deze verwerving van aandelen en deze dividenden zijn dus in de eerste plaats een middel dat door de pensioenfondsen wordt gebruikt om hun pensioenverplichtingen na te komen en niet een dienst die het aan zijn verzekerden verleent.

109. In die omstandigheden moet worden vastgesteld dat er geen voldoende nauw oorzakelijk verband bestaat, in de zin van de in de punten 104 tot en met 106 van het onderhavige arrest genoemde rechtspraak, tussen het kapitaalverkeer waarop de in het hoofdgeding aan de orde zijnde regeling inzake de ontvangst van dividenden door een pensioenfonds betrekking heeft, en het verrichten van financiële diensten in de zin van artikel 64, lid 1, VWEU.

110. Gelet op het voorgaande dient op de tweede vraag te worden geantwoord dat artikel 64, lid 1, VWEU aldus moet worden uitgelegd dat een nationale regeling op grond waarvan, ten eerste, over dividenden die door een ingezeten vennootschap aan een ingezeten pensioenfonds worden uitgekeerd bronbelasting wordt geheven die volledig kan worden verrekend met de door dit fonds verschuldigde vennootschapsbelasting en die, wanneer zij hoger is dan de door het fonds verschuldigde vennootschapsbelasting, kan leiden tot een terugbetaling, en, ten tweede, die dividenden niet of nauwelijks leiden tot een verhoging van het aan vennootschapsbelasting onderworpen resultaat, als gevolg van de mogelijkheid om voorzieningen voor pensioenverplichtingen van dat resultaat af te trekken, terwijl over dividenden die aan een niet-ingezeten pensioenfonds worden uitgekeerd bronbelasting wordt geheven die voor een dergelijk fonds een definitieve belastingheffing vormt, voor de toepassing van die bepaling niet kan worden beschouwd als een op 31 december 1993 bestaande beperking.

Kosten

111. ...

Het Hof (Tweede kamer)

verklaart voor recht:

1. De artikelen 63 en 65 VWEU moeten aldus worden uitgelegd dat zij zich verzetten tegen een nationale regeling op grond waarvan, ten eerste, over de dividenden die door een ingezeten vennootschap aan een ingezeten pensioenfonds worden uitgekeerd bronbelasting wordt geheven die volledig kan worden verrekend met de door dat fonds verschuldigde vennootschapsbelasting en die, wanneer zij hoger is dan de door het fonds verschuldigde vennootschapsbelasting, kan leiden tot een terugbetaling, en, ten tweede, die dividenden niet of nauwelijks leiden tot een verhoging van het aan vennootschapsbelasting onderworpen resultaat, als gevolg van de mogelijkheid om voorzieningen voor pensioenverplichtingen van dat resultaat

af te trekken, terwijl over dividenden die aan een niet-ingezeten pensioenfonds worden uitgekeerd bronbelasting wordt geheven die voor een dergelijk fonds een definitieve belastingheffing vormt, wanneer het niet-ingezeten pensioenfonds de ontvangen dividenden gebruikt voor toevoeging aan de voorzieningen voor pensioenen die het in de toekomst moet betalen, hetgeen aan de verwijzende rechter staat om na te gaan.

2. Artikel 64, lid 1, VWEU moet aldus worden uitgelegd dat een nationale regeling op grond waarvan, ten eerste, over dividenden die door een ingezeten vennootschap aan een ingezeten pensioenfonds worden uitgekeerd bronbelasting wordt geheven die volledig kan worden verrekend met de door dit fonds verschuldigde vennootschapsbelasting en die, wanneer zij hoger is dan de door het fonds verschuldigde vennootschapsbelasting, kan leiden tot een terugbetaling, en, ten tweede, die dividenden niet of nauwelijks leiden tot een verhoging van het aan vennootschapsbelasting onderworpen resultaat, als gevolg van de mogelijkheid om voorzieningen voor pensioenverplichtingen van dat resultaat af te trekken, terwijl over dividenden die aan een niet-ingezeten pensioenfonds worden uitgekeerd bronbelasting wordt geheven die voor een dergelijk fonds een definitieve belastingheffing vormt, voor de toepassing van die bepaling niet kan worden beschouwd als een op 31 december 1993 bestaande beperking.

HvJ EU 30 januari 2020, zaak C-156/17 (Köln-Aktienfonds Deka v. Staatssecretaris van Financiën)

Zevende kamer: *P. G. Xuereb (rapporteur), kamerpresident, T. von Danwitz en C. Vajda, rechters*

Advocaat-generaal: *G. Pitruzzella*

1. Het verzoek om een prejudiciële beslissing betreft de uitlegging van artikel 63 VWEU.

2. Dit verzoek is ingediend in het kader van een geding tussen Köln-Aktienfonds Deka (hierna: „KA Deka") en de Staatssecretaris van Financiën (Nederland) over de teruggaaf van de dividendbelasting die ten laste van KA Deka is ingehouden op over de boekjaren 2002/2003 tot en met 2007/2008 uitgekeerde dividenden van aandelen van Nederlandse vennootschappen.

Toepasselijke bepalingen

Unierecht

3. Richtlijn 85/611/EEG van de Raad van 20 december 1985 tot coördinatie van de wettelijke en bestuursrechtelijke bepalingen betreffende bepaalde instellingen voor collectieve belegging in effecten (icbe's) (PB 1985, L 375, blz. 3) had volgens de vierde overweging ervan tot doel voor de in de lidstaten gevestigde instellingen voor collectieve belegging in effecten (icbe's) gemeenschappelijke minimumregels vast te stellen met betrekking tot toelating, toezicht, inrichting, werkzaamheid en door hen te publiceren informatie. Richtlijn 85/611 is herhaaldelijk gewijzigd voordat zij met ingang van 1 juli 2011 werd ingetrokken bij richtlijn 2009/65/EG van het Europees Parlement en de Raad van 13 juli 2009 tot coördinatie van de wettelijke en bestuursrechtelijke bepalingen betreffende bepaalde instellingen voor collectieve belegging in effecten (icbe's) (PB 2009, L 302, blz. 32), waarbij zij is herschikt.

Nederlands recht

4. De Nederlandse regeling voor fiscale beleggingsinstellingen (hierna: „fbi's") (hierna: „fbi-regime") is erop gericht om natuurlijke personen en in het bijzonder kleine spaarders in staat te stellen om collectief te beleggen in bepaalde soorten activa. Het doel van die regeling is de fiscale behandeling die geldt voor particulieren die via een fbi beleggen, te laten aansluiten bij de behandeling die geldt voor particulieren die op individuele basis beleggen.

5. Hiertoe zijn fbi's onderworpen aan de vennootschapsbelasting tegen een nultarief. Zij komen tevens in aanmerking voor teruggaaf van de ingehouden dividendbelasting op ontvangen Nederlandse dividenden. Zo staat in artikel 10, lid 2, van de Wet op de dividendbelasting 1965 in de op het hoofdgeding toepasselijke versie (hierna: „Wet op de dividendbelasting"):

> „Aan een vennootschap die voor de heffing van de vennootschapsbelasting wordt aangemerkt als beleggingsinstelling wordt op haar verzoek bij een door de inspecteur te nemen voor bezwaar vatbare beschikking teruggaaf verleend van in een jaar te haren laste ingehouden dividendbelasting [...]".

6. Fbi's hebben ook recht op een vergoeding voor de te hunnen laste geheven bronheffing op beleggingsproducten in het buitenland.

7. Bij de uitkeringen van dividenden zijn fbi's verplicht Nederlandse belasting op deze dividenden in te houden ten laste van de ontvanger van de dividenden.

8. Het fbi-regime wordt voornamelijk geregeld door artikel 28 van de Wet op de vennootschapsbelasting 1969 (hierna: „Wet Vpb"), waarin de voorwaarden zijn vastgelegd waaraan een beleggingsinstelling moet voldoen om als fbi te kunnen worden aangemerkt.

9. Een van die voorwaarden is de verplichting voor de beleggingsinstelling om ontvangen inkomsten binnen een bepaalde termijn aan haar aandeelhouders of houders van bewijzen van deelgerechtigdheid uit te keren. Zo bepaalt artikel 28, lid 2, onder b), van de Wet Vpb dat het bij algemene maatregel van bestuur te bepalen gedeelte van de winst niet later dan in de achtste maand na afloop van het jaar ter beschikking wordt gesteld van aandeelhouders en houders van bewijzen van deelgerechtigdheid (hierna: „participanten") en dat de ter beschikking te stellen winst gelijkelijk over alle aandelen en bewijzen van deelgerechtigdheid (hierna: „participaties") wordt verdeeld.

10. Dienaangaande blijkt uit de stukken waarover het Hof beschikt, dat overeenkomstig het Besluit beleggingsinstellingen (Stb. 1970, 190), zoals gewijzigd bij besluit van 20 december 2007 (Stb. 2007, 573) (hierna: „Besluit beleggingsinstellingen") bij het bepalen van de uitkeerbare winst van de beleggingsinstelling rekening wordt gehouden met de niet-aftrekbare bedragen. Voorts kan een fbi een herbeleggingsreserve vormen alsook een afrondingsreserve om zodoende ronde bedragen uit te keren.

11. De aard van het aandeelhouderschap van de beleggingsinstelling is ook een van de voorwaarden om als fbi te worden aangemerkt, aangezien het fbi-regime alleen mag worden gebruikt door de soorten beleggers voor wie het is bedoeld.

12. In de jaren 2002 tot en met 2006 werden de voorwaarden met betrekking tot het aandeelhouderschap (hierna: „aandeelhouderseisen") geregeld in artikel 28, lid 2, onder c) tot en met g), van de Wet Vpb. In die bepalingen werd een onderscheid gemaakt tussen beleggingsinstellingen waarvan de aandelen of participaties bij een breed publiek waren geplaatst en andere beleggingsinstellingen waarvoor strengere voorwaarden golden. Het onderscheid tussen die beleggingsinstellingen was gebaseerd op de vraag of hun aandelen of participaties al dan niet officieel aan de Amsterdamse effectenbeurs waren genoteerd.

13. Een beleggingsinstelling waarvan de aandelen of participaties aan de effectenbeurs van Amsterdam waren genoteerd, was kort gezegd van het fbi-regime uitgesloten indien 45 % of meer van haar aandelen of participaties bij een lichaam berustte dat was onderworpen aan een winstbelasting, met uitzondering van een fbi waarvan de aandelen of participaties aan de effectenbeurs van Amsterdam waren genoteerd, of bij een lichaam waarvan de winst in een zodanige belasting werd betrokken bij de aandeelhouders of participanten. Bovendien kon een beleggingsinstelling waarvan ten minste 25 % van de aandelen of participaties in handen was van één enkele natuurlijke persoon geen gebruik maken van het fbi-regime.

14. Een beleggingsinstelling waarvan de aandelen of participaties niet aan de effectenbeurs van Amsterdam waren genoteerd, moest voldoen aan strengere voorwaarden en moest, om gebruik te kunnen maken van het fbi-regime, in essentie voor ten minste 75 % van haar aandelen of participaties in handen zijn van natuurlijke personen, lichamen die niet zijn onderworpen aan een winstbelasting, zoals pensioenfondsen en liefdadige instellingen, of andere fbi's. Een beleggingsinstelling kon geen gebruik maken van het fbi-regime indien een of meer natuurlijke personen een participatie van ten minste 5 % van de aandelen of participaties in dat lichaam bezaten. Indien het beleggingsfonds een vergunning had in de zin van de Wet houdende bepalingen inzake het toezicht op beleggingsinstellingen van 27 juni 1990 (Stb. 1990, 380), gold in plaats van dat verbod de regel dat geen enkele natuurlijke persoon een belang van 25 % of meer in de aandelen van het lichaam mocht hebben.

15. Als gevolg van wetswijzigingen moeten sinds 1 januari 2007 aandelen of participaties van een beleggingsinstelling, om in aanmerking te komen voor het fbi-regime, kunnen worden verhandeld op een markt voor financiële instrumenten als die bedoeld in artikel 1:1 van de Wet houdende regels met betrekking tot de financiële markten en het toezicht daarop van 28 september 2006 (Stb. 2006, 475), dan wel moet het fonds of de beheerder ervan hetzij beschikken over een vergunning op grond van artikel 2:65 van die wet hetzij van de vergunningsplicht zijn vrijgesteld op grond van artikel 2:66, lid 3, van die wet.

Hoofdgeding en prejudiciële vragen

16. KA Deka is een beleggingsfonds naar Duits recht (*Publikums-Sondervermögen*), gevestigd in Duitsland. Het is een icbe in de zin van de richtlijnen 85/611 en 2009/65, van het open type, die aan de beurs is genoteerd, geen rechtspersoonlijkheid heeft en is vrijgesteld van winstbelasting in Duitsland. Het belegt voor rekening van particulieren. De koers van zijn aandelen is genoteerd aan de Duitse effectenbeurs, maar de handel in aandelen verloopt via het zogenoemde *„global stream system"*.

17. In de boekjaren 2002/2003 tot en met 2007/2008 heeft KA Deka dividenden ontvangen van in Nederland gevestigde ondernemingen waarin het aandelen bezat. Die dividenden werden op grond van de Overeenkomst tussen het Koninkrijk der Nederlanden en de Bondsrepubliek Duitsland tot het vermijden van dubbele belasting op het gebied van belastingen van het inkomen en van het vermogen alsmede van verscheidene andere belastingen en tot het regelen van andere aangelegenheden op belastinggebied van 16 juni 1959 (Trb. 1959, 85), zoals gewijzigd bij het Derde Aanvullend Protocol van 4 juni 2004 (Trb. 2004, 185) (hierna: „Belastingovereenkomst tussen het Koninkrijk der Nederlanden en de Bondsrepubliek Duitsland"), onderworpen aan een belasting van 15 % die aan de bron werd ingehouden. In tegenstelling tot een in Nederland gevestigd beleggingsfonds dat voldoet aan de voorwaarden om als fbi te kunnen worden aangemerkt, kon KA Deka geen teruggaaf van die belasting op grond van artikel 10, lid 2, van de Wet op de dividendbelasting verkrijgen.

18. KA Deka is in Nederland niet onderworpen aan de verplichte inhouding van belasting op dividenden die het zelf heeft uitgekeerd.

19. De verwijzende rechter zet uiteen dat overeenkomstig de regels van het Duitse belastingrecht particuliere participanten in een Sondervermögen worden geacht een theoretisch minimumbedrag aan dividenden te ontvangen. Bedragen die uit dien hoofde bovenop het daadwerkelijk uitgekeerde bedrag worden belast, worden „met een uitkering gelijkgestelde inkomsten" (*ausschüttungsgleiche Erträge*) genoemd. In de in het hoofdgeding aan de orde zijnde jaren genoten Duitse particuliere participanten in een dergelijk Sondervermögen een belastingvrijstelling ten bedrage van de helft van hun belastinggrondslag, en die belastinggrondslag kwam overeen met de daadwerkelijk uitgekeerde winst verhoogd met eventuele „met een uitkering gelijkgestelde inkomsten".

20. Tot 2004 konden die particulieren overeenkomstig de Duitse wettelijke regeling het volledige bedrag van de Nederlandse dividendbelasting ten laste van het Sondervermögen verrekenen met de over de belaste helft van de belastinggrondslag geheven Duitse belasting. Na een wetswijziging was die mogelijkheid tot verrekening van 2004 tot en met 2008 beperkt tot de helft van de Nederlandse bronbelasting en was zij niet meer mogelijk indien het Sondervermögen ervoor had gekozen om de buitenlandse bronbelasting in mindering te brengen op de winst.

21. KA Deka heeft de Nederlandse belastingdienst verzocht om teruggaaf van de te haren laste ingehouden dividendbelasting op door Nederlandse vennootschappen uitgekeerde dividenden over de boekjaren 2002/2003 tot en met 2007/2008.

22. Nadat de inspecteur van de Belastingdienst (hierna: „Inspecteur") die verzoeken had afgewezen, heeft KA Deka de rechtmatigheid van het besluit van de Inspecteur betwist bij de rechtbank Zeeland-West-Brabant (Nederland). Bij die rechtbank heeft het aangevoerd dat het kon worden gelijkgesteld met een in Nederland gevestigd beleggingsfonds met de status van een fbi, zoals bedoeld in artikel 28 van de Wet Vpb, en dat het derhalve recht had op teruggaaf van dividendbelasting op grond van artikel 56 EG (thans artikel 63 VWEU).

23. Aangezien de rechtbank Zeeland-West-Brabant zich afvraagt of KA Deka objectief vergelijkbaar is met een fbi, gelet op de door de Hoge Raad der Nederlanden ontwikkelde vergelijkingscriteria met betrekking tot die fondsen, heeft die rechtbank vanwege het grote aantal zaken waarin soortgelijke vragen kunnen rijzen als die in het hoofdgeding, besloten vijf prejudiciële vragen voor te leggen aan de Hoge Raad der Nederlanden.

24. De Hoge Raad der Nederlanden merkt vooraf op dat KA Deka, wat zijn rechtsvorm betreft, als een fbi kan worden aangemerkt en op dit punt objectief vergelijkbaar is met een in Nederland gevestigde fbi. Die rechterlijke instantie verduidelijkt dat ofschoon een in Nederland gevestigde fbi recht zou hebben gehad op de door KA Deka gevraagde teruggaaf van dividendbelasting, KA Deka noch aan de Nederlandse wettelijke regeling noch aan de Belastingovereenkomst tussen het Koninkrijk der Nederlanden en de Bondsrepubliek Duitsland een recht op teruggaaf van dividendbelasting kan ontlenen.

25. Aangezien de Hoge Raad der Nederlanden redelijke twijfel heeft over de antwoorden op de vragen van de rechtbank Zeeland-West-Brabant, heeft hij de behandeling van de zaak geschorst en het Hof verzocht om een prejudiciële beslissing over de volgende vragen:

> „1. Verzet artikel 56 EG (thans artikel 63 VWEU) zich ertegen dat aan een buiten Nederland gevestigd beleggingsfonds, op de grond dat het niet inhoudingsplichtig is voor de Nederlandse dividendbelasting, geen teruggaaf wordt verleend van Nederlandse dividendbelasting die is ingehouden op dividenden die het heeft ontvangen van in Nederland gevestigde lichamen, terwijl een dergelijke teruggaaf wel wordt verleend aan een in Nederland gevestigde [fbi] die haar beleggingsresultaat jaarlijks onder inhouding van Nederlandse dividendbelasting uitdeelt aan haar aandeelhouders of participanten?
>
> 2. Verzet artikel 56 EG (thans artikel 63 VWEU) zich ertegen dat aan een buiten Nederland gevestigd beleggingsfonds, op de grond dat het niet aannemelijk maakt dat zijn aandeelhouders of participanten voldoen aan de in de Nederlandse regelgeving omschreven voorwaarden, geen teruggaaf wordt verleend van Nederlandse dividendbelasting die is ingehouden op dividenden die het heeft ontvangen van in Nederland gevestigde lichamen?
>
> 3. Verzet artikel 56 EG (thans artikel 63 VWEU) zich ertegen dat aan een buiten Nederland gevestigd beleggingsfonds, op de grond dat het zijn beleggingsresultaat niet jaarlijks uiterlijk in de achtste maand na afloop van het boekjaar volledig uitkeert aan zijn aandeelhouders of participanten, geen teruggaaf wordt verleend van Nederlandse dividendbelasting die is ingehouden op dividenden die het heeft ontvangen van in Nederland gevestigde lichamen, ook indien in zijn land van vestiging op grond van de aldaar van kracht zijnde wettelijke regelingen zijn beleggingsresultaat voor zover niet uitgekeerd (a) geacht wordt te

zijn uitgekeerd, en/of (b) bij de aandeelhouders of participanten in de belastingheffing van dat land wordt betrokken als ware die winst uitgekeerd, terwijl een dergelijke teruggaaf wel wordt verleend aan een in Nederland gevestigde [fbi] die haar beleggingsresultaat jaarlijks onder inhouding van Nederlandse dividendbelasting volledig uitkeert aan haar aandeelhouders of participanten?"

Procedure bij het Hof

26. Bij beslissing van de president van het Hof van 5 april 2017 is de onderhavige zaak voor de schriftelijke en mondelinge behandeling en voor het arrest gevoegd met zaak C-157/17.

27. Naar aanleiding van de uitspraak van het arrest van 21 juni 2018, Fidelity Funds e.a. (C-480/16, EU:C:2018:480), heeft de verwijzende rechter het Hof bij brief van 3 december 2018 meegedeeld dat hij zijn verzoek om een prejudiciële beslissing in zaak C-157/17 en zijn eerste vraag in zaak C-156/17 wilde intrekken, maar zijn tweede en derde vraag in zaak C-156/17 wilde handhaven.

28. Bij beslissing van de president van het Hof van 4 december 2018 werd de voeging van zaak C-156/17 met zaak C-157/17 ongedaan gemaakt en werd zaak C-157/17 op 12 december 2018 doorgehaald in het register van het Hof.

Verzoek tot heropening van de mondelinge behandeling

29. Na lezing van de conclusie van de advocaat-generaal heeft KA Deka bij akte, neergelegd ter griffie van het Hof op 18 september 2019, verzocht om heropening van de mondelinge behandeling overeenkomstig artikel 83 van het Reglement voor de procesvoering van het Hof.

30. Ter onderbouwing van zijn verzoek voert KA Deka aan dat de advocaat-generaal in diens conclusie artikel 7, onder e), van richtlijn 95/46/EG van het Europees Parlement en de Raad van 24 oktober 1995 betreffende de bescherming van natuurlijke personen in verband met de verwerking van persoonsgegevens en betreffende het vrije verkeer van die gegevens (PB 1995, L 281, blz. 31) niet helemaal juist uitlegt. In tegenstelling tot wat de advocaat-generaal in de punten 79 tot en met 81 van zijn conclusie stelt, heeft artikel 7, onder e), van richtlijn 95/46 geen rechtstreekse horizontale werking op grond waarvan een niet-publieke instelling persoonsgegevens mag opvragen bij of verstrekken aan een andere niet-publieke instelling. Die onnauwkeurigheid kan van beslissende invloed zijn op de beslissing van het Hof en dus de heropening van de mondelinge behandeling rechtvaardigen.

31. Dienaangaande dient in herinnering te worden gebracht dat de advocaat-generaal op grond van artikel 252, tweede alinea, VWEU tot taak heeft, in het openbaar en in volkomen onpartijdigheid en onafhankelijkheid met redenen omklede conclusies te nemen aangaande zaken waarin zulks overeenkomstig het Statuut van het Hof van Justitie van de Europese Unie vereist is. Het Hof is noch door de conclusie van de advocaat-generaal, noch door de motivering op grond waarvan hij tot die conclusie komt, gebonden (arrest van 22 juni 2017, Federatie Nederlandse Vakvereniging e.a., C-126/16, EU:C:2017:489, punt 31 en aldaar aangehaalde rechtspraak).

32. Tevens dient er in dit verband op te worden gewezen dat het Statuut van het Hof van Justitie van de Europese Unie en het Reglement voor de procesvoering van het Hof niet voorzien in de mogelijkheid voor de betrokken partijen of de in artikel 23 van het Statuut van het Hof van Justitie van de Europese Unie bedoelde belanghebbenden om opmerkingen in te dienen in antwoord op de conclusie van de advocaat-generaal (arrest van 25 oktober 2017, Polbud – Wykonawstwo, C-106/16, EU:C:2017:804, punt 23 en aldaar aangehaalde rechtspraak). Het feit dat een dergelijke partij of belanghebbende het oneens is met de conclusie van de advocaat-generaal, kan als zodanig dus geen grond voor heropening van de mondelinge behandeling opleveren, ongeacht welke kwesties hij in zijn conclusie heeft onderzocht (arresten van 25 oktober 2017, Polbud – Wykonawstwo, C-106/16, EU:C:2017:804, punt 24, en 29 november 2017, King, C-214/16, EU:C:2017:914, punt 27 en aldaar aangehaalde rechtspraak).

33. Hieruit volgt dat het verzoek van KA Deka tot heropening van de mondelinge behandeling niet kan worden toegewezen, aangezien dat verzoek is ingediend om te kunnen reageren op de door de advocaat-generaal in zijn conclusie gedane constateringen over de uitlegging van richtlijn 95/46.

34. Volgens artikel 83 van zijn Reglement voor de procesvoering kan het Hof in elke stand van het geding, de advocaat-generaal gehoord, de heropening van de mondelinge behandeling gelasten, onder meer wanneer het zich onvoldoende voorgelicht acht of wanneer een partij na afsluiting van deze behandeling een nieuw feit aanbrengt dat van beslissende invloed kan zijn voor de beslissing van het Hof, of wanneer een zaak moet worden beslecht op grond van een argument waarover de partijen of de in artikel 23 van het Statuut van het Hof

van Justitie van de Europese Unie bedoelde belanghebbenden hun standpunten niet voldoende hebben kunnen uitwisselen.

35. In het kader van de onderhavige zaak is het Hof, de advocaat-generaal gehoord, evenwel van oordeel dat het over alle gegevens beschikt die nodig zijn om de door de verwijzende rechter gestelde vragen te beantwoorden.

36. Gelet op het voorgaande is er geen aanleiding om de heropening van de mondelinge behandeling te gelasten.

Beantwoording van de prejudiciële vragen

Opmerkingen vooraf

37. Zoals uit de verwijzingsbeslissing blijkt, is het van belang erop te wijzen dat dividenden die worden uitgekeerd door in Nederland gevestigde vennootschappen aan in die lidstaat gevestigde ontvangers, zijn onderworpen aan dividendbelasting. Wanneer, zoals in het hoofdgeding, de ontvanger van de dividenden in een andere lidstaat – in casu Duitsland – is gevestigd, mogen die dividenden op grond van de Belastingovereenkomst tussen het Koninkrijk der Nederlanden en de Bondsrepubliek Duitsland in Nederland worden belast tegen een tarief van 15 %.

38. Uit de aanwijzingen in die beslissing blijkt eveneens dat alleen beleggingsfondsen die voldoen aan de in artikel 28 van de Wet Vpb gestelde voorwaarden om als fbi te worden aangemerkt, om teruggaaf van de door hen betaalde dividendbelasting kunnen verzoeken en die teruggaaf kunnen verkrijgen.

39. Een dergelijke teruggaaf wordt niet verleend aan beleggingsfondsen, waaronder niet-ingezeten fondsen, die niet aantonen dat zij aan de genoemde voorwaarden voldoen.

40. Terwijl dividenden die worden uitgekeerd aan fondsen die als fbi worden aangemerkt, bij die fbi niet worden belast, worden dividenden die worden uitgekeerd aan andere lichamen, waaronder in andere lidstaten gevestigde beleggingsfondsen, bij die lichamen dus wel belast.

41. Hieruit volgt dat een beleggingsfonds dat aan de fbi-voorwaarden voldoet wat ontvangen dividenden betreft, een gunstigere fiscale behandeling geniet dan die van beleggingsfondsen die niet aan die voorwaarden voldoen, waaronder niet-ingezeten beleggingsfondsen.

42. Er zij aan herinnerd dat het aan elke lidstaat staat om met eerbiediging van het Unierecht zijn stelsel van belasting van uitgekeerde winst te organiseren en in dat kader de belastinggrondslag en het belastingtarief te bepalen voor de ontvangende aandeelhouder (zie onder meer arresten van 20 mei 2008, Orange European Smallcap Fund, C-194/06, EU:C:2008:289, punt 30; 20 oktober 2011, Commissie/Duitsland, C-284/09, EU:C:2011:670, punt 45, en 30 juni 2016, Riskin en Timmermans, C-176/15, EU:C:2016:488, punt 29).

43. Hieruit volgt dat het de lidstaten vrijstaat, teneinde het gebruik van instellingen voor collectieve belegging te bevorderen, om een bijzondere belastingregeling vast te stellen voor die lichamen en de door hen ontvangen dividenden, en om te bepalen aan welke materiële en formele voorwaarden dient te worden voldaan om voor die regeling in aanmerking te komen (zie in die zin arresten van 9 oktober 2014, van Caster, C-326/12, EU:C:2014:2269, punt 47, en 24 oktober 2018, Sauvage en Lejeune, C-602/17, EU:C:2018:856, punt 34).

44. Voorts is het inherent aan het beginsel van fiscale autonomie van de lidstaten dat zij bepalen aan de hand van welke bewijselementen dient te worden aangetoond dat aan de voorwaarden is voldaan om voor een dergelijke regeling in aanmerking te komen (zie in die zin arresten van 30 juni 2011, Meilicke e.a., C-262/09, EU:C:2011:438, punt 37; 9 oktober 2014, van Caster, C-326/12, EU:C:2014:2269, punt 47, en 24 oktober 2018, Sauvage en Lejeune, C-602/17, EU:C:2018:856, punt 34).

45. De lidstaten moeten hun fiscale autonomie evenwel uitoefenen met inachtneming van de in het Unierecht neergelegde vereisten, met name de in de Verdragsbepalingen inzake het vrije verkeer van kapitaal gestelde vereisten (arrest van 30 juni 2011, Meilicke e.a., C-262/09, EU:C:2011:438, punt 38).

46. Derhalve mag de invoering van een specifieke regeling voor instellingen voor collectieve belegging, met name de aard van de voorwaarden om in aanmerking te komen voor die regeling en het in dit verband te verstrekken bewijs, geen beperking van het vrije verkeer van kapitaal inhouden.

47. De tweede en de derde vraag moeten worden beantwoord in het licht van die overwegingen.

Tweede vraag

48. Met zijn tweede vraag wenst de verwijzende rechter in essentie te vernemen of artikel 63 VWEU aldus moet worden uitgelegd dat het zich verzet tegen een regeling van een lidstaat op grond waarvan aan een niet-ingezeten beleggingsfonds geen teruggaaf wordt verleend van de dividendbelasting die is ingehouden op dividenden die het van in die lidstaat gevestigde lichamen heeft ontvangen omdat dat beleggingsfonds niet aantoont dat zijn aandeelhouders of participanten voldoen aan de in die regeling gestelde voorwaarden.

49. Dienaangaande volgt uit de rechtspraak van het Hof dat de maatregelen die ingevolge artikel 63, lid 1, VWEU verboden zijn omdat zij het kapitaalverkeer beperken, mede de maatregelen omvatten die niet-ingezetenen ervan doen afzien in een lidstaat investeringen te doen, of ingezetenen van deze lidstaat ontmoedigen in andere staten investeringen te doen (zie met name arresten van 10 april 2014, Emerging Markets Series of DFA Investment Trust Company, C-190/12, EU:C:2014:249, punt 39, en 22 november 2018, Sofina e.a., C-575/17, EU:C:2018:943, punt 23 en aldaar aangehaalde rechtspraak).

50. Derhalve dient in de eerste plaats te worden nagegaan of de door een lidstaat gestelde voorwaarden met betrekking tot de aandeelhouders of participanten van een beleggingsfonds – die bepalend zijn voor de mogelijkheid voor dat fonds om teruggaaf van de door dat fonds betaalde dividendbelasting te vragen – een niet-ingezeten beleggingsfonds ervan kunnen doen afzien om in die lidstaat te beleggen. In de tweede plaats moet worden onderzocht of het bewijs dat niet-ingezeten beleggingsfondsen in dit verband dienen te verstrekken, tot gevolg heeft dat die beleggingsfondsen ervan afzien om in die lidstaat te beleggen.

51. Wat in de eerste plaats die voorwaarden betreft, blijkt uit de verwijzingsbeslissing dat de aandeelhouderseisen in de jaren 2002 tot en met 2006 voorzagen in participatiedrempels die voor de kwalificatie van een fonds als fbi niet mochten worden overschreden door de aandeelhouders of participanten. Deze drempels verschilden afhankelijk van de vraag of de aandelen of participaties al dan niet officieel aan de Amsterdamse effectenbeurs waren genoteerd.

52. Ingeval de aandelen of participaties in het fonds officieel aan de Amsterdamse effectenbeurs waren genoteerd, konden fondsen namelijk niet onder het fbi-regime vallen wanneer 45 % of meer van hun aandelen of participaties bij een aan een winstbelasting onderworpen lichaam berustte of bij een lichaam waarvan de winst in een zodanige belasting werd betrokken bij de aandeelhouders of participanten, of wanneer één enkele natuurlijke persoon een participatie van 25 % of meer in dat fonds had. Ingeval de aandelen of participaties niet officieel aan de Amsterdamse effectenbeurs waren genoteerd, moest daarentegen ten minste 75 % van de aandelen of participaties berusten bij natuurlijke personen, bij niet aan een winstbelasting onderworpen lichamen – zoals pensioenfondsen en liefdadige instellingen – of bij andere fbi's, zonder dat bij één enkele natuurlijke persoon een participatie van 5 % of meer of, indien het betrokken lichaam over een vergunning op grond van de Wet toezicht beleggingsinstellingen beschikte, een participatie van 25 % of meer mocht berusten.

53. Uit de verwijzingsbeslissing blijkt ook dat volgens de sinds 1 januari 2007 toepasselijke nationale wettelijke regeling, om in aanmerking te komen voor het fbi-regime, de aandelen of participaties van een beleggingsinstelling moeten kunnen worden verhandeld op een markt voor financiële instrumenten, zoals bedoeld in de Wet houdende regels met betrekking tot de financiële markten en het toezicht daarop, dan wel vereist is dat het fonds of de beheerder ervan over een vergunning beschikt of overeenkomstig die wet van de vergunningsplicht is vrijgesteld. De verwijzende rechter wijst erop dat het thans niet meer van belang is dat de aandelen of de participaties in een beleggingsfonds zijn genoteerd aan de effectenbeurs in Amsterdam.

54. Opgemerkt zij dat de in het hoofdgeding aan de orde zijnde nationale wettelijke regeling, die in de periode 2002-2006 van toepassing was, net zoals de sinds 1 januari 2007 toepasselijke regeling, geen onderscheid maakte tussen ingezeten beleggingsfondsen en niet-ingezeten beleggingsfondsen, in die zin dat de voorwaarden voor teruggaaf van dividendbelasting zonder onderscheid van toepassing waren op die twee soorten fondsen.

55. Een nationale wettelijke regeling die zonder onderscheid geldt voor ingezeten en niet-ingezeten marktdeelnemers kan evenwel een beperking van het vrije verkeer van kapitaal inhouden. Uit de rechtspraak van het Hof volgt immers dat zelfs een op objectieve criteria berustend onderscheid grensoverschrijdende situaties de facto kan benadelen (zie in die zin arrest van 5 februari 2014, Hervis Sport- és Divatkereskedelmi, C-385/12, EU:C:2014:47, punten 37-39).

56. Dat is het geval wanneer een belastingvoordeel op grond van een nationale wettelijke regeling die zonder onderscheid geldt voor ingezeten marktdeelnemers en niet-ingezeten marktdeelnemers, uitsluitend wordt toegekend in situaties waarin een marktdeelnemer voldoet aan voorwaarden of verplichtingen die per defini-

tie of de facto eigen zijn aan de nationale markt waardoor alleen op de nationale markt aanwezige marktdeelnemers aan die voorwaarden of verplichtingen kunnen voldoen en de vergelijkbare niet-ingezeten marktdeelnemers daaraan over het algemeen niet voldoen (zie in die zin arresten van 9 oktober 2014, van Caster, C-326/12, EU:C:2014:2269, punten 36 en 37, en 8 juni 2017, Van der Weegen e.a., C-580/15, EU:C:2017:429, punt 29).

57. Wat de in het hoofdgeding aan de orde zijnde nationale wettelijke regeling betreft, die in de periode 2002-2006 van toepassing was, blijkt in dat verband uit de in punt 52 van het onderhavige arrest samengevatte gegevens uit de verwijzingsbeslissing dat beleggingsfondsen waarvan de aandelen of participaties niet aan de Amsterdamse effectenbeurs waren genoteerd, aan strengere voorwaarden moesten voldoen dan beleggingsfondsen waarvan de aandelen of participaties wel aan die effectenbeurs waren genoteerd.

58. Het staat derhalve aan de verwijzende rechter om na te gaan of aan de aandeelhouderseis, die was gebaseerd op de notering van de aandelen of participaties in het beleggingsfonds aan de Amsterdamse effectenbeurs, niet per definitie of de facto voornamelijk slechts kon worden voldaan door ingezeten beleggingsfondsen, terwijl niet-ingezeten beleggingsfondsen, waarvan de aandelen en participaties niet aan de Amsterdamse effectenbeurs waren genoteerd maar wel aan een andere effectenbeurs, daar over het algemeen niet aan voldeden.

59. Wat de sinds 1 januari 2007 toepasselijke nationale wettelijke regeling betreft, volgt uit de in punt 53 van het onderhavige arrest samengevatte gegevens uit de verwijzingsbeslissing dat de aandelen of participaties van een beleggingsinstelling, om voor het fbi-regime in aanmerking te komen, moeten kunnen worden verhandeld op een markt voor financiële instrumenten als bedoeld in de Wet houdende regels met betrekking tot de financiële markten en het toezicht daarop. Op grond van die wettelijke regeling valt een fonds dat of de beheerder daarvan die een vergunning heeft of overeenkomstig die wet van de vergunningsplicht is vrijgesteld, ook onder het fbi-regime.

60. Dienaangaande staat het aan de verwijzende rechter om na te gaan of de voorwaarden van die wettelijke regeling niet per definitie of de facto voornamelijk slechts kunnen worden vervuld door ingezeten beleggingsfondsen en of niet-ingezeten beleggingsfondsen die in hun vestigingslidstaat aan soortgelijke voorwaarden voldoen, niet de facto van die regeling worden uitgesloten.

61. Wat in de tweede plaats het bewijs betreft dat niet-ingezeten beleggingsfondsen moeten verstrekken om aan te tonen dat zij voldoen aan de voorwaarden om van het fbi-regime gebruik te kunnen maken en dus teruggaaf te verkrijgen van de door hen betaalde dividendbelasting, dient in herinnering te worden gebracht dat de belastingautoriteiten van een lidstaat het recht hebben om van de belastingplichtige het bewijs te verlangen dat zij noodzakelijk achten om te beoordelen of is voldaan aan de in de betrokken wettelijke regeling gestelde voorwaarden voor toekenning van een belastingvoordeel en bijgevolg of dat voordeel al dan niet moet worden toegekend (arrest van 10 februari 2011, Haribo Lakritzen Hans Riegel en Österreichische Salinen, C-436/08 en C-437/08, EU):C:2011:61, punt 95 en aldaar aangehaalde rechtspraak). De inhoud, de vorm en de mate van nauwkeurigheid waaraan de informatie moet voldoen die door de belastingplichtige wordt verstrekt om voor een belastingvoordeel in aanmerking te komen, worden bepaald door de lidstaat die een dergelijk voordeel toekent zodat hij de belasting correct kan toepassen (zie in die zin arrest van 9 oktober 2014, van Caster, C-326/12, EU:C:2014:2269, punt 52).

62. Opdat de verkrijging van een belastingvoordeel door een niet-ingezeten belastingplichtige niet onmogelijk of uiterst moeilijk zou worden gemaakt, mag van die belastingplichtige evenwel niet worden verlangd dat hij stukken overlegt die in alle opzichten dezelfde vorm hebben en even gedetailleerd zijn als de bewijsstukken die zijn vastgesteld in de nationale wettelijke regeling van de lidstaat die dat belastingvoordeel toekent, wanneer die lidstaat aan de hand van de door die belastingplichtige verstrekte stukken voor het overige duidelijk en nauwkeurig kan nagaan of aan de voorwaarden voor de verkrijging van het betrokken belastingvoordeel is voldaan (zie in die zin arrest van 30 juni 2011, Meilicke e.a., C-262/09, EU:C:2011:438, punt 46). Zoals de advocaat-generaal in punt 72 van zijn conclusie aangeeft, mogen aan niet-ingezeten belastingplichtigen immers geen buitensporig zware administratieve lasten worden opgelegd waardoor zij de facto niet in aanmerking komen voor een belastingvoordeel.

63. In het hoofdgeding zet de verwijzende rechter uiteen dat KA Deka niet aan de aandeelhouderseisen kan voldoen omdat het gekozen heeft voor een systeem om aandelen te verhandelen waarbij dit fonds niet kan achterhalen wie de aandeelhouders zijn.

64. De onmogelijkheid te bewijzen dat aan de aandeelhouderseisen is voldaan, heeft dus kennelijk niet te maken met de intrinsieke complexiteit van de vereiste informatie, noch met de verlangde bewijsmiddelen,

noch met de wettelijke onmogelijkheid om die gegevens te verzamelen wegens toepassing van de ter uitvoering van richtlijn 95/46 vastgestelde wettelijke regeling inzake gegevensbescherming, maar is het gevolg van het door het betrokken fonds gekozen model voor de verhandeling van de aandelen.

65. In die omstandigheden is de ontbrekende informatiestroom waarmee een marktdeelnemer wordt geconfronteerd evenwel geen probleem waarvan de betrokken lidstaat de gevolgen moet dragen (arresten van 10 februari 2011, Haribo Lakritzen Hans Riegel en Österreichische Salinen, C-436/08 en C-437/08, EU:C:2011:61, punt 98, en 30 juni 2011, Meilicke e.a., C-262/09, EU:C:2011:438, punt 48).

66. Aangezien de in het hoofdgeding aan de orde zijnde bewijsvereisten kennelijk eveneens gelden voor ingezeten beleggingsfondsen die ervoor hebben gekozen om hun aandelen te verhandelen via een systeem dat vergelijkbaar is met dat van KA Deka in het hoofdgeding, hetgeen de verwijzende rechter dient na te gaan, houdt de weigering om een niet-ingezeten beleggingsfonds teruggaaf te verlenen van de door dat fonds betaalde dividendbelasting, op de grond dat het niet aannemelijk heeft kunnen maken dat het aan die voorwaarden voldoet, geen ongunstige behandeling in van een niet-ingezeten beleggingsfonds.

67. In het licht van een en ander moet het antwoord op de tweede vraag derhalve luiden dat 63 VWEU aldus moet worden uitgelegd dat het zich niet verzet tegen een regeling van een lidstaat op grond waarvan aan een niet-ingezeten beleggingsfonds geen teruggaaf wordt verleend van de dividendbelasting die is ingehouden op dividenden die het van in die lidstaat gevestigde lichamen heeft ontvangen omdat dat beleggingsfonds niet aantoont dat zijn aandeelhouders of participanten voldoen aan de in die regeling gestelde voorwaarden, mits niet-ingezeten beleggingsfondsen de facto niet worden benadeeld door die voorwaarden en de belastingautoriteiten ook van ingezeten beleggingsfondsen verlangen dat zij aantonen aan die voorwaarden te voldoen, hetgeen de verwijzende rechter dient na te gaan.

Derde vraag

68. Met zijn derde vraag wenst de verwijzende rechter in essentie te vernemen of artikel 63 VWEU aldus moet worden uitgelegd dat het zich verzet tegen een regeling van een lidstaat volgens welke aan een niet-ingezeten beleggingsfonds geen teruggaaf wordt verleend van de dividendbelasting die het in die lidstaat heeft moeten betalen, op grond van het feit dat dit beleggingsfonds niet voldoet aan de wettelijke voorwaarden voor die teruggaaf doordat het zijn beleggingsresultaat niet jaarlijks uiterlijk in de achtste maand na afloop van het boekjaar volledig uitkeert aan zijn aandeelhouders of participanten, ofschoon in zijn vestigingslidstaat volgens de aldaar van kracht zijnde wettelijke bepalingen zijn beleggingsresultaat, voor zover niet uitgekeerd, geacht wordt te zijn uitgekeerd of bij de aandeelhouders of participanten in de belastingheffing van die lidstaat wordt betrokken als ware die winst uitgekeerd.

69. Zoals uit de verwijzingsbeslissing blijkt, is de voorwaarde voor teruggaaf van dividendbelasting, die betrekking heeft op de dooruitdeling van de winst van een fonds, in algemene bewoordingen gesteld en wordt daarin geen onderscheid gemaakt tussen ingezeten en niet-ingezeten beleggingsfondsen. Zowel ingezeten als niet-ingezeten beleggingsfondsen moeten immers aan die voorwaarde voldoen om voor teruggaaf van de betaalde dividendbelasting in aanmerking te komen.

70. In het licht van de in de punten 55 en 56 van het onderhavige arrest genoemde rechtspraak dient evenwel te worden nagegaan of een dergelijke voorwaarde, die weliswaar zonder onderscheid van toepassing is, niet tot gevolg kan hebben dat niet-ingezeten beleggingsfondsen de facto worden benadeeld.

71. Zoals in punt 43 van het onderhavige arrest in herinnering is gebracht, staat het, gelet op het gebrek aan harmonisatie op het niveau van de Europese Unie, elke lidstaat vrij, teneinde het gebruik van instellingen voor collectieve belegging te bevorderen, om een bijzondere belastingregeling vast te stellen voor die instellingen en de door hen ontvangen dividenden, en te bepalen aan welke materiële en formele voorwaarden moet worden voldaan om voor die regeling in aanmerking te komen. De voorwaarden van dergelijke regelingen zijn dus noodzakelijkerwijs specifiek voor elke lidstaat en verschillen van lidstaat tot lidstaat.

72. Voorts kan het vrije verkeer van kapitaal niet aldus worden begrepen dat een lidstaat verplicht is om zijn belastingregeling af te stemmen op die van een andere lidstaat, teneinde te waarborgen dat in alle situaties de belasting aldus wordt geheven dat alle verschillen als gevolg van de nationale belastingregelingen verdwijnen, aangezien de beslissingen van een belastingplichtige betreffende de belegging in een andere lidstaat naargelang van het geval meer of minder voordelig of nadelig voor deze belastingplichtige kunnen uitvallen (arrest van 7 november 2013, K, C-322/11, EU:C:2013:716, punt 80 en aldaar aangehaalde rechtspraak).

73. Wanneer de mogelijkheid om teruggaaf van bronbelasting te verkrijgen afhankelijk wordt gesteld van de strikte naleving van de in de nationale wettelijke regeling gestelde voorwaarden, ongeacht de wettelijke voor-

waarden die voor niet-ingezeten beleggingsfondsen gelden in hun vestigingsstaat, zou dat evenwel erop neerkomen dat de mogelijkheid om gebruik te kunnen maken van de gunstige behandeling van dividenden uitsluitend aan ingezeten beleggingsfondsen wordt voorbehouden. Onder voorbehoud van verificatie door de verwijzende rechter zullen ingezeten beleggingsfondsen immers over het algemeen voldoen aan alle in de wettelijke regeling van hun vestigingsstaat gestelde voorwaarden, terwijl niet-ingezeten beleggingsfondsen over het algemeen alleen zullen voldoen aan de door hun vestigingslidstaat gestelde voorwaarden.

74. In die omstandigheden kan niet worden uitgesloten dat een niet-ingezeten beleggingsfonds dat wegens het in zijn vestigingsstaat van kracht zijnde regelgevingskader niet voldoet aan alle voorwaarden van de lidstaat die het betrokken belastingvoordeel toekent, zich niettemin in een situatie bevindt die in essentie vergelijkbaar is met die van een ingezeten beleggingsfonds dat aan dergelijke voorwaarden voldoet.

75. Willen de in de wettelijke regeling van een lidstaat gestelde voorwaarden niet-ingezeten beleggingsfondsen de facto niet benadelen, ook al gelden die voorwaarden zonder onderscheid voor ingezeten en niet-ingezeten beleggingsfondsen, moeten niet-ingezeten beleggingsfondsen dan ook in de gelegenheid worden gesteld aan te tonen dat zij zich met name wegens het in hun vestigingsstaat van kracht zijnde regelgevingskader in een situatie bevinden die vergelijkbaar is met die van ingezeten beleggingsfondsen die aan die voorwaarden voldoen.

76. Uit de rechtspraak van het Hof volgt dat de vergelijkbaarheid van een grensoverschrijdende situatie met een interne situatie moet worden onderzocht op basis van het door de betrokken nationale bepalingen nagestreefde doel en het voorwerp en de inhoud van die bepalingen (zie met name arrest van 2 juni 2016, Pensioenfonds Metaal en Techniek, C-252/14, EU:C:2016:402, punt 48 en aldaar aangehaalde rechtspraak).

77. Dienaangaande blijkt uit de stukken waarover het Hof beschikt, dat de voorwaarde dat winsten worden dooruitgedeeld (hierna: „dooruitdelingseis") verband houdt met het doel van het fbi-regime, namelijk ervoor zorgen dat de opbrengst van beleggingen die een particulier doet via een beleggingsinstelling gelijk is aan de opbrengst van beleggingen die hij individueel doet. In dat verband volgt uit die stukken eveneens dat de nationale wetgever het van essentieel belang achtte dat beleggingsinstellingen de beleggingswinsten zo snel mogelijk laten stromen naar de spaarders wier gelden zij hebben belegd.

78. Wat het verband tussen de dooruitdelingseis en de belastingheffing op het niveau van de beleggers betreft, volgt ook uit de stukken waarover het Hof beschikt dat de dooruitdelingseis ertoe leidde dat inkomstenbelasting werd geheven. Als gevolg van de invoering in 2001 van de jaarlijks verschuldigde forfaitaire rendementsheffing, die voor particulieren wordt berekend ongeacht het door hen behaalde werkelijke rendement op hun aandelen en andere beleggingen, vragen verzoeker in het hoofdgeding, de interveniëntes in het hoofdgeding en de Europese Commissie zich evenwel af of de dooruitdeling van de winsten van een fonds wel absoluut noodzakelijk is om de doelstelling te bereiken van een neutrale belastingheffing tussen rechtstreekse beleggingen en beleggingen via een beleggingsfonds.

79. In casu staat het aan de verwijzende rechter, die als enige bevoegd is om het nationale recht uit te leggen, om, rekening houdend met alle aspecten van de in het hoofdgeding aan de orde zijnde fiscale wettelijke regeling en het nationale belastingstelsel in zijn geheel, het hoofddoel te bepalen dat met de dooruitdelingseis wordt beoogd.

80. Indien blijkt dat het nagestreefde doel is om de winsten van beleggers die gebruik hebben gemaakt van de diensten van een beleggingsfonds, zo snel mogelijk naar hen te laten stromen, is de situatie van een niet-ingezeten beleggingsfonds dat geen inkomsten uit zijn beleggingen uitkeert, ook al worden die inkomsten geacht te zijn uitgekeerd, niet objectief vergelijkbaar met die van een ingezeten beleggingsfonds dat zijn inkomsten uitkeert overeenkomstig de in de nationale wettelijke regeling gestelde voorwaarden.

81. Indien het nagestreefde doel hoofdzakelijk is gelegen in het belasten van de winst bij de aandeelhouder van het beleggingsfonds, dient er daarentegen van te worden uitgegaan dat een ingezeten beleggingsfonds, dat zijn winst daadwerkelijk uitkeert, en een niet-ingezeten beleggingsfonds waarvan de winst niet wordt uitgekeerd maar wordt geacht te zijn uitgekeerd en als zodanig wordt belast op het niveau van de aandeelhouder van dat fonds, zich in een objectief vergelijkbare situatie bevinden. In beide gevallen wordt de belastingheffing immers verschoven van het beleggingsfonds naar de aandeelhouder.

82. In die laatste situatie houdt de weigering van een lidstaat om aan een niet-ingezeten beleggingsfonds teruggaaf van de door dat fonds in die lidstaat betaalde dividendbelasting te verlenen, op grond van het feit dat het fonds zijn beleggingsresultaat niet jaarlijks uiterlijk in de achtste maand na afloop van het boekjaar volledig uitkeert aan zijn aandeelhouders of participanten, terwijl in de vestigingslidstaat van dat fonds op grond van de aldaar van kracht zijnde wettelijke bepalingen zijn beleggingsresultaat, voor zover niet uitge-

keerd, wordt geacht te zijn uitgekeerd of bij de aandeelhouders of participanten van dat fonds in de belastingheffing van die lidstaat wordt betrokken als ware die winst uitgekeerd, een beperking in van het vrije verkeer van kapitaal.

83. Een dergelijke beperking kan alleen worden aanvaard indien zij wordt gerechtvaardigd door dwingende redenen van algemeen belang, geschikt is om het nagestreefde doel te verwezenlijken en niet verder gaat dan nodig is voor het verwezenlijken van dat doel (arrest van 24 november 2016, SECIL, C-464/14, EU:C:2016:896, punt 56).

84. Opgemerkt zij evenwel dat in het hoofdgeding de Nederlandse regering geen dergelijke redenen heeft aangevoerd voor de dooruitdelingseis met betrekking tot het betrokken beleggingsfonds.

85. In die omstandigheden dient het antwoord op de derde vraag te luiden dat artikel 63 VWEU aldus moet worden uitgelegd dat het zich verzet tegen een regeling van een lidstaat volgens welke aan een niet-ingezeten beleggingsfonds geen teruggaaf wordt verleend van de dividendbelasting die het in die lidstaat heeft moeten betalen, op grond van het feit dat dit beleggingsfonds niet voldoet aan de wettelijke voorwaarden voor die teruggaaf doordat het zijn beleggingsresultaat niet jaarlijks uiterlijk in de achtste maand na afloop van het boekjaar volledig uitkeert aan zijn aandeelhouders of participanten, wanneer in zijn vestigingslidstaat het beleggingsresultaat, voor zover niet uitgekeerd, wordt geacht te zijn uitgekeerd of bij de aandeelhouders of participanten van dat fonds in de belastingheffing van die lidstaat wordt betrokken als ware die winst uitgekeerd, en wanneer een dergelijk fonds zich, gelet op het met die voorwaarden beoogde doel, in een situatie bevindt die vergelijkbaar is met die van een ingezeten fonds dat voor teruggaaf van die belasting in aanmerking komt, hetgeen de verwijzende rechter dient na te gaan.

Kosten

86. ...

Het Hof (Zevende kamer)

verklaart voor recht:

1. Artikel 63 VWEU moet aldus worden uitgelegd dat het zich niet verzet tegen een regeling van een lidstaat op grond waarvan aan een niet-ingezeten beleggingsfonds geen teruggaaf wordt verleend van de dividendbelasting die is ingehouden op dividenden die het van in die lidstaat gevestigde lichamen heeft ontvangen omdat dat beleggingsfonds niet aantoont dat zijn aandeelhouders of participanten voldoen aan de in die regeling gestelde voorwaarden, mits niet-ingezeten beleggingsfondsen de facto niet worden benadeeld door die voorwaarden en de belastingautoriteiten ook van ingezeten beleggingsfondsen verlangen dat zij aantonen aan die voorwaarden te voldoen, hetgeen de verwijzende rechter dient na te gaan.

2. Artikel 63 VWEU moet aldus worden uitgelegd dat het zich verzet tegen een regeling van een lidstaat volgens welke aan een niet-ingezeten beleggingsfonds geen teruggaaf wordt verleend van de dividendbelasting die het in die lidstaat heeft moeten betalen, op grond van het feit dat dit beleggingsfonds niet voldoet aan de wettelijke voorwaarden voor die teruggaaf doordat het zijn beleggingsresultaat niet jaarlijks uiterlijk in de achtste maand na afloop van het boekjaar volledig uitkeert aan zijn aandeelhouders of participanten, wanneer in zijn vestigingslidstaat het beleggingsresultaat, voor zover niet uitgekeerd, wordt geacht te zijn uitgekeerd of bij de aandeelhouders of participanten van dat fonds in de belastingheffing van die lidstaat wordt betrokken als ware die winst uitgekeerd, en wanneer een dergelijk fonds zich, gelet op het met die voorwaarden beoogde doel, in een situatie bevindt die vergelijkbaar is met die van een ingezeten fonds dat voor teruggaaf van die belasting in aanmerking komt, hetgeen de verwijzende rechter dient na te gaan.

HvJ EU 30 januari 2020, zaak C-725/18 (Anton van Zantbeek VOF v. Ministerraad)

Zevende kamer: *T. von Danwitz (rapporteur), waarnemend voor de kamerpresident, C. Vajda en A. Kumin, rechters*
Advocaat-generaal: *H. Saugmandsgaard Øe*

1. Het verzoek om een prejudiciële beslissing betreft de uitlegging van de artikelen 56 en 63 VWEU alsook de artikelen 36 en 40 van de Overeenkomst betreffende de Europese Economische Ruimte van 2 mei 1992 (PB 1994, L 1, blz. 3; hierna: „EER-Overeenkomst").

2. Dit verzoek is ingediend in het kader van een geding tussen Anton van Zantbeek VOF en de Ministerraad (België) over een beroep tot vernietiging van nationaalrechtelijke bepalingen waarbij de werkingssfeer van een belasting over beurstransacties wordt uitgebreid.

Belgisch recht

3. Bij de artikelen 122 en 123 van de programmawet van 25 december 2016 (*Belgisch Staatsblad*, 29 december 2016, blz. 90879; hierna: „programmawet") is het Wetboek diverse rechten en taksen gewijzigd doordat aan artikel 120 respectievelijk artikel 126/2 van dit wetboek een tweede lid is toegevoegd.

4. Artikel 120 van het Wetboek diverse rechten en taksen, zoals gewijzigd bij de programmawet (hierna: „WDRT"), bepaalt:

> „De hiernavolgende verrichtingen die in België worden aangegaan of uitgevoerd zijn aan de taks op de beursverrichtingen onderworpen, wanneer zij Belgische of vreemde openbare fondsen tot voorwerp hebben:
> 1° elke verkoop, elke aankoop en, meer algemeen, elke afstand en elke verwerving onder bezwarende titel;
> [...]
> 3° elke inkoop van eigen aandelen, door een beleggingsvennootschap, indien de verrichting slaat op kapitalisatieaandelen;
> [...]
> De verrichtingen bedoeld in het eerste lid worden ook geacht in België te zijn aangegaan of uitgevoerd wanneer het order daartoe rechtstreeks of onrechtstreeks aan een in het buitenland gevestigde tussenpersoon wordt gegeven:
> – hetzij door een natuurlijke persoon met gewone verblijfplaats in België;
> – hetzij door een rechtspersoon voor rekening van een zetel of een vestiging ervan in België."

5. Artikel 125, § 1, WDRT luidt:

„De taks is betaalbaar uiterlijk de laatste werkdag:
1° van de tweede maand die volgt op die waarin de verrichting werd aangegaan of uitgevoerd, wanneer de ordergever de belastingschuldige is;
2° van de maand die volgt op die waarin de verrichting werd aangegaan of uitgevoerd, in de andere gevallen.
De taks wordt betaald door storting of overschrijving op de bankrekening van het bevoegde kantoor.
Op de dag van de betaling wordt door de belastingschuldige op dat kantoor een opgave ingediend die de maatstaf van heffing opgeeft alsmede alle elementen noodzakelijk ter bepaling ervan."

6. In artikel 126/2 WDRT staat te lezen:

> „De [tussenpersonen] van beroep zijn persoonlijk gehouden tot de betaling der rechten op de verrichtingen welke zij hetzij voor rekening van derden, hetzij voor hun eigen rekening doen.
> Wanneer evenwel de tussenpersoon van beroep in het buitenland gevestigd is, wordt de ordergever schuldenaar van de belasting en is hij onderworpen aan de verplichtingen bedoeld in artikel 125, tenzij hij kan aantonen dat de taks werd betaald."

7. In artikel 126/3 WDRT is bepaald:

> „De niet in België gevestigde tussenpersonen van beroep kunnen, vooraleer beursverrichtingen in België uit te voeren of aan te gaan, door of vanwege de minister van Financiën een in België gevestigde aansprakelijke vertegenwoordiger laten erkennen. Deze vertegenwoordiger verbindt zich hoofdelijk jegens de

Belgische Staat, tot de betaling der rechten op de verrichtingen welke de tussenpersoon van beroep hetzij voor rekening van derden, hetzij voor zijn eigen rekening doet, en tot uitvoering van alle verplichtingen waartoe de tussenpersoon van beroep krachtens deze titel gehouden is.

In geval van overlijden van de aansprakelijke vertegenwoordiger, van intrekking van zijn erkenning of van een gebeurtenis die tot zijn onbevoegdheid leidt, wordt dadelijk in zijn vervanging voorzien.

De Koning bepaalt de voorwaarden en nadere bepalingen van erkenning van de aansprakelijke vertegenwoordiger."

8. Artikel 127 WDRT luidt:

„Uiterlijk de werkdag die volgt op die waarop de verrichting werd uitgevoerd, is de tussenpersoon ertoe gehouden aan elke persoon die hem een beursorder geeft een borderel af te geven vermeldende de namen van de lastgever en van de tussenpersoon, het soort van verrichtingen, het bedrag of de waarde van de verrichtingen en het bedrag van de verschuldigde taks."

Hoofdgeding en prejudiciële vragen

9. Bij verzoekschrift van 20 juni 2017 heeft Anton van Zantbeek, een in België gevestigde vennootschap (hierna: „de VOF"), bij het Grondwettelijk Hof (België) – de verwijzende rechter – een beroep ingesteld dat strekt tot vernietiging van de artikelen 122 en 123 van de programmawet waarbij aan artikel 120 respectievelijk artikel 126/2 WDRT een tweede lid is toegevoegd.

10. De verwijzende rechter zet uiteen dat bij die bepalingen de werkingssfeer van de taks op de beursverrichtingen (hierna: „TOB") is uitgebreid. De TOB wordt geheven over transacties die in België worden aangegaan of uitgevoerd en die betrekking hebben op Belgische of vreemde openbare fondsen, voor zover de transactie wordt uitgevoerd met behulp van een tussenpersoon die handelt in de uitoefening van een beroep (hierna: „tussenpersoon van beroep"). De verwijzende rechter preciseert dat krachtens de genoemde bepalingen de TOB niet langer uitsluitend wordt geheven over de voormelde transacties. Die belasting wordt immers ook geheven over de transacties „[die] worden [...] geacht in België te zijn aangegaan of uitgevoerd", zodat zij eveneens verschuldigd is wanneer het aan- of verkooporder aan een niet-ingezeten tussenpersoon van beroep wordt gegeven door een ingezeten ordergever, te weten door „een natuurlijke persoon met gewone verblijfplaats in België" of door „een rechtspersoon voor rekening van een zetel of een vestiging ervan in België". De verwijzende rechter voegt daaraan toe dat de ordergever in dit laatste geval schuldenaar van de TOB wordt in plaats van de tussenpersoon van beroep, daar niet-ingezeten tussenpersonen van beroep niet kunnen worden gedwongen de Belgische fiscale bepalingen na te leven. Die ordergever zou de TOB moeten aangeven en betalen binnen de twee maanden die volgen op de transactie in kwestie, tenzij hij kan aantonen dat die belasting reeds werd betaald door die tussenpersoon of diens aansprakelijke vertegenwoordiger.

11. Ter ondersteuning van haar beroep voert de VOF aan dat de artikelen 122 en 123 van de programmawet – doordat daarbij een verschil in behandeling tussen Belgische ordergevers wordt ingevoerd naargelang deze een in België gevestigde dan wel een niet in België gevestigde tussenpersoon van beroep inschakelen – in strijd zijn met, ten eerste, het door de artikelen 10, 11 en 172 van de Belgische Grondwet gewaarborgde gelijkheidsbeginsel en, ten tweede, deze grondwettelijke bepalingen gelezen in samenhang met artikel 56 VWEU en artikel 36 van de EER-Overeenkomst, die gewijd zijn aan het vrij verrichten van diensten, en in samenhang met artikel 63 VWEU en artikel 40 van de EER-Overeenkomst, die zien op het vrije verkeer van kapitaal.

12. In dit verband betoogt de VOF dat een in België verblijvende ordergever die een niet in deze lidstaat gevestigde tussenpersoon van beroep inschakelt, zal worden behandeld als een tussenpersoon van beroep, aangezien deze ordergever de verplichting om de TOB aan te geven en te betalen zal moeten nakomen en hem administratieve sancties kunnen worden opgelegd die nagenoeg identiek zijn aan die waaraan Belgische tussenpersonen van beroep onderworpen zijn. Bijgevolg is het voor een dergelijke in België verblijvende ordergever aanzienlijk risicovoller, duurder en administratief bezwarender om een niet in België gevestigde tussenpersoon van beroep in te schakelen, wat een beperking op het vrij verrichten van diensten en het vrije verkeer van kapitaal vormt die niet kan worden gerechtvaardigd door doelstellingen van algemeen belang.

13. De Ministerraad bestrijdt dit betoog door te preciseren dat de belastingregeling van de artikelen 120 en 126/2 WDRT zonder onderscheid van toepassing is op alle aanbieders van diensten op het gebied van beurstransacties, ongeacht waar zij gevestigd zijn, maar dat enkel de in België gevestigde tussenpersonen van beroep gehouden zijn de wegens de uitgevoerde transacties verschuldigde TOB in te houden. De situatie van een ingezeten ordergever die een ingezeten tussenpersoon van beroep inschakelt, is volgens de Ministerraad dan ook niet vergelijkbaar met die van eenzelfde ordergever die een niet-ingezeten tussenpersoon van beroep

inschakelt. Subsidiair is de Ministerraad van mening dat het gestelde verschil in behandeling berust op een objectief criterium, een wettig doel nastreeft en niet onevenredig is.

14. De verwijzende rechter merkt op dat de Belgische wetgever de werkingssfeer van de TOB wilde uitbreiden omdat in het geval waarin een in België gevestigde ordergever zich wendde tot een niet-ingezeten tussenpersoon van beroep, de transactie doorgaans werd uitgevoerd in het buitenland, zodat de TOB niet verschuldigd was. De Belgische wetgever heeft tevens geconstateerd dat er sprake was van oneerlijke mededinging tussen enerzijds bepaalde niet-ingezeten tussenpersonen van beroep en anderzijds Belgische tussenpersonen van beroep, die de TOB wel inhielden. De verwijzende rechter voegt daaraan toe dat de artikelen 120 en 126/2 WDRT tot gevolg kunnen hebben dat de vrijheid van Belgische ingezetenen om voor hun beurstransacties een tussenpersoon van beroep te kiezen wordt beperkt, met name omdat het feit dat de ordergever een niet-ingezeten tussenpersoon van beroep inschakelt, met zich meebrengt dat hij aansprakelijk is wanneer de TOB niet dan wel te laat wordt aangegeven of betaald.

15. Voorts preciseert de verwijzende rechter dat niet-ingezeten tussenpersonen van beroep de bewijsvoering inzake de betaling van de TOB – waardoor de ordergever daarvan is bevrijd – kunnen vergemakkelijken door een aansprakelijke vertegenwoordiger te laten erkennen die tot taak heeft voor hun rekening de aangifte- en administratieve verplichtingen te vervullen die verband houden met die betaling. Die tussenpersonen kunnen echter niet worden verplicht om een dergelijke vertegenwoordiger aan te wijzen. Daarbij komt dat de ordergever jegens de Belgische Staat aansprakelijk blijft wanneer hij een mandataris aanstelt teneinde te voldoen aan zijn verplichtingen die verband houden met de TOB. Dat deze belasting is betaald, kan de ordergever aantonen door een borderel als bedoeld in artikel 127 WDRT over te leggen waarop onder meer melding wordt gemaakt van de waarde van de transactie die ten grondslag ligt aan die belasting, en door het bewijs te leveren van de betaling daarvan aan zijn tussenpersoon, bijvoorbeeld door middel van een bankafschrift.

16. In deze omstandigheden heeft het Grondwettelijk Hof de behandeling van de zaak geschorst en het Hof verzocht om een prejudiciële beslissing over de volgende vragen:

„1. Dienen artikel 56 [VWEU] en artikel 36 van de [EER-Overeenkomst] aldus te worden uitgelegd dat zij zich verzetten tegen een nationale regeling waarbij een taks op de beursverrichtingen wordt ingevoerd, zoals bedoeld in de artikelen 120 en 126/2 [WDRT], en die tot gevolg heeft dat de Belgische ordergever schuldenaar wordt van die taks wanneer de tussenpersoon van beroep in het buitenland is gevestigd?

2. Dienen artikel 63 [VWEU] en artikel 40 van de [EER-Overeenkomst] aldus te worden uitgelegd dat zij zich verzetten tegen een nationale regeling waarbij een taks op de beursverrichtingen wordt ingevoerd, zoals bedoeld in de artikelen 120 en 126/2 [WDRT], en die tot gevolg heeft dat de Belgische ordergever schuldenaar wordt van die taks wanneer de tussenpersoon van beroep in het buitenland is gevestigd?

3. Zou het Grondwettelijk Hof, indien het op grond van het antwoord verstrekt op de eerste of de tweede prejudiciële vraag tot de conclusie zou komen dat de bestreden artikelen één of meer van de uit de in die vragen vermelde bepalingen voortvloeiende verplichtingen schendt, de gevolgen van de artikelen 120 en 126/2 [WDRT] tijdelijk kunnen handhaven teneinde rechtsonzekerheid te voorkomen en de wetgever in staat te stellen ze in overeenstemming te brengen met die verplichtingen?"

Beantwoording van de prejudiciële vragen

Eerste en tweede prejudiciële vraag

17. Om te beginnen zij opgemerkt dat volgens de in het verzoek om een prejudiciële beslissing vermelde gegevens de werkingssfeer van de TOB en de criteria voor onderwerping aan deze belasting zijn gewijzigd bij de nationale bepalingen die in het hoofdgeding worden bestreden, namelijk artikel 120, lid 2, en artikel 126/2, lid 2, WDRT. Krachtens deze bepalingen wordt de TOB – voor zover de betreffende transactie wordt uitgevoerd met behulp van een tussenpersoon van beroep – niet alleen geheven over beurstransacties die in België worden aangegaan of uitgevoerd, maar ook over transacties die worden „geacht [...] te zijn aangegaan of uitgevoerd" in deze lidstaat, te weten transacties waartoe het order aan een niet-ingezeten tussenpersoon van beroep is gegeven door een Belgische ingezetene. Daarnaast brengt het feit dat de tussenpersoon van beroep in het buitenland gevestigd is, met zich mee dat niet langer deze tussenpersoon gehouden is om de door zijn klant gedragen TOB te betalen en de daarmee samenhangende aangifteverplichtingen te vervullen, maar de ordergever zelf.

18. Hieruit volgt dat de verwijzende rechter met zijn eerste en zijn tweede vraag, die gezamenlijk dienen te worden onderzocht, in wezen wenst te vernemen of de artikelen 56 en 63 VWEU alsook de artikelen 36 en 40 van de EER-Overeenkomst aldus moeten worden uitgelegd dat zij zich verzetten tegen een regeling van een lidstaat waarbij een belasting wordt ingevoerd die wordt geheven over beurstransacties die in opdracht van

een ingezetene van die lidstaat worden aangegaan of uitgevoerd door een niet-ingezeten tussenpersoon van beroep, en waarvan het gevolg is dat een dergelijke ordergever gehouden is om die belasting te betalen en de daarmee samenhangende aangifteverplichtingen te vervullen.

19. Met het oog op de beantwoording van deze vragen dient in de eerste plaats te worden geconstateerd dat een dergelijke nationale regeling zowel het vrij verrichten van diensten als het vrije verkeer van kapitaal ongunstig kan beïnvloeden.

20. In dit verband is het vaste rechtspraak van het Hof dat wanneer een nationale maatregel zowel betrekking heeft op het vrij verrichten van diensten als op het vrije verkeer van kapitaal, het Hof die maatregel in beginsel uit het oogpunt van slechts één van deze twee vrijheden onderzoekt indien blijkt dat in de omstandigheden van het hoofdgeding een van die vrijheden volledig ondergeschikt is aan de andere vrijheid en daaraan kan worden gerelateerd [zie in die zin arresten van 3 oktober 2006, Fidium Finanz, C-452/04, EU:C:2006:631, punt 34; 26 mei 2016, NN (L) International, C-48/15, EU:C:2016:356, punt 39, en 8 juni 2017, Van der Weegen e.a., C-580/15, EU:C:2017:429, punt 25].

21. In het hoofdgeding blijkt het aspect van het vrij verrichten van diensten een grotere rol te spelen dan dat van het vrije verkeer van kapitaal. Immers, de heffing van een belasting als de TOB kan het vrije verkeer van kapitaal weliswaar ongunstig beïnvloeden aangezien zij betrekking heeft op beurstransacties, maar uit de door de verwijzende rechter verstrekte informatie blijkt dat die belasting enkel wordt geheven indien bij de transactie in kwestie een tussenpersoon van beroep betrokken is. Bovendien stelt de verwijzende rechter zich vragen bij de beperking die zou kunnen voortvloeien uit het feit dat de ordergever die een beroep doet op een niet-ingezeten aanbieder van diensten op het gebied van financiële bemiddeling, de TOB dient te betalen, terwijl hij daartoe niet gehouden is wanneer hij zich wendt tot een ingezeten aanbieder van diensten. Deze consequentie heeft in overwegende mate betrekking op het vrij verrichten van diensten, terwijl de effecten op het vrije verkeer van kapitaal slechts een onvermijdelijk gevolg zijn van de eventuele beperking op het aanbieden van de diensten.

22. Hieruit volgt dat de in het hoofdgeding aan de orde zijnde regeling uitsluitend dient te worden onderzocht uit het oogpunt van artikel 56 VWEU en artikel 36 van de EER-Overeenkomst.

23. In de tweede plaats verlangt artikel 56 VWEU volgens de rechtspraak van het Hof de afschaffing van elke beperking op het vrij verrichten van diensten die wordt opgelegd op grond dat de dienstverrichter gevestigd is in een andere lidstaat dan die waar de dienst wordt verricht (arresten van 19 juni 2014, Strojírny Prostejov en ACO Industries Tábor, C-53/13 en C-80/13, EU:C:2014:2011, punt 34, en 22 november 2018, Vorarlberger Landes- und Hypothekenbank, C-625/17, EU:C:2018:939, punt 28). Als beperkingen op het vrij verrichten van diensten moeten nationale maatregelen worden beschouwd die de gebruikmaking van die vrijheid verbieden, belemmeren of minder aantrekkelijk maken (zie in die zin arresten van 19 juni 2014, Strojírny Prostejov en ACO Industries Tábor, C-53/13 en C-80/13, EU:C:2014:2011, punt 35, en 25 juli 2018, TTL, C-553/16, EU:C:2018:604, punt 46 en aldaar aangehaalde rechtspraak).

24. Voorts worden volgens vaste rechtspraak van het Hof bij artikel 56 VWEU niet alleen rechten toegekend aan de dienstverrichter zelf, maar ook aan de ontvanger van de diensten (arresten van 31 januari 1984, Luisi en Carbone, 286/82 en 26/83, EU:C:1984:35, punt 10; 18 oktober 2012, X, C-498/10, EU:C:2012:635, punt 23, en 19 juni 2014, Strojírny Prostejov en ACO Industries Tábor, C-53/13 en C-80/13, EU:C:2014:2011, punt 26).

25. In casu voert de VOF aan dat de in het hoofdgeding aan de orde zijnde nationale regeling afbreuk doet aan het vrij verrichten van diensten omdat zij een ongerechtvaardigd verschil in behandeling tussen in België verblijvende ordergevers in het leven roept naargelang deze voor de uitvoering van beurstransacties een in dezelfde lidstaat dan wel een in het buitenland gevestigde tussenpersoon van beroep inschakelen. Deze nationale regeling heeft volgens haar tot gevolg dat het voor een ingezeten ordergever risicovoller, duurder en bezwarender is om gebruik te maken van de diensten van een niet-ingezeten tussenpersoon, waardoor het minder aantrekkelijk is om op een dergelijke niet-ingezeten tussenpersoon een beroep te doen.

26. In dit verband zij opgemerkt dat ingezeten ordergevers die als ontvangers van diensten op het gebied van financiële bemiddeling besluiten om voor de uitvoering van hun beurstransacties gebruik te maken van de diensten van een ingezeten tussenpersoon, zich in een situatie bevinden die vergelijkbaar is met de situatie van degenen die er de voorkeur aan geven gebruik te maken van de diensten van een niet-ingezeten tussenpersoon.

27. De in het hoofdgeding aan de orde zijnde nationale regeling heeft weliswaar tot gevolg dat bij ingezeten ordergevers op identieke wijze belasting wordt geheven ongeacht de plaats waar die tussenpersonen ges-

tigd zijn, maar tevens dat wanneer dergelijke ordergevers besluiten om een beroep te doen op een niet-ingezeten tussenpersoon, zij aansprakelijk zijn en aanvullende verplichtingen moeten nakomen.

28. Uit het verzoek om een prejudiciële beslissing blijkt namelijk dat ingezeten ordergevers in dat laatste geval op grond van artikel 126/2 WDRT gehouden zijn om de TOB te betalen en de met deze belasting samenhangende aangifteverplichtingen te vervullen, terwijl gebruikmaking van de diensten van een ingezeten tussenpersoon tot gevolg zou hebben gehad dat deze tussenpersoon gehouden was om die verplichtingen te vervullen en die belasting aan de bron in te houden. Ingezeten ordergevers die gebruikmaken van de diensten van een niet-ingezeten tussenpersoon, moeten dus met name zelf de TOB aangeven door middel van een borderel dat de in artikel 127 WDRT genoemde vermeldingen bevat en moeten deze belasting op straffe van geldboeten binnen twee maanden betalen, tenzij zij het bewijs leveren dat die belasting reeds betaald is door die tussenpersoon of diens aansprakelijke vertegenwoordiger in België.

29. Een dergelijke nationale regeling roept bijgevolg een verschil in behandeling tussen in België verblijvende ontvangers van diensten op het gebied van financiële bemiddeling in het leven dat hen ervan kan weerhouden een beroep te doen op niet-ingezeten dienstverrichters, waardoor het voor deze laatsten moeilijker wordt om hun diensten in die lidstaat aan te bieden. Derhalve vormt een dergelijke nationale regeling een beperking op het vrij verrichten van diensten.

30. In de derde plaats zij eraan herinnerd dat een dergelijke beperking volgens de rechtspraak van het Hof kan worden gerechtvaardigd door dwingende redenen van algemeen belang. Tevens is vereist dat de toepassing van deze beperking geschikt is om de verwezenlijking van het nagestreefde doel te waarborgen en niet verder gaat dan noodzakelijk is om dat doel te bereiken (zie in die zin arresten van 7 september 2006, N, C-470/04, EU:C:2006:525, punt 40; 13 juli 2016, Brisal en KBC Finance Ireland, C-18/15, EU:C:2016:549, punt 29, en 25 juli 2018, TTL, C-553/16, EU:C:2018:604, punt 52 en aldaar aangehaalde rechtspraak).

31. Allereerst moet worden onderzocht of er dwingende redenen van algemeen belang bestaan voor de beperking op het vrij verrichten van diensten die voortvloeit uit de in het hoofdgeding aan de orde zijnde nationale regeling.

32. In casu wijst de Belgische regering erop dat deze nationale regeling ertoe strekt de doeltreffendheid van de belastinginning en van de belastingcontroles te waarborgen alsook belastingontwijking te bestrijden.

33. Zoals het Hof reeds heeft geoordeeld, vormt niet alleen de noodzaak om de doeltreffendheid van de belastinginning en van de belastingcontroles te waarborgen een dwingende reden van algemeen belang die een beperking op het vrij verrichten van diensten kan rechtvaardigen (zie in die zin met name arrest van 25 juli 2018, TTL, C-553/16, EU:C:2018:604, punten 53 en 57 en aldaar aangehaalde rechtspraak) – waarbij belastingcontroles ertoe strekken belastingfraude en belastingontwijking te bestrijden [zie in die zin arresten van 5 juli 2012, SIAT, C-318/10, EU:C:2012:415, punt 44, en 26 februari 2019, X (Tussenvennootschappen die in een derde land zijn gevestigd), C-135/17, EU:C:2019:136, punt 74] – maar vormt ook de strijd tegen belastingontwijking een dergelijke dwingende reden van algemeen belang (zie met name arrest van 19 juni 2014, Strojírny Prostejov en ACO Industries Tábor, C-53/13 en C-80/13, EU:C:2014:2011, punt 55 en aldaar aangehaalde rechtspraak).

34. Volgens de in het verzoek om een prejudiciële beslissing vervatte en door de Belgische regering bevestigde gegevens blijkt uit de totstandkomingsgeschiedenis van de artikelen 122 en 123 van de programmawet dat deze artikelen met name tot doel hebben elke vorm van oneerlijke mededinging tussen ingezeten en niet-ingezeten tussenpersonen van beroep te voorkomen – gelet op het feit dat ingezeten tussenpersonen van beroep krachtens het WDRT verplicht zijn om de TOB voor rekening van hun klant aan de bron in te houden wanneer zij beurstransacties uitvoeren, terwijl niet-ingezeten tussenpersonen van beroep daartoe niet verplicht zijn wanneer zij transacties uitvoeren voor Belgische klanten – en het mogelijk maken de doeltreffendheid van de belastinginning en de belastingcontroles te waarborgen.

35. Dergelijke redenen, die in casu nauw met elkaar samenhangen, vallen onder het begrip „dwingende redenen van algemeen belang" in de zin van de in punt 33 van dit arrest in herinnering gebrachte rechtspraak van het Hof, zodat zij een beperking op het vrij verrichten van diensten kunnen rechtvaardigen.

36. Vervolgens zij met betrekking tot de geschiktheid van de regeling in kwestie om de nagestreefde doelstellingen te bereiken opgemerkt dat het feit dat de ordergever die gebruikmaakt van de diensten van een niet-ingezeten tussenpersoon gehouden is om de TOB te betalen, ervoor kan zorgen dat daadwerkelijk belasting wordt betaald over de betreffende beurstransacties (zie naar analogie arrest van 18 oktober 2012, X, C-498/10, EU:C:2012:635, punt 39 en aldaar aangehaalde rechtspraak), omdat de belastingcontroles daardoor doeltreffender worden gemaakt en het wordt bemoeilijkt om de – door de ordergever gedragen – TOB te omzeilen.

37. Hieruit volgt dat een dergelijke nationale regeling geschikt is om de doelstellingen te bereiken die ermee worden nagestreefd.

38. Wat betreft de vraag of de in het hoofdgeding aan de orde zijnde nationale regeling niet verder gaat dan noodzakelijk is om die doelstellingen te bereiken, moet om te beginnen worden geconstateerd dat – zoals de Europese Commissie heeft opgemerkt – de informatie die nodig is voor de vaststelling van en het toezicht op een belasting die zoals de TOB over elke beurstransactie wordt geheven, niet kan worden verkregen door alleen administratieve samenwerking en door de verplichte automatische uitwisseling van inlichtingen op belastinggebied waarin met name is voorzien bij richtlijn 2011/16/EU van de Raad van 15 februari 2011 betreffende de administratieve samenwerking op het gebied van de belastingen en tot intrekking van richtlijn 77/799/EEG (PB 2011, L 64, blz. 1), zoals gewijzigd bij richtlijn 2014/107/EU van de Raad van 9 december 2014 (PB 2014, L 359, blz. 1).

39. Bovendien blijkt uit het verzoek om een prejudiciële beslissing dat de in het hoofdgeding aan de orde zijnde nationale regeling weliswaar tot gevolg heeft dat de Belgische ordergever gehouden is om de TOB te betalen wanneer de tussenpersoon van beroep in het buitenland gevestigd is, maar dat zij de uit deze verplichting voortvloeiende last beperkt tot wat noodzakelijk is om de nagestreefde doelstellingen te bereiken.

40. Met name hoeft de ordergever op grond van artikel 126/2 WDRT de TOB niet te betalen en de met deze belasting samenhangende aangifteverplichtingen niet te vervullen indien hij aantoont dat die belasting reeds betaald is. In dit verband blijkt uit het verzoek om een prejudiciële beslissing dat de ordergever kan volstaan met de overlegging van het in artikel 127 WDRT bedoelde borderel waarop de naam van de niet-ingezeten tussenpersoon van beroep, het soort en de waarde van de transactie alsook het bedrag van de TOB worden vermeld, vergezeld van bijvoorbeeld een bankafschrift als bewijs dat deze belasting is betaald.

41. Daarbij komt dat de ingezeten ordergever kennelijk met de door hem ingeschakelde niet-ingezeten tussenpersoon van beroep kan overeenkomen dat deze tussenpersoon hem – zoals de in België gevestigde tussenpersonen van beroep verplicht zijn te doen – een rekeningoverzicht van de verrichtingen zal bezorgen waaruit blijkt dat de TOB is voldaan. Tevens merkt de verwijzende rechter op dat niet-ingezeten tussenpersonen van beroep de mogelijkheid hebben om een mandataris aan te wijzen voor het vervullen van deze formaliteiten.

42. Uit het verzoek om een prejudiciële beslissing blijkt ook dat de Belgische wetgever het met de invoering van artikel 126/3 WDRT gemakkelijker heeft willen maken om het bewijs te leveren van de betaling van de TOB. Dit artikel biedt niet-ingezeten tussenpersonen namelijk de mogelijkheid om – zonder dat zij daartoe verplicht zijn – een in België gevestigde vertegenwoordiger te laten erkennen die voor hun rekening de met de betaling van die belasting samenhangende aangifteverplichtingen dient te vervullen en die daarvoor aansprakelijk zal zijn. Deze mogelijkheid kan in het bijzonder soelaas bieden voor de moeilijkheid die voortkomt uit de noodzaak het in artikel 127 WDRT bedoelde borderel in te vullen in een andere taal dan die van de niet-ingezeten tussenpersoon van beroep.

43. Een dergelijke keuzemogelijkheid ten gunste van zowel ingezeten ordergevers als niet-ingezeten tussenpersonen van beroep, waardoor zij kunnen kiezen voor de oplossing die hun het minst hinderlijk lijkt, reduceert dan ook de beperking op het vrij verrichten van diensten die voortvloeit uit de in het hoofdgeding aan de orde zijnde nationale regeling, tot hetgeen noodzakelijk is om de met deze regeling nagestreefde doelstellingen te bereiken, zodat die regeling – die aan dergelijke ordergevers én de betreffende tussenpersonen van beroep faciliteiten toestaat op het gebied van zowel de met de TOB samenhangende aangifteverplichtingen als de betaling van deze belasting – kennelijk niet verder gaat dan noodzakelijk is om die doelstellingen te verwezenlijken.

44. Wat ten slotte artikel 36 van de EER-Overeenkomst betreft, zij opgemerkt dat dit artikel vergelijkbaar is met artikel 56 VWEU, zodat de aan laatstgenoemd artikel gewijde overwegingen in de punten 23 tot en met 43 van dit arrest ook gelden voor dat artikel van de EER-Overeenkomst.

45. Derhalve dient op de eerste en de tweede prejudiciële vraag te worden geantwoord dat artikel 56 VWEU en artikel 36 van de EER-Overeenkomst aldus moeten worden uitgelegd dat zij zich niet verzetten tegen een regeling van een lidstaat waarbij een belasting wordt ingevoerd die wordt geheven over beurstransacties die in opdracht van een ingezetene van die lidstaat worden aangegaan of uitgevoerd door een niet-ingezeten tussenpersoon van beroep, en waarvan het gevolg is dat het vrij verrichten van de door dergelijke tussenpersonen van beroep aangeboden diensten wordt beperkt, mits deze regeling aan een dergelijke ordergever en de betreffende tussenpersonen van beroep faciliteiten toestaat die betrekking hebben op zowel de met voormelde belasting samenhangende aangifteverplichtingen als de betaling van deze belasting en die ervoor zor-

gen dat de genoemde beperking wordt gereduceerd tot hetgeen noodzakelijk is om de met die regeling nagestreefde wettige doelstellingen te bereiken.

Derde prejudiciële vraag

46. Gelet op het antwoord op de eerste en de tweede vraag hoeft de derde vraag niet te worden beantwoord.

Kosten

47. ...

Het Hof (Zevende kamer)

verklaart voor recht:

Artikel 56 VWEU en artikel 36 van de Overeenkomst betreffende de Europese Economische Ruimte van 2 mei 1992 moeten aldus worden uitgelegd dat zij zich niet verzetten tegen een regeling van een lidstaat waarbij een belasting wordt ingevoerd die wordt geheven over beurstransacties die in opdracht van een ingezetene van die lidstaat worden aangegaan of uitgevoerd door een niet-ingezeten tussenpersoon van beroep, en waarvan het gevolg is dat het vrij verrichten van de door dergelijke tussenpersonen van beroep aangeboden diensten wordt beperkt, mits deze regeling aan een dergelijke ordergever en de betreffende tussenpersonen van beroep faciliteiten toestaat die betrekking hebben op zowel de met voormelde belasting samenhangende aangifteverplichtingen als de betaling van deze belasting en die ervoor zorgen dat de genoemde beperking wordt gereduceerd tot hetgeen noodzakelijk is om de met die regeling nagestreefde wettige doelstellingen te bereiken.

HvJ EU 27 februari 2020, zaak C-405/18 (AURES Holdings a.s. v. Odvolací financní reditelství)

Vierde kamer: *M. Vilaras, kamerpresident, S. Rodin, D. Šváby, K. Jürimäe (rapporteur) en N. Piçarra, rechters*

Advocaat-generaal: *J. Kokott*

1. Het verzoek om een prejudiciële beslissing betreft de uitlegging van de artikelen 49, 52 en 54 VWEU.

2. Dit verzoek is ingediend in het kader van een geding tussen AURES Holdings a.s. en de Odvolací finanční ředitelství (kamer van beroep van de belastingdienst, Tsjechië; hierna: „kamer van beroep") over de weigering van laatstgenoemde om deze vennootschap toe te staan om een in een andere lidstaat dan Tsjechië geleden fiscaal verlies af te trekken.

Toepasselijke bepalingen

3. § 34 van de zákon č. 586/1992 Sb., o daních z příjmů (wet nr. 586/1992 op de inkomstenbelasting), in de versie die van toepassing is op de feiten van het hoofdgeding (hierna: „wet inkomstenbelasting"), heeft als opschrift „Van de belastinggrondslag aftrekbare posten" en bepaalt in lid 1:

> „Een in een voorafgaand belastingtijdvak of een gedeelte daarvan ontstaan en vastgesteld fiscaal verlies kan van de belastinggrondslag worden afgetrokken; aftrek is mogelijk binnen vijf belastingtijdvakken volgend op het tijdvak waarvoor het fiscaal verlies is vastgesteld. [...]"

4. § 38n, leden 1 en 2, van deze wet, met als opschrift „Fiscale verliezen", luidt:

> „1. Indien de overeenkomstig § 23 aangepaste uitgaven (kosten) hoger zijn dan de overeenkomstig dezelfde bepaling aangepaste inkomsten, is het verschil een fiscaal verlies.
> 2. Een fiscaal verlies wordt op dezelfde wijze behandeld als een belastingverplichting. Een fiscaal verlies dat is geleden en vastgesteld ten aanzien van een belastingplichtige vennootschap die zonder vereffening is ontbonden, gaat evenwel niet over op haar rechtsopvolger, afgezien van de in § 23a, lid 5, onder b), en § 23c, lid 8, onder b), genoemde uitzonderingen. Het fiscaal verlies wordt vastgesteld door de belastingdienst. Voor de verlaging van een fiscaal verlies is mutatis mutandis dezelfde procedure van toepassing als voor de belastingverhoging. Voor de verhoging van een fiscaal verlies is mutatis mutandis dezelfde procedure van toepassing als voor een belastingvermindering. Het bedrag van het fiscaal verlies wordt naar het hogere gehele getal afgerond."

Hoofdgeding en prejudiciële vragen

5. AURES Holdings, voorheen AAA Auto International a.s., is de rechtsopvolger van AAA Auto Group NV (hierna samen: „Aures"), een naar Nederlands recht opgerichte vennootschap waarvan de statutaire en de feitelijke bedrijfszetel zich in Nederland bevonden, waardoor zij in Nederland belastingplichtig was.

6. Aures heeft in Nederland voor het belastingjaar 2007 een verlies van 2 792 187 EUR geleden. De Nederlandse belastingdienst heeft dit verlies vastgesteld overeenkomstig de belastingwetgeving van die lidstaat.

7. Op 1 januari 2008 heeft Aures in Tsjechië een filiaal opgericht dat naar Tsjechisch recht een vaste inrichting van die vennootschap vormt, geen eigen rechtspersoonlijkheid heeft en waarvan de activiteiten in die lidstaat belastbaar zijn.

8. Op 1 januari 2009 heeft Aures haar feitelijke bestuurszetel verplaatst van Nederland naar Tsjechië, meer bepaald naar het adres van genoemd filiaal. Als gevolg van deze overbrenging heeft Aures met ingang van dezelfde datum ook haar fiscale woonplaats van Nederland naar Tsjechië verplaatst. Sindsdien oefent zij al haar activiteiten uit via dit filiaal.

9. Daarentegen heeft Aures haar statutaire zetel in Amsterdam (Nederland) behouden en bleef zij daar ingeschreven in het handelsregister. Voor haar interne aangelegenheden blijft zij dus onderworpen aan het Nederlandse recht.

10. Gelet op de verplaatsing van haar feitelijke bestuurszetel en daarmee van haar fiscale woonplaats, heeft Aures bij de Tsjechische belastingdienst een verzoek ingediend om het verlies dat zij in Nederland voor het belastingjaar 2007 had geleden, in mindering te mogen brengen op de grondslag van de vennootschapsbelasting die zij voor het belastingjaar 2012 verschuldigd is.

11. Op 19 maart 2014 heeft de Tsjechische belastingdienst een onderzoeks- en geschillenprocedure ingeleid, aan het einde waarvan hij zich op het standpunt heeft gesteld dat dit verlies niet kon worden aangevoerd als een post die op grond van § 38n van de wet inkomstenbelasting van de belastinggrondslag kan worden afgetrokken. Volgens die belastingdienst is Aures, als fiscaal ingezetene van Tsjechië, overeenkomstig de Tsjechische belastingwetgeving belastbaar op haar wereldwijde inkomsten. Zij kan een verlies echter alleen van de belastinggrondslag aftrekken als het voortvloeit uit een economische activiteit in Tsjechië en overeenkomstig de wet inkomstenbelasting is vastgesteld. Deze wet bevat namelijk geen bepalingen over de aftrek van een fiscaal verlies bij verandering van fiscale woonplaats en voorziet niet in de mogelijkheid om een dergelijk verlies uit een andere lidstaat dan Tsjechië over te dragen.

12. Bijgevolg heeft de Tsjechische belastingdienst in een aanslagbiljet van 11 september 2014 de door Aures voor het belastingjaar 2012 verschuldigde vennootschapsbelasting vastgesteld zonder het over het belastingjaar 2007 geleden verlies op de belastinggrondslag in mindering te brengen.

13. Aures heeft tegen deze aanslag bezwaar gemaakt, dat door de kamer van beroep is afgewezen, en heeft vervolgens beroep ingesteld bij de M?stský soud v Praze (rechter voor de stad Praag, Tsjechië). Dit beroep werd verworpen.

14. De Tsjechische belastingdienst, de kamer van beroep en de M?stský soud v Praze hebben opgemerkt dat noch de wet inkomstenbelasting noch de op 4 maart 1974 gesloten Overeenkomst tussen het Koninkrijk der Nederlanden en de Tsjechoslowaakse Socialistische Republiek tot het vermijden van dubbele belasting en het voorkomen van het ontgaan van belasting met betrekking tot belastingen naar het inkomen en naar het vermogen, in de versie die op 31 mei 2013 van kracht was, voorzien in de mogelijkheid om een fiscaal verlies over de grenzen heen over te dragen bij verplaatsing van de feitelijke bestuurszetel van een vennootschap, behalve in specifieke situaties die in casu niet relevant zijn. Op grond van de algemene bepalingen van de artikelen 34 en 38n van deze wet kan een verlies alleen in mindering worden gebracht als het overeenkomstig de Tsjechische regelgeving is vastgesteld.

15. Deze autoriteiten en deze rechter waren voorts van oordeel dat het feit dat het betrokken verlies niet kan worden afgetrokken, anders dan Aures betoogt, niet in strijd is met de vrijheid van vestiging. Volgens hen hebben de door Aures aangevoerde arresten van 13 december 2005, Marks & Spencer (C-446/03, EU:C:2005:763), 29 november 2011, National Grid Indus (C-371/10, EU:C:2011:785), en 21 februari 2013, A (C-123/11, EU:C:2013:84), betrekking op situaties die objectief gezien verschillen van de in het hoofdgeding aan de orde zijnde situatie. Onder verwijzing naar het arrest van 15 mei 2008, Lidl Belgium (C-414/06, EU:C:2008:278), heeft de kamer van beroep geoordeeld dat er in het hoofdgeding een reëel gevaar bestond dat het over het belastingjaar 2007 geleden verlies tweemaal in aanmerking zou worden genomen.

16. Aures heeft tegen de beslissing van de Městský soud v Praze cassatieberoep ingesteld bij de Nejvyšší správní soud (hoogste bestuursrechter, Tsjechië).

17. Voor deze rechter voert Aures aan dat de grensoverschrijdende verplaatsing van haar feitelijke bestuurszetel onder de uitoefening van de vrijheid van vestiging valt en dat de onmogelijkheid voor haar om in Tsjechië het verlies af te trekken dat zij in het belastingjaar 2007 heeft geleden en dat zij in Nederland niet meer kan opvoeren, een ongerechtvaardigde beperking van deze vrijheid vormt.

18. De rechter benadrukt dat een vennootschap die, zoals Aures, haar feitelijke bestuurszetel vanuit een andere lidstaat naar Tsjechië heeft verplaatst, op grond van de wet inkomstenbelasting geen verlies kan opvoeren dat zij in die andere lidstaat heeft geleden. Een overdracht van fiscaal verlies is slechts mogelijk in de grensoverschrijdende transacties die specifiek in deze wet zijn genoemd en die voor het hoofdgeding niet relevant zijn.

19. Voor de beslechting van het hoofdgeding acht de verwijzende rechter het daarom noodzakelijk om in te gaan op de argumenten betreffende de vrijheid van vestiging.

20. In dit verband moet ten eerste worden bepaald of deze vrijheid van toepassing is op de situatie waarin de feitelijke bestuurszetel van een vennootschap over de grenzen heen wordt verplaatst.

21. Ten tweede moet worden onderzocht of een nationale regeling op grond waarvan een vennootschap in de lidstaat van ontvangst geen verlies mag aftrekken dat zij in de lidstaat van herkomst heeft geleden vóór de verplaatsing van haar feitelijke bestuurszetel naar de lidstaat van ontvangst, met die vrijheid verenigbaar is. De verwijzende rechter merkt weliswaar op dat het gebied van de directe belastingen in beginsel niet geharmoniseerd is en dat de lidstaten ter zake soeverein zijn, maar vraagt zich af of diezelfde vrijheid inhoudt dat de verplaatsing van de fiscale woonplaats van de ene naar de andere lidstaat altijd fiscaal neutraal moet zijn.

22. Daarop heeft de Nejvyšší správní soud de behandeling van de zaak geschorst en het Hof verzocht om een prejudiciële beslissing over de volgende vragen:

> „1. Kan het begrip ‚vrijheid van vestiging' in de zin van artikel 49 [VWEU] aldus worden uitgelegd dat daaronder ook de loutere verplaatsing van de bestuurszetel van een vennootschap van de ene lidstaat naar de andere valt?
> 2. Zo ja, is een nationale regeling volgens welke het een belastingplichtige uit een andere lidstaat in het geval van een verplaatsing van de zetel van de bedrijfsuitoefening, dan wel van de bestuurszetel, naar de Tsjechische Republiek niet is toegestaan om een in die andere lidstaat geleden fiscaal verlies op te voeren, in strijd met de artikelen 49, 52 en 54 [VWEU]?"

Beantwoording van de prejudiciële vragen

Eerste vraag

23. Met zijn eerste vraag wenst de verwijzende rechter in wezen te vernemen of artikel 49 VWEU aldus moet worden uitgelegd dat een naar het recht van een lidstaat opgerichte vennootschap die haar feitelijke bestuurszetel naar een andere lidstaat verplaatst, waarbij deze verplaatsing haar hoedanigheid van naar het recht van de eerste lidstaat opgerichte vennootschap onverlet laat, zich op dat artikel kan beroepen ter betwisting van de weigering in de andere lidstaat om verliezen van vóór die verplaatsing over te dragen.

24. In dat verband moet worden opgemerkt dat ingevolge artikel 49 VWEU, gelezen in samenhang met artikel 54 VWEU, vennootschappen die in overeenstemming met de wetgeving van een lidstaat zijn opgericht en die hun statutaire zetel, hun hoofdbestuur of hun hoofdvestiging binnen de Europese Unie hebben, vrijheid van vestiging genieten.

25. In het bijzonder heeft het Hof reeds geoordeeld dat een naar het recht van een lidstaat opgerichte vennootschap die haar feitelijke bestuurszetel naar een andere lidstaat verplaatst, zonder dat deze verplaatsing haar hoedanigheid van vennootschap naar het recht van de eerste lidstaat aantast, zich op artikel 49 VWEU kan beroepen om onder meer de fiscale gevolgen van deze verplaatsing in de lidstaat van herkomst aan de orde te stellen (zie in die zin arrest van 29 november 2011, National Grid Indus, C-371/10, EU:C:2011:785, punt 33).

26. Evenzo kan een dergelijke vennootschap zich in dergelijke omstandigheden beroepen op artikel 49 VWEU om de fiscale behandeling aan de orde te stellen die haar te beurt valt in de lidstaat waarnaar zij haar feitelijke bestuurszetel verplaatst. De grensoverschrijdende verplaatsing van deze zetel valt dus binnen de werkingssfeer van dat artikel.

27. Elke andere uitlegging zou immers indruisen tegen de bewoordingen van de Unierechtelijke bepalingen inzake de vrijheid van vestiging, die met name het voordeel van de behandeling als eigen staatsburgers in de lidstaat van ontvangst beogen te waarborgen (zie in die zin arresten van 11 maart 2004, de Lasteyrie du Saillant, C-9/02, EU:C:2004:138, punt 42, en 12 juni 2018, Bevola en Jens W. Trock, C-650/16, EU:C:2018:424, punt 16).

28. Gelet op een en ander moet op de eerste vraag worden geantwoord dat artikel 49 VWEU aldus moet worden uitgelegd dat een naar het recht van een lidstaat opgerichte vennootschap die haar feitelijke bestuurszetel naar een andere lidstaat verplaatst, zonder dat deze verplaatsing haar hoedanigheid van naar het recht van de eerste lidstaat opgerichte vennootschap aantast, zich op dat artikel kan beroepen ter betwisting van de weigering in de andere lidstaat om verliezen van vóór die verplaatsing over te dragen.

Tweede vraag

29. Met zijn tweede vraag wenst de verwijzende rechter in wezen te vernemen of artikel 49 VWEU aldus moet worden uitgelegd dat het zich verzet tegen een regeling van een lidstaat die uitsluit dat een vennootschap die haar feitelijke bestuurszetel en daarmee haar fiscale woonplaats naar deze lidstaat heeft verplaatst, een fiscaal verlies kan opvoeren dat zij vóór deze verplaatsing heeft geleden in een andere lidstaat, waar zij haar statutaire zetel behoudt.

30. Met de vrijheid van vestiging, die burgers van de Unie op grond van artikel 49 VWEU genieten, is krachtens artikel 54 VWEU voor de vennootschappen die overeenkomstig de wetgeving van een lidstaat zijn opgericht en hun statutaire zetel, hun hoofdbestuur of hun hoofdvestiging binnen de Unie hebben, het recht verbonden om in een andere lidstaat hun bedrijfsactiviteit uit te oefenen door middel van een dochteronderneming, een filiaal of een agentschap.

31. Zoals in punt 27 van dit arrest is opgemerkt, beogen de Unierechtelijke bepalingen inzake de vrijheid van vestiging met name het voordeel van de behandeling als eigen staatsburgers in de lidstaat van ontvangst te waarborgen.

32. Daarentegen biedt het Verdrag een vennootschap die onder artikel 54 VWEU valt, niet de garantie dat de verplaatsing van haar feitelijke bestuurszetel van de ene naar de andere lidstaat fiscaal neutraal is. Gelet op de verschillen tussen de regelingen van de lidstaten ter zake, kan een dergelijke verplaatsing naargelang van het geval voor een vennootschap op het vlak van de belastingen meer of minder voor- of nadelig uitvallen. De vrijheid van vestiging kan immers niet aldus worden begrepen dat een lidstaat verplicht is, zijn belastingregeling af te stemmen op die van een andere lidstaat, teneinde te waarborgen dat in alle situaties de belasting aldus wordt geheven dat alle verschillen als gevolg van de nationale belastingregelingen verdwijnen (arrest van 29 november 2011, National Grid Indus, C-371/10, EU:C:2011:785, punt 62 en aldaar aangehaalde rechtspraak).

33. In casu moet worden opgemerkt dat sprake is van een belastingvoordeel wanneer de wetgeving van een lidstaat aan een ingezeten vennootschap de mogelijkheid biedt om de verliezen die zij in een bepaald belastingtijdvak in die lidstaat heeft geleden op te voeren, teneinde deze verliezen in mindering te brengen op de belastbare winst die een dergelijke vennootschap in latere belastingtijdvakken behaalt.

34. Er is sprake van een verschil in fiscale behandeling wanneer van dit voordeel de verliezen worden uitgesloten die een in een lidstaat gevestigde maar volgens het recht van een andere lidstaat opgerichte vennootschap in die andere lidstaat heeft geleden in een belastingtijdvak waarin zij daar was gevestigd, terwijl dit voordeel wel wordt toegekend aan een in de eerste lidstaat gevestigde vennootschap die daar in hetzelfde tijdvak verliezen heeft geleden.

35. Als gevolg van dit verschil in behandeling kan een vennootschap die volgens het recht van een lidstaat is opgericht, worden afgeschrikt om haar feitelijke bestuurszetel naar een andere lidstaat over te brengen om daar economische activiteiten uit te oefenen.

36. Een dergelijk, uit de belastingwetgeving van een lidstaat voortvloeiend verschil in behandeling ten nadele van vennootschappen die hun vrijheid van vestiging uitoefenen, kan enkel worden aanvaard indien het betrekking heeft op situaties die niet objectief vergelijkbaar zijn, of wordt gerechtvaardigd door een dwingende reden van algemeen belang (arresten van 17 juli 2014, Nordea Bank Danmark, C-48/13, EU:C:2014:2087, punt 23, en 17 december 2015, Timac Agro Deutschland, C-388/14, EU:C:2015:829, punt 26).

37. Wat de eerste, in het vorige punt van het onderhavige arrest bedoelde hypothese betreft, dient eraan te worden herinnerd dat volgens de rechtspraak van het Hof bij het onderzoek van de vergelijkbaarheid van een grensoverschrijdende situatie met een binnenlandse situatie, rekening moet worden gehouden met het door de betrokken nationale bepalingen nagestreefde doel (arrest van 12 juni 2018, Bevola en Jens W. Trock, C-650/16, EU:C:2018:424, punt 32 en aldaar aangehaalde rechtspraak).

38. In casu blijkt uit het dossier waarover het Hof beschikt en onder voorbehoud van verificatie door de verwijzende rechter, dat de Tsjechische wetgeving in wezen beoogt de verdeling van de heffingsbevoegdheid tussen de lidstaten te handhaven en het gevaar van dubbele verliesverrekening te voorkomen door te bepalen dat een vennootschap in de lidstaat waar zij thans is gevestigd, geen verliezen kan opvoeren die zij heeft geleden in een belastingtijdvak waarin zij fiscaal ingezetene van een andere lidstaat was.

39. Met betrekking tot een maatregel die dergelijke doelstellingen nastreeft, moet worden geoordeeld dat een in een lidstaat gevestigde vennootschap die daar verlies heeft geleden, zich in beginsel niet in een vergelijkbare situatie bevindt als een vennootschap die haar feitelijke bestuurszetel en dus haar fiscale woonplaats naar deze lidstaat heeft verplaatst na verliezen te hebben geleden in een belastingtijdvak waarin zij fiscaal ingezetene van een andere lidstaat was, zonder in de eerste lidstaat te zijn gevestigd.

40. De situatie van de vennootschap die overgaat tot een dergelijke verplaatsing valt immers achtereenvolgens onder de fiscale bevoegdheid van twee lidstaten, namelijk, enerzijds, de lidstaat van herkomst voor het belastingtijdvak waarin de verliezen zijn ontstaan, en, anderzijds, de lidstaat van ontvangst voor het belastingtijdvak waarin de vennootschap om aftrek van die verliezen verzoekt.

41. Hieruit volgt dat bij gebreke van fiscale bevoegdheid van de lidstaat van ontvangst voor het belastingtijdvak waarin de betrokken verliezen zijn ontstaan, de situatie van een vennootschap die haar fiscale woonplaats naar die lidstaat heeft verplaatst en er vervolgens eerder in een andere lidstaat geleden verliezen opvoert, niet vergelijkbaar is met die van een vennootschap waarvan de resultaten onder de fiscale bevoegdheid van de eer-

ste lidstaat vallen voor het belastingtijdperk waarin deze laatste vennootschap verlies heeft geleden (zie naar analogie arrest van 17 december 2015, Timac Agro Deutschland, C-388/14, EU:C:2015:829, punt 65).

42. Bovendien kan de omstandigheid dat een vennootschap die haar fiscale woonplaats van de ene naar de andere lidstaat overbrengt, achtereenvolgens onder de fiscale bevoegdheid van twee lidstaten valt, resulteren in een verhoogd risico op dubbele verliesverrekening, aangezien een dergelijke vennootschap ertoe zou kunnen worden gebracht dezelfde verliezen bij de autoriteiten van deze twee lidstaten op te voeren.

43. In hun bij het Hof ingediende opmerkingen hebben de regering van het Verenigd Koninkrijk en de Europese Commissie niettemin in wezen opgemerkt dat volgens de rechtspraak die voortvloeit uit het arrest van 12 juni 2018, Bevola en Jens W. Trock (C-650/16, EU:C:2018:424, punt 38), de vergelijkbaarheid van de situaties afhangt van de vraag of het in het hoofdgeding aan de orde zijnde verlies definitief is.

44. In dit verband zij eraan herinnerd dat het Hof heeft geoordeeld dat ter zake van het verlies dat moet worden toegerekend aan een niet-ingezeten vaste inrichting die haar activiteiten heeft beëindigd en waarvan het verlies niet kon en niet meer kan worden afgetrokken van haar belastbare winst in de lidstaat waar zij haar activiteiten uitoefende, de situatie van een ingezeten vennootschap met een dergelijke vaste inrichting niet verschillend is van die van een ingezeten vennootschap met een ingezeten vaste inrichting, ten aanzien van de doelstelling van het voorkomen van dubbele aftrek van het verlies, ook al zijn de situaties van deze twee vennootschappen in beginsel niet vergelijkbaar (zie in die zin arrest van 12 juni 2018, Bevola en Jens W. Trock, C-650/16, EU:C:2018:424, punten 37 en 38).

45. Een dergelijke benadering kan echter niet worden aanvaard in de situatie van een vennootschap die, na overbrenging van haar feitelijke bestuurszetel en daarmee van haar fiscale woonplaats van de lidstaat waar zij haar statutaire zetel heeft naar een andere lidstaat, in deze lidstaat verliezen wenst af te trekken die zij in de eerste lidstaat heeft geleden over een belastingtijdvak waarin deze eerste lidstaat als enige heffingsbevoegd was ten aanzien van deze vennootschap.

46. Ten eerste is namelijk, zoals de advocaat-generaal in de punten 56 en 57 van haar conclusie heeft opgemerkt, de in punt 44 van dit arrest bedoelde rechtspraak ontwikkeld in andere omstandigheden dan die welke in het hoofdgeding aan de orde zijn.

47. Zo betreft deze rechtspraak de eventuele inaanmerkingneming door een ingezeten vennootschap van verliezen die zijn geleden door een niet-ingezeten vaste inrichting van die vennootschap.

48. Die rechtspraak heeft dus betrekking op een situatie die wordt gekenmerkt door de omstandigheid dat de vennootschap die verliezen van haar niet-ingezeten vaste inrichting op haar belastinggrondslag in mindering wenst te brengen en deze vaste inrichting zich gedurende hetzelfde belastingtijdvak in twee verschillende lidstaten bevinden.

49. Uit de chronologische weergave van de relevante feiten van het hoofdgeding door de verwijzende rechter blijkt evenwel dat Aures over 2007 in Nederland verlies heeft geleden, in een belastingtijdvak waarin zowel haar statutaire als feitelijke bestuurszetel in die lidstaat waren gevestigd en zij nog geen vaste inrichting in Tsjechië had opgericht.

50. Ten tweede zou, zoals de advocaat-generaal in de punten 72 en 73 van haar conclusie heeft opgemerkt, een toepassing van de oplossing uit het arrest van 12 juni 2018, Bevola en Jens W. Trock (C-650/16, EU:C:2018:424, punt 38), op de in punt 45 van het onderhavige arrest genoemde hypothese ook in tegenspraak zijn met de rechtspraak van het Hof inzake exitheffingen.

51. Het Hof heeft in dit verband immers in wezen geoordeeld dat artikel 49 VWEU zich niet ertegen verzet dat de lidstaat van herkomst van een vennootschap die naar het recht van die lidstaat is opgericht en die haar feitelijke bestuurszetel naar een andere lidstaat heeft verplaatst, de latente meerwaarden op het vermogen van die vennootschap belast (zie in die zin arrest van 29 november 2011, National Grid Indus, C-371/10, EU:C:2011:785, punten 59 en 64).

52. Evenzo is de lidstaat waarnaar een vennootschap haar feitelijke bestuurszetel verplaatst, niet verplicht om rekening te houden met verliezen die vóór die verplaatsing zijn geleden en die betrekking hebben op belastingtijdvakken waarvoor die lidstaat ten aanzien van die vennootschap geen heffingsbevoegdheid had.

53. Bijgevolg bevinden ingezeten vennootschappen die in deze lidstaat verlies hebben geleden, , en vennootschappen die hun fiscale woonplaats naar diezelfde lidstaat hebben verplaatst en die in een andere lidstaat verlies hadden geleden in een belastingtijdvak waarin zij hun fiscale woonplaats in laatstgenoemde lidstaat

hadden, anderzijds, zich niet in een vergelijkbare situatie, gelet op de doelstellingen om de verdeling van de heffingsbevoegdheid tussen de lidstaten in stand te houden en dubbele aftrek van verliezen te voorkomen.

54. Gelet op een en ander moet op de tweede vraag worden geantwoord dat artikel 49 VWEU aldus moet worden uitgelegd dat het zich niet verzet tegen een regeling van een lidstaat die uitsluit dat een vennootschap die haar feitelijke bestuurszetel en daarmee haar fiscale woonplaats naar deze lidstaat heeft verplaatst, een fiscaal verlies kan opvoeren dat zij vóór deze verplaatsing heeft geleden in een andere lidstaat, waar zij haar statutaire zetel behoudt.

Kosten

55. ...

Het Hof (Vierde kamer)

verklaart voor recht:

1. **Artikel 49 VWEU moet aldus worden uitgelegd dat een naar het recht van een lidstaat opgerichte vennootschap die haar feitelijke bestuurszetel naar een andere lidstaat verplaatst, zonder dat deze verplaatsing haar hoedanigheid van naar het recht van de eerste lidstaat opgerichte vennootschap aantast, zich op dat artikel kan beroepen ter betwisting van de weigering in de andere lidstaat om verliezen van vóór die verplaatsing over te dragen.**

2. **Artikel 49 VWEU moet aldus worden uitgelegd dat het zich niet verzet tegen een regeling van een lidstaat die uitsluit dat een vennootschap die haar feitelijke bestuurszetel en daarmee haar fiscale woonplaats naar deze lidstaat heeft verplaatst, een fiscaal verlies kan opvoeren dat zij vóór deze verplaatsing heeft geleden in een andere lidstaat, waar zij haar statutaire zetel behoudt.**

HvJ EU 3 maart 2020, zaak C-75/18 (Vodafone Magyarország Mobil Távközlési Zrt. v. Nemzeti Adó- és Vámhivatal Fellebbviteli Igazgatósága)

Grote kamer: *K. Lenaerts, president, R. Silva de Lapuerta, vicepresident, J.-C. Bonichot (rapporteur), A. Prechal en M. Vilaras, kamerpresidenten, P. G. Xuereb, L. S. Rossi, E. Juhász, M. Ilešič, J. Malenovský en N. Piçarra, rechters*

Advocaat-Generaal: *J. Kokott*

1. Het verzoek om een prejudiciële beslissing betreft de uitlegging van de artikelen 49, 54, l07 en 108 VWEU alsook van artikel 401 van richtlijn 2006/112/EG van de Raad van 28 november 2006 betreffende het gemeenschappelijke stelsel van belasting over de toegevoegde waarde (*PB* 2006, L 347, blz. 1; hierna: „btw-richtlijn").

2. Dit verzoek is ingediend in het kader van een geding tussen Vodafone Magyarország Mobil Távközlési Zrt. (hierna: „Vodafone"), een onderneming die actief is in de telecommunicatiesector, en de Nemzeti Adó- és Vámhivatal Fellebbviteli Igazgatósága (directie beroepen van de nationale belasting- en douanedienst, Hongarije; hierna: „directie beroepen") over de betaling van een belasting over de omzet in die sector (hierna: „bijzondere belasting").

Toepasselijke bepalingen

Unierecht

3. Artikel 401 van de btw-richtlijn luidt:

> „Onverminderd andere communautaire bepalingen vormen de bepalingen van deze richtlijn geen beletsel voor de handhaving of invoering door een lidstaat van belastingen op verzekeringsovereenkomsten en op spelen en weddenschappen, alsmede van accijnzen, registratierechten en, meer in het algemeen, van alle belastingen, rechten en heffingen die niet het karakter van een omzetbelasting bezitten, mits de heffing van deze belastingen, rechten en heffingen in het verkeer tussen de lidstaten geen aanleiding geeft tot formaliteiten in verband met grensoverschrijding."

Hongaars recht

4. In de considerans van de egyes ágazatokat terhelő különadóról szóló 2010. évi XCIV. törvény (wet nr. XCIV van 2010 betreffende de bijzondere belasting voor bepaalde sectoren; hierna: „wet betreffende de bijzondere belasting voor bepaalde sectoren") staat te lezen:

> „In verband met het herstel van het begrotingsevenwicht gaat het parlement over tot de vaststelling van de hiernavolgende wet tot invoering van een bijzondere belasting voor belastingplichtigen van wie het vermogen om een bijdrage te leveren aan de financiering van de overheidslasten groter is dan de algemene belastingdruk."

5. § 1 van de wet betreffende de bijzondere belasting voor bepaalde sectoren bepaalt:

> „Voor de toepassing van deze wet wordt verstaan onder:
> [...]
> 2. telecommunicatieactiviteiten: het verlenen van elektronischecommunicatiediensten in de zin van de Az elektronikus hírközlésről szóló 2003. évi C. törvény [(wet nr. C van 2003 inzake elektronische communicatie)],
> [...]
> 5. netto-omzet: in het geval van een aan de boekhoudwet onderworpen belastingplichtige de netto-omzet uit de verkoop in de zin van de boekhoudwet; in het geval van een aan de vereenvoudigde belasting voor ondernemers onderworpen belastingplichtige die niet onder de boekhoudwet valt, de in de wet betreffende het belastingstelsel bedoelde omzet zonder belasting over de toegevoegde waarde; in het geval van een belastingplichtige die onderworpen is aan de wet op de inkomstenbelasting voor particulieren, de in de wet op de inkomstenbelastingen bedoelde inkomsten zonder belasting over de toegevoegde waarde."

6. In § 2 van de wet betreffende de bijzondere belasting voor bepaalde sectoren staat te lezen:

„Aan de belasting zijn onderworpen:
[...]
b. het verrichten van telecommunicatieactiviteiten;
[...]"

7. § 3 van deze wet definieert de belastingplichtigen als volgt:

„1. Belastingplichtig zijn de rechtspersonen, de andere organisaties in de zin van het algemeen belastingwetboek en de zelfstandigen die een aan de belasting onderworpen activiteit in de zin van § 2 uitoefenen.
2. Belastingplichtig zijn tevens, voor de aan de belasting onderworpen activiteiten als bedoeld in § 2, de niet-ingezeten organisaties en particulieren wanneer zij die activiteiten op de binnenlandse markt uitoefenen door middel van filialen."

8. § 4, lid 1, van die wet luidt:

„De belastinggrondslag is de netto-omzet die de belastingplichtige [...] behaalt uit de in § 2 bedoelde activiteiten."

9. § 5 van diezelfde wet bepaalt:

„Het belastingtarief bedraagt:
[...]
b. voor het verrichten van de in § 2, onder b), bedoelde activiteiten, 0 % voor het gedeelte van de belastinggrondslag tot 500 miljoen [Hongaarse forint (HUF)], 4,5 % voor het gedeelte van de belastinggrondslag dat meer dan 500 miljoen [HUF] maar minder dan 5 miljard [HUF] bedraagt, en 6,5 % voor het gedeelte van de belastinggrondslag dat meer dan 5 miljard [HUF] bedraagt;
[...]."

Hoofdgeding en prejudiciële vragen

10. Vodafone is een handelsvennootschap naar Hongaars recht die actief is op de telecommunicatiemarkt en waarvan Vodafone Europe BV, gevestigd in Nederland, de enige aandeelhouder is. Die Hongaarse dochteronderneming maakt deel uit van Vodafone Group plc, waarvan de zetel zich in het Verenigd Koninkrijk bevindt. Diezelfde dochteronderneming is met een marktaandeel van meer dan 20 % de derde grootste operator op de Hongaarse telecommunicatiemarkt.

11. De Nemzeti Adó- és Vámhivatal Kiemelt Adó- és Vámigazgatóság (nationale belasting- en douanedienst, Hongarije; hierna: „belastingdienst in eerste aanleg") heeft bij Vodafone een belastingcontrole uitgevoerd die betrekking had op alle belastingen die over het tijdvak van 1 april 2011 tot en met 31 maart 2015 waren betaald en op alle steun die over dat tijdvak uit de begroting was ontvangen.

12. Naar aanleiding van die controle heeft de belastingdienst in eerste aanleg van Vodafone de betaling geëist van een bedrag van 8 371 000 HUF (ongeveer 25 155 EUR) uit hoofde van een belastingverschil – waarvan 7 417 000 HUF (ongeveer 22 293 EUR) aan achterstallige belasting – en heeft hij haar een bedrag van 3 708 000 HUF (ongeveer 11 145,39 EUR) fiscale boete alsook vertragingsrente en verzuimboeten in rekening gebracht.

13. De directie beroepen, waarbij bezwaar was ingediend tegen het besluit van de belastingdienst in eerste aanleg, heeft dit besluit gewijzigd. Daarbij heeft zij het bedrag van de fiscale boete en van de vertragingsrente verlaagd.

14. Vodafone heeft bij de Fővárosi Közigazgatási és Munkaügyi Bíróság (bestuurs- en arbeidsrechter Boedapest, Hongarije) beroep ingesteld tegen het besluit van de directie beroepen. Zij stelt dat er voor de haar opgelegde verplichting om de bijzondere belasting te betalen geen grondslag bestaat, omdat de wettelijke regeling betreffende deze belasting verboden staatssteun vormt en in strijd is met artikel 401 van de btw-richtlijn.

15. De verwijzende rechter is van oordeel dat die belasting, die gebaseerd is op de omzet en die berekend wordt volgens een tariefstructuur die bestaat uit progressieve tarieven die van toepassing zijn op de verschillende schijven van de omzet, een indirect discriminerend effect kan hebben ten aanzien van belastingplichtigen die in handen zijn van natuurlijke of rechtspersonen, zodat zij in strijd kan zijn met de artikelen 49, 54, 107 en 108 VWEU, met name omdat de facto alleen de Hongaarse dochterondernemingen van buitenlandse moedermaatschappijen de bijzondere belasting betalen tegen het tarief dat is vastgesteld voor de hoogste omzetschijf.

16. Voorts vraagt de verwijzende rechter zich af of de bijzondere belasting verenigbaar is met artikel 401 van de btw-richtlijn.

17. In deze omstandigheden heeft de Fővárosi Közigazgatási és Munkaügyi Bíróság de behandeling van de zaak geschorst en het Hof verzocht om een prejudiciële beslissing over de volgende vragen:

„1. Moeten de artikelen 49, 54, 107 en 108 VWEU aldus worden uitgelegd dat zij zich verzetten tegen een nationale maatregel in het kader waarvan de nationale regeling [(wet betreffende de bijzondere belasting voor bepaalde sectoren)] tot gevolg heeft dat de effectieve fiscale last wordt gedragen door belastingplichtigen die in buitenlandse handen zijn? Is dat gevolg indirect discriminerend?

2. Verzetten de artikelen 107 en 108 VWEU zich tegen een nationale regeling die voorziet in een verplichting tot betaling van een progressieve, op de omzet gebaseerde belasting, en is deze verplichting indirect discriminerend wanneer zij tot gevolg heeft dat de effectieve fiscale last in de hoogste schijf hoofdzakelijk wordt gedragen door belastingplichtigen die in buitenlandse handen zijn? Gaat het hierbij om verboden staatssteun?

3. Moet artikel 401 van de btw-richtlijn aldus worden uitgelegd dat het zich verzet tegen een nationale regeling die ertoe leidt dat buitenlandse en binnenlandse belastingplichtigen verschillend worden behandeld? Moet de bijzondere belasting worden beschouwd als een omzetbelasting? Is deze belasting, met andere woorden, een met de btw-richtlijn verenigbare omzetbelasting of is zij onverenigbaar met die richtlijn?"

Beantwoording van de prejudiciële vragen

Ontvankelijkheid van tweede prejudiciële vraag

18. De Tsjechische regering en de Commissie stellen dat degenen die een belasting verschuldigd zijn, zich niet aan de betaling daarvan kunnen onttrekken door aan te voeren dat de door andere personen genoten vrijstelling onrechtmatige staatssteun vormt, zodat de tweede vraag volgens hen niet-ontvankelijk is.

19. In dit verband dient om te beginnen in herinnering te worden gebracht dat bij artikel 108, lid 3, VWEU een preventief toezicht op voorgenomen nieuwe steunmaatregelen is ingevoerd. De aldus uit voorzorg vastgestelde regeling strekt ertoe dat enkel steunmaatregelen die verenigbaar zijn met de interne markt tot uitvoering worden gebracht. Teneinde deze doelstelling te bereiken, wordt de uitvoering van een voorgenomen steunmaatregel opgeschort totdat de twijfel over de verenigbaarheid ervan is weggenomen door de eindbeslissing van de Commissie (arresten van 21 november 2013, Deutsche Lufthansa, C-284/12, EU:C:2013:755, punten 25 en 26, en 5 maart 2019, Eesti Pagar, C-349/17, EU:C:2019:172, punt 84).

20. De toepassing van die toezichtregeling is een taak van zowel de Commissie als de nationale rechterlijke instanties, waarbij zij aanvullende maar onderscheiden taken vervullen (arrest van 21 november 2013, Deutsche Lufthansa, C-284/12, EU:C:2013:755, punt 27 en aldaar aangehaalde rechtspraak).

21. Terwijl de beoordeling van de verenigbaarheid van steunmaatregelen met de interne markt behoort tot de exclusieve bevoegdheid van de Commissie, die daarbij onder toezicht staat van de rechters van de Unie, zorgen de nationale rechterlijke instanties – totdat de Commissie haar eindbeslissing heeft vastgesteld – voor de bescherming van de rechten van de justitiabelen bij eventuele schendingen van het in artikel 108, lid 3, VWEU neergelegde verbod door de overheidsinstanties (arrest van 21 november 2013, Deutsche Lufthansa, C-284/12, EU:C:2013:755, punt 28).

22. Het optreden van de nationale rechterlijke instanties berust op de rechtstreekse werking van het bij die bepaling ingestelde verbod op de uitvoering van voorgenomen steunmaatregelen. De rechtstreekse werking van dit verbod strekt zich uit tot elke steunmaatregel die zonder aanmelding tot uitvoering is gebracht (arresten van 21 november 2013, Deutsche Lufthansa, C-284/12, EU:C:2013:755, punt 29, en 5 maart 2019, Eesti Pagar, C-349/17, EU:C:2019:172, punt 88).

23. De nationale rechterlijke instanties dienen voor de justitiabelen te waarborgen dat overeenkomstig hun nationale recht alle consequenties zullen worden getrokken uit een schending van artikel 108, lid 3, laatste volzin, VWEU, zowel wat betreft de geldigheid van de uitvoeringshandelingen als wat betreft de terugvordering van de financiële steun die is verleend in strijd met die bepaling of met eventuele voorlopige maatregelen (arresten van 21 november 2013, Deutsche Lufthansa, C-284/12, EU:C:2013:755, punt 30, en 5 maart 2019, Eesti Pagar, C-349/17, EU:C:2019:172, punt 89).

24. Het Hof heeft echter eveneens geoordeeld dat de eventuele onrechtmatigheid – vanuit het oogpunt van de regels van het Unierecht inzake staatssteun – van de vrijstelling van een belasting de rechtmatigheid van de

heffing van deze belasting zelf niet kan aantasten, zodat de schuldenaar van die belasting zich niet aan de betaling daarvan kan onttrekken door aan te voeren dat de door andere personen genoten vrijstelling staatssteun vormt (zie in die zin arresten van 27 oktober 2005, Distribution Casino France e.a., C-266/04–C-270/04, C-276/04 en C-321/04–C-325/04, EU:C:2005:657, punt 44; 15 juni 2006, Air Liquide Industries Belgium, C-393/04 en C-41/05, EU:C:2006:403, punt 43, en 26 april 2018, ANGED, C-233/16, EU:C:2018:280, punt 26).

25. De zaak ligt evenwel anders wanneer het hoofdgeding niet ziet op een verzoek om van de litigieuze belasting te worden bevrijd, maar op de rechtmatigheid van de daarop betrekking hebbende regels vanuit het oogpunt van het Unierecht (arrest van 26 april 2018, ANGED, C-233/16, EU:C:2018:280, punt 26).

26. Voorts heeft het Hof herhaaldelijk geoordeeld dat belastingen niet binnen de werkingssfeer van de bepalingen van het VWEU inzake staatssteun vallen, tenzij deze belastingen de wijze van financiering van een steunmaatregel vormen, zodat zij integrerend deel uitmaken van deze maatregel. Wanneer de wijze van financiering van de steun middels een belasting integrerend deel uitmaakt van de steunmaatregel, strekken de gevolgen van de niet-inachtneming van het in artikel 108, lid 3, laatste volzin, VWEU neergelegde uitvoeringsverbod door de nationale autoriteiten zich ook uit tot dit aspect van de steunmaatregel, zodat die autoriteiten in beginsel gehouden zijn de in strijd met het Unierecht geïnde belastingen terug te betalen (arrest van 20 september 2018, Carrefour Hypermarchés e.a., C-510/16, EU:C:2018:751, punt 14 en aldaar aangehaalde rechtspraak).

27. In zoverre zij eraan herinnerd dat een belasting slechts als een integrerend deel van een steunmaatregel kan worden aangemerkt indien er krachtens de relevante nationale regeling een dwingend bestemmingsverband bestaat tussen de belasting en de steun, in die zin dat de opbrengst van de belasting noodzakelijkerwijs wordt bestemd voor de financiering van de steun en rechtstreeks van invloed is op de omvang ervan (arresten van 15 juni 2006, Air Liquide Industries Belgium, C-393/04 en C-41/05, EU:C:2006:403, punt 46, en 7 september 2006, Laboratoires Boiron, C-526/04, EU:C:2006:528, punt 44).

28. Bij gebreke van een dwingend bestemmingsverband tussen een belasting en een steunmaatregel kan de eventuele onrechtmatigheid van de bestreden steunmaatregel vanuit het oogpunt van het Unierecht dan ook niet de rechtmatigheid van de belasting zelf aantasten, zodat de ondernemingen die de belasting verschuldigd zijn, zich niet aan de betaling van de betreffende belasting kunnen onttrekken – of de terugbetaling ervan kunnen verkrijgen – door aan te voeren dat de aan andere personen ten goede komende belastingmaatregel staatssteun vormt (zie in die zin arresten van 5 oktober 2006, Transalpine Ölleitung in Österreich, C-368/04, EU:C:2006:644, punt 51, en 26 april 2018, ANGED, C-233/16, EU:C:2018:280, punt 26).

29. In casu heeft het hoofdgeding betrekking op een door Vodafone bij de Hongaarse belastingdienst ingediend verzoek om te worden bevrijd van de bijzondere belasting. Zoals de advocaat-generaal in punt 138 van haar conclusie in wezen heeft opgemerkt, is de aan Vodafone opgelegde fiscale last het gevolg van een algemene belasting waarvan de opbrengst naar de staatsbegroting vloeit en niet specifiek bestemd is voor de financiering van een voordeel dat ten goede komt aan een bepaalde categorie van belastingplichtigen.

30. Hieruit volgt dat er geen dwingend bestemmingsverband bestaat tussen die belasting en de vrijstellingsmaatregel die in het hoofdgeding aan de orde is, zelfs indien wordt aangenomen dat de door sommige belastingplichtigen de facto genoten vrijstelling van de bijzondere belasting kan worden aangemerkt als staatssteun in de zin van artikel 107, lid 1, VWEU.

31. Derhalve kan de eventuele onrechtmatigheid – vanuit het oogpunt van het Unierecht – van de door sommige belastingplichtigen de facto genoten vrijstelling van de bijzondere belasting de rechtmatigheid van deze belasting zelf niet aantasten, zodat Vodafone zich voor de nationale rechterlijke instanties niet op de onrechtmatigheid van die vrijstelling kan beroepen om zich te onttrekken aan de betaling van die belasting of om de terugbetaling ervan te verkrijgen.

32. Uit al het voorgaande volgt dat de tweede prejudiciële vraag niet-ontvankelijk is.

Eerste prejudiciële vraag

Ontvankelijkheid

33. De Hongaarse regering betoogt dat het voor de beslechting van het hoofdgeding niet nodig is dat de eerste prejudiciële vraag wordt beantwoord, omdat het Hof zich in zijn arrest van 5 februari 2014, Hervis Sport- és Divatkereskedelmi (C-385/12, EU:C:2014:47), reeds heeft uitgesproken over de verenigbaarheid van de wet betreffende de bijzondere belasting voor bepaalde sectoren met de artikelen 49 en 54 VWEU.

34. In dit verband zij eraan herinnerd dat de nationale rechterlijke instanties – zelfs wanneer in de rechtspraak van het Hof al een oplossing is aangedragen voor de rechtsvraag in kwestie – de volledige vrijheid behouden om zich tot het Hof te wenden indien zij dit wenselijk achten, zonder dat de omstandigheid dat het Hof reeds een uitlegging heeft gegeven aan de bepalingen waarvan om uitlegging wordt verzocht, eraan in de weg staat dat het Hof opnieuw uitspraak doet (arrest van 6 november 2018, Bauer en Willmeroth, C-569/16 en C-570/16, EU:C:2018:871, punt 21 en aldaar aangehaalde rechtspraak).

35. Hieruit volgt dat het feit dat het Hof de artikelen 49 en 54 VWEU in het arrest van 5 februari 2014, Hervis Sport- és Divatkereskedelmi (C-385/12, EU:C:2014:47), reeds heeft uitgelegd met betrekking tot dezelfde nationale regeling als die welke in het hoofdgeding aan de orde is, op zichzelf beschouwd niet tot gevolg kan hebben dat de in de onderhavige zaak gestelde vragen niet-ontvankelijk zijn.

36. Bovendien benadrukt de verwijzende rechter dat het Hof in zijn arrest van 5 februari 2014, Hervis Sport- és Divatkereskedelmi (C-385/12, EU:C:2014:47), in verband met de bijzondere belasting voor de detailhandel heeft onderzocht welke gevolgen voortvloeien uit de toepassing van de in de wet betreffende de bijzondere belasting voor bepaalde sectoren vastgestelde regel dat de door verbonden ondernemingen behaalde omzetten worden samengeteld. Hij voegt daaraan toe dat die belasting in wezen gelijkwaardig is aan de bijzondere belasting die in de onderhavige zaak aan de orde is. De verwijzende rechter acht het voor de beslechting van het hoofdgeding evenwel noodzakelijk dat wordt vastgesteld of de progressieve tariefstructuur van de bijzondere belasting op basis van belastingschijven als zodanig – los van de toepassing van die samentellingsregel – indirect discriminerend kan zijn ten aanzien van belastingplichtigen die onder zeggenschap van natuurlijke of rechtspersonen uit andere lidstaten staan, waarbij deze natuurlijke of rechtspersonen de effectieve fiscale last dragen van die progressieve tariefstructuur, die bijgevolg in strijd zou zijn met de artikelen 49 en 54 VWEU.

37. De eerste prejudiciële vraag is dan ook ontvankelijk voor zover zij betrekking heeft op de uitlegging van de artikelen 49 en 54 VWEU. Om de in de punten 19 tot en met 32 van dit arrest uiteengezette redenen is zij daarentegen niet-ontvankelijk voor zover zij betrekking heeft op de artikelen 107 en 108 VWEU.

Ten gronde

38. Met zijn eerste vraag wenst de verwijzende rechter in wezen te vernemen of de artikelen 49 en 54 VWEU aldus moeten worden uitgelegd dat zij zich verzetten tegen de wettelijke regeling van een lidstaat inzake een omzetbelasting, waarvan het progressieve karakter tot gevolg heeft dat de effectieve last van die belasting hoofdzakelijk wordt gedragen door ondernemingen die direct of indirect onder zeggenschap staan van onderdanen van andere lidstaten of van vennootschappen die hun zetel hebben in een andere lidstaat.

39. Volgens vaste rechtspraak heeft de vrijheid van vestiging tot doel te waarborgen dat de onderdanen van andere lidstaten en de in artikel 54 VWEU bedoelde vennootschappen in de lidstaat van ontvangst op dezelfde wijze worden behandeld als nationale onderdanen en vennootschappen en staat diezelfde vrijheid eraan in de weg dat vennootschappen op enigerlei wijze worden gediscrimineerd op grond van de plaats van de zetel (arrest van 26 april 2018, ANGED, C-236/16 en C-237/16, EU:C:2018:291, punt 16 en aldaar aangehaalde rechtspraak).

40. Wil de vrijheid van vestiging effectief zijn, dan moet zij voor een vennootschap de mogelijkheid inhouden om zich te beroepen op een beperking van de vrijheid van vestiging van een andere, met haar verbonden vennootschap, voor zover deze beperking een weerslag heeft op haar eigen belastingen (zie in die zin arrest van 1 april 2014, Felixstowe Dock and Railway Company e.a., C-80/12, EU:C:2014:200, punt 23).

41. In casu heeft Vodafone haar zetel in Hongarije maar is zij voor 100 % in handen van het in Nederland gevestigde Vodafone Europe. Zoals de advocaat-generaal in punt 43 van haar conclusie heeft opgemerkt, kan die moedermaatschappij, voor zover zij haar activiteiten op de Hongaarse markt verricht via een dochteronderneming, in haar vrijheid van vestiging worden geraakt door elke beperking die deze dochteronderneming treft. Anders dan de Hongaarse regering stelt, kan in het hoofdgeding dan ook op dienstige wijze een beperking van de vrijheid van vestiging van die moedermaatschappij worden aangevoerd.

42. In dit verband is niet alleen zichtbare discriminatie op grond van de plaats van de zetel van vennootschappen verboden, maar ook alle verkapte vormen van discriminatie die door toepassing van andere onderscheidingscriteria in feite tot hetzelfde resultaat leiden (arresten van 5 februari 2014, Hervis Sport- és Divatkereskedelmi, C-385/12, EU:C:2014:47, punt 30, en 26 april 2018, ANGED, C-236/16 en C-237/16, EU:C:2018:291, punt 17).

43. Bovendien is er bij een verplichte heffing sprake van indirecte discriminatie op grond van de plaats van de zetel van vennootschappen – wat krachtens de artikelen 49 en 54 VWEU verboden is – wanneer die heffing in

een ogenschijnlijk objectief onderscheidingscriterium voorziet maar gelet op de kenmerken ervan in de meeste gevallen vennootschappen benadeelt die hun zetel hebben in een andere lidstaat en die zich in een situatie bevinden die vergelijkbaar is met de situatie van vennootschappen met zetel in de lidstaat van heffing (arrest van 26 april 2018, ANGED, C-236/16 en C-237/16, EU:C:2018:291, punt 18).

44. In het onderhavige geval wordt in de wet betreffende de bijzondere belasting voor bepaalde sectoren op geen enkele wijze een onderscheid gemaakt tussen ondernemingen op basis van de plaats van hun zetel. Aan die belasting zijn namelijk alle ondernemingen onderworpen die in Hongarije actief zijn in de telecommunicatiesector, en voor al deze ondernemingen gelden de belastingtarieven die respectievelijk van toepassing zijn op de verschillende in die wet vastgelegde omzetschijven. De wet betreffende de bijzondere belasting voor bepaalde sectoren voert dus geen directe discriminatie in.

45. Vodafone en de Commissie betogen daarentegen dat het progressieve karakter van de bijzondere belasting als zodanig tot gevolg heeft dat belastingplichtigen die in handen zijn van Hongaarse natuurlijke of rechtspersonen, worden bevoordeeld ten opzichte van belastingplichtigen die in handen zijn van natuurlijke of rechtspersonen uit andere lidstaten, zodat de bijzondere belasting – gelet op de kenmerken ervan – indirecte discriminatie oplevert.

46. Zoals in punt 9 van dit arrest in herinnering is gebracht, bestaat de bijzondere belasting – een progressieve belasting die gebaseerd is op de omzet – uit een tegen het tarief van 0 % belaste basisschijf die overeenkomt met het gedeelte van de belastinggrondslag tot 500 miljoen HUF (thans ongeveer 1,5 miljoen EUR), een tegen het tarief van 4,5 % belaste tussenschijf die overeenkomt met het gedeelte van de belastinggrondslag dat meer dan 500 miljoen HUF maar minder dan 5 miljard HUF bedraagt (thans respectievelijk ongeveer 1,5 miljoen EUR en 15 miljoen EUR), en een tegen het tarief van 6,5 % belaste hogere schijf die overeenkomt met het gedeelte van de belastinggrondslag dat meer dan 5 miljard HUF (thans ongeveer 15 miljoen EUR) bedraagt.

47. Uit de door de Commissie en Hongarije verstrekte cijfers van de Hongaarse autoriteiten over de in casu aan de orde zijnde belastingtijdvakken blijkt dat in het tijdvak waarop het hoofdgeding betrekking heeft, alle uitsluitend in de basisschijf vallende belastingplichtigen – wat telecommunicatieactiviteiten betreft – in handen zijn van Hongaarse natuurlijke of rechtspersonen, dat de in de tussenschijf vallende belastingplichtigen voor de helft belastingplichtigen waren die in handen zijn van Hongaarse natuurlijke personen of rechtspersonen en voor de helft belastingplichtigen waren die in handen zijn van natuurlijke personen of rechtspersonen uit andere lidstaten, en dat de in de hogere schijf vallende belastingplichtigen in meerderheid belastingplichtigen waren die in handen zijn van natuurlijke of rechtspersonen uit andere lidstaten.

48. Bovendien blijkt uit de opmerkingen van de Hongaarse regering dat het grootste gedeelte van de bijzondere belasting in dat tijdvak is gedragen door belastingplichtigen die in handen zijn van natuurlijke of rechtspersonen uit andere lidstaten. Volgens Vodafone en de Commissie was de fiscale last voor deze belastingplichtigen – gemeten naar hun belastinggrondslag – verhoudingsgewijs dan ook hoger dan de fiscale last voor belastingplichtigen die in handen zijn van Hongaarse natuurlijke of rechtspersonen, aangezien laatstgenoemde belastingplichtigen de facto vrijgesteld waren van de bijzondere belasting of er slechts tegen een marginaal tarief en een veel lager effectief tarief aan onderworpen waren dan belastingplichtigen met een hogere omzet.

49. In herinnering dient evenwel te worden gebracht dat het de lidstaten bij de huidige stand van harmonisatie van het belastingrecht van de Unie vrijstaat om het belastingstelsel in te voeren dat zij het meest geschikt achten, zodat de toepassing van een progressieve belastingheffing behoort tot de beoordelingsbevoegdheid van elke lidstaat (zie in die zin arresten van 22 juni 1976, Bobie Getränkevertrieb, 127/75, EU:C:1976:95, punt 9, en 6 december 2007, Columbus Container Services, C-298/05, EU:C:2007:754, punten 51 en 53).

50. In dit verband kan een progressieve belastingheffing – anders dan de Commissie stelt – worden gebaseerd op de omzet, aangezien het bedrag van de omzet een neutraal onderscheidingscriterium is en een relevante indicator vormt voor de draagkracht van de belastingplichtigen.

51. In casu blijkt uit de gegevens waarover het Hof beschikt, en met name uit de in punt 4 van dit arrest weergegeven passage van de considerans van de wet betreffende de bijzondere belasting voor bepaalde sectoren, dat deze wet ertoe strekte om – door de toepassing van een progressieve, op de omzet gebaseerde tariefstructuur – belastingen te heffen bij belastingplichtigen van wie de draagkracht „groter is dan de algemene belastingdruk".

52. De omstandigheid dat het grootste gedeelte van die bijzondere belasting wordt gedragen door belastingplichtigen die in handen zijn van natuurlijke of rechtspersonen uit andere lidstaten, kan op zichzelf beschouwd geen discriminatie vormen. Zoals de advocaat-generaal met name in de punten 66, 69 en 82 van

haar conclusie heeft opgemerkt, wordt deze omstandigheid namelijk verklaard door het feit dat de Hongaarse telecommunicatiemarkt wordt gedomineerd door dergelijke belastingplichtigen, die op deze markt de grootste omzetten behalen. Die omstandigheid vormt dan ook een contingente, zelfs aleatoire indicator die mogelijkerwijs – overigens ook in een evenredig belastingstelsel – aanwezig is telkens wanneer de markt in kwestie wordt gedomineerd door ondernemingen uit andere lidstaten of uit derde landen, dan wel door nationale ondernemingen die in handen zijn van natuurlijke of rechtspersonen uit andere lidstaten of uit derde landen.

53. Voorts zij opgemerkt dat de tegen het tarief van 0 % belaste basisschijf niet uitsluitend betrekking heeft op belastingplichtigen die in handen zijn van Hongaarse natuurlijke of rechtspersonen, aangezien elke onderneming die op de markt in kwestie actief is – zoals in elk progressief belastingstelsel het geval is – profiteert van de belastingvermindering voor het gedeelte van haar omzet dat de bovengrens van deze schijf niet overschrijdt.

54. Uit het voorgaande volgt dat de progressieve tarieven van de bijzondere belasting naar hun aard zelf niet leiden tot discriminatie op grond van de plaats van de zetel van vennootschappen, dat wil zeggen tot discriminatie tussen belastingplichtigen die in handen zijn van Hongaarse natuurlijke of rechtspersonen en belastingplichtigen die in handen zijn van natuurlijke of rechtspersonen uit andere lidstaten.

55. Benadrukt moet tevens worden dat de onderhavige zaak zich onderscheidt van de zaak die heeft geleid tot het arrest van 5 februari 2014, Hervis Sport- és Divatkereskedelmi (C-385/12, EU:C:2014:47). Zoals uit de punten 34 tot en met 36 van dat arrest blijkt, had laatstgenoemde zaak immers betrekking op de toepassing van zeer progressieve tarieven bij de heffing van belasting over de omzet in combinatie met de toepassing van een regel op grond waarvan de door verbonden ondernemingen behaalde omzetten worden samengeteld, waarbij deze gelijktijdige toepassing tot gevolg had dat de tot een groep van vennootschappen behorende belastingplichtigen werden belast op basis van een „fictieve" omzet. In dit verband heeft het Hof in de punten 39 tot en met 41 van dat arrest in essentie geoordeeld dat indien zou komen vast te staan dat op de markt van de detailverkoop in winkels in de betrokken lidstaat de tot een groep van vennootschappen behorende en in de hoogste schijf van de bijzondere belasting vallende belastingplichtigen voor het merendeel „verbonden" zijn – in de zin van de nationale wettelijke regeling – met vennootschappen die hun zetel in een andere lidstaat hebben, „de toepassing van de sterk progressieve tariefstructuur van de bijzondere belasting op een grondslag bestaande in een geconsolideerde omzet" in het nadeel zou dreigen te werken van met name belastingplichtigen die „verbonden" zijn met die vennootschappen, en bijgevolg indirecte discriminatie in de zin van de artikelen 49 en 54 VWEU op grond van de zetel van de vennootschappen zou vormen.

56. Gelet op een en ander moet op de eerste prejudiciële vraag worden geantwoord dat de artikelen 49 en 54 VWEU aldus moeten worden uitgelegd dat zij zich niet verzetten tegen een wettelijke regeling van een lidstaat waarbij een progressieve belasting over de omzet wordt ingevoerd waarvan de effectieve last hoofdzakelijk wordt gedragen door ondernemingen die direct of indirect onder zeggenschap staan van onderdanen van andere lidstaten of van vennootschappen die hun zetel hebben in een andere lidstaat, ten gevolge van het feit dat die ondernemingen op de markt in kwestie de grootste omzetten behalen.

Derde prejudiciële vraag

57. Met zijn derde vraag wenst de verwijzende rechter in wezen te vernemen of artikel 401 van de btw-richtlijn aldus moet worden uitgelegd dat het zich verzet tegen de invoering van een belasting als die waarin de wet betreffende de bijzondere belasting voor bepaalde sectoren voorziet.

58. In dit verband moet in herinnering worden gebracht dat krachtens artikel 401 van de btw-richtlijn de bepalingen van deze richtlijn geen beletsel vormen voor de handhaving of invoering door een lidstaat van belastingen op verzekeringsovereenkomsten en op spelen en weddenschappen, alsmede van accijnzen, registratierechten en, meer in het algemeen, van alle belastingen, rechten en heffingen die niet het karakter van een omzetbelasting bezitten, mits de heffing van deze belastingen, rechten en heffingen in het verkeer tussen de lidstaten geen aanleiding geeft tot formaliteiten in verband met grensoverschrijding.

59. Om uit te maken of een belasting, een recht of een heffing het karakter van een omzetbelasting in de zin van artikel 401 van de btw-richtlijn heeft, moet met name worden nagegaan of die belasting, dat recht of die heffing de werking van het gemeenschappelijke stelsel van belasting over de toegevoegde waarde (btw) in gevaar brengt door het goederen- en dienstenverkeer te belasten en door op de handelstransacties te drukken op vergelijkbare wijze als de btw (zie naar analogie arrest van 11 oktober 2007, KÖGÁZ e.a., C-283/06 en C-312/06, EU:C:2007:598, punt 34 en aldaar aangehaalde rechtspraak).

60. Het Hof heeft in dit verband gepreciseerd dat belastingen, rechten en heffingen die de wezenlijke kenmerken van de btw bezitten, hoe dan ook moeten worden geacht het goederen- en dienstenverkeer te belasten op vergelijkbare wijze als de btw, ook al zijn zij daaraan niet in alle onderdelen identiek (arrest van 3 oktober 2006, Banca popolare di Cremona, C-475/03, EU:C:2006:629, punt 26 en aldaar aangehaalde rechtspraak).

61. Daarentegen verzet artikel 401 van de btw-richtlijn zich evenmin als artikel 33 van de Zesde richtlijn (77/388/EEG) van de Raad van 17 mei 1977 betreffende de harmonisatie van de wetgevingen der lidstaten inzake omzetbelasting – Gemeenschappelijk stelsel van belasting over de toegevoegde waarde: uniforme grondslag (PB 1977, L 145, blz. 1) tegen de handhaving of de invoering van een belasting die een van de wezenlijke kenmerken van de btw niet bezit (zie naar analogie arrest van 7 augustus 2018, Viking Motors e.a., C-475/17, EU:C:2018:636, punt 38 en aldaar aangehaalde rechtspraak).

62. Uit de rechtspraak blijkt dat er vier van die kenmerken zijn. Ten eerste is de btw algemeen van toepassing op transacties betreffende goederen of diensten. Ten tweede is het bedrag ervan evenredig aan de prijs die de belastingplichtige voor zijn goederen of diensten ontvangt. Ten derde wordt de btw geheven in elke fase van het productie- en distributieproces, waaronder de detailhandelsfase, ongeacht het aantal transacties dat eraan voorafging. Ten vierde kan de belastingplichtige de in eerdere fasen van het productie- en distributieproces voldane bedragen aftrekken van de verschuldigde btw, zodat deze belasting telkens slechts over de in een bepaalde fase toegevoegde waarde wordt geheven en de last uiteindelijk op de consument drukt (arrest van 3 oktober 2006, Banca popolare di Cremona, C-475/03, EU:C:2006:629, punt 28).

63. In casu dient te worden vastgesteld dat de bijzondere belasting het wezenlijke derde en vierde kenmerk van de btw niet bezit, te weten dat de belasting wordt geheven in elke fase van het productie- en distributieproces en dat de belastingplichtige het recht heeft om de belasting af te trekken die in de vorige fase van dat proces is voldaan.

64. Anders dan de btw wordt deze belasting, die de netto-omzet van de betrokken belastingplichtige als belastinggrondslag heeft, immers niet geheven in elke fase van het productie- en distributieproces, bevat zij geen mechanisme dat vergelijkbaar is met dat van het recht op btw-aftrek en is zij niet uitsluitend gebaseerd op de waarde die is toegevoegd in de verschillende fasen van dat proces.

65. Deze omstandigheid volstaat om tot de slotsom te komen dat de bijzondere belasting niet alle wezenlijke kenmerken van de btw bezit, zodat zij niet onder het verbod van artikel 401 van de btw-richtlijn valt (zie naar analogie arrest van 7 augustus 2018, Viking Motors e.a., C-475/17, EU:C:2018:636, punt 43).

66. Derhalve dient op de derde prejudiciële vraag te worden geantwoord dat artikel 401 van de btw-richtlijn aldus moet worden uitgelegd dat het zich niet verzet tegen de invoering van een belasting die periodiek en niet in elke fase van het productie- en distributieproces wordt geheven over de totale omzet van de belastingplichtige, zonder dat deze het recht heeft om de belasting af te trekken die in de vorige fase van dat proces is voldaan.

Kosten

67. ...

Het Hof (Grote kamer)

verklaart voor recht:

1. De artikelen 49 en 54 VWEU moeten aldus worden uitgelegd dat zij zich niet verzetten tegen een wettelijke regeling van een lidstaat waarbij een progressieve belasting over de omzet wordt ingevoerd waarvan de effectieve last hoofdzakelijk wordt gedragen door ondernemingen die direct of indirect onder zeggenschap staan van onderdanen van andere lidstaten of van vennootschappen die hun zetel hebben in een andere lidstaat, ten gevolge van het feit dat die ondernemingen op de markt in kwestie de grootste omzetten behalen.

2. Artikel 401 van richtlijn 2006/112/EG van de Raad van 28 november 2006 betreffende het gemeenschappelijke stelsel van belasting over de toegevoegde waarde moet aldus worden uitgelegd dat het zich niet verzet tegen de invoering van een belasting die periodiek en niet in elke fase van het productie- en distributieproces wordt geheven over de totale omzet van de belastingplichtige, zonder dat deze het recht heeft om de belasting af te trekken die in de vorige fase van dat proces is voldaan.

HvJ EU 3 maart 2020, zaak C-323/18 (Tesco-Global Áruházak Zrt. v. Nemzeti Adó- és Vámhivatal Fellebbviteli Igazgatósága)

Grote kamer: *K. Lenaerts, president, R. Silva de Lapuerta, vicepresident, J.-C. Bonichot (rapporteur) en E. Regan, kamerpresidenten, P. G. Xuereb, L. S. Rossi, I. Jarukaitis, E. Juhász, M. Ilešič, J. Malenovský, L. Bay Larsen, K. Jürimäe en N. Piçarra, rechters*
Advocaat-Generaal: *J. Kokott*

1. Het verzoek om een prejudiciële beslissing betreft de uitlegging van de artikelen 18, 26, 49, 54 tot en met 56, 63, 65, 107, 108 en 110 VWEU, alsook van het doeltreffendheidsbeginsel, het beginsel van de voorrang van het Unierecht en het beginsel van de gelijkwaardigheid van de procedures.

2. Dit verzoek is ingediend in het kader van een geding tussen Tesco-Global Áruházak Zrt. (hierna: „Tesco") en de Nemzeti Adó- és Vámhivatal Fellebbviteli Igazgatósága (directie beroepen van de nationale belasting- en douanedienst, Hongarije; hierna: „directie beroepen") over de betaling van een belasting over de omzet in de sector van de detailhandel in winkels (hierna: „bijzondere belasting").

Hongaars recht

3. In de considerans van de egyes ágazatokat terhelő különadóról szóló 2010. évi XCIV. törvény (wet nr. XCIV van 2010 betreffende de bijzondere belasting voor bepaalde sectoren; hierna: „wet betreffende de bijzondere belasting voor bepaalde sectoren") staat te lezen:

> „In verband met het herstel van het begrotingsevenwicht gaat het parlement over tot de vaststelling van de hiernavolgende wet tot invoering van een bijzondere belasting voor belastingplichtigen van wie het vermogen om een bijdrage te leveren aan de financiering van de overheidslasten groter is dan de algemene belastingdruk."

4. § 1 van de wet betreffende de bijzondere belasting voor bepaalde sectoren bepaalt:

> „Voor de toepassing van deze wet wordt verstaan onder:
> 1. detailhandel in winkels: activiteiten die in de op 1 januari 2009 geldende uniforme nomenclatuur van economische activiteiten zijn ingedeeld in sector 45.1, behalve groothandel in voertuigen en aanhangwagens, in de sectoren 45.32, 45.40, behalve reparatie van en groothandel in motorfietsen, en in de sectoren 47.1 tot en met 47.9,
> [...]
> 5. netto-omzet: in het geval van een aan de boekhoudwet onderworpen belastingplichtige de netto-omzet uit de verkoop in de zin van de boekhoudwet; in het geval van een aan de vereenvoudigde belasting voor ondernemers onderworpen belastingplichtige die niet onder de boekhoudwet valt, de in de wet betreffende het belastingstelsel bedoelde omzet zonder belasting over de toegevoegde waarde; in het geval van een belastingplichtige die onderworpen is aan de wet op de inkomstenbelasting voor particulieren, de in de wet op de inkomstenbelastingen bedoelde inkomsten zonder belasting over de toegevoegde waarde."

5. In § 2 van de wet betreffende de bijzondere belasting voor bepaalde sectoren staat te lezen:

> „Aan de belasting zijn onderworpen:
> a. detailhandel in winkels;
> [...]"

6. § 3 van deze wet definieert de belastingplichtigen als volgt:

> „1. Belastingplichtig zijn de rechtspersonen, de andere organisaties in de zin van het algemeen belastingwetboek en de zelfstandigen die een aan de belasting onderworpen activiteit in de zin van § 2 uitoefenen.
> 2. Belastingplichtig zijn tevens, voor de aan de belasting onderworpen activiteiten als bedoeld in § 2, de niet-ingezeten organisaties en particulieren wanneer zij die activiteiten op de binnenlandse markt uitoefenen door middel van filialen."

7. § 4, lid 1, van die wet luidt:

„De belastinggrondslag is de netto-omzet die de belastingplichtige [...] behaalt uit de in § 2 bedoelde activiteiten."

8. § 5 van diezelfde wet bepaalt:

„Het belastingtarief bedraagt:
a. voor de in § 2, onder a), bedoelde activiteiten, 0 % voor het gedeelte van de belastinggrondslag tot 500 miljoen [Hongaarse forint (HUF)], 0,1 % voor het gedeelte van de belastinggrondslag dat meer dan 500 miljoen [HUF] maar minder dan 30 miljard [HUF] bedraagt, 0,4 % voor het gedeelte van de belastinggrondslag dat meer dan 30 miljard [HUF] maar minder dan 100 miljard [HUF] bedraagt, en 2,5 % voor het gedeelte van de belastinggrondslag dat meer dan 100 miljard [HUF] bedraagt;
[...]"

9. In § 124/B van de adózás rendjér?l szóló 2003. évi XCII. törvény (wet nr. XCII van 2003 betreffende het belastingstelsel) staat te lezen:

„De belastingdienst beoordeelt, zonder een onderzoek te verrichten, de gecorrigeerde aangifte van de belastingplichtige binnen vijftien dagen na indiening als de aanleiding voor de indiening ervan volgens opgave van de belastingplichtige enkel gelegen is in de omstandigheid dat de bepaling op grond waarvan de belastingverplichting is vastgesteld, in strijd is met de grondwet, met een bindende handeling van de Europese Unie of – als het om een gemeentelijk besluit gaat – met enige andere rechtsregel, behalve wanneer de zaak is voorgelegd aan de Alkotmánybíróság [(grondwettelijk hof, Hongarije)], de Kúria [(hoogste rechterlijke instantie, Hongarije)] of het Hof van Justitie van de Europese Unie en de betrokken rechterlijke instantie bij de indiening van de gecorrigeerde aangifte nog geen beslissing heeft bekendgemaakt, dan wel wanneer die instantie haar beslissing heeft bekendgemaakt en de gecorrigeerde aangifte niet in overeenstemming is met deze beslissing. Tegen de beslissing over de gecorrigeerde aangifte staat krachtens de algemene bepalingen van deze wet administratief beroep en beroep bij de rechter open."

10. § 128, lid 2, van deze wet bepaalt:

„Er wordt geen naheffingsaanslag opgelegd indien de belasting of de ten laste van de begroting komende subsidie niet hoeft te worden gerectificeerd door middel van een gecorrigeerde aangifte."

Hoofdgeding en prejudiciële vragen

11. Tesco is een handelsvennootschap naar Hongaars recht die gespecialiseerd is in detailhandel en groothandel in winkels. Zij maakt deel uit van een groep die haar zetel heeft in het Verenigd Koninkrijk en is de detailhandelsketen die in het tijdvak van 1 maart 2010 tot en met 28 februari 2013 op de Hongaarse markt de grootste omzet heeft behaald.

12. De Nemzeti Adó- és Vámhivatal Kiemelt Adózók Adóigazgatósága (nationale belasting- en douanedienst, directie belastingen voor grote belastingplichtigen, Hongarije; hierna: „belastingdienst in eerste aanleg") heeft bij Tesco een belastingcontrole uitgevoerd die betrekking had op alle belastingen die over het bovengenoemde tijdvak waren betaald en op alle steun die over dat tijdvak uit de begroting was ontvangen.

13. Naar aanleiding van die controle heeft de belastingdienst in eerste aanleg Tesco onder meer een naheffingsaanslag voor de bijzondere belasting opgelegd ten belope van 1 396 684 000 HUF (ongeveer 4 198 852 EUR) en vastgesteld dat zij 17 900 000 HUF (ongeveer 53 811 EUR) te veel had betaald aan bijzondere belasting. In totaal is 4 634 131 000 HUF (ongeveer 13 931 233 EUR) beschouwd als ontbrekende belastingen. Deze hebben geleid tot een fiscale boete van 873 760 000 HUF (ongeveer 2 626 260 EUR) en een toeslag van 956 812 000 HUF (ongeveer 2 875 889 EUR) wegens tardieve betaling.

14. De directie beroepen, waarbij administratief beroep was ingesteld tegen het besluit van de belastingdienst in eerste aanleg, heeft dit besluit bevestigd wat de bijzondere belasting betreft. Dat besluit is echter gewijzigd met betrekking tot het ten gunste van Tesco geconstateerde belastingoverschot, dat de directie beroepen heeft vastgesteld op 249 254 000 HUF (ongeveer 749 144 EUR), en met betrekking tot de naheffingsaanslag ten laste van Tesco, die de directie beroepen heeft vastgesteld op 3 058 090 000 HUF (ongeveer 9 191 226 EUR), waarvan zij 3 013 077 000 HUF (ongeveer 9 070 000 EUR) als ontbrekende belastingen beschouwde. Los van deze belastingschuld heeft de directie beroepen Tesco gelast om 1 396 684 000 HUF (ongeveer 4 198 378 EUR) aan bijzondere belasting, een fiscale boete van 468 497 000 HUF (ongeveer 1 408 284 EUR) en een toeslag van 644 890 000 HUF (ongeveer 1 938 416 EUR) wegens tardieve betaling te voldoen.

15. Tesco heeft bij de F?városi Közigazgatási és Munkaügyi Bíróság (bestuurs- en arbeidsrechter Boedapest, Hongarije) beroep ingesteld tegen het besluit van de directie beroepen. Zij stelt dat er voor de haar opgelegde

verplichting om de bijzondere belasting te betalen geen grondslag bestaat, omdat de wettelijke regeling betreffende deze belasting in strijd is met de vrijheid van vestiging, het vrij verrichten van diensten en het vrije verkeer van kapitaal. Bovendien druist die wettelijke regeling volgens haar in tegen het gelijkheidsbeginsel, vormt zij verboden staatssteun en is zij in strijd met artikel 401 van richtlijn 2006/112/EG van de Raad van 28 november 2006 betreffende het gemeenschappelijke stelsel van belasting over de toegevoegde waarde (PB 2006, L 347, blz. 1).

16. Tesco voert met name aan dat het sterk progressieve tarief van de bijzondere belasting en de structuur van de Hongaarse detailhandelsmarkt tot gevolg hebben dat alle vennootschappen die in de laagste schijven vallen, in handen zijn van Hongaarse natuurlijke of rechtspersonen en deel uitmaken van franchisesystemen. Omgekeerd zijn alle vennootschappen die in de hoogste schijf vallen, op één na, ondernemingen die verbonden zijn met vennootschappen die hun zetel hebben in een andere lidstaat. Vennootschappen die in handen zijn van buitenlandse natuurlijke of rechtspersonen, dragen dan ook een onevenredig deel van de last van die belasting.

17. De verwijzende rechter is van oordeel dat de wet betreffende de bijzondere belasting voor bepaalde sectoren mogelijkerwijs in strijd is met de artikelen 18, 26, 49, 54 tot en met 56, 63, 65, 107, 108 en 110 VWEU, met name omdat de effectieve last van deze belasting hoofdzakelijk drukt op belastingplichtigen die in buitenlandse handen zijn. Hij merkt op dat het Hof in zijn arrest van 5 februari 2014, Hervis Sport- és Divatkereskedelmi (C-385/12, EU:C:2014:47), de in dit verband toegepaste samentellingsregel heeft onderzocht en tot de slotsom is gekomen dat er sprake was van indirecte discriminatie.

18. Voorts vraagt de verwijzende rechter zich af of wet nr. XCII van 2003 betreffende het belastingstelsel verenigbaar is met het beginsel van de gelijkwaardigheid van de procedures alsook met de beginselen van de voorrang en de doeltreffendheid van het Unierecht.

19. In deze omstandigheden heeft de F?városi Közigazgatási és Munkaügyi Bíróság de behandeling van de zaak geschorst en het Hof verzocht om een prejudiciële beslissing over de volgende vragen:

„1. Is het met de bepalingen van het VWEU inzake het non-discriminatiebeginsel (artikelen 18 en 26 VWEU), het beginsel van vrijheid van vestiging (artikel 49 VWEU), het beginsel van gelijke behandeling (artikel 54 VWEU), het beginsel van gelijkheid van de financiële deelnemingen in het kapitaal van rechtspersonen in de zin van artikel 54 VWEU (artikel 55 VWEU), het beginsel van het vrij verrichten van diensten (artikel 56 VWEU), het beginsel van het vrije kapitaalverkeer (artikelen 63 en 65 VWEU) en het beginsel van gelijkheid inzake de heffing van belastingen bij ondernemingen (artikel 110 VWEU) verenigbaar dat belastingplichtigen in buitenlandse handen die hun detailhandelsactiviteiten in winkels uitoefenen en binnen één handelsvennootschap meerdere winkels exploiteren, feitelijk in de hoogste schijf van een sterk progressieve tariefstructuur van een bijzondere belasting vallen, terwijl belastingplichtigen in binnenlandse handen die hun activiteiten verrichten binnen een franchisesysteem onder een uniform bedrijfsembleem, waarbij elke winkel doorgaans een afzonderlijke vennootschap vormt, feitelijk ofwel in de belastingvrije schijf ofwel in een van de daaropvolgende lage belastingschijven vallen, zodat het aandeel van de door vennootschappen in buitenlandse handen betaalde belasting in de totale belastingopbrengst aanzienlijk hoger is dan het aandeel van belastingplichtigen die in binnenlandse handen zijn?

2. Is het met de bepalingen van het VWEU inzake het principiële verbod op staatssteun (artikel 107, lid 1, VWEU) verenigbaar dat belastingplichtigen die hun detailhandelsactiviteiten in winkels uitoefenen en binnen één handelsvennootschap meerdere winkels exploiteren, feitelijk in de hoogste schijf van een sterk progressieve tariefstructuur van een bijzondere belasting vallen, terwijl direct met hen concurrerende belastingplichtigen in binnenlandse handen die hun activiteiten verrichten binnen een franchisesysteem onder een uniform bedrijfsembleem, waarbij elke winkel doorgaans een afzonderlijke vennootschap vormt, feitelijk ofwel in de belastingvrije schijf ofwel in een van de daaropvolgende lage belastingschijven vallen, zodat het aandeel van de door vennootschappen in buitenlandse handen betaalde belasting in de totale belastingopbrengst aanzienlijk hoger is dan het aandeel van belastingplichtigen die in binnenlandse handen zijn?

3. Dienen artikel 107 en artikel 108, lid 3, VWEU aldus te worden uitgelegd dat zij van toepassing zijn op een belastingmaatregel die een onverbrekelijk geheel vormt met een uit de opbrengst van die belastingmaatregel gefinancierde en als staatssteun aan te merken belastingvrijstelling, omdat de wetgever vóór de invoering van de bijzondere belasting voor de detailhandel (op basis van de omzet van de marktdeelnemers) het bedrag aan verwachte begrotingsontvangsten heeft vastgesteld, niet door een algemeen belastingtarief in te voeren maar door belastingtarieven toe te passen die progressief zijn naargelang van de omzet, zulks met de vooropgezette doelstelling om een deel van de marktdeelnemers een belastingvrijstelling te verlenen?

4. Staan het beginsel van de gelijkwaardigheid van de procedures alsook de beginselen van de doeltreffendheid en de voorrang van het Unierecht in de weg aan een praktijk van een lidstaat waarbij het in de loop van de ambtshalve uitgevoerde belastingcontrole of van de daaropvolgende gerechtelijke procedure – in weerwil van het doeltreffendheidsbeginsel en van de verplichting om met het Unierecht onverenigbare nationaalrechtelijke bepalingen buiten toepassing te laten – niet mogelijk is om een verzoek in te dienen tot teruggaaf van de belasting die is aangegeven op grond van een met het Unierecht strijdige nationale belastingregeling, omdat de belastingdienst of de rechter de kwestie van de schending van het Unierecht uitsluitend onderzoekt in een bijzondere procedure die wordt ingeleid op verzoek en die enkel vóór de aanvang van de ambtshalve procedure kan worden ingeleid, terwijl er in het geval van een belasting waarvan de aangifte het nationale recht schendt, geen enkel beletsel bestaat om een verzoek tot teruggaaf in te dienen in het kader van een administratieve of gerechtelijke procedure?"

Verzoek om heropening van de mondelinge behandeling

20. Nadat de advocaat-generaal conclusie had genomen, heeft Tesco overeenkomstig artikel 83 van het Reglement voor de procesvoering van het Hof bij op 2 september 2019 ter griffie van het Hof neergelegde akte verzocht om heropening van de mondelinge behandeling.

21. Ter ondersteuning van haar verzoek heeft Tesco te kennen gegeven dat zij het niet eens is met die conclusie, meer bepaald met een aantal daarin uiteengezette feitelijke gegevens van de procedure.

22. In herinnering dient evenwel te worden gebracht dat het Statuut van het Hof van Justitie van de Europese Unie en het Reglement voor de procesvoering van het Hof de in artikel 23 van dat Statuut bedoelde belanghebbenden niet de mogelijkheid bieden om in antwoord op de conclusie van de advocaat-generaal opmerkingen in te dienen (arrest van 6 maart 2018, Achmea, C-284/16, EU:C:2018:158, punt 26).

23. Daarbij komt dat de advocaat-generaal op grond van artikel 252, tweede alinea, VWEU in het openbaar en in volkomen onpartijdigheid en onafhankelijkheid met redenen omklede conclusies neemt aangaande zaken waarin zulks overeenkomstig het Statuut van het Hof van Justitie van de Europese Unie vereist is. Het Hof is niet gebonden door die conclusies of door de motivering op grond waarvan de advocaat-generaal daartoe komt. Bijgevolg kan het feit dat een betrokken partij het oneens is met de conclusie van de advocaat-generaal, ongeacht welke kwesties hij daarin onderzoekt, als zodanig geen grond voor de heropening van de mondelinge behandeling opleveren (arrest van 6 maart 2018, Achmea, C-284/16, EU:C:2018:158, punt 27).

24. Het Hof kan echter overeenkomstig artikel 83 van zijn Reglement voor de procesvoering in elke stand van het geding, de advocaat-generaal gehoord, de heropening van de mondelinge behandeling gelasten, met name wanneer het zich onvoldoende voorgelicht acht of wanneer de zaak moet worden beslecht op basis van een argument waarover de partijen hun standpunten niet voldoende hebben kunnen uitwisselen (arrest van 6 maart 2018, Achmea, C-284/16, EU:C:2018:158, punt 28).

25. In casu volstaat Tesco ermee opmerkingen te formuleren over de conclusie van de advocaat-generaal, zonder enig nieuw argument aan te voeren op grond waarvan de onderhavige zaak zou moeten worden beslecht. Daarom is het Hof, de advocaat-generaal gehoord, van oordeel dat het over alle gegevens beschikt die het nodig heeft om uitspraak te doen, alsook dat de belanghebbenden daarover voldoende hun standpunten hebben kunnen uitwisselen.

26. Gelet op het voorgaande moet het verzoek tot heropening van de mondelinge behandeling worden afgewezen.

Ontvankelijkheid van het verzoek om een prejudiciële beslissing

27. De Hongaarse regering stelt dat de verwijzende rechter niet preciseert welke bepalingen van de wet betreffende de bijzondere belasting voor bepaalde sectoren mogelijkerwijs in strijd zijn met het Unierecht, noch waarom hij twijfelt over de uitlegging van de in de verwijzingsbeslissing vermelde Verdragsbepalingen en fundamentele beginselen van het Unierecht.

28. Vastgesteld moet evenwel worden dat op basis van de door de verwijzende rechter verstrekte gegevens kan worden bepaald wat de strekking van het verzoek om een prejudiciële beslissing is en in welke – met name juridische – context dat verzoek is ingediend. Uit de verwijzingsbeslissing, waarin de verwijzende rechter zijn twijfels uit over de verenigbaarheid van de wet betreffende de bijzondere belasting voor bepaalde sectoren met het Unierecht, blijkt dan ook voldoende waarom die rechter een uitlegging van het Unierecht noodzakelijk acht voor de beslechting van het hoofdgeding.

29. Derhalve is het verzoek om een prejudiciële beslissing ontvankelijk.

Beantwoording van de prejudiciële vragen

Tweede en derde prejudiciële vraag

30. De Hongaarse regering en de Europese Commissie stellen dat degenen die een belasting verschuldigd zijn, zich niet aan de betaling daarvan kunnen onttrekken door aan te voeren dat de door andere personen genoten vrijstelling onrechtmatige staatssteun vormt, zodat de tweede en de derde vraag volgens hen niet-ontvankelijk zijn.

31. In dit verband dient om te beginnen in herinnering te worden gebracht dat bij artikel 108, lid 3, VWEU een preventief toezicht op voorgenomen nieuwe steunmaatregelen is ingevoerd. De aldus uit voorzorg vastgestelde regeling strekt ertoe dat enkel steunmaatregelen die verenigbaar zijn met de interne markt tot uitvoering worden gebracht. Teneinde deze doelstelling te bereiken, wordt de uitvoering van een voorgenomen steunmaatregel opgeschort totdat de twijfel over de verenigbaarheid ervan is weggenomen door de eindbeslissing van de Commissie (arresten van 21 november 2013, Deutsche Lufthansa, C-284/12, EU:C:2013:755, punten 25 en 26, en 5 maart 2019, Eesti Pagar, C-349/17, EU:C:2019:172, punt 84).

32. De toepassing van die toezichtregeling is een taak van zowel de Commissie als de nationale rechterlijke instanties, waarbij zij aanvullende maar onderscheiden taken vervullen (arrest van 21 november 2013, Deutsche Lufthansa, C-284/12, EU:C:2013:755, punt 27 en aldaar aangehaalde rechtspraak).

33. Terwijl de beoordeling van de verenigbaarheid van steunmaatregelen met de interne markt behoort tot de exclusieve bevoegdheid van de Commissie, die daarbij onder toezicht staat van de rechters van de Unie, zorgen de nationale rechterlijke instanties – totdat de Commissie haar eindbeslissing heeft vastgesteld – voor de bescherming van de rechten van de justitiabelen bij eventuele schendingen van het in artikel 108, lid 3, VWEU neergelegde verbod door de overheidsinstanties (arrest van 21 november 2013, Deutsche Lufthansa, C-284/12, EU:C:2013:755, punt 28).

34. Het optreden van de nationale rechterlijke instanties berust op de rechtstreekse werking van het bij die bepaling ingestelde verbod op de uitvoering van voorgenomen steunmaatregelen. De rechtstreekse werking van dit verbod strekt zich uit tot elke steunmaatregel die zonder aanmelding tot uitvoering is gebracht (arresten van 21 november 2013, Deutsche Lufthansa, C-284/12, EU:C:2013:755, punt 29, en 5 maart 2019, Eesti Pagar, C-349/17, EU:C:2019:172, punt 88).

35. De nationale rechterlijke instanties dienen voor de justitiabelen te waarborgen dat overeenkomstig hun nationale recht alle consequenties zullen worden getrokken uit een schending van artikel 108, lid 3, laatste volzin, VWEU, zowel wat betreft de geldigheid van de uitvoeringshandelingen als wat betreft de terugvordering van de financiële steun die is verleend in strijd met die bepaling of met eventuele voorlopige maatregelen (arresten van 21 november 2013, Deutsche Lufthansa, C-284/12, EU:C:2013:755, punt 30, en 5 maart 2019, Eesti Pagar, C-349/17, EU:C:2019:172, punt 89).

36. Het Hof heeft echter eveneens geoordeeld dat de eventuele onrechtmatigheid – vanuit het oogpunt van de regels van het Unierecht inzake staatssteun – van de vrijstelling van een belasting de rechtmatigheid van de heffing van deze belasting zelf niet kan aantasten, zodat de schuldenaar van die belasting zich niet aan de betaling daarvan kan onttrekken door aan te voeren dat de door andere personen genoten vrijstelling staatssteun vormt (zie in die zin arresten van 27 oktober 2005, Distribution Casino France e.a., C-266/04–C-270/04, C-276/04 en C-321/04–C-325/04, EU:C:2005:657, punt 44; 15 juni 2006, Air Liquide Industries Belgium, C-393/04 en C-41/05, EU:C:2006:403, punt 43, en 26 april 2018, ANGED, C-233/16, EU:C:2018:280, punt 26).

37. De zaak ligt evenwel anders wanneer het hoofdgeding niet ziet op een verzoek om van de litigieuze belasting te worden bevrijd, maar op de rechtmatigheid van de daarop betrekking hebbende regels vanuit het oogpunt van het Unierecht (arrest van 26 april 2018, ANGED, C-233/16, EU:C:2018:280, punt 26).

38. Voorts heeft het Hof herhaaldelijk geoordeeld dat belastingen niet binnen de werkingssfeer van de bepalingen van het VWEU inzake staatssteun vallen, tenzij deze belastingen de wijze van financiering van een steunmaatregel vormen, zodat zij integrerend deel uitmaken van deze maatregel. Wanneer de wijze van financiering van de steun middels een belasting integrerend deel uitmaakt van de steunmaatregel, strekken de gevolgen van de niet-inachtneming van het in artikel 108, lid 3, laatste volzin, VWEU neergelegde uitvoeringsverbod door de nationale autoriteiten zich ook uit tot dit aspect van de steunmaatregel, zodat die autoriteiten in beginsel gehouden zijn de in strijd met het Unierecht geïnde belastingen terug te betalen (arrest van

20 september 2018, Carrefour Hypermarchés e.a., C-510/16, EU:C:2018:751, punt 14 en aldaar aangehaalde rechtspraak).

39. In zoverre zij eraan herinnerd dat een belasting slechts als een integrerend deel van een steunmaatregel kan worden aangemerkt indien er krachtens de relevante nationale regeling een dwingend bestemmingsverband bestaat tussen de belasting en de steun, in die zin dat de opbrengst van de belasting noodzakelijkerwijs wordt bestemd voor de financiering van de steun en rechtstreeks van invloed is op de omvang ervan (arresten van 15 juni 2006, Air Liquide Industries Belgium, C-393/04 en C-41/05, EU:C:2006:403, punt 46, en 7 september 2006, Laboratoires Boiron, C-526/04, EU:C:2006:528, punt 44).

40. Bij gebreke van een dwingend bestemmingsverband tussen een belasting en een steunmaatregel kan de eventuele onrechtmatigheid van de bestreden steunmaatregel vanuit het oogpunt van het Unierecht dan ook niet de rechtmatigheid van de belasting zelf aantasten, zodat de ondernemingen die de belasting verschuldigd zijn, zich niet aan de betaling van de betreffende belasting kunnen onttrekken – of de terugbetaling ervan kunnen verkrijgen – door aan te voeren dat de aan andere personen ten goede komende belastingmaatregel staatssteun vormt (zie in die zin arresten van 5 oktober 2006, Transalpine Ölleitung in Österreich, C-368/04, EU:C:2006:644, punt 51, en 26 april 2018, ANGED, C-233/16, EU:C:2018:280, punt 26).

41. In casu heeft het hoofdgeding betrekking op een door Tesco bij de Hongaarse belastingdienst ingediend verzoek om te worden bevrijd van de bijzondere belasting. Zoals de advocaat-generaal in punt 132 van haar conclusie in wezen heeft opgemerkt, is de aan Tesco opgelegde fiscale last het gevolg van een algemene belasting waarvan de opbrengst naar de staatsbegroting vloeit en niet specifiek bestemd is voor de financiering van een voordeel dat ten goede komt aan een bepaalde categorie van belastingplichtigen.

42. Hieruit volgt dat er geen dwingend bestemmingsverband bestaat tussen die belasting en de vrijstellingsmaatregel die in het hoofdgeding aan de orde is zelfs indien wordt aangenomen dat de door sommige belastingplichtigen de facto genoten vrijstelling van de bijzondere belasting kan worden aangemerkt als staatssteun in de zin van artikel 107, lid 1, VWEU.

43. Derhalve kan de eventuele onrechtmatigheid – vanuit het oogpunt van het Unierecht – van de door sommige belastingplichtigen genoten vrijstelling van de bijzondere belasting de rechtmatigheid van deze belasting zelf niet aantasten, zodat Tesco zich voor de nationale rechterlijke instanties niet op de onrechtmatigheid van die de facto vrijstelling kan beroepen om zich te onttrekken aan de betaling van die belasting of om de terugbetaling ervan te verkrijgen.

44. Uit al het voorgaande volgt dat de tweede en de derde prejudiciële vraag niet-ontvankelijk zijn.

Eerste prejudiciële vraag

Ontvankelijkheid

45. De Hongaarse regering betoogt dat het voor de beslechting van het hoofdgeding niet nodig is dat de eerste prejudiciële vraag wordt beantwoord, omdat het Hof zich in zijn arrest van 5 februari 2014, Hervis Sport- és Divatkereskedelmi (C-385/12, EU:C:2014:47), reeds heeft uitgesproken over de verenigbaarheid van de wet betreffende de bijzondere belasting voor bepaalde sectoren met het Unierecht.

46. In dit verband zij eraan herinnerd dat de nationale rechterlijke instanties – zelfs wanneer in de rechtspraak van het Hof al een oplossing is aangedragen voor de rechtsvraag in kwestie – de volledige vrijheid behouden om zich tot het Hof te wenden indien zij dit wenselijk achten, zonder dat de omstandigheid dat het Hof reeds een uitlegging heeft gegeven aan de bepalingen waarvan om uitlegging wordt verzocht, eraan in de weg staat dat het Hof opnieuw uitspraak doet (arrest van 6 november 2018, Bauer en Willmeroth, C-569/16 en C-570/16, EU:C:2018:871, punt 21 en aldaar aangehaalde rechtspraak).

47. Hieruit volgt dat het feit dat het Hof het Unierecht in het arrest van 5 februari 2014, Hervis Sport- és Divatkereskedelmi (C-385/12, EU:C:2014:47), reeds heeft uitgelegd met betrekking tot dezelfde nationale regeling als die welke in het hoofdgeding aan de orde is, op zichzelf beschouwd niet tot gevolg kan hebben dat de in de onderhavige zaak gestelde vragen niet-ontvankelijk zijn.

48. Bovendien benadrukt de verwijzende rechter dat het Hof in zijn arrest van 5 februari 2014, Hervis Sport- és Divatkereskedelmi (C-385/12, EU:C:2014:47), in verband met de bijzondere belasting voor de detailhandel heeft onderzocht welke gevolgen voortvloeien uit de toepassing van de in de wet betreffende de bijzondere belasting voor bepaalde sectoren vastgestelde regel dat de door verbonden ondernemingen behaalde omzetten worden samengeteld. De verwijzende rechter acht het voor de beslechting van het hoofdgeding evenwel noodzakelijk dat wordt vastgesteld of de progressieve tariefstructuur van de bijzondere belasting op basis van

belastingschijven als zodanig – los van de toepassing van die samentellingsregel – indirect discriminerend kan zijn ten aanzien van belastingplichtigen die onder zeggenschap van natuurlijke of rechtspersonen uit andere lidstaten staan, waarbij deze natuurlijke of rechtspersonen de effectieve fiscale last dragen van die progressieve tariefstructuur, die bijgevolg in strijd zou zijn met de artikelen 49 en 54 VWEU.

49. De eerste prejudiciële vraag is dan ook ontvankelijk.

Ten gronde

50. Aangezien in de eerste prejudiciële vraag wordt verwezen naar verschillende bepalingen van het Verdrag – te weten die welke respectievelijk betrekking hebben op de vrijheid van vestiging, het vrij verrichten van diensten en het vrije verkeer van kapitaal, alsook de artikelen 18, 26 et 110 VWEU – moet om te beginnen de draagwijdte van die vraag nader worden bepaald in het licht van de bijzonderheden van het hoofdgeding.

51. Daarbij moet volgens vaste rechtspraak rekening worden gehouden met het voorwerp van de wettelijke regeling in kwestie (arrest van 5 februari 2014, Hervis Sport- és Divatkereskedelmi, C-385/12, EU:C:2014:47, punt 21 en aldaar aangehaalde rechtspraak).

52. Een nationale wettelijke regeling die alleen van toepassing is op participaties die het mogelijk maken om een wezenlijke invloed op de besluiten van een vennootschap uit te oefenen en om de activiteiten van deze vennootschap te bepalen, valt onder artikel 49 VWEU, dat betrekking heeft op de vrijheid van vestiging (arrest van 5 februari 2014, Hervis Sport- és Divatkereskedelmi, C-385/12, EU:C:2014:47, punt 22).

53. Het hoofdgeding heeft betrekking op het beweerdelijk discriminerende belastingtarief van de bijzondere belasting dat geldt voor belastingplichtigen die onder zeggenschap van onderdanen of vennootschappen uit andere lidstaten staan.

54. Het verzoek om een prejudiciële beslissing ziet dan ook op de uitlegging van de Verdragsbepalingen die betrekking hebben op de vrijheid van vestiging. Derhalve hoeft geen uitlegging te worden gegeven van de artikelen 56, 63 en 65 VWEU, die zien op het vrij verrichten van diensten en het vrije verkeer van kapitaal.

55. Voorts zij eraan herinnerd dat artikel 18 VWEU slechts autonoom toepassing kan vinden in situaties waarin het Unierecht geldt, maar waarvoor in het Verdrag geen specifieke discriminatieverboden zijn neergelegd. Het non-discriminatiebeginsel is op het gebied van het recht van vestiging nader uitgewerkt in artikel 49 VWEU (arrest van 5 februari 2014, Hervis Sport- és Divatkereskedelmi, C-385/12, EU:C:2014:47, punt 25 en aldaar aangehaalde rechtspraak).

56. Bijgevolg hoeven ook de artikelen 18 en 26 VWEU niet te worden uitgelegd.

57. Ten slotte volgt uit punt 27 van het arrest van 5 februari 2014, Hervis Sport- és Divatkereskedelmi (C-385/12, EU:C:2014:47), dat de uitlegging van artikel 110 VWEU in het hoofdgeding relevantie mist omdat uit andere lidstaten afkomstige producten door de bijzondere belasting niet zwaarder blijken te worden getroffen dan binnenlandse producten.

58. Uit het voorgaande volgt dat de eerste prejudiciële vraag moet worden geacht betrekking te hebben op de kwestie of de artikelen 49 en 54 VWEU aldus moeten worden uitgelegd dat zij zich verzetten tegen de wettelijke regeling van een lidstaat inzake een omzetbelasting, waarvan het sterk progressieve karakter tot gevolg heeft dat de effectieve last van die belasting hoofdzakelijk wordt gedragen door ondernemingen die direct of indirect onder zeggenschap staan van onderdanen van andere lidstaten of van vennootschappen die hun zetel hebben in een andere lidstaat.

59. Volgens vaste rechtspraak heeft de vrijheid van vestiging tot doel te waarborgen dat de onderdanen van andere lidstaten en de in artikel 54 VWEU bedoelde vennootschappen in de lidstaat van ontvangst op dezelfde wijze worden behandeld als nationale onderdanen en vennootschappen, en staat diezelfde vrijheid eraan in de weg dat vennootschappen op enigerlei wijze worden gediscrimineerd op grond van de plaats van de zetel (arrest van 26 april 2018, ANGED, C-236/16 en C-237/16, EU:C:2018:291, punt 16 en aldaar aangehaalde rechtspraak).

60. Wil de vrijheid van vestiging effectief zijn, dan moet zij voor een vennootschap de mogelijkheid inhouden om zich te beroepen op een beperking van de vrijheid van vestiging van een andere, met haar verbonden vennootschap, voor zover deze beperking een weerslag heeft op haar eigen belastingen (zie in die zin arrest van 1 april 2014, Felixstowe Dock and Railway Company e.a., C-80/12, EU:C:2014:200, punt 23).

61. In casu heeft Tesco haar zetel in Hongarije maar maakt zij deel uit van een groep waarvan de moedermaatschappij in het Verenigd Koninkrijk gevestigd is. Zoals de advocaat-generaal in punt 41 van haar conclu-

sie heeft opgemerkt, kan die moedermaatschappij, voor zover zij haar activiteiten op de Hongaarse markt verricht via een dochteronderneming, in haar vrijheid van vestiging worden geraakt door elke beperking die deze dochteronderneming treft. Anders dan de Hongaarse regering stelt, kan in het hoofdgeding dan ook op dienstige wijze een beperking van de vrijheid van vestiging van die moedermaatschappij worden aangevoerd.

62. In dit verband is niet alleen zichtbare discriminatie op grond van de plaats van de zetel van vennootschappen verboden, maar ook alle verkapte vormen van discriminatie die door toepassing van andere onderscheidingscriteria in feite tot hetzelfde resultaat leiden (arresten van 5 februari 2014, Hervis Sport- és Divatkereskedelmi, C-385/12, EU:C:2014:47, punt 30, en 26 april 2018, ANGED, C-236/16 en C-237/16, EU:C:2018:291, punt 17).

63. Bovendien is er bij een verplichte heffing sprake van indirecte discriminatie op grond van de plaats van de zetel van vennootschappen – wat krachtens de artikelen 49 en 54 VWEU verboden is – wanneer die heffing in een ogenschijnlijk objectief onderscheidingscriterium voorziet maar gelet op de kenmerken ervan in de meeste gevallen vennootschappen benadeelt die hun zetel hebben in een andere lidstaat en die zich in een situatie bevinden die vergelijkbaar is met de situatie van vennootschappen met zetel in de lidstaat van heffing (arrest van 26 april 2018, ANGED, C-236/16 en C-237/16, EU:C:2018:291, punt 18).

64. In het onderhavige geval wordt in de wet betreffende de bijzondere belasting voor bepaalde sectoren op geen enkele wijze een onderscheid gemaakt tussen ondernemingen op basis van de plaats van hun zetel. Aan die belasting zijn namelijk alle ondernemingen onderworpen die in Hongarije actief zijn in de sector van de detailhandel in winkels, en voor al deze ondernemingen gelden de belastingtarieven die respectievelijk van toepassing zijn op de verschillende in die wet vastgelegde omzetschijven. De wet betreffende de bijzondere belasting voor bepaalde sectoren voert dus geen directe discriminatie in.

65. Tesco en de Commissie betogen daarentegen dat het sterk progressieve karakter van de bijzondere belasting als zodanig tot gevolg heeft dat belastingplichtigen die in handen zijn van Hongaarse natuurlijke of rechtspersonen, worden bevoordeeld ten opzichte van belastingplichtigen die in handen zijn van natuurlijke of rechtspersonen uit andere lidstaten, zodat de bijzondere belasting – gelet op de kenmerken ervan – indirecte discriminatie oplevert.

66. Zoals in punt 8 van dit arrest in herinnering is gebracht, bestaat de bijzondere belasting – een progressieve belasting die gebaseerd is op de omzet – voor de detailhandel in winkels uit een tegen het tarief van 0 % belaste eerste schijf die overeenkomt met het gedeelte van de belastinggrondslag tot 500 miljoen HUF (thans ongeveer 1,5 miljoen EUR), een tegen het tarief van 0,1 % belaste tweede schijf die overeenkomt met het gedeelte van de belastinggrondslag dat meer dan 500 miljoen HUF maar minder dan 30 miljard HUF bedraagt (thans respectievelijk ongeveer 1,5 miljoen EUR en 90 miljoen EUR), een tegen het tarief van 0,4 % belaste derde schijf die overeenkomt met het gedeelte van de belastinggrondslag dat meer dan 30 miljard HUF maar minder dan 100 miljard HUF bedraagt (thans respectievelijk ongeveer 90 miljoen EUR en 300 miljoen EUR), en een tegen het tarief van 2,5 % belaste vierde schijf die overeenkomt met het gedeelte van de belastinggrondslag dat meer dan 100 miljard HUF (thans ongeveer 300 miljoen EUR) bedraagt.

67. Uit de door de Commissie en Hongarije verstrekte cijfers van de Hongaarse autoriteiten over de in casu aan de orde zijnde belastingtijdvakken blijkt dat in het tijdvak waarop het hoofdgeding betrekking heeft, alle uitsluitend in de basisschijf vallende belastingplichtigen – wat de detailhandel in winkels betreft – in handen zijn van Hongaarse natuurlijke of rechtspersonen, terwijl de in de derde en de vierde schijf vallende belastingplichtigen in meerderheid belastingplichtigen waren die in handen zijn van natuurlijke of rechtspersonen uit andere lidstaten.

68. Bovendien blijkt uit de opmerkingen van de Hongaarse regering dat het grootste gedeelte van de bijzondere belasting in dat tijdvak is gedragen door belastingplichtigen die in handen zijn van natuurlijke of rechtspersonen uit andere lidstaten. Volgens Tesco en de Commissie was de fiscale last voor deze belastingplichtigen – gemeten naar hun belastinggrondslag – verhoudingsgewijs dan ook hoger dan de fiscale last voor belastingplichtigen die in handen zijn van Hongaarse natuurlijke of rechtspersonen, aangezien laatstgenoemde belastingplichtigen de facto vrijgesteld waren van de bijzondere belasting of er slechts tegen een marginaal tarief en een veel lager effectief tarief aan onderworpen waren dan belastingplichtigen met een hogere omzet.

69. In herinnering dient evenwel te worden gebracht dat het de lidstaten bij de huidige stand van harmonisatie van het belastingrecht van de Unie vrijstaat om het belastingstelsel in te voeren dat zij het meest geschikt achten, zodat de toepassing van een progressieve belastingheffing behoort tot de beoordelingsbevoegdheid van elke lidstaat (zie in die zin arresten van 22 juni 1976, Bobie Getränkevertrieb, 127/75, EU:C:1976:95, punt 9, en 6 december 2007, Columbus Container Services, C-298/05, EU:C:2007:754, punten 51 en 53).

70. In dit verband kan een progressieve belastingheffing – anders dan de Commissie stelt – worden gebaseerd op de omzet, aangezien het bedrag van de omzet een neutraal onderscheidingscriterium is en een relevante indicator vormt voor de draagkracht van de belastingplichtigen.

71. In casu blijkt uit de gegevens waarover het Hof beschikt, en met name uit de in punt 3 van dit arrest weergegeven passage van de considerans van de wet betreffende de bijzondere belasting voor bepaalde sectoren, dat deze wet ertoe strekte om – door de toepassing van een sterk progressieve, op de omzet gebaseerde tariefstructuur – belastingen te heffen bij belastingplichtigen van wie de draagkracht „groter is dan de algemene belastingdruk".

72. De omstandigheid dat het grootste gedeelte van die bijzondere belasting wordt gedragen door belastingplichtigen die in handen zijn van natuurlijke of rechtspersonen uit andere lidstaten, kan op zichzelf beschouwd geen discriminatie vormen. Zoals de advocaat-generaal met name in de punten 62, 65 en 78 van haar conclusie heeft opgemerkt, wordt deze omstandigheid namelijk verklaard door het feit dat de Hongaarse markt van de detailhandel in winkels wordt gedomineerd door dergelijke belastingplichtigen, die op deze markt de grootste omzetten behalen. Die omstandigheid vormt dan ook een contingente, zelfs aleatoire indicator die mogelijkerwijs – overigens ook in een evenredig belastingstelsel – aanwezig is telkens wanneer de markt in kwestie wordt gedomineerd door ondernemingen uit andere lidstaten of uit derde landen, dan wel door nationale ondernemingen die in handen zijn van natuurlijke of rechtspersonen uit andere lidstaten of uit derde landen.

73. Voorts zij opgemerkt dat de tegen het tarief van 0 % belaste basisschijf niet uitsluitend betrekking heeft op belastingplichtigen die in handen zijn van Hongaarse natuurlijke of rechtspersonen, aangezien elke onderneming die op de markt in kwestie actief is – zoals in elk progressief belastingstelsel het geval is – profiteert van de belastingvermindering voor het gedeelte van haar omzet dat de bovengrens van deze schijf niet overschrijdt.

74. Uit het voorgaande volgt dat de sterk progressieve tarieven van de bijzondere belasting naar hun aard zelf niet leiden tot discriminatie op grond van de plaats van de zetel van vennootschappen, dat wil zeggen tot discriminatie tussen belastingplichtigen die in handen zijn van Hongaarse natuurlijke of rechtspersonen en belastingplichtigen die in handen zijn van natuurlijke of rechtspersonen uit andere lidstaten.

75. Benadrukt moet tevens worden dat de onderhavige zaak zich onderscheidt van de zaak die heeft geleid tot het arrest van 5 februari 2014, Hervis Sport- és Divatkereskedelmi (C-385/12, EU:C:2014:47). Zoals uit de punten 34 tot en met 36 van dat arrest blijkt, had laatstgenoemde zaak immers betrekking op de toepassing van zeer progressieve tarieven bij de heffing van belasting over de omzet in combinatie met de toepassing van een regel op grond waarvan de door verbonden ondernemingen behaalde omzetten worden samengeteld, waarbij deze gelijktijdige toepassing tot gevolg had dat de tot een groep van vennootschappen behorende belastingplichtigen werden belast op basis van een „fictieve" omzet. In dit verband heeft het Hof in de punten 39 tot en met 41 van dat arrest in essentie geoordeeld dat indien zou komen vast te staan dat op de markt van de detailverkoop in winkels in de betrokken lidstaat de tot een groep van vennootschappen behorende en in de hoogste schijf van de bijzondere belasting vallende belastingplichtigen voor het merendeel „verbonden" zijn – in de zin van de nationale wettelijke regeling – met vennootschappen die hun zetel in een andere lidstaat hebben, „de toepassing van de sterk progressieve tariefstructuur van de bijzondere belasting op een grondslag bestaande in een geconsolideerde omzet" in het nadeel zou dreigen te werken van met name belastingplichtigen die „verbonden" zijn met die vennootschappen, en bijgevolg indirecte discriminatie in de zin van de artikelen 49 en 54 VWEU op grond van de zetel van de vennootschappen zou vormen.

76. Gelet op een en ander moet op de eerste prejudiciële vraag worden geantwoord dat de artikelen 49 en 54 VWEU aldus moeten worden uitgelegd dat zij zich niet verzetten tegen een wettelijke regeling van een lidstaat waarbij een sterk progressieve belasting over de omzet wordt ingevoerd waarvan de effectieve last hoofdzakelijk wordt gedragen door ondernemingen die direct of indirect onder zeggenschap staan van onderdanen van andere lidstaten of van vennootschappen die hun zetel hebben in een andere lidstaat, ten gevolge van het feit dat die ondernemingen op de markt in kwestie de grootste omzetten behalen.

Vierde prejudiciële vraag

77. Gelet op een en ander hoeft de vierde prejudiciële vraag niet te worden beantwoord.

Kosten

78. …

Het Hof (Grote kamer)
verklaart voor recht:

De artikelen 49 en 54 VWEU moeten aldus worden uitgelegd dat zij zich niet verzetten tegen een wettelijke regeling van een lidstaat waarbij een sterk progressieve belasting over de omzet wordt ingevoerd waarvan de effectieve last hoofdzakelijk wordt gedragen door ondernemingen die direct of indirect onder zeggenschap staan van onderdanen van andere lidstaten of van vennootschappen die hun zetel hebben in een andere lidstaat, ten gevolge van het feit dat die ondernemingen op de markt in kwestie de grootste omzetten behalen.

HvJ EU 3 maart 2020, zaak C-482/18 (Google Ireland Limited v. Nemzeti Adó- és Vámhivatal Kiemelt Adó- és Vámigazgatósága)

Grote kamer: *K. Lenaerts, president, R. Silva de Lapuerta, vicepresident, J.-C. Bonichot, A. Arabadjiev, E. Regan, S. Rodin, L. S. Rossi (rapporteur) en I. Jarukaitis, kamerpresidenten, E. Juhász, C. Toader, D. Sváby, F. Biltgen en K. Jürimäe, rechters*

Advocate General: *J. Kokott*

1. Het verzoek om een prejudiciële beslissing betreft de uitlegging van de artikelen 18 en 56 VWEU en de artikelen 41 en 47 van het Handvest van de grondrechten van de Europese Unie (hierna: „Handvest").

2. Dit verzoek is ingediend in een geding tussen Google Ireland Limited, een in Ierland gevestigde onderneming, en de Nemzeti Adó- és Vámhivatal Kiemelt Adó- és Vámigazgatósága (belastingdienst, Hongarije; hierna: „belastingdienst") over besluiten waarbij de belastingdienst die onderneming een reeks van geldboeten heeft opgelegd wegens niet-naleving van de in de Hongaarse wetgeving neergelegde registratieverplichting die rust op personen die een activiteit uitoefenen die onderworpen is aan de in de Hongaarse wetgeving voorziene advertentiebelasting.

Toepasselijke bepalingen

Hongaarse wet op de advertentiebelasting

3. § 2, lid 1, onder e), van de a reklámadóról szóló 2014. évi XXII. törvény (wet nr. XXII van 2014 op de advertentiebelasting), in de versie die van toepassing was op 1 januari 2017 (hierna: „wet op de advertentiebelasting"), bepaalt dat online advertenties die voornamelijk in het Hongaars of op overwegend Hongaarse websites worden gepubliceerd of verspreid, onderworpen zijn aan advertentiebelasting.

4. In § 2, lid 2, onder b), van die wet wordt bepaald:

„Elke opdracht tot publicatie van advertenties is onderworpen aan advertentiebelasting, tenzij [...] de opdrachtgever
ba. de in § 3, lid 1, bedoelde belastingplichtige heeft verzocht om de in § 3, lid 3, bedoelde verklaring en dit op geloofwaardige wijze kan aantonen, en
bb. de in ba) bedoelde verklaring niet binnen 10 werkdagen na ontvangst van de factuur of het boekhoudkundig bewijs van publicatie van de advertentie heeft ontvangen, en
bc. bij de nationale belastingdienst melding heeft gemaakt van het onder ba) bedoelde verzoek, van de identiteit van de persoon die de advertentie heeft gepubliceerd en van de prijs die voor de publicatie is betaald."

5. Overeenkomstig § 3, lid 1, van de wet op de advertentiebelasting is eenieder die voornamelijk in het Hongaars of op overwegend Hongaarse websites online advertenties verspreidt een „belastingplichtige, ongeacht waar hij gevestigd is".

6. § 3, lid 3, van de wet op de advertentiebelasting bepaalt:

„De in lid 1 bedoelde belastingplichtige is verplicht om in elke factuur, elk boekhoudkundig bewijs of elk ander document (waaronder in het bijzonder de overeenkomst over de publicatie van advertenties) waarop de voor de publicatie van de advertentie betaalde prijs is vermeld, een verklaring op te nemen volgens welke hij aan de belasting is onderworpen en heeft voldaan aan zijn verplichtingen inzake belastingaangifte en -betaling, dan wel in het betrokken belastingjaar geen belasting op gepubliceerde advertenties verschuldigd is. [...]"

7. In § 7/B van die wet wordt bepaald:

„1. De in § 3, lid 1, bedoelde belastingplichtige die niet door de belastingdienst als zodanig is geregistreerd, is krachtens § 2, lid 1, van de wet op de advertentiebelasting verplicht om zich binnen 15 dagen na aanvang van de belastbare activiteit met gebruikmaking van het daarvoor door de nationale belastingdienst voorziene formulier te registreren bij de belastingdienst. [...]

2. Indien de in lid 1 bedoelde belastingplichtige verzuimt om aan zijn registratieverplichting te voldoen, sommeert de nationale belastingdienst hem om zijn verplichting alsnog na te komen en legt hij hem een eerste verzuimboete van 10 miljoen Hongaarse forint [HUF] [ongeveer 31 000 EUR] op.
3. Indien de niet-nakoming van de verplichting bij herhaling wordt vastgesteld, legt de belastingdienst een geldboete op van driemaal het bedrag van de eerder opgelegde verzuimboete.
4. De nationale belastingdienst stelt de niet-nakoming van de registratieverplichting dagelijks vast in een besluit dat onherroepelijk en uitvoerbaar wordt bij de betekening ervan en dat door de rechter kan worden getoetst. In het kader van de rechterlijke toetsing is uitsluitend schriftelijke bewijslevering toegestaan. De rechter neemt de beslissing zonder vooraf een terechtzitting te houden.
5. Indien de belastingplichtige na het eerste verzoek van de nationale belastingdienst zijn registratieverplichting nakomt, kan de in de leden 2 en 3 bedoelde geldboete onbeperkt worden verlaagd."

8. § 7/D van voornoemde wet bepaalt:

„De nationale belastingdienst kan krachtens § 7/B en § 7/C aan één en dezelfde belastingplichtige een totale verzuimboete van maximaal 1 miljard HUF [ongeveer 3,1 miljoen EUR] opleggen."

Hongaarse wet op het belastingstelsel

9. Uit § 17, lid 1, onder b), van de az adózás rendjéről szóló 2003. évi XCII. törvény (wet XCII van 2003 op het belastingstelsel; hierna: „wet op het belastingstelsel") volgt dat de ingezeten belastingplichtige automatisch voldoet aan zijn verplichting om zich bij de nationale belastingdienst te registreren, wanneer hij verzoekt om inschrijving in het handelsregister en om toekenning van een fiscaal nummer.

10. De niet-naleving van de registratieverplichtingen, ongeacht of deze betrekking hebben op de verplichting om zich te registreren, om elke wijziging in de situatie te melden, om gegevens te verstrekken, om een bankrekening te openen of om belastingaangifte te doen, kan, zoals volgt uit § 172 van genoemde wet, al naargelang het geval worden bestraft met een geldboete van 500 000 HUF (ongeveer 1 550 EUR) of 1 000 000 HUF (ongeveer 3 100 EUR). Wanneer de belastingdienst op die grondslag een geldboete oplegt, dient hij de belastingplichtige ook te sommeren tot naleving van de verplichting die deze heeft verzuimd, door daartoe een termijn vast te stellen. Als de belastingplichtige niet binnen de gestelde termijn aan zijn verplichtingen voldoet, wordt het bedrag van de geldboete verdubbeld. In geval van naleving van de verplichting kan de opgelegde geldboete onbeperkt worden verlaagd.

Hoofdgeding en prejudiciële vragen

11. Bij besluit van 16 januari 2017 heeft de belastingdienst vastgesteld dat Google Ireland een activiteit uitoefende die binnen de werkingssfeer van de wet op de advertentiebelasting viel en dat zij zich, in strijd met de vereisten van § 7/B, lid 1, van die wet, niet binnen 15 dagen na het begin van haar activiteit had geregistreerd bij de belastingdienst. Bijgevolg heeft de belastingdienst haar overeenkomstig § 7/B, lid 2, van die wet een geldboete van 10 miljoen HUF (ongeveer 31 000 EUR) opgelegd.

12. Bij besluiten van de volgende vier dagen heeft de belastingdienst aan Google Ireland vier nieuwe geldboeten opgelegd, waarvan het bedrag overeenkomstig § 7/B, lid 3, van de wet op de advertentiebelasting telkens gelijk was aan driemaal het bedrag van de eerder opgelegde geldboete. Als gevolg van het besluit van 20 januari 2017 is aan Google Ireland in totaal het in artikel 7/D van die wet voorgeschreven wettelijke maximumbedrag van 1 miljard HUF (ongeveer 3,1 miljoen EUR) opgelegd.

13. Google Ireland heeft bij de nationale rechter beroep tot nietigverklaring van die besluiten ingesteld.

14. Tot staving van haar beroep voert Google Ireland allereerst aan dat het opleggen van geldboeten wegens niet-naleving van de in § 7/B van de wet op de advertentiebelasting bedoelde registratieverplichting in strijd is met de artikelen 18 en 56 VWEU. Vervolgens stelt zij dat op het Hongaarse grondgebied gevestigde ondernemingen gemakkelijker aan de in die wet neergelegde verplichtingen kunnen voldoen dan ondernemingen die buiten dat grondgebied zijn gevestigd. Ten slotte is zij van mening dat de geldboeten die aan deze laatste ondernemingen worden opgelegd wegens niet-naleving van hun registratieverplichting, verschillen van die welke gelden voor in Hongarije gevestigde ondernemingen die een soortgelijke verplichting niet hebben nageleefd, en dat die boeten niet evenredig zijn aan de ernst van de gepleegde inbreuk en dus een beperking vormen van het vrij verrichten van diensten binnen de Europese Unie.

15. Volgens Google Ireland bevinden in het buitenland gevestigde belastingplichtigen zich ook wat de uitoefening van het recht op een doeltreffende voorziening in rechte betreft in een minder gunstige situatie dan in Hongarije gevestigde ondernemingen. Hoewel zij het recht hebben om bij de rechter beroep in te stellen tegen

een besluit waarbij hun een geldboete wordt opgelegd – dat krachtens de bepalingen van § 7/B en § 7/D van de wet op de advertentiebelasting alleen al door de betekening ervan onherroepelijk en uitvoerbaar is – beperkt namelijk de regeling voor de uitoefening van dat beroepsrecht niettemin de reikwijdte van hun recht. Met name in de beroepsprocedure van § 7/B, lid 4, van de wet op de advertentiebelasting kan de aangezochte rechter alleen schriftelijk bewijs toelaten en doet hij uitspraak zonder terechtzitting, terwijl de beroepsprocedure die krachtens de wet op het belastingstelsel van toepassing is op binnenlandse belastingplichtigen niet aan dergelijke beperkingen is onderworpen, aangezien die belastingplichtigen onder meer het recht hebben om bezwaar aan te tekenen. De bepalingen van de wet op de advertentiebelasting garanderen de persoon aan wie een dergelijke geldboete wordt opgelegd dus niet het recht op een doeltreffende voorziening in rechte en op een eerlijk proces, zoals is voorzien in artikel 47 van het Handvest.

16. In dit verband vraagt de verwijzende rechter zich af of § 7/B en § 7/D van de wet op de advertentiebelasting verenigbaar zijn met artikel 56 VWEU en met het non-discriminatiebeginsel. Volgens die rechter zijn de registratieverplichting en de in geval van niet-naleving van deze verplichting opgelegde geldboeten – die vallen onder een sanctieregeling met een zeer repressief en bestraffend karakter – zeer nadelig voor ondernemingen die buiten het Hongaarse grondgebied zijn gevestigd en kunnen zij het vrij verrichten van diensten in de Unie inderdaad beperken. Hij is met name van mening dat wat betreft de geldboeten die aan deze ondernemingen zijn opgelegd wegens niet-naleving van de registratieverplichting, het evenredigheidsbeginsel in casu waarschijnlijk niet is geëerbiedigd. Dienaangaande wijst hij er in de eerste plaats op dat aan deze belastingplichtigen in vijf dagen een reeks van geldboeten kan worden opgelegd, waarbij de belastingdienst het bedrag van de vorige geldboete elke dag kan verdrievoudigen. Die geldboeten zijn al van toepassing voordat de belastingplichtigen kennis kunnen nemen van de dagelijkse verdrievoudiging van het bedrag van de vorige geldboete en voordat zij die inbreuk kunnen verhelpen, zodat zij niet kunnen voorkomen dat de definitief verschuldigde geldboete het plafond van 1 miljard HUF (3,1 miljoen EUR) bereikt. Deze omstandigheid kan volgens de verwijzende rechter ook de vraag doen rijzen of die administratieve procedure verenigbaar is met artikel 41 van het Handvest. In de tweede plaats wijst de verwijzende rechter erop dat het bedrag van de krachtens § 7/D van de wet op de advertentiebelasting opgelegde geldboete in totaal tot 2 000 keer hoger is dan het bedrag van de geldboete die kan worden opgelegd aan een in Hongarije gevestigde onderneming die niet voldoet aan de in § 172 van de wet op het belastingstelsel neergelegde fiscale registratieverplichting.

17. Ten slotte vraagt die rechter zich af of artikel 47 van het Handvest is nageleefd, aangezien in de in § 7/B, lid 4, van de wet op de advertentiebelasting bedoelde gerechtelijke beroepsprocedure, anders dan bij de normale procedure van bezwaar, alleen schriftelijk bewijs wordt toegelaten en de aangezochte rechter geen terechtzitting kan houden.

18. Aangezien de Fővárosi Közigazgatási és Munkaügyi Bíróság van mening is dat de rechtspraak van het Hof het niet mogelijk maakt deze vragen te beantwoorden, heeft hij besloten de behandeling van de zaak te schorsen en het Hof te verzoeken om een prejudiciële beslissing over de volgende vragen:

„1. Dienen de artikelen 18 en 56 [VWEU] en het non-discriminatiebeginsel aldus te worden uitgelegd dat zij zich verzetten tegen een belastingregeling van een lidstaat die het mogelijk maakt om, bij niet-naleving van de verplichting om zich te registreren met het oog op de heffing van de advertentiebelasting, aan niet in Hongarije gevestigde ondernemingen verzuimboeten op te leggen die kunnen oplopen tot een bedrag dat in totaal tot 2 000 keer hoger is dan de verzuimboeten die aan in Hongarije gevestigde ondernemingen kunnen worden opgelegd?

2. Kan de in de vorige vraag omschreven, abnormaal hoge sanctie, die een bestraffend karakter heeft, niet in Hongarije gevestigde dienstverrichters ervan weerhouden om in Hongarije diensten te verrichten?

3. Dienen artikel 56 VWEU en het non-dicriminatiebeginsel aldus te worden uitgelegd dat zij zich verzetten tegen een regeling volgens welke in Hongarije gevestigde ondernemingen reeds door inschrijving in het Hongaarse handelsregister en ontvangst van een fiscaal nummer automatisch – zonder daartoe strekkend verzoek – hebben voldaan aan hun registratieverplichting, ongeacht of zij daadwerkelijk advertenties publiceren, terwijl dit in het geval van niet in Hongarije gevestigde ondernemingen die aldaar advertenties publiceren niet automatisch geschiedt, aangezien deze ondernemingen verplicht zijn actief te voldoen aan de registratieverplichting en bij niet-naleving van deze verplichting een specifieke sanctie opgelegd kunnen krijgen?

4. Indien het antwoord op de eerste vraag bevestigend is, dienen artikel 56 VWEU en het non-discriminatiebeginsel dan aldus te worden uitgelegd dat zij zich verzetten tegen de in het hoofdgeding aan de orde zijnde sanctie die is opgelegd wegens niet-naleving van de registratieverplichting in verband met de advertentiebelasting, wanneer een dergelijke regeling in strijd blijkt te zijn met dit artikel?

5. Dienen artikel 56 VWEU en het non-discriminatiebeginsel aldus te worden uitgelegd dat zij zich verzetten tegen een regeling volgens welke het besluit waarbij aan een in het buitenland gevestigde onderneming een geldboete wordt opgelegd, na betekening ervan onherroepelijk en uitvoerbaar is en uitsluitend in rechte kan worden aangevochten in een procedure zonder terechtzitting en louter op basis van schriftelijke bewijsstukken, terwijl, wat in Hongarije gevestigde ondernemingen betreft, de opgelegde geldboete kan worden aangevochten in het kader van een bezwaarprocedure en er bovendien geen beperkingen aan de gerechtelijke procedure worden gesteld?

[6] Dient artikel 56 VWEU in het licht van het in artikel 41, lid 1, van het [Handvest] gewaarborgde recht op een billijke behandeling aldus te worden uitgelegd dat aan deze eis niet is voldaan indien de verzuimboete dagelijks wordt opgelegd en telkens wordt verdrievoudigd, zodat de betrokken dienstverrichter, aangezien hij nog geen kennis heeft kunnen nemen van het eerdere besluit, zijn verzuim onmogelijk voor de oplegging van de volgende geldboete heeft kunnen zuiveren?

[7] Dient artikel 56 VWEU in het licht van het in artikel 41, lid 1, van het Handvest gewaarborgde recht op een billijke behandeling, het in artikel 41, lid 2, onder a), van het Handvest gewaarborgde recht om te worden gehoord en het in artikel 47 van het Handvest gewaarborgde recht op een doeltreffende voorziening in rechte en op een onpartijdig gerecht aldus te worden uitgelegd dat aan deze eisen niet is voldaan indien er tegen een besluit geen bezwaar kan worden aangetekend, er in het kader van de rechterlijke toetsing uitsluitend schriftelijke bewijslevering toegestaan is en de rechter geen terechtzitting kan houden?"

Beantwoording van de prejudiciële vragen

19. Met zijn zeven vragen stelt de verwijzende rechter in wezen de volgende drie categorieën van vraagstukken aan de orde.

20. In de eerste plaats wenst hij met zijn derde vraag te vernemen of artikel 56 VWEU aldus moet worden uitgelegd dat het in de weg staat aan een wettelijke regeling van een lidstaat die in een andere lidstaat gevestigde verrichters van advertentiediensten met het oog op de heffing van advertentiebelasting een registratieverplichting oplegt, terwijl verrichters van dergelijke diensten die in de lidstaat van belastingheffing zijn gevestigd, van die verplichting zijn vrijgesteld op grond van het feit dat zij zich reeds moeten aanmelden of registreren met het oog op de heffing van andere belastingen in die lidstaat.

21. In de tweede plaats wenst de verwijzende rechter met zijn eerste, tweede, vierde en zesde vraag in wezen te vernemen of artikel 56 VWEU aldus moet worden uitgelegd dat het in de weg staat aan een wettelijke regeling van een lidstaat op grond waarvan aan dienstverrichters die in een andere lidstaat zijn gevestigd en die niet hebben voldaan aan een registratieverplichting met het oog op de heffing van advertentiebelasting, binnen enkele dagen een reeks van geldboeten wordt opgelegd, waarvan het bedrag, vanaf de tweede boete, bij elke nieuwe vaststelling van niet-naleving van die verplichting wordt verdrievoudigd ten opzichte van het bedrag van de vorige boete, hetgeen resulteert in een cumulatief bedrag van meerdere miljoenen euro's, zonder dat deze dienstverrichters aan een dergelijke registratieverplichting kunnen voldoen voordat zij het besluit tot definitieve vaststelling van het cumulatieve bedrag van die geldboeten hebben ontvangen, terwijl het bedrag van de geldboete die wordt opgelegd aan een in de lidstaat van belastingheffing gevestigde dienstverrichter die in strijd met de algemene regels van het nationale belastingrecht een soortgelijke registratieverplichting niet heeft nageleefd, aanzienlijk lager is en bij voortdurende niet-naleving van een dergelijke verplichting niet in dezelfde verhouding, noch noodzakelijkerwijs binnen even korte termijnen wordt verhoogd.

22. In de derde plaats wenst de verwijzende rechter met zijn vijfde en zevende vraag in wezen te vernemen of artikel 56 VWEU, gelezen in samenhang met de artikelen 41 en 47 van het Handvest, aldus moet worden uitgelegd dat het zich verzet tegen een wettelijke regeling van een lidstaat die bepaalt dat besluiten van de belastingdienst waarbij sancties worden opgelegd aan een in een andere lidstaat gevestigde dienstverrichter die niet heeft voldaan aan de in die regeling neergelegde registratieverplichting, zijn onderworpen aan rechterlijke toetsing waarbij de aangezochte nationale rechter, anders dan bij de normale bezwaarprocedure in belastingzaken, uitsluitend op basis van stukken beslist en geen mogelijkheid heeft om een terechtzitting te houden.

23. Deze vraagstukken moeten in de zojuist geschetste volgorde worden onderzocht.

Derde vraag

24. Om te beginnen dient te worden opgemerkt dat de verwijzende rechter het Hof vragen stelt over een eventuele beperking van het vrij verrichten van diensten als bedoeld in artikel 56 VWEU, die geen gevolg is

van het feit dat verrichters van advertentiediensten zijn onderworpen aan een belasting op via internet verspreide advertenties – zoals die welke in Hongarije van toepassing is – maar uitsluitend van het feit dat in die lidstaat aan voornoemde dienstverrichters een registratieverplichting is opgelegd met het oog op de heffing van die belasting.

25. Dienaangaande zij eraan herinnerd dat artikel 56 VWEU zich verzet tegen de toepassing van een nationale regeling die ertoe leidt dat het verrichten van diensten tussen de lidstaten moeilijker wordt dan het verrichten van diensten binnen één lidstaat (arrest van 18 juni 2019, Oostenrijk/Duitsland, C-591/17, EU:C:2019:504, punt 135 en aldaar aangehaalde rechtspraak). Artikel 56 VWEU verlangt immers de afschaffing van elke beperking van het vrij verrichten van diensten die wordt opgelegd op grond dat de dienstverrichter is gevestigd in een andere lidstaat dan die waar de dienst wordt verricht (zie met name arrest van 22 november 2018, Vorarlberger Landes- und Hypothekenbank, C-625/17, EU:C:2018:939, punt 28 en aldaar aangehaalde rechtspraak).

26. Als beperkingen van het vrij verrichten van diensten moeten worden beschouwd, nationale maatregelen die het gebruik van die vrijheid verbieden, belemmeren of minder aantrekkelijk maken. Het in artikel 56 VWEU voorziene verbod heeft daarentegen geen betrekking op maatregelen die uitsluitend tot gevolg hebben dat er voor de dienstverrichting in kwestie extra kosten ontstaan en die het verrichten van diensten tussen lidstaten en het verrichten van diensten binnen één lidstaat gelijkelijk raken (zie met name arrest van 18 juni 2019, Oostenrijk/Duitsland, C-591/17, EU:C:2019:504, punten 136 en 137 en aldaar aangehaalde rechtspraak).

27. In het onderhavige geval moet erop worden gewezen dat krachtens § 7/B, lid 1, van de wet op de advertentiebelasting eenieder die aan deze belasting is onderworpen en niet door de belastingdienst in het kader van enige belasting als belastingplichtige is geregistreerd, verplicht is zich binnen 15 dagen na de aanvang van de belastbare activiteit door middel van een formulier bij die dienst te registreren.

28. Hieruit volgt ten eerste dat de in § 7/B, lid 1, van deze wet neergelegde registratieverplichting geen voorwaarde is voor de uitoefening van de activiteit van verspreiding van advertenties op Hongaars grondgebied, en ten tweede dat die registratieverplichting geldt voor verrichters van advertentiediensten die zich vóór de aanvang van hun belastbare advertentieactiviteit niet fiscaal in Hongarije hebben geregistreerd, terwijl zij niet geldt voor verrichters van advertentiediensten die zich wel reeds, met het oog op de heffing van andere belastingen, in die lidstaat hebben geregistreerd, waarbij het er niet toe doet waar al deze dienstverrichters zijn gevestigd.

29. Deze registratieverplichting, die een administratieve formaliteit is, vormt als zodanig geen belemmering voor de vrijheid van dienstverrichting.

30. De in § 7/B, lid 1, van de wet op de advertentiebelasting bedoelde registratieverplichting voor niet op het Hongaarse grondgebied gevestigde verrichters van advertentiediensten lijkt namelijk geenszins een extra administratieve last met zich mee te brengen ten opzichte van die waaraan de op dat grondgebied gevestigde verrichters van advertentiediensten zijn onderworpen.

31. In Hongarije gevestigde verrichters van advertentiediensten zijn inderdaad vrijgesteld van de registratieverplichting. Zoals de verwijzende rechter opmerkt, wordt in het nationale belastingrecht immers verondersteld dat zij automatisch aan deze verplichting voldoen.

32. Niettemin levert de omstandigheid dat die dienstverrichters van de registratieverplichting zijn vrijgesteld, geen verschil in behandeling ten opzichte van in andere lidstaten gevestigde verrichters van advertentiediensten op dat een beperking van het vrij verrichten van diensten kan vormen.

33. Om te beginnen staat namelijk vast dat ook laatstgenoemde dienstverrichters zijn vrijgesteld van de registratieverplichting uit hoofde van § 7/B, lid 1, van de wet op de advertentiebelasting, indien zij zich reeds bij de belastingdienst hebben aangemeld of geregistreerd met het oog op andere directe of indirecte belastingen die in Hongarije wordt geheven.

34. Vervolgens heeft de vrijstelling van deze registratieverplichting, ook al komt zij hoofdzakelijk ten goede aan op Hongaars grondgebied gevestigde dienstverrichters, niet tot gevolg dat de grensoverschrijdende verrichting van advertentiediensten wordt ontmoedigd, maar wordt daarmee voorkomen dat dienstverrichters die reeds bij de belastingdienst zijn geregistreerd een overbodige administratieve formaliteit moeten vervullen, aangezien deze registratieverplichting juist tot doel heeft de belastingdienst in staat te stellen de personen te identificeren die aan de advertentiebelasting zijn onderworpen. Uit de informatie waarover het Hof beschikt, blijkt met name dat een in Hongarije gevestigde dienstverrichter verplicht is te verzoeken om inschrijving in het handelsregister en om toekenning van een fiscaal nummer.

35. Ten slotte wijst niets wat in het kader van de onderhavige procedure ter kennis van het Hof is gebracht erop dat de stappen die moeten worden gezet om aan de betrokken registratieverplichting te voldoen, zwaarder zijn dan de stappen die moeten worden gezet om zich bij de belastingdienst te registreren met het oog op een andere belasting, of om zich in het nationale handelsregister in te schrijven.

36. Gelet op het voorgaande dient op de derde vraag te worden geantwoord dat artikel 56 VWEU aldus moet worden uitgelegd dat het niet in de weg staat aan een wettelijke regeling van een lidstaat die in een andere lidstaat gevestigde verrichters van advertentiediensten met het oog op de heffing van advertentiebelasting een registratieverplichting oplegt, terwijl verrichters van dergelijke diensten die in de lidstaat van belastingheffing zijn gevestigd, van die verplichting zijn vrijgesteld op grond van het feit dat zij zich reeds moeten aanmelden of registreren met het oog op de heffing van andere belastingen in die lidstaat.

Eerste, tweede, vierde en zesde vraag

37. Er zij aan herinnerd dat bij het ontbreken van een harmonisatie op het niveau van de Unie de sanctieregelingen in belastingzaken weliswaar tot de bevoegdheid van de lidstaten behoren, maar niet tot gevolg mogen hebben dat de door het VWEU verleende vrijheden in het gedrang komen (zie in die zin arrest van 25 februari 1988, Drexl, 299/86, EU:C:1988:103, punt 17).

38. Zoals de advocaat-generaal in punt 63 van haar conclusie in wezen heeft opgemerkt, moet derhalve worden onderzocht of de sancties waarmee de niet-naleving van de in § 7/B, lid 1, van de wet op de advertentiebelasting voorziene registratieverplichting gepaard gaat, in strijd zijn met het vrij verrichten van diensten in de zin van artikel 56 VWEU.

39. Uit de aan het Hof voorgelegde gegevens blijkt dat volgens § 7/B, leden 2 en 3, van bovengenoemde wet iedere advertentiebelastingplichtige die nog niet bij de nationale belastingdienst is geregistreerd als belastingplichtige met het oog op een andere belastingheffing en die niet voldoet aan de registratieverplichting waaraan hij is onderworpen, zich blootstelt aan een reeks van geldboeten, waarbij het bedrag van de eerste boete, vastgesteld op 10 miljoen HUF (ongeveer 31 000 EUR), bij elke nieuwe vaststelling van niet-naleving van die verplichting dagelijks wordt verdrievoudigd, totdat het, overeenkomstig § 7/D van die wet, binnen enkele dagen het cumulatieve maximumbedrag van 1 miljard HUF (ongeveer 3,1 miljoen EUR) bereikt.

40. Formeel gezien is deze sanctieregeling zonder onderscheid van toepassing op alle belastingplichtigen die niet voldoen aan hun registratieverplichting uit hoofde van de wet op de advertentiebelasting, ongeacht de lidstaat waar zij zijn gevestigd.

41. Zoals de advocaat-generaal echter in punt 77 van haar conclusie in wezen heeft opgemerkt, lopen alleen personen die geen fiscaal ingezetene zijn van Hongarije werkelijk het risico dat hun de sancties worden opgelegd waarin § 7/B, leden 2 en 3, en § 7/D van de wet op de advertentiebelasting voorzien, aangezien, gelet op de personele werkingssfeer van § 7/B, lid 1, van die wet, dienstverrichters die door de nationale belastingdienst als belastingplichtige zijn geregistreerd met het oog op andere belastingen in Hongarije, van de registratieverplichting zijn vrijgesteld.

42. Het klopt dat in Hongarije gevestigde verrichters van advertentiediensten kunnen worden bestraft wanneer zij niet voldoen aan soortgelijke aanmeldings- en registratieverplichtingen waaraan zij krachtens de algemene bepalingen van de nationale belastingwetgeving zijn onderworpen.

43. Niettemin kunnen op grond van de sanctieregeling van § 7/B en § 7/D van de wet op de advertentiebelasting aanzienlijk hogere geldboeten worden opgelegd dan die welke uit de toepassing van § 172 van de wet op het belastingstelsel voortvloeien wanneer de in § 17, lid 1, onder b), van die wet bedoelde registratieverplichting niet wordt nageleefd door een in Hongarije gevestigde verrichter van advertentiediensten. Bovendien worden de geldboeten die in het kader van deze laatste regeling worden opgelegd bij voortdurende niet-naleving van de betrokken registratieverplichting, noch in dezelfde mate, noch noodzakelijkerwijs binnen even korte termijnen verhoogd als die welke gelden in het kader van de sanctieregeling van de wet op de advertentiebelasting.

44. Gelet op het verschil in behandeling dat door de in het hoofdgeding aan de orde zijnde sanctieregeling wordt ingevoerd tussen verrichters van advertentiediensten naargelang zij al dan niet reeds fiscaal in Hongarije zijn geregistreerd, vormt die regeling een in beginsel door artikel 56 VWEU verboden beperking van het vrij verrichten van diensten.

45. Een dergelijke beperking kan evenwel worden toegestaan indien zij gerechtvaardigd wordt door dwingende vereisten van algemeen belang, en voor zover de toepassing ervan geschikt is om de verwezenlijking

van het nagestreefde doel te waarborgen en niet verder gaat dan nodig is om dat doel te bereiken [zie in die zin met name arresten van 26 mei 2016, NN (L) International, C-48/15, EU:C:2016:356, punt 58, en 25 juli 2018, TTL, C-553/16, EU:C:2018:604, punt 52].

46. In het onderhavige geval beroept de Hongaarse regering zich ter rechtvaardiging van deze beperking formeel op de noodzaak om de samenhang van haar belastingstelsel te waarborgen, terwijl zij in wezen gronden aanvoert die verband houden met het verzekeren van de doeltreffendheid van fiscale controles en de inning van belasting.

47. Dienaangaande heeft het Hof reeds erkend dat de noodzaak om de doeltreffendheid van de belastingcontroles te waarborgen en de noodzaak om de inning van de belasting te garanderen, dwingende vereisten van algemeen belang kunnen zijn die een beperking van het vrij verrichten van diensten kunnen rechtvaardigen. Het Hof heeft ook geoordeeld dat het opleggen van sancties, daaronder begrepen strafsancties, kan worden beschouwd als noodzakelijk om de daadwerkelijke naleving van een nationale regeling te waarborgen, op voorwaarde evenwel dat de aard en het bedrag van de opgelegde sanctie in elk concreet geval evenredig zijn aan de ernst van de inbreuk die de sanctie beoogt te bestraffen [zie in die zin arresten van 26 mei 2016, NN (L) International, C-48/15, EU:C:2016:356, punt 59, en 25 juli 2018, TTL, C-553/16, EU:C:2018:604, punt 57].

48. Met betrekking tot de geschiktheid van de bij § 7/B en § 7/D van de wet op de advertentiebelasting ingevoerde sanctieregeling in het licht van de door de Hongaarse regering aangevoerde doelstellingen, moet in de eerste plaats worden opgemerkt dat het opleggen van geldboeten die hoog genoeg zijn om de niet-naleving van de in § 7/B, lid 1, van die wet voorziene registratieverplichting te bestraffen, de verrichters van advertentiediensten die aan een dergelijke verplichting zijn onderworpen ervan kan weerhouden deze verplichting niet na te leven, en dus kan voorkomen dat de lidstaat van belastingheffing de mogelijkheid wordt ontnomen om op doeltreffende wijze toezicht te houden op de voorwaarden voor toepassing en vrijstelling van de betrokken belasting.

49. Wat in de tweede plaats de vraag betreft of de in het hoofdgeding aan de orde zijnde nationale regeling niet verder gaat dan nodig is om de door Hongarije aangevoerde doelstellingen te bereiken, moet met betrekking tot het bedrag van de wegens niet-naleving van de registratieverplichting opgelegde geldboeten worden vastgesteld dat die regeling een sanctieregeling invoert waarbij aan een dienstverrichter die deze administratieve formaliteit niet in acht heeft genomen, binnen enkele dagen – met tussenpozen van één dag – geldboeten kunnen worden opgelegd waarvan het bedrag vanaf de tweede boete bij elke nieuwe vaststelling van niet-naleving wordt verdrievoudigd ten opzichte van het bedrag van de vorige boete, hetgeen resulteert in een cumulatief bedrag van 1 miljard HUF (ongeveer 3,1 miljoen EUR), waarbij de bevoegde instantie de dienstverrichter niet voldoende tijd geeft om aan zijn verplichtingen te voldoen, hem niet in de gelegenheid stelt zijn opmerkingen te maken en de ernst van de inbreuk niet zelf onderzoekt. In die omstandigheden heeft deze regeling een onevenredig karakter.

50. In de eerste plaats bestaat er namelijk geen enkele correlatie tussen enerzijds de exponentiële verhoging, binnen een bijzonder kort tijdsbestek, van het cumulatieve bedrag van de geldboeten, dat kan oplopen tot meerdere miljoenen euro's, en anderzijds de ernst van het verzuim om binnen een dergelijk tijdsbestek te voldoen aan de administratieve formaliteit die bestaat in de in § 7/B, lid 1, van de wet op de advertentiebelasting voorziene registratieverplichting. Het bedrag van de opgelegde geldboeten lijkt dus te worden vastgesteld zonder rekening te houden met de omzet die de grondslag voor de te innen belasting vormt. In dit verband is het heel goed mogelijk dat het cumulatieve bedrag van de sancties die worden opgelegd krachtens § 7/B, leden 2 en 3, van de wet op de advertentiebelasting de door de belastingplichtige gerealiseerde omzet overschrijdt.

51. In de tweede plaats liggen er – aangezien de betrokken regeling voorziet in de automatische en „dagelijkse" vaststelling door de belastingdienst van sanctiebesluiten zoals die welke in het hoofdgeding zijn genomen – slechts enkele dagen tussen de vaststelling en de betekening van het eerste sanctiebesluit, waarbij aan de belastingplichtige een boete van 10 miljoen HUF (ongeveer 31 000 EUR) wordt opgelegd, en de betekening van het laatste sanctiebesluit, dat het cumulatieve bedrag van de boeten het wettelijke plafond van 1 miljard HUF (ongeveer 3,1 miljoen EUR) doet bereiken. Zelfs als deze belastingplichtige met alle zorgvuldigheid zou handelen, dan nog zou hij dus feitelijk hoe dan ook niet in staat zijn te voldoen aan zijn verplichting om zich te registreren in de lidstaat van belastingheffing voor de ontvangst van dit laatste besluit in zijn lidstaat van vestiging, en zou hij de aanzienlijke verhogingen van het bedrag van de eerdere geldboeten dus niet kunnen voorkomen. Hieruit blijkt ook dat de methode voor de berekening van de geldboeten waarin de in het hoofdgeding aan de orde zijnde nationale regeling voorziet geen rekening houdt met de ernst van het gedrag van de verrichters van advertentiediensten die niet hebben voldaan aan hun registratieverplichting.

52. Zoals de Hongaarse regering in haar schriftelijke opmerkingen heeft aangegeven, kan de belastingdienst overeenkomstig § 7/B, lid 5, van de wet op de advertentiebelasting het bedrag van de in § 7/B, leden 2 en 3, van die wet voorziene geldboeten inderdaad „onbeperkt" verlagen, indien de belastingplichtige op eerste verzoek van die dienst zijn registratieverplichting naleeft.

53. Uit de bewoordingen zelf van deze bepaling volgt echter dat de belastingdienst, onder voorbehoud van verificatie door de verwijzende rechter, in dat opzicht louter over een mogelijkheid beschikt. Een boete verliest evenwel niet zijn onevenredig karakter enkel omdat de diensten van een lidstaat naar eigen goeddunken het bedrag van de boete kunnen verlagen.

54. Gelet op het voorgaande, moet op de eerste, de tweede, de vierde en de zesde vraag worden geantwoord dat artikel 56 VWEU aldus moet worden uitgelegd dat het in de weg staat aan een wettelijke regeling van een lidstaat op grond waarvan aan dienstverrichters die in een andere lidstaat zijn gevestigd en die niet hebben voldaan aan een registratieverplichting met het oog op de heffing van advertentiebelasting, binnen enkele dagen een reeks van boetes wordt opgelegd waarvan het bedrag bij elke nieuwe vaststelling van niet-naleving van die verplichting vanaf de tweede boete wordt verdrievoudigd ten opzichte van het bedrag van de vorige boete, hetgeen resulteert in een cumulatief bedrag van meerdere miljoenen euro's, waarbij de bevoegde dienst voor de vaststelling van het besluit tot definitieve bepaling van het cumulatieve bedrag van die geldboeten die dienstverrichters niet de nodige tijd geeft om aan hun verplichtingen te voldoen, hen niet in de gelegenheid stelt hun opmerkingen te maken en de ernst van de inbreuk niet zelf onderzoekt, terwijl het bedrag van de geldboete die wordt opgelegd aan een in de lidstaat van belastingheffing gevestigde dienstverrichter die in strijd met de algemene regels van het nationale belastingrecht een soortgelijke aanmeldings- of registratieverplichting niet heeft nageleefd, aanzienlijk lager is en bij voortdurende niet-naleving van een dergelijke verplichting noch in dezelfde verhouding, noch noodzakelijkerwijs binnen even korte termijnen wordt verhoogd.

Vijfde en zevende vraag

55. Uit het antwoord op de eerste, de tweede, de vierde en de zesde vraag volgt dat een nationale regeling die voorziet in een boeteregeling zoals die welke van toepassing is in geval van niet-naleving van de in het hoofdgeding aan de orde zijnde registratieverplichting, onverenigbaar is met artikel 56 VWEU. Daarom is het niet nodig om de vijfde en de zevende vraag te beantwoorden.

Kosten

56. ...

Het Hof (Grote kamer)

verklaart voor recht:

1. Artikel 56 VWEU moet aldus worden uitgelegd dat het niet in de weg staat aan een wettelijke regeling van een lidstaat die in een andere lidstaat gevestigde verrichters van advertentiediensten met het oog op de heffing van advertentiebelasting een registratieverplichting oplegt, terwijl verrichters van dergelijke diensten die in de lidstaat van belastingheffing zijn gevestigd, van die verplichting zijn vrijgesteld op grond van het feit dat zij zich reeds moeten aanmelden of registreren met het oog op de heffing van andere belastingen in die lidstaat.

2. Artikel 56 VWEU moet aldus worden uitgelegd dat het in de weg staat aan een wettelijke regeling van een lidstaat op grond waarvan aan dienstverrichters die in een andere lidstaat zijn gevestigd en die niet hebben voldaan aan een registratieverplichting met het oog op de heffing van advertentiebelasting, binnen enkele dagen een reeks van boetes wordt opgelegd waarvan het bedrag bij elke nieuwe vaststelling van niet-naleving van die verplichting vanaf de tweede boete wordt verdrievoudigd ten opzichte van het bedrag van de vorige boete, hetgeen resulteert in een cumulatief bedrag van meerdere miljoenen euro's, zonder dat de bevoegde dienst voor de vaststelling van het besluit tot definitieve vaststelling van het cumulatieve bedrag van die geldboeten aan die dienstverrichters de nodige tijd geeft om aan hun verplichtingen te voldoen, hen in de gelegenheid stelt hun opmerkingen te maken en zelf de ernst van de inbreuk beoordeelt, terwijl het bedrag van de geldboete die wordt opgelegd aan een in de lidstaat van belastingheffing gevestigde dienstverrichter die in strijd met de algemene regels van het nationale belastingrecht een soortgelijke aanmeldings- of registratieverplichting niet heeft nageleefd, aanzienlijk lager is en bij voortdurende niet-naleving van een dergelijke verplichting noch in dezelfde verhouding, noch noodzakelijkerwijs binnen even korte termijnen wordt verhoogd.

HvJ EU 2 april 2020, zaak C-458/18 („GVC Services (Bulgaria)" EOOD v. Direktor na Direktsia „Obzhalvane i danachno-osiguritelna praktika" – Sofia)

Vijfde kamer: *E. Regan, kamerpresident, I. Jarukaitis, E. Juhász, M. Ilešič (rapporteur) en C. Lycourgos, rechters*
Advocaat-Generaal: *G. Hogan*

1. Het verzoek om een prejudiciële beslissing betreft de uitlegging van artikel 2, onder a), punten i) en ii), van richtlijn 2011/96/EU van de Raad van 30 november 2011 betreffende de gemeenschappelijke fiscale regeling voor moedermaatschappijen en dochterondernemingen uit verschillende lidstaten (*PB* 2011, L 345, blz. 8) en van de bijbehorende bijlage I, deel A, onder ab), en deel B, laatste streepje.

2. Dit verzoek is ingediend in het kader van een geding tussen „GVC Services (Bulgaria)" EOOD, gevestigd in Bulgarije (hierna: „GVC") en de Direktor na Direktsia „Obzhalvane i danachno-osiguritelna praktika" – Sofia (directeur van de directie betwistingen en tenuitvoerlegging in belasting- en socialezekerheidszaken van Sofia, Bulgarije) (hierna: „directeur") over een navorderingsaanslag waarin belastingverplichtingen zijn vastgesteld met betrekking tot dividenden die door GVC zijn uitgekeerd en betaald aan haar moedermaatschappij PGB Limited – Gibraltar, gevestigd in Gibraltar, voor de periode van 13 juli 2011 tot en met 21 april 2016.

Toepasselijke bepalingen

Unierecht

Status van Gibraltar

3. Vooraf moet worden opgemerkt dat er in onderhavige zaak, aangezien het bij de verwijzende rechter aanhangige geding betrekking heeft op belastingen die verschuldigd zijn over een periode vóór 1 februari 2020, geen rekening hoeft te worden gehouden met het Akkoord inzake de terugtrekking van het Verenigd Koninkrijk van Groot-Brittannië en Noord-Ierland uit de Europese Unie en de Europese Gemeenschap voor Atoomenergie (*PB* 2020, L 29, blz. 7).

4. Gibraltar is een Europees grondgebied waarvan de buitenlandse betrekkingen door een lidstaat – het Verenigd Koninkrijk van Groot-Brittannië en Noord-Ierland – worden behartigd in de zin van artikel 355, punt 3, VWEU en waarop de Verdragsbepalingen van toepassing zijn.

5. De Akte betreffende de toetredingsvoorwaarden van het Koninkrijk Denemarken, Ierland en het Verenigd Koninkrijk van Groot-Brittannië en Noord-Ierland, en de aanpassing van de Verdragen (*PB* 1972, L 73, blz. 14; hierna: „Toetredingsakte van 1972") bepaalt echter dat bepaalde delen van het Verdrag niet van toepassing zijn op Gibraltar.

6. Artikel 28 van de Toetredingsakte van 1972 bepaalt:

> „De besluiten van de instellingen van de [Europese Unie] die betrekking hebben op de producten van bijlage [I] van het [VWEU] en op de producten die bij invoer in de [Unie] aan een bijzondere regeling zijn onderworpen als gevolg van de tenuitvoerlegging van het gemeenschappelijk landbouwbeleid, alsmede de besluiten inzake de harmonisatie van de wetgevingen van de lidstaten betreffende de omzetbelasting zijn niet van toepassing op Gibraltar, tenzij de [Raad van de Europese Unie] op voorstel van de [Europese Commissie] met eenparigheid van stemmen anders besluit."

7. Krachtens artikel 29 van de Toetredingsakte van 1972, gelezen in samenhang met bijlage I, deel I, punt 4, daarbij, maakt Gibraltar geen deel uit van het douanegebied van de Unie.

Richtlijn 2011/96

8. De overwegingen 3 tot en met 6 en 8 van richtlijn 2011/96 luiden:

> „3. Deze richtlijn strekt ertoe dividenden en andere winstuitkeringen van dochterondernemingen aan hun moedermaatschappijen vrij te stellen van bronbelasting en dubbele belastingheffing van zulke inkomsten op het niveau van de moedermaatschappij te elimineren.
> 4. Hergroeperingen van vennootschappen uit verschillende lidstaten kunnen noodzakelijk zijn teneinde in de Unie soortgelijke voorwaarden te scheppen als op een binnenlandse markt en daardoor de goede werking van de interne markt te verzekeren. Deze transacties mogen niet worden belemmerd door beper-

kingen, nadelen of distorsies die met name voortvloeien uit de fiscale voorschriften van de lidstaten. Er moet bijgevolg voor deze hergroeperingen in concurrentie-neutrale belastingvoorschriften worden voorzien om de ondernemingen in staat te stellen zich aan te passen aan de eisen van de interne markt, hun productiviteit te vergroten en hun concurrentiepositie op de internationale markt te versterken.
5. Deze hergroeperingen kunnen leiden tot de vorming van groepen van moeder- en dochtermaatschappijen.
6. Voor de inwerkingtreding van richtlijn 90/435/EEG [van de Raad van 23 juli 1990 betreffende de gemeenschappelijke fiscale regeling voor moedermaatschappijen en dochterondernemingen uit verschillende lidstaten (*PB* 1990, L 225, blz. 6)] vertoonden de fiscale voorschriften betreffende de betrekkingen tussen moedermaatschappijen en dochterondernemingen uit verschillende lidstaten van land tot land aanzienlijke verschillen en waren deze in het algemeen minder gunstig dan de voorschriften voor de betrekkingen tussen moedermaatschappijen en dochterondernemingen van dezelfde lidstaat. De samenwerking tussen vennootschappen van verschillende lidstaten werd hierdoor benadeeld ten opzichte van de samenwerking tussen vennootschappen van dezelfde lidstaat. Deze benadeling moest worden opgeheven door invoering van een gemeenschappelijke regeling teneinde hergroeperingen van vennootschappen op Unieniveau aldus te vergemakkelijken.
[...]
8. Voorts moet de winst, die een dochteronderneming aan haar moedermaatschappij uitkeert, van inhouding van een bronbelasting worden vrijgesteld teneinde de belastingneutraliteit te verzekeren."

9. Artikel 1, lid 1, van richtlijn 2011/96 is als volgt verwoord:

„Elke lidstaat past deze richtlijn toe:
a. op uitkeringen van winst die door vennootschappen van die lidstaat zijn ontvangen van hun dochterondernemingen uit andere lidstaten;
b. op winst die door vennootschappen van die lidstaat is uitgekeerd aan vennootschappen van andere lidstaten, waarvan zij dochterondernemingen zijn;
[...]"

10. In artikel 2, onder a), van deze richtlijn is het volgende opgenomen:
„Voor de toepassing van deze richtlijn wordt verstaan onder:
a. ,vennootschap van een lidstaat' iedere vennootschap:
i. die een van de in bijlage I, deel A, genoemde rechtsvormen heeft;
ii. die volgens de fiscale wetgeving van een lidstaat wordt beschouwd in die staat haar fiscale woonplaats te hebben en die, volgens een met een derde staat gesloten verdrag op het gebied van dubbele belastingheffing, niet wordt beschouwd als fiscaal buiten de Unie te zijn gevestigd;
iii. die bovendien, zonder keuzemogelijkheid en zonder ervan te zijn vrijgesteld, onderworpen is aan een van de in bijlage I, deel B, genoemde belastingen of aan enige andere belasting die in de plaats zou treden van een van die belastingen".

11. Artikel 5 van die richtlijn bepaalt dat „[d]e door een dochteronderneming aan de moedermaatschappij uitgekeerde winst wordt vrijgesteld van bronbelasting".

12. Bijlage I, deel A, bij richtlijn 2011/96 bevat de lijst van de in artikel 2, onder a), punt i), van deze richtlijn bedoelde vennootschappen en vermeldt onder punt ab) „vennootschappen naar Brits recht".

13. Deel B van bijlage I bevat de lijst van de in artikel 2, onder a), punt iii), van deze richtlijn bedoelde belastingen, waaronder, in het laatste streepje, de „*corporation tax* in het Verenigd Koninkrijk".

Bulgaars recht

14. Artikel 194, leden 1 en 3, van de Zakon za korporativnoto podohodno oblagane (wet op de vennootschapsbelasting) (DV nr. 105 van 22 december 2006) luidt:

„1. Bronbelasting is verschuldigd over dividenden en liquidatieopbrengsten die door binnenlandse rechtspersonen worden uitgekeerd aan de hiernavolgende personen:
1. buitenlandse rechtspersonen [...];
[...]
3. Lid 1 is niet van toepassing indien de dividenden en liquidatieopbrengsten worden uitgekeerd aan de hiernavolgende personen of instellingen:
[...]

3. [...] een buitenlandse rechtspersoon die fiscaal gevestigd is in een lidstaat van de Europese Unie of in een andere staat die partij is bij de Overeenkomst betreffende de Europese Economische Ruimte [van 2 mei 1992 (*PB* 1994, L 1, blz. 3)], behalve in het geval van verborgen winstuitkeringen."

Hoofdgeding en prejudiciële vragen

15. GVC is een eenmansvennootschap met beperkte aansprakelijkheid naar Bulgaars recht die diensten op het gebied van informatietechnologie verricht. Tot 1 februari 2016 was haar kapitaal volledig in handen van de vennootschap PGB Limited – Gibraltar, die is opgericht in Gibraltar.

16. Van 13 juli 2011 tot en met 21 april 2016 heeft GVC dividenden toegekend en uitbetaald aan haar moedermaatschappij PGB Limited – Gibraltar zonder daarover in Bulgarije belastingen in te houden of af te dragen. Zij was immers van mening dat de moedermaatschappij overeenkomstig artikel 194, lid 3, van de wet op de vennootschapsbelasting kon worden beschouwd als een buitenlandse rechtspersoon die fiscaal was gevestigd in een lidstaat van de Europese Unie.

17. De bevoegde Bulgaarse belastingdienst was daarentegen van mening dat in casu bronbelasting over de uitgekeerde dividenden had moeten worden ingehouden en heeft daarom op 1 december 2017 een navorderingsaanslag opgelegd voor een bedrag van 930 529,54 Bulgaarse lev (BGN) (ongeveer 476 000 EUR), waarvan 669 690,32 BGN (ongeveer 342 000 EUR) als hoofdsom en 260 839,22 BGN (ongeveer 134 000 EUR) vertragingsrente. GVC heeft tegen deze aanslag bezwaar gemaakt bij de directeur, die de aanslag heeft bevestigd. GVC heeft bij de verwijzende rechter beroep ingesteld tot nietigverklaring van de bevestigde aanslag.

18. GVC stelt dat het Unierecht van toepassing is op Gibraltar, een Europees grondgebied waarvan de buitenlandse betrekkingen door een lidstaat worden behartigd in de zin van artikel 355, punt 3, VWEU, en dat de uitkering van dividenden niet valt onder de uitsluitingen in de artikelen 28 tot en met 30 van de Toetredingsakte van 1972. In dit verband is zij van mening dat haar moedermaatschappij voldoet aan de eisen van artikel 2 van richtlijn 2011/96, omdat die kan worden gelijkgesteld met een in het Verenigd Koninkrijk opgerichte vennootschap en in Gibraltar is onderworpen aan de heffing van vennootschapsbelasting die volgens GVC kan worden gelijkgesteld met de „*corporation tax* in het Verenigd Koninkrijk", als bedoeld in bijlage I, deel B, laatste streepje, bij deze richtlijn.

19. De directeur betoogt daarentegen dat bijlage I bij richtlijn 2011/96 een uitdrukkelijke en uitputtende lijst bevat van de vennootschapsvormen (deel A) en de belastingen (deel B) waarvoor zij geldt. Volgens hem is de werkingssfeer van de richtlijn daarin uitputtend geregeld en kan deze dus niet worden uitgebreid tot vennootschappen die zijn opgericht in Gibraltar en aldaar aan vennootschapsbelasting zijn onderworpen, daar fiscale bepalingen immers niet ruim mogen worden uitgelegd.

20. Aangezien de Administrativen sad Sofia-grad (bestuursrechter Sofia, Bulgarije) twijfels heeft over de vraag of GVC, als dochteronderneming van een in Gibraltar ingeschreven moedermaatschappij die aldaar aan vennootschapsbelasting is onderworpen, binnen de werkingssfeer van richtlijn 2011/96 valt en of zij bijgevolg in Bulgarije van bronbelasting moet worden vrijgesteld, heeft hij de behandeling van de zaak geschorst en het Hof verzocht om een prejudiciële beslissing over de volgende vragen:

„1. Moet artikel 2, onder a), punt i), van richtlijn [2011/96], gelezen in samenhang met bijlage I, deel A, onder ab), bij deze richtlijn, aldus worden uitgelegd dat onder het begrip ‚vennootschappen naar Brits recht' ook vennootschappen vallen die in Gibraltar zijn opgericht?

2. Moet artikel 2, onder a), punt iii), van richtlijn [2011/96], gelezen in samenhang met bijlage I, deel B, [laatste streepje,] bij deze richtlijn aldus worden uitgelegd dat onder het begrip ‚*corporation tax* in het Verenigd Koninkrijk' ook de in Gibraltar verschuldigde vennootschapsbelasting valt?"

Ontvankelijkheid van het verzoek om een prejudiciële beslissing

21. Hoewel de regering van het Verenigd Koninkrijk niet formeel een exceptie van niet-ontvankelijkheid opwerpt, stelt zij in haar schriftelijke opmerkingen dat de prejudiciële vragen niet hoeven te worden beantwoord om het hoofdgeding te kunnen beslechten.

22. Gelet op de status van Gibraltar in het Unierecht, zoals bevestigd door het Hof, voldoet PGB Limited – Gibraltar, als een in Gibraltar gevestigde vennootschap reeds aan de voorwaarde van artikel 194, lid 3, van de wet op de vennootschapsbelasting, namelijk dat zij een buitenlandse rechtspersoon met fiscale woonplaats in een lidstaat van de Unie is. Bijgevolg hoeft richtlijn 2011/96 volgens deze regering niet te worden uitgelegd.

23. Volgens vaste rechtspraak rust er een vermoeden van relevantie op de vragen betreffende de uitlegging van het Unierecht die de nationale rechter heeft gesteld binnen het onder zijn eigen verantwoordelijkheid geschetste feitelijke en wettelijke kader, ten aanzien waarvan het niet aan het Hof is de juistheid te onderzoeken. Het Hof kan slechts weigeren uitspraak te doen op een verzoek om een prejudiciële beslissing van een nationale rechter wanneer duidelijk blijkt dat de gevraagde uitlegging van het Unierecht geen verband houdt met een reëel geschil of met het voorwerp van het hoofdgeding, of wanneer het vraagstuk van hypothetische aard is of het Hof niet beschikt over de feitelijke en juridische gegevens die noodzakelijk zijn om een zinvol antwoord te geven op de aan het Hof gestelde vragen (arrest van 30 januari 2020, I.G.I., C-394/18, EU:C:2020:56, punt 56 en aldaar aangehaalde rechtspraak).

24. Zoals de regering van het Verenigd Koninkrijk zelf uitdrukkelijk opmerkt, vormen de in het hoofdgeding aan de orde zijnde bepalingen van nationaal recht in casu juist maatregelen ter omzetting van richtlijn 2011/96.

25. Voorts blijkt uit de verwijzingsbeslissing dat de verwijzende rechter met het oog op de beslechting van het hoofdgeding moet vaststellen of PGB Limited – Gibraltar, als in Gibraltar opgerichte vennootschap, binnen de werkingssfeer van richtlijn 2011/96 valt om te rechtvaardigen dat GVC, als haar dochteronderneming, overeenkomstig artikel 5 van deze richtlijn wordt vrijgesteld van de in Bulgarije geheven bronbelasting.

26. Om die redenen kan geenszins worden geoordeeld dat de door de verwijzende rechter in casu gevraagde uitlegging van richtlijn 2011/96 geen verband houdt met een reëel geschil of met het voorwerp van het hoofdgeding of betrekking heeft op een hypothetisch vraagstuk, aangezien deze uitlegging noodzakelijk is voor de beslechting van dit geding.

27. Bijgevolg is het verzoek om een prejudiciële beslissing ontvankelijk.

Beantwoording van de prejudiciële vragen

28. Met zijn vragen, die samen moeten worden onderzocht, wenst de verwijzende rechter in wezen te vernemen of artikel 2, onder a), punten i) en iii), van richtlijn 2011/96, gelezen in samenhang met bijlage I, deel A, onder ab), en deel B, laatste streepje, bij deze richtlijn, aldus moet worden uitgelegd dat de daarin vermelde begrippen „vennootschappen naar Brits recht" en „*corporation tax* in het Verenigd Koninkrijk" zien op vennootschappen die in Gibraltar zijn opgericht en aldaar aan vennootschapsbelasting zijn onderworpen.

29. Vooraf moet worden opgemerkt dat in het voor het hoofdgeding relevante tijdvak zowel richtlijn 90/435, zoals gewijzigd bij richtlijn 2006/98/EG van de Raad van 20 november 2006 (*PB* 2006, L 363, blz. 129) (hierna: „richtlijn 90/435"), als richtlijn 2011/96, waarbij eerstgenoemde richtlijn werd ingetrokken en vervangen, van toepassing was. Aangezien de relevante bepalingen evenwel ongewijzigd zijn gebleven, volstaat het in casu om de gestelde vragen enkel te beantwoorden in het licht van de relevante bepalingen van richtlijn 2011/96.

30. Daar Gibraltar gedurende het voor het hoofdgeding relevante tijdvak een Europees grondgebied was waarvan de buitenlandse betrekkingen door een lidstaat – het Verenigd Koninkrijk – werden behartigd, was het Unierecht krachtens artikel 355, punt 3, VWEU in beginsel op dit grondgebied van toepassing, met uitzondering van de uitsluitingen die uitdrukkelijk in de Toetredingsakte van 1972 zijn neergelegd (arrest van 23 september 2003, Commissie/Verenigd Koninkrijk, C-30/01, EU:C:2003:489, punt 47; beschikking van 12 oktober 2017, Fisher, C-192/16, EU:C:2017:762, punt 29, en arrest van 23 januari 2018, Buhagiar e.a., C-267/16, EU:C:2018:26, punt 31 en aldaar aangehaalde rechtspraak).

31. Richtlijn 2011/96 is vastgesteld op basis van artikel 115 VWEU, op grond waarvan de Raad richtlijnen kan vaststellen voor de onderlinge aanpassing van de wettelijke en bestuursrechtelijke bepalingen van de lidstaten die rechtstreeks van invloed zijn op de instelling of de werking van de interne markt. Volgens de overwegingen 3 tot en met 6 strekt deze richtlijn ertoe om dividenden en andere winstuitkeringen van dochterondernemingen aan hun moedermaatschappijen vrij te stellen van bronbelasting en dubbele belastingheffing van zulke inkomsten op het niveau van de moedermaatschappij te elimineren teneinde hergroeperingen van vennootschappen op Unieniveau te vergemakkelijken (zie in die zin, betreffende richtlijn 90/435, arrest van 19 december 2019, Brussels Securities, C-389/18, EU:C:2019:1132, punten 35 en 36 en aldaar aangehaalde rechtspraak).

32. Zoals de advocaat-generaal in punt 30 van zijn conclusie heeft opgemerkt, staat vast dat richtlijn 2011/96 niet onder een van de uitsluitingen van de artikelen 28 en 29 van de Toetredingsakte van 1972 valt.

33. Om te weten of moedermaatschappijen die in Gibraltar zijn opgericht en aldaar aan vennootschapsbelasting zijn onderworpen, aanspraak kunnen maken op de in artikel 5 van richtlijn 2011/96 bedoelde vrijstelling

van bronbelasting voor winstuitkeringen van hun dochterondernemingen die in de lidstaten zijn gevestigd, moet echter rekening worden gehouden met de bepalingen van deze richtlijn die haar materiële werkingssfeer afbakenen, namelijk de cumulatieve voorwaarden van artikel 2, onder a), van richtlijn 2011/96, gelezen in samenhang met bijlage I, deel A, onder ab), en deel B, laatste streepje, daarbij.

34. In de eerste plaats, en zoals reeds is vastgesteld in punt 29 van het onderhavige arrest, hebben deze bepalingen in wezen dezelfde strekking als die van richtlijn 90/435, zodat de rechtspraak van het Hof betreffende laatstgenoemde richtlijn ook van toepassing is op richtlijn 2011/96 (beschikking van 14 juni 2018, GS, C-440/17, niet gepubliceerd, EU:C:2018:437, punt 30). Het Hof heeft reeds geoordeeld dat richtlijn 90/435 niet tot doel heeft een gemeenschappelijke regeling in te voeren voor alle vennootschappen van de lidstaten of voor alle soorten deelnemingen (arresten van 22 december 2008, Les Vergers du Vieux Tauves, C-48/07, EU:C:2008:758, punt 49, en 1 oktober 2009, Gaz de France – Berliner Investissement, C-247/08, EU:C:2009:600, punt 36).

35. Zoals de advocaat-generaal in punt 36 van zijn conclusie heeft opgemerkt, volgt hieruit dat elke mogelijkheid om de werkingssfeer van richtlijn 2011/96 naar analogie toe te passen op andere vennootschapsvormen dan die welke in bijlage I, deel A, daarbij zijn vermeld, vanwege de rechtszekerheid wordt uitgesloten. De materiële werkingssfeer van deze richtlijn wordt immers bepaald aan de hand van een uitputtende lijst van vennootschapsvormen.

36. In de tweede plaats moet worden benadrukt dat uit de bewoordingen van artikel 2, onder a), van richtlijn 2011/96, gelezen in samenhang met bijlage I, deel A, onder ab), en deel B, laatste streepje, erbij, blijkt dat richtlijn 2011/96 voor het Verenigd Koninkrijk enkel van toepassing is op „vennootschappen naar Brits recht" die onderworpen zijn aan de „*corporation tax* in het Verenigd Koninkrijk".

37. Deze bepalingen verwijzen uitdrukkelijk naar het recht van het Verenigd Koninkrijk. Zij moeten dus worden uitgelegd overeenkomstig het als toepasselijk aangewezen nationale recht (zie in die zin arrest van 22 november 2012, Bank Handlowy en Adamiak, C-116/11, EU:C:2012:739, punt 50).

38. Opgemerkt zij dat de regering van het Verenigd Koninkrijk in haar schriftelijke opmerkingen heeft verduidelijkt dat volgens het nationale recht van deze lidstaat de overeenkomstig zijn recht opgerichte vennootschappen slechts vennootschappen kunnen omvatten die worden beschouwd te zijn opgericht in het Verenigd Koninkrijk en dat deze hoe dan ook niet de in Gibraltar opgerichte vennootschappen omvatten, hetgeen door de andere partijen in de procedure bij het Hof niet formeel is betwist.

39. Deze regering heeft overigens verduidelijkt dat volgens het nationale recht van het Verenigd Koninkrijk de in Gibraltar geheven belasting geen „*corporation tax* in het Verenigd Koninkrijk" is, hetgeen evenmin ter discussie werd gesteld.

40. Gelet op het aan het Hof overgelegde dossier, volgt hieruit dat in Gibraltar opgerichte vennootschappen niet voldoen aan de toepassingsvoorwaarde van artikel 2, onder a), punt i), van richtlijn 2011/96, gelezen in samenhang met bijlage I, deel A, onder ab), bij deze richtlijn, en dat de door Gibraltar ingestelde belastingregeling niet voldoet aan de toepassingsvoorwaarde van artikel 2, onder a), punt iii), van deze richtlijn, gelezen in samenhang met bijlage I, deel B, laatste streepje.

41. De voorgaande overwegingen doen geen afbreuk aan de verplichting om, ten tijde van de feiten in het hoofdgeding, de artikelen 49 en 63 VWEU te eerbiedigen en eventueel na te gaan of de belasting van de door een Bulgaarse dochteronderneming aan haar in Gibraltar gevestigde moedermaatschappij uitgekeerde winst een beperking vormt op het recht van vestiging of vrij verkeer van kapitaal dat in Gibraltar opgerichte vennootschappen genieten (beschikking van 12 oktober 2017, Fisher, C-192/16, EU:C:2017:762, punten 26 en 27), en zo ja, of die beperking gerechtvaardigd is.

42. Gelet op een en ander moet op de vragen worden geantwoord dat artikel 2, onder a), punten i) en iii), van richtlijn 2011/96, gelezen in samenhang met bijlage I, deel A, onder ab), en deel B, laatste streepje, bij deze richtlijn, aldus moet worden uitgelegd dat de daarin genoemde begrippen „vennootschappen naar Brits recht" en „*corporation tax* in het Verenigd Koninkrijk" niet zien op vennootschappen die in Gibraltar zijn opgericht en aldaar aan vennootschapsbelasting zijn onderworpen.

Kosten

43. ...

Het Hof (Vijfde kamer)
verklaart voor recht:

Artikel 2, onder a), punten i) en iii), van richtlijn 2011/96/EU van de Raad van 30 november 2011 betreffende de gemeenschappelijke fiscale regeling voor moedermaatschappijen en dochterondernemingen uit verschillende lidstaten, gelezen in samenhang met bijlage I, deel A, onder ab), en deel B, laatste streepje, bij deze richtlijn, moet aldus worden uitgelegd dat de begrippen „vennootschappen naar Brits recht" en „*corporation tax* in het Verenigd Koninkrijk" niet zien op de vennootschappen die in Gibraltar zijn opgericht en aldaar aan vennootschapsbelasting zijn onderworpen.

HvJ EU 30 april 2020, zaak C-565/18 (Société Générale SA v. Agenzia delle Entrate – Direzione Regionale Lombardia Ufficio Contenzioso)

Tweede kamer: *A. Arabadjiev, kamerpresident, P. G. Xuereb en T. von Danwitz (rapporteur), rechters*
Advocaat-Generaal: *G. Hogan*

1. Het verzoek om een prejudiciële beslissing betreft de uitlegging van de artikelen 18, 56 en 63 VWEU.

2. Dit verzoek is ingediend in het kader van een geding tussen Société Générale SA en Agenzia delle Entrate – Direzione Regionale Lombardia Ufficio Contenzioso (belastingdienst – afdeling geschillen van de regionale directie Lombardije, Italië; hierna: „belastingdienst") over een vordering tot teruggaaf van de door Société Générale betaalde belasting op financiële transacties met afgeleide financiële instrumenten.

Italiaans recht

3. Artikel 1 van Legge n. 228 – Disposizioni per la formazione del bilancio annuale e pluriennale dello Stato (Legge di stabilità 2013) [wet nr. 228 houdende bepalingen tot opstelling van de jaar- en meerjarenbegroting van de staat (stabiliteitswet 2013)] van 24 december 2012 (GURI nr. 302 van 29 december 2012, gewoon supplement nr. 212, blz. 1; hierna: „wet nr. 228/2012") bepaalt in de leden 491, 492 en 494 het volgende:

> „491. De overdracht van de eigendom van aandelen en andere winstdelende financiële instrumenten [...] die zijn uitgegeven door vennootschappen die hun woonplaats hebben op het grondgebied van de staat, evenals van bewijzen van deelgerechtigdheid, ongeacht de staat waar de emittent zijn woonplaats heeft, is onderworpen aan een belasting op financiële transacties tegen het tarief van 0,2 procent van de transactiewaarde. De overdracht van de eigendom van aandelen als gevolg van de omzetting van obligaties is ook aan deze belasting onderworpen. [...] De belasting is verschuldigd ongeacht de plaats waar de transactie wordt afgesloten en de staat waar de contractpartijen woonplaats hebben. [...]
> 492. Transacties met afgeleide financiële instrumenten [...], die hoofdzakelijk een of meer van de in lid 491 genoemde financiële instrumenten als onderliggend instrument hebben, of waarvan de waarde hoofdzakelijk afhangt van een of meer van de in dat lid bedoelde financiële instrumenten, en effectentransacties [...], waardoor voornamelijk een of meer van de in lid 491 bedoelde financiële instrumenten kunnen worden gekocht of verkocht, of die een afwikkeling in contanten met zich brengen waarbij hoofdzakelijk wordt verwezen naar een of meer van de in het vorige lid bedoelde financiële instrumenten, waaronder warrants, gedekte warrants en certificaten, zijn, ten tijde van het afsluiten daarvan, onderworpen aan een vaste belasting die wordt bepaald aan de hand van het type instrument en de waarde van de overeenkomst volgens de bij deze wet gevoegde tabel 3. De belasting is verschuldigd ongeacht de plaats waar de transactie wordt afgesloten en de staat waar de contractpartijen woonplaats hebben. In het geval dat de in de eerste zin bedoelde transacties ook als afwikkelingsmethode voorzien in de overdracht van aandelen of andere winstdelende financiële instrumenten, is de eigendomsoverdracht van die financiële instrumenten, die ten tijde van de afwikkeling plaatsvindt, onderworpen aan belasting onder de voorwaarden en in de mate als bepaald in lid 491.
> [...]
> 494. De in lid 491 bedoelde belasting is verschuldigd door de verkrijger; de in lid 492 bedoelde belasting is verschuldigd door ieder van de tegenpartijen bij de transacties in de aldaar bepaalde mate. De in de leden 491 en 492 bedoelde belasting is niet van toepassing op entiteiten die bemiddelen bij dezelfde transacties. In het geval van een overdracht van de eigendom van aandelen en financiële instrumenten als bedoeld in lid 491, en bij transacties in financiële instrumenten als bedoeld in lid 492, wordt de belasting betaald door banken, trustmaatschappijen en beleggingsinstellingen die een vergunning hebben om op professionele basis aan het publiek beleggingsdiensten te verlenen en voor dat publiek beleggingsactiviteiten te verrichten [...] alsook door andere entiteiten die betrokken zijn bij de uitvoering van de bovengenoemde transacties, met inbegrip van niet-ingezeten tussenpersonen. Indien bij de uitvoering van de transactie meerdere van de in de derde zin genoemde entiteiten betrokken zijn, wordt de belasting betaald door de entiteit die de order rechtstreeks van de koper of van de uiteindelijke wederpartij ontvangt. In andere gevallen wordt de belasting door de belastingplichtige betaald. Niet-ingezeten tussenpersonen en andere entiteiten die bij de transactie betrokken zijn, mogen een fiscaal vertegenwoordiger benoemen [...] die onder dezelfde voorwaarden en met dezelfde verantwoordelijkheden als de niet-inge-

zeten entiteit verantwoordelijk is voor de verplichtingen in verband met de in de vorige leden bedoelde transacties. [...]"

4. De in artikel 1, lid 492, van wet nr. 228/2012 bedoelde tabel 3 is als bijlage bij deze wet gevoegd, heeft als opschrift „Tabel: belasting over financiële transacties met financiële instrumenten (waarde in euro's voor iedere tegenpartij)" en luidt:

	Nationale waarde van de overeenkomst (x 1 000 EUR)							
Financieel instrument:	0-2.5	2.5-5	5-10	10-50	50-100	100-500	500-1 000	> 1 000
Futurescontracten, certificaten, gedekte warrants en optiecontracten op rendementen, benchmarks of indexen met betrekking tot aandelen	0.01875	0.0375	0.075	0.375	0.75	3.75	7.5	5
Futurescontracten, warrants, certificaten, gedekte warrants en optiecontracten op aandelen	0.125	0.25	0.5	2.5	5	25	50	100
Swaps op aandelen en gerelateerde rendementen, indexen of benchmarks Termijncontracten op aandelen en gerelateerde rendementen, indexen of benchmarks Financiële contracten ter verrekening van verschillen in verband met de aandelen en de gerelateerde rendementen, indexen of benchmarks Alle andere effecten met afwikkeling in contanten bepaald op basis van de aandelen en de gerelateerde rendementen, indexen of benchmarks Combinaties van de bovengenoemde contracten of effecten	0.25	0.5	1	5	10	50	100	200

Hoofdgeding en prejudiciële vragen

5. Op 28 maart 2014 heeft Société Générale, gevestigd in Frankrijk, via haar Italiaanse bijkantoor bij de belastingdienst een aangifte ingediend voor de belasting op financiële transacties die is ingevoerd bij wet nr. 228/2012. Op basis van die aangifte, die betrekking had op de in belastingjaar 2013 door de Franse moedermaatschappij verrichte transacties met afgeleide financiële instrumenten als bedoeld in artikel 1, lid 492, van die wet, bedroeg deze belasting 55 207 EUR.

6. Op 1 augustus 2014 heeft Société Générale de belastingdienst verzocht om teruggaaf van de uit hoofde van deze belasting betaalde bedragen, waarbij zij heeft aangevoerd dat wet nr. 228/2012, voor zover deze voorziet in de heffing van een belasting over financiële transacties met afgeleide financiële instrumenten wanneer de emittent van het aan dergelijke instrumenten onderliggende effect in Italië gevestigd is, in strijd is met de Italiaanse grondwet, met name het beginsel van formele gelijkheid en het beginsel van draagkracht, zoals respectievelijk neergelegd in de artikelen 3 en 53 ervan, met het internationaal gewoonterecht dat in de Italiaanse rechtsorde van toepassing is op grond van artikel 10 van die grondwet, en met het Unierecht, in het bijzonder de artikelen 18, 56 en 63 VWEU.

7. Aangezien een antwoord van de belastingdienst uitbleef, heeft Société Générale op 28 januari 2015 bij de Commissione tributaria provinciale di Milano (belastingrechter in eerste aanleg Milaan, Italië) op basis van diezelfde gronden beroep ingesteld tegen het stilzwijgend besluit tot afwijzing van het verzoek tot teruggaaf. Bij beslissing van 18 mei 2016 heeft die rechter het beroep verworpen op grond dat wet nr. 228/2012 noch ongrondwettig, noch in strijd met het Unierecht was. Met betrekking tot de vraag of artikel 1, lid 492, van die wet in strijd is met de grondwet, was die rechter van oordeel dat er een werkelijk en objectief economisch verband bestond tussen het belastbare feit voor de bij deze bepaling ingevoerde belasting – transacties met afgeleide financiële instrumenten, die duiden op een zekere draagkracht – en de Italiaanse Staat, en dat er een onlosmakelijk verband bestond tussen de waarde van een dergelijk instrument en de waarde van het onderliggende effect. Bovendien kon belastingontwijking in de hand worden gewerkt wanneer alleen transacties met de onderliggende effecten worden belast, en werd het internationale beginsel van territorialiteit en fiscale soevereiniteit niet geschonden. Aangaande de vraag of deze wet eventueel onverenigbaar is met het Unierecht, heeft deze rechter geoordeeld dat dit niet het geval was, aangezien Italiaanse belastingplichtigen en in een andere lidstaat gevestigde belastingplichtigen niet aan een verschillende belastingregeling werden onderworpen.

8. Société Générale heeft tegen deze beslissing hoger beroep ingesteld bij de verwijzende rechter, de Commissione tributaria regionale per la Lombardia (belastingrechter in tweede aanleg Lombardije, Italië), met verzoek om teruggaaf van de betaalde belasting op basis van dezelfde argumenten als die welke zij had aangevoerd voor de rechter in eerste aanleg en, subsidiair, verwijzing van de zaak naar de Corte costituzionale (grondwettelijk hof, Italië) en naar het Hof voor een prejudiciële beslissing.

9. De verwijzende rechter merkt op dat de belasting op financiële transacties, als bedoeld in artikel 1, leden 491 tot en met 500, van wet nr. 228/2012, werd ingevoerd om te garanderen dat entiteiten die transacties verrichten met financiële instrumenten die een band met het Italiaanse grondgebied hebben, de overheidsuitgaven mee helpen dekken binnen de markten waarop zij actief zijn.

10. Deze rechter wijst op een symmetrie tussen de leden 491 en 492 van artikel 1 van deze wet, waarvan het eerste een regeling omvat voor aandelen en winstdelende financiële instrumenten die worden uitgegeven door in Italië gevestigde vennootschappen en voor bewijzen van deelgerechtigdheid, en het tweede een regeling omvat voor afgeleide financiële instrumenten met als onderliggende effecten een of meer van de in lid 491 van dat artikel bedoelde aandelen en instrumenten, of waarvan de waarde aan die aandelen en instrumenten is gekoppeld, waarbij deze twee leden bepalen dat de belasting verschuldigd is, hoewel zij op een andere manier wordt berekend, ongeacht de plaats van de transactie en de staat waar de contractpartijen woonplaats hebben.

11. De verwijzende rechter merkt tevens op dat elke financiëlemarktdeelnemer die transacties verricht met dergelijke afgeleide financiële instrumenten, profiteert van de waarde van het onderliggende effect, dat zijn bestaan te danken heeft aan de Italiaanse rechtsorde die voorziet in een wettelijke regeling voor de uitgifte van dit effect. De Italiaanse wetgever is dan ook terecht van oordeel dat er een onlosmakelijk economisch verband bestaat tussen deze instrumenten en de rechtsorde van deze lidstaat. Deze rechter voegt hieraan toe dat hij het niet eens is met de stelling van Société Générale dat er geen territoriale band bestaat tussen die rechtsorde en de belasting waarin artikel 1, lid 492, van wet nr. 228/2012 voorziet.

12. De verwijzende rechter vraagt zich evenwel af of wet nr. 228/2012 in overeenstemming is met de beginselen van het Unierecht, voor zover daarbij wordt voorzien in de heffing van een belasting op, alsook in administratieve en aangifteverplichtingen voor, transacties met afgeleide financiële instrumenten tussen niet-ingezeten entiteiten die tot stand zijn gekomen via de bemiddeling van eveneens niet-ingezeten tussenpersonen en waarbij de onderliggende effecten zijn uitgegeven door een ingezeten vennootschap, aangezien transacties met die onderliggende effecten aan een soortgelijke belasting onderworpen zijn.

13. In het bijzonder vraagt de verwijzende rechter zich af of de in artikel 1, leden 491 en 492, van wet nr. 228/2012 bedoelde belasting niet kan leiden tot discriminatie tussen ingezeten en niet-ingezeten belastingplichtigen, zoals Société Générale stelt, alsook tot belemmering van het vrije verkeer van diensten en het vrije verkeer van kapitaal.

14. Daarop heeft de Commissione tributaria regionale per la Lombardia de behandeling van de zaak geschorst en het Hof verzocht om een prejudiciële beslissing over de volgende vraag:

> „Staan de artikelen 18, 56 en 63 VWEU in de weg aan een nationale regeling die voorziet in de heffing van een belasting op financiële transacties, ongeacht de vestigingsstaat van de financiëlemarktdeelnemers en van de tussenpersoon, die door de bij de transactie betrokken partijen moet worden voldaan, bestaat in

een vast bedrag dat stijgt naarmate de waarde van de transacties toeneemt en afhankelijk is van het type instrument dat wordt verhandeld en van de waarde van de overeenkomst, en verschuldigd is op grond van het feit dat de belastbare transacties betrekking hebben op een derivaat dat is gebaseerd op een effect dat is uitgegeven door een vennootschap die is gevestigd in de staat die deze belasting heeft ingevoerd?"

Prejudiciële vraag

15. Met zijn vraag wenst de verwijzende rechter in wezen te vernemen of de artikelen 18, 56 en 63 VWEU aldus moeten worden uitgelegd dat zij zich verzetten tegen een regeling van een lidstaat die voorziet in de heffing van een belasting op, alsook in administratieve en aangifteverplichtingen voor, transacties met afgeleide financiële instrumenten, die moeten worden voldaan respectievelijk nagekomen door de bij de transactie betrokken partijen, ongeacht de plaats van de transactie of de staat waar die partijen en de eventuele, bij de uitvoering ervan betrokken tussenpersonen gevestigd zijn, wanneer het onderliggende effect van deze instrumenten een effect is dat is uitgegeven door een in die lidstaat gevestigde vennootschap.

16. Vooraf moet worden opgemerkt dat artikel 18 VWEU slechts autonoom toepassing kan vinden in situaties waarin het Unierecht geldt maar waarvoor in het Verdrag geen specifieke discriminatieverboden zijn neergelegd. Het Verdrag voorziet echter met name in artikel 56 VWEU in een dergelijke specifieke regel op het gebied van het vrije verkeer van diensten (zie in die zin arrest van 19 juni 2014, Strojírny Prostejov en ACO Industries Tábor, C-53/13 en C-80/13, EU:C:2014:2011, punt 32 en aldaar aangehaalde rechtspraak) en in artikel 63 VWEU op het gebied van het vrije verkeer van kapitaal (zie in die zin beschikking van 6 september 2018, Patrício Teixeira, C-184/18, niet gepubliceerd, EU:C:2018:694, punten 15 en 16 en aldaar aangehaalde rechtspraak).

17. Aangaande allereerst de vraag welke vrijheid van toepassing is op de omstandigheden van het hoofdgeding, verwijst de nationale rechter naar het vrije verkeer van diensten en het vrije verkeer van kapitaal.

18. In dit verband moet worden vastgesteld dat een regeling van een lidstaat tot invoering van een belasting op transacties met afgeleide financiële instrumenten, zoals artikel 1, lid 492, van wet nr. 228/2012, binnen de werkingssfeer van het vrije verkeer van kapitaal valt, aangezien de belasting wordt geheven over financiële transacties die kapitaalbewegingen tot gevolg hebben. Een dergelijke regeling kan evenwel ook van invloed zijn op het vrije verkeer van diensten, aangezien zij gevolgen kan hebben voor de financiële diensten met door in die lidstaat gevestigde vennootschappen uitgegeven effecten wanneer die diensten in een andere lidstaat worden aangeboden.

19. Volgens zijn vaste rechtspraak onderzoekt het Hof, wanneer een nationale maatregel zowel verband houdt met het vrij verrichten van diensten als met het vrije verkeer van kapitaal, de betrokken maatregel in beginsel uit het oogpunt van slechts een van deze twee vrijheden, indien blijkt dat in de omstandigheden van het hoofdgeding een van de vrijheden volledig ondergeschikt is aan de andere en daarmee kan worden verbonden [zie in die zin arresten van 3 oktober 2006, Fidium Finanz, C-452/04, EU:C:2006:631, punt 34; 26 mei 2016, NN (L) International, C-48/15, EU:C:2016:356, punt 39, en 8 juni 2017, Van der Weegen e.a., C-580/15, EU:C:2017:429, punt 25].

20. In de omstandigheden van het hoofdgeding blijkt het vrij verrichten van diensten ondergeschikt te zijn aan het vrije verkeer van kapitaal. De wettelijke voorwaarden voor de betrokken belasting, die betrekking heeft op financiële transacties, zijn immers van toepassing ongeacht of er bij een dergelijke transactie diensten worden verricht. Bovendien vraagt de verwijzende rechter zich af of het invoeren van een dergelijke belasting beperkende gevolgen kan hebben, zonder nader toe te lichten op welke wijze deze belasting specifiek van invloed zou kunnen zijn op dergelijke dienstverrichtingen. Ten slotte heeft Société Générale volgens de aanwijzingen in het verzoek om een prejudiciële beslissing die belasting betaald aangezien zij als financiëlemarktdeelnemer betrokken was bij de in het hoofdgeding aan de orde zijnde transacties, zonder dat meer gegevens over deze transacties en haar rol werden verstrekt. In dit verzoek wordt met name niet verduidelijkt waarom en met welk oogmerk deze transacties afgesloten zijn.

21. Hieruit volgt dat de prejudiciële vraag moet worden onderzocht in het licht van het vrije verkeer van kapitaal.

22. Vervolgens blijkt uit vaste rechtspraak van het Hof dat de maatregelen die ingevolge artikel 63, lid 1, VWEU verboden zijn omdat zij het kapitaalverkeer beperken, maatregelen omvatten die niet-ingezetenen ervan doen afzien in een lidstaat investeringen te doen, of ingezetenen van deze lidstaat ontmoedigen in andere staten investeringen te doen (arresten van 10 februari 2011, Haribo Lakritzen Hans Riegel en

Österreichische Salinen, C-436/08 en C-437/08, EU:C:2011:61, punt 50, en 18 januari 2018, Jahin, C-45/17, EU:C:2018:18, punt 25 en aldaar aangehaalde rechtspraak).

23. In dit verband vormt het recht dat de lidstaten ontlenen aan artikel 65, lid 1, onder a), VWEU om de ter zake dienende bepalingen van hun belastingwetgeving toe te passen die onderscheid maken tussen belastingplichtigen die niet in dezelfde situatie verkeren met betrekking tot de plaats waar zij gevestigd zijn of de plaats waar hun kapitaal is belegd, een afwijking van het fundamentele beginsel van het vrije verkeer van kapitaal. Deze afwijking wordt zelf beperkt door artikel 65, lid 3, VWEU, dat bepaalt dat de in lid 1 van dat artikel bedoelde nationale bepalingen „geen middel tot willekeurige discriminatie [mogen] vormen, noch een verkapte beperking van het vrije kapitaalverkeer en betalingsverkeer als omschreven in artikel 63 [VWEU]" (zie in die zin arrest van 22 november 2018, Sofina e.a., C-575/17, EU:C:2018:943, punt 45 en aldaar aangehaalde rechtspraak).

24. Het Hof heeft eveneens geoordeeld dat bijgevolg onderscheid moet worden gemaakt tussen de door artikel 65, lid 1, onder a), VWEU toegestane verschillen in behandeling en de door artikel 65, lid 3, VWEU verboden gevallen van discriminatie. Een nationale belastingregeling kan enkel verenigbaar met de Verdragsbepalingen betreffende het vrije kapitaalverkeer worden geacht indien het daaruit voortvloeiende verschil in behandeling betrekking heeft op situaties die niet objectief vergelijkbaar zijn of wordt gerechtvaardigd door een dwingende reden van algemeen belang (arrest van 22 november 2018, Sofina e.a., C-575/17, EU:C:2018:943, punt 46 en aldaar aangehaalde rechtspraak).

25. Bovendien is het vaste rechtspraak dat discriminatie ook kan resulteren uit de toepassing van dezelfde regel op verschillende situaties (arrest van 6 december 2007, Columbus Container Services, C-298/05, EU:C:2007:754, punt 41 en aldaar aangehaalde rechtspraak).

26. Ten slotte zij eraan herinnerd dat, om vast te stellen of er sprake is van discriminatie, de vergelijkbaarheid van een grensoverschrijdende situatie met een binnenlandse situatie van de lidstaat moet worden onderzocht aan de hand van het met de betrokken nationale bepalingen nagestreefde doel [arrest van 26 februari 2019, X (In derde landen gevestigde tussenvennootschappen), C-135/17, EU:C:2019:136, punt 64 en aldaar aangehaalde rechtspraak].

27. In casu voert Société Générale aan dat de in artikel 1, lid 492, van wet nr. 228/2012 bedoelde belasting leidt tot discriminatie tussen ingezetenen en niet-ingezetenen alsmede het vrije verkeer van kapitaal beperkt.

28. Deze vennootschap betoogt dat deze bepaling ingezeten en niet-ingezeten belastingplichtigen op dezelfde wijze behandelt ook al verkeren zij in een verschillende situatie, en tot gevolg heeft dat beleggen in afgeleide financiële instrumenten met als onderliggend effect een effect dat is uitgegeven door een in Italië gevestigde vennootschap, voor niet-ingezeten belastingplichtigen minder voordelig is dan beleggen in afgeleide financiële instrumenten waarvan het onderliggend effect van een andere staat afkomstig is. Als gevolg hiervan wordt de toegang tot de markt voor deze afgeleide financiële instrumenten belemmerd, temeer daar deze belasting in de praktijk gepaard gaat met administratieve en aangifteverplichtingen die komen bovenop de verplichtingen die de financiëlemarktdeelnemers en de eventuele tussenpersoon al hebben in de vestigingsstaat.

29. In dit verband moet worden opgemerkt dat uit de aanwijzingen in het verzoek om een prejudiciële beslissing blijkt dat de in artikel 1, lid 492, van wet nr. 228/2012 bedoelde belasting betrekking heeft op financiële transacties met afgeleide financiële instrumenten die een band hebben met de Italiaanse Staat. Deze belasting is verschuldigd ongeacht de plaats waar de transactie wordt afgesloten of de staat waar de bij deze transactie betrokken partijen en de eventuele tussenpersoon gevestigd zijn, zodat ingezeten en niet-ingezeten entiteiten aan dezelfde belastingregeling onderworpen zijn.

30. Deze belasting is met name gelijkelijk van toepassing op ingezeten en niet-ingezeten financiëlemarktdeelnemers en treft transacties die worden afgesloten in de heffingsstaat dan wel in een andere staat. De hoogte van deze belasting is namelijk niet afhankelijk van de plaats waar de transacties zijn afgesloten, of de staat waar de partijen of de eventuele tussenpersoon gevestigd zijn, maar van het bedrag van deze transacties en het soort instrument. Binnenlandse transacties worden dus fiscaal op dezelfde wijze behandeld als soortgelijke grensoverschrijdende transacties en er kan niet worden vastgesteld dat de respectieve situaties van ingezeten en niet-ingezeten entiteiten verschillend worden behandeld.

31. Met betrekking tot de vraag of de situaties vergelijkbaar zijn, verklaart de verwijzende rechter dat de in het hoofdgeding aan de orde zijnde nationale regeling tot doel heeft te garanderen dat entiteiten die financiële transacties met de betrokken instrumenten verrichten, de overheidsuitgaven mee helpen dekken. Gelet op deze doelstelling bevinden ingezeten en niet-ingezeten entiteiten die betrokken zijn bij transacties met afge-

leide financiële instrumenten die gebaseerd zijn op een in Italië uitgegeven effect, en die krachtens die nationale regeling aan de belasting onderworpen zijn, anders dan Société Générale stelt, zich in een vergelijkbare situatie.

32. Zoals de advocaat-generaal in punt 52 van zijn conclusie heeft opgemerkt, zijn afgeleide financiële instrumenten waarvan de onderliggende effecten worden beheerst door het Italiaanse recht en die aan deze belasting onderworpen zijn, uit het oogpunt van die doelstelling daarentegen niet vergelijkbaar met afgeleide financiële instrumenten waarvan de onderliggende effecten niet door dat recht worden beheerst en waarop deze belasting niet van toepassing is.

33. Uit het voorgaande volgt dat in de belasting bedoeld in artikel 1, lid 492, van wet nr. 228/2012 geen bij artikel 65, lid 3, VWEU verboden discriminatie besloten ligt.

34. Voor zover Société Générale betoogt dat het wegens het verschil in behandeling in de Italiaanse regeling tussen afgeleide financiële instrumenten waarvan de onderliggende effecten worden beheerst door het Italiaanse recht, en die waarvan de onderliggende effecten niet door dit recht worden beheerst, minder voordelig is om in eerstgenoemde instrumenten te beleggen, zij eraan herinnerd dat het Hof herhaaldelijk heeft geoordeeld dat, bij gebreke van harmonisatie op het niveau van de Europese Unie, de nadelen die uit de uitoefening van belastingbevoegdheden door de verschillende lidstaten kunnen voortvloeien, geen beperkingen van de verkeersvrijheden vormen voor zover deze uitoefening geen discriminatie oplevert, en voorts dat de lidstaten niet verplicht zijn om hun belastingstelsel aan te passen aan de verschillende belastingstelsels van de andere lidstaten [arrest van 26 mei 2016, NN (L) International, C-48/15, EU:C:2016:356, punt 47 en aldaar aangehaalde rechtspraak].

35. Met name kan het vrije verkeer van kapitaal niet aldus worden begrepen dat een lidstaat verplicht is om zijn belastingregeling af te stemmen op die van een andere lidstaat, teneinde te waarborgen dat de belasting in alle situaties aldus wordt geheven dat alle verschillen als gevolg van de nationale belastingregelingen verdwijnen, aangezien de beslissingen van een belastingplichtige betreffende de belegging in een andere lidstaat naargelang van het geval meer of minder voordelig of nadelig voor deze belastingplichtige kunnen uitvallen (arrest van 30 januari 2020, Köln-Aktienfonds Deka, C-156/17, EU:C:2020:51, punt 72).

36. Derhalve kan, zoals de Italiaanse regering en de Europese Commissie in hun schriftelijke opmerkingen aanvoeren, de in artikel 1, lid 492, van wet nr. 228/2012 bedoelde belasting niet worden beschouwd als een beperking van het vrije verkeer van kapitaal.

37. Wat het bestaan van administratieve en aangifteverplichtingen in verband met de betaling van deze belasting betreft, moet worden vastgesteld dat de verwijzende rechter dit aspect niet nader heeft uitgewerkt in het verzoek om een prejudiciële beslissing en met name niet heeft toegelicht om welke verplichtingen het gaat en de ter zake toepasselijke bepalingen niet heeft vermeld. Zoals de advocaat-generaal in punt 53 van zijn conclusie heeft opgemerkt, blijkt uit dit verzoek hoe dan ook niet dat de verplichtingen die rusten op niet-ingezeten entiteiten, verschillen van die welke aan ingezeten entiteiten zijn opgelegd, of dat deze verplichtingen verder gaan dan noodzakelijk is voor de invordering van de in artikel 1, lid 492, van wet nr. 228/2012 bedoelde belasting.

38. Met betrekking tot deze laatste hypothese heeft het Hof immers geoordeeld dat de noodzaak om een doelmatige invordering van de belasting te waarborgen een legitiem doel vormt dat een beperking van de fundamentele vrijheden kan rechtvaardigen. Zo mag een lidstaat maatregelen toepassen waarmee het bedrag van de verschuldigde belasting duidelijk en nauwkeurig kan worden vastgesteld, mits deze maatregelen geschikt zijn om de verwezenlijking van het nagestreefde doel te verzekeren en niet verder gaan dan noodzakelijk is om dat doel te bereiken (zie in die zin arresten van 15 mei 1997, Futura Participations en Singer, C-250/95, EU:C:1997:239, punt 31, en 22 november 2018, Sofina e.a., C-575/17, EU:C:2018:943, punt 67). Het staat aan de verwijzende rechter om de daarvoor vereiste controles te verrichten.

39. Gelet op een en ander moet op de prejudiciële vraag worden geantwoord dat artikel 63 VWEU aldus moet worden uitgelegd dat het zich niet verzet tegen een regeling van een lidstaat die voorziet in een belasting op financiële transacties met afgeleide financiële instrumenten die de partijen bij de transactie verschuldigd zijn, ongeacht de plaats van de transactie of de staat waar deze partijen en de eventuele, bij de uitvoering van die transactie betrokken tussenpersoon gevestigd zijn, wanneer het onderliggende effect van deze instrumenten een effect is dat is uitgegeven door een in die lidstaat gevestigde vennootschap. De met deze belasting gepaard gaande administratieve en aangifteverplichtingen die rusten op niet-ingezeten entiteiten, mogen echter niet verder gaan dan voor de invordering van deze belasting noodzakelijk is.

Kosten

40. ...

Het Hof (Tweede kamer)

verklaart voor recht:

Artikel 63 VWEU moet aldus worden uitgelegd dat het zich niet verzet tegen een regeling van een lidstaat die voorziet in een belasting op financiële transacties met afgeleide financiële instrumenten die de partijen bij de transactie verschuldigd zijn, ongeacht de plaats van de transactie of de staat waar deze partijen en de eventuele, bij de uitvoering van die transactie betrokken tussenpersoon gevestigd zijn, wanneer het onderliggende effect van deze instrumenten een effect is dat is uitgegeven door een in die lidstaat gevestigde vennootschap. De met deze belasting gepaard gaande administratieve en aangifteverplichtingen die rusten op niet-ingezeten entiteiten, mogen echter niet verder gaan dan voor de invordering van deze belasting noodzakelijk is.

HvJ EU 30 april 2020, gevoegde zaken C-168/19 en C-169/19, zoals gerectificeerd bij beschikking van 8 juni 2020 (HB [C-168/19], IC [C-169/19] v. Istituto nazionale della previdenza sociale [INPS])

Achtste kamer: *L. S. Rossi, kamerpresident, J. Malenovský (rapporteur) en N. Wahl, rechters*
Advocaat-Generaal: *G. Hogan*

1. De verzoeken om een prejudiciële beslissing betreffen de uitlegging van de artikelen 18 en 21 VWEU.

2. Deze verzoeken zijn ingediend in het kader van twee gedingen tussen enerzijds HB en IC en anderzijds het Istituto nazionale della previdenza sociale (INPS) (nationaal instituut voor sociale voorzieningen, Italië) met betrekking tot de weigering van laatstgenoemde om het bedrag van het pensioen van HB en IC uit te betalen zonder heffing van de Italiaanse belastingen.

Toepasselijke bepalingen

3. Artikel 18 van de convenzione tra la Repubblica italiana e la Repubblica portoghese per evitare le doppie imposizioni e prevenire l'evasione fiscale in materia di imposte sul reddito (verdrag tussen de Italiaanse Republiek en de Portugese Republiek ter voorkoming van dubbele belastingheffing en belastingontwijking met betrekking tot inkomstenbelastingen), ondertekend te Rome op 14 mei 1980, geratificeerd door de Italiaanse Republiek bij Legge n. 562 (wet nr. 562) van 10 juli 1982 (gewoon supplement bij GURI nr. 224 van 16 augustus 1982; hierna: „Italiaans-Portugees verdrag"), bepaalt:

„Onder voorbehoud van de bepalingen van artikel 19, lid 2, zijn pensioenen en andere soortgelijke beloningen betaald aan een inwoner van een van de staten ter zake van een vroegere dienstbetrekking, slechts in die staat belastbaar."

4. Artikel 19, lid 2, van het Italiaans-Portugees verdrag bepaalt:

„a. Pensioenen betaald door, of uit fondsen in het leven geroepen door, een van de verdragsluitende staten of een staatkundig of administratief onderdeel of een plaatselijk publiekrechtelijk lichaam daarvan aan een natuurlijke persoon ter zake van diensten bewezen aan die staat of dat publiekrechtelijk lichaam, zijn slechts in die staat belastbaar.
b. Deze pensioenen zijn echter uitsluitend in de andere verdragsluitende staat belastbaar indien de natuurlijke persoon een inwoner van deze staat is en er de nationaliteit van bezit."

Hoofdgedingen en prejudiciële vraag

5. HB en IC, die de Italiaanse nationaliteit hebben, zijn voormalige werknemers uit de Italiaanse overheidssector. Ze zijn beiden begunstigden van een pensioen dat wordt uitbetaald door het INPS. Nadat ze hun verblijfplaats hadden overgebracht naar Portugal hebben zij in de loop van 2015 het INPS verzocht om krachtens artikel 18 en artikel 19, lid 2, van het Italiaans-Portugees verdrag, het brutobedrag van hun maandelijkse pensioen te ontvangen, zonder inhouding van belastingen door de Italiaanse Republiek. Het INPS heeft hun verzoeken afgewezen en daarbij overwogen dat krachtens artikel 19 van het Italiaans-Portugees verdrag, anders dan bij Italiaanse gepensioneerden uit de particuliere sector, gepensioneerde werknemers uit de publieke sector in Italië moeten worden belast en alleen in die verdragsluitende staat mogen worden belast. HB en IC hebben tegen deze beslissingen beroep ingesteld bij de verwijzende rechter, de Corte dei conti – Sezione Giurisdizionale per la Regione Puglia (rekenkamer, afdeling rechtspraak voor de regio Apulië, Italië).

6. De verwijzende rechter is van oordeel dat het Italiaans-Portugees verdrag een kennelijk ongelijke behandeling invoert tussen de Italiaanse gepensioneerden uit de particuliere sector die in Portugal verblijven en de Italiaanse gepensioneerden uit de publieke sector die in Portugal verblijven, aangezien eerstgenoemden onrechtstreeks een gunstigere fiscale behandeling genieten dan laatstgenoemden, hetgeen volgens deze rechter een belemmering van het op grond van artikel 21 VWEU aan elke burger van de Europese Unie gewaarborgde vrije verkeer vormt.

7. De verwijzende rechter merkt tevens op dat het verschil in de fiscale behandeling van de pensioenen van Italiaanse onderdanen die hun verblijfplaats overbrengen naar Portugal naargelang het gaat om voormalige werknemers uit de publieke sector of voormalige werknemers uit de particuliere sector, een op grond van

artikel 18 VWEU verboden discriminatie op grond van nationaliteit vormt, aangezien laatstgenoemden enkel hoeven te voldoen aan de voorwaarde van verblijf om in Portugal te worden belast, terwijl eerstgenoemden bovendien ook de Portugese nationaliteit moeten verwerven.

8. In deze omstandigheden heeft de Corte dei Conti – Sezione Giurisdizionale per la Regione Puglia de behandeling van de zaken geschorst en de volgende in de twee gevoegde zaken in dezelfde bewoordingen geformuleerde prejudiciële vraag aan het Hof gesteld:

> „Moeten de artikelen 18 en 21 VWEU aldus worden uitgelegd dat zij zich verzetten tegen een regeling van een lidstaat op grond waarvan een in een andere lidstaat wonende persoon die al zijn inkomsten in de eerste lidstaat heeft verworven, maar niet de nationaliteit van de tweede lidstaat heeft, aan belasting over het inkomen wordt onderworpen zonder aanspraak te kunnen maken op de belastingvoordelen van deze laatste lidstaat?"

Beantwoording van de prejudiciële vraag

9. Met zijn vraag wenst de verwijzende rechter te vernemen of de artikelen 18 en 21 VWEU aldus dienen te worden uitgelegd dat zij zich verzetten tegen een regeling van een lidstaat die bepaalt dat de inkomsten van een persoon die in een andere lidstaat woont en al zijn inkomsten heeft verworven in de eerste lidstaat maar niet de nationaliteit heeft van de tweede lidstaat, alleen worden belast in de eerste lidstaat, waardoor deze persoon wordt uitgesloten van de belastingvoordelen die door de tweede lidstaat worden geboden.

10. Om te beginnen moet eraan worden herinnerd dat het volgens vaste rechtspraak van het Hof in het kader van de bij artikel 267 VWEU ingestelde procedure van samenwerking tussen de nationale rechterlijke instanties en het Hof, de taak is van het Hof om de nationale rechter een nuttig antwoord te geven aan de hand waarvan deze het bij hem aanhangige geding kan beslechten. Daartoe dient het Hof de voorgelegde vragen indien nodig te herformuleren (arrest van 3 maart 2020, Gómez del Moral Guasch, C-125/18, EU:C:2020:138, punt 27).

11. In dit verband moet in de eerste plaats worden opgemerkt dat de verwijzende rechter weliswaar niet preciseert of de verzoekers in het hoofdgeding hun verblijfplaats naar Portugal hebben overgebracht nadat zij elke beroepsactiviteit hadden beëindigd, maar van oordeel is dat artikel 21 VWEU betreffende het vrij verkeer van burgers van de Unie op hun situatie van toepassing is. Door zich op dit artikel van het VWEU te baseren, lijkt de verwijzende rechter het Hof erop te wijzen dat de verzoekers in de hoofdgedingen hun verblijfplaats hebben overgebracht na beëindiging van hun beroepsactiviteiten. Het Hof zal de vraag dan ook enkel vanuit dit oogpunt onderzoeken.

12. In de tweede plaats is, anders dan de Belgische en de Zweedse regering in hun schriftelijke opmerkingen betogen, artikel 18 VWEU, waarin het beginsel van non-discriminatie op grond van nationaliteit is neergelegd, van toepassing op een situatie zoals aan de orde in de hoofdgedingen.

13. Uit vaste rechtspraak van het Hof blijkt immers dat elke burger van de Unie zich kan beroepen op het in artikel 18 VWEU opgenomen verbod van discriminatie op grond van nationaliteit in een situatie waarin hij zijn bij artikel 21 VWEU verleende fundamentele vrijheid om op het grondgebied van de lidstaten te reizen en te verblijven heeft uitgeoefend (zie in die zin arresten van 13 november 2018, Raugevicius, C-247/17, EU:C:2018:898, punten 27 en 44 en aldaar aangehaalde rechtspraak, en 13 juni 2019, TopFit en Biffi, C-22/18, EU:C:2019:497, punt 29).

14. In de derde en laatste plaats moet worden opgemerkt dat uit het dossier waarover het Hof beschikt, blijkt dat artikel 18 en artikel 19, lid 2, van het Italiaans-Portugees verdrag, die in gelijke bewoordingen zijn geformuleerd als de overeenkomstige bepalingen in de versie van 2014 van het modelverdrag betreffende belastingen naar het inkomen en naar het vermogen, dat is opgesteld door de Organisatie voor Economische Samenwerking en Ontwikkeling (OESO), tot doel hebben om de fiscale bevoegdheid inzake pensioenen te verdelen tussen de Italiaanse Republiek en de Portugese Republiek, en in dat verband aanknopingsfactoren vaststellen die verschillen naargelang de belastingplichtigen in de particuliere of in de publieke sector hebben gewerkt. Voor die laatste categorie belastingplichtigen geldt dat zij in beginsel worden belast in de staat die het pensioen uitbetaalt tenzij zij de nationaliteit hebben van de andere verdragsluitende staat, waar zij verblijven.

15. Uit deze inleidende overwegingen blijkt dat de verwijzende rechter met zijn vraag in wezen wenst te vernemen of de artikelen 18 en 21 VWEU zich verzetten tegen een belastingregeling die voortvloeit uit een tussen twee lidstaten gesloten verdrag ter voorkoming van dubbele belastingheffing, op grond waarvan de bevoegdheid van deze staten inzake de belastingheffing op pensioenen wordt verdeeld naargelang de ontvangers

ervan waren tewerkgesteld in de particuliere sector of in de publieke sector, en in dat laatste geval naargelang zij al dan niet de nationaliteit van de lidstaat van verblijf hebben.

16. Dienaangaande dient eraan te worden herinnerd dat het Hof in het kader van verzoeken om een prejudiciële beslissing betreffende de vraag of tussen de lidstaten van de Unie gesloten verdragen ter voorkoming van dubbele belastingheffing verenigbaar moeten zijn met het beginsel van gelijke behandeling en – algemeen bezien – met de door het primaire recht van de Unie gewaarborgde vrijheden inzake verkeer, reeds heeft geoordeeld dat het de lidstaten vrijstaat om in het kader van bilaterale verdragen ter voorkoming van dubbele belastingheffing de aanknopingsfactoren ter verdeling van de heffingsbevoegdheid vast te stellen (arrest van 19 november 2015, Bukovansky, C-241/14, EU:C:2015:766, punt 37 en aldaar aangehaalde rechtspraak).

17. Bovendien moet worden opgemerkt dat een *bilateraal verdrag* ter voorkoming van dubbele belastingheffing zoals het Italiaans-Portugees verdrag tot doel heeft te vermijden dat dezelfde inkomsten in elk van de twee partijen bij dit verdrag wordenbelast, en niet beoogt te garanderen dat de door de belastingplichtige in een van de verdragsluitende staten verschuldigde belasting niet hoger is dan die welke hij in de andere verdragsluitende staat zou moeten voldoen (zie naar analogie arrest van 19 november 2015, Bukovansky, C-241/14, EU:C:2015:766, punt 44 en aldaar aangehaalde rechtspraak).

18. Met het oog daarop is het niet onredelijk dat de lidstaten criteria hanteren uit de internationale belastingpraktijk, en in het bijzonder – zoals de Italiaanse en de Portugese Republiek dit blijkens punt 14 van het onderhavige arrest in casu hebben gedaan – uit het door de OESO opgestelde modelverdrag betreffende belastingen naar het inkomen en naar het vermogen, waarvan artikel 19, lid 2, in de versie van 2014 aanknopingsfactoren bevat zoals het beginsel van de betalende staat en de nationaliteit (zie in die zin arresten van 12 mei 1998, Gilly, C-336/96, EU:C:1998:221,punt 31, en 24 oktober 2018, Sauvage en Lejeune, C-602/17, EU:C:2018:856, punt 23).

19. Wanneer bijgevolg in een tussen lidstaten gesloten verdrag ter voorkoming van dubbele belastingheffing het nationaliteitscriterium wordt gehanteerd in een bepaling die tot de verdeling van de fiscale bevoegdheid strekt, kan deze op de nationaliteit gebaseerde onderscheiding bijgevolg niet worden geacht een verboden discriminatie op te leveren (arrest van 19 november 2015, Bukovansky, C-241/14, EU:C:2015:766, punt 38 en aldaar aangehaalde rechtspraak).

20. Evenzo kan de aanwijzing van de betalende staat van het pensioen („betalende staat") als de staat die bevoegd is om de overheidspensioenen te belasten niet als zodanig negatieve gevolgen hebben voor de betrokken belastingplichtigen aangezien strikt genomen niet de gekozen aanknopingsfactor bepalend is voor de vraag of de fiscale behandeling van deze belastingplichtigen al dan niet gunstig uitvalt, maar het belastingniveau in de bevoegde staat, aangezien de tarieftabellen voor de directe belastingen niet op het niveau van de Unie zijn geharmoniseerd (zie in die zin arrest van 12 mei 1998, Gilly, C-336/96, EU:C:1998:221, punt 34).

21. Uit de toepassing op de omstandigheden van de hoofdgedingen van de in de punten 16 tot en met 20 van het onderhavige arrest in herinnering gebrachte beginselen uit de rechtspraak van het Hof volgt dat het verschil in behandeling waarmee de verzoekers in de hoofdgedingen stellen te zijn geconfronteerd, voortvloeit uit de verdeling van de heffingsbevoegdheid tussen de partijen bij het Italiaans-Portugees verdrag, en uit de verschillen die bestaan tussen de respectieve belastingregelingen van de verdragsluitende partijen. De keuze van deze partijen voor verschillende aanknopingsfactoren, zoals in casu de staat van betaling van het pensioen en de nationaliteit, teneinde de heffingsbevoegdheid onder hen te verdelen, kan echter niet worden geacht als zodanig een door de artikelen 18 en 21 VWEU verboden discriminatie op te leveren (zie naar analogie arrest van 19 november 2015, Bukovansky, C-241/14, EU:C:2015:766, punt 45).

22. Gelet op een en ander moet op de prejudiciële vraag worden geantwoord dat de artikelen 18 en 21 VWEU zich niet verzetten tegen een belastingregeling die voortvloeit uit een tussen twee lidstaten gesloten verdrag ter voorkoming van dubbele belastingheffing, op grond waarvan de bevoegdheid van deze staten inzake de belastingheffing op pensioenen wordt verdeeld naargelang de ontvangers ervan waren tewerkgesteld in de particuliere sector of de publieke sector, en in dat laatste geval naargelang zij al dan niet de nationaliteit van de lidstaat van verblijf hebben.

Kosten

23. …

Het Hof (Achtste kamer)
verklaart voor recht:

De artikelen 18 en 21 VWEU verzetten zich niet tegen een belastingregeling die voortvloeit uit een tussen twee lidstaten gesloten verdrag ter voorkoming van dubbele belastingheffing, op grond waarvan de bevoegdheid van deze staten inzake de belastingheffing op pensioenen wordt verdeeld naargelang de ontvangers ervan waren tewerkgesteld in de particuliere sector of de publieke sector, en in dat laatste geval naargelang zij al dan niet de nationaliteit van de lidstaat van verblijf hebben.

Gerecht EU 15 juli 2020, gevoegde zaken T-778/16 en T-892/16 (Ierland, Apple Sales International, Apple Operations Europe v. Europese Commissie)

Zevende kamer – uitgebreid: M. van der Woude, president, V. Tomljenović (rapporteur), A. Marcoulli, J. Passer en A. Kornezov, rechters

Inhoud

I. VOORGESCHIEDENIS VAN HET GEDING

A. Geschiedenis van de Apple-groep

1. Apple-groep

1. De Apple-groep is opgericht in 1976 en is gevestigd in Cupertino, Californië (Verenigde Staten). De groep bestaat uit Apple Inc. en uit alle vennootschappen die onder de zeggenschap van laatstgenoemde vallen (hierna gezamenlijk: „Apple-groep"). De Apple-groep ontwerpt, vervaardigt en verkoopt onder meer apparaten voor mobiele communicatie, multimedia-apparaten, personal computers en draagbare digitale muziekspelers, en verkoopt software, andere diensten en netwerkoplossingen, alsook digitale content en toepassingen van derden. De Apple-groep verkoopt haar producten en diensten aan consumenten, bedrijven en overheden wereldwijd, zowel via haar stores, online shops en direct sales teams als via externe mobiele-netwerkexploitanten, groothandelaren, retailers en distributeurs. De mondiale activiteiten van de Apple-groep

zijn opgebouwd rond belangrijke functiegebieden die centraal vanuit de Verenigde Staten worden aangestuurd en gemanaged door bestuurders die in Cupertino zijn gevestigd.

2. Besluit (EU) 2017/1283 van de Commissie van 30 augustus 2016 betreffende steunmaatregel SA.38373 (2014/C) (ex 2014/NN) (ex 2014/CP) die Ierland ten gunste van Apple ten uitvoer heeft gelegd (*PB* 2017, L 187, blz. 1; hierna: „bestreden besluit") heeft betrekking op twee advance tax rulings die de Ierse belastingdienst ten behoeve van twee vennootschappen van de Apple-groep heeft afgegeven.

2. ASI en AOE

a. Ondernemingsstructuur

3. Binnen de Apple-groep heeft Apple Operations International een volle dochter van Apple Inc. de volledige zeggenschap over haar dochteronderneming Apple Operations Europe (AOE), die op haar beurt de volledige zeggenschap heeft over haar dochteronderneming Apple Sales International (ASI). Zowel ASI als AOE is een naar Iers recht opgerichte vennootschap, maar is geen fiscaal ingezetene van Ierland.

4. Zoals opgemerkt in de overwegingen 113 tot en met 115 van het bestreden besluit bestonden de raden van bestuur van AOE en ASI voor een belangrijk deel uit bestuurders in dienst van Apple Inc. die in Cupertino waren gevestigd. In overweging 115 van dat besluit (tabellen 4 en 5) zijn fragmenten opgenomen van besluiten en notulen van algemene vergaderingen en bestuursvergaderingen van ASI en AOE. De besluiten van de raden van bestuur hadden regelmatig betrekking op zaken als de uitkering van dividend, de goedkeuring van directieverslagen en de benoeming en het ontslag van bestuurders. Soms betroffen die besluiten de oprichting van dochterondernemingen en het verlenen van volmachten aan bepaalde bestuurders om uiteenlopende activiteiten uit te voeren, zoals het beheer van bankrekeningen, het onderhouden van betrekkingen met regeringen en overheidsinstanties, het houden van audits, het afsluiten van verzekeringen, het sluiten van huurovereenkomsten, het inkopen en verkopen van activa, de ontvangst van goederen en het sluiten van commerciële overeenkomsten.

b. Overeenkomst inzake kostendeling

5. Apple Inc. had met ASI en AOE een overeenkomst inzake kostendeling gesloten (cost sharing agreement; hierna: „CSA"). De kostendeling had met name betrekking op het onderzoek en de ontwikkeling (R&D) van technologieën die in de producten van de Apple-groep zijn ingebouwd. De CSA is voor het eerst ondertekend in december 1980. De partijen bij die overeenkomst waren Apple Inc. (toentertijd Apple Computer Inc.) en AOE [toentertijd Apple Computer Ltd (ACL)]. In 1999 is ASI (toentertijd Apple Computer International) partij geworden bij die overeenkomst. In de periode die relevant is voor het onderzoek in het bestreden besluit is de CSA meermaals gewijzigd, met name om rekening te houden met wijzigingen in de toepasselijke regelgeving.

6. De partijen bij die overeenkomst hebben zich ertoe verbonden om de R&D-gerelateerde kosten en risico's van immateriële activa die voortvloeien uit de ontwikkeling van producten en diensten van de Apple-groep, te delen. Voorts zijn die partijen overeengekomen dat Apple Inc. de officiële juridische eigenaar zou blijven van de immateriële activa waarop de kostendeling betrekking had, de intellectuele-eigendomsrechten (hierna: „IE") van de Apple-groep daaronder begrepen. Daarnaast heeft Apple Inc. een royaltyvrije licentie aan ASI en AOE verleend die hun onder meer het recht gaf om de betrokken producten op het aan hen toegewezen grondgebied te weten de hele wereld behalve het Amerikaanse continent te vervaardigen en te verkopen. Daarenboven waren de partijen bij de overeenkomst gehouden om de uit die overeenkomst voortvloeiende risico's te dragen, waarbij het voornaamste risico bestond in de verplichting om de ontwikkelingskosten van de IE-rechten van de Apple-groep te betalen.

c. Overeenkomst inzake marketingdiensten

7. ASI en Apple Inc. hebben in 2008 een overeenkomst inzake marketingdiensten gesloten, op grond waarvan laatstgenoemde zich ertoe verbond om marketingdiensten aan ASI te verlenen, die onder meer bestonden in het bedenken, ontwikkelen en uitvoeren van marketingstrategieën en promotieprogramma's en -campagnes. Voor die diensten moest ASI Apple Inc. een vergoeding betalen die overeenkwam met een percentage van de door Apple Inc. voor die diensten „gemaakte redelijke kosten" vermeerderd met een opslag.

3. Ierse vestigingen

8. ASI en AOE hebben Ierse vestigingen opgericht (in het Engels „branches" genoemd). AOE had tevens een vestiging in Singapore, waarvan de activiteiten in 2009 zijn beëindigd.

9. De Ierse vestiging van ASI is onder meer verantwoordelijk voor de inkoop-, verkoop- en distributieactiviteiten die verband houden met de verkoop van Apple-producten aan gelieerde partijen en derde klanten in de regio Europa, het Midden-Oosten, India en Afrika (EMEIA) en in de regio Azië-Stille Oceaan (APAC). De belangrijkste functies die binnen die vestiging worden uitgeoefend, zijn onder meer de inkoop van afgewerkte Apple-producten bij gelieerde en externe fabrikanten, distributieactiviteiten die verband houden met de verkoop van producten aan gelieerde partijen in de EMEIA- en de APAC-regio en aan derde klanten in de EMEIA-regio, online verkoopactiviteiten, logistieke activiteiten en het beheer van aftersalesdiensten. De Europese Commissie heeft vastgesteld (overweging 55 van het bestreden besluit) dat een groot aantal distributiegerelateerde activiteiten in de EMEIA-regio door gelieerde partijen in het kader van dienstverleningsovereenkomsten werd verricht.

10. De Ierse vestiging van AOE is verantwoordelijk voor de vervaardiging en de assemblage in Ierland van een specialistisch assortiment computerproducten waaronder iMac-desktops, MacBook-laptops en andere computeraccessoires die zij aan gelieerde partijen voor de EMEIA-regio levert. De belangrijkste functies die binnen die vestiging worden uitgeoefend zijn het inplannen en het programmeren van de productie, procesengineering, productie en operations, kwaliteitsborging en kwaliteitscontrole, en refurbishing.

B. Betwiste tax rulings

11. De Ierse belastingdienst heeft advance tax rulings kortweg „tax rulings" afgegeven ten behoeve van bepaalde belastingplichtigen die daartoe een aanvraag hadden ingediend. Bij brieven van 29 januari 1991 en 23 mei 2007 (hierna gezamenlijk: „betwiste tax rulings") heeft de Ierse belastingdienst ingestemd met de voorstellen van de vertegenwoordigers van de Apple-groep die betrekking hadden op de belastbare winst van ASI en AOE in Ierland. Die rulings zijn beschreven in de overwegingen 59 tot en met 62 van het bestreden besluit.

1. Tax ruling van 1991

a. Belastinggrondslag van ACL, voorgangster van AOE

12. In een brief van 12 oktober 1990 aan de Ierse belastingdienst hebben de belastingadviseurs van de Apple-groep aangegeven welke activiteiten ACL in Ierland verrichtte en welke functies haar Ierse vestiging in Cork (Ierland) uitoefende. Daarnaast hebben zij gepreciseerd dat de vestiging eigenaar was van de productiegerelateerde activa, maar dat AOE eigenaar bleef van de gebruikte materialen, het werk in uitvoering en de afgewerkte producten.

13. Nadat de vertegenwoordigers van de Apple-groep op 16 januari 1991 een brief aan de Ierse belastingdienst hadden gestuurd en de Ierse belastingdienst hierop op 24 januari 1991 had geantwoord, heeft die belastingdienst bij brief van 29 januari 1991 de voorwaarden bevestigd die door de Apple-groep waren voorgesteld en die hierna worden beschreven. Overeenkomstig die door de Ierse belastingdienst bevestigde voorwaarden is de belastbare winst van ACL in Ierland die verband hield met de inkomsten van haar Ierse vestiging berekend op basis van de volgende elementen:

– 65 % van de exploitatiekosten van die vestiging tot een jaarlijks bedrag van [*vertrouwelijk*][1] 20 % van haar exploitatiekosten boven de [*vertrouwelijk*];

– indien de totale winst van de Ierse vestiging van ACL lager zou zijn dan het met die formule verkregen bedrag, dan zou dat bedrag als basis dienen om de nettowinst van de vestiging te bepalen;

– de voor die berekening in aanmerking te nemen exploitatiekosten omvatten alle exploitatiekosten, met uitzondering van het materiaal dat bestemd was voor de wederverkoop en de kosten van immateriële activa die door gelieerde ondernemingen aan de Apple-groep in rekening waren gebracht;

– er mocht aanspraak worden gemaakt op een afschrijvingsaftrek, op voorwaarde dat die maximaal [*vertrouwelijk*] meer bedroeg dan de afschrijvingen die in de relevante jaarrekeningen waren geboekt.

b. Belastinggrondslag van ACAL, voorgangster van ASI

14. Bij brief van 2 januari 1991 hebben de belastingadviseurs van de Apple-groep de Ierse belastingdienst op de hoogte gebracht van het bestaan van een nieuwe vennootschap, te weten Apple Computer Accessories Ltd (ACAL), waarvan de Ierse vestiging verantwoordelijk was voor de inkoop bij Ierse fabrikanten van producten die bestemd waren voor de export.

1. Vertrouwelijke gegevens weggelaten.

15. Op 16 januari 1991 hebben de vertegenwoordigers van de Apple-groep de Ierse belastingdienst een brief gestuurd met een overzicht van de voorwaarden van het akkoord dat die groep en die dienst op 3 januari 1991 hadden gesloten tijdens een bespreking over de belastbare winst van ACAL. Volgens die brief zou de winst van de vestiging worden berekend op basis van een opslag van 12,5 % op de exploitatiekosten (exclusief materiaal voor de wederverkoop).

16. Bij brief van 29 januari 1991 heeft de Ierse belastingdienst de in de brief van 16 januari 1991 genoemde voorwaarden van het akkoord bevestigd.

2. Tax ruling van 2007

17. Bij brief van 16 mei 2007 hebben de belastingadviseurs van de Apple-groep de Ierse belastingdienst een samenvatting verstrekt van hun voorstel om de methode voor het bepalen van de belastinggrondslag van de Ierse vestigingen van ASI en AOE te wijzigen.

18. Voor de Ierse vestiging van ASI (opvolgster van Apple Computer International, die in de plaats was gekomen van ACAL) werd voorgesteld om de aan haar toe te rekenen belastbare winst vast te stellen op [*vertrouwelijk*] van haar exploitatiekosten, met uitzondering van kosten zoals materiaalkosten en bedragen die door gelieerde ondernemingen binnen de Apple-groep in rekening waren gebracht.

19. Voor de Ierse vestiging van AOE moest de belastbare winst overeenkomen met de som van, ten eerste, een bedrag ter hoogte van [*vertrouwelijk*] van de exploitatiekosten van de vestiging met uitzondering van kosten zoals materiaalkosten en door gelieerde ondernemingen binnen de Apple-groep in rekening gebrachte bedragen en, ten tweede, een bedrag dat overeenkwam met het rendement op de IE voor de door die vestiging ontwikkelde productieprocestechniek, zijnde [*vertrouwelijk*] van de omzet van die vestiging. Voor afschrijvingen op fabrieken en gebouwen die „op de normale wijze waren berekend en toegestaan", moest een aftrek worden toegestaan.

20. Voor beide vestigingen werd voorgesteld om de voorwaarden van het toekomstige akkoord op 1 oktober 2007 te laten ingaan voor de duur van vijf jaar mits de omstandigheden ongewijzigd zouden blijven – en om ze vervolgens jaarlijks te verlengen. Daarnaast werd opgemerkt dat het akkoord kon worden toegepast op nieuwe of gewijzigde entiteiten binnen de Apple-groep, mits hun activiteiten overeenkwamen met die van AOE te weten productieactiviteiten in Ierland of met die van ASI te weten niet-productiegerelateerde activiteiten zoals verkoop en diensten in het algemeen.

21. Bij brief van 23 mei 2007 heeft de Ierse belastingdienst bevestigd akkoord te gaan met alle in de brief van 16 mei 2007 genoemde voorstellen. Dat akkoord is toegepast tot het boekjaar 2014.

C. Administratieve procedure bij de Commissie

22. Bij brief van 12 juni 2013 heeft de Commissie Ierland verzocht om informatie te verstrekken over de op zijn grondgebied gebezigde praktijk inzake tax rulings en met name over de rulings die waren afgegeven aan bepaalde entiteiten van de Apple-groep, waaronder ASI en AOE.

23. Bij besluit van 11 juni 2014 heeft de Commissie, op grond dat de betwiste tax rulings die de Ierse belastingdienst had afgegeven met betrekking tot de aan de Ierse vestigingen van ASI en AOE toegerekende belastbare winst, staatssteun konden vormen in de zin van artikel 107, lid 1, VWEU, de formele onderzoeksprocedure van artikel 108, lid 2, VWEU ingeleid met betrekking tot die rulings (hierna: „inleidingsbesluit"). Volgens de Commissie konden de betwiste tax rulings de ondernemingen aan wie zij waren afgegeven een voordeel verschaffen indien in die rulings was ingestemd met verrekenprijzen die afweken van de voorwaarden die tussen onafhankelijke marktdeelnemers zouden zijn bepaald (zakelijkheidsbeginsel). Dat besluit is op 17 oktober 2014 bekendgemaakt in het Publicatieblad van de Europese Unie.

24. Bij brieven van 5 september en 17 november 2014 hebben respectievelijk Ierland en Apple Inc. hun opmerkingen over het inleidingsbesluit ingediend.

25. Tijdens de formele onderzoeksprocedure hebben de Commissie, de Ierse belastingdienst en Apple Inc. meermaals gecorrespondeerd en vergaderd (overwegingen 11-38 van het bestreden besluit). Daarnaast hebben Apple Inc. en Ierland twee door hun respectieve belastingadviseurs opgestelde ad-hocverslagen over de winsttoerekening aan de Ierse vestigingen van ASI en AOE ingediend.

D. Bestreden besluit

26. Op 30 augustus 2016 heeft de Commissie het bestreden besluit vastgesteld. Na een beschrijving van de toepasselijke bepalingen en de feiten (deel 2) en een beschrijving van de administratieve procedure (delen 3-7) heeft de Commissie het bestaan van staatssteun onderzocht (deel 8).

27. In de eerste plaats heeft de Commissie opgemerkt dat de betwiste tax rulings konden worden toegerekend aan de staat, aangezien zij waren afgegeven door de Ierse belastingdienst. Voor zover die rulings de door ASI en AOE in Ierland verschuldigd belasting verlaagden, had Ierland afstand gedaan van belastinginkomsten, wat tot een verlies van staatsmiddelen had geleid (overweging 221 van het bestreden besluit).

28. In de tweede plaats konden de betwiste tax rulings het handelsverkeer binnen de Europese Unie ongunstig beïnvloeden, aangezien ASI en AOE deel uitmaakten van de Apple-groep, die actief is in alle lidstaten (overweging 222 van het bestreden besluit).

29. In de derde plaats verleenden de betwiste tax rulings ASI en AOE een voordeel, voor zover die rulings hun belastinggrondslag voor de berekening van de Ierse vennootschapsbelasting hadden verlaagd (overweging 223 van het bestreden besluit).

30. De Commissie heeft daaraan toegevoegd dat kon worden vermoed dat de betwiste tax rulings een selectief karakter hadden, aangezien zij enkel aan ASI en AOE waren afgegeven. Omwille van de volledigheid heeft de Commissie niettemin aangevoerd dat de betwiste tax rulings afweken van het referentiestelsel, te weten de gewone regeling inzake de vennootschapsbelasting in Ierland (overweging 224 van het bestreden besluit).

31. In de vierde plaats zouden de betwiste tax rulings, indien zou blijken dat zij de door ASI en AOE verschuldigde belasting hadden verlaagd, de concurrentiepositie van die ondernemingen kunnen versterken en derhalve de mededinging kunnen vervalsen (overweging 222 van het bestreden besluit).

1. Bestaan van een selectief voordeel

32. In deel 8.2 van het bestreden besluit heeft de Commissie de in de rechtspraak geformuleerde analyse in drie stappen verricht om aan te tonen dat in casu sprake was van een selectief voordeel. Aldus heeft zij allereerst vastgesteld wat het referentiestelsel was en redenen gegeven waarom in casu het zakelijkheidsbeginsel van toepassing was. Vervolgens heeft zij onderzocht of sprake was van een selectief voordeel vanwege het feit dat was afgeweken van het referentiestelsel. Op basis van een primaire, een subsidiaire en een alternatieve redenering was de Commissie in wezen van mening dat de betwiste tax rulings ertoe hadden geleid dat ASI en AOE gedurende de periode dat de rulings van kracht waren te weten tussen 1991 en 2014 (hierna: „relevante periode") minder belasting verschuldigd waren geweest in Ierland, en dat zij daardoor een voordeel hadden genoten ten opzichte van andere ondernemingen die zich in een vergelijkbare situatie bevonden. Tot slot heeft de Commissie vastgesteld dat noch Ierland, noch Apple Inc. argumenten had aangevoerd om dat selectieve voordeel te rechtvaardigen.

a. Referentiestelsel

33. In de overwegingen 227 tot en met 243 van het bestreden besluit heeft de Commissie vastgesteld dat het referentiestelsel werd gevormd door het gewone Ierse vennootschapsbelastingstelsel, dat tot doel heeft om belasting te heffen over de winst van alle ondernemingen die in Ierland belastingplichtig zijn. Volgens de Commissie verkeren geïntegreerde ondernemingen en zelfstandige ondernemingen voor wat dat doel betreft in een feitelijk en juridisch vergelijkbare situatie. Bijgevolg moet Section 25 van de Taxes Consolidation Act van 1997 (hierna: „TCA 97"), op grond waarvan niet-ingezeten vennootschappen belasting moeten betalen over hun inkomsten uit handel die rechtstreeks of indirect voortvloeien uit hun in Ierland actieve vestiging, als een onlosmakelijk onderdeel van het referentiestelsel en niet als een afzonderlijk referentiestelsel worden beschouwd.

b. Zakelijkheidsbeginsel

34. In de overwegingen 244 tot en met 263 van het bestreden besluit heeft de Commissie uiteengezet dat uit de bewoordingen en het doel van Section 25 TCA 97 kan worden opgemaakt dat de toepassing van die bepaling vergezeld moet gaan van een methode voor winsttoerekening. Dienaangaande heeft zij opgemerkt dat uit artikel 107, lid 1, VWEU voortvloeit dat de methode voor winsttoerekening gebaseerd moet zijn op het zakelijkheidsbeginsel, waarbij het niet uitmaakt of dat beginsel al dan niet in het nationale rechtssysteem van de betrokken lidstaat is opgenomen. Die vaststelling van de Commissie berust op twee premissen. Ten eerste heeft zij eraan herinnerd dat alle door een lidstaat vastgestelde fiscale maatregelen moeten voldoen aan de

regels voor staatssteun. Ten tweede heeft zij aangevoerd dat uit het arrest van 22 juni 2006, België en Forum 187/Commissie (C-182/03 en C-217/03, EU:C:2006:416), voortvloeit dat een verlaging van de belastinggrondslag die het resultaat is van een fiscale maatregel op grond waarvan een belastingplichtige voor transacties binnen de groep verrekenprijzen kan hanteren die niet in de buurt liggen van de prijzen die zouden zijn gehanteerd in een omgeving waarin vrije mededinging heerst, die belastingplichtige een selectief voordeel verleent in de zin van artikel 107, lid 1, VWEU.

35. Aldus heeft de Commissie onder verwijzing naar het arrest van 22 juni 2006, België en Forum 187/ Commissie (C-182/03 en C-217/03, EU:C:2006:416), aangevoerd dat het zakelijkheidsbeginsel een referentiecriterium is om na te gaan of een geïntegreerde onderneming een selectief voordeel in de zin van artikel 107, lid 1, VWEU heeft genoten ten gevolge van een fiscale maatregel die haar verrekenprijzen en bijgevolg haar heffingsgrondslag bepaalde. Dat beginsel is bedoeld om ervoor te zorgen dat transacties binnen een groep dezelfde fiscale behandeling krijgen als transacties tussen niet-geïntegreerde zelfstandige ondernemingen, zodat wordt voorkomen dat ondernemingen die zich gelet op het doel van een dergelijk stelsel te weten het heffen van belasting over de winst van alle ondernemingen die binnen het fiscale rechtsgebied ervan vallen in een feitelijk en juridisch vergelijkbare situatie bevinden, ongelijk worden behandeld.

36. Wat betreft de principes die zijn geformuleerd door de Organisatie voor Economische Samenwerking en Ontwikkeling (OESO) heeft de Commissie opgemerkt dat zij enkel een nuttige leidraad vormen voor belastingdiensten om ervoor te zorgen dat regelingen inzake verrekenprijzen en winsttoerekening een marktconforme uitkomst opleveren.

c. Selectief voordeel omdat de winst die voortvloeide uit de door ASI en AOE gehouden IE-licenties niet aan de Ierse vestigingen was toegerekend (primaire redenering)

37. In de overwegingen 265 tot en met 321 van het bestreden besluit heeft de Commissie primair aangevoerd dat het feit dat de Ierse belastingdienst in de betwiste tax rulings was uitgegaan van de aanname dat de door ASI en AOE gehouden IE-licenties van de Apple-groep buiten Ierland moesten worden toegerekend, ertoe heeft geleid dat de jaarlijkse belastbare winst van ASI en AOE in Ierland afweek van een betrouwbare benadering van een marktuitkomst die voldoet aan het zakelijkheidsbeginsel.

38. De Commissie heeft in wezen vastgesteld dat de door ASI en AOE gehouden IE-licenties, die hun het recht verleenden om buiten het Amerikaanse continent producten van de Apple-groep in te kopen, te vervaardigen, te verkopen en te distribueren en die de Commissie heeft aangeduid als de „IE-licenties van Apple" een aanzienlijke bijdrage hebben geleverd aan de inkomsten van die twee ondernemingen.

39. Bijgevolg heeft de Commissie de Ierse belastingdienst verweten ten onrechte activa, functies en risico's aan de hoofdkantoren van ASI en AOE te hebben toegerekend, aangezien die hoofdkantoren geen fysieke aanwezigheid hadden en geen werknemers in loondienst hadden. Wat meer in het bijzonder de aan de IE-licenties gerelateerde functies betreft, heeft de Commissie aangevoerd dat dergelijke functies niet uitsluitend door de raden van bestuur van ASI en AOE konden zijn uitgeoefend, aangezien zij geen personeel hadden, hetgeen wordt gestaafd door het feit dat de aan de Commissie verstrekte notulen van de vergaderingen van de raden van bestuur niet verwijzen naar besprekingen en besluiten dienaangaande. Bijgevolg had de winst die voortvloeide uit het gebruik van de IE-licenties van de Apple-groep volgens de Commissie in een zakelijke context niet moeten worden toegerekend aan de hoofdkantoren van ASI en AOE, voor zover die hoofdkantoren zich onmogelijk hebben kunnen bezighouden met de controle en het beheer van die IE-licenties. Die winst had dus moeten worden toegerekend aan de vestigingen van ASI en AOE, die als enige in staat waren om daadwerkelijk de aan de IE van de Apple-groep gerelateerde functies uit te oefenen, die van wezenlijk belang waren voor de commerciële activiteiten van ASI en AOE.

40. Derhalve heeft de Ierse belastingdienst, door de winst die voortvloeide uit de IE van de Apple-groep niet toe te rekenen aan de vestigingen van ASI en AOE en aldus in strijd met het zakelijkheidsbeginsel te handelen, ASI en AOE een voordeel in de zin van artikel 107, lid 1, VWEU verleend in de vorm van een verlaging van hun respectieve jaarlijkse belastbare winst. Volgens de Commissie was dat voordeel selectief van aard, omdat het de belastingdruk voor ASI en AOE in Ierland verlaagde ten opzichte van niet-geïntegreerde ondernemingen, waarvan de belastbare winst de afspiegeling is van prijzen die op basis van zakelijke onderhandelingen op de markt tot stand zijn gekomen.

d. Selectief voordeel vanwege de onjuiste keuze van de methoden voor winsttoerekening aan de Ierse vestigingen van ASI en AOE (subsidiaire redenering)

41. In de overwegingen 325 tot en met 360 van het bestreden besluit heeft de Commissie subsidiair aangevoerd dat, zelfs indien de Ierse belastingautoriteit terecht zou hebben aangenomen dat de door ASI en AOE gehouden IE-licenties van Apple buiten Ierland moesten worden toegerekend, de door de betwiste tax rulings onderschreven methoden voor winsttoerekening er hoe dan ook toe hebben geleid dat de jaarlijkse belastbare winst in Ierland van ASI en AOE afweek van een betrouwbare benadering van een marktuitkomst die voldoet aan het zakelijkheidsbeginsel. Volgens de Commissie waren die methoden namelijk gebaseerd op onjuiste methodologische keuzen, wat ertoe heeft geleid dat ASI en AOE minder belasting hoefden te betalen dan niet-geïntegreerde ondernemingen waarvan de belastbare winst overeenkomstig de gewone regeling inzake de belasting van vennootschapswinst wordt bepaald door de prijzen die op basis van zakelijke onderhandelingen op de markt tot stand zijn gekomen. Bijgevolg heeft de Commissie vastgesteld dat de betwiste tax rulings, door die methoden goed te keuren, ASI en AOE een selectief voordeel in de zin van artikel 107, lid 1, VWEU hebben verleend.

e. Selectief voordeel vanwege het feit dat de betwiste tax rulings afweken van het referentiestelsel, zelfs al zou dat uitsluitend uit Section 25 TCA 97 bestaan, en niet voldeden aan het zakelijkheidsbeginsel (alternatieve redenering)

42. In de overwegingen 369 tot en met 403 van het bestreden besluit heeft de Commissie als alternatieve redenering aangevoerd dat, zelfs indien zou moeten worden aangenomen dat het referentiestelsel uitsluitend uit Section 25 TCA 97 bestond, de betwiste tax rulings ASI en AOE een selectief voordeel hebben verleend in de vorm van een verlaging van hun belastinggrondslag in Ierland. Ten eerste heeft de Commissie aangevoerd dat de toepassing van Section 25 TCA 97 in Ierland op het zakelijkheidsbeginsel berustte. De Commissie heeft evenwel aangetoond dat met de betwiste tax rulings in casu was afgeweken van een betrouwbare benadering van een marktuitkomst die voldoet aan het zakelijkheidsbeginsel, waardoor aan ASI en AOE een economisch voordeel was verleend. Ten tweede heeft de Commissie betoogd dat, zelfs indien zou moeten worden aangenomen dat de toepassing van Section 25 TCA 97 niet op het zakelijkheidsbeginsel berustte, hoe dan ook moest worden geconcludeerd dat de betwiste tax rulings waren vastgesteld op grond van de beoordelingsbevoegdheid van de Ierse belastingdienst, zonder inachtneming van objectieve criteria die verband houden met het Ierse belastingstelsel, en dat die rulings ASI en AOE bijgevolg een selectief voordeel hebben verleend.

f. Conclusie betreffende het selectieve voordeel

43. De Commissie is tot de slotsom gekomen dat de betwiste tax rulings tot een verlaging hebben geleid van de lasten die ASI en AOE normalerwijs hadden moeten dragen in de uitoefening van hun gewone bedrijfsactiviteiten, en dat derhalve moest worden aangenomen dat daarmee exploitatiesteun aan die twee ondernemingen is verleend. Zij heeft evenwel aangevoerd dat, aangezien ASI en AOE deel uitmaakten van de multinationale Apple-groep en die groep als één enkele economische eenheid in de zin van de rechtspraak moet worden beschouwd, die hele groep heeft geprofiteerd van de staatssteun die Ierland via de betwiste tax rulings had toegekend (deel 8.3 van het bestreden besluit).

2. Onverenigbaarheid, onrechtmatigheid en terugvordering van de steunmaatregel

44. De Commissie heeft opgemerkt dat die steunmaatregelen ingevolge artikel 107, lid 3, onder c), VWEU onverenigbaar zijn met de interne markt en, aangezien zij niet vooraf waren aangemeld, onrechtmatige staatssteun vormen die in strijd met artikel 108, lid 3, VWEU ten uitvoer is gelegd (delen 8.5 en 9 van het bestreden besluit).

45. Tot slot heeft de Commissie (in deel 11 van het bestreden besluit) opgemerkt dat Ierland de staatssteun die tussen 12 juni 2003 en 27 september 2014 via de betwiste tax rulings is verleend, moet terugvorderen. Zij heeft gepreciseerd dat het terug te vorderen bedrag moet worden berekend op basis van een vergelijking tussen de daadwerkelijk betaalde belasting en de belasting die had moeten worden betaald indien de rulings niet waren afgegeven en de gewone belastingregels waren toegepast.

46. Wat het betoog betreft dat de procedurele rechten van Ierland en Apple Inc. tijdens de administratieve procedure zijn geschonden, heeft de Commissie opgemerkt dat hun rechten volledig zijn geëerbiedigd, aangezien er in de periode tussen de vaststelling van het inleidingsbesluit en de vaststelling van het bestreden besluit geen sprake is geweest van wijzigingen in de draagwijdte van haar onderzoek naar het bestaan van staatssteun (deel 10 van het bestreden besluit).

3. Dispositief

47. Het dispositief van het bestreden besluit luidt als volgt:

„*Artikel 1*

1. De door Ierland op 29 januari 1991 en 23 mei 2007 afgegeven fiscale rulings ten gunste van Apple Sales International, op grond waarvan die onderneming haar jaarlijkse belastingschuld in Ierland kon bepalen, vormen staatssteun in de zin van artikel 107, lid 1, van het Verdrag. Die steun is onrechtmatig door Ierland ten uitvoer gelegd in strijd met artikel 108, lid 3, van het Verdrag en is onverenigbaar met de interne markt.
2. De door Ierland op 29 januari 1991 en 23 mei 2007 afgegeven fiscale rulings ten gunste van Apple Operations Europe, op grond waarvan die onderneming haar jaarlijkse belastingschuld in Ierland kon bepalen, vormen staatssteun in de zin van artikel 107, lid 1, van het Verdrag. Die steun is onrechtmatig door Ierland ten uitvoer gelegd in strijd met artikel 108, lid 3, van het Verdrag en is onverenigbaar met de interne markt.

Artikel 2

1. Ierland vordert de in artikel 1, lid 1, bedoelde steun terug van Apple Sales International.
2. Ierland vordert de in artikel 1, lid 2, bedoelde steun terug van Apple Operations Europe.
3. De terug te vorderen bedragen omvatten rente vanaf de datum waarop ze ter beschikking van de begunstigden werden gesteld tot de datum van de daadwerkelijke terugbetaling ervan.
4. De rente wordt op samengestelde grondslag berekend overeenkomstig hoofdstuk V van verordening (EG) nr. 794/2004.

Artikel 3

1. De terugvordering van de in artikel 1 bedoelde steun geschiedt onverwijld en daadwerkelijk.
2. Ierland zorgt ervoor dat dit besluit binnen vier maanden vanaf de datum van kennisgeving ervan ten uitvoer wordt gelegd.

Artikel 4

1. Binnen twee maanden na de kennisgeving van dit besluit verstrekt Ierland aan de Commissie informatie over de methodologie die wordt gebruikt om het precieze bedrag van de steun te berekenen.
2. Ierland houdt de Commissie op de hoogte van de stand van uitvoering van de nationale maatregelen die het heeft genomen ter uitvoering van dit besluit, en dit totdat de terugvordering van de in artikel 1 bedoelde steun is voltooid. Het verstrekt, op eenvoudig verzoek van de Commissie, onverwijld informatie over de reeds genomen en de voorgenomen maatregelen om aan deze beschikking te voldoen.

Artikel 5

Dit besluit is gericht tot Ierland."

II. PROCEDURE EN CONCLUSIES VAN PARTIJEN

A. Zaak T-778/16

48. Bij verzoekschrift, neergelegd ter griffie van het Gerecht op 9 november 2016, heeft Ierland het beroep in zaak T-778/16 ingesteld.

1. Samenstelling van het Gerecht en berechting bij voorrang

49. Bij beslissing van 29 november 2016 heeft de president van de Zevende kamer van het Gerecht gehoor gegeven aan het verzoek van Ierland om zaak T-778/16 bij voorrang te behandelen krachtens artikel 67, lid 2, van het Reglement voor de procesvoering van het Gerecht.

50. Bij akte, neergelegd ter griffie van het Gerecht op 9 november 2016, heeft Ierland verzocht om berechting van zaak T-778/16 door een uitgebreide kamer. Op 18 januari 2017 heeft het Gerecht overeenkomstig artikel 28, lid 5, van het Reglement voor de procesvoering akte genomen van de verwijzing van zaak T-778/16 naar de Zevende kamer (uitgebreid).

51. Aangezien twee leden van de Zevende kamer (uitgebreid) van het Gerecht verhinderd waren, heeft de president van het Gerecht bij beslissingen van 21 februari 2017 en 21 mei 2019 de vicepresident van het Gerecht respectievelijk een andere rechter aangewezen ter aanvulling van de kamer.

2. *Interventies*

52. Bij akte, neergelegd ter griffie van het Gerecht op 20 maart 2017, heeft het Groothertogdom Luxemburg verzocht om toelating tot interventie in zaak T-778/16 aan de zijde van Ierland.

53. Bij akte, neergelegd ter griffie van het Gerecht op 30 maart 2017, heeft de Republiek Polen verzocht om toelating tot interventie in zaak T-778/16 aan de zijde van de Commissie.

54. Bij beschikking van 19 juli 2017 heeft de president van de Zevende kamer (uitgebreid) van het Gerecht de verzoeken tot interventie van het Groothertogdom Luxemburg en de Republiek Polen ingewilligd.

3. *Verzoeken tot vertrouwelijke behandeling*

55. Bij akte, neergelegd ter griffie van het Gerecht op 26 april 2017, heeft Ierland verzocht om een deel van zijn verzoekschrift en van bepaalde bij zijn verzoekschrift gevoegde stukken, waaronder het bestreden besluit, alsook een deel van het verweerschrift en van bepaalde bij het verweerschrift gevoegde stukken vertrouwelijk te behandelen ten aanzien van het Groothertogdom Luxemburg en de Republiek Polen.

56. Bij akte, neergelegd ter griffie van het Gerecht op 31 mei 2017, heeft Ierland verzocht om de naam van de belastingadviseurs van de Apple-groep vertrouwelijk te behandelen ten opzichte van het publiek.

57. Bij akten, neergelegd ter griffie van het Gerecht op 26 en 29 november 2018, heeft Ierland zijn verzoeken tot vertrouwelijke behandeling gedeeltelijk ingetrokken.

58. Het Groothertogdom Luxemburg en de Republiek Polen hebben niet-vertrouwelijke versies van de betrokken stukken ontvangen. Het Groothertogdom Luxemburg heeft geen bezwaar gemaakt tegen de ten aanzien van hem geformuleerde verzoeken tot vertrouwelijke behandeling, terwijl de Republiek Polen de ten aanzien van haar geformuleerde verzoeken tot vertrouwelijke behandeling heeft betwist.

59. Bij beschikking van 14 december 2018, Ierland/Commissie (T-778/16, niet-gepubliceerd, EU:T:2018:1019), heeft de president van de Zevende kamer (uitgebreid) de ten aanzien van de Republiek Polen geformuleerde verzoeken tot vertrouwelijke behandeling gedeeltelijk toegewezen en afgewezen voor het overige. De Republiek Polen heeft overeenkomstig de bepalingen van die beschikking niet-vertrouwelijke versies van de betrokken stukken ontvangen.

4. *Conclusies van partijen*

60. Ierland verzoekt het Gerecht:
- het bestreden besluit nietig te verklaren;
- de Commissie te verwijzen in de kosten in zaak T-778/16.

61. De Commissie verzoekt het Gerecht:
- het beroep in zaak T-778/16 ongegrond te verklaren;
- Ierland te verwijzen in de kosten in zaak T-778/16.

62. Het Groothertogdom Luxemburg verzoekt het Gerecht het bestreden besluit nietig te verklaren, zoals gevorderd door Ierland.

63. De Republiek Polen verzoekt het Gerecht in wezen het beroep in zaak T-778/16 te verwerpen, zoals gevorderd door de Commissie.

B. Zaak T-892/16

64. Bij verzoekschrift, neergelegd ter griffie van het Gerecht op 19 december 2016, hebben ASI en AOE het beroep in zaak T-892/16 ingesteld.

1. *Samenstelling van het Gerecht, berechting bij voorrang en voeging*

65. Bij akte, neergelegd ter griffie van het Gerecht op 8 februari 2017, hebben ASI en AOE verzocht om zaak T-892/16 overeenkomstig artikel 67, lid 2, van het Reglement voor de procesvoering bij voorrang te berechten, en deze zaak te voegen met zaak T-778/16 voor de schriftelijke en de mondelinge behandeling en voor de eindbeslissing.

66. Bij beslissing van 6 april 2017 heeft de president van de Zevende kamer van het Gerecht het verzoek om zaak T-892/16 bij voorrang te behandelen krachtens artikel 67, lid 2, van het Reglement voor de procesvoering ingewilligd.

67. Op voorstel van de Zevende kamer van het Gerecht heeft het Gerecht op 17 mei 2017 overeenkomstig artikel 28 van het Reglement voor de procesvoering besloten om de zaak naar een uitgebreide kamer te verwijzen.

68. Aangezien twee leden van de Zevende kamer (uitgebreid) van het Gerecht verhinderd waren, heeft de president van het Gerecht bij beslissingen van 8 juni 2017 en 21 mei 2019 de vicepresident van het Gerecht respectievelijk een andere rechter aangewezen ter aanvulling van de kamer.

2. Interventies

69. Bij akte, neergelegd ter griffie van het Gerecht op 30 maart 2017, heeft IBEC Company Limited by Guarantee verzocht om toelating tot interventie in zaak T-892/16 aan de zijde van ASI en AOE. Overeenkomstig artikel 19, lid 2, van het Reglement voor de procesvoering heeft de president van de Zevende kamer (uitgebreid) van het Gerecht de over dat verzoek te nemen beslissing, die binnen zijn bevoegdheid viel, voorgelegd aan de Zevende kamer (uitgebreid) van het Gerecht. Bij beschikking van 15 december 2017, Apple Sales International en Apple Operations Europe/Commissie (T-892/16, niet gepubliceerd, EU:T:2017:926), heeft het Gerecht het door IBEC Company Limited by Guarantee ingediende verzoek tot interventie afgewezen.

70. Bij akte, neergelegd ter griffie van het Gerecht op 31 maart 2017, heeft de Toezichthoudende Autoriteit van de EVA verzocht om toelating tot interventie in zaak T-892/16 aan de zijde van de Commissie. Bij beschikking van 19 juli 2017 heeft de president van de Zevende kamer (uitgebreid) de Toezichthoudende Autoriteit van de EVA toegelaten tot interventie.

71. Bij akte, neergelegd ter griffie van het Gerecht op 31 maart 2017, heeft Ierland verzocht om toelating tot interventie in zaak T-892/16 aan de zijde van ASI en AOE. Bij beslissing van 28 juni 2017 heeft de president van de Zevende kamer (uitgebreid) van het Gerecht Ierland toegelaten tot interventie.

72. Bij akte, neergelegd ter griffie van het Gerecht op 13 april 2017, hebben de Verenigde Staten van Amerika verzocht om toelating tot interventie in zaak T-892/16 aan de zijde van ASI en AOE. Overeenkomstig artikel 19, lid 2, van het Reglement voor de procesvoering heeft de president van de Zevende kamer (uitgebreid) van het Gerecht de over dat verzoek te nemen beslissing, die binnen zijn bevoegdheid viel, voorgelegd aan de Zevende kamer (uitgebreid) van het Gerecht. Bij beschikking van 15 december 2017, Apple Sales International en Apple Operations Europe/Commissie (T-892/16, niet gepubliceerd, EU:T:2017:925), heeft het Gerecht het door de Verenigde Staten van Amerika ingediende verzoek tot interventie afgewezen. De Verenigde Staten van Amerika hebben tegen die beschikking een hogere voorziening ingesteld. Bij beschikking van 17 mei 2018, Verenigde Staten van Amerika/Apple Sales International e.a. [C-12/18 P(I), niet gepubliceerd, EU:C:2018:330], is die hogere voorziening afgewezen.

3. Verzoeken tot vertrouwelijke behandeling

73. ASI en AOE hebben tijdens de procedure verzocht om bepaalde processtukken vertrouwelijk te behandelen ten opzichte van de Toezichthoudende Autoriteit van de EVA. Bij akte, neergelegd ter griffie van het Gerecht op 1 oktober 2018, hebben zij dat verzoek ingetrokken.

4. Conclusies van partijen

74. ASI en AOE verzoeken het Gerecht:
- het bestreden besluit nietig te verklaren;
- subsidiair, het bestreden besluit gedeeltelijk nietig te verklaren;
- de Commissie te verwijzen in de kosten.

75. De Commissie verzoekt het Gerecht:
- het beroep te verwerpen;
- ASI en AOE te verwijzen in de kosten.

76. Ierland verzoekt het Gerecht het bestreden besluit nietig te verklaren, zoals gevorderd door ASI en AOE.

77. De Toezichthoudende Autoriteit van de EVA verzoekt het Gerecht:
- het beroep in zaak T-892/16 ongegrond te verklaren;
- ASI en AOE te verwijzen in de kosten in zaak T-892/16.

C. Voeging van de zaken en mondelinge behandeling

78. Bij akte, neergelegd ter griffie van het Gerecht op 8 februari 2017, hebben ASI en AOE verzocht om voeging van de zaken T-778/16 en T-892/16.

79. Bij beslissing van 21 juni 2017 heeft de president van de Zevende kamer (uitgebreid) van het Gerecht besloten de zaken T-778/16 en T-892/16 in dat stadium van de procedure niet te voegen.

80. Bij beslissing van de president van de Zevende kamer (uitgebreid) van het Gerecht van 9 juli 2019 zijn de zaken T-778/16 en T-892/16 overeenkomstig artikel 68 van het Reglement voor de procesvoering gevoegd voor de mondelinge behandeling.

81. Het Gerecht heeft op voorstel van de rechter-rapporteur besloten over te gaan tot de mondelinge behandeling en heeft in het kader van de in artikel 89 van het Reglement voor de procesvoering bedoelde maatregelen tot organisatie van de procesgang partijen verzocht schriftelijke vragen te beantwoorden. Partijen hebben binnen de gestelde termijn daaraan gevolg gegeven.

82. Bij akte, neergelegd ter griffie van het Gerecht op 23 augustus 2019, heeft de Commissie verzocht om bepaalde informatie in haar antwoord op de maatregelen tot organisatie van de procesgang vertrouwelijk te behandelen ten aanzien van het Groothertogdom Luxemburg en de Republiek Polen.

83. Het Groothertogdom Luxemburg en de Republiek Polen hebben niet-vertrouwelijke versies van dat antwoord ontvangen.

84. Partijen hebben ter terechtzitting van 17 en 18 september 2019 pleidooi gehouden en de mondelinge vragen van het Gerecht beantwoord. Zowel ASI en AOE als de Commissie hebben ter terechtzitting opmerkingen over het rapport ter terechtzitting gemaakt, waarvan het Gerecht akte heeft genomen in het proces-verbaal van de terechtzitting.

85. Daarnaast zijn partijen ter terechtzitting gehoord over een eventuele voeging van de zaken T-778/16 en T-892/16 voor de eindbeslissing, waarvan het Gerecht akte heeft genomen in het proces-verbaal van de terechtzitting.

III. IN RECHTE

A. Voeging van de zaken T-778/16 en T-892/16 voor de eindbeslissing

86. Op grond van artikel 19, lid 2, van het Reglement voor de procesvoering heeft de president van de Zevende kamer (uitgebreid) van het Gerecht de – binnen zijn bevoegdheid vallende – beslissing over de voeging van de zaken T-778/16 en T-892/16 voor de eindbeslissing voorgelegd aan de Zevende kamer (uitgebreid).

87. De zaken T-778/16 en T-892/16 dienen, partijen ter terechtzitting over een eventuele voeging gehoord, wegens verknochtheid te worden gevoegd voor de eindbeslissing.

B. Aangevoerde middelen en opbouw van het onderzoek van de onderhavige beroepen

88. Met hun beroepen in de zaken T-778/16 en T-892/16 vorderen Ierland respectievelijk ASI en AOE nietigverklaring van het bestreden besluit, voor zover het de betwiste tax rulings als staatssteun in de zin van artikel 107, lid 1, VWEU heeft aangemerkt en de terugvordering heeft gelast van de bedragen die Ierland niet van ASI en AOE heeft geïnd uit hoofde van de vennootschapsbelasting.

89. Ter ondersteuning van hun beroepen voeren Ierland respectievelijk ASI en AOE negen en veertien middelen aan, die elkaar grotendeels overlappen.

90. In de eerste plaats wordt met die middelen in wezen de primaire redenering van de Commissie betwist, met name vanwege fouten die zij heeft gemaakt bij de beoordeling van het bestaan van een selectief voordeel (eerste, tweede en derde middel in zaak T-778/16 en eerste tot en met zesde middel in zaak T-892/16) en bij de beoordeling van het begrip „overheidsingrijpen" (deel van het tweede middel in zaak T-778/16).

91. Meer in het bijzonder wordt de Commissie in het kader van de betwisting van haar primaire redenering, ten eerste, verweten dat zij de begrippen „voordeel" en „selectiviteit" gezamenlijk heeft onderzocht (deel van het tweede middel in zaak T-778/16). Ten tweede wordt haar verweten dat zij het referentiestelsel onjuist heeft afgebakend onder meer op grond van onjuiste beoordelingen van het Ierse recht (deel van het eerste en van het tweede middel in zaak T-778/16 en eerste middel in zaak T-892/16), het zakelijkheidsbeginsel onjuist heeft toegepast (deel van het eerste en van het derde middel in zaak T-778/16 en deel van het eerste en van het tweede middel in zaak T-892/16) en ten onrechte de OESO-richtlijnen heeft toegepast (deel van het tweede

middel in zaak T-778/16 en vijfde middel in zaak T-892/16). Ten derde betwisten zowel Ierland als ASI en AOE de beoordelingen van de Commissie betreffende de activiteiten binnen de Apple-groep (deel van het eerste middel in zaak T-778/16 en derde, vierde en vijfde middel in zaak T-892/16). Ten vierde uiten zij kritiek op de beoordelingen van het selectieve karakter van de betwiste tax rulings (deel van het tweede middel in zaak T-778/16 en zesde middel in zaak T-892/16).

92. In de tweede plaats betwisten zowel Ierland als ASI en AOE de beoordelingen van de Commissie in het kader van haar subsidiaire redenering (vierde middel in zaak T-778/16 en achtste middel in zaak T-892/16).

93. In de derde plaats uiten zowel Ierland als ASI en AOE kritiek op de beoordelingen van de Commissie in het kader van haar alternatieve redenering (vijfde middel in zaak T-778/16 en negende middel in zaak T-892/16).

94. In de vierde plaats betwisten ASI en AOE de in het bestreden besluit gelaste terugvordering van de steun, op grond dat het onmogelijk was om het bedrag te berekenen dat volgens de subsidiaire en alternatieve redenering van de Commissie moest worden teruggevorderd (tiende middel in zaak T-892/16).

95. In de vijfde plaats stellen Ierland alsmede ASI en AOE dat het onderzoek dat de Commissie in het kader van de administratieve procedure heeft verricht, in strijd is met wezenlijke vormvoorschriften en met name met het recht om te worden gehoord (zesde middel in zaak T-778/16 en zevende en twaalfde middel in zaak T-892/16).

96. In de zesde plaats voeren Ierland alsmede ASI en AOE aan dat de door het bestreden besluit gelaste terugvordering met name in strijd is met het rechtszekerheidsbeginsel en het vertrouwensbeginsel (zevende middel in zaak T-778/16 en elfde middel in zaak T-892/16).

97. In de zevende plaats stellen Ierland alsmede ASI en AOE met name onder verwijzing naar het beginsel van fiscale autonomie dat de Commissie zich in de bevoegdheden van de lidstaten heeft gemengd (achtste middel in zaak T-778/16 en veertiende middel in zaak T-892/16).

98. In de achtste plaats voeren zowel Ierland als ASI en AOE aan dat het bestreden besluit onvoldoende is gemotiveerd (negende middel in zaak T-778/16 en dertiende middel in zaak T-892/16).

99. Allereerst moet worden ingegaan op de middelen waarmee wordt betwist dat de Commissie bevoegd was om het bestreden besluit vast te stellen. Vervolgens zullen de andere middelen worden onderzocht in de volgorde waarin zij in de punten 90 tot en met 96 en in punt 98 hierboven zijn samengevat.

100. Met het oog op het hiernavolgende onderzoek van de wettigheid van het bestreden besluit moet vooraf in herinnering worden gebracht dat de Commissie, teneinde in het kader van het toezicht op staatssteun na te gaan of de betwiste tax rulings dergelijke steun vormden, diende aan te tonen dat was voldaan aan de voorwaarden voor het bestaan van staatssteun in de zin van artikel 107, lid 1, VWEU. Dat de Commissie een fiscale maatregel als staatssteun aanmerkt (zie in die zin arresten van 2 juli 1974, Italië/Commissie, 173/73, EU:C:1974:71, punt 28, en 22 juni 2006, België en Forum 187/Commissie, C-182/03 en C-217/03, EU:C:2006:416, punt 81), wil namelijk nog niet zeggen dat aan de voorwaarden voor een dergelijke kwalificatie is voldaan (zie in die zin arrest van 22 juni 2006, België en Forum 187/Commissie, C-182/03 en C-217/03, EU:C:2006:416, punt 84).

101. Derhalve stond het in beginsel aan de Commissie om in het bestreden besluit het bewijs voor het bestaan van dergelijke steun te leveren (zie in die zin arresten van 12 september 2007, Olympiaki Aeroporia Ypiresies/Commissie, T-68/03, EU:T:2007:253, punt 34, en 25 juni 2015, SACE en Sace BT/Commissie, T-305/13, EU:T:2015:435, punt 95). Bijgevolg moest de Commissie met name bewijzen dat de afgifte van de betwiste tax rulings tot een selectief voordeel heeft geleid.

102. In het licht van de voorgaande overwegingen moeten dus de middelen worden onderzocht waarmee Ierland alsmede ASI en AOE de wettigheid van het bestreden besluit betwisten.

C. Middelen ontleend aan het feit dat de Commissie haar bevoegdheden heeft overschreden en zich in de bevoegdheden van de lidstaten heeft gemengd, wat met name in strijd is met het beginsel van fiscale autonomie (achtste middel in zaak T-778/16 en veertiende middel in zaak T-892/16)

103. Ierland alsmede ASI en AOE stellen in wezen dat het bestreden besluit in strijd is zowel met de in onder meer de artikelen 4 en 5 VEU vervatte fundamentele constitutionele beginselen van de rechtsorde van de Unie die ten grondslag liggen aan de verdeling van bevoegdheden tussen de Unie en de lidstaten, als met het hieruit voortvloeiende beginsel van fiscale autonomie van de lidstaten. Bij de huidige stand van het Unierecht vallen de directe belastingen immers onder de bevoegdheid van de lidstaten.

104. De Commissie betwist die argumenten. Zij brengt in wezen in herinnering dat de lidstaten weliswaar fiscale soevereiniteit genieten, maar dat iedere fiscale maatregel die een lidstaat vaststelt, moet voldoen aan de staatssteunregels van de Unie. Zo mogen lidstaten door middel van fiscale maatregelen geen onderscheid maken tussen marktdeelnemers die zich in een vergelijkbare situatie bevinden, omdat anders sprake zou zijn van steunmaatregelen die de markt verstoren. De betwiste tax rulings hebben er evenwel toe geleid dat ASI en AOE hun belastbare winst konden verlagen ten opzichte van de belastbare winst van andere belastingplichtige ondernemingen die onder de algemene Ierse vennootschapsbelastingregels vallen, waardoor onrechtmatige en onverenigbare staatssteun is toegekend.

105. Volgens vaste rechtspraak zijn de lidstaten, hoewel de directe belastingen bij de huidige stand van het Unierecht tot hun bevoegdheid behoren, niettemin verplicht deze bevoegdheid in overeenstemming met het Unierecht uit te oefenen (zie arrest van 12 juli 2012, Commissie/Spanje, C-269/09, EU:C:2012:439, punt 47 en aldaar aangehaalde rechtspraak). Derhalve zijn de maatregelen van de lidstaten op het gebied van directe belastingen, ook al hebben zij betrekking op kwesties die binnen de Unie niet zijn geharmoniseerd, niet uitgesloten van de werkingssfeer van de regeling inzake het toezicht op staatssteun.

106. Bijgevolg kan de Commissie een belastingmaatregel als staatssteun aanmerken, mits aan de voorwaarden voor een dergelijke kwalificatie is voldaan (zie in die zin arresten van 2 juli 1974, Italië/Commissie, 173/73, EU:C:1974:71, punt 28, en 22 juni 2006, België en Forum 187/Commissie, C-182/03 en C-217/03, EU:C:2006:416, punten 81 en 84). De lidstaten moeten hun bevoegdheid inzake belastingen immers in overeenstemming met het Unierecht uitoefenen (arrest van 3 juni 2010, Commissie/Spanje, C-487/08, EU:C:2010:310, punt 37). In die context mogen zij dus geen enkele maatregel nemen die met de interne markt onverenigbare staatssteun kan vormen.

107. Wat de voorwaarde betreft dat de betrokken maatregel een economisch voordeel moet verlenen, dient in herinnering te worden gebracht dat volgens vaste rechtspraak maatregelen die, in welke vorm ook, ondernemingen rechtstreeks of indirect kunnen bevoordelen of die moeten worden beschouwd als een economisch voordeel dat de begunstigde onderneming onder normale marktvoorwaarden niet zou hebben verkregen, als staatssteun worden aangemerkt (zie arrest van 2 september 2010, Commissie/Deutsche Post, C-399/08 P, EU:C:2010:481, punt 40 en aldaar aangehaalde rechtspraak; arrest van 9 oktober 2014, Ministerio de Defensa en Navantia, C-522/13, EU:C:2014:2262, punt 21).

108. Meer bepaald vormt een maatregel waarbij de overheid bepaalde ondernemingen fiscaal voordelig behandelt waardoor, hoewel geen sprake is van overdracht van staatsmiddelen, de financiële situatie van de begunstigden ten opzichte van die van de andere belastingplichtigen verbetert, staatssteun in de zin van artikel 107, lid 1, VWEU (arrest van 15 maart 1994, Banco Exterior de España, C-387/92, EU:C:1994:100, punt 14; zie ook arrest van 8 september 2011, Paint Graphos e.a., C-78/08–C-80/08, EU:C:2011:550, punt 46 en aldaar aangehaalde rechtspraak).

109. Uit het voorgaande volgt dat, aangezien de Commissie bevoegd is om toe te zien op de naleving van artikel 107 VWEU, haar dus niet kan worden verweten dat zij haar bevoegdheden heeft overschreden met haar onderzoek of de Ierse belastingdienst ASI en AOE via de afgifte van de betwiste tax rulings fiscaal voordelig had behandeld door hen in staat te stellen om hun belastbare winst te verlagen ten opzichte van de belastbare winst van andere belastingplichtige ondernemingen die zich in een vergelijkbare situatie bevonden.

110. In het geval van belastingmaatregelen kan het bestaan van een voordeel slechts ten opzichte van een „normale" belasting worden vastgesteld (arrest van 6 september 2006, Portugal/Commissie, C-88/03, EU:C:2006:511, punt 56). Bijgevolg verleent een dergelijke maatregel een economisch voordeel aan de begunstigde ervan wanneer die maatregel de lasten verlicht die normaliter op het budget van een onderneming drukken en daardoor – zonder een subsidie in de strikte zin van het woord te zijn – van dezelfde aard is en identieke gevolgen heeft (arrest van 9 oktober 2014, Ministerio de Defensa en Navantia, C-522/13, EU:C:2014:2262, punt 22).

111. Teneinde vast te stellen of er sprake is van een belastingvoordeel moet de situatie van de begunstigde zoals die voortvloeit uit de toepassing van de betrokken maatregel dus worden vergeleken met diens situatie zoals die zou zijn zonder de betrokken maatregel (zie in die zin arrest van 26 april 2018, Cellnex Telecom en Telecom Castilla-La Mancha/Commissie, C-91/17 P en C-92/17 P, niet gepubliceerd, EU:C:2018:284, punt 114) en onder toepassing van de normale belastingregels.

112. Zowel Ierland als ASI en AOE verwijten de Commissie dat zij haar bevoegdheden te buiten is gegaan, voor zover zij zich heeft gebaseerd op een eenzijdige en onjuiste uitlegging van het Ierse belastingrecht en met name van Section 25 TCA 97. Daarnaast heeft zij procedureregels voor de beoordeling van de nationale belas-

tingen opgelegd die niet in het Ierse recht voorkomen. Daarenboven heeft de Commissie haar bevoegdheden overschreden door de vaststelling van het bestreden besluit te rechtvaardigen met de stelling dat ASI en AOE fiscaal staatloos waren.

113. Dienaangaande moet in de eerste plaats worden opgemerkt dat niet-ingezeten vennootschappen die hun commerciële activiteiten via een vestiging in Ierland verrichten, op grond van Section 25 TCA 97 wat hun inkomsten uit handel betreft enkel belasting hoeven te betalen over de winst die voortvloeit uit de commerciële activiteiten die rechtstreeks of indirect aan die Ierse vestiging kunnen worden toegerekend. Daarnaast zij erop gewezen dat uit Section 25 TCA 97 voortvloeit dat moet worden bepaald welke inkomsten uit handel daadwerkelijk rechtstreeks of indirect via de Ierse vestiging zijn gegenereerd, en dat die bepaling geen specifieke methode voorschrijft om de winst te bepalen die aan de Ierse vestigingen van niet-ingezeten vennootschappen moet worden toegerekend.

114. Uit de schriftelijke stukken van Ierland en uit de pleidooien van partijen ter terechtzitting blijkt dat voor de toepassing van Section 25 TCA 97 rekening moet worden gehouden met de feitelijke context en met de situatie van de vestiging in Ierland, en met name met de door de vestiging vervulde functies, gebruikte activa en gedragen risico's.

115. In die omstandigheden en zoals blijkt uit de in punt 111 hierboven aangehaalde rechtspraak moest de Commissie voor de vaststelling of in casu sprake was van een voordeel een vergelijkende analyse kunnen maken tussen de fiscale behandeling van ASI en AOE die voortvloeide uit de toepassing van de betwiste tax rulings en de fiscale behandeling die deze twee ondernemingen, zonder de betrokken rulings, onder toepassing van de normale Ierse belastingregels zouden hebben genoten.

116. Bijgevolg kan de Commissie niet worden verweten dat zij de materiële belastingregels eenzijdig heeft toegepast en tot een feitelijke fiscale harmonisatie is overgegaan door te onderzoeken of de belastbare winst van ASI en AOE die op basis van de betwiste tax rulings was berekend, overeenkwam met de winst die door hun Ierse vestigingen was gerealiseerd rekening houdend met de door die vestigingen vervulde functies, gebruikte activa en gedragen risico's en waarover zij op grond van Section 25 TCA 97 belasting moesten betalen.

117. Wat in de tweede plaats het betoog betreft dat de Commissie procedureregels voor de beoordeling van de nationale belastingen heeft opgelegd en aldus het Ierse belastingrecht heeft herschreven, stelt Ierland dat de grieven die de Commissie tegen de betwiste tax rulings heeft aangevoerd, niet gebaseerd zijn op verslagen inzake winsttoerekening (overwegingen 262 en 263 van het bestreden besluit) en niet op regelmatige wijze zijn onderzocht (overweging 368 van het bestreden besluit) en dat de Ierse belastingdienst vóór de afgifte van die rulings geen onderzoek had gedaan met betrekking tot andere ondernemingen binnen de Apple-groep, ongeacht de plaats waar die ondernemingen actief waren (overweging 274 van het bestreden besluit).

118. Dienaangaande moet in herinnering worden gebracht dat de Commissie in het bestreden besluit heeft vastgesteld dat sprake is van een selectief voordeel omdat, primair, de IE-licenties van de Apple-groep niet aan de Ierse vestigingen van ASI en AOE zijn toegerekend (overwegingen 265 tot en met 321 van het bestreden besluit), subsidiair, onjuiste methoden voor de toerekening van winst aan die Ierse vestigingen zijn gekozen (overwegingen 325 tot en met 360 van het bestreden besluit) en, alternatief, met de betwiste tax rulings, op discretionaire wijze, is afweken van Section 25 TCA 97 (overwegingen 369 tot en met 403 van het bestreden besluit).

119. Bijgevolg kan niet worden gesteld dat de Commissie grieven van procedurele aard, zoals samengevat in punt 117 hierboven, heeft aangevoerd om in casu het bestaan van een selectief voordeel vast te stellen. Gelet daarop moeten de door Ierland aangevoerde grieven als niet ter zake dienend worden afgewezen.

120. In de derde plaats moet met betrekking tot de vaststelling dat ASI en AOE fiscaal staatloos waren, worden opgemerkt dat het klopt dat de Commissie onder meer in de overwegingen 52, 276, 277 en 281 van het bestreden besluit in het kader van haar redenering die tot de conclusie heeft geleid dat ASI en AOE buiten Ierland enkel op papier bestonden inderdaad heeft benadrukt dat zij ASI en AOE als fiscaal staatloos beschouwde.

121. Het feit dat de Commissie in het bestreden besluit heeft benadrukt dat ASI en AOE fiscaal staatloos waren, betekent evenwel niet dat zij haar slotsom dat er een selectief voordeel bestond op die vaststelling heeft gebaseerd.

122. In die omstandigheden moeten de grieven waarmee Ierland en ASI en AOE stellen dat de Commissie haar bevoegdheden heeft overschreden door ASI en AOE als fiscaal staatloos aan te merken, om dezelfde redenen als de in punt 119 hierboven genoemde redenen als niet ter zake dienend worden afgewezen.

123. Gelet op de voorgaande overwegingen moeten het achtste middel in zaak T-778/16 en het veertiende middel in zaak T-892/16, die eraan zijn ontleend dat de Commissie haar bevoegdheden heeft overschreden en zich in de bevoegdheden van de lidstaten heeft gemengd, worden afgewezen.

124. Voor zover de Commissie in het kader van het toezicht op staatssteun dus bevoegd was om na te gaan of de betwiste tax rulings staatssteun vormden, moeten thans de middelen worden onderzocht waarmee Ierland en ASI en AOE de gegrondheid betwisten van iedere redeneerlijn waarmee de Commissie in het bestreden besluit heeft willen bewijzen dat er in casu een selectief voordeel bestond.

D. Middelen ontleend aan de fouten die de Commissie in het kader van haar primaire redenering heeft gemaakt

125. Er zij aan herinnerd dat de Commissie in het kader van haar primaire redenering in wezen heeft betoogd dat de winst die voortvloeide uit het gebruik van de IE-licenties van de Apple-groep in een zakelijke context niet had moeten worden toegerekend aan de hoofdkantoren van ASI en AOE, voor zover die hoofdkantoren niet in staat waren zich bezig te houden met de controle en het beheer van die IE-licenties. Die winst had daarom moeten worden toegerekend aan de vestigingen van ASI en AOE, die als enige in staat waren om daadwerkelijk de aan de IE van de Apple-groep gerelateerde functies uit te oefenen, die van wezenlijk belang waren voor de commerciële activiteiten van ASI en AOE.

126. Daarnaast heeft de Commissie in antwoord op de schriftelijke vragen van het Gerecht gepreciseerd dat onder de uitdrukking „winsten uit het gebruik van de intellectuele-eigendomslicenties van Apple" die onder meer in overweging 304 van het bestreden besluit wordt gebruikt de winsten moeten worden verstaan die voortvloeien uit de toerekening van het economische eigendom van de IE-licenties van de Apple-groep aan de Ierse vestigingen. Die uit het gebruik van de IE-licenties van de Apple-groep voortvloeiende winsten komen volgens de Commissie overeen met de winsten uit de totale verkoop van ASI en AOE.

127. Zowel Ierland als ASI en AOE betwisten de primaire redenering van de Commissie en verwijten haar in wezen dat zij ten onrechte het bestaan van een selectief voordeel heeft vastgesteld.

128. Allereerst uit Ierland kritiek op de methode die de Commissie voor haar analyse in het kader van haar primaire redenering heeft gevolgd, voor zover zij het voordeelcriterium en het selectiviteitscriterium niet afzonderlijk heeft onderzocht.

129. Vervolgens betwisten zowel Ierland als ASI en AOE de conclusies die de Commissie uit haar analyse in het kader van haar primaire redenering heeft getrokken. Ten eerste zijn die conclusies gebaseerd op onjuiste beoordelingen van het referentiestelsel en van de normale belastingheffing uit hoofde van het Ierse belastingrecht die te wijten zijn aan het feit dat de Commissie Section 25 TCA 97 onjuist heeft toegepast, het zakelijkheidsbeginsel heeft toegepast en haar analyse heeft uitgevoerd in het licht van het op 22 juli 2010 door de Raad van de OESO goedgekeurde Report on the Attribution of Profits to Permanent Establishments (verslag inzake de toerekening van winst aan vaste inrichtingen; hierna: „Authorised OECD Approach"). Ten tweede betwisten zowel Ierland als ASI en AOE de feitelijke beoordelingen van de Commissie betreffende de activiteiten binnen de Apple-groep.

130. Tot slot uiten zowel Ierland als ASI en AOE kritiek op de conclusies van de Commissie die betrekking hebben op het selectieve karakter van de betwiste tax rulings, voor zover een dergelijke selectiviteit in casu niet kan worden vermoed en ASI en AOE bovendien geen afwijkende of selectieve behandeling hebben genoten ten opzichte van andere ondernemingen die zich in een vergelijkbare situatie bevonden. Volgens Ierland werd een dergelijke behandeling, gesteld al dat zij vaststond, hoe dan ook gerechtvaardigd door de aard en de systematiek van het Ierse belastingstelsel.

131. De Commissie betwist de argumenten die Ierland en ASI en AOE aanvoeren.

132. Hierna moeten de middelen ter betwisting van de primaire redenering van de Commissie worden onderzocht in de volgorde van de grieven die zijn samengevat in de punten 128 tot en met 130 hierboven.

1. Gezamenlijk onderzoek van het voordeelcriterium en het selectiviteitscriterium (deel van het tweede middel in zaak T-778/16)

133. Ierland stelt dat de Commissie, door het voordeelcriterium en het selectiviteitscriterium samen te voegen, is voorbijgegaan aan de in de rechtspraak verankerde beginselen, en verwijt haar dat zij die twee begrippen niet afzonderlijk heeft onderzocht.

134. Dienaangaande zij eraan herinnerd dat het voordeelcriterium en het selectiviteitscriterium twee afzonderlijke criteria zijn. Wat het voordeel betreft, moet de Commissie immers bewijzen dat de maatregel de financiële situatie van de begunstigde verbetert (zie in die zin arrest van 2 juli 1974, Italië/Commissie, 173/73, EU:C:1974:71, punt 33). Wat de selectiviteit betreft, moet de Commissie bewijzen dat het voordeel niet wordt verleend aan andere ondernemingen die zich, gelet op het doel van het referentiestelsel, in een feitelijk en juridisch vergelijkbare situatie bevinden (arrest van 8 september 2011, Paint Graphos e.a., C-78/08-C-80/08, EU:C:2011:550, punt 49).

135. Indien het onderzoek van de Commissie, ten eerste, uitwijst dat de betrokken maatregel de begunstigde ervan een economisch voordeel oplevert en, ten tweede, dat dat voordeel niet toekomt aan ondernemingen die zich in een feitelijk en juridisch vergelijkbare situatie bevinden, kan evenwel niet worden uitgesloten dat die criteria gezamenlijk worden onderzocht.

136. Wat meer in het bijzonder fiscale maatregelen betreft, vallen het onderzoek van het voordeel en dat van de selectiviteit, zoals de Commissie terecht stelt, bovendien samen, voor zover ter vervulling van die beide criteria moet worden bewezen dat de betwiste fiscale maatregel tot een verlaging leidt van de belasting die de begunstigde van de maatregel normalerwijs verschuldigd zou zijn op grond van de normale belastingregeling die van toepassing is op andere belastingplichtigen die zich in dezelfde situatie bevinden. Bovendien blijkt uit de rechtspraak van het Hof dat die twee criteria gezamenlijk kunnen worden onderzocht als de „derde voorwaarde" die is gesteld in artikel 107, lid 1, VWEU en die betrekking heeft op het bestaan van een „selectief voordeel" (zie in die zin arrest van 30 juni 2016, België/Commissie, C-270/15 P, EU:C:2016:489, punt 32).

137. Uit het bestreden besluit blijkt dat de Commissie, teneinde te bewijzen dat de betwiste tax rulings ASI en AOE een economisch voordeel hadden verleend, in het kader van haar analyse van het bestaan van een selectief voordeel (deel 8.2 van het bestreden besluit) heeft onderzocht in hoeverre die rulings het bedrag hadden verlaagd dat die ondernemingen verschuldigd waren uit hoofde van de Ierse vennootschapsbelasting. Daarnaast heeft de Commissie vastgesteld dat het referentiestelsel werd gevormd door het algemene Ierse vennootschapsbelastingstelsel (deel 8.2.1.1 van het bestreden besluit). Voorts heeft de Commissie, om te bewijzen dat de betwiste tax rulings een selectief karakter hadden, in het kader van haar primaire, haar subsidiaire en haar alternatieve redenering (delen 8.2.2.2 tot en met 8.2.3.2 van het bestreden besluit) onderzocht of die rulings afweken van dat referentiestelsel vanwege het feit dat zij de belastbare jaarwinst van die ondernemingen hadden verlaagd.

138. Aangezien het onderzoek van de Commissie wel degelijk betrekking heeft gehad op zowel het voordeelcriterium als het selectiviteitscriterium, doet het er weinig toe dat de Commissie beide criteria tegelijk heeft onderzocht. Derhalve kan niet vanwege het enkele feit dat de Commissie die criteria gezamenlijk heeft onderzocht, worden aangenomen dat zij het recht onjuist heeft toegepast.

139. Bijgevolg moet de grief van Ierland die is ontleend aan een dergelijk gezamenlijk onderzoek van het voordeelcriterium en het selectiviteitscriterium, ongegrond worden verklaard.

2. Afbakening van het referentiestelsel en beoordelingen van de normale belastingheffing op grond van het Ierse recht (deel van het eerste en van het tweede middel in zaak T-778/16 en eerste, tweede en vijfde middel in zaak T-892/16)

a. Referentiestelsel

140. In de overwegingen 227 tot en met 243 van het bestreden besluit heeft de Commissie uiteengezet dat het referentiestelsel dat relevant was voor haar analyse van het bestaan van een selectief voordeel, werd gevormd door de gewone regels inzake de belasting van vennootschapswinst die zijn vastgelegd in het Ierse vennootschapsbelastingstelsel, dat er als zodanig toe strekt om belasting te heffen over de winst van alle ondernemingen die in die lidstaat belastingplichtig zijn.

141. De Commissie heeft aangevoerd dat dat referentiestelsel zowel op niet-geïntegreerde ondernemingen als op geïntegreerde ondernemingen van toepassing is, aangezien de Ierse vennootschapsbelasting geen onderscheid tussen die ondernemingen maakt.

142. Daarnaast heeft de Commissie gesteld dat ingezeten en niet-ingezeten vennootschappen weliswaar over verschillende bronnen van inkomsten worden belast, maar dat beide typen ondernemingen zich gelet op het intrinsieke doel van dat stelsel te weten het heffen van belasting over de winst van alle in Ierland belastingplichtige ondernemingen niettemin in een feitelijk en juridisch vergelijkbare situatie bevonden. Bijgevolg omvatte dat stelsel ook Section 25 TCA 97, dat dus als zodanig niet als een afzonderlijk referentiestelsel kon worden beschouwd.

143. Zowel Ierland als ASI en AOE betwisten die omschrijving van het referentiestelsel en stellen in wezen dat het referentiestelsel dat in casu relevant is, wordt gevormd door Section 25 TCA 97, dat een afzonderlijke belastingregel is die specifiek van toepassing is op niet-ingezeten vennootschappen, die zich niet in een situatie bevinden die vergelijkbaar is met die van ingezeten vennootschappen. Daarnaast voeren zowel Ierland als ASI en AOE aan dat het in casu niet gaat om de problematiek of ondernemingen al dan niet geïntegreerd zijn, maar veeleer om de problematiek van de belastingheffing van niet-ingezeten vennootschappen.

144. Opgemerkt moet worden dat de afbakening van het referentiestelsel in het kader van de analyse van fiscale maatregelen vanuit het oogpunt van artikel 107, lid 1, VWEU, zowel relevant is voor het onderzoek van het voordeelcriterium als voor dat van het selectiviteitscriterium.

145. Zoals in punt 110 hierboven is opgemerkt, kan het bestaan van een voordeel in het geval van belastingmaatregelen immers slechts ten opzichte van een „normale" belasting worden vastgesteld. Het is dus precies deze zogenoemde „normale" belasting die door het referentiestelsel wordt bepaald.

146. Bovendien veronderstelt de kwalificatie van een nationale belastingmaatregel als selectief allereerst dat vooraf wordt bepaald en onderzocht welke algemene of normale belastingregeling geldt in de betrokken lidstaat (arrest van 8 september 2011, Paint Graphos e.a., C-78/08C-80/08, EU:C:2011:550, punt 49).

147. Daarenboven heeft het Hof zijn rechtspraak bevestigd volgens welke het selectieve karakter van een maatregel die afwijkt van een algemene belastingregeling reeds komt vast te staan wanneer wordt aangetoond dat bepaalde ondernemers erdoor worden begunstigd en anderen niet, hoewel zij zich, gelet op het doel van de algemene belastingregeling, allen in een objectief vergelijkbare situatie bevinden (arrest van 21 december 2016, Commissie/World Duty Free Group e.a., C-20/15 P en C-21/15 P, EU:C:2016:981, punt 76).

148. Hoewel een belastingmaatregel ook selectief kan zijn zonder dat hij afwijkt van een algemene belastingregeling, is het feit dat die maatregel een dergelijk afwijkend karakter heeft dus volstrekt relevant ten bewijze van zijn selectiviteit wanneer hij ertoe leidt dat een onderscheid wordt gemaakt tussen twee groepen ondernemers die a priori een verschillende behandeling krijgen, namelijk de groep die onder de afwijkende maatregel valt en die waarop de algemene belastingregeling van toepassing blijft, hoewel beide groepen zich, gelet op het doel van die regeling, in een vergelijkbare situatie bevinden (arrest van 21 december 2016, Commissie/World Duty Free Group e.a., C-20/15 P en C-21/15 P, EU:C:2016:981, punt 77).

149. Bovendien heeft het Hof voor recht verklaard dat de gebruikte regelgevingstechniek geen beslissende factor kan zijn voor de vaststelling van het referentiestelsel (arrest van 28 juni 2018, Lowell Financial Services/Commissie, C-219/16 P, niet gepubliceerd, EU:C:2018:508, punten 94 en 95).

150. Uit de rechtspraak blijkt dat het referentiestelsel wordt gevormd door de belastingregels die van toepassing zijn op de begunstigde van de maatregel die als een steunmaatregel wordt beschouwd. Bovendien vloeit uit de rechtspraak voort dat de materiële afbakening van het referentiestelsel enkel kan worden verricht ten opzichte van de maatregel die als een steunmaatregel wordt beschouwd. Derhalve moet voor de vaststelling van het referentiestelsel rekening worden gehouden met het doel van de betrokken maatregelen en met het rechtskader waartoe die maatregelen behoren.

151. Daarenboven heeft de Commissie haar uitlegging van het begrip „referentieregeling" (referentiestelsel) verduidelijkt in haar mededeling betreffende het begrip „staatssteun" in de zin van artikel 107, lid 1, VWEU (*PB* 2016, C 262, blz. 1). Hoewel die mededeling niet bindend is voor het Gerecht, kan zij niettemin een nuttige inspiratiebron vormen (zie in die zin naar analogie arrest van 26 juli 2017, Tsjechië/Commissie, C-696/15 P, EU:C:2017:595, punt 53).

152. In punt 133 van de in punt 151 hierboven genoemde mededeling is met name aangegeven dat een referentieregeling uit een coherent geheel van regels bestaat die algemeen toepasselijk zijn op grond van objectieve criteria voor alle ondernemingen die vallen binnen het toepassingsgebied ervan zoals dat door de doelstelling ervan is omschreven. Meestal bakenen die regels niet alleen het toepassingsgebied van de regeling af, maar ook de voorwaarden waaronder de regeling van toepassing is, de rechten en plichten van de daaraan onderworpen ondernemingen en de technische details van het functioneren van de regeling.

153. In het licht van de voorgaande overwegingen moet dus worden nagegaan of de Commissie het referentiestelsel dat relevant is voor het onderzoek van de selectiviteit van de betwiste tax rulings, juist heeft afgebakend.

154. In casu kan uit de lezing van de betwiste tax rulings, die zijn beschreven in de punten 11 tot en met 21 hierboven, worden opgemaakt dat zij zijn afgegeven om ASI en AOE in staat te stellen om de belastbare winst in Ierland te bepalen voor de vennootschapsbelasting in deze lidstaat.

155. Hieruit volgt dat de betwiste tax rulings deel uitmaken van het algemene Ierse vennootschapsbelastingstelsel, dat tot doel heeft belasting te heffen over de belastbare winst van ondernemingen die activiteiten in Ierland verrichten, ongeacht of zij ingezeten of niet-ingezeten dan wel geïntegreerde of zelfstandige ondernemingen zijn.

156. Vastgesteld zij immers dat de vennootschapsbelasting in Ierland volgens het algemene Ierse stelsel wordt geheven over de winst van ondernemingen (Section 21, lid 1, TCA 97), zoals blijkt uit de niet door partijen betwiste omschrijving in overweging 71 van het bestreden besluit. Daarnaast moet worden opgemerkt dat Ierland verschillende belastingtarieven hanteert voor inkomsten uit handel, inkomsten uit andere activiteiten dan handel en vermogenswinst. Zo bepaalt Section 21 TCA 1997 dat het algemene vennootschapsbelastingtarief 12,5 % is. Dat tarief is van toepassing op de inkomsten uit handel van ondernemingen die belastingplichtig zijn op grond van de TCA 97, terwijl inkomsten uit andere activiteiten dan handel worden belast met 25 % en vermogenswinst met 33 %. Voor vermogenswinst uit de verkoop van bepaalde aandelen geldt echter een vrijstelling.

157. Daarenboven moeten ingezeten vennootschappen, zoals beschreven in overweging 72 van het bestreden besluit, op grond van Section 26 TCA 97 vennootschapsbelasting betalen over hun wereldwijde winst en vermogenswinst, met uitzondering van de meeste winstuitkeringen die zijn ontvangen van andere in Ierland ingezeten vennootschappen.

158. Tot slot bepaalt Section 25 TCA 97, waarvan de bewoordingen zijn opgenomen in overweging 73 van het bestreden besluit, dat een niet-ingezeten vennootschap geen vennootschapsbelasting verschuldigd is, tenzij zij een handelsactiviteit uitoefent via een vestiging of agentschap in Ierland. In dat geval wordt die onderneming belast over alle inkomsten uit handel die rechtstreeks of indirect voortvloeien uit de vestiging of het agentschap en uit de door de vestiging of het agentschap gebruikte of door of voor de vestiging of het agentschap gehouden activa of rechten, alsook over de belastbare vermogenswinst die aan de vestiging of het agentschap kan worden toegerekend.

159. Op grond van Section 25, lid 1, TCA 97 zijn niet-ingezeten vennootschappen dus niet belastingplichtig in Ierland, tenzij zij in dat land commerciële activiteiten verrichten via een vestiging of agentschap, in welk geval zij vennootschapsbelasting moeten betalen over hun totale belastbare winst. Section 25, lid 2, onder a), TCA 97 omschrijft die belastbare winst als alle inkomsten uit handel die rechtstreeks of indirect via de vestiging of het agentschap zijn gerealiseerd en alle inkomsten uit de door de vestiging of het agentschap gebruikte of door of voor de vestiging of het agentschap gehouden activa of rechten.

160. Hoewel het eerste deel van de eerste zin van Section 25, lid 1, TCA 97 een uitzondering op het normale belastingstelsel lijkt te maken voor niet-ingezeten vennootschappen, blijkt dus uit het tweede deel van die zin dat dit stelsel van toepassing is op niet-ingezeten vennootschappen die commerciële activiteiten verrichten via een vestiging in Ierland en vennootschapsbelasting verschuldigd zijn over hun totale belastbare winst. Op grond van die bepaling gelden de voorwaarden voor het heffen van vennootschapsbelasting dus ook voor die vennootschappen.

161. In dat opzicht verkeren ingezeten vennootschappen enerzijds en niet-ingezeten vennootschappen die commerciële activiteiten verrichten via een vestiging in Ierland anderzijds in een vergelijkbare situatie gelet op het doel van dat stelsel, namelijk het heffen van belasting over de belastbare winst. Het feit dat de belastbare winst van laatstgenoemde vennootschappen specifiek in Section 25, lid 2, onder a), van TCA 97 is geregeld, betekent niet dat dit artikel als referentieregeling kan worden aangemerkt, maar is veeleer een regelgevingstechniek die is gebruikt om de vennootschapsbelasting op die categorie vennootschappen toe te passen. Uit de in de punten 148 en 149 hierboven aangehaalde rechtspraak blijkt immers dat een uit een dergelijke regelgevingstechniek voortvloeiend verschil in behandeling tussen twee categorieën vennootschappen niet betekent dat die twee categorieën vennootschappen zich niet in een vergelijkbare situatie bevinden gelet op het doel van die regeling.

162. Bijgevolg kunnen de bepalingen van Section 25 TCA 97, die betrekking hebben op de belastbare winst van een niet-ingezeten vennootschap in Ierland, als zodanig geen specifieke regeling vormen die losstaat van het algemene recht. Die enkele bepaling volstaat op zichzelf immers niet om de vennootschapsbelasting coherent op die niet-ingezeten vennootschappen toe te passen.

163. In die omstandigheden moet worden overwogen dat de Commissie geen fout heeft gemaakt door te concluderen dat het referentiestelsel in casu werd gevormd door de gewone regels inzake de belasting van vennootschapswinst in Ierland, die als zodanig tot doel hebben om belasting te heffen over de winst van alle

ondernemingen die in die lidstaat belastingplichtig zijn, en dat dit stelsel derhalve de bepalingen van Section 25 TCA 97 omvatte, die van toepassing zijn op niet-ingezeten vennootschappen.

164 Derhalve moeten de grieven die Ierland en ASI en AOE hebben aangevoerd tegen het referentiestelsel dat in het bestreden besluit is afgebakend, worden afgewezen.

165. In het licht van het referentiestelsel zoals dat in het bestreden besluit is vastgesteld te weten de gewone regels inzake de belasting van vennootschapswinst, die ook de bepalingen van Section 25 TCA 97 omvatten moeten thans de grieven worden onderzocht die Ierland en ASI en AOE hebben aangevoerd tegen de uitlegging die de Commissie aan die bepalingen heeft gegeven.

b. Beoordelingen van de Commissie betreffende de normale winstbelastingheffing op grond van het Ierse belastingrecht

166. De Commissie heeft in het kader van haar primaire redenering in het bestreden besluit (met name in de overwegingen 319-321) aangevoerd dat het feit dat de winst die voortvloeide uit de door ASI en AOE gehouden IE-licenties van de Apple-groep niet aan de Ierse vestigingen van ASI en AOE werd toegerekend, ertoe heeft geleid dat de jaarlijkse winst van ASI en AOE waarover zij in Ierland belasting verschuldigd waren, was vastgesteld op een wijze die afweek van een betrouwbare benadering van een marktuitkomst die voldoet aan het zakelijkheidsbeginsel, hetgeen heeft geresulteerd in een verlaging van het bedrag dat ASI en AOE normalerwijze verschuldigd zouden zijn geweest uit hoofde van de Ierse vennootschapsbelasting.

167. Die analyse van de Commissie is gebaseerd op het in de overwegingen 244 tot en met 263 van het bestreden besluit uiteengezette betoog dat voor de winsttoerekening aan een vestiging in het kader van Section 25 TCA 97, een methode voor winsttoerekening moet worden toegepast die overeenkomstig artikel 107, lid 1, VWEU gebaseerd dient te zijn op het zakelijkheidsbeginsel. Daarnaast heeft de Commissie in overweging 272 van het bestreden besluit naar de Authorised OECD Approach verwezen voor haar stelling dat de winst die aan een vestiging moest worden toegerekend, de winst moest zijn die zij in een zakelijke context zou hebben kunnen realiseren indien zij een zelfstandige, onafhankelijke onderneming zou zijn geweest die dezelfde of soortgelijke activiteiten onder dezelfde of soortgelijke omstandigheden zou hebben verricht, waarbij rekening moest worden gehouden met de door die onderneming via haar vestiging vervulde functies, gebruikte activa en gedragen risico's.

168. Ierland en ASI en AOE betwisten ieder onderdeel van de redenering die in de punten 166 en 167 hierboven is beschreven.

169. In de eerste plaats uiten zowel Ierland als ASI en AOE kritiek op de toepassing van Section 25 TCA 97 door de Commissie in het kader van haar primaire redenering, op grond waarvan zij de Ierse belastingdienst in wezen heeft verweten dat hij niet had vereist dat de totale winst van ASI en AOE aan hun Ierse vestigingen werd toegerekend.

170. In de tweede plaats betwisten zowel Ierland als ASI en AOE het bestaan van een zakelijkheidsbeginsel dat zou voortvloeien uit artikel 107 VWEU, zoals de Commissie in het kader van haar redenering heeft aangevoerd, welk beginsel volgens hen dan ook niet van toepassing is in Ierland.

171. In de derde plaats voeren Ierland en ASI en AOE aan dat de Authorised OECD Approach niet van toepassing is in het Ierse belastingrecht. Volgens Ierland en ASI en AOE heeft de Commissie op grond van de Authorised OECD Approach, zelfs al zou die benadering in casu kunnen worden toegepast, hoe dan ook ten onrechte geconcludeerd dat de winst die voortvloeide uit de door ASI en AOE gehouden IE-licenties van de Apple-groep aan hun Ierse vestigingen had moeten worden toegerekend.

172. Derhalve moet allereerst worden ingegaan op de grieven die Ierland en ASI en AOE tegen de toepassing van Section 25 TCA 97 hebben aangevoerd. Vervolgens moet worden onderzocht of de Commissie in het kader van haar analyse terecht kon aanvoeren dat uit artikel 107 VWEU een zakelijkheidsbeginsel voortvloeide. Tot slot moet worden nagegaan of de Authorised OECD Approach in casu kon worden toegepast.

1. Toepassing van Section 25 TCA 97 (deel van het tweede middel in zaak T-778/16 en deel van het eerste middel in zaak T-892/16)

173. In casu staat tussen partijen vast dat:

– ASI en AOE ondernemingen naar Iers recht zijn, die evenwel niet als fiscaal ingezetenen van Ierland worden aangemerkt, zoals de Commissie in overweging 50 van het bestreden besluit heeft onderkend;

– Section 25 TCA 97 specifiek voor niet-ingezeten vennootschappen geldende bepalingen bevat op grond waarvan een niet-ingezeten vennootschap die commerciële activiteiten via een vestiging in Ierland verricht, onder meer belasting verschuldigd is over al haar inkomsten uit handel die rechtstreeks of indirect uit de vestiging voortvloeien;

– de niet-ingezeten vennootschappen ASI en AOE commerciële activiteiten hebben verricht via hun respectieve vestigingen in Ierland.

174. Derhalve moet worden nagegaan of de Commissie ervan uit mocht gaan dat de Ierse belastingdienst, ter bepaling van de winst van ASI en AOE in Ierland, de IE-licenties van de Apple-groep op grond van Section 25 TCA 97 aan de Ierse vestigingen van die twee ondernemingen had moeten toerekenen.

175. Ingevolge het Ierse belastingrecht, en met name op grond van Section 25 TCA 97, zijn niet-ingezeten vennootschappen die in Ierland commerciële activiteiten verrichten via een vestiging, enkel belasting verschuldigd over, ten eerste, de winst uit de commerciële activiteiten die rechtstreeks of indirect aan die Ierse vestiging kunnen worden toegerekend en, ten tweede, alle inkomsten die voortvloeien uit de door de vestiging gebruikte of door of voor de vestiging gehouden activa of rechten.

176. Zoals de Commissie terecht opmerkt en zoals Ierland alsmede ASI en AOE erkennen, klopt het dat Section 25 TCA 97 geen specifieke methode bevat om de winst te bepalen die rechtstreeks of indirect aan de Ierse vestigingen van niet-ingezeten vennootschappen kan worden toegerekend, en dat nergens in dat artikel naar het zakelijkheidsbeginsel wordt verwezen voor een dergelijke toerekening.

177. Evenwel moet worden vastgesteld dat Section 25 TCA 97 enkel van toepassing is op de winst die voortvloeit uit activiteiten die door de Ierse vestigingen zelf zijn verricht, en niet op de winst uit activiteiten die door andere onderdelen van de betrokken niet-ingezeten vennootschap zijn verricht.

178. Volgens Ierland alsmede ASI en AOE staat die belastingregeling in beginsel geen benadering toe waarmee de totale winst van de niet-ingezeten vennootschap kan worden onderzocht en waarmee die winst, voor zover zij niet aan andere onderdelen van die vennootschap kan worden toegerekend, automatisch aan de Ierse vestigingen ervan mag worden toegerekend (te weten een benadering „bij uitsluiting").

179. Dienaangaande baseren zowel Ierland als ASI en AOE zich op het advies dat is uitgebracht door een deskundige op het gebied van Iers recht en waarvan de relevantie als zodanig niet door de Commissie wordt betwist. Volgens dat advies moet de analyse waarmee voor de toepassing van Section 25 TCA 97 de belastbare winst moet worden vastgesteld van niet-ingezeten vennootschappen die in Ierland commerciële activiteiten verrichten via hun vestigingen, betrekking hebben op de daadwerkelijke activiteiten van die Ierse vestigingen en op de waarde van de activiteiten die daadwerkelijk door de vestigingen zelf zijn verricht. Dat advies is met name gebaseerd op de uitspraak van de High Court (rechter in eerste aanleg, Ierland) in de zaak S. Murphy (Inspector of Taxes) tegen Dataproducts (Dub.) Ltd. [1988] I. R. 10 note 4507 (hierna: „Dataproducts-uitspraak"). De Dataproducts-uitspraak is tevens als precedent aangevoerd tijdens de administratieve procedure, ter ondersteuning van de argumenten van Ierland en Apple Inc., en in het onderhavige geding, ter ondersteuning van de argumenten van Ierland en van ASI en AOE.

180. Uit de Dataproducts-uitspraak blijkt dat de winst die voortvloeit uit activa die door een niet-ingezeten vennootschap worden beheerd, als zodanig niet als winst kan worden beschouwd die aan de vestigingen kan worden toegerekend, zelfs indien die activa ter beschikking van de Ierse vestiging van die vennootschap zijn gesteld.

181. Uit die uitspraak blijkt namelijk dat activa die toebehoren aan een vennootschap die geen ingezetene is van Ierland en die worden beheerd door de bestuurders van die vennootschap, die evenmin in Ierland zijn gevestigd, niet aan de Ierse vestiging van die vennootschap kunnen worden toegerekend, zelfs als die activa ter beschikking van die vestiging zijn gesteld. Voor zover de betrokken activa niet door het personeel en de bestuurders van de Ierse vestiging werden beheerd, konden de uit die activa voortvloeiende inkomsten niet aan die vestiging worden toegerekend om in Ierland te worden belast. Aan die conclusie zou zelfs niet worden afgedaan indien enkel de Ierse vestiging werknemers in loondienst zou hebben en over materiële activa zou beschikken, terwijl de niet-ingezeten vennootschap geen materiële activa of werknemers in loondienst zou hebben of buiten de activiteiten van de Ierse vestiging geen andere commerciële activiteiten zou verrichten. Aangenomen werd dat de niet-ingezeten vennootschap zonder werknemers die activa via haar bestuursorganen beheerde.

182. Aldus blijkt uit de Dataproducts-uitspraak dat de vraag die relevant is om de winst van de vestiging te bepalen, de vraag is of de Ierse vestiging die activa beheert.

183. De Commissie heeft in casu, zoals aangegeven in de punten 37 tot en met 40 hierboven, in het kader van haar primaire redenering in wezen aangevoerd dat de winst uit handelsactiviteiten die voortvloeide uit de IE van de Apple-groep, waarvoor aan ASI en AOE licenties waren verleend, aan de Ierse vestigingen had moeten worden toegerekend, voor zover die vennootschappen geen fysieke aanwezigheid hadden en buiten die vestigingen geen personeel hadden, waardoor zij die IE dus niet hadden kunnen beheren.

184. Volgens de Dataproducts-uitspraak kunnen de activa die door een fiscaal niet-ingezeten vennootschap worden gehouden, voor de vaststelling van de winst die overeenkomstig Section 25 TCA 97 aan de Ierse vestiging moet worden toegerekend, niet aan die vestiging worden toegerekend indien niet is bewezen dat die activa daadwerkelijk door die vestiging worden beheerd. Daarnaast blijkt uit die uitspraak dat het feit dat de niet-ingezeten vennootschap buiten de Ierse vestiging geen werknemers in loondienst heeft en geen fysieke aanwezigheid heeft, als zodanig niet doorslaggevend is om uit te sluiten dat die vennootschap het beheer van die activa uitvoert.

185. Indien de IE-licenties van de Apple-groep die door ASI en AOE werden gehouden niet door de Ierse vestigingen werden beheerd, dan zou het dus niet terecht zijn om de totale uit die licenties voortvloeiende inkomsten van die ondernemingen op grond van Section 25 TCA 97 aan die vestigingen toe te rekenen. Daarentegen zou enkel de winst die is gerealiseerd met de commerciële activiteiten van de Ierse vestigingen, waaronder de activiteiten die zijn verricht op basis van de IE-licenties die door de Apple-groep aan ASI en AOE zijn verleend, moeten worden beschouwd als winst die uit de activiteiten van die vestigingen voortvloeit.

186. Uit het voorgaande volgt dat de Commissie, door te stellen dat de IE-licenties van de Apple-groep aan de Ierse vestigingen hadden moeten worden toegerekend omdat moest worden aangenomen dat ASI en AOE die licenties niet konden beheren zonder werknemers in loondienst en zonder fysieke aanwezigheid, een winsttoerekening „bij uitsluiting" heeft verricht die in strijd is met Section 25 TCA 97. De Commissie heeft in het kader van haar primaire redenering immers niet getracht te bewijzen dat de Ierse vestigingen van ASI en AOE de IE-licenties van de Apple-groep daadwerkelijk hadden beheerd, toen zij concludeerde dat de Ierse belastingdienst de IE-licenties van de Apple-groep aan die vestigingen had moeten toerekenen en dat alle inkomsten uit handelsactiviteiten van ASI en AOE dus overeenkomstig Section 25 TCA 97 hadden moeten worden aangemerkt als inkomsten die uit de activiteiten van die vestigingen voortvloeiden.

187. In die omstandigheden moet worden vastgesteld dat de Commissie, zoals Ierland en ASI en AOE terecht hebben aangevoerd met hun grieven in het kader van het tweede middel in zaak T-778/16 en in het kader van het eerste middel in zaak T-892/16, met haar primaire redenering de bepalingen van het Ierse belastingrecht die betrekking hebben op het heffen van belasting over de winst van vennootschappen die geen ingezetenen zijn van Ierland maar in dat land commerciële activiteiten verrichten via een vestiging, verkeerd heeft beoordeeld.

188. Aangezien de Commissie haar primaire redenering heeft gebaseerd op meerdere beoordelingen die betrekking hebben op de normale winstbelastingheffing op grond van het Ierse belastingrecht, dienen hierna de argumenten te worden onderzocht die Ierland en ASI en AOE tegen de andere aspecten van die beoordelingen hebben aangevoerd.

2. Zakelijkheidsbeginsel (deel van het eerste en van het derde middel in zaak T-778/16 en deel van het eerste en van het tweede middel in zaak T-892/16)

189. Ierland alsmede ASI en AOE, die op dat punt worden ondersteund door het Groothertogdom Luxemburg, stellen in wezen dat het zakelijkheidsbeginsel geen deel uitmaakt van het Ierse belastingrecht en dat noch uit artikel 107 VWEU, noch uit enige andere bepaling van het Unierecht, noch uit het arrest van 22 juni 2006, België en Forum 187/Commissie (C-182/03 en C-217/03, EU:C:2006:416), een autonome verplichting voortvloeit om dat beginsel toe te passen. Volgens Ierland heeft de Commissie zelf dat beginsel hoe dan ook op onsamenhangende wijze toegepast, voor zover zij geen rekening heeft gehouden met de economische realiteit, de structuur en de bijzonderheden van de Apple-groep.

190. De Commissie, die op dat punt wordt ondersteund door de Republiek Polen en de Toezichthoudende Autoriteit van de EVA, betwist die argumenten en stelt in wezen dat de methode die wordt gebruikt om op grond van Section 25 TCA 97 de belastbare winst te bepalen, een betrouwbare benadering moet opleveren van een marktuitkomst en dus is gebaseerd op het zakelijkheidsbeginsel, dat in het verleden door de Ierse belastingdienst is toegepast in het kader van dubbelbelastingverdragen.

191. Bijgevolg moet ten eerste worden nagegaan of de Commissie zich terecht op het zakelijkheidsbeginsel kon baseren om het bestaan van een selectief voordeel te onderzoeken. Indien die vraag bevestigend wordt

beantwoord, moet ten tweede worden onderzocht of de Commissie dat beginsel op juiste wijze heeft toegepast in het kader van haar primaire redenering.

i. Vraag of de Commissie zich op het zakelijkheidsbeginsel kon baseren om het bestaan van een selectief voordeel te onderzoeken

192. In de eerste plaats zij eraan herinnerd dat de Commissie in de overwegingen 244 tot en met 248 van het bestreden besluit heeft gesteld dat voor de toepassing van Section 25 TCA 97 een methode voor winsttoerekening moest worden gebruikt, aangezien in die bepaling niet was aangegeven op welke wijze de belastbare winst van een Ierse vestiging moest worden bepaald.

193. In de tweede plaats heeft de Commissie in overweging 249 van het bestreden besluit aangevoerd dat uit het arrest van 22 juni 2006, België en Forum 187/Commissie (C-182/03 en C-217/03, EU:C:2006:416), voortvloeide dat een verlaging van de belastinggrondslag die voortvloeide uit een fiscale maatregel op grond waarvan een belastingplichtige voor transacties binnen de groep verrekenprijzen kon hanteren die niet in de buurt lagen van de prijzen die zouden zijn gehanteerd in een omgeving waarin vrije mededinging heerst tussen onafhankelijke ondernemingen die in vergelijkbare omstandigheden zakelijk onderhandelen, die belastingplichtige een selectief voordeel verleende in de zin van artikel 107, lid 1, VWEU.

194. In de overwegingen 251 en 252 van het bestreden besluit heeft de Commissie bovendien gepreciseerd dat het zakelijkheidsbeginsel tot doel heeft om ervoor te zorgen dat bij de fiscale behandeling van transacties tussen geïntegreerde ondernemingen van dezelfde groep rekening wordt gehouden met de winst die zou zijn gerealiseerd indien diezelfde transacties door niet-geïntegreerde zelfstandige ondernemingen zouden zijn verricht. Anders zouden geïntegreerde groepsondernemingen op grond van de gewone belastingregels een gunstige behandeling krijgen. Volgens de Commissie heeft het Hof in het arrest van 22 juni 2006, België en Forum 187/Commissie (C-182/03 en C-217/03, EU:C:2006:416), bevestigd dat het zakelijkheidsbeginsel als referentiecriterium kon worden gebruikt om te bepalen of een geïntegreerde groepsonderneming een selectief voordeel in de zin van artikel 107, lid 1, VWEU heeft genoten ten gevolge van een fiscale maatregel die haar verrekenprijzen en bijgevolg haar heffingsgrondslag bepaalde.

195. In de derde plaats heeft de Commissie in overweging 253 van het bestreden besluit aangegeven dat hetzelfde beginsel gold voor interne transacties tussen verschillende onderdelen van dezelfde geïntegreerde onderneming, zoals een vestiging die transacties aangaat met andere onderdelen van de onderneming waartoe zij behoort. Volgens de Commissie moet een door een tax ruling onderschreven methode voor winsttoerekening, teneinde te voorkomen dat die methode een selectief voordeel verleent aan een niet-ingezeten vennootschap die actief is via een Ierse vestiging, resulteren in een belastbare winst die een betrouwbare benadering is van een marktuitkomst die voldoet aan het zakelijkheidsbeginsel. Hieraan heeft zij in overweging 256 van het bestreden besluit toegevoegd dat zij het zakelijkheidsbeginsel niet toepast als grondslag voor het „opleggen" van belastingen die anders niet zouden worden geheven op grond van het referentiestelsel, maar als een maatstaf om na te gaan of de belastbare winst van een vestiging is bepaald op een wijze die ervoor zorgde zij geen gunstigere behandeling kreeg dan niet-geïntegreerde ondernemingen waarvan de belastbare winst een afspiegeling was van prijzen die op basis van zakelijke onderhandelingen op de markt tot stand waren gekomen.

196. In de vierde plaats heeft de Commissie, wat de rechtsgrondslag van dat beginsel betreft, in overweging 255 van het bestreden besluit opgemerkt dat zij noch artikel 7, lid 2, of artikel 9 van het OESO-modelbelastingverdrag, noch de OESO-richtlijnen inzake winsttoerekening of inzake verrekenprijzen rechtstreeks toepast, maar dat zij die – niet-bindende – instrumenten niettemin als een nuttige leidraad beschouwt om ervoor te zorgen dat methoden voor winsttoerekening en voor de vaststelling van verrekenprijzen een marktconforme uitkomst opleveren.

197. Daarenboven heeft de Commissie in overweging 257 van het bestreden besluit opgemerkt dat het zakelijkheidsbeginsel dat zij toepast, voortvloeit uit artikel 107, lid 1, VWEU, zoals uitgelegd door het Hof, welk artikel bindend is voor de lidstaten en nationale belastingregelingen niet van zijn werkingssfeer uitsluit. Volgens de Commissie is dat beginsel dus van toepassing, ongeacht of het al dan niet in het nationale rechtssysteem van de betrokken lidstaat is opgenomen.

198. Op basis hiervan is de Commissie in de overwegingen 258 en 259 van het bestreden besluit tot de slotsom gekomen dat, indien kon worden bewezen dat de methoden voor winsttoerekening die door de betwiste fiscale rulings zijn onderschreven, ertoe hebben geleid dat de winst waarover ASI en AOE in Ierland belasting verschuldigd waren, afweek van een betrouwbare benadering van een marktuitkomst die voldoet aan het zakelijkheidsbeginsel, die rulings moeten worden geacht een selectief voordeel te hebben verleend, voor zover

zij de in Ierland verschuldigde vennootschapsbelasting hebben verlaagd in vergelijking met niet-geïntegreerde ondernemingen waarvan de belastinggrondslag wordt bepaald door de winst die zij onder marktvoorwaarden realiseren.

199. Zoals met name blijkt uit de in punt 198 hierboven genoemde overwegingen 258 en 259 van het bestreden besluit, moet allereerst worden benadrukt dat de Commissie zich, met name in het kader van haar primaire redenering, op het zakelijkheidsbeginsel heeft gebaseerd om te onderzoeken of de betwiste tax rulings tot een selectief voordeel hadden geleid.

200. Zoals opgemerkt in punt 163 hierboven moet bovendien in herinnering worden gebracht dat het referentiestelsel dat in casu relevant was voor de analyse van het voordeelcriterium, werd gevormd door de gewone regels inzake de belasting van vennootschapswinst in Ierland, die als zodanig tot doel hebben om belasting te heffen over de winst van alle in die lidstaat belastingplichtige ondernemingen, en dat dit referentiestelsel derhalve de bepalingen van Section 25 TCA 97 omvatte, die van toepassing zijn op niet-ingezeten vennootschappen.

201. Derhalve moet worden nagegaan of de Commissie, met name in het kader van haar primaire redenering, in het licht van het zakelijkheidsbeginsel kon onderzoeken of de door de betwiste tax rulings onderschreven winsttoerekening aan de Ierse vestigingen van ASI en AOE die ondernemingen een voordeel had verleend.

202. In het geval van belastingmaatregelen kan het bestaan van een voordeel slechts ten opzichte van een „normale" belasting worden vastgesteld (arrest van 6 september 2006, Portugal/Commissie, C-88/03, EU:C:2006:511, punt 56). Bijgevolg verleent een dergelijke maatregel de begunstigde ervan een economisch voordeel wanneer die maatregel de lasten verlicht die normaliter op het budget van een onderneming drukken en daardoor – zonder een subsidie in strikte zin te zijn – van dezelfde aard is en identieke gevolgen heeft (arrest van 9 oktober 2014, Ministerio de Defensa en Navantia, C-522/13, EU:C:2014:2262, punt 22).

203. Teneinde vast te stellen of er sprake is van een belastingvoordeel moet de situatie van de begunstigde zoals die voortvloeit uit de toepassing van de betwiste maatregel dus worden vergeleken met diens situatie zoals die zou zijn zonder de betrokken maatregel (zie in die zin arrest van 26 april 2018, Cellnex Telecom en Telecom Castilla-La Mancha/Commissie, C-91/17 P en C-92/17 P, niet gepubliceerd, EU:C:2018:284, punt 114) en onder toepassing van de normale belastingregels.

204. In de eerste plaats moet in herinnering worden gebracht dat de onderhavige kwestie betrekking heeft op het opleggen van belasting aan ondernemingen die geen fiscaal ingezetenen zijn van Ierland en die in dat land commerciële activiteiten verrichten via hun Ierse vestigingen. Bijgevolg moet worden nagegaan wat de winst is die voor de „normale" vennootschapsbelasting aan die vestigingen moet worden toegerekend, rekening houdend met de in punt 200 hierboven in herinnering gebrachte normale belastingregels die in casu van toepassing zijn en die de in Section 25 TCA 97 vastgelegde bepalingen voor niet-ingezeten vennootschappen omvatten.

205. Het gaat in casu dus niet om de prijzen van transacties binnen een ondernemingengroep, zoals aan de orde was in de zaak die heeft geleid tot het arrest van 24 september 2019, Nederland e.a./Commissie (T-760/15 en T-636/16, EU:T:2019:669).

206. Het klopt dat de beginselen die van toepassing zijn op de prijzen van transacties binnen een ondernemingengroep naar analogie kunnen worden toegepast op de toerekening van winst aan een vestiging binnen een onderneming. Net zoals de prijzen van transacties tussen geïntegreerde ondernemingen binnen dezelfde ondernemingengroep niet onder marktvoorwaarden worden vastgesteld, geschiedt immers ook de toerekening van winst aan een vestiging binnen dezelfde onderneming niet onder marktvoorwaarden.

207. Voor een dergelijke toepassing naar analogie zou evenwel uit het nationale belastingrecht moeten blijken dat de winst die voortvloeit uit de activiteiten van de vestigingen van niet-ingezeten vennootschappen, zou moeten worden belast als winst die voortvloeit uit de economische activiteiten van zelfstandige ondernemingen die onder marktvoorwaarden opereren.

208. Dienaangaande zij er in de tweede plaats aan herinnerd dat ingezeten vennootschappen enerzijds en niet-ingezeten vennootschappen die in Ierland commerciële activiteiten via een vestiging verrichten anderzijds, zoals in punt 161 hierboven is opgemerkt, wat de voorwaarden voor de toepassing van de Ierse vennootschapsbelastingregels krachtens Section 25 TCA 97 betreft, in een vergelijkbare situatie verkeren gelet op het doel van die regels, te weten het heffen van belasting over de belastbare winst van die vennootschappen, ongeacht of zij ingezeten of niet-ingezeten zijn.

209. Bovendien vereist de toepassing van Section 25 TCA, zoals in punt 179 hierboven is opgemerkt, dat voor het vaststellen van de belastbare winst van niet-ingezeten vennootschappen die in Ierland commerciële activiteiten via hun Ierse vestigingen verrichten, een analyse wordt verricht van de daadwerkelijke activiteiten van die Ierse vestigingen en van de waarde van de activiteiten die daadwerkelijk door die vestigingen zelf zijn verricht.

210. Daarenboven zij erop gewezen dat Ierland, nadat het Gerecht hierover een uitdrukkelijke schriftelijke vraag en ter terechtzitting uitdrukkelijke mondelinge vragen had gesteld, heeft bevestigd dat voor de toepassing van Section 25 TCA 97, zoals opgemerkt in punt 209 hierboven, de waarde van de daadwerkelijk door de vestigingen verrichte activiteiten wordt bepaald op basis van de waarde van dat type activiteiten op de markt.

211. Hieruit volgt dat de winst die voortvloeit uit de commerciële activiteiten van een dergelijke vestiging, op grond van het Ierse belastingrecht wordt belast als winst die onder marktvoorwaarden is bepaald.

212. In die omstandigheden moet worden vastgesteld dat wanneer de Commissie in het kader van de haar bij artikel 107, lid 1, VWEU toegekende bevoegdheid een belastingmaatregel onderzoekt die betrekking heeft op de belastbare winst van een niet-ingezeten vennootschap die in Ierland commerciële activiteiten verricht via een vestiging, zij de uit de toepassing van die belastingmaatregel voortvloeiende belastingdruk voor die niet-ingezeten vennootschap mag vergelijken met de uit de toepassing van de normale nationale belastingregels voortvloeiende belastingdruk voor een ingezeten vennootschap die zich in een vergelijkbare feitelijke situatie bevindt en die haar activiteiten onder marktvoorwaarden verricht.

213. Die vaststellingen wordt mutatis mutandis kracht bijgezet door het arrest van 22 juni 2006, België en Forum 187/Commissie (C-182/03 en C-217/03, EU:C:2006:416), zoals de Commissie terecht heeft opgemerkt in het bestreden besluit. De zaak die tot dat arrest heeft geleid, had betrekking op het Belgische belastingrecht, dat bepaalde dat geïntegreerde ondernemingen en zelfstandige ondernemingen onder dezelfde voorwaarden werden behandeld. Het Hof heeft in punt 95 van dat arrest namelijk erkend dat een steunregeling die een afwijking vormt, moet worden vergeleken met „de algemene regeling, die is gebaseerd op het verschil tussen de lasten en baten van een onderneming die haar bedrijf uitoefent in een omgeving waarin vrije mededinging heerst".

214. Indien de nationale autoriteiten door middel van de fiscale maatregel die betrekking heeft op de belastbare winst van een niet-ingezeten vennootschap die in Ierland commerciële activiteiten verricht via een vestiging een bepaald aan die vestiging toe te rekenen winstniveau hebben aanvaard, staat artikel 107, lid 1, VWEU de Commissie toe om te controleren of dat winstniveau overeenkomt met de winst die zou zijn gerealiseerd met de uitoefening van die commerciële activiteiten onder marktvoorwaarden, teneinde na te gaan of hieruit een verlichting voortvloeit van de lasten die normaliter op de begroting van de betrokken onderneming drukken, waardoor haar dus een voordeel wordt toegekend in de zin van dat artikel. Het zakelijkheidsbeginsel zoals dat door de Commissie in het bestreden besluit is omschreven is dan een instrument waarmee zij die controle in het kader van de uitoefening van haar bevoegdheden uit hoofde van artikel 107, lid 1, VWEU kan verrichten.

215. Overigens heeft de Commissie in overweging 256 van het bestreden besluit terecht opgemerkt dat het zakelijkheidsbeginsel wordt toegepast als een „maatstaf" om na te gaan of de belastbare winst van een vestiging van een niet-ingezeten vennootschap voor vennootschapsbelastingdoeleinden is bepaald op een wijze die ervoor zorgt dat niet-ingezeten vennootschappen die via een vestiging in Ierland actief zijn, geen gunstigere behandeling krijgen in vergelijking met zelfstandige ingezeten ondernemingen waarvan de belastbare winst een afspiegeling is van prijzen die op basis van zakelijke onderhandelingen op de markt tot stand zijn gekomen.

216. In de derde plaats moet nog worden gepreciseerd dat, wanneer de Commissie dat instrument toepast om te controleren of de belastbare winst van een niet-ingezeten vennootschap die in Ierland commerciële activiteiten verricht via een vestiging, bij toepassing van een belastingmaatregel overeenkomt met een betrouwbare benadering van een belastbare winst die onder marktvoorwaarden wordt gerealiseerd, zij slechts kan vaststellen dat sprake is van een voordeel in de zin van artikel 107, lid 1, VWEU indien de afwijking tussen de twee vergelijkingsfactoren verder gaat dan de onnauwkeurigheden die inherent zijn aan de methode die wordt toegepast om tot die benadering te komen.

217. In de vierde plaats zij opgemerkt dat het klopt dat, zoals Ierland alsmede ASI en AOE stellen, het zakelijkheidsbeginsel ten tijde van de afgifte van de betwiste tax rulings in 1991 en 2007 niet in het Ierse belastingrecht was opgenomen, noch rechtstreeks met name door de invoeging van de Transfer Pricing Guidelines for Multinational Enterprises and Tax Administrations (richtlijnen voor verrekenprijzen voor multinationale

ondernemingen en belastingdiensten), die op 27 juni 1995 door de commissie belastingzaken van de OESO zijn vastgesteld en op 22 juli 2010 zijn herzien (hierna: „OESO-richtlijnen inzake verrekenprijzen") noch via de invoeging van de Authorised OECD Approach voor de toerekening van winst aan de vestigingen van niet-ingezeten vennootschappen.

218. Maar hoewel dat beginsel niet formeel in het Ierse recht was opgenomen, heeft Ierland, zoals opgemerkt in de punten 209 en 210 hierboven, bevestigd dat de toepassing van Section 25 TCA 97 door de Ierse belastingdienst vereist dat, ten eerste, de daadwerkelijke activiteiten van de betrokken Ierse vestigingen worden vastgesteld en, ten tweede, de waarde van die activiteiten wordt vastgesteld op basis van de marktwaarde van dat type activiteiten.

219. Daarnaast moet worden vastgesteld dat zoals blijkt uit de uitspraak van de High Court in de zaak Belville Holdings tegen Cronin [1985] I. R. 465, die door de Commissie is aangevoerd in haar schriftelijke antwoord op de vragen van het Gerecht en waarvan de strekking ter terechtzitting het voorwerp van discussie tussen partijen is geweest de Ierse belastingdienst reeds in 1984 van oordeel was dat wanneer de opgegeven waarde van een transactie tussen gelieerde ondernemingen niet overeenkwam met de waarde die uit een commerciële transactie zou zijn voortgevloeid, die waarde zodanig moest worden aangepast dat zij overeenkwam met een marktwaarde. Die benadering, waarvan het principe door de High Court is goedgekeurd, hield in dat aanpassingen werden verricht die overeenkwamen met de op basis van het zakelijkheidsbeginsel te verrichten aanpassingen die met name in de OESO-richtlijnen inzake verrekenprijzen worden voorgesteld.

220. Daarenboven heeft de Commissie terecht opgemerkt dat het zakelijkheidsbeginsel is opgenomen in de dubbelbelastingverdragen die Ierland heeft gesloten met de Verenigde Staten van Amerika en het Verenigd Koninkrijk van Groot-Brittannië en Noord-Ierland, teneinde mogelijke gevallen van dubbele belasting te voorkomen. Aldus is in die Verdragen de winst bepaald die die afzonderlijke verdragsluitende staten mogen belasten wanneer een in één van die staten gevestigde onderneming commerciële activiteiten verricht via een vaste inrichting in de andere staat. Bijgevolg moet worden vastgesteld dat Ierland in ieder geval in het kader van zijn bilaterale betrekkingen met die staten heeft ingestemd met de toepassing van het zakelijkheidsbeginsel om gevallen van dubbele belasting te voorkomen.

221. In de vijfde plaats kan de Commissie daarentegen, zoals Ierland alsmede ASI en AOE terecht aanvoeren, niet stellen dat er een autonome verplichting bestaat om het zakelijkheidsbeginsel toe te passen, die voortvloeit uit artikel 107 VWEU en op grond waarvan de lidstaten dat beginsel horizontaal moeten toepassen op alle gebieden van hun nationale belastingrecht.

222. De vaststelling van de heffingsgrondslagen en de verdeling van de belastingdruk over de verschillende productiefactoren en economische sectoren behoren bij gebreke van een Unieregeling op dit gebied immers tot de bevoegdheid van de lidstaten (zie in die zin arrest van 15 november 2011, Commissie en Spanje/ Government of Gibraltar en Verenigd Koninkrijk, C-106/09 P en C-107/09 P, EU:C:2011:732, punt 97).

223. Hoewel dat inderdaad niet betekent dat elke belastingmaatregel die met name gevolgen heeft voor de door de belastingautoriteiten in aanmerking genomen heffingsgrondslag, ontkomt aan de toepassing van artikel 107 VWEU (zie in die zin arrest van 15 november 2011, Commissie en Spanje/Government of Gibraltar en Verenigd Koninkrijk, C-106/09 P en C-107/09 P, EU:C:2011:732, punten 103 en 104), neemt dit niet weg dat de Commissie bij de huidige stand van het Unierecht niet beschikt over een bevoegdheid op grond waarvan zij op autonome wijze, zonder rekening te houden met de nationale belastingregels, zou kunnen bepalen wat de zogenoemde „normale" belasting van een geïntegreerde onderneming is.

224. Ook al wordt de zogenoemde „normale" belasting bepaald door de nationale belastingregels en moet het bestaan van een voordeel ten opzichte van die regels worden aangetoond, dat neemt niet weg dat, indien die nationale regels voorschrijven dat de vestigingen van niet-ingezeten vennootschappen, wat betreft de winst die uit de commerciële activiteiten van die vestigingen in Ierland voortvloeit, onder dezelfde voorwaarden worden belast als ingezeten ondernemingen, de Commissie op grond van artikel 107, lid 1, VWEU mag controleren of de hoogte van de aan de vestigingen toegerekende winst die door de nationale autoriteiten is aanvaard om de belastbare winst van die niet-ingezeten vennootschappen te bepalen, overeenkomt met de winst die zou zijn gerealiseerd met de uitoefening van die commerciële activiteiten onder marktvoorwaarden.

225. In die omstandigheden moeten de door Ierland alsmede ASI en AOE in het kader van het eerste middel in zaak T-778/16 en in het kader van het eerste en het tweede middel in zaak T-892/16 aangevoerde argumenten worden afgewezen, voor zover daarmee bezwaar wordt gemaakt tegen het feit dat de Commissie, rekening gehouden met de toepassing die de Ierse belastingdienst aan Section 25 TCA 97 geeft, het zakelijkheidsbeginsel heeft gebruikt dat in het bestreden besluit is omschreven als een instrument om na te gaan of het door de

betwiste tax rulings onderschreven winstniveau dat aan de vestigingen was toegerekend uit hoofde van hun commerciële activiteiten in Ierland, overeenkwam met de hoogte van de winst die zou zijn gerealiseerd met de uitoefening van die commerciële activiteiten onder marktvoorwaarden.

ii. Vraag of de Commissie het zakelijkheidsbeginsel op juiste wijze heeft toegepast in het kader van haar primaire redenering

226. Ierland stelt met zijn derde middel in zaak T-778/16 dat de Commissie zelf in het kader van haar primaire redenering het zakelijkheidsbeginsel op onsamenhangende wijze heeft toegepast, voor zover zij geen rekening heeft gehouden met de economische realiteit, de structuur en de bijzonderheden van de Apple-groep.

227. Dienaangaande moet worden herinnerd aan hetgeen in de punten 209 en 210 hierboven is opgemerkt, namelijk dat de analyse waarmee voor de toepassing van Section 25 TCA 97 wordt bepaald wat de belastbare winst is van niet-ingezeten vennootschappen die in Ierland commerciële activiteiten verrichten via hun Ierse vestigingen, betrekking moet hebben op de daadwerkelijke activiteiten van die vestigingen en op de marktwaarde van de activiteiten die daadwerkelijk door de vestigingen zelf zijn verricht.

228. De Commissie is in het kader van haar primaire redenering tot de slotsom gekomen dat de door ASI en AOE gehouden IE-licenties van de Apple-groep aan de Ierse vestigingen hadden moeten worden toegerekend omdat die twee ondernemingen geen personeel in loondienst en geen fysieke aanwezigheid hadden, zonder dat zij heeft getracht te bewijzen dat een dergelijke toerekening voortvloeide uit de activiteiten die daadwerkelijk door die Ierse vestigingen werden verricht. Voorts heeft de Commissie uit die conclusie opgemaakt dat alle inkomsten uit commerciële activiteiten van ASI en AOE als inkomsten uit de activiteiten van de Ierse vestigingen hadden moeten worden aangemerkt, zonder dat zij heeft getracht te bewijzen dat die inkomsten overeenkwamen met de waarde van de daadwerkelijk door de vestigingen zelf verrichte activiteiten.

229. In die omstandigheden moet worden vastgesteld dat de argumenten die Ierland in het kader van het derde middel in zaak T-778/16 heeft aangevoerd, gegrond zijn voor zover zij zijn gericht tegen de conclusies die de Commissie in het kader van haar primaire redenering op basis van het zakelijkheidsbeginsel heeft getrokken.

230. Om de in punt 188 hierboven uiteengezette redenen moeten hierna de argumenten van Ierland en van ASI en AOE worden onderzocht die zijn gericht tegen de beoordelingen die de Commissie in het kader van haar primaire redenering heeft verricht met betrekking tot de Authorised OECD Approach.

3. Authorised OECD Approach (deel van het tweede en van het vierde middel in zaak T-778/16 en vijfde middel in zaak T-892/16)

231. Zowel Ierland als ASI en AOE stellen in wezen dat de Authorised OECD Approach geen deel uitmaakt van het Ierse belastingstelsel en dat deze met name niet van toepassing is in het kader van de belasting die krachtens Section 25 TCA 97 wordt opgelegd aan niet-ingezeten vennootschappen. Die bepaling is immers niet gebaseerd op de Authorised OECD Approach. Daarenboven stellen zowel Ierland als ASI en AOE dat zelfs al zou worden aangenomen dat de op grond van Section 25 TCA 97 te belasten winst overeenkomstig de Authorised OECD Approach had moeten worden toegerekend, de Commissie die benadering op onjuiste wijze heeft toegepast, voor zover zij niet heeft onderzocht welke functies daadwerkelijk binnen de Ierse vestigingen van ASI en AOE werden uitgeoefend.

232. Derhalve moet in de eerste plaats worden nagegaan of de Commissie zich op de Authorised OECD Approach mocht baseren om het bestaan van een selectief voordeel te onderzoeken. Indien die vraag bevestigend wordt beantwoord, moet in de tweede plaats worden onderzocht of de Commissie die benadering op juiste wijze heeft toegepast in het kader van haar primaire redenering.

i. Vraag of de Commissie zich op de Authorised OECD Approach kon baseren

233. Zoals in punt 202 hierboven is opgemerkt, kan in het geval van belastingmaatregelen het bestaan van een voordeel slechts ten opzichte van een „normale" belasting worden vastgesteld, teneinde na te gaan of die maatregelen de belastingdruk voor de begunstigden ervan verlagen in vergelijking met de druk die die begunstigden normaliter hadden moeten dragen zonder die maatregelen.

234. Hieruit volgt dat de Commissie ten opzichte van het Ierse belastingrecht moest onderzoeken of de betwiste tax rulings tot een voordeel hadden geleid en of dat voordeel selectief van aard was.

235. Zoals blijkt uit de overwegingen in punt 196 hierboven heeft de Commissie in overweging 255 van het bestreden besluit uitdrukkelijk aangegeven dat zij noch artikel 7, lid 2, of artikel 9 van het OESO-modelbelastingverdrag, noch de OESO-richtlijnen inzake winsttoerekening of verrekenprijzen rechtstreeks toepast. Bovendien is de Authorised OECD Approach, zoals opgemerkt in punt 217 hierboven, niet opgenomen in het Ierse belastingrecht.

236. Hoewel de Commissie terecht heeft opgemerkt dat zij niet formeel gebonden kan zijn door de richtlijnen van de OESO en, meer in het bijzonder, door de Authorised OECD Approach, neemt dit niet weg dat zij zich in het kader van haar primaire redenering, en met name in de overwegingen 265 tot en met 270 van het bestreden besluit, in wezen toch op de Authorised OECD Approach heeft gebaseerd voor haar vaststelling dat de toerekening van winst binnen een onderneming de toerekening van activa, functies en risico's tussen de verschillende onderdelen van die onderneming impliceerde. Daarenboven verwijst de Commissie zelf, bijvoorbeeld in voetnoot 186 van het bestreden besluit, rechtstreeks naar de Authorised OECD Approach om haar stellingen te onderbouwen.

237. Dienaangaande moet worden opgemerkt dat de Authorised OECD Approach is gebaseerd op het werk van deskundigengroepen, dat deze het resultaat is van de op internationaal niveau bereikte consensus inzake winsttoerekening aan vaste inrichtingen en dat deze daardoor een zeker praktisch belang heeft bij de uitlegging van kwesties die verband houden met die winsttoerekening, zoals de Commissie in overweging 79 van het bestreden besluit heeft erkend.

238. Bovendien zij eraan herinnerd dat voor de toepassing van Section 25 TCA 97, zoals Ierland zelf in punt 123 van zijn verzoekschrift erkent en hetgeen door de Commissie niet is weersproken, rekening moet worden gehouden met de feitelijke context en met de situatie van de Ierse vestigingen, en met name met de door de vestigingen vervulde functies, gebruikte activa en gedragen risico's. Daarnaast moet tevens in herinnering worden gebracht dat Ierland, nadat het Gerecht hierover expliciet een schriftelijke vraag en ter terechtzitting expliciet mondelinge vragen had gesteld, heeft bevestigd dat voor de vaststelling van de aan de vestigingen toe te rekenen winst in de zin van Section 25 TCA 97, een objectieve analyse van de feiten moest worden gemaakt waarin, ten eerste, wordt vastgesteld welke „activiteiten" door de vestiging worden verricht, welke activa zij voor haar activiteiten gebruikt waaronder immateriële activa zoals IE en welke hiermee gepaard gaande risico's door haar worden gedragen en, ten tweede, wordt bepaald welke waarde dat type activiteiten op de markt heeft.

239. Anders dan Ierland betoogt met zijn argumenten betreffende de verschillen tussen Section 25 TCA 97 en de Authorised OECD Approach, moet evenwel worden vastgesteld dat de toepassing van Section 25 TCA 97, zoals beschreven door Ierland, in wezen raakvlakken vertoont met de functionele en feitelijke analyse die in het kader van de eerste stap van de door de Authorised OECD Approach voorgestelde analyse wordt verricht.

240. In die omstandigheden kan de Commissie niet worden verweten dat zij zich in wezen op de Authorised OECD Approach heeft gebaseerd voor haar vaststelling dat voor de toerekening van winst aan de Ierse vestiging van een niet-ingezeten vennootschap in het kader van de toepassing van Section 25 TCA 97, rekening moest worden gehouden met de toerekening van activa, functies en risico's tussen de vestiging en de andere onderdelen van die onderneming.

ii. Vraag of de Commissie de Authorised OECD Approach op juiste wijze heeft toegepast in het kader van haar primaire redenering

241. Zowel Ierland als ASI en AOE stellen in wezen dat de primaire redenering van de Commissie niet strookt met de Authorised OECD Approach, voor zover de Commissie heeft gesteld dat de winst die voortvloeide uit de IE-licenties van de Apple-groep per definitie aan de Ierse vestigingen van ASI en AOE had moeten worden toegerekend, aangezien de bestuurders van ASI en AOE geen actieve of wezenlijke functies hadden uitgeoefend die verband hielden met het beheer van die licenties.

242. Dienaangaande zij eraan herinnerd dat de eerste stap van de analyse van de Authorised OECD Approach, zoals onder meer beschreven in de overwegingen 88 en 89 van het bestreden besluit, bedoeld is om de activa, functies en risico's vast te stellen die aan de vaste inrichting van een onderneming moeten worden toegerekend op basis van de daadwerkelijk door die onderneming verrichte activiteiten. Het klopt dat die eerste stap van de analyse niet in abstracto kan worden uitgevoerd, zonder rekening te houden met de activiteiten en functies die binnen die onderneming als geheel worden verricht. Maar het feit dat de Authorised OECD Approach benadrukt dat de functies moeten worden geanalyseerd die daadwerkelijk binnen de vaste inrichting worden uitgeoefend, strookt evenwel niet met de benadering die de Commissie heeft gevolgd en waarbij zij, ten eerste, de functies heeft vastgesteld die door de onderneming als geheel werden uitgeoefend, zonder

dat zij een diepgaander onderzoek heeft verricht van de functies die de vestigingen daadwerkelijk uitoefenden en, ten tweede, heeft aangenomen dat de functies, indien zij niet aan het centrale hoofdkantoor van de onderneming zelf konden worden toegerekend, door de vaste inrichting werden uitgeoefend.

243. De Commissie heeft in het kader van haar primaire redenering immers in wezen gesteld dat de winst van ASI en AOE die verband hield met de IE van de Apple-groep (en die volgens de theorie van de Commissie een zeer aanzienlijk deel van de totale winst van die twee ondernemingen vormde) aan de Ierse vestigingen moest worden toegerekend, omdat ASI en AOE buiten die vestigingen geen werknemers hadden gehad die deze IE hadden kunnen beheren, zonder dat zij heeft bewezen dat de Ierse vestigingen die beheerfuncties hadden uitgeoefend.

244. Zoals Ierland en ASI en AOE terecht stellen, vloeit hieruit voort dat de benadering die de Commissie in het kader van haar primaire redenering heeft gevolgd, niet strookt met de Authorised OECD Approach.

245. In die omstandigheden moet worden vastgesteld dat de Commissie, zoals Ierland en ASI en AOE terecht aanvoeren met hun grieven in het kader van het tweede en het vierde middel in zaak T-778/16 en in het kader van het vijfde middel in zaak T-892/16, in haar primaire redenering de functionele en feitelijke analyse die door de Ierse belastingdienst wordt gebruikt voor de toepassing van Section 25 TCA 97 en die in wezen overeenkomt met de analyse in de Authorised OECD Approach, op onjuiste wijze heeft toegepast op de door de vestigingen van ASI en AOE verrichte activiteiten.

4. Conclusies betreffende de afbakening van het referentiestelsel en de beoordelingen van de normale belastingheffing op grond van het Ierse recht

246. In het licht van de voorgaande overwegingen moet worden vastgesteld dat de Commissie geen fout heeft gemaakt bij haar vaststelling dat het referentiestelsel in casu werd gevormd door de gewone regels inzake de belasting van vennootschapswinst in Ierland, die onder meer de bepalingen van Section 25 TCA 97 omvatten.

247. De Commissie heeft evenmin een fout gemaakt door het zakelijkheidsbeginsel als instrument te gebruiken om na te gaan of het door de betwiste tax rulings onderschreven niveau van de winst die door de Ierse belastingdienst in het kader van de toepassing van Section 25 TCA 97 aan de vestigingen was toegerekend uit hoofde van hun commerciële activiteiten in Ierland, overeenkwam met het winstniveau dat zou zijn gerealiseerd met de uitoefening van die commerciële activiteiten onder marktvoorwaarden.

248. Daarenboven kan de Commissie niet worden verweten dat zij zich in wezen op de Authorised OECD Approach heeft gebaseerd voor haar vaststelling dat voor de toerekening van winst aan de Ierse vestiging van een niet-ingezeten vennootschap in het kader van de toepassing van Section 25 TCA 97, rekening moest worden gehouden met de toerekening van activa, functies en risico's tussen de vestiging en de andere onderdelen van die onderneming.

249. Daarentegen moet worden vastgesteld dat de Commissie in het kader van haar primaire redenering fouten heeft gemaakt bij de toepassing van Section 25 TCA 97, zoals is vastgesteld in punt 187 hierboven, bij de toepassing van het zakelijkheidsbeginsel, zoals is vastgesteld in punt 229 hierboven, en bij de toepassing van de Authorised OECD Approach, zoals is vastgesteld in de punten 244 en 245 hierboven. In die omstandigheden dient de slotsom te luiden dat de primaire redenering van de Commissie gebaseerd is op onjuiste beoordelingen van de normale belastingheffing op grond van het Ierse belastingrecht, dat in casu van toepassing is.

250. Niettemin moeten hierna omwille van de volledigheid de grieven worden onderzocht die Ierland alsmede ASI en AOE hebben aangevoerd tegen de feitelijke beoordelingen van de Commissie betreffende de activiteiten binnen de Apple-groep.

3. Beoordelingen van de Commissie betreffende de activiteiten binnen de Apple-groep (eerste middel in zaak T-778/16 en derde en vierde middel in zaak T-892/16)

251. Zoals in punt 177 hierboven is opgemerkt, heeft Section 25 TCA 97 betrekking op de winst die voortvloeit uit de activiteiten die door de Ierse vestigingen zelf zijn verricht. Daarnaast zij eraan herinnerd dat, zoals is opgemerkt in punt 238 hierboven, voor de toepassing van Section 25 TCA 97 rekening moet worden gehouden met de feitelijke context en met de situatie van de Ierse vestigingen, en met name met de door de vestigingen vervulde functies, gebruikte activa en gedragen risico's.

252. Bovendien moet worden opgemerkt dat de Commissie zelf in de overwegingen 91 en 92 van het bestreden besluit heeft benadrukt dat de Authorised OECD Approach, wat de vraag betreft of immateriële activa zoals IE aan vaste inrichtingen moeten worden toegerekend, gebaseerd is op het begrip sleutelfuncties die ver-

band houden met het beheer van de betrokken activa en met de besluitvorming over met name de ontwikkeling van immateriële activa.

253. Derhalve moeten de grieven worden onderzocht die Ierland respectievelijk ASI en AOE in het kader van het eerste middel in zaak T-778/16 en in het kader van het derde en het vierde middel in zaak T-892/16 hebben aangevoerd tegen de feitelijke beoordelingen van de Commissie met betrekking tot de activiteiten binnen de Apple-groep.

254. Zowel Ierland als ASI en AOE stellen in wezen dat de activiteiten en functies die volgens de Commissie door de Ierse vestigingen van die ondernemingen werden verricht, slechts een fractie vertegenwoordigden van hun economische activiteiten en winsten, en dat die activiteiten en functies hoe dan ook noch het beheer van de IE, noch de strategische besluitvorming inzake de ontwikkeling en de verhandeling van de IE omvatten. Daarentegen voeren zowel Ierland als ASI en AOE aan dat alle strategische besluiten, in het bijzonder die op het gebied van productontwerp en -ontwikkeling, worden vastgesteld volgens een algemene commerciële strategie die in Cupertino is bepaald en die door de twee betrokken ondernemingen via hun bestuursorganen, en in ieder geval buiten de Ierse vestigingen, wordt geïmplementeerd. Derhalve zijn de IE-licenties van de Apple-groep ten onrechte aan de Ierse vestigingen toegerekend.

a. Activiteiten van de Ierse vestiging van ASI

255. Zoals in punt 9 hierboven is opgemerkt, is de Ierse vestiging van ASI onder meer verantwoordelijk voor de inkoop-, verkoop- en distributieactiviteiten die verband houden met de verkoop van Apple-producten aan gelieerde partijen en derde klanten in de EMEIA- en de APAC-regio.

256. In de overwegingen 289 en 290 van het bestreden besluit heeft de Commissie de kwaliteitscontrole van producten, het beheer van R&D-faciliteiten en bedrijfsrisico's genoemd als functies die noodzakelijkerwijs aan de Ierse vestigingen moesten worden toegerekend, aangezien ASI en AOE buiten die vestigingen geen personeel hadden die deze functies zouden hebben kunnen uitoefenen.

257. Meer in het bijzonder heeft de Commissie benadrukt dat de Ierse vestiging van ASI, voor zover zij toestemming had om producten van het Apple-merk te distribueren, toegang tot dat merk nodig had voor haar activiteiten, welke toegang volledig aan ASI was verleend in de vorm van IE-licenties van de Apple-groep (overweging 296 van het bestreden besluit).

258. Vervolgens heeft de Commissie opgemerkt dat de Ierse vestiging van ASI meerdere functies uitoefende die zowel cruciaal waren voor de ontwikkeling en de instandhouding van het Apple-merk op de lokale markten als voor de klantenbinding aan dat merk op die markten. Zo heeft zij opgemerkt dat de Ierse vestiging van ASI rechtstreeks lokale marketingkosten had gemaakt bij verleners van marketingdiensten (overweging 297 van het bestreden besluit). Daarnaast was de Ierse vestiging van ASI verantwoordelijk voor het verzamelen en analyseren van regionale gegevens om een raming te maken van de verwachte vraag naar Apple-producten (overweging 298 van het bestreden besluit). Daarenboven heeft de Commissie benadrukt dat [*vertrouwelijk*] fulltime-equivalent (FTE)-functies in de categorie R&D in Ierland waren gevestigd (overweging 300 van het bestreden besluit).

259. In de eerste plaats moet met betrekking tot de toerekening „bij uitsluiting" die de Commissie in de overwegingen 289 tot en met 295 van het bestreden besluit heeft verricht en waarbij zij de functies die verband hielden met kwaliteitscontrole, het beheer van R&D-faciliteiten en bedrijfsrisicobeheer aan de Ierse vestigingen van ASI en AOE heeft toegerekend louter omdat ASI en AOE buiten hun Ierse vestigingen geen personeel hadden, worden herinnerd aan de overwegingen in de punten 243 en 244 hierboven volgens welke een dergelijke methode onverenigbaar is met het Ierse recht en met de Authorised OECD Approach. De Commissie is er met die redenering immers niet in geslaagd om te bewijzen dat die functies daadwerkelijk door de Ierse vestigingen werden uitgeoefend.

260. De Commissie baseert zich ter staving van haar beoordeling op bijlage B bij de CSA, zoals gewijzigd in 2009, waarin twee tabellen zijn opgenomen die zijn weergegeven in de schema's 8 en 9 van het bestreden besluit (overweging 122 van het bestreden besluit) en die een overzicht geven van alle relevante functies die verband houden met de immateriële activa die het voorwerp zijn van de betrokken overeenkomst, alsook van de hiermee verband houdende risico's. Alle functies en risico's zijn door middel van een „x" aan Apple Inc. (aangeduid als „Apple") en aan ASI en AOE (gezamenlijk aangeduid als „internationale deelnemer") toegerekend, met uitzondering van de registratie en de bescherming van IE, die enkel zijn toegerekend aan Apple Inc.

261. Aldus zijn in bijlage B bij de CSA de volgende functies opgenomen voor de immateriële activa die het voorwerp zijn van die overeenkomst en die in wezen uit alle IE van de Apple-groep bestaan: R&D, kwaliteits-

controle, prognoses, financiële planning en analyse in verband met de ontwikkelingsactiviteiten, beheer van R&D-faciliteiten, contracten met verbonden partijen of derden in verband met ontwikkelingsactiviteiten, contractbeheer met betrekking tot ontwikkelingsactiviteiten, selectie, aanwerving en supervisie van werknemers, contractanten en subcontractanten voor de uitvoering van ontwikkelingsactiviteiten, registratie en bescherming van intellectuele eigendom en marktontwikkeling.

262. De risico's die in die bijlage B bij de CSA zijn opgesomd, omvatten voor alle IE van de Apple-groep met name de risico's die verband houden met productontwikkeling, productkwaliteit, marktontwikkeling, productaansprakelijkheid, vaste of materiële activa, bescherming van en inbreuken op IE, merkontwikkeling- en merkherkenning en de risico's in verband met wijzigingen in de regelgeving.

263. Zoals Apple Inc. tijdens de administratieve procedure heeft aangevoerd en zoals ASI en AOE voor het Gerecht hebben betoogd, blijkt uit de betrokken bijlage dat het gaat om functies voor de uitoefening waarvan de partijen bij de CSA toestemming hadden en om de hiermee gepaard gaande risico's waarmee zij konden worden belast. De Commissie heeft evenwel geenszins bewezen dat die functies daadwerkelijk door ASI en AOE werden uitgeoefend, en al helemaal niet dat zij door hun Ierse vestigingen werden uitgeoefend.

264. Daarnaast stelt de Commissie met betrekking tot die functies en risico's dat het „duidelijk" is dat ASI en AOE, zonder personeel buiten hun Ierse vestigingen, dergelijke risico's niet hebben kunnen beheren. De Commissie voert evenwel geen enkel bewijs aan waaruit blijkt dat het personeel van de betrokken vestigingen zich daadwerkelijk heeft beziggehouden met de uitoefening van die functies en met het beheer van die risico's.

265. Daarenboven heeft Ierland zowel tijdens de administratieve procedure aan de zijde van Apple Inc. als voor het Gerecht aan de zijde van ASI en AOE aangevoerd dat de vestiging van ASI tot 2012 geen werknemers in dienst had en dat alle werknemers tot dat jaar in dienst waren van de Ierse vestiging van AOE. Die informatie is opgenomen in overweging 109 van het bestreden besluit en is ter terechtzitting bevestigd. Indien het argument van de Commissie zou worden gevolgd dat ASI buiten haar vestiging geen functies kon uitoefenen omdat zij geen personeel had, zou dat erop neerkomen dat die functies voor een groot deel van de periode waarop het onderzoek van de Commissie betrekking heeft, evenmin konden worden uitgeoefend door de Ierse vestiging van ASI, die ook geen personeel had.

266. Evenzo voert de Commissie aan dat het onmogelijk is dat de raad van bestuur van ASI louter via sporadische vergaderingen in staat was die functies uit te oefenen en die risico's op zich te nemenhaar. De Commissie heeft evenwel niet getracht te bewijzen dat de bestuursorganen van de Ierse vestigingen van ASI en AOE zich daadwerkelijk hadden beziggehouden met het actieve dagelijkse beheer van al die aan de IE van de Apple-groep gerelateerde functies en risico's die in bijlage B bij de CSA zijn genoemd.

267. Tot slot kan met betrekking tot de in bijlage B bij de CSA opgesomde activiteiten en de risico's, die in de punten 261 en 262 hierboven zijn genoemd, worden vastgesteld dat het in wezen gaat om alle functies die de kern vormen van het bedrijfsmodel van de Apple-groep, waarvan de focus op de ontwikkeling van technologische producten ligt. Wat in het bijzonder de in die bijlage opgesomde risico's betreft, kan worden vastgesteld dat het om cruciale risico's gaat die inherent zijn aan dat bedrijfsmodel. De Commissie stelt in wezen dat de Ierse vestiging van ASI al die functies heeft uitgeoefend en al die risico's heeft gedragen voor zover zij verband hielden met de activiteiten van de Apple-groep buiten het Amerikaanse continent, zonder dat zij bewijst dat de betrokken vestiging die functies daadwerkelijk heeft uitgeoefend en die risico's daadwerkelijk heeft gedragen. Gelet op de omvang van de activiteiten van de Apple-groep buiten het Amerikaanse continent, die ongeveer 60 % van de omzet van de groep vertegenwoordigen, is die overweging van de Commissie niet redelijk.

268. In de tweede plaats moet wat de activiteiten en functies betreft waarvan de Commissie in de overwegingen 296 tot en met 300 van het bestreden besluit heeft vastgesteld dat zij daadwerkelijk door de Ierse vestiging van ASI werden verricht, worden opgemerkt dat die activiteiten en functies in casu noch afzonderlijk, noch in hun geheel rechtvaardigen dat de IE-licenties van de Apple-groep aan die vestiging zijn toegerekend.

269. Zo hebben ASI en AOE wat de kwaliteitscontrole betreft, zonder op dit punt door de Commissie te zijn weersproken, aangevoerd dat wereldwijd duizenden personen een functie op dat gebied uitoefenden, terwijl die functie in Ierland slechts door één persoon werd uitgeoefend. Bovendien konden die functies volgens ASI en AOE zelfs worden uitbesteed in het kader van overeenkomsten met derde fabrikanten.

270. Dienaangaande moet worden vastgesteld dat het feit dat een functie zoals kwaliteitscontrole cruciaal is voor de reputatie van het Apple-merk waarvan de producten door de Ierse vestiging van ASI werden gedistribueerd –, bij gebreke van ander bewijs niet de slotsom rechtvaardigt dat die functie noodzakelijkerwijs door die vestiging is uitgeoefend.

271. Met betrekking tot het beheer van risicoblootstelling in het kader van de normale activiteiten van de vestigingen, heeft de Commissie als enige argument aangevoerd dat het „duidelijk" was dat ASI niet in staat was om de bedrijfsrisico's te beheren en te beheersen omdat zij geen werknemers had. In dat verband volstaat het om te verwijzen naar de in punt 266 hierboven uiteengezette overwegingen dat het aan de Commissie stond om door middel van concreet bewijs aan te tonen dat de vestigingen van ASI en AOE de aan hen toegerekende functies hadden uitgeoefend en risico's hadden gedragen. Bijgevolg kan de Commissie met haar redenering, waarvan de conclusie verre van duidelijk is, niet bewijzen dat dit type functies daadwerkelijk door de Ierse vestiging van ASI is uitgeoefend.

272. Aangaande het beheer van de R&D-faciliteiten, hebben ASI en AOE, zonder dat zij door de Commissie zijn weersproken, aangevoerd dat geen van de werknemers van de Ierse vestigingen voor dergelijke faciliteiten verantwoordelijk was.

273. Wat de [*vertrouwelijk*] door R&D-werknemers uitgeoefende FTE-functies betreft, hebben ASI en AOE een gedetailleerde toelichting verstrekt van de specifieke taken die deze werknemers verrichtten, te weten het toezien op de naleving van de veiligheids- en milieuvoorschriften in de regio [*vertrouwelijk*], het testen van producten om ervoor te zorgen dat zij voldoen aan de technische voorschriften die in de regio [*vertrouwelijk*] gelden, het ondersteunen van het team in Cupertino bij de levering van [*vertrouwelijk*] software, het vertalen van software in de verschillende talen van de regio [*vertrouwelijk*] en het bieden van administratieve ondersteuning [*vertrouwelijk*]. Het is duidelijk dat het hier om secundaire activiteiten gaat die, hoe belangrijk zij ook zijn, niet als sleutelfuncties kunnen worden beschouwd die rechtvaardigen dat de IE-licenties van de Applegroep aan de betrokken Ierse vestigingen worden toegerekend.

274. Met betrekking tot de lokale marketingkosten die bij aanbieders van marketingdiensten zijn gemaakt, kan uit het feit dat de vestiging van ASI die kosten heeft gemaakt niet worden opgemaakt dat die vestiging verantwoordelijk is voor het bedenken van de marketingstrategie zelf. Zoals ASI en AOE stellen, had de Ierse vestiging van ASI immers geen personeel met marketingfuncties, hetgeen door de Commissie niet is betwist.

275. Wat de activiteiten op het gebied van het verzamelen en het analyseren van regionale gegevens betreft, betwisten Ierland alsmede ASI en AOE niet dat ASI en AOE tijdens de relevante periode aan dergelijke activiteiten hebben deelgenomen. Zoals Ierland en ASI en AOE stellen, lijken die activiteiten evenwel enkel te hebben bestaan in het verzamelen van gegevens die in een algemene database moesten worden ondergebracht, hetgeen niet door de Commissie is betwist. Die statistische verwerking van gegevens lijkt veeleer een secundaire activiteit te zijn dan een activiteit die cruciaal is voor alle commerciële activiteiten van ASI. Hoe dan ook kan de verantwoordelijkheid voor die gegevensverzamelingsactiviteiten niet rechtvaardigen dat de IE-licenties van de Apple-groep aan de Ierse vestigingen worden toegerekend.

276. Aangaande de activiteiten die verband houden met de AppleCare-dienst heeft de Commissie in overweging 299 van het bestreden besluit op basis van het door Ierland verstrekte ad-hocverslag opgemerkt dat het ging om aftersalesdiensten en om diensten die verband hielden met de reparatie van producten van het Apple-merk in de hele EMEIA-regio, voor welke diensten de Ierse vestiging van ASI verantwoordelijk was. De Commissie heeft gesteld dat die functie, voor zover zij tot doel had om de klanttevredenheid te waarborgen, rechtstreeks van invloed was op het Apple-merk.

277. Dienaangaande moet worden opgemerkt dat uit het door Ierland verstrekte ad-hocverslag, waarop de Commissie zich heeft gebaseerd, blijkt dat de Ierse vestiging van ASI meerdere functies heeft uitgeoefend die volgens de in de Verenigde Staten vastgestelde richtsnoeren en strategie werden aangemerkt als „uitvoerende functies" en die ook de AppleCare-dienst omvatten. Volgens dat verslag was de vestiging van ASI in het kader van die dienst verantwoordelijk voor de garantie- en reparatieprogramma's voor producten van het Applemerk, voor het beheer van het netwerk van reparatiedienstverleners en voor de telefonische ondersteuning van klanten. De specifieke taken die door de vestiging van ASI werden verricht, bestonden volgens dat verslag in het verzamelen van gegevens over productdefecten en in het monitoren van die defecten en van geretourneerde producten, welke gegevens naar analyseteams in de Verenigde Staten werden verzonden. Daarnaast vermeldt dat verslag dat de vestiging van ASI verantwoordelijk was voor het beheer van de reparatiedienstverleners die centraal binnen de Apple-groep waren goedgekeurd en voor de distributie van onderdelen voor reparaties binnen het netwerk van dienstverleners. Deze omschrijving komt overeen met de omschrijving in het door Apple Inc. verstrekte ad-hocverslag. Die omschrijving van de taken die door de Ierse vestiging van ASI in het kader van de AppleCare-dienst zijn verricht, is niet door de Commissie betwist.

278. ASI en AOE hebben ter terechtzitting bevestigd dat de AppleCare-dienst werd verricht door de Ierse vestiging, die de kosten van de aan die dienst gerelateerde faciliteiten en van het personeel daarvoor voor haar

rekening heeft genomen. Dat personeel had onder meer tot taak om via telefonische ondersteuning (call center) vragen van gebruikers over producten van het Apple-merk te beantwoorden.

279. Wat de door Ierland en ASI en AOE gegeven omschrijving van de AppleCare-dienst betreft, waarnaar de Commissie in het bestreden besluit verwijst, moet worden vastgesteld dat het om een aftersalesdienst voor gebruikers van Apple-producten gaat die met name bestaat in het afhandelen van reparaties en in het ruilen van defecte producten. Deze door de Ierse vestiging verrichte ondersteuningsdienst is dus veeleer secundair aan de uitvoering van de garantie zelf, die onder de verantwoordelijkheid van ASI valt. Daarenboven houdt een dergelijke aftersalesdienst geen verband met het ontwerp, de ontwikkeling, de fabricage en de verkoop van de producten zelf.

280. Hoewel de kwaliteit van een aftersalesdienst van grote invloed is op de perceptie van het merk en tot de verbetering van producten kan leiden, kan uit het feit dat die activiteiten door de Ierse vestiging van ASI worden uitgeoefend, evenwel niet zonder meer worden opgemaakt dat de IE-licenties van de Apple-groep aan die vestiging moeten worden toegerekend. Aftersalesdiensten worden immers vaak uitbesteed, zonder dat de IE van de betrokken onderneming aan de betrokken externe leverancier moet worden toegerekend.

281. In de derde plaats blijkt uit de analyse van de door de Ierse vestiging van ASI verrichte activiteiten, en van de functies die volgens de Commissie rechtvaardigen dat de IE-licenties van de Apple-groep aan die vestiging worden toegerekend, dat het om routinefuncties gaat die volgens de instructies van de in de Verenigde Staten gevestigde bestuurders worden uitgeoefend en die geen significante meerwaarde toevoegen aan de activiteiten van ASI in hun geheel. In dat verband moet met name worden opgemerkt dat in de door Apple Inc. en Ierland verstrekte ad-hocverslagen een uitvoerige analyse van de activiteiten van de vestiging van ASI is verricht. De conclusie van die beide verslagen was dat het om routineactiviteiten ging, die in die verslagen werden omschreven als toeleverings-, verkoop- en distributieactiviteiten met een beperkt risico. Hoewel de Commissie die laatstgenoemde kwalificatie betwist, heeft zij niet de door Ierland en Apple Inc. gegeven omschrijving van die activiteiten en functies als zodanig weersproken.

282. In de vierde plaats heeft de Commissie aangevoerd dat de Ierse vestiging van ASI toegang nodig had tot het Apple-merk om die activiteiten en functies te verrichten. Maar ook al zouden de activiteiten van de Ierse vestiging van ASI van invloed zijn geweest op het imago en de reputatie van het Apple-merk en was het voor de verrichting ervan zelfs nodig geweest om de IE van de Apple-groep te gebruiken, dan nog was de toegang tot en het gebruik van het merk door die vestiging mogelijk geweest dankzij speciaal voor die vestiging bestemde licenties en was het niet nodig geweest om alle betrokken IE-licenties aan die vestiging toe te rekenen. Bijgevolg is de Commissie er met haar argumenten niet in geslaagd om te bewijzen dat de IE-licenties van de Apple-groep die door ASI werden gehouden, aan haar vestiging moesten worden toegerekend.

283. Na de analyse van de door de Ierse vestiging van ASI verrichte activiteiten en functies die volgens de Commissie rechtvaardigen dat de door ASI gehouden IE-licenties van de Apple-groep aan die vestiging worden toegerekend, moet worden geconcludeerd dat het om secundaire activiteiten gaat waarmee uitvoering wordt gegeven aan het beleid en de strategie die buiten die vestiging zijn ontwikkeld en vastgesteld en die met name betrekking hebben op het onderzoek, de ontwikkeling en het op de markt brengen van de producten van het Apple-merk.

284. In die omstandigheden dient de slotsom te luiden dat de Commissie, zoals Ierland en ASI en AOE hebben aangevoerd, ten onrechte heeft vastgesteld dat de door de Ierse vestiging van ASI verrichte functies en activiteiten rechtvaardigden dat de IE-licenties van de Apple-groep en de hieruit voortvloeiende inkomsten aan die vestiging werden toegerekend.

b. Activiteiten van de Ierse vestiging van AOE

285. Zoals opgemerkt in punt 10 hierboven is de Ierse vestiging van AOE verantwoordelijk voor de vervaardiging en de assemblage van iMac-desktops, MacBook-laptops en andere computeraccessoires. Die activiteiten worden verricht in Ierland. Die vestiging levert haar producten aan gelieerde partners binnen de Apple-groep.

286. Wat de Ierse vestiging van AOE betreft, heeft de Commissie in overweging 301 van het bestreden besluit opgemerkt dat die vestiging specifieke processen en productie-expertise ontwikkelde en instond voor de kwaliteitsborging en de kwaliteitscontrole die nodig zijn om de waarde van het Apple-merk in stand te houden.

287. Voorts heeft de Commissie in de overwegingen 301 en 302 van het bestreden besluit uiteengezet dat voor de tax ruling van 1991 rekening was gehouden met de kosten van die vestiging die verband hielden met de CSA, en dat de tax ruling van 2007 voorzag in een percentage van [*vertrouwelijk*] van haar omzet als „rendement op de intellectuele eigendom". Op basis van die elementen heeft de Commissie vastgesteld dat de Ierse

autoriteiten tot de slotsom hadden moeten komen dat de Ierse vestiging van AOE betrokken was bij de ontwikkeling van de IE of bij het beheer en de controle van de IE-licenties van de Apple-groep.

288. In de eerste plaats kunnen de overwegingen in de punten 259 tot en met 272 hierboven ook worden toegepast op de Ierse vestiging van AOE, voor zover de Commissie haar argumenten betreffende de functies die verband houden met kwaliteitscontrole, beheer van R&D-faciliteiten en bedrijfsrisicobeheer zonder onderscheid zowel voor de Ierse vestiging van ASI als voor die van AOE aanvoert.

289. In de tweede plaats wordt, wat meer in het bijzonder de specifieke processen en productie-expertise betreft, niet door partijen betwist dat die functies daadwerkelijk door de Ierse vestiging van AOE werden uitgeoefend. Ierland alsmede ASI en AOE betwisten niettemin de conclusies die de Commissie daaruit trekt.

290. Dienaangaande moet worden opgemerkt dat het om specifieke processen en productie-expertise gaat die door de Ierse vestiging van AOE zelf zijn ontwikkeld in het kader van haar productie-activiteiten. Ofschoon die elementen onder de bescherming van bepaalde intellectuele eigendomsrechten zouden kunnen vallen, gaat het dus om een beperkt gebied dat eigen is aan de activiteiten van die Ierse vestiging. Bijgevolg rechtvaardigt dit niet dat alle IE-licenties van de Apple-groep aan die vestiging worden toegerekend.

291. In de derde plaats is, zoals Ierland alsmede ASI en AOE stellen en zoals de Commissie erkent, in de betwiste tax rulings rekening gehouden met de bijdragen van de Ierse vestiging van AOE aan de IE van de Apple-groep.

292. Aldus is ten eerste, wat de tax ruling van 1991 betreft, zoals de Commissie in overweging 302 van het bestreden besluit opmerkt, het aandeel van de Ierse vestiging van AOE in de kosten die verband houden met de CSA, opgenomen in de exploitatiekosten, op basis waarvan de belastbare winst van AOE is berekend. Een deel van de belastbare winst van AOE werd dus geacht te zijn berekend op basis van een deel van de IE van de Apple-groep. De Commissie heeft evenwel niets aangevoerd ter ondersteuning van haar argument in overweging 302 van het bestreden besluit dat de Ierse autoriteiten, aangezien voor de berekening van de belastbare winst van AOE rekening was gehouden met een deel van de kosten die verband hielden met de IE van de Apple-groep, alle IE-licenties van de Apple-groep aan de Ierse vestiging van AOE hadden moeten toerekenen.

293. Ten tweede is, wat de tax ruling van 2007 betreft, uitdrukkelijk rekening gehouden met het bestaan van specifiek voor de productie-activiteiten van de Ierse vestiging van AOE ontwikkelde IE en met de bijbehorende vergoeding – door in de formule voor de berekening van de belastbare winst van AOE een rendement op de door die vestiging ontwikkelde IE op te nemen. Dienaangaande heeft de Commissie geen enkel element aangevoerd ter staving van haar in overweging 303 van het bestreden besluit uiteengezette argument dat de Ierse vestiging van AOE vanwege die vergoeding voor de door haar ontwikkelde IE bijdroeg aan de ontwikkeling, het beheer of de controle van de licenties die betrekking hadden op alle IE van de Apple-groep. Het feit dat aan de Ierse vestiging van AOE een rendement is toegerekend dat verband houdt met de IE die specifiek in het kader van haar productie-activiteiten is ontwikkeld, betekent niet dat ook de licenties op alle IE van de Apple-groep aan haar moeten worden toegerekend.

294. De Commissie kan dus niet enkel op basis van de betrokkenheid van de Ierse vestiging van AOE bij de ontwikkeling van specifieke processen en expertise voor de vervaardiging van producten waarvoor zij verantwoordelijk is, concluderen dat de winst die verband houdt met alle IE van de Apple-groep aan die vestiging had moeten worden toegerekend.

295. In die omstandigheden dient, zoals Ierland en ASI en AOE hebben aangevoerd, de slotsom te luiden dat de Commissie ten onrechte heeft vastgesteld dat de door de Ierse vestiging van AOE verrichte functies en activiteiten rechtvaardigden dat de IE-licenties van de Apple-groep en de hieruit voortvloeiende inkomsten aan die vestiging werden toegerekend.

c. Activiteiten die buiten de vestigingen van ASI en AOE zijn verricht

296. Zoals in de punten 37 tot en met 40 hierboven is opgemerkt, is de primaire redenering die de Commissie in het bestreden besluit heeft uiteengezet, gebaseerd op de stelling dat de door ASI en AOE gehouden IE-licenties van de Apple-groep aan hun Ierse vestigingen hadden moeten worden toegerekend, omdat ASI en AOE buiten die vestigingen geen fysieke aanwezigheid hadden en geen personeel hadden dat de sleutelfuncties kon uitoefenen en de betrokken licenties kon beheren, en hun vestigingen de enige onderdelen van ASI en AOE met een tastbare aanwezigheid en werknemers waren.

297. Thans moeten de argumenten worden onderzocht waarmee Ierland en ASI en AOE de stelling van de Commissie betwisten en in wezen aanvoeren dat de strategische besluiten binnen de Apple-groep centraal

vanuit Cupertino werden genomen en door de bestuursorganen van ASI en AOE werden uitgevoerd zonder dat hun Ierse vestigingen actief bij die besluitvorming betrokken waren.

1. Strategische besluitvorming binnen de Apple-groep

298. Zowel Ierland als ASI en AOE stellen dat het „zwaartepunt" van de activiteiten van de Apple-groep in Cupertino en niet in Ierland lag. Alle strategische besluiten en met name die met betrekking tot het ontwerp en de ontwikkeling van de producten van de Apple-groep, werden namelijk vastgesteld in Cupertino, volgens een algemene commerciële strategie die bestemd is voor de hele groep. Die centraal vastgestelde strategie werd geïmplementeerd door de ondernemingen van de groep, waaronder ASI en AOE, die net als iedere andere onderneming handelden volgens de regels van het toepasselijke vennootschapsrecht via hun bestuursorganen.

299. In dat verband moet met name worden opgemerkt dat ASI en AOE tijdens de administratieve procedure en ter ondersteuning van hun schriftelijke stukken in de onderhavige beroepen, bewijs hebben overgelegd voor het gecentraliseerde karakter van de strategische besluiten die binnen de Apple-groep door bestuurders in Cupertino worden genomen en vervolgens trapsgewijs door de verschillende entiteiten van de groep, waaronder ASI en AOE, worden uitgevoerd. Die gecentraliseerde procedures, die met name betrekking hebben op het vaststellen van prijzen, op boekhoudkundige besluiten en op financieringen en kasstromen, houden verband met alle internationale activiteiten van de Apple-groep die centraal zijn vastgesteld onder leiding van het moederbedrijf Apple Inc.

300. Wat meer in het bijzonder de besluiten met betrekking tot R&D betreft de voornaamste bron van de IE van de Apple-groep hebben ASI en AOE gegevens verstrekt waaruit blijkt dat de besluiten over te ontwikkelen producten die vervolgens onder meer door hen moesten worden verhandeld, en over de R&D-strategie die onder meer door hen moest worden gevolgd, werden vastgesteld en uitgevoerd door bestuurders van de groep die in Cupertino waren gevestigd. Uit die bewijselementen blijkt tevens dat de strategieën voor de lancering van nieuwe producten en, met name, de organisatie van de distributie op de Europese markten in de maanden voorafgaand aan de geplande lanceringsdatum, op het niveau van de Apple-groep zijn vastgesteld in Cupertino, onder meer door de leidinggevenden van de groep (executive Team) onder leiding van de algemeen directeur.

301. Daarnaast blijkt uit het dossier dat de overeenkomsten met derde fabrikanten (Original Equipment Manufacturers of OEM's), die verantwoordelijk zijn voor de fabricage van een groot deel van de door ASI verkochte producten, het voorwerp waren geweest van onderhandelingen die rechtstreeks of bij volmacht door de respectieve bestuurders van het moederbedrijf Apple Inc. en van ASI zijn gevoerd en door die bestuurders zijn ondertekend. ASI en AOE hebben tevens bewijs overgelegd van de onderhandelingen over en de ondertekening van overeenkomsten met klanten zoals telecommunicatie-exploitanten, die verantwoordelijk zijn voor een groot deel van de retailverkoop van de Apple-producten en met name van mobiele telefoons. Uit die elementen blijkt dat de betrokken onderhandelingen door de bestuurders van de Apple-groep zijn gevoerd en betrekking hadden op overeenkomsten die rechtstreeks dan wel bij volmacht door de respectieve bestuurders van Apple Inc. en ASI voor de Apple-groep zijn ondertekend.

302. Bijgevolg heeft de Commissie, voor zover met name wat betreft de ontwikkeling van Apple-producten waaruit de IE van de Apple-groep voortvloeit, is vast komen te staan dat de strategische besluiten voor de hele groep zijn vastgesteld in Cupertino, ten onrechte geconcludeerd dat het beheer van de IE van de Apple-groep, waarvan de licenties door ASI en AOE werden gehouden, noodzakelijkerwijs door hun Ierse vestigingen werd verricht.

2. Besluitvorming door ASI en AOE

303. Wat de vraag betreft of ASI en AOE in staat waren om via hun bestuursorganen besluiten te nemen die van invloed waren op hun cruciale functies, moet worden opgemerkt dat de Commissie zelf akte heeft genomen van het bestaan van de raden van bestuur en van het feit dat zij gedurende de relevante periode regelmatig hebben vergaderd, en dat de Commissie in de tabellen 4 en 5 van het bestreden besluit fragmenten uit de notulen van die vergaderingen heeft opgenomen die deze feiten bevestigen.

304. Uit het feit dat de notulen van de vergaderingen van de raden van bestuur geen informatie bevatten over besluiten die betrekking hebben op het beheer van de IE-licenties van de Apple-groep, op de CSA en op belangrijke commerciële besluiten kan echter niet worden opgemaakt dat die besluiten zelf niet bestaan.

305. De korte notulenfragmenten die de Commissie in de tabellen 4 en 5 van het bestreden besluit heeft opgenomen, volstaan om te begrijpen hoe in ieder boekjaar de belangrijkste besluiten voor de onderneming, zoals de goedkeuring van de jaarrekening, zijn genomen en zijn vastgelegd in de notulen van de vergaderingen van de betrokken raden van bestuur.

306. Zo hadden de in die notulen vastgelegde besluiten van de raden van bestuur regelmatig (en meerdere malen per jaar) betrekking op zaken als de uitkering van dividend, de goedkeuring van directieverslagen en de benoeming en het ontslag van bestuurders. Daarnaast betroffen die besluiten af en toe de oprichting van dochterondernemingen en het verlenen van volmachten aan bepaalde bestuursleden om uiteenlopende activiteiten uit te voeren, zoals het beheer van bankrekeningen, het onderhouden van betrekkingen met regeringen en overheidsinstanties, het houden van audits, het afsluiten van verzekeringen, het sluiten van huurovereenkomsten, het inkopen en verkopen van activa, de ontvangst van goederen en het sluiten van commerciële overeenkomsten. Bovendien blijkt uit die notulen dat zeer ruime beheersbevoegdheden zijn gedelegeerd aan individuele bestuurders.

307. Voorts blijkt, aangaande de CSA, uit de door ASI en AOE verstrekte informatie dat de verschillende versies van die overeenkomst tijdens de relevante periode zijn ondertekend door de leden van hun raden van bestuur in Cupertino.

308. Bovendien blijkt uit gedetailleerde informatie die ASI en AOE hebben verstrekt dat er in alle boekjaren van de periode waarin de betwiste tax rulings van kracht waren, slechts één van de veertien bestuurders van de raad van bestuur van ASI en slechts één van de acht bestuurders van die van AOE in Ierland was gevestigd.

309. Bijgevolg heeft de Commissie ten onrechte vastgesteld dat ASI en AOE via hun bestuursorganen, en met name via hun raden van bestuur, niet in staat waren om de cruciale functies van de betrokken ondernemingen uit te oefenen, in voorkomend geval door hun bevoegdheden te delegeren aan individuele bestuurders die geen werknemers van de Ierse vestigingen waren.

d. Conclusies betreffende de activiteiten binnen de Apple-groep

310. Uit de voorgaande overwegingen volgt dat de Commissie er in casu niet in is geslaagd om te bewijzen dat de IE-licenties van de Apple-groep, gelet op de daadwerkelijk door de Ierse vestigingen van ASI en AOE verrichte activiteiten en functies enerzijds en de buiten die vestigingen genomen en uitgevoerde strategische besluiten anderzijds, aan die Ierse vestigingen hadden moeten worden toegerekend om de belastbare jaarwinst van ASI en AOE in Ierland vast te stellen.

311. In die omstandigheden moeten de door Ierland in het kader van het eerste middel in zaak T-778/16 en door ASI en AOE in het kader van het derde en het vierde middel in zaak T-892/16 aangevoerde grieven tegen de feitelijke beoordelingen van de Commissie betreffende de activiteiten van de Ierse vestigingen van ASI en AOE en betreffende de activiteiten buiten die vestigingen, worden toegewezen.

4. Conclusie betreffende de beoordeling die de Commissie op basis van haar primaire redenering heeft verricht met betrekking tot het bestaan van een selectief voordeel

312. Gelet op de vaststellingen in punt 249 hierboven betreffende de fouten die de Commissie heeft gemaakt bij haar beoordelingen van de normale belastingheffing op grond van het Ierse belastingrecht, dat in casu van toepassing is, alsook gelet op de vaststellingen in punt 310 hierboven betreffende de fouten die de Commissie heeft gemaakt bij haar beoordelingen van de activiteiten binnen de Apple-groep, moeten de middelen die zijn ontleend aan het feit dat de Commissie er in het kader van haar primaire redenering niet in is geslaagd om te bewijzen dat de Ierse belastingdienst met de afgifte van de betwiste tax rulings aan ASI en AOE een voordeel heeft verleend in de zin van artikel 107, lid 1, VWEU, worden toegewezen.

313. Bijgevolg hoeft niet te worden ingegaan op de middelen die zijn gericht tegen de beoordelingen van de Commissie in het kader van haar primaire redenering met betrekking tot de selectiviteit van de betrokken maatregelen, en tegen het ontbreken van een rechtvaardiging voor die maatregelen.

314. Derhalve moeten hierna de middelen worden onderzocht waarmee zowel Ierland als ASI en AOE kritiek uiten op de beoordelingen van de Commissie in het kader van haar subsidiaire en van haar alternatieve redenering in het bestreden besluit.

E. Middelen gericht tegen de beoordelingen van de Commissie in het kader van haar subsidiaire redenering (vierde middel in zaak T-778/16 en achtste middel in zaak T-892/16)

315. De Commissie heeft in het kader van haar subsidiaire redenering in het bestreden besluit (overwegingen 325-360) aangevoerd dat zelfs indien de Ierse belastingdienst terecht zou hebben aangenomen dat de door ASI en AOE gehouden IE-licenties van de Apple-groep niet aan hun Ierse vestigingen moesten worden toegerekend, de in de betwiste tax rulings onderschreven methoden voor winsttoerekening hoe dan ook tot een resultaat hadden geleid dat afweek van een betrouwbare benadering van een marktuitkomst die voldoet aan het zakelijkheidsbeginsel, omdat die methoden de jaarlijkse belastbare winst van ASI en AOE in Ierland onderwaardeerden.

316. Meer in het bijzonder heeft de Commissie, met name in de overwegingen 328 tot en met 330 van het bestreden besluit, aangevoerd dat de in de betwiste tax rulings onderschreven methoden voor winsttoerekening eenzijdige winsttoerekeningsmethoden waren die vergelijkbaar waren met de methode van de transactionele nettomarge (transactional net margin method; hierna: „TNMM") die is vastgelegd in de OESO-richtlijnen inzake verrekenprijzen.

317. Volgens de Commissie bevatten de in de betwiste tax rulings goedgekeurde methoden voor winsttoerekening fouten die te wijten zijn aan, ten eerste, de keuze voor de Ierse vestigingen van ASI en AOE als focus of „onderzochte partij" van de eenzijdige methoden voor winsttoerekening (overwegingen 328-333 van het bestreden besluit), ten tweede, de keuze voor de exploitatiekosten als winstniveau-indicator (overwegingen 334-345 van het bestreden besluit) en, ten derde, de aanvaarde rendementsniveaus (overwegingen 346-359 van het bestreden besluit). Volgens de Commissie hebben die fouten er stuk voor stuk toe geleid dat de belastingdruk voor die ondernemingen in Ierland is verlaagd ten opzichte van niet-geïntegreerde ondernemingen waarvan de belastbare winst een afspiegeling was van prijzen die op basis van zakelijke onderhandelingen op de markt tot stand waren gekomen (overweging 360 van het bestreden besluit).

318. Aldus moet worden vastgesteld dat alle beoordelingen van de Commissie in het kader van haar subsidiaire redenering ertoe strekten om te bewijzen dat aan ASI en AOE een voordeel was verleend dat voortvloeide uit het feit dat de door de betwiste tax rulings onderschreven methoden voor winsttoerekening niet tot een zakelijke winst hadden geleid.

319. Dienaangaande moet worden opgemerkt dat het enkele feit dat methodologische voorschriften, met name in verband met de OESO-richtlijnen inzake verrekenprijzen, niet zijn nageleefd, niet volstaat om te concluderen dat de berekende winst geen betrouwbare benadering van een marktuitkomst is, en al helemaal niet dat de berekende winst lager is dan de winst waartoe zou zijn gekomen indien de methode voor het vaststellen van de verrekenprijzen op juiste wijze zou zijn toegepast. De enkele vaststelling van een methodologische fout volstaat derhalve als zodanig niet om te bewijzen dat de betwiste fiscale maatregelen een voordeel aan de begunstigden van die maatregelen hebben verleend. De Commissie moet immers tevens bewijzen dat de vastgestelde methodologische fouten tot een verlaging van de belastbare winst en bijgevolg van de belastingdruk voor die begunstigden hebben geleid in vergelijking met de belastingdruk die zij zonder de betrokken fiscale maatregelen zouden hebben gedragen, onder toepassing van de normale nationale belastingregels.

320. In het licht van de voorgaande overwegingen moeten de argumenten worden onderzocht waarmee Ierland en ASI en AOE kritiek hebben geuit op de beoordelingen van de Commissie die in de punten 315 tot en met 317 hierboven zijn samengevat.

321. Zowel Ierland als ASI en AOE voeren allereerst grieven aan tegen de beoordelingen van de Commissie betreffende de toepassing van de TNMM en tegen het feit dat zij zich op instrumenten heeft gebaseerd die door de OESO zijn ontwikkeld. Vervolgens betwisten zowel Ierland als ASI en AOE de drie specifieke methodologische fouten die door de Commissie zijn aangevoerd en die betrekking hebben op de keuze voor de Ierse vestigingen van ASI en AOE als „onderzochte partij" van de methoden voor winsttoerekening, de keuze voor de exploitatiekosten als winstniveau-indicator en de rendementsniveaus die in de betwiste tax rulings zijn aanvaard.

1. In het licht van de TNMM verrichte beoordeling van de door de betwiste tax rulings onderschreven winsttoerekeningsmethoden

322. Partijen zijn het in wezen oneens over de vraag in hoeverre de Commissie zich voor haar subsidiaire redenering heeft kunnen baseren op het zakelijkheidsbeginsel, zoals vastgelegd in de OESO-richtlijnen inzake verrekenprijzen, waarnaar de Authorised OECD Approach verwijst. Meer in het bijzonder verschillen zij van mening over de vraag of de Commissie de onder meer in die richtlijnen vastgelegde TNMM kon gebruiken om

na te gaan of de methode voor winsttoerekening die door de betwiste tax rulings was onderschreven de belastbare winst van ASI en AOE had verlaagd ten opzichte van die van een onderneming die zich in een vergelijkbare situatie bevond.

323. In de eerste plaats moet, wat de Authorised OECD Approach betreft, worden herinnerd aan de overwegingen die in de punten 233 tot en met 245 hierboven zijn uiteengezet. Hoewel de Authorised OECD Approach dus niet in het Ierse belastingrecht opgenomen, komt de wijze waarop de Ierse belastingdienst Section 25 TCA 97 toepast in wezen grotendeels overeen met de in de Authorised OECD Approach voorgestelde analyse. Voor de toepassing van Section 25 TCA 97 moet namelijk, zoals Ierland in haar verzoekschrift heeft uiteengezet en ter terechtzitting heeft bevestigd, allereerst een analyse van de door de vestigingen uitgeoefende functies, gebruikte activa en gedragen risico's worden verricht die in wezen overeenkomt met de eerste stap van de analyse die in de Authorised OECD Approach wordt voorgesteld. Bovendien moet wat de tweede stap van die analyse betreft in herinnering worden gebracht dat de Authorised OECD Approach naar de OESO-richtlijnen inzake verrekenprijzen verwijst. In dat verband hebben Ierland alsmede ASI en AOE niet de – onder meer in overweging 265 van het bestreden besluit tot uitdrukking gebrachte – stelling van de Commissie betwist dat de door de betwiste tax rulings onderschreven methoden voor winsttoerekening vergelijkbaar waren met de eenzijdige methoden voor de vaststelling van verrekenprijzen, zoals de TNMM, die zijn vastgelegd in de OESO-richtlijnen inzake verrekenprijzen.

324. In de tweede plaats moet worden opgemerkt dat Ierland en Apple Inc. tijdens de administratieve procedure ad-hocverslagen hebben verstrekt die waren opgesteld door hun respectieve belastingadviseurs, die zich juist op de TNMM baseerden om aan te tonen dat de belastbare winst van ASI en AOE in Ierland die daadwerkelijk in Ierland was opgegeven op basis van de betwiste tax rulings, binnen een zakelijke range lag. Ierland en ASI en AOE kunnen de Commissie dus niet verwijten dat zij zich in het kader van haar subsidiaire redenering op de Authorised OECD Approach heeft gebaseerd en de TNMM heeft gebruikt, terwijl zij zich zelf op die benadering en die methode hebben gebaseerd in het kader van de administratieve procedure.

325. Gelet op het voorgaande moeten de grieven die zijn gericht tegen het feit dat de Commissie de – onder meer in de OESO-richtlijnen inzake verrekenprijzen vastgelegde – TNMM heeft gebruikt om na te gaan of de door de betwiste tax rulings onderschreven methode voor winsttoerekening tot een verlaging van de belastingdruk voor ASI en AOE had geleid, worden afgewezen.

326. In die omstandigheden moeten thans de argumenten van Ierland en van ASI en AOE worden onderzocht die eraan zijn ontleend dat de Commissie in het kader van haar subsidiaire redenering de TNMM heeft toegepast, teneinde na te gaan of de Commissie erin is geslaagd om te bewijzen dat de betwiste tax rulings ASI en AOE een voordeel hadden verleend.

327. In dat verband zijn partijen het met elkaar oneens over de stellingen van de Commissie betreffende drie fouten in de door de betwiste tax rulings onderschreven methode voor winsttoerekening, die betrekking hebben op, ten eerste, de keuze voor de vestigingen als onderzochte partijen, ten tweede, de keuze voor de exploitatiekosten als winstniveau-indicator en, ten derde, de aanvaarde rendementsniveaus.

2. Keuze voor de Ierse vestigingen van ASI en AOE als „onderzochte partij" bij de toepassing van de methoden voor winsttoerekening

328. Er zij aan herinnerd dat de Commissie in de overwegingen 328 tot en met 333 van het bestreden besluit heeft opgemerkt dat zelfs indien de IE-licenties van de Apple-groep terecht aan de centrale hoofdkantoren van ASI en AOE zouden zijn toegerekend, die hoofdkantoren, aangezien zij geen fysieke aanwezigheid en geen personeel hadden, geen complexe functies hadden kunnen uitoefenen. Daarentegen hadden de Ierse vestigingen volgens de Commissie IE-gerelateerde functies uitgeoefend die cruciaal waren voor de promotie en de zichtbaarheid van het merk in de EMEIA-regio. De Commissie heeft hieruit opgemaakt dat de Ierse vestigingen van ASI en AOE ten onrechte als onderzochte partijen waren gekozen.

329. Dienaangaande moet worden opgemerkt dat de TNMM een eenzijdige methode voor de vaststelling van verrekenprijzen is. Zij houdt in dat op basis van een passende grondslag de nettowinst wordt bepaald die door een belastingplichtige, te weten de „onderzochte partij", is behaald uit een concerntransactie of uit concerntransacties die nauw met elkaar verband houden of continu zijn. Teneinde die passende grondslag te bepalen, moet een winstniveau-indicator worden gekozen, zoals de kosten, de omzet of de activa. De indicator voor de nettowinst die de belastingplichtige heeft verkregen uit een concerntransactie, moet worden bepaald ten opzichte van de indicator voor de nettowinst die deze belastingplichtige of een onafhankelijke onderneming uit vergelijkbare transacties op de vrije markt behaalt. De TNMM houdt dus in dat er een partij bij de transactie wordt aangewezen voor wie een indicator wordt onderzocht. Dit is de „onderzochte partij".

330. Volgens de OESO-richtlijnen inzake verrekenprijzen van 2010, die de Commissie onder meer in de overwegingen 94 en 255 van het bestreden besluit als een nuttige leidraad heeft aangeduid en waarop tevens de ad-hocverslagen van Ierland en Apple Inc. zijn gebaseerd, moet de keuze van de onderzochte partij bovendien stroken met de functieanalyse van de transactie. Daarenboven vermelden die richtlijnen dat de onderzochte partij in de regel de partij is op wie een methode voor verrekenprijzen op de meest betrouwbare wijze kan worden toegepast en voor wie de meest betrouwbare vergelijkingspunten kunnen worden gevonden. Dit zal meestal de partij met de minst complexe functieanalyse zijn.

331. In de eerste plaats moet worden benadrukt dat de Commissie in het bestreden besluit, en met name in overweging 333 ervan, louter heeft gesteld dat de fout die bij de vaststelling van de te onderzoeken entiteit was gemaakt, tot een verlaging van de belastbare winst van ASI en AOE had geleid.

332. Zoals opgemerkt in punt 319 hierboven kan evenwel niet enkel op basis van het feit dat bij de toepassing van een methode voor winsttoerekening de methodologische voorschriften niet zijn nageleefd, worden geconcludeerd dat de berekende winst geen betrouwbare benadering van een marktuitkomst is, en al helemaal niet dat de berekende winst lager is dan de winst die had moeten worden verkregen indien de methode voor het vaststellen van de verrekenprijzen op juiste wijze zou zijn toegepast.

333. De enkele vaststelling door de Commissie dat een methodologische fout is gemaakt die voortvloeit uit de keuze van de onderzochte partij in het kader van de door de betwiste tax rulings onderschreven methoden voor het toerekenen van winst aan de Ierse vestigingen van ASI en AOE, volstaat dus als zodanig niet, gesteld al dat die fout vaststaat, om te bewijzen dat die tax rulings een voordeel aan ASI en AOE hebben verleend. De Commissie had immers tevens moeten bewijzen dat die fout tot een verlaging van de belastbare winst van die twee ondernemingen had geleid die zij zonder die rulings niet zouden hebben verkregen. De Commissie heeft in casu evenwel geen elementen aangevoerd om te bewijzen dat de keuze voor de Ierse vestigingen van ASI en AOE als onderzochte partijen tot een verlaging van de belastbare winst van die ondernemingen had geleid.

334. In de tweede plaats moet worden opgemerkt dat in het kader van de TNMM hoe dan ook allereerst een onderzochte partij moet worden gekozen met name op basis van de door die onderzochte partij uitgeoefende functies zodat vervolgens de vergoeding van een aan die functies gerelateerde transactie kan worden berekend. Het feit dat normaliter de partij wordt gekozen die de minst complexe functies uitoefent, zegt niets over de functies die daadwerkelijk door de gekozen partij worden uitgeoefend, noch over de vaststelling van de vergoeding van die functies.

335. De OESO-richtlijnen inzake verrekenprijzen bepalen immers niet welke partij bij de transactie moet worden gekozen, maar adviseren om de onderneming te kiezen waarvoor betrouwbare gegevens over de best vergelijkbare transacties kunnen worden vastgesteld. Vervolgens preciseren die richtlijnen dat dit vaak betekent dat de geassocieerde onderneming wordt gekozen die de minst complexe onderneming van de bij de transactie betrokken ondernemingen is, die geen waardevolle immateriële eigendommen of unieke activa bezit. Daaruit vloeit voort dat die richtlijnen niet per definitie verplichten om de minst complexe entiteit te kiezen, maar enkel aanbevelen om de entiteit te kiezen waarvoor de meeste betrouwbare gegevens beschikbaar zijn.

336. Zolang de functies van de onderzochte partij op juiste wijze zijn vastgesteld en de vergoeding van die functies op juiste wijze is berekend, is de keuze voor de ene of de andere partij als onderzochte partij dus niet relevant.

337. In de derde plaats zij eraan herinnerd dat de Commissie haar subsidiaire redenering heeft gebaseerd op de premisse dat de IE-licenties van de Apple-groep terecht aan de centrale hoofdkantoren van ASI en AOE zijn toegerekend.

338. In dat verband moet worden opgemerkt dat, zoals Ierland en ASI en AOE terecht benadrukken, voor een onderneming zoals de Apple-groep, waarvan het economische model voornamelijk op technologische innovaties berust, IE het belangrijkste element van de activa is. Die IE kan in casu dus als een uniek activum worden beschouwd in de zin van de OESO-richtlijnen inzake verrekenprijzen.

339. Uit de Authorised OECD Approach blijkt evenwel dat, in het geval van een onderneming zoals de Apple-groep, het enkele feit dat een van de partijen houder van de IE is, in beginsel impliceert dat die partij sleutelfuncties met betrekking tot dat element van de immateriële activa uitoefent, zoals de actieve besluitvorming over de implementatie van een ontwikkelingsprogramma waaruit die IE voortvloeit en het actieve beheer van dat programma. De toerekening van de IE aan een onderdeel van de onderneming kan dus als een aanwijzing worden beschouwd dat dit onderdeel complexe functies uitoefent.

340. Hieruit volgt dat de Commissie in het kader van haar subsidiaire redenering niet enerzijds kon stellen dat de IE van de Apple-groep terecht aan de hoofdkantoren van ASI en AOE was toegerekend en anderzijds dat de meest complexe functies met betrekking tot die IE werden uitgeoefend door de Ierse vestigingen van die twee ondernemingen, zonder enig bewijs te leveren voor het feit dat die vestigingen dergelijke complexe functies daadwerkelijk hadden uitgeoefend.

341. Zoals evenwel is vastgesteld in de punten 281 en 290 hierboven is de Commissie er in casu niet in geslaagd om te bewijzen dat die vestigingen daadwerkelijk functies hadden uitgeoefend en besluiten hadden genomen die bepalend waren voor de IE van de Apple-groep en die met name het ontwerp, de productie en de ontwikkeling van die IE betroffen.

342. In de vierde plaats moet worden opgemerkt dat de functieomschrijvingen van de Ierse vestigingen van ASI en AOE waarop de betwiste tax rulings gebaseerd zijn, de functieomschrijvingen zijn die de Apple-groep in haar aanvragen aan de Ierse belastingdienst heeft verstrekt. Zoals blijkt uit de overwegingen 54 tot en met 57 van het bestreden besluit bestaan die functies, wat de vestiging van ASI betreft, in de inkoop, de verkoop en de distributie van Apple-producten aan gelieerde partijen en derde klanten in de EMEIA-regio en, wat de vestiging van AOE betreft, in de vervaardiging en de assemblage in Ierland van een specialistisch assortiment computerproducten.

343. Vastgesteld moet worden dat die functies op het eerste gezicht als eenvoudig herkenbare en niet bijzonder complexe functies kunnen worden beschouwd. Het zijn in ieder geval geen functies met een uniek en specifiek karakter waarvoor het moeilijk is om vergelijkingspunten vast te stellen. Integendeel, het zijn juist functies die betrekkelijk standaard van aard zijn en gangbaar zijn in handelsbetrekkingen tussen ondernemingen.

344. Het klopt dat de informatie over de functies, de activa en de risico's van de Ierse vestigingen van ASI en AOE die de Apple-groep voorafgaand aan de afgifte van de betwiste tax rulings aan de Ierse belastingdienst heeft verstrekt, zeer beknopt was. De betwiste tax rulings zijn immers afgegeven nadat de belastingadviseurs van de Apple-groep enkele korte brieven aan de Ierse belastingdienst hadden gestuurd waarin zij op bondige wijze de activiteiten van de vestigingen van ASI en AOE hadden beschreven en een methode hadden voorgesteld om de in Ierland te belasten winst van die twee ondernemingen te berekenen. De inhoud van die correspondentie is nogal vaag en toont aan dat de besprekingen die tijdens twee bijeenkomsten tussen de Ierse belastingdienst en de belastingadviseurs van de Apple-groep zijn gevoerd, bepalend zijn geweest voor de vaststelling van de belastbare winst van die ondernemingen, zonder dat een objectieve en grondige analyse is vastgelegd van de functies van de vestigingen en van de beoordeling van die functies.

345. Anders dan het geval is voor de ad-hocverslagen die Ierland en Apple Inc. achteraf tijdens de administratieve procedure hebben verstrekt, is voorafgaand aan de afgifte van de betwiste tax rulings dus geen enkel verslag over de winsttoerekening, noch enige aanvullende informatie aan de Ierse belastingdienst verstrekt.

346. Bovendien is de informatie over de activiteiten van de Ierse vestigingen van ASI en AOE die met het oog op de tax ruling van 1991 is verstrekt, zoals ter terechtzitting is bevestigd, voorafgaand aan de afgifte van de tax ruling van 2007 niet op noemenswaardige wijze aangevuld en nadien niet bijgewerkt.

347. Dat feit dat onvoldoende bewijs aan de Ierse belastingdienst is verstrekt over de functies die daadwerkelijk door de Ierse vestigingen werden uitgeoefend en over de beoordeling van die functies die is verricht om de aan die vestigingen toe te rekenen winst vast te stellen, kan als een methodologische tekortkoming worden beschouwd bij de toepassing van Section 25 TCA 97, waartoe allereerst een analyse van de door de vestigingen uitgeoefende functies, gebruikte activa en gedragen risico's moet worden verricht.

348. Maar die methodologische tekortkoming, hoezeer zij ook te betreuren valt, laat onverlet dat de Commissie in het kader van het toezicht op staatssteun krachtens artikel 107 VWEU niet louter kan stellen dat de Ierse vestigingen van ASI en AOE ten onrechte als onderzochte partijen zijn gekozen in het kader van de toepassing van de methode voor winsttoerekening, zonder dat zij bewijst dat de daadwerkelijk door die vestigingen uitgeoefende functies bijzonder complex, uniek of moeilijk vast te stellen waren, waardoor geen (betrouwbare) vergelijkingspunten konden worden vastgesteld voor de toepassing van een dergelijke eenzijdige methode voor winsttoerekening en de uit die methode resulterende toerekening bijgevolg onjuist was.

349. Daarenboven moet de Commissie, zoals uiteengezet in de punten 319 en 332 hierboven, hoe dan ook, zelfs al zou die methodologische fout in de winsttoerekening vaststaan, bewijzen dat de betrokken winsttoerekening de belastingdruk voor de betrokken ondernemingen heeft verlaagd in vergelijking met de belastingdruk die zij zonder de betwiste tax rulings zouden hebben gedragen, en dat dus inderdaad een voordeel is verleend.

350. De Commissie heeft in het kader van haar subsidiaire redenering evenwel geen enkel bewijs aangedragen om aan te tonen dat een dergelijke methodologische tekortkoming, die voortvloeit uit het feit dat geen informatie aan de Ierse belastingdienst is verstrekt, tot een verlaging van de belastinggrondslag van ASI en AOE heeft geleid vanwege de toepassing van de betwiste tax rulings.

351. In het licht van de voorgaande overwegingen moeten de grieven waarmee Ierland alsmede ASI en AOE kritiek hebben geuit op de vaststelling van de Commissie dat de Ierse vestigingen van ASI en AOE ten onrechte als onderzochte partijen zijn gekozen bij de toepassing van de methoden voor winsttoerekening waarop de betwiste tax rulings zijn gebaseerd, worden aanvaard.

3. Keuze voor de exploitatiekosten als winstniveau-indicator

352. Vooraf zij eraan herinnerd dat de belastbare winst van de Ierse vestigingen in de betwiste tax rulings is berekend als een opslag op de exploitatiekosten (zie de punten 12-21 hierboven).

353. De Commissie heeft in de overwegingen 334 tot en met 345 van het bestreden besluit aangevoerd dat, gesteld al dat de Ierse vestigingen als onderzochte partij konden worden aangemerkt voor de toepassing van de eenzijdige methode voor winsttoerekening, de keuze voor de exploitatiekosten van die vestigingen als winstniveau-indicator onjuist was. Volgens de Commissie moet de winstniveau-indicator in het kader van een eenzijdige methode voor winsttoerekening een afspiegeling zijn van de functies die door de onderzochte partij worden uitgeoefend, wat in casu niet het geval was. De Commissie heeft namelijk aangevoerd dat de verkoopcijfers van ASI een betere graadmeter voor de door haar Ierse vestiging verrichte activiteiten en gedragen risico's en derhalve voor haar aandeel in de omzet van ASI waren dan de exploitatiekosten van die vestiging.

354. De Commissie heeft derhalve geconcludeerd (overweging 345 van het bestreden besluit) dat het gebruik van de exploitatiekosten als winstniveau-indicator in het kader van de door de betwiste tax rulings onderschreven methode voor winsttoerekening ertoe had geleid dat de in Ierland te belasten winst van ASI en AOE geen betrouwbare benadering was van een marktuitkomst die voldoet aan het zakelijkheidsbeginsel. Volgens de Commissie had de Ierse belastingdienst ASI en AOE aldus een selectief voordeel verleend ten opzichte van niet-geïntegreerde ondernemingen waarvan de belastbare winst een afspiegeling was van prijzen die op basis van zakelijke onderhandelingen op de markt tot stand waren gekomen.

a. Keuze voor de exploitatiekosten als winstniveau-indicator voor de Ierse vestiging van ASI

355. Wat specifiek de Ierse vestiging van ASI betreft, heeft de Commissie (in overweging 336 van het bestreden besluit) gesteld dat de keuze voor de exploitatiekosten als basis niet juist was, omdat die kosten „doorgaans" worden gebruikt om de winst van laagrisicodistributeurs te analyseren. Zij heeft aangevoerd dat de Ierse vestiging van ASI geen laagrisicodistributeur was, voor zover die vestiging risico's had gedragen die verband hielden met de omzet, garanties en externe aannemers.

356. Meteen moet worden opgemerkt dat de Commissie niet heeft gepreciseerd waarop zij die stelling baseerde. Bovendien wijst het gebruik van de term „doorgaans" erop dat zij niet uitsloot dat de exploitatiekosten in bepaalde situaties als winstniveau-indicator worden gebruikt.

357. Buiten het feit dat de stelling van de Commissie onnauwkeurig is, moet worden opgemerkt dat een dergelijke stelling, zoals Ierland en ASI en AOE terecht aanvoeren, niet strookt met de OESO-richtlijnen inzake verrekenprijzen, waarop de Commissie zich in het kader van haar subsidiaire redenering heeft gebaseerd. Uit punt 2.87 van die richtlijnen blijkt immers dat de winstniveau-indicator gericht moet zijn op de waarde van de functies van de onderzochte partij, waarbij rekening moet worden gehouden met de activa en de risico's van die partij. Volgens die richtlijnen staat de keuze van de winstniveau-indicator voor een bepaald soort functie dus niet vast, zolang die indicator maar een afspiegeling is van de waarde van de betrokken functies.

358. Hoe dan ook moet worden onderzocht of de Commissie erin is geslaagd om te bewijzen dat de keuze voor de exploitatiekosten als winstniveau-indicator in casu niet juist was, en of zij, voor zover rekening moet worden gehouden met de door de vestigingen gedragen risico's, terecht heeft vastgesteld dat de Ierse vestiging van ASI risico's had gedragen die verband hielden met de omzet, garanties en externe aannemers.

1. Geschikte winstniveau-indicator

359. De Commissie heeft in de overwegingen 340 en 341 van het bestreden besluit aangevoerd dat de keuze voor de exploitatiekosten als winstniveau-indicator niet juist was, voor zover die keuze geen goede afspiegeling was van de door de Ierse vestiging van ASI gedragen risico's en verrichte activiteiten, en dat de verkoop een geschiktere indicator zou zijn geweest. Zij heeft aangevoerd dat de Berry-ratio die in de ad-hocverslagen

van Ierland en Apple Inc. is gebruikt, om dezelfde redenen niet geschikt was om een zakelijke vergoeding voor de door die vestiging uitgeoefende functies te bepalen.

360. In de eerste plaats moet worden opgemerkt dat de Commissie haar vaststellingen in wezen baseert op de stelling dat de Ierse vestiging van ASI moet worden geacht de risico's te hebben gedragen en de functies te hebben uitgeoefend die verband hielden met de activiteiten van ASI, omdat ASI die risico's niet zelf had kunnen dragen en die functies niet zelf had kunnen uitoefenen aangezien zij geen personeel en geen fysieke aanwezigheid had.

361. In dat verband moet worden herinnerd aan de overwegingen die in het kader van het onderzoek van de primaire redenering in punt 259 hierboven zijn uiteengezet, volgens welke de toerekening „bij uitsluiting" van functies en dus van winst aan een vestiging niet strookt met het Ierse recht, noch met de Authorised OECD Approach, voor zover met een dergelijke analyse niet kan worden bewezen dat die functies daadwerkelijk door de Ierse vestigingen zijn uitgeoefend.

362. Bijgevolg kon de Commissie, teneinde te bewijzen dat de keuze voor de exploitatiekosten als winstniveau-indicator van de Ierse vestiging van ASI onjuist was, niet de door ASI uitgeoefende functies en gedragen risico's aan haar Ierse vestiging toerekenen zonder aan te tonen dat die vestiging die functies daadwerkelijk had uitgeoefend en die risico's daadwerkelijk had gedragen.

363. In de tweede plaats moet worden opgemerkt dat de Commissie zelf in overweging 342 van het bestreden besluit naar punt 2.87 van de OESO-richtlijnen inzake verrekenprijzen verwijst. Zoals in punt 357 hierboven is opgemerkt, kunnen volgens die richtlijnen evenwel zowel de verkoop als de exploitatiekosten een geschikte winstniveau-indicator zijn.

364. Meer in het bijzonder is in punt 2.87 van de OESO-richtlijnen inzake verrekenprijzen vermeld dat de keuze van de winstniveau-indicator relevant moet zijn voor het bewijs van de waarde van de functies die de onderzochte partij bij de onderzochte transactie heeft uitgeoefend, rekening houdend met haar activa en risico's.

365. Met haar stelling in de overwegingen 337 en 338 van het bestreden besluit dat de keuze voor de exploitatiekosten als winstniveau-indicator geen afspiegeling is van de risico's die verband houden met de omzet, garanties en door externe aannemers gehanteerde producten, en dat de verkoopcijfers een geschiktere winstniveau-indicator zouden zijn, geeft de Commissie evenwel geen antwoord op de vraag of de exploitatiekosten een adequate afspiegeling zijn van de door de Ierse vestiging van ASI toegevoegde waarde, rekening houdend met de door die vestiging uitgeoefende functies, gebruikte activa en gedragen risico's. De Commissie beperkt zich immers tot de opmerking dat de verkoopcijfers van ASI een passende winstniveau-indicator zouden zijn geweest, zonder dat zij bewijst waarom de exploitatiekosten van haar vestiging in casu geen afspiegeling konden zijn van de waarde die deze vestiging aan de activiteiten van de onderneming had toegevoegd door middel van de functies, de risico's en de activa waarvoor zij binnen die onderneming daadwerkelijk verantwoordelijk was.

366. In de derde plaats moet wat de Berry-ratio betreft in herinnering worden gebracht dat die ratio in de door Ierland en Apple Inc. verstrekte ad-hocverslagen als winstniveau-indicator is gebruikt om achteraf aan te tonen dat de winst die op grond van de betwiste tax rulings aan ASI en AOE was toegerekend, binnen een zakelijke range lag.

367. In overweging 340 van het bestreden besluit heeft de Commissie evenwel vastgesteld dat die ratio in casu niet als financiële ratio kon worden gebruikt om de zakelijke vergoeding te ramen. De Commissie heeft aangevoerd dat de situaties waarin de Berry-ratio volgens de OESO-richtlijnen inzake verrekenprijzen kon worden gebruikt, niet overeenkwamen met de situatie van de Ierse vestiging van ASI.

368. In dat verband moet in herinnering worden gebracht dat in punt 2.101 van de OESO-richtlijnen inzake verrekenprijzen, waarnaar de Commissie in overweging 342 van het bestreden besluit verwijst, is vermeld dat voor een passend gebruik van de Berry-ratio als ratio bij de analyse van de vergoeding van een concerntransactie, ten eerste, de waarde van de in de concerntransactie uitgeoefende functies in verhouding moet staan tot de exploitatiekosten, ten tweede, de waarde van de in de concerntransactie uitgeoefende functies niet wezenlijk mag zijn beïnvloed door de waarde van de gedistribueerde producten dat wil zeggen dat zij niet in verhouding staat tot de omzet en, ten derde, de belastingplichtige in de concerntransacties geen enkele andere significante functie (zoals een productiefunctie) mag uitoefenen die vergoed moet worden via een andere methode of financiële indicator.

369. Allereerst moet worden vastgesteld dat de Commissie in het bestreden besluit niet heeft aangevoerd dat de waarde van de exploitatiekosten die in de betwiste tax rulings in aanmerking zijn genomen, niet in verhouding stond tot de waarde van de functies die door de Ierse vestiging van ASI werden uitgeoefend en die zijn beschreven in de overwegingen 54 en 55 van het bestreden besluit. Vastgesteld moet worden dat de Commissie geen argumenten en bewijzen heeft aangevoerd om aan te tonen dat niet alle kosten in aanmerking zijn genomen die als exploitatiekosten in aanmerking hadden moeten worden genomen en dat dit tot een selectief voordeel voor ASI en AOE heeft geleid. Evenmin heeft zij getracht te bewijzen dat de waarde die aan de in aanmerking genomen kosten was toegerekend te laag was en dat aldus een selectief voordeel was verleend. Zij heeft immers enkel kritiek geuit op het principe zelf van de keuze voor de exploitatiekosten als winstniveau-indicator.

370. Vervolgens moet worden opgemerkt dat er geen verband is tussen de exploitatiekosten van de Ierse vestiging van ASI en de omzet van die onderneming. De Commissie heeft in overweging 337 van het bestreden besluit zelf erkend dat dit verband ontbrak.

371. Tot slot moet worden herinnerd aan de overwegingen in de punten 342 en 343 hierboven betreffende het niet-complexe en herkenbare karakter van de door de Ierse vestiging van ASI uitgeoefende functies. Die vestiging heeft immers hoofdzakelijk distributiefuncties uitgeoefend. Zij was niet verantwoordelijk voor productiefuncties en andere complexe functies, waaronder functies die verband houden met technologische ontwikkeling of IE.

372. Anders dan de Commissie stelt, is in het geval van de Ierse vestiging van ASI derhalve voldaan aan de in de OESO-richtlijnen inzake verrekenprijzen gestelde voorwaarden voor de toepassing van de Berry-ratio.

373. Gelet op de voorgaande overwegingen moet worden vastgesteld dat de Commissie er niet in is geslaagd om te bewijzen dat de keuze voor de exploitatiekosten als winstniveau-indicator voor de Ierse vestiging van ASI niet geschikt was.

374. Hoe dan ook moet zelfs al zou kunnen worden betoogd dat de exploitatiekosten enkel als winstniveau-indicator kunnen dienen voor „laagrisicodistributeurs", zoals de Commissie in overweging 336 van het bestreden besluit aanvoert worden nagegaan of de Ierse belastingdienst ervan uit kon gaan dat de Ierse vestiging van ASI niet de risico's had gedragen die volgens de Commissie aan die vestiging hadden moeten worden toegerekend.

2. Omzetrisico

375. De Commissie heeft in overweging 337 van het bestreden besluit opgemerkt dat ASI het omzetrisico had gedragen en dat, aangezien haar hoofdkantoor geen personeel had om die risico's te beheren, moest „worden aangenomen" dat de Ierse vestiging die risico's had gedragen. Zij heeft hieraan toegevoegd dat de keuze voor de exploitatiekosten geen afspiegeling van dat risico was, hetgeen haars inziens werd gestaafd door het feit dat de exploitatiekosten relatief stabiel waren bleven in de relevante periode, terwijl de omzet exponentieel was gegroeid.

376. Allereerst moet worden vastgesteld dat uit de bewoordingen zelf van het bestreden besluit blijkt dat de Commissie haar stelling baseert op een veronderstelling.

377. Vervolgens moet worden opgemerkt dat de Commissie in het bestreden besluit niet heeft kunnen uitleggen waarin het omzetrisico precies bestond.

378. In antwoord op vragen dienaangaande ter terechtzitting heeft de Commissie aangegeven dat het vooral om een voorraadrisico ging, dat wil zeggen het risico dat de producten die ASI op voorraad had en die door de Ierse vestiging werden gedistribueerd, niet zouden worden verkocht.

379. Ter onderbouwing van haar stelling dat de Ierse vestiging van ASI het risico van een eventuele daling van de verkoop van ASI had gedragen, heeft de Commissie dat risico louter „bij uitsluiting" toegerekend, hetgeen, zoals is opgemerkt in de punten 361 en 362 hierboven, geen geldige basis voor toerekening is.

380. Daarnaast heeft de Commissie ter terechtzitting verwezen naar schema 9 van het bestreden besluit (dat is toegelicht in overweging 122 van dat besluit), waarin een tabel uit de CSA is overgenomen die een overzicht geeft van de risico's die enerzijds aan Apple Inc. en anderzijds aan ASI en AOE zijn toegerekend. Zoals in de punten 263 tot en met 268 en in punt 271 hierboven is opgemerkt, bevat die tabel de lijst van mogelijk door ASI te dragen risico's, maar blijkt hieruit niet dat die risico's daadwerkelijk door ASI zijn gedragen. Daarenboven heeft die tabel betrekking op ASI en niet op haar Ierse vestiging.

381. Daarentegen hebben Apple Inc., ASI en AOE tijdens de administratieve procedure en in het kader van het onderhavige beroep bewijs verstrekt waaruit blijkt dat de raamovereenkomsten met fabrikanten van Apple-producten (of OEM's) voor de hele Apple-groep centraal vanuit de Verenigde Staten door Apple Inc. en ASI waren gesloten.

382. Daarnaast hebben Apple Inc., ASI en AOE bewijs verstrekt betreffende andere raamovereenkomsten, die waren aangegaan met de belangrijkste inkopers van Apple-producten te weten met name in de EMEIA-regio gevestigde telecommunicatie-exploitanten en die eveneens centraal voor de hele Apple-groep waren gesloten.

383. Daarenboven hebben Apple Inc., ASI en AOE bewijs verstrekt met betrekking tot het internationale prijsbeleid voor Apple-producten, dat centraal voor de hele Apple-groep wordt vastgesteld.

384. Vastgesteld zij dat uit het verstrekte bewijs blijkt dat de Ierse vestiging van ASI niet heeft deelgenomen aan de onderhandelingen over en de ondertekening van de raamovereenkomsten, of het nu gaat om de overeenkomsten die zijn gesloten met de leveranciers van de producten die zij distribueert, te weten de OEM's, of om de overeenkomsten die zijn gesloten met de klanten aan wie zij Apple-producten levert, zoals telecommunicatie-exploitanten. Die vestiging wordt immers helemaal niet genoemd in die overeenkomsten.

385. Daarnaast blijkt uit het verstrekte bewijs dat de Ierse vestiging van ASI geen beslissingsbevoegdheid had, noch voor het aanbod (te weten het bepalen van de te vervaardigen producten), noch voor de vraag (te weten het bepalen aan welke klanten de producten verkocht gingen worden), noch voor de prijzen waartegen die Apple-producten met name in de EMEIA-regio werden verkocht, aangezien die zaken in de raamovereenkomsten zijn bepaald.

386. Zoals ASI en AOE terecht stellen, konden de risico's die verband hielden met onverkochte producten of met een daling van de vraag dus niet aan de Ierse vestiging van ASI worden toegerekend, voor zover zowel het aanbod als de vraag centraal en buiten die vestiging om is bepaald.

387. Het verstrekte bewijs bevestigt de rol van de Ierse vestiging van ASI zoals die naar voren komt uit de adhocverslagen van Ierland en Apple Inc., waaruit blijkt dat die vestiging als distributeur verantwoordelijk was voor de productstroom tussen fabrikanten en klanten en voor het verzamelen en op groepsniveau doorgeven van informatie over voorraadniveaus en over vraag- en aanbodprognoses in de EMEIA-regio. Het feit dat de Ierse vestiging van ASI „monitoring"-functies voor de EMEIA-regio heeft verricht, betekent immers nog niet dat zij het economische risico heeft gedragen dat had kunnen voortvloeien uit een daling van de omzet van ASI in die regio.

388. Tot slot moet met betrekking tot de stelling in overweging 337 van het bestreden besluit dat de verkoop van ASI exponentieel is gestegen in de relevante periode terwijl de exploitatiekosten van haar Ierse vestiging stabiel zijn gebleven, worden opgemerkt dat dit feit er veeleer op wijst dat de door die vestiging verrichte activiteiten een beperkte impact hebben op de commerciële activiteiten van ASI in hun geheel.

389. Bovendien kan niet op basis van die enkele omstandigheid kritiek worden geuit op de keuze voor de exploitatiekosten als winstniveau-indicator. Ter onderbouwing van die redenering heeft de Commissie immers niet gepreciseerd waarom een toename van de verkoop van ASI noodzakelijkerwijs tot de toerekening van een hogere winst aan haar Ierse vestiging had moeten leiden.

390. Bijgevolg moet worden vastgesteld dat de Commissie er niet in is geslaagd om te bewijzen dat de Ierse vestiging van ASI de verantwoordelijkheid voor het omzetrisico droeg.

3. Risico in verband met productgaranties

391. In overweging 338 van het bestreden besluit heeft de Commissie opgemerkt dat, voor zover ASI garanties heeft verstrekt voor alle in de EMEIA-regio verkochte producten en die garanties het grootste deel van haar passiva vormden, de hiermee verband houdende risico's niet door ASI konden zijn gedragen aangezien zij geen personeel had, maar door haar Ierse vestiging moesten zijn gedragen.

392. Meer in het bijzonder heeft de Commissie in overweging 338 van het bestreden besluit aangevoerd dat die risico's het meest significante element van de passiva van ASI vormden, dat is overgedragen aan Apple Distribution International (ADI), een gelieerde onderneming van de Apple-groep. De Commissie heeft in dat verband verwezen naar overweging 135 van het bestreden besluit waarin wordt uiteengezet dat ADI de distributieactiviteiten van ASI in de EMEIA-regio heeft overgenomen en daartoe op grond van een memorandum van 23 april 2012 de passiva van ASI op zich heeft genomen, waarvan de grootste balanspost de overlopende productgarantieverplichtingen waren.

393. In de eerste plaats blijkt uit die door de Commissie belichte feitelijke elementen dat ASI verantwoordelijk was voor de garanties voor de Apple-producten in de EMEIA-regio en dat die overlopende garantieverplichtingen tot en met 2012 deel uitmaakten van de passiva van die onderneming. Op basis van enkel die informatie kan evenwel niet worden bewezen dat er een verband bestaat tussen enerzijds de risico's die deze door ASI verleende garanties vertegenwoordigen en die in de passiva van haar balans als overlopende verplichtingen waren opgenomen, en anderzijds haar Ierse vestiging. Bovendien gaat de theorie van de Commissie niet op voor de jaren na 2012, het jaar waarin die risico's zijn overgedragen aan ADI. De Commissie heeft haar redenering evenwel niet beperkt tot de periode tot 2012.

394. In de tweede plaats kan het risico dat verband houdt met de productgaranties niet aan de Ierse vestiging van ASI worden toegerekend indien die vestiging geen economische verantwoordelijkheid draagt voor claims die een dergelijke garantie doen gelden. De Commissie heeft evenwel geen bewijs aangevoerd om aan te tonen dat de Ierse vestiging van ASI een dergelijke verantwoordelijkheid had gedragen.

395. In de derde plaats staat weliswaar vast dat de Ierse vestiging van ASI, zoals is opgemerkt in de punten 276 tot en met 278 hierboven, inderdaad de aftersalesdienst AppleCare heeft beheerd, maar zijn de functies die deze vestiging in het kader van die dienst heeft uitgeoefend secundair ten opzichte van de garanties zelf.

396. Zowel Ierland als ASI en AOE baseren zich ter betwisting van het betoog van de Commissie namelijk onder meer op de door hen verstrekte ad-hocverslagen, waarop ook de Commissie zich heeft gebaseerd en waarin de activiteiten van de Ierse vestigingen worden beschreven die verband houden met de garanties voor Apple-producten. Volgens die verslagen is de Ierse vestiging van ASI in het kader van de AppleCare-dienst in wezen verantwoordelijk geweest voor:

- de verzameling van gegevens over defecte producten;
- het beheer van het netwerk van erkende externe reparateurs;
- de distributie van onderdelen voor reparaties binnen dat netwerk;
- het beheer van de call centers.

397. Gelet op het secundaire karakter van die functies kan, zoals ASI en AOE ter terechtzitting hebben bevestigd, bij gebreke van ander bewijs niet worden vastgesteld dat de Ierse vestiging van ASI de economische gevolgen die verband hielden met productgaranties, op zich heeft genomen.

398. Daarnaast is de omstandigheid die betrekking heeft op het grote aantal werknemers bij de AppleCare-dienst als zodanig niet doorslaggevend, aangezien die dienst met name de call centers voor aftersalesdiensten omvat, voor welke functie per definitie veel werknemers nodig zijn.

399. Daarenboven heeft de Commissie geen ander bewijs aangevoerd waaruit zou blijken dat het personeel van de Ierse vestiging van ASI actief betrokken was bij de vaststelling van besluiten die een belangrijke impact hadden op de risico's die verband hielden met de garantie voor de door ASI verkochte Apple-producten, en dat die vestiging op grond van die garantie de uiteindelijke economische verantwoordelijkheid voor die risico's droeg.

400. In die omstandigheden kan uit het feit dat de Ierse vestiging van ASI de AppleCare-dienst heeft beheerd, niet worden opgemaakt dat die vestiging de risico's op zich heeft genomen die verband hielden met de garanties voor de Apple-producten.

4. Risico's in verband met de activiteiten van externe aannemers

401. In overweging 339 van het bestreden besluit heeft de Commissie aangevoerd dat, aangezien ASI haar distributiefunctie systematisch uitbesteedde aan externe aannemers buiten Ierland, de totale omzet een meer geschikte winstniveau-indicator zou zijn geweest, gelet op het risico dat de Ierse vestiging had gedragen voor producten die niet in Ierland werden gehanteerd.

402. Meteen moet worden opgemerkt dat uit de lezing van overweging 339 van het bestreden besluit niet duidelijk blijkt waarin het risico zou hebben bestaan dat zou voortvloeien uit de in punt 401 hierboven genoemde omstandigheid en hoe dat risico door de Ierse vestiging van ASI zou zijn gedragen. Een dergelijke beoordeling, die voor meerdere uitleg vatbaar is, kan niet als een geldige onderbouwing van de subsidiaire redenering van de Commissie worden beschouwd.

403. Hoe dan ook heeft de Commissie, in antwoord op een vraag dienaangaande ter terechtzitting, aangegeven dat het, wanneer ASI haar distributiefunctie uitbesteedde aan externe aannemers en tegelijkertijd eigenaar van die producten bleef, om hetzelfde type risico ging als het in overweging 337 van het bestreden

besluit genoemde risico, namelijk een risico dat verband houdt met een mogelijke afname van de vraag en met de mogelijkheid dat producten niet worden verkocht.

404. Ervan uitgaande dat het risico dat de Commissie in overweging 339 van het bestreden besluit bedoelt, als hetzelfde type risico kan worden beschouwd als het omzetrisico dat is genoemd in overweging 337 van het bestreden besluit, zijn de overwegingen die in de punten 376 tot en met 390 hierboven zijn uiteengezet dus ook van toepassing op dat type risico, waarvan nog steeds niet is bewezen dat het door de Ierse vestiging van ASI is gedragen.

405. Daarenboven kan, gesteld al dat een dergelijk risico bestaat, de enkele omstandigheid dat bepaalde distributieactiviteiten aan externe aannemers buiten Ierland worden uitbesteed, bij gebreke van andere aanwijzingen geen steun bieden voor de stelling dat een dergelijk risico aan de Ierse vestiging van ASI moet worden toegerekend.

406. Het feit dat, na transacties met leveranciers en klanten waarover in de Verenigde Staten is onderhandeld en die aldaar zijn overeengekomen en geregeld, de betrokken producten door externe aannemers buiten Ierland worden gedistribueerd, pleit immers veeleer voor de stelling dat de risico's die hieruit zouden kunnen voortvloeien niet door de Ierse vestiging van ASI worden gedragen.

407. Uit de voorgaande overwegingen volgt dat de Commissie er niet in is geslaagd om te bewijzen dat de risico's die in de overwegingen 336, 337 en 339 van het bestreden besluit zijn aangeduid, daadwerkelijk door de Ierse vestiging van ASI werden gedragen.

b. Keuze voor de exploitatiekosten als winstniveau-indicator voor de Ierse vestiging van AOE

408. Met betrekking tot AOE heeft de Commissie in de overwegingen 343 en 344 van het bestreden besluit opgemerkt dat kon worden aangenomen dat de Ierse vestiging van AOE alle risico's, en met name die in verband met de voorraden, had gedragen, aangezien AOE buiten die vestiging geen fysieke aanwezigheid had en evenmin werknemers die deze risico's konden beheren. In die omstandigheden heeft zij vastgesteld dat een winstniveau-indicator die de totale kosten omvatte, geschikter zou zijn geweest dan de exploitatiekosten.

409. De Commissie baseert haar argumenten op de OESO-richtlijnen inzake verrekenprijzen. Zoals is aangegeven in punt 357 hierboven, moet evenwel worden vastgesteld dat die richtlijnen niet de voorkeur geven aan het gebruik van één bepaalde winstniveau-indicator, zoals de totale kosten, en zich er niet tegen verzetten dat de exploitatiekosten als winstniveau-indicator worden gebruikt.

410. Bovendien worden volgens punt 2.93 van de OESO-richtlijnen inzake verrekenprijzen, waarnaar de Commissie in overweging 343 van het bestreden besluit verwijst „[bij] de toepassing van een op kosten gebaseerde TNMM [...] vaak de totale kosten gebruikt". Hieruit volgt dat het niet principieel is uitgesloten dat de exploitatiekosten een geschikte winstniveau-indicator kunnen zijn.

411. Daarenboven kan het argument van de Commissie dat een winstniveau-indicator die de totale kosten omvat, passender is voor een fabrikant als AOE in casu niet slagen. Zoals is aangegeven in punt 12 hierboven, is AOE, en niet haar Ierse vestiging, immers de eigenaar van de gebruikte materialen, het werk in uitvoering en de afgewerkte producten. Voor zover de kosten van al die elementen in de totale kosten zijn inbegrepen, lijkt het gebruik van de totale kosten als winstniveau-indicator, anders dan de Commissie stelt, met name gelet op de activa van de Ierse vestiging van AOE, niet de meest geschikte indicator voor de waarde van de functies die daadwerkelijk door die vestiging zijn uitgeoefend.

412. In die omstandigheden is de Commissie er niet in geslaagd om te bewijzen dat het in casu juister was geweest om, zoals zij heeft voorgesteld, voor de vaststelling van de zakelijke winst van de Ierse vestiging van AOE een winstniveau-indicator op basis van de totale kosten te gebruiken.

c. Conclusies betreffende de keuze voor de exploitatiekosten als winstniveau-indicator

413. Gelet op de voorgaande overwegingen moet worden vastgesteld dat de Commissie er in het bestreden besluit niet in is geslaagd om te bewijzen dat de keuze voor de exploitatiekosten van de Ierse vestigingen van ASI en AOE als winstniveau-indicator bij de toepassing van een eenzijdige methode voor winsttoerekening, niet juist was.

414. Voorts heeft de Commissie hoe dan ook niets aangedragen dat aantoont dat die keuze op zich noodzakelijkerwijs tot de slotsom leidde dat de betwiste tax rulings de belastingdruk voor ASI en AOE in Ierland hadden verlaagd.

415. Dienaangaande stelt het Gerecht vast dat noch uit de uitwisselingen voorafgaand aan de afgifte van de betwiste tax rulings, noch uit de antwoorden van Ierland en ASI en AOE op vragen dienaangaande tijdens de onderhavige procedure, voldoende duidelijk is geworden waarom er in die rulings discrepanties waren vastgesteld met betrekking tot de exploitatiekosten, die in de tax ruling van 1991 wel werden gebruikt als grondslag om de belastbare winst van de vestigingen te berekenen maar die in de tax ruling van 2007 niet meer zijn gebruikt als grondslag om de belastbare winst van de vestigingen te berekenen.

416. Desalniettemin moet, zelfs al zouden er discrepanties bestaan die wijzen op methodologische tekortkomingen in de berekening van de belastbare winst die in het kader van de betwiste tax rulings is verricht, worden herinnerd aan de overwegingen in punt 348 hierboven dat de Commissie zich niet enkel op een methodologische tekortkoming kan baseren, maar moet bewijzen dat daadwerkelijk een voordeel is verleend, in die zin dat die fout daadwerkelijk tot een verlaging van de belastingdruk voor de betrokken ondernemingen heeft geleid ten opzichte van de druk die zij zouden hebben gedragen onder toepassing van de normale belastingregels. Verder moet nog worden gepreciseerd dat de Commissie in het bestreden besluit niet heeft aangevoerd dat de uitsluiting van bepaalde categorieën exploitatiekosten, welke kosten waren gekozen als grondslag voor de berekening van de aan de vestigingen van ASI en AOE toe te rekenen winst, tot een voordeel in de zin van artikel 107, lid 1, VWEU had geleid.

417. Bijgevolg moeten de grieven van Ierland en van ASI en AOE die eraan zijn ontleend dat de Commissie in het kader van haar subsidiaire redenering heeft vastgesteld dat een methodologische fout was gemaakt bij de keuze van de exploitatiekosten als winstniveau-indicator voor de Ierse vestigingen van ASI en AOE, worden aanvaard.

4. In de betwiste tax rulings aanvaarde rendementsniveaus

418. In de overwegingen 346 tot en met 359 van het bestreden besluit heeft de Commissie kritiek geuit op de in de betwiste tax rulings aanvaarde rendementsniveaus van de Ierse vestigingen van ASI en AOE, waarbij zij heeft opgemerkt dat de Apple-groep geen enkel winsttoerekeningsverslag en geen enkele andere toelichting aan de Ierse belastingdienst had verstrekt ter onderbouwing van haar voorstellen die tot de betwiste tax rulings hebben geleid.

419. Ten eerste heeft de Commissie wat ASI betreft in overweging 346 van het bestreden besluit opgemerkt dat in de tax ruling van 1991 een marge van 12,5 % op de exploitatiekosten van haar Ierse vestiging was aanvaard als belastbare winst, terwijl in de tax ruling van 2007 een marge van [*vertrouwelijk*] was aanvaard.

420. Ten tweede heeft de Commissie wat AOE betreft in overweging 347 van het bestreden besluit opgemerkt dat de door de Ierse belastingdienst aanvaarde belastbare winst overeenkwam met [*vertrouwelijk*] van de exploitatiekosten, welk percentage zou worden verlaagd tot [*vertrouwelijk*] wanneer de winst hoger zou zijn dan [vertrouwelijk]. In de tax ruling van 2007 kwam de belastbare winst overeen met [*vertrouwelijk*] van de exploitatiekosten van de vestiging, vermeerderd met een rendement van [*vertrouwelijk*] van de omzet uit hoofde van de door AOE ontwikkelde IE. Voorts heeft zij benadrukt dat de belastbare winst van AOE het resultaat leek te zijn van onderhandelingen en leek te zijn ingegeven door werkgelegenheidsoverwegingen, wat zou blijken uit het feit dat tijdens besprekingen voorafgaand aan de afgifte van de tax ruling van 1991 rekening was gehouden met de noodzaak „om de uitbreiding van de Ierse activiteiten niet te belemmeren".

421. Uit de overwegingen 348 en 349 van het bestreden besluit blijkt dat de toelichtingen die Ierland en Apple Inc. tijdens de administratieve procedure met betrekking tot de berekening van de belastbare winst van ASI en AOE hebben verstrekt, de Commissie niet hebben overtuigd. Zij heeft overwogen dat de rendementen die de Ierse belastingdienst voor de Ierse vestigingen van ASI en AOE had aanvaard, gebaseerd waren geweest op zeer geringe winstmarges, terwijl het economisch gezien geenszins logisch was dat een onderneming dusdanig lage winsten aanvaardde.

422. Wat meer in het bijzonder de tax ruling van 2007 betreft, heeft de Commissie zich in de overwegingen 350 tot en met 359 van het bestreden besluit gebogen over de redenering achteraf die de respectieve belastingadviseurs van Ierland en de Apple-groep in hun ad-hocverslagen hadden uiteengezet met betrekking tot de rendementsniveaus die voor de Ierse vestigingen van ASI en AOE waren overeengekomen. Volgens de Commissie waren die verslagen gebaseerd op een vergelijkbaarheidsonderzoek waarvan de relevantie omstreden was omdat de producten die werden aangeboden door de voor het onderzoek geselecteerde ondernemingen, niet konden worden vergeleken met de merkproducten van hoge kwaliteit die door de Apple-groep werden aangeboden. Meer in het bijzonder heeft de Commissie aangevoerd dat de door ASI gedragen risico's, die verband hielden met de garanties voor de producten van hoge kwaliteit, niet konden worden vergeleken met de

risico's die de voor het onderzoek geselecteerde ondernemingen voor hun producten droegen. Daarnaast heeft zij benadrukt dat ten minste 3 van de 52 geselecteerde ondernemingen in liquidatie verkeerden.

423. Omwille van de volledigheid heeft de Commissie in de overwegingen 354 en 355 van het bestreden besluit niettemin ook haar eigen onderzoek van het aan ASI en AOE toe te rekenen rendement verricht, waarbij zij dezelfde vergelijkbare ondernemingen heeft gebruikt als de ondernemingen in het ad-hocverslag van Ierland, maar als winstniveau-indicator wat ASI betreft de omzet (uit de verkoop) en wat AOE betreft de totale kosten heeft gebruikt. Na die gecorrigeerde analyse is de Commissie tot de slotsom gekomen dat de door de betwiste tax rulings aanvaarde rendementsniveaus veel te laag waren.

424. Wat ASI betreft, heeft de Commissie in overweging 355 van het bestreden besluit namelijk vastgesteld dat wanneer de verkoop van de voor het vergelijkbaarheidsonderzoek gekozen ondernemingen als winstniveau-indicator werd gebruikt, dit voor 2012 resulteerde in een rendement met een mediaan van 3 % met een interkwartielbereik van 1,3 % tot 4,5 %. De Commissie heeft echter opgemerkt dat de winst uit handel die op grond van de tax ruling van 2007 als belastbare winst voor 2012 aan de Ierse vestiging van ASI was toegerekend, ongeveer [*vertrouwelijk*] bedroeg, wat overeenkwam met ongeveer [*vertrouwelijk*] van de omzet die ASI in 2012 had gerealiseerd. Dat rendement was bijna twintig keer lager dan het rendement dat de Commissie in haar gecorrigeerde analyse had berekend.

425. Wat AOE betreft, heeft de Commissie in overweging 357 van het bestreden besluit opgemerkt dat haar belastbare winst in 2012 ongeveer [*vertrouwelijk*] van de totale kosten van de Ierse vestiging bedroeg. Dat percentage viel binnen het interkwartielbereik dat was opgenomen in de ad-hocverslagen van de respectieve belastingadviseurs van Ierland en de Apple-groep en lag in de buurt van het 25e percentiel, wat volgens de belastingadviseurs de ondergrens van een zakelijke range vormde. Aldus heeft de Commissie opgemerkt dat volgens het door Apple Inc. verstrekte ad-hocverslag de opslag op de totale kosten voor het onderste kwartiel voor 2009-2011 [*vertrouwelijk*] bedroeg met een mediaan van [*vertrouwelijk*] en dat volgens het door Ierland verstrekte ad-hocverslag de opslag op de totale kosten voor het onderste kwartiel voor 2007-2011 [*vertrouwelijk*] bedroeg (met een mediaan van [*vertrouwelijk*]).

426. De Commissie heeft in de overwegingen 358 en 359 van het bestreden besluit evenwel gepreciseerd dat die verslagen niet konden worden gebruikt ter onderbouwing van de conclusie achteraf dat de vergoeding van de door de Ierse vestiging van AOE uitgeoefende functies zakelijk was. Allereerst heeft zij vraagtekens geplaatst bij de vergelijkbaarheid van de gegevens, voor zover geen enkel gedetailleerd vergelijkbaarheidsonderzoek van de kostenstructuur en van de zakelijke structuur van de geselecteerde ondernemingen was verstrekt. Vervolgens heeft zij uiteengezet dat het 25e percentiel als de ondergrens van de range was aanvaard, wat een te ruime benadering was, met name gelet op de vergelijkbaarheidsproblemen die in de betrokken ad-hocverslagen waren vastgesteld. Tot slot heeft de Commissie opgemerkt dat in de ad-hocverslagen enkel vergelijkingen met industriële ondernemingen waren gemaakt, terwijl de Ierse vestiging van AOE tevens gedeelde diensten, zoals financiële diensten, IT-diensten en HR-diensten, had verricht ten behoeve van de andere ondernemingen van de Apple-groep in de EMEIA-regio.

427. Op basis van die vaststellingen is de Commissie in overweging 360 van het bestreden besluit tot de slotsom gekomen dat de betwiste tax rulings een vergoeding hadden onderschreven die de Ierse vestigingen vanuit het perspectief van hun eigen winstgevendheid niet zouden hebben aanvaard indien zij zelfstandige, onafhankelijke ondernemingen zouden zijn geweest die dezelfde of soortgelijke activiteiten zouden hebben verricht onder dezelfde of soortgelijke voorwaarden.

428. Partijen zijn het oneens over zowel het bestaan als de gevolgen van de fouten die de Commissie heeft vastgesteld met betrekking tot de door de betwiste tax rulings aanvaarde rendementsniveaus, alsook over de goedkeuring achteraf van die rendementen, zoals voorgesteld in de ad-hocverslagen van de respectieve belastingadviseurs van Ierland en de Apple-groep.

a. In de tax ruling van 1991 onderschreven rendement van de Ierse vestigingen van ASI en AOE

429. In de eerste plaats verwijt de Commissie de Ierse belastingdienst dat hij in de betwiste tax rulings rendementsniveaus voor de Ierse vestigingen van ASI en AOE heeft aanvaard die door geen enkel verslag worden gestaafd.

430. Ten eerste moet worden opgemerkt dat zowel Ierland als ASI en AOE stellen dat het Ierse belastingrecht dat ten tijde van de afgifte van de betwiste tax rulings van toepassing was, niet vereiste dat een winsttoerekeningsverslag werd verstrekt, hetgeen door de Commissie niet is betwist.

431. Ten tweede zij erop gewezen dat de grief van de Commissie betrekking heeft op een gebrekkige (of ontbrekende) methodologie, voor zover zij stelt dat de door de betwiste tax rulings onderschreven methode voor de berekening van de belastbare winst tekortkomingen bevat die voortvloeien uit het ontbreken van winsttoerekeningsverslagen.

432. Het klopt dat de toelichtingen die de Apple-groep aan de Ierse belastingdienst had verstrekt om de voorgestelde niveaus van rendement te rechtvaardigen en die zijn beschreven in overweging 64 van het bestreden besluit beknopt waren. De Apple-groep had immers gesteld dat de voorgestelde niveaus hoger waren dan de marge van 15 % die normalerwijs door een „cost center" zou zijn gerealiseerd, maar lager dan de marge van 100 % die mogelijk gangbaar was geweest in de farmaceutische industrie, die niet kon worden vergeleken met de IT-sector. Bovendien zij eraan herinnerd dat de Apple-groep jegens de Ierse belastingdienst heeft erkend dat haar voorstel niet wetenschappelijk was onderbouwd, maar volgens haar resulteerde in een belastbare winst die hoog genoeg was.

433. Dienaangaande merkt het Gerecht op dat noch uit de uitwisselingen voorafgaand aan de afgifte van de betwiste tax rulings, noch uit de antwoorden van Ierland en ASI en AOE op vragen dienaangaande tijdens de onderhavige procedure, voldoende duidelijk is geworden wat de precieze reden was voor de keuze van de indicatoren en cijfers om de belastbare winst van ASI en AOE te berekenen. Zo is er geen concreet bewijs uit die tijd waaruit blijkt waarom in de betwiste tax rulings voor de hoogte van de exploitatiekostenpercentages is gekozen, en al helemaal niet waarom zij na verloop van tijd zijn gewijzigd.

434. Evenwel moet worden vastgesteld dat de Commissie, buiten het feit dat zij het ontbreken van winsttoerekeningsverslagen heeft aangevoerd, geen onderzoek heeft verricht dat toereikend was om te bewijzen dat de belastingen die met die berekening waren verkregen en die daadwerkelijk door ASI en AOE op grond van de betwiste tax rulings zijn betaald, lager waren dan de belastingen die zonder de betwiste tax rulings onder toepassing van de normale belastingregels hadden moeten worden betaald.

435. Om dezelfde redenen als de in punt 332 hierboven uiteengezette redenen volstaat de enkele vaststelling van een methodologische fout in de berekening van de aan de vestigingen toe te rekenen winst dus niet als bewijs dat de betwiste tax rulings een voordeel aan ASI en AOE hebben verleend.

436. In de tweede plaats heeft de Commissie de Ierse belastingdienst verweten dat hij zonder rechtvaardiging een drempel voor de belastbare winst van AOE had aanvaard, namelijk [*vertrouwelijk*], waarboven de belastbare winst niet meer overeenkwam met 65 % van de exploitatiekosten van de Ierse vestiging, maar met [*vertrouwelijk*] van die kosten. Volgens de Commissie zou een rationele marktdeelnemer bij een stijging van zijn exploitatiekosten hetgeen op een toename van het volume van zijn activiteiten zou wijzen geen lager rendement hebben aanvaard door af te zien van een deel van zijn winst, zelfs al zou dat rendement toereikend zijn geweest om zijn kosten te dekken en om een zekere winst te realiseren.

437. De Commissie heeft aangevoerd dat die drempel een belastingverlichting vormde die was toegekend op grond van criteria zoals werkgelegenheidsoverwegingen, die geen deel uitmaakten van het belastingstelsel, en dat die drempel derhalve moest worden geacht een selectief voordeel te verlenen.

438. Dienaangaande heeft Apple Inc. in het kader van haar opmerkingen over het inleidingsbesluit aangevoerd dat dat verschil werd gerechtvaardigd door het feit dat de incrementele vaste investering die nodig is voor een uitbreiding, bij aanvang van de activiteiten groter was dan tijdens de activiteiten. Daarenboven hebben ASI en AOE in hun antwoorden op schriftelijke vragen van het Gerecht bevestigd dat de drempel van [*vertrouwelijk*] nooit was bereikt en dat het tweede, lagere percentage dus nooit was gebruikt om de belastbare winst van AOE te berekenen. De Commissie heeft die informatie niet betwist.

439. In de eerste plaats moet worden opgemerkt dat weliswaar is geoordeeld dat wanneer de bevoegde autoriteiten over een ruime beoordelingsbevoegdheid beschikten om onder meer de voorwaarden te bepalen waaronder de maatregel wordt toegekend op basis van criteria die vreemd zijn aan het belastingstelsel, zoals het behoud van de werkgelegenheid, de uitoefening van die bevoegdheid kon worden geacht tot een selectieve maatregel te leiden (arrest van 18 juli 2013, P, C-6/12, EU:C:2013:525, punt 27), maar dat dit niet wegneemt dat, om uit te maken of overheidsmaatregelen als steunmaatregelen zijn aan te merken, voornamelijk de gevolgen van die maatregelen voor de begunstigde ondernemingen moeten worden bezien (zie arrest van 13 september 2010, Griekenland e.a./Commissie, T-415/05, T-416/05 en T-423/05, EU:T:2010:386, punt 212 en aldaar aangehaalde rechtspraak).

440. Hoe dan ook kan op basis van het enkele feit er dat tijdens een gesprek tussen de Ierse belastingdienst en de Apple-groep voorafgaand aan de tax ruling van 1991 een toespeling op is gemaakt dat de Apple-groep een van de grootste werkgevers was in de regio waar de Ierse vestigingen van ASI en AOE waren gevestigd, niet

worden bewezen dat de belastbare winst van ASI en AOE is vastgesteld op basis van werkgelegenheidsoverwegingen. Uit het verslag van het betrokken gesprek, dat is opgenomen in overweging 64 van het bestreden besluit, blijkt namelijk dat de verwijzing naar de werknemers van de Apple-groep in de betrokken regio was bedoeld om informatie te verstrekken over de achtergrond en de ontwikkeling van de activiteiten van de groep in de regio en niet als mee te wegen aspect voor het voorstel betreffende de winsttoerekening aan de betrokken Ierse vestigingen.

441. Aldus kan de Commissie, bij gebreke van ander bewijs, niet stellen dat de betrokken tax ruling is afgegeven als „tegenprestatie" voor het creëren van eventuele werkgelegenheid in de regio.

442. In de tweede plaats moet worden opgemerkt dat de betrokken drempel nooit is bereikt en dat de winst van de Ierse vestiging van AOE dus nooit is toegerekend op basis van het laagste percentage waarin de tax ruling van 1991 voorzag.

443. Tussen de periode die aan de tax ruling van 1991 voorafging, en 2006 is de omzet van AOE namelijk aanzienlijk gedaald, te weten van 751 miljoen Amerikaanse dollar (USD) in 1989, zoals aangegeven in overweging 64 van het bestreden besluit, naar 359 miljoen USD in 2006 het laatste jaar waarin de tax ruling van 1991 is toegepast zoals aangegeven in overweging 97 van het bestreden besluit.

444. Bijgevolg kan de Commissie, gesteld al dat haar beweringen betreffende het ontbreken van een economische rechtvaardiging voor de in die ruling vastgelegde drempel zijn bewezen, niet stellen dat een voordeel is verleend vanwege de opname van een drempel in de tax ruling van 1991, terwijl een dergelijk mechanisme in werkelijkheid niet is geïmplementeerd.

445. In de derde plaats kan het argument van de Commissie, bij gebreke van ander bewijs, zelfs niet slagen indien het in die zin zou moeten worden opgevat dat de door de Ierse belastingdienst aanvaarde rendementsniveaus, gelet op de activa en de risico's die verband hielden met de door de vestigingen uitgeoefende functies, te laag waren voor die functies.

446. De subsidiaire redenering van de Commissie is immers gebaseerd op de premisse dat de Ierse belastingdienst de IE-licenties van de Apple-groep op goede gronden aan de centrale hoofdkantoren heeft kunnen toerekenen, wat volgens de OESO-richtlijnen inzake verrekenprijzen wijst op de uitoefening van complexe of unieke functies. Zoals blijkt uit de vaststellingen die in punt 348 hierboven zijn uiteengezet, is de Commissie er evenwel niet in geslaagd om te bewijzen dat de Ierse vestigingen van ASI en AOE de meest complexe functies uitoefenden.

447. Wat in het bijzonder ASI betreft, baseert de Commissie haar redenering bovendien op de overweging dat de Ierse vestiging aanzienlijke risico's voor de activiteiten van de Apple-groep droeg. Zoals blijkt uit de vaststellingen die in punt 407 hierboven zijn uiteengezet, is de Commissie er evenwel niet in geslaagd om te bewijzen dat de Ierse vestiging van ASI die risico's daadwerkelijk droeg.

448. Aangezien ander bewijs ontbreekt, is de Commissie er dus niet in geslaagd om te bewijzen dat de rendementsniveaus die op grond van de tax ruling van 1991 waren vastgesteld, gelet op de activa en de risico's van de Ierse vestigingen van ASI en AOE, te laag waren om de daadwerkelijk door die vestigingen uitgeoefende functies te vergoeden.

b. Door de tax ruling van 2007 onderschreven rendement van de Ierse vestigingen van ASI en AOE

449. Naast haar grief dat er geen winsttoerekeningsverslag was opgesteld ter onderbouwing van de tax ruling van 2007, welke grief om de in de punten 430 tot en met 435 hierboven uiteengezette redenen is afgewezen, heeft de Commissie kritiek geuit op het rendement dat op grond van de tax ruling van 2007 in de vorm van winst aan de Ierse vestigingen van ASI en AOE was toegerekend, waarbij zij vraagtekens heeft geplaatst bij de ad-hocverslagen die Ierland en Apple Inc. hadden verstrekt om achteraf te bewijzen dat die winst binnen een zakelijke range lag. De Commissie heeft in het bijzonder de betrouwbaarheid van de door Ierland en Apple Inc. verstrekte ad-hocverslagen in twijfel getrokken, omdat de ondernemingen die waren geselecteerd voor het vergelijkbaarheidsonderzoek waarop die verslagen gebaseerd waren, niet vergelijkbaar waren met ASI en AOE.

1. Keuze voor de in het vergelijkbaarheidsonderzoek gebruikte ondernemingen

450. De Commissie heeft in het bestreden besluit onder meer op twee fouten gewezen, die betrekking hebben op de vergelijkbaarheid tussen de voor het vergelijkbaarheidsonderzoek gekozen ondernemingen en de Ierse vestiging van ASI. Ten eerste heeft de Commissie in overweging 350 van het bestreden besluit opgemerkt dat het niet mogelijk was om te achterhalen welke de ondernemingen in het door Apple Inc. verstrekte ad-

hocverslag waren gekozen. Ten tweede heeft de Commissie in overweging 351 van het bestreden besluit benadrukt dat bij de keuze van vergelijkbare ondernemingen in het vergelijkbaarheidsonderzoek geen rekening was gehouden met het feit dat de Apple-groep, anders dan die ondernemingen, merkproducten van hoge kwaliteit verkocht en haar producten als zodanig in de markt plaatste. De Commissie heeft dienaangaande opgemerkt dat, terwijl ASI verantwoordelijk was voor de garanties voor verkochte producten die, in het geval waarin het om merkproducten van hoge kwaliteit ging, een zeer groot risico meebrachten, de gekozen vergelijkbare ondernemingen niet aan een dergelijk risico waren blootgesteld.

451. Wat de vergelijkbaarheid met de Ierse vestiging van AOE betreft, heeft de Commissie (in overweging 359 van het bestreden besluit) opgemerkt dat het door Ierland verstrekte ad-hocverslag enkel rekening had gehouden met productie-ondernemingen, terwijl AOE ook gedeelde diensten, zoals financiële diensten, IT-diensten en HR-diensten, verrichtte ten behoeve van andere ondernemingen van de Apple-groep in de EMEIA-regio.

452. Meteen moet worden opgemerkt dat zelfs indien de fouten die de Commissie met betrekking tot de achteraf door Ierland en Apple Inc. verstrekte ad-hocverslagen heeft vastgesteld, zouden zijn bewezen en die fouten de conclusies van die verslagen zouden weerleggen, de Commissie hieruit niet kon opmaken dat de betwiste tax rulings tot een verlaging van de belastingdruk voor ASI en AOE in Ierland hadden geleid.

453. Ierland en Apple Inc. hebben die verslagen immers verstrekt om achteraf aan te tonen dat de winst die op grond van de betwiste tax rulings aan de Ierse vestigingen van ASI en AOE was toegerekend, binnen een zakelijke range lag. Het feit dat Ierland en Apple Inc. die ad-hocverslagen hebben verstrekt, laat, zoals in punt 100 hierboven in herinnering is gebracht, evenwel onverlet dat het aan de Commissie staat om te bewijzen dat in casu een voordeel is verleend.

454. Hoe dan ook moet worden nagegaan of de tekortkomingen die de Commissie in de door Ierland en Apple Inc. verstrekte ad-hocverslagen heeft vastgesteld, inderdaad bestaan en of zij de conclusies van die verslagen kunnen weerleggen.

455. In de eerste plaats moet worden opgemerkt dat een analyse op het gebied van verrekenprijzen, zoals Ierland en ASI en AOE terecht stellen, geen exacte wetenschap is en dat geen nauwkeurige resultaten kunnen worden verkregen voor het niveau dat als een zakelijk niveau wordt beschouwd. Dienaangaande moet worden herinnerd aan punt 1.13 van de OESO-richtlijnen inzake verrekenprijzen, waarin is aangegeven dat het vaststellen van verrekenprijzen tot doel heeft om „op basis van betrouwbare informatie een redelijke benadering van een zakelijke uitkomst te verkrijgen" en dat „de bepaling van verrekenprijzen geen exacte wetenschap is en zowel een beoordeling door de belastingautoriteit als door de belastingplichtige vereist".

456. In de tweede plaats stellen ASI en AOE met betrekking tot de ondernemingen die zijn gekozen voor het vergelijkbaarheidsonderzoek waarop het ad-hocverslag van Apple Inc. is gebaseerd, dat Apple Inc. de Commissie tijdens de administratieve procedure herhaaldelijk heeft gevraagd of zij opmerkingen over dat ad-hocverslag had, maar dat zij geen enkele specifieke vraag heeft gesteld over de gegevens van het vergelijkbaarheidsonderzoek. De Commissie betwist die argumenten niet. Daarnaast hebben ASI en AOE in het kader van het onderhavige beroep de gegevens verstrekt die voor dat ad-hocverslag zijn gebruikt, waarbij zij hebben aangegeven dat die gegevens afkomstig waren uit dezelfde database als de database die in het kader van het door Ierland verstrekte ad-hocverslag is gebruikt. De Commissie heeft verder geen specifieke bezwaren aangevoerd tegen het door Apple Inc. verstrekte ad-hocverslag.

457. In de derde plaats moeten de navolgende opmerkingen worden gemaakt, voor zover de Commissie kritiek heeft geuit op het feit dat zowel voor het ad-hocverslag van Ierland als voor dat van Apple Inc. een vergelijkbaarheidsonderzoek was gebruikt dat bestond in het doorzoeken van een database met vergelijkingspunten.

458. Allereerst kunnen de verwijten van de Commissie niet slagen, voor zover zij moeten worden opgevat als verwijten die zijn gericht tegen het gebruik als zodanig van een database met vergelijkingspunten. Zonder het gebruik van een database zou het immers niet mogelijk zijn om in het kader van de tweede stap van de eenzijdige methode voor winsttoerekening een vergelijkbaarheidsonderzoek te verrichten waarmee de als zakelijk te beschouwen winst kan worden geraamd, welk onderzoek veronderstelt dat die raming op basis van vergelijkbare ondernemingen kan worden verricht.

459. De Commissie heeft evenwel geen bewijs aangevoerd voor het feit dat het gebruik als zodanig van databases die zijn samengesteld door onafhankelijke, gespecialiseerde ondernemingen, zoals de database die in de door Ierland en Apple Inc. verstrekte ad-hocverslagen is gebruikt, moet worden uitgesloten. Zoals Ierland alsmede ASI en AOE terecht stellen, zijn die databases immers samengesteld op basis van codes uit de statistische

nomenclatuur van de economische activiteiten in de Europese Gemeenschap (NACE) en vormen zij, indien er geen bewijs is voor tekortkomingen die deze databases ongeldig maken, een empirische basis die voor vergelijkbaarheidsonderzoeken kan worden gebruikt.

460. Wat vervolgens de argumenten betreft waarmee de Commissie kritiek uit op de vergelijkbaarheid van de voor het vergelijkbaarheidsonderzoek gekozen ondernemingen, moet met betrekking tot de Ierse vestiging van ASI worden opgemerkt dat de Commissie louter dezelfde argumenten heeft ingeroepen die zij had aangevoerd tegen de keuze voor de exploitatiekosten als winstniveau-indicator, namelijk dat ASI verantwoordelijk was voor de garanties voor de verkochte producten en dat zij een aanzienlijk risico droeg voor de hoogwaardige producten die door externe onderaannemers werden gehanteerd, terwijl de gekozen ondernemingen niet dat soort aanzienlijke risico's droegen en derhalve niet vergelijkbaar waren. Die argumenten moeten evenwel, om dezelfde redenen als de redenen die in de punten 391 tot en met 402 hierboven zijn uiteengezet, worden afgewezen.

461. Zoals Ierland en ASI en AOE hebben aangevoerd, moet bovendien worden opgemerkt dat het hoogwaardige karakter van het merk in casu geen noemenswaardige impact op de vergelijkbaarheid heeft, voor zover het gebruik van de exploitatiekosten als winstniveau-indicator in casu niet kon worden uitgesloten, zoals is vastgesteld in punt 413 hierboven. ASI en AOE stellen terecht dat het feit dat een onderneming merkproducten van hoge kwaliteit distribueert immers niet noodzakelijkerwijs van invloed is op haar exploitatiekosten vergeleken met de exploitatiekosten die zij zou moeten dragen indien zij producten van lagere kwaliteit zou distribueren. Die overweging wordt in casu gestaafd door het feit dat de exploitatiekosten van de Ierse vestiging van ASI, zoals de Commissie zelf in overweging 337 van het bestreden besluit heeft erkend, betrekkelijk stabiel waren gebleven vergeleken met de verkoop van ASI, die exponentieel was gestegen.

462. Aangaande de grieven die zijn aangevoerd tegen het feit dat de voor het vergelijkbaarheidsonderzoek gekozen productieondernemingen niet vergelijkbaar waren met de Ierse vestiging van AOE vanwege de nevenfuncties die deze vestiging naast haar productieactiviteiten verrichtte, moet worden opgemerkt dat die nevenfuncties niet representatief zijn voor het geheel van functies die door die vestiging worden uitgeoefend, zoals Ierland en ASI en AOE terecht aanvoeren. Laatstgenoemde partijen baseren zich in dat verband met name op het onderzoek van de activiteiten van de Ierse vestiging van AOE dat in de door hen verstrekte ad-hocverslagen is verricht en dat op dat specifieke punt niet door de Commissie is betwist.

463. Tot slot kunnen de grieven van de Commissie betreffende de omstandigheid dat 3 van de 52 ondernemingen die voor het vergelijkbaarheidsonderzoek waren gekozen, in liquidatie verkeerden, niet afdoen aan de algehele betrouwbaarheid van dat onderzoek. Voorts waren die ondernemingen in liquidatie gegaan na de boekjaren waarvoor het onderzoek was verricht. Daarenboven is een aandeel van 3 van de 52 bij dat onderzoek betrokken ondernemingen, gelet op de overwegingen in punt 455 hierboven en anders dan de Commissie stelt, geen aanzienlijk aandeel dat de uitkomst van het vergelijkbaarheidsonderzoek kan vervalsen.

464. In die omstandigheden moet worden vastgesteld dat de Commissie er niet in is geslaagd om de betrouwbaarheid van de vergelijkbaarheidsonderzoeken waarop de door Ierland en Apple Inc. verstrekte ad-hocverslagen waren gebaseerd, en bijgevolg de betrouwbaarheid van die verslagen, in twijfel te trekken.

2. Gecorrigeerd vergelijkbaarheidsonderzoek dat door de Commissie is verricht

465. Opgemerkt zij dat de Commissie in de overwegingen 353 tot en met 356 van het bestreden besluit haar eigen vergelijkbaarheidsonderzoek heeft verricht, dat als het „gecorrigeerde vergelijkbaarheidsonderzoek" kan worden aangeduid.

466. De Commissie heeft met haar gecorrigeerde vergelijkbaarheidsonderzoek getracht na te gaan of het in de betwiste tax rulings onderschreven rendement van de Ierse vestigingen van ASI en AOE binnen een zakelijke range viel.

467. In de eerste plaats heeft de Commissie wat de Ierse vestiging van ASI betreft de gegevens gebruikt van de ondernemingen die in het ad-hocverslag van Ierland waren gekozen, waarbij zij de Ierse vestiging van ASI als onderzochte partij heeft aangemerkt en de verkoop als winstniveau-indicator heeft gebruikt. Die gegevens zijn opgenomen in schema 13 in overweging 354 van het bestreden besluit. Aldus heeft de Commissie voor 2007-2011 de winst die op basis van de verkoop van ASI aan de Ierse vestiging van ASI was toegerekend, vergeleken met de mediaan van het rendement op de verkoop van de ondernemingen die in het door Ierland ingediende ad-hocverslag waren gekozen.

468. Meteen moet worden opgemerkt dat het klopt dat de Commissie in beginsel het bestaan van een selectief voordeel had kunnen bewijzen met haar benadering waarbij zij de resultaten van haar eigen onderzoek heeft vergeleken met de belastbare winst van ASI die met de betwiste tax rulings was verkregen.

469. De conclusies van het door de Commissie verrichte gecorrigeerde vergelijkbaarheidsonderzoek kunnen evenwel niet afdoen aan de conclusies van de door Ierland en Apple Inc. verstrekte ad-hocverslagen dat de winst van de Ierse vestigingen van ASI en AOE die op grond van de betwiste tax rulings is vastgesteld, binnen een zakelijke range lag.

470. Allereerst moet worden vastgesteld dat het gecorrigeerde vergelijkbaarheidsonderzoek van de Commissie gebaseerd is op de verkoop als winstniveau-indicator teneinde de TNMM toe te passen. Zoals blijkt uit de overwegingen die in de punten 402 en 412 hierboven zijn uiteengezet, is evenwel niet bewezen dat het gebruik van de exploitatiekosten als winstniveau-indicator in casu niet geschikt was. Bovendien is niet aangetoond dat het gebruik van de verkoop passender zou zijn geweest.

471. Vervolgens zij eraan herinnerd dat de analyse die de Commissie in het kader van haar subsidiaire redenering heeft verricht, gebaseerd is op de premisse dat de functies die door de Ierse vestiging van ASI werden verricht, in wezen complexe functies waren die bepalend waren geweest voor het succes van het Apple-merk en bijgevolg voor de commerciële activiteiten van ASI. Daarnaast had die vestiging volgens de Commissie aanzienlijke risico's gedragen die verband hielden met de activiteiten van ASI. Zoals is vastgesteld in de punten 348 en 407 hierboven is de Commissie er evenwel niet in geslaagd om te bewijzen dat de vestiging van ASI complexe functies had uitgeoefend en die aanzienlijke risico's had gedragen.

472. Tot slot heeft de Commissie in de overwegingen 353 tot en met 355 van het bestreden besluit getracht na te gaan wat de mediaan was van het rendement op de verkoop van de vergelijkbare ondernemingen vergeleken met de mediaan van het rendement op de verkoop van ASI ten opzichte van de winst die op grond van de tax ruling van 2007 aan haar Ierse vestiging was toegerekend. Die benadering strookt evenwel niet met de Authorised OECD Approach, noch met Section 25 TCA 97, voor zover het rendement op de verkoop van ASI, wat haar Ierse vestiging betreft, om de hiernavolgende redenen geen afspiegeling kan zijn van de waarde van de functies die deze vestiging daadwerkelijk heeft uitgeoefend.

473. Ten eerste bestonden de distributiefuncties die door de Ierse vestiging van ASI werden uitgeoefend, zoals uiteengezet in de punten 384 en 385 hierboven, in de inkoop, de verkoop en de distributie van producten van het Apple-merk op grond van raamovereenkomsten die buiten die vestiging waren overeengekomen. Het rendement op de verkoop van ASI zegt dus niets over de meerwaarde die door de Ierse vestiging van ASI is toegevoegd.

474. Ten tweede hebben de functies die daadwerkelijk door de Ierse vestiging van ASI zijn uitgeoefend, zoals vastgesteld in punt 341 hierboven, geen doorslaggevende invloed gehad op de IE van de Apple-groep en op het Apple-merk. Die twee factoren zijn intrinsiek met elkaar verweven en kunnen worden samengebracht onder het Apple-merk, dat voor producten van hoge kwaliteit staat en waarvan de Commissie zelf in overweging 351 van het bestreden besluit heeft vastgesteld dat het bepalend was voor de waarde van de verkoop van ASI. Om die reden geeft het rendement op de verkoop van ASI geen realistisch beeld van de daadwerkelijke bijdrage van haar Ierse vestiging aan die verkoop.

475. Gelet op een en ander kunnen de conclusies van het gecorrigeerde vergelijkbaarheidsonderzoek dat de Commissie met betrekking tot het rendement van de Ierse vestiging van ASI heeft verricht en waarbij de verkoop als winstniveau-indicator is gebruikt, geen afbreuk doen aan de conclusies van de door Ierland en Apple Inc. verstrekte ad-hocverslagen, waarin de exploitatiekosten als winstniveau-indicator zijn gebruikt.

476. In de tweede plaats blijkt, wat het rendement van AOE betreft, uit de resultaten van het door de Commissie verrichte vergelijkbaarheidsonderzoek die in punt 425 hierboven zijn samengevat dat, zoals de Commissie zelf in overweging 357 van het bestreden besluit heeft opgemerkt, de belastbare winst in Ierland die op grond van de betwiste tax rulings aan de Ierse vestiging van AOE was toegerekend, binnen een range lag die als een zakelijke range kon worden beschouwd.

477. Bijgevolg bevestigen de resultaten van de door de Commissie verrichte analyse in wezen de uit de ad-hocverslagen van Ierland en Apple Inc. voortvloeiende conclusies dat de aan de Ierse vestiging van AOE toegerekende winst binnen een zakelijke range viel. Dienaangaande moet, gelet op de overwegingen in punt 455 hierboven betreffende de analyses van de verrekenprijzen, worden opgemerkt dat het feit dat die resultaten bij de ondergrens van een zakelijke range lagen, niet aan die resultaten kan afdoen.

478. Gelet op de voorgaande overwegingen moeten de grieven van Ierland en ASI en AOE die zijn gericht tegen de vaststelling van de Commissie dat de in de betwiste tax rulings aanvaarde rendementsniveaus een methodologische fout bevatten, worden aanvaard.

5. Conclusies betreffende de beoordelingen van de Commissie in het kader van haar subsidiaire redenering

479. Uit de vaststellingen hierboven die betrekking hebben op de tekortkomingen in de methoden waarmee de belastbare winst van ASI en AOE is berekend, blijkt dat de betwiste tax rulings onvolledig en hier en daar onsamenhangend zijn. Die omstandigheden als zodanig volstaan evenwel niet om het bestaan van een voordeel in de zin van artikel 107, lid 1, VWEU te bewijzen.

480. De Commissie is er immers niet in geslaagd om te bewijzen dat de methodologische fouten die de door de betwiste tax rulings onderschreven methoden voor winsttoerekening volgens haar bevatten en die volgens haar voortvloeiden uit de keuze voor de Ierse vestigingen als onderzochte partijen (punt 351 hierboven), uit de keuze voor de exploitatiekosten als winstniveau-indicator (punt 417 hierboven) en uit de in de betwiste tax rulings aanvaarde rendementsniveaus (punt 478 hierboven), tot een verlaging van de belastbare winst van ASI en AOE in Ierland hadden geleid. Bijgevolg is zij er niet in geslaagd om te bewijzen dat die rulings die ondernemingen een voordeel hadden verleend.

481. In die omstandigheden moeten de middelen van Ierland en van ASI en AOE die eraan zijn ontleend dat de Commissie er in het kader van haar subsidiaire redenering niet in is geslaagd om in casu het bestaan van een voordeel in de zin van artikel 107, lid 1, VWEU te bewijzen, worden aanvaard.

F. Middelen gericht tegen de beoordelingen van de Commissie in het kader van haar alternatieve redenering (vijfde middel in zaak T-778/16 en negende middel in zaak T-892/16).

482. De Commissie heeft in de overwegingen 369 tot en met 403 van het bestreden besluit haar alternatieve redenering uiteengezet, die uit twee alternatieve onderdelen bestaat.

483. In de eerste plaats heeft de Commissie in de overwegingen 369 tot en met 378 van het bestreden besluit aangevoerd dat het zakelijkheidsbeginsel inherent is aan de toepassing van Section 25 TCA 97 en dat de betwiste tax rulings, voor zover zij afweken van dat beginsel, een selectief voordeel verleenden in de vorm van een verlaging van de belastinggrondslag van ASI en AOE.

484. In de tweede plaats heeft de Commissie in de overwegingen 379 tot en met 403 van het bestreden besluit aangevoerd dat, zelfs indien de toepassing van Section 25 TCA 97 niet op het zakelijkheidsbeginsel zou berusten, hoe dan ook moest worden aangenomen dat de betwiste tax rulings ASI en AOE een selectief voordeel hadden verleend, omdat die rulings waren afgegeven op grond van de beoordelingsbevoegdheid van de Ierse belastingdienst.

485. Zowel Ierland als ASI en AOE betwisten in wezen de beoordelingen die de Commissie in het kader van beide onderdelen van de alternatieve redenering heeft verricht.

1. Eerste onderdeel van de alternatieve redenering van de Commissie

486. Met het eerste onderdeel van haar alternatieve redenering heeft de Commissie gesteld dat de betwiste tax rulings, aangezien het zakelijkheidsbeginsel inherent is aan Section 25 TCA 97, afweken van dat artikel (overweging 377 van het bestreden besluit). De Commissie heeft vervolgens verwezen naar haar subsidiaire redenering, in het kader waarvan zij heeft vastgesteld dat de betwiste tax rulings geen betrouwbare benadering konden opleveren van een marktuitkomst die voldoet aan het zakelijkheidsbeginsel, en zij bijgevolg heeft geconcludeerd dat die rulings een selectief voordeel aan ASI en AOE hadden verleend (overweging 378 van het bestreden besluit).

487. Dienaangaande volstaat het om op te merken dat, voor zover het eerste onderdeel van de alternatieve redenering van de Commissie gebaseerd is op de vaststellingen die zij in het kader van de subsidiaire redenering heeft verricht, en zij zich, zoals is vastgesteld in punt 481 hierboven, niet op een dergelijke redenering kan baseren om in casu het bestaan van een voordeel te bewijzen, moet worden vastgesteld dat de Commissie zich evenmin op het eerste onderdeel van haar alternatieve redenering kan baseren om in casu het bestaan van een selectief voordeel vast te stellen.

488. In die omstandigheden dient de slotsom te luiden dat de Commissie er met het eerste onderdeel van de alternatieve redenering niet in is geslaagd om te bewijzen dat de betwiste tax rulings een selectief voordeel aan ASI en AOE hadden verleend.

2. Tweede onderdeel van de alternatieve redenering van de Commissie

489. In het kader van het tweede onderdeel van de alternatieve redenering voert de Commissie aan dat de betwiste tax rulings, zelfs indien zou moeten worden aangenomen dat de toepassing van Section 25 TCA 97 niet op het zakelijkheidsbeginsel berust, hoe dan ook een selectief voordeel aan AOE en ASI hadden verleend, voor zover zij waren afgegeven op grond van de beoordelingsbevoegdheid van de Ierse belastingdienst.

490. Ten eerste heeft de Commissie aangevoerd dat zij met haar primaire en subsidiaire redenering had bewezen dat de betwiste tax rulings methoden voor winsttoerekening hadden onderschreven die tot een verlaging van de belastbare winst van ASI en AOE in Ierland hadden geleid en een economisch voordeel in de zin van artikel 107, lid 1, VWEU hadden verleend.

491. Ten tweede heeft zij aangevoerd dat, voor zover Section 25 TCA 97 geen enkel objectief criterium bevat voor de toerekening van winst aan de verschillende onderdelen van één en dezelfde niet-ingezeten vennootschap, de beoordelingsbevoegdheid waarover de Ierse belastingdienst beschikt om die bepaling toe te passen, niet berust op objectieve criteria die verband houden met het belastingstelsel, wat betekent dat de betwiste tax rulings kunnen worden vermoed selectief te zijn. Daarnaast heeft de Commissie elf door Ierland toegezonden tax rulings onderzocht en een aantal discrepanties vastgesteld, op basis waarvan zij van mening was dat de praktijk van de Ierse belastingdienst inzake tax rulings gebaseerd was op de beoordelingsbevoegdheid van die dienst, aangezien geen duidelijke criteria werden gehanteerd om de winst vast te stellen die voor de toepassing van Section 25 TCA 97 aan de Ierse vestigingen van niet-ingezeten vennootschappen moest worden toegerekend.

492. De Commissie heeft hieruit opgemaakt dat de betwiste tax rulings waren afgegeven op basis van de beoordelingsbevoegdheid van de Ierse belastingdienst, zonder inachtneming van objectieve criteria die verband houden met het belastingstelsel, en dat die rulings derhalve moesten worden geacht ASI en AOE een selectief voordeel in de zin van artikel 107, lid 1, VWEU te hebben verleend.

493. In de eerste plaats moet met betrekking tot de vaststellingen van de Commissie worden opgemerkt dat, voor zover zij er met haar primaire en haar subsidiaire redenering niet in is geslaagd om het bestaan van een voordeel te bewijzen, zij niet enkel op basis van haar hierboven omschreven alternatieve redenering kan aantonen dat er in casu een selectief voordeel bestaat. Zelfs indien zou vaststaan dat de belastingdienst over een beoordelingsbevoegdheid beschikt, impliceert het bestaan van een dergelijke beoordelingsbevoegdheid immers nog niet per definitie dat die bevoegdheid is uitgeoefend om de belastingdruk voor de begunstigde van de tax ruling te verlagen ten opzichte van de druk die deze begunstigde normaliter had moeten dragen.

494. De alternatieve redenering van de Commissie volstaat dus niet om te bewijzen dat sprake is van staatssteun in de zin van artikel 107, lid 1, VWEU.

495. In de tweede plaats is de Commissie er hoe dan ook niet in geslaagd om te bewijzen dat de Ierse autoriteiten in casu een ruime beoordelingsbevoegdheid hadden uitgeoefend.

496. Volgens de rechtspraak is het, om het selectieve karakter van een belastingvoordeel aan te tonen, immers niet noodzakelijk dat de bevoegde nationale autoriteiten een discretionaire bevoegdheid hebben om een dergelijk voordeel te verlenen. Toch kan een dergelijke bevoegdheid die autoriteiten de mogelijkheid bieden om bepaalde ondernemingen of producties te bevoordelen boven andere. Dit is met name het geval wanneer de bevoegde autoriteiten de discretionaire bevoegdheid hebben om de begunstigden te kiezen en de voorwaarden voor toekenning van de maatregel te bepalen op basis van criteria die vreemd zijn aan het belastingstelsel (arrest van 25 juli 2018, Commissie/Spanje e.a., C-128/16 P, EU:C:2018:591, punt 55).

497. Vastgesteld moet worden dat de Commissie in overweging 381 van het bestreden besluit louter heeft gesteld dat Ierland voor de toepassing van Section 25 TCA 97 geen objectieve norm voor de winsttoerekening aan een niet-ingezeten vennootschap heeft aangeduid. Hieruit heeft zij in diezelfde overweging 381 rechtstreeks geconcludeerd dat „dit [had betekend] dat de Ierse belastingdienst bij het toepassen van dat artikel zijn beoordelingsbevoegdheid niet [had] uitgeoefend met inachtneming van objectieve criteria met betrekking tot het belastingstelsel, wat een vermoeden van selectief voordeel [deed] rijzen".

498. Zoals is vastgesteld in de punten 238 en 239 hierboven moet voor de toepassing van Section 25 TCA 97 evenwel een objectieve analyse van de feiten worden gemaakt waarin, ten eerste, wordt vastgesteld welke

activiteiten door de vestiging worden verricht, welke activa voor haar functies worden gebruikt en welke hiermee samenhangende risico' door haar worden gedragen s en, ten tweede, wordt bepaald welke waarde dat type activiteiten op de markt heeft. Een dergelijke analyse komt in wezen overeen met de analyse die wordt voorgesteld in de Authorised OECD Approach.

499. Bijgevolg kan de Commissie niet stellen dat de Ierse belastingdienst voor de toepassing van Section 25 TCA 97 geen duidelijke criteria hanteert om de winst te bepalen die aan de Ierse vestigingen van niet-ingezeten vennootschappen moet worden toegerekend.

500. Het klopt dat er in casu onvoldoende documenten waren verstrekt voor de toepassing door de Ierse belastingdienst van Section 25 TCA 97 in het kader van de betwiste tax rulings. Zoals is vastgesteld in de punten 347 en 433 hierboven, waren de gegevens en het bewijs ter ondersteuning van een dergelijke toepassing immers zeer summier. Hoewel een dergelijke onvolledig gedocumenteerde analyse inderdaad een betreurenswaardige methodologische tekortkoming is in de door de betwiste tax rulings onderschreven berekening van de belastbare winst van ASI en AOE, kan op basis van enkel die tekortkoming evenwel niet worden bewezen dat de betwiste tax rulings op grond van een ruime beoordelingsbevoegdheid van de Ierse belastingdienst zijn afgegeven.

501. In de derde plaats kan op basis van de elf tax rulings die betrekking hebben op de toerekening van winst aan de Ierse vestigingen van niet-ingezeten vennootschappen en die door de Commissie in de overwegingen 385 tot en met 395 van het bestreden besluit zijn onderzocht, niet worden bewezen dat de Ierse belastingdienst over een ruime beoordelingsbevoegdheid beschikt op grond waarvan de begunstigde ondernemingen worden bevoordeeld boven andere ondernemingen die zich in een soortgelijke situatie bevinden.

502. Zoals blijkt uit de overwegingen 385 tot en met 395 van het bestreden besluit hebben die elf tax rulings elk betrekking op ondernemingen die volstrekt verschillende activiteiten verrichten. Zoals de Commissie zelf in overweging 88 van het bestreden besluit opmerkt, is de toerekening van winst aan verschillende gelieerde ondernemingen afhankelijk van de door de afzonderlijke ondernemingen vervulde functies, gedragen risico's en gebruikte activa. Bijgevolg moet worden vastgesteld dat de elf tax rulings verschillende methoden voor winsttoerekening onderschrijven juist omdat de belastingplichtigen zich in verschillende situaties bevinden. Het feit dat die verschillende situaties in aanmerking zijn genomen bij de afgifte van de betrokken rulings bewijst dus geenszins dat de Ierse belastingdienst een beoordelingsbevoegdheid heeft uitgeoefend.

503. Uit de voorgaande overwegingen volgt dat de Commissie op basis van het tweede onderdeel van haar alternatieve redenering niet kan concluderen dat in casu sprake is van een selectief voordeel.

504. Bijgevolg moeten de middelen van Ierland en van ASI en AOE die eraan zijn ontleend dat de Commissie er in het kader van haar alternatieve redenering niet in is geslaagd om te bewijzen dat in casu sprake is van een voordeel in de zin van artikel 107, lid 1, VWEU, worden aanvaard, zonder dat hoeft te worden ingegaan op de grieven betreffende de schending van de wezenlijke vormvoorschriften en van het recht om te worden gehoord die ASI en AOE hebben aangevoerd tegen de beoordelingen van de Commissie in het kader van die alternatieve redenering.

G. Conclusies betreffende de beoordeling van de Commissie met betrekking tot het bestaan van een selectief voordeel

505. Gelet op de conclusies in de punten 312, 481 en 504 hierboven, volgens welke de middelen die Ierland alsmede ASI en AOE hebben aangevoerd tegen de beoordelingen van de Commissie in het kader van haar primaire, haar subsidiaire en haar alternatieve redenering, moeten worden aanvaard, dient te worden vastgesteld dat de Commissie in casu niet heeft bewezen dat de Ierse belastingdienst met de afgifte van de betwiste tax rulings een selectief voordeel in de zin van artikel 107, lid 1, VWEU had verleend aan ASI en AOE.

506. Dienaangaande zij eraan herinnerd dat de Commissie volgens de in punt 100 hierboven aangehaalde vaste rechtspraak weliswaar een belastingmaatregel als staatssteun kan aanmerken, maar dat zij dit enkel kan doen voor zover is voldaan aan de voorwaarden voor een dergelijke kwalificatie.

507. Aangezien de Commissie er in casu niet in is geslaagd om rechtens genoegzaam te bewijzen dat sprake is van een voordeel in de zin van artikel 107, lid 1, VWEU, moet het bestreden besluit in zijn geheel nietig worden verklaard, zonder dat de andere door Ierland en door ASI en AOE aangevoerde middelen hoeven te worden onderzocht.

IV. KOSTEN

508. ...

509. ...

Het Gerecht, Zevende kamer – uitgebreid:

rechtdoende, verklaart:

1. De zaken T-778/16 en T-892/16 worden gevoegd voor het onderhavige arrest.

2. Besluit (EU) 2017/1283 van de Commissie van 30 augustus 2016 betreffende steunmaatregel SA.38373 (2014/C) (ex 2014/NN) (ex 2014/CP) die Ierland ten gunste van Apple ten uitvoer heeft gelegd, wordt nietig verklaard.

3. De Europese Commissie draagt haar eigen kosten en die van Ierland in zaak T-778/16, alsook die van Apple Sales International en Apple Operations Europe.

4. Ierland in zaak T-892/16, het Groothertogdom Luxemburg, de Republiek Polen en de Toezichthoudende Autoriteit van de EVA dragen hun eigen kosten.

HvJ EU 6 oktober 2020, gevoegde zaken C-245/19 en C-246/19 (État luxembourgeois v. B [C-245/19] en État luxembourgeois v. B, C, D, F. C., in tegenwoordigheid van: A [C-246/19])

Grote kamer: *K. Lenaerts, president, R. Silva de Lapuerta, vicepresident, J.-C. Bonichot, A. Arabadjiev, E. Regan en S. Rodin, kamerpresidenten, M. Ilešič, J. Malenovský (rapporteur), D. Šváby, F. Biltgen, K. Jürimäe, C. Lycourgos, A. Kumin, N. Jääskinen en N. Wahl, rechters*

Advocaat-generaal: *J. Kokott*

1. De verzoeken om een prejudiciële beslissing betreffen de uitlegging van, ten eerste, de artikelen 7, 8 en 47 alsmede artikel 52, lid 1, van het Handvest van de grondrechten van de Europese Unie (hierna: „Handvest") en, ten tweede, artikel 1, lid 1, en artikel 5 van richtlijn 2011/16/EU van de Raad van 15 februari 2011 betreffende de administratieve samenwerking op het gebied van de belastingen en tot intrekking van richtlijn 77/799/EEG (*PB* 2011, L 64, blz. 1, met rectificatie in *PB* 2013, L 162, blz. 15), zoals gewijzigd bij richtlijn 2014/107/EU van de Raad van 9 december 2014 (*PB* 2014, L 359, blz. 1) (hierna: „richtlijn 2011/16").

2. Deze verzoeken zijn ingediend in het kader van twee gedingen tussen de État luxembourgeois (Luxemburgse Staat) enerzijds en, respectievelijk, de vennootschap B, in het eerste geding, en de vennootschappen B, C en D alsmede F. C., in het tweede geding, anderzijds, over twee besluiten van de directeur de l'administration des contributions directes de Luxembourg (directeur van de dienst directe belastingen van Luxemburg) waarbij respectievelijk de vennootschap B en de bank A werd gelast om hem bepaalde informatie te verstrekken naar aanleiding van verzoeken tot uitwisseling van fiscale inlichtingen op belastinggebi*.

Toepasselijke bepalingen

Unierecht

Richtlijn 2011/16

3. De overwegingen 1, 2, 9 en 27 van richtlijn 2011/16 luiden:

„1. In dit tijdperk van globalisering moeten de lidstaten steeds vaker een beroep doen op wederzijdse bijstand bij belastingheffing. De mobiliteit van de belastingplichtigen, het aantal grensoverschrijdende transacties en de internationalisering van de financiële instrumenten hebben een hoge vlucht genomen, waardoor het voor de lidstaten steeds moeilijker wordt de juiste belastinggrondslag te bepalen. Dit belemmert de goede werking van de belastingstelsels en leidt tot dubbele heffing, hetgeen op zich al aanzet tot belastingfraude en belastingontwijking [...].
2. Een lidstaat afzonderlijk kan bijgevolg zijn eigen belastingstelsel, met name wat de directe belastingen betreft, niet meer beheren zonder inlichtingen van andere lidstaten. Teneinde de negatieve gevolgen van deze ontwikkeling tot staan te brengen, is het absoluut zaak een nieuwe administratieve samenwerking tussen de belastingdiensten van de lidstaten op te zetten. Er is behoefte aan instrumenten die voor alle lidstaten in dezelfde regels, rechten en verplichtingen voorzien en aldus onderling vertrouwen kunnen wekken.
9. De lidstaten moeten op verzoek van een andere lidstaat inlichtingen uitwisselen over welbepaalde zaken en het onderzoek verrichten dat noodzakelijk is om dergelijke inlichtingen te kunnen verkrijgen. Doel van het criterium ‚verwacht belang' is te voorzien in een zo ruim mogelijke uitwisseling van inlichtingen op belastinggebied en tegelijkertijd te verduidelijken dat de lidstaten niet vrijelijk fishing expeditions kunnen verrichten of om inlichtingen kunnen verzoeken die waarschijnlijk niet relevant zijn voor de belastingaangelegenheden van een bepaalde belastingplichtige. [...]
27. Elke uitwisseling van inlichtingen in de zin van deze richtlijn is onderworpen aan de bepalingen tot uitvoering van richtlijn 95/46/EG van het Europees Parlement en de Raad van 24 oktober 1995 betreffende de bescherming van natuurlijke personen in verband met de verwerking van persoonsgegevens en betreffende het vrije verkeer van die gegevens [(*PB* 1995, L 281, blz. 31)] [...]. Er dient evenwel te worden overwogen de reikwijdte te beperken van bepaalde rechten en verplichtingen die zijn neergelegd in richtlijn [95/46], teneinde de in artikel 13, lid 1, onder e), van die richtlijn bedoelde belangen te vrijwaren. Deze

* Lees 'belastinggebied' (*Red.*)

beperkingen zijn noodzakelijk en proportioneel gelet op de potentiële inkomstenderving voor de lidstaten en het cruciale belang van onder deze richtlijn vallende gegevens voor een efficiënte fraudebestrijding."

4. Artikel 1 van richtlijn 2011/16, met als opschrift „Onderwerp", bepaalt in lid 1:

„Deze richtlijn legt de voorschriften en procedures vast voor de onderlinge samenwerking van de lidstaten met het oog op de uitwisseling van inlichtingen die naar verwachting van belang zijn voor de administratie en de handhaving van de nationale wetgeving van de lidstaten met betrekking tot de in artikel 2 bedoelde belastingen."

5. Artikel 5 van deze richtlijn, „Procedure voor de uitwisseling van inlichtingen op verzoek", luidt als volgt:

„Op verzoek van de verzoekende autoriteit, deelt de aangezochte autoriteit alle in artikel 1, lid 1, bedoelde inlichtingen die deze in haar bezit heeft of naar aanleiding van een administratief onderzoek verkrijgt, aan de verzoekende autoriteit mee."

6. Artikel 7 van die richtlijn bepaalt dat de in artikel 5 bedoelde inlichtingen zo spoedig mogelijk en, behoudens bijzondere gevallen, binnen twee of zes maanden, naargelang de aangezochte autoriteit al dan niet reeds in het bezit is van de gevraagde informatie, moeten worden verstrekt.

7. Artikel 25 van richtlijn 2011/16, „Gegevensbescherming", bepaalt in lid 1:

„Elke uitwisseling van inlichtingen overeenkomstig deze richtlijn is onderworpen aan de bepalingen tot uitvoering van richtlijn [95/46]. Voor de juiste toepassing van deze verordening beperken de lidstaten evenwel de reikwijdte van de verplichtingen en rechten die zijn neergelegd in artikel 10, artikel 11, lid 1, en de artikelen 12 en 21 van richtlijn [95/46], voor zover dit noodzakelijk is om de in artikel 13, lid 1, onder e), van die richtlijn bedoelde belangen te vrijwaren."

Richtlijn 95/46

8. Artikel 10, artikel 11, lid 1, en de artikelen 12 en 21 van richtlijn 95/46 regelen, respectievelijk, op welke wijze natuurlijke personen die betrokken zijn bij een verwerking van persoonsgegevens worden geïnformeerd ingeval deze gegevens bij hen worden verkregen, op welke wijze die natuurlijke personen worden geïnformeerd ingeval deze gegevens niet bij hen worden verkregen, het recht van toegang van die natuurlijke personen tot de betrokken gegevens, en de openbaarmaking van de verwerkingen van de persoonsgegevens.

9. Artikel 13, lid 1, onder e), van die richtlijn bepaalt dat de lidstaten wettelijke maatregelen kunnen treffen ter beperking van de reikwijdte van de onder meer in artikel 10, artikel 11, lid 1, en de artikelen 12 en 21 van deze richtlijn bedoelde rechten en plichten indien dit noodzakelijk is ter vrijwaring van een belangrijk economisch en financieel belang van een lidstaat of van de Unie, met inbegrip van monetaire, budgettaire en fiscale aangelegenheden.

10. Artikel 22 van voornoemde richtlijn luidt:

„Onverminderd de administratieve voorziening die [...] kan worden getroffen voordat de zaak aanhangig wordt gemaakt voor de rechter, bepalen de lidstaten dat eenieder zich tot de rechter kan wenden wanneer de rechten die hem worden gegarandeerd door het op de betrokken verwerking toepasselijke nationale recht geschonden worden."

Verordening (EU) 2016/679

11. Richtlijn 95/46 is met ingang van 25 mei 2018 ingetrokken bij verordening (EU) 2016/679 van het Europees Parlement en de Raad van 27 april 2016 betreffende de bescherming van natuurlijke personen in verband met de verwerking van persoonsgegevens en betreffende het vrije verkeer van die gegevens en tot intrekking van richtlijn 95/46 (algemene verordening gegevensbescherming) (*PB* 2016, L 119, blz. 1, met rectificatie in *PB* 2018, L 127, blz. 2). Artikel 1 van verordening 2016/679, „Onderwerp en doelstellingen", preciseert met name dat bij die verordening regels worden vastgesteld betreffende de bescherming van natuurlijke personen in verband met de verwerking van persoonsgegevens en dat deze verordening de grondrechten en de fundamentele vrijheden van natuurlijke personen en met name hun recht op bescherming van persoonsgegevens beschermt. Voorts preciseert artikel 94, lid 2, van verordening 2016/679 dat de verwijzingen naar richtlijn 95/46 voortaan gelden als verwijzingen naar deze verordening.

12. De artikelen 13, 14 en 15 van verordening 2016/679 wijzigen en komen in de plaats van respectievelijk artikel 10, artikel 11, lid 1, en artikel 12 van richtlijn 95/46.

13. Artikel 23, lid 1, onder e), van die verordening, dat artikel 13, lid 1, onder e), van die richtlijn wijzigt en vervangt, bepaalt dat de reikwijdte van de verplichtingen en rechten als bedoeld in onder meer de artikelen 13 tot en met 15 van diezelfde verordening kan worden beperkt door middel van Unierechtelijke of lidstaatrechtelijke bepalingen, op voorwaarde dat die beperking de wezenlijke inhoud van de grondrechten en fundamentele vrijheden onverlet laat en in een democratische samenleving een noodzakelijke en evenredige maatregel is ter waarborging van bepaalde belangrijke doelstellingen van algemeen belang, met name een belangrijk economisch of financieel belang van de Unie of van een lidstaat, met inbegrip van monetaire, budgettaire en fiscale aangelegenheden, volksgezondheid en sociale zekerheid.

14. Artikel 79, lid 1, van verordening 2016/679, dat artikel 22 van richtlijn 95/46 wijzigt en vervangt, bepaalt dat, onverminderd andere mogelijkheden van administratief of buitengerechtelijk beroep, elke natuurlijke persoon die betrokken is bij een verwerking van persoonsgegevens het recht heeft om een doeltreffende voorziening in rechte in te stellen indien hij van mening is dat zijn rechten uit hoofde van deze verordening geschonden zijn ten gevolge van een verwerking van deze gegevens die niet aan deze verordening voldoet.

Luxemburgs recht

Wet van 29 maart 2013

15. Artikel 6 van de loi du 29 mars 2013 portant transposition de la directive 2011/16 et portant 1) modification de la loi générale des impôts, 2) abrogation de la loi modifiée du 15 mars 1979 concernant l'assistance administrative internationale en matière d'impôts directs [wet van 29 maart 2013 tot omzetting van richtlijn 2011/16 en tot 1) wijziging van de algemene belastingwet, 2) intrekking van de wet van 15 maart 1979 inzake internationale administratieve bijstand op het gebied van de directe belastingen, *Mémorial* A 2013, blz. 756; hierna: „wet van 29 maart 2013"] luidt:

> „Op verzoek van de verzoekende autoriteit deelt de aangezochte Luxemburgse autoriteit haar alle inlichtingen mee die naar verwachting van belang zijn voor de administratie en de handhaving van de binnenlandse wetgeving van de verzoekende lidstaat betreffende de [...] belastingen, die deze in haar bezit heeft of naar aanleiding van een administratief onderzoek verkrijgt."

Wet van 25 november 2014

16. De loi du 25 novembre 2014 prévoyant la procédure applicable à l'échange de renseignements sur demande en matière fiscale et modifiant la loi du 31 mars 2010 portant approbation des conventions fiscales et prévoyant la procédure y applicable en matière d'échange de renseignements sur demande (wet van 25 november 2014 tot vaststelling van de procedure inzake de uitwisseling van fiscale inlichtingen op verzoek en tot wijziging van de wet van 31 maart 2010 houdende goedkeuring van belastingverdragen en tot vaststelling van de hierop van toepassing zijnde procedure inzake de uitwisseling van inlichtingen op verzoek, *Mémorial* A 2014, blz. 4170; hierna: „wet van 25 november 2014") is onder meer van toepassing op de verzoeken om uitwisseling van inlichtingen bedoeld in artikel 6 van de wet van 29 maart 2013, die is aangehaald in het voorgaande punt van het onderhavige arrest.

17. Artikel 2 van de wet van 25 november 2014 luidt:

> „1. De belastingdiensten zijn gemachtigd om informatie van welke aard ook bij de bezitter van deze informatie op te eisen indien die nodig is voor de toepassing van de uitwisseling van inlichtingen zoals bepaald door de verdragen en de wetten.
>
> 2. De bezitter van deze informatie is verplicht de gevraagde inlichtingen volledig, nauwkeurig en ongewijzigd te verstrekken binnen de termijn van één maand vanaf de kennisgeving van de beslissing waarbij de gevraagde inlichtingen worden gevorderd. Deze verplichting omvat de toezending van de ongewijzigde stukken waarop de inlichtingen zijn gebaseerd.
>
> [...]"

18. Artikel 3 van die wet bepaalde in de versie die van toepassing is op de hoofdgedingen:

> „1. De bevoegde belastingdienst controleert of het verzoek tot uitwisseling van inlichtingen aan de vormvoorschriften voldoet. Het verzoek tot uitwisseling van inlichtingen voldoet aan de vormvoorschriften wanneer daarin melding wordt gemaakt van de rechtsgrondslag en de bevoegde instantie waarvan het verzoek uitgaat, alsmede van de andere in de verdragen en wetten genoemde gegevens.
>
> [...]
>
> 3. Indien de bevoegde belastingdienst niet in het bezit is van de gevraagde informatie, geeft de directeur van de bevoegde belastingdienst of zijn gemachtigde bij aangetekende brief kennis aan de bezitter van de

informatie van zijn besluit om de gevraagde inlichtingen te vorderen. Kennisgeving van het besluit aan de bezitter van de gevraagde informatie geldt als kennisgeving aan elke andere daarin bedoelde persoon. [...]"

19. Artikel 5, lid 1, van deze wet luidt:

„Indien de gevraagde inlichtingen niet worden verstrekt binnen de termijn van één maand vanaf de kennisgeving van het bevel tot het verstrekken van de gevraagde inlichtingen, kan de bezitter van de informatie een administratieve fiscale geldboete van ten hoogste 250 000 EUR worden opgelegd. Het bedrag van de geldboete wordt bepaald door de directeur van de belastingdienst of zijn gemachtigde."

20 Artikel 6 van voornoemde wet was in de op de hoofdgedingen toepasselijke versie als volgt verwoord:

„1. Tegen het verzoek tot uitwisseling van inlichtingen en het bevel tot het verstrekken van inlichtingen, zoals bedoeld in artikel 3, leden 1 en 3, is geen beroep mogelijk.
2. Tegen de in artikel 5 bedoelde beslissingen kan de bezitter van de informatie beroep tot herziening instellen bij de tribunal administratif [(bestuursrechter in eerste aanleg, Luxemburg)]. [...] Het beroep heeft schorsende werking. [...]
[...]"

Wet van 1 maart 2019

21. De loi du 1er mars 2019 portant modification de la loi du 25 novembre 2014 prévoyant la procédure applicable à l'échange de renseignements sur demande en matière fiscale (wet van 1 maart 2019 tot wijziging van de wet van 25 november 2014 tot vaststelling van de procedure inzake de uitwisseling van fiscale inlichtingen op verzoek, *Mémorial* A 2019, blz. 112; hierna: „wet van 1 maart 2019") is op 9 maart 2019 in werking getreden.

22. Artikel 3, lid 1, van de wet van 25 november 2014, zoals gewijzigd bij de wet van 1 maart 2019, bepaalt:

„De bevoegde belastingdienst controleert of het verzoek tot uitwisseling van inlichtingen aan de vormvoorschriften voldoet. Het verzoek tot uitwisseling van inlichtingen voldoet aan de vormvoorschriften wanneer daarin melding wordt gemaakt van de rechtsgrondslag en de bevoegde instantie waarvan het verzoek uitgaat, alsmede van de andere in de verdragen en wetten genoemde gegevens. De bevoegde belastingdienst vergewist zich ervan dat de gevraagde inlichtingen niet het verwachte belang ontberen, gelet op de identiteit van degene op wie het verzoek tot uitwisseling van inlichtingen betrekking heeft en de identiteit van de bezitter van de informatie en de behoeften van de betrokken belastingcontrole."

23. Artikel 6, lid 1, van de wet van 25 november 2014, zoals gewijzigd bij de wet van 1 maart 2019, luidt:

„Tegen het in artikel 3, lid 3, bedoelde bevel tot het verstrekken van inlichtingen kan door de bezitter van de informatie beroep tot nietigverklaring worden ingesteld bij de tribunal administratif. [...]"

Hoofdgedingen en prejudiciële vragen

24. Beide hoofdgedingen vinden hun oorsprong in een verzoek tot uitwisseling van inlichtingen dat de belastingdienst van het Koninkrijk Spanje heeft gericht tot de belastingdienst van het Groothertogdom Luxemburg teneinde informatie te verkrijgen over F. C., een natuurlijke persoon die woont in Spanje, waar tegen haar als belastingplichtige een onderzoek wordt gevoerd om te bepalen wat haar situatie is volgens de nationale belastingwetgeving.

Zaak C-245/19

25. Op 18 oktober 2016 heeft de Spaanse belastingdienst zich tot de Luxemburgse belastingdienst gewend met een eerste verzoek tot uitwisseling van inlichtingen betreffende F. C.

26. Op 16 juni 2017 heeft de directeur van de dienst directe belastingen aan dit verzoek gevolg gegeven door jegens vennootschap B een bevel uit te vaardigen tot het verstrekken van inlichtingen over de periode van 1 januari 2011 tot en met 31 december 2014 met betrekking tot de volgende gegevens:

– de overeenkomsten die vennootschap B met de vennootschappen E en F heeft gesloten over de rechten van F. C.;

– elke andere overeenkomst die ofwel in de betrokken periode is gesloten ofwel vóór of na die periode is gesloten maar tijdens deze periode is ingegaan en die betrekking heeft op F. C.;

– alle in verband met deze overeenkomsten opgestelde of ontvangen facturen en de wijze van inning en de betaling ervan, en

– een specificatie van de bankrekeningen waarop en de financiële instellingen waarbij de op de balans geboekte financiële middelen zijn gestort.

27. Voorts werd in dit bevel gepreciseerd dat geen beroep mogelijk was overeenkomstig artikel 6 van de wet van 25 november 2014.

28. Bij verzoekschrift, neergelegd ter griffie van de tribunal administratif (bestuursrechter in eerste aanleg, Luxemburg) op 17 juli 2017, heeft vennootschap B beroep ingesteld tot, primair, herziening en, subsidiair, nietigverklaring van dat bevel.

29. Bij vonnis van 26 juni 2018 heeft de tribunal administratif zich bevoegd verklaard om kennis te nemen van dit beroep voor zover het strekte tot nietigverklaring van het bevel van 16 juni 2017, en dat bevel gedeeltelijk nietig verklaard. Wat zijn bevoegdheid betreft, heeft de tribunal administratif geoordeeld dat artikel 6, lid 1, van de wet van 25 november 2014 niet in overeenstemming was met artikel 47 van het Handvest omdat het uitsloot dat rechtstreeks beroep kon worden ingesteld tegen een bevel tot het verstrekken van inlichtingen aan de belastingdienst, zodat deze bepaling buiten toepassing moest worden gelaten. Ten gronde was deze rechter van oordeel dat een deel van de door de directeur van de dienst directe belastingen gevraagde informatie niet naar verwachting van belang was voor het onderzoek van de Spaanse belastingdienst, waardoor het bevel van 16 juni 2017 nietig moest worden verklaard voor zover B daarbij werd gelast deze informatie te verstrekken.

30. Bij verzoekschrift, neergelegd ter griffie van de Cour administrative (hoogste bestuursrechter, Luxemburg) op 24 juli 2018, heeft de Luxemburgse Staat hoger beroep ingesteld tegen dit vonnis.

31. In het kader van dat hoger beroep voert hij aan dat artikel 6, lid 1, van de wet van 25 november 2014 niet in strijd is met artikel 47 van het Handvest, aangezien het zich er niet tegen verzet dat de persoon tegen wie een bevel tot het verstrekken van inlichtingen aan de belastingdienst is gericht en die de gevraagde informatie in zijn bezit heeft, dat bevel incidenteel kan aanvechten in het kader van het beroep tot herziening dat hij krachtens artikel 6, lid 2, van die wet kan instellen tegen de sanctie die hem wordt opgelegd ingeval hij niet aan het bevel voldoet. Bijgevolg heeft de tribunal administratif ten onrechte artikel 6, lid 1, van voornoemde wet buiten toepassing gelaten en zich ten onrechte bevoegd verklaard om kennis te nemen van het bij hem ingestelde beroep tot nietigverklaring. Bovendien heeft deze rechter ten onrechte geoordeeld dat bepaalde in het bevel van 16 juni 2017 bedoelde informatie niet naar verwachting van belang was in de zin van richtlijn 2011/16.

32. In zijn verwijzingsbeslissing vraagt de Cour administrative zich in de eerste plaats af of de artikelen 7, 8, 47 en 52 van het Handvest vereisen dat een persoon tot wie een bevel is gericht om in zijn bezit zijnde informatie te verstrekken aan de belastingdienst, het recht toekomt om rechtstreeks beroep in te stellen tegen dat bevel, in aanvulling op de mogelijkheid voor die persoon om het bevel incidenteel aan te vechten ingeval hij het niet naleeft en hem vervolgens om die reden een sanctie wordt opgelegd krachtens de wet van 25 november 2014 zoals uitgelegd in het licht van het arrest van 16 mei 2017, Berlioz Investment Fund (C-682/15, EU:C:2017:373).

33. In de tweede plaats vraagt de verwijzende rechter zich af, ingeval deze eerste vraag bevestigend wordt beantwoord, wat de omvang is van de toetsing die de rechter, in het kader van een dergelijk rechtstreeks beroep, in voorkomend geval moet verrichten met betrekking tot het criterium dat de betrokken inlichtingen naar verwachting van belang zijn, in de zin van de artikelen 1 en 5 van richtlijn 2011/16.

34. In deze context heeft de Cour administrative de behandeling van de zaak geschorst en het Hof verzocht om een prejudiciële beslissing over de volgende vragen:

„1. Moeten de artikelen 7 en 8 en artikel 52, lid 1, van het Handvest [...], eventueel gelezen in samenhang met artikel 47 [ervan], aldus worden uitgelegd dat zij in de weg staan aan een [...] wettelijke regeling van een lidstaat volgens welke, in het kader van de regeling voor de procedure inzake de uitwisseling van inlichtingen op verzoek, die met name is ingevoerd ter uitvoering van richtlijn [2011/16], elk beroep, met name in rechte, van de derde-bezitter van de informatie tegen een beslissing waarbij de bevoegde autoriteit van die lidstaat hem gelast haar informatie te verstrekken om gevolg te geven aan een van een andere lidstaat uitgaand verzoek om inlichtingen, is uitgesloten?

2. Indien de eerste vraag bevestigend wordt beantwoord, moeten artikel 1, lid 1, en artikel 5 van richtlijn 2011/16, eventueel rekening houdend met de evolutieve aard van de uitlegging van artikel 26 van het [Modelbelastingverdrag van de Organisatie voor Economische Samenwerking en Ontwikkeling (OESO)

inzake inkomen en vermogen], dan aldus worden uitgelegd dat een verzoek tot uitwisseling, samen met een daartoe uitgevaardigd bevel van de bevoegde autoriteit van de aangezochte lidstaat, beantwoordt aan het criterium van het niet kennelijk ontbreken van een verwacht belang, indien de verzoekende lidstaat de identiteit van de betrokken belastingplichtige, het tijdvak waarop het onderzoek in de verzoekende lidstaat betrekking heeft en de identiteit van de bezitter van de bedoelde informatie vermeldt wanneer hij verzoekt om inlichtingen met betrekking tot overeenkomsten, alsook de bijbehorende facturering en betalingen, die niet nader zijn bepaald maar worden afgebakend door criteria die verband houden met, ten eerste, het feit dat zij zijn gesloten door de geïdentificeerde bezitter van de informatie, ten tweede, de toepasselijkheid ervan in de belastingjaren waarop het onderzoek van de autoriteiten van de verzoekende staat betrekking heeft en, ten derde, de band met de geïdentificeerde betrokken belastingplichtige?"

Zaak C-246/19

35. Op 16 maart 2017 heeft de Spaanse belastingdienst zich tot de Luxemburgse belastingdienst gewend met een tweede verzoek tot uitwisseling van inlichtingen betreffende F. C.

36. Op 29 mei 2017 heeft de directeur van de dienst directe belastingen aan dit verzoek gevolg gegeven door jegens bank A een bevel uit te vaardigen tot het verstrekken van informatie over de periode van 1 januari 2011 tot en met 31 december 2014 met betrekking tot de volgende documenten en gegevens:
- de naam/namen van de houder(s) van een bepaalde bankrekening;
- de naam/namen van de persoon/personen die voor die bankrekening gemachtigd was/waren;
- de naam/namen van de persoon/personen die deze bankrekening geopend had/hadden;
- de rekeningoverzichten voor de betrokken periode;
- de daadwerkelijke begunstigde(n) van de betrokken rekening;
- de vraag of na 31 december 2014 bij bank A een andere bankrekening is geopend en of de daarop gestorte gelden afkomstig zijn van een eerder bij die bank geopende rekening;
- de afschriften van alle financiële activa van F. C. in vennootschap B, vennootschap D of in enige andere vennootschap die gedurende de betrokken periode onder zeggenschap van F. C. stond, en
- de afschriften van de financiële activa waarvan F. C. de uiteindelijke begunstigde blijkt te zijn geweest gedurende die periode.

37. Voorts werd in dit bevel gepreciseerd dat geen beroep mogelijk was overeenkomstig artikel 6, lid 1, van de wet van 25 november 2014.

38. Bij verzoekschrift, neergelegd ter griffie van de tribunal administratif op 17 juli 2017, hebben de vennootschappen B, C en D alsmede F. C. beroep ingesteld tot, primair, herziening en, subsidiair, nietigverklaring van dat bevel.

39. Bij vonnis van 26 juni 2018 heeft de tribunal administratif zich bevoegd verklaard om kennis te nemen van dit beroep voor zover het strekte tot nietigverklaring van het bevel van 29 mei 2017, en dat bevel gedeeltelijk nietig verklaard op soortgelijke gronden als die welke in punt 29 van dit arrest zijn samengevat.

40. Bij verzoekschrift, neergelegd ter griffie van de Cour administrative op 24 juli 2018, heeft de Luxemburgse Staat hoger beroep ingesteld tegen dit vonnis.

41. In zijn verwijzingsbeslissing werpt de Cour administrative vergelijkbare vragen op als die welke in de punten 32 en 33 van dit arrest zijn samengevat, maar benadrukt hij dat zaak C-246/19 voortkomt uit beroepen die niet zijn ingesteld door een persoon tot wie een bevel is gericht om in zijn bezit zijnde informatie te verstrekken aan de belastingdienst van een lidstaat, zoals het geval is in zaak C-245/19, maar door personen met andere hoedanigheden, namelijk die van belastingplichtige tegen wie een onderzoek is geopend door de belastingdienst van een andere lidstaat en die van derden die juridische, bancaire, financiële of, meer in het algemeen, economische banden onderhouden met die belastingplichtige.

42 In deze context heeft de Cour administrative de behandeling van de zaak geschorst en het Hof verzocht om een prejudiciële beslissing over de volgende vragen:

„1. Moeten de artikelen 7 en 8 en artikel 52, lid 1, van het Handvest, eventueel gelezen in samenhang met artikel 47 [ervan], aldus worden uitgelegd dat zij in de weg staan aan een nationale wettelijke regeling van een lidstaat volgens welke, in het kader van de regeling voor de procedure inzake de uitwisseling van inlichtingen op verzoek, die met name is ingevoerd ter uitvoering van [richtlijn 2011/16], elk beroep, met name in rechte, van de belastingplichtige die voorwerp is van [een] onderzoek in [een andere] lidstaat en een betrokken derde tegen een beslissing waarbij de bevoegde autoriteit van [eerstgenoemde] lidstaat een bezitter van informatie gelast haar informatie te verstrekken om gevolg te geven aan een van [die] andere lidstaat uitgaand verzoek om inlichtingen, is uitgesloten?

2. Indien de eerste vraag bevestigend wordt beantwoord, moeten artikel 1, lid 1, en artikel 5 van richtlijn 2011/16, eventueel rekening houdend met de gewijzigde uitlegging van artikel 26 van het OESO-modelverdrag [inzake inkomen en vermogen], dan aldus worden uitgelegd dat een verzoek tot uitwisseling, samen met een daartoe uitgevaardigd bevel van de bevoegde autoriteit van de aangezochte lidstaat, beantwoordt aan het criterium van het niet kennelijk ontbreken van een verwacht belang, indien de verzoekende lidstaat de identiteit van de betrokken belastingplichtige, het tijdvak waarop het onderzoek in de verzoekende lidstaat betrekking heeft en de identiteit van de bezitter van de bedoelde informatie vermeldt wanneer hij verzoekt om inlichtingen met betrekking tot bankrekeningen en financiële activa die niet nader zijn bepaald maar worden afgebakend doordat zij ten eerste in het bezit zijn van de geïdentificeerde bezitter, ten tweede betrekking hebben op de belastingjaren waarop het onderzoek van de autoriteiten van de verzoekende staat betrekking heeft en ten derde verband houden met de geïdentificeerde betrokken belastingplichtige?"

43. Bij beslissing van de president van het Hof van 3 mei 2019 zijn de zaken C-245/19 en C-246/19 gevoegd voor de schriftelijke en de mondelinge behandeling alsmede voor het arrest.

Beantwoording van de prejudiciële vragen

Eerste vragen in de zaken C-245/19 en C-246/19

Opmerkingen vooraf

44. Met zijn eerste vragen in de zaken C-245/19 en C-246/19 wenst de verwijzende rechter in essentie te vernemen of artikel 47 van het Handvest, gelezen in samenhang met de artikelen 7 en 8 en artikel 52, lid 1, ervan, aldus moet worden uitgelegd dat het zich verzet tegen de wettelijke regeling van een lidstaat tot uitvoering van de bij richtlijn 2011/16 vastgestelde procedure voor de uitwisseling van inlichtingen op verzoek, volgens welke tegen een besluit waarbij de bevoegde autoriteit van die lidstaat een bezitter van informatie gelast haar deze informatie te verstrekken teneinde gevolg te geven aan een van de bevoegde autoriteit van een andere lidstaat uitgaand verzoek tot uitwisseling van inlichtingen, geen beroep kan worden ingesteld door, ten eerste, die bezitter van informatie, ten tweede, de belastingplichtige tegen wie in die andere lidstaat het onderzoek loopt dat aanleiding heeft gegeven tot dat verzoek en, ten derde, derden op wie de betrokken informatie ziet.

45. Zoals volgt uit artikel 51, lid 1, van het Handvest, zijn de bepalingen hiervan uitsluitend tot de lidstaten gericht wanneer zij het Unierecht ten uitvoer brengen.

46. Wanneer een lidstaat een wettelijke regeling vaststelt tot precisering van de nadere regels voor de bij richtlijn 2011/16 ingestelde procedure voor de uitwisseling van inlichtingen op verzoek, meer bepaald door te voorzien in de mogelijkheid voor de bevoegde autoriteit om een besluit te nemen waarbij een bezitter van informatie wordt gelast om deze informatie te verstrekken, brengt deze lidstaat het Unierecht ten uitvoer, met als gevolg dat het Handvest toepassing vindt (zie in die zin arrest van 16 mei 2017, Berlioz Investment Fund, C-682/15, EU:C:2017:373, punten 34-37).

47. Artikel 47, eerste alinea, van het Handvest bepaalt dat eenieder wiens door het Unierecht gewaarborgde rechten en vrijheden zijn geschonden, recht heeft op een doeltreffende voorziening in rechte, met inachtneming van de in dit artikel gestelde voorwaarden. Dit recht gaat gepaard met de in artikel 19, lid 1, tweede alinea, VEU vervatte verplichting voor de lidstaten om in de nodige rechtsmiddelen te voorzien om daadwerkelijke rechtsbescherming op de onder het Unierecht vallende gebieden te verzekeren.

48. In de artikelen 7 en 8 van het Handvest zijn respectievelijk het recht op eerbiediging van het privéleven en het recht op bescherming van persoonsgegevens neergelegd.

49. Geen van deze drie fundamentele rechten heeft absolute gelding, aangezien zij in relatie tot hun functie in de maatschappij moeten worden beschouwd (zie met betrekking tot het recht op een doeltreffende voorziening in rechte, arrest van 18 maart 2010, Alassini e.a., C-317/08–C-320/08, EU:C:2010:146, punt 63 en aldaar aangehaalde rechtspraak, en met betrekking tot de rechten op eerbiediging van het privéleven en op bescherming van persoonsgegevens, arrest van 16 juli 2020, Facebook Ireland en Schrems, C-311/18, EU:C:2020:559, punt 172 en aldaar aangehaalde rechtspraak).

50. Wanneer in een bepaald geval meerdere door het Handvest gewaarborgde rechten aan de orde zijn en met elkaar in conflict kunnen komen, kan de noodzakelijke verzoening tussen deze rechten, teneinde een billijk evenwicht tussen de aan elk van die rechten verbonden bescherming te waarborgen, dus ertoe leiden dat zij

worden beperkt (zie in die zin arresten van 29 januari 2008, Promusicae, C-275/06, EU:C:2008:54, punten 63-65, en 27 maart 2014, UPC Telekabel Wien, C-314/12, EU:C:2014:192, punt 46).

51. Voorts bepaalt artikel 52, lid 1, van het Handvest dat op de uitoefening van in het Handvest opgenomen rechten beperkingen kunnen worden gesteld, op voorwaarde dat deze beperkingen, ten eerste, bij wet worden gesteld, ten tweede, de wezenlijke inhoud van de betrokken rechten en vrijheden eerbiedigen en, ten derde, met inachtneming van het evenredigheidsbeginsel, noodzakelijk zijn en daadwerkelijk beantwoorden aan door de Unie erkende doelstellingen van algemeen belang of aan de eisen van de bescherming van de rechten en de vrijheden van anderen.

52. In casu kunnen de drie aan de orde zijnde grondrechten echter niet met elkaar in conflict komen, maar vinden zij op aanvullende wijze toepassing. De doeltreffendheid van de bescherming die artikel 47 van het Handvest wordt geacht te bieden aan de houder van het daarin gewaarborgde recht, kan immers alleen tot uiting komen en worden beoordeeld in relatie tot materiële rechten als die bedoeld in de artikelen 7 en 8 van het Handvest.

53. Meer in het bijzonder volgt uit de eerste vragen in de zaken C-245/19 en C-246/19, gelezen in het licht van de motivering ervan, dat de verwijzende rechter vraagt of artikel 47 van het Handvest aldus moet worden uitgelegd dat een nationale wettelijke regeling een bezitter van informatie, een belastingplichtige tegen wie een belastingonderzoek loopt en derden op wie deze informatie ziet, de mogelijkheid kan ontnemen om rechtstreeks beroep in te stellen tegen een bevel tot het verstrekken van deze inlichtingen aan de belastingdienst, waarbij deze rechter van oordeel is dat dit bevel afbreuk kan doen aan de rechten die aan deze verschillende personen worden verleend door de artikelen 7 en 8 van het Handvest.

Recht op een doeltreffende voorziening in rechte gewaarborgd door artikel 47 van het Handvest

54. Volgens vaste rechtspraak van het Hof volstaat artikel 47 van het Handvest op zichzelf om het recht op een doeltreffende voorziening in rechte te kunnen inroepen, zonder dat de inhoud ervan hoeft te worden gepreciseerd door andere bepalingen van het Unierecht of van het interne recht van de lidstaten (arresten van 17 april 2018, Egenberger, C-414/16, EU:C:2018:257, punt 78, en 29 juli 2019, Torubarov, C-556/17, EU:C:2019:626, punt 56).

55. Niettemin veronderstelt de erkenning van dit recht in een bepaald geval, zoals blijkt uit artikel 47, eerste alinea, van het Handvest, dat de persoon die dit recht inroept, zich beroept op door het Unierecht gewaarborgde rechten of vrijheden.

– *Recht op een doeltreffende voorziening in rechte van de bezitter van informatie die door de bevoegde autoriteit wordt gelast deze informatie te verstrekken*

56. Zoals blijkt uit de in punt 26 van dit arrest samengevatte verklaringen van de verwijzende rechter en de in de punten 17 tot en met 19 van dit arrest weergegeven nationale bepalingen, is de bezitter van informatie om wie het in de hoofdgedingen gaat, een rechtspersoon tot wie de bevoegde nationale autoriteit een bevel tot het verstrekken van deze inlichtingen heeft gericht, waarvan niet-naleving tot een sanctie kan leiden.

57. Aangaande in de eerste plaats de vraag of, in geval van een dergelijk bevel, een dergelijke persoon het door artikel 47 van het Handvest gewaarborgde recht op een doeltreffende voorziening in rechte toekomt, dient om te beginnen te worden opgemerkt dat volgens vaste rechtspraak van het Hof de bescherming tegen ingrepen van het openbaar gezag in de privésfeer van zowel natuurlijke personen als rechtspersonen die willekeurig of onredelijk zouden zijn, een algemeen beginsel van Unierecht vormt (arresten van 21 september 1989, Hoechst/Commissie, 46/87 en 227/88, EU:C:1989:337, punt 19, en 13 september 2018, UBS Europe e.a., C-358/16, EU:C:2018:715, punt 56).

58. Deze bescherming kan door een rechtspersoon worden ingeroepen als door het Unierecht gewaarborgd recht in de zin van artikel 47, eerste alinea, van het Handvest, teneinde in rechte op te komen tegen een voor hem bezwarende handeling zoals een bevel tot het verstrekken van inlichtingen of een sanctie wegens nietnaleving van dat bevel (zie in die zin arrest van 16 mei 2017, Berlioz Investment Fund, C-682/15, EU:C:2017:373, punten 51 en 52).

59. Hieruit volgt dat een rechtspersoon tot wie de bevoegde nationale autoriteit een bevel tot het verstrekken van inlichtingen heeft gericht, zoals het in de hoofdgedingen aan de orde zijnde bevel, ten aanzien van dat bevel het door artikel 47 van het Handvest gewaarborgde recht op een doeltreffende voorziening in rechte toekomt.

60. Aangaande in de tweede plaats de vraag of de uitoefening van dit recht kan worden beperkt door een nationale wettelijke regeling, volgt uit de rechtspraak van het Hof dat het in artikel 47 van het Handvest neergelegde recht op een doeltreffende voorziening in rechte kan worden beperkt door de Uniewetgever of, bij gebreke van een Unieregeling ter zake, door de lidstaten, mits aan de voorwaarden van artikel 52, lid 1, van het Handvest is voldaan (zie in die zin arrest van 15 september 2016, Star Storage e.a., C-439/14 en C-488/14, EU:C:2016:688, punten 46 en 49).

61. In casu volgt uit geen enkele bepaling van richtlijn 2011/16, waaraan de in de hoofdgedingen aan de orde zijnde wettelijke regeling uitvoering geeft, dat de Uniewetgever het recht op een doeltreffende voorziening in rechte heeft willen beperken in het geval van een bevel tot het verstrekken van inlichtingen als de in de hoofdgedingen aan de orde zijnde bevelen.

62. Voorts verwijst richtlijn 2011/16 in artikel 25, lid 1, ervan naar de Unieregeling inzake de verwerking van persoonsgegevens, door te bepalen dat elke uitwisseling van inlichtingen overeenkomstig deze richtlijn onderworpen is aan de bepalingen van richtlijn 95/46, die – zoals in punt 11 van dit arrest in herinnering is gebracht – met ingang van 25 mei 2018, dus na de vaststelling van de in de hoofdgedingen aan de orde zijnde bevelen, is ingetrokken en vervangen door verordening 2016/679, die met name tot doel heeft om het door artikel 8 van het Handvest gewaarborgde recht op bescherming van persoonsgegevens te waarborgen en te preciseren.

63. Artikel 22 van richtlijn 95/46, waarvan de inhoud is overgenomen in artikel 79 van verordening 2016/679, benadrukt dat eenieder zich tot de rechter kan wenden wanneer de rechten die hem worden gegarandeerd door de op de verwerking van dergelijke gegevens toepasselijke bepalingen worden geschonden.

64. Hieruit volgt dat de Uniewetgever zelf de uitoefening van het in artikel 47 van het Handvest neergelegde recht op een doeltreffende voorziening in rechte niet heeft beperkt en dat de lidstaten deze uitoefening kunnen beperken mits daarbij wordt voldaan aan de vereisten van artikel 52, lid 1, van het Handvest.

65. Zoals in punt 51 van dit arrest in herinnering is gebracht, vereist deze bepaling met name dat beperkingen op de uitoefening van de door het Handvest gewaarborgde rechten en vrijheden de wezenlijke inhoud van die rechten en vrijheden eerbiedigen.

66. In dit verband volgt uit de rechtspraak van het Hof dat de wezenlijke inhoud van het in artikel 47 van het Handvest neergelegde recht op een doeltreffende voorziening in rechte er onder andere in bestaat dat de houder van dit recht toegang moet hebben tot een gerecht dat bevoegd is om de eerbiediging van de uit het Unierecht voortvloeiende rechten te waarborgen en om daartoe alle voor het bij hem aanhangige geding relevante feitelijke en juridische kwesties te onderzoeken (zie in die zin arresten van 6 november 2012, Otis e.a., C-199/11, EU:C:2012:684, punt 49, en 12 december 2019, Aktiva Finants, C-433/18, EU:C:2019:1074, punt 36). Bovendien kan van deze persoon niet worden verlangd dat hij een regel of een juridische verplichting schendt en zich zo blootstelt aan de aan deze schending verbonden sanctie, om toegang te krijgen tot een dergelijk gerecht (zie in die zin arresten van 1 april 2004, Commissie/Jégo-Quéré, C-263/02 P, EU:C:2004:210, punt 35; 13 maart 2007, Unibet, C-432/05, EU:C:2007:163, punt 64, en 3 oktober 2013, Inuit Tapiriit Kanatami e.a./ Parlement en Raad, C-583/11 P, EU:C:2013:625, punt 104).

67. In casu volgt uit de in punt 32 van dit arrest samengevatte verklaringen van de verwijzende rechter dat, gelet op de in de hoofdgedingen aan de orde zijnde wettelijke regeling, de persoon tot wie een bevel tot het verstrekken van inlichtingen als de in de hoofdgedingen aan de orde zijnde bevelen is gericht, alleen wanneer hij dat bevel niet naleeft en hem vervolgens om die reden een sanctie wordt opgelegd, beschikt over een mogelijkheid om incidenteel tegen dat bevel op te komen in het kader van het beroep dat tegen die sanctie kan worden ingesteld.

68. Hieruit volgt dat wanneer een bevel tot het verstrekken van inlichtingen willekeurig of onevenredig is, een dergelijke persoon geen toegang heeft tot een rechter, tenzij hij geen gehoor geeft aan dat bevel en zich aldus blootstelt aan de sanctie die verbonden is aan niet-naleving ervan. Bijgevolg kan deze persoon niet worden geacht een daadwerkelijke rechtsbescherming te genieten.

69. Derhalve moet worden geoordeeld dat een nationale wettelijke regeling als aan de orde in de hoofdgedingen, die een bezitter van informatie tot wie de bevoegde nationale autoriteit een bevel tot het verstrekken van inlichtingen richt, de mogelijkheid ontneemt om rechtstreeks beroep in te stellen tegen dat bevel, de wezenlijke inhoud van het door artikel 47 van het Handvest gewaarborgde recht op een doeltreffende voorziening in rechte niet eerbiedigt, en dat artikel 52, lid 1, ervan zich bijgevolg verzet tegen een dergelijke wettelijke regeling.

– *Recht op een doeltreffende voorziening in rechte van de belastingplichtige tegen wie het onderzoek loopt dat aanleiding heeft gegeven tot het bevel tot het verstrekken van inlichtingen*

70. Zoals volgt uit de in punt 24 van dit arrest samengevatte verklaringen van de verwijzende rechter, is de belastingplichtige om wie het in de hoofdgedingen gaat, een natuurlijke persoon die in een andere lidstaat woont dan die van de autoriteit die de in de hoofdgedingen aan de orde zijnde bevelen tot het verstrekken van inlichtingen heeft uitgevaardigd, en tegen wie in de lidstaat van haar woonplaats een onderzoek loopt om te bepalen wat haar situatie is volgens de belastingwetgeving van die lidstaat.

71. Voorts blijkt uit de in de punten 26 en 36 van dit arrest weergegeven bewoordingen van de in de hoofdgedingen aan de orde zijnde bevelen tot het verstrekken van inlichtingen dat de informatie die op grond van deze bevelen moet worden verstrekt aan de autoriteit die ze heeft uitgevaardigd, betrekking heeft op bankrekeningen en financiële activa waarvan die persoon de houder of begunstigde zou zijn, alsmede op verscheidene juridische, bancaire, financiële of, meer in het algemeen, economische transacties die kunnen zijn verricht door deze persoon of door derden die namens haar of in haar belang handelden.

72. Aangaande in de eerste plaats de vraag of een dergelijke persoon het in artikel 47 van het Handvest neergelegde recht op een doeltreffende voorziening in rechte toekomt in het geval van dergelijke bevelen, moet worden opgemerkt dat deze persoon kennelijk houder is van het door artikel 7 van het Handvest gewaarborgde recht op eerbieding van het privéleven en van het door artikel 8, lid 1, ervan gewaarborgde recht op bescherming van persoonsgegevens dat voor natuurlijke personen nauw verband houdt met hun recht op eerbiediging van het privéleven [arresten van 9 november 2010, Volker und Markus Schecke en Eifert, C-92/09 en C-93/09, EU:C:2010:662, punt 47, en 18 juni 2020, Commissie/Hongarije (Transparantie van verenigingen), C-78/18, EU:C:2020:476, punten 123 en 126].

73. Bovendien volgt uit vaste rechtspraak van het Hof dat de mededeling van informatie over een geïdentificeerde of identificeerbare natuurlijke persoon aan een derde, met inbegrip van een overheidsinstantie, en de maatregel die deze mededeling oplegt of toestaat, onverminderd eventuele rechtvaardiging een inmenging vormen in het recht van die persoon op eerbiediging van zijn privéleven en in het recht op bescherming van zijn persoonsgegevens, ongeacht of die informatie al dan niet gevoelig is en ongeacht het latere gebruik ervan, tenzij die mededeling geschiedt overeenkomstig de daartoe vastgestelde bepalingen van Unierecht en, in voorkomend geval, van nationaal recht [zie in die zin arresten van 18 juni 2020, Commissie/Hongarije (Transparantie van verenigingen), C-78/18, EU:C:2020:476, punten 124 en 126, en 16 juli 2020, Facebook Ireland en Schrems, C-311/18, EU:C:2020:559, punt 171 en aldaar aangehaalde rechtspraak].

74. De mededeling aan de bevoegde nationale autoriteit van informatie over een geïdentificeerde of identificeerbare natuurlijke persoon, zoals de in punt 71 van dit arrest genoemde informatie, en de maatregel die, zoals de in datzelfde punt genoemde bevelen, die mededeling gelast, kunnen dus inbreuk maken op het recht op eerbiediging van het privéleven van de betrokkene en op het recht op bescherming van diens persoonsgegevens.

75. Een belastingplichtige als bedoeld in punt 70 van dit arrest komt derhalve erkenning toe van het door artikel 47 van het Handvest gewaarborgde recht op een doeltreffende voorziening in rechte ten aanzien van een bevel tot het verstrekken van inlichtingen als de in de hoofdgedingen aan de orde zijnde bevelen.

76. Aangaande in de tweede plaats de vraag of de uitoefening van dit recht op grond van artikel 52, lid 1, van het Handvest kan worden beperkt door uit te sluiten dat een dergelijke persoon rechtstreeks beroep instelt tegen dat bevel, dient in herinnering te worden gebracht dat ten eerste een dergelijke beperking bij wet moet zijn vastgesteld, wat volgens vaste rechtspraak van het Hof onder meer impliceert dat de wettelijke basis van de beperking de reikwijdte ervan duidelijk en nauwkeurig moet omschrijven (arresten van 17 december 2015, WebMindLicenses, C-419/14, EU:C:2015:832, punt 81, en 8 september 2020, Recorded Artists Actors Performers, C-265/19, EU:C:2020:677, punt 86).

77. In casu blijkt uit de bewoordingen van de in de hoofdgedingen aan de orde zijnde nationale wettelijke regeling dat aan dit vereiste is voldaan.

78. Ten tweede moet de wezenlijke inhoud van het recht op een doeltreffende voorziening in rechte worden geëerbiedigd, waarbij aan de hand van de in punt 66 van dit arrest genoemde elementen moet worden getoetst of aan dit vereiste is voldaan.

79. In dit verband volgt uit de rechtspraak van het Hof dat dit vereiste als zodanig niet met zich meebrengt dat de houder van dit recht rechtstreeks beroep moet kunnen instellen dat er primair toe strekt een bepaalde maatregel aan te vechten, voor zover er voor de verschillende bevoegde nationale rechters een of meer rechts-

middelen bestaan waarmee hij incidenteel een rechterlijke toetsing van die maatregel kan verkrijgen waarmee de eerbiediging van de hem door het Unierecht verleende rechten en vrijheden wordt gewaarborgd, zonder dat hij zich hoeft bloot te stellen aan het risico dat hem een sanctie wordt opgelegd wegens niet-naleving van de betrokken maatregel (zie in die zin arresten van 13 maart 2007, Unibet, C-432/05, EU:C:2007:163, punten 47, 49, 53-55, 61 en 64, en 21 november 2019, Deutsche Lufthansa, C-379/18, EU:C:2019:1000, punt 61).

80. In casu moet worden opgemerkt dat de situatie van een belastingplichtige tegen wie een onderzoek loopt, verschilt van de situatie van degene die informatie over deze belastingplichtige in zijn bezit heeft. Zoals is uiteengezet in punt 68 van dit arrest, zou laatstbedoelde persoon immers elke daadwerkelijke rechtsbescherming worden ontnomen wanneer er geen mogelijkheid is om rechtstreeks beroep in te stellen tegen een tot hem gericht bevel waarbij hem een juridische verplichting wordt opgelegd om de betrokken informatie te verstrekken. De betrokken belastingplichtige is daarentegen geen adressaat van een dergelijk bevel en is niet onderworpen aan enige uit dat bevel voortvloeiende juridische verplichting, noch – derhalve – aan het risico dat hem een sanctie wordt opgelegd in geval van niet-naleving ervan. Bijgevolg hoeft een dergelijke belastingplichtige zich niet in een situatie van onwettigheid te plaatsen om zijn recht op een doeltreffende voorziening in rechte te kunnen uitoefenen, zodat de in de tweede zin van punt 66 van dit arrest aangehaalde rechtspraak niet op hem van toepassing is.

81. Bovendien maakt een bevel tot het verstrekken van inlichtingen, zoals de in de hoofdgedingen aan de orde zijnde bevelen, deel uit van de inleidende fase van het onderzoek naar de betrokken belastingplichtige, waarin informatie over zijn fiscale situatie wordt verzameld en die niet op tegenspraak verloopt. Alleen de latere fase van dat onderzoek, die begint met de toezending van een voorstel tot herziening of wijziging aan de betrokken belastingplichtige, verloopt immers op tegenspraak, wat betekent dat deze belastingplichtige in die fase zijn recht om te worden gehoord kan uitoefenen (zie in die zin arrest van 22 oktober 2013, Sabou, C-276/12, EU:C:2013:678, punten 40 en 44), en alleen die fase kan leiden tot een tot die belastingplichtige gericht besluit tot herziening of wijziging.

82. Laatstbedoeld besluit vormt een handeling ten aanzien waarvan de betrokken belastingplichtige een recht op een doeltreffende voorziening in rechte moet beschikken, hetgeen veronderstelt dat het eventueel aangezochte gerecht bevoegd is om alle rechtsvragen en feitelijke kwesties te onderzoeken die relevant zijn voor de beslechting van dat geschil, zoals is vermeld in punt 66 van dit arrest, en om na te gaan of de bewijzen waarop die handeling berust niet zijn verkregen of gebruikt in strijd met de door het Unierecht gewaarborgde rechten en vrijheden van de betrokkene (zie naar analogie arrest van 17 december 2015, WebMindLicenses, C-419/14, EU:C:2015:832, punten 87-89).

83. Wanneer een bevel tot het verstrekken van inlichtingen zoals de in de hoofdgedingen aan de orde zijnde bevelen ertoe leidt dat de nationale autoriteit die om deze informatie heeft verzocht een besluit tot herziening of wijziging vaststelt waarin deze informatie dient als het onderliggende bewijs, heeft de belastingplichtige tegen wie het onderzoek is ingesteld derhalve de mogelijkheid om incidenteel op te komen tegen dat bevel en tegen de wijze waarop het op grond van dit bevel verzamelde bewijs is verkregen en gebruikt, in het kader van het beroep dat hij tegen het besluit tot herziening of wijziging kan instellen.

84. Bijgevolg moet worden geoordeeld dat een nationale wettelijke regeling als aan de orde in de hoofdgedingen geen afbreuk doet aan de wezenlijke inhoud van het aan de betrokken belastingplichtige gewaarborgde recht op een doeltreffende voorziening in rechte. Bovendien vormt die regeling geen beperking van de toegang van deze belastingplichtige tot de rechtsmiddelen die hem op grond van artikel 79, lid 1, van verordening 2016/679, dat artikel 22 van richtlijn 95/46 wijzigt en vervangt, openstaan ingeval hij van mening is dat de rechten die deze verordening hem verstrekt, zijn geschonden ten gevolge van een verwerking van hem betreffende persoonsgegevens.

85. Ten derde moet een dergelijke nationale wettelijke regeling, zoals is opgemerkt in punt 51 van dit arrest, met eerbiediging van het evenredigheidsbeginsel noodzakelijk zijn en daadwerkelijk beantwoorden aan een door de Unie erkende doelstelling van algemeen belang. Derhalve moet achtereenvolgens worden nagegaan of die regeling beantwoordt aan een door de Unie erkende doelstelling van algemeen belang en, indien dit het geval is, in overeenstemming is met het evenredigheidsbeginsel (zie in die zin arresten van 5 juli 2017, Fries, C-190/16, EU:C:2017:513, punt 39, en 12 juli 2018, Spika e.a., C-540/16, EU:C:2018:565, punt 40).

86. In dit verband benadrukt de verwijzende rechter dat de in de hoofdgedingen aan de orde zijnde nationale wettelijke regeling uitvoering geeft aan richtlijn 2011/16, waarvan overweging 27 vermeldt dat noodzakelijke en evenredige beperkingen worden gesteld aan de door richtlijn 95/46 gewaarborgde bescherming van natuurlijke personen in verband met de verwerking van hun persoonsgegevens, en waarvan de overwegingen 1 en 2 aangeven dat deze richtlijn tot doel heeft om bij te dragen aan de bestrijding van internationale belas-

tingfraude en -ontwijking door de samenwerking tussen de op dit gebied bevoegde nationale autoriteiten te versterken.

87. Deze doelstelling vormt een door de Unie erkende doelstelling van algemeen belang in de zin van artikel 52, lid 1, van het Handvest [zie in die zin arresten van 22 oktober 2013, Sabou, C-276/12, EU:C:2013:678, punt 32; 17 december 2015, WebMindLicenses, C-419/14, EU:C:2015:832, punt 76, en 26 februari 2019, X (In derde landen gevestigde tussenvennootschappen), C-135/17, EU:C:2019:136, punten 74 en 75], op grond waarvan de uitoefening van de door de artikelen 7, 8, en 47 ervan gewaarborgde rechten, afzonderlijk of gezamenlijk beschouwd, kan worden beperkt.

88. Hieruit volgt dat de doelstelling die met de in de hoofdgedingen aan de orde zijnde nationale wettelijke regeling wordt nagestreefd, een door de Unie erkende doelstelling van algemeen belang is.

89. Deze doelstelling van bestrijding van internationale belastingfraude en -ontwijking komt met name tot uiting in de artikelen 5 tot en met 7 van richtlijn 2011/16, door de vaststelling van een procedure voor de uitwisseling van inlichtingen op verzoek die de bevoegde nationale autoriteiten in staat stelt om doeltreffend en snel samen te werken teneinde informatie te vergaren in het kader van onderzoeken naar een bepaalde belastingplichtige (zie in die zin arrest van 16 mei 2017, Berlioz Investment Fund, C-682/15, EU:C:2017:373, punten 46, 47 en 77).

90. Het belang van de doeltreffendheid en snelheid van deze samenwerking, die concreet gestalte geeft aan de doelstelling van bestrijding van internationale belastingfraude en -ontwijking die ten grondslag ligt aan richtlijn 2011/16, vereist met name dat alle in artikel 7 van die richtlijn gestelde termijnen worden nageleefd.

91. Gelet op deze situatie moet worden geoordeeld dat een nationale wettelijke regeling die uitsluit dat tegen een bevel tot het verstrekken van inlichtingen zoals de in de hoofdgedingen aan de orde zijnde bevelen rechtstreeks beroep kan worden ingesteld door de belastingplichtige tegen wie het onderzoek loopt dat aanleiding heeft gegeven tot het verzoek tot uitwisseling van inlichtingen dat de bevoegde nationale autoriteit ertoe heeft gebracht dat bevel uit te vaardigen, geschikt en noodzakelijk is voor de verwezenlijking van de met richtlijn 2011/16 nagestreefde doelstelling van bestrijding van internationale belastingfraude en -ontwijking.

92. Bovendien lijkt deze regeling niet onevenredig te zijn, aangezien een dergelijk bevel de betrokken belastingplichtige niet onderwerpt aan enige juridische verplichting of enig risico op een sanctie en deze belastingplichtige de mogelijkheid heeft om incidenteel tegen dat bevel op te komen in het kader van een beroep tegen een later besluit tot herziening of wijziging.

93. Gelet daarop moet worden geoordeeld dat artikel 47 van het Handvest, gelezen in samenhang met de artikelen 7 en 8 en artikel 52, lid 1, ervan, zich niet verzet tegen een nationale wettelijke regeling als die welke in de hoofdgedingen aan de orde is, volgens welke tegen een besluit waarbij de bevoegde autoriteit van een lidstaat een bezitter van informatie gelast haar deze informatie te verstrekken teneinde gevolg te geven aan een van de bevoegde autoriteit van een andere lidstaat uitgaand verzoek tot uitwisseling van inlichtingen, geen beroep kan worden ingesteld door de belastingplichtige tegen wie in die andere lidstaat het onderzoek loopt dat aanleiding heeft gegeven tot dat verzoek.

– *Recht op een doeltreffende voorziening in rechte van betrokken derden*

94. Zoals blijkt uit de punten 26, 36 en 71 van dit arrest, zijn de betrokken derden naar wie de verwijzende rechter verwijst rechtspersonen met wie de belastingplichtige tegen wie het onderzoek loopt dat aanleiding heeft gegeven tot de in de hoofdgedingen aan de orde zijnde bevelen tot het verstrekken van informatie, juridische, bancaire, financiële of, meer in het algemeen, economische banden onderhoudt of kan onderhouden.

95. In de eerste plaats moet worden vastgesteld of dergelijke derden, in een situatie als aan de orde in de hoofdgedingen, het in artikel 47 van het Handvest neergelegde recht op een doeltreffende voorziening in rechte toekomt.

96. In dit verband moet worden opgemerkt dat deze derden zich, net als een rechtspersoon die over informatie beschikt en aan wie de bevoegde nationale autoriteit een bevel tot het verstrekken van die inlichtingen heeft gericht, kunnen beroepen op de bescherming die iedere natuurlijke of rechtspersoon geniet krachtens het in punt 57 van dit arrest genoemde algemene beginsel van Unierecht, tegen willekeurige of onevenredige ingrepen van het openbaar gezag in hun privésfeer, zelfs al kan de verstrekking aan een overheidsinstantie van juridische, bancaire, financiële of, meer in het algemeen, economische informatie op geen enkele wijze worden geacht hen in de kern van die activiteit te raken [zie in die zin EHRM, 16 juni 2015 (dec.), Othymia Investments BV tegen Nederland, CE:ECHR:2015:0616DEC007529210, § 37; 7 juli 2015, M. N. e.a. tegen San

Marino, CE:ECHR:2015:0707JUD002800512, §§ 51 en 54, en 22 december 2015, G.S. B. tegen Zwitserland, CE:ECHR:2015:1222JUD002860111, §§ 51 en 93].

97. Bijgevolg moet dergelijke derden erkenning toekomen van het recht op een doeltreffende voorziening in rechte in geval van een bevel tot het verstrekken van inlichtingen dat hun recht op die bescherming zou kunnen schenden.

98. Aangaande in de tweede plaats de vraag of de uitoefening van het recht op een doeltreffende voorziening in rechte dat toekomt aan de derden op wie de betrokken informatie ziet, zodanig kan worden beperkt dat zij geen rechtstreeks beroep kunnen instellen tegen een dergelijk bevel, moet ten eerste worden benadrukt dat de in de hoofdgedingen aan de orde zijnde nationale wettelijke regeling duidelijk en nauwkeurig omschrijft welke beperking zij aan de uitoefening van dat recht stelt.

99. Betreffende, ten tweede, het vereiste dat de wezenlijke inhoud van het recht op een doeltreffende voorziening in rechte wordt geëerbiedigd, moet worden opgemerkt dat de derden op wie de betrokken informatie ziet, in tegenstelling tot de bezitter van die informatie tot wie de bevoegde autoriteit van een lidstaat een bevel tot het verstrekken van inlichtingen heeft gericht, niet onderworpen zijn aan een juridische verplichting om deze informatie te verstrekken en dus ook niet aan het risico dat hun een sanctie wordt opgelegd wegens niet-nakoming van een dergelijke verplichting. Derhalve is de in de tweede zin van punt 66 van dit arrest aangehaalde rechtspraak niet op hen van toepassing.

100. Voorts is het juist dat het verstrekken van informatie betreffende deze derden aan een overheidsinstantie door de adressaat van een bevel tot het verstrekken van inlichtingen aan die overheidsinstantie, afbreuk kan doen aan het recht van die derden om te worden beschermd tegen willekeurige of onevenredige ingrepen van overheidsinstanties in hun privésfeer, en hun zodoende schade kan berokkenen.

101. Uit de rechtspraak van het Hof volgt echter dat de mogelijkheid voor een bepaalde justitiabele om in rechte op te treden teneinde vast te stellen dat de hem door het Unierecht gewaarborgde rechten zijn geschonden en vergoeding te verkrijgen van de schade die hij door die schending heeft geleden, die justitiabele een doeltreffende rechtsbescherming verzekert, mits het aangezochte gerecht beschikt over de mogelijkheid om de handeling of maatregel die aan deze schending ten grondslag ligt, te toetsen (zie in die zin arrest van 13 maart 2007, Unibet, C-432/05, EU:C:2007:163, punt 58).

102. Hieruit volgt in casu dat de eerbiediging van de wezenlijke inhoud van het recht op een doeltreffende voorziening in rechte niet vereist dat justitiabelen zoals de derden op wie de betrokken informatie ziet, maar die niet zijn onderworpen aan een juridische verplichting om die informatie te verstrekken en dus ook niet aan het risico dat hun een sanctie wordt opgelegd wegens niet-nakoming van een dergelijke verplichting, toch de mogelijkheid moeten hebben om rechtstreeks beroep in te stellen tegen het bevel tot het verstrekken van inlichtingen.

103. Ten derde moet in herinnering worden gebracht dat de in de hoofdgedingen aan de orde zijnde nationale wettelijke regeling een door de Unie erkende doelstelling van algemeen belang nastreeft, zoals is uiteengezet in de punten 86 tot en met 88 van dit arrest.

104. Zoals volgt uit de punten 90 tot en met 92 van dit arrest, moet worden geacht dat is voldaan aan het vereiste dat deze wettelijke regeling in het licht van die doelstelling noodzakelijk en evenredig is, gelet op, ten eerste, de termijnen die in acht moeten worden genomen ter waarborging van de doeltreffendheid en snelheid van de procedure voor de uitwisseling van inlichtingen die concreet gestalte geeft aan de doelstelling van bestrijding van internationale belastingfraude en -ontwijking die ten grondslag ligt aan richtlijn 2011/16, en, ten tweede, de mogelijkheid voor de betrokkenen om in rechte op te treden teneinde vast te stellen dat de hun door het Unierecht gewaarborgde rechten zijn geschonden en vergoeding te verkrijgen van de schade die zij daardoor hebben geleden.

105. Gelet op alle voorgaande overwegingen moet op de eerste vragen in de zaken C-245/19 en C-246/19 worden geantwoord dat artikel 47 van het Handvest, gelezen in samenhang met de artikelen 7 en 8 en artikel 52, lid 1, ervan, aldus moet worden uitgelegd dat:

– het zich verzet tegen de wettelijke regeling van een lidstaat tot uitvoering van de bij richtlijn 2011/16 vastgestelde procedure voor de uitwisseling van inlichtingen op verzoek, volgens welke tegen een besluit waarbij de bevoegde autoriteit van die lidstaat een bezitter van informatie gelast haar die informatie te verstrekken teneinde gevolg te geven aan een van de bevoegde autoriteit van een andere lidstaat uitgaand verzoek tot uitwisseling van inlichtingen, geen beroep kan worden ingesteld door die bezitter van informatie, en

– het zich er niet tegen verzet dat een dergelijke wettelijke regeling uitsluit dat tegen een dergelijk besluit beroep kan worden ingesteld door de belastingplichtige tegen wie in die andere lidstaat het onderzoek loopt dat aanleiding heeft gegeven tot dat verzoek, en door derden op wie de betrokken informatie ziet.

Tweede vraag in zaak C-245/19

106. Gelet op de antwoorden op de eerste vragen in de zaken C-245/19 en C-246/19 en het feit dat de tweede vragen in die zaken alleen zijn gesteld voor het geval die eerste vragen bevestigend zouden worden beantwoord, dient alleen de tweede vraag in zaak C-245/19 te worden beantwoord.

107. Met deze vraag wenst de verwijzende rechter in essentie te vernemen of artikel 1, lid 1, en artikel 5 van richtlijn 2011/16 aldus moeten worden uitgelegd dat een besluit waarbij de bevoegde autoriteit van een lidstaat een bezitter van informatie verplicht haar die informatie te verstrekken teneinde gevolg te geven aan een van de bevoegde autoriteit van een andere lidstaat uitgaand verzoek tot uitwisseling van inlichtingen, moet worden geacht, samen met dat verzoek, betrekking te hebben op informatie waarbij het niet kennelijk aan een verwacht belang ontbreekt omdat het melding maakt van de identiteit van de bezitter van de betrokken informatie, de identiteit van de belastingplichtige tegen wie het onderzoek loopt dat aanleiding heeft gegeven tot het verzoek tot uitwisseling van inlichtingen en het tijdvak waarop dat onderzoek betrekking heeft, en omdat het betrekking heeft op overeenkomsten, facturen en betalingen die niet nader zijn bepaald maar worden afgebakend door criteria die verband houden met, ten eerste, het feit dat zij zijn gesloten of gedaan door de bezitter van de informatie, ten tweede, de omstandigheid dat zij hebben plaatsgevonden in het tijdvak waarop dat onderzoek betrekking heeft en, ten derde, de band met de betrokken belastingplichtige.

108. Artikel 1, lid 1, van richtlijn 2011/16 bepaalt dat de lidstaten samenwerken met het oog op de uitwisseling van inlichtingen die naar verwachting van belang zijn voor de administratie en de handhaving van hun nationale belastingwetgeving.

109. Artikel 5 van deze richtlijn bepaalt dat, op verzoek van de nationale autoriteit die dergelijke inlichtingen wenst te ontvangen (ook nog de „verzoekende autoriteit" genoemd), de autoriteit tot wie dat verzoek is gericht (de „aangezochte autoriteit") deze inlichtingen verstrekt, in voorkomend geval nadat zij deze inlichtingen naar aanleiding van een onderzoek heeft verkregen.

110. Zoals het Hof reeds heeft opgemerkt, heeft de uitdrukking „naar verwachting van belang" in artikel 1, lid 1, van richtlijn 2011/16 tot doel om de verzoekende autoriteit in staat te stellen om alle informatie te vragen en te verkrijgen die zij redelijkerwijs relevant kan achten voor haar onderzoek, zonder haar evenwel toe te staan de reikwijdte van het onderzoek kennelijk te overschrijden of de aangezochte autoriteit een buitensporige last op te leggen (zie in die zin arrest van 16 mei 2017, Berlioz Investment Fund, C-682/15, EU:C:2017:373, punten 63 en 66-68).

111. Voorts moet deze uitdrukking worden uitgelegd in het licht van het in punt 57 van dit arrest genoemde algemeen beginsel van Unierecht inzake de bescherming van natuurlijke of rechtspersonen tegen willekeurige of onevenredige ingrepen van het openbaar gezag in hun privésfeer.

112. In dit verband moet worden opgemerkt dat de verzoekende autoriteit, die verantwoordelijk is voor het onderzoek dat aanleiding heeft gegeven tot het verzoek tot uitwisseling van inlichtingen, weliswaar over een beoordelingsmarge beschikt bij de beoordeling, op grond van de omstandigheden van het geval, van het verwachte belang van de gevraagde informatie, maar de aangezochte autoriteit niet kan verzoeken om inlichtingen die niet relevant zijn voor dat onderzoek (zie in die zin arrest van 16 mei 2017, Berlioz Investment Fund, C-682/15, EU:C:2017:373, punten 70 en 71).

113. Een bevel tot het verstrekken van inlichtingen waarbij de aangezochte autoriteit gevolg geeft aan een verzoek tot uitwisseling van inlichtingen van de verzoekende autoriteit waarmee wordt beoogd een „fishing expedition" op te zetten zoals bedoeld in overweging 9 van richtlijn 2011/16, zou dus neerkomen op een willekeurige of onevenredige ingreep van het openbaar gezag.

114. Hieruit volgt dat informatie die met het oog op een dergelijke „fishing expedition" wordt opgevraagd, hoe dan ook niet kan worden geacht „naar verwachting van belang" te zijn in de zin van artikel 1, lid 1, van richtlijn 2011/16.

115. In dit verband moet de aangezochte autoriteit nagaan of de motivering van het door de verzoekende autoriteit tot haar gerichte verzoek tot uitwisseling van inlichtingen volstaat om vast te stellen dat het de betrokken informatie niet aan een verwacht belang ontbreekt, gelet op de identiteit van de belastingplichtige tegen wie het onderzoek loopt dat aanleiding heeft gegeven tot dat verzoek, op de behoeften van een dergelijk

onderzoek en, indien het noodzakelijk is om de betrokken informatie te verkrijgen van een persoon die deze in bezit heeft, op de identiteit van deze persoon (zie in die zin arrest van 16 mei 2017, Berlioz Investment Fund, C-682/15, EU:C:2017:373, punten 76, 78, 80 en 82).

116. Indien die persoon beroep instelt tegen het tot hem gerichte bevel tot het verstrekken van inlichtingen, moet de bevoegde rechter bovendien nagaan of de motivering van dat bevel en van het verzoek dat daaraan ten grondslag ligt, volstaat om vast te stellen dat het de betrokken informatie niet kennelijk aan een verwacht belang ontbreekt, gelet op de identiteit van de betrokken belastingplichtige, de identiteit van de bezitter van de informatie en de behoeften van het betrokken onderzoek (zie in die zin arrest van 16 mei 2017, Berlioz Investment Fund, C-682/15, EU:C:2017:373, punt 86).

117. Derhalve moet op basis van deze elementen worden vastgesteld of een bevel tot het verstrekken van inlichtingen zoals het bevel dat aanleiding heeft gegeven tot het hoofdgeding in zaak C-245/19, samen met het verzoek tot uitwisseling van inlichtingen dat aan dat bevel ten grondslag ligt, betrekking heeft op informatie waarbij het niet kennelijk aan een verwacht belang ontbreekt.

118. In dit verband moet worden opgemerkt dat een dergelijk bevel, samen met een dergelijk verzoek, duidelijk betrekking heeft op informatie waarbij het niet kennelijk aan een verwacht belang ontbreekt, aangezien het melding maakt van de identiteit van de belastingplichtige tegen wie het onderzoek loopt dat aanleiding heeft gegeven tot dat verzoek, van het tijdvak waarop dat onderzoek betrekking heeft en van de identiteit van de bezitter van informatie over de overeenkomsten, facturen en betalingen die gedurende dat tijdvak zijn gesloten of gedaan en verband houden met de betrokken belastingplichtige.

119. De twijfel van de verwijzende rechter vloeit echter voort uit het feit dat dit bevel, samen met dat verzoek, betrekking heeft op overeenkomsten, facturen en betalingen die niet exact zijn aangeduid.

120. Ten eerste moet worden opgemerkt dat dit bevel, samen met dat verzoek, onbetwistbaar betrekking heeft op informatie waarbij het niet kennelijk aan een verwacht belang ontbreekt, aangezien het ziet op overeenkomsten, facturen en betalingen die gedurende het tijdvak waarop het onderzoek betrekking heeft, zijn gesloten of gedaan door de bezitter van informatie daarover, en die verband houden met de belastingplichtige tegen wie dat onderzoek loopt.

121. Ten tweede moet eraan worden herinnerd dat, zoals volgt uit punt 81 van dit arrest, zowel dat bevel als dat verzoek deel uitmaakt van de inleidende fase van het onderzoek, die tot doel heeft om informatie te verzamelen waarvan de verzoekende autoriteit veronderstellenderwijs geen nauwkeurige en volledige kennis heeft.

122. In die omstandigheden is het waarschijnlijk dat bepaalde informatie waarop wordt gedoeld in het bevel tot het verstrekken van inlichtingen dat aanleiding heeft gegeven tot het hoofdgeding in zaak C-245/19, samen met het verzoek tot uitwisseling van inlichtingen dat aan dat bevel ten grondslag ligt, uiteindelijk na afloop van het onderzoek van de verzoekende autoriteit niet relevant blijkt te zijn in het licht van de resultaten van dat onderzoek.

123. Gelet op de overwegingen in de punten 118 en 120 van dit arrest kan deze situatie echter niet betekenen dat de betrokken informatie, voor de in de punten 115 en 116 van dit arrest bedoelde controle, kan worden geacht kennelijk van geen verwacht belang te zijn en dus niet te voldoen aan de vereisten van artikel 1, lid 1, en artikel 5 van richtlijn 2011/16.

124. Gelet op alle voorgaande overwegingen moet op de tweede vraag in zaak C-245/19 worden geantwoord dat artikel 1, lid 1, en artikel 5 van richtlijn 2011/16 aldus moeten worden uitgelegd dat een besluit waarbij de bevoegde autoriteit van een lidstaat een bezitter van informatie verplicht haar die informatie te verstrekken teneinde gevolg te geven aan een van de bevoegde autoriteit van een andere lidstaat uitgaand verzoek tot uitwisseling van inlichtingen, moet worden geacht, samen met dat verzoek, betrekking te hebben op informatie waarbij het niet kennelijk aan een verwacht belang ontbreekt omdat het melding maakt van de identiteit van de bezitter van de betrokken informatie, de identiteit van de belastingplichtige tegen wie het onderzoek loopt dat aanleiding heeft gegeven tot het verzoek tot uitwisseling van inlichtingen, en het tijdvak waarop dat onderzoek betrekking heeft, en omdat het betrekking heeft op overeenkomsten, facturen en betalingen die niet nader zijn bepaald maar worden afgebakend door criteria die verband houden met, ten eerste, het feit dat zij zijn gesloten of gedaan door de bezitter van de informatie, ten tweede, de omstandigheid dat zij hebben plaatsgevonden in het tijdvak waarop dat onderzoek betrekking heeft en, ten derde, de band met de betrokken belastingplichtige.

Kosten

125. ...

Het Hof (Grote kamer)

verklaart voor recht:

1. Artikel 47 van het Handvest van de grondrechten van de Europese Unie, gelezen in samenhang met de artikelen 7 en 8 en artikel 52, lid 1, ervan, moet aldus worden uitgelegd dat:

– het zich verzet tegen de wettelijke regeling van een lidstaat tot uitvoering van de bij richtlijn 2011/16/EU van de Raad van 15 februari 2011 betreffende de administratieve samenwerking op het gebied van de belastingen en tot intrekking van richtlijn 77/799/EEG, zoals gewijzigd bij richtlijn 2014/107/EU van de Raad van 9 december 2014, vastgestelde procedure voor de uitwisseling van inlichtingen op verzoek, volgens welke tegen een besluit waarbij de bevoegde autoriteit van die lidstaat een bezitter van informatie gelast haar die informatie te verstrekken teneinde gevolg te geven aan een van de bevoegde autoriteit van een andere lidstaat uitgaand verzoek tot uitwisseling van inlichtingen, geen beroep kan worden ingesteld door die bezitter van informatie, en

– het zich er niet tegen verzet dat een dergelijke wettelijke regeling uitsluit dat tegen een dergelijk besluit beroep kan worden ingesteld door de belastingplichtige tegen wie in die andere lidstaat het onderzoek loopt dat aanleiding heeft gegeven tot dat verzoek, en door derden op wie de betrokken informatie ziet.

2. Artikel 1, lid 1, en artikel 5 van richtlijn 2011/16, zoals gewijzigd bij richtlijn 2014/107, moeten aldus worden uitgelegd dat een besluit waarbij de bevoegde autoriteit van een lidstaat een bezitter van informatie verplicht haar die informatie te verstrekken teneinde gevolg te geven aan een van de bevoegde autoriteit van een andere lidstaat uitgaand verzoek tot uitwisseling van inlichtingen, moet worden geacht, samen met dat verzoek, betrekking te hebben op informatie waarbij het niet kennelijk aan een verwacht belang ontbreekt omdat het melding maakt van de identiteit van de bezitter van de betrokken informatie, de identiteit van de belastingplichtige tegen wie het onderzoek loopt dat aanleiding heeft gegeven tot het verzoek tot uitwisseling van inlichtingen, en het tijdvak waarop dat onderzoek betrekking heeft, en omdat het betrekking heeft op overeenkomsten, facturen en betalingen die niet nader zijn bepaald maar worden afgebakend door criteria die verband houden met, ten eerste, het feit dat zij zijn gesloten of gedaan door de bezitter van de informatie, ten tweede, de omstandigheid dat zij hebben plaatsgevonden in het tijdvak waarop dat onderzoek betrekking heeft en, ten derde, de band met de betrokken belastingplichtige.

HvJ EU 8 oktober 2020, zaak C-558/19
(Impresa Pizzarotti & C SPA Italia Sucursala Cluj v. Agenția Națională de Administrare Fiscală – Direcția Generală de Administrare a Marilor Contribuabili)

Zesde kamer: *L. Bay Larsen, kamerpresident, M. Safjan en N. Jääskinen (rapporteur), rechters*

Advocaat-generaal: *J. Kokott*

1. Het verzoek om een prejudiciële beslissing betreft de uitlegging van de artikelen 49 en 63 VWEU.

2. Dit verzoek is ingediend in het kader van een geding tussen Impresa Pizzarotti & C SPA Italia Sucursala Cluj (hierna: „Impresa Pizzarotti") en Agenția Națională de Administrare Fiscală – Direcția Generală de Administrare a Marilor Contribuabili (nationale belastingdienst – directoraat-generaal grote belastingplichtigen, Roemenië; hierna: „belastingdienst") inzake de nietigverklaring van een fiscale bestuurshandeling van de belastingdienst en van de op basis van die handeling vastgestelde belastingaanslag.

Roemeens recht

3. Artikel 7 van Lege nr. 571 privind Codul fiscal (wet nr. 571/2003 inzake het belastingwetboek) van 22 december 2003 (*Monitorul Oficial al României*, deel I, nr. 927 van 23 december 2003), in de op het hoofdgeding toepasselijke versie (hierna: „belastingwetboek"), luidt:

„Voor de toepassing van deze wet, met uitzondering van titel VI, wordt verstaan onder:
[...]
20. ‚persoon': een natuurlijke of rechtspersoon;
21. ‚verbonden personen': personen van wie de onderlinge relatie valt onder ten minste een van de volgende situaties:
[...]
c. een rechtspersoon is met een andere rechtspersoon verbonden indien ten minste:
i. de eerste rechtspersoon, direct of indirect, met inbegrip van de deelnemingen van verbonden personen, ten minste 25 % van de waarde/de aandelen of van de stemrechten van de andere rechtspersoon bezit, of zeggenschap heeft over de andere rechtspersoon;
ii. de tweede rechtspersoon, direct of indirect, met inbegrip van de deelnemingen van verbonden personen, ten minste 25 % van de waarde/de aandelen of van de stemrechten van de eerste rechtspersoon bezit;
iii. een derde rechtspersoon, direct of indirect, met inbegrip van de deelnemingen van verbonden personen, ten minste 25 % van de waarde/de aandelen of stemrechten van zowel de eerste als de tweede rechtspersoon bezit.
[...]
32. ‚overdracht': verkoop, cessie of overdracht van een eigendomsrecht, ruil van een eigendomsrecht tegen diensten of tegen een ander eigendomsrecht, en overdracht van fiduciaire activa in het kader van een fiduciaire transactie in de zin van het burgerlijk wetboek."

4. Artikel 11, lid 2, van dit wetboek bepaalt:

„In het geval van een transactie tussen een Roemeense persoon en een daarmee verbonden niet-ingezetene, alsmede tussen verbonden Roemeense personen, kan de belastingdienst het bedrag van de baten of lasten van elk van die personen indien nodig aanpassen aan de marktprijs van de goederen of diensten die bij de transactie zijn geleverd. Bij het bepalen van de marktprijs van transacties tussen verbonden personen wordt gebruikgemaakt van de meest geschikte van de volgende methoden: [...]"

5. Artikel 29, lid 3, van voornoemde code luidt als volgt:

„De belastbare winst van de vaste inrichting wordt bepaald door die inrichting als een afzonderlijke persoon te behandelen en door bij de vaststelling van de marktprijs van een overdracht tussen de buitenlandse rechtspersoon en de vaste inrichting ervan de regels inzake verrekenprijzen te hanteren. Indien de vaste inrichting geen factuur heeft voor de aan haar door haar statutaire zetel toebedeelde kosten, dienen de andere onderbouwende documenten bewijzen te omvatten betreffende het daadwerkelijk dragen van de kosten en een redelijke toedeling van die kosten door de vaste inrichting, krachtens de regels inzake verrekenprijzen."

Hoofdgeding en prejudiciële vraag

6. Impresa Pizzarotti is het Roemeense filiaal van de in Italië gevestigde SC Impresa Pizzarotti & C SPA Italia (hierna: „Pizzarotti Italia").

7. Tussen 29 juli 2016 en 11 september 2017 heeft de inspectieafdeling van de belastingdienst verificaties uitgevoerd bij de vennootschapsbelastingplichtige onderneming Impresa Pizzarotti, waarbij is vastgesteld dat dat filiaal als leninggever twee leningovereenkomsten had gesloten met zijn moedermaatschappij, Pizzarotti Italia: een overeenkomst van 6 februari 2012 voor een bedrag van 11 400 000 EUR en een overeenkomst van 9 maart 2012 voor 2 300 000 EUR.

8. Uit de verwijzingsbeslissing blijkt dat deze bedragen aanvankelijk werden geleend voor een jaar met mogelijkheid van verlenging, dat de leningovereenkomsten geen beding bevatten betreffende de ontvangst van rente door Impresa Pizzarotti, en dat hoewel op 1 januari 2013 het uitstaande bedrag 11 250 000 EUR bedroeg, de twee leningen op 9 april 2014 volledig waren terugbetaald.

9. Gelet op artikel 11, lid 2, van het belastingwetboek, dat bepaalt dat transacties tussen Roemeense personen en daarmee verbonden niet-ingezeten personen onderworpen zijn aan regels inzake verrekenprijzen, en artikel 29, lid 3, van dat wetboek, dat bepaalt dat het begrip „Roemeense personen" ook een filiaal omvat dat de vaste inrichting van een niet-ingezeten persoon vormt, heeft de belastingdienst derhalve geoordeeld dat Impresa Pizzarotti, verzoekster in het hoofdgeding, moet worden beschouwd als een met Pizzarotti Italia verbonden persoon en dat voornoemde leningen tegen een marktconforme rente hadden moeten worden verstrekt overeenkomstig de regels inzake verrekenprijzen, alsof ze onder normale mededingingsvoorwaarden tot stand waren gekomen.

10. Bijgevolg heeft de belastingdienst op 20 september 2017, op basis van het belastinginspectieverslag van diezelfde dag, een aanslag opgesteld op grond waarvan Impresa Pizzarotti een aanvullende belasting van 297 141,92 Roemeense leu (RON) (ongeveer 72 400 EUR) en een verhoging van de heffingsgrondslag met 1 857 137 RON (ongeveer 452 595 EUR) verschuldigd was.

11. Bij besluit van 23 november 2017 heeft de belastingdienst het bezwaar van Impresa Pizzarotti tegen deze belastingaanslag ongegrond verklaard.

12. Laatstgenoemde heeft vervolgens de Tribunal Cluj (rechter in eerste aanleg Cluj, Roemenië) verzocht om nietigverklaring van het besluit van 23 november 2017 en de belastingaanslag van 20 september 2017.

13. In het kader van het hoofdgeding betoogt Impresa Pizzarotti in essentie dat de door de belastingdienst aangevoerde nationale bepalingen in strijd zijn met artikel 49 en artikel 63 VWEU, voor zover zij bepalen dat overdrachten van geld tussen een in een lidstaat gevestigd filiaal en de in een andere lidstaat gevestigde moedermaatschappij handelingen zijn waarop verrekenprijsregels van toepassing zijn, aangezien deze regels niet van toepassing zijn indien het filiaal en de moedermaatschappij zich op het grondgebied van dezelfde lidstaat bevinden.

14. Tegen deze achtergrond heeft de Tribunal Cluj de behandeling van de zaak geschorst en het Hof verzocht om een prejudiciële beslissing over de volgende vraag:

> „Staan artikel 49 en artikel 63 [VWEU] in de weg aan een nationale regeling als [artikel 11, lid 2, en artikel 29, lid 3, van het belastingwetboek], die voorziet in de mogelijkheid om een bancaire geldovermaking van een in een lidstaat gevestigd filiaal aan de in een andere lidstaat gevestigde moedermaatschappij te herkwalificeren als ‚inkomstengenererende transactie', met als gevolg dat de regels inzake verrekenprijzen dwingend van toepassing zijn, terwijl dezelfde transactie tussen een filiaal en een moedermaatschappij die beide in dezelfde lidstaat gevestigd zijn, niet op dezelfde wijze kan worden geherkwalificeerd en de regels inzake verrekenprijzen dan niet worden toegepast?"

Beantwoording van de prejudiciële vraag

15. Met zijn vraag wenst de verwijzende rechter in essentie te vernemen of de artikelen 49 en 63 VWEU aldus moeten worden uitgelegd dat zij zich verzetten tegen een regeling van een lidstaat krachtens welke een geldovermaking van een ingezeten filiaal aan zijn in een andere lidstaat gevestigde moedermaatschappij kan worden aangemerkt als „inkomstengenererende transactie", met als gevolg dat de regels inzake verreken-

prijzen dwingend van toepassing zijn, terwijl dezelfde transactie tussen een filiaal en een moedermaatschappij die beide in dezelfde lidstaat gevestigd zijn, niet als zodanig kan worden aangemerkt en de regels inzake verrekenprijzen in dat geval niet worden toegepast?

16. In dit verband volgt uit het aan het Hof overgelegde dossier dat het belastingwetboek met het oog op de correctie van de heffingsgrondslag regels bevat met betrekking tot de „verrekenprijzen", waarmee wordt beoogd te vermijden dat ingezeten vennootschappen aan niet-ingezeten vennootschappen producten of diensten tegen een te lage prijs of om niet leveren, waardoor hun belastbaar inkomen in Roemenië wordt verlaagd.

17. Aangezien de verwijzende rechter in zijn vraag verwijst naar zowel de vrijheid van vestiging als het vrije verkeer van kapitaal, neergelegd in respectievelijk de artikelen 49 en 63 VWEU, dient vooraf in herinnering te worden gebracht dat de oprichting door een in een lidstaat gevestigde natuurlijke of rechtspersoon van een hem volledig toebehorende vaste inrichting – zoals een filiaal – in een andere lidstaat, binnen de materiële werkingssfeer van artikel 49 VWEU valt (zie in die zin arresten van 15 mei 2008, Lidl Belgium, C-414/06, EU:C:2008:278, punt 15, en 15 september 2011, Dickinger en Ömer, C-347/09, EU:C:2011:582, punt 35).

18. In casu heeft het hoofdgeding betrekking op de invloed van de nationale regeling op de fiscale behandeling van een geldoverdracht tussen een in Roemenië gevestigd filiaal en de in een andere lidstaat gevestigde moedermaatschappij.

19. Gesteld dat de in het hoofdgeding aan de orde zijnde belastingregeling beperkingen inhoudt voor het vrije verkeer van kapitaal, dan zijn die beperkingen een onvermijdelijk gevolg van een eventuele belemmering van de vrijheid van vestiging en rechtvaardigen zij niet dat genoemde belastingregeling wordt getoetst aan artikel 63 VWEU (zie naar analogie arrest van 15 mei 2008, Lidl Belgium, C-414/06, EU:C:2008:278, punt 16 en aldaar aangehaalde rechtspraak).

20. Tegen deze achtergrond moet de in het hoofdgeding aan de orde zijnde nationale regeling alleen worden getoetst aan de bepalingen van het VWEU inzake de vrijheid van vestiging.

21. Aldus dient in herinnering te worden gebracht dat de vrijheid van vestiging, die in artikel 49 VWEU aan de onderdanen van de Europese Unie wordt toegekend, overeenkomstig artikel 54 VWEU voor de vennootschappen die in overeenstemming met de wetgeving van een lidstaat zijn opgericht en die hun statutaire zetel, hun hoofdbestuur of hun hoofdvestiging binnen de Unie hebben, het recht meebrengt om in een andere lidstaat hun bedrijfsactiviteit uit te oefenen door middel van een dochteronderneming, een filiaal of een agentschap (arresten van 14 december 2006, Denkavit Internationaal en Denkavit France, C-170/05, EU:C:2006:783, punt 20, en 21 december 2016, Masco Denmark en Damixa, C-593/14, EU:C:2016:984, punt 23 en aldaar aangehaalde rechtspraak).

22. De opheffing van de beperkingen op de vrijheid van vestiging heeft eveneens betrekking op beperkingen betreffende de oprichting van agentschappen, filialen of dochterondernemingen door de onderdanen van een lidstaat die op het grondgebied van een andere lidstaat zijn gevestigd (arrest van 14 december 2006, Denkavit Internationaal en Denkavit France, C-170/05, EU:C:2006:783, punt 21).

23. Met betrekking tot vennootschappen moet ook worden opgemerkt dat hun zetel in de zin van artikel 54 VWEU – net als de nationaliteit van natuurlijke personen – dient ter bepaling van hun binding aan de rechtsorde van een lidstaat. Indien de lidstaat van vestiging van het ingezeten filiaal vrijelijk een andere behandeling op dat filiaal zou mogen toepassen, enkel omdat de zetel van de moedermaatschappij in een andere lidstaat is gevestigd, zou daarmee aan artikel 49 VWEU iedere inhoud worden ontnomen. De vrijheid van vestiging beoogt dus het voordeel van de nationale behandeling in de lidstaat van ontvangst van het filiaal te garanderen, door elke, zelfs minieme discriminatie op grond van de plaats van de zetel van vennootschappen te verbieden (zie in die zin arrest van 14 december 2006, Denkavit Internationaal en Denkavit France, C-170/05, EU:C:2006:783, punt 22 en aldaar aangehaalde rechtspraak).

24. In dit verband dient ook in herinnering te worden gebracht dat het Hof reeds heeft geoordeeld dat een nationale regeling volgens welke de abnormale of goedgunstige voordelen die door een ingezeten vennootschap worden toegekend aan een vennootschap ten aanzien waarvan zij zich in een band van wederzijdse afhankelijkheid bevindt, enkel aan de eigen winst van eerstgenoemde vennootschap worden toegevoegd indien de verkrijgende vennootschap in een andere lidstaat is gevestigd, een beperking van de vrijheid van vestiging vormt (zie in die zin arrest van 21 januari 2010, SGI, C-311/08, EU:C:2010:26, punten 42-45).

25. Zoals de verwijzende rechter heeft aangegeven beschouwt het belastingwetboek in casu filialen alleen als afzonderlijke personen wanneer zij een vaste inrichting van een niet-ingezeten rechtspersoon zijn, waardoor de inkomsten van een filiaal alleen worden gecorrigeerd op grond van de regels inzake de verrekenprijs indien

de moedermaatschappij in een andere lidstaat is gevestigd. Zijn het filiaal en de moedermaatschappij daarentegen in Roemenië gevestigd, dan worden de inkomsten niet gecorrigeerd.

26. Hieruit volgt dat een filiaal van een niet-ingezeten vennootschap zoals Impresa Pizzarotti minder gunstig wordt behandeld dan het filiaal van een ingezeten vennootschap die soortgelijke transacties met haar moedermaatschappij verricht.

27. In deze omstandigheden moet worden vastgesteld dat een dergelijk verschil in de fiscale behandeling van filialen op grond van de plaats van de zetel van hun moedermaatschappijen, waarmee transacties zijn verricht onder tussen derden ongebruikelijke voorwaarden, een beperking van de vrijheid van vestiging in de zin van artikel 49 VWEU kan opleveren. De moedermaatschappij zou immers kunnen afzien van de verkrijging, de oprichting of het behoud van een filiaal in een andere lidstaat dan die waar zij is gevestigd, gelet op de belastingdruk die in een grensoverschrijdende situatie rust op de toekenning van tussen derden ongebruikelijke voorwaarden (zie in die zin arrest van 31 mei 2018, Hornbach-Baumarkt, C-382/16, EU:C:2018:366, punt 35).

28. Volgens vaste rechtspraak van het Hof kan een fiscale maatregel die de in artikel 49 VWEU neergelegde vrijheid van vestiging kan belemmeren enkel worden aanvaard indien die maatregel betrekking heeft op situaties die niet objectief vergelijkbaar zijn, of gerechtvaardigd kan worden door dwingende redenen van algemeen belang die door het Unierecht zijn erkend. Daarenboven moet de beperking in een dergelijk geval geschikt zijn om het nagestreefde doel te verwezenlijken en mag zij niet verder gaan dan nodig is om dat doel te bereiken (arrest van 31 mei 2018, Hornbach-Baumarkt, C-382/16, EU:C:2018:366, punt 36).

29. Uit het aan het Hof overgelegde dossier blijkt dat de in het belastingwetboek vastgestelde regels inzake verrekenprijzen tot doel hebben om te voorkomen dat de heffingsgrondslag in de staat van vestiging van de vaste inrichting van een niet-ingezeten vennootschap wordt verminderd wegens door die vaste inrichting met haar moedermaatschappij verrichte niet-marktconforme handelingen.

30. In dit verband heeft het Hof geoordeeld dat de noodzaak om een evenwichtige verdeling van de heffingsbevoegdheid tussen de lidstaten te handhaven kan worden aanvaard als rechtvaardigingsgrond voor een verschil in behandeling wanneer de onderzochte regeling ertoe strekt gedragingen te voorkomen die afbreuk kunnen doen aan het recht van een lidstaat om zijn belastingbevoegdheid uit te oefenen met betrekking tot activiteiten die op zijn grondgebied plaatsvinden (arrest van 31 mei 2018, Hornbach-Baumarkt, C-382/16, EU:C:2018:366, punt 43)

31. In casu zijn alle partijen die bij het Hof opmerkingen hebben ingediend – behalve Impresa Pizzarotti – van mening dat de beperking van de vrijheid van vestiging als gevolg van de in het hoofdgeding aan de orde zijnde Roemeense wetgeving wordt gerechtvaardigd door de noodzaak om een evenwichtige verdeling van de heffingsbevoegdheid tussen de lidstaten te waarborgen, wat, zoals blijkt uit het vorige punt, een dwingende reden van algemeen belang vormt.

32. Vastgesteld moet worden dat indien het filialen van niet-ingezeten vennootschappen zou worden toegestaan om hun winsten in de vorm van abnormale of goedgunstige voordelen over te dragen aan hun moedermaatschappijen, de evenwichtige verdeling van de heffingsbevoegdheid tussen de lidstaten ernstig in gevaar zou kunnen worden gebracht. Dit zou het stelsel van de verdeling van de heffingsbevoegdheid tussen de lidstaten als zodanig kunnen ontwrichten, aangezien de lidstaat van het filiaal dat abnormale of goedgunstige voordelen toekent, gedwongen zou zijn om af te zien van zijn recht om als staat van vestiging van deze vennootschap belasting te heffen op haar inkomsten, eventueel ten voordele van de lidstaat van vestiging van de verkrijgende moedermaatschappij (zie in die zin arrest van 21 januari 2010, SGI, C-311/08, EU:C:2010:26, punt 63).

33. Door bij de vaste inrichting belasting te heffen op basis van het veronderstelde bedrag van de vergoeding voor het voordeel dat om niet is verleend aan de moedermaatschappij, teneinde rekening te houden met het bedrag dat deze vaste inrichting als winst zou hebben moeten aangeven indien de transactie marktconform was gesloten, staat de in het hoofdgeding aan de orde zijnde regeling Roemenië toe zijn fiscale bevoegdheid uit te oefenen met betrekking tot de activiteiten die op zijn grondgebied plaatsvinden.

34. Derhalve moet worden geoordeeld dat een nationale regeling als in het hoofdgeding, die ertoe strekt te verhinderen dat in de betrokken lidstaat behaalde winsten zonder te worden belast aan de heffingsbevoegdheid van die lidstaat worden onttrokken door middel van niet-marktconforme transacties, geschikt is om het behoud van de verdeling van de heffingsbevoegdheid tussen de lidstaten te waarborgen.

35. Tegen deze achtergrond moet in de derde plaats worden nagegaan of een regeling zoals aan de orde in het hoofdgeding niet verder gaat dan nodig is om de beoogde doelstelling te bereiken.

36. In dit verband dient te worden opgemerkt dat een nationale regeling die zich ter beantwoording van de vraag of een transactie een kunstmatige constructie is die voor belastingdoeleinden is opgezet, op een onderzoek van objectieve en verifieerbare elementen baseert, moet worden geacht niet verder te gaan dan hetgeen nodig is voor het bereiken van de doelstellingen inzake de noodzaak om een evenwichtige verdeling van de heffingsbevoegdheid tussen de lidstaten te handhaven en de noodzaak om belastingontwijking te voorkomen, wanneer, in de eerste plaats, in elk geval waarin er het vermoeden bestaat dat de transactie afwijkt van wat de betrokken vennootschappen in omstandigheden van volledige mededinging zouden zijn overeengekomen, de belastingplichtige in staat wordt gesteld om zonder buitensporige administratieve moeite bewijs aan te dragen met betrekking tot de eventuele commerciële redenen waarom de transactie heeft plaatsgevonden. In de tweede plaats dient, wanneer de verificatie van dergelijke elementen tot de conclusie leidt dat de betrokken transactie afwijkt van wat de betrokken vennootschappen in omstandigheden van volledige mededinging zouden zijn overeengekomen, de fiscale correctiemaatregel te worden beperkt tot de fractie van de verrichting die verder gaat dan wat de betrokken vennootschappen zouden zijn overeengekomen indien zij zich niet in een situatie van wederzijdse afhankelijkheid zouden hebben bevonden (arrest van 21 januari 2010, SGI, C-382/08, EU:C:2010:26, punten 71 en 72).

37. In casu lijkt uit het aan het Hof overgelegde dossier te volgen dat, op grond van de op het hoofdgeding toepasselijke nationale bepalingen, de door artikel 29, lid 3, van het belastingwetboek opgelegde aanpassing van de inkomsten alleen betrekking heeft op het verschil tussen de marktprijs van de betrokken transactie, die zou gelden onder omstandigheden van volledige mededinging, en de prijs die de partijen daadwerkelijk hebben toegepast. De belastingplichtige heeft evenwel altijd de mogelijkheid om aan te tonen dat er objectieve redenen waren om de transactie af te sluiten tegen een niet-marktconforme prijs.

38. Onder voorbehoud van verificatie door de verwijzende rechter, lijkt het dus dat de in het hoofdgeding aan de orde zijnde Roemeense regeling niet verder gaat dan noodzakelijk is voor de verwezenlijking van de legitieme doelstelling die aan die regeling ten grondslag ligt.

39. Gelet op bovenstaande overwegingen moet op de prejudiciële vraag worden geantwoord dat artikel 49 VWEU aldus moet worden uitgelegd dat het zich in beginsel niet verzet tegen een regeling van een lidstaat krachtens welke een geldovermaking van een ingezeten filiaal aan zijn in een andere lidstaat gevestigde moedermaatschappij kan worden geherkwalificeerd als „inkomstengenererende transactie", met als gevolg dat de regels inzake verrekenprijzen dwingend van toepassing zijn, terwijl dezelfde transactie tussen een filiaal en een moedermaatschappij die beide in dezelfde lidstaat gevestigd zijn, niet als zodanig kan worden gekwalificeerd en de regels inzake verrekenprijzen in dat geval niet worden toegepast.

Kosten

40. ...

Het Hof (Zesde kamer)

verklaart voor recht:

Artikel 49 VWEU moet aldus worden uitgelegd dat het zich in beginsel niet verzet tegen een regeling van een lidstaat krachtens welke een geldovermaking van een ingezeten filiaal aan zijn in een andere lidstaat gevestigde moedermaatschappij kan worden geherkwalificeerd als „inkomstengenererende transactie", met als gevolg dat de regels inzake verrekenprijzen dwingend van toepassing zijn, terwijl dezelfde transactie tussen een filiaal en een moedermaatschappij die beide in dezelfde lidstaat gevestigd zijn, niet als zodanig kan worden gekwalificeerd en de regels inzake verrekenprijzen in dat geval niet worden toegepast.

HvJ EU 20 januari 2021, zaak C-484/19 (Lexel AB v. Skatteverket)

Eerste kamer: *J.-C. Bonichot, kamerpresident, L. Bay Larsen, C. Toader, M. Safjan en N. Jääskinen (rapporteur), rechters*
Advocaat-generaal: *M. Bobek*

Voorlopige editie

1. Het verzoek om een prejudiciële beslissing betreft de uitlegging van artikel 49 VWEU.

2. Dit verzoek is ingediend in het kader van een geding tussen Lexel AB, een vennootschap naar Zweeds recht, en de Skatteverk (belastingdienst, Zweden) over de weigering van de Skatteverk om Lexel de aftrek toe te staan van bepaalde rente-uitgaven die zijn betaald aan een in Frankrijk gevestigde vennootschap van dezelfde groep.

Toepasselijke bepalingen

Bepalingen inzake de rente-uitgaven

3. Krachtens het beginsel dat is neergelegd in hoofdstuk 16, § 1, van de inkomstskattelag (1999:1229) [wet (1999:1229) op de inkomstenbelasting], in de versie die van toepassing is op de feiten in het hoofdgeding (hierna: „wet op de inkomstenbelasting"), kunnen rente-uitgaven worden afgetrokken bij de heffing van belasting over de bedrijfsactiviteiten van een onderneming.

4. Op grond van hoofdstuk 24, § 10a, van de wet op de inkomstenbelasting worden de betrokken ondernemingen voor de toepassing van de §§ 10b tot en met 10f van dat hoofdstuk geacht met elkaar verbonden te zijn indien een van deze ondernemingen ten gevolge van een participatie of anderszins direct of indirect een aanzienlijke invloed uitoefent op de andere onderneming, of indien de ondernemingen voornamelijk onder een gemeenschappelijke leiding staan. Onder het begrip „ondernemingen" worden rechtspersonen verstaan.

5. In hoofdstuk 24, § 10b, van de wet op de inkomstenbelasting is bepaald dat een onderneming die deel uitmaakt van een groep verbonden ondernemingen, geen rente-uitgaven mag aftrekken die verband houden met een schuld jegens een tot die groep behorende onderneming, tenzij in § 10d of § 10e van dat hoofdstuk iets anders is bepaald.

6. Op grond van hoofdstuk 24, § 10d, eerste alinea, van de wet op de inkomstenbelasting zijn rente-uitgaven die verband houden met de in § 10b van dat hoofdstuk bedoelde schulden, aftrekbaar indien de met de rente-uitgaven overeenkomende inkomsten volgens de wetgeving van de lidstaat van vestiging van de onderneming die deel uitmaakt van de groep verbonden ondernemingen en die daadwerkelijk recht heeft op de inkomsten, tegen een tarief van ten minste 10 % zouden hebben moeten worden belast ingeval dit de enige inkomsten van die onderneming waren geweest (hierna: „10 %-regel").

7. Volgens hoofdstuk 24, § 10d, derde alinea, van de wet op de inkomstenbelasting mogen rente-uitgaven niet worden afgetrokken indien de belangrijkste reden voor het ontstaan van de schuld erin bestaat de groep verbonden ondernemingen een aanzienlijk belastingvoordeel te verschaffen (hierna: „uitzondering").

8. In hoofdstuk 24, § 10e, eerste alinea, van de wet op de inkomstenbelasting is bepaald dat zelfs indien niet aan de voorwaarde van de 10 %-regel is voldaan, rente-uitgaven die verband houden met de in § 10b van dat hoofdstuk bedoelde schulden, mogen worden afgetrokken mits de aan de rente-uitgaven ten grondslag liggende schuld voornamelijk is aangegaan uit commerciële overwegingen. Dit geldt evenwel alleen indien de onderneming die deel uitmaakt van de groep verbonden ondernemingen en die daadwerkelijk recht heeft op de met de rente-uitgaven verbonden inkomsten, gevestigd is in een tot de Europese Economische Ruimte (EER) behorende staat of in een staat waarmee het Koninkrijk Zweden een belastingverdrag heeft gesloten.

Totstandkomingsgeschiedenis van de uitzondering

9. In de totstandkomingsgeschiedenis van de uitzondering worden voor de uitlegging van deze uitzondering de volgende aanwijzingen gegeven:

– Het staat aan de onderneming die om aftrek verzoekt, aan te tonen dat de schuld niet voornamelijk uit fiscale overwegingen is aangegaan. Met „voornamelijk" wordt ongeveer 75 % of meer bedoeld. De beoordeling moet op het niveau van de groep verbonden ondernemingen worden verricht en daarbij moet rekening worden gehouden met zowel de fiscale situatie van de kredietgever als die van de kredietnemer.

– Bij de toepassing van de uitzondering moet in elk individueel geval, rekening houdend met alle relevante omstandigheden, worden beoordeeld of de belangrijkste reden voor het aangaan van de transacties en voor de totstandkoming van de contractuele verhouding erin bestaat de groep verbonden ondernemingen een aanzienlijk belastingvoordeel te verschaffen.

– Verschillende omstandigheden wijzen erop dat de uitzondering van toepassing is. In dit verband moet bijvoorbeeld worden nagegaan of een verbonden onderneming de lening is aangegaan voor de financiering van de verwerving van aandelen in een andere onderneming die deel uitmaakt van de groep verbonden ondernemingen. In die context kan het feit dat de rentevoet hoog is, een belangrijke aanwijzing vormen. Van belang is tevens om vast te stellen of de financiering had kunnen plaatsvinden door middel van kapitaalverhogingen in plaats van een lening. Voorts dient in aanmerking te worden genomen of rentebetalingen zonder gegronde reden zijn doorgesluisd via andere ondernemingen die deel uitmaken van dezelfde groep verbonden ondernemingen, alsmede of er sprake is van een situatie waarin de ondernemingen die behoren tot de groep verbonden ondernemingen, in verband met de verwerving van aandelen nieuwe vennootschappen oprichten die als belangrijkste taak hebben een leningvordering aan te houden. Tot slot, en niet uitputtend, wordt ook bijzondere aandacht besteed aan de herkomst van het kapitaal en aan de hoogte van de belasting die wordt geheven bij de ontvanger van de rente.

– Hoe dan ook geldt de uitzondering niet voor betalingen van rente over interne leningen tussen traditioneel belaste naamloze vennootschappen waartussen een recht op groepsbijdragen bestaat.

Bepalingen inzake groepsbijdragen

10. In hoofdstuk 35, §§ 1 en 3, van de wet op de inkomstenbelasting is bepaald dat een groepsbijdrage van een moedervennootschap aan een volle dochteronderneming of van een volle dochteronderneming aan een moedervennootschap onder bepaalde voorwaarden aftrekbaar is. De groepsbijdrage dient bij de ontvanger ervan als inkomsten te worden geboekt.

11. Onder „moedervennootschap" wordt volgens § 2, eerste alinea, van dat hoofdstuk een Zweedse naamloze vennootschap verstaan die meer dan 90 % van de aandelen in een andere Zweedse naamloze vennootschap in handen heeft. Volgens de tweede alinea van § 2 wordt onder „volle dochteronderneming" verstaan een vennootschap die eigendom is van de moedervennootschap.

12. In hoofdstuk 35, § 2a, van de wet op de inkomstenbelasting is bepaald dat bij de toepassing van de bepalingen inzake groepsbijdragen een vennootschap die gevestigd is in een binnen de EER gelegen lidstaat en die de tegenhanger is van een Zweedse naamloze vennootschap, als zodanig dient te worden behandeld. Dit geldt echter alleen indien de ontvanger van de groepsbijdrage in Zweden belastingplichtig is ter zake van de bedrijfsactiviteiten waarop die groepsbijdrage betrekking heeft.

13. De §§ 4 tot en met 6 van hoofdstuk 35 van de wet op de inkomstenbelasting bevatten bepalingen op grond waarvan aftrek ook wordt toegestaan voor groepsbijdragen aan een dochteronderneming die indirect eigendom is via een andere dochteronderneming, en voor groepsbijdragen tussen twee dochterondernemingen die direct of indirect eigendom zijn.

Hoofdgeding en prejudiciële vraag

14. Lexel is een Zweedse vennootschap die deel uitmaakt van de groep Schneider Electric. De moedervennootschap van de groep, die in verschillende derde staten en lidstaten actief is, is de in Frankrijk gevestigde vennootschap Schneider Electric SE.

15. Vóór de in het hoofdgeding aan de orde zijnde transactie was Schneider Electric Services International SPRL (hierna: „SESI"), een in België gevestigde vennootschap, voor 85 % eigendom van Schneider Electric Industries SAS, een in Frankrijk gevestigde vennootschap van de groep Schneider Electric, en voor 15 % eigendom van Schneider Electric España SA (hierna: „SEE"), een in Spanje gevestigde vennootschap van die groep.

16. In december 2011 heeft Lexel 15 % van de aandelen in SESI die in handen waren van SEE, verworven nadat zij eerst een lening was aangegaan bij Bossière Finances SNC (hierna: „BF"), een interne bank van de groep Schneider Electric. Ten tijde van de feiten van het hoofdgeding maakte BF deel uit van een fiscale eenheid die bestond uit ongeveer zestig in Frankrijk gevestigde vennootschappen van die groep.

17. Lexel, BF, SESI en SEE zijn allemaal, direct of indirect, dochterondernemingen van Schneider Electric Industries.

18. Lexel heeft in 2013 en 2014 aan BF rente over de aangegane lening betaald ten belope van respectievelijk 58 miljoen Zweedse kronen (SEK) (ongeveer 5,5 miljoen EUR) en 62 miljoen SEK (ongeveer 5,9 miljoen EUR).

BF heeft de ontvangen rente gebruikt om de verliezen te compenseren die waren geleden ten gevolge van de activiteiten van de in Frankrijk gevestigde ondernemingen die deel uitmaakten van de fiscale eenheid.

19. Lexel heeft verklaard dat zij de aandelen van SEE in SESI had gekocht omdat SEE kapitaal nodig had voor de financiering van de verwerving van een vennootschap die niet tot de groep Schneider Electric behoorde. Deze verwerving was voornamelijk met leningen bekostigd. Teneinde haar financieringskosten te beperken, had SEE besloten om haar aandelen in SESI te verkopen en de leningen terug te betalen die zij in dat verband was aangegaan.

20. Volgens Lexel had de verwerving van de aandelen in SESI niet tot doel de groep Schneider Electric een belastingvoordeel te verschaffen en vloeide er geen enkel belastingvoordeel voort uit het feit dat BF de rente-inkomsten kon verrekenen met verliezen waartoe de Franse activiteiten van die groep aanleiding gaven. Na verloop van tijd zouden die rente-inkomsten tegen een hoger tarief worden belast dan het tarief dat in Zweden geldt.

21. In dit verband bedroeg het Franse tarief van de vennootschapsbelasting in de jaren 2013 en 2014 34,43 %. Er werd echter geen belasting geheven over de in die jaren ontvangen rente-inkomsten, omdat de betreffende fiscale eenheid toen een verlies had geboekt. Het Zweedse tarief van de vennootschapsbelasting bedroeg voor diezelfde jaren 22 %.

22. Nadat de belastingdienst had bevestigd dat de 10 %-regel van toepassing was, heeft hij niettemin met een beroep op de uitzondering geweigerd om toe te staan dat de rente-uitgaven die verband hielden met de door BF verstrekte lening, zouden worden afgetrokken. Volgens de belastingdienst waren de transacties in kwestie verricht om de rente-uitgaven voor de verwerving van de aandelen in SESI te kunnen aftrekken in Zweden in plaats van in Spanje en aldus een aanzienlijk belastingvoordeel te genieten. De belastingdienst was tevens van mening dat de uitzondering verenigbaar was met artikel 49 VWEU inzake de vrijheid van vestiging.

23. Lexel heeft tegen het besluit van de belastingdienst beroep ingesteld bij de Förvaltningsrätt i Stockholm (bestuursrechter in eerste aanleg Stockholm, Zweden).

24. De Förvaltningsrätt i Stockholm heeft ingestemd met de zienswijze van de belastingdienst dat de aftrekken in kwestie moesten worden geweigerd op grond van de uitzondering. Die rechter merkte evenwel op dat deze uitzondering niet zou kunnen zijn toegepast indien BF in Zweden gevestigd was geweest. In dat geval zouden Lexel en BF onderling groepsbijdragen hebben kunnen verstrekken overeenkomstig hoofdstuk 35 van de wet op de inkomstenbelasting, zonder dat daaruit kon worden afgeleid dat er sprake was van een aanzienlijk belastingvoordeel. In zoverre heeft die rechter geoordeeld dat de toepassing van de uitzondering leidde tot een beperking van de vrijheid van vestiging, die in casu echter gerechtvaardigd kon worden.

25. Lexel heeft hoger beroep ingesteld bij de Kammarrätt i Stockholm (bestuursrechter in tweede aanleg Stockholm, Zweden). Die rechter heeft overwogen dat de uitzondering van toepassing was op de betreffende transacties, terwijl hij – net zoals de Förvaltningsrätt i Stockholm – van oordeel was dat de toepassing van die uitzondering een beperking van de vrijheid van vestiging met zich meebracht, die evenwel kon worden gerechtvaardigd door de bestrijding van belastingontwijking en het streven naar een evenwichtige verdeling van de heffingsbevoegdheid tussen de lidstaten.

26. Lexel heeft hogere voorziening ingesteld bij de Högsta förvaltningsdomstol (hoogste bestuursrechter, Zweden), die de hogere voorziening heeft toegelaten voor zover zij betrekking heeft op de vrijheid van vestiging en meer bepaald op de vraag of de toepassing van de uitzondering in strijd is met het Unierecht. In het kader van de toegelaten hogere voorziening wordt niet onderzocht of de voorwaarden voor de toepassing van die uitzondering in casu zijn vervuld, aangezien deze kwestie wordt aangehouden totdat het antwoord op de prejudiciële verwijzing is ontvangen. In dit verband wenst de verwijzende rechter te vernemen of de toepassing van de uitzondering een beperking van de vrijheid van vestiging in de zin van artikel 49 VWEU vormt en, zo ja, of deze beperking eventueel wordt gerechtvaardigd.

27. Onder verwijzing naar de totstandkomingsgeschiedenis van de uitzondering beklemtoont de verwijzende rechter dat het algemene doel van de uitzondering erin bestaat agressieve fiscale planning door middel van renteaftrek te voorkomen. Dit doel vormt in verband met de bestrijding van belastingfraude een rechtvaardigingsgrond die onder bepaalde voorwaarden wordt aanvaard in de rechtspraak van het Hof.

28. Voorts merkt de verwijzende rechter op dat het Hof in verschillende arresten heeft geoordeeld dat het met de vrijheid van vestiging verenigbaar is dat buiten de betrokken lidstaat gevestigde vennootschappen die deel uitmaken van dezelfde groep, worden uitgesloten van de werkingssfeer van de bepalingen inzake consolidatie van de resultaten binnen een groep. In de zaak die heeft geleid tot het arrest van 22 februari 2018, X en

X (C-398/16 en C-399/16, EU:C:2018:110, punten 39-42), die betrekking had op de Nederlandse regels inzake renteaftrek, heeft het Hof echter geoordeeld dat buiten de betrokken lidstaat gevestigde groepsvennootschappen niet mogen worden uitgesloten van de belastingvoordelen die niet specifiek verband houden met dergelijke consolidatieregelingen, en dat het uit die regels voortvloeiende verschil in behandeling een ongerechtvaardigde belemmering van de vrijheid van vestiging vormt.

29. Hoewel de Zweedse regels inzake groepsbijdragen en de Nederlandse regels inzake fiscale eenheden theoretisch verwant zijn, verschillen zij aanzienlijk wat hun praktische consequenties betreft. De verwijzende rechter is dan ook van oordeel dat deze omstandigheid van invloed is op de toepassing van de in voornoemd arrest uitgewerkte oplossing.

30. In deze omstandigheden heeft de Högsta förvaltningsdomstol de behandeling van de zaak geschorst en het Hof verzocht om een prejudiciële beslissing over de volgende vraag:

> „Is het met artikel 49 VWEU verenigbaar dat het een Zweedse vennootschap niet wordt toegestaan rente af te trekken die wordt betaald aan een in een andere lidstaat gevestigde vennootschap die deel uitmaakt van dezelfde groep verbonden ondernemingen, waarbij de grond voor deze weigering bestaat in de aanname dat de schuldverhouding voornamelijk tot stand is gebracht om de groep verbonden ondernemingen een aanzienlijk belastingvoordeel te verschaffen, terwijl niet tot het bestaan van een dergelijk belastingvoordeel zou zijn besloten indien beide vennootschappen Zweeds waren geweest, omdat zij in dat geval onder de bepalingen inzake groepsbijdragen zouden zijn gevallen?"

Beantwoording van de prejudiciële vraag

31. Met zijn vraag wenst de verwijzende rechter in wezen te vernemen of artikel 49 VWEU aldus moet worden uitgelegd dat het in de weg staat aan een nationale regeling als die welke in het hoofdgeding aan de orde is, op grond waarvan een in een lidstaat gevestigde vennootschap geen rente mag aftrekken die is betaald aan een in een andere lidstaat gevestigde vennootschap die deel uitmaakt van dezelfde groep, waarbij de grond voor deze weigering bestaat in de aanname dat de schuldverhouding voornamelijk tot stand is gebracht om een aanzienlijk belastingvoordeel te verkrijgen, terwijl niet tot het bestaan van een dergelijk belastingvoordeel zou zijn besloten indien beide vennootschappen in de eerstgenoemde lidstaat gevestigd waren geweest, omdat zij in dat geval onder de bepalingen inzake groepsbijdragen zouden zijn gevallen.

32. Met andere woorden, de vraag wordt gesteld of een dergelijke regeling een met artikel 49 VWEU strijdige beperking van de vrijheid van vestiging vormt.

33. Om te beginnen zij eraan herinnerd dat artikel 49 VWEU voorschrijft dat beperkingen van de vrijheid van vestiging voor onderdanen van een lidstaat op het grondgebied van een andere lidstaat worden opgeheven. Voor vennootschappen die in overeenstemming met de wettelijke regeling van een lidstaat zijn opgericht en die hun statutaire zetel, hun hoofdbestuur of hun hoofdvestiging binnen de Unie hebben, strekt die vrijheid zich uit tot het recht om in andere lidstaten hun activiteit uit te oefenen door middel van een dochteronderneming, een filiaal of een agentschap (zie in die zin de arresten van 21 mei 2015, Verder LabTec, C-657/13, EU:C:2015:331, punt 32; 2 september 2015, Groupe Steria, C-386/14, EU:C:2015:524, punt 14, en 22 februari 2018, X en X, C-398/16 en C-399/16, EU:C:2018:110, punt 18).

34. Een uit de wettelijke regeling van een lidstaat voortvloeiend verschil in behandeling ten nadele van vennootschappen die gebruikmaken van hun vrijheid van vestiging, vormt echter geen belemmering van deze vrijheid indien dat verschil betrekking heeft op situaties die objectief gesproken niet vergelijkbaar zijn of indien het door dwingende redenen van algemeen belang wordt gerechtvaardigd en evenredig is aan het nagestreefde doel (arresten van 12 december 2006, Test Claimants in the FII Group Litigation, C-446/04, EU:C:2006:774, punt 167; 25 februari 2010, X Holding, C-337/08, EU:C:2010:89, punt 20, en 22 februari 2018, X en X, C-398/16 en C-399/16, EU:C:2018:110, punt 20).

Verschil in behandeling

35. In hoofdstuk 24, § 10b, van de wet op de inkomstenbelasting is bepaald dat een onderneming die deel uitmaakt van een groep verbonden ondernemingen, geen rente-uitgaven mag aftrekken die verband houden met een schuld jegens een tot die groep behorende onderneming, tenzij in § 10d of § 10e van dat hoofdstuk iets anders is bepaald.

36. Op grond van de 10 %-regel zijn de rente-uitgaven die verband houden met de in hoofdstuk 24, § 10b, van de wet op de inkomstenbelasting bedoelde schulden aftrekbaar indien de met de rente-uitgaven overeenkomende inkomsten volgens de wettelijke regeling van de lidstaat van vestiging van de onderneming die deel

uitmaakt van de groep verbonden ondernemingen en die daadwerkelijk recht heeft op de inkomsten, tegen een tarief van ten minste 10 % hadden moeten worden belast mits dit de enige inkomsten van die onderneming waren geweest. In hoofdstuk 24, § 10e, eerste alinea, van die wet is evenwel bepaald dat het feit dat niet aan de voorwaarde van de 10 %-regel is voldaan, er niet aan in de weg staat dat die rente-uitgaven worden afgetrokken, mits de aan die rente-uitgaven ten grondslag liggende schuld voornamelijk is aangegaan uit commerciële overwegingen en de onderneming die deel uitmaakt van de groep verbonden ondernemingen en die daadwerkelijk recht heeft op de met de rente-uitgaven overeenkomende inkomsten gevestigd is in een tot de EER behorende staat.

37. Evenzo houdt de uitzondering in dat de rente-uitgaven niet mogen worden afgetrokken indien de belangrijkste reden voor het ontstaan van de schuldverhouding erin bestaat de groep verbonden ondernemingen een aanzienlijk belastingvoordeel te verschaffen. Volgens de totstandkomingsgeschiedenis van de uitzondering rust de bewijslast dat de schuld niet voornamelijk – dat wil zeggen voor 75 % of meer – uit fiscale overwegingen is aangegaan, op de onderneming die om aftrek verzoekt.

38. Daarnaast is in hoofdstuk 35 van de wet op de inkomstenbelasting bepaald dat een groepsbijdrage van een moedervennootschap aan een volle dochteronderneming of van een volle dochteronderneming aan een moedervennootschap, alsmede een groepsbijdrage aan een dochteronderneming die indirect eigendom is via een andere dochteronderneming en een groepsbijdrage tussen twee dochterondernemingen die direct of indirect eigendom zijn, onder bepaalde voorwaarden aftrekbaar zijn. Deze regel geldt echter enkel indien de ontvanger van de groepsbijdrage in Zweden belastingplichtig is ter zake van de bedrijfsactiviteiten waarop de groepsbijdrage betrekking heeft.

39. In casu heeft Lexel de verwerving van aandelen in SESI, een vennootschap die deel uitmaakt van dezelfde groep als zijzelf, bekostigd door middel van een lening die zij is aangegaan bij BF, een andere tot die groep behorende vennootschap. Hoewel de rente die Lexel aan BF heeft betaald in overeenstemming was met de 10 %-regel, heeft de belastingdienst met een beroep op de uitzondering geweigerd Lexel toe te staan om de aan die lening verbonden rente-uitgaven af te trekken, waarbij hij beklemtoonde dat de belangrijkste reden voor de betreffende transactie erin bestond een aanzienlijk belastingvoordeel te verkrijgen.

40. Volgens het dossier waarover het Hof beschikt, zou Lexel de aan die lening verbonden rente-uitgaven hebben kunnen aftrekken indien BF in Zweden gevestigd was geweest. Volgens de door de verwijzende rechter verstrekte toelichting kan een vennootschap groepsbijdragen aan een vennootschap van dezelfde groep aftrekken van haar belastbaar inkomen indien laatstgenoemde vennootschap in Zweden belastingplichtig is. In dat geval is het dus zinloos om bij een andere vennootschap van de groep een lening aan te gaan met als enige doel de aan die lening verbonden rente-uitgaven te kunnen aftrekken. Daarom staat de uitzondering nooit in de weg aan aftrek van rente-uitgaven die voortvloeien uit een lening die is aangegaan bij een andere in Zweden gevestigde vennootschap van de groep. De uitzondering is echter wel van toepassing wanneer de begunstigden van de rente-uitgaven in een andere lidstaat zijn gevestigd.

41. Gelet op een en ander moet worden vastgesteld dat er in casu een verschil in behandeling bestaat dat negatieve gevolgen heeft voor de gebruikmaking van de vrijheid van vestiging door vennootschappen.

42. Een dergelijk verschil in behandeling kan echter verenigbaar zijn met artikel 49 VWEU wanneer het betrekking heeft op situaties die objectief gesproken niet vergelijkbaar zijn of indien het door dwingende redenen van algemeen belang wordt gerechtvaardigd en evenredig is aan de nagestreefde doelstelling.

Vergelijkbaarheid van de situaties

43. De vergelijkbaarheid van de grensoverschrijdende en de binnenlandse situatie moet worden onderzocht in het licht van het doel en de inhoud van de betreffende nationale bepalingen (arrest van 22 februari 2018, X en X, C-398/16 en C-399/16, EU:C:2018:110, punt 33 en aldaar aangehaalde rechtspraak).

44. Geoordeeld dient te worden dat, zoals de Europese Commissie in haar schriftelijke opmerkingen heeft naar voren gebracht, de situatie waarin een in een lidstaat gevestigde vennootschap rente betaalt over een lening die is aangegaan bij een in een andere lidstaat gevestigde vennootschap die deel uitmaakt van dezelfde groep, ten aanzien van de betaling van rente niet verschilt van de situatie waarin de ontvanger van de rente een in dezelfde lidstaat – in casu Zweden – gevestigde vennootschap van de groep is.

45. Derhalve moet worden onderzocht of het in het hoofdgeding aan de orde zijnde verschil in behandeling kan worden gerechtvaardigd door dwingende redenen van algemeen belang.

Rechtvaardigingsgronden

46. Volgens vaste rechtspraak is een beperking van de vrijheid van vestiging slechts toelaatbaar wanneer zij gerechtvaardigd wordt door dwingende redenen van algemeen belang. Bovendien moet in dat geval de beperking geschikt zijn om de nagestreefde doelstellingen te verwezenlijken en mag zij niet verder gaan dan nodig is om deze doelstellingen te bereiken (zie onder meer arresten van 13 december 2005, Marks & Spencer, C-446/03, EU:C:2005:763, punt 35; 12 september 2006, Cadbury Schweppes en Cadbury Schweppes Overseas, C-196/04, EU:C:2006:544, punt 47, en 13 maart 2007, Test Claimants in the Thin Cap Group Litigation, C-524/04, EU:C:2007:161, punt 64).

47. Ter rechtvaardiging benadrukt de belastingdienst, daarin ondersteund door de Zweedse en de Nederlandse regering, dat de uitzondering dient bij te dragen tot de bestrijding van belastingfraude en -ontwijking, alsmede de evenwichtige verdeling van de heffingsbevoegdheid tussen de lidstaten moet waarborgen.

48. In de eerste plaats dient te worden beoordeeld of het in het hoofdgeding aan de orde zijnde verschil in behandeling kan worden gerechtvaardigd door overwegingen die verband houden met de bestrijding van belastingfraude en -ontwijking.

49. Een beperking van de vrijheid van vestiging als bedoeld in artikel 49 VWEU kan slechts door dergelijke overwegingen worden gerechtvaardigd indien zij er specifiek toe strekt gedragingen te verhinderen waarbij volstrekt kunstmatige constructies worden opgezet die geen verband houden met de economische realiteit en bedoeld zijn om de belasting te ontwijken die normaal gesproken verschuldigd is over winsten uit activiteiten op het nationale grondgebied (zie in die zin arresten van 12 september 2006, Cadbury Schweppes en Cadbury Schweppes Overseas, C-196/04, EU:C:2006:544, punt 55, en 22 februari 2018, X en X, C-398/16 en C-399/16, EU:C:2018:110, punt 46).

50. Daarnaast moet ten eerste, met het oog op de vaststelling of een transactie een volkomen kunstmatige constructie is die alleen voor belastingdoeleinden is opgezet, de belastingplichtige in staat worden gesteld om zonder buitensporige administratieve lasten bewijs aan te dragen met betrekking tot de eventuele commerciële redenen waarom die transactie is verricht (arrest van 13 maart 2007, Test Claimants in the Thin Cap Group Litigation, C-524/04, EU:C:2007:161, punt 82).

51. Ten tweede vereist het evenredigheidsbeginsel – mocht het onderzoek van dat bewijs tot de slotsom leiden dat de betreffende transactie een louter kunstmatige constructie is waaraan geen echte commerciële redenen ten grondslag liggen – dat de weigering van het recht op aftrek wordt beperkt tot het deel van de rente dat uitgaat boven het bedrag dat zou zijn overeengekomen indien er tussen de partijen bijzondere betrekkingen bestonden (arrest van 13 maart 2007, Test Claimants in the Thin Cap Group Litigation, C-524/04, EU:C:2007:161, punt 83).

52. In casu blijkt uit de gegevens van het dossier waarover het Hof beschikt dat de uitzondering tot doel heeft agressieve fiscale planning door middel van aftrek van rente-uitgaven tegen te gaan, en dat zij uitdrukkelijk betrekking heeft op elk „aanzienlijk belastingvoordeel". In dit verband dient de vennootschap die om een aftrek van rente-uitgaven verzoekt, aan te tonen dat de schuld niet voornamelijk – dat wil zeggen voor 75 % of meer – uit fiscale overwegingen is aangegaan.

53. Het specifieke doel van de uitzondering bestaat niet in de bestrijding van volstrekt kunstmatige constructies, noch is de toepassing ervan beperkt tot dergelijke constructies. Zoals de belastingdienst ter terechtzitting in wezen heeft erkend, betreft die uitzondering namelijk schulden die voortvloeien uit civielrechtelijke transacties, zonder dat zij echter uitsluitend betrekking heeft op fictieve constructies. Volgens de beoordeling van de met de betreffende transactie nagestreefde doelstellingen door de belastingdienst kunnen bijgevolg ook transacties die tegen marktconforme voorwaarden zijn aangegaan – dat wil zeggen tegen voorwaarden die vergelijkbaar zijn met die welke tussen onafhankelijke ondernemingen zouden gelden – binnen de werkingssfeer van de uitzondering vallen.

54. Het fictieve aspect van de betreffende transactie vormt met andere woorden geen beslissende voorwaarde om het recht op aftrek te weigeren, aangezien het voornemen van de betrokken vennootschap om voornamelijk uit fiscale overwegingen een schuld aan te gaan voldoende is om de weigering van het recht op aftrek te rechtvaardigen. Een transactie wordt geacht voornamelijk uit fiscale overwegingen te zijn aangegaan, wanneer zij voor meer dan een bepaald percentage – namelijk 75 % – uit die overwegingen is verricht.

55. Dat een vennootschap in een grensoverschrijdende situatie rente wenst af te trekken zonder dat er enige kunstmatige overdracht plaatsvindt, kan echter geen rechtvaardiging vormen voor een maatregel die inbreuk maakt op de vrijheid van vestiging als bedoeld in artikel 49 VWEU.

56. Vastgesteld moet worden dat transacties die tegen marktconforme voorwaarden zijn aangegaan en dus geen volkomen kunstmatige of fictieve constructies vormen die alleen zijn opgezet om de belasting te ontwijken die normaal gesproken verschuldigd is over winsten uit activiteiten op het nationale grondgebied, binnen de werkingssfeer van de uitzondering kunnen vallen.

57. Derhalve kan de rechtvaardigingsgrond die verband houdt met de bestrijding van belastingfraude en -ontwijking, niet worden aanvaard.

58. In de tweede plaats moet worden onderzocht of het in het hoofdgeding aan de orde zijnde verschil in behandeling kan worden gerechtvaardigd door de noodzaak om de verdeling van de heffingsbevoegdheid tussen de lidstaten te waarborgen.

59. Zoals het Hof herhaaldelijk heeft geoordeeld, kan de noodzaak om een evenwichtige verdeling van de heffingsbevoegdheid tussen de lidstaten te waarborgen aanvaardbaar zijn als rechtvaardigingsgrond wanneer de betreffende regeling ertoe strekt gedragingen te voorkomen die afbreuk kunnen doen aan het recht van een lidstaat om zijn belastingbevoegdheid uit te oefenen met betrekking tot activiteiten die op zijn grondgebied worden verricht (zie met name arresten van 13 december 2005, Marks & Spencer, C-446/03, EU:C:2005:763, punt 46, en 31 mei 2018, Hornbach-Baumarkt, C-382/16, EU:C:2018:366, punt 43 en aldaar aangehaalde rechtspraak).

60. Voor een evenwichtige verdeling van de heffingsbevoegdheid tussen de lidstaten kan het noodzakelijk zijn om op de bedrijfsactiviteiten van de in een van die lidstaten gevestigde vennootschappen, zowel wat de winsten als wat de verliezen betreft, uitsluitend de fiscale regels van die lidstaat toe te passen (arresten van 15 mei 2008, Lidl Belgium, C-414/06, EU:C:2008:278, punt 31, en 21 januari 2010, SGI, C-311/08, EU:C:2010:26, punt 61).

61. Het Hof heeft de evenwichtige verdeling van de heffingsbevoegdheid tussen de lidstaten onder meer als rechtvaardigingsgrond aanvaard wanneer voor de toegang tot een bijzondere belastingregeling een woonplaatsvereiste geldt teneinde te voorkomen dat de belastingplichtige vrijelijk kan kiezen in welke staat winsten worden belast of verliezen in aanmerking worden genomen, alsmede dat hij de mogelijkheid heeft om de belastinggrondslag naar eigen goeddunken te verplaatsen tussen lidstaten (zie in die zin arresten van 18 juli 2007, Oy AA, C-231/05, EU:C:2007:439, punt 56; 21 januari 2010, SGI, C-311/08, EU:C:2010:26, punt 62 en aldaar aangehaalde rechtspraak, en 25 februari 2010, X Holding, C-337/08, EU:C:2010:89, punten 29-33).

62. Om deze redenen heeft het Hof geoordeeld dat de consolidatie, op het niveau van de moedervennootschap, van de winsten en verliezen van de vennootschappen die een fiscale eenheid vormen, een voordeel inhoudt ten aanzien waarvan het gerechtvaardigd is dat het wordt voorbehouden aan ingezeten vennootschappen, gelet op de noodzaak om de verdeling van de heffingsbevoegdheid tussen de lidstaten in stand te houden (zie in die zin arrest van 25 februari 2010, X Holding, C-337/08, EU:C:2010:89, punten 29-33).

63. Wat andere belastingvoordelen dan de overdracht van winsten of verliezen binnen een fiscaal geïntegreerde groep betreft, moet evenwel afzonderlijk worden onderzocht of een lidstaat die voordelen kan voorbehouden aan vennootschappen die deel uitmaken van een dergelijke groep en die voordelen dus kan uitsluiten in grensoverschrijdende situaties (zie in die zin arrest van 2 september 2015, Groupe Steria, C-386/14, EU:C:2015:524, punten 27 en 28).

64. Overeenkomstig die rechtspraak heeft het Hof in zijn arrest van 22 februari 2018, X en X (C-398/16 en C-399/16, EU:C:2018:110, punten 40 en 41), – waaraan de verwijzende rechter overigens heeft gerefereerd – geoordeeld dat de Nederlandse regels inzake de aftrek van rente niet konden worden gerechtvaardigd door de noodzaak om een evenwichtige verdeling van de heffingsbevoegdheid te waarborgen. Dit was met name het geval omdat er in de zaak die heeft geleid tot dat arrest, anders dan bij de algemene verrekening tussen de kosten en winsten van de fiscale eenheid, sprake was van een voordeel dat niet specifiek verband hield met het belastingstelsel dat op dergelijke eenheden van toepassing is.

65. Zoals de verwijzende rechter heeft opgemerkt, is het onderscheid tussen de regels die in het arrest van 22 februari 2018, X en X (C-398/16 en C-399/16, EU:C:2018:110), zijn onderzocht, en de regels die in het hoofdgeding aan de orde zijn, gelegen in het feit dat volgens de regels die aan de orde waren in de zaak die tot dat arrest heeft geleid, de voorwaarden voor aftrek verschilden naargelang de verworven vennootschap al dan niet deel uitmaakte van dezelfde fiscale eenheid als de verwervende vennootschap. In het hoofdgeding is het verschil in behandeling in de praktijk daarentegen gebaseerd op een vereiste dat verband houdt met de plaats van vestiging van de vennootschap die de lening verstrekt, en is dat vereiste bepalend voor de niet-toepasselijkheid van de uitzondering. Het voordeel waarop Lexel in casu aanspraak maakt, mag evenwel niet worden verward met het voordeel dat de consolidatie binnen een fiscale eenheid oplevert. Het hoofdgeding heeft bij-

gevolg betrekking op de mogelijkheid om rente-uitgaven in aftrek te brengen, en niet op de algemene verrekening tussen verliezen en winsten die inherent is aan een fiscale eenheid.

66. Hoe dan ook kunnen de verschillen in de tenuitvoerlegging van de betreffende regels in de respectieve nationale belastingstelsels geen invloed hebben op het onderzoek van de vraag of het in het hoofdgeding aan de orde zijnde verschil in behandeling kan worden gerechtvaardigd door de noodzaak om een evenwichtige verdeling van de heffingsbevoegdheid tussen de lidstaten te waarborgen.

67. In dit verband moet worden gepreciseerd dat uit de totstandkomingsgeschiedenis van de uitzondering blijkt dat deze uitzondering uitdrukkelijk tot doel heeft te voorkomen dat de Zweedse belastinggrondslag wordt uitgehold, hetgeen zou kunnen voortvloeien uit de fiscale planning die samenhangt met de aftrek van rente-uitgaven in een grensoverschrijdende situatie. Dat doel mag echter niet worden verward met de noodzaak om de evenwichtige verdeling van de heffingsbevoegdheid tussen de lidstaten te waarborgen.

68. In herinnering dient namelijk te worden gebracht dat de derving van belastingopbrengsten niet kan worden aangemerkt als een dwingende reden van algemeen belang die kan worden ingeroepen ter rechtvaardiging van een maatregel die in beginsel in strijd is met een fundamentele vrijheid (zie onder meer arrest van 13 december 2005, Marks & Spencer, C-446/03, EU:C:2005:763, punt 44 en aldaar aangehaalde rechtspraak). Indien het tegendeel werd aanvaard, zouden de lidstaten in feite de vrijheid van vestiging op die grondslag kunnen beperken.

69. Daarbij komt dat de rente waarvoor Lexel om aftrek heeft verzocht – zoals ter terechtzitting is opgemerkt – aftrekbaar zou zijn geweest indien BF geen vennootschap was geweest die deel uitmaakte van dezelfde groep verbonden ondernemingen. Wanneer de voorwaarden voor een grensoverschrijdende transactie binnen de groep en de voorwaarden voor een grensoverschrijdende transactie buiten de groep marktconform zijn, bestaat er geen verschil tussen deze transacties vanuit het oogpunt van de evenwichtige verdeling van de heffingsbevoegdheid tussen de lidstaten.

70. Hieruit volgt dat de rechtvaardigingsgrond die berust op het waarborgen van een evenwichtige verdeling van de heffingsbevoegdheid tussen de lidstaten, niet kan worden aanvaard.

71. In de derde plaats moet worden onderzocht of de in het hoofdgeding aan de orde zijnde regeling – zoals de belastingdienst alsook de Zweedse en de Nederlandse regering in wezen aanvoeren – kan worden gerechtvaardigd door tegelijkertijd rechtvaardigingsgronden in aanmerking te nemen die verband houden met de bestrijding van belastingontduiking en -ontwijking en die verband houden met het waarborgen van een evenwichtige verdeling van de heffingsbevoegdheid tussen de lidstaten.

72. Het is juist dat het Hof reeds heeft geoordeeld dat een nationale wettelijke regeling die niet specifiek tot doel heeft om het bij die regeling toegekende belastingvoordeel te ontzeggen aan volstrekt kunstmatige constructies – die geen verband houden met de economische realiteit en opgezet zijn om de belasting te ontwijken die normaal gesproken verschuldigd is over winsten uit activiteiten op het nationale grondgebied – niettemin kan worden geacht te worden gerechtvaardigd door de doelstelling belastingontwijking te voorkomen, samen met de doelstelling de evenwichtige verdeling van de heffingsbevoegdheid tussen de lidstaten te waarborgen (zie in die zin arrest van 21 januari 2010, SGI, C-311/08, EU:C:2010:26, punt 66 en aldaar aangehaalde rechtspraak).

73. Beklemtoond dient evenwel te worden dat het Hof in zeer specifieke situaties heeft aanvaard dat die rechtvaardigingsgronden gezamenlijk in aanmerking worden genomen. Die situaties doen zich namelijk voor wanneer de bestrijding van belastingontwijking een bijzonder aspect van het algemeen belang vormt dat verband houdt met de noodzaak om een evenwichtige verdeling van de heffingsbevoegdheid tussen de lidstaten te waarborgen (zie in die zin arresten van 18 juli 2007, Oy AA, C-231/05, EU:C:2007:439, punten 58 en 59, en 21 januari 2010, SGI, C-311/08, EU:C:2010:26, punt 67).

74. Zoals het Hof in herinnering heeft gebracht, vormen het waarborgen van de evenwichtige verdeling van de heffingsbevoegdheid tussen de lidstaten en het voorkomen van belastingontduiking met elkaar samenhangende doelstellingen. Gedragingen waarbij volstrekt kunstmatige constructies worden opgezet die geen verband houden met de economische realiteit en bedoeld zijn om de belasting te ontwijken die normaal gesproken verschuldigd is over winsten uit activiteiten op het nationale grondgebied, kunnen namelijk inbreuk maken op het recht van de lidstaten om hun belastingbevoegdheid uit te oefenen ten aanzien van die activiteiten en kunnen aldus een evenwichtige verdeling van de heffingsbevoegdheid tussen de lidstaten aantasten (arrest van 18 juli 2007, Oy AA, C-231/05, EU:C:2007:439, punt 62).

75. Op basis daarvan heeft het Hof kunnen vaststellen dat de betreffende maatregelen – met name gelet op de noodzaak om een evenwichtige verdeling van de heffingsbevoegdheid tussen de lidstaten te waarborgen – gerechtvaardigd zijn niettegenstaande het feit dat zij niet specifiek betrekking hebben op volstrekt kunstmatige constructies die geen verband houden met de economische realiteit en bedoeld zijn om de belasting te ontwijken die normaal gesproken verschuldigd is over winsten uit activiteiten op het nationale grondgebied (arresten van 18 juli 2007, Oy AA, C-231/05, EU:C:2007:439, punt 63, en 21 januari 2010, SGI, C-311/08, EU:C:2010:26, punt 66).

76. Wanneer de betrokken lidstaat zich – zoals in het hoofdgeding het geval is – niet met succes kan beroepen op de rechtvaardiging die verband houdt met de noodzaak om een evenwichtige verdeling van de heffingsbevoegdheid tussen de lidstaten te waarborgen, kan een maatregel als die welke in het hoofdgeding aan de orde is, evenwel niet worden gerechtvaardigd doordat de noodzaak om een evenwichtige verdeling van de heffingsbevoegdheid tussen de lidstaten te waarborgen en de noodzaak om belastingontwijking te bestrijden gezamenlijk in aanmerking worden genomen.

77. Derhalve kan de rechtvaardigingsgrond die berust op de noodzaak om de evenwichtige verdeling van de heffingsbevoegdheid tussen de lidstaten te waarborgen en op de bestrijding van belastingontwijking, gezamenlijk beschouwd, niet worden aanvaard.

78. Gelet op een en ander dient op de prejudiciële vraag te worden geantwoord dat artikel 49 VWEU aldus moet worden uitgelegd dat het in de weg staat aan een nationale regeling als die welke in het hoofdgeding aan de orde is, op grond waarvan een in een lidstaat gevestigde vennootschap geen rente mag aftrekken die is betaald aan een in een andere lidstaat gevestigde vennootschap die deel uitmaakt van dezelfde groep, waarbij de grond voor deze weigering bestaat in de aanname dat de schuldverhouding voornamelijk tot stand is gebracht om een aanzienlijk belastingvoordeel te verkrijgen, terwijl niet tot het bestaan van een dergelijk belastingvoordeel zou zijn besloten indien beide vennootschappen in de eerste lidstaat gevestigd waren geweest, omdat zij in dat geval onder de bepalingen inzake groepsbijdragen zouden zijn gevallen.

Kosten

79. ...

Het Hof (Eerste kamer)

verklaart voor recht:

Artikel 49 VWEU moet aldus worden uitgelegd dat het in de weg staat aan een nationale regeling als die welke in het hoofdgeding aan de orde is, op grond waarvan een in een lidstaat gevestigde vennootschap geen rente mag aftrekken die is betaald aan een in een andere lidstaat gevestigde vennootschap die deel uitmaakt van dezelfde groep, waarbij de grond voor deze weigering bestaat in de aanname dat de schuldverhouding voornamelijk tot stand is gebracht om een aanzienlijk belastingvoordeel te verkrijgen, terwijl niet tot het bestaan van een dergelijk belastingvoordeel zou zijn besloten indien beide vennootschappen in de eerste lidstaat gevestigd waren geweest, omdat zij in dat geval onder de bepalingen inzake groepsbijdragen zouden zijn gevallen.

HvJ EU 25 februari 2021, zaak C-403/19 (Société Générale SA v. Ministre de l'Action en des Comptes publics)

Voorlopige editie

Tweede kamer: *A. Arabadjiev, kamerpresident, A. Kumin, T. von Danwitz (rapporteur), P. G. Xuereb en I. Ziemele, rechters*

Advocaat-generaal: *P. Pikamäe*

Uittreksel

Het Hof (Tweede kamer) verklaart voor recht:

Artikel 63 VWEU moet aldus worden uitgelegd dat het zich niet verzet tegen een regeling van een lidstaat waarbij, in het kader van een stelsel ter compensatie van de dubbele belasting van dividenden die door een aan de vennootschapsbelasting van die lidstaat onderworpen en in die lidstaat gevestigde vennootschap zijn ontvangen en waarop door een andere lidstaat belasting is ingehouden, aan een dergelijke vennootschap een belastingkrediet wordt verleend dat is begrensd tot het bedrag dat deze eerste lidstaat zou hebben ontvangen indien alleen die dividenden aan de vennootschapsbelasting waren onderworpen, zonder dat de belastingheffing in de andere lidstaat geheel wordt gecompenseerd.

HvJ EU 18 maart 2021, zaak C-388/19 (MK v. Autoridade Tributária e Aduaneira)

Eerste kamer: *J.-C. Bonichot, kamerpresident, L. Bay Larsen, C. Toader, M. Safjan en N. Jääskinen (rapporteur), rechters*
Advocaat-generaal: *G. Hogan*

Uittreksel

Het Hof (Eerste kamer)

verklaart voor recht:

Artikel 63 VWEU, gelezen in samenhang met artikel 65 VWEU, moet aldus worden uitgelegd dat het zich verzet tegen een regeling van een lidstaat die – opdat vermogenswinst die uit de verkoop van een in die lidstaat gelegen onroerend goed wordt verkregen door een in een andere lidstaat wonende belastingplichtige, niet zwaarder wordt belast dan vermogenswinst die bij ditzelfde soort transactie wordt behaald door een ingezetene van eerstbedoelde lidstaat – het van de keuze van die belastingplichtige laat afhangen welke belastingregeling van toepassing is.

EU HvJ 12 mei 2021, gevoegde zaken T-816/17 en T-318/18 Grand Duchy of Luxembourg, Ireland, Amazon EU Sàrl, Amazon.com, Inc. v. European Commission)

Seventh Chamber, Extended Composition: M. van der Woude, President, V. Tomljenovic (Rapporteur) and A. Marcoulli, Judges

Table of contents

I. Background to the dispute

1. Amazon.com, Inc., which has its registered office in the United States, and the companies under its control (together, 'the Amazon group') carry on online activities, including online retail transactions and the provision of various online services. To that end, the Amazon group manages several internet sites in various languages of the European Union, including amazon.de, amazon.fr, amazon.it and amazon.es.

2. Prior to May 2006, the Amazon group's European business was managed from the United States. In particular, retail and service activities on the EU websites were carried out by two entities established in the United States, namely Amazon.com International Sales, Inc. ('AIS') and Amazon International Marketplace ('AIM'), as well as by others established in France, Germany and the United Kingdom.

3. In 2003, a restructuring of the Amazon group's business in Europe was planned. That restructuring, which was in fact carried out in 2006 ('the 2006 restructuring'), was structured around the formation of two companies established in Luxembourg (Luxembourg). More specifically, the companies in question were, first, Amazon Europe Holding Technologies SCS ('LuxSCS'), a Luxembourg limited partnership, the partners of which were United States companies, and, secondly, Amazon EU Sàrl ('LuxOpCo'), which, like LuxSCS, had its registered office in Luxembourg.

4. LuxSCS first concluded several agreements with certain Amazon group entities established in the United States, namely:

– licence and assignment agreements for pre-existing intellectual property (together, 'the Buy-In Agreement') with Amazon Technologies, Inc. ('ATI'), an Amazon group entity established in the United States;

– a cost-sharing agreement ('the CSA') concluded in 2005 with ATI and A9.com, Inc. ('A9'), an Amazon group entity established in the United States. Under the Buy-In Agreement and the CSA, LuxSCS obtained the right to exploit certain intellectual property rights and 'derivative works' thereof, which were owned and further developed by A9 and ATI. The intangible assets covered by the CSA consisted essentially of three categories of intellectual property, namely technology, customer data and trade marks. Under the CSA and the Buy-In Agreement, LuxSCS could also sub-license the intangible assets, in particular with a view to operating the EU websites. In return for those rights, LuxSCS was required to pay Buy-In payments and its annual share of the costs related to the CSA development programme.

5. Secondly, LuxSCS entered into a licence agreement with LuxOpCo, which took effect on 30 April 2006, relating to the abovementioned intangible assets ('the Licence Agreement'). Under that agreement, LuxOpCo obtained the right to use the intangible assets in exchange for the payment of a royalty to LuxSCS ('the royalty').

6. Lastly, LuxSCS concluded an agreement for the licensing and assignment of intellectual property rights with Amazon.co.uk Ltd, Amazon.fr SARL and Amazon.de GmbH, under which LuxSCS received certain trade marks and the intellectual property rights in respect of the EU websites.

7. In 2014, the Amazon group underwent a second restructuring and the contractual arrangement between LuxSCS and LuxOpCo was no longer applicable.

A. The tax ruling at issue

8. In preparation for the 2006 restructuring, Amazon.com and a tax adviser, by letters of 23 and 31 October 2003, requested the Luxembourg tax administration to issue a tax ruling confirming the treatment of LuxOpCo and LuxSCS for the purposes of Luxembourg corporate income tax.

9. By its letter of 23 October 2003, Amazon.com requested approval for the method of calculating the rate of the royalty that LuxOpCo was to pay to LuxSCS from 30 April 2006. That request by Amazon.com was based on a transfer pricing report prepared by its tax advisors ('the 2003 transfer pricing report'). The authors of that report proposed, in essence, a transfer pricing arrangement which, in their view, enabled the determination of the corporate income tax liability which LuxOpCo was required to pay in Luxembourg. More specifically, by the letter of 23 October 2003, Amazon.com had requested confirmation that the transfer pricing arrangement determining the rate of the annual royalty that LuxOpCo was to pay to LuxSCS under the Licence Agreement, as set out in the 2003 transfer pricing report, would result in an 'appropriate and acceptable profit' for LuxOpCo with respect to the transfer pricing policy and Article 56 and Article 164(3) of the loi du 4 décembre 1967 concernant l'impot sur le revenue, telle que modifiée (Law of 4 December 1967 on income tax, as amended) ('the LIR'). The method of calculating the royalty payable by LuxOpCo to LuxSCS set out in the letter of 23 October 2003 was described as follows:

> '1. Compute and allocate to LuxOpCo the "LuxOpCo Return", which is equal to the lesser of (a) [*confidential*]%* of LuxOpCo's total EU Operating Expenses for the year and (b) total EU Operating Profit attributable to the European Web Sites for such year;
> 2. The License Fee shall be equal to EU Operating Profit minus the LuxOpCo Return, provided that the License Fee shall not be less than zero;
> 3. The Royalty Rate for the year shall be equal to the License Fee divided by total EU Revenue for the year;
> 4. Notwithstanding the foregoing, the amount of the LuxOpCo Return for any year shall not be less than 0.45% of EU Revenue, nor greater than 0.55% of EU Revenue;
> 5. a. In the event that the LuxOpCo Return determined under step (1) would be less than 0.45% of EU Revenues, the LuxOpCo Return shall be adjusted to equal the lesser of (i) 0.45% of Revenue or EU Operating Profit or (ii) EU Operating Profit;
> b. In the event that the LuxOpCo Return determined under step (1) would be greater than 0.55% of EU Revenues, the LuxOpCo Return shall be adjusted to equal the lesser of (i) 0.55% of EU Revenues or (ii) EU Operating Profit.'

10. By letter of 31 October 2003, drafted by another tax adviser, Amazon.com requested confirmation of the tax treatment of LuxSCS, of its partners established in the United States and of the dividends received by LuxOpCo as part of that structure. The letter explained that LuxSCS, as a 'Société en Commandite Simple', did not have a separate tax personality from that of its partners and that, as a result, it was not subject to corporate income tax or net wealth tax in Luxembourg.

11. On 6 November 2003, the Administration des contributions directes du Grand-Duché de Luxembourg ('the Luxembourg tax administration' or 'the Luxembourg tax authorities') sent Amazon.com a letter ('the tax ruling at issue') which reads, in part, as follows:

> 'Sir,
>
> After having made myself acquainted with the letter of [O]ctober 31, 2003, directed to me by [your tax advisor] just as with your letter of [O]ctob[er] 23, 2003 and dealing with your position regarding Luxembourg tax treatment within the framework of your future activities, I am pleased to inform you that I may approve the contents of the two letters. ...'

12. At the request of Amazon.com, the Luxembourg tax administration extended the validity of the tax ruling at issue in 2010 and effectively applied it until June 2014, when the European structure of the Amazon group was modified. Thus, the tax ruling at issue was applied from 2006 to 2014 ('the relevant period').

* Confidential data omitted.

B. The administrative procedure before the Commission

13. On 24 June 2014, the European Commission requested that the Grand Duchy of Luxembourg provide information on the tax rulings granted to the Amazon group. On 7 October 2014, it published the decision to initiate a formal investigation procedure under Article 108(2) TFEU.

14. During the investigation thus initiated, the Commission requested a variety of information from the Grand Duchy of Luxembourg and Amazon.com. Among the responses to those requests for information, Amazon.com submitted a copy of an opinion of the United States Tax Court of 23 March 2017 ('the opinion of the United States Tax Court') which had been delivered on an application brought by the Internal Revenue Service (the United States federal government tax collection agency; IRS) concerning the amount of payments related to the agreements referred to in paragraph 4 above.

15. In addition, Amazon.com submitted to the Commission a new transfer pricing report drawn up by a tax adviser, the purpose of which was to verify ex post whether the royalty paid by LuxOpCo to LuxSCS in accordance with the tax ruling at issue complied with the arm's length principle ('the 2017 transfer pricing report').

C. The contested decision

16. On 4 October 2017, the Commission adopted Decision (EU) 2018/859 on State aid SA.38944 (2014/C) (ex 2014/NN) implemented by Luxembourg to Amazon (OJ 2018 L 153, p. 1; 'the contested decision').

17. Article 1 of that decision reads, in part, as follows:

18. 'The [tax ruling at issue], by virtue of which Luxembourg endorsed a transfer pricing arrangement … that allowed [LuxOpCo] to assess its corporate income tax liability in Luxembourg from 2006 to 2014 and the subsequent acceptance of the yearly corporate income tax declaration based thereon constitutes [State] aid …'

1. Presentation of the factual and legal context

19. In Section 2 of the contested decision, entitled 'Factual and Legal Background', the Commission presents, inter alia, the Amazon group, the tax ruling at issue, the relevant national legal framework and guidance on transfer pricing.

a. Presentation of the Amazon group

20. As regards the presentation of the Amazon group, the Commission described the Amazon group's retail and service businesses, as well as the composition of that group in so far as that was relevant to the contested decision.

21. The European structure of the Amazon group during the relevant period was presented by the Commission in the following schematic form:

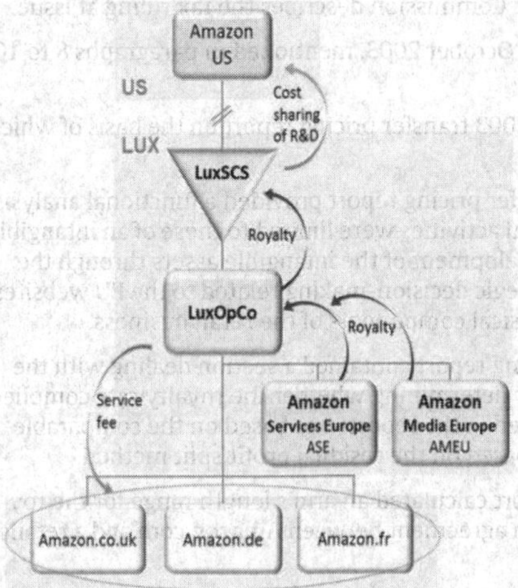

22. First, with regard to LuxSCS, the Commission pointed out that that company did not have any physical presence or employees in Luxembourg. According to the Commission, during the relevant period, LuxSCS functioned solely as an intangible assets holding company for the Amazon group's European operations, for which LuxOpCo was responsible as the principal operator. It stated, however, that LuxSCS had also granted intra-group loans to several entities in the Amazon group. The Commission also noted that LuxSCS was a party to several intra-group agreements with ATI, A9 and LuxOpCo (see paragraphs 3 and 5 above).

23. Secondly, as regards LuxOpCo, the Commission placed particular emphasis on the fact that, during the relevant period, LuxOpCo was a wholly owned subsidiary of LuxSCS.

24. According to the Commission, as from the 2006 restructuring of the Amazon group's European operations, LuxOpCo functioned as the Amazon group's headquarters in Europe and the principal operator of the Amazon group's European online retail and service business as carried out through the EU websites. The Commission stated that, in that capacity, LuxOpCo had to manage decision-making related to the retail and service businesses carried out through the EU websites, along with managing key physical components of the retail business. In addition, as the seller of record of the Amazon group's inventory in Europe, LuxOpCo was also responsible for managing inventory on the EU websites. It held title to that inventory and bore the risks and losses. The Commission further stated that LuxOpCo had recorded revenue in its accounts both from product sales and from order fulfilment. Lastly, LuxOpCo also performed treasury management functions for the Amazon group's European operations.

25. Next, the Commission indicated that LuxOpCo had held shares in Amazon Services Europe ('ASE') and Amazon Media Europe ('AMEU'), two Amazon group entities resident in Luxembourg, and also in the subsidiaries of Amazon.com established in the United Kingdom, France and Germany ('the EU local affiliates'), which performed various intra-group services in support of LuxOpCo's business. During the relevant period, ASE operated the Amazon group's EU third-party seller business, 'Marketplace'. AMEU operated the Amazon group's EU digital business, such as, for example, the sale of MP3s and eBooks. The EU local affiliates supplied services relating to the operation of the EU websites.

26. The Commission added that, during the relevant period, ASE and AMEU, both Luxembourg resident companies, formed a fiscal unity with LuxOpCo for Luxembourg tax purposes in which LuxOpCo operated as the parent of the unity. Those three entities therefore constituted a single taxpayer.

27. Lastly, in addition to the Licence Agreement concluded between LuxOpCo and LuxSCS, the Commission described in detail certain other intra-group agreements to which LuxOpCo was a party during the relevant period, namely certain service agreements concluded on 1 May 2006 with the EU local affiliates and intellectual property licence agreements concluded on 30 April 2006 with ASE and AMEU, under which ASE and AMEU were granted non-exclusive sub-licences to the intangible assets.

b. Presentation of the tax ruling at issue

28. Having examined the structure of the Amazon group, the Commission describes the tax ruling at issue.

29. In that regard, first, it referred to the letters of 23 and 31 October 2003, mentioned in paragraphs 8 to 10 above.

30. Secondly, the Commission explained the content of the 2003 transfer pricing report on the basis of which the method for establishing the royalty was proposed.

31. The Commission began by indicating that the 2003 transfer pricing report provided a functional analysis of LuxSCS and LuxOpCo, according to which LuxSCS's principal activities were limited to those of an intangible assets holding company and a participant in the ongoing development of the intangible assets through the CSA. LuxOpCo was described in that report as managing strategic decision-making related to the EU websites' retail and service businesses, and also managing the key physical components of the retail business.

32. Next, the Commission stated that the 2003 transfer pricing report contained a section dealing with the selection of the most appropriate transfer pricing method for determining whether the royalty rate complied with the arm's length principle. Two methods were considered in the report: one based on the comparable uncontrolled price method ('the CUP method') and another based on the residual profit split method.

33. Applying the CUP method, the 2003 transfer pricing report calculated an arm's length range for the royalty rate of 10.6 to 13.6% on the basis of a comparison with an agreement between Amazon.com and a retailer in the United States, namely the [confidential] agreement.

34. Applying the residual profit split method, the 2003 transfer pricing report estimated the return associated with LuxOpCo's 'routine functions in its role as the European operating company' based on a mark-up on costs to be incurred by LuxOpCo. To that end, the 'net cost plus mark-up' was considered the profit level indicator for the purpose of determining the arm's length remuneration for the anticipated functions of LuxOpCo. It was proposed that a mark-up of [confidential] be applied to LuxOpCo's adjusted operating costs. The Commission observed that, according to the 2003 transfer pricing report, the difference between that return and LuxOpCo's operating profit constituted the residual profit, which was wholly attributable to the use of the intangible assets licensed from LuxSCS. The Commission also stated that, on the basis of that calculation, the authors of the 2003 transfer pricing report had concluded that a royalty rate in a range of 10.1% to 12.3% of LuxOpCo's net revenues would be consistent with the arm's length standard under the guidelines of the Organisation for Economic Cooperation and Development (OECD).

35. Lastly, the Commission stated that the authors of the 2003 transfer pricing report had considered that the results converged and had indicated that the arm's length range for the royalty rate from LuxOpCo to LuxSCS was 10.1% to 12.3% of LuxOpCo's sales. However, the authors of the 2003 transfer pricing report considered that the residual profit split analysis was more reliable and should therefore be selected.

36. Thirdly, in Section 2.2.5 of the contested decision, entitled 'Consequences of the contested tax ruling', the Commission stated that, by the tax ruling at issue, the Luxembourg tax administration had accepted that the arrangement for determining the level of the royalty, which in turn had determined LuxOpCo's annual taxable income in Luxembourg, was at arm's length. It added that the tax ruling at issue was relied upon by LuxOpCo when filing its annual tax declarations.

c. Description of the relevant national legal framework

37. As regards the relevant national legal framework, the Commission cited Article 164(3) of the LIR. According to that provision, 'taxable income comprises hidden profit distributions' and 'a hidden profit distribution arises in particular when a shareholder, a stockholder or an interested party receives either directly or indirectly benefits from a company or an association which he normally would not have received if he had not been a shareholder, a stockholder or an interested party'. In that context, the Commission explained, in particular, that, during the relevant period, Article 164(3) of the LIR was interpreted by the Luxembourg tax administration as enshrining the arm's length principle in Luxembourg tax law.

d. Presentation of the OECD transfer pricing framework

38. In recitals 244 to 249 of the contested decision, the Commission presented the OECD transfer pricing framework. According to the Commission, 'transfer prices', as understood by the OECD in the guidelines published by that organisation in 1995, 2010 and 2017, are the prices at which a company transfers physical goods or intangible property or provides services to its associated companies. According to the arm's length principle, as applied in corporate taxation, national tax administrations should only accept the transfer prices agreed between associated group companies for intra-group transactions if those prices reflect what would have been agreed in uncontrolled transactions, that is to say, transactions between independent companies negotiating under comparable circumstances on the market. In addition, the Commission stated that the arm's length principle is based on the separate entity approach, according to which the members of a corporate group are treated as separate entities for tax purposes.

39. The Commission also indicated that the 1995, 2010 and 2017 OECD Guidelines list five methods for establishing arm's length pricing for intra-group transactions. Only three of them were relevant for the contested decision, namely the CUP method, the transactional net margin method ('the TNMM') and the transactional profit split method. The Commission described those methods in recitals 250 to 256 of the contested decision.

2. Assessment of the tax ruling at issue

40. In recital 154 of the contested decision, the Commission indicated that the tax ruling at issue accepted that the transfer pricing arrangement for the purposes of determining the level of the annual royalty to be paid by LuxOpCo to LuxSCS under the Licence Agreement, which in turn determined LuxOpCo's annual taxable income in Luxembourg, was at arm's length. In recital 155 of the contested decision, it also stated that LuxOpCo had relied on the tax ruling at issue during the relevant period to determine its annual corporate income tax liability in Luxembourg for the purpose of filing its annual tax declarations. As is clear from Article 1 of the contested decision and despite some imprecision in recitals 605 and 606 of that decision, according to the Commission, the State aid therefore consisted, in the present case, of the tax ruling at issue

read in conjunction with the acceptance of LuxOpCo's annual tax declarations (as opposed to the tax ruling at issue as such).

41. Section 9 of the contested decision, entitled 'Assessment of the contested measure', was intended to demonstrate that the tax ruling in question and the acceptance of LuxOpCo's annual tax declarations, taken together, did indeed constitute State aid.

42. In order to do so, after noting the conditions for the existence of State aid laid down in Article 107(1) TFEU, the Commission stated that the first condition for the existence of State aid, namely that there must be an intervention by the State or through State resources, was satisfied in the present case. In that respect, it noted, first, that the tax ruling at issue was imputable to the Grand Duchy of Luxembourg. Secondly, it considered that the tax ruling at issue resulted in a lowering of LuxOpCo's tax liability in Luxembourg as compared to the tax paid by similarly situated corporate taxpayers. The tax ruling at issue therefore gave rise to loss of State resources, since it led the Grand Duchy of Luxembourg to waive tax revenue that it would otherwise have been entitled to collect from LuxOpCo.

43. As regards the second and fourth conditions for the existence of State aid, the Commission considered, first, that tax ruling at issue had to be regarded as affecting intra-EU trade, since LuxOpCo was part of the Amazon group operating in several Member States and it had carried out retail business through the EU websites. The Commission added that, by granting 'favourable tax treatment to Amazon', the Grand Duchy of Luxembourg had potentially drawn investments away from Member States which did not offer such favourable tax treatment to companies forming part of multinational group. Secondly, the Commission indicated that, in so far as the tax ruling at issue had relieved LuxOpCo of corporate income taxes that it would normally have been obliged to pay, that ruling constituted operating aid. Thus, the tax ruling at issue, by freeing up financial resources for LuxOpCo which the latter could use to invest in its business operations, distorted competition on the market.

44. As regards the third condition for the existence of State aid, the Commission explained that, where a tax ruling endorses a result that does not reflect in a reliable manner what would result from a normal application of the ordinary tax system, without justification, that ruling will confer a selective advantage on its addressee in so far as that selective treatment results in a lowering of that taxpayer's tax liability as compared to companies in a similar factual and legal situation. The Commission also considered that, in the present case, the tax ruling at issue had conferred a selective advantage on LuxOpCo by lowering its corporate income tax liability in Luxembourg.

a. Analysis of the existence of an advantage

45. In Section 9.2 of the contested decision, entitled 'Advantage', the Commission discussed the reasons it considered that the tax ruling at issue conferred an economic advantage on LuxOpCo.

46. As a preliminary point, the Commission stated that, in respect of tax measures, an advantage for the purposes of Article 107 TFEU may be granted by reducing an undertaking's taxable base or the amount of tax due from it. In recital 402 of the contested decision, it noted that, according to the Court of Justice, in order to decide whether a method of assessment of taxable income confers an advantage on its beneficiary, it is necessary to compare that method with the ordinary tax system, based on the difference between profits and outgoings of an undertaking carrying on its activities in conditions of free competition. Consequently, according to the Commission, 'a tax ruling that enables a taxpayer to employ transfer prices in its intra-group transactions that do not resemble prices which would be charged in conditions of free competition between independent undertakings negotiating under comparable circumstances at arm's length confers an advantage on that taxpayer, in so far as it results in a reduction of the company's taxable income and thus its taxable base under the ordinary corporate income tax system'.

47. In the light of those considerations, the Commission concluded, in recital 406 of the contested decision, that, in order to establish that the tax ruling at issue confers an economic advantage on LuxOpCo, it had to demonstrate that the transfer pricing arrangement endorsed in the tax ruling at issue produced an outcome that departed from a reliable approximation of a market-based outcome, resulting in a reduction of LuxOpCo's taxable basis for corporate income tax purposes. According to the Commission, the tax ruling at issue had produced such an outcome.

48. That conclusion is based on a primary finding and three subsidiary findings.

1. The primary finding of an advantage

49. In Section 9.2.1 of the contested decision, entitled 'Primary finding of an economic advantage', the Commission considered that, by endorsing a transfer pricing arrangement that attributed a remuneration to LuxOpCo solely for 'routine' functions and that attributed the entire profit generated by LuxOpCo in excess of that remuneration to LuxSCS in the form of a royalty payment, the tax ruling at issue had produced an outcome that departed from a reliable approximation of a market-based outcome.

50. In essence, by its primary line of reasoning, the Commission considered that the functional analysis of LuxOpCo and LuxSCS set out by the authors of the 2003 transfer pricing report and ultimately accepted by the Luxembourg tax administration was incorrect and could not result in an arm's length outcome. On the contrary, the Luxembourg tax administration should have concluded that LuxSCS did not perform any 'unique and valuable' functions in relation to the intangible assets for which it merely held the legal title.

51. For the purposes of its demonstration, the Commission examined the functions performed, the assets used and the risks borne by LuxSCS and LuxOpCo.

52. Next, as is apparent from recital 519 of the contested decision, on the basis of its functional analysis of LuxOpCo and LuxSCS, the Commission examined the choice of the most appropriate transfer pricing method in this case.

53. As regards the CUP method, the Commission considered, following an analysis based on five comparability criteria set out in the OECD Guidelines, that the application of that method, as set out in the 2003 transfer pricing report, had produced an exaggerated result which had exposed LuxOpCo to the risk of incurring losses.

54. According to the Commission, in the present case, the TNMM was the most appropriate transfer pricing method to determine the royalty to be paid by LuxOpCo under the Licence Agreement. It considered that the party performing unique and valuable functions was LuxOpCo and not LuxSCS. Consequently, the tested party for the purpose of applying the TNMM should have been LuxSCS rather than LuxOpCo.

55. Lastly, in Section 9.2.1.4 of the contested decision, the Commission carried out its own application of the TNMM in this case.

56. In its view, LuxSCS should have been the tested entity. The Luxembourg tax administration should not have accepted Amazon.com's claim that the mere legal ownership of the intangible assets constituted a 'unique contribution' for which LuxSCS should receive a remuneration consisting of almost all profits derived from LuxOpCo's business activities. In that regard, the Commission referred, inter alia, to its own functional analysis of LuxSCS and LuxOpCo (Section 9.2.1. of the contested decision).

57. As regards the choice of profit level indicator, the Commission considered that, since LuxSCS did not record any sales or assume any risk in connection with the intangible assets, the relevant profit level indicator should have been a mark-up on total relevant costs (recital 550 of the contested decision).

58. As regards the cost base to which a mark-up should be applied in the present case, the Commission considered in essence that LuxSCS merely fulfilled an intermediary function, passing on the costs incurred in relation to the Buy-In Agreement and the CSA to LuxOpCo and transferring a portion of the royalty payments (the Licence Fee) it received from LuxOpCo under the Licence Agreement to A9 and ATI in the amount of those costs (recital 551 of the contested decision).

59. In the light of those findings, in recital 555 of the contested decision, the Commission concluded that LuxSCS's remuneration should have had two components. The first component should, according to the Commission, have corresponded to the re-charging to LuxOpCo of the costs related to the Buy-In Agreement and the CSA, to which no mark-up should have been applied. The second component should have consisted, according to the Commission, of a mark-up on a cost base consisting solely of the costs incurred for the external services acquired in order to maintain its legal ownership of the intangible assets, to the extent that those costs actually represented actual functions carried out by LuxSCS. According to the Commission, that level of remuneration would have ensured an outcome in line with the arm's length principle since it would have appropriately reflected LuxSCS's contributions to the Licence Agreement.

60. As regards the determination of an appropriate mark-up, the Commission noted that, although such an exercise normally required a comparability analysis, it was not possible in the present case to perform a reliable analysis.

61. Instead of a comparability analysis, the Commission considered that it could rely on the conclusions in the 2010 report of the Joint Transfer Pricing Forum ('the JTPF report'). The Joint Transfer Pricing Forum is a group

of experts formed by the Commission in 2002 in order to assist the Commission on transfer pricing matters. According to that report, a mark-up for 'low value adding intra-group services' in the range of 3 to 10% was observed by the national tax administrations of the Member States participating in the Joint Transfer Pricing Forum. The mark-up most often observed in practice was 5% on the costs of 'providing such services'. The Commission therefore considered it appropriate to apply such a mark-up to the external costs incurred by LuxSCS for the maintenance of its legal ownership of the intangible assets.

62. In concluding its primary finding of an economic advantage for the purpose of Article 107(1) TFEU, the Commission indicated that an 'arm's length remuneration' for LuxSCS under the Licence Agreement should have been equal to the sum of the Buy-In and CSA costs incurred by LuxSCS, without a mark-up, plus any relevant costs incurred directly by LuxSCS, to which a mark-up of 5% had to be applied, to the extent that those costs reflected actual functions performed by LuxSCS. In the Commission's view, that remuneration reflected what an independent party in a position similar to that of LuxOpCo would have been willing to pay for the rights and obligations assumed under the Licence Agreement. In addition, according to the Commission, that level of remuneration would have been sufficient to enable LuxSCS to cover its payment obligations under the Buy-In Agreement and the CSA (recitals 559 and 560 of the contested decision).

63. According to the Commission, since the level of LuxSCS's remuneration calculated by the Commission was lower than the level of LuxSCS's remuneration resulting from the transfer pricing arrangement endorsed by the tax ruling at issue, that ruling conferred an advantage on LuxOpCo in the form of a reduction of its taxable base for the purposes of Luxembourg corporate income tax as compared to the income of companies whose taxable profit reflected prices negotiated at arm's length on the market (recital 561 of the contested decision).

2. The subsidiary findings of an advantage

64. In Section 9.2.2 of the contested decision, entitled 'Subsidiary finding of an economic advantage', the Commission sets out its subsidiary finding of an advantage, according to which, even if the Luxembourg tax administration were right to have accepted the analysis of LuxSCS's functions set out in the 2003 transfer pricing report, the transfer pricing arrangement endorsed by the tax ruling at issue was, in any event, based on inappropriate methodological choices that produced an outcome which departed from a reliable approximation of a market-based outcome. The Commission specified that the purpose of its assessment in Section 9.2.2 of the contested decision was not to determine a precise arm's length remuneration for LuxOpCo but rather to demonstrate that the tax ruling at issue had conferred an economic advantage, since the endorsed transfer pricing arrangement was based on three inappropriate methodological choices which resulted in a lowering of LuxOpCo's taxable income as compared to companies whose taxable profit reflected prices negotiated at arm's length on the market.

65. In that context, the Commission made three separate subsidiary findings.

66. In its first subsidiary finding, the Commission stated that LuxOpCo had been inaccurately considered to perform only 'routine' management functions and that the profit split method, together with the contribution analysis, should have been applied.

67. In its second subsidiary finding, the Commission found that the choice of operating expenses as a profit level indicator was incorrect.

68. In its third subsidiary finding concerning the advantage, the Commission considered that the inclusion of a ceiling of 0.55% of EU turnover was not appropriate.

b. Selectivity of the measure

69. In Section 9.3 of the contested decision, entitled 'Selectivity', the Commission set out the reasons why it considered that the measure at issue was selective.

c. Identification of the beneficiary of the aid

70. In Section 9.5 of the contested decision, entitled 'Beneficiary of the aid', the Commission considered that any favourable tax treatment granted to LuxOpCo had also benefited the Amazon group as a whole by providing it with additional resources, with the result that the group had to be regarded as a single unit benefiting from the contested aid measure.

71. In Section 10 of the contested decision, entitled 'Recovery', the Commission stated that, since the aid measure was granted every year in which LuxOpCo's annual tax declaration was accepted by the Luxembourg

tax administration, the Amazon group could not object to the recovery of that aid on the basis of the limitation period. In recitals 639 to 645 of the contested decision, the Commission set out the methodology for recovery.

II. Procedure and forms of order sought

A. The procedure in Case T-816/17

72. By application lodged at the Registry of the General Court on 14 December 2017, the Grand Duchy of Luxembourg brought the action in Case T-816/17.

1. The composition of the formation of the Court and priority treatment

73. By decision of 12 April 2018, the President of the Seventh Chamber of the General Court decided to grant Case T-816/17 priority over others pursuant to Article 67(2) of the Rules of Procedure of the General Court.

74. By a document lodged at the Court Registry on 11 May 2018, the Grand Duchy of Luxembourg requested that Case T-816/17 be heard and determined by the Seventh Chamber of the General Court, sitting in extended composition.

75. In accordance with Article 28(5) of the Rules of Procedure, Case T-816/17 was allocated to the Seventh Chamber (Extended Composition).

76. Since a member of the Seventh Chamber (Extended Composition) of the General Court was unable to sit in the present case, the President of the General Court, by decision of 21 June 2018, designated the Vice-President of the General Court to complete the formation of the Court. Following the appointment of a member of the formation of the Court as a judge at the Court of Justice on 6 October 2020, the most junior Judge for the purpose of Article 8 of the Rules of Procedure abstained from taking part in the deliberations and the present judgment was deliberated by the three judges whose signatures it bears, in accordance with Article 22 of those rules.

2. The intervention

77. By a document lodged at the Court Registry on 16 April 2018, Ireland sought leave to intervene in Case T-816/17 in support of the form of order sought by the Grand Duchy of Luxembourg.

78. By order of 29 May 2018, the President of the Seventh Chamber (Extended Composition) granted Ireland leave to intervene.

3. Applications for confidential treatment

79. By a document lodged at the Court Registry on 14 May 2018, the Grand Duchy of Luxembourg requested that certain data in its application, in some of the annexes thereto and in the defence be treated as confidential vis-à-vis Ireland.

80. By a document lodged at the Court Registry on 6 June 2018, the Grand Duchy of Luxembourg requested that part of the reply be treated as confidential vis-à-vis Ireland.

81. By a document lodged at the Court Registry on 13 September 2018, the Grand Duchy of Luxembourg requested that part of the rejoinder be treated as confidential vis-à-vis Ireland.

82. Following its admission as an intervener, Ireland received only non-confidential versions of the procedural documents covered by the requests for confidential treatment made in its regard by the Grand Duchy of Luxembourg and raised no objection to those requests.

4. Forms of order sought

83. The Grand Duchy of Luxembourg claims that the Court should:
- annul the contested decision;
- in the alternative, annul the contested decision to the extent that it orders the recovery of the aid;
- order the Commission to pay the costs.

84. The Commission contends that the Court should:
- dismiss the action as unfounded;
- order the Grand Duchy of Luxembourg to pay the costs.

85. Ireland claims that the Court should annul the contested decision, in whole or in part, as specified in the form of order sought by the Grand Duchy of Luxembourg.

B. The procedure in Case T-318/18

86. By application lodged at the Court Registry on 22 May 2018, Amazon EU Sàrl and Amazon.com (together 'Amazon') brought the action in Case T-318/18.

1. The composition of the formation of the Court and priority treatment

87. By decision of 9 July 2018, the President of the Seventh Chamber of the General Court decided to grant Case T-318/18 priority over others pursuant to Article 67(2) of the Rules of Procedure.

88. On a proposal from the Seventh Chamber of the General Court, the Court decided on 11 July 2018, pursuant to Article 28 of the Rules of Procedure, to refer Case T-318/18 to a Chamber sitting in extended composition.

89. As a Member of the Seventh Chamber (Extended Composition) was unable to sit in the present case, by decision of 19 July 2018, the President of the General Court designated the Vice-President of the General Court to complete the formation of the Court. Following the appointment of a member of the formation of the Court as a judge at the Court of Justice on 6 October 2020, the most junior Judge for the purpose of Article 8 of the Rules of Procedure abstained from taking part in the deliberations and the present judgment was deliberated by the three judges whose signatures it bears, in accordance with Article 22 of those rules.

2. Applications for confidential treatment

90. By a document lodged at the Court Registry on 12 July 2018, Amazon requested that part of the application and certain documents annexed thereto be treated as confidential vis-à-vis the public.

3. Forms of order sought

91. Amazon claims that the Court should:
- annul Articles 1 to 4 of the contested decision;
- in the alternative, annul Articles 2 to 4 of the contested decision;
- order the Commission to pay the costs.

92. The Commission contends that the Court should:
- dismiss the action;
- order Amazon to pay the costs in Case T-318/18.

C. Joinder of the cases and the oral part of the procedure

93. By documents lodged at the Court Registry on 7 August 2018 and 25 April 2019, the Grand Duchy of Luxembourg applied for Cases T-816/17 and T-318/18 to be joined for the purposes of the oral part of the procedure and of the decision closing the proceedings.

94. By documents lodged at the Registry on 10 August 2018 and 21 May 2019, Amazon applied for Cases T-816/17 and T-318/18 to be joined for the purposes of the oral part of the procedure and of the decision closing the proceedings.

95. By decision of 14 September 2018, the President of the Seventh Chamber (Extended Composition) of the General Court decided not to join, at that stage of the procedure, Cases T-816/17 and T-318/18.

96. By order of 3 October 2019, the President of the Seventh Chamber (Extended Composition) of the General Court decided to join Cases T-816/17 and T-318/18 for the purposes of the oral part of the procedure.

97. Acting on a proposal from the Judge-Rapporteur, the Court decided to open the oral part of the procedure and, in connection with the measures of organisation of procedure provided for in Article 89 of the Rules of Procedure, requested the parties to answer written questions. The parties responded to that measure of organisation of procedure within the prescribed period.

98. The parties presented oral argument and responded to the oral questions put by the Court at the hearing held on 5 and 6 March 2020. The parties also presented their views regarding a possible joinder of Cases T-816/17 and T-318/18 for the purposes of the decision closing the proceedings, a formal note of which was made by the Court in the minutes of the hearing. The Grand Duchy of Luxembourg, Amazon and Ireland stated

that they had no objections to such joinder. The Commission stated that it was not in favour of any joinder of the cases for the purposes of the decision closing the proceedings.

III. Law

99. The actions brought in Cases T-816/17 and T-318/18 seek the annulment of the contested decision to the extent that it classifies the tax ruling at issue as State aid for the purposes of Article 107(1) TFEU and to the extent that it orders the recovery of sums that were not collected by the Grand Duchy of Luxembourg from LuxOpCo by way of corporate income tax.

A. Joinder of Cases T-816/17 and T-318/18 for the purposes of the decision closing the proceedings

100. In accordance with Article 19(2) of Rules of Procedure, the President of the Seventh Chamber (Extended Composition) of the General Court referred the decision as to whether Cases T-816/17 and T-318/18 should be joined for the purposes of the decision closing the proceedings, which fell within his remit, to the Seventh Chamber (Extended Composition) of the General Court.

101. The parties having been heard at the hearing with respect to a possible joinder of the cases, it is appropriate for Cases T-816/17 and T-318/18 to be joined for the purposes of the decision which closes the proceedings, on account of the connection between them.

B. Pleas in law and arguments relied on

102. In support of their actions, the Grand Duchy of Luxembourg and Amazon raise five and nine pleas, respectively, most of which overlap. In its statement in intervention, Ireland sets out its views on four of the five pleas raised by the Grand Duchy of Luxembourg. In essence, the pleas raised by the Grand Duchy of Luxembourg and by Amazon may be presented as follows.

103. In the first place, in the first plea in Case T-816/17 and in the first to fourth pleas in Case T-318/18, the Grand Duchy of Luxembourg and Amazon dispute, in essence, the Commission's primary finding that there was an advantage in favour of LuxOpCo for the purpose of Article 107(1) TFEU.

104. In the second place, in the third complaint in the second part of the first plea in Case T-816/17 and in the fifth plea in Case T-318/18, the Grand Duchy of Luxembourg and Amazon dispute the Commission's subsidiary findings concerning the existence of a tax advantage in favour of LuxOpCo within the meaning of Article 107(1) TFEU.

105. In the third place, in the second plea in Case T-816/17 and in the sixth and seventh pleas in Case T-318/18, the Grand Duchy of Luxembourg and Amazon dispute the Commission's primary and subsidiary findings in respect of the selectivity of the tax ruling at issue.

106. In the fourth place, in the third plea in Case T-816/17, the Grand Duchy of Luxembourg submits that the Commission infringed the Member States' exclusive competence in the area of direct taxation.

107. In the fifth place, in the fourth plea in Case T-816/17 and in the eighth plea in Case T-318/18, the Grand Duchy of Luxembourg and Amazon maintain that the Commission infringed their rights of defence.

108. In the sixth place, in the second part of the first plea and the first complaint in the second part of the second plea in Case T-816/17 and in the eighth plea in Case T-318/18, the Grand Duchy of Luxembourg and Amazon dispute that the 2017 version of the OECD Guidelines, as used by the Commission in adopting the contested decision, is relevant in the present case.

109. In the seventh place, in the fifth plea, relied on in support of the form of order sought in the alternative in Case T-816/17 and in the ninth plea in Case T-318/18, the Grand Duchy of Luxembourg and Amazon call into question the merits of the Commission's reasoning concerning the recovery of the aid ordered by that institution.

110. In its statement in intervention, Ireland alleges, first, infringement of Article 107 TFEU in that the Commission has not established the existence of an advantage in favour of LuxOpCo; secondly, infringement of Article 107 TFEU in that the Commission failed to prove the selectivity of the measure; thirdly, infringement of Articles 4 and 5 TEU in that the Commission engaged in disguised tax harmonisation; and, fourthly, infringement of the principle of legal certainty in so far as the contested decision orders recovery of the aid.

111. In order to give a useful response to the pleas put forward by the main parties and to the arguments raised by Ireland in its statement in intervention, it is necessary, first of all, to set out certain questions of law

which are applicable to all the complaints and pleas in law relied on by the parties (paragraphs 112 to 129 below).

1. Preliminary remarks

112. According to settled case-law, while direct taxation, as EU law currently stands, falls within the competence of the Member States, they must nonetheless exercise that competence consistently with EU law (see judgment of 12 July 2012, *Commission* v *Spain*, C-269/09, EU:C:2012:439, paragraph 47 and the case-law cited). Thus, intervention by the Member States in matters of direct taxation, even if it relates to issues that have not been harmonised in the European Union, is not excluded from the scope of the rules on the monitoring of State aid (judgment of 24 September 2019, *Netherlands and Others* v *Commission*, T-760/15 and T-636/16, EU:T:2019:669, paragraph 142).

113. Accordingly, the Commission may classify a tax measure as State aid so long as the conditions for such a classification are satisfied (see, to that effect, judgments of 2 July 1974, *Italy* v *Commission*, 173/73, EU:C:1974:71, paragraph 28, and of 22 June 2006, *Belgium and Forum 187* v *Commission*, C-182/03 and C-217/03, EU:C:2006:416, paragraph 81). Member States must exercise their competence in respect of taxation in accordance with EU law (judgment of 3 June 2010, *Commission* v *Spain*, C-487/08, EU:C:2010:310, paragraph 37). Accordingly, they must refrain from adopting any measure, in that context, liable to constitute State aid incompatible with the internal market (judgment of 24 September 2019, *Netherlands and Others* v *Commission*, T-760/15 and T-636/16, EU:T:2019:669, paragraph 143).

a. Determination of the conditions for the application of Article 107(1) TFEU in the context of national tax measures

114. A measure by which the public authorities grant certain undertakings favourable tax treatment which, although not involving a transfer of State resources, places the recipients in a more favourable financial situation than that of other taxpayers constitutes State aid for the purposes of Article 107(1) TFEU (judgment of 15 March 1994, *Banco Exterior de España*, C-387/92, EU:C:1994:100, paragraph 14; see also judgments of 8 September 2011, *Paint Graphos and Others*, C-78/08 to C-80/08, EU:C:2011:550, paragraph 46 and the case-law cited, and of 24 September 2019, *Netherlands and Others* v *Commission*, T-760/15 and T-636/16, EU:T:2019:669, paragraph 145 and the case-law cited).

115. In the case of tax measures, the very existence of an advantage may be established only when compared with 'normal' taxation (judgment of 6 September 2006, *Portugal* v *Commission*, C-88/03, EU:C:2006:511, paragraph 56). Accordingly, such a measure confers an economic advantage on its recipient if it mitigates the burdens normally included in the budget of an undertaking and, as a result, without being a subsidy in the strict meaning of the word, is similar in character and has the same effect (judgment of 9 October 2014, *Ministerio de Defensa and Navantia*, C-522/13, EU:C:2014:2262, paragraph 22, and of 24 September 2019, *Netherlands and Others* v *Commission*, T-760/15 and T-636/16, EU:T:2019:669, paragraph 146).

116. Consequently, in order to determine whether there is a tax advantage, the position of the recipient as a result of the application of the measure at issue must be compared with his or her position in the absence of the measure at issue (see, to that effect, judgment of 26 April 2018, *Cellnex Telecom and Telecom Castilla-La Mancha* v *Commission*, C-91/17 P and C-92/17 P, not published, EU:C:2018:284, paragraph 114), and under the normal rules of taxation (judgment of 24 September 2019, *Netherlands and Others* v *Commission*, T-760/15 and T-636/16, EU:T:2019:669, paragraph 147).

117. In determining the fiscal position of an integrated company which is part of a group of undertakings, it must be noted at the outset that the pricing of intra-group transactions carried out by that company is not determined under market conditions. That pricing is agreed to by companies belonging to the same group, and is therefore not subject to market forces (judgment of 24 September 2019, *Netherlands and Others* v *Commission*, T-760/15 and T-636/16, EU:T:2019:669, paragraph 148).

118. Where national tax law does not make a distinction between integrated undertakings and stand-alone undertakings for the purposes of their liability to corporate income tax, that law is intended to tax the profit arising from the economic activity of such an integrated undertaking as though it had arisen from transactions carried out at market prices. In those circumstances, it must be held that, when examining, pursuant to the power conferred on it by Article 107(1) TFEU, a fiscal measure granted to such an integrated company, the Commission may compare the fiscal burden of such an integrated undertaking resulting from the application of that fiscal measure with the fiscal burden resulting from the application of the normal rules of taxation under national law of an undertaking, placed in a comparable factual situation, carrying on its activities under

market conditions (judgment of 24 September 2019, *Netherlands and Others* v *Commission*, T-760/15 and T-636/16, EU:T:2019:669, paragraph 149).

119. Furthermore, those findings are supported by the judgment of 22 June 2006, *Belgium and Forum 187* v *Commission* (C-182/03 and C-217/03, EU:C:2006:416), concerning Belgian tax law, which provided for integrated companies and stand-alone companies to be treated on equal terms. The Court of Justice recognised in paragraph 95 of that judgment the need to compare a regime of derogating aid with the 'ordinary tax system, based on the difference between profits and outgoings of an undertaking carrying on its activities in conditions of free competition' (judgment of 24 September 2019, *Netherlands and Others* v *Commission*, T-760/15 and T-636/16, EU:T:2019:669, paragraph 150).

120. In that context, although, through that fiscal measure granted to an integrated company, national authorities have accepted a certain level of pricing for an intra-group transaction, Article 107(1) TFEU allows the Commission to check whether that pricing corresponds to pricing under market conditions, in order to determine whether there is, as a result, any mitigation of the burdens normally included in the budget of the undertaking concerned, thus conferring on that undertaking an advantage within the meaning of that article.

121. It should also be noted that when the Commission uses the arm's length principle to check whether the taxable profit of an integrated undertaking pursuant to a tax measure corresponds to a reliable approximation of a taxable profit generated under market conditions, the Commission can identify an advantage within the meaning of Article 107(1) TFEU only if the variation between the two comparables goes beyond the inaccuracies inherent in the methodology used to obtain that approximation (judgment of 24 September 2019, *Netherlands and Others* v *Commission*, T-760/15 and T-636/16, EU:T:2019:669, paragraph 152).

122. Even though the Commission cannot be formally bound by the OECD Guidelines, the fact remains that those guidelines are based on important work carried out by groups of renowned experts, that they reflect the international consensus achieved with regard to transfer pricing and that they thus have a certain practical significance in the interpretation of issues relating to transfer pricing (judgment of 24 September 2019, *Netherlands and Others* v *Commission*, T-760/15 and T-636/16, EU:T:2019:669, paragraph 155).

123. In that context, it should be noted that, if the Commission detects a methodological error in the tax measure under consideration, it cannot be concluded that mere non-compliance with methodological requirements necessarily leads to a reduction in the tax burden. It is further necessary for the Commission to demonstrate that the methodological errors that it identified in the tax ruling concerned do not allow a reliable approximation of an arm's length outcome to be reached and that they led to a reduction in the taxable profit compared with the tax burden resulting from the application of normal taxation rules under national law to an undertaking placed in a comparable factual situation to the company concerned and carrying out its activities under market conditions. Thus, the mere finding of a methodological error does not in itself suffice, in principle, to demonstrate that a tax ruling conferred an advantage on a specific company and, thus, to establish that there is State aid within the meaning of Article 107 TFEU (judgment of 24 September 2019, *Netherlands and Others* v *Commission*, T-760/15 and T-636/16, EU:T:2019:669, paragraph 201).

124. As the Grand Duchy of Luxembourg essentially submits, according to settled case-law, Article 107(1) TFEU defines a measure which reduces the burdens normally imposed on an undertaking in relation to its effects (see judgment of 22 December 2008, *British Aggregates* v *Commission*, C-487/06 P, EU:C:2008:757, paragraph 85 and the case-law cited). The existence of State aid cannot be presumed or inferred from a calculation error which has no impact on the result.

b. The burden of proof

125. It must be borne in mind that, in its review of State aid, the Commission must, in principle, provide proof in the contested decision of the existence of the aid (see, to that effect, judgments of 12 September 2007, *Olympiaki Aeroporia Ypiresies* v *Commission*, T-68/03, EU:T:2007:253, paragraph 34, and of 25 June 2015, *SACE and Sace BT* v *Commission*, T-305/13, EU:T:2015:435, paragraph 95). In that context, the Commission is required to conduct a diligent and impartial examination of the measures at issue, so that it has at its disposal, when adopting a final decision establishing the existence and, as the case may be, the incompatibility or unlawfulness of the aid, the most complete and reliable information possible (judgment of 24 September 2019, *Netherlands and Others* v *Commission*, T-760/15 and T-636/16, EU:T:2019:669, paragraph 194; see also, to that effect, judgments of 2 September 2010, *Commission* v *Scott*, C-290/07 P, EU:C:2010:480, paragraph 90, and of 3 April 2014, *France* v *Commission*, C-559/12 P, EU:C:2014:217, paragraph 63).

126. It follows that it was for the Commission to show, in the contested decision, that the requirements for a finding of State aid, within the meaning of Article 107(1) TFEU, were met. In that regard, it must be held that, while it is common ground that the Member State has a margin of appreciation in the approval of transfer pricing, that margin of appreciation cannot lead to the Commission being deprived of its power to check that the transfer pricing in question does not lead to the grant of a selective advantage within the meaning of Article 107(1) TFEU. In that context, the Commission must take into account the fact that the arm's length principle allows it to verify whether the transfer pricing accepted by a Member State corresponds to a reliable approximation of a market-based outcome and whether any variation that may be identified in the course of that examination does not go beyond the inaccuracies inherent in the methodology used to obtain that approximation (judgment of 24 September 2019, *Netherlands and Others* v *Commission*, T-760/15 and T-636/16, EU:T:2019:669, paragraph 196).

c. The intensity of the review to be conducted by the Court

127. With regard to the intensity of the review to be conducted by the Court in the present case, it should be noted that, as is clear from Article 263 TFEU, the object of an action for annulment is to review the legality of the acts adopted by the EU institutions named therein. Consequently, the analysis of the pleas in law raised in such an action has neither the object nor the effect of replacing a full investigation of the case in the context of an administrative procedure (judgment of 24 September 2019, *Netherlands and Others* v *Commission*, T-760/15 and T-636/16, EU:T:2019:669, paragraph 197; see also, to that effect, judgment of 2 September 2010, *Commission* v *Deutsche Post*, C-399/08 P, EU:C:2010:481, paragraph 84).

128. In the field of State aid, it must be recalled that State aid, as defined in the FEU Treaty, is a legal concept which must be interpreted on the basis of objective factors. For that reason, the Courts of the European Union must, in principle, having regard both to the specific features of the case before them and to the technical or complex nature of the Commission's assessments, carry out a comprehensive review as to whether a measure falls within the scope of Article 107(1) TFEU (judgments of 4 September 2014, *SNCM and France* v *Corsica Ferries France*, C-533/12 P and C-536/12 P, EU:C:2014:2142, paragraph 15; of 30 November 2016, *Commission* v *France and Orange*, C-486/15 P, EU:C:2016:912, paragraph 87; and of 24 September 2019, *Netherlands and Others* v *Commission*, T-760/15 and T-636/16, EU:T:2019:669, paragraph 198).

129. As to whether a method for determining transfer pricing of an integrated company complies with the arm's length principle, it should be borne in mind that, as has already been indicated above, when using that tool in carrying out its assessment under Article 107(1) TFEU, the Commission must take into account its approximate nature. The purpose of the Court's review is therefore to verify whether the errors identified in the contested decision, and on the basis of which the Commission found there to be an advantage, go beyond the inaccuracies inherent in the application of a method designed to obtain a reliable approximation of a market-based outcome (judgment of 24 September 2019, *Netherlands and Others* v *Commission*, T-760/15 and T-636/16, EU:T:2019:669, paragraph 199).

2. Pleas and arguments challenging the primary finding of an advantage

130. As noted in paragraph 103 above, by the second part of the first plea in Case T-816/17 and by the first to fourth pleas in Case T-318/18, the Grand Duchy of Luxembourg and Amazon submit that the Commission infringed Article 107(1) TFEU when it concluded that there was an advantage for LuxOpCo in the context of the primary finding of an advantage in Section 9.2.1 of the contested decision (recitals 409 to 561 of the contested decision). More specifically, by those pleas and arguments, the Grand Duchy of Luxembourg and Amazon seek to challenge the Commission's reasoning in recitals 394, 395 and 401 to 579 of the contested decision, according to which the implementation of the tax ruling at issue during the relevant period led to a reduction in LuxOpCo's remuneration, and thus in its tax burden, compared to that which it should have received in the absence of that decision, if it had been treated like any other taxpayer company in a comparable situation. By their arguments concerning the primary finding of an advantage, the Grand Duchy of Luxembourg and Amazon seek to call into question, inter alia, the Commission's finding that LuxSCS should have been considered to be the tested party in the context of the application of the TNMM. They also seek to dispute the accuracy of the Commission's application of the TNMM to LuxOpCo.

131. As pointed out in paragraph 110 above, in its statement in intervention, Ireland puts forward arguments in support of the first plea raised by the Grand Duchy of Luxembourg.

132. In that context, Ireland expresses its views on numerous questions of law concerning the interpretation of the concept of the 'arm's length principle', as applied by the Commission in the present case and in certain

recent State aid cases in tax matters. In particular, Ireland submits that the case-law of the EU judicature, namely the judgment of 22 June 2006, *Belgium and Forum 187* v *Commission* (C-182/03 and C-217/03, EU:C:2006:416), 'does not say that the Member States are obliged to apply [the arm's length principle]'. According to Ireland, that case-law also provides no basis for the obligation imposed on Luxembourg to apply (the Commission's version of) the arm's length principle in Luxembourg national law. Lastly, Ireland submits that, in the judgment of 22 June 2006, *Belgium and Forum 187* v *Commission* (C-182/03 and C-217/03, EU:C:2006:416), the Court of Justice did not identify an arm's length principle specific to EU law regardless of what is provided in national law.

a. Admissibility of certain arguments put forward by Ireland concerning the existence of an advantage

133. The Commission contends that the arguments put forward by Ireland in support of the first plea raised by the Grand Duchy of Luxembourg are inadmissible. According to the Commission, Ireland's arguments claim that the Commission misinterpreted the concept of advantage for the purpose of Article 107(1) TFEU by using an inappropriate criterion, namely a 'sui generis' arm's length principle, whereas, in fact, by its first plea, the Grand Duchy of Luxembourg submits rather that the Commission misapplied the arm's length principle.

134. In that respect, it should be noted that, although the third paragraph of Article 40 of the Statute of the Court of Justice of the European Union and Article 142(3) and Article 145(2)(b) of the Rules of Procedure of the General Court do not preclude an intervener from submitting arguments that are new or differ from those of the party he or she supports, as otherwise his or her intervention would be limited to restating the arguments put forward in the application, it cannot be held that those provisions allow him or her to alter or distort the context of the dispute defined by the application by raising new pleas in law (see judgment of 20 September 2019, *Le Port de Bruxelles and Région de Bruxelles-Capitale* v *Commission*, T-674/17, not published, EU:T:2019:651, paragraph 44 and the case-law cited).

135. In other words, those provisions give the intervener the right to set out, independently, arguments as well as pleas, in so far as they support the form of order sought by one of the main parties and are not entirely unconnected with the issues underlying the dispute, as established by the applicant and defendant, which would result in a change in the subject matter of the dispute (see judgment of 20 September 2019, *Le Port de Bruxelles and Région de Bruxelles-Capitale* v *Commission*, T-674/17, not published, EU:T:2019:651, paragraph 45 and case-law cited).

136. In the present case, it should be noted that Ireland's arguments concern, in essence, the legal basis relied on by the Commission as regards the obligation imposed on the Grand Duchy of Luxembourg to apply the arm's length principle. Ireland therefore calls into question the sources of law of that principle, as applied by the Commission in the contested decision. In addition, Ireland's arguments relate to the interpretation of the content of that principle and not to its application by means of a transfer pricing method.

137. It is common ground that the arm's length principle, as applicable in the present case, may be inferred from Article 164(3) of the LIR. That is apparent, in particular, from recital 241 of the contested decision, and that conclusion has not been called into question by the parties. The first plea raised by the Grand Duchy of Luxembourg does not relate to the question of the source of law of that principle or to questions of interpretation of that principle. In fact, by its first plea, the Grand Duchy of Luxembourg alleges errors in the Commission's application of certain methods for determining transfer pricing in its reasoning concerning the existence of an advantage, bearing in mind that those methods make it possible to determine, ultimately, whether a royalty corresponds to an arm's length outcome.

138. It follows that the arguments put forward by Ireland in support of the first plea of the Grand Duchy of Luxembourg are not connected with the considerations on which its first plea is based. Accordingly, they must be rejected as inadmissible.

b. The merits of the pleas in law and arguments of the Grand Duchy of Luxembourg and Amazon concerning the primary finding of an advantage

139. In addition to the matters set out in paragraph 130 above, it should be noted that, in the context of the first part of the first plea in Case T-816/17 and the first plea in Case T-318/18, the Grand Duchy of Luxembourg and Amazon call into question the merits of the Commission's refusal to apply the CUP method in the context of an ex post analysis carried out on the basis of comparable agreements submitted to the Commission by Amazon.com.

140. In the first and second complaints in the second part of the first plea in Case T-816/17 and the second plea in Case T-318/18, the Grand Duchy of Luxembourg and Amazon submit that the functional analysis performed by the Commission as part of its application of the TNMM is incorrect in that it found that LuxSCS was the least complex party, and that the Commission's application of the TNMM is based on incorrect methodological choices.

141. In the second part of the first plea in Case T-816/17 and the third plea in Case T-318/18, the Grand Duchy of Luxembourg and Amazon maintain that, in its primary analysis, the Commission selected from among the testimony in the United States proceedings mentioned in paragraph 14 above in an arbitrary and biased fashion.

142. In the third part of the first plea in Case T-816/17 and the sixth part of the second plea and the fourth plea in Case T-318/18, the Grand Duchy of Luxembourg and Amazon assert that the result obtained by the Commission in the contested decision deviates from a reliable approximation of an arm's length outcome.

143. Thus, in essence, the arguments put forward by the Grand Duchy of Luxembourg and Amazon against the primary finding of an advantage seek to challenge, first, the Commission's rejection of the use of the CUP method and, secondly, the Commission's application of the TNMM.

144. As regards the arguments challenging the Commission's rejection of the use of the CUP method, it should be noted that it is common ground that the tax ruling at issue did not apply that method. Even if that method was examined in the 2003 transfer pricing report, provided to the tax authorities in support of the request for a tax ruling, it was not used in the letter of 23 October 2003 by which Amazon sought approval of the method of calculating the royalty (see paragraph 9 above). As is apparent in particular from recital 542 of the contested decision, in its analysis aimed at demonstrating the existence of an advantage for the purpose of Article 107(1) TFEU, the Commission relied solely on the TNMM. However, the Commission's assessments intended to rule out the applicability of the CUP method (recitals 521 to 538 of the contested decision) are not capable of demonstrating the existence of the first condition laid down in Article 107(1) TFEU. Given that it is for the Commission to demonstrate the existence of an advantage (see paragraphs 125 to 126 above) and in view of the fact that the Commission's assessments intended to rule out the applicability of the CUP method do not allow such a demonstration, it is not useful to discuss the applicants' arguments and pleas concerning the CUP method.

145. As regards the arguments challenging the merits of the Commission's assessments concerning the application of the TNMM by that institution (see paragraphs 146 to 297 below), it will be necessary, first, to identify the relevant version of the OECD Guidelines on transfer pricing (see paragraphs 146 to 155 below). Secondly, it will be necessary to ascertain whether the Grand Duchy of Luxembourg and Amazon are entitled to claim that the Commission made errors when applying the TNMM in the contested decision, which invalidated its primary finding relating to the advantage (see paragraphs 156 to 297 below).

1. Temporal relevance of certain OECD Guidelines used by the Commission for the purposes of applying the TNMM

146. In order to demonstrate the existence of an advantage, the Commission, in Section 9.2 of the contested decision, applied a series of OECD Guidelines on transfer pricing in different versions thereof.

147. In the first complaint in the second part of its second plea, the Grand Duchy of Luxembourg submits, in essence, that, in the present case, it is the economic context and regulatory framework prevailing in 2003 which must be taken into account. Leaving aside the fact that, at the time of the adoption of the tax ruling at issue, in 2003, as at the time of its last extension in 2010, the OECD Guidelines constituted merely indicative, non-binding guidance for the Luxembourg authorities, the only OECD guidelines available at the time of the adoption of the tax ruling were the 1995 OECD Guidelines. In the contested decision, the Commission referred, however, to the 2010 and 2017 versions of the OECD Guidelines, which amounts to an inappropriate application ratione temporis of the reference framework, which should be determined on the basis of the facts and the pricing methods which existed at the time of the adoption of the measures at issue.

148. Amazon adds that the 2010 and 2017 OECD Guidelines made several significant changes compared to their 1995 version, such as the introduction of the method for analysing the Development, Enhancement, Maintenance, Protection and Exploitation functions ('the DEMPE functions'). Amazon disputes, in particular, the relevance of the Commission's application of that method, since it did not appear until after the date of adoption of the tax ruling at issue, that is to say, in the 2017 version of the OECD Guidelines.

149. The Commission disputes those arguments.

150. It submits, first, that the contested decision does not apply the OECD Guidelines as if they constituted binding standards, but rather as a tool to assist it in applying the test laid down by the Court of Justice in paragraph 95 of the judgment of 22 June 2006, *Belgium and Forum 187* v *Commission* (C-182/03 and C-217/03, EU:C:2006:416). According to the Commission, contrary to what the Grand Duchy of Luxembourg appears to argue, the Luxembourg tax administration regularly relied on those guidelines in interpreting the arm's length principle, with the result that the OECD Guidelines remain relevant in the present case.

151. The Commission then adds that all the findings made in the contested decision are based on the 1995 OECD Guidelines and that the 2010 and 2017 OECD Guidelines are referred to only when those subsequent versions clarify the 1995 version of the Guidelines without, however, amending them.

152. In the present case, it is apparent from a number of footnotes to the contested decision that the Commission based, if only in part, its assessments relating to the existence of an advantage within the meaning of Article 107(1) TFEU not only on the 1995 version of the OECD Guidelines, but also on the 2010 and 2017 versions of those guidelines. It must be noted that the1995, 2010 and 2017 versions of the OECD Guidelines differ on several points, and to various extents. Those differences range from mere clarifications which have no impact on the substance of the earlier versions to entirely new elaborations, namely recommendations which were not contained, including implicitly, in the earlier versions. One of the entirely new elaborations of the OECD Guidelines which appeared only in the 2017 version is the DEMPE functional analysis method (see paragraph 148 above). In the context of the primary finding of an economic advantage, the Commission focused inter alia on that method of analysis.

153. In that respect, it should be borne in mind that, as is apparent from Article 1 and – implicitly – from inter alia recitals 394 and 620 of the contested decision, the measure at issue, as identified by the Commission, is the tax ruling at issue and the subsequent acceptance of LuxOpCo's annual corporate income tax declarations based on that ruling. During the relevant period, LuxOpCo made its tax declarations on the basis of the method of calculation endorsed in the tax ruling at issue and that decision was extended in 2006 and in 2010.

154. In the light of those factors, it must be held that the Commission was entitled to base its findings concerning the existence of an advantage on the guidelines – which are, moreover, merely a non-binding tool – set out in the 1995 OECD Guidelines. However, in so far as the Commission relied on the 2010 version of the OECD Guidelines, that version is not relevant, unless it merely provides a useful clarification, without further elaboration, of the guidelines already set out in 1995. As for the 2017 version of the OECD Guidelines, since they were published after the relevant period and in so far as the recommendations contained therein have evolved significantly in relation to the 1995 version of the OECD Guidelines, those guidelines are not relevant in the present case.

155. In particular, the DEMPE functional analysis method cannot be regarded as relevant from a temporal point of view, in the present case, since it is a tool which was set out only in the 2017 version of the OECD Guidelines.

2. Alleged errors committed by the Commission in the application of the TNMM in the contested decision

156. As noted in paragraph 9 above, the Grand Duchy of Luxembourg and Amazon dispute a whole series of assessments made by the Commission concerning the application of the TNMM in the context of the primary finding of an advantage.

157. It will be recalled that the TNMM is an indirect transfer pricing method. As described in paragraph 3.26 of the 1995 version of the OECD Guidelines, that method consists of determining, relative to an appropriate base, the net profit made by a taxpayer in a controlled transaction or controlled transactions which are closely linked or continuous. To determine that appropriate base, it is necessary to choose a profit level indicator, such as costs, sales or assets. The net profit indicator obtained by the taxpayer in a controlled transaction must be determined by reference to the net profit indicator earned by the same taxpayer or an independent undertaking in comparable uncontrolled transactions.

158. As is apparent from paragraph 3.26 of the 1995 version of the OECD Guidelines, the TNMM involves identifying a party to the transaction for which a profit level indicator is tested, for example a mark-up on costs. That party is referred to as the 'tested party'. That is the party whose so-called 'arm's length' mark-up must be determined. As a general rule, the tested party is the party to which a transfer pricing method can be applied in the most reliable manner and for which the most reliable comparables can be found.

159. The tested party is chosen on the basis of a functional analysis of the parties to the intra-group transaction. According to paragraph 3.43 of the 1995 version of the OECD Transfer Pricing Guidelines, the tested party

will most often be the party which has the less complex functional analysis. According to an understanding already existing at the time when the 1995 Guidelines applied, the functional analysis usually involves examining the functions performed by an entity, the assets held and the risks borne.

160. In addition, it should be noted that the TNMM is considered to be an appropriate method for testing the arm's length remuneration of a party which makes no unique or valuable contributions in connection with the transaction which is the subject of the transfer pricing analysis.

161. In the present case, the Grand Duchy of Luxembourg and Amazon do not dispute, as such, the Commission's choice of the TNMM. They dispute only that the Commission applied that method correctly. First, the Grand Duchy of Luxembourg and Amazon challenge the Commission's functional analysis and the choice of LuxSCS as the tested party for the purposes of applying the TNMM; secondly, the calculation of LuxSCS's remuneration, namely the choice of profit level indicator and the mark-up rate used by the Commission in applying the TNMM; and, thirdly, the reliability of the result obtained.

i. The functional analysis and the Commission's choice of LuxSCS as the tested party

162. Recitals 409 to 561 of the contested decision, namely those relating to the primary finding of an advantage, seek to show, in essence, that, in the present case, the Luxembourg tax authorities should have applied the TNMM by using LuxSCS as tested party since it is, in the light of the functional analysis carried out by the Commission, the 'least complex' party. It is also apparent from those recitals that, according to the Commission, if the Luxembourg tax authorities had applied the TNMM by using LuxSCS as the tested party, LuxOpCo's remuneration would have been higher than the remuneration determined pursuant to the tax ruling at issue. According to the Commission, consequently, the application of the TNMM by using LuxSCS as the tested party would have resulted in a lower royalty for LuxSCS and thus a higher remuneration for LuxOpCo.

163. In the second part of the first plea in Case T-816/17 and the second plea in Case T-318/18, the Grand Duchy of Luxembourg and Amazon dispute the Commission's functional analysis. They claim, inter alia, that the functions performed by LuxSCS as well as the assets used and the risks assumed by it were minimised by the Commission. In their view, LuxSCS held the intangible assets and performed unique and valuable functions and could not, therefore, be used as the tested entity for the purposes of the Commission's application of the TNMM.

164. In that context, it must be pointed out that, by their arguments concerning the primary finding of an advantage, the Grand Duchy of Luxembourg and Amazon do not call into question the merits of the Commission's choice of the TNMM as being the appropriate method for assessing the arm's length nature of the royalty. When calling into question the Commission's findings concerning the functional analysis of LuxSCS in Section 9.2.1.1 of the contested decision, the Grand Duchy of Luxembourg and Amazon therefore seek, in essence, to challenge the Commission's assertion that LuxSCS should have been regarded by the Luxembourg tax authorities as being the 'least complex' party and therefore the tested party in the context of the application of the TNMM.

165. In order to respond to those arguments of the Grand Duchy of Luxembourg and Amazon that the Commission was not entitled to conclude that the Luxembourg tax authorities should have applied the TNMM by using LuxSCS as the tested party, it is not necessary to verify the validity of the functional analysis of LuxOpCo. Since the Commission sought to apply the TNMM by using LuxSCS as the tested party, it is sufficient to verify the validity of the functional analysis of LuxSCS, as set out in Section 9.2.1.1 of the contested decision, and to ascertain whether, in the light of that analysis, it was possible to apply the TNMM to LuxSCS in a sufficiently reliable manner.

166. In that regard, it should be noted as a preliminary point that, according to paragraph 3.43 of the 1995 version of the OECD Guidelines, the party to which the TNMM is applied 'should be the enterprise for which reliable data on the most closely comparable transactions can be identified', that this 'will often entail selecting the associated enterprise that is the least complex of the enterprises involved in the controlled transaction and that does not own valuable intangible property or unique assets' and that, 'however, the choice may be restricted by limited data availability'. According to that paragraph, in other words, although, as a general rule, the entity for which there is the most reliable evidence for the purposes of identifying comparables is often the 'least complex' entity, the purpose of the application of the TNMM is not necessarily to make that application dependent on the identification of the 'least complex' entity. Rather, what matters in the application of that method is, first, to have identified the party for which the most reliable data can be found and, secondly, whether the TNMM can be applied reliably to that party.

167. As a result of what has just been stated in paragraph 166 above, and as is apparent, in particular, from paragraphs 3.26, 3.28, 3.29, 3.34 and 3.43 of the 1995 version of the OECD Guidelines, the application of the TNMM necessarily entails finding reliable data for the comparison with the tested party. Thus, the entirety of the assessments concerning the functional analysis, the assessment of functions, the considerations relating to assets and risks borne, and all of the considerations concerning the 'unique and valuable' nature of the assets used, are merely criteria to be taken into account in the choice of the tested party in order to ensure a reliable result.

168. It is in the light of those considerations that the complaints challenging the functional analysis of LuxSCS carried out by the Commission and its conclusion that LuxSCS should have been the tested entity must be examined.

169. In that regard, it should be borne in mind that, in Section 9.2.1.1.1 of the contested decision (recitals 419 to 429 of that decision), the Commission described the functions performed by LuxSCS in the context of the controlled transaction.

170. In essence, as summarised in recital 418 of the contested decision, the Commission's analysis is based on the following three main assertions. First, the Commission found that LuxSCS had not performed 'active' functions in connection with the development, enhancement, management and exploitation of the intangible assets, that it was not entitled to do so because of the exclusive licence granted to LuxOpCo, nor did it have the capacity to do so. Next, the Commission stated that, in its view, LuxSCS had not used assets in relation to those intangible assets, but had merely passively held legal ownership of the intangible assets and a licence to them under the CSA. Lastly, it noted that LuxSCS had neither assumed nor controlled the risks associated with those activities, nor did it have the operational and financial capacity to do so.

171. In recital 429 of the contested decision, the Commission concluded that, during the relevant period, the only functions that could actually be regarded as having been performed by LuxSCS were functions linked to the maintenance of its 'legal ownership' of the intangible assets, even though those functions were performed under LuxOpCo's control. In fact, as is apparent from recitals 418 and 430 of the contested decision, LuxSCS merely held the intangible assets 'passively'.

172. Next, in Section 9.2.1.1.2 of the contested decision, entitled 'Assets used by LuxSCS', and in particular in recital 430 of that decision, the Commission, in essence, again asserted that LuxSCS was merely the passive owner of the intangible assets. In recital 431 of the contested decision, the Commission disputed the argument that LuxSCS had used the intangible assets by licensing them to LuxOpCo. In recital 432 of the contested decision, it reiterated its view that, in any event, LuxSCS did not have the capacity actually to use the intangible assets.

173. Lastly, in Section 9.2.1.1.3 of the contested decision (recitals 436 to 446 of that decision), entitled 'Risks assumed by LuxSCS', the Commission analysed the risks borne by LuxSCS in so far as those risks were relevant in the context of the Licence Agreement. In recital 446 of that decision, it concluded in that regard that LuxSCS could not be regarded as having effectively assumed the risks associated with the development, enhancement, management and exploitation of Amazon's intangible assets and that it did not have the financial capacity to assume such risks.

174. In addition, in Section 9.2.1.4.1 of the contested decision, entitled 'The tested party should be LuxSCS', the Commission stated, in essence, that it was necessary to avoid confusion between the complexity of the assets held and the complexity of the functions performed by the parties to the intra-group transaction concerned (recital 546 of the contested decision). Next, it asserted that there was no basis for the assumption that an associated group company that licenses an intangible asset to another company in the group performs more complex functions than the latter company merely because it legally owns a complex asset (recital 546 of the contested decision). Consequently, in its view, the Luxembourg tax administration should not have accepted Amazon's claim that the mere legal ownership of the intangible assets was in itself a 'unique contribution'. Rather, it should have required a functional analysis demonstrating that LuxSCS performed 'unique and valuable functions' (recital 547 of the contested decision). Lastly, according to the Commission, although LuxSCS was the legal owner of the intangible assets during the relevant period, the functional analysis carried out in Section 9.2.1.1 of the contested decision demonstrates that LuxSCS performed no 'active' or critical function in relation to the development, enhancement, maintenance or exploitation of those assets.

175. The Commission's assessments relating to LuxSCS's functions overlap to a large extent with those relating to the assets used by LuxSCS. That is also true of the arguments raised by the Grand Duchy of Luxembourg and Amazon challenging those assessments. It is therefore appropriate to examine those arguments together,

and then examine those relating to the risks assumed by LuxSCS, in order to examine whether the Commission correctly considered that LuxSCS should be regarded as the tested entity.

– *The functions and assets of LuxSCS*

176. The Grand Duchy of Luxembourg and Amazon dispute the Commission's assertions concerning LuxSCS's functions. By contrast, as regards LuxSCS's intangible assets, they agree that they were 'unique and valuable', without however taking care to define those terms.

177. First, the Grand Duchy of Luxembourg and Amazon criticise the Commission for failing to take account of the fact that the 1995 version of the OECD Guidelines stated that the party holding the intangible assets would typically not be the tested party for the application of the TNMM. In that regard, the Grand Duchy of Luxembourg and Amazon stress the fact that LuxSCS held unique and valuable intangible assets. They submit that the technology made available by LuxSCS played a central role in the development of the Amazon group's business in Europe. Those intangible assets were essential for all of the Amazon group's activities in Europe. In addition, the Grand Duchy of Luxembourg emphasises that, by licensing the intangible assets to LuxOpCo, LuxSCS enabled LuxOpCo to benefit from the development activities carried out by ATI and A9 in the United States and allowed it to make optimal use of those assets. Consequently, LuxOpCo had to remunerate LuxSCS not only for its contributions, but also indirectly the United States entities of the Amazon group for their contributions.

178. Secondly, the Grand Duchy of Luxembourg and Amazon dispute the Commission's approach of distinguishing between 'active' and 'passive' functions and taking only the latter into account for the purposes of the functional analysis. In that context, they also criticise the Commission for not taking into account, in the analysis of functions, the fact that LuxSCS made the intangible assets available to LuxOpCo in the context of the controlled transaction. Amazon adds that making the intangible assets available by granting a licence to LuxOpCo constitutes an exploitation of those assets by LuxSCS, as envisaged by paragraph 6.32 of the 2017 version of the OECD Guidelines.

179. Thirdly, the Grand Duchy of Luxembourg and Amazon submit that LuxSCS performed unique and valuable functions, contrary to what is claimed by the Commission. In this context, they indicate in particular that, through its participation in the CSA, LuxSCS contributed to the continued development of the intangible assets, even though it had no employees. Again according to the Grand Duchy of Luxembourg and Amazon, the contributions made by the United States entities ATI and A9, namely the development and continued enhancement of the intellectual property, must be attributed to LuxSCS or regarded as part of LuxSCS's contributions. In their view, LuxSCS thus performed 'unique and valuable' functions which justify treating it as the most complex part of the transaction. Amazon submits, moreover, that whether or not LuxSCS had the capacity to operate an electronic commerce business entirely on its own without licensing the intangible assets to another entity is irrelevant to the assessment of the uniqueness of LuxSCS's functions.

180. The Commission disputes those arguments.

181. The Commission insists that LuxSCS merely held the intangible assets 'passively' and that it did not actually use them. It submits that the mere ownership of a unique and valuable intangible asset is not sufficient for that entity to be regarded as complex. Nor, in the present case, is it sufficient to justify the attribution to LuxSCS of almost all the profits generated by LuxOpCo, even if none of LuxOpCo's activities could be carried out without access to the intangible assets. Following the conclusion of the Licence Agreement, LuxSCS was no longer entitled to use the assets, nor did it have the capacity to do so. Only LuxOpCo used the intangible assets in the course of its business. In that context, the Commission also submits that LuxSCS did not have any employees and did not have the capacity to carry out functions in relation to the development, enhancement and exploitation of the intangible assets.

182. Moreover, according to the Commission, the Grand Duchy of Luxembourg and Amazon wrongly refer to the contributions of Amazon group entities located in the United States (see paragraph 179 above), since those entities are not concerned by the Licence Agreement and act independently of LuxSCS. Any functions those entities may have performed in relation to the intangible assets, the circumstance that Amazon.com was directing LuxSCS or LuxOpCo or the characteristics of the Buy-In Agreement and the CSA are therefore irrelevant to the functional analysis of LuxSCS. The development functions performed by ATI and A9 cannot therefore be attributed to LuxSCS, since the various parties to the CSA act on their own behalf and at their own risk. The Commission argues that, in any event, the Buy-In Agreement and the CSA already fixed the arm's length remuneration for the functions performed by ATI and A9 in relation to the intangible assets. Any other intragroup transaction between the US entities and LuxOpCo in relation to the intangible assets – the existence of

which has not, in any event, been demonstrated by either the Grand Duchy of Luxembourg or Amazon – cannot justify the payment of LuxOpCo's residual profits to LuxSCS.

183. In that regard, in the first place, it must be borne in mind that, as has already been noted in paragraph 166 above, according to paragraph 3.43 of the 1995 version of the OECD Guidelines, the 'associated enterprise to which the transactional net margin method is applied should be the enterprise for which reliable data on the most closely comparable transactions can be identified', and that 'this will often entail selecting the associated enterprise that is the least complex of the enterprises involved in the controlled transaction and that does not own valuable intangible property or unique assets'. The concept of 'valuable' or 'unique assets' is not expressly explained in the 1995 version of the OECD Guidelines.

184. It follows from paragraph 3.43 of the 1995 version of the OECD Guidelines that those guidelines recommended that the party owning unique and valuable assets should not be used as the tested party for the purposes of applying the TNMM; rather another party to the controlled transaction should be used. The logic underlying paragraph 3.43 is that, in general, it is more complicated to find reliable comparables for the purpose of examining the party to the controlled transaction that owns unique and valuable intangible assets. That understanding was also apparent from paragraph 6.26 of the 1995 version of the OECD Guidelines. According to that paragraph, in cases involving highly valuable intangible property, it may be difficult to identify comparable transactions between independent undertakings. It is apparent from that same paragraph that the mere ownership of unique or valuable intangible assets makes the identification of comparables more difficult. It should be noted that paragraph 6.26 of the 1995 version of the OECD Guidelines is based on the premiss that an intangible asset may be deemed to be 'unique' when there is no comparable for that asset. An intangible asset is 'valuable' if it enables the generation of substantial revenue. Furthermore, it should be noted that that understanding corresponds to the definition of the concept set out in paragraph 6.17 of the 2017 version of the OECD Guidelines. It follows from that paragraph that 'single and valuable intangible assets' are those (i) that are not comparable to intangible assets used by parties to potentially comparable transactions, and (ii) the use of which in business operations is expected to yield greater future economic benefits than would be expected in the absence of those intangible assets.

185. In the present case, first, it is common ground that LuxSCS held the rights over the Amazon group's intangible assets in Europe and that it made those assets available to LuxOpCo under the Licence Agreement.

186. In that respect, it should be noted, in addition to the elements set out in paragraphs 4 and 5 above that, under the assignment agreement concluded between ATI and LuxSCS on 1 January 2005, which forms part of the Buy-In Agreement, the ownership of some of those assets was assigned to LuxSCS (see Sections 3.1 and 3.2 of that agreement), in particular and essentially, the internet domain names in Europe, such as amazon.co.uk, amazon.fr and amazon.de.

187. Next, under the licence agreement concluded between ATI and LuxSCS on 1 January 2005, LuxSCS received the right to use, in Europe, most of the Amazon group's intangible assets already existing in 2005, namely technology, inventions, patents, trade marks, customer-related rights, etc., without this being an exclusive licence right for LuxSCS.

188. In addition, under Sections 6.2(a) and 6.3(a) of the CSA, LuxSCS held a non-exclusive licence to the intellectual property of A9 and ATI developed after 2005, as well as the ownership of derivative works developed after 2005 from the intangible assets legally owned by LuxSCS.

189. Lastly, LuxSCS also entered into intellectual property assignment and licensing agreements with the EU local affiliates, under which it received the registered trade marks and the intellectual property rights held by those companies in respect of the EU websites.

190. Accordingly, LuxSCS held rights to intangible assets including the following three types of intellectual property: technology, marketing-related intangible assets and customer data. The technology included a complete range encompassing all aspects of the Amazon group's business and, in particular, technologies for that group's software platform, the appearance of the websites, catalogues, order processing, logistics, search and navigation functionalities, customer service and personalisation functions.

191. Secondly, it should be noted that, although the Commission maintains that LuxSCS did not perform 'unique and valuable functions' in relation to the intangible assets, it does not dispute the 'unique and valuable nature of the intangibles' held by LuxSCS and made available to LuxOpCo in the context of the controlled transaction.

192. In particular, the Commission has not disputed, in a substantiated manner, Amazon's assertion that the technology was unique, since no comparables existed and that it played an essential role in the various aspects of the Amazon group's commercial activities in Europe and therefore enabled the generation of significant revenue. Moreover, it has not been called into question that, as Amazon submits, the group's commercial activities could not have acquired such a large scale and achieved such success in Europe – as indeed in other regions of the world – without the technology. The Grand Duchy of Luxembourg's assertion that, during the relevant period, the Amazon group relied on its technology, which was 'at the heart of its business model', as a means of competitive differentiation, in that it was precisely that technology that constituted the unique and valuable contributor that enabled (and still enables) the Amazon group to continue to be competitive in a highly competitive environment characterised by narrow margins, is also convincing. In addition, it is apparent from recital 338 of the contested decision that even some of the Amazon group's competitors admit that, because it was 'very aggressive in investing in technology', the Amazon group's retail sales platform 'today presents a hard-to-match competitive advantage'. The technology was therefore an asset for which no comparable existed.

193. In that regard and, moreover, it must be pointed out that it is not necessary to examine the Commission's arguments that the technology alone was not sufficient to carry out the Amazon group's commercial activities in Europe and that the human functions performed by LuxOpCo employees were also important. Those arguments, even if well founded, do not call into question the finding that the technology played an essential role in the Amazon group's commercial activities in Europe and thus constituted a unique and valuable asset.

194. As regards the trade marks registered in Europe, it must be noted that, on the date on which LuxSCS was transferred those assets, which already benefited from the international reputation of the Amazon group, it is not apparent from the documents before the Court that there were comparable assets on the European market. It must therefore be held that the trade marks in question were unique. It is common ground that their use enabled the generation of substantial revenue in Europe. Those trade marks were therefore also 'valuable'. The customer data also did not have comparables and enabled the generation of significant profits. It must therefore be found that those intangible assets were also unique and valuable.

195. In those circumstances, having regard to paragraph 3.43 of the 1995 version of the OECD Guidelines and in view of the fact that the intangible assets of the Amazon group and, in particular, the technology constituted unique and valuable assets implemented by LuxSCS in the context of the controlled transaction, the Luxembourg tax authorities could not be criticised for having considered, like the authors of the 2003 transfer pricing report, that it was correct, according to the 1995 version of the OECD Guidelines, to choose a company other than LuxSCS as the tested party. Furthermore, although, as the Commission suggested in footnote 681 of the contested decision, according to the 2017 version of the OECD Guidelines, a passive owner cannot be the most complex party and may therefore be the tested party in the context of the application of the TNMM, it must be pointed out that that was not the case in the relevant period, which must be examined in the present case solely in the light of the 1995 version of the OECD Guidelines.

196. In paragraph 83 of the defence in Case T-318/18, the Commission appears to wish to insist on the fact that, according to paragraph 3.43 of the 1995 version of the OECD Guidelines, it is only 'often' that the choice of the tested party will mean choosing the associated enterprise which is the 'least complex of the enterprises involved in the controlled transaction and that does not own valuable intangible property or unique assets', without however that being an absolute rule in that respect. In so far as the Commission seeks to assert that the rule contained in paragraph 3.43 of the 1995 version of the OECD Guidelines is not an absolute rule, but a rule which may be disregarded if justified by particular circumstances relating to the controlled transaction concerned, it must be stated that the Commission did not explain, in the contested decision, why that recommendation should, in the present case, be rejected. The Commission has not shown that the Luxembourg tax authorities should have departed from the rule contained in paragraph 3.43 of the 1995 version of the OECD Guidelines on account of a specific feature of the controlled transaction concerned in the present case, namely the Licence Agreement.

197. In the second place, and in any event, it should be noted that the Commission erroneously considered that, apart from the functions of maintaining its intellectual property, LuxSCS did not perform any 'active and critical' functions in relation to the intangible assets (see recitals 420 and 548 of the contested decision) or even 'any functions that add value to the [intangible assets]' (see recital 526 of that decision).

198. First, as regards the distinction drawn by the Commission between 'passive' ownership (recitals 418 and 430 of the contested decision) and 'active' ownership of intangible assets, and between 'active' and 'passive'

functions (recital 548 of the contested decision), it should be noted that, as the Grand Duchy of Luxembourg and Amazon submit, the relevant OECD Guidelines in the present case do not provide for such a distinction.

199. The 1995 version of the OECD Guidelines merely states, in paragraph 1.20, that, in general, in determining the arm's length nature of remuneration established in the context of a controlled transaction, it is necessary to examine whether that remuneration reflects 'the functions that each enterprise performs' and to carry out a 'comparison of the functions taken on by the parties'.

200. Admittedly, it cannot be ruled out that paragraph 1.20 of the 1995 version of the OECD Guidelines may be interpreted as meaning that the term 'taken on' refers to 'active' functions.

201. However, it is not clear from paragraph 1.20 of the 1995 version of the OECD Guidelines that only 'active' functions could be taken into account for the purposes of the functional analysis of the parties to the transaction. Nor does it follow from that paragraph that an entity cannot be regarded as 'performing' or 'taking on' functions when it holds certain assets and merely finances, for example, their development or improvement.

202. In addition, it should be noted that, according to paragraph 1.22 of the OECD Guidelines, it may be 'relevant and useful in identifying and comparing the functions performed to consider the assets that are employed or to be employed' and that 'this analysis should consider the type of assets used, such as plant and equipment, the use of valuable intangibles, etc., and the nature of the assets used, such as the age, market value, location, property right protections available, etc.'. In other words, it is recommended that account be taken of the fact that a company makes assets available in the context of the controlled transaction for the purpose of examining the functions carried out. It therefore follows that, contrary to the Commission's assertions, the making available of intangible assets had to be taken into account for the purpose of examining the functions performed or assumed by a party to an intra-group transaction, without any distinction between 'active' and 'passive' functions being relevant.

203. Secondly, even if the Commission could indeed draw a distinction between 'passive' and 'active' functions, it wrongly concluded, as is apparent from recital 420 of the contested decision, that LuxSCS was merely a passive holder of the intangible assets, that it had merely maintained the intangible assets and that no other active function could be attributed to it.

204. First of all, the Commission failed to take into account the fact that LuxSCS did indeed exploit those assets by making them available to LuxOpCo in exchange for the payment of a royalty under the Licence Agreement.

205. It is common ground that, under the Licence Agreement, LuxSCS licensed all Amazon's intangible assets in the European territory to LuxOpCo. That agreement covered not only all the intangible assets referred to in the Buy-In Agreement and the CSA, but also the intangible assets, and in particular the brands, that it had received in 2006 from its European affiliates, as well as the resulting derivative works. Licensing the intangible assets to LuxOpCo in return for the payment of the royalty constitutes exploitation of those assets, which amounts to performing an active function.

206. That exploitation corresponds to a use of the intangible assets by LuxSCS, the alleged absence of which is criticised by the Commission in recitals 430 to 432 of the contested decision.

207. The use of the intangible assets by LuxSCS by making them available to LuxOpCo under the Licence Agreement also satisfies the criterion suggested by the Commission in paragraph 83 of its defence in Case T-318/18. According to that criterion, the rule set out in paragraph 3.43 of the 1995 version of the OCDE Guidelines, as mentioned in paragraphs 183 and 184 above, was created by the authors of those guidelines 'on the assumption that the party to a controlled transaction that owns valuable intangible property will ... be the party using those assets, while performing active functions in relation to that transaction'. In that regard, without it being necessary to establish whether the Commission is justified in considering that that paragraph must be interpreted as requiring some use of the intangible assets, it must be pointed out that making LuxSCS's intangible assets available to LuxOpCo under the Licence Agreement constitutes use as described by the Commission.

208. Furthermore, it should be noted that LuxSCS contributed to the development of intangible assets through its financial participation under the CSA. In that context, it should be borne in mind that, as has already been pointed out in the last sentence of the second indent of paragraph 4 above, LuxSCS was required to pay an annual share of the costs relating to the CSA development programme.

209. In that regard, it should be noted that it is not apparent from the 1995 version of the OECD Guidelines that financial participation in a cost-sharing agreement cannot be regarded as genuine participation in the

development of assets covered by such an agreement. On the contrary, it follows from paragraph 8.15 of the 1995 version of the OECD Guidelines – which states, with regard to cost-sharing agreements, that 'it is unlikely to be a straightforward matter to determine the relative value of each participant's contribution except where all contributions are made wholly in cash' – that a financial contribution to such a cost-sharing agreement may indeed be a valid and valuable contribution, regardless therefore of whether the other entity which made the financial contribution also makes contributions of another nature. In some cases, it cannot be ruled out that the financial contribution to an intra-group transaction may be the sole enabler of the (commercial) success of the transaction.

210. In addition, pursuant to Sections 6.3(b) and 6.4 of the CSA, in return for its share of the costs, LuxSCS became co-owner, with A9, of part of the intangible assets that were continually being developed and improved in the United States. Those developments and improvements were made available by LuxSCS to LuxOpCo continually under the Licence Agreement, in such a way that it can be considered that, from LuxOpCo's point of view, they were attributable to LuxSCS and not to the United States entities. Under the Licence Agreement, the results of the developments and improvements to the intangible assets are allocated to LuxSCS.

211. It therefore follows from the foregoing that the Commission erred in finding, in recital 429 of the contested decision, that 'the only functions that could actually have been said to have been performed by LuxSCS were functions related to the maintenance of its legal ownership of the Intangibles'. The criterion used by the Commission, which refers to the distinction between active and passive functions, is not relevant. Furthermore, even if that criterion were to be used, it should be noted that LuxSCS made the intangible assets available to LuxOpCo and contributed to their development through its financial contribution under the CSA. Those functions should have been taken into account by the Commission in its functional analysis of LuxSCS and for the purposes of choosing the tested party.

212. That conclusion is not called into question by the other arguments put forward by the Commission.

213. First, the assessment made by the Commission in recitals 420 and 421 of the contested decision and reiterated in the present proceedings (see paragraph 181 above) according to which LuxSCS 'could not perform any active and critical functions in relation to [the] development, enhancement, management or exploitation [of the intangible assets]' because LuxSCS 'was no longer entitled to economically exploit the Intangibles in [the Amazon group's] European operations' cannot succeed.

214. The Commission based that finding on the assertion, repeated several times in the contested decision, that LuxOpCo had received an 'irrevocable' and 'exclusive' licence from LuxSCS (see, for example, recitals 116, 419, 431, 438, 442 and 450 of the contested decision), which deprived LuxSCS of any possibility of using the intangible assets.

215. In that regard, it is sufficient to recall that granting a licence already constitutes an exploitation.

216. Secondly, the conclusion in paragraph 211 above is not called into question by the assessment made by the Commission in recital 421 of the contested decision and repeated in the present proceedings (see paragraph 181 above) according to which LuxSCS did not have the capacity to perform functions, since it had no employees.

217. In that regard, it should be noted that, contrary to what is claimed by the Commission, whether or not LuxSCS had the capacity to operate an e-commerce business entirely on its own has no bearing on the assessment of LuxSCS's functions in connection with the exploitation of the intangible assets. As stated in paragraph 204 above, LuxSCS indeed exploited the intangible assets by licensing them to LuxOpCo.

218. Furthermore, contrary to the Commission's contention, it was not necessary for LuxSCS to have its own employees in order to contribute to the continuous development of the intangible assets. LuxSCS contributed to this through its financial participation in the CSA.

219. Thirdly, the conclusion in paragraph 211 above is not called into question by the Commission's argument that LuxSCS's financial contribution to the development of the intangible assets was purely artificial, since the funding for the development of the intangible assets came from LuxOpCo's accounts, with the result that LuxOpCo performed all the functions attributed to LuxSCS by the CSA.

220. The origin of the capital used by LuxSCS to meet its financial obligations under the CSA, and therefore the fact that this capital came from the payment of the royalty by LuxOpCo, is not relevant. The 1995 version of the OECD Guidelines do not require that the capital invested come from a particular source. It is not excluded that

that capital have its origin in a royalty, such as that at issue in the present case, or that it come from another source of revenue, such as, for example, a loan.

221. In any event, it is common ground that LuxSCS had its own capital, in addition to the income derived from the royalty. As the Grand Duchy of Luxembourg has pointed out, it was as a result of its own capital that LuxSCS was able to absorb the losses sustained during its first years of operation without LuxOpCo's intervention. In 2006, the amount of the royalty paid by LuxOpCo to LuxSCS was, moreover, significantly lower than the payments made by LuxSCS under the Buy-In Agreement and the CSA.

222. In the third place, the Grand Duchy of Luxembourg and Amazon dispute the Commission's assessment, set out inter alia in recitals 407 and 547 of the contested decision, that LuxSCS could not be regarded as performing 'unique and valuable' functions (see inter alia recitals 407 and 547 of the contested decision).

223. It should be noted that the 1995 version of the OECD Guidelines do not use the terms 'unique and valuable functions'. Only the expression 'unique and valuable assets' is used, several times, inter alia in the sections relating to the TNMM and the profit split method, most often in reference to intangible assets (development or ownership) (see, for example, paragraphs 1.8, 3.19, 3.43 and 6.26 of those guidelines).

224. By contrast, it is only in the 2017 version of the OECD Guidelines, which are not relevant in the present case, that reference is clearly made to 'unique and valuable' functions or contributions and that a distinction is made between, on the one hand, 'unique and valuable functions' and, on the other hand, 'routine functions'. As has already been pointed out in paragraph 184 above, paragraph 6.17 of the 2017 version of the OECD Guidelines contains a definition of the concept of 'unique and valuable assets'. By contrast, although the authors of the 2017 version of the OECD Guidelines often refer to the concept of 'unique and valuable functions', they do not provide any definition in that regard.

225. The main parties have explained what they understood by the expression 'routine functions'. At the hearing, the Grand Duchy of Luxembourg stated that an entity performs 'routine functions' when it performs normal functions, namely functions which other undertakings could also perform. They are therefore essentially functions for which comparables can easily be found. Amazon pointed out at the hearing that the concept of 'routine functions' did not mean that the functions in question were of not valuable, but that they could easily be benchmarked and remunerated. The Commission has not called that understanding into question. It is apparent from paragraph 14 (footnote 18) of the defence in Case T-318/18 that, according to the Commission, the word 'routine' refers to functions which are not unique and for which uncontrolled comparables can be found. Similarly, in paragraph 17 (footnote 21) of the defence in Case T-816/17, the Commission compares 'routine' functions to those which are 'not unique and valuable'.

226. In the present case, there is no need to determine whether, on the basis of the 1995 version of the OECD Guidelines, it was already open to the Commission to verify the arm's length nature of a price by using the concept of 'unique and valuable functions' because this concept was already applicable at the time the 1995 version of the OECD Guidelines applied, even if they did not expressly refer to that concept, or whether it was only after the adoption of the 2017 version of the OECD Guidelines that the criterion relating to 'unique and valuable functions' could be taken into account for that purpose.

227. In any event, the main parties have not called into question the relevance of that criterion; rather they unanimously put that criterion at the core of their arguments as a relevant parameter for assessing their situation. In that respect, it should be noted that, as is the case as regards the concept of 'unique and valuable assets' (see paragraph 176 above), the parties have not taken care to define the terms 'unique and valuable functions'.

228. As regards the meaning of the terms 'unique and valuable functions', in line with the conclusion in paragraph 184 above, and in view of the meaning of those terms accepted by the parties (see paragraph 225 above), for the purposes of the present case the concept of a 'unique function' must be understood as referring to the situation in which no comparable exists for a certain function. The concept of a 'valuable function' relates in particular to the fact that the function in question enables the generation of significant revenue. In that respect, it must be noted that, although the designation of a certain function as 'unique' means that the same function cannot be categorised as 'routine', the same reasoning cannot apply to the concept of a 'valuable function'. There are also 'routine' functions which make it possible to generate substantial revenue and which therefore merit classification as 'valuable functions'.

229. In the present case, as stated in paragraph 191 above, it is not disputed that the intangible assets covered by the Licence Agreement were unique and valuable.

230. Moreover, LuxSCS not only exploited, but also contributed financially to the development of those unique and valuable intangible assets held by it. Consequently, it follows from what has just been indicated in paragraphs 203 to 211 above that all of LuxSCS's functions in relation to the intangible assets should have been regarded by the Commission as unique and valuable. The assertion in recital 547 of the contested decision that the Luxembourg tax administration should have required a functional analysis showing that LuxSCS performed 'unique and valuable functions' is therefore unjustified and must, accordingly, be rejected. Consequently, in view of LuxSCS's functions and assets, the Commission's conclusion that LuxSCS should have been regarded as the tested party is unconvincing.

– The risks assumed by LuxSCS

231. The Grand Duchy of Luxembourg and Amazon submit, in essence, that LuxSCS bore the risks associated with the intangible assets as such, while LuxOpCo bore only the risks associated with its retail business. LuxSCS also assumed financial risks in connection with the intangible assets, since it had to meet its obligation under the Buy-In Agreement and the CSA to pay the Buy-In payments and the CSA payments to ATI and A9.

232. The Commission disputes those arguments.

233. It maintains, in particular, that neither the resolutions of LuxSCS's sole manager nor the minutes of LuxSCS's general meetings mention any critical decisions relating to risk management. In reality, LuxSCS had neither the financial capacity nor the operational capacity to assume those risks. LuxSCS could only bear the costs related to the Buy-In Agreement and the CSA through the funds received annually by way of the royalties paid by LuxOpCo under the Licence Agreement, with the result that LuxSCS's capital was never exposed to risk. Moreover, LuxSCS benefited from a substantial initial capitalisation from its parent company, which covered the Buy-In payment. In any event, under the Licence Agreement, LuxSCS transferred the financial risks to LuxOpCo. Accordingly, the risks borne by LuxSCS are theoretical since LuxSCS could have terminated the Licence Agreement and granted a licence to another related or independent party. The financial risks borne by LuxSCS were also theoretical, because its financial participation in the CSA was financed by the royalty paid by LuxOpCo and the amount of the CSA payments was correlated with LuxOpCo's revenue.

234. In that regard, it should be noted at the outset that, since LuxSCS had acquired full ownership of part of the intangible assets under Section 3.1 of the assignment agreement concluded with ATI on 1 January 2005, it bore all the risks linked to the existence of the intangible assets as such. These were, for example, risks such as third-party challenges or the revocation of the intangible assets. That is the logical consequence of the fact that LuxSCS was the owner of those assets. With regard to the licensing agreement concluded with ATI on 1 January 2005, LuxSCS also assumed the risks related to the development of intangible assets by the American entities ATI and A9.

235. Since it had, during the relevant period, a licence on the other part of the intangible assets, referred to in Section 3.1 of the licence agreement entered into with ATI on 1 January 2005, as well as in Sections 6.1 and 6.2 of the CSA, LuxSCS bore financial risks in connection with those assets used as a result of its participation in the CSA. More specifically, provision was made for the allocation of costs between the parties to the CSA in accordance with Sections 4 and 5 of the CSA. Under those sections of the CSA, LuxSCS was obliged to bear the costs relating to the development of the intangible assets. Although the cost allocation depended on the share of the profits made in Europe by comparison with worldwide profits, the costs as such were wholly unrelated to the level of profits achieved in Europe. In that regard, it should be noted that, if the development costs were higher than the royalty paid by LuxOpCo, LuxSCS would have had to bear the financial consequences of that difference. Thus, if LuxOpCo had recorded losses or low profits, the royalty would not have been sufficient to cover the fixed costs borne by LuxSCS, namely essentially the payments under the Buy-In Agreement and the CSA. In other words, LuxSCS risked not having sufficient revenue to make the Buy-In and cost-sharing payments provided for in the Buy-In Agreement and the CSA.

236. With regard to these financial risks, it should be pointed out that, despite an unsubstantiated assertion made by it at the hearing, the Commission has not established that LuxSCS's obligation to make the payments due under the CSA was in fact exactly correlated to the payment of the royalty by LuxOpCo. On the contrary, and as the Commission itself pointed out in recital 445 of the contested decision, the amounts received by LuxSCS by way of the royalty did not correspond directly to the amounts owed by LuxSCS in respect of the CSA. Thus, in 2006, the amount of the royalty paid by LuxOpCo to LuxSCS was significantly lower than the Buy-In and cost-sharing payments made by LuxSCS.

237. Still with regard to the financial risks borne by LuxSCS, the Commission has not been able to demonstrate that that company did not have substantial equity. As regards LuxSCS's initial capital, which was dismissed as

irrelevant by the Commission in recital 445 of the contested decision, it is common ground that, at least in respect of 2006, it was as a result of that capital that LuxSCS was able to absorb the losses sustained during its first years of operation, without LuxOpCo's intervention.

238. Lastly, it is true that, according to Sections 2.3 and 9.2 of the Licence Agreement, LuxOpCo was obliged to safeguard the intangible assets. First, under the terms of Section 2.3 of that agreement, LuxOpCo was required to take all necessary actions to safeguard LuxSCS's rights over the intangible assets and, secondly, under Section 9.2 of that agreement, LuxOpCo was obliged, at its sole expense, to prevent and prosecute any unauthorised use of the intangible assets. LuxOpCo therefore assumed the risks associated with the protection of the intangible assets.

239. Nevertheless, the other risks related to the intangible assets were borne by LuxSCS due to its financial participation in the CSA.

240. It is not apparent from the provisions of the Licence Agreement that LuxSCS transferred risks to LuxOpCo other than those stemming from Sections 2.3 and 9.2 of that agreement, namely those relating to the obligation to safeguard the intangible assets. Thus, contrary to what the Commission suggests, the Licence Agreement does not contain any clause on the transfer, as such, of all risks associated with LuxSCS's intangible assets to LuxOpCo. In particular, the Licence Agreement does not contain any clause relating to the transfer of risks linked to the development of the intangible assets.

241. Since it is not supported by the provisions of the Licence Agreement, the conclusion expressed by the Commission, inter alia in recital 438 of the contested decision, that LuxSCS passed on to LuxOpCo the risks related to the development, management and exploitation of the intangible assets cannot therefore be accepted.

242. It is therefore apparent from the foregoing that the Grand Duchy of Luxembourg and Amazon are justified in asserting that LuxSCS bore the risks associated with the ownership and development of the intangible assets used to operate the European business, including the financial risks associated with the exploitation of those intangible assets, whereas LuxOpCo essentially bore only the risks associated with its own retail business and, in particular, the risks associated with sales and the marketplace services.

– Conclusion on the functional analysis of LuxSCS and the impact of that conclusion on the choice of that company as the tested party

243. In the light of the considerations set out in paragraphs 162 to 242 above, it is appropriate to make two findings.

244. In the first place, the functional analysis of LuxSCS carried out by the Commission cannot be accepted. The Commission underestimated LuxSCS's functions. As regards the intangible assets, the Commission failed, inter alia, to take into account the fact that, under both the contractual arrangements and in practice, LuxSCS made available intangible assets for which no comparables existed on the market and which were therefore unique and valuable. According to the relevant version of the OECD Guidelines in the present case, that factor was sufficient, in principle, to support the conclusion that LuxSCS could not be regarded as the least complex party and therefore the tested party.

245. In any event, if it were to be considered, as the Commission contends, that the Luxembourg tax authorities should have taken into account 'unique and valuable functions', it must be held that the Commission ignored the fact that LuxSCS did indeed exploit the intangible assets in the context of the examined controlled transaction. The making available of highly valuable intangible assets amounted to the performance of a unique and valuable function in the context of the Licence Agreement (the controlled transaction). As is apparent from paragraphs 203 to 242 above, LuxSCS performed a series of functions in the context of the controlled transaction other than making the intangible assets available to LuxOpCo. The Commission overlooked those functions, which could be regarded as unique and valuable.

246. The Commission also failed to take due account of the fact that, both under the contractual arrangements and in practice, LuxSCS assumed all of the risks related to these assets and their development under the Licence Agreement, regardless of whether LuxSCS was itself controlled by the US entities and whether it was LuxSCS that technically developed the intangible assets or whether, with LuxSCS contributing financially, the intellectual property developments were the result of the technical efforts of the US entities ATI and A9. In doing so, the Commission also minimised the description of the risks assumed by LuxSCS.

247. In those circumstances, the Luxembourg tax authorities cannot be criticised for having considered, like the authors of the 2003 transfer pricing report, that it was correct, according to the 1995 version of the OECD Guidelines, not to choose LuxSCS as the tested party.

248. In the second place, in any event, even if the Commission's assertion that LuxSCS was merely a passive holder of the intangible assets and did not perform active functions in relation to those assets were accepted, it must be found that the Commission erred in considering that LuxSCS should have been chosen as the tested party.

249. It must be borne in mind that, in general, the tested party is the one to which the TNMM can be applied in the most reliable manner and for which the most reliable comparables can be found.

250. In the present case, it must be held that the Commission has not demonstrated that it was easier to find undertakings comparable to LuxSCS than undertakings comparable to LuxOpCo, or that choosing LuxSCS as the tested entity would have made it possible to obtain more reliable comparison data.

251. As is apparent from recital 557 of the contested decision, the Commission should have accepted, when seeking to determine the appropriate mark-up for the royalty, that there were no comparables for LuxSCS.

252. It follows that the argument put forward by the Grand Duchy of Luxembourg and Amazon that the Commission wrongly considered that LuxSCS should have been chosen as the tested entity for the purposes of applying the TNMM must be upheld. That being so, the foregoing considerations are sufficient to uphold the entire line of argument put forward by the Grand Duchy of Luxembourg and Amazon as regards the Commission's primary finding of an advantage, without there being any need to carry out a functional analysis of LuxOpCo, or to examine whether the Commission was justified in rejecting the CUP.

253. However, for the sake of completeness, it should be noted that the Commission's assessments concerning the existence of an advantage for the purpose of Article 107(1) TFEU must also be rejected for reasons other than those relating to the choice of the tested party and to the functional analysis of LuxSCS, as set out above. Thus, even if it were necessary to accept the Commission's unjustified conclusion that LuxSCS should have been the tested party, the line of argument put forward by the Grand Duchy of Luxembourg and Amazon would still have to be upheld, for the following reasons.

ii. The remuneration calculated by the Commission for LuxSCS on the basis that it was the tested party

254. In recitals 550 to 560 of the contested decision, the Commission sought to apply the TNMM itself, using LuxSCS as the tested party. At the end of its analysis, in recital 559 of the contested decision, the Commission concluded that the 'arm's length remuneration' for LuxSCS, under the Licence Agreement, should be equal to the sum of two components, namely, on the one hand, the Buy-In costs and the CSA costs incurred by LuxSCS in relation to the intangible assets, without a mark-up, and, on the other hand, general operating costs incurred directly by LuxSCS to perform functions related to the maintenance of its legal ownership of the intangible assets ('the maintenance costs'), increased by 5% ('LuxSCS's remuneration'). It should be noted in that regard that LuxSCS's remuneration in fact corresponds to the royalty which, according to the Commission, should have been collected by LuxSCS from LuxOpCo.

255. In the second complaint in the second part of the first plea and the third part of the first plea in Case T-816/17 and in the fourth plea in Case T-318/18, the Grand Duchy of Luxembourg and Amazon submit, in essence, that, even if it were accepted that LuxSCS could be considered the tested party for the application of the TNMM (quod non), the Commission committed other errors in applying the TNMM. They argue that the calculation carried out by the Commission in order to determine the 'arm's length remuneration' for LuxSCS, namely the royalty payable by LuxOpCo to LuxSCS, is unconvincing.

256. It is appropriate to address that line of argument by considering the two components identified by the Commission (see paragraph 254 above).

– The first component of the royalty due to LuxSCS (Buy-In costs and CSA costs)

257. As regards the first component of the royalty due to LuxSCS (see paragraph 254 above), the Grand Duchy of Luxembourg submits in its first complaint in the second part of the first plea that the royalty paid by LuxOpCo to LuxSCS should reflect not only the development costs, but also the value of the intangible assets. That value is uncorrelated with those costs and therefore with the payments made by LuxSCS under the CSA. In paragraph 73 of the application and paragraph 32 et seq. of the reply in Case T-318/18, Amazon puts forward, in essence, the same complaint. In addition, according to the Grand Duchy of Luxembourg, the costs

related to the CSA and the Buy-In Agreement, which constitute the consideration for the making available by LuxSCS of the intangible assets under the Licence Agreement, should have been included in the costs to which a mark-up is applied.

258. The Commission disputes those arguments.

259. It contends that the objective of a cost-sharing agreement such as the CSA is to share the costs associated with the development of the intangible assets, and not to obtain an operational profit on the European activities. Accordingly, ATI and A9 should not obtain any share of the profits from the European business activities beyond the reimbursement of the Buy-In and CSA costs. The contested decision was therefore correct in determining that LuxSCS's remuneration should comprise a reimbursement of the Buy-In payments and the development costs under the CSA. The Commission submits in that context that, in its view, LuxSCS existed solely for tax purposes. The Licence Agreement was not concluded directly between the United States entities and LuxOpCo, but between LuxSCS and LuxOpCo, in order to avoid the royalty being subject to tax in the United States. If LuxSCS had not existed, ATI and A9 would have entered into a cost-sharing agreement with LuxOpCo (and not a licence agreement), with the result that LuxOpCo alone would have had to make the payments. Moreover, LuxSCS's activity was limited merely to holding the intangible assets. LuxSCS did not itself directly perform any functions relating to the development of the intellectual property and should not therefore have received remuneration in that respect. It played no role in the use or development of the intangible assets, nor did it exercise any control over those development functions or the related risks. According to the Commission, no mark-up should therefore be applied to the Buy-In costs and the CSA costs, since these are merely costs passed on by LuxSCS to LuxOpCo and LuxSCS did not perform any function in relation to the intangible assets. On the contrary, LuxSCS's remuneration should have reflected the fact that the functions and risks attributed to LuxSCS under the CSA were in fact borne by LuxOpCo. In any event, the Commission did not ignore, in its functional analysis, the fact that LuxSCS was the legal owner of the intangible assets.

260. As a preliminary point, it should be noted that the exercise consisting of examining whether a royalty such as that at issue in the present case corresponds to a market outcome presupposes, according to the 1995 version of the OECD Guidelines, relying on the value of the intangible assets and not on the costs of developing and maintaining them. It is apparent from paragraph 6.27 of those guidelines that, although the costs of developing the intangible assets may be taken into account as an aid to determining the comparability or relative value of the contribution of the various parties to a transaction, there is no necessary link between those costs and the value of the intangible assets. In particular, the actual fair market value of intangible property is frequently not measurable in relation to the costs involved in developing and maintaining the property. As is apparent from paragraph 6.2 of those guidelines, 'intangible property' may be of considerable value even if it has no book value in the company's balance sheet. Lastly, as is apparent from paragraphs 1.22 and 6.27 respectively of those guidelines, the value in question is known as 'market value' or 'fair market value'. Furthermore, it must be pointed out that that value may be subject to fluctuations over time.

261. In the present case, the question arises whether the first component of LuxSCS's remuneration, as calculated by the Commission in the contested decision, namely the Buy-In payment without a mark-up and the CSA payments, also without a mark-up, does indeed reflect the value of the intangible assets licensed to LuxOpCo.

262. In the first place, it is true that the Buy-In payment made by LuxSCS to the US entities in consideration for the transfer of ownership of part of the pre-existing intangible assets and a licence to the remaining pre-existing intangible assets (see paragraph 4 above) may indeed be regarded as reflecting the value of the intangible assets at the time of the conclusion of the Buy-In Agreement, namely in 2005.

263. Although the amount of the Buy-In payment does not constitute a price which was freely negotiated on the market, it is, as Amazon states in paragraph 73 of the application in Case T-318/18, the price paid in return for the acquisition of the intangible assets existing in 2005. Such a payment, unlike the development costs, is likely to reflect the value of the intangible assets which were the subject of the transfer of ownership, namely the intangible assets already existing in 2005.

264. Nevertheless, it must be pointed out that, as has been stated in particular by the Grand Duchy of Luxembourg, without being contradicted on that point by the Commission, during the relevant period, the intangible assets increased in value significantly as a result of the continuous innovations in respect of the technology developed inter alia by the US Amazon entities and as a result of the development of the Amazon brand's reputation, and therefore of the intangible assets, linked to marketing in Europe and worldwide. The simple addition of the development costs without a mark-up (the CSA payments) to the price paid to obtain the pre-existing intangible assets (the Buy-In payment), carried by the Commission in recital 555 of the contested

decision, does not take into account the fact that, in the present case, the value of the pre-existing intangible assets increased during the relevant period, since those assets were gradually developed and improved by the US entities and partly replaced. The mere passing on of the payment under the Buy-In Agreement, relied on by the Commission, which may be accepted as being the initial value of the intangible assets in 2005, does not therefore reflect the market value of those intangible assets during the entirety of the relevant period.

265. Moreover, the Commission incorrectly took the view that the payments made by LuxSCS under the Buy-In Agreement could be passed on to LuxOpCo without applying a mark-up. The absence of a mark-up does not reflect what independent parties would have accepted in the context of an open market transaction and therefore constitutes an error in the calculation of LuxSCS's remuneration. It is reasonable to consider, and it is apparent, moreover, in particular from paragraph 6.14 of the 1995 version of the OECD Guidelines, that independent parties operating on the market seek to obtain profits from making available their assets. Accordingly, the application of a mark-up in the calculation of remuneration such as that at issue appears to be a commonplace practice on the market. As Amazon submits in paragraph 98 of the application in Case T-318/18, if the Commission had examined the options available to LuxSCS, as suggested in paragraph 6.14 those guidelines, it could have found that there were numerous operators of e-commerce businesses in Europe, with the result that LuxSCS could have valued the intangible assets above their development costs alone.

266. Next, in the second place, as regards the payments under the CSA, it should be noted that, as has been stated above, it is apparent from paragraph 6.27 of the 1995 version of the OECD Guidelines that, although the costs of developing intangible assets may be taken into account as an aid to determining the comparability or relative value of the contribution of the various parties to a transaction, there is no necessary link between the development costs and the value of intangible assets. The mere passing on of the CSA payment suggested by the Commission corresponds only to the reimbursement of the costs to be borne by LuxSCS for the development of the intangible assets and does not reflect the value of the improved intangible assets. The mere reimbursement of development costs, without a mark-up being applied, is an approach which does not reflect a market outcome.

267. In that context, it should be noted that the object of the controlled transaction examined by the Commission is the licensing of intangible assets by LuxSCS to LuxOpCo, bearing in mind that LuxSCS was a party to the CSA. It is common ground that ATI and A9 carried out the functions of developing part of the intangible assets. However, the Commission's argument that ATI and A9 were 'remunerated' by the payments under the CSA for those functions reflects a misunderstanding of the CSA by the Commission. It is clear from Section 4.3 of the CSA that the payments made by LuxSCS under the CSA were calculated only as a percentage of the development costs incurred by the parties to the CSA. It is true that LuxSCS's contribution to the development costs is proportional to the profits made by the entities held by LuxSCS, and thus by LuxOpCo, by comparison with the profits made by ATI and A9. Nevertheless, the payments under the CSA thus correspond to a fraction of the development costs of the intangible assets developed in the context of the CSA and made available to LuxOpCo under the Licence Agreement and they therefore do not reflect the market value of those intangible assets. That is the value that an arm's length royalty under the Licence Agreement should reflect.

268. In the light of the foregoing, the fact that LuxSCS did not itself directly perform the development functions does not call into question the finding that the amount of the royalty paid by LuxOpCo must reflect the value of the intangible assets.

269. Accordingly, it was inappropriate for the Commission to assert that LuxSCS's remuneration could be calculated on the basis of the mere passing on of the development costs of the intangible assets.

270. The conclusion in paragraph 269 above is not called into question by the Commission's other arguments.

271. First, the Commission has argued that LuxSCS was merely an intermediary and that it merely passed on to LuxOpCo the costs incurred in relation to the Buy-In Agreement and the CSA, and then transferred a portion of the royalty received from LuxOpCo under the Licence Agreement to A9 and ATI in the amount of those costs. The difference between the amounts received in respect of the royalty and the payments made under the CSA was attributed to LuxSCS and then possibly remitted by its partners, without LuxSCS having performed any function that would justify the attribution of these amounts to it.

272. However, even if it were to be considered that LuxSCS was merely an intermediary, that is to say that it was interposed between LuxOpCo and the US entities ATI and A9, which had not performed development functions, the fact remains that the amount of the royalty that LuxOpCo should have paid, and thus LuxSCS's remuneration, should have reflected the market value of the intangible assets made available under the Licence Agreement. The mere passing on of the payment under the CSA, relied on by the Commission, corre-

sponds only to the reimbursement of the costs that LuxSCS incurred for the purposes of developing the intangible assets and does not reflect the market value of those intangible assets.

273. If, through the arguments mentioned in paragraph 271 above, the Commission seeks to argue that LuxOpCo's tax base was reduced as a result of the interposition of LuxSCS between LuxOpCo and the US entities ATI and A9, and the conclusion of the Licence Agreement with LuxSCS, as opposed to the conclusion of a licence agreement with those entities, it should be noted that, in the contested decision, the Commission did not rely on such reasoning to demonstrate the existence of an advantage in favour of LuxOpCo.

274. Moreover, it has not been established that, if the Licence Agreement had been concluded by LuxOpCo directly with the US entities, without LuxSCS being interposed between those companies, the amount of a royalty paid to those entities would have been different from the amount of the royalty payable to LuxSCS.

275. Secondly, the conclusion mentioned in paragraph 269 above is not called into question by the argument raised by the Commission at the hearing that the CSA could have been concluded directly with LuxOpCo.

276. In that regard, it should be noted that the reasoning according to which, if LuxSCS had not existed, a cost-sharing agreement would have been entered into with LuxOpCo, is purely hypothetical and is a matter of conjecture.

277. Moreover, in the contested decision, the Commission did not base its reasoning on the fact that LuxOpCo could or should have been directly involved in the CSA. Indeed, it must be noted that nowhere in the contested decision did the Commission question the existence of LuxSCS as such, or the validity, under Luxembourg law, of the arrangement resulting from the conclusion of the CSA and the Licence Agreement, on the ground that that arrangement made it possible to reduce LuxOpCo's tax burden. The Commission merely challenged the amount of the royalty payable by LuxOpCo to LuxSCS.

278. Thirdly, the conclusion referred to in paragraph 269 above is not called into question by the argument raised by the Commission at the hearing that LuxSCS was created solely for tax purposes.

279. The mere fact that an entity belonging to a group of companies was created solely for the purposes of tax optimisation and that it receives a royalty for intangible assets developed within the group of companies in question is not sufficient, in itself, to support the conclusion that there was a tax advantage within the meaning of Article 107(1) TFEU for the entity liable for payment of the royalty and therefore does not necessarily demonstrate the existence of State aid in favour of the entity liable for payment of the royalty.

280. In the present case, it is true that the different tax treatment of LuxSCS in Luxembourg (LuxSCS was 'fiscally transparent' in Luxembourg) and the United States (LuxSCS was 'fiscally non-transparent' in the United States) arises from a 'hybrid mismatch', that is to say, a difference in the tax rules applicable in Luxembourg and the United States as regards the identification of the taxpayer.

281. However, as the Commission itself pointed out in footnote 16 to paragraph 13 of the defence in Case T-816/17, the consequences of that mismatch (the non-taxation of profits) are not the subject of the contested decision. The relevant question in the context of the present action is therefore not whether LuxSCS was created purely for tax purposes, nor whether the income which it generated was actually taxed in the United States in the hands of its partners, but rather whether LuxOpCo paid a royalty which was overpriced and whether, as a result, LuxOpCo's remuneration and, therefore, its taxable base were artificially reduced.

282. Fourthly, the conclusion referred to in paragraph 269 above is not called into question by the Commission's assertion at the hearing, even if it were established, that LuxSCS was a 'fictitious' company.

283. In that regard, it should be noted that LuxSCS did indeed have legal existence, which the Commission does not call into question. LuxSCS was established in Luxembourg and was listed in the business register of the Grand Duchy of Luxembourg as a Luxembourg company.

284. In the light of the foregoing, it must be held that the conclusion in recital 555 of the contested decision that the first component of LuxSCS's remuneration should have consisted of the 're-charge of the pass through costs it bore in relation to the Buy-In Agreement and the CSA (i.e. the Buy-In and CSA Costs)' is erroneous, since such a royalty does not correspond to a market outcome. That error in the application of the TNMM is also sufficient for it to be held that the Commission's primary finding of an advantage within the meaning of Article 107(1) TFEU cannot be upheld. However, it is appropriate to pursue the examination of the parties' arguments as follows.

– *The second component of LuxSCS's remuneration (maintenance costs)*

285. As regards the second component of LuxSCS's remuneration (see paragraph 254 above), the Grand Duchy of Luxembourg submits that the assessment in recital 555 of the contested decision, namely the argument that 'LuxSCS should be remunerated with a mark-up on a cost-base consisting solely of the costs incurred for the external services acquired to maintain its legal ownership of the Intangibles', is incorrect. In that regard, the Grand Duchy of Luxembourg submits that the Commission was wrong to set the 'arm's length' mark-up at 5% of external costs on the basis of the JTPF report. More specifically, according to the Grand Duchy of Luxembourg, the 5% mark-up, deemed to be the 'arm's length' mark-up, is arbitrary, as is the cursory analysis on which that mark-up is based. The JTPF report is based on an analysis of the practices observed by the tax administrations of the Member States and not on an analysis of the practice in Luxembourg in respect of Article 164(3) of the LIR. Leaving aside the fact that it has no value under Luxembourg law and that it was adopted after the tax ruling at issue and was therefore not available at the time that decision was adopted, the JTPF report referred to mark-ups observed in the context of intra-group transactions and could not therefore be used as a basis for determining an arm's length mark-up, namely the mark-up corresponding to conditions on the open market.

286. The Commission disputes those arguments.

287. It submits that the second component of the royalty payable by LuxOpCo to LuxSCS represents a small fraction of that royalty, with the result that it does not really affect LuxSCS's 'remuneration' as calculated by the Commission. In its view, it was not necessary, in the present case, to carry out a genuine transfer pricing analysis and to determine what the precise amount of LuxOpCo's remuneration should have been. Rather, the JTPF report could be used as a 'safe harbour' and made it possible to determine the amount of low-value intra-group transactions, for which it would be too costly and time-consuming to carry out a genuine transfer pricing analysis. The Grand Duchy of Luxembourg is a member of the Joint Transfer Pricing Forum and the JTPF report is also based on the practice in Luxembourg. Although the mark-ups found in the JTPF report were observed for intra-group transactions, they are, according to the Commission, mark-ups generally accepted by the tax authorities in that they reflect the profitability of companies under market conditions. Lastly, the Commission states that, although the JTPF report dates from 2010, it is based on data relating to the period between 1999 and 2007, adding that those data may be used, since the tax ruling at issue was implemented only from 2006.

288. As a preliminary point, as noted in paragraph 254 above, the second component of LuxSCS's 'remuneration', as calculated by the Commission, corresponds to costs which could be described as 'maintenance costs', plus a 5% mark-up That return of 5% was adopted by the Commission on the basis of the JTPF report, since it is the rate of return most often observed for transfer pricing, in relation to low value adding intra-group services.

289. As the Grand Duchy of Luxembourg and Amazon submit, the approach adopted by the Commission is problematic in several respects.

290. First of all, the Commission itself acknowledged in recital 557 of the contested decision that no comparables existed for the purpose of determining LuxSCS's remuneration for its functions corresponding to the maintenance of its ownership of the intangible assets.

291. According to paragraph 3.26 of the 1995 version of the OECD Guidelines, where the TNMM is to be applied, the 'net margin of the taxpayer from the controlled transaction ... should ideally be established by reference to the net margin that the same taxpayer earns in comparable uncontrolled transactions'. The absence of comparables should have led the Commission not to apply the TNMM to LuxSCS.

292. Admittedly, the approach adopted by the Commission seeking to use the JTPF report, instead of carrying out its own comparability analysis and its own examination of the comparable net margins on the market, is not incompatible with the rules for the application of the TNMM, as they emerge from the 1995 version of the OECD Guidelines. First, as is apparent in particular from paragraphs 3.29 and 3.30 of those guidelines, it is well known that it is difficult to find sufficiently specific information concerning existing net margins on the open market and the parameters frequently used on the open market as profit indicators. Secondly, the form and nature of the sources of information used for that purpose are, as such, irrelevant. If there is a publication relating to profit indicators or net margins observed in a certain area of economic activity, that publication may, in principle, be used. Such a publication does not, however, necessarily have to be used or understood as a 'safe harbour', such as that referred to by the Commission in the context of its argument referred to in paragraph 287 above.

293. However, the use of such a report can be accepted only if the data contained therein are relevant and reliable. In particular, such a report should, at the very least, contain data which relate to transactions comparable to the controlled transaction and to functions comparable to those of the entity tested, so that the comparison is actually reliable.

294. In the present case, it must be stated that the mark-up chosen by the Commission on the basis of the JTPF report corresponds to the mark-up generally observed, according to the authors of that report, for certain 'low value adding intra-group services'. However, LuxSCS did not provide such services. The functions associated with maintaining its ownership of intangible assets cannot be treated in the same way as an intra-group supply of a 'low value adding' service. It follows that, while in principle the use of the JTPF report does not raise any methodological difficulties, the fact remains that the information contained in that report had no connection with LuxSCS's functions in the context of the controlled transaction at issue in this case, namely the Licence Agreement.

295. In the light of the considerations set out in paragraphs 257 to 292 above, it is necessary to uphold the arguments raised by the Grand Duchy of Luxembourg and Amazon claiming that the Commission erred in carrying out the functional analysis of LuxSCS, which had an impact on its conclusion that LuxSCS should be used as the tested party in applying the TNMM. The Commission also erred in determining the appropriate net margin applicable to the controlled transaction in the present case.

3. Conclusion on the primary finding

296. In the light of those various considerations, the arguments of the Grand Duchy of Luxembourg and Amazon challenging the primary finding of an advantage must be upheld. First, the Commission wrongly considered that LuxSCS should be used as the tested party. Secondly, the Commission's calculation of LuxSCS's 'remuneration', on the basis that LuxSCS had to be the tested entity, is vitiated by numerous errors and cannot be regarded as sufficiently reliable or capable of achieving an arm's length outcome. Since the calculation method used by the Commission must be rejected, that method cannot serve as a basis for the Commission's finding that the royalty paid by LuxOpCo to LuxSCS should have been lower than the royalty actually received, pursuant to the tax ruling at issue, during the relevant period. The elements set out in the primary finding of an advantage therefore do not establish that LuxOpCo's tax burden was artificially reduced as a result of an over-pricing of the royalty.

297. Consequently, the first and second complaints in the second part and the third part of the first plea in Case T-816/17 and the second and fourth pleas in Case T-318/18, claiming that the Commission has not demonstrated the existence of an advantage in the context of its primary finding, must be upheld, without it being necessary to examine the other pleas and arguments challenging the primary finding.

3. Pleas and arguments challenging the subsidiary line of reasoning concerning the advantage

298. In the third complaint in the second part of the first plea in Case T-816/17 and in the fifth plea in Case T-318/18, the Grand Duchy of Luxembourg and Amazon contest the Commission's subsidiary line of reasoning concerning the existence of a tax advantage in favour of LuxOpCo.

299. In order to examine those pleas in detail, it should be recalled that, as set out in paragraphs 65 to 68 above, under its subsidiary line of reasoning concerning the existence of an advantage, the Commission made three findings, according to which the transfer pricing method endorsed by the tax ruling at issue is based on three erroneous methodological choices.

300. First of all, in its first subsidiary finding (recitals 565 to 569 of the contested decision), the Commission identified an error in the choice of transfer pricing method endorsed by the tax ruling at issue. In that regard, it should be borne in mind that the parties are in agreement that the method applied in the 2003 transfer pricing report corresponded, in fact, to the TNMM. By contrast, contrary to what is apparent from the 2003 transfer pricing report itself, the authors of that report did not choose, or actually apply, the profit split method. Amazon confirmed, in its answers to the written questions, that the transfer pricing method endorsed in the tax ruling at issue consisted of, first, calculating LuxOpCo's remuneration using the TNMM and, secondly, allocating all residual profit to LuxSCS in order to remunerate it for the intangible assets. In addition, the fact that the authors of the 2003 transfer pricing report in fact used the TNMM and not the profit split method on the basis of the residual analysis was mentioned by the Commission in recital 540 of the contested decision.

301. In support of its first subsidiary finding, the Commission stated that, even if LuxSCS did perform unique and valuable functions, which the Commission disputes, the Luxembourg tax authorities could not disregard

the fact that LuxOpCo also performed unique and valuable functions in connection with the Amazon group's intellectual property and business operations in Europe, and not routine management functions. Consequently, the Commission took the view that the pricing method used in the tax ruling at issue did not enable a reliable outcome to be reached and that the profit split method, with a contribution analysis, was more appropriate. According to the Commission, had the profit split method been used, LuxOpCo's remuneration and, consequently, taxable income would have been greater.

302. Next, in its second subsidiary finding (recitals 570 to 574 of the contested decision), the Commission took the view that the choice of profit level indicator endorsed in the tax ruling at issue was incorrect. Specifically, it found that, even if the functional analysis contained in the 2003 transfer pricing report was correct, by endorsing a mark-up on operating expenses and not on total costs, the tax ruling at issue inappropriately reduced LuxOpCo's taxable income, thereby conferring an economic advantage on LuxOpCo.

303. Lastly, in its third subsidiary finding (recitals 574 to 578 of the contested decision), the Commission concluded that, in any event, the inclusion of a ceiling in the pricing method for determining LuxOpCo's taxable base, as endorsed in the contested decision, was neither appropriate nor economically justified. According to the Commission, in so far as it led to a reduction of LuxOpCo's taxable income for the 2006, 2007, 2011, 2012 and 2013 tax years, the inclusion of such a ceiling conferred an economic advantage on LuxOpCo.

304. It should be noted that each of the subsidiary findings in Sections 9.2.2.1 to 9.2.2.3 of the contested decision is independent of the others. Each is therefore capable of establishing the existence of an advantage. The Commission confirmed, both in its answers to the written questions and at the hearing, that each of the subsidiary findings independently and autonomously supports the finding of the existence of an advantage.

a. Preliminary observations on the three subsidiary findings

305. In recital 564 of the contested decision, the Commission stated that the purpose of the assessment it had undertaken in Section 9.2.2 relating to the subsidiary findings of an advantage was not to determine a 'precise' arm's length remuneration for LuxOpCo, but to demonstrate that the tax ruling at issue conferred an economic advantage on LuxOpCo by endorsing the three erroneous methodological choices which led to a reduction of its taxable income.

306. In that regard, in addition to what has been set out in paragraphs 123 to 126 above, it is important to clarify, in the light of the content of the judgment of 24 September 2019, *Netherlands and Others* v *Commission* (T-760/15 and T-636/16, EU:T:2019:669), the level of evidence which the Commission must take into account when examining the existence of State aid in the context of a tax measure such as the tax ruling at issue.

307. First of all, in paragraph 152 of the judgment of 24 September 2019, *Netherlands and Others* v *Commission* (T-760/15 and T-636/16, EU:T:2019:669), the Court stated that, when the Commission applies the arm's length principle to check whether the taxable profit of an integrated undertaking pursuant to a tax measure (first comparable) corresponds to a reliable approximation of a taxable profit generated under market conditions (second comparable), the Commission can identify an advantage within the meaning of Article 107(1) TFEU only if the variation between the two comparables goes beyond the inaccuracies in the methodology used to obtain that approximation.

308. It follows that, to demonstrate that an advance tax ruling used to calculate an undertaking's remuneration confers an economic advantage, the Commission must prove that that remuneration deviates from an arm's length outcome to such an extent that it cannot be regarded as remuneration that would have been received on the market under competitive conditions.

309. Next, in paragraphs 201 and 211 of the judgment of 24 September 2019, *Netherlands and Others* v *Commission* (T-760/15 and T-636/16, EU:T:2019:669), the Court stated that mere non-compliance with methodological requirements does not necessarily lead to a reduction in the tax burden. It is further necessary for the Commission to demonstrate that the methodological errors in the advance tax ruling that it identified do not allow a reliable approximation of an arm's length outcome to be reached and that they led to a reduction in taxable profit. The Court thus concluded that the mere finding of errors in the choice or application of the transfer pricing method does not, in itself, suffice to demonstrate the existence of an advantage and, therefore, to establish that there is State aid within the meaning of Article 107 TFEU.

310. It should be noted in that regard that although it is for the Commission to demonstrate specifically that the methodological error resulted in a reduction in the tax burden of the recipient of the advance tax ruling, the Court did not rule out that, in some cases, a methodological error may be such as to make it impossible to

arrive at an approximation of an arm's length outcome and may necessarily lead to an undervaluation of the remuneration that would have been received under market conditions.

311. Such a reading of the judgment of 24 September 2019, *Netherlands and Others* v *Commission* (T-760/15 and T-636/16, EU:T:2019:669), follows from the use of the expression 'in principle' in paragraphs 201 and 211 and from paragraph 212 of that judgment, in which it is stated that, in that case, the Commission had not put forward any evidence from which it could conclude, without a comparison being carried out with the result that would have been obtained using the method advocated by it, that the choice of the method endorsed in the advance tax ruling at issue necessarily led to a result that was too low.

312. In the light of the foregoing, and in the absence of a comparison in the contested decision between, on the one hand, the result that would have been obtained using the transfer pricing method advocated by the Commission and, on the other, the result obtained pursuant to the tax ruling at issue, the Commission's approach, set out in recital 564 of the contested decision, at the end of which the Commission merely identifies errors in the transfer pricing analysis, is, in principle, insufficient to establish that there was in fact a reduction in LuxOpCo's tax burden.

313. Nevertheless, it is necessary to ascertain whether, despite the assertion in recital 564 of the contested decision, the Commission's subsidiary line of reasoning relating to the advantage contains specific evidence establishing that the errors in the transfer pricing analysis identified by the Commission led to a genuine reduction in LuxOpCo's tax burden.

b. The first subsidiary finding concerning the advantage

314. In the third complaint in the second part of the first plea in Case T-816/17 and in the fifth plea in Case T-318/18, the Grand Duchy of Luxembourg and Amazon contest the Commission's first subsidiary finding concerning the existence of a tax advantage in favour of LuxOpCo (Section 9.2.2.1 of the contested decision). In essence, the Grand Duchy of Luxembourg and Amazon dispute the assertion that the transfer pricing method advocated by the Commission, namely the profit split method with the contribution analysis, was appropriate. They submit that the Commission was wrong to conclude that LuxOpCo performed unique and valuable functions. The Grand Duchy of Luxembourg notes that the Commission did not itself seek to apply the profit split method.

315. The Commission disputes those arguments.

316. According to the Commission, the contested decision correctly identified inappropriate methodological choices as regards the transfer pricing arrangement endorsed in the tax ruling at issue. The Commission maintains that, even if LuxSCS were considered to perform unique and valuable functions in relation to the intangible assets, so did LuxOpCo, with the result that the transfer pricing arrangement based on the profit split method would have been more appropriate and would have led to a higher remuneration for LuxOpCo than that confirmed by the tax ruling at issue.

317. In the present case, it should be noted that, in recitals 565 to 568 of the contested decision, the Commission stated, in essence, that, even if it were to be accepted that LuxSCS performed unique and valuable functions in relation to the intangible assets, the fact that LuxOpCo also performed such functions means that, in the present case, the profit split method, on the basis of the contribution analysis, should have been preferred over the TNMM.

318. In that regard, two different points must be clarified.

319. First, the Commission stated in recital 565 of the contested decision that, far from performing 'routine' management functions during the relevant period, LuxOpCo performed a range of unique and valuable functions in relation to the intangible assets and the Amazon group's European business operations.

320. In that context, it should also be pointed out that the Commission did not find that some of LuxOpCo's functions, as identified in the context of its own functional analysis, could have been described as ordinary or routine, or that such functions should, despite that routine nature, have been subject to additional remuneration.

321. Secondly, in recital 568 of the contested decision, the Commission concluded that application of the contribution analysis in the present case would have led to a remuneration for LuxOpCo corresponding to all of the functions it performs, its assets and its risks, as set out in Section 9.2.1.2 of the contested decision, and therefore to a remuneration greater than that endorsed in the tax ruling at issue. In so doing, the Commission took the view that the endorsement of the TNMM in the tax ruling at issue resulted in a lowering of LuxOpCo's

taxable income as compared to companies whose taxable profit reflects prices negotiated on the market. In particular, as is apparent from recital 566 of the contested decision, in the Commission's view, it was inappropriate to endorse a transfer pricing arrangement according to which the entire residual profit generated by LuxOpCo in excess of [*confidential*] of its operating expenses was attributed to LuxSCS.

322. Furthermore, it is apparent from paragraph 45 of the Commission's answers to the Court's written questions that, in its view, LuxOpCo's remuneration was 'necessarily' higher with the application of the profit split method on the basis of the contribution analysis, since that method also remunerated LuxOpCo's unique and valuable functions.

323. It is on the basis of the considerations in paragraphs 316 to 322 above that the complaints of the Grand Duchy of Luxembourg and Amazon challenging the first subsidiary finding are to be examined.

324. As is apparent from paragraph 314 above, the Grand Duchy of Luxembourg and Amazon raise three complaints contesting, first, the assertion that LuxOpCo performed unique and valuable functions, secondly, the finding that the tax ruling at issue erroneously endorsed the use of the TNMM and that the profit split method on the basis of the contribution analysis should have been used in the present case and, thirdly, the conclusion that use of the profit split method on the basis of the contribution analysis 'necessarily' resulted in higher remuneration.

1. LuxOpCo's exercise of 'unique and valuable' functions

325. First and foremost, it should be noted that the first subsidiary finding expressly refers to Sections 9.2.1.2.1, 9.2.1.2.2, 9.2.1.2.3 and 9.2.1.2.4 of the contested decision, in which the Commission carried out its own functional analysis of LuxOpCo, and is directly based on the findings contained in those sections.

326. The findings made in Sections 9.2.1.2.1, 9.2.1.2.2, 9.2.1.2.3 and 9.2.1.2.4 of the contested decision and the finding that LuxOpCo performed unique and valuable functions are covered by the third complaint in the second part of the first plea in Case T-816/17 and by the fifth plea referring to the second and third pleas in Case T-318/18, which challenge the Commission's functional analysis of LuxOpCo.

327. It is appropriate to examine together all of the arguments of the Grand Duchy of Luxembourg and Amazon challenging the merits of the Commission's functional analysis of LuxOpCo and the finding that LuxOpCo performed unique and valuable functions.

328. First, according to the Grand Duchy of Luxembourg and Amazon, LuxOpCo did not have significant functions relating to the development, enhancement, management and exploitation of the intangible assets in Europe, but was responsible only for operating the business. The bulk of the development, management and enhancement of the intangible assets took place in the United States.

329. Next, the Grand Duchy of Luxembourg and Amazon submit, in essence, that LuxOpCo's functions in connection with the Amazon group's European business operations were routine contributions rather than unique and valuable contributions, since they were largely reliant on the intangible assets made available by LuxSCS. LuxOpCo's functions in connection with the Amazon group's European business operations were thus limited to management functions.

330. Lastly, as regards the assets and risks assumed by LuxOpCo, Amazon submits that the risks associated with LuxOpCo's business operations were managed and mitigated by technology.

331. The Commission disputes those arguments.

332. First, it claims, in essence, that it is LuxOpCo which, with the support of the EU local affiliates, performed all the relevant unique and valuable functions relating to the three components of the intangible assets, namely technology, customer data and marketing.

333. Next, it submits that 'human' functions were not replaced by technology in the areas of pricing, the Amazon group's relations with sellers and customers, stock management or inventory decisions. The Commission states that the fact that LuxOpCo used the intangible assets in the performance of its functions does not mean that those functions could not be considered unique and valuable.

334. Lastly, as regards the assets used and the risks assumed by LuxOpCo, the Commission states that the Grand Duchy of Luxembourg has not directly criticised the recitals of the contested decision dealing with those two issues and, moreover, the Commission disputes Amazon's argument that the technology allowed the management of LuxOpCo's risks without the need for any human intervention.

335. As a preliminary point, it is important to note that the examination of whether LuxOpCo did perform 'unique and valuable functions', as the Commission maintains, or only 'routine functions', as the Grand Duchy of Luxembourg and Amazon submit, is to be carried out in the light of the concepts referred to in paragraph 227 above. Although the concept of 'unique and valuable functions' is not expressly defined in the 1995 version of the OECD Guidelines, it is the opposite of the concept of 'routine functions', which are functions that can be easily benchmarked. As pointed out in paragraph 228 above, the concept of a 'unique function' refers to the situation where there is no comparable for a particular function. The concept of 'valuable function' relates in particular to the fact that the function in question generates significant revenue.

336. In addition, it should also be noted that, in so far as the Commission essentially based its functional analysis of LuxOpCo on the statements made by LuxOpCo's employees in proceedings before the United States Tax Court ('the Amazon employees' testimonies'), the Grand Duchy of Luxembourg submits, in the application in Case T-816/17, that those testimonies date from 2014 and relate to the Amazon group's activities between 2005 and 2014, with the result that the Luxembourg authorities could not have been aware of that information at the time of issuing the tax ruling at issue.

337. It should be noted in that regard, first of all, that that argument put forward by the Grand Duchy of Luxembourg is contrary to the position adopted in its answers to the Court's written questions. As regards the possibility of taking into account the opinion of the United States Tax Court and the 2017 transfer pricing report, the Grand Duchy of Luxembourg stated that, to determine whether LuxOpCo had received an advantage, it was necessary to examine the tax it would have had to bear in the absence of the tax ruling at issue, which necessarily entails taking into account information subsequent to the issuing of the tax ruling at issue.

338. It is true that, in the judgment of 24 September 2019, *Netherlands and Others* v *Commission* (T-760/15 and T-636/16, EU:T:2019:669, paragraphs 247 and 250), the Court held that the examination of the existence of an advantage conferred by an advance pricing arrangement that is the subject of the contested decision should be carried out in view of the context at the time that arrangement was concluded. Nevertheless, the Court based that finding on the fact that, in that case, the only measure contested by the Commission was the advance pricing arrangement.

339. In the present case, the measure of the Luxembourg authorities which is the subject of the contested decision is not only the tax ruling at issue, which was adopted in 2003, then extended in 2004 and 2010, but also the subsequent acceptance of LuxOpCo's annual declaration, based on that decision, so that information relating to LuxOpCo's actual situation during the relevant period was necessarily information that was available to the tax authorities when they adopted the measures forming the subject of the advance tax ruling.

340. It follows that, in the circumstances of the present case, the Commission cannot be criticised for having based its analysis on the Amazon employees' testimonies. That evidence should therefore be taken into account for the purpose of assessing the complaints made by the Grand Duchy of Luxembourg and Amazon as regards the functional analysis of LuxOpCo.

i. The functions performed by LuxOpCo in relation to the intangible assets (Section 9.2.1.2.1 and recitals 449 to 472 of the contested decision)

341. In general, the parties disagree as to whether LuxOpCo performed significant 'unique and valuable' functions in relation to the intangible assets. According to the Commission, that was the case because LuxOpCo was responsible for adapting technology to the specific characteristics of the European market, for developing customer data and for activities concerning the marketing-related assets.

342. In Section 9.2.1.2.1 of the contested decision, the Commission found that, under the Licence Agreement, LuxOpCo was entrusted with performing 'unique and valuable' functions in relation to the intangible assets. Those functions included, according to the Commission, the development, enhancement and management of intellectual property generally and also as regards each of the three components of the intangible assets, namely technology, customer data and the registered trade mark through independent European technological and business innovations, the creation and management of customer data and the development and maintenance of the registered trade mark. Thus, in essence, according to the Commission, LuxOpCo did not merely use the technology to manage the EU websites, but actively contributed to its development, enhancement and management during the relevant period (recitals 449, 450 and 465 of the contested decision).

343. First, the Commission noted that LuxOpCo was granted an exclusive and irrevocable licence over the intangible assets and thus the right to continue to develop, enhance, maintain and protect them, although LuxSCS retained ownership of the derivative works created by LuxOpCo (recital 450 of the contested decision).

344. Secondly, the Commission found that, in general, LuxOpCo contributed to the development, maintenance and management of the intangible assets through the 'EU IP Steering Committee' (recitals 452 to 455 of the contested decision). According to the Commission, the EU IP Steering Committee was a forum where business and technology leaders employed by LuxOpCo and ASE met to discuss and recommend actions concerning the intangible assets in Europe, as presented to them by Amazon's lawyers. The actual decisions on the development, enhancement, management and exploitation of the intangible assets were then taken by LuxOpCo's and ASE's members of that committee, in their capacity as decision-taking managers responsible for the Amazon group's European retail and service business (recitals 452 to 455 of the contested decision).

345. Thirdly, the Commission stated that LuxOpCo contributed to the development of technology (recitals 466 to 472 of the contested decision). It noted that while the technology made available to LuxOpCo by LuxSCS was 'Amazon US's existing technology', as 'continually developed in the United States' (recitals 456 and 461 of the contested decision), in its view, it was necessary for several functions in Amazon's software, used in the United States, to be adapted so that it could be deployed in Europe. In particular, the Commission stated that, for the Amazon group's European business operations to succeed, LuxOpCo developed, enhanced and managed that US technology with the support of its subsidiaries during the relevant period (recitals 456 to 460 of the contested decision). In addition, LuxOpCo and its EU local affiliates specifically developed significant technology for use in the European retail and service business. An example of such technology was the 'European Fulfilment Network' (EFN), which made it possible to pool the Amazon group's inventory situated in various Member States and to combine the European fulfilment centres, so that, thanks to that tool, customers from any EU country could purchase items from any national website of the Amazon group in Europe (recitals 462 and 463 of the contested decision).

346. Fourthly, as regards customer data, the Commission found that, while legal ownership of customer data for the EU websites lay with LuxSCS, LuxOpCo performed active and critical functions in relation to the development, enhancement and management of customer data during the relevant period (recitals 466 to 468 of the contested decision). It noted, in that regard, that LuxOpCo actively accumulated that data as a service to LuxSCS and was responsible for its maintenance and ensuring compliance with the applicable data protection laws.

347. Fifthly, as regards the 'registered trade mark' (recitals 469 to 470), namely Amazon's trade marks, in so far as they were registered in the European Union, the Commission noted that, although Amazon's brand was well recognised and that strong global brand recognition was a major asset in attracting customers, the value of that brand name was of subordinate importance to the proper execution of the three pillars in the operation of the Amazon group's European business, namely selection, price and convenience ('the three pillars'). In view of the fact that the Amazon group's brand and reputation were strongly reliant on the consistent delivery by LuxOpCo and the EU local affiliates of a highly satisfactory customer service, the value generation for the Amazon brand in Europe must be said, according to the Commission, to have taken place at the level of LuxOpCo and the EU local affiliates and not at the level of LuxSCS (recitals 469 and 470 of the contested decision). In addition, marketing activities were carried out by LuxOpCo and the EU affiliates, on the basis of local know-how (recital 472 of the contested decision).

348. Since the Grand Duchy of Luxembourg and Amazon dispute each of the five points of the Commission's analysis, the arguments relating to each of those issues should be examined separately.

349. Before carrying out that examination, it should be noted, as a preliminary observation, that the Grand Duchy of Luxembourg and Amazon do not dispute that LuxOpCo performed certain functions associated with the development of the intangible assets, and in particular the technology; they dispute only that LuxOpCo played a significant part in the development of the intangible assets and thus performed unique and valuable functions in connection with them.

350. In their pleadings, the Grand Duchy of Luxembourg and Amazon concede that LuxOpCo performed development functions which they describe as 'de minimis', and that it played a role, albeit 'secondary', in creating value in respect of the intangible assets.

351. It therefore follows that, even according to the Grand Duchy of Luxembourg and Amazon, LuxOpCo did perform functions, even if only secondary, in connection with the development of the intangible assets.

– The nature of the licence granted to LuxOpCo (recital 450 of the contested decision)

352. As already pointed out in paragraph 343 above, to demonstrate the importance of LuxOpCo's functions in connection with the development of the intangible assets, the Commission highlighted, in recital 450 of the

contested decision, the fact that LuxOpCo had 'a right to further develop, enhance, [and] maintain ... the intangibles for their entire lifetime'. In that context, the Commission stated in paragraph 100 of the defence submitted in Case T-816/17 that LuxOpCo had an 'exclusive right to continue to develop, improve [and] maintain Amazon's intangibles'.

353. It is true that the term 'exclusive' was used in Section 2.1 of the Licence Agreement to describe the licence granted to LuxOpCo, which, in any event, covered only the European territory. Section 2.1(a) of that agreement reads as follows:

> 'Exclusive intellectual property licence grant'
> [LuxSCS] irrevocably grants [LuxOpCo], under all [LuxSCS's] intellectual property rights in or comprising [LuxSCS's] intellectual property, existing now or in the future, the following sole and exclusive right and licence to [LuxSCS's] intellectual property during the term [of the Licence Agreement], ...'

354. Nevertheless, in view of the contractual arrangements between LuxSCS and the US entities, in practice, LuxOpCo was not the only entity with the right to enhance and develop those intangible assets.

355. The rights LuxOpCo enjoyed with regard to the development of the intangible assets under the Licence Agreement were necessarily non-exclusive, in so far as the other parties to the CSA, namely ATI and A9, retained the right to develop, enhance and exploit the technology. The fact that the other parties to the CSA, namely ATI and A9, retained the right to develop and enhance the technology is, moreover, not disputed by the Commission.

356. In that regard, it should be noted that the rights LuxOpCo received under the Licence Agreement were not limited to intangible assets existing at the time that agreement was concluded, but also covered any future intangible assets created as a result of the continuous development, maintenance and enhancement efforts led by the US entities ATI and A9. This clearly shows that LuxOpCo was not the sole entity authorised to develop and enhance the intangible assets covered by the Licence Agreement.

357. Moreover, the Commission accepts that the assets, as transferred to LuxSCS on 1 January 2005 under the Buy-In Agreement, were subject to a 'progressive replacement' with intangible assets developed and enhanced subsequently under the CSA during the relevant period. It also acknowledges that the technology owned by LuxSCS and licensed to LuxOpCo was developed by the US entities, in particular ATI and A9.

358. It therefore follows from the foregoing that the Commission erred in finding that LuxOpCo enjoyed an exclusive right to continue to develop the intangible assets. That finding is not, however, sufficient to invalidate the Commission's reasoning that LuxOpCo performed significant functions, or even unique and valuable functions in connection with the development of the intangible assets. The fact that LuxOpCo did not have an exclusive right of use over the intangible assets neither supports nor counters the Commission's assertion that LuxOpCo performed unique and valuable functions in relation to the development of the intangible assets.

– The EU IP Steering Committee (recitals 452 to 455 of the contested decision)

359. In essence, the Grand Duchy of Luxembourg and Amazon dispute that the EU IP Steering Committee had the role attributed to it by the Commission (paragraph 344 above). In their view, that committee did not take decisions concerning the development or enhancement of the intangible assets. In addition, not only were the majority of the participants in that committee US personnel, but EU IP Steering Committee decisions were in fact taken by employees of the Amazon group in the United States and, specifically, by the Vice-President, Intellectual Property.

360. The Commission disputes those arguments.

361. In recitals 452 and 453 of the contested decision, the Commission stated that the EU IP Steering Committee was created to provide technical and business guidance with regard to the development and deployment of intellectual property in Europe. The Commission stated that it is apparent from the 'EU Policies and Procedures Manual', first, that that committee met, inter alia, to examine Amazon's intellectual property portfolio and business strategy as it related to the development and deployment of intellectual property. Secondly, that committee consisted of, inter alia, the Vice-President of EU Services, the EU Legal Director (employed by LuxOpCo), the Amazon group's IP Counsel and the Vice-President, European Operations.

362. Next, the Commission stated that the fact that it was merely an advisory body, as Amazon explained during the administrative procedure, does not mean that its recommendations had no impact on the development, maintenance and management of the intangible assets. It noted that, in practice, the EU IP Steering Committee met, first, to make recommendations on filings to protect the intangible assets (and thereby

LuxOpCo's exclusive rights under the Licence Agreement between LuxSCS and LuxOpCo), secondly, to review the status of legal proceedings in Europe relating to the intangible assets and, thirdly, to provide training to European employees regarding the use of the technology and other intangible assets (recital 454 of the contested decision).

363. Lastly, on the basis of the testimony of the Vice-President, Intellectual Property, employed in the United States, the Commission concluded that the EU IP Steering Committee was a forum in which LuxOpCo's business leaders met to discuss actions concerning the intangible assets, as presented to them by the Amazon group's lawyers, and that the actual decisions on the development, enhancement, management and exploitation of the intangible assets were then taken by LuxOpCo's and ASE's members of that committee, in their capacity as decision-taking managers responsible for the Amazon group's European retail and service business (recital 455 of the contested decision).

364. It is clear, on reading recitals 452 to 455 of the contested decision, that the Commission has failed to establish, in the contested decision, that the EU IP Steering Committee took significant decisions concerning the development or enhancement of the intangible assets.

365. First, the Commission acknowledges in recitals 452 and 453 of the contested decision that the role of the EU IP Steering Committee was limited, in so far as it merely provided 'technical and business guidance' and 'assistance' in strategic decision-making concerning the development of the intellectual property owned by LuxSCS, or the conclusion of several licensing agreements with third parties.

366. Moreover, it is apparent from the Amazon group's EU Policies and Procedures Manual that the EU IP Steering Committee had no decision-making powers as such, but was merely a body intended to assist the development and deployment of intellectual property in Europe. That is also implicitly admitted by the Commission in recital 454 of the contested decision where the Commission refers to the 'impact' of that committee's 'recommendations' on the development, maintenance and management of the intangible assets.

367. Next, it is apparent from recital 454 of the contested decision (see paragraph 362 above) and from the testimony of the Vice-President, Intellectual Property employed in the United States, referred to in recital 455 of that decision, that, in practice, the EU IP Steering Committee merely reviewed issues relating to the protection and maintenance of rights over the intangible assets and that the issue of the development or enhancement of the intangible assets as such was not discussed.

368. Lastly, to the extent that the EU IP Steering Committee may have been a forum for discussing the enhancement and development of the intangible assets, it is clear that decisions relating to the development of the intangible assets were not adopted by that committee but, in principle, were taken by employees of the Amazon group in the United States and specifically by the Vice-President, Intellectual Property. The Grand Duchy of Luxembourg's assertion to that effect has not been challenged by the Commission.

369. In addition, as regards the composition of that committee, contrary to what is claimed by the Commission in its pleadings, employees with managerial functions within the US entities, and in particular the Vice-President, Intellectual Property employed by Amazon US, attended and even chaired meetings of the EU IP Steering Committee.

370. It follows from the foregoing that the Commission's findings relating to the EU IP Steering Committee do not support its conclusion, in paragraph 455 of the contested decision, that decisions on the development and enhancement of the intangible assets were taken by LuxOpCo's and ASE's members of that committee, in their capacity as decision-taking managers responsible for the Amazon group's European retail and service business.

371. At most, the Commission has succeeded in demonstrating that LuxOpCo performed functions in connection with the management and protection of the intangible assets and that LuxOpCo's employees decided on appropriate measures, such as, for example, the filing of a patent, on the basis of recommendations discussed by the EU IP Steering Committee.

372. It follows from the foregoing that the Commission's contentions relating to the EU IP Steering Committee are insufficient to establish that LuxOpCo performed development functions in respect of the intangible assets that could be described as 'unique and valuable'.

– LuxOpCo's functions concerning the development of the technology

373. In recital 449 of the contested decision, the Commission noted that LuxOpCo's functions included the development, enhancement and management of the technology.

374. In support of that assertion, it stated first of all, in recital 456 of the contested decision, in essence, that the technology developed in the United States could not, as it stood, be used in Europe and that adaptations were necessary in order to meet EU specifications. It stated that the development of the Amazon group's European business operations required specific technology (different software, local adaptations).

375. Next, the Commission stated that LuxOpCo had the necessary technological resources to conduct research and development. It stated, inter alia, that approximately 60 people performed technology-related tasks, a Localisation and Translation team performed functions in relation to the customisation of the EU websites, adapting them to local preferences, and some 10 additional people were employed as 'Technical Program Manager', whose role was to translate into a technical description the technological needs identified by local retail business teams. According to the Commission, it was that process which allowed the technology to be continuously developed and adapted to the local market.

376. In that regard, it is true that the Commission acknowledged, in recital 461 of the contested decision, that the technical resources based in LuxOpCo were limited. Nevertheless, it stated that, in reality, the unique value of the technology would result from local know-how, identification of new business needs and their translation into the software project, not from the coding itself.

377. Lastly, the Commission stated that LuxOpCo also contributed to catalogue development, translation technology and local adaptations. Those tasks were carried out by teams previously placed in the EU local affiliates or by newly recruited personnel. In addition, it stated that the EU local affiliates also played an important role in the development of new technology specific to European national markets.

378. The Commission added that, in particular, LuxOpCo and the EU local affiliates contributed to the development of the EFN. That technology responded to a specific European business need by allowing European customers to buy items from any Amazon group EU website.

379. The Grand Duchy of Luxembourg and Amazon submit that LuxOpCo did not perform any significant development, enhancement or maintenance functions in relation to the technology intangible assets. They dispute in particular the Commission's assertions that LuxOpCo played a major role in the development of the EFN and claim that that technology, although specific to Europe, was developed in the United States and that LuxOpCo did not participate in its design or creation.

380. The Commission contests those arguments and maintains its position expressed in recitals 456 to 465 of the contested decision, as set out in paragraphs 373 to 378 above.

381. As a preliminary point, it should be noted that, contrary to what is suggested by the Grand Duchy of Luxembourg and Amazon, the Commission did not state, in the contested decision, that LuxOpCo was the primary developer of the technology, either globally or only at European level, but stated that, as set out in recitals 449 and 465 of the contested decision, LuxOpCo actively contributed to the development, enhancement and management of the technology during the relevant period. Nor does the Commission dispute that the technology was continually developed in the United States.

382. In that regard, it is true that, as the Grand Duchy of Luxembourg and Amazon submit, technological platforms were developed principally by the US entities and provided to the European businesses in their final form. The software used by the various EU websites was also common software.

383. First, it is apparent from the material before the Court that the majority of decisions on the development of the intangible assets and prioritising the projects to be developed, including the technology specific to Europe, were taken in the United States.

384. Secondly, it is common ground that most of the technicians and engineers contributing to the development of the technology were based in the United States. As many as [*confidential*] Amazon group employees contributed to the development of the intangible assets, of which more than [*confidential*] were employed in the United States in technology-related jobs during the relevant period. The Commission does not dispute those figures. Furthermore, it is apparent from the documents in the file, and in particular from the various testimonies of the Amazon group employees, that the central services and US technicians were responsible for developing the tools specific to the European market.

385. Next, as regards LuxOpCo's contribution to the development of technology, the following points should be noted.

386. In the first place, the Commission correctly ascertained that adaptations were sometimes necessary in order to implement the technology in Europe.

387. Although, as the Grand Duchy of Luxembourg and Amazon submit, the business model and underlying technology are the same in the United States as in Europe, it is apparent from the various testimonies of the Amazon group employees provided by the parties, and in particular from the testimony of the Vice-President International Retail, employed in the United States, that, because of the specific nature of the European market as compared with the US market, technology developed in the United States could not always be used as it was for the EU websites. Therefore, besides the EFN, which was technology that was specifically developed for the Amazon group's European operations, adaptations or 'localisations' were necessary. It is apparent from the documents in the file that those adaptations included, inter alia, translation efforts [*confidential*].

388. In the second place, it is apparent from the Amazon group employees' testimonies that, although adapting the technology to the European market was largely carried out in the United States, particularly in respect of software, LuxOpCo did, to some extent, contribute to those adaptations.

389. As Amazon also confirms in the application in Case T-318/18, at the end of the relevant period, no more than approximately 60 people worked in technology-related positions in Luxembourg.

390. In that regard, it is apparent from the documents in the file and in particular from the testimonies of the Vice-President International Retail, employed in the United States, and the former Head of European Third Party Business (such as MarketPlace), that LuxOpCo began to use its own technicians no later than the year following the 2006 restructuring. Specifically, during the relevant period, LuxOpCo employed software developers who contributed to the development of specific programmes for the European business and worked on local adaptations.

391. Similarly, it is apparent from the testimony of the former Head of European Third Party Business (such as MarketPlace) that [*confidential*].

392. In that context, as regards the Localisation and Translation team, identified by the Commission in recital 459 of the contested decision, it is apparent from the material in the file that that team was responsible for adaptations to the EU websites, particularly in respect of translation, and that it contributed to the development of software. It is apparent from the Amazon group employees' testimonies that [*confidential*]. However, even if those activities and that technology played an important role in LuxOpCo's business operations, the fact remains that they played a minor role as compared with the rest of the technology developed in the United States.

393. Next, as regards the catalogue development activities identified by the Commission in recital 456 of the contested decision, it should be noted that, as Amazon and the Grand Duchy of Luxembourg submit, those activities did not include the design of the software underlying the catalogue, which was carried out in the United States. The catalogue activities developed in Luxembourg [*confidential*]. Local work on the development of the catalogue [*confidential*].

394. It is apparent from the testimony of the Vice-President International Retail, employed in the United States, [*confidential*]. Therefore, although LuxOpCo may have carried out work on the software relating to the catalogue, that work remained very limited as compared with developments carried out by the Amazon group's central services.

395. It is apparent from the foregoing that LuxOpCo contributed to the development of the technology by making certain adaptations, principally relating to translation, and, to a lesser extent, the development of certain software and functionalities. In addition, the bulk of the work of adapting the technology to the European operations was largely up to the Amazon group's central services. Accordingly, LuxOpCo's contributions to the development of the technology could play only a minor role in the value creation of that technology. It follows that, although the Commission correctly stated, in recital 461 of the contested decision, that the adaptations needed in Europe were prepared in proximity to the local markets, it was wrong to attach such importance to LuxOpCo's contributions to those adaptations and to draw the conclusion that those contributions were unique and valuable.

396. In the third place, as the Commission noted in recitals 460 to 461 of the contested decision, in addition to the adaptations carried out locally by the Luxembourg teams, LuxOpCo also contributed to the development of the technology through its involvement in the process of identifying new technological business needs and their translation into the software project.

397. In that regard, LuxOpCo had Technical Program Managers whose role was to translate business needs into technical descriptions so that a software developer could code them (see recital 460 of the contested deci-

sion). The Grand Duchy of Luxembourg does not dispute that the functional and technical specifications of the platforms and adaptations needed in Europe were prepared in proximity to the local markets.

398. It is true that, as the Commission stated, in essence, in recital 461 of the contested decision, the identification of business needs and the preparation of specifications played an important role in the development of the technology. It is apparent from the documents before the Court that the value of the Amazon group's technology is based on its ability to serve the Amazon group's three pillars, namely low prices, selection and convenience (see paragraph 347 above), and therefore to meet customers' needs. The value of Amazon's technology therefore also lies, to a certain extent, in the adaptation to local needs and, in particular, in the ability of the local teams to prepare specifications so that the technology can be adapted to consumer needs.

399. Nevertheless, it should be noted that, as Amazon maintains, only a dozen program managers were employed in Luxembourg, as against [*confidential*] in the United States, and [*confidential*] of those employed in Luxembourg were not employed until the end of the relevant period [*confidential*].

400. Moreover, although LuxOpCo identified the technological needs of the business and the specifications relating to those needs, the design and creation of the technology were developed in the United States. In that context, contrary to what the Commission appears to suggest in paragraph 103 of the defence in Case T-318/18, the activities of the US entities were not limited to mere coding activities, but were genuine development activities.

401. Lastly, as Amazon submits, the overwhelming majority of the strategic decisions regarding the development of the technology, particularly in relation to Europe, were taken by the US entities and not by LuxOpCo.

402. It follows that those developments and enhancements of the technology, for the purposes of improving customer experience, were carried out principally on the basis of the model developed in the United States, which is the same in Europe and the United States, and only to a lesser extent on the basis of the technical specifications that may have been prepared by the local teams.

403. It is apparent from the foregoing that, while the Commission was right to find that LuxOpCo contributed to the development of the intangible assets by preparing technical specifications in respect of the technology covered by the Licence Agreement, those contributions remained limited. Furthermore, in so far as, prior to 2006, those functions were previously performed by the local affiliates, it should be held, as the Grand Duchy of Luxembourg submits in paragraph 109 of the application in Case T-816/17, that those functions cannot be regarded as unique, but are routine functions.

404. In the fourth place, the Commission found that LuxOpCo contributed to the development of the EFN, the only technology that was truly specific to the Amazon group's European business.

405. As the Commission set out in recital 463 of the contested decision, the EFN is a combination of technological advances, such as the introduction of new functionalities, and logistical optimisations.

406. It is not disputed that the EFN played an essential role in the European retail and service business. As the Commission stated in recital 462 of the contested decision, and as Amazon itself claimed in its post-trial brief filed before the United States Tax Court, the creation of the EFN sought to address the problem of having multiple websites with country-specific fulfilment centres. That technology made it possible to combine the European fulfilment centres and pool inventory, thereby enabling customers throughout the European Union to purchase items from any Amazon website in Europe.

407. It is also apparent from the Amazon employees' testimonies, as well as from Amazon's post-trial brief filed before the United States Tax Court, that the EFN was crucial in order to be able to launch operations in two new European countries, namely Spain and Italy.

408. It is apparent from the material before the Court that the Commission was indeed entitled to find that LuxOpCo was involved in the development of the EFN (see paragraph 404 above).

409. In the post-trial brief filed in the proceedings before the United States Tax Court, Amazon itself [*confidential*]. According to that brief, 'AEHT' (Amazon Europe Holding Technology, a term corresponding to the official designation of LuxSCS) [*confidential*]. It should be noted, in that regard, that no distinction was made in the US proceedings referred to in paragraph 14 above between the various Luxembourg group entities and that, in those proceedings, the term 'AEHT' was used indiscriminately to refer to LuxOpCo and LuxSCS. As regards participating in the development of the EFN, however, it is clear that Amazon was referring to LuxOpCo and not LuxSCS.

410. That finding is, moreover, supported by the Amazon group employees' testimonies, and in particular that of the Vice-President International Retail, employed in the United States, which confirms that, at that time, the Head of European Retail Business, employed by LuxOpCo, actively contributed to the development and conceptualisation of the EFN.

411. Nevertheless, it would be wrong to consider that LuxOpCo assumed responsibility for the entirety of the EFN development process.

412. First, it is apparent from the documents before the Court that the US headquarters played a decision-making role in the launch of the EFN project.

413. Secondly, as the Grand Duchy of Luxembourg submits and as is apparent from the Amazon group employees' testimonies and the opinion of the United States Tax Court, the development of the EFN was carried out with the help of the US entities. Specifically, work relating to the development of the software underlying the EFN was carried out by technicians from the central teams and, inter alia, on the basis of specifications prepared by the LuxOpCo teams. Furthermore, the Commission does not dispute that, from an operations standpoint, the warehouse definitions and requirements on which that platform was based were also drawn up in the United States.

414. Although, in recital 462 of the contested decision, the Commission states that 'the EFN was developed in Europe' without providing any other details, the Commission did not entirely disregard the US entities' contribution. The Commission cites, inter alia, in footnote 481 of the contested decision, one of the testimonies according to which the technology was developed in Europe with the help of central technology teams.

415. It therefore follows from the foregoing that, although the EFN was based, to a large extent, on the technology developed in the United States, LuxOpCo also actively contributed to the development of that technology. In the light of the importance of that technology for expanding the Amazon group's European business, the Commission did not err in finding those contributions to be unique and valuable. Even if LuxSCS was the ultimate owner of that technology, the fact remains that its development was also the result of LuxOpCo's efforts.

416. It is therefore apparent from the findings made in paragraphs 386 to 415 above that, aside from the EFN, to the development of which LuxOpCo actively contributed, the most important adaptations to the technology were carried out in the United States, in dialogue with the European teams which formulated their requirements, and that, in addition, certain minor adaptations could be made directly by the local teams.

417. It follows from all the foregoing that although the Commission was correct to find that, because of its contribution to the development of the EFN, LuxOpCo performed unique and valuable functions in relation to the technology, as for the remainder, it exaggerated the importance of LuxOpCo's functions in connection with the development of the technology. Apart from the development of the EFN, LuxOpCo's functions were limited principally to adaptations and the preparation of technical specifications. Accordingly, the conclusion reached in recital 465 of the contested decision, and in particular the assertion that LuxOpCo undertook significant enhancements to the technology, cannot be upheld in its entirety.

418. In so far as that finding is based on the Amazon employees' testimonies, it does not appear necessary to examine in detail the arguments of the Grand Duchy of Luxembourg and Amazon that the Commission erroneously used the testimonies, inter alia to state that the technology (in particular the EFN) was developed in Europe, whereas it was developed in the United States. Even if the Commission's analysis cannot be upheld in its entirety, the Commission's errors are not such as to affect the finding that LuxOpCo did in fact contribute to the development of the intangible assets, in particular the EFN.

– Customer data (recitals 466 to 468 of the contested decision)

419. The Grand Duchy of Luxembourg and Amazon dispute the merits of the Commission's finding that LuxOpCo performed active and critical functions in relation to the development, enhancement and management of customer data. In essence, they claim that customer data were collected automatically, using the technology developed in the United States, and without the involvement of LuxOpCo's employees.

420. The Commission disputes those arguments.

421. As a preliminary point, it should be noted that the parties disagree as to whether LuxOpCo actively contributed to the development of the database containing customer information, such as, for example, sales records. It is therefore necessary to determine whether the accumulation of customer data during the relevant period and the protection of that data is attributable to LuxOpCo.

422. First, it should be noted that, as the Commission illustrated in Table 19 in the contested decision, during the relevant period, unique customer count by year increased significantly, from 17 million customers in 2006 to over 60 million in 2014.

423. Secondly, it must be noted, as the Commission has done, that customer data are a key asset for online retailers such as the Amazon group, in particular as regards marketing. Certain tools, in particular the use of recommendations and similarities technology, depend on customer data. Customer data are therefore a unique and valuable intangible.

424. Thirdly, it is common ground that LuxOpCo is the entity which collected the customer data and is also responsible for ensuring compliance with applicable data protection laws. The Grand Duchy of Luxembourg and Amazon do not dispute the assertion in recital 468 of the contested decision that LuxOpCo accumulated customer data from the EU websites as a service to LuxSCS.

425. Admittedly, it must be stated, as Amazon has done, that the collection of customer data was automated and that it was by means of the technology developed in the United States and supplied by LuxSCS to LuxOpCo that LuxOpCo was able to collect customer data.

426. Nevertheless, as the Commission states in paragraph 107 of its defence in Case T-318/18, it is LuxOpCo that actively contributed to the accumulation of customer data by executing the three pillars of the Amazon group strategy (see paragraph 347 above), thereby attracting customers to the EU websites and collecting more customer data. The collection of customer data is necessarily dependent on the appeal of the Amazon group's websites to customers. The increase in the numbers visiting the EU websites, and thus in the customer data collected, was itself linked to the execution by LuxOpCo of the three pillars referred to above, namely price, selection and convenience. While it cannot be disputed that the technology developed in the United States played a key role in the proper execution of the three pillars, the fact remains that LuxOpCo played an active and critical role in relation to the accumulation of new customer data and thus contributed to the development of those unique and valuable intangible assets.

427. Furthermore, the Commission correctly found, in recital 468 of the contested decision, that LuxOpCo had to ensure the maintenance of customer data and compliance with applicable data protection laws. Although protecting the customer database is an important activity for a business model that involves retail and services provided, inter alia, to end consumers, and for the reasons set out by the Commission in recital 466 of the contested decision, it is nevertheless a normal activity for any licensee that works with that type of database.

428. In the light of the foregoing, the Commission's findings in recitals 466 to 468 of the contested decision should be confirmed, at least the finding that LuxOpCo performed active and critical functions in relation to the enhancement of customer data during the relevant period. In that regard, it should be held that, by accumulating customer data, which increased threefold between 2006 and 2014, as is apparent from paragraph 422 above, LuxOpCo contributed to the value of that intangible, which constitutes a unique and valuable intangible. Accordingly, LuxOpCo performed unique and valuable functions.

– The 'Amazon brand' (recitals 469 to 472 of the contested decision)

429. The Grand Duchy of Luxembourg and Amazon challenge the Commission's assertion that the value of the Amazon 'brand' is generated at the level of LuxOpCo and the EU local affiliates.

430. The Commission disputes those arguments.

431. First, it should be pointed out that, as the Commission implicitly acknowledged in recitals 469 and 471 of the contested decision, the Amazon brand is well recognised and enjoys a strong global brand recognition, which is a major asset in attracting customers. It should be noted that that reputation existed prior to the creation of LuxOpCo. Nevertheless, the Commission's finding, set out in recitals 469 and 470 of the contested decision, that the brand name is not the focus of the Amazon group's business model since the group's business strategy focuses on the three pillars (price, convenience and product catalogue), should be confirmed. The value of the trade mark registered in Europe also depends on the ability to provide a good selection, attractive prices and optimised ease of use. Amazon itself also states that the value of the Amazon group's marketing-related intangible assets in Europe depends on customer satisfaction.

432. Secondly, as the Grand Duchy of Luxembourg and Amazon submit, the technology plays an important, if not decisive, role in the development of Amazon's brand name. First, the technology is central to the execution of the three pillars. Customer satisfaction is thus to a large extent dependent on the technology. Secondly, the

technology plays a crucial role in marketing and maximising the possibility that the 'Amazon' name appears in potential customers' searches. It is common ground that that technology is developed in the United States.

433. Nevertheless, the technology alone is not sufficient for the execution of the three pillars. The pillars were also executed by LuxOpCo through the adoption of strategic decisions necessary for the operation of the Amazon group's European business.

434. In that regard, it is apparent from the post-trial brief in the proceedings before the United States Tax Court (see paragraph 14 above), that Amazon, in essence, claimed that [*confidential*].

435. In particular, Amazon stated in the post-trial brief filed before the United States Tax Court that [*confidential*] and, in a section dedicated to the marketing-related intangible assets, that [*confidential*].

436. In its opinion, the United States Tax Court concluded that 'AEHT' assumed sole responsibility for maintaining and developing the marketing-related intangible assets and paid, through cost sharing, for the technological improvements essential to maintaining the value of those intangible assets. It is true that, in the post-trial brief and in the opinion of the United States Tax Court, Amazon and that court refer to 'AEHT'. Nevertheless, since no distinction is made, in the US proceedings referred to in paragraph 14 above, between the various Luxembourg group entities and the term 'AEHT' is used indiscriminately to refer to LuxOpCo and LuxSCS, 'AEHT' should be understood to refer, in this particular context, to LuxOpCo and not LuxSCS. Indeed, it is apparent from the file that LuxSCS performed no such functions.

437. In addition, it should be noted that neither the Grand Duchy of Luxembourg nor Amazon dispute the assertion in recital 472 of the contested decision that in Europe it was LuxOpCo and the local affiliates that handled the Amazon group's online marketing based on their local know-how.

438. In those circumstances, even if the Amazon brand had an established reputation in Europe prior to the creation of LuxOpCo and enjoyed the international reputation of the Amazon group, it should be concluded that the Commission was entitled to determine that, during the relevant period, the maintenance and development of the brand value in part took place, at the very least, at the level of LuxOpCo and the European entities.

439. It should also be noted in that regard, as the Commission observes, that Amazon was known as a seller of books and media when it entered the European market and that the local teams had to make considerable efforts to build the brand's reputation as regards other product categories.

440. Consequently, the Commission's assessments in recitals 469 to 472 of the contested decision should be confirmed. In that regard, it should be held, in the light of the findings in paragraphs 433 to 438 above, that LuxOpCo contributed to the development of the value of the brand and the marketing-related assets and therefore performed valuable functions. However, there is no basis for finding that those functions were unique. In the light of the foregoing, it should be held that the Commission correctly concluded that LuxOpCo contributed to the development of the intangible assets in respect of each of their three components. As regards the development of the technology, LuxOpCo's contribution mainly consisted of adaptations and preparing technical specifications. By contrast, LuxOpCo's involvement in the development of the EFN may be equated with a unique and valuable function. In addition, LuxOpCo played an important role in the accumulation of customer data, inter alia through the execution of the three pillars, and therefore actively contributed to the development of that unique and valuable asset. As regards the marketing-related assets, LuxOpCo played an important role in increasing the Amazon brand's reputation in Europe and therefore performed valuable functions. However, it is not apparent from the documents before the Court that those functions can be classified as unique.

441. It should therefore be concluded that the Commission correctly asserted, in recitals 414 and 415 of the contested decision, that the Luxembourg administration should have taken into account the fact that LuxOpCo performed unique and valuable functions in relation to the intangible assets. However, not all of LuxOpCo's functions in connection with the intangible assets were unique and valuable.

442. It must also be noted in that regard that those functions should have been taken into account, if not when the tax ruling at issue was adopted, then at least at the time of its annual implementation. Any change in circumstances, which includes the performance of additional functions, should have been taken into account.

ii. The functions performed by LuxOpCo in the operation of the Amazon group's European retail and service business (Section 9.2.1.2.2 and recitals 473 to 499 of the contested decision)

443. As regards the functions performed by LuxOpCo in the operation of the Amazon group's European retail and service business, in the contested decision, the Commission, in essence, highlighted that, according to the 2003 transfer pricing report and in practice, LuxOpCo acted as the EU headquarters and principal operator of that business. It was therefore LuxOpCo that was responsible for taking, and did take, strategic decisions in relation to the Amazon group's European business operations (recitals 473 to 478 of the contested decision).

444. Specifically, the Commission found that LuxOpCo performed all strategic functions for the Amazon group's online retail and service business during the relevant period and that it took all strategic decisions concerning merchandise and pricing, recorded sales and acted as the counterparty to customers. It therefore absorbed the corresponding costs and assumed the risks of sales and inventories (recital 475 of the contested decision).

445. The Commission therefore took the view that LuxOpCo independently took all relevant decisions concerning each of the three pillars of the Amazon group's strategy in Europe (recital 478 of the contested decision).

446. The parties agree that LuxOpCo was operator of the online retail and service business. It is also not disputed that LuxOpCo served as the headquarters of the Amazon group's European business.

447. Nevertheless, the Grand Duchy of Luxembourg and Amazon dispute that LuxOpCo performed significant exploitation functions. They take the view that LuxOpCo's activities were largely reliant on the technology developed in the United States and amounted to European business management functions or routine business support functions, which generated little added value.

448. Specifically, the Grand Duchy of Luxembourg and Amazon maintain that human functions were replaced by the technology in the Amazon group's business operations and that prices were fixed automatically. They add that it was impossible for individuals actively to set the price of the millions of items available on the Amazon group's websites, that relations with sellers and customers were almost entirely automated, that the location of inventory and purchase collection instructions in the fulfilment centres were functions defined by technology and the fulfilment centre employees merely had to follow instructions given by the technology, and that inventory decisions (purchasing decisions, place of storage, etc.) were automated, so that employees only had to carry out the instructions given on the basis of the technology.

449. It is therefore necessary to examine whether the Commission was right to find that LuxOpCo performed significant exploitation functions and took strategic decisions in relation to each of the three pillars of the Amazon group's strategy, with the result that it could not be treated as an undertaking that carried out routine management functions.

– Selection (recitals 479 to 489 of the contested decision)

450. The Commission found, in recital 479 of the contested decision, that expanding and maintaining the largest possible selection was crucial to the Amazon group's success in Europe. It added that the decision as to which product categories to sell was taken on the basis of market knowledge. Human intervention was therefore required; technology alone was insufficient.

451. In particular, the Commission stated, first, that LuxOpCo was able to rely on a large number of employees employed by the EU local affiliates, who assisted in creating the selection in Europe and expanding available new product lines on the basis of their knowledge of the local market, products and consumers (their 'local know-how') (recitals 470 to 482 of the contested decision). Secondly, LuxOpCo played a decisive role in the acquisition of other retailers active in the local market, the establishment of partnerships with suppliers and the establishment of third-party programmes for the development of MarketPlace (recitals 483 to 489 of the contested decision).

452. The Grand Duchy of Luxembourg and Amazon do not call in question the general finding in recital 483 of the contested decision that Amazon creates its selection through the acquisition of other retailers active in the market, partnerships with suppliers and third-party programmes, such as MarketPlace.

453. It is also apparent from the testimony of the former Head of European Third Party Business (such as MarketPlace) that the work of local recruiters was crucial in launching new products on the websites.

454. The Grand Duchy of Luxembourg and Amazon also do not dispute the fact that it was LuxOpCo, with the support of its EU local affiliates, that took on those 'general' activities of the Amazon group, acquired certain European retailers, entered into partnerships with European suppliers, defining policies and best practices for

selecting and launching new categories, and determined standard contract terms for suppliers (see recital 485 of the contested decision).

455. It is also apparent from the testimony of the Senior Vice-President, International Retail, employed in the United States, [*confidential*]. Therefore, even if LuxOpCo did not decide on product categories entirely independently, it had a significant role in the launch of a new product line. In that regard, it is apparent from the testimony of the former Head of European Retail Business, employed by LuxOpCo, that, when launching a new product category, LuxOpCo was [*confidential*].

456. The 2006 restructuring therefore made it possible for the European operations to be managed more autonomously.

457. It should be concluded that the Commission was correct to find that LuxOpCo took important selection decisions and that the technology alone was insufficient for the execution of that pillar of the Amazon group's strategy in Europe.

– Price (recitals 490 to 493 of the contested decision)

458. As regards price, the Commission stated that, although pricing was automated and based on the use of an algorithm, this was no more than a tool to execute a certain pricing policy, which was determined by LuxOpCo in Europe.

459. In particular, the Commission stated that, without individual input based on local market know-how from the EU local affiliates, the pricing algorithm would not function effectively. In Europe, this was done by LuxOpCo with support from its EU local affiliates.

460. The Grand Duchy of Luxembourg and Amazon dispute those assertions. They submit, inter alia, that LuxOpCo's business is significantly reliant on automation and that the involvement of LuxOpCo's employees was minimal, particularly as regards prices.

461. It is not debatable that, as the Grand Duchy of Luxembourg claims, without the technology, LuxOpCo's activities would have been less important.

462. Nevertheless, it should be noted that, as is apparent from recital 168 of the contested decision, until 2009 the Amazon group predominantly used manual pricing. It is only since 2009 that prices have been set by an algorithm. In that regard, the Commission was therefore correct to find that the algorithm was insufficient in itself as regards pricing and that it executed the pricing policy determined by LuxOpCo in Europe (see recital 490 of the contested decision).

463. First, as the Commission stated in recital 491 of the contested decision, without LuxOpCo's individual input based on local market know-how from the EU local affiliates, the pricing algorithm could not function effectively.

464. Next, as the Commission identified in recital 492 of the contested decision, it is apparent from the Amazon group's EU Policies and Procedures Manual that prices were established in Luxembourg by an EU Retail Pricing Committee composed of LuxOpCo's senior employees. That committee was solely responsible for setting pricing guidelines for products offered by the Amazon group through its EU websites. LuxOpCo's role in setting pricing guidelines is also confirmed by the testimonies of LuxOpCo's employees.

465. In addition, it is not disputed that LuxOpCo employed a European pricing manager who had to agree prices, in particular when deviating from prices set by the algorithm, and a team that monitored [*confidential*] globally. That team, which was set up in Luxembourg within LuxOpCo, monitored prices [*confidential*] and measured prices proposed globally, including in the United States (see recital 492 of the contested decision).

466. Lastly, the Grand Duchy of Luxembourg and Amazon do not call in question, in a substantiated manner, the fact that LuxOpCo had to develop a particular strategy to generate revenue and stand out from its competitors. In that regard, the influence of LuxOpCo and its EU local affiliates over pricing decisions was reflected in the promotions that applied to certain items sold on the EU websites (see recital 493 of the contested decision). It is not disputed that, during its first years of operation in Germany, the 'Amazon.de' website invented the 'low price guarantee' to incentivise customers to feedback price information in exchange for a rebate on their purchases and that, in the United Kingdom, certain types of price promotions common on the market, such as [*confidential*], made competing on price [confidential] more difficult [*confidential*]. As regards the sale of books in France and Germany, LuxOpCo set up a free shipping programme. These are examples of pricing decisions linked to market competitors and, therefore, strategic decisions specific to a retailer.

467. In the light of the foregoing, it should be concluded that LuxOpCo adopted strategic decisions on pricing and therefore performed significant functions. Even if pricing was dependent on the Amazon group's technology, the fact remains that the involvement of LuxOpCo's employees was also crucial.

– 'Convenience' (recitals 494 to 499 of the contested decision)

468. As regards 'convenience', the Commission found that LuxOpCo was responsible for ensuring the convenience of the Amazon group's retail and marketplace offer in Europe. Specifically, LuxOpCo had a team called the 'Localisation and Translation' team to check and adapt machine translation and, in particular, enable the merging of the different European catalogues to create and manage the EFN (recital 495 of the contested decision). Local logistical know-how, in particular as regards the delivery of items, was centred and developed in LuxOpCo and the EU local affiliates.

469. According to the Commission, the technology is a prerequisite for 'convenience', especially for translating the European product catalogues, delivering products and providing customer support services (see recitals 494 to 499 of the contested decision). LuxOpCo's employees were involved with the product catalogues as well as with the delivery of products and customer support services. In that regard, the know-how belonged to LuxOpCo and the EU local affiliates (see recital 496 of the contested decision).

470. Those details are not, moreover, disputed by the Grand Duchy of Luxembourg and Amazon in a substantiated manner and should be confirmed.

471. It therefore follows from the foregoing that LuxOpCo took strategic decisions in relation to the Amazon group's European business operations and thus had primary responsibility for executing the three pillars of the Amazon group's strategy for that geographic area. The Commission was therefore right to find that, despite the importance of the technology, LuxOpCo also played a key role in the operation and expansion of the retail and marketplace business and, accordingly, performed valuable functions. However, it is not apparent from the documents before the Court that those functions were unique.

iii. Assets used by LuxOpCo (recitals 500 to 505 of the contested decision)

472. As regards the assets used by LuxOpCo, the Commission noted, in recital 500 of the contested decision, that LuxOpCo used 'significant assets' to perform the functions described in Sections 9.2.1.2.1 (functions performed in relation to the intangible assets) and 9.2.1.2.2 (functions performed in the operation of the retail and service business) of its decision.

473. First, the Commission found, in recital 501 of the contested decision, that LuxOpCo owned and managed the entire inventory (the value of which amounted to EUR [*confidential*] billion during the relevant period) and that it held all the shares of ASE, AMEU and the EU local affiliates, which it provided with financing.

474. Secondly, the Commission stated that LuxOpCo's cost structure demonstrated that significant assets were used to absorb the costs incurred in relation to the development and enhancement of the intangible assets in the performance of its functions (recital 502 of the contested decision). In particular, as regards the registered trade mark, LuxOpCo incurred significant direct marketing costs (for example, promotion costs) (recitals 503 to 504 of the contested decision). Consequently, the Commission found that, in the absence of any identifiable reimbursement of LuxOpCo, those costs should be considered as having been absorbed by LuxOpCo.

475. The Commission therefore concluded that LuxOpCo incurred the relevant costs associated with the economic exploitation of the intangible assets as well as their development, enhancement and management. According to the Commission, none of those costs can be regarded as costs incurred on behalf of LuxSCS (recital 505 of the contested decision).

476. The Grand Duchy of Luxembourg and Amazon, moreover, do not dispute those findings in a substantiated manner, except as regards the finding that LuxOpCo incurred the costs associated with the development, enhancement and management of the intangible assets. In that regard, it is sufficient to refer to paragraph 235 above. With the exception of the assertion that LuxOpCo incurred the costs associated with the CSA and the Buy-In Agreement, the Commission's assessments in recitals 500 to 505 of the contested decision should be upheld.

iv. Risks assumed by LuxOpCo (recitals 506 to 517 of the contested decision)

477. As regards the risks assumed by LuxOpCo, the Commission found, in recitals 506 to 517 of the contested decision, that LuxOpCo assumed, both under the terms of the agreements concluded with LuxSCS and in practice, the risks associated with the development, enhancement and management of the intangible assets. LuxOpCo also controlled and managed all the relevant business and entrepreneurial risks in relation to the Amazon group's European retail and service business, including, but not limited to, credit risk, collections risk, inventory risk, market risk, risk of loss, and risks relating to maintaining a workforce capable of selling goods and providing services in an efficient and timely manner.

478. The Commission then dismissed Amazon's assertion, made during the administrative procedure, that LuxOpCo heavily relied on the technology to manage or assume risks (recitals 506 and 508 of the contested decision).

479. First, according to the Commission, even if the technology minimised the risks, LuxOpCo assumed those risks because of its role as the European headquarters and the operator of the European retail and service business (recitals 509 and 510 of the contested decision). It observes that, even if LuxOpCo did rely on the technology to manage its business risks, it would only be due to a strategic decision taken by LuxOpCo (recital 511 of the contested decision).

480. In addition, it has not been established, either in the 2003 transfer pricing report or in any other document, that the strategic, financial and operational risks faced by LuxOpCo in its day-to-day operations were managed by risk management group policies (recital 512 of the contested decision). On the contrary, risks such as the loss of business were managed at the local level, with LuxOpCo as the responsible principal operator in Europe (recitals 513 to 515 of the contested decision).

481. The parties disagree as to which entity actually assumed the risks associated with the intangible assets and, specifically, whether LuxOpCo used assets to absorb the costs associated with the development of the intellectual property. In addition, according to the Grand Duchy of Luxembourg, part of the risks and functions identified by the Commission were assumed by the EU local affiliates and not by LuxOpCo.

482. As regards the risks associated with the development, enhancement and management of the intangible assets, to assert, as the Commission did in recital 507 of the contested decision, that LuxOpCo assumed those risks, both under the terms of the agreements concluded with LuxSCS and in practice, is unconvincing.

483. As the Grand Duchy of Luxembourg correctly stated in paragraph 104 of the application in Case T-816/17, even if, pursuant to the Licence Agreement, LuxSCS transferred to LuxOpCo a certain number of risks associated with the operation of the business, the fact remains that LuxSCS, which was the legal owner of the right to use the intangible assets during the relevant period, still assumed the risks associated with the intangible assets, as it had to fulfil its obligation under the Buy-In Agreement and the CSA to make the Buy-In payments and the payments owing under the CSA to ATI and A9.

484. That finding is not disputed in a substantiated manner by the Commission. As regards LuxSCS's financial capacity to absorb risks if they materialised, the Commission has not been able to substantiate its assertion that LuxSCS did not have substantial capital. As regards LuxSCS's initial capital, which the Commission dismissed as irrelevant in recital 445 of the contested decision, it is common ground that, at least for 2006, it was as a result of its capital that LuxSCS was able to absorb the losses sustained during its first years of operation without LuxOpCo's intervention. Accordingly, in 2006, the amount of the royalty paid by LuxOpCo to LuxSCS was much lower than the Buy-In and cost-sharing payments made by LuxSCS.

485. In those circumstances, it should be held that LuxOpCo assumed, at most, part of the risks associated with the existence, development, enhancement and management of the intangible assets.

486. By contrast, as regards the other risks referred to in recitals 507 to 517 of the contested decision, namely the risks inherent in an online retail and service business, the Grand Duchy of Luxembourg and Amazon do not challenge in a substantiated manner the assertion that LuxOpCo assumed those risks, such as the risk associated with the loss of business itself (see recital 514 of the contested decision) and risks associated with holding title of unsold inventory in Europe, housing servers and maintaining call centres, bad debts and the failure to fulfil contracts concluded with customers. In particular, while the Grand Duchy of Luxembourg and Amazon argue that the technology minimised LuxOpCo's risks in connection with the operation of the business, and in particular inventory risk, it is clear that, as the Commission stated in recital 510 of the contested decision, the technology did not fully eliminate those risks. The Commission's assertions should therefore be confirmed.

v. Conclusions on the functional analysis of LuxOpCo

487. In the light of the foregoing, the Commission's functional analysis of LuxOpCo is not entirely convincing.

488. First, having regard to the information gathered by the Commission for the purpose of adopting the contested decision, as set out in the contested decision, part of which has been confirmed above, it cannot be ruled out that LuxOpCo did in fact perform certain unique and valuable functions in relation to the intangible assets. That is true in respect of the development of the EFN and the accumulation of customer data. For the remainder, as regards the marketing assets, although LuxOpCo's functions are valuable, it has not been established that they can be regarded as unique.

489. 'Secondly, the analysis of LuxOpCo's functions as an online retailer and service provider can be confirmed in all material respects. In that regard, contrary to what is claimed by the Grand Duchy of Luxembourg and Amazon, LuxOpCo did not merely carry out simple 'management' functions, but operated as an online retailer and assumed the risks inherent in that business. Such functions were 'valuable' because they were capable of contributing significantly to LuxOpCo's turnover and therefore to the Amazon group's business model. Nevertheless, such functions cannot be described as unique. To the extent that the Grand Duchy of Luxembourg and Amazon have stated that an undertaking may be regarded as an entity that performs routine functions (as opposed to an entity that performs unique and valuable functions) when those functions can easily be 'benchmarked' (see paragraph 225 above), it is sufficient to note that the [*confidential*] report, referred to by the main parties, concerns online retail businesses and addresses the issue of market remuneration for such retailers.

490. In the light of the foregoing, although the Commission was entitled to find that some of LuxOpCo's functions in connection with the intangible assets were unique and valuable, its argument that LuxOpCo's functions in connection with its business operations were unique and valuable is not completely convincing. Although the Commission was correct to find that LuxOpCo performed more functions than those identified for the purposes of adopting the tax ruling at issue, namely routine 'management' functions, it erred in finding that LuxOpCo's functions relating to its retail business were unique and valuable.

491. That conclusion is not called in question by any of the other arguments put forward by the Grand Duchy of Luxembourg or Amazon.

492. First, the Grand Duchy of Luxembourg and Amazon submit that the fact that prior to the 2006 restructuring LuxOpCo's functions were performed by the EU local affiliates and those companies were remunerated at cost plus demonstrates that LuxOpCo's functions are merely routine. It is sufficient to note in that regard that the very purpose of the 2006 restructuring was to create a headquarters for the Amazon group's European business, assigning to LuxOpCo much more significant functions than those of the EU local affiliates.

493. Secondly, the Grand Duchy of Luxembourg takes issue with the Commission for attributing to LuxOpCo the functions performed by the EU local affiliates. It is sufficient to note in that regard that the EU local affiliates operated as service providers within LuxOpCo and were remunerated as such. The functions they performed were therefore performed on behalf of LuxOpCo and at LuxOpCo's risk. The Commission was therefore entitled to attribute those functions to LuxOpCo.

2. Choice of method

494. As noted in paragraph 317 above, the Commission found, in essence, that it was incorrect to use the TNMM to determine the amount of the royalty and the remuneration for LuxOpCo and that the profit split method on the basis of the contribution analysis should have been used.

495. Specifically, in recital 567 of the contested decision, the Commission stated that, where both parties to the intra-group transaction make unique and valuable contributions to that transaction, the profit split method is usually considered to be a more appropriate transfer pricing method because in such a case independent parties would be expected to share the profits of the transaction in proportion to their respective contributions.

496. In that context, the Commission stated, referring to recital 256 of the contested decision, that the OECD Guidelines distinguish between two approaches to dividing profits, namely the contribution analysis and the residual analysis. As regards the residual analysis, the Commission stated that it applied where a party is remunerated for its routine functions in addition to the remuneration it receives for its unique and valuable contributions to the transaction. As regards the contribution analysis, the Commission stated that the com-

bined profits are split on the basis of the relative value of the functions performed (taking into account assets used and risks assumed) by each of the parties to the intra-group transactions.

497. The Commission added that, where both parties to the controlled transaction make unique and valuable contributions and there are no less complex transactions that need to be priced separately, it was more appropriate to apply the contribution analysis for the attribution of combined profits. The residual analysis is appropriate if some less complex transactions exist.

498. On the basis of those observations, the Commission concluded that, because both LuxSCS and LuxOpCo were considered as performing unique and valuable functions in relation to the intangible assets, the contribution analysis should be preferred over the residual analysis.

499. The parties to the proceedings disagree as to whether the Commission was right to find that the profit split method on the basis of the contribution analysis was appropriate in the present case and, consequently, that the decision to use the TNMM should not have been endorsed in the tax ruling at issue.

500. First and foremost, it should be borne in mind, as regards the choice of transfer pricing method itself, that, as set out in paragraph 202 of the judgment of 24 September 2019, *Netherlands and Others* v *Commission* (T-760/15 and T-636/16, EU:T:2019:669), the various methods for setting transfer prices endeavour to attain profit levels reflecting arm's length transfer prices and that it cannot be concluded, as a rule, that one method does not allow a reliable approximation of an arm's length outcome to be reached.

501. Furthermore, when examining a measure in the light of the arm's length principle, the Commission is free to use a method other than that endorsed by the national tax authorities. It is apparent from paragraph 154 of the judgment of 24 September 2019, *Netherlands and Others* v *Commission* (T-760/15 and T-636/16, EU:T:2019:669), that, although the Commission cannot be criticised for having used a transfer pricing method that it considers appropriate in a given instance in order to examine the level of transfer pricing for a transaction or for several closely related transactions that is part of the contested measure, the Commission is nevertheless required to justify its choice of methodology.

502. In the present case, owing to the fact that both LuxSCS and LuxOpCo performed some unique and valuable functions, the Commission cannot be criticised for finding that, overall, the profit split method may have been appropriate for examining the controlled transaction.

503. Nevertheless, the Commission's conclusion that the contribution analysis should have been applied is not convincing. In that regard, as is implicitly but necessarily apparent from recitals 256, 567 and 568 of the contested decision, the Commission proceeded on the basis that the fact that the parties to the controlled transaction performed unique and valuable functions as well as routine functions called for application of the profit split method on the basis of the residual analysis, whereas the profit split method on the basis of the contribution analysis was appropriate only when the undertakings concerned performed unique and valuable functions exclusively. As is apparent from paragraphs 488 and 489 above, although the Commission was right to find that some of LuxOpCo's functions in relation to the intangible assets were unique and valuable, it erred in finding that LuxOpCo's functions in connection with the business operations were unique and valuable. In addition, the Commission has not established that there was no comparable for LuxOpCo's business operations, or that the remuneration for those functions could not have been set separately.

504. In addition, it follows implicitly but necessarily from paragraphs 3.6 and 3.8 of the 1995 version of the OECD Guidelines that the choice of profit split method, including on the basis of the contribution analysis, depends decisively on having identified external data from independent undertakings in order to determine the value of the contribution made by each undertaking associated with the transactions. However, the Commission did not seek to identify whether any such reliable data were available in order to conclude that the profit split method on the basis of the contribution analysis could be chosen in the present case.

505. In addition, the Commission has not explained how LuxOpCo's functions in connection with the development of the intangible assets were such that it was the contribution analysis, and not the residual analysis, that was the appropriate method in the present case (see recital 568 of the contested decision).

506. It follows that, when it disregarded the profit split method on the basis of the residual analysis and opted for the contribution analysis, the Commission did not duly justify its choice of methodology and therefore failed to satisfy the requirements set out in paragraph 501 above.

507. In so far as the Commission based its first subsidiary finding on the fact that the contribution analysis was the only appropriate method in the present case, the error found in paragraph 506 above vitiates the Commission's reasoning relating to proof of the existence of an advantage.

of the functions performed (t
tra-group transactions.

the controlled transaction n
s that need to be priced sepa
ion of combined profits. The

n concluded that, because bo
ctions in relation to the inta
alysis.

ther the Commission was rig
as appropriate in the presen

e value of the functions perfo
o the intra-group transactio
arties to the controlled trans
nsactions that need to be pric
attribution of combined prof

mmission concluded that, be
able functions in relation to
sidual analysis.

to whether the Commission

lue of the functions perform
e intra-group transactions.

ies to the controlled transacti
tions that need to be priced
ribution of combined profits.

ission concluded that, becau
e functions in relation to the
al analysis.

whether the Commission wa

508. The Court nevertheless considers it necessary to continue the assessment of the applicants' arguments that the Commission has failed to establish that LuxOpCo's remuneration would have been higher had the profit split method on the basis of the contribution analysis been used.

3. The demonstration that LuxOpCo's remuneration would have been higher had the profit split method been used (application of the contribution analysis)

509. As stated above, the Commission found in recital 568 of the contested decision that application of the profit split method on the basis of the contribution analysis would necessarily have led to LuxOpCo's remuneration being higher. The Commission thus considered that, by endorsing the royalty calculation method proposed by Amazon which resulted in an undervaluation of LuxOpCo's remuneration, the tax ruling at issue conferred an advantage on LuxOpCo. The Commission nevertheless stated, in recital 564 of the contested decision, that it had not sought to determine a precise arm's length remuneration for LuxOpCo.

510. In that regard, it should be borne in mind that, as noted in paragraphs 317 to 320 above, the error identified by the Commission is not based on the finding that some of LuxOpCo's functions, including routine or everyday functions, were not remunerated. By contrast, the Commission proceeded on the assumption that LuxOpCo assumed a series of unique and valuable functions and that, accordingly, the profit split method on the basis of the contribution analysis should have been applied.

511. The parties disagree as to whether the Commission succeeded, on the basis of the finding referred to in paragraph 509 above, in proving the existence of an advantage in favour of LuxOpCo.

512. To prove the existence of an advantage, the Commission had to show that LuxOpCo would have received greater remuneration had the profit split method been applied as compared with what it actually received pursuant to the tax ruling at issue.

513. As stated in paragraph 310 above, it is for the Commission to demonstrate specifically that the methodological errors it identified in the advance tax ruling did not allow a reliable approximation of an arm's length outcome and that those errors led to a reduction in taxable profit, without it being ruled out that, in certain cases, a methodological error may be such that an approximation of an arm's length outcome cannot be reached and it necessarily leads to an undervaluation of the remuneration that would have been received under market conditions.

514. The same considerations must apply where the Commission takes the view that it has identified an error in the functional analysis. It cannot be ruled out that, notwithstanding an error in the functional analysis, the remuneration calculated may be no different from the arm's length outcome that would have been determined had the functions been correctly taken into account. In that context, it should be noted that, although certain functions were not correctly identified and were not taken into account in calculating the remuneration, it is likely that those functions would have been remunerated and that, because those additional functions were not taken into account, the remuneration of the undertaking in question should have been greater. Nevertheless, the Commission cannot reach such conclusions without specifically examining whether, in the present case and in the light of the specific characteristics of the transaction at issue, the error identified in the functional analysis may have led to additional remuneration.

515. Lastly, when examining, pursuant to the power conferred on it by Article 107(1) TFEU, a tax measure granted to an integrated undertaking, the Commission must compare the tax burden of that integrated undertaking resulting from the application of that tax measure with the tax burden resulting from the application of the normal rules of taxation under national law of an undertaking, placed in a comparable factual situation, carrying on its activities under market conditions (see, to that effect, judgment of 24 September 2019, *Netherlands and Others* v *Commission*, T-760/15 and T-636/16, EU:T:2019:669, paragraph 149). When identifying errors in the functional analysis on which a tax measure such as the tax ruling at issue is based, the Commission must compare the tax burden of the integrated undertaking resulting from the application of the tax measure in question with the tax burden of an undertaking active on the market performing functions comparable to those of the integrated undertaking, as identified by the Commission. It should be stated in that regard that such a comparison does not mean that the Commission must necessarily carry out a new analysis with the same level of detail as that carried out by the Member State for the purpose of adopting the tax measure in question. However, even if it does not have to carry out such an analysis, the Commission is at least required to identify a number of specific factors from which it can be concluded with certainty that the arm's length remuneration for the company's functions, as identified by the Commission, was necessarily greater than the remuneration received pursuant to the tax measure in question.

516. As a result of what is set out in paragraph 515 above, the Commission should have compared LuxOpCo's remuneration obtained using the method endorsed in the tax ruling at issue with the arm's length remuneration that should have been received in the light of LuxOpCo's functions identified by the Commission itself in its own functional analysis. Even if it did not actually apply the profit split method on the basis of the contribution analysis, the Commission should at least have identified a number of factors from which it could be concluded that LuxOpCo's remuneration calculated pursuant to the tax ruling at issue was necessarily lower than the remuneration that a company operating on the free market would have received had that company performed functions comparable to those identified by the Commission in its functional analysis. Specifically, if the Commission considered that the contribution analysis was the appropriate calculation method, instead of making mere unverified assumptions of the result that would have been obtained using the profit split method on the basis of the contribution analysis, it should have examined whether, on the free market, taking account of functions and risks comparable to those assumed by LuxOpCo under the controlled transaction (in particular its functions and risks as an online retailer) did in fact result in a share of profits (for an online retailer comparable to LuxOpCo) that would have been greater than that to which LuxOpCo was entitled under the calculation method referred to in the tax ruling at issue. Although the Commission did not have to give precise figures, it was required, at the very least, to provide verifiable evidence in that regard.

517. In the present case, the Commission merely found in the contested decision that, had the profit split method on the basis of the contribution analysis been used, LuxOpCo would have received greater remuneration, without seeking to apply that method. However, the Commission cannot make assumptions about what the result of applying a particular method would be or what remuneration would have been awarded to a particular function. By contrast, as already pointed out in paragraphs 515 and 516 above, the Commission must establish that the remuneration endorsed in the tax ruling at issue was lower than the reliable approximation of arm's length remuneration that would have been received using the profit split method with the contribution analysis.

518. In that regard, it should be noted that the Commission did not seek to ascertain the correct allocation key for the combined profits of LuxSCS and LuxOpCo that would have been appropriate had those parties been independent undertakings, or even to identify specific factors from which it could be determined that LuxOpCo's functions in connection with the development of the intangible assets or with its role as headquarters would have conferred entitlement to a greater share of profits as compared with the share of profits actually obtained pursuant to the tax ruling at issue.

519. In addition, it should be borne in mind that, even though LuxOpCo's contributions in connection with the intangible assets (contribution to the development of a small part of the technology, contribution to the expansion of the customer database and to brand value) and with the operation of the business are very real, none of the considerations in the contested decision make it possible to measure the contribution of those functions as compared with LuxSCS's functions (the provision of technology, which plays a crucial role in the operation of the Amazon group's business and in generating profits). Accordingly, without a detailed analysis it is not possible to prejudge to what extent LuxOpCo's contributions would give it a greater share of the profits generated in Europe than that obtained pursuant to the tax ruling at issue.

520. In those circumstances, it must be held that the Commission has not demonstrated the existence of an advantage, but has, at most, demonstrated the probability of the existence of an advantage.

521. It is true that, as the Commission mentioned at the hearing, the fact that certain assets are transferred free of charge without those functions being taken into account in LuxOpCo's remuneration, endorsed by the tax ruling at issue, demonstrates that LuxOpCo's remuneration is lower than what an independent undertaking would have received under market conditions. Nevertheless, it is clear that the contested decision contains no such reasoning.

522. Admittedly, it cannot be ruled out that, if LuxOpCo performed more functions than those taken into account for the purposes of calculating its remuneration as endorsed in the tax ruling at issue, LuxOpCo would have been entitled to additional remuneration. Nevertheless, the Commission's reasoning, as set out in the contested decision, remains theoretical and is not sufficient to establish that LuxOpCo actually received an advantage as a result of applying the method for calculating its remuneration endorsed by the tax ruling at issue.

523. It is true that the Commission stated, in its replies to the Court's questions and at the hearing, that, pursuant to the tax ruling at issue, LuxOpCo received only approximately 20% of the combined profits of LuxOpCo and LuxSCS and that, if the profit split method on the basis of the contribution analysis had been applied, tak-

ing into account its unique and valuable functions, it would necessarily have received a greater share of those combined profits.

524. Nevertheless, first, it should be noted that the assertion that LuxOpCo received only approximately 20% of the combined profits does not appear in the part of the contested decision relating to the first subsidiary finding, or in any part of the contested decision. At most, that figure can be calculated on the basis of the various figures contained in the contested decision. In that regard, that figure of approximately 20% of the combined profits of LuxOpCo and LuxSCS corresponds to LuxOpCo's operating profits after deduction of the royalty paid to LuxSCS pursuant to the tax ruling at issue.

525. Secondly, the Commission adduces no specific evidence in the contested decision to prove that the fact that approximately 80% of the combined profits of LuxOpCo and LuxSCS were allocated to LuxSCS as remuneration for its contribution, namely the provision of the intangible assets, is not at arm's length, or that the allocation of approximately 20% of the combined profits does not constitute sufficient remuneration in the light of the contributions made by LuxOpCo.

526. Thirdly, as Amazon stated at the hearing, the Commission did not state in the contested decision that additional remuneration should have been awarded to LuxOpCo over and above the remuneration calculated under the TNMM. The finding that the profit split method with the contribution analysis had to be applied means disregarding the remuneration initially calculated pursuant to the TNMM and making a new calculation. It cannot be ruled out that LuxOpCo's remuneration calculated using the profit split method with the contribution analysis may be lower than the remuneration calculated under the TNMM, as endorsed by the tax ruling at issue.

527. It should be noted in that respect that, in the administrative procedure, Amazon submitted to the Commission a report on the mark-up for undertakings in the online retail business, namely the [*confidential*] report. The average mark-up for online retailing was 0.5% of online retailers' total costs. Without it being necessary to ascertain whether, in the light of that evidence, Amazon was entitled to assert, as it did at the hearing, that that rate showed that LuxOpCo's remuneration during the relevant period was 'comfortable', it is clear that, in the light of that report, the Commission should have examined in greater detail whether LuxOpCo's remuneration corresponded to an arm's length outcome for its functions as an online retailer. Without such an examination, it cannot be claimed with certainty that LuxOpCo could have received greater remuneration for its functions related to the business operations.

528. Furthermore, as regards the development activities carried out by the Amazon group, LuxOpCo's functions in connection with the intangible assets, in particular as regards technology, remained limited. It is therefore not clear that those functions were such that the share of profits attributable to LuxOpCo should have been greater than 20% of the combined profits of LuxSCS and LuxOpCo.

529. Consequently, in the absence of information on the allocation key that should have been used, it is not possible to identify the order of magnitude of the remuneration that LuxOpCo would have received under arm's length conditions, nor, a fortiori, to determine whether that remuneration is lower or higher than that obtained pursuant to the tax ruling at issue.

530. It follows that the Commission has not succeeded in establishing that, had the profit split method on the basis of the contribution analysis been applied, LuxOpCo's remuneration would have been greater. Accordingly, the first subsidiary finding does not support the conclusion that the tax ruling at issue conferred an economic advantage on LuxOpCo. Apart from the fact that the Commission did not seek to determine what LuxOpCo's arm's length remuneration would have been in the light of the functions identified by the Commission in its own functional analysis, the first subsidiary finding contains no specific evidence to establish to the requisite legal standard that the errors in the functional analysis and the methodological error identified by the Commission, relating to the choice of method itself, actually led to a reduction in LuxOpCo's tax burden.

531. None of the other arguments put forward by the Commission can call those findings into question.

532. First, it is true that, as the Commission stated at the hearing, there is a difference between proving the advantage and quantifying it. Therefore, it cannot be ruled out that it may be possible to prove that a methodological error necessarily leads to lower remuneration without that reduction in remuneration being quantified. Nevertheless, as stated in paragraph 529 above, in the present case, the contested decision contains no evidence capable of proving that use of the profit split method with the contribution analysis, instead of the TNMM, would necessarily have led to higher remuneration.

533. Secondly, it is true that, as the Commission stated at the hearing, the Grand Duchy of Luxembourg and Amazon do not deny that, if LuxOpCo had substantially developed the intangible assets, that would have led to additional remuneration.

534. Nevertheless, as Amazon stated at the hearing and as set out in paragraph 526 above, the Commission's argument does not amount to finding that remuneration additional to that calculated pursuant to the tax ruling at issue should have been calculated. The Commission took the view that the contribution method with the residual analysis was not appropriate in the present case. It follows that the Commission's argument is limited to contending that, had LuxOpCo's remuneration been calculated using the profit split method according to the contribution analysis, that would have resulted in higher remuneration than that obtained under the TNMM. In so far as the contribution analysis would mean not taking into account the remuneration initially calculated on the basis of the TNMM and making a completely new calculation, it cannot be ruled out that LuxOpCo's remuneration, calculated using the profit split method with the contribution analysis, may be lower than the remuneration calculated under the TNMM, as endorsed by the tax ruling at issue.

535. Thirdly, the Commission's argument, set out in its pleadings, that applying the profit split method would necessarily have led to higher remuneration for LuxOpCo in so far as it would have led to a distribution of the residual profit between LuxOpCo and LuxSCS, rather than the allocation of the entire residual profit to LuxSCS, and the argument that it was not necessary to apply the profit split method in order to prove the existence of an advantage since that method consists of sharing the residual profit, must be rejected.

536. Such a residual profit split is relevant only when using the residual analysis. It is clear from the contested decision, and in particular from recitals 567 and 568 thereof, that the Commission took the view that only the contribution analysis, and not the residual analysis, could effectively be used in the present case for the purpose of applying the profit split method. As stated in paragraph 534 above, the contribution analysis consists of directly allocating the combined profits between the various parties to the transaction and does not take account of the remuneration initially calculated for LuxOpCo. Accordingly, it cannot be assumed that applying the profit split method would necessarily have led to higher remuneration for LuxOpCo.

537. It therefore follows from all of the above that the Commission has not succeeded in proving, in its first subsidiary finding, that the tax ruling at issue conferred an advantage on LuxOpCo.

538. The pleas and arguments challenging the first subsidiary finding should therefore be upheld.

c. The second subsidiary finding concerning the advantage

539. In the second subsidiary finding of an advantage, and in particular in recital 569 of the contested decision, the Commission stated that, even if the Luxembourg tax authorities were right to accept the assumption that LuxSCS performed unique and valuable functions in relation to the intangible assets, and even if they were subsequently right to find that LuxOpCo performed solely 'routine' management functions, the choice of a profit level indicator based on operating expenses in the transfer pricing arrangement endorsed by the tax ruling at issue was inappropriate. It is apparent from recitals 569 to 574 of the contested decision that, according to the Commission, if the Luxembourg tax authorities had taken into account, as a profit level indicator in the application of the TNMM, LuxOpCo's total costs, as the 2003 transfer pricing report had done, LuxOpCo's remuneration would have been higher than that found in the tax ruling at issue. Consequently, LuxOpCo's taxable base would also have been higher.

540. In support of its second subsidiary finding of an advantage, the Commission observed that the method endorsed by the tax ruling at issue used operating expenses as the profit level indicator, whereas the 2003 transfer pricing report, on which the request for the tax ruling at issue was based, used total costs as the profit level indicator. Next, the Commission stated that, during the administrative procedure, Amazon acknowledged that there was an inconsistency between the method endorsed in the tax ruling at issue and the method proposed by the 2003 transfer pricing report. In that regard, Amazon merely asserted that that inconsistency had no impact on the result, since operating costs represented the largest proportion of the total costs of the comparable undertakings examined in the 2003 transfer pricing report (recital 571 of the contested decision). In response to those arguments, the Commission stated, first, that selecting comparable undertakings which had low costs of goods sold, even though those costs represented the largest component of LuxOpCo's costs, 'indicated' an inappropriate choice of comparable undertakings. Secondly, the Commission noted that several of the comparable undertakings selected for the comparables analysis had significant costs of goods sold, raw materials and consumables (recital 572 of the contested decision).

541. The Commission concluded that, since total costs is a broader base than operating expenses, LuxOpCo's taxable income would have been higher had total costs been used – as the authors of the 2003 transfer pricing report had done – as the profit level indicator (recital 574 of the contested decision). To illustrate this finding, in Table 20 of the contested decision, the Commission compared LuxOpCo's taxable profit under the tax ruling at issue with LuxOpCo's profit at [*confidential*]% of total costs without a ceiling. According to that table, for 2006 to 2013, the former was EUR [*confidential*] million, while the latter amounted to EUR [*confidential*] million.

542. First, it should be noted that, at the hearing, the Commission stated that, in the second subsidiary finding, as set out in recitals 569 to 574 of the contested decision, it 'never said' that total costs were the most appropriate. By contrast, it merely stated that operating expenses were not an appropriate profit indicator for the purpose of determining LuxOpCo's remuneration. Moreover, the Commission merely applied the logic displayed by the authors of the 2003 transfer pricing report. In other words, it used total costs to determine the arm's length remuneration for LuxOpCo solely because the authors of the 2003 transfer pricing report had done so.

543. In that regard, it should be borne in mind that, as stated in paragraph 125 above, the burden of proof is on the Commission to show that the conditions of Article 107(1) TFEU are met. In particular, the Commission must demonstrate the existence of an advantage in favour of the undertaking which it considers to be the recipient of State aid. That advantage must be a genuine advantage.

544. It should be remembered that, in the present case, the issue of whether there is an advantage involves an examination of whether or not the royalty payable by LuxOpCo to LuxSCS, as referred to in the calculation method endorsed by the tax ruling at issue, was at arm's length. In that regard, the Commission identified errors in the application of the TNMM proposed by Amazon and endorsed in the tax ruling at issue. Specifically, the Commission identified an error in the choice of profit level indicator endorsed by the tax ruling at issue.

545. As has already been pointed out, the mere finding of a methodological error is not, in principle, sufficient in itself to demonstrate that a tax ruling conferred an advantage on a particular company and, therefore, to establish the existence of State aid within the meaning of Article 107 TFEU (see paragraph 123 above). Moreover, as has already been pointed out, the burden of proof is on the Commission to show that the conditions for the existence of State aid have been met (see paragraph 125 above).

546. It follows, in the present case, that the Commission was required to show that the error it identified in the choice of indicator led not only to a different outcome but also to a reduction in the tax burden of the recipient of the tax ruling at issue. That meant answering the question of which profit level indicator was appropriate.

547. Having regard to the interpretation given by the Commission at the hearing to recitals 569 to 574 of the contested decision, that is that it used total costs not on the ground that they were an appropriate profit level indicator, but only for the purpose of transposing the underlying 'logic' of the 2003 transfer pricing report (see paragraph 542 above), it should be held that the Commission did not seek to ascertain that it was arm's length remuneration or, a fortiori, whether LuxOpCo's remuneration, endorsed by the tax ruling at issue, was lower than the remuneration that LuxOpCo would have received under arm's length conditions.

548. It follows that, by the second subsidiary finding, the Commission has not succeeded in proving the existence of an advantage.

549. Secondly, and for the sake of completeness, it should be noted that, even if it were appropriate to find that, in recitals 569 to 574 of the contested decision, the Commission did in fact find that total costs were the correct profit level indicator (as opposed to a mere transposition – that serves no useful purpose – of the logic underlying the 2003 transfer pricing report), the considerations supporting the second subsidiary finding of an advantage and the conclusion set out by the Commission in recital 547 of the contested decision cannot succeed.

550. In that regard, it should be recalled and highlighted that, as the Commission stated in recital 569 of the contested decision, it based its second subsidiary finding concerning the advantage – and therefore identified that the choice of operating costs was a methodological error – on the argument that LuxSCS performed unique and valuable functions, whereas LuxOpCo performed solely 'routine management functions'. The premiss of the Luxembourg tax authorities, as accepted by the Commission in recital 569 of the contested decision, was therefore that LuxOpCo performed only the limited functions of a management company.

551. It is not apparent from the 1995 version of the OECD Guidelines, however, that total costs were the appropriate profit level indicator for remunerating a management company. Since the activity of a management company is similar to the activity of a company that provides services and whose value is unconnected with the volume of actual sales and of purchases of raw material, such an undertaking's operating expenses, and not total costs, could, according to the 1995 version of the OECD Guidelines, be used to determine the appropriate profit indicator.

552. In the present case, first, when it referred, in recitals 572 and 573 of the contested decision, to total costs – as opposed to operating costs – to calculate LuxOpCo's remuneration, the Commission in fact departed from the premiss that it itself had set in recital 569 of the contested decision.

553. Contrary to the approach mentioned in recital 569 of the contested decision, according to which LuxOpCo would be regarded as a company 'with management functions', the findings in recital 572 of the contested decision are based on the view that LuxOpCo is a 'retailer'. On closer inspection, the Commission preferred the option of total costs since LuxOpCo was a retailer and not because it was a 'company with management functions'. In the light of the premiss mentioned in recital 569 of the contested decision, the Commission should have sought to establish the profit level indicator for a management company and not for a company operating as a retailer.

554. Secondly, as is apparent from paragraph 551 above, according to the 1995 version of the OECD Guidelines, in general, as regards management companies, it is not clear that total costs are an appropriate profit level indicator.

555. Admittedly, it cannot automatically be excluded that, in the case of a particular management company, for reasons specific to that company, the appropriate profit level indicator for that company may in fact be total costs. However, the Commission did not explain the reason that might have justified the choice of total costs as an appropriate profit level indicator in the particular case of LuxOpCo as a management company.

556. Thirdly, even if it were accepted that the choice of total costs is the most appropriate profit level indicator for LuxOpCo as a retailer (see recital 572 of the contested decision), it is clear that the Commission did not analyse the issue of the choice of the appropriate profit level indicator for LuxOpCo as administrator of a marketplace for third-party sellers. Moreover, as regards its own sales, the Commission did not examine the extent to which total costs were an appropriate profit level indicator for LuxOpCo's activity as an online retailer.

557. In that regard, it should be borne in mind that, in its reply to a written question put to it by the Court, the Commission stated that the use of a mark-up on operating costs – and not total costs – as profit level indicator for distribution activities is appropriate where the tested party acts as an intermediary and does not risk its own funds through, inter alia, purchasing goods that are resold. In that regard, the Commission relied on paragraphs 2.101 and 2.102 of the 2010 version of the OECD Guidelines, which are not, however, relevant in the present case.

558. Even if it were accepted that such a recommendation was itself apparent from the 1995 version of the OECD guidelines and was relevant in the present case, as administrator of a marketplace, from the point of view of third-party sellers, LuxOpCo was simply an intermediary between third-party sellers and consumers and did not risk its own funds in relation to sales made by third-party sellers.

559. Lastly, even if it were accepted that the Commission was justified in finding that total costs were the correct indicator for LuxOpCo as an online retailer, given that LuxOpCo used the technology for retail activities, and, in particular, the technology relating to automatic pricing, the choice of total costs as profit level indicator for LuxOpCo would have necessitated downward adjustments to the rate to be applied, in order to take account of material differences between LuxOpCo's cost structure and that of traditional retailers.

560. The Commission did not envisage, let alone make, any such adjustments.

561. Secondly, according to Table 20 in the contested decision, LuxOpCo's remuneration, calculated applying the mark-up of [*confidential*]% of its total costs, amounted to between EUR 2 billion and EUR 3 billion.

562. At the hearing, Amazon stated, without being contradicted on this point by the Commission, that LuxOpCo's remuneration calculated by the Commission was higher than the 'total profits' generated in the European Union, which, according to the Commission, amounted to between EUR 1 billion and EUR 1.5 billion. The remuneration calculated by the Commission under the second subsidiary finding is equivalent to twice the value of all the Amazon group's profits obtained in Europe and is therefore unrealistic. However, it must be noted that, as is apparent from Annex C1 in Case T-318/18 to which Amazon referred at the hearing, the figure of between EUR 1 billion and EUR 1.5 billion does not correspond solely to LuxOpCo's accounting profit over

the relevant period, but to the consolidated profit of LuxSCS and LuxOpCo, and therefore a deduction is made in respect of the amounts paid by LuxSCS under the CSA and the Buy-In Agreement.

563. In any event, it is apparent from a comparison between LuxOpCo's remuneration calculated by applying a mark-up of [*confidential*]% of the total costs for each year of the relevant period as set out in the last row of Table 20 in the contested decision and LuxOpCo's resulting operating profit for the same years, as identified by the Commission in the eighth row of Table 2 in the contested decision, that LuxOpCo's remuneration, calculated under the second subsidiary finding of an advantage, was higher than its operating profit for 2012 and 2013. Such a result clearly departs from an arm's length outcome.

564. It follows from the foregoing that applying the mark-up of [*confidential*]% of LuxOpCo's total costs, on which the second subsidiary finding is based, does not produce reliable results for calculating LuxOpCo's remuneration for the entire relevant period. It is therefore not an outcome that corresponds to an arm's length remuneration, so that it must be concluded that the calculation made by the Commission under its second subsidiary finding does not demonstrate that LuxOpCo obtained an advantage as a result of the choice of operating costs as the profit level indicator endorsed by the tax ruling at issue.

565. Consequently, the pleas and arguments of the Grand Duchy of Luxembourg and Amazon challenging the merits of the second subsidiary finding of an advantage should be upheld.

d. The third subsidiary finding concerning the advantage

566. In the third complaint in the second part of the first plea in Case T-816/17 and in the fifth plea in Case T-318/18, the Grand Duchy of Luxembourg and Amazon contest the Commission's third subsidiary finding concerning the existence of a tax advantage in favour of LuxOpCo (Section 9.2.2.3 of the contested decision).

567. It will be recalled that, as stated in paragraph 68 above, in the third subsidiary finding, the Commission found, in essence, that the inclusion of a ceiling in the transfer pricing arrangement, under which LuxOpCo's remuneration could not exceed 0.55% of its annual sales, was inappropriate and conferred an advantage on LuxOpCo in that it led to a reduction in its taxable income.

568. Specifically, the Commission found that, during the 2006, 2007, 2011, 2012 and 2013 tax years, the tax administration accepted tax declarations in which LuxOpCo's taxable income was determined by the ceiling of 0.55% of its annual sales (recital 575 of the contested decision).

569. The Commission stated that neither the 2003 transfer pricing report, the ex post studies, nor the arguments put forward by the Grand Duchy of Luxembourg and Amazon during the administrative procedure justify the inclusion of that ceiling (recitals 576 and 577 of the contested decision). It added, in recital 577 of the contested decision, that, in addition to the erroneous application of the mark-up to the operating costs, application of the ceiling led to a further reduction of LuxOpCo's taxable basis, which could not, therefore, lie within the range of arm's length results.

570. According to the Grand Duchy of Luxembourg and Amazon, the Commission was wrong to find that the inclusion of the ceiling conferred an advantage on LuxOpCo.

571. First, they claim that the purpose of including the ceiling was to force LuxOpCo to operate efficiently and to reduce its costs. Secondly, they claim that, in any event, the application of the ceiling never pushed LuxOpCo's remuneration outside an arm's length range, as demonstrated by the 2017 transfer pricing report.

572. The Commission disputes those arguments.

573. It submits, in that regard, that the floor and ceiling mechanism is not provided for in the OECD Guidelines and there is no justification for it from a transfer pricing perspective. Furthermore, it adds that, contrary to what is claimed by the Grand Duchy of Luxembourg and Amazon, the application of such a mechanism is not justified by the objective of ensuring a low but stable remuneration for LuxOpCo, since the very objective of the TNMM is precisely to guarantee that the party to whom it is applied receives a low but stable remuneration.

574. First and foremost, it should be noted that, as the Commission confirmed in its answers to the Court's written questions, the third subsidiary finding is autonomous and independent of the second subsidiary finding. As is apparent from the last sentence of recital 575 of the contested decision, under the third finding, the Commission proceeds from the premiss that operating expenses may be used as the profit level indicator.

575. As the Commission was correct to state in the contested decision and in its pleadings, there is no economic justification or rationale for the floor and ceiling mechanism. It is hardly conceivable that, under market

conditions, an undertaking would accept a cap on its remuneration at a percentage of its annual sales. In addition, the TNMM ensures a low but stable remuneration, without the need for a floor and ceiling mechanism. Nor is such a mechanism provided for in the 1995 version of the OECD Guidelines. The TNMM merely involves identifying a profit indicator and a mark-up.

576. The Commission was therefore correct to find that the inclusion of such a ceiling was a methodological error.

577. Nevertheless, that finding alone is not sufficient to establish the existence of an advantage.

578. It is clear that, for each year the tax ruling at issue applied, even after applying the ceiling mechanism, LuxOpCo's remuneration remained within an arm's length range, calculated on the basis of the 2003 transfer pricing report, that is between [*confidential*]% and [*confidential*]% of operating expenses. Moreover, the Commission does not contest that finding.

579. As the Commission itself explained at the hearing, since the remuneration is within the interquartile range, it must, in principle, be regarded as being at arm's length.

580. Admittedly, the Commission stated that such a conclusion could not be reached where the comparable undertakings on the basis of which that range was calculated had not been properly selected.

581. Nevertheless, in the third subsidiary finding, the Commission challenged neither the arm's length range nor the choice of comparable undertakings on the basis of which that range was calculated.

582. In recital 575 of the contested decision, the Commission took issue with the Luxembourg authorities for having accepted that LuxOpCo's taxable income was determined by applying the ceiling, 'instead of being determined as [*confidential*]% of its operating expenses'. It is therefore clear that, in the third subsidiary finding, the Commission does not call in question the rate of return on the basis of which it is applied, but only the ceiling itself.

583. Moreover, first, it is not apparent from recitals 575 to 578 of the contested decision that the Commission disputed the arm's length range, calculated in the 2003 transfer pricing report, which is between [*confidential*]% and [*confidential*]% of operating expenses. Although the Commission noted, in recital 577 of the contested decision, that the Grand Duchy of Luxembourg and Amazon argued, during the administrative procedure, that LuxOpCo's taxable income was never outside the arm's length range, the Commission did not dispute the range itself, but merely asserted that application of the ceiling led to a further reduction to that identified in the second subsidiary finding. As stated in paragraph 574 above, the second and third subsidiary findings are autonomous and independent.

584. Secondly, and in addition, the Commission did not call in question, in recitals 575 to 578 of the contested decision, the choice of comparable undertakings used in calculating the arm's length range. Recital 571 of the contested decision, in which the Commission referred to an error in the choice of comparable undertakings, is part of the second subsidiary finding. As stated in paragraph 574 above, the third subsidiary finding was autonomous and independent of the other findings.

585. In the light of the foregoing, it should be held that, as inappropriate as the ceiling mechanism may be, and although it is not provided for in the 1995 version of the OECD Guidelines, the Commission has not demonstrated that that mechanism had an impact on the arm's length nature of the royalty paid by LuxOpCo to LuxSCS.

586. Consequently, the sole finding that the ceiling was applied for 2006, 2007, 2011, 2012 and 2013 is not sufficient to establish that LuxOpCo's remuneration received in respect of those years did not correspond to an approximation of an arm's length outcome.

587. In fact, the Commission found, at most, a methodological error in the calculation of LuxOpCo's remuneration, without succeeding in showing that that error had the effect of artificially reducing LuxOpCo's remuneration to such an extent that that level of remuneration could not have occurred under market conditions.

588. In those circumstances, it should be held that, by the third subsidiary finding, the Commission has not demonstrated the existence of an advantage for LuxOpCo.

589. Accordingly, the pleas and arguments of the Grand Duchy of Luxembourg and Amazon challenging the third subsidiary finding of an advantage should be upheld.

590. It therefore follows from all the foregoing that the Commission has not succeeded, by any of the findings set out in the contested decision, in demonstrating to the requisite legal standard the existence of an advan-

tage within the meaning of Article 107(1) TFEU. Accordingly, the contested decision should be annulled in its entirety, without the need to examine the other pleas and arguments raised by the Grand Duchy of Luxembourg and Amazon.

Costs

591. ...
592. ...

On those grounds,

THE GENERAL COURT (Seventh Chamber, Extended Composition)

hereby:

1. **Joins Cases T-816/17 and T-318/18 for the purposes of the present judgment;**
2. **Annuls Commission Decision (EU) 2018/859 of 4 October 2017 on State aid SA.38944 (2014/C) (ex 2014/NN) implemented by Luxembourg in favour of Amazon;**
3. **Orders the European Commission to bear its own costs and to pay those incurred by the Grand Duchy of Luxembourg, Amazon.com, Inc. and Amazon EU Sàrl;**
4. **Orders Ireland to bear its own costs.**

EU Court of Justice, 12 May 2021, joined cases T-516/18 and T-525/18 (Grand Duchy of Luxembourg, applicant in Case T-516/18, supported by Ireland, Engie Global LNG Holding Sàrl, Engie Invest International, Engie, applicants in Case T-525/18 v. European Commission)

Second Chamber, Extended Composition: M. van der Woude, President, V. Tomljenovic (Rapporteur), F. Schalin, P. Skvarillová-Pelzl and I. Nõmm, Judges

Table of contents

I – Background to the dispute

1 On 23 March 2015, the European Commission sent the Grand Duchy of Luxembourg a request for information regarding its tax ruling practice in relation to companies in the Engie group, including Engie ('Engie SA'), Engie Global LNG Holding Sàrl and Engie Invest International SA (together, 'Engie').

2. By its request, the Commission asked that State to provide it with all tax rulings in force or which had been in force in the previous 10 years and which had been granted to Engie group companies between 2004 and 23 March 2015.

3. The Commission also requested that the annual accounts of the Engie group and of its constituent companies for 2011 to 2013 be sent to it together with copies of their tax returns.

A – The Engie group

4. In the light of recitals 16 to 22 of Commission Decision (EU) 2019/421 of 20 June 2018 on State aid SA.44888 (2016/C) (ex 2016/NN) implemented by Luxembourg in favour of ENGIE (OJ 2019 L 78, p. 1; 'the contested decision'), the Engie group consists of Engie SA, a company established in France, and all companies directly or indirectly controlled by Engie SA, collectively referred to in the contested decision as 'ENGIE'.

5. In Luxembourg, Engie SA controls various companies. The same is true of Compagnie européenne de financement C.E.F. SA ('CEF'), incorporated in Luxembourg in 1933 and renamed Engie Invest International SA in 2015.

6. The purpose of the latter company is the acquisition of participating interests in Luxembourg and foreign entities and the management, exploitation and control of such interests.

7. CEF owns, first, GDF Suez Treasury Management Sàrl ('GSTM') and, secondly, Electrabel Invest Luxembourg SA ('EIL').

8. With effect from 2010, CEF transferred its financing and treasury management business to GSTM.

9. CEF also owns, thirdly, GDF Suez LNG Holding Sàrl ('LNG Holding'), incorporated in Luxembourg in 2009 and renamed Engie Global LNG Holding Sàrl in 2015.

10. The purpose of the latter company is the acquisition of participating interests in Luxembourg and foreign entities and the management of such interests.

11. At the end of 2009, LNG Holding replaced another Engie group company, Suez LNG Trading ('LNG Trading'), at the head of GDF Suez LNG Supply SA ('LNG Supply') and GDF Suez LNG Luxembourg Sàrl ('LNG Luxembourg').

12. LNG Luxembourg and LNG Supply were established in Luxembourg in 2009 for the purpose, inter alia, of ensuring, on 30 October 2009, the financing and subsequent transfer of business activities in the sector of liquefied natural gas and gas derivatives from LNG Trading to LNG Supply via LNG Luxembourg.

13. The intra-group transfer of the business of CEF and LNG Trading to their respective subsidiaries was financed within the Engie group by interest-free loans mandatorily convertible into shares, known as 'ZORAs', taken out by LNG Supply and GSTM (together, 'the subsidiaries') with LNG Luxembourg and EIL (together, 'the intermediary companies').

14. Both the transfer of CEF's financing and treasury management business to GSTM and the transfer of the business of purchase, sale and trading of liquefied natural gas and gas derivatives from LNG Trading to LNG Supply resulted in the Luxembourg tax authorities issuing two sets of tax rulings.

B – The tax rulings

15. In response to the request for information of 23 March 2015, the Grand Duchy of Luxembourg sent the Commission two sets of tax rulings (together, 'the tax rulings at issue'):

– a series of tax rulings concerning the transfer of the business of purchase, sale and trading of liquefied natural gas and gas derivatives from LNG Holding to LNG Supply and its financing by means of a loan granted by LNG Luxembourg, all companies involved being resident in Luxembourg;

– a series of tax rulings concerning the transfer of the business of financing and treasury management of assets from CEF to GSTM and its financing by means of a loan granted by EIL, all companies involved being resident in Luxembourg.

1. The tax rulings concerning the transfer of business activities to LNG Supply

16. The tax rulings relating to the transfer of business activities related to liquefied natural gas and gas derivatives to LNG Supply are set out in recitals 23 to 58 of the contested decision and are annexed to the file in Case T-516/18.

17. The first tax ruling was issued on 9 September 2008. It gives an account of the establishment of LNG Supply and thereafter of LNG Luxembourg and the plan to transfer the business of LNG Trading first to LNG Luxembourg and then to LNG Supply.

18. In broad outline, LNG Supply acquired LNG Trading's business by taking out a ZORA with LNG Luxembourg. When it was converted, LNG Supply issued shares incorporating the nominal amount of the ZORA plus/minus the loan accretions ('the ZORA accretions').

19. For tax purposes, it is apparent from the tax ruling of 9 September 2008 that LNG Supply is taxed only on a margin agreed with the Luxembourg tax authorities. That margin corresponds to a proportion [*confidential*]* of LNG Supply and may not be lower than [*confidential*]. The difference between the profits made each year and the margin agreed with the Luxembourg tax authorities corresponds to the ZORA accretions, which are a deductible expense.

20. By way of illustration, the Commission stated, in recital 48 of the contested decision, that, for 2011, with a turnover of [*confidential*], LNG Supply's taxable income had been set at [*confidential*], namely [*confidential*]. Consequently, LNG Supply paid corporation tax of EUR [*confidential*] in respect of 2011.

21. For its part, LNG Luxembourg finances the loan at issue by entering into a prepaid forward sale contract with LNG Trading, under which LNG Luxembourg agrees to transfer all the shares issued by LNG Supply on the conversion date in return for a price corresponding to the nominal amount of the ZORA in question.

22. For tax purposes, the Luxembourg authorities afford LNG Luxembourg the possibility, during the lifetime of the ZORA in question, not to record in its accounts any taxable income or tax-deductible expense related to that ZORA. The tax ruling also provides that the conversion of the ZORA in question, assuming that LNG Luxembourg chooses to apply Article 22*bis* of the loi modifiée concernant l'impôt sur le revenu (Amended Law on income tax; 'the LIR') of 4 December 1967, as described in recital 89 of the contested decision, will not give rise to any taxable capital gain. In other words, if the choice is made to apply Article 22*bis* of the LIR, the ZORA accretions will not be taxed on the conversion date.

23. It also follows from the tax ruling of 9 September 2008 that LNG Trading will record in its accounts the payment received under the prepaid forward sale contract as financial fixed assets and that those assets will be valued at cost price, so that, before conversion of the ZORA in question, LNG Trading will not record in its accounts any income or any deductible expense in relation to that ZORA. Furthermore, the tax authorities confirm that Article 166 of the LIR, as set out in recitals 83 to 86 of the contested decision, which allows certain participation income to be exempted from tax, applies to the participating interest purchased under the forward contract.

24. The second tax ruling was issued on 30 September 2008 and concerns the transfer of the effective management of LNG Trading to the Netherlands.

25. The third tax ruling was issued on 3 March 2009 and confirms the amendments made to the financing structure laid down in the tax ruling of 9 September 2008, in particular the replacement of LNG Trading by LNG Holding and the implementation of the ZORA taken out by LNG Supply with LNG Luxembourg and LNG Holding.

26. The fourth tax ruling was issued on 9 March 2012 and clarifies a number of accounting terms used to calculate the margin on which LNG Supply is taxed.

27. The last tax ruling was issued on 13 March 2014 and confirms a request submitted on 20 September 2013. It concerns the tax treatment of the partial conversion of the ZORA taken out by LNG Supply. It follows from it that, upon conversion of that loan, LNG Supply will reduce its capital by an amount equal to the amount of that conversion.

28. From a tax perspective, the Luxembourg tax authorities confirm that the partial conversion in question will have no effect on LNG Luxembourg. LNG Holding will enter in its accounts a profit equal to the difference between the nominal amount of the converted shares and the amount of that conversion. Furthermore, it is provided that that profit will be covered by the participation exemption under Article 166 of the LIR.

2. The tax rulings concerning the transfer of business activities to GSTM

29. The tax rulings relating to the transfer of the financing and treasury management business to GSTM are set out in recitals 59 to 77 of the contested decision and are annexed to the file in Case T-516/18.

30. The first tax ruling, issued on 9 February 2010, endorses a structure similar to the one established by LNG Holding to finance the transfer of its business activities in the liquefied natural gas sector to LNG Supply. The structure in question is based on a ZORA taken out by GSTM with EIL and used to finance the acquisition of CEF's financing and treasury management business.

* Confidential information omitted.

31. Like LNG Supply, GSTM is taxed during the implementation of the ZORA on a margin agreed with the Luxembourg tax authorities. That margin corresponds to a proportion [*confidential*].

32. By way of illustration, the Commission stated, in recital 74 of the contested decision, that, for 2011, with net earnings before tax and before accretions of EUR 45 522 581 and an average value of assets of EUR 3.7 billion, GSTM was taxed [*confidential*].

33. The second tax ruling, issued on 15 June 2012, endorses the tax treatment of the financing transaction and is based on an analysis identical to that set out in the tax ruling of 9 September 2008 concerning the transfer of LNG Trading's business to LNG Supply. However, it differs from the tax ruling of 9 September 2008 as regards the possible increase in the amount of the ZORA taken out by GSTM.

3. *Summary of the financing structures established by the Engie group companies*

34. It is apparent from recitals 23 to 77 of the contested decision that the tax rulings at issue endorse various intra-group transactions in the light of Luxembourg tax law. In addition, the Commission draws attention to the fact that it follows from those tax rulings that those transactions constitute a set implementing, for LNG Supply and GSTM, a single transaction, namely, respectively, the intra-group transfer of business activities related to liquefied natural gas and those related to financing and treasury, which were also financed within the same group. In the same vein, the Commission states that those transactions were designed from the outset to be implemented in three successive but interdependent stages, involving the intervention of holding companies, intermediary companies and subsidiaries of the Engie group. The main features of those transactions are described below.

35. First, a holding company transfers a set of assets to its subsidiary.

36. It is apparent from recital 34 of the contested decision that the transfer of LNG Trading's business to LNG Supply resulted in the latter issuing two promissory notes in favour of the former on 30 October 2009. The first promissory note covers a claim in the amount of USD 11 million (approximately EUR 9.26 million) and the second a claim in the amount of USD 646 million (approximately EUR 544 million). Only the second claim was transferred by LNG Trading to LNG Holding.

37. It also follows from recital 61 of the contested decision that the transfer of CEF's business to GSTM resulted in the issue of a promissory note in favour of CEF. That promissory note covers a claim in the amount of EUR 1 036 912 506.84.

38. Secondly, in order to finance the assets transferred, the subsidiary takes out a ZORA with an intermediary company. Under that agreement, apart from the fact that the loan granted generates no periodic interest, the subsidiary that has taken out the ZORA is to repay the loan, upon its conversion, by issuing shares in an amount equivalent to the nominal amount of the loan, plus a premium representing all of the profits made by the subsidiary during the term of the loan, namely the ZORA accretions, minus a limited margin agreed with the Luxembourg tax authorities.

39. It follows from recital 34 of the contested decision that, on 30 October 2009, LNG Supply and LNG Luxembourg concluded a ZORA for a nominal amount of USD 646 million and a term of 15 years.

40. In addition, in accordance with recital 61 of the contested decision, two agreements – one dated 17 June 2011 and the other dated 30 June 2014 – were concluded under which GSTM took out a ZORA with EIL with a maturity date of 2026 and for a nominal amount of EUR 1 036 912 506.84.

41. Thirdly, the intermediary company finances the loan granted to the subsidiary by entering into a prepaid forward sale contract with the holding company. Under that contract, the holding company is to pay to the intermediary company an amount equal to the nominal amount of the loan in exchange for the acquisition of the rights to the shares that the subsidiary will issue upon conversion of the ZORA in question. Therefore, if the subsidiary makes profits during the lifetime of the ZORA in question, the parent company will own the rights to all the shares issued, which will incorporate the value of any profits made as well as the nominal amount of the loan.

42. In practice, as is apparent from recital 34 of the contested decision, LNG Luxembourg and LNG Holding concluded a prepaid forward sale contract on 30 October 2009. That contract involves, first, the purchase by LNG Holding of all of LNG Luxembourg's rights to LNG Supply's shares for USD 646 million and, secondly, the transfer of LNG Supply's shares immediately upon issue.

43. Recital 61 of the contested decision refers to the conclusion, on 17 June 2011, of an identical prepaid forward sale contract between CEF and EIL.

44. The ZORA taken out by GSTM with EIL and that taken out by LNG Supply with LNG Luxembourg, together with the conclusion by EIL and LNG Luxembourg of a prepaid forward sale contract with, respectively, CEF and LNG Holding ('the holding companies concerned'), replace the initial financing of the transfer of the business sectors by means of the issue, by GSTM and LNG Supply, of promissory notes of which the holders were CEF and LNG Holding, respectively.

45. The diagram set out in recital 27 of the contested decision, reproduced below, illustrates those three successive transactions.

@@@ PLAATJE INVOEGEN

4. Effect of the partial conversion of the ZORA concluded by LNG Supply

46. In recitals 46, 47, 49, 53 and 57 of the contested decision, the Commission provided details of the effect of the partial conversion in 2014 of the ZORA concluded by LNG Supply, that ZORA being the only loan to have been converted before the adoption of the contested decision.

47. For the purposes of the partial conversion of the ZORA it had concluded, LNG Supply repaid part of the nominal amount of that ZORA and part of the ZORA accretions.

48. In order to do so, in September 2014 LNG Supply performed a capital increase of USD 699.9 million (approximately EUR 589.6 million), of which USD 193.8 million (approximately EUR 163.3 million) repaid part of the nominal amount of the ZORA in question and, on that date, [*confidential*] repaid part of the ZORA accretions. However, the Commission observed, in the light of LNG Supply's tax returns for 2014, that the aggregated ZORA accretions were in fact reduced [*confidential*].

49. As regards LNG Luxembourg, the partial conversion of the ZORA in question resulted in a reduction in the value of that ZORA, entered in its accounts as an asset, in the amount of USD 193.8 million and, accordingly, in a reduction in the value of the prepaid forward sale contract, entered in its accounts as a liability, in the same amount.

50. Lastly, following cancellation of the shares received under the prepaid forward sale contract, LNG Holding recorded in its accounts [*confidential*], the capital gain to which the exemption in respect of participation income was applied.

51. As regards the ZORA concluded by GSTM, the Commission stated, in recital 165 of the contested decision, that the existence of the advantage did not depend on the conversion of the ZORA, even though, for the purposes of determining the amount to be recovered, the advantage was considered to have materialised only when the income received by CEF was exempted.

C – The formal investigation procedure

52. By letter of 1 April 2016, the Commission informed the Grand Duchy of Luxembourg of its doubts as to the compatibility of the tax rulings at issue with State aid law.

53. On 23 May 2016, the Grand Duchy of Luxembourg submitted its comments to the Commission.

54. On 19 September 2016, the Commission initiated the formal investigation procedure pursuant to Article 108(2) TFEU ('the opening decision'). The opening decision was published in the *Official Journal of the European Union* on 3 February 2017.

55. By letter dated 21 November 2016, the Grand Duchy of Luxembourg submitted its comments on the initiation of the formal investigation procedure and sent the requested information.

56. On 27 February 2017, Engie submitted its comments on the opening decision.

57. By letter of 10 March 2017, the Commission forwarded Engie's comments to the Luxembourg authorities, which were given the opportunity to react to them.

58. By letter of 22 March 2017, the Commission asked the Grand Duchy of Luxembourg to provide additional information.

59. On 10 April and 12 May 2017, the Grand Duchy of Luxembourg informed the Commission that it endorsed the comments which had been forwarded to it and submitted the additional information sought.

60. On 1 June 2017, a tripartite meeting, which was recorded in minutes, was held between the Commission, the Grand Duchy of Luxembourg and Engie.

61. On 16 June 2017, following the meeting of 1 June 2017, the Grand Duchy of Luxembourg forwarded additional information.

62. By letter of 11 December 2017, the Commission made a further request for additional information, which both the Grand Duchy of Luxembourg and Engie complied with on 31 January 2018.

63. On 20 June 2018, the Commission adopted the contested decision.

II – The contested decision

64. By the contested decision, the Commission found, in essence, that the Grand Duchy of Luxembourg had granted, through its tax authorities, in breach of Articles 107(1) and 108(3) TFEU, a selective advantage to an entity comprising, in accordance with recitals 16, 316 and 317 of the contested decision, all the companies in the Engie group, regarded as a single economic unit.

65. Without calling into question the lawfulness under Luxembourg tax law of the entire financing structure established by the Engie group in order to transfer the two business sectors, the Commission disputed the practical effects of that structure on the group's total tax liability, the fact being that, in essence, almost all of the profits made by the subsidiaries in Luxembourg are not actually taxed.

A – Imputability to the State

66. As regards whether the tax rulings at issue are imputable to the State and whether State resources are involved, the Commission stated in recitals 156 and 157 of the contested decision that the tax rulings at issue had been adopted by the Luxembourg tax authorities and resulted in a loss of tax revenue, so that the economic advantage granted through those tax rulings was imputable to the Grand Duchy of Luxembourg and was financed out of State resources.

B – Grant of an advantage

67. As regards the grant of an economic advantage to the holding companies concerned, the Commission considered, inter alia in recitals 163 and 166 of the contested decision, that that advantage lies in the fact that, following the tax rulings at issue, those companies' participation income is not taxed, income which corresponds, from an economic perspective, to the ZORA accretions that the subsidiaries deducted from their taxable income as expenses.

68. Specifically, according to the Commission, the ZORA accretions are not taxed at the level of the subsidiaries, at the level of the intermediary companies or at the level of the holding companies concerned.

69. For tax purposes, as is apparent from recitals 35, 47 and 62 of the contested decision, the subsidiaries pay corporation tax, the basis of assessment for which is a limited margin agreed with the tax authorities.

70. The Commission observed that, on account of the future conversion of the ZORA in question, the subsidiaries made accounting provisions on a yearly basis corresponding to the ZORA accretions, which were essentially the difference between the profits actually made by the subsidiaries and the margin agreed with the tax authorities as the taxable income. The ZORA accretions are regarded as deductible expenses. Thus, according to the Commission, the contested measures in fact enabled the subsidiaries to exclude from the basis of assessment for the corporation tax for which they are liable almost all of the profits made during the term of the loan.

71. In the light of recitals 39 and 52 of the contested decision, the intermediary companies are also not taxed on the ZORA accretions.

72. Upon conversion of the ZORA, and under the prepaid share purchase contract concluded with the holding companies concerned, the intermediary companies incur a loss in their accounts equal to the ZORA accretions.

73. Lastly, the holding companies concerned, which hold the subsidiaries' shares under the prepaid share purchase contract, are also not taxed on an amount corresponding to the ZORA accretions, according to recital 56 of the contested decision, since the income generated by the cancellation of those shares is covered, under the tax rulings at issue, by Article 166 of the LIR, exempting participation income from corporation tax. Thus, in recital 57 of the contested decision, the Commission stated that, following the partial conversion of LNG Supply's ZORA in 2014, a capital gain of [*confidential*] was generated, which remained entirely untaxed.

C – *Selectivity of the tax rulings at issue*

74. In order to prove the selectivity of the tax rulings at issue, the Commission principally relied, as is apparent in particular from recitals 163 to 170 and 237 of the contested decision, on three lines of reasoning. Two of those lines concern the existence of a selective advantage at the level of the holding companies, in the light, first, of a reference framework encompassing the Luxembourg corporate income tax system and, secondly, of a reference framework limited to the provisions on the taxation of profit distributions and the participation exemption. A third line of reasoning concerns the existence of an advantage at the level of the Engie group. In addition, it follows from recital 289 of the contested decision that, in the alternative, the Commission considered that a selective advantage resulted from the non-application of Article 6 of the Steueranpassungsgesetz (Law on fiscal adaptation) of 16 October 1934 (*Mémorial* A 901) ('the provision on abuse of law'). The Commission also found that there was no justification for the selective treatment arising from the tax rulings at issue.

1. Selectivity at the level of the holding companies

75. To begin with, the Commission considered, first, in recitals 171 to 199 of the contested decision, that the tax rulings at issue conferred on the Engie group, at the level of the holding companies, a selective advantage inasmuch as they derogated from the Luxembourg corporate income tax system.

76. Secondly, in recitals 200 to 236 of the contested decision, the Commission considered that the tax rulings at issue conferred on the Engie group, at the level of the holding companies, a selective advantage inasmuch as they derogated from the provisions on the participation exemption and the taxation of profit distributions. According to the Commission, those derogations could not be justified by the overall structure of the tax system.

a. The derogation from the reference framework encompassing the Luxembourg corporate income tax system

77. Concerning the Luxembourg corporate income tax system, the Commission considered that that system was based on Articles 18, 23, 40, 159 and 163 of the LIR, as described in recitals 78 to 81 of the contested decision, according to which companies resident in Luxembourg which are liable to corporation tax in that State are taxed on their profits, as recorded in their accounts. It stated that the identification, for the purposes of defining a reference framework, of an objective or principle deriving from that system's constituent provisions was consistent with the case-law of the Court and that that objective, namely the taxation of the profits of all companies subject to tax in Luxembourg, as recorded in their accounts, was clearly apparent from Luxembourg law.

78. The Commission added that the use of a reference framework encompassing the Luxembourg corporate income tax system was also consistent with the case-law of the Court. It maintained that the Court has repeatedly held, in relation to measures concerning the taxation of companies, that the reference framework could be defined in the light of the corporate income tax system, and not in the light of the specific provisions applicable to certain taxpayers or certain transactions.

79. The tax rulings at issue thus derogated from the Luxembourg corporate income tax system by endorsing the non-taxation, at the level of the holding companies, of participation income which, from an economic perspective, corresponded to the ZORA accretions.

80. The tax rulings at issue also gave rise to discrimination in favour of the holding companies. Unlike the holding companies, companies subject to corporation tax in Luxembourg are taxed on their profits, as recorded in their accounts.

b. The derogation from the reference framework limited to the provisions on the taxation of profit distributions and the participation exemption

81. The Commission found that the tax rulings at issue also derogate from the Luxembourg provisions on the participation exemption and the taxation of profit distributions, namely Articles 164 and 166 of the LIR, as set out in recitals 82 to 87 of the contested decision.

82. According to the Commission, the participation exemption is available to a parent company only if the distributed profits have been taxed beforehand at the level of its subsidiary. Participation income exempted from tax at the level of the holding companies corresponds, from an economic perspective, to the ZORA accretions deducted by the subsidiaries from their taxable income as expenses.

83. Although the ZORA accretions do not formally correspond to profit distributions, the Commission observed that participation income exempted from tax had been recorded by LNG Holding as 'exempted dividends' and that, from an economic perspective, having regard to the direct and clear link between the exempted income at the level of LNG Holding and the ZORA accretions deducted at the level of LNG Supply, those accretions were equivalent to profit distributions.

84. According to the Commission, that derogation from the limited reference framework gave rise to discrimination in favour of the holding companies. In essence, parent companies which may receive participation income and which are, in that respect, in a legal and factual situation comparable to that of the holding companies are not eligible for an exemption on such income if it has not been taxed beforehand at the level of their subsidiaries.

85. According to the Commission, the absence of an express link between Articles 164 and 166 of the LIR cannot call that finding into question. If the same income could be exempted at the level of a parent company and deducted as an expense at the level of a subsidiary, it would escape all liability to tax in Luxembourg, which would run counter to the objective of the Luxembourg corporate income tax system and the objective of avoiding double taxation.

86. Furthermore, the Commission essentially stated that, although the directive in force when the tax rulings at issue were adopted, namely, first, Council Directive 90/435/EEC of 23 July 1990 on the common system of taxation applicable in the case of parent companies and subsidiaries of different Member States (OJ 1990 L 225, p. 6), then Council Directive 2011/96/EU of 30 November 2011 on the common system of taxation applicable in the case of parent companies and subsidiaries of different Member States (OJ 2011 L 345, p. 8) (together, 'the parent-subsidiary directive'), did not intend to make the exemption of participation income at the level of a parent company formally dependent on the taxation of the income distributed at the level of its subsidiary, that system applied only in the case of cross-border profit distributions where mismatches between the tax systems of two different countries could arise and result in no tax being levied at all. Accordingly, that directive could not properly be relied on to justify, in a purely internal situation, the exemption of participation income which has not been subject to any taxation at the level of a subsidiary.

2. *Selectivity at the level of the Engie group*

87. Next, the Commission submitted that, without prejudice to the conclusion relating to the existence of a selective advantage at the level of the holding companies, the selectivity of the tax rulings at issue was also apparent, in the light of recitals 237 to 244 of the contested decision, from an analysis at the level of the Engie group, comprising the holding companies concerned, the intermediary companies and the subsidiaries. That approach was justified by the fact that, from 2015 onwards, the holding companies concerned, the intermediary companies and the subsidiaries formed a single tax unit. In any event, according to the Commission, since the economic effects of State measures must be analysed in relation to undertakings rather than separate legal entities, the holding companies concerned, the intermediary companies and the subsidiaries must be regarded as forming part of the same undertaking for the purposes of State aid law. The Commission added that the tax ruling requests related to the tax treatment of all the entities of the Engie group and that the economic advantage which that group enjoyed at the level of the holding companies concerned lay in the combination of a participation exemption at the level of those companies and a deduction of the ZORA accretions as expenses at the level of the subsidiaries.

88. According to the Commission, the tax rulings at issue confer a selective advantage on the Engie group, inasmuch as they derogate from a reference framework corresponding to the Luxembourg corporate income tax system, the aim of which is to tax companies subject to tax in Luxembourg on their profits, as recorded in their accounts.

89. The Commission observed that the reduction in the tax burden at the level of the subsidiaries, as a result of the deduction of the ZORA accretions as expenses from the taxable income of those subsidiaries, was not offset by an increase in the tax burden at the level of the holding companies concerned or by a genuine increase in the taxable income of the intermediary companies, which, in practice, had led to a reduction in the combined taxable income of the Engie group in Luxembourg.

90. The Commission maintained that other groups of companies in a comparable legal and factual situation were not entitled to a combined reduction in their taxable income, regardless of the type of financing instrument or contract used or the amount of the remuneration.

91. According to the Commission, the same was true for groups of companies which had recourse to a direct ZORA. Article 22*bis*(2) of the LIR, as cited in recital 89 of the contested decision, was not applicable to the ZORA accretions and, even if it were, it could result only in a deferral of tax.

3. Selectivity resulting from non-application of the provision on abuse of law

92. Lastly, and in the alternative, the Commission added, in recitals 289 to 312 of the contested decision, that the tax rulings at issue derogated from the Luxembourg tax provision on abuse of law, as cited in recital 90 of the contested decision. It maintained that the financing structure established was abusive. According to the Commission, the four criteria identified by the case-law of the Luxembourg courts in order to establish an abuse of law were met: the use of forms or institutions governed by private law, the reduction in the tax burden, the use of inappropriate legal means and the absence of non-tax related reasons.

93. Concerning the last two criteria in particular, the Commission stated that the legal means chosen by the Engie group permitted the non-taxation of almost all the profits made by the subsidiaries in Luxembourg, which would not have been possible if the business sectors had been transferred using an equity instrument or a loan between the subsidiaries and the holding companies concerned. Moreover, apart from the achievement of significant tax savings, there were no genuine economic reasons offering a sufficient level of economic benefit to warrant the Engie group's decision to opt for the complex financing structures established and endorsed by the tax rulings at issue.

4. Lack of justification

94. In recitals 285 to 287 of the contested decision, the Commission stated that, since the Grand Duchy of Luxembourg had not put forward any justification for the favourable treatment endorsed by the tax rulings at issue, it had to conclude that that treatment could not be justified by the general scheme of the Luxembourg tax system. In any event, it observed that a hypothetical justification based on the avoidance of economic double taxation could not, in essence, be accepted.

D – Distortion of competition

95. In recital 160 of the contested decision, the Commission stated that, since the Engie group was active in the electricity, natural gas and liquefied natural gas sectors, in energy efficiency services and in other related markets in several Member States, the tax treatment granted on the basis of the tax rulings at issue had relieved that group of a tax burden which it would otherwise have had to bear in the day-to-day management of its business activities. By strengthening the Engie group's situation, the tax rulings at issue distorted or threatened to distort competition.

E – Beneficiary of the aid

96. In recitals 314 to 318 of the contested decision, the Commission found that the selective advantage enjoyed by the Engie group at the level of the holding companies concerned had also benefited all the companies in the Engie group, in that it had provided additional financial resources to the entire group. Although that group is split into different legal persons and the tax rulings at issue concerned the tax treatment of separate entities, the Commission considered that that group had to be regarded as one economic unit, namely a single undertaking, in receipt of State aid.

F – Recovery of the aid

97. In recitals 318 to 365 of the contested decision, the Commission stated that, since the aid granted was incompatible with the internal market and unlawful, the Grand Duchy of Luxembourg was required to take immediate action to recover from LNG Holding or, failing which, from Engie SA or one of its successors, the aid which had already materialised as a result of the partial conversion in 2014 of the ZORA concluded in favour of LNG Supply, and was also to refrain from applying the tax rulings at issue as regards the exemption of any participation income received by the holding companies concerned upon full conversion of the ZORAs concluded in favour of the subsidiaries.

98. The Commission considered that such recovery did not infringe the principles of legal certainty, protection of legitimate expectations, equal treatment and good administration. It also rejected the complaints put forward by the Grand Duchy of Luxembourg and Engie alleging procedural defects affecting the formal investigation procedure, stating that their procedural rights had been duly respected.

III – Procedure and forms of order sought

A – Written part of the procedure in Case T-516/18

99. By document lodged at the Court Registry on 30 August 2018, the Grand Duchy of Luxembourg brought the action registered under Case number T-516/18.

100. On 23 November 2018, the Commission lodged its defence.

1. Composition of the Chamber hearing the case

101. By decision of the Court of 28 September 2018, Case T-516/18 was assigned to the Seventh Chamber of the General Court, former composition.

102. By document lodged at the Court Registry on 28 January 2019, the Grand Duchy of Luxembourg made a request, pursuant to Article 28(5) of the Rules of Procedure of the General Court, that Case T-516/18 be heard and determined by a Chamber sitting in extended composition. By decision of the Court of 13 February 2019, formal note was taken of the Grand Duchy of Luxembourg's request and Case T-516/18 was referred to the Seventh Chamber, Extended Composition, former composition.

103. By decision of the Court of 16 October 2019, Case T-516/18 was assigned to the Second Chamber, Extended Composition, pursuant to Article 27(5) of the Rules of Procedure.

104. Since a member of the Second Chamber, Extended Composition, was unable to sit, by decision of 21 January 2020, the President of the General Court designated himself to replace that member and to assume the duties of President of the Second Chamber, Extended Composition.

2. Application for leave to intervene

105. By document lodged at the Court Registry on 20 December 2018, Ireland applied for leave to intervene, in accordance with Articles 142 and 143 of the Rules of Procedure, in support of the form of order sought by the Grand Duchy of Luxembourg.

106. By order of 15 February 2019, the President of the Seventh Chamber, Extended Composition, granted Ireland leave to intervene.

107. By document lodged at the Court Registry on 12 April 2019, Ireland lodged a statement in intervention.

3. Application for confidential treatment

108. On 30 January 2018 and 18 February 2019, the Grand Duchy of Luxembourg applied for a number of annexes to the application and to the reply to be treated as confidential with regard to Ireland.

109. Following its admission as intervener, Ireland received only non-confidential versions of the procedural documents and raised no objection to the applications for confidential treatment made with regard to it.

4. Forms of order sought

110. The Grand Duchy of Luxembourg claims that the Court should:
- principally, annul the contested decision;
- in the alternative, annul Article 2 of the contested decision;
- order the Commission to pay the costs.

111. The Commission contends that the Court should:
- dismiss the action;
- order the applicant to pay the costs.

112. Ireland claims that the Court should annul the contested decision, in whole or in part, in line with the form of order sought by the Grand Duchy of Luxembourg.

B – Written part of the procedure in Case T-525/18

113. By document lodged at the Court Registry on 4 September 2018, Engie brought the action registered under Case number T-525/18.

114. On 14 December 2018, the Commission lodged its defence.

115. On 4 June 2019, in accordance with Article 106(2) of the Rules of Procedure, Engie requested to be heard at a hearing.

1. Composition of the Chamber hearing the case

116. By decision of the Court of 28 September 2018, Case T-525/18 was assigned to the Seventh Chamber of the General Court, former composition.

117. By decision of the Court of 11 September 2019, Case T-525/18 was referred to the Seventh Chamber, Extended Composition, former composition, pursuant to Article 28 of the Rules of Procedure.

118. By decision of the Court of 16 October 2019, Case T-525/18 was assigned to the Second Chamber, Extended Composition, pursuant to Article 27(5) of the Rules of Procedure.

119. Since a member of the Second Chamber, Extended Composition, was unable to sit, by decision of 21 January 2020, the President of the General Court designated himself to replace that member and to assume the duties of President of the Second Chamber, Extended Composition.

2. Application for confidential treatment

120. On 3 July 2019, Engie applied to the Court for Annexes A.1 and A.9 to the application and Annex C.1 to the reply to be treated as confidential with regard to Ireland, intervener in Case T-516/18, should the present case be joined to Case T-516/18.

121. On 3 July 2019, Engie lodged confidential versions of the annexes to the application and to the reply at the Court Registry.

3. Forms of order sought

122. Engie claims that the Court should:
- principally, annul the contested decision;
- in the alternative, annul Article 2 of the contested decision;
- order the Commission to pay the costs.

123. The Commission contends that the Court should:
- dismiss the action;
- order the applicant to pay the costs.

IV – Law

A – Joinder of Cases T-516/18 and T-525/18 and the outcome of the applications for confidential treatment

124. By documents lodged at the Court Registry on 4 June and 25 June 2019 respectively, Engie and the Grand Duchy of Luxembourg applied for the joinder of Cases T-516/18 and T-525/18 for the purposes of the oral part of the procedure and of the decision closing the proceedings.

125. The Commission and Ireland raised no objection to the joinder of Cases T-516/18 and T-525/18.

126. By order of the President of the Second Chamber, Extended Composition, of the Court of 12 June 2020, the parties having been heard, Cases T-516/18 and T-525/18 were joined for the purposes of the oral part of the procedure, in accordance with Article 68(1) of the Rules of Procedure. By the same order, it was decided to exclude the confidential information from the case file to be made available to Ireland.

127. By order of the Court of 28 September 2020, the oral part of the procedure in Joined Cases T-516/18 and T-525/18 was reopened in order to ask the Commission, by way of a measure of organisation of procedure, whether the cases should be joined for the purposes of the decision closing the proceedings.

128. In view of the possible risk of extrapolation of some of the parties' arguments, the Commission expressed reservations about the joinder of Cases T-516/18 and T-525/18. However, the Court considers it appropriate, in the light of the connection between them, to join the cases for the purposes of the judgment closing the proceedings, in accordance with Article 68 of the Rules of Procedure, and again to exclude the confidential information from the case file to be made available to Ireland.

B – Substance

129. In support of its action in Case T-516/18, the Grand Duchy of Luxembourg relies, in essence, on six pleas in law:
- the first alleges that the selectivity of the tax rulings at issue was incorrectly assessed;
- the second alleges infringement of the concept of advantage;
- the third alleges disguised tax harmonisation;
- the fourth alleges infringement of procedural rights;
- the fifth, put forward in the alternative, alleges infringement of the general principles of EU law in the context of the recovery of the aid allegedly granted;
- the sixth alleges infringement of the obligation to state reasons.

130. In support of its action in Case T-525/18, Engie relies, in essence, on eight pleas in law:
- the first alleges that the tax rulings at issue cannot be imputed to the State;
- the second alleges infringement of the concept of advantage;
- the third alleges that the selectivity of the tax rulings at issue was incorrectly assessed;
- the fourth alleges that the tax rulings at issue were incorrectly classified as individual aid;
- the fifth alleges, in essence, disguised tax harmonisation;
- the sixth alleges infringement of procedural rights;
- the seventh, put forward in the alternative, alleges infringement of the general principles of EU law in the context of the recovery of the aid allegedly granted;
- the eighth alleges infringement of the obligation to state reasons.

131. For the purposes of the present judgment, the Court considers it appropriate, in the first place, to examine the merits of the pleas, first, referring to disguised tax harmonisation, since, if substantiated, the Commission would not be competent to assess the tax rulings at issue under State aid law, secondly, arguing that the Commission did not comply with its obligation to state reasons and, thirdly, relating to an alleged infringement of procedural rights.

132. In the second place, the Court will consider the pleas claiming that the tax rulings at issue cannot be imputed to the Grand Duchy of Luxembourg, that there was no selective advantage, that the tax rulings at issue were incorrectly classified as individual aid, and that the obligation to recover the aid allegedly granted was misconstrued.

1. The fifth plea in Case T-525/18 and the third plea in Case T-516/18, alleging, in essence, the existence of disguised tax harmonisation

133. The fifth plea in Case T-525/18 can essentially be divided into two parts. By the first part, Engie alleges infringement of Articles 3 to 5 and 113 to 117 TFEU and, by the second, misuse of powers by the Commission. In Case T-516/18, the Grand Duchy of Luxembourg alleges disguised tax harmonisation in breach of Articles 4 and 5 TEU.

a. Alleged infringement of Articles 4 and 5 TEU and Articles 3 to 5 and 113 to 117 TFEU

134. Engie submits that the Commission interfered in the Grand Duchy of Luxembourg's tax policy in so far as it classified the tax rulings at issue as State aid even though they implement general measures of direct taxation which do not give rise to discrimination and which are therefore not selective. In so doing, the Commission infringed Articles 3 to 5 and 113 to 117 TFEU.

135. It also claims that, by interpreting the concept of selectivity broadly, the Commission assumed the role of the Grand Duchy of Luxembourg in the definition and interpretation of the reference frameworks used.

136. The Grand Duchy of Luxembourg adds that, by imposing its own interpretation of Luxembourg tax law and of the objective which that law should pursue, the Commission misused the State aid rules, in disregard of the sovereign power of the Member States in the field of direct taxation and the principles governing the division of competences between the Member States and the European Union.

137. The Commission disputes the merits of all those arguments. It draws special attention to the obligation on the Member States to comply with EU law in general and with State aid law in particular in the exercise of their reserved competence in the field of direct taxation. It also emphasises that the contested decision does not in any way call into question the power of the Grand Duchy of Luxembourg to devise its own system of taxation.

138. In that regard, it should be recalled that, according to settled case-law, while direct taxation, as EU law currently stands, falls within the competence of the Member States, they must nonetheless exercise that competence consistently with EU law (see judgment of 12 July 2012, Commission v Spain, C-269/09, EU:C:2012:439, paragraph 47 and the case-law cited).

139. Thus, intervention by the Member States in areas which have not been harmonised in the European Union, such as direct taxation, is not excluded from the scope of the State aid rules. Accordingly, the Commission can classify a tax measure as State aid provided that the conditions for that classification are met (judgment of 25 March 2015, *Belgium* v *Commission*, T-538/11, EU:T:2015:188, paragraphs 65 and 66; also see, to that effect, judgments of 2 July 1974, *Italy* v *Commission*, 173/73, EU:C:1974:71, paragraph 13, and of 22 June 2006, *Belgium and Forum 187* v *Commission*, C-182/03 and C-217/03, EU:C:2006:416, paragraph 81).

140. If tax measures in fact discriminate between companies which are in a comparable situation in the light of the objective pursued by those tax measures and confer on the recipients of those measures selective advantages favouring 'certain' undertakings or the production of 'certain' goods, they may be regarded as State aid for the purposes of Article 107(1) TFEU (see, to that effect, judgment of 15 November 2011, *Commission and Spain* v *Government of Gibraltar and United Kingdom*, C-106/09 P and C-107/09 P, EU:C:2011:732, paragraph 104).

141. It follows from the foregoing that, since the Commission is competent to ensure compliance with Article 107 TFEU, it cannot be accused of having exceeded its powers by examining the tax rulings at issue in order to determine whether they constituted State aid and, if they did, whether they were compatible with the internal market, for the purposes of Article 107(1) TFEU.

142. Engie and the Grand Duchy of Luxembourg are therefore wrong to claim that the Commission interfered in that State's tax policy, since, in examining whether the tax rulings at issue complied with State aid law, the Commission merely exercised its powers under Article 107 TFEU.

143. The arguments put forward by Engie and the Grand Duchy of Luxembourg cannot call that finding into question.

144. First, contrary to Engie and the Grand Duchy of Luxembourg's submissions, the Commission did not impose its own interpretation of Luxembourg tax law when establishing the selectivity of the tax rulings at issue. The Commission strictly adhered to the provisions of Luxembourg tax law, which it set out in recitals 78 to 90 of the contested decision. It was specifically on the basis of the provisions of Luxembourg tax law that the Commission defined, inter alia, the various reference frameworks used, as is apparent from recitals 171 to 176, 200 to 205, 245 and 292 to 298 of the contested decision.

145. Furthermore, in its examination, the Commission relied not on its own interpretation of the Luxembourg tax rules, but on that of the Luxembourg tax authorities, as demonstrated inter alia by recital 283 of the contested decision.

146. It follows that the Commission examined the tax rulings at issue in the light not of its own interpretation of the Luxembourg tax rules, but of the provisions of Luxembourg tax law, as applied by the Luxembourg tax authorities.

147. Secondly, the Commission did not disregard the competence reserved to the Member States in the field of direct taxation merely because it carried out its own examination of the tax rulings at issue having regard to the Luxembourg tax provisions, in order to ascertain whether those tax rulings conferred a selective advantage on their beneficiaries.

148. It is true that it follows from the case-law set out in paragraph 138 above that, as EU law currently stands, the Commission does not have the power autonomously to define the rules on the direct taxation of companies, disregarding national tax rules.

149. However, although 'normal' taxation is defined by national tax rules and the very existence of a selective advantage must be demonstrated by reference thereto, it remains the case that, as noted in paragraph 139 above, tax measures that in fact discriminate between companies which are in a comparable situation in the light of the objective pursued by those measures may fall within the scope of Article 107(1) TFEU.

150. Thus, when investigating whether the tax rulings at issue complied with the rules on State aid, the Commission could only carry out an assessment of 'normal' taxation, defined by Luxembourg tax law as applied by the Luxembourg tax authorities. In so doing, it did not engage in any 'tax harmonisation', but exercised the power conferred on it by Article 107(1) TFEU.

151. As part of its review of tax measures involving State aid, the Commission is able to conduct its own assessment of national tax provisions, an assessment which may, where appropriate, be challenged by the Member State concerned or by any interested parties by means of an action for annulment before the General Court.

152. Thirdly, the alleged failure to demonstrate that there was discrimination in favour of Engie is irrelevant for the purposes of proving that the Commission lacked competence. On the contrary, that argument seeks to demonstrate that the Commission infringed Article 107 TFEU in the actual exercise of its competence.

153. In those circumstances, the Commission did not infringe Articles 4 and 5 TEU or Articles 3 to 5 and 113 to 117 TFEU by adopting the contested decision.

b. Alleged misuse of powers

154. Engie claims that the Commission used the powers conferred on it by Articles 107 and 108 TFEU to compel the Grand Duchy of Luxembourg to change its tax policy 'in relation to the exemption of profits' and thus indirectly engage in tax harmonisation.

155. According to Engie, the following factors demonstrate that an underlying tax harmonisation objective was being pursued: the definition, for the purposes of establishing the selectivity of the tax rulings at issue, of the reference framework in the light of an objective determined in a discretionary manner; the Commission's failure to take into account the principle of fiscal legality, the tax treatment of cross-border situations and the specific nature of ZORAs; the Commission's interpretation of the criteria for abuse of law; and the adoption of the contested decision concomitantly with the lodging of a bill to amend Article 22*bis* of the LIR before the Luxembourg Chamber of Deputies.

156. The Commission disputes the merits of all those arguments. It contends that, since the contested decision is not a harmonisation measure, it cannot be accused of any misuse of powers.

157. In that regard, it should be borne in mind that a measure is vitiated by misuse of powers only if it appears, on the basis of objective, relevant and consistent evidence, to have been taken with the exclusive or main purpose of achieving an end other than that stated or of evading a procedure specifically prescribed by the Treaty (judgments of 16 April 2013, *Spain and Italy* v *Council*, C-274/11 and C-295/11, EU:C:2013:240, paragraph 33, and of 12 July 2018, *PA* v *Parliament*, T-608/16, not published, EU:T:2018:440, paragraph 42).

158. In addition, under Article 108 TFEU, the Commission is competent to examine the compatibility with the internal market of State measures constituting State aid.

159. In the present case, the Commission cannot be accused of having misused its powers by adopting the contested decision, which, at the end of the formal investigation procedure in respect of the tax rulings at issue, found that the Grand Duchy of Luxembourg had granted State aid incompatible with the internal market by means of those tax rulings.

160. First, the contested decision cannot be regarded as a disguised tax harmonisation measure, as held in paragraph 153 above.

161. More specifically, as regards the lodging of a bill to amend Article 22*bis* of the LIR before the Luxembourg Chamber of Deputies concomitantly with the adoption of the contested decision, it should be noted that Engie has not put forward any arguments demonstrating how that legislative initiative of the Grand Duchy of Luxembourg constitutes evidence that the Commission misused its powers. The amendment of Article 22*bis* of the LIR by the Grand Duchy of Luxembourg cannot in itself be regarded as sufficient evidence of such a misuse of powers.

162. Secondly, the other evidence adduced by Engie in support of the claim of a possible misuse of powers is intended above all to challenge the Commission's assessment of the selectivity of the tax rulings at issue and is, therefore, ineffective for the purposes of establishing an alleged misuse of powers, in accordance with the case-law cited in paragraph 157 above.

163. Consequently, the argument alleging misuse of powers must be rejected as unfounded, as must, therefore, the fifth plea in Case T-525/18 and the third plea in Case T-516/18.

2. The eighth plea in Case T-525/18 and the sixth plea in Case T-516/18, alleging infringement of the obligation to state reasons

164. The Grand Duchy of Luxembourg and Engie refer to multiple deficiencies which they claim vitiate the finding, in the contested decision, that the tax rulings at issue were selective. Thus, the Commission failed to give sufficient reasons in its assessment relating to the existence of a selective advantage in favour of the holding companies concerned and in its assessment of the existence of a selective advantage as a result of the non-application by the Grand Duchy of Luxembourg of the provision on abuse of law.

165. Engie adds that the Commission failed to fulfil its obligation to state reasons by not explaining clearly why it had disregarded the fact that other undertakings received the same tax treatment as the Engie group companies.

166. More generally, the absence of reference to legislation and to administrative and judicial practice and the lack of evidence of divergent tax rulings show that the Commission failed to fulfil its obligation to state reasons.

167. The Commission disputes the merits of all those arguments. It submits that Engie and the Grand Duchy of Luxembourg have not identified any shortcomings affecting the contested decision. It also observes that Engie was in a position to understand its reasoning and to challenge that reasoning effectively before the Court.

168. In that regard, it should be borne in mind that the statement of reasons must enable the persons concerned to ascertain the reasons for the measure so that they can defend their rights and ascertain whether or not the measure is well founded and so that the EU judicature can exercise its power of review. It is not necessary for the statement of reasons to go into all the relevant facts and points of law, since the question whether the statement of reasons meets the requirements of Article 296 TFEU must be assessed with regard not only to its wording but also to its context and to all the legal rules governing the matter in question (judgments of 15 June 2005, *Corsica Ferries France* v *Commission*, T-349/03, EU:T:2005:221, paragraphs 62 and 63; of 16 October 2014, *Eurallumina* v *Commission*, T-308/11, not published, EU:T:2014:894, paragraph 44; and of 6 May 2019, *Scor* v *Commission*, T-135/17, not published, EU:T:2019:287, paragraph 80).

169. In particular, the Commission is not obliged to adopt a position on all the arguments relied on by the parties concerned and it is sufficient if it sets out the facts and the legal considerations having decisive importance in the context of the decision (judgments of 15 June 2005, *Corsica Ferries France* v *Commission*, T-349/03, EU:T:2005:221, paragraph 64; of 16 October 2014, *Eurallumina* v *Commission*, T-308/11, not published, EU:T:2014:894, paragraph 44; and of 6 May 2019, *Scor* v *Commission*, T-135/17, not published, EU:T:2019:287, paragraph 80).

170. In the present case, in addition to the fact that Engie and the Grand Duchy of Luxembourg were closely involved in the formal investigation procedure, it must be stated first of all that they were, in the light of their pleadings before the Court, in a position effectively to challenge the merits of the contested decision.

171. Next, there are no lacunae in the contested decision that prevent the Court from fully exercising its power of review.

172. It is apparent from the contested decision that the Commission stated to the requisite legal and factual standard the reasons for its view that, in the present case, the tax rulings at issue constituted State aid incompatible with the internal market, within the meaning of Article 107 TFEU.

173. Specifically, as regards the third condition relating to the existence of a selective advantage in the case in point, the Commission explained, in section 6.2 of the contested decision (recitals 163 to 236 thereof), why it considered that there was a selective advantage benefiting the Engie group at the level of the holding companies.

174. In essence, the Commission found that the tax rulings at issue conferred a selective advantage on the holding companies concerned by derogating, first, from a reference framework encompassing the Luxembourg corporate income tax system and, secondly, from a reference framework limited to the Luxembourg provisions on the taxation of profit distributions and the participation exemption.

175. In section 6.3 of the contested decision (recitals 237 to 288 thereof), the Commission set out the reasons for its finding that there was a selective advantage as a result of the preferential tax treatment given to the Engie group. According to the Commission, such an advantage existed because the tax burden of the Engie group, comprising the subsidiaries, intermediary companies and holding companies, had been reduced following the tax rulings at issue, when, in principle, that tax burden should have remained constant at group

level. In the Commission's view, the reduction in the group's tax burden again derogated from the Luxembourg corporate income tax system.

176. In section 6.4 of the contested decision (recitals 289 to 312 thereof), the Commission also set out the reasons for its finding that there was a selective advantage as a result of the non-application of the provision on abuse of law.

177. The Commission based its assessment on the criteria for abuse of law, as identified from administrative and judicial practice in Luxembourg, and sought to show that each of those criteria was duly met in the present case. Thus, because of the non-application of the provision on abuse of law by the Luxembourg tax authorities, the Grand Duchy of Luxembourg granted a selective advantage to the holding companies concerned.

178. Finally, neither the Commission's failure to take account of Luxembourg administrative practice in relation to tax rulings, nor its failure to take account of undertakings which potentially enjoyed the same advantage as the Engie group companies, leads to a finding that the Commission infringed its obligation to state reasons. Such an argument seeks to challenge the substance, rather than the form, of the contested decision.

179. Accordingly, the eighth plea in Case T-525/18 and the sixth plea in Case T-516/18, alleging infringement of the obligation to state reasons, must be rejected as unfounded.

3. *The sixth plea in Case T-525/18 and the fourth plea in Case T-516/18, alleging infringement of procedural rights*

180. Both Engie and the Grand Duchy of Luxembourg complain that the Commission infringed their procedural rights.

181. In the first place, Engie claims that the Commission infringed its procedural rights by failing to send it the Grand Duchy of Luxembourg's reply to the Commission's letter of 22 March 2017. That reply could have put Engie in a better position to defend itself, since it showed that other undertakings enjoyed the same tax treatment.

182. In particular, that information was decisive for establishing a selective advantage based on the individual application of a general law tax system, in accordance with the judgment of 12 November 2013, *MOL* v *Commission* (T-499/10, EU:T:2013:592), and the Commission's recent decision-making practice in relation to tax rulings.

183. In that regard, it follows from the case-law of the Court that interested parties other than the Member State concerned have, in the procedure for reviewing State aid, only the opportunity to send to the Commission all information intended for the guidance of the latter with regard to its future action and they cannot themselves seek to engage in an adversarial debate with the Commission in the same way as is offered to that Member State (judgment of 15 November 2011, *Commission and Spain* v *Government of Gibraltar and United Kingdom*, C-106/09 P and C-107/09 P, EU:C:2011:732, paragraph 181).

184. Thus, irrespective of the arguments put forward by Engie explaining why it needed a copy of the Grand Duchy of Luxembourg's reply, it cannot seek to engage in an adversarial debate with the Commission or require the Commission to disclose the replies of the other parties to the procedure.

185. The only possibility open to interested parties other than the Member State concerned is to submit comments either on their own initiative or in reply to documents and questions raised by the Commission during the formal investigation procedure. In that regard, as stated in paragraphs 56 to 62 above, Engie availed itself of that possibility, since it submitted comments on several occasions during the formal investigation procedure.

186. In the second place, Engie and the Grand Duchy of Luxembourg submit that the Commission infringed their procedural rights by, in essence, failing to adopt a new opening decision or, at the very least, a correcting decision. Such a decision would have allowed the inaccuracies affecting the opening decision to be rectified and would have enabled the parties effectively to submit their comments during the administrative procedure on the basis of the reasoning that was ultimately adopted in the contested decision to establish the selectivity of the tax rulings at issue.

187. The changes which the Commission made to the contested decision could not have been anticipated. According to Engie, the Commission did not simply develop its reasoning, but also developed the main complaints and the subject matter of the decision itself.

188. The Grand Duchy of Luxembourg states that, by failing to adopt a new opening decision or a correcting decision, despite the circumstances requiring it to do so, the Commission infringed its rights of defence and Council Regulation (EU) 2015/1589 of 13 July 2015 laying down detailed rules for the application of Article 108 TFEU (OJ 2015 L 248, p. 9).

189. The Grand Duchy of Luxembourg adds that the Commission based the contested decision solely on the incomplete considerations mentioned in the opening decision, considerations which appeared to form part of complaints which the Commission had withdrawn. If the complaints had been sufficiently substantiated, that State would have been able to provide further information to justify a different outcome.

190. Furthermore, according to the Grand Duchy of Luxembourg, the Commission's letter of 11 December 2017, which was not a correcting decision, did not remove any of the ambiguities affecting the opening decision.

191. The Commission disputes the merits of all those arguments. It submits, by reference to the case-law, that it was entitled to modify its position between the opening decision and the final decision without having to initiate the formal investigation procedure again and adds, in essence, that the opening decision covered all the points raised in the contested decision.

192. In that regard, it should be borne in mind that, according to settled case-law, observance of the rights of defence during the formal investigation procedure conducted under Article 108(2) TFEU requires the Member State concerned to be placed in a position in which it may effectively make known its views on the truth and relevance of the facts and circumstances alleged and on the documents obtained by the Commission to support its claim that there has been an infringement of EU law, as well as on the observations submitted by interested third parties, in accordance with Article 108(2) TFEU. In so far as the Member State has not been afforded the opportunity to comment on those observations, the Commission may not use them in its decision against that State (see judgment of 13 December 2017, *Greece* v *Commission*, T-314/15, not published, EU:T:2017:903, paragraph 25 and the case-law cited).

193. In accordance with Article 6 of Regulation 2015/1589, where the Commission decides to initiate the formal investigation procedure, the opening decision may be confined to summarising the relevant issues of fact and law, to including a preliminary assessment as to the character of the State measure in issue as aid, and to setting out the doubts as to the measure's compatibility with the internal market (see, to that effect, judgment of 13 December 2017, *Greece* v *Commission*, T-314/15, not published, EU:T:2017:903, paragraph 26).

194. It should also be pointed out that the formal investigation procedure makes it possible to examine in greater depth and clarify the issues raised in the opening decision.

195. It follows from Article 9 of Regulation 2015/1589 that, at the end of the formal investigation procedure, the Commission's analysis may have changed, as it may ultimately decide that the measure does not constitute aid or that the doubts as to the compatibility of the measure have been removed. Consequently, the final decision may differ somewhat from the opening decision, without, however, those differences affecting the legality of the final decision (see, to that effect, judgment of 13 December 2017, *Greece* v *Commission*, T-314/15, not published, EU:T:2017:903, paragraph 27).

196. In the present case, it should be noted at the outset that, in the opening decision, the Commission drew the preliminary conclusion that a selective advantage existed in favour both of the subsidiaries, namely LNG Supply and GSTM, and of the Engie group as a whole.

197. Thus, the Commission submitted, as its principal argument, that, by permitting the non-taxation of the ZORA accretions, the tax rulings at issue derogated from the first paragraph of Article 109 and Article 164 of the LIR, which are tax rules applicable to all companies subject to tax in Luxembourg.

198. In the alternative, the Commission considered that the tax rulings at issue derogated from the provisions on the taxation of capital gains arising from a loan convertible into shares, namely Articles 22*bis* and 97 of the LIR, in so far as they endorsed the non-taxation of income generated by the subsidiaries by treating the ZORA accretions in the same way as deductible interest.

199. Furthermore, the Commission observed that the combined effect of the derogations from Articles 22*bis* and 109 of the LIR, permitting the non-taxation of the ZORA accretions, resulted in a derogation from the provision on abuse of law.

200. Those considerations having been set out, it should be noted first of all that, in the contested decision, the Commission admittedly did not reproduce all of the arguments put forward at the stage of the opening decision as regards the analysis of the selectivity of the tax rulings at issue.

201. However, that narrowing of the scope of the Commission's analysis cannot be interpreted as a modification of the subject matter of the opening decision, which continues to be the compatibility of the tax rulings at issue with State aid law.

202. Next, the assumptions underpinning the analysis that was ultimately adopted in the contested decision in respect of the selectivity of the tax rulings at issue were set out in the opening decision, and Engie and the Grand Duchy of Luxembourg do not seek to challenge them.

203. As stated in recitals 91 to 100 of the contested decision, the opening decision identified the following as factors capable of giving rise to a selective advantage: first, the possibility for a subsidiary that has taken out a ZORA to deduct the ZORA accretions as interest, under Article 109 of the LIR, and, secondly, the application to the present case of Article 22*bis* of the LIR, inasmuch as it could enable those accretions to escape tax when the ZORA in question is converted. Moreover, the combined effect of the deductibility of the ZORA accretions at the level of the subsidiaries and the non-taxation of the corresponding income at the level of the holding companies was identified.

204. In other words, the opening decision already referred to the misapplication of Article 166 of the LIR at the level of the holding companies concerned in respect of participation income corresponding, from an economic perspective, to profits not taxed at the level of the subsidiaries, as well as to the misapplication of Article 22*bis* of the LIR, which is intended only to defer taxation of the ZORA accretions to a later point in time, not to exempt them from tax for good. Similarly, the Commission had already alleged non-application of the provision on abuse of law.

205. Therefore, since the decisive arguments relied on by the Commission in the contested decision concerning the existence of a selective advantage could already be discerned from the opening decision, the Grand Duchy of Luxembourg cannot accuse the Commission of failing to place it in a position in which it could effectively make known its views on the existence of a selective advantage, in accordance with the case-law cited in paragraph 192 above.

206. It should be added that, by letter of 11 December 2017, the Commission sought to clarify its reasoning in a structured manner and to obtain comments from Engie and the Grand Duchy of Luxembourg in that regard.

207. That is clearly the case with regard to the definition of the reference frameworks used in the contested decision for the purposes of establishing the selectivity of the tax rulings at issue at the level of both the holding companies concerned and the Engie group.

208. In addition, although the Commission did not provide a summary in the letter of 11 December 2017 of its arguments regarding the non-application of the provision on abuse of law, which it had raised in the opening decision, it made a further request to the parties to submit additional comments on that matter.

209. Finally, the narrowing of the scope of the analysis of the selectivity of the tax rulings at issue between the opening decision and the contested decision stems from exchanges between the Commission's services, the Grand Duchy of Luxembourg and Engie, which illustrates, if such illustration were needed, the very purpose of the formal investigation procedure and the usefulness and effectiveness of the exchanges which take place during that procedure.

210. Accordingly, in the light of those considerations, the Commission did not infringe the procedural rights of the Grand Duchy of Luxembourg and Engie in the present case by not adopting a new opening decision or, at the very least, a correcting decision.

211. Consequently, the sixth plea in Case T-525/18 and the fourth plea in Case T-516/18 must be rejected as unfounded.

4. The first plea in Case T-525/18 alleging that there was no commitment of State resources and that the tax rulings at issue cannot be imputed to the State

212. In the first place, Engie submits that the tax rulings at issue cannot be regarded as involving an intervention by the State. They are optional and are strictly limited to drawing inferences from the application of Luxembourg tax law to a given situation.

213. According to Engie, that finding cannot be called into question by the non-application of the provision on abuse of law, inasmuch as the Commission did not in any way demonstrate that the practice of the Luxembourg authorities, which were shown in the present case at most to have refrained from intervening, would have been different in comparable situations.

214. In that regard, it should be noted that, for it to be possible to classify advantages as 'aid' within the meaning of Article 107(1) TFEU, they must be granted directly or indirectly through State resources and be imputable to the State (judgment of 28 March 2019, Germany v Commission, C-405/16 P, EU:C:2019:268, paragraph 48).

215. In order to assess whether a measure is imputable to the State, it is necessary to examine whether the public authorities were involved in the adoption of that measure (judgment of 28 March 2019, *Germany* v *Commission*, C-405/16 P, EU:C:2019:268, paragraph 49).

216. In the present case, the tax rulings at issue were adopted by the Luxembourg tax authorities, as the Commission rightly pointed out in recital 156 of the contested decision.

217. Therefore, in the light of that finding alone, it cannot reasonably be disputed that those tax rulings are imputable to the Grand Duchy of Luxembourg.

218. In the second place, according to Engie, the tax rulings at issue do not involve the commitment of State resources. They do not result in a reduction in the amount of tax normally payable.

219. It follows from the case-law that it is not necessary to establish in every case that there has been a transfer of State resources for the advantage conferred on one or more undertakings to be capable of being regarded as State aid, for the purposes of Article 107(1) TFEU (judgment of 19 March 2013, *Bouygues and Bouygues Télécom* v *Commission and Others* and *Commission* v *France and Others*, C-399/10 P and C-401/10 P, EU:C:2013:175, paragraph 100).

220. Thus, measures which, in various forms, mitigate the charges that are normally included in the budget of an undertaking and which therefore, without being subsidies in the strict meaning of the word, are similar in character and have the same effect are considered to constitute aid (judgment of 19 March 2013, *Bouygues and Bouygues Télécom* v *Commission and Others* and *Commission* v *France and Others*, C-399/10 P and C-401/10 P, EU:C:2013:175, paragraph 101).

221. By the tax rulings at issue, as is apparent from recital 158 of the contested decision, the Luxembourg tax authorities made it possible for the holding companies concerned not to be taxed on some of their participation income. In other words, those tax rulings mitigate the charges that are generally included in the budget of an undertaking, in accordance with the case-law cited in paragraph 220 above.

222. Accordingly, the condition relating to the use of State resources is also met.

223. In consequence, the first plea in Case T-525/18 must be rejected as unfounded.

5. The first and second pleas in Case T-516/18 and the second and third pleas in Case T-525/18, alleging, in essence, errors of assessment and of law in the identification of a selective advantage

a. Preliminary remarks

224. It is apparent from recitals 162, 171, 200, 237 and 289 of the contested decision that, as it confirmed in response to a question put by the Court at the hearing, the Commission demonstrated that the Engie group enjoyed a selective advantage on the basis of four lines of reasoning, one of which, in the light of recital 289 of the contested decision, was submitted in the alternative.

225. Thus, first, the Commission considered that the tax rulings at issue conferred a selective advantage on the Engie group at the level of the holding companies concerned by derogating from a reference framework encompassing the Luxembourg corporate income tax system.

226. Secondly, the Commission considered that the Engie group also enjoyed a selective advantage at the level of the holding companies concerned because the tax rulings at issue derogated from a reference framework limited to the Luxembourg provisions on the taxation of profit distributions and the participation exemption.

227. Thirdly, in the light of a reference framework encompassing the Luxembourg corporate income tax system, the Commission found that the tax rulings at issue also conferred a selective advantage on the Engie

group, comprising in this instance the holding companies concerned, the intermediary companies and the subsidiaries.

228. Fourthly, and in the alternative, the Commission considered that the tax rulings at issue conferred a selective advantage on all the companies in the Engie group, collectively referred to as 'Engie' in the contested decision, inasmuch as they derogated from the provision on abuse of law, an integral part of a reference framework encompassing the Luxembourg corporate income tax system.

229. By their actions, Engie and the Grand Duchy of Luxembourg dispute all of the Commission's arguments seeking to establish the existence of a selective advantage in the present case. To that end, the applicants put forward pleas in law and arguments which, although presented differently in their respective applications, display significant similarities as to their substance.

230. In that regard, it should be recalled at the outset that, where some of the grounds in a decision on their own provide a sufficient legal basis for the decision, any errors in the other grounds of the decision have no effect on its operative part (judgment of 14 December 2005, *General Electric* v *Commission*, T-210/01, EU:T:2005:456, paragraph 42).

231. Moreover, where the operative part of a Commission decision is based on several pillars of reasoning, each of which would in itself be sufficient to justify that operative part, that decision should, in principle, be annulled only if each of those pillars is vitiated by an illegality. In such a case, an error or other illegality which affects only one of the pillars of reasoning cannot be sufficient to justify annulment of the decision at issue because that error could not have had a decisive effect on the operative part adopted by the Commission (judgment of 14 December 2005, *General Electric* v *Commission*, T-210/01, EU:T:2005:456, paragraph 43).

232. Thus, in the instant case, if only one of the Commission's lines of reasoning is well founded, the arguments put forward by Engie and the Grand Duchy of Luxembourg against the Commission's other lines of reasoning will be ineffective.

233. For the purposes of this judgment, the Court considers it appropriate to examine, at the outset, the arguments put forward by Engie and the Grand Duchy of Luxembourg alleging that the Commission confused the conditions for finding an advantage and for finding that the tax rulings at issue were selective by failing to conduct a clear assessment of those two conditions separately.

234. Next, the Court will examine the arguments put forward to challenge the Commission's assessment concerning the existence of a selective advantage, beginning with the finding of a derogation from the reference framework limited to the provisions on the taxation of profit distributions and the participation exemption.

b. The alleged confusion of the conditions concerning the existence of an advantage and the selectivity of the tax rulings at issue

235. Engie and the Grand Duchy of Luxembourg allege that the Commission confused the concepts of advantage and selectivity.

236. Instead of examining the existence of an advantage first, followed by the existence of different treatment, Engie claims that the Commission inferred the existence of an advantage from an alleged derogation not from the provisions of the general law for determining the taxable income, but from an objective, being to tax, in all circumstances, the profits of companies liable to corporation tax.

237. However, reference to the objective of a tax system can be made only at the stage of assessing the selectivity of the tax rulings at issue, and not at the stage of identifying an advantage.

238. The Commission contends that, although the condition relating to the existence of an advantage differs from the condition relating to its selectivity, the fact remains that fulfilment of one of those conditions partly overlaps with fulfilment of the other. If a tax measure derogates from a normal tax system, the condition relating to the existence of an advantage will be satisfied, as will the first two stages of the reasoning relating to its selectivity. The Commission adds in particular that, as to the alleged confusion between the rules making up the reference system and the objective of that system, the general rules of the tax system, namely the rules applicable to all undertakings, are the very reflection of the objective of the tax system.

239. In that regard, it should be borne in mind that, in principle, selectivity and advantage are two separate conditions. So far as advantage is concerned, the Commission must show that the measure improves the financial position of the recipient (see, to that effect, judgment of 2 July 1974, *Italy* v *Commission*, 173/73, EU:C:1974:71, paragraph 15).

240. On the other hand, so far as selectivity is concerned, the Commission must show that the advantage is not enjoyed by other undertakings in a legal and factual situation comparable to that of the recipient in the light of the objective of the reference framework (judgment of 8 September 2011, *Paint Graphos and Others*, C-78/08 to C-80/08, EU:C:2011:550, paragraph 49).

241. However, in tax matters, the examination of an advantage overlaps with the examination of selectivity in so far as, for those two conditions to be satisfied, it must be shown that the tax measure at issue results in a reduction in the amount of tax which would normally have been payable by the recipient of the measure under the ordinary tax system, which, as such, applies to other taxpayers in the same situation. Furthermore, it is apparent from the Court's case-law that those two criteria may be examined together, as the 'third condition' laid down in Article 107(1) TFEU, relating to the existence of a 'selective advantage' (see, to that effect, judgment of 30 June 2016, *Belgium* v *Commission*, C-270/15 P, EU:C:2016:489, paragraph 32).

242. In the present case, the Commission sought to demonstrate, irrespective of the merits of the body of reasons set out in the contested decision, that the tax rulings at issue resulted in a reduction in the amount of tax which would normally have been payable, particularly by the holding companies concerned, under ordinary tax systems and that, consequently, those measures amounted to a derogation from the tax rules applicable to other taxpayers in a comparable factual and legal situation.

243. First of all, the Commission considered that, by confirming that it was possible for the holding companies concerned to be exempted from paying tax on participation income that, under the Luxembourg corporate income tax system and in the absence of the tax rulings at issue, should have been taxed, those tax rulings conferred an advantage on those companies and also derogated from the Luxembourg corporate income tax system.

244. The reference in recitals 166 and 176 of the contested decision to the objective of the Luxembourg corporate income tax system, as ascertained from Articles 18, 23, 40, 159 and 163 of the LIR, as set out in recitals 78 to 81 of the contested decision, cannot be usefully relied on to demonstrate that the Commission confused the condition of advantage and the condition of selectivity.

245. It is true that the objective of a tax system is used primarily to establish the selectivity of a tax measure, inasmuch as it is in the light of such an objective that taxpayers in a factual and legal situation comparable to that of the aid beneficiary are identified.

246. Nevertheless, the objective put forward by the Commission, in particular in recitals 166 and 176 of the contested decision, namely 'the taxation of the profit of all companies subject to tax in Luxembourg, as determined in their accounts', is more akin to a principle governing the general provisions making up the Luxembourg corporate income tax system used by the Commission than to an objective of the system in question.

247. Thus, irrespective of whether the Commission's reading of those provisions and the resulting principle is correct, if a derogation from that principle is established, the grant of an advantage is also established.

248. Next, the same finding must be made in the light not of the Luxembourg corporate income tax system, but of the Luxembourg provisions on the participation exemption and the taxation of profit distributions.

249. It follows, in particular, from recitals 208 and 209 of the contested decision that, in the absence of the tax rulings at issue, the holding companies concerned would not have been eligible for an exemption from tax on distributed income which had not been taxed at the level of their respective subsidiaries, resulting in the finding of both an advantage and a derogation from the provisions on the participation exemption and the taxation of profit distributions.

250. Lastly, the finding of a derogation from the provision on abuse of law simultaneously entails the grant of an advantage, as is apparent from recital 312 of the contested decision. In the absence of the tax rulings at issue and because of the application of the provision on abuse of law, the Commission claims, in essence, that the holding companies concerned would not have been eligible for an exemption from tax on the participation income in question.

251. Thus, in the present case, the Commission did not confuse the conditions for finding an advantage and those for demonstrating the selectivity of the tax rulings at issue, conditions which could, having regard to the fiscal nature of those tax rulings, be assessed simultaneously.

252. Therefore, the argument alleging such confusion must be rejected as unfounded.

253. Against that background, it is now necessary to determine whether the Commission was fully entitled to find that there was a selective advantage following its examination of the selectivity of the tax rulings at issue

in the light of the narrow reference framework, namely a framework limited to the Luxembourg provisions on the participation exemption and the taxation of profit distributions.

c. The alleged absence of a selective advantage at the level of the holding companies concerned in the light of the narrow reference framework

254. In recitals 200 to 235 of the contested decision, the Commission maintained that the selectivity of the tax rulings at issue could be established in the light of a narrow reference framework comprising Articles 164 and 166 of the LIR, namely provisions on the taxation of profit distributions and the participation exemption.

255. Article 164 of the LIR provides:

'1. In determining the taxable income, it is irrelevant whether or not the income has been distributed to the parties entitled to that income.
2. Distributions of any kind, made to holders of shares, participation certificates, founders' shares, "jouissance" shares or any other securities, including variable-yield bonds conferring entitlement to a participation in the annual profits or in the proceeds of liquidation, shall be regarded as distributions for the purposes of the preceding paragraph.
3. The taxable income shall include hidden profit distributions. A hidden profit distribution arises in particular where a shareholder, stockholder or interested party directly or indirectly receives benefits from a company or an association which he or she would not normally have received if he or she had not been a shareholder, stockholder or interested party.'

256. The first paragraph of Article 166 of the LIR provides:

'Income from a participation held by:
1. a resident collective undertaking that its fully liable to tax and takes one of the forms listed in the Annex to paragraph 10;
2. a resident capital company that is fully liable to tax and is not listed in the Annex to paragraph 10;
3. a domestic permanent establishment of a collective undertaking referred to in Article 2 of Directive [2011/96];
4. a domestic permanent establishment of a capital company residing in a State with which the Grand Duchy of Luxembourg has concluded a convention for the avoidance of double taxation;
5. a domestic permanent establishment of a capital company or cooperative society residing in a State party to the Agreement on the European Economic Area (EEA) other than a Member State of the European Union,
shall be exempt where, on the date on which the income is made available, the recipient holds or undertakes to hold that participation for an uninterrupted period of at least 12 months and, throughout that period, the level of the participation does not fall below 10% or the acquisition price below EUR 1 200 000.'

257. It is apparent, in particular, from recitals 201 and 202 of the contested decision that a combined reading of the provisions of Article 164 and the first paragraph of Article 166 of the LIR would, under Luxembourg law, render a company receiving participation income ineligible for an exemption where that income has not previously been taxed at the level of the company which distributed it.

258. Article 164 of the LIR does not allow distributed profits to be deducted from a company's taxable income. In other words, profits can be distributed only after tax, irrespective of the nature of the distribution. For its part, Article 166 of the LIR allows a company receiving distributed profits to be exempted from tax, provided that the income received derives from participations.

259. Thus, in recital 226 of the contested decision, the Commission concluded that, by allowing the holding companies concerned, through the tax rulings at issue, to be exempted from paying tax on participation income corresponding, from an economic perspective, to the ZORA accretions, which their respective subsidiaries had deducted as expenses, the Luxembourg tax authorities had granted a selective advantage to those holding companies.

260. Engie and the Grand Duchy of Luxembourg submit, in essence, that the Commission incorrectly defined *the narrow reference framework* and incorrectly identified a derogation from that framework and, in so doing, wrongly concluded that a selective advantage had been granted to the holding companies concerned.

261. Thus, it is necessary, as a first step, to examine the arguments alleging that the Commission incorrectly defined a reference framework limited to the provisions on the taxation of profit distributions and the partici-

pation exemption. The Court will then go on to consider, as a second step, the arguments challenging the section of the contested decision concerning the existence of a derogation from those provisions.

1. The definition of the reference framework limited to the provisions on the taxation of profit distributions and the participation exemption

262. In the contested decision, the Commission assessed the selectivity of the tax rulings at issue at the level of the holding companies concerned in the light of a narrow reference framework comprising the provisions on the participation exemption and the taxation of profit distributions, namely Articles 164 and 166 of the LIR.

i. The failure to extend the reference framework to include the parent-subsidiary directive

263. The Grand Duchy of Luxembourg and Engie submit that the Commission incorrectly restricted the reference framework to the provisions applicable to purely internal situations. Instead, it should also have referred to situations falling within the scope of the parent-subsidiary directive.

264. Engie observes that, under the parent-subsidiary directive, in force when the tax rulings at issue were adopted, the Grand Duchy of Luxembourg did not make the eligibility of parent companies resident in Luxembourg for the exemption provided for in the parent-subsidiary directive subject to the requirement that the profits of their subsidiaries established in other Member States must have been taxed beforehand in those subsidiaries' State of residence.

265. Engie and the Grand Duchy of Luxembourg add that the Commission was not entitled, in the light of the Court's case-law, to limit the exemption solely to cross-border situations without any condition linked to the prior taxation of profits at the level of the subsidiary.

266. Relying on the judgment of 13 November 1990, *Marleasing* (C-106/89, EU:C:1990:395), Engie argues that Article 166 of the LIR must be interpreted in the light of EU law, in particular the parent-subsidiary directive in force when the tax rulings at issue were adopted.

267. Furthermore, a failure to align the tax treatment of cross-border profit distributions and purely internal distributions gives rise to reverse discrimination at the level of parent companies and subsidiaries resident in Luxembourg. Accordingly, the Commission cannot dispute the choice made by the Luxembourg legislature regarding the participation exemption scheme, irrespective of whether internal distributions or cross-border distributions are concerned.

268. Moreover, according to Engie and the Grand Duchy of Luxembourg, such a failure to align tax treatment infringes Article 107 TFEU, as is apparent from the judgments of 22 December 2008, *Les Vergers du Vieux Tauves* (C-48/07, EU:C:2008:758), and of 21 December 2016, *Commission* v *World Duty Free Group and Others* (C-20/15 P and C-21/15 P, EU:C:2016:981).

269. The Commission essentially justifies not extending the reference framework to include cross-border situations by stating that the sole objective of the parent-subsidiary directive is to prevent cross-border situations being penalised as compared with purely internal situations, and not to provide grounds for extending the preferential treatment of cross-border situations to include purely internal situations.

270. In that regard, it should be borne in mind that the examination of the selectivity condition implies, in principle, the determination, as a first step, of the reference framework within which the measure concerned falls, that determination being of greater importance in the case of tax measures, since the very existence of an advantage may be established only when compared with 'normal' taxation (judgments of 6 September 2006, *Portugal* v *Commission*, C-88/03, EU:C:2006:511, paragraph 56, and of 21 December 2016, *Commission* v *Hansestadt Lübeck*, C-524/14 P, EU:C:2016:971, paragraph 55).

271. The selectivity of a tax measure cannot be assessed on the basis of a reference framework consisting of some provisions that have been artificially taken from a broader legislative framework (judgment of 28 June 2018, *Germany* v *Commission*, C-209/16 P, not published, EU:C:2018:507, paragraph 99).

272. The Commission cannot be criticised for not having taken account, in the present case, of the tax treatment of cross-border dividend distributions under the parent-subsidiary directive, in force when the tax rulings at issue were adopted.

273. First, the situation at issue here is a purely internal one. The holding companies concerned, the subsidiaries and the intermediary companies are established in the Grand Duchy of Luxembourg. In this instance, the tax situations of those companies fall within the purview of the same tax authority. Therefore, the risks of

double taxation inherent in the application of different tax systems and the involvement of different tax authorities, which might exist in the case of cross-border distributions, cannot arise in a purely internal situation such as that at issue in the present case.

274. Secondly, under the parent-subsidiary directive, in force when the tax rulings at issue were adopted, the prior taxation of distributed profits at the level of the subsidiaries was indeed not a formal prerequisite for entitlement to the participation exemption.

275. Article 4 of the parent-subsidiary directive provided, inter alia, that the Member State of residence of the parent company in receipt of dividends from a non-resident subsidiary could refrain from taxing those dividends.

276. The fact remains that such an exemption scheme, which was not formally dependent on the taxation of distributed profits at the level of the non-resident subsidiary, was intended above all, in accordance with the third recital of the parent-subsidiary directive, to facilitate the grouping together of companies at EU level and to address any divergences that might exist between the tax laws of two different Member States. Obviously, that logic cannot be transposed to the situation of companies established in one and the same Member State.

277. The judgments of 13 November 1990, *Marleasing* (C-106/89, EU:C:1990:395); of 22 December 2008, *Les Vergers du Vieux Tauves* (C-48/07, EU:C:2008:758); and of 21 December 2016, *Commission* v *World Duty Free Group and Others* (C-20/15 P and C-21/15 P, EU:C:2016:981), do not call that finding into question.

278. First of all, the judgment of 13 November 1990, *Marleasing* (C-106/89, EU:C:1990:395), cannot be interpreted in the manner intended by Engie. In that case, the Court ruled that, in a dispute falling within the scope of a directive which should have been transposed into domestic law, the national court was required to interpret its national law in the light of the wording and the purpose of that directive. There is no question here of interpreting Article 166 of the LIR in a situation falling within the scope of the parent-subsidiary directive, namely where profits are distributed between companies established in different Member States.

279. Next, the judgment of 22 December 2008, *Les Vergers du Vieux Tauves* (C-48/07, EU:C:2008:758), also cannot serve as a basis for requiring the Grand Duchy of Luxembourg to bring the tax treatment of cross-border distributions into line with that of purely internal distributions.

280. In that case, the only question which arose was whether the concept of 'holding', within the meaning of the parent-subsidiary directive, included the holding of shares under a usufruct agreement (not with full title), a question which the Court answered in the negative.

281. However, the Court also intended to point out that a Member State could not treat cross-border situations less favourably than purely internal situations. Thus, in the case which gave rise to the judgment of 22 December 2008, *Les Vergers du Vieux Tauves* (C-48/07, EU:C:2008:758), the Court held that, if a Member State were to exempt from tax dividends received by a company which held shares in a subsidiary under a usufruct agreement, the same should apply in a cross-border situation. The purpose of EU law is not to combat reverse discrimination, but to ensure that cross-border situations are not treated less favourably than purely internal situations, and not vice versa.

282. Lastly, the same finding must be made as regards the judgment of 21 December 2016, *Commission* v *World Duty Free Group and Others* (C-20/15 P and C-21/15 P, EU:C:2016:981). Contrary to what the Grand Duchy of Luxembourg claims, the Commission cannot accuse it of having granted State aid by treating cross-border distributions of dividends more favourably than purely internal distributions.

283. The condition relating to the imputability of such a measure to the State is not satisfied where the measure at issue stems from an EU act, such as a directive (see, to that effect, judgment of 5 April 2006, *Deutsche Bahn* v *Commission*, T-351/02, EU:T:2006:104, paragraphs 99 to 104). In the present case, the participation exemption scheme derives from the parent-subsidiary directive.

284. In any event, the parent-subsidiary directive, in force when the tax rulings at issue were adopted, does not preclude a link being established and required between the taxation of distributed profits at the level of a subsidiary and the subsequent exemption of participation income at the level of a non-resident parent company (see, to that effect, judgment of 22 December 2008, *Les Vergers du Vieux Tauves*, C-48/07, EU:C:2008:758, paragraphs 36 and 37).

285. That directive seeks to avoid cases of double taxation, which implicitly but necessarily suggests that it is based on the assumption that the Member State of residence of the subsidiary has taxed the profits made by

the subsidiary before their distribution (see, to that effect, judgment of 22 December 2008, *Les Vergers du Vieux Tauves*, C-48/07, EU:C:2008:758, paragraphs 36 and 37).

286. Moreover, irrespective of its temporal application, such an interpretation is borne out by Article 1 of Council Directive 2014/86/EU of 8 July 2014 amending Directive 2011/96 (OJ 2014 L 219, p. 40), in that the exemption of income from cross-border participations is possible only if that income is not deductible by the subsidiary.

287. Thus, in the present case, the Commission was not required to extend the reference framework to include the system established by the parent-subsidiary directive, which could not, moreover, preclude a link between the participation exemption and the taxation of profit distributions, at least in purely internal situations.

ii. The combined reading of Articles 164 and 166 of the LIR

288. The Grand Duchy of Luxembourg and Engie submit that the definition of a narrower reference framework, in the light of Articles 164 and 166 of the LIR alone, is based on an incorrect combined reading of those two provisions.

289. Apart from the fact that a ZORA does not entail a profit distribution for the purposes of Article 164 of the LIR, the Grand Duchy of Luxembourg and Engie maintain that Article 166 of the LIR cannot be interpreted as making entitlement to the exemption at the level of a parent company dependent on there being no tax deduction at the level of the subsidiary of the income generated during the ZORA.

290. The Grand Duchy of Luxembourg also criticises the fact that the Commission ignored the comments contained in its letter of 31 January 2018, which clearly explained that Articles 164 and 166 of the LIR were different in scope and that compliance with Article 164 of the LIR was not a prerequisite for the application of Article 166 of the LIR.

291. The Commission stresses, in particular, that the complementarity between Article 166 and the first and second paragraphs of Article 164 of the LIR is essential in order to ensure the coherence of the Luxembourg tax system, which, moreover, is confirmed by legal literature in the tax field.

292. In that regard, it is true that Article 166 of the LIR does not make the grant of the participation exemption at the level of a parent company formally dependent on the prior taxation of distributed profits at the level of its subsidiary.

293. Nevertheless, the grant of the participation exemption may be contemplated only if the income distributed by a subsidiary has been taxed beforehand, short of there being double non-taxation of profits in a purely internal situation.

294. In broad outline, Article 164 of the LIR provides for the taxation of income generated by a company, irrespective of whether that income is distributed. Pursuant to the third paragraph of Article 164 of the LIR, that income also includes hidden profit distributions. Article 166 of the LIR exempts participation income subject to certain conditions, enabling double taxation to be avoided. Distributed profits which have been taxed at the level of the subsidiary are, in principle, recorded as taxable income at the level of the parent company.

295. The link between the two provisions is expressly apparent from the Grand Duchy of Luxembourg's reply of 31 January 2018. According to the text reproduced in recital 202 of the contested decision and appearing in footnote 223, which is unambiguous, the Grand Duchy of Luxembourg acknowledged that 'all participation income eligible for the exemption scheme under Article 166 of the LIR [was] also covered by the provisions of Article 164 of the LIR'.

296. [As rectified by the order of 16 September 2021] The link between those two provisions is particularly clear from the opinion of the Conseil d'État (Council of State, Luxembourg) of 2 April 1965 on the bill incorporating Article 166 into the LIR, to which the Commission rightly referred in footnotes 139 and 238 of the contested decision. As the Conseil d'État (Council of State) pointed out, Article 166 of the LIR makes it possible, 'for reasons of fiscal equity and economic order', to avoid double or triple taxation of distributed income, but not, in essence, to avoid all liability to tax in respect of that income.

297. In other words, the participation exemption is applicable solely to income which has not been deducted from the taxable income of the subsidiary.

298. Accordingly, the Commission did not err in law in finding, in recital 204 of the contested decision, that there was a link between Articles 164 and 166 of the LIR, namely between the exemption of participation income at the level of a parent company and the taxation of distributed profits at the level of its subsidiary.

299. Furthermore, the Grand Duchy of Luxembourg and Engie submit that a ZORA does not entail a profit distribution for the purposes of Article 164 of the LIR, with the result that the reference to that article, in particular in recitals 204 and 210 et seq. of the contested decision, is incorrect.

300. Although the ZORA accretions are not, formally speaking, profit distributions, the participation income exempted at the level of LNG Holding corresponds, in essence, to the amount of those accretions, so that, as the Commission correctly stated in recitals 210 to 212 of the contested decision, those accretions correspond in practical terms, in the very specific circumstances of the present case and against the background of a corporate structure involving a holding company, an intermediary company and a subsidiary, to profit distributions. The Commission was therefore fully entitled to rely, in order to define the narrow reference framework, on Articles 164 and 166 of the LIR, which govern, under national law, the taxation of participation income.

301. Accordingly, the Court must reject the argument alleging an incorrect combined reading of Articles 164 and 166 of the LIR and, consequently, all of the arguments seeking to challenge the Commission's definition of the narrow reference framework.

2. The derogation from the provisions on the taxation of profit distributions and the participation exemption

302. In recitals 208 to 226 of the contested decision, the Commission considered that, by the tax rulings at issue, the Luxembourg tax authorities had derogated from the provisions on the taxation of profit distributions and the participation exemption inasmuch as they had allowed the holding companies concerned to be exempted from paying tax on participation income corresponding, from an economic perspective, to the ZORA accretions, deducted as expenses at the level of their respective subsidiaries.

303. First of all, it should be noted that, as stated in paragraphs 247 and 248 above, the establishment of a derogation from the Luxembourg provisions on the participation exemption and the taxation of profit distributions, if substantiated, results in the finding of an advantage.

304. According to the Court's settled case-law, the assessment of the constitutive condition of the concept of 'State aid' for the purposes of Article 107(1) TFEU, relating to the selectivity of the advantage granted, requires a determination whether, under a particular legal regime, a national measure is such as to favour 'certain undertakings or the production of certain goods' over others which, in the light of the objective pursued by that regime, are in a comparable factual and legal situation and which accordingly suffer different treatment that can, in essence, be classified as discriminatory (see judgment of 21 December 2016, *Commission v World Duty Free Group and Others*, C-20/15 P and C-21/15 P, EU:C:2016:981, paragraph 54 and the case-law cited).

305. The Grand Duchy of Luxembourg and Engie submit, in essence, that no finding of derogation can be made in the present case, arguing (i) that Article 164 of the LIR does not govern ZORAs and that there was no direct and obvious link between the deductibility of the ZORA accretions, at the level of the subsidiaries, and the exemption of participation income, at the level of the holding companies concerned; (ii) that the increase in value of the ZORAs was uncertain when they were issued; (iii) that Articles 164 and 166 of the LIR, considered in isolation, were applied correctly; (iv) that the Commission did not show that those two provisions, considered in isolation, were infringed; and (v) that it has not been shown that the Engie group received preferential treatment at the level of the holding companies concerned.

i. The application of Article 164 of the LIR to a ZORA and the existence of a link between the deductibility of the ZORA accretions, at the level of the subsidiaries, and the exemption of participation income, at the level of the holding companies concerned

306. The Grand Duchy of Luxembourg and Engie state that, under Luxembourg law, Article 164 of the LIR governs only profit distributions, not ZORAs, which are hybrid debt/capital instruments.

307. Thus, the Commission disregarded the convertible nature of ZORAs, which renders Article 164 of the LIR inapplicable to the present case, with the result that no finding of a derogation from that provision could be made. The Commission based its analysis on a purposive interpretation of Luxembourg tax law, thereby infringing the principle of fiscal legality, under which tax laws must be interpreted strictly.

308. There is also no such derogation inasmuch as, according to Engie, no direct and obvious link can be found between the gain made by LNG Holding and the ZORA accretions deducted as expenses at the level of LNG

Supply. The Commission was also wrong to connect the performance of the prepaid forward sale to the subsequent capital reduction of LNG Supply, a transaction which, moreover, was not envisaged when the tax rulings at issue were adopted. In the absence of such a link, the tax rulings at issue did not derogate, in essence, from the reference framework used.

309. Similarly, Engie states that the ZORA accretions were recorded as a taxable gain in LNG Luxembourg's accounts, with the result that, even if a link was established between the amount of accretions deducted as expenses at the level of LNG Supply and the amount exempted from tax at the level of LNG Holding, the exemption would not apply, in essence, to an amount which has not been subject to any tax at all.

310. The Commission disputes the merits of all those arguments. It contends, in particular, that, if the same amount of profit could be deducted as expenses at the level of the distributing entity and be exempted as income at the level of the recipient, that profit would escape all liability to tax in the Grand Duchy of Luxembourg, which, in the present case, indeed demonstrates the existence of a derogation from the narrow reference framework applicable to the holding companies.

311. In that regard, in contrast to a formalistic approach, whereby each of the transactions making up the sophisticated financial arrangement are considered in isolation, it is important, as the Commission did, to go beyond the legal form in order to understand the economic and fiscal reality of the arrangement. In order to determine whether State measures can constitute State aid, regard must primarily be had to the effects of those measures on the undertakings favoured (see judgment of 13 September 2010, *Greece and Others* v *Commission*, T-415/05, T-416/05 and T-423/05, EU:T:2010:386, paragraph 212 and the case-law cited).

312. Although the ZORA accretions are not, formally speaking, profit distributions, the participation income exempted at the level of LNG Holding corresponds, in essence, to the amount of those accretions, so that, as the Commission correctly stated in recitals 210 to 212 of the contested decision, those accretions correspond in practical terms, in the very specific circumstances of the present case, to profit distributions.

313. The tax rulings at issue endorse various transactions which constitute a system for implementing, in a circular and interdependent fashion, the transfer of a business sector and its financing between three companies belonging to the same group. Those transactions were designed to be implemented in three successive but interdependent stages, involving the intervention of a holding company, an intermediary company and a subsidiary.

314. It is true, first, that the ZORA accretions were recorded as a taxable gain in the accounts of the intermediary companies.

315. However, in reply to a question put by the Court at the hearing, the Grand Duchy of Luxembourg and Engie expressly confirmed that that gain had been offset, at the level of the intermediary companies, by a loss of the same amount at the time of performance of the prepaid forward sale contract concluded between the intermediary companies and the holding companies concerned.

316. Moreover, pursuant to that contract, the holding companies concerned automatically became the owners of the shares issued upon conversion of the ZORA in question, shares which incorporated the nominal amount of the loan granted and the profits made by the subsidiaries.

317. In other words, the true position is that the prepaid forward sale contracts concluded between the holding companies concerned and the intermediary companies made it possible to offset the taxable gain at the level of the intermediary companies, while transferring ownership of the shares issued upon conversion of the ZORA in question to those holding companies.

318. Thus, the holding companies concerned became the owners of those shares, the value of which includes the ZORA accretions.

319. It is true, secondly, that performance of the prepaid forward sale contract is also a wholly separate transaction from the subsequent cancellation of a proportion of the subsidiaries' shares received.

320. However, in this instance, in LNG Holding's case, the income generated at the level of that company under the prepaid forward sale contract and, a fortiori, that generated following the cancellation of LNG Supply's shares actually corresponded, from an economic perspective, to the amount of the ZORA accretions made before the partial conversion of that ZORA, which the Grand Duchy of Luxembourg expressly acknowledged at the hearing in reply to a question from the Court.

321. That finding cannot be called into question by the argument that the tax rulings at issue did not take a view on the subsequent cancellation of a proportion of the subsidiaries' shares received, but only on the performance of the prepaid forward sale contract.

322. It is clear from the request for a tax ruling sent on 20 September 2013, in accordance with the text reproduced in recital 43 of the contested decision, that it was indeed envisaged, before conversion of the ZORA in question, that a proportion of the subsidiaries' shares received would subsequently be cancelled at the level of the holding companies concerned.

323. Thus, it is stated in recital 43 of the contested decision that, 'due to the capital reduction by [LNG Supply], [LNG Holding] will recognise a profit equal to the difference between the nominal amount of shares converted and the conversion amount' and that 'this profit will be visible in the books of [LNG Holding] and is covered, as previously confirmed by the tax authorities, by the participation exemption'.

324. The express reference to the Luxembourg tax authorities' previous confirmation in that regard demonstrates, in essence, that the income received by LNG Holding resulting from the capital reduction of LNG Supply was the income in respect of which the application of Article 166 of the LIR had been requested, in particular in the request for a tax ruling of 9 September 2008, a request which the Grand Duchy of Luxembourg granted.

325. It is true, thirdly, that the deductibility of the ZORA accretions at the level of the subsidiaries is, formally speaking, a separate transaction from the exemption of participation income at the level of the holding companies.

326. However, there is, in fact, a direct link between those two transactions in the present case. The income exempted at the level of LNG Holding pursuant to Article 166 of the LIR corresponds, in essence, to the ZORA accretions deducted at the level of LNG Supply, as the Grand Duchy of Luxembourg confirmed at the hearing.

327. Accordingly, the Commission was right to set out the interrelationships between several transactions which, although formally separate, were substantively similar, and found that, by confirming the exemption of participation income at the level of the holding companies, income corresponding, from an economic perspective, to the amount of the ZORA accretions, deducted as expenses at the level of the subsidiaries, the Luxembourg tax authorities had derogated from the reference framework comprising Articles 164 and 166 of the LIR.

ii. The uncertain value of a ZORA upon issue

328. The Grand Duchy of Luxembourg and Engie submit that the Commission could not have been unaware of the fact that the increase in value of the ZORAs was uncertain when they were concluded and when the tax rulings at issue were adopted. According to the Grand Duchy of Luxembourg, that is precisely the case as regards CEF, particularly since the ZORA which GSTM took out was not converted.

329. The Grand Duchy of Luxembourg and Engie maintain that the uncertainty, when the tax rulings at issue were adopted, as to whether the subsidiaries that took out the ZORA in question would make a profit in the future essentially precludes the finding of a derogation from the narrow reference framework.

330. It should be recalled that measures which, whatever their form, are likely directly or indirectly to favour certain undertakings or which fall to be regarded as an economic advantage that the recipient undertaking would not have obtained under normal market conditions are regarded as State aid (judgment of 9 October 2014, *Ministerio de Defensa and Navantia*, C-522/13, EU:C:2014:2262, paragraph 21).

331. Moreover, a measure may constitute State aid even if the amount of the aid, and a fortiori the finding of an advantage, depends on circumstances unrelated to the tax system.

332. Thus, a measure may constitute State aid for the purposes of Article 107 TFEU even if the advantage has not yet materialised on the date on which the measure at issue is adopted. The mere probability that the advantage will materialise in the future is sufficient. The fact that the advantage has not materialised precludes only the recovery of the aid, not its classification as such.

333. In the present case, it is true that the advantage and, ultimately, the derogation from the reference framework become fully apparent where the subsidiaries make a profit during the lifetime of the ZORA in question. However, the fact that there was an element of chance when the ZORA in question was adopted as to whether a profit would be made at the level of the subsidiaries does not preclude a selective advantage being granted to the holding companies concerned and the finding of a derogation from the narrow reference framework.

334. When the tax rulings at issue were adopted, the Luxembourg tax authorities were, having regard to the financial arrangement submitted to them, in favour of the exemption of participation income at the level of the holding companies concerned, income which could, from an economic perspective, correspond to income deducted as expenses at the level of the subsidiaries.

335. Thus, the Commission did not err in finding that, by laying down special tax rules for the holding companies concerned, the Luxembourg tax authorities had defined a legal framework allowing those companies to be granted an advantage and, in so doing, had derogated from the narrow reference framework.

iii. The finding of a derogation based on the combined effect of general provisions

336. Engie submits that the Commission was not entitled to look at the combined effect, not provided for by law, of the deductibility of the ZORA accretions at the level of the subsidiaries and the exemption of participation income at the level of the holding companies. According to Engie, the application of two provisions of a general nature to a specific case cannot confer an advantage where the provisions concerned are of general application and the application of each of those provisions, taken in isolation, is consistent with their normal application.

337. Engie claims that the Commission departed from its decision-making practice, as illustrated by Decision 2014/200/EU of 17 July 2013 on the aid scheme SA.21233 C/11 (ex NN/11, ex CP 137/06) implemented by Spain – Tax scheme applicable to certain finance lease agreements also known as the Spanish Tax Leasing System (OJ 2014 L 114, p. 1; 'the decision on the Spanish tax leasing system'), under which each tax measure, taken individually, was required to derogate from the normal application of the tax provisions in question. Such a requirement is even more important in the case of several taxable persons, as in the present case.

338. Engie adds that the view taken by the Commission in the contested decision was based on the assumption that, in accordance with a principle of coherence, the application of tax provisions to a taxable person was conditional on the tax treatment of another taxable person under other general provisions. The Commission also disregarded the judgment of 15 November 2011, *Commission and Spain* v *Government of Gibraltar and United Kingdom* (C-106/09 P and C-107/09 P, EU:C:2011:732), which limited the circumstances in which the effects of a tax system may be taken into account to the situation where the design of that system was clearly arbitrary or biased.

339. Such an argument cannot succeed.

340. As is apparent from paragraphs 306 to 327 above, a link must be established, under Luxembourg law, between the exemption of participation income at the level of a parent company and the deductibility of distributed income at the level of its subsidiary.

341. The application of such an exemption cannot therefore be envisaged without a prior examination of whether the income exempted from tax has been taxed. The tax treatment of the company receiving distributed income depends, so far as Article 166 of the LIR is concerned, on the tax treatment of the distributing company.

342. There is also a link in the present case, in accordance with paragraphs 312 to 327 above, between the deductibility of the ZORA accretions at the level of LNG Supply and the exemption of participation income at the level of LNG Holding, income corresponding, from an economic perspective, to those accretions. That link stems from the actual financing structure established by Engie and the various contracts between the Engie group companies, as endorsed by the tax rulings at issue. LNG Supply's shares incorporating the value of the ZORA accretions are thus routed, through the ZORA, from LNG Supply to LNG Luxembourg and, through the prepaid forward sale contract, from LNG Luxembourg to LNG Holding, which ultimately generates a tax-exempt capital gain by cancelling the shares received. The same applies to GSTM and CEF, even though the ZORA taken out by the former was not converted.

343. On account of that link and the consideration of the combined effect of those two transactions at the level of the holding companies concerned, the tax rulings at issue derogate from the narrow reference framework. The exemption, in the present case, of participation income at the level of LNG Holding, income corresponding, from an economic perspective, to the ZORA accretions, could not be envisaged, since those accretions were deducted as expenses at the level of LNG Supply.

344. Based on that combined effect, the Commission was fully entitled to find, in recitals 208 and 209 of the contested decision, that there was a derogation from the reference framework comprising Articles 164 and 166 of the LIR.

345. Therefore, in the light of such links, the Commission did not err in law by looking at the combined effect, at the level of the holding companies, of the deductibility of income at the level of a subsidiary and the subsequent exemption of that income at the level of its parent company.

346. That conclusion cannot be called into question by the decision on the Spanish tax leasing system, mentioned in paragraph 337 above.

347. It should be borne in mind that, according to settled case-law, the Commission's decision-making practice in other cases does not affect the validity of the contested decision, which falls to be assessed solely having regard to the objective rules of the Treaty (see judgment of 20 September 2019, *Havenbedrijf Antwerpen and Maatschappij van de Brugse Zeehaven* v *Commission*, T-696/17, EU:T:2019:652, paragraph 68 and the case-law cited).

348. Furthermore, irrespective of the observation that the Commission cannot be bound by its previous decision-making practice, it is apparent in particular from recitals 131 and 140 of the decision on the Spanish tax leasing system that, although the tax arrangement in that case was the result of several separate tax measures combined, the Commission did not seek to make the finding in that case that the Spanish tax leasing system was selective dependent on the selectivity of each of the measures comprising that scheme considered in isolation. In the same vein, the Spanish tax leasing system was made up of five measures, the combined application of which did not follow, either formally or substantively, from a legislative provision. That is not the case here, which concerns Articles 164 and 166 of the LIR, the complementarity of which is apparent, in essence, from a combined reading of those articles.

349. The judgment of 15 November 2011, *Commission and Spain* v *Government of Gibraltar and United Kingdom* (C-106/09 P and C-107/09 P, EU:C:2011:732), cannot be interpreted as meaning that the effects of a measure may be taken into account only if the measure was 'arbitrary or biased' in nature.

350. First, it must be noted that the cases which gave rise to the judgment of 15 November 2011, *Commission and Spain* v *Government of Gibraltar and United Kingdom* (C-106/09 P and C-107/09 P, EU:C:2011:732), differed significantly from the present case, in that the system at issue was itself the reference framework from which the preferential treatment of offshore companies had been identified.

351. Secondly, Article 107(1) TFEU does not distinguish between measures of State intervention by reference to their causes or their aims, but defines them in relation to their effects, and thus independently of the techniques used. The case-law relied on by Engie can be invoked only in disputes similar to those in the cases which gave rise to the judgment of 15 November 2011, *Commission and Spain* v *Government of Gibraltar and United Kingdom* (C-106/09 P and C-107/09 P, EU:C:2011:732).

iv. No infringement of Articles 164 and 166 of the LIR, considered in isolation

352. The Grand Duchy of Luxembourg claims that, in a case where Articles 164 and 166 of the LIR were applied in accordance with national law, the onus was on the Commission to demonstrate that the tax rulings at issue infringed those articles.

353. It argues that, in the light of the judgment of 12 November 2013, *MOL* v *Commission* (T-499/10, EU:T:2013:592), the Commission should have established the selectivity of the tax rulings at issue by reference to the provisions on which they were based, demonstrating that those provisions had been infringed.

354. The Commission stresses that the selectivity of the tax rulings at issue was not conditional both on a finding that the provisions on the basis of which those tax rulings were adopted had been misapplied and on the selectivity of those provisions.

355. In that regard, it should be noted that, contrary to what the Grand Duchy of Luxembourg claims in the present case, the finding of a derogation from the narrow reference framework was not dependent on the finding of an infringement of Articles 164 and 166 of the LIR, each taken in isolation. On the contrary, the derogation fell to be assessed in the light of Articles 164 and 166 of the LIR taken together, comprising the narrow reference framework, under which participation income could not be exempted at the level of a parent company if that income had not been taxed at the level of its subsidiary, and vice versa.

356. It is apparent from recitals 212 and 213 of the contested decision that the tax rulings at issue derogate from the narrow reference framework inasmuch as, pursuant to those rulings, the Engie group received, at the level of the holding companies concerned, an income tax exemption corresponding, in economic terms, to distributed profits not taxed at the level of their subsidiaries. That was specifically the case as regards the ZORA

issued to LNG Supply. LNG Holding was exempted from paying tax on participation income which corresponded, from an economic perspective, to income deducted as expenses by LNG Supply.

357. The obligation to demonstrate that the tax rulings at issue infringed Articles 164 and 166 of the LIR also does not follow in any way from the judgment of 12 November 2013, *MOL* v *Commission* (T-499/10, EU:T:2013:592). Contrary to the Grand Duchy of Luxembourg's assertions, that judgment serves only to illustrate that the selectivity of an aid measure may arise from a discretionary power conferred on the authorities by a text of general application, irrespective of the actual exercise of that discretion. It also states that, where such a power is not exercised, reference must be made to the content of the measure to ascertain whether it confers a selective advantage on the recipient.

358. In those circumstances, it is necessary to reject the arguments alleging failure to demonstrate an infringement of Articles 164 and 166 of the LIR, taken in isolation.

v. The preferential treatment of the Engie group at the level of the holding companies concerned

359. According to Engie and the Grand Duchy of Luxembourg, supported by Ireland, the Commission did not demonstrate that the tax rulings at issue accorded preferential treatment to the Engie group as compared with other companies or groups of companies in a situation comparable to the Engie group.

360. According to Engie, the Commission failed to adduce evidence of the existence of divergent tax rulings and of a refusal by the Luxembourg tax authorities to adopt such a ruling in respect of an undertaking in a comparable situation, or evidence of the existence of a tax adjustment affecting undertakings that had established the structure contemplated in the tax rulings at issue.

361. Only a finding of de facto discrimination could be made in the present case, with the result that, in the light of the judgments of 15 November 2011, *Commission and Spain* v *Government of Gibraltar and United Kingdom* (C-106/09 P and C-107/09 P, EU:C:2011:732), and of 21 December 2016, *Commission* v *World Duty Free Group and Others* (C-20/15 P and C-21/15 P, EU:C:2016:981), the Commission should have, in the case of an individual measure applying a general scheme, identified specific features characteristic of the undertakings benefiting from the tax rulings, enabling them to be distinguished from the undertakings excluded from those rulings.

362. If not, the Commission should have shown that, notwithstanding their general appearance, the tax provisions applied by the tax rulings at issue were in themselves liable to favour certain undertakings on account of their specific features as compared with other undertakings in a comparable situation.

363. The Grand Duchy of Luxembourg, supported by Ireland, also submits that, if every taxpayer were able to create a financing structure similar to the one examined in the tax rulings at issue, as the Commission acknowledged, the Commission should not have argued that those rulings were selective.

364. Ireland stresses that, since any taxable person could receive the same tax treatment as Engie by establishing a financial arrangement similar to the one considered in the tax rulings at issue, there was very little scope for a finding of discrimination or exclusion. According to Ireland, the Commission should have shown that another group of companies had been excluded, de jure or de facto, from receiving the same tax treatment, despite establishing a similar financial arrangement. In the absence of such a finding, it cannot be said that a distinction was introduced by national law; the only difference was in the way in which, individually, taxpayers chose to organise their affairs.

365. The Commission contends that the fact that a financing structure is, in principle, open to all operators on a market exclude the selectivity of the tax rulings at issue.

366. In that regard, it should be recalled that the appropriate criterion for establishing the selectivity of a measure consists in determining whether that measure introduces, between operators that are, in the light of the objective pursued by the general tax system concerned, in a comparable factual and legal situation, a distinction that is not justified by the nature and general structure of that system (judgment of 21 December 2016, *Commission* v *World Duty Free Group and Others*, C-20/15 P and C-21/15 P, EU:C:2016:981, paragraph 60).

367. Specifically, the condition of selectivity is satisfied where the Commission can demonstrate that a national measure conferring a tax advantage derogates from the ordinary or 'normal' tax system applicable in the Member State concerned, thereby introducing, through its actual effects, differences in the treatment of operators, although the operators who qualify for the tax advantage and those who do not are, in the light of the objective pursued by that Member State's tax system, in a comparable factual and legal situation (see, to

that effect, judgment of 21 December 2016, *Commission v World Duty Free Group and Others*, C-20/15 P and C-21/15 P, EU:C:2016:981, paragraph 67).

368. It is also apparent from the case-law that a finding that a derogating tax measure is selective cannot be made subject to the identification of a particular category of undertakings which can be distinguished owing to specific properties. Such identification is, on the other hand, relevant in the case of a measure which does not take the form of a tax advantage that derogates from an ordinary tax system, but involves the application of a 'general' tax scheme based on criteria that are, in themselves, also general (see, to that effect, judgment of 21 December 2016, *Commission* v *World Duty Free Group and Others*, C-20/15 P and C-21/15 P, EU:C:2016:981, paragraphs 71 to 78).

369. Where a tax measure derogates from an ordinary system, a finding of selectivity does not necessarily result from the fact that it is impossible for certain undertakings to qualify for the advantage provided for by the measure at issue on account of legal, economic or practical restrictions preventing them from performing the transaction governing whether that advantage is granted, but may arise merely from the finding that a transaction exists which, although comparable to the transaction governing whether the advantage in question is granted, does not give rise to an entitlement to that advantage. It follows that a tax measure may be selective even though any undertaking may freely choose whether to perform the transaction governing whether the advantage provided for by that measure is granted (see, to that effect, judgment of 21 December 2016, *Commission* v *World Duty Free Group and Others*, C-20/15 P and C-21/15 P, EU:C:2016:981, paragraphs 80 to 88).

370. In the present case, it follows from recitals 205 and 215 of the contested decision that the Commission considered that the holding companies concerned enjoyed more favourable tax treatment than companies which received participation income and which, unlike those holding companies, were therefore subject to the rules relating to the participation exemption and the taxation of profit distributions.

371. While the exemption of participation income at the level of a parent company can be envisaged, in a purely internal situation, only if the distributed income has been taxed at the level of its subsidiary, the holding companies concerned qualify, in the present case, for the participation exemption in respect of income corresponding, from an economic perspective, to the amount of the ZORA accretions, deducted as expenses at the level of their respective subsidiaries. For the same comparable transaction, namely the receipt of participation income following an investment in the capital of a subsidiary, some parent companies are excluded from the tax advantage enjoyed by the holding companies concerned.

372. Accordingly, the Commission demonstrated to the requisite legal standard that the holding companies concerned received preferential tax treatment as compared with a parent company which may receive participation income that is not taxed upon distribution.

373. The arguments put forward by Engie and the Grand Duchy of Luxembourg cannot call that finding into question.

374. First, in the case of a financing system open to all, which the holding companies concerned relied on, Engie claims that, in order to establish the selectivity of the tax rulings at issue, the Commission was required to demonstrate that other companies in a comparable situation had been refused identical tax treatment.

375. Even if holding companies received tax treatment similar to that given to CEF and LNG Holding, in the case of financing transactions also involving the issue of a ZORA by an intermediary company, the existence of identical tax rulings would, at most, be indicative of a possible aid scheme, not that there was no discrimination.

376. Furthermore, Engie's reasoning is based on the incorrect premiss that the reference framework used by the Commission comprises the special tax rules for the holding companies concerned resulting from the tax rulings at issue. Requiring the Commission to identify companies which had been refused identical tax treatment in respect of the same financial arrangement in order for a finding of discrimination to be made would imply that the Commission had adopted the special tax rules as a reference framework.

377. On the contrary, the reference framework comprises Articles 164 and 166 of the LIR, which govern the taxation of profit distributions either at the level of the subsidiary or at the level of the parent company, from which the tax rulings at issue derogate.

378. Secondly, the argument relating to the Commission's failure to identify a particular category of undertakings to which the Engie group companies belong, on the basis of properties specific to them as a privileged category, also cannot succeed.

379. In accordance with paragraph 368 above, the identification of such a category is required only in the context of a general tax system which alone constitutes the reference framework used.

380. That is not the case here, since, in order to establish the selectivity of the tax rulings at issue, the Commission relied on the unequal treatment arising from them, inasmuch as they confer an advantage on the holding companies concerned, and not on other companies which are in a comparable situation in the light of the objective of the narrow reference framework, from which the tax rulings at issue derogate.

381. Accordingly, the Commission was fully entitled to rely, in the contested decision, on the preferential tax treatment received by the holding companies concerned. The Court must therefore reject as unfounded the arguments raised against the finding of a derogation from the provisions on the taxation of profit distributions and the participation exemption and, in consequence, the arguments disputing the selectivity of the tax rulings at issue.

vi. Conclusion on the grant of a selective advantage to the Engie group, at the level of the holding companies concerned, in the light of the narrow reference framework

382. Since, first, the Commission demonstrated the selectivity of the tax rulings at issue with its four lines of reasoning, one of which was submitted in the alternative, and, secondly, the arguments seeking to challenge the merits of one of those lines, namely the existence of a selective advantage at the level of the holding companies concerned in the light of the narrow reference framework, have been rejected as unfounded, it is appropriate, in principle, in the interests of procedural economy and in so far as they have become inoperative, to dispense with an examination of the arguments raised against the other remaining lines of reasoning, in accordance with the case-law cited in paragraphs 230 and 231 above.

383. However, in view of the unprecedented nature of the reasoning put forward to demonstrate the selectivity of the tax rulings at issue in relation to the reference framework including the provision on abuse of law, the Court considers it appropriate also to examine the merits of the arguments raised against that reasoning.

d. The alleged absence of a selective advantage in the light of the provision on abuse of law

384. In recitals 289 to 312 of the contested decision, the Commission submits that the tax rulings at issue confer a selective advantage on Engie as a result of the non-application of the provision on abuse of law. As recital 290 of the contested decision makes clear, that provision forms part of the Luxembourg corporate income tax system.

385. Under the provision on abuse of law, 'tax obligations cannot be circumvented or restricted by abuse of the forms and possibilities afforded by civil law' and, 'in the event of abuse, taxes must be levied in the same way as they would be in a legal structure suited to transactions, facts and circumstances of an economic nature'.

386. The reference to 'Engie', in particular in recital 162 of the contested decision, to designate the entity at the level of which selectivity as a result of the non-application of the provision on abuse of law falls to be assessed, refers, in accordance with recital 16 of the contested decision, to Engie SA and to the companies under its direct and indirect control, namely, in Luxembourg, the holding companies concerned, the intermediary companies and the subsidiaries.

387. In accordance with recitals 292 to 298 of the contested decision, the financial arrangement established by Engie meets the four criteria laid down in the case-law of the Luxembourg courts, as brought to the attention of the Commission by the Grand Duchy of Luxembourg in its reply of 31 January 2018 to the letter of 11 December 2017, in order to find that there has been an abuse of law, namely, first, the use of a legal form governed by private law, secondly, the reduction in the tax burden, thirdly, the use of inappropriate legal means and, fourthly, the absence of non-tax related reasons.

388. In addition to the finding that the ZORA accretions were not taxed at the level of the subsidiaries, the intermediary companies or the holding companies concerned, the Commission considered, in recitals 304 to 310 of the contested decision, under the criterion relating to the use of appropriate legal means, that other means of financing were available and consistent with the Luxembourg legislature's intention, such as equity or lending instruments, inasmuch as they did not result in the non-taxation of the income generated by the subsidiaries.

389. According to the Commission, the lending instruments available include a ZORA issued directly by a parent company to its sole subsidiary, without the involvement of an intermediary company. The Commission

interprets Article 22*bis* of the LIR as meaning that, even if it applied to the ZORA accretions, it would allow only for the taxation of those accretions to be deferred.

390. Point 1 of Article 22*bis*(2) of the LIR, in force when the tax rulings at issue were adopted, and the interpretation of which by the Commission is disputed, provides as follows:

> '2. By way of derogation from Article 22(5), the exchange transactions referred to in points 1 to 4 below shall not result in the realisation of the capital gains related to the assets exchanged unless, in the cases referred to in points 1, 3 and 4, either the creditor or the shareholder waives the application of this provision:
>
> 1. upon conversion of a loan: the allocation to the creditor of securities representing the debtor's share capital. In the event of conversion of a convertible capital loan, the capitalised interest in respect of the business year preceding the conversion shall be taxable at the time of the exchange;
>
> ...'

391. In accordance with recitals 278 to 284 of the contested decision, the Commission submitted that point 1 of Article 22*bis*(2) of the LIR – which provides, in essence, that, where a loan is converted, the allocation to the creditor of securities representing the debtor's share capital is not to result in the realisation of capital gains unless the creditor or the shareholder waives the application of that provision – does not apply to the ZORA accretions. Article 22*bis* of the LIR states that, in the event of conversion of a convertible capital loan, the capitalised interest in respect of the business year preceding the conversion is to be taxable at the time of the exchange. Even if Article 22*bis* of the LIR applied to the ZORA accretions, the Commission contends that that article would not have the effect of permanently exempting the ZORA accretions from tax, but only of deferring their taxation.

392. Under the criterion relating to the absence of non-tax related reasons, the Commission stated, in recitals 306 to 313 of the contested decision, that a possible limitation of the subsidiaries' risk profile or the enhancement of the performance and flexibility of the group could not be a reason for financing the transfer of the business sectors by means of a ZORA issued by an intermediary company combined with a prepaid forward contract concluded with a holding company. The only objective pursued was the achievement of significant tax savings.

393. According to the Commission, the advantage conferred on Engie as a result of the non-application of the provision on abuse of law is selective inasmuch as, in accordance with recitals 311 and 312 of the contested decision, finding that the law had not been applied in circumstances where the conditions for its application were nevertheless met, that advantage is not, as a matter of principle, available to any other undertaking.

1. Preliminary remarks

394. In the contested decision, the Commission assessed the selectivity of the tax rulings at issue in the light of the provision on abuse of law, as an integral part of the Luxembourg corporate income tax system.

395. According to the Commission, since the tax rulings at issue could not be issued because the criteria justifying the application of the provision on abuse of law were met, the Grand Duchy of Luxembourg conferred a selective advantage on Engie. That advantage, which lies in the non-application of the law in circumstances where the conditions for its application were nevertheless met, is 'by definition, ... not available to any other undertakings'.

396. In that regard, it should first of all be observed that, by their arguments, the Grand Duchy of Luxembourg and Engie do not dispute the definition of the reference framework used by the Commission in order to demonstrate the selectivity of the tax rulings at issue in the light of the provision on abuse of law.

397. It is true that, in recitals 290 and 291 of the contested decision, the Commission mentioned, as a reference system, the 'Luxembourg corporate income tax system', the main objective of which is 'the taxation of corporate profit' and which includes the provision on abuse of law.

398. However, in recitals 299 to 312 of the contested decision, the Commission identified a derogation from the sole provision on abuse of law by verifying whether the four cumulative criteria were met in the present case.

399. In other words, the arguments raised by Engie and the Grand Duchy of Luxembourg in their respective pleadings against the Commission's demonstration, in recitals 171 to 199 of the contested decision, of the selectivity of the tax rulings at issue at the level of the holding companies concerned, using a reference framework encompassing the 'Luxembourg corporate income tax system', cannot succeed for the purposes of dis-

puting, in the context of the present pleas, the derogation established by the Commission from the sole provision on abuse of law. That applies in particular to the arguments by which the Grand Duchy of Luxembourg and Engie accuse the Commission of having identified a derogation not from the provisions comprising the Luxembourg corporate income tax system, as set out in recitals 78 to 81 of the contested decision, but from an alleged objective of that reference framework.

400. The 'fundamental objective of the Luxembourg corporate income tax system', to which the Commission refers in recital 305 of the contested decision, in the section on abuse of law, is cited with a view not to identifying a derogation from that 'objective', but to determining whether the tax treatment endorsed by the tax rulings at issue is consistent with the intention of the Luxembourg legislature. Thus, the reference to that 'objective' forms part of a different approach to the one underlying recitals 171 to 199 of the contested decision.

401. On the other hand, the Grand Duchy of Luxembourg and Engie dispute, first, the assessment of the criteria to be met for a finding, under Luxembourg law, of abuse of law and, secondly, the existence of preferential treatment. However, before determining whether the arguments raised in that respect are well founded, it is necessary to consider those submitted by the Grand Duchy of Luxembourg, challenging the admissibility of the reasoning based on the provision on abuse of law.

2. The alleged novelty of the reasoning based on the provision on abuse of law

402. The Grand Duchy of Luxembourg submits that the reasoning by which the Commission maintains that a selective advantage was granted as a result of a derogation from the provision on abuse of law is 'inadmissible'. It claims that the Commission merely raised that complaint during the administrative procedure and did not expand on it.

403. According to the Grand Duchy of Luxembourg, for the purposes of applying the provision on abuse of law, the opening decision referred not to the exemption of participation income at the level of the holding companies, but to the deductibility of the accretions at the level of the subsidiaries. Moreover, the Commission's letter of 11 December 2017 did not in any way remedy the shortcomings of the opening decision on that point.

404. In that regard, it must be pointed out that, as early as the opening decision, the Commission drew attention to the non-application of that provision, as is apparent from paragraph 204 above. Moreover, although the Commission did not provide a summary, in the letter of 11 December 2017, of its arguments regarding the non-application of the provision on abuse of law, it nevertheless made a further request to the parties to submit additional comments on that matter.

405. Accordingly, the argument put forward by the Grand Duchy of Luxembourg claiming that the Commission's reasoning based on the provision on abuse of law was novel and seeking to challenge the 'admissibility' of that reasoning must be rejected as unfounded.

3. The derogation from the provision on abuse of law

406. The Grand Duchy of Luxembourg and Engie dispute the application of the provision on abuse of law in the present case. Apart from the fact that, in order to establish selectivity in that regard, the Commission should have referred to the administrative practice of the Luxembourg tax authorities, the Grand Duchy of Luxembourg and Engie claim that the Commission made various errors of assessment in applying the criteria to be satisfied under Luxembourg law in order to justify the application of the provision on abuse of law. They submit that, since the criteria were not met, the Luxembourg authorities could not conclude that an abuse of law had occurred and, consequently, no finding of derogation could be made. In any event, even if the provision on abuse of law were applicable, the Grand Duchy of Luxembourg and Engie assert, first, that the Commission did not demonstrate that the Engie group companies received preferential treatment and, secondly, that prohibiting the financial arrangement on account of its allegedly abusive nature would infringe the freedom of establishment.

407. The Commission contends, in particular, that the four criteria deriving from Luxembourg practice for a finding of abuse of law were satisfied in the present case. It is clear that the companies in the group which participated in the arrangement were exempted from paying tax on their profits, whereas economically equivalent transactions carried out without the same arrangement were taxed.

i. The alleged failure to take account of the administrative practice of the Luxembourg tax authorities

408. It should be noted at the outset that it does not at all follow from the files in Joined Cases T-516/18 and T-525/18 that the Grand Duchy of Luxembourg and Engie informed the Commission during the administrative procedure of the administrative practice in Luxembourg which might have been necessary in order to rule out, in that respect, the selectivity of the tax rulings at issue.

409. Notwithstanding that observation, it must be held that the Commission was right to refer, as is apparent from recitals 293 to 298 of the contested decision, both to a circular of 1989 from the Luxembourg authorities and to judicial practice in Luxembourg, from which it identified the four criteria to be met in order to find an abuse of rights under Luxembourg law. Moreover, there was no need to take administrative practice into account, since the provision on abuse of law raised no difficulties of interpretation in the present case.

ii. Assessment of the criteria justifying the application of the provision on abuse of law

410. The parties agree on the criteria to be met for a finding of abuse of law under Luxembourg law. In the light of recitals 301 to 306 of the contested decision and the judgment of the Cour administrative (Higher Administrative Court) of the Grand Duchy of Luxembourg of 7 February 2013, annexed to the application in Case T-516/18, such a finding is conditional on four criteria being met, namely the use of forms or institutions governed by private law, the reduction in the tax burden, the use of inappropriate legal means and the absence of non-tax related reasons.

411. As regards the first criterion, it is not disputed here that Engie used forms governed by private law, endorsed by the tax rulings at issue. As pointed out in paragraph 34 above, the tax rulings at issue refer to various intra-group transactions constituting a set implementing, for LNG Supply and GSTM, a single transaction, namely, respectively, the intra-group transfer of business activities related to liquefied natural gas and the intra-group transfer of activities related to financing and treasury, which were also financed within the same group. Those transactions were designed from the outset to be implemented in three successive but interdependent stages, involving the intervention of the holding companies concerned, the intermediary companies and the subsidiaries.

412. By contrast, Engie and the Grand Duchy of Luxembourg dispute the assessment of the three other criteria to be met for a finding of abuse of law under Luxembourg law.

– The criterion relating to the reduction in the tax burden

413. Concerning the second criterion, the Grand Duchy of Luxembourg and Engie claim that the tax rulings at issue did not result in a reduction in the tax burden of the subsidiaries, the intermediary companies and the holding companies concerned.

414. It must be pointed out, as the Commission did in recital 302 of the contested decision, that that arrangement in fact results in the ZORA accretions not being taxed either at the level of the subsidiaries, the intermediary companies or the holding companies concerned.

415. While the subsidiaries may, first of all, deduct the ZORA accretions from their taxable income, with the exception of a margin agreed with the tax authorities, the intermediary companies are not subsequently taxed on those accretions in that, under the prepaid forward sale contract concluded with the holding companies concerned, they incur a loss of the same amount when the ZORA in question is converted, which offsets, in their accounts, the capital gain corresponding to those accretions.

416. Lastly, in the light of the tax rulings at issue, the holding companies concerned qualify for the exemption attaching to participation income, which, in the present case, was applied to income corresponding, from an economic perspective, to the ZORA accretions, as the Grand Duchy of Luxembourg confirmed at the hearing.

417. In order to achieve that tax result, the intermediary companies play a decisive role. Although they may appear, from the standpoint of the financing transaction, to be a superfluous link in the financial arrangement established by Engie, from a tax perspective, they are an essential link in that arrangement, contrary to what is claimed by the Grand Duchy of Luxembourg and Engie.

418. From the standpoint of the financing transaction, in their dealings with the subsidiaries, the intermediary companies finance the ZORA in question and receive, when it is converted, shares the value of which incorporates the nominal amount of the ZORA and the ZORA accretions.

419. In their dealings with the holding companies concerned, the intermediary companies receive, when the ZORA in question is issued, the nominal amount of that ZORA and ensure, when it is converted, the transfer of ownership of the shares issued by the subsidiaries, the value of which incorporates the nominal amount and the ZORA accretions.

420. Thus, the intermediary companies perform solely the financing transaction decided on by the holding companies concerned with a view to transferring the business sectors to the subsidiaries.

421. From a tax perspective, first, the intermediary companies are not actually taxed on the ZORA accretions at all. While, when the ZORA is converted, the intermediary companies record a capital gain corresponding to the ZORA accretions, at the same time they incur, under the prepaid forward sale contract, a loss of the same amount as those accretions.

422. That was the situation when the ZORA issued to LNG Supply was partially converted. Because it did not choose to apply Article 22*bis* of the LIR, LNG Luxembourg recorded a capital gain in its accounts, which, as the Grand Duchy of Luxembourg confirmed at the hearing, was offset by a loss of the same amount as a result of the implementation of the prepaid forward sale contract concluded with LNG Holding. In the absence of the prepaid forward sale contract, the intermediary companies would therefore have had to be taxed on the ZORA accretions.

423. Secondly, thanks to the intermediary companies, the profits made by the holding companies concerned as a result of the cancellation of a proportion of the shares received under the prepaid forward sale contract can be conveniently dissociated, at least ostensibly, from the profits corresponding to the ZORA accretions and the application of Article 166 of the LIR can be triggered. Since the ZORA accretions could not be treated as participation income for the purposes of Article 166 of the LIR, the ZORA could not serve as a basis for any right to an exemption in respect of those accretions.

424. In other words, in the light of the ZORA taken out by LNG Supply, the intervention of LNG Luxembourg, as an intermediary company, enables LNG Holding to disguise the revenue generated by the cancellation of LNG Supply's shares as participation income, even though that income corresponds, in essence, to the ZORA accretions. That result could not have been achieved in the case of a ZORA concluded directly between LNG Supply and LNG Holding.

425. As the Commission submitted in recital 304 of the contested decision, and contrary to what is claimed by the Grand Duchy of Luxembourg and Engie, the conclusion of a ZORA between two companies cannot give the same tax result as that obtained by the intervention, in the financing structure at issue, of the intermediary companies.

426. It is true that, in the case of a ZORA concluded between a subsidiary and its parent company, the ZORA accretions would have been deductible at the level of the subsidiary, with the exception of a margin agreed with the Luxembourg tax authorities.

427. However, at the level of the parent company, the accretions would have been taxed either upon conversion of the ZORA in question or, at a later stage, in accordance with the choice provided in Article 22*bis* of the LIR.

428. First, although, when a ZORA is converted, the company which owns the converted shares may choose to apply Article 22*bis* of the LIR so as not to be taxed at the time of the conversion and thereby ensure the fiscal neutrality of the transaction, that article cannot be interpreted as meaning that the capital gain realised will not be taxed at all in the future.

429. That interpretation is confirmed by a circular issued by the Luxembourg tax authorities on 27 November 2002, according to which, in the light of recital 283 of the contested decision and the text reproduced in footnote 288, 'the aim of Article 22*bis* of the LIR is to specify which security exchange transactions may be carried out in a fiscally neutral manner' and '[that article] is not, however, intended definitively to exempt capital gains which would otherwise have been taxed in the hands of the transferor, but rather to defer their taxation in time'.

430. Furthermore, the bill of 17 July 2018 transposing into Luxembourg law Council Directive (EU) 2016/1164 of 12 July 2016 laying down rules against tax avoidance practices that directly affect the functioning of the internal market (OJ 2016 L 193, p. 1), to which Engie refers in its pleadings, states that 'the aim [of Article 22*bis* of the LIR] is to allow taxpayers to defer in time the taxation of capital gains arising from an exchange of securities in defined circumstances'. While that bill indeed postdates the contested decision, it is nonetheless illustrative of the position of the Luxembourg legislature as to the meaning to be given to that article.

431. Secondly, any income received by a parent company in the case of a direct ZORA after cancellation of a proportion of the shares could not generate income exempted from tax under Article 166 of the LIR, even though that is not formally precluded by Articles 166 and 22*bis* of the LIR.

432. Any contrary interpretation would be at variance with the purpose of Article 22*bis* of the LIR, which, as the Luxembourg tax authorities pointed out in the circular of 27 November 2002, is to defer in time the taxation of any capital gains, and not to enable them to escape all liability to tax.

433. That interpretation moreover follows, in essence, from the clarifications provided during the administrative procedure by the Grand Duchy of Luxembourg in its letter to the Commission of 31 January 2018.

434. As to whether a ZORA is a participation instrument for the purposes of Article 166 of the LIR, and a security for the purposes of Article 164 of the LIR, the Grand Duchy of Luxembourg clearly stated that 'ZORAs issued by [LNG Supply] and [GSTM] respectively [had to] retain their classification as a loan agreement and [were] de facto excluded from the scope of Articles 164 and 166 of the LIR applicable to participation income'.

435. In other words, although, as the Grand Duchy of Luxembourg maintained during the administrative procedure, a ZORA must retain its classification as a loan agreement, it follows that any income received under such an agreement cannot qualify for a tax exemption on the basis of Article 166 of the LIR, which is concerned with participation income.

436. Accordingly, the Commission did not err in finding that the criterion relating to the reduction in the tax burden was met in this case.

– The criterion relating to the use of inappropriate legal means

437. As regards the third criterion, namely the use of inappropriate legal means, the Grand Duchy of Luxembourg and Engie argue that it was appropriate in the present case to have recourse to an indirect ZORA, namely one involving the intervention of an intermediary company, in order to finance the transfer of the business sectors concerned to the subsidiaries.

438. Contrary to what the Commission contends, the financing structure is suitable and cannot be equated to other means of financing, such as debt financing or equity financing. Engie states that, if a capital contribution had been performed, the subsidiaries would have been over-capitalised, which would have prevented them from enjoying a leveraging effect and a reasonable negotiating margin vis-à-vis third-party investors. Similarly, in the case of a loan, the subsidiaries would have been required to make repayment in cash, unlike under the ZORA.

439. In any event, Engie claims that it has the right to choose the least onerous means of financing and complains that the Commission, in order to conclude that the financing structure was inappropriate, imposed its own interpretation of the Luxembourg legislature's intention by incorrectly referring to the objective of the Luxembourg corporate income tax system.

440. In that regard, it should be noted at the outset that, in accordance with the letter of the Grand Duchy of Luxembourg of 31 December 2018, mentioned in recital 297 of the contested decision, the criterion relating to the use of inappropriate legal means refers to the legal situation where a taxpayer chooses means which are in direct conflict with the clear intention of the legislature, which corresponds to the aim or spirit of the law.

441. Although the complex financial arrangement established by Engie, considered in the tax rulings at issue, does indeed make it possible to finance the transfer of the business sectors to the subsidiaries concerned, the fact is that it also results, as the Commission rightly observed in recitals 304 and 305 of the contested decision, in the non-taxation of the ZORA accretions.

442. Thus, Engie's chosen means of financing cannot be regarded as appropriate in so far as they are in direct conflict with the intention of the Luxembourg legislature, which cannot reasonably be, in tax matters, the promotion of complex financial arrangements resulting, in real terms, in the double non-taxation of distributed income at the level of a subsidiary and of its parent company.

443. In that regard, the Commission did not commit any error of assessment in stating, in recital 305 of the contested decision, that the tax treatment endorsed by the tax rulings at issue was in direct opposition to the objective of the Luxembourg corporate income tax system, under which profits made by a company, as recorded in its accounts, must, in principle, be taxed. That objective follows from a combined reading of the provisions comprising the Luxembourg corporate income tax system, referred to in recitals 78 to 81 of the contested decision.

444. Accordingly, it cannot be claimed that the Commission arbitrarily defined the objective of the Luxembourg corporate income tax system and essentially substituted its intention for that of the Luxembourg legislature.

445. Easy access existed to other means of financing which, as the Commission rightly pointed out in recitals 304 and 310 of the contested decision, not only ensured that the transfer of the business sectors concerned to the subsidiaries was financed, but also generated a profit that was taxable at the level of the subsidiaries, the intermediary companies or the holding companies concerned, where appropriate.

446. First of all, if an equity instrument had been used, the subsidiaries could have received additional equity in an amount identical to that instrument, in this instance, the nominal amount of the ZORA in question. In that situation, in the light in particular of Articles 164 and 166 of the LIR, the profits made by the subsidiaries would have been taxed either at the level of those subsidiaries or at the level of the holding companies concerned.

447. Next, if the transfer of the business sector had been financed by a non-capital loan taken out with a group company, the profits made by the subsidiaries during the lifetime of the loan would also have been taxed at the level of those subsidiaries. Furthermore, although the interest on the loan would indeed have been deductible at the level of the subsidiaries, it would have been taxable at the level of either the intermediary companies or the holding companies concerned, depending on which of them were the creditor companies in that case.

448. Lastly, that would also have been the case, in the light of paragraphs 425 to 435 above, if a direct ZORA had been concluded between the subsidiaries and the holding companies concerned, as the Commission rightly stated in recital 304 of the contested decision, and contrary to the submissions of the Grand Duchy of Luxembourg and Engie.

449. Therefore, other legal means could be regarded as appropriate for the purposes of financing the transfer of the business sectors to the subsidiaries in the present case.

– The criterion relating to the absence of non-tax related reasons

450. Concerning the last criterion, the Grand Duchy of Luxembourg and Engie submit that the financing transaction did not pursue a purely tax-related aim and that it was motivated by valid economic reasons. According to Engie, there was an economic justification for financing the activity through an indirect ZORA.

451. Besides the fact that it was only as a result of a reform that took place in 2015 that an anti-abuse clause was inserted into the parent-subsidiary directive, it follows from the anti-abuse clause in Directive 2016/1164 that a transaction cannot be regarded as abusive if it was put in place for valid commercial reasons reflecting economic reality.

452. Likewise, the Commission cannot rely solely on the involvement of the intermediary companies and on the use of complex financial products in order to find that a transaction is abusive. That is particularly true since a ZORA implemented between two companies, without the involvement of an intermediary company, may, according to the Grand Duchy of Luxembourg and Engie, produce the same result under Article 22*bis* of the LIR.

453. In that regard, the Grand Duchy of Luxembourg and Engie struggled at the outset to demonstrate that the provision of financing by means, inter alia, of a capital contribution would not have been a valid financing instrument because it would have increased the financial risk of the subsidiaries. During the proceedings before the Court, those parties did not adduce any evidence to show that the alternative means contemplated by the Commission in recitals 304, 309 and 310 of the contested decision, including the capital contribution, would have increased the risks borne by the subsidiaries under the arrangement endorsed by the tax rulings at issue.

454. If a capital contribution had been performed in the nominal amount of the ZORA in question, the subsidiary could, a priori, have financed the business transferred, while bearing a risk equivalent to that borne had the ZORA accretions been negative.

455. In the case of a capital increase, the subsidiaries could have received equity in an amount equivalent to the loan they received under the ZORA issued by the intermediary companies.

456. That capital contribution would also have been accompanied by a new share issue, just like repayment of the ZORA. Furthermore, the shares issued after conversion of the ZORA in question, if the accretions are posi-

tive, include the nominal amount of the loan together with those accretions, unlike a mere capital increase which would have had as its upper limit the nominal amount of the loan, so that the argument based on a risk of over-capitalisation cannot reasonably succeed.

457. Similarly, as the Commission correctly stated in recital 309 of the contested decision, the initial capital of a subsidiary is affected in the same way by potential losses, whether in the context of a capital contribution or a ZORA, if the losses exceed the amount of the contribution or the nominal amount of the ZORA.

458. In addition, the financial risk borne by the holding companies concerned is the same in the case of a capital contribution as in the case of the indirect issue of a ZORA, as here. Where a capital contribution is made and the losses exceed that contribution, the value of the corresponding shares will drop and, where the accretions under a ZORA are negative, the issuing entity will bear the risk of its claim being reduced and, depending on the circumstances, falling to a value lower than the nominal amount of the ZORA in question.

459. Thus, while a taxpayer cannot be criticised for choosing the least onerous legal means, that does not apply where other appropriate means are available but the legal means chosen have an exclusively tax-related aim and actually result in no tax being levied.

460. The argument based on a financing choice remunerated on the basis of the subsidiaries' performance must also be rejected.

461. While it is true that, under a ZORA, the remuneration received by the issuing company is proportional to the profits made by the company that took out the ZORA, such performance-based remuneration may also be obtained where financing is provided in the form of a capital contribution, reflected simply in higher distributable profits.

462. Similarly, even assuming that recourse to a ZORA was justified solely by the desire to choose a financing instrument remunerated on the basis of the subsidiaries' performance, such an objective could also be achieved by a direct ZORA, rather than by an indirect ZORA, which, as is apparent from paragraphs 448 and 449 above, resulted, unlike the former, in the ZORA accretions of the subsidiaries escaping almost all liability to tax.

463. Accordingly, the arguments put forward in order to demonstrate the presence of non-tax related reasons must be rejected as unfounded.

– The preferential treatment of the Engie group companies

464. The Grand Duchy of Luxembourg and Engie submit in any event that, even if the provision on abuse of law were applicable, the Commission did not in any way demonstrate that the Engie group companies received preferential treatment as compared with other companies in a comparable factual and legal situation.

465. Similarly, according to the Grand Duchy of Luxembourg, prohibiting the financial structure on account of its allegedly abusive nature would infringe the freedom of establishment enshrined in Article 49 TFEU.

466. In that regard, it should be recalled that the appropriate criterion for establishing the selectivity of a measure consists in determining whether that measure introduces, between operators that are, in the light of the objective pursued by the general tax system concerned, in a comparable factual and legal situation, a distinction that is not justified by the nature and general structure of that system (judgment of 21 December 2016, *Commission* v *World Duty Free Group and Others*, C-20/15 P and C-21/15 P, EU:C:2016:981, paragraph 60).

467. Specifically, the condition of selectivity is satisfied where the Commission can demonstrate that a national measure conferring a tax advantage derogates from the ordinary or 'normal' tax system applicable in the Member State concerned, thereby introducing, through its actual effects, differences in the treatment of operators, although the operators who qualify for the tax advantage and those who do not are, in the light of the objective pursued by that Member State's tax system, in a comparable factual and legal situation (judgment of 21 December 2016, *Commission* v *World Duty Free Group and Others*, C-20/15 P and C-21/15 P, EU:C:2016:981, paragraph 67).

468. Since the criteria for establishing an abuse of law were met in the present case, it cannot reasonably be disputed that the Engie group received preferential tax treatment as a result of the non-application of the provision on abuse of law in the tax rulings at issue, as the Commission rightly pointed out in recital 312 of the contested decision.

469. In the light of the objective pursued by the provision on abuse of law, namely to combat abusive practices in tax matters, Engie and, in particular, the holding companies concerned are in a factual and legal situa-

tion comparable to that of all Luxembourg taxpayers, who cannot reasonably expect to benefit as well from the non-application of the provision on abuse of law in circumstances where the conditions for its application have been met.

470. The existence of discrimination is all the more obvious inasmuch as the Luxembourg authorities have already applied the provision on abuse of law in the past. Thus, in a judgment delivered on 7 February 2013, annexed to the application in Case T-516/18, the Cour administrative (Higher Administrative Court) of the Grand Duchy of Luxembourg upheld a judgment delivered at first instance in a dispute between the head of direct taxes and a company concerning the application to that company of the provision on abuse of law.

471. The Luxembourg tax authorities thus reserved the non-application of the provision on abuse of law for the Engie group.

472. Accordingly, the Commission demonstrated to the requisite legal standard that there was a derogation from the reference framework comprising the provision on abuse of law.

– The alleged infringement of freedom of establishment

473. The Grand Duchy of Luxembourg submits that prohibiting the financial arrangement on account of its allegedly abusive nature would infringe freedom of establishment within the meaning of Article 49 TFEU.

474. It must be pointed out that, since the situation at issue is a purely internal one, Article 49 TFEU does not, in principle, apply. Moreover, even if freedom of establishment were applicable, the finding of a possible restriction could be justified by the need to combat abuse of law (see, to that effect, judgment of 26 February 2019, *N Luxembourg 1 and Others*, C-115/16, C-118/16, C-119/16 and C-299/16, EU:C:2019:134, paragraph 177).

475. In EU law, there is a general legal principle that EU law cannot be relied on for abusive or fraudulent ends. That principle seeks, inter alia, to prevent purely formal or artificial transactions devoid of any economic and commercial justification, with the essential aim of benefiting from an improper advantage (judgment of 26 February 2019, *N Luxembourg 1 and Others*, C-115/16, C-118/16, C-119/16 and C-299/16, EU:C:2019:134, paragraphs 96 and 125).

476. That is precisely the case where an artificial arrangement has been established under which, on account of the involvement of a conduit entity in the structure of the group between a company distributing income and the company which is its beneficial owner, payment of income tax is avoided (see, to that effect, judgment of 26 February 2019, *N Luxembourg 1 and Others*, C-115/16, C-118/16, C-119/16 and C-299/16, EU:C:2019:134, paragraph 127).

477. Accordingly, the Commission was fully entitled to demonstrate the selectivity of the tax rulings at issue by reference to the fact that they derogated from the application of the provision on abuse of law in circumstances where the conditions for the application of that provision were nevertheless met.

478. Consequently, the Court must reject as unfounded the first and second pleas in Case T-516/18 and the second and third pleas in Case T-525/18, alleging that the Commission was wrong to find that the tax rulings at issue were selective in the light of the narrow reference framework and the provision on abuse of law, without there being any need, in any event, to rule on the merits of the arguments raised against the other lines of reasoning.

6. The fourth plea in Case T-525/18, alleging that the tax rulings at issue were incorrectly classified as individual aid

479. Engie submits that the selectivity of an individual tax ruling can be established only by reference to the legislation and administrative practice applicable to the tax measure at issue.

480. According to Engie, had the Commission taken account of the legislation and administrative practice applicable to the tax rulings at issue, it would have had to identify an aid scheme, as it did in Commission Decision (EU) 2016/1699 of 11 January 2016 on the excess profit exemption State aid scheme SA.37667 (2015/C) (ex 2015/NN) implemented by Belgium (OJ 2016 L 260, p. 61).

481. Engie states that, under identical tax rulings, other undertakings benefit from the same financing structure, as confirmed by the statements of the Member of the Commission responsible for competition matters.

482. Moreover, the Commission acknowledged in the contested decision that the financing structures endorsed by the tax rulings at issue were 'open to any group in Luxembourg' and that it was possible that 'a

specific category of undertakings – groups of undertakings using a direct ZORA – could also benefit from the same tax treatment'.

483. In the reply, Engie adds that the Commission should have established that, notwithstanding their general nature, the provisions on which the tax rulings at issue are based were in themselves liable to result in the grant of a selective advantage.

484. As regards the existence of a possible aid scheme, the Commission contends that groups of companies using a direct ZORA are not entitled to the same tax treatment as the Engie group, as is expressly clear from the contested decision. It also maintains that it cannot be prevented from finding that individual aid exists, even though that aid was part of a broader scheme. The reference to the decision delivered in the case concerning the excess profit exemption scheme in Belgium and to the Commission's approach in that decision is therefore wholly irrelevant.

485. In that regard, irrespective of whether identical tax rulings exist, it should be noted that the Commission is able to consider a measure applying a general scheme as individual aid without first being required to demonstrate that the provisions on which that scheme is based constitute an aid scheme, even if that is the case (see, by analogy, judgment of 9 June 2011, *Comitato 'Venezia vuole vivere' and Others* v *Commission*, C-71/09 P, C-73/09 P and C-76/09 P, EU:C:2011:368, paragraph 63).

486. Moreover, it is clear from paragraphs 382 and 477 above that the Commission demonstrated to the requisite legal standard that the tax rulings at issue granted a selective advantage to the holding companies concerned, inasmuch as they derogated from Articles 164 and 166 of the LIR and from the provision on abuse of law.

487. Accordingly, the Commission did not err in law in considering the tax rulings at issue to be individual aid.

488. In consequence, the fourth plea in Case T-525/18 must be rejected as unfounded.

7. *The seventh plea in Case T-525/18 and the fifth plea in Case T-516/18, alleging, in the alternative, an error of law as regards the obligation to recover the aid allegedly granted*

489. According to the Grand Duchy of Luxembourg and Engie, the Commission infringed the general principles of legal certainty and the protection of legitimate expectations by ordering, under Article 2 of the contested decision, recovery of the aid.

490. First of all, the Commission's approach, based on the finding that the combination of two tax measures created an advantage, was not foreseeable for either the Grand Duchy of Luxembourg or for Engie due to its novel nature.

491. The novelty of that approach is all the more apparent from, first, the examination of the selectivity of the tax rulings at issue in the light of the objective of the reference framework comprising the provisions on which the Luxembourg corporate income tax system is based and, secondly, the non-application of the provision on abuse of law.

492. Thus, according to Engie, the unforeseeability of the contested decision called for a derogation from the obligation to recover the aid, in accordance with the principles of legal certainty and the protection of legitimate expectations.

493. Next, the Grand Duchy of Luxembourg and Engie state that the Commission's practice has been to qualify the obligation to recover aid where 'the complexity of the analysis of the tax measures in the light of the State aid rules leads to legal uncertainty'.

494. Lastly, according to Engie, the Commission undermined legal certainty by carrying out a disguised tax harmonisation of the Luxembourg provisions, which were clear and precise and left the Luxembourg authorities no discretion in the adoption of tax rulings.

495. The Commission disputes the merits of all those arguments. It maintains that it did not in any way infringe the principle of legal certainty by ordering recovery of the aid granted, adding that the complexity alleged by Engie results not from its reasoning, but from the tax arrangement established by Engie and endorsed in the tax rulings at issue by the Luxembourg tax authorities. Furthermore, its reasoning is not at all unprecedented and is based on conventional State aid principles.

496. In that regard, it should be borne in mind that, under Article 16 of Regulation 2015/1589, where negative decisions are taken in cases of unlawful aid, the Commission is to decide that the Member State concerned must take all necessary measures to recover the aid from the beneficiary, unless recovery would be contrary to a general principle of EU law.

497. In the present case, the Commission did not commit any error of law by ordering the Grand Duchy of Luxembourg, under Article 2 of the contested decision, to recover the aid. Contrary to what is claimed by the Grand Duchy of Luxembourg and Engie, such an obligation does not infringe either the principle of legal certainty or the principle of mutual trust.

498. In the first place, the principle of legal certainty – which is one of the general principles of EU law – requires that rules of law be clear and precise and predictable in their effect, so that interested parties can ascertain their position in situations and legal relationships governed by EU law (judgment of 8 December 2011, *France Télécom* v *Commission*, C-81/10 P, EU:C:2011:811, paragraph 100).

499. In other words, the persons concerned must be able to know precisely the extent of the obligations which EU rules impose on them and ascertain unequivocally what their rights and obligations are and take steps accordingly (judgment of 11 December 2012, *Commission* v *Spain*, C-610/10, EU:C:2012:781, paragraph 49).

500. In the present case, although the reasoning followed by the Commission indeed applied to a tax ruling, it was not at all unprecedented in decision-making practice.

501. Similarly, the way in which the Commission demonstrated the selectivity of the tax rulings at issue is based on its standard reasoning and on settled case-law in the field of State aid.

502. Moreover, as the Commission rightly points out, the real complexity that may be observed in the present case concerns the tax arrangement established by the Engie group and approved by the Grand Duchy of Luxembourg in order to finance the transfer of the business sectors to the Engie group's subsidiaries.

503. Accordingly, the Commission did not infringe the principle of legal certainty by ordering recovery of the aid.

504. In the second place, the same finding must be made as regards the principle of the protection of legitimate expectations.

505. The principle of the protection of legitimate expectations, which is a fundamental principle of EU law, allows any trader in regard to whom an institution has given rise to justified expectations to rely on those expectations (judgment of 22 April 2016, *France* v *Commission*, T-56/06 RENV II, EU:T:2016:228, paragraph 42).

506. In view of the mandatory nature of the review of State aid by the Commission, undertakings to which aid has been granted may not, in principle, entertain a legitimate expectation that the aid is lawful unless it has been granted in compliance with the procedure provided for in Article 108 TFEU (judgment of 12 September 2007, *Italy* v *Commission*, T-239/04 and T-323/04, EU:T:2007:260, paragraph 154).

507. Similarly, by its conduct, the Commission did not create any expectation that the tax rulings at issue were lawful under State aid law.

508. Accordingly, the Commission did not infringe the principle of the protection of legitimate expectations by ordering recovery of the aid.

509. Therefore, the seventh plea in Case T-525/18 and the fifth plea in Case T-516/18 must be rejected as unfounded and, in consequence, the actions must be dismissed in their entirety.

V – Costs

A – Case T-516/18

510. ...

511. ...

B – Case T-525/18

512. ...

On those grounds,

THE GENERAL COURT (Second Chamber, Extended Composition)
hereby:

1. **Joins Cases T-516/18 and T-525/18 for the purposes of the judgment;**

2. **Dismisses the actions;**

3. **Orders the Grand Duchy of Luxembourg to bear its own costs and to pay those incurred by the European Commission in Case T-516/18;**

4. **Orders Engie Global LNG Holding Sàrl, Engie Invest International SA and Engie to bear their own costs and to pay those incurred by the Commission in Case T-525/18;**

5. **Orders Ireland to bear its own costs.**

HvJ EU 9 september 2021, zaak C-449/20 (Real Vida Seguros SA v. Autoridade Tributária e Aduaneira)

Zevende kamer: A. Kumin (rapporteur), kamerpresident, P. G. Xuereb en I. Ziemele, rechters

Advocaat-Generaal: G. Pitruzella

1. Het verzoek om een prejudiciële beslissing betreft de uitlegging van de artikelen 63 en 65 VWEU.

2. Dit verzoek is ingediend in het kader van een geding tussen Real Vida Seguros SA en de Autoridade Tributária e Aduaneira (belasting- en douanedienst, Portugal; hierna: „belastingdienst") over de gedeeltelijke aftrekbaarheid van dividenden op genoteerde aandelen met het oog op de vaststelling van de heffingsgrondslag voor de inkomstenbelasting.

Toepasselijke bepalingen

3. Artikel 2, lid 1, van het Estatuto dos Benefícios Fiscais (regeling inzake belastingvoordelen) (*Diário da República I*, serie I-A, nr. 149 van 1 juli 1989) in de op het hoofdgeding toepasselijke versie (hierna: „EBF") luidt:

> „Belastingvoordelen zijn uitzonderlijke maatregelen die zijn genomen ter bescherming van niet-fiscale openbare belangen die zwaarder wegen dan de openbare belangen bij de belastingheffing zelf, die door die maatregelen wordt verhinderd."

4. Artikel 31 EBF bepaalde:

> „Voor de toepassing van de inkomstenbelasting en de vennootschapsbelasting tellen dividenden op genoteerde aandelen slechts mee voor 50 %."

Hoofdgeding en prejudiciële vraag

5. Gedurende de belastingjaren 1999 en 2000 heeft Real Vida Seguros, gevestigd te Porto (Portugal), dividenden ontvangen op aandelen die zowel op de Portugese beurs als op buitenlandse beurzen waren genoteerd. Op basis van artikel 31 EBF heeft zij ter vaststelling van de heffingsgrondslag voor de inkomstenbelasting voor die jaren 50 % van die dividenden afgetrokken van haar totale nettoresultaat.

6. Na een belastingcontrole over die belastingjaren heeft de bevoegde autoriteit in de heffingsgrondslag correcties aangebracht ten bedrage van 10 778,46 EUR voor het fiscale resultaat van belastingjaar 1999 en 13 406,62 EUR voor dat van belastingjaar 2000, die zij als volgt heeft verantwoord:

> „Uit de analyse van de berekeningsgrondslag voor de inkomsten waarop de in artikel 31 EBF bedoelde aftrek voor genoteerde aandelen is toegepast, blijkt dat de belastingplichtige de brutodividenden van zowel Portugese als buitenlandse aandelen in aftrek heeft gebracht.
>
> Gelet op het begrip ‚belastingvoordeel' en op het feit dat het betrokken voordeel bedoeld was om de nationale effectenmarkt dynamischer te maken, hadden echter alleen de dividenden op aandelen die tot de handel op deze effectenmarkt zijn toegelaten in aftrek mogen worden gebracht [...]."

7. Real Vida Seguros heeft de naheffingen die haar naar aanleiding van deze belastingcontrole zijn opgelegd zonder succes betwist, eerst middels een administratief beroep en vervolgens middels een beroep in rechte. Daarop heeft zij cassatieberoep ingesteld bij de Supremo Tribunal Administrativo (hoogste bestuursrechter, Portugal), de verwijzende rechter.

8. Ter ondersteuning van haar cassatieberoep betoogt Real Vida Seguros dat de rechter in eerste aanleg blijk heeft gegeven van een onjuiste rechtsopvatting voor zover hij heeft geoordeeld dat de in artikel 31 EBF bepaalde aftrekbaarheid enkel geldt voor dividenden op aandelen die op de Portugese beurs zijn genoteerd, met uitsluiting van dividenden op aandelen die op buitenlandse beurzen zijn genoteerd. Afgezien van het feit dat dit artikel niet verwijst naar de herkomst van de dividenden, is elk onderscheid in die zin immers in strijd met het Unierecht aangezien een dergelijke toepassing van dit belastingvoordeel onverenigbaar is met het vrije verkeer van kapitaal.

9. De verwijzende rechter verduidelijkt dat de uitlegging van het in artikel 31 EBF neergelegde belastingvoordeel volgens welke dit voordeel enkel geldt voor dividenden op aandelen die op de nationale beurs zijn genoteerd, erop is gebaseerd dat dit artikel tot doel had de beurs dynamischer te maken of te ontwikkelen. Er

bestaat dus een relevant openbaar belang in de zin van artikel 2, lid 1, EBF, dat wordt geacht zwaarder te wegen dan het met de belasting zelf nagestreefde doel.

10. Aangezien de Supremo Tribunal Administrativo evenwel twijfels heeft over de verenigbaarheid van deze uitlegging met het vrije verkeer van kapitaal, heeft hij de behandeling van de zaak geschorst en het Hof verzocht om een prejudiciële beslissing over de volgende vraag:

„Is er sprake van schending van het in de artikelen 63 e.v. VWEU neergelegde beginsel van vrij verkeer van kapitaal wanneer overeenkomstig de artikelen 31 en 2 [EBF] en voor de toepassing van de vennootschapsbelasting die ten aanzien van verzoekster tot cassatie is geheven over de belastingjaren 1999 en 2000, 50 % van de dividenden die op nationale (Portugese) beurzen zijn verkregen, kan worden afgetrokken, terwijl dividenden die op beurzen van andere [lidstaten] zijn verkregen, van die aftrek zijn uitgesloten?"

Beantwoording van de prejudiciële vraag

11. Met zijn vraag wenst de verwijzende rechter in wezen te vernemen of de artikelen 63 en 65 VWEU aldus moeten worden uitgelegd dat zij zich verzetten tegen de belastingpraktijk van een lidstaat volgens welke dividenden op aandelen die op de beurs van die lidstaat zijn genoteerd, met het oog op de vaststelling van de heffingsgrondslag voor de inkomstenbelasting van een belastingplichtige, slechts voor 50 % van hun bedrag meetellen terwijl dividenden op aandelen die op beurzen van andere lidstaten zijn genoteerd volledig worden meegerekend.

12. Vooraf zij eraan herinnerd dat artikel 31 EBF volgens de door de verwijzende rechter verstrekte toelichtingen voor de belastingjaren 1999 en 2000 voorzag in de inaanmerkingneming van de ontvangen dividenden ten belope van 50 % en, gelet op het doel van dit artikel, slechts was toegepast op dividenden op aandelen die op de Portugese beurs waren genoteerd. Uit de schriftelijke opmerkingen van de Portugese regering blijkt dat deze dividenden krachtens die bepaling, die in 1989 is ingevoerd en in 2008 is ingetrokken, voor belastingjaar 2000 niet voor 50 %, maar voor 60 % van hun bedrag in aftrek konden worden gebracht op de heffingsgrondslag voor de inkomstenbelasting. Voorts betwist Real Vida Seguros de door de rechter in eerste aanleg en de verwijzende rechter gegeven uitlegging volgens welke artikel 31 EBF enkel van toepassing is op dividenden op aandelen die op de Portugese beurs zijn genoteerd, aangezien een dergelijke voorwaarde niet blijkt uit de bewoordingen ervan.

13. In dit verband dient te worden opgemerkt dat het in het kader van de procedure van artikel 267 VWEU, die berust op een duidelijke taakverdeling tussen de nationale rechterlijke instanties en het Hof, uitsluitend aan de nationale rechter staat om de feiten van het hoofdgeding te bepalen en te beoordelen, alsook om de juiste strekking van nationale wettelijke en bestuursrechtelijke bepalingen vast te stellen (arrest van 3 oktober 2019, Fonds du Logement de la Région de Bruxelles-Capitale, C-632/18, EU:C:2019:833, punt 48 en aldaar aangehaalde rechtspraak). Het Hof is uitsluitend bevoegd zich over de uitlegging of geldigheid van het Unierecht uit te spreken tegen de achtergrond van de situatie, feitelijk en rechtens, zoals zij door de verwijzende rechter is beschreven (arrest van 17 december 2020, Onofrei, C-218/19, EU:C:2020:1034, punt 18 en aldaar aangehaalde rechtspraak), zonder deze in twijfel te kunnen trekken of de juistheid ervan te kunnen nagaan (zie in die zin arresten van 15 september 2011, Gueye en Salmerón Sánchez, C-483/09 en C-1/10, EU:C:2011:583, punt 42 en 21 juni 2016, New Valmar, C-15/15, EU:C:2016:464, punt 25 en aldaar aangehaalde rechtspraak).

14. Derhalve moet de gestelde vraag worden beantwoord aan de hand van de premissen die uit de beslissing van de verwijzende rechter blijken.

15. De maatregelen die ingevolge artikel 63, lid 1, VWEU verboden zijn omdat zij het kapitaalverkeer beperken, omvatten maatregelen die niet-ingezetenen ervan doen afzien om in een lidstaat investeringen te doen of die ingezetenen van deze lidstaat ontmoedigen om in andere staten investeringen te doen (arrest van 30 april 2020, Société Générale, C-565/18, EU:C:2020:318, punt 22 en aldaar aangehaalde rechtspraak).

16. In het bijzonder kan een verschil in behandeling dat ertoe leidt dat inkomsten die een belastingplichtige van een lidstaat in een andere lidstaat heeft verkregen, minder gunstig worden behandeld in vergelijking met inkomsten uit de eerste lidstaat, een dergelijke persoon ervan weerhouden om zijn kapitaal in een andere lidstaat te beleggen [arrest van 29 april 2021, Veronsaajien oikeudenvalvontayksikkö (Door ICBE's uitgekeerde inkomsten), C-480/19, EU:C:2021:334, punt 27 en aldaar aangehaalde rechtspraak].

17. Uit het verzoek om een prejudiciële beslissing blijkt dat de ontvanger van dividenden op genoteerde aandelen deze dividenden krachtens artikel 31 EBF, zoals dat door de belastingdienst werd toegepast, voor de vaststelling van de heffingsgrondslag voor de inkomstenbelasting gedeeltelijk kon aftrekken, op voorwaarde evenwel dat de betrokken aandelen op de Portugese beurs waren genoteerd.

18. De Portugese regering betwist dat er sprake is van een beperking van het vrije verkeer van kapitaal met het betoog dat tijdens de periode waarin artikel 31 EBF van toepassing was, de Portugese beurs openstond voor alle natuurlijke of rechtspersonen van lidstaten of derde landen, aangezien er aandelen van zowel Portugese als buitenlandse ondernemingen op konden worden verhandeld.

19. In dit verband moet worden opgemerkt dat de in het hoofdgeding aan de orde zijnde nationale regeling, zoals die door de belastingdienst werd toegepast, geen onderscheid maakte tussen de dividenden die werden uitgekeerd door ingezeten vennootschappen en die welke afkomstig waren van niet-ingezeten vennootschappen, aangezien de voorwaarde voor de gedeeltelijke aftrek zonder onderscheid van toepassing was op beide soorten dividenden.

20. Uit de rechtspraak van het Hof volgt evenwel dat een nationale wettelijke regeling die zonder onderscheid geldt voor ingezeten en niet-ingezeten vennootschappen toch een beperking van het vrije verkeer van kapitaal kan inhouden aangezien zelfs een op objectieve criteria berustend onderscheid grensoverschrijdende situaties de facto kan benadelen (arrest van 30 januari 2020, Köln-Aktienfonds Deka, C-156/17, EU:C:2020:51, punt 55 en aldaar aangehaalde rechtspraak).

21. Dat is het geval wanneer een nationale wettelijke regeling de toekenning van een belastingvoordeel afhankelijk stelt van een voorwaarde die weliswaar zonder onderscheid van toepassing is, maar naar haar aard of in feite eigen is aan de nationale markt, waardoor alleen ingezeten vennootschappen die voorwaarde kunnen vervullen, terwijl niet-ingezeten vennootschappen er over het algemeen niet aan voldoen (zie arrest van 30 januari 2020, Köln-Aktienfonds Deka, C-156/17, EU:C:2020:51, punt 56 en aldaar aangehaalde rechtspraak).

22. Een praktijk waarbij aan de gunstige fiscale behandeling van dividenden de voorwaarde wordt verbonden dat de aandelen die deze dividenden genereren, op de nationale beurs zijn genoteerd, leidt er door de aard van deze voorwaarde al toe dat investeringen in ingezeten vennootschappen worden bevoordeeld en dat investeringen in niet-ingezeten vennootschappen derhalve worden benadeeld.

23. Ten eerste moet immers worden opgemerkt dat vennootschappen die naar de beurs gaan en waarvan de aandelen dus worden toegelaten tot de handel op een gereglementeerde markt, in de regel aan hun nationale beurs worden genoteerd. Ten tweede kunnen vennootschappen hun aandelen weliswaar gelijktijdig op een buitenlandse beurs en op hun nationale beurs laten noteren door gebruik te maken van cross-listing, maar is het aantal niet-ingezeten vennootschappen dat op een bepaalde beurs is genoteerd, over het algemeen aanzienlijk lager dan dat van ingezeten vennootschappen.

24. Deze vaststelling geldt overigens onverkort voor de Portugese beurs, aangezien het aantal niet-ingezeten vennootschappen waarvan de aandelen op die beurs zijn genoteerd, blijkens de schriftelijke opmerkingen van de Commissie marginaal is ten opzichte van het aantal ingezeten vennootschappen, en niets erop wijst dat deze situatie anders zou zijn geweest tijdens de periode waarin het belastingvoordeel waarin de in het hoofdgeding aan de orde zijnde nationale regeling voorzag van toepassing was.

25. Bijgevolg moet worden geoordeeld dat de belastingpraktijk waarbij de ontvanger van dividenden op genoteerde aandelen deze dividenden met het oog op de vaststelling van de heffingsgrondslag voor de inkomstenbelasting gedeeltelijk kon aftrekken mits de betrokken aandelen op de Portugese beurs waren genoteerd, personen die in aanmerking kwamen voor het in artikel 31 EBF bedoelde belastingvoordeel kon ontmoedigen om investeringen te doen in niet-ingezeten vennootschappen. Die praktijk vormt derhalve een beperking van het vrije verkeer van kapitaal die krachtens artikel 63 VWEU in beginsel verboden is.

26. Zoals de Portugese regering benadrukt, doet het bepaalde in artikel 63 VWEU krachtens artikel 65, lid 1, onder a), VWEU evenwel niets af aan het recht van de lidstaten om de ter zake dienende bepalingen van hun belastingwetgeving toe te passen die onderscheid maken tussen belastingplichtigen die niet in dezelfde situatie verkeren met betrekking tot hun vestigingsplaats of de plaats waar hun kapitaal is belegd.

27. Als uitzondering op het fundamentele beginsel van het vrije verkeer van kapitaal moet deze bepaling strikt worden uitgelegd. Zij kan dan ook niet aldus worden uitgelegd dat elke belastingwetgeving die een onderscheid tussen belastingplichtigen maakt naargelang van hun vestigingsplaats of van de staat waarin zij hun kapitaal beleggen, automatisch verenigbaar is met het VWEU. De afwijking waarin artikel 65, lid 1, onder a), VWEU voorziet, wordt immers zelf beperkt door artikel 65, lid 3, VWEU, dat bepaalt dat de in lid 1 van dit artikel bedoelde nationale bepalingen „geen middel tot willekeurige discriminatie [mogen] vormen, noch een verkapte beperking van het vrije kapitaalverkeer en betalingsverkeer als omschreven in artikel 63 [VWEU]" [arrest van 29 april 2021, Veronsaajien oikeudenvalvontayksikkö (Door ICBE's uitgekeerde inkomsten), C-480/19, EU:C:2021:334, punt 29 en aldaar aangehaalde rechtspraak].

28. Het Hof heeft eveneens geoordeeld dat bijgevolg onderscheid moet worden gemaakt tussen de door artikel 65, lid 1, onder a), VWEU toegestane verschillen in behandeling en de door artikel 65, lid 3, VWEU verboden gevallen van discriminatie. Een nationale belastingregeling kan enkel worden geacht verenigbaar te zijn met de VWEU-bepalingen betreffende het vrije kapitaalverkeer indien het daaruit voortvloeiende verschil in behandeling betrekking heeft op situaties die niet objectief vergelijkbaar zijn of wordt gerechtvaardigd door een dwingende reden van algemeen belang [arrest van 29 april 2021, Veronsaajien oikeudenvalvontayksikkö (Door ICBE's uitgekeerde inkomsten), C-480/19, EU:C:2021:334, punt 30 en aldaar aangehaalde rechtspraak].

29. Bijgevolg moet in de eerste plaats worden onderzocht of er een objectief verschil bestaat tussen de ontvanger van dividenden op aandelen die op de Portugese beurs zijn genoteerd en de ontvanger van dividenden op aandelen die op buitenlandse beurzen zijn genoteerd.

30. Het is vaste rechtspraak dat de vergelijkbaarheid van een grensoverschrijdende situatie met een binnenlandse situatie van de lidstaat moet worden onderzocht aan de hand van het met de betrokken nationale bepalingen nagestreefde doel (arrest van 30 april 2020, Société Générale, C-565/18, EU:C:2020:318, punt 26 en aldaar aangehaalde rechtspraak).

31. In dit verband wijst de Portugese regering op de verschillende situatie waarin de Portugese beurs zich destijds bevond ten opzichte van de beurzen van de andere lidstaten en op het feit dat de belastingplichtigen de in het buitenland op dividenden betaalde belasting konden aftrekken van de geheven belasting in plaats van de dividenden in mindering te brengen op de inkomsten.

32. Deze argumenten kunnen niet slagen.

33. Om te beginnen belegt zowel een belastingplichtige die investeert in aandelen die op de Portugese beurs zijn genoteerd als een belastingplichtige die investeert in aandelen die op buitenlandse beurzen zijn genoteerd hun kapitaal in beursgenoteerde vennootschappen om winst te maken.

34. Vervolgens wordt deze winst in beide gevallen in Portugal belast. Voor zover de Portugese regering zich erop beroept dat belastingplichtigen die hun kapitaal hebben geïnvesteerd in aandelen die op buitenlandse beurzen zijn genoteerd, de in het buitenland op de dividenden daarvan betaalde belasting kunnen aftrekken van de in Portugal geheven belasting, zij eraan herinnerd dat volgens vaste rechtspraak de situatie van een belastingplichtige die dividenden ontvangt uit een andere lidstaat, ten aanzien van een belastingregel die ertoe strekt economische dubbele belasting van winstuitkeringen te voorkomen of te verminderen, in zoverre met die van een belastingplichtige die binnenlandse dividenden ontvangt vergelijkbaar is dat de winst in beginsel in beide gevallen opeenvolgende keren kan worden belast (zie in die zin arrest van 24 november 2016, SECIL, C-464/14, EU:C:2016:896, punt 55 en aldaar aangehaalde rechtspraak). De mogelijkheid voor belastingplichtigen die hun kapitaal hebben geïnvesteerd in aandelen die op buitenlandse beurzen zijn genoteerd om de in het buitenland op de dividenden daarvan betaalde belasting af te trekken van de in Portugal geheven belasting, gesteld al dat die mogelijkheid wordt aangetoond, kan deze belastingplichtigen dus niet in een andere situatie brengen dan belastingplichtigen die hun kapitaal hebben geïnvesteerd in aandelen die op de Portugese beurs zijn genoteerd.

35. Ten slotte blijkt zowel uit de verwijzingsbeslissing als uit de schriftelijke opmerkingen van de Portugese regering dat het belastingvoordeel voor belastingplichtigen die hun kapitaal hebben geïnvesteerd in aandelen die op de Portugese beurs zijn genoteerd, tot doel had de Portugese beurs dynamischer te maken en te ontwikkelen.

36. Aangezien een dergelijke doelstelling, zoals blijkt uit de overwegingen in de punten 22 en 23 van het onderhavige arrest, noodzakelijkerwijs en nauw samenhangt met de bevordering van binnenlandse investeringen, zou artikel 63, lid 1, VWEU, dat beperkingen van het grensoverschrijdende kapitaalverkeer juist verbiedt, volledig worden uitgehold indien werd erkend dat een investering in aandelen die op de Portugese beurs zijn genoteerd belastingplichtigen in een andere situatie plaatst dan belastingplichtigen die hebben geïnvesteerd in aandelen die op buitenlandse beurzen zijn genoteerd [zie naar analogie arrest van 26 februari 2019, X (Tussenvennootschappen die in een derde land zijn gevestigd), C-135/17, EU:C:2019:136, punt 68].

37. Wat in de tweede plaats de rechtvaardiging van de beperking door een dwingende reden van algemeen belang betreft, betoogt de Portugese regering om te beginnen dat de in het hoofdgeding aan de orde zijnde belastingpraktijk de uitoefening door de Portugese Republiek van haar eigen fiscale bevoegdheden vormde en was gebaseerd op de symmetrie tussen het recht om belasting te heffen over dividenden en het recht om toe te staan dat deze dividenden niet worden belast.

38. Dienaangaande zij opgemerkt dat het weliswaar aan elke lidstaat staat om zijn stelsel van belastingheffing over winstuitkeringen te organiseren en in dat kader de heffingsgrondslag vast te stellen die van toepassing is op de ontvangende aandeelhouder, maar dat de lidstaten volgens vaste rechtspraak hun fiscale autonomie niettemin moeten uitoefenen met inachtneming van de uit het Unierecht voortvloeiende vereisten, met name die welke worden opgelegd door de bepalingen van het VWEU inzake het vrije verkeer van kapitaal, hetgeen impliceert dat het belastingstelsel niet discriminerend is (zie in die zin arrest van 30 januari 2020, Köln-Aktienfonds Deka, C-156/17, EU:C:2020:51, punten 42 en 45 en aldaar aangehaalde rechtspraak).

39. Voor zover de Portugese regering zich voorts beroept op het dynamiseren van de beurs, blijkt uit vaste rechtspraak van het Hof dat een zuiver economische doelstelling in geen geval een beperking van een door het VWEU gewaarborgde fundamentele vrijheid kan rechtvaardigen (arrest van 25 februari 2021, Novo Banco, C-712/19, EU:C:2021:137, punt 40 en aldaar aangehaalde rechtspraak).

40. Ook al zou een dergelijke doelstelling toelaatbaar worden geacht, dan nog is er niets aangevoerd waaruit blijkt dat deze doelstelling niet zou zijn bereikt indien het belastingvoordeel waarin de in het hoofdgeding aan de orde zijnde nationale regeling voorzag ook zou zijn toegepast op dividenden op in het buitenland genoteerde aandelen, en dat het dus absoluut noodzakelijk was om deze dividenden van het belastingvoordeel uit te sluiten.

41. Gelet op een en ander moet op de gestelde vraag worden geantwoord dat de artikelen 63 en 65 VWEU aldus moeten worden uitgelegd dat zij zich verzetten tegen de belastingpraktijk van een lidstaat volgens welke dividenden op aandelen die op de beurs van die lidstaat zijn genoteerd, met het oog op de vaststelling van de heffingsgrondslag voor de inkomstenbelasting van een belastingplichtige, slechts voor 50 % van hun bedrag meetellen terwijl dividenden op aandelen die op beurzen van andere lidstaten zijn genoteerd volledig worden meegerekend.

Kosten

42. ...

Het Hof (Zevende kamer)

verklaart voor recht:

De artikelen 63 en 65 VWEU moeten aldus worden uitgelegd dat zij zich verzetten tegen de belastingpraktijk van een lidstaat volgens welke dividenden op aandelen die op de beurs van die lidstaat zijn genoteerd, met het oog op de vaststelling van de heffingsgrondslag voor de inkomstenbelasting van een belastingplichtige, slechts voor 50 % van hun bedrag meetellen terwijl dividenden op aandelen die op beurzen van andere lidstaten zijn genoteerd volledig worden meegerekend.

HvJ EU 6 oktober 2021, zaak C-561-19 (Consorzio Italian Management, Catania Multiservizi SpA v. Rete Ferroviaria Italiana SpA)

Grote kamer: *K. Lenaerts, president, R. Silva de Lapuerta, vicepresident, A. Arabadjiev (rapporteur), A. Prechal, M. Vilaras, M. Ilesic, L. Bay Larsen, N. Piçarra, A. Kumin en N. Wahl, kamerpresidenten, T. von Danwitz, C. Toader, L. S. Rossi, I. Jarukaitis en N. Jääskinen, rechters*

Advocaat-Generaal: *M. BobekM*

1. Het verzoek om een prejudiciële beslissing betreft de uitlegging van de artikelen 2 en 3 VEU, artikel 4, lid 2, de artikelen 9, 26 en 34, artikel 101, lid 1, onder e), en de artikelen 106, 151 tot en met 153, 156 en 267 VWEU, de artikelen 16 en 28 van het Handvest van de grondrechten van de Europese Unie (hierna: „Handvest"), het op 18 oktober 1961 te Turijn ondertekende en op 3 mei 1996 te Straatsburg herziene Europees Sociaal Handvest en het Gemeenschapshandvest van de sociale grondrechten van de werkenden (hierna: „Handvest van de sociale grondrechten"), dat op 9 december 1989 tijdens de vergadering van de Europese Raad te Straatsburg is aangenomen.

2. Dit verzoek is ingediend in het kader van een geding tussen Consorzio Italian Management en Catania Multiservizi SpA enerzijds, waaraan een overheidsopdracht is gegund voor het verrichten van schoonmaakdiensten met betrekking tot de nationale spoorweginfrastructuur, en Rete Ferroviaria Italiana SpA (hierna: „RFI") anderzijds, over de weigering van laatstgenoemde om hun verzoek tot herziening van de prijs van die opdracht in te willigen.

Toepasselijke bepalingen

3. Decreto legislativo n. 163 – Codice dei contratti pubblici relativi a lavori, servizi e forniture in attuazione delle direttive 2004/17/CE e 2004/18/CE (wetsbesluit nr. 163 houdende het wetboek inzake overheidsopdrachten voor werken, diensten, en leveringen ter omzetting van richtlijn 2004/17/EG en richtlijn 2004/18/EG) van 12 april 2006 (gewoon supplement bij GURI nr. 100 van 2 mei 2006; hierna: „wetsbesluit nr. 163/2006") bepaalt in artikel 2, lid 4:

> „Bij gebreke van uitdrukkelijke bepalingen in dit wetboek is de contractuele activiteit van de in artikel 1 bedoelde subjecten mede onderworpen aan de bepalingen van het burgerlijk wetboek."

4. Artikel 115 van wetsbesluit nr. 163/2006, met als opschrift „Aanpassing van de prijzen", bepaalt in lid 1:

> „Alle overeenkomsten op het gebied van diensten of leveringen die steeds terugkerend of voortdurend moeten worden nagekomen moeten een clausule inzake periodieke prijsherziening bevatten. De prijzen worden herzien op basis van een onderzoek dat de voor de verwerving van de goederen en de diensten verantwoordelijke leidinggevende personen verrichten aan de hand van de in artikel 7, lid 4, onder c), en lid 5 bedoelde gegevens."

5. Artikel 206 van dit wetsbesluit bepaalt dat enkel een aantal bepalingen van dit wetsbesluit – maar niet artikel 115 – van toepassing is op overheidsopdrachten die vallen onder de sectoren als bedoeld in richtlijn 2004/17/EG van het Europees Parlement en de Raad van 31 maart 2004 houdende coördinatie van de procedures voor het plaatsen van opdrachten in de sectoren water- en energievoorziening, vervoer en postdiensten (PB 2004, L 134, blz. 1), te weten de bijzondere sectoren gas, thermische energie, elektriciteit, water, vervoersdiensten, postdiensten, exploratie en winning van aardolie, gas, steenkool en andere vaste brandstoffen, alsmede havens en luchthavens.

6. Artikel 210 van wetsbesluit nr. 163/2006, met als opschrift „Vervoersdiensten", bepaalt:

> „1. Onverminderd de in artikel 23 bedoelde uitsluitingen zijn de bepalingen van dit deel van toepassing op activiteiten die bestaan in het ter beschikking stellen of exploiteren van netten bestemd voor openbare dienstverlening op het gebied van spoorwegverbindingen, automatische systemen, tram-, trolley-, bus- of kabelverbindingen.
> 2. Ten aanzien van vervoerdiensten wordt ervan uitgegaan dat er een net bestaat, indien de dienst wordt verleend onder door de bevoegde overheidsinstanties gestelde voorwaarden, zoals de te volgen routes, de beschikbaar te stellen capaciteit of de frequentie van de dienst."

7. Artikel 217 van dit wetsbesluit, met als opschrift „Opdrachten geplaatst voor andere doeleinden dan de uitoefening van in hoofdstuk 1 bedoelde activiteiten of voor de uitoefening van dergelijke activiteiten in een derde land", bepaalt in lid 1:

„Dit deel is niet van toepassing op opdrachten die de aanbestedende diensten plaatsen voor andere doeleinden dan de uitoefening van hun in de artikelen 208 tot en met 213 bedoelde activiteiten of voor de uitoefening van deze activiteiten in een derde land, in omstandigheden waarbij er geen fysieke exploitatie is van een net of van een geografisch gebied binnen de [Unie]".

8. Artikel 1664 van de codice civile (burgerlijk wetboek), met als opschrift „Kosten en lasten en moeilijkheden bij de uitvoering", bepaalt in zijn eerste alinea:

„Wanneer als gevolg van niet te voorziene omstandigheden verhogingen of verlagingen van de kosten van materiaal of van personeel intreden waardoor de overeengekomen totaalprijs met meer dan een tiende stijgt of daalt, kan de aanbestedende dienst of de aannemer om herziening van die prijs vragen. Herziening kan slechts worden verleend ten hoogte van het verschil dat het tiende overschrijdt."

Hoofdgeding en prejudiciële vragen

9. Consorzio Italian Management en Catania Multiservizi, verzoeksters in het hoofdgeding, opgericht als tijdelijk samenwerkingsverband van ondernemingen, hebben van RFI de opdracht gekregen voor de uitvoering van schoonmaakdiensten, onderhoud van de aankleding van lokalen en andere voor het publiek toegankelijke ruimten, en bijkomende diensten in stations, vestigingen, kantoren en bureaus verspreid over het gebied van de Direzione Compartimentale Movimento de Cagliari (regionaal verkeersbureau van Cagliari, Italië). De overeenkomst bevatte een specifiek beding waarin de voorwaarden voor herziening van de overeengekomen prijs waren vastgelegd, die afweken van artikel 1664 van het burgerlijk wetboek.

10. Tijdens de uitvoering van die opdracht hebben verzoeksters in het hoofdgeding RFI op grond van met name artikel 115 van wetsbesluit nr. 163/2006 verzocht om herziening van het eerder overeengekomen bedrag van de aanbesteding wegens hogere contractuele kosten als gevolg van een stijging van de personeelskosten. Bij besluit van 22 februari 2012 heeft RFI dat verzoek afgewezen.

11. Verzoeksters in het hoofdgeding hebben bij de Tribunale amministrativo regionale per la Sardegna (bestuursrechter in eerste aanleg Sardinië, Italië) beroep ingesteld tot nietigverklaring van dit besluit houdende afwijzing van hun verzoek.

12. Bij beslissing van 11 juni 2014 heeft de Tribunale amministrativo regionale per la Sardegna het beroep verworpen. Die rechterlijke instantie was van oordeel dat artikel 115 van wetsbesluit nr. 163/2006 niet van toepassing was op overeenkomsten voor bijzondere sectoren, zoals de opdracht in het hoofdgeding. Volgens die rechterlijke instantie zijn de schoonmaakdiensten voor stations, vestigingen, kantoren en bureaus namelijk bijkomend ten opzichte van de uitoefening van de onder de bijzondere sectoren vallende hoofdactiviteiten, die betrekking hebben op het ter beschikking stellen of exploiteren van het spoorwegnet. Die rechterlijke instantie heeft hieraan toegevoegd dat de prijs niet overeenkomstig artikel 1664 van het burgerlijk wetboek hoefde te worden herzien, aangezien de partijen in het hoofdgeding gebruik hadden gemaakt van de krachtens dit artikel hun ter beschikking staande mogelijkheid om daarvan af te wijken, door in hun overeenkomst een beding op te nemen waarbij de prijsherziening werd beperkt.

13. Verzoeksters in het hoofdgeding hebben die beslissing aangevochten bij de verwijzende rechter, waarbij zij in het kader van hun eerste en tweede middel hebben betoogd dat artikel 115 van wetsbesluit nr. 163/2006, zo niet artikel 1664 van het burgerlijk wetboek, anders dan de Tribunale amministrativo regionale per la Sardegna had geoordeeld, van toepassing was op de opdracht in het hoofdgeding. Bovendien hebben verzoeksters in het hoofdgeding betwist dat de artikelen 115, 206, 210 en 217 van wetsbesluit nr. 163/2006 strookten met het Unierecht. Daartoe hebben zij aangevoerd dat die bepalingen, doordat zij ertoe strekken dat herziening van de prijzen in de vervoersector – meer in het bijzonder de herziening van de prijzen voor de schoonmaakovereenkomsten in die sector – is uitgesloten, in strijd waren met onder meer artikel 3, lid 3, VEU, de artikelen 26 en 101 en volgende VWEU en richtlijn 2004/17. De nationale wettelijke regeling stelt volgens hen eisen die ongerechtvaardigd en buitensporig zijn in verhouding tot de regeling van de Unie. Voorts kan deze nationale wettelijke regeling de onderneming waaraan een opdracht is gegund voor schoonmaakdiensten die bijkomend zijn ten opzichte van een hoofddienst in de vervoersector, in een ondergeschikte en zwakke positie plaatsen ten opzichte van de onderneming die de hoofddienst verricht. Dit leidt tot een onterecht en onevenredig gebrek aan contractueel evenwicht en uiteindelijk tot wijziging van de regels voor marktwerking. Ten

slotte wordt gesteld dat richtlijn 2004/17 ongeldig is indien de uitsluiting van prijsherziening in de in het kader van de bijzondere sectoren gesloten overeenkomsten rechtstreeks voortvloeit uit die richtlijn.

14. Verzoeksters in het hoofdgeding hebben de verwijzende rechter verzocht het Hof prejudiciële vragen te stellen teneinde vast te stellen of het Unierecht zich verzet tegen de in het hoofdgeding aan de orde zijnde nationale wettelijke regeling, en om de geldigheid van richtlijn 2004/17 te toetsen.

15. Bij beslissing van 24 november 2016, ingekomen bij het Hof op 24 maart 2017, heeft de verwijzende rechter de behandeling van de zaak geschorst en het Hof verzocht om een prejudiciële beslissing over de volgende vragen:

> „1. Is het verenigbaar met het recht van de Unie (inzonderheid artikel 3, lid 3, VEU, de artikelen 26, 56 tot en met 58 en 101 VWEU, en artikel 16 van het [Handvest]) en met richtlijn 2004/17, wanneer op grond van intern recht prijsherziening is uitgesloten voor overeenkomsten betreffende de [...] bijzondere sectoren, in het bijzonder bij opdrachten die een ander voorwerp hebben dan die vermeld in genoemde richtlijn, maar met deze laatste functioneel verbonden zijn?
> 2. Is richtlijn 2004/17 (ervan uitgaande dat de uitsluiting van prijsherziening in alle in het kader van de [...] bijzondere sectoren gesloten en toegepaste overeenkomsten er rechtstreeks uit voortvloeit) verenigbaar met de beginselen van de Europese Unie (in het bijzonder artikel 3, lid 1, VEU, de artikelen 26, 56 tot en met 58 en 101 VWEU, en artikel 16 van het [Handvest]) wegens ‚onrechtvaardigheid, onevenredigheid alsook verstoring van contractueel evenwicht en, bijgevolg, van de regels van een doeltreffende markt'?"

16. Bij arrest van 19 april 2018, Consorzio Italian Management en Catania Multiservizi (C-152/17, EU:C:2018:264), heeft het Hof op de eerste vraag geantwoord dat richtlijn 2004/17 en de daaraan ten grondslag liggende algemene beginselen aldus moeten worden uitgelegd dat zij niet in de weg staan aan regels van nationaal recht die niet bepalen dat de prijzen periodiek kunnen worden herzien nadat opdrachten die vallen onder de in die richtlijn bedoelde sectoren zijn geplaatst.

17. In dat arrest heeft het Hof eveneens geoordeeld dat de eerste vraag niet-ontvankelijk was voor zover zij betrekking had op de uitlegging van artikel 3, lid 3, VEU, de artikelen 26, 57, 58 en 101 VWEU, alsook andere aspecten van artikel 56 VWEU dan de beginselen van gelijkheid en non-discriminatie en de transparantieverplichting, die in dat artikel zijn neergelegd op het gebied van het vrij verrichten van diensten, op grond dat in de verwijzingsbeslissing van 24 november 2016 niet wordt uitgelegd waarom de uitlegging van die bepalingen relevant is voor de beslechting van het hoofdgeding, en dat derhalve niet is voldaan aan de vereisten van artikel 94 van het Reglement voor de procesvoering van het Hof.

18. Wat de uitlegging van artikel 16 van het Handvest betreft, heeft het Hof voorts geoordeeld dat de in het hoofdgeding aan de orde zijnde bepalingen van wetsbesluit nr. 163/2006, voor zover zij niet bepalen dat de prijzen van de opdrachten die vallen onder de door richtlijn 2004/17 bedoelde sectoren periodiek kunnen worden herzien, niet kunnen worden geacht het recht van de Unie ten uitvoer te brengen in de zin van artikel 51, lid 1, van het Handvest.

19. Het Hof heeft geoordeeld dat, gelet op het antwoord op de eerste vraag, de tweede vraag hypothetisch was en derhalve niet-ontvankelijk.

20. Na de uitspraak van het arrest van 19 april 2018, Consorzio Italian Management en Catania Multiservizi (C-152/17, EU:C:2018:264), heeft de verwijzende rechter op 14 november 2018 een openbare terechtzitting gehouden. In hun voor die terechtzitting neergelegde memorie van 28 oktober 2018 hebben verzoeksters in het hoofdgeding deze rechter verzocht het Hof nieuwe prejudiciële vragen te stellen teneinde vast te stellen of de artikelen 2 en 3 VEU, artikel 4, lid 2, de artikelen 9, 26 en 34, artikel 101, lid 1, onder e), de artikelen 106, 151 tot en met 153 en 156 VWEU, de artikelen 16 en 28 van het Handvest, het Europees Sociaal Handvest en het Handvest van de sociale grondrechten zich verzetten tegen de in het hoofdgeding aan de orde zijnde nationale wettelijke regeling.

21. De verwijzende rechter merkt op dat een aantal van deze vragen zijn beantwoord in het arrest van 19 april 2018, Consorzio Italian Management en Catania Multiservizi (C-152/17, EU:C:2018:264), terwijl andere vragen voor de eerste keer door verzoeksters in het hoofdgeding aan de orde worden gesteld. Deze rechter is van oordeel dat uit de rechtspraak van het Hof volgt dat hij in die omstandigheden verplicht is het Hof opnieuw om een prejudiciële beslissing te verzoeken, aangezien er tegen zijn beslissing geen rechtsmiddel openstaat en voor hem een vraag over de uitlegging van het Unierecht wordt opgeworpen.

22. De verwijzende rechter acht het echter noodzakelijk om het Hof vooraf te vragen of de prejudiciële verwijzing verplicht is wanneer een partij in de procedure bij de nationale rechterlijke instantie die uitspraak

doet in laatste aanleg een vraag aan de orde stelt over de verenigbaarheid van het nationale recht met het Unierecht, en in het bijzonder of een dergelijke rechterlijke instantie kan oordelen dat zij ontheven wordt van de verwijzingsverplichting wanneer deze vraag niet bij het aanhangig maken van de zaak door een partij aan de orde is gesteld, maar later, met name nadat de zaak een eerste keer in beraad is geweest of nadat de nationale rechterlijke instantie die in laatste aanleg uitspraak doet reeds een eerste verzoek om een prejudiciële beslissing heeft ingediend in deze zaak.

23. Voorts is de verwijzende rechter van oordeel dat het door een verzoekende partij in een vergevorderd stadium van de procedure gedane voorstel dat ertoe strekt dat de betrokken rechterlijke instantie het Hof om een prejudiciële beslissing verzoekt over de uitlegging van bepalingen van Unierecht waarnaar deze partij bij de instelling van het beroep niet heeft verwezen, stuit op een „aan de procedure inherent stelsel van beletsels", dat is ingevoerd bij de nationale regeling, aangezien een dergelijk voorstel het voorwerp van het geding wijzigt, dat is afgebakend door de beroepsmiddelen en excepties die zijn aangevoerd door de partijen in de procedure.

24. Volgens de verwijzende rechter kan het herhaaldelijk of voortdurend verzoeken om een prejudiciële beslissing leiden tot mogelijk misbruik van de procedure, en ertoe leiden dat het recht op rechtsbescherming wordt uitgehold en dat afbreuk wordt gedaan aan het beginsel dat gerechtelijke procedures snel en doeltreffend moeten worden afgerond.

25. In deze omstandigheden heeft de Consiglio di Stato de behandeling van de zaak opnieuw geschorst en het Hof verzocht om een prejudiciële beslissing over de volgende vragen:

„1. Is de nationale rechter wiens beslissingen niet vatbaar zijn voor hoger beroep, op grond van artikel 267 VWEU in beginsel ook verplicht het Hof te verzoeken om een prejudiciële beslissing betreffende een vraag over de uitlegging van het Unierecht wanneer die vraag door een partij wordt gesteld nadat de zaak aanhangig is gemaakt of de terechtzittingen zijn begonnen, of nadat de zaak al een eerste keer in beraad is geweest of het Hof al een eerste prejudiciële vraag is voorgelegd?

2. Zijn [...] de artikelen 115, 206 en 217 van wetsbesluit nr. 163/2006, zoals uitgelegd in het bestuursrecht, voor zover zij prijsherziening uitsluiten voor overeenkomsten betreffende de [...] bijzondere sectoren – in het bijzonder bij opdrachten die een ander voorwerp hebben dan die welke zijn vermeld in richtlijn 2004/17, maar met deze laatste functioneel verbonden zijn – verenigbaar met het Unierecht (met name met artikel 4, lid 2, artikel 9, artikel 101, lid 1, onder e), artikel 106, artikel 151 – en het daarin aangehaalde Europees Sociaal Handvest en Handvest van de sociale grondrechten –, en de artikelen 152, 153 en 156 VWEU, de artikelen 2 en 3 VEU, en artikel 28 van het Handvest)?

3. Zijn [...] de artikelen 115, 206 en 217 van wetsbesluit nr. 163/2006, zoals uitgelegd in het bestuursrecht, voor zover zij prijsherziening uitsluiten voor overeenkomsten betreffende de [...] bijzondere sectoren – in het bijzonder bij opdrachten die een ander voorwerp hebben dan die welke zijn vermeld in richtlijn 2004/17, maar met deze laatste functioneel verbonden zijn – verenigbaar met het Unierecht (met name met artikel 28 van het Handvest, het in de artikelen 26 en 34 VWEU verankerde beginsel van gelijke behandeling, en het ook in artikel 16 van het Handvest erkende beginsel van vrijheid van ondernemerschap)?"

Prejudiciële vragen

Eerste vraag

26. Met zijn eerste vraag wenst de verwijzende rechter in wezen te vernemen of artikel 267 VWEU aldus moet worden uitgelegd dat een nationale rechterlijke instantie waarvan de beslissingen volgens het nationale recht niet vatbaar zijn voor hoger beroep, wordt ontheven van de in de derde alinea van dat artikel neergelegde verplichting om het Hof een vraag over de uitlegging van het Unierecht voor te leggen wanneer een partij deze vraag in een vergevorderd stadium van de procedure bij de rechterlijke instantie aan de orde heeft gesteld nadat de zaak een eerste keer in beraad is geweest of wanneer reeds een eerste verzoek om een prejudiciële beslissing in deze zaak is ingediend.

27. In dit verband zij eraan herinnerd dat de prejudiciële verwijzingsprocedure van artikel 267 VWEU, die de hoeksteen vormt van het bij de Verdragen ingevoerde rechterlijke systeem, tussen het Hof en de rechterlijke instanties van de lidstaten een dialoog van rechter tot rechter tot stand brengt die tot doel heeft de uniforme uitlegging alsook de coherentie, de volle werking en de autonomie van het Unierecht te verzekeren en, in laatste instantie, de eigenheid van het door de Verdragen geschapen recht in acht te nemen [zie in die zin advies 2/13 (Toetreding van de Unie tot het EVRM) van 18 december 2014, EU:C:2014:2454, punt 176 en aldaar aangehaalde rechtspraak, en arrest van 6 maart 2018, Achmea, C-284/16, EU:C:2018:158, punt 37].

28. Het bij deze bepaling ingevoerde prejudiciële mechanisme dient ervoor te zorgen dat het Unierecht in alle omstandigheden dezelfde werking heeft in alle lidstaten. Het dient ter voorkoming van divergenties bij de uitlegging van het Unierecht dat de nationale rechterlijke instanties dienen toe te passen en strekt ertoe die toepassing te verzekeren door de nationale rechter een middel te verschaffen om de moeilijkheden die zouden kunnen ontstaan door het vereiste om het Unierecht volle werking te verlenen in het kader van de gerechtelijke stelsels van de lidstaten, uit de weg te ruimen. De nationale rechterlijke instanties bezitten de meest uitgebreide bevoegdheid, zo niet de verplichting, zich tot het Hof te wenden indien zij menen dat een bij hen aanhangige zaak vragen opwerpt die een uitlegging of een beoordeling van de geldigheid van bepalingen van Unierecht verlangen waarover zij een beslissing moeten nemen [zie in die zin advies 1/09 (Overeenkomst over de invoering van een gemeenschappelijk stelsel voor octrooigeschillenbeslechting) van 8 maart 2011, EU:C:2011:123, punt 83 en aldaar aangehaalde rechtspraak].

29. Het bij artikel 267 VWEU ingevoerde stelsel omvat derhalve een rechtstreekse samenwerking tussen het Hof en de nationale rechterlijke instanties, in het kader waarvan deze laatste nauwlettend deelnemen aan de juiste toepassing en de uniforme uitlegging van het Unierecht en aan de bescherming van de door dat recht aan particulieren verleende rechten [zie in die zin advies 1/09 (Overeenkomst over de invoering van een gemeenschappelijk stelsel voor octrooigeschillenbeslechting) van 8 maart 2011, EU:C:2011:123, punt 84].

30. In het kader van deze samenwerking verschaft het Hof de nationale rechterlijke instanties, in hun hoedanigheid van rechters belast met de toepassing van het Unierecht (zie in die zin arrest van 6 oktober 1982, Cilfit e.a., 283/81, EU:C:1982:335, punt 7), de elementen voor uitlegging van dat recht die zij nodig hebben om de voor hen aanhangige gedingen te beslechten (zie in die zin arresten van 9 september 2015, Ferreira da Silva e Brito e.a., C-160/14, EU:C:2015:565, punt 37, en 5 december 2017, M.A.S. en M.B., C-42/17, EU:C:2017:936, punt 23).

31. Uit het voorgaande blijkt dat de functies die respectievelijk aan de nationale rechterlijke instanties en aan het Hof zijn toegekend, van essentieel belang zijn voor het behoud van de aard van het bij de Verdragen ingevoerde recht [advies 1/09 (Overeenkomst over de invoering van een gemeenschappelijk stelsel voor octrooigeschillenbeslechting) van 8 maart 2011, EU:C:2011:123, punt 85].

32. Voorts zij in herinnering gebracht dat wanneer er geen hoger beroep openstaat tegen de uitspraak van een nationale rechterlijke instantie, deze instantie in beginsel is gehouden zich krachtens artikel 267, derde alinea, VWEU tot het Hof te wenden wanneer voor haar een vraag over de uitlegging van het Unierecht wordt opgeworpen (arrest van 15 maart 2017, Aquino, C-3/16, EU:C:2017:209, punt 42 en aldaar aangehaalde rechtspraak).

33. Volgens vaste rechtspraak van het Hof kan een rechterlijke instantie waarvan de beslissingen volgens het nationale recht niet vatbaar zijn voor hoger beroep, enkel van deze verplichting worden ontheven wanneer zij heeft vastgesteld dat de opgeworpen vraag niet relevant is, dat de betrokken bepaling van het Unierecht reeds door het Hof is uitgelegd, of dat de juiste uitlegging van het Unierecht zo evident is dat redelijkerwijze geen ruimte voor twijfel kan bestaan [zie in die zin arresten van 6 oktober 1982, Cilfit e.a., 283/81, EU:C:1982:335, punt 21; 15 september 2005, Intermodal Transports, C-495/03, EU:C:2005:552, punt 33, en 4 oktober 2018, Commissie/Frankrijk (Roerende voorheffing), C-416/17, EU:C:2018:811, punt 110].

34. In dit verband zij er in de eerste plaats aan herinnerd dat uit het verband tussen de tweede en de derde alinea van artikel 267 VWEU volgt dat de in de derde alinea bedoelde rechterlijke instanties over dezelfde beoordelingsbevoegdheid beschikken als elke andere nationale rechterlijke instantie bij de vraag of een beslissing op een punt van Unierecht noodzakelijk is voor het wijzen van hun vonnis. Zij zijn derhalve niet gehouden een voor hen opgeworpen vraag van uitlegging van het Unierecht te verwijzen wanneer die vraag niet ter zake dienend is, dat wil zeggen wanneer het antwoord erop, hoe het ook luidt, geen invloed kan hebben op de oplossing van het geschil (arresten van 6 oktober 1982, Cilfit e.a., 283/81, EU:C:1982:335, punt 10; 18 juli 2013, Consiglio Nazionale dei Geologi, C-136/12, EU:C:2013:489, punt 26, en 15 maart 2017, Aquino, C-3/16, EU:C:2017:209, punt 43).

35. In het kader van de procedure van artikel 267 VWEU, die op een duidelijke afbakening van de taken van de nationale rechterlijke instanties en van het Hof berust, is de nationale rechter immers bij uitsluiting bevoegd om de feiten van het hoofdgeding vast te stellen en te beoordelen, alsmede om het nationale recht uit te leggen en toe te passen. Het is tevens uitsluitend een zaak van de nationale rechter aan wie het geschil is voorgelegd en die de verantwoordelijkheid draagt voor de te geven rechterlijke beslissing, om, gelet op de bijzonderheden van het geval, zowel de noodzaak als de relevantie te beoordelen van de vragen die hij aan het Hof voorlegt (arresten van 26 mei 2011, Stichting Natuur en Milieu e.a., C-165/09–C-167/09, EU:C:2011:348,

punt 47 en aldaar aangehaalde rechtspraak; 9 september 2015, X en Van Dijk, C-72/14 en C-197/14, EU:C:2015:564, punt 57, en 12 mei 2021, Altenrhein Luftfahrt, C-70/20, EU:C:2021:379, punt 25).

36. In de tweede plaats zij eraan herinnerd dat het gezag van een door het Hof reeds krachtens artikel 267 VWEU gegeven uitlegging de in artikel 267, derde alinea, VWEU neergelegde verplichting van haar grond kan beroven en derhalve van haar inhoud kan ontdoen, met name wanneer de opgeworpen vraag zakelijk gelijk is aan een vraag die reeds in een gelijksoortig geval – of, a fortiori, in dezelfde nationale zaak – voorwerp van een prejudiciële beslissing is geweest of wanneer het aan de orde zijnde punt met betrekking tot het recht is beslecht door vaste rechtspraak van het Hof, welke ook de procedures zijn die aanleiding hebben gegeven tot deze rechtspraak, zelfs indien de aan de orde zijnde vraagstukken niet volledig gelijk zijn (zie in die zin arresten van 27 maart 1963, Da Costa e.a., 28/62–30/62, EU:C:1963:6, blz. 75 en 76; 6 oktober 1982, Cilfit e.a., 283/81, EU:C:1982:335, punten 13 en 14; 4 november 1997, Parfums Christian Dior, C-337/95, EU:C:1997:517, punt 29, en 2 april 2009, Pedro IV Servicios, C-260/07, EU:C:2009:215, punt 36).

37. Er zij evenwel aan herinnerd dat de nationale rechterlijke instanties – zelfs wanneer in de rechtspraak van het Hof al een oplossing is aangedragen voor de rechtsvraag in kwestie – de meest uitgebreide bevoegdheid behouden om zich tot het Hof te wenden indien zij dit wenselijk achten, zonder dat de omstandigheid dat het Hof reeds een uitlegging heeft gegeven aan de bepalingen waarvan om uitlegging wordt verzocht, eraan in de weg staat dat het Hof opnieuw uitspraak doet (arresten van 17 juli 2014, Torresi, C-58/13 en C-59/13, EU:C:2014:2088, punt 32 en aldaar aangehaalde rechtspraak, en 3 maart 2020, Tesco-Global Áruházak, C-323/18, EU:C:2020:140, punt 46).

38. Evenzo vormt de bindende werking van een prejudicieel arrest geen beletsel voor de nationale rechter tot wie dit arrest is gericht om, zo hij dit nodig oordeelt, zich opnieuw tot het Hof te wenden alvorens uitspraak te doen in het hoofdgeding (arrest van 6 maart 2003, Kaba, C-466/00, EU:C:2003:127, punt 39 en aldaar aangehaalde rechtspraak). De nationale rechterlijke instantie die in laatste aanleg uitspraak doet, is tot een dergelijke verwijzing verplicht indien zij bij de uitlegging van de reikwijdte van het arrest van het Hof op moeilijkheden stuit.

39. In de derde plaats zij opgemerkt dat – naast de in punt 36 van het onderhavige arrest genoemde situaties – uit de rechtspraak van het Hof volgt dat een rechterlijke instantie waarvan de beslissingen volgens het nationale recht niet vatbaar zijn voor hoger beroep, eveneens ervan kan afzien om het Hof een vraag over de uitlegging van het Unierecht voor te leggen en deze vraag op eigen verantwoordelijkheid kan oplossen wanneer de juiste uitlegging van het Unierecht zo voor de hand ligt dat daarover geen redelijke twijfel kan bestaan (zie in die zin arresten van 6 oktober 1982, Cilfit e.a., 283/81, EU:C:1982:335, punten 16 en 21, en 9 september 2015, Ferreira da Silva e Brito e.a., C-160/14, EU:C:2015:565, punt 38).

40. Alvorens tot het besluit te komen dat dit het geval is, dient de nationale rechterlijke instantie die in laatste aanleg uitspraak doet, ervan overtuigd te zijn dat de gehanteerde oplossing even evident zou zijn voor de rechterlijke instanties van de andere lidstaten die in laatste aanleg uitspraak doen, en voor het Hof (zie in die zin arresten van 6 oktober 1982, Cilfit e.a., 283/81, EU:C:1982:335, punt 16; 15 september 2005, Intermodal Transports, C-495/03, EU:C:2005:552, punt 39; 9 september 2015, Ferreira da Silva e Brito e.a., C-160/14, EU:C:2015:565, punt 42, en 28 juli 2016, Association France Nature Environnement, C-379/15, EU:C:2016:603, punt 48).

41. Bij de beoordeling of een geval als bedoeld in punt 39 van het onderhavige arrest zich voordoet, moet voorts rekening worden gehouden met de specifieke kenmerken van het Unierecht, met de bijzondere moeilijkheden bij de uitlegging ervan en met het gevaar voor uiteenlopende rechtspraak binnen de Unie (arresten van 6 oktober 1982, Cilfit e.a., 283/81, EU:C:1982:335, punt 17, en 9 september 2015, Ferreira da Silva e Brito e.a., C-160/14, EU:C:2015:565, punt 39 en aldaar aangehaalde rechtspraak).

42. Om te beginnen moet in aanmerking worden genomen dat de bepalingen van het Unierecht in verscheidene talen zijn opgesteld en dat de verschillende taalversies gelijkelijk authentiek zijn (arrest van 6 oktober 1982, Cilfit e.a., 283/81, EU:C:1982:335, punt 18).

43. Volgens vaste rechtspraak van het Hof kan een van de taalversies van een Unierechtelijke bepaling immers niet als enige grondslag voor de uitlegging van die bepaling dienen of voorrang hebben boven de andere taalversies, aangezien Unierechtelijke bepalingen uniform moeten worden uitgelegd en toegepast in het licht van de tekst in alle talen van de Unie (zie met name arrest van 24 maart 2021, A, C-950/19, EU:C:2021:230, punt 37 en aldaar aangehaalde rechtspraak).

44. Van een nationale rechterlijke instantie die uitspraak doet in laatste aanleg kan weliswaar niet worden verlangd dat zij alle taalversies van de betrokken bepaling van Unierecht onderzoekt, maar dit neemt niet weg

dat zij rekening moet houden met de verschillen tussen de taalversies van deze bepaling waarvan zij op de hoogte is, met name wanneer die verschillen door de partijen naar voren zijn gebracht en onderbouwd zijn.

45. Vervolgens dient te worden opgemerkt dat het Unierecht een eigen terminologie en autonome begrippen bezigt die niet noodzakelijkerwijs dezelfde inhoud hebben als vergelijkbare begrippen in de nationale rechtsstelsels (zie in die zin arrest van 6 oktober 1982, Cilfit e.a., 283/81, EU:C:1982:335, punt 19).

46. Ten slotte moet iedere bepaling van Unierecht in haar context worden geplaatst en worden uitgelegd in het licht van dit recht in zijn geheel, zijn doelstellingen en zijn ontwikkelingsstand op het ogenblik waarop de betrokken bepaling moet worden toegepast (arresten van 6 oktober 1982, Cilfit e.a., 283/81, EU:C:1982:335, punt 20, en 28 juli 2016, Association France Nature Environnement, C-379/15, EU:C:2016:603, punt 49).

47. Enkel wanneer een nationale rechterlijke instantie die in laatste aanleg uitspraak doet, aan de hand van de in de punten 40 tot en met 46 van het onderhavige arrest genoemde uitleggingscriteria vaststelt dat er geen elementen zijn die redelijke twijfel kunnen doen rijzen over de juiste uitlegging van het Unierecht, kan deze nationale rechterlijke instantie er dus van afzien om het Hof een vraag over de uitlegging van het Unierecht voor te leggen en deze vraag op eigen verantwoordelijkheid oplossen.

48. Het feit dat een bepaling van Unierecht op een andere manier of op meerdere, verschillende manieren kan worden gelezen, volstaat evenwel niet om aan te nemen dat er redelijke twijfel bestaat over de juiste uitlegging van die bepaling wanneer geen van deze verschillende lezingen voor de betrokken nationale rechter voldoende aannemelijk lijkt, met name gelet op de context en het doel van die bepaling en de regeling waarvan zij deel uitmaakt.

49. Doen de rechterlijke instanties van een lidstaat of van verschillende lidstaten echter uiteenlopende uitspraken over de uitlegging van een op het hoofdgeding toepasselijke bepaling van het Unierecht en wordt de nationale rechterlijke instantie die in laatste aanleg uitspraak doet hiervan in kennis gebracht, dan moet deze rechterlijke instantie bijzonder zorgvuldig te werk gaan bij de beoordeling of er redelijkerwijs toch geen twijfel bestaat over de juiste uitlegging van de betrokken bepaling van Unierecht en met name rekening houden met het doel van de prejudiciële procedure, namelijk een uniforme uitlegging van het Unierecht verzekeren.

50. In de vierde plaats zij opgemerkt dat de rechterlijke instanties waarvan de beslissingen volgens het nationale recht niet vatbaar zijn voor hoger beroep, op eigen verantwoordelijkheid, op onafhankelijke wijze en met de nodige zorgvuldigheid moeten beoordelen of er sprake is van een van de situaties waarin zij ervan kunnen afzien om een voor hen opgeworpen vraag over de uitlegging van het Unierecht aan het Hof voor te leggen (zie in die zin arresten van 15 september 2005, Intermodal Transports, C-495/03, EU:C:2005:552, punt 37 en aldaar aangehaalde rechtspraak; 9 september 2015, Ferreira da Silva e Brito e.a., C-160/14, EU:C:2015:565, punt 40, en 9 september 2015, X en Van Dijk, C-72/14 en C-197/14, EU:C:2015:564, punten 58 en 59).

51. In dit verband volgt uit het bij artikel 267 VWEU ingevoerde stelsel, gelezen in het licht van artikel 47, tweede alinea, van het Handvest, dat wanneer een nationale rechterlijke instantie waarvan de beslissingen volgens het nationale recht niet vatbaar zijn voor hoger beroep, van oordeel is dat zij niet gehouden is door de in artikel 267, derde alinea, VWEU neergelegde verplichting om het Hof om een prejudiciële beslissing te verzoeken, omdat er sprake is van een van de drie in punt 33 van het onderhavige arrest bedoelde situaties, uit de motivering van haar beslissing moet blijken dat de opgeworpen vraag van Unierecht niet relevant is voor de beslechting van het geschil, dat de uitlegging van de betrokken bepaling van Unierecht blijkt uit de rechtspraak van het Hof, of – bij gebreke daarvan – dat de uitlegging van het Unierecht voor de rechterlijke instantie die in laatste aanleg uitspraak doet zo evident is dat er redelijkerwijs geen twijfel over kan bestaan.

52. Ten slotte moet nog worden onderzocht of een nationale rechterlijke instantie die in laatste aanleg uitspraak doet, is ontheven van de in artikel 267, derde alinea, VWEU neergelegde verplichting om het Hof een vraag over de uitlegging van het Unierecht voor te leggen wanneer een partij in de procedure in een vergevorderd stadium van de procedure een prejudiciële verwijzing heeft voorgesteld, met name na een eerste prejudiciële verwijzing, die overigens naar aanleiding van een verzoek van deze partij is gedaan.

53. In dit verband zij eraan herinnerd dat de regeling die in artikel 267 VWEU is neergelegd een rechtstreekse samenwerking tussen het Hof en de nationale rechterlijke instanties tot stand brengt in de vorm van een procedure die losstaat van enig initiatief van de partijen (zie in die zin arresten van 18 juli 2013, Consiglio Nazionale dei Geologi, C-136/12, EU:C:2013:489, punt 28 en aldaar aangehaalde rechtspraak, en 3 juni 2021, Bankia, C-910/19, EU:C:2021:433, punt 22). Deze partijen kunnen de nationale rechterlijke instanties niet de onafhankelijke uitoefening van de in punt 50 van het onderhavige arrest bedoelde bevoegdheid ontnemen, met name door hen te verplichten om een verzoek om een prejudiciële beslissing in te dienen (zie in die zin arrest van 22 november 1978, Mattheus, 93/78, EU:C:1978:206, punt 5).

54. Het bij artikel 267 VWEU ingevoerde stelsel is dus geen rechtsmiddel ten behoeve van de partijen in een bij een nationale rechter aanhangig geschil. Het enkele feit dat een partij stelt dat het geschil een vraag van uitlegging van Unierecht doet rijzen, is voor de betrokken rechter dan ook geen dwingende reden om aan te nemen dat die vraag is opgeworpen in de zin van artikel 267 VWEU (arrest van 6 oktober1982, Cilfit e.a., 283/81, EU:C:1982:335, punt 9).

55. Hieruit volgt dat de bevoegdheid om de aan het Hof voor te leggen vragen te bepalen en te formuleren, enkel aan de nationale rechter toekomt, en dat de partijen in het hoofdgeding de inhoud daarvan niet kunnen wijzigen (zie in die zin arrest van 18 juli 2013 Consiglio Nazionale dei Geologi, C-136/12, EU:C:2013:489, punt 29 en aldaar aangehaalde rechtspraak).

56. Bovendien staat het uitsluitend aan de nationale rechter om te beslissen in welke stand van het geding hij het Hof een prejudiciële vraag dient voor te leggen (zie in die zin arrest van 17 juli 2008, Coleman, C-303/06, EU:C:2008:415, punt 29 en aldaar aangehaalde rechtspraak). Het Hof is echter niet bevoegd kennis te nemen van een prejudicieel verzoek, wanneer de procedure voor de verwijzende rechter reeds is afgesloten op het moment waarop het verzoek wordt gedaan (arrest van 13 april 2000, Lehtonen en Castors Braine, C-176/96, EU:C:2000:201, punt 19).

57. Uit het voorgaande volgt dat, wanneer er sprake is van een van de in punt 33 van het onderhavige arrest bedoelde situaties, een nationale rechterlijke instantie waarvan de beslissingen volgens het nationale recht niet vatbaar zijn voor hoger beroep, ook niet gehouden is zich tot het Hof te wenden in de zin van artikel 267, derde alinea, VWEU indien de vraag betreffende de uitlegging van het Unierecht aan de orde wordt gesteld door een partij in het bij haar aanhangige geding.

58. Uit de overwegingen in de punten 32 en 33 van het onderhavige arrest volgt daarentegen dat, indien deze rechterlijke instantie vaststelt dat er geen sprake is van een van die situaties, zij krachtens artikel 267, derde alinea, VWEU gehouden is het Hof elke voor haar opgeworpen vraag over de uitlegging van het Unierecht voor te leggen.

59. Het feit dat deze rechterlijke instantie het Hof in dezelfde nationale zaak reeds om een prejudiciële beslissing heeft verzocht, doet niet af aan deze verplichting wanneer na de beslissing van het Hof een vraag over de uitlegging van het Unierecht blijft bestaan en het antwoord op die vraag noodzakelijk is voor de beslechting van het geding.

60. De verwijzende rechter refereert evenwel aan nationale procedurele bepalingen op grond waarvan een nieuwe vraag over de uitlegging van het Unierecht die door een partij in het kader van het hoofdgeding na de instelling van het beroep aan de orde is gesteld, niet-ontvankelijk zou zijn, aangezien deze vraag het voorwerp van het geding wijzigt, met name wanneer zij na een eerste prejudiciële verwijzing is gesteld.

61. In dit verband dient in herinnering te worden gebracht dat een in laatste aanleg rechtsprekende nationale rechterlijke instantie ervan kan afzien om het Hof een prejudiciële vraag te stellen om redenen van niet-ontvankelijkheid die eigen zijn aan de procedure bij die rechterlijke instantie, mits het gelijkwaardigheids- en het doeltreffendheidsbeginsel in acht worden genomen (zie in die zin arresten van 14 december 1995, Van Schijndel en Van Veen, C-430/93 en C-431/93, EU:C:1995:441, punt 17, en 15 maart 2017, Aquino, C-3/16, EU:C:2017:209, punt 56).

62. Het gelijkwaardigheidsbeginsel vereist dat alle regels die van toepassing zijn op beroepen, gelijkelijk van toepassing zijn op beroepen die zijn gebaseerd op schending van het Unierecht en op soortgelijke beroepen die zijn gebaseerd op schending van het nationale recht (arrest van 15 maart 2017, Aquino, C-3/16, EU:C:2017:209, punt 50 en aldaar aangehaalde rechtspraak).

63. Wat het doeltreffendheidsbeginsel betreft, mogen nationale procedureregels de uitoefening van de door de rechtsorde van de Unie verleende rechten in de praktijk niet onmogelijk of uiterst moeilijk maken. In dit verband moet rekening worden gehouden met de plaats die deze regels in de gehele procedure innemen, en met het verloop en de bijzonderheden die deze procedure voor de verschillende nationale instanties heeft. Daartoe moet zo nodig rekening worden gehouden met de beginselen die aan het nationale stelsel van rechtspleging ten grondslag liggen, zoals de bescherming van de rechten van de verdediging, het rechtszekerheidsbeginsel en het goede verloop van de procedure (arrest van 15 maart 2017, Aquino, C-3/16, EU:C:2017:209, punten 52 en 53 en aldaar aangehaalde rechtspraak).

64. Zo heeft het Hof geoordeeld dat nationale procedureregels op grond waarvan het voorwerp van het geschil wordt bepaald door de middelen die op het moment van de instelling van het beroep zijn aangevoerd, verenigbaar zijn met het doeltreffendheidsbeginsel wanneer zij het goede verloop van de procedure verzeke-

ren, met name doordat de vertraging waartoe de beoordeling van nieuwe middelen leidt, wordt voorkomen (zie in die zin arrest van 14 december 1995, Van Schijndel en Van Veen, C-430/93 en C-431/93, EU:C:1995:441, punt 21).

65. Indien de middelen die zijn aangevoerd bij een rechterlijke instantie als bedoeld in artikel 267, derde alinea, VWEU niet-ontvankelijk moeten worden verklaard op grond van de procedureregels van de betrokken lidstaat, die het gelijkwaardigheids- en het doeltreffendheidsbeginsel eerbiedigen, kan een verzoek om een prejudiciële beslissing derhalve niet worden beschouwd als noodzakelijk en ter zake dienend voor die rechterlijke instantie om haar vonnis te wijzen (arrest van 15 maart 2017, Aquino, C-3/16, EU:C:2017:209, punt 44).

66. Gelet op een en ander moet op de eerste vraag worden geantwoord dat artikel 267 VWEU aldus moet worden uitgelegd dat een nationale rechterlijke instantie waarvan de beslissingen volgens het nationale recht niet vatbaar zijn voor hoger beroep, moet voldoen aan haar verplichting om een voor haar opgeworpen vraag over de uitlegging van het Unierecht aan het Hof voor te leggen, tenzij deze rechterlijke instantie vaststelt dat deze vraag niet relevant is, dat de betrokken bepaling van het Unierecht reeds door het Hof is uitgelegd, of dat de juiste uitlegging van het Unierecht zo evident is dat redelijkerwijs geen ruimte voor twijfel kan bestaan. Bij de beoordeling of een dergelijk geval zich voordoet, moet rekening worden gehouden met de specifieke kenmerken van het Unierecht, met de bijzondere moeilijkheden bij de uitlegging ervan en met het gevaar voor uiteenlopende rechtspraak binnen de Unie. Een dergelijke rechterlijke instantie kan niet van deze verplichting worden ontheven op de enkele grond dat zij het Hof in dezelfde nationale zaak reeds om een prejudiciële beslissing heeft verzocht. Zij kan er echter van afzien om het Hof een prejudiciële vraag te stellen om redenen van niet-ontvankelijkheid die eigen zijn aan de procedure bij die rechterlijke instantie, mits het gelijkwaardigheids- en het doeltreffendheidsbeginsel in acht worden genomen.

Tweede en derde vraag

67. Met zijn tweede en derde vraag, die gezamenlijk moeten worden onderzocht, wenst de verwijzende rechter in wezen te vernemen of de artikelen 2 en 3 VEU, artikel 4, lid 2, de artikelen 9, 26 en 34, artikel 101, lid 1, onder e), en de artikelen 106, 151 tot en met 153 en 156 VWEU, de artikelen 16 en 28 van het Handvest, het Europees Sociaal Handvest en het Handvest van de sociale grondrechten aldus moeten worden uitgelegd dat zij zich verzetten tegen een nationale regeling die niet bepaalt dat de prijzen periodiek kunnen worden herzien nadat opdrachten die vallen onder de in richtlijn 2004/17 bedoelde sectoren zijn geplaatst.

68. In dit verband zij eraan herinnerd dat het – volgens vaste rechtspraak van het Hof – in het kader van de samenwerking tussen het Hof en de nationale rechterlijke instanties, wegens het vereiste om tot een voor de nationale rechter nuttige uitlegging van het Unierecht te komen, noodzakelijk is dat deze rechter nauwgezet de vereisten met betrekking tot de inhoud van een verzoek om een prejudiciële beslissing naleeft zoals die uitdrukkelijk zijn vermeld in artikel 94 van het Reglement voor de procesvoering, dat de verwijzende rechter wordt geacht te kennen (arrest van 19 april 2018, Consorzio Italian Management en Catania Multiservizi, C-152/17, EU:C:2018:264, punt 21 en aldaar aangehaalde rechtspraak). Die vereisten worden overigens in herinnering gebracht in de aanbevelingen van het Hof aan de nationale rechterlijke instanties over het aanhangig maken van prejudiciële procedures (PB 2019, C 380, blz. 1).

69. Zo is het onontbeerlijk dat, zoals is bepaald in artikel 94, onder c), van het Reglement voor de procesvoering, de verwijzingsbeslissing een uiteenzetting bevat van de redenen die de verwijzende rechter ertoe hebben gebracht om zich over de uitlegging of de geldigheid van een aantal Unierechtelijke bepalingen vragen te stellen alsook het verband tussen die bepalingen en de op het hoofdgeding toepasselijke nationale wettelijke regeling (zie in die zin arrest van 19 april 2018, Consorzio Italian Management en Catania Multiservizi, C-152/17, EU:C:2018:264, punt 22 en aldaar aangehaalde rechtspraak).

70. In casu moet worden vastgesteld dat de verwijzende rechter met het onderhavige verzoek om een prejudiciële beslissing de door het Hof in punt 23 van zijn arrest van 19 april 2018, Consorzio Italian Management en Catania Multiservizi (C-152/17, EU:C:2018:264), vastgestelde tekortkoming niet heeft verholpen, aangezien hij in strijd met artikel 94, onder c), van het Reglement voor de procesvoering nog altijd niet nader en duidelijk – zoals vereist – heeft toegelicht waarom hij van oordeel is dat de uitlegging van artikel 3 VEU en van artikel 26 en artikel 101, lid 1, onder e), VWEU noodzakelijk of nuttig is voor de beslechting van het hoofdgeding, noch welk verband er bestaat tussen het Unierecht en de op het geding toepasselijke nationale wettelijke regeling. Deze rechter preciseert evenmin waarom hij twijfelt over de uitlegging van de andere bepalingen en rechtshandelingen die vermeld zijn in de tweede en de derde vraag, waaronder met name het Europees Sociaal Handvest, ten aanzien waarvan het Hof niet bevoegd is uitspraak te doen over de uitlegging ervan (zie in die zin arrest van 5 februari 2015, Nisttahuz Poclava, C-117/14, EU:C:2015:60, punt 43), maar hij beperkt zich

in wezen tot de uiteenzetting van de desbetreffende vraagstellingen van verzoeksters in het hoofdgeding, zoals blijkt uit punt 20 van het onderhavige arrest, zonder vermelding van zijn eigen beoordeling.

71. Hieruit volgt dat de tweede en de derde vraag niet-ontvankelijk zijn.

Kosten

72. ...

Het Hof (Grote kamer)

verklaart voor recht:

Artikel 267 VWEU moet aldus worden uitgelegd dat een nationale rechterlijke instantie waarvan de beslissingen volgens het nationale recht niet vatbaar zijn voor hoger beroep, moet voldoen aan haar verplichting om een voor haar opgeworpen vraag over de uitlegging van het Unierecht aan het Hof voor te leggen, tenzij deze rechterlijke instantie vaststelt dat deze vraag niet relevant is, dat de betrokken bepaling van het Unierecht reeds door het Hof is uitgelegd, of dat de juiste uitlegging van het Unierecht zo evident is dat redelijkerwijs geen ruimte voor twijfel kan bestaan.

Bij de beoordeling of een dergelijk geval zich voordoet, moet rekening worden gehouden met de specifieke kenmerken van het Unierecht, met de bijzondere moeilijkheden bij de uitlegging ervan en met het gevaar voor uiteenlopende rechtspraak binnen de Unie.

Een dergelijke rechterlijke instantie kan niet van deze verplichting worden ontheven op de enkele grond dat zij het Hof in dezelfde nationale zaak reeds om een prejudiciële beslissing heeft verzocht. Zij kan er echter van afzien om het Hof een prejudiciële vraag te stellen om redenen van niet-ontvankelijkheid die eigen zijn aan de procedure bij die rechterlijke instantie, mits het gelijkwaardigheids- en het doeltreffendheidsbeginsel in acht worden genomen.

HvJ EU 25 november 2021, zaak C-437/19 (État luxembourgois v. L.)

Derde kamer: *A. Prechal, president van de Tweede kamer, waarnemend voor de president van de Derde kamer, J. Passer, F. Biltgen, L. S. Rossi (rapporteur) en N. Wahl, rechters*

Advocaat-Generaal: J. Kokott

1. Het verzoek om een prejudiciële beslissing betreft de uitlegging van artikel 47 van het Handvest van de grondrechten van de Europese Unie (hierna: „Handvest") en artikel 1, lid 1, artikel 5 en artikel 20, lid 2, onder a), van richtlijn 2011/16/EU van de Raad van 15 februari 2011 betreffende de administratieve samenwerking op het gebied van de belastingen en tot intrekking van richtlijn 77/799/EEG (PB 2011, L 64, blz. 1).

2. Dit verzoek is ingediend in het kader van een geding tussen de État luxembourgeois (Luxemburgse Staat) en L, vennootschap naar Luxemburgs recht, over de rechtmatigheid van een boete die haar is opgelegd voor het weigeren bepaalde inlichtingen te verstrekken ingevolge een verzoek om uitwisseling van fiscale inlichtingen tussen lidstaten.

Toepasselijke bepalingen

Unierecht

3. De overwegingen 1, 2 en 6 tot en met 9 van richtlijn 2011/16 luiden als volgt:

„1. In dit tijdperk van globalisering moeten de lidstaten steeds vaker een beroep doen op wederzijdse bijstand bij belastingheffing. De mobiliteit van de belastingplichtigen, het aantal grensoverschrijdende transacties en de internationalisering van de financiële instrumenten hebben een hoge vlucht genomen, waardoor het voor de lidstaten steeds moeilijker wordt de juiste belastinggrondslag te bepalen. Dit belemmert de goede werking van de belastingstelsels en leidt tot dubbele heffing, hetgeen op zich al aanzet tot belastingfraude en belastingontwijking, [...].

2. Een lidstaat afzonderlijk kan bijgevolg zijn eigen belastingstelsel, met name wat de directe belastingen betreft, niet meer beheren zonder inlichtingen van andere lidstaten. Teneinde de negatieve gevolgen van deze ontwikkeling tot staan te brengen, is het absoluut zaak een nieuwe administratieve samenwerking tussen de belastingdiensten van de lidstaten op te zetten. Er is behoefte aan instrumenten die voor alle lidstaten in dezelfde regels, rechten en verplichtingen voorzien en aldus onderling vertrouwen kunnen wekken.

[...]

6. [...] In dit verband wordt deze nieuwe richtlijn geacht het passende instrument voor een doeltreffende administratieve samenwerking te zijn.

7. Deze richtlijn bouwt voort op de verwezenlijkingen van richtlijn 77/799/EEG [van de Raad van 19 december 1977 betreffende de wederzijdse bijstand van de bevoegde autoriteiten van de lidstaten op het gebied van de directe belastingen en heffingen op verzekeringspremies (PB 1977, L 336, blz. 15)], maar voorziet waar nodig in duidelijker en preciezer voorschriften voor de administratieve samenwerking tussen de lidstaten, teneinde de werkingssfeer van deze samenwerking te verruimen, meer bepaald wat de uitwisseling van inlichtingen betreft. Duidelijker voorschriften moeten het met name ook mogelijk maken alle natuurlijke en rechtspersonen in de Unie te bestrijken, rekening gehouden met het steeds bredere scala aan wettelijke regelingen, waaronder niet alleen traditionele constructies zoals trusts, stichtingen en beleggingsfondsen, maar ook nieuwe instrumenten waarvan belastingbetalers in de lidstaten zich zouden kunnen bedienen.

8. [...] Er dient [...] te worden voorzien in directere contacten, om de samenwerking efficiënter en sneller te doen verlopen. [...]

9. De lidstaten moeten op verzoek van een andere lidstaat inlichtingen uitwisselen over welbepaalde zaken en het onderzoek verrichten dat noodzakelijk is om dergelijke inlichtingen te kunnen verkrijgen. Doel van het criterium ‚verwacht belang' is te voorzien in een zo ruim mogelijke uitwisseling van inlichtingen op belastinggebied en tegelijkertijd te verduidelijken dat de lidstaten niet vrijelijk *fishing expeditions* kunnen verrichten of om inlichtingen kunnen verzoeken die waarschijnlijk niet relevant zijn voor de belastingaangelegenheden van een bepaalde belastingplichtige. Hoewel artikel 20 van deze richtlijn procedurele vereisten bevat, moeten deze bepalingen ruim worden geïnterpreteerd om de effectieve uitwisseling van inlichtingen niet te belemmeren."

4. Artikel 1 van richtlijn 2011/16 heeft als opschrift „Onderwerp" en bepaalt in lid 1:

„Deze richtlijn legt de voorschriften en procedures vast voor de onderlinge samenwerking van de lidstaten met het oog op de uitwisseling van inlichtingen die naar verwachting van belang zijn voor de administratie en de handhaving van de nationale wetgeving van de lidstaten met betrekking tot de in artikel 2 bedoelde belastingen."

5. Artikel 3 van deze richtlijn heeft als opschrift „Definities" en luidt:

„In deze richtlijn wordt verstaan onder:
[...]
11. ‚persoon',
a. een natuurlijk persoon;
b. een rechtspersoon;
c. indien de geldende wetgeving in die mogelijkheid voorziet, een vereniging van personen die bevoegd is rechtshandelingen te verrichten, maar niet de status van rechtspersoon bezit, of
d. een andere juridische constructie, ongeacht de aard of de vorm, met of zonder rechtspersoonlijkheid, die activa, met inbegrip van de daardoor gegenereerde inkomsten, bezit of beheert welke aan belastingen in de zin van deze richtlijn zijn onderworpen;
[...]"

6. Artikel 5 van deze richtlijn, met als opschrift „Procedure voor de uitwisseling van inlichtingen op verzoek", bepaalt:

„Op verzoek van de verzoekende autoriteit, deelt de aangezochte autoriteit alle in artikel 1, lid 1, bedoelde inlichtingen die deze in haar bezit heeft of naar aanleiding van een administratief onderzoek verkrijgt, aan de verzoekende autoriteit mee."

7. Artikel 20 van die richtlijn, met als opschrift „Standaardformulieren en geautomatiseerde formaten", luidt:

„1. Het verzoek om inlichtingen of om een administratief onderzoek op grond van artikel 5 en het desbetreffende antwoord, de ontvangstbevestiging, het verzoek om aanvullende achtergrondinformatie en de mededeling dat aan het verzoek niet kan of zal worden voldaan, zoals bepaald in artikel 7, worden voor zover mogelijk verzonden met gebruikmaking van het door de Commissie volgens de in artikel 26, lid 2, bedoelde procedure vast te stellen standaardformulier.

Het standaardformulier kan vergezeld gaan van verslagen, verklaringen en andere bescheiden, of van voor eensluidend gewaarmerkte afschriften of uittreksels daarvan.

2. Het in lid 1 bedoelde standaardformulier bevat ten minste de volgende door de verzoekende autoriteit te verstrekken informatie:
a. de identiteit van de persoon naar wie het onderzoek of de controle is ingesteld;
b. het fiscale doel waarvoor de informatie wordt opgevraagd.

De verzoekende autoriteit kan namen en adressen van personen die worden verondersteld in het bezit te zijn van de verlangde informatie, alsook andere elementen die het verzamelen van de informatie door de aangezochte autoriteit vereenvoudigen, doorgeven, voor zover deze bekend zijn en deze praktijk aansluit bij internationale ontwikkelingen.
[...]"

Luxemburgs recht

Wet van 29 maart 2013

8. Artikel 6 van de wet van 29 maart 2013 tot omzetting van richtlijn 2011/16 en tot wijziging van de algemene belastingwet en intrekking van de gewijzigde wet van 15 maart 1979 inzake internationale administratieve bijstand op het gebied van de directe belastingen (*Mémorial* A 2013, blz. 756), bepaalt:

„Op verzoek van de verzoekende autoriteit deelt de aangezochte Luxemburgse autoriteit haar alle inlichtingen mee die zij in haar bezit heeft of naar aanleiding van een administratief onderzoek verkrijgt en die naar verwachting van belang zijn voor de administratie en de handhaving van de binnenlandse wetgeving van de verzoekende lidstaat betreffende de [...] belastingen."

Wet van 25 november 2014

9. De wet van 25 november 2014 tot vaststelling van de procedure inzake de uitwisseling van fiscale inlichtingen op verzoek en tot wijziging van de wet van 31 maart 2010 houdende goedkeuring van belastingverdragen en tot vaststelling van de hierop van toepassing zijnde procedure inzake de uitwisseling van inlichtingen op verzoek (*Mémorial* A 2014, blz. 4170; hierna: „wet van 25 november 2014"), is onder meer van toepassing op de verzoeken tot uitwisseling van de inlichtingen bedoeld in artikel 6 van de in het vorige punt geciteerde wet van 29 maart 2013.

10. Artikel 2 van de wet van 25 november 2014 luidt:

„1. De belastingdiensten zijn gemachtigd om informatie van welke aard ook van de bezitter van deze informatie op te eisen indien die nodig is voor de toepassing van de uitwisseling van inlichtingen zoals bepaald door de verdragen en de wetten.
2. De bezitter van deze informatie is verplicht de gevraagde inlichtingen volledig, nauwkeurig en ongewijzigd te verstrekken binnen de termijn van één maand vanaf de kennisgeving van de beslissing waarbij de gevraagde inlichtingen worden gevorderd. Deze verplichting omvat de toezending van de ongewijzigde stukken waarop de inlichtingen zijn gebaseerd.
[...]"

11. Artikel 3 van deze wet bepaalde in de op het hoofdgeding toepasselijke versie:

„1. De bevoegde belastingdienst controleert of het verzoek tot uitwisseling van inlichtingen aan de vormvoorschriften voldoet. Het verzoek tot uitwisseling van inlichtingen voldoet aan de vormvoorschriften wanneer daarin melding wordt gemaakt van de rechtsgrondslag en de bevoegde instantie waarvan het verzoek uitgaat, alsmede van de andere in de verdragen en wetten genoemde gegevens.
[...]
3. Indien de bevoegde belastingdienst niet in het bezit is van de gevraagde informatie, geeft de directeur van de bevoegde belastingdienst of zijn gemachtigde bij aangetekende brief kennis aan de bezitter van de informatie van zijn besluit om de gevraagde inlichtingen te vorderen. [...]
[...]"

12. Artikel 5 van deze wet bepaalt in lid 1:

„Indien de gevraagde inlichtingen niet worden verstrekt binnen de termijn van één maand vanaf de kennisgeving van het bevel tot het verstrekken van de gevraagde inlichtingen, kan de bezitter van de informatie een administratieve fiscale geldboete van ten hoogste 250 000 EUR worden opgelegd. Het bedrag van de geldboete wordt bepaald door de directeur van de belastingdienst of zijn gemachtigde."

13. Artikel 6 van die wet luidde in de op het hoofdgeding toepasselijke versie als volgt:

„1. Tegen het verzoek om uitwisseling van inlichtingen en het bevel tot het verstrekken van inlichtingen, zoals bedoeld in artikel 3, leden 1 en 3, is geen beroep mogelijk.
2. Tegen de in artikel 5 bedoelde beslissingen kan de bezitter van de informatie beroep tot herziening instellen bij de tribunal administratif [(bestuursrechter in eerste aanleg, Luxemburg)]. Dit beroep moet worden ingesteld binnen een termijn van één maand vanaf de kennisgeving van de beslissing aan de bezitter van de gevraagde inlichtingen. Het beroep heeft schorsende werking. [...]"

Wet van 1 maart 2019

14. De wet van 1 maart 2019 tot wijziging van de wet van 25 november 2014 tot vaststelling van de procedure inzake de uitwisseling van fiscale inlichtingen op verzoek (*Mémorial* A 2019, blz. 112; hierna: „wet van 1 maart 2019") is in werking getreden op 9 maart 2019.

15. Artikel 6 van de wet van 25 november 2014, zoals gewijzigd bij de wet van 1 maart 2019, bepaalt in de leden 1 en 2:

„1. Tegen het in artikel 3, lid 3, bedoelde bevel tot het verstrekken van inlichtingen kan door de bezitter van de informatie beroep tot nietigverklaring worden ingesteld bij de tribunal administratif. [...]
2. Het beroep tegen het in artikel 3, lid 3, bedoelde bevel tot het verstrekken van inlichtingen en het in artikel 5 bedoelde bevel moet worden ingesteld binnen een termijn van één maand vanaf de kennisgeving van de beslissing aan de bezitter van de gevraagde inlichtingen. Het beroep heeft schorsende werking. [...]
[...]"

Hoofdgeding en prejudiciële vragen

16. Op 27 april 2017 heeft de Franse belastingdienst op grond van onder meer richtlijn 2011/16 een verzoek om uitwisseling van inlichtingen gericht tot de Luxemburgse belastingdienst (hierna: „verzoek om inlichtingen van 27 april 2017").

17. Dit verzoek vermeldde F, vastgoedmaatschappij naar Frans recht, als de rechtspersoon in de verzoekende staat en L, vennootschap naar Luxemburgs recht, als tegelijkertijd de indirecte moedermaatschappij van F en de rechtspersoon in de aangezochte staat. Met betrekking tot het fiscale doel van dit verzoek stond aangegeven dat F beweerdelijk een onroerend goed in Frankrijk bezat en dat L beweerdelijk ook rechtstreeks een ander onroerend goed in Frankrijk bezat. Er werd uitgelegd dat natuurlijke personen die direct of indirect in Frankrijk gelegen onroerende goederen bezitten volgens de Franse wetgeving aangifte daarvan moeten doen, en dat de Franse belastingdienst wilde weten wie de aandeelhouders en uiteindelijke gerechtigden van L waren.

18. Op 28 februari 2018 heeft de directeur van de dienst directe belastingen (Luxemburg) gevolg gegeven aan het verzoek om inlichtingen van 27 april 2017 en heeft hij een beslissing tot L gericht met het bevel om uiterlijk op 5 april 2018 de volgende inlichtingen te verstrekken voor het tijdvak van 1 januari 2012 tot en met 31 december 2016: de namen en adressen van de aandeelhouders en van de directe en indirecte uiteindelijke gerechtigden van L – ongeacht de tussenliggende structuren –, de verdeling van het kapitaal van deze vennootschap en een afschrift van de registers van haar aandelen (hierna: „bevel tot het verstrekken van inlichtingen van 28 februari 2018"). In het bevel stond aangegeven dat hiertegen volgens artikel 6 van de wet van 25 november 2014, in de op het hoofdgeding toepasselijke versie, geen beroep kon worden ingesteld.

19. Op 5 april 2018 heeft L formeel bezwaar aangetekend tegen dit bevel. Bij besluit van 4 juni 2018 heeft de directeur van de dienst directe belastingen het bezwaar niet-ontvankelijk verklaard. Tegen dit besluit heeft L een beroep tot nietigverklaring ingesteld, dat thans aanhangig is bij de tribunal administratif.

20. Op 6 augustus 2018 heeft de directeur van de dienst directe belastingen L een besluit gestuurd waarin werd vastgesteld dat zij geen gevolg had gegeven aan het bevel tot het verstrekken van inlichtingen van 28 februari 2018 en waarbij haar derhalve overeenkomstig artikel 5 van de wet van 25 november 2014 een administratieve fiscale geldboete werd opgelegd (hierna: „sanctiebesluit van 6 augustus 2018").

21. Op 5 september 2018 heeft L bij een ter griffie van de tribunal administratif neergelegd verzoekschrift beroep ingesteld strekkende tot, primair, herziening van dit besluit en, subsidiair, nietigverklaring ervan.

22. Bij vonnis van 18 december 2018 heeft de tribunal administratif dit besluit nietig verklaard op grond dat er een tegenstrijdigheid bestond tussen, enerzijds, de in het bevel tot het verstrekken van inlichtingen van 28 februari 2018 opgegeven identiteit van de belastingplichtige en, anderzijds, de uitleg die in het verzoek om inlichtingen van 27 april 2017 werd gegeven over het doel waarvoor de inlichtingen werden opgevraagd, zodat er twijfel bleef bestaan over de identiteit van de belastingplichtige op wie dit verzoek betrekking had. Volgens de tribunal administratif kwam uit deze uitleg immers naar voren dat het door de Franse belastingdienst gevoerde onderzoek geen betrekking had op F – die in het verzoek om inlichtingen van 27 april 2017 nochtans is vermeld als persoon op wie dit onderzoek betrekking heeft – maar veeleer op de economisch rechthebbenden – natuurlijke personen van L, die volgens de Franse wetgeving verplicht zijn om aangifte te doen indien zij in Frankrijk onroerende goederen bezitten. Deze onzekerheid over de identiteit van de in het verzoek bedoelde belastingplichtige had tot gevolg dat de gevraagde inlichtingen moesten worden geacht kennelijk geen verwacht belang te hebben.

23. Bij verzoekschrift, neergelegd ter griffie van de Cour administrative (hoogste bestuursrechter, Luxemburg) op 21 december 2018, heeft de Luxemburgse Staat hoger beroep tegen dit vonnis ingesteld.

24. De Cour administrative is in zijn verzoek om een prejudiciële beslissing in de eerste plaats van oordeel dat, wat het verwachte belang van de gevraagde inlichtingen betreft, anders dan de tribunal administratif heeft gesteld, er geen tegenstrijdigheid is tussen de in het bevel tot het verstrekken van inlichtingen van 28 februari 2018 opgegeven identiteit van de belastingplichtige en het fiscale doel van het verzoek om inlichtingen van 27 april 2017.

25. Uit de volledige inhoud van dit verzoek blijkt immers dat F en L de rechtspersonen zijn waarop het belastingonderzoek in de verzoekende staat betrekking heeft, als vennootschappen die onroerende goederen bezitten in Frankrijk. Gelet op de aangifteplicht die naar Frans recht rust op de aandeelhouders en economisch rechthebbenden – natuurlijke personen van dergelijke vennootschappen –, kan een dergelijk onderzoek volgens de Cour administrative ook inhouden dat de identiteit van deze natuurlijke personen wordt vastgesteld,

met dien verstande dat de aandeelhouders en economisch rechthebbenden van L, gelet op de betrokken vennootschapsstructuur, ook de economisch rechthebbenden van F zijn. Uit dit oogpunt ontbreekt het de gevraagde inlichtingen dus niet kennelijk aan een verwacht belang.

26. De Cour administrative merkt niettemin op dat in het verzoek om inlichtingen van 27 april 2017 de aandeelhouders en uiteindelijke gerechtigden van L niet individueel en bij naam worden geïdentificeerd, maar als een groep van personen worden vermeld, onder een algemene benaming, op basis van door de verzoekende autoriteit vastgestelde gemeenschappelijke criteria.

27. Volgens de bepalingen van richtlijn 2011/16, zoals het Hof die heeft uitgelegd in het arrest van 16 mei 2017, Berlioz Investment Fund (C-682/15, EU:C:2017:373), moet het inlichtingenverzoek echter verplicht de identiteit vermelden van de belastingplichtige waarnaar het onderzoek in de verzoekende staat wordt gevoerd, opdat de gevraagde inlichtingen een verwacht belang kunnen hebben, wat op zijn beurt een voorwaarde voor de rechtmatigheid van dat verzoek is.

28. Volgens de Cour administrative geeft richtlijn 2011/16 weliswaar geen nadere precisering van de inhoud van deze verplichting tot identificatie van de belastingplichtige naar wie het onderzoek in de verzoekende staat is ingesteld, maar volstaat het niet dat de identiteit van de belastingplichtige bepaalbaar is om te voldoen aan het in die richtlijn gestelde identificatievereiste. In de gewone betekenis van het woord veronderstelt het identificeren van een persoon immers dat er voldoende gegevens worden verstrekt om die persoon te kunnen individualiseren.

29. Het begrip „identiteit" van de belastingplichtige, in de zin van die richtlijn, moet volgens die rechter dan ook aldus worden uitgelegd dat het inlichtingenverzoek zelf reeds voldoende gegevens moet bevatten om de belastingplichtige(n) naar wie het onderzoek in de verzoekende staat is ingesteld, individueel te kunnen identificeren, en dat het verzoek niet ermee mag volstaan louter algemene gegevens te verschaffen waarmee een meer of minder uitgebreide groep van niet-geïdentificeerde personen kan worden aangewezen, teneinde van de aangezochte staat de aanvullende informatie te verkrijgen waarmee hij in voorkomend geval alle gegevens kan verzamelen om de betrokken belastingplichtigen te identificeren.

30. Uit het arrest van 16 mei 2017, Berlioz Investment Fund (C-682/15, EU:C:2017:373), blijkt inderdaad dat bij de uitlegging van het begrip „identiteit" ook rekening moet worden gehouden met artikel 26 van het modelverdrag van de Organisatie voor Economische Samenwerking en Ontwikkeling (OESO) inzake dubbele belasting naar het inkomen en naar het vermogen, en met het commentaar daarop. Uit dit commentaar, in de versie na een bijwerking ervan die heeft plaatsgevonden nadat richtlijn 2011/16 is vastgesteld, kan echter worden afgeleid dat een inlichtingenverzoek over een groep niet individueel geïdentificeerde belastingplichtigen toch aan de voorwaarde van het verwachte belang kan voldoen indien het een gericht onderzoek naar een beperkte groep personen betreft dat bedoeld is om na te gaan of een specifieke wettelijke verplichting is nageleefd, en niet om een louter algemene belastingcontrole uit te voeren.

31. Maar zelfs gesteld dat de opeenvolgende wijzigingen van dit commentaar van toepassing zijn op – en relevant zijn voor – de uitlegging van die richtlijn voor zover zij een ontwikkeling weergeven in de uitlegging van de algemene norm van het verwachte belang van de gevraagde informatie, betwijfelt de Cour administrative niettemin dat deze ontwikkeling tot gevolg kan hebben dat het in die richtlijn neergelegde vereiste van individuele identificatie van de belastingplichtige op wie het onderzoek betrekking heeft, buiten beschouwing kan worden gelaten.

32. Wat in de tweede plaats de uitoefening betreft van het recht van de bezitter van de informatie om beroep in te stellen tegen een tot hem gericht bevel tot het verstrekken van inlichtingen, merkt de Cour administrative op dat er in casu geen mogelijkheid was om rechtstreeks beroep in rechte in te stellen tegen het bevel, en dat L dan maar beroep tegen het sanctiebesluit van 6 augustus 2018 heeft ingesteld om de rechtmatigheid van het bevel tot het verstrekken van inlichtingen van 28 februari 2018 incidenteel te betwisten.

33. De Cour administrative benadrukt in dit verband dat dit beroep volgens artikel 6, lid 2, van de wet van 25 november 2014 schorsende werking heeft voor de tenuitvoerlegging van het sanctiebesluit van 6 augustus 2018, en dit totdat bij rechterlijke beslissing definitief uitspraak wordt gedaan over dit beroep. Deze rechterlijke instantie merkt evenwel op dat, indien het bevel tot het verstrekken van inlichtingen van 28 februari 2018 en het sanctiebesluit van 6 augustus 2018 na afloop van die beroepsprocedure definitief rechtmatig worden bevonden, L zowel de gevraagde informatie moet verstrekken als de geldboete moet betalen.

34. De Cour administrative stelt vast dat de bezitter van de informatie in die situatie pas in het kader van zijn beroep tegen het sanctiebesluit wegens niet-naleving van het bevel kennis heeft gekregen van de door artikel 20, lid 2, van richtlijn 2011/16 vereiste minimuminformatie – daaronder begrepen het fiscale doel van het aan

het bevel tot het verstrekken van inlichtingen ten grondslag liggende verzoek om inlichtingen. Betrokkene heeft dus op geen enkel moment over een nuttige termijn beschikt om met volledige kennis van deze minimuminformatie te beslissen of hij gevolg zou geven aan het bevel tot het verstrekken van inlichtingen.

35. Derhalve rijst de vraag of het in artikel 47 van het Handvest neergelegde recht op effectieve rechterlijke bescherming impliceert dat, indien het bevel tot het verstrekken van inlichtingen en het sanctiebesluit wegens niet-naleving van dit bevel definitief rechtmatig worden bevonden, aan de bezitter van de informatie een bepaalde termijn moet worden verleend om gevolg te kunnen geven aan het bevel tot het verstrekken van inlichtingen, en de sanctie pas opeisbaar kan worden indien hij dit bevel niet binnen deze termijn uitvoert.

36. In die omstandigheden heeft de Cour administrative de behandeling van de zaak geschorst en het Hof verzocht om een prejudiciële beslissing over de volgende vragen:

„1. Moet artikel 20, lid 2, onder a), van richtlijn 2011/16 aldus worden uitgelegd dat een verzoek van een autoriteit van een verzoekende lidstaat om uitwisseling van inlichtingen waarin de betrokken belastingplichtigen enkel op basis van hun hoedanigheid van aandeelhouder en economisch rechthebbende van een rechtspersoon worden vermeld, zonder dat die belastingplichtigen vooraf door de verzoekende autoriteit bij naam en individueel zijn geïdentificeerd, in overeenstemming is met de door deze bepaling opgelegde identificatievereisten?

2. Indien de eerste vraag bevestigend wordt beantwoord: moeten artikel 1, lid 1, en artikel 5 van richtlijn 2011/16 aldus worden uitgelegd dat naleving van het criterium ‚verwacht belang voor de autoriteit van de verzoekende lidstaat', om te bewijzen dat zij niet naar informatie hengelt, ook al worden de betrokken belastingplichtigen niet individueel geïdentificeerd, impliceert dat zij duidelijk en genoegzaam kan onderbouwen dat zij een gericht onderzoek naar een beperkte groep van personen en geen louter algemene belastingcontrole verricht, en dat dit onderzoek is ingegeven door gegronde vermoedens dat een specifieke wettelijke verplichting niet is nageleefd?

3. Moet artikel 47 van het [Handvest] aldus worden uitgelegd dat wanneer

– een burger aan wie door de bevoegde autoriteit van de aangezochte lidstaat een administratieve geldboete is opgelegd wegens niet-naleving van een bestuurlijk besluit waarbij hem wordt gelast inlichtingen te verstrekken in het kader van een informatie-uitwisseling tussen nationale belastingautoriteiten op grond van richtlijn 2011/16, dat volgens het nationale recht van de aangezochte lidstaat zelf niet vatbaar is voor beroep, de rechtmatigheid van dat besluit incidenteel heeft aangevochten in het kader van een beroep in rechte tegen de geldboete, en

– hij pas in de loop van de gerechtelijke procedure na zijn beroep in rechte tegen die sanctie kennis heeft gekregen van de in artikel 20, lid 2, van richtlijn 2011/16 vermelde minimuminformatie,

hem, nadat het bevel tot het verstrekken van inlichtingen en het boetebesluit incidenteel definitief zijn geworden, een opschortende termijn voor de betaling van de boete moet worden gegund om, na aldus te hebben kennisgenomen van de gegevens met betrekking tot het verwachte belang dat door de bevoegde rechter definitief is bevestigd, gevolg te kunnen geven aan het bevel tot het verstrekken van inlichtingen?"

Procedure bij het Hof

37. Bij beslissing van de president van het Hof van 15 januari 2020 is de behandeling van de onderhavige zaak overeenkomstig artikel 55, lid 1, onder b), van het Reglement voor de procesvoering van het Hof geschorst tot de uitspraak van het arrest in de gevoegde zaken C-245/19 en C-246/19, État luxembourgeois (Rechtsbescherming tegen een verzoek om inlichtingen in belastingzaken).

38. Het arrest van 6 oktober 2020, État luxembourgeois (Rechtsbescherming tegen een verzoek om inlichtingen in belastingzaken) (C-245/19 en C-246/19, EU:C:2020:795), is aan de verwijzende rechter in de onderhavige procedure meegedeeld om na te gaan of hij zijn verzoek om een prejudiciële beslissing wenste te handhaven. Bij schrijven van 16 november 2020, ingekomen ter griffie van het Hof op 17 november 2020, heeft die rechter het Hof laten weten dat hij zijn verzoek wenste te handhaven. Derhalve is bij beslissing van de president van het Hof van 19 november 2020 besloten om de onderhavige procedure te hervatten.

39. Op 2 februari 2021 is de partijen in het hoofdgeding en de andere in artikel 23 van het Statuut van het Hof van Justitie van de Europese Unie bedoelde belanghebbenden op grond van artikel 61, lid 1, van het Reglement voor de procesvoering verzocht om schriftelijk te antwoorden op enkele vragen. Verweerster in het hoofdgeding, de Luxemburgse regering, Ierland, de Griekse, de Spaanse, de Franse, de Italiaanse, de Poolse en de Finse regering alsook de Commissie hebben deze vragen beantwoord.

Beantwoording van de prejudiciële vragen

De eerste en de tweede vraag

40. Met zijn eerste en zijn tweede vraag, die samen moeten worden onderzocht, wenst de verwijzende rechter in wezen te vernemen of artikel 1, lid 1, artikel 5 en artikel 20, lid 2, van richtlijn 2011/16 aldus moeten worden uitgelegd dat een inlichtingenverzoek moet worden geacht betrekking te hebben op inlichtingen die niet kennelijk van elk verwacht belang lijken te zijn ontdaan wanneer de personen naar wie het onderzoek of de controle is ingesteld in de zin van laatstgenoemde bepaling in dat verzoek weliswaar niet individueel en bij naam worden geïdentificeerd maar de verzoekende autoriteit duidelijk en genoegzaam onderbouwt dat zij een gericht onderzoek naar een beperkte groep van personen verricht dat is ingegeven door gegronde vermoedens dat een specifieke wettelijke verplichting niet is nageleefd.

41. Ter beantwoording van deze vragen moet er in de eerste plaats aan worden herinnerd dat het Hof reeds heeft geoordeeld dat uit artikel 1, lid 1, en artikel 5 van richtlijn 2011/16 volgt dat het verwachte belang van de door een lidstaat aan een andere lidstaat gevraagde inlichtingen een voorwaarde is waaraan elk inlichtingenverzoek moet voldoen om de verplichting van de aangezochte lidstaat om daaraan gevolg te geven te doen ingaan, en tegelijk ook een voorwaarde is voor de wettigheid van het bevel tot het verstrekken van inlichtingen dat die lidstaat richt aan een persoon die deze inlichtingen heeft, en van de sanctiemaatregel die hem wegens niet-naleving van dit bevel wordt opgelegd (zie in die zin arrest van 16 mei 2017, Berlioz Investment Fund, C-682/15, EU:C:2017:373, punt 74).

42. In dit verband blijkt uit de bewoordingen van overweging 9 van richtlijn 2011/16 dat deze voorwaarde van het verwachte belang van de gevraagde inlichtingen tot doel heeft de verzoekende autoriteit in staat te stellen om alle informatie te vragen en te verkrijgen die zij redelijkerwijs relevant kan achten voor haar onderzoek, zonder haar evenwel toe te staan de reikwijdte van het onderzoek kennelijk te overschrijden of de aangezochte autoriteit een buitensporige last op te leggen [zie in die zin arresten van 16 mei 2017, Berlioz Investment Fund, C-682/15, EU:C:2017:373, punt 68, en 6 oktober 2020, État luxembourgeois (Rechtsbescherming tegen een verzoek om inlichtingen in belastingzaken), C-245/19 en C-246/19, EU:C:2020:795, punt 110].

43. Gelet op de regeling van de samenwerking tussen de belastingautoriteiten die bij richtlijn 2011/16 is opgezet, die op regels berust die vertrouwen tussen de lidstaten moeten wekken zodat snel en doeltreffend kan worden samengewerkt, zoals uit de overwegingen 2, 6 en 8 van deze richtlijn volgt, moet de aangezochte autoriteit in beginsel vertrouwen hebben in de verzoekende autoriteit en ervan uitgaan dat het aan haar voorgelegde inlichtingenverzoek tegelijk in overeenstemming is met het nationale recht van de verzoekende autoriteit en noodzakelijk is voor haar onderzoek. Hoe dan ook kan de aangezochte autoriteit haar eigen beoordeling van het eventuele nut van de gevraagde inlichtingen niet in de plaats stellen van die van de verzoekende autoriteit (zie in die zin arrest van 16 mei 2017, Berlioz Investment Fund, C-682/15, EU:C:2017:373, punt 77).

44. De verzoekende autoriteit, die verantwoordelijk is voor het onderzoek dat aanleiding heeft gegeven tot het inlichtingenverzoek, beschikt dus weliswaar over een beoordelingsmarge waar zij, rekening houdend met de omstandigheden van het geval, het verwachte belang van de gevraagde informatie dient te beoordelen, maar zij kan de aangezochte autoriteit niet verzoeken om inlichtingen die niet relevant zijn voor dat onderzoek [zie in die zin arrest van 6 oktober 2020, État luxembourgeois (Rechtsbescherming tegen een verzoek om inlichtingen in belastingzaken), C-245/19 en C-246/19, EU:C:2020:795, punt 112 en aldaar aangehaalde rechtspraak].

45. Aldus kan informatie die wordt opgevraagd met het oog op een *fishing expedition* als bedoeld in overweging 9 van richtlijn 2011/16 hoe dan ook niet worden geacht „naar verwachting van belang" te zijn in de zin van artikel 1, lid 1, van deze richtlijn [zie in die zin arrest van 6 oktober 2020, État luxembourgeois (Rechtsbescherming tegen een verzoek om inlichtingen in belastingzaken), C-245/19 en C-246/19, EU:C:2020:795, punten 113 en 114].

46. De aangezochte autoriteit moet derhalve nagaan of de motivering van het door de verzoekende autoriteit tot haar gerichte inlichtingenverzoek volstaat om vast te stellen dat het de betrokken informatie niet aan verwacht belang ontbreekt, gelet op de identiteit van de belastingplichtige tegen wie het onderzoek loopt dat aanleiding heeft gegeven tot dat verzoek, op de behoeften van een dergelijk onderzoek en, indien het noodzakelijk is om de betrokken informatie te verkrijgen van een persoon die deze in bezit heeft, op de identiteit van deze persoon [arrest van 6 oktober 2020, État luxembourgeois (Rechtsbescherming tegen een verzoek om inlichtingen in belastingzaken), C-245/19 en C-246/19, EU:C:2020:795, punt 115 en aldaar aangehaalde rechtspraak].

47. In dit verband blijkt uit overweging 9 van richtlijn 2011/16 dat de voor die toetsing relevante gegevens die de verzoekende autoriteit moet verstrekken, onder meer die zijn welke in artikel 20, lid 2, onder a) en b), van deze richtlijn staan vermeld, namelijk de identiteit van de persoon naar wie het onderzoek of de controle is ingesteld en het fiscale doel waarvoor de informatie wordt opgevraagd (zie in die zin arrest van 16 mei 2017, Berlioz Investment Fund, C-682/15, EU:C:2017:373, punt 79).

48. In die omstandigheden moet bijgevolg worden geoordeeld dat volgens artikel 1, lid 1, artikel 5 en artikel 20, lid 2, onder a), van richtlijn 2011/16, in onderlinge samenhang gelezen en zoals uitgelegd in de in de punten 41 tot en met 47 van het onderhavige arrest aangehaalde rechtspraak van het Hof, de „identiteit van de persoon naar wie het onderzoek of de controle is ingesteld" in de zin van laatstgenoemde bepaling een van de elementen is die noodzakelijkerwijs in de motivering van het inlichtingenverzoek moet staan opdat de aangezochte autoriteit kan vaststellen dat het de gevraagde inlichtingen niet aan verwacht belang ontbreekt en op de aangezochte lidstaat daardoor de verplichting komt te rusten om gevolg te geven aan het verzoek.

49. In de tweede plaats zij erop gewezen dat artikel 20, lid 2, onder a), van richtlijn 2011/16, wat betreft de betekenis die moet worden toegekend aan het begrip „identiteit van de persoon naar wie het onderzoek of de controle is ingesteld", niet naar het nationale recht verwijst.

50. Dit begrip moet dan ook worden beschouwd als een autonoom Unierechtelijk begrip, dat op het grondgebied van de Unie uniform dient te worden uitgelegd, daarbij rekening houdend met niet alleen de bewoordingen van die bepaling maar ook de context ervan en de doelstellingen van de regeling waarvan zij deel uitmaakt [zie in die zin arrest van 22 juni 2021, Venezuela/Raad (Geraaktheid van een derde staat), C-872/19 P, EU:C:2021:507, punt 42 en aldaar aangehaalde rechtspraak].

51. Wat om te beginnen de bewoordingen van artikel 20, lid 2, onder a), van richtlijn 2011/16 betreft, zij erop gewezen dat de term „identiteit" in de gewone betekenis ervan slaat op alle gegevens die een persoon onderscheiden van een andere persoon en dat het daarbij, zoals de advocaat-generaal in de punten 46 en 47 van haar conclusie in wezen heeft opgemerkt, niet enkel gaat om een individuele identificatie bij naam.

52. Wat vervolgens de context van die bepaling betreft, moet ten eerste worden benadrukt dat in artikel 3, punt 11, van die richtlijn de term „persoon" ruim wordt gedefinieerd: het betreft niet alleen natuurlijke personen maar ook rechtspersonen, verenigingen van personen die bevoegd zijn om rechtshandelingen te verrichten en andere juridische constructies, ongeacht de aard of de vorm, met of zonder rechtspersoonlijkheid.

53. Deze definitie slaat dus tevens op een reeks rechtspersonen waarvan de identiteit niet kan worden vastgesteld aan de hand van persoonlijke gegevens zoals de gegevens over de burgerlijke staat van een natuurlijke persoon. Voor de verificatie van het element „identiteit" van de persoon naar wie het onderzoek of de controle is ingesteld in de zin van de in de punten 46 en 47 van dit arrest aangehaalde rechtspraak, moeten die personen dus kunnen worden geïdentificeerd aan de hand van een geheel van onderscheidende feitelijke en juridische kenmerken.

54. Ten tweede moet eraan worden herinnerd dat overweging 9 van richtlijn 2011/16 preciseert dat het criterium „verwacht belang" van de gevraagde inlichtingen tot doel heeft te voorzien in een zo ruim mogelijke uitwisseling van inlichtingen op belastinggebied, en de procedurele vereisten van artikel 20 van deze richtlijn derhalve ruim moeten worden geïnterpreteerd om de effectieve uitwisseling van inlichtingen niet te belemmeren.

55. Bijgevolg moet ook het in artikel 20, lid 2, onder a), van deze richtlijn gestelde vereiste – namelijk in het kader van het inlichtingenverzoek informatie verstrekken over de identiteit van de persoon naar wie het onderzoek of de controle is ingesteld – ruim worden uitgelegd, in die zin dat geen individuele identificatie bij naam vereist is.

56. Wat tot slot de doelstellingen van richtlijn 2011/16 betreft, heeft het Hof reeds geoordeeld dat de met deze richtlijn nagestreefde doelstelling van bestrijding van internationale belastingfraude en -ontwijking met name tot uiting komt in de artikelen 5 tot en met 7 ervan, door de vaststelling van een procedure voor de uitwisseling van inlichtingen op verzoek die de bevoegde nationale autoriteiten in staat stelt om doeltreffend en snel samen te werken teneinde informatie te vergaren in het kader van onderzoeken naar een bepaalde belastingplichtige [zie in die zin arrest van 6 oktober 2020, État luxembourgeois (Rechtsbescherming tegen een verzoek om inlichtingen in belastingzaken), C-245/19 en C-246/19, EU:C:2020:795, punten 86 en 89 en aldaar aangehaalde rechtspraak].

57. In overweging 7 van deze richtlijn staat te lezen dat zij voortbouwt op de verwezenlijkingen van richtlijn 77/799 door waar nodig te voorzien in duidelijker en preciezer voorschriften voor de administratieve samen-

werking tussen de lidstaten, teneinde de werkingssfeer van deze samenwerking te verruimen (zie in die zin arrest van 16 mei 2017, Berlioz Investment Fund, C-682/15, EU:C:2017:373, punt 47). Deze overweging geeft inzonderheid ook aan dat deze voorschriften het met name mogelijk moeten maken alle natuurlijke en rechtspersonen in de Unie te bestrijken, rekening houdend met het steeds bredere scala aan wettelijke regelingen waarvan belastingbetalers zich in de lidstaten zouden kunnen bedienen.

58. Gelet op de toenemende complexiteit van de bestaande financiële en juridische constructies zou, zoals de advocaat-generaal in punt 52 van haar conclusie in wezen heeft opgemerkt, een uitlegging van het begrip „identiteit van de persoon naar wie het onderzoek of de controle is ingesteld" die erop zou neerkomen dat een inlichtingenverzoek enkel betrekking kan hebben op personen die door de verzoekende autoriteit individueel en bij naam worden geïdentificeerd, het samenwerkingsinstrument dat het inlichtingenverzoek vormt, zijn nuttig effect kunnen ontnemen en dus indruisen tegen de met die richtlijn nagestreefde doelstelling van bestrijding van internationale belastingfraude en -ontwijking.

59. Een dergelijke uitlegging zou immers neerkomen op een verbod van elk inlichtingenverzoek dat, zoals in het hoofdgeding, tot doel heeft om in het kader van een belastingcontrole waarvan de verzoekende autoriteit de draagwijdte reeds heeft bepaald, met behulp van een geheel van onderscheidende eigenschappen of kenmerken de leden van een beperkte groep personen te individualiseren die ervan worden verdacht de gestelde inbreuk of nalatigheid te hebben begaan.

60. Er zij in dit verband aan herinnerd dat het inlichtingenverzoek, net als het bevel tot het verstrekken van inlichtingen, deel uitmaakt van de inleidende fase van het onderzoek of de controle, die tot doel heeft om informatie te verzamelen waarvan de verzoekende autoriteit veronderstellenderwijs geen nauwkeurige en volledige kennis heeft [arrest van 6 oktober 2020, État luxembourgeois (Rechtsbescherming tegen een verzoek om inlichtingen in belastingzaken), C-245/19 en C-246/19, EU:C:2020:795, punt 121].

61. Uit een letterlijke, contextuele en teleologische uitlegging van het begrip „identiteit van de persoon naar wie het onderzoek of de controle is ingesteld" in de zin van artikel 20, lid 2, onder a), van richtlijn 2011/16 blijkt dus dat dit begrip niet alleen slaat op de naam en andere persoonsgegevens maar ook op een geheel van onderscheidende eigenschappen of kenmerken waarmee de persoon/personen waarnaar het onderzoek of de controle is ingesteld, kan/kunnen worden geïdentificeerd.

62. Hieruit volgt dat het begrip „identiteit van de persoon naar wie het onderzoek of de controle is ingesteld" in de zin van die bepaling, die voor de motivering van het inlichtingenverzoek moet worden vermeld opdat de aangezochte autoriteit kan vaststellen dat het de gevraagde inlichtingen niet aan verwacht belang ontbreekt in de zin van punt 48 van het onderhavige arrest, niet alleen betrekking heeft op personen die de verzoekende autoriteit individueel en bij naam aanduidt, maar ook op een beperkte groep van personen die kunnen worden geïdentificeerd aan de hand van een gemeenschappelijk geheel van eigenschappen of kenmerken die hen onderscheiden.

63. Er zij evenwel aan herinnerd dat uit de in de punten 44 en 45 van dit arrest aangehaalde rechtspraak van het Hof volgt dat de verzoekende autoriteit bij de beoordeling van het verwachte belang van de gevraagde informatie weliswaar over een beoordelingsmarge beschikt, maar zij de aangezochte autoriteit geen inlichtingen kan vragen met het oog op een *fishing expedition* als bedoeld in overweging 9 van richtlijn 2011/16, welke inlichtingen hoe dan ook niet kunnen worden geacht „naar verwachting van belang" te zijn in de zin van artikel 1, lid 1, daarvan.

64. Wat een inlichtingenverzoek betreft waarin geen personen individueel en bij naam zijn geïdentificeerd, moet in de derde plaats dan ook worden verduidelijkt welke gegevens de verzoekende autoriteit de aangezochte autoriteit dient te verstrekken opdat deze laatste kan vaststellen dat de informatie niet wordt opgevraagd met het oog op een dergelijke *fishing expedition* en dus niet van elk verwacht belang lijkt te zijn ontdaan in de zin van de in punt 46 van dit arrest aangehaalde rechtspraak. Zoals de advocaat-generaal in punt 54 van haar conclusie in wezen heeft opgemerkt, is het risico op een *fishing expedition* immers uitermate hoog wanneer het inlichtingenverzoek betrekking heeft op een groep van belastingplichtigen die niet individueel bij naam zijn geïdentificeerd.

65. In dit verband moet om te beginnen in herinnering worden gebracht dat uit de in punt 47 van dit arrest aangehaalde rechtspraak blijkt dat de gegevens in de motivering van het inlichtingenverzoek die betrekking *hebben op* de „identiteit van de persoon naar wie het onderzoek of de controle is ingesteld" [artikel 20, lid 2, onder a), van richtlijn 2011/16], daarin worden vermeld naast de elementen die verband houden met het fiscale doel van dit verzoek [artikel 20, lid 2, onder b), ervan].

66. Voorts blijkt uit een gezamenlijke lezing van overweging 9 en artikel 20 van richtlijn 2011/16, zoals uitgelegd in de in de punten 42 tot en met 45 van dit arrest aangehaalde rechtspraak van het Hof, dat een verzoekende autoriteit geen informatie kan opvragen die de reikwijdte van het door haar gevoerde fiscale onderzoek kennelijk overschrijdt, en zij de aangezochte autoriteit evenmin een buitensporige last mag opleggen.

67. Zoals de advocaat-generaal in de punten 58 tot en met 62 van haar conclusie in wezen heeft aangegeven, moet in die omstandigheden worden geoordeeld dat de verzoekende autoriteit ertoe gehouden is, ten eerste, een zo gedetailleerd en volledig mogelijke omschrijving te geven van de groep belastingplichtigen naar wie het onderzoek of de controle is ingesteld, inclusief alle gemeenschappelijke eigenschappen of kenmerken die hen onderscheiden, zodat de aangezochte autoriteit hen kan identificeren, ten tweede, te preciseren welke specifieke fiscale verplichtingen deze personen hebben en, ten derde, uit te leggen waarom zij worden verdacht van de nalatigheden of de inbreuken waarop het onderzoek of de controle betrekking heeft.

68. Zoals de advocaat-generaal in punt 64 van haar conclusie heeft opgemerkt, lijkt de motivering van het inlichtingenverzoek in het hoofdgeding, zoals die naar voren komt uit de in punt 17 van dit arrest samengevatte uitzetting van de feiten in de verwijzingsbeslissing, te voldoen aan de in het vorige punt uiteengezette vereisten, waarbij het evenwel aan de verwijzende rechter staat om dit in het kader van een beoordeling van de volledige inhoud van dat verzoek te verifiëren.

69. Tot slot moet hieraan nog worden toegevoegd dat deze uitlegging van de bepalingen van richtlijn 2011/16 overeenstemt met die van het begrip „verwacht belang" van de gevraagde inlichtingen dat wordt gehanteerd in artikel 26, lid 1, van het OESO-modelverdrag inzake dubbele belasting naar het inkomen en naar het vermogen en zoals deze uitlegging blijkt uit het op 17 juli 2012 door de Raad van de OESO vastgestelde commentaar op dat artikel.

70. Het Hof heeft er namelijk reeds op gewezen dat het begrip „verwacht belang" van de gevraagde inlichtingen dat onder meer in overweging 9 van richtlijn 2011/16 wordt gebruikt, een afspiegeling is van het begrip dat wordt gebruikt in artikel 26, lid 1, van dit modelverdrag (zie in die zin arrest van 16 mei 2017, Berlioz Investment Fund, C-682/15, EU:C:2017:373, punt 67).

71. In dit verband moet erop worden gewezen dat in de punten 5.1 en 5.2 van het commentaar op artikel 26 van dat modelverdrag staat te lezen dat „een inlichtingenverzoek geen ‚hengelen naar inlichtingen' vormt louter omdat daarin niet de naam of het adres (of beide) wordt vermeld van de belastingplichtige naar wie een controle of een onderzoek is ingesteld", op voorwaarde dat de verzoekende staat in het verzoek „genoeg andere informatie [verstrekt] om de belastingplichtige te kunnen identificeren". Voorts wordt in die punten verduidelijkt dat ook in „gevallen waarbij meerdere belastingplichtigen betrokken zijn (ongeacht of zij bij naam of anderszins worden geïdentificeerd)" kan zijn voldaan aan de voorwaarde van het verwachte belang van de gevraagde inlichtingen.

72. Gelet op alle voorgaande overwegingen dient op de eerste en de tweede vraag te worden geantwoord dat artikel 1, lid 1, artikel 5 en artikel 20, lid 2, van richtlijn 2011/16 aldus moeten worden uitgelegd dat een inlichtingenverzoek moet worden geacht betrekking te hebben op inlichtingen die niet kennelijk van elk verwacht belang lijken te zijn ontdaan wanneer de personen naar wie het onderzoek of de controle is ingesteld in de zin van laatstgenoemde bepaling in dat verzoek weliswaar niet individueel en bij naam worden geïdentificeerd maar de verzoekende autoriteit duidelijk en genoegzaam onderbouwt dat zij een gericht onderzoek naar een beperkte groep van personen verricht dat is ingegeven door gegronde vermoedens dat een specifieke wettelijke verplichting niet is nageleefd.

Derde vraag

Bevoegdheid van het Hof

73. De Luxemburgse regering betwist impliciet dat het Hof bevoegd is om kennis te nemen van de derde vraag. Zij betoogt in wezen dat deze vraag gaat over zuiver interne aspecten die verband houden met de toepassing in de tijd van nationale procedureregels en die dus geen enkel aanknopingspunt met het Unierecht vertonen. Aangezien artikel 47 van het Handvest enkel op een nationaal geschil van toepassing is indien het voldoende aanknopingspunten heeft met het Unierecht, valt de derde vraag buiten de bevoegdheid van het Hof.

74. In dit verband zij erop gewezen dat de wet van 25 november 2014 de nadere regels preciseert voor de bij richtlijn 2011/16 ingevoerde procedure voor de uitwisseling van inlichtingen op verzoek – met name voor de tenuitvoerlegging en de wettigheidscontrole van de bevelen tot het verstrekken van inlichtingen en de sancties wegens niet-naleving daarvan – teneinde de goede werking van die procedure te garanderen. Die wet

brengt deze richtlijn dus ten uitvoer, en valt dan ook binnen de werkingssfeer van het Unierecht [zie in die zin arresten van 16 mei 2017, Berlioz Investment Fund, C-682/15, EU:C:2017:373, punten 34-41, en 6 oktober 2020, État luxembourgeois (Rechtsbescherming tegen een verzoek om inlichtingen in belastingzaken), C-245/19 en C-246/19, EU:C:2020:795, punten 45 en 46].

75. Bijgevolg is artikel 47 van het Handvest overeenkomstig artikel 51, lid 1, ervan van toepassing [zie in die zin arresten van 16 mei 2017, Berlioz Investment Fund, C-682/15, EU:C:2017:373, punten 42 en 50, en 6 oktober 2020, État luxembourgeois (Rechtsbescherming tegen een verzoek om inlichtingen in belastingzaken), C-245/19 en C-246/19, EU:C:2020:795, punt 46], en is het Hof bevoegd om kennis te nemen van de derde vraag.

Ontvankelijkheid

76. De Luxemburgse regering betwijfelt eveneens of de derde vraag ontvankelijk is. Zij is om te beginnen van mening dat volgens artikel 6, lid 1, van de wet van 25 november 2014, in de op het hoofdgeding toepasselijke versie, de bezitter van de informatie weliswaar enkel beroep kon instellen tegen het besluit om een sanctie op te leggen wegens niet-naleving van het bevel tot het verstrekken van inlichtingen, maar dat de wet van 1 maart 2019 de mogelijkheid heeft ingevoerd om tegen dit laatste bevel zelf beroep tot nietigverklaring in te stellen.

77. Aangezien de wet van 1 maart 2019 procedureregels bevat, moet zij vanaf de datum van inwerkingtreding ervan ook worden toegepast op zaken die op dat tijdstip reeds hangend waren. Voor zover deze wet geldt in het hoofdgeding, is de derde vraag dus niet relevant voor de oplossing van het geschil: de bezitter van de informatie heeft sindsdien, op grond van die wet, het recht om beroep tot nietigverklaring in te stellen tegen het bevel tot het verstrekken van inlichtingen teneinde de rechtmatigheid ervan rechtstreeks te betwisten.

78. Die regering stelt voorts dat de vennootschap die de informatie bezit in casu zelfs volgens de wet van 25 november 2014, in de op het hoofdgeding toepasselijke versie ervan, over een doeltreffende voorziening in rechte beschikte waarmee de rechtmatigheid van het bevel tot het verstrekken van inlichtingen van 28 februari 2018 rechtstreeks kon worden aangevochten.

79. Zoals uit punt 19 van dit arrest blijkt, heeft die vennootschap inderdaad, parallel aan het beroep tegen het sanctiebesluit van 6 augustus 2018, beroep tot nietigverklaring ingesteld tegen het besluit van de directeur van de dienst directe belastingen waarbij haar formeel bezwaar tegen het bevel tot het verstrekken van inlichtingen van 28 februari 2018 niet-ontvankelijk werd verklaard. Dit beroep tot nietigverklaring, dat duidelijk geen schorsende werking heeft gehad voor dat bevel, is thans aanhangig bij de tribunal administratif, die heeft besloten de behandeling van de zaak te schorsen in afwachting van het antwoord van het Hof op de prejudiciële vragen in de onderhavige zaak.

80. Dienaangaande moet worden herinnerd aan de vaste rechtspraak van het Hof volgens welke het in het kader van de in artikel 267 VWEU geregelde samenwerking tussen het Hof en de nationale rechterlijke instanties uitsluitend een zaak is van de nationale rechter aan wie het geschil is voorgelegd en die de verantwoordelijkheid draagt voor de te geven rechterlijke beslissing om, rekening houdend met de bijzonderheden van het hoofdgeding, zowel de noodzaak van een prejudiciële beslissing voor het wijzen van zijn vonnis als de relevantie van de vragen die hij aan het Hof voorlegt, te beoordelen. Wanneer de gestelde vragen betrekking hebben op de uitlegging van het Unierecht, is het Hof derhalve in beginsel verplicht daarop te antwoorden (arrest van 18 mei 2021, Asocia?ia „Forumul Judec?torilor Din România" e.a., C-83/19, C-127/19, C-195/19, C-291/19, C-355/19 en C-397/19, EU:C:2021:393, punt 115 en aldaar aangehaalde rechtspraak).

81. Bijgevolg geldt voor vragen over het Unierecht een vermoeden van relevantie. Het Hof kan slechts weigeren uitspraak te doen op een prejudiciële vraag van een nationale rechterlijke instantie wanneer duidelijk blijkt dat de gevraagde uitlegging van het Unierecht geen verband houdt met een reëel geschil of met het voorwerp van het hoofdgeding, het vraagstuk van hypothetische aard is, of het Hof niet beschikt over de gegevens, feitelijk en rechtens, die noodzakelijk zijn om een nuttig antwoord te geven op de gestelde vragen (arrest van 18 mei 2021, Asocia?ia „Forumul Judec?torilor Din România" e.a., C-83/19, C-127/19, C-195/19, C-291/19, C-355/19 en C-397/19, EU:C:2021:393, punt 116 en aldaar aangehaalde rechtspraak).

82. Inzonderheid *moet* de gevraagde prejudiciële beslissing voor de verwijzende rechter „noodzakelijk" zijn „voor het wijzen van zijn vonnis" in de bij hem aanhangige zaak, zoals blijkt uit de bewoordingen van artikel 267 VWEU. De prejudiciële procedure vooronderstelt dan ook met name dat daadwerkelijk een geding bij de nationale rechterlijke instantie aanhangig is, in het kader waarvan deze een beslissing moet geven waarbij rekening kan worden gehouden met de prejudiciële beslissing (arrest van 18 mei 2021, Asociatia „Forumul

Judecatorilor Din România" e.a., C-83/19, C-127/19, C-195/19, C-291/19, C-355/19 en C-397/19, EU:C:2021:393, punt 117 en aldaar aangehaalde rechtspraak).

83. Wat in de onderhavige zaak allereerst de bij de wet van 1 maart 2019 ingevoerde mogelijkheid betreft om rechtstreeks beroep in te stellen tegen bevelen tot het verstrekken van inlichtingen, moet worden vastgesteld dat deze wet niet van toepassing is op het hoofdgeding, zoals de verwijzende rechter heeft aangegeven in zijn antwoord op de vraag of hij het verzoek om een prejudiciële beslissing wilde handhaven. Het geschil dateert namelijk van vóór de inwerkingtreding van die wet en vindt zijn oorsprong in een beroep dat niet tegen een bevel tot het verstrekken van inlichtingen werd ingesteld maar tegen een besluit houdende oplegging van een sanctie dat nadien werd vastgesteld omdat niet werd voldaan aan dat bevel.

84. Wat vervolgens het in punt 79 van dit arrest vermelde beroep tot nietigverklaring betreft, volstaat het erop te wijzen dat dit beroep, gesteld al dat het ontvankelijk is, zoals de Luxemburgse regering in haar schriftelijk antwoord op de vragen van het Hof zelf aangeeft hoe dan ook zonder voorwerp zou raken indien het bevel tot het verstrekken van inlichtingen van 28 februari 2018 en het sanctiebesluit van 6 augustus 2018 aan het eind van het hoofdgeding incidenteel definitief rechtmatig zouden worden bevonden.

85. In die omstandigheden is het antwoord op de derde vraag relevant en noodzakelijk voor de oplossing van het bij de verwijzende rechter aanhangige geding in de zin van de in de punten 80 tot en met 82 van dit arrest aangehaalde rechtspraak, en is deze vraag dus ontvankelijk.

Ten gronde

86. Met zijn derde vraag wenst de verwijzende rechter in wezen te vernemen of artikel 47 van het Handvest aldus moet worden uitgelegd dat aan een persoon die inlichtingen bezit en:

– aan wie een administratieve geldboete is opgelegd wegens niet-naleving van een bevel waarbij hem is gelast inlichtingen te verstrekken in het kader van een informatie-uitwisseling tussen nationale belastingautoriteiten op grond van richtlijn 2011/16 en welk bevel volgens het nationale recht van de aangezochte lidstaat niet vatbaar is voor beroep, en

– die de rechtmatigheid van dit bevel incidenteel heeft aangevochten in het kader van een beroep in rechte tegen het besluit tot vaststelling van een sanctie die hem wegens niet-nakoming van dit bevel is opgelegd en die aldus pas in de loop van de gerechtelijke procedure betreffende dit beroep kennis van de in artikel 20, lid 2, van deze richtlijn vermelde minimuminformatie heeft gekregen,

een opschortende termijn voor de betaling van de boete moet worden gegund nadat dit bevel en dit boetebesluit definitief rechtmatig zijn bevonden teneinde, na op die manier kennis te hebben gekregen van de gegevens met betrekking tot het door de bevoegde rechter definitief bevestigde verwachte belang van de gevraagde inlichtingen, gevolg te kunnen geven aan het bevel tot het verstrekken van die inlichtingen.

87. Ter beantwoording van deze vraag moet in de eerste plaats worden opgemerkt dat uit vaste rechtspraak van het Hof blijkt dat de bescherming tegen ingrepen van het openbaar gezag in de privésfeer van zowel natuurlijke personen als rechtspersonen die willekeurig of onredelijk zouden zijn, een algemeen beginsel van Unierecht vormt. Deze bescherming kan door een rechtspersoon worden ingeroepen als door het Unierecht gewaarborgd recht in de zin van artikel 47, eerste alinea, van het Handvest, teneinde in rechte op te komen tegen een voor hem bezwarende handeling zoals een bevel tot het verstrekken van inlichtingen of een sanctiebesluit wegens niet-naleving van dat bevel [arrest van 6 oktober 2020, État luxembourgeois (Rechtsbescherming tegen een verzoek om inlichtingen in belastingzaken), C-245/19 en C-246/19, EU:C:2020:795, punten 57 en 58 en aldaar aangehaalde rechtspraak].

88. Hieruit volgt dat een rechtspersoon tot wie de bevoegde nationale autoriteit een dergelijk bevel of besluit heeft gericht, zoals de verwerende partij in het hoofdgeding, ten aanzien van dit bevel of besluit het door artikel 47 van het Handvest gewaarborgde recht op een doeltreffende voorziening in rechte toekomt, waarvan de uitoefening slechts door de lidstaten kan worden beperkt indien de voorwaarden van artikel 52, lid 1, van het Handvest zijn vervuld [zie in die zin arrest van 6 oktober 2020, État luxembourgeois (Rechtsbescherming tegen een verzoek om inlichtingen in belastingzaken), C-245/19 en C-246/19, EU:C:2020:795, punten 59, 60 en 64].

89. In de tweede plaats moet in herinnering worden geroepen dat het Hof reeds heeft geoordeeld dat enkel aan de vereisten van artikel 47 van het Handvest is voldaan indien de nationale rechter bij wie een beroep aanhangig is tegen de aan de justitiabele opgelegde administratieve geldboete wegens niet-naleving van het bevel tot het verstrekken van inlichtingen, de wettigheid van dit bevel kan onderzoeken. Bijgevolg heeft een justitiabele aan wie een geldboete is opgelegd wegens de niet-naleving van een besluit waarbij hem werd gelast inlichtingen te verstrekken in het kader van een uitwisseling van inlichtingen tussen nationale belastingauto-

riteiten op grond van richtlijn 2011/16, het recht om de wettigheid van dat besluit te betwisten (arrest van 16 mei 2017, Berlioz Investment Fund, C-682/15, EU:C:2017:373, punten 56 en 59).

90. In deze context heeft het Hof om te beginnen geoordeeld dat de doeltreffendheid van de door artikel 47 van het Handvest gewaarborgde rechterlijke toetsing vereist dat de door de verzoekende autoriteit verstrekte motivering de nationale rechter in staat stelt om de wettigheid van het inlichtingenverzoek te toetsen. Gelet op de beoordelingsmarge waarover de verzoekende autoriteit beschikt in de zin van de in de punten 42 en 44 van het onderhavige arrest aangehaalde rechtspraak, gelden de in de punten 43 en 46 van dit arrest genoemde grenzen voor de toetsing door de aangezochte autoriteit tevens voor de toetsing door de rechter. Derhalve dient de rechter enkel na te gaan of het bevel tot het verstrekken van inlichtingen berust op een voldoende met redenen omkleed verzoek van de verzoekende autoriteit betreffende inlichtingen waarbij het deze inlichtingen niet kennelijk ontbreekt aan een verwacht belang, gelet op de in artikel 20, lid 2, van richtlijn 2011/16 vermelde gegevens, namelijk de identiteit van de persoon naar wie het onderzoek of de controle is ingesteld en het fiscale doel van de gevraagde inlichtingen (zie in die zin arrest van 16 mei 2017, Berlioz Investment Fund, C-682/15, EU:C:2017:373, punten 84-86).

91. Voorts heeft het Hof verduidelijkt dat waar de rechter van de aangezochte lidstaat, teneinde hem in staat te stellen om zijn rechterlijk toezicht uit te oefenen, toegang dient te hebben tot het inlichtingenverzoek dat de verzoekende lidstaat aan de aangezochte lidstaat heeft doen toekomen, de betrokken justitiabele zelf geen toegang hoeft te hebben tot het volledige inlichtingenverzoek opdat zijn zaak eerlijk zou verlopen wat de voorwaarde van het verwachte belang van de gevraagde inlichtingen betreft. Daartoe volstaat het dat hij in het kader van het door hem ingestelde beroep in rechte tegen het bevel tot het verstrekken van inlichtingen en het sanctiebesluit wegens de niet-naleving van het bevel toegang heeft tot de in artikel 20, lid 2, van richtlijn 2011/16 vermelde minimuminformatie, te weten de identiteit van de persoon naar wie het onderzoek of de controle is ingesteld en het fiscale doel waarvoor de informatie wordt opgevraagd (zie in die zin arrest van 16 mei 2017, Berlioz Investment Fund, C-682/15, EU:C:2017:373, punten 92, 99 en 100).

92. Daarbij moet evenwel worden onderstreept dat de doeltreffendheid van de door artikel 47 van het Handvest gewaarborgde rechterlijke toetsing vereist dat de persoon waartegen een administratieve autoriteit een besluit neemt, kennis kan nemen van de gronden waarop dit besluit is gebaseerd, hetzij door lezing van het besluit zelf, hetzij doordat de redenen hem op zijn verzoek worden meegedeeld, onverminderd het recht van de bevoegde rechter om te eisen dat de betrokken autoriteit hem die redenen meedeelt, teneinde de belanghebbende de mogelijkheid te bieden zijn rechten onder zo goed mogelijke omstandigheden te verdedigen en met volledige kennis van zaken te beslissen of hij er baat bij heeft om zich tot de bevoegde rechter te wenden, en teneinde deze laatste ten volle in staat te stellen om de rechtmatigheid van het betrokken nationale besluit te toetsen (arrest van 24 november 2020, Minister van Buitenlandse Zaken, C-225/19 en C-226/19, EU:C:2020:951, punt 43 en aldaar aangehaalde rechtspraak).

93. Een bevel tot het verstrekken van inlichtingen moet dus niet alleen gebaseerd zijn op een inlichtingenverzoek dat geldig is in het licht van de in de punten 41 tot en met 47 van het onderhavige arrest aangehaalde rechtspraak, maar moet ook naar behoren zijn gemotiveerd, teneinde de adressaat van het bevel in staat te stellen de draagwijdte ervan te begrijpen en te beslissen of hij zich ertegen wenst te verzetten langs gerechtelijke weg.

94. Bovendien heeft het Hof er tevens aan herinnerd dat volgens vaste rechtspraak de wezenlijke inhoud van het in artikel 47 van het Handvest neergelegde recht op een doeltreffende voorziening in rechte er onder andere in bestaat dat de houder van dit recht toegang moet hebben tot een gerecht dat bevoegd is om de eerbiediging van de uit het Unierecht voortvloeiende rechten te waarborgen en om daartoe alle voor het bij hem aanhangige geding relevante feitelijke en juridische kwesties te onderzoeken, zonder dat deze persoon daarvoor een regel of een juridische verplichting dient te schenden en zich aldus bloot te stellen aan de sanctie die verbonden is aan deze schending [zie in die zin arrest van 6 oktober 2020, État luxembourgeois (Rechtsbescherming tegen een verzoek om inlichtingen in belastingzaken), C-245/19 en C-246/19, EU:C:2020:795, punt 66].

95. Het Hof heeft met betrekking tot dezelfde nationale wettelijke regeling als die welke aan de orde is in het hoofdgeding reeds geoordeeld dat, volgens deze regeling, de persoon tot wie een bevel tot het verstrekken van inlichtingen is gericht, alleen wanneer hij dat bevel niet naleeft en hem vervolgens om die reden een sanctie wordt opgelegd, de mogelijkheid heeft om incidenteel tegen dat bevel op te komen, in het kader van het beroep dat tegen de sanctie kan worden ingesteld [arrest van 6 oktober 2020, État luxembourgeois (Rechtsbescherming tegen een verzoek om inlichtingen in belastingzaken), C-245/19 en C-246/19, EU:C:2020:795, punt 67].

96. Wanneer een bevel tot het verstrekken van inlichtingen willekeurig of onevenredig is, heeft die persoon dus geen toegang tot een rechter, tenzij hij geen gehoor geeft aan het bevel en zich aldus blootstelt aan de sanctie die verbonden is aan niet-naleving ervan. Bijgevolg kan deze persoon niet worden geacht een daadwerkelijke rechtsbescherming te genieten [arrest van 6 oktober 2020, État luxembourgeois (Rechtsbescherming tegen een verzoek om inlichtingen in belastingzaken), C-245/19 en C-246/19, EU:C:2020:795, punt 68].

97. Derhalve heeft het Hof geoordeeld dat die nationale wettelijke regeling, die een bezitter van informatie tot wie de bevoegde nationale autoriteit een bevel tot het verstrekken van inlichtingen richt, de mogelijkheid ontneemt om rechtstreeks tegen het bevel beroep in te stellen, de wezenlijke inhoud van het door artikel 47 van het Handvest gewaarborgde recht op een doeltreffende voorziening in rechte niet eerbiedigt, en dat artikel 52, lid 1, van het Handvest zich bijgevolg verzet tegen een dergelijke wettelijke regeling [arrest van 6 oktober 2020, État luxembourgeois (Rechtsbescherming tegen een verzoek om inlichtingen in belastingzaken), C-245/19 en C-246/19, EU:C:2020:795, punt 69].

98. In omstandigheden als die in het hoofdgeding wordt de doeltreffendheid van de wezenlijke inhoud van dit recht dan ook enkel gewaarborgd indien de adressaat van het bevel tot het verstrekken van inlichtingen, zodra de bevoegde rechter in voorkomend geval de rechtmatigheid van dit bevel bevestigt, in deze context de mogelijkheid heeft om binnen de termijn waarin het nationale recht daartoe aanvankelijk voorzag gevolg te geven aan dit bevel, zonder dat de sanctie waarmee hij is geconfronteerd om zijn recht op een doeltreffende voorziening in rechte te kunnen uitoefenen, in dat geval wordt gehandhaafd. Enkel wanneer de adressaat niet binnen die termijn gevolg geeft aan het bevel, wordt de opgelegde sanctie legitiem opeisbaar.

99. Gelet op alle voorgaande overwegingen dient op de derde vraag te worden geantwoord dat artikel 47 van het Handvest aldus moet worden uitgelegd dat een persoon die inlichtingen bezit en:

– aan wie een administratieve geldboete is opgelegd wegens niet-naleving van een bevel waarbij hem is gelast inlichtingen te verstrekken in het kader van een informatie-uitwisseling tussen nationale belastingautoriteiten op grond van richtlijn 2011/16 en welk bevel volgens het nationale recht van de aangezochte lidstaat niet vatbaar is voor beroep, en

– die de rechtmatigheid van dit bevel incidenteel heeft aangevochten in het kader van een beroep in rechte tegen het besluit tot vaststelling van een sanctie die hem wegens niet-nakoming van dit bevel is opgelegd en die aldus pas in de loop van de gerechtelijke procedure betreffende dit beroep kennis heeft gekregen van de in artikel 20, lid 2, van deze richtlijn vermelde minimuminformatie,

over de mogelijkheid moet beschikken om, nadat de rechtmatigheid van dit bevel en dit boetebesluit die jegens hem zijn vastgesteld onherroepelijk is erkend, binnen de termijn waarin het nationale recht daartoe aanvankelijk voorzag gevolg te geven aan het bevel tot het verstrekken van inlichtingen, zonder dat de sanctie waarmee hij is geconfronteerd om zijn recht op een doeltreffende voorziening in rechte te kunnen uitoefenen, in dat geval wordt gehandhaafd. Enkel wanneer die persoon niet binnen die termijn gevolg geeft aan dat bevel, wordt de opgelegde sanctie legitiem opeisbaar.

Kosten

100. ...

Het Hof (Derde kamer)

verklaart voor recht:

1. Artikel 1, lid 1, artikel 5 en artikel 20, lid 2, van richtlijn 2011/16/EU van de Raad van 15 februari 2011 betreffende de administratieve samenwerking op het gebied van de belastingen en tot intrekking van richtlijn 77/799/EEG, moeten aldus worden uitgelegd dat een inlichtingenverzoek moet worden geacht betrekking te hebben op inlichtingen die niet kennelijk van elk verwacht belang lijken te zijn ontdaan wanneer de personen naar wie het onderzoek of de controle is ingesteld in de zin van laatstgenoemde bepaling in dat verzoek weliswaar niet individueel en bij naam worden geïdentificeerd maar de verzoekende autoriteit duidelijk en genoegzaam onderbouwt dat zij een gericht onderzoek naar een beperkte groep van personen verricht dat is ingegeven door gegronde vermoedens dat een specifieke wettelijke verplichting niet is nageleefd.

2. Artikel 47 van het Handvest van de grondrechten van de Europese Unie moet aldus worden uitgelegd dat een persoon die inlichtingen bezit en:

– aan wie een administratieve geldboete is opgelegd wegens niet-naleving van een bevel waarbij hem is gelast inlichtingen te verstrekken in het kader van een informatie-uitwisseling tussen nationale

belastingautoriteiten op grond van richtlijn 2011/16 en welk bevel volgens het nationale recht van de aangezochte lidstaat niet vatbaar is voor beroep, en

– die de rechtmatigheid van dit bevel incidenteel heeft aangevochten in het kader van een beroep in rechte tegen het besluit tot vaststelling van een sanctie die hem wegens niet-nakoming van dit bevel is opgelegd en die aldus pas in de loop van de gerechtelijke procedure betreffende dit beroep kennis heeft gekregen van de in artikel 20, lid 2, van deze richtlijn vermelde minimuminformatie,

over de mogelijkheid moet beschikken om, nadat de rechtmatigheid van dit bevel en dit boetebesluit die jegens hem zijn vastgesteld onherroepelijk is erkend, binnen de termijn waarin het nationale recht daartoe aanvankelijk voorzag gevolg te geven aan het bevel tot het verstrekken van inlichtingen, zonder dat de sanctie waarmee hij is geconfronteerd om zijn recht op een doeltreffende voorziening in rechte te kunnen uitoefenen, in dat geval wordt gehandhaafd. Enkel wanneer die persoon niet binnen die termijn gevolg geeft aan dat bevel, wordt de opgelegde sanctie legitiem opeisbaar.

HvJ EU 21 december 2021, zaak C-394/20 (XY v. Finanzamt V)

Vijfde kamer: *E. Regan (rapporteur), kamerpresident, K. Lenaerts, president van het Hof, waarnemend rechter van de Vijfde kamer, C. Lycourgos, president van de Vierde kamer. I. Jarukaitis en M. Ilesic, rechters*

Advocaat-Generaal: J. Richard de la Tour

Voorlopige editie

1. Het verzoek om een prejudiciële beslissing betreft de uitlegging van de artikelen 63 en 65 VWEU.

2. Dit verzoek is ingediend in het kader van een geding tussen XY en Finanzamt V (belastingdienst V, Duitsland) betreffende de berekening van de erfbelasting over in Duitsland gelegen onroerende goederen.

Toepasselijke bepalingen

3. Het Erbschaftsteuer- und Schenkungsteuergesetz (Duitse wet op de erf- en schenkbelasting), in de op 27 februari 1997 bekendgemaakte versie (BGBl. 1997 I, blz. 378), zoals gewijzigd bij het Gesetz zur Bekämpfung der Steuerumgehung und zur Änderung weiterer steuerlicher Vorschriften (wet tot bestrijding van belastingontwijking en tot wijziging van andere fiscale regels) van 23 juni 2017 (BGBl. 2017 I, blz. 1682; hierna: „ErbStG"), bepaalt in § 1, met als opschrift „Belastbare handelingen":

„1. Aan erfbelasting (of schenkbelasting) zijn onderworpen:
1. verkrijgingen door overlijden;
2. schenkingen onder levenden;
[...]"

4. § 2 ErbStG, met als opschrift „Persoonlijke belastingplicht", luidt als volgt:

„1. De belastingplicht ontstaat
1. in de in § 1, lid 1, punten 1 tot en met 3, genoemde gevallen, voor alle overgaande vermogensbestanddelen (onbeperkte belastingplicht), wanneer de erflater ten tijde van zijn overlijden, de schenker ten tijde van de schenking of de verkrijger ten tijde van het belastbare feit (§ 9) ingezetene is. Als ingezetenen worden beschouwd:
a. natuurlijke personen die hun woonplaats of gebruikelijke verblijfplaats in Duitsland hebben;
b. Duitse staatsburgers die niet meer dan vijf jaar ononderbroken in het buitenland hebben verbleven zonder woonplaats in Duitsland te hebben;
[...]
3. in alle andere gevallen, onverminderd lid 3, voor de vermogensbestanddelen uit het binnenlands vermogen als bedoeld in § 121 van het Bewertungsgesetz [(Duitse wet inzake de waardering van goederen)] (beperkte belastingplicht).
[...]"

5. § 3 ErbStG, met als opschrift „Verkrijging door overlijden", bepaalt in lid 1:

„Verkrijging door overlijden betreft:
1. verkrijging door vererving [...], uit hoofde van een legaat [...] of op grond van een vordering tot betaling van de legitieme portie (§§ 2303 e.v. van het Bürgerliche Gesetzbuch [(Duits burgerlijk wetboek), in de op 2 januari 2002 bekendgemaakte versie (BGBl. 2002 I, blz. 42, met rectificaties in BGBl. 2002 I, blz. 2909, en BGBl. 2003 I, blz. 738); hierna: ‚BGB']);
[...]"

6. § 9 ErbStG bepaalt dat het feit dat tot de belasting leidt in geval van verkrijging door overlijden het overlijden van de erflater is.

7. § 10 ErbStG, met als opschrift „Belastbare verkrijging", luidt als volgt:

„1. Onder belastbare verkrijging wordt verstaan de verrijking van de verkrijger, voor zover deze verrijking niet is vrijgesteld van belasting [...]. In de in § 3 bedoelde gevallen wordt onder verrijking verstaan het bedrag dat wordt verkregen wanneer de [...] waarde van alle overgaande vermogensbestanddelen, voor zover zij aan de in deze wet bedoelde belasting is onderworpen, wordt verminderd met [...] de schulden van de nalatenschap die overeenkomstig de leden 3 tot en met 9 in aftrek kunnen worden gebracht [...].
[...]

5. Voor zover in de leden 6 tot en met 9 niet anders is bepaald kunnen als schulden van de nalatenschap in aftrek worden gebracht op de nalatenschap:

1. de schulden van de erflater [...];

2. verplichtingen uit hoofde van legaten, voorwaarden, vorderingen tot betaling van legitieme porties en vorderingen van buitenechtelijke kinderen op de nalatenschap;

[...]

6. Schulden en lasten die in economisch verband staan met activa die niet aan de in deze wet bedoelde belasting zijn onderworpen, kunnen niet in aftrek worden gebracht. Indien de belasting beperkt is tot afzonderlijke activa (§ 2, lid 1, punt 3 en [...]), kunnen enkel de schulden en lasten in aftrek worden gebracht die daarmee in economisch verband staan. [...]

[...]"

8. § 15 ErbStG, met als opschrift „Belastinggroepen", bepaalt in lid 1:

„Op grond van de persoonlijke verhouding tussen de verkrijger en de erflater of de schenker worden de volgende drie belastinggroepen onderscheiden:
Belastinggroep I:
1. echtgenoten en wettelijke partners,
2. kinderen en stiefkinderen,
[...]".

9. § 16 ErbStG, met als opschrift „Belastingvrije sommen", luidt als volgt:

„1. Belastingvrij is, in geval van een onbeperkte belastingplicht (§ 2, lid 1, punt 1, en lid 3), de verkrijging

1. door echtgenoten en wettelijke partners voor een bedrag van 500 000 EUR;

2. door kinderen als bedoeld in belastinggroep I, punt 2, en door kinderen van vooroverleden kinderen als bedoeld in belastinggroep I, punt 2, voor een bedrag van 400 000 EUR;

[...]

2. In geval van een beperkte belastingplicht (§ 2, lid 1, punt 3) wordt de belastingvrije som overeenkomstig lid 1 met een deelbedrag verminderd. Dit deelbedrag komt overeen met de verhouding tussen de som van de waarde van het op hetzelfde tijdstip verkregen vermogen dat niet aan de beperkte belastingplicht is onderworpen en de waarde van niet aan de beperkte belastingplicht onderworpen vermogensvoordelen die over een periode van tien jaar door dezelfde persoon zijn verkregen enerzijds en de waarde van het totale vermogen dat over een periode van tien jaar door dezelfde persoon is verkregen anderzijds. De waarde van eerder verkregen goederen moet worden bepaald op basis van de waarde die zij hadden toen zij werden verkregen.

[...]"

10. § 37 ErbStG, met als opschrift „Toepassing van de wet", bepaalt in lid 14:

„[...] § 16, leden 1 en 2, in de versie die op 25 juni 2017 van kracht was, [is] van toepassing op verkrijgingen ten aanzien waarvan de belasting na 24 juni 2017 verschuldigd wordt."

11. § 121 van het Bewertungsgesetz, in de versie die is bekendgemaakt op 1 februari 1991 (BGBl. 1991 I, blz. 230), zoals gewijzigd bij de wet van 4 november 2016, heeft als opschrift „Binnenlands vermogen" en bepaalt:

„Tot het binnenlandse vermogen behoren:
1. in Duitsland gelegen land- en bosbouwpercelen;
2. in Duitsland gelegen onroerende goederen;
[...]"

12. § 2303 BGB, met als opschrift „Legitimaris; hoogte van de legitieme portie", bepaalt in lid 1:

„Een afstammeling van de erflater die krachtens een uiterste wilsbeschikking van de erfopvolging is uitgesloten, kan de legitieme portie opeisen bij de erfgenamen. De legitieme portie bedraagt de helft van de waarde van het erfdeel dat de afstammeling volgens de wet zou erven."

13. § 2311 BGB, met als opschrift „Waarde van de nalatenschap", luidt als volgt:

„1. De legitieme portie wordt berekend op basis van de omvang en de waarde van de nalatenschap bij het openvallen ervan. [...]

2. De waarde wordt zo nodig door taxatie vastgesteld. Een waardebepaling door de erflater is niet doorslaggevend."

Hoofdgeding en prejudiciële vragen

14. Verzoekster in het hoofdgeding is een Oostenrijks onderdaan die in Oostenrijk woont. Zij is de dochter van E, een eveneens Oostenrijks onderdaan die in deze lidstaat woonde en op 12 augustus 2018 is overleden.

15. Laatstgenoemde was eigenaar van drie bebouwde percelen en één onbebouwd perceel in Duitsland. Hij had een testament opgesteld waarin hij zijn dochter als zijn enige erfgenaam had aangewezen en aan zijn echtgenote en zijn zoon de legitieme portie had nagelaten.

16. Na het overlijden van haar vader heeft verzoekster in het hoofdgeding zich in een overeenkomst ertoe verbonden om aan haar moeder en haar broer 1 700 000 EUR en 2 850 000 EUR te betalen ter honorering van hun aanspraken uit hoofde van hun legitieme portie. In haar erfbelastingaangifte bij Finanzamt V verzocht zij om de schulden ter zake van de legitieme portie voor 43 %, dus voor een totaalbedrag van 1 956 500 EUR, als schulden van de nalatenschap in mindering te brengen op de waarde van haar erfrechtelijke verkrijging. Zij was van mening dat het deel van het onroerend vermogen dat in Duitsland aan erfbelasting was onderworpen, een aandeel van 43 % vertegenwoordigde in de totale waarde van het in de nalatenschap vallende vermogen, dat 11 592 598,10 EUR bedroeg en ook bestond uit roerende zaken en een in Spanje gelegen onroerend goed.

17. Finanzamt V heeft verzoekster in het hoofdgeding een aanslag in de erfbelasting van 642 333 EUR opgelegd voor de in Duitsland gelegen onroerende goederen. Het heeft de aftrek van de legitieme porties als schulden van de nalatenschap afgewezen op grond dat uit § 10, lid 6, tweede volzin, ErbStG volgt dat zij niet in economisch verband stonden met de activa die tot de nalatenschap behoren. Voorts heeft Finanzamt V bij de berekening van de erfbelasting onder verwijzing naar § 16, lid 2, ErbStG een lagere belastingvrije som in aanmerking genomen dan de in beginsel voor kinderen van de erflater geldende vrijstelling van 400 000 EUR waarin § 16, lid 1, punt 2, ErbStG voorziet.

18. In haar beroep bij het Finanzgericht Düsseldorf (belastingrechter in eerste aanleg Düsseldorf, Duitsland) betoogt verzoekster in het hoofdgeding dat zij recht heeft op de volledige belastingvrije som van § 16, lid 1, punt 2, ErbStG, omdat lid 2 van deze bepaling volgens haar in strijd is met het Unierecht. Voorts is het volgens haar in strijd met het Unierecht dat het niet is toegestaan om de door haar te betalen legitieme porties als schulden van de nalatenschap geheel of gedeeltelijk in aftrek te brengen ter hoogte van het door haar berekend bedrag.

19. De verwijzende rechter geeft aan dat de beslechting van het bij hem aanhangige geding afhangt van de vraag of § 16, lid 2, ErbStG en § 10, lid 6, tweede volzin, daarvan, die van toepassing zijn in geval van een beperkte erfbelastingplicht, wanneer zoals in het hoofdgeding noch de erflater, noch de erfgenaam op het tijdstip van overlijden zijn woonplaats of gewone verblijfplaats in Duitsland had, in overeenstemming zijn met artikel 63, lid 1, en artikel 65 VWEU.

20. In de eerste plaats wijst deze rechter erop dat de Duitse wetgever § 16, lid 2, ErbStG heeft ingevoerd om gevolg te geven aan het arrest van 8 juni 2016, Hünnebeck (C-479/14, EU:C:2016:412). Op grond van deze bepaling en overeenkomstig § 37, lid 14, ErbStG moet de belastingvrije som van § 16, lid 1, ErbStG, voor verkrijgingen door overlijden ten aanzien waarvan de belasting na 24 juni 2017 verschuldigd wordt, worden verminderd met een bedrag dat overeenkomstig lid 2 van deze bepaling wordt berekend. Die rechter betwijfelt echter of deze nieuwe regeling verenigbaar is met artikel 63, lid 1, en artikel 65 VWEU, zoals uitgelegd door het Hof.

21. In de tweede plaats vraagt de verwijzende rechter zich ook af of § 10, lid 6, tweede volzin, ErbStG verenigbaar is met deze bepalingen.

22. In het kader van de in het hoofdgeding aan de orde zijnde beperkte erfbelastingplicht heeft Finanzamt V enkel over het binnenlands onroerend vermogen belasting geheven. In dit verband staat § 10, lid 6, ErbStG verzoekster in het hoofdgeding niet toe om de waarde van haar schulden ter zake van de legitieme portie van haar moeder en haar broer overeenkomstig § 10, lid 5, ErbStG als schulden van de nalatenschap in mindering te brengen op haar verkrijging door overlijden.

23. Volgens de rechtspraak van het Bundesfinanzhof (hoogste federale rechter in belastingzaken, Duitsland) is er namelijk slechts sprake van het economische verband dat § 10, lid 6, vereist om schulden of lasten in mindering te mogen brengen wanneer deze in verband kunnen worden gebracht met bepaalde vermogensbestanddelen die deel uitmaken van de nalatenschap. Volgens deze rechtspraak schept het feit dat de legitieme portie overeenkomstig § 2311 BGB wordt berekend op basis van de waarde van de nalatenschap, niet een dergelijk economisch verband, maar hooguit een rechtsverhouding.

24. De verwijzende rechter wijst erop dat verzoekster in het hoofdgeding onbeperkt belastingplichtig zou zijn geweest indien de erflater of zij zelf op het tijdstip van overlijden zijn of haar woonplaats of gewone verblijf-

plaats in Duitsland had gehad, en dan op grond van § 10, lid 5, punt 2, ErbStG de verplichtingen in verband met de legitieme porties als schulden van de nalatenschap volledig had kunnen aftrekken van het door overlijden verkregen vermogen.

25. In die omstandigheden heeft het Finanzgericht Düsseldorf de behandeling van de zaak geschorst en het Hof verzocht om een prejudiciële beslissing over de volgende vragen:

„1. Moeten artikel 63, lid 1, en artikel 65 [VWEU] aldus worden uitgelegd dat zij in de weg staan aan een nationale regeling van een lidstaat inzake de heffing van erfbelasting die met betrekking tot de berekening van de belasting bepaalt dat de belastingvrije som bij verkrijging van een op het grondgebied van deze lidstaat gelegen onroerend goed lager is wanneer de erflater op het tijdstip van zijn overlijden en de erfgenaam op dit tijdstip hun woonplaats of gewone verblijfplaats in een andere lidstaat hadden, dan de belastingvrije som die zou zijn toegepast indien ten minste één van hen op dat tijdstip zijn woonplaats of gewone verblijfplaats in de eerstgenoemde lidstaat had gehad?

2. Moeten artikel 63, lid 1, en artikel 65 [VWEU] aldus worden uitgelegd dat zij in de weg staan aan een nationale regeling van een lidstaat inzake de heffing van erfbelasting die met betrekking tot de berekening van de belasting bepaalt dat schulden ter zake van legitieme porties bij verkrijging van een op het grondgebied van deze lidstaat gelegen onroerend goed niet aftrekbaar zijn wanneer de erflater op het tijdstip van zijn overlijden en de erfgenaam op dit tijdstip hun woonplaats of gewone verblijfplaats in een andere lidstaat hadden, terwijl die schulden volledig in aftrek hadden kunnen worden gebracht op de waarde van de erfrechtelijke verkrijging indien ten minste de erflater of de erfgenaam op het tijdstip van het overlijden van de erflater zijn woonplaats of gewone verblijfplaats in de eerstgenoemde lidstaat had gehad?"

Beantwoording van de prejudiciële vragen

Eerste vraag

26. Met zijn eerste vraag wenst de verwijzende rechter in wezen te vernemen of de artikelen 63 en 65 VWEU aldus moeten worden uitgelegd dat zij zich verzetten tegen een regeling van een lidstaat inzake de berekening van erfbelasting die bepaalt dat de belastingvrije som bij verkrijging van in die lidstaat gelegen onroerende goederen wordt verminderd met een bedrag dat overeenkomt met het aandeel dat de waarde van het niet in die lidstaat belastbare vermogen vertegenwoordigt in de totale waarde van de nalatenschap, wanneer op de datum van het overlijden noch de erflater noch de erfgenaam zijn woonplaats of gewone verblijfplaats in die lidstaat had, terwijl dat niet het geval is wanneer op die datum ten minste één van hen zijn woonplaats of gewone verblijfplaats wél in die lidstaat had.

27. Volgens vaste rechtspraak van het Hof behoren de directe belastingen weliswaar tot de bevoegdheid van de lidstaten, maar zijn deze niettemin verplicht om die bevoegdheid uit te oefenen met eerbiediging van het Unierecht en met name van de door het VWEU gewaarborgde fundamentele vrijheden [zie met name arresten van 23 februari 2006, Van Hilten-van der Heijden, C-513/03, EU:C:2006:131, punt 36 en aldaar aangehaalde rechtspraak; 3 maart 2021, Promociones Oliva Park, C-220/19, EU:C:2021:163, punt 73 en aldaar aangehaalde rechtspraak, en 29 april 2021, Veronsaajien oikeudenvalvontayksikkö (Door icbe's uitgekeerde inkomsten), C-480/19, EU:C:2021:334, punt 25 en aldaar aangehaalde rechtspraak].

28. Artikel 63, lid 1, VWEU verbiedt op algemene wijze beperkingen van het kapitaalverkeer tussen lidstaten onderling en tussen lidstaten en derde landen.

29. De belasting die wordt geheven op successies, die bestaan in een overdracht van de nalatenschap van een overledene aan een of meerdere personen, valt onder de bepalingen van het VWEU betreffende het vrije kapitaalverkeer, tenzij alle constituerende delen van de successie binnen één lidstaat gelegen zijn (arrest van 26 mei 2016, Commissie/Griekenland, C-244/15, EU:C:2016:359, punt 25 en aldaar aangehaalde rechtspraak).

30. Een situatie waarin een lidstaat erfbelasting heft over op zijn grondgebied gelegen goederen van de nalatenschap die toebehoren aan een persoon die op het tijdstip van zijn overlijden niet in die lidstaat woonde en die worden verkregen door een eveneens niet-ingezeten erfgenaam, kan niet als een zuiver interne situatie worden beschouwd. Bijgevolg valt een dergelijke situatie onder het kapitaalverkeer in de zin van artikel 63, lid 1, VWEU.

31. Derhalve moet worden onderzocht of een nationale regeling die voorziet in een vermindering van de belastingvrije som in geval van een beperkte erfbelastingplicht, een beperking van het kapitaalverkeer in de zin van artikel 63, lid 1, VWEU vormt en, zo ja, of een dergelijke beperking gerechtvaardigd is.

Beperking in de zin van artikel 63 VWEU

32. De maatregelen die het kapitaalverkeer beperken, omvatten in geval van nalatenschappen mede maatregelen die leiden tot waardevermindering van de nalatenschap van een ingezetene van een andere staat dan die op het grondgebied waarvan de betrokken zaken zich bevinden (arrest van 17 oktober 2013, Welte, C-181/12, EU:C:2013:662, punt 23 en aldaar aangehaalde rechtspraak).

33. In casu bepaalt de in het hoofdgeding aan de orde zijnde nationale regeling dat wanneer een nalatenschap in Duitsland gelegen onroerende zaken omvat en noch de erflater, noch de erfgenaam op het tijdstip van het overlijden in deze lidstaat woonde, de belastingvrije som lager is dan die welke zou zijn toegepast indien de erflater of de erfgenaam op die datum in die lidstaat had gewoond. Die belastingvrije som wordt namelijk verminderd met een bedrag dat overeenkomt met het aandeel dat de waarde van het niet in die lidstaat belastbare vermogen vertegenwoordigt in de totale waarde van de nalatenschap.

34. Bijgevolg leidt een dergelijke regeling ertoe dat de erfenissen tussen niet-ingezetenen zwaarder worden belast dan die waarbij ten minste één ingezetene is betrokken, en heeft zij dus tot gevolg dat de nalatenschap in waarde vermindert. Hieruit volgt dat een nationale regeling als die welke in het hoofdgeding aan de orde is, een beperking van het vrije verkeer van kapitaal in de zin van artikel 63, lid 1, VWEU oplevert (zie met name arrest van 17 oktober 2013, Welte, C-181/12, EU:C:2013:662, punten 25 en 26 en aldaar aangehaalde rechtspraak).

Rechtvaardiging van de beperking van het vrije kapitaalverkeer uit hoofde van artikel 65 VWEU

35. Uit artikel 65, lid 1, VWEU, gelezen in samenhang met lid 3 van dat artikel, volgt dat de lidstaten in hun nationale regeling onderscheid mogen maken tussen belastingplichtigen die ingezetenen zijn en belastingplichtigen die niet-ingezetenen zijn, voor zover dit onderscheid geen middel tot willekeurige discriminatie noch een verkapte beperking van het vrije kapitaalverkeer vormt.

36. Bijgevolg moet onderscheid worden gemaakt tussen de door artikel 65, lid 1, onder a), VWEU toegestane verschillen in behandeling en de krachtens artikel 65, lid 3, VWEU verboden discriminaties. In dat verband komt uit de rechtspraak van het Hof naar voren dat een nationale regeling enkel kan worden geacht verenigbaar te zijn met de Verdragsbepalingen betreffende het vrije kapitaalverkeer indien het verschil in behandeling betrekking heeft op situaties die niet objectief vergelijkbaar zijn, of wordt gerechtvaardigd door een dwingende reden van algemeen belang (zie in die zin arrest van 30 juni 2016, Feilen, C-123/15, EU:C:2016:496, punt 26 en aldaar aangehaalde rechtspraak). In dit laatste geval moet het verschil in behandeling geschikt zijn om het ermee nagestreefde doel te bereiken en mag het niet verder gaan dan ter bereiking van dit doel nodig is (zie in die zin arrest van 22 november 2018, Huijbrechts, C-679/17, EU:C:2018:940, punt 30 en aldaar aangehaalde rechtspraak).

– Vergelijkbaarheid van de betrokken situaties

37. De Duitse regering stelt dat een erfenis tussen niet-ingezetenen en die waarbij een ingezetene betrokken is, objectief verschillende situaties betreffen. Het verschil in fiscale behandeling van een nalatenschap tussen niet-ingezetenen en van die waarbij een ingezetene betrokken is wat betreft de erfbelasting op in Duitsland gelegen onroerende zaken, is dus objectief gerechtvaardigd.

38. Opgemerkt zij dat de hoogte van de erfbelasting over in Duitsland gelegen onroerende zaken krachtens de in het hoofdgeding aan de orde zijnde regeling wordt berekend op basis van zowel de waarde van die onroerende zaken als de persoonlijke band tussen de erflater en de erfgenaam. Geen van beide criteria hangt echter af van hun woonplaats. Bovendien beschouwt de betrokken nationale regeling zowel de verkrijger van een nalatenschap tussen niet-ingezetenen als die van een nalatenschap waarbij ten minste één ingezetene betrokken is, als belastingplichtigen voor de inning van erfbelasting over in Duitsland gelegen onroerende zaken. In beide gevallen vloeit de bepaling van de klasse en het tarief van de belasting voor de berekening van de erfbelasting namelijk voort uit dezelfde regels. Volgens deze regeling worden de nalatenschappen tussen niet-ingezetenen en die waarbij een ingezetene betrokken is, voor de berekening van de erfbelasting over in Duitsland gelegen onroerende zaken slechts verschillend behandeld wat de berekening van de belastbare verrijking van de verkrijger betreft.

39. In die omstandigheden moet worden vastgesteld dat de nationale wetgever, door ten behoeve van de belastingheffing op onroerende goederen de niet-ingezeten erfgenamen die een dergelijk goed hebben verkregen van een niet-ingezeten erflater enerzijds en de niet-ingezeten of ingezeten erfgenamen die zo'n goed hebben verkregen van een ingezeten erflater, alsook de ingezeten erfgenamen die hetzelfde onroerende goed

hebben verkregen van een niet-ingezeten erflater anderzijds, gelijk te behandelen, zelf heeft geoordeeld dat tussen die categorieën erfgenamen, wat de modaliteiten en de voorwaarden voor inning van de erfbelasting betreft, geen enkel objectief verschil in situatie bestaat (zie in die zin arrest van 17 oktober 2013, Welte, C-181/12, EU:C:2013:662, punt 51).

40. Het is juist dat, zoals de Duitse regering betoogt, de Duitse belastingbevoegdheid in gevallen van beperkte erfbelastingplicht op nalatenschappen tussen niet-ingezetenen, beperkt is tot het binnenlands onroerend vermogen, terwijl deze bevoegdheid zich in gevallen van onbeperkte erfbelasting op nalatenschappen waarbij ten minste één ingezetene betrokken is, uitstrekt tot alle overgaande vermogensbestanddelen. Voorts wordt in het hoofdgeding, anders dan het geval was bij de bepalingen die met name het voorwerp waren van het arrest van 17 oktober 2013, Welte (C-181/12, EU:C:2013:662), het bedrag van de belastingvrije som voor beperkt belastingplichtige erfgenamen niet meer forfaitair bepaald, maar op grond van het aandeel dat de waarde van het vermogen waarop die bevoegdheid wordt uitgeoefend, vertegenwoordigt in de totale waarde van de nalatenschap.

41. Deze omstandigheden kunnen echter niet afdoen aan de conclusie in punt 39 van het onderhavige arrest. In gevallen van onbeperkte belastingplicht verschilt de belastingvrije som waarin de in het hoofdgeding aan de orde zijnde regeling voorziet immers geenszins naargelang van de hoogte van de heffingsgrondslag die onder de Duitse belastingbevoegdheid valt. Uit het aan het Hof overgelegde dossier blijkt dat deze belastingvrije som, die wordt vastgesteld aan de hand van de verwantschap tussen de erfgenaam en de erflater, automatisch aan elke erfgenaam wordt toegekend op de enkele grond dat hij in Duitsland aan erfbelasting onderworpen is, om te verzekeren dat een deel van het gezinsvermogen door vermindering van het totale bedrag van de nalatenschap wordt vrijgesteld. Wat de belasting betreft die voortvloeit uit de uitoefening door de Bondsrepubliek Duitsland van haar belastingbevoegdheid, bevindt een beperkt belastingplichtige erfgenaam zich in een situatie die vergelijkbaar is met die van een onbeperkt belastingplichtige erfgenaam. Immers, net zoals deze hoedanigheid van belastingplichtige geenszins afhangt van de woonplaats – gelet op het feit dat volgens de betrokken regeling elke verkrijging van in Duitsland gelegen onroerende zaken aan erfbelasting is onderworpen, ongeacht of de erflater en de erfgenaam al dan niet ingezetenen zijn – hangen de aard van de familieband tussen deze laatsten en de doelstelling van de gedeeltelijke vrijstelling van het gezinsvermogen evenmin af van de woonplaats (zie in die zin arrest van 17 oktober 2013, Welte, C-181/12, EU:C:2013:662, punt 53).

42. Zo zou de verkrijger van een nalatenschap waarvan de heffingsgrondslag in Duitsland bestaat uit onroerende goederen die gelijkwaardig zijn aan die waarover verzoekster in het hoofdgeding erfbelasting verschuldigd is, anders dan zij, aanspraak kunnen maken op de volledige belastingvrije som waarin de nationale regeling voorziet, indien hij die goederen heeft verkregen van een erflater die op het Duitse grondgebied woonde en met wie hij een familieband had, of indien hij zelf in Duitsland woonde en die goederen heeft verkregen van een erflater die daar niet woonde.

43. Hieruit volgt dat de door de Duitse regering aangevoerde omstandigheden, gelet op deze belastingvrije som, er niet toe kunnen leiden dat de situatie van de niet-ingezeten erfgenaam van een niet-ingezeten erflater objectief verschilt van de situatie van de niet-ingezeten erfgenaam van een ingezeten erflater of van de ingezeten erfgenaam van een ingezeten of niet-ingezeten erflater (zie in die zin arrest van 17 oktober 2013, Welte, C-181/12, EU:C:2013:662, punt 55).

44. Uit het voorgaande volgt dat een verschil in behandeling als dat in het hoofdgeding, dat betrekking heeft op het recht op een belastingvrije som, objectief vergelijkbare situaties betreft.

– Rechtvaardiging van de beperking door een dwingende reden van algemeen belang

45. De Duitse regering betoogt dat dit verschil in behandeling met name kan worden gerechtvaardigd door de noodzaak om de samenhang van haar belastingstelsel te waarborgen.

46. In dat verband zij eraan herinnerd dat het Hof reeds heeft erkend dat de noodzaak om de samenhang van een belastingstelsel te bewaren een beperking van de uitoefening van de door het Verdrag gewaarborgde vrijheden van verkeer kan rechtvaardigen. Een dergelijke rechtvaardiging kan echter slechts worden aanvaard indien vaststaat dat er een rechtstreeks verband bestaat tussen de toekenning van het betrokken fiscale voordeel en de compensatie van dat voordeel door een bepaalde belastingheffing, welk rechtstreeks verband moet worden getoetst in het licht van de door de betrokken regeling nagestreefde doelstelling (arrest van 17 oktober 2013, Welte, C-181/12, EU:C:2013:662, punt 59 en aldaar aangehaalde rechtspraak).

47. Zoals in punt 41 van het onderhavige arrest is uiteengezet, betoogt de Duitse regering in casu dat de in § 16 ErbStG bedoelde belastingvrije som, waarvan het bedrag afhangt van de familieband tussen de erflater en de erfgenaam, er in het kader van de erfbelasting op verrijking als gevolg van verkrijging door overlijden toe strekt het gezinsvermogen gedeeltelijk vrij te stellen door het totale bedrag van de nalatenschap te verminderen. Die belastingvrije som heeft met name tot doel te waarborgen dat, in het geval van naaste gezinsleden, elk van deze belastingplichtigen aanspraak kan maken op de nalatenschap die hem toekomt, door hen gedeeltelijk vrij te stellen van de erfbelasting, of zelfs volledig vrij te stellen voor kleinere verkrijgingen binnen het gezin.

48. Daartoe kunnen de begunstigden van de nalatenschap krachtens § 16, lid 1, ErbStG gebruikmaken van de volledige belastingvrije som wanneer de betrokken belastingheffing zich uitstrekt tot de gehele overgedragen nalatenschap.

49. In lid 2 van § 16 is daarentegen bepaald dat de belastingvrije som waarop de erfgenaam wegens zijn familieband met de erflater aanspraak kan maken, wordt verminderd naar evenredigheid van het deel van de verrijking van de erfgenaam dat niet onder de belastingbevoegdheid van de Bondsrepubliek Duitsland valt.

50. Een regeling als die welke in het hoofdgeding aan de orde is, legt dus een rechtstreeks verband tussen de belastingvrije som waarop de erfgenaam aanspraak kan maken en de omvang van de belastingbevoegdheid die wordt uitgeoefend met betrekking tot de verrijking die voor hem voortvloeit uit de verkrijging door overlijden.

51. Bovendien moet, gelet op de in punt 36 van het onderhavige arrest in herinnering gebrachte beginselen, worden opgemerkt dat dit verband geschikt is om het door die regeling nagestreefde doel te bereiken. De in het hoofdgeding aan de orde zijnde regeling waarborgt immers dat bij een totale verrijking van eenzelfde waarde de toegekende belastingvrije som een gelijkwaardig deel van het aan belasting onderworpen deel van de nalatenschap vormt, ongeacht of er sprake is van een onbeperkte dan wel van een beperkte belastingplicht.

52. Door deze regeling wordt dus voorkomen dat de draagkracht van een beperkt belastingplichtige erfgenaam stelselmatig wordt onderschat doordat hij aanspraak kan maken op de volledige belastingvrije som, terwijl deze som geen verband houdt met een belastingheffing over de volledige verrijking als gevolg van de vererving.

53. Voorts gaat die regeling niet verder dan noodzakelijk is om het nagestreefde doel te bereiken, aangezien de in het hoofdgeding aan de orde zijnde belastingvrije som voordeel verschaft naar verhouding van de omvang van de heffingsbevoegdheid die de Bondsrepubliek Duitsland uitoefent ten opzichte van de totale nalatenschap. In het bijzonder vloeit uit die regeling voort dat de beperkt belastingplichtige erfgenaam, net als een onbeperkt belastingplichtige erfgenaam, recht heeft op de volledige belastingvrije som wegens zijn familieband met de erflater indien de door deze lidstaat belaste onroerende goederen de volledige nalatenschap uitmaken.

54. Hieruit volgt dat, anders dan bij de wettelijke regeling die voorzag in een forfaitaire belastingvrije som voor de gevallen van beperkte belastingplicht zoals aan de orde in de zaak die heeft geleid tot het arrest van 17 oktober 2013, Welte (C-181/12, EU:C:2013:662), de beperking van het kapitaalverkeer in de zin van artikel 63, lid 1, VWEU die resulteert uit een nationale regeling als in het hoofdgeding, voor zover die betrekking heeft op de belastingvrije som, wordt gerechtvaardigd door de noodzaak om de samenhang van het belastingstelsel te bewaren.

55. Derhalve moet op de eerste vraag worden geantwoord dat de artikelen 63 en 65 VWEU aldus moeten worden uitgelegd dat zij zich niet verzetten tegen een regeling van een lidstaat inzake de berekening van erfbelasting die bepaalt dat de belastingvrije som bij verkrijging van in die lidstaat gelegen onroerende goederen wordt verminderd met een bedrag dat overeenkomt met het aandeel dat de waarde van het niet in die lidstaat belastbare vermogen vertegenwoordigt in de totale waarde van de nalatenschap, wanneer op de datum van het overlijden noch de erflater noch de erfgenaam zijn woonplaats of gewone verblijfplaats in die lidstaat had, terwijl dat niet het geval is wanneer op die datum ten minste één van hen zijn woonplaats of gewone verblijfplaats wél in die lidstaat had.

Tweede vraag

56. Met zijn tweede vraag wenst de verwijzende rechter in wezen te vernemen of de artikelen 63 en 65 VWEU aldus moeten worden uitgelegd dat zij zich verzetten tegen een regeling van een lidstaat inzake de berekening van erfbelasting die bepaalt dat de verplichtingen ter zake van de legitieme porties bij verkrijging van in die lidstaat gelegen onroerende goederen niet als schulden van de nalatenschap in mindering kunnen

worden gebracht op de waarde van de nalatenschap, wanneer op de datum van het overlijden noch de erflater noch de erfgenaam zijn woonplaats of gewone verblijfplaats in die lidstaat had, terwijl die verplichtingen volledig in mindering kunnen worden gebracht indien op die datum ten minste één van hen zijn woonplaats of gewone verblijfplaats wél in die lidstaat had.

57. Uit de overwegingen in de punten 27 tot en met 30 van het onderhavige arrest volgt dat moet worden onderzocht of een dergelijke nationale regeling een beperking van het kapitaalverkeer in de zin van artikel 63, lid 1, VWEU vormt en, zo ja, of een dergelijke beperking gerechtvaardigd is.

Beperking in de zin van artikel 63 VWEU

58. Zoals in punt 32 van het onderhavige arrest in herinnering is gebracht, omvatten maatregelen die het vrije verkeer van kapitaal beperken in geval van erfopvolging maatregelen die leiden tot waardevermindering van de nalatenschap van een ingezetene van een andere lidstaat dan die op het grondgebied waarvan de betrokken goederen zich bevinden.

59. In casu bepaalt de in het hoofdgeding aan de orde zijnde nationale regeling dat wanneer een nalatenschap in Duitsland gelegen onroerende zaken omvat en noch de erflater noch de erfgenaam ten tijde van het overlijden in die lidstaat woonde, deze erfgenaam de verplichtingen ter zake van de legitieme porties niet als schuld van de nalatenschap kan aftrekken, terwijl dit wél is toegestaan wanneer de erflater of hij zelf ten tijde van het overlijden zijn woonplaats wél in Duitsland had.

60. Een dergelijke regeling, die de mogelijkheid om de verplichtingen ter zake van de legitieme porties met betrekking tot op het nationale grondgebied gelegen onroerende zaken in mindering te brengen op de erfbelasting afhankelijk stelt van de woonplaats van de erflater en de erfgenaam op het tijdstip van het overlijden, leidt er bijgevolg toe dat nalatenschappen tussen niet-ingezetenen die dergelijke zaken omvatten zwaarder worden belast dan nalatenschappen waarbij ten minste één ingezetene betrokken is, zodat de waarde van dergelijke nalatenschappen wordt verminderd. Hieruit volgt dat een nationale regeling zoals aan de orde in het hoofdgeding een beperking van het vrije kapitaalverkeer is in de zin van artikel 63, lid 1, VWEU (zie naar analogie arrest van 11 september 2008, Eckelkamp e.a., C-11/07, EU:C:2008:489, punten 45 en 46).

Rechtvaardiging van de beperking van het vrije kapitaalverkeer uit hoofde van artikel 65 VWEU

61. Bijgevolg moet worden onderzocht of de aldus vastgestelde beperking van het vrije verkeer van kapitaal kan worden gerechtvaardigd uit het oogpunt van artikel 65, lid 1, onder a), VWEU en of – in het licht van de in de punten 35 en 36 van het onderhavige arrest uiteengezette redenen – het verschil in behandeling betrekking heeft op situaties die niet objectief vergelijkbaar zijn, dan wel of het verschil in behandeling beantwoordt aan een dwingende reden van algemeen belang en, in voorkomend geval, geschikt is om het nagestreefde doel te bereiken en niet verder gaat dan noodzakelijk is om dat doel te bereiken.

– Vergelijkbaarheid van de betrokken situaties

62. Zoals blijkt uit de punten 37 tot en met 39 van het onderhavige arrest, bestaat er wat betreft de hoogte van de erfbelasting die verschuldigd is over in Duitsland gelegen onroerende zaken geen objectief verschil tussen nalatenschappen tussen personen die op het tijdstip van het overlijden niet in deze lidstaat wonen, en nalatenschappen tussen personen van wie er op dat tijdstip ten minste één in die lidstaat woont.

63. Aan deze beoordeling wordt niet afgedaan door het argument van de Duitse regering dat de verplichtingen ter zake van de legitieme porties geen rechtstreeks verband houden met de in Duitsland gelegen onroerende zaken waarover erfbelasting wordt geheven, anders dan het geval is bij de rechtspraak die met name voortvloeit uit het arrest van 11 september 2008, Eckelkamp e.a. (C-11/07, EU:C:2008:489), dat betrekking heeft op de aftrekbaarheid van lasten die rusten op een aan de erfbelasting onderworpen onroerende zaak.

64. Los van de kwalificatie ervan naar nationaal recht hebben de verplichtingen ter zake van de legitieme porties immers in ieder geval gedeeltelijk betrekking op de in Duitsland gelegen onroerende zaken waarop de Bondsrepubliek Duitsland haar belastingbevoegdheid uitoefent.

65. Uit het voorgaande volgt dat een verschil in behandeling als dat in het hoofdgeding, dat betrekking heeft op de aftrekbaarheid van verplichtingen ter zake van de legitieme porties, objectief vergelijkbare situaties betreft.

– Rechtvaardiging van de beperking door een dwingende reden van algemeen belang

66. De Duitse regering betoogt dat dit verschil in behandeling in de eerste plaats kan worden gerechtvaardigd door de noodzaak om de samenhang van haar belastingstelsel te waarborgen.

67. Zoals in punt 46 van het onderhavige arrest in herinnering is gebracht, kan de noodzaak om de samenhang van een belastingstelsel te bewaren een beperking van de uitoefening van de door het Verdrag gewaarborgde vrijheden van verkeer rechtvaardigen. Een dergelijke rechtvaardiging kan echter slechts worden aanvaard indien vaststaat dat er een rechtstreeks verband bestaat tussen het betrokken belastingvoordeel en de compensatie van dat voordeel door een bepaalde belastingheffing, waarbij dit rechtstreeks verband dient te worden getoetst in het licht van de door de betrokken regeling nagestreefde doelstelling.

68. In casu voert de Duitse regering aan dat de voorschriften inzake de aftrekbaarheid van de verplichtingen ter zake van de legitieme porties het mogelijk moeten maken te bepalen wat de vermogensgroei is die daadwerkelijk uit de verkrijging door overlijden voortvloeit en op grond waarvan erfbelasting verschuldigd is.

69. Het verschil in behandeling dat voortvloeit uit de in het hoofdgeding aan de orde zijnde regeling kan echter niet worden gerechtvaardigd door de noodzaak om de samenhang van het Duitse belastingstelsel te bewaren, aangezien § 10, lid 6, ErbStG, zoals de advocaat-generaal in punt 104 van zijn conclusie heeft opgemerkt, de aftrek van de aan de legitieme porties verbonden verplichtingen uitsluit wanneer noch de erflater noch de verkrijger van de nalatenschap op de datum van het overlijden zijn woonplaats of gewone verblijfplaats in Duitsland had, en dit ondanks het feit dat er, zoals blijkt uit punt 64 van het onderhavige arrest, in ieder geval gedeeltelijk een voldoende verband bestaat tussen deze verplichtingen en de onderdelen van de nalatenschap waarop de Bondsrepubliek Duitsland haar belastingbevoegdheid uitoefent en deze verplichtingen overeenkomen met een gedeelte van de nalatenschap dat geen verrijking vormt voor de beperkt belastingplichtige erfgenamen.

70. De Duitse regering voert in de tweede plaats aan dat een verschil in behandeling als dat in het hoofdgeding kan worden gerechtvaardigd door het territorialiteitsbeginsel en de noodzaak om een evenwichtige verdeling van de heffingsbevoegdheid tussen de lidstaten te waarborgen, hetgeen inderdaad een door het Hof erkende rechtmatige doelstelling is (arrest van 8 juni 2016, Hünnebeck, C-479/14, EU:C:2016:412, punt 65).

71. Het verschil in behandeling met betrekking tot de aftrekbaarheid van de in het hoofdgeding aan de orde zijnde verplichtingen ter zake van legitieme porties, is evenwel het gevolg van de toepassing zonder meer van de betrokken Duitse regeling. Bovendien zet de Duitse regering niet uiteen om welke redenen de Bondsrepubliek Duitsland, wanneer zij de aftrek zou toestaan van de verplichtingen ter zake van legitieme porties die betrekking hebben op onroerende zaken waarop zij in het kader van een gedeeltelijke belastingheffing haar belastingbevoegdheid uitoefent, ten gunste van andere lidstaten afstand zou doen van een deel van haar belastingbevoegdheid of afbreuk zou worden gedaan aan haar belastingbevoegdheid (zie in die zin arresten van 8 juni 2016, Hünnebeck, C-479/14, EU:C:2016:412, punt 66 en aldaar aangehaalde rechtspraak, en 22 juni 2017, Bechtel, C-20/16, EU:C:2017:488, punt 70).

72. Voor zover deze lidstaat aanvoert dat een dergelijk verschil in behandeling gerechtvaardigd is ter voorkoming van dubbele aftrek van de schuld ter zake van de legitieme porties, moet er om te beginnen aan worden herinnerd dat een staatsburger van een lidstaat de mogelijkheid om zich op de bepalingen van het VWEU te beroepen niet kan worden ontnomen op grond dat hij profiteert van belastingvoordelen die rechtmatig worden geboden door voorschriften die gelden in een andere lidstaat dan zijn woonstaat (arrest van 22 april 2010, Mattner, C-510/08, EU:C:2010:216, punt 41 en aldaar aangehaalde rechtspraak).

73. Vervolgens bestaat er, zoals de Duitse regering in haar schriftelijke opmerkingen heeft gepreciseerd en onder voorbehoud van verificatie door de verwijzende rechter, geen bilateraal verdrag tussen de Bondsrepubliek Duitsland en de Republiek Oostenrijk inzake de heffing van erfbelasting. In deze omstandigheden kan de lidstaat waar de vererfde onroerende zaken zijn gelegen, zich ter rechtvaardiging van een uit zijn regeling voortvloeiende beperking van het vrije verkeer van kapitaal niet beroepen op de van zijn wil onafhankelijk bestaande mogelijkheid dat de erfgenaam profiteert van een soortgelijke aftrek, die wordt toegekend door een andere lidstaat en die een gehele of gedeeltelijke compensatie zou kunnen vormen voor de schade die de erfgenaam heeft geleden als gevolg van het feit dat de lidstaat waar die onroerende zaken zijn gelegen bij de berekening van de erfbelasting de aftrek van de verplichtingen ter zake van de legitieme porties niet heeft toegestaan (zie met name arresten van 11 september 2008, Eckelkamp e.a., C-11/07, EU:C:2008:489, punten 67 en 68; 11 september 2008, Arens-Sikken, C-43/07, EU:C:2008:490, punten 64 en 65, en 22 april 2010, Mattner, C-510/08, EU:C:2010:216, punt 42).

74. Een lidstaat kan zich immers niet beroepen op het bestaan van een voordeel dat unilateraal wordt verleend door een andere lidstaat teneinde te ontsnappen aan de verplichtingen die op hem rusten krachtens het VWEU, inzonderheid krachtens de bepalingen ervan betreffende het vrije verkeer van kapitaal (zie met name arrest van 22 april 2010, Mattner, C-510/08, EU:C:2010:216, punt 43 en aldaar aangehaalde rechtspraak).

75. Hieruit volgt dat de beperking van het kapitaalverkeer in de zin van artikel 63, lid 1, VWEU die voortvloeit uit een nationale regeling als die welke in het hoofdgeding aan de orde is, voor zover die betrekking heeft op de niet-aftrekbaarheid van de verplichtingen ter zake van de legitieme porties, niet kan worden gerechtvaardigd door de noodzaak om de samenhang van het Duitse belastingstelsel te behouden, en evenmin door het territorialiteitsbeginsel en de noodzaak om een evenwichtige verdeling van de heffingsbevoegdheid tussen de lidstaten te waarborgen.

76. Derhalve moet op de tweede vraag worden geantwoord dat de artikelen 63 en 65 VWEU aldus moeten worden uitgelegd dat zij zich verzetten tegen een regeling van een lidstaat inzake de berekening van erfbelasting die bepaalt dat de verplichtingen ter zake van de legitieme porties bij verkrijging van in die lidstaat gelegen onroerende goederen niet als schulden van de nalatenschap in mindering kunnen worden gebracht op de waarde van de nalatenschap, wanneer op de datum van het overlijden noch de erflater noch de erfgenaam zijn woonplaats of gewone verblijfplaats in die lidstaat had, terwijl die verplichtingen volledig in mindering kunnen worden gebracht indien op die datum ten minste één van hen zijn woonplaats of gewone verblijfplaats wél in die lidstaat had.

Kosten

77. ...

Het Hof (Vijfde kamer)

verklaart voor recht:

1. **De artikelen 63 en 65 VWEU moeten aldus worden uitgelegd dat zij zich niet verzetten tegen een regeling van een lidstaat inzake de berekening van erfbelasting die bepaalt dat de belastingvrije som bij verkrijging van in die lidstaat gelegen onroerende goederen wordt verminderd met een bedrag dat overeenkomt met het aandeel dat de waarde van het niet in die lidstaat belastbare vermogen vertegenwoordigt in de totale waarde van de nalatenschap, wanneer op de datum van het overlijden noch de erflater noch de erfgenaam zijn woonplaats of gewone verblijfplaats in die lidstaat had, terwijl dat niet het geval is wanneer op die datum ten minste één van hen zijn woonplaats of gewone verblijfplaats wél in die lidstaat had.**

2. **De artikelen 63 en 65 VWEU moeten aldus worden uitgelegd dat zij zich verzetten tegen een regeling van een lidstaat inzake de berekening van erfbelasting die bepaalt dat de verplichtingen ter zake van de legitieme porties bij verkrijging van in die lidstaat gelegen onroerende goederen niet als schulden van de nalatenschap in mindering kunnen worden gebracht op de waarde van de nalatenschap, wanneer op de datum van het overlijden noch de erflater noch de erfgenaam zijn woonplaats of gewone verblijfplaats in die lidstaat had, terwijl die verplichtingen volledig in mindering kunnen worden gebracht indien op die datum ten minste één van hen zijn woonplaats of gewone verblijfplaats wél in die lidstaat had.**

HvJ EU 27 januari 2022, zaak C-788/19 (Europese Commissie v. Koninkrijk Spanje)

Eerste kamer: *L. Bay Larsen, vicepresident van het Hof, waaremend voor de president van de Eerste kamer, J.-C. Bonichot (rapporteur) en M. Safjan, rechters*
Advocaat-Generaal: *H. Saugmandsgaard Øe*

Voorlopige editie

1. Met haar verzoekschrift verzoekt de Europese Commissie het Hof vast te stellen dat het Koninkrijk Spanje zijn verplichtingen krachtens de artikelen 21, 45, 49, 56 en 63 VWEU en de artikelen 28, 31, 36 en 40 van de Overeenkomst betreffende de Europese Economische Ruimte van 2 mei 1992 (PB 1994, L 1, blz. 3; hierna: „EER-Overeenkomst") niet is nagekomen door:

– te bepalen dat de niet-nakoming van de verplichting om informatie over goederen en rechten in het buitenland te verstrekken of de te late indiening van „formulier 720" ertoe leidt dat deze activa als „niet-onderbouwde vermogenswinst" worden gekwalificeerd, zonder mogelijkheid zich te beroepen op verjaring;

– bij niet-nakoming van de verplichting om informatie over goederen en rechten in het buitenland te verstrekken of bij te late indiening van „formulier 720" automatisch een proportionele geldboete van 150 % op te leggen, en

– bij niet-nakoming van de verplichting om informatie over goederen en rechten in het buitenland te verstrekken of bij te late indiening van „formulier 720" forfaitaire geldboeten op te leggen waarvan het bedrag hoger is dan dat van de sancties waarin de algemene regeling voor soortgelijke inbreuken voorziet.

Toepasselijke bepalingen

2. De achttiende aanvullende bepaling van Ley 58/2003 General Tributaria (wet nr. 58/2003 houdende de algemene belastingwet) van 17 december 2003, als gewijzigd bij wet 7/2012 (hierna: „algemene belastingwet"), luidt als volgt:

> „1. De belastingplichtigen zijn overeenkomstig de artikelen 29 en 93 van de onderhavige wet verplicht de belastingdienst onder bestuursrechtelijk bepaalde voorwaarden in het bezit te stellen van de navolgende informatie:
>
> a. informatie met betrekking tot rekeningen in het buitenland die zijn geopend bij bank- of kredietactiviteiten uitoefenende instellingen, en waarvan de betrokkenen houder of begunstigde zijn, of ten aanzien waarvan zij, in welke vorm ook, een machtiging of een recht van beschikking bezitten;
>
> b. informatie met betrekking tot alle effecten, activa, waarden of rechten die het aandelenkapitaal, het eigen vermogen of het bedrijfsvermogen vertegenwoordigen van een entiteit van om het even welk type, dan wel informatie met betrekking tot de overdracht van eigen vermogen aan derden, waarvan de betrokkenen houder zijn en die in het buitenland in bewaring zijn gegeven of zich aldaar bevinden, alsook informatie met betrekking tot levens- of invaliditeitsverzekeringen die zij hebben afgesloten, lijfrenten of tijdelijke renten waarvan zij na een vermogensoverdracht in contanten begunstigde zijn, alsmede informatie met betrekking tot roerende of onroerende goederen die zijn verworven bij in het buitenland gevestigde entiteiten;
>
> c. informatie met betrekking tot onroerende goederen dan wel rechten op onroerende goederen die in het buitenland zijn gelegen en waarvan de belastingplichtige eigenaar is;
>
> [...]
>
> 2. Regelingen inzake overtredingen en sancties.
>
> Het niet binnen de gestelde termijn opgeven van informatie als bedoeld in de onderhavige aanvullende bepaling, of het opgeven van onvolledige, onjuiste of valse informatie vormt een belastingovertreding.
>
> Van een belastingovertreding is eveneens sprake indien deze informatie niet wordt verstrekt met behulp van elektronische of geautomatiseerde middelen, terwijl er wel een verplichting bestaat om dit met dergelijke middelen te doen.
>
> De voornoemde overtredingen gelden als bijzonder ernstig en worden bestraft overeenkomstig de navolgende regels:
>
> a. De niet-nakoming van de verplichting tot het opgeven van rekeningen die worden aangehouden bij in het buitenland gelegen kredietinstellingen wordt bestraft met een forfaitaire geldboete van 5 000 EUR per gegeven of geheel van gegevens met betrekking tot dezelfde rekening dat in de aangifte had moeten

zijn opgenomen, of met een minimumgeldboete van 10 000 EUR per onvolledig, onjuist of vals verstrekt gegeven.

De geldboete bedraagt 100 EUR per gegeven of geheel van gegevens met betrekking tot dezelfde rekening, met een minimum van 1 500 EUR, wanneer de aangifte te laat is ingediend, zonder dat een voorafgaande aanmaning door de belastingdienst is vereist. Dezelfde sanctie geldt indien de aangifte niet wordt ingediend met behulp van elektronische of geautomatiseerde middelen, terwijl er wel een verplichting bestaat om dit met dergelijke middelen te doen.

b. De niet-nakoming van de verplichting tot aangifte van effecten, activa, waarden, rechten, verzekeringen of renten die in het buitenland in bewaring of in beheer zijn gegeven dan wel verkregen, wordt bestraft met een forfaitaire geldboete van 5 000 EUR per gegeven of geheel van gegevens met betrekking tot elk vermogensbestanddeel, afzonderlijk beschouwd naargelang de categorie waartoe het behoort, dat in de aangifte had moeten zijn opgenomen, of met een minimumgeldboete van 10 000 EUR per onvolledig, onjuist of vals aangegeven gegeven.

De geldboete bedraagt 100 EUR per gegeven of geheel van gegevens met betrekking tot elk vermogensbestanddeel, afzonderlijk beschouwd naargelang de categorie waartoe het behoort, met een minimum van 1 500 EUR, wanneer de aangifte te laat is ingediend, zonder dat een voorafgaande aanmaning door de belastingdienst is vereist. Dezelfde sanctie geldt indien de aangifte niet wordt ingediend met behulp van elektronische of geautomatiseerde middelen, terwijl er wel een verplichting bestaat om dit met dergelijke middelen te doen.

c. De niet-nakoming van de verplichting tot aangifte van onroerende goederen dan wel rechten op onroerende goederen die in het buitenland zijn gelegen, wordt bestraft met een forfaitaire geldboete van 5 000 EUR per gegeven of geheel van gegevens met betrekking tot hetzelfde onroerend goed of hetzelfde recht op een onroerend goed dat in de aangifte had moeten zijn opgenomen, of met een minimumgeldboete van 10 000 EUR per onvolledig, onjuist of vals aangegeven gegeven.

De geldboete bedraagt 100 EUR per gegeven of geheel van gegevens met betrekking tot hetzelfde onroerend goed of hetzelfde recht op een onroerend goed, met een minimum van 1 500 EUR, wanneer de aangifte te laat is ingediend, zonder dat een voorafgaande aanmaning door de belastingdienst is vereist. Dezelfde sanctie geldt indien de aangifte niet wordt ingediend met behulp van elektronische of geautomatiseerde middelen, terwijl er wel een verplichting bestaat om dit met dergelijke middelen te doen.

De in deze aanvullende bepaling geregelde overtredingen en sancties zijn niet cumulatief met die welke zijn voorzien in de artikelen 198 en 199 van de onderhavige wet.

3. De wetten tot regeling van elke soort belasting kunnen voorzien in specifieke gevolgen in geval van niet-nakoming van de in deze aanvullende bepaling vastgestelde informatieplicht."

3. Artikel 39 van Ley 35/2006 del Impuesto sobre la Renta de las Personas Físicas y de Modificación Parcial de las Leyes de los Impuestos sobre Sociedades, sobre la Renta de no Residentes y sobre el Patrimonio (wet 35/2006 betreffende de inkomstenbelasting van natuurlijke personen en tot gedeeltelijke wijziging van de wetten betreffende de vennootschapsbelasting, de inkomstenbelasting van niet-ingezetenen en de vermogensbelasting) van 28 november 2006, als gewijzigd bij wet 7/2012 (hierna: „wet betreffende de inkomstenbelasting van natuurlijke personen"), met als opschrift „Niet-onderbouwde vermogenswinsten", bepaalt het volgende:

„1. Als niet-onderbouwde vermogenswinsten worden gekwalificeerd de goederen of rechten waarvan het bezit, de aangifte of de verwerving niet overeenkomt met de door de belastingplichtige aangegeven inkomsten of vermogens, alsook de opneming van niet-bestaande schulden in een aangifte voor deze belasting of voor de vermogensbelasting, of de inschrijving ervan in de boekhouding of in officiële registers.

Niet-onderbouwde vermogenswinsten worden opgenomen in de algemene heffingsgrondslag over het belastingtijdvak waarin ze aan het licht zijn gekomen, tenzij de belastingplichtige aantoont dat de betrokken goederen of rechten reeds in zijn bezit waren op een tijdstip voorafgaand aan het tijdstip van verstrijken van de verjaringstermijn.

2. In ieder geval wordt het bezit, de aangifte of de verwerving van goederen of rechten waarvoor de informatieplicht zoals bedoeld in de achttiende aanvullende bepaling van de [algemene belastingwet] niet binnen de gestelde termijn is nagekomen, gekwalificeerd als een niet-onderbouwde vermogenswinst, en opgenomen in de algemene heffingsgrondslag over het vroegste belastingtijdvak van de tijdvakken waarvoor de verjaringstermijn is verstreken en die nog kunnen worden geregulariseerd.

Het in dit lid bepaalde is echter niet van toepassing indien de belastingplichtige het bewijs levert dat de eigendom over de goederen of rechten is verworven met inkomsten die zijn opgegeven of verkregen in belastingtijdvakken waarover hij niet aan deze belasting was onderworpen."

4. Artikel 121 van Ley 27/2014 del Impuesto sobre Sociedades (wet 27/2014 betreffende de vennootschapsbelasting) van 27 november 2014 (hierna: „wet betreffende de vennootschapsbelasting"), met als opschrift „Niet-geboekte of niet-opgegeven activa en rechten: vermoeden van inkomstenverwerving", bepaalt:

> „1. Door de belastingplichtige aangehouden vermogensbestanddelen die niet in zijn boekhouding zijn opgenomen, worden geacht te zijn verworven door middel van niet-opgegeven inkomsten.
> Dit vermoeden bestaat ook ingeval de aanschafwaarde gedeeltelijk niet wordt opgegeven.
> 2. Niet in de boekhouding opgenomen vermogensbestanddelen worden geacht eigendom te zijn van de belastingplichtige wanneer deze erover kan beschikken.
> 3. Het bedrag van de niet-aangegeven inkomsten wordt geacht gelijk te zijn aan de aanschafwaarde van de niet in de boekhouding opgenomen activa of rechten, onder aftrek van de werkelijk gemaakte en evenmin in de boekhouding opgenomen schulden voor de financiering van deze aanschaf. Het nettobedrag kan in geen geval negatief zijn.
> Het bedrag van de aanschafwaarde wordt geverifieerd aan de hand van de desbetreffende bewijsstukken of, mocht dit niet mogelijk zijn, aan de hand van de waarderingsregels zoals vastgesteld in de [algemene belastingwet].
> 4. Er bestaat een vermoeden van niet-aangegeven inkomsten wanneer niet-bestaande schulden in de boekhouding van de belastingplichtige zijn opgenomen.
> 5. Het op grond van de hierboven genoemde vermoedens vastgestelde bedrag aan inkomsten wordt toegerekend aan het vroegste belastingtijdvak waarvoor de verjaringstermijn nog niet is verstreken, tenzij de belastingplichtige aantoont dat dit bedrag toe te rekenen is aan een of meer andere belastingtijdvakken.
> 6. In ieder geval worden de goederen of rechten waarvoor de informatieplicht zoals bedoeld in de achttiende aanvullende bepaling van de [algemene belastingwet] niet binnen de gestelde termijn is nagekomen, geacht te zijn verworven door middel van niet-aangegeven inkomsten die worden toegerekend aan het vroegste belastingtijdvak van de tijdvakken waarvoor de verjaringstermijn nog niet is verstreken en die nog kunnen worden geregulariseerd.
> Het in dit lid bepaalde is echter niet van toepassing indien de belastingplichtige het bewijs levert dat de eigendom over de goederen of rechten is verworven met inkomsten die zijn opgegeven of verkregen in belastingtijdvakken waarover hij niet aan deze belasting was onderworpen.
> [...]"

5. De eerste aanvullende bepaling van wet 7/2012, met het opschrift „Regeling inzake sancties in geval van niet-onderbouwde vermogenswinsten en vermoeden van inkomstenverwerving", is geformuleerd als volgt:

> „De belastingovertreding, die als bijzonder ernstig wordt beschouwd, wordt vastgesteld ingevolge artikel 39, lid 2, van de [wet betreffende de inkomstenbelasting van natuurlijke personen] alsmede artikel 134, lid 6, van de geconsolideerde tekst van de wet betreffende de vennootschapsbelasting, goedgekeurd bij koninklijk wetsbesluit 4/2004 van 5 maart 2004 [waarvan de bepalingen vervolgens zijn overgenomen in artikel 121, lid 6, van de wet betreffende de vennootschapsbelasting], en wordt bestraft met een proportionele geldboete ter hoogte van 150 % van de boetegrondslag.
> De boetegrondslag is gelijk aan de waarde van het totaalbedrag dat voortvloeit uit de toepassing van de in de voorgaande alinea genoemde artikelen. [...]"

Precontentieuze procedure

6. Bij aanmaningsbrief van 20 november 2015 heeft de Commissie de aandacht van de Spaanse autoriteiten gevestigd op de onverenigbaarheid met het Unierecht van bepaalde aspecten van de verplichting om door middel van „formulier 720" aangifte te doen van goederen en rechten in het buitenland. Volgens de Commissie zijn de aan de niet-nakoming van deze verplichting verbonden gevolgen onevenredig in het licht van het doel dat met de Spaanse wetgeving wordt beoogd.

7. Aansluitend op het antwoord van het Koninkrijk Spanje van 29 februari 2016, waarin deze lidstaat betwistte dat sprake kon zijn van enige onverenigbaarheid met het Unierecht, heeft de Commissie op 15 februari 2017 een met redenen omkleed advies uitgebracht waarin zij het in haar aanmaningsbrief meegedeelde standpunt heeft gehandhaafd.

8. Bij brieven van 12 april 2017 en 31 mei 2019 heeft het Koninkrijk Spanje dit met redenen omkleed advies beantwoord. Het Koninkrijk Spanje voerde aan de hand van een aantal praktische voorbeelden in wezen aan dat de betrokken wetgeving verenigbaar is met het Unierecht.

9. Aangezien de Commissie niet was overtuigd door de argumenten van het Koninkrijk Spanje, heeft zij op 23 oktober 2019 krachtens artikel 258 VWEU het onderhavige beroep ingesteld.

Beroep

Betrokken vrijheden

10. Met haar beroep betoogt de Commissie dat het Koninkrijk Spanje door de gevolgen die het in zijn wettelijke regeling heeft verbonden aan de niet-nakoming, de niet-behoorlijke nakoming of de niet-tijdige nakoming van de verplichting om door middel van „formulier 720" aangifte te doen van activa en rechten in het buitenland, zijn verplichtingen krachtens de artikelen 21, 45, 49, 56 en 63 VWEU en de artikelen 28, 31, 36 en 40 van de EER-Overeenkomst niet is nagekomen.

11. In herinnering moet worden geroepen dat wanneer een nationale maatregel verband houdt met verschillende vrijheden van verkeer die door de Verdragen worden gewaarborgd, het Hof de betrokken maatregel in beginsel slechts uit het oogpunt van een van deze vrijheden onderzoekt indien in het licht van het doel van die maatregel blijkt dat de andere vrijheden volledig ondergeschikt zijn aan die vrijheid en daarmee kunnen worden verbonden [zie in die zin, wat betreft een maatregel die verband houdt met zowel het vrije verkeer van kapitaal als de vrijheid van vestiging, arresten van 13 november 2012, Test Claimants in the FII Group Litigation, C-35/11, EU:C:2012:707, punten 89-93, en 28 februari 2013, Beker en Beker, C-168/11, EU:C:2013:117, punten 25-31, en wat betreft een maatregel die verband houdt met zowel de vrijheid van verkeer als het vrij verrichten van diensten, arrest van 26 mei 2016, NN (L) International, C-48/15, EU:C:2015:356, punt 39].

12. Volgens de nationale wetgeving die in de onderhavige zaak aan de orde is, riskeren Spaanse ingezetenen die niet, onvolledig of te laat aangifte doen van de goederen en rechten die zij in het buitenland bezitten, een navordering van de verschuldigde belasting over de bedragen die overeenkomen met de waarde van die goederen of rechten, ook wanneer deze laatste zijn verworven in een tijdvak waarvoor de verjaringstermijn reeds is verstreken, alsmede een evenredige geldboete en specifieke forfaitaire geldboeten.

13. Een dergelijke wettelijke regeling, die in het algemeen betrekking heeft op goederen of rechten die Spaanse ingezetenen in het buitenland bezitten, zonder dat dit bezit noodzakelijkerwijs gepaard gaat met het verwerven van deelnemingen in het kapitaal van in het buitenland gevestigde entiteiten of hoofdzakelijk is ingegeven door de wens om er financiële diensten af te nemen, valt binnen de werkingssfeer van het vrije verkeer van kapitaal. Hoewel die regeling ook afbreuk kan doen aan de vrijheid van dienstverrichting en de vrijheid van vestiging, lijken deze vrijheden toch ondergeschikt te zijn aan het vrije verkeer van kapitaal en kunnen zij daarmee worden verbonden. Dat geldt hoe dan ook voor het vrije verkeer van werknemers.

14. Voorts moet worden vastgesteld dat de Commissie onvoldoende gegevens heeft verstrekt om het Hof in staat te stellen te beoordelen in hoeverre de betrokken nationale wettelijke regeling schending oplevert van het vrije verkeer van burgers van de Unie of het vrije verkeer van werknemers, welke vrijheden in de artikelen 21 en 45 VWEU zijn gewaarborgd.

15. Uit het voorgaande volgt dat de door de Commissie aangevoerde grieven moeten worden bezien vanuit het oogpunt van het vrije verkeer van kapitaal, dat wordt gewaarborgd door artikel 63 VWEU en artikel 40 van de EER-Overeenkomst, die in wezen dezelfde juridische strekking hebben (zie in die zin arresten van 11 juni 2009, Commissie/Nederland, C-521/07, EU:C:2009:360, punt 33, en 5 mei 2011, Commissie/Portugal, C-267/09, EU:C:2011:273, punt 51).

Bestaan van een beperking van het kapitaalverkeer

Argumenten van partijen

16. Volgens de Commissie wordt bij de litigieuze regeling, waarvoor geen equivalent bestaat op het gebied van goederen of rechten die belastingplichtigen op het nationale grondgebied bezitten, een beperking van het vrije verkeer van kapitaal ingevoerd, voor zover zij tot gevolg heeft dat Spaanse ingezetenen ervan worden afgeschrikt om hun activa naar het buitenland over te brengen. Zij stelt dat, zoals het Hof reeds heeft erkend in zijn arrest van 11 juni 2009, X en Passenheim-van Schoot (C-155/08 en C-157/08, EU:C:2009:368, punten 36-40), er geen objectief verschil tussen de situaties van in Spanje ingezeten belastingplichtigen bestaat naargelang hun activa zich op het nationale grondgebied dan wel in het buitenland bevinden.

17. Het Koninkrijk Spanje is van mening dat personen die hun activa om fiscale redenen niet opgeven, zich niet kunnen beroepen op het vrije verkeer van kapitaal. Voorts betoogt het Koninkrijk Spanje dat de sancties voor de niet-nakoming van de informatieplicht geen beperkingen van deze vrijheid vormen, aangezien zij onontbeerlijk zijn om de doeltreffendheid van deze verplichting te waarborgen. Volgens het Koninkrijk Spanje verkeren de belastingplichtigen van wie de activa zich op Spaans grondgebied bevinden, in het licht van de

mogelijkheden op het gebied van belastingcontrole, hoe dan ook niet in dezelfde situatie als de belastingplichtigen van wie de activa zich buiten het Spaanse grondgebied bevinden.

Beoordeling door het Hof

18. Volgens vaste rechtspraak van het Hof vormen maatregelen van een lidstaat beperkingen van het kapitaalverkeer in de zin van artikel 63, lid 1, VWEU wanneer zij de ingezetenen van die staat ontmoedigen, beletten of minder mogelijkheden bieden om investeringen te verrichten in andere lidstaten [zie in die zin arresten van 26 september 2000, Commissie/België, C-478/98, EU:C:2000:497, punt 18; 23 oktober 2007, Commissie/Duitsland, C-112/05, EU:C:2007:623, punt 19, en 26 mei 2016, NN (L) International, C-48/15, EU:C:2016:356, punt 44].

19. In casu wordt met de verplichting om door middel van „formulier 720" aangifte te doen van goederen of rechten in het buitenland en de sancties voor niet-nakoming, niet-behoorlijke nakoming of niet-tijdige nakoming van deze verplichting, waarvoor geen equivalent bestaat op het gebied van in Spanje gelegen activa of rechten, een verschil in behandeling van Spaanse ingezetenen ingevoerd naargelang de plaats waar hun activa zich bevinden. Deze verplichting kan ingezetenen van deze lidstaat ontmoedigen, beletten of minder mogelijkheden bieden om investeringen te verrichten in andere lidstaten en vormt derhalve – zoals het Hof reeds heeft geoordeeld met betrekking tot een wettelijke regeling die tot doel heeft de doeltreffendheid van de fiscale controles te waarborgen en belastingfraude in verband met het verzwijgen van activa in het buitenland te bestrijden – een beperking van het vrije verkeer van kapitaal in de zin van artikel 63, lid 1, VWEU en artikel 40 van de EER-Overeenkomst (zie in die zin arrest van 11 juni 2009, X en Passenheim-van Schoot, C-155/08 en C-157/08, EU:C:2009:368, punten 36-40).

20. Aan deze conclusie wordt niet afgedaan door de omstandigheid dat deze wettelijke regeling betrekking heeft op belastingplichtigen die hun activa om fiscale redenen verzwijgen. Dat een wettelijke regeling tot doel heeft de doeltreffendheid van de belastingcontroles te waarborgen en belastingfraude te bestrijden, staat immers niet in de weg aan de vaststelling dat er sprake is van een beperking van het kapitaalverkeer. Deze doelstellingen zijn slechts enkele van de dwingende redenen van algemeen belang die de invoering van een dergelijke beperking kunnen rechtvaardigen (zie in die zin arresten van 11 juni 2009, X en Passenheim-van Schoot, C-155/08 en C-157/08, EU:C:2009:368, punten 45 en 46, en 15 september 2011, Halley, C-132/10, EU:C:2011:586, punt 30).

Rechtvaardiging van de beperking van het vrije verkeer van kapitaal

Argumenten van partijen

21. Voor het geval dat de litigieuze regeling zou worden beschouwd als een beperking van het kapitaalverkeer, zijn de Commissie en het Koninkrijk Spanje het erover eens dat zij kan worden gerechtvaardigd door de noodzaak om de doeltreffendheid van de belastingcontroles te waarborgen en door het doel van bestrijding van belastingfraude en -ontwijking. De Commissie stelt evenwel dat deze regeling verder gaat dan nodig is om deze doelstellingen te verwezenlijken.

Beoordeling door het Hof

22. Zoals in punt 20 van het onderhavige arrest is aangegeven, behoren de noodzaak om de doeltreffendheid van de belastingcontroles te waarborgen en het doel van bestrijding van belastingfraude en -ontwijking tot de dwingende redenen van algemeen belang die de invoering van een beperking van de vrijheden van verkeer kunnen rechtvaardigen (zie in die zin arresten van 11 juni 2009, X en Passenheim-van Schoot, C-155/08 en C-157/08, EU:C:2009:368, punten 45 en 46, en 15 september 2011, Halley, C-132/10, EU:C:2011:586, punt 30).

23. Wat het kapitaalverkeer betreft, bepaalt artikel 65, lid 1, onder b), VWEU voorts dat het bepaalde in artikel 63 VWEU niets afdoet aan het recht van de lidstaten alle nodige maatregelen te nemen om overtredingen van de nationale wetten en voorschriften tegen te gaan, met name op fiscaal gebied.

24. Aangezien de hoeveelheid informatie waarover de nationale autoriteiten beschikken met betrekking tot de activa die hun fiscale ingezetenen in het buitenland bezitten, over het algemeen kleiner is dan die waarover zij beschikken met betrekking tot de activa die zich op hun grondgebied bevinden, zelfs wanneer rekening wordt gehouden met de bestaande mechanismen voor informatie-uitwisseling en administratieve samenwerking tussen de lidstaten, lijkt de litigieuze regeling in casu geschikt te zijn om de nagestreefde doelstellingen te verwezenlijken. Nagegaan moet evenwel worden of zij niet verder gaat dan nodig is om deze doelstellingen te bereiken.

Evenredigheid van de kwalificatie van in het buitenland aangehouden activa als „niet-onderbouwde vermogenswinsten", zonder mogelijkheid zich te beroepen op verjaring

Argumenten van partijen

25. Volgens de Commissie heeft de niet-naleving van de informatieplicht of de onvolledige of te late indiening van „formulier 720" gevolgen die niet in verhouding staan tot de door de Spaanse wetgever nagestreefde doelstellingen, aangezien zij een onweerlegbaar vermoeden doet ontstaan dat niet-gedeclareerde inkomsten die overeenkomen met de waarde van de betrokken goederen of rechten zijn verkregen, dat ertoe leidt dat over de overeenkomstige bedragen belasting wordt geheven bij de belastingplichtige, zonder dat deze zich kan beroepen op de verjaringsregels of aan de belastingheffing kan ontkomen door aan te voeren dat hij de over die goederen of rechten verschuldigde belasting in het verleden reeds heeft betaald.

26. Het Koninkrijk Spanje betwist dat er sprake is van een onweerlegbaar vermoeden van belastingfraude. Het Koninkrijk Spanje voert aan dat de verzwijging van de betrokken goederen of rechten en de niet-betaling door de belastingplichtige van de daarover verschuldigde belasting moeten worden aangetoond opdat de niet-aangifte of te late aangifte van deze goederen of rechten door middel van „formulier 720" een vermoeden doet ontstaan dat de belastingplichtige niet-aangegeven inkomsten heeft verworven. Het Koninkrijk Spanje betwist eveneens dat er geen verjaringsregel zou bestaan. Volgens deze lidstaat kent het Spaanse recht slechts een bijzonderheid voor wat betreft de aanvang van de verjaringstermijn, die volgens de „actio nata"-regel pas ingaat op het tijdstip waarop de belastingdienst kennis heeft van het bestaan van de goederen of rechten ten aanzien waarvan de informatieplicht niet, niet behoorlijk of niet tijdig is nagekomen.

Beoordeling door het Hof

27. Volgens vaste rechtspraak van het Hof volstaat de enkele omstandigheid dat een ingezeten belastingplichtige goederen of rechten buiten het grondgebied van een lidstaat aanhoudt, niet om uit te gaan van een algemeen vermoeden van belastingfraude en -ontwijking (zie in die zin arresten van 11 maart 2004, de Lasteyrie du Saillant, C-9/02, EU:C:2004:138, punt 51, en 7 november 2013, K, C-322/11, EU:C:2013:716, punt 60).

28. Voorts gaat een regeling waarbij louter op grond van het feit dat aan alle voorwaarden van die regeling is voldaan wordt vermoed dat sprake is van frauduleus gedrag, zonder de belastingplichtige de mogelijkheid te bieden om dit vermoeden om keren, in beginsel verder dan nodig is om de doelstelling van bestrijding van belastingfraude en -ontwijking te verwezenlijken [zie in die zin arresten van 3 oktober 2013, Itelcar, C-282/12, EU:C:2013:629, punt 37 en aldaar aangehaalde rechtspraak, en 26 februari 2019, X (Tussenvennootschappen die in een derde land zijn gevestigd), C-135/17, EU:C:2019:136, punt 88].

29. Uit artikel 39, lid 2, van de wet betreffende de inkomstenbelasting van natuurlijke personen en artikel 121, lid 6, van de wet betreffende de vennootschapsbelasting volgt dat de belastingplichtige die de informatieplicht niet, niet behoorlijk of niet tijdig is nagekomen, kan voorkomen dat bedragen die overeenkomen met de waarde van zijn goederen of rechten die hij niet door middel van „formulier 720" heeft aangegeven, als niet-onderbouwde vermogenswinsten worden opgenomen in de grondslag van de belasting die verschuldigd is voor het vroegste tijdvak waarvoor de verjaringstermijn nog niet is verstreken, door het bewijs te leveren dat hij die goederen of rechten heeft verworven met inkomsten die zijn aangegeven of verkregen in belastingtijdvakken waarover hij niet aan deze belasting was onderworpen.

30. Het Koninkrijk Spanje stelt tevens, zonder op deugdelijke wijze door de Commissie te zijn weersproken, dat de omstandigheid dat de belastingplichtige niet het bewijs heeft bewaard dat hij de belasting over de bedragen waarmee hij de goederen of rechten heeft verworven die niet zijn aangegeven door middel van „formulier 720" in het verleden heeft betaald, er niet automatisch toe leidt dat deze bedragen als niet-onderbouwde vermogenswinsten in de heffingsgrondslag van deze belastingplichtige worden opgenomen. Deze lidstaat wijst er namelijk op dat het volgens de algemene regels inzake de verdeling van de bewijslast in ieder geval aan de belastingdienst staat om te bewijzen dat de belastingplichtige zijn verplichting tot betaling van belasting niet is nagekomen.

31. Uit het voorgaande volgt in de eerste plaats dat het door de Spaanse wetgever ingevoerde vermoeden van verwerving van niet-onderbouwde vermogenswinsten niet uitsluitend berust op de omstandigheid dat de belastingplichtige goederen of rechten in het buitenland bezit, aangezien het vermoeden slechts ontstaat *indien deze laatste* de op hem rustende specifieke aangifteverplichtingen met betrekking tot deze goederen of rechten niet of niet tijdig is nagekomen. Voorts kan de belastingplichtige volgens de aan het Hof verstrekte informatie dit vermoeden niet alleen weerleggen door het bewijs te leveren dat hij de betrokken goederen of rechten heeft verworven met inkomsten die zijn aangegeven of verworven in belastingtijdvakken waarvoor hij

niet aan de belasting was onderworpen, maar ook, wanneer hij dat bewijs niet kan leveren, door aan te voeren dat hij heeft voldaan aan zijn verplichting tot betaling van belasting over de inkomsten waarmee hij die activa en rechten heeft verworven. Het staat aan de belastingdienst om na te gaan of dit laatste het geval is.

32. In die omstandigheden lijkt het door de Spaanse wetgever ingevoerde vermoeden niet onevenredig aan de doelstellingen om de doeltreffendheid van de belastingcontroles te waarborgen en belastingfraude en -ontwijking te bestrijden.

33. Het feit dat de belastingplichtige dit vermoeden niet kan weerleggen door aan te voeren dat hij de goederen of rechten waarvoor hij de informatieplicht niet, niet behoorlijk of niet tijdig is nagekomen, heeft verworven in een tijdvak waarvoor de verjaringstermijn reeds is verstreken, kan aan deze conclusie geen afbreuk doen. Het beroep op een verjaringsregel doet immers niets af aan het vermoeden van belastingfraude of -ontwijking, maar voorkomt enkel de gevolgen die de toepassing van dit vermoeden met zich meebrengt.

34. Evenwel moet worden nagegaan of de keuzes van de Spaanse wetgever op het gebied van verjaring op zich niet onevenredig zijn ten opzichte van de nagestreefde doelstellingen.

35. In dit verband zij opgemerkt dat artikel 39, lid 2, van de wet betreffende de inkomstenbelastingen van natuurlijke personen en artikel 121, lid 6, van de wet betreffende de vennootschapsbelasting de belastingdienst in wezen in staat stellen om de verschuldigde belasting over de bedragen die overeenkomen met de waarde van de goederen of rechten in het buitenland die niet, niet behoorlijk of niet tijdig door middel van „formulier 720" zijn aangegeven, onbeperkt in de tijd na te vorderen. Dit is zelfs het geval indien wordt aangenomen dat de Spaanse wetgever met de toepassing van de „actio nata"-regel enkel de aanvang van de verjaringstermijn heeft willen uitstellen en deze verjaring heeft willen doen aanvangen op het tijdstip waarop de belastingdienst voor het eerst kennis krijgt van het bestaan van de in het buitenland aangehouden goederen of rechten, aangezien deze keuze er in de praktijk toe leidt dat de belastingdienst de inkomsten die overeenkomen met de waarde van deze activa gedurende onbepaalde tijd kan belasten, zonder rekening te houden met het tijdvak of het jaar waarvoor de belasting over de overeenkomstige bedragen normaal gesproken verschuldigd zou zijn geweest.

36. Bovendien blijkt uit artikel 39, lid 2, van de wet betreffende de inkomstenbelasting van natuurlijke personen en artikel 121, lid 6, van de wet betreffende de vennootschapsbelasting, dat het niet of niet tijdig nakomen van de informatieplicht tot gevolg heeft dat de bedragen die overeenkomen met de waarde van de niet-aangegeven goederen of rechten in het buitenland worden opgenomen in de belastinggrondslag van de belastingplichtige, ook wanneer hij deze goederen of rechten heeft verworven in een jaar of een tijdvak waarvoor de verjaringstermijn reeds was verstreken op het tijdstip waarop hij zijn informatieplicht moest nakomen. De belastingplichtige die deze informatieplicht binnen de gestelde termijn is nagekomen, blijft daarentegen in aanmerking komen voor de verjaring met betrekking tot de eventuele verzwegen inkomsten waarmee hij de goederen en rechten heeft verworven die hij in het buitenland bezit.

37. Uit het voorgaande volgt niet alleen dat de door de Spaanse wetgever vastgestelde regeling een effect van onverjaarbaarheid sorteert, maar ook dat zij de belastingdienst de mogelijkheid biedt om een verjaringstermijn die in het voordeel van de belastingplichtige reeds is verstreken, aan te vechten.

38. De nationale wetgever kan weliswaar in een langere verjaringstermijn voorzien om de doeltreffendheid van de belastingcontroles te waarborgen en belastingfraude en -ontwijking in verband met het verzwijgen van activa in het buitenland te bestrijden, mits de duur van die termijn niet verder gaat dan nodig is om deze doelstellingen te verwezenlijken, onder meer rekening houdend met de mechanismen voor uitwisseling van informatie en administratieve samenwerking tussen de lidstaten (zie arrest van 11 juni 2009, X en Passenheim-van Schoot, C-155/08 en C-157/08, EU:C:2009:368, punten 66, 72 en 73), maar dat geldt niet voor de invoering van mechanismen die in de praktijk neerkomen op een onbepaalde verlenging van de periode gedurende welke belasting kan worden geheven, of die het mogelijk maken een reeds verstreken verjaringstermijn buiten werking te stellen.

39. De fundamentele eis van rechtszekerheid verzet zich namelijk in beginsel ertegen dat de overheid tot in het oneindige kan gebruikmaken van haar bevoegdheden om een einde te maken aan een onwettige situatie (zie naar analogie arrest van 14 juli 1972, Geigy/Commissie, 52/69, EU:C:1972:73, punt 21).

40. In casu vloeit, zoals in de punten 35 en 36 van het onderhavige arrest is opgemerkt, de mogelijkheid voor de belastingdienst om zonder verjaringstermijn op te treden of zelfs een reeds verstreken verjaringstermijn te betwisten, uitsluitend voort uit het feit dat de belastingplichtige niet het formele vereiste heeft vervuld om binnen de gestelde termijn te voldoen aan de verplichting om informatie te verstrekken over de goederen of rechten die hij in het buitenland bezit.

41. Door aan de niet-nakoming van deze aangifteplicht dergelijke ernstige gevolgen te verbinden, gaat de door de Spaanse wetgever gekozen optie verder dan nodig is om de doeltreffendheid van de belastingcontroles te waarborgen en belastingfraude en -ontwijking te bestrijden, zonder dat behoeft te worden nagegaan welke consequenties moeten worden getrokken uit het bestaan van mechanismen voor de uitwisseling van informatie of administratieve bijstand tussen de lidstaten.

Evenredigheid van de boete van 150 %

Argumenten van partijen

42. De Commissie betoogt dat de Spaanse wetgever, door het niet of niet tijdig nakomen van de informatieplicht te bestraffen met een proportionele geldboete van 150 % van de verschuldigde belasting over de bedragen die overeenkomen met de waarde van de rechten of goederen in het buitenland, die automatisch en niet progressief is, een onevenredige beperking van het vrije verkeer van kapitaal heeft ingevoerd.

43. De Commissie voert met name aan dat het tarief van deze boete aanzienlijk hoger ligt dan de progressieve tarieven voor de boete voor te late aangifte van belastbare inkomsten in een zuiver binnenlandse situatie, welke tarieven naargelang de vastgestelde vertraging 5, 10, 15 of 20 % van de door de belastingplichtige verschuldigde rechten bedragen, ondanks het feit dat, in tegenstelling tot laatstgenoemde boete, die gekoppeld is aan de niet-nakoming van een verplichting om belasting te betalen, de boete van 150 % slechts de niet-naleving van een formele verplichting om informatie te verstrekken bestraft, die in de regel geen bijkomende heffing vereist.

44. Deze instelling merkt ook op dat volgens haar geen rekening kan worden gehouden met de differentiatiemogelijkheden waarin een ruling van 6 juni 2017 voorziet, aangezien deze ruling geen kracht van wet heeft en pas na het uitbrengen van het met redenen omkleed advies is vastgesteld. Zij wijst erop dat belastingplichtigen die niet kunnen bewijzen dat zij hun goederen of rechten in het buitenland hebben verworven met aangegeven en belaste inkomsten, zonder onderzoek door de belastingdienst automatisch een boete van 150 % wordt opgelegd, hetgeen eens te meer neerkomt op het invoeren van een onweerlegbaar rechtsvermoeden van belastingfraude, en dat op geen enkele wijze rekening wordt gehouden met de totale belastingschuld van de belastingplichtige ten gevolge van de cumulatie van de proportionele boete van 150 % en de in de achttiende aanvullende bepaling van de algemene belastingwet voorziene forfaitaire geldboeten.

45. Het Koninkrijk Spanje is van mening dat de evenredigheid van de sancties alleen mag worden beoordeeld door de nationale autoriteiten, aangezien ter zake geen harmonisatie op Europees niveau bestaat. Afgezien daarvan voert het Koninkrijk Spanje aan dat de geldboete van 150 % dient ter bestraffing van de niet-nakoming van een aangifteplicht zonder de fiscale situatie te regulariseren, hetgeen neerkomt op belastingontwijking, en dan ook niet kan worden vergeleken met de bij te late indiening van de aangifte toegepaste verhogingen, die enkel bedoeld zijn om de belastingplichtigen ertoe aan te zetten de gestelde termijnen in acht te nemen.

46. Het Koninkrijk Spanje is ook van mening dat rekening moet worden gehouden met de differentiatiemogelijkheden die worden geboden door de ruling van 6 juni 2017, waarvan de inhoud met terugwerkende kracht is opgenomen in de wet, en met de algemene differentiatiebevoegdheid die naar nationaal recht aan de belastingdienst is toegekend krachtens het evenredigheidsbeginsel.

47. Ten slotte betwist deze lidstaat het automatische karakter van de geldboete van 150 % met het betoog dat deze boete slechts kan worden opgelegd indien alle bestanddelen van de overtreding waarvoor zij wordt opgelegd zijn vervuld, dat de bewijslast met betrekking tot de schuld van de belastingplichtige steeds op de belastingdienst rust en dat deze geldboete in de praktijk niet systematisch wordt opgelegd. Gelet op de kenmerken van de boete van 150 %, moet bij de beoordeling van de evenredigheid ervan tevens rekening worden gehouden met de sancties die worden opgelegd in meer ernstige gevallen van niet-betaling van een belastingschuld, die in geval van een belastingmisdrijf zelfs kunnen oplopen tot een geldboete van 600 % van het door de belastingplichtige verschuldigde belastingbedrag.

Beoordeling door het Hof

48. Vooraf zij eraan herinnerd dat het bij gebreke van harmonisatie in het Unierecht weliswaar aan de lidstaten staat om de sancties te kiezen die hun passend voorkomen in geval van niet-nakoming van de verplichtingen krachtens hun nationale wetgeving op het gebied van directe belastingen, maar dat zij hun bevoegdheid moeten uitoefenen met eerbiediging van het Unierecht en de algemene beginselen daarvan, en dus ook met eerbiediging van het evenredigheidsbeginsel (zie in die zin arrest van 12 juli 2001, Louloudakis, C-262/99, EU:C:2001:407, punt 67 en aldaar aangehaalde rechtspraak).

49. Wat de evenredigheid van de geldboete van 150 % betreft, blijkt uit de eerste aanvullende bepaling van wet 7/2012 dat de toepassing van artikel 39, lid 2, van de wet betreffende de inkomstenbelasting van natuurlijke personen of van artikel 134, lid 6, van de bij koninklijk wetsbesluit 4/2004 van 5 maart 2004 goedgekeurde geconsolideerde tekst van de wet betreffende de vennootschapsbelasting, waarvan de bepalingen vervolgens zijn opgenomen in artikel 121, lid 6, van de wet betreffende de vennootschapsbelasting, leidt tot de oplegging van een geldboete van 150 % van de totale verschuldigde belasting over de bedragen die overeenkomen met de waarde van de in het buitenland aangehouden goederen of rechten. Deze geldboete is cumulatief met de in de achttiende aanvullende bepaling van de algemene belastingwet bepaalde forfaitaire geldboeten, die worden opgelegd per gegeven of geheel van gegevens dat onvolledig, onjuist of vals is en in „formulier 720" had moeten worden opgenomen.

50. Hoewel het Koninkrijk Spanje stelt dat deze proportionele geldboete wordt opgelegd wegens niet-nakoming van een materiële verplichting tot betaling van belasting, moet worden vastgesteld dat de oplegging ervan rechtstreeks verband houdt met de niet-nakoming van aangifteverplichtingen. Zij wordt immers alleen opgelegd aan belastingplichtigen wier situatie onder artikel 39, lid 2, van de wet betreffende de inkomstenbelasting van natuurlijke personen of artikel 121, lid 6, van de wet betreffende de vennootschapsbelasting valt, met andere woorden aan belastingplichtigen die niet, niet behoorlijk of niet tijdig hebben voldaan aan de verplichting om informatie over hun goederen of rechten in het buitenland te verstrekken, met uitsluiting van degenen die dergelijke goederen of rechten weliswaar met niet-aangegeven inkomsten hebben verworven, maar wel aan deze verplichting hebben voldaan.

51. Voorts voert het Koninkrijk Spanje aan dat de proportionele geldboete van 150 % in de praktijk wordt opgelegd na een individuele beoordeling en dat het tarief ervan kan worden gedifferentieerd. De bewoordingen van de eerste aanvullende bepaling van wet 7/2012 suggereren evenwel dat de enkele toepassing van artikel 39, lid 2, van de wet betreffende de inkomstenbelasting van natuurlijke personen of van artikel 121, lid 6, van de wet betreffende de vennootschapsbelasting volstaat voor de vaststelling dat er sprake is van een belastingovertreding, die als bijzonder ernstig wordt beschouwd en wordt bestraft met een geldboete van 150 % van het ontdoken belastingbedrag, waarbij dit tarief niet als een maximumtarief is geformuleerd.

52. Dienaangaande moet worden gepreciseerd dat de differentiatiemogelijkheden die worden geboden door een ruling van 6 juni 2017 – na het met redenen omkleed advies dat de Commissie op 15 februari 2017 aan het Koninkrijk Spanje heeft gezonden –, niet in aanmerking kunnen worden genomen in het kader van het onderhavige beroep, aangezien het bestaan van een niet-nakoming volgens vaste rechtspraak moet worden beoordeeld aan de hand van de situatie waarin de lidstaat zich bevond aan het einde van de in het met redenen omkleed advies gestelde termijn [zie in die zin arrest van 22 januari 2020, Commissie/Italië (Richtlijn bestrijding van betalingsachterstand), C-122/18, EU:C:2020:41, punt 58]. Dat de in die ruling vervatte uitlegging met terugwerkende kracht is opgenomen in de wet, heeft geen invloed op dit punt.

53. Ten slotte moet worden gewezen op het zeer hoge tarief voor de proportionele geldboete, dat haar een zeer repressief karakter verleent en dat in veel gevallen, gelet op de cumulatie met de forfaitaire geldboeten waarin de achttiende aanvullende bepaling van de algemene belastingwet daarenboven voorziet, ertoe kan leiden dat het door de belastingplichtige verschuldigde totaalbedrag wegens niet-nakoming van de verplichting tot verstrekking van informatie over zijn goederen of rechten in het buitenland oploopt tot meer dan 100 % van de waarde van die goederen of rechten, zoals de Commissie benadrukt.

54. In die omstandigheden heeft deze instelling aangetoond dat de Spaanse wetgever op onevenredige wijze inbreuk heeft gemaakt op het vrije verkeer van kapitaal door de niet-nakoming door de belastingplichtige van zijn aangifteverplichtingen met betrekking tot zijn goederen of rechten in het buitenland te bestraffen met een proportionele geldboete van 150 % van het verschuldigde belastingbedrag over de bedragen die overeenkomen met de waarde van die goederen of rechten, welke boete kan worden gecumuleerd met forfaitaire geldboeten.

Evenredigheid van de forfaitaire geldboeten

Argumenten van partijen

55. Ten slotte is er volgens de Commissie sprake van een onevenredige beperking van het vrije verkeer van kapitaal wanneer bij niet-nakoming van de informatieplicht met betrekking tot in het buitenland aangehouden goederen of rechten of bij niet-behoorlijke nakoming of niet-tijdige nakoming van deze plicht forfaitaire geldboeten worden opgelegd waarvoor het tarief hoger is dan dat voor soortgelijke inbreuken in een zuiver nationale context, zonder rekening te houden met de informatie waarover de belastingdienst met betrekking tot deze activa mogelijkerwijs beschikt.

56. De Commissie is in elk geval van mening dat het feit dat het niet, niet behoorlijk of niet tijdig nakomen van de informatieplicht – die een louter formele verplichting vormt, waarvan de niet-naleving geen direct economisch nadeel aan de fiscus berokkent – leidt tot de oplegging van geldboeten die, naargelang het geval, 15, 50 of 66 maal hoger zijn dan die welke in de artikelen 198 en 199 van de algemene belastingwet zijn vastgesteld en waarmee soortgelijke inbreuken in een zuiver nationale situatie worden bestraft, volstaat om aan te tonen dat de hoogte van die geldboeten onevenredig is.

57. Het Koninkrijk Spanje erkent weliswaar dat de in de achttiende aanvullende bepaling van de algemene belastingwet geregelde forfaitaire geldboeten worden opgelegd wegens niet-nakoming van een formele verplichting waarvan de niet-naleving geen direct economisch nadeel aan de fiscus berokkent, maar deze lidstaat is van mening dat de door de Commissie gebruikte vergelijkingselementen irrelevant zijn. Volgens het Koninkrijk Spanje moeten de forfaitaire geldboeten die worden opgelegd voor het niet of niet tijdig nakomen van de informatieplicht, eerder worden vergeleken met die welke worden opgelegd bij niet-nakoming van de in de Spaanse wetgeving opgenomen „aangifte van verbonden handelingen", aangezien ook deze aangifte de vorm aanneemt van een verplichting tot verstrekking van informatie over monetaire gegevens, die moet worden nagekomen door de belastingplichtige op wie de informatie betrekking heeft. Deze lidstaat is voorts van mening dat de informatie waarover de belastingdienst beschikt met betrekking tot de door een belastingplichtige in het buitenland aangehouden activa niet in aanmerking mag worden genomen bij de beoordeling van de evenredigheid van de forfaitaire geldboeten, die uitsluitend in het licht van het gedrag van de belastingplichtige moet worden onderzocht.

Beoordeling door het Hof

58. Volgens de achttiende aanvullende bepaling van de algemene belastingwet zijn de belastingplichtigen verplicht de belastingdienst in het bezit te stellen van een reeks gegevens over hun goederen en rechten in het buitenland, waaronder onroerende goederen, bankrekeningen, effecten, activa, waarden of rechten die het aandelenkapitaal, het eigen vermogen of het bedrijfsvermogen van een entiteit van om het even welk type vertegenwoordigen, alsook over levens- en invaliditeitsverzekeringen waarover zij buiten het Spaanse grondgebied beschikken. Het feit dat een belastingplichtige onvolledige, onjuiste of valse informatie aangeeft bij de belastingdienst, dan wel de vereiste informatie niet of niet binnen de gestelde termijnen of op de voorgeschreven wijze verstrekt, wordt als een „belastingovertreding" aangemerkt en leidt tot de oplegging van een forfaitaire geldboete van 5 000 EUR voor elk weggelaten, onvolledig, onjuist of vals gegeven of geheel van gegevens, met een minimum van 10 000 EUR, en een geldboete van 100 EUR voor elk gegeven of geheel van gegevens dat na het verstrijken van de termijn is aangegeven dan wel niet langs elektronische weg is aangegeven terwijl daartoe wel een verplichting bestond, met een minimum van 1 500 EUR.

59. De achttiende aanvullende bepaling van de algemene belastingwet bepaalt voorts dat deze geldboeten niet cumulatief mogen zijn met die welke zijn geregeld in de artikelen 198 en 199 van deze wet, waarin in het algemeen de sancties zijn vastgesteld die van toepassing zijn op belastingplichtigen die hun aangifteverplichtingen niet, niet behoorlijk, niet tijdig of niet op de voorgeschreven wijze nakomen. Volgens deze bepalingen wordt, wanneer de fiscus geen direct economisch nadeel ondervindt, de niet-indiening van een aangifte binnen de gestelde termijn, behoudens in bijzondere gevallen, gestraft met een forfaitaire geldboete van 200 euro, die met de helft wordt verminderd bij te late indiening van de aangifte zonder voorafgaand verzoek van de belastingdienst. De indiening van een onvolledige, onjuiste of valse aangifte wordt gestraft met een forfaitaire geldboete van 150 EUR en de indiening van een aangifte op een andere wijze dan is voorgeschreven, met een forfaitaire geldboete van 250 EUR.

60. Uit het voorgaande volgt dat de achttiende aanvullende bepaling van de algemene belastingwet de niet-nakoming van eenvoudige aangifteverplichtingen of louter formele verplichtingen met betrekking tot het bezit door de belastingplichtige van goederen of rechten in het buitenland bestraft met zeer hoge forfaitaire geldboeten, aangezien zij worden opgelegd voor elk betrokken gegeven of elk geheel van gegevens, waarbij naargelang het geval een minimumbedrag van 1 500 EUR of 10 000 EUR geldt en het totale bedrag ervan geen maximum kent. Deze forfaitaire geldboeten zijn daarenboven cumulatief met de proportionele geldboete van 150 % die in de eerste aanvullende bepaling van wet 7/2012 is vastgesteld.

61. Uit het voorgaande volgt ook dat de hoogte van deze forfaitaire geldboeten niet in verhouding staat tot de hoogte van de geldboeten die aan belastingplichtigen worden opgelegd op grond van de artikelen 198 en 199 van de algemene belastingwet, die vergelijkbaar zijn omdat zij de niet-nakoming van soortgelijke verplichtingen als die van de achttiende aanvullende bepaling van de algemene belastingwet bestraffen.

62. Deze kenmerken volstaan om aan te tonen dat de in deze bepaling geregelde forfaitaire geldboeten een onevenredige beperking vormen van het vrije verkeer van kapitaal.

63. Gelet op een en ander moet worden vastgesteld dat het Koninkrijk Spanje zijn verplichtingen krachtens artikel 63 VWEU en artikel 40 van de EER-Overeenkomst niet is nagekomen door:

– te bepalen dat niet-nakoming, niet-behoorlijke nakoming of niet-tijdige nakoming van de verplichting tot verstrekking van informatie over goederen en rechten in het buitenland ertoe leidt dat de niet-aangegeven inkomsten die overeenkomen met de waarde van deze activa als „niet-onderbouwde vermogenswinsten" worden belast, zonder in de praktijk in aanmerking te kunnen komen voor verjaring;

– bij de niet-nakoming, niet-behoorlijke nakoming of niet-tijdige nakoming van de verplichting tot verstrekking van informatie over goederen en rechten in het buitenland een proportionele geldboete van 150 % van de verschuldigde belasting over de bedragen die overeenkomen met de waarde van deze goederen of rechten op te leggen, welke boete kan worden gecumuleerd met forfaitaire geldboeten, en

– bij de niet-nakoming, niet-behoorlijke nakoming of niet-tijdige nakoming van de verplichting tot verstrekking van informatie over goederen en rechten in het buitenland forfaitaire geldboeten op te leggen waarvan de hoogte buiten verhouding staat tot de vastgestelde sancties voor soortgelijke inbreuken in een zuiver nationale context en waarvan de totale hoogte niet is beperkt tot een maximumbedrag.

Kosten

64. ...

Het Hof (Eerste kamer)

verklaart:

1. Het Koninkrijk Spanje is zijn verplichtingen krachtens artikel 63 VWEU en artikel 40 van de Overeenkomst betreffende de Europese Economische Ruimte van 2 mei 1992 niet nagekomen door:

– te bepalen dat niet-nakoming, niet-behoorlijke nakoming of niet-tijdige nakoming van de verplichting tot verstrekking van informatie over goederen en rechten in het buitenland ertoe leidt dat de niet-aangegeven inkomsten die overeenkomen met de waarde van deze activa als „niet-onderbouwde vermogenswinsten" worden belast, zonder in de praktijk in aanmerking te kunnen komen voor verjaring;

– bij de niet-nakoming, niet-behoorlijke nakoming of niet-tijdige nakoming van de verplichting tot verstrekking van informatie over goederen en rechten in het buitenland een proportionele geldboete van 150 % van de verschuldigde belasting over de bedragen die overeenkomen met de waarde van deze goederen of rechten op te leggen, welke boete kan worden gecumuleerd met forfaitaire geldboeten, en

– bij de niet-nakoming, niet-behoorlijke nakoming of niet-tijdige nakoming van de verplichting tot verstrekking van informatie over goederen en rechten in het buitenland forfaitaire geldboeten op te leggen waarvan de hoogte buiten verhouding staat tot de vastgestelde sancties voor soortgelijke inbreuken in een zuiver nationale context en waarvan de totale hoogte niet is beperkt tot een maximumbedrag.

2. Het Koninkrijk Spanje wordt verwezen in de kosten.

HvJ EU 24 februari 2022, zaak C-257/20 ("Viva Telecom Bulgaria" EOOD v. Direktor na Direktsia "Ozhalvane i danachno-osiguritelna praktika"- Sofia)

Vijfde kamer: *E. Regan (rapporteur), kamerpresident, K. Lenaerts, president van het Hof, waarnemend rechter van de Vijfde kamer, C. Lycourgos, president van de Vierde kamer, I. Jarukaitis enM. Ilesic, rechters*

Advocaat-Generaal: A. Rantos

Voorlopige editie

1. Het verzoek om een prejudiciële beslissing betreft de uitlegging van artikel 5, lid 4, en artikel 12, onder b), VEU, artikel 47 van het Handvest van de grondrechten van de Europese Unie (hierna: „Handvest"), de artikelen 49 en 63 VWEU, artikel 4, lid 1, onder d), van richtlijn 2003/49/EG van de Raad van 3 juni 2003 betreffende een gemeenschappelijke belastingregeling inzake uitkeringen van interest en royalty's tussen verbonden ondernemingen van verschillende lidstaten (PB 2003, L 157, blz. 49), artikel 1, lid 1, onder b), en lid 3, en artikel 5 van richtlijn 2011/96/EU van de Raad van 30 november 2011 betreffende de gemeenschappelijke fiscale regeling voor moedermaatschappijen en dochterondernemingen uit verschillende lidstaten (PB 2011, L 345, blz. 8), zoals gewijzigd bij richtlijn (EU) 2015/121 van de Raad van 27 januari 2015 (PB 2015, L 21, blz. 1) (hierna: „richtlijn 2011/96"), artikel 3, onder h) tot en met j), artikel 5, lid 1, onder a) en b), artikel 7, lid 1, en artikel 8 van richtlijn 2008/7/EG van de Raad van 12 februari 2008 betreffende de indirecte belastingen op het bijeenbrengen van kapitaal (PB 2008, L 46, blz. 11), bijlage VI, deel 6, punt 3, bij het Protocol betreffende de voorwaarden en de nadere regels voor de toelating van de Republiek Bulgarije en Roemenië tot de Europese Unie (PB 2005, L 157, blz. 29; hierna: „Toelatingsprotocol"), en bijlage VI, deel 6, punt 3, bij de Akte betreffende de toetredingsvoorwaarden voor de Republiek Bulgarije en Roemenië en de aanpassing van de Verdragen waarop de Europese Unie is gegrond (PB 2005, L 157, blz. 203; hierna: „Toetredingsakte").

2. Dit verzoek is ingediend in het kader van een geding tussen „Viva Telecom Bulgaria" EOOD, een te Sofia (Bulgarije) gevestigde vennootschap, en de Direktor na Direktsia „Obzhalvane i danachno-osiguritelna praktika" – Sofia (directeur van de directie betwistingen en uitvoering in belasting- en socialezekerheidszaken Sofia, Bulgarije) inzake de inhouding van bronbelasting over fictieve rente op een renteloze lening die aan Viva Telecom Bulgaria is verstrekt door haar moedermaatschappij, die in een andere lidstaat is gevestigd.

Toepasselijke bepalingen

Unierecht

Toetreding van de Republiek Bulgarije tot de Europese Unie

3. Artikel 20 van het Toelatingsprotocol en artikel 23 van de Toetredingsakte, die overgangsmaatregelen betreffen, bepalen dat de maatregelen in de bijlagen VI bij dat protocol en bij die akte van toepassing zijn op de Republiek Bulgarije onder de in deze bijlagen bepaalde voorwaarden.

4. Deze bijlagen, met als opschrift respectievelijk „Lijst bedoeld in artikel 20 van het Protocol: Overgangsmaatregelen Bulgarije" en „Lijst bedoeld in artikel 23 van de Toetredingsakte: Overgangsmaatregelen, Bulgarije", bepalen in de punten 3 van de delen 6 („Belastingen") onder verwijzing naar richtlijn 2003/49, zoals gewijzigd bij richtlijn 2004/76/EG van de Raad van 29 april 2004 (PB 2004, L 157, blz. 106), in identieke bewoordingen het volgende:

> „Bulgarije wordt gemachtigd het bepaalde in artikel 1 van richtlijn [2003/49] niet toe te passen tot en met 31 december 2014. Tijdens die overgangsperiode mag het belastingtarief voor uitkeringen van interest en royalty's aan een verbonden onderneming van een andere lidstaat of een in een andere lidstaat gelegen vaste inrichting van een verbonden onderneming van een lidstaat tot en met 31 december 2010 niet meer dan 10 % bedragen en de daaropvolgende jaren tot en met 31 december 2014 niet meer dan 5 %."

Richtlijn 2003/49

5. De overwegingen 1 tot en met 4 van richtlijn 2003/49 zijn als volgt verwoord:

> "1. In een interne markt die de kenmerken van een binnenlandse markt heeft, zouden transacties tussen ondernemingen van verschillende lidstaten niet aan minder gunstige belastingvoorschriften onderwor-

pen moeten zijn dan die welke voor soortgelijke transacties tussen ondernemingen van eenzelfde lidstaat gelden.

2. Met betrekking tot uitkeringen van interest en royalty's wordt thans niet aan deze eis voldaan; de nationale belastingwetten, in voorkomend geval in samenhang met bilaterale of multilaterale overeenkomsten, kunnen niet altijd waarborgen dat dubbele belasting wordt geëlimineerd en de toepassing ervan plaatst de betrokken ondernemingen vaak voor belastende administratieve formaliteiten en kasmiddelenproblemen.

3. Er moet worden gewaarborgd dat uitkeringen van interest en royalty's eenmaal in een lidstaat worden belast.

4. De afschaffing van de belasting op uitkeringen van interest en royalty's in de lidstaat waar zij ontstaan, ongeacht of deze door inhouding aan de bron of door aanslag wordt geïnd, is het geschiktste middel om deze formaliteiten en problemen uit te bannen en een gelijke fiscale behandeling van nationale en transnationale transacties te waarborgen. Deze belasting moet met name worden afgeschaft voor uitkeringen tussen verbonden ondernemingen van verschillende lidstaten en tussen vaste inrichtingen van deze ondernemingen."

6. Artikel 1 van deze richtlijn („Werkingssfeer en procedure") luidt als volgt:

„1. Uitkeringen van interest of royalty's die ontstaan in een lidstaat, worden vrijgesteld van alle belastingen in die bronstaat (door inhouding dan wel door aanslag), op voorwaarde dat een onderneming van een andere lidstaat, of een in een andere lidstaat gelegen vaste inrichting van een onderneming van een lidstaat, de uiteindelijk gerechtigde tot de interest of de royalty's is.

2. Uitkeringen die worden uitbetaald door een onderneming van een lidstaat of een in die lidstaat gelegen vaste inrichting van een onderneming van een andere lidstaat, worden geacht in die lidstaat te ontstaan (hierna: ‚bronstaat').

[...]

4. Een onderneming van een lidstaat wordt alleen als uiteindelijk gerechtigde tot interest of royalty's behandeld indien zij de betrokken uitkeringen te eigen gunste ontvangt, en niet als bemiddelende instantie, bijvoorbeeld als tussenpersoon, trustee of gemachtigde van een derde.

[...]"

7. Artikel 2 van de richtlijn („Definitie van interest en royalty's") bepaalt het volgende:

„Voor de toepassing van deze richtlijn wordt verstaan onder:

a. ‚interest': inkomsten uit schuldvorderingen van welke aard dan ook, al dan niet verzekerd door hypotheek en al dan niet aanspraak gevend op een aandeel in de winst van de schuldenaar, en in het bijzonder inkomsten uit leningen en inkomsten uit obligaties of schuldbewijzen, daaronder begrepen de aan zodanige leningen, obligaties of schuldbewijzen verbonden premies en prijzen. In rekening gebrachte boete voor te late betaling wordt niet als interest aangemerkt;

[...]."

8. In artikel 4 van dezelfde richtlijn („Uitsluiting van niet als interest of royalty's aan te merken uitkeringen") staat het volgende te lezen:

„1. In de volgende gevallen behoeft de bronstaat de voordelen van deze richtlijn niet toe te kennen:

a. uitkeringen die volgens het recht van de bronstaat als winstuitkering of terugbetaling van kapitaal worden behandeld;

[...]

d. uitkeringen uit schuldvorderingen die geen bepalingen betreffende terugbetaling van de hoofdsom bevatten of waarvan de terugbetaling meer dan 50 jaar na de uitgiftedatum verschuldigd is.

2. Wanneer, ten gevolge van een bijzondere verhouding tussen de uitbetaler en de uiteindelijk gerechtigde van de interest of royalty's of tussen hen beiden en een derde, het bedrag van de interest of royalty's hoger is dan het bedrag dat zonder een dergelijke verhouding door de uitbetaler en de uiteindelijk gerechtigde zou zijn overeengekomen, vindt deze richtlijn slechts toepassing op dit eventuele laatstgenoemde bedrag."

Richtlijn 2008/7

9. Artikel 3 van richtlijn 2008/7 („Inbreng van kapitaal") luidt als volgt:

„Voor de toepassing van deze richtlijn en behoudens artikel 4 worden de volgende verrichtingen aangemerkt als ‚inbreng van kapitaal':

[...]
h. een vermeerdering van het vennootschappelijk vermogen van een kapitaalvennootschap door prestaties van een vennoot, die geen vermeerdering van het vennootschappelijk kapitaal met zich brengt, maar beloond wordt met een wijziging van de aandeelhoudersrechten of de waarde van de aandelen kan verhogen;
i. het afsluiten van een lening door een kapitaalvennootschap, indien de schuldeiser recht heeft op een aandeel in de winst van de vennootschap;
j. het afsluiten van een lening door een kapitaalvennootschap bij een vennoot, bij de echtgenoot of een kind van een vennoot, alsmede het afsluiten van een lening bij een derde wanneer zij wordt gegarandeerd door een vennoot, mits deze leningen dezelfde functie hebben als een vermeerdering van het vennootschappelijk kapitaal."

10. Artikel 5 van deze richtlijn („Verrichtingen die niet aan indirecte belastingen zijn onderworpen") bepaalt in lid 1 ervan het volgende:

„De lidstaten heffen bij kapitaalvennootschappen geen enkele indirecte belasting, in welke vorm ook, ter zake van:
a. de inbreng van kapitaal;
b. leningen of diensten verricht in het kader van de inbreng van kapitaal;
[...]"

Richtlijn 2011/96

11. De overwegingen 3 tot en met 6 van richtlijn 2011/96 zijn als volgt verwoord:

"3. Deze richtlijn strekt ertoe dividenden en andere winstuitkeringen van dochterondernemingen aan hun moedermaatschappijen vrij te stellen van bronbelasting en dubbele belastingheffing van zulke inkomsten op het niveau van de moedermaatschappij te elimineren.
4. Hergroeperingen van vennootschappen uit verschillende lidstaten kunnen noodzakelijk zijn teneinde in de Unie soortgelijke voorwaarden te scheppen als op een binnenlandse markt en daardoor de goede werking van de interne markt te verzekeren. Deze transacties mogen niet worden belemmerd door beperkingen, nadelen of distorsies die met name voortvloeien uit de fiscale voorschriften van de lidstaten. Er moet bijgevolg voor deze hergroeperingen in concurrentie-neutrale belastingvoorschriften worden voorzien om de ondernemingen in staat te stellen zich aan te passen aan de eisen van de interne markt, hun productiviteit te vergroten en hun concurrentiepositie op de internationale markt te versterken.
5. Deze hergroeperingen kunnen leiden tot de vorming van groepen van [moedermaatschappijen en dochterondernemingen].
6. Voor de inwerkingtreding van richtlijn 90/435/EEG [van de Raad van 23 juli 1990 betreffende de gemeenschappelijke fiscale regeling voor moedermaatschappijen en dochterondernemingen uit verschillende lidstaten (PB 1990, L 225, blz. 6)] vertoonden de fiscale voorschriften betreffende de betrekkingen tussen moedermaatschappijen en dochterondernemingen uit verschillende lidstaten van land tot land aanzienlijke verschillen en waren deze in het algemeen minder gunstig dan de voorschriften voor de betrekkingen tussen moedermaatschappijen en dochterondernemingen van dezelfde lidstaat. De samenwerking tussen vennootschappen van verschillende lidstaten werd hierdoor benadeeld ten opzichte van de samenwerking tussen vennootschappen van dezelfde lidstaat. Deze benadeling moest worden opgeheven door invoering van een gemeenschappelijke regeling teneinde hergroeperingen van vennootschappen op Unieniveau aldus te vergemakkelijken."

12. Artikel 1, lid 1, van richtlijn 2011/96 bepaalt:

„Elke lidstaat past deze richtlijn toe:
[...]
b. op winst die door vennootschappen van die lidstaat is uitgekeerd aan vennootschappen van andere lidstaten, waarvan zij dochterondernemingen zijn;
[...]"

13. Artikel 5 van deze richtlijn luidt als volgt:

„De door een dochteronderneming aan de moedermaatschappij uitgekeerde winst wordt vrijgesteld van bronbelasting."

Bulgaars recht

14. Artikel 1, lid 4, van de Zakon za korporativnoto podohodno oblagane (wet op de vennootschapsbelasting, DV nr. 105 van 22 december 2006), in werking getreden op 1 januari 2007 (hierna: „ZKPO"), bepaalt het volgende:

„Deze wet regelt de belastingheffing over de hierin genoemde inkomsten, die in de Republiek Bulgarije worden ontvangen door ingezeten of niet-ingezeten rechtspersonen."

15. Artikel 5, leden 1 en 2, ZKPO luidt:

„1. Over winsten wordt vennootschapsbelasting geheven.
2. Over inkomsten van de in deze wet bedoelde ingezeten of niet-ingezeten rechtspersonen wordt bronbelasting ingehouden."

16. Artikel 12, lid 5, ZKPO bepaalt:

„De navolgende inkomsten zijn van binnenlandse oorsprong wanneer zij worden toegekend door ingezeten rechtspersonen of eenmanszaken, of door niet-ingezeten rechtspersonen of eenmanszaken middels een vaste inrichting of een feitelijke vestiging in het land, of wanneer zij worden uitgekeerd aan niet-ingezeten rechtspersonen door ingezeten natuurlijke personen of niet-ingezeten natuurlijke personen die over een feitelijke vestiging beschikken:
1. rente, waaronder rente inbegrepen in de aflossingen van een financiële lease;
[...]"

17. Artikel 16 ZKPO („Belastingontwijking") bepaalt in de versie die geldt met ingang van 1 januari 2010 het volgende:

„1. [...] Wanneer een of meer transacties, daaronder begrepen transacties tussen niet met elkaar verbonden personen, worden verricht onder voorwaarden die belastingontwijking tot gevolg hebben, worden deze transacties, sommige voorwaarden dan wel de rechtsvorm ervan niet in aanmerking genomen bij de vaststelling van de heffingsgrondslag; de te hanteren heffingsgrondslag is in dergelijke gevallen de grondslag die zou gelden voor een gebruikelijke transactie van soortgelijke aard die tegen marktconforme prijzen zou zijn verricht en hetzelfde economische resultaat zou hebben beoogd, zonder belastingontwijking tot gevolg te hebben.
2. Als belastingontwijking worden eveneens aangemerkt:
[...]
3. de opneming of verstrekking van kredieten waarvan de rentevoet op het tijdstip van verrichting van de transactie afwijkt van de marktrentevoet, met inbegrip van renteloze leningen of andere vormen van in de tijd beperkte en kosteloos verstrekte financiële steun, alsook van de kwijtschelding van kredieten of de terugstorting op eigen rekening van kredieten die niet in verband staan met de uitgeoefende activiteit;
[...]"

18. Artikel 20 ZKPO („Belastingtarief") luidt als volgt:

„Het tarief van de vennootschapsbelasting bedraagt 10 %."

19. Artikel 195 ZKPO („Bronbelasting ten laste van niet-ingezeten rechtspersonen") luidt in de versie die geldt met ingang van 1 januari 2015 als volgt:

„1. [...] Over de door niet-ingezeten rechtspersonen verkregen inkomsten van binnenlandse herkomst [...] wordt een bronbelasting ingehouden waarmee de belastingschuld definitief wordt voldaan.
2. [...] De in lid 1 bedoelde bronbelasting wordt ingehouden door de ingezeten rechtspersonen [...], die de inkomsten toekennen aan de niet-ingezeten rechtspersonen [...].
[...]
6. [...] Bronbelasting wordt niet ingehouden over:
[...]
3. rente-inkomsten alsook royalty's en licentievergoedingen, onder de voorwaarden als bedoeld in de leden 7 tot en met 12;
[...]
7. [...] Rente-inkomsten alsook royalty's en licentievergoedingen zijn niet onderworpen aan bronbelasting indien gelijktijdig is voldaan aan de navolgende voorwaarden:
[...]

11. [...] De leden 7, 8, 9 en 10 zijn niet van toepassing op:
1. inkomsten die als winstuitkering of terugbetaling van kapitaal worden behandeld;
[...]
4. inkomsten uit schuldvorderingen waarvoor geen bepalingen betreffende terugbetaling van de hoofdsom gelden of waarvan de terugbetaling meer dan 50 jaar na de uitgiftedatum verschuldigd is;
[...]
7. inkomsten uit transacties waarmee hoofdzakelijk of onder meer belastingontwijking wordt beoogd."

20. Lid 1 van artikel 199 ZKPO („Heffingsgrondslag voor de bronbelasting over de inkomsten van niet-ingezetenen") bepaalt het volgende:

„De heffingsgrondslag voor de berekening van de bronbelasting die wordt ingehouden over de inkomsten als bedoeld in artikel 195, lid 1, is gelijk aan het brutobedrag van deze inkomsten [...]."

21. Lid 2 van artikel 200 ZKPO („Belastingtarief") luidde in de versie die van kracht was vanaf 1 januari 2011 als volgt:

„[...] Voor de inkomsten als bedoeld in artikel 195 geldt een belastingtarief van 10 %, behalve in de gevallen als bedoeld in artikel 200a."

22. Deze bepaling is met ingang van 1 januari 2015 gewijzigd als volgt:

„[...] Voor de inkomsten als bedoeld in artikel 195 geldt een belastingtarief van 10 %."

23. Artikel 200a ZKPO, in de versie die van kracht was vanaf 1 januari 2011, zoals gewijzigd en aangevuld met ingang van 1 januari 2014, bepaalde tot en met de intrekking ervan per 1 januari 2015 het volgende:

„1. [...] Voor rente-inkomsten alsook royalty's en licentievergoedingen geldt een belastingtarief van 5 % indien gelijktijdig is voldaan aan de navolgende voorwaarden:
[...]
5. De leden 1 tot en met 4 zijn niet van toepassing op:
[...]
1. inkomsten die als winstuitkering of terugbetaling van kapitaal worden behandeld;
[...]
4. inkomsten uit schuldvorderingen waarvoor geen bepalingen betreffende terugbetaling van de hoofdsom gelden of waarvan de terugbetaling meer dan 50 jaar na de uitgiftedatum verschuldigd is;
[...]"

24. Artikel 202a („Herberekening van de bronbelasting"), in de met ingang van 1 januari 2010 geldende versie, luidde in de leden 1 tot en met 4 ervan als volgt:

„1. [...] Een niet-ingezeten rechtspersoon kan als belastingplichtige van een lidstaat van de Europese Unie of van een ander land dat partij is bij de Overeenkomst betreffende de Europese Economische Ruimte [van 2 mei 1992 (PB 1994, L 1, blz. 3)] ervoor kiezen om de over de in artikel 12, leden 2, 3, 5 en 8, bedoelde inkomsten ingehouden bronbelasting te laten herberekenen. Indien de niet-ingezetene kiest voor herberekening van de ingehouden bronbelasting, dan geldt die keuze voor alle in artikel 12, leden 2, 3, 5 en 8 vermelde inkomsten die deze rechtspersoon gedurende het boekjaar heeft verworven.
2. Wanneer de niet-ingezeten rechtspersoon ervoor kiest om de over de door haar verworven inkomsten ingehouden bronbelasting te laten herberekenen, is de herberekende belasting gelijk aan de vennootschapsbelasting die over die inkomsten verschuldigd zou zijn geweest bij verwerving door een ingezeten rechtspersoon. Wanneer de niet-ingezeten rechtspersoon uitgaven heeft gedaan in verband met inkomsten als bedoeld in de eerste zin, waarover een uitgavenbelasting verschuldigd zou zijn geweest indien deze waren gedaan door een ingezeten rechtspersoon, wordt het bedrag van de herberekende belasting vermeerderd met die belasting.
3. Wanneer het bedrag van de in artikel 195, lid 1, bedoelde bronbelasting het bedrag van de overeenkomstig lid 2 herberekende belasting overschrijdt, dient het verschil te worden terugbetaald ten belope van het bedrag van de in artikel 195, lid 1, bedoelde bronbelasting dat de niet-ingezeten rechtspersoon niet van de in haar vestigingsstaat verschuldigde belasting in aftrek kan brengen.
4. De keuze voor de herberekening van de bronbelasting wordt gemaakt in de jaarlijkse belastingaangifte. De belastingaangifte wordt door de niet-ingezeten rechtspersoon ingediend bij de Teritorialna direktsia na Natsionalnata agentsia za prihodite – Sofia [(territoriaal directoraat voor de stad Sofia van het

nationaal agentschap voor belastinginkomsten)] vóór 31 december van het jaar na dat waarin de inkomsten zijn ontvangen."

Hoofdgeding en prejudiciële vragen

25. Op 22 november 2013 heeft „Viva Telecom Bulgaria" EAD, opgevolgd door „Viva Telecom Bulgaria EOOD" als kredietnemer een kredietovereenkomst gesloten met haar enige aandeelhouder, de in Luxemburg gevestigde vennootschap InterV Investment Sàrl, als kredietgever, op grond waarvan laatstgenoemde haar een converteerbare renteloze lening heeft toegekend die 60 jaar na de inwerkingtreding van deze overeenkomst moest worden terugbetaald. In de overeenkomst was opgenomen dat de verplichting van de kredietnemer tot terugbetaling van de lening op elk gewenst moment na datum van toekenning van de financiering zou uitdoven indien de kredietnemer zou besluiten om, met inachtneming van de voorwaarden van diezelfde overeenkomst, het verschuldigde kredietbedrag via een met dat bedrag overeenkomende inbreng in natura op te nemen in het kapitaal van de vennootschap.

26. Bij besluit van 16 oktober 2017 heeft de Teritorialna direktsia na Natsionalnata agentsia za prihodite – Sofia (territoriaal directoraat voor de stad Sofia van het nationaal agentschap voor belastinginkomsten; hierna: „belastingdienst") Viva Telecom Bulgaria, in verband met de lening die InterV Investment haar had verstrekt, krachtens artikel 195, lid 2, ZKPO een navorderingsaanslag opgelegd voor de betaling van bronbelasting over het tijdvak van 14 februari 2014 tot en met 31 maart 2015.

27. Na te hebben vastgesteld dat de lening op het moment van de belastingcontrole niet was omgezet in kapitaal en de kredietnemer die lening niet had terugbetaald noch rente had betaald, is de belastingdienst tot de slotsom gekomen dat er sprake was van een handeling die neerkwam op „belastingontwijking" in de zin van artikel 16, lid 2, punt 3, ZKPO. Bij zijn besluit heeft de belastingdienst de marktrentevoet vastgesteld die op die lening moest worden toegepast om de door de kredietnemer niet-betaalde rente te berekenen. Vervolgens heeft hij hierover een bronbelasting van 10 % geheven.

28. Op 20 december 2017 heeft verweerder in het hoofdgeding het bezwaar van Viva Telecom Bulgaria tegen dit besluit afgewezen.

29. Bij uitspraak van 29 maart 2019 heeft de Administrativen sad Sofia (bestuursrechter in eerste aanleg Sofia, Bulgarije) het beroep waarbij deze vennootschap de rechtmatigheid van het besluit van 16 oktober 2017 betwistte, verworpen op grond dat de lening in het hoofdgeding als financieel activum van die vennootschap was aan te merken dat haar een voordeel had opgeleverd omdat zij geen rente over die lening verschuldigd was, terwijl de kredietgever door derving van die rente-inkomsten een economisch nadeel had geleden. Volgens die rechter was het geleende bedrag aangewend voor de terugbetaling van bepaalde in de kredietovereenkomst vermelde financiële verplichtingen van de kredietnemer en was het dus geen onderdeel van het eigen vermogen.

30. Viva Telecom Bulgaria heeft bij de Varhoven administrativen sad (hoogste bestuursrechter, Bulgarije), cassatieberoep ingesteld strekkende tot vernietiging van die uitspraak.

31. Ter ondersteuning van dat cassatieberoep betoogt deze vennootschap dat de bronbelasting is berekend over fictieve rente-inkomsten zonder dat rekening is gehouden met een aangetoond economisch belang om een renteloze lening toe te kennen. Volgens haar beschikte zij niet over de middelen om de rente over de lening in het hoofdgeding te betalen en was InterV Investment op het tijdstip van sluiting van die leningsovereenkomst enig aandeelhouder van de onderneming. Viva Telecom Bulgaria is tevens van mening dat artikel 16, lid 2, punt 3, ZKPO in strijd is met de rechtspraak van het Hof, aangezien die bepaling de partijen bij een renteloze lening de mogelijkheid ontzegt om voor het toekennen van de lening geldige economische redenen aan te dragen.

32. Subsidiair betoogt Viva Telecom Bulgaria dat, aangezien de Republiek Bulgarije heeft gebruikgemaakt van de in artikel 4, lid 1, onder d), van richtlijn 2003/49 opgenomen mogelijkheid voor de lidstaten om rente over leningen die zij voor belastingdoeleinden als inkomsten uit eigenvermogensinstrumenten aanmerken, van de werkingssfeer van die richtlijn uit te sluiten, richtlijn 2011/96, die op dat soort inkomsten betrekking heeft, van toepassing is. Krachtens artikel 5 van die richtlijn wordt de door een ingezeten dochteronderneming aan haar niet-ingezeten moedermaatschappij uitgekeerde winst vrijgesteld van bronbelasting. Zij betoogt daarnaast dat de lening in het hoofdgeding een inbreng van kapitaal in de zin van artikel 3, onder h) tot en met j), van richtlijn 2008/7 vormt, die overeenkomstig artikel 5 van die richtlijn niet aan indirecte belasting mag worden onderworpen.

33. De Varhoven administrativen sad vraagt zich ten eerste af of artikel 16, lid 2, punt 3, ZKPO overeenstemt met het evenredigheidsbeginsel als bedoeld in artikel 5, lid 4, en artikel 12, onder b), VEU, alsook met het in artikel 47 van het Handvest neergelegde recht op een doeltreffende voorziening in rechte. Deze nationale bepaling bevat namelijk een onweerlegbaar vermoeden dat een renteloze lening tussen al of niet verbonden personen belastingontwijking inhoudt, zonder dat de kredietgever of kredietnemer dat vermoeden kunnen weerleggen. In het geval van verbonden vennootschappen kan een dergelijke lening evenwel worden gerechtvaardigd door economische overwegingen die de belangen van de betrokken groep dienen.

34. In de tweede plaats vraagt de verwijzende rechter zich af wat de draagwijdte is van de richtlijnen 2003/49 en 2011/96. Overeenkomstig artikel 4, lid 1, onder d), van richtlijn 2003/49, dat de Republiek Bulgarije vóór 1 januari 2015 in wezen heeft uitgevoerd in artikel 200a, lid 1 en lid 5, punt 4, ZKPO, en na die datum in artikel 195, lid 6, punt 3, en lid 11, punt 4, ZKPO, hoeft de bronstaat namelijk de voordelen van deze richtlijn niet toe te kennen in het geval van uitkeringen uit schuldvorderingen die geen bepalingen betreffende terugbetaling van de hoofdsom bevatten of waarvan de terugbetaling meer dan 50 jaar na de uitgiftedatum verschuldigd is. De vraag rijst dus of die betalingen moeten worden beschouwd als winstuitkering die, wanneer een ingezeten dochteronderneming deze doet aan de niet-ingezeten moedermaatschappij, ingevolge de artikelen 1 en 5 van richtlijn 2011/96 zou moeten worden vrijgesteld van bronbelasting.

35. In de derde plaats vraagt deze rechter zich af of een renteloze lening aan een ingezeten vennootschap door een niet-ingezeten vennootschap, waarover vanaf 1 januari 2010 bronbelasting wordt geheven krachtens artikel 16, lid 2, punt 3, en artikel 195 ZKPO, moet worden beschouwd als inbreng van kapitaal in de zin van artikel 3, onder h) tot en met j), van richtlijn 2008/7, waarop dientengevolge deze richtlijn van toepassing zou moeten zijn, in het bijzonder artikel 5, lid 1, onder a) en b), artikel 7, lid 1, en artikel 8 ervan.

36. In de vierde en laatste plaats vraagt deze rechter zich af wat de invloed is van de overgangsmaatregelen die zijn opgenomen in de respectieve bijlagen VI, delen 6, punten 3, bij het Toelatingsprotocol en bij de Toetredingsakte, waarbij de Republiek Bulgarije werd gemachtigd de toepassing van artikel 1 van richtlijn 2003/49 uit te stellen tot en met 31 december 2014, waarbij nader werd bepaald dat het belastingtarief voor uitkeringen van onder andere interest aan een verbonden vennootschap uit een andere lidstaat van 1 januari 2011 tot en met 31 december 2014 niet meer dan 5 % mocht bedragen. Artikel 200, lid 2, en artikel 200a, lid 1 en lid 5, punt 4, ZKPO, waren in de in 2014 geldende versie namelijk strijdig met deze bepalingen, aangezien zij voorzagen in een bronbelasting van 10 %.

37. In deze omstandigheden heeft de Varhoven administrativen sad de behandeling van de zaak geschorst en het Hof verzocht om een prejudiciële beslissing over de volgende vragen:

„1. Staan het evenredigheidsbeginsel overeenkomstig artikel 5, lid 4, en artikel 12, onder b), [VEU] en het recht op een doeltreffende voorziening in rechte overeenkomstig artikel 47 van het [Handvest] in de weg aan een nationale regeling zoals die vervat in artikel 16, lid 2, punt 3, ZKPO?

2. Moeten rentebetalingen overeenkomstig artikel 4, lid 1, onder d), van richtlijn [2003/49] worden aangemerkt als winstuitkeringen waarop artikel 5 van richtlijn [2011/96] van toepassing is?

3. Vallen uitkeringen uit een renteloze lening zoals bedoeld in artikel 4, lid 1, onder d), van richtlijn [2003/49], waarvan de terugbetaling 60 jaar na de uitgiftedatum verschuldigd is, onder de regeling van artikel 1, lid 1, onder b), lid 3, en artikel 5 van richtlijn [2011/96]?

4. Staan artikel 49 en artikel 63, leden 1 en 2, [VWEU], artikel 1, lid 1, onder b), en lid 3, en artikel 5 van richtlijn [2011/96] en artikel 4, lid 1, onder d), van richtlijn [2003/49] in de weg aan een nationale regeling zoals die vervat in artikel 195, lid 1, artikel 200, lid 2, [...], en artikel 200a, lid 1, [en] lid 5, punt 4, ZKPO (ingetrokken), in de respectieve versies die van 1 januari 2011 tot 1 januari 2015 van kracht waren, en in artikel 195, lid 1, lid 6, punt 3, en lid 11, punt 4, ZKPO in de thans sinds 1 januari 2015 van kracht zijnde versie? [Staan zij voorts in de weg] aan een belastingpraktijk volgens welke niet-betaalde rente over een renteloze lening die een moedermaatschappij met zetel in een andere lidstaat heeft toegekend aan een ingezeten dochteronderneming en waarvan de terugbetaling 60 jaar na 22 november 2013 verschuldigd is, aan bronbelasting is onderworpen?

5. Staan artikel 3, onder h) tot en met j), artikel 5, lid 1, onder a) en b), artikel 7, lid 1, en artikel 8 van richtlijn [2008/7] in de weg aan een nationale regeling zoals die vervat in artikel 16, lid 1, [en] lid 2, punt 3, en in artikel 195, lid 1, ZKPO inzake het heffen van bronbelasting over fictieve rente-inkomsten op de grondslag van een renteloze lening die aan een ingezeten vennootschap is verstrekt door een vennootschap uit een andere lidstaat die de enige aandeelhouder van de kredietnemer is?

6. Vormt de omzetting van richtlijn [2003/49] in 2011, dat wil zeggen vóór het verstrijken van de overgangsperiode als vastgesteld in bijlage VI, deel „Belastingen", punt 3, van [de Toetredingsakte], bij artikel 200, lid 2, artikel 200a, lid 1, [en] lid 5, punt 4, ZKPO waarin het belastingtarief op 10 % is vastgesteld in

plaats van het door [het Toelatingsprotocol en de Toetredingsakte] voorgeschreven maximumtarief van 5 %, schending van het rechtszekerheids- en het vertrouwensbeginsel?"

Beantwoording van de prejudiciële vragen

38. De zes vragen van de verwijzende rechter, die elkaar deels overlappen, betreffen in wezen de uitlegging van het afgeleide Unierecht in de richtlijnen 2003/49 (tweede, derde en zesde vraag), 2011/96 (tweede en vierde vraag) en 2008/7 (vijfde vraag), en van het primaire Unierecht in de artikelen 49 en 63 VWEU (vierde vraag), artikel 5, lid 4, en artikel 12, onder b), VEU, en artikel 47 van het Handvest (eerste vraag).

Ontvankelijkheid

39. Verweerder in het hoofdgeding is van mening dat de tweede tot en met de vierde prejudiciële vraag niet ontvankelijk zijn. Deze vragen betreffen namelijk bepalingen van Unierecht die niet onduidelijk zijn, namelijk artikel 4, lid 1, onder d), van richtlijn 2003/49 alsook artikel 1, lid 1, onder b), en lid 3, en artikel 5 van richtlijn 2011/96. Deze bepalingen hebben bovendien geen betrekking op de juridische kwalificatie die de belastingdienst in het besluit in het hoofdgeding hanteert. Dat besluit legt namelijk geen bronbelasting op wegens de uitkering van dividend of winst, in de zin van richtlijn 2011/96, maar wegens belastingontwijking door middel van een renteloze lening. Bovendien is artikel 4, lid 1, onder d), van richtlijn 2003/49 correct omgezet bij artikel 200a, lid 3, punt 4, ZKPO, dat met ingang van 1 januari 2011 artikel 200a, lid 5, punt 4, ZKPO is geworden.

40. De Bulgaarse regering is van mening dat de tweede en derde prejudiciële vraag niet-ontvankelijk zijn omdat ze geen verband houden met de omstandigheden van het hoofdgeding. De verwijzingsbeslissing geeft namelijk niet aan in welke zin de uitlegging van de richtlijnen 2003/49 en 2011/96 nuttig is om het geding te beslechten.

41. Volgens vaste rechtspraak van het Hof is het uitsluitend een zaak van de nationale rechter aan wie het geschil is voorgelegd en die de verantwoordelijkheid voor de te geven rechterlijke beslissing draagt, om, rekening houdend met de bijzonderheden van het geval, zowel de noodzaak van een prejudiciële beslissing voor het wijzen van zijn vonnis als de relevantie van de vragen die hij aan het Hof voorlegt, te beoordelen. Wanneer de gestelde vragen betrekking hebben op de uitlegging of de geldigheid van een Unierechtelijke regel, is het Hof derhalve in beginsel verplicht daarop te antwoorden. Bijgevolg geldt voor door nationale rechters gestelde vragen over het Unierecht een vermoeden van relevantie. Het Hof kan slechts weigeren uitspraak te doen op een door een nationale rechterlijke instantie gestelde prejudiciële vraag wanneer blijkt dat de gevraagde uitlegging geen verband houdt met een reëel geschil of met het voorwerp van het hoofdgeding, wanneer het vraagstuk van hypothetische aard is of wanneer het Hof niet beschikt over de gegevens, feitelijk en rechtens, die noodzakelijk zijn om een zinvol antwoord te geven op de gestelde vragen (arrest van 16 juli 2020, Facebook Ireland en Schrems, C-311/18, EU:C:2020:559, punt 73 en aldaar aangehaalde rechtspraak).

42. In casu geldt om te beginnen voor de stelling dat de bepalingen van de richtlijnen 2003/49 en 2011/96, waarop de tweede en de vierde vraag betrekking hebben, voldoende duidelijk zijn, dat het een nationale rechterlijke instantie geenszins verboden is om het Hof een prejudiciële vraag te stellen waarvan de beantwoording in de opvatting van een van de partijen in het hoofdgeding geen ruimte laat voor redelijke twijfel. Zelfs indien dit het geval zou zijn, is het verzoek om een prejudiciële beslissing dat dergelijke vragen bevat dus nog niet niet-ontvankelijk (arrest van 14 oktober 2021, Viesgo Infraestructuras Energéticas, C-683/19, EU:C:2021:847, punt 26 en aldaar aangehaalde rechtspraak).

43 Bovendien kan uit geen van de gegevens in het dossier waarover het Hof beschikt worden afgeleid dat de gevraagde uitlegging van de richtlijnen 2003/49 en 2011/96 geen verband houdt met een reëel geschil of met het voorwerp van het hoofdgeding, of hypothetisch van aard is omdat het besluit in het hoofdgeding de bepalingen in deze richtlijnen niet toepast dan wel omdat het nationale recht met de richtlijnen in overeenstemming is. De verwijzende rechter heeft in zijn verzoek om een prejudiciële beslissing met alle vereiste helderheid uiteengezet waarom het antwoord op de tweede tot en met de vierde vraag over de uitlegging van deze Unierechtelijke bepalingen zijns inziens nodig is voor de beslechting van het hoofdgeding, namelijk omdat de door dit besluit opgelegde bronbelasting volgens deze rechter mogelijk in strijd is met deze richtlijnen.

44. Hieruit volgt dat de tweede tot en met de vierde vraag ontvankelijk zijn.

Ten gronde

45. Wanneer een gebied op Unieniveau uitputtend is geharmoniseerd, moeten volgens vaste rechtspraak van het Hof alle daarop betrekking hebbende nationale maatregelen worden getoetst aan de bepalingen van die

harmonisatiemaatregel en niet aan die van het primaire recht (arrest van 6 december 2018, FENS, C-305/17, EU:C:2018:986, punt 22 en aldaar aangehaalde rechtspraak).

46. Daarom moeten de vragen van de verwijzende rechter eerst worden onderzocht voor zover zij betrekking hebben op de uitlegging van de richtlijnen 2003/49, 2011/96 en 2008/7 en vervolgens, indien een uitputtende harmonisatie ontbreekt, voor zover zij de artikelen 49 en 63 VWEU, artikel 5, lid 4, en artikel 12, onder b), VEU, en artikel 47 van het Handvest betreffen.

Uitlegging van de richtlijnen 2003/49, 2011/96 en 2008/7

47. Met zijn vragen wenst de verwijzende rechter in wezen te vernemen of artikel 1, lid 1, van richtlijn 2003/49 – gelezen in samenhang met artikel 4, lid 1, onder d), van deze richtlijn alsook met de respectieve bijlagen VI, delen 6, punten 3, bij het Toelatingsprotocol en bij de Toetredingsakte –, artikel 5 van richtlijn 2011/96 en de artikelen 3 en 5 van richtlijn 2008/7 aldus moeten worden uitgelegd dat zij zich verzetten tegen een nationale regeling waarbij bronbelasting wordt geheven over de fictieve rente die een ingezeten dochteronderneming onder marktomstandigheden aan de niet-ingezeten moedermaatschappij zou moeten betalen over een renteloze lening die deze laatste aan haar heeft verstrekt.

– Richtlijn 2003/49

48. Uit de overwegingen 2 tot en met 4 van richtlijn 2003/49 blijkt dat deze richtlijn ertoe strekt dubbele belasting op uitkeringen van interest en royalty's tussen verbonden ondernemingen uit verschillende lidstaten af te schaffen en te waarborgen dat deze uitkeringen eenmaal in een enkele lidstaat worden belast, en dat de afschaffing van de belasting op deze uitkeringen in de lidstaat waar zij ontstaan het geschiktste middel is om een gelijke fiscale behandeling van nationale en transnationale transacties te waarborgen (arrest van 26 februari 2019, N Luxembourg 1 e.a., C-115/16, C-118/16, C-119/16 en C-299/16, EU:C:2019:134, punt 85 en aldaar aangehaalde rechtspraak).

49. De werkingssfeer van richtlijn 2003/49, zoals afgebakend in artikel 1, lid 1, ervan, ziet derhalve op de vrijstelling van uitkeringen van interest en royalty's die ontstaan in de bronstaat, wanneer de uiteindelijk gerechtigde ervan een in een andere lidstaat gevestigde onderneming of een in een andere lidstaat gelegen vaste inrichting van een onderneming van een lidstaat is (arrest van 26 februari 2019, N Luxembourg 1 e.a., C-115/16, C-118/16, C-119/16 en C-299/16, EU:C:2019:134, punt 86 en aldaar aangehaalde rechtspraak).

50. Vanuit dat perspectief bepaalt artikel 1, lid 1, van deze richtlijn met name dat de uitkeringen van interest worden vrijgesteld van alle bronbelasting in de bronstaat, op voorwaarde dat een onderneming van een andere lidstaat de uiteindelijk gerechtigde tot de interest is.

51. Uit de rechtspraak van het Hof volgt dat het begrip „interest" in artikel 2, onder a), van die richtlijn wordt gedefinieerd als „inkomsten uit schuldvorderingen van welke aard ook", zodat de uiteindelijk gerechtigde als enige interesten kan ontvangen die inkomsten uit dergelijke schuldvorderingen vormen (arrest van 26 februari 2019, N Luxembourg 1 e.a. C-115/16, C-118/16, C-119/16 en C-299/16, EU:C:2019:134, punt 87 en aldaar aangehaalde rechtspraak).

52. Het begrip „uiteindelijk gerechtigde" in de zin van richtlijn 2003/49 moet bijgevolg aldus worden uitgelegd dat het ziet op een entiteit die daadwerkelijk het economisch genot heeft van de aan haar uitgekeerde interest en derhalve vrij kan beslissen over het gebruik ervan (zie in die zin arrest van 26 februari 2019, N Luxembourg 1 e.a., C-115/16, C-118/16, C-119/16 en C-299/16, EU:C:2019:134, punten 88, 89 en 122).

53. Dit begrip moet dus niet in technische zin worden opgevat (arrest van 26 februari 2019, N Luxembourg 1 e.a., C-115/16, C-118/16, C-119/16 en C-299/16, EU:C:2019:134, punt 92).

54. Zoals de advocaat-generaal in punt 58 van zijn conclusie opmerkt, ontvangt de kredietgever, wanneer de belastingdienst over een renteloze lening fictieve rente vaststelt en belast, geen enkele rente en kan hij dus niet worden beschouwd als een „uiteindelijk gerechtigde" in de zin van de in punt 51 van dit arrest uiteengezette rechtspraak.

55. Hieruit volgt dat de fictieve rente zoals in het hoofdgeding, vastgesteld door de belastingdienst, niet kan worden beschouwd als een uitkering van interest in de zin van artikel 1, lid 1 en artikel 2, onder a), van richtlijn 2003/49, juist omdat er geen uitkering heeft plaatsgevonden.

56. Om dezelfde reden valt die rente evenmin onder artikel 4, lid 1, onder d), van deze richtlijn, omdat die bepaling slaat op „uitkeringen" uit schuldvorderingen die geen bepalingen betreffende terugbetaling van de hoofdsom bevatten of waarvan de terugbetaling meer dan 50 jaar na de uitgiftedatum verschuldigd is.

57. Derhalve is richtlijn 2003/49 niet van toepassing op een nationale regeling zoals die in het hoofdgeding.

58. In deze omstandigheden is het niet nodig om uitspraak te doen over de uitlegging van de overgangsbepalingen in de bijlagen VI, delen 6, punten 3, bij het Toelatingsprotocol en bij de Toetredingsakte betreffende de toepassing van deze richtlijn in Bulgarije.

– Richtlijn 2011/96

59. Volgens de overwegingen 3 tot en met 6 strekt richtlijn 2011/96 ertoe om dividenden en andere winstuitkeringen van dochterondernemingen aan hun moedermaatschappijen vrij te stellen van bronbelasting en dubbele belastingheffing van zulke inkomsten op het niveau van de moedermaatschappij te elimineren teneinde hergroeperingen van vennootschappen op Unieniveau te vergemakkelijken [arrest van 2 april 2020, GVC Services (Bulgaria), C-458/18, EU:C:2020:266, punt 31 en aldaar aangehaalde rechtspraak].

60. Deze richtlijn beoogt aldus de fiscale neutraliteit van de winstuitkering door een in een lidstaat gevestigde dochteronderneming aan haar in een andere lidstaat gevestigde moedermaatschappij te verzekeren (zie in die zin arrest van 8 maart 2017, Wereldhave Belgium e.a., C-448/15, EU:C:2017:180, punt 25 en aldaar aangehaalde rechtspraak).

61. Met dat doel bepaalt artikel 1, lid 1, onder b), van de richtlijn dat deze van toepassing is op de uitkeringen van winst die een moedermaatschappij in een grensoverschrijdende relatie van haar dochteronderneming ontvangt, en bepaalt artikel 5 ervan dat die winst wordt vrijgesteld van bronbelasting.

62. Dienaangaande heeft het Hof geoordeeld dat de lidstaat van vestiging van een vennootschap het recht heeft om de door die vennootschap aan de in een andere lidstaat gevestigde moedermaatschappij betaalde rente te behandelen als winstuitkering, wanneer die rente het bedrag overschrijdt dat onder normale omstandigheden zou zijn betaald (zie in die zin arrest van 13 maart 2007, Test Claimants in the Thin Cap Group Litigation, C-524/04, EU:C:2007:161, punten 87-89).

63. Daarentegen kan de fictieve rente die door de belastingdienst van een ingezeten vennootschap wordt vastgesteld over een renteloze lening die zij met haar niet-ingezeten moedermaatschappij heeft afgesloten, niet worden beschouwd als uitgekeerde winst, omdat er in dat geval niet daadwerkelijk rente wordt betaald door de ene aan de andere vennootschap.

64. Richtlijn 2011/96 is dus niet van toepassing op een nationale regeling zoals die in het hoofdgeding.

– Richtlijn 2008/7

65. Zoals het Hof al vaak heeft opgemerkt, heeft richtlijn 2008/7 de gevallen waarin de lidstaten indirecte belastingen op het bijeenbrengen van kapitaal kunnen heffen volledig geharmoniseerd (arrest van 19 oktober 2017, Air Berlin, C-573/16, EU:C:2017:772, punt 27 en aldaar aangehaalde rechtspraak).

66. Deze harmonisatie beoogt de factoren die de mededingingsvoorwaarden kunnen verstoren of het vrije kapitaalverkeer hinderen zo veel mogelijk weg te nemen en daarmee de goede werking van de interne markt te waarborgen (zie in die zin arrest van 22 april 2015, Drukarnia Multipress, C-357/13, EU:C:2015:253, punt 31).

67. Met dat doel verbiedt artikel 5, lid 1, onder a), van richtlijn 2008/7 de lidstaten bij kapitaalvennootschappen enige indirecte belasting, in welke vorm ook, te heffen ter zake van de inbreng van kapitaal.

68. In artikel 3, onder h), van deze richtlijn wordt een „inbreng van kapitaal" onder meer omschreven als een vermeerdering van het vennootschappelijk vermogen van een kapitaalvennootschap door prestaties van een vennoot, die geen vermeerdering van het vennootschappelijk kapitaal met zich brengt, maar de waarde van de aandelen kan verhogen.

69. Dienaangaande volgt uit de rechtspraak van het Hof dat het verstrekken van een renteloze lening een inbreng van kapitaal kan vormen in de zin van deze bepaling, wanneer de ontvangende vennootschap zo de beschikking krijgt over kapitaal, zonder de kosten daarvan te dragen, dat de hieruit voortvloeiende besparing van rente haar vennootschappelijk vermogen doet toenemen doordat de vennootschap aldus een uitgaaf kan vermijden die anders wel te haren laste was gekomen, en dat, door haar deze uitgaaf te besparen, het voordeel van een dergelijke lening bijdraagt tot de versterking van haar economisch potentieel, zodat deze prestatie de waarde van de aandelen van de begunstigde vennootschap kan doen toenemen (arrest van 17 september 2002, Norddeutsche Gesellschaft zur Beratung und Durchführung von Entsorgungsaufgaben bei Kernkraftwerken, C-392/00, EU:C:2002:500, punt 18 en aldaar aangehaalde rechtspraak).

70. Volgens de titel van richtlijn 2008/7 en de tekst van artikel 5, lid 1, onder a), ervan, verbiedt deze richtlijn de lidstaten echter uitsluitend om „indirecte belastingen" te heffen over de inbreng van kapitaal. Zoals het Hof reeds heeft benadrukt, heeft deze richtlijn in het bijzonder geen betrekking op directe belastingen, die, zoals de vennootschapsbelasting, in overeenstemming met het Unierecht in beginsel onder de bevoegdheid vallen van de lidstaten (arresten van 26 september 1996, Frederiksen, C-287/94, EU:C:1996:354, punt 21, en van 18 januari 2001, P. P. Handelsgesellschaft, C-113/99, EU:C:2001:32, punt 24).

71. De lidstaten hoeven op grond van artikel 5, lid 1, onder a), van richtlijn 2008/7 dus niet af te zien van elke vorm van directe belastingheffing ter zake van de inbreng van kapitaal.

72. Zoals de advocaat-generaal in punt 168 van zijn conclusie heeft opgemerkt, moet de bronbelasting die in het hoofdgeding aan de orde is worden beschouwd als een directe belasting.

73. Het belastbare feit en de heffingsgrondslag van deze belasting, die volgt uit de toepassing van de nationale wetgeving inzake de vennootschapsbelasting, worden namelijk gevormd door de inkomsten die de niet-ingezeten moedermaatschappij onder marktomstandigheden had moeten verwerven. In zoverre is deze belasting verwant aan een directe inkomstenbelasting (zie naar analogie arresten van 18 januari 2001, P. P. Handelsgesellschaft, C-113/99, EU:C:2001:32, punt 26, en 10 maart 2005, Optiver e.a., C-22/03, EU:C:2005:143, punt 33).

74. Richtlijn 2008/7 is derhalve niet van toepassing op een nationale regeling als die in het hoofdgeding.

– Antwoord op de vragen betreffende de uitlegging van de richtlijnen 2003/49, 2011/96 en 2008/7

75. Gelet op het voorgaande moet aan de verwijzende rechter worden geantwoord dat artikel 1, lid 1, van richtlijn 2003/49 – gelezen in samenhang met artikel 4, lid 1, onder d), van deze richtlijn –, artikel 5 van richtlijn 2011/96 en de artikelen 3 en 5 van richtlijn 2008/7 aldus moeten worden uitgelegd dat zij zich niet verzetten tegen een nationale regeling waarbij bronbelasting wordt geheven over de fictieve rente die een ingezeten dochteronderneming onder marktomstandigheden aan haar niet-ingezeten moedermaatschappij zou moeten betalen over een renteloze lening die deze laatste heeft verstrekt.

Uitlegging van de artikelen 49 en 63 VWEU, artikel 5, lid 4, en artikel 12, onder b), VEU, en artikel 47 van het Handvest

76. Met zijn vragen wenst de verwijzende rechter in wezen te vernemen of de artikelen 49 en 63 VWEU, artikel 5, lid 4, en artikel 12, onder b), VEU, en artikel 47 van het Handvest aldus moeten worden uitgelegd dat zij zich verzetten tegen een nationale regeling op grond waarvan bronbelasting wordt geheven over de fictieve rente die een ingezeten dochteronderneming onder marktomstandigheden aan de niet-ingezeten moedermaatschappij zou moeten betalen over een renteloze lening die deze laatste heeft verstrekt, wanneer die bronbelasting wordt geheven over de brutorente zonder dat in dat stadium aan die lening verbonden kosten kunnen worden afgetrokken, zodat die aftrek later moet worden aangevraagd met het oog op een nieuwe berekening van die belasting en een eventuele teruggaaf.

– Artikelen 49 en 63 VWEU

77. Aangezien de verwijzende rechter tegelijk verwijst naar de vrijheid van vestiging en het vrije verkeer van kapitaal, die zijn neergelegd in de artikelen 49 respectievelijk 63 VWEU, moet eerst worden vastgesteld welke van deze twee vrijheden door een nationale regeling als in het hoofdgeding kan worden aangetast.

78. Dienaangaande volgt uit vaste rechtspraak van het Hof dat rekening moet worden gehouden met het voorwerp van de betrokken regeling (arrest van 10 juni 2015, X, C-686/13, EU:C:2015:375, punt 17 en aldaar aangehaalde rechtspraak).

79. Zo valt een nationale regeling die alleen van toepassing is op deelnemingen waarmee een zodanige invloed op de besluiten van een vennootschap kan worden uitgeoefend dat de activiteiten ervan kunnen worden bepaald, onder artikel 49 VWEU inzake de vrijheid van vestiging (arrest van 10 juni 2015, X, C-686/13, EU:C:2015:375, punt 18 en aldaar aangehaalde rechtspraak).

80. Nationale bepalingen inzake deelnemingen die zijn verworven met het uitsluitende doel te beleggen, zonder dat de houder invloed op het bestuur van en de zeggenschap over de onderneming wenst uit te oefenen, moeten daarentegen uitsluitend aan het vrije verkeer van kapitaal worden getoetst (arrest van 10 juni 2015, X, C-686/13, EU:C:2015:375, punt 19 en aldaar aangehaalde rechtspraak).

81. Over de nationale regeling in het hoofdgeding geeft de verwijzende rechter in zijn verzoek om een prejudiciële beslissing aan dat artikel 16, lid 2, punt 3, ZKPO van toepassing is op renteloze leningen tussen zowel verbonden als niet-verbonden vennootschappen, dus ongeacht of een vennootschap een bepaalde invloed kan uitoefenen op de besluiten en de activiteiten van een andere. Dit blijkt overigens ook uit de tekst van lid 1 van dit artikel, dat uitdrukkelijk niet-verbonden vennootschappen betreft.

82. In een dergelijk geval zijn de feiten van de zaak – waaruit naar voren komt dat de kredietgevende vennootschap ten tijde van de relevante feiten enig aandeelhouder van de kredietnemende vennootschap was – niet van belang om te bepalen of de omstandigheden van dit geding de ene of de andere fundamentele vrijheid betreffen (zie in die zin arrest van 10 juni 2015, X, C-686/13, EU:C:2015:375, punten 22 en 23 en aldaar aangehaalde rechtspraak).

83. Daarom moet op grond van het voorwerp van de nationale regeling in het hoofdgeding worden geconcludeerd dat deze regeling hoofdzakelijk het vrije verkeer van kapitaal betreft zoals neergelegd in artikel 63 VWEU (zie in die zin arrest van 26 februari 2019, N Luxembourg 1 e.a., C-115/16, C-118/16, C-119/16 en C-299/16, EU:C:2019:134, punt 158 en aldaar aangehaalde rechtspraak).

84. Gesteld dat deze nationale regeling de vrijheid van vestiging beperkt, is deze beperking in deze omstandigheden het onvermijdelijke gevolg van een eventuele belemmering van het vrije kapitaalverkeer en rechtvaardigt zij dus geen autonome toetsing van deze regeling aan artikel 49 VWEU (arrest van 17 september 2009, Glaxo Wellcome, C-182/08, EU:C:2009:559, punt 51).

85. Derhalve moet worden onderzocht of deze nationale regeling het vrije verkeer van kapitaal beperkt in de zin van artikel 63 VWEU en, als dat het geval is, of die beperking vanuit het oogpunt van deze bepaling kan worden gerechtvaardigd.

86. In de eerste plaats blijkt inzake het bestaan van een beperking uit vaste rechtspraak van het Hof dat artikel 63, lid 1, VWEU maatregelen verbiedt die het kapitaalverkeer beperken doordat zij niet-ingezetenen ervan doen afzien om in een lidstaat investeringen te doen of doordat zij ingezetenen van deze lidstaat ontmoedigen in andere staten investeringen te doen (arrest van 30 april 2020, Société Générale, C-565/18, EU:C:2020:318, punt 22 en aldaar aangehaalde rechtspraak).

87. Gesteld dat artikel 16, lid 2, punt 3, ZKPO een onweerlegbaar vermoeden van belastingontwijking instelt zonder de belanghebbenden, met name in het kader van een beroep in rechte, de mogelijkheid te geven om renteloze leningen te rechtvaardigen op commerciële gronden, hetgeen onder de uitlegging van het nationale recht valt, moet in dit verband worden vastgesteld dat die regel op gelijke wijze van toepassing is op alle renteloze leningen, ongeacht of daar niet-ingezeten vennootschappen bij betrokken zijn. Deze bepaling vormt dus, wat deze regel betreft, geen beperking van het vrije verkeer van kapitaal in de zin van artikel 63 VWEU.

88. Daarentegen heeft het Hof reeds geoordeeld dat een nationale regeling op grond waarvan een niet-ingezeten vennootschap wordt belast over de interest die haar door een ingezeten vennootschap is uitgekeerd, doordat deze ingezeten vennootschap bronbelasting inhoudt, zonder dat de bedrijfskosten – waaronder de rechtstreeks aan de kredietverlening in kwestie verbonden rentekosten – kunnen worden afgetrokken, terwijl ingezeten vennootschappen die interest ontvangen van een andere ingezeten vennootschap wel voor deze aftrek in aanmerking komen, een beperking van het vrije verkeer van kapitaal vormt (arrest van 26 februari 2019, N Luxembourg 1 e.a., C-115/16, C-118/16, C-119/16 en C-299/16, EU:C:2019:134, punt 175 en aldaar aangehaalde rechtspraak).

89. Ofschoon in casu eenzelfde belastingtarief van 10 % van toepassing is ongeacht of bij de renteloze lening uitsluitend ingezeten vennootschappen dan wel ook niet-ingezeten vennootschappen betrokken zijn, moeten ingezeten vennootschappen de betrokken belasting in het kader van de vennootschapsbelasting evenwel betalen over hun netto fictieve rente-inkomsten, na aftrek van eventuele kosten die rechtstreeks met die lening verband houden, terwijl niet-ingezeten vennootschappen overeenkomstig artikel 195, leden 1 en 2, en artikel 199 ZKPO bronbelasting verschuldigd zijn over de bruto fictieve rente-inkomsten, zonder dat zij die kosten in dat stadium kunnen aftrekken.

90. Wel staat vast dat die niet-ingezeten vennootschappen krachtens artikel 202a ZKPO in het jaar na inhouding van de bronbelasting kunnen verzoeken om een herberekening van die belasting, zodat die gelijk wordt getrokken met de belasting die een ingezeten vennootschap verschuldigd zou zijn. Via die teruggaafprocedure zouden zij de rechtstreeks met de betrokken kredietverstrekking verband houdende kosten kunnen aftrekken en de teveel ingehouden bronbelasting kunnen terugkrijgen of, in een verliessituatie, vrijstelling van die belasting kunnen verkrijgen.

91. Een ingezeten vennootschap kan de kosten van haar fictieve rente-inkomsten evenwel meteen aftrekken, zodat de belastingdienst onmiddellijk het exacte bedrag van de verschuldigde belasting int, terwijl een niet-ingezeten vennootschap die aftrek pas in een later stadium kan aanvragen, in de genoemde teruggaafprocedure, nadat zij bronbelasting heeft afgedragen over de bruto fictieve rente.

92. Hieruit volgt dat de regularisatie van de fiscale situatie van een niet-ingezeten vennootschap noodzakelijkerwijze op een later tijdstip plaatsvindt dan dat waarop een ingezeten vennootschap, na het indienen van haar aangifte, belasting moet afdragen over de netto fictieve rente.

93. Zo wordt in casu niet betwist dat indien de kredietgevende vennootschap in het hoofdgeding ingezeten was geweest, zij in een verlieslatende situatie niet was aangeslagen voor de fictieve rente over die lening, zodat zij bij voorbaat was vrijgesteld van die belasting zonder later een herberekening te hoeven aanvragen.

94. Dit verschil in behandeling kan ingezeten vennootschappen een voordeel verschaffen, aangezien zij ten opzichte van niet-ingezeten vennootschappen op zijn minst een liquiditeitsvoordeel verkrijgen (zie naar analogie arrest van 22 november 2018, Sofina e.a., C-575/17, EU:C:2018:943, punten 28-34).

95. Derhalve vormt een nationale regeling zoals die in het hoofdgeding een beperking van het vrije kapitaalverkeer, die in beginsel door artikel 63 VWEU wordt verboden.

96. In de tweede plaats moet derhalve worden nagegaan of een dergelijke beperking kan worden geacht objectief te zijn gerechtvaardigd in het licht van artikel 65, leden 1 en 3, VWEU.

97. Uit deze bepalingen volgt dat de lidstaten in hun nationale regeling onderscheid mogen maken tussen belastingplichtigen die ingezetenen zijn en belastingplichtigen die niet-ingezetenen zijn, voor zover dit onderscheid geen middel tot willekeurige discriminatie noch een verkapte beperking van het vrije kapitaalverkeer vormt [arrest van 18 maart 2021, Autoridade Tributária e Aduaneira (Belasting over vermogenswinst op onroerend goed), C-388/19, EU:C:2021:212, punt 34].

98. Onderscheid moet dus worden gemaakt tussen de ongelijke behandeling die krachtens artikel 65, lid 1, onder a), VWEU is toegestaan en de willekeurige discriminatie die bij lid 3 van dat artikel is verboden. Uit de rechtspraak van het Hof volgt dat een nationale belastingregeling slechts verenigbaar met de bepalingen van het VWEU betreffende het vrije kapitaalverkeer kan worden geacht, indien het verschil in behandeling betrekking heeft op situaties die niet objectief vergelijkbaar zijn of wordt gerechtvaardigd door een dwingende reden van algemeen belang [zie in die zin arrest van 18 maart 2021, Autoridade Tributária e Aduaneira (Belasting over vermogenswinst op onroerend goed), C-388/19, EU:C:2021:212, punt 35].

99. Wat betreft, ten eerste, de vergelijkbaarheid van de situaties in het hoofdgeding, hebben verweerder in het hoofdgeding in zijn schriftelijke opmerkingen en de Bulgaarse regering ter terechtzitting aangevoerd dat het verschil in behandeling wordt gerechtvaardigd doordat een niet-ingezeten en een ingezeten vennootschap zich in objectief verschillende situaties bevinden vanuit het oogpunt van de vennootschapsbelasting, omdat de eerste in tegenstelling tot de tweede geen financiële, boekhoudkundige en fiscale resultaten behaalt waardoor zij in Bulgarije aan die belasting kan worden onderworpen.

100. In dat verband zij eraan herinnerd dat, bij de directe belastingen, de situatie van ingezetenen en die van niet-ingezetenen in het algemeen niet vergelijkbaar is (arrest van 14 februari 1995, Schumacker, C-279/93, EU:C:1995:31, punt 31).

101. Uit de rechtspraak van het Hof volgt evenwel dat wanneer een lidstaat, unilateraal of door het sluiten van overeenkomsten, niet alleen ingezeten belastingplichtigen maar ook niet-ingezeten belastingplichtigen aan de inkomstenbelasting onderwerpt voor de inkomsten die zij van een ingezeten vennootschap ontvangen, de situatie van die niet-ingezeten belastingplichtigen vergelijkbaar is met die van de ingezeten belastingplichtigen (arrest van 22 november 2018, Sofina e.a., C-575/17, EU:C:2018:943, punt 47).

102. In het bijzonder met betrekking tot de vaststelling, voor de berekening van de inkomstenbelasting, van kosten die rechtstreeks verband houden met een activiteit waardoor in een lidstaat belastbare inkomsten zijn verworven, heeft het Hof reeds geoordeeld dat ingezeten en niet-ingezeten vennootschappen in een vergelijkbare situatie verkeren (zie in die zin arrest van 13 november 2019, College Pension Plan of British Columbia, C-641/17, EU:C:2019:960, punt 74 en aldaar aangehaalde rechtspraak).

103. In casu moet worden vastgesteld dat de Republiek Bulgarije er met de nationale regeling aan de orde in het hoofdgeding voor heeft gekozen om haar fiscale bevoegdheid uit te oefenen over renteloze leningen die door niet-ingezeten vennootschappen zijn verleend aan ingezeten vennootschappen, zodat deze niet-ingeze-

ten vennootschappen wat de rechtstreeks aan die leningen verbonden kosten betreft, bijgevolg moeten worden geacht zich in een situatie te bevinden die vergelijkbaar is met die van ingezeten vennootschappen.

104. Het Hof heeft in het arrest van 22 december 2008, Truck Center (C-282/07, EU:C:2008:762), inderdaad vastgesteld dat, in de omstandigheden van de zaak die aanleiding heeft gegeven tot dat arrest, een verschil in behandeling bestaande in de toepassing van verschillende heffingstechnieken die afhankelijk waren van de vestigingsplaats van de belastingplichtige, situaties betrof die niet objectief vergelijkbaar waren, zodat dit verschil in behandeling, dat bovendien de ingezeten begunstigden niet noodzakelijkerwijs een voordeel verschafte, met name geen beperking van het vrije kapitaalverkeer vormde (zie in die zin arrest van 22 december 2008, Truck Center, C-282/07, EU:C:2008:762, punten 41 en 49-51, en 17 september 2015, Miljoen e.a., C-10/14, C-14/14 en C-17/14, EU:C:2015:608, punt 70).

105. Uit punt 94 van het onderhavige arrest blijkt echter dat, anders dan in de zaak die aanleiding heeft gegeven tot het arrest van 22 december 2008, Truck Center (C-282/07, EU:C:2008:762), de ingezeten vennootschappen die een renteloze lening hebben verstrekt in de onderhavige zaak een liquiditeitsvoordeel genieten ten opzichte van niet-ingezeten vennootschappen die een dergelijke lening hebben verstrekt, doordat zij de rechtstreeks aan die lening verbonden kosten op een verschillend moment kunnen aftrekken.

106. Uit de punten 91 tot en met 93 van het onderhavige arrest volgt dat de omvang van dit voordeel wordt bepaald door de duur van de krachtens de nationale regeling in het hoofdgeding ingestelde teruggaafprocedure waarmee niet-ingezeten vennootschappen kunnen verzoeken om de herberekening van de bronbelasting over de bruto fictieve rente op de renteloze lening zodat die belasting net zo hoog wordt als de vennootschapsbelasting die een ingezeten vennootschap over die verstrekte lening zou hebben betaald.

107. In deze omstandigheden kan niet worden geoordeeld dat het verschil in behandeling bij de belasting van fictieve rente op een renteloze lening, naargelang die wordt verstrekt door ingezeten of niet-ingezeten vennootschappen, zich beperkt tot de wijze van belastinginning (zie naar analogie arresten van 26 februari 2019, N Luxembourg 1 e.a., C-115/16, C-118/16, C-119/16 en C-299/16, EU:C:2019:134, punten 164 en 165, en 13 november 2019, College Pension Plan of British Columbia, C-641/17, EU:C:2019:960, punten 71-73).

108. Dit verschil in behandeling betreft dus situaties die objectief vergelijkbaar zijn.

109. Derhalve moet worden onderzocht of, ten tweede, de nationale regeling in het hoofdgeding kan worden gerechtvaardigd door de redenen die bepaalde betrokkenen er in dit geval voor hebben aangevoerd.

110. Verweerder in het hoofdgeding betoogt in dit verband dat de lidstaten overeenkomstig het territorialiteitsbeginsel belasting kunnen heffen over inkomsten die op hun grondgebied zijn ontstaan, opdat een evenwichtige verdeling van de heffingsbevoegdheden wordt gewaarborgd. In het bijzonder blijven de lidstaten, wanneer de Unie geen harmonisatiemaatregelen heeft vastgesteld, bevoegd om de criteria te bepalen op grond waarvan hun heffingsbevoegdheid wordt verdeeld. De Bulgaarse regering benadrukt dat de nationale regeling in het hoofdgeding belastingontwijking beoogt te bestrijden.

111. Dit betoog beoogt in wezen de nationale regeling in het hoofdgeding te rechtvaardigen door de noodzaak om een evenwichtige verdeling van de heffingsbevoegdheid tussen de lidstaten te waarborgen en om de doeltreffendheid van de belastingheffing te verzekeren, met het doel om, zoals blijkt uit de bewoordingen van artikel 16 ZKPO, belastingontwijking te voorkomen.

112. In dit verband is een maatregel die het vrije verkeer van kapitaal beperkt volgens vaste rechtspraak van het Hof slechts toelaatbaar voor zover deze gerechtvaardigd is door dwingende redenen van algemeen belang en het evenredigheidsbeginsel eerbiedigt, wat inhoudt dat die maatregel geschikt is om de verwezenlijking van het rechtmatig nagestreefde doel te waarborgen en niet verder gaat dan nodig is voor het bereiken van dat doel [arrest van 21 mei 2019, Commissie/Hongarije (Vruchtgebruik op landbouwgrond), C-235/17, EU:C:2019:432, punt 59 en aldaar aangehaalde rechtspraak].

113. Volgens de rechtspraak van het Hof vormen zowel het behoud van de evenwichtige verdeling van de heffingsbevoegdheid over de lidstaten als de bestrijding van belastingontwijking dwingende redenen van algemeen belang die een belemmering van de door het VWEU gewaarborgde fundamentele vrijheden, waaronder het vrije kapitaalverkeer, kunnen rechtvaardigen (arrest van 8 maart 2017, Euro Park Service, C-14/16, EU:C:2017:177, punt 65). Datzelfde geldt voor de noodzaak om een doelmatige invordering van de belasting te waarborgen (zie in die zin arrest van 30 april 2020, Société Générale, C-565/18, EU:C:2020:318, punt 38 en aldaar aangehaalde rechtspraak).

114. Wat betreft de geschiktheid voor het beoogde doel van de nationale regeling in het hoofdgeding zij eraan herinnerd dat de noodzaak om een evenwichtige verdeling van de heffingsbevoegdheid tussen de lidstaten te

vrijwaren, een verschil in behandeling kan rechtvaardigen wanneer de onderzochte regeling ertoe strekt gedragingen te voorkomen die afbreuk kunnen doen aan het recht van een lidstaat om zijn belastingbevoegdheid uit te oefenen met betrekking tot activiteiten die op zijn grondgebied plaatsvinden (arrest van 31 mei 2018, Hornbach-Baumarkt, C-382/16, EU:C:2018:366, punt 43 en aldaar aangehaalde rechtspraak).

115. Wat dat betreft heeft het Hof reeds geoordeeld dat de bronheffingsprocedure een wettig en passend middel vormt voor de fiscale behandeling van de inkomsten van een buiten de heffingsstaat gevestigde belastingplichtige (zie in die zin arrest van 22 november 2018, Sofina e.a., C-575/17, EU:C:2018:943, punt 68).

116. In casu kan de lidstaat van vestiging dankzij de nationale regeling aan de orde in het hoofdgeding, op grond waarvan bronbelasting wordt geheven op fictieve rente over renteloze leningen van niet-ingezeten vennootschappen aan ingezeten vennootschappen, zijn fiscale bevoegdheid uitoefenen in verband met de op zijn grondgebied verrichte activiteiten, met het doel te voorkomen dat die leningen slechts worden verstrekt om de belasting te ontwijken die normaal gesproken verschuldigd zou zijn over de inkomsten uit de op dat grondgebied verrichte activiteiten.

117. Een dergelijke regeling moet dus geschikt worden geacht om een evenwichtige verdeling van de heffingsbevoegdheid tussen de lidstaten te vrijwaren en om de doeltreffendheid van de belastingheffing te verzekeren teneinde belastingontwijking te voorkomen

118. Wat betreft de vraag of de nationale regeling aan de orde in het hoofdgeding niet verder gaat dan nodig is om deze doelen te bereiken, heeft Viva Telecom Bulgaria ter terechtzitting betoogd dat de teruggaafprocedure volgens artikel 202a ZKPO excessief lang duurt, aangezien een eventuele teruggaaf van de te veel ingehouden bronbelasting die een ingezeten vennootschap heeft afgedragen over de bruto fictieve rente op een renteloze lening van een niet-ingezeten vennootschap mogelijk pas na drie jaar plaatsvindt.

119. Onder voorbehoud van verificatie door de verwijzende rechter volgt evenwel uit de toelichting ter terechtzitting van verweerder in het hoofdgeding dat een dergelijke teruggaaf in de regel binnen dertig dagen na de aanvraag plaatsvindt en dat de procedure slechts in uitzonderlijke gevallen drie jaar kan duren. Bovendien heeft de Bulgaarse regering ter terechtzitting aangegeven dat de belastingdienst vanaf de dertigste dag na indiening van de aangifte rente over de verschuldigde bedragen moet betalen, hetgeen eveneens door deze rechter moet worden nagegaan.

120. Onder voorbehoud van deze verificatie lijkt de nationale regeling aan de orde in het hoofdgeding vanuit het oogpunt van de duur van de teruggaafprocedure dus niet verder te gaan dan nodig is om de nagestreefde doelen te verwezenlijken.

121. In deze omstandigheden lijkt deze nationale regeling te kunnen worden gerechtvaardigd door het doel om een evenwichtige verdeling van de heffingsbevoegdheid tussen de lidstaten te vrijwaren en de doeltreffendheid van de belastingheffing te verzekeren teneinde belastingontwijking te voorkomen.

– Artikel 5, lid 4, en artikel 12, onder b), VEU, en artikel 47 van het Handvest

122. Zoals uit punt 33 van dit arrest naar voren komt, vraagt de verwijzende rechter zich tevens af hoe artikel 5, lid 4, en artikel 12, onder b), VEU, alsmede artikel 47 van het Handvest moeten worden uitgelegd, aangezien de nationale regeling aan de orde in het hoofdgeding blijkens artikel 16, lid 2, punt 3, ZKPO, een onweerlegbaar vermoeden van belastingontwijking zou inhouden wanneer een renteloze lening wordt verstrekt.

123. In dat verband geldt volgens vaste rechtspraak dat het Hof niet bevoegd is om te antwoorden op een prejudiciële vraag wanneer duidelijk is dat de bepaling van Unierecht waarvan het Hof om uitlegging wordt gevraagd, geen toepassing kan vinden (arrest van 25 juli 2018, TTL, C-553/16, ECLI:EU:C:2018:604, punt 31).

124. In de eerste plaats heeft het Hof over artikel 5, lid 4, VEU reeds geoordeeld dat deze bepaling betrekking heeft op de handelingen van de instellingen van de Unie. De eerste alinea ervan bepaalt namelijk dat, krachtens het evenredigheidsbeginsel, de inhoud en de vorm van het optreden van de Unie niet verder gaan dan wat nodig is om de doelstellingen van de Verdragen te verwezenlijken, en de tweede alinea verplicht de instellingen van de Unie om het evenredigheidsbeginsel te eerbiedigen bij de uitoefening van een bevoegdheid (zie in die zin arrest van 25 juli 2018, TTL, C-553/16, EU:C:2018:604, punt 33).

125. In de tweede plaats heeft het Hof tevens geoordeeld dat artikel 12, onder b), VEU, op grond waarvan de nationale parlementen bijdragen tot de goede werking van de Unie door erop toe te zien dat het beginsel van subsidiariteit wordt geëerbiedigd, die parlementen ertoe machtigt om toe te zien op de eerbiediging van dit beginsel bij de uitoefening van een bevoegdheid door de instellingen van de Unie alsmede op de goede wer-

king van de Unie. Deze bepaling ziet dus niet op de nationale wetgevingen, maar op de ontwerpen voor wetgevingshandelingen van de Unie (zie in die zin arrest van 25 juli 2018, TTL, C-553/16, EU:C:2018:604, punt 34).

126. In de derde plaats zij wat betreft artikel 47 van het Handvest in herinnering gebracht dat de werkingssfeer daarvan, wat het optreden van de lidstaten betreft, is omschreven in artikel 51, lid 1, daarvan, op grond waarvan de bepalingen van het Handvest uitsluitend gericht zijn tot de lidstaten wanneer zij het Unierecht ten uitvoer brengen (arrest van 14 januari 2021, Okrazhna prokuratura – Haskovo en Apelativna prokuratura – Plovdiv, C-393/19, EU:C:2021:8, punt 30 en aldaar aangehaalde rechtspraak).

127. Dat artikel 51, lid 1, van het Handvest bevestigt de vaste rechtspraak van het Hof dat de in de rechtsorde van de Unie gewaarborgde grondrechten toepassing kunnen vinden in alle situaties die door het recht van de Unie worden beheerst, maar niet daarbuiten (arrest van 14 januari 2021, Okrazhna prokuratura – Haskovo en Apelativna prokuratura – Plovdiv, C-393/19, EU:C:2021:8, punt 31 en aldaar aangehaalde rechtspraak).

128. Wanneer een juridische situatie niet binnen de werkingssfeer van het Unierecht valt, is het Hof bijgevolg niet bevoegd om daarover uitspraak te doen en kunnen de eventueel aangevoerde bepalingen van het Handvest op zich niet de grondslag vormen voor die bevoegdheid (arrest van 14 januari 2021, Okrazhna prokuratura – Haskovo en Apelativna prokuratura – Plovdiv, C-393/19, EU:C:2021:8, punt 32 en aldaar aangehaalde rechtspraak).

129. In casu valt de nationale regeling in het hoofdgeding om de redenen die zijn uiteengezet in de punten 48 tot en met 75 van het onderhavige arrest, niet binnen de werkingssfeer van de richtlijnen 2003/49, 2011/96 en 2008/7. Bovendien valt artikel 16, lid 2, punt 3, ZKPO, dat een onweerlegbaar vermoeden van belastingontwijking zou instellen, blijkens punt 87 van dit arrest niet onder artikel 63 VWEU en blijft het op dit punt dus buiten de werkingssfeer van het Handvest.

130. Hieruit volgt dat de vragen van de verwijzende rechter over de uitlegging van artikel 5, lid 4, en artikel 12, onder b), VWEU, alsmede artikel 47 van het Handvest niet beantwoord hoeven te worden, aangezien duidelijk is dat deze bepalingen niet van toepassing zijn op de door deze rechter bedoelde situatie.

– Antwoord op de vragen inzake uitlegging van het primaire recht

131. Gelet op het voorgaande moet aan de verwijzende rechter worden geantwoord dat artikel 63 VWEU, gelezen in het licht van het evenredigheidsbeginsel, aldus moet worden uitgelegd dat het zich niet verzet tegen een nationale regeling waarbij bronbelasting wordt geheven over de fictieve rente die een ingezeten dochteronderneming onder marktomstandigheden aan de niet-ingezeten moedermaatschappij zou moeten afdragen over een renteloze lening die deze laatste aan haar heeft verstrekt, wanneer die bronbelasting wordt geheven over de brutorente zonder dat in dat stadium aan die lening verbonden kosten kunnen worden afgetrokken, en die aftrek later moet worden aangevraagd met het oog op de herberekening en eventuele teruggaaf van die belasting, mits ten eerste de daarvoor bestemde procedure niet buitensporig lang duurt en ten tweede over de terugbetaalde bedragen rente verschuldigd is.

Kosten

132. ...

Het Hof (Vijfde kamer)

verklaart voor recht:

1. Artikel 1, lid 1, van richtlijn 2003/49/EG van de Raad van 3 juni 2003 betreffende een gemeenschappelijke belastingregeling inzake uitkeringen van interest en royalty's tussen verbonden ondernemingen van verschillende lidstaten – gelezen in samenhang met artikel 4, lid 1, onder d), van deze richtlijn, artikel 5 van richtlijn 2011/96/EU van de Raad van 30 november 2011 betreffende de gemeenschappelijke fiscale regeling voor moedermaatschappijen en dochterondernemingen uit verschillende lidstaten, zoals gewijzigd bij richtlijn (EU) 2015/121 van de Raad van 27 januari 2015 –, en de artikelen 3 en 5 van richtlijn 2008/7/EG van de Raad van 12 februari 2008 betreffende de indirecte belastingen op het bijeenbrengen van kapitaal moeten aldus worden uitgelegd dat zij zich niet verzetten tegen een nationale regeling waarbij bronbelasting wordt geheven over de fictieve rente die een ingezeten dochteronderneming onder marktomstandigheden aan haar niet-ingezeten moedermaatschappij zou moeten betalen over een renteloze lening die deze laatste heeft verstrekt.

2. Artikel 63 VWEU, gelezen in het licht van het evenredigheidsbeginsel, moet aldus worden uitgelegd dat het zich niet verzet tegen een nationale regeling waarbij bronbelasting wordt geheven over de fictieve

rente die een ingezeten dochteronderneming onder marktomstandigheden aan de niet-ingezeten moedermaatschappij zou moeten afdragen over een renteloze lening die deze laatste aan haar heeft verstrekt, wanneer die bronbelasting wordt geheven over de brutorente zonder dat in dat stadium aan die lening verbonden kosten kunnen worden afgetrokken, en die aftrek later moet worden aangevraagd met het oog op de herberekening en eventuele teruggaaf van die belasting, mits ten eerste de daarvoor bestemde procedure niet buitensporig lang duurt en ten tweede over de terugbetaalde bedragen rente verschuldigd is.

HvJ EU 24 februari 2022, gevoegde zaken C-52/21 en C-53/21 (Pharmacie populaire - La Sauvegarde SCRL v. Belgische Staat [C-52/21] en Pharma Santé - Réseau Solidaris SCRL v. Belgische Staat [C-53/21]

Zevende kamer: *I. Ziemele, president van de Zesde kamer, waarnemend voor de president van de Zevende kamer, P. G. Xuereb (rapporteur) en A. Kumin, rechters*

Advocaat-Generaal: G. Hogan

Voorlopige editie

1. De verzoeken om een prejudiciële beslissing betreffen de uitlegging van artikel 56 VWEU.

2. Deze verzoeken zijn ingediend in het kader van twee gedingen, het eerste tussen Pharmacie populaire – La Sauvegarde SCRL (hierna: „Pharmacie populaire") en de Belgische Staat (zaak C-52/21) en het tweede tussen Pharma Santé – Réseau Solidaris SCRL (hierna: „Pharma Santé") en de Belgische Staat (zaak C-53/21), over de voorwaarden waaronder een in België gevestigde vennootschap volgens het belastingrecht van deze lidstaat uitgaven voor de aanschaf van diensten bij dienstverrichters die in een andere lidstaat zijn gevestigd, in mindering kan brengen op haar belastbare inkomsten.

Belgisch recht

3. Artikel 57 van het Wetboek van de inkomstenbelastingen (hierna: „WIB 1992"), in de versie die van toepassing is op de hoofdgedingen, luidt als volgt:

> „De volgende kosten worden slechts als beroepskosten aangenomen wanneer ze worden verantwoord door individuele fiches en een samenvattende opgave die worden overgelegd in de vorm en binnen de termijn die de Koning bepaalt:
>
> 1° commissies, makelaarslonen, handels- of andere restorno's, toevallige of niet-toevallige vacatiegelden of erelonen, gratificaties, vergoedingen of voordelen van alle aard die voor de verkrijgers al dan niet in België belastbare beroepsinkomsten zijn, behoudens de in artikel 30, 3°, bedoelde bezoldigingen;
>
> [...]"

4. Artikel 219 WIB 1992, in de versie die van toepassing is op de hoofdgedingen, bepaalt:

> „Een afzonderlijke aanslag wordt gevestigd op kosten als bedoeld in artikel 57 [...] die niet worden verantwoord door individuele fiches en een samenvattende opgave [...].
>
> Die aanslag is gelijk aan 100 [%] van die kosten [...], tenzij kan worden aangetoond dat de verkrijger van die kosten [...] een rechtspersoon is, in welk geval de aanslag gelijk is aan 50 [%].
>
> [...]
>
> Deze aanslag wordt niet toegepast indien de belastingplichtige aantoont dat het bedrag van de kosten, vermeld in artikel 57, [...] begrepen is in een door de verkrijger overeenkomstig artikel 305 [WIB 1992] ingediende aangifte of in een door de verkrijger in het buitenland ingediende gelijkaardige aangifte.
>
> Wanneer het bedrag van de kosten bedoeld in artikel 57 [...], niet is opgenomen in een door de verkrijger overeenkomstig artikel 305 [WIB 1992] ingediende aangifte of in een door de verkrijger in het buitenland ingediende gelijkaardige aangifte, wordt deze aanslag in hoofde van de belastingplichtige niet toegepast indien de verkrijger op ondubbelzinnige wijze werd geïdentificeerd uiterlijk binnen 2 jaar en 6 maanden volgend op 1 januari van het betreffend aanslagjaar."

5. Volgens een praktijk die bekendstaat als „administratieve tolerantie", waarnaar met name wordt verwezen in nr. 57/62 van de administratieve commentaren op het WIB 1992 en in circulaire nr. Ci.RH.243/581.810 (AFER nr. 7/2009) van 19 februari 2009, zijn belastingplichtigen vrijgesteld van de verplichting om dergelijke individuele fiches en samenvattende opgaven over te leggen wanneer aan twee voorwaarden is voldaan. Ten eerste moeten gedurende de in de hoofdgedingen aan de orde zijnde periode de personen die de betrokken betalingen ontvangen onderworpen zijn aan de „wet van 17 juli 1975 betreffende de boekhouding en de jaarrekening van de ondernemingen". Deze verwijzing moet thans, na de intrekking van deze wet in 2014, worden opgevat als een verwijzing naar de boekhoudkundige verplichtingen van de ondernemingen als bedoeld in boek III, titel 3, hoofdstuk 2, van het Belgische Wetboek van Economisch Recht. Ten tweede moeten de betrokken betalingen worden toegekend als vergoeding voor handelingen die krachtens de regelgeving inzake de belasting over de toegevoegde waarde (btw) niet zijn vrijgesteld van de plicht om facturen uit te reiken.

Hoofdgedingen en prejudiciële vraag

6. Verzoeksters in de hoofdgedingen, Pharmacie populaire en Pharma Santé, zijn twee in België gevestigde vennootschappen die farmaceutische producten verhandelen.

7. Beide vennootschappen hebben LAD Sàrl, een vennootschap naar Luxemburgs recht, bij overeenkomst opdracht gegeven tot het verrichten van geneesmiddelentransporten.

8. In 2010, 2011 en 2012 heeft LAD aan Pharmacie populaire transportkosten in rekening gebracht ten bedrage van respectievelijk 20 846,20 EUR, 22 788,88 EUR en 16 723,44 EUR. De transportkosten die LAD in de jaren 2008, 2009, 2010, 2011 en 2012 aan Pharma Santé heeft aangerekend, bedroegen respectievelijk 32 516,23 EUR, 22 653,95 EUR, 25 468,33 EUR, 27 197,78 EUR en 16 383,40 EUR.

9. Op basis van die feiten zijn Pharmacie populaire en Pharma Santé strafrechtelijk vervolgd. Zij zijn echter vrijgesproken bij vonnissen van de tribunal correctionnel de Liège (correctionele rechtbank Luik, België) van 28 februari 2019. Volgens deze vonnissen, die kracht van gewijsde hadden, bleek uit de dossiers niet dat de diensten die aan verzoeksters in de hoofdgedingen waren verstrekt, niet met de werkelijkheid overeenstemden en dat de door hen opgegeven prijzen niet overeenstemden met de prijzen die zij werkelijk hadden betaald. Bovendien bevatten de dossiers niets waardoor het concrete bestaan van LAD in twijfel werd getrokken.

10. Aangezien verzoeksters in de hoofdgedingen voor deze uitgaven niet de in artikel 57 WIB 1992 bedoelde individuele fiches en samenvattende opgaven hadden opgesteld, heeft de Belgische belastingdienst hun op 20 augustus respectievelijk 4 november 2015 een bericht van wijziging gezonden waarbij hij zijn voornemen bekendmaakte om de betrokken bedragen krachtens artikel 219 WIB 1992 te onderwerpen aan de afzonderlijke aanslag.

11. Verzoeksters in de hoofdgedingen hebben aangevoerd dat zij de betrokken bedragen te goeder trouw hadden betaald in ruil voor daadwerkelijk verrichte diensten en dat het niet nodig was om individuele fiches op te stellen omdat de verkrijger een boekhoudplichtige Luxemburgse vennootschap was.

12. In zijn respectievelijk op 23 november en 11 december 2015 aan verzoeksters in de hoofdgedingen gerichte besluiten bleef de Belgische belastingdienst bij zijn standpunt. Hij wees er met name op dat verzoeksters niet hadden aangetoond dat de betrokken betalingen door de verkrijger ervan waren opgenomen in een overeenkomstig artikel 305 WIB 1992 ingediende aangifte of in een soortgelijke in het buitenland ingediende aangifte. De betrokken bedragen werden bijgevolg onderworpen aan de in artikel 219 WIB 1992 bedoelde afzonderlijke aanslag.

13. Op 26 mei 2016 hebben verzoeksters in de hoofdgedingen elk bezwaar gemaakt tegen deze besluiten. Bij besluiten van 7 november 2016 heeft de Belgische belastingdienst deze bezwaren afgewezen.

14. Bij verzoekschriften, ingediend op respectievelijk 27 januari en 30 januari 2017, hebben verzoeksters in de hoofdgedingen tegen deze besluiten beroep ingesteld bij de tribunal de première instance de Liège (rechtbank van eerste aanleg Luik, België). Deze beroepen zijn bij twee vonnissen van 25 oktober 2018 ongegrond verklaard.

15. Verzoeksters hebben tegen deze vonnissen hoger beroep ingesteld bij de verwijzende rechter, de cour d'appel de Liège (hof van beroep Luik, België).

16. De verwijzende rechter merkt op dat de in punt 5 van dit arrest bedoelde administratieve tolerantie niet geldt voor betalingen die worden verricht als tegenprestatie voor diensten van vennootschappen zoals LAD, die hun zetel in een andere lidstaat hebben en in België niet over een vaste inrichting beschikken.

17. Volgens de verwijzende rechter zijn afnemers van diensten die worden verricht door niet-ingezeten vennootschappen uit hoofde van artikel 219 WIB 1992, beschouwd in samenhang met die administratieve tolerantie, verplicht om individuele fiches en samenvattende opgaven op te stellen om te voorkomen dat hun een afzonderlijke aanslag wordt opgelegd, wat voor hen een extra administratieve last betekent die niet drukt op afnemers van dezelfde diensten die worden verstrekt door een ingezeten dienstverrichter op wie de Belgische wetgeving betreffende de boekhouding en de jaarrekening van de ondernemingen van toepassing is. Een dergelijke verplichting kan grensoverschrijdende diensten bijgevolg minder aantrekkelijk maken dan diensten die door ingezeten dienstverrichters worden verleend, en afnemers er dan ook van afschrikken om een beroep te doen op dienstverrichters die in een andere lidstaat zijn gevestigd. Deze situatie zou dus kunnen worden aangemerkt als een in beginsel door artikel 56 VWEU verboden beperking van de vrijheid van dienstverrichting.

18. De verwijzende rechter is derhalve van oordeel dat het Hof moet worden verzocht om na te gaan of de betrokken Belgische regeling het vrij verrichten van diensten beperkt en, zo ja, of een dergelijke beperking kan worden gerechtvaardigd door een dwingende reden van algemeen belang.

19. In die omstandigheden heeft de cour d'appel de Liège de behandeling van de zaken geschorst en het Hof verzocht om een prejudiciële beslissing over de volgende vraag:

> „Moet artikel 56 VWEU aldus worden uitgelegd dat het zich verzet tegen een regeling of een nationale praktijk op grond waarvan de in een eerste lidstaat gevestigde vennootschappen die gebruikmaken van diensten van vennootschappen die gevestigd zijn in een tweede lidstaat, verplicht zijn om, ter voorkoming dat over de door deze laatste vennootschappen gefactureerde bedragen een vennootschapsbelasting ten bedrage van 100 % of 50 % wordt geheven, fiches en samenvattende opgaven betreffende deze uitgaven op te stellen en aan de belastingdienst te verstrekken, terwijl zij die verplichting ter voorkoming van die belastingheffing niet hebben, indien zij gebruikmaken van diensten van ingezeten vennootschappen?"

Beantwoording van de prejudiciële vraag

20. Met zijn prejudiciële vraag wenst de verwijzende rechter in wezen te vernemen of artikel 56 VWEU aldus moet worden uitgelegd dat het zich verzet tegen een regeling van een lidstaat volgens welke iedere aldaar gevestigde vennootschap de belastingdienst overzichten moet verstrekken van betalingen ter vergoeding van diensten die zijn afgenomen van dienstverrichters die gevestigd zijn in een andere lidstaat, waar zij onderworpen zijn aan de regels inzake bedrijfsboekhouding en aan de verplichting om overeenkomstig de btw-regelgeving facturen uit te reiken, bij gebreke waarvan de vennootschapsbelasting met 50 % of 100 % van de waarde van deze diensten wordt verhoogd, terwijl die eerste lidstaat overeenkomstig een administratieve praktijk geen vergelijkbare verplichting oplegt wanneer de diensten worden verleend door dienstverrichters die op zijn eigen grondgebied zijn gevestigd.

21. Aangezien de in de hoofdgedingen aan de orde zijnde regeling zowel voorziet in de verplichting om de belastingautoriteiten bepaalde inlichtingen te verstrekken als in een sanctie in de vorm van een directe belasting voor het geval dat die verplichting niet worden nagekomen, moet er vooraf op worden gewezen dat de directe belastingen weliswaar tot de bevoegdheid van de lidstaten behoren, maar dat deze niettemin verplicht zijn die bevoegdheid uit te oefenen in overeenstemming met het Unierecht en met name met de door het VWEU gewaarborgde fundamentele vrijheden (arrest van 11 juni 2015, Berlington Hungary e.a., C-98/14, EU:C:2015:386, punt 34 en aldaar aangehaalde rechtspraak).

22. Dienaangaande zij er ten eerste aan herinnerd dat artikel 56 VWEU zich verzet tegen elke nationale regeling die ertoe leidt dat het moeilijker wordt om diensten te verrichten tussen lidstaten dan binnen een en dezelfde lidstaat. Artikel 56 VWEU vereist namelijk de afschaffing van elke beperking van het vrij verrichten van diensten die wordt opgelegd op grond van het feit dat de dienstverrichter in een andere lidstaat is gevestigd dan die waar de dienst wordt verricht (arrest van 3 maart 2020, Google Ireland, C-482/18, EU:C:2020:141, punt 25 en aldaar aangehaalde rechtspraak).

23. Onder dergelijke beperkingen van het vrij verrichten van diensten vallen nationale maatregelen die het gebruik van die vrijheid verbieden, belemmeren of minder aantrekkelijk maken. Het in artikel 56 VWEU neergelegde verbod heeft daarentegen geen betrekking op maatregelen die uitsluitend tot gevolg hebben dat er voor de dienstverrichting in kwestie extra kosten ontstaan en die het verrichten van diensten tussen de lidstaten en het verrichten van diensten binnen één lidstaat gelijkelijk raken (arrest van 3 maart 2020, Google Ireland, C-482/18, EU:C:2020:141, punt 26 en aldaar aangehaalde rechtspraak).

24. Voorts worden volgens vaste rechtspraak van het Hof bij artikel 56 VWEU niet alleen rechten toegekend aan de dienstverrichter zelf, maar ook aan de ontvanger van de diensten (arrest van 30 januari 2020, Anton van Zantbeek, C-725/18, EU:C:2020:54, punt 24 en aldaar aangehaalde rechtspraak).

25. In het licht van deze rechtspraak dient te worden vastgesteld dat een regeling en een administratieve praktijk waarbij een aangifteplicht wordt opgelegd samen met een sanctieregeling die voorziet in een verschillende behandeling van dienstverrichters naargelang zij al dan niet in België zijn gevestigd, moeten worden geacht grensoverschrijdende diensten voor in België gevestigde dienstontvangers minder aantrekkelijk te maken dan diensten van in deze lidstaat gevestigde dienstverrichters, en die dienstontvangers ervan te weerhouden om een beroep te doen op dienstverrichters die in andere lidstaten zijn gevestigd. Een dergelijke regeling en een dergelijke administratieve praktijk kunnen dus het vrije verkeer van diensten beperken, zoals de Belgische regering in haar opmerkingen overigens heeft erkend.

26. Aan deze vaststelling wordt niet afgedaan door het betoog van de Belgische regering dat overeenkomstig artikel 219 WIB 1992 de sanctie voor niet-nakoming van de aangifteplicht van artikel 57 WIB 1992 niet wordt opgelegd wanneer de betrokken betalingen door de verkrijger ervan zijn opgenomen, hetzij in een belastingaangifte die overeenkomstig artikel 305 WIB 1992 bij de Belgische belastingdienst is ingediend, hetzij in een soortgelijke aangifte die in het buitenland is gedaan, of wanneer deze verkrijger binnen twee jaar en zes maanden vanaf 1 januari van het betreffende aanslagjaar op ondubbelzinnige wijze is geïdentificeerd.

27. Zoals in wezen uit dit betoog blijkt, wordt in deze gevallen de in artikel 57 WIB 1992 bedoelde aangifteplicht namelijk eenvoudigweg vervangen door een vergelijkbare verplichting, die de zuiver binnen België verrichte diensten niet in dezelfde mate lijkt te raken en de uitoefening van het vrije verkeer van diensten tussen de lidstaten evenzeer kan belemmeren of minder aantrekkelijk kan maken.

28. Wat voorts het argument van de Belgische regering betreft dat de aangifteverplichtingen waarin de regeling in de hoofdgedingen voorziet enkel slaan op gegevens die strikt noodzakelijk zijn om de betrokken betalingen, de aard en het bedrag ervan ondubbelzinnig te identificeren, en dat de betaler deze inlichtingen in beginsel in zijn boekhouding kan raadplegen zonder dat hij opzoekingen hoeft te verrichten die aanzienlijke administratieve kosten met zich brengen, volgt uit de rechtspraak dat het VWEU zelfs een geringe of een minder belangrijke beperking van een fundamentele vrijheid verbiedt (arrest van 18 oktober 2012, X, C-498/10, EU:C:2012:635, punt 30 en aldaar aangehaalde rechtspraak).

29. Ten tweede zij eraan herinnerd dat een verschil in behandeling dat het vrij verrichten van diensten beperkt niettemin kan worden toegestaan indien het gerechtvaardigd wordt door dwingende vereisten van algemeen belang en voor zover de toepassing ervan geschikt is om de verwezenlijking van het nagestreefde doel te waarborgen en niet verder gaat dan nodig is om dat doel te bereiken (arrest van 3 maart 2020, Google Ireland, C-482/18, EU:C:2020:141, punt 45 en aldaar aangehaalde rechtspraak).

30. De verwijzende rechter vraagt zich af of een eventuele beperking kan worden gerechtvaardigd door dergelijke dwingende vereisten van algemeen belang, maar geeft hierover geen bijzonderheden.

31. In haar opmerkingen heeft de Belgische regering aangevoerd dat de in de hoofdgedingen aan de orde zijnde regeling wordt gerechtvaardigd door de noodzaak om de doeltreffendheid van de belastingcontroles te waarborgen. Deze regeling heeft tot doel te verzekeren dat de bedragen die de afnemer van diensten van zijn belastbare inkomsten aftrekt, overeenkomen met de inkomsten die de dienstverrichter aangeeft. Wanneer de dienstverrichter onderworpen is aan de Belgische boekhoudwetgeving en een factuur moet uitreiken, zou de verplichting voor de koper om voor deze betalingen individuele fiches en samenvattende opgaven op te stellen en over te leggen, in beginsel overlappen met de verplichtingen van de dienstverrichter, aangezien de gegevens van zijn klantenlisting in beginsel overeenkomen met de gegevens van de door de betaler op te stellen documenten. De Belgische regering verklaart dat om die reden in dergelijke situaties een administratieve tolerantie bestaat.

32. Volgens de Belgische regering behoudt de aangifteplicht van afnemers van diensten evenwel al haar nut wanneer de dienstverrichters niet in België zijn gevestigd, ook al zijn zij onderworpen aan de boekhoudwetgeving van hun staat van vestiging en moeten zij een factuur uitreiken. In dergelijke gevallen zijn de verrichte betalingen in België niet belastbaar op grond van overeenkomsten ter voorkoming van dubbele belasting op ondernemingswinsten. De Belgische belastingdienst „geeft de fakkel door" aan de belastingdienst van de lidstaat waar de dienstverrichter is gevestigd, die als enige bevoegd is om na te gaan of deze laatste zijn inkomsten correct heeft aangegeven. Het gaat om een spontane en automatische uitwisseling van inlichtingen waaraan alle lidstaten en een aantal derde staten deelnemen, waarbij de aldus meegedeelde gegevens de gegevens op de individuele fiches zijn.

33. De Belgische regering is van mening dat de in artikel 57 WIB 1992 bedoelde individuele fiches en samenvattende opgaven onmisbaar blijven om de staat van vestiging van de dienstverrichter in de mogelijkheid te stellen die controle te verrichten. Indien de administratieve tolerantie zou worden uitgebreid tot betalingen van in België gevestigde vennootschappen aan in andere lidstaten gevestigde dienstverrichters zou dat betekenen dat van deze gegevensuitwisseling wordt afgezien en dat de controle die door deze uitwisseling mogelijk wordt gemaakt, in het gedrang komt.

34. Dienaangaande blijkt uit de rechtspraak dat de noodzaak om de doeltreffendheid van de belastingcontroles te waarborgen een dwingend vereiste van algemeen belang kan zijn dat een beperking van het vrij verrichten van diensten kan rechtvaardigen (arresten van 25 juli 2018, TTL, C-553/16, EU:C:2018:604, punt 57, en 3 maart 2020, Google Ireland, C-482/18, EU:C:2020:141, punt 47 en aldaar aangehaalde rechtspraak).

35. Zoals in punt 29 hierboven is opgemerkt, dienen maatregelen die de vrijheid van dienstverrichting beperken, evenwel geschikt te zijn om de verwezenlijking van het beoogde doel te waarborgen en mogen zij niet verder gaan dan noodzakelijk is om dat doel te bereiken (arrest van 10 maart 2021, An Bord Pleanála, C-739/19, EU:C:2021:185, punt 24).

36. Wat de geschiktheid van een regeling als in de hoofdgedingen betreft, zij eraan herinnerd dat een lidstaat ter waarborging van de doeltreffendheid van de belastingcontroles, die ertoe strekken belastingfraude te bestrijden, maatregelen mag toepassen die een duidelijke en nauwkeurige controle mogelijk maken van het bedrag van de kosten die in die staat als beroepskosten mogen worden afgetrokken (arrest van 5 juli 2012, SIAT, C-318/10, EU:C:2012:415, punt 44 en aldaar aangehaalde rechtspraak). Er is geen enkele reden om anders te oordelen met betrekking tot maatregelen die een dergelijke controle door een andere lidstaat mogelijk maken.

37. Zoals de Belgische regering in haar opmerkingen in wezen te kennen heeft gegeven, helpt de verplichting die aan in België gevestigde vennootschappen wordt opgelegd om aangifte te doen van uitgaven voor diensten die zij van in andere lidstaten gevestigde dienstverrichters hebben afgenomen, de belastingautoriteiten van deze lidstaten om na te gaan of de betalingen voor deze diensten wel degelijk in de belastbare inkomsten van de verkrijgers van de betalingen zijn opgenomen.

38. Wanneer de Belgische belastingdienst informatie over betalingen die uitsluitend in een andere lidstaat belastbaar zijn, die is opgenomen in de in artikel 57 WIB 1992 bedoelde individuele fiches, toezendt aan de belastingautoriteiten van die lidstaat, zou dat deze autoriteiten immers in staat kunnen stellen de belastingaangifte van de betrokken dienstverrichter te controleren.

39. Met betrekking tot de vraag of een regeling als in de hoofdgedingen niet verder gaat dan noodzakelijk is om de doelstelling van doeltreffende belastingcontroles te bereiken, zij er ten eerste aan herinnerd dat de Belgische regering ter verklaring van het bestaan van de in punt 5 hierboven bedoelde administratieve tolerantie heeft betoogd dat wanneer de dienstverrichter onderworpen is aan de Belgische boekhoudregels en krachtens de Belgische btw-regelgeving een factuur moet uitreiken, de in artikel 57 WIB 1992 bedoelde aangifteplicht grotendeels overlapt met de verplichtingen die krachtens deze regels en regelgeving op die dienstverrichter rusten. Zoals de Europese Commissie in haar opmerkingen heeft uiteengezet, berust de betrokken administratieve tolerantie dus op de premisse dat het risico van belastingfraude kleiner is bij dienstverrichters die krachtens het Belgische recht aan dergelijke verplichtingen inzake boekhouding en btw-facturering zijn onderworpen, dan bij dienstverrichters voor wie deze verplichtingen niet gelden.

40. Dienaangaande zij vastgesteld dat de regels inzake bedrijfsboekhouding en btw binnen de Europese Unie zijn geharmoniseerd, zodat in andere lidstaten gevestigde dienstverrichters en in België gevestigde dienstverrichters onderworpen zijn aan vergelijkbare verplichtingen. Voorts blijkt uit de in de hoofdgedingen aan de orde zijnde regeling dat het opstellen van individuele fiches en samenvattende opgaven niet noodzakelijk kan worden geacht om de Belgische belastingautoriteiten in staat te stellen de aangiften van in België gevestigde dienstverrichters te controleren, aangezien deze daarvan zijn vrijgesteld wanneer is voldaan aan de voorwaarden voor toepassing van de in punt 5 hierboven bedoelde administratieve tolerantie. Derhalve kan niet worden geoordeeld dat de informatie in de individuele fiches voor de belastingautoriteiten van de andere lidstaten onontbeerlijk is om de belastingaangiften van de op hun grondgebied gevestigde dienstverrichters te controleren.

41. Wat het argument van de Belgische regering betreft dat de aangifteplicht die aan in België gevestigde vennootschappen wordt opgelegd voor diensten van in andere lidstaten gevestigde dienstverrichters, noodzakelijk is voor de instandhouding van een spontane en automatische uitwisseling van gegevens waaraan alle lidstaten en een aantal derde landen deelnemen, moet ten tweede worden opgemerkt dat de Belgische regering geen bijzonderheden verstrekt over de rechtsgrondslag voor een dergelijke uitwisseling.

42. Zowel richtlijn 77/799/EEG van de Raad van 19 december 1977 betreffende de wederzijdse bijstand van de bevoegde autoriteiten van de lidstaten op het gebied van de directe belastingen (PB 1977, L 336, blz. 15) als richtlijn 2011/16/EU van de Raad van 15 februari 2011 betreffende de administratieve samenwerking op het gebied van de belastingen en tot intrekking van richtlijn 77/799/EEG (PB 2011, L 64, blz. 1, met rectificatie in PB 2013, L 162, blz. 15), waarbij volgens artikel 28 ervan richtlijn 77/799 is ingetrokken met ingang van 1 januari 2013, voorzag in de mogelijkheid voor de belastingautoriteiten van de lidstaten om fiscale informatie op te vragen bij de belastingautoriteiten van andere lidstaten en om onderling dergelijke informatie uit te wisselen. Geen van deze richtlijnen voorziet echter in een verplichting voor deze autoriteiten om gegevens als in de hoofdgedingen spontaan en automatisch uit te wisselen.

43. Voorts konden de belastingautoriteiten van een lidstaat op grond van artikel 2 juncto artikel 1 van richtlijn 77/799 de belastingautoriteiten van een andere lidstaat verzoeken hun voor een bepaald geval alle inlichtingen te verstrekken die van nut konden zijn voor een juiste vaststelling van de belastingschuld op het gebied van de belastingen naar het inkomen, daaronder begrepen de vennootschapsbelasting, en waren deze laatste belastingautoriteiten zo nodig verplicht een onderzoek in te stellen om de inlichtingen te kunnen verstrekken. De artikelen 1, 5 en 6 van richtlijn 2011/16 bevatten soortgelijke verplichtingen. Hieruit volgt dat de belastingautoriteiten van de lidstaten ook zonder spontane en automatische uitwisseling van gegevens in het kader van een onderzoek naar een bepaalde belastingplichtige alle inlichtingen kunnen verkrijgen die zij nodig hebben om de betrokken belastingschuld correct vast te stellen.

44. Ten derde zij er hoe dan ook aan herinnerd dat de in de hoofdgedingen aan de orde zijnde regeling gepaard gaat met een sanctie – „afzonderlijke aanslag" genoemd – die erin bestaat dat de vennootschapsbelasting wordt verhoogd met een bedrag dat, naargelang van de omstandigheden, gelijk is aan 50 % of 100 % van de bedragen die zijn gefactureerd door in andere lidstaten gevestigde dienstverrichters.

45. Volgens de Belgische regering heeft deze sanctie niet tot doel de niet-nakoming van de in artikel 57 WIB 1992 bedoelde aangifteformaliteiten te bestraffen, maar wil zij veeleer een dergelijke niet-nakoming ontmoedigen door het belastingvoordeel dat de afnemer en de dienstverrichter daaruit zouden kunnen halen, te neutraliseren.

46. Uit de door de verwijzende rechter verstrekte informatie, die door de Belgische regering is bevestigd, blijkt dat deze sanctie wordt opgelegd in alle gevallen waarin een Belgische vennootschap de aangifteplicht die op haar rust krachtens de in de hoofdgedingen aan de orde zijnde regeling niet is nagekomen zonder gebruik te maken van de in punt 26 hierboven omschreven mogelijkheden om deze sanctie te voorkomen. Gesteld al dat de betaler van deze verplichting is vrijgesteld wanneer het bedrag van de betalingen niet meer dan 125 EUR beloopt, zoals de Belgische regering heeft betoogd, is het dus duidelijk dat, behoudens deze de-minimisdrempel, deze sanctie ook wordt toegepast wanneer de dienstverrichter in zijn lidstaat van vestiging daadwerkelijk aangifte heeft gedaan van de Belgische inkomsten die hij ter vergoeding van zijn diensten heeft ontvangen. De sanctie wordt dus ook opgelegd wanneer de niet-nakoming van de aangifteplicht door de afnemer of de verrichter van de betrokken diensten er niet toe heeft geleid dat er inkomsten onbelast zijn gebleven.

47. Het staat de lidstaten vrij om sancties op te leggen wanneer de door hen voorgeschreven administratieve verplichtingen niet worden nagekomen, mits deze sancties evenredig zijn aan het nagestreefde doel. Een sanctie waarbij de belasting wordt verhoogd met een bedrag dat kan oplopen tot 50 % of zelfs 100 % van de waarde van de betrokken diensten – ook wanneer geen inkomsten onbelast zijn gebleven – gaat echter verder dan nodig is om de doeltreffendheid van de belastingcontroles te waarborgen. Dat deze sanctie onevenredig is blijkt des te meer omdat een zuiver binnen België verrichte dienst wegens de in punt 5 hierboven bedoelde administratieve tolerantie niet tot een sanctie kan leiden, zelfs wanneer de dienstverrichter de ontvangen betaling niet heeft aangegeven.

48. Hieruit volgt dat de in punt 25 van het onderhavige arrest bedoelde beperking evenmin kan worden gerechtvaardigd uit het oogpunt van de bestrijding van belastingfraude, zoals verzoeksters in de hoofdgedingen en de Commissie in hun opmerkingen hebben aangevoerd. Deze doelstelling vormt een dwingende reden van algemeen belang die een beperking van de uitoefening van de door het VWEU gegarandeerde vrijheden van verkeer kan rechtvaardigen (zie in die zin arrest van 11 juni 2009, X en Passenheim-van Schoot, C-155/08 en C-157/08, EU:C:2009:368, punt 45 en aldaar aangehaalde rechtspraak). In casu is het juist dat de betrokken regeling, wegens de in punt 44 hierboven bedoelde sanctie, kan bijdragen tot het ontmoedigen van belastingfraude. Daar deze sanctie ook wordt opgelegd wanneer er geen sprake is van belastingfraude, zoals in punt 46 van het onderhavige arrest is opgemerkt, gaat zij echter verder dan nodig is om dit doel te bereiken.

49. Gelet op een en ander moet op de prejudiciële vraag worden geantwoord dat artikel 56 VWEU aldus moet worden uitgelegd dat het zich verzet tegen een regeling van een lidstaat volgens welke iedere aldaar gevestigde vennootschap de belastingdienst overzichten moet verstrekken van betalingen ter vergoeding van diensten die zijn afgenomen van dienstverrichters die gevestigd zijn in een andere lidstaat, waar zij onderworpen zijn aan de regels inzake bedrijfsboekhouding en aan de verplichting om overeenkomstig de btw-regelgeving facturen uit te reiken, bij gebreke waarvan de vennootschapsbelasting met 50 % of 100 % van de waarde van deze diensten wordt verhoogd, terwijl die eerste lidstaat overeenkomstig een administratieve praktijk geen vergelijkbare verplichting oplegt wanneer de diensten worden verleend door dienstverrichters die op zijn eigen grondgebied zijn gevestigd.

Kosten

50. ...

Het Hof (Zevende kamer)

verklaart voor recht:

Artikel 56 VWEU moet aldus worden uitgelegd dat het zich verzet tegen een regeling van een lidstaat volgens welke iedere aldaar gevestigde vennootschap de belastingdienst overzichten moet verstrekken van betalingen ter vergoeding van diensten die zijn afgenomen van dienstverrichters die gevestigd zijn in een andere lidstaat, waar zij onderworpen zijn aan de regels inzake bedrijfsboekhouding en aan de verplichting om overeenkomstig de regelgeving inzake de belasting over de toegevoegde waarde facturen uit te reiken, bij gebreke waarvan de vennootschapsbelasting met 50 % of 100 % van de waarde van deze diensten wordt verhoogd, terwijl die eerste lidstaat overeenkomstig een administratieve praktijk geen vergelijkbare verplichting oplegt wanneer de diensten worden verleend door dienstverrichters die op zijn eigen grondgebied zijn gevestigd.

HvJ EU 17 maart 2022, zaak C-545/19 (AllianzGI-Fonds AEVN v. Autoridade Tributária e Aduaneira)

Tweede kamer: *A. Arabadjiev, president van de Eerste kamer, waarnemend voor de president van de Tweede kamer, I. Ziemele, T. von Danwitz, P. G. Zuereb (rapporteur) en A. Kumin, rechters*

Advocaat-Generaal: J. Kokott

Voorlopige editie

1. Het verzoek om een prejudiciële beslissing heeft betrekking op de uitlegging van de artikelen 56 en 63 VWEU.

2. Dit verzoek is ingediend in het kader van een geding tussen AllianzGI-Fonds AEVN en de Autoridade Tributária e Aduaneira (belasting- en douanedienst, Portugal) over de nietigverklaring van handelingen waarbij deze dienst de vennootschapsbelasting over de jaren 2015 en 2016 aan de bron heeft ingehouden.

Portugees recht

3. Artikel 22.° van het Estatuto dos Beneficios Fiscais (regeling inzake belastingvoordelen; hierna: „EBF"), in de op het hoofdgeding toepasselijke versie, bepaalde:

> „1 – Beleggingsfondsen die beleggen in effecten, beleggingsfondsen die beleggen in onroerend goed, beleggingsmaatschappijen die beleggen in effecten en beleggingsmaatschappijen die beleggen in onroerend goed en overeenkomstig nationaal recht zijn opgericht en hun activiteiten uitoefenen, zijn onderworpen aan de vennootschapsbelasting overeenkomstig het bepaalde in dit artikel.
>
> [...]
>
> 3 – Bij het bepalen van de belastbare winst wordt geen rekening gehouden met de in de artikelen 5.°, 8.° en 10.° van de [Código do Imposto sobre o Rendimento das Pessoas Singulares (wetboek inkomstenbelasting natuurlijke personen)] bedoelde inkomsten, behoudens indien die inkomsten afkomstig zijn van een entiteit die ingezetene is of haar zetel heeft in een land, gebied of regio waar een significant gunstigere fiscale regeling geldt, zoals opgenomen in de lijst die is vastgesteld bij besluit van het regeringslid dat verantwoordelijk is voor financiën, noch met de voor het verkrijgen van die inkomsten gemaakte kosten en de kosten bedoeld in artikel 23.°-A van de [Código do Imposto sobre o Rendimento das Pessoas Coletivas (wetboek vennootschapsbelasting)], noch met de inkomsten – inclusief aftrekposten – en de kosten die verband houden met beheersvergoedingen of andere vergoedingen die zijn betaald aan ondernemingen als bedoeld in lid 1.
>
> [...]
>
> 6 – De in lid 1 bedoelde entiteiten zijn vrijgesteld van betaling van de *derrama municipal* (gemeentelijke belasting over de belastbare inkomsten) en van de *derrama estadual* (staatsbelasting over de belastbare winst boven een bepaald bedrag).
>
> 7 – Op fusies, splitsingen of intekeningen met een tegenprestatie in natura waaraan wordt deelgenomen door de in lid 1 bedoelde entiteiten, ook indien die geen rechtspersoonlijkheid hebben, zijn de artikelen 73.°, 74.°, 76.° en 78.° van het wetboek vennootschapsbelasting van overeenkomstige toepassing. Op intekeningen met tegenprestatie in natura moet de regeling betreffende de inbreng van activa als bedoeld in artikel 73.°, lid 3, van dat wetboek worden toegepast.
>
> 8 – De specifieke belastingtarieven vastgelegd in artikel 88.° van het wetboek vennootschapsbelasting zijn in het kader van de onderhavige regeling van overeenkomstige toepassing.
>
> [...]
>
> 10 – Over door belastingplichtigen als bedoeld in lid 1 verkregen inkomsten hoeft geen vennootschapsbelasting aan de bron te worden ingehouden.
>
> [...]
>
> 14 – Het bepaalde in lid 7 is van toepassing op de in dat lid genoemde transacties waaraan wordt deelgenomen door entiteiten waarvan het hoofdkantoor, de werkelijke leiding of de statutaire zetel zich bevindt op Portugees grondgebied of in een andere lidstaat van de Europese Unie of de Europese Economische Ruimte. In dit laatste geval dient er een verplichting te bestaan tot administratieve samenwerking op het gebied van de uitwisseling van inlichtingen en het verlenen van bijstand bij de belastinginning, die gelijkwaardig is aan die welke de Europese Unie kent.

15 – Beheermaatschappijen van beleggingsmaatschappijen of beleggingsfondsen als bedoeld in lid 1 zijn hoofdelijk aansprakelijk voor de belastingschulden van door hen beheerde beleggingsmaatschappijen of beleggingsfondsen."

4. Artikel 22.°-A EBF bepaalt:

„1 – Onverminderd lid 3 worden de inkomsten uit rechten van deelneming in of aandelen van entiteiten die onder de regeling van het voorgaande artikel vallen, overeenkomstig de volgende bepalingen onderworpen aan de belasting over de inkomsten van natuurlijke personen of de vennootschapsbelasting:

a. in het geval van inkomsten die worden uitgekeerd aan begunstigden die in Portugal zijn ingezeten of in het geval van inkomsten die aan een op dat grondgebied gelegen vaste inrichting kunnen worden toegerekend, door middel van bronbelasting:

i. tegen het in artikel 71.°, lid 1, van het wetboek inkomstenbelasting natuurlijke personen bepaalde tarief wanneer de begunstigden onderworpen zijn aan deze belasting, waarbij de bronbelasting definitief is wanneer de inkomsten worden verkregen buiten een commerciële, industriële of landbouwactiviteit;

ii. tegen het in artikel 94.°, lid 4, van het wetboek vennootschapsbelasting bepaalde tarief wanneer de begunstigden aan deze belasting zijn onderworpen, waarbij de bronbelasting een voorschot vormt, tenzij de belastingplichtige vrijstelling geniet van de vennootschapsbelasting die kapitaalinkomsten uitsluit, in welk geval zij definitief is;

[...]

c. in het geval van inkomsten uit rechten van deelneming in vastgoedfondsen en aandelen in vastgoedbeleggingsmaatschappijen waarvan de begunstigden niet-ingezeten belastingplichtigen zijn die geen vaste inrichting op Portugees grondgebied hebben waaraan deze inkomsten kunnen worden toegerekend, door middel van een definitieve bronbelasting tegen een tarief van 10 % wanneer het gaat om uitgekeerde inkomsten of inkomsten uit de terugkoop van aandelen of, in het bijzonder, tegen een tarief van 10 % in de andere gevallen;

d. in het geval van inkomsten uit rechten van deelneming in beleggingsfondsen voor effecten of aandelen in beleggingsvennootschappen die onder de in het vorige artikel bedoelde regeling vallen, met inbegrip van de meerwaarden die voortvloeien uit de terugkoop of de liquidatie van die rechten of aandelen, waarvan de begunstigden geen ingezetenen van Portugal zijn en daar geen vaste inrichting hebben waaraan deze inkomsten kunnen worden toegerekend, zijn deze inkomsten vrijgesteld van de belasting over de inkomsten van natuurlijke personen en van de vennootschapsbelasting;

e. in de overige gevallen, overeenkomstig de bepalingen van het wetboek inkomstenbelasting natuurlijke personen of het wetboek vennootschapsbelasting.

2 – De bepalingen onder a), i), en onder b), van het voorgaande lid gelden onverminderd een keuze voor belastingheffing over de totale inkomsten wanneer het gaat om inkomsten die belastingplichtigen die aan de belasting over de inkomsten van natuurlijke personen zijn onderworpen, buiten een commerciële, industriële of landbouwactiviteit hebben verworven, in welk geval de bronbelasting een voorschot vormt overeenkomstig artikel 78.° van het wetboek inkomstenbelasting natuurlijke personen.

3 – De bepalingen van lid 1, onder c) en d), zijn niet van toepassing en de inkomsten worden overeenkomstig lid 1, onder a), b) of e), belast indien:

a. de begunstigden ingezeten zijn in een land, gebied of regio waarvoor een duidelijk gunstiger belastingregeling geldt, volgens de bij besluit van het regeringslid dat verantwoordelijk is voor financiën goedgekeurde lijst;

b. de begunstigden niet-ingezeten entiteiten zijn die voor meer dan 25 % direct of indirect in handen zijn van op het nationale grondgebied ingezeten entiteiten of natuurlijke personen.

[...]

13 – Voor de toepassing van deze regeling worden de inkomsten uit deelnemingen in vastgoedfondsen en de aandelen in vastgoedbeleggingsmaatschappijen, met inbegrip van de meerwaarden die voortvloeien uit de overdracht onder bezwarende titel, de terugkoop of liquidatie van dergelijke deelnemingen of aandelen, beschouwd als inkomsten uit onroerend goed."

5. Artikel 3.°, lid 1, van het wetboek vennootschapsbelasting, in de op het hoofdgeding toepasselijke versie, luidde als volgt:

„De vennootschapsbelasting wordt geheven over:

[...]

d.de inkomsten in de categorieën waarover bij natuurlijke personen inkomstenbelasting wordt geheven, evenals de vermogensaanwas die zonder tegenprestatie wordt verkregen door entiteiten als bedoeld in lid 1, onder c), van het vorige artikel en die niet beschikken over een vaste inrichting of die, indien zij daar wel over beschikken, die vermogensaanwas niet aan die inrichting kunnen toerekenen."

6. Artikel 4.° van dit wetboek bepaalt:

„2 – Rechtspersonen en andere entiteiten waarvan noch de werkelijke leiding noch de statutaire zetel zich op Portugees grondgebied bevindt, zijn slechts belastingplichtig voor de vennootschapsbelasting met betrekking tot de inkomsten die zij op dat grondgebied verkrijgen.
3 – Voor de toepassing van het bepaalde in het vorige lid worden onder inkomsten verkregen op Portugees grondgebied verstaan: inkomsten die kunnen worden toegerekend aan een vaste inrichting op dat grondgebied, alsook de volgende inkomsten die niet aan die voorwaarde voldoen:
[...]
c. de volgende inkomsten die worden uitgekeerd door een schuldenaar die is gevestigd op Portugees grondgebied of waarvan de zetel van de werkelijke leiding of de statutaire zetel zich op Portugees grondgebied bevindt, of waarvan de uitkering kan worden toegerekend aan een vaste inrichting op dat grondgebied:
[...]
3. andere kapitaalinkomsten;
[...]"

7. Artikel 87.°, lid 4, van dit wetboek bepaalt:

„Het tarief van de vennootschapsbelasting dat van toepassing is op de inkomsten van entiteiten waarvan noch de werkelijke leiding noch de statutaire zetel zich op Portugees grondgebied bevindt en die niet beschikken over een vaste inrichting op dat grondgebied waaraan die inkomsten kunnen worden toegerekend, bedraagt 25 % [...]."

8. Artikel 88.°, lid 11, van ditzelfde wetboek luidt:

„Winst die door entiteiten die onderworpen zijn aan de vennootschapsbelasting, wordt uitgekeerd aan belastingplichtigen die een gedeeltelijke of volledige vrijstelling genieten, wordt belast tegen een specifiek tarief van 23 %; in dat geval geldt dit ook voor kapitaalinkomsten, wanneer de aandelen in verband waarmee die winst is verkregen, gedurende het jaar voorafgaand aan de terbeschikkingstelling ervan niet ononderbroken in handen van dezelfde belastingplichtige zijn gebleven en niet zijn behouden gedurende de tijd die nodig is om dat tijdvak te completeren."

9. Artikel 94.° van het wetboek vennootschapsbelasting luidt:

„1 – Over de volgende op Portugees grondgebied verkregen inkomsten wordt vennootschapsbelasting ingehouden aan de bron:
[...]
c. kapitaalinkomsten die niet onder de voorgaande punten vallen en inkomsten uit onroerend goed, beide zoals gedefinieerd voor de toepassing van de belasting over de inkomsten van natuurlijke personen, wanneer de persoon die die inkomsten verschuldigd is, onderworpen is aan de vennootschapsbelasting of wanneer de inkomsten kosten vormen in het kader van de bedrijfs- of beroepsactiviteit van belastingplichtigen die onderworpen zijn aan de belasting over de inkomsten van natuurlijke personen en een boekhouding voeren of verplicht zijn een boekhouding te voeren;
[...]
3 – Heffingen aan de bron zijn voorheffingen, behoudens in de hiernavolgende gevallen, waarin ze definitief zijn:
[...]
b. wanneer de rechthebbende op de inkomsten, met uitzondering van inkomsten uit onroerend goed, een niet-ingezeten entiteit is die niet beschikt over een vaste inrichting op Portugees grondgebied of die daar wel over beschikt, maar die inkomsten niet aan die inrichting kan toerekenen;
[...]
5 – Het vorige lid is niet van toepassing op inhoudingen die overeenkomstig lid 3 definitief van aard zijn, waarop de in artikel 87.° vastgestelde tarieven worden toegepast.
6 – De verplichting om vennootschapsbelasting aan de bron in te houden ontstaat op de datum waarop een identieke verplichting ontstaat uit hoofde van het wetboek inkomstenbelasting natuurlijke personen of, bij gebreke daarvan, op de datum waarop de inkomsten ter beschikking van de begunstigden worden gesteld. De ingehouden bedragen moeten vóór de twintigste dag van de maand die volgt op de maand

waarin zij zijn ingehouden, aan de Staat worden afgedragen, in overeenstemming met het wetboek inkomstenbelasting natuurlijke personen of de regelingen tot uitvoering daarvan."

10. Punt 29 van de algemene tabel in de [Código do Imposto do Selo (wetboek inzake de zegelbelasting)], in de op het hoofdgeding toepasselijke versie, bepaalde:

„29 – Nettoboekwaarde van instellingen voor collectieve belegging die binnen de werkingssfeer van artikel 22.° EBF vallen:
29.1 – instellingen voor collectieve belegging die uitsluitend beleggen in marketinginstrumenten en deposito's: 0,0025 % van de nettoboekwaarde voor elk kwartaal;
29.2 – andere instellingen voor collectieve belegging: 0,00125 % van de nettoboekwaarde voor elk kwartaal."

Hoofdgeding en prejudiciële vragen

11. AllianzGI-Fonds AEVN is een instelling voor collectieve belegging (icb) van het open-end type die krachtens de Duitse wetgeving is opgericht en in Duitsland is gevestigd. Zij wordt beheerd door een eveneens in Duitsland gevestigde beheersmaatschappij, die noch in Portugal ingezeten is noch aldaar een vaste inrichting heeft.

12. Aangezien AllianzGI-Fonds AEVN haar fiscale woonplaats in Duitsland heeft, is zij krachtens de Duitse regeling in deze lidstaat vrijgesteld van vennootschapsbelasting. Deze fiscale status belet haar om in het buitenland betaalde belastingen terug te vorderen in de vorm van een belastingkrediet wegens internationale dubbele belasting of om teruggaaf van die belastingen te eisen.

13. In 2015 en 2016 had AllianzGI-Fonds AEVN deelnemingen in verschillende in Portugal gevestigde vennootschappen. De dividenden die zij uit dien hoofde in de loop van deze twee jaren heeft ontvangen, zijn overeenkomstig artikel 87.°, lid 4, onder c), van het wetboek vennootschapsbelasting onderworpen aan een definitieve bronbelasting van 25 %, voor een totaalbedrag van 39 371,29 EUR.

14. Voor 2015 kreeg AllianzGI-Fonds AEVN de terugbetaling van 5 065,98 EUR overeenkomstig de tussen de Portugese Republiek en de Bondsrepubliek Duitsland gesloten overeenkomst tot het vermijden van dubbele belasting, die voorziet in een maximumtarief van 15 % voor de belasting van dividenden.

15. Op 29 december 2017 heeft AllianzGI-Fonds AEVN bij de belasting- en douanedienst bezwaar ingediend tegen de besluiten waarbij deze laatste de vennootschapsbelasting voor de jaren 2015 en 2016 aan de bron heeft ingehouden. Zij verzocht om nietigverklaring van deze besluiten wegens schending van het Unierecht en erkenning van haar recht op teruggaaf van de in Portugal ten onrechte geheven belasting. Dit verzoek is bij besluit van 13 november 2018 afgewezen.

16. Op 12 februari 2019 heeft AllianzGI-Fonds AEVN zich gewend tot de verwijzende rechter, de Tribunal Arbitral Tributário (Centro de Arbitragem Administrativa – CAAD) [scheidsgerecht voor belastingzaken (centrum voor bestuursrechtelijke arbitrage – CAAD), Portugal], met het oog op de nietigverklaring van de besluiten tot inhouding van bronbelasting voor het restant van 34 305,31 EUR.

17. Voor de verwijzende rechter voert AllianzGI-Fonds AEVN aan dat de icb's die volgens de Portugese regeling zijn opgericht en hun activiteiten uitoefenen, in 2015 en 2016 onderworpen waren aan een gunstigere belastingregeling dan die waaraan zij in Portugal onderworpen was, aangezien die instellingen op grond van artikel 22.°, lid 3, EBF waren vrijgesteld van de vennootschapsbelasting met betrekking tot dividenden die door in Portugal gevestigde vennootschappen werden uitgekeerd. AllianzGI-Fonds AEVN meent dat de heffing van 25 % over dividenden die zij van in Portugal gevestigde vennootschappen heeft ontvangen, een door artikel 18 VWEU verboden discriminerende behandeling en een door artikel 63 VWEU verboden beperking van het vrije verkeer van kapitaal vormt.

18. De belasting- en douanedienst stelt dat de Portugese belastingregeling die van toepassing is op icb's die volgens de nationale regeling zijn opgericht en hun activiteiten uitoefenen, en die welke van toepassing is op in Duitsland opgerichte en gevestigde icb's, naar hun aard niet vergelijkbaar zijn aangezien eerstgenoemde regeling evenmin uitsluit dat de daaronder vallende instellingen worden belast over dividenden, hetzij door middel van het zegelrecht, hetzij door middel van de specifieke belasting als bedoeld in artikel 88.°, lid 11, van het wetboek vennootschapsbelasting. Aangezien de heffing van dividendbelasting geschiedt volgens verschillende regelingen, wijst niets erop dat de belastingdruk op dividenden die worden uitgekeerd aan icb's die volgens de Portugese regeling zijn opgericht en hun activiteiten uitoefenen, lager is dan de belastingdruk op dividenden die een instelling als AllianzGI-Fonds AEVN in Portugal ontvangt. De belasting- en douanedienst

voegt daaraan toe dat evenmin is aangetoond dat het deel van de door AllianzGI-Fonds AEVN niet-teruggevorderde belasting niet kan worden teruggevorderd door haar investeerders.

19. De verwijzende rechter wenst te vernemen of het feit dat dividenden die door in Portugal gevestigde vennootschappen worden uitgekeerd aan icb's die hun zetel in deze lidstaat hebben en die volgens de Portugese regeling zijn opgericht en hun activiteiten uitoefenen, zijn vrijgesteld van de vennootschapsbelasting terwijl dividenden die door dergelijke vennootschappen worden uitgekeerd aan icb's die hun zetel in een andere lidstaat van de Unie hebben en dus niet overeenkomstig de nationale wetgeving zijn opgericht of werkzaam zijn, tegen een tarief van 25 % worden belast, in strijd is met artikel 56 VWEU inzake het vrij verrichten van diensten of artikel 63 VWEU inzake het vrije verkeer van kapitaal.

20. In die omstandigheden heeft de Tribunal Arbitral Tributário (Centro de Arbitragem Administrativa – CAAD) de behandeling van de zaak geschorst en het Hof verzocht om een prejudiciële beslissing over de volgende vragen:

> „1. Staat [artikel 63 VWEU], betreffende het vrije verkeer van kapitaal, of [artikel 56 VWEU], betreffende het vrij verrichten van diensten, in de weg aan een belastingregeling als aan de orde in het hoofdgeding, die is opgenomen in artikel 22.° [EBF], dat voorziet in een definitieve bronbelasting op dividenden die door Portugese vennootschappen worden uitgekeerd aan [icb's] die geen ingezetene van Portugal zijn, maar zijn gevestigd in andere lidstaten van de Unie, terwijl naar Portugees fiscaal recht opgerichte icb's die voor belastingdoeleinden ingezetene van Portugal zijn, een vrijstelling van bronbelasting op de inkomsten in kwestie kunnen genieten?
> 2. Leidt de in het hoofdgeding aan de orde zijnde nationale regeling, doordat deze voorziet in een bronbelasting op dividenden die worden uitgekeerd aan niet-ingezeten icb's, en de mogelijkheid om een vrijstelling van die bronbelasting te verkrijgen voorbehoudt aan ingezeten icb's, tot een ongunstiger behandeling van dividenden die worden uitgekeerd aan niet-ingezeten icb's, aangezien de laatste die vrijstelling op generlei wijze kunnen genieten?
> 3. Is de belastingregeling voor aandeelhouders van een icb relevant voor de beoordeling van het discriminerende karakter van de Portugese regeling die voorziet in een specifieke en verschillende fiscale behandeling van enerzijds (ingezeten) icb's en anderzijds de aandeelhouders van die icb's? Of dient – nu de belastingregeling voor ingezeten icb's geenszins wordt beïnvloed of gewijzigd door het feit dat de aandeelhouders ervan al dan niet ingezetene van Portugal zijn – om te bepalen of de situaties vergelijkbaar zijn met het oog op de beoordeling van het discriminerende karakter van voornoemde regeling, slechts de belastingregeling in aanmerking te worden genomen die van toepassing is op het beleggingsvehikel?
> 4. Is het verschil in behandeling tussen in Portugal ingezeten en niet in Portugal ingezeten icb's toelaatbaar, gelet op het feit dat in Portugal ingezeten natuurlijke of rechtspersonen met aandelen in (ingezeten of niet-ingezeten) icb's in beide gevallen in gelijke mate (en doorgaans zonder vrijstelling) onderworpen zijn aan de belasting op door icb's uitgekeerde inkomsten, terwijl niet-ingezeten aandeelhouders een hogere belasting moeten betalen?
> 5. Is het – gelet op het feit dat de discriminatie die in het onderhavige geding aan de orde is samenhangt met een verschillende belastingheffing op inkomsten uit dividenden die door ingezeten icb's aan hun aandeelhouders worden uitgekeerd –, met het oog op de beoordeling of de belasting van die inkomsten vergelijkbaar is, rechtmatig om rekening te houden met andere belastingen of heffingen die verschuldigd zijn in het kader van door icb's verrichte beleggingen? Is het inzonderheid, met het oog op de analyse van het vergelijkbare karakter, rechtmatig en toelaatbaar om rekening te houden met het effect van vermogensbelastingen, uitgavenbelastingen of andere belastingen, en niet uitsluitend met de belasting over de inkomsten van icb's, met inbegrip van eventuele specifieke belastingen?"

Verzoek tot heropening van de mondelinge behandeling

21. Naar aanleiding van de conclusie van de advocaat-generaal heeft AllianzGI-Fonds AEVN bij akte, neergelegd ter griffie van het Hof op 21 juli 2021, verzocht om heropening van de mondelinge behandeling overeenkomstig artikel 83 van het Reglement voor de procesvoering van het Hof.

22. Ter ondersteuning van haar verzoek voert AllianzGI-Fonds AEVN in wezen aan dat de conclusie van de advocaat-generaal, voor zover daarin de vraag van de toepasselijkheid in het hoofdgeding van artikel 14.°, lid 3, van het wetboek vennootschapsbelasting wordt onderzocht, berust op nieuwe elementen die door partijen nog niet zijn besproken. AllianzGI-Fonds AEVN verwijst in het bijzonder naar de punten 10, 20 en 92 van deze conclusie. Zij betwist bovendien zowel de uitlegging die de advocaat-generaal geeft aan de gestelde noodzaak om te voorkomen dat door niet-ingezeten icb's uitgekeerde dividenden niet worden belast als haar analyse met betrekking tot de toepassing van het zegelrecht over dividenden als heffingstechniek.

23. In dit verband zij eraan herinnerd dat, ten eerste, het Statuut van het Hof van Justitie van de Europese Unie en het Reglement voor de procesvoering van het Hof de in artikel 23 van dat Statuut bedoelde belanghebbenden niet de mogelijkheid bieden om in antwoord op de conclusie van de advocaat-generaal opmerkingen in te dienen (arrest van 3 maart 2020, Tesco-Global Áruházak, C-323/18, EU:C:2020:140, punt 22 en aldaar aangehaalde rechtspraak).

24. Ten tweede neemt de advocaat-generaal op grond van artikel 252, tweede alinea, VWEU in het openbaar in volkomen onpartijdigheid en onafhankelijkheid met redenen omklede conclusies aangaande zaken waarin zulks overeenkomstig het Statuut van het Hof van Justitie van de Europese Unie is vereist. Het Hof is niet gebonden door die conclusies of door de motivering op grond waarvan de advocaat-generaal daartoe komt. Bijgevolg kan het feit dat een betrokken partij het oneens is met de conclusie van de advocaat-generaal, ongeacht welke kwesties hij daarin onderzoekt, als zodanig geen grond voor de heropening van de mondelinge behandeling opleveren (arrest van 3 maart 2020, Tesco-Global Áruházak, C-323/18, EU:C:2020:140, punt 23 en aldaar aangehaalde rechtspraak).

25. Het Hof kan echter overeenkomstig artikel 83 van zijn Reglement voor de procesvoering in elke stand van het geding, de advocaat-generaal gehoord, de heropening van de mondelinge behandeling gelasten, met name wanneer het zich onvoldoende voorgelicht acht of wanneer de zaak moet worden beslecht op basis van een argument waarover de partijen hun standpunten niet hebben kunnen uitwisselen (arrest van 3 maart 2020, Tesco-Global Áruházak, C-323/18, EU:C:2020:140, punt 24 en aldaar aangehaalde rechtspraak).

26. In casu is het Hof echter van oordeel dat het, de advocaat-generaal gehoord, aan het einde van de schriftelijke behandeling beschikt over alle gegevens die nodig zijn om uitspraak te kunnen doen, gelet op de preciseringen die de verwijzende rechter heeft verstrekt in antwoord op het verzoek van het Hof om aanvullende informatie en op de antwoorden van partijen op de schriftelijke vragen van het Hof. Bovendien hoeft de onderhavige zaak niet te worden beslecht op basis van een argument waarover partijen hun standpunten niet hebben kunnen uitwisselen, en blijkt uit het verzoek om heropening van de mondelinge behandeling geen enkel nieuw feit dat van invloed kan zijn op de te nemen beslissing.

27. Overigens kan, in het licht van de in punt 24 van het onderhavige arrest uiteengezette rechtspraak, de betwisting door AllianzGI-Fonds AEVN van de analyse in de conclusie van de advocaat-generaal met betrekking tot, ten eerste, de gestelde noodzaak om te voorkomen dat door niet-ingezeten icb's uitgekeerde dividenden niet worden belast en, ten tweede, de toepassing van het zegelrecht over dividenden als heffingstechniek, geen heropening van de mondelinge behandeling rechtvaardigen.

28. In die omstandigheden ziet het Hof, de advocaat-generaal gehoord, geen aanleiding om de heropening van de mondelinge behandeling te gelasten.

Beantwoording van de prejudiciële vragen

29. Met zijn vijf vragen, die tezamen moeten worden beoordeeld, wenst de verwijzende rechter in wezen te vernemen of de artikelen 56 en 63 VWEU aldus moeten worden uitgelegd dat zij zich verzetten tegen een regeling van een lidstaat op grond waarvan dividenden die door ingezeten vennootschappen worden uitgekeerd aan een niet-ingezeten icb, aan bronbelasting zijn onderworpen, terwijl dividenden die worden uitgekeerd aan een ingezeten icb, van een dergelijke belasting zijn vrijgesteld. Deze rechter vraagt zich af of deze verschillende fiscale behandeling naargelang van de vestigingsplaats van de begunstigde instelling kan worden gerechtvaardigd door het feit dat ingezeten icb's aan een andere heffingstechniek zijn onderworpen, en of bij de beoordeling van de vergelijkbaarheid van de situatie van ingezeten en niet-ingezeten icb's met het oog op de vaststelling of er tussen hen een objectief verschil bestaat dat het door de regeling van deze lidstaat ingevoerde verschil in behandeling kan rechtvaardigen, enkel rekening moet worden gehouden met het beleggingsvehikel of ook met de situatie van de aandeelhouders ervan.

De toepasselijke vrijheid van verkeer

30. Aangezien de prejudiciële vraag is gesteld uit het oogpunt van zowel artikel 56 VWEU als artikel 63 VWEU, dient vooraf te worden uitgemaakt of – en in voorkomend geval in hoeverre – een nationale regeling als die welke in het hoofdgeding aan de orde is, de uitoefening van de vrijheid van dienstverrichting en/of het vrije verkeer van kapitaal ongunstig kan beïnvloeden.

31. In dit verband volgt uit vaste rechtspraak dat om te bepalen of een nationale wettelijke regeling onder de ene of de andere van de door het VWEU gewaarborgde fundamentele vrijheden valt, rekening moet worden gehouden met het voorwerp van de regeling in kwestie (zie in die zin arresten van 21 juni 2018, Fidelity Funds

e.a., C-480/16, EU:C:2018:480, punt 33 en aldaar aangehaalde rechtspraak, en 3 maart 2020, Tesco-Global Áruházak, C-323/18, EU:C:2020:140, punt 51 en aldaar aangehaalde rechtspraak).

32. Het hoofdgeding heeft betrekking op een verzoek tot nietigverklaring van handelingen waarbij bronbelasting is geheven over dividenden die in 2015 en 2016 door in Portugal gevestigde vennootschappen aan verzoekster in het hoofdgeding zijn uitgekeerd, en de verenigbaarheid met het Unierecht van een nationale regeling die de mogelijkheid om in aanmerking te komen voor vrijstelling van bronbelasting voorbehoudt aan icb's die volgens de Portugese regeling zijn opgericht en hun activiteiten uitoefenen, of waarvan de beheersmaatschappij via een vaste inrichting in Portugal actief is.

33. Aangezien de in het hoofdgeding aan de orde zijnde nationale regeling aldus betrekking heeft op de fiscale behandeling van door icb's ontvangen dividenden, moet ervan worden uitgegaan dat de in het hoofdgeding aan de orde zijnde situatie onder het vrije verkeer van kapitaal valt (zie naar analogie arrest van 21 juni 2018, Fidelity Funds e.a., C-480/16, EU:C:2018:480, punten 35 en 36).

34. Gesteld bovendien dat de in het hoofdgeding aan de orde zijnde wettelijke regeling de werkzaamheden van een icb die is gevestigd in een andere lidstaat – waar zij rechtmatig soortgelijke diensten verricht – dan de Portugese Republiek verbiedt, belemmert of minder aantrekkelijk maakt, vloeien deze gevolgen onvermijdelijk voort uit de fiscale behandeling van dividenden die worden uitgekeerd aan deze niet-ingezeten instelling, en rechtvaardigen zij niet dat de prejudiciële vragen afzonderlijk worden getoetst aan de vrijheid van dienstverrichting. Deze vrijheid lijkt in casu immers ondergeschikt aan het vrije verkeer van kapitaal en kan daarmee worden verbonden (zie naar analogie arrest van 21 juni 2018, Fidelity Funds e.a., C-480/16, EU:C:2018:480, punt 37).

35. Gelet op het voorgaande moet de in het hoofdgeding aan de orde zijnde nationale regeling uitsluitend aan artikel 63 VWEU worden getoetst.

Is er sprake van een beperking van het vrije kapitaalverkeer?

36. Volgens vaste rechtspraak van het Hof strekken de maatregelen die krachtens artikel 63, lid 1, VWEU verboden zijn omdat zij het vrije kapitaalverkeer beperken, zich uit tot maatregelen die niet-ingezetenen ervan kunnen doen afzien investeringen in een lidstaat te doen, of die ingezetenen kunnen ontmoedigen investeringen in andere lidstaten te doen (zie met name arresten van 2 juni 2016, Pensioenfonds Metaal en Techniek, C-252/14, EU:C:2016:402, punt 27 en aldaar aangehaalde rechtspraak, en 30 januari 2020, Köln-Aktienfonds Deka, C-156/17, EU:C:2020:51, punt 49 en aldaar aangehaalde rechtspraak).

37. In casu staat vast dat de belastingvrijstelling waarin de in het hoofdgeding aan de orde zijnde nationale regeling voorziet, wordt verleend aan icb's die volgens de Portugese regeling zijn opgericht en hun activiteiten uitoefenen, terwijl dividenden die worden uitgekeerd aan in een andere lidstaat gevestigde icb's, niet voor deze vrijstelling in aanmerking komen.

38. De in het hoofdgeding aan de orde zijnde nationale regeling leidt dus tot een nadelige behandeling van dividenden die worden uitgekeerd aan niet-ingezeten icb's, doordat over die dividenden bronbelasting wordt geheven en de mogelijkheid om vrijstelling van bronbelasting te genieten is voorbehouden aan ingezeten icb's.

39. Een dergelijke nadelige behandeling kan, ten eerste, niet-ingezeten icb's ervan doen afzien te beleggen in vennootschappen die in Portugal zijn gevestigd, en, ten tweede, in Portugal gevestigde beleggers ervan weerhouden om aandelen in dergelijke icb's te verwerven, zodat deze een in beginsel door artikel 63 VWEU verboden beperking van het vrije verkeer van kapitaal vormt (zie naar analogie arrest van 21 juni 2018, Fidelity Funds e.a., C-480/16, EU:C:2018:480, punten 44 en 45 en aldaar aangehaalde rechtspraak).

40. Krachtens artikel 65, lid 1, onder a), VWEU doet artikel 63 VWEU evenwel niets af aan het recht van de lidstaten om de ter zake dienende bepalingen van hun belastingwetgeving toe te passen die onderscheid maken tussen belastingplichtigen die niet in dezelfde situatie verkeren met betrekking tot hun vestigingsplaats of de plaats waar hun kapitaal is belegd.

41. Als uitzondering op het fundamentele beginsel van het vrije verkeer van kapitaal moet deze bepaling strikt worden uitgelegd. Zij kan dan ook niet aldus worden uitgelegd dat elke belastingwetgeving die onderscheid tussen belastingplichtigen maakt naargelang van hun vestigingsplaats of van de lidstaat waarin zij hun kapitaal beleggen, automatisch verenigbaar is met het VWEU. De afwijking waarin artikel 65, lid 1, onder a), VWEU voorziet, wordt immers zelf beperkt door artikel 65, lid 3, VWEU, dat bepaalt dat de in lid 1 van dit artikel bedoelde nationale bepalingen „geen middel tot willekeurige discriminatie [mogen] vormen, noch een

verkapte beperking van het vrije kapitaalverkeer en betalingsverkeer als omschreven in artikel 63 [VWEU]" [arrest van 29 april 2021, Veronsaajien oikeudenvalvontayksikkö (Door icbe's uitgekeerde inkomsten), C-480/19, EU:C:2021:334, punt 29 en aldaar aangehaalde rechtspraak].

42. Het Hof heeft eveneens geoordeeld dat bijgevolg onderscheid moet worden gemaakt tussen de door artikel 65, lid 1, onder a), VWEU toegestane verschillen in behandeling en de door artikel 65, lid 3, VWEU verboden gevallen van discriminatie. Een nationale belastingregeling kan enkel verenigbaar met de Verdragsbepalingen betreffende het vrije kapitaalverkeer worden geacht indien het daaruit voortvloeiende verschil in behandeling betrekking heeft op situaties die niet objectief vergelijkbaar zijn of wordt gerechtvaardigd door een dwingende reden van algemeen belang [arrest van 29 april 2021, Veronsaajien oikeudenvalvontayksikkö (Door icbe's uitgekeerde inkomsten), C-480/19, EU:C:2021:334, punt 30 en aldaar aangehaalde rechtspraak).

Bestaan van objectief vergelijkbare situaties

43. Met het oog op de beoordeling van de vergelijkbaarheid van de betrokken situaties vraagt de verwijzende rechter zich ten eerste af of de situatie van de aandeelhouders op dezelfde wijze in aanmerking moet worden genomen als die van de icb's, en ten tweede of het eventueel van belang is dat het Portugese belastingstelsel bepaalde belastingen kent waaraan alleen ingezeten icb's zijn onderworpen.

44. De Portugese regering betoogt in wezen dat de respectieve situaties van ingezeten en niet-ingezeten icb's niet objectief vergelijkbaar zijn, omdat de belasting van dividenden die deze twee categorieën beleggingsinstellingen van in Portugal gevestigde vennootschappen ontvangen, wordt geregeld door verschillende heffingstechnieken. Dergelijke dividenden zijn namelijk onderworpen aan bronbelasting wanneer zij worden uitgekeerd aan een niet-ingezeten icb, en aan zegelrecht en de specifieke inkomstenbelasting van artikel 88.°, lid 11, van het wetboek vennootschapsbelasting wanneer zij worden uitgekeerd aan een ingezeten icb.

45. Deze regering geeft ook aan dat uit artikel 22.°-A EBF volgt dat dividenden die ingezeten icb's uitkeren aan hun aandeelhouders die op Portugees grondgebied wonen, of die kunnen worden toegerekend aan een op dat grondgebied gelegen vaste inrichting, worden belast tegen een tarief van 28 % (wanneer de begunstigden onderworpen zijn aan de belasting over de inkomsten van natuurlijke personen) of 25 % (wanneer de begunstigden onderworpen zijn aan de vennootschapsbelasting), terwijl dividenden uitgekeerd aan aandeelhouders die niet in Portugal ingezeten zijn en aldaar geen vaste inrichting hebben, in beginsel zijn vrijgesteld van de belasting over de inkomsten van natuurlijke personen en van de vennootschapsbelasting (op enkele uitzonderingen na die hoofdzakelijk bedoeld zijn om misbruik te voorkomen).

46. Volgens deze regering bestaat er een nauwe samenhang tussen de belasting over de inkomsten van de icb's en over die van de aandeelhouders van deze instellingen. Het Portugese model van belastingheffing op icb's, dat „samengesteld" van aard is, combineert aldus structureel de belastingen die rusten op ingezeten icb's, te weten het zegelrecht en de specifieke belasting als bedoeld in artikel 88.°, lid 11, van het wetboek vennootschapsbelasting, en de in het vorige punt vermelde belastingen die rusten op aandeelhouders van dergelijke instellingen. Voor zover zij onderling zeer goed geïntegreerd zijn en elk onmisbaar zijn voor de samenhang van het ingevoerde belastingstelsel moeten deze verschillende belastingen in hun geheel worden beschouwd.

47. Voorts voegt deze regering daaraan toe dat bij de beoordeling van de vergelijkbaarheid van de betrokken situaties de gevolgen van de fiscale transparantie die kenmerkend is voor de verhouding tussen verzoekster in het hoofdgeding en haar aandeelhouders, niet buiten beschouwing mogen worden gelaten. Het resultaat is dat de in Portugal geheven bronbelasting onmiddellijk kan worden afgewenteld op de aandeelhouders die, omdat zij niet van belasting zijn vrijgesteld, hun aandeel in die in Portugal geheven bronbelasting kunnen verrekenen of crediteren met hun in Duitsland verschuldigde belasting.

48. Ten slotte is de Portugese regering van mening dat verzoekster in het hoofdgeding, voor zover zij er vrijelijk voor heeft gekozen om niet in Portugal werkzaam te zijn via een vaste inrichting, zichzelf heeft uitgesloten van elke mogelijke vergelijking met in Portugal gevestigde icb's, aangezien haar situatie in feite vergelijkbaar is met die van andere niet-ingezeten entiteiten waarvan de in Portugal ontvangen dividenden steeds worden belast tegen een tarief van 25 %.

49. Het is vaste rechtspraak dat wanneer een lidstaat, unilateraal of door het sluiten van overeenkomsten, niet alleen ingezeten belastingplichtigen maar ook niet-ingezeten belastingplichtigen aan de inkomstenbelasting onderwerpt voor dividenden die zij van een ingezeten vennootschap ontvangen, de situatie van die niet-ingezeten belastingplichtigen vergelijkbaar is met die van de ingezeten belastingplichtigen (arrest van 22 november 2018, Sofina e.a., C-575/17, EU:C:2018:943, punt 47 en aldaar aangehaalde rechtspraak).

50. Wat het in punt 44 van het onderhavige arrest vermelde argument van de Portugese regering betreft, zij eraan herinnerd dat het Hof in de omstandigheden die hebben geleid tot het arrest van 22 december 2008, Truck Center (C-282/07, EU:C:2008:762), heeft erkend dat op de ontvangers van kapitaalinkomsten verschillende heffingstechnieken moesten worden toegepast naargelang deze ontvangers ingezetenen dan wel niet-ingezetenen zijn, aangezien dit verschil in behandeling betrekking had op situaties die niet objectief vergelijkbaar zijn (zie in die zin arrest van 22 december 2008, Truck Center, C-282/07, EU:C:2008:762, punt 41).

51. Evenzo heeft het Hof in de zaak die aanleiding heeft gegeven tot het arrest van 2 juni 2016, Pensioenfonds Metaal en Techniek (C-252/14, EU:C:2016:402), geoordeeld dat de verschillende behandeling van de belasting van aan pensioenfondsen uitgekeerde dividenden naargelang deze ingezeten dan wel niet-ingezeten zijn, die voortvloeit uit de toepassing van twee verschillende heffingstechnieken op deze respectieve fondsen, gerechtvaardigd was door het verschil in situatie van deze twee categorieën belastingplichtigen, gelet op het in die zaak door de nationale regeling nagestreefde doel alsmede op het voorwerp en de inhoud daarvan.

52. Onder voorbehoud van verificatie door de verwijzende rechter, schrijft de in het hoofdgeding aan de orde zijnde nationale regeling echter niet louter voor dat de belasting op een verschillende manier wordt geïnd naargelang van de plaats van vestiging van de icb die de dividenden uit nationale bron ontvangt, maar bepaalt die regeling in werkelijkheid dat deze dividenden enkel bij niet-ingezeten instellingen systematisch worden belast (zie naar analogie arrest van 8 november 2012, Commissie/Finland, C-342/10, EU:C:2012:688, punt 44 en aldaar aangehaalde rechtspraak).

53. In dit verband moet ten eerste, wat het zegelrecht betreft, worden opgemerkt dat zowel uit de schriftelijke opmerkingen van partijen als uit het antwoord van de verwijzende rechter op het verzoek om informatie van het Hof blijkt dat dit recht, aangezien de belastinggrondslag ervan de nettoboekwaarde van de icb's is, een vermogensbelasting is die niet kan worden gelijkgesteld met een vennootschapsbelasting.

54. Zoals de advocaat-generaal in punt 47 van haar conclusie bovendien heeft opgemerkt, maakt de in het hoofdgeding aan de orde zijnde Portugese belastingwetgeving bij ingezeten icb's onderscheid tussen inkomsten uit kapitaal die niet worden uitgegeven en inkomsten uit kapitaal die onmiddellijk worden uitgekeerd, waarbij alleen de eerstgenoemde inkomsten in de grondslag van dat zegelrecht zijn begrepen. Dit aspect volstaat op zich om deze zaak te onderscheiden van de zaak die heeft geleid tot het arrest van 2 juni 2016, Pensioenfonds Metaal en Techniek (C-252/14, EU:C:2016:402).

55. Zelfs indien wordt aangenomen dat dit zegelrecht kan worden gelijkgesteld met een dividendbelasting, kan een ingezeten icb immers aan een dergelijke dividendbelasting ontsnappen door deze dividenden onmiddellijk uit te keren, terwijl een niet-ingezeten icb die mogelijkheid niet heeft.

56. Wat ten tweede de in artikel 88.°, lid 11, van het wetboek vennootschapsbelasting bedoelde specifieke belasting betreft, blijkt uit de in de verwijzingsbeslissing vermelde aanwijzingen van de belastingdienst dat deze belasting krachtens die bepaling slechts wordt geheven over dividenden die worden uitgekeerd aan ingezeten icb's, wanneer de aandelen in verband waarmee die dividenden zijn ontvangen, gedurende het jaar voorafgaand aan de datum waarop de dividenden beschikbaar zijn gekomen niet ononderbroken in handen van dezelfde belastingplichtige zijn gebleven en niet zijn behouden gedurende de tijd die nodig is om dat tijdvak te completeren. De in die bepaling bedoelde belasting raakt de binnenlandse dividenden die worden uitgekeerd aan een ingezeten icb dus slechts in beperkte gevallen, zodat zij niet kan worden gelijkgesteld met de algemene belasting op binnenlandse dividenden die worden uitgekeerd aan niet-ingezeten icb's.

57. De omstandigheid dat niet-ingezeten icb's niet zijn onderworpen aan het zegelrecht en aan de specifieke belasting als bedoeld in artikel 88.°, lid 11, van het wetboek vennootschapsbelasting, plaatst hen dus niet in een situatie die, wat de belasting op dividenden van Portugese oorsprong betreft, objectief verschilt van die van ingezeten icb's.

58. Wat vervolgens het in punt 48 van het onderhavige arrest vermelde argument van de Portugese regering betreft, moet worden opgemerkt dat, zoals de Commissie in antwoord op de schriftelijke vragen van het Hof heeft betoogd, marktdeelnemers met betrekking tot de vrijheid van dienstverrichting krachtens artikel 56 VWEU vrij moeten kunnen kiezen op welke wijze zij hun activiteiten in een andere dan de lidstaat van hun woonplaats uitoefenen, ongeacht of zij al dan niet permanent in die andere lidstaat zijn gevestigd, en dat die vrijheid niet mag worden beperkt door discriminerende belastingbepalingen.

59. Voor zover het betoog van de Portugese regering betrekking heeft op de vermeende noodzaak om rekening te houden met de situatie van de aandeelhouders, volgt bovendien uit de rechtspraak van het Hof dat bij het onderzoek van de vergelijkbaarheid van een grensoverschrijdende situatie met een interne situatie van de betrokken lidstaat rekening moet worden gehouden met het door de betrokken nationale bepalingen nage-

streefde doel (zie onder meer arrest van 30 april 2020, Société Générale, C-565/18, EU:C:2020:318, punt 26 en aldaar aangehaalde rechtspraak), alsmede met het voorwerp en de inhoud daarvan (zie onder meer arrest van 2 juni 2016, Pensioenfonds Metaal en Techniek, C-252/14, EU:C:2016:402, punt 48 en aldaar aangehaalde rechtspraak).

60. Bovendien moeten enkel de criteria die in de betrokken regeling als relevante onderscheidingscriteria zijn vastgesteld, in aanmerking worden genomen bij de beoordeling of het uit een dergelijke regeling voortvloeiende verschil in behandeling een weerspiegeling vormt van objectief verschillende situaties (zie in die zin arrest van 2 juni 2016, Pensioenfonds Metaal en Techniek, C-252/14, EU:C:2016:402, punt 49 en aldaar aangehaalde rechtspraak).

61. Wat in casu in de eerste plaats het voorwerp, de inhoud en het doel van de Portugese regeling inzake dividendbelasting betreft, zowel op het niveau van de icb's zelf als op het niveau van de aandeelhouders ervan, blijkt zowel uit het antwoord van de verwijzende rechter op het verzoek om informatie van het Hof als uit het antwoord van de Portugese regering op de schriftelijke vragen die haar in de loop van de onderhavige procedure zijn gesteld, dat deze regeling is opgezet volgens de logica van de „exitheffing", in die zin dat icb's die volgens de Portugese regeling zijn opgericht en hun activiteiten uitoefenen, zijn vrijgesteld van inkomstenbelasting, waarbij de last van deze belasting wordt afgewenteld op de ingezeten aandeelhouders ervan, terwijl niet-ingezeten aandeelhouders daarvan zijn vrijgesteld.

62. De Portugese regering heeft namelijk gepreciseerd dat met de nationale regeling inzake dividendbelasting doelstellingen werden nagestreefd zoals met name het vermijden van internationale economische dubbele belasting en het overhevelen van de belastingheffing van de icb's naar de aandeelhouders ervan, zodat de belastingheffing op deze inkomsten ongeveer gelijk is aan die welke zou zijn toegepast indien deze inkomsten rechtstreeks waren verkregen door de aandeelhouders van deze instellingen.

63. In casu staat het aan de verwijzende rechter, die als enige bevoegd is om het nationale recht uit te leggen, om, rekening houdend met alle aspecten van de in het hoofdgeding aan de orde zijnde fiscale wettelijke regeling en met de bestanddelen van deze belastingregeling in hun geheel, het hoofddoel te bepalen dat met de nationale regeling in kwestie wordt beoogd (zie in die zin arrest van 30 januari 2020, Köln-Aktienfonds Deka, C-156/17, EU:C:2020:51, punt 79).

64. Indien de verwijzende rechter tot de conclusie komt dat de Portugese regeling inzake dividendbelasting – gelet op de omstandigheid dat de icb's tussenpersoon zijn ten opzichte van de aandeelhouders ervan – dubbele belasting van door ingezeten vennootschappen uitgekeerde dividenden beoogt te voorkomen, moet eraan worden herinnerd dat het Hof reeds heeft geoordeeld dat ingezeten ontvangende vennootschappen, wat de maatregelen betreft waarin een lidstaat voorziet om opeenvolgende belastingheffingen over of economische dubbele belasting van door een ingezeten vennootschap uitgekeerde inkomsten te voorkomen of te verminderen, zich niet noodzakelijk bevinden in een situatie die vergelijkbaar is met die van ontvangende vennootschappen die zijn gevestigd in een andere lidstaat (arrest van 21 juni 2018, Fidelity Funds e.a., C-480/16, EU:C:2018:480, punt 53 en aldaar aangehaalde rechtspraak).

65. Zoals blijkt uit punt 49 van het onderhavige arrest, benadert de situatie van die niet-ingezeten vennootschappen echter die van ingezeten vennootschappen zodra een lidstaat unilateraal of door het sluiten van overeenkomsten niet alleen ingezeten maar ook niet-ingezeten vennootschappen aan de inkomstenbelasting onderwerpt voor de inkomsten die zij van een ingezeten vennootschap ontvangen.

66. Alleen doordat die staat zijn fiscale bevoegdheid uitoefent – los van enige heffing van belasting in een andere lidstaat – ontstaat immers het risico op opeenvolgende belastingheffingen of op een economische dubbele belasting. In een dergelijk geval moet de staat van vestiging van de uitkerende vennootschap erop toezien dat niet-ingezeten ontvangende vennootschappen in het kader van de in zijn nationale recht vervatte regeling ter voorkoming of vermindering van opeenvolgende belastingheffingen of economische dubbele belasting op dezelfde wijze worden behandeld als ingezeten vennootschappen, zodat zij niet worden geconfronteerd met een in beginsel door artikel 63 VWEU verboden beperking van het vrije verkeer van kapitaal (arrest van 21 juni 2018, Fidelity Funds e.a., C-480/16, EU:C:2018:480, punt 55 en aldaar aangehaalde rechtspraak).

67. Aangezien de Portugese Republiek ervoor heeft gekozen haar fiscale bevoegdheid uit te oefenen over de inkomsten die niet-ingezeten icb's ontvangen, bevinden zij zich derhalve in een situatie die, wat betreft het risico van economische dubbele belasting van dividenden die worden uitgekeerd door in Portugal gevestigde vennootschappen, vergelijkbaar is met in Portugal ingezeten icb's (zie naar analogie arrest van 21 juni 2018, Fidelity Funds e.a., C-480/16, EU:C:2018:480, punt 56 en aldaar aangehaalde rechtspraak).

68. Indien de verwijzende rechter tot de conclusie komt dat de Portugese regeling inzake dividendbelasting, in de wens om niet af te zien van elke belasting op dividenden die worden uitgekeerd door in Portugal gevestigde vennootschappen, ertoe strekt het niveau van belastingheffing te verplaatsen naar de aandeelhouders van de icb's, moet eraan worden herinnerd dat het Hof reeds heeft geoordeeld dat wanneer de betrokken nationale regeling tot doel heeft het belastingniveau van het beleggingsvehikel te verplaatsen naar de aandeelhouder daarvan, in beginsel de materiële voorwaarden voor de bevoegdheid om belasting te heffen over de inkomsten van de aandeelhouders beslissend moeten worden geacht, en niet de gebruikte heffingstechniek (arrest van 21 juni 2018, Fidelity Funds e.a., C-480/16, EU:C:2018:480, punt 60).

69. Een niet-ingezeten icb kan evenwel aandeelhouders hebben van wie de fiscale woonplaats zich in Portugal bevindt en ten aanzien van wier inkomsten deze lidstaat zijn heffingsbevoegdheid kan uitoefenen. Vanuit dit oogpunt bevindt een niet-ingezeten icb zich in een situatie die objectief vergelijkbaar is met die van een in Portugal gevestigde icb (zie naar analogie arrest van 21 juni 2018, Fidelity Funds e.a., C-480/16, EU:C:2018:480, punt 61).

70. Het is juist dat de Portugese Republiek niet-ingezeten aandeelhouders niet kan belasten over dividenden die door niet-ingezeten icb's worden uitgekeerd, zoals de Portugese regering overigens zowel in haar schriftelijke opmerkingen als in haar antwoorden op de vragen van het Hof heeft erkend. Een dergelijke onmogelijkheid strookt echter met de logica van de verplaatsing van het niveau waarop belasting wordt geheven, van het vehikel naar de aandeelhouder daarvan (zie naar analogie arrest van 21 juni 2018, Fidelity Funds e.a., C-480/16, EU:C:2018:480, punt 62).

71. Wat in de tweede plaats de relevante onderscheidingscriteria in de zin van de in punt 60 van het onderhavige arrest aangehaalde rechtspraak van het Hof betreft, moet worden vastgesteld dat het enige onderscheidingscriterium dat in de in het hoofdgeding aan de orde zijnde nationale regeling is vastgelegd, is gebaseerd op de vestigingsplaats van de icb's, doordat enkel niet-ingezeten instellingen worden onderworpen aan bronbelasting op de door hen ontvangen dividenden.

72. Zoals blijkt uit de rechtspraak van het Hof, is de situatie van een ingezeten icb die dividenden ontvangt evenwel vergelijkbaar met die van een niet-ingezeten icb, aangezien in beide gevallen de gemaakte winst in beginsel economisch dubbel of opeenvolgende keren kan worden belast (zie in die zin arrest van 10 april 2014, Emerging Markets Series of DFA Investment Trust Company, C-190/12, EU:C:2014:249, punt 58 en aldaar aangehaalde rechtspraak).

73. Bijgevolg kan op basis van het onderscheidingscriterium waarnaar de in het hoofdgeding aan de orde zijnde nationale regeling verwijst, dat uitsluitend betrekking heeft op de vestigingsplaats van de icb's, geen objectief verschil in situatie tussen deze ingezeten en niet-ingezeten instellingen worden vastgesteld.

74. Gelet op al het voorgaande moet worden vastgesteld dat in casu het verschil in behandeling tussen ingezeten en niet-ingezeten icb's betrekking heeft op objectief vergelijkbare situaties.

Bestaan van een dwingende reden van algemeen belang

75. Er zij aan herinnerd dat een beperking van het vrije verkeer van kapitaal volgens vaste rechtspraak van het Hof toelaatbaar is indien zij gerechtvaardigd is uit hoofde van dwingende redenen van algemeen belang, geschikt is om de verwezenlijking van het nagestreefde doel te waarborgen en niet verder gaat dan ter bereiking van dat doel noodzakelijk is [arrest van 29 april 2021, Veronsaajien oikeudenvalvontayksikkö (Door icbe's uitgekeerde inkomsten), C-480/19, EU:C:2021:334, punt 56 en aldaar aangehaalde rechtspraak].

76. In casu moet worden vastgesteld dat ofschoon de verwijzende rechter dergelijke redenen niet aanvoert in het verzoek om een prejudiciële beslissing, dat uitsluitend betrekking heeft op de eventuele vergelijkbaarheid van de in het hoofdgeding aan de orde zijnde situaties, de Portugese regering zowel in haar schriftelijke opmerkingen als in haar antwoorden op de vragen van het Hof aanvoert dat de beperking van het vrije kapitaalverkeer die door de in het hoofdgeding aan de orde zijnde nationale regeling wordt opgelegd, gerechtvaardigd is om twee dwingende redenen van algemeen belang, namelijk de noodzaak om de samenhang van het nationale belastingstelsel te bewaren, evenals de noodzaak om een evenwichtige verdeling van de fiscale bevoegdheden tussen de twee betrokken lidstaten, namelijk de Portugese Republiek en de Bondsrepubliek Duitsland, te handhaven.

77. Wat in de eerste plaats de noodzaak betreft om de samenhang van het nationale belastingstelsel te bewaren, is de Portugese regering, zoals blijkt uit punt 46 van het onderhavige arrest, van mening dat het Portugese model van dividendbelasting een „samengesteld" model is. De samenhang van dit model kan dus slechts worden verzekerd indien de beheersmaatschappij van niet-ingezeten icb's in Portugal actief is via een vaste

inrichting, zodat deze entiteit de nodige bronbelasting bij ingezeten aandeelhouders en, in bepaalde uitzonderlijke gevallen ingegeven door overwegingen in verband met het vermijden van belastingplanning, niet-ingezeten aandeelhouders kan inhouden.

78. In dit verband zij eraan herinnerd dat het Hof heeft geoordeeld dat de noodzaak om de samenhang van het belastingstelsel te bewaren inderdaad een rechtvaardigingsgrond kan zijn voor een wettelijke regeling die de fundamentele vrijheden beperkt (zie in die zin arresten van 10 mei 2012, Santander Asset Management SGIIC e.a., C-338/11–C-347/11, EU:C:2012:286, punt 50 en aldaar aangehaalde rechtspraak, en 13 maart 2014, Bouanich, C-375/12, EU:C:2014:138, punt 69 en aldaar aangehaalde rechtspraak). Een beroep op die rechtvaardigingsgrond kan evenwel alleen slagen indien wordt aangetoond dat er een rechtstreeks verband bestaat tussen het betrokken belastingvoordeel en de opheffing van dit voordeel door een bepaalde belastingheffing (zie in die zin arresten van 8 november 2012, Commissie/Finland, C-342/10, EU:C:2012:688, punt 49 en aldaar aangehaalde rechtspraak, en 13 november 2019, College Pension Plan of British Columbia, C-641/17, EU:C:2019:960, punt 87).

79. Zoals uit punt 71 van het onderhavige arrest volgt, is de vrijstelling van bronbelasting van de aan ingezeten icb's uitgekeerde dividenden echter niet afhankelijk gesteld van de voorwaarde dat deze instellingen de door hen ontvangen dividenden opnieuw uitkeren en dat de vrijstelling van bronbelasting wordt gecompenseerd door de heffing van belasting over deze dividenden bij de aandeelhouders van deze icb's (zie naar analogie arresten van 10 mei 2012, Santander Asset Management SGIIC e.a., C-338/11–C-347/11, EU:C:2012:286, punt 52, en 10 april 2014, Emerging Markets Series of DFA Investment Trust Company, C-190/12, EU:C:2014:249, punt 93).

80. Bijgevolg bestaat er geen rechtstreeks verband in de zin van de in punt 78 van het onderhavige arrest aangehaalde rechtspraak tussen het feit dat de door een ingezeten icb ontvangen dividenden van nationale oorsprong zijn vrijgesteld van bronbelasting, en het feit dat deze dividenden bij de aandeelhouders van deze instelling als inkomsten worden belast.

81. De noodzaak om de samenhang van het nationale belastingstelsel te bewaren kan dan ook niet worden aangevoerd om de beperking van het vrije verkeer van kapitaal als gevolg van de in het hoofdgeding aan de orde zijnde nationale regeling te rechtvaardigen.

82. Wat in de tweede plaats de noodzaak betreft om een evenwichtige verdeling van de heffingsbevoegdheid tussen de Portugese Republiek en de Bondsrepubliek Duitsland te handhaven, zij eraan herinnerd dat, zoals het Hof herhaaldelijk heeft geoordeeld, de rechtvaardiging ontleend aan het behoud van de evenwichtige verdeling van de heffingsbevoegdheid tussen de lidstaten kan worden aanvaard wanneer de betrokken regeling ertoe strekt gedragingen te voorkomen die afbreuk kunnen doen aan het recht van een lidstaat om zijn belastingbevoegdheid uit te oefenen met betrekking tot activiteiten die op zijn grondgebied worden verricht (zie in die zin arresten van 22 november 2018, Sofina e.a., C-575/17, EU:C:2018:943, punt 57 en aldaar aangehaalde rechtspraak, en 20 januari 2021, Lexel, C-484/19, EU:C:2021:34, punt 59).

83. Het Hof heeft evenwel ook reeds geoordeeld dat een lidstaat die – zoals in het hoofdgeding het geval is – ervoor heeft gekozen om geen belasting te heffen bij ingezeten icb's die dividenden van nationale oorsprong ontvangen, zich niet kan beroepen op de noodzaak om te zorgen voor een evenwichtige verdeling van de heffingsbevoegdheid tussen de lidstaten ter rechtvaardiging van het feit dat wel belasting wordt geheven bij niet-ingezeten icb's die dergelijke inkomsten ontvangen (arrest van 21 juni 2018, Fidelity Funds e.a., C-480/16, EU:C:2018:480, punt 71 en aldaar aangehaalde rechtspraak).

84. Hieruit volgt dat de rechtvaardigingsgrond die berust op het waarborgen van een evenwichtige verdeling van de heffingsbevoegdheid tussen de lidstaten, evenmin kan worden aanvaard.

85. Gelet op een en ander moet op de gestelde vragen worden geantwoord dat artikel 63 VWEU aldus moet worden uitgelegd dat het zich verzet tegen een regeling van een lidstaat op grond waarvan dividenden die door ingezeten vennootschappen worden uitgekeerd aan een niet-ingezeten icb, aan bronbelasting zijn onderworpen, terwijl dividenden die worden uitgekeerd aan een ingezeten icb, van een dergelijke belasting zijn vrijgesteld.

Kosten

86. ...

Het Hof (Tweede kamer)

verklaart voor recht:

Gelet op een en ander moet op de gestelde vragen worden geantwoord dat artikel 63 VWEU aldus moet worden uitgelegd dat het zich verzet tegen een regeling van een lidstaat op grond waarvan dividenden die door ingezeten vennootschappen worden uitgekeerd aan een niet-ingezeten instelling voor collectieve belegging (icb), aan bronbelasting zijn onderworpen, terwijl dividenden die worden uitgekeerd aan een ingezeten icb van een dergelijke belasting zijn vrijgesteld.

Arresten EFTA Hof

EFTA Hof, 23 november 2004, zaak E-1/04 (Fokus Bank ASA v. The Norwegian State, represented by Skattedirektoratet [the Directorate of Taxes])

Court: *Carl Baudenbacher, President and Judge-Rapporteur, Per Tresselt and Thorgeir Orlygsson, Judges*
Registrar: *Henning Harborg*

In Case E-1/04,

REQUEST to the Court under Article 34 of the Agreement between the EFTA States on the Establishment of a Surveillance Authority and a Court of Justice by Frostating lagmannsrett (Frostating Court of Appeal), Norway, in a case pending before it between

Fokus Bank ASA

and

The Norwegian State, represented by Skattedirektoratet (the Directorate of Taxes)

on the interpretation of the rules of free movement of capital within the EEA,

THE COURT,

having considered the written observations submitted on behalf of:
– Fokus Bank ASA (hereinafter the 'Appellant'), by Bettina Banoun, Advokat;
– the Norwegian State (hereinafter the 'Respondent'), by Thomas Nordby, Advokat, Office of the Attorney General (Civil Affairs), acting as Agent, and Amund Noss, Advokat, Office of the Attorney General (Civil Affairs), acting as co-agent;
– the EFTA Surveillance Authority, by Niels Fenger, Director, and Per Andreas Bjorgan, Senior Legal Officer, acting as Agents;
– the Commission of the European Communities, by Richard Lyal, Legal Adviser, and Hans Stovlbxk, Member of its Legal Service, acting as Agents;
– the United Kingdom, by Mark Bethell, Treasury Solicitor's Department, acting as Agent, and by Gerald Barling, QC, David Ewart and Jemima Stratford, Barristers;
having regard to the Report for the Hearing,
having heard oral argument of the Appellant, represented by Bettina Banoun, the Defendant, represented by Thomas Nordby, the EFTA Surveillance Authority, represented by Per Andreas Bjorgan and the Commission of the European Communities, represented by Richard Lyal at the hearing on 28 September 2004,
gives the following

Judgment

I. Facts and procedure

1. By a decision of 23 April 2004, registered at the Court on 27 April 2004, Frostating lagmannsrett referred to the Court under Article 34 of the Agreement between the EFTA States on the Establishment of a Surveillance Authority and a Court of Justice (the 'ESA/Court Agreement') two questions on the interpretation of Article 40 EEA.

2. Those questions arose in the context of a dispute between the Appellant, a joint stock company, and the Directorate of Taxes over the tax assessment of dividends the Appellant distributed to its shareholders in 1997 and 1998. Among those shareholders were two companies residing in Germany and the United Kingdom respectively. Immediately before the decision to pay out dividends was taken, these companies sold their shares in the Appellant to companies residing in Norway, and exercised an option to buy the shares back shortly after the dividend payments had been completed.

3. In accordance with regular practice, the Appellant withheld withholding tax before paying dividends to shareholders who, according to the register of Verdipapirsentralen ('VPS'; the Central Securities Depository), were resident outside Norway. Where the VPS register showed that the shareholders were resident in Norway, tax was not withheld.

4. In a final decision following administrative proceedings on a revision of the tax assessment, Trondheim overligningsnemnd (the Trondheim Tax Assessment Appeals Board) in 2001 found that, for tax purposes, the foreign shareholders had, at the time of distribution of the dividends, to be regarded as the owners of the shares in the

Appellant. In 2003, Trondheim kemnerkontor (the Trondheim Tax Collection Office) held that the Appellant was liable for the tax obligations resulting from the reclassification of ownership.

5. Throughout the administrative proceedings, only the Appellant was notified and granted procedural rights as a party, and not the shareholders residing in Germany and the United Kingdom.

6. The Appellant brought an action before Trondheim tingrett (the Trondheim District Court) against the Norwegian State claiming repayment of assessed withholding tax in cases where tax was assessed based on information other than that contained in the VPS register at the time of distribution of dividends. On 18 June 2003, Trondheim tingrett rendered judgment dismissing the claims. The Appellant appealed against that judgment to Frostating lagmannsrett.

7. The Frostating lagmannsrett referred the following questions to the Court:

1. Is it consistent with Article 40 of the EEA Agreement that imputation tax credit for withholding tax is not granted to taxpayers resident in other Member States?
a. Is it of legal significance whether the taxpayer is resident in a Member State which, in a tax agreement with Norway, has undertaken to grant credit for withholding tax?
b. Is it of legal significance whether the taxpayer in the specific case actually is granted, or will be granted, credit for the withholding tax?
2. Is it consistent with the EEA Agreement that a Member State deals solely with the distributing company when assessing and reassessing dividend tax (withholding tax) in those cases where the assessment decision for the foreign taxpayers is based on the assumption that the owner for tax purposes is someone other than the person who (1) is the owner under private law; (2) is registered in the VPS register as owner; and (3) is stated as owner in relation to the tax authorities, without either the owner for tax purposes or the VPS-registered owner under private law having been made aware of the reclassification?

II. Legal background

National Law

8. Under Chapter 3 of selskapsskatteloven (the Corporate Tax Act) of 20 July 1991 No 65 which has been transferred without amendment to Chapter 10 of skatteloven (the Tax Act) of 26 March 1999 No 14, dividends paid out by a company residing in Norway to shareholders residing in Norway are taxable as general income, cf. Section 3-2 of the Corporate Tax Act. Dividends paid out to shareholders not residing in Norway are taxed at a rate to be determined by Parliament on an annual basis, cf. Section 3-5 of the Corporate Tax Act. In the case at issue in the main proceedings the rate was 15 per cent.

9. In order to avoid economic double taxation in the sense that profits distributed by Norwegian companies are subject first to corporate tax in the hands of the company distributing the dividends and then to income tax in the hands of the recipients of those dividends, shareholders with general tax liability in Norway are granted an imputation tax credit against the tax assessed on general income, cf. Section 3-4 of the Corporate Tax Act. This tax credit corresponds to the amount of the tax paid by the company on the dividends that have been distributed. The imputation tax credit is defined as follows, in Section 3-3 of the Corporate Tax Act:

Imputation tax credit means the dividend received multiplied by the shareholder's tax rate for general income

10. The practical result of the imputation system is that dividends are tax-free in the hand of shareholders with general tax liability in Norway and will only be taxed in the company's hand at a rate of 28 per cent. A shareholder has general tax liability to Norway when resident in Norway. Shareholders residing abroad are not granted an imputation tax credit. Dividends paid out to these shareholders are subject to withholding tax for which the distributing company is liable, cf. Section 3-5 of the Corporate Tax Act. The company has rights of recourse and set-off in relation to the foreign shareholders.

11. Pursuant to Article 10 of the double taxation agreements between Norway and Germany of 4 October 1991 and between Norway and the United Kingdom of 3 October 1985, respectively, both the home state and the source state are entitled to impose tax when dividends are distributed from a company resident in one state (source state) to a shareholder resident in another state (home state). According to the tax agreements, the right of taxation of the source state is limited to 15 per cent of the dividends. In order to avoid so-called juridical double taxation, i.e. that a taxpayer is taxed on the same income both in the home state and in the source state, both tax agreements entitle shareholders residing in Germany and the United Kingdom, respectively, to credit in the amount of assessed tax corresponding to the tax on dividends which has been imposed in Norway. However, neither the tax agreement with Germany nor the tax agreement with the United Kingdom entitles taxpayers residing in those two countries, respectively, to the same imputation tax credit as taxpayers residing in Norway.

12. As to procedural rights in connection with tax assessment decisions and reassessments, Chapters 3 and 9 of ligningsloven (the Tax Assessment Act) of 13 June 1980 No 24 provide, inter alia, that taxpayers shall be notified in

the event of reassessment proceedings, and shall be given a reasonable time limit within which to submit comments. They are also entitled to access to the file. Reassessment decisions must state the reasons for reassessment in writing, and the decision must be sent to the taxpayers together with information on the taxpayers' right of appeal. The rules only apply to shareholders resident in Norway in connection with assessment of dividend income. As regards shareholders not resident in Norway, it is only the distributing company that receives notification of any changes in the assessed withholding tax and is granted rights as a party to the administrative proceedings, including a right of appeal. Foreign taxpayers do not receive notification of the assessment, nor are they granted other rights as parties to the administrative proceedings. If a foreign taxpayer wishes to appeal against the assessment or reassessment, that taxpayer is required to request the distributing company to raise the issue on its behalf.

13. During the proceedings, it has been brought to the Court's attention that the Norwegian Government has recently proposed legislation to the effect that the imputation tax credit be abolished with regard to dividends paid to natural persons, and that dividends be exempt from the imposition of tax with regard to legal persons, irrespective of whether they reside in Norway or abroad.

EEA Law

14. Article 4 of the EEA Agreement reads:

> *Within the scope of application of this Agreement, and without prejudice to any special provisions contained therein, any discrimination on grounds of nationality shall be prohibited.*

15. Article 40 of the EEA Agreement reads:

> *Within the framework of the provisions of this Agreement, there shall be no restrictions between the Contracting Parties on the movement of capital belonging to persons resident in EC Member States or EFTA States and no discrimination based on the nationality or on the place of residence of the parties or on the place where such capital is invested. Annex XII contains the provisions necessary to implement this Article.*

16. Article 1(1) of Council Directive 88/361/EEC of 24 June 1988 for the implementation of Article 67 of the Treaty, OJ L 178 of 8.7.1988, p. 5, referred to in Point 1 of Annex XII to the EEA Agreement (hereinafter 'Directive 88/361') reads:

> *Without prejudice to the following provisions, Member States shall abolish restrictions on movements of capital taking place between persons resident in Member States. To facilitate application of this Directive, capital movements shall be classified in accordance with the Nomenclature in Annex I.*

17. Reference is made to the Report for the Hearing for a fuller account of the legal framework, the facts, the procedure and the written observations submitted to the Court, which are mentioned or discussed hereinafter only in so far as is necessary for the reasoning of the Court.

III. Findings of the Court

First Question

18. By its first question, Frostating lagmannsrett is essentially asking whether Article 40 EEA precludes legislation whereby shareholders residing in Norway are granted a tax credit on dividends paid by a Norwegian company, whereas shareholders residing outside Norway are not granted such a tax credit.

19. At the outset, the Court notes that Norwegian legislation distinguishes between natural persons as being resident ('bosatt') or non-resident and legal persons as being domiciled ('hjemmehorende') or non-domiciled. The Court will use the terms resident and non-resident for both categories.

20. As a general rule, the tax system of an EFTA State party to the EEA Agreement is not covered by the EEA Agreement. The EEA/EFTA States must, however, exercise their taxation power consistent with EEA law (see, to that effect, Cases E-6/98 Norway v EFTA Surveillance Authority [1999] EFTA Ct. Rep. 74, at paragraph 34; E-1/01 Hordur Einarsson [2002] EFTA Ct. Rep. 1, at paragraph 17; and E-1/03 EFTA Surveillance Authority v Iceland [2003] EFTA Ct. Rep. 143, at paragraph 26).

21. The Respondent contends that the allocation of jurisdiction as to the taxation of dividends under double taxation agreements is excluded from the scope of application of Article 40 EEA and refers in that regard to the judgment of the Court of Justice of the European Communities in Case C-336/96 Gilly v Directeur des Services Fiscaux du Bas-Rhin [1998] ECR I-2793, at paragraph 30. In that case, the Court of Justice of the European Communities held that the Community Member States are at liberty, within the framework of bilateral agreements concluded in order to prevent double taxation, to determine the connecting factors for the purposes of allocating powers of taxation as between themselves. That does not mean, however, that in the exercise of the power of taxation so allocated, a Contracting Party may disregard EEA law (see, for comparison, Cases C-307/97 Saint-Gobain v Finanzamt

Aachen-Innenstadt [1999] ECR I-6161, at paragraph 58; and C-385/00 De Groot [2002] ECR I11819, at paragraph 94).

22. As stated in Article 1(1) EEA, one of the main objectives of the Agreement is to create a homogeneous European Economic Area. This objective has consistently guided the jurisprudence of the Court as well as of the Court of Justice of the European Communities, (see, inter alia, Cases E-1/03 EFTA Surveillance Authority v Iceland, at paragraph 27; and C-286/02 Bellio F.lli Srl v Prefettura di Treviso, judgment of 1 April 2004, not yet reported, at paragraph 34). In this regard, Article 6 EEA provides that the Court is bound by the relevant rulings of the European Court of Justice given prior to the EEA Agreement, and the second paragraph of Article 3 of the ESA/Court Agreement provides that the Court has to take due account of later case law. The case law of the Court of Justice of the European Communities on Article 56 EC is thus relevant for the interpretation of Article 40 EEA.

23. The rules governing the free movement of capital in the EEA Agreement are essentially identical in substance to those in the EC Treaty (see Case C-452/01 Ospelt and Schlossle Weissenberg [2003] ECR I-9743, at paragraph 28; see also, along the same lines, Opinion of Advocate-General Geelhoed in that case, at paragraphs 72 and 73; compare, Case E-1/00 Íslandsbanki- FBA [2000-2001] EFTA Ct. Rep. 8, at paragraph 16). The Court of Justice of the European Communities emphasized in Ospelt that 'one of the principal aims of the EEA Agreement is to provide for the fullest possible realisation of the free movement of goods, persons, services and capital within the whole European Economic Area, so that the internal market established within the European Union is extended to the EFTA States' (paragraph 29 of that judgment).

24. With regard to the question of whether the distribution and receipt of dividends constitutes movement of capital within the meaning of Article 40 EEA, the Court refers to Article 1(1) of Directive 88/361/EEC and the nomenclature of capital movements in Annex I thereto, as referred to in Annex XII to the EEA Agreement. According to the last paragraph of the introduction to Annex I, the nomenclature is not exhaustive. In Community law, the Court of Justice of the European Communities found that the situation where a national of a Member State residing in that Member State receives dividends on shares in a company whose seat is in another Member State, is covered by Directive 88/361 (Case C35/98 Verkooijen [2000] ECR I-4071, at paragraph 30).

25. Article 40 EEA prohibits restrictions between the Contracting Parties on the movement of capital belonging to persons resident in EC or EFTA States, and discrimination based on the nationality or the place of residence of natural or legal persons or on the place where such capital is invested. That provision confers a right upon individuals and economic operators to market access (see, with regard to the free movement of services, Case E-1/03 EFTA Surveillance Authority v Iceland, at paragraph 30).

26. As concerns the question of whether the national legislation at issue restricts the free movement of capital, it should be noted that the national provisions at issue may adversely affect the profit of non-resident shareholders and may thereby have the effect of deterring them from investing capital in companies having their seat in Norway. The application of provisions such as those at issue in the main proceedings impedes the freedom of companies and individuals resident in another Contracting Party to invest in Norway. Those provisions are also capable of having the effect of impeding Norwegian companies from raising capital outside Norway. Therefore, the legislation at issue affects market access of both the distributing companies and the foreign shareholders, and thereby constitutes a restriction within the meaning of Article 40 EEA.

27. It must, however, be examined whether the above-mentioned restriction can be justified.

28. In that respect the Court notes that Article 40 EEA does not preclude EEA States from applying the relevant provisions of their tax law that distinguish between taxpayers who are not in the same situation with regard to their place of residence. However, as this constitutes a derogation from the fundamental principle of the free movement of capital, it must be interpreted strictly, and cannot be interpreted as meaning that any tax legislation making a distinction between taxpayers by reference to their place of residence is automatically compatible with the EEA Agreement. A difference in treatment can only be regarded as compatible with Article 40 EEA where the situations at issue are not objectively comparable, or where it is justified by reasons of overriding public interest. In order to be justified, moreover, the difference in treatment must not exceed what is necessary in order to attain the objective of the legislation (see, for comparison, Case C-319/02 Manninen, judgment of 7 September 2004, not yet reported, at paragraphs 28-29).

29. The Respondent has argued that in the case at hand there is no comparable situation between shareholders resident in Norway and shareholders resident abroad, and has cited case law of the Court of Justice of the European Communities in support thereof (Cases C-279/93 Finanzamt KMln-Altstadt v Roland Schumacker [1995] ECR, I-225, at paragraphs 31-32; and C-234/01 Gerritse [2003] ECR I-5933, at paragraph 44). In this respect, the Court notes that the mere fact that the resident shareholders have general tax liability in Norway while non-resident shareholders are subject to tax in Norway only with respect to profits which they earn there, is not sufficient to prevent the two categories from being considered as comparable situations (see, for comparison, Case C-311/97 Royal Bank of Scotland v Elliniko Dimosio [1999] ECR I-2651, at paragraph 29).

30. Important guidance can also be found in the case law of the Court of Justice of the European Communities concerning inbound dividends, i.e. dividends that non-resident companies pay to resident shareholders (Cases C-315/02 Lenz v Finanzlandesdirektion fur Tirol, judgment of 15 July 2004, not yet reported; and C-319/02 Manninen, at paragraphs 35-37). The case at hand concerns outbound dividends, i.e. dividends that resident companies pay to non-resident shareholders. The Respondent's contention that taxation of outbound dividends is to be treated differently from taxation of inbound dividends must, however, be rejected. The purpose of the tax credit mechanism set up by Norwegian tax law is to avoid economic double taxation, i.e that profits that have already been taxed in the hand of the distributing company, are subsequently taxed as general income in the hands of the shareholders. That purpose can only be achieved if all the shareholders are given the benefit of an imputation credit, irrespective of their places of residence. Economic double taxation of the same assets will create the same undesirable effect, regardless of the shareholders' places of residence. In that respect, residents and non-residents are in a comparable situa tion.

31. The Respondent has invited the Court to accept a justification of the restriction contrary to Article 40 EEA on the grounds of cohesion of the international tax system. In the Respondent's opinion, an obligation derived from EEA law to grant non-resident shareholders the same tax credit as resident shareholders would entail a de facto transfer of the right of taxation from the source state to the home state and would run counter to a principle of international tax law according to which the avoidance of economic double taxation is a matter for the home state of each taxpayer. In that respect, the Court recalls firstly that the basis for its interpretation of Article 40 EEA is the effect of national measures on individuals and economic operators within the EEA. Further, permitting derogations from the fundamental principle of free movement of capital laid down in Article 40 EEA on the grounds of safeguarding the cohesion of the international tax system would amount to giving bilateral tax agreements preference over EEA law. A Contracting Party cannot make the rights conferred by Article 40 EEA subject to the contents of a bilateral agreement concluded with another Contracting Party (see, for comparison, Case 270/83 Commission v France ('avoir fiscal') [1986] ECR 273, at paragraph 26).

32. Furthermore, regard must also be had for the aim pursued by the tax legislation in question (see, for comparison, Case C-9/02 De Lasteyrie du Saillant, judgment of 11 March 2004, not yet reported, at paragraph 67). The aim of avoiding economic double taxation of profits that have already been taxed in the hand of the distributing company would not be affected in any way if this benefit of the Norwegian tax legislation would also be given to shareholders residing outside Norway (see, for comparison, Cases C-315/02 Lenz, at paragraph 38; and C319/02 Manninen, at paragraph 46 concerning the cohesion of the national tax system).

33. The Court notes that the Appellant and the EFTA Surveillance Authority have referred to the legislative history of the Corporate Tax Act and argued that this gives rise to the assumption that the real purpose behind not granting a tax credit to non-resident shareholders is not to preserve the cohesion of the international tax system, but primarily to protect the Norwegian tax base, as appears from point 16.4.6.1 of the preparatory works to the Corporate Tax Act (Ot prp nr. 35 (1990- 91)). Whether the Corporate Tax Act also pursues other goals, as argued by the Respondent at the oral hearing, is irrelevant in that context. The national legislation in question is at least in part meant to prevent reduction in tax revenue. This constitutes a requirement of purely economic nature, and cannot be regarded as a reason of overriding public interest. Therefore, it cannot be relied upon to justify a restriction on the exercise of a fundamental freedom (see, for comparison, Cases C-35/98 Verkooijen, at paragraph 59; C-385/00 De Groot, at paragraph 103; and C-319/02 Manninen, at paragraph 49).

34. Furthermore, the Court notes that the Respondent acknowledged that the Norwegian tax legislation in question entails differential treatment of resident and non-resident shareholders with regard to the tax credit. Denying the benefit of a tax credit to foreign shareholders places them at a disadvantage when pursuing investments in Norwegian joint stock companies as compared to shareholders resident in Norway. Therefore, the legislation at issue constitutes discrimination prohibited by Article 40 EEA.

35. By its questions 1a) and 1b) which in the Court's view must be dealt with together, the national court is essentially asking if it is significant whether the non-resident shareholders are, according to the tax agreements entered into between Norway and their respective home countries, eligible in their home countries for a tax credit for withholding tax paid in Norway, and whether such credit is actually granted in the specific case.

36. The Respondent argues that the total tax on a foreign shareholder's dividends must be taken into account when comparing it to the situation of a Norwegian shareholder, including tax credits that the former may be granted in its home state. As to any restriction contrary to Article 40 EEA, the Respondent contends that the investment choice of potential foreign shareholders is not adversely affected by the Norwegian legislation since the grant of tax credits in their home states keeps the overall tax burden constant.

37. In that respect, it suffices to state that a restriction and discrimination, such as that resulting from the tax legislation at issue, can not be offset by advantages which shareholders may obtain in their countries of residence. As a general rule, and supposing that tax advantages do in fact exist, unfavourable tax treatment contrary to a fundamental freedom cannot be justified by the existence of such tax advantages (see, for comparison, Cases 270/83

Commission v France, at paragraph 21; C- 307/97 Saint-Gobain, at paragraph 54; C-35/98 Verkooijen, at paragraph 61; and C-385/00 De Groot, at paragraph 97). A Contracting Party cannot shift its obligation to comply with the EEA Agreement to another Contracting Party by relying on the latter to make good for discrimination and disadvantages caused by the former's legislation. Likewise, the principle of legal certainty would require that the granting, or not, of an imputation tax credit to a non-resident shareholder, may not depend on whether a tax credit is granted in his or her state of residence in respect of dividend payments.

38. Accordingly, the Court holds that Article 40 EEA precludes legislation whereby shareholders resident in a specific Contracting Party are granted a tax credit on dividends paid by a company resident in that Contracting Party, whereas nonresident shareholders are not granted such a tax credit. Whether the taxpayer is resident in another Contracting Party which, in a tax agreement with the Contracting Party upon the territory of which the dividend is distributed, has undertaken to grant credit for withholding tax, or whether the taxpayer in the specific case actually is granted, or will be granted, credit for the withholding tax, is of no legal significance.

Second question

39. By its second question, the national court essentially asks whether, in a situation such as the one at issue in the main proceedings, it is consistent with EEA law that a Contracting Party deals solely with the distributing company when assessing and reassessing the withholding tax without the shareholders concerned having been made aware of the reclassification.

40. As is clear from the facts provided by the national court, non-resident shareholders are not notified of changes in their tax positions, nor are they granted rights as a party to the administrative proceedings. Resident taxpayers, on the other hand, do enjoy such rights.

41. The Court notes at the outset that the EEA Agreement does not, as a general rule, lay down specific provisions governing the administrative proceedings in the Contracting Parties' legal orders. However, such proceedings must be conducted in a manner that does not impair the individual rights flowing from the EEA Agreement. Such an obligation on the Contracting Parties follows from Article 3 EEA, the provision mirroring Article 10 EC.

42. The Respondent stated at the hearing that it considers it possible or even likely that a filing of administrative complaints or proceedings by non-resident shareholders would be accepted and dealt with by the Norwegian tax authorities. That contention can not be considered by the Court since it does not reflect the situation in the case at hand. In any case, the fact would remain that non-resident shareholders are not being notified of any reassessment proceedings, which would undermine a possible right to be heard.

43. That non-resident shareholders, unlike their resident counterparts, are denied procedural rights to the extent that they are not notified of and cannot be a party to tax administrative proceedings entails differential treatment amounting to an unjustified discrimination under Article 40 EEA. This provision requires equal treatment of non-resident and resident shareholders, not only concerning substantive rights, but also with regard to procedural rights insofar as procedural rights are prerequisite to the protection of substantive rights under the EEA Agreement. It is to be emphasised that the extent of disadvantages suffered is irrelevant in such a situation. Besides pleading a violation of EEA law, the shareholders residing in Germany and the United Kingdom in the case at issue in the main proceedings could, for example, have sought to argue that the transactions were not so-called parking arrangements, i.e. that there was no intention to avoid the Norwegian withholding tax. Contrary to what the Respondent has contended, the fact that the distributing company has procedural rights and can submit the information necessary for the tax assessment procedure cannot make up for the lack of remedies on the part of the shareholders affected.

44. The Respondent has presented a comparative survey of selected legal orders and concluded from that that other Contracting Parties employ virtually the same procedure as the Norwegian one. This is not relevant in the case at hand, where discrimination within the meaning of Article 40 EEA arises from the disparate treatment of shareholders resident within and outside Norway.

45. The Court therefore holds that in a situation such as the one at issue in the main proceedings, it is not consistent with the EEA Agreement that a Contracting Party deals solely with the distributing company when assessing and reassessing the withholding tax without notifying the shareholders.

46. In the course of the proceedings before the Court, the Appellant has argued a third possible inconsistency between Norwegian tax law and the right to the free movement of capital. In the view of the Appellant, an infringement of Article 40 EEA arises from the fact that the Appellant was held liable under the second subparagraph of Section 49(1) of the Norwegian Tax Payment Act for payment of the tax assessed on the non-resident shareholders following the reclassification of ownership for tax purposes. That reclassification took place after the distribution of dividends had been completed, and therefore the Appellant did not withhold any tax with respect to the dividends pertaining to the reclassified shares.

47. Given that the questions from the national court do not address this issue, and that it has not been the subject of any specific consideration in the proceedings before it, the Court is not in a position to consider the issue. The national court is, however, not thereby precluded from examining the question of whether the application of the provisions of the second subparagraph of Section 49(1) of skattebetalingsloven (the 'Norwegian Tax Payment Act') of 21 November 1952 No 2 leads to a restriction of the issuing company's access to, or benefits from, non-resident sources of capital and to draw the appropriate legal conclusions.

IV. Costs

48. The costs incurred by the EFTA Surveillance Authority, the Commission of the European Communities and the United Kingdom, which have submitted observations to the Court, are not recoverable. In so far as the parties to the main proceedings are concerned, these proceedings are a step in the proceedings pending before the national court. The decision on costs is therefore a matter for that court.

On those grounds,

THE COURT,

in answer to the questions referred to it by Frostating lagmannsrett by a reference of 23 April 2004, hereby gives the following Advisory Opinion:

1. **Article 40 EEA precludes legislation whereby shareholders resident in a specific Contracting Party are granted a tax credit on dividends paid by a company resident in that Contracting Party, whereas nonresident shareholders are not granted such a tax credit. Whether the taxpayer is resident in another Contracting Party which, in a tax agreement with the Contracting Party wherein the dividend is distributed, has undertaken to grant credit for withholding tax, or whether the taxpayer in the specific case actually is granted, or will be granted, credit for the withholding tax, is of no legal significance.**

2. **In a situation such as the one at issue in the main proceedings, it is not consistent with the EEA Agreement that a Contracting Party deals solely with the distributing company when assessing and reassessing the withholding tax without notifying the non-resident shareholders.**

Carl Baudenbacher | Per Tresselt | Thorgeir Orlygsson

Delivered in open court in Luxembourg on 23 November 2004.

Henning Harborg
Registrar

Carl Baudenbacher
President

EFTA Hof, 7 mei 2008, zaak E-7/07 (Seabrokers AS v. The Norwegian State, represented by Skattedirektoratet [the Directorate of Taxes])

Court: *Carl Baudenbacher, President, Thorgeir Örlygsson (Judge-Rapporteur) and Henrik Bull, rechters*

Registrar: *Skæli Magnæsson*

I. Facts and procedure

1. By a letter dated 25 May 2007, registered at the Court on 30 May 2007, Stavanger tingrett has referred to the Court, under Article 34 of the Agreement between the EFTA States on the Establishment of a Surveillance Authority and a Court of Justice, three questions on the interpretation of Articles 4, 31 and 40 EEA.

2. Those questions have arisen in a case pending before Stavanger tingrett between Seabrokers AS (hereinafter the 'Plaintiff') and the Norwegian State, represented by the Directorate of Taxes (hereinafter the 'Defendant'). The case concerns a dispute on whether the Plaintiff's tax assessment for the income year 2002, on the basis of the rules set out in the Norwegian Act Relating to Tax on Assets and Income of 26 March 1999 No 14 (*lov 26. mars 1999 nr. 14 om skatt av formue og inntekt (skatteloven)*; hereinafter the 'Tax Act') and in Regulation 19 November 1999 No 1158 Complementing and Implementing the Tax Act (*forskrift 19. november 1999 nr. 1158 til utfylling og gjennomføring mv. av skatteloven;* hereinafter 'FSFIN') on maximum credit allowance for tax paid in a foreign State, is compatible with Articles 4, 31 and 40 EEA.

3. The Plaintiff is a Norwegian Private Limited Company which operates a real estate business in Norway through a mother company and five daughter companies there. It develops and rents out its properties, all of which are regulated as offices/industry. The properties are – or are in the process of becoming – developed with office buildings financed by loans guaranteed by mortgages on the properties.

4. The Plaintiff also has a branch in Aberdeen in the United Kingdom (the UK), whose only business activity is ship broking. Renting its office space, the branch has no investment in real property, with the exception of a detached house purchased for the use of employees. Since its only debts are due to operating expenses, the branch has low debt interest costs. Having registered it as a branch of a foreign enterprise in the UK, the Plaintiff has submitted tax declarations for the branch's operations in the UK and has been charged tax on its operations there.

5. The two units, i.e. the real estate business in Norway and the ship broking business in the UK, are operated separately, both with regard to the nature and location of the business activities.

6. The Plaintiff used the direct method in its accounts and tax declarations, meaning that tax-deductible expenses, both debt interest and group contributions, were entered in the country where the expenses arose and were spent. Before deduction of debt interest expenses and group contributions, the Plaintiff's net global income was NOK 14 787 889, of which the net income abroad was 63.77166%, i.e. NOK 9 430 482. Debt interest expenses, including interest expenses abroad, were NOK 2 871 039 and group contributions paid by the mother company to two of its daughter companies in Norway were NOK 2 579 000.

7. In the income year 2002, the Plaintiff's net income from the branch in the UK was taxed there at a rate of 30%, and the Plaintiff paid GBP 235 375.20 in tax in the UK. In its Norwegian tax declaration for the same income year, the Plaintiff claimed a credit allowance of NOK 2 635 023, corresponding to the tax paid in the UK.

8. The Stavanger Tax Assessment Office, by decision of 13 February 2004, reduced the credit allowance for tax on income which the Plaintiff's branch in Aberdeen had paid to the UK authorities, to NOK 1 667 373. In reaching its decision, the Tax Assessment Office applied an exception in Section 16-28-4 litra b of the FSFIN. Debt interest expenses and group contributions were apportioned in accordance with the principle of net income taxation.

9. In attributing the expenses in question to the Plaintiff's branch in the UK in proportion to its income there, the interest expenses (NOK 2 871 039) and group contributions (NOK 2 579 000) were multiplied by the net income abroad (NOK 9 430 482) and divided by the company's total net income (NOK 14 787 889). So calculated, debt interest expenses attributed to the UK branch were NOK 1 830 909 (2 871 039 x 63.77166%) and group contributions NOK 1 644 671 (2 579 000 x 63.77166%). Accordingly, the net income abroad after deduction of debt interest expenses and group contributions was NOK 5 954 902 (9 430 482 – (1 830 909 + 1 644 671)). In order to find the maximum credit allowance, the net income abroad so calculated was multiplied by the income tax rate in Norway (28%). Hence, the credit allowance was NOK 1 667 373 (5 954 902 x 28%).

10. It is undisputed between the parties to the main proceedings that the Plaintiff's global tax burden was higher than would have been the case had the Plaintiff conducted all its business activities in Norway. The Plaintiff paid NOK 3 582 248, including the UK tax not compensated by the credit allowance. Had the Plaintiff conducted all its

activities in Norway, the tax would have been NOK 2 614 598. The latter figure corresponds to 28% of a total net income of NOK 9 337 850, i.e. 14 787 889 – (2 871 039 + 2 579 000).

11. The Plaintiff appealed the decision of the Tax Assessment Office on 9 March 2004 to the Higher Assessment Appeal Board which upheld the decision of the Tax Assessment Office in a decision of 8 November 2004.

12. The Plaintiff filed a lawsuit before Stavanger tingrett on 2 February 2005, claiming mainly: 1) that the decision by the Higher Assessment Appeal Board of 8 November 2004 be quashed. 2) Principally, that the new tax assessment be based on the deduction in full of debt interest and group contributions under the tax assessment in Norway. Alternatively, that the assessment be based on an apportionment of debt interest and group contributions in proportion to the apportionment of the Plaintiff's gross capital in Norway and the UK. The Defendant countered in its defence with the claim that the action be dismissed.

13. Before Stavanger tingrett, the Plaintiff has pleaded that the decision by the Higher Assessment Board and the Norwegian rules on calculation of credit allowance in Section 16-28-4 of the FSFIN, cf. Sections 16-21 and 16-28 of the Tax Act, are contrary to the provisions of the EEA Agreement on non-discrimination and the fundamental freedoms, referring to Articles 4, 31, 34 and 40 EEA. The Defendant has pleaded in its defence that the relevant tax rules under domestic law are not contrary to EEA law.

14. Stavanger tingrett has referred the following three questions to the Court:

1. *Is it contrary to Article 4, 31 or 40 of the EEA Agreement to attribute, according to the principle of net income taxation, debt interest to the income abroad when calculating the maximum credit allowance?*
2. *Is it contrary to Article 4, 31 or 40 of the EEA Agreement to attribute, according to the principle of net income taxation, group contributions to the income abroad when calculating the maximum credit allowance?*
3. *Will the answer to question 1 and/or 2 be the same if the debt interest and/or the group contributions can only be linked to the business in Norway?*

II. Legal background – national law

15. In Norway, income tax is based on the principle of net income taxation. Moreover, taxpayers are subject to the principle of global income taxation, meaning that they are taxed on income derived from Norway and abroad. However, under Section 16-20(1) of the Tax Act, taxpayers may claim a credit allowance for income tax paid to foreign tax authorities. Section 16-20(1), first sentence, *Tax deductions for tax paid in a foreign State*, reads:

> *1. A taxpayer as mentioned in Sections 2-1 and 2-2 who here in this Kingdom must pay tax on*
> *a. income from sources in a foreign State, or*
> *b. a capital in a foreign State,*
> *may claim deductions from Norwegian tax on conclusively assessed tax on income or capital or corresponding tax which is established as having been imposed on the taxpayer and paid in the relevant foreign State where the income has its source or the capital is located.*

16. Pursuant to Section 16-21(1) and (3) of the Tax Act, deductions can only be claimed for income tax paid to foreign tax authorities, within the maximum credit allowance. Section 16-21(1) and (3), *Limitations on the right to deductions – the maximum credit allowance*, read, at the relevant time:

> *1. Deductions from Norwegian income tax under Section 16-20 may not exceed the portion of Norwegian tax on total taxable income, as calculated before the deduction, which proportionally falls on the income abroad. The deduction is also limited to the income tax which the taxpayer has paid in the source State on this income. Foreign income tax can only be deducted from Norwegian income tax.*
> *[...]*
> *3. The terms 'income abroad' and 'capital abroad' refer to income from sources abroad and capital located abroad which are taxed abroad and which are included in the taxpayer's total income or capital which is taxable in Norway.*

17. A further elucidation of the maximum credit allowance calculation is provided for in Section 16-28-4 of the FSFIN, *Attribution of income and expenses when calculating a maximum tax deduction*, which read, at the relevant time:

> *When calculating the maximum tax deduction under Section 16-21 of the Tax Act, the following method is used:*
> *a. Unless otherwise indicated below, income and expenses shall be attributed to Norway or abroad according to where the income is legitimately derived or the expenses are legitimately incurred.*
> *b. Expenses which cannot be attributed to a specific business shall be attributed to Norway or abroad in proportion to where the net income otherwise is attributed. Debt interest which is deductible in Norway shall always be attributed in this way.*
> *c. Expenses which cannot be attributed to a specific business may exceptionally be apportioned according to a different distribution key than what follows from the first sentence of [litra] b, if the taxpayer establishes that such a distribution key will provide a reasonable result in accordance with generally accepted commercial principles and*

generally accepted principles of corporate economics and the taxpayer establishes that such a distribution key is used consistently. This does not apply to debt interest.
[...]

18. The Kingdom of Norway and the United Kingdom signed a double taxation agreement (hereinafter the 'DTA') on 12 October 2000, which has been effective in Norway since 1 January 2001. The DTA is incorporated into Norwegian law pursuant to Act No 15 of 28 July 1949 Relating to Authority for the King to Enter into Agreements with Foreign States for the Prevention of Double Taxation etc.

19. Article 7 of the DTA provides that Norway has the right to levy taxes on companies resident in Norway, and that in such cases the UK can only levy taxes on income derived from a permanent establishment in the UK. Article 7, Business profits, reads:

1. The profits of an enterprise of a Contracting State shall be taxable only in that State unless the enterprise carries on business in the other Contracting State through a permanent establishment situated therein. If the enterprise carries on business as aforesaid, the profits of the enterprise may be taxed in the other State but only so much of them as is attributable to that permanent establishment.
2. Subject to the provisions of paragraph (3) of this Article, where an enterprise of a Contracting State carries on business in the other Contracting State through a permanent establishment situated therein, there shall in each Contracting State be attributed to that permanent establishment the profits which it might be expected to make if it were a distinct and separate enterprise engaged in the same or similar activities under the same or similar conditions and dealing wholly independently with the enterprise of which it is a permanent establishment.
3. In determining the profits of a permanent establishment, there shall be allowed as deductions expenses which are incurred for the purposes of the permanent establishment, including a reasonable allocation of executive and general administrative expenses incurred for the purposes of the enterprise as a whole, whether in the Contracting State in which the permanent establishment is situated or elsewhere.
4. No profits shall be attributed to a permanent establishment by reason of the mere purchase by that permanent establishment of goods or merchandise for the enterprise.
5. For the purposes of the preceding paragraphs, the profits to be attributed to the permanent establishment shall be determined by the same method year by year unless there is good and sufficient reason to the contrary.
6. Where profits include items of income or capital gains which are dealt with separately in other Articles of this Convention, then the provisions of those Articles shall not be affected by the provisions of this Article.

20. In order to avoid double taxation, Norwegian taxpayers have, according to the DTA, a right to credit allowance for income tax paid in the UK. Article 28 DTA, *Elimination of double taxation*, reads:

1. Subject to the provisions of the law of the United Kingdom regarding the allowance as a credit against United Kingdom tax of tax payable in a territory outside the United Kingdom (which shall not affect the general principle hereof):
a. Norwegian tax payable under the laws of Norway and in accordance with the provisions of this Convention, whether directly or by deduction, on profits, income or chargeable gains from sources within Norway (excluding in the case of a dividend, tax payable in respect of the profits out of which the dividend is paid) shall be allowed as a credit against any United Kingdom tax computed by reference to the same profits, income or chargeable gains by reference to which the Norwegian tax is computed;
[...]
2. Subject to the provisions of the laws of Norway regarding the allowance as a credit against Norwegian tax of tax payable in a territory outside Norway (which shall not affect the general principle hereof) -
a. here a resident of Norway derives income or owns elements of capital which, in accordance with the provisions of this Convention, may be taxed in the United Kingdom, Norway shall allow:
i. as a deduction from the tax on the income of that resident, an amount equal to the United Kingdom tax paid on that income;
ii. as a deduction from the tax on the capital of that resident, an amount equal to the United Kingdom tax paid on elements of capital;
Such deduction in either case shall not, however, exceed that part of the Norwegian tax, as computed before the deduction is given, which is attributable, as the case may be, to the income or the same elements of capital which may be taxed in the United Kingdom.
b. Where in accordance with any provision of this Convention income derived or capital owned by a resident of Norway is exempt from tax in Norway, Norway may nevertheless, in calculating the amount of tax on the remaining income or capital of such resident, take into account the exempted income or capital.
3. For the purposes of paragraph (1) of this Article income, profits and capital gains owned by a resident of the United Kingdom which may be taxed in Norway in accordance with this Convention shall be deemed to arise from sources in Norway.

21. When calculating the credit allowance to which a taxpayer is entitled under Article 28 of the DTA, Norwegian tax authorities apply the provisions of the Tax Act and the FSFIN on maximum credit allowance, cited above.

III. Legal background – EEA law

22. Article 4 EEA reads:

Within the scope of application of this Agreement, and without prejudice to any special provisions contained therein, any discrimination on grounds of nationality shall be prohibited.

23. Article 31(1) EEA reads:

Within the framework of the provisions of this Agreement, there shall be no restrictions on the freedom of establishment of nationals of an EC Member State or an EFTA State in the territory of any other of these States. This shall also apply to the setting up of agencies, branches or subsidiaries by nationals of any EC Member State or EFTA State established in the territory of any of these States.
[...]

24. Article 34 EEA reads:

Companies or firms formed in accordance with the law of an EC Member State or an EFTA State and having their registered office, central administration or principal place of business within the territory of the Contracting Parties shall, for the purposes of this Chapter, be treated in the same way as natural persons who are nationals of EC Member States or EFTA States.

'Companies or firms' means companies or firms constituted under civil or commercial law, including cooperative societies, and other legal persons governed by public or private law, save for those which are non-profit-making.

25. Article 40 EEA reads:

Within the framework of the provisions of this Agreement, there shall be no restrictions between the Contracting Parties on the movement of capital belonging to persons resident in EC Member States or EFTA States and no discrimination based on the nationality or on the place of residence of the parties or on the place where such capital is invested. Annex XII contains the provisions necessary to implement this Article.

26. Reference is made to the Report for the Hearing for a fuller account of the legal framework, the facts, the procedure and the written observations submitted to the Court, which are mentioned or discussed hereinafter only insofar as is necessary for the reasoning of the Court.

IV. Findings of the Court

General

27. In its questions, the national court refers to Articles 4, 31 and 40 EEA. The Court notes that the case at hand concerns the situation where a company in one EEA State, the home State, establishes a branch in another EEA State, the host State, through which it runs a part of its business. Under such circumstances, the rules at issue in the main proceedings primarily affect the freedom of establishment. Therefore, they must be examined under Article 31 EEA. Should the rules have restrictive effects on the free movement of capital, those effects would be the unavoidable consequence of a possible obstacle to freedom of establishment, and do therefore not justify an independent examination under Article 40 EEA (see for comparison Case C-231/05 *Oy AA* [2007] ECR I-6373, at paragraphs 23 and 24). Furthermore, Article 4 EEA applies independently only where specific provisions preventing discrimination do not apply (see Case E-10/04 *Piazza* [2005] EFTA Ct. Rep. 76, at paragraph 31). Therefore, the Court will only address the questions referred to it under Article 31 EEA.

28. Freedom of establishment under the EEA Agreement entails a right for companies, formed in accordance with the law of an EEA State and having their registered office, central administration or principle place of business within the EEA, to pursue their activities in another EEA State through a branch established there, see Article 34 EEA. Even though according to its wording, Article 31 EEA is intended to secure, in particular, the benefit of national treatment in a host State, it also prohibits the home State from hindering the establishment in other EEA States of its own nationals or companies incorporated under its legislation (see for comparison Case C-298/05 *Columbus Container Services*, judgment of 6 December 2007, not yet reported (hereinafter 'Columbus Container'), at paragraph 33, and Case C-446/03 *Marks & Spencer* [2005] ECR I-10837, at paragraph 31). Therefore, the fact that the Plaintiff is a Norwegian company cannot prevent it from invoking the rules relating to freedom of establishment against Norway, since it has exercised its right of freedom of establishment in the UK.

29. Three questions have been referred to the Court. The first and the second one concern the same legal issue, i.e. attribution of expenses in accordance with the principle of net income taxation when calculating the maximum credit allowance for tax paid by a company in a foreign State. However, a distinction is made between the two types of expenses involved, namely debt interest and group contributions. In question three, an answer to the first and the second question is requested based on the assumption that the expenses involved are only linked to the company's business activities in Norway. Taking into account the subject matter of the case and the above

described relationship between the questions, the third question will be answered together with the first and the second question respectively.

The first question – debt interest expenses

30. The first and the third question, read together, concern in essence the issue of whether it is contrary to Article 31 EEA for an EEA State, when calculating the maximum credit allowance for tax paid in another EEA State, to attribute debt interest expenses of a company to income earned through its branch in that State, and whether the answer depends on the expenses being linked solely to the business activities in the former State.

31. The Plaintiff maintains that while direct taxation falls within the competence of the Member States, this competence must nonetheless be exercised in a manner consistent with the EEA Agreement. Articles 31 and 34 EEA prohibit the home State from hindering the establishment in another EEA State of its nationals or companies incorporated under its legislation, and in that respect no distinction is made with regard to whether the business is conducted through agencies, branches or subsidiaries. Unlike companies which conduct business only in Norway and Norwegian companies which establish a subsidiary in another EEA State, Norwegian companies which perform business through a branch office in another EEA State are deprived of the benefit of full tax deductions. According to the Plaintiff, this entails a difference in treatment which results in a tax disadvantage.

32. The above mentioned difference in treatment cannot, according to the Plaintiff, be explained by different tax rates in Norway and the UK and/or the income from the permanent place of business being calculated differently in Norway and the UK. As a consequence, companies might be dissuaded from carrying on their activities through branches in other EEA States. Accordingly, this tax treatment constitutes a restriction on the freedom of establishment contrary to Article 31 EEA. The Plaintiff refers to Case C-385/00 *de Groot* [2002] ECR 1-11819 (hereinafter '*de Groot*') according to which the Member States cannot deprive a citizen of the benefit of a tax deduction based on the assumption that he will receive a similar deduction in another State where he has performed work. Moreover, in the view of the Plaintiff, the legal and factual circumstances in this case differ from Case C-336/96 *Gilly* [1998] ECR I-2793 (hereinafter '*Gilly*'), and therefore the Defendant cannot rely on that case.

33. The Defendant argues that the EEA States are free to tax the global income of resident companies and refers in that respect to *Gilly*. The Defendant bases its observations on two main arguments. Firstly, that there is no obligation under the EEA Agreement to give relief for double taxation, and therefore the Norwegian tax rules at issue cannot be deemed contrary to the Agreement on the grounds that foreign tax is not fully credited. Secondly, that the difference in tax burden claimed by the Plaintiff is explained solely by the fact that the Plaintiff is exposed to income tax in two different tax regimes. In this regard, the Defendant points out that the tax rate in Norway is 28%, while the UK tax rate is 30%, and the tax credit is limited to the Norwegian tax rate applied to the foreign income. The Defendant also argues that the net income from the UK branch is calculated differently in the UK than in Norway.

34. According to the Defendant, the Norwegian tax rules at issue are not discriminatory. A taxpayer exposed to two tax jurisdictions is in another and objectively different situation than one who receives all his income in one State. Therefore, it is not relevant to compare the global tax burden of the Plaintiff with the tax burden of a company that conducts all its business in Norway. With reference to Case C-513/04 *Kerckhaert* [2006] ECR I-10967 the Defendant argues that tax paid to the UK should be disregarded when making a comparison between a company conducting all its business in Norway and the Plaintiff. Finally, the Defendant contests that the reasoning of the Court of Justice of the European Communities (hereinafter the 'ECJ') in *de Groot* should be relevant, since that case concerns personal allowances and relates to the case law of the ECJ concerning the obligations of the State of residence and the source State with respect to such allowances.

35. The Defendant's view is essentially shared by the Government of Germany.

36. The EFTA Surveillance Authority (hereinafter 'ESA') remarks that it is up to the EEA States to take measures necessary to prevent double taxation by applying, in particular, the apportionment criteria adhered to in international tax practice. Nonetheless, the States are obliged to comply with EEA law when exercising their taxation power, and cannot introduce discriminatory measures contrary to the fundamental freedoms. Therefore, the rules on calculation of credit allowance must comply with Article 31 EEA which prohibits restrictions on the freedom of establishment, other than those that inevitably result from the fact that tax systems are national.

37. According to ESA, disadvantageous tax treatment that follows from direct or indirect discrimination resulting from the rules of one jurisdiction, rather than simply from disparities in the applicable national tax provisions or the division of tax jurisdiction between two countries' tax systems, infringes Article 31 EEA unless it can be justified.

38. If expenses are intrinsically linked to the business in Norway, the calculating method at issue would in ESA's opinion entail that a company with an establishment in another EEA State would derive from these expenses less tax advantage than if it had operated solely in Norway. This would amount to differentiated tax treatment contrary

to Article 31 EEA. The application of the contested tax rules in the case at hand means that the tax base for the Norwegian head office increases with an amount equal to the deduction attributed to the UK branch. In ESA's view, this situation is comparable to that examined in de Groot and the considerations of the ECJ in that case are applicable in this case. If the expenses are intrinsically linked to the business in Norway, the State where the branch is established, exercising its limited tax competence in accordance with international tax practice, would not take those expenses into account due to the lack of cohesion between them and the income derived where the branch is established. This is liable to discourage Norwegian companies from creating, acquiring or maintaining a branch in another EEA State and accordingly, the rules constitute a restriction under Article 31 EEA.

39. On the other hand, when expenses not related solely to the activity in Norway are deducted from the income abroad for the purposes of calculating the credit allowance, ESA is of the opinion that there is no restriction on the freedom of establishment of Norwegian companies within the meaning of Article 31 EEA.

40. The Commission of the European Communities (hereinafter the 'Commission') submits that by attributing part of the interest expenses to the Plaintiff's Scottish branch, the Norwegian tax authorities reduced the amount of tax that should be paid by that branch and hence the amount of the tax credit to be granted to the Plaintiff in Norway. The Commission argues that unless the difference in tax treatment in the case at hand between the Plaintiff and a company doing business solely in Norway corresponds to an objective and relevant difference in situation, it constitutes discrimination contrary to Article 31 EEA.

41. The Commission points out that the calculating rules at issue provide that debt interest expenses, which are deductible in Norway, must always be attributed to Norway and the foreign country in question in proportion to where the net income of the company is earned, irrespective of the purpose for which the debt was incurred. According to the Commission, such a calculation is discriminatory. Allocating debt interest expenses independently of the purpose for which the debt was incurred does not correspond to the situation of the taxpayer. This is contrary to Article 31 EEA. In the Commission's view, the logic of de Groot is transferable to the case at hand to the extent that it shows that a State cannot withdraw normal tax advantages where a taxpayer earns income which is taxed in another State.

42. If, on the other hand, the interest expenses relate to financial obligations incurred for the company as a whole, the Commission is of the opinion that a proportional amount should indeed be attributed to the income earned in the UK.

43. The Court notes that Norwegian income tax is, as explained earlier, based on the principle of net income taxation. An income tax of 28% is levied on resident taxpayers' net income, after deduction of such expenses as debt interest. In other words, this deduction of expenses works to the taxpayers' advantage by reducing the tax base.

44. Furthermore, resident taxpayers with income both in Norway and abroad are taxed, according to the principle of global income taxation, on their combined net income in Norway and abroad. When a resident taxpayer has income in another State (the host State) which taxes that income, the principle of global income taxation entails double taxation.

45. To relieve such double taxation, Norway grants a tax credit for tax paid in the host State, but only up to a maximum amount, cf. Section 16-21(1) and (3) of the Tax Act and Section 16-28-4 of the FSFIN. This amount is calculated as 28% of the taxpayer's net income in the host State after deduction of a portion of expenses such as debt interest, proportionate to the part of the global net income derived in the host State. This deduction of expenses when calculating the maximum credit allowance works to the taxpayer's disadvantage. Provided that the taxpayer has income taxable in the host State, every increase in debt interest expenses will reduce the maximum allowance granted to offset tax levied in the host State.

46. As a result, a taxpayer may, as in the case at hand, be left with having paid more tax in the host State than what Norway compensates in credit allowance. This is so if the host State does not allow deduction of the expenses in question when it calculates the base on which to tax the taxpayer's income. The effect may occur even if the tax rate in the host State is the same as, or lower than, in Norway. That depends on the amount of the expenses and the amount of the net income in the host State relative to the global net income.

47. In effect, this is the same as if Norway, for such taxpayers, would allow deduction only of a portion of expenses such as debt interest when calculating the global net income on which Norwegian income tax is assessed (cf. paragraphs 43-44 above). This means that the Norwegian rules on maximum credit allowance have the potential of leading to a more burdensome result for taxpayers with income earned through a branch in another EEA State than would have been the case had the taxpayers not exercised their freedom of establishment. After having been granted a credit allowance from the Norwegian global income tax, such taxpayers may not be able to enjoy, in effect, the same deduction of expenses as taxpayers with the same total income, but earned in Norway only. This places taxpayers with a branch in another EEA State in a less favourable position for the sole reason that they made use of their right of establishment under the EEA Agreement.

48. The EEA Agreement does not oblige the Contracting Parties to give relief for double taxation within the European Economic Area, nor does it lay down any criteria for the attribution of areas of competence between the Contracting Parties in relation to the elimination of double taxation. Consequently, the Contracting Parties have retained their competence to determine the connecting factors for the allocation of their fiscal jurisdiction, *inter alia* by concluding bilateral agreements. However, as far as the exercise of their taxation power so allocated is concerned, the EEA States must, as stated above, comply with EEA rules. In particular, such an allocation of fiscal jurisdiction does not permit the States to introduce discriminatory measures which are contrary to EEA rules (see for comparison, Case C-170/05 *Denkavit* [2006] I-11949, at paragraphs 43 and 44).

49. By the DTA, Norway and the UK have allocated their taxation powers. Norway exercises its taxation power, so allocated, by applying the provisions on maximum credit allowance of the Tax Act and the FSFIN. This exercise of taxation power must, as stated above, be in conformity with Norway's obligations under the EEA Agreement. Accordingly, the Defendant's argument that the tax rules at issue cannot be deemed contrary to the EEA Agreement since no obligation to give relief for double taxation can be established under that Agreement must be rejected.

50. Thus, it needs to be assessed whether rules limiting maximum credit allowance, such as the ones at issue in the main proceedings, restrict the freedom of establishment under Article 31 EEA. In that regard, it is recalled that all measures which are liable to hinder or make less attractive the exercise of freedom of establishment under the EEA Agreement must be regarded as constituting restrictions within the meaning of Article 31 EEA (see for comparison *Columbus Container*, at paragraph 34, and also Case E-2/06 *EFTA Surveillance Authority v Norway* [2007] EFTA Ct. Rep. 164, at paragraph 64).

51. The Court notes that a higher tax burden resulting from the fact that a taxpayer is subjected to two tax regimes is, as such, liable to dissuade companies from using their right of establishment under the EEA Agreement. However, it follows from what is stated in paragraph 48 above that obstacles to the freedom of establishment that are a consequence of a mere difference in tax regimes between States are outside the scope of the EEA Agreement (for comparison see also to that effect *Gilly*, at paragraphs 47 and 48).

52. Consequently, the difference between the Plaintiff's actual tax burden and the tax burden which the Plaintiff would have borne had all its operations been conducted in Norway, caused by the difference in tax rates under the two respective tax regimes (28% and 30%), does not constitute a restriction on the freedom of establishment. However, this explains only a fraction of the Plaintiff's additional tax burden, compared to what it would have paid, had all its business activities taken place in Norway, cf. paragraph 10 above. Most of the difference is caused by the rules on apportionment of expenses when calculating the maximum credit allowance, see paragraphs 45-47 above. In order to determine whether such a disadvantage is the mere result of the application in parallel of two different tax systems, or a restriction on the freedom of establishment that falls under Article 31 EEA, it needs to be assessed whether a company with a branch in another EEA State is in a situation which is, with regard to those expenses, objectively comparable to the one of a company having all its business within the home State.

53. The parties to the main proceedings disagree as to whether the expenses in question relate solely to the Plaintiff's business activities in Norway or whether it is not possible to link them to any specific activity. It is for the national court to make that factual assessment.

54. In that regard, the Court notes that when expenses are linked to the income of a company's branch in another EEA State, apportioning them to the income from the business activities of that branch when calculating the maximum credit allowance corresponds to the situation of the taxpayer. These expenses arise solely as a result of the activities of the branch and are not linked to the income generated by the taxpayer in the home State. This means that such a taxpayer is not in a comparable situation to a taxpayer whose expenses are all incurred in the home State. When taxed in two separate fiscal jurisdictions, a taxpayer cannot expect the same tax treatment by the home State with regard to expenses related to the branch as with regard to expenses related to the taxpayer's activities in the home State. Consequently, to the extent the host State does not grant a deduction for expenses relating solely to the income of the branch when calculating the tax on the income of the branch, the resulting burden for the taxpayer is simply a consequence of the two States exercising their different tax regimes in parallel and does not constitute a restriction within the meaning of Article 31 EEA.

55. Similarly, when expenses cannot be linked to any particular business activities of a company conducting part of its business operations through a branch in another EEA State, the attribution of the expenses in proportion to the parts of the global net income earned in the home State and in the host State, respectively, corresponds to the situation of the taxpayer. Also in this case, the taxpayer is not in a comparable situation to a taxpayer whose expenses relate solely to the home State. If the host State does not grant a similar proportionate deduction for expenses when calculating the tax on the income of the branch, the resulting burden for the taxpayer is simply a consequence of the two States exercising their different tax regimes in parallel and does not constitute a restriction within the meaning of Article 31 EEA.

56. On the other hand, a company conducting all its business in its home State and having all its debt interest expenses linked to that State, and a company conducting its business in its home State and through a branch in another EEA State (the host State) but having all its debt interest expenses linked to the home State, are in a comparable situation with respect to these expenses. Thus, they should get the same tax treatment in the home State with respect to these expenses. As described in paragraphs 46 and 47 above, the rules at issue do not guarantee this.

57. Consequently, the attribution of debt interest expenses related solely to a taxpayer's business in the home State to the income of a branch situated in another EEA State when calculating the maximum credit allowance constitutes a restriction within the meaning of Article 31 EEA.

58. In the request for an Advisory Opinion, Stavanger tingrett states that in case the calculation of the maximum credit allowance is found to be a restriction, the Defendant will plead that the restriction can be justified on grounds relating to the general interest. However, the request does not contain any information on what these grounds may be, nor have the parties commented upon them. Therefore, the Court is not in a position to assess such grounds and must confine itself to concluding that the Norwegian rules at issue constitute a restriction.

59. In light of the above, the answer to the first question is that an EEA State which attributes, in applying the principle of net income taxation, a portion of debt interest expenses of a company to income earned through its branch in another EEA State, when calculating the maximum credit allowance for tax paid in that State, restricts the freedom of establishment within the meaning of Article 31 EEA, insofar as the expenses can only be linked to the company's business in the former State.

The second question – group contributions

60. The second and the third question, read together, concern in essence the issue of whether it is contrary to Article 31 EEA for an EEA State, when calculating maximum credit allowance for tax paid in another EEA State, to attribute a portion of group contributions that are made between companies under its fiscal jurisdiction to income earned through a branch in the other EEA State.

61. The Plaintiff, the Defendant, the Government of Germany and ESA argue with regard to group contributions more or less in the same way as with regard to debt interest expenses, as described in paragraphs 31-39 above. ESA further notes that the objective behind the rules on group contributions is to allow companies within the same group to transfer profit from one company to another, normally for the purpose of covering losses incurred by the receiving company. To ESA's understanding, under Norwegian law group contributions at the outset are only available when both the donor and the recipient are Norwegian companies. As group contributions are only awarded in a situation where the transfer of funds takes place between Norwegian tax subjects, the overall logic of the system entails that group contributions made by the Plaintiff will never be deductible in the UK where the necessary cohesion between the tax subjects is absent.

62. ESA is of the opinion that a Norwegian company which establishes a branch abroad will suffer a disadvantage if it is not able to deduct from its income in Norway the same amount of expenses that it could have deducted had it not exercised its freedom of establishment. Such a disadvantage results from the manner in which the national tax provisions at issue treat expenses linked to the business in Norway, i.e. as partially attributable to the branch. This difference in tax treatment is liable to discourage Norwegian companies from creating, acquiring or maintaining a branch in another EEA State and constitutes a restriction under Article 31 EEA.

63. According to the Commission, the provisions of the Norwegian Tax Act on group contributions apply solely to companies with income taxable in Norway. Norway would not grant a deduction in respect of group contributions made to a company in the UK, nor can it expect the UK to grant such a deduction. The Commission further maintains that the attribution of group contributions, as referred to in the second question, gives rise to discrimination contrary to Article 31 EEA in the same way as the attribution of debt interest expenses. Such an attribution does not correspond to the situation of the taxpayer and is contrary to the principle of fiscal cohesion, which serves to protect the internal logic of national tax regimes so long as they are not arranged in such a way as to favour national situations or traders. According to the Commission, it must be possible for a taxpayer to invoke this principle in order to ensure *that tax rules* are applied in a consistent manner and in accordance with the logic of the system. Furthermore, the EEA States may not artificially increase their tax base by, in effect, extending group contribution schemes to cover income earned in another EEA State.

64. The Court notes that in calculating the maximum credit allowance for the Plaintiff's tax paid in the UK, the Defendant applied Section 16-28-4 litra b of the FSFIN. Accordingly, a part of group contributions made from the Plaintiff to two of its daughter companies in Norway was apportioned to the income of the Plaintiff's branch in the UK. As a result of this, the Plaintiff was, in effect, not able to deduct, from its total taxable income, the same amount in group contributions as if it had conducted all its business in Norway. The Norwegian rules on maximum credit allowance work in the same way with regard to proportional attribution of group contributions as with regard to debt interest expenses. Reference is made to paragraphs 45-47 above.

65. In order to establish whether this constitutes a restriction on the freedom of establishment, it needs to be assessed whether a company with a branch in another EEA State is, with regard to group contributions as a cost factor, in a situation which is objectively comparable to the one of a company having all its business within the home State, see paragraph 52 above.

66. The request from the national court does not contain information on the conditions under Norwegian tax law for deducting group contributions for income tax purposes. However, according to written and oral observations submitted to the Court, group contributions seem to be deducted from the taxable income of the donor and added to the taxable income of the recipient, provided that both companies are subject to Norwegian fiscal jurisdiction. Such a system of intra group financial transfers generally serves the purpose of mitigating tax disadvantages within a group of companies, by allowing them to balance out their profits and losses. The logic behind not allowing deductions for group contributions made to companies abroad is generally to prevent companies from freely choosing the State in which profits are to be taxed.

67. When comparing two companies that make group contributions to daughter companies in their home State, the fact that one of the companies has a branch in another EEA State does not place it in a different position with regard to the group contributions. The existence of the branch abroad has no bearing on the possibility of the home State to tax the group contributions at the receiving companies. Both companies should thus get the same tax treatment with respect to the group contributions. As described in paragraphs 46 and 47 above, the rules at issue do not guarantee this.

68. In light of the above, attributing group contributions in circumstances such as in the case at hand to the income of a branch situated in another EEA State does not correspond to the situation of the taxpayer. Therefore, the Court concludes that it constitutes a restriction within the meaning of Article 31 EEA to attribute group contributions in a situation such as the one in the case at hand to the income of a branch situated in another EEA State when calculating the maximum credit allowance.

69. In the request for an Advisory Opinion, Stavanger tingrett states that in case the calculation of the maximum credit allowance is found to be a restriction, the Defendant will plead that the restriction can be justified on grounds relating to the general interest. However, the request does not contain any information on what these grounds may be, nor have the parties commented upon them. Therefore, the Court is not in a position to assess such grounds and must confine itself to concluding that the Norwegian rules at issue constitute a restriction.

70. In light of the above, the answer to the second question is that an EEA State which attributes, in applying the principle of net income taxation, a portion of a company's costs in the form of group contributions made to other companies under this State's fiscal jurisdiction to income earned through the company's branch in another EEA State, when calculating the maximum credit allowance for tax paid in that State, restricts the freedom of establishment within the meaning of Article 31 EEA.

V. Costs

71. The costs incurred by the Government of Germany, ESA and the Commission, which have submitted observations to the Court, are not recoverable. Since these proceedings are a step in the proceedings pending before Stavanger tingrett, any decision on costs for the parties to those proceedings is a matter for that court.

On those grounds,

THE COURT,

in answer to the questions referred to it by Stavanger tingrett hereby gives the following Advisory Opinion:

1. An EEA State which attributes, in applying the principle of net income taxation, a portion of debt interest expenses of a company to income earned through its branch in another EEA State, when calculating the maximum credit allowance for tax paid in that State, restricts the freedom of establishment within the meaning of Article 31 EEA, insofar as the expenses can only be linked to the company's business in the former State.

2. An EEA State which attributes, in applying the principle of net income taxation, a portion of a company's costs in the form of group contributions made to other companies under this State's fiscal jurisdiction to income earned through the company's branch in another EEA State, when calculating the maximum credit allowance for tax paid in that State, restricts the freedom of establishment within the meaning of Article 31 EEA.

Carl Baudenbacher | *Thorgeir Örlygsson* | Henrik Bull

Delivered in open court in Luxembourg on 7 May 2008

Skœli Magnœsson
Registrar

Carl Baudenbacher
President